LAROUSSE

GRAN DICCIONARIO

INGLÉS-ESPAÑOL
ESPAÑOL-INGLÉS

Es una obra / Produced by

© Chambers Harrap Publishers Ltd. 2004
7 Hopetoun Crescent, Edinburgh EH7 4AY

Publicado en España por - Published in Spain by
LAROUSSE EDITORIAL, S.L.
Mallorca, 45
08029 Barcelona

larousse@larousse.es
www.larousse.es

Primera edición / First edition: marzo 2004 / March 2004
Reimpresión / Reprinting: mayo 2006 / May 2006

Reservados todos los derechos. El contenido de esta obra está protegido por la Ley, que establece penas de prisión y/o multas, además de las correspondientes indemnizaciones por daños y perjuicios, para quienes plagiaren, reprodujeren, distribuyeren o comunicaren públicamente, en todo o en parte y en cualquier tipo de soporte o a través de cualquier medio, una obra literaria, artística o científica sin la preceptiva autorización.

All rights reserved. No part of this publication may be reproduced in any form or by any means without the prior permission of the publishers.

Marcas registradas / Trademarks
Las palabras consideradas marcas registradas vienen señaladas en este diccionario con una ®. Sin embargo, la presencia o ausencia de tal distintivo no implica juicio alguno acerca de la situación legal de la marca registrada.

Words considered to be trademarks have been designated in this dictionary by the symbol ®. However, no judgement is implied concerning the legal status of any trademarks by virtue of the presence or absence of such a symbol.

Diseño y maquetación - Designed and typeset by:
Chambers Harrap Publishers Ltd, Edinburgh

Impreso en España - Printed in Spain
Depósito legal: B. 22.723-2006
ISBN: 84-8332-668-X

Impreso por - Printed by:
Romanyà Valls, S.A.
Verdaguer, 1
08786 Capellades (Barcelona)

Dirección editorial/Publishing Manager
Patrick White

Responsables de redacción/Senior Editors
Teresa Álvarez   José A. Gálvez
Joaquín Blasco   Óscar Ramírez Molina
Talia Bugel   Liam Rodger

Colaboradores/Contributors
Pilar Bernal Macías
Harry Campbell
Juan Campbell-Rodger
Gearóid Cronin
Daniela Delas
Roxana Fitch Romero
Paloma Gillard
Sally Gray
Andrew Hastings
Christopher Langmuir
Heloïse McGuinness
Julie Muleba
Victoria Ordóñez Diví
Silvia Rebollo Condé
José María Ruiz Vaca
Alison Sadler
Ricardo Sampedro Larripa
Anna Stevenson
Mónica Tamariz
Eduardo Vallejo
Stephen Waller

Español de América/Latin American Spanish
Talia Bugel   Aarón Alboukrek

Inglés norteamericano/American English
SULA   John Wright

Corrección/Proofreaders
Lynda Carey
Ann Convery
Pat Dunn
Anne Kansau
Irene Lakhani
Suzanne McCloskey

Preimpresión/Prepress
David Reid
Marina Karapanovic

INTRODUCCIÓN

Para esta nueva edición del *Diccionario Larousse inglés-español/español-inglés* se ha hecho una revisión completa del texto, el cual ha sido diseñado y redactado para ofrecer al público una obra de consulta rigurosa y puesta al día, sea para uso profesional, sea para el estudiante de inglés o el traductor. Se ha llevado a cabo un análisis en profundidad del vocabulario de ambos idiomas, incluyéndose una amplia variedad de expresiones y usos idiomáticos, además de un extensa terminología de campos que van desde las ciencias a los deportes, pasando por los negocios, el derecho, el periodismo o la política. Se ha hecho hincapié en la terminología informática y el vocabulario de Internet, como por ejemplo *cache memory, e-cash, hit* (en una página web); *casilla de verificación, dinero electrónico, octeto*.

El inglés y el español son lenguas internacionales, lo cual se refleja en el tratamiento de las variedades regionales de las mismas en este diccionario. Se ha contado con la ayuda de un equipo de asesores de ambos lados del Atlántico. Con respecto al inglés se ha puesto el acento en el británico y el americano, pero también se recogen palabras y expresiones típicas de Australia, Canadá, Irlanda o Escocia. En cuanto al español, se han analizado tanto el peninsular como las distintas variedades del español de América y, a diferencia de anteriores ediciones, se han marcado explícitamente las regiones o países en las que se usan.

Las lenguas no son simplemente códigos lingüísticos abstractos, si no que encarnan el conocimiento cultural de las distintas comunidades que las usan. En reconocimiento a esto, ambas partes del diccionario contienen multitud de notas informativas sobre determinados conceptos, instituciones o alusiones que son explicados más detenidamente de lo que sería posible en una entrada normal de un diccionario. Así, aparecen por ejemplo recuadros con información sobre *States Rights, the Charge of the Light Brigade* o *the Louisiana Purchase*, así como sobre los *Niños Héroes* de México, las *Madres de la Plaza de Mayo* o sobre otras lenguas que conviven con el español. También se han incluido en el texto central del diccionario muchos conceptos enciclopédicos como nombres de personajes famosos, figuras históricas y mitológicas y adjetivos derivados de nombres propios como *Brechtian, Churchillian, Michigander; borgiano, cervantino* o *regiomontano*.

Un nuevo suplemento sobre los países de habla inglesa ofrece información enciclopédica de tipo geográfico, político y económico de los mismos, así como estadísticas demográficas básicas. Se incluyen todos los países angloparlantes del Caribe y dos artículos más extensos sobre Estados Unidos y el Reino Unido.

La presentación del texto se ha hecho aún más clara. Hay un mayor contraste entre los ejemplos y sus traducciones que en ediciones anteriores, las expresiones idiomáticas aparecen marcadas explícitamente y los compuestos o locuciones nominales, al final de cada categoría semántica, llevan una tipografía distintiva. Todo ello facilitará sin duda la consulta, sobre todo en las entradas de mayor extensión.

El equipo editorial ha trabajado en este proyecto a lo largo de varios años para conseguir un diccionario adecuado para el siglo XXI. Como siempre, son bienvenidos los comentarios y sugerencias que redunden en una mejora de la obra.

El equipo editorial

INTRODUCTION

This is a completely new edition of the *Larousse English-Spanish/Spanish-English Dictionary*. It has been designed and edited to provide the user, whether a student of language, a translator or someone using the dictionary for professional purposes, with an up-to-date and accurate reference work. It provides in-depth coverage of the vocabulary of the two languages together with a wide range of idiomatic uses and expressions. This is supplemented by extensive treatment of terminology from the sciences to sports, and from business and law to journalism and politics. Particular emphasis has been given to computing terminology, including the language of the Internet - e.g. *cache memory, e-cash, hit* (i.e. on website); *casilla de verificación, dinero electrónico, octeto*.

English and Spanish are major world languages, and this is reflected in the coverage of regional varieties in the dictionary. The editors have been assisted by an international team of consultants from both sides of the Atlantic. North American and British varieties of English are of course given detailed attention, but the user will also find words and expressions typical of Australian, Canadian, Scottish and Irish varieties of English. Both Peninsular and Latin-American Spanish are covered, and, in contrast to previous editions, Latin-American words and expressions are labelled according to the country or region where they are most typically used.

Languages are not just abstract linguistic codes, but embody the cultural knowledge of the various communities which use them. In recognition of this, each side of the dictionary contains numerous cultural notes which provide more detailed explanation of particular cultural concepts, institutions and allusions than would be possible in a standard dictionary entry. Topics covered include such items as *States Rights, the Charge of the Light Brigade* and *the Louisiana Purchase*, and Mexico's *Niños Héroes*, the *Madres de la Plaza de Mayo* of Argentina, and the status of Spain's regional languages, *Euskera* (Basque), *Catalán* and *Gallego*. Also included in the body of the text are a generous number of proper names, including place names and historical and mythological figures, as well as adjectives derived from proper names (e.g. *Brechtian, Churchillian, Michigander; borgiano, cervantino, regiomontano*).

A new supplement on the English Speaking World gives encyclopedic information on the countries where English is a mother-tongue. Details given include geographical, political and economic data, as well as basic demographic statistics. The countries of the Anglophone Caribbean are covered, and the article on the United States includes details on individual states and overseas dependencies, while the article on the United Kingdom deals separately with its component parts (England, Scotland, Wales and Northern Ireland).

The presentation of the text on the page has been made even clearer. There is greater contrast between examples and their translations than in previous editions, fixed idioms are now clearly labelled, and compounds are entered in a distinctive typeface at the end of each sense division. This will make finding material easier, especially in long entries.

The editorial team has worked over a number of years to make this a dictionary that is truly fit for the 21st century. As always, users are welcome to send their comments and suggestions for further improvements.

The Editors

ESTRUCTURA DE LAS ENTRADAS
STRUCTURE OF ENTRIES

Indicadores de campo semántico para los términos especializados
Field labels indicate senses belonging to a particular subject area

abdomen ['æbdəmən] *n* ANAT & ZOOL abdomen *m*

En los ejemplos el lema se sustituye por una virgulilla
Headword replaced by a swung dash in examples

accelerator [ək'seləreɪtə(r)] *n* **-1.** *(in car)* acelerador *m*; **step on the ~!** ¡acelera! **-2.** COMPTR acelerador *m* ▫ **~ board** placa *f* aceleradora; **~ card** tarjeta *f* aceleradora

El género de las traducciones se indica en letra cursiva
Gender of noun translations shown in italic

accent ['æksənt] ◇ *n* **-1.** *(when speaking)* acento *m*; **she has** *or* **she speaks with a Spanish/southern ~** tiene *or* habla con acento español/del sur **-2.** *(in writing)* acento *m*, tilde *f* **-3.** *(emphasis)* **the ~ here is on team work** hacemos especial hincapié en el trabajo en equipo; **to put the ~ on sth** *(emphasize)* hacer hincapié en algo **-4.** *(contrasting detail)* relieve *m*, realce *m*
◇ *vt (word)* acentuar; **it's accented on the first syllable** se acentúa en la primera sílaba

Cada nueva acepción aparece precedida por un número en negrita
New sense category introduced by bold number

Cada categoría gramatical aparece precedida por un rombo en un nuevo párrafo
New grammatical category indicated by lozenge placed on new line

aces ['eɪsəs] *adj US Fam (excellent)* genial, *Esp* guay, *Andes, CAm, Carib, Méx* chévere, *Méx* padre, *RP* bárbaro(a)

Todas las entradas inglesas llevan la transcripción fonética completa
Pronunciation shown in full for all English headwords

Se señalan las acepciones usadas en inglés americano
American English senses indicated

acid ['æsɪd] ◇ *n* **-1.** *(chemical)* ácido *m*; IDIOM *Austr* **to put the ~ on sb** forzar a alguien (a hacer algo) ▫ **~ rain** lluvia *f* ácida; *Fig* **~ test** prueba *f* de fuego **-2.** *Fam (LSD)* ácido *m*; **to drop ~** tomar *or* meterse ácido **-3.** MUS **~ house** acid house *m*; **~ rock** *(music)* rock *m* psicodélico **-4. ~ drop** *(sweet)* caramelo *m* ácido
◇ *adj* **-1.** *(chemical, taste)* ácido(a) **-2.** *(tone, remark)* sarcástico(a)

Las expresiones idiomáticas aparecen claramente indicadas, con EXPR en el lado español e IDIOM en el lado inglés
Idioms clearly marked in text, with EXPR for Spanish and IDIOM for English

Los compuestos formados por más de una palabra aparecen en la entrada del primer elemento y ordenados alfabéticamente después del símbolo ▫, bajo la acepción correspondiente
Compounds placed under first element and listed in alphabetical order after the symbol ▫ in relevant sense category

Se muestran todas las terminaciones femeninas
Feminine inflections shown consistently

alight¹ [ə'laɪt] ◇ *adj (burning)* **to be ~** estar ardiendo *or* en llamas; **his face was ~ with happiness** tenía la cara encendida de alegría
◇ *adv* **to set sth ~** prender fuego a algo; **to catch ~** prender
alight² *vi* **-1.** *Formal (from train, car)* apearse (**at** en) **-2.** *(bird, glance)* posarse (**on** sobre *or* en)
◆ **alight on** *vt insep (fact, solution)* dar con

Las formas homógrafas aparecen numeradas
Superscript numbers mark homographs

Los indicadores semánticos van entre paréntesis y en cursiva
Sense indicators shown in italic in brackets

Los verbos con partícula vienen precedidos por el símbolo ◆
Phrasal verbs introduced by ◆

antidote ['æntɪdəʊt] *n also Fig* antídoto *m* (**to** contra)

Indica que la traducción funciona también en sentido figurado
This label means that the translation also works in a figurative sense

Se da la ortografía estadounidense tras el lema cuando es diferente de la británica
American spelling variants shown in headwords

arbour, *US* **arbor** ['ɑːbə(r)] *n* cenador *m*, pérgola *f*

Augustus [ɔː'gʌstəs] *pr n* **~ (Caesar)** César Augusto

Indica que es el nombre propio de un personaje histórico
Indicates a proper name of a historical figure

En las abreviaturas siempre se da la forma completa, así como una traducción
Full form of all abbreviations given, with translation

AUP [eɪjuː'piː] *n* COMPTR *(abbr* **acceptable use policy**) política *f* aceptable de uso

vi

Annotation (Spanish)	Dictionary entry	Annotation (English)

Este número remite a las tablas de conjugación de verbos irregulares
Number refers user to verb tables in appendix

Los verbos pronominales aparecen claramente destacados en el texto
Spanish reflexive verbs given special status

Se remite al lector a otra entrada en la que se amplía la información
Cross-reference to an entry where more information is given

Las preposiciones más comunes se dan a continuación de la traducción
Typical prepositions indicated after translations

Los términos y usos del español de América llevan marcas que especifican si se utilizan en todo el continente o en regiones o países determinados
Latin-American words and uses labelled to indicate whether used generally, regionally or in specific countries

Marcas de uso
Clear usage labels

Las locuciones adverbiales, preposicionales, etc, aparecen en categorías gramaticales independientes, lo cual permite la división en acepciones
Adverbial, prepositional and similar phrases given separate grammatical category, enabling sense divisions to be shown where appropriate

---

AA. EE. *(abrev de* **Asuntos Exteriores)** Ministerio de **AA. EE.** Ministry of Foreign Affairs, *Br* ≃ Foreign Office, *US* ≃ State Department

abanicar [59] ◇ *vt* to fan
◆ **abanicarse** *vpr* **-1.** *(con abanico)* to fan oneself; **se abanicó la cara** she fanned her face **-2.** EXPR *Chile Fam* **abanicarse con algo: el jefe se abanica con tus problemas** the boss couldn't care less about your problems

abatible *adj* **mesa ~** foldaway table; **asientos abatibles** *(en coche)* = seats that tip forwards or fold flat; *(en tren)* tip-up seats

abril *nm* April; **tiene catorce abriles** he is fourteen (years of age); PROV **en ~, aguas mil** March winds, April showers; *ver también* **septiembre**

abstenerse [65] *vpr* **-1.** *(guardarse)* to abstain **(de** from); **se abstuvo de mencionar su embarazo** she refrained from mentioning her pregnancy; **nos abstuvimos de beber** we didn't touch a drop; **el médico le recomendó que se abstuviera de fumar** the doctor advised her to refrain from smoking **-2.** *(en votación)* to abstain; **me abstuve en las últimas elecciones** I didn't vote in the last election

acatamiento *nm* compliance **(de** with)

accionariado *nm* FIN *Br* shareholders, *US* stockholders

acería *nf* steelworks *(singular)*

afiche *nm Am* poster

ají *(pl* **ajíes** *o* **ajís)** *nm* **-1.** *Andes, RP (pimiento)* chilli (pepper) **-2.** *Andes, RP (salsa)* = sauce made from oil, vinegar, garlic and chilli **-3.** *Ven* **~ chirel** = small, hot chilli pepper

alhaja *nf* **-1.** *(joya)* jewel; *(objeto de valor)* treasure **-2.** *(persona)* gem, treasure; *Irónico* **¡menuda ~!** he's a right one!

alígero, -a *adj Literario (rápido)* fleet-footed

amén ◇ *nm* amen; EXPR **en un decir ~** in the twinkling of an eye; EXPR **decir ~ a** to accept unquestioningly
◇ **amén de** *loc adv* **-1.** *(además de)* as well as; **acudieron varios amigos, ~ de toda la familia** several friends came, as well as the whole family; **es altamente tóxico, ~ de ser explosivo** as well *o* in addition to being explosive, it's also highly toxic **-2.** *(excepto)* except for

ariqueño, -a ◇ *adj* of/from Arica *(Chile)*
◇ *nm,f* person from Arica *(Chile)*

arrechucho *nm Fam* **me dio un ~** I was ill, I wasn't feeling too well

atribular *Formal* ◇ *vt* to distress
◆ **atribularse** *vpr* to get distressed; **se atribula con el más mínimo problema** the slightest problem distresses her

---

Los equivalentes culturales van precedidos del signo ≃
Cultural equivalents introduced by ≃

Cuando no hay traducción posible, se da una explicación introducida por el signo =
Explanations introduced by = when no translation possible

Los proverbios aparecen claramente señalados
Proverbs clearly marked

Se indican claramente las traducciones británicas y americanas
Differences in British and American translations clearly marked

En caso de ambigüedad, se indica el número de las traducciones
English translations which look plural but are in fact singular are labelled

En los gentilicios sin traducción equivalente se muestra el país al que pertenece la localidad
Adjectives and nouns derived from place names show the country they refer to

Los indicadores de registro señalan el uso coloquial y formal
Level of language labels mark formal and informal usages

ABREVIATURAS Y MARCAS DE REGIÓN
ABBREVIATIONS AND REGIONAL LABELS

English	Abbr	Español
abbreviation	*abbr/abrev*	abreviatura
Latin American Spanish	*Am*	español de América
Andean Spanish (Bolivia, Chile, Colombia, Ecuador, Peru)	*Andes*	español andino (Bolivian, Chile, Colombia, Ecuador, Perú)
Argentinian Spanish	*Arg*	español de Argentina
adjective	*adj*	adjetivo
Australian English	*Austr*	inglés de Australia
adverb	*adv*	adverbio
article	*art*	artículo
auxiliary	*aux*	auxiliar
Bolivian Spanish	*Bol*	español de Bolivia
British English	*Br*	inglés británico
Canadian English	*Can*	inglés de Canadá
Central American Spanish	*CAm*	español centroamericano
Caribbean Spanish (Cuba, Puerto Rico, Dominican Republic, Venezuela)	*Carib*	español caribeño (Cuba, Puerto Rico República Dominicana, Venezuela)
Chilean Spanish	*Chile*	español de Chile
Colombian Spanish	*Col*	español de Colombia
conjunction	*conj*	conjunción
Costa Rican Spanish	*CRica*	español de Costa Rica
Cono Sur Spanish (Argentina, Chile, Paraguay, Uruguay)	*CSur*	español del Cono Sur (Argentina, Chile, Paraguay Uruguay)
Cuban Spanish	*Cuba*	español de Cuba
Ecuadorian Spanish	*Ecuad*	español de Ecuador
Peninsular Spanish	*Esp*	español de España
especially	*esp*	especialmente
specialist term	*Espec*	término especializado
euphemism	*Euph/Euf*	eufemismo
exclamation	*exclam*	interjección
Spanish idiom	EXPR	expresión idiomática
feminine	*f*	femenino
informal	*Fam*	familiar
figurative	*Fig*	sentido figurado
Guatemalan Spanish	*Guat*	español de Guatemala
Honduran Spanish	*Hond*	español de Honduras
humorous	*Hum*	humorístico
English idiom	IDIOMS	expresión idiomática
interjection	*interj*	interjección
invariable	*inv*	invariable
Irish English	*Irish*	inglés de Irlanda
adjectival phrase	*loc adj*	locución adjetiva
adverbial phrase	*loc adv*	locución adverbial
conjunctive phrase	*loc conj*	locución conjuntiva
prepositional phrase	*loc prep*	locución prepositiva
verbal phrase	*loc verb*	locución verbal
masculine	*m*	masculino
Mexican Spanish	*Méx*	español de México
masculine or feminine noun	*mf*	nombre masculino o femenino
masculine or feminine noun	*m,f*	nombre masculino o femenino
noun	*n*	nombre
feminine noun	*nf*	nombre femenino
plural feminine noun	*nfpl*	nombre femenino plural
Nicaraguan Spanish	*Nic*	español de Nicaragua
masculine noun	*nm*	nombre masculino
masculine or feminine noun	*nmf*	nombre masculino o femenino
masculine or feminine noun	*nm,f*	nombre masculino o femenino
plural masculine noun	*nmpl*	nombre masculino plural
plural noun	*npl*	nombre plural
proper noun	*n pr*	nombre propio
numeral	*núm*	número

New Zealand English	*NZ*	inglés de Nueva Zelanda
Panamanian Spanish	*Pan*	español de Panamá
Paraguayan Spanish	*Par*	español de Paraguay
pejorative	*Pej/Pey*	peyorativo
Peruvian Spanish	*Perú*	español de Perú
plural	*pl*	plural
past participle	*pp*	participio pasado
prefix	*pref*	prefijo
preposition	*prep*	preposición
Puerto Rican Spanish	*PRico*	español de Puerto Rico
proper noun	*pr n*	nombre propio
pronoun	*pron*	pronombre
proverb	PROV	proverbio
past tense	*pt*	pretérito
Dominican Spanish	*RDom*	español de la República Dominicana
Spanish from Argentina, Uruguay, Paraguay	*RP*	español de los países de la cuenca del Río de la Plata (Argentina, Uruguay, Paraguay)
South African English	*SAfr*	inglés de Sudáfrica
Salvadoran Spanish	*Salv*	español de El Salvador
Scottish English	*Scot*	inglés de Escocia
specialist term	*Spec*	término especializado
suffix	*suf*	sufijo
Uruguayan Spanish	*Urug*	español de Uruguay
American English	*US*	inglés norteamericano
verb	*v*	verbo
Venezuelan Spanish	*Ven*	español de Venezuela
intransitive verb	*vi*	verbo intransitivo
pronominal verb	*vpr*	verbo pronominal
transitive verb	*vt*	verbo transitivo
inseparable phrasal verb	*vt insep*	verbo transitivo inseparable
separable phrasal verb	*vt sep*	verbo transitivo separable
vulgar	*Vulg*	vulgar
cultural equivalent	≃	equivalente cultural
introduces an explanation	=	introduce una explicación

CAMPOS SEMÁNTICOS
SUBJECT LABELS

English	Abbreviation	Spanish
accounting	ACCT	contabilidad
agriculture	AGR	agricultura
anatomy	ANAT	anatomía
architecture	ARCHIT/ARQUIT	arquitectura
art	ART/ARTE	arte
astrology	ASTROL	astrología
astronomy	ASTRON	astronomía
cars	AUT	automoción
aviation	AV	aviación
biology	BIOL	biología
biochemistry	BIOCHEM/BIOQUÍM	bioquímica
stock exchange	BOLSA	bolsa
botany	BOT	botánica
chemistry	CHEM	química
cinema	CIN, CINE	cine
commerce	COM	comercio
computing	COMPTR	informática
construction	CONSTR	construcción
accounting	CONT	contabilidad
cooking	CULIN	cocina
sport	DEP	deporte
law	DER	derecho
economics	ECON	economía
education	EDUC	educación
electricity and electronics	ELEC	electricidad y electrónica
European Union	EU	Unión Europea
pharmacy	FARM	farmacia
rail	FERROC	ferrocarril
philosophy	FILOSOFÍA	filosofía
finance	FIN	finanzas
physics	FÍS	física
physiology	FISIOL	fisiología
photography	FOT	fotografía
geography	GEOG	geografía
geology	GEOL	geología
geometry	GEOM	geometría
grammar	GRAM	gramática
history	HIST	historia
printing	IMPRENTA	imprenta
industry	IND	industria
computing	INFORMÁT	informática
journalism	JOURN	periodismo
law	LAW	derecho
linguistics	LING	lingüística
literature	LIT	literatura
mathematics	MATH/MAT	matemáticas
medicine	MED	medicina
weather	MET/METEO	meteorología
military	MIL	militar
mining	MIN	minería
mythology	MITOL	mitología
marketing	MKTG	marketing
music	MUS/MÚS	música
mythology	MYTHOL	mitología
shipping	NAUT/NÁUT	náutica
parliament	PARL	parlamento
pharmacy	PHARM	farmacia
philosophy	PHIL	filosofía
photography	PHOT	fotografía
physics	PHYS	física
physiology	PHYSIOL	fisiología
politics	POL	política
journalism	PRENSA	periodismo

psychology	PSY/PSI	psicología
chemistry	QUÍM	química
radio	RAD	radio
rail	RAIL	ferrocarril
religion	REL	religión
school	SCH	escuela
sport	SPORT	deporte
stock exchange	ST EXCH	bolsa
bullfighting	TAUROM	tauromaquia
theatre	TEATRO	teatro
technology	TECH/TEC	tecnología
telecommunications	TEL	telecomunicaciones
textiles	TEX	textil
theatre	THEAT	teatro
television	TV	televisión
printing	TYP	imprenta
European Union	UE	Unión Europea
university	UNIV	universidad

PRONUNCIACIÓN DEL INGLÉS

Para ilustrar la pronunciación inglesa, en este diccionario utilizamos los símbolos del AFI (Alfabeto Fonético Internacional). En el siguiente cuadro, para cada sonido del inglés hay ejemplos de palabras en inglés y palabras en español donde aparece un sonido similar. En los casos en los que no hay sonido similar en español, ofrecemos una explicación de cómo pronunciarlos.

Consonantes

Carácter AFI	*Ejemplo en inglés*	*Ejemplo en español*
[b]	**b**a**bb**le	**b**e**b**é
[d]	**d**ig	**d**e**d**o
[dʒ]	**g**iant, **j**ig	*se pronuncia como* [ʒ] *en* "plea**s**ure" *pero con una* "**d**" *adelante, o como* "**gi**" *en italiano -* **Gi**ovanna
[f]	**f**it, **ph**ysics	**f**aro
[g]	**g**rey, bi**g**	**g**ris
[h]	**h**appy	"**h**" *aspirada*
[j]	**y**ellow	*se pronuncia como* "**y**" *o* "**ll**" *en España -* **y**o, **ll**uvia
[k]	**c**lay, **k**ick	**c**asa
[l]	**l**ip	**l**abio
	pi**ll**	pape**l**
[m]	**m**u**mm**y	**m**a**m**á
[n]	**n**ip, pi**n**	**n**ada
[ŋ]	si**ng**	*se pronuncia como* "**n**" *antes de* "**c**" *-* ba**n**co
[p]	**p**i**p**	**p**a**p**á
[r]	**r**ig, **wr**ite	*sonido entre* "**r**" *y* "**rr**"
[s]	**s**ick, **s**cience	**s**apo
[ʃ]	**sh**ip, na**ti**on	**sh**ow
[t]	**t**ip, bu**tt**	**t**ela
[tʃ]	**ch**ip, ba**tch**	**c**au**ch**o
[θ]	**th**ick	**z**apato *(como se pronuncia en España)*
[ð]	**th**is	*se pronuncia como la* "**d**" *de* "ha**d**a" *pero más fuerte*
[v]	**v**ague, gi**v**e	*se pronuncia como* "**v**" *de vida en el pasado, es decir, con los dientes apoyados sobre el labio inferior*

Carácter AFI	Ejemplo en inglés	Ejemplo en español
[w]	**w**it, **wh**y	**wh**isky
[z]	**z**ip, phy**s**ics	"**s**" *con sonido zumbante*
[ʒ]	plea**s**ure	*se pronuncia como* "**y**" *o* "**ll**" *en el Río de la Plata* - **y**o, **ll**uvia
[χ]	lo**ch**	**j**ota

Vocales

En inglés, las vocales marcadas con dos puntos son mucho más alargadas

Carácter AFI	Ejemplo en inglés	Ejemplo en español
[æ]	r**a**g	*se pronuncia* "**a**" *con posición bucal para* "**e**"
[ɑː]	l**ar**ge, b**a**th	"**a**" *muy alargada*
[ʌ]	c**u**p	"**a**" *breve y cerrada*
[e]	s**e**t	*se pronuncia como* "**e**" *de* **e**l**e**fant**e** *pero más corta*
[ɜː]	c**ur**tain, w**e**re	*se pronuncia como una* "**e**" *larga con posición bucal entre* "**o**" *y* "**e**"
[ə]	utt**e**r	*se pronuncia como* "**e**" *con posición bucal para* "**o**"
[ɪ]	b**i**g, w**o**men	"**i**" *breve, a medio camino entre* "**e**" *e* "**i**"
[iː]	l**ea**k, w**ee**	"**i**" *muy alargada*
[ɒ]	l**o**ck	"**o**" *abierta*
[ɔː]	w**a**ll, c**or**k	"**o**" *cerrada y alargada*
[ʊ]	p**u**t, l**oo**k	"**u**" *breve*
[uː]	m**oo**n	"**u**" *muy alargada*

Diptongos

Carácter AFI	Ejemplo en inglés	Ejemplo en español
[aɪ]	wh**y**, h**igh**, l**ie**	**ai**re
[aʊ]	h**ow**	**au**ra
[eə]	b**ear**	"**ea**" *pronunciado muy brevemente y con sonido de* "**e**" *más marcado que el de* "**a**"
[eɪ]	d**ay**, m**a**ke, m**ai**n	r**ei**na
[əʊ]	sh**ow**, g**o**	"**ou**" *como en* C**OU**
[ɪə]	h**ere**, g**ear**	h**ie**lo *pronunciado con el sonido de* "**i**" *más marcado y alargado que el de* "**e**"
[ɔɪ]	b**oy**, s**oi**l	v**oy**

SPANISH PRONUNCIATION GUIDE

The pronunciation of most Spanish words is predictable as there is a close match between spelling and pronunciation. The table below gives an explanation of that pronunciation. In the dictionary text therefore, pronunciation is only given when the word does not follow these rules, usually because it is a word of foreign origin. In these cases, the IPA (International Phonetic Alphabet) is used (see column 2 of the tables below).

Vowels

Note that all vowel sounds in Spanish are shorter than in English

Letter in Spanish	*IPA Symbol*	*Example in Spanish*	*Pronunciation (example in English)*
a	a	**a**la	*Similar to the sound in "f**a**ther" but more central*
e	e	**e**co	*Similar to the sound in "m**e**t"*
i	i	**i**ris	*Like the vowel sound in "m**ea**t" but much shorter*
o	o	**o**so	*o**ff**, **o**n*
u	u	**u**va	*Like the vowel sound in "s**oo**n" but much shorter*

Semiconsonants

Letter in Spanish	*IPA Symbol*	*Example in Spanish*	*Pronunciation (example in English)*
"i" in the diphthongs: ia, ie, io, iu	j	h**i**ato, h**i**elo, av**i**ón, v**i**uda	*yes*
"u" in the diphthongs: ua, ue, ui, uo	w	s**u**ave, f**u**ego, h**u**ida	*win*

Consonants

Letter in Spanish	*IPA Symbol*	*Example in Spanish*	*Pronunciation (example in English)*
b	b	**b**omba *(at beginning of word or after "m")*	**b**oom
	β	a**b**ajo, ca**b**ra *(all other contexts)*	*A "**b**" pronounced without quite closing the lips completely*
c	θ *(in Spain)* s *(in Latin America and southern Spain)*	**c**eño *(before "e")* **c**inco *(before "i")*	**th**anks *(in Spain)* **s**un *(in Latin America and southern Spain)*
	k	**c**asa, sa**c**o *(all other contexts)*	**c**at
ch	tʃ	cau**ch**o	ar**ch**

Letter in Spanish	IPA Symbol	Example in Spanish	Pronunciation (example in English)
d	d	donde (*at beginning of word or after "n"*) aldea (*after "l"*)	day
	ð	adorno, arder (*all other contexts*)	Similar to the sound in "mother" but less strong
f	f	furia	fire
g	χ	gema (*before "e"*) girasol (*before "i"*)	Like an "h" but pronounced at the back of the throat (similar to Scottish "loch")
	g	gato (*at beginning of word*) lengua (*after "n"*)	goose
	ɣ	agua, rasgo (*all other contexts*)	Like a "w" pronounced while trying to say "g"
j	χ	jabalí, deje	Like an "h" but pronounced at the back of the throat (similar to Scottish "loch")
l	l	lado	lake
ll	j	lluvia	yellow
	ʒ		In some regions (eg the Rio de la Plata area of South America) it is pronounced like the "s" in "pleasure"
m	m	mano	man
n	n	nulo	no
ñ	ŋ	año	onion
p	p	papa	pool
r	r	dorado (*in between vowels*) hablar (*at end of syllable or word*)	A rolled "r" sound (similar to Scottish "r")
	rr	rosa (*at beginning of word*) alrededor (*after l*) enredo (*after n*)	A much longer rolled "r" sound (similar to Scottish "r")
rr	rr	arroyo	A much longer rolled "r" sound (similar to Scottish "r")
s	s	saco	sound
sh	ʃ	show	show
t	t	tela	tea

Letter in Spanish	IPA Symbol	Example in Spanish	Pronunciation (example in English)
v	b	**v**aso, in**v**ierno *(at the beginning of the word or after "n")*	**b**oom
	β	a**v**e *(all other contexts)*	A "**b**" pronounced without quite closing the lips completely
x	ks	e**x**amen	e**x**tra
y	j	a**y**er	**y**ellow
	ʒ		*In some regions (eg the Rio de la Plata area of South America) it is pronounced like the "***s***" in "plea***s***ure"*
z	θ *(in Spain)*	**z**apato	**th**anks *(in Spain)*
	s *(in Latin America and southern Spain)*		**s**un *(in Latin America and southern Spain)*

xvi

NOTAS CULTURALES
CULTURAL NOTES

Las notas culturales de este diccionario proporcionan información adicional de tipo enciclopédico sobre aquellos conceptos culturales que no pueden reflejarse en una traducción o una pequeña explicación. Con ellas el hablante no nativo tiene acceso al contexto subyacente de algunos acontecimientos históricos, instituciones públicas, lugares de interés y detalles de la vida cotidiana.
A continuación se incluye la lista de notas culturales relativas al mundo de las lenguas española e inglesa de este diccionario.

The cultural notes in this dictionary provide extra information, in the form of encyclopedic entries, on certain aspects of culture that cannot be fully rendered in a translation or a short explanation. They give the non-native speaker access to the full meaning behind certain cultural items including major historical events, public institutions, places of interest and general features of everyday life.
Below is a list of the cultural notes on the Spanish- and English-speaking worlds in this dictionary.

Español/Spanish

ALBURES
AMAZONIA
APELLIDOS
ASADO
AYMARA
BARAJA ESPAÑOLA
BOLÍVAR
(EL) BOOM
CABALGATA DE LOS REYES MAGOS
CAJA DE AHORROS
CAMINO DE SANTIAGO
CANTE JONDO
CANTINA
CANTINFLAS
CARNAVAL
CASTELLANO
CATALÁN
CAUDILLISMO
CEBICHE
CHACO (GUERRA DEL)
CHARRO
CHURROS
COMUNIDAD AUTÓNOMA
CRIOLLO
CUMBIA
DESAPARECIDOS
DOBLAJE
DOCUMENTO NACIONAL DE IDENTIDAD
EJIDO
ESEQUIBO
ESO
ESQUIPULAS

ESTANCO
EUSKERA
FALLAS
FIESTAS
GALLEGO
GAUCHO
GENERACIÓN DEL 98
(EL) GRITO
GUARANÍ
HORARIO CONTINUO
INDIGENISMO
LADINO
LATIFUNDIO
LIBERTADORES AMERICANOS
LUCHA LIBRE
LUNFARDO
MADRES DE LA PLAZA DE MAYO
MAÍZ
MALINCHISMO
MAQUILADORAS
MARIACHI
MATE
MISIONES JESUÍTICAS
NÁHUATL
NIÑOS HÉROES
OEA
ONCE
OPOSICIONES
(LA) PANAMERICANA
PATERA
PERIODO ESPECIAL
PIRÁMIDES MAYAS Y AZTECAS

POPOL VUH
POSADA
PREMIO CASA DE LAS AMÉRICAS
PREMIO CERVANTES
PRENSA ROSA
PUENTE
PULQUE
QUECHUA
RAE
ROMERÍA
SALIDA AL MAR
SANFERMINES
SANTERÍA
SEMANA SANTA
SERVICIO MILITAR
SINCRETISMO RELIGIOSO
SON
SPANGLISH
TAMBO
TANGO
TELENOVELA
TEXTILES INDÍGENAS
TOROS
TRATAMIENTO
(NUEVA) TROVA CUBANA
TUNA
(LAS) UVAS (DE LA SUERTE)
(LA) VIOLENCIA
VOSEO
VOSOTROS
ZAPATISTAS

Inglés/English

- A-Levels
- Affirmative Action
- the Alamo
- Anzac
- Asian
- Best Man
- Bill of Rights
- Black American English
- Boston Tea Party
- Broadway
- Burns' Night
- Canute
- Capitol Hill
- Charge of the Light Brigade
- Checks and Balances
- Church
- Civil Rights Movement
- Cockney
- Comic Relief
- Commencement
- Commonwealth
- Comprehensive school
- Constitution
- Convention
- Death Row
- Declaration of Independence
- Devolution
- Dilbert
- Disgusted of Tunbridge Wells
- Downing Street
- Dunkirk Spirit
- Dwem
- Easter Rising
- Emancipaton Proclamation
- Executive Privilege
- Fifth Amendment
- First Amendment
- Flag Day
- Fleet Street
- Fort Knox
- Founding Fathers
- Fourth of July
- Gaelic
- -Gate
- Gettysburg Address
- Good Friday Agreement
- Grand Jury
- Gun Control
- Hallowe'en
- Hogmanay
- Honours List
- House of Commons
- House of Lords
- House of Representatives
- Impeachment
- American War of Independence
- IRA
- Irish Potato Famine
- Ivy League
- John Birch Society
- Kwanza(a)
- L Plate/Driver
- Library of Congress
- Licensing Hours
- Louisiana Purchase
- Loyalist
- Magna Carta
- Manifest Destiny
- Marching Season
- Mills And Boon
- Monroe Doctrine
- Ms
- Native Americans
- NHS
- North-South Divide
- Northern Ireland
- Oxbridge
- Pantomime
- Pilgrim Fathers
- Pledge of Allegiance
- Political Correctness
- Poppy Day
- Primaries
- Prom
- Pub
- Public Access Television
- Public School
- Pulitzer Prize
- Quebec
- Queen's Speech
- Reconstruction
- Republican
- Rhyming Slang
- Saint Patrick's Day
- Salem Witch Trials
- Senate
- Shadow Cabinet
- Sherman's March
- Sororities
- Speaker of the House
- Special Relationship
- Sponsored Events
- Stars and Stripes
- States Rights
- State of the Union Address
- Statue of Liberty
- Stonewall
- Tabloids
- Tea
- Thanksgiving
- Treasury
- Uncle Tom
- United Kingdom
- Valley Forge
- Vegetarianism
- Victorian
- Vietnam Syndrome
- Waitangi, Treaty of
- WASP
- Westminster
- Whitehall
- Yearbook

Inglés-Español
English-Spanish

Aa

A, a [eɪ] n **-1.** (letter) A, a f **-2.** IDIOMS **to get from A to B** ir de un lugar a otro; **from A to Z** de principio a fin ❏ **A to Z** (street guide) Esp callejero m, Am guía f de la ciudad; **an A to Z of gardening** una guía completa de jardinería

A [eɪ] n **-1.** (first, most important) Br **A road** ≃ carretera f nacional or general; **A-side** (of record) cara f A, primera cara f
 -2. SCH (grade) sobresaliente m; **to get an A** (in exam, essay) sacar un sobresaliente
 -3. Br **A level** = examen final o diploma en una asignatura de los estudios preuniversitarios
  -4. **A bomb** bomba f atómica
  -5. MUS la m
  -6. A4 (paper format) A4, Din-A4
  -7. (abbr **ampere**) A

> **A LEVELS**
> Exámenes de acceso a la universidad en el Reino Unido (excepto en Escocia). Se caracterizan por un alto grado de especialización ya que no se hacen en más de dos o tres asignaturas (excepcionalmente cuatro). Asimismo, las notas son decisivas a la hora de acceder al centro donde se desea cursar estudios.

a [ə, stressed eɪ] indefinite art

> Antes de vocal o "h" muda **an** [ən, stressed æn].

 -1. (in general) un, una; **a man** un hombre; **a woman** una mujer; **an hour** una hora; **I haven't got a television** no tengo televisión; **do they all have a knife and fork?** ¿tienen todos cuchillo y tenedor?; **can I have a quick wash?** ¿me puedo lavar en un momento?; **he is an Englishman/a father/a lawyer** es inglés/padre/abogado; **he's a nice person** es (una) buena persona; **she's a friend (of mine)** es amiga mía; **she didn't give me a penny** no me dio ni un centavo; **he was hailed as a new Pele** fue aclamado como el nuevo Pelé; **a dog has four legs** los perros tienen cuatro patas; **I've spent many a happy hour with them** he pasado muchas horas felices con ellos
 -2. (referring to personal attribute) **he has a red nose** tiene la nariz roja; **I have a sore throat** me duele la garganta, tengo dolor de garganta; **she has a sharp tongue** tiene la lengua afilada
 -3. (expressing prices, rates) **30 pence a kilo** 30 peniques el kilo; **three times a week/a year** tres veces a la semana/al año; **50 kilometres an hour** 50 kilómetros por hora
 -4. (replacing number one) **a hundred** cien; **a thousand** mil; **a quarter** un cuarto; **two and a half** dos y medio; **a third of the participants** un tercio de los participantes; **two girls and a boy** dos chicas y un chico
 -5. (expressing time) **the exam is on a Monday** el examen cae en lunes; **a week on Thursday** el jueves de la semana que viene; **a quarter of an hour** un cuarto de hora; **half an hour** media hora
 -6. (a certain) **a Mr Watkins phoned** llamó un tal Sr. Watkins; **there was a bitterness in her words** había una cierta amargura en sus palabras
 -7. (referring to people collectively) **a good cook never uses too much salt** un buen cocinero no usa demasiada sal; **a policeman should never drink on duty** los policías no deben beber cuando están de servicio
 -8. (referring to work of art) **it's a Renoir** es un Renoir; **a well-known Goya** un Goya muy conocido
 -9. (referring to family) **you can tell he's a Kennedy** se nota que es un Kennedy
 -10. (in exclamations) **what an idiot!** ¡qué idiota!

A-1 [eɪˈwʌn] adj **-1.** (first-class, perfect) **everything's A-1** está todo perfecto **-2.** (in health) **to be A-1** tener una salud de hierro **-3.** NAUT en excelente estado

AA [eɪˈeɪ] ◇ n **-1.** (abbr **Alcoholics Anonymous**) AA, Alcohólicos mpl Anónimos **-2.** Br (abbr **Automobile Association**) = asociación automovilística británica, Esp ≃ RACE m, Arg ≃ ACA m **-3.** US (abbr **Associate in Arts**) ≃ diplomado(a) m,f en Filosofía y Letras
 ◇ adj (abbr **anti-aircraft**) antiaéreo(a)

AAA n **-1.** [ˈθriːˈeɪz] Br Formerly (abbr **Amateur Athletics Association**) = federación británica de atletismo aficionado **-2.** [eɪeɪˈeɪ] US (abbr **American Automobile Association**) = asociación automovilística estadounidense

Aachen [ˈɑːkən] n Aquisgrán

AAC&U [eɪeɪsiːənˈdjuː] n (abbr **Association of American Colleges and Universities**) = asociación estadounidense de escuelas superiores y universidades

aardvark [ˈɑːdvɑːk] n cerdo m hormiguero

Aaron [ˈeərən] pr n Aarón

AB [eɪˈbiː] n **-1.** US UNIV (abbr **artium baccalaureus**) (qualification) licenciatura f en Filosofía y Letras; (person) licenciado(a) m,f en Filosofía y Letras **-2.** NAUT (abbr **able-bodied seaman**) marinero m de primera

ABA [eɪbiːˈeɪ] n (abbr **American Bar Association**) = asociación estadounidense de juristas

abaci pl of **abacus**

aback [əˈbæk] adv **to be taken ~ (by)** quedarse desconcertado(a) (por)

abacus [ˈæbəkəs] (pl **abacuses** [ˈæbəkəsɪz] or **abaci** [ˈæbəsaɪ]) n ábaco m

abaft [əˈbɑːft] adv NAUT a popa

abalone [æbəˈləʊnɪ] n oreja f de mar

abandon [əˈbændən] ◇ vt **-1.** (leave) (person, object, place) abandonar; **to ~ ship** abandonar el barco; **to ~ sb to their fate** abandonar a alguien a su suerte
 -2. (give up) (search, studies, idea, attempt) abandonar; (match) suspender; COMPTR (file, routine) cancelar; **to ~ all hope (of doing sth)** abandonar toda esperanza (de hacer algo)
 -3. to ~ oneself to despair abandonarse a la desesperación
 ◇ n **with gay** or **reckless ~** como loco(a)

abandoned [əˈbændənd] adj **-1.** (house, car) abandonado(a); **to feel ~** sentirse abandonado(a) **-2.** Old-fashioned (dissolute) disoluto(a), licencioso(a)

abase [əˈbeɪs] vt **to ~ oneself** humillarse, degradarse

abashed [əˈbæʃt] adj **to be ~** estar avergonzado(a) or abochornado(a) or Andes, CAm, Carib, Méx apenado(a); **she seemed not (in) the least ~** no parecía estar avergonzada or Andes, CAm, Carib, Méx apenada en lo más mínimo

abate [əˈbeɪt] vi (storm, wind, flood) amainar; (pain) remitir, calmarse; (noise, anger, enthusiasm) disminuir, atenuarse

abatement [əˈbeɪtmənt] n Formal (of storm) amaine m; (of pain) remisión f; (of noise, anger, enthusiasm) disminución f, atenuación f

abattoir [ˈæbətwɑː(r)] n matadero m

abbess [ˈæbes] n abadesa f

abbey [ˈæbɪ] n abadía f

abbot [ˈæbət] n abad m

abbreviate [əˈbriːvɪeɪt] vt **-1.** (word, title) abreviar **-2.** (speech, remarks) abreviar; **the chairman asked him to ~ his remarks as time was short** el presidente le pidió que abreviara porque quedaba poco tiempo

abbreviation [əbriːvɪˈeɪʃən] n (shortening of word, title) abreviación f; (short form) abreviatura f

ABC [eɪbiːˈsiː] n **-1.** (alphabet) abecedario m; **an ~ of gardening** una guía básica de jardinería **-2.** (abbr **American Broadcasting Corporation**) cadena f ABC (de radio y televisión estadounidense) **-3.** (abbr **Australian Broadcasting Corporation**) = radiotelevisión pública australiana

ABD n US UNIV (abbr **all but dissertation**) = estudiante de doctorado al que sólo le falta la tesis para obtener el título de doctor

abdicate [ˈæbdɪkeɪt] ◇ vt **-1.** (throne) abdicar **-2.** (responsibility) desatender, abandonar; (right) renunciar a
 ◇ vi (monarch) abdicar

abdication [æbdɪˈkeɪʃən] n **-1.** (of throne) abdicación f **-2.** (of responsibility) descuido m, abandono m; (of right) renuncia f

abdomen [ˈæbdəmən] n ANAT & ZOOL abdomen m

abdominal [æbˈdɒmɪnəl] adj ANAT abdominal

abduct [əbˈdʌkt] vt raptar, secuestrar

abduction [əbˈdʌkʃən] n rapto m, secuestro m

abductor [əbˈdʌktə(r)] n **-1.** (of person) secuestrador(ora) m,f, raptor(ora) m,f **-2.** ANAT abductor m

abeam [əˈbiːm] adv **-1.** AV en ángulo recto con el fuselaje **-2.** NAUT en ángulo recto con la quilla

Abel [ˈeɪbəl] pr n Abel

Aberdonian [æbəˈdəʊnɪən] ◇ n persona de Aberdeen (Escocia)
 ◇ adj de Aberdeen (Escocia)

aberrant [əˈberənt] adj Formal (behaviour) aberrante

aberration [æbəˈreɪʃən] n **-1.** (action, idea) anomalía f, aberración f; **mental ~** desvarío, despiste m; **in a moment of ~** en un momento de ofuscación **-2.** ASTRON aberración f

abet [əˈbet] (pt & pp **abetted**) vt LAW **to aid and ~ sb** ser cómplice de alguien; **to be accused of aiding and abetting sb** ser acusado(a) de complicidad con alguien

abeyance [ə'beɪəns] *n* **to be in ~** *(of law, custom)* estar en desuso; **to fall into ~** *(of law, custom)* caer en desuso

abhor [əb'hɔː(r)] *(pt & pp* **abhorred)** *vt* aborrecer

abhorrence [əb'hɒrəns] *n Formal* aversión *f*, aborrecimiento *m* (**of** hacia *or* por); **to have an ~ of sth/sb, to hold sth/sb in ~** aborrecer algo/a alguien

abhorrent [əb'hɒrənt] *adj Formal* aborrecible, repugnante; **it is ~ to me** me resulta repugnante

abide [ə'baɪd] ⋄ *vt (tolerate)* soportar; **I can't ~ him** no lo soporto
⋄ *vi Literary (live, stay)* habitar en, morar en; REL **~ with me** quédate *or* permanece junto a mí
◆ **abide by** *vt insep (promise)* cumplir; *(rule, decision)* acatar, atenerse a

abiding [ə'baɪdɪŋ] *adj (interest, impression)* duradero(a); **my ~ memory of Spain is...** mi recuerdo más destacado de España es...

ability [ə'bɪlɪtɪ] *n* **-1.** *(talent, skill)* aptitud *f*, habilidad *f*; **a person of real ~** una persona de gran valía; **he lacks ~** le falta maña; **he did it to the best of his ~** lo hizo lo mejor que supo; **children of all abilities** niños de todos los niveles de aptitud; **someone of her ~ should have no problems** una persona con su capacidad no debería tener problema
-2. *(capability)* capacidad *f*; **we now have the ~ to record all calls** ahora podemos grabar todas las llamadas; **he has no ~ to concentrate** no tiene capacidad de concentración

abject ['æbdʒekt] *adj* **-1.** *(very bad)* deplorable; **~ poverty** pobreza extrema **-2.** *(lacking self-respect)* **to look ~** tener un aspecto lamentable; **an ~ apology** una humilde disculpa; **~ cowardice** cobardía ruin

abjectly ['æbdʒektlɪ] *adv* **-1.** *(very badly)* **they failed ~** fracasaron por completo **-2.** *(without self-respect)* con mezquindad, miserablemente

abjure [əb'dʒʊə(r)] *vt Formal (religion, belief)* abjurar (de), renegar de; *(claim)* renunciar a

ablative ['æblətɪv] GRAM ⋄ *n* ablativo *m* ❑ **~ absolute** ablativo *m* absoluto
⋄ *adj* ablativo(a)

ablaze [ə'bleɪz] *adj* **-1.** *(on fire)* **to be ~** estar ardiendo *or* en llamas; **to set sth ~** prender fuego a algo **-2.** *(bright, shining)* **her eyes were ~ with passion** sus ojos ardían de pasión; **the garden was ~ with colour** el jardín resplandecía de colorido

able ['eɪbl] *adj* **-1. to be ~ to do sth** *(have the capability)* ser capaz de hacer algo, poder hacer algo; *(manage)* conseguir *or* poder hacer algo; **are you ~ to use this program/speak Spanish?** ¿sabes usar este programa/hablar español?; **I was ~ to speak to him myself** conseguí *or* pude hablar con él; **she was ~ to see exactly what was happening** pudo ver exactamente lo que estaba sucediendo; **I won't be ~ to pay until next week** no voy a poder pagar hasta la semana que viene; **the computer is ~ to do several million calculations per second** *Esp* el ordenador *or Am* la computadora es capaz de realizar varios millones de cálculos por segundo; **please donate whatever you are ~** por favor, contribuya con lo que pueda; **do you feel ~ to do it?** ¿te sientes capaz de hacerlo?; **I haven't been ~ to do it yet** todavía no he podido hacerlo; **I'm delighted to be ~ to tell you that...** me complace poder comunicarle que...; **she's better ~ to do it than I am** ella está más capacitada para hacerlo que yo
-2. *(competent) (person)* capaz; *(piece of work, performance)* logrado(a), conseguido(a); **thanks to your ~ assistance...** gracias a tu ayuda...

able-bodied ['eɪbəl'bɒdɪd] *adj* **every ~ person helped in the search** todos los que estaban en condiciones de ayudar participaron en la búsqueda ❑ NAUT **~ seaman** marinero *m* de primera

ablutions [əb'luːʃənz] *npl Formal or Hum* abluciones *fpl*

ably ['eɪblɪ] *adv* hábilmente; **~ assisted by** hábilmente ayudado por

ABM [eɪbiː'em] *n* MIL *(abbr* **antiballistic missile)** misil *m* antibalístico

abnegation [æbnə'geɪʃən] *n Formal* **-1.** *(self-denial)* abnegación *f* **-2.** *(of responsibility)* abandono *m*

abnormal [æb'nɔːməl] *adj (growth, behaviour, interest)* anormal, anómalo(a); **there's nothing ~ about that** eso no tiene nada de anormal

abnormality [æbnɔː'mælɪtɪ] *n* anormalidad *f*, anomalía *f*

abnormally [æb'nɔːməlɪ] *adv* anormalmente; **~ large/quiet/helpful** excepcionalmente grande/tranquilo/útil

aboard [ə'bɔːd] ⋄ *adv* a bordo; **to go ~** subir a bordo; **all ~!** *(boat)* ¡todo el mundo a bordo!; *(train)* ¡pasajeros, al tren!; **welcome ~!** *(onto ship, aircraft)* ¡bienvenidos(as) a bordo!; *(onto team)* ¡bienvenido(a)!
⋄ *prep (ship, aircraft)* a bordo de; *(bus, train)* en; **~ ship** a bordo (del barco)

abode [ə'bəʊd] *n* **-1.** *Literary* morada *f*; *Hum* **welcome to my humble ~** bienvenido a mi humilde morada **-2.** LAW **of no fixed ~** sin domicilio fijo; **right of ~** derecho de residencia

abolish [ə'bɒlɪʃ] *vt (law, custom, distinction)* abolir, suprimir; *(slavery, death penalty)* abolir

abolition [æbə'lɪʃən] *n (of law, custom, distinction)* abolición *f*, supresión *f*; *(of slavery, death penalty)* abolición *f*

abolitionist [æbə'lɪʃənɪst] HIST ⋄ *n* abolicionista *mf*
⋄ *adj* abolicionista

abominable [ə'bɒmɪnəbəl] *adj* deplorable, abominable; **her handwriting is ~** tiene una letra malísima *or* lamentable; **the coffee was ~** el café estaba deplorable ❑ **the ~ snowman** el abominable hombre de las nieves

abominably [ə'bɒmɪnəblɪ] *adv* **-1.** *(to behave, spell)* deplorablemente, abominablemente; **to treat sb ~** tratar a alguien de manera deplorable **-2.** *(as intensifier)* tremendamente; **it was ~ difficult** fue tremendamente difícil

abominate [ə'bɒmɪneɪt] *vt Formal* abominar (de)

abomination [əbɒmɪ'neɪʃən] *n* **-1.** *(thing, action)* abominación *f*, horror *m* **-2.** *(disgust)* repugnancia *f*, aversión *f*; **to hold sth in ~** aborrecer *or* abominar algo

aboriginal [æbə'rɪdʒənəl] ⋄ *adj* **-1.** *(inhabitant)* aborigen, indígena **-2.** *(in Australia)* aborigen
⋄ *n* = **Aborigine**

Aborigine [æbə'rɪdʒɪnɪ] *n* aborigen *mf* (de Australia)

abort [ə'bɔːt] ⋄ *n* COMPTR *(program)* cancelación *f*
⋄ *vt* **-1.** MED **the foetus was aborted in the 14th week of pregnancy** se provocó un aborto en la 14ª semana de embarazo **-2.** *(project, mission, flight)* interrumpir, suspender **-3.** COMPTR cancelar
⋄ *vi* **-1.** MED *(woman)* abortar **-2.** *(abandon project, mission, flight)* abortar

abortifacient [əbɔːtɪ'feɪʃənt] MED ⋄ *n* abortivo *m*
⋄ *adj* abortivo(a)

abortion [ə'bɔːʃən] *n* **-1.** *(termination of pregnancy)* aborto *m (provocado)*; **to have an ~** abortar, tener un aborto; **on demand** aborto libre; **~ clinic/law** clínica/ley abortista **-2.** MED *(miscarriage)* aborto *m* (espontáneo) **-3.** *very Fam (person)* feto *m*, cardo *m*; *(animal)* engendro *m*

abortionist [ə'bɔːʃənɪst] *n (practitioner)* abortista *mf*

abortive [ə'bɔːtɪv] *adj (attempt, plan)* fallido(a), malogrado(a)

abound [ə'baʊnd] *vi* abundar (**in** *or* **with** en)

about [ə'baʊt] ⋄ *prep* **-1.** *(regarding)* sobre, acerca de; **a book ~ France** un libro sobre Francia; **what's this book ~?** ¿de qué trata *or Am* se trata este libro?; **what's all the fuss ~?** ¿a qué viene tanto alboroto?; **what's so clever ~ that?** ¿qué tiene eso de ingenioso?; **he wants to see you ~ the missing money** quiere verte para hablar del dinero desaparecido; **to talk/argue ~ sth** hablar/discutir de *or* sobre algo; **what are you talking ~?** *(that's ridiculous)* ¿qué dices?; **to complain/laugh ~ sth** quejarse/reírse de algo; **to be angry ~ sth** estar *esp Esp* enfadado *or Am* enojado por algo; **I'm sorry ~ yesterday** siento lo de ayer; **he said something ~ buying a new TV** dijo algo de comprar un televisor nuevo; **he's being very awkward ~ it** está poniéndose muy difícil con respecto a este asunto; *Fam* **get me a beer and be quick ~ it** ponme una cerveza y rapidito; **we must do something ~ this problem** tenemos que hacer algo con este problema *or* para solucionar este problema; **there's nothing we can do ~ it** no podemos hacer nada (al respecto); **he's always complaining, but he never does anything ~ it** siempre se está quejando, pero nunca hace nada; **there's something ~ her I don't like** tiene algo que no me gusta; **tell me all ~ it** cuéntame, cuéntamelo todo; **the good/bad thing ~...** lo bueno/malo de...; **what is it you don't like ~ her?** ¿qué es lo que no te gusta de ella?; **how** *or* **what ~ a cup of tea?** ¿te *Esp* apetece *or Carib, Col, Méx* provoca un té?, ¿quieres *or CSur* querés un té?; **I fancy a beer, how** *or* **what ~ you?** me *Esp* apetece *or Carib, Col, Méx* provoca una cerveza, ¿y a ti?, *CSur* yo me tomaría una cerveza, ¿y vos?; **well how ~ that!** ¡vaya!; **and what ~ me?** ¿y yo qué?; **it's a good plan, but what ~ the funding?** es un buen plan, pero ¿y la financiación?; *Br Fam* **could you get me one too, while you're ~ it?** ¿me podrías traer otro para mí, ya que estás?
-2. *(introducing topic)* **~ the rent... we can't pay it this month** en cuanto al alquiler *or Méx* la renta,... es que no podemos pagar este mes; **it's ~ the accident...** *(on phone)* llamaba por lo del accidente...; *(in person)* venía por lo del accidente...
-3. *(in various parts of)* por; **to walk ~ the town** caminar por la ciudad; **papers were scattered ~ the room** había papeles diseminados por toda la habitación; **you can't go ~ the place spreading rumours** no puedes ir por ahí difundiendo rumores; *Br Formal* **do you have a piece of paper ~ you?** ¿tiene un papel encima?
-4. *Literary (encircling)* **she put her arms ~ his neck** le rodeó el cuello con los brazos; **he wore a sash ~ his waist** una faja le ceñía la cintura
⋄ *adv* **-1.** *(in different directions, places)* **to run ~** correr de aquí para allá; **to walk ~** caminar *or* pasear por ahí; **they heard someone moving ~ in the attic** oyeron a alguien moverse por el ático; **to follow sb ~** perseguir a alguien; **they sat ~ (doing nothing) all afternoon** se pasaron la tarde sentados (sin hacer nada); **there were books scattered all ~** había libros esparcidos por todas partes
-2. *(in opposite direction)* **to turn/whirl ~** dar la vuelta, volver, *Andes, CAm, Carib, Méx* devolverse
-3. *(in the general area)* **is Jack ~?** ¿está Jack por ahí?; **he/it must be ~ somewhere** debe de estar *or* andar por ahí; **there was nobody ~** no había nadie (por allí); **there's a nasty bug ~** hay una epidemia por ahí; **have you got the flu too? there's a lot of it ~** ¿tú también tienes la gripe? todo el mundo la tiene; **it's good to see you up and ~ again** *(recovered)* ¡qué alegría verte otra vez en pie!

-4. *(approximately)* más o menos; ~ **thirty** unos treinta; **she's ~ thirty** anda por los treinta, tiene unos treinta años; **at ~ one o'clock** alrededor de la una, a eso de la una; ~ **a week** una semana más o menos; **she's ~ as tall as you** es más o menos como tú de alta; **this is ~ as good as it gets** pues esto es de lo mejor; **I've just ~ finished** estoy a punto de acabar *or* terminar; **that's ~ it for the moment** *(we've almost finished)* prácticamente hemos terminado; **that's ~ enough** con eso basta; **I've had just ~ enough of your cheek!** ¡ya me estoy hartando de tu descaro!; ~ **time!** ¡ya era hora!
-5. *(on the point of)* **to be ~ to do sth** estar a punto de hacer algo; **I'm not ~ to...** *(have no intention of)* no tengo la más mínima intención de...

about-face [ə'baʊtˌfeɪs], *Br* **about-turn** [ə'baʊt'tɜːn] ◇ *n* **-1.** MIL media vuelta *f*; ~! ¡media vuelta! **-2.** *(radical change)* giro *m* radical *or* de 180 grados; **to do an ~** dar un giro radical *or* de 180 grados
◇ *vi* **-1.** MIL dar media vuelta **-2.** *(change opinion)* dar un giro radical *or* de 180 grados

above [ə'bʌv] ◇ *n* **the ~** *(information)* lo anterior
◇ *npl* **the ~** *(people)* los arriba mencionados; **all of the ~ are covered by this policy** la presente póliza cubre a todos los arriba mencionados
◇ *adj* de arriba; **the ~ diagram** el diagrama de arriba; **for the ~ reasons** por las razones arriba mencionadas
◇ *prep* **-1.** *(physically)* por encima de; **the sky ~ us** el cielo; **the flat ~ ours** el apartamento que está encima del nuestro; **500 metres ~ sea level** 500 metros sobre el nivel del mar; **lift your arms ~ your head** levanta los brazos (por encima de la cabeza); **the Ebro ~ Zaragoza** el Ebro, antes de llegar a Zaragoza; **there's a mistake in the line ~ this one** hay un error en la línea anterior a ésta; **he appears (just) ~ me on the list** figura en la lista (justo) antes que yo
-2. *(with numbers)* ~ **twenty** por encima de veinte; ~ **$100** más de 100 dólares; **the temperature didn't rise ~ 10°C** la temperatura no pasó de *or* superó los 10°; **store at ~ 5°C** guárdese a una temperatura superior a 5°; **children ~ the age of eleven** chicos de más de once años; **the food was ~ average** la comida era bastante buena; **the temperature was ~ average** *or* **normal** la temperatura era superior a la habitual; **children of ~ average ability** niños mejor dotados que la media
-3. *(in classification, importance, rank)* **he is ~ me** está por encima de mí; **they finished ~ us in the league** terminaron mejor clasificados que nosotros en la liga; **he was in the year ~ me (at school)** iba un año por delante de mí en el colegio; **a general is ~ a colonel in the army** el rango de general está por encima del coronel; **to marry ~ oneself** casarse con alguien de clase social superior; **I value happiness ~ success** valoro más la felicidad que el éxito; ~ **all** por encima de todo, sobre todo; ~ **all else, we must avoid defeat** por encima de todo, debemos evitar la derrota
-4. *(louder than)* **he tried to make himself heard ~ the noise** trató de hacerse oír por encima del ruido; **I couldn't hear her voice ~ the music** no la oía por encima de la música
-5. *(not subject to)* **to be ~ reproach** ser irreprochable; **to be ~ suspicion** estar libre de sospecha; **she thinks she's ~ criticism** cree que está por encima de las críticas; **even you are not ~ failure** ni siquiera tú eres infalible
-6. *(superior to)* **he thinks he's ~ all that** cree que hacer eso sería humillarse; **she thinks she's ~ everyone else** se cree superior a los demás; **he's not ~ telling the occasional lie** incluso él se permite mentir de vez en cuando; **to get ~ oneself** darse muchos humos
-7. *(incomprehensible to)* **his speech was way ~ me** *or* ~ **my head** no entendí ni la mitad de su discurso
◇ *adv* **-1.** *(in general)* arriba; **the sky ~** el cielo; **the flat ~** el apartamento de arriba; **the tenants (of the flat) ~** los inquilinos de arriba; **I heard a shout from ~** oí un grito que venía de arriba; **to have a view from ~** ver desde arriba; **this is the building as seen from ~** este es el edificio visto desde arriba; **imposed from ~** impuesto(a) desde arriba; **orders from ~** órdenes de arriba *or* de los superiores
-2. *(in book, document)* **contact the phone number given ~** llame al número de teléfono que aparece más arriba; **the paragraph ~** el párrafo anterior; **in the diagram ~** en el diagrama de arriba; **as noted ~...** como se comenta más arriba...; **see ~** ver más arriba
-3. *(with numbers)* **women aged eighteen and ~** las mujeres a partir de los dieciocho años; **temperatures of 30°C and ~** temperaturas superiores a los 30°
-4. *(in rank)* **officers of the rank of colonel and ~** los coroneles y oficiales de rango superior
-5. *Literary (in Heaven)* **the Lord ~** el Señor que está en los Cielos; **a sign from ~** una señal divina

above-average [ə'bʌvˌævərɪdʒ] *adj* superior a la media, por encima de la media

above-board [əbʌv'bɔːd] *adj (honest)* honrado(a), sincero(a); **let's keep everything ~** mantengámonos dentro de la legalidad

above-mentioned [əbʌv'menʃənd], **above-named** [əbʌv'neɪmd] ◇ *adj* arriba mencionado(a), susodicho(a)
◇ *n* **the ~** *(person)* el arriba mencionado, la arriba mencionada

above-the-line [əˌbʌvðə'laɪn] *adj* **-1.** FIN *(expenditure, revenue)* por encima de la línea **-2.** COM ~ ***advertising*** publicidad *f* pagada

abracadabra [ˌæbrəkə'dæbrə] *exclam* ¡abracadabra!

abrade [ə'breɪd] *vt* **-1.** TECH pulir, bruñir **-2.** *(skin)* raspar, excoriar **-3.** GEOL erosionar

Abraham ['eɪbrəhæm] *pr n* Abraham, Abrahán

abrasion [ə'breɪʒən] *n* **-1.** TECH pulido *m*, bruñido *m* **-2.** *(on skin)* abrasión *f* **-3.** GEOL erosión *f*

abrasive [ə'breɪsɪv] ◇ *n (substance)* abrasivo *m*
◇ *adj* **-1.** *(surface, substance)* abrasivo(a) **-2.** *(person, manner)* acre, corrosivo(a); *(criticism, wit)* mordaz, incisivo(a)

abrasiveness [ə'breɪsɪvnɪs] *n* **-1.** *(of material)* capacidad *f or* poder *m* de abrasión **-2.** *(of person, manner)* acritud *f*, acrimonia *f*

abreast [ə'brest] *adv* **-1.** *(side by side)* **three/four ~** en fila de a tres/cuatro, de tres/cuatro en fondo; **to come ~ of** situarse a la altura de **-2.** *(in touch with)* **to keep ~ of sth** mantenerse al tanto de algo

abridge [ə'brɪdʒ] *vt (book)* resumir; *(speech)* resumir, abreviar

abridged [ə'brɪdʒd] *adj* abreviado(a) ❑ ~ ***edition*** edición *f* abreviada

abridg(e)ment [ə'brɪdʒmənt] *n (of book, speech)* resumen *m*

abroad [ə'brɔːd] *adv* **-1.** *(in another country)* en el extranjero, fuera del país; **to be/live ~** estar/vivir en el extranjero; **to go ~** ir al extranjero
-2. *Formal (in public domain)* **to get ~** *(of news)* difundirse; **there are rumours ~ about a possible invasion** corre el rumor de una posible invasión
-3. *Literary (out of doors)* **not a soul was ~ at that early hour** no había ni un alma por las calles a esas horas tempranas; **to venture ~** aventurarse a salir

abrogate ['æbrəgeɪt] *vt Formal* abrogar, derogar

abrupt [ə'brʌpt] *adj* **-1.** *(sudden) (change, movement)* brusco(a), repentino(a); *(departure)* súbito(a), repentino(a); **the evening came to an ~ end** la velada terminó bruscamente **-2.** *(curt)* brusco(a), abrupto(a) **-3.** *(steep) (rise, fall, slope)* abrupto(a), escarpado(a)

abruptly [ə'brʌptlɪ] *adv* **-1.** *(suddenly)* bruscamente, repentinamente **-2.** *(curtly)* bruscamente **-3.** *(to rise, fall)* abruptamente, repentinamente

abruptness [ə'brʌptnɪs] *n* **-1.** *(suddenness) (of change, movement)* brusquedad *f*, rapidez *f*; *(of departure)* lo súbito, lo repentino **-2.** *(curtness)* brusquedad *f*, sequedad *f*

ABS [ˌeɪbiː'es] *n* AUT *(abbr* **anti-lock braking system)** ABS *m* ❑ ~ ***brakes*** frenos *mpl* ABS

Absalom ['æbsələm] *pr n* Absalón

abscess ['æbses] *n (general)* absceso *m*; *(in gums)* flemón *m*

abscissa [æb'sɪsə] *(pl* **abscissas** *or* **abscissae** [æb'sɪsiː]) *n* MATH abscisa *f*

abscond [əb'skɒnd] *vi Formal* darse a la fuga, huir; *Hum* **he absconded with the money** se esfumó con el dinero

abseil ['æbseɪl] *vi* hacer rappel; **to ~ down sth** bajar algo haciendo rappel

abseiling ['æbseɪlɪŋ] *n* rappel *m*; **to go ~** ir a hacer rappel

absence ['æbsəns] *n* **-1.** *(of person)* ausencia *f*; **during** *or* **in my/his/***etc* ~ durante *or* en mi/su/*etc.* ausencia; **this is her fourth ~ this term** es la cuarta vez que se ausenta *or* que falta en lo que va de trimestre; PROV ~ **makes the heart grow fonder** la ausencia aviva el cariño
-2. *(of thing)* ausencia *f*; *(of evidence, information)* ausencia *f*, falta *f* **(of** de); **in the ~ of...** a falta de...
-3. LAW **to be tried/sentenced in one's ~** ser procesado(a)/juzgado(a) en rebeldía

absent ◇ *adj* ['æbsənt] **-1.** *(not present, missing)* ausente; **to be ~ from school/work** faltar al colegio/al trabajo; MIL ~ **without leave** ausente sin permiso; **to ~ friends!** *(toast)* ¡por los que faltan *or* no están aquí! **-2.** *(lacking)* ausente; **to be conspicuously ~** brillar por su ausencia **-3.** *(distracted)* ausente
◇ *vt* [æb'sent] *Formal* **to ~ oneself (from)** ausentarse (de)

absentee [ˌæbsən'tiː] *n* ausente *mf* ❑ *US* ~ ***ballot*** voto *m* por correo; ~ ***landlord*** (propietario(a) *m,f*) ausentista *mf or Esp* absentista *mf*

absenteeism [ˌæbsən'tiːɪzəm] *n* ausentismo *m*, *Esp* absentismo *m*

absently ['æbsəntlɪ] *adv* distraídamente

absent-minded [ˌæbsənt'maɪndɪd] *adj* distraído(a), despistado(a)

absent-mindedly [ˌæbsənt'maɪndɪdlɪ] *adv* distraídamente; **she ~ stirred the tea with her pencil** sin darse cuenta, revolvió el té con el lápiz

absent-mindedness [ˌæbsənt'maɪndɪdnɪs] *n* distracción *f*, despiste *m*

absinth(e) ['æbsɪnθ] *n* absenta *f*, ajenjo *m*

absolute ['æbsəluːt] ◇ *n* **-1.** *(rule, value)* principio *or* valor *m* absoluto **-2.** PHIL **the ~** lo absoluto
◇ *adj* **-1.** *(complete, total)* absoluto(a); **that's the ~ truth** es la pura verdad; **she's an ~ beginner in French/computing** no sabe absolutamente nada de francés/informática; **it's an ~ certainty** es seguro; **the ~ maximum/minimum** el máximo/mínimo absoluto ❑ ~ ***monarch*** monarca *m* absoluto; ~ ***power*** poder *m* absoluto
-2. *(not relative)* absoluto(a); **in ~ terms** en términos absolutos ❑ ~ ***majority*** mayoría *f* absoluta; MUS ~ ***pitch*** oído *m* absoluto; PHYS ~ ***zero*** cero *m* absoluto
-3. LAW *(court order, decree)* firme; **the decree was made ~** concedieron el divorcio por sentencia firme
-4. *(as intensifier)* absoluto(a), auténtico(a); **he's an ~ fool!** ¡es un completo idiota!; **he's an ~ genius!** ¡es un verdadero genio!; ~

absolutely rubbish! ¡no son más que tonterías!; **it's an ~ disgrace!** ¡es una auténtica vergüenza!

absolutely [ˌæbsəˈluːtlɪ] *adv* **-1.** *(completely, totally)* absolutamente; **you're ~ right** tienes toda la razón; **I'm not ~ sure** no estoy completamente seguro; **she ~ refuses to do it** se niega rotundamente a hacerlo; **it is ~ forbidden** está terminantemente prohibido **-2.** *(in answer to question)* **it's good, isn't it? – ~** es bueno, ¿verdad? – buenísimo; **are you coming tonight? – ~** ¿vas a venir esta noche? – ¡por supuesto!; **~ not!** ¡en absoluto! **-3.** *(as intensifier)* absolutamente; **~ disgusting/hilarious** asquerosísimo/divertidísimo

absolution [ˌæbsəˈluːʃən] *n* REL absolución *f*; **to grant sb ~** conceder la absolución a alguien

absolutism [ˈæbsəluːtɪzəm] *n* absolutismo *m*

absolve [əbˈzɒlv] *vt* **-1.** *(from blame, sin)* absolver (**from** *or* **of** de); **to ~ sb from** *or* **of all blame** absolver a alguien de toda culpa **-2.** *(from obligation)* eximir (**from** *or* **of** de)

absorb [əbˈzɔːb] *vt* **-1.** *(soak up, take in)* *(liquid, light, heat)* absorber; **paperwork absorbs too much of my time** paso demasiado tiempo ocupado en papeleos **-2.** *(shock, sound, impact)* absorber, amortiguar **-3.** *(cost, losses)* absorber **-4.** *(incorporate, assimilate)* *(information, ideas)* asimilar; *(company)* absorber; *(people)* integrar, asimilar; **it's too much to ~ all in one day** es demasiado como para asimilarlo en un solo día **-5.** *(engross)* absorber; **the task completely absorbed our attention** estábamos completamente absortos en la tarea

absorbed [əbˈzɔːbd] *adj (expression)* absorto(a), abstraído(a); **to be ~ in sth** estar absorto en algo; **he was utterly ~ in the project/his book** el libro/proyecto lo tenía totalmente absorto

absorbency [əbˈzɔːbənsɪ] *n* absorbencia *f*

absorbent [əbˈzɔːbənt] *adj* absorbente ❏ *US* **~ cotton** algodón *m* hidrófilo

absorbing [əbˈzɔːbɪŋ] *adj (book, work)* absorbente

absorption [əbˈzɔːpʃən] *n* **-1.** *(of liquid, gas, heat, light)* absorción *f* **-2.** *(of shock, sound, impact)* absorción *f*, amortiguación *f* **-3.** *(of cost, losses)* absorción *f* **-4.** *(incorporation, assimilation)* *(of information, ideas)* asimilación *f*; *(of company)* absorción *f*; *(of people)* integración *f*, asimilación *f* **-5.** *(being engrossed)* enfrascamiento *m*; **I was struck by her utter ~ in the book** me sorprendió verla tan enfrascada *or* inmersa en el libro

abstain [əbˈsteɪn] *vi* **-1.** *(refrain)* **to ~ from doing sth** abstenerse de hacer algo **-2.** *(not vote)* abstenerse **-3.** *(not drink alcohol)* no beber alcohol, *Am* no tomar

abstainer [əbˈsteɪnə(r)] *n* **-1.** *(person not voting)* abstencionista *mf* **-2.** *(teetotaller)* abstemio(a) *m,f*

abstemious [əbˈstiːmɪəs] *adj Formal* frugal, mesurado(a)

abstention [əbˈstenʃən] *n* **-1.** *(from action)* abstención *f*; *(from drink, food)* abstinencia *f* **-2.** *(in vote)* abstención *f*

abstinence [ˈæbstɪnəns] *n (from alcohol, sex)* abstinencia *f* (**from** de)

abstinent [ˈæbstɪnənt] *adj (lifestyle)* frugal

abstract [ˈæbstrækt] ◇ *n* **-1. in the ~** en abstracto **-2.** *(of article)* resumen *m* **-3.** *(work of art)* cuadro *m* abstracto
◇ *adj* **-1.** *(theoretical)* abstracto(a) **-2.** *(not concrete)* abstracto(a) ❏ **~ art** arte *m* abstracto; ART **~ expressionism** expresionismo *m* abstracto; **~ noun** nombre *m* abstracto
◇ *vt* [əbˈstrækt] **-1.** *Formal (remove)* extraer (**from** de) **-2.** *Euph or Hum (steal)* sustraer (**from** de) **-3.** *(summarize)* compendiar, resumir; **abstracting journal** = publicación académica que compendia artículos científicos de otras publicaciones especializadas

abstracted [əbˈstræktɪd] *adj* abstraído(a), absorto(a)

abstraction [əbˈstrækʃən] *n* **-1.** *(concept)* abstracción *f*; **he talked in abstractions** empleaba conceptos abstractos al hablar **-2.** *Formal (act of removing)* extracción *f* **-3.** *(absent-mindedness)* distracción *f*; **she wore her customary look of ~** tenía su típica mirada abstraída

abstruse [əbˈstruːs] *adj Formal* abstruso(a), impenetrable

absurd [əbˈsɜːd] ◇ *adj* absurdo(a); **I feel/I look ~ in this get-up** me siento/parezco estúpido con esta indumentaria; **don't be ~!** ¡no seas absurdo(a)!
◇ *n* **a sense of the ~** un sentido de lo absurdo; **the theatre of the ~** el teatro del absurdo

absurdity [əbˈsɜːdɪtɪ] *n* **-1.** *(irrationality)* irracionalidad *f*; **the ~ of paying people to do nothing** lo absurdo de pagar a la gente para que no haga nada **-2.** *(statement, belief)* aberración *f*

absurdly [əbˈsɜːdlɪ] *adv* disparatadamente; **our meal was ~ expensive** la comida nos costó un disparate; **we had to get up ~ early** nos tuvimos que levantar ridículamente temprano

ABTA [ˈæbtə] *n (abbr* **Association of British Travel Agents**) = asociación británica de agencias de viajes

abundance [əˈbʌndəns] *n* abundancia *f*; **in ~** en abundancia; **she has an ~ of talent** tiene talento sobrado; **there is an ~ of evidence to suggest this** existen numerosas pruebas que lo sugieren

abundant [əˈbʌndənt] *adj* abundante (**in** en); **he gave ~ proof of his loyalty** dio sobradas muestras de su lealtad; **there is ~ evidence that...** existen numerosas pruebas que...

abundantly [əˈbʌndəntlɪ] *adv* en abundancia; **we were ~ provided for** no nos faltaba de nada; **it is ~ clear that...** está clarísimo que...

abuse ◇ *n* [əˈbjuːs] **-1.** *(misuse)* abuso *m*, mal uso *m*; **alcohol ~** alcoholismo *m*; **drug ~** consumo de drogas; **~ of authority/power** abuso de autoridad/poder; **the scheme is open to ~** este plan es susceptible de abusos **-2.** *(insults)* insultos *mpl*, improperios *mpl*; **term of ~** insulto, término ofensivo; **to heap** *or* **shower ~ on sb** despotricar contra alguien **-3.** *(cruelty)* malos tratos *mpl*; **(sexual) ~** abuso *m* (sexual)
◇ *vt* [əˈbjuːz] **-1.** *(misuse)* *(authority, position, someone's trust)* abusar de **-2.** *(insult)* insultar **-3.** *(ill-treat)* *(physically)* maltratar; *(sexually)* abusar de

abuser [əˈbjuːzə(r)] *n* **-1.** *(of child)* pederasta *m* **-2.** *(of alcohol)* **(alcohol) ~** alcohólico(a) *m,f* **-3.** *(of drugs)* **(drug) ~** drogodependiente *mf*

abusive [əˈbjuːsɪv] *adj* **-1.** *(person)* grosero(a); *(language)* injurioso(a); **he got quite ~** se puso a soltar improperios **-2.** *(behaviour, treatment)* abusivo(a)

abusively [əˈbjuːsɪvlɪ] *adv* **-1.** *(insultingly)* de manera insultante *or* ofensiva **-2.** *(to behave, treat sb)* abusivamente

abut [əˈbʌt] *(pt & pp* **abutted**) ◇ *vt* estar contiguo(a) a
◇ *vi* **to ~ onto** *or* **against sth** estar adyacente *or* contiguo(a) a algo

abutment [əˈbʌtmənt] *n* ARCHIT estribo *m*, contrafuerte *m*

abuzz [əˈbʌz] *adj* **the office was ~ with the news** en la oficina los ánimos estaban exaltados por la noticia; **to be ~ with excitement** estar enardecido(a)

ABV *(abbr* **alcohol by volume**) **~ 3.8 percent** 3,8 por ciento Vol.

abysmal [əˈbɪzməl] *adj (stupidity, ignorance)* profundo(a); *(performance, quality)* pésimo(a)

abysmally [əˈbɪzməlɪ] *adv* deplorablemente, lamentablemente; **to fail ~** fracasar estrepitosamente

abyss [əˈbɪs] *n* abismo *m*; [IDIOM] **to be on the edge of the ~** estar *or* encontrarse al borde del abismo

Abyssinia [ˌæbɪˈsɪnɪə] *n Formerly* Abisinia

Abyssinian [ˌæbɪˈsɪnɪən] *Formerly* ◇ *n* abisinio(a) *m,f*
◇ *adj* abisinio(a)

AC [ˈeɪˈsiː] *n* **-1.** ELEC *(abbr* **alternating current**) corriente *f* alterna **-2.** *(abbr* **air-conditioning**) aire *m* acondicionado

a/c *(abbr* **account**) cuenta *f*

acacia [əˈkeɪʃə] *n* **~ (tree)** acacia *f*

academe [ˈækədiːm] *n Formal or Literary (academic life)* el mundo académico

academia [ˌækəˈdiːmɪə] *n* el mundo académico, la universidad

academic [ˌækəˈdemɪk] ◇ *n (university teacher)* profesor(ora) *m,f* de universidad
◇ *adj* **-1.** *(of school, university)* académico(a) ❏ **~ dress** traje *m* académico *(de toga y birrete)*; **~ freedom** libertad *f* de cátedra; **~ record** expediente *m* académico; **the ~ staff** el personal académico; **~ year** año *m* académico **-2.** *(intellectual, scholarly)* *(study, standards)* académico(a), intelectual; *(person)* intelectual, estudioso(a) **-3.** *(theoretical, not practical)* teórico(a); **it's entirely ~ now** ya carece por completo de relevancia

academically [ˌækəˈdemɪklɪ] *adv* académicamente; **to be ~ qualified** tener títulos académicos; **to be ~ gifted** tener talento para los estudios; **how is she doing ~?** ¿cómo le va en los estudios?

academician [əˌkædəˈmɪʃən] *n* académico(a) *m,f*

academy [əˈkædəmɪ] *n* **-1.** *(society)* academia *f* ❏ **the Academy Awards** los Oscars **-2.** *(school)* academia *f* ❏ **~ of music** conservatorio *m*

acanthus [əˈkænθəs] *n* acanto *m*

a cappella [ˌɑːkəˈpelə] MUS ◇ *adj* a cappella
◇ *adv* a cappella

ACAS [ˈeɪkæs] *n Br (abbr* **Advisory, Conciliation and Arbitration Service**) = organismo independiente de arbitraje para conflictos laborales

accede [əkˈsiːd] *vi Formal* **-1.** *(agree)* **to ~ to** acceder a **-2.** *(monarch)* **to ~ to the throne** acceder al trono **-3.** LAW **to ~ to a treaty** adherirse a un tratado

accelerate [əkˈseləreɪt] ◇ *vt (rate, progress, computer)* acelerar ❏ PHYS **accelerated motion** movimiento *m* acelerado
◇ *vi* **-1.** *(rate, growth)* acelerarse **-2.** *(car, driver)* acelerar

acceleration [əkˌseləˈreɪʃən] *n* aceleración *f*

accelerator [əkˈseləreɪtə(r)] *n* **-1.** *(in car)* acelerador *m*; **step on the ~!** ¡acelera! **-2.** COMPTR acelerador *m* ❏ **~ board** placa *f* aceleradora; **~ card** tarjeta *f* aceleradora

accent [ˈæksənt] *n* **-1.** *(when speaking)* acento *m*; **she has** *or* **she speaks with a Spanish/southern ~** tiene *or* habla con acento español/del sur **-2.** *(in writing)* acento *m*, tilde *f* **-3.** *(emphasis)* **the ~ here is on team work** hacemos especial hincapié en el trabajo en equipo; **to put the ~ on sth** *(emphasize)* hacer hincapié en algo **-4.** *(contrasting detail)* relieve *m*, realce *m*.
◇ *vt (word)* acentuar; **it's accented on the first syllable** se acentúa en la primera sílaba

accented [ˈæksəntɪd] *adj* **heavily/lightly ~** con un fuerte/ligero acento

accentuate [əkˈsentʃʊeɪt] *vt* **-1.** *(word)* acentuar **-2.** *(emphasize)* *(feature, importance)* acentuar, destacar; *(contrast)* resaltar; **to ~ the need for sth** insistir en la necesidad de algo; **to ~ the positive** acentuar lo positivo

accentuation [ækˌsentjʊˈeɪʃən] *n (of word)* acentuación *f*

accept [əkˈsept] ◇ *vt* **-1.** *(in general)* aceptar; *(reasons)* aceptar, admitir; *(blame)* admitir, reconocer; **to ~ sth from sb** *(gift, bribe)*

acceptability

aceptar algo de alguien; **to ~ responsibility for sth** asumir la responsabilidad de algo; **the machine won't ~ foreign coins** la máquina no funciona con or no admite monedas extranjeras; **my novel has been accepted for publication** han aceptado publicar mi novela; **I don't ~ that we're to blame** no acepto que nosotros tengamos la culpa; **I just can't ~ that she's gone for good** no puedo aceptar que se haya ido para siempre; **it is generally accepted that...** en general, se acepta or se reconoce que...; **the accepted procedure** el procedimiento habitual
-2. *(person) (into university)* admitir; **to ~ sb as a member** admitir a alguien como socio; **I've been accepted for the job** me han aceptado para el trabajo; **to ~ sb for what they are** aceptar a alguien tal y como es; **I never really felt accepted there** nunca me sentí aceptado allí
◇ *vi* aceptar

acceptability [əkˌseptəˈbɪlɪti] *n* aceptabilidad *f*

acceptable [əkˈseptəbəl] *adj* **-1.** *(satisfactory, tolerable)* aceptable, admisible; **barely/perfectly ~** apenas/totalmente aceptable; **to be ~ to sb** venirle bien a alguien; **are these conditions ~ to you?** ¿le parecen bien estas condiciones?; **parsley is an ~ alternative** se puede sustituir por perejil, el perejil es un sustituto válido ❑ COMPTR **Acceptable Use Policy** *(of Internet Service Provider)* = código de conducta definido por un proveedor de acceso a Internet
-2. *(welcome)* **that would be most ~** me parece estupendo; **a gift of flowers is always ~** unas flores son siempre un regalo que se agradece

acceptably [əkˈseptəbli] *adv (satisfactorily, tolerably)* aceptablemente; **inflation has remained ~ low** la inflación se ha mantenido en un nivel aceptablemente bajo

acceptance [əkˈseptəns] *n* **-1.** *(of invitation, apology, defeat)* aceptación *f*; **he telephoned his ~** aceptó por teléfono ❑ **~ speech** discurso *m* de agradecimiento *(al recibir un premio)*
-2. *(approval, favour)* acogida *f*, aprobación *f*; **to find ~** tener aceptación; **to meet with general ~** ser bien acogido(a)
-3. *(belief)* **there is a general ~ that smoking causes cancer** en general hay acuerdo en cuanto a que el tabaco provoca cáncer
-4. COM & FIN *(of goods)* aceptación *f*; *(of bill of exchange)* aceptación *f*

access [ˈækses] ◇ *n* **-1.** *(entry, admission)* acceso *m*; **there is easy ~ to the beach** la playa dispone de un cómodo acceso; **the kitchen gives ~ to the garage** la cocina da al garaje, por la cocina se entra al garaje; **to gain ~ to sth** acceder a algo; **how did the thieves gain ~?** ¿cómo lograron entrar los ladrones?; **to have ~ to sth** tener acceso a algo; **~ only** *(sign)* sólo entradas y salidas, vía de paso ❑ **~ road** (vía *f* de) acceso *m*
-2. *(right to contact, use)* acceso *m*; **to have ~ to sth/sb** tener acceso a algo/alguien; **to refuse ~ to sb** denegar la entrada a alguien
-3. *(for divorced parent)* derecho *m* de visita *(a los hijos)*
-4. *Br Literary (of emotion)* acceso *m*, arrebato *m*
-5. COMPTR **to have ~ to the Internet** tener acceso a Internet ❑ **~ code** código *m* de acceso; **~ control** control *m* de acceso; **~ level** nivel *m* de acceso; **~ number** *(to Internet Service Provider)* número *m* de acceso; **~ privileges** privilegios *mpl* de acceso; **~ provider** proveedor *m* de acceso (a Internet); **~ time** tiempo *m* de acceso
◇ *vt* **-1.** *(information, computer data)* acceder a **-2.** *Formal (building)* acceder a

accessibility [əkˌsesəˈbɪlɪti] *n* **-1.** *(of place)* accesibilidad *f* **-2.** *(of explanation, book, movie)* accesibilidad *f* **-3.** *(availability) (of education, health care)* accesibilidad *f*; **we have increased the ~ of health care to poor families** hemos mejorado el acceso de los pobres a la sanidad

accessible [əkˈsesəbəl] *adj* **-1.** *(place, person)* accesible; **the beach is easily ~ on foot** se puede acceder fácilmente a la playa a pie **-2.** *(explanation, book, movie)* accesible **-3.** *(available)* accesible; **to make health care ~ to everyone** hacer que todo el mundo tenga acceso a la atención sanitaria

accession [əkˈseʃən] *n* **-1.** *(to power, throne)* acceso *m* **-2.** *(library book)* adquisición *f* ❑ **~ number** signatura *f* **-3.** *Formal (to treaty)* adhesión *f*; **their ~ to the European Union** su adhesión a la Unión Europea

accessorize [əkˈsesəraɪz] *vt* complementar

accessory [əkˈsesəri] *n* **-1.** *(for car, camera)* accesorio *m*; **accessories** *(handbag, gloves etc)* complementos *mpl* **-2.** LAW **~ (to a crime)** cómplice *mf* (de un delito); **~ before the fact** cómplice *(implicado en la preparación)*; **~ after the fact** cómplice encubridor(ora)

accidence [ˈæksɪdəns] *n* GRAM accidentes *mpl*

accident [ˈæksɪdənt] *n* **-1.** *(unfortunate event)* accidente *m*; **to have an ~** tener or sufrir un accidente; *Euph (of small child)* hacerse pipí; **car ~** accidente de coche; **road ~** accidente de tráfico; **their last child was an ~** su último hijo fue un accidente; IDIOM **an ~ waiting to happen** un desastre en potencia, una bomba de relojería or RP de tiempo; **accidents will happen** le puede pasar a cualquiera ❑ **~ claim form** *(for car insurance)* parte *m* de accidente; **~ and emergency unit** urgencias *fpl*; **~ insurance** seguro *m* de accidentes
-2. *(chance)* **by ~** *(by chance)* por casualidad; *(unintentionally)* sin querer; **that was no ~** eso no fue casualidad; **more by ~ than design** más por suerte que por otra cosa

accidental [ˌæksɪˈdentəl] ◇ *adj* **-1.** *(chance) (discovery, meeting)* accidental, casual; *(damage, injury)* accidental ❑ LAW **~ death** muerte *f* accidental **-2.** *Formal (nonessential)* accidental
◇ *n* MUS accidente *m*, accidental *m*

accidentally [ˌæksɪˈdentəli] *adv (unintentionally)* sin querer, accidentalmente; *(by chance)* por casualidad; **~ on purpose** sin querer pero queriendo; **I did it ~ on purpose** lo hice sin queriendo

accident-prone [ˈæksɪdəntprəʊn] *adj* propenso(a) a tener accidentes

acclaim [əˈkleɪm] ◇ *n* alabanza *f*, elogios *mpl*; **his play met with great critical ~** su obra fue elogiada por la crítica
◇ *vt* **-1.** *(praise, applaud)* alabar, elogiar; **a critically acclaimed novel** una novela elogiada por la crítica **-2.** *(proclaim)* aclamar, proclamar; **Charlemagne was acclaimed emperor** Carlomagno fue aclamado or proclamado emperador

acclamation [ˌækləˈmeɪʃən] *n* aclamación *f*; **to be elected by ~** salir or resultar elegido por aclamación popular

acclimatization [əˌklaɪmətaɪˈzeɪʃən], *US* **acclimation** [ˌæklɪˈmeɪʃən] *n (to climate)* aclimatación *f*; *(to conditions, customs)* adaptación *f*

acclimatize [əˈklaɪmətaɪz], *US* **acclimate** [ˈæklɪmeɪt] ◇ *vt (to climate)* aclimatar **(to** a); *(to conditions, customs)* adaptar **(to** a); **to become acclimatized** or *US* **acclimated to sth** *(to climate)* aclimatarse a algo; *(to conditions, customs)* adaptarse a algo
◇ *vi (to climate)* aclimatarse **(to** a); *(to conditions, customs)* adaptarse **(to** a)

accolade [ˈækəleɪd] *n (praise)* elogio *m*; *(prize)* galardón *m*

accommodate [əˈkɒmədeɪt] *vt* **-1.** *(provide room for)* alojar, acomodar; **the hotel can ~ 300 people** el hotel puede albergar or alojar a 300 personas **-2.** *(satisfy)* complacer; *(point of view)* tener en cuenta; **we will do our best to ~ you** haremos todo lo posible por complacerle **-3.** *(adapt)* **to ~ oneself to sth** adaptarse a algo

accommodating [əˈkɒmədeɪtɪŋ] *adj (helpful)* servicial; *(easy to please)* flexible

accommodation [əˌkɒməˈdeɪʃən] *n* **-1.** *(lodging)* alojamiento *m*; **to look for ~** *(flat to rent)* buscar alojamiento or casa or *Esp* piso; *(hotel room)* buscar hospedaje or alojamiento or habitación; **there is ~ in this hotel for fifty people** este hotel alberga a cincuenta personas ❑ *Br* **~ address** domicilio *m*, señas *fpl*
-2. *(space)* **office ~** locales para oficinas; **sleeping ~** sitio, alojamiento; **there is sleeping ~ for seven** hay sitio para que duerman siete
-3. *Formal (agreement)* **to come to an ~** llegar a un acuerdo satisfactorio
-4. *US* **accommodations** *(lodging)* alojamiento *m*; *(on boat, train)* plazas *fpl*
-5. PHYSIOL acomodación *f*
-6. COM **~ bill** efecto *m* de favor

accompaniment [əˈkʌmpənɪmənt] *n* **-1.** *(generally)* acompañamiento *m*; **he entered to the ~ of wild applause** entró envuelto en un enfervorizado aplauso **-2.** *(with food)* complemento *m*, acompañamiento *m* **-3.** MUS **guitar/piano ~** acompañamiento de guitarra/piano

accompanist [əˈkʌmpənɪst] *n* MUS acompañante *mf*

accompany [əˈkʌmpəni] *vt* **-1.** *(escort)* acompañar; **she was accompanied by her brother** la acompañaba su hermano, iba acompañada de su hermano; **she accompanied me to the door** me acompañó a or hasta la puerta
-2. *(supplement, join with)* acompañar; **she accompanied her advice with a warning** su consejo iba acompañado de una advertencia; **her photos ~ the text** sus fotos ilustraban el texto; **the hot weather is often accompanied by afternoon thunderstorms** el calor viene a menudo acompañado de tormentas vespertinas; **it's an ideal wine to ~ seafood** es un vino ideal para acompañar el marisco
-3. MUS acompañar **(on** a or **on** con)

accompanying [əˈkʌmpənɪŋ] *adj* **the ~ documents** los documentos adjuntos; **children will not be admitted without an ~ adult** no se permite la entrada or el acceso a menores sin la compañía de un adulto or si no van acompañados de un adulto

accomplice [əˈkʌmplɪs] *n* cómplice *mf* **(in** en)

accomplish [əˈkʌmplɪʃ] *vt (task)* realizar; *(aim)* cumplir, alcanzar; **we didn't ~ much** no logramos or conseguimos gran cosa; **what have we accomplished after all this effort?** ¿qué hemos logrado or conseguido después de tanto esfuerzo?

accomplished [əˈkʌmplɪʃt] *adj (cook, singer, poet)* consumado(a), con talento; *(player of sport, game)* hábil; *(performance)* logrado(a), conseguido(a); **a very ~ piece of work** una obra muy lograda or conseguida

accomplishment [əˈkʌmplɪʃmənt] *n* **-1.** *(feat)* logro *m*; **it was quite an ~ to have finished within budget** fue todo un logro terminar sin salirse del presupuesto **-2. accomplishments** *(personal abilities)* talentos *mpl (aprendidos)* **-3.** *(completion)* cumplimiento *m*; **the ~ of all their aims** el cumplimiento de todos sus objetivos

accord [əˈkɔːd] ◇ *n* **-1.** *(treaty, pact)* acuerdo *m*; **to reach an ~ (with)** alcanzar un acuerdo (con) **-2.** *(harmony, conformity)* acuerdo *m*; **to be in ~ with** estar de acuerdo con or acorde con or de conformidad con; **with one ~** unánimemente, al unísono; **of one's own ~** (de) motu propio; **the problem disappeared of its own ~** el problema desapareció por sí solo
◇ *vt Formal* conceder **(to** a); **to ~ sb great respect** guardar gran respeto por alguien; **to ~ sth great significance** atribuir gran relevancia a algo

◆ **accord with** *vt insep Formal* ser acorde con, estar de acuerdo con

accordance [əˈkɔːdəns] *n* **in ~ with** de acuerdo con, en conformidad con; **in ~ with your instructions, we have burnt the**

according

contents of the box siguiendo sus instrucciones, hemos quemado el contenido de la caja

according [əˈkɔːdɪŋ] ◇ **according to** prep **-1.** (depending on) **they are arranged ~ to height** están organizados por orden de altura; **to whether one is rich or poor** dependiendo de si se es rico o pobre, según se sea rico o pobre; **prices vary ~ to how long the job will take** los precios varían en función del tiempo que lleve realizar el trabajo
-2. (in conformity with) **~ to instructions** según las instrucciones; **everything went ~ to plan** todo fue de acuerdo con lo planeado
-3. (citing a source) **~ to Marx** según Marx; **~ to my watch** según or por mi reloj; **the Gospel ~ to St Luke** el Evangelio según San Lucas

◇ **according as** prep **reward them ~ as you see fit** recompénsales como or en la medida en que creas conveniente; **the cases are classified ~ as to whether they affect national or foreign students only, or both** los casos se clasifican según afecten a los estudiantes nacionales, a los extranjeros o a ambos

accordingly [əˈkɔːdɪŋlɪ] adv **-1.** (appropriately) como corresponde; **to act ~** actuar en consecuencia; **the budget has been cut by 15 percent, so you should adjust your estimates ~** el presupuesto se ha reducido en un 15 por ciento, por lo que, consecuentemente, deberían modificar sus estimaciones **-2.** (therefore) así pues, por consiguiente

accordion [əˈkɔːdɪən] n acordeón m; **~ player** acordeonista ❑ **~ pleats** plisado m

accordionist [əˈkɔːdɪənɪst] n acordeonista mf

accost [əˈkɒst] vt (person) abordar; **I was accosted by an aggressive beggar** me abordó un mendigo agresivo

account [əˈkaʊnt] ◇ n **-1.** (bill, at bank, shop) cuenta f; COMPTR (for Internet) cuenta f; **to have an ~ with** tener una cuenta en; **to open an ~** abrir una cuenta; **charge it to** or **put it on my ~** cárguelo a or póngalo en mi cuenta; **he paid** or **settled his ~** pagó sus deudas; FIN **accounts payable/receivable** cuentas por pagar/cobrar; IDIOM **to settle (one's) accounts with sb** arreglar cuentas con alguien ❑ **~ number** número m de cuenta
-2. COM **accounts** (books, department) contabilidad; **to do one's accounts** hacer la contabilidad; **she works in accounts** trabaja en (el departamento de) contabilidad ❑ **account(s) book** libro m de contabilidad; **accounts department** departamento m de contabilidad
-3. (client) cuenta f, cliente m; **to win/lose an ~** ganar/perder un cliente ❑ **~ executive** director(a) m,f de cuenta
-4. (credit) **to buy sth/pay for sth on ~** comprar/pagar algo a crédito
-5. (reckoning) **by his own ~** (according to him) según él mismo; **to keep (an) ~ of sth** llevar la cuenta de algo; **to take sth into ~, to take ~ of sth** tener or tomar algo en cuenta; **to take no ~ of sth** no tener algo en cuenta; **to call sb to ~** pedir cuentas a alguien; **to hold sb to ~ (for sth)** hacer que alguien rinda cuentas (por algo); **the terrorists will be brought to ~** los terroristas tendrán que responder de sus acciones
-6. Formal (importance) **of no ~** sin importancia; **it's of no** or **little ~ to me** me trae sin cuidado
-7. on ~ of (because of) a causa de; **on ~ of her being a minor** por ser menor de edad; **on no ~ should you call her, do not call her on any ~** no la llames bajo ningún concepto; **on one's own ~** por cuenta propia; **don't do it on my ~!** ¡no lo hagas por mí!; **don't worry on that ~** no te preocupes por eso
-8. (report) relato m, descripción f; **what is your ~ of events?** ¿cuál es su versión de los hechos?; **to give an ~ of sth** narrar algo; **by** or **from all accounts it was a great success** todo apunta a que fue un gran éxito; IDIOM **to give a good ~ of oneself** (in fight, contest) salir airoso(a), lucirse; IDIOM **to give a poor ~ of oneself** (in fight, contest) salir mal parado(a)
-9. Formal (use) **to put** or **turn sth to good ~** sacar provecho de algo
◇ vt Formal (consider) considerar

◆ **account for** vt insep **-1.** (explain, justify) explicar; **the difference is accounted for by...** ...explica la diferencia; **I can't ~ for it** no puedo dar cuenta de ello; **five people have still not been accounted for** todavía no se conoce la suerte de cinco personas; PROV **there's no accounting for taste** sobre gustos no hay nada escrito
-2. (constitute) **salaries ~ for 15 percent of expenditure** los salarios suponen un 15 por ciento de los gastos
-3. (defeat) derrotar, vencer

accountability [əkaʊntəˈbɪlɪtɪ] n responsabilidad f (**to** ante)

accountable [əˈkaʊntəbəl] adj **to be ~ (to sb/ for sth)** ser responsable (ante alguien/de algo); **to hold sb ~** considerar a alguien responsable; **he acts as if he isn't ~ to anyone** se comporta como si no tuviera que darle cuentas a nadie; **I can't be held ~ for what happens** no puedo hacerme responsable de lo que suceda

accountancy [əˈkaʊntənsɪ] n contabilidad f; **a degree in ~** un título de Esp contable or Am contador

accountant [əˈkaʊntənt] n Esp contable mf, Am contador(ora) m,f

accounting [əˈkaʊntɪŋ] n contabilidad f ❑ **~ period** periodo m contable; COMPTR **~ program** programa m de contabilidad; **~ system** sistema m contable; **~ year** ejercicio m contable

accoutred, US **accoutered** [əˈkuːtəd] adj Formal pertrechado(a), equipado(a); **thus ~, we were ready for the blizzard** equipados de este modo or de esta guisa, nos encontrábamos preparados para la ventisca

accoutrements [əˈkuːtrəmənts], **accouterments** [əˈkuːtərmənts] npl Formal pertrechos mpl, equipo m

accredit [əˈkredɪt] vt **-1.** (provide with credentials) acreditar; **ambassador accredited to Morocco** embajador acreditado en or ante Marruecos **-2.** (recognize as bona fide) acreditar

accreditation [əkredɪˈteɪʃən] n **-1.** (credentials) (for ambassador, envoy) credencial f, acreditación f **-2.** (recognition) (for school, course) reconocimiento m, homologación f

accredited [əˈkredɪtɪd] adj Formal acreditado(a); **the country's ~ representative to the UN** el representante del país acreditado ante la ONU

accretion [əˈkriːʃən] n Formal **-1.** (additional item) aditamento m **-2.** (accumulation) acumulación f

accrue [əˈkruː] vi FIN (interest) acumularse; **to ~ to sb** (interest, benefits) ir a parar a alguien; **accrued benefits** (under pension scheme) beneficios acumulados, derechos consolidados; **accrued interest** interés devengado
◇ vt (collect, amass) acumular, juntar; (interest) devengar

acct (abbr **account**) cta.

acculturation [əkʌltʃəˈreɪʃən] n aculturación f

accumulate [əˈkjuːmjʊleɪt] ◇ vt acumular
◇ vi acumularse

accumulation [əkjuːmjʊˈleɪʃən] n **-1.** (process) acumulación f **-2.** (mass) cúmulo m **-3.** FIN (of capital, interest) acumulación f

accumulator [əˈkjuːmjʊleɪtə(r)] n **-1.** ELEC (battery) acumulador m **-2.** Br (in horse-racing) = apuesta en varias carreras en la que las ganancias de una carrera se apuestan directamente en la siguiente **-3.** COMPTR acumulador m

accuracy [ˈækjʊrəsɪ] n (of calculation, measurement, estimate, prediction) exactitud f, precisión f; (of report, description) exactitud f, minuciosidad f; (of translation, portrayal) fidelidad f; (of firearm, shot, instrument) precisión f

accurate [ˈækjʊrət] adj (calculation, measurement, estimate, prediction) exacto(a), preciso(a); (report, description) exacto(a), minucioso(a); (translation, portrayal) fiel; (firearm, shot) certero(a); (instrument) preciso(a); **to be ~ in one's calculations** acertar uno en sus conjeturas; **to be more ~, there were fifteen of them** para ser más exactos, eran quince

accurately [ˈækjʊrətlɪ] adv (to calculate, measure, estimate, predict, remember) exactamente, con exactitud; (to describe, report) detalladamente, minuciosamente; (to aim) con precisión; (to translate, portray) fielmente

accursed [əˈkɜːsɪd] adj **-1.** (under a curse) maldito(a) **-2.** Fam (expressing frustration, annoyance) dichoso(a), maldito(a)

accusal [əˈkjuːzəl] n acusación f; **looks of ~** miradas acusatorias

accusation [ækjʊˈzeɪʃən] n **-1.** (allegation, criticism) acusación f; **to make an ~ (against sb)** acusar (a alguien); **there was a note of ~ in her voice** había un tono acusador en su voz **-2.** (legal charge) cargo m, acusación f; **what are the accusations against him?** ¿de qué está acusado?, ¿qué cargos hay contra él?

accusative [əˈkjuːzətɪv] GRAM ◇ n acusativo m
◇ adj acusativo

accusatory [əˈkjuːzətərɪ] adj acusatorio(a)

accuse [əˈkjuːz] vt acusar; **to ~ sb of (doing) sth** acusar a alguien de (hacer) algo; **he is** or **he stands accused of tax fraud** se lo acusa or está acusado de fraude fiscal; Ironic **no one could ~ her of being obsessive about punctuality** no se la puede tachar de obsesiva con la puntualidad

accused [əˈkjuːzd] n LAW **the ~** el/la acusado(a)

accuser [əˈkjuːzə(r)] n acusador(ora) m,f

accusing [əˈkjuːzɪŋ] adj (look, stare) acusador(ora), acusatorio(a)

accusingly [əˈkjuːzɪŋlɪ] adv (to say) en tono acusador; **he looked at me ~** me lanzó una mirada acusadora

accustom [əˈkʌstəm] vt acostumbrar, habituar; **to ~ sb to sth** acostumbrar or habituar a alguien a algo; **they soon accustomed themselves to the idea** pronto se acostumbraron a la idea

accustomed [əˈkʌstəmd] adj **-1.** (habituated) **to be ~ to (doing) sth** estar acostumbrado(a) a (hacer) algo; **to get** or **grow ~ to (doing) sth** acostumbrarse a (hacer) algo; **she s not ~ to being interrupted** no está acostumbrada or habituada a que la interrumpan
-2. (usual, expected) habitual, acostumbrado(a)

AC/DC [ˈeɪsɪˈdiːsiː] ◇ n ELEC (abbr **alternating current/direct current**) corriente f alterna/continua
◇ adj Fam (bisexual) bi, bisexual

ACE [ˈeɪsiːˈiː] n US (abbr **Army Corps of Engineers**) = cuerpo de ingenieros del ejército

ace [eɪs] ◇ n **-1.** (in cards) as m; **~ of spades** as de picas; Fig **to have an ~ up one's sleeve** or **an ~ in the hole** tener un as en la manga; **to have** or **hold all the aces** tener la sartén por el mango; IDIOM **she came within an ~ of winning** (very near to) estuvo a punto or en un tris de ganar **-2.** (in tennis) ace m **-3.** Fam (expert) as m; **a flying ~** un as del vuelo **-4.** (fighter pilot) as m
◇ adj **-1.** (expert) **an ~ reporter** un as del periodismo **-2.** Fam (very good) genial, Esp guay, Andes, CAm, Carib, Méx chévere, Méx padre, RP bárbaro(a)
◇ vt US **to ~ an exam** bordar un examen

acerbic [əˈsɜːbɪk] adj **-1.** (taste) acerbo(a), acre **-2.** (person, wit, remark) acre, mordaz

acerbity [əˈsɜːbətɪ] n **-1.** (of taste) acerbidad f, acrimonia f **-2.** (of person, wit, remark) acritud f, mordacidad f

aces ['eɪsəz] *adj US Fam (excellent)* genial, *Esp* guay, *Andes, CAm, Carib, Méx* chévere, *Méx* padre, *RP* bárbaro(a)

acetate ['æsɪteɪt] *n* CHEM acetato *m*

acetic acid [ə'siːtɪk'æsɪd] *n* ácido *m* acético

acetone ['æsɪtəʊn] *n* CHEM acetona *f*

acetylene [ə'setəliːn] *n* CHEM acetileno *m* ❑ **~ lamp** lámpara *f* de acetileno; **~ torch** soplete *m*

acetylsalicylic acid [ə'siːtaɪlsælɪ'sɪlɪk'æsɪd] *n* ácido *m* acetilsalicílico

ache [eɪk] ◇ *n* dolor *m*; **aches and pains** achaques
◇ *vi* **-1.** *(feel pain, be painful)* doler; **my head/tooth aches** me duele la cabeza/la muela, tengo dolor de cabeza/muelas; **I ache all over** me duele todo; **her heart ached to see them so unhappy** se le partía el alma *or* el corazón viéndolos tan desgraciados **-2.** *(feel desire)* ansiar, arder en deseos de; **to be aching to do sth** estar deseando hacer algo

achievable [ə'tʃiːvəbəl] *adj* factible, realizable

achieve [ə'tʃiːv] *vt* conseguir, lograr; **we achieved what we set out to do** conseguimos *or* logramos lo que nos propusimos; **she achieved the impossible** consiguió *or* logró lo imposible; **he'll never ~ anything in life** nunca *or* jamás conseguirá *or* logrará nada en la vida; **the demonstration achieved nothing** no se consiguió *or* logró nada con la manifestación; **what will that ~?** ¿qué se conseguirá *or* qué se va a conseguir con eso?

achievement [ə'tʃiːvmənt] *n* **-1.** *(action)* realización *f*, consecución *f* **-2.** *(thing achieved)* logro *m*; **that's quite an ~!** ¡es todo un logro! ❑ EDUC **~ test** prueba *f* de rendimiento *or* aprovechamiento **-3.** *(success)* éxito *m*; **I felt a real sense of ~** sentí verdadera satisfacción por el éxito alcanzado

achievement-orient(at)ed [ə'tʃiːvmənt'ɔːrɪent(eɪt)ɪd] *adj* **to be ~** estar centrado en *or* orientado hacia la obtención de resultados

achiever [ə'tʃiːvə(r)] *n* triunfador(ora) *m,f*; **a high ~** un triunfador; **he's a low ~** rinde poco

Achilles [ə'kɪliːz] *n* MYTHOL Aquiles ❑ **~' heel** talón *m* de Aquiles; **~' tendon** tendón *m* de Aquiles

aching ['eɪkɪŋ] *adj (head, limbs)* dolorido(a); **with an ~ heart** con gran dolor; **oh, my ~ head!** ¡qué dolor de cabeza!

acid ['æsɪd] ◇ *n* **-1.** *(chemical)* ácido *m*; IDIOM *Austr* **to put the ~ on sb** forzar a alguien (a hacer algo) ❑ **~ rain** lluvia *f* ácida; *Fig* **~ test** prueba *f* de fuego **-2.** *Fam (LSD)* ácido *m*; **to drop ~** tomar *or* meterse ácido **-3.** MUS **~ house** acid house *m*; **~ rock** *(music)* rock *m* psicodélico **-4. ~ drop** *(sweet)* caramelo *m* ácido
◇ *adj* **-1.** *(chemical, taste)* ácido(a) **-2.** *(tone, remark)* sarcástico(a)

acid-head ['æsɪdhed] *n Fam* **to be an ~** ser un adicto al ácido

acidic [ə'sɪdɪk] *adj* ácido(a)

acidify [ə'sɪdɪfaɪ] *vt* acidificar, acidular

acidity [ə'sɪdɪtɪ] *n* **-1.** *(of chemical, taste)* acidez *f* **-2.** *(of tone, remark)* sarcasmo *m*

acidly ['æsɪdlɪ] *adv* con acritud, agriamente

acknowledge [ək'nɒlɪdʒ] *vt* **-1.** *(admit)* *(mistake, debt, truth)* reconocer, admitir; **we ~ that we were wrong** reconocemos que estábamos equivocados; **to ~ defeat** admitir una derrota
-2. *(recognize)* *(person)* saludar; *(achievement, contribution)* reconocer; **she didn't ~ me** *or* **my presence** no me saludó; **they acknowledged him as their leader** lo reconocieron como jefe; **it is generally acknowledged that...** es bien sabido que...; **to ~ one's sources** hacer referencia *or* citar a las fuentes
-3. *(confirm)* **to ~ (receipt of) a letter** acusar recibo de una carta
-4. *(express gratitude for)* dar las gracias por, expresar gratitud por

acknowledged [ək'nɒlɪdʒd] *adj (expert, authority)* de reconocido prestigio

acknowledg(e)ment [ək'nɒlɪdʒmənt] *n* **-1.** *(admission)* *(of mistake, truth)* reconocimiento *m*
-2. *(recognition)* *(of achievement, contribution)* reconocimiento *m*; **I waved at him, but received no ~** le hice un gesto con la mano pero no respondió a mi saludo *or* no me saludó; **in ~ of** en reconocimiento a
-3. *(of letter)* & COMPTR acuse *m* de recibo
-4. acknowledg(e)ments *(in book)* menciones *fpl*, agradecimientos *mpl*

ACLU [eɪsiːel'juː] *n (abbr* **American Civil Liberties Union)** = organización estadounidense para la defensa de las libertades civiles

acme ['ækmɪ] *n* súmmum *m*, colmo *m*

acne ['æknɪ] *n* acné *m*

acolyte ['ækəlaɪt] *n* acólito *m*

acorn ['eɪkɔːn] *n* bellota *f*

acoustic [ə'kuːstɪk] *adj* acústico(a) ❑ COMPTR **~ coupler** acoplador *m* acústico; **~ distortion** distorsión *f* acústica; **~ feedback** acoplamiento *m* acústico; **~ guitar** guitarra *f* acústica; **~ phonetics** fonética *f* acústica; **~ tile** panel *m* acústico *or* de insonorización

acoustics [ə'kuːstɪks] *n* **-1.** *(subject)* acústica *f* **-2.** *(of room, theatre)* acústica *f*; **to have bad/good ~** tener (una) buena/mala acústica

ACP [eɪsiː'piː] *n (abbr* **American College of Physicians)** = colegio estadounidense de médicos

acquaint [ə'kweɪnt] *vt* **-1.** *(with person)* **to be acquainted with sb** conocer a alguien; **to become** *or* **get acquainted** entablar relación; **she is well acquainted with the mayor** conoce bien al alcalde, tiene una buena relación con el alcalde
-2. *(with facts, situation)* **to be acquainted with sth** conocer algo, estar al corriente de algo; **to ~ sb with sth** poner al corriente de algo a alguien; **to ~ oneself with sth** familiarizarse con algo; **I m fully acquainted with the facts** estoy completamente al corriente *or* al tanto de los hechos; **we are well acquainted with his views** conocemos bien sus puntos de vista

acquaintance [ə'kweɪntəns] *n* **-1.** *(person)* conocido(a) *m,f*; **he is an ~ (of mine)** es un conocido (mío); **he has a wide circle of acquaintances** tiene un amplio círculo de amistades **-2.** *(familiarity)* *(with person)* relación *f*; *(with facts)* conocimiento *m* **(with** de); **to make sb's ~** conocer a alguien; **on closer** *or* **further ~...** cuando se la trata más..., cuando se la conoce mejor...

acquiesce [ækwɪ'es] *vi* acceder **(in** a)

acquiescence [ækwɪ'esəns] *n Formal* aquiescencia *f*, consentimiento *m*

acquiescent [ækwɪ'esənt] *adj Formal* aquiescente

acquire [ə'kwaɪə(r)] *vt* **-1.** *(property, experience, knowledge, reputation)* adquirir; *(information)* obtener, conseguir; **it took her years to ~ fluency in German** le costó años adquirir fluidez en alemán **-2.** *(habit)* adquirir; **to ~ a taste for sth** aprender a disfrutar de algo

acquired [ə'kwaɪəd] *adj (characteristic, habit)* adquirido(a); **it's an ~ taste** es un placer adquirido con el tiempo ❑ **~ immune deficiency syndrome** síndrome *m* de inmunodeficiencia adquirida

acquis communautaire [æki:kəmu:ni'teə(r)] *n* EU acervo *m* comunitario

acquisition [ækwɪ'zɪʃən] *n* **-1.** *(process)* adquisición *f* **-2.** *(thing acquired)* adquisición *f*; **she's the team's latest ~** es la última adquisición del equipo

acquisitive [ə'kwɪzɪtɪv] *adj* **he's very ~** tiene un afán por coleccionar

acquit [ə'kwɪt] *(pt & pp* **acquitted)** *vt* **-1.** LAW absolver, declarar inocente; **to ~ sb of sth** absolver a alguien de algo; **she was acquitted on all charges** quedó absuelta de todos los cargos **-2. to ~ oneself well/badly** *(perform)* salir bien/mal parado *m*

acquittal [ə'kwɪtəl] *n* **-1.** LAW absolución *f*, fallo *m* absolutorio **-2.** *(of duty)* cumplimiento *m*, desempeño *m*

acre ['eɪkə(r)] *n* acre *m*, = 4.047 m²; *Fam* **acres of space** *(lots)* un montón *or Méx* un chorro *or RP* una pila de espacio

acreage ['eɪkərɪdʒ] *n* = superficie medida en acres; **how much ~ do you have here?** ¿cuánto mide esta finca?, ¿cuántos acres tiene esta finca?

acrid ['ækrɪd] *adj* **-1.** *(smell, taste, smoke)* acre **-2.** *(language, remark)* acre, mordaz

acrimonious [ækrɪ'məʊnɪəs] *adj (discussion, debate)* agrio(a); *(words, remark)* mordaz, acre

acrimony ['ækrɪmənɪ] *n* acritud *f*, acrimonia *f*

acrobat ['ækrəbæt] *n* acróbata *mf*

acrobatic [ækrə'bætɪk] *adj* acrobático(a)

acrobatics [ækrə'bætɪks] ◇ *n* acrobacias *fpl*
◇ *npl* **to do** *or* **perform ~** realizar acrobacias; *Fig* **mental ~** gimnasia mental

acronym ['ækrənɪm] *n* siglas *fpl*, acrónimo *m*

acrophobia [ækrə'fəʊbɪə] *n* acrofobia *f*

Acropolis [ə'krɒpəlɪs] *n* **the ~** la Acrópolis

across [ə'krɒs] *prep* ◇ **-1.** *(from one side to the other of)* a través de; **a trip ~ Spain** un viaje por España; **to go ~ sth** cruzar algo; **he walked ~ the room** cruzó la habitación; **he ran ~ the road** cruzó la calle corriendo; **we drove ~ the desert** cruzamos el desierto en coche/camión/etc.; **she swam ~ the river** cruzó el río a nado; **to help sb ~ the road** ayudar a alguien a cruzar *or* atravesar la calle; **to travel ~ country** viajar a campo traviesa *or* campo través; **she threw it ~ the room** lo tiró al otro lado de la habitación; **he stared/shouted ~ the table at her** la miró/le gritó desde el otro lado de la mesa; **the bridge ~ the river** el puente que cruza el río; **she drew a line ~ the page** dibujó una línea horizontal a lo ancho de toda la página; **a grin spread ~ her face** una amplia sonrisa se dibujó en su cara; **this jacket is a bit tight ~ the shoulders** esta chaqueta queda un poco estrecha de hombros
-2. *(on the other side of)* al otro lado de; **~ the street/border** al otro lado de la calle/frontera; **they live just ~ the road** viven justo enfrente; **I saw him ~ the room** lo vi en el otro extremo de la sala
-3. *(throughout)* **~ the country** por todo el país; **people came from ~ Europe** vino gente de toda Europa; **changes have been introduced ~ the syllabus** se han introducido cambios en todo el programa
-4. *(on)* **his coat lay ~ the chair** su abrigo estaba sobre la silla; **to hit sb ~ the face** cruzarle la cara a alguien
◇ *adv* **-1.** *(from one side to the other)* de un lado a otro; **to run/swim ~** cruzar corriendo/a nado; **we only got halfway ~** cruzamos sólo hasta la mitad; **he walked ~ to the door** cruzó la habitación en dirección a la puerta; **she shouted ~ to them** les gritó desde el otro lado; **to look ~ at sb** *(at table)* mirar a alguien (desde el otro lado de la mesa); *(in room)* mirar a alguien (desde el otro lado de la habitación)
-2. *(with distance)* **it's 10 cm/2 km ~** tiene 10 cm/2 km de ancho
-3. *(opposite)* **~ from me/my house** enfrente; **she was sitting ~ from me** estaba sentada enfrente de mí *or* frente a mí
-4. *(in crosswords)* **8 ~** 8 horizontal

across-the-board [ə'krɒsðə'bɔːd] ◇ *adj* generalizado(a); **an ~ increase** *(in salary)* un aumento lineal
◇ *adv* **there will be changes ~** habrá cambios generalizados; **stock prices have fallen ~** los precios de las acciones han caído de manera generalizada; **this applies ~** se aplica con carácter general

acrostic [ə'krɒstɪk] *n* acróstico *m*

acrylic [ə'krɪlɪk] ◇ *n* acrílico *m*
◇ *adj (fibre, paint, garment)* acrílico(a); *(resin)* sintético(a)

ACS [eɪsiːˈes] n (abbr **American Cancer Society**) = asociación estadounidense que recauda fondos para la investigación de la lucha contra el cáncer y que mantiene informado al público

act [ækt] ◊ n -1. (thing done) acto m; **a criminal ~** un delito; **an ~ of aggression** una agresión; **an ~ of stupidity** una estupidez; **an ~ of terrorism** una acción terrorista; **an ~ of war** una acción de guerra; **the sexual ~** el acto sexual; **to be in the ~ of doing sth** estar haciendo algo (precisamente); **to catch sb in the ~ of doing sth** atrapar a alguien haciendo algo; **to catch sb in the ~** atrapar a alguien in fraganti; IDIOM Fam **to get in on the ~** (get involved) apuntarse, Am anotarse ❑ **~ of faith** acto m de fe; LAW **~ of God** caso m fortuito
-2. (in cabaret, circus) (performance) número m; (band) grupo m; Fig **it's all an ~** es puro teatro or pura farsa; IDIOM **to do a vanishing ~** esfumarse, desaparecer, Am hacerse humo; IDIOM Fam **to get one's ~ together** organizarse, ponerse las pilas; IDIOM **he'll be a hard ~ to follow** Esp su sucesor lo va a tener difícil para emularlo, Am a su sucesor se le va a hacer difícil emularlo; IDIOM **to put on an ~** hacer teatro
-3. (in play) acto m; **Act III** tercer acto
-4. LAW **~ (** Br **of parliament** or US **of Congress)** ley f
◊ vt -1. (of actor) interpretar; Fig **he was acting the part of the caring husband** estaba interpretando or haciendo el papel del marido solícito
-2. (behave like) IDIOM **to ~ the fool** or **the goat** hacer el tonto; **to ~ the hero** hacerse el héroe; Fam **~ your age!** ¡no seas infantil!
◊ vi -1. (take action) actuar; **he was acting on his own** actuaba por iniciativa propia or Esp por libre; **the drug acts quickly** la droga actúa rápidamente; **to ~ as secretary/chairperson** actuar or hacer de secretario(a)/presidente(a), desempeñar or ejercer las funciones de secretario(a)/presidente(a); **to ~ as a warning/an incentive** servir de advertencia/incentivo; **to ~ for sb** or **on behalf of sb** (lawyer) representar a alguien; **to ~ in good faith** actuar de buena fe
-2. (behave) actuar, comportarse; **she acted as if she didn't know him** actuó como si no lo conociera
-3. (pretend) actuar; **to ~ stupid** hacerse el tonto; **to ~ all innocent** hacerse el/la inocente
-4. (actor) actuar; **which movies has she acted in?** ¿en qué películas ha actuado or salido?
◆ **act on** vt sep -1. (be prompted by) **to ~ on sb's advice** seguir los consejos de alguien; **they were acting on reliable information** actuaban siguiendo información fiable; **to ~ on impulse** actuar impulsivamente
-2. (of drug, chemical) actuar sobre
◆ **act out** vt sep (fantasy) realizar; (scene) representar
◆ **act up** vi (child, car, injury) dar guerra

acting [ˈæktɪŋ] ◊ n -1. (performance) interpretación f, actuación f; **the ~ was superb** el trabajo or la actuación de los actores era excelente -2. (profession) interpretación f, profesión f de actor/actriz; **I've done a bit of ~** (theatre) he hecho un poco de teatro, he interpretado algún papel en el teatro; (cinema) he hecho un poco de cine, he interpretado algún papel en el cine
◊ adj (temporary) en funciones

actinium [ækˈtɪnɪəm] n CHEM actinio m

action [ˈækʃən] ◊ n -1. (individual act) acto m, acción f; **to be responsible for one's actions** ser responsable de los propios actos; PROV **actions speak louder than words** hechos son amores y no buenas razones, valen más los hechos que las palabras
-2. (activity) acción f; **the situation calls for immediate ~** la situación requiere una intervención inmediata; **~ and reaction** acción y reacción; **to go into ~** ponerse en acción; **in ~** en acción; **to be out of ~** (machine) no funcionar, estar averiado(a); (person) estar fuera de combate; **to put sb out of ~** (of injury, illness) dejar a alguien fuera de combate; **to put a plan into ~** poner en marcha un plan; **to take ~** actuar; **to take ~ against sb** hacer frente a alguien; **I want to see some ~ around here!** (get things moving!) ¡quiero ver esto en marcha!; IDIOM Fam **they were looking for some ~** (excitement) estaban buscando acción, RP querían un poco de agite; IDIOM Fam **Leeds is where the ~ is these days** actualmente la movida or Esp marcha está en Leeds; IDIOM Fam **to want a piece** or **slice of the ~** querer un trozo del pastel ❑ COM **~ plan** plan m de acción
-3. MIL (acción f de) combate m; **to see ~** entrar en combate; **missing/killed in ~** desaparecido(a)/muerto(a) en combate; MIL **~ stations** (positions) puestos de combate; Fam Fig **~ stations!** (get ready!) ¡a sus puestos or Col, RP marcas! ❑ **~ movie** película f de acción
-4. (of movie, novel) acción f ❑ BrTV **~ replay** repetición f
-5. LAW demanda f; **to bring an ~ against sb (for sth)** demandar a alguien (por algo)
-6. (effect) acción f, efecto m (**on** sobre)
-7. (mechanism) mecanismo m
◊ exclam CIN ¡acción!

actionable [ˈækʃənəbəl] adj LAW susceptible de procesamiento

action-packed [ˈækʃənpækt] adj (movie, novel) lleno(a) de acción; (holiday) repleto(a) de actividades, movido(a)

activate [ˈæktɪveɪt] vt -1. (alarm, mechanism) activar -2. PHYS activar -3. US (military unit) movilizar

activated carbon [ˈæktɪveɪtɪdˈkɑːbən] n carbón m activado

activation [æktɪˈveɪʃən] n (of alarm, mechanism) activación f

active [ˈæktɪv] ◊ adj -1. (lively) (person, imagination, life) activo(a); (stock market) activo(a), agitado(a); **she's still ~ at ninety** aún sigue activa a los noventa
-2. (involved, participating) activo(a); **to be ~ in sth, to take an ~ part in sth** participar activamente en algo; **to be politically ~** participar activamente en la política; **to be sexually ~** mantener relaciones sexuales
-3. (keen, not passive) (interest) profundo(a), gran, vivo(a); (dislike) profundo(a), especial; **to take an ~ dislike to sb** tenerle a alguien (una) profunda or especial antipatía; **to take an ~ interest in sth** interesarse activamente por algo; **you have our ~ support** cuenta con nuestro apoyo absoluto or incondicional; **the proposal is under ~ discussion** la propuesta es objeto de animado debate
-4. (effective, in operation) (case, file) abierto(a), pendiente; (law) en vigor; (volcano) activo(a) ❑ FIN **~ account** cuenta f abierta; **~ ingredient** principio m activo
-5. MIL **on ~ service** or US **duty** en servicio activo; **to be on the ~ list** estar en la reserva activa
-6. GRAM activo(a); **in the ~ voice** en voz activa
-7. COMPTR **~ file** fichero m activo; **~ matrix** matriz f activa; **~ matrix display** or **screen** pantalla f de matriz activa; **~ window** ventana f activa
◊ n GRAM (voice) (voz f) activa f; **in the ~** en activa

actively [ˈæktɪvlɪ] adv -1. (to involve, participate) activamente; **to be ~ involved in sth** estar activamente involucrado en algo -2. (to disagree, discourage) radicalmente, enérgicamente; **I ~ dislike him** me desagrada pro-fundamente

activism [ˈæktɪvɪzəm] n activismo m; **political ~** activismo político

activist [ˈæktɪvɪst] n POL activista mf

activity [ækˈtɪvɪtɪ] n -1. (liveliness, busyness) (of brain, person) actividad f; (in place, bank account) movimiento m; **there's been a lot of ~ on the Stock Market** ha habido mucho movimiento or mucha actividad en la bolsa; **economic/political ~** actividad económica/política
-2. (action, occupation) actividad f; **business activities** actividades comerciales
-3. (pastime) actividad f; **activities** (at holiday camp) actividades fpl ❑ **~ book** cuaderno m de actividades; **~ holiday** = vacaciones organizadas en las que se practica algún deporte o actividad similar

actor [ˈæktə(r)] n actor m; **he's a terrible ~** es un pésimo actor

actress [ˈæktrɪs] n actriz f; **she s a good ~** es una excelente actriz; IDIOM Br Fam Hum **...as the ~ said to the bishop** ...y no me malinterpretes

actressy [ˈæktrɪsɪ] adj Pej teatral; **she can be quite ~** a veces le echa mucho teatro

actual [ˈæktʃʊəl] adj -1. (real) verdadero(a), real; **the ~ result was higher** el resultado real fue superior; **her ~ words were...** lo que dijo exactamente fue...; **an ~ example** un ejemplo real; **there's no ~ rule against it** no existe una norma establecida contra eso; **in ~ fact** de hecho, en realidad ❑ LAW **~ bodily harm** lesiones fpl menos graves, lesiones fpl leves; COM **~ cost** costo m or Esp coste m efectivo or real
-2. (itself) **although the garden is big, the ~ house is small** aunque el jardín es grande, la casa en sí es pequeña; **what happened at the ~ moment of the collision?** ¿qué ocurrió en el momento preciso del choque?

actuality [æktʃʊˈælɪtɪ] n Formal **in ~** en realidad; **the actualities of the situation** la verdad or la realidad de la situación

actually [ˈæktʃʊəlɪ] adv -1. (really) en realidad; **what ~ happened?** ¿qué ocurrió en realidad?; **what she ~ means is...** lo que quiere decir en realidad es...; **did he ~ hit you?** ¿de verdad llegó a golpearte?; **I ~ spoke to the prime minister himself** de hecho hablé con el primer ministro en persona; **he ~ believed me!** ¡me creyó y todo!; **he ~ bought me a drink for once!** ¡incluso me invitó a una copa y todo!
-2. (in fact) **~, I rather like it** la verdad es que me gusta; **~, it WAS the right number** de hecho, sí que era el número correcto; **you don't like wine, do you? – I do, ~** no te gusta el vino, ¿verdad? – no, no, sí que me gusta; **did you go? – no, ~, I didn't** ¿fuiste? – en realidad or Esp pues no, no fui; **I'm not sure, ~** pues no estoy seguro; **the movie was so long, I ~ fell asleep halfway through** la película era tan larga que llegué a dormirme a la mitad or RP hasta me quedé dormida por la mitad

actuarial [æktʃʊˈeərɪəl] adj actuarial ❑ **~ tables** tablas fpl actuariales

actuary [ˈæktʃʊərɪ] n actuario(a) m,f de seguros

actuate [ˈæktʃʊeɪt] vt -1. Formal (motivate) **her decision was actuated solely by greed** su decisión estaba motivada únicamente por la avaricia -2. TECH activar

Act-Up [ˈæktʌp] n (abbr **AIDS Coalition to Unleash Power**) = organización activista que trabaja en favor de personas con sida, fundada en los Estados Unidos en 1987

acuity [əˈkjuːɪtɪ] n (of senses, understanding) agudeza f

acumen [ˈækjʊmən] n perspicacia f, sagacidad f; **business ~** perspicacia f para los negocios

acupressure [ˈækjʊpreʃə(r)] n digitopuntura f

acupuncture [ˈækjʊpʌŋktʃə(r)] n acupuntura f

acupuncturist [ˈækjʊpʌŋktʃərɪst] n acupuntor(ora) m,f

acute [əˈkjuːt] ◊ adj -1. (serious, intense) (pain) agudo(a), intenso(a); (problem, shortage) acuciante, agudo(a); (remorse, embarrassment) intenso(a); **she has an ~ awareness of her shortcomings** es plenamente consciente de sus efectos ❏ **~ *appendicitis*** apendicitis *f* aguda

-2. *(perceptive) (person)* perspicaz; *(mind, eyesight)* agudo(a); *(hearing, sense of smell)* muy fino(a); *(comment)* agudo(a)

-3. GRAM agudo(a); **an "e" ~** una "e" aguda ❏ **~ *accent*** acento *m* agudo

-4. GEOM **~ *angle*** ángulo *m* agudo

◇ *n (accent)* acento *m* agudo

acute-angled [əˈkjuːˈtæŋɡəld] *adj (triangle)* acutángulo

acutely [əˈkjuːtlɪ] *adv* **-1.** *(intensely) (painful, embarrassing)* extremadamente; **to be ~ aware** *or* **conscious of sth** ser plenamente consciente de algo **-2.** *(perceptively)* perspicazmente, sutilmente

acuteness [əˈkjuːtnɪs] *n* **-1.** *(intensity) (of pain)* agudeza *f*, intensidad *f*; *(of problem, shortage)* gravedad *f* **-2.** *(perceptiveness) (of person, mind)* agudeza *f*, perspicacia *f*; *(of eyesight)* agudeza *f*; *(of hearing, sense of smell)* agudeza *f*, finura *f*; *(of comment, analysis)* agudeza *f*

AD [ˌeɪˈdiː] *adv (abbr* **Anno Domini***)* d. J.C., d.C.

ad [æd] *n Fam (advertisement)* anuncio *m*

adage [ˈædɪdʒ] *n* máxima *f*, adagio *m*

adagio [əˈdɑːdʒɪəʊ] MUS ◇ *n (pl* **adagios***)* adagio *m*

◇ *adv* adagio

Adam [ˈædəm] *pr n* Adán; IDIOM *Fam* **I wouldn't know him from ~** no lo conozco de nada *or* RP para nada ❏ **~'s *apple*** nuez *f*, bocado *m* de Adán

adamant [ˈædəmənt] *adj* inflexible; **she is ~ that she saw him** insiste en que lo vio; **he is quite ~ about it** es bastante inflexible al respecto

adamantine [ˌædəˈmæntaɪn] *adj Literary (will, resistance)* inamovible

adamantly [ˈædəməntlɪ] *adv* rotundamente, categóricamente

adapt [əˈdæpt] ◇ *vt* **-1.** *(adjust)* adaptar (**for** a); **to ~ oneself to sth** adaptarse a algo **-2.** *(book, play)* adaptar; **to ~ a novel for the stage** adaptar una novela a la escena

◇ *vi* adaptarse (**to** a); **children ~ easily** los niños se adaptan a todo fácilmente, los niños tienen una gran capacidad de adaptación

adaptability [əˌdæptəˈbɪlɪtɪ] *n (of person)* adaptabilidad *f*, flexibilidad *f*; *(of product)* adaptabilidad *f*

adaptable [əˈdæptəbəl] *adj* **-1.** *(person)* adaptable; **she's very ~** se adapta a todo **-2.** *(instrument, method)* adaptable; **it's ~ to a range of circumstances** puede adaptarse *or* es adaptable a diversas circunstancias

adaptation [ˌædæpˈteɪʃən] *n* **-1.** *(adjustment)* adaptación *f* **-2.** *(of book, play)* adaptación *f*

adaptor, adapter [əˈdæptə(r)] *n* **-1.** *(for several plugs)* ladrón *m*; *(for different socket)* adaptador *m* **-2.** COMPTR **~ *card*** tarjeta *f* adaptadora

ADC [ˌeɪdiːˈsiː] *n* MIL *(abbr* **aide-de-camp***)* ayudante *m* de campo, edecán *m*

ADD [ˌeɪdiːˈdiː] *n* MED *(abbr* **attention deficit disorder***)* trastorno *m* por déficit de atención

add [æd] ◇ *vt* **-1.** *(combine)* añadir (**to** a); **this book adds little to the debate** este libro aporta poco al debate; **it will ~ another £100 to the cost** supondrá un incremento del costo de otras 100 libras; **they added 10 percent for service** añadieron un 10 por ciento por el servicio

-2. *(say)* añadir; **"and it's far too expensive," he added** "y es demasiado caro", añadió; **I have nothing (further) to ~** no tengo nada más que añadir

-3. MATH sumar; **~ four and** *or* **to five** suma cuatro más cinco

-4. *(confer, lend)* **it adds interest/distinction to the occasion** confiere interés/distinción a la ocasión

◇ *vi* sumar; **he can't ~ properly** no sabe sumar

◆ **add on** *vt insep* añadir

◆ **add to** *vt insep* **-1.** *(increase)* aumentar; *(difficulty, crisis)* agravar; **it will only ~ to the cost** sólo contribuirá a aumentar *or* incrementar el costo **-2.** *(supplement)* **to ~ to what we were saying yesterday...** complementando lo que decíamos ayer...

-3. *(improve)* **it didn't really ~ to the occasion** no contribuyó a mejorar a la ocasión

◆ **add together** *vt sep* sumar

◆ **add up** ◇ *vt sep (figures)* sumar; *(bill)* hacer; **when you ~ it all up it was quite cheap** sumándolo todo era *or* resultaba bastante barato

◇ *vi* **-1.** *(give correct total)* cuadrar; **these figures don't ~ up** estas cifras no cuadran; *Fam* **(become expensive) with five kids, expenses soon ~ up** con cinco hijos, los gastos ascienden rápidamente **-2.** *(calculate)* sumar **-3.** *(make sense)* encajar, cuadrar; **it just doesn't ~ up** algo no encaja

◆ **add up to** *vt insep* **-1.** *(of figures)* **it adds up to £126** suma *or* asciende a un total de 126 libras **-2.** *(result in, be equivalent to)* **it all adds up to an enjoyable day out** todo esto da como resultado una agradable excursión; **it adds up to a lot of work for us** supone mucho trabajo para nosotros; **it doesn't ~ up to much** no viene a ser gran cosa

added [ˈædɪd] *adj* **-1.** *(additional)* adicional; **an ~ advantage** *or* **bonus** una ventaja adicional; **no ~ sugar** sin azúcar, sin adición de azúcar; **with ~ vitamins** con vitaminas añadidas ❏ ECON **~ *value*** valor *m* añadido *or Am* agregado

-2. *(in addition)* **~ to our earlier arguments, this news finally convinced him** esta noticia, sumada a nuestros argumentos anteriores, acabó por convencerlo; **~ to that...** además de eso...

addendum [əˈdendəm] *(pl* **addenda** [əˈdendə]*)* *n* a(d)denda *f*, adición *f*

adder [ˈædə(r)] *n* víbora *f*

addict [ˈædɪkt] *n* adicto(a) *m,f*; **(drug) ~** drogadicto(a) *m,f*, toxicómano(a) *m,f*; *Fam* **TV ~** teleadicto(a); *Fam* **I never miss an episode, I'm a complete ~** no me pierdo un episodio, estoy completamente enganchado

addicted [əˈdɪktɪd] *adj* **to be ~ to sth** ser adicto(a) a algo; **to become** *or* **get ~ to sth** hacerse *or* volverse adicto(a) a algo; *Fam* **she's ~ to exercise/hard work** es una adicta al ejercicio físico/al trabajo

addiction [əˈdɪkʃən] *n* adicción *f*; **heroin ~** heroinomanía, adicción a la heroína; **nicotine ~** adicción a la nicotina; **he wants to overcome his ~** quiere superar su adicción

addictive [əˈdɪktɪv] *adj (drug)* adictivo(a); **nicotine is very ~** la nicotina causa gran dependencia; *Fam* **this new series could become ~** esta nueva serie podría crear hábito

adding machine [ˈædɪŋməˌʃiːn] *n* máquina *f* de sumar, sumadora *f*

Addis Ababa [ˈædɪsˈæbəbə] *n* Addis Abeba

addition [əˈdɪʃən] ◇ *n* **-1.** MATH suma *f* **-2.** *(action)* incorporación *f*, adición *f*; *(thing added)* incorporación *f*, añadido *m*; **an important ~ to our collection** una importante incorporación a nuestra colección; **a welcome new ~ to our staff/the team** una nueva incorporación a nuestra plantilla/al equipo; **an ~ to the family** un nuevo miembro en la familia **-3.** *(to house)* añadido *m*

◇ **in addition** *adv* además; **in ~ to** además de

additional [əˈdɪʃənəl] *adj* adicional; **for** *or* **at no ~ charge** sin costo adicional ❏ FIN **~ *voluntary contribution*** contribución *f* complementaria facultativa

additionally [əˈdɪʃənəlɪ] *adv* **-1.** *(further, more)* adicionalmente, de forma *or* manera adicional **-2.** *(moreover)* además

additive [ˈædɪtɪv] *n* aditivo *m* ❏ COMPTR **~ *colour*** color *m* aditivo

additive-free [ˈædɪtɪvˈfriː] *adj* sin aditivos

addled [ˈædəld] *adj* **-1.** *(egg)* podrido(a) **-2.** *(mind)* embarullado(a)

add-on [ˈædɒn] ◇ *n* COMPTR extra *m*, suplemento *m*

◇ *adj* **~ *fare*** tarifa *f* suplementaria

address [əˈdres] ◇ *n* **-1.** *(of person)* dirección *f*, domicilio *m*; *(of letter, package)* dirección *f*, señas *fpl*; **a Baltimore ~** una dirección de Baltimore; **what is your ~?** ¿cuál es tu dirección *or* tus señas?, ¿qué dirección tienes?; **she no longer lives at that ~** ya no vive en esa dirección *or* ese domicilio; **we've changed our ~** hemos cambiado de dirección *or* domicilio; **not known at this ~** *(on returned letter)* destinatario desconocido ❏ **~ *book*** agenda *f*, libreta *f* de direcciones; *(in e-mail program)* agenda *f* de direcciones; **~ *label*** etiqueta *f* de dirección

-2. *(speech)* alocución *f*, discurso *m*

-3. form of ~ *(when speaking to sb)* tratamiento; **what's the correct form of ~ for a bishop?** ¿qué tratamiento recibe un obispo?

-4. COMPTR dirección *f* ❏ **~ *bus*** bus *m* de direccionamiento *or* direcciones

◇ *vt* **-1.** *(letter, package)* dirigir (**to** a); **the letter was addressed to Tony** la carta iba dirigida a Tony; **the parcel was incorrectly addressed** la dirección (del destinatario) del paquete era incorrecta

-2. *(direct) (remarks, criticism)* dirigir (**to** a); **all complaints should be addressed to the manager** todas las reclamaciones deberán ir dirigidas al gerente

-3. *(person, crowd)* dirigirse a; **he addressed her as "Your Majesty"** le dio el tratamiento de "Su Majestad"; **a judge should be addressed as "your honour"** un juez recibe el tratamiento de "su señoría"

-4. *(question, problem)* abordar; **to ~ oneself to sth** abordar algo

-5. *(in golf, snooker, pool)* **to ~ the ball** golpear la bola

addressee [ˌædreˈsiː] *n* destinatario(a) *m,f*

adduce [əˈdjuːs] *vt Formal* aducir, alegar

adductor [əˈdʌktə(r)] *n* ANAT aductor *m*

Adelaide [ˈædəleɪd] *n* Adelaida

adenoidal [ˌædɪˈnɔɪdəl] *adj* adenoideo(a)

adenoids [ˈædɪnɔɪdz] *npl* ANAT vegetaciones *fpl* (adenoideas)

adept ◇ *n* [ˈædept] *Formal* experto(a) *m,f*

◇ *adj* [əˈdept] **she is ~ at getting her own way** siempre consigue lo que quiere; **he had always been ~ at persuading people to support him** siempre se le había dado muy bien conseguir el apoyo de la gente

adequacy [ˈædɪkwəsɪ] *n (sufficiency)* idoneidad *f*; **he questioned the ~ of the safety measures** cuestionó si las medidas de seguridad serían suficientes; **a solution of only marginal ~** una solución apenas satisfactoria

adequate [ˈædɪkwət] *adj* **-1.** *(enough)* suficiente; **to be given ~ warning** ser avisado con antelación; **the money we had was more than ~** el dinero del que disponíamos era más que suficiente

-2. *(satisfactory, appropriate)* adecuado(a), apropiado(a); **this house is hardly ~ for a family of six** en esta casa a duras penas cabe una familia de seis personas; **this one will be quite ~** éste resultará bastante adecuado; **he proved ~ to the task** demostró ser la persona adecuada para el trabajo

adequately [ˈædɪkwətlɪ] *adv* **-1.** *(sufficiently)* suficientemente **-2.** *(satisfactorily)* satisfactoriamente, adecuadamente; **the engine performs only ~ at high speeds** el rendimiento del motor a alta velocidad es apenas satisfactorio

ADHD *n (abbr* **attention deficit hyperactivity disorder***)* trastorno *m* por déficit de atención

adhere [ədˈhɪə(r)] *vi Formal* **-1.** *(stick)* adherirse (**to** a) **-2. to ~ to** cumplir, observar; *(belief, plan)* atenerse a

adherence [ədˈhɪərəns] *n Formal (to rule)* cumplimiento *m*, observancia *f* (**to** de); *(to belief, plan)* adhesión *f*, apoyo *m* (**to** a)

adherent [ədˈhɪərənt] *n* adepto(a) *m,f*

adhesion [əd'hiːʒən] *n* **-1.** *(stickiness)* adherencia *f* **-2.** *Formal (of person)* adhesión *f* (**to** a) **-3.** PHYS adhesión *f* **-4.** MED adhesión *f*

adhesive [əd'hiːsɪv] ◇ *n* adhesivo *m*
◇ *adj* adhesivo(a), adherente ❑ **~ tape** cinta *f* adhesiva

ad hoc [æd'hɒk] ◇ *adj* ad hoc; **on an ~ basis** ad hoc ❑ **~ committee** comisión *f* especial
◇ *adv* ad hoc; **we deal with these things ~** abordamos estos asuntos ad hoc *or* conforme surgen

ad hominem [æd'hɒmɪnem] ◇ *adj* **an ~ argument** un argumento ad hominem
◇ *adv* ad hominem

adieu [ə'djuː] *(pl* **adieus** *or* **adieux** [ə'djuːz]*) n* Archaic *or* Literary adiós *m*; **I bid you ~ me** despido de usted

ad infinitum [ˌædɪnfɪ'naɪtəm] *adv* hasta el infinito, ad infinitum

adipose [ˈædɪpəʊs] *adj* ANAT adiposo(a) ❑ **~ tissue** tejido *m* adiposo

adjacent [ə'dʒeɪsənt] *adj (country, territory)* colindante; *(room, building)* contiguo(a), adyacente; **to be ~ to** estar al lado de

adjectival [ˌædʒɪk'taɪvəl] *adj* adjetival; **an ~ use** un uso adjetival

adjective [ˈædʒɪktɪv] *n* adjetivo *m*

adjoin [ə'dʒɔɪn] *vt (of building, room, land)* lindar con

adjoining [ə'dʒɔɪnɪŋ] *adj (building, room)* contiguo(a); **they wanted ~ rooms** querían habitaciones contiguas

adjourn [ə'dʒɜːn] ◇ *vt (meeting, trial)* aplazar, posponer; **the trial was adjourned until the next day** el juicio se aplazó hasta el día siguiente
◇ *vi* **-1.** *(end, break off)* **the trial/meeting adjourned** se levantó la sesión *(tras juicio/reunión)* **-2.** *(move elsewhere)* pasar a; **to ~ to another room** pasar a otra habitación

adjournment [ə'dʒɜːnmənt] *n (of meeting, trial)* aplazamiento *m* ❑ Br PARL **~ debate** = debate que tiene lugar durante la última media hora de la sesión parlamentaria en el que un diputado elegido al azar tiene derecho a interpelar al gobierno

adjudge [ə'dʒʌdʒ] *vt* **to ~ sb guilty** declarar a alguien culpable; **to ~ sb the winner** proclamar a alguien ganador

adjudicate [ə'dʒuːdɪkeɪt] ◇ *vt (claim, dispute)* juzgar
◇ *vi* actuar como árbitro; **to ~ on sth** arbitrar algo, actuar como árbitro en algo

adjudication [əˌdʒuːdɪ'keɪʃən] *n* **-1.** *(process)* sentencia *f*, resolución *f*; **the matter is up for ~** el asunto está visto para sentencia **-2.** *(decision)* fallo *m*

adjudicator [ə'dʒuːdɪkeɪtə(r)] *n (of dispute)* árbitro *m*; *(of contest)* juez *mf*

adjunct [ˈædʒʌŋkt] *n* **-1.** *(addition)* apéndice *m* **-2.** GRAM complemento *m* circunstancial

adjust [ə'dʒʌst] ◇ *vt* **-1.** *(regulate) (heat, volume, speed, pressure)* ajustar, regular; *(lighting, machine)* ajustar, regular; TV **do not ~ your set** no ajuste los controles de su televisor, = mensaje que indica que el problema de recepción no se debe al televisor
-2. *(alter) (plan, method)* ajustar, adaptar; *(length, size)* ajustar; *(salary, wage)* ajustar, modificar; **the government has adjusted prices downwards/upwards** el gobierno ha ajustado los precios a la baja/al alza
-3. *(correct)* ajustar, corregir; **the figures have been adjusted to allow for inflation** las cifras se han corregido teniendo en cuenta la inflación
-4. *(position of clothing, hat)* arreglar, ajustar; **to ~ one's tie** ajustarse la corbata; **please ~ your dress before leaving** *(sign)* arréglese la ropa antes de salir
-5. *(adapt)* adaptar (**to** a); **to ~ oneself to sth** adaptarse a algo
-6. *(in insurance)* **to ~ a claim** liquidar *or* abonar una reclamación
◇ *vi (person)* adaptarse (**to** a); **the cover adjusts to fit all sizes** la funda se adapta a todos los tamaños

adjustable [ə'dʒʌstəbəl] *adj* ajustable, regulable ❑ **~** Br **spanner** *or* US **wrench** llave *f* inglesa

adjuster [ə'dʒʌstə(r)] *n* US perito(a) *m,f* tasador(ora) de seguros

adjustment [ə'dʒʌstmənt] *n* **-1.** *(to heat, volume, speed, pressure)* ajuste *m*; *(to lighting, machine)* ajuste *m*; **to make an ~ to sth** hacer un ajuste a algo, ajustar algo
-2. *(alteration) (to plan, method)* ajuste *m*, cambio *m*; *(to length, size)* ajuste *m*; *(to salary, wage)* modificación *f*
-3. *(correction)* ajuste *m*, corrección *f*; **no ~ was made for inflation** no se hizo un ajuste que reflejara la inflación
-4. *(adaptation)* adaptación *f* (**to** a); **a period of ~** un periodo de adaptación
-5. *(of insurance claim)* liquidación *f*, tasación *f*

adjutant [ˈædʒətənt] *n* MIL ordenanza *m*

adjutant-general [ˈædʒətəntˈdʒenərəl] *n* MIL ayudante *mf* general

ad-lib [ˈædˈlɪb] ◇ *n* improvisación *f*
◇ *adj* improvisado(a)
◇ *adv* improvisadamente
◇ *vt (pt & pp* **ad-libbed***)* improvisar
◇ *vi* improvisar

ad-libbing [ˈædˈlɪbɪŋ] *n* improvisación *f*

adman [ˈædmæn] *n* Fam publicista *m*, publicitario *m*

admin [ˈædmɪn] *n* Fam **-1.** *(work)* papeleo *m* **-2.** *(department)* administración *f*

administer [əd'mɪnɪstə(r)] *vt* **-1.** *(manage, run) (business, institution)* administrar, dirigir; *(estate, territory, funds)* administrar **-2.** *(give) (punishment)* aplicar; *(blow)* propinar; *(medication)* administrar; **to ~ justice** administrar justicia; LAW **to ~ the oath** (**to sb**) tomar juramento (a alguien)

administrate [əd'mɪnɪstreɪt] *vt (business, institution)* administrar, dirigir

administration [ədˌmɪnɪ'streɪʃən] *n* **-1.** *(management, running) (of business, institution)* administración *f*; *(of estate, territory, funds)* administración *f* ❑ LAW **~ order** mandamiento *m* judicial
-2. *(giving) (of punishment, medicine, justice)* administración *f*; *(of oath)* toma *f*
-3. *(administrative department)* gestión *f*, administración *f*
-4. US POL *(government)* gobierno *m*, administración *f*; **the Clinton/Bush Administration** la administración Clinton/Bush
-5. *(receivership)* **to go into ~** ser intervenido(a)

administrative [əd'mɪnɪstrətɪv] *adj* administrativo(a) ❑ **~ assistant** *(with responsibility)* asistente *mf* de dirección; *(with little responsibility)* auxiliar *mf* administrativo(a); **~ costs** costos *mpl or* Esp costes *mpl* administrativos; **the ~ grade** *(in civil service)* el funcionariado administrativo; **~ law** derecho *m* administrativo; **~ staff** personal *m* administrativo

administrator [əd'mɪnɪstreɪtə(r)] *n (of business, institution, estate)* administrador(ora) *m,f*

admirable [ˈædmɪrəbəl] *adj* admirable

admirably [ˈædmɪrəblɪ] *adv* admirablemente; **she coped ~** se las arregló de forma admirable

admiral [ˈædmərəl] *n* **-1.** *(in navy)* almirante *m*; Br **~ of the fleet,** US **fleet ~** almirante de la flota **-2.** *(butterfly)* vanesa *f*

Admiralty [ˈædmərəltɪ] *n (in Britain)* **the ~** el Ministerio de Marina, el Almirantazgo

admiration [ˌædmə'reɪʃən] *n* **-1.** *(feeling)* admiración *f* (**for** por); **to be full of ~ for sth/sb** sentir una gran admiración por algo/alguien; **I have nothing but ~ for them** no siento más que admiración por ellos; **she was lost in ~ of his achievement** se deshizo en elogios por su hazaña **-2.** *(person, thing)* **she was the ~ of the entire class** era la admiración de toda la clase

admire [əd'maɪə(r)] *vt* admirar; **I ~ her dedication** admiro su dedicación; **I admire him for his honesty** lo admiro por su honradez; **there is much to ~ in the movie** es una película digna de admiración; **to ~ oneself in the mirror** admirarse en el espejo; **I can't help admiring his cheek** ¡me admira su descaro!

admirer [əd'maɪərə(r)] *n* admirador(ora) *m,f*; Hum **I think you have a new ~** creo que tienes un nuevo admirador

admiring [əd'maɪərɪŋ] *adj (look, glance)* de admiración; **he was greeted by ~ crowds wherever he went** allá donde iba, era recibido por muchedumbres que lo admiraban

admiringly [əd'maɪərɪŋlɪ] *adv* con admiración

admissible [əd'mɪsɪbəl] *adj* **-1.** *(behaviour, argument)* admisible **-2.** LAW **to be ~ in evidence** ser admisible como prueba ❑ **~ evidence** prueba *f* admisible

admission [əd'mɪʃən] *n* **-1.** *(entry) (to school, hospital)* ingreso *m* (**to** en); *(to museum, exhibition)* visita *f* (**to** a), entrada *f* (**to** a); **no ~ to unaccompanied children** *(sign)* prohibida la entrada a menores no acompañados
-2. *(price)* entrada *f*; **~ $3.50/free** entrada 3,50 dólares/gratuita ❑ **~ fee** entrada *f*
-3. *(person admitted) (to school, hospital)* ingreso *m*, CSur internación *f*; *(to museum, exhibition)* visita *f*
-4. *(acknowledgement) (of guilt, mistake)* confesión *f*; **by** *or* **on his own ~** según él mismo admite

admit [əd'mɪt] *(pt & pp* **admitted***)* ◇ *vt* **-1.** *(allow to enter)* admitir, dejar pasar; **he was admitted to hospital** ingresó en un hospital; **children not admitted** *(sign)* prohibida la entrada a niños; **~ one** *(on ticket)* individual
-2. *(acknowledge) (fact, mistake)* admitir; *(crime, guilt)* confesar; **I ~ I was wrong** reconozco *or* admito que estaba equivocado; **I must ~ that...** tengo que reconocer *or* debo confesar que...; **I had to ~ to myself that...** tuve que reconocer *or* admitir que...; **to ~ defeat** darse por vencido(a); **it is generally admitted that women live longer than men** en general, se acepta que las mujeres viven más que los hombres
-3. *Formal (allow)* admitir; **the facts ~ no other explanation** los hechos no admiten otra explicación
◇ *vi* **to ~ to** *(mistake)* admitir; *(crime)* confesar; **to ~ to doing sth** admitir haber hecho algo

◆ **admit of** *vt insep Formal* admitir; **her behaviour admits of no excuse** su comportamiento no tiene excusa; **the text admits of only one interpretation** el texto sólo admite una interpretación

admittance [əd'mɪtəns] *n (entry)* acceso *m*, admisión *f*; **to gain ~** ser admitido(a); **to refuse** *or* **deny sb ~** no dejar entrar a alguien; **no ~** *(sign)* prohibido el paso

admittedly [əd'mɪtɪdlɪ] *adv* es cierto que; **~, it was dark when I saw him** es cierto que estaba oscuro cuando lo vi; **an ~ serious case** un caso sin duda serio

admixture [ædˈmɪkstʃə(r)] *n* **-1.** *Formal (ingredient)* ingrediente *m*, componente *m* **-2.** *Fig (of irony, comedy)* toque *m*, componente *m* (**of** de)

admonish [əd'mɒnɪʃ] *vt Formal (reprimand)* reprender (**for** por)

admonition [ˌædmə'nɪʃən] *n Formal* **-1.** *(rebuke)* admonición *f*, amonestación *f* **-2.** *(warning)* admonición *f*, advertencia *f*

admonitory [əd'mɒnɪtərɪ] *adj Formal* **-1.** *(rebuking)* admonitorio(a) **-2.** *(warning)* admonitorio(a), de advertencia

ad nauseam [æd'nɔːzɪæm] *adv* hasta la saciedad

adnexa [æd'neksə] *npl* ANAT anexos *mpl*

ado [ə'duː] *n Formal* **without more** *or* **further ~** sin más preámbulos, sin más dilación; **much ~ about nothing** mucho ruido y pocas nueces

adobe [ə'dəʊbɪ] *n (clay)* adobe *m*

adolescence [ˌædə'lesəns] *n* adolescencia *f*

adolescent [ædə'lesənt] ◇ n adolescente mf ◇ adj **-1.** (boy, girl) adolescente; **in his adolescent years** en sus años de adolescente **-2.** (immature) infantil

Adonis [ə'dəʊnɪs] n **-1.** MYTHOL Adonis m **-2.** (handsome youth) Adonis m

adopt [ə'dɒpt] vt **-1.** (child) adoptar **-2.** (approach, suggestion, habit, tone) adoptar; **he has adopted a more conciliatory position** ha adoptado una postura más conciliadora **-3.** Formal (approve) (minutes, report) aprobar **-4.** POL (candidate) elegir

adopted [ə'dɒptɪd] adj (country) adoptivo(a), de adopción; **she didn't know she was ~** no sabía que era adoptada ❑ **~ daughter** hija f adoptiva; **~ son** hijo m adoptivo

adoption [ə'dɒpʃən] n **-1.** (of child) adopción f; **~ laws/procedure** leyes/procedimiento de adopción; **she's American by ~** es estadounidense de adopción ❑ **~ agency** agencia f de adopciones **-2.** (of approach, suggestion, habit, tone) adopción f **-3.** Formal (of minutes, report) aprobación f **-4.** POL (of candidate) elección f

adoptive [ə'dɒptɪv] adj (parent) adoptivo(a); (country) de adopción

adorable [ə'dɔːrəbəl] adj encantador(ora); **what an ~ little cottage/skirt!** ¡qué casita/faldita tan mona!

adoration [ædə'reɪʃən] n adoración f; **in ~** con adoración ❑ REL **the Adoration of the Magi** la Adoración de los Reyes Magos

adore [ə'dɔː(r)] vt **-1.** (worship) adorar **-2.** Fam (like, love) adorar; **I adored her last movie** me encantó su última película; **they ~ their grandchildren** adoran a sus nietos

adoring [ə'dɔːrɪŋ] adj devoto(a)

adoringly [ə'dɔːrɪŋlɪ] adv apasionadamente, fervorosamente

adorn [ə'dɔːn] vt **-1.** (decorate) adornar; **she adorned herself with jewels** se adornó con joyas **-2.** (story) adornar, embellecer

adornment [ə'dɔːnmənt] n **-1.** (act) embellecimiento m **-2.** (decorative addition) adorno m, ornamento m; **your beauty has no need of ~** tu belleza no necesita de adornos

ADP [eɪdiː'piː] n COMPTR (abbr **automatic data processing**) proceso m or procesamiento m automático de datos

adrenal [ə'driːnəl] adj ANAT adrenal ❑ **~ gland** glándula f adrenal or suprarrenal

adrenalin(e) [ə'drenəlɪn] n adrenalina f; **to get** or **set the ~ flowing** provocar una subida de adrenalina

Adriatic [eɪdrɪ'ætɪk] n **the ~ (Sea)** el (mar) Adriático

adrift [ə'drɪft] adv ◇ **-1. to go ~** (of boat) ir a la deriva; **the mutineers set them ~ in a lifeboat** los amotinados los dejaron a la deriva en un bote salvavidas **-2. to come** or **go ~** (of plan) irse a pique
◇ adj **-1. to be ~** (of boat) ir a la deriva **-2. she was (all) ~** (aimless) estaba perdida or desorientada

adroit [ə'drɔɪt] adj diestro(a), hábil; **he was ~ at avoiding blame** era muy hábil echando la culpa a los demás

adroitly [ə'drɔɪtlɪ] adv hábilmente, con destreza

ADSL n (abbr **asymetric digital subscriber line**) ADSL m

aduki bean [ə'duːkɪbiːn] n = tipo de Esp judía or Andes, CAm, Carib, Méx frijol or Andes, RP poroto de color rojo

adulation [ædjʊ'leɪʃən] n adulación f

adulatory [ædjʊ'leɪtərɪ] adj Formal adulatorio(a)

adult ['ædʌlt, ə'dʌlt] ◇ n adulto(a) m,f; **for adults only** sólo para adultos; **let's try and be adults about this, shall we?** abordemos el asunto como adultos, ¿de acuerdo?
◇ adj **-1.** (person, animal) adulto(a) ❑ **~ education** educación f de or para adultos; **~ teeth** dentición f definitiva or secundaria **-2.** (mature) (attitude, behaviour) adulto(a), maduro(a); **she's very ~ for her age** es muy madura para su edad **-3.** Euph (movie, book) para adultos ❑ **~ bookstore** librería f para adultos

adulterate [ə'dʌltəreɪt] vt adulterar

adulterer [ə'dʌltərə(r)] n adúltero(a) m,f

adulteress [ə'dʌltrəs] n adúltera f

adulterous [ə'dʌltrəs] adj adúltero(a)

adultery [ə'dʌltərɪ] n adulterio m; **to commit ~** cometer adulterio

adulthood ['ædʌlthʊd] n edad f adulta; **to reach ~** alcanzar la edad adulta

adumbrate ['ædʌmbreɪt] vt Formal **-1.** (outline) esbozar, bosquejar **-2.** (foreshadow) presagiar, anunciar

ad valorem ['ædvə'lɔːrəm] adj (tax) ad valorem

advance [əd'vɑːns] ◇ n **-1.** (forward movement) avance m; **Fig he feared the ~ of old age** le asustaba envejecer
-2. (progress) avance m, progreso m; **the latest advances in medicine** los últimos avances en medicina
-3. (overture) **to make advances to sb** (sexual) insinuarse a alguien; (in business) hacer una propuesta inicial a alguien; **she rejected his advances** se resistió a sus insinuaciones
-4. (at auction) **any ~ on £500?** 500 libras, ¿alguien da más?
-5. (loan) anticipo m, adelanto m; **an ~ on one's salary/against royalties** un anticipo or adelanto del sueldo/de los derechos de autor
◇ adj **-1.** (prior) anticipado(a) ❑ **~ booking** reserva f (anticipada); **~ copy** (of book) ejemplar m de anticipo; **~ notice** aviso m previo; **~ publicity** publicidad f (previa); **~ warning** advertencia f previa
-2. (ahead of main body) MIL **~ guard** avanzadilla f; Fig **the company was the ~ guard of capitalism** la empresa era la avanzadilla del capitalismo; US POL **~ man** = hombre de confianza de un político que se desplaza al lugar donde se celebrarán mítines o eventos para ultimar su organización; MIL **~ party** destacamento m
◇ vt **-1.** (move forward) (chesspiece, troops) avanzar, adelantar; **the date of the meeting was advanced by one week** adelantaron la fecha de la reunión una semana
-2. (further, improve) (science, knowledge) hacer avanzar, adelantar; (career, cause) hacer avanzar
-3. (propose) (idea, opinion) presentar; (theory) proponer, sugerir; (suggestion) plantear
-4. (money) anticipar, adelantar; **we advanced her £100 on her salary** le anticipamos or adelantamos 100 libras de su sueldo
◇ vi **-1.** (move forward) avanzar; **the troops advanced on the city** las tropas avanzaron hacia la ciudad
-2. (make progress) (science, knowledge) avanzar; **he advanced steadily through the organization** fue ascendiendo a ritmo constante dentro de la organización
-3. (time, evening) pasar; **as winter advanced food became scarcer** con el paso del invierno la comida fue escaseando; **he mellowed with the advancing years** se hizo más apacible con los años
◇ **in advance** adv (to pay) por adelantado; (to give notice) con antelación; (to book, know) por anticipado, por adelantado; **six weeks in ~** con seis semanas de antelación; **well in ~** mucho antes, con mucha anticipación; **I would like to thank you in ~** quisiera darle las gracias de antemano; **thanking you in ~** (at close of letter) agradeciéndole de antemano su atención
◇ **in advance of** prep (before) antes que; (further developed than) por delante de; **they arrived in ~ of their guests** llegaron antes que sus invitados; **their technology is far in ~ of ours** su tecnología está muy por delante de la nuestra

advanced [əd'vɑːnst] adj **-1.** (in development) (country, student, technology) avanzado(a); **she's very ~ for her age** está muy adelantada para su edad ❑ **~ gas-cooled reactor** reactor m nuclear refrigerado por gas
-2. (in time) avanzado(a); **a woman of ~ years, a woman ~ in years** una mujer de edad avanzada, una mujer entrada en años; **the project was already at an ~ stage** el proyecto se encontraba ya en una fase avanzada
-3. (not basic) (course, research) superior, avanzado(a) ❑ Br **Advanced level** = examen final o diploma en una asignatura de los estudios preuniversitarios
-4. (progressive) avanzado(a); **a man of ~ ideas** un hombre de ideas avanzadas

advancement [əd'vɑːnsmənt] n **-1.** (promotion) ascenso m; **there is little scope for ~** hay pocas posibilidades de ascenso **-2.** (improvement) progreso m; **the ~ of democracy/the cause** el progreso de la democracia/la causa

advantage [əd'vɑːntɪdʒ] ◇ n **-1.** (superiority, better position) ventaja f; **the plan has the ~ of being cheap** el plan tiene la ventaja de que es barato; **there's no ~ in finishing first** terminar en primer lugar no tiene ninguna ventaja; **to have an ~ over** tener ventaja sobre; Br Formal **you have the ~ of me** parece conocerme mejor que yo a usted
-2. (profit) **to take ~ of** (person) aprovecharse de; (opportunity, occasion) aprovechar; **they'll only take ~** (of your generosity, leniency) van a aprovecharse de ti; **to turn sth to one's ~** sacar provecho de algo; **in the end the changes turned out to our ~** al final los cambios nos beneficiaron or favorecieron; **her skills aren't shown to (their) best ~** su talento no brilla todo lo que podría; **the picture may be seen to (its) best ~ against a plain wall** donde más gana el cuadro es sobre una pared blanca; **it would be to your ~** te conviene
-3. SPORT **to play ~** aplicar la ley de la ventaja; **~ Sampras** (in tennis) ventaja de or para Sampras
◇ vt favorecer, beneficiar

advantaged [əd'vɑːntɪdʒd] adj privilegiado(a)

advantageous [ædvən'teɪdʒəs] adj ventajoso(a); **to be ~ to sb** favorecer or beneficiar a alguien

advantageously [ædvən'teɪdʒəslɪ] adv **things turned out ~ for us** salimos beneficiados or favorecidos

advent ['ædvənt] n **-1.** (arrival) llegada f, advenimiento m **-2.** REL **Advent** Adviento m ❑ **Advent calendar** = calendario del Adviento, en el que se abre una ventanita que descubre una imagen o un bombón por cada día que falta hasta Navidad

Adventist ['ædvəntɪst] ◇ n adventista mf ◇ adj adventista

adventitious [ædvən'tɪʃəs] adj Formal (accidental) adventicio(a)

adventure [əd'ventʃə(r)] n **-1.** (experience) aventura f; **to have an ~** correr una aventura; **it was quite an ~** fue toda una aventura ❑ COMPTR **~ game** juego m de aventuras; **~ holiday** viaje m de aventura; **~ holidays** turismo m de aventura; **~ playground** parque m infantil; **~ story** historia f de aventuras
-2. (excitement) aventura f; **where's your sense of ~?** ¿dónde está tu espíritu aventurero?

adventurer [əd'ventʃərə(r)] n **-1.** (person fond of adventure) aventurero(a) m,f **-2.** (dishonest person) sinvergüenza mf

adventuress [əd'ventʃərɛs] n **-1.** (person fond of adventure) aventurera f **-2.** (dishonest person) sinvergüenza f

adventurism [əd'ventʃərɪzəm] n temeridad f

adventurous [əd'ventʃərəs] adj (person) aventurero(a); (plan, choice) aventurado(a), arriesgado(a); **be ~, try the curry** ¡atrévete, prueba el curry!; **the design of the building is far from ~** el diseño del edificio es todo menos arriesgado or atrevido

adventurousness [əd'ventʃərəsnɪs] n (of person) audacia f, arrojo m; (of plan, choice, design) audacia f

adverb ['ædvɜːb] *n* adverbio *m* ❑ **~ of degree** adverbio *m* de cantidad; **~ of manner** adverbio *m* de modo; **~ of place** adverbio *m* de lugar; **~ of time** adverbio *m* de tiempo

adverbial [əd'vɜːbɪəl] *adj* adverbial; **an ~ use** un uso adverbial

adverbially [əd'vɜːbɪəlɪ] *adv* adverbialmente

adversarial [ædvə'seərɪəl] *adj* **-1.** *(approach, manner)* de enfrentamiento, de confrontación ❑ **~ politics** política *f* de enfrentamiento **-2.** LAW de adversarios, = basado en el enfrentamiento de dos partes

adversary ['ædvəsərɪ] *n Formal* adversario(a) *m,f*

adversative [æd'vɜːsətɪv] *adj* GRAM adversativo(a) ❑ **~ conjunction** conjunción *f* adversativa

adverse ['ædvɜːs] *adj* **-1.** *(negative) (comment, criticism, reaction)* adverso(a), desfavorable **-2.** *(unfavourable) (circumstances)* adverso(a), desfavorable; **the match was cancelled due to ~ weather conditions** el partido se canceló debido a las inclemencias del tiempo **-3.** *(wind)* en contra

adversely ['ædvɜːslɪ] *adv* desfavorablemente, negativamente; **to be ~ affected by sth** resultar perjudicado(a) por algo

adversity [əd'vɜːsɪtɪ] *n* adversidad *f*; **in ~** en la adversidad

advert¹ ['ædvɜːt] *n Br Fam* anuncio *m*; **the adverts** *(on TV)* los anuncios, la publicidad

advert² [əd'vɜːt] *vi Formal (refer)* **to ~ to** referirse a, hacer referencia a

advertise ['ædvətaɪz] ◇ *vt* **-1.** *(product, job)* anunciar; **I saw it advertised in a magazine** lo vi anunciado en una revista; **as advertised on TV** anunciado(a) en televisión **-2.** *(call attention to)* **don't go advertising the fact that we're thinking of leaving** no vayas por ahí pregonando *or* anunciando que estamos pensando en irnos; **he didn't want to ~ his presence** no quería llamar la atención
◇ *vi* poner un anuncio **(for sth/sb** pidiendo algo/a alguien); **it pays to ~** hacer publicidad resulta rentable

advertised ['ædvətaɪzd] *adj* anunciado(a); **the ~ time of departure** la hora anunciada de salida; **the ~ programme** *(on TV)* el programa anunciado

advertisement [əd'vɜːtɪsmənt, ædvə'taɪzmənt] *n* **-1.** *(on TV, in newspaper)* anuncio *m*; **an ~ for toothpaste, a toothpaste ~** un anuncio de pasta de dientes; **to put an ~ in the paper** poner un anuncio en el periódico; **I got the job through an ~** encontré el trabajo por un anuncio **-2.** *Fig (example)* **you're not a good ~ for your school** no le haces buena publicidad a tu colegio

advertiser ['ædvətaɪzə(r)] *n* anunciante *mf*

advertising ['ædvətaɪzɪŋ] *n* publicidad *f*; **it's just an ~ gimmick** no es más que un truco publicitario; **he works in ~** trabaja en publicidad ❑ **~ agency** agencia *f* de publicidad; **~ campaign** campaña *f* publicitaria; **~ revenue** ingresos *mpl* por publicidad; *Br* **Advertising Standards Authority** = agencia que vela por la calidad y el contenido de la publicidad en televisión

advertorial [ædvə'tɔːrɪəl] *n* = anuncio de un periódico que tiene la misma presentación que las noticias

advice [əd'vaɪs] *n* **-1.** *(counsel)* consejo *m*; *(legal, financial)* asesoría *f*; **a piece of ~** un consejo; **that's good ~** es un buen consejo; **my ~ (to you) would be to apologize** yo te aconsejaría que pidieras perdón; **when I want your ~ I'll ask for it!** ¡cuando quiera un consejo, ya te lo pediré!; **to give sb ~** aconsejar a alguien; **to ask sb's ~, to ask sb for ~** pedir consejo a alguien; **to take** *or* **follow sb's ~** seguir el consejo de alguien; **take my ~ and say nothing to her** sigue mi consejo y no le digas nada; **to take legal/medical ~** consultar a un abogado/médico ❑ **~ column** consultorio *m (sentimental, fiscal, etc.)* **-2.** *(notification)* notificación *f* ❑ COM **~ note** aviso *m* de envío *or* expedición

advisability [ədvaɪzə'bɪlɪtɪ] *n* conveniencia *f*; **they discussed the ~ of performing another operation** discutieron la conveniencia de operar de nuevo

advisable [əd'vaɪzəbəl] *adj* aconsejable, recomendable; **it is ~ to book early** es recomendable reservar con antelación; **I don't think that would be very ~** no creo que sea buena idea

advise [əd'vaɪz] *vt* **-1.** *(give advice to)* aconsejar; **to ~ sb to do sth** aconsejar a alguien hacer *or* que haga algo; **you are strongly advised to...** es muy aconsejable...; **to ~ sb against doing sth** aconsejar a alguien que no haga algo; **you'd be well advised to take an umbrella** más vale que lleves un paraguas **-2.** *(recommend)* **he advised caution** recomendó precaución **-3.** *(give professional guidance)* asesorar **(on** sobre); **she advises the government on education** es asesora del gobierno en materia de educación, asesora al gobierno en materia de educación **-4.** *Formal (inform)* **to ~ sb that...** informar a alguien de que...; **we are pleased to ~ you that...** tenemos el placer de informarle de *or* comunicarle que...; **to ~ sb of sth** informar a alguien de algo; **she advised him of the cost** le informó del costo *or Esp* coste; **keep me advised of your progress** mantenme informado de tus progresos

advisedly [əd'vaɪzɪdlɪ] *adv* a sabiendas, deliberadamente; **I use the term ~** uso la palabra a sabiendas

advisement [əd'vaɪzmənt] *n US (consultation)* **the matter is still under ~** el asunto está todavía en periodo de consulta

adviser, advisor [əd'vaɪzə(r)] *n (political)* consejero(a) *m,f*, asesor(ora) *m,f*; *(professional)* asesor(ora)

advisory [əd'vaɪzərɪ] *adj* asesor(ora); **in an ~ capacity** en calidad de asesor(ora)

advocaat ['ædvəkɑː] *n* = licor a base de huevo

advocacy ['ædvəkəsɪ] *n Formal (support)* defensa *f* **(of** de)

advocate ◇ *n* ['ædvəkət] **-1.** *(of cause, doctrine)* defensor(ora) *m,f* **(of** de) **-2.** *Scot* LAW abogado(a) *m,f*; **the Lord Advocate** el fiscal general
◇ *vt* ['ædvəkeɪt] *(policy, plan)* abogar por, defender; **to ~ (doing) sth** abogar por (hacer) algo

adze, *US* **adz** [ædz] *n* azuela *f*

A & E [eɪən'diː] *n Br (abbr* **Accident and Emergency)** urgencias *fpl*

AEA [eiiː'eɪ] *n* **-1.** *(abbr* **Atomic Energy Authority)** = agencia británica para la energía nuclear, *Esp* ≃ CSN *m* **-2.** *US (abbr* **Actors' Equity Association)** = sindicato estadounidense al que todos los actores profesionales han de estar afiliados

AEC [eiiː'siː] *n (abbr* **Atomic Energy Commission)** = comisión estadounidense para la energía nuclear

Aegean [ɪ'dʒiːən] *n* **the ~ (Sea)** el (mar) Egeo; **the ~ Islands** las islas del (mar) Egeo

aegis, *US* **egis** ['iːdʒɪs] *n Formal* **under the ~ of...** bajo los auspicios de...

Aeneas [ɪ'niːəs] *n* MYTHOL Eneas

Aeneid [ɪ'niːɪd] *n* **the ~** la Eneida

aeon, *US* **eon** ['iːən] *n* eón *m*; *Fam* **aeons ago** hace siglos

aerate ['eəreɪt] *vt* **-1.** *(liquid)* gasificar, carbonatar; *(blood)* oxigenar **-2.** *(soil)* airear

aerated [eə'reɪtɪd] *adj (liquid)* carbonatado(a)

aerial ['eərɪəl] ◇ *n (of radio, TV)* antena *f*
◇ *adj* aéreo(a) ❑ **~ cartography** cartografía *f* aérea; **~ game** *(in football)* juego *m* aéreo; *US* **~ ladder** escalera *f* telescópica *(en camión de bomberos)*; ART **~ perspective** perspectiva *f* aérea; **~ photography** fotografía *f* aérea; BOT **~ root** raíz *f* aérea; **~ surveying** topografía *f* aérea; **~ view** vista *f* aérea

aerialist ['eərɪəlɪst] *n US* **-1.** *(tightrope walker)* equilibrista *mf*, funámbulo(a) *m,f* **-2.** *(trapeze artist)* trapecista *mf*

aerie *US* = **eyrie**

aero-bars ['eərəʊbɑːz] *npl* manillar *m* de triatlón

aerobatic [eərə'bætɪk] ◇ *adj* de acrobacias aéreas
◇ *n* **aerobatics** *(movements)* acrobacias *fpl* aéreas

aerobic [eə'rəʊbɪk] ◇ *adj* **-1.** BIOL aerobio(a) **-2.** *(exercise)* aeróbico(a)
◇ *n* **aerobics** *(exercises)* aerobic *m*, aeróbic *m*

aerodrome ['eərədrəʊm] *n Br* aeródromo *m*

aerodynamic [eərəʊdaɪ'næmɪk] ◇ *adj* aerodinámico(a)
◇ *n* **aerodynamics** aerodinámica *f*

aerodynamically [eərəʊdaɪ'næmɪklɪ] *adv* aerodinámicamente

aerofoil ['eərəʊfɔɪl] *n Br* plano *m* aerodinámico

aerogram(me) ['eərəgræm] *n* **~ (form)** aerograma *m*

aeronautical [eərə'nɔːtɪkəl] *adj* aeronáutico(a) ❑ **~ engineer** ingeniero(a) *m,f* aeronáutico(a)

aeronautics [eərə'nɔːtɪks] *n* aeronáutica *f*

aeroplane ['eərəpleɪn] *n Br* avión *m*

aerosol ['eərəsɒl] *n* **-1.** *(suspension)* aerosol *m* **-2.** *(container)* aerosol *m* ❑ **~ spray** aerosol *m*

aerospace ['eərəspeɪs] ◇ *n* espacio *m*
◇ *adj* aeroespacial; **the ~ industry** la industria aeroespacial

aerostat ['eərəʊstæt] *n* aeróstato *m*

Aeschylus ['iːskɪləs] *pr n* Esquilo

Aesop ['iːsɒp] *pr n* Esopo; **~'s fables** las fábulas de Esopo

aesthete, *US* **esthete** ['iːsθiːt] *n* esteta *mf*

aesthetic, *US* **esthetic** [ɪs'θetɪk] ◇ *adj* estético(a)
◇ *n* estética *f*

aesthetically, *US* **esthetically** [ɪs'θetɪklɪ] *adv* estéticamente; **~ pleasing** estéticamente agradable; *Hum* **~ challenged** feo(a), horroroso(a)

aesthetics, *US* **esthetics** [ɪs'θetɪks] *n* estética *f*

aetiology, *US* **etiology** [iːtɪ'ɒlədʒɪ] *n* MED etiología *f*

AF *n US (abbr* **Air Force)** = Fuerzas Aéreas estadounidenses

afar [ə'fɑː(r)] *adv Literary* lejos; **from ~** desde lejos

AFB [eɪef'biː] *n US* **-1.** *(abbr* **American Foundation for the Blind)** = asociación estadounidense de ayuda a los ciegos, *Esp* ≃ ONCE *f* **-2.** *(abbr* **air force base)** base *f* aérea

AFC [eɪef'siː] *n US (abbr* **American Football Conference)** = una de las conferencias que forman la liga nacional de la NFL

affability [æfə'bɪlɪtɪ] *n* afabilidad *f*, amabilidad *f*

affable ['æfəbəl] *adj* afable, amable

affably ['æfəblɪ] *adv* afablemente, amablemente

affair [ə'feə(r)] *n* **-1.** *(matter, issue)* asunto *m*; **the Watergate ~** el caso Watergate; **the ~ in hand** el asunto que nos ocupa; **in the present state of affairs** tal y como están las cosas ❑ **affairs of state** asuntos *mpl* de Estado **-2.** *(concern)* asunto *m*; **that's my ~** eso es asunto mío; **it's no ~ of his** no es asunto suyo; **she put her affairs in order** puso sus asuntos en orden **-3.** *(sexual)* aventura *f*, lío *m*; **to have an ~ (with sb)** tener una aventura (con alguien); **they're having an ~** tienen un lío *or* una aventura **-4.** *(event)* acontecimiento *m*; **the wedding was a quiet ~** fue una boda discreta **-5.** *Fam (thing)* **he was driving one of those sporty affairs** iba en un deportivo de esos; **the house is a three-storey ~** la casa tiene

affect¹ [ə'fekt] vt **-1.** (have effect on) (person, organ, health) afectar; (decision, outcome) afectar a, influir en; **how will these changes ~ you?** ¿cómo te afectarán a ti estos cambios?; **the worst affected areas** las zonas más afectadas **-2.** (move emotionally) afectar; **to be deeply affected by sth** estar muy afectado(a) por algo

affect² vt **-1.** (indifference, interest, surprise) afectar, fingir; **to ~ an accent** poner un acento; **he affected to like Picasso** fingía que le gustaba Picasso **-2.** Literary (wear, use) usar

affect³ ['æfekt] n PSY emociones fpl

affectation [æfek'teɪʃən] n **-1.** (in behaviour, manners) afectación f, amaneramiento m; **without ~** sin afectación **-2.** (pretence) **an ~ of interest/boredom** un interés/aburrimiento fingido

affected¹ [ə'fektɪd] adj **-1.** (altered, damaged) afectado(a); **the worst/least ~ areas** las zonas más/menos afectadas **-2.** (emotionally) afectado(a), conmovido(a)

affected² adj (unnatural, pretended) afectado(a), artificial; **her ~ interest in opera** su fingido interés por la ópera

affecting [ə'fektɪŋ] adj emotivo(a), conmovedor(a)

affection [ə'fekʃən] n **-1.** (liking) afecto m, cariño m; **to show sb ~** dar muestras de afecto a alguien; **to feel ~ for sb** sentir cariño por alguien; **a rare display of ~** una muestra de afecto poco común; **to hold sb in great ~** tener gran estima a alguien
-2. affections (feelings) sentimientos mpl; **to toy** or **trifle with sb's affections** jugar con los sentimientos de alguien; **this town has a special place in my affections** esta ciudad ocupa un lugar especial en mi corazón

affectionate [ə'fekʃənət] adj afectuoso(a), cariñoso(a) (**towards** con); Old-fashioned **your ~ niece** (in letter) tu sobrina que te quiere

affectionately [ə'fekʃənətlɪ] adv cariñosamente; **~ known as "the Terrible Twins"** llamados cariñosamente "los Gemelos Terribles"

affective [ə'fektɪv] adj PSY emocional, afectivo(a)

afferent ['æfərənt] adj ANAT aferente

affidavit [æfɪ'deɪvɪt] n LAW declaración f jurada; **to swear an ~** hacer una declaración jurada

affiliate ⋄ n [ə'fɪlɪət] (person) afiliado(a) m,f; (company) filial f
⋄ vt [ə'fɪlɪeɪt] afiliar (**to** or **with** a); **affiliated company** (empresa) filial
⋄ vi afiliarse

affiliation [əfɪlɪ'eɪʃən] n **-1.** (link, connection) conexión f **-2.** (political, religious) filiación f; **his political affiliations** su filiación política
-3. Br LAW **~ order** = orden de pagar una pensión alimenticia a un hijo ilegítimo

affinity [ə'fɪnɪtɪ] n **-1.** (liking, attraction) afinidad f (**with/between** con/entre); **she felt an ~ for such places** sentía atracción por ese tipo de lugares
-2. (relationship, connection) afinidad f (**between/with** entre/con) ❑ **~ card** = tarjeta de crédito vinculada a una organización humanitaria o de caridad a la que la entidad bancaria transfiere un donativo cada vez que se usa
-3. CHEM afinidad f (**for** hacia or por)

affirm [ə'fɜːm] ⋄ vt **-1.** (state) afirmar, declarar; **"I will be there," he affirmed** "allí estaré", afirmó **-2.** (confirm) (belief) ratificar, confirmar; **she affirmed her intention to sell** ratificó su intención de vender
⋄ vi LAW prometer (para evitar jurar sobre la biblia)

affirmation [æfə'meɪʃən] n **-1.** (statement) afirmación f **-2.** (confirmation) ratificación f, confirmación f **-3.** LAW (declaration) promesa f

affirmative [ə'fɜːmətɪv] ⋄ n **-1.** GRAM afirmativo m **-2.** (in reply) **to answer in the ~** responder afirmativamente
⋄ adj (answer) afirmativo(a) ❑ US **~ action** discriminación f positiva
⋄ exclam ¡afirmativo!

AFFIRMATIVE ACTION

Designa las medidas diseñadas para combatir la discriminación de las minorías étnicas y de las mujeres en los Estados Unidos. Inicialmente fueron introducidas en la década de los sesenta para luchar por la igualdad de oportunidades laborales entre blancos y negros. En la década de los setenta, las políticas de **affirmative action** (discriminación positiva), adoptadas por muchas universidades, junto con una serie de decisiones del Tribunal Supremo forzaron su inclusión en el Derecho estadounidense.
La noción de **affirmative action** a menudo ha desatado más de una polémica, especialmente en el ámbito racial, donde sus detractores han considerado que dispensaba un trato preferencial a los negros e hispanos, y continúa siendo objeto de un continuo debate en el seno de la sociedad estadounidense.

affirmatively [ə'fɜːmətɪvlɪ] adv afirmativamente

affix ⋄ n ['æfɪks] LING afijo m
⋄ vt [ə'fɪks] (notice, poster, stamp) pegar (**to** a); (signature) estampar (**to** en)

afflict [ə'flɪkt] vt afligir; **to be afflicted by** or **with sth** padecer algo; **the economic problems that ~ the nation** los problemas económicos que afligen a la nación

afflicted [ə'flɪktɪd] ⋄ adj (parts, area) afectado(a)
⋄ npl **the ~** las víctimas; Fam Hum **don't mock the ~** no te burles de los incapacitados

affliction [ə'flɪkʃən] n **-1.** (suffering) padecimiento m **-2.** (misfortune) desgracia f

affluence ['æfluːəns] n prosperidad f, riqueza f; **to live in ~** vivir en la abundancia

affluent ['æfluənt] adj opulento(a), acomodado(a); **the ~ society** la sociedad opulenta

afford [ə'fɔːd] vt **-1.** (financially) permitirse; **can you ~ it?** ¿puedes permitírtelo?, ¿puedes pagarlo?; **how much can you ~?** ¿cuánto puedes (llegar a) pagar?; **I can't ~ £50!** ¡no puedo pagar 50 libras!; **give what you can ~** da lo que puedas; **to be able to ~ sth** poder permitirse algo
-2. (non-financial use) **I can ~ to wait** puedo esperar; **can you ~ the time?** ¿tienes tiempo?; **I can't ~ not to** no puedo permitirme no hacerlo; **we can't ~ another mistake** no podemos permitirnos cometer otro error
-3. Formal (protection, shade) proporcionar; **the bell tower afforded a panoramic view of the city** el campanario ofrecía una vista panorámica de la ciudad; **to ~ sb the opportunity to do sth** proporcionar a alguien la oportunidad de hacer algo

affordable [ə'fɔːdəbəl] adj (price, purchase) asequible

afforestation [æfɒrɪ'steɪʃən] n forestación f

affray [ə'freɪ] n **-1.** Formal altercado m, reyerta f **-2.** LAW altercado m, reyerta f

affricate ['æfrɪkət] n LING africada f

affront [ə'frʌnt] ⋄ n afrenta f, ofensa f; **it was an ~ to her dignity** ofendió su dignidad
⋄ vt afrentar, ofender; **to be/feel affronted** estar/sentirse ofendido(a)

Afghan ['æfgæn] ⋄ n **-1.** (person) afgano(a) m,f **-2.** (language) afgano m **-3.** (dog) (galgo m) afgano m **-4.** US (blanket, shawl) = manta o chal tejido con diferentes retazos
⋄ adj afgano(a) ❑ **~ coat** chaquetón m afgano, = chaquetón de piel de oveja de ante bordado con rebordes de lana; **~ hound** galgo m afgano

Afghani [æf'gænɪ] n afgano(a)

Afghanistan [æf'gænɪstæn] n Afganistán m

aficionado [əfɪsɪə'nɑːdəʊ] (pl **aficionados**) n aficionado(a) m,f

afield [ə'fiːld] adv **to go further ~** ir más allá; **to look further ~** buscar más; **people came from as far ~ as Australia** vino gente de lugares tan lejanos como Australia

afire [ə'faɪə(r)] adj en llamas; **to set sth ~** prender fuego a algo; **~ with enthusiasm** pletórico de entusiasmo

AFL ['eɪefel] n (abbr **American Football League**) = la Liga estadounidense de Fútbol Americano

aflame [ə'fleɪm] adj **the building was soon ~** el edificio se vio pronto envuelto en llamas; **the evening sky was ~ with colour** al atardecer el cielo estaba de un color encendido; **~ with desire/passion** ardiente de deseo/pasión

AFL/CIO [eɪef'elsiːaɪ'əʊ] n (abbr **American Federation of Labor and Congress of Industrial Organizations**) = federación estadounidense de sindicatos

afloat [ə'fləʊt] adv **-1.** (floating) a flote; **to stay ~** (of boat, company) mantenerse a flote; **to keep sth ~** (boat, company) mantener algo a flote **-2.** (on boat) en barco; **he had spent most of his life ~** (at sea) había pasado la mayor parte de su vida en el mar

aflutter [ə'flʌtə(r)] ⋄ adj **to be (all) ~ with excitement** vibrar de emoción; **my heart was all ~** el corazón me palpitaba con fuerza
⋄ adv **she set my heart ~** me hizo palpitar de emoción

afoot [ə'fʊt] adv **there is a scheme ~ to build a new motorway** hay un proyecto en marcha para construir una nueva autopista; **there's something ~** se está tramando algo; **there was trouble ~** se avecinaban problemas

aforementioned [ə'fɔːmenʃənd], **aforesaid** [ə'fɔːsed] adj Formal susodicho(a), mencionado(a); **the ~ property** la susodicha propiedad

a fortiori [eɪfɔːtɪ'ɔːraɪ] adv a fortiori

afoul [ə'faʊl] adv Literary **to run ~ of sb** tener un conflicto con alguien

afraid [ə'freɪd] adj **-1.** (scared) **to be ~** tener miedo; **don't be ~** no tengas miedo; **I'm ~ of him** me da miedo; **I'm ~ of dogs/the dark** le tengo miedo a los perros/a la oscuridad; **I'm ~ of making a mistake** tengo miedo de equivocarme; **I was ~ of hurting him** no quería hacerle daño; **that's exactly what I was ~ of!** ¡eso es precisamente lo que me temía!; **there's nothing to be ~ of** no hay nada que temer; **he is ~ for his life** teme por su vida; **he isn't ~ of hard work** no le asusta el trabajo duro; IDIOM **he's ~ of his own shadow** se asusta hasta de su propia sombra; **I was ~ there would be an accident** temía que ocurriera un accidente **-2.** (sorry) **I'm ~ so/not** me temo que sí/no; **I'm ~ she's out** me temo que ha salido; **I'm ~ I can't help you** lo siento, no puedo ayudarle; **I'm ~ we can't allow that** me temo que eso no está permitido

afresh [ə'freʃ] adv de nuevo, otra vez; **to start ~** empezar de nuevo; **to look at a problem ~** dar un nuevo enfoque a la solución de un problema

Africa ['æfrɪkə] n África

African ['æfrɪkən] ⋄ n africano(a) m,f
⋄ adj africano(a) ❑ **~ elephant** elefante m africano

African-American ['æfrɪkənə'merɪkən] ⋄ n afroamericano(a) m,f
⋄ adj afroamericano(a)

Afrikaans [æfrɪ'kɑːnz] n afrikaans m

Afrikaner [æfrɪ'kɑːnə(r)] ⋄ n afrikáner mf
⋄ adj afrikáner

Afro ['æfrəʊ] ⋄ n peinado m (a lo) afro
⋄ adj afro

Afro- ['æfrəʊ] prefix afro-

Afro-American ['æfrəʊə'merɪkən] ⋄ n afroamericano(a) m,f
⋄ adj afroamericano(a)

Afro-Caribbean ['æfrəʊkærɪ'bɪən] ⋄ n afrocaribeño(a) m,f
⋄ adj afrocaribeño(a)

aft [ɑːft] NAUT ◇ adv a popa; **to go ~** ir a popa ◇ adj (deck) de popa

after ['ɑːftə(r)] ◇ prep **-1.** (with time) después de; **~ dinner** después de cenar; **what are you going to do ~ your studies?** ¿qué vas a hacer cuando termines tus estudios?; **~ a couple of hours he felt much better** al cabo de un par de horas se sentía mucho mejor; **~ years of trying** tras años de intentarlo; **~ a while** al cabo de un rato; **~ today** a partir de hoy; **the day ~ tomorrow** pasado mañana; **it's ~ five** son más de las cinco; US **it's twenty ~ six** son las seis y veinte; **~ that, anything seems easy** después de eso, cualquier cosa parece fácil; **I'll never believe her again ~ the way she lied to me** nunca volveré a creerle, después de cómo me mintió; **~ all I've done for him!** ¡después de todo lo que he hecho or Am hice por él!; **~ all** (all things considered) después de todo; **it seems like they're going to do it ~ all** parece que al final van a hacerlo
-2. (with motion) **to run ~ sb** correr tras (de) alguien; **to shout ~ sb** gritarle a alguien; **to stare ~ sb** quedarse mirando a alguien; **to tidy up ~ sb** ordenar lo que ha desordenado alguien; **close the door ~ you** cierra la puerta al salir; **go ~ her and apologize** ve a pedirle perdón
-3. (looking for) **to be ~ sb** buscar a alguien, ir or andar detrás de alguien; **the police are ~ him** la policía lo busca; **I think she's ~ a pay-rise** me parece que anda detrás de or va buscando un aumento de sueldo
-4. (expressing order) **the first crossing ~ the traffic lights** el primer cruce después del semáforo; **my name comes ~ his on the list** mi nombre viene después del suyo en la lista; **am I ~ you (** Br **in the queue** or US **in line)?** ¿voy or estoy detrás de usted (en la cola)?; **~ you!** (you first) ¡después de usted!; **~ you with the butter** pásame la mantequilla cuando termines; **~ her, he is the best** después de ella, el mejor es él
-5. (expressing repetition) **day ~ day** un día tras otro; **time ~ time** una y otra vez; **year ~ year** año tras año; **one ~ the other** uno tras otro; **page ~ page of statistics** páginas y páginas de estadísticas
-6. Br (in honour of) **to name sth/sb ~ sb** ponerle a algo/alguien el nombre de alguien
-7. (in the style of) **a painting ~ Renoir** un cuadro al estilo Renoir
◇ adv después; **soon/long ~** poco/mucho después; **the day/the week ~** el día/la semana siguiente; **he was angry for some days ~** después de aquello estuvo de mal humor durante unos días
◇ conj después de que; **shortly ~ we had arrived** poco después de llegar; **I came ~ he left** llegué cuando él ya se había ido; **~ you've chopped the vegetables, fry them** una vez cortadas las verduras, fríelas; **~ doing sth** después de hacer algo

afterbirth ['ɑːftəbɜːθ] n placenta f, secundinas fpl

afterburner ['ɑːftəbɜːnə(r)] n (of jet engine) posquemador m

aftercare ['ɑːftəkeə(r)] n (after operation) atención f posoperatoria; (of convalescent, delinquent) seguimiento m

afterdeck ['ɑːftədek] n (of ship) cubierta f de popa

after-dinner ['ɑːftədɪnə(r)] adj (speaker, speech) de sobremesa

aftereffects ['ɑːftərɪfekts] npl (of accident, crisis) secuelas fpl; (of drug) efectos mpl secundarios

afterglow ['ɑːftəgləʊ] n (of sunset) luz f del crepúsculo; (of pleasant feeling) regusto m placentero

after-hours ['æftər'aʊəz] ◇ adj **~ drinking** (after closing time) = beber en los bares después de la hora legal del cierre; **~ socializing** (after work) = salir con los compañeros de trabajo
◇ adv (after closing time) después de cerrar; (after work) después del trabajo

after-image ['ɑːftərɪmɪdʒ] n **an ~ on the screen/retina** una imagen que persiste en la pantalla/retina

afterlife ['ɑːftəlaɪf] n otra vida f, vida f de ultratumba; **we shall meet in the ~** nos veremos en el más allá

aftermath ['ɑːftəmɑːθ] n **-1.** (period) periodo m posterior; **in the immediate ~ (of)** inmediatamente después (de) **-2.** (result) secuelas fpl, consecuencias fpl

afternoon [ɑːftə'nuːn] ◇ n tarde f; **this ~** esta tarde; **tomorrow ~** mañana por la tarde; **yesterday ~** ayer por la tarde; **the next ~**, **the following ~** la tarde siguiente; **on the ~ of the next day** al día siguiente por la tarde; **the previous ~**, **the ~ before** la tarde anterior; **all ~** toda la tarde; **every ~** todas las tardes; **every Friday ~** todas las tardes de los viernes, todos los viernes por la tarde; **in the ~** por la tarde; **at two o'clock in the ~** a las dos de la tarde; **could I have the ~ off?** ¿puedo tomarme la tarde libre?; **on Wednesday ~** el miércoles por la tarde; **on the ~ of the twelfth** la tarde del doce; **I'm on afternoons this week** esta semana hago turno de tarde; **good ~!**, Fam **~!** ¡buenas (tardes)! ❑ **~ nap** siesta f; **~ tea** (meal) merienda f
◇ **afternoons** adv esp US por las tardes

afters ['ɑːftəz] npl Br Fam postre m

aftersales service ['ɑːftə'seɪlz'sɜːvɪs] n COM servicio m posventa

after-school ['ɑːftəskuːl] adj (activities) extraescolar (después de las clases)

aftershave ['ɑːftəʃeɪv] n (as perfume) colonia f ❑ **~ balm** or **lotion** (to protect skin) loción f para después del afeitado or Méx rasurado

aftershock ['ɑːftəʃɒk] n réplica f

aftertaste ['ɑːftəteɪst] n also Fig regusto m; **it leaves an unpleasant ~** deja mal sabor de boca

after-tax ['ɑːftətæks] adj (profits, salary) después de impuestos

afterthought ['ɑːftəθɔːt] n idea f tardía; **it was an ~** se me ocurrió después; **the west wing was added as an ~** construir el ala oeste se les ocurrió más tarde

afterward(s) ['ɑːftəwəd(z)] adv después; **~ they went home** después or luego se fueron a casa; **a long time ~** mucho (tiempo) después; **soon** or **shortly ~** poco después; **I only realized ~** no me di cuenta hasta después

afterword ['ɑːftəwɜːd] n epílogo m

AG n US (abbr **Attorney General**) ≃ ministro(a) m,f de Justicia

Aga® ['ɑːgə] n = cocina de hierro fundido que se suele tener permanentemente encendida

again [ə'gen] adv **-1.** (in general) de nuevo, otra vez; **to do sth ~** hacer algo de nuevo or otra vez; **to begin ~** volver a empezar; **don't do it ~!** ¡no lo vuelvas a hacer!; **to say sth ~** volver a decir algo; **he never came back ~** no volvió nunca más; **I'm not going there ~** no pienso volver (allí); **he's finally well ~** por fin se ha recuperado; **what did you say ~?** ¿qué?, ¿cómo has dicho?; **where does he live ~?** ¿dónde dijiste que vivía?; **~ and ~** una y otra vez; **to start all over ~** empezar de nuevo, volver a empezar; **half as much ~** además, añadió la mitad; **I would use twice as much ~** yo usaría el triple; **never ~!** ¡nunca más!; **not ~!** ¿otra vez?; **not you ~!** ¡otra vez tú!; **now and ~** de vez en cuando; **once ~** una vez más; **the same ~, please** otra de lo mismo; **yet ~** una vez más
-2. (besides) además; **(then** or **there) ~** (on the other hand) por otra parte; **I may have imagined it** en fin, Esp puede que me lo haya imaginado or Am tal vez me lo imaginé

against [ə'genst] ◇ prep **-1.** (in opposition to) contra, en contra de; **the fight ~ crime** la lucha contra el crimen; **to be ~ sth/sb** estar en contra de algo/alguien; **to discriminate ~ sb** discriminar a alguien; **to have something ~ sth/sb** tener algo en contra de algo/alguien; **to have nothing ~ sth/sb** no tener nada en contra de algo/alguien; **to play ~ sb** jugar contra alguien; **to sail ~ the wind** navegar contra el viento; **I won't hear a word said ~ her!** ¡no quiero oír ni una palabra contra ella!; **to speak ~ sth** hablar en contra de algo; **to swim ~ the current** nadar contra corriente; **the odds ~ them winning** las posibilidades de que pierdan; **it was ~ my principles** iba (en) contra (de) mis principios; **to do sth ~ sb's advice** hacer algo desoyendo los consejos de alguien; **~ all probability** contra toda probabilidad; **~ the law** ilegal; **it's ~ the rules** va contra las reglas; **~ my will** en contra de mi voluntad; **~ my wishes** contra mis deseos
-2. (as protection from) contra; **insurance ~ fire** seguro contra incendios; **to warn sb ~ sth/sb** poner a alguien en guardia contra algo/alguien; **to warn sb ~ doing sth** advertir a alguien que no haga algo
-3. (in contact with) contra; **to lean ~ sth** apoyarse en or Am contra algo; **she put the ladder ~ the wall** puso la escalera contra la pared; **put a tick ~ your choice** marque su elección con una señal
-4. (in comparison with) **the pound rose/fell ~ the dollar** la libra subió/bajó frente al dólar; **inflation was 4.1 percent, as ~ 3.2 percent last year** hubo una inflación del 4,1 por ciento frente a un 3,2 por ciento el año pasado; **check it ~ the list** compruébalo or Méx chécalo con la lista; **~ the light** a contraluz
-5. (in relation to) frente a; **~ a background of rising inflation** en una situación de inflación creciente; **yellow flowers ~ a grey wall** flores amarillas sobre un fondo gris
◇ adv en contra; **there were fourteen votes ~** hubo catorce votos en contra

Agamemnon [ægə'memnɒn] n MYTHOL Agamenón

agape [ə'geɪp] ◇ adj boquiabierto(a); **mouth ~** boquiabierto(a)
◇ adv con la boca abierta

agar(-agar) ['eɪgə(r), eɪgər'eɪgə(r)] n agar-agar m

agaric ['ægərɪk] n agárico m

agate ['ægət] n ágata f

agave [ə'geɪvɪ] n agave m, Am maguey m

age [eɪdʒ] (continuous **ageing** or **aging**) ◇ n **-1.** (of person, object) edad f; **to be twenty years of ~** tener veinte años; **what ~ is she?**, **what's her ~?** ¿qué edad tiene?, ¿cuántos años tiene?; **what ~ is this church?** ¿cuántos años tiene esta iglesia?; **she's my ~** or **the same ~ as me** tiene la misma edad que yo; **he's twice my ~** tiene el doble de años que yo; **at the ~ of twenty**, US **at ~ twenty** a los veinte años; **at an early ~** a una edad temprana; **at my ~** a mi edad; **I'm beginning to feel my ~** estoy empezando a sentirme viejo(a); **he doesn't look his ~** no aparenta la edad que tiene; **people of all ages** personas de todas las edades; **you're showing your ~!** ¡estás pregonando tu edad!; **when I was your ~** cuando tenía tu edad, a tu edad; **the fifteen-to-twenty ~ bracket** or **group** la franja de edad comprendida entre los quince y los veinte años ❑ **~ of consent** edad f núbil; **~ limit** límite m de edad; **~ range: people in his ~ range** las personas de su edad; **by ~ range** (categorized, sorted) por edades; **the ~ of reason** la edad de la razón or del juicio
-2. (old) **~** vejez f; **photos yellowed with ~** fotos amarillentas por el paso del tiempo; **he has mellowed with ~** se ha suavizado con la edad
-3. (adulthood) **to be of ~** ser mayor de edad; also Fig **to come of ~** alcanzar la mayoría de edad; **to be under ~** ser menor (para beber, tener relaciones sexuales, etc.)

-4. *(era)* época *f*, edad *f*; **through the ages** a lo largo del tiempo
-5. *Fam (long time)* **it's ages since I saw him** hace siglos que no lo veo; **I've been waiting (for) ages** llevo esperando una eternidad; **it took ages (to do it)** llevó siglos hacerlo; **we sat there for what seemed like an ~** estuvimos ahí sentados lo que pareció una eternidad
◇ *vt (person)* envejecer; **aged in oak casks** *(wine)* criado en barriles de roble
◇ *vi (person)* envejecer

aged ◇ *adj* **-1.** [eɪdʒd] *(of the age of)* **~ twenty** de veinte años (de edad) **-2.** ['eɪdʒɪd] *(old)* anciano(a); **my ~ parents** mis ancianos padres
◇ ['eɪdʒɪd] *npl* **the ~** los ancianos

ageing, aging ['eɪdʒɪŋ] ◇ *n (of person, wine, cheese)* envejecimiento *m* ▫ **~ *process*** proceso *m* de envejecimiento
◇ *adj (old)* viejo(a); **the problem of Britain's ~ population** el problema del envejecimiento de la población británica

ageism ['eɪdʒɪzəm] *n* discriminación *f* por motivos de edad

ageist ['eɪdʒɪst] *adj* discriminatorio(a) por motivos de edad

ageless ['eɪdʒlɪs] *adj* intemporal, atemporal

agency ['eɪdʒənsɪ] *n* **-1.** COM agencia *f*; **advertising/travel ~** agencia de publicidad/viajes **-2.** *(of government)* agencia *f*; **international aid agencies** agencias de ayuda internacional **-3.** *Formal* **through the ~ of** mediante la intervención de; **by the ~ of direct sunlight** por la acción de la luz solar directa

agenda [ə'dʒendə] *n* **-1.** *(of meeting)* orden *m* del día, programa *m*; **to set the ~** *(for meeting)* decidir el orden del día; *Fig* marcar la pauta; *Fig* **the drugs issue is back on the ~** el tema de las drogas vuelve a estar en el candelero; *Fig* **homelessness doesn't come very high on the government's ~** el problema de los sin techo no se encuentra entre las prioridades del gobierno; *Fig* **to be at the top of the ~** ser un asunto prioritario
-2. *(set of priorities)* **he has his own ~** tiene sus planes propios; **what is his real ~?** ¿cuáles son sus verdaderas intenciones?

agent ['eɪdʒənt] *n* **-1.** *(representative) (of company)* representante *mf*; *(of writer)* agente *mf*; *(of actor, singer)* representante *mf* **-2.** *(spy)* agente *mf* secreto(a) **-3.** *(instrument)* **to be the ~ of** ser la causa de, ser **an ~ of change** un agente del cambio **-4.** *(substance)* agente *m* ▫ **Agent Orange** agente *m* naranja **-5.** COMPTR *(software)* agente *m* **-6.** GRAM complemento *m* agente

agent provocateur ['æʒɒŋprɒvɒkə'tɜː(r)] *(pl* **agents provocateurs**) *n* agente *m* provocador

age-old ['eɪdʒəʊld] *adj (custom, problem)* antiguo(a)

agglomerate ◇ *vi* [ə'glɒməreɪt] acumularse, aglomerarse
◇ *n* [ə'glɒmərət] **-1.** *(mixture)* amalgama *m*, aglomeración *m* **-2.** GEOL aglomerado *m*

agglutinating [ə'gluːtɪneɪtɪŋ], **agglutinative** [ə'gluːtɪnətɪv] *adj* LING aglutinante

aggrandizement [ə'grændɪzmənt] *n Pej* engrandecimiento *m*

aggravate ['ægrəveɪt] *vt* **-1.** *(worsen)* agravar; LAW **aggravated assault/burglary** agresión/robo con agravantes **-2.** *Fam (annoy)* fastidiar, molestar, *RP* hinchar

aggravating ['ægrəveɪtɪŋ] *adj* **-1.** LAW agravante **-2.** *Fam (annoying)* molesto(a), *RP* hinchón(ona); **it's very ~** fastidia un montón

aggravation [ægrə'veɪʃən] *n* **-1.** *(worsening)* agravamiento *m*, empeoramiento *m* **-2.** *Fam (annoyance)* fastidio *m*, molestia *f*; **he does nothing but cause ~** no hace más que fastidiar

aggregate ['ægrɪgət] ◇ *n* **-1.** *(total)* conglomerado *m*; **in the ~** en conjunto **-2.** SPORT **on ~** en el total de la eliminatoria **-3.** CONSTR árido *m* (de construcción) **-4.** GEOL agregado *m*, conglomerado *m*
◇ *adj* total, conjunto(a) ▫ **~ *score*** marcador *m* total

aggression [ə'greʃən] *n* **-1.** *(hostility)* agresividad *f*; **he took out his ~ on his family** descargó su agresividad en su familia **-2.** *(attack)* agresión *f*; **an act of ~** una agresión

aggressive [ə'gresɪv] *adj* **-1.** *(hostile)* agresivo(a) **-2.** *(vigorous, dynamic)* enérgico(a), agresivo(a)

aggressively [ə'gresɪvlɪ] *adv* **-1.** *(hostilely)* agresivamente **-2.** *(vigorously)* enérgicamente, agresivamente

aggressiveness [ə'gresɪvnɪs] *n* **-1.** *(hostility)* agresividad *f* **-2.** *(vigour)* acometividad *f*, agresividad *f*

aggressor [ə'gresə(r)] *n* agresor(ora) *m,f*

aggrieved [ə'griːvd] *adj* **-1.** *(hurt, offended)* agraviado(a), ofendido(a); **to be ~** estar ofendido(a); **to feel ~ at** or **about sth** sentirse agraviado(a) por algo **-2.** LAW demandante; **the ~ party** la parte demandante

aggro ['ægrəʊ] *n Fam* **-1.** *(violence)* camorra *f*, pelea *f*, *Arg* rona *f* **-2.** *(trouble)* líos *mpl*, *Esp* follones *mpl*, *Am* relajo *m*, *Méx* argüende *m*; **people don't complain because they don't want any ~** la gente no se queja porque no quiere meterse en un berenjenal; **my mum's giving me so much ~ at the moment** mi madre me está dando mucho la lata últimamente

aghast [ə'gɑːst] *adj* horrorizado(a), espantado(a); **he was ~ at the expense** los gastos le horrorizaron *or* espantaron

agile [*Br* 'ædʒaɪl, *US* 'ædʒəl] *adj* ágil

agility [ə'dʒɪlɪtɪ] *n* agilidad *f*

agin [ə'gɪn] *prep Fam Hum* en contra de

aging = **ageing**

agitate ['ædʒɪteɪt] ◇ *vt* **-1.** *(liquid)* revolver, agitar **-2.** *(person)* inquietar, agitar
◇ *vi* **to ~ for/against sth** hacer campaña a favor de/en contra de algo; **they are agitating for better working conditions** están haciendo campaña para mejorar las condiciones laborales

agitated ['ædʒɪteɪtɪd] *adj* inquieto(a), agitado(a); **to be ~** estar inquieto(a) *or* agitado(a); **to become** or **get ~** ponerse nervioso(a), agitarse

agitatedly ['ædʒɪteɪtɪdlɪ] *adv* agitadamente

agitation [ædʒɪ'teɪʃən] *n* **-1.** *(of person)* inquietud *f*, agitación *f*; **to be in a state of ~** estar muy agitado(a) *or* inquieto(a) **-2.** *(campaign)* campaña *f*; **there was a lot of ~ in favour of nuclear disarmament** se hizo una campaña muy fuerte a favor del desarme nuclear

agitator ['ædʒɪteɪtə(r)] *n* **-1.** POL agitador(ora) *m,f*, activista *mf* **-2.** *(machine)* agitador *m*

agitprop ['ædʒɪtprɒp] *n* agit-prop *f*, = propaganda política normalmente de izquierdas que se da especialmente en las artes escénicas

agleam [ə'gliːm] *adj* resplandeciente, reluciente

aglitter [ə'glɪtə(r)] *adj* destellante

aglow [ə'gləʊ] *adj* **to be ~ with** *(colour)* estar encendido(a) de; *(pleasure, excitement)* estar rebosante de

AGM [eɪdʒiː'em] *n* **-1.** *Br* COM *(abbr* **annual general meeting**) asamblea *f* or junta *f* general anual **-2.** *(abbr* **air-to-ground missile**) misil *m* aire-tierra

agnostic [æg'nɒstɪk] ◇ *n* agnóstico(a) *m,f*
◇ *adj* agnóstico(a); *Fig* **I'm ~ on the issue** no tengo opinión formada respecto a ese asunto

agnosticism [æg'nɒstɪsɪzəm] *n* agnosticismo *m*

ago [ə'gəʊ] *adv* **ten years ~** hace diez años; **a little while ~, a short time ~** hace un rato; **a year ~ this Friday** hace un año este viernes; **long ~, a long time ~** hace mucho (tiempo); **not long ~** no hace mucho (tiempo); **some time ~** hace algún tiempo; **as long ~ as 1840** ya en 1840; **how long ~ was that?** ¿hace cuánto (tiempo) fue eso?

agog [ə'gɒg] *adj* **they watched/listened ~** miraban/escuchaban con avidez e impresionados; **I was ~ to discover what had happened** estaba impaciente por descubrir qué había ocurrido; **the scandal set the whole town ~** el escándalo espoleó la curiosidad de toda la ciudad

agonistic [ægə'nɪstɪk] *adj* ANAT agonista

agonize ['ægənaɪz] *vi* angustiarse, agobiarse, amargarse **(over** por *or* con); **don't ~ over it!** ¡no te angusties *or* agobies (por ello)!; **to ~ over how to do sth** sufrir lo indecible para decidir cómo hacer algo

agonized ['ægənaɪzd] *adj* angustiado(a), agobiado(a)

agonizing ['ægənaɪzɪŋ] ◇ *adj (pain, death)* atroz; *(silence, wait)* angustioso(a); *(decision, choice, dilemma)* peliagudo(a)
◇ *n* congoja *f*, angustia *f*; **why all this ~ about something that can't be helped?** ¿para qué angustiarse tanto por algo que no tiene remedio?

agonizingly ['ægənaɪzɪŋlɪ] *adv* angustiosamente; **an ~ difficult decision** una decisión dificilísima *or* amarga

agony ['ægənɪ] *n* **-1.** *(physical pain)* dolor *m* intenso, agonía *f*; **to be in ~** morirse de dolor; **to die in ~** morir lenta y dolorosamente; *Fam* **it's ~ walking in these shoes** caminar con estos zapatos es un martirio
-2. *(anguish)* angustia *f*; **to be in an ~ of doubt/remorse** estar angustiado(a) por la duda/el remordimiento; **it was ~ just listening to him** el simple hecho de escucharlo era un calvario; *Fam* **to pile on the ~** hacerse el la mártir ▫ *Br* **~ *aunt*** *(in newspaper)* consultor(ora) *m,f* sentimental; **~ *column*** *(in newspaper)* consultorio *m* sentimental
-3. *Literary* **in his last** *or* **final ~** *(death throes)* mientras agonizaba

agoraphobia [ægərə'fəʊbɪə] *n* agorafobia *f*

agoraphobic [ægərə'fəʊbɪk] ◇ *adj* agorafóbico(a)
◇ *n* agorafóbico(a) *m,f*

agouti [ə'guːtɪ] *n* agutí *m*

AGR [eɪdʒiː'ɑː(r)] *n (abbr* **advanced gas-cooled reactor**) reactor *m* nuclear de gas

agrarian [ə'greərɪən] *adj* agrario(a) ▫ **~ *reform*** reforma *f* agraria

agree [ə'griː] ◇ *vt* **-1.** *(reach agreement on) (price, conditions)* acordar, pactar; *(date)* convenir; **we agreed to meet at six** quedamos a las seis; **it was agreed that the money should be invested** se acordó que el dinero debía invertirse; **they couldn't ~ what to do next** no consiguieron ponerse de acuerdo sobre lo que harían a continuación; **we'll have to ~ to differ** *or* **disagree on that** tendremos que aceptar las discrepancias en cuanto a eso
-2. *(concur)* **to ~ (that)...** estar de acuerdo en que...
-3. *(consent)* **to ~ to do sth** acordar hacer algo; **he agreed to pay** estuvo de acuerdo en pagar él
-4. *(admit)* admitir; **they agreed that they had made a mistake** admitieron que habían cometido un error; **it is generally agreed that...** se suele admitir que...
◇ *vi* **-1.** *(be of same opinion, concur)* estar de acuerdo **(about/with** en cuanto a/con); **I think it's too expensive and Peter agrees with me** yo creo que es demasiado caro y Peter está de acuerdo conmigo; **I quite** *or* **entirely ~** estoy completamente de acuerdo; **I'm afraid I can't ~** lo siento, pero no puedo estar conforme; **I couldn't ~ more!** ¡estoy completamente de acuerdo!; **to ~ about sth** estar de acuerdo en algo; **at least we ~ about that** al menos estamos de acuerdo en eso; **that would be unfortunate, don't you ~?** eso sería una desgracia, ¿no te parece?
-2. *(match) (statements, facts, opinions)* coincidir, concordar **(with** con)
-3. *(accept)* acceder, consentir
-4. GRAM concordar **(with** con)
➔ **agree on, agree upon** *vt insep* **-1.** *(be*

in agreement) estar de acuerdo en **-2.** *(reach agreement)* ponerse de acuerdo en; **they agreed on Italy for the honeymoon** acordaron pasar la luna de miel en Italia; **that was the price we agreed on** ése fue el precio que acordamos

◆ **agree to** *vt insep* acceder a, aceptar; **he'll never ~ to that** nunca accederá a eso; **her parents have agreed to her going abroad** sus padres han decidido dejarla ir al extranjero; **to ~ to a condition/a proposal** aceptar una condición/una propuesta; **to ~ to sb's request** aceptar la petición de alguien

◆ **agree with** *vt insep* **-1.** *(approve of)* **I don't ~ with all this violence on television** no me parece bien que haya tanta violencia en televisión **-2.** *(of food, climate)* **the climate here agrees with her** este clima le sienta bien; **I must have eaten something that didn't ~ with me** he debido comer algo que no me ha sentado bien

agreeable [ə'gri:əbəl] *adj* **-1.** *(pleasant)* agradable; *(person)* simpático(a) **-2.** *(willing)* **to be ~ to (doing) sth** estar de acuerdo en (hacer) algo; **if you are ~** si estás de acuerdo **-3.** *(acceptable)* **if that is ~ to you** si te parece bien

agreeably [ə'gri:əblɪ] *adv* agradablemente; **I was ~ surprised (by his performance)** (su actuación) fue una agradable sorpresa

agreed [ə'gri:d] *adj* **-1.** *(in agreement)* de acuerdo; **we are ~ on** *or* **about the conditions** estamos de acuerdo en lo que respecta a las condiciones; **as ~** según lo acordado; **(are we) ~?** ¿(estamos) de acuerdo? **-2.** *(fixed) (place, price, time)* fijado(a); **an ~ statement** *(in the media)* una declaración consensuada

agreement [ə'gri:mənt] *n* **-1.** *(assent)* acuerdo *m*; **the proposal met with unanimous ~** la propuesta recibió un apoyo unánime; **there was ~ on all sides that...** todas las partes estaban de acuerdo en que...; **to be in ~ with sth/sb** estar de acuerdo con algo/alguien
-2. *(contract)* contrato *m*, acuerdo *m*; **under the (terms of the) ~** según (las condiciones recogidas en) el acuerdo *or* contrato; **to come to** *or* **reach an ~ (with sb)** llegar a un acuerdo (con alguien); **to have an ~ with sb** tener un acuerdo *or* un pacto con alguien; **to hold sb to an ~** hacer que alguien se atenga a un acuerdo; **to break an ~** romper un acuerdo
-3. *(of facts, account)* **to be in ~ (with)** concordar, coincidir (con)
-4. GRAM concordancia *f*

agribusiness ['ægrɪbɪznɪs] *n* industria *f* agropecuaria

agricultural [ægrɪ'kʌltʃərəl] *adj* agrícola ❑ **~ college** escuela *f* de agricultura; **~ labourer** trabajador(ora) *m,f* agrícola; **~ show** = muestra de productos agropecuarios

agriculturalist [ægrɪ'kʌltʃərəlɪst], **agriculturist** [ægrɪ'kʌltʃərɪst] *n (expert)* experto(a) *m,f* en agricultura, ingeniero(a) *m,f* agrónomo(a)

agriculture ['ægrɪkʌltʃə(r)] *n* agricultura *f*

agriculturist = **agriculturalist**

Agrippina [ægrɪ'pi:nə] *n* Agripina *f*

agrochemical [ægrəʊ'kemɪkəl] *n* producto *m* agroquímico

agrochemistry [ægrəʊ'kemɪstrɪ] *n* química *f* agrícola

agronomist [ə'grɒnəmɪst] *n* agrónomo(a) *m,f*

agronomy [ə'grɒnəmɪ] *n* agronomía *f*

aground [ə'graʊnd] *adv* **-1.** NAUT **to run** *or* **go ~** *(of ship)* varar, encallar **-2.** *(of project, government)* encallar

ague ['eɪgju:] *n* Archaic fiebres *fpl*

ah [ɑ:] *exclam* ¡ah!

aha [ɑ:'hɑ:] *exclam* ¡ajajá!, ¡ajá!

ahead [ə'hed] *adv* **-1.** *(forwards)* adelante; *(in front)* delante, *Am* adelante; **the road was clear ~** no había nadie en la carretera delante *or Am* adelante de nosotros/él/ ellos/*etc.*; **to go on ~** adelantarse; **to look (straight) ~** mirar hacia delante *or Am* adelante; **to send sb (on) ~** enviar a alguien por delante, *Am* mandar a alguien adelante; **to send sth on ~** enviar algo por adelantado; **~ of** delante de; **up ~** más adelante
-2. *(winning)* **to be ~ (of)** *(in race, opinion poll)* ir por delante (de); *(in match)* ir ganando (a); **Liverpool are two goals ~** el Liverpool gana por dos goles; **they are 7 percent ~ in the polls** llevan una ventaja del 7 por ciento en los sondeos; **they went ~ after twenty minutes** se pusieron por delante en el marcador a los veinte minutos, *RP* en el minuto veinte pasaron a ganar; **to get ~** *(in career)* triunfar; **to get ~ of sb** adelantar a alguien
-3. *(in time)* **in the years ~** en los años venideros; **the week ~ promised to be difficult** la semana siguiente se presentaba difícil; **who knows what lies ~?** ¿quién sabe qué nos espera?; **how far ~ should one book?** ¿con cuánta antelación hace falta reservar?; **to plan ~** hacer planes con antelación *or* por adelantado; **to think ~** pensar con *or* tener visión de futuro; **they are an hour ~ of us in Colombia** en Colombia están una hora por delante de nosotros *or RP* adelantados con respecto a nosotros; **we have a long day ~ of us** nos espera un día muy largo; **they met ~ of the summit** se reunieron antes de la cumbre; **the project is ~ of schedule** el proyecto va por delante del calendario previsto *or RP* adelantado; **~ of time** antes de tiempo; **he was ~ of his time** se adelantó a su tiempo

ahem [ə'hem] *exclam* ¡ejem!

ahoy [ə'hɔɪ] *exclam* **~ there!** ¡ha del barco!; **ship ~!** ¡barco a la vista!

AI [eɪ'aɪ] *n* **-1.** COMPTR *(abbr* **artificial intelligence**) inteligencia *f* artificial **-2.** BIOL *(abbr* **artificial insemination**) inseminación *f* artificial **-3.** POL *(abbr* **Amnesty International**) AI, Amnistía *f* Internacional

AID [eɪaɪ'di:] *n* **-1.** *(abbr* **artificial insemination by donor**) = inseminación artificial con semen de donante **-2.** *(abbr* **Agency for International Development**) ODI, Organismo para el Desarrollo Internacional

aid [eɪd] ◇ *n* **-1.** *(help, assistance)* ayuda *f*; **with the ~ of** con la ayuda de; **to go/come to sb's ~** acudir en ayuda de alguien; **in ~ of** *(fundraising event)* a beneficio de; IDIOM *Br Fam* **what's (all) this in ~ of?** ¿a qué se debe (todo) esto?
-2. *(to developing countries, for disaster relief)* ayuda *f*; **overseas** *or* **foreign ~** ayuda exterior ❑ **~ agency** organismo *m* de cooperación; **~ worker** cooperante *mf*
-3. *(device)* ayuda *f*; **teaching aids** material didáctico *or* docente
◇ *vt* **-1.** *(help, assist) (growth, development)* ayudar a, contribuir a; *(person)* ayudar; **to ~ sb with sth** ayudar a alguien con algo; **they aided one another** se ayudaron mutuamente **-2.** LAW **to ~ and abet sb** ser cómplice de alguien; *Fig* **aided and abetted by her sister** con la complicidad *or* cooperación de su hermana

aide [eɪd] *n* asistente *mf*

-aided ['eɪdɪd] *suffix* **-1.** *(assisted)* **computer-~ design** diseño asistido por *Fsp* ordenador *or Am* computadora **-2.** *(financially)* **grant-~ subvencionado(a)**

aide-de-camp ['eɪddə'kɒŋ] *(pl* **aides-de-camp***) n* MIL ayudante *mf* de campo, edecán *m*

aide-mémoire ['eɪdmem'wɑ:(r)] *(pl* **aides-mémoire** ['eɪdzmem'wɑ:(r)]*) n* recordatorio *m*

AIDS [eɪdz] *n (abbr* **Acquired Immunodeficiency Syndrome**) sida *m* ❑ **~ clinic** clínica *f* para enfermos de sida; **~ sufferer** enfermo(a) *m,f* de sida; **~ test** prueba *f* del sida; **~ virus** virus *m* del sida

ail [eɪl] ◇ *vt Literary* aquejar; **what ails you?** ¿qué te sucede?
◇ *vi* estar delicado(a)

aileron ['eɪlərɒn] *n* AV alerón *m*

ailing ['eɪlɪŋ] *adj* **-1.** *(person)* enfermo(a) **-2.** *(company, economy)* enfermizo(a), débil

ailment ['eɪlmənt] *n* achaque *m*

aim [eɪm] ◇ *n* **-1.** *(at target)* puntería *f*; **to take ~ at** apuntar a; MIL **take ~!** ¡apunten!; **her ~ was good** tenía buena puntería **-2.** *(goal)* objetivo *m*, propósito *m*; **with the ~ of doing sth** con el propósito de hacer algo; **her ~ in going to London was to find a job** se fue a Londres con el propósito de encontrar trabajo
◇ *vt (gun)* apuntar **(at** hacia *or* a); *(missile, stone, blow)* dirigir **(at** a); *(camera)* enfocar; *(remark, TV programme)* dirigir **(at** a); **to be aimed at** *(of remarks, TV programme)* estar dirigido(a) a alguien; **he aimed his gun at the man's head** apuntó la pistola hacia la cabeza del hombre; **was that remark aimed at me?** ¿iba dirigido a mí ese comentario?; **the announcement was aimed at reassuring the public** el objetivo del anuncio era tranquilizar al público
◇ *vi* **-1.** *(with gun)* **to ~ at sth/sb** apuntar a *or* hacia algo/alguien; **she aimed at** *or* **for the post, but missed** apuntó hacia el poste, pero falló **-2.** *(intend)* **to ~ to do sth** tener la intención de hacer algo; **to ~ high** apuntar alto; **he's aiming at** *or* **for quick promotion** su objetivo es conseguir pronto un ascenso

aimless ['eɪmlɪs] *adj (existence)* sin objetivos; *(remark)* vago(a)

aimlessly ['eɪmlɪslɪ] *adv (to wander, walk)* sin rumbo fijo; *(to engage in activity)* baldíamente; **he spent the evening ~ shuffling through papers** se pasó la tarde revolviendo papeles sin ningún propósito

aimlessness ['eɪmlɪsnɪs] *n* **the ~ of their existence** la falta de rumbo de su existencia

ain't [eɪnt] *Fam* **-1.** = **is not, am not, are not -2.** = **has not, have not**

air [eə(r)] ◇ *n* **-1.** *(mixture of gases, atmosphere)* aire *m*; **there's a feeling of hope in the ~** hay (un) ambiente de esperanza; **there's a rumour in the ~ that they're going to sell** corre el rumor de que van a vender ❑ AUT **~ bag** airbag *m*; **~ bed** colchón *m* hinchable *or* neumático; **~ brake** *(for vehicle)* freno *m* neumático; *(for plane)* freno *m* aerodinámico; *Br* **~ brick** ladrillo *m* ventilador; **~ cushion** *(to sit on)* almohadón *m* hinchable; *(of hovercraft)* colchón *m* de aire; **~ filter** filtro *m* del aire; **~ freshener** ambientador *m*; **~ intake** entrada *f* de aire; MET **~ mass** masa *f* de aire; **~ mattress** *(to sleep on)* colchón *m* hinchable; *(for beach, swimming-pool)* colchoneta *f* hinchable; **~ pistol** pistola *f* de aire comprimido; **~ pocket** bolsa *f* de aire; **~ pollution** contaminación *f* atmosférica, polución *f* ambiental; **~ pressure** presión *f* atmosférica; **~ pump** bomba *f* de aire; **~ vent** salida *f* de humos
-2. *(sky)* aire *m*; **the smoke rose into the ~** el humo subió hacia el cielo; **to throw sth (up) in the ~** lanzar algo al aire; **to fly through the ~** volar por el aire; **to take to the ~** *(bird)* emprender el vuelo, echar a volar; *(plane)* despegar; **seen from the ~...** a vista de pájaro *or* desde el aire...
-3. *(relating to flight, aircraft)* **by ~** en avión; **our mail is sent by ~** enviamos el correo por avión *or* por vía aérea ❑ **~ base** base *f* aérea; *Br* **~ chief marshal** general *m* de las fuerzas aéreas; *Br* **~ commodore** general *mf* de brigada; **~ corridor** corredor *m or* pasillo *m* aéreo; **~ current** corriente *f* de aire; **~ fare** *(precio m del) Esp* billete *m or Am* boleto *m or Am* pasaje *m*; **the Air Force** las Fuerzas Aéreas, el Ejército del Aire; *US* **Air Force One** = avión presidencial estadounidense; **~ freight** transporte *m* aéreo; **~ hostess** azafata *f* de vuelo, *Am* aeromoza *f*; **~ lane** corredor *m or* pasillo *m* aéreo; **~ letter** aerograma *m*; **~ marshal** teniente *m* general de las fuerzas aéreas; **~ mile** milla *f* aérea; **Air miles: to collect Air miles** juntar millas aéreas; **~ miss** conato *m* de colisión aérea; **~ navigation** navegación *f* aérea; **~ power**

capacidad f aérea; **~ rage** = comportamiento agresivo del pasajero de un avión; **~ raid** ataque m aéreo; **~ show** demostración f or exhibición f aérea; **~ shuttle** (plane) puente m aéreo; (bus) = autobús que realiza los trayectos de la ciudad al aeropuerto y viceversa; **~ steward** auxiliar m de vuelo; **~ stewardess** auxiliar f de vuelo, azafata f, Am aeromoza f; **~ terminal** terminal f de vuelo; **~ traffic** tráfico m aéreo; **~ vice-marshal** general m de división
 -4. RAD & TV **to be on (the) ~** (person, programme) estar en el aire; **to go on/off (the) ~** (programme) empezar/terminar; **I go on (the) ~ at two o'clock** salgo a las dos en punto; **the station goes off (the) ~ at midnight** la emisión termina a las doce de la noche; **to take sb off the ~** cortar a alguien; **to take a programme off the ~** (during transmission) cortar un programa; (stop showing) dejar de emitir un programa
 -5. (melody) melodía f, aire m
 -6. (look, manner) aire m; **he has the ~ of somebody who has travelled** tiene aire de haber viajado mucho; **there is an ~ of mystery about her** tiene un aire de misterio; **she smiled with a knowing ~** sonrió con aire de complicidad
 -7. IDIOM **our plans are up in the ~** (undecided) nuestros planes están en el aire; **to go up in the ~** (get angry) ponerse hecho(a) una furia, subirse por las paredes; **to give oneself airs, to put on airs** (presume, act affectedly) darse aires, darse tono
 ◇ vt **-1.** (room) ventilar, airear **-2.** (clothing, bedding) airear, orear **-3.** (opinions, grievances) ventilar, airear **-4.** US RAD & TV transmitir, emitir
 ◇ vi US **the program airs next week** el programa sale al aire la semana que viene
airborne ['eəbɔːn] adj **-1.** (aircraft) en vuelo; **to be ~** (aircraft) estar volando; **once we are ~** cuando estemos volando **-2.** (seeds, particles) transportado(a) por el viento **-3.** (troops) aerotransportado(a); (invasion) aéreo(a)
airbrush ['eəbrʌʃ] ◇ n aerógrafo m
 ◇ vt (photograph) retocar (con aerógrafo); also Fig **to ~ sth/sb out** borrar algo/a alguien
Airbus® ['eəbʌs] n Aerobús® m, Airbús® m
air-conditioned ['eəkən'dɪʃənd] adj climatizado(a), con aire acondicionado; **to be ~** (room) tener aire acondicionado
air-conditioner ['eəkən'dɪʃənə(r)] n aparato m de aire acondicionado
air-conditioning ['eəkən'dɪʃənɪŋ] n aire m acondicionado; **~ system** instalación de aire acondicionado
air-cooled ['eəkuːld] adj con refrigeración de aire
aircraft ['eəkrɑːft] (pl **aircraft**) n (aeroplane) avión m; (any flying vehicle) aeronave f ❑ **~ carrier** portaaviones m inv
aircraftman ['eəkrɑːftmən] n Br soldado m raso de aviación
aircraftwoman ['eəkrɑːftwʊmən] n Br soldado f raso de aviación
aircrew ['eəkruː] n AV tripulación f
airdrome ['eədrəʊm] n US aeródromo m
airdrop ['eədrɒp] ◇ n = lanzamiento de un cargamento con paracaídas
 ◇ vt (supplies) lanzar con paracaídas
Airedale ['eədeɪl] n **~ (terrier)** Airedale terrier m
airer ['eərə(r)] n Br (for clothes) tendedero m
airfield ['eəfiːld] n campo m de aviación
airflow ['eəfləʊ] n corriente m de aire
airfoil ['eəfɔɪl] n US plano m aerodinámico
airframe ['eəfreɪm] n armazón m del avión
airgun ['eəɡʌn] n (rifle) escopeta f de aire comprimido; (pistol) pistola f de aire comprimido
airhead ['eəhed] n Fam cabeza mf de chorlito, simple mf
airhole ['eəhəʊl] n (in container, ice) respiradero m

airing ['eərɪŋ] n **to give sth an ~** (room, opinions, grievances) ventilar or airear algo; (clothing) airear or orear algo ❑ **~ cupboard** = ropero en el que se encuentra la caldera del agua caliente, y que se utiliza para orear la ropa, sábanas, etc.
airless ['eəlɪs] adj (evening, atmosphere) cargado(a); **an ~ room** una habitación en la que falta el aire
airlift ['eəlɪft] ◇ n puente m aéreo
 ◇ vt (supplies, troops) transportar mediante un puente aéreo
airline ['eəlaɪn] n **-1.** (company) línea f aérea ❑ **~ pilot** piloto mf comercial **-2.** (for compressed air) tubo m or conducto m del aire
airliner ['eəlaɪnə(r)] n avión m de pasajeros
airlock ['eəlɒk] n **-1.** (in submarine, spacecraft) compartimento m estanco, esclusa f de aire **-2.** (in pipe) burbuja f de aire
airmail ['eəmeɪl] ◇ n correo m aéreo ❑ **~ letter** carta f por vía aérea
 ◇ adv **to send sth ~** enviar algo por vía aérea
 ◇ vt (letter) mandar por vía aérea
airman ['eəmən] n **-1.** (pilot) aviador m **-2.** US MIL soldado m de aviación
airplane ['eəpleɪn] n US avión m
airplay ['eəpleɪ] n RAD **to get ~** ser emitido por la radio
airport ['eəpɔːt] n aeropuerto m ❑ **~ code** código m de aeropuerto; **~ tax** tasas fpl de aeropuerto
air-raid ['eəreɪd] adj **~ shelter** refugio m antiaéreo; **~ warden** = responsable de operaciones defensivas civiles durante un ataque aéreo; **~ warning** alarma f antiaérea
air-rifle ['eəraɪfəl] n escopeta f de aire comprimido
air-sea rescue ['eəsiːˈreskjuː] n rescate m marítimo desde el aire
airship ['eəʃɪp] n dirigible m
airsick ['eəsɪk] adj **to be** or **get ~** marearse (en un avión)
airsickness ['eəsɪknɪs] n mareos mpl (en un avión)
airspace ['eəspeɪs] n espacio m aéreo
airspeed ['eəspiːd] n velocidad f (relativa de vuelo)
airstrike ['eəstraɪk] n ataque m aéreo
airstrip ['eəstrɪp] n pista f de aterrizaje
airtight ['eətaɪt] adj (container) hermético(a); (argument, case) inatacable
airtime ['eətaɪm] n RAD TV **-1.** (time allotted) tiempo m de emisión **-2.** (starting time) comienzo m de la emisión; **five minutes to ~** salimos al aire en cinco minutos
air-to-air ['eətəˈeə(r)] adj (missile) aire-aire
air-to-ground ['eətəˈɡraʊnd] adj (missile) aire-tierra
air-to-surface ['eətəˈsɜːfɪs] adj (missile) aire-superficie
air-traffic ['eətræfɪk] adj **~ control** control m (del tráfico) aéreo; **~ controller** controlador(ora) m,f (del tráfico) aéreo
airwaves ['eəweɪvz] npl **his voice came over the ~** su voz llegó a través de las ondas
airway ['eəweɪ] n **-1.** (of body) vía f respiratoria **-2.** (for aircraft) ruta f aérea
airwoman ['eəwʊmən] n aviadora f
airworthiness ['eəwɜːðɪnɪs] n AV aptitud f de vuelo; **certificate of ~** certificado de aptitud de vuelo, licencia de vuelo
airworthy ['eəwɜːðɪ] adj AV **to be ~** estar en condiciones de volar
airy ['eərɪ] adj **-1.** (room, house) aireado(a) y espacioso(a) **-2.** (casual) (person, attitude) ligero(a), despreocupado(a) **-3.** (fanciful) (plan, idea) fantasioso(a), poco realista
airy-fairy ['eərɪ'feərɪ] adj Fam (idea, scheme) fantasioso(a), poco realista
aisle [aɪl] n **-1.** (between banks of seats, in supermarket) pasillo m; **her father led her up the ~** su padre la acompañó al altar; IDIOM Fam **to have them rolling in the aisles** (of comedian) hacer que se caigan por los suelos

or RP se revuelquen por el piso de la risa ❑ **~ seat** (in plane) asiento m de pasillo **-2.** ARCHIT (in church) nave f lateral
aitch [eɪtʃ] n **to drop one's aitches** no pronunciar la "h" (considerado propio del habla poco cuidada)
Ajaccio [əˈdʒæksɪəʊ] n Ajaccio
ajar [əˈdʒɑː(r)] ◇ adj entornado(a)
 ◇ adv entornado(a)
AK (abbr **Alaska**) Alaska
aka [eɪkeɪ'eɪ] adv (abbr **also known as**) alias
akimbo [əˈkɪmbəʊ] adj **with arms ~** con los brazos en jarras
akin [əˈkɪn] adj **~ to** parecido(a) a; **this is ~ to treachery** esto es equiparable or semejante a la traición
AL, Ala (abbr **Alabama**) Alabama
Alabama [ˈæləˈbæmə] n Alabama
alabaster [ˈæləˈbæstə(r)] n alabastro m; **she had ~ skin** tenía la piel transparente or de porcelana
à la carte [ˈæləˈkɑːt] ◇ adj **to have an ~ meal** comer a la carta
 ◇ adv a la carta
alacrity [əˈlækrɪtɪ] n Formal presteza f, diligencia f
Aladdin [əˈlædɪn] pr n Aladino ❑ **~'s lamp** la lámpara de Aladino
Alamo [ˈæləməʊ] pr n **the ~** el Álamo

> **THE ALAMO**
> Fuerte situado en Tejas en el que un grupo de aventureros norteamericanos se alzaron contra el gobierno de México en 1836 y, según reza la leyenda, resistieron el ataque mexicano hasta la muerte. Los defensores del fuerte, sobre todo los colonizadores Davy Crockett y Jim Bowie, se convirtieron en héroes nacionales de Estados Unidos. Cuando las fuerzas tejanas vencieron a los mexicanos en la batalla de San Jacinto en Abril 1836, su grito de guerra fue "Remember the Alamo" (recuerden el Álamo).

à la mode [ˈæləˈməʊd] ◇ adj **-1.** (clothes) a la moda **-2.** US (dessert) con helado
 ◇ adv a la moda
alarm [əˈlɑːm] ◇ n **-1.** (warning, alert) alarma f; **to raise** or **give** or **sound the ~** dar la alarma ❑ **~ call** (on telephone) llamada f despertador; **~ call service** (servicio m de) despertador m telefónico; **~ signal** señal f de alarma
 -2. (anxiety) alarma f, inquietud f; **there's no cause for ~** no hay motivo de alarma; **the government viewed events with increasing ~** el gobierno se fue inquietando cada vez más ante los acontecimientos
 -3. (device) **~ (bell)** timbre de alarma; Fig **~ bells started to ring when...** la señal de alarma saltó cuando...; **~ (clock)** (reloj) despertador; **(fire/burglar) ~** alarma (contra incendios/antirrobo)
 ◇ vt **-1.** (startle) alarmar; **to be alarmed at sth** estar alarmado(a) por algo **-2.** (protect with alarm) **all the doors are alarmed** todas las puertas tienen alarma
alarming [əˈlɑːmɪŋ] adj alarmante, inquietante
alarmingly [əˈlɑːmɪŋlɪ] adv **the shots were coming ~ close** la cercanía de los disparos era alarmante or inquietante
alarmism [əˈlɑːmɪzəm] n alarmismo m
alarmist [əˈlɑːmɪst] ◇ n alarmista mf
 ◇ adj alarmista
alas [əˈlæs] ◇ exclam ¡ay de mí!
 ◇ adv desgraciadamente
Alaska [əˈlæskə] n Alaska
Alaskan [əˈlæskən] ◇ n persona f de Alaska (Estados Unidos)
 ◇ adj de Alaska (Estados Unidos)
alb [ælb] n alba f
albacore [ˈælbəkɔː(r)] n bonito m del norte
Albania [ælˈbeɪnɪə] n Albania
Albanian [ælˈbeɪnɪən] ◇ n **-1.** (person) albanés(esa) m,f **-2.** (language) albanés m
 ◇ adj albanés(esa)

albatross ['ælbətrɒs] *n* **-1.** *(bird)* albatros *m inv* **-2.** *(in golf)* albatros *m inv* **-3.** IDIOM **it was (like) an ~ round their necks** era un lastre que arrastraban con dificultad

albeit [ɔːl'biːɪt] *conj Formal* aunque; **a brilliant, ~ uneven, novel** una novela brillante, aunque desigual

Albert ['ælbət] *n* **the ~ Hall** = gran sala londinense en la que se celebran conciertos y otros eventos; **the ~ Memorial** = monumento dedicado al príncipe consorte Alberto, situado cerca del Albert Hall en Londres

albino [æl'biːnəʊ] (*pl* **albinos**) *n* albino(a) *m,f*

Albion ['ælbɪən] *n Literary* Albión

album ['ælbəm] *n* **-1.** *(for photos, stamps)* álbum *m* **-2.** *(for record)* álbum *m*; **~ cover** funda de disco, carátula

albumen ['ælbjʊmɪn] *n* **-1.** *(in egg)* albumen *m* **-2.** *(in blood)* albúmina *f*

albumin ['ælbjʊmɪn] *n* albúmina *f*

alchemist ['ælkəmɪst] *n* alquimista *mf*

alchemy ['ælkəmɪ] *n* alquimia *f*

alcohol ['ælkəhɒl] *n* **-1.** *(chemical)* alcohol *m* **-2.** *(drink)* alcohol *m* ❑ **~ abuse** alcoholismo *m*; **~ consumption** consumo *m* de alcohol; **~ intake** consumo *m* de alcohol; **~ problem** problema *m* con el alcohol

alcohol-free beer ['ælkəhɒlfriː'bɪə(r)] *n Br* cerveza *f* sin (alcohol)

alcoholic [ælkə'hɒlɪk] ◇ *n* alcohólico(a) *m,f* ◇ *adj* alcohólico(a); **it's very ~** *(of cocktail, punch)* tiene mucho alcohol

alcoholism ['ælkəhɒlɪzəm] *n* alcoholismo *m*

alcohol-related ['ælkəhɒlrɪ'leɪtɪd] *adj* **~ illness** *or* **disease** enfermedad relacionada con el alcohol

alcopop ['ælkəʊpɒp] *n Br* = combinado alcohólico con aspecto de refresco que se comercializa envasado

alcove ['ælkəʊv] *n* hueco *m*

aldehyde ['ældɪhaɪd] *n* CHEM aldehído *m*

al dente [æl'denteɪ] *adj* al dente

alder ['ɔːldə(r)] *n (tree)* aliso *m*

alderman ['ɔːldəmən] *n* **-1.** *Br Formerly* = concejal de un municipio que ocupaba el puesto inmediatamente inferior al de alcalde **-2.** *US & Can* concejal *m*

alderwoman ['ɔːldəwʊmən] *n US & Can* concejala *f*

ale [eɪl] *n* = cerveza inglesa de malta

alehouse ['eɪlhaʊs] *n Archaic* taberna *f*

alert [ə'lɜːt] ◇ *n* alerta *f*; **to be on the ~ (for sth)** estar alerta (por si ocurre algo); **the navy has been put on full ~** la marina está en estado de máxima alerta; **they're always on the ~ for interesting stories** siempre están al tanto de si escuchan alguna historia interesante ❑ COMPTR **~ box** mensaje *m* de alerta
◇ *adj (mind)* lúcido(a); **to be ~** *(watchful)* estar alerta *or* vigilante; *(lively)* ser despierto(a) *or* espabilado(a); **to be ~ to sth** *(aware of)* ser consciente de algo
◇ *vt* alertar, avisar; **he alerted them to the danger** los alertó del peligro

alertness [ə'lɜːtnɪs] *n (watchfulness)* actitud *f* vigilante; *(liveliness)* vivacidad *f*

Aleutian Islands [ə'luːʃən'aɪləndz] *npl* **the ~** las (Islas) Aleutianas

Alexander [ælɪg'zɑːndə(r)] *pr n* **~ the Great** Alejandro Magno ❑ **the ~ technique** la técnica de Alexander

Alexandria [ælɪg'zɑːndrɪə] *n* Alejandría

alexandrine [ælɪg'zændraɪn] *n* LIT alejandrino *m*, verso *m* alejandrino

alfalfa [æl'fælfə] *n* alfalfa *f*

alfresco [æl'freskəʊ] ◇ *adj* al aire libre
◇ *adv* al aire libre

algae ['ælgiː] *npl* algas *fpl*

algal bloom ['ælgəl'bluːm] *n* floración *f* or florecimiento *m* de algas

algebra ['ælʤɪbrə] *n* álgebra *f*

algebraic [ælʤə'breɪɪk] *adj* algebraico(a)

Algeria [æl'ʤɪərɪə] *n* Argelia

Algerian [æl'ʤɪərɪən] ◇ *n* argelino(a) *m,f*
◇ *adj* argelino(a)

Algiers [æl'ʤɪəz] *n* Argel

ALGOL ['ælgɒl] *n (abbr* **Algorithmic Oriented Language)** algol *m*

algorithm ['ælgərɪðəm] *n* COMPTR algoritmo *m*

algorithmic [ælgə'rɪðmɪk] *adj* COMPTR algorítmico(a)

alias ['eɪlɪəs] ◇ *n* **-1.** *(assumed name)* alias *m inv*; **he has several aliases** tiene varios alias **-2.** COMPTR alias *m inv*
◇ *adv* alias

aliasing ['eɪlɪəsɪŋ] *n* COMPTR dientes *mpl* de sierra, dentado *m*

alibi ['ælɪbaɪ] *n* LAW coartada *f*; **to produce/establish an ~** preparar/establecer una coartada

Alice band ['ælɪsbænd] *n* cinta *f* para el cabello

Alice-in-Wonderland ['ælɪsɪn'wʌndəlænd] *adj* irreal

alien ['eɪlɪən] ◇ *n* **-1.** *Formal (foreigner)* extranjero(a) *m,f* **-2.** *(from outer space)* extraterrestre *mf*, alienígena *mf*
◇ *adj* **-1.** *(strange)* extraño(a); **it was ~ to her nature** era ajeno a su carácter **-2.** *(from outer space)* extraterrestre, alienígena

alienable ['eɪlɪənəbəl] *adj* LAW *(property)* enajenable

alienate ['eɪlɪəneɪt] *vt* **-1.** *(supporters, readers)* provocar el distanciamiento de; **he has alienated all his former friends** ha conseguido que sus antiguos amigos le diesen la espalda; **this tax will ~ car drivers** este impuesto provocará el rechazo de los conductores **-2.** LAW enajenar

alienated ['eɪlɪəneɪtɪd] *adj* rechazado(a); **they feel ~ from society** se sienten marginados de la sociedad

alienation [eɪlɪə'neɪʃən] *n* **-1.** *(of support, friends)* distanciamiento *m* **-2.** LAW enajenación *f* **-3.** THEAT **~ effect** distanciamiento *m*

alight[1] [ə'laɪt] ◇ *adj (burning)* **to be ~** estar ardiendo *or* en llamas; **his face was ~ with happiness** tenía la cara encendida de alegría
◇ *adv* **to set sth ~** prender fuego a algo; **to catch ~** prender

alight[2] *vi* **-1.** *Formal (from train, car)* apearse (**at en**) **-2.** *(bird, glance)* posarse (**on** sobre *or* en)
◆ **alight on** *vt insep (fact, solution)* dar con

align [ə'laɪn] *vt* **-1.** *(place in line)* alinear **-2.** *(politically)* alinear; **to ~ oneself with/against sb** alinearse con/contra alguien

alignment [ə'laɪnmənt] *n* **-1.** *(positioning in line)* alineamiento *m*, alineación *f*; **out of ~** desalineado(a), no alineado(a); **in ~** alineado; **to bring sth into ~ with the new regulations** ajustar algo al nuevo reglamento **-2.** *(political)* alineamiento *m*

alike [ə'laɪk] ◇ *adj (equal)* **to look ~** parecerse; **no two are ~** no hay dos iguales; **you are all ~!** ¡todos sois iguales!
◇ *adv (to treat, dress, think)* igual; **old and young ~** jóvenes y viejos por igual; **every day, summer and winter ~** todos los días, ya sea invierno o verano

alimentary [ælɪ'mentərɪ] *adj* alimentario(a) ❑ ANAT **~ canal** tracto *m* alimentario, tubo *m* digestivo

alimony ['ælɪmənɪ] *n* LAW pensión *f* (matrimonial) alimenticia

alive [ə'laɪv] *adj* **-1.** *(living, still existing)* vivo(a); **to be ~** estar vivo(a); **when your father was ~** cuando tu padre vivía; **it's good to be ~** la vida es bella; **he was last seen ~ on 21 June** fue visto con vida por última vez el 21 de junio; **no one got out of the building ~** nadie salió con vida del edificio; **no man ~ could endure such pain** nadie podría soportar un dolor así; **the oldest man ~** el hombre más viejo del mundo; **to keep sb ~** mantener vivo(a) a alguien; **to keep a memory ~** mantener un recuerdo vivo; **to stay ~** sobrevivir; **to be burnt/buried ~** ser quemado(a)/enterrado(a) vivo(a); **to be ~ and well** *(still living)* estar a salvo
-2. *(aware)* **to be ~ to sth** ser consciente de algo, darse cuenta de algo
-3. *(full of vitality)* **I've never felt so ~** nunca me he sentido tan lleno de vida; **to come ~** *(place, movie)* animarse; **the district comes ~ at night** el barrio se llena de vida por la noche; **he came ~ when someone mentioned food** revivió cuando alguien nombró la comida; IDIOM **to be ~ and kicking** estar vivito(a) y coleando
-4. *(teeming)* **to be ~ with** *(rats, ants)* ser un hervidero de; **the streets were ~ with people** las calles eran un hervidero de gente

alkali ['ælkəlaɪ] *n* CHEM álcali *m*, base *f*

alkaline ['ælkəlaɪn] *adj* CHEM alcalino(a), básico(a)

alkalinity [ælkə'lɪnɪtɪ] *n* CHEM alcalinidad *f*, basicidad *f*

alkaloid ['ælkəlɔɪd] *n* CHEM alcaloide *m*

alky, alkie ['ælkɪ] *n Fam* **-1.** *(alcoholic)* borrachín(ina) *m,f* **-2.** *US (alcohol)* whisky *m* casero

all [ɔːl] ◇ *adj* **-1.** *(every one of)* todos(as); **~ men** todos los hombres; **~ the others** todos los demás; **~ four of them** los cuatro; **~ the books** todos los libros; **they are ~ smokers** todos fuman, todos son fumadores; **at ~ hours** a todas horas, continuamente ❑ ***All Saints' Day*** día *m* de Todos los Santos; ***All Souls' Day*** día *m* de los Difuntos
-2. *(the whole of)* todo(a); **~ the wine** todo el vino; **~ day** todo el día; **~ week** toda la semana; **he slept ~ afternoon** se pasó la tarde durmiendo; **she has lived here ~ her life** ha vivido aquí toda la *or* su vida; **~ the time** todo el tiempo; **he leaves the door open ~ the time** siempre se deja la puerta abierta; **is that ~ the money you're taking?** ¿no te llevas más que ese dinero?
-3. *(for emphasis)* **she helped me in ~ sorts of ways** me ayudó de mil maneras; **what's ~ that noise?** ¿qué es ese escándalo?; **what's ~ this about you resigning?** ¿qué es eso de que vas a dimitir?; *Fam* **and ~ that** y todo eso; **it's not ~ that easy** no es tan fácil; **she wasn't as rude as ~ that** tampoco estuvo tan maleducada; **for ~ her apparent calm, she was actually very nervous** a pesar de su aparente tranquilidad, estaba realmente muy nerviosa; **you, of ~ people, should understand** tú deberías comprenderlo mejor que nadie; **she was playing the sitar, of ~ things!** ¡imagínate, estaba tocando nada menos que el sitar!; **of ~ the times to phone!** ¡vaya un momento para llamar!

◇ *pron* **-1.** *(everyone, each one)* todos(as) *m,fpl*; **~ of them say that...**, **they ~ say that...** todos dicen que...; **~ of us** todos (nosotros); **we ~ love him** todos lo queremos; **~ of them are blue**, **they are ~ blue** todos son azules; **~ but the best of us failed** fracasamos todos, salvo los mejores; **~ together** todos juntos
-2. *(everything) (replacing uncountable noun)* todo(a) *m,f*; *(replacing plural noun)* todos(as) *m,fpl*; **~ was silent** todo estaba en silencio; **I did ~ I could** hice todo lo que pude; **he ate it, bones and ~** se lo comió con huesos y todo; **I want ~ of it, I want it ~** lo quiero todo; **he has seen/done it ~** está de vuelta de todo; **that says it ~** eso lo dice todo; **it was ~ I could do not to laugh** apenas pude aguantar la risa; **best/worst of ~...** y lo que es mejor/peor...; **I like this one best of ~** éste es el que más me gusta; **most of ~** ante todo; **when I was busiest of ~** cuando estaba más ocupado; **that's ~** eso es todo; **is that ~?** ¿nada más?, ¿eso es todo?; **~ I said was "good morning"** lo único que dije fue ''buenos días''; **~ I want is some peace and quiet** lo único que pido es un poco de tranquilidad; **for ~ I know** por lo que yo sé; **it's ~ the same to me** me da lo mismo; **thirty men in ~** *or* **~ told** treinta hombres en total; **~ in ~** *(to sum up)* en resumen, en suma; *(on balance)* después de todo; **it cost $260, ~ in** costó 260 dólares con todo incluido; *Ironic* **it cost ~ of £2** costó la increíble suma de 2 libras; IDIOM **when ~'s said and done** a fin de cuentas; PROV **~'s well that ends well** bien está lo que bien acaba

◇ *adv* **-1.** *(entirely)* totalmente, completamente; **he's not ~ bad** no es del todo malo; **he was left ~ alone** lo dejaron (completamente) solo; **he did it ~ on his own** lo hizo él solo; **to be (dressed) ~ in black** ir (vestido) todo de negro; **he went ~ quiet** enmudeció; **to be ~ ears** ser todo oídos; **~ along** desde el principio; **~ along the road** a lo largo de la carretera; **~ around the room** por toda la habitación; **~ at once** *(suddenly)* de repente; *(at the same time)* a la vez; **~ but** *(almost)* casi; **to be ~ for sth** ser un(a) gran partidario(a) de algo; **~ over (the place)** por todas partes; *Fam* **at the interview he was ~ over the place** *or* **shop** en la entrevista no dio pie con bola *or Esp* una a derechas; *Fam* **she was ~ over him at the party** en la fiesta estuvo todo el tiempo encima de él; **that's him ~ over** es típico de él; **too soon** demasiado pronto; **it's ~ yours** es todo tuyo; IDIOM *Fam* **to be ~ in** *(exhausted)* estar hecho(a) polvo *or* una piltrafa, *Col* estar como un chupo, *Méx* estar camotes; IDIOM *Fam* **he's not ~ there** está un poco ido
-2. *(with comparatives)* **~ the better/worse** tanto mejor/peor; **the noise made it ~ the harder to hear them** con el ruido era aún más difícil oírlos
-3. *(in games)* **two ~** *(in football)* empate a dos; **four (games) ~** *(in tennis)* empate a cuatro juegos; **fifteen ~** *(in tennis)* quince iguales

◇ *n* IDIOM **to give one's ~** darlo todo

all- [ɔːl] *prefix* **~-male/female** exclusivamente masculino/femenino; **the first ~-French baseball team** el primer equipo de béisbol integrado exclusivamente por franceses

Allah ['ælə] *n* Alá *m*

all-American ['ɔːlə'merɪkən] *adj* típico(a) americano(a), típico(a) estadounidense

all-around *US* = **all-round**

allay [ə'leɪ] *vt (doubts, suspicions)* despejar; *(fear, pain)* apaciguar, aplacar

All Black ['ɔːlblæk] *n* **the All Blacks** = la selección de rugby neozelandesa

all-clear ['ɔːl'klɪə(r)] *n* **-1.** *(after air raid)* señal *f* de que pasó el peligro; **to sound the ~** dar la señal que indica el final del bombardeo **-2.** *(for project)* luz *f* verde; **to give sth/sb the ~** dar luz verde a algo/alguien

all-comers ['ɔːl'kʌməz] *adj* **the British ~ 100 m record** el récord de los 100 m en territorio británico

all-conquering ['ɔːl'kɒŋkərɪŋ] *adj (love, army, team)* arrasador(ora)

all-consuming ['ɔːlkən'sjuːmɪŋ] *adj (passion, thirst for knowledge)* devorador(ora)

all-day ['ɔːl'deɪ] *adj* de todo el día ❑ *Br* **~ licence: the pub has an ~ licence** el pub tiene permiso para servir bebidas alcohólicas a todas horas

allegation [ælɪ'geɪʃən] *n* acusación *f*; **to make an ~ (against sb)** acusar (a alguien)

allege [ə'ledʒ] *vt* **-1.** *(claim)* afirmar, declarar; **he alleges that he was beaten up** afirma que le dieron una paliza; **it is alleged that she accepted a bribe** supuestamente aceptó un soborno; **the incident is alleged to have taken place the night before** supuestamente el incidente tuvo lugar la noche anterior **-2.** *Formal (present as evidence)* alegar, aducir

alleged [ə'ledʒd] *adj* presunto(a), supuesto(a)

allegedly [ə'ledʒɪdlɪ] *adv* presuntamente; **they ~ broke in and stole $300** presuntamente entraron y robaron 300 dólares; **~ he's the greatest violinist since Paganini** se dice que es el mejor violinista después de Paganini

allegiance [ə'liːdʒəns] *n* lealtad *f*; **to swear ~ (to)** jurar lealtad (a); **to switch ~** cambiar de filiación; **to owe ~ to sb** deber lealtad a alguien

allegorical [ælɪ'gɒrɪkəl] *adj* alegórico(a)

allegorically [ælɪ'gɒrɪklɪ] *adv* alegóricamente

allegory ['ælɪgərɪ] *n* alegoría *f*

allegretto [ælɪ'gretəʊ] MUS ◇ *n (pl* **allegrettos)** alegreto *m*
◇ *adv* alegreto

allegro [ə'legrəʊ] MUS ◇ *n (pl* **allegros)** alegro *m*
◇ *adv* alegro

allele [ə'liːl] *n* BIOL alelo *m*

alleluia [ælɪ'luːjə] *exclam* ¡aleluya!

all-embracing ['ɔːlɪm'breɪsɪŋ] *adj* general, global

Allen key ['ælən'kiː], *US* **Allen wrench** ['ælən'rentʃ] *n* llave *f* allen

allergen ['ælədʒən] *n* alergeno *m*

allergenic [ælə'dʒenɪk] *adj* alergeno(a)

allergic [ə'lɜːdʒɪk] *adj* alérgico(a) **(to** a); **to be ~ to sth** tener alergia a algo, ser alérgico(a) a algo; **(to have) an ~ reaction (to sth)** (padecer) una reacción alérgica (a algo); *Hum* **he's ~ to hard work** le tiene alergia al trabajo duro

allergist ['ælədʒɪst] *n* alergólogo(a) *m,f*

allergy ['ælədʒɪ] *n* alergia *f*; **to have an ~ to sth** tener alergia a algo

alleviate [ə'liːvɪeɪt] *vt (pain, boredom)* aliviar

alleviation [əliːvɪ'eɪʃən] *n* alivio *m*

all-expenses-paid ['ɔːlɪkspensɪz'peɪd], *US* **all-expense-paid** ['ɔːlɪkspens'peɪd] *adj* con todos los gastos pagados

alley ['ælɪ] *n* **-1.** *(lane, passage)* callejón *m*, callejuela *f*; IDIOM **that's right up my ~** es lo mío, *Esp* es lo que me va ❑ **~ cat** gato *m* callejero **-2.** *(in park, garden)* sendero *m*, camino *m* **-3.** *US (on tennis court)* pasillo *m* lateral **-4.** *(for tenpin bowling, skittles)* pista *f*

alleyway ['ælɪweɪ] *n* callejón *m*, callejuela *f*; IDIOM **I wouldn't like to meet him in a dark ~!** ¡no me gustaría encontrarme con él en un callejón oscuro!

all-fired ['ɔːl'faɪəd] *US Fam* ◇ *adj* tremendo(a); **why is he in such an ~ rush?** ¿por qué va tan a la carrera *or Esp* tan escopetado?
◇ *adv* sumamente; **I wish he wasn't so ~ sure of himself** ojalá no estuviera tan sumamente seguro de sí mismo

alliance [ə'laɪəns] *n* **-1.** *(between countries, parties)* alianza *f*; **to enter into** *or* **form an ~ (with)** formar una alianza (con), aliarse (con) **-2.** *(by marriage)* alianza *f*

allied ['ælaɪd] *adj* **-1.** *(countries, forces)* aliado(a); HIST **Allied forces/losses** fuerzas/pérdidas aliadas **-2.** *(combined)* asociado(a); **~ to** *or* **with the poor weather, this change was disastrous** este cambio, asociado al mal tiempo, resultó desastroso **-3.** *(related) (issue, phenomenon)* relacionado(a); *(subject, product, industry)* afín

alligator ['ælɪgeɪtə(r)] *n* caimán *m*; **~ shoes/belt** zapatos *mpl*/cinturón *m* de cocodrilo

all-important ['ɔːlɪm'pɔːtənt] *adj* fundamental, esencial

all-in ['ɔːlɪn] *adj* **-1.** *(price)* con todo incluido **-2.** SPORT **~ wrestling** lucha *f* libre

all-inclusive ['ɔːlɪn'kluːsɪv] *adj (price, holiday)* con todo incluido

all-in-one ['ɔːlɪn'wʌn] *adj (garment)* de una pieza

alliteration [əlɪtə'reɪʃən] *n* aliteración *f*

alliterative [ə'lɪtərətɪv] *adj* aliterado(a), aliterativo(a); **an ~ style** un estilo aliterativo; **a heavily ~ passage** un fragmento muy aliterado

all-merciful ['ɔːl'mɜːsɪfʊl] *adj* misericordioso(a)

all-night ['ɔːlnaɪt] *adj (party, session)* de toda la noche; *(shop, diner)* abierto(a) toda la noche

all-nighter ['ɔːl'naɪtə(r)] *n* **-1.** *(party)* **the party was an ~** la fiesta duró toda la noche **-2.** *US (study session)* **we pulled an ~ for the physics exam** estudiamos toda la noche para el examen de física

allocate ['æləkeɪt] *vt (time, accommodation, task)* asignar **(to** a); *(money, resources)* asignar, destinar **(to** a); **in the time allocated** en el tiempo asignado; **you'll need to ~ your time carefully** tienes que repartir tu tiempo con cuidado

allocation [ælə'keɪʃən] *n* **-1.** *(assignment) (of time, accommodation, tasks)* asignación *f*; *(of money, resources)* asignación *f* **-2.** *(share)* asignación *f*

allomorph ['æləmɔːf] *n* LING alomorfo *m*

allopathic [ælə'pæθɪk] *adj* MED alopático(a)

allopathy [æ'lɒpəθɪ] *n* MED alopatía *f*

allophone ['æləfəʊn] *n* LING alófono *m*

all-or-nothing ['ɔːlə'nʌθɪŋ] *adj* **an ~ attitude** una actitud radical

allot [ə'lɒt] *(pt & pp* **allotted)** *vt* **-1.** *(time, money, duties)* asignar; **in the allotted time, in the time allotted** en el tiempo asignado; **the farmers were allotted a few acres each** se asignaron unos cuantos acres a cada agricultor **-2.** ST EXCH *(shares)* distribuir

allotment [ə'lɒtmənt] *n* **-1.** *Br (plot of land)* huerto *m* de ocio, parcela *f (arrendada por el ayuntamiento para cultivo)* **-2.** *(of time, money, duties)* asignación *f* **-3.** ST EXCH *(of shares)* distribución *f*

allotrope ['ælətrəʊp] *n* CHEM alótropo *m*

all-out ['ɔːl'aʊt] ◇ *adj (effort)* supremo(a); *(opposition, resistance)* total; *(war)* sin cuartel; *(attack)* frontal; **an ~ strike** una huelga general
◇ *adv* **to go ~ to do sth** poner toda la carne en el asador para hacer algo

all-over ['ɔːl'əʊvə(r)] *adj* completo(a); **an ~ tan** un bronceado integral

allow [ə'laʊ] *vt* **-1.** *(permit)* permitir; **to ~ sb to do sth** permitir a alguien hacer *or* que haga algo, dejar a alguien hacer algo; **they'll never ~ you to do it** nunca te dejarán hacerlo; **I am allowed to do it** tengo permiso para hacerlo; **you are not allowed to walk on the grass** está prohibido pisar el césped; **smoking is not allowed** se prohíbe *or* no se permite fumar; **I'd love to, but I'm not allowed** me encantaría, pero no me lo permiten; **we're not allowed sweets** no nos dejan comer caramelos; **the referee allowed the goal** el árbitro dio el gol por válido; **to ~ sth to happen** permitir que ocurra algo; **don't ~ them to persuade you** no dejes que te convenzan, no te dejes convencer; **~ me!** *(offering help)* ¡permítame!; **I ~ myself a glass of whisky now and again** me permito un whisky de vez en cuando; **to ~ oneself to be deceived/persuaded** dejarse engañar/convencer
-2. *(allocate, grant)* dar, conceder; **~ an hour to get to the airport** cuenta *or* deja *or* calcula una hora para llegar al aeropuerto; **please ~ 28 days for delivery** el envío puede tardar hasta 28 días; **~ two spoonfuls per person** cuenta *or* calcula dos cucharadas por persona; **you are allowed a maximum of two hours to complete this paper** tienen un máximo de dos horas para completar este examen
-3. LAW *(evidence)* aceptar
-4. *Formal (admit)* **to ~ that...** aceptar que...

◆ **allow for** *vt insep* tener en cuenta; **add another hour to ~ for delays** añade una hora más por si hay retraso; **our budget doesn't ~ for it** no está incluido en nuestro presupuesto

◆ **allow of** *vt insep Formal* permitir, admitir

allowable [ə'laʊəbəl] *adj (error, delay)* permisible; *(expense)* deducible; **expenses ~ against tax** gastos deducibles

allowance [ə'laʊəns] *n* **-1.** *(government grant)* subsidio *m*
-2. *(supplement to salary or wage) (for housing, food)* suplemento *m*; **travel ~** gastos de viaje, dietas
-3. *(from parents)* asignación *f*; *US (pocket money)* paga *f*
-4. *(entitlement)* **baggage** *or* **luggage ~** = equipaje que se puede facturar sin pagar por sobrepeso; **the ration included a small ~ of tobacco** el racionamiento incluía una pequeña asignación de tabaco
-5. *Br (subtracted from taxable income)* = ingresos libres de impuestos
-6. to make ~ *or* **allowances for sth** *(take*

alloy / **Alps**

into account) tener algo en cuenta; **you have to make allowances for inflation** tienes que tener en cuenta los efectos de la inflación; **I'm tired of making allowances for his inexperience** estoy harto de hacer concesiones *or* de disculparle por su falta de experiencia

alloy ['ælɔɪ] ◇ *n* aleación *f*
◇ *vt* alear (**with** con)

all-party ['ɔːl'pɑːtɪ] *adj (committee, initiative)* de todos los partidos

all-pervading ['ɔːlpə'veɪdɪŋ], **all-pervasive** ['ɔːlpə'veɪsɪv] *adj (stench)* penetrante; *(influence)* profundo(a), penetrante

all-points bulletin ['ɔːl'pɔɪnts'bʊlɪtɪn] *n US* = mensaje informativo o aviso urgente enviado a los agentes de policía de una misma zona

all-powerful ['ɔːl'paʊəfʊl] *adj* todopoderoso(a)

all-purpose ['ɔːl'pɜːpəs] *adj* multiuso; **~ cleaner/adhesive** limpiador/adhesivo multiuso

all right, alright [ɔːl'raɪt] ◇ *adj* **-1.** *(adequate)* bueno(a); **the film was ~, but nothing special** la película no estaba mal, pero tampoco era nada del otro mundo; **it's ~ here** esto no está mal; **the money is ~, but it could be better** el sueldo está bien, pero podría estar mejor; **she's ~ at dancing/at French** no se le da mal el baile/el francés
-2. *(in good health, safe)* **to be ~** estar bien; **are you ~?** ¿estás bien?; **he was in a car crash but he's ~** tuvo un accidente, pero no le pasó nada; **I hope they'll be ~ on their own** espero que se las arreglen bien solos; **do you think the bike will be ~ here?** ¿crees que la moto estará bien aquí?; *Br Fam* **an "I'm ~, Jack" attitude** una actitud de "ande yo caliente"
-3. *(permissible, satisfactory)* **don't worry, it's ~** no te preocupes, no pasa nada; **is it ~ if I smoke?** ¿puedo fumar?; **I'll come late, if that's ~ with you** vendré más tarde, si te parece bien; **is everything ~, Madam?** *(in shop, restaurant)* ¿está todo bien, señora?; **it's ~ by me** por mí, de acuerdo; **it's ~ for YOU to laugh!** ¡tú bien puedes reírte!; [IDIOM] *Br* **it'll be ~ on the night** cuando llegue la hora de la verdad todo irá bien
-4. *(sufficiently supplied)* **to be ~ for money** tener dinero suficiente; **I'm ~ until Monday** puedo aguantar hasta el lunes; **are you ~ for food/cigarettes?** ¿tienes suficiente comida/tabaco?
-5. *Fam (very good)* bueno(a); **he's an ~ guy** es un buen tipo, *Esp* es un tío legal, *Am* es buena gente; **the boss is ~** el jefe es un buen tipo; *Br* **he's ~, is John** *(I like him)* es un buen tipo John
-6. *Br* **she's a bit of ~!** ¡está buenísima!
◇ *adv* **-1.** *(well)* bien; **the radio is working ~** la radio funciona perfectamente; **did it go ~?** ¿fue bien?; **did you get home ~?** ¿llegaste bien a casa?; **he's doing ~ (for himself)** le va bastante bien
-2. *(yes)* de acuerdo, *Esp* vale; **~, so I made a mistake** de acuerdo, cometí un error
-3. *(certainly)* **it's rabies ~** seguro que es rabia; **it was cold ~** ¡ya lo creo que hacía frío!
-4. *(checking agreement)* **phone me when you get there, ~?** llámame cuando llegues, ¿de acuerdo?
-5. *(expressing irritation)* **~, ~! I'm coming!** ¡ya voy, ya voy!
-6. *(introducing topic)* **~, let's get started** bueno *or Esp* venga, vamos a empezar
◇ *exclam Fam* **-1.** *Br (as greeting)* ¿qué tal? **-2.** *(in approval)* ¡estupendo!, *Andes, CAm, Carib, Méx* ¡chévere!, *Méx* ¡padre!, *RP* ¡bárbaro!

all-risks ['ɔːl'rɪsks] *adj (insurance)* a todo riesgo

all-round ['ɔːl'raʊnd], *US* **all-around** ['ɔːləraʊnd] *adj* **-1.** *(versatile) (athlete, player)* completo(a); *(ability)* general **-2.** *(comprehensive) (education, improvement)* general

all-rounder ['ɔːl'raʊndə(r)] *n Br* **he's an ~** todo se le da bien

all-seater ['ɔːlsiːtə(r)] *adj* **~ stadium** = estadio en el que todas las localidades son de asiento

all-singing all-dancing [ɔːl'sɪŋɪŋɔːl'dɑːnsɪŋ] *adj Hum* **-1.** *(versatile)* multiusos *inv*, todoterreno **-2.** *(extravagant)* **the conference was an ~ affair** el congreso resultó una celebración por todo lo alto

allspice ['ɔːlspaɪs] *n* pimienta *f* inglesa

all-star ['ɔːl'stɑː(r)] *adj* **an ~ cast** un reparto de primeras figuras, un reparto estelar ❑ *SPORT* **~ game** partido *m* de las estrellas

all-state ['ɔːl'steɪt] *adj US (player, team)* del estado, estatal

all-terrain ['ɔːltə'reɪn] *adj* **~ bike** (moto *f*) todoterreno *f*; **~ vehicle** todoterreno *m*

all-time ['ɔːl'taɪm] *adj (record)* sin precedentes; *(favourite)* de todos los tiempos; **~ high/low** máximo/mínimo histórico

allude [ə'luːd] *vi* aludir (**to** a); **I wasn't alluding to anybody in particular** no me refería a nadie en particular

allure [ə'lʊə(r)] *n* atractivo *m*, encanto *m*; **it holds no ~ for me** no me llama la atención

alluring [ə'lʊərɪŋ] *adj* atractivo(a), seductor(ora)

allusion [ə'luːʒən] *n* alusión *f*; **to make an ~ (to)** hacer (una) alusión (a)

allusive [ə'luːsɪv] *adj* alusivo(a)

alluvia *pl of* **alluvium**

alluvial [ə'luːvɪəl] *adj GEOG* aluvial; **an ~ plain** una llanura aluvial

alluvium [ə'luːvɪəm] (*pl* **alluviums** *or* **alluvia** [ə'luːvɪə]) *n GEOG* aluvión *m*

all-weather ['ɔːl'weðə(r)] *adj* para cualquier tiempo

ally ◇ *n* ['ælaɪ] aliado(a) *m,f*; **to become allies** hacerse aliados, aliarse; *HIST* **the Allies** los Aliados
◇ *vt* [ə'laɪ] **to ~ oneself with...** aliarse con...

alma mater ['ælmə'mɑːtə(r)] *n* alma mater *f*

almanac ['ælmənæk] *n (calendar)* almanaque *m*

almighty [ɔːl'maɪtɪ] ◇ *n* **the Almighty** el Todopoderoso
◇ *adj* **-1.** *(omnipotent)* todopoderoso(a); **Almighty God, God Almighty** *(in prayer)* Dios Todopoderoso; **God Almighty!** *(as oath)* ¡por Dios! **-2.** *Fam (fuss, row)* de mil demonios, *RP* de la gran siete

almond ['ɑːmənd] *n* almendra *f*; **~ eyes** ojos rasgados ❑ **~ milk** leche *f* de almendras; **~ tree** almendro *m*

almost ['ɔːlməʊst] *adv* casi; **I can ~ reach it** me falta poco para llegar; **he is ~ 30** tiene casi 30 años; **it's ~ six o'clock** son casi las seis; **we're ~ there** *(in journey)* casi hemos llegado; *(in task)* casi hemos acabado; **I ~ believed him** estuve a punto de creerle; **he was ~ crying with frustration** estaba casi llorando de frustración

alms [ɑːmz] *npl* limosna *f*

almsgiving ['ɑːmzgɪvɪŋ] *n* **they don't believe in ~** no son partidarios de dar limosna

alms-house ['ɑːmzhaʊs] *n Br* asilo *m* para pobres

aloe ['æləʊ] *n* áloe *m*; **~ vera** áloe vera

aloft [ə'lɒft] *adv* **-1.** *(up, in the air)* por el aire, en vilo; **to hold sth ~** levantar a algo en el aire
-2. *NAUT* **to go ~** subir a un mástil

aloha [ə'ləʊhɑː] *exclam US* ¡aloha! ❑ **the Aloha State** = apelativo familiar referido al estado de Hawai

alone [ə'ləʊn] ◇ *adj* **-1.** *(on one's own)* solo(a); **to be ~** estar solo(a); **to be ~ with sb** estar a solas con alguien; **we are not ~ in thinking that...** no somos los únicos que pensamos que...; **to leave sth/sb ~** dejar algo/a alguien en paz; **to leave well ~** dejar las cosas como están; **let ~...** mucho menos...; **I can't afford a TV, let ~ a DVD!** no puedo comprarme un televisor, mucho menos un DVD
-2. *(lonely)* solo(a); **she felt very ~** se sentía muy sola
◇ *adv* **-1.** *(without others)* **I did it ~** lo hice yo sola; **to live ~** vivir solo(a); **~ among her contemporaries, she criticized the decision** fue la única de sus contemporáneos que

criticó la decisión; **to go it ~** ir por libre
-2. *(only)* **you ~ can help me** tú eres la única que me puede ayudar, sólo tú puedes ayudarme; **my salary ~ isn't enough** con mi sueldo sólo no es suficiente; **money ~ can't make you happy** el dinero por sí solo no puede darte la felicidad; **with that charm which is his ~** con ese encanto tan suyo

along [ə'lɒŋ] ◇ *prep* a lo largo de; **to walk ~ the shore/a street** caminar por la costa/una calle; **it's the second office ~ the corridor** es la segunda oficina del pasillo; **it's halfway ~ the road** está en la carretera, a mitad de camino; **there was a table ~ one wall** había una mesa a lo largo de una de las paredes; **her skirt trailed ~ the floor** arrastraba la falda por el suelo; **somewhere ~ the way** en algún punto (del camino); *Fig* en un momento dado
◇ *adv* **-1.** *(forwards)* **I was walking ~** iba caminando; **it's a bit further ~** está un poco más adelante; **would you mind going ~ to the shop?** ¿te importaría ir a la tienda?; **to move ~** avanzar; **move ~, there!** ¡vamos!, *Esp* ¡venga!, *Méx* ¡ándale!, *RP* ¡dale!; **how far ~ are you with the project?** ¿cuánto has avanzado con el proyecto?; **he knew all ~** lo sabía desde el principio
-2. *(with someone)* **to bring sth/sb ~** traerse a algo/alguien (consigo); **do you want to come ~?** ¿quieres venir?; **to take sth/sb ~** llevar algo/a alguien; **he'll be ~ in ten minutes** vendrá en diez minutos; **~ with** *(as well as)* además de, junto con

alongside [ə'lɒŋ'saɪd] ◇ *prep* **-1.** *(next to)* junto a; **the taxi drew up ~ us** el taxi se detuvo junto a nosotros; *NAUT* **to come ~ the quay** arrimarse de costado al muelle **-2.** *(together with)* junto con; **I worked ~ her for ten years** trabajé con ella (durante) diez años
◇ *adv (at side)* **a police motorbike pulled up ~** una motocicleta de la policía se detuvo al lado; *NAUT* **to come ~** detenerse al lado

aloof [ə'luːf] ◇ *adj (person, manner)* distante
◇ *adv* **al margen; to keep ~** **remain ~ (from)** mantenerse al margen (de); **he keeps** *or* **remains ~ from his colleagues** no se relaciona con sus compañeros

aloofness [ə'luːfnɪs] *n* actitud *f* distante

alopecia [ælə'piːʃə] *n MED* alopecia *f*

aloud [ə'laʊd] *adv* en alto, en voz alta; **I was thinking ~** estaba pensando en voz alta

alpaca [æl'pækə] *n* **-1.** *(animal)* alpaca *f* **-2.** *(wool)* alpaca *f*

alpenstock ['ælpənstɒk] *n* alpenstock *m*, = tipo de piolet

alpha ['ælfə] *n* **-1.** *(Greek letter)* alfa *f* **-2.** *PHYS* **~ particle** partícula *f* alfa; **~ radiation** radiación *f* alfa; **~ rays** rayos *mpl* alfa **-3.** *COMPTR* **~ testing** comprobación *f or* prueba *f* alfa; **~ version** versión *f* alfa

alphabet ['ælfəbet] *n* alfabeto *m* ❑ **~ soup** sopa *f* de letras; *Fig* **the report was an ~ soup of acronyms** el informe era un revoltijo de siglas

alphabetic(al) [ælfə'betɪk(əl)] *adj* alfabético(a); **in ~ order** en orden alfabético

alphabetically [ælfə'betɪklɪ] *adv* alfabéticamente

alphabetize ['ælfəbətaɪz] *vt* ordenar alfabéticamente

alphanumeric ['ælfənjuː'merɪk] *adj COMPTR* **~ characters** caracteres *mpl* alfanuméricos; **~ code** código *m* alfanumérico; **~ keypad** teclado *m* alfanumérico

alphasort ['ælfəsɔːt] ◇ *n* orden *m* alfabético; **to do an ~ on sth** ordenar algo alfabéticamente
◇ *vt* ordenar alfabéticamente

Alpine ['ælpaɪn] *adj GEOG* alpino(a)

alpine ['ælpaɪn] *adj (climate, landscape, club, skiing, troops)* alpino(a) ❑ **~ accentor** acentor *m* alpino; **~ chough** chova *f* piquigualda; **~ swift** vencejo *m* real

Alps [ælps] *npl* **the ~** los Alpes

already [ɔːlˈredɪ] *adv* ya; **I've ~ seen it**, *US* **I ~ saw it** ya lo he visto, *Am* ya lo vi; **ten o'clock ~!** ¡ya son las diez!; **things were ~ worrying even without this news** la situación ya era preocupante incluso antes de conocer esta noticia

alright = **all right**

Alsace [ælˈsæs] *n* Alsacia; **~-Lorraine** Alsacia-Lorena

Alsatian [ælˈseɪʃən] ◇ *n* **-1.** *(dog)* pastor *m* alemán **-2.** *(person from Alsace)* alsaciano(a) *m,f*
◇ *adj (from Alsace)* alsaciano(a)

also [ˈɔːlsəʊ] *adv* también; **my dog is ~ called Fido** mi perro también se llama Fido; **~, you can't really afford it anyway** además, de todas formas no te lo puedes permitir; **you can ~ tell him he's a liar** además puedes decirle que es un mentiroso, puedes decirle también que es un mentiroso; **not only... but ~...** no sólo..., sino también...

also-ran [ˈɔːlsəʊræn] *n* **-1.** *(in horse race)* = caballo no clasificado entre los tres primeros **-2.** *(mediocrity)* **he is just an ~** sólo es uno más *or* uno del montón; **the company is an ~ in the telecommunications market** es una empresa más *or* del montón en el mercado de las telecomunicaciones

alt [ɔːlt] *n* COMPTR **~ key** tecla *f* alt

Alta *(abbr* **Alberta**) Alberta

altar [ˈɔːltə(r)] *n* altar *m*; **to lead sb to the ~** llevar a alguien al altar; **to leave sb standing at the ~** dejar plantado a alguien el día de su boda; **to be sacrificed on the ~ of success** ser sacrificado en aras del éxito ❑ **~ boy** monaguillo *m*

altarpiece [ˈɔːltəpiːs] *n* retablo *m*

alter [ˈɔːltə(r)] ◇ *vt* **-1.** *(person, design, plan)* cambiar, alterar; **he altered his opinion** cambió de opinión; **that doesn't ~ the fact that...** eso no cambia el hecho de que...; **that alters everything** eso lo cambia todo; **to ~ course** *(of ship, plane)* cambiar el rumbo **-2.** *(garment)* arreglar **-3.** *US Euph (animal)* operar
◇ *vi* cambiar, alterarse

alteration [ɔːltəˈreɪʃən] *n* **-1.** *(to design, plan)* cambio *m*, alteración *f*; *(to timetable)* alteración *f*; **a few minor alterations** unos pequeños retoques; **subject to ~** *(programme, timetable)* susceptible de modificaciones **-2.** *(to garment)* arreglo *m* **-3.** *(to building)* reformas *fpl*; **to have alterations done** hacer reformas

altercation [ɔːltəˈkeɪʃən] *n* Formal altercado *m*; **to have an ~ with sb** tener *or* sufrir un altercado con alguien

altered [ˈɔːltəd] *adj* **he is greatly ~** está muy cambiado

alter ego [ˈæltəˈriːgəʊ] *(pl* **alter egos**) *n* álter ego *m*

alternate ◇ *n* [ɔːlˈtɜːnət] *US (deputy)* sustituto(a) *m,f*
◇ *adj* **-1.** *(by turns)* alterno(a); **~ spells of good and bad weather** intervalos alternos de buen y mal tiempo **-2.** *(every second)* alterno(a); **on ~ days** en días alternos, cada dos días **-3.** BOT *(leaves)* alterno(a) **-4.** GEOM **~ angles** ángulos alternos **-5.** *US (alternative)* alternativo(a)
◇ *vt* [ˈɔːltəneɪt] alternar
◇ *vi* **-1.** *(happen by turns)* alternar (**with** con) **-2.** *(take turns)* **the two actors alternated in the leading role** los dos actores se alternaban para representar el papel protagonista **-3.** *(vary)* oscilar, fluctuar (**between** entre)

alternately [ɔːlˈtɜːnətlɪ] *adv (by turns)* alternativamente; **the film is ~ comic and tragic** la película oscila entre la comedia y la tragedia

alternating [ˈɔːltəneɪtɪŋ] *adj* alterno(a) ❑ ELEC **~ current** corriente *f* alterna

alternation [ɔːltəˈneɪʃən] *n* alternancia *f*

alternative [ɔːlˈtɜːnətɪv] ◇ *n (choice)* alternativa *f*; **there are alternatives to nuclear power** hay alternativas a la energía nuclear; **there is no ~** no hay alternativa; **what's the ~?** ¿cuál es la alternativa?; **she had no ~ but to obey** no tenía más remedio que obedecer; **you leave me with no ~** no me dejas otra alternativa *or* opción
◇ *adj* **-1.** *(different) (plan, route)* alternativo(a); **an ~ proposal** una alternativa; **to make ~ arrangements** hacer otros planes **-2.** *(not traditional) (press, theatre, music)* alternativo(a) ❑ **~ comedy** = forma de comedia que surgió en Gran Bretaña en los 80, que rechaza el sexismo y el racismo del humor tradicional; **~ energy** energía *f* alternativa; **~ medicine** medicina *f* alternativa

alternatively [ɔːlˈtɜːnətɪvlɪ] *adv (on the other hand)* si no; **~, we could go to the beach** si no, podríamos ir a la playa

alternator [ˈɔːltəneɪtə(r)] *n* ELEC alternador *m*

although [ɔːlˈðəʊ] *conj* aunque; **~ old, the bike still runs perfectly** a pesar de ser vieja, la moto todavía funciona perfectamente; **I don't think it will work, ~ it's worth a try** no creo que funcione, aunque merece la pena probar

altimeter [ˈæltɪmiːtə(r)] *n* altímetro *m*

altitude [ˈæltɪtjuːd] *n* altitud *f*; **at an ~ of 8,000 metres** a una altitud de 8.000 metros ❑ **~ sickness** mal *m* de altura, *Andes* soroche *m*

alto [ˈæltəʊ] MUS ◇ *n (pl* **altos**) contralto *m,f*
◇ *adj* contralto ❑ **~ saxophone** *or* *Fam* **sax** saxo *m* alto

altocumulus [æltəʊˈkjuːmjʊləs] *(pl* **altocumuli** [æltəʊˈkjuːmjʊlaɪ]) *n* MET altocúmulo *m*

altogether [ɔːltəˈgeðə(r)] ◇ *adv* **-1.** *(entirely)* completamente, enteramente; **he soon stopped going ~** pronto dejó de ir definitivamente; **it was ~ different** era completamente diferente; **I was not ~ pleased** no estaba contento del todo **-2.** *(in total)* en total **-3.** *(on the whole)* en general
◇ IDIOM *Fam* **in the ~** *(naked)* como Dios lo trajo al mundo, en cueros, *Chile* piluncho(a), *Col* en bola, *RP* en bolas

altostratus [æltəʊˈstrɑːtəs] *(pl* **altostrati** [æltəʊˈstrɑːtaɪ]) *n* MET altostrato *m*

altruism [ˈæltrʊɪzəm] *n* altruismo *m*

altruist [ˈæltrʊɪst] *n* altruista *mf*

altruistic [æltrʊˈɪstɪk] *adj* altruista

ALU [eɪelˈjuː] *n* COMPTR *(abbr* **Arithmetic Logic Unit**) UAL *f*

alum [ˈæləm] *n* alumbre *m*

aluminium [æljʊˈmɪnɪəm], *US* **aluminum** [əˈluːmɪnəm] *n* CHEM aluminio *m* ❑ **~ foil** papel *m* de aluminio *or* plata

alumna [əˈlʌmnə] *(pl* **alumnae** [əˈlʌmniː]) *n US* antigua alumna *f*

alumnus [əˈlʌmnəs] *(pl* **alumni** [əˈlʌmnaɪ]) *n US* antiguo alumno *m*

alveolar [ælvɪˈəʊlə(r)] *adj* ANAT & LING alveolar ❑ **~ ridge** alveolos *mpl*

alveolus [ælvɪˈəʊləs] *(pl* **alveoli** [ælvɪˈəʊlaɪ]) *n* ANAT alveolo *m*

always [ˈɔːlweɪz] *adv* siempre; **I can ~ try** siempre puedo intentarlo; **she's ~ complaining** siempre se está quejando; **if she won't do it, there's ~ Jim** si ella no lo hace, siempre podemos recurrir a Jim

Alzheimer's [ˈæltshaɪməz] *n* **~ (disease)** (enfermedad *f* de) Alzheimer *m*; **~ patient** enfermo(a) *m,f* de Alzheimer

AM [eɪˈem] *n* RAD *(abbr* **amplitude modulation**) AM, onda *f* media

am [æm] *1st person singular of* **be**

a.m. [eɪˈem] *adv (abbr* **ante meridiem**) a.m., de la mañana; **5 a.m.** las 5 de la mañana

AMA [eɪemˈeɪ] *n* **-1.** *(abbr* **American Medical Association**) = colegio de médicos estadounidense **-2.** *(abbr* **American Marketing Association**) = asociación estadounidense de profesionales del márketing y ventas

amalgam [əˈmælgəm] *n* **-1.** *(mixture)* amalgama *f* **-2.** *(for teeth)* amalgama *f*

amalgamate [əˈmælgəmeɪt] ◇ *vt* **-1.** *(metals, ideas)* amalgamar **-2.** *(companies)* fusionar
◇ *vi (companies)* unirse, fusionarse

amalgamation [əmælgəˈmeɪʃən] *n* **-1.** *(of ideas)* aglutinación *f* **-2.** *(of companies)* fusión *f*

amanuensis [əmænjʊˈensɪs] *(pl* **amanuenses** [əmænjʊˈensiːz]) *n Formal* amanuense *mf*

amaryllis [æməˈrɪlɪs] *n* amarilis *f*

amass [əˈmæs] *vt (wealth)* amasar; *(objects, information, evidence)* acumular, reunir

amateur [ˈæmətə(r)] ◇ *n* **-1.** *(non-professional)* aficionado(a) *m,f*, amateur *mf* **-2.** *Pej* aficionado(a) *m,f*, amateur *mf*
◇ *adj* **-1.** *(painter, musician, sportsperson)* aficionado(a), amateur; *(competition)* de aficionados, amateur; **~ dramatics** teatro aficionado *or* amateur **-2.** *Pej (work, performance)* de aficionado, amateur; **it was a rather ~ job** fue un trabajo chapucero *or* de aficionados

amateurish [ˈæmətərɪʃ] *adj Pej* chapucero(a)

amateurism [ˈæmətərɪzəm] *n* **-1.** SPORT amateurismo *m*; **~ prevailed until the 1950s** hasta los años 50, la norma era que los equipos fueran aficionados *or* amateurs **-2.** *Pej (of work, performance)* chapucería *f*

amatory [ˈæmətəri] *adj Literary* amatorio(a)

amaze [əˈmeɪz] *vt* asombrar, pasmar; **to be amazed at** *or* **by sth** quedarse atónito(a) *or* pasmado(a) ante algo; **he amazed his colleagues with his resourcefulness** dejó a sus compañeros atónitos *or* asombrados con su inventiva; *Ironic* **go on, ~ me!** ¡a ver, sorpréndeme!

amazed [əˈmeɪzd] *adj (expression, look)* de asombro; **he seemed ~ to see her** pareció muy asombrado de verla

amazement [əˈmeɪzmənt] *n* asombro *m*, estupefacción *f*; **she watched in ~** miró asombrada; **to our ~, he agreed** para sorpresa nuestra, accedió

amazing [əˈmeɪzɪŋ] *adj* **-1.** *(surprising)* asombroso(a), extraordinario(a); **it's ~ that no one was hurt** es increíble que nadie resultara herido; **that's ~!** ¡es increíble!, ¡es asombroso! **-2.** *(excellent)* genial, extraordinario(a)

amazingly [əˈmeɪzɪŋli] *adv (extremely)* increíblemente, extraordinariamente; **he's ~ patient** tiene una paciencia extraordinaria; **they finished in an ~ short time** terminaron increíblemente rápido; **~ (enough)** increíblemente, por extraño que parezca

Amazon [ˈæməzən] *n* **-1. the ~** *(river)* el Amazonas; *(region)* la Amazonia **-2.** *(female warrior, athletic woman)* amazona *f*

Amazonian [æməˈzəʊnɪən] *adj* amazónico(a)

ambassador [æmˈbæsədə(r)] *n* embajador(ora) *m,f*; **the Spanish ~ to Morocco** el embajador de España en Marruecos

ambassador-at-large [æmˈbæsədərətˈlɑːdʒ] *(pl* **ambassadors-at-large**) *n US* embajador(ora) *m,f* extraordinario(a)

ambassadorial [æmbæsəˈdɔːrɪəl] *adj* de embajador; **the ~ residence** la residencia del embajador

ambassadorship [æmˈbæsədəʃɪp] *n* embajada *f*

amber [ˈæmbə(r)] ◇ *n* ámbar *m*
◇ *adj* **-1.** *(necklace, ring)* de ámbar **-2.** *(dress)* ámbar; *(eyes)* ambarino(a) ❑ *Br* **~ light** semáforo *m* en ámbar

ambergris [ˈæmbəgriːs] *n* ámbar *m* gris

ambiance = **ambience**

ambidextrous [æmbɪˈdekstrəs] *adj* ambidextro(a), ambidiestro(a)

ambience, ambiance [ˈæmbɪəns] *n* ambiente *m*

ambient [ˈæmbɪənt] *adj (temperature)* ambiente, ambiental; *(noise, lighting)* ambiental

ambiguity [æmbɪˈɡjuːɪtɪ] *n* ambigüedad *f*; **to avoid any ~** para evitar ambigüedades

ambiguous [æmˈbɪɡjʊəs] *adj* ambiguo(a)

ambiguously [æmˈbɪɡjʊəslɪ] *adv* ambiguamente, con ambigüedad

ambiguousness [æmˈbɪɡjʊəsnɪs] *n* ambigüedad *f*

ambit [ˈæmbɪt] *n Formal* ámbito *m*

ambition [æmˈbɪʃən] *n* ambición *f*; **her ~ was to become a physicist** su ambición era ser física; **to lack ~** carecer de ambición; **my parents had great ambitions for me** mis padres ambicionaban grandes cosas para mí

ambitious [æm'bɪʃəs] *adj (person, plan)* ambicioso(a); **it's a bit ~ for our first attempt** es demasiado ambicioso para un primer intento; **you should try to be more ~** deberías tratar de ser más ambicioso; **they're ~ for their children** tienen grandes ambiciones para sus hijos; **our holidays are usually nothing more ~ than a week at the beach** nuestras vacaciones suelen consistir en una simple semana en la playa

ambitiously [æm'bɪʃəslɪ] *adv* ambiciosamente; **they started out ~** empezaron con mucha ambición

ambitiousness [æm'bɪʃəsnɪs] *n (of person, plan)* ambición *f*

ambivalence [æm'bɪvələns] *n* ambivalencia *f* (**about** *or* **towards** respecto a)

ambivalent [æm'bɪvələnt] *adj* ambivalente (**about** *or* **towards** respecto a); **to be** *or* **feel ~ about sth/sb** no estar muy seguro de lo que se piensa de algo/alguien, ser ambivalente con respecto a algo/alguien

amble ['æmbəl] ◇ *n* paseo *m*; **to walk at an ~** caminar despacio *or* sin prisa
 ◇ *vi* -1. *(person)* caminar tranquilamente; **she whistled as she ambled along** silbaba mientras caminaba sin prisa; **he just ambles in at 10.15** llega a las diez y cuarto como si tal cosa -2. *(horse)* amblar

ambling ['æmblɪŋ] *adj* **with an ~ gait** con paso despreocupado

ambrosia [æm'brəʊzɪə] *n* ambrosía *f*

ambulance ['æmbjʊləns] *n* ambulancia *f* □ US *Pej* **~ chaser** = abogado que busca a víctimas de accidentes para poner juicios a los responsables con el objeto de obtener lucrativas indemnizaciones; **~ man** hombre *m* de la ambulancia, ambulanciero *m*; **~ woman** mujer *f* de la ambulancia, ambulanciera *f*

ambulatory ['æmbjʊlətərɪ] ◇ *n* ARCHIT deambulatorio *m*, girola *f*
 ◇ *adj (patient)* ambulatorio(a)

ambush ['æmbʊʃ] ◇ *n* emboscada *f*; **to lay** *or* **set an ~ for sb** preparar *or* tender una emboscada a alguien; **to lie** *or* **wait in ~ for sb** acechar a alguien *(para atacarlo)*
 ◇ *vt* tender una emboscada a; **they were ambushed by the press as they left the airport** la prensa saltó sobre ellos cuando salían del aeropuerto

ameba, amebic US = **amoeba, amoebic**

ameliorate [ə'miːljəreɪt] *Formal* ◇ *vt* mejorar
 ◇ *vi* mejorar

amelioration [əmiːljə'reɪʃən] *n Formal* mejoramiento *m*, mejora *f*

amen [ɑː'men] *exclam* -1. REL amén -2. *Fam* **~ to that!** ¡por supuesto!, *Esp* ¡descarado!

amenable [ə'miːnəbəl] *adj* -1. *(co-operative)* receptivo(a); **to be ~ to reason** atender a razones; **to prove ~ to a suggestion** acoger bien una sugerencia; **the disease is ~ to treatment** la enfermedad responde bien al tratamiento -2. *(accountable)* responsable (**to** ante)

amend [ə'mend] *vt* -1. *(change) (text, law, constitution)* enmendar, modificar; *(plans, schedule)* modificar -2. *(correct) (error)* corregir -3. *(improve) (behaviour, habits)* enmendar

amendment [ə'mendmənt] *n* -1. *(to text, law, constitution)* enmienda *f* (**to** a), modificación *f* (**to** de); *(to plans, schedule)* modificación *f*; POL **to move an ~ (to a bill)** proponer una enmienda (a un proyecto de ley) -2. *(of error)* corrección *f* -3. *(in behaviour, habits)* enmienda *f*, mejoría *f*

amends [ə'mendz] *npl* **to make ~ (for sth)** compensar (algo); **to make ~ to sb for sth** resarcir a alguien por *or* de algo

amenity [ə'miːnɪtɪ] *n (facility, service)* servicio *m*; **amenities** comodidades *fpl*, servicios *mpl*; **the project should cause no loss of ~ to local residents** el proyecto no debería causar ningún perjuicio a los residentes

amenorrhoea, US **amenorrhea** [əmenə'rɪə] *n* MED amenorrea *f*

America [ə'merɪkə] *n* -1. *(United States)* Estados Unidos -2. *(continent)* América; **the Americas** América □ **the ~'s Cup** *(in sailing)* la Copa del América

American [ə'merɪkən] ◇ *n* -1. *(from USA)* estadounidense *mf*, americano(a) *m,f* -2. *(from continent)* americano(a) *m,f*
 ◇ *adj* -1. *(of USA)* estadounidense, americano(a) □ **the ~ Civil War** la Guerra Civil *or* de Secesión americana; **the ~ Dream** el sueño americano; **~ eagle** (bald eagle) pigargo *m* cabeciblanco, águila *f* cabeciblanca; *(symbol of USA)* águila *f* americana; **~ football** fútbol *m* americano; US **~ plan: on the ~ plan** a pensión completa -2. *(of continent)* americano(a) □ **~ bittern** avetoro *m* lentiginoso; **~ coot** focha *f* americana; **~ crow** corneja *f* americana; **~ golden plover** chorlito *m* dorado chico; **~ Indian** amerindio(a) *m,f*; **~ kestrel** cernícalo *m* americano; **~ redstart** colirrojo *m* americano; **~ tree sparrow** pinzón *m* americano; **~ wigeon** ánade *m* silbón americano, pato *m* chalcuán

Americana [əmerɪ'kɑːnə] *npl* = antigüedades y curiosidades procedentes de Norteamérica, especialmente de la época colonial

Americanism [ə'merɪkənɪzəm] *n* americanismo *m*

Americanization [əmerɪkənaɪ'zeɪʃən] *n* americanización *f*

americium [æmə'rɪsɪəm] *n* CHEM americio *m*

Amerindian [æmə'rɪndɪən], **Amerind** ['æmərɪnd] ◇ *n* amerindio(a) *m,f*
 ◇ *adj* amerindio(a)

amethyst ['æmɪθɪst] ◇ *n* -1. *(stone)* amatista *f* -2. *(colour)* (color *m*) amatista *m*
 ◇ *adj* -1. *(necklace, ring)* de amatistas -2. *(eyes)* color amatista

Amex ['æmeks] *n* -1. *(abbr* **American Stock Exchange)** Amex *m* -2. *(abbr* **American Express®)** = American Express

AM/FM [ˈeɪemˈefem] *n* RAD *(abbr* **amplitude modulation/frequency modulation)** AM/FM

amiability [eɪmɪə'bɪlɪtɪ] *n* afabilidad *f*, amabilidad *f*

amiable ['eɪmɪəbəl] *adj* afable, amable

amiably ['eɪmɪəblɪ] *adv* agradablemente, amablemente

amicable ['æmɪkəbəl] *adj (relationship, agreement)* amistoso(a), amigable; **an ~ divorce** un divorcio amistoso; **an ~ separation** una separación amistosa; **to settle a dispute in an ~ way** resolver una disputa de una manera amistosa

amicably ['æmɪkəblɪ] *adv* amistosamente

amid [ə'mɪd], **amidst** [ə'mɪdst] *prep* entre, en medio de

amide ['æmaɪd] *n* CHEM amida *f*

amidships [ə'mɪdʃɪps] *adv* en medio del barco, en mitad del barco

amidst = **amid**

amine ['æmiːn] *n* CHEM amina *f*

amino acid [ə'miːnəʊ'æsɪd] *n* BIOL aminoácido *m*

Amish ['ɑːmɪʃ] ◇ *adj* Amish
 ◇ *npl* **the ~** los Amish, = comunidad menonita que vive en el estado de Pensilvania que sigue un modo de vida austero y tradicional

amiss [ə'mɪs] ◇ *adj* **there's something ~** algo va mal; **there's something ~ with our calculations** algo falla en nuestros cálculos; **have I said something ~?** ¿he dicho algo que no debía?
 ◇ *adv* **to take sth ~** tomarse algo a mal; **a cup of coffee wouldn't go ~** no vendría mal un café

amity ['æmɪtɪ] *n Formal (friendship, good relations)* cordialidad *f*, armonía *f*

ammeter ['æmiːtə(r)] *n* ELEC amperímetro *m*

ammo ['æməʊ] *n Fam* munición *f*, municiones *fpl*

ammonia [ə'məʊnɪə] *n* amoníaco *m*

ammonite ['æmənaɪt] *n (mollusc, fossil)* ammonites *m inv*

ammonium [ə'məʊnɪəm] *n* amonio *m* □ **~ sulphate** sulfato *m* amónico

ammunition [æmjʊ'nɪʃən] *n* -1. *(for guns)* munición *f* □ **~ belt** *(for machine-gun)* cinta *f* de municiones; *(round waist, over shoulder)* canana *f*; **~ box** caja *f* de munición; **~ dump** depósito *m* de municiones -2. *(in debate, argument)* argumentos *mpl*; **the letter could be used as ~ against them** los contenidos de la carta podría usarse como argumento en contra de ellos

amnesia [æm'niːzɪə] *n* MED amnesia *f*; **to suffer from** *or* **have ~** tener amnesia

amnesiac [æm'niːzɪæk], **amnesic** [æm'niːzɪk] ◇ *n* amnésico(a) *m,f*
 ◇ *adj* amnésico(a)

amnesty ['æmnəstɪ] *n* amnistía *f*; **to declare an ~** declarar una amnistía; **under an ~** bajo una amnistía □ **Amnesty International** Amnistía *f* Internacional

amniocentesis [æmnɪəʊsen'tiːsɪs] *n* MED amniocentesis *f*

amnion ['æmnɪən] *n* ANAT amnios *m*

amniotic [æmnɪ'ɒtɪk] *adj* amniótico(a) □ **~ fluid** líquido *m* amniótico; **~ sac** bolsa *f* de aguas

amoeba, US **ameba** [ə'miːbə] *n* ameba *f*

amoebic, US **amebic** [ə'miːbɪk] *adj* amebiano(a) □ **~ dysentery** disentería *f* amebiana

amok [ə'mɒk], **amuck** [ə'mʌk] *adv* **the demonstrators ran ~ through the town** los manifestantes se descontrolaron y recorrieron la ciudad destrozando todo a su paso; **a gunman ran ~** un hombre perturbado disparó indiscriminadamente contra la multitud

among [ə'mʌŋ], **amongst** [ə'mʌŋst] *prep* -1. *(in the midst of)* entre; **it was found ~ the rubble** lo encontraron entre los escombros; **we are ~ friends** estamos entre amigos; **~ the best** entre los mejores; **several members abstained, myself ~ them** varios miembros se abstuvieron y yo fui uno de ellos; **~ other things** entre otras cosas; **they quarrel ~ themselves** se pelean entre ellos -2. *(to each of)* entre; **the money was divided ~ them** se repartió el dinero entre ellos

amoral [eɪ'mɒrəl] *adj* amoral

amorality [eɪmɒ'rælɪtɪ] *n* amoralidad *f*

amorous ['æmərəs] *adj* apasionado(a); **to make ~ advances (towards sb)** hacer la corte (a alguien); **she was of an ~ disposition** era muy apasionada

amorphous [ə'mɔːfəs] *adj* -1. *(formless)* amorfo(a) -2. CHEM & GEOL amorfo(a)

amortize [ə'mɔːtaɪz] *vt* FIN *(debt, asset)* amortizar

amount [ə'maʊnt] *n* -1. *(quantity)* cantidad *f*; **a certain ~ of discomfort** una cierta incomodidad; **huge amounts of time and effort** enormes cantidades de tiempo y trabajo; **there are any ~ of options** no faltan opciones; **no ~ of talking will change the situation** por mucho que hablemos, la situación no va a cambiar; **no ~ of money would persuade me to do it** no lo haría ni por todo el oro del mundo -2. *(sum, total)* total *f*; *(of money)* importe *m*, monto *m*; **do you have the exact ~?** ¿tienes la cantidad exacta?; **a cheque to the ~ of $100** un cheque de *or* por 100 dólares; **~ due** *(on invoice)* importe *m* debido
 ◆ **amount to** *vt insep* -1. *(add up to)* ascender a; **her debts ~ to £700** sus deudas ascienden a 700 libras; **the savings don't ~ to much** los ahorros no son gran cosa -2. *(mean)* **it amounts to the same thing** viene a ser lo mismo, equivale a lo mismo; **what his speech amounts to is an attack on democracy** su discurso viene a ser un ataque a la democracia; **he'll never ~ to much** *or* **anything** nunca llegará a nada

amour [ə'mʊə(r)] *n Literary or Hum* affaire *m*

amp [æmp] *n* -1. ELEC *(unit)* amperio *m*; **a 13-~ plug** un enchufe (con fusible) de 13 amperios -2. *Fam (amplifier)* amplificador *m*

amperage ['æmpərɪdʒ] n amperaje m
ampere ['æmpeə(r)] n ELEC amperio m
ampersand ['æmpəsænd] n TYP = signo "&"
amphetamine [æm'fetəmɪn] n anfetamina f
amphibian [æm'fɪbɪən] ◇ n -1. *(animal)* anfibio m -2. *(plane)* avión m anfibio -3. *(vehicle)* vehículo m anfibio
◇ adj anfibio(a)
amphibious [æm'fɪbɪəs] adj -1. *(animal)* anfibio(a) -2. *(plane)* anfibio(a) -3. *(vehicle, invasion)* anfibio(a); MIL ~ **assault** asalto anfibio
amphitheatre, US **amphitheater** ['æmfɪθɪətə(r)] n anfiteatro m
amphora ['æmfərə] *(pl* **amphorae** ['æmfəri:] or **amphoras)** n ánfora f
ample ['æmpəl] adj -1. *(large) (garment)* amplio(a); *(bosom, proportions)* abundante -2. *(more than sufficient)* de sobra, abundante; **this will be ~** esto será más que suficiente; **you were given ~ warning** has tenido tiempo más que suficiente; **we have ~ reason to suspect foul play** tenemos razones más que suficientes para sospechar que ha habido juego sucio; **to have ~ time/opportunity to do sth** tener tiempo/ocasiones de sobra para hacer algo
amplification [æmplɪfɪ'keɪʃən] n -1. *(of sound)* amplificación f -2. *(of remarks, idea)* ampliación f
amplifier ['æmplɪfaɪə(r)] n amplificador m
amplify ['æmplɪfaɪ] vt -1. *(current, volume)* amplificar -2. *(remarks, idea)* ampliar
◆ **amplify on** vt insep ampliar
amplitude ['æmplɪtju:d] n -1. PHYS *(of wave, signal)* amplitud f ❏ RAD ~ **modulation** modulación f de la amplitud -2. *Formal (breadth, scope)* amplitud f
amply ['æmplɪ] adv -1. *(on a large scale)* abundantemente; ~ **proportioned** *(room, house)* amplio(a); *Euph (person)* de generosas proporciones -2. *(more than sufficiently)* ampliamente; **you will be ~ rewarded** se te recompensará ampliamente; **as has been ~ shown** tal y como ha quedado ampliamente demostrado
ampoule, US **ampule** ['æmpu:l] n ampolla f
amputate ['æmpjʊteɪt] ◇ vt amputar
◇ vi amputar
amputation [æmpjʊ'teɪʃən] n amputación f
amputee [æmpjʊ'ti:] n amputado(a) m,f
Amsterdam ['æmstədæm] n Amsterdam
Amtrak ['æmtræk] n = compañía ferroviaria estadounidense
amuck = amok
amulet ['æmjʊlɪt] n amuleto m
amuse [ə'mju:z] vt -1. *(make laugh, entertain)* divertir -2. *(occupy)* distraer, entretener; **to ~ oneself by doing sth** distraerse haciendo algo; **you'll have to ~ yourself this afternoon** tendrás que entretenerte solo esta tarde
amused [ə'mju:zd] adj -1. *(delighted, entertained)* divertido(a); **they were ~ at** *or* **by his antics** sus payasadas les hicieron gracia; **I was (greatly** *or* **highly) ~ to hear that...** me hizo (muchísima) gracia oír que...; **she was not (at all) ~** no le hizo ninguna gracia; *Hum* **we are not ~** no me hace ni pizca de gracia -2. *(occupied)* entretenido(a), distraído(a); **to keep oneself ~** entretenerse, distraerse; **to keep sb ~** entretener a or distraer a alguien
amusedly [ə'mju:zɪdlɪ] adv **he watched them ~** los miraba divertido
amusement [ə'mju:zmənt] n -1. *(enjoyment)* diversión f; **to watch/smile in ~** mirar/sonreír divertido(a); **much to everyone's ~** para regocijo or diversión de todos; **for my own ~** como pasatiempo
-2. *(pastime)* distracción f, entretenimiento m
-3. *(at funfair)* atracción f; **to go on the amusements** subirse en or a las atracciones ❏ ~ **arcade** salón m recreativo; ~ **park** parque m de atracciones
amusing [ə'mju:zɪŋ] adj divertido(a); **I didn't find it in the least ~** no me hizo ninguna gracia; *Ironic* **very ~!** ¡muy gracioso!

amusingly [ə'mju:zɪŋlɪ] adv graciosamente; **a song ~ entitled...** una canción con el gracioso título de...
amyl ['æmɪl] n amilo m ❏ ~ **nitrite** nitrito m amílico
an [æn] see a²
Anabaptist [ænə'bæptɪst] ◇ n anabaptista mf
◇ adj anabaptista
anabolic [ænə'bɒlɪk] adj anabólico(a) ❏ ~ **steroid** (esteroide m) anabolizante m
anachronism [ə'nækrənɪzəm] n anacronismo m
anachronistic [ənækrə'nɪstɪk] adj anacrónico(a)
anaconda [ænə'kɒndə] n anaconda f
anaemia, US **anemia** [ə'ni:mɪə] n anemia f; **to suffer from ~** tener anemia
anaemic, US **anemic** [ə'ni:mɪk] adj -1. MED anémico(a) -2. *(weak)* pobre; **an ~ voice** una voz débil
anaerobic [ænə'rəʊbɪk] adj BIOL *(organism, respiration)* anaerobio(a)
anaesthesia, US **anesthesia** [ænəs'θi:zɪə] n anestesia f
anaesthetic, US **anesthetic** [ænəs'θetɪk] n anestesia f, anestésico m; **under ~** bajo (los efectos de la) anestesia; **local/general ~** anestesia local/general
anaesthetist, US **anesthetist** [ə'ni:sθətɪst] n -1. Br *(doctor)* anestesista mf -2. US *(nurse)* enfermero(a) anestesista
anaesthetize, US **anesthetize** [ə'ni:sθətaɪz] vt -1. MED anestesiar -2. *(make insensitive)* insensibilizar
anagram ['ænəgræm] n anagrama m
anal ['eɪnəl] adj -1. ANAT anal ❏ ~ **fin** aleta f anal -2. PSY *(stage)* anal; *(personality)* obsesivo(a) -3. *Fam* **he's so ~!** ¡es un maniático or quisquilloso!
analgesia [ænəl'dʒi:zɪə] n analgesia f
analgesic [ænəl'dʒi:zɪk] ◇ n analgésico m
◇ adj analgésico(a)
analog US = **analogue**
analogic(al) [ænə'lɒdʒɪk(əl)] adj analógico(a)
analogous [ə'næləgəs] adj análogo(a) **(to** or **with** a)
analogously [ə'næləgəslɪ] adv análogamente
analogue, US **analog** ['ænəlɒg] ◇ n equivalente m
◇ adj analógico(a) ❏ ~ **clock** reloj m analógico; ~ **computer** *Esp* ordenador m or *Am* computador m analógico; ~ **watch** reloj m analógico
analogy [ə'nælədʒɪ] n analogía f; **to draw an ~ between two things** establecer una analogía entre dos cosas; **by ~ (with)** por analogía (con)
analysable, US **analyzable** [ænəlaɪzəbəl] adj analizable; **the sentence is ~ in two different ways** la frase se puede analizar de dos maneras distintas
analysand [ə'nælɪsænd] n PSY sujeto m analizado, sujeto m psicoanalizado
analyse, US **analyze** ['ænəlaɪz] vt -1. *(examine, interpret)* analizar -2. LING *(sentence)* analizar -3. PSY psicoanalizar
analysis [ə'næləsɪs] *(pl* **analyses** [ə'næləsi:z]) n -1. *(examination, interpretation)* análisis m inv; **to subject sth to ~** someter a algo a un análisis; **to hold up under** or **withstand ~** sostenerse ante un análisis; **in the final** or **last ~** a fin de cuentas -2. LING *(sentence)* análisis m inv -3. PSY psicoanálisis m inv; **to be in ~** estar psicoanalizándose
analyst ['ænəlɪst] n -1. *(specialist)* analista mf -2. PSY psicoanalista mf
analytic(al) [ænə'lɪtɪk(əl)] adj analítico(a)
analyze US = **analyse**
anapaest ['ænəpi:st] n LIT anapesto m
anaphora [ə'næfərə] n LING anáfora f
anaphoric [ænə'fɒrɪk] adj LING anafórico(a)
anaphylactic [ænəfɪ'læktɪk] adj MED anafiláctico(a); ~ **shock** shock or choque anafiláctico
anarchic [ə'nɑ:kɪk] adj anárquico(a)
anarchically [ə'nɑ:kɪklɪ] adv anárquicamente
anarchism ['ænəkɪzəm] n anarquismo m
anarchist ['ænəkɪst] n anarquista mf

anarchistic [ænə'kɪstɪk] adj anarquista
anarcho-syndicalism [æ'nɑ:kəʊ'sɪndɪkəlɪzəm] n POL anarcosindicalismo m
anarcho-syndicalist [æ'nɑ:kəʊ'sɪndɪkəlɪst] POL ◇ n anarcosindicalista mf
◇ adj anarcosindicalista
anarchy ['ænəkɪ] n anarquía f; **to descend/collapse into ~** caer/hundirse en la anarquía
anathema [ə'næθəmə] n -1. *(repellent)* **the very idea was ~ to her** la sola idea le resultaba repugnante -2. REL anatema m
anatomical [ænə'tɒmɪkəl] adj anatómico(a)
anatomically [ænə'tɒmɪklɪ] adv anatómicamente; ~ **correct** *(doll, model)* anatómicamente realista
anatomist [ə'nætəmɪst] n anatomista mf
anatomy [ə'nætəmɪ] n -1. *(science)* anatomía f -2. *Hum (body)* anatomía f; **every part of his ~ hurt** le dolía cada pedacito de su anatomía -3. *(analysis)* (of crisis, social phenomenon) análisis m
ANC [eɪen'si:] n *(abbr* **African National Congress)** ANC m, Congreso m Nacional Africano
ancestor ['ænsestə(r)] n -1. *(forefather)* antepasado(a) m,f -2. *(of computer, system)* antepasado(a) m,f
ancestral [æn'sestrəl] adj de los antepasados ❏ ~ **home** casa f solariega
ancestry ['ænsestrɪ] n *(descent)* linaje m, abolengo m; **of Spanish/Danish ~** de ascendencia española/danesa, descendiente de españoles/daneses; **to trace one's ~** hacerse el árbol genealógico; **this custom is of more recent ~** esta costumbre es más reciente
anchor ['æŋkə(r)] ◇ n -1. NAUT ancla f; **at ~** fondeado(a), anclado(a); **to drop** or **cast ~** echar el ancla, fondear; **to lie** or **ride at ~** estar anclado(a); **to weigh ~** levar anclas
-2. *(mainstay, support)* áncora f (de salvación); **he needed the ~ of family life** necesitaba el áncora de salvación de la vida familiar
-3. SPORT *(in relay team)* último(a) relevista mf
-4. *(on radio, TV programme)* presentador(ora) m,f, locutor(ora) m,f
-5. COMPTR *(on web page)* anclaje m
◇ vt -1. NAUT fondear, anclar -2. *(fix securely)* sujetar, anclar **(to** a) -3. *(radio, TV programme)* presentar
◇ vi NAUT fondear, anclar
anchorage ['æŋkərɪdʒ] n -1. *(place)* fondeadero m -2. *(charge)* anclaje m -3. *(fastening)* anclaje m
anchorman ['æŋkəmən] n -1. *(in radio, TV programme)* presentador m, locutor m -2. SPORT último relevista m
anchorwoman ['æŋkəwʊmən] n -1. *(in radio, TV programme)* presentadora f, locutora f -2. SPORT última relevista f
anchovy [Br 'æntʃəvɪ, US æn'tʃəʊvɪ] n *(live, pickled)* boquerón m; *(salted)* anchoa f
ancient ['eɪnʃənt] ◇ n **the ancients** los antiguos
◇ adj -1. *(custom, ruins, civilization)* antiguo(a); **in ~ times** en la edad antigua, en el pasado remoto ❏ ~ **history** historia f antigua; IDIOM **that's ~ history** eso pasó a la historia; **Ancient Rome** la antigua Roma -2. *Fam (car, clothes)* vetusto(a); **he's forty? that's ~!** ¿cuarenta años? ¡qué carroza!
ancillary [æn'sɪlərɪ] ◇ adj -1. *(staff, workers)* auxiliar -2. *(subsidiary) (reason, advantage, cost)* secundario(a); **to be ~ to** estar subordinado(a) a
◇ n -1. *(helper)* auxiliar mf -2. *(of firm)* (empresa f) subsidiaria f
and [ænd, *unstressed* ənd, ən] conj -1. *(in general)* y; *(before "h", "hi")* e; **she can read ~ write** sabe leer y escribir; **father ~ son** padre e hijo; **my father ~ brother** mi padre y mi hermano; **chicken ~ chips** pollo con *Esp* patatas or *Am* papas fritas; **rum ~ raisin** ron con pasas; **go ~ look for it** ve a buscarlo; **come ~ see me** ven a verme; **try**

~ help me intenta ayudarme; **wait ~ see** espera a ver; **nice ~ warm** bien calentito(a); **they will receive money ~/or food** recibirán dinero o alimentos o ambos, recibirán dinero y/o alimentos; **do that again ~ I'll hit you!** como hagas eso otra vez, te pego
-2. *(in numbers)* **two hundred ~ two** doscientos dos; **four ~ a half** cuatro y medio; **two ~ a quarter percent** *(written)* 2,25 por ciento; *(spoken)* **dos coma veinticinco por ciento; an hour ~ twenty minutes** una hora y veinte minutos; **four ~ five make nine** cuatro y cinco, nueve
-3. *(expressing repetition)* **hours ~ hours** horas y horas; **better ~ better** cada vez mejor; **she talked ~ talked** no paraba de hablar; **you just moan ~ moan** no haces más que quejarte
-4. *(introducing a statement or question)* **~ now, the weather** y ahora, el tiempo; **John rang me – ~ who's he?** me llamó John – ¿y quién es John?
-5. *Fam (so what?)* **I've read all the works of Shakespeare – ~?** he leído todas las obras de Shakespeare – ¿y?
-6. ~ so on (~ so forth) etcétera, etcétera
Andalusia [ændə'lu:sɪə] *n* Andalucía
Andalusian [ændə'lu:sɪən] ◇ *n* andaluz(uza) *m,f*
◇ *adj* andaluz(uza)
andante [æn'dænteɪ] MUS ◇ *n* andante *m*
◇ *adv* andante
Andean ['ændɪən] *adj* andino(a)
Andes ['ændi:z] *npl* **the ~** los Andes
Andorra [æn'dɔ:rə] *n* Andorra
Andorran [æn'dɔ:rən] ◇ *n* andorrano(a) *m,f*
◇ *adj* andorrano(a)
Andrew ['ændru:] *pr n* **Saint ~** San Andrés
androgen ['ændrədʒən] *n* PHYSIOL andrógeno *m*
androgynous [æn'drɒdʒɪnəs] *adj* **-1.** BIOL hermafrodita, andrógino(a) **-2.** *Fig (person, appearance)* andrógino
android ['ændrɔɪd] *n* androide *m*
Andromache [æn'drɒməkɪ] *n* MYTHOL Andrómaca
Andromeda [æn'drɒmɪdə] *n* **-1.** MYTHOL Andrómeda **-2.** *(constellation)* Andrómeda *f*
anecdotal [ænɪk'dəʊtəl] *adj* anecdótico(a); **~ evidence** pruebas anecdóticas
anecdote ['ænɪkdəʊt] *n* anécdota *f*
anemia, anemic US = **anaemia, anaemic**
anemometer [ænɪ'mɒmɪtə(r)] *n* anemómetro *m*
anemone [ə'nemənɪ] *n* **-1.** *(flower)* anémona *f* **-2. sea ~** anémona *f* de mar
aneroid ['ænərɔɪd] *n* MET **~ (barometer)** barómetro *m* aneroide
anesthesia, anesthetic etc US = **anaesthesia, anaesthetic** etc
anesthesiologist [ænəsθi:zɪ'ɒlədʒɪst] *n* US anestesista *mf*
aneurysm, aneurism ['ænjərɪzəm] *n* MED aneurisma *m*
anew [ə'nju:] *adv* de nuevo; **to begin ~** comenzar de nuevo
angel ['eɪndʒəl] *n* **-1.** REL ángel *m*; **an ~ of mercy** un ángel misericordioso; **the Angel of Darkness** el Ángel de las Tinieblas; IDIOM **to be on the side of the angels** ser de los buenos
-2. *Fam (darling)* **you're an ~!** ¡eres un ángel *or* un sol!; **be an ~ and fetch me a glass of water** anda, sé bueno y tráeme un vaso de agua
-3. CULIN US **~ (food) cake** = bizcocho ligero elaborado con claras de huevo; **angels on horseback** = ostras envueltas en tocino y asadas a la parrilla
-4. *Fam* **~ dust** polvo *m* de ángel
Angeleno [ændʒə'li:nəʊ] *(pl* **Angelenos)** *n* angelino(a) *m,f*
angelfish ['eɪndʒəlfɪʃ] *n* **-1.** *(saltwater fish)* chiribico **-2.** *(freshwater fish)* escalar *m* **-3.** *(shark)* angelote *m*
angelic [æn'dʒelɪk] *adj* angelical; **the children have been ~** los niños se han comportado como angelitos

angelica [æn'dʒelɪkə] *n* **-1.** *(plant)* angélica *f* **-2.** *(for decorating cakes)* = tallos de angélica escarchados que se emplean para decorar pasteles
angelically [æn'dʒelɪklɪ] *adv* angelicalmente; **to behave ~** comportarse como un ángel
angelus ['ændʒələs] *n* **-1.** *(prayer)* ángelus *m* **-2.** *(bell)* ángelus *m*
anger ['æŋɡə(r)] ◇ *n* ira *f, esp Esp* enfado *m, esp Am* enojo *m*; **a fit of ~** un ataque de ira; **to speak in ~** hablar con ira
◇ *vt esp Esp* enfadar, *esp Am* enojar; **to be easily angered** *esp Esp* enfadarse *or esp Am* enojarse con facilidad
◇ *vi* **to be slow to ~** tardar en *esp Esp* enfadarse *or esp Am* enojarse; **to be quick** *or* **easy to ~** *esp Esp* enfadarse *or esp Am* enojarse con facilidad
angina [æn'dʒaɪnə] *n* MED **~ (pectoris)** angina *f* (de pecho)
angiosperm ['ændʒɪəʊspɜ:m] *n* BOT angiosperma *f*
Angle ['æŋɡəl] *n* anglo(a) *mf*
angle ['æŋɡəl] ◇ *n* **-1.** MATH ángulo *m*; **an ~ of 90°**, **a 90° ~** un ángulo de 90°; **at an ~ of...** con un ángulo de...; **she wore her hat at an ~** llevaba el sombrero ladeado; **to cut sth at an ~** cortar algo diagonalmente ❑ **~ of approach** *(of plane)* ángulo *m* de aproximación
-2. *(corner)* ángulo *m*, esquina *f*
-3. PHYS **~ of incidence** ángulo *m* de incidencia; **~ of reflection** ángulo *m* de reflexión; **~ of refraction** ángulo *m* de refracción
-4. *(viewpoint)* ángulo *m*, punto *m* de vista; **seen from this ~** visto(a) desde este ángulo; **he examined the issue from all angles** examinó el asunto desde todos los ángulos; **we need a new ~ on this story** necesitamos dar un nuevo enfoque a esta historia
-5. ~ bracket *(for shelving)* escuadra *f* (en ángulo); TYP paréntesis *m* angular
-6. *Fam (trick)* **she knows all the angles** se las sabe todas
-7. *Fam (motive)* **what's his ~ in all this?** ¿qué pretende sacar él de todo esto?
◇ *vt* **-1.** *(direct, aim)* orientar; **to ~ a shot** *(in tennis)* cruzar un golpe; *(in soccer)* cruzar un tiro *or* chute **-2.** *(slant)* inclinar; **the programme is angled towards the youth market** el programa está dirigido *or* orientado principalmente al público juvenil
◇ *vi* **-1.** *(slant)* inclinarse; **the road angles (off) to the right** la carretera se desvía hacia la derecha **-2.** *(fish)* pescar con caña
-3. *Fam* **to ~ for an invitation** ir a la caza de *CSur* la pesca de una invitación
Anglepoise lamp® ['æŋɡəlpɔɪz'læmp] *n* lámpara *f* de escritorio articulable, *Esp* flexo *m*
angler ['æŋɡlə(r)] *n* **-1.** *(person)* pescador(ora) *m,f* (de caña) **-2. ~ fish** rape *m*
Anglican ['æŋɡlɪkən] REL ◇ *n* anglicano(a) *m,f*
◇ *adj* anglicano(a); **the ~ Church** la iglesia anglicana
Anglicanism ['æŋɡlɪkənɪzəm] *n* anglicanismo *m*
anglicism ['æŋɡlɪsɪzəm] *n* anglicismo *m*
anglicize ['æŋɡlɪsaɪz] *vt* anglicanizar
angling ['æŋɡlɪŋ] *n* pesca *f* con caña; *(in competitions)* pesca *f* deportiva
Anglo ['æŋɡləʊ] *(pl* **Anglos)** *n* **-1.** US blanco(a) *m,f (no latino)* **-2.** *Can* anglófono(a) *(en oposición a los francófonos)*
Anglo- ['æŋɡləʊ] *prefix* anglo-
Anglo-American ['æŋɡləʊə'merɪkən] *adj* angloamericano(a)
Anglo-Irish ['æŋɡləʊ'aɪrɪʃ] ◇ *adj* angloirlandés(esa); **the ~ Agreement** el Acuerdo Angloirlandés
◇ *npl* **the ~** los angloirlandeses
anglophile ['æŋɡləfaɪl] *n* anglófilo(a) *m,f*
anglophilia [æŋɡlə'fɪlɪə] *n* anglofilia *f*
anglophobe ['æŋɡləfəʊb] *n* anglófobo(a) *m,f*
anglophobia [æŋɡlə'fəʊbɪə] *n* anglofobia *f*
anglophone ['æŋɡləfəʊn] ◇ *n* anglófono(a) *m,f*
◇ *adj* anglófono(a)

Anglo-Saxon ['æŋɡləʊ'sæksən] ◇ *n* **-1.** *(person)* anglosajón(ona) *m,f* **-2.** *(language)* anglosajón *m*
◇ *adj* anglosajón(ona)
Angola [æŋ'ɡəʊlə] *n* Angola
Angolan [æŋ'ɡəʊlən] ◇ *n* angoleño(a) *m,f*
◇ *adj* angoleño(a)
angora [æŋ'ɡɔ:rə] ◇ *n* **-1.** *(textile)* angora *f* **-2.** *(animal)* **~ cat** gato *m* de angora; **~ goat** cabra *f* de angora; **~ rabbit** conejo *m* de angora
◇ *adj (coat, sweater)* de angora
Angostura bitters® [æŋɡə'stjʊərə'bɪtəz] *npl* angostura *f*
Angoulême [æŋɡu:'lem] *n* Angulema
angrily ['æŋɡrɪlɪ] *adv* airadamente, con *esp Esp* enfado *or esp Am* enojo
angry ['æŋɡrɪ] *adj* **-1.** *(person) esp Esp* enfadado(a), *esp Am* enojado(a); *(voice, letter, look, words)* airado(a); *(silence)* lleno de ira; **to be ~ (with sb/about sth)** estar *esp Esp* enfadado(a) *or esp Am* enojado(a) (con alguien/por algo); **I'm ~ with myself for forgetting** estoy furioso conmigo mismo por haberme olvidado; **to get ~ (with sb/about sth)** *esp Esp* enfadarse *or esp Am* enojarse (con alguien/por algo); **to make sb ~** (hacer) *esp Esp* enfadar *or esp Am* enojar a alguien, hacer que alguien se *esp Esp* enfade *or esp Am* enoje; **don't make the dog ~** no enfurezcas al perro; **it makes me ~ when I hear that** me pone furioso oír eso; *Br* **~ young men** = grupo de escritores británicos que, en los años 50, expresaron su rebeldía contra las tradiciones y los formalismos imperantes en Gran Bretaña
-2. *(sea, sky)* tempestuoso(a)
-3. *(sore, wound)* irritado(a), inflamado(a)
angst [æŋst] *n* angustia *f*
angst-ridden ['æŋstrɪdən] *adj* lleno(a) de angustia
angstrom ['æŋstrəm] *n* PHYS angstrom *m*
anguish ['æŋɡwɪʃ] *n* angustia *f*; **to be in ~** *(worried)* estar preocupadísimo(a); *(in pain)* morirse de dolor; **to cause sb ~** angustiar a alguien; **her indifference caused him great ~** su indiferencia le angustió muchísimo
anguished ['æŋɡwɪʃt] *adj* angustiado(a)
angular ['æŋɡjʊlə(r)] *adj* **-1.** *(face, features, shape)* anguloso(a) **-2.** PHYS **~ acceleration** aceleración *f* angular; **~ momentum** momento *m* angular
anhydride [æn'haɪdraɪd] *n* CHEM anhídrido *m*
anhydrous [æn'haɪdrəs] *adj* CHEM anhidro(a)
aniline ['ænɪli:n] *n* anilina *f*
animadversion [ænɪmæd'vɜ:ʃən] *n* Formal *(criticism)* reconvención *f*, reprobación *f*; **to make animadversions on sth** reprobar *or* censurar algo
animadvert [ænɪmæd'vɜ:t] *vi* Formal *(criticize)* **~ on** *or* **upon sth/sb** reprobar *or* reconvenir algo/a alguien
animal ['ænɪməl] ◇ *n* **-1.** *(creature)* animal *m* ❑ US **~ crackers** = galletas con formas de animales; **~ fats** grasas *fpl* animales; **the ~ kingdom** el reino animal; **~ life** fauna *f*; **~ lover** amante *mf* de los animales; **~ rights** derechos *mpl* de los animales; **~ shelter** refugio *m* para animales
-2. *(uncivilized person)* **he's an ~** es un animal, es un bestia
-3. *(thing)* cosa *f*, cuestión *f*; **Spanish anarchism is a very different ~** el anarquismo español es harina de otro costal
◇ *adj* **-1.** *(products, behaviour)* animal **-2.** *(desire, needs, instinct)* animal ❑ **~ magnetism** magnetismo *m* animal
animate ◇ *adj* ['ænɪmət] animado(a)
◇ *vt* ['ænɪmeɪt] **-1.** *(enliven)* animar, dar vida
-2. *(motivate)* animar **-3.** CIN & TV animar
animated ['ænɪmeɪtɪd] *adj (expression, discussion)* animado(a); **to be ~** estar animado(a); **to become ~** animarse ❑ **~ cartoon** (película *f* de) dibujos *mpl* animados; COMPTR **~ GIF** GIF *m* animado
animatedly ['ænɪmeɪtɪdlɪ] *adv (to talk, gesture)* animadamente

animation [ˌænɪˈmeɪʃən] n **-1.** (liveliness) animación f **-2.** CIN & TV animación f
animator [ˈænɪmeɪtə(r)] n CIN animador(ora) m,f
animatronics [ˌænɪməˈtrɒnɪks] n CIN animación f (asistida) por Esp ordenador or Am computadora
animism [ˈænɪmɪzəm] n REL animismo m
animist [ˈænɪmɪst] REL ◇ n animista mf
◇ adj animista
animosity [ˌænɪˈmɒsɪtɪ] n animosidad f, hostilidad f; **to feel ~ towards** or **against sb** sentir animosidad hacia or contra alguien
animus [ˈænɪməs] n Formal (intense dislike) animadversión f, animosidad f
anion [ˈænaɪən] n PHYS anión m
anise [ˈænɪs] n anís m (planta)
aniseed [ˈænɪsiːd] n anís m ❑ **~ ball** bolita f de anís
anisette [ˌænɪˈset] n anís m
Ankara [ˈæŋkərə] n Ankara
ankle [ˈæŋkəl] n tobillo m ❑ **~ boots** botines mpl; **~ chain** pulsera f para el tobillo; **~ socks** calcetines mpl cortos, CSur zoquetes mpl, Col medias fpl tobilleras
ankle-deep [ˈæŋkəlˈdiːp] adj hasta los tobillos; **she was ~ in mud** estaba metida en barro hasta los tobillos
ankle-length [ˈæŋkəlleŋθ] adj **~ sock** calcetín corto or tobillero
anklet [ˈæŋklət] n **-1.** (ankle bracelet) pulsera f para el tobillo **-2.** US (ankle sock) calcetín m corto or tobillero
ankylosis [ˌæŋkɪˈləʊsɪs] n MED anquilosis f
annalist [ˈænəlɪst] n analista mf
annals [ˈænəlz] npl HIST & Literary anales mpl
Anne [æn] pr n **~ Boleyn** Ana Bolena; **Queen ~** Ana Estuardo; **Saint ~** Santa Ana
annex ◇ vt [æˈneks] **-1.** (territory) anexionar, anexar **-2.** (document) anexar, adjuntar
◇ n [ˈæneks] US = **annexe**
annexation [ˌænekˈseɪʃən] n (act) anexión f; (territory) territorio m anexionado
annexe, US annex [ˈæneks] n **-1.** (of building) edificio m anejo **-2.** (of document) anexo m
annihilate [əˈnaɪəleɪt] vt **-1.** (destroy) aniquilar **-2.** Fam (defeat) aniquilar
annihilation [əˌnaɪəˈleɪʃən] n **-1.** (destruction) aniquilación f **-2.** Fam (defeat) aniquilación f
anniversary [ˌænɪˈvɜːsərɪ] n aniversario m; **the first/tenth/fortieth ~ of sth** el primer/décimo/cuadragésimo aniversario de algo
anno Domini [ˈænəʊˈdɒmɪnaɪ] adv después de Cristo
annotate [ˈænəteɪt] vt anotar
annotated [ˈænəteɪtɪd] adj anotado(a)
annotation [ˌænəˈteɪʃən] n **-1.** (action) anotación f **-2.** (note) anotación f
announce [əˈnaʊns] ◇ vt **-1.** (make known) anunciar; (arrival of guest, departure of plane) anunciar; **we are pleased to ~ the birth/marriage of our son** nos complace anunciar el nacimiento/el matrimonio de nuestro hijo; **a whistle announced the arrival of the train** un silbato anunció la partida del tren
-2. (declare) **"I think you're all wrong," she announced** "creo que estáis todos equivocados", declaró or anunció
◇ vi US (declare one's candidacy) **she announced for governor** hizo pública or anunció su candidatura al puesto de gobernador
announcement [əˈnaʊnsmənt] n **-1.** (of news) anuncio m; **here is a passenger/staff ~** atención: aviso para los pasajeros/los empleados **-2.** (formal statement) declaración f, anuncio m; **I have an important ~ to make** tengo algo importante que anunciar
announcer [əˈnaʊnsə(r)] n (on radio, TV programme) presentador(ora) m,f
annoy [əˈnɔɪ] vt fastidiar, molestar, esp Am enojar; **is this man annoying you?** ¿le está molestando este tipo?; **to get annoyed** molestarse, esp Esp enfadarse, Am enojarse; **to be annoyed with sb** estar molesto(a) or esp Esp enfadado(a) or Am enojado(a) con alguien; **I was annoyed with myself for forgetting** estaba irritado conmigo mismo por haberme olvidado
annoyance [əˈnɔɪəns] n **-1.** (feeling) esp Esp enfado m, esp Am enojo m; **to my great ~** or **much to my ~ they had already left** ya se habían marchado, lo que me puso de muy mal humor **-2.** (annoying thing) molestia f, fastidio m
annoying [əˈnɔɪɪŋ] adj molesto(a), irritante; **that was him at his most ~** se puso insoportable como nunca; **he has an ~ habit of interrupting me** tiene la mala or molesta costumbre de interrumpirme; **how ~!** ¡qué fastidio!
annoyingly [əˈnɔɪɪŋlɪ] adv irritantemente; **~ enough, I saw the same dress in the sales a month later** ¡qué fastidio!, vi el mismo vestido en las rebajas un mes después
annual [ˈænjʊəl] ◇ n **-1.** (plant) planta f anual **-2.** (book) anuario m; (for children) = libro grueso de historietas o de una serie televisiva que se publica cada año
◇ adj anual ❑ **~ general meeting** asamblea f or junta f general anual; FIN **~ percentage rate** (of interest) tasa f anual equivalente, TAE m or f
annualize, annualise [ˈænjʊəlaɪz] vt FIN anualizar; **an annualized rate of 7 percent** una tasa anualizada del 7 por ciento
annually [ˈænjʊəlɪ] adv anualmente
annuity [əˈnjuːɪtɪ] n anualidad f; **to purchase an ~** suscribir or contratar una renta vitalicia
annul [əˈnʌl] (pt & pp **annulled**) vt LAW (contract, marriage) anular
annulment [əˈnʌlmənt] n anulación f
Annunciation [əˌnʌnsɪˈeɪʃən] n REL **the ~** la Anunciación
anode [ˈænəʊd] n ELEC ánodo m
anodized [ˈænədaɪzd] adj anodizado(a)
anodyne [ˈænədaɪn] adj (bland) anodino(a), insulso(a)
anoint [əˈnɔɪnt] vt ungir (**with** con); **they anointed him king** lo ungieron rey
anomalous [əˈnɒmələs] adj anómalo(a)
anomaly [əˈnɒməlɪ] n anomalía f
anon[1] [əˈnɒn] adv Literary (soon) pronto; Hum **I'll see you ~** ¡hasta pronto!; **...but more of this ~** ...pero lo dejamos para más adelante
anon[2] (abbr **anonymous**) anón.
anonymity [ˌænəˈnɪmɪtɪ] n anonimato m; **to preserve one's ~** permanecer en el anonimato
anonymous [əˈnɒnɪməs] adj **-1.** (gift, donor, letter) anónimo(a); **an ~ letter** una carta anónima, un anónimo; **to remain ~** permanecer en el anonimato ❑ COMPTR **~ FTP** FTP m anónimo **-2.** (impersonal) (organization, suburb) impersonal
anonymously [əˈnɒnɪməslɪ] adv anónimamente
anopheles [əˈnɒfɪliːz] n (**mosquito**) mosquito m anófeles
anorak [ˈænəræk] n anorak m
anorexia [ˌænəˈreksɪə] n MED anorexia f ❑ **~ nervosa** anorexia f nerviosa
anorexic [ˌænəˈreksɪk] MED ◇ n anoréxico(a) m,f
◇ adj anoréxico(a)
A. N. Other [ˌeɪenˈʌðə(r)] n Br otra persona f; **the group will be you, me and ~** el grupo lo formaremos tú, yo y alguien más
another [əˈnʌðə(r)] ◇ adj otro(a); **~ one** otro(a); **~ cup of tea** otra taza de té; **let's do it ~ way** vamos a hacerlo de otra manera; **it lasted for ~ fifty years** duró otros cincuenta años or cincuenta años más; **there are ~ two weeks to go** quedan otras dos semanas; **I'll be ready in ~ five minutes** estaré listo en cinco minutos más; **don't say ~ word** ni una palabra más; **they say he's ~ Einstein** dicen que es un nuevo Einstein; **it's just ~ day at the office to her** para ella no es más que otro día en la oficina; **that's quite ~ matter, that's ~ matter** or **thing altogether** eso es algo (totalmente) distinto; **~ time, perhaps** (declining invitation) quizá en otra ocasión; **he's made yet ~ mistake** ha vuelto a equivocarse una vez más
◇ pron **-1.** (in general) otro(a) m,f; **give me ~** dame otro; **the government has gone from one scandal to ~** el gobierno ha ido de escándalo en escándalo; **we all have problems of one sort or ~** todos tenemos problemas de algún tipo; **for one thing I don't like her, and for ~...** no sólo no me gusta, sino que además...; **what with one thing and ~, I forgot** entre unas cosas y otras, se me olvidó, RP entre una cosa y otra, me olvidé
-2. (reciprocal) **they saw one ~** se vieron; **they gave one ~ presents** se dieron regalos; **we always help one ~** siempre nos ayudamos el uno al otro; **we like to spend time with one ~** nos gusta pasar tiempo juntos
ANSI [ˈænsɪ] n (abbr **American National Standards Institute**) = instituto estadounidense que crea estándares de calidad en el ámbito tecnológico
answer [ˈɑːnsə(r)] ◇ n (to question, letter) respuesta f, contestación f (**to** a); (in exam) respuesta f; (to problem) solución f (**to** de); **to give sb an ~** dar una respuesta a alguien, contestar a alguien; **she made no ~** no respondió; **I knocked, but there was no ~** llamé a la puerta, pero no hubo respuesta; **there's no ~** (on telephone) no contestan; **he has an ~ to everything** tiene respuesta para todo; **to know all the answers** saberlo todo; **he was Britain's ~ to de Gaulle** fue el de Gaulle británico; **in ~ to your comments** para responder a tus comentarios, en respuesta a tus comentarios; Formal **in ~ to your letter** en respuesta a su carta; Fig **that would be the ~ to our prayers** eso nos vendría como llovido del cielo
◇ vt **-1.** (person, question, letter, advertisement) responder a, contestar; (in exam) responder a; (problem) solucionar; **to ~ the telephone** contestar or Esp coger el teléfono; **to ~ the door** abrir la puerta; Fig **our prayers were answered** nuestras plegarias fueron atendidas
-2. (respond to) (criticism, accusation) responder a; **to ~ a description/need** responder a una descripción/una necesidad; Formal **I hope this will ~ your requirements** espero que esto cumpla sus requisitos; LAW **to ~ a charge** responder a una acusación
◇ vi **-1.** (reply) responder, contestar; **I knocked, but nobody answered** llamé, pero nadie respondió
-2. (respond) **to ~ by doing sth** responder haciendo algo

➤ **answer back** vi **-1.** (be impertinent) replicar, contestar; **don't ~ back!** ¡no me repliques!
-2. (defend oneself) **I want the opportunity to ~ back** quiero tener la oportunidad de contestar or defenderme

➤ **answer for** vt insep **-1.** (be responsible for) responder de, ser responsable de; **he has a lot to ~ for** tiene mucho que explicar
-2. (vouch for) responder por
-3. (speak for) hablar por

➤ **answer to** vt insep **-1.** (be accountable to) **to ~ to sb (for sth)** ser responsable ante alguien (de algo), responder ante alguien (de algo)
-2. (correspond to) (description) responder a
-3. (respond to) **the dog answers to the name of Rover** el perro responde al nombre de Rover; Hum **he answers to the name of Billy Bob** responde al nombre de Billy Bob
answerable [ˈɑːnsərəbəl] adj **to be ~ to sb (for sth)** ser responsable ante alguien (de algo), responder ante alguien (de algo); **you will be ~ to the company for any damages** será responsable de daños y perjuicios ante la empresa; **I won't be ~**

answering ['ɑːnsərɪŋ] *adj* **-1.** *(echo, call)* **there was no ~ voice** no respondió *or* contestó ninguna voz; **the dog waited for an ~ bark** el perro esperaba que le devolvieran el ladrido **-2.** *(for telephone)* **~ machine** contestador *m* (automático); **~ service** servicio *m* de atención de llamadas *or Am* llamados

answerphone ['ɑːnsəfəʊn] *n Br* contestador *m* (automático)

ant [ænt] *n* hormiga *f*; IDIOM **to have ants in one's pants** *(be constantly moving)* ir acelerado(a), *RP* tener hormigas en la cola; *(be very restless)* estar hecho(a) un manojo de nervios ❑ **~ hill** hormiguero *m*

antacid [æn'tæsɪd] ◇ *n* antiácido *m*
◇ *adj* antiácido

antagonism [æn'tægənɪzəm] *n* animadversión *f*, antagonismo *m* (**towards/between** hacia/entre)

antagonist [æn'tægənɪst] *n* **-1.** *(opponent)* contrincante *mf*, antagonista *mf* **-2.** ANAT antagonista *m*

antagonistic [æntægə'nɪstɪk] *adj* hostil; **their initial response was ~** inicialmente reaccionaron con hostilidad; **he's openly ~ to the reforms** se opone activamente a las reformas

antagonize [æn'tægənaɪz] *vt* **to ~ sb** ganarse la antipatía de alguien; **we can't afford to ~ the voters** no podemos permitirnos suscitar la hostilidad de los votantes; **don't ~ him!** ¡no te ganes su antipatía!

Antarctic [æn'ɑːktɪk] ◇ *n* **the ~** el Antártico
◇ *adj* antártico(a) ❑ **the ~ Circle** el Círculo Polar Antártico; **the ~ Ocean** el (océano Glacial) Antártico

Antarctica [æn'ɑːktɪkə] *n* la Antártida

ante ['æntɪ] *n* IDIOM *Fam* **to up the ~** *(in gambling, conflict)* elevar la apuesta
➤ **ante up** *Fam US* ◇ *vt sep* aflojar, *Esp* apoquinar
◇ *vi* aflojar, *Esp* apoquinar

anteater ['æntiːtə(r)] *n* oso *m* hormiguero

antebellum ['æntɪ'beləm] *adj* = anterior a la guerra civil americana

antecede [æntɪ'siːd] *vt* anteceder, preceder

antecedent [æntɪ'siːdənt] ◇ *n* **-1.** **antecedents** *(ancestors)* antepasados *mpl*; *(previous history)* antecedentes *mpl* **-2.** GRAM antecedente *m*
◇ *adj* **-1.** *Formal* precedente; **to be ~ to sth** preceder a algo **-2.** GRAM antecedente

antechamber ['æntɪtʃeɪmbə(r)] *n* antesala *f*

antedate [æntɪ'deɪt] *vt* **-1.** *(precede in time)* anteceder, preceder; **this fossil antedates all other finds by 10 million years** este fósil es 10 millones de años anterior a cualquier otro hallazgo **-2.** *(letter, document)* poner fecha anterior a la actual a, antedatar

antediluvian [æntɪdɪ'luːvɪən] *adj Hum* antediluviano(a)

antelope ['æntɪləʊp] *(pl* **antelopes** *or* **antelope)** *n* antílope *m*

antenatal [æntɪ'neɪtəl] *adj* prenatal ❑ **~ clinic** clínica *f* de obstetricia *or* de preparación al parto; **~ exercises** ejercicios *mpl* de preparación al parto

antenna [æn'tenə] *n* **-1.** *(pl* **antennae** [æn'teniː]*)* *(of insect, snail)* antena *f* **-2.** *(pl* **antennas)** *(of radio, TV)* antena *f*

antepenultimate ['æntɪprɪ'nʌltɪmət] *adj* antepenúltimo(a)

anterior [æn'tɪərɪə(r)] *adj Formal* anterior, previo(a); **~ to** anterior *or* previo(a) a ❑ ANAT **~ cruciate ligament** ligamento *m* cruzado anterior

anteroom ['æntɪruːm] *n* antesala *f*

anthem ['ænθəm] *n* **-1.** *(song of loyalty)* himno *m* **-2.** REL & MUS himno *m*

anther ['ænθə(r)] *n* BOT antera *f*

anthologist [æn'θɒlədʒɪst] *n* autor(ora) *m,f* de una antología

anthologize [æn'θɒlədʒaɪz] *vt* **a much anthologized poem** un poema presente *or* incluido en muchas antologías

anthology [æn'θɒlədʒɪ] *n* antología *f*

Anthony ['æntənɪ] *pr n* **Saint ~** San Antonio; **Saint ~ of Padua** San Antonio de Padua

anthracite ['ænθrəsaɪt] *n* antracita *f*

anthrax ['ænθræks] *n* MED carbunco *m*, ántrax *m inv*

anthropocentric [ænθrəpə'sentrɪk] *adj* antropocéntrico(a)

anthropocentrism [ænθrəpə'sentrɪzəm] *n* antropocentrismo *m*

anthropoid ['ænθrəpɔɪd] ◇ *n* antropoide *m*
◇ *adj* antropoide

anthropological ['ænθrəpə'lɒdʒɪkəl] *adj* antropológico(a)

anthropologist ['ænθrə'pɒlədʒɪst] *n* antropólogo(a) *m,f*

anthropology ['ænθrə'pɒlədʒɪ] *n* antropología *f*

anthropomorphic ['ænθrəpə'mɔːfɪk] *adj* antropomórfico(a)

anthropomorphous ['ænθrəpə'mɔːfəs] *adj* antropomórfico(a)

anti ['æntɪ] *Fam* ◇ *n* oponente *mf*
◇ *adj* **she's rather ~** está bastante en contra; **he's a bit ~ all that kind of thing** suele estar en contra de todo ese tipo de cosas

anti- ['æntɪ] *prefix* anti-; **~-American** antiamericano(a)

anti-abortion [æntɪə'bɔːʃən] *adj* antiabortista; **the ~ movement** el movimiento antiabortista

anti-abortionist [æntɪə'bɔːʃənɪst] *n* antiabortista *mf*

anti-aircraft [æntɪ'eəkrɑːft] *adj* antiaéreo(a)

anti-aliasing [æntɪ'eɪlɪəsɪŋ] *n* COMPTR suavizado *m* de contornos

anti-allergenic [æntɪælə'dʒenɪk] *adj* antialergénico(a)

anti-anxiety [æntɪæŋ'zaɪətɪ] *adj (drug)* ansiolítico(a)

anti-apartheid [æntɪə'pɑːtaɪt] *adj* antiapartheid

antiballistic [æntɪbə'lɪstɪk] *adj* antibalístico, antimisil

antibiotic [æntɪbaɪ'ɒtɪk] ◇ *n* antibiótico *m*
◇ *adj* antibiótico(a)

antibody ['æntɪbɒdɪ] *n* MED anticuerpo *m*

Antichrist ['æntɪkraɪst] *n* Anticristo *m*

anticipate [æn'tɪsɪpeɪt] ◇ *vt* **-1.** *(expect)* esperar; *(foresee)* prever; **we don't ~ any objections/delays** no esperamos que haya retrasos/objeciones; **he seemed to ~ our every move** parecía prever todos nuestros movimientos; **I didn't ~ leaving so early** no esperaba marcharme tan pronto; **her eagerly anticipated third novel** su muy esperada tercera novela; **faster/more difficult than anticipated** más rápido/difícil de lo esperado; **as anticipated, there was trouble** como se preveía, hubo problemas **-2.** *(foreshadow)* anticipar, anunciar; **her writing anticipated later developments in English fiction** su obra anticipaba la posterior evolución de la narrativa inglesa **-3.** *(do or say before)* adelantarse a; **we anticipated our competitors by launching our product first** lanzamos nuestro producto primero y así nos adelantamos a nuestros competidores
◇ *vi* adelantarse a los acontecimientos

anticipation [æntɪsɪ'peɪʃən] *n* **-1.** *(foresight, expectation)* previsión *f*; **in ~ of trouble** en previsión de posibles problemas; **to show great ~** *(of tennis, soccer player)* tener mucha visión de juego
-2. *(excitement)* ilusión *f*, expectación *f*; **fans jostled at the gates in eager ~** los fans se apretujaban a la puerta con gran ilusión
-3. *Formal* **yours** *or* **thanking you in ~** *(in letter)* le doy las gracias de antemano

anticipatory [æntɪsɪ'peɪtərɪ] *adj* previsor(ora)

anticlerical [æntɪ'klerɪkəl] *adj* anticlerical

anticlericalism [æntɪ'klerɪkəlɪzəm] *n* anticlericalismo *m*

anticlimactic [æntɪklaɪ'mæktɪk] *adj* decepcionante

anticlimax ['æntɪ'klaɪmæks] *n* gran decepción *f*; **after all the waiting the party came as** *or* **was a bit of an ~** después de toda la espera, la fiesta no fue para tanto; **what an ~!** ¡qué decepción!

anticline ['æntɪklaɪn] *n* GEOL anticlinal *m*

anticlockwise ['æntɪ'klɒkwaɪz] *Br* ◇ *adj* **in an ~ direction** en sentido contrario al de las agujas del reloj
◇ *adv* en sentido contrario al de las agujas del reloj

anticoagulant [æntɪkəʊ'ægjʊlənt] ◇ *n* anticoagulante *m*
◇ *adj* anticoagulante

anticolonialism [æntɪkə'ləʊnɪəlɪzəm] *n* anticolonialismo *m*

anticonvulsant [æntɪkən'vʌlsənt] ◇ *n* anticonvulsivo *m*
◇ *adj* anticonvulsivo

anticorrosive [æntɪkə'rəʊsɪv] ◇ *n* anticorrosivo *m*
◇ *adj* anticorrosivo(a)

antics ['æntɪks] *npl* payasadas *fpl*; **he's been up to his usual ~** ha estado haciendo las payasadas de costumbre

anticyclone ['æntɪ'saɪkləʊn] *n* MET anticiclón *m*

anti-dazzle ['æntɪ'dæzəl] *adj Br* antirreflector(ora), antirreflejante; **~ headlights** faros antideslumbrantes

antidepressant [æntɪdɪ'presənt] ◇ *n* antidepresivo *m*
◇ *adj* antidepresivo(a)

antidote ['æntɪdəʊt] *n also Fig* antídoto *m* (**to contra**)

antidumping ['æntɪ'dʌmpɪŋ] *adj (laws, legislation)* antidumping

anti-establishment ['æntɪɪs'tæblɪʃmənt] *adj* en contra del orden establecido

antifascist ['æntɪ'fæʃɪst] ◇ *n* antifascista *mf*
◇ *adj* antifascista

antifreeze ['æntɪfriːz] *n* anticongelante *m*

antifungal ['æntɪ'fʌŋgəl] *adj* fungicida

antigen ['æntɪdʒən] *n* BIOL antígeno *m*

antiglare ['æntɪ'gleə(r)] *adj* **-1.** *US (mirror, finish)* antirreflector(ora), antirreflejante; **~ headlights** faros antideslumbrantes **-2.** COMPTR **~ filter** filtro *m* de pantalla; **~ screen** filtro *m* de pantalla

Antigone [æn'tɪgənɪ] *n* MYTHOL Antígona

Antigua and Barbuda [æn'tiːgənbə'bjuːdə] *n* Antigua y Barbuda

antihero ['æntɪhɪərəʊ] *(pl* **antiheroes)** *n* antihéroe *m*

antiheroine [æntɪ'herəʊɪn] *n* antiheroína *f*

antihistamine [æntɪ'hɪstəmiːn] ◇ *n* antihistamínico *m*
◇ *adj* antihistamínico(a) ❑ **~ drug** antihistamínico *m*

anti-imperialist ['æntɪɪm'pɪərɪəlɪst] ◇ *n* anti-imperialista *mf*
◇ *adj* antiimperialista

anti-inflammatory ['æntɪɪn'flæmətərɪ] ◇ *n* antiinflamatorio *m*
◇ *adj* antiinflamatorio(a) ❑ **~ drug** antiinflamatorio *m*

anti-inflationary ['æntɪɪn'fleɪʃənərɪ] *adj* antiinflacionario(a), antiinflacionista

antiknock ['æntɪ'nɒk] *adj* antidetonante

Antilles [æn'tɪliːz] *npl* **the ~** las Antillas; **the Greater/Lesser ~** las Antillas mayores/menores

anti-lock ['æntɪlɒk] *adj (brakes)* antibloqueo, ABS

antilog ['æntɪlɒg], **antilogarithm** [æntɪ'lɒgərɪðəm] *n* MATH antilogaritmo *m*

antimacassar [æntɪmə'kæsə(r)] *n* antimacasar *m*

antimatter ['æntɪmætə(r)] *n* PHYS antimateria *f*

antimissile ['æntɪ'mɪsaɪl] *adj* antimisil

antimony ['æntɪmənɪ] *n* CHEM antimonio *m*

antinuclear ['æntɪ'njuːklɪə(r)] *adj* antinuclear

Antioch ['æntɪɒk] *n* Antioquía

antioxidant ['æntɪ'ɒksɪdənt] ◇ *n* antioxidante *m*
◇ *adj* antioxidante

antipathetic [ˌæntɪpə'θetɪk] *adj Formal* hostil; **he remains (deeply) ~ to the cause** sigue siendo muy hostil a la causa

antipathy [æn'tɪpəθɪ] *n* antipatía *f*; **to feel ~ towards sth/sb** sentir antipatía hacia algo/alguien

anti-personnel [ˌæntɪpɜːsə'nel] *adj (mine)* antipersona

antiperspirant [ˌæntɪ'pɜːspərənt] ◇ *n* antitranspirante *m*
◇ *adj* antitranspirante; **~ deodorant** desodorante antitranspirante

antiphon [ˈæntɪfən] *n* MUS antífona *f*

antipodean [ˌæntɪpə'diːən] ◇ *n Hum (Australian, New Zealander)* = australiano o neozelandés
◇ *adj* -1. GEOG antípoda, de las antípodas -2. *Hum (from Australia, New Zealand)* = de Australia o Nueva Zelanda

antipodes [æn'tɪpədiːz] *npl* GEOG antípodas *mpl or fpl*; *Br* **the Antipodes** = Australia y Nueva Zelanda

antipope [ˈæntɪpəʊp] *n* HIST antipapa *m*

antiprotectionist [ˌæntɪprə'tekʃənɪst] POL & ECON ◇ *n* antiproteccionista *mf*
◇ *adj* antiproteccionista

antiquarian [ˌæntɪ'kweərɪən] ◇ *n (dealer)* anticuario(a) *m,f*; *(collector)* coleccionista *mf* de antigüedades
◇ *adj (book)* antiguo(a) ❑ **~ bookshop** librería *f* de viejo

antiquary [ˈæntɪkwərɪ] *n* = **antiquarian**

antiquated [ˈæntɪkweɪtɪd] *adj* anticuado(a)

antique [æn'tiːk] ◇ *n* -1. *(object)* antigüedad *f* ❑ **~ dealer** anticuario(a) *m,f*; **~ shop** tienda *f* de antigüedades -2. *Hum (person)* carroza *mf*
◇ *adj* -1. *(old and valuable)* antiguo(a) ❑ **~ furniture** muebles *mpl* antiguos -2. *Hum (person, ideas)* chapado(a) a la antigua

antiquity [æn'tɪkwɪtɪ] *n* -1. *(ancient times)* antigüedad *f*; **in the remotest ~** en la más remota antigüedad -2. *(age)* antigüedad *f*; **of great ~** muy antiguo(a), de gran antigüedad -3. **antiquities** *(buildings, coins, statues)* antigüedades *fpl*

antiracism [ˌæntɪ'reɪsɪzəm] *n* antirracismo *m*

antiracist [ˌæntɪ'reɪsɪst] *adj* antirracista

antiriot [ˌæntɪ'raɪət] *adj* antidisturbios *inv*

anti-roll bar [ˌæntɪ'rəʊlbɑː(r)] *n* barra *f* estabilizadora

antirrhinum [ˌæntɪ'raɪnəm] *n* (boca *f* de) dragón *m*

antisemite [ˌæntɪ'siːmaɪt] *n* antisemita *mf*

antisemitic [ˌæntɪsɪ'mɪtɪk] *adj (person)* antisemita; *(beliefs, remarks)* antisemítico(a)

antisemitism [ˌæntɪ'semɪtɪzəm] *n* antisemitismo *m*

antiseptic [ˌæntɪ'septɪk] ◇ *n* antiséptico *m*
◇ *adj* -1. *(antibacterial)* antiséptico(a) -2. *Fig (lacking character or warmth)* aséptico(a)

antiserum [ˌæntɪ'sɪərəm] *n* MED antisuero *m*

antisexism [ˌæntɪ'seksɪzəm] *n* antisexismo *m*

antisexist [ˌæntɪ'seksɪst] *adj* antisexista

antisocial [ˌæntɪ'səʊʃəl] *adj* -1. *(disruptive)* incívico(a), antisocial -2. *(unsociable)* insociable

antistatic [ˌæntɪ'stætɪk] *adj* antiestático(a)

antitank [ˈæntɪˈtæŋk] *adj* anticarro, antitanque

antiterrorist [ˌæntɪ'terərɪst] *adj* antiterrorista

antitheft [ˌæntɪ'θeft] *adj* antirrobo

antithesis [æn'tɪθɪsɪs] *(pl* **antitheses** [æn'tɪθɪsiːz]*) n* -1. *(exact opposite)* antítesis *f inv*; **he is the ~ of a ruthless businessman** es la antítesis del inexorable hombre de negocios -2. LIT antítesis *f inv* -3. PHIL antítesis *f inv*

antithetic(al) [ˌæntɪ'θetɪk(əl)] *adj* antitético(a)

antitoxin [ˌæntɪ'tɒksɪn] *n* MED antitoxina *f*

antitrades [ˌæntɪ'treɪdz] *npl* GEOG vientos *mpl* contraalisios

antitragus [ˌæntɪ'treɪgəs] *n* ANAT antitrago *m*

antitrust [ˌæntɪ'trʌst] *adj US* antimonopolio *inv* ❑ **~ law** ley *f* antimonopolio

antivirus [ˌæntɪ'vaɪrəs] *adj* COMPTR *(program, software)* antivirus ❑ **~ program** (programa *m*) antivirus *m inv*

antivivisectionist [ˌæntɪvɪvɪ'sekʃənɪst] ◇ *n* = persona que se opone a la práctica de experimentos con animales vivos
◇ *adj* = contrario a la práctica de experimentos con animales vivos

antler [ˈæntlə(r)] *n* cuerno *m*; **antlers** cornamenta

antonym [ˈæntənɪm] *n* antónimo *m*

antsy [ˈæntsɪ] *adj US Fam* nervioso(a); **I was beginning to get ~** me empezaba a poner de los nervios, *Am* se me empezaban a poner los nervios de punta

Antwerp [ˈæntwɜːp] *n* Amberes

Anubis [ə'njuːbɪs] *n* MYTHOL Anubis

anus [ˈeɪnəs] *n* ano *m*

anvil [ˈænvɪl] *n* yunque *m*

anxiety [æŋ'zaɪətɪ] *n* -1. *(worry, concern)* preocupación *f*; *(anguish, impatience)* ansiedad *f*; **rising interest rates have caused ~ among exporters** la subida de los tipos de interés ha causado preocupación entre los exportadores; **her behaviour has been the cause of great ~** su comportamiento ha causado gran preocupación
-2. *(source of worry)* motivo *m* de preocupación; **her son is a great ~ to her** su hijo es para ella un gran motivo de preocupación
-3. *(eagerness)* ansia *f*, afán *m*; **in her ~ not to offend...** en su afán por no ofender...
-4. MED ansiedad *f*; **an ~ attack** un ataque *or* una crisis de ansiedad

anxious [ˈæŋkʃəs] *adj* -1. *(worried)* preocupado(a); *(anguished, impatient)* ansioso(a); **she's a very ~ person** es una persona muy inquieta *or* intranquila; **to be ~ (for)** estar preocupado(a) (por); **I am ~ about his health** me preocupa su salud; **he was ~ that all his work might come to nothing** temía que todo su trabajo quedara en nada
-2. *(worrying)* **an ~ moment** un momento de preocupación; **it was an ~ time for us** en esos momentos estábamos muy preocupados
-3. *(eager)* **to be ~ to do sth** estar ansioso(a) *or* impaciente por hacer algo; **he didn't seem at all ~ to leave** no parecía tener ninguna prisa por irse; **I was ~ that our message should be clear** mi mayor deseo era que nuestro mensaje quedara claro

anxiously [ˈæŋkʃəlɪ] *adv* -1. *(worriedly)* con preocupación; *(with anguish, impatience)* ansiosamente -2. *(eagerly)* con ansiedad *or* impaciencia

anxiousness [ˈæŋkʃəsnɪs] *n* -1. *(worry, concern)* preocupación *f*; *(anguish, impatience)* ansiedad *f* -2. *(eagerness)* ansia *f*, afán *m*; **in her ~ not to offend...** en su afán por no ofender...

any [ˈenɪ] ◇ *pron* -1. *(some)* **have you got ~?** *(with plural nouns)* ¿tienes alguno(a)?; *(with uncountable nouns)* ¿tienes algo?; **I fancy some biscuits, have you got ~?** me comería unas galletas, ¿tienes?; **are there ~ left?** ¿queda alguno(a)?; **is there ~ left?** ¿queda algo?; **are there ~ more?** ¿hay más?; **can ~ of them speak English?** ¿alguno (de ellos) habla inglés?
-2. *(in negatives)* ninguno(a) *m,f*; **I haven't got ~ and I don't want ~** no tengo y no quiero; **there isn't/aren't ~ left** no queda ninguno; **I haven't read ~ of her books** no he leído ninguno de sus libros; **there was nothing in ~ of the boxes** no había nada en ninguna de las cajas; **few, if ~, can read** pocos, o ninguno, saben leer; **I doubt you'll find more than a couple, if ~ (at all)** dudo que vayas a encontrar más de dos, como mucho; **she has little, if ~, experience** apenas tiene experiencia
-3. *(no particular one)* cualquiera; **~ of us** cualquiera de nosotros; **four dresses, ~ of which would have suited her** cuatro vestidos, cualquiera de los cuales le habría quedado bien; **use ~ box, use one of the boxes** use cualquier caja; **use ~ of the boxes** *(only one)* use cualquier caja; *(several)* use las cajas que le parezca
-4. *(every one)* **keep ~ you find** quédate con todos los que encuentres

◇ *adj* -1. *(some)* **have you ~ milk/sugar?** ¿tienes leche/azúcar?; **have you ~ apples/cigarettes?** ¿tienes manzanas/cigarrillos?; **is there ~ hope?** ¿hay alguna esperanza?; **she has hardly ~ experience** apenas tiene experiencia, *Esp* no tiene apenas experiencia; **do you have ~ other colours?** ¿tiene algún otro color?; **do you by ~ chance know him?** ¿acaso lo conoces?; **I'm not in ~ way jealous** no estoy celoso en absoluto *or* ni mucho menos
-2. *(in negatives)* ninguno(a); *(before masculine singular noun)* ningún; **he hasn't got ~ money** no tiene dinero; **there weren't ~ winners** no hubo ningún ganador; **I didn't win ~ prizes** no gané ningún premio; **without ~ help** sin ninguna ayuda; **I haven't ~ idea** no tengo ni idea; **I can't see ~ way of convincing her** no hay manera de convencerla
-3. *(no particular)* *(before noun)* cualquier; *(after noun)* cualquiera; **you can choose ~ two free gifts** puede elegir los dos regalos que prefiera; **come ~ day** ven cualquier día, ven un día cualquiera, *RP* vení el día que quieras; **~ one of them could be right** cualquiera de ellos podría tener razón; **~ doctor will tell you the same** cualquier médico te diría lo mismo; *Fig* **~ fool will tell you that** eso lo sabe hasta el más tonto; **~ minute now** de un momento a otro; **~ day now** cualquier día de éstos; **I don't want just ~ (old) wine** no quiero un vino cualquiera; **thanks – ~ time!** gracias – ¡de nada!; **~ time you need help, let me know** cuando necesites ayuda, dímelo
-4. *(every)* **~ pupil who forgets his books will be punished** los alumnos que olviden sus libros serán castigados; **I'll take ~ copies you have** me quedaré con todas las copias que tengas; **~ tension between them has vanished** cualquier tensión que hubiera podido haber entre ellos ha desaparecido; **it can be obtained from ~ good bookshop** está a la venta en las mejores librerías; **~ other person would have said yes** cualquier otro hubiera dicho que sí; **at ~ rate, in ~ case** en cualquier caso

◇ *adv* -1. *(with comparative)* **I'm not ~ better** no me encuentro mejor, *RP* no me siento nada mejor; **the weather couldn't be ~ worse** el tiempo no podía ser peor; **have you ~ more milk?** ¿tienes más leche?; **we don't see them ~ longer** *or* **more** ya no los vemos; **I don't like her ~ more than you do** a mí no me gusta más que a ti; **is that ~ easier?** ¿así es más fácil?; **I'm not getting ~ younger** los años no pasan en balde, *RP* los años no vienen solos
-2. *Fam (at all)* **that didn't help us ~** eso no nos ayudó para nada; **this printer isn't ~ good** esta impresora es bastante mala; **~ old how** de cualquier manera, a la buena de Dios

anybody [ˈenɪbɒdɪ], **anyone** [ˈenɪwʌn] *pron* -1. *(indeterminate)* alguien; **would ~ like some more coffee?** ¿alguien quiere más café?; **does ~ mind if I close the window?** ¿les importa que cierre la ventana?; **why would ~ want to do a thing like that?** ¿por qué iba alguien a querer hacer algo así?, ¿por qué querría alguien hacer algo así?; **if ~ asks, I was at home all day** si alguien te pregunta, estuve en casa todo el día; **she'll know, if ~ does** si alguien lo sabe es ella
-2. *(in negatives)* nadie; **there isn't ~ here** aquí no hay nadie; **there was hardly ~ there** no había casi nadie, *Esp* no había apenas nadie; **I've never known ~ so intelligent** nunca había conocido a alguien tan inteligente
-3. *(no matter who)* cualquiera; **~ will tell you so** cualquiera te lo diría; **bring along ~ you like** trae a quien quieras; **~ holding a US passport, come this way** los que lleven

pasaporte estadounidense, vengan por aquí; **I have as much reason as ~ to be upset** tengo tanta razón para estar *esp Esp* enfadado *or esp Am* enojado como el que más; **he's no different to ~ else** no se diferencia en nada de los demás; **~ else** *or* **~ but her would have refused** cualquier otra se habría negado; **I don't want just ~!** ¡no quiero a cualquiera!
-**4.** *(person with status)* **he'll never be ~** nunca será nadie, nunca llegará a ser alguien; **~ who's ~ in British cinema is going to be there** todo el que es algo en el cine británico estará allí

anyhow ['enɪhaʊ] *adv* -**1.** *(however)* de todas maneras *or* formas, de todos modos; **I was feeling ill, but I decided to go ~** aunque no me encontraba bien decidí ir; **what were you doing in my office, ~?** en cualquier *or* todo caso, ¿que hacías en mi oficina?; **she's really intelligent, well ~ that's what I think** es muy inteligente, por lo menos eso me parece a mí; **~, let's get back to what we were saying** bueno, volvamos a lo que estábamos diciendo; **so ~, as I was saying...** en todo caso, como iba diciendo...; **~, I really ought to be going** en fin, me tengo que marchar
-**2.** *Fam (carelessly)* a la buena de Dios, de cualquier manera; **I don't want it done just ~** no quiero que se haga de cualquier manera

any more, *US* **anymore** [enɪ'mɔː(r)] *adv* -**1.** *(any longer)* **they don't live here ~** ya no viven aquí; **I won't do it ~** no lo haré nunca más, no lo volveré a hacer; **I'll leave if you do that ~** me iré si vuelves a hacerlo -**2.** *US (now)* ahora; **every time I start the bike ~, I remember to check the gas** ahora cuando pongo en marcha la moto, siempre me acuerdo de comprobar la gasolina

anyone = **anybody**

anyplace *US* = **anywhere**

anything ['enɪθɪŋ] ◇ *pron* -**1.** *(indeterminate)* algo; **is there ~ I can do (to help)?** ¿puedo ayudarte en algo?; **have you ~ to write with?** ¿tienes con qué escribir?; **have you ~ smaller?** ¿tendría algo más pequeño?; **if ~ should happen to me** si me ocurriera algo; **do you notice ~ strange about him?** ¿no le notas algo raro?; **think before you say ~** piensa antes de decir *or* de que digas nada; **is (there) ~ the matter?** ¿ocurre algo?; **will there be ~ else?** *(in shop)* ¿desea algo más?
-**2.** *(in negatives)* nada; **he doesn't do ~** no hace nada; **hardly ~** casi nada, *Esp* apenas nada; **I can't imagine ~ more interesting** no podría imaginarme nada más interesante; **I can't think of ~ else** no se me ocurre ninguna otra cosa; **we didn't do ~ much** no hicimos gran cosa; **I haven't seen ~ of him recently** no le he visto últimamente; **I wouldn't miss it for ~ (in the world)** no me lo perdería por nada del mundo
-**3.** *(no matter what)* cualquier cosa; **he eats ~** come cualquier cosa; **~ you want** lo que quieras; **I love ~ French** me gusta todo lo francés; **he would do ~ for me** haría cualquier cosa por mí; **I'll do ~ I can to help** haré todo lo que pueda por ayudar; **~ is possible** todo es posible; **she could be ~ between twenty and thirty-five** podría tener entre veinte y treinta y cinco años; **he was ~ but friendly** fue de todo menos amable; **are you angry? – ~ but** ¿estás *esp Esp* enfadado(a) *or esp Am* enojado(a)? – ni mucho menos; **all right then, ~ for a quiet life!** de acuerdo, ¡lo que sea por un poco de tranquilidad!; **do you agree? – sure, ~ you say** ¿estás de acuerdo? – claro, lo que tú digas; **more than ~ (else), I want to be a pilot** lo que realmente quiero ser es piloto; *Fam* **as funny as ~** divertidísimo(a); *Fam* **to work like ~** trabajar como loco(a); *Fam* **I miss her like ~** *Esp* la echo muchísimo en falta *or* de menos, la extraño muchísimo; *Fam* **can I get you a cup of tea or ~?** ¿quieres un té o algo?; *Fam* **it's not that you were wrong or ~** no es que estuvieras equivocado ni nada parecido; *Fam* **don't tell her or ~, will you?** no se lo digas, ¿vale *or RP* está bien?, *Méx* ándale, no se lo digas
◇ *adv* **is it ~ like the last one?** ¿se parece en algo al anterior?; **it didn't cost ~ like £500** no costó 500 libras ni muchísimo menos; **the food wasn't ~ like** *or* **near as bad as they said** la comida no fue en absoluto tan mala como decían

anyway ['enɪweɪ] = **anyhow -1.**

anyways ['enɪweɪz] *adv US* = **anyhow -1.**

anywhere ['enɪweə(r)], *US* **anyplace** ['enɪpleɪs] *adv* -**1.** *(in questions)* **can you see ~?** ¿lo ves por alguna parte?; **have you found ~ to live?** ¿has encontrado un lugar *or* algún sitio para vivir?; **I haven't got ~ to sleep tonight** no tengo donde dormir esta noche; **can you recommend ~ to stay?** ¿me puedes recomendar algún sitio donde alojarme?; **did you go ~ yesterday?** ¿fuiste a alguna parte ayer?; **did you go ~ interesting for your holidays?** ¿fuiste a algún lugar interesante de vacaciones?; **did you look ~ else?** ¿buscaste en otros sitios?, ¿buscaste en algún otro lado?; **is there ~ else we could go?** ¿podríamos ir a algún otro sitio *or* lugar?
-**2.** *(in negatives)* **I can't find it ~** no lo encuentro por ningún sitio *or* lado; **we never go ~ interesting** nunca vamos a ningún sitio *or* lugar interesante; **you won't find them ~ else** no los encontrarás en ningún otro lugar; **I wasn't standing ~ near you** no estaba cerca de ti ni mucho menos; **he isn't ~ near as clever as her** no es ni mucho menos tan listo como ella; **the food wasn't ~ near as bad as they said** la comida no fue en absoluto tan mala como decían; **I don't play golf ~ near as much as I used to** ya no juego al golf tanto como solía ni mucho menos; *Fig* **we're not getting ~** no estamos consiguiendo nada; *Fig* **this company isn't going ~** esta empresa no va a ninguna parte
-**3.** *(no matter where)* en cualquier lugar, en cualquier sitio; **put it ~** ponlo en cualquier sitio *or* lado; **sit down ~ (you like)** siéntate donde prefieras *or* quieras; **now we can go ~** ahora podemos ir a cualquier parte *or* lado; **I'd know him ~** lo reconocería en cualquier parte *or* lado; **it's miles from ~** está en un lugar muy aislado; **she could be ~ between twenty and thirty-five** podría tener entre veinte y treinta y cinco años; **~ else you'd pay twice as much** en cualquier otro lugar pagarías el doble

anywheres ['enɪweəz] *adv US Fam* en cualquier lugar, en cualquier sitio; **they're ~ about the nicest folks you'll meet ~** en ningún lado encontrarás gente más simpática que ésa; **it can take ~ from one to two hours** puede tardar entre una y dos horas

anywise ['enɪwaɪz] *adv US* -**1.** *(at all)* en modo alguno -**2.** *Fam (anyhow)* de todos modos, en cualquier caso

Anzac ['ænzæk] *n (abbr* **Australia-New Zealand Army Corps)** *(soldier)* = soldado de las fuerzas armadas de Australia y Nueva Zelanda

---

ANZAC

Acrónimo de las Fuerzas Armadas australianas y neozelandesas creadas poco después del estallido de la Primera Guerra Mundial en 1914. Las **Anzac** fueron destinadas a la península de Gallípoli, situada en la costa egea, como parte de la campaña aliada para arrebatarles a los turcos el control del estrecho de Dardanelos en 1915. Miles de soldados de las **Anzac**, junto con tropas aliadas británicas y francesas, murieron en la debacle posterior. Se les rinde tributo en el aniversario del desembarco, el 25 de abril, conocido como "Anzac Day" ("Día de las Anzac"). Hoy en día, las **Anzac** continúan simbolizando el sacrificio personal y el espíritu heroico en Australia y Nueva Zelanda

---

AO(C)B [eɪəʊ(siː)'biː] *Br COM (abbr* **any other (competent) business)** ruegos *mpl* y preguntas

A-OK [eɪəʊ'keɪ] *US Fam* ◇ *adj* de primera, *Esp* fetén *inv*; **everything's ~** todo está de maravilla
◇ *adv* **to go ~** ir sobre ruedas *or* de maravilla

aorta [eɪ'ɔːtə] *n* ANAT aorta *f*

apace [ə'peɪs] *adv Literary* raudamente, con celeridad

apart [ə'pɑːt] *adv* -**1.** *(at a distance)* alejado(a), separado(a); **he was standing ~ from the others** se encontraba separado *or* apartado de los demás; **the garage is set ~ from the house** el garage no está adosado a la casa; IDIOM **he's a class ~ from the rest** es mucho mejor que el resto; **what really sets him ~ from his contemporaries...** lo que realmente lo diferencia de sus contemporáneos...
-**2.** *(separated)* **the two towns are 10 kilometres ~** las dos ciudades están a 10 kilómetros una de la otra; **they're just 3 cm ~** están a sólo 3 cm, hay 3 cm entre ellos; *Fig* **the two sides are still a long way ~** las distancias entre las dos partes son todavía importantes; **with one's legs ~** con las piernas abiertas; **boys and girls were kept ~** los chicos y las chicas estaban separados; **they're never ~** no se separan nunca; **I've grown ~ from my sister** me he distanciado de mi hermana; **they've lived ~ since 1987** viven separados desde 1987; **they were born two years ~** nacieron con dos años de diferencia; **their birthdays are two days ~** hay dos días entre sus cumpleaños; **it is difficult to tell them ~** es difícil distinguirlos
-**3.** *(to pieces)* **to blow sth ~** volar algo (en pedazos); **to come** *or* **fall ~** romperse en pedazos; **their marriage has fallen ~** su matrimonio ha fracasado; **to take sth ~** desmontar algo
-**4.** *(excepting)* **~ from** aparte de; **quite ~ from the fact that...** independientemente del hecho de que...; **and that's quite ~ from the royalties** y eso sin tener en cuenta los derechos de autor; **such considerations ~...** aparte de estas consideraciones...; **joking ~** bromas aparte

apartheid [ə'pɑːtaɪt] *n* apartheid *m*

apartment [ə'pɑːtmənt] *n* -**1.** *US (dwelling)* apartamento *m*, *Esp* piso *m*, *Arg* departamento *m* ❑ **~ building** edificio *m or* bloque *m* de apartamentos *or Esp* pisos *or Arg* departamentos -**2.** *Br (room)* estancia *f*, habitación *f*; *(bedroom)* dormitorio *m*, alcoba *f*; **the Royal/state apartments** las dependencias *or* estancias reales/oficiales

apathetic [æpə'θetɪk] *adj* apático(a) **(about** respecto a)

apathetically [æpə'θetɪklɪ] *adv* apáticamente, con indiferencia

apathy ['æpəθɪ] *n* apatía *f*; **their ~ about** *or* **towards the issue** su apatía *or* total indiferencia hacia el asunto

APB [eɪpiː'biː] *n US (abbr* **all-points bulletin)** = mensaje informativo o aviso urgente enviado a los agentes de policía de una misma zona

APC [eɪpiː'siː] *n (abbr* **armoured personnel carrier)** BRM *m*, blindado medio *m* sobre ruedas

ape [eɪp] ◇ *n* -**1.** *(animal)* simio *m* -**2.** *Fam (person)* bruto(a) *m,f*, *Esp* patoso(a) *m,f* -**3.** IDIOM *US Fam* **to go ~ (over)** *(lose one's temper)* ponerse hecho(a) una furia (por), *RP* calentarse (con *or* por); *(enthuse)* ponerse como loco(a) (por *or* con), *Esp* despendolarse (por *or* con), *RP* coparse (con *or* con)
◇ *vt (imitate)* imitar, remedar

apeman ['eɪpmæn] *n* hombre *m* mono

Apennines ['æpɪnaɪnz] *npl* **the ~** los Apeninos

aperient [ə'pɪərɪənt] MED ◇ *n* aperiente *m*, laxante *m*
◇ *adj* aperiente, laxante

aperitif [əperɪ'tiːf] *n* aperitivo *m (bebida)*

aperture ['æpətjʊə(r)] *n* **-1.** *(opening)* abertura *f* **-2.** *(of camera)* abertura *f* (del diafragma)

apeshit ['eɪpʃɪt] *adv* IDIOM *US very Fam* **to go ~ (over)** *(lose one's temper)* ponerse como un energúmeno (con *or* por), *Esp* agarrarse un buen cabreo (con *or* por), *RP* emputecerse (con *or* por); *(enthuse)* ponerse como loco(a) (con *or* por), *Esp* flipar en colores (con *or* por), *RP* recoparse (con)

APEX ['eɪpeks] *adj (abbr* **advance purchase excursion)** ~ ***fare*** precio *m or* tarifa *f* APEX; ~ ***ticket*** *Esp* billete *m or Am* boleto *m or Am* pasaje *m* (con tarifa) APEX

apex ['eɪpeks] *(pl* **apexes** *or* **apices** ['eɪpɪsi:z]) *n* **-1.** *(of triangle)* vértice *m* **-2.** *(of career)* cima *f*, cumbre *f*

aphasia [ə'feɪzɪə] *n* MED afasia *f*

aphasic [ə'feɪzɪk] MED ◇ *n* afásico(a) *m,f* ◇ *adj* afásico(a)

aphid ['eɪfɪd] *n* pulgón *m*

aphorism ['æfərɪzəm] *n* aforismo *m*

aphoristic [æfə'rɪstɪk] *adj* aforístico(a)

aphrodisiac [æfrə'dɪziæk] ◇ *n* afrodisíaco *m* ◇ *adj* afrodisíaco(a)

Aphrodite [æfrə'daɪtɪ] *n* MYTHOL Afrodita

apiary ['eɪpɪərɪ] *n* colmenar *m*

apices *pl of* **apex**

apiece [ə'pi:s] *adv* cada uno(a); **they cost £3 ~** cuestan 3 libras cada uno, están a 3 libras

aplenty [ə'plentɪ] *adv* en abundancia; **there was wine ~** corría el vino a raudales

aplomb [ə'plɒm] *n* aplomo *m*; **with great ~** con gran aplomo, con mucha ecuanimidad

apnoea, *US* **apnea** [æp'nɪə] *n* MED apnea *f*

apocalypse [ə'pɒkəlɪps] *n* apocalipsis *m inv*; **the four horsemen of the Apocalypse** los cuatro jinetes del Apocalipsis

apocalyptic [əpɒkə'lɪptɪk] *adj* apocalíptico(a)

apocopated [ə'pɒkəpeɪtɪd] *adj* LING apocopado(a)

Apocrypha [ə'pɒkrɪfə] *n* **the ~** los (textos) Apócrifos

apocryphal [ə'pɒkrɪfəl] *adj (story)* apócrifo(a), espurio(a)

apogee ['æpədʒi:] *n* **-1.** ASTRON apogeo *m* **-2.** *(of career)* apogeo *m*, cúspide *f*; **he had reached the ~ of his career** había llegado a la cima *or* cúspide de su carrera profesional

apolitical [eɪpə'lɪtɪkəl] *adj* apolítico(a)

Apollo [ə'pɒləʊ] *n* MYTHOL Apolo

apologetic [əpɒlə'dʒetɪk] *adj (tone, smile)* de disculpa; **she was quite ~ about it** lo sentía mucho; **he was most ~ when I complained** se deshizo en disculpas cuando me quejé

apologetically [əpɒlə'dʒetɪklɪ] *adv (to reply, shrug)* con aire de disculpa; **"I did try to get here early," he said ~** "hice todo lo que pude por llegar pronto", dijo él disculpándose *or* a modo de disculpa

apologetics [əpɒlə'dʒetɪks] *n* apologética *f*

apologia [æpə'ləʊdʒɪə] *n Formal* apología *f*

apologist [ə'pɒlədʒɪst] *n Formal* apologista *mf*, defensor(ora) *m,f* (**for** de)

apologize [ə'pɒlədʒaɪz] *vi* disculparse (**to sb/ for sth** ante alguien/por algo); **I had to ~ for you** tuve que pedir disculpas por ti; **there's no need to ~** no hay por qué disculparse; **it's him you should be apologizing to** es a él a quien deberías pedir(le) disculpas; **we ~ for any inconvenience this may cause** rogamos disculpen las molestias (causadas); **I can't ~ enough** no encuentro palabras para disculparme

apology [ə'pɒlədʒɪ] *n* **-1.** *(expression of regret)* disculpa *f*; **to make/offer an ~** disculparse; **I make no apologies for mentioning this** me siento en la obligación de mencionarlo; **to send one's apologies** *(for not attending meeting)* enviar excusas *or* excusarse por no poder asistir; **I owe you an ~** te debo una disculpa; **they were full of apologies** todo eran disculpas por su parte; **please accept my apologies** le ruego (que) acepte mis disculpas; **I brought them some flowers by way of an ~** les traje flores a modo de disculpa

-2. IDIOM *Pej* **an ~ for a dinner/football team** una porquería *or Esp* birria de cena/ equipo (de fútbol) **-3.** *Formal (defence)* apología *f*

aponeurosis [æpəʊnjʊə'rəʊsɪs] *n* ANAT aponeurosis *f inv*

apoplectic [æpə'plektɪk] *adj* **-1.** *(angry)* **to be ~ (with rage)** estar hecho(a) una furia **-2.** MED **to be ~** tener apoplejía, ser apoplético(a)

apoplexy ['æpəpleksɪ] *n* MED apoplejía *f*

apostasy [ə'pɒstəsɪ] *n* apostasía *f*

apostate [ə'pɒsteɪt] *n* apóstata *mf*

a posteriori ['eɪpɒsterɪ'ɔ:raɪ] *adj* a posteriori

apostle [ə'pɒsəl] *n* apóstol *m*

apostolic(al) [æpəs'tɒlɪk(əl)] *adj* REL apostólico(a); **the ~ succession** la sucesión apostólica

apostrophe [ə'pɒstrəfɪ] *n* **-1.** *(punctuation mark)* apóstrofo *m* **-2.** LIT apóstrofe *m or f*

apostrophize, apostrophise [ə'pɒstrəfaɪz] *vt* LIT apostrofar

apothecary [ə'pɒθəkərɪ] *n* HIST boticario(a) *m,f*

apotheosis [əpɒθɪ'əʊsɪs] *(pl* **apotheoses** [əpɒθɪ'əʊsi:z]) *n* **-1.** *(deification)* deificación *f*, apoteosis *f* **-2.** *(ideal example)* paradigma *m*, quintaesencia *f*

appal, *US* **appall** [ə'pɔ:l] *(pt & pp* **appalled**) *vt* horrorizar, espantar; **to be appalled at** *or* **by sth** horrorizarse por algo; **he was appalled at** *or* **by the children's bad language** le horrorizaban las palabrotas que decían los niños; **I'm appalled!** ¡qué horror!, ¡qué espanto!

Appalachia [æpə'leɪtʃə] *n* región *f* de los Apalaches

Appalachian [æpə'leɪtʃən] ◇ *n* **the Appalachians, the ~ Mountains** los (montes) Apalaches
◇ *adj* de los Apalaches

appall *US* = **appal**

appalling [ə'pɔ:lɪŋ] *adj* espantoso(a), horroroso(a); **what an ~ prospect/thought!** ¡qué panorama/idea tan terrible!

appallingly [ə'pɔ:lɪŋlɪ] *adv* espantosamente, terriblemente; **he speaks French quite ~** habla un francés espantoso; **to treat sb ~** tratar a alguien de manera detestable

apparatchik [æpə'rætʃɪk] *n* **-1.** *(in Communist state)* apparatchik *m*, miembro *m* del aparato **-2.** *Pej (bureaucrat)* burócrata *mf*

apparatus [æpə'reɪtəs] *n* **-1.** *(equipment) (in laboratory, gym)* aparatos *mpl*; **a piece of ~** un aparato **-2.** ANAT aparato *m*; **the digestive/ respiratory ~** el aparato digestivo/respiratorio **-3.** *(of organization)* aparato *m*; **the ~ of government** el aparato del gobierno **-4.** LIT **critical ~** aparato crítico

apparel [ə'pærəl] ◇ *n* **-1.** *Literary (garb)* atuendo *m*, atavío *m* **-2.** *US (clothes)* indumentaria *f*, ropa *f*
◇ *vt (pt & pp Br* **apparelled**, *US* **appareled**) *Literary (dress, adorn)* ataviar; **brightly/richly apparelled** ataviado(a) con vistosos colores/grandes galas

apparent [ə'pærənt] *adj* **-1.** *(obvious)* evidente; **it was ~ to me that...** para mí era evidente *or* estaba claro que...; **to become ~** hacerse patente *or* evidente; **for no ~ reason** sin motivo aparente **-2.** *(seeming)* aparente; **with ~ ease** con aparente soltura *or* facilidad

apparently [ə'pærəntlɪ] *adv* al parecer, aparentemente; **is she married? – ~/~ not** ¿está casada? – eso parece/parece que no; **~ easy/innocent** aparentemente fácil/ inocente; **~ he never knew he had a son** según parece *or* por lo visto *or* al parecer nunca supo que tenía un hijo

apparition [æpə'rɪʃən] *n* aparición *f*

appeal [ə'pi:l] ◇ *n* **-1.** *(call)* llamamiento *m*; **a tearful/heartfelt ~** una emocionada/sentida súplica; **an ~ for help/funds** un llamamiento para solicitar ayuda/para recaudar fondos; **an ~ for calm** un llamamiento a la calma; **to make an ~ for sth** hacer un llamamiento para solicitar algo; **she made an ~ on behalf of the victims** hizo un llamamiento en favor de las víctimas *or* los damnificados

-2. *(for charity)* = campaña de recaudación de fondos para fines benéficos
-3. LAW recurso *m* de apelación, apelación *f*; **to lodge an ~** presentar una apelación; **on ~** en recurso de apelación, en segunda instancia; **with no right of ~** sin derecho de apelación *or* recurso ❑ **Appeal Court** tribunal *m* de apelación; **~ court judge** juez *mf* de apelaciones
-4. *(attraction)* atractivo *m*, aliciente *m*; **the idea does have a certain ~** la idea resulta un tanto atractiva; **to have** *or* **hold little ~ for sb** no atraer mucho a alguien; **to have great ~** ser muy atractivo(a); **their music has a wide ~** su música gusta a gente muy diversa
◇ *vt US* LAW **to ~ a decision** entablar recurso de apelación contra una decisión
◇ *vi* **-1.** *(make a plea)* **to ~ (to sb) for help/ money** solicitar *or* pedir ayuda/dinero (a alguien); **they're appealing for help for the victims** solicitan *or* piden ayuda en favor de las víctimas; **she appealed to me to be patient** me rogó *or* suplicó que tuviera paciencia
-2. to ~ to sth *(invoke)* invocar algo, apelar a algo; **to ~ to sb's generosity/sense of justice** apelar a la generosidad/al sentido de (la) justicia de alguien
-3. *(attract)* **to ~ to sb** atraer a alguien; **the programmes ~ most to children** los programas interesan principalmente a los niños; **the book appeals to the reader's imagination** el libro despierta la imaginación del lector; **the idea appealed to me** me atrajo *or* sedujo la idea; **it doesn't ~ to me** no me atrae
-4. LAW apelar, recurrir; **to ~ against** *(decision, sentence)* interponer recurso de apelación contra, recurrir; **we will ~ to the Supreme Court** apelaremos al *or* ante el Tribunal Supremo, interpondremos un recurso de casación (ante el Tribunal Supremo)

appealing [ə'pi:lɪŋ] *adj* **-1.** *(attractive)* atractivo(a), interesante **-2.** *(imploring)* suplicante

appear [ə'pɪə(r)] *vi* **-1.** *(come into view)* aparecer; **a head appeared at the window** una cabeza se asomó a la ventana, *Am* una cabeza apareció en la ventana; **where did you ~ from?** ¿de dónde has salido?; **he appeared from behind a bush** apareció de detrás *or Am* detrás de un seto; **to ~ from nowhere** aparecer de repente, surgir de la nada; **his name appears on the list** su nombre figura en la lista; **Hamlet's dead father appeared to him** el difunto padre de Hamlet se le apareció
-2. *(actor)* **to ~ as Estragon** hacer el papel de Estragón; **she's currently appearing at the National Theatre** actualmente está actuando en el Teatro Nacional; **to ~ on TV** salir en televisión; *Fig* **when did your new girlfriend ~ on the scene?** ¿desde cuándo sales con tu nueva novia?
-3. SPORT jugar; **he appeared three times for his country** representó tres veces a su país
-4. *(publication, movie)* salir, aparecer; **to ~ in print** salir publicado, publicarse
-5. LAW **to ~ before a court** comparecer ante un tribunal; **to ~ on a charge of burglary** comparecer acusado de robo; **to ~ for sb** *(of counsel)* representar a alguien
-6. *(look, seem)* parecer; **to ~ to be lost** parecer perdido(a); **there appears to be a mistake** parece que hay un error; **it appears as if** *or* **though...** parece que...; **it appears not, it would ~ not** parece que no; **it appears so, so it would ~** eso parece; **it appears (that)..., it would ~ (that)...** parece que...; **it appears to me that...** me parece que...; **everything is not as it appears** las apariencias engañan; **I know how it must ~ to you, but...** ya sé lo que debes estar pensando, pero...; **he tried to make it ~ as if it had been an accident** intentó hacer parecer que había sido un accidente

appearance [əˈpɪərəns] *n* **-1.** *(arrival)* aparición *f*, llegada *f*; **with the ~ of fast-food restaurants** con la llegada *or* aparición de los restaurantes de comida rápida; **to make an ~ (at)** *(attend)* aparecer (en), presentarse (en); **to put in an ~** hacer acto de presencia

-2. *(of actor)* aparición *f*; **she has made a number of television appearances** ha aparecido *or* salido varias veces en televisión; **to make one's first ~ on TV** debutar en televisión; **in order of ~** por orden de aparición

-3. SPORT actuación *f*; **it was his last ~ for United** fue el último encuentro que disputó con el United

-4. *(of publication)* publicación *f*

-5. LAW *(in court)* comparecencia *f*; **to make an ~ before a court** *or* **a judge** comparecer ante un tribunal *or* juez

-6. *(looks)* apariencia *f*, aspecto *m*; **to have a good ~** *(person)* tener buena presencia; **he has never bothered much about his ~** nunca se ha preocupado mucho por su aspecto; **unusual/comic in ~** de aspecto insólito/ridículo *or* cómico; **to give every** *or* **the ~ of confidence** dar toda la impresión de tener seguridad en sí mismo

-7. appearances *(outward signs)* apariencias *fpl*; **you shouldn't judge by appearances** no se debe juzgar por las apariencias; **it has all the appearances of a conspiracy** tiene todo el aspecto de ser una conspiración; **appearances can be deceptive** las apariencias engañan; **to keep up appearances** guardar las apariencias; **to** *or* **by all appearances** a juzgar por lo visto; **for appearances' sake** para cubrir *or* guardar las apariencias *or* formas; **contrary to all appearances, against all appearances** en contra de (todo) lo que pudiera parecer, a pesar de las apariencias

appease [əˈpiːz] *vt* **-1.** *(anger)* aplacar, apaciguar; *(person)* calmar, apaciguar **-2.** POL contemporizar con

appeasement [əˈpiːzmənt] *n* **-1.** *(of person, anger)* apaciguamiento *m* **-2.** POL contemporización *f*

appellant [əˈpelənt] *n* LAW apelante *mf*, recurrente *mf*

appellate court [əˈpelɪtˈkɔːt] *n* US LAW tribunal *m* de apelación

appellation [æpəˈleɪʃən] *n* Formal denominación *f*

append [əˈpend] *vt* *(list, document)* adjuntar **(to a)**; *(one's signature)* estampar **(to en)**

appendage [əˈpendɪdʒ] *n* apéndice *m*; **she was tired of being treated as his ~** estaba harta de que se la tratara como si fuera un mero apéndice de él

appendectomy [æpenˈdektəmɪ] *n* MED operación *f* de apendicitis, *Spec* apendicectomía *f*

appendices *pl of* **appendix**

appendicitis [əpendɪˈsaɪtɪs] *n* apendicitis *f inv*; **to have ~** tener apendicitis

appendix [əˈpendɪks] *(pl* **appendices** [əˈpendɪsiːz]*) n* **-1.** ANAT apéndice *m*; **to have one's ~ (taken) out** operarse de apendicitis **-2.** *(to book, report)* apéndice *m*

appertain [æpəˈteɪn] *vi Formal* **-1.** *(belong)* **to ~ to** pertenecer a; **the lands appertaining to the Crown** las tierras que son propiedad de la Corona **-2.** *(relate)* **to ~ to** ser propio(a) de, guardar relación con

appetite [ˈæpɪtaɪt] *n* **-1.** *(for food)* apetito *m*; **to have a good ~** tener buen apetito; **to spoil sb's ~** quitarle el apetito a alguien; **to lose one's ~** perder el apetito; **to give sb an ~** abrirle el apetito a alguien; **to work up an ~** abrir *or* despertar el apetito

-2. *(for knowledge, adventure)* afán *m*, sed *f*; *(for sex)* deseo *m*, apetito *m* **(for** de); **he has an insatiable ~ for work** tiene un insaciable afán de trabajo

appetizer [ˈæpɪtaɪzə(r)] *n* *(food, drink)* aperitivo *m*; *Fig* **they showed a few scenes as an ~** proyectaron algunas escenas para abrir *or* hacer boca

appetizing [ˈæpɪtaɪzɪŋ] *adj* *(food, smell)* apetitoso(a); *Fig (prospect, suggestion)* sugestivo(a), sugerente

applaud [əˈplɔːd] ◇ *vt* aplaudir; **his efforts are to be applauded** sus esfuerzos son dignos de aplauso *or* alabanza; **we ~ this decision** aplaudimos esta decisión
◇ *vi* aplaudir

applause [əˈplɔːz] *n* *(clapping)* aplauso *m*, ovación *f*; *(approval)* aplauso *m*, aprobación *f*; **to win sb's ~, to win ~ from sb** ganarse el aplauso *or* la aprobación de alguien

apple [ˈæpəl] *n* **-1.** *(fruit)* manzana *f* □ **~ core** corazón *m* de manzana; **~ corer** sacacorazones *m inv* (de manzanas); **~ dumpling** bollo *m* relleno de manzana; **US ~ jack** brandy *m* *or* aguardiente *m* de manzana; **~ juice** *Esp* zumo *m or Am* jugo *m* de manzana; **~ pie** pastel *m* de manzana; IDIOM **as American as ~ pie** típicamente americano(a); **~ sauce** compota *f* de manzanas; **~ slice** *(covered)* = empanada de hojaldre pequeña rellena de compota de manzana; *(open)* tarta *f* de manzana; **~ strudel** = rollito de hojaldre relleno de pasas y manzana; **~ tart** tarta *f* de manzana; **~ tree** manzano *m*; **~ turnover** = especie de empanada de hojaldre rellena de compota de manzana

-2. IDIOMS **she was the ~ of his eye** era la niña de sus ojos; **to compare apples with oranges** meter en el mismo saco (dos cosas distintas), comparar lo incomparable; **the ~ of discord** la manzana de la discordia; PROV **an ~ a day keeps the doctor away** medicina extraordinaria es una manzana diaria

applecart [ˈæpəlkɑːt] *n* IDIOM **to upset the ~** *(spoil plan)* echar todo por tierra

apple-cheeked [ˈæpəlˈtʃiːkt] *adj* de mejillas sonrosadas

apple-pie [ˈæpəlpaɪ] *adj Fam* **in ~ order** en perfecto orden; **to make sb an ~ bed** hacer la petaca a alguien

apple-polisher [ˈæpəlˈpɒlɪʃə(r)] *n US Fam* pelotillero(a) *m,f*, *Esp* pelota *mf*

applet [ˈæplɪt] *n* COMPTR applet *m*

appliance [əˈplaɪəns] *n* **-1.** *(piece of equipment)* aparato *m*; **(electrical** *or* **domestic)** ~ electrodoméstico *m* **-2.** *(fire engine)* coche *m* de bomberos **-3.** *(use)* empleo *m*, uso *m*

applicable [əˈplɪkəbəl] *adj* válido(a) **(to** para), aplicable **(to** a); **the rule is not ~ in this case** la norma no ha lugar *or* no se aplica en este caso; **delete where not ~** *(on form)* táchese lo que no proceda

applicant [ˈæplɪkənt] *n* *(for job, patent, funding)* solicitante *mf*

application [æplɪˈkeɪʃən] *n* **-1.** *(request)* *(for job, patent)* solicitud *f*; **to make an ~ for sth** solicitar algo; **further details on ~** se facilitará más información a quien lo solicite □ **~ form** *(for job, shares)* impreso *m* de solicitud

-2. *(of theory, technique)* aplicación *f*; **the practical applications of the research** las aplicaciones prácticas de la investigación

-3. *(of paint, ointment)* aplicación *f*; **for external ~ only** *(medicine)* para uso tópico solamente

-4. *(effort)* aplicación *f*, entrega *f*; **he shows real ~** se le ve mucha entrega *or* dedicación, se muestra muy aplicado

-5. COMPTR aplicación *f*, programa *m* □ **~ programme** programa *m* de aplicación

applicator [ˈæplɪkeɪtə(r)] ◇ *n* aplicador *m*
◇ *adj* **~ tampon** tampón *m* con aplicador

applied [əˈplaɪd] *adj* *(maths, physics)* aplicado(a) □ **~ linguistics** lingüística *f* aplicada

appliqué [əˈpliːkeɪ] *n* aplique *m*, aplicación *f* *(en costura)*

apply [əˈplaɪ] ◇ *vt* **-1.** *(put on)* aplicar; **to ~ pressure** ejercer presión sobre, presionar; **the bank applied pressure on him to repay his loan** el banco le presionó para que liquidara su préstamo; **to ~ the brakes** emplear los frenos; **to ~ heat to sth** aplicar calor a algo, calentar

-2. *(use)* *(system, theory)* aplicar; **we ~ the same rule to all students** aplicamos la misma norma a todos los estudiantes; **he would like to ~ his experience in IT to industry** quisiera aplicar su experiencia en informática en el ámbito industrial

-3. *(paint, cream, lotion)* aplicar **(to a, en)**; **~ the paint using a roller** aplicar la pintura con (un) rodillo

-4. *(dedicate)* **to ~ one's mind to sth** concentrarse en algo; **to ~ oneself to one's work** aplicarse en el trabajo; **he must learn to ~ himself** debe aprender a ser más aplicado

◇ *vi* **-1.** *(for job, grant)* **to ~ (to sb) for sth** solicitar algo (a alguien); **to ~ for a job/patent** solicitar un empleo/una patente; **to ~ in writing/in person** solicitar por escrito/en persona; **~ within** *(sign)* solicitud, en el interior

-2. *(law, rule)* **rule 26b applies in all other cases** la norma 26b se aplicará en todos los demás casos; **this clause no longer applies** esta cláusula ya no está en vigor; **that applies to you too!** ¡esto es válido *or* vale para tí también!

appoint [əˈpɔɪnt] *vt* **-1.** *(nominate)* *(person, committee)* nombrar, designar; **to ~ sb to a post** designar a alguien para un cargo; **she was appointed acting director** la nombraron directora en funciones **-2.** *(place, date, time)* fijar; **let's ~ a time for the meeting** fijemos una fecha para la reunión

appointed [əˈpɔɪntɪd] *adj* **-1.** *(nominated)* *(official, agent)* designado(a) **-2.** *Formal (agreed)* *(place, date, hour)* fijado(a), convenido(a) **-3.** *Br (furnished, equipped)* **a well ~ house** una casa bien equipada *or* acondicionada

appointee [əpɔɪnˈtiː] *n* persona *f* nombrada *or* designada

appointment [əˈpɔɪntmənt] *n* **-1.** *(meeting)* cita *f*; **to make an ~ with sb** concertar una cita con alguien; **she didn't keep the ~** faltó *or* no acudió a la cita; **I've made/got an ~ with the doctor** he pedido/tengo hora con el médico; **do you have an ~?** ¿tiene cita?; **he has a four o'clock ~** tiene cita *or* está citado a las cuatro; **by ~ only** con cita previa

-2. *(to job, of committee)* nombramiento *m*, designación *f*; **to make an ~** hacer un nombramiento; COM **by ~ to His/Her Majesty** proveedores de la Casa Real

-3. appointments *(in newspaper)* ofertas *fpl* de empleo

-4. *Formal* **appointments** *(of house)* equipamiento y mobiliario

apportion [əˈpɔːʃən] *vt* *(food, costs, praise)* distribuir, repartir; **to ~ blame** repartir la culpa

apportionment [əˈpɔːʃənmənt] *n* **-1.** *(of food, costs, praise)* distribución *f*, reparto *m*; *(of blame)* repartición *f*, reparto *m* **-2.** *US* POL = distribución proporcional entre los estados de los impuestos o del número de representantes en la cámara legislativa

apposite [ˈæpəzɪt] *adj* apropiado(a), oportuno(a)

apposition [æpəˈzɪʃən] *n* GRAM **in ~ (to)** en aposición (a *or* con)

appraisal [əˈpreɪzəl] *n* *(assessment)* evaluación *f*, valoración *f*; *(valuation)* tasación *f*

appraise [əˈpreɪz] *vt* *(assess)* evaluar, valorar; **to ~ the value of** *(property, jewellery)* tasar

appreciable [əˈpriːʃəbəl] *adj* *(noticeable)* apreciable, sensible; *(significant)* considerable

appreciably [əˈpriːʃəblɪ] *adv* *(noticeably)* de forma apreciable, sensiblemente; *(significantly)* considerablemente, significativamente

appreciate [əˈpriːʃɪeɪt] ◇ *vt* **-1.** *(be grateful for)* agradecer; **I ~ your helping me** te agradezco tu ayuda; **I would ~ it if you didn't shout** te agradecería que no gritaras; **we would ~ a prompt reply to this letter** le rogamos una pronta respuesta (a la presente); **thanks, I'd really ~ that** gracias, le quedaría sumamente agradecido

-2. *(grasp, understand)* darse cuenta de; **I fully ~ (the fact) that...** me doy perfecta cuenta de que...; **I do ~ your concern but...**

me hago cargo or comprendo su preocupación, pero...; **we ~ the risks** somos conscientes de los riesgos; **I hadn't appreciated how difficult it was** no me había dado cuenta de lo difícil que era

-**3.** *(value)* *(art, wine)* apreciar; *(person, contribution)* valorar; **she has never felt properly appreciated** nunca se ha sentido suficientemente valorada

◇ *vi (goods, property, investment)* revalorizarse, apreciarse

appreciation [əpriːʃɪˈeɪʃən] *n* -**1.** *(gratitude)* gratitud *f*, agradecimiento *m*; **to show one's ~ of sth** mostrarse agradecido(a) por algo; **as a sign** *or* **token of our ~** en señal *or* como muestra de agradecimiento; **in ~ of** en agradecimiento por

-**2.** *(understanding, awareness)* apreciación *f*, percepción *f*; **he has a thorough ~ of the situation** es plenamente consciente de la situación; **she has no ~ of what is involved** no se da cuenta de lo que implica

-**3.** *(valuing)* *(of music, art)* valorización *f*; **an art/music ~ course** un curso de introducción *or* aproximación al arte/a la música; **a musical/wine ~ society** una asociación de amigos de la música/del vino

-**4.** *(review)* *(of movie, author's work)* reseña *f*, crítica *f*; *(of person recently deceased)* reseña *f* necrológica

-**5.** *(increase in value)* revalorización *f*, apreciación *f* ❑ FIN **~ of assets** revalorización *f* de activos

appreciative [əˈpriːʃɪətɪv] *adj* -**1.** *(grateful)* *(person, response, audience)* agradecido(a); **to be ~ of sb's help/efforts** sentirse muy agradecido(a) por la ayuda/los esfuerzos de alguien; **I gave him the present, but he wasn't very ~** le di el regalo, pero no se mostró muy agradecido

-**2.** *(showing understanding, awareness)* **to be ~ of sth** ser consciente *or* darse cuenta de algo

-**3.** *(discriminating)* **an ~ audience** un público con criterio; **he wrote an ~ review of the play** escribió una reseña que valoraba la obra

appreciatively [əˈpriːʃɪətɪvlɪ] *adv* -**1.** *(gratefully)* con gratitud -**2.** *(with enjoyment, approval)* con aprobación

apprehend [æprɪˈhend] *vt* -**1.** *(arrest)* detener, aprehender -**2.** *Formal (understand)* aprehender, comprender

apprehension [æprɪˈhenʃən] *n* -**1.** *(fear)* aprensión *f* -**2.** *Formal (arrest)* detención *f*, aprehensión *f* -**3.** *Formal (understanding)* entendimiento *m*, comprensión *f*

apprehensive [æprɪˈhensɪv] *adj* *(look, smile)* temeroso(a), receloso(a); **to be ~ about (doing) sth** tener miedo de (hacer) algo; **there's nothing to be ~ about** no hay nada que temer; **I'm feeling a bit ~** estoy algo intranquilo *or* aprensivo

apprehensively [æprɪˈhensɪvlɪ] *adv* temerosamente, con recelo *or* temor

apprentice [əˈprentɪs] *n* aprendiz(iza) *m,f*; **an ~ toolmaker/butcher** un aprendiz de forjador/carnicero(a); **the Apprentice Boys Parade** = desfile protestante celebrado en Irlanda del Norte el 12 de agosto para conmemorar el asedio de Londonderry

◇ *vt* **to ~ sb to sb** colocar a alguien de aprendiz(a) de alguien; **he was apprenticed to a tailor** estaba de aprendiz con un sastre

apprenticeship [əˈprentɪʃɪp] *n also Fig* aprendizaje *m*; **to serve one's ~** hacer el aprendizaje

apprise [əˈpraɪz] *vt Formal* poner al corriente, informar **(of** de); **we were not apprised of his arrival** no estábamos informados *or* al corriente de su llegada; **keep me apprised of the situation as it develops** manténgame *or* téngame al corriente de la situación

approach [əˈprəʊtʃ] ◇ *n* -**1.** *(coming)* *(of person, season)* llegada *f*; *(of night)* caída *f*; **I could hear their ~** los oía acercarse; **at the ~ of summer** con la llegada del verano; AV **we are making our ~ into Dallas** estamos efectuando la maniobra de aproximación a Dallas; **to make approaches** *or* **an ~ to sb** *(proposal)* hacer una propuesta inicial a alguien

-**2.** *(method)* enfoque *m*, planteamiento *m* **(to** de); *(attitude)* actitud *f*

-**3.** *(route of access)* acceso *m*; **the approaches to a town** los accesos a una ciudad ❑ AUT **~ road** (vía *f* de) acceso *m*

-**4. ~ (shot)** *(in golf, tennis)* golpe *m* de aproximación

◇ *vt* -**1.** *(get nearer to)* acercarse a, aproximarse a; **I'm approaching forty-five** tengo casi cuarenta y cinco años; **the total is approaching 10,000** el total se aproxima a 10.000; **temperatures approaching 50°C** temperaturas que rozan los 50°C; **I felt something approaching joy** sentí algo así como alegría

-**2.** *(go up to)* acercarse a, aproximarse a

-**3.** *(go and talk to)* **to ~ sb about a problem** acudir *or* dirigirse a alguien para tratar un problema; **she approached several organizations (for funding)** acudió *or* se dirigió *or* recurrió a varias organizaciones (para pedir fondos); **to be easy/difficult to ~** ser/no ser accesible

-**4.** *(tackle)* abordar, enfocar

◇ *vi* acercarse, aproximarse; **the time is approaching when you will have to fend for yourself** se acerca el día en el que tendrás que valerte por ti mismo

approachable [əˈprəʊtʃəbəl] *adj* -**1.** *(place)* accesible; **the house is only ~ from the sea** sólo se puede acceder a la casa por el mar -**2.** *(person)* accesible

approaching [əˈprəʊtʃɪŋ] *adj (holiday, season)* próximo(a); **he recognized the ~ vehicle** reconoció el vehículo que se aproximaba

approbation [æprəˈbeɪʃən] *n Formal* aceptación *f*, aprobación *f*

appropriate¹ [əˈprəʊprɪət] *adj (suitable)* adecuado(a), oportuno(a); *(proper)* adecuado(a), pertinente; **the/an ~ moment** el/un momento adecuado; **apply using the ~ form** solicítese mediante el formulario adecuado; **I am not the most ~ person to ask** no soy la persona más indicada para preguntar; **music/remarks ~ to the occasion** música apropiada para la ocasión/comentarios apropiados a la ocasión; **take (the) ~ action** adoptar (las) medidas oportunas *or* pertinentes; **as ~** según el caso; **delete as ~** táchese según proceda

appropriate² [əˈprəʊprɪeɪt] *vt* -**1.** *(take, steal)* apropiarse (de); *Hum* **I seem to have appropriated this pen from somewhere** debo de haberme apropiado (de) esta pluma en alguna parte -**2.** *(set aside)* *(money, funds)* asignar, destinar **(to** *or* **for** a); **the funds appropriated for** *or* **to the school** los fondos destinados a la escuela

appropriately [əˈprəʊprɪətlɪ] *adv (suitably)* apropiadamente, adecuadamente; *(properly)* con propiedad, como es debido; **the restaurant is ~ named "Montezuma's Revenge"** el nombre "Montezuma's Revenge" le viene al restaurante como anillo al dedo *or* que ni pintado

appropriateness [əˈprəʊprɪətnɪs] *n (suitability)* idoneidad *f*, acierto *m*; *(propriety)* corrección *f*, pertinencia *f*

appropriation [əprəʊprɪˈeɪʃən] *n* -**1.** *(taking)* apropiación *f* **(of** de) -**2.** *(setting aside)* *(of funds)* asignación *f*; **government appropriations** partidas presupuestarias estatales ❑ US **Appropriations Committee** *(of Senate, House)* comité *m* de gastos, comisión *f* de presupuestos

approval [əˈpruːvəl] *n* aprobación *f*; **he gave/withheld his ~** dio/no dio su aprobación; **I've passed it to the director for her ~** se lo he pasado a la directora para que dé el visto bueno; **to meet with sb's ~** recibir *or* merecer la aprobación de alguien; **for (your) ~** *(on document)* para su aprobación *or* visto bueno; COM **on ~** a prueba ❑ **~ rating** *(of product, politician)* índice *m* de aceptación *or* popularidad

approve [əˈpruːv] ◇ *vt* aprobar; **the plan must be approved by the committee** el plan debe ser aprobado por el comité; **read and approved** *(on document)* visto y conforme

◇ *vi* aprobar, estar de acuerdo; **do you ~?** ¿está de acuerdo?, ¿le parece bien?; **I can't say I ~, but I won't stop you** no puedo decir que me parezca bien, pero no voy a impedírtelo

▸ **approve of** *vt insep* aprobar; **she doesn't ~ of them smoking** no aprueba que fumen; **they didn't ~ of me learning to fly** no vieron con buenos ojos que estuviera aprendiendo a volar; **I don't ~ of your friends** no me gustan tus amigos

approved [əˈpruːvd] *adj* -**1.** *(method, practice)* establecido(a), válido(a) -**2.** *(authorized)* autorizado(a) -**3.** *Br Formerly* **~ school** reformatorio *m*, correccional *m*

approving [əˈpruːvɪŋ] *adj* de aprobación

approvingly [əˈpruːvɪŋlɪ] *adv* con aprobación

approx [əˈprɒks] *adv (abbr* **approximately***)* aprox., aproximadamente

approximate ◇ *adj* [əˈprɒksɪmət] aproximado(a); **an ~ answer** una respuesta aproximativa *or* aproximada; **~ to two decimal places** aproximado hasta la segunda cifra decimal

◇ *vt* [əˈprɒksɪmeɪt] *(simulate)* reproducir aproximadamente

◇ *vi* **to ~** to aproximarse a

approximately [əˈprɒksɪmətlɪ] *adv* aproximadamente; **his income is ~ £20,000** sus ingresos rondan *or* están en torno a las 20.000 libras

approximation [əprɒksɪˈmeɪʃən] *n* aproximación *f*; **his statement was no more than an ~ of the truth** su declaración no fue más que una mera aproximación a la verdad

appurtenances [əˈpɜːtənənsɪz] *npl Formal* enseres *mpl*, accesorios *mpl*

APR [eɪpiːˈɑː(r)] *n* FIN *(abbr* **annual percentage rate***)* TAE *m or f*

Apr *(abbr* **April***)* abril *m*

après-ski [ˈæprɛˈskiː] *n* apresquí *m*; **~ clothing/party** vestuario *or* ropa/fiesta de apresquí

apricot [ˈeɪprɪkɒt] *n* -**1.** *(fruit)* Esp albaricoque *m*, *Andes, RP* damasco *m*, *Méx* chabacano *m* ❑ **~ tree** Esp albaricoquero *m*, *Andes, RP* damasco *m*, *Méx* chabacano *m* -**2.** *(colour)* color *m* melocotón

April [ˈeɪprɪl] *n* abril *m*; **~ showers** lluvias de abril; PROV **~ showers bring forth May flowers** marzo ventoso y abril lluvioso sacan a mayo florido y hermoso ❑ **~ fool** *(person)* inocente *mf*; *(practical joke)* inocentada *f*; **~ Fool's Day** =1 de abril; ≃ día *m* de los (Santos) Inocentes; *see also* **May**

a priori [eɪpraɪˈɔːraɪ] *adj* a priori

apron [ˈeɪprən] *n* -**1.** *(clothing)* *(for washing up)* delantal *m*; *(masonic)* mandil *m*; IDIOM *Fam* **he's still tied to his mother's ~ strings** sigue pegado a las faldas de su madre -**2.** AV área *f* de estacionamiento -**3.** THEAT proscenio *m*

apropos [æprəˈpəʊ] ◇ *adj* oportuno(a), pertinente

◇ *prep Formal* **~ (of)** a propósito de; **~ of nothing** sin venir a colación

apse [æps] *n* ábside *m*

apt [æpt] *adj* -**1.** *(appropriate)* *(word, description)* apropiado(a), acertado(a); **it was very ~ that it should end in that way** era lógico *or* (muy) normal que terminara de ese modo, acababa de una forma muy acertada

-**2.** *(likely)* **to be ~ to do sth** ser propenso(a) a hacer algo; **I am ~ to forget** tiendo a olvidar; **you're ~ to offend people if you do that** corres el riesgo de ofender a los demás si haces eso

-**3.** *(quick to learn)* listo(a)

apt. *(abbr* **apartment***)* US apto. *m*, Esp pº *m*, Arg dpto *m*

aptitude [ˈæptɪtjuːd] *n* aptitud *f*; **to have an ~ for** tener aptitudes para; **she shows great ~** demuestra tener grandes aptitudes *or* dotes ❑ **~ test** prueba *f* de aptitud

aptly ['æptlɪ] *adv* acertadamente; **the ~ named "railway of death"** el ferrocarril llamado de la muerte, y no sin razón

aptness ['æptnɪs] *n (of remark, description)* acierto *m*, tino *m*

aqualung ['ækwəlʌŋ] *n* escafandra *f* autónoma

aquamarine ['ækwəmə'riːn] ◇ *n* **-1.** *(gem)* aguamarina *f* **-2.** *(colour)* color *m* aguamarina *or* azul mar
◇ *adj (colour)* azul verdoso

aquaplane ['ækwəpleɪn] ◇ *n* SPORT tabla *f* de esquí náutico *or* acuático
◇ *vi* **-1.** SPORT hacer esquí náutico *or* acuático sobre tabla **-2.** *Br (car)* hacer aquaplaning, patinar

aquarium [ə'kweərɪəm] *(pl* **aquariums** *or* **aquaria** [ə'kweərɪə]*) n* acuario *m*

Aquarius [ə'kweərɪəs] *n (sign of zodiac)* acuario *m*; **to be (an) ~** ser acuario

aquatic [ə'kwætɪk] *adj* acuático(a) ❏ **~ warbler** carricerín *m* cejudo

aquatint ['ækwətɪnt] *n* ART aguatinta *f*

aqueduct ['ækwɪdʌkt] *n* acueducto *m*

aqueous ['ækwɪəs] *adj* ANAT **~ humour** humor *m* ácueo *or* acuoso; CHEM **~ solution** disolución *f or* solución *f* acuosa

aquifer ['ækwɪfə(r)] *n* GEOL acuífero *m*

aquiline ['ækwɪlaɪn] *adj* aguileño(a), aquilino(a)

Aquitaine ['ækwɪteɪn] *n* Aquitania

aquiver [ə'kwɪvə(r)] *adv* estremeciéndose, temblando; **to go all ~** estremecerse de arriba abajo

AR *(abbr* **Arkansas***)* Arkansas

Arab ['ærəb] ◇ *n* **-1.** *(person)* árabe *mf* **-2.** *(horse)* caballo *m* árabe
◇ *adj* árabe ❏ **the ~ League** la Liga Árabe; **~ numerals** numeración *f* arábiga

arabesque [ærə'besk] *n* **-1.** ART & MUS arabesco *m* **-2.** *(in ballet)* arabesco *m*, arabesque *m*

Arabia [ə'reɪbɪə] *n* Arabia

Arabian [ə'reɪbɪən] ◇ *n (person)* árabe *mf*
◇ *adj* árabe ❏ **the ~ Gulf** el golfo Pérsico; **the ~ Nights** Las mil y una noches; **the ~ Sea** el Mar de Arabia *or* de Omán

Arabic ['ærəbɪk] ◇ *n (language)* árabe *m*
◇ *adj* árabe ❏ **~ numerals** números *mpl* arábigos

arable ['ærəbəl] *adj* cultivable, arable; **~ land** tierra de cultivo, tierra de labor *or* de labranza

arachnid [ə'ræknɪd] *n* ZOOL arácnido *m*

arachnophobia [əræknə'fəʊbɪə] *n* aracnofobia *f*

Aragon ['ærəgən] *n* Aragón

Aragonese [ærəgə'niːz] ◇ *n* aragonés(esa) *m,f*
◇ *adj* aragonés(esa)

Aramaic [ærə'meɪɪk] *n* arameo *m*

arbiter ['ɑːbɪtə(r)] *n (of taste, fashion)* árbitro *m*

arbitrage [ɑː'bɪtrɪdʒ] *n* ST EXCH arbitraje *m*

arbitrarily [ˈɑːbɪtrərəlɪ, US ɑːrbəˈtrerəlɪ] *adv* arbitrariamente

arbitrary ['ɑːbɪtrərɪ] *adj* **-1.** *(random)* arbitrario(a), caprichoso(a) **-2.** *(authoritarian)* tiránico(a), despótico(a)

arbitrate ['ɑːbɪtreɪt] ◇ *vt* arbitrar
◇ *vi* arbitrar **(between** entre)

arbitration [ɑːbɪ'treɪʃən] *n* arbitraje *m*; **the dispute went to ~** el conflicto se llevó ante un árbitro ❏ **~ panel** junta *f* arbitral

arbitrator ['ɑːbɪtreɪtə(r)] *n (in dispute)* árbitro *m*, amigable componedor(ora) *m,f*

arbor *US* = **arbour**

arboreal [ɑː'bɔːrɪəl] *adj (animal)* arborícola

arboretum [ɑːbə'riːtəm] *(pl* **arboretums** *or* **arboreta** [ɑːbə'riːtə]*) n* arboreto *m*

arboriculture ['ɑːbərɪkʌltʃə(r)] *n* arboricultura *f*

arborio rice [ɑː'bɒrɪəʊ'raɪs] *n* arroz *m* arborio

arbour, *US* **arbor** ['ɑːbə(r)] *n* cenador *m*, pérgola *f*

ARC [ɑːk] *n* **-1.** MED *(abbr* **aids-related complex)** CAS *m*, complejo *m* asociado al sida **-2.** *(abbr* **American Red Cross)** Cruz *f* Roja estadounidense

arc [ɑːk] ◇ *n* **-1.** *(of circle)* arco *m* ❏ CIN **~ shot** plano *m* de arco **-2.** ELEC arco *m* eléctrico ❏ **~ lamp** lámpara *f* de arco (voltaico); **~ welding** soldadura *f* por arco
◇ *vi (move in an arc)* trazar *or* dibujar un arco parábola; **the ball arced into the air** la pelota trazó *or* dibujó un arco *or* una parábola

arcade [ɑː'keɪd] *n* **-1.** *(for shopping)* galería *f* comercial **-2.** *(amusement arcade)* salón *m or* sala *f* recreativa(s) ❏ **~ game** videojuego *m (de máquina recreativa);* **~ machine** máquina *f* recreativa **-3.** ARCHIT galería *f*

Arcadia [ɑː'keɪdɪə] *n* MYTHOL la Arcadia

arcane [ɑː'keɪn] *adj* oscuro(a), misterioso(a)

arch¹ [ɑːtʃ] *n* **-1.** ARCHIT arco *m* **-2.** *(of foot)* puente *m*; **to have fallen arches** tener los pies planos
◇ *vt* **to ~ one's back** arquear la espalda; **to ~ one's eyebrows** enarcar las cejas
◇ *vi* hacer un arco **(over** *or* **across** sobre); **the rocket arched into the air** el cohete subió trazando un arco

arch² *adj* **~ enemy** mayor enemigo(a); **~ traitor** gran traidor(ora)

arch³ *adj* **-1.** *(mischievous)* pícaro(a) **-2.** *(superior) (manner)* condescendiente; **they exchanged ~ glances** cruzaron miradas de inteligencia *or* complicidad

archaeological, *US* **archeological** [ɑːkɪə'lɒdʒɪkəl] *adj* arqueológico(a); **~ site** emplazamiento arqueológico

archaeologist, *US* **archeologist** [ɑːkɪ'ɒlədʒɪst] *n* arqueólogo(a) *m,f*

archaeology, *US* **archeology** [ɑːkɪ'ɒlədʒɪ] *n* arqueología *f*

archaic [ɑː'keɪɪk] *adj* **-1.** *(ancient)* arcaico(a) **-2.** *Fam (old-fashioned)* arcaico(a), prehistórico(a); **his ideas about sex are pretty ~** sus ideas sobre el sexo son bastante prehistóricas *or* carcas

archaism ['ɑːkeɪɪzəm] *n* arcaísmo *m*

archangel ['ɑːkeɪndʒəl] *n* arcángel *m*

archbishop [ɑːtʃ'bɪʃəp] *n* arzobispo *m*; **the Archbishop of Canterbury** el Arzobispo de Canterbury

archdeacon [ɑːtʃ'diːkən] *n* arcediano *m*, archidiácono *m*

archdiocese [ɑːtʃ'daɪəsɪs] *n* archidiócesis *f inv*

archduchess [ɑːtʃ'dʌtʃɪs] *n* archiduquesa *f*

archduchy [ɑːtʃ'dʌtʃɪ] *n* archiducado *m*

archduke [ɑːtʃ'djuːk] *n* archiduque *m*

arched [ɑːtʃt] *adj* **-1.** *(window)* en forma de arco **-2.** *(back)* arqueado(a) **-3.** *(eyebrows)* arqueado(a), enarcado(a)

archeological, archeologist etc *US* = **archaeological, archaeologist** etc

archer ['ɑːtʃə(r)] *n* arquero(a) *m,f*

archery ['ɑːtʃərɪ] *n* tiro *m* con arco

archetypal [ɑːkɪ'taɪpəl] *adj* arquetípico(a), típico(a)

archetype ['ɑːkɪtaɪp] *n* arquetipo *m*, modelo *m*

Archimedes [ɑːkɪ'miːdiːz] *pr n* Arquímedes ❏ **~'principle** principio *m* de Arquímedes; **~' screw** tornillo *m* de Arquímedes

archipelago [ɑːkɪ'peləgəʊ] *(pl* **archipelagoes** *or* **archipelagos***) n* archipiélago *m*

architect ['ɑːkɪtekt] *n* **-1.** *(of building)* arquitecto(a) *m,f* **-2.** *(of scheme)* artífice *mf*; **she was the ~ of her own downfall** fue la artífice de su propia perdición

architectural [ɑːkɪ'tektʃərəl] *adj* arquitectónico(a)

architecturally [ɑːkɪ'tektʃərəlɪ] *adv* arquitectónicamente

architecture ['ɑːkɪtektʃə(r)] *n* **-1.** *(buildings, discipline)* arquitectura *f* **-2.** COMPTR arquitectura *f*

architrave ['ɑːkɪtreɪv] *n* ARCHIT arquitrabe *m*

archive ['ɑːkaɪv] *n* **-1.** *(place, collection)* archivo *m* ❏ CIN **~ footage** imágenes *fpl* de archivo **-2.** COMPTR archivo *m* ❏ **~ file** fichero *m* de archivo

archivist ['ɑːkɪvɪst] *n* archivero(a) *m,f*

archly ['ɑːtʃlɪ] *adv* **-1.** *(mischievously)* con picardía, maliciosamente **-2.** *(with superior air)* con aire de superioridad

archway ['ɑːtʃweɪ] *n (passage)* arcada *f*; *(entrance)* arco *m*

Arctic ['ɑːktɪk] ◇ *n* **the ~** el Ártico
◇ *adj* **-1.** *(climate)* ártico(a) ❏ **the ~ Circle** el Círculo Polar Ártico; **~ fox** zorro *m* ártico; **the ~ Ocean** el océano (Glacial) Ártico; **~ skua** págalo *m* parásito; **~ tern** charrán *m* ártico **-2.** *Fam (very cold)* helado(a), glacial

Ardennes [ɑː'den] *npl* **the ~** las Ardenas

ardent ['ɑːdənt] *adj (desire, love)* ardiente, apasionado(a); *(admirer, believer, supporter)* ferviente; **his ~ protestations of loyalty convinced no one** sus fervientes manifestaciones de lealtad no convencieron a nadie

ardently ['ɑːdəntlɪ] *adv (to desire, love)* apasionadamente; *(to admire, believe, support)* fervientemente

ardour, *US* **ardor** ['ɑːdə(r)] *n* ardor *m*, fervor *m*

arduous ['ɑːdjʊəs] *adj* arduo(a), difícil

arduousness ['ɑːdjʊəsnɪs] *n* arduidad *f*, dificultad *f*

are [ɑː(r)] plural and 2nd person singular of **be**

area ['eərɪə] *n* **-1.** *(surface, extent)* área *f*; **it is 500 m² in ~, it has** *or* **covers an ~ of 500 m²** tiene una extensión *or* abarca una superficie de 500 m² **-2.** *(region)* área *f*, zona *f*; *(of town, city)* zona *f*, barrio *m*; **the London ~** la región londinense; **a cotton (growing)/mining ~** una zona algodonera/cuenca minera; **an ~ of outstanding natural beauty** una zona de elevado valor paisajístico; **houses were searched over a wide ~** se registraron las viviendas en un extenso radio *or* una extensa zona; **in the general ~** en los alrededores; **it costs in the ~ of $100** cuesta en torno a los 100 dólares ❏ **~ bombing** bombardeo *m* de área; *US* TEL **~ code** prefijo *m*; COM **~ manager** jefe *m* de zona **-3.** *(section) (of brain, lung, skin)* zona *f*, parte *f*; *(of room, building)* zona *f*, parte *f*; **eating ~** comedor; **living ~** zona de estar; **a (no-)smoking ~** un espacio *or* una zona de (no) fumadores **-4.** *(of knowledge, topic)* área *f*, ámbito *m*; **it's his main ~ of expertise** es su principal especialidad *or* ámbito de conocimientos; **it's a difficult ~** es un tema complicado; **an ~ of agreement** un área de acuerdo **-5.** *(in front of basement)* patio *m* **-6.** *(on soccer pitch)* área *f*

areaway ['eərɪəweɪ] *n US (in front of basement)* patio *m*

arena [ə'riːnə] *n* **-1.** *(stadium)* estadio *m* **-2.** *(area of operation) (economic, international)* ruedo *m*; **the political ~** la escena política; **to enter the ~** salir al ruedo, saltar a la palestra

aren't [ɑːnt] **-1.** = **are not -2. ~ I?** = **am I not?**

areola [ə'rɪələ] *n* ANAT **-1.** *(of eye)* círculo *m* menor (del iris) **-2.** *(of nipple)* areola *f*, aréola *f*

Argentina [ɑːdʒən'tiːnə] *n* Argentina

Argentine ['ɑːdʒəntaɪn] ◇ *n* **-1.** *(person)* argentino(a) *m,f* **-2.** *Old-fashioned* **the ~** *(country)* (la) Argentina
◇ *adj* argentino(a)

Argentinian [ɑːdʒən'tɪnɪən] ◇ *n* argentino(a) *m,f*
◇ *adj* argentino(a)

Argie ['ɑːdʒɪ] *n Br Fam* = término generalmente ofensivo para referirse a los argentinos acuñado durante la guerra de las Malvinas

argon ['ɑːgən] *n* CHEM argón *m*

Argonaut ['ɑːgənɔːt] *n* MYTHOL **the Argonauts** los Argonautas

argot ['ɑːgəʊ] *n* jerga *f*, argot *m*

arguable ['ɑːgjʊəbəl] *adj* **-1.** *(questionable)* discutible; **it is ~ whether it would have made any difference** cabe la posibilidad de que las cosas hubiesen sido distintas **-2.** *(conceivable)* **it is ~ that...** se podría afirmar que...

arguably ['ɑːgjʊəblɪ] *adv* **it's ~ the city's best restaurant** es, probablemente, el mejor restaurante de la ciudad; **~, it may have made no difference** probablemente haya dado lo mismo

argue ['ɑːgjuː] ◇ *vt* **-1.** *(case, position)* argumentar; **he argued the case for lower taxes** expuso los argumentos para reducir los impuestos; **to ~ that...** aducir *or* argumentar que...; **I didn't want to ~ the point in detail** no quise discutir a fondo la cuestión

-2. *Formal (indicate)* apuntar hacia, denotar; **such actions ~ a complete lack of interest on their part** este tipo de actuaciones denotan una absoluta falta de interés por su parte

◇ *vi* **-1.** *(quarrel)* discutir (**with** con); **to ~ about sth** discutir sobre algo; **I'm not going to ~ about it** *(I refuse to discuss it)* no pienso discutir al respecto; **don't ~!** ¡no discutas!, ¡no protestes!

-2. *(reason)* **to ~ for** *(defend)* abogar por; **to ~ against** *(oppose)* oponerse a; **we could ~ about it all day** podríamos estar discutiéndolo todo el día; **the evidence argues against him** las pruebas hablan *or* están en su contra

◆ **argue out** *vt sep* **I left them to ~ it out (between them)** los dejé para que se pusieran de acuerdo

arguing ['ɑːgjuːɪŋ] *n* **that's enough ~** ya basta de discutir, se acabó la discusión; *Fam* **and no ~!** ¡y no hay más que hablar!, ¡y sin rechistar!

argument ['ɑːgjʊmənt] *n* **-1.** *(quarrel)* discusión *f*, pelea *f*; **to have an ~ (about sth)** discutir (por algo); **to get into an ~** meterse en una discusión; **and I don't want any arguments!** ¡y punto!; *Hum* **he had an ~ with a lamppost** tuvo un percance con una farola **-2.** *(debate)* discusión *f*, debate *m*; **it is open to ~ whether...** cabe plantearse si...; **you should listen to both sides of the ~** deberías escuchar los dos puntos de vista

-3. *(reason)* argumento *m*; **an ~ for/against doing sth** un argumento a favor de/en contra de hacer algo; **there's an ~ for doing nothing** hay razones para no hacer nada; **suppose for ~'s sake that...** pongamos por caso que...

-4. *(reasoning)* razonamiento *m*, lógica *f*; **I didn't follow his (line of) ~** no entendí su razonamiento

argumentation [ɑːgjʊmenˈteɪʃən] *n* argumentación *f*, razonamiento *m*

argumentative [ɑːgjʊˈmentətɪv] *adj* discutidor(ora), pendenciero(a)

argy-bargy [ˈɑːdʒɪˈbɑːdʒɪ] *n Fam* agarrada *f*, trifulca *f*; **I don't want any ~ with you** no quiero tenerla contigo

argyle [ˈɑːgaɪl] *adj (socks, jumper)* de rombos

aria [ˈɑːrɪə] *n* MUS aria *f*

Ariadne [ærɪˈædnɪ] *n* MYTHOL Ariadna

Arian [ˈeərɪən] *n* **to be (an) ~** ser aries

arid [ˈærɪd] *adj* **-1.** *(waterless)* árido(a) **-2.** *(argument, style)* árido(a)

aridity [əˈrɪdɪtɪ] *n* **-1.** *(of climate, region)* aridez *f* **-2.** *(of argument, style)* aridez *f*

Aries [ˈeəriːz] *n (sign of zodiac)* aries *m*; **to be (an) ~** ser aries

aright [əˈraɪt] *adv* correctamente, como es debido

arise [əˈraɪz] *(pt* **arose** [əˈrəʊz], *pp* **arisen** [əˈrɪzən]*) vi* **-1.** *(problem, situation)* surgir; **the question has not yet arisen** todavía no se ha presentado la cuestión; **if complications should ~** si surgieran complicaciones; **should the need ~** si surgiera la necesidad; **a storm arose** se formó una tormenta

-2. *(result)* originarse, arrancar; **a problem that arises from this decision** un problema que tiene su origen en esta decisión; **matters arising from the last meeting** las cuestiones planteadas a raíz *or* como resultado de la última reunión

-3. *Literary (get up)* levantarse; **~, Sir Cedric!** ¡en pie *or* alzaos, Sir Cedric!

aristocracy [ærɪsˈtɒkrəsɪ] *n* aristocracia *f*

aristocrat [*Br* ˈærɪstəkræt, *US* əˈrɪstəkræt] *n* aristócrata *mf*

aristocratic [*Br* ærɪstəˈkrætɪk, *US* ərɪstəˈkrætɪk] *adj* aristocrático(a)

Aristophanes [ærɪˈstɒfəniːz] *pr n* Aristófanes

Aristotelian [ærɪstəˈtiːlɪən] *adj* aristotélico(a)

Aristotle [ˈærɪstɒtl] *pr n* Aristóteles

arithmetic [əˈrɪθmətɪk] *n (calculations)* cálculos *mpl*, aritmética *f*; *(subject)* aritmética *f*; **my ~ is absolutely appalling** soy un verdadero desastre para la aritmética; **your ~ is spot on** tu cálculo (aritmético) es exacto; **it's a simple question of ~** es una mera *or* simple cuestión de aritmética

arithmetic(al) [ærɪθˈmetɪk(əl)] *adj* aritmético(a) □ COMPTR **~ logic unit** unidad *f* aritmético-lógica; **~ mean** media *f* aritmética; **~ progression** progresión *f* aritmética

Ariz *(abbr* **Arizona)** Arizona

Arizona [ærɪˈzəʊnə] *n* Arizona

Ark *(abbr* **Arkansas)** Arkansas

ark [ɑːk] *n* arca *f*; IDIOM **like sth out of the ~** antediluviano, de los tiempos de Maricastaña *or RP* del Ñaupa *or Chile* del Ñauca □ **the Ark of the Covenant** el Arca de la Alianza

Arkansas [ˈɑːkənsɔː] *n* Arkansas

arm [ɑːm] ◇ *n* **-1.** *(of person, chair)* brazo *m*; *(of garment)* manga *f*; **to carry sth/sb in one's arms** llevar algo/a alguien en brazos; **she took him in her arms** lo tomó *or Esp* cogió en brazos; **he took my ~, he took me by the ~** me tomó *or Esp* cogió del brazo; **to hold the ball at ~'s length** agarrar la pelota con el brazo extendido; **to throw one's arms around sb** abrazar a alguien; **to walk ~ in ~** caminar *or* ir del brazo; **he had a young blonde on his ~** iba del brazo de una joven rubia; *Fig* **the long ~ of the law** el (largo) brazo de la ley; *Fam Fig* **a list as long as your ~** una lista más larga que un día sin pan; **to receive sb with open arms** *(warmly welcome)* recibir a alguien con los brazos abiertos; IDIOM **to cost an ~ and a leg** costar un ojo de la cara *or* un riñón; IDIOM **I'd give my right ~ to do it** daría lo que fuera por hacerlo; IDIOM **to keep sb at ~'s length** mantenerse a una distancia prudencial de alguien □ **~ wrestling** los pulsos, *Am* la pulseada

-2. arms *(weapons)* armas *fpl*; **to lay down one's arms** deponer las armas; **to take up arms (against)** tomar *or Esp* coger las armas (contra); **under arms** armados y listos para luchar; IDIOM *Fam* **to be up in arms about sth** estar furioso *or RP* caliente por algo □ **arms control** control *m* de armamento; **arms dealer** traficante *mf* de armas; **arms dealing** compra-venta *f* de armas, tráfico *m* de armas; **arms race** carrera *f* armamentista *or* de armamentos; **arms trafficking** tráfico *m* de armas

-3. *(in heraldry)* **(coat of) arms** escudo *m* de armas

-4. *(of organization)* sección *f*

-5. *(of spectacles)* patilla *f*; *(of record-player)* brazo *m*

-6. *(of land, water)* brazo *m*

◇ *vt (person, country)* armar; **to ~ oneself with sth** *(knife, gun)* armarse con algo; *Fig* **to ~ oneself with the facts** armarse de datos

armada [ɑːˈmɑːdə] *n* **-1.** HIST **the (Spanish) Armada** la Armada Invencible **-2.** *(any fleet of warships)* armada *f*, flota *f*

armadillo [ɑːməˈdɪləʊ] *(pl* **armadillos)** *n* armadillo *m*

Armageddon [ɑːməˈgedən] *n* apocalipsis *m inv*

Armalite® [ˈɑːməlaɪt] *n* Armalite¹ *f*, = fusil automático muy ligero

armament [ˈɑːməmənt] *n (weaponry)* armamento *m*; **armaments** armamento

armature [ˈɑːmətʃə(r)] *n* **-1.** *(of motor)* inducido *m* **-2.** *(framework)* armadura *f*; *(for sculpture)* armazón *m* or *f*, armadura *f*

armband [ˈɑːmbænd] *n* **-1.** *(as identification, sign of mourning)* brazalete *m* **-2.** *(for swimming)* manguito *m*, flotador *m*

armchair [ˈɑːmtʃeə(r)] *n* sillón *m* □ **an ~ strategist** un estratega de salón

Armco® [ˈɑːmkəʊ] *n Br (crash barriers)* valla *f* de seguridad

armed [ɑːmd] *adj* armado(a); **to be ~** *(person)* estar armado(a); *(bomb)* estar activado(a); **~ with this new information...** con estos nuevos datos en su poder...; **the suspect is ~ and dangerous** el sospechoso va armado y es peligroso; *Fig* **~ only with a map...** provisto únicamente de un mapa...; **~ to the teeth** armado hasta los dientes □ **~ conflict** conflicto *m* armado *or* bélico; **~ forces** fuerzas *fpl* armadas; **~ robbery** atraco *m* a mano armada

Armenia [ɑːˈmiːnɪə] *n* Armenia

Armenian [ɑːˈmiːnɪən] ◇ *n* **-1.** *(person)* armenio(a) *m,f* **-2.** *(language)* armenio *m*
◇ *adj* armenio(a)

armful [ˈɑːmfʊl] *n* brazada *f*; **an ~ of papers** un montón de papeles (en los brazos); **in armfuls, by the ~** a brazados *or* brazadas, a montones

armhole [ˈɑːmhəʊl] *n* sisa *f*

armistice [ˈɑːmɪstɪs] *n* armisticio *m* □ **Armistice Day** día *m* en que se conmemora el final de la primera Guerra Mundial

armlock [ˈɑːmlɒk] *n (in wrestling)* llave *f* de brazo; **to get sb in(to) an ~** hacerle una llave de brazo a alguien

armor, armored *etc US* **= armour, armoured** *etc*

armorial [ɑːˈmɔːrɪəl] *adj (coat of arms)* heráldico(a)

armour, *US* **armor** [ˈɑːmə(r)] *n* **-1.** *(of knight)* armadura *f*; **in full ~** con armadura de pies a cabeza **-2.** *(of tank, vehicle)* blindaje *m*; **~ plate** *or* **plating** plancha *or* placa blindada **-3.** MIL *(tanks)* tanques *mpl*

armour-clad, *US* **armor-clad** [ˈɑːməˈklæd] *adj (ship, vehicle)* acorazado(a)

armoured, *US* **armored** [ˈɑːməd] *adj (vehicle)* blindado(a); *(troops)* blindado(a), acorazado(a) □ **~ car** carro *m* blindado, blindado *m*; **~ division** división *f* acorazada; **~ fighting vehicle** vehículo *m* de combate acorazado

armourer, *US* **armorer** [ˈɑːmərə(r)] *n* **-1.** *(manufacturer)* armero(a) *m,f* **-2.** *(in armed forces)* armero(a) *m,f*

armour-piercing, *US* **armor-piercing** [ˈɑːməˈpɪəsɪŋ] *adj* perforante

armour-plated, *US* **armor-plated** [ˈɑːməˈpleɪtɪd] *adj (vehicle)* blindado(a); *(building)* blindado(a), acorazado(a)

armoury, *US* **armory** [ˈɑːmərɪ] *n* **-1.** *(building, store of weapons)* arsenal *m* **-2.** *(resources)* armas *fpl*, recursos *mpl*; **such tricks are part of any politician's ~** tales estratagemas forman parte de las armas de cualquier político **-3.** *US (arms factory)* fábrica *f* de armamento

armpit [ˈɑːmpɪt] *n* axila *f*, sobaco *m*

armrest [ˈɑːmrest] *n (of aircraft or train seat)* reposabrazos *m inv*; *(of sofa, armchair)* brazo *m*

arm-twisting [ˈɑːmˈtwɪstɪŋ] *n Fam* **it took a bit of ~, but I got him to agree** tuve que apretarle las clavijas un poco, pero logré que cediese

arm-wrestle [ˈɑːmˈresəl] *vi* **to ~ with sb** echar un pulso con alguien

army [ˈɑːmɪ] *n* **-1.** MIL ejército *m* (de tierra); **to be in the ~** ser militar; **to go into** *or* **join the ~** alistarse en el ejército; **~ life, life in the ~** vida militar, vida en el ejército □ *Br* **Army List** = relación de oficiales del ejército en activo o en la reserva; **~ surplus** excedentes *mpl* del ejército; **~ surplus store** = establecimiento donde se venden ropa y complementos usados del ejército

-2. *(multitude)* batallón *m*, ejército *m*; **an ~ of assistants** un ejército *or* batallón de ayudantes

-3. ~ ant hormiga *f* arriera

arnica [ˈɑːnɪkə] *n (plant, medicine)* árnica *f*

aroma [əˈrəʊmə] *n* aroma *m*

aromatherapy [əˌrəʊməˈθerəpɪ] *n* aromaterapia *f*

aromatic [ˌærəˈmætɪk] *adj* **-1.** *(herb, tea, smell)* aromático(a) **-2.** CHEM aromático(a); **~ compound** compuesto aromático

arose *pt of* **arise**

around [əˈraʊnd] ◇ *prep* **-1.** *(indicating position)* alrededor de; **~ the table** en torno a la mesa; **to put one's arms ~ sb** abrazar a alguien; **he wore a sash ~ his waist** llevaba una faja en torno a la cintura; **there were hills all ~ the town** la ciudad estaba rodeada de colinas; **she showed no respect for those ~ her** no mostraba ningún respeto por la gente que tenía a su alrededor; **I won't be ~ the office next week** no estaré en la oficina la próxima semana; **I have a few things to do ~ the house** tengo unas cuantas cosas que hacer en casa; **~ here** por aquí *(cerca)*; **all ~ the world** por todo el mundo
-2. *(indicating motion)* **they walked ~ the lake** dieron la vuelta al lago caminando; **to go ~ the corner** dar la vuelta a la esquina; **they skirted ~ the town** rodearon la ciudad; **to look ~ the room** mirar por toda la habitación; **to show sb ~ the house** enseñarle a alguien la casa; **to travel ~ the world** viajar por todo el mundo; **to walk ~ the town/the streets** caminar por la ciudad/las calles; **you can't go ~ the place spreading rumours** no puedes ir por ahí difundiendo rumores
-3. *(based on)* **the team is built ~ one player** el equipo está construido en torno a un jugador; **a philosophy centred ~ compassion** una filosofía centrada en la compasión

◇ *adv* **-1.** *(surrounding)* alrededor; **a garden with a fence ~** un jardín rodeado por una valla; **there were open fields all ~ us** estábamos rodeados de campo por todas partes; **people came from all ~** vino gente de los alrededores; **for miles ~** en millas a la redonda
-2. *(in different directions)* **he looked ~ to make sure all was clear** miró a todas partes para asegurarse de que no había peligro; **to run ~** corretear, correr de aquí para allá; **let me show you ~** deja que te enseñe la casa/ciudad/*etc.*; **to travel ~** viajar (por ahí); **to walk ~** pasear (por ahí); **to follow sb ~** seguir a alguien por todas partes; **he has difficulty getting ~** tiene problemas para desplazarse; **she was waving her arms ~** agitaba sus brazos; **he passed the sweets ~** ofreció caramelos a todo el mundo; **I've changed things ~ in the living room** he movido algunas cosas en el salón; **there were books lying all ~** había libros por todas partes
-3. *(in opposite direction)* **to look ~** mirar hacia atrás; **to turn ~** *Esp* dar(se) la vuelta, *Am* darse vuelta
-4. *(with circular motion)* **the wheel spun ~ and ~** la rueda giraba y giraba
-5. *(in circumference)* de circunferencia; **it's three metres ~** tiene tres metros de circunferencia
-6. *(in the general area)* **is Jack ~?** *(there)* ¿está Jack por ahí?; *(here)* ¿está Jack por aquí?; **he must be ~ somewhere** debe estar en alguna parte *or* algún lado; **there was nobody ~** no había nadie (por allí); **I won't be ~ next week** no estaré la próxima semana; **there are a lot of tourists ~ at the moment** hay muchos turistas por aquí en estos momentos; **there's a virus ~** hay un virus suelto por ahí; **that band has been ~ for ages** esa banda lleva siglos tocando; **it's the best printer ~** es la mejor impresora que existe; **there's never a policeman ~ when you need one** nunca hay un policía a mano cuando lo necesitas; **to ask ~** preguntar por ahí; **to sit ~ doing nothing** estar sin hacer nada; **we're having a few friends ~** hemos invitado a unos cuantos amigos; **see you ~!** ¡nos vemos!; *Fam* **he's been ~** *(is experienced)* ha visto *or* tiene mucho mundo
-7. *(approximately)* **~ thirty** unos treinta; **she's ~ thirty** anda por los treinta, tiene unos treinta años; **~ ten years** unos diez años; **at ~ one o'clock** alrededor de la una, a eso de la una; **sometime ~ November** hacia noviembre; **~ 1950** en torno a 1950; **~ about 200** cerca de 200

around-the-clock [əˌraʊndðəˈklɒk] ◇ *adj* continuo(a), 24 horas al día
◇ *adv* (durante) las 24 horas del día

arousal [əˈraʊzəl] *n* **-1.** *(stimulation)* *(of interest, suspicion, anger)* despertar *m*, suscitación *f* **-2.** *(excitement)* excitación *f*; **in a state of ~** *(person, organ)* en estado de excitación

arouse [əˈraʊz] *vt* **-1.** *(sleeping person)* despertar **-2.** *(stimulate)* *(emotion, desire)* despertar, provocar; *(suspicion)* despertar, levantar; *(curiosity, interest)* despertar, suscitar **-3.** *(sexually)* excitar

ARP [eɪɑːˈpiː] *n Br* HIST *(abbr* **air-raid precautions***)* = medidas de precaución ante un ataque aéreo

arpeggio [ɑːˈpedʒɪəʊ] *(pl* **arpeggios***) n* arpegio *m*

arquebus [ˈɑːkwɪbəs] *n* arcabuz *m*

arr RAIL *(abbr* **arrival***)* llegada *f*

arraign [əˈreɪn] *vt* LAW hacer comparecer, citar

arraignment [əˈreɪnmənt] *n* LAW **-1.** *(of person)* comparecencia *f* ante el juez *(para el acto de acusación)* **-2.** *(charges)* acusación *f*

arrange [əˈreɪndʒ] ◇ *vt* **-1.** *(put in order)* *(books, furniture)* ordenar, colocar; *(hair, flowers)* arreglar; **the chairs were arranged in a circle** las sillas estaban dispuestas en círculo; **~ the books in alphabetical order** ordena los libros por orden alfabético
-2. *(organize)* *(wedding, meeting)* organizar; *(time, date)* fijar; *(accommodation)* buscar; **to ~ to do sth** quedar en hacer algo; **to ~ to meet** quedar; **to ~ what to do** planear qué hacer; **I've arranged things so I have the mornings free** me lo he organizado para tener las mañanas libres; **the meeting is arranged for noon tomorrow** la reunión está fijada para mañana a mediodía; **~ it amongst yourselves** organícenlo entre ustedes; **it was arranged that...** se quedó en que...; **that can be arranged** eso puede arreglarse; **an arranged marriage** un matrimonio concertado
-3. MUS arreglar; **arranged for the piano** arreglado para piano
◇ *vi* **to ~ to do sth** acordar hacer algo, quedar en hacer algo; **I think I'll ~ to be out when he comes** creo que haré lo posible por no estar cuando venga; **to ~ for sth to be done** disponer que se haga algo; **we've arranged for you to be met at the station** lo hemos preparado para que alguien vaya a buscarle a la estación; **as arranged** según lo acordado

arrangement [əˈreɪndʒmənt] *n* **-1.** *(order, placing)* disposición *f*
-2. *(plan, preparations)* **to make arrangements** hacer los preparativos; **I'm sorry, I've made other arrangements** lo siento, ya tengo otros planes; **I'll inform you of the travel ~ later** le informaré sobre los detalles del viaje más tarde
-3. *(agreement)* acuerdo *m*; **the ~ was that we would meet outside** habíamos quedado en reunirnos en el exterior; **to come to an ~ (with sb)** llegar a un acuerdo (con alguien); **he came to an ~ with the bank** llegó a un entendimiento con el banco; **by (prior) ~** con cita previa
-4. *(way of doing things)* arreglo *m*; **it's an odd ~, but it seems to work** es un arreglo extraño, pero parece que funciona
-5. MUS arreglo *m*

arrant [ˈærənt] *adj Formal* cabal, perfecto(a); **it was ~ nonsense** fue una cabal *or* perfecta estupidez

array [əˈreɪ] ◇ *n* **-1.** *(arrangement)* despliegue *m* **-2.** *(variety)* surtido *m*; **they offer a vast ~ of dishes** ofrecen un inmenso surtido de platos **-3.** *(fine clothes)* galas *fpl* **-4.** MIL formación *f*; **in battle ~** en orden de batalla **-5.** COMPTR & MATH matriz *f*
◇ *vt* **-1.** *(arrange, set out)* *(troops)* formar, poner en formación; *(dishes)* disponer, colocar **-2.** *Literary (dress)* ataviar, engalanar

arrears [əˈrɪəz] *npl* atrasos *mpl*; **to be in ~ with the rent** estar atrasado(a) en el pago del alquiler *or Méx* de la renta; **they're six months in ~** llevan seis meses de atraso *or* demora (en los pagos), deben seis meses de atrasos; **to get into ~** retrasarse *or Am* demorarse en el pago; **I am paid monthly in ~** me pagan al final de cada mes

arrest [əˈrest] ◇ *n* detención *f*, arresto *m*; **to be under ~** estar detenido(a); **you're under ~** queda detenido; **to make an ~** realizar *or* practicar una detención; **they put him under ~** *(police)* lo detuvieron; *(in army)* lo arrestaron □ **~ warrant** orden *f* de arresto, mandamiento *m* de detención
◇ *vt* **-1.** *(person)* detener; **he was arrested at the border** lo detuvieron *or* fue detenido en la frontera; *Fig* **my attention was arrested by...** me llamó poderosamente la atención... **-2.** *(development, process)* detener; **a case of arrested development** *(physical)* un caso de atrofia; *(psychological)* un caso de mentalidad infantil

arrestable [əˈrestəbəl] *adj (offence)* muy grave

arresting [əˈrestɪŋ] *adj* **-1.** *(striking)* arrebatador(ora), fascinante; **an ~ image** una imagen impactante **-2.** LAW **the ~ officer** = el agente de policía encargado de practicar la detención

arrhythmia [eɪˈrɪðmɪə] *n* MED arritmia *f*

arrival [əˈraɪvəl] *n* **-1.** *(of person, vehicle)* llegada *f*; **on** *or* **upon ~** al llegar; **the arrivals board/lounge** el tablón/la sala de llegadas □ **~ time** hora *f* de llegada **-2.** *(newcomer)* **a new ~** *(at work, in club)* un(a) recién llegado(a); *(baby)* un(a) recién nacido(a) **-3.** *(advent)* llegada *f*, aparición *f*; **the ~ of the motor car** la llegada *or* aparición del automóvil

arrive [əˈraɪv] *vi* **-1.** *(at place)* llegar; **I've just arrived** acabo de llegar; **the first post arrives at eight o'clock** el primer reparto de correspondencia es a las ocho; **the baby arrived three weeks early** el bebé llegó con tres semanas de antelación; **to ~ on the scene** aparecer, entrar en escena
-2. *Fam (attain success)* triunfar; **you know you've really arrived when...** te das cuenta de que realmente has conseguido triunfar *or* has alcanzado el éxito cuando...

◆ **arrive at** *vt insep* **-1.** *(reach)* llegar; **to ~ at a decision/solution** llegar a una decisión/solución; **we arrived at the conclusion that...** llegamos a la conclusión de que...; **how did you ~ at that figure?** ¿cómo has obtenido esa cifra *or* ese resultado?
-2. *(negotiate)* *(price)* convenir; **they finally arrived at a mutually acceptable price** finalmente convinieron (en) un precio razonable para ambas partes

arriviste [ˌærɪˈviːst] *n* arribista *mf*

arrogance [ˈærəgəns] *n* arrogancia *f*

arrogant [ˈærəgənt] *adj* arrogante

arrogantly [ˈærəgəntlɪ] *adv* con arrogancia, arrogantemente

arrogate [ˈærəgeɪt] *vt Formal (appropriate unjustly)* arrogarse, atribuirse

arrow [ˈærəʊ] *n* **-1.** *(missile)* flecha *f* **-2.** *(sign)* flecha *f* □ COMPTR **~ keys** teclas *fpl* de dirección *or* de movimiento del cursor

arrowhead [ˈærəʊhed] *n* punta *f* de flecha

arrowroot [ˈærəʊruːt] *n* CULIN arrurruz *m*

arroyo [əˈrɔɪəʊ] *(pl* **arroyos***) n US* barranco *m*, arroyada *f*

arse [ɑːs] *Br Vulg* ◇ *n* **-1.** *(buttocks)* culo *m*; **get your ~ over here!** ¡ven para acá, *Esp* coño *or Am* carajo!, *Esp* ¡mueve el culo para acá!; **stick** *or* **shove it up your ~!** ¡métetelo en *or*

arse-bandit por el culo or Col por donde más te duela! **-2.** (stupid person) Esp gilipollas mf inv, Am pendejo(a) m,f, RP boludo(a) m,f; **to make an ~ of oneself** quedar como Esp un(a) gilipollas or Am un(a) pendejo(a) or RP un(a) boludo(a); **to make an ~ of sth** joder algo, RP cagar algo
-3. IDIOMS **to get one's ~ in gear** ponerse las pilas, RP mover las bolas; **to talk out of one's ~** no decir más que Esp gilipolleces or Am pendejadas or RP boludeces; **to work one's ~ off** romperse el culo a trabajar, RP romperse el culo; **to be out on one's ~: another mistake like that and he'll be out on his ~** (will be fired) otro error de esos Esp se va a la puta calle or Am y lo echan a patadas en el culo; **to go ~ over tit** or **tip** Esp pegarse una hostia de morros, Am romperse el alma; **my ~!** ¡y una mierda!, Esp ¡y una polla (como una olla)!, RP ¡las pelotas!; **he doesn't know his ~ from his elbow** no tiene ni puta idea; **it's my ~ that's on the line** soy yo quien tiene el culo al aire
◇ vt **I can't be arsed (doing it)!** ¡no me da la gana (hacerlo)!, Esp ¡no me sale de los huevos (hacerlo)!, RP ¡se me cae un huevo (sólo de pensar en hacerlo)!

▸ **arse about, arse around** vi Br Vulg (act foolishly) Esp hacer el gilipollas, Am pendejear, RP boludear; (waste time) tocarse las pelotas or los huevos, RP rascarse las bolas

arse-bandit ['ɑːsbændɪt] n Br Vulg maricón m, Esp bujarrón m
arsehole ['ɑːshəʊl] n Br Vulg **-1.** (anus) ojete m; IDIOM **the ~ of the universe** or **world** (place) la cloaca del mundo **-2.** (unpleasant person) hijo(a) m,f de puta, cabrón(ona) m,f; **don't be such an ~!** ¡no seas tan cabrón!
arse-kisser ['ɑːskɪsə(r)], **arse-licker** ['ɑːslɪkə(r)] n Br Vulg lameculos mf inv
arsenal ['ɑːsənəl] n **-1.** (building, store of weapons) arsenal m **-2.** (arms factory) fábrica f de armamento
arsenic ['ɑːsənɪk] n CHEM arsénico m
arson ['ɑːsən] n incendio m provocado or doloso; **to commit ~** cometer un delito de incendio provocado or doloso
arsonist ['ɑːsənɪst] n incendiario(a) m,f, pirómano(a) m,f
art[1] [ɑːt] n **-1.** (in general) arte m; **the arts** las artes; **~ for ~'s sake** el arte por el arte ❑ **~ cinema** cine m de autor; **the Arts Council** = institución dependiente de la administración británica que concede ayudas económicas a diferentes organizaciones del mundo de las artes; **arts and crafts** (applied arts) artes fpl decorativas; (school subject) trabajos mpl manuales; **an arts and crafts fair** una feria de artesanía; CIN **~ director** director(ora) m,f artístico(a); **~ exhibition** exposición f (artística); **arts festival** festival m de arte; **~ form** manifestación f artística; Ironic **he has developed idleness into a real ~ form** ha hecho de la vagancia un verdadero arte; **~ gallery** (for sale) galería f de arte; (for exhibition) museo m; **~ history** historia f del arte; **~ house cinema** (place) sala f de arte y ensayo, = sala donde se proyecta cine de autor; (film) cine m de autor; **arts programme** (on TV, radio) programa m de arte; **~ school** escuela f de bellas artes; US **~ theater** sala f de arte y ensayo, = sala donde se proyecta cine de autor; **~ therapy** terapia f artística
-2. UNIV **arts** letras fpl; **Faculty of Arts, Arts Faculty** facultad de filosofía y letras
-3. (technique) arte m; **there's an ~ to making omelettes** hacer tortillas tiene su arte; **the ~ of war/conversation** el arte de la guerra/la conversación; **it's a dying ~** es algo or es un arte que se está perdiendo

art[2] (2nd person singular present of **be**) Archaic & REL **thou ~ fair** qué bella sois
art deco, Art Deco ['ɑːt'dekəʊ] n art decó m
artefact, artifact ['ɑːtɪfækt] n objeto m

arterial [ɑːˈtɪərɪəl] adj **-1.** ANAT arterial; **~ blood** sangre arterial **-2.** (road, railway) principal, arterial
arteriole [ɑːˈtɪərɪəʊl] n ANAT arteriola f
arteriosclerosis [ɑːˌtɪərɪəʊsklɪˈrəʊsɪs] n MED arteriosclerosis f inv
artery ['ɑːtərɪ] n **-1.** ANAT arteria f **-2.** (road) arteria f
artesian well [ɑːˈtiːzɪənˈwel] n pozo m artesiano
Artex® ['ɑːteks] n = pintura densa usada para hacer acabados en relieve en techos y paredes
artful ['ɑːtfʊl] adj **-1.** (person) astuto(a), artero(a); **~ dodger** granuja, tunante **-2.** (solution) astuto(a), hábil; (arrangement) mañoso(a), ingenioso(a)
artfully ['ɑːtfʊlɪ] adv (skilfully) con habilidad or maestría, hábilmente; (craftily) astutamente
arthritic [ɑːˈθrɪtɪk] adj artrítico(a)
arthritis [ɑːˈθraɪtɪs] n artritis f inv
arthropod ['ɑːθrəpɒd] n ZOOL artrópodo m
arthrosis [ɑːˈθrəʊsɪs] n MED artrosis f inv
Arthur ['ɑːθə(r)] pr n **King ~** el rey Arturo
Arthurian [ɑːˈθjʊərɪən] adj artúrico(a), del rey Arturo
artichoke ['ɑːtɪtʃəʊk] n **-1.** (globe) **~** alcachofa f, RP alcaucil m; **~ hearts** corazones de alcachofa **-2.** (Jerusalem) **~** aguaturma f, cotufa f
article ['ɑːtɪkəl] ◇ n **-1.** (item) artículo m; **~ of clothing** prenda de vestir; Fam **it's the genuine ~!** ¡éste es el auténtico or verdadero! ❑ **~ of faith** dogma m de fe **-2.** (in press) artículo m **-3.** GRAM **definite/indefinite ~** artículo determinado/indeterminado **-4.** Br COM **articles of association** estatutos sociales
◇ vt LAW **to be articled to a firm of solicitors** trabajar en prácticas or hacer una pasantía en un bufete de abogados
articled ['ɑːtɪkəld] adj **~ clerk** abogado(a) en prácticas
articulacy [ɑːˈtɪkjʊləsɪ] n facilidad f de palabra
articulate ◇ adj [ɑːˈtɪkjʊlət] **-1.** (person) elocuente; (description, account) claro(a), comprensible; **he's not very ~** no sabe expresarse bien **-2.** (jointed) articulado(a)
◇ vt [ɑːˈtɪkjʊlet] **-1.** (word, sound) articular **-2.** (idea, feeling) formular, expresar **-3.** (join) articular
articulated lorry [ɑːˈtɪkjʊleɪtɪdˈlɒrɪ] n camión m articulado
articulately [ɑːˈtɪkjʊlətlɪ] adv (to speak, explain) claramente; **as you so ~ put it** como tú tan bien has expresado
articulation [ɑːˌtɪkjʊˈleɪʃən] n **-1.** (of words, sound) articulación f **-2.** (of ideas, feelings) formulación f
articulator [ɑːˈtɪkjʊleɪtə(r)] n LING articulador m
articulatory [ɑːˈtɪkjʊlətrɪ] adj LING articulatorio(a); **~ phonetics** fonética articulatoria
artifact = artefact
artifice ['ɑːtɪfɪs] n artificio m
artificial [ɑːtɪˈfɪʃəl] adj **-1.** (manufactured) (flower, fertilizer, additive, light) artificial; (limb) ortopédico(a); (hair) postizo(a) ❑ **~ insemination** inseminación f artificial; COMPTR **~ intelligence** inteligencia f artificial; **~ leather** Esp símil piel f, Esp, Méx piel f sintética, Andes, Carib, RP cuero m sintético; **~ respiration** respiración f artificial or asistida; **~ silk** seda f artificial
-2. (contrived) (situation, distinction, conditions) artificial, ficticio(a); **the scene feels very ~** la escena resulta muy ficticia or irreal
-3. (insincere) (manner, smile) afectado(a), artificial
-4. ASTRON **~ horizon** horizonte m artificial
artificiality [ɑːtɪfɪʃɪˈælɪtɪ] n **-1.** (of situation, distinction, conditions) artificialidad f, artificiosidad f **-2.** (of manner, smile) afectación f, artificialidad f
artificially [ɑːtɪˈfɪʃəlɪ] adv artificialmente; **the exchange rate is kept ~ high** el tipo de cambio se mantiene artificialmente elevado

artillery [ɑːˈtɪlərɪ] n artillería f; **an ~ captain** un capitán de artillería
artilleryman [ɑːˈtɪlərɪmən] n artillero m
artisan [ɑːtɪˈzæn] n artesano(a) m,f
artist ['ɑːtɪst] n artista mf; **he is an ~** (painter, movie director) es un artista or maestro; (footballer) es un artista or figura; (chef) es un artista or maestro
artiste [ɑːˈtiːst] n artista mf (de espectáculos)
artistic [ɑːˈtɪstɪk] adj artístico(a); **she is very ~** tiene mucha sensibilidad artística ❑ **~ director** director(ora) m,f artístico; **~ heritage** patrimonio m histórico-artístico; SPORT **~ impression** impresión f artística; **~ licence** licencia f artística
artistically [ɑːˈtɪstɪklɪ] adv artísticamente; **to be ~ inclined** tener inclinaciones artísticas; **she's very gifted ~** tiene grandes dotes artísticas
artistry ['ɑːtɪstrɪ] n arte m, destreza f
artless ['ɑːtlɪs] adj **-1.** (simple) inocente, ingenuo(a) **-2.** (clumsy) torpe
artlessly ['ɑːtlɪslɪ] adv **-1.** (simply) abiertamente, ingenuamente **-2.** (clumsily) toscamente, torpemente
art nouveau, Art Nouveau ['ɑːtnuːˈvəʊ] n art nouveau m, modernismo m
artsy, artsy-crafty etc US = **arty, arty-crafty** etc
artwork ['ɑːtwɜːk] n (in book, magazine) ilustraciones fpl
arty ['ɑːtɪ], US **artsy** ['ɑːtsɪ] adj Fam (person) **the bar attracts an ~ crowd** el bar atrae a una clientela bohemia; **the ~ decor of the room** la decoración rompedora de la habitación
arty-crafty ['ɑːtɪˈkrɑːftɪ], US **artsy-crafty** ['ɑːtsɪˈkrɑːftɪ] adj Fam **the decor is ~** la decoración tiene aspiraciones or pretensiones artísticas
arty-farty ['ɑːtɪˈfɑːtɪ], US **artsy-fartsy** ['ɑːtsɪˈfɑːtsɪ] adj Fam intelectualoide
arum ['eərəm] n aro m, jaro m ❑ **~ lily** aro m de Etiopía, cala f
Aryan ['eərɪən] ◇ n ario(a) m,f
◇ adj ario(a)
as [æz, unstressed əz] ◇ prep como; **to be disguised/dressed as a woman** ir disfrazado/vestido de mujer; **to work as an interpreter** trabajar de intérprete; **to work as a team** trabajar en equipo; **to regard sb as a friend** considerar a alguien un amigo; **it doesn't strike me as a good idea** no me parece una buena idea; **it came as no surprise** no sorprendió nada; **to treat sb as a stranger** tratar a alguien como a un extraño; **to act/serve as a protection against sth** actuar/servir de protección contra algo; **she used it as a bandage** lo utilizó a modo de venda; **I'm speaking to you as a lawyer** te estoy hablando en calidad de abogado; **I was unhappy as a child** de niño era muy infeliz; **as a woman, I think that...** como mujer, creo que...; **they applauded as one** aplaudieron al unísono
◇ adv **-1.** (with manner) (tal y) como; **we arrived at eight o'clock, as requested** llegamos a las ocho, tal y como se nos había pedido; **we did exactly as we had been told** hicimos exactamente lo que nos habían dicho; **delete as applicable** táchese lo que corresponda; **he tried as never before** lo intentó como nunca antes; **B as in Birmingham** B de burro
-2. (in comparisons) **as... as...** tan... como...; **not as** or **so... as...** no tan... como...; **as tall as me** tan alto como yo; **as white as a sheet** blanco(a) como la nieve; **I pushed/tried as hard as I could** empujé/lo intenté con todas mis fuerzas; **he's as good a player as his father** es tan buen jugador como su padre; **twice as big (as)** el doble de grande (que); **as many as you want** todos los que quieras; **as much as you want** todo lo que quieras; **it costs twice as much (as)** cuesta el doble (que); **he earns five times as much as I do** gana cinco veces más que yo; **she wasn't pleased and she told him as much**

no estaba satisfecha y así se lo hizo saber; **there were as few as fifty people there** había tan sólo cincuenta personas allí; **printers from as little as $70** impresoras desde sólo 70 dólares; **I never thought as many as fifty people would come** nunca imaginé que pudieran venir hasta cincuenta personas; **as recently as last week** hace tan sólo una semana; **do it as soon as you can** hazlo en cuanto puedas; **as soon as possible** cuanto antes
-**3.** *(phrases)* **she looked as if or though she was upset** parecía (como si estuviera) disgustada; **it isn't as if or though I haven't tried** no será porque no lo he intentado, no es que no lo haya intentado; **it looks as if or though...** parece que...; *Fam* **as if I'd be interested!** ¡a mí qué me importa!; *Fam (expressing disbelief)* **he reckons he can speak ten languages – as if!** anda *or* va diciendo que habla diez idiomas – ¡qué valor! *or* ¡qué va!; **as for the cost/the food...** en *or* por lo que se refiere al costo/a la comida...; **as for me...** por lo que a mí respecta...; **as from** *or* **of today** a partir de hoy; **she was unsure as to who to invite** no sabía a quién invitar, no estaba segura de a quién invitar; **as well** también; **as well as** así como
◇ *conj* -**1.** *(with time) (when)* cuando; *(whilst)* mientras; **he went out as I came in** salió cuando yo entraba; **she talked to me as I worked** me hablaba mientras trabajaba; **as you get older...** a medida que te haces mayor...; **as the years go by** conforme pasan los años; **as necessary** según sea necesario; **we will use this method as and when necessary** utilizaremos este método como y cuando sea necesario; **as always** como siempre
-**2.** *(because)* como; **as he has now left...** como se ha ido..., ahora que se ha ido...; **this scene is important, as it marks a turning point in the plot** esta escena es importante, puesto que *or* ya que marca un punto de inflexión en la trama
-**3.** *(concessive)* **late as it was...** aunque era tarde...; **try as she might...** por mucho que lo intentara...; **unlikely as it might seem...** por improbable que parezca...; **much as I like her...** por mucho que me guste...; **stupid as he is, even he saw the mistake** hasta él, que es tan estúpido, se dio cuenta del error
-**4.** *(with manner)* como; **as I was saying...** como iba diciendo...; **as you know...** como sabes...; **as I remember** si mal no recuerdo; **do as you like** haz lo que quieras; **as I suspected...** (tal y) como sospechaba; **knowing them as I do** conociéndolos como los conozco; **as is often the case...**, **as often happens...** como suele suceder...; **it's hard enough as it is without this happening!** ¡ya es lo bastante duro como para que ahora pase esto!; **it's far enough as it is!** ¡ya está suficientemente lejos así!; **as it is, there's little we can do** tal y como están las cosas, no podemos hacer mucho; **as it were** por así decirlo; **he's not, as it were, terribly bright** no es muy listo que digamos; **all right, as you wish** de acuerdo, como quieras; **we have no further information as yet** todavía no tenemos más información
-**5.** *(in addition)* **your mother is well, as are the children** tu madre está bien, al igual que los niños
-**6.** *(in comparisons)* **I've got the same bicycle as him** tengo la misma bicicleta que él; **now, as then...** tanto ahora como antes...

ASA [eɪes'eɪ] *n* -**1.** *Br (abbr* **Advertising Standards Agency)** = asociación para la vigilancia y control de la publicidad -**2.** *Formerly (abbr* **American Standards Association)** = instituto estadounidense de estandarización, en la actualidad conocido como ANSI ❏ PHOT ~ ***number*** sensibilidad *f* (en grados) ASA, número *m* ASA

asafoetida [æsə'fetɪdə] *n* asafétida *f*
asap [eɪeseɪ'piː] *adv (abbr* **as soon as possible**) cuanto antes, lo antes posible
asbestos [æs'bestəs] *n* amianto *m*, asbesto *m*
asbestosis [æsbes'təʊsɪs] *n* MED asbestosis *f inv*
ascend [ə'send] ◇ *vt* -**1.** *(mountain, steps, ladder)* ascender por, subir -**2.** *(throne)* ascender a, subir a
◇ *vi* ascender
ascendancy, ascendency [ə'sendənsɪ] *n* dominio *m*, ascendiente *m* (**over** sobre); **to gain ~ (over)** ganar hegemonía (sobre), ganar preponderancia (sobre)
ascendant, ascendent [ə'sendənt] *n* **to be in the ~** ir en ascenso; IDIOM **his star is in the ~** tiene el santo de cara, tiene una buena racha
ascending [ə'sendɪŋ] *adj* -**1.** *(staircase, spiral)* ascendente; **in ~ order** *(of priority, size)* en orden ascendente -**2.** MUS ascendente
Ascension [ə'senʃən] *n* REL Ascensión *f* ❏ ~ ***Day*** día *m* de la Ascensión; ~ ***Island*** Ascensión
ascent [ə'sent] *n* -**1.** *(of mountain)* ascensión *f*, subida *f* -**2.** *(rise)* ascenso *m*; **her ~ to power** su ascenso al poder
ascertain [æsə'teɪn] *vt (establish)* precisar, determinar; *(find out)* averiguar
ascertainable [æsə'teɪnəbəl] *adj* determinable; **the age of a tree is ~ from its cross-section** la edad de un árbol se puede determinar en su corte transversal; **not easily ~** difícil de determinar
ascetic [ə'setɪk] ◇ *n* asceta *mf*
◇ *adj* ascético(a)
asceticism [ə'setɪsɪzəm] *n* ascetismo *m*
ASCII ['æskɪ] *n (abbr* **American Standard Code for Information Interchange)** ASCII *m* ❏ ~ ***code*** código *m* ASCII; ~ ***text*** texto *m* en formato ASCII; ~ ***value*** valor *m* ASCII
ascorbic acid [ə'skɔːbɪk'æsɪd] *n* ácido *m* ascórbico
ascribable [ə'skraɪbəbəl] *adj* atribuible (**to** a)
ascribe [ə'skraɪb] *vt* atribuir (**to** a); **this painting was formerly ascribed to Velazquez** esta obra había sido atribuida anteriormente a Velázquez
ASE [eɪes'iː] *n (abbr* **American Stock Exchange)** ASE *m*, = mercado de valores estadounidenses
ASEAN ['æzɪæn] *n (abbr* **Association of South-East Asian Nations)** ASEAN *f*
aseptic [eɪ'septɪk] *adj* aséptico(a)
asexual [eɪ'seksjʊəl] *adj* asexual ❏ ~ ***reproduction*** reproducción *f* asexual
ASH [æʃ] *n (abbr* **Action on Smoking and Health)** ASH, = asociación antitabaco británica
ash[1] [æʃ] *n (tree, wood)* fresno *m*
ash[2] *n* -**1.** *(from fire, cigarette)* ceniza *f*; REL **ashes to ashes, dust to dust** polvo al polvo, cenizas a las cenizas ❏ REL ***Ash Wednesday*** Miércoles *m inv* de Ceniza -**2.** *(colour)* color *m* ceniza -**3. the Ashes** = nombre que recibe la competición de críquet entre las selecciones de Australia e Inglaterra
ashamed [ə'ʃeɪmd] *adj* avergonzado(a), *Andes, CAm, Carib, Méx* apenado(a); **to be ~ (of)** estar avergonzado(a) (de), *Andes, CAm, Carib, Méx* **to feel ~** sentir vergüenza *or Andes, CAm, Carib, Méx* pena; **I'm ~ of you!** ¡me das vergüenza *or Andes, CAm, Carib, Méx* pena!; **I am ~ to say that...** me avergüenza *or Andes, CAm, Carib, Méx* apena decir que...; **she was ~ to show her face in public** se le caía la cara de vergüenza *or* se moría de vergüenza de que la vieran en público; **I'm not ~ to admit it** no me avergüenza *or* me da vergüenza reconocerlo; **there is nothing to be ~ of** no hay de qué avergonzarse *or Andes, CAm, Carib, Méx* apenarse; **you ought to be ~ of yourself!** ¡debería darte vergüenza *or Andes, CAm, Carib, Méx* pena!
ashamedly [ə'ʃeɪmɪdlɪ] *adv* con vergüenza, *Andes, CAm, Carib, Méx* con pena
ash-blond(e) ['æʃblɒnd] ◇ *n (colour)* rubio *m* ceniza
◇ *adj* rubio(a) ceniza

ashcan ['æʃkæn] *n US* cubo *m* de la basura
ashen ['æʃən] *adj* pálido(a)
ashen-faced ['æʃən'feɪst] *adj* de tez pálida, de cara pálida
Ashkenazi [æʃkə'nɑːzɪ] ◇ *n (pl* **Ashkenazim** [æʃkə'nɑːzɪm]) askenazí *mf*, asquenazí *mf*
◇ *adj* askenazí, asquenazí
ashore [ə'ʃɔː(r)] *adv* en tierra; **to go ~** desembarcar; **he swam ~** nadó hasta la orilla; **to put sb ~ (at)** desembarcar a alguien (en); **debris from the wreck was washed ~** las olas arrastraron los restos del naufragio hasta la playa
ashram ['æʃrəm] *n* ashram *m*, = monasterio o lugar de retiro de un gurú hindú
ashtray ['æʃtreɪ] *n* cenicero *m*
Asia ['eɪʒə] *n* Asia ❏ ~ ***Minor*** Asia Menor
Asian ['eɪʒən] ◇ *n* asiático(a) *m,f*; *Br (person from Indian subcontinent)* = persona de la India, Paquistán o Bangladesh
◇ *adj* asiático(a); *Br (from Indian subcontinent)* = de la India, Paquistán o Bangladesh ❏ *US* ~ ***American*** americano(a) *m,f* de origen asiático; ~ ***elephant*** elefante *m* asiático

ASIAN

Para los británicos, **Asian** designa habitualmente a los habitantes de la India y países limítrofes. Por lo que la expresión "the Asian community" hace referencia a personas de origen indio, pakistaní y bangladesí. Para traducir "asiático", se recomienda por lo general emplear el gentilicio del país en cuestión.

Asiatic [eɪzɪ'ætɪk] ◇ *n* asiático(a) *m,f*
◇ *adj* asiático(a)
aside [ə'saɪd] ◇ *adv* aparte, a un lado; **I stepped ~ to let her pass** me aparté *or* me hice a un lado para dejarla pasar; **to put** *or* **set sth ~** apartar *or* reservar algo; **stand ~ please!** ¡apártense, por favor!; **to take sb ~** llevarse a alguien aparte; **politics ~...** dejando a un lado la política...; **these problems ~, we have been very successful** dejando al margen estos problemas, los resultados han sido muy satisfactorios
◇ *n* -**1.** THEAT aparte *m* -**2.** *(digression)* inciso *m*, paréntesis *m inv*
◇ **aside from** *prep* -**1.** *(to the side of)* **it stands a few yards ~ from the road** se encuentra a unos metros apartado de la carretera -**2.** *(except for)* aparte de, salvo, exceptuando -**3.** *US (as well as)* aparte de, además de
asinine ['æsɪnaɪn] *adj* cretino(a), majadero(a)
ask [ɑːsk] *vt* -**1.** *(enquire about)* preguntar; **to ~ sb sth** preguntar algo a alguien; **to ~ sb about sth** preguntarle a alguien sobre algo; **to ~ (sb) a question** hacer una pregunta (a alguien); **to ~ sb the time** preguntar la hora a alguien; **to ~ sb the way** preguntar a alguien el camino; **may I ~ what you think you're doing?** ¿se puede saber qué estás haciendo?; **to ~ oneself sth** preguntarse algo; **sometimes I ~ myself what would have happened if I'd accepted** a veces me pregunto qué habría ocurrido si hubiera aceptado; **don't ~ me!** ¿a mí me lo preguntas?; **if you ~ me...** *(in my opinion)* si quieres saber mi opinión...; **I ~ you!** *(expressing disapproval)* ¡qué barbaridad!
-**2.** *(request)* pedir; **to ~ sb for sth** pedir algo a alguien; **to ~ to do sth** *Esp* pedir hacer algo, *Am* pedir para hacer algo; **to ~ sb to do sth** pedir a alguien que haga algo; **I asked if I could do it** pedí permiso para hacerlo; *Fig* **she was asking to be criticized** se estaba buscando las críticas; **to ~ a favour of sb, to ~ sb a favour** pedir un favor a alguien; **to ~ sb's advice** pedirle consejo a alguien; **to ~ sb's permission to do sth** pedir permiso a alguien para hacer algo; **it's asking a lot of them to win** sería demasiado esperar que ganaran; **if it isn't asking too much** si no es mucho pedir; **we ~ that you do not smoke** le rogamos que no fume

-3. (invite) invitar, convidar; **to ~ sb along** invitar a alguien; **to ~ sb back (for a drink)** invitar a alguien a casa (a tomar algo); **to ~ sb in** invitar a alguien a que pase; **to ~ sb over** or **round** invitar a alguien; **to ~ sb to lunch** convidar a alguien a comer; **he asked me to stay the night** me invitó a pasar la noche

◇ vi **-1.** (enquire) preguntar (**about** por); **she asked about my previous job** me preguntó por mi anterior trabajo; Formal **how much do you earn, if you don't mind my asking?** ¿cuánto gana, si no le molesta la indiscreción?; **how did it go? – don't ~!** ¿qué tal fue? – ¡mejor ni hablar!; **why did he do that? – you may well ~!** ¿por qué lo hizo? – ¡buena pregunta!

-2. (request) **you only have to ~!** ¡no tienes más que pedirlo!

◆ **ask after** vt insep **to ~ after sb** preguntar or interesarse por alguien

◆ **ask around** vi (make enquiries) preguntar por ahí

◆ **ask for** vt insep **-1.** (request) pedir; **I couldn't ~ for more** no se puede pedir más; **it's as nice a house as anyone could ~ for** no se podría pedir una casa mejor; **he was asking for trouble** se estaba buscando problemas; Fam **he was asking for it!** (deserved it) ¡se lo estaba buscando!

-2. (want to see) preguntar por; **there's someone at the door asking for you** hay alguien en la puerta preguntando or que pregunta por ti

◆ **ask out** vt sep **-1.** (invite) **to ~ sb out for a meal/to the cinema** invitar a alguien a comer/a ir al cine

-2. (as boyfriend, girlfriend) pedir salir; **have you asked him out yet?** ¿ya le has pedido salir?

askance [əˈskæns] adv (with suspicion) con recelo; (with disapproval) con desdén

askew [əˈskjuː] adv **the picture was (hanging) ~** el cuadro estaba torcido; **her dress was ~** llevaba el vestido torcido

asking [ˈɑːskɪŋ] n **it's yours for the ~** lo tienes a pedir de boca ❑ **~ price** precio m de salida

ASL [eɪesˈel] n (abbr **American Sign Language**) = lenguaje estadounidense de signos para sordos angloparlantes

asleep [əˈsliːp] adj **-1.** (person, animal) **to be ~** estar dormido(a) or durmiendo; **to be fast** or **sound ~** estar profundamente dormido(a); **to fall ~** quedarse dormido(a), dormirse; IDIOM **they were ~ on their feet** se caían de sueño **-2.** (numb) **my arm/foot is ~** tengo un brazo/pie dormido

ASLEF [ˈæzlef] n (abbr **Associated Society of Locomotive Engineers and Firemen**) = sindicato británico de maquinistas

ASM [eɪesˈem] n **-1.** (abbr **air-to-surface missile**) misil m aire-superficie **-2.** (abbr **assistant stage manager**) director(ora) m,f de escena adjunto(a), ayudante mf de dirección

asocial [eɪˈsəʊʃəl] adj asocial

asp [æsp] n áspid m

asparagus [əˈspærəgəs] n **-1.** (plant) esparraguera f ❑ **~ fern** esparraguera f **-2.** (vegetable) espárragos mpl ❑ **~ tips** puntas fpl de espárragos

aspartame [Br əˈspɑːteɪm, US ˈæspəteɪm] n aspartamo m

ASPCA [eɪespiːsiːˈeɪ] n (abbr **American Society for the Prevention of Cruelty to Animals**) = sociedad estadounidense para la prevención de la crueldad contra los animales, ≃ Sociedad f Protectora de Animales

aspect [ˈæspekt] n **-1.** (of problem, subject) aspecto m; **the financial/political aspects (of a plan)** el aspecto m económico/ político (de un plan) **-2.** (of building) orientación f; **the house has a northern/southern ~** la casa está orientada al norte/sur

-3. Literary (appearance) semblante m, apariencia f **-4.** LING aspecto m

aspen [ˈæspən] n álamo m (temblón)

asperity [æˈsperɪtɪ] n Formal aspereza f

aspersions [əsˈpɜːʃənz] npl **to cast ~ (up)on sth** poner en duda algo

asphalt [ˈæsfælt] n asfalto m; **an ~ road** una carretera asfaltada

asphodel [ˈæsfədel] n asfódelo m, gamón m

asphyxia [æsˈfɪksɪə] n MED asfixia f

asphyxiate [æsˈfɪksɪeɪt] ◇ vt asfixiar
◇ vi asfixiarse

asphyxiation [æsfɪksɪˈeɪʃən] n asfixia f

aspic [ˈæspɪk] n CULIN gelatina f; Fig **it was as if the house had been preserved in ~** parecía que hubieran conservado la casa en alcanfor

aspidistra [æspɪˈdɪstrə] n aspidistra f

aspirant [ˈæspɪrənt] n aspirante mf; **an ~ to the title** un aspirante al título
◇ adj aspirante; **~ politicians** aspirantes a político

aspirate [ˈæspɪrət] LING ◇ n sonido f aspirado
◇ adj aspirado(a)
◇ vt [ˈæspɪreɪt] aspirar

aspiration [æspɪˈreɪʃən] n **-1.** (ambition) aspiración f; **to have aspirations to greater things/to become a doctor** aspirar a más/ a ser médico **-2.** LING aspiración f

aspirator [ˈæspɪreɪtə(r)] n succionador m, aspirador m

aspire [əˈspaɪə(r)] vi **to ~ to (do) sth** aspirar a (hacer) algo

aspirin [ˈæsprɪn] n aspirina f

aspiring [əˈspaɪərɪŋ] adj **to be an ~ actor** ser un actor en ciernes

ASR [eɪesˈɑː(r)] n US (abbr **air-sea rescue**) rescate m aeromarítimo

ass[1] [æs] n **-1.** (animal) burro m, asno m **-2.** Fam (idiot) borrico(a) m,f, tonto(a) m,f; IDIOM **to make an ~ of oneself** quedar como un tonto

ass[2] n US Vulg **-1.** (buttocks) culo m
-2. she's a nice piece of ~! (sexually attractive) ¡qué buena or maciza está!, Esp ¡tiene un polvo que no veas!, Carib ¡qué jeva más ricota!, Méx ¡esa mujer es un cuero!, RP ¡qué fuerte que está esa mina!
-3. IDIOMS **it's my ~ that's on the line** soy yo el que tiene el culo al aire; **you can bet your ~ I will!** ¿qué te juegas or va a que lo hago?, RP ¿a que lo hago?; **to get one's ~ in gear** ponerse las pilas, RP mover las bolas; **to get one's ~ in a sling** estar de mierda hasta el cuello; **to go ~ over tit** Esp pegarse una hostia de morros, Am romperse el alma; **your ~ is grass!** ¡la has cagado!

assail [əˈseɪl] vt (attack) asaltar, agredir (**with** con); **to ~ sb with questions** asediar a alguien a preguntas; **assailed by doubt** asaltado por la duda

assailant [əˈseɪlənt] n Formal asaltante mf, agresor(ora) m,f

assassin [əˈsæsɪn] n asesino(a) m,f

assassinate [əˈsæsɪneɪt] vt asesinar

assassination [əsæsɪˈneɪʃən] n asesinato m; **an ~ attempt** un intento de asesinato

assault [əˈsɔːlt] ◇ n **-1.** (attack) ataque m, asalto m (**on** a); **they made** or **carried out an ~ on the camp** atacaron el campamento; Fig **the film is an ~ on the senses** la película desborda los sentidos ❑ MIL **~ course** pista f americana; **~ rifle** fusil m de asalto; **~ troops** tropas fpl de asalto
-2. (attempt to overcome) **his ~ on the leadership** su intento de lograr el liderazgo; **their ~ on Everest/K2** su intento de escalar el Everest/K2
-3. (verbal attack, criticism) ataque m
-4. LAW agresión f; **to commit an ~ (on sb)** cometer una agresión (contra alguien) ❑ **~ and battery** agresión f con resultado de lesiones
◇ vt **-1.** (attack) atacar, asaltar; Fig **the film assaults the senses** la película desborda los sentidos **-2.** LAW agredir; **to be assaulted** ser atacado(a) or agredido(a); (sexually) ser objeto de una agresión sexual

assay [əˈseɪ] ◇ vt (analyse) ensayar
◇ n (analysis) ensayo m, ensaye m

ass-bandit [ˈæsbændɪt] n US Vulg maricón m, Esp bujarrón m

assegai [ˈæsəgaɪ] n azagaya f

assemblage [əˈsemblɪdʒ] n **-1.** (collection) conjunto m, colección f **-2.** (process) recolección f, reunión f; **the ~ of the expedition team took many months** llevó muchos meses reunir al equipo para la expedición

assemble [əˈsembəl] ◇ vt **-1.** (gather) (people) reunir, congregar; (troops) reunir, agrupar; (facts, objects) reunir, recopilar **-2.** (construct) (machine, furniture) montar, ensamblar; **the bookcase can be assembled in minutes** la estantería puede montarse or ensamblarse en unos minutos
◇ vi (people) reunirse, congregarse; (troops) reunirse

assembled [əˈsembəld] adj **-1.** (gathered together) (people) congregado(a), reunido(a); (troops) reunido(a), agrupado(a) **-2.** (constructed) montado(a), ensamblado(a); **factory ~** montado(a) de fábrica

assembler [əˈsemblə(r)] n COMPTR ensamblador m

assembly [əˈsemblɪ] n **-1.** (gathering) (act) reunión f, asamblea f; (group) asamblea f; **the right of ~** el derecho de reunión or asamblea
-2. SCH = reunión de todos los profesores y los alumnos al principio de la jornada escolar ❑ **~ hall** (in school) salón m or sala f de actos
-3. POL (legislature) asamblea f legislativa
-4. (of machine, furniture) (process) montaje m, ensamblaje m; (end product) ensamblado m ❑ **~ instructions** instrucciones fpl de montaje; IND **~ line** cadena f de montaje; **~ plant** planta f de montaje
-5. COMPTR **~ language** lenguaje m ensamblador

assemblyman [əˈsemblɪmən] n US miembro m de una asamblea

assemblywoman [əˈsemblɪwʊmən] n US miembro f de una asamblea

assent [əˈsent] ◇ n asentimiento m, consentimiento m; **she gave/withheld her ~** dio/no dio su consentimiento
◇ vi dar el consentimiento (**to** a)

assert [əˈsɜːt] vt **-1.** (state firmly) asegurar, afirmar; **to ~ that...** asegurar or afirmar que... **-2.** (insist on) (one's rights, point of view) reafirmar; (authority) hacer valer; **to ~ oneself** mostrarse firme, imponerse

assertion [əˈsɜːʃən] n **-1.** (statement) afirmación f, aseveración f; **a highly debatable ~** una afirmación or aseveración muy cuestionable **-2.** (of right, authority) reafirmación f

assertive [əˈsɜːtɪv] adj (tone, manner) categórico(a), enérgico(a); **you should be more ~** deberías mostrar más carácter; **try to sound firm but not too ~** procura parecer firme pero no demasiado inflexible

assertiveness [əˈsɜːtɪvnɪs] n (insistence) carácter m enérgico; (self-confidence) autoafirmación f ❑ **~ training** cursos mpl de afirmación personal

assess [əˈses] vt **-1.** (estimate) (value) tasar, valorar; (damage) evaluar, valorar; **to ~ sb's income** (for tax purposes) evaluar la renta de alguien; **the court assessed the damages at $2,000** el tribunal valoró los daños en 2.000 dólares
-2. (analyse) evaluar; **how do you ~ the team's chances?** ¿qué opinas sobre las posibilidades del equipo?
-3. (of teacher, tutor) evaluar; **students are continuously assessed** los estudiantes siguen una evaluación continua

assessment [əˈsesmənt] n **-1.** (estimate) (of value) tasación f, valoración f; (of damage) evaluación f, valoración f; (for insurance or tax purposes) tasación f **-2.** (analysis) evaluación f; **what's your ~ of the situation?** ¿cómo valora la situación? **-3.** (by teacher, tutor) evaluación f

assessor [əˈsesə(r)] n FIN (for insurance, tax) tasador(ora) m,f

asset [ˈæset] n **-1.** (benefit) ventaja f; **her adaptability is one of her many assets** la capacidad de adaptación es una de sus

asset-stripper 38 **astringent**

virtudes *or* ventajas; **she is a great ~ to the firm** es una valiosa aportación a la empresa; **knowledge of Russian would be an ~** *(in job advert)* se valorarán conocimientos de ruso
-2. FIN **assets** activos *mpl*; **assets and liabilities** el activo y el pasivo, las partidas del balance
asset-stripper ['æset'strɪpə(r)] *n* = persona que especula con la compra y liquidación de empresas en quiebra
asset-stripping ['æset'strɪpɪŋ] *n* liquidación *f* (especulativa) de activos
asshole ['æshəʊl] *n US Vulg* **-1.** *(anus)* ojete *m*; IDIOM **the ~ of the universe** *or* **world** *(place)* el culo del mundo **-2.** *(unpleasant person)* hijo(a) *m,f* de puta, cabrón(ona) *m,f*; **don't be such an ~!** ¡no seas tan cabrón!
assiduous [ə'sɪdjʊəs] *adj Formal* perseverante
assiduously [ə'sɪdjʊəslɪ] *adv Formal* con perseverancia *or* tesón
assign [ə'saɪn] *vt* **-1.** *(allocate) (task, funds)* asignar (**to** a); **to ~ sb to do sth** asignar a alguien la tarea de hacer algo
-2. *(designate)* elegir; **the largest room was assigned to be the meeting room** eligieron la sala más grande como sala de reuniones; **a date and place were assigned for the exam** se fijaron la fecha y el lugar del examen
-3. *(ascribe) (importance)* atribuir; **the aqueduct has been assigned to the Roman period** el acueducto se atribuye a la época romana
-4. LAW ceder, transferir
assignation [æsɪɡ'neɪʃən] *n Formal (meeting)* cita *f*, encuentro *m*
assignee [æsaɪ'niː] *n* LAW sucesor(ora) *m,f*, concesionario(a) *m,f*
assignment [ə'saɪnmənt] *n* **-1.** *(allocation)* asignación *f* **-2.** SCH *(schoolwork)* tarea *f*, trabajo *m* **-3.** JOURN encargo *m*, trabajo *m*; **he is on ~ in India** está desplazado en la India **-4.** MIL *(mission)* misión *f* **-5.** LAW cesión *f*, transmisión *f*
assimilate [ə'sɪmɪleɪt] ◇ *vt (absorb, integrate) (food, ideas)* asimilar; *(immigrants)* asimilar, integrar
◇ *vi* **-1.** *(immigrants)* integrarse **-2.** *(become similar)* **to ~ to** *or* **with sth** asimilarse a algo
assimilation [əsɪmɪ'leɪʃən] *n* **-1.** *(absorption, integration) (of food, ideas)* asimilación *f*; *(of immigrants)* integración *f* **-2.** LING asimilación *f*
assist [ə'sɪst] ◇ *n* SPORT asistencia *f*
◇ *vt (person)* ayudar; *(process, development)* colaborar en, contribuir a; **to ~ sb in doing** *or* **to do sth** ayudar a alguien a hacer algo; **he assisted her up/down the stairs** le ayudó a subir/bajar las escaleras; **a man is assisting police with their enquiries** la policía está llevando a cabo el interrogatorio de un sospechoso
◇ *vi* **-1.** *(help)* ayudar, colaborar; **she assisted at the operation** asistió *or* ayudó en la operación; **to ~ in** *or* **with sth** colaborar en algo **-2.** *Formal (attend)* asistir (**at** a)
assistance [ə'sɪstəns] *n* ayuda *f*, asistencia *f*; **to be of great ~** ser de gran ayuda; **to come to sb's ~** acudir en ayuda de alguien; **can I be of any ~?** ¿puedo ayudar en algo?; **with the ~ of sth/sb** con la ayuda de algo/alguien
assistant [ə'sɪstənt] *n* **-1.** *(helper)* ayudante *mf* ❏ **~ manager** subdirector(ora) *m,f*, director(ora) *m,f* adjunto(a); *US* **~ professor** profesor(ora) *m,f* adjunto(a) or titular; SPORT **~ referee** árbitro *m* asistente **-2.** *(in shop)* **(shop) ~** dependiente(a) *m,f* **-3.** *Br* **(language) ~** *(in school)* auxiliar *mf* de conversación; *(in university)* lector(ora) *m,f* de lengua extranjera
-4. COMPTR *(software)* asistente *m*
assistantship [ə'sɪstəntʃɪp] *n* **-1.** *US* ayudantía *f*, beca *f (para licenciados universitarios)* **-2.** *Br* **(language) ~** *(in school)* = puesto de auxiliar de conversación; *(in university)* lectorado *m*
assizes [ə'saɪzɪz] *npl Br* LAW ≃ audiencia *f* provincial
ass-kisser ['æskɪsə(r)], **ass-licker** ['æslɪkə(r)] *n US Vulg* lameculos *mf inv*

associate ◇ *n* [ə'səʊsɪət] **-1.** *(in business)* socio(a) *m,f* **-2.** *(in crime)* cómplice *mf* **-3.** *(of club, institution)* socio(a) *m,f* no numerario(a)
◇ *adj (company)* asociado(a) ❏ **~ director** director(ora) *m,f* adjunto; *US* **~ professor** profesor(ora) *m,f* adjunto(a) *or* titular
◇ *vt* [ə'səʊsɪeɪt] **-1.** *(mentally)* asociar **(with** con); **I don't ~ the two things** no relaciono una cosa con la otra *or* lo uno con lo otro
-2. *(connect)* **to be associated with** estar asociado(a) *or* relacionado(a) con; **I don't want to be associated with it** no quiero tener nada que ver con ello, no quiero que se me relacione con ello
◇ *vi* **to ~ with sb** frecuentar a *or* tratar con alguien
associated [ə'səʊsɪeɪtɪd] *adj* asociado(a) ❏ **~ company** empresa *f* asociada
Associated Press [ə'səʊsɪeɪtɪd'pres] *n* Associated Press *f*
association [əsəʊsɪ'eɪʃən] *n* **-1.** *(group, link)* asociación *f*; **to form an ~** crear una asociación ❏ PHIL **~ of ideas** asociación *f* de ideas
-2. *(involvement)* vinculación *f*, conexión *f*; **in ~ with...** conjuntamente con...; **this programme was made in ~ with Belgian television** la televisión belga coprodujo este programa
-3. *(connotation)* connotación *f*; **the name has unfortunate associations for her** ese nombre le trae malos recuerdos
-4. *Br* SPORT **~ football** fútbol *m* asociación
assonance ['æsənəns] *n* asonancia *f*
assorted [ə'sɔːtɪd] *adj* **-1.** *(various) (colours, flavours)* diverso(a); *(biscuits, sweets)* surtido(a); **an audience of ~ academics and businessmen** una audiencia variopinta formada por académicos y hombres de negocios
-2. *(matched)* **well-/ill-~** bien/mal combinado(a) *or* compaginado(a)
assortment [ə'sɔːtmənt] *n (of colours, reasons)* diversidad *f*; *(of biscuits, sweets)* surtido *m*; **she certainly has an odd ~ of friends!** no cabe duda de que tiene una extraña colección de amigos
assuage [ə'sweɪdʒ] *vt Formal (anger, person)* apaciguar; *(hunger, thirst)* aplacar; *(grief, pain)* apaciguar, aliviar, paliar
assume [ə'sjuːm] *vt* **-1.** *(suppose)* suponer; **I ~ so/not** supongo que sí/no; **he was assumed to be rich** se suponía que era rico; **we can't ~ anything** no podemos dar nada por supuesto *or* sentado; **that's assuming a lot** eso es mucho suponer; **assuming (that) you are right...** suponiendo que tengas razón...; **let us ~ that...** supongamos que...; **to ~ the worst** suponerse *or* imaginarse lo peor
-2. *(take over) (duty, power, command)* asumir; *(name)* adoptar; **to ~ responsibility for sth** asumir la responsabilidad de algo; **an assumed name** *(false)* un nombre falso
-3. *(take on) (appearance, shape)* adquirir, adoptar; *(significance, importance)* cobrar, adquirir
-4. *(feign) (indifference, cheerfulness)* adoptar
assumption [ə'sʌmpʃən] *n* **-1.** *(supposition)* suposición *f*; **to work on the ~ that...** trabajar sobre la base de que...; **on the ~ that the money will be forthcoming, we can go ahead** contando con que dispondremos del dinero, podemos seguir adelante; **this is all based on the ~ that...** todo esto partiendo de la base de que...; **that's quite an ~!** ¡eso es mucho suponer!, ¡eso es suponer demasiado!
-2. *(of duty, power, responsibility)* asunción *f*; **~ of office** entrada en funciones, toma de posesión del cargo
-3. REL **the Assumption** la Asunción
assurance [ə'ʃʊərəns] *n* **-1.** *(guarantee)* garantía *f*; **to give sb one's ~** dar garantías a alguien; **I can give you an ~ that...** puedo garantizarte que... **-2.** *(confidence)* seguridad *f*; **to lack ~** carecer de seguridad; **to answer with ~** responder con seguridad
-3. *Br (insurance)* seguro *m* ❏ **~ policy** póliza *f* aseguradora, seguro *m*

assure [ə'ʃʊə(r)] *vt* **-1.** *(guarantee)* asegurar; **to ~ sb of sth** asegurar algo a alguien; **her support assured them of success** su respaldo les garantizaba el éxito; **I didn't know, I ~ you!** ¡no sabía nada, te lo aseguro *or* garantizo! **-2.** *Br (insure)* asegurar
assured [ə'ʃʊəd] ◇ *adj* **-1.** *(certain)* seguro(a); **to be ~ of sth** tener algo asegurado(a); **rest ~ that...** ten por seguro que... **-2.** *(confident)* seguro(a); **he gave a very ~ performance** se mostró muy seguro en su actuación
◇ *n (person)* asegurado(a) *m,f*
assuredly [ə'ʃʊərɪdlɪ] *adv (undoubtedly)* sin duda; **when she returns, as she ~ will...** cuando regrese, que sin duda lo hará...
Assyria [ə'sɪrɪə] *n* Asiria
Assyrian [ə'sɪrɪən] ◇ *n* **-1.** *(person)* asirio(a) *m,f* **-2.** *(language)* asirio *m*
◇ *adj* asirio(a)
astatine ['æstətiːn] *n* CHEM astato *m*
aster ['æstə(r)] *n* áster *m*
asterisk ['æstərɪsk] ◇ *n* asterisco *m*
◇ *vt* marcar *or* señalar con un asterisco
astern [ə'stɜːn] *adv* hacia atrás; **to go ~** *(person)* retroceder, ir *or* andar hacia atrás; *(boat)* ciar; **full speed ~!** ¡atrás toda!; **we were ~ of the flagship** estábamos situados detrás del buque insignia
asteroid ['æstərɔɪd] *n* asteroide *m* ❏ **~ belt** cinturón *m* de asteroides
asthma ['æsmə] *n* asma *f*; **to have ~** padecer *or* tener asma; **an ~ attack** un ataque de asma *or* disnea respiratoria; **an ~ sufferer** un(a) asmático(a)
asthmatic [æs'mætɪk] ◇ *n* asmático(a) *m,f*
◇ *adj* asmático(a)
astigmatism [ə'stɪɡmətɪzəm] *n* astigmatismo *m*
astir [ə'stɜː(r)] *adj Literary* **-1.** *(out of bed)* en planta, en pie **-2.** *(in motion)* bullicioso(a), agitado(a)
astonish [ə'stɒnɪʃ] *vt* asombrar; **to be astonished at** *or* **by** quedarse asombrado(a) por; **I am astonished that...** me asombra que...; **it never fails to ~ me that...** no deja de asombrarme que...; *Ironic* **go on, ~ me!** a ver, ¡sorpréndeme!
astonished [ə'stɒnɪʃt] *adj (look, reaction)* de asombro, asombrado(a); **she gave him an ~ look** ella le miró asombrada
astonishing [ə'stɒnɪʃɪŋ] *adj* asombroso(a), sorprendente; **I find it ~ that...** me parece asombroso que...
astonishingly [ə'stɒnɪʃɪŋlɪ] *adv* asombrosamente; **~ enough, she still likes him** aunque parezca mentira, todavía le gusta
astonishment [ə'stɒnɪʃmənt] *n* asombro *m*; **they stared in ~** miraban asombrados; **to my ~** para mi asombro
astound [ə'staʊnd] *vt* dejar atónito(a), pasmar; **you ~ me!** *Formal* me dejas estupefacta *or* atónita; *Ironic* ¡no puede ser!, ¡no me lo puedo creer!
astounded [ə'staʊndɪd] *adj* atónito(a), pasmado(a); **I was ~** me quedé atónito(a) *or* pasmado(a); **he was ~ at** *or* **by her talent** su talento le dejó atónito *or* pasmado
astounding [ə'staʊndɪŋ] *adj* pasmoso(a), asombroso(a)
astoundingly [ə'staʊndɪŋlɪ] *adv* increíblemente, asombrosamente; **~ enough, they'd already met** por (muy) increíble que parezca, ya se conocían
astrakhan ['æstrəkæn] *n* astracán *m*
astral ['æstrəl] *adj* astral ❏ **~ projection** viaje *m* astral
astray [ə'streɪ] *adv* **to go ~** *(become lost)* perderse, extraviarse; *(morally)* descarriarse; **to lead sb ~** *(misinform)* desorientar, confundir; *(morally)* descarriar a alguien, llevar a alguien por el mal camino
astride [ə'straɪd] *prep* **to sit ~ sth** sentarse a horcajadas sobre algo; **he stood ~ the ditch** estaba con un pie a cada lado de la cuneta
astringent [ə'strɪndʒənt] ◇ *n* loción *f* astringente *m (para contraer tejidos)*
◇ *adj* **-1.** *(substance)* astringente *(que contrae tejidos)* **-2.** *(criticism)* áspero(a), agrio(a)

astrodome ['æstrədəʊm] *n US (stadium)* estadio *m* cubierto
astrolabe ['æstrəleɪb] *n* astrolabio *m*
astrologer [ə'strɒlədʒə(r)] *n* astrólogo(a) *m,f*
astrological [æstrə'lɒdʒɪkəl] *adj* astrológico(a) ❑ **~ chart** carta *f* astral
astrologist [ə'strɒlədʒɪst] *n* astrólogo(a) *m,f*
astrology [ə'strɒlədʒɪ] *n* astrología *f*
astronaut ['æstrənɔːt] *n* astronauta *mf*
astronomer [ə'strɒnəmə(r)] *n* astrónomo(a) *m,f*
astronomic(al) [æstrə'nɒmɪk(əl)] *adj* **-1.** *(research, observation)* astronómico(a) **-2.** *Fam (gigantic)* **the prices are ~!** ¡los precios son astronómicos *or* están por las nubes!
astronomically [æstrə'nɒmɪklɪ] *adv Fam (to increase)* astronómicamente, desorbitadamente; **it's ~ expensive** tiene un precio astronómico
astronomy [ə'strɒnəmɪ] *n* astronomía *f*
astrophysics [æstrəʊ'fɪzɪks] *n* astrofísica *f*
Astroturf® ['æstrəʊtɜːf] *n* SPORT (césped *m* de) hierba *f* artificial
Asturian [æ'stʊərɪən] ◇ *n* asturiano(a) *m,f*
◇ *adj* asturiano(a)
Asturias [æ'stʊərɪəs] *n* Asturias
astute [ə'stjuːt] *adj (person)* astuto(a), sagaz; *(decision, investment)* inteligente, sagaz; *(comment)* agudo, perspicaz; **how ~ of you!** ¡qué aguda!, ¡qué lista!
astutely [ə'stjuːtlɪ] *adv* astutamente, con sagacidad
astuteness [ə'stjuːtnɪs] *n (of person)* astucia *f*, sagacidad *f*; *(of decision, investment)* inteligencia *f*, sagacidad *f*; *(of comment)* agudeza *f*, perspicacia *f*
asunder [ə'sʌndə(r)] *adv Literary* **to tear sth ~** hacer pedazos algo; **the family had been torn ~ by war** la familia había quedado destrozada por la guerra; **to break ~** partirse en dos *or* por la mitad
Aswan ['æswɑːn] *n* **the ~ Dam** la presa de Asuán
asylum [ə'saɪləm] *n* **-1.** *(refuge)* asilo *m*; **to seek ~** buscar asilo; **he was granted/refused ~** se le concedió/se le negó el asilo; **(political) ~** asilo político **-2.** *(institution)* **(mental) ~** manicomio *m*
asymmetric(al) [eɪsɪ'metrɪk(əl)] *adj* asimétrico(a) ❑ SPORT **~ bars** barras *fpl* asimétricas
asymmetry [eɪ'sɪmɪtrɪ] *n* asimetría *f*
asymptotic [æsɪm'tɒtɪk] *adj* MATH asintótico(a)
asynchronous [eɪ'sɪŋkrənəs] *adj* COMPTR asíncrono(a) ❑ **~ transfer mode** modo *m* asíncrono de transferencia
at [æt, *unstressed* ət] ◇ *prep* **-1.** *(with place)* en; **she was sitting at the window** estaba sentada al lado de la ventana; **there's someone at the door** hay alguien en la puerta; **a dog lay at his feet** un perro estaba tumbado a sus pies; **stand at a distance of at least 30 metres** póngase a una distancia de al menos 30 metros; **at the top/bottom** (en la parte de) arriba/abajo; **at the top/bottom of the stairs** en lo alto de/al pie de las escaleras; **at the side** al lado; **at university/the station** en la universidad/la estación; **they live at number 20** viven en el número 20; **I saw him at the hairdresser's** lo vi en la peluquería; **at John's** *(house)* en casa de John; **at home** en casa; IDIOM *Fam* **this club's where it's at** esta disco es lo más in, *RP* este boliche está de lo más de onda; *Fam* **that's not where I'm at** no es mi rollo *or* ambiente
-2. *(with time)* **at six o'clock** a las seis; **at night** *Esp* por la noche, *Am* en la noche, *Arg* a la noche, *Urug* de noche; **at Christmas** en Navidad; **at lunchtime** a la hora de comer; **at a good time** en un momento oportuno; **at a later date** en una fecha posterior; **at the beginning/end** al principio/final; **at the end of the year** al final del año, a finales del año; **at (the age of) twenty** a los veinte años; **at regular intervals** a intervalos regulares
-3. *(with price, rate, level)* a; **at 60 km/h** a 60 km/h; **at top speed** a toda velocidad; **at 50p a kilo** a 50 peniques el kilo; **they sold it at a cheaper price** lo vendieron más barato; **unemployment is at 10 percent** el desempleo está en el 10 por ciento; **I'd put the total at nearer 200** yo diría más bien que un total de cerca de 200; **at 85 metres, it's the town's tallest building** con 85 metros, es el edificio más alto de la ciudad
-4. *(with direction)* a; **to run at sb** abalanzarse sobre alguien; **to point at sb** señalar a alguien; **to throw a stone at sb** tirarle una piedra a alguien; **to grab at sth** tratar de agarrar algo; **stop tugging at my sleeve!** ¡deja de tirarme de la manga!; **to look at sth/sb** mirar algo/a alguien; **to shout at sb** gritar a alguien
-5. *(with cause)* **to be angry at sb** estar *esp Esp* enfadado(a) *or esp Am* enojado(a) con alguien; **to be excited at sth** estar emocionado por algo; **to laugh at a joke** reírse de un chiste; **to be surprised at sth** sorprenderse de algo; **at his command/request** por orden/a petición suya; **at that, he left the room** en ese momento, salió de la habitación; **it's poor quality, and expensive at that** es de mala calidad, y además caro
-6. *(with activity)* **to be at work/play** estar trabajando/jugando; **to be at lunch** estar almorzando; **he's at school at the moment** en estos momentos está en el colegio; **to be at war** estar en guerra; **to be at risk** estar en peligro; **at a gallop** al galope; **I am good at languages** tengo facilidad para los idiomas, *Esp* los idiomas se me dan bien; **he's bad at sport** no tiene habilidad para los deportes, *Esp* se le dan mal los deportes; **she's good at making people feel at home** sabe hacer que la gente se sienta en casa; **he's very experienced at this type of work** tiene mucha experiencia en este tipo de trabajo; *Fam* **have you been at the biscuits again?** ¿ya has vuelto a darle a las galletas?; **she's been at it all weekend** *(working)* ha pasado todo el fin de semana trabajando; **while you're at it, could you buy some sugar?** ya que vas, ¿podrías comprar azúcar?; *Fam* **he's at it again** *(doing the same thing)* ya está otra vez con lo mismo; *very Fam* **they were at it all night** *(having sex)* estuvieron dale que te pego *or RP* dale que dale toda la noche
-7. *(with superlatives)* **at best/worst** en el mejor/peor de los casos; **at least** al *or* por lo menos; **at (the) most** como mucho; **Scotland is at its best in June** cuando Escocia es más bonita es en junio; **this novel is Faulkner at his best** en esta novela Faulkner está en plena forma; **they didn't play at their best** no jugaron lo mejor que saben
-8. COMPTR *(in e-mail address)* arroba *f*; **gwilson at transex, dot, co, dot, uk** gwilson, arroba transex, punto, co, punto, uk ❑ *at sign* arroba *f*
◇ **at all** *adv* **do you know him at all?** ¿lo conoces de algo?; **can there be any doubt at all that he did it?** ¿no está clarísimo que lo hizo él?; **anything at all** cualquier cosa; **if at all possible** a ser posible; **it affected them very little, if at all** apenas les afectó; **if you are at all dissatisfied** en caso de no estar satisfecho; **if you had any sense at all** si tuvieras el más mínimo sentido común; **we got no credit at all for our work** no se nos reconoció nuestro trabajo en absoluto; **nothing at all** nada en absoluto; **they've done nothing at all** no han hecho nada en absoluto; **not at all** *(not in the slightest)* en absoluto; *(when thanked)* de nada; **I'm not at all astonished** no estoy en absoluto sorprendido; **it's not at all bad** no es nada malo

atavism ['ætəvɪzəm] *n* BIOL atavismo *m*
atavistic [ætə'vɪstɪk] *adj* atávico(a)
ataxia [ə'tæksɪə] *n* MED ataxia *f*
at-bat ['ætbæt] *n (in baseball)* turno *m* de bateo
ate *pt of* **eat**
atheism ['eɪθɪɪzəm] *n* ateísmo *m*
atheist ['eɪθɪɪst] *n* ateo(a) *m,f*
atheistic [eɪθɪ'ɪstɪk] *adj* ateo(a)
Athena [ə'θiːnə], **Athene** [ə'θiːnɪ] *n* MYTHOL Atenea
Athenian [ə'θiːnɪən] ◇ *n* ateniense *mf*
◇ *adj* ateniense
Athens ['æθənz] *n* Atenas
athirst [ə'θɜːst] *adj Literary* sediento(a), con sed
athlete ['æθliːt] *n* atleta *mf* ❑ MED **~'s foot** pie *m* de atleta
athletic [æθ'letɪk] *adj* atlético(a); **she's very ~** es muy atlética *or* deportista ❑ **~ support** suspensorio *m*
athletics [æθ'letɪks] *npl* **-1.** *Br (track and field)* atletismo *m* ❑ **~ track** pista *f* de atletismo **-2.** *US* deportes *mpl*
athwart [ə'θwɔːt] *prep (across the path of)* a través de; **the fallen tree lay ~ the railway line** el árbol caído quedó atravesado en la vía del tren
atishoo [ə'tɪʃuː] *exclam* ¡achís!
Atlantic [ət'læntɪk] ◇ *n* **the ~** el Atlántico
◇ *adj* atlántico(a); **the ~ Ocean** el océano Atlántico ❑ *Can* **the ~ Provinces** las provincias atlánticas
Atlantis [ət'læntɪs] *n* Atlántida
atlas ['ætləs] *n* **-1.** *(book)* atlas *m inv* **-2.** ANAT atlas *m inv* **-3.** GEOG **the Atlas Mountains** las montañas Atlas, el Atlas
ATM [eɪtiː'em] *n* **-1.** FIN *(abbr* **automated** *or* **automatic teller machine)* cajero *m* automático **-2.** COMPTR *(abbr* **asynchronous transfer mode)* ATM *m*, modo *m* asíncrono de transferencia
atmosphere ['ætməsfɪə(r)] *n* **-1.** *(of planet)* atmósfera *f* **-2.** *(feeling, mood)* ambiente *m*, clima *m*; **this place has no ~** este lugar *or* sitio no tiene ambiente; IDIOM **you could have cut the ~ with a knife** se respiraba la tensión en el aire; **there's a really bad ~ at the office just now** hay un clima crispado en la oficina en estos momentos **-3.** PHYS atmósfera *f*
atmospheric [ætməs'ferɪk] *adj* **-1.** *(pressure, pollution)* atmosférico(a) ❑ **~ pressure** presión *f* atmosférica **-2.** *(lighting, movie)* fascinante, envolvente; **the music was very ~** la música era muy envolvente
atmospherics [ætməs'ferɪks] *npl* RAD interferencias *fpl*, ruidos *mpl* atmosféricos
atoll ['ætɒl] *n* GEOG atolón *m*
atom ['ætəm] *n* **-1.** PHYS átomo *m* ❑ **~ bomb** bomba *f* atómica **-2.** IDIOMS **there's not an ~ of truth in what you say** no hay ni (una) pizca de verdad en lo que dices; **they haven't an ~ of common sense** no tienen ni chispa *or* gota de sentido común
atomic [ə'tɒmɪk] *adj* atómico(a); **the ~ age** la era atómica ❑ **~ bomb** bomba *f* atómica; **~ clock** reloj *m* atómico; **~ energy** energía *f* atómica *or* nuclear; **~ explosion** explosión *f* atómica *or* nuclear; **~ mass** masa *f* atómica; **~ number** número *m* atómico; **~ pile** pila *f* atómica; **~ weight** peso *m* atómico
atomize ['ætəmaɪz] *vt* **-1.** *(annihilate)* aniquilar, pulverizar **-2.** *(liquid)* atomizar, pulverizar
atomizer ['ætəmaɪzə(r)] *n* atomizador *m*
atonal [eɪ'təʊnəl] *adj* MUS atonal
atone [ə'təʊn]
➤ **atone for** *vt insep (sin, crime)* expiar; *(mistake)* subsanar
atonement [ə'təʊnmənt] *n (for sin, crime)* expiación *f*; *(for mistake)* subsanación *f*, resarcimiento *m*; **in ~ for** como resarcimiento por, en compensación por
atonic [eɪ'tɒnɪk] *adj* LING *(syllable)* átono(a)
atop [ə'tɒp] *prep* sobre, encima de
ATP [eɪtiː'piː] *n* SPORT *(abbr* **Association of Tennis Professionals)** ATP *f*
atria *pl of* **atrium**
at-risk [æt'rɪsk] *adj* de riesgo
atrium ['eɪtrɪəm] *(pl* **atria** ['eɪtrɪə] *or* **atriums)** *n* **-1.** ARCHIT atrio *m* **-2.** ANAT aurícula *f*
atrocious [ə'trəʊʃəs] *adj* **-1.** *(crime, behaviour)* atroz, cruel **-2.** *Fam (mistake, decision, weather, meal)* penoso(a), atroz; *(pun)* penoso(a),

atrociously

espantoso(a); **his singing is ~** canta de pena, como cantante es malísimo *or* espantoso

atrociously [ə'trəʊʃəslɪ] *adv* **-1.** *(cruelly)* atrozmente, despiadadamente **-2.** *Fam (very badly)* de pena; **~ bad** malísimo, pésimo

atrocity [ə'trɒsɪtɪ] *n* atrocidad *f*; **to commit an ~** cometer una atrocidad *or* salvajada

atrophy ['ætrəfɪ] ◇ *n* atrofia *f*
◇ *vt* atrofiar
◇ *vi* atrofiarse

attaboy ['ætəbɔɪ] *exclam US Fam* ¡vamos!

attach [ə'tætʃ] ◇ *vt* **-1.** *(fasten) (handle, label)* sujetar, fijar (**to** a); *Fig* **to ~ oneself to sb** pegarse a alguien
-2. *(be part of)* **the research centre is attached to the science department** el centro de investigación está adscrito al departamento de ciencias
-3. *(document, cheque)* adjuntar (**to** a); **please find attached...** se adjunta...
-4. *(assign) (blame, responsibility, importance)* atribuir (**to** a)
-5. *(second)* destinar *or* trasladar temporalmente; **you will be attached to the Ministry of Agriculture** estarás en comisión de servicio en el Ministerio de Agricultura
-6. LAW *(person)* retener por orden judicial; *(property, salary)* embargar
-7. COMPTR adjuntar (**to** a)
◇ *vi Formal* **the benefits that ~ to this position are considerable** las ventajas inherentes al puesto son considerables; **no blame attaches to you for what happened** no eres culpable de lo que ocurrió

attaché [ə'tæʃeɪ] *n* agregado(a) *m,f*; **cultural/military ~** agregado(a) cultural/militar

attaché-case [ə'tæʃeɪkeɪs] *n* maletín *m*

attached [ə'tætʃt] *adj* **-1.** *(fastened)* **the refuse receptacle and the ~ lid** el receptáculo de desperdicios y la tapa que lleva
-2. *(document, cheque)* adjunto(a)
-3. *(emotionally)* **to be very ~ to sth/sb** tenerle mucho cariño a algo/alguien; **I was very ~ to that pen** le tenía mucho apego a esa pluma; **to become/get ~ to** tomar cariño a, encariñarse con
-4. *Fam* **is he ~?** *(in a relationship)* ¿tiene novia *or* pareja *or* compañera?

attachment [ə'tætʃmənt] *n* **-1.** *(fastening)* fijación *f*, sujeción *f*; **after the ~ of the device to the hull, it will send a signal** tras fijar *or* sujetar el dispositivo al casco emitirá una señal
-2. *(device)* accesorio *m*
-3. *(secondment)* **to be on ~ to a department** estar destinado(a) en un departamento; **he's on attachment from the university** viene trasladado de la universidad
-4. COMPTR *(to e-mail)* archivo *m* adjunto, anexo *m*
-5. *(fondness)* cariño *m*; **to form an ~ to sb** tomar cariño a alguien
-6. LAW *(of person)* retención *f* por orden judicial; *(of property)* embargo *m*

attack [ə'tæk] ◇ *n* **-1.** *(assault) (physical, verbal)* ataque *m*; **the ~ on her life failed** el intento de asesinarla fracasó; **to be under ~** estar siendo atacado(a); **she felt as though she were under ~** se sentía como si la estuvieran atacando; **to come under ~** ser atacado(a); **to go on the ~** entrar al ataque; **to leave oneself open to ~** quedarse expuesto al ataque; PROV **~ is the best form of defence** la mejor defensa es el ataque
-2. *(bout) (of illness)* ataque *m*, acceso *m*; **I had an ~ of doubt** me asaltaron las dudas; **an ~ of fever** un acceso de fiebre; **an ~ of hysteria** un ataque de histeria; **an ~ of nerves** un ataque de nervios
◇ *vt* **-1.** *(assault) (physically, verbally)* atacar; **he was attacked in the street** lo asaltaron en la calle; **she has been attacked in the press** la prensa ha arremetido contra ella
-2. *(tackle) (problem, task)* acometer, abordar
-3. *(food)* atacar **-3.** *(of disease)* atacar, afectar

(of rust) atacar; **he was attacked by doubts** le invadió la duda
◇ *vi (troops, soccer team, animal)* atacar

attacker [ə'tækə(r)] *n* **-1.** *(assailant)* atacante *mf*, agresor(ora) *m,f*; *(soldier)* atacante *mf* **-2.** *(sportsperson)* atacante *mf*

attacking [ə'tækɪŋ] *adj (forces, player)* atacante; *(game, play)* ofensivo(a), agresivo(a)

attagirl ['ætəgɜːl] *exclam US Fam* ¡vamos!

attain [ə'teɪn] *vt (goal, ambition, greatness)* alcanzar; *(age)* alcanzar, llegar a; *(happiness)* alcanzar, lograr; *(rank)* llegar a

attainable [ə'teɪnəbəl] *adj (goal, ambition)* factible, alcanzable

attainder [ə'teɪndə(r)] *n* LAW *Formerly* muerte *f* civil

attainment [ə'teɪnmənt] *n* **-1.** *(of goal, ambition)* consecución *f*, logro *m*; *(of happiness)* obtención *f*, consecución *f* **-2.** *(skill, achievement)* logro *m*

attempt [ə'tempt] ◇ *n (effort)* intento *m*, tentativa *f*; **to make an ~ at doing sth** *or* **to do sth** intentar hacer algo; **to make an ~ on** *(record)* intentar batir; *(mountain)* intentar escalar; **I made another ~ on the paperwork** me puse otra vez manos a la obra con el papeleo; **to make an ~ on sb's life** atentar contra la vida de alguien; **they made no ~ to help** no trataron de ayudar; **without (making) any ~ at concealment** sin ningún disimulo, sin esconder nada; **at the first ~** al primer intento; **it wasn't bad for a first ~** no estuvo mal para ser la primera vez; **I passed the test at my third ~** aprobé (el examen) a la tercera; **he died in the ~** falleció *or* murió en el intento
◇ *vt (task, suicide)* intentar, tratar; **to ~ to do sth**, **to ~ doing sth** tratar de *or* intentar hacer algo; **to ~ a smile** intentar sonreír; **to ~ the impossible** intentar lo imposible; **she plans to ~ the record again in June** volverá a intentar batir el récord en junio; **to ~ an ascent of Everest** intentar escalar el Everest

attempted [ə'temptɪd] *adj* **~ coup** intento *m* de golpe de estado, intentona *f* golpista; LAW **~ murder** intento *m* de asesinato; LAW **~ robbery** intento *m* de robo; **~ suicide** intento *m* de suicidio

attend [ə'tend] ◇ *vt* **-1.** *(meeting)* asistir a, acudir a; *(school, class)* asistir a; **I attended a private school** fui *or* estudié en una escuela privada; **the concert was well attended** al concierto asistió numeroso público
-2. *(patient, customer)* atender; **we were attended by three waiters** nos atendieron tres camareros
-3. *Formal (accompany)* comportar, conllevar; **the mission was attended by great difficulties** la misión entrañaba grandes dificultades; **high inflation is one of the risks which ~ this policy** uno de los riesgos que implica *or* conlleva esta política es una elevada tasa de inflación
◇ *vi* **-1.** *(be present)* asistir **-2.** *(doctor)* atender, asistir; **the attending physician** el/la médico *(al cargo de un paciente)* **-3.** *(pay attention)* atender, prestar atención; **please ~ to what I'm saying** por favor, presta atención *or* atiende a lo que te estoy diciendo

◆ **attend on, attend upon** *vt insep* **-1.** *(of servant)* servir; *(of doctor)* atender, asistir **-2.** *Formal (accompany)* comportar, conllevar; **the many risks and uncertainties which ~ upon the project** los numerosos riesgos e incertidumbres que acarrea el proyecto

◆ **attend to** *vt insep* **-1.** *(matter, problem)* ocuparse de; **you should ~ to your work** deberías atender a tu trabajo; **I'll ~ to it directly, sir** enseguida, señor **-2.** *(patient)* atender, asistir; *(customer)* atender; **are you being attended to, madam?** ¿la están atendiendo *or* la atienden ya, señora?

attendance [ə'tendəns] *n* **-1.** *(presence)* asistencia *f*; **church attendances have fallen** ha disminuido el número de fieles que asisten a misa; **to be in ~** hacer acto de

presencia, estar presente; **to be in ~ on sb** *(of doctor)* tratar a alguien; *(of servant)* estar a la disposición de alguien; **she arrived with six bodyguards in ~** llegó rodeada de seis guardaespaldas; **his ~ has been good/bad, he has a good/bad ~ record** su índice de asistencia ha sido bueno/malo ❏ *Br* **~ allowance** subsidio *m* de asistencia (para minusválidos); **~ register** lista *f* de asistencia
-2. *(people present)* asistencia *f*; **there was a good/poor ~** acudió mucha/poca gente; **the class was cancelled because of poor ~** la clase se canceló por falta de asistencia

attendant [ə'tendənt] ◇ *n* **-1.** *(in museum)* vigilante *mf*; *(in car park, cloakroom, swimming pool)* encargado(a) *m,f* **-2. attendants** *(of royalty)* séquito
◇ *adj Formal* **the difficulties ~ on this procedure** las dificultades que este procedimiento conlleva *or* entraña

attention [ə'tenʃən] *n* **-1.** *(concentration, thought)* atención *f*; **to pay ~ to sth/sb** *(listen, examine carefully)* prestar atención a algo/alguien; **we paid no ~ to the survey** no hicimos caso a *or* de la encuesta; **to pay ~ to detail** fijarse en los detalles; **to give sth/sb one's full ~** atender bien algo/a alguien; **she knows how to hold an audience's ~** sabe cómo mantener la atención del público; **to turn** *or* **direct one's ~ to sth** dirigir la atención a algo; **your ~ please, ladies and gentlemen** atención, señoras y señores ❏ MED **~ deficit (hyperactivity) disorder** trastorno *m* por déficit de atención; **~ span** capacidad *f* de concentración
-2. *(notice)* atención *f*; **to attract** *or* **catch sb's ~** llamar la atención de alguien; **the program drew ~ to the suffering of the refugees** el programa llamó la atención sobre el sufrimiento de los refugiados; **I brought the error to the chairman's ~** hice ver el error al presidente; **to draw ~ to oneself** llamar la atención; **pay no ~ to what he says** no hagas caso de lo que dice, no le prestes atención; **it's just ~ seeking** no es más que una forma de llamar la atención; *Formal* **it has come to our ~ that...** hemos sido advertidos *or* informados de que...; **for the ~ of** *(on hand-delivered letter)* a la atención de
-3. *(care)* cuidados *mpl*, atención *m*; *(repairs)* mantenimiento *m*; **they need medical ~** requieren atención médica; **the engine needs some ~** hay que revisar el motor
-4. *(amorous advances)* **she felt irritated by his unwanted attentions** le molestaban sus galanterías *or* indeseadas atenciones
-5. MIL **~!** ¡firmes!; **to stand at** *or* **to ~** ponerse firme, cuadrarse

attentive [ə'tentɪv] *adj* **-1.** *(paying attention)* atento(a); **~ to detail** pendiente de los detalles, detallista **-2.** *(considerate)* atento(a); **to be ~ to sb** estar pendiente de alguien

attentively [ə'tentɪvlɪ] *adv* **-1.** *(with concentration)* atentamente, con atención **-2.** *(considerately)* atentamente

attentiveness [ə'tentɪvnɪs] *n* **-1.** *(concentration)* atención *f* **-2.** *(consideration)* atención *f*, consideración *f*

attenuate [ə'tenjʊeɪt] *vt Formal (weaken)* atenuar, mitigar

attenuating [ə'tenjʊeɪtɪŋ] *adj* LAW **~ circumstances** (circunstancias *fpl*) atenuantes *fpl*

attest [ə'test] ◇ *vt* **-1.** *(affirm, prove)* atestiguar; **this phenomenon/effect is well attested** este fenómeno/efecto está sobradamente comprobado **-2.** LAW *(signature)* autenticar
◇ *vi* **to ~ to** dar testimonio *or* fe de

attestation [æte'steɪʃən] *n Formal* **-1.** *(affirmation)* atestación *f* **-2.** *(proof)* prueba *f*, testimonio *m*; **in ~ of sth** como prueba de algo **-3.** LAW *(of signature)* autenticación *f*

attested [ə'testɪd] *adj* **-1.** LAW *(signature)* autenticado(a) **-2.** *Br (herd, milk)* certificado(a)

Att Gen *(abbr* **Attorney General)** *Br* ≃ fiscal *mf* general del Estado; *US* ≃ ministro(a) *m,f* de Justicia

attic ['ætɪk] n **-1.** (storage space) desván m **-2.** (room) ático m; ~ Br **flat** or US **apartment** ático

Attila [ə'tɪlə] pr n ~ **the Hun** Atila (rey de los hunos)

attire [ə'taɪə(r)] ◇ n atuendo m, atavío m
◇ vt Literary ataviar, engalanar; **attired in silk** con atuendo de seda

attitude ['ætɪtjuːd] n **-1.** (opinion) actitud f; **what's your ~ to abortion?** ¿cuál es tu actitud or postura ante el aborto?; **to take the ~ that...** adoptar la actitud de que...; **happiness is just an ~ of mind** la felicidad no es más que un estado de ánimo ❑ COM **~ survey** estudio m de actitud
-2. (manner, behaviour) actitud f; **I don't like your ~** no me gusta tu actitud; **he's got an ~ problem** tiene un problema de actitud
-3. (pose) pose f; **to strike an ~** adoptar una pose
-4. Fam (self-assurance, assertiveness) carácter m, genio m; **to have ~** tener carácter; **a car with ~** un automóvil con carácter or garra

attitudinal [ætɪ'tjuːdɪnəl] adj de actitud

attitudinize [ætɪ'tjuːdɪnaɪz] vi polemizar

attn COM (abbr **for the attention of**) a la atención de

attorney [ə'tɜːnɪ] n **-1.** US (lawyer) abogado(a) m,f **-2. Attorney General** (in England, Wales and Northern Ireland) ≃ fiscal mf general del Estado; (in United States) ≃ ministro(a) m,f de Justicia

attorney-at-law [ə'tɜːnɪət'lɔː] n US abogado(a) m,f

attract [ə'trækt] ◇ vt **-1.** (pull, draw) atraer; **to ~ sb's attention** llamar la atención de alguien; **we hope to ~ more young people to the church** confiamos en atraer a más gente joven a la Iglesia
-2. (give rise to) **to ~ interest/criticism** despertar or suscitar interés/críticas; **to ~ (sb's) attention** suscitar or despertar la atención (de alguien); FIN **long-term deposits ~ a higher rate of interest** los depósitos a largo plazo devengan un tipo de interés más elevado
-3. (interest) atraer; **to be attracted to sth/sb** sentirse atraído(a) por algo/alguien; **the idea doesn't ~ me** la idea no me atrae or seduce
◇ vi atraerse; **opposites ~** los polos opuestos se atraen

attraction [ə'trækʃən] n **-1.** (power) atracción f; **the prospect holds little ~ for me** la perspectiva no me atrae mucho; **I can't** or **don't see the ~ of it** no le veo el aliciente or atractivo **-2.** (attractive aspect) atractivo m, aliciente m; **it's the city's chief ~** es la principal atracción de la ciudad **-3.** PHYS atracción f

attractive [ə'træktɪv] adj **-1.** (person, smile) atractivo(a); (dress) coqueto(a), interesante; (picture) sugerente, atractivo(a); **do you find him ~?** ¿lo encuentras atractivo? **-2.** (offer, prospect) atractivo(a); (price, rate of interest) interesante, atractivo(a)

attractively [ə'træktɪvlɪ] adv **-1.** (prettily) con atractivo, con encanto; **the meal was very ~ presented** la comida presentaba un aspecto muy apetecible **-2.** (priced) **the property was most ~ priced** la finca tenía un precio muy interesante

attractiveness [ə'træktɪvnɪs] n **-1.** (of person, smile) atractivo m, encanto; (of dress, picture) atractivo m **-2.** (of offer, price) atractivo m, aliciente m

attributable [ə'trɪbjʊtəbəl] adj **to be ~ to** ser atribuible a

attribute ◇ n ['ætrɪbjuːt] atributo m
◇ vt [ə'trɪbjuːt] atribuir (**to** a); **to what do you ~ your success?** ¿a qué atribuyes tu éxito?

attribution [ætrɪ'bjuːʃən] n atribución f; **a spurious ~** una imputación falsa; **a debatable ~** una atribución discutible

attributive [ə'trɪbjʊtɪv] adj GRAM atributivo(a)

attributively [ə'trɪbjʊtɪvlɪ] adv LING como atributo

attrition [ə'trɪʃən] n **-1.** (wearing down) desgaste m; **war of ~** guerra de desgaste **-2.** IND amortización f de puestos de trabajo por jubilación

attune [ə'tjuːn] vt **to ~ oneself** or **become attuned to sth** adaptarse or amoldarse a algo; **he's attuned to their way of thinking** sintoniza muy bien con su manera de pensar

atypical [eɪ'tɪpɪkəl] adj atípico(a)

atypically [eɪ'tɪpɪklɪ] adv atípicamente, de manera atípica or anormal

aubergine ['əʊbəʒiːn] n Br berenjena f

auburn ['ɔːbən] adj (hair) (color) caoba

auction ['ɔːkʃən] ◇ n subasta f; **sold at** or **by ~** vendido(a) en pública subasta; **to put sth up for ~** sacar algo a subasta ❑ **~ bridge** bridge m de subasta; **~ room** sala f de subastas
◇ vt subastar
➤ **auction off** vt sep liquidar mediante subasta, subastar

auctioneer [ɔːkʃə'nɪə(r)] n subastador(ora) m,f

audacious [ɔː'deɪʃəs] adj **-1.** (daring) audaz, osado(a) **-2.** (impudent) insolente, descarado(a)

audaciously [ɔː'deɪʃəslɪ] adv **-1.** (boldly) audazmente, osadamente **-2.** (impudently) insolentemente, descaradamente

audacity [ɔː'dæsɪtɪ], **audaciousness** [ɔː'deɪʃəsnɪs] n **-1.** (daring) audacia f, osadía f **-2.** (impudence) insolencia f, descaro m; **he had the ~ to ask for a pay rise** tuvo la osadía de pedir un aumento de sueldo

audibility [ɔːdɪ'bɪlɪtɪ] n audibilidad f

audible ['ɔːdəbəl] adj audible; **the music was barely ~** apenas podía oírse la música

audibly ['ɔːdɪblɪ] adv de manera audible

audience ['ɔːdɪəns] n **-1.** (spectators) (at film, play) espectadores mpl, público m; (at concert, lecture) auditorio m, público m; (of TV programme) espectadores mpl, audiencia f; (of radio programme) oyentes mpl; **the studio ~** (of TV or radio programme) el público; **is there much of an ~ for this sort of thing?** ¿hay algún tipo de público al que le interese algo así?; **his books appeal to a wide ~** sus libros interesan a un público muy extenso ❑ **~ participation** participación f del público; **~ share** índice f de audiencia
-2. (meeting with monarch, Pope) audiencia f; **to grant sb an ~** conceder una audiencia a alguien

audio ['ɔːdɪəʊ] adj **~ book** audiolibro m; **~ cassette** cinta f de audio; **~ conference** audioconferencia f; **~ equipment** equipo m de sonido; **~ frequency** audiofrecuencia f; **~ tape** cinta f de audio,

audio-typist ['ɔːdɪəʊtaɪpɪst] n mecanógrafo(a) m,f con dictáfono

audiovisual [ɔːdɪəʊ'vɪzjʊəl] ◇ adj audiovisual
◇ n **audiovisuals** medios mpl audiovisuales

audit ['ɔːdɪt] ◇ n FIN auditoría f
◇ vt **-1.** FIN auditar **-2.** US (class, lecture) asistir de oyente a

audition [ɔː'dɪʃən] THEAT ◇ n prueba f, audición f; **to hold auditions for a play** realizar pruebas a actores para una obra de teatro; **to do an ~** hacer una prueba or audición
◇ vt (of director) hacer una prueba or audición a
◇ vi (actor) hacer una prueba or audición

auditor ['ɔːdɪtə(r)] n **-1.** FIN auditor(ora) m,f **-2.** US (student) oyente mf

auditorium [ɔːdɪ'tɔːrɪəm] (pl **auditoriums** or **auditoria** [ɔːdɪ'tɔːrɪə]) n auditorio m

auditory ['ɔːdɪtrɪ] adj auditivo(a) ❑ ANAT **~ nerve** nervio m auditivo; **~ phonetics** fonética f auditiva

au fait [əʊ'feɪ] adj **to be ~ with sth** estar al día de algo

Aug (abbr **August**) ago.

Augean [ɔː'dʒiːən] adj MYTHOL **the ~ stables** los establos de Augías

auger ['ɔːgə(r)] n barrena f, taladro m

aught [ɔːt] pron Literary **for ~ I know** por lo que yo alcanzo a comprender; **for ~ I care** por lo que a mí respecta

augment [ɔːg'ment] vt incrementar, aumentar

augmented [ɔːg'mentɪd] adj MUS aumentado(a)

au gratin [əʊ'grætæn] adj gratinado(a), al gratén

augur ['ɔːgə(r)] ◇ vt **it augurs no good** no augura nada bueno
◇ vi **to ~ well/ill** ser un buen/mal augurio

augury ['ɔːgjʊrɪ] n **-1.** (omen) augurio m, presagio m **-2.** (divination) adivinación f

August ['ɔːgəst] n agosto m; see also **May**

august [ɔː'gʌst] adj Literary (distinguished) augusto(a)

Augustan [ɔː'gʌstən] adj **-1.** (classical) augustal **-2.** (post-classical) neoclásico(a)

Augustine [ɔː'gʌstɪn, US 'ɔːgəstiːn] pr n **Saint ~** San Agustín

Augustinian [ɔːgə'stɪnɪən] ◇ n **-1.** (monk) agustino(a) m,f **-2.** (follower) agustino(a) m,f
◇ adj agustiniano(a), agustino(a)

Augustus [ɔː'gʌstəs] pr n **~ (Caesar)** César Augusto

auk [ɔːk] n alca f

Auld Lang Syne [ɔːldlæŋ'zaɪn] n Scot los viejos tiempos, ≃ canción escocesa que se entona antes de recibir el año nuevo; **for ~** por los viejos tiempos

au naturel [əʊmætjʊ'rel] adj **-1.** (food, method of cooking) al natural, en crudo **-2.** (person) en cueros, desnudo(a)

aunt [ɑːnt] n tía f ❑ Br **Aunt Sally** (at fairground) blanco m (de feria); (target of abuse) objeto m de burlas or mofas

auntie, aunty ['ɑːntɪ] n Fam tita f, tiíta f

AUP [eɪjuː'piː] n COMPTR (abbr **acceptable use policy**) política f aceptable de uso

au pair [əʊ'peə(r)] ◇ n au pair mf
◇ vi trabajar de au pair

aura ['ɔːrə] n **-1.** (atmosphere) aura f **-2.** (surrounding body) aura f

aural ['ɔːrəl] adj auditivo(a); **~ comprehension/skills** comprensión/capacidad auditiva

aurally ['ɔːrəlɪ] adv auditivamente; **~ handicapped** disminuido(a) or discapacitado(a) auditivo(a)

au revoir [əʊrə'vwɑː(r)] exclam ¡adiós!, ¡chao!

auricle ['ɔːrɪkəl] n ANAT **-1.** (of heart) aurícula f **-2.** (of ear) pabellón m de la oreja

Auriga [ɔː'raɪgə] n auriga

aurora [ɔː'rɔːrə] (pl **auroras** or **aurorae** [ɔː'rɔːriː]) n ASTRON aurora f ❑ **~ australis** aurora f austral; **~ borealis** aurora f boreal

auspices ['ɔːspɪsɪz] npl **under the ~ of** bajo los auspicios de

auspicious [ɔː'spɪʃəs] adj prometedor(a), halagüeño(a); **we made an ~ beginning** comenzamos con buen pie; **on this ~ occasion** en esta feliz or jubilosa ocasión

auspiciously [ɔː'spɪʃəslɪ] adv de manera halagüeña

Aussie ['ɒzɪ] Fam ◇ n australiano(a) m,f
◇ adj australiano(a)

austere [ɒ'stɪə(r)] adj austero(a)

austerity [ɒ'sterɪtɪ] n **-1.** (simplicity) austeridad f, sobriedad f **-2.** (hardship) austeridad f, estrechez f; **~ measures** medidas fpl de austeridad; **the austerities of life at boarding school** la austeridad de la vida en un internado

Australasia [ɒstrə'leɪʒə] n Australasia

Australasian [ɒstrə'leɪʒən] adj de Australasia

Australia [ɒ'streɪlɪə] n Australia

Australian [ɒ'streɪlɪən] ◇ n australiano(a) m,f
◇ adj australiano(a) ❑ **~ rules football** fútbol m australiano

Austria ['ɒstrɪə] n Austria

Austria-Hungary ['ɒstrɪə'hʌŋgərɪ] n HIST Austria-Hungría

Austrian ['ɒstrɪən] ◇ n austriaco(a) m,f
◇ adj austriaco(a)

Austro-Hungarian ['ɒstrəʊhʌŋ'geərɪən] *adj* HIST austrohúngaro; **the ~ Empire** el Imperio Austrohúngaro

AUT [eɪjuː'tiː] *n* (*abbr* **Association of University Teachers**) = sindicato británico de profesores universitarios

autarchy ['ɔːtɑːkɪ] *n* POL autarquía *f*

autarky ['ɔːtɑːkɪ] *n* ECON autarquía *f*

authentic [ɔː'θentɪk] *adj* **-1.** (*artefact*) auténtico(a), genuino(a) **-2.** (*atmosphere, recreation*) auténtico, fidedigno(a)

authentically [ɔː'θentɪklɪ] *adv* (*to recreate*) fielmente; **the food is ~ Chinese** la comida es genuinamente china

authenticate [ɔː'θentɪkeɪt] *vt* autentificar, autenticar

authentication [ɔːθentɪ'keɪʃən] *n* **-1.** (*of painting, document, signature*) autentificación *f*, autenticación *f* **-2.** COMPTR autentificación *f*, autenticación *f*

authenticity [ɔːθen'tɪsɪtɪ] *n* **-1.** (*of artefact*) autenticidad *f* **-2.** (*of atmosphere, recreation*) autenticidad *f*, verosimilitud *f*

author ['ɔːθə(r)] ◇ *n* **-1.** (*writer*) (*by profession*) escritor(ora) *m,f*; (*of a book*) autor(ora) *m,f* **-2.** (*cause, creator*) autor(ora) *m,f*; **she was the ~ of her own downfall** ella fue la causante de su propia ruina
◇ *vt* crear, ser el autor/la autora de

authoress ['ɔːθərɪs] *n* Old-fashioned (*writer*) escritora *f*, autora *f*

authoring ['ɔːθərɪŋ] *adj* COMPTR **~ language** lenguaje *m* de autor; **~ system** sistema *m* de autor; **~ tool** herramienta *f* de autor

authoritarian [ɔːθɒrɪ'teərɪən] ◇ *n* autoritario(a) *m,f*
◇ *adj* autoritario(a)

authoritarianism [ɔːθɒrɪ'teərɪənɪzəm] *n* autoritarismo *m*

authoritative [ɔː'θɒrɪtətɪv] *adj* **-1.** (*manner, voice, person*) autoritario(a) **-2.** (*study, source*) autorizado(a)

authoritatively [ɔː'θɒrɪtətɪvlɪ] *adv* (*reliably*) con autoridad, con dominio

authority [ɔː'θɒrɪtɪ] *n* **-1.** (*power*) autoridad *f*; **I'd like to speak to someone in ~** quisiera hablar con el responsable; **to have an air of ~** mostrar seguridad *or* aplomo
-2. (*forcefulness, confidence*) autoridad *f*, seguridad *f*; **her conviction gave ~ to her argument** su propia convicción confería peso a su razonamiento; **his opinions carry a lot of ~** su opinión goza de gran autoridad
-3. (*authorization*) autorización *f*; **to give sb ~ to do sth** autorizar a alguien a hacer algo; **they have no ~ to stop him** no tienen poder para detenerlo; **on whose ~ did they search the house?** ¿quién les dio autorización para que registraran la casa?; **he did it on his own ~** lo hizo bajo su responsabilidad; **without ~** sin autorización
-4. (*people in command*) autoridad *f*; **the authorities** las autoridades; **the proper authorities** el/los organismo(s) competente(s); *Br* **the local education/housing ~** la autoridad local competente en materia de enseñanza/vivienda; **we'll go to the highest ~ in the land** acudiremos a la más alta autoridad *or* instancia del país
-5. (*expert, source*) autoridad *f*; **I have it on his own ~ that she was there** él mismo me ha dicho que ella estuvo allí; **to be an ~ on sth** ser una autoridad en algo; IDIOM **to have it on good ~** saberlo de buena tinta *or RP* fuente

authorization [ɔːθəraɪ'zeɪʃən] *n* (*act, permission*) autorización *f*

authorize ['ɔːθəraɪz] *vt* autorizar; **to ~ sb to do sth** autorizar a alguien a hacer algo; **to ~ a loan** autorizar un préstamo; **she is authorized to act for her father** esta autorizada para obrar en nombre de su padre

authorized ['ɔːθəraɪzd] *adj* autorizado(a), oficial; **(entry to) ~ persons only** (*sign*) prohibido el paso a toda persona no autorizada

~ dealer distribuidor *m* autorizado; **the Authorized Version** (*of Bible*) = versión oficial de la Biblia protestante en inglés

authorship ['ɔːθəʃɪp] *n* (*author's identity*) autoría *f*; **a work of unknown ~** una obra de autor desconocido

autism ['ɔːtɪzəm] *n* autismo *m*

autistic [ɔː'tɪstɪk] *adj* autista

auto ['ɔːtəʊ] (*pl* **autos**) *n* US automóvil *m*, Esp coche *m*, Am carro *m*, RP auto *m* ❑ **~ accident** accidente *m* automovilístico; **~ industry** industria *f* automovilística *or* del automóvil; **~ parts** repuestos *mpl or* recambios *mpl* de automóvil

auto- prefix auto-

autobiographical [ɔːtəbaɪə'græfɪkəl] *adj* autobiográfico(a)

autobiography [ɔːtəbaɪ'ɒgrəfɪ] *n* autobiografía *f*

autocorrect [ɔːtəʊkə'rekt] *vt* COMPTR corregir automáticamente

autocracy [ɔː'tɒkrəsɪ] *n* autocracia *f*

autocrat ['ɔːtəkræt] *n* autócrata *mf*

autocratic [ɔːtə'krætɪk] *adj* autocrático(a)

Autocue® ['ɔːtəʊkjuː] *n Br* TV teleapuntador *m*

auto-da-fé ['ɔːtəʊdə'feɪ] (*pl* **autos-da-fé** ['ɔːtəʊzdə'feɪ]) *n* HIST auto *m* de fe

autodestruct ['ɔːtəʊdɪ'strʌkt] ◇ *vi* autodestruirse
◇ *adj* autodestructivo(a)

autodialler ['ɔːtəʊdaɪələ(r)] *n* (dispositivo *m* de) marcación *f* automática

autodidact [ɔːtəʊ'daɪdækt] *n* autodidacta *mf*

autoerotic [ɔːtəʊɪ'rɒtɪk] *adj* autoerótico(a)

autoeroticism [ɔːtəʊɪ'rɒtɪsɪzəm] *n* autoerotismo *m*

autoflow ['ɔːtəʊfləʊ] *n* COMPTR salto *m* automático de línea

autofocus ['ɔːtəʊfəʊkəs] *n* autofocus *m*, autofoco *m*

autogenous [ɔː'tɒdʒənəs] *adj* autógeno(a)

autogiro, autogyro ['ɔːtəʊ'dʒaɪərəʊ] *n* autogiro *m*

autograph ['ɔːtəgrɑːf] ◇ *n* autógrafo *m* ❑ **~ album** *or* **book** álbum *m* de autógrafos; **~ hunter** cazador(ora) *m,f* de autógrafos
◇ *adj* (*manuscript, letter*) autógrafo(a)
◇ *vt* autografiar

autogyro = autogiro

autoimmune [ɔːtəʊɪ'mjuːn] *adj* **~ disease** enfermedad autoinmune

autoimmunity [ɔːtəʊɪ'mjuːnɪtɪ] *n* autoinmunidad *f*

automaker ['ɔːtəʊmeɪkə(r)] *n US* fabricante *m* de automóviles

automat ['ɔːtəmæt] *n US* = restaurante en el que la comida se obtiene de máquinas expendedoras

automata *pl* of **automaton**

automate ['ɔːtəmeɪt] *vt* automatizar

automated telling machine ['ɔːtəmeɪtɪd'telɪŋməʃiːn], **automatic telling machine** [ɔːtə'mætɪk'telɪŋməʃiːn] *n* cajero *m* automático

automatic [ɔːtə'mætɪk] ◇ *n* **-1.** (*car*) coche *m or* automóvil *m or Am* carro *m or RP* auto *m* (con cambio) automático **-2.** (*pistol*) pistola *f* automática **-3.** (*washing machine*) lavadora *f* (automática), *RP* lavarropas *m* (automático)
◇ *adj* **-1.** (*machine, mechanism*) automático(a) ❑ **~ brake** freno *m* automático; COMPTR **~ data processing** proceso *m or* procesamiento *m* automático de datos; **~ dialling** marcado *m* automático; COMPTR **~ feed** avance *m* automático; **~ focusing** enfoque *m* automático; AV **~ pilot** piloto *m* automático; *Fig* **to be on ~ pilot** tener puesto el piloto automático; AUT **~ transmission** transmisión *f* automática
-2. (*car*) automático(a), con cambio automático
-3. (*pistol*) automático(a)
-4. (*unreflecting, instantaneous*) automático(a), inmediato(a) ❑ **~ writing** escritura *f* automática

automatically [ɔːtə'mætɪklɪ] *adv* automáticamente; **I just ~ assumed he was right** di automáticamente por sentado que tenía razón

automation [ɔːtə'meɪʃən] *n* automatización *f*

automaton [ɔː'tɒmətən] (*pl* **automata** [ɔː'tɒmətə]) *n* autómata *m*

automobile ['ɔːtəməʊbiːl] *n* automóvil *m*, *Am* carro *m*, *RP* auto *m*; **an ~ manufacturer** un fabricante de automóviles ❑ **the ~ industry** la industria automovilística *or* del automóvil; **~ workers** trabajadores *mpl* del sector del automóvil

automotive [ɔːtə'məʊtɪv] *adj* (*engineering, industry*) automotor(ora)

autonomous [ɔː'tɒnəməs] *adj* autónomo(a)

autonomy [ɔː'tɒnəmɪ] *n* autonomía *f*

autopilot ['ɔːtəʊpaɪlət] *n* (*in vehicle*) piloto *m* automático; **on ~** (*vehicle*) con el piloto automático; **to be on ~** (*person*) tener puesto el piloto automático

autopsy ['ɔːtɒpsɪ] *n* autopsia *f*; **to carry out an ~** practicar *or* efectuar una autopsia

auto-reverse [ɔːtəʊrɪ'vɜːs] *n* (*on cassette recorder*) autorreverse *m*, cambio *m* automático de dirección de cinta

auto-save ['ɔːtəʊseɪv] COMPTR ◇ *n* autoguardado *m*
◇ *vt* guardar automáticamente

autostart ['ɔːtəʊstɑːt] *n* COMPTR arranque *m* automático

auto-suggestion ['ɔːtəʊsə'dʒestʃən] *n* PSY autosugestión *f*

autotimer ['ɔːtəʊ'taɪmə(r)] *n* temporizador *m* automático

autowinder ['ɔːtəʊ'waɪndə(r)] *n* (*for camera*) rebobinador *m* automático

autumn ['ɔːtəm] *n* otoño *m*; **~ leaves** hojas otoñales; **in (the) ~** en otoño; IDIOM **in the ~ of his years** en el otoño de su vida

autumnal [ɔː'tʌmnəl] *adj* otoñal ❑ **~ equinox** equinoccio *m* de otoño

auxiliary [ɔːg'zɪl(ɪ)ərɪ] ◇ *n* **-1.** (*assistant*) auxiliar *mf* **-2.** (*soldier*) soldado *m* auxiliar **-3.** GRAM **~ (verb)** (verbo *m*) auxiliar *m*
◇ *adj* auxiliar

AV -1. (*abbr* **Authorized Version**) = traducción oficial de la Biblia protestante en inglés publicada en 1611 **-2.** (*abbr* **audiovisual**) audiovisual

avail [ə'veɪl] *Literary* ◇ *n* **of no ~** baldío, vano; **it would be of no ~ to complain** quejarse sería un ejercicio baldío; **to no ~** en vano; **to little ~** sin grandes resultados, sin mucho éxito; **to be of little ~** ser poco útil *or* provechoso; **to what ~?** ¿con qué fin?, ¿para qué?
◇ *vt* **to ~ oneself of sth** aprovechar algo

availability [əveɪlə'bɪlɪtɪ] *n* disponibilidad *f*; **check on the ~ of tickets** comprueba si quedan *or* hay billetes; **offer subject to ~** oferta válida hasta agotar existencias

available [ə'veɪləbəl] *adj* **-1.** (*information, services, products*) disponible; **the best/first ~** el mejor/primero que hay *or* de que se dispone; **not easily ~** difícil de conseguir; **tickets are still ~** todavía quedan entradas *or Méx* boletos; **they're ~ in three sizes** vienen en tres tamaños diferentes; **money is ~ for...** hay dinero para...; **they used the time ~ to evacuate the area** emplearon el tiempo de que disponían en desalojar la zona; **we tried every ~ means** lo intentamos por todos los medios posibles; **legal aid should be ~ to everyone** todo el mundo debería poder contar con un abogado de oficio; **~ only on prescription** (*dispensable*) sólo con receta médica; **these drugs are readily ~ on the street** estas drogas son fácilmente asequibles en la calle; COMPTR **~ to download from our website** puede ser descargado desde nuestro sitio web; **~ on DVD**, **~ in DVD format** disponible en DVD ❑ FIN **~ balance** saldo *m* disponible; PHOT **~ light** iluminación *f* disponible
-2. (*person*) disponible, libre; **to be ~** (*free*) estar disponible *or* libre; *Euph* no tener compromiso; **the minister was not ~ for comment** el ministro no se prestó a hacer comentarios; **to make oneself ~ (to sb)** ponerse a disposición (de alguien)

avalanche ['ævəlɑːntʃ] *n* also *Fig* alud *m*, avalancha *f*

avant-garde [ˌævɒŋˈgɑːd] ◇ n vanguardia f ◇ adj vanguardista, de vanguardia

avarice [ˈævərɪs] n avaricia f

avaricious [ˌævəˈrɪʃəs] adj avaricioso(a)

avatar [ˈævətɑː(r)] n COMPTR avatar m

AVC [ˌeɪviːˈsiː] n Br FIN (abbr **additional voluntary contributions**) = aportaciones realizadas al plan de pensiones personal complementario

Ave (abbr **Avenue**) avda. f

avenge [əˈvendʒ] vt (person, crime) vengar; **to ~ oneself on sb** vengarse de alguien

avenger [əˈvendʒə(r)] n vengador(ora) m,f

avenging [əˈvendʒɪŋ] adj vengador(ora); **an ~ angel** un ángel vengador

avenue [ˈævɪnjuː] n **-1.** (street) avenida f **-2.** (in park, garden) paseo m **-3.** (approach) **an ~ to success/fame** un camino hacia el éxito/la fama; **a new ~ of enquiry** una nueva vía de investigación

aver [əˈvɜː(r)] (pt & pp **averred**) vt Formal aseverar

average [ˈævərɪdʒ] ◇ n promedio m, media f; **to work out the ~** calcular la media or el promedio; **on ~** de media, como promedio; **above/below ~** por encima/debajo del promedio or de la media
◇ adj **-1.** (mean, typical) medio(a); **of ~ size** de tamaño mediano; **the ~ Englishman** el inglés medio; **in an ~ week** en una semana normal; **that's about ~ for this time of year** eso es lo normal para esta época del año **-2.** (unexceptional) regular; **how was your day? — ~** ¿qué tal se te ha dado el día? – normal; **a very ~ singer** un cantante muy mediocre or del montón
◇ vt **-1.** MATH calcular la media or el promedio de **-2.** (typically reach, number) alcanzar una media or un promedio de; **to ~ eight hours work a day** trabajar un promedio de ocho horas diarias
◆ **average out** vi **my expenses ~ out at £400 per month** tengo una media de gastos de 400 libras al mes; **things ~ out in the long run** a la larga todo se termina equilibrando

averse [əˈvɜːs] adj reacio(a) (**to** a); **to be ~ to (doing) sth** ser reacio a (hacer) algo; **he's not ~ to making money out of the crisis** no tiene reparo en especular con la crisis; **he is not ~ to the occasional glass of wine** no le hace ascos a un vino de vez en cuando

aversion [əˈvɜːʃən] n **-1.** (feeling) aversión f; **to have an ~ to sth/sb** sentir aversión por algo/alguien ▫ **~ therapy** terapia f de aversión **-2.** (thing disliked) fobia f; **rap music is my ~** no soporto el rap

avert [əˈvɜːt] vt **-1.** (turn away) (eyes, thoughts) apartar, desviar **-2.** (prevent) (misfortune, accident) evitar, impedir

aviary [ˈeɪvɪərɪ] n pajarera f

aviation [ˌeɪvɪˈeɪʃən] n aviación f ▫ **~ fuel** combustible m de aviación

aviator [ˈeɪvɪeɪtə(r)] n Old-fashioned aviador(ora) m,f ▫ **~ glasses** gafas fpl de aviador

avid [ˈævɪd] adj ávido(a) (**for** de); **an ~ reader of thrillers** un ávido lector de novelas de intriga

avidly [ˈævɪdlɪ] adv ávidamente

Avignon [ˈævɪnjɒn] n Aviñón

avionics [ˌeɪvɪˈɒnɪks] ◇ n (science) aviónica f
◇ npl (instruments, equipment) equipo m de aviónica

avocado [ˌævəˈkɑːdəʊ] (pl **avocados**) n **-1.** (fruit) **~ (pear)** aguacate m, Andes, RP palta f **-2.** (colour) verde m aguacate

avocet [ˈævəset] n avoceta f

avoid [əˈvɔɪd] vt (person, thing) evitar; (punishment, danger, question) evitar, eludir; **to ~ doing sth** evitar hacer algo; **try to ~ giving them too much information** procura no facilitarse demasiada información; **to ~ paying taxes** (legally) evitar or eludir el pago de impuestos; (illegally) evadir impuestos; **you've been avoiding me** has estado esquivándome; IDIOM **to ~ sth/sb like the plague** huir de algo/alguien como de la peste; **don't ~ the issue** no eludas la cuestión; **she avoided my eyes** esquivaba mi mirada

avoidable [əˈvɔɪdəbəl] adj evitable

avoidance [əˈvɔɪdəns] n **to ensure the ~ of stress...** para evitar el estrés...; **his ~ of the real issue annoyed me** el hecho de que evitara el asunto clave me molestó

avoirdupois [ˌævədəˈpɔɪz, ˌævwɑːdjʊˈpwɑː] n = sistema británico de medidas de peso que tiene como unidad la libra

avow [əˈvaʊ] vt Formal confesar, reconocer; **to ~ oneself beaten** darse por vencido(a), admitir la derrota; **he openly avowed himself (to be) a communist** reconoció públicamente que era comunista

avowal [əˈvaʊəl] n confesión f

avowed [əˈvaʊd] adj declarado(a)

avowedly [əˈvaʊdlɪ] adv abiertamente, claramente

avuncular [əˈvʌŋkjʊlə(r)] adj paternalista

aw [ɔː] exclam ¡oh!

AWACS [ˈeɪwæks] n MIL (abbr **Airborne Warning and Control System**) AWACS m, = sistema de control y alarma aéreo

await [əˈweɪt] vt **-1.** (wait for) esperar, Esp aguardar; **a long-awaited holiday** unas ansiadas vacaciones; **we ~ your instructions** quedamos en espera de sus instrucciones; **to be awaiting trial** (prisoner) estar en espera de juicio
-2. (be in store for) esperar, Esp aguardar; **a nasty surprise awaited her** le esperaba una desagradable sorpresa; **who knows what may await us** quién sabe lo que nos deparará el futuro or destino

awake [əˈweɪk] ◇ adj **-1.** (not sleeping) **to be ~** estar despierto(a); **to stay ~** quedarse despierto(a); **he lay ~ for hours** permaneció despierto en la cama durante horas; **the coffee kept her ~** el café la mantuvo despierta; **the noise kept me ~** el ruido me mantuvo en vela; **he was wide ~** estaba completamente or totalmente despierto **-2.** (aware) consciente (**to** de); **we're all ~ to the dangers** todos somos conscientes del peligro or riesgo
◇ vt (pt **awoke** [əˈwəʊk], pp **awoken** [əˈwəʊkən]) **-1.** (from sleep) despertar **-2.** (curiosity, suspicions) despertar, levantar; (memories) reavivar
◇ vi **-1.** (emerge from sleep) despertarse; **I awoke from a deep sleep** desperté de un profundo sueño; **to ~ from a trance/coma** salir de un trance/coma **-2.** (become aware) percatarse, darse cuenta; **to ~ to a danger** percatarse or tomar conciencia de un peligro; **he suddenly awoke to the fact that he was no longer young** de repente se dio cuenta or se apercibió de que ya no era joven

awaken [əˈweɪkən] (pt **awakened** or **awoke** [əˈwəʊk], pp **awakened** or **awoken** [əˈwəʊkən]) ◇ vt = **awake**
◇ vi = **awake**

awakening [əˈweɪkənɪŋ] n despertar m; **it was a rude ~** fue una cruel desilusión or una amarga decepción

award [əˈwɔːd] ◇ n **-1.** (prize) premio m, distinción f; **to make/be given an ~** conceder/recibir un premio or galardón; **an ~ for bravery** una distinción al valor; **the annual awards ceremony** la ceremonia anual de entrega de premios **-2.** LAW indemnización f **-3.** Austr (minimum wage) **~ (wage)** salario m mínimo
◇ vt **-1.** (prize, contract) otorgar, conceder; (medal) imponer, otorgar; **to ~ sth to sb** otorgar or conceder algo a alguien; **she was awarded first prize** le concedieron or otorgaron el primer premio **-2.** LAW (damages) otorgar, conceder **-3.** SPORT (penalty) conceder

award-winner [əˈwɔːdwɪnə(r)] n (person) galardonado(a) m,f; (film, book) obra f galardonada or premiada

award-winning [əˈwɔːdwɪnɪŋ] adj premiado(a), galardonado(a)

aware [əˈweə(r)] adj **-1.** (conscious) **to be ~ of** ser consciente de; **he's well ~ of the risks** es plenamente consciente de los riesgos; **I wasn't ~ of his presence** no advertí su presencia; **I wasn't ~ there was a problem about it** no sabía que esto presentase ningún problema; **are you ~ of the trouble you've caused?** ¿te das cuenta del trastorno que has ocasionado?; **to be ~ that...** ser consciente de que...; **to become ~ of** darse cuenta de; **not that I am ~ of** no, que yo sepa; **as far as I'm ~** por lo que yo sé
-2. (informed, concerned) concienciado(a); **environmentally/politically ~** preocupado(a) por el medio ambiente/la política

awareness [əˈweənɪs] n conciencia f (**of** de); **he has little ~ of the situation** no es muy consciente de la situación; **a heightened ~ of colour** una intensificación del color; **to increase ~ of an issue** aumentar el nivel de concienciación sobre un tema

awash [əˈwɒʃ] adj **-1.** (flooded) **to be ~ (with)** estar inundado(a) (de) **-2.** (full) **to be ~ (with)** estar inundado(a) (de)

away [əˈweɪ] ◇ adv **-1.** (with distance) **a long way ~, far ~** muy lejos; **it's 10 kilometres ~** está a 10 kilómetros; **it's miles ~** está lejísimos; **how far ~ is Dallas?** ¿a cúantos kilómetros está Dallas?; **I like living ~ from the centre** me gusta vivir lejos del centro; **to keep** or **stay ~ from sth/sb** mantenerse alejado(a) de algo/alguien; **she sat ~ from the rest of the group** se sentó aparte del resto del grupo; **to stand ~ from sth** mantenerse alejado(a) de algo
-2. (with direction) **the bus drove ~** el autobús partió; **to go ~** marcharse, irse; **go ~!** ¡vete!; **to move ~ from sth/sb** apartarse de algo/alguien; **to turn ~** apartar or desviar la mirada; **the police were facing ~ from the crowd** los policías daban la espalda a la multitud
-3. (not present) **to be ~** (not at work) estar fuera; **Billy's ~ today** (not at school) Billy no ha venido hoy; **I was ~ sick three days last week** falté tres días por enfermedad la semana pasada; **she was ~ with a cold** estaba en casa con un resfriado; IDIOM Fam **to be ~ with the fairies** (senile) estar chocho(a); (eccentric) estar tocado(a) del ala; (daydreaming) estar en Babia or en las nubes; **he's ~ on holiday/business** está de vacaciones/en viaje de negocios
-4. (with time) **right ~** inmediatamente; **Christmas is only two weeks ~** sólo quedan dos semanas para las Navidades; **Christmas is still a long way ~** todavía falta mucho para Navidad; **we live two minutes ~ from the centre** vivimos a dos minutos del centro
-5. (indicating removal) **to take sth ~ from sb** quitarle algo a alguien; **he peeled ~ the top layer** levantó la capa superficial; **to carry sb ~** llevarse a alguien; **she wiped her tears ~** se secó las lágrimas; **to give sth ~** regalar algo
-6. (indicating disappearance) **the snow has all melted ~** la nieve se ha derretido; **the noise faded ~** el ruido se desvaneció; **they partied the night ~** estuvieron de fiesta toda la noche
-7. (in the correct place) **to put sth ~** recoger algo; **to file sth ~** archivar algo
-8. (indicating continuous action) **I was working ~, when suddenly...** estaba concentrado trabajando, cuando de repente...; **the two girls were chattering ~ at the back** las dos niñas estaban charlando en la parte de atrás
-9. (indicating escape) **to get ~ from sb** escaparse de alguien; **to get ~ from it all** desconectarse de todo
-10. SPORT **to play/win ~ (from home)** jugar/ganar fuera (de casa)
◇ adj SPORT (team, captain) visitante; **they won the ~ leg against Liverpool** ganaron el partido de ida en el campo del Liverpool; **an ~ game** un partido fuera de casa; **an ~ goal** un gol marcado fuera de

casa; **they won on ~ goals** ganaron gracias al valor doble de los goles marcados fuera de casa; **the ~ strip** el equipaje *or* la indumentaria reserva; **an ~ win** una victoria visitante *or* a domicilio

awe [ɔː] ◇ *n* sobrecogimiento *m*, temor *m*; **to be** *or* **stand in ~ of sth/sb** estar intimidado(a) ante algo/alguien; **I stared at her in ~** la miré anonadado
◇ *vt* sobrecoger, impresionar; **the children were awed by the cathedral/the tone of her voice** los niños se quedaron impresionados con la catedral/el tono de su voz; **the music awed them into silence** sobrecogidos por la música guardaron silencio

awed [ɔːd] *adj* **she spoke in an ~ whisper** susurró estremecida

awe-inspiring [ˈɔːɪnspaɪərɪŋ] *adj* sobrecogedor(ora)

awesome [ˈɔːsəm] *adj* **-1.** *(tremendous)* sobrecogedor(ora) **-2.** *US Fam (wonderful)* alucinante, *Andes, RP* macanudo(a), *Méx* padrísimo

awestruck [ˈɔːstrʌk] *adj* sobrecogido(a), impresionado(a)

awful [ˈɔːfʊl] ◇ *adj* **-1.** *(crime, death, vengeance)* horrible, espantoso(a)
-2. *Fam (very bad) (weather, experience)* horroroso(a), horrendo(a); *(person)* asqueroso(a), repugnante; **she was simply ~ to him** lo trataba como un trapo; **I feel ~** *(ill, ashamed)* me siento muy mal *or Esp* fatal; **she looks ~** *(ill)* tiene muy mal aspecto; *(badly dressed)* tiene una pinta *or* facha horrenda; **to smell/taste ~** oler/saber muy mal *or Esp* fatal; **how ~ for you!** ¡pobrecito!; **I've just had an ~ thought** se me acaba de ocurrir una espantosa idea
-3. *Fam (outrageous)* **you are ~!** ¡eres tremendo!
-4. *Fam (as intensifier)* **an ~ lot** muchísimo, un montón; **an ~ lot of people** un montón de gente, *Andes, CAm, Carib, Méx* harta gente; **what an ~ bore!** *(person)* ¡qué muermazo!; *(task)* ¡qué tostonazo!; **he's an ~ fool** es un perfecto imbécil; **they took an ~ chance** corrieron un riesgo enorme
◇ *adv US Fam* **it was ~ nice of them to come** fue estupendo que vinieran; **I'm ~ busy right now** estoy ocupadísimo *or* superocupado en este momento

awfully [ˈɔːfəlɪ] *adv* **-1.** *(very badly)* espantosamente, *Esp* fatal
-2. *Fam (very)* tremendamente; **~ funny/nice** divertidísimo(a)/superbonito(a); **I'm ~ sorry/glad** lo siento/me alegro muchísimo; **she's an ~ good player** es una jugadora buenísima

-3. *Br Fam Old-fashioned* **thanks ~** muchísimas gracias; *Hum* **~ ~** = se emplea para referirse a las maneras y el acento de la clase alta

awfulness [ˈɔːfʊlnɪs] *n* **-1.** *(of weather, experience, person)* lo horroroso, lo espantoso **-2.** *(of crime, death, vengeance)* atrocidad *f*

awhile [əˈwaɪl] *adv* **wait ~** espere un poco; **not yet ~** por el momento no

awkward [ˈɔːkwəd] *adj* **-1.** *(clumsy)* torpe
-2. *(inconvenient) (moment, time)* inoportuno(a); *(location)* difícil; **you've come at an ~ time** has venido en un mal momento; **the switch is in an ~ place** el interruptor está en un lugar de difícil acceso; **their house is ~ to get to** es complicado *or* difícil llegar hasta su casa; **it's ~ to use** es difícil *or* complicado de usar
-3. *(embarrassed, uneasy) (silence, situation)* incómodo(a), embarazoso(a); **she felt ~ about going** la incomodaba *or* desagradaba la idea de ir; **an ~ moment** un momento delicado *or* violento
-4. *(difficult to deal with) (problem, person)* difícil; *Fam* **he's an ~ customer** es un tipo difícil; **to make things ~ for sb** hacerle la vida imposible a alguien; **they could make things ~ for her if you don't cooperate** podrían amargarle *or* complicarle la vida si no colaboras; **he's at an ~ age** está en la edad del pavo; **he's just being ~** no está por la labor, está poniendo pegas

awkwardly [ˈɔːkwədlɪ] *adv* **-1.** *(clumsily)* torpemente; **to put sth ~** expresar algo con torpeza; **he fell ~** cayó mal **-2.** *(inconveniently)* **the lever is ~ placed** la palanca está mal situada; **their house is ~ situated** su casa tiene mala ubicación **-3.** *(with embarrassment, unease)* embarazosamente, incómodamente; **she grinned ~** sonrió de mala gana

awkwardness [ˈɔːkwədnɪs] *n* **-1.** *(clumsiness)* torpeza *f* **-2.** *(inconvenience)* inconveniencia *f*, incomodidad *f* **-3.** *(embarrassment, unease)* incomodidad *f*, lo embarazoso; **the ~ of the situation** lo violento *or* embarazoso de la situación **-4.** *(lack of co-operation)* falta *f* de cooperación *or* colaboración

awl [ɔːl] *n* lezna *f*

awning [ˈɔːnɪŋ] *n (of shop, over window)* toldo *m*; *(at door of hotel, theatre)* marquesina *f*; *(on ship's deck)* toldos *mpl*

awoke *pt of* **awake**

awoken *pp of* **awake, awaken**

AWOL [ˈeɪwɒl] *adj* MIL *(abbr* **absent without leave)** **to be ~** estar ausente sin permiso; *Fig* **to go ~** desaparecer así como así

awry [əˈraɪ] ◇ *adj* torcido(a), ladeado(a); **his hair was all ~** iba totalmente despeinado; **his tie was ~** tenía la corbata torcida *or* ladeada
◇ *adv* **to go ~** salir mal

axe, US ax [æks] ◇ *n* **-1.** *(tool)* hacha *f* **-2.** IDIOMS **to have an ~ to grind** tratar de barrer para adentro; *Fam* **to get the ~** *(person)* ser puesto(a) de patitas en la calle; *(programme, plan)* ser machacado(a) *or* pulverizado(a)
◇ *vt Fam (jobs, project)* suprimir; *(spending)* recortar a saco

axes *pl of* **axis**

axiom [ˈæksɪəm] *n* axioma *m*

axiomatic [ˌæksɪəˈmætɪk] *adj* axiomático(a), incontrovertible

axis [ˈæksɪs] *(pl* **axes** [ˈæksiːz]*) n* **-1.** MATH eje *m* □ **~ of revolution** eje *m* de rotación; **~ of symmetry** eje *m* de simetría **-2.** HIST **the Axis** el Eje; **the Axis powers** las potencias del Eje **-3.** ANAT axis *m inv*

axle [ˈæksəl] *n* eje *m*; **front/rear ~** eje delantero/trasero

Axminster [ˈæksmɪnstə(r)] *n Br (carpet)* = alfombra de pelo corto

axon [ˈæksɒn] *n* ANAT axón *m*

ayatollah [aɪəˈtɒlə] *n* ayatola *m*, ayatolá *m*

aye [aɪ] ◇ *n* **-1.** *Literary (ever)* **for ~** para siempre, por siempre (jamás) **-2.** POL sí *m*, voto *m* a favor; **ayes and noes** votos a favor y en contra; **the ayes have it** gana el sí
◇ *adv Scot, Irish* sí
◇ *exclam* **-1.** NAUT **~, ~ sir!** ¡sí *or* a la orden, señor! **-2.** *Fam* **~ ~, what's all this then?** ¡pero...bueno!, ¿qué significa *or* es esto?

AYH [ˌeɪwaɪˈeɪtʃ] *(abbr* **American Youth Hostels)** = organización estadounidense de albergues juveniles

AZ *(abbr* **Arizona)** Arizona

azalea [əˈzeɪlɪə] *n* azalea *f*

Azerbaijan [ˌæzəbaɪˈdʒɑːn] *n* Azerbaiyán

Azerbaijani [ˌæzəbaɪˈdʒɑːnɪ], **Azeri** [əˈzeərɪ] ◇ *n* azerbaiyano(a) *m,f*
◇ *adj* azerbaiyano(a)

azimuth [ˈæzɪməθ] *n* acimut *m*

Azores [əˈzɔːz] *npl* **the ~** las Azores

AZT [ˌeɪzedˈtiː] *n* PHARM *(abbr* **azidothymidine)** AZT *m*

Aztec [ˈæztek] ◇ *n* azteca *mf*
◇ *adj* azteca

azure [ˈeɪʒə(r)] *Literary* ◇ *n* azur *m*, azul *m* celeste
◇ *adj* azur, azul celeste

Bb

B, b [biː] *n (letter)* B, b

B [biː] *n* **-1.** *(secondary)* **B-movie** película *f* de serie B; *Br* **B-road** carretera *f* secundaria; **B-side** *(of single record)* cara *f* B **-2.** MUS si *m* **-3.** SCH *(grade)* notable *m*; **to get a B** sacar un notable

b *(abbr* **born)** b 1972 nacido(a) en 1972

BA [biːˈeɪ] *n* UNIV *(abbr* **Bachelor of Arts)** **-1.** *(qualification)* ≃ licenciatura *f* en Filosofía y Letras **-2.** *(person)* ≃ licenciado(a) *m,f* en Filosofía y Letras

BAA [biːeɪˈeɪ] *n (abbr* **British Airports Authority)** = organismo aeroportuario británico, *Esp* ≃ Aena *f*

baa [bɑː] ◇ *n* balido *m*
◇ *vi (pt & pp* **baaed** *or* **baa'd** [bɑːd]) balar

babble [ˈbæbəl] ◇ *n* **-1.** *(of voices)* parloteo *m*; *(of baby)* balbuceo *m* **-2.** *(of stream)* murmullo *m*, susurro *m*
◇ *vt (say quickly)* farfullar, barbullar; *(say foolishly)* parlotear sobre
◇ *vi* **-1.** *(baby)* balbucear; *(adult)* farfullar; **to ~ away** *or* **on (about sth)** parlotear (sobre algo); **what are you babbling about?** ¿qué estás barbullando *or* farfullando? **-2.** *(water)* murmurar; **a babbling stream** un arroyo murmurante

babbling [ˈbæblɪŋ] *adj (stream)* murmurante, susurrante

babe [beɪb] *n* **-1.** *Literary (child)* bebé *m*, *Andes* guagua *mf*, *RP* nene(a) *m,f*; **a ~ in arms** un niño de pecho; IDIOM **they were like babes in the wood** eran como corderitos **-2.** *Fam (woman)* nena *f* **-3.** *Fam (term of address)* cariño *m*, cielo *m* **-4.** *US Fam (attractive man) Esp* tío *m* bueno, *Am* tipo *m* bueno

babel [ˈbeɪbəl] *n* **-1.** *(noise, confusion)* jaleo *m*; **a ~ of voices** un guirigay, una algarabía de voces **-2. the tower of Babel** la torre de Babel

baboon [bəˈbuːn] *n* babuino *m*, papión *m*

baby [ˈbeɪbɪ] ◇ *n* **-1.** *(infant)* bebé *m*, *Andes* guagua *mf*, *RP* nene(a) *m,f*; **to have a ~** tener un hijo *or* niño ❑ *Fam* **~ batterer** = persona que maltrata a un bebé; *Fam* **~ blues** depre *f (posparto)*; **~ boom** explosión *f* demográfica; **~ boomer** = persona nacida durante el periodo de explosión demográfica que siguió a la Segunda Guerra Mundial; **~ bouncer** = columpio elástico para bebés; *Br* **Baby Buggy**® sillita *f* de paseo *or* de niño; *US* **~ buggy** *or* **carriage** cochecito *m* de niño; **~ doll** *(toy)* muñeca *f*; **~ food** alimentos *mpl* infantiles; **~ grand** *(piano)* piano *m* de media cola; **the Baby Jesus** el niño Jesús; **~ jumper** = columpio elástico para bebés; *Br* **~ milk** leche *f* maternizada; **~ seat** *(in car)* silla *f* de seguridad para bebés; *US* **~ shower** = pequeña fiesta en la que se llevan regalos para el futuro bebé; **~ snatcher** *(woman)* ladrona *f* de bebés; **~ talk** habla *f* infantil; **~ tooth** diente *m* de leche; **~ wipes** toallitas *fpl* húmedas
 -2. *US Fam (young woman)* chavala *f*, *Esp* tía *f*; **she's my ~** es mi chavala
 -3. *US Fam (term of endearment)* cariño *m*, cielo *m*
 -4. *US Fam (person)* chaval(ala) *m,f*, *Esp* tío(a) *m,f*; **he's one tough ~** es un tipo duro *or* de mucho cuidado

 -5. IDIOMS **the project was his ~** él era el padre de la criatura; **to sleep like a ~** dormir como un lirón; **we have to avoid throwing the ~ out with the bathwater** tenemos que evitar dañar lo bueno al eliminar lo malo; **to leave sb holding the ~** endilgar el muerto a alguien
◇ *adj* **-1.** *(boy, girl)* **they had a ~ boy/girl** tuvieron un niño/una niña; **~ brother** hermanito; **~ sister** hermanita **-2.** *(animal)* **a ~ tiger/panda** un cachorro de tigre/de oso panda; **a ~ elephant** una cría de elefante **-3.** *(carrot, sweetcorn)* de tamaño pequeño
◇ *vt* mimar, tratar como a un bebé

baby-blue [ˈbeɪbɪˈbluː] *adj (eyes)* azul celeste

Babycham® [ˈbeɪbɪʃæm] *n* = bebida alcohólica espumosa parecida al champán pero mucho más barata

baby-changing [ˈbeɪbɪtʃeɪndʒɪŋ] *adj* **~ room/area** sala/zona para cambiar pañales

baby-doll [ˈbeɪbɪdɒl] *adj* **~ nightie** picardías *m inv*; **~ pyjamas** picardías *m inv*

baby-faced [ˈbeɪbɪfeɪst] *adj* con cara de niño

Babygro® [ˈbeɪbɪɡrəʊ] *(pl* **Babygros**) *n Br* pelele *m*

babyhood [ˈbeɪbɪhʊd] *n* primera infancia *f*

babyish [ˈbeɪbɪɪʃ] *adj Pej* infantil

Babylon [ˈbæbɪlɒn] *n* Babilonia

Babylonian [bæbɪˈləʊnɪən] ◇ *n* **-1.** *(person)* babilonio(a) *m,f* **-2.** *(language)* babilonio *m*
◇ *adj* babilónico(a)

baby-minder [ˈbeɪbɪmaɪndə(r)] *n* niñera *f*

baby-sit [ˈbeɪbɪsɪt] *(pt & pp* **baby-sat** [ˈbeɪbɪsæt]) ◇ *vt (child)* cuidar de
◇ *vi* cuidar a niños, hacer de *Esp* canguro *or Am* babysitter; **to ~ for sb** cuidar a los niños de alguien

baby-sitter [ˈbeɪbɪsɪtə(r)] *n Esp* canguro *mf*, *Am* babysitter *mf*

baby-walker [ˈbeɪbɪwɔːkə(r)] *n Br* andador *m*, tacataca *m*

baccalaureate [bækəˈlɔːrɪət] *n (at school)* bachillerato *m*

baccarat [ˈbækərɑː] *n* bacarrá *m*

bacchanalia [bækəˈneɪlɪə] *npl* bacanales *fpl*

Bacchus [ˈbækəs] *n* MYTHOL Baco

baccy [ˈbækɪ] *n Br Fam* tabaco *m*

Bach [bæk] *n* **~ flower healing**, **~ remedies** flores *fpl* *or* terapia *f* floral de Bach

bachelor [ˈbætʃələ(r)] *n* **-1.** *(single man)* soltero *m* ❑ *Br* **~ flat** apartamento *m* *or Esp* piso *m* *or Arg* departamento *m* de soltero; *Old-fashioned* **~ girl** soltera *f*; *Fam* **~ pad** picadero *m*, *RP* bulín *m*; *US* **~ party** despedida *f* de soltero
 -2. UNIV **Bachelor of Arts** *(qualification)* licenciatura *f* en Filosofía y Letras; *(person)* licenciado(a) *m,f* en Filosofía y Letras; UNIV **Bachelor of Science** *(qualification)* licenciatura *f* en Ciencias; *(person)* licenciado(a) *m,f* en Ciencias

bacillus [bəˈsɪləs] *(pl* **bacilli** [bəˈsɪlaɪ]) *n* BIOL bacilo *m*

back [bæk] ◇ *n* **-1.** *(of person)* espalda *f*; *(of animal)* lomo *m*; **to carry sth on one's ~** llevar algo a cuestas; **to fall on one's ~** caerse de espaldas; **to lie on one's ~** estar acostado(a) de espaldas; **I only saw her from the ~** sólo la vi de espaldas; **to sit/stand with one's ~ to sth/sb** dar la espalda a algo/alguien; *also Fig* **to turn one's ~ on sb** volver la espalda a alguien; **~ pain** dolor de espalda; **to have ~ problems** tener problemas de espalda
 -2. *(of page, hand, book, envelope)* dorso *m*; *(of chair)* respaldo *m*; *(of computer, TV, watch)* parte *f* trasera *or* de atrás; *(of dress, jacket)* espalda *f*; *(of spoon, fork)* parte *f* de atrás; *(of queue)* final *m*; *(of house, car)* parte *f* trasera *or* de atrás; *(of room)* fondo *m*; **he banged the ~ of his head** se golpeó la parte posterior de la cabeza; **the ~ of the neck** la nuca, *Esp* el cogote; **at the ~ (of)** *(behind)* en la parte de atrás (de), detrás (de); *(to the rear of)* al fondo (de); **the dress fastens at the ~** el vestido se abrocha por detrás; **at the ~ of the bus/cinema** al fondo del autobús/cine; **at the ~ of the book** al final del libro; *US* **in ~ (of)** *(behind)* en la parte de atrás (de), detrás (de); *(to the rear of)* al fondo (de); *Br* **in the ~**, *US* **in ~** *(of car)* atrás, en el asiento trasero; **put it in the ~ of the van** ponlo en la parte de atrás de la furgoneta; **to have sth at** *or* **in the ~ of one's mind** tener algo en la cabeza; *Br* **out** *or* **round the ~**, *US* **out ~** *(of house)* en la parte de atrás; **~ to front** *Esp* del revés (con lo de detrás hacia delante), *Am* de atrás para adelante; **your jumper's on ~ to front** *Esp* llevas el jersey al *or* del revés, *Am* tienes puesto el pulóver de atrás para adelante; *Fig* **to get sth ~ to front** *(misunderstand)* entender algo al revés; *Fig* **to know sth ~ to front** saberse algo de pe a pa *or* al dedillo; **he knows London like the ~ of his hand** conoce Londres como la palma de la mano; *Fam* **in the ~ of beyond** en el quinto infierno *or Esp* pino, *Chile* en la punta del cerro, *Col* en la Patagonia, *RP* donde el diablo perdió el poncho
 -3. *(in rugby)* = cualquiera de los jugadores del número 9 al 15; *(in soccer)* defensa *mf*; **right/left ~** *(in soccer)* defensa lateral derecho/izquierdo
 -4. IDIOMS **to do sth behind sb's ~**, **to go behind sb's ~ and do sth** hacer algo a espaldas de alguien; **he did it while my ~ was turned** lo hizo a mis espaldas; **to be glad to see the ~ of sb** alegrarse de perder a alguien de vista; **to break the ~ of the work** hacer la parte más dura del trabajo; **to have one's ~ to the wall** estar contra las cuerdas; **put your ~ into it!** ¡ponte a hacerlo en serio!; *Fam* **to put** *or* **get sb's ~ up** jorobar a alguien, *Esp* hinchar las narices a alguien; *Fam* **get off my ~!** ¡déjame en paz!, *Esp* ¡deja de fastidiarme!, *RP* ¡no hinches!; *Fam* **the boss was on my ~ all day** el jefe estaba todo el día encima de mí; **on the ~ of: he was selected on the ~ of his recent good performances** fue seleccionado a raíz de sus buenas actuaciones recientes
◇ *adj* **-1.** *(in space)* *(part, wheel, leg)* trasero(a), de atrás; *Br* **the ~ end of the year** el final del año; **to go in the ~ way** entrar por la puerta de atrás; IDIOM **to put sth on the ~ burner** dejar algo para más tarde, *Esp* aparcar algo; IDIOM **to be on the ~ foot** estar a la defensiva ❑ *Br* PARL **the ~ benches** = escaños ocupados por

backache

diputados que no desempeñan cargos ni en el gobierno ni en la oposición; *US* **the ~ country** el monte remoto; **~ door** puerta *f* trasera *or* de atrás; *Fig* **he got it through the ~ door** lo consiguió de manera poco ortodoxa; *US Fig* **the government has been accused of trying to bring the legislation in through the ~ door** han acusado al gobierno de intentar implantar sus medidas a través de una legislación paralela; **the ~ four** *(in soccer)* = los dos defensas laterales y los dos centrales; **~ garden** jardín *m* (en la parte de atrás de una casa); *US* **~ haul** trayecto *m* de vuelta; **~ heel** *(in soccer)* taconazo *m*; **~ marker** *(in race)* rezagado(a) *m,f*; **the ~ nine** *(in golf)* los últimos nueve hoyos; **~ office** *(of shop)* trastienda *f*; *(of business)* despacho *m* (en la parte trasera); **the ~ page** *(of newspaper)* la contraportada *or* Perú, RP contratapa; **~ pass** *(in soccer)* cesión *f* (al portero); *Euph* **~ passage** *(rectum)* recto *m*; CIN **~ projection** transparencia *f*; **~ road** carretera *f* secundaria; **~ room** cuarto *m* del fondo, habitación *f* trasera; **the ~ row** *(at theatre, cinema)* la última fila; **~ seat** *(of car)* asiento *m* de atrás; *Fig* **to take a ~ seat** quedarse en segundo plano; **~ straight** *(of athletics track)* recta *f* final

-2. *(in time)* **~ catalogue** *(of musician)* discografía *f*; **~ issue** número *m* atrasado; **~ number** número *m* atrasado; **~ pay** atrasos *mpl*, salario *m* atrasado; **~ rent** alquiler *m or* Méx renta *f* pendiente de pago, atrasos *mpl*

◇ *adv* **-1.** *(in space)* atrás; **3 kilometres ~** 3 kilómetros atrás; **a few pages ~** unas cuantas páginas atrás; **to look ~** mirar hacia atrás; **she pushed her chair ~** empujó su silla hacia atrás; **sit ~ and relax** ponte cómodo y relájate; **stand ~!** ¡atrás!; **to step ~** dar un paso atrás; **he peeled the wrapper ~** abrió el envoltorio; **to tie one's hair ~** recogerse el pelo atrás; **~ and forth** de un lado a otro, para acá y para allá; **I spent hours going ~ and forth between the two offices** me pasé horas yendo y viniendo de una oficina a la otra; **~ here/ there** aquí/ahí atrás; **he's ~ in tenth place** está en el décimo lugar

-2. *(in return, retaliation)* **to call sb ~** llamar más tarde a alguien; **to fight ~** defenderse; **to get one's own ~ (on sb)** tomarse la revancha (contra alguien), desquitarse (de alguien); **to get ~ at sb, to get sb ~** vengarse de alguien; **to smile ~ at sb** devolver a alguien la sonrisa; **to write ~** contestar, responder *(por carta)*; **if you kick me I'll kick you ~** si me pegas una patada, te la devuelvo

-3. *(to original starting point, owner)* **to arrive ~** volver, llegar; **when will she be ~?** ¿cuándo vuelve?, *Esp* ¿cuándo estará de vuelta?; **things are ~ to normal** las cosas han vuelto a la normalidad; **it's ~ to work this week** volvemos al trabajo esta semana; **~ in an hour** *(on note, sign)* vuelvo en una hora; **to bring sth ~** traer algo; **to come/go ~** volver, *Andes, CAm, Carib, Méx* regresarse; **to get ~** volver; **I couldn't get ~ to sleep** no pude volver a dormirme; **to give sth ~ to sb** devolverle algo a alguien; **to put sth ~** poner algo en su sitio; **shall we walk ~?** ¿volvemos caminando?; **I don't want it ~** no me lo devuelvas; **on the way ~** *(whilst returning)* en el camino de vuelta, a la vuelta; **in Britain** en Gran Bretaña; **~ home** *(in one's home country)* en mi país; *Fig* **miniskirts are ~ this year** las minifaldas se han vuelto a poner de moda este año; *Fig* **he may have lost, but he'll be ~** puede que haya perdido *or* habrá perdido, pero volverá

-4. *(in time)* **a few years ~** hace unos cuantos años; **~ when...** cuando..., en el tiempo en que...; **~ in 1982** allá por 1982; **~ in January** allá en enero; **as far ~ as 1914** ya en 1914

-5. *(again)* **he stuck his head ~ out of the window** volvió a asomar la cabeza por la ventana; **do you want me to go ~ over the instructions?** ¿quieres que vuelva a explicarte las instrucciones?; **she played the tape ~** puso *or* reprodujo la cinta

◇ *vt* **-1.** *(support)* respaldar, apoyar; *(financially)* financiar, dar respaldo financiero a

-2. *(bet on)* apostar por

-3. *(move backwards)* mover hacia atrás; **to ~ one's car into the garage** entrar en el garaje marcha atrás; **he backed his car into a lamppost** dio marcha atrás y chocó contra una farola

-4. *(strengthen)* *(with material, card)* **to ~ sth with sth** reforzar algo con algo *(por la parte de atrás)*

◇ *vi* *(move backwards)* retroceder, ir hacia atrás; *(car, driver)* recular, ir marcha atrás; **to ~ round a corner** *(in car)* hacer marcha atrás alrededor de una esquina

◆ **back away** *vi* alejarse (retrocediendo); *Fig* **to ~ away from a commitment/policy** echarse atrás en un compromiso/una política

◆ **back down** *vi* echarse atrás; **to ~ down from sth** echarse atrás en algo; **they backed down from raising interest rates** se echaron atrás a la hora de subir los tipos de interés

◆ **back off** *vi* *(move back)* echarse atrás; *Fig* **to ~ off from a commitment/policy** echarse atrás en un compromiso/una política; *Fig* **~ off!** *(leave me alone)* ¡déjame en paz!

◆ **back on to** *vt insep* dar por la parte de atrás a

◆ **back out** *vi* **-1.** *(move backwards)* salir de espaldas; *(in car)* salir marcha atrás; **he backed out of the room** salió de la habitación caminando hacia atrás

-2. *(withdraw)* echarse atrás; **to ~ out of an agreement** retirarse de un acuerdo

◆ **back up** ◇ *vt sep* **-1.** *(support)* respaldar; **will you ~ me up?** *(corroborate my story)* ¿me apoyarás?

-2. COMPTR *(file)* hacer una copia de seguridad de

-3. *(move backwards)* **to ~ one's car up** dar marcha atrás

◇ *vi* **-1.** *(move backwards)* retroceder; *(in car)* dar marcha atrás; **~ up a bit, will you?** *(person)* échate un poco para atrás

-2. *(traffic)* **cars were backed up for miles** había millas de atasco

-3. COMPTR hacer copias de seguridad

backache ['bækeɪk] *n* dolor *m* de espalda; **to have ~** tener dolor de espalda

backbeat ['bækbiːt] *n* MUS tiempo *m* débil

backbench [bæk'bentʃ] *n Br* PARL = escaños ocupados por los diputados sin cargo en el gobierno o la oposición ❑ **~ MP** diputado(a) *m,f* ordinario(a) *(sin cargo en el gobierno o la oposición)*; **~ opinion** = opinión de los diputados sin cargo en el gobierno o la oposición; **~ revolt** indisciplina *f* de voto en el parlamento

backbencher [bæk'bentʃə(r)] *n Br* PARL diputado(a) *m,f* ordinario(a) *(sin cargo en el gobierno o la oposición)*

backbite ['bækbaɪt] *vi Fam* chismorrear

backbiting ['bækbaɪtɪŋ] *n Fam* chismorreo *m*, murmuración *f*, *RP* chusmerío *m*

backboard ['bækbɔːd] *n (in basketball)* tablero *m*, tabla *f*

backbone ['bækbəʊn] *n* **-1.** *(spine)* columna *f* vertebral, espina *f* dorsal; IDIOM **he's got no ~** no tiene agallas **-2.** *(mainstay)* columna *f* vertebral, pilar *m*; **tourism is the ~ of the economy** el turismo es el principal soporte de la economía **-3.** COMPTR red *f* troncal

backbreaking ['bækbreɪkɪŋ] *adj (work)* extenuante, agotador(ora)

backchat ['bæktʃæt] *n Br Fam* impertinencias *fpl*, insolencias *fpl*; **and I want none of your ~!** ¡y no me repliques!, ¡y no quiero ni que rechistes!

backcloth ['bækklɒθ] *n* THEAT telón *m* de fondo

backcomb ['bækkəʊm] *vt* cardar

backcourt ['bækkɔːt] *n* **-1.** *(in tennis)* fondo *m* de la pista **-2.** *(in basketball)* lado *m* propio de la cancha ❑ **~ violation** campo atrás *m*

backdate ['bækdeɪt] *vt* **-1.** *(cheque, document)* poner fecha anterior **-2.** *(pay increase)* **the increase will be backdated to 1 July** el aumento tendrá efecto retroactivo a partir del uno de julio

backdoor [bæk'dɔː(r)] *adj (methods)* subrepticio(a)

backdrop ['bækdrɒp] *n* **-1.** THEAT telón *m* de fondo **-2.** *(background)* **against a ~ of continuing violence** con la violencia como constante telón de fondo

-backed [bækt] *suffix* **-1.** *(with back)* **a highchair** una silla de respaldo alto; **a broadman** un hombre ancho de hombros *or* de espaldas anchas **-2.** *(supported by)* **US~ rebels** rebeldes apoyados por Estados Unidos

backer ['bækə(r)] *n* **-1.** *(of political party, project)* fuente *f* de financiación **-2.** *(person betting)* apostador(ora) *m,f*, apostante *mf*

backfield ['bækfiːld] *n (in American football) (players)* defensa *f*, zaga *f*; *(area)* zona *f* defensiva

backfill ['bækfɪl] CONSTR ◇ *n (material)* relleno *m*, terraplén *m*

◇ *vt (foundation, excavation)* rellenar

backfire [bæk'faɪə(r)] ◇ *n (of car)* petardeo *m*, explosiones *fpl*

◇ *vi* **-1.** *(car)* petardear **-2.** *(plan)* **it backfired on them** les salió el tiro por la culata

back-formation ['bækfɔːmeɪʃən] *n* LING derivación *f* regresiva

backgammon ['bækgæmən] *n* backgammon *m*

background ['bækgraʊnd] *n* **-1.** *(in scene, painting, view)* fondo *m*; **yellow flowers on a green ~** flores amarillas sobre un fondo verde; **in the ~** al fondo, en el fondo; *Fig* **to stay** *or* **remain in the ~** quedarse en segundo plano; *Fig* **to push sb into the ~** relegar a alguien a un segundo plano ❑ **~ music** música *f* ambiental *or* de fondo; **~ noise** ruido *m* de fondo; ASTRON & PHYS **~ radiation** radiación *f* de fondo

-2. *(of person)* *(social)* origen *m*, extracción *f*; *(educational)* formación *f*; *(professional)* experiencia *f*; **he comes from a disadvantaged ~** procede de un entorno desfavorecido; **we need someone with a ~ in computers** necesitamos a alguien que tenga experiencia en informática

-3. *(circumstances)* antecedentes *mpl*; **the ~ to the present crisis** los antecedentes de la crisis actual; **against a ~ of unrest** en un contexto de disturbios; **give me some ~** *(information)* ponme en contexto ❑ **~ information** información *f*, antecedentes *mpl*; **~ reading: to do some ~ reading on a topic** documentarse en una materia

-4. COMPTR **the program works in the ~** el programa se ejecuta en segundo plano ❑ **~ printing** impresión *f* subordinada; **~ processing** procesamiento *m* subordinado

backhand ['bækhænd] ◇ *n (in tennis)* revés *m*; **keep serving to his ~** continúa sirviéndole al revés

◇ *adj (stroke, volley)* de revés

backhanded [bæk'hændɪd] *adj* **-1.** *(blow)* de revés; **she gave him a ~ slap** le soltó *or* dio un revés **-2.** **a ~ compliment** un cumplido con doble sentido

backhander ['bækhændə(r)] *n Br Fam (bribe)* soborno *m*, *Andes, RP* coima *f*, *CAm, Méx* mordida *f*

back-heel [bæk'hiːl] **to ~ the ball** dar un taconazo al balón

backhoe ['bækhəʊ] *n US* excavadora *f*

backing ['bækɪŋ] *n* **-1.** *(support)* apoyo *m*, respaldo *m*; **financial ~** respaldo financiero **-2.** *(material)* relleno *m*, refuerzo *m* **-3.** MUS *(accompaniment)* acompañamiento *m* ❑ **~ vocals** coros *mpl*

backlash ['bæklæʃ] n (reaction) reacción f violenta; **a right-wing ~** un contraataque súbito de la derecha

backless ['bæklɪs] adj **~ dress** vestido m con la espalda al aire; **~ shoes** zapatos mpl sin talón

backlight ['bæklaɪt] n COMPTR (of screen) retroiluminación f

backlist ['bæklɪst] n (of publisher) catálogo m (de publicaciones)

backlit ['bæklɪt] adj COMPTR retroiluminado(a)

backlog ['bæklɒg] n acumulación f; **to clear a ~** ponerse al día con el trabajo; **a ~ of work** trabajo atrasado or acumulado; **a ~ of correspondence/orders** correspondencia atrasada or pendiente/pedidos atrasados or pendientes

backpack ['bækpæk] ◇ n mochila f
◇ vi viajar con la mochila al hombro; **she backpacked around Europe** recorrió Europa con la mochila al hombro

backpacker ['bækpækə(r)] n mochilero(a) m,f

backpacking ['bækpækɪŋ] n **to go ~** viajar con mochila

back-pedal [bæk'pedəl] vi **-1.** (on bicycle) pedalear hacia atrás **-2.** (change mind) dar marcha atrás, echarse atrás; **to ~ on a promise** retirar una promesa

backrest ['bækrest] n respaldo m

backroom ['bækru:m] adj Fam **the ~ boys** los rostros anónimos, = la gente que hace el trabajo técnico en la sombra

back-scratching ['bækskrætʃɪŋ] n Fam intercambio m de favores, Esp compadreo m; **in the world of finance, ~ plays a role in many transactions** en el mundo de las finanzas la política del "hoy por ti, mañana por mí" interviene en muchas operaciones

back-seat driver [bæksi:t'draɪvə(r)] n Fam = pasajero que molesta constantemente al conductor con sus consejos

backside [bæk'saɪd] n Fam trasero m; **to get off one's ~** mover el culo

backslapping ['bækslæpɪŋ] ◇ n (joviality) efusividad f, felicitaciones fpl efusivas
◇ adj efusivo(a), cordial

backslash ['bækslæʃ] n COMPTR barra f invertida

backsliding ['bækslaɪdɪŋ] n Fam recaída f, reincidencia f

backspace ['bækspeɪs] ◇ n COMPTR **~ (key)** (tecla f de) retroceso m
◇ vi retroceder, pulsar la tecla de retroceso

backspin ['bækspɪn] n SPORT (in snooker, billiards) efecto m picado or bajo; (in tennis) efecto m cortado; **he put ~ on when potting the black** picó la bola al meter la negra

back-stabbing ['bækstæbɪŋ] ◇ n puñaladas fpl por la espalda, zancadillas fpl
◇ adj con mala idea, traicionero(a)

backstage [bæk'steɪdʒ] ◇ n bastidores mpl
◇ adv also Fig entre bastidores; **to go ~ after the performance** ir a los camerinos después de la representación

backstairs ['bæksteəz] n escalera f de servicio ❏ **~ gossip** chismorreo m subrepticio

backstitch ['bækstɪtʃ] ◇ n (in sewing) pespunte m
◇ vt pespuntear
◇ vi hacer pespuntes

backstop ['bækstɒp] n SPORT **-1.** (barrier) valla f de fondo (para retener la pelota) **-2.** (in baseball, rounders) cátcher mf, receptor(ora) m,f

backstory ['bækstɔ:rɪ] n **this conversation fills us in on the ~** la conversación nos remite a los sucesos anteriores a la trama

backstreet ['bækstri:t] n callejuela f; **the backstreets** (of city) las zonas deprimidas ❏ **~ abortion** aborto m clandestino

backstroke ['bækstrəʊk] n (in swimming) espalda f; **to do** or **swim (the) ~** nadar a espalda

backstroker ['bækstrəʊkə(r)] n espaldista mf

backswing ['bækswɪŋ] n SPORT swing m de retroceso

backtalk ['bæktɔ:k] n US Fam impertinencias fpl, insolencias fpl

back-to-back [bæktə'bæk] ◇ n (house) casa f adosada (característica de zonas industriales)
◇ adj (in time) **~ meetings** reuniones seguidas
◇ adv **-1.** (physically) espalda con espalda **-2.** (consecutively) sucesivamente; **to watch two films ~** ver dos películas seguidas

backtrack ['bæktræk] vi **-1.** (retrace one's steps) volver atrás, retroceder; **we backtracked to the main road** recorrimos el camino de vuelta hasta la carretera principal **-2.** (renege) retractarse, volverse atrás; **to ~ on a promise** incumplir una promesa; **to ~ on a decision** retractarse de una decisión

backup ['bækʌp] n **-1.** (support) apoyo m, respaldo m; **to call for ~** pedir refuerzos; **the expedition had no technical ~** la expedición no contaba con medios técnicos ❏ **~ system** sistema m de apoyo; **~ team** equipo m técnico
-2. COMPTR copia f de seguridad; **to do the ~** hacer la copia de seguridad ❏ **~ copy** copia f de seguridad; **~ disk** disquete m con la copia de seguridad; **~ file** copia f de seguridad; **~ system** (for doing the backup) sistema m de copia de seguridad; (auxiliary system) sistema m auxiliar
-3. US AUT caravana f ❏ **~ light** luz f de marcha atrás

backward ['bækwəd] ◇ adj **-1.** (direction) hacia atrás; **she left without a ~ glance** partió sin mirar atrás; Fig **a ~ step** un paso atrás **-2.** (retarded) (country) atrasado(a); (child) retrasado(a); IDIOM Br Fam **he isn't ~ in coming forward** no se deja intimidar, Esp no se corta **-3.** COMPTR **~ compatible** compatible con versiones anteriores
◇ adv **backwards**

backward-looking ['bækwəd'lʊkɪŋ] adj **a ~ culture** una cultura anclada en el pasado

backwardness ['bækwədnɪs] n (of child, country) atraso m

backward(s) ['bækwəd(z)] adv **-1.** (to rear) hacia atrás; **to fall ~** caerse hacia atrás; **to walk ~** caminar de espaldas; **to walk ~ and forwards** caminar de un lado para otro; **she goes ~ and forwards between London and Paris** va y viene de Londres a París; also Fig **a step ~** un paso atrás; IDIOM **to bend** or **lean over ~ to help** hacer todo lo posible por ayudar
-2. (towards the past) hacia el pasado, hacia atrás; **to look ~** mirar hacia atrás or al pasado, volver la vista atrás
-3. (the wrong way round) **you've got your cap on ~** llevas la gorra del revés; Fig **to do sth ~** hacer algo al revés
-4. (thoroughly) **to know sth ~** conocer algo de pe a pa

backwash ['bækwɒʃ] n **-1.** (of boat) estela f **-2.** (repercussions) repercusiones fpl

backwater ['bækwɔ:tə(r)] n **-1.** (of river) remanso m, aguas fpl estancadas **-2.** (isolated place) zona f estancada, lugar m atrasado; **Jibrovia is a cultural ~** Jibrovia está muy atrasado culturalmente

backwoods ['bækwʊdz] npl **-1.** (forest) bosque m, monte m **-2.** (remote area) lugar m apartado, zona f aislada

backwoodsman ['bækwʊdzmən] n **-1.** (inhabitant) persona que vive apartada de la civilización **-2.** (uncouth person) palurdo(a) m,f **-3.** Br Fam (of House of Lords) = miembro de la cámara de los Lores que se caracteriza por su ausentismo

backyard ['bæk'jɑ:d] n **-1.** Br (enclosed area) patio m trasero; Fig **a "not in my ~" attitude** = la actitud típica de la persona a la que le parece bien que exista algo mientras no le afecte **-2.** US (garden) jardín m trasero; Fig **we can't let this happen in our own ~** no podemos permitir que esto ocurra a dos puertas de nuestra casa

bacon ['beɪkən] n **-1.** (meat) panceta f, Méx tocino m, Esp bacon m, Esp beicon m ❏ **~ burger** hamburguesa f con beicon; **~ slicer** máquina f de cortar fiambre **-2.** IDIOMS Fam **to save sb's ~** salvarle el pellejo a alguien; Fam **to bring home the ~** (succeed) triunfar; (earn wages) ganar el pan

BACS [bæks] n (abbr **bankers automated clearing services**) = sistema informatizado que permite a una entidad bancaria realizar pagos a los clientes de otra entidad

bacteria [bæk'tɪərɪə] npl bacterias fpl

bacterial [bæk'tɪərɪəl] adj bacteriano(a)

bacteriological [bæktɪərɪə'lɒdʒɪkəl] adj bacteriológico(a)

bacteriologist [bæktɪərɪ'ɒlədʒɪst] n bacteriólogo(a) m,f

bacteriology [bæktɪərɪ'ɒlədʒɪ] n bacteriología f

bacterium [bæk'tɪərɪəm] (pl **bacteria** [bæk'tɪərɪə]) n Spec bacteria f

Bactrian camel ['bæktrɪən'kæməl] n camello m (bactriano)

bad [bæd] (comparative **worse** [wɜ:s], superlative **worst** [wɜ:st]) ◇ adj **-1.** (of poor quality) malo(a), mal (before singular masculine noun); **~ weather** mal tiempo; **the light is ~** no hay suficiente luz; **~ light stopped play** la falta de luz obligó a suspender el encuentro; **the pay is ~** el sueldo es malo; **it's not ~** (fair) no está mal; (good) no está nada mal; **how are you? – not (so** or **too) ~** ¿cómo estás? – no me va mal; **he's not a ~ tennis player** no juega mal a tenis; Br Fam **this cake isn't half ~** (it's good) este pastel está de rechupete or Méx padrísimo; **they're paying £200 – that can't be ~** pagan 200 libras – no está nada mal; **I've been ~ about writing** no he escrito tanto como debiera; **he's ~ at English** tiene dificultades con el inglés, se le da mal el inglés, Am el inglés se le hace difícil; **I'm really ~ at cooking** soy un desastre cocinando; **I'm ~ at remembering birthdays** soy un desastre para acordarme de los cumpleaños; **she's ~ at keeping secrets** no sabe guardar un secreto; **things are going from ~ to worse** las cosas van de mal en peor; **things are looking ~ (for them)** las cosas (les) van mal; **it was a ~ time to leave** era un mal momento para irse; **to have a ~ time** pasarlo mal; **in ~ faith** de mala fe; Br Old-fashioned **it's ~ form to be late for work** no se llega tarde al trabajo; **it was a ~ idea to invite them** no fue una buena idea invitarlos; IDIOM **to give sth up as a ~ job** dejar algo por imposible; **he made a ~ job of painting the kitchen** pintó la cocina muy mal; **to be a ~ loser** ser un mal perdedor; **I had a ~ night** (didn't sleep) he pasado una mala noche; Fam **I'm having a ~ hair day** (my hair's a mess) tengo el pelo hecho un desastre; (I'm having a bad day) hoy tengo un mal día ❏ **~ cheque** cheque m sin fondos; FIN **~ debts** impagados mpl; **~ luck** mala suerte f; COMPTR **~ sector** sector m dañado
-2. (unpleasant) malo(a); **to have a ~ effect on sth** perjudicar algo; **I have a ~ feeling about this interview** esta entrevista me da mala espina; **it's really ~ the way you have to wait so long for an appointment** está muy mal que haya que esperar tanto tiempo para ser citado; IDIOM **to get into sb's ~ books** entrar en la lista negra de alguien; Fig **she's ~ news** es una tipa de cuidado, no te traerá más que problemas ❏ **~ blood** (mutual resentment) mala sangre f; **there's ~ blood between them** existe una gran hostilidad entre ellos; **~ dream** pesadilla f; **~ feeling** (resentment) animadversión f; **~ habit** mala costumbre f; **~ joke** broma f de mal gusto; **~ language:** **to use ~ language** decir palabrotas, ser malhablado(a); **~ manners** mala educación f, malos modales mpl; **it's ~ manners to...** es de mala educación...; **~ mood: to be in a ~ mood** estar de mal humor; Fam **~ trip** (on LSD) mal viaje m; **~ word** palabrota f; IDIOM **nobody has a ~ word to say about her** nadie habla mal de ella
-3. (unfortunate) **it's (really) too ~!, that's**

badass

too ~! *(a shame)* ¡es una (verdadera) pena or lástima!; **it's too ~ we couldn't come!** ¡qué pena or lástima que no pudiéramos ir!; **too ~!** *(bad luck)* ¡qué se le va a hacer!; *(that's your problem)* ¡mala suerte!; **it's enough having to climb all these stairs without being made to wait for ages too** ya es bastante tener que subir todas estas escaleras, para que encima me hagan esperar durante horas; **he'll come to a ~ end** terminará mal
-4. *(not healthy)* enfermo(a); **he's got a ~ back/heart** está mal de la espalda/del corazón; **is your ~ leg any better?** ¿va mejor tu pierna mala?; **smoking/alcohol is ~ for you** fumar/el alcohol es perjudicial para la salud; **it's ~ for a young child to be so isolated** no es bueno que un niño pequeño esté tan aislado; **to be in a ~ way** estar muy mal
-5. *(wicked)* *(person, behaviour)* malo(a); **(you) ~ girl/boy!** ¡malo/mala!; **to be a ~ influence on sb** ejercer una mala influencia sobre alguien; **it would look ~ if we didn't invite them** quedaríamos bastante mal si no los invitáramos; **the ~ guys** *(in movie)* los malos; IDIOM **he's a ~ lot** es un elemento de cuidado
-6. *(serious)* *(mistake, illness, accident)* grave; *(pain, headache)* fuerte; **I've got a ~ cough** tengo una tos terrible
-7. *(rotten)* malo(a), podrido(a); **to be ~** estar malo(a) or podrido(a); **to go ~** estropearse, echarse a perder; *Fig* **a ~ apple** una manzana podrida
-8. *(guilty)* **to feel ~ about sth** sentirse mal por algo
-9. *Fam (excellent)* genial; **this music's so ~** esta música está genial or *Méx* padrísima
◇ *n Fam* **I'm £50 to the ~** he salido perdiendo 50 libras; *Fig* **to go to the ~** echarse a perder; **to take the ~ with the good** estar a las duras y a las malas, *RP* estar en las buenas y en las malas
◇ *adv US (badly)* **I need it real ~** lo necesito desesperadamente; **she's hurt ~** está malherida; **he treats me ~** me trata muy mal; *Fam* **he's got it ~ (for her)** *(he's in love)* está enamoradísimo (de ella), *Esp* está coladito (por ella), *RP* tiene un metejón (con ella)

badass ['bædæs] *US very Fam* ◇ *n (person)* matón(ona) *m,f*, *Esp* chulo(a) *m,f*
◇ *adj* **-1.** *(intimidating, tough)* matón(ona), *Esp* macarra **-2.** *(excellent)* genial, *Esp* molón(ona), *Andes, CAm, Carib, Méx* chévere, *Méx* padrísimo(a), *RP* bárbaro(a)

baddie, baddy ['bædɪ] *n Fam (in movie)* **the ~** el malo (de la película); **the goodies and the baddies** *(in conflict, war)* los buenos y los malos

bade *pt of* **bid²**

badge [bædʒ] ◇ *n* **-1.** *(bearing coat of arms, logo)* insignia *f*; *(round, made of metal)* chapa *f*; *(pin)* pin *m* **-2.** *(distinguishing mark, symbol)* insignia *f*
◇ *vt US* proveer de una insignia

badger ['bædʒə(r)] ◇ *n (animal)* tejón *m* ❑ **the Badger State** = apelativo familiar referido al estado de Wisconsin
◇ *vt* acosar, importunar; **to ~ sb into doing sth** dar la lata a alguien para que haga algo; **she's always badgering me with questions** siempre me está acosando con preguntas

badinage ['bædɪnɑːʒ] *n* chanza *f*

badlands ['bædlændz] *npl* GEOG = zona yerma con formaciones rocosas que han sufrido gran erosión; **the Badlands** = zona yerma en los estados de Dakota del Sur y Nebraska

bad-looking [bæd'lʊkɪŋ] *adj* **he's not ~** es bastante *Esp* guapo or *Am* lindo

badly ['bædlɪ] *adv (comparative* **worse** [wɜːs], *superlative* **worst** [wɜːst]) **-1.** *(not well)* mal; **to do ~** hacerlo mal; **he didn't do ~** *(in contest)* no le fue (bastante) mal; **his business is doing ~** le va mal el negocio; **to go ~** ir mal; **he took it very ~** se lo tomó muy mal; **to be ~**

off *(poor)* estar or andar mal de dinero; *(in bad situation)* estar mal; **we are ~ off for money/time** nos falta dinero/tiempo; **to get on ~ (with sb)** llevarse mal (con alguien); **I feel very ~ about it** me siento muy mal or *Esp* fatal al respecto; **~ dressed** mal vestido(a)
-2. *(critically, negatively)* mal; **don't think ~ of him for what he did** no lo juzgues mal por lo que hizo; **the play/novel was ~ received** la obra/novela tuvo una mala acogida
-3. *(seriously)* gravemente; **to be ~ beaten** *(lose, be injured)* recibir or llevarse una tremenda paliza; **~ damaged** gravemente dañado(a); **to go ~ wrong** salir rematadamente mal **-4.** *(greatly)* mucho; **to want sth ~** desear algo mucho; **to be ~ in need of sth, to ~ need sth** necesitar algo urgentemente

bad-mannered [bæd'mænəd] *adj* maleducado(a)

badminton ['bædmɪntən] *n* bádminton *m*; **~ racket/court** raqueta/cancha or pista de bádminton

badmouth ['bædmaʊθ] *vt US Fam* hablar mal de

badness ['bædnɪs] *n* **-1.** *(poor quality)* mala calidad *f* **-2.** *(wickedness)* maldad *f*

bad-tempered [bæd'tempəd] *adj (remark)* malhumorado(a); **to be ~** *(person) (by nature)* tener mal carácter; *(temporarily)* estar de mal humor; **he made a ~ apology** se excusó malhumorado

BAE [biːeɪ'iː] *n US (abbr* **Bachelor of Arts in Education)** **-1.** *(qualification)* ≃ licenciatura *f* en Magisterio **-2.** *(person)* ≃ licenciado(a) *m,f* en Magisterio

BAe [biːeɪ'iː] *n (abbr* **British Aerospace)** = agencia espacial británica

BAF [biːeɪ'ef] *n Br (abbr* **British Athletics Federation)** = federación británica de atletismo

baffle¹ ['bæfəl] *vt* **-1.** *(confuse)* desconcertar; **to be baffled** estar desconcertado(a) or atónito(a); **I'm baffled as to why she did it** no logro entender por qué lo hizo **-2.** *(frustrate)* frustrar, malograr

baffle² *n* TECH *(for sound)* pantalla *f* (acústica), bafle *m*; *(for light)* deflector *m*

bafflement ['bæfəlmənt] *n* desconcierto *m*

baffling ['bæflɪŋ] *adj* desconcertante, incomprensible

BAFTA ['bæftə] *n (abbr* **British Academy of Film and Television Arts)** = organización británica que anualmente concede premios a personalidades del cine y de la televisión

BAg *n US (abbr* **Bachelor of Agriculture)** **-1.** *(qualification)* ≃ licenciatura *f* en ingeniería agrónoma **-2.** *(person)* ≃ ingeniero(a) *m,f* agrónomo(a)

bag [bæg] ◇ *n* **-1.** *(of paper, plastic)* bolsa *f* ❑ *Fam* **~ lady** vagabunda *f*, = mujer sin hogar que se desplaza llevando todas sus pertenencias en bolsas de plástico; *Fam* **~ of tricks** repertorio *m* (de recursos), *Esp* truquillos *mpl*
-2. *(handbag) Esp* bolso *m*, *Andes, RP* cartera *f*, *Méx* bolsa *f*; *(holdall)* bolsa *f* (de viaje o de deporte); *(suitcase)* maleta *f*, *Méx* petaca *f*, *RP* valija *f* ❑ **~ snatcher** tironero(a) *m,f*
-3. *Fam (quantity of drugs)* dosis *f*
-4. *(in hunting)* cacería *f*
-5. *Fam* **bags of** *(lots)* un montón de; **there's bags of room** hay muchísimo sitio
-6. *Br very Fam Pej (woman)* **old ~** bruja *f*
-7. *Fam (interest)* historia *f*, rollo *m*; **it's not my ~** no me interesa or *Esp* va (ese rollo)
-8. IDIOMS **to have bags under one's eyes** tener ojeras, tener bolsas debajo de los ojos; *Fam* **to be a ~ of bones** estar esquelético(a) or *Esp* en los huesos; **it's in the ~** *(deal, victory)* lo tenemos en el bote; **he let the secret out of the ~** descubrió el secreto; *Fam* **to pull sth out of the ~** sacarse algo de la manga, *RP* sacar algo de la galera

◇ *vt (pt & pp* **bagged)** **-1.** *(put in bag)* guardar en una bolsa, embolsar **-2.** *(in hunting)* cobrar **-3.** *Br Fam (claim)* pedirse,

bake

Esp pillar; **she always bags the best seat** siempre consigue or *Esp* coge el mejor asiento

bagatelle [bægə'tel] *n* **-1.** *(board game)* billar *m* romano **-2.** *(triviality)* bagatela *f*; **a mere ~** una simple bagatela, una nimiedad **-3.** MUS bagatela *f*

bagel ['beɪgəl] *n* = tipo de rosca de pan compacto de origen judío

bagful ['bægfʊl] *n* bolsa *f* (llena)

baggage ['bægɪdʒ] *n* **-1.** *(luggage)* equipaje *m*; *Fig* **he's carrying a lot of ~ from his first marriage** arrastra una gran carga de su primer matrimonio ❑ **~ allowance** equipaje *m* permitido; *US* **~ car** *(on train)* furgón *m* de equipajes; **~ handler** mozo(a) *m,f* de equipajes; **~ reclaim** recogida *f* de equipajes; *US* **~ room** consigna *f*
-2. HIST **~ train** *(of army)* convoy *m* de bagaje
-3. *Fam Hum* **you cheeky ~!** ¡mala pécora!

baggy ['bægɪ] *adj (garment)* suelto(a), holgado(a)

Baghdad [bæg'dæd] *n* Bagdad

bagman ['bægmən] *n Fam US (racketeer)* = persona que cobra, transporta y reparte dinero bajo las órdenes de un mafioso

bagpiper ['bægpaɪpə(r)] *n* gaitero(a) *m,f*

bagpipes ['bægpaɪps] *npl* gaita *f*

BAgr, BAgric *n Br (abbr* **Bachelor of Agriculture)** **-1.** *(qualification)* ≃ licenciatura *f* en ingeniería agrónoma **-2.** *(person)* ≃ ingeniero(a) *m,f* agrónomo(a)

bags [bægz] *vt Br Fam* **~ I go first!** ¡primer!, ¡yo primero!; **~ I have that seat!** ¡me pido ese asiento!

baguette [bæ'get] *n* baguette *f*, barra *f* de pan

bah [bɑː] *exclam* ¡bah!

Baha'i [bə'haɪ] ◇ *n* bahai *mf*
◇ *adj* bahai

Baha'ism [bə'hɑːɪzəm] *n* bahaísmo *m*

Bahamas [bə'hɑːməz] *npl* **the ~** las Bahamas

Bahamian [bə'heɪmɪən] ◇ *n* bahamés(esa) *m,f*
◇ *adj* bahamés(esa)

Bahrain [bɑː'reɪn] *n* Bahrein

Bahraini [bɑː'reɪnɪ] ◇ *n* bahriní *mf*
◇ *adj* bahriní

bail [beɪl] *n* LAW *(guarantee)* fianza *f*; **on ~** bajo fianza; **to release sb on ~** poner a alguien en libertad bajo fianza; **to grant ~** conceder la libertad bajo fianza; **to stand** or *US* **post ~ for sb** pagar la fianza de alguien; **to forfeit** or *Fam* **jump ~** violar la libertad condicional ❑ *US* **~ bond** escritura *f* de afianzamiento or caución; *US* **~ bondsman** fiador(ora) *m,f*, garante *m,f*
◆ **bail out** ◇ *vt sep* LAW **to ~ sb out** pagar la fianza de alguien
◇ *US* = **bale out**

bailey ['beɪlɪ] *n (of castle) (wall)* muralla *f*; *(courtyard)* patio *m* interior, plaza *f* fortificada

Bailey bridge ['beɪlɪbrɪdʒ] *n* puente *m* Bailey

bailiff ['beɪlɪf] *n* **-1.** LAW alguacil *mf* **-2.** *(on estate)* administrador(ora) *m,f*

bailiwick ['beɪlɪwɪk] *n* **-1.** LAW bailía *f*, alguacilazgo *m* **-2.** IDIOM *Hum* **it's not my ~** *(area of expertise)* no es mi especialidad

bailout ['beɪlaʊt] *n (of company)* = rescate de una empresa en apuros

bain-marie ['bænmə'riː] *n* olla *f* para baño María

bairn [beən] *n Scot* niño(a) *m,f*

bait [beɪt] ◇ *n (for fish)* cebo *m*; *Fig* cebo *m*, anzuelo *m*; *Fig* **to rise to the ~** morder el anzuelo; *Fig* **to swallow** or **take the ~** morder el anzuelo, picar
◇ *vt* **-1.** *(attach bait to)* cebar **-2.** *(torment)* hostigar, atormentar

baize [beɪz] *n* tapete *m*

Bajan ['beɪdʒən] *Fam* ◇ *n* barbadense *mf*
◇ *adj* barbadense

bake [beɪk] ◇ *vt* **-1.** *(bread, cake)* cocer (al horno), hornear; *(potatoes)* asar **-2.** *(dry, harden)* resecar; **the land had been baked dry** el campo se había resecado
◇ *vi* **-1.** *(food)* cocerse **-2.** *(person)* hacer cosas en el horno **-3.** *(dry, harden)* resecarse
◇ *n (dish)* plato *m* cocinado al horno

baked [beɪkt] *adj* ~ **Alaska** = postre consistente en un pastel con helado, cubierto de merengue y que se dora rápidamente al horno; ~ **beans** alubias *fpl* con tomate *or Méx* jitomate; ~ **potato** = patata asada con piel que se suele comer con un relleno

Bakelite® ['beɪkəlaɪt] *n* baquelita *f*

baker ['beɪkə(r)] *n* panadero(a) *m,f*; **~'s (shop)** panadería *f* ❑ **~'s dozen** docena *f* de fraile (trece); **~'s yeast** levadura *f* de panadero

bakery ['beɪkərɪ] *n* panadería *f*

Bakewell tart ['beɪkwel'tɑːt] *n Br* = tarta con base de hojaldre, una capa de mermelada y bizcocho con sabor a almendras

baking ['beɪkɪŋ] ◇ *n* **to do the** ~ (bread) cocer el pan; (cakes) hacer pasteles ❑ ~ **powder** levadura *f* (en polvo); ~ **sheet** placa *f* de hornear; ~ **soda** bicarbonato *m* sódico; ~ **tin** molde *m* para hornear; ~ **tray** bandeja *f* de hornear
◇ *adj Fam* **it's ~ (hot)** hace un calor achicharrante *or RP* calcinante; **I'm ~ (hot)** ¡me estoy asando!, ¡estoy asado(a)!

baklava ['bækləvə] *n* baclava *m*, = pastel de hojaldre, miel y frutos secos

baksheesh [bæk'fiːʃ] *n Old-fashioned or Hum* gratificación *f*

balaclava [bælə'klɑːvə] *n* ~ **(helmet)** pasamontañas *m inv*

balalaika [bælə'laɪkə] *n* balalaika *f*, balalaica *f*

balance ['bæləns] ◇ *n* -**1.** (equilibrium) equilibrio *m*; **to keep/lose one's ~** mantener/perder el equilibrio; **to throw sb off ~** hacer que alguien pierda el equilibrio; *Fig* desconcertar a alguien; **the ~ of power** el equilibrio *or* la correlación de fuerzas; **to hold the ~ of power** (political party) tener la llave de la gobernabilidad, ser el partido bisagra; **the ~ of evidence is against him** las pruebas hablan en su contra; **on ~** en conjunto; IDIOM **to catch sb off ~** *Esp* pillar *or Esp* coger *or Am* agarrar a alguien desprevenido(a); IDIOM **to strike a ~** establecer un equilibrio ❑ ~ **beam** (in gymnastics) barra *f* de equilibrio; ~ **bridge** puente *m* basculante
-**2.** (counterweight) contrapeso *m*
-**3.** (of bank account) saldo *m* ❑ ~ **available** saldo *m* disponible; ~ **brought forward** saldo *m* anterior; ~ **carried forward** saldo *m* anterior; ECON ~ **of payments** balanza *f* de pagos; ~ **sheet** balance *m*; ECON ~ **of trade** balanza *f* comercial
-**4.** (remaining amount) resto *m*, diferencia *f*; **I'll pay the ~ later** el resto lo pagaré más adelante
-**5.** (for weighing) balanza *f*; IDIOM **to hang or lie or be in the ~** (decision, result) estar en el aire
-**6.** (on hi-fi system) balance *m*
◇ *vt* -**1.** (object) poner en equilibrio; **she balanced the basket on her head** se puso la cesta en equilibrio sobre la cabeza; *Fig* **he sought to ~ the claims of the two parties** trató de buscar el equilibrio entre las reivindicaciones de ambos bandos
-**2.** (act as a counterweight to) contrarrestar, contrapesar
-**3.** AUT **to ~ the wheels** hacer un equilibrado de ruedas
-**4.** (consider) **to ~ sth against sth** contraponer algo a algo, sopesar algo frente a algo
-**5.** FIN **to ~ the books** hacer que cuadren las cuentas; **to ~ the budget** hacer que cuadre *or* ajustar el presupuesto
◇ *vi* -**1.** (physically) estar *or* mantenerse en equilibrio; **the scales ~** la balanza está equilibrada -**2.** FIN cuadrar; **she couldn't get the accounts to ~** no consiguió que le cuadraran las cuentas

◆ **balance out** *vi* compensarse, equilibrarse; **it will all ~ out in the end** al final una cosa compensará a la otra, al final será lo comido por lo servido

balanced ['bælənst] *adj* (person) equilibrado(a); (view, account) objetivo(a), imparcial; (diet) equilibrado(a)

balancing act ['bælənsɪŋ'ækt] *n* **to do or perform a political ~** hacer malabarismos en política

balcony ['bælkənɪ] *n* -**1.** (on building) (small) balcón *m*; (larger) terraza *f* -**2.** (in theatre) anfiteatro *m*

bald [bɔːld] *adj* -**1.** (person) calvo(a); **to go ~** quedarse calvo(a); IDIOM *Fam* **as ~ as a coot** *or* **an egg** con la cabeza monda y lironda, como una bola de billar, *RP* con la cabeza como una bocha ❑ ~ **eagle** pigargo *m* cabeciblanco, águila *f* cabeciblanca; ~ **patch** calva *f*, claro *m*
-**2.** (tyre) desgastado(a); (mountainside) pelado(a), desnudo(a)
-**3.** (truth) simple, llano(a); **the report contained a ~ statement of the facts** el informe *or CAm, Méx* reporte contenía una mera descripción de los hechos

balderdash ['bɔːldədæʃ] *n Fam* bobadas *fpl*, tonterías *fpl*; ~! ¡bobadas!

bald-faced ['bɔːldfeɪst] *adj US* (lie, liar) descarado(a)

bald-headed ['bɔːld'hedɪd] ◇ *adj* calvo(a)
◇ *adv Fam* **to go at sth ~** arremeter ciegamente contra algo

balding ['bɔːldɪŋ] *adj* medio calvo(a)

baldly ['bɔːldlɪ] *adv* francamente, llanamente; **put ~ like that it sounds quite unpleasant** dicho con esa franqueza, suena muy desagradable

baldness ['bɔːldnɪs] *n* -**1.** (of person) calvicie *f* -**2.** (of tyre) lisura *f*, desgaste *f*; (of mountainside) desnudez *f* -**3.** (of statement, demand) franqueza *f*

bale [beɪl] ◇ *n* (of cloth) fardo *m*, bala *f*; (of hay) paca *f*, bala *f*
◇ *vt* (hay, cotton) enfardar, empacar

◆ **bale out,** *US* **bail out** ◇ *vt sep* -**1.** (boat) achicar -**2.** (rescue) sacar de apuros; **your parents won't always be there to ~ you out!** ¡tus padres no van a estar siempre ahí para sacarte las castañas del fuego!; **to ~ a company out** sacar a una empresa del apuro
◇ *vi* -**1.** (pilot) tirarse *or* lanzarse en paracaídas -**2.** (from difficult situation) desentenderse, lavarse las manos -**3.** (in boat) achicar agua

Balearic [bælɪ'ærɪk] ◇ *npl* **the Balearics** las Baleares
◇ *adj* **the ~ Islands** las (Islas) Baleares

baleen [bə'liːn] *n* barbas *fpl* de ballena ❑ ~ **whale** ballena *f* (suborden)

baleful ['beɪlfʊl] *adj* maligno(a); **she gave me a ~ stare** me lanzó una mirada asesina

balefully ['beɪlfʊlɪ] *adv* con malignidad

baler ['beɪlə(r)] *n* (machine) empacadora *f*

Bali ['bɑːlɪ] *n* Bali

Balinese [bælɪ'niːz] ◇ *n* -**1.** (person) balinés(esa) *m,f* -**2.** (language) lengua *f* balinesa
◇ *adj* balinés(esa)

balk = **baulk**

Balkan ['bɔːlkən] ◇ *npl* **the Balkans** los Balcanes
◇ *adj* balcánico(a), de los Balcanes

Balkanization, balkanization [bɔːlkənaɪ'zeɪʃən] *n* balcanización *f*, fragmentación *f* en estados

ball[1] [bɔːl] ◇ *n* -**1.** (for tennis, golf, cricket, baseball) pelota *f*; (of clay, of dough, for billiards) bola *f*; (for rugby, basketball, soccer) balón *m*, pelota *f*; **to roll sth (up) into a ~** hacer una bola con algo; **a ~ of wool** un ovillo de lana ❑ ~ **boy** (in tennis) recogepelotas *m inv*; ~ **game** (in general) juego *m* de pelota; *US* (baseball match) partido *m* de béisbol; IDIOM **that's a whole new ~ game** ése es otro cantar; ~ **girl** (in tennis) recogepelotas *f inv*
-**2.** (in soccer) (pass) pase *m*; **a through ~** una apertura, good ~! ¡buen pase!
-**3.** (in baseball) (foul throw) bola *f*
-**4.** (of foot) eminencia *f* metatársica; (of thumb) pulpejo *m*, eminencia *f* tenar; **to stand on the balls of one's feet** estar de puntillas
-**5.** TECH ~ **joint** junta *f* esférica
-**6.** *Vulg* **balls** (testicles) huevos *mpl*, cojones *mpl*; (nonsense) *Esp* gilipolleces *fpl*, *Am* pendejadas *fpl*, *RP* boludeces *fpl*; (courage) huevos *mpl*, cojones *mpl*; **to have the balls to do sth** tener huevos *or* cojones para hacer algo; *Fig* **to have sb by the balls** tener a alguien agarrado *or Esp* cogido por los huevos *or Esp* cojones; IDIOM *US* **to break** *or* **bust sb's balls** romperle los huevos *or* las pelotas a alguien; **what a load of balls!**, **balls to them!** ¡que se vayan a la puta mierda!
-**7.** IDIOMS **to be on the ~** (alert) estar despierto(a); (knowledgeable) estar muy enterado(a); **to play ~ (with sb)** (co-operate) cooperar (con alguien); **to start/keep the ~ rolling** poner/mantener las cosas en marcha; **to have the ~ at one's feet** tener una oportunidad de oro; **the ~ is in your court** te toca dar el siguiente paso, la pelota está en tu tejado
◇ *vt* -**1.** (form into ball) (wool) ovillar; (fists) cerrar, apretar -**2.** *US Vulg* (have sex with) *Esp* follarse a, *Am* cogerse a, *Méx* chingarse a
◇ *vi US Vulg* (have sex) joder, *Esp* follar, *Am* coger, *Méx* chingar

◆ **balls up,** *US* **ball up** *vt sep very Fam* **he ballsed** *or US* **balled up the accounts** armó un cacao *or RP* despelote con las cuentas; **you've ballsed** *or US* **balled everything up!** ¡la has cagado bien cagada!, ¡la cagaste de lo lindo!

ball[2] *n* (party) baile *m*; IDIOM *Fam* **to have a ~** pasárselo en grande ❑ ~ **dress** traje *m* de fiesta; ~ **gown** traje *m* de fiesta

ballad ['bæləd] *n* (poem, song) balada *f*

ball-and-socket joint [bɔːlənd'sɒkɪt'dʒɔɪnt] *n* -**1.** TECH junta *f* articulada -**2.** MED enartrosis *f inv*

ballast ['bæləst] ◇ *n* -**1.** NAUT lastre *m*; *Fig* **the more experienced players give the team a bit of ~** los jugadores más experimentados dan cierto peso al equipo -**2.** RAIL balasto *m*
◇ *vt* (balloon, ship) lastrar

ball-bearing ['bɔːl'beərɪŋ] *n* -**1.** (ring) rodamiento *m or* cojinete *m* de bolas -**2.** (single ball) bola *f* metálica

ball-breaker ['bɔːlbreɪkə(r)], **ball-buster** ['bɔːlbʌstə(r)] *n US Vulg* -**1.** (woman) déspota *f* con los hombres *or Esp* tíos -**2.** (problem, situation) asunto *m* jodido, *Esp* jodienda *f*

ballcock ['bɔːlkɒk] *n* flotador *m*

ballerina [bælə'riːnə] *n* bailarina *f*

ballet ['bæleɪ] *n* ballet *m* ❑ ~ **dancer** bailarín(ina) *m,f*; ~ **shoe** zapatilla *f* de ballet

ballistic [bə'lɪstɪk] *adj* -**1.** (missile) balístico(a) -**2.** IDIOM *Fam* **to go ~** ponerse hecho(a) una furia, *RP* calentarse

ballistics [bə'lɪstɪks] *n* balística *f*

ballocks = **bollocks**

balloon [bə'luːn] ◇ *n* -**1.** (for party) globo *m* -**2.** (for travel) **(hot-air) ~** globo *m* (aerostático); IDIOM *Fam* **when the ~ goes up** cuando se arme la gorda -**3.** (in cartoon) bocadillo *m* -**4.** COMPTR ~ **help** globos *mpl* de ayuda -**5.** (for brandy) **(glass)** copa *f* de coñac -**6.** CULIN ~ **whisk** batidor *m*
◇ *vi* -**1.** (swell) hincharse como un globo; **to ~ (out)** (sail) hincharse, inflarse -**2.** (grow dramatically) dispararse

ballooning [bə'luːnɪŋ] *n* **to go ~** montar en globo

balloonist [bə'luːnɪst] *n* piloto *mf* de globo aerostático

ballot ['bælət] ◇ *n* (process) votación *f*; (paper) voto *m*; **to hold a ~** celebrar una votación; **to put sth to a ~** someter algo a votación ❑ ~ **box** urna *f*; **this matter should be decided at** *or* **by the ~ box** este asunto habrá que decidirlo en las urnas; ~ **paper** papeleta *f* (de voto), voto *m*, *Col* tarjetón *m*, *Méx, RP* boleta *f*
◇ *vt* POL (membership) consultar por votación
◇ *vi* **to ~ for sth** votar por algo

ballot-rigging ['bælətrɪgɪŋ] *n* fraude *m* electoral, pucherazo *m*

ballpark — banjo

ballpark ['bɔːlpɑːk] US ◇ n campo m de béisbol; IDIOM Fam **to be in the right ~** no estar or andar muy descaminado(a) or desencaminado(a)
◇ adj **a ~ figure** una cifra aproximada
ballplayer ['bɔːlpleɪə(r)] n US SPORT (basketball) jugador(ora) m,f de baloncesto, baloncestista mf; (football) jugador(ora) m,f de fútbol, futbolista mf; (baseball) jugador(ora) m,f de béisbol, beisbolista mf
ballpoint ['bɔːlpɔɪnt] n **~ (pen)** bolígrafo m, Carib pluma f, Col, Ecuad esferográfico m, CSur lapicera f, Méx pluma f (atómica)
ballroom ['bɔːlruːm] n salón m de baile ❏ **~ dancing** bailes mpl de salón (clásicos)
balls-up ['bɔːlzʌp], US **ball-up** ['bɔːlʌp] n Br very Fam **he made a total ~ of the timetable** armó un cacao or RP despelote con el horario; **the course was a complete ~** el curso fue una cagada total
ballsy ['bɔːlzɪ] adj very Fam con (muchos) huevos
ball-up n US = balls-up
bally ['bælɪ] adj Br Fam Old-fashioned condenado(a); **the ~ idiot/fool** el condenado idiota/imbécil
ballyhoo ['bælɪ'huː] Fam ◇ n lío m, Esp escandalera f, RP batifondo m; **what's all the ~ about?** ¿a qué viene tanto lío?
◇ vt US (book, show) dar (mucho) bombo
balm [bɑːm] n -1. (ointment) bálsamo m -2. (plant) melisa f
balmy ['bɑːmɪ] adj (weather) cálido(a), suave
baloney, boloney [bə'ləʊnɪ] n ◇ -1. Fam (nonsense) tonterías fpl, bobadas fpl -2. US (sausage) = embutido ahumado de gran tamaño y elaborado con distintos tipos de carne
◇ exclam ¡tonterías!, ¡bobadas!
balsa ['bɔːlsə] n **~ (wood)** madera f de balsa
balsam ['bɔːlsəm] n -1. (ointment) bálsamo m -2. (plant) balsamina f ❏ **~ poplar** chopo m de agua, álamo m balsámico; **~ spruce** picea f azul or de Engelmann
balsamic vinegar [bɔːl'sæmɪk 'vɪnɪgə(r)] n vinagre m (balsámico) de Módena
balsawood ['bɒlsəwʊd] n madera f de balsa
Balthazar ['bælθəzɑː(r)] pr n Baltasar
balti ['bɔːltɪ] n Br CULIN = plato hindú que se come en la misma cazuela en que se prepara
Baltic ['bɔːltɪk] ◇ n **the ~** el (mar) Báltico
◇ adj báltico(a); **the ~ Sea** el mar Báltico; **the ~ States** los países bálticos
balustrade [bælə'streɪd] n balaustrada f
bamboo [bæm'buː] n bambú m; **~ screen/table** biombo/mesa de bambú; **~ shoots** brotes de bambú ❏ HIST **the Bamboo Curtain** el telón de bambú
bamboozle [bæm'buːzəl] vt Fam (confuse, trick) enredar, liar; **to ~ sb into doing sth** liar or enredar a alguien para que haga algo
ban [bæn] ◇ n prohibición f; **to put** or **impose a ~ on sth** prohibir algo; **to lift the ~ on sth** levantar la prohibición de algo; **a nuclear test ~** una prohibición de pruebas or ensayos nucleares
◇ vt (pt & pp **banned**) prohibir; **to ~ sb from doing sth** prohibir a alguien hacer algo; **to ~ sb from the premises** prohibirle a alguien la entrada al local; **~ the bomb!** ¡no a la bomba (atómica)!
banal [bə'næl] adj banal
banality [bə'nælɪtɪ] n banalidad f
banana [bə'nɑːnə] n -1. (fruit) plátano m, CAm, Col banano m, RP banana f, Ven cambur m ❏ **~ fritter** plátano m rebozado y frito; **~ republic** república f bananera; **~ skin** (of fruit) piel f de plátano or CAm, Col banano or RP banana or Ven cambur; Fig trampa f potencial; **~ split** banana split m; **~ tree** platanero m, Am bananero m
-2. IDIOMS Fam **to be bananas** (mad) estar como una cabra or Méx destrompado or RP de la nuca; **to go bananas** (angry) ponerse hecho(a) un basilisco, CSur rayarse
band[1] [bænd] n -1. (strip) (of metal, cloth, leather) banda f, tira f; (on hat) cinta f -2. (stripe) (of colour, light) raya f, franja f -3. (ring) anillo m; wedding **~** alianza -4. (on cigar) vitola f -5. RAD banda f -6. (of age, ability) franja f, banda f
band[2] n -1. (group) grupo m; (of friends) pandilla f, grupo m; (of robbers) banda f, grupo m -2. MUS (pop group) grupo m (de música); (jazz, brass) banda f
◆ **band together** vi unirse
bandage ['bændɪdʒ] ◇ n -1. (fabric) venda f -2. (on wound, broken arm) vendaje m, venda f
◇ vt vendar; **the nurse bandaged his arm** la enfermera le vendó el brazo
◆ **bandage up** vt sep vendar
Band Aid ['bændeɪd] n (charity) Band Aid m or f, = iniciativa de caridad para África
Band-aid® ['bændeɪd] n US Esp tirita® f, Am curita f; IDIOM Fam **a ~ solution** un parche
bandan(n)a [bæn'dænə] n fular m or pañuelo m de colores
bandbox ['bændbɒks] n (for hats) caja f de sombreros, sombrerera f
bandicoot ['bændɪkuːt] n bandicut m
banding ['bændɪŋ] n -1. Br EDUC = agrupamiento de alumnos según su capacidad o aptitud -2. FIN asignación f a una franja or horquilla
bandit ['bændɪt] n bandolero m, bandido m
bandleader ['bændliːdə(r)] n líder mf (de un grupo musical)
bandmaster ['bændmɑːstə(r)] n MUS director m (de una banda de música)
bandolier, bandoleer [bændə'lɪə(r)] n bandolera f
band-saw ['bændsɔː] n sierra f (mecánica) de cinta
bandsman ['bændzmən] n MUS músico m (de banda)
bandstand ['bændstænd] n quiosco m de música
bandwagon ['bændwægən] n Fam **to jump** or **climb on the ~** subirse al carro
bandwidth ['bændwɪdθ] n COMPTR & RAD ancho m de banda
bandy[1] ['bændɪ] adj (legs) arqueado(a) (hacia afuera)
bandy[2] vt (words, insults) intercambiar, cambiar; **don't ~ words with me!** ¡a mí no me replica or replique usted!
◆ **bandy about, bandy around** vt sep (expression, story) **his name is being bandied about** suena or se oye mucho su nombre; **all sorts of figures are being bandied about in the press** en la prensa se barajan toda clase de cifras
bandy-legged ['bændɪ'leg(ɪ)d] adj estevado(a)
bane [beɪn] n cruz f, perdición f; **he's the ~ of my life** es mi cruz, es mi ruina; **this tax has become the ~ of local government** este impuesto ha sido la perdición de la administración local
baneful ['beɪnfʊl] adj Literary pernicioso(a), funesto(a)
bang [bæŋ] ◇ n -1. (noise) golpe m; (explosion) explosión f; **the door shut with a ~** la puerta se cerró de un portazo; **to shut the door with a ~** cerrar dando un portazo; **there was a loud ~** se oyó un fuerte zambombazo; IDIOM **to go** (Br off or US over or US out) **with a ~** (party, event) salir redondo(a); IDIOM US Fam **to get a ~ out of sth/sb** disfrutar de lo lindo con algo/alguien
-2. (blow) golpe m; **to get a ~ on the head** darse un golpe en la cabeza
-3. Vulg (sexual intercourse) **to have a ~** echar un polvo or Cuba palo, Andes, CAm, Carib, RP coger, Méx chingar
◇ adv -1. **to go ~** (explode) explotar ruidosamente; Br Fam **~ went my hopes of a quiet weekend** a paseo se fue la ilusión de un fin de semana tranquilo; Br Fam **~ goes that idea** pues habrá que pensar otra cosa; **~ go my chances of winning!** ¡adiós a la posibilidad de ganar!
-2. Fam (exactly) **~ in the middle** justo en medio; **his house is ~ in the middle** or **centre of town** su casa está en todo el centro or Méx en el mero centro de la ciudad; **to be ~ on, to get it ~ on** (guess, answer) acertar de lleno, dar justo en el clavo; **I walked ~ into him** me di de narices or bruces con él; **the missile was ~ on target** el misil dio de lleno en el blanco; **~ on time** justo a tiempo; IDIOM Fam **you've got me ~ to rights** me has pillado or Am pescado in fraganti or con las manos en la masa; **~ up-to-date** totalmente al día
◇ exclam (sound of gun) ¡pum!; (explosion) ¡bum!; (blow, slam) ¡pum!
◇ vt -1. (hit) golpear; **to ~ one's head (against** or **on sth)** golpearse la cabeza (contra or con algo); **he banged his fist on the table** dio un puñetazo en la mesa; IDIOM **I could have banged their heads together!** me entraron or dieron ganas de hacerles chocar las cabezas
-2. (slam) (door, window) cerrar de golpe; **she banged the door shut** cerró de un portazo
-3. Vulg (have sex with) echar un polvo or Cuba palo con, Andes, CAm, Carib, RP coger, Méx chingar
◇ vi -1. (hit) **to ~ at** or **on the door** aporrear la puerta; **to ~ on the table with one's fist** golpear la mesa con el puño; **to ~ into sth/sb** darse de bruces con algo/alguien
-2. (door, window) batir, dar golpes; **the door banged shut** la puerta se cerró de un portazo; **the door was banging all night** la puerta estuvo toda la noche dando golpes or portazos
-3. Vulg (have sex) echar un Esp polvo or Cuba palo, Andes, CAm, Carib, RP coger, Méx chingar
◆ **bang about, bang around** vi (make noise) armar jaleo
◆ **bang away** vi -1. (with gun) **the robbers were banging away at the police** los ladrones tiroteaban a la policía; **the artillery kept banging away at the enemy positions** la artillería bombardeaba sin cesar las posiciones enemigas -2. (keep working) **he was banging away on his typewriter** no cesaba de aporrear la máquina de escribir
◆ **bang down** vt sep dejar caer de golpe or bruscamente; **he banged the receiver down** colgó de golpe
◆ **bang on** vi Br Fam **to ~ on about sth** dar la lata or la murga con algo, jorobar con algo
◆ **bang out** vt sep Fam **someone was banging out a tune on the piano** alguien aporreaba el piano
◆ **bang up** vt sep very Fam -1. Br (imprison) meter en Esp chirona or Andes, RP cana or Méx bote -2. Br (make pregnant) hacer un bombo or una barriga a, dejar preñada -3. US (damage) joropar, dejar hecho(a) polvo
banger ['bæŋə(r)] n -1. Br Fam (sausage) salchicha f; **bangers and mash** salchichas con puré de patatas or Am papas -2. Br (firework) petardo m -3. Fam (car) **old ~** cacharro viejo, carraca f
Bangkok [bæŋ'kɒk] n Bangkok
Bangladesh [bæŋglə'deʃ] n Bangladesh
Bangladeshi [bæŋglə'deʃɪ] ◇ n bangladesí mf
◇ adj bangladesí
bangle ['bæŋgəl] n brazalete m, pulsera f
bangs [bæŋz] npl US flequillo m, Am cerquillo m (corto)
bang-up ['bæŋʌp] adj US Fam de primera, de fábula
banish ['bænɪʃ] vt -1. (exile) desterrar; **he was banished from Rome** fue desterrado de Roma -2. (thought) alejar, apartar; **he banished all thought of her from his mind** se la quitó por completo de la cabeza
banishment ['bænɪʃmənt] n destierro m
banister, bannister ['bænɪstə(r)] n pasamanos m inv, Esp barandilla f; **to slide down the banister(s)** bajar deslizándose por el pasamanos
banjo ['bændʒəʊ] (pl **banjos**) n banjo m

bank¹ [bæŋk] ◇ n **-1.** *(of river, canal)* orilla f, margen f; **the banks of Lake Como** la ribera del lago de Como; **the river has overflowed** or **burst its banks** el río se ha desbordado or salido de madre
-2. *(slope)* terraplén m
-3. *(mass) (of earth)* terraplén m; *(of snow)* montículo m; *(of clouds, fog)* banco m; **banks of flowers** tapices de flores
-4. *(of lights, switches)* batería f, tablero m; **banks of seats** gradas con asientos
-5. *(on racetrack, road)* peralte m
◇ vt **-1.** *(border)* flanquear; **the road is banked by trees** la carretera se halla flanqueada por dos filas de árboles **-2.** *(heap up) (earth, snow)* amontonar **-3.** *(plane)* inclinar, ladear **-4.** *(racetrack, road)* peraltar
◇ vi **-1.** *(clouds, mist)* formar(se) bancos; *(snow)* acumularse **-2.** *(plane)* ladearse, escorarse **-3.** *(racetrack, road)* formar un peralte

◆ **bank up** ◇ vt sep *(earth, snow)* amontonar; *(fire)* **she banked up the fire** añadió más carbón al fuego haciendo un montón
◇ vi *(cloud)* formarse bancos

bank² ◇ n **-1.** *(financial institution)* banco m, entidad f bancaria ❏ ~ **account** cuenta f bancaria; ~ **balance** saldo m bancario, haberes mpl bancarios; ~**book** cartilla f, libreta f; ~ **card** tarjeta f bancaria; ~ **charges** comisión f bancaria, gastos mpl bancarios; ~ **clearing** compensación f bancaria; ~ **clerk** empleado(a) m,f de banca; ~ **details** datos mpl bancarios; ~ **draft** efecto m interbancario; US ~ **examiner** auditor(ora) m,f público(a); Br ~ **holiday** día m festivo; ~ **loan** préstamo m or crédito m bancario; ~ **manager** director(ora) m,f de banco; FIN ~ **rate** tipo m or Am tasa f de interés bancario; ~ **robber** atracador (ora) m,f or ladrón(ona) m,f de bancos; ~ **statement** extracto m or balance m de cuenta; ~ **transfer** transferencia f bancaria
-2. *(in gambling)* banca f; **to break the** ~ hacer saltar la banca; IDIOM **it won't break the** ~ no vas a arruinarte por eso
-3. *(store)* **blood/data** ~ banco de sangre/datos
◇ vt *(money, cheque)* depositar, Esp ingresar
◇ vi **to** ~ **with** tener una cuenta en; **where do you** ~?, **who do you** ~ **with?** *(individual)* ¿cuál es tu banco?, ¿en qué banco tienes cuenta?; *(company)* ¿con qué banco trabajas?

◆ **bank on** vt insep *(outcome, success)* contar con

bankable ['bæŋkəbəl] adj *(actor, actress)* taquillero(a), de éxito

banker ['bæŋkə(r)] n **-1.** FIN banquero m ❏ ~**'s card** tarjeta f bancaria; ~**'s draft** giro m bancario; ~**'s order** domiciliación f (bancaria); ~**'s reference** aval m bancario **-2.** *(in betting, game)* banca f

banking ['bæŋkɪŋ] n *(occupation)* banca f, sector m bancario; *(activity)* operaciones fpl bancarias ❏ ~ **confidentiality** secreto m bancario; ~ **hours** horario m de los bancos; **what are the** ~ **hours in Ecuador?** ¿qué horario hacen or tienen los bancos en Ecuador?; ~ **house** casa f de banca

banknote ['bæŋknəʊt] n billete m (de banco)

bankroll ['bæŋkrəʊl] US Fam ◇ n **-1.** *(cash)* fajo m de billetes **-2.** *(funds)* fondos mpl, capital m
◇ vt *(finance)* financiar

bankrupt ['bæŋkrʌpt] ◇ n FIN quebrado(a) m,f
◇ adj **-1.** FIN en quiebra, en bancarrota; **to be** ~ estar en quiebra; **to go** ~ quebrar, ir a la quiebra **-2.** *(totally lacking)* **to be morally** ~ estar en quiebra moral; **to be** ~ **of ideas** carecer de ideas
◇ vt **-1.** FIN *(company, person)* conducir a la quiebra, llevar a la ruina **-2.** Fam *(person)* arruinar, dejar en la ruina

bankruptcy ['bæŋkrʌptsɪ] n **-1.** LAW quiebra f, bancarrota f; **to present** or **file one's petition for** ~ presentar una petición or solicitud de declaración de quiebra **-2.** Fam *(poverty)* ruina f; **moral** ~ quiebra moral

banner ['bænə(r)] ◇ n **-1.** *(flag)* bandera f; *(of trade union, regiment, club)* estandarte m; *(at demonstration)* pancarta f ❏ ~ **headlines** *(in newspaper)* grandes titulares mpl **-2.** COMPTR pancarta f (publicitaria), banner m
◇ adj US *(outstanding)* extraordinario(a), fabuloso(a)

bannister = banister

banns [bænz] npl amonestaciones fpl; **to publish the** ~ correr las amonestaciones

banoffee pie [bə'nɒfɪ'paɪ] n tarta f de plátanos y caramelo

banquet ['bæŋkwɪt] ◇ n banquete m
◇ vi **-1.** *(hold a formal dinner)* celebrar un banquete **-2.** *(dine lavishly)* darse un banquete

banquette [bæŋ'ket] n *(seat)* banco m acolchado

banshee ['bænʃiː] n = espíritu femenino de la mitología irlandesa cuyos gemidos auguran la muerte; IDIOM **to wail like a** ~ llorar como un alma en pena or como una Magdalena

bantam ['bæntəm] n gallina f de Bantam

bantamweight ['bæntəmweɪt] n *(in boxing)* peso m gallo

banter ['bæntə(r)] ◇ n bromas fpl, chanzas fpl
◇ vi bromear (**with** con)

bantering ['bæntərɪŋ] adj jocoso(a); ~ **tone** tono jocoso

Bantu ['bæntuː] ◇ n **-1.** *(person)* bantú mf **-2.** *(language)* bantú m
◇ adj bantú

banyan ['bænjæn] n ~ **(tree)** baniano m, higuera f de Bengala

baobab ['beɪəʊbæb] n ~ **(tree)** baobab m

BAOR [biːeɪəʊ'ɑː(r)] *(abbr* **British Army of the Rhine**) = fuerzas armadas británicas en Alemania

bap [bæp] n Br = panecillo blando redondo

baptism ['bæptɪzəm] n bautismo m; Fig **a** ~ **of fire** un bautismo de fuego

baptismal [bæp'tɪzməl] adj ~ **certificate** partida f de bautismo; ~ **font** pila f bautismal

Baptist ['bæptɪst] n baptista mf, bautista mf

baptist(e)ry ['bæptɪstrɪ] n *(part of church)* baptisterio m

baptize [bæp'taɪz, US 'bæptaɪz] vt bautizar; **he was baptized Richard Henry, but everyone calls him George** su nombre de pila es Richard Henry, pero todos le llaman George

bar [bɑː(r)] ◇ n **-1.** *(of metal)* barra f; *(on window, of cage)* barrote m; IDIOM **to be behind bars** estar entre rejas; **they put him behind bars** lo metieron entre rejas; **push** ~ **to open** *(sign on exit doors)* accione la palanca para abrir ❏ ~ **ends** *(of bicycle)* cuernos mpl
-2. *(block) (of soap)* pastilla f; *(of chocolate)* tableta f; **gold bars** lingotes de oro, oro en barras
-3. *(of electric fire)* resistencia f; **a three-**~ **fire** una estufa (eléctrica) de tres resistencias
-4. *(stripe) (of colour, light)* franja f ❏ ~ **chart** gráfico m de barras; COMPTR ~ **code** código m de barras
-5. *(obstacle)* barrera f; *(ban)* prohibición f; **to be a** ~ **to sth** constituir una barrera para algo; **to impose a** ~ **on sth** prohibir algo
-6. LAW **the Bar** Br *(barristers)* = conjunto de los abogados que ejercen en tribunales superiores; US *(lawyers in general)* la abogacía; Br **to be called to the Bar** obtener el título de abogado(a), ingresar en la abogacía; **the prisoner at the** ~ el/la acusado(a); US **to be at** ~ *(case)* estar en manos de los tribunales ❏ US ~ **association** colegio m de abogados; US ~ **exam** = examen que habilita para la profesión de abogado; Br **Bar Finals** = examen de habilita para ejercer la profesión de "barrister"
-7. *(pub, in hotel)* bar m; *(pub counter)* barra f; **to sit/stand at the** ~ sentarse/estar en la barra ❏ ~ **billiards** billar m romano; US ~ **girl** *(barmaid)* camarera f, chica f de la barra; ~ **snack** aperitivo m, tentempié m; ~ **staff** camareros(as) mpl,fpl, Am meseros(as) mpl,fpl, RP mozos(as) mpl,fpl; ~ **stool** taburete m
-8. COMPTR *(of menu)* barra f
-9. MUS compás m
-10. *(in river, bay)* bajío m, barra f
-11. *(unit of atmospheric pressure)* bar m
-12. US MIL insignia f
-13. Br MIL *(on decoration)* = insignia que indica que se ha recibido la misma condecoración por segunda vez

◇ vt *(pt & pp* **barred**) **-1.** *(fasten with bar)* **to** ~ **the door (against sb)** atrancar la puerta (para impedir el paso a alguien)
-2. *(obstruct)* obstruir; **to** ~ **sb's way** obstruir el camino or impedir el paso a alguien
-3. *(ban)* **to** ~ **sb from a place** prohibir la entrada de alguien a un lugar; **to** ~ **sb from doing sth** prohibir a alguien hacer algo
◇ prep salvo, excepto; ~ **none** sin excepción; IDIOM **it's all over** ~ **the shouting** la suerte está echada

Barabbas [bə'ræbəs] pr n Barrabás

barb [bɑːb] n **-1.** *(on hook, arrow)* lengüeta f; *(on barbed wire)* pincho m, púa f **-2.** *(on feather)* barba f **-3.** *(remark)* dardo m

Barbadian [bɑː'beɪdɪən] ◇ n persona f de Barbados
◇ adj de Barbados

Barbados [bɑː'beɪdɒs] n Barbados

barbarian [bɑː'beərɪən] ◇ n bárbaro(a) m,f
◇ adj bárbaro(a)

barbaric [bɑː'bærɪk] adj **-1.** *(uncivilized)* bárbaro(a), salvaje **-2.** *(cruel)* bárbaro(a), cruel; **a 4 am start? that's** ~! ¿empezar a las cuatro de la mañana? ¡qué barbaridad!

barbarically [bɑː'bærɪklɪ] adv salvajemente

barbarism ['bɑːbərɪzəm] n **-1.** *(uncivilized state)* barbarie f **-2.** *(in language)* barbarismo m, solecismo m

barbarity [bɑː'bærɪtɪ] n **-1.** *(act)* barbaridad f, atrocidad f **-2.** *(cruelty)* barbarie f

Barbarossa [bɑːbə'rɒsə] pr n Barbarroja

barbarous ['bɑːbərəs] adj *(act, behaviour)* bárbaro(a)

Barbary ['bɑːbərɪ] n **-1.** HIST Berbería, Estados mpl Berberiscos; **the** ~ **Coast** la costa de Berbería **-2.** ~ **ape** macaco m (de Gibraltar)

barbecue ['bɑːbɪkjuː] n barbacoa f, Andes, RP asado m; **to have a** ~ hacer una barbacoa or Andes, RP un asado ❏ ~ **sauce** salsa f (para) barbacoa
◇ vt asar en la barbacoa

barbed [bɑːbd] adj **-1.** *(arrow, hook)* con lengüeta(s) ❏ ~ **wire** alambre m de espino or de púas; ~ **wire fence** alambrada f **-2.** *(remark, comment)* afilado(a), mordaz

barbel ['bɑːbəl] n **-1.** *(fish)* barbo m **-2.** *(spine on fish)* barbilla f

barbell ['bɑːbel] n barra f de pesas, haltera f

barber ['bɑːbə(r)] n barbero m; **to go to the** ~**'s** ir a la peluquería

barbershop ['bɑːbəʃɒp] n US barbería f ❏ ~ **quartet** cuarteto m de voces masculinas

barbican ['bɑːbɪkən] n **-1.** *(wall, tower)* barbacana f **-2. the Barbican** = gran centro cultural londinense

barbie ['bɑːbɪ] n Austr Fam barbacoa f, Andes, RP asado m

Barbie doll® ['bɑːbiːdɒl] n muñeca f Barbie

barbiturate [bɑː'bɪtjʊreɪt] n barbitúrico m

Barbour® ['bɑːbə(r)] n Br ~ **jacket** = chaqueta impermeable de algodón supuestamente característica de la clase alta británica

barbwire ['bɑːbwaɪə(r)] n US alambre m de espino or de púas

Barcelona [bɑːsə'ləʊnə] n Barcelona

bar-code scanner ['bɑːkəʊd'skænə(r)] n lector m de código de barras

bard [bɑːd] n **-1.** *Literary (poet)* bardo m; **the Bard** = Shakespeare **-2.** HIST *(Celtic)* bardo m **-3.** *(Welsh)* bardo m

bardolatry [bɑːˈdɒlətri] n *Hum* = admiración excesiva hacia Shakespeare y su obra

bare [beə(r)] ◇ adj **-1.** *(naked) (body)* desnudo(a); **his head was ~** tenía la cabeza descubierta; **they were ~ to the waist** estaban desnudos de cintura para arriba; **to fight with one's ~ hands** luchar sin armas; **he killed a tiger with his ~ hands** mató a un tigre con sus propias manos; **in one's ~ feet** descalzo(a)
-2. *(not covered, unadorned) (tree, branch)* desnudo(a), sin hojas; *(wire)* pelado(a); *(wood)* al natural, sin tratar; *(wall)* vacío(a); *(floorboards)* sin alfombrar; *(ground)* sin vegetación; **a ~ earth floor** un piso *or* suelo de tierra; **the tree was ~ of leaves** el árbol no tenía hojas; **to strip a house ~** *(thieves)* llevarse absolutamente todo de una casa; **to lay sth ~** poner algo de manifiesto, descubrir algo; **to lay ~ one's heart (to sb)** abrir el corazón a (a alguien)
-3. *(empty) (room)* vacío(a); *(hillside, landscape)* pelado(a); **the cupboard was ~** el armario estaba vacío; **the room was ~ of furniture** la habitación no tenía muebles
-4. *(simple, plain)* mero(a), simple; **I just told him the ~ facts** le expliqué los simples hechos
-5. *(just sufficient)* **a ~ majority** una mayoría por los pelos; **the ~ minimum** lo imprescindible, lo indispensable; **I took the barest minimum of cash** me llevé solamente el dinero imprescindible; **a ~ pass** *(in exam)* un aprobado raspado *or* por los pelos; **the ~ bones of the case are...** lo esencial del caso es...; **the ~ necessities (of life)** lo indispensable (para vivir); **they manage to scrape a ~ living from the land** a duras penas sobreviven de la tierra
◇ vt **-1.** *(part of body)* descubrir, dejar al descubierto; **to ~ one's head** descubrirse (la cabeza); **to ~ one's teeth** enseñar los dientes; **she refused to ~ her breasts for the camera** se negó a enseñar los pechos a la cámara; **he bared his heart** *or* **soul to me** me abrió su corazón *or* alma
-2. *(wire)* pelar
-3. *(dagger, sword)* desenvainar, desenfundar

bareassed [ˈbeəræst] adj *US Fam* en pelotas

bareback [ˈbeəbæk] ◇ adj **~ rider** jinete m/amazona f que monta a pelo
◇ adv **to ride ~** *(on horse)* montar a pelo; *Fam (have unprotected sex)* hacerlo a pelo *or* al natural

barechested [beəˈtʃestɪd] adj con el pecho al aire, desnudo(a) de cintura para arriba

barefaced [ˈbeəfeɪst] adj *(lie, liar)* descarado(a); **what ~ cheek!** ¡pero qué cara más dura!

barefoot [ˈbeəfʊt], **barefooted** [beəˈfʊtɪd] ◇ adj descalzo(a)
◇ adv descalzo(a)

bare-handed [beəˈhændɪd] ◇ adj *(unarmed)* desarmado(a)
◇ adv *(fight)* a puño limpio, sin armas

bareheaded [beəˈhedɪd] ◇ adj sin sombrero
◇ adv sin sombrero

bareknuckle [ˈbeənʌkəl] adj *(fight)* sin guantes, a puñetazo limpio; *Fig* **a ~ encounter** *(debate, argument)* un enfrentamiento violento ❑ **~ fighter** = púgil que pelea sin guantes

barelegged [beəˈleg(ɪ)d] ◇ adj con las piernas desnudas
◇ adv con las piernas desnudas

barely [ˈbeəli] adv **-1.** *(scarcely)* apenas; **I had ~ arrived when I heard the news** acababa de llegar cuando oí la noticia **-2.** *(sparsely)* **~ furnished** amueblado(a) con lo indispensable

bareness [ˈbeənɪs] n **-1.** *(nakedness)* desnudez f **-2.** *(lack of covering or adornment) (of tree, branch)* desnudez f; *(of wall)* vacío m, desnudez f **-3.** *(emptiness) (of room)* vacío m; *(of hillside, landscape)* desnudez f, despoblación f

Barents [ˈbeərənts] n **the ~ Sea** el Mar de Barents

barf [bɑːf] vi *Fam* echar la papa, potar ❑ *Hum* **~ bag** bolsa f para potar

barfly [ˈbɑːflaɪ] n *US Fam* borrachuzo(a) m,f, *Am* borrachón(ona) m,f

bargain [ˈbɑːgɪn] ◇ n **-1.** *(agreement)* pacto m, trato m; **to make** *or* **strike a ~** hacer un pacto; **you haven't kept your side** *or* **part of the ~** no has cumplido tu parte del trato; **he drives a hard ~** es bueno regateando; **into the ~** *(what's more)* encima, además
-2. *(good buy)* ganga f, *Esp* chollo m; **it's a real** *or* **what a ~!** ¡es una auténtica ganga!, *Esp* ¡es un verdadero chollo! ❑ **~ basement** sección f de oportunidades; **~ break** = vacaciones cortas de precio económico; **~ counter** mostrador m de saldos *or* oportunidades; **~ hunter** buscador(ora) m,f de gangas; **~ hunting** caza f de gangas; **~ price** precio m de saldo; **~ store** comercio m de saldos
◇ vi **-1.** *(haggle)* regatear; **we bargained over the price** regateamos el precio; **I won't ~ with you** no voy a discutir el precio con usted **-2.** *(negotiate)* negociar; **the unions are bargaining with management for an 8 percent pay rise** los sindicatos están negociando con la patronal una mejora de sueldo del 8 por ciento
▸ **bargain away** vt sep *(rights, privileges)* malvender, malbaratar
▸ **bargain for** vt insep **I hadn't bargained for that** no contaba con eso; **he got more than he bargained for** se encontró con más de lo que esperaba
▸ **bargain on** vt insep **I didn't ~ on that** no contaba con eso

bargaining [ˈbɑːgɪnɪŋ] n **-1.** *(haggling)* regateo m **-2.** *(negotiating)* negociación f; **we are in a strong ~ position** nos encontramos en una sólida posición para negociar ❑ **~ chip: to use sth/sb as a ~ chip** utilizar algo/a alguien como baza de negociación; **~ power** poder m de negociación; **the ~ table** la mesa de negociaciones

barge [bɑːdʒ] ◇ n **-1.** *(boat)* barcaza f **-2.** *(for parties, river cruises)* = barco para fiestas y pequeñas travesías turísticas; **the royal ~** la falúa real
◇ vi **to ~ into sb** darse un topetazo contra alguien, chocar con alguien; **to ~ into a conversation** meterse *or* entrometerse en una conversación; **he barged through the crowd** se abrió paso a empujones *or* empellones entre el gentío
◇ vt *(goalkeeper, player)* **to ~ sb out of the way** quitar a alguien de en medio de un empujón; **to ~ one's way** abrirse paso a empujones
▸ **barge in** vi **-1.** *(enter)* irrumpir **-2.** *(interrupt)* interrumpir, entrometerse
▸ **barge past** vi abrirse paso a empujones

bargee [bɑːˈdʒiː], *US* **bargeman** [ˈbɑːdʒmən] n gabarrero(a) m,f

bargepole [ˈbɑːdʒpəʊl] n *Br* pértiga f; IDIOM **I wouldn't touch it with a ~** no lo tocaría ni con pinzas

barhop [ˈbɑːhɒp] vi *US* ir de copas *or* de bares

baritone [ˈbærɪtəʊn] ◇ n **-1.** *(singer)* barítono m **-2.** *(voice)* (voz f de) barítono m
◇ adj *(part, voice)* baritonal, de barítono

barium [ˈbeərɪəm] n CHEM bario m ❑ MED **~ meal** (papilla f de) sulfato m de bario

bark¹ [bɑːk] n *(of tree)* corteza f; **to strip** *or* **take the ~ off a tree** descortezar un árbol
◇ vt **to ~ one's shins (against sth)** arañarse *or* rasguñarse las espinillas (con algo)

bark² ◇ n *(of dog, seal, fox)* ladrido m; IDIOM **his ~ is worse than his bite** perro ladrador, poco mordedor, *RP* perro que ladra no muerde
◇ vt *(order)* gritar
◇ vi **-1.** *(dog, seal, fox)* ladrar; IDIOM *Fam* **you're barking up the wrong tree** estás muy equivocado *or* confundido **-2.** *(person)* gritar; **to ~ out an order** dar una orden a gritos *or* vociferando

barkeep [ˈbɑːkiːp], **barkeeper** [ˈbɑːkiːpə(r)] n *US* camarero(a) m,f, *Am* mesero(a) m,f, *RP* mozo(a) m,f

barker [ˈbɑːkə(r)] n *(in circus)* vocero(a) m,f *or* voceador(ora) m,f de feria

barking [ˈbɑːkɪŋ] adj *Br Fam* **~ (mad)** como una cabra, loco(a) de remate, *Méx* zafado(a)

barley [ˈbɑːli] n cebada f ❑ **~ sugar** azúcar m *or* f cande; **~ water** hordiate m, agua f de cebada; *Br* **~ wine** = cerveza de alta graduación

barmaid [ˈbɑːmeɪd] n *esp Br* camarera f, *Am* mesera f, *RP* moza f

barman [ˈbɑːmən] n camarero m, *Am* mesero m, *RP* mozo m

bar mitzvah [bɑːˈmɪtsvə] n Bar Mitzvah m, = ceremonia de confirmación religiosa de un niño judío a los trece años

barmy [ˈbɑːmi] adj *Br Fam* chiflado(a); **to be ~** estar chiflado(a)

barn [bɑːn] n **-1.** *(for grain)* granero m; *(for hay)* pajar m; *(for cattle)* establo m ❑ **~ dance** baile m campestre; **~ owl** lechuza f
-2. *US (for railroad trucks)* cochera f de ferrocarril
-3. IDIOMS **their house is a great ~ of a place** su casa es un inmenso caserón; **were you born in a ~?** ¿no te han enseñado a cerrar la puerta?, *Esp* pareces de Madrid, *RP* ¿tenés cola?; **he couldn't hit a ~ door** tiene una pésima puntería

barnacle [ˈbɑːnəkəl] n **-1.** *(shellfish)* bálano m **-2.** **~ goose** barnacla f cariblanca

barney [ˈbɑːni] n *Br Fam* **to have a ~ (with sb)** tener una pelotera *or* agarrada (con alguien)

barnstorm [ˈbɑːnstɔːm] vi **-1.** THEAT hacer una gira por provincias **-2.** *US* POL hacer campaña (electoral) por los pueblos

barnstorming [ˈbɑːnstɔːmɪŋ] adj *(speech, performance)* apoteósico(a)

barnyard [ˈbɑːnjɑːd] n corral m ❑ **~ humour** humor m vulgar *or* grosero

barometer [bəˈrɒmɪtə(r)] n barómetro m

barometric [bærəˈmetrɪk] adj barométrico(a) ❑ **~ pressure** presión f barométrica

baron [ˈbærən] n **-1.** *(noble)* barón m **-2.** *(tycoon)* **oil/press ~** magnate del petróleo/de la prensa **-3.** CULIN **a ~ of beef** solomillo m

baroness [ˈbærənes] n baronesa f

baronet [ˈbærənet] n baronet m *(título inglés)*

baronetcy [ˈbærənetsi] n *(rank, title)* título m de baronet

baronial [bəˈrəʊnɪəl] adj baronal

barony [ˈbærəni] n *(rank, land)* baronía f

baroque [bəˈrɒk] ◇ n barroco m
◇ adj barroco(a)

barrack [ˈbærək] vt **-1.** *(soldiers)* acuartelar **-2.** *Br (heckle)* abuchear

barracking [ˈbærəkɪŋ] n *Br (jeering, shouting)* abucheo m

barrack-room [ˈbærəkruːm] adj *Br (humour, language)* tabernario(a) ❑ **~ lawyer** abogado(a) m,f de secano *(que de todo dice saber)*

barracks [ˈbærəks] npl cuartel m

barracuda [bærəˈkuːdə] n barracuda f

barrage [ˈbærɑːʒ] ◇ n **-1.** MIL *(of artillery fire)* batería f de fuego ❑ **~ balloon** globo m cautivo *or* de barrera **-2.** *(of questions, complaints, insults)* lluvia f, aluvión m **-3.** *(dam)* presa f
◇ vt **to ~ sb with questions** acribillar a alguien a preguntas

barre [bɑː(r)] n *(in ballet)* barra f *(fija)*

barred [bɑːd] adj *(window)* enrejado(a)

barrel [ˈbærəl] ◇ n **-1.** *(container)* barril m, tonel m; *(of oil)* barril m; IDIOM *Fam* **to have sb over a ~** tener a alguien en un puño; *Fam* **the party wasn't exactly a ~ of fun** *or* **laughs** la fiesta no fue la más divertida del mundo; IDIOM *US* **it was more fun than a ~ of monkeys** fue divertidísimo ❑ **~ organ** organillo m; ARCHIT **~ vault** bóveda f de cañón
-2. *(of gun)* cañón m
-3. *(of pen)* cañón m

-4. (of lock) cañón m
◇ vt (pt & pp **barrelled**, US **barreled**) (beer, oil) embarrilar
◇ vi **to ~ along** ir disparado(a) or a toda mecha; **to ~ past** pasar disparado(a) or a toda mecha

barrel-chested ['bærəl'tʃestɪd] adj (person) robusto(a)

barrelful ['bærəlfʊl] n barril m

barren ['bærən] adj **-1.** (infertile) (land) yermo(a); (landscape) árido(a) **-2.** Archaic & Literary (woman) yermo(a)

barrenness ['bærənnɪs] n (of land) aridez f, esterilidad f

barrette [bə'ret] n US pasador m

barricade ['bærɪkeɪd] ◇ n barricada f
◇ vt (door, street) poner barricadas en; **she had barricaded herself into the room** se había atrincherado en su habitación
• **barricade off** vt sep (street) bloquear con barricadas

barrier ['bærɪə(r)] n **-1.** (fence, gate) barrera f; Br (at railway station) barrera f
-2. (obstacle, impediment) barrera f; **a ~ to economic growth** un impedimento para el crecimiento económico ❑ **~ cream** (for skin) crema f protectora or barrera; **~ method** (of contraception) (método m) anticonceptivo m de barrera; MED **~ nursing** atención f sanitaria en régimen de aislamiento; **~ reef** arrecife m barrera

barring ['bɑːrɪŋ] prep salvo, excepto; **~ accidents** salvo imprevistos; **a miracle a menos que ocurra un milagro; ~ rain the concert will take place tomorrow** salvo que la lluvia lo impida, el concierto se celebrará mañana

barrio ['bærɪəʊ] (pl **barrios**) n US barrio m hispano

barrister ['bærɪstə(r)] n Br LAW abogado(a) m,f (que ejerce en tribunales superiores)

bar-room ['bɑːruːm] US ◇ n bar m
◇ adj **~ brawl** riña or gresca de bar

barrow ['bærəʊ] n **-1.** (wheelbarrow) carretilla f **-2.** Br (in market) carreta f ❑ **~ boy** vendedor m ambulante (con tenderete) **-3.** (burial mound) túmulo m

Bart (abbr **Baronet**) baronet m

bartender ['bɑːtendə(r)] n US camarero(a) m,f, Am mesero(a) m,f, RP mozo(a) m,f

barter ['bɑːtə(r)] ◇ n trueque m
◇ vt trocar, intercambiar (**for** por)
◇ vi hacer trueques, practicar el trueque
• **barter away** vt sep (rights, privileges) malvender, malbaratar

Bartholomew [bɑː'θɒləmjuː] pr n **Saint ~** San Bartolomé; HIST **the massacre of Saint ~'s** la masacre de San Bartolomé

baryon ['bærɪɒn] n PHYS barión m

basal ['beɪsəl] adj basal

basalt ['bæsɔːlt] n basalto m

bascule bridge ['bæskjuː'brɪdʒ] n puente m basculante

base [beɪs] ◇ n **-1.** (bottom) base f; (of column) base f, Spec basa f; (of tree, triangle) base f ❑ FIN **~ (lending) rate** tipo m or Am tasa f de interés básico; US **~ pay** salario m or sueldo m mínimo; US **~ salary** salario m or sueldo m mínimo
-2. (support, stand) base f, soporte m
-3. (centre of activities) (for explorers, military forces) base f; (of company) sede f central; **Glasgow is a good ~ from which to explore the Highlands** Glasgow es un buen punto de partida para explorar las Tierras Altas ❑ **~ camp** (for climbers, explorers) campamento m base
-4. (of food, paint) base f; **dishes with a rice/pasta ~** platos a base de arroz/pasta
-5. (in baseball) base f; IDIOM **to be off ~** estar muy equivocado(a); IDIOM **to touch ~ with sb** mantener contacto con alguien; IDIOM **she didn't get past first ~** no llegó a superar la primera etapa ❑ **~ hit** hit m
-6. SPORT **~ jumping** salto m base
-7. CHEM base f
-8. MATH base f
◇ adj **-1.** Formal (motive, conduct) vil, bajo(a)
-2. **~ metals** (non-precious) metales mpl comunes or no preciosos
◇ vt **-1.** (found) basar (**on** en); **to be based on** estar basado(a) en, basarse en **-2.** (locate) **to be based in Bath** (job, operation) desarrollarse en Bath; (person) residir or vivir en Bath; (troops, company) estar radicado(a) en Bath

baseball ['beɪsbɔːl] n (game) béisbol m, Cuba, Méx beisbol m; (ball) pelota f or bola f de béisbol or Cuba, Méx beisbol ❑ **~ cap** gorra f de visera; **~ diamond** diamante m de béisbol; **~ game** partido m de béisbol or Cuba, Méx beisbol; **~ player** jugador(ora) m,f de béisbol, Am pelotero(a) m,f; **~ team** equipo m de béisbol or Cuba, Méx beisbol

baseboard ['beɪsbɔːd] n US (along base of wall) zócalo m, rodapié m

-based [beɪst] suffix **-1.** (located) **the company is Tokyo~** la empresa tiene su sede en Tokio~ **-2.** (centred) **a science~ curriculum** un plan de estudios enfocado hacia las ciencias; **an oil~ economy** una economía basada en el petróleo; **an interview~ study** un estudio basado en entrevistas **-3.** (composed) **a water~ paint** una pintura al agua or a base de agua

Basel ['bɑːzəl] n Basilea

baseless ['beɪslɪs] adj infundado(a), sin fundamento; **to be ~** (rumour, accusation) carecer de fundamento

baseline ['beɪslaɪn] n **-1.** (in tennis) línea f de saque or de fondo **-2.** (standard for comparison) base f de comparación, referencia f **-3.** COMPTR línea f de base

baseliner ['beɪslaɪnə(r)] n (in tennis) jugador(ora) m,f de fondo

basely ['beɪslɪ] adv Formal vilmente

baseman ['beɪsmæn] n **first/second/third ~** (in baseball) (jugador(ora) de) primera/segunda/tercera base

basement ['beɪsmənt] n sótano m, Andes, RP subsuelo m ❑ **~ flat** (apartamento m or Esp piso m or Arg departamento m del) sótano m

baseness ['beɪsnɪs] n Formal vileza f, bajeza f

bases pl of **basis**

bash [bæʃ] Fam ◇ n **-1.** (blow) porrazo m, castañazo m **-2.** (dent) (in wood, metal) bollo m **-3.** (party) juerga f, fiesta f **-4.** Br (attempt) **to have a ~ at (doing) sth** intentar (hacer) algo; **I'll give it a ~** voy a probar or a intentarlo
◇ vt **-1.** (hit) golpear; **to ~ one's head** darse un castañazo en la cabeza **-2.** (dent) **it got a bit bashed** se abolló un poco **-3.** (criticize) despotricar contra, decir pestes de; **they're always bashing the unions** están siempre despotricando contra los sindicatos
• **bash about, bash around** vt sep Fam **-1.** (beat) (person) sacudir, zurrar **-2.** (handle roughly) (package, toy) tratar a patadas
• **bash down** vt sep Br Fam (door) echar abajo
• **bash in** vt sep Br Fam (door) echar abajo; **I'll ~ your face in!** ¡te parto la cara!
• **bash into** vt insep darse (un porrazo) contra
• **bash on** vi Br Fam (with journey, task) seguir
• **bash up** vt sep Br Fam (person) dar una paliza a; (car) abollar

bashful ['bæʃfʊl] adj tímido(a)

bashfully ['bæʃfʊlɪ] adv con timidez

bashfulness ['bæʃfʊlnɪs] n timidez f

bashing ['bæʃɪŋ] n Fam (physical) paliza f, tunda f; (verbal) varapalo m; **to get a ~** llevarse una paliza or tunda

-bashing ['bæʃɪŋ] suffix Fam **union~** ataque a los sindicatos

BASIC ['beɪsɪk] n COMPTR (abbr **Beginners' All-purpose Symbolic Instruction Code**) (lenguaje m) BASIC m

basic ['beɪsɪk] ◇ n **the basics** (fundamental aspects) lo esencial; (of language, science) los fundamentos; **they learned to cook with just the basics** aprendieron a cocinar con lo básico; **let's get down to basics** centrémonos en lo esencial; **to go** or **get back to basics** poner más énfasis en lo esencial, recuperar los valores fundamentales
◇ adj **-1.** (fundamental) básico(a), fundamental; **to be ~ to sth** ser básico(a) or fundamental para algo
-2. (elementary, essential) básico(a); **I get the ~ idea** me hago una idea; **take a few ~ precautions** toma las precauciones básicas ❑ **~ commodity** artículo m de primera necesidad; **~ training** (for job) formación f básica; (in army) formación f elemental
-3. (primitive) sencillo(a), simple; **the accommodation was pretty ~** el alojamiento era de lo más modesto or sencillo
-4. (before additions, subtractions) **~ pay** sueldo m base; **~ rate** (of income tax) tipo m mínimo or básico, Am tasa f mínima or básica; Br **~ salary** sueldo m base; **~ wage** salario m base or básico

basically ['beɪsɪklɪ] adv **-1.** (fundamentally) básicamente, fundamentalmente; **they are both ~ the same** vienen a ser lo mismo; **she's ~ a very shy person** es fundamentalmente tímida
-2. (in short) en una palabra, en definitiva; **what happened? – ~, we got thrashed** ¿qué pasó? – pues, en una palabra, que nos dieron un palizón; **~, I think he is wrong** en el fondo, creo que está equivocado

basil [Br 'bæzəl, US 'beɪzəl] n albahaca f

basilica [bə'zɪlɪkə] n basílica f

basilisk ['bæzɪlɪsk] n **-1.** (mythological creature) basilisco m ❑ **~ stare** mirada f asesina **-2.** ZOOL basilisco m

basin ['beɪsən] n **-1.** (for cooking) recipiente m, bol m; (plastic, for washing up) palangana f, Esp barreño m **-2.** (for washing hands) lavabo m, Am lavamanos m inv **-3.** GEOG cuenca f **-4.** (in harbour) dársena f

basinful ['beɪsənfʊl] n Br Fam **to have had a ~ (of sth)** estar hasta la (mismísima) coronilla

basis ['beɪsɪs] (pl **bases** ['beɪsiːz]) n **-1.** (foundation) base f; **on the ~ of this information** de acuerdo con or según esta información; **we are proceeding on that ~** procederemos partiendo de esa base; **that's no ~ for a happy marriage** ésa no es una base sólida para un matrimonio feliz; **the ~ for assessing income tax** la base para calcular el impuesto sobre la renta
-2. (reason, grounds) base f, fundamento m; **the accusations have no ~ in fact** las acusaciones no se basan en los hechos
-3. (system, arrangement) **on a weekly ~** semanalmente; **on a monthly ~** mensualmente; **on a national ~** a escala nacional; **on an informal ~** informalmente; **I will be taking part on an unofficial ~** participaré con carácter extraoficial

bask [bɑːsk] vi **he was basking in the sun** disfrutaba del sol tumbado; **to ~ in sb's favour** gozar del favor de alguien; **he was basking in all the unexpected publicity** se regocijaba con toda aquella inesperada publicidad

basket ['bɑːskɪt] n **-1.** (container) cesta f; (for waste paper) papelera f; IDIOM Fam **to be a ~ case** (person) ser un caso perdido ❑ **~ chair** silla f de mimbre; **~ making** cestería f; **~ weaving** cestería f **-2.** ECON **~ of currencies** cesta f de monedas or divisas **-3.** (in basketball) canasta f; **to score a ~** encestar ❑ **~ average** básquet average m

basketball ['bɑːskɪtbɔːl] n (game) baloncesto m, Am básquetbol m; (ball) pelota f or balón m de baloncesto ❑ **~ court** cancha f or pista f de baloncesto, Am cancha f de básquetbol; **~ game** partido m de baloncesto; **~ player** jugador(ora) m,f de baloncesto, baloncestista mf, Am basquetbolista mf

basketful ['bɑːskɪtfʊl] n cesta f

basketwork ['bɑːskɪtwɜːk] n (art) cestería f

basking shark ['bɑːskɪŋ'ʃɑːk] n tiburón m peregrino, marrajo m gigante

Basle [bɑːl] n Basilea

basmati rice [bæz'mætɪ'raɪs] *n* arroz *m* basmati, = variedad de arroz de grano largo de origen indio

Basque [bɑːsk] ◇ *n* **-1.** *(person)* vasco(a) *m,f* **-2.** *(language)* vasco *m*, vascuence *m*
◇ *adj* vasco(a); **the ~ Country** el País Vasco, Euskadi

basque [bɑːsk] *n (woman's garment)* corpiño *m*

bas-relief ['bɑːrɪ'liːf] *n* ART bajorrelieve *m*, bajo relieve *m*

bass[1] [bæs] *n (seawater)* lubina *f*, róbalo *m*; *(freshwater)* perca *f*

bass[2] [beɪs] MUS ◇ *n* **-1.** *(voice, singer)* bajo *m*; *(on amplifier)* graves *mpl* **-2.** *(guitar)* bajo *m* ❏ **~ player** bajista *mf* **-3.** *(double-bass)* contrabajo *m*
◇ *adj (in music)* bajo(a) ❏ **~ clef** clave *f* de fa; **~ drum** bombo *m*; **~ guitar** bajo *m*

basset ['bæsɪt] *n* **(hound)** basset *m*

bassinet ['bæsɪnet] *n (cot)* moisés *m inv*, cuco *m*; *(carriage)* cochecito *m*

bassist ['beɪsɪst] *n* MUS bajista *mf*

bassoon [bə'suːn] *n* fagot *m*

bassoonist [bə'suːnɪst] *n* fagot *mf*

bastard ['bɑːstəd] ◇ *n* **-1.** *(illegitimate child)* hijo(a) *m,f* ilegítimo(a), (hijo(a) *m,f*) bastardo(a) *m,f*
-2. *very Fam (unpleasant person)* hijo(a) *m,f* de puta, cabrón(ona) *m,f*
-3. *very Fam (person, fellow)* **you lucky ~!** ¡qué suerte tienes, desgraciado(a) *or* cabrón(ona)!; **poor ~!** ¡pobre desgraciado(a)!
-4. *very Fam (unpleasant thing, task)* **a ~ of a job** un trabajo muy jodido; **this oven is a ~ to clean** este horno es jodido de limpiar
◇ *adj (child)* bastardo(a)

bastardize ['bɑːstədaɪz] *vt (corrupt)* degradar

baste [beɪst] *vt* **-1.** *(meat)* regar con grasa **-2.** *(sew)* hilvanar **-3.** *(beat)* dar *or* propinar una paliza

bastion ['bæstɪən] *n* **-1.** *(of fortress)* bastión *m*, baluarte *m* **-2.** *(stronghold)* bastión *m*, baluarte *m*; **the last ~ of Stalinism** el último bastión del estalinismo

bat[1] [bæt] *n* **-1.** *(animal)* murciélago *m*; IDIOM *Fam* **like a ~ out of hell** como alma que lleva el diablo; IDIOM *Hum* **to have bats in the belfry** estar tocado(a) del ala *or* mal de la azotea **-2.** *Fam Pej (woman)* **old ~** bruja *f* **-3.** *US Fam (drinking spree)* **to be on a ~** irse de parranda *or* de borrachera

bat[2] ◇ *n* **-1.** *(for cricket, baseball)* bate *m*; *(for table tennis)* pala *f*; **to be at ~** *(in baseball)* estar de bateando, batear ❏ *US* **~ boy** *(in baseball)* cargabates *mf inv* ❏ IDIOMS *Br Fam* **to do sth off one's own ~** hacer algo por cuenta propia; *US Fam* **right off the ~** a bote pronto, de buenas a primeras; *US Fam* **to go to ~ for sb** dar la cara por alguien
◇ *vt (pt & pp* **batted)** **-1.** *(hit)* golpear, dar golpes a; **she batted the flies away with her fan** espantó las moscas con el abanico **-2.** *(blink)* **she batted her eyelashes at him** lo coqueteó con la mirada; IDIOM **he didn't ~ an eye(lid)** ni se inmutó, ni pestañeó; **she did it without batting an eyelid** lo hizo sin pestañear
◇ *vi (in cricket, baseball)* batear

◆ **bat around** *vt sep US Fam (idea)* intercambiar opiniones sobre

batch [bætʃ] *n* **-1.** *(of goods, material)* lote *m*, partida *f*; *(of recruits)* tanda *f*; *(of bread)* hornada *f* **-2.** COMPTR **~ file** fichero *m* por lotes; **~ processing** proceso *m* por lotes

bated ['beɪtɪd] *adj* **with ~ breath** con el alma en vilo

BATF [biːeɪtiː'ef] *n US (abbr* **Bureau of Alcohol, Tobacco and Firearms)** = organismo que controla el alcohol, el tabaco y las armas de fuego

bath [bɑːθ] ◇ *n* **-1.** *(action)* baño *m*; **to take** *or* **have a ~** tomar *or* darse un baño, bañarse; IDIOM **to take a ~** *(lose heavily)* experimentar grandes pérdidas; **to give sb a ~** bañar a alguien; **to run** *or Formal* **draw a ~** llenar la bañera (de agua)
-2. *(bathtub)* bañera *f*, *Am* tina *f*, *Arg* bañadera *m*; **she's in the ~** está en el baño *or* dándose un baño ❏ *Bath chair* silla *f* de ruedas *(con capota)*; **~ mat** alfombrilla *f* de baño; **~ salts** sales *fpl* de baño; **~ towel** toalla *f* de baño
-3. *Br* **(swimming) baths** piscina *f*, *Méx* alberca *f*, *RP* pileta *f*
-4. *(for chemicals, dye, in photography)* baño *m*
◇ *vt* bañar
◇ *vi* bañarse

bathcube ['bɑːθkjuːb] *n Br* = cubito soluble con esencias aromáticas para el agua de baño

bathe [beɪð] ◇ *n Old-fashioned* **to go for a ~** ir a bañarse
◇ *vt* **-1.** *(wound)* lavar **-2.** *(cover)* **she was bathed in sweat** estaba empapada en *or* de sudor; **her face was bathed in tears** tenía la cara bañada en lágrimas; **the hills were bathed in light** las colinas estaban inundadas de luz
◇ *vi* **-1.** *Old-fashioned (swim)* bañarse **-2.** *US (take a bath)* bañarse

bather ['beɪðə(r)] *n* **-1.** *(swimmer)* bañista *mf* **-2.** *Austr* **bathers** *(costume)* traje *m* de baño, *Esp* bañador *m*

bathetic [bə'θetɪk] *adj Formal* = que pasa de lo sublime a lo común o banal

bathhouse ['bɑːθhaʊs] *n* baños *mpl* públicos

bathing ['beɪðɪŋ] *n* **~ is prohibited** *(sign)* prohibido bañarse ❏ **~ cap** gorro *m* de baño; **~ costume** traje *m* de baño, *Esp* bañador *m*, *Col* vestido *m* de baño, *RP* malla *f*; **~ hut** caseta *f* de baño; **~ suit** traje *m* de baño, *Esp* bañador *m*, *Col* vestido *m* de baño, *RP* malla *f*; **~ trunks** bañador *m* (de hombre)

bathos ['beɪθɒs] *n* = paso de lo sublime a lo común

bathrobe ['bɑːθrəʊb] *n* albornoz *m*, *Am* salida *f*

bathroom ['bɑːθruːm] *n* **-1.** *(with bath)* cuarto *m* de baño ❏ **~ furniture** muebles *mpl* de baño; **~ scales** báscula *f* de baño; **~ suite** = conjunto de bañera, lavabo e inodoro **-2.** *(toilet)* baño *m*, *Esp* servicio *m*, *CSur* toilette *m*; **to go to** *or* **use the ~** ir al baño

bathtub ['bɑːθtʌb] *n* bañera *f*, *Am* tina *f*, *Arg* bañadera *m*

bathyscaphe ['bæθɪskeɪf] *n* batiscafo *m*

bathysphere ['bæθɪsfɪə(r)] *n* batisfera *f*

batik [bə'tiːk] *n* batik *m*

batman ['bætmən] *n Br* MIL ordenanza *m*

baton ['bætən] *n* **-1.** *(in relay race)* testigo *m*; *also Fig* **to pass the ~ to sb** pasar(le) el testigo a alguien **-2.** *(of conductor)* batuta *f* **-3.** *Br (of policeman)* porra *f* ❏ **~ charge** carga *f* con porras; **~ round** *(plastic bullet)* bala *f* de plástico

bats [bæts] *adj Fam* **to be ~** estar tocado(a) del ala *or* mal de la azotea

batsman ['bætsmən] *n (in cricket)* bateador *m*

battalion [bə'tælɪən] *n* batallón *m*

batten ['bætən] *n* **-1.** *(supporting strip of wood)* listón *m* **-2.** NAUT *(for sail)* sable *m*; *(for closing hatch)* palanca *f* de cierre

◆ **batten down** *vt insep* **to ~ down the hatches** *(on ship)* cerrar las escotillas; *Fig (before crisis)* atarse *or* apretarse los machos

◆ **batten on, batten upon** *vt insep Br* **they ~ on the weak and impressionable** se aprovechan de los débiles y los crédulos

Battenburg (cake) ['bætənbɜːg(keɪk)] *n Br* = pastel de bizcocho alargado cubierto de mazapán

batter[1] ['bætə(r)] *n (in baseball)* bateador(ora) *m,f*

batter[2] *n* **-1.** *(to coat food for frying)* pasta *f* para rebozar **-2.** *(for pancakes)* masa *f* **-3.** *US (for cakes)* mezcla *f* pastelera
◇ *vt (fish, vegetables)* rebozar y freír

batter[3] *vt (beat) (door)* aporrear; *(person)* pegar, maltratar; **the ship was battered by the waves** el barco fue sacudido por las olas
◇ *vi (hammer)* **to ~ at** *or* **on the door** aporrear la puerta; **the waves battered against the coast** las olas batían contra la costa

◆ **batter about** *vt sep* **-1.** *(person)* vapulear **-2.** *(ship)* azotar

◆ **batter down** *vt sep* **to ~ the door down** echar la puerta abajo

◆ **batter in** *vt sep (skull)* aplastar *or* partir a golpes; *(door)* abatir *or* derribar a golpes

battered ['bætəd] *adj* **-1.** *(person)* maltratado(a); **a refuge for ~ wives** un hogar para mujeres maltratadas **-2.** *(furniture)* desvencijado(a); *(briefcase, suitcase)* deslucido(a), deteriorado(a); *(hat)* ajado(a); *(car)* abollado(a) **-3.** *(food)* rebozado(a)

battering ['bætərɪŋ] *n (beating)* paliza *f*; *Fig (in games, sports)* paliza *f*; *(from critics)* varapalo *m*; **the building took a ~** el edificio sufrió estragos; **the team took a bad ~** el equipo se llevó una buena paliza; **his confidence took a ~** su confianza recibió un varapalo ❏ **~ ram** ariete *m*

battery ['bætərɪ] *n* **-1.** *(of radio, clock)* pila *f*; *(of car, video camera, laptop)* batería *f*; **to be ~ operated** *or* **powered** funcionar *or* con pilas; **batteries not included** pilas no incluidas ❏ **~ charger** cargador *m* de pilas/baterías
-2. MIL *(of guns)* batería *f*; *Fig* **a ~ of criticism** un aluvión de críticas; PSY **a ~ of tests** una batería de pruebas
-3. AGR **~ farm** granja *f* avícola intensiva; **~ farming** avicultura *f* intensiva; **~ hen** gallina *f* de granja avícola intensiva
-4. LAW lesiones *fpl*

batting ['bætɪŋ] *n (in cricket, baseball)* bateo *m* ❏ **~ average** media *f* or promedio *m* de bateo; **~ order** orden *m* de bateo

battle ['bætəl] ◇ *n* **-1.** *(fight)* batalla *f*; **to fight a ~** librar una batalla; **he died** *or* **was killed in ~** murió en combate; **to do** *or* **join ~** entrar en combate; **to give ~** presentar batalla; **to do ~ with sb** librar una batalla contra alguien ❏ HIST **the Battle of Britain** la Batalla de Inglaterra; **~ cry** grito *m* de guerra; **~ fatigue** fatiga *f* de combate; **~ plan** plan *m* de batalla; **~ royal** batalla *f* campal
-2. *(struggle)* lucha *f*; **the ~ for freedom** la lucha por *or* en favor de la libertad; **the ~ against poverty** la lucha contra la pobreza; **to do ~ for/against** *or* **with** luchar por *or* en favor de/contra; **~ of wills** enfrentamiento *or* conflicto personal; **a ~ of wits** un duelo de ingenio
-3. IDIOMS **we're fighting the same ~** estamos en el mismo bando *or RP* barco; **don't fight his battles for him** deja que se defienda él solo; **getting started is half the ~** lo más difícil es empezar
◇ *vi* **-1.** *(fight)* batallar, luchar **(for/against** por/contra); **they battled for control of the government** luchaban por (hacerse con) el control del gobierno **-2.** *(struggle)* luchar; **surgeons battled to save his life** los cirujanos hicieron lo indecible por salvarle la vida; **to ~ on** seguir luchando
◇ *vt US (fight against)* luchar contra

battle-axe, *US* **battle-ax** ['bætəlæks] *n* **-1.** *(weapon)* hacha *f* de guerra **-2.** *Fam Pej (woman)* arpía *f*, bruja *f*

battle-cruiser ['bætəlkruːzə(r)] *n* crucero *m*

battledress ['bætəldres] *n* uniforme *m* (de campaña)

battlefield ['bætəlfiːld], **battleground** ['bætəlgraʊnd] *n also Fig* campo *m* de batalla

battlefront ['bætəlfrʌnt] *n* frente *m* de batalla

battleground = battlefield

battle-hardened ['bætəl'hɑːdənd] *adj* curtido(a)

battlements ['bætəlmənts] *npl* almenas *fpl*

battler ['bætlə(r)] *n Fam* luchador(ora) *m,f*

battle-scarred ['bætəlskɑːd] *adj (place)* minado(a) por la guerra *o* la batalla; **~ soldiers** soldados marcados por la guerra

battleship ['bætəlʃɪp] *n* acorazado *m*

batty ['bætɪ] *adj Fam* pirado(a), chiflado(a); **to be ~** *(person)* estar chiflado(a) *or* pirado(a); *(idea)* ser peregrino(a)

batwing ['bætwɪŋ] *adj* **~ sleeve** manga *f* japonesa

bauble ['bɔːbəl] *n* **-1.** *(cheap ornament)* chuchería *f* **-2.** *(Christmas decoration)* bola *f* de Navidad

baud [bɔːd] *n* COMPTR baudio *m* ❏ **~ rate** velocidad *f* de transmisión

baulk, balk [bɔːk] ◇ *n* (*in snooker, billiards*) cabaña *f* de salida, cuadro *m*
◇ *vt* (*frustrate, defeat*) frustrar, hacer fracasar
◇ *vi* **to ~ at sth** (*person*) mostrarse reticente *or* echarse atrás ante algo; **he baulked at paying such a price** se mostraba reticente a pagar un precio tan alto

bauxite ['bɔːksaɪt] *n* bauxita *f*

Bavaria [bəˈveərɪə] *n* Baviera

Bavarian [bəˈveərɪən] ◇ *n* bávaro(a) *m,f*
◇ *adj* bávaro(a)

bawd [bɔːd] *n Archaic* (*prostitute*) bordiona *f*, buscona *f*

bawdiness ['bɔːdɪnɪs] *n* obscenidad *f*

bawdy ['bɔːdɪ] *adj* (*remark, humour*) picante, verde ❏ *Archaic* **~ house** (*brothel*) mancebía *f*, casa *f* de lenocinio

bawl [bɔːl] ◇ *vt* (*order*) gritar; (*insult*) proferir
◇ *vi* **-1.** (*shout*) gritar, vociferar **-2.** (*cry*) (*baby, child*) berrear; *Fam* **the baby was bawling his head off** el bebé berreaba como un descosido
◆ **bawl out** *vt sep* **-1.** (*shout*) **to ~ out an order** gritar una orden **-2.** *Fam* (*reprimand*) **to ~ sb out** reñir *or* regañar a alguien

bawling out ['bɔːlɪŋ'aʊt] *n Fam* (*reprimand*) **to give sb a ~** echar un rapapolvo *or Esp* una bronca a alguien; **to get a ~** llevarse un rapapolvo *or Esp* una bronca

bay¹ [beɪ] *n* (*shrub*) laurel *m* ❏ **~ leaf** (hoja *f* de) laurel *m*

bay² *n* **-1.** (*on coastline*) bahía *f* ❏ *US* **the Bay Area** = zona de la bahía de San Francisco; **the Bay of Bengal** el Golfo de Bengala; **the Bay of Biscay** el Golfo de Vizcaya; HIST **the Bay of Pigs** la bahía de Cochinos; *US* **the Bay State** = apelativo familiar referido al estado de Massachusetts
-2. ARCHIT entrante *m*, hueco *m* ❏ **~ window** ventana *f* salediza
-3. *Br* (*area*) (**parking**) **~** área *f* de estacionamiento
-4. COMPTR hueco *m*, bahía *f*
-5. (*in hunting*) **to be at ~** estar acorralado(a); **to hold** *or* **keep sth/sb at ~** (*keep at a distance*) tener a raya algo/a alguien; **I'm managing to keep my cold at ~** estoy consiguiendo frenar mi resfriado; **to keep** *or* **to hold hunger at ~** contener el hambre
-6. (*horse*) alazán *m*, caballo *m* alazán

bay³ *vi* (*dog, wolf*) aullar; IDIOM **to ~ for sb's blood** pedir el pellejo *or* la cabeza de alguien

bayonet ['beɪənɪt] ◇ *n* bayoneta *f*; **at ~ point** a punta de bayoneta ❏ **~ fitting** (cierre *m* de) bayoneta *f*; **~ socket** enchufe *m* de bayoneta
◇ *vt* **he was bayoneted several times, but survived** aunque le asestaron varios bayonetazos logró sobrevivir; **to ~ sb to death** matar a alguien a bayonetazos

bayou ['baɪuː] *n* afluente *m* pantanoso

bazaar [bəˈzɑː(r)] *n* **-1.** (*in Middle East*) bazar *m*
-2. (*for charity*) mercadillo *m*

bazooka [bəˈzuːkə] *n* bazuca *m*, bazooka *m*

B & B [biːənˈbiː] *n* (*abbr* **bed and breakfast**) (*hotel*) = hostal familiar en el que el desayuno está incluido en el precio de la habitación; (*service*) habitación *f* y desayuno

B2B [biːtuːˈbiː] (*abbr* **business to business**) empresa a empresa

BBB [biːbiːˈbiː] *n US* (*abbr* **Better Business Bureau**) = oficina de ética comercial

BBC [biːbiːˈsiː] *n* (*abbr* **British Broadcasting Corporation**) BBC *f*

BB gun ['biːbiːˈɡʌn] *n US* escopeta *f* de aire comprimido

BBQ ['bɑːbɪkjuː] *n Fam* (*abbr* **barbecue**) barbacoa *f*, *Andes, RP* asado *m*; **~ sauce** salsa *f* (para) barbacoa; **~ chicken** pollo *m* a la brasa

BBS [biːbiːˈes] *n* COMPTR (*abbr* **Bulletin Board Service**) BBS *f*

BC [biːˈsiː] *adv* (*abbr* **before Christ**) a.C.
◇ (*abbr* **British Columbia**) Columbia Británica

Bcc [biːsiːˈsiː] COMPTR (*abbr* **blind carbon copy**) Cco

B-cell ['biːsel] *n* MED célula *f* B

BCG [biːsiːˈdʒiː] *n* MED (*abbr* **bacillus Calmette-Guérin**) BCG *m*, = vacuna contra la tuberculosis

BD [biːˈdiː] (*abbr* **Bachelor of Divinity**) (*qualification*) licenciatura *f* en teología; (*person*) licenciado(a) *m,f* en teología

BDA [biːdiːˈeɪ] (*abbr* **British Dental Association**) = asociación de dentistas británicos

BDS [biːdiːˈes] (*abbr* **Bachelor of Dental Surgery**) (*qualification*) licenciatura *f* en odontología; (*person*) licenciado(a) *m,f* en odontología

be [biː] ◇ *vi* (*present* **I am, you/we/they are, he/she/it is**, *pt* **were** [wɜː(r)]; *1st and 3rd person singular* **was** [wɒz]; *pp* **been** [biːn]) **-1.** (*indicating permanent quality, characteristic*) ser; **sugar is sweet** el azúcar es dulce; **veal is very tasty** la ternera es muy sabrosa; **he's always very smart** siempre va muy elegante; **she's irritable by nature** es irritable por naturaleza; **she's English** es inglesa; **he's clever** es inteligente; **she's dead** está muerta; **I'm a doctor** soy médico; **he's a good doctor** es un buen médico; **it's real silk/leather** es pura seda/de cuero auténtico; **it's 2 metres wide** tiene 2 metros de ancho; **three and two are five** tres y dos (son) cinco; **is it that you don't like me?** ¿es que no te gusta?; **just be yourself** compórtate con naturalidad; **I'm not myself today** hoy no estoy muy allá; **we're very happy together** somos muy felices
-2. (*indicating temporary state*) estar; **I'm tired** estoy cansado(a); **the bottle is empty/full** la botella está vacía/llena; **this veal is very tasty** esta ternera está muy sabrosa; **you're very smart today** hoy vas muy elegante; **she's rather irritable this morning** está bastante irritable esta mañana; **to be wet/dry** estar mojado(a)/seco(a); **to be cold/hot** (*person*) tener frío/calor; (*thing*) estar frío(a)/caliente; **it's cold/hot** (*weather*) hace frío/calor; **my feet are cold** tengo los pies fríos; **it's cloudy** está nublado; **to be hungry/thirsty** tener hambre/sed; **don't be long** no tardes mucho; **to be right** tener razón; **to be wrong** estar equivocado(a); **he was Hamlet in the play** hacía de Hamlet en la obra; **to be twenty (years old)** tener veinte años; **I was twenty last week** cumplí veinte años la semana pasada; **I'm very happy because I've had a pay rise** estoy muy feliz porque me han subido el sueldo
-3. (*expressing identity*) ser; **hello, I'm Paul** hola, soy Paul; **it's me/Paul** (*on phone*) soy yo/Paul; **this is my friend Ann** (*when introducing*) ésta es mi amiga Ann; **is that Ann?** (*when asking who's there*) ¿eres Ann?; **this is Martin Bell, in Sarajevo** Martin Bell, desde Sarajevo
-4. (*with time, date*) ser; **it's six o'clock** son las seis (en punto); **when is the concert?** ¿cuándo es el concierto?; **today is the tenth** hoy estamos a diez; **what day is it today?** ¿qué día es hoy?; **it's Monday** es lunes; **it's a year since I saw her** hace un año que no la veo
-5. (*with location*) estar; **where is the station?** ¿dónde está la estación?; **is this where you work?** ¿es aquí donde trabajas?; **it's 25 miles to Seattle** quedan 25 millas a Seattle; **to be at home** estar en casa; **where was I?** (*after digression*) ¿por dónde iba?
-6. (*with cost*) ser, costar; **how much are the shoes?** ¿cuánto son *or* cuestan los zapatos?; **how much is it?** ¿cuánto es?; **how much is a kilo of beef?** ¿a cuánto está el kilo de ternera?; **that will be** *or* **that's £25, please** son 25 libras
-7. (*with health*) estar; **how are you?** ¿cómo estás?; **I'm fine** estoy bien; **he's better** está mejor
-8. (*with imperatives*) **be good!** ¡sé bueno!; **be still!** ¡estate quieto!; **be careful!** ¡ten cuidado!; **don't be stupid!** ¡no seas tonto!; **let's be reasonable** seamos razonables
-9. (*exist*) **there is/are...** hay...; **are there any beaches there?** ¿hay alguna playa allí?; **to be or not to be** ser o no ser; **this famous company is no longer** esta famosa compañía ha dejado de existir; **the best band that ever was** el mejor grupo que ha existido jamás; **let him be!** ¡déjale en paz!; **we've decided to let it be** hemos decidido dejarlo; **how can this be?** ¡no es posible!; **they had high hopes of winning, but it was not to be** tenían muchas esperanzas de lograr la victoria, pero no ocurrió así; **be that as it may** así y todo
-10. (*with question tags*) **she's clever, isn't she?** es inteligente ¿verdad?; **they're big, aren't they?** son grandes ¿verdad?; **you aren't from around here, are you?** tú no eres de aquí ¿no?
-11. (*in ellipses*) **is this the right answer? – yes it is/no it isn't** ¿es ésta la respuesta correcta? – sí/no; **it's good, isn't it? – I suppose it is** es bueno, ¿a qué sí? – supongo; **are you happy? – yes I am/no I am not** ¿estás contento? – sí/no
-12. (*as past participle of* **go**) **I have been to London** he estado en Londres
◇ *v aux* **-1.** (*in continuous tenses*) estar; **to be doing sth** estar haciendo algo; **she is/was laughing** se está/estaba riendo; **I'm leaving tomorrow** me voy mañana; **I'll be returning next week** volveré la próxima semana; **I've been waiting for hours** llevo horas esperando; **it's raining** está lloviendo, llueve
-2. (*in passives*) ser; **six employees were made redundant** fueron despedidos seis empleados; **they have been seen in London** han sido vistos *or* se les ha visto en Londres; **I haven't been invited** no me han invitado; **he was tortured and killed** lo torturaron y lo asesinaron; **he was killed in an accident** murió en un accidente; **she is respected by all** todos la respetan; **measures are being taken to control inflation** se están tomando medidas para controlar la inflación; **the decision to free the prisoners has been taken** se ha tomado la decisión de soltar a los presos; **the building is being renovated** están restaurando el edificio; **passengers are requested not to smoke** se ruega a los pasajeros que no fumen; **I should have been told earlier** me lo debían haber dicho antes; **the solution was heated to boiling point** se calentó la solución hasta el punto de ebullición
-3. (*indicating future*) **the house is to be sold** la casa se va a vender; **we are to leave on Tuesday** saldremos el martes; **he was never to see them again** nunca volvería a verlos; **we were to have got married, but...** íbamos a casarnos, pero...
-4. (*indicating conditional*) **if he were to sell the house...** si vendiera la casa...; **were I to tell you a secret, could you keep it?** si te contara un secreto, ¿lo sabrías guardar?
-5. (*indicating possibility, uncertainty*) **what are we to do?** ¿qué vamos a hacer?; **how was I to know?** ¿cómo lo iba a saber?; **what's to stop me from telling her?** ¿qué me impide contárselo?; **who is to say which is better?** ¿quién sabe cuál es el mejor?; **he was nowhere to be seen** no se le veía por ninguna parte
-6. (*indicating order, obligation*) **you are not to mention this to anyone** no debes decir esto

a nadie; **you are to stay there** debes quedarte allí; **he is to be pitied** hay que sentir lástima por él

beach [bi:tʃ] ◇ n playa f ❑ **~ bag** bolsa f de playa; **~ buggy** buggy m (de playa); Fam **~ bum** vago(a) m,f de playa; Fam **~ bunny** = amiga de los surfistas; **~ hut** caseta f; US **~ soccer** fútbol m playa; **~ thick-knee** (bird) alcaraván m playero; **~ volleyball** voley m playa

◇ vt (boat, ship) varar; **the whale beached itself on the shore** la ballena se quedó varada en la playa; IDIOM **like a beached whale** tumbado(a) y espatarrado(a)

beach-ball ['bi:tʃbɔ:l] n balón m or pelota f de playa

beachcomber ['bi:tʃkəʊmə(r)] n **-1.** (person) persona que se dedica a recoger objetos y materiales que encuentra en la playa **-2.** (wave) ola f encrespada or rompiente

beachfront ['bi:tʃfrʌnt] n primera línea f de playa; **a ~ hotel/property** un hotel/inmueble en primera línea de playa

beachhead ['bi:tʃhed] n MIL cabeza f de playa
beachwear ['bi:tʃweə(r)] n ropa f de playa or playera

beacon ['bi:kən] n **-1.** (for plane, ship) baliza f **-2.** (lighthouse) faro m **-3.** (bonfire) fuego m, hoguera f; Fig **a ~ of hope** un rayo de esperanza

bead [bi:d] ◇ n **-1.** (of glass) cuenta f; **a string of beads** unas cuentas ensartadas; Archaic **to tell one's beads** rezar el rosario **-2.** (of dew, sweat) gota f, perla f **-3.** (on gun) punto m de mira; **to draw a ~ on sb** apuntar a alguien

◇ vt (decorate) adornar con abalorios

beaded ['bi:dɪd] adj **-1.** (decorated) adornado(a) con abalorios or cuentecillas **-2.** (with moisture) rociado(a), salpicado(a); **~ with sweat** cubierto(a) de gotas de sudor

beading ['bi:dɪŋ] n **-1.** (on furniture, walls) moldura f **-2.** (on garment) adorno m de cuentas

beadle ['bi:dəl] n Br **-1.** (in university) bedel(ela) m,f **-2.** HIST (in church) = ayudante del párroco en la iglesia anglicana, ≃ pertiguero(a) m,f

beady ['bi:dɪ] adj **he had his ~ eyes on it** lo miraba intensamente; **his ~ eyes never left the money** no quitaba ojo al dinero

beady-eyed ['bi:dɪ'aɪd] adj (observant) atento(a), vigilante

beagle ['bi:gəl] n beagle m

beagling ['bi:glɪŋ] n **to go ~** ir de cacería (con perros de raza beagle)

beak [bi:k] n **-1.** (of bird, turtle, octopus) pico m **-2.** Fam (nose) napias fpl **-3.** Br Fam (magistrate) juez m

beaker ['bi:kə(r)] n **-1.** (cup) vaso m (generalmente de plástico) **-2.** CHEM vaso m de precipitados

be-all and end-all ['bi:ɔ:lən'endɔ:l] n Fam **the ~** lo más importante del mundo; **it's not the ~ of life** no lo es todo en la vida

beam [bi:m] ◇ n **-1.** (in building) viga f; (in gymnastics) barra f de equilibrio
-2. (of light) rayo m; PHYS haz m; **the headlights were on full** or US **high ~** llevaba puestas las luces largas or de carretera
-3. (of ship) manga f, anchura f máxima; **on the port/starboard ~** a babor/estribor; Fam Fig **broad** or **wide in the ~** (of person) ancho(a) de caderas
-4. (smile) sonrisa f luminosa or radiante
-5. IDIOMS Fam **you're way off ~** te equivocas de medio a medio; Fam **to be on (the) ~** estar or ir bien encaminado(a)

◇ vt **-1.** (programme) emitir; (information) mandar, enviar; **the pictures were beamed all over the world** las imágenes se emitieron a todo el mundo **-2.** (show with a smile) **she beamed her thanks** mostró su agradecimiento con una sonrisa **-3.** IDIOM Hum **me up Scotty!** ¡tierra trágame!

◇ vi **-1.** (shine) (sun, moon) brillar **-2.** (smile) **to ~ with pride/pleasure** sonreír con orgullo/de placer

beam-ends ['bi:m'endz] npl **-1.** NAUT **on her ~** (of ship) muy escorado(a) **-2.** Br Fam **to be on one's ~** estar en las últimas, estar sin blanca

beaming ['bi:mɪŋ] adj **a ~ smile** una sonrisa radiante

bean [bi:n] ◇ n **-1.** (vegetable) Esp alubia f, Esp judía f, Andes, CAm, Carib, Méx frijol m, Andes, RP poroto m; **(green) ~** Esp judía f verde, Bol, RP chaucha f, Chile poroto m verde, Carib, Col habichuela f, Méx ejote m, Ven vainita f ❑ US Fam **~ counter** contable mf chupatintas; **~ curd** tofu m
-2. (of coffee) grano m
-3. Br Old-fashioned or Hum (form of address) **hello, old ~!** ¡qué tal, viejo!
-4. ~ goose ánsar m campestre
-5. IDIOMS Fam **to be full of beans** (energy) estar lleno(a) de vitalidad, RP estar con todas las pilas; US (nonsense) tener va cabeza llena de pájaros, ser un cabeza hueca; **it didn't cost a ~** no costó un centavo or Esp duro or Méx, RP peso; **it isn't worth a ~** no vale un pimiento or Am pepino; **he hasn't a ~** no tiene (ni) un centavo or Esp duro or Méx, RP peso; US **he doesn't know beans about it** no tiene ni la más remota idea

◇ vt US **to ~ sb** dar a alguien un golpe (en la cabeza)

beanbag ['bi:nbæg] n **-1.** (for juggling) bola f de malabares **-2.** (for sitting on) puf m relleno de bolitas

beanfeast ['bi:nfi:st] n Br Hum francachela f

beanie ['bi:nɪ] n **(hat)** casquete m

beano ['bi:nəʊ] (pl **beanos**) n Br Old-fashioned & Hum (party) juerga f

beanpole ['bi:npəʊl] n **-1.** (stick) guía f, rodrigón m **-2.** Fam (tall, thin person) fideo m, larguirucho(a) m,f

beanshoots ['bi:nʃu:ts], **beansprouts** ['bi:nspraʊts] npl = brotes de judía germinada utilizados en la comida oriental

beanstalk ['bi:nstɔ:k] n tallo m de Esp judía or Andes, CAm, Carib, Méx frijol or Andes, RP poroto

bear¹ [beə(r)] n **-1.** (animal) oso(a) m,f ❑ **~ cub** osezno m
-2. (person) energúmeno(a) m,f, ogro m
-3. ST EXCH **~ market** mercado m bajista or a la baja
-4. IDIOMS **to give sb a ~ hug** dar un fuerte abrazo a alguien; **to be like a ~ with a sore head** estar de un humor de perros; **the place was like a ~ garden** el lugar parecía una jaula de fieras; very Fam Hum **do bears shit in the woods?** ¿y a ti qué te parece? ¡pues claro!

bear² (pt **bore** [bɔ:(r)], pp **borne** [bɔ:n]) ◇ vt **-1.** (carry) llevar; (bring) traer, portar; (weight, load) soportar; **to ~ sth away** llevarse algo; Literary **the sound of guns was borne along on the air** el sonido de los cañones fue arrastrado por el aire; Hum **I come bearing gifts** mira qué maravillas te traigo; Formal **to ~ oneself with dignity** comportarse con dignidad; **to ~ sth in mind** tener algo presente or en cuenta; **we will ~ the costs** nos haremos cargo de los costos or Esp costes; **to ~ the blame for sth** asumir la responsabilidad de algo; **to ~ the responsibility for sth** cargar con la responsabilidad de algo
-2. (endure) soportar, aguantar; **I can't ~ him** no puedo soportarlo, no lo soporto; **I could ~ it no longer** no podía aguantar más; **I can't ~ to see you unhappy** no soporto verte triste; **it was more than I could ~ to see his smug expression** su expresión de engreimiento fue ya demasiado; **this theory doesn't ~ closer examination** esta teoría no resiste un análisis detallado; **it doesn't ~ thinking about** no quiero ni pensarlo
-3. (produce) **she bore him three children** le dio tres hijos; **we filmed the lioness bearing its young** filmamos a la leona pariendo (a sus crías); **to ~ interest** (investment) devengar intereses; **to ~ fruit** (tree) dar fruto, fructificar; (effort, plan) dar fruto(s), ser fructífero(a)
-4. Formal (have) **to ~ a resemblance to** guardar cierto parecido con; **it bears no relation to...** no tiene nada que ver con...; **a poster bearing his name** un póster con su nombre; **his face bears a scar** tiene una cicatriz en la cara; Fig **she bears the scars of an unhappy childhood** está marcada por una infancia infeliz
-5. Formal (feel) **he bears them no ill will** no les desea ningún mal

◇ vi **-1.** (move) **to ~ (to the) right/left** echarse hacia la derecha/izquierda; **the road then bears south** la carretera tuerce después hacia el sur
-2. (have effect) **to bring pressure to ~ on sb** ejercer presión sobre alguien; **he brought his considerable expertise to ~ on the project** aportó su notable experiencia al proyecto

◆ **bear down (up)on** vt insep **-1.** (approach threateningly) abalanzarse sobre; **the enemy tanks were bearing down (up)on us** los tanques enemigos se nos echaban encima
-2. (press down on) aplastar

◆ **bear on, bear upon** vt insep Formal (have connection with) afectar a

◆ **bear out** vt sep (theory) corroborar; **I can ~ her out** puedo corroborar lo que dice

◆ **bear up** vi resistir; **~ up!** ¡ánimo!; **how are you bearing up?** ¿cómo lo llevas?

◆ **bear upon** = **bear on**

◆ **bear with** vt insep tener paciencia con; **if you could ~ with me a minute...** si no le importa esperar un momento...

bearable ['beərəbəl] adj soportable

bear-baiting ['beəbeɪtɪŋ] n HIST = espectáculo que consiste en atar a un oso y atacarle con perros y pinchos

beard [bɪəd] ◇ n **-1.** (on person) barba f; **to grow/have a ~** dejarse/tener barba; **two-day's growth of ~** una barba de dos días **-2.** (on goat, fish, oyster, plant) barba f

◇ vt Literary (confront) arrostrar; **to ~ the lion in his den** meterse en la boca del lobo

bearded ['bɪədɪd] adj con barba ❑ **~ tit** bigotudo m; **~ vulture** quebrantahuesos m

beardless ['bɪədlɪs] adj imberbe, sin barba; **a ~ youth** un joven imberbe or barbilampiño

bearer ['beərə(r)] n **-1.** (of news) portador(ora) m,f; **a ~ of good tidings/bad news** un(a) portador(ora) de buenas/malas noticias **-2.** (of cheque) portador(ora) m,f; (of passport) titular mf ❑ FIN **~ bond** bono m or título m al portador **-3.** (servant) mozo(a) m,f de carga

bearing ['beərɪŋ] n **-1.** (of person) porte m; **a man of distinguished ~** un hombre de porte distinguido
-2. (in mechanism, engine) cojinete m, rodamiento m
-3. (endurance) **it's beyond** or **past all ~** no hay quien lo aguante
-4. NAUT (orientation) rumbo m, demora f; **to take a (compass) ~ on sth** medir (con brújula) la demora de algo; IDIOM **to find** or **get one's bearings** orientarse; IDIOM **to lose one's bearings** desorientarse
-5. (relevance) relación f (**on** con); **it has no ~ on the matter** es ajeno al asunto; **his comments have some** or **a ~ on the present situation** sus comentarios guardan cierta relación con la situación actual; **the event had no ~ on the outcome of the war** el acontecimiento no tuvo nada que ver con el desenlace de la guerra

bearish ['beərɪʃ] adj FIN (market) bajista

bearnaise [beɪə'neɪz] adj **~ sauce** salsa bearnesa

bearskin ['beəskɪn] n **-1.** (rug) alfombra f (de piel) de oso **-2.** (hat) birretina f, = casco alto de piel utilizado en algunos regimientos británicos

beast [bi:st] n **-1.** (animal) bestia f, animal m ❑ **~ of burden** bestia f or animal m de carga; **~ of prey** animal m de presa **-2.** Fam (unpleasant person) bestia mf; **a ~ of a job** un

beastliness ['biːstlɪnɪs] *n Fam (of person, behaviour)* mala idea *f*, saña *f*

beastly ['biːstlɪ] *Fam* ◇ *adj (smell, taste)* horroroso(a), asqueroso(a); **to be ~ to sb** portarse como un(a) canalla con alguien; **a ~ job** *(task)* una tarea asquerosa; **what ~ weather!** ¡qué tiempo tan horrible!
◇ *adv* bestialmente, horriblemente; **it's ~ cold!** ¡hace un frío bárbaro!

beat [biːt] ◇ *n* **-1.** *(of heart)* latido *m*; **a single ~ of the drum** un golpe del tambor; **the ~ of the drums** el redoble de los tambores
-2. *(in music) (rhythm)* ritmo *m*; *(in bar)* tiempo *m*; **on the ~** a tiempo ▫ **~ box** *(drum machine)* caja *f* de ritmos; *Fam (radio)* radiocasete *m or Esp* loro *m* grande *(portátil)*
-3. *Br (of policeman)* ronda *f*; **on the ~** de ronda; **we need more policemen on the ~** hacen falta más policías en las calles
-4. LIT **the Beat Generation** la generación beat
◇ *adj Fam* **-1.** *(exhausted)* **to be (dead) ~** estar hecho(a) polvo *or* una piltrafa
-2. *(defeated)* derrotado(a); **we knew they had us ~ when…** supimos que nos iban a ganar cuando…; **you've got me ~ there!** ¡ahí me has pillado!
◇ *vt (pt* **beat**, *pp* **beaten** ['biːtən]) **-1.** *(hit) (object)* golpear (repetidamente); *(person)* pegar; *(carpet, rug)* sacudir; *(eggs)* batir; **to ~ a drum** tocar el tambor; **he beats his wife** pega a su mujer; **the naughty boy was soundly beaten** el niño travieso se llevó una buena paliza; **the victim had been severely beaten** la víctima había sido golpeada brutalmente; **to ~ sb black and blue** darle a alguien una paliza tremenda; **to ~ sb to death** matar a alguien a golpes; **he ~ her senseless** la dejó sin sentido de una paliza; *Fam* **I'll ~ your brains out!** ¡te voy a partir la cara!; IDIOM *Fam* **to ~ one's brains out over sth** comerse el coco por algo; *Fig* **to ~ one's breast** darse golpes de pecho; *Vulg* **to ~ one's meat** *(masturbate)* hacerse una paja; **to ~ the retreat** batirse en retirada; IDIOM **I ~ a hasty retreat** salí corriendo; **to ~ a path through the crowd** abrirse camino entre la multitud; IDIOM **to ~ a path to sb's door** pelearse *or Esp* darse de bofetadas por alguien; *Fam* **to ~ it,** *US* **to ~ feet** *(go away)* largarse, *RP* borrarse; *Fam* **~ it!** ¡largo!, ¡esfúmate!, *RP* ¡borrate!
-2. *(flap)* **the bird ~ its wings** el pájaro batió las alas
-3. MUS **to ~ time** llevar el compás
-4. *(defeat)* ganar a, derrotar a; *(record)* batir; *(score, problem)* superar; *(illness)* vencer, superar; **we ~ them easily** les ganamos sin dificultad; **they ~ us 2-0** nos ganaron *or* derrotaron (por) 2-0; *Fig* **to ~ sb hollow** dar una paliza a alguien; **he ~ me into third place** me dejó en tercer puesto, me superó en la lucha por el segundo puesto; **to ~ the goalkeeper** *(in soccer)* batir al portero *or Am* arquero; **we intend to ~ unemployment** queremos acabar con el desempleo *or Am* la desocupación; **to ~ sb at sth** ganar *or* derrotar a alguien a algo; IDIOM **to ~ sb at their own game** derrotar a alguien con sus propias armas; *US Fam* **to ~ the rap** librarse; *Fig* **to ~ the system** derrotar al sistema; *Fam* **it beats me why he did it** no tengo ni idea de por qué lo hizo; PROV **if you can't ~ them, join them** si no puedes vencer al enemigo, únete a él
-5. *(be better than)* **it beats having to go to the office every day** es mucho mejor que ir a la oficina todos los días; *Fam* **it beats the hell out of going on foot** es mucho mejor *or Esp* mola mucho más que ir a pie, *RP* es mucho más copante que caminar; **that will take some beating** eso va a ser difícil de mejorar; **nobody can ~ our prices** nuestros precios son imbatibles; **you can't ~ a good book** no hay nada mejor que un buen libro; **if you like sandy beaches, Fuerteventura is hard to ~** si te gustan las playas de arena, no hay nada mejor que Fuerteventura; *Fam* **can you ~ that!** *(expressing annoyance)* ¡te lo puedes creer!, ¿no es increíble?; *Fam* **that beats everything!** ¡es lo mejor que he oído en mi vida!
-6. *(arrive before)* **I ~ her to the bathroom** llegué al baño antes que ella; **he ~ me to it** se me adelantó; **let's see if you can ~ the clock and do it in less than ten seconds** a ver si puedes hacerlo en menos de diez segundos; **they ~ the deadline by five hours** lo acabaron cinco horas antes del final del plazo establecido; **buy now and ~ the rush!** ¡compre ahora y evite las colas!; **I got up early to ~ the traffic** me levanté temprano para adelantarme a la hora *Esp* punta *or Am* pico
-7. *(metal, panels)* batir
◇ *vi* **-1.** *(heart)* latir; *(drums)* redoblar
-2. *(hit)* **to ~ against/on sth** golpear contra/en algo
-3. *(wings)* batir
-4. IDIOM **to ~ about** *or* **around the bush** andarse *or* irse por las ramas
-5. NAUT **to ~ (to windward)** barloventear

◆ **beat back** *vt sep* rechazar

◆ **beat down** ◇ *vt sep (price)* conseguir una rebaja en; **I ~ him down to £40 for the dress** conseguí que me dejara el vestido en 40 libras
◇ *vi (rain)* caer con fuerza; *(sun)* caer a plomo

◆ **beat off** ◇ *vt sep* **-1.** *(dogs, enemy)* rechazar
-2. *(competition, rivals)* superar a
◇ *vi US Vulg (masturbate)* hacerse una paja

◆ **beat out** *vt sep (fire, flames)* apagar

◆ **beat up** *vt sep Fam* dar una paliza a

◆ **beat up on** *vt insep US Fam* dar una paliza a; **stop beating up on yourself** no lo pases mal por eso

beat-em-up ['biːtəmʌp] *n Fam (video game)* juego *m* de lucha

beaten ['biːtən] ◇ *adj (gold)* batido(a); **~ earth** tierra batida; IDIOM **off the ~ track** *(difficult to reach)* retirado(a), *(not crowded with tourists)* fuera del circuito turístico
◇ *pp of* **beat**

beaten-up ['biːtənʌp] *adj Fam (vehicle)* desvencijado(a), destartalado(a)

beater ['biːtə(r)] *n* **-1.** *(in cookery)* batidora *f*, batidor *m* **-2.** *(in hunting)* ojeador(ora) *m,f*

beatific [biəˈtɪfɪk] *adj Literary* beatífico(a); **~ smile** sonrisa beatífica

beatification [biːætɪfɪˈkeɪʃən] *n* REL beatificación *f*

beatify [biˈætɪfaɪ] *vt* beatificar

beating ['biːtɪŋ] *n (assault, defeat)* paliza *f*; **to give sb a ~** dar una paliza a alguien; **to take** *or* **get a ~** *(person, team)* recibir una paliza; *(belief, faith)* quedar maltrecho(a); **the ship took a real ~ in the storm** la tormenta dejó el barco bastante maltrecho; **that performance will take some/a lot of ~** será difícil/muy difícil superar su actuación

beatitude [biːˈætɪtjuːd] *n* REL beatitud *f*; **the Beatitudes** *(in the Bible)* las Bienaventuranzas

beatnik ['biːtnɪk] *n* beatnik *mf*, miembro *m* de la generación beat

beat-up ['biːtʌp] *adj Fam (vehicle)* desvencijado(a), destartalado(a)

beau [bəʊ] *(pl* **beaux** [bəʊz]) *n Old-fashioned or Hum (suitor)* galán *m*, dandi *m*

Beaufort scale ['bəʊfətskeɪl] *n* MET escala *f* de Beaufort

beaut [bjuːt] *Fam* ◇ *n* **what a ~!** ¡qué preciosidad *or Am* preciosura!; **he's going to have a ~ of a black eye** le van a poner el ojo a la mar de morado
◇ *adj Austr* sensacional, fantástico(a)

beauteous ['bjuːtɪəs] *adj Literary* bello(a), hermoso(a)

beautician [bjuːˈtɪʃən] *n* esteticista *mf*

beautiful ['bjuːtɪfʊl] *adj* **-1.** *(attractive) (woman)* bonita, *esp Esp* guapa; *(child, animal)* bonito(a), precioso(a); *(music, dress, landscape)* hermoso(a), precioso(a) ▫ **the ~ people** la gente guapa, la beautiful people **-2.** *(splendid) (weather, meal)* espléndido(a), magnífico(a); *(smell, taste)* delicioso(a); **what a ~ goal!** ¡qué golazo!

beautifully ['bjuːtɪflɪ] *adv* **-1.** *(to sing, dress)* de maravilla **-2.** *(splendidly)* de maravilla; **they behaved ~** se portaron de maravilla; **you put that ~!** ¡yo no lo habría dicho *or* expresado mejor!, ¡muy bien dicho!

beautify ['bjuːtɪfaɪ] *vt* embellecer

beauty ['bjuːtɪ] *n* **-1.** *(attribute)* belleza *f*; PROV **~ is in the eye of the beholder** sobre gustos no hay nada escrito; PROV **~ is only skin deep** la belleza no es más que algo superficial ▫ **~ contest** concurso *m* de belleza; **~ parlour** salón *m* de belleza; **~ queen** miss *f*; **~ salon** *or US* **shop** salón *m* de belleza; *Hum* **~ sleep** dosis *f inv* de sueño; *Hum* **I need my ~ sleep** necesito una cura de sueño, necesito dormir para estar como una rosa; **~ spot** *(on face)* lunar *m*; *(in country)* paraje *m* de gran belleza
-2. *(person)* belleza *f*
-3. *(object)* preciosidad *f*; **his new hi-fi's a ~** su nuevo equipo de alta fidelidad es una preciosidad *or* una monada; *Fam* **that was a ~ of a goal!** ¡qué golazo más precioso!; *Fam* **he's got a ~ of a black eye** tiene un ojo la mar de morado
-4. that's the ~ of it eso es lo mejor; **the ~ of the system is its simplicity** lo bueno *or* lo mejor del sistema es su simplicidad

beaux *pl of* **beau**

beaver ['biːvə(r)] *n* **-1.** *(animal)* castor *m*; IDIOM *Fam* **to work like a ~** trabajar como una hormiguita ▫ **the Beaver State** apelativo familiar referido al estado de Oregón
-2. *(fur)* (piel *f* de) castor *m* **-3.** *Vulg (woman's genitals) Esp* coño *m*, *Esp* conejo *m*, *Andes, RP* concha *f*, *Méx* panocha *f*

◆ **beaver away** *vi* afanarse *or* aplicarse (at en)

bebop ['biːbɒp] *n* MUS bebop *m*

becalmed [bɪˈkɑːmd] *adj* **the ship lay ~** el barco estaba al pairo

became *pt of* **become**

because [bɪˈkɒz] ◇ *conj* porque; **~ it's short, he thinks it's easy** como es corto se cree que es fácil; **it was all the more difficult ~ he was sick** resultó aún más difícil porque estaba enfermo; **why? – just ~** ¿por qué? – porque sí; **why can't I go? – ~ you can't!** ¿por qué no puedo ir? – porque no; **just ~ you're my sister, it doesn't mean you can boss me about** el hecho de que seas mi hermana no significa que puedas darme órdenes

◆ **because of** *prep* debido a, a causa de; **we couldn't move ~ of the snow** no podíamos movernos a causa de la nieve; **I couldn't go to work ~ of the subway strike** no pude ir a trabajar debido a la huelga de metro; **he's ineligible ~ of his age** no tiene posibilidades de ser elegido por razones de edad; **we lost, and all ~ of you!** hemos perdido, ¡y todo por tu culpa!; **it was all ~ of a silly misunderstanding** todo se debió a un absurdo malentendido

béchamel [beɪʃəˈmel] *n* **(sauce)** besamel *f*, bechamel *f*, *Col, CSur* salsa *f* blanca

beck [bek] *n* **to be at sb's ~ and call** estar a (la) entera disposición de alguien; **she has him at her ~ and call** lo tiene a su entera disposición

beckon ['bekən] ◇ *vt* **to ~ sb in** hacer a alguien una seña para que entre; **I beckoned them over** les hice señas para que se me acercaran; **he beckoned me to follow him** me hizo señas para que lo siguiera
◇ *vi* **-1.** *(signal)* **to ~ to sb** hacer una seña a alguien **-2.** *(attract, call)* **I can't stay, work beckons** no puedo quedarme, el trabajo me reclama; **the beach beckoned** la playa era una gran tentación; **the bright lights**

of the city beckoned las luces de la ciudad atraían con su resplandor; **fame beckoned** la fama llamó a mi/su/*etc.* puerta
become [bɪ'kʌm] (*pt* **became** [bɪ'keɪm], *pp* **become**) ◇ *vi* (*boring, jealous, suspicious*) volverse; (*old, difficult, stronger*) hacerse; (*happy, sad, thin*) ponerse; **to ~ angry** *esp Esp* enfadarse, *esp Am* enojarse; **to ~ interested** interesarse; **to ~ famous** hacerse famoso; **he became convinced of her innocence** se convenció de su inocencia; **it's becoming colder** (*weather*) está haciendo más frío; **it's becoming harder and harder** es *or* se hace cada vez más difícil; **to ~ a teacher/ doctor/member** hacerse profesor/ médico/miembro; **he's going to ~ a father** va a ser padre; **the firm became a part of our group fifteen years ago** la compañía entró a formar parte de *or* se incorporó a nuestro grupo hace quince años; **we became friends** nos hicimos amigos; **she became Britain's number one in 1992** se convirtió en el número uno británico en 1992; **to ~ king** convertirse en rey; **it became clear that she had no intention of co-operating** quedó claro que no pensaba cooperar; **his motives only became known later** sus motivos sólo se supieron más tarde; **this is becoming a bit of a habit** esto se está convirtiendo en un hábito
◇ *vt Formal* (*of clothes, colour*) sentar bien a; **such behaviour doesn't ~ you** ese comportamiento no es propio *or* digno de ti
◆ **become of** *vt insep* **what will ~ of him?** ¿qué va a ser de él?; **I don't know what has ~ of her** no sé qué ha sido de ella
becoming [bɪ'kʌmɪŋ] *adj* **-1.** (*behaviour*) apropiado(a) **-2.** (*attractive*) **green looks very ~ on her** le sienta muy bien el verde
becquerel ['bekərel] *n* PHYS becquerel *m*
BEd [bi:'ed] *n* UNIV (*abbr* **Bachelor of Education**) **-1.** (*qualification*) licenciatura *f* en ciencias de la educación **-2.** (*person*) licenciado(a) *m,f* en ciencias de la educación
bed [bed] ◇ *n* **-1.** (*for sleeping*) cama *f*; **to be in ~** estar en la cama; **he was in ~ by midnight** se había acostado antes de la medianoche; **he's in ~ with the flu** está en cama con gripe; *Fam Fig* **to be in ~ with sb** estar del lado de alguien; **to be good in ~** ser bueno(a) en la cama, portarse bien en la cama; **to get into ~** meterse en la cama, acostarse; **to get out of ~** levantarse; **did I get you out of ~?** ¿te he despertado?; IDIOM *Fam* **to have got out of ~ on the wrong side** haberse levantado con el pie izquierdo; **to go to ~** irse a la cama, ir a acostarse; **to go to ~ with sb** irse a la cama *or* acostarse con alguien; **to put** *or* **get the children to ~** acostar a los niños; **to make the ~** hacer la cama; **they made me up a ~** me prepararon una cama; IDIOM *Fam* **you've made your ~, now you'll have to lie in it** el que siembra vientos recoge tempestades; **she took to her ~ with flu** cayó en la cama con gripe ❑ **~ and board** pensión *f* completa; **~ and breakfast** (*hotel*) = hostal familiar en el que el desayuno está incluido en el precio de la habitación; (*service*) habitación y desayuno; **~ linen** ropa *f* de cama
-2. (*bottom*) (*of river*) lecho *m*, cauce *m*; (*of lake, sea, ocean*) lecho *m*, fondo *m*
-3. (*of flowers*) macizo *m*; PROV **life is not a ~ of roses** la vida no es un lecho *or Am* mar de rosas
-4. GEOL estrato *m*
-5. CULIN (*of rice, lettuce*) base *f*, lecho *m*
-6. TECH (*of machine*) bancada *f*
-7. TYP (*of printing press*) patina *f*; *Br* **to put a newspaper to ~** cerrar la edición de un periódico
◇ *vt* (*pt & pp* **bedded**) **-1.** (*embed*) asentar, fijar **-2.** *Fam* (*have sex with*) llevarse a la cama a
◆ **bed down** ◇ *vt sep* (*children*) acostar, meter en la cama a
◇ *vi* **to ~ down (for the night)** acostarse

◆ **bed out** *vt sep* (*plants*) plantar (*en el exterior o al aire libre*)
bedazzle [bɪ'dæzəl] *vt* (*impress*) deslumbrar, impresionar
bedbath ['bedbɑ:θ] *n* = lavado que se practica a un enfermo postrado en cama
bedbug ['bedbʌg] *n* chinche *f*
bedchamber ['bedtʃeɪmbə(r)] *n Archaic* cámara *f*
bedclothes ['bedkləʊðz] *npl* ropa *f* de cama
bedcover ['bedkʌvə(r)] *n* colcha *f*
-bedded [bedɪd] *suffix* **single/twin~ room** habitación individual/doble con dos camas
bedding ['bedɪŋ] *n* **-1.** (*sheets, blankets*) ropa *f* de cama **-2. ~ plant** (*in gardening*) planta *f* de jardín
beddy-byes ['bedibaɪz] *n Fam* cama *f*; **come on kids, (time for) ~!** ¡vamos niños, un beso y a la cama!
bedeck [bɪ'dek] *vt Literary* engalanar (**with** con); **the balcony was bedecked with flowers** el balcón estaba engalanado con flores
bedevil [bɪ'devəl] (*pt & pp* **bedevilled**, *US* **bedeviled**) *vt* **to be bedevilled by problems** tener muchos problemas; **this is the kind of problem which has bedevilled the project from the start** éste es el tipo de problema que ha dificultado el proyecto desde el principio; **to be bedevilled by bad luck** tener la negra, estar maldito(a)
bedfellow ['bedfeləʊz] *n* IDIOM **they make strange bedfellows** forman una extraña pareja
bed-jacket ['bedʒækɪt] *n* mañanita *f* (*prenda*)
bedlam ['bedləm] *n* olla *f* de grillos, alboroto *m*; **it's absolute ~ in town today!** la ciudad es hoy una auténtica olla de grillos
bedmate ['bedmeɪt] *n* compañero(a) *m,f* de cama
Bedouin ['bedʊɪn] ◇ *n* beduino(a) *m,f*
◇ *adj* beduino(a)
bedpan ['bedpæn] *n* cuña *f*
bedpost ['bedpəʊst] *n* pilar *m* de la cama; **between you, me and the ~** entre tú y yo, que quede entre nosotros
bedraggled [bɪ'drægəld] *adj* desaliñado(a) y empapado(a)
bed-rest ['bedrest] *n* reposo *m* en cama
bedridden ['bedrɪdən] *adj* **to be ~** estar postrado(a) en la cama
bedrock ['bedrɒk] *n* **-1.** GEOL lecho *m* rocoso **-2.** (*of beliefs, faith*) base *f*, fondo *m*
bedroll ['bedrəʊl] *n* petate *m*
bedroom ['bedru:m] *n* **-1.** (*in house*) dormitorio *m*, habitación *f*, *Am* cuarto *m*, *CAm, Col, Méx* recámara *f* ❑ *Fam Hum* **~ eyes** mirada *f* lasciva; **~ farce** (*play*) farsa *f or* comedia *f* de alcoba; **~ suite** (*furniture*) dormitorio *m*
-2. (*in hotel*) habitación *f*, *Am* cuarto *m*, *CAm, Col, Méx* recámara *f*
-bedroomed ['bedru:md] *suffix* **two/three-house** casa de dos/tres dormitorios
Beds (*abbr* **Bedfordshire**) Bedfordshire
bedside ['bedsaɪd] *n* **at sb's ~** al lado de *or* junto a la cama de alguien ❑ **~ book** libro *m* de cabecera; **~ lamp** lamparita *f* de noche; **~ manner** (*of doctor*) actitud *f* ante el paciente; **~ table** mesilla *f or* mesita *f* (de noche), *Andes* velador *m*, *Méx* buró *m*, *RP* mesa *f* de luz
bedsit ['bedsɪt], **bedsitter** ['bedsɪtə(r)] *n Br* cuarto *m* de alquiler ❑ **~ land** = zona con muchos cuartos de alquiler
bedsitting-room [bed'sɪtɪŋru:m] *n Br Formal* cuarto *m* de alquiler
bedsock ['bedsɒk] *n* calcetín *m* para dormir
bedsore ['bedsɔ:(r)] *n* úlcera *f* de decúbito
bedspread ['bedspred] *n* colcha *f*
bedsprings ['bedsprɪŋz] *npl* somier *m* (de muelles)
bedstead ['bedsted] *n* (armazón *m or f* de la) cama *f*
bedtime ['bedtaɪm] *n* **it's ~!** ¡es hora de irse a la cama!; **what's your usual ~?** ¿a qué hora te sueles acostar?; **it's past my ~** ya debería estar acostado ❑ **~ story** cuento *m* (contado antes de acostarse)

bed-wetting ['bedwetɪŋ] *n* = problema infantil de orinarse en la cama por las noches, *Spec* enuresis *f* inv (nocturna)
bee [bi:] *n* **-1.** (*insect*) abeja *f* ❑ **~ sting** (*wound*) picadura *f* de abeja
-2. *US* (*social event*) círculo *m* (social); **quilting/sewing ~** club *or* círculo de colchadura/costura
-3. IDIOMS *Fam* **you've been a busy (little) ~!** ¡has trabajado como una hormiguita!, *RP* ¡has trabajado de lo lindo!; *Fam* **to have a ~ in one's bonnet about sth** estar obsesionado(a) con algo; *Br Fam* **he thinks he's the ~'s knees** se cree el rey del mambo
Beeb [bi:b] *n Br Fam Hum* **the ~** la BBC
beech [bi:tʃ] *n* (*wood*) (madera *f* de) haya *f*; **~ (tree)** haya *f* ❑ **~ grove** hayal *m*, hayedo *m*; **~ mast** hayucos *mpl* (que han caído del árbol)
beechnut ['bi:tʃnʌt] *n* hayuco *m*
bee-eater ['bi:i:tə(r)] *n* abejaruco *m*
beef [bi:f] ◇ *n* **-1.** (*meat*) (carne *f* de) vaca *f or Am* res *f* ❑ *Br* **~ olive** = picadillo enrollado en un filete fino; **~ stew** guiso *m* de vaca; **~ stroganoff** ternera *f* strogonoff; *Br* **~ tea** consomé *m or* caldo *m* de carne; *Br* **~ tomato** tomate *m* grande, *Méx* jitomate *m* bola
-2. *Fam* (*strength*) **to have plenty of ~** ser fornido(a), *Esp* estar cachas; **give it some ~!** ¡un poco más de esfuerzo!
-3. *Fam* (*complaint*) queja *f*; **what's your ~?** ¿de qué te quejas?; **my ~ is with him** mi problema es con él
◇ *vi Fam* (*complain*) quejarse (**about** de)
◆ **beef up** *vt sep Fam* (*forces, resources*) reforzar; (*legislation*) fortalecer; **I'm going to ~ up the report with some statistics** voy a darle más fuerza al informe con algunas estadísticas
beefburger ['bi:fbɜ:gə(r)] *n* hamburguesa *f*
beefcake ['bi:fkeɪk] *n Fam* tipos *mpl* musculosos *or Esp* cachas
Beefeater ['bi:fi:tə(r)] *n* = guardia de la Torre de Londres
beefsteak ['bi:fsteɪk] *n* filete *m*, bistec *m*, *RP* bife *m* ❑ *US* **~ tomato** tomate *m or Méx* jitomate *m* grande
beefy ['bi:fɪ] *adj Fam* (*muscular*) fornido(a), *Esp* muy cachas
beehive ['bi:haɪv] *n* **-1.** (*for bees*) colmena *f* ❑ **the Beehive State** = apelativo familiar referido al estado de Utah **-2. ~ (hairdo)** moño *m* italiano
beekeeper ['bi:ki:pə(r)] *n* apicultor(ora) *m,f*, colmenero(a) *m,f*
beekeeping ['bi:ki:pɪŋ] *n* apicultura *f*
beeline ['bi:laɪn] *n* IDIOM *Fam* **to make a ~ for sb/sth** ir directamente hacia alguien/algo
Beelzebub [bɪ'elzɪbʌb] *pr n* Belcebú
been *pp* of **be**
beep [bi:p] ◇ *n* (*sound*) pitido *m*
◇ *vt* **-1.** (*sound*) **to ~ the** *or* **one's horn** tocar la bocina *or* el claxon, pitar **-2.** (*page*) **to ~ sb** llamar a alguien al buscapersonas *or Esp* busca *or Méx* localizador *or RP* radiomensaje
◇ *vi* pitar
beeper ['bi:pə(r)] *n* (*pager*) buscapersonas *m* inv, *Esp* busca *m*, *Méx* localizador *m*, *RP* radiomensaje *m*
beer [bɪə(r)] *n* cerveza *f*; **to go for a ~** ir a tomar una cerveza; IDIOM **it's not all ~ and skittles** no todo es de color de rosa ❑ *US Fam* **~ bash** fiesta *f* (a base) de cerveza, *Esp* botellón *m*; *Fam* **~ belly** barrigón *m*, panza *f* (de beber cerveza); *US Fam* **~ bust** fiesta *f* (a base) de cerveza, *Esp* botellón *m*; **~ garden** terraza *f* (interior) de un bar; **~ glass** jarra *f* de cerveza; *Fam* **~ gut** barrigón *m*, panza *f* (de beber cerveza); **~ mat** posavasos *m inv* (de cartón); **~ tent** = carpa abierta con establecimiento de bebidas
beery ['bɪərɪ] *adj* (*smell, breath, taste*) a cerveza
beeswax ['bi:zwæks] *n* cera *f* (de abeja)
beet [bi:t] *n* **-1.** (*sugar beet*) remolacha *f* (azucarera) ❑ **~ sugar** azúcar *m or f* de remolacha **-2.** *US* (*beetroot*) remolacha *f*, *Méx* betabel *m*

beetle[1] ['bi:tl] ⋄ n **-1.** *(insect)* escarabajo m **-2. (Volkswagen) Beetle** (Volkswagen) Escarabajo m
⋄ vi *Fam* escarabajear, pulular; **to ~ off** salir pitando, largarse

beetle[2] vi *(cliff)* colgar, descollar

beetle-browed ['bi:tlbraʊd] *adj (with bushy eyebrows)* cejudo(a); *(scowling)* ceñudo(a)

beetroot ['bi:tru:t] n Br remolacha f, *Méx* betabel m; IDIOM *Fam* **to go** *or* **turn ~** ponerse colorado(a) *or* rojo(a) como un tomate

befall [bɪ'fɔ:l] *(pt* **befell** [bɪ'fel], *pp* **befallen** [bɪ'fɔ:lən]) *Literary* ⋄ vt sobrevenir a; **no harm will ~ her** no le sobrevendrá ningún mal, no le acontecerá mal alguno
⋄ vi sobrevenir, acontecer; **whatever may ~** lo que pueda acontecer

befit [bɪ'fɪt] (*pt & pp* **befitted**) vt **such behaviour hardly befits a man of the cloth** esa conducta no se corresponde con la de un ministro del Señor; **as befits a king** como corresponde a un rey; **in a manner befitting a statesman** de manera acorde con la dignidad de un estadista

befitting [bɪ'fɪtɪŋ] *adj* digno(a); **with ~ modesty** con la debida modestia

befog [bɪ'fɒg] (*pt & pp* **befogged**) *vt (confuse)* ofuscar

before [bɪ'fɔ:(r)] ⋄ *prep* **-1.** *(with time)* antes de; **~ Christmas** antes de Navidad; **I got here ~ you** he llegado antes que tú; **shut the door ~ leaving** cierra la puerta antes de salir; **the day ~ the battle** la víspera de la batalla; **~ that,...** antes (de eso)...; **we have a lot of work ~ us** tenemos un montón de trabajo delante de nosotros; **he was old ~ his time** envejeció prematuramente; **~ long** dentro de poco; **you ought to have finished ~ now** ya tendrías que haber acabado
-2. *(with place)* ante, delante de; **~ my very eyes** ante mis propios ojos; **this lady is ~ me (in the queue)** esta señora va delante de mí; **the school is a mile ~ the crossroads** el colegio está una milla antes del cruce; **the road stretched out ~ them** la carretera se extendía ante ellos; **to appear ~ the judge** comparecer ante el juez; **the question ~ us** is whether or not she is guilty la cuestión que nos ocupa es su culpabilidad o su inocencia; **A comes ~ B** A va antes *or* delante de B
-3. *(in importance)* **she puts her family ~ everything else** para ella su familia es lo primero; **profit comes ~ all else for this firm** esta empresa antepone los beneficios a cualquier otra cosa
⋄ *adv* **-1.** *(with time)* antes; **two days ~** dos días antes; **the day/year ~** el día/año anterior; **the evening ~** la tarde anterior; **I have seen him ~** lo he visto antes; **I've told you ~** ya te lo he dicho (otras veces); **I told him to stop singing, but he just carried on as ~** le dije que parara de cantar, pero él siguió haciéndolo
-2. *(in space)* **this page and the one ~** esta página y la anterior
⋄ *conj* antes de que; **come and see me ~ you leave** ven a verme antes de marcharte; **~ I forget, will you...?** antes de que se me olvide, ¿podrías...?; **give it to her ~ she cries** dáselo antes de que empiece a llorar; **it was ages ~ they finally left** tardaron *or Am* se demoraron siglos en marcharse; **shut up ~ I call your father!** ¡cállate o llamaré a tu padre!; **I will die ~ I let you have my job** antes morirme que dejarte mi trabajo; **~ you know it, he'll be telling us what to do!** ¡cualquier día de éstos empezará a darnos órdenes!

beforehand [bɪ'fɔ:hænd] *adv (in advance)* de antemano, con antelación; **two hours ~** con dos horas de antelación, dos horas antes; **I must tell you ~ that...** debo prevenirte de que...

before-tax [bɪ'fɔ:tæks] *adj (income)* bruto(a); **~ income** renta bruta

befriend [bɪ'frend] vt hacerse amigo(a) de, trabar amistad con; **I was befriended by a stray dog** un perro callejero se hizo amigo mío

befuddled [bɪ'fʌdəld] *adj (confused)* aturdido(a); **to be ~ (with)** estar aturdido(a) (por); **his mind was ~ with drink** su mente estaba trastornada por la bebida

beg [beg] (*pt & pp* **begged**) ⋄ *vt* **-1.** *(solicit as charity)* mendigar, pedir; **she begged money from the passers-by** pedía limosna a los transeúntes; IDIOM **to ~, borrow or steal sth** conseguir algo a cualquier precio *or* cueste lo que cueste
-2. *(ask for, plead with)* **to ~ sb to do sth** rogar *or* suplicar a alguien que haga algo; **to ~ a favour of sb** pedir un favor a alguien; **to ~ forgiveness** pedir *or* implorar perdón; *Formal* **please, I ~ you!** ¡por favor, se lo ruego!; **I ~ your pardon** *(I apologize)* perdón; *(what did you say?)* ¿cómo dice?
-3. *Formal (request politely)* **I ~ to differ** me veo obligado a discrepar, discrepo
-4. IDIOM **to ~ the question: his proposal begs the question of whether we need any change at all** habría que preguntarse si realmente hace falta el cambio que lleva implícito su propuesta; **her definition of mental illness begs the question of what normal behaviour is** su definición de enfermedad mental nos llevaría a preguntarnos qué es en realidad el comportamiento normal
⋄ *vi* **-1.** *(solicit charity)* **to ~ (for sth)** *(money, food)* mendigar (algo); **they live by begging** viven de la mendicidad *or* de las limosnas
-2. *(ask, plead)* **to ~ (for sth)** *(for help, a chance)* pedir *or* rogar (algo); **to ~ for mercy/forgiveness** implorar clemencia/perdón
-3. IDIOMS *Fam* **there's a piece of cake going begging** queda un trozo de tarta más solo que la una, *RP* hay un pedazo de torta muriéndose de frío; *Fam* **these jobs are going begging** estos trabajos los hay a patadas

◆ **beg off** *vi* disculparse *or* excusarse por no ir

began *pt of* **begin**

beget [bɪ'get] (*pt* **begot** [bɪ'gɒt], *pp* **begotten** [bɪ'gɒtən]) *vt Formal* **-1.** *(father)* engendrar **-2.** *(cause)* generar, engendrar; **poverty begets crime** la pobreza genera delincuencia

beggar ['begə(r)] ⋄ *n* **-1.** *(person who begs)* mendigo(a) *m,f*; PROV **beggars can't be choosers** a falta de pan, buenas son (las) tortas; *Br Fam (person, fellow)* **poor ~!** ¡pobre diablo!; **lucky ~!** ¡qué suertudo(a)!
⋄ *vt* **to ~ belief** ser difícil de creer; **to ~ description** *(be impossible to describe)* resultar indescriptible; *(of something bad)* no tener nombre

beggarly ['begəlɪ] *adj* mísero(a)

beggar-my-neighbour ['begəmaɪ'neɪbə(r)] *n (card game)* ≃ juego de naipes consistente en quedarse con todas las cartas, ≃ guerrilla *f*; *Fig* **policies/competition** política/competencia para arruinar al rival

beggary ['begərɪ] *n* mendicidad *f*, miseria *f*

begging ['begɪŋ] *n* mendicidad *f* ❑ **~ bowl** platillo *m* de las limosnas; *Fig* **many companies have had to approach the government with a begging bowl** muchas empresas se han visto obligadas a mendigar subvenciones al gobierno; **~ letter** carta *f* de súplica *(pidiendo dinero)*

begin [bɪ'gɪn] (*pt* **began** [bɪ'gæn], *pp* **begun** [bɪ'gʌn]) ⋄ *vt* empezar, comenzar; **to ~ to do sth, to ~ doing sth** empezar *or* comenzar a hacer algo; **it's beginning to look like we won't finish on time** cada vez más parece que no acabaremos a tiempo; **I couldn't (even) ~ to describe...** no sé ni cómo empezar a describir...; **you can't (even) ~ to imagine how hard it was** no te puedes ni imaginar remotamente lo difícil que fue
⋄ *vi* empezar, comenzar; **there's so much to tell you, I don't know where to ~** tengo tantas cosas que contarte, que no sé por dónde empezar; **the hottest June since records began** el junio más caluroso desde que se efectúan mediciones; **to ~ again** comenzar de nuevo, volver a empezar; **he began as a stagehand** empezó como tramoyista; **it began as a joke, but ended in tragedy** comenzó siendo una broma, pero acabó en tragedia; **let's ~ at the beginning** comencemos por el principio; **to ~ by doing sth** empezar por hacer algo; **he was nice enough to ~ with, but...** al principio era bastante simpático, pero...; **it was broken to ~ with** estaba roto desde el principio; **to ~ with,...** *(firstly)* para empezar,...

beginner [bɪ'gɪnə(r)] *n* principiante *mf*; **a ~'s course** un curso de *or* para principiantes ❑ **~'s luck** la suerte del principiante

beginning [bɪ'gɪnɪŋ] *n* **-1.** *(in time)* principio *m*, comienzo *m*; **in** *or* **at the ~** al principio; **at the ~ of the year/month** a principios de año/mes; **from the ~** desde el principio; **from ~ to end** de principio a fin; **the ~ of the end** el principio del fin
-2. *(early part, stage)* principio *m*, comienzo *m*; **I enjoyed the ~ of the movie/book** me gustó el principio de la película/del libro; **the ~ of the world** el principio *or* comienzo del mundo; **I have the beginnings of a cold** tengo un principio de resfriado
-3. *(origin)* **the first beginnings of civilization** los orígenes de la civilización; **the problem has its beginnings in...** el problema tiene su origen en...

begone [bɪ'gɒn] *exclam Literary or Hum* ¡fuera (de aquí)!

begonia [bɪ'gəʊnɪə] *n* begonia *f*

begot *pt of* **beget**

begotten *pp of* **beget**

begrudge [bɪ'grʌdʒ] *vt* **-1.** *(resent)* **I don't ~ him the money** no me duele dejarle el dinero; **he begrudges every minute spent away from his family** le pesa cada minuto que no ha pasado al lado de su familia; **I ~ spending so much** me duele gastar tanto
-2. *(envy)* **I don't ~ him his success** no le envidio su éxito

begrudgingly [bɪ'grʌdʒɪŋlɪ] *adv (unwillingly)* a regañadientes

beguile [bɪ'gaɪl] *vt* **-1.** *(enchant)* seducir **-2.** *(deceive)* engañar; **to ~ sb into doing sth** engatusar a alguien para que haga algo; **to ~ sb with promises** encandilar a alguien con promesas **-3.** *(pass pleasantly)* **to ~ (away) the hours** dejar pasar las horas plácidamente

beguiling [bɪ'gaɪlɪŋ] *adj* seductor(ora)

beguine [bɪ'gi:n] *n* beguine *m*

begun *pp of* **begin**

behalf [bɪ'hɑ:f] *n* **on** *or US* **in ~ of sb, on** *or US* **in sb's ~** en nombre de alguien; **I'm here on ~ of the president** estoy aquí en representación del presidente; **she accepted the award on his ~** aceptó el galardón en su nombre; **your lawyer acts on your ~** tu abogado te representa; **I'm ringing on ~ of a friend** llamo de parte de un amigo; **on ~ of all of us, I'd like to say...** en nombre de todos, me gustaría decir que...; **don't worry on my ~** no te preocupes por mí

behave [bɪ'heɪv] ⋄ *vi* **-1.** *(act) (person)* portarse, comportarse; **why are you behaving like this?** ¿por qué te portas así?; **to know how to ~** saber comportarse; **to ~ well/badly** portarse bien/mal; **to ~ oddly/suspiciously** comportarse *or* actuar de forma extraña/sospechosa; **what a way to ~!** ¡menudo comportamiento!
-2. *(act properly)* portarse bien, comportarse; **will you ~!** ¡compórtate!
-3. *(function) (car, machine)* funcionar
⋄ *vt* **~ oneself** comportarse, portarse bien; **~ yourself!** ¡compórtate (como es debido)!

behaviour, US behavior [bɪ'heɪvjə(r)] n -1. (of person, animal) comportamiento m, conducta f; **their ~ was disgraceful** tuvieron un comportamiento penoso; **her ~ towards her mother was unforgivable** su comportamiento con su madre era imperdonable; **to be on one's best ~** portarse or comportarse muy bien -2. (of atom, chemical, light) comportamiento m

behavioural, US behavioral [bɪ'heɪvjərəl] adj del comportamiento, de la conducta ❑ **~ psychology** psicología f conductual

behaviourism, US behaviorism [bɪ'heɪvjərɪzəm] n PSY conductismo m

behaviourist, US behaviorist [bɪ'heɪvjərɪst] PSY ◇ n conductista mf, behaviorista mf
◇ adj conductista, behaviorista

behead [bɪ'hed] vt decapitar

beheading [bɪ'hedɪŋ] n decapitación f

beheld pt & pp of **behold**

behest [bɪ'hest] n Formal orden f, mandato m; **at sb's ~, at the ~ of sb** por orden or a instancias de alguien

behind [bɪ'haɪnd] ◇ prep detrás de, tras; **to be ~ sb** (situated) estar detrás de alguien; (less advanced) ir por detrás de alguien; (support) respaldar a alguien; **close the door ~ you** cierra la puerta cuando salgas or al salir; **to follow close ~ sb** seguir de cerca a alguien; **look ~ you** mira detrás de ti; **I have five years' experience as a teacher ~ me** tengo cinco años de experiencia como profesora a mis espaldas; **to be ~ schedule** ir atrasado(a), **she's been able to put her divorce ~ her** ha conseguido dejar atrás su divorcio; **let's put it all ~ us** olvidemos todo esto; **she's ten minutes ~ the leaders** (in race) está a diez minutos de la cabeza de la carrera; **Brazil are a goal ~ Italy with a minute to go** Brasil pierde por un gol ante Italia cuando queda un minuto; **to be ~ the times** no andar con los tiempos; **the reasons ~ sth** los motivos de algo; **the woman ~ their success** la mujer detrás de su éxito; **what's ~ all this?** ¿qué hay detrás de todo esto?
◇ adv detrás; **to look ~** mirar hacia atrás; **from ~** (to attack) por la espalda; **the German wasn't far ~** el alemán no iba mucho más atrás; **to be ~ with one's work/with the rent** estar atrasado(a) en el trabajo/en el pago del alquiler; **they are only three points ~** (in contest) están a sólo tres puntos; **they went a goal ~ after ten minutes** encajaron el 1 a 0 a los diez minutos; **the rest of us followed on ~** el resto seguimos detrás; **to leave sth ~** dejarse algo; Fig **I used to be an alcoholic, but I've left all that ~** era un alcohólico, pero todo eso ha quedado ya atrás; **to stay or remain ~** quedarse; **you go ahead, I'll walk ~** adelántate, yo te seguiré
◇ n Fam (buttocks) trasero m

behindhand [bɪ'haɪndhænd] adv **to be ~ with one's work/with the rent** estar atrasado(a) en el trabajo/en el pago del alquiler

behind-the-scenes [bɪ'haɪndðə'si:nz] adj entre bastidores, oculto(a); **a ~ look at politics/the world of newspapers** una mirada a la cara desconocida or oculta de la política/del mundo de la prensa

behold [bɪ'həʊld] (pt & pp **beheld** [bɪ'held]) Literary ◇ vt contemplar; **he was a sight to ~** era digno de ver
◇ vi **~!** ¡atención!, ¡mira!; **lo and ~!** ¡héteme aquí!, ¡mira por dónde!

beholden [bɪ'həʊldən] adj Formal **to be ~ to sb** estar en deuda con alguien; **I don't want to be ~ to anyone** no quiero tener obligaciones con nadie

beholder [bɪ'həʊldə(r)] n observador(ora) m,f

behove [bɪ'həʊv], US **behoove** [bɪ'hu:v] vt Formal or Old-fashioned **it behoves you to be respectful to your elders** es tu deber or has de respetar a tus mayores; **it ill behoves her to criticize** más le conviene no criticar

beige [beɪʒ] ◇ n beige m inv, Esp beis m inv
◇ adj beige, Esp beis

Beijing [beɪ'ʒɪŋ] n Pekín

being ['bi:ɪŋ] n -1. (creature) ser m -2. (existence) **to bring sth into ~** crear algo, hacer que algo vea la luz; **to come into ~** nacer; **the company is no longer in ~** la empresa ya no existe -3. (essential nature) ser m; **her whole ~ rebelled at the thought** todo su ser se rebelaba contra la mera idea; **with all my ~** con todo mi corazón

Beirut [beɪ'ru:t] n Beirut

bejewelled [bɪ'dʒu:əld] adj enjoyado(a)

belabour, US belabor [bɪ'leɪbə(r)] vt -1. (beat) apalear -2. (criticize) vapulear, poner como un trapo; **to ~ sb with insults** poner verde a alguien

Belarus [belə'ru:s], **Belorussia** [beləʊ'rʌʃə], **Byelorussia** [bjeləʊ'rʌʃə] n Bielorrusia

belated [bɪ'leɪtɪd] adj tardío(a); **wishing you a ~ happy birthday** deseándote, con retraso or Am demora, un feliz cumpleaños

belatedly [bɪ'leɪtɪdlɪ] adv tardíamente, con retraso or Am demora

belay [bɪ'leɪ] ◇ n (in mountaineering) (rope attached to rock) amarre m de seguridad
◇ vi (in mountaineering) **we belayed across the mountain** cruzamos la montaña con la cuerda asegurada a la pared

belaying pin [bɪ'leɪɪŋ'pɪn] n NAUT cabilla f de amarre

belch [beltʃ] ◇ n (burp) eructo m; **to give a ~** eructar
◇ vt (smoke, flames) escupir
◇ vi (person) eructar
◆ **belch forth, belch out** ◇ vt sep (smoke, flames) escupir
◇ vi salir despedido(a)

beleaguer [bɪ'li:gə(r)] vt (harass) asediar, acosar

beleaguered [bɪ'li:gəd] adj (city, army) sitiado(a), asediado(a); (government) acosado(a); (project) bloqueado(a); (person) atormentado(a)

Belfast ['belfɑ:st] n Belfast

belfry ['belfrɪ] n campanario m

Belgian ['beldʒən] ◇ n belga mf
◇ adj belga ❑ HIST **the ~ Congo** el Congo belga

Belgium ['beldʒəm] n Bélgica

Belgrade [bel'greɪd] n Belgrado

belie [bɪ'laɪ] vt -1. (contradict) contradecir -2. (give false idea of) **his experience is belied by his youthful looks** su experiencia queda enmascarada por su apariencia juvenil; **her youthful figure belied her age** su figura juvenil no reflejaba su edad

belief [bɪ'li:f] n -1. (conviction) creencia f; **in the ~ that...** en el convencimiento de que...; **in the mistaken ~ that...** creyendo equivocadamente que...; **it is my ~ that...** estoy convencido(a) de que...; **it is beyond ~** es imposible de creer
-2. (confidence) confianza f, fe f; **to have ~ in oneself** tener confianza en uno(a) mismo(a)
-3. (religious faith) creencias fpl, fe f; **~ in God** fe en Dios; **people of all beliefs and of none** personas de variadas creencias (religiosas) y sin ellas

believable [bɪ'li:vəbəl] adj verosímil, creíble

believe [bɪ'li:v] ◇ vt creer; **I ~ (that) I am right** creo no equivocarme; **her name's Joan, I ~** creo que su nombre es Joan; **I ~ him to be alive** creo que está vivo; **he believes himself to be right** se cree que tiene razón; **she is believed to be here** se cree que está aquí; **if the opinion polls are to be believed...** si hacemos caso a las encuestas...; **I don't ~ a word of it** no me creo (ni) una palabra; **you won't** or **you'll never ~ who phoned last night** ¿a que no te imaginas quién llamó anoche?; **I could never ~ such a thing of him** no me creo que pueda ser capaz de eso; **the remaining passengers are missing, believed dead** el resto de los pasajeros desaparecidos, temiéndose por sus vidas; **if you ~ that, you'll ~ anything!** ¡hace falta ser ingenuo para creerse eso!, ¡cualquiera se lo cree!; **I'll ~ it when I see it** ¡eso tengo que verlo con mis propios ojos!; IDIOM **I'll ~ you (though thousands wouldn't)** si tú lo dices; **I ~ not** creo que no; **I ~ so** así lo creo, creo que sí; **~ it or not** aunque no te lo creas; **~ you me!** ¡créeme!; **you'd better ~ it!** ¡ya lo creo que sí!; **I don't ~ it!** ¡no me lo puedo creer!; **don't you ~ it!** ¡no te lo creas!; **I can well ~ it** no me extrañaría nada; **I couldn't ~ my luck** ¡qué suerte más increíble tuve!; **I could scarcely ~ my eyes/ears** no podía creer lo que veían mis ojos/lo que estaba oyendo; **would you ~ it** or **who would have believed it, she's joined the Communist Party** aunque parezca increíble, se ha afiliado al Partido Comunista; **let's make ~ (that) we're on a desert island** hagamos como que estamos en una isla desierta
◇ vi -1. (have faith) creer; **to ~ in sth** creer en algo; **to ~ in God** creer en Dios; **to ~ in sb** (have confidence) creer en alguien, tener fe en alguien; **to ~ in oneself** tener confianza en uno(a) mismo(a)
-2. (be in favour) **to ~ in sth** ser partidario(a) de algo; **I don't ~ in making promises** no soy partidario de las promesas

believer [bɪ'li:və(r)] n -1. (religious person) creyente mf -2. (supporter) **to be a great ~ in sth** ser un(a) gran partidario(a) de algo

Belisha beacon [bə'li:ʃə'bi:kən] n Br farola intermitente junto a un paso de peatones

belittle [bɪ'lɪtəl] vt menospreciar, restar importancia a; **to ~ oneself** restarse importancia

belittling [bɪ'lɪtlɪŋ] adj desdeñoso(a), despectivo(a)

Belize [be'li:z] n Belice

Belizean [be'li:zɪən] ◇ n beliceño(a) m,f
◇ adj beliceño(a)

bell [bel] n -1. (of church) campana f; (handbell) campanilla f; (on door, bicycle) timbre m; (on cat, hat) cascabel m; (on cow) cencerro m; **to ring the ~** (on door) llamar al timbre ❑ **~ buoy** boya f de vidrio or Esp cristal; **~ jar** campana f de vidrio or Esp cristal; **~ pull** tirador m (de la campanilla); **~ push** (botón m del) timbre m; **~ tent** tienda f (de campaña) cónica or redonda, Am carpa f cónica or redonda; **~ tower** (torre f del) campanario m
-2. Br Fam (telephone call) **to give sb a ~** dar un telefonazo or Méx echar un fonazo a alguien
-3. US **~ pepper** pimiento m (morrón)
-4. NAUT **it sounded four/eight bells** dio cuatro/ocho campanadas
-5. IDIOMS **saved by the ~** salvado por la campana or por los pelos; Fam **and the same to you with bells on** y tú más, Esp me rebota (y en tu culo explota); **a model with bells and whistles** un modelo de lo más completo
◇ vi (stag) bramar
◇ vt IDIOM **to ~ the cat** ponerle el cascabel al gato

belladonna [belə'dɒnə] n -1. (plant) belladona f -2. (poison) atropina f

bell-bottomed ['bel'bɒtəmd] adj (trousers) acampanado(a), de campana

bell-bottoms ['belbɒtəmz] npl pantalones mpl de campana; **a pair of ~** unos pantalones de campana

bellboy ['belbɔɪ] n botones m inv

belle [bel] n bella f, belleza f; **the ~ of the ball** la reina de la fiesta

belles-lettres [bel'letrə] npl (bellas) letras fpl, literatura f

bell-flower ['belflaʊə(r)] n campanilla f, campánula f

bellhop ['belhɒp] n US botones m inv

bellicose ['belɪkəʊs] adj belicoso(a)

bellicerence [bə'lɪdʒərəns] n beligerancia f

belligerent [bə'lɪdʒərənt] ◇ n contendiente m
◇ adj -1. (aggressive) belicoso(a), agresivo(a) -2. (at war) beligerante

belligerently [bə'lɪdʒərəntlɪ] *adv* con tono beligerante, agresivamente

bellow ['beləʊ] ◇ *n* (*of bull*) mugido *m*, bramido *m*; (*of elephant*) barrito *m*, bramido *m*; (*of person*) bramido *m*, rugido *m*, berrido *m*
◇ *vt* **to ~ (out) sth** (*order*) ordenar algo vociferando *or* a gritos; (*song*) cantar algo a voz en grito
◇ *vi* bramar; **to ~ at sb** (*with rage*) gritarle *or* vociferarle a alguien; **he bellowed with pain** gritaba de dolor; **the crowd bellowed with laughter** la multitud lanzaba sonoras carcajadas

bellows ['beləʊz] *npl* **-1.** (*for fire, furnace*) fuelle *m*; **a pair of ~** un fuelle **-2.** (*for accordion, organ*) fuelles *mpl* **-3.** (*on camera*) fuelle *m*

bellringer ['belrɪŋə(r)] *n* campanero(a) *m,f*

bellringing ['belrɪŋɪŋ] *n* (*hobby*) campanología *f*

bellwether ['belweðə(r)] *n* **-1.** (*sheep*) = carnero con cencerro que guía al rebaño **-2.** (*leader*) cabecilla *mf*; **the ~ of the recovering economy** la punta de lanza *or* el motor de la recuperación económica

belly ['belɪ] *n* **-1.** (*stomach*) vientre *m*, barriga *f*, *Chile* guata *f*; **to have a full/an empty ~** tener la barriga llena/vacía; [IDIOM] *Fam* **to go ~ up** (*company*) irse a pique ❑ *Fam* **~ button** ombligo *m*; **~ dance** danza *f* del vientre; **~ flop: to do a ~ flop** darse un panzazo *or* planchazo; **~ landing** (*in plane*) aterrizaje *m* de panza *or* sin el tren; **~ laugh** sonora carcajada *f*
-2. CULIN **~ pork** falda *f* de cerdo
-3. (*of plane, ship*) panza *f*; (*of sail*) seno *m*
◆ **belly out** *vi* hinchar, inflar

bellyache ['belɪeɪk] *Fam* ◇ *n* dolor *m* de barriga
◇ *vi* (*complain*) rezongar, quejarse, *Méx* repelar (**about** de)

belly-dance ['belɪdɑːns] *vi* bailar la danza del vientre

belly-flop ['belɪflɒp] (*pt & pp* **belly-flopped**) *vi* darse un panzazo *or* planchazo

bellyful ['belɪfʊl] *n* [IDIOM] *Fam* **to have had a ~ (of sth)** estar hasta la coronilla (de algo)

belong [bɪ'lɒŋ] *vi* **-1. to ~ to** (*be property of*) pertenecer a; **that book belongs to me** este libro es mío *or* me pertenece; **that book belongs to Jane** ese libro pertenece a Jane *or* es de Jane; **who does this pullover ~ to?** ¿de quién es este suéter?; **to ~ to the Crown** (*land*) pertenecer a *or* ser propiedad de la corona
-2. (*be member*) **to ~ to** (*club*) pertenecer a, ser socio(a) de; (*party*) pertenecer a, estar afiliado(a) a; (*union*) estar afiliado(a) a, formar parte de; **it belongs to the cod family** pertenece a la familia del bacalao
-3. (*have a proper place*) ir; **to put sth back where it belongs** devolver algo a su sitio; **go back home where you ~** vuelve al lugar del que procedes *or* vienes; **the saucepans don't ~ in that cupboard** las ollas no van en esa alacena; **these gloves ~ together** estos guantes van juntos; **she belongs in another era** es de otra época; **these issues ~ in a court of law** estos asuntos le corresponden a un tribunal de justicia
-4. (*fit in*) **I feel I ~ here** siento que éste es mi sitio; **to feel that one doesn't ~** sentirse un(a) extraño(a); **he belongs in teaching** lo suyo es la enseñanza *or* docencia

belonging [bɪ'lɒŋɪŋ] *n* **to have a sense of ~** sentirse (como) en casa

belongings [bɪ'lɒŋɪŋz] *npl* pertenencias *fpl*; **personal ~** efectos personales

Belorussia = Belarus

Belorussian [beləʊ'rʌʃən], **Byelorussian** [bɪeləʊ'rʌʃən] ◇ *n* **-1.** (*person*) bielorruso(a) *m,f* **-2.** (*language*) bielorruso *m*
◇ *adj* bielorruso(a)

beloved [bɪ'lʌvɪd] ◇ *n Literary* amado(a) *m,f*; **dearly ~, we are gathered here today...** queridísimos hermanos, nos hemos reunido hoy aquí...
◇ *adj* **-1.** (*person*) amado(a), querido(a); (*thing*) adorado(a); **my ~ father** mi querido padre **-2.** [bɪ'lʌvd] **he was ~ by** *or* **of all his friends** lo querían todos sus amigos

below [bɪ'ləʊ] ◇ *prep* **-1.** (*physically*) debajo de; **they tunnelled ~ the fence** hicieron un túnel por debajo de la valla; **the houses ~ us seemed small** las casas allá abajo se veían pequeñas; **the sun disappeared ~ the horizon** el sol desapareció por el horizonte; **he appears ~ me on the list** está por debajo de mí en la lista; **~ (the) ground** bajo tierra; **the knee** por debajo de la rodilla; **~ sea level** por debajo del nivel del mar; **~ the surface** bajo la superficie
-2. (*with numbers*) por debajo de; **unemployment is ~ 10 percent** el desempleo está por debajo del 10 por ciento; **a score ~ 50 is poor** un resultado de menos de 50 es insuficiente; **children ~ the age of ten** niños menores de diez años; **to be ~ average** estar por debajo de la media; **children ~ average ability** niños de un nivel de aptitud inferior; **10 (degrees) ~ zero** 10 (grados) bajo cero
-3. (*in classification, importance, rank*) **they finished ~ us in the league** acabaron por detrás de nosotros en la liga; **he was in the year ~ me (at school)** iba al curso posterior al mío; **I am ~ him in rank** estoy por debajo suyo en rango
◇ *adv* **-1.** (*physically*) abajo; **the houses ~ seemed small** las casas allá abajo se veían pequeñas; **on the floor ~** en el piso de abajo; **ring the number ~** llame al número que aparece abajo; **to go down ~** (*on ship*) bajar (*a una cubierta inferior*); **see ~** (*on document*) ver más abajo *or* adelante
-2. (*with numbers*) **children aged ten and ~** niños de diez años para abajo; **a score of 50 or ~ is poor** un resultado de menos de 50 es insuficiente; **it's 10 degrees ~** hace 10 grados bajo cero

below-the-line [bɪ'ləʊðə'laɪn] *adj* **-1.** FIN (*expenditure, revenue*) por debajo de la línea
-2. (*advertising, promotion*) COM **~ advertising** publicidad *f* directa

belt [belt] ◇ *n* **-1.** (*for trousers*) cinturón *m*, correa *f*; [IDIOM] **to tighten one's ~** apretarse el cinturón; *Fig* **now that I've got some experience under my ~** ahora que tengo algo de experiencia a mis espaldas; **to belt sb below the ~** (*in boxing*) dar un golpe bajo a alguien; *Fig* **that was a bit below the ~!** (*remark, criticism*) ¡eso ha sido un golpe bajo! ❑ **~ buckle** hebilla *f*; **~ loop** trabilla *f*, *RP* presilla *f*
-2. (*in martial arts*) cinturón *m*; **to be a brown/black ~** ser cinturón marrón/negro
-3. (*of machine*) correa *f* ❑ **~ drive** transmisión *f* por correa
-4. (*area*) (*of land*) franja *f*, cinturón *m*; (*of cloud*) franja *f*, capa *f*; **the coal-mining ~** la cuenca carbonífera
-5. *Fam* (*blow*) golpetazo *m*; **to give sb a ~** dar un golpetazo a alguien; **he gave the ball a terrific ~** le dio un tremendo golpetazo a la pelota; **I'll give you a ~ in the mouth** te voy a partir la boca
-6. *Fam* (*of spirits*) lingotazo *m*
◇ *vt* **-1.** (*dress, trousers*) abrochar (*con un cinturón*); **he belted the gun round his waist** se ajustó el cinturón que portaba el revólver; **a belted raincoat** una gabardina con cinturón **-2.** *Fam* (*hit*) dar un golpetazo a; (*with belt*) dar correazos a; (*ball*) pegar un cañonazo a
◇ *vi Fam* (*move quickly*) **to ~ along** ir a toda pastilla *or RP* máquina; **she belted down the stairs** bajó las escaleras a toda pastilla *or RP* máquina

◆ **belt down** *vi Br Fam* (*rain*) llover a cántaros, caer chuzos de punta

◆ **belt out** *vt sep Fam* (*sing loudly*) cantar a grito pelado

◆ **belt up** *vi Br Fam* **-1.** *Fam* (*be silent*) cerrar el pico, cortar el rollo; **~ up!** ¡cierra el pico!
-2. (*fasten seat belt*) abrocharse el cinturón (de seguridad)

belt-and-braces ['beltən'breɪsɪz] *adj Fam* (*policy, decision*) extremadamente cuidadoso(a)

belter ['beltə(r)] *n Br Fam* **that goal was a real ~** fue un gol de antología *or Méx* padrísimo *or RP* de morirse; **it's a ~ of a song** esa canción *Esp* es la leche *or Méx* está padre *or RP* está que mata

belting ['beltɪŋ] *n Fam* **to give sb a ~** (*as punishment*) azotar a alguien; (*in fight*) dar una soba *or* paliza a alguien; (*in match, competition*) darle una paliza a alguien

belt-tightening ['belttaɪtənɪŋ] *n* restricción *f* del gasto, medidas *fpl* de austeridad

beltway ['beltweɪ] *n US* carretera *f* de circunvalación, ronda *f* (de circunvalación); POL **inside the ~** = en los círculos oficiales de Washington

bemoan [bɪ'məʊn] *vt* lamentar, lamentarse de; **to ~ one's fate** quejarse uno(a) de su suerte

bemuse [bɪ'mjuːz] *vt* desconcertar, confundir

bemused [bɪ'mjuːzd] *adj* perplejo(a), desconcertado(a); **to be ~** estar perplejo(a) *or* desconcertado(a)

bench [bentʃ] ◇ *n* **-1.** (*seat*) banco *m* ❑ **~ press** (*equipment*) = aparato para levantar pesas con los brazos tumbado sobre un banco
-2. (*work table*) banco *m*
-3. *Br* LAW **the Bench** la magistratura; **address your remarks to the Bench** dirija sus observaciones al juez; **she has been raised to the Bench** ha sido nombrada juez; **to sit on the Bench** ser juez, pertenecer a la judicatura
-4. PARL escaños *mpl*; **the opposition benches** los escaños de la oposición
-5. SPORT banquillo *m*; **to be on the ~** estar en el banquillo
◇ *vt US* SPORT mandar *or* enviar al banquillo

benchmark ['bentʃmɑːk] *n* (*for comparison*) punto *m* de referencia ❑ COMPTR **~ test** prueba *f* comparativa

benchmarking ['bentʃmɑːkɪŋ] *n* COM evaluación *f* comparativa

bench-press ['bentʃpres] *vt* **I ~ a hundred** levanto cien kilos (*tumbado en un banco*)

bend [bend] ◇ *n* **-1.** (*of road, river*) curva *f*; (*of pipe, arm*) codo *m*; [IDIOM] **to be round the ~** estar *Esp* majara *or Am* zafado(a) *or RP* piantado(a); [IDIOM] **to go round the ~** volverse loco *or Esp* majara, *CSur* rayarse, *Méx* zafarse; [IDIOM] **to drive sb round the ~** sacar a alguien de sus casillas, poner a alguien a cien
-2. the bends (*decompression sickness*) enfermedad *f* de los buzos; MED aeroembolismo *m*
◇ *vt* (*pt & pp* **bent** [bent]) **-1.** (*part of body*) doblar; **to ~ one's arm/back** doblar el brazo/la espalda; **they bent their heads over their books** inclinaron *or* doblaron la cabeza sobre los libros; **on bended knee** de rodillas; **to go down on bended knee (to sb)** ponerse de rodillas (ante alguien); *Fam Hum* **to ~ one's** *or* **the elbow** (*drink alcohol*) empinar el codo; [IDIOM] *Br Fam* **he bent my ear** (*told me his problems*) me contó sus penas
-2. (*change shape of*) (*pipe, wire*) doblar; **do not ~** (*on envelope*) no doblar; [IDIOM] **to ~ the rules** ser flexible en la interpretación de las reglas; [IDIOM] **to ~ sb to one's will** doblegar a alguien
-3. SPORT **to ~ the ball** pegar a la pelota con efecto *or* de rosca, dar efecto a la pelota
-4. *Literary* (*direct, turn*) **they bent their steps towards home** encaminaron sus pasos hacia su casa; **we ~ all our efforts to fighting racism** encauzamos todos nuestros esfuerzos hacia la lucha contra el racismo; **they bent themselves to the task** se entregaron a la labor
◇ *vi* **-1.** (*person*) inclinarse; **to ~ backwards/forwards** inclinarse hacia atrás/hacia adelante
-2. (*road, river*) hacer una curva, girar; (*branch, tree*) doblarse, vencerse; **the road**

bends to the left la carretera gira or hace una curva a la izquierda; **to ~ under the strain of sth** ceder bajo la presión de algo **-3.** (submit) ceder (**to** a or ante); **the government bent to pressure from the union** el gobierno cedió ante la presión de los sindicatos
◆ **bend down** vi agacharse
◆ **bend over** vi agacharse; IDIOM **to ~ over backwards for sb/to do sth** desvivirse por alguien/por hacer algo

bender ['bendə(r)] n Fam **-1.** (drinking session) juerga f, parranda f, Am rumba f; **to go on a ~** irse de juerga or de copas **-2.** Br (homosexual) marica m

bendy ['bendɪ] adj **-1.** (curvy) serpenteante **-2.** (flexible) flexible, maleable; **a ~ toy** un juguete flexible

beneath [bɪˈniːθ] ◇ prep **-1.** (physically) debajo de; **they tunnelled ~ the fence** hicieron un túnel por debajo de la valla; **the houses ~ us seemed small** las casas allá abajo se veían pequeñas; **the shelf was straining ~ the weight of the books** la estantería cedía bajo el peso de los libros; **~ that self-confident exterior, she's really very insecure** bajo esa apariencia de confianza hay mucha inseguridad; Fig **~ the surface he was a bundle of nerves** por dentro era un manojo de nervios
-2. (in classification, importance) **they finished ~ us in the league** quedaron por detrás nuestro en la liga; **he was in the year ~ me** (at school) iba al curso posterior al mío; **I am ~ him in rank** estoy por debajo suyo en rango
-3. (unworthy of) **to marry ~ oneself** casarse con alguien de clase social inferior; **she thinks it's ~ her to work** cree que trabajar supondría rebajarse; **~ contempt** (completamente) despreciable
◇ adv abajo; **from ~** desde abajo

Benedict ['benɪdɪkt] pr n **~ I/II** Benedicto I/II
Benedictine [benɪˈdɪktɪn] REL ◇ n **-1.** (monk, nun) benedictino(a) m,f **-2.** (drink) (licor m) benedictino m
◇ adj benedictino(a)

benediction [benɪˈdɪkʃən] n REL **-1.** (blessing) bendición f **-2.** (service) bendición f (sacramental)

benefactor ['benɪfæktə(r)] n benefactor(ora) m,f

benefactress ['benɪfæktrɪs] n benefactora f
benefice ['benɪfɪs] n beneficio m (eclesiástico)
beneficence [bɪˈnefɪsəns] n Literary (kindness) beneficiencia f
beneficent [bɪˈnefɪsənt] adj Formal benéfico(a)
beneficial [benɪˈfɪʃəl] adj **-1.** (helpful, favourable) beneficioso(a), provechoso(a) (**to** para); **the legislation is particularly ~ to the self-employed** la legislación favorece especialmente a los trabajadores autónomos; **the information proved highly ~** la información resultó muy provechosa **-2.** LAW usufructuario(a) ❑ **~ interest** usufructo m

beneficiary [benɪˈfɪʃərɪ] n beneficiario(a) m,f
benefit ['benɪfɪt] ◇ n **-1.** (advantages) beneficio m, provecho m; (individual advantage) ventaja f; **the benefits of a good education** las ventajas de una buena educación; **she is starting to feel the benefits of the treatment** está empezando a notar los efectos beneficiosos del tratamiento; **for sb's ~, for the ~ of sb** en atención a alguien; **that remark was for your ~** ese comentario iba dirigido a ti; **for the ~ of those who arrived late...** para los que llegaron tarde...; **the holiday wasn't of much ~ to him** las vacaciones no le resultaron demasiado provechosas; **to have the ~ of sth** contar con algo; **to derive ~ from** sacar provecho de; **to offer sb the ~ of one's experience** aportarle a alguien el beneficio de la experiencia propia; **to give sb the ~ of the doubt** dar a alguien el beneficio de la duda
-2. (state payment) prestación f, subsidio m; **to be on ~** cobrar un subsidio; **social security benefits** prestaciones sociales ❑ Br **the Benefits Agency** la oficina de prestaciones; US **~ society** mutua f, mutualidad f
-3. benefits (package) (to employee) paquete m de prestaciones
-4. (charity event) acto m benéfico ❑ **~ concert** concierto m benéfico; **~ gala** gala f benéfica; SPORT **~ match** partido m de homenaje; **~ performance** función f benéfica
◇ vt beneficiar, favorecer
◇ vi **to ~ by** or **from** beneficiarse de, sacar provecho de; **no one is likely to ~ by** or **from the closures** no parece que los cierres vayan a beneficiar a nadie; **everyone will ~ in the end** todo el mundo saldrá ganando or beneficiado al final; **who benefits most from his death?** ¿quién saca más provecho de su muerte?

Benelux ['benɪlʌks] n (el) Benelux; **the ~ countries** los países del Benelux
benevolence [bɪˈnevələns] n benevolencia f
benevolent [bɪˈnevələnt] adj benévolo(a) ❑ **~ society** cofradía f benéfica
benevolently [bɪˈnevələntlɪ] adv benévolamente, con benevolencia

BEng, US BEngr n (abbr **Bachelor of Engineering**) **-1.** (qualification) licenciatura f en ingeniería **-2.** (person) licenciado(a) m,f en ingeniería

Bengal [beŋˈɡɔːl] n Bengala ❑ **~ light** luz f de Bengala; **~ tiger** tigre m de Bengala
Bengali [beŋˈɡɔːlɪ] ◇ n **-1.** (person) bengalí mf **-2.** (language) bengalí m
◇ adj bengalí

BEngr US = **BEng**
benighted [bɪˈnaɪtɪd] adj Literary (person) ignaro(a), lego(a); (country) ignaro(a)
benign [bɪˈnaɪn] adj **-1.** (attitude, look) bondadoso(a) **-2.** (climate) benigno(a) **-3.** MED (tumour) benigno(a)
benignly [bɪˈnaɪnlɪ] adv **-1.** (kindly) bondadosamente **-2.** (not harshly) de forma benigna
Benin [beˈniːn] n Benín
Beninese [benɪˈniːz] ◇ n beninés(esa) m,f
◇ adj beninés(esa)

bent [bent] ◇ n (inclination) inclinación f; **to have a natural ~ for music** tener una inclinación natural por la música; **he followed his (natural) ~ (and went into the theatre)** siguió su inclinación (natural) (y se metió a hacer teatro)
◇ adj **-1.** (curved) torcido(a), curvado(a) **-2.** (determined) **to be ~ on (doing) sth** estar empeñado(a) en hacer algo **-3.** Br Fam (dishonest) corrupto(a); **a ~ copper** un policía corrupto **-4.** Br very Fam (homosexual) maricón(ona)
◇ pt & pp of **bend**

bentwood ['bentwʊd] n madera f curvada
benumbed [bɪˈnʌmd] adj Literary **-1.** (made insensitive) entumecido(a); **~ by the** or **with cold** entumecido(a) or agarrotado(a) por el frío **-2.** (stupefied) paralizado(a); **~ with fear** paralizado(a) or aturdido(a) por el miedo

Benzedrine® ['benzɪdriːn] n bencedrina f
benzene ['benziːn] n CHEM benceno m ❑ **~ ring** anillo m bencénico or de benceno
benzin(e) ['benziːn] n CHEM bencina f
benzocaine ['benzəkeɪn] n MED benzocaína f
benzoic acid [benˈzəʊɪkˈæsɪd] n CHEM ácido m benzoico

bequeath [bɪˈkwiːð] vt Formal **to ~ sth (to sb)** legar algo (a alguien)
bequest [bɪˈkwest] n LAW legado m
berate [bɪˈreɪt] vt Formal **to ~ sb (for sth)** reconvenir or reñir a alguien (por algo)
Berber ['bɜːbə(r)] ◇ n **-1.** (person) bereber mf **-2.** (language) bereber m
◇ adj bereber

bereaved [bɪˈriːvd] ◇ npl **the ~** los allegados del (de la) difunto(a)
◇ adj privado(a) de un ser querido; **a ~ mother** una madre que ha perdido a un hijo; **he's recently ~** ha perdido recientemente a un ser querido

bereavement [bɪˈriːvmənt] n pérdida f (de un ser querido); **owing to a recent ~** por el reciente fallecimiento de un familiar ❑ **~ counselling** = atención psicológica prestada a personas que sufren por la pérdida de un ser querido

bereft [bɪˈreft] adj **to be ~ of** carecer de; **a manifesto ~ of new ideas** un manifesto carente de ideas nuevas; **to feel ~** sentirse desolado(a) or desconsolado(a)

beret ['bereɪ] n boina f
berg [bɜːɡ] n (iceberg) iceberg m
bergamot ['bɜːɡəmɒt] n bergamota f
beribboned [bɪˈrɪbənd] adj (hair) adornado(a) con cintas
beriberi ['berɪˈberɪ] n MED beriberi m
Bering ['berɪŋ] n **the ~ Sea** el mar de Bering; **the ~ Strait** el estrecho de Bering
berk [bɜːk] n Br Fam idiota mf
berkelium [bɜːˈkiːlɪəm] n CHEM berquelio m
Berks (abbr **Berkshire**) (condado m de) Berkshire
Berlin [bɜːˈlɪn] n Berlín ❑ HIST **the ~ Airlift** el puente aéreo de Berlín; HIST **the ~ Wall** el Muro de Berlín
Berliner [bɜːˈlɪnə(r)] n berlinés(esa) m,f
Bermuda [bəˈmjuːdə] n (las) Bermudas ❑ **~ shorts** bermudas fpl; **~ Triangle** triángulo m de las Bermudas
Bermudan [bəˈmjuːdən] ◇ n bermudeño(a) m,f
◇ adj bermudeño(a)

Bern(e) [bɜːn] n Berna
berry ['berɪ] n baya f
berserk [bəˈzɜːk] adj Fam **to go ~** volverse loco(a)
berth [bɜːθ] ◇ n **-1.** (on train, ship) litera f **-2.** (in harbour) amarradero m; IDIOM **to give sb a wide ~** evitar a alguien
◇ vt NAUT atracar
◇ vi NAUT atracar

beryl ['berəl] n GEOL berilo m
beryllium [beˈrɪlɪəm] n CHEM berilio m
beseech [bɪˈsiːtʃ] (pt & pp **besought** [bɪˈsɔːt] or **beseeched**) vt Literary implorar, suplicar; **to ~ sb to do sth** rogar or suplicar a alguien que haga algo; **I ~ you, have mercy!** ¡se lo suplico, tenga compasión or piedad!

beseeching [bɪˈsiːtʃɪŋ] adj suplicante, implorante
beseechingly [bɪˈsiːtʃɪŋlɪ] adv con aire suplicante or de súplica
beset [bɪˈset] (pt & pp **beset**) vt **-1.** (assail) acosar; **~ with dangers/difficulties** plagado(a) de peligros/dificultades; **she was ~ by doubts** le asaltaron las dudas **-2.** (surround) asediar

besetting [bɪˈsetɪŋ] adj Formal **his ~ sin was greed** su principal defecto era la glotonería

beside [bɪˈsaɪd] prep **-1.** (next to) al lado de; **seated ~ me** sentado(a) a mi lado; **a house ~ the lake** una casa a la orilla del or junto al lago; IDIOM **that's ~ the point** eso no viene al caso; IDIOM **he was ~ himself with joy** no cabía en sí de gozo; IDIOM **he was ~ himself with anger** estaba fuera de sí (de ira)
-2. (compared to) al lado de; **~ him, everyone else appears slow** a su lado todos parecen lentos; **the results don't look very brilliant ~ last year's** los resultados no parecen muy brillantes si se comparan con los del año pasado

besides [bɪˈsaɪdz] ◇ prep **-1.** (in addition to) además de; **~ being old, she's also extremely deaf** además de vieja, está sorda como una tapia; **...~ which, she was unwell** ...además de lo cual, no se encontraba bien
-2. (apart from) además de, aparte de; **nobody knew ~ me** nadie lo sabía excepto yo
◇ adv **-1.** (in addition) además; **many more ~** muchos(as) otros(as); **he owns two apartments and a house in the country ~** tiene dos apartamentos y, además, una casa en el campo; **he knows the rudiments but little else ~** tiene unas nociones elementales, pero poco más
-2. (furthermore) además, es más; **it's an excellent play and, ~, the tickets aren't expensive** es una obra excelente y, además

besiege *or* es más, las entradas no son caras; **~, I don't even like the circus** además *or* es más, ni siquiera me gusta el circo

besiege [bɪˈsiːdʒ] *vt* **-1.** *(castle, town)* sitiar, asediar; *Fig* **their house was besieged by journalists** su casa estaba sitiada por periodistas **-2.** *(harass)* **he was besieged by doubt** le asaltó la duda; **to ~ sb with complaints/requests** asediar a alguien con quejas/peticiones

besieger [bɪˈsiːdʒə(r)] *n* sitiador(ora) *m,f*, asediador(ora) *m,f*

besmear [bɪˈsmɪə(r)] *vt* **to ~ sth/sb with sth** embadurnar algo/a alguien con *or* de algo

besmirch [bɪˈsmɜːtʃ] *vt Literary (face)* manchar; *(reputation)* mancillar

besom [ˈbiːzəm, ˈbɪzəm] *n* escoba *f*

besotted [bɪˈsɒtɪd] *adj* **-1.** *(infatuated)* **to be ~ with sth/sb** estar embobado(a) con algo/alguien **-2.** *(confused)* **~ with drink** aturdido(a) *or* trastornado(a) por la bebida

besought *pt & pp of* **beseech**

bespatter [bɪˈspætə(r)] *vt* salpicar (**with** de)

bespeak [bɪˈspiːk] *(pt* **bespoke** [bɪˈspəʊk]*, pp* **bespoken** [bɪˈspəʊkən]*) vt Literary (indicate)* denotar, revelar

bespectacled [bɪˈspektəkəld] *adj* con gafas

bespoke [bɪˈspəʊk] ◇ *adj (made to measure)* a medida ❏ **~ tailor** sastre *m (que hace trajes a medida)*
◇ *pt of* **bespeak**

bespoken [bɪˈspəʊkən] *pp of* **bespeak**

Bessarabia [besəˈreɪbɪə] *n* Besarabia

Bessemer [ˈbesɪmə(r)] *n* TECH **~ converter** (convertidor *m*) bessemer *m*; **~ process** proceso *m* bessemer

best [best] *(superlative of* **good, well***)* ◇ *n* **-1.** *(in general)* **the ~** el/la/lo mejor; **the Russians are (simply) the ~** los rusos son los mejores; **it's the ~ I can do** no lo puedo hacer mejor; **she will accept nothing but the ~** sólo acepta lo mejor; **we'll provide you with the ~ of service** le daremos el mejor servicio posible; **this novel is his ~** ésta es su mejor novela; **I did my ~ – well, your ~ just isn't good enough** hice todo lo que pude – pues parece que no ha sido suficiente; **at ~** en el mejor de los casos; **it was average at ~** era, como mucho, regular; **he was at his ~** estaba en plena forma; **this is French cuisine at its ~** éste es un ejemplo de lo mejor de la cocina francesa; **it's hard enough at the ~ of times** incluso en el mejor de los casos ya resulta bastante difícil; **the ~ of it is...** lo mejor del caso es que...; **we are the ~ of friends** somos muy buenos amigos; **I am in the ~ of health** estoy pletórico(a) de salud; **it happened for the ~** fue para bien; **to bring out the ~ in sb** poner de manifiesto lo mejor de alguien; **she did her (level) ~** hizo todo lo que pudo; **to get the ~ of the bargain** salir ganando en un trato; **to get the ~ of sb** *(defeat)* superar a alguien; **to get the ~ out of sth** sacar el máximo provecho de algo; **we've had the ~ of the good weather** el mejor tiempo ya ha pasado; **he wants to have the ~ of both worlds** él quiere tenerlo todo; **this camcorder offers you the ~ of both worlds** esta videocámara le permite ganar por partida doble; **to hope for the ~** esperar que todo vaya bien; **a draw is the ~ we can hope for** un empate es lo máximo a lo que podemos aspirar; **I'll want to look my ~** tendré que arreglarme lo mejor posible; **we will have to make the ~ of it** nos las tendremos que arreglar *or Esp* apañar; SPORT **to play the ~ of three** jugar al mejor de tres; **I want the ~ for you** te deseo lo mejor; **to the ~ of my belief** *or* **knowledge** por lo que yo sé; **I will do it to the ~ of my ability** lo haré lo mejor que pueda; **he can sing with the ~ of them** canta como el mejor; *Fam* **all the ~!** ¡te deseo lo mejor!; *(at end of letter)* un saludo, *RP* cariños; **~ of all...** y lo mejor de todo es que...; **(the) ~ of luck!** ¡que tengas mucha suerte!

-2. SPORT *(performance)* plusmarca *f*; **personal ~** plusmarca personal

-3. *Br (beer)* = "bitter" de calidad superior

◇ *adj* mejor; **my ~ dress** mi mejor vestido; **she is ~ at French** *(of group of people)* es la mejor en francés; *(French is her best subject)* lo que mejor se le da es el francés; **it is ~ to...** lo mejor es...; **the ~ thing to do would be to phone her** lo mejor sería que la llamáramos; **it took the ~ part of a year** llevó casi todo un año; **to know what is ~ for sb** saber lo que le conviene a alguien; **to want what is ~ for sb** querer lo mejor para alguien; COM **~ before...** consumir preferentemente antes de...; **this is a ~ case scenario** esto es lo que ocurriría en el mejor de los casos; **may the ~ man win** *(in contest)* que gane el mejor; **Doug and I are ~ friends** Doug es mi mejor amigo; IDIOM **to put one's ~ foot forward** *(hurry)* ir a toda marcha; *(do one's best)* dar lo mejor de sí mismo(a) ❏ CIN & TV **~ boy** ayudante *m* del electricista; **~ man** *(at wedding)* = amigo del novio encargado de ayudar en la boda; COM **~ practice** las mejores iniciativas prácticas; **~ wishes** *(on card, letter)* un saludo cordial *or* afectuoso; **give her my ~ wishes** envíale saludos *or CAm, Col, Ecuad* saludes (de mi parte)

◇ *adv* mejor; **which do you like ~?** ¿cuál te gusta más?; **I like fish ~** lo que más me gusta es el pescado; **I comforted her as I could** la consolé lo mejor que pude; **this area is ~ avoided** es mejor evitar esta área; **she came off ~** ella fue la que salió mejor parada; **our team did ~** nuestro equipo fue el mejor; **you had ~ not mention it** más vale que no lo menciones; **we'd ~ be going** tenemos que irnos ya; **you know ~** tú sabrás; **you always think you know ~** siempre te crees que sabes más que nadie; **to make the ~ use of sth** aprovechar algo al máximo; **do as you think ~** haz lo que te parezca mejor; **he is ~ known for his sculptures** se le conoce sobre todo por sus esculturas; **the ~ dressed man** el hombre mejor vestido; **they are the ~ off** *(in good situation)* son los que mejor están; *(richest)* son los que más dinero tienen

◇ *vt Formal (in contest, argument)* superar

THE BEST MAN

En los países anglosajones, el **Best Man** es un amigo del novio que se ocupa de ayudar en la boda. Entre otras responsabilidades, ha de entregarle la alianza al novio y pronuncia un discurso durante la recepción.

bestial [ˈbestɪəl] *adj* brutal, bestial

bestiality [bestɪˈælɪtɪ] *n* **-1.** *(cruelty)* brutalidad *f*, bestialidad *f* **-2.** *(sexual practice)* bestialismo *m*, zoofilia *f*

bestiary [ˈbestɪərɪ] *n* bestiario *m*

bestir [bɪˈstɜː(r)] *(pt & pp* **bestirred***) vt Formal* **to ~ oneself** espabilarse, poner manos a la obra

bestow [bɪˈstəʊ] *vt (title, award)* conceder (**on** a); *(honour)* conferir (**on** a); **we shouldn't ~ too much importance on these remarks** no deberíamos conceder demasiada importancia a tales comentarios

bestrewn [bɪˈstruːn] *adj Literary* sembrado(a) (**with** de)

bestride [bɪˈstraɪd] *(pt* **bestrode** [bɪˈstrəʊd]*, pp* **bestridden** [bɪˈstrɪdən]*) vt Formal (horse)* montar; *(chair, fence)* sentarse a horcajadas sobre

bestseller [bestˈselə(r)] *n* **-1.** *(book)* éxito *m* editorial *or* de ventas, best-séller *m* **-2.** *(author)* autor(ora) *m,f* de best-séllers, best-séller *mf*

bestselling [bestˈselɪŋ] *adj* **~ novel/author** novela/escritor(a) de éxito

bet [bet] ◇ *n* **-1.** *(gamble)* apuesta *f*; **to make** *or* **place a ~** hacer una apuesta; **to win/to lose a ~** ganar/perder una apuesta; **they're taking bets** aceptan apuestas; IDIOM **all bets are off** todo está en el aire

-2. *(guess, option)* **my ~ is that he'll come** personalmente, creo que vendrá; **your best ~ would be to...** lo mejor que puedes hacer es...; **it's a safe ~** es casi seguro; **Cyrano's is a good ~ if you like French food** Cyrano's es una buena elección si te gusta la comida francesa

◇ *vt (pt & pp* **bet** *or* **betted***)* **-1.** *(gamble)* apostar; **I'll ~ you £10 (that he won't come)** te apuesto 10 libras (a que no vendrá)

-2. *Fam (expressing conviction)* **it took me ages to do it – I ~ it did!** tardé un montón en hacerlo; ¡no me extraña!; *or* ¡no hace falta que lo jures!; **I ~ you don't/can't!** ¡a que no!; **I ~ you she'll win** te apuesto que gana ella, qué te apuestas a que gana ella; **I ~ you anything (you like) he won't manage it** te apuesto lo que quieras a que no lo consigue; **you can ~ your life** *or* **your bottom dollar they'll say no** me juego la cabeza *or* lo que quieras a que dicen que no

◇ *vi* **-1.** *(gamble)* **to ~ on a horse/a race** apostar a un caballo/en una carrera; **I'm betting on him winning** apuesto a que gana; IDIOM **If I were a betting man,...** si tuviera que apostar...

-2. *Fam (expressing conviction)* **(do you) wanna ~?** ¿qué te juegas?; **don't ~ on it** no te fíes ni un pelo, yo no me jugaría nada; **I wouldn't ~ on it** yo no me apostaría nada; **you ~!** ¡ya lo creo!, ¡por supuesto!; **John says he's sorry – I ~ (he does)!** John dice que lo siente – ¡ya lo creo! *or Esp* ¡hombre, claro!; *Ironic* **he says he'll pay you tomorrow – I ~!** dice que te pagará mañana – ¡ya, claro! *or* ¡sí, seguro!

beta [ˈbiːtə] *n* **-1.** *(Greek letter)* beta *f* **-2.** PHYS **~ particle** partícula *f* beta; **~ radiation** radiación *f* beta; **~ rays** rayos *mpl* beta **-3.** COMPTR **~ testing** pruebas *fpl* beta; **~ version** versión *f* beta **-4.** PHYSIOL **~ wave** onda *f* beta

beta-blocker [ˈbiːtəblɒkə(r)] *n* PHARM betabloqueante *m*

betake [bɪˈteɪk] *(pt* **betook** [bɪˈtʊk]*, pp* **betaken** [bɪˈteɪkən]*) vt Formal* **to ~ oneself** trasladarse

betel [ˈbiːtəl] *n* betel *m* ❏ **~ nut** areca *f*

bête noire [betˈnwɑː(r)] *n (pl* **bêtes noires** [betˈnwɑːz]*) n* bestia *f* negra; **her real ~ is unpunctuality** lo que verdaderamente hace que se la lleven los demonios es la falta de puntualidad

Bethlehem [ˈbeθlɪhem] *n* Belén

betide [bɪˈtaɪd] *vt Literary* **our thoughts are with them, whatever may ~ them** nuestros pensamientos los acompañan, sea cual fuere lo que pudiera acontecerles; **woe ~ him/you** pobre de él/ti

betoken [bɪˈtəʊkən] *vt Formal* **-1.** *(symbolize)* señalar, ser una señal de **-2.** *(be sign of, presage)* augurar, presagiar

betook *pt of* **betake**

betray [bɪˈtreɪ] *vt* **-1.** *(person, country)* traicionar; *(spouse)* engañar, ser infiel a; **to ~ sb's trust** abusar de la confianza de alguien; **he betrayed the rebels to the police** delató a los rebeldes ante la policía **-2.** *(secret, fact)* revelar; **to ~ a confidence** revelar un secreto *or* una confidencia; **his tone betrayed a lack of conviction** su tono revelaba falta de convicción

betrayal [bɪˈtreɪəl] *n* **-1.** *(of person, country)* traición *f*; **an act of ~** una traición; **a ~ of trust** un abuso de confianza **-2.** *(of secret, fact)* muestra *f*, indicio *m*; **her expression gave no ~ of her true feelings** su expresión no permitía adivinar sus verdaderos sentimientos

betrothal [bɪˈtrəʊðəl] *n Literary* compromiso *m*

betrothed [bɪˈtrəʊðd] *Formal* ◇ *n* prometido(a) *m,f*; **his/her ~** su prometido(a)
◇ *adj* prometido(a); **she was ~ to the prince** estaba prometida al príncipe

better [ˈbetə(r)] *(comparative of* **good, well***)* ◇ *n* **which is the ~ (of the two)?** ¿cuál es el mejor (de los dos)?; **it's not bad, but I've seen ~** no está mal, pero los he visto mejores; **she deserves ~** se merece *or Am*

betterment

amerita algo mejor; **I expected ~ of you** esperaba más de ti; **you should respect your (elders and) betters** deberías guardar respeto a tus mayores; **I'm all the ~ for a rest** este descanso me ha hecho mucho bien; **to change for the ~** cambiar para mejor; **to get the ~ of sb** poder con alguien; **his shyness got the ~ of him** pudo más su timidez; **the faster/sooner the ~** cuanto más rápido/antes, mejor

◇ *adj* **-1.** *(of higher quality, more suitable)* mejor; **to be ~ (than)** *(be superior)* ser mejor (que); **to be ~** *(feel well again)* estar mejor; **he's ~ at tennis than his brother** juega al tenis mejor que su hermano; **she's ~ at chemistry than him** se le da mejor la química que a él; **it was ~ than expected** fue mejor de lo esperado; **it's ~ than nothing** es mejor que nada; **it's one of his ~ novels** está entre sus mejores novelas; **it would be ~ for you to go** más vale que te vayas; **what could be ~ than...?** ¿podría haber algo mejor que...?; **they're no** or **little ~ than criminals** no son más que criminales; **that's ~** ¡así está mejor!; **it could hardly have come at a ~ time** no podría haber llegado más oportunamente; **to get ~** mejorar; **this athlete just gets ~ (and ~)** este atleta cada vez es mejor

-2. IDIOMS **to go one ~** hacerlo mejor; *Ironic* **~ late than never** más vale tarde que nunca; **~ safe than sorry** más vale prevenir que curar; **~ luck next time!** ¡a ver si hay más suerte la próxima vez!; **it took the ~ part of a week** llevó casi toda una semana; **the carpet's seen ~ days** la *Esp* moqueta or *Am* alfombra está para que la jubilen; **I did it against my ~ judgement** lo hice a pesar de no estar convencido(a); *Br Fam Hum* **my ~ half** mi media naranja; **to appeal to sb's ~ nature** apelar a la bondad de alguien

◇ *adv* mejor; **our team did ~** nuestro equipo lo hizo mejor; **you'd do ~ not to listen to him** más vale que no le escuches; **I am feeling ~** me siento mejor; **you'll feel ~ for a cup of tea** un té te hará sentirte mejor; **to get to know sb ~** ir conociendo mejor a alguien; **you had ~ not stay** más vale que no te quedes; **we'd ~ be going** tenemos que irnos ya; **you'd ~ not be lying!** ¡más vale que no estés mintiendo!; IDIOM **you'd ~ believe it!** ¡ya lo creo que sí!; **you always think you know ~** siempre te crees que sabes más que nadie; **I know ~ than to tell her my secrets** la conozco demasiado bien como para contarle mis secretos; **you should know ~ than to ask him for money!** ¡para qué le pides dinero si ya sabes cómo es!; **I like this one ~** éste me gusta más; **there's nothing I like ~ than to...** nada me gusta más que...; **to think ~ of it** cambiar de idea, pensárselo mejor; **to think ~ of sb (for doing sth)** tener mejor concepto de alguien (por haber hecho algo); **~ and ~** cada vez mejor; **~ still...** incluso mejor...; **so much the ~**, **all the ~** tanto mejor; **for ~ or worse** para bien o para mal; **the ~ equipped of the two** el mejor equipado de los dos; **those problems are ~ avoided** más vale evitar esos problemas; **he's ~ known for his sculptures** se le conoce más bien por sus esculturas; **to be ~ off** *(at an advantage)* estar mejor; *(financially)* tener más dinero

◇ *vt (improve)* superar; *(surpass)* mejorar; **she wants to ~ herself** quiere mejorar su situación

betterment ['betəmənt] *n* **-1.** *(improvement)* mejora *f* **-2.** LAW *(of property)* mejora *f*

better-off [betər'ɒf] ◇ *npl* **the ~** los más acomodados, los más favorecidos (económicamente)

◇ *adj* más acomodado(a), de mejor posición económica

betting ['betɪŋ] *n* juego *m*, apuestas *fpl*; IDIOM *Fam* **the ~ is that...** lo más probable es que...; IDIOM **what's the ~ he doesn't come back?** ¿qué te apuestas a que no vuelve? ❑ *Br* **~ shop** casa *f* de apuestas; **~ slip** boleto *m* de apuestas

bettor ['betə(r)] *n US* apostante *mf*, apostador(ora) *m,f*

between [bɪ'twi:n] ◇ *prep* entre; **~ eight and nine o'clock** entre (las) ocho y (las) nueve; **~ Boston and London** entre Boston y Londres; **the final will be ~ the Blue Jays and the Red Sox** la final la disputarán los Blue Jays y los Red Sox; **~ them they managed to move the table** entre todos consiguieron mover la mesa; **we bought it ~ us** lo compramos entre todos; **you must choose ~ them** tienes que elegir entre ellos; **I hope this won't come ~ us** espero que esto no se interponga entre nosotros; **one man stands ~ him and the title** entre él y el título sólo hay un hombre; **I did the course in ~ getting married and having a baby** hice el curso entre la boda y el nacimiento del bebé; **it's something ~ a duck and an ostrich** es una especie de mezcla de pato y avestruz; **I'm ~ jobs just now** en estos momentos no estoy trabajando; **this is strictly ~ you and me** esto debe quedar entre tú y yo

◇ *adv* **(in) ~** en medio; **the trees in ~** los árboles que están en medio; **showers, with sunny spells in ~** chubascos, con intervalos soleados; **there were terrible storms, but it was beautiful in ~ times** hubo terribles tormentas, pero entremedias hizo un tiempo magnífico

betweentimes [bɪ'twi:ntaɪmz] *adv* entremedias

betwixt [bɪ'twɪkst] *Old-fashioned & Literary* ◇ *prep* entre

◇ *adv* **~ and between** entre dos aguas, *Esp* entre Pinto y Valdemoro

bevel ['bevəl] ◇ *n (on wood, glass)* bisel *m* ❑ **~ square** escuadra *f* falsa

◇ *vt (pt & pp* **bevelled**, *US* **beveled**) *(wood, glass)* biselar

bevelled, *US* **beveled** ['bevəld] *adj* biselado(a)

beverage ['bevərɪdʒ] *n* bebida *f*

bevvy ['bevɪ] *n Br Fam* **-1.** *(alcoholic drink)* **to go for** or **have a ~** tomarse una copa or copichuela **-2.** *(drinking session)* **to go on the ~** agarrarse un pedo or *Méx* una pea

bevy ['bevɪ] *n (group)* nube *f*

bewail [bɪ'weɪl] *vt* lamentar

beware [bɪ'weə(r)] ◇ *vi* tener cuidado (**of** con); **~!** ¡cuidado!; **~ of the dog** *(sign)* cuidado con el perro; **~ of pickpockets** *(sign)* atención a los carteristas; **~ of cheap imitations** no acepte burdas imitaciones

◇ *vt* **~ what you say to her** ten cuidado con lo que le dices

Bewick's swan ['bju:ɪks'swɒn] *n* cisne *m* chico

bewilder [bɪ'wɪldə(r)] *vt* desconcertar

bewildered [bɪ'wɪldəd] *adj* desconcertado(a); **I was ~ by their lack of interest** me dejó atónito su falta de interés

bewildering [bɪ'wɪldərɪŋ] *adj* desconcertante; **in ~ detail** con sorprendente minuciosidad

bewilderingly [bɪ'wɪldərɪŋlɪ] *adv* desconcertantemente; **the issue is ~ complex** el asunto es increíblemente or extraordinariamente complicado

bewilderment [bɪ'wɪldəmənt] *n* desconcierto *m*; **"why?" she asked in ~** "¿por qué?", preguntó desconcertada; **to my complete ~, he refused** para mi mayor asombro, dijo que no

bewitch [bɪ'wɪtʃ] *vt* **-1.** *(cast spell over)* hechizar, embrujar **-2.** *(fascinate)* embrujar, cautivar

bewitching [bɪ'wɪtʃɪŋ] *adj (smile, beauty)* cautivador(ora)

beyond [bɪ'jɒnd] ◇ *prep* **-1.** *(in space)* más allá de; **the house is ~ the church** la casa está pasada la iglesia; *Fig* **they can't see ~ short-term success** no ven más allá del éxito inmediato

-2. *(in time)* **it continued ~ midnight** siguió hasta más allá de la medianoche; **~ a certain date** después de or pasada una fecha determinada

-3. *(exceeding)* **that is ~ the scope of this study** eso queda fuera del ámbito de este estudio; **unemployment has gone ~ 10 percent** el desempleo ha sobrepasado el 10 por ciento; **my responsibilities go ~ purely administrative work** mis responsabilidades van más allá del trabajo meramente administrativo; **to live ~ the age of ninety** superar los noventa años; IDIOM **he lived ~ his means** vivió por encima de sus posibilidades; IDIOM **it's ~ me (how) they can do it** no comprendo cómo lo hacen; **due to circumstances ~ our control** por circunstancias ajenas a nuestra voluntad; **to be ~ belief** ser difícil de creer; **he's lazy ~ belief** es perezoso or vago a más no poder; IDIOM **I am ~ caring** ya me trae sin cuidado; **it's ~ doubt/question (that...)** es indudable/incuestionable (que...); **~ a shadow of a doubt** sin sombra de duda; LAW **this proves his innocence ~ (a) reasonable doubt** esto disipa cualquier duda razonable en torno a su inocencia; IDIOM **it's ~ a joke** esto ya pasa de castaño oscuro; **~ reach** inalcanzable; **he has changed ~ recognition** está irreconocible; **~ repair** irreparable; **it was ~ our wildest dreams** superaba nuestros sueños más optimistas

-4. *(except)* aparte de, además de; **I have nothing to say ~ observing that...** únicamente quisiera hacer notar que...

◇ *adv* más allá; **we could see the river and the hills ~** podíamos ver el río y detrás las colinas; **up to the year 2010 and ~** hasta el año 2010 y después de esa fecha

◇ *n Literary* **the (great) ~** el más allá

bezel ['bezəl] *n (of piece of chisel)* bisel *m*

Bézier curve ['bezɪekɜːv] *n* curva *f* de Bezier

BFA [bi:ef'eɪ] *n US (abbr* **Bachelor of Fine Arts)** **-1.** *(qualification)* ≃ licenciatura *f* en Bellas Artes **-2.** *(person)* ≃ licenciado(a) *m,f* en Bellas Artes

BFI [bi:ef'aɪ] *n (abbr* **British Film Institute)** = instituto británico de cinematografía

B-girl ['bi:gɜːl] *n US* chica *f* de alterne

bhajee, bhaji ['bɑːdʒi:] *n Br* CULIN = aperitivo indio a base de verdura especiada, rebozada y frita

bhangra ['bæŋgrə] *n* MUS bhangra *m*

bhp [bi:eɪtʃ'pi:] *n (abbr* **brake horsepower)** caballos *mpl* de vapor de potencia (al freno)

Bhutan [bu:'tɑːn] *n* Bután

bi [baɪ] *adj Fam (abbr* **bisexual)** bisexual, bi

bi- [baɪ] *prefix* bi-

BIA [bi:aɪ'eɪ] *n US (abbr* **Bureau of Indian Affairs)** = oficina para asuntos relacionados con los indios nativos

biannual [baɪ'ænjʊəl] *adj* bianual

biannually [baɪ'ænjʊəlɪ] *adv* bianualmente

bias ['baɪəs] ◇ *n* **-1.** *(prejudice)* prejuicio *m*; **to have a ~ against** tener prejuicios contra, estar predispuesto(a) en contra de; **there is still considerable ~ against women candidates** todavía existen muchos prejuicios en contra de las candidaturas femeninas; **the right/left-wing ~ of the paper** la tendencia de derechas/de izquierda del periódico; **to be without ~** ser imparcial

-2. *(inclination)* inclinación *f*; **to have a ~ towards** sentir inclinación por; **the curriculum has a scientific ~** el plan de estudios tiene un enfoque científico

-3. *(in sewing)* bies *m*, sesgo *m*; **cut on the ~** cortado al bies or al sesgo ❑ **~ binding** ribete *m* cortado al bies

-4. *(in statistics, sampling)* margen *m* de error

◇ *vt (pt & pp* **biased** or **biassed)** influir en; **to ~ sb against/for sth** predisponer a alguien en contra/a favor de algo

bias(s)ed ['baɪəst] *adj* **-1.** *(prejudiced)* parcial, sesgado(a); **~ reporting** cobertura sesgada or parcial; **to be ~ against sth/sb** tener prejuicios contra algo/alguien; **you're ~ in her favour** estás predispuesto a favor de ella; **try not to be ~** intenta ser imparcial

-2. *(weighted)* **the course is ~ towards the arts** el curso está enfocado hacia el campo de las letras

biathlon [baɪˈæθlɒn] *n* biatlón *m*

biathlete [baɪˈæθliːt] *n* atleta *mf* de biatlón, biatleta *mf*

bib [bɪb] *n* **-1.** *(for baby)* babero *m* **-2.** *(of apron, dungarees)* peto *m*; IDIOM *Fam* **in one's best ~ and tucker** de punta en blanco **-3.** SPORT camiseta *f*

bible [ˈbaɪbəl] *n* biblia *f*; **the Bible** la Biblia; *Fig* **this dictionary is his ~** este diccionario es su biblia; **the fisherman's ~** la biblia del pescador *or* de los pescadores ❑ *Br Fam Pej* **~ basher** proselitista *mf* fanático(a); *US* **the Bible Belt** = zona integrista protestante en el sur de los Estados Unidos; **~ paper** papel *m* biblia; *Fam Pej* **~ thumper** proselitista *mf* fanático(a)

biblical [ˈbɪblɪkəl] *adj* bíblico(a); *Hum* **he had known her in the ~ sense** se la había llevado al huerto ❑ **~ history** historia *f* sagrada

bibliographer [bɪblɪˈɒɡrəfə(r)] *n* bibliógrafo(a) *m,f*

bibliographical [bɪblɪəˈɡræfɪkəl] *adj* bibliográfico(a)

bibliography [bɪblɪˈɒɡrəfɪ] *n* bibliografía *f*

bibliomania [bɪblɪəˈmeɪnɪə] *n* bibliomanía *f*

bibliophile [ˈbɪblɪəfaɪl] *n* bibliófilo(a) *m,f*

bibulous [ˈbɪbjʊləs] *adj Hum (person)* beodo(a); *(evening)* de alcohol

bicameral [baɪˈkæmərəl] *adj* POL bicameral

bicarb [ˈbaɪkɑːb] *n Fam* bicarbonato *m*

bicarbonate [baɪˈkɑːbəneɪt] *n* bicarbonato *m* ❑ **~ of soda** bicarbonato *m* sódico

biccy, bickie [ˈbɪkɪ] *n Fam Br (biscuit)* galletita *f*

bicentenary [baɪsenˈtiːnərɪ], *US* **bicentennial** [baɪsenˈtenɪəl] ❑ *n* bicentenario *m* ❑ *adj* bicentenario(a)

biceps [ˈbaɪseps] *npl* ANAT bíceps *m inv*

bicker [ˈbɪkə(r)] *vi* reñir, pelearse (**about** *or* **over** por)

bickering [ˈbɪkərɪŋ] *n* riñas *fpl*, peleas *fpl*; **stop your ~!** ¡ya basta de peleas!

bickie = **biccy**

bicoastal [baɪˈkəʊstəl] *adj US* **a ~ company** una compañía implantada en ambas costas

bicultural [baɪˈkʌltʃərəl] *adj* con dos culturas

bicuspid [baɪˈkʌspɪd] ❑ *n* premolar *m* ❑ *adj (tooth)* premolar, *Spec* bicúspide

bicycle [ˈbaɪsɪkəl] ❑ *n* bicicleta *f*; **to ride a ~** montar en bicicleta ❑ **~ chain** cadena *f* de bicicleta; **~ clips** = pinzas que ciñen los pantalones a las pantorrillas para montar en bicicleta; **~ kick** *(in soccer)* tijereta *f*, chilena *f*; **~ pump** bomba *f* de bicicleta; **~ rack** *(on pavement)* soporte *m* para estacionar bicicletas; *(on car)* baca *f* para bicicletas ❑ *vi* ir en bicicleta; **she bicycles to work** va en bicicleta a trabajar

bicyclist [ˈbaɪsɪklɪst] *n* ciclista *mf*

bid¹ [bɪd] ❑ *n* **-1.** *(offer)* oferta *f*; *(at auction)* puja *f*, oferta *f*; **to put in a ~ for** *(house)* hacer una oferta por; *(contract)* licitar por, hacer una oferta de licitación por ❑ ST EXCH **~ price** precio *m* comprador

-2. *(attempt)* tentativa *f*, intento *m*; **a rescue/suicide ~** un intento de rescate/suicidio; **to make a ~ for freedom** hacer un intento de escapar; **to make a ~ for power** intentar conseguir el poder; **Birmingham fails in ~ for next Olympics** *(in headlines)* Birmingham fracasa en la puja por la sede de las próximas olimpiadas

-3. *(in cards)* declaración *f*; **no ~** paso
❑ *vt (pt & pp* **bid***)* **-1.** *(offer)* ofrecer; *(at auction)* pujar (**for** por); **he ~ £2,000 for the painting** ofreció *or* pujó 2.000 libras por el cuadro; **what am I ~ for this table?** ¿qué ofrecen por esta mesa?

-2. *(make attempt)* tratar de conseguir; **he's bidding for the presidency** se presenta (como candidato) a la presidencia

-3. *(in cards)* declarar
❑ *vi (at auction)* pujar (**for** por); *(for contract)* licitar (**for** por), hacer una oferta de licitación (**for** por); **they're bidding against us** están pujando por lo mismo que nosotros

- **bid in** *vi (in auction)* = pujar por un artículo del lote propio para mantenerlo
- **bid up** *vt sep (price)* hacer aumentar *(por medio de pujas artificiales)*

bid² *(pt* **bade** [bæd, beɪd] *or* **bid**; *pp* **bidden** [ˈbɪdən] *or* **bid***) vt Literary* **-1.** *(greet)* **to ~ sb welcome** dar la bienvenida a alguien; **to ~ sb goodbye** despedir a alguien

-2. *(ask, order)* **to ~ sb enter** hacer pasar a alguien, invitar a entrar a alguien; **to ~ sb be silent** ordenar callar a alguien; **do as you are bidden** haz lo que se te ordena

-3. to ~ fair to do sth *(show promise)* prometer hacer algo

biddable [ˈbɪdəbəl] *adj (docile)* dócil; **he wasn't very ~ on changing the closing date** no cedió un ápice para cambiar la fecha de entrega

bidden *pp of* **bid**²

bidder [ˈbɪdə(r)] *n* **-1.** *(at auction)* postor(ora) *m,f*; *(for contract)* licitador(ora) *m,f*; **the highest ~** el mejor postor **-2.** *(in cards)* apostante *mf*

bidding¹ [ˈbɪdɪŋ] *n (at auction)* puja *f*; **to start the ~ at £5,000** comenzar la puja con 5.000 libras; **~ was brisk** la puja ascendía rápidamente, la puja estaba animada

bidding² *n Literary (command)* **to do sb's ~** llevar a cabo las órdenes de alguien

biddy [ˈbɪdɪ] *n Fam Pej* **old ~** vieja *f*, abuela *f*

bide [baɪd] *vt* **to ~ one's time** esperar el momento oportuno

bidet [ˈbiːdeɪ] *n* bidé *m*

bidirectional [ˈbaɪdaɪˈrekʃənəl] *adj* COMPTR bidireccional

biennial [baɪˈenɪəl] ❑ *n* **-1.** BOT planta *f* bienal **-2.** *(event)* bienal *f*
❑ *adj* **-1.** *(plant)* bienal **-2.** *(event)* bienal

biennially [baɪˈenɪəlɪ] *adv* bienalmente

bier [bɪə(r)] *n (for carrying coffin)* andas *fpl*

biff [bɪf] *Fam* ❑ *n* mamporro *m*
❑ *vt* dar un mamporro a

bifocal [baɪˈfəʊkəl] ❑ *n* **bifocals** gafas *fpl or Am* anteojos *mpl* bifocales; **a pair of bifocals** unas gafas *or Am* unos anteojos bifocales
❑ *adj* bifocal

BIFU [ˈbɪfuː] *n (abbr* **Banking, Insurance and Finance Union***)* = sindicato británico de empleados del sector financiero

bifurcate [ˈbaɪfəkeɪt] *vi Formal (road)* bifurcarse

bifurcation [baɪfəˈkeɪʃən] *n Formal* bifurcación *f*

big [bɪɡ] ❑ *adj* **-1.** *(large, tall)* grande; *(before singular nouns)* gran; **a ~ problem** un problema grande, un gran problema; **a ~ increase** un gran *or* importante incremento; **a ~ mistake** un gran *or* grave error; **how ~ is it?** ¿cómo es de grande?; **to grow big(ger)** crecer; **the bigger the better** cuanto(s) más, mejor; *Fam* **it's written with a ~ "P"** se escribe con una "P" grande; *Fam* **he always uses such ~ words** siempre utiliza palabras muy complicadas; *Fam* **you ~ bully!** ¡pedazo de matón!; *Fam* **you ~ baby!** ¡maricuita!; *Literary* **she was ~ with child** se le notaba la gravidez; *Fam* **~ eater** come un montón; **she's into jazz in a ~ way** le va mucho el jazz; **he's fallen for her in a ~ way** está completamente loco por ella; **they contributed to our success in a ~ way** ellos contribuyeron en gran medida a nuestro éxito; IDIOM *Ironic* **that's ~ of you!** ¡qué generoso(a)!; *Fam Ironic* **~ deal!** ¡vaya cosa!, *RP* ¡gran cosa!; *Fam* **it's no ~ deal** no es nada!, ¡no es para tanto!; *Fam* **there's no need to make a ~ deal (out) of it** no es para tanto; IDIOM **to be a ~ fish in a small pond** ser el que manda, pero en un ámbito reducido; IDIOM **he's getting too ~ for his boots** *or* **breeches** *or US* **britches** está empezando a darse humos, se lo tiene muy creído; **a ~ hand for our guest!** ¡un gran aplauso para nuestro invitado!; *Fig* **to have a ~ mouth** *(be indiscreet)* ser un/una bocazas; *Fam Fig* **why did you have to open your ~ mouth?** ¿por qué has tenido que ser tan bocazas *or RP* barriga resfriada?; IDIOM **to wield the ~ stick** amenazar con castigos duros ❑ *Fam* **the Big Apple** *(New York)* Nueva York; **~ band** *(group)* big band *f*, = banda de música original de los años 40 dominada por instrumentos de viento; *(music)* big band *f*, = música interpretada por una big band; **the Big Bang** el big bang, la gran explosión; **the Big Bang theory** la teoría del big bang; **Big Ben** el Big Ben; **Big Blue** *(IBM)* = nombre por el que se conoce a IBM; *US Fam* **the Big Board** = la Bolsa de Nueva York; **~ business** los grandes negocios; **microchips are ~ business at the moment** los microchips son un gran negocio en estos momentos; *Fam* **the Big C** el cáncer; **~ cat** felino *m* mayor; **the ~ city** la gran ciudad; *US Fam* **Big Daddy** el jefazo, el mandamás; **~ dipper** *(roller coaster)* montaña *f* rusa; *US* ASTRON **the Big Dipper** la Osa Mayor; *Br* AUT **~ end** cabeza *f* de biela; **~ game** *(in hunting)* caza *f* mayor; *US* **Big Government** = forma de gobierno en la que se recaudan elevados impuestos para crear una sociedad de bienestar; *Fam* **~ hair** cabello *m* voluminoso; **~ hand** *(of clock)* manecilla *f* de los minutos; *US Fam* **~ house** *(prison)* cárcel *f*, *Esp* chirona *f*, *Andes*, *RP* cana *f*, *Méx* bote *m*; **in the ~ house** en la cárcel *or Esp* la chirona *or Andes*, *RP* la cana *or Méx* el bote; **the Big Issue** = revista británica con cuyos ingresos se ayuda a los sin techo, *Esp* = La Farola; **the ~ picture** la visión global; **the ~ screen** la pantalla grande; *Br Fam* **the Big Smoke** la gran ciudad *(especialmente Londres)*; **~ spender: to be a ~ spender** gastar mucho; **~ toe** dedo *m* gordo del pie; **~ top** *(of circus)* carpa *f*; **~ wheel** *(at fair) Esp* noria *f*, *Andes* rueda *f* de Chicago, *Arg* vuelta *f* al mundo, *Chile*, *Urug* rueda *f* gigante, *Méx* rueda *f* de la fortuna; *Fam (powerful person)* pez *m* gordo

-2. *(important)* importante; **this week's ~ story** la noticia de la semana; **to have ~ ideas** tener grandes ideas; **they're still looking for the ~ idea** aún están buscando la fórmula del éxito; IDIOM *Fam* **hey, what's the ~ idea?** ¡eh!, ¿qué está pasando aquí?; **I've got ~ plans for you** tengo grandes planes para ti; **the boss is very ~ on punctuality** el jefe le da mucha importancia a la puntualidad; *Fam* **our small company can't compete with the ~ boys** nuestra pequeña compañía no puede competir con los grandes (del sector); **it's her ~ day tomorrow** mañana es su gran día; **today's a ~ day for us** hoy es un día muy importante para nosotros; **when's the ~ day?** *(wedding date)* ¿cuándo es la boda?; **~ league** companies compañías de primera línea; **to earn ~ money** *or US Fam* **bucks** ganar millones ❑ *Fam* **~ cheese** mandamás *m*, pez *m* gordo; *Fam* **~ fish** *(important person)* pez *m* gordo; *Fam* **the ~ guns** *(important people)* los pesos pesados; **a ~ name** una gran figura; *Fam* **~ noise** mandamás *m*, pez *m* gordo; *Fam* **~ shot** mandamás *m*, pez *m* gordo; *Fam* **~ talk** palabrería *f*

-3. *(successful, popular)* famoso(a), popular; **it was ~ last year** *(music, fashion)* hizo furor el año pasado; **they're ~ in the States** tienen mucho éxito en los Estados Unidos; **to make it ~** triunfar; **to make** *or* **hit the ~ time** conseguir el éxito

-4. *(grown-up, older)* **my ~ brother/sister** mi hermano/hermana mayor; **you're a ~ girl now** ya eres mayorcita ❑ **Big Brother** *(police state)* el Gran Hermano
❑ *adv* **it went over ~ with them** *(go down well)* les sentó muy bien; **he always talks ~** se le va siempre la fuerza por la boca; **to think ~** pensar a lo grande

bigamist [ˈbɪɡəmɪst] *n* bígamo(a) *m,f*

bigamous [ˈbɪɡəməs] *adj* bígamo(a)

bigamy ['bɪgəmɪ] *n* bigamia *f*
big-boned ['bɪg'bəʊnd] *adj* huesudo(a)
big-budget ['bɪg'bʌdʒɪt] *adj* de gran presupuesto
Bigfoot ['bɪgfʊt] *n* el abominable hombre de las nieves *(en Estados Unidos y Canadá)*
biggie, biggy ['bɪgɪ] *n Fam* **it's going to be a ~!** *(new movie, CD)* ¡va a ser un exitazo!; **I think this storm's going to be a ~** me parece que ésta va a ser una tormenta de las gordas
biggish ['bɪgɪʃ] *adj* grandecito(a), más bien grande
biggy = biggie
bighead ['bɪghed] *n Fam* **-1.** *(person)* creído(a) *m,f* **-2.** *US (conceit)* engreimiento *m*
bigheaded [bɪg'hedɪd] *adj Fam* creído(a), engreído(a); **we don't want him getting ~** no queremos que se vuelva un creído
big-hearted [bɪg'hɑːtɪd] *adj* **to be ~** tener gran corazón
bight [baɪt] *n (of coastline)* ensenada *f*
bigmouth ['bɪgmaʊθ] *n Fam* bocazas *mf inv*, *Am* bocón(ona), *m,f*
big-name ['bɪg'neɪm] *adj Fam* renombrado(a), de renombre
bigot ['bɪgət] *n* fanático(a) *m,f*, intolerante *mf*
bigoted ['bɪgətɪd] *adj* fanático(a), intolerante
bigotry ['bɪgətrɪ] *n* fanatismo *m*, intolerancia *f*
big-shot ['bɪgʃɒt] *adj Fam* de altos vuelos
big-ticket ['bɪgtɪkɪt] *adj US Fam* caro(a)
big-time ['bɪgtaɪm] *Fam* ◇ *adj* de altos vuelos; **a ~ politician** un pez gordo de la política, un político de alto nivel *or* de altos vuelos
◇ *adv* a lo grande, *Esp* a base de bien; **to be into sth ~** estar supermetido(a) en algo; **he's screwed up ~** ¡la ha fastidiado bien!, ¡buena la ha hecho!
bigwig ['bɪgwɪg] *n Fam* pez *m* gordo
bijou ['biːʒu] *adj Br (house, café)* muy cuco(a), muy mono(a); *(area, party)* finolis
bike [baɪk] ◇ *n* **-1.** *Fam (bicycle)* bici *f*; *Br* **on your ~!** *(go away)* ¡largo!, ¡piérdete!; *(don't talk nonsense)* ¡no digas *Esp* chorradas *or Am* pendejadas *or RP* pavadas! ❏ **~ shed** cobertizo *m* para bicicletas **-2.** *Fam (motorcycle)* moto *f*
◇ *vi Fam* **-1.** *(by bicycle)* ir en bici; **we biked into town** fuimos al pueblo en bici **-2.** *(on motorcycle)* ir en moto
biker ['baɪkə(r)] *n Fam (motorcyclist)* motero(a) *m,f*
bikeway ['baɪkweɪ] *n US* carril-bici *m*
biking ['baɪkɪŋ] *n* ciclismo *m*; **~ is one of his favourite pastimes** montar en bici es uno de sus pasatiempos preferidos
bikini [bɪ'kiːnɪ] *n* biquini *m* ❏ **~ bottom** parte *f* de abajo del biquini; **~ line:** **to have one's ~ line done** depilarse las ingles; **~ top** parte *f* de arriba del biquini
bilabial [baɪ'leɪbɪəl] LING ◇ *n* bilabial *f*
◇ *adj* bilabial
bilateral [baɪ'lætərəl] *adj* bilateral
bilberry ['bɪlbərɪ] *n* arándano *m*
bile [baɪl] ◇ *n* **-1.** PHYSIOL bilis *f inv*, hiel *f* ❏ **~ duct** conducto *m* biliar **-2.** *Literary (irritability)* bilis *f inv*, hiel *f*
◇ *adj* ANAT biliar
bi-level ['baɪ'levəl] *adj US (house)* a dos niveles
bilge [bɪldʒ] *n* **-1.** NAUT pantoque *m*; **the bilges** la sentina; **~ (water)** agua *f* de sentinas **-2.** *Fam (nonsense)* tonterías *fpl*, *Esp* chorradas *fpl*, *Am* pendejadas *fpl*; **to talk (a lot of) ~** no decir más que tonterías *or Esp* chorradas *or Am* pendejadas
bilharzia [bɪl'hɑːzɪə] *n* MED bilharziosis *f inv*, esquistosomiasis *f inv*
bilingual [baɪ'lɪŋgwəl] *adj* bilingüe; **he's ~ in French and Russian** es bilingüe en francés y ruso
bilingualism [baɪ'lɪŋgwəlɪzəm] *n* bilingüismo *m*
bilious ['bɪlɪəs] *adj* **-1.** MED bilioso(a) ❏ **~ attack** cólico *m* bilioso **-2.** *(bad-tempered)* bilioso(a), atrabiliario(a) **-3.** *(revolting)* **~ green** de un color verde amarillento nauseabundo

biliousness ['bɪlɪəsnɪs] *n* **-1.** MED bilis *f inv* **-2.** *(bad temper)* bilis *f inv*
bilk [bɪlk] *vt (cheat)* engañar, estafar; **they bilked her out of her fortune** le estafaron y se quedaron con toda su fortuna
Bill [bɪl] *n Br Fam* **the (Old) ~** *(the police) Esp* la pasma, *Andes* los pacos, *Col* los tombos, *Méx* los cuicos, *RP* la cana
bill¹ [bɪl] ◇ *n (of bird)* pico *m*
◇ *vi* **to ~ and coo** *(birds)* arrullarse; *Fam (lovers)* hacerse mimos *or* arrumacos
bill² ◇ *n* **-1.** *(in restaurant, hotel)* cuenta *f*; *(for goods, services)* factura *f*; *(for lighting, electricity)* recibo *m*, factura *f*; **put it on my ~** póngalo en mi cuenta ❏ **bills payable** efectos *mpl* a pagar; **bills receivable** efectos *mpl* a cobrar
-2. *US (banknote)* billete *m*
-3. *(notice)* cartel *m*; **(stick) no bills** *(sign)* prohibido fijar carteles; **to fit** *or* **fill the ~** venir como anillo al dedo
-4. THEAT **to head** *or* **top the ~** estar en cabecera de cartel
-5. *(list, document)* **the doctor gave me a clean ~ of health** el médico me dio el visto bueno; [IDIOM] *US Fam* **to sell sb a ~ of goods** dar a alguien gato por liebre ❏ FIN **~ of exchange** letra *f* de cambio; **~ of fare** menú *m*, carta *f*; LAW **~ of indictment** acta *f* de acusación; NAUT **~ of lading** conocimiento *m* de embarque; COM **~ of sale** escritura *f or* contrato *m* de compraventa
-6. POL *(proposed law)* proyecto *m* de ley
-7. *US* **the Bill of Rights** = las diez primeras enmiendas a la constitución estadounidense, relacionadas con la garantía de las libertades individuales
◇ *vt* **-1.** *(send invoice to)* enviar la factura a, facturar **-2.** *(publicize)* anunciar; **it was billed as the debate of the decade** fue anunciado como el debate del decenio

THE BILL OF RIGHTS
En esta carta de derechos se recogen las diez primeras enmiendas a la Constitución estadounidense. Algunos estados se negaron a ratificar la primera redacción de 1787 de la Constitución porque no incluía una declaración de derechos específica. En consecuencia, la **Bill of Rights**, inspirada por Thomas Jefferson, entró en vigor en 1791.
Las diez enmiendas son consideradas como las leyes fundamentales que salvaguardan los derechos de los estadounidenses. En ellas se recogen la libertad de culto, así como la de expresión y la de prensa. La segunda enmienda, la que otorga a los ciudadanos estadounidenses el derecho a tener armas, es en la actualidad objeto de debate.

billboard ['bɪlbɔːd] *n* valla *f* publicitaria
billet ['bɪlɪt] ◇ *n* MIL acantonamiento *m*
◇ *vt* acantonar
billet-doux ['bɪleɪ'duː] *(pl* **billets-doux** ['bɪleɪ'duːz]) *n Hum or Literary* misiva *f* de amor
billfold ['bɪlfəʊld] *n US* cartera *f*, billetera *f*
billhook ['bɪlhʊk] *n* podadera *f*, navaja *f* jardinera
billiard ['bɪljəd] *n* **billiards** billar *(con agujeros)*; **to play billiards** jugar al billar ❏ **~ ball** bola *f* de billar; **~ cue** taco *m* de billar; **~ table** mesa *f* de billar
billing ['bɪlɪŋ] *n* THEAT puesto *m* en el reparto *(por orden de importancia)*; **to get top ~** ser cabeza de cartel, encabezar el reparto
billion ['bɪljən] *n* **-1.** *(thousand million)* mil millones *mpl*, millardo *m* **-2.** *Br Old-fashioned (million million)* billón *m* **-3.** *Fam* **I've got billions of things to do!** ¡tengo miles de cosas que hacer!
billionaire [bɪljə'neə(r)] *n* multimillonario(a) *m,f*
billionairess [bɪljənə'res] *n* multimillonaria *f*
billionth ['bɪljənθ] ◇ *n* milmillonésima *f*
◇ *adj* milmillonésimo(a); *Fam* enésimo(a)

billow ['bɪləʊ] ◇ *n* **-1.** *(of smoke)* nube *f* **-2.** *(wave)* ola *f* grande, oleada *f*
◇ *vi* ondear; **smoke billowed out of the chimney** salían nubes de humo de la chimenea
◆ **billow out** *vi* hincharse
billowing ['bɪləʊɪŋ] *adj* hinchado(a)
billowy ['bɪləʊɪ] *adj (dress, sail)* ondeante; *(clouds)* ondulante
billposter ['bɪlpəʊstə(r)] *n* **billposters will be prosecuted** *(sign)* prohibido fijar carteles (responsable el anunciante)
billy ['bɪlɪ] *n* **-1.** *Br & Austr (container)* cazo *m* **-2.** *US* **~ (club)** porra *f* **-3.** **~ (goat)** macho *m* cabrío
billycan ['bɪlɪkæn] *n Br & Austr* olla *f*
billy-o(h) ['bɪlɪəʊ] *n Br Fam* **to run like ~** correr como alma que lleva el diablo
bimbo ['bɪmbəʊ] *(pl* **bimbos**) *n Fam Pej* = mujer atractiva y de pocas luces
bimetallic [baɪmɪ'tælɪk] *adj* TECH **~ strip** banda *f or* lámina *f* bimetálica
bimonthly [baɪ'mʌnθlɪ] ◇ *adj* **-1.** *(every two months)* bimestral **-2.** *(twice monthly)* bimensual
◇ *adv* **-1.** *(every two months)* bimestralmente **-2.** *(twice monthly)* bimensualmente, dos veces al mes
bin [bɪn] ◇ *n* **-1.** *Br (domestic)* balde *m*, *Esp* cubo *m*; *(very large)* contenedor *m*; *(for waste paper, on lamppost)* papelera *f*, *Arg*, *Méx* cesto *m*, *Carib* zafacón *m*, *Chile* papelero *m*, *Col* caneca *f*, *Méx* bote *m*; **to put sth in the ~** tirar algo a la basura
-2. *(for coal)* carbonera *f*; *(for grain)* granero *m*; *Br (for bread)* panera *f*
-3. *Br (for wine)* botellero *m* ❏ **~ end** resto *m* *(de botellas de vino)*
◇ *vt (pt & pp* **binned***)* **-1.** *(store)* almacenar **-2.** *Br Fam (discard)* tirar (a la papelera)
binary ['baɪnərɪ] *adj* **-1.** MATH & COMPTR binario(a) ❏ **~ code** código *m* binario; **~ digit** dígito *m* binario; **~ file** archivo *m* binario; **~ notation** numeración *f* binaria; **~ number** número *m* binario; **~ search** búsqueda *f* binaria; **~ system** sistema *m* binario **-2.** MIL **~ weapon** arma *f* química de agente binario **-3.** ASTRON **~ star** estrella *f* binaria *or* doble; **~ system** sistema *m* binario
bin-bag ['bɪnbæg] *n Br* bolsa *f* de basura
bind [baɪnd] ◇ *n Fam* **-1.** *(awkward situation)* **to be in a ~** estar en un apuro
-2. *Br (inconvenience)* **it's a real ~ to have to...** es un verdadero fastidio tener que..., es una verdadera lata tener que...
◇ *vt (pt & pp* **bound** [baʊnd]) **-1.** *(tie)* atar; **~ sb hand and foot** atar a alguien de pies y manos; *Fig* **they are bound together by ties of friendship** les unen lazos *or* vínculos de amistad
-2. *(bandage)* vendar
-3. *(book)* encuadernar; **bound in leather** encuadernado en cuero *or Esp*, *Méx* piel
-4. *(garment)* atar
-5. *(cause to stick)* unir, ligar; **~ the mixture with egg** ligar la mezcla con huevo
-6. *(oblige)* **she bound me to secrecy** me hizo prometer que guardaría el secreto
◇ *vi (sauce)* ligarse
◆ **bind over** *vt sep* LAW **to ~ sb over** obligar judicialmente a alguien; *Br* **they were bound over to keep the peace** les fue impuesta una caución de buen comportamiento; *US* **he was bound over to the grand jury** estaba obligado (por ley) a comparecer ante el jurado de acusación
◆ **bind up** *vt sep* **-1.** *(cut, wound)* vendar **-2.** **to be bound up with sth** *(involved)* estar íntimamente relacionado(a) con algo
binder ['baɪndə(r)] *n* **-1.** *(for papers)* carpeta *f* **-2.** *(bookbinder)* encuadernador(ora) *m,f*; *(company)* empresa *f* de encuadernación **-3.** *(farm machinery)* empacadora *f* **-4.** *(glue, for sauce)* aglutinante *m*

binding ['baɪndɪŋ] ◇ n **-1.** (of book) cubierta f, tapa f **-2.** (on skis) fijación f
◇ adj (agreement, commitment) vinculante; **the agreement is ~ on all parties** el acuerdo es vinculante para todas las partes
bindweed ['baɪndwiːd] n enredadera f
binge [bɪndʒ] Fam ◇ n (drinking spree) borrachera f, **to go on a ~** ir de juerga or Esp marcha; **to go on a shopping ~** ir de compras y traerse media tienda; **a chocolate ~** un atracón de chocolate
◇ vi **to ~ on sth** darse un atracón de algo; **a cycle of bingeing and dieting** un ciclo de atracones y dietas
bingo ['bɪŋgəʊ] ◇ n bingo m ❑ **~ caller** locutor(ora) m,f de bingo; **~ hall** (sala f de) bingo m
◇ exclam ¡olé!, ¡bravo!
bin-liner ['bɪnlaɪnə(r)] n Br bolsa f de basura
binman ['bɪnmæn] n Br basurero m
binnacle ['bɪnəkəl] n NAUT bitácora f
binocular [bɪ'nɒkjʊlə(r)] adj binocular; **~ vision** visión binocular
binoculars [bɪ'nɒkjʊləz] npl prismáticos mpl
binomial [baɪ'nəʊmɪəl] MATH ◇ n (algebra) binomio m
◇ adj **~ distribution** distribución f binomial; **~ theorem** binomio m de Newton
bint [bɪnt] n Br very Fam Pej tipa f, Esp tía f
bioassay [baɪəʊ'seɪ] n bioensayo m
biochemic(al) [baɪəʊ'kemɪk(əl)] adj bioquímico(a)
biochemist [baɪəʊ'kemɪst] n bioquímico(a) m,f
biochemistry [baɪəʊ'kemɪstrɪ] n bioquímica f
biodata ['baɪəʊdeɪtə] n datos mpl biográficos
biodegradable [baɪəʊdɪ'greɪdəbəl] adj biodegradable
biodiversity [baɪəʊdaɪ'vɜːsɪtɪ] n biodiversidad f
bioengineering ['baɪəʊendʒɪ'nɪərɪŋ], **biological engineering** [baɪə'lɒdʒɪkəlendʒɪ'nɪərɪŋ] n **-1.** MED ingeniería f biomédica **-2.** BIOL bioingeniería f
biofeedback [baɪəʊ'fiːdbæk] n PSY biorreacción f
biogas ['baɪəʊgæs] n biogás m
biographer [baɪ'ɒgrəfə(r)] n biógrafo(a) m,f
biographic(al) [baɪəʊ'græfɪk(əl)] adj biográfico(a)
biography [baɪ'ɒgrəfɪ] n biografía f
biological [baɪə'lɒdʒɪkəl] adj biológico(a) ❑ **~ clock** reloj m biológico; **~ diversity** diversidad f biológica; **~ niche** nicho m biológico; **~ warfare** guerra f bacteriológica; **~ washing powder** detergente m de or con acción biológica
biological engineering = bioengineering
biologist [baɪ'ɒlədʒɪst] n biólogo(a) m,f
biology [baɪ'ɒlədʒɪ] n biología f
biomass ['baɪəʊmæs] n biomasa f
biometrics [baɪəʊ'metrɪks] n biometría f
bionic [baɪ'ɒnɪk] adj biónico(a)
bionics [baɪ'ɒnɪks] n biónica f
biophysicist [baɪəʊ'fɪzɪsɪst] n biofísico(a) m,f
biophysics [baɪəʊ'fɪzɪks] n biofísica f
biopic ['baɪəʊpɪk] n Fam (movie) película f biográfica
biopiracy [baɪəʊ'paɪrəsɪ] n biopiratería f
biopsy ['baɪɒpsɪ] n MED biopsia f
biorhythm ['baɪəʊrɪðəm] n biorritmo m
BIOS ['baɪɒs] n COMPTR (abbr **Basic Input/Output System**) BIOS m or f
bioscope ['baɪəʊskəʊp] n SAfr cine m
biosphere ['baɪəʊsfɪə(r)] n biosfera f
biosynthesis [baɪəʊ'sɪnθɪsɪs] n biosíntesis f inv
biotech ['baɪəʊtek] ◇ n biotecnología f
◇ adj (industry, company) de biotecnología
biotechnology [baɪəʊtek'nɒlədʒɪ] n biotecnología f
bioterrorism [baɪəʊ'terərɪzəm] n bioterrorismo m
bioterrorist [baɪəʊ'terərɪst] n bioterrorista mf
bipartisan [baɪ'pɑːtɪzæn] adj POL bipartito(a)
bipartite [baɪ'pɑːtaɪt] adj **-1.** (in two parts) con dos partes, Spec bipartido(a) **-2.** (agreement, talks) bipartito(a), bilateral
biped ['baɪped] n bípedo(a) m,f
◇ adj bípedo(a)

biplane ['baɪpleɪn] n biplano m
bipolar [baɪ'pəʊlə(r)] adj ELEC (transistor) bipolar
biracial [baɪ'reɪʃəl] adj **a ~ area** una zona en la que conviven gentes de dos razas
birch [bɜːtʃ] ◇ n **-1.** (tree, wood) abedul m **-2.** Br (rod for whipping) vara f; **to give sb the ~** azotar a alguien
◇ vt (beat) azotar
Bircher ['bɜːtʃə(r)] n US POL = miembro de la John Birch Society, asociación estadounidense anticomunista y ultraconservadora
bird [bɜːd] n **-1.** (gen) pájaro m; (as opposed to mammals, reptiles etc) ave f ❑ **~ of ill omen** pájaro m de mal agüero; **~'s nest soup** sopa f de nido de golondrina; **~ of paradise** ave f del paraíso; **~ of paradise flower** flor m del paraíso; **~ of passage** (bird) ave f migratoria or de paso; (person) ave f de paso; **~ of prey** (ave f) rapaz f, ave f de presa; **~ sanctuary** refugio m de aves; AV **~ strike** colisión f con un ave; **~ table** comedero m de pájaros
-2. Br Fam (woman) nena f, Arg piba f
-3. Fam (man) tipo m; **he's a strange** or **odd** or **queer ~** es un tipo raro
-4. Br Fam (imprisonment) **to do ~** pasar una temporada a la sombra
-5. IDIOMS **she eats like a ~** come como un pajarito; **the ~ has flown** el pájaro ha volado; **a little ~ told me** me lo dijo un pajarito; **it's (strictly) for the birds** es cosa de bobos, es del género tonto; Br **to give sb the ~** (boo, shout at) abroncar or abuchear a alguien; US **to give** or **flip sb the ~** = hacer un gesto grosero a alguien con el dedo medio hacia arriba, ≃ hacer un corte de mangas a alguien; **to kill two birds with one stone** matar dos pájaros de un tiro; Euph **to tell sb about the birds and the bees** explicar a alguien de dónde vienen los niños; PROV **a ~ in the hand is worth two in the bush** más vale pájaro en mano que ciento volando; PROV **birds of a feather flock together** Dios los cría y ellos se juntan; **he and his father are birds of a feather** él y su padre son de tal palo, tal astilla
birdbath ['bɜːdbɑːθ] n = especie de pila con agua que se coloca en el jardín para que los pájaros se refresquen
birdbrain ['bɜːdbreɪn] n Fam cabeza mf de chorlito
bird-brained ['bɜːdbreɪnd] adj Fam **to be ~** ser un(a) majadero(a); **a ~ idea** una majadería
birdcage ['bɜːdkeɪdʒ] n jaula f
birdcall ['bɜːdkɔːl] n canto m
bird-dog ['bɜːddɒg] US ◇ n perro m cobrador
◇ vt (watch) vigilar de cerca, estar encima de
birder ['bɜːdə(r)] n Fam aficionado(a) m,f a la observación de aves
bird-fancier ['bɜːdfænsɪə(r)] n Br criador(ora) m,f de pájaros
birdhouse ['bɜːdhaʊs] n US **-1.** (box) caja f nido **-2.** (aviary) pajarera f
birdie ['bɜːdɪ] ◇ n **-1.** Fam (bird) pajarito m; Br **watch the ~!** (photographer to children) ¡mira el pajarito! **-2.** (in golf) uno m bajo par, birdie m; **a ~ 3** un birdie en un par cuatro
◇ vt (in golf) **to ~ a hole** hacer uno bajo par or birdie en un hoyo
birding ['bɜːdɪŋ] n Fam observación f de aves; **to go ~** ir a observar aves
birdlike ['bɜːdlaɪk] adj (appetite, movements) de pajarito
bird-lime ['bɜːdlaɪm] n liga f
birdseed ['bɜːdsiːd] n alpiste m
bird's-eye view ['bɜːdzaɪ'vjuː] n **to have a ~** (of place) tener una vista panorámica (desde arriba); (of situation) tener una visión de conjunto
birdshot ['bɜːdʃɒt] n perdigones mpl
birdsong ['bɜːdsɒŋ] n canto m de los pájaros or las aves
birdwatcher ['bɜːdwɒtʃə(r)] n aficionado(a) m,f a la observación de aves, observador(ora) m,f de aves

birdwatching ['bɜːdwɒtʃɪŋ] n observación f de aves; **to go ~** ir a observar aves
biretta [bɪ'retə] n REL birreta f
biriani, biryani [bɪrɪ'ɑːnɪ] n CULIN = plato indio a base de arroz especiado, con azafrán y carne o pescado
Birmingham ['bɜːmɪŋəm] n Birmingham
Biro® ['baɪrəʊ] (pl **Biros**) n Br **~ (pen)** bolígrafo m, Carib pluma f, Col, Ecuad esferográfico m, CSur lapicera f, Méx pluma f (atómica)
birth [bɜːθ] n also Fig nacimiento m; (delivery) parto m; **to give ~ (to sb)** dar a luz (a alguien); **at ~** al nacer; **from ~** de nacimiento; **Irish by ~** irlandés(esa) de nacimiento; **of noble/low ~** de noble/baja cuna ❑ **~ certificate** partida f de nacimiento; **~ control** control m de (la) natalidad; **~ control methods** métodos mpl anticonceptivos; **~ mother** madre f biológica; also Fig **~ pangs** dolores mpl del parto; **~ parent** (father) padre m biológico; (mother) madre f biológica; **~ rate** tasa f or índice m de natalidad; **~ sign** signo m del zodiaco
birthday ['bɜːθdeɪ] n cumpleaños m inv; **on her twenty-first ~** el día que cumplió veintiún años; **she was forty-two on her last ~** tiene cuarenta y dos años cumplidos; **let me buy the ~ girl/boy a drink** te invito a una copa por estar de cumpleaños; IDIOM Fam **she was in her ~ suit** estaba como su madre la trajo al mundo ❑ **~ cake** tarta f de cumpleaños; **~ card** (tarjeta f de) felicitación f de cumpleaños; Br **~ honours** = títulos honorarios concedidos el día del cumpleaños del monarca británico; **~ party** fiesta f de cumpleaños; **~ present** regalo m de cumpleaños
birthing pool ['bɜːθɪŋpuːl] n Br = bañera portátil para partos en el agua
birthmark ['bɜːθmɑːk] n antojo m, marca f de nacimiento
birthplace ['bɜːθpleɪs] n lugar m de nacimiento
birthright ['bɜːθraɪt] n derecho m natural
biryani = biriani
Biscay ['bɪskeɪ] n **the Bay of ~** el Golfo de Vizcaya
biscuit ['bɪskɪt] ◇ n **-1.** Br (sweet, salted) galleta f; IDIOM Fam **that really takes the ~!** ¡esto es el colmo! **-2.** US (muffin) tortita f, bollo m **-3.** (colour) beige m inv, Esp beis m inv **-4.** (ceramics) bizcocho m, biscuit m
◇ adj (colour) beige inv, Esp beis inv
bisect [baɪ'sekt] vt **-1.** MATH bisecar **-2.** (of road) (town, area) dividir por la mitad
bisexual [baɪ'seksjʊəl] ◇ n bisexual mf
◇ adj bisexual
bisexuality [baɪseksjʊ'ælɪtɪ] n bisexualidad f
bishop ['bɪʃəp] n **-1.** REL obispo m ❑ **bishops' conference** conferencia f episcopal **-2.** (in chess) alfil m
bishopric ['bɪʃəprɪk] n **-1.** (office) obispado m **-2.** (diocese) obispado m
bismuth ['bɪzməθ] n CHEM bismuto m
bison ['baɪsən] n bisonte m
bisque [bɪsk] n **-1.** CULIN crema f de mariscos, bisqué m ❑ **lobster ~** crema f de langosta **-2.** (unglazed china) bizcocho m
bistro ['biːstrəʊ] (pl **bistros**) n restaurante m pequeño
bisulphate, US **bisulfate** [baɪ'sʌlfeɪt] n CHEM bisulfato m
bisync [baɪ'sɪŋk], **bisynchronous** [baɪ'sɪŋkrənəs] adj COMPTR bisíncrono(a)
bit¹ [bɪt] n **-1.** (in horseriding) bocado m; IDIOM **to have the ~ between one's teeth** haber tomado or Esp cogido carrerilla **-2.** (for drill) broca f
bit² n **-1.** (piece) trozo m; **would you like a ~ of cake?** ¿quieres un trozo de pastel?; **he has eaten every ~** se ha comido hasta el último bocado; **to blow sth to bits** volar algo en pedazos; **to come** or **fall to bits** romperse en pedazos, Fig **this house is falling to bits!** ¡esta casa se cae en pedazos!; **to take sth to bits** desarmar or desmontar algo; **to tear/smash sth to bits** hacer añicos algo; **I'm doing it a ~ at a time** lo estoy haciendo poco a poco; **~ by ~** poco

a poco; *Fam* **I'm not into the whole marriage ~** el rollo del matrimonio no va conmigo; **bits and pieces** *or* **bobs** *(personal belongings)* cosas, trastos; IDIOM *Fam* **to have a ~ on the side** tener un rollo, *RP* tener una historia; IDIOM *Fam* **she's my ~ on the side** tengo un rollo *or RP* una historia con ella

-2. *(part)* parte *f*; **this is the easy ~** ésta es la parte fácil; **the best ~ was when...** lo mejor fue cuando...; **I have done my ~** yo he cumplido con mi parte; **I try to do my ~ for charity** intento poner mi granito de arena por las organizaciones benéficas

-3. *(expressing amount)* **a ~ of** *(some)* un poco de; **a ~ of advice** un consejo; **we had a ~ of difficulty in finding him** nos costó un poco encontrarlo; **do a ~ of exercise every day** haz algo de ejercicio todos los días; **with a ~ of luck** con un poco de suerte; **a ~ of news** una noticia; **would you like some more coffee? – just a ~, please** ¿quieres más café? – sólo un poquito; **he's a ~ of an idiot** es bastante idiota; **I've got a ~ of a sore throat** me duele un poco la garganta; **this could become a ~ of a problem** puede que esto dé problemas; **he views himself as a ~ of an authority on the subject** se cree toda una autoridad en el tema; **that'll take a ~ of doing** no será nada fácil hacerlo; **it takes a ~ of getting used to** se tarda algo en acostumbrarse; **that must have cost a ~!** ¡debe de haber costado una fortuna *or* un dineral!; IDIOM *Fam* **she's a ~ of all right** está muy buena, no está nada mal; IDIOM *Br Fam* **a ~ of fluff** *or* **stuff** *or* **skirt** un bombón

-4. *(expressing degree)* **a ~ late/heavy/tired** un poco tarde/pesado(a)/cansado(a); **a ~ more/less** un poco más/menos; **could you turn the fire up a ~?** ¿podrías subir el fuego un poco?; **it's a ~ like a Picasso** se parece algo a un Picasso; **it's a ~ too small** es un poco pequeño; **I'm a ~ cold, actually** la verdad es que tengo algo de frío; **it's a ~ annoying** es bastante molesto; **this curry's a ~ on the hot side** este curry está muy picante; **I'm every ~ as good as him** no tengo nada que envidiarle; **a good ~ older** bastante más viejo(a); **he wasn't the least ~ nervous** no estaba nervioso en absoluto; **a little ~ worried/tired** algo preocupado(a)/cansado(a); **you haven't changed a ~** no has cambiado lo más mínimo; **he's not a ~ like his father** no se parece en nada a su padre; IDIOM **not a ~ (of it)!** ¡en absoluto!; **it's quite a ~ warmer today** hace bastante más calor hoy; **we saved quite a ~ of time** ahorramos bastante tiempo; IDIOM *Fam* **that's a ~ much!** ¡eso es pasarse!; *Fam* **it was a ~ much of them to expect us to help** ¡fue un poco fuerte esperar que les ayudáramos!

-5. *(with time)* rato *m*, momento *m*; **I'm popping out for a ~** voy a salir un rato *or* momento; **I'll be back in a ~** vuelvo en un momento; **wait a ~!** ¡espera un poco!

-6. COMPTR bit *m*; **bits per second** bits por segundo; **a 16-~ computer** *Esp* un ordenador *or Am* una computadora de 16 bits ❑ **~ *chain*** cadena *f* de bits; **~ *command*** comando *m* binario

-7. *Fam (coin)* moneda *f*; *US* **two bits** 25 centavos

-8. *US Fam (term of imprisonment)* **he did a ~ in Fort Worth** estuvo *Esp* enchironado *or Méx* en el bote *or RP* en cana en Fort Worth

bit³ *pt of* **bite**

bitch [bɪtʃ] ◇ *n* -1. *(female dog)* perra *f*; *(female wolf)* loba *f*
-2. *very Fam Pej (unpleasant woman)* bruja *f*, zorra *f*
-3. *Br Fam (person)* **the poor ~** la pobre desgraciada; **the lucky ~** la muy suertuda
-4. *Fam (awkward thing, task)* fastidio *m*, *Esp* jodienda *f*; **her place is a ~ to find without a map** no hay Dios que encuentre su casa sin un mapa; **I've had a ~ of a day** he tenido

un día bien jodido; IDIOM **life's a ~!** ¡qué vida más perra!
-5. *Fam (complaint)* queja *f*; **what's their latest ~?** ¿de qué se quejan ahora?
◇ *vi Fam* -1. *(complain)* quejarse, *Esp* dar la tabarra
-2. *(say malicious things about)* chismorrear; **he's always bitching about his colleagues** siempre está poniendo a parir *or RP* sacándole el cuero a sus compañeros
◇ *vt US Fam (spoil)* jorobar

➤ **bitch up** *vt sep US Fam* jorobar

bitchiness ['bɪtʃɪnɪs] *n Fam* mala idea *f*, mala uva *f*

bitchy ['bɪtʃɪ] *adj Fam* malicioso(a), *Esp* puñetero(a); **she was very ~ to the new girl** fue muy puñetera con la chica nueva

bite [baɪt] ◇ *n* -1. *(of person, dog)* mordisco *m*; *(of insect)* picadura *f*; *(of snake)* mordedura *f*, picadura *f*
-2. *(mouthful)* bocado *m*; **he took a ~ out of the apple** dio un bocado a la manzana; **I haven't had a ~ to eat all day** no he probado bocado en todo el día
-3. *(in fishing)* **I haven't had a ~ all day** no han picado en todo el día
-4. *(sharpness, fierceness) (of speech, article)* chispa *f*; **this mustard has a bit of a ~** esta mostaza está fuertecilla
-5. *(in dentistry)* mordida *f*
-6. IDIOMS *Fam* **to put the ~ on sb** hacer chantaje a alguien; *Br* **to get another ~ or a second ~ at the cherry** tener una segunda oportunidad
◇ *vt (pt* **bit** [bɪt], *pp* **bitten** ['bɪtən]) -1. *(of person, dog)* morder; *(of insect, snake)* picar; **the dog bit him in** *or* **on the leg** el perro le mordió en la pierna; **the dog bit the rope in two** el perro rompió la cuerda de un mordisco; **to ~ one's lip** *(accidentally)* morderse un labio; *(not cry out in pain)* morderse la lengua; *also Fig* **to ~ one's tongue** morderse la lengua; **to ~ one's nails** morderse las uñas
-2. *Fam (bother)* **what's biting him?** ¿qué mosca le ha picado?
-3. IDIOMS *Fam* **to ~ the bullet** agarrar el toro por los cuernos *or RP* las astas; *Fam* **to ~ the dust** *(scheme, plan)* irse a pique *or* al garete *or RP* al cuerno; **to ~ the hand that feeds you** morder la mano que nos da de comer; PROV **once bitten twice shy** gato escaldado del agua fría huye, *RP* el que se quemó con leche, ve la vaca y llora; *US Fam* **~ me!**, *very Fam* **~ my ass!** *Esp* ¡vete a tomar por culo!, *Méx* ¡vete a la chingada!, *RP* ¡andá a cagar!
◇ *vi* -1. *(person, dog)* morder; *(insect, snake)* picar; **to ~ into sth** dar un mordisco a algo; **he bit through the cord** rompió la cuerda de un mordisco
-2. *(penetrate) (screw, drill)* penetrar; **the cost bit into our savings** los gastos supusieron una merma en nuestros ahorros; **the acid bit into the metal** el ácido corroyó el metal; **the rope bit into his wrists** la cuerda se le clavaba en las muñecas
-3. *(be felt) (cuts, recession)* hacerse notar; **the law is beginning to ~** la ley comienza a hacerse notar
-4. *(take bait)* picar, morder el anzuelo
-5. *US Fam (be bad)* ser una mierda

➤ **bite back** *vt sep* contener

➤ **bite off** *vt sep* arrancar de un mordisco; IDIOM **to ~ off more than one can chew** querer abarcar demasiado; *Fam* **there's no need to ~ my head off!** ¡no hace falta que me contestes así!

biter ['baɪtə(r)] *n Br* IDIOM **it's a case of the ~ bit** es como el cazador cazado

bite-sized ['baɪtsaɪzd], **bitesize** ['baɪtsaɪz] *adj* del tamaño de un bocado

biting ['baɪtɪŋ] *adj* -1. *(wind, cold)* penetrante
-2. *(satire, wit, sarcasm)* penetrante

bitingly ['baɪtɪŋlɪ] *adj* **a ~ cold wind** un viento helador

bitmap ['bɪtmæp] COMPTR ◇ *adj* en mapa de bits
◇ *n* mapa *m* de bits

bit-mapped ['bɪtmæpt] *adj* COMPTR en mapa de bits

bit-part ['bɪtpɑːt] *n (in play, movie)* papel *m* secundario

bitten *pp of* **bite**

bitter ['bɪtə(r)] ◇ *n Br (beer)* = cerveza sin burbujas y de tono castaño
◇ *adj* -1. *(taste)* amargo(a); IDIOM **it was a ~ pill to swallow** costó mucho tragar (con) aquello ❑ **~ *almond*** almendra *f* amarga; **~ *lemon*** *(drink)* refresco *m* de limón
-2. *(wind, cold, weather)* recio(a)
-3. *(resentful) (person)* amargado(a), resentido(a); **to be ~ about sth** estar resentido(a) por algo
-4. *(extremely unpleasant) (argument, words)* agrio(a); *(tears)* de amargura; *(blow)* duro(a); *(experience, memories, disappointment)* amargo(a)
-5. *(persistent) (opposition)* recio(a); *(struggle)* encarnizado(a); **to go on/resist to the ~ end** seguir/resistir hasta el final

bitterly ['bɪtəlɪ] *adv* -1. **it was ~ cold** hacía un frío horrible
-2. *(resentfully)* **to complain ~** quejarse amargamente
-3. *(extremely)* enormemente, terriblemente; **we were ~ disappointed** nos llevamos una decepción tremenda; **I ~ regretted telling them** me arrepentí enormemente de habérselo dicho

bittern ['bɪtən] *n* avetoro *m*

bitterness ['bɪtənɪs] *n* -1. *(taste)* amargor *m*
-2. *(of cold, wind, weather)* crudeza *f*, inclemencia *f*
-3. *(resentment)* amargura *f*, amargor *m*; **there was no ~ in his voice** no había rastro de amargura en su voz
-4. *(of opposition, struggle)* crudeza *f*

bitters ['bɪtəz] *npl (flavour for drinks)* bíter *m*, = aromatizante o tónico amargo del estilo de la angostura

bittersweet ['bɪtəswiːt] *adj (taste)* agridulce; **~ *memories*** recuerdos entre dulces y amargos

bitty ['bɪtɪ] *adj Fam* -1. *(incomplete, disconnected)* deshilvanado(a)
-2. *US (small)* **a little ~ town** una ciudad chiquitita

bitumen ['bɪtjʊmɪn] *n* betún *m*

bituminous [bɪ'tjuːmɪnəs] *adj* bituminoso(a) ❑ **~ *coal*** hulla *f*

bivalent [baɪ'veɪlənt] *adj* CHEM bivalente

bivalve ['baɪvælv] *n* ZOOL (molusco *m*) bivalvo *m*

bivariate [baɪ'veərɪət] *adj* MATH bivariante

bivouac ['bɪvʊæk] ◇ *n* vivac *m*, vivaque *m*
◇ *vi (pt & pp* **bivouacked**) vivaquear

bivvy ['bɪvɪ] *n Fam* vivac *m*, vivaque *m* ❑ **~ *bag*** saco *m* de vivac

bi-weekly [baɪ'wiːklɪ] ◇ *adj* -1. *(fortnightly)* quincenal
-2. *(twice weekly)* bisemanal
◇ *adv* -1. *(fortnightly)* quincenalmente
-2. *(twice weekly)* dos veces por semana
◇ *n* -1. *(fortnightly publication)* publicación *f* quincenal
-2. *(twice weekly publication)* publicación *f* bisemanal

biz [bɪz] *n* negocio *m*; *Br Fam* **it's the ~!** ¡es demasié *or Esp* la bomba!

bizarre [bɪ'zɑː(r)] *adj* extraño(a), raro(a)

bizarrely [bɪ'zɑːlɪ] *adv* extrañamente, de una forma extraña *or* rara

bk -1. *(abbr* **book***)* l. -2. *(abbr* **bank***)* bco.

blab [blæb] *(pt & pp* **blabbed***) Fam* ◇ *vt* soltar
◇ *vi* -1. *(tell secret)* cantar; **someone has blabbed to the newspapers** alguien se lo ha soplado a los periódicos
-2. *(chatter)* parlotear, *Esp* largar, *Méx* platicar, *RP* chusmear

blabber ['blæbə(r)] *vi Fam (chatter)* parlotear, *Esp* largar, *Méx* platicar, *RP* chusmear

blabbermouth ['blæbəmaʊθ] *n Fam* cotorra *f*, bocazas *mf inv*, *Am* bocón(ona) *m,f*

black [blæk] ◇ *n* -1. *(colour)* negro *m*; **to be dressed in ~** ir vestido(a) de negro
-2. *(person)* negro(a) *m,f*
-3. *(darkness)* oscuridad *f*
-4. *(in chess)* **Black wins in three moves** las negras ganan en tres movimientos
-5. IDIOMS **to be in the ~** *(financially)* tener saldo positivo; **it says here in ~ and white...** aquí *Esp* pone *or Am* dice claramente que...;

to see everything in ~ and white tener una actitud maniquea; **he'd swear ~ is white** es capaz de vender a su madre

◇ *adj* **-1.** *(colour)* negro(a); **~ and blue** *(bruised)* amoratado(a); **they beat him ~ and blue** la paliza lo dejó amoratado; IDIOM **as ~ as tar** *or Br* **pitch** oscuro como la boca del lobo ❏ **~ bass** perca *f* americana; **~ bear** oso *m* negro; **~ belt** *(in martial arts)* cinturón *m* negro; **to be a ~ belt** ser cinturón negro; AV **~ box** caja *f* negra; **~ bread** pan *m* moreno *or* negro (de centeno); **~ cab** = típico taxi negro británico; **~ duck** ánade *m* sombrío; **~ eye** ojo *m* morado; **to give sb a ~ eye** ponerle un ojo morado a alguien; **~ grouse** gallo *m* lira; **~ guillemot** arao *m* aliblanco; ASTRON **~ hole** agujero *m* negro; **~ ice** placas *fpl* de hielo; **~ kite** milano *m* negro; **~ light** luz *f* negra; **~ lung (disease)** neumoconiosis *f*; **~ nightshade** hierba *f* mora; **~ olive** aceituna *f* negra; **~ panther** pantera *f* negra; **~ pepper** pimienta *f* negra; *esp Br* **~ pudding** morcilla *f*; **~ rat** rata *f* campestre; **~ redstart** colirrojo *m* tizón; *Fig* **~ sheep** oveja *f* negra; **~ stork** cigüeña *f* negra; **~ tern** fumarel *m*; **~ tie** *Esp* pajarita *f* negra, *Chile* humita *f* negra, *Col* corbatín *m* negro, *Méx* corbata *f* de moño negra, *RP* moñito *m* negro, *Ven* corbata *f* de lacito negra; *(on invitation)* se ruega ir de etiqueta; *Br* **~ treacle** melaza *f* oscura; **~ vulture** buitre *m* monje; **~ wheatear** collalba *f* negra; **~ widow (spider)** viuda *f* negra

-2. *(race)* negro(a); **a ~ man** un negro; **a ~ woman** una negra; **the ~ vote** el voto negro, el voto de los negros ❏ **Black Africa** el África negra; **Black Consciousness** (el movimiento de) la conciencia negra; **Black Muslims** musulmanes *mpl* negros, negros *mpl* musulmanes; **the Black Panthers** los Panteras Negras; **Black Power** el poder negro; **Black Studies** = estudios de lo relacionado con la raza negra

-3. *(coffee)* solo(a), *RP* negro(a); *(tea)* solo(a).
-4. *(evil, unfavourable)* **to give sb a ~ look** lanzar a alguien una mirada asesina; **the future is looking ~** el futuro se presenta muy negro; **he's not as ~ as he's painted** no es tan malo como lo pintan; **it's a ~ day for Britain** es un día negro *or* aciago para Gran Bretaña; **to be in sb's ~ books** haber caído en desgracia con alguien, estar en la lista negra de alguien; **that earned him a ~ mark** aquello supuso un borrón en su historial; **a ~ mark against sb** un punto en contra de alguien ❏ **the ~ arts** las artes de encantamiento, la brujería; **~ magic** magia *f* negra; **~ mass** misa *f* negra; **~ spot** *(for accidents)* punto *m* negro
-5. *(macabre)* **~ comedy** *(play, movie)* comedia *f* de humor negro; **~ humour** humor *m* negro
-6. *(unofficial)* **~ economy** economía *f* sumergida; **~ market** mercado *m* negro; **~ marketeer** estraperlista *mf*
-7. *(in proper names)* **the Black Country** = la región industrial de las Midlands de Inglaterra; **the Black Death** la peste negra; **the Black Forest** la Selva Negra; **Black Forest gateau** = tarta de chocolate y guindas; **Black Friar** dominico *m*; **the Black Hole of Calcutta:** IDIOM **it's like the Black Hole of Calcutta in there** es como una lata de sardinas; *Br Fam* **Black Maria** *(police van)* furgón *m* celular *or* policial; PARL **Black Rod** = ujier de la cámara de los lores británica encargado de convocar a los comunes cuando se abre el periodo de sesiones; **the Black Sea** el Mar Negro; HIST **the Black and Tans** = fuerza armada de policía que Gran Bretaña envió en 1920 a Irlanda para combatir el levantamiento independentista; **the Black Watch** = regimiento del ejército británico que cuenta con la falda escocesa como parte de su uniforme

◇ *vt* **-1.** *(blacken)* ennegrecer, pintar de negro; *(shoes)* embetunar; **to ~ sb's eye** ponerle un ojo morado a alguien **-2.** *Br (boycott) (company)* boicotear

◆ **black out** *vt sep* **-1.** *(censor) (piece of writing)* borrar, tachar; *(person in photo)* suprimir **-2.** *(city)* dejar a oscuras **-3.** RAD & TV **industrial action has blacked out this evening's programmes** la huelga ha obligado a suspender los programas de esta noche

◇ *vi (faint)* desmayarse

◆ **black up** *vi* THEAT = pintarse la cara para interpretar el papel de un negro

BLACK AMERICAN ENGLISH

Muchos afroamericanos hablan una variante del inglés —también denominada "Ebonics"— cuyo origen se remonta a los esclavos negros. Actualmente algunos especialistas rechazan la expresión "inglés de los afroamericanos" para referirse a esta variante basándose en el hecho de que su estructura se asemeja más a la de las antiguas lenguas de África que a la del inglés estándar de los Estados Unidos.
Asimismo, en diciembre de 1996, el ministro de Educación norteamericano desestimó un intento de otorgar carácter oficial al "Ebonics". Con esa decisión, a los estudiantes de "Ebonics" se les impediría el acceso a las becas para estudiantes de lenguas extranjeras. Recientemente, y en particular gracias a la música rap, el "Ebonics" se ha puesto de moda entre los jóvenes de ambas orillas del Atlántico.

black-and-white ['blækən'waɪt] *adj (movie, TV, illustration)* en blanco y negro

blackball ['blækbɔːl] *vt* vetar, votar en contra de

blackberry ['blækbərɪ] ◇ *n* **-1.** *(bush)* zarzamora *f* **-2.** *(berry)* mora *f*
◇ *vi* **to go blackberrying** ir a buscar moras

blackbird ['blækbɜːd] *n* mirlo *m*

blackboard ['blækbɔːd] *n* pizarra *f*, encerado *m*, *Am* pizarrón *m* ❏ **the ~ jungle** = la escuela como lugar de enfrentamiento violento entre alumnos y profesores

blackcap ['blækkæp] *n* curruca *f* capirotada

blackcurrant ['blækkʌrənt] *n* **-1.** *(berry)* grosella *f* negra **-2.** *(bush)* grosellero *m* (negro)

blacken ['blækən] *vt* **-1.** *(make black)* ennegrecer; **he blackened his face** se pintó la cara de negro; **clouds blackened the sky** las nubes oscurecían el cielo **-2.** *(make dirty)* manchar; **smoke-blackened buildings** edificios ennegrecidos por el humo **-3.** *Fig (name, reputation)* manchar
◇ *vi (cloud, sky)* ennegrecerse, oscurecerse

black-eyed ['blækaɪd] *adj* **~ bean** alubia *f* carilla; **~ pea** alubia *f* carilla; **~ Susan** *(flower)* rubeckia *f*

blackface ['blækfeɪs] *n Old-fashioned* **in ~** con la cara pintada de negro

blackguard ['blægɑːd] *n Old-fashioned* villano *m*, bellaco *m*

blackhead ['blækhed] *n* punto *m* negro, barrillo *m*

blacking ['blækɪŋ] *n (for shoes)* betún *m*

blackjack ['blækdʒæk] *n* **-1.** *(card game)* veintiuna *f* **-2.** *US (truncheon)* porra *f*

blackleg ['blækleg] *Fam* ◇ *n (strikebreaker)* esquirol(ola) *m,f*
◇ *vi* romper la huelga

blacklist ['blæklɪst] ◇ *n* lista *f* negra
◇ *vt* poner en la lista negra

blackly ['blæklɪ] *adv (angrily)* enfurecidamente

blackmail ['blækmeɪl] ◇ *n* chantaje *m*
◇ *vt* hacer chantaje a, chantajear; **to ~ sb into doing sth** chantajear a alguien para que haga algo

blackmailer ['blækmeɪlə(r)] *n* chantajista *mf*

blackness ['blæknɪs] *n* **-1.** *(dirtiness)* negrura *f* **-2.** *(darkness)* oscuridad *f*

blackout ['blækaʊt] *n* **-1.** *(during air raid)* apagón *m* **-2.** *(power failure)* apagón *m* **-3.** *(fainting fit)* desmayo *m*; **to have a ~** sufrir un desmayo, desmayarse **-4.** RAD & TV **to impose a news ~** prohibir la cobertura informativa

Blackshirt ['blækʃɜːt] *n* HIST camisa *mf* negra

blacksmith ['blæksmɪθ] *n* herrero *m*

blackstrap ['blækstræp] *n US* **~ (molasses)** melaza *f* oscura

blackthorn ['blækθɔːn] *n* endrino *m*

black-tie ['blæk'taɪ] *adj* de etiqueta

blacktop ['blæktɒp] *n US* **-1.** *(substance)* asfalto *m* **-2.** *(road)* carretera *f*

bladder ['blædə(r)] *n* **-1.** ANAT vejiga *f* **-2.** *(of football)* cámara *f* (de aire)

bladderwrack ['blædəræk] *n* fuco *m*

blade [bleɪd] *n* **-1.** *(of knife, sword, razor)* hoja *f*; *(of ice skate)* cuchilla *f* **-2.** *(of propeller, oar, fan)* pala *f* **-3.** *(of grass)* brizna *f*, hoja *f* **-4.** *(of tongue)* cara *f* superior **-5.** *US Fam (knife)* navaja *f* **-6.** *Archaic or Literary (young man)* mozo *m*

blah [blɑː] *Fam* ◇ *n* **-1.** *(meaningless remarks, nonsense)* sandeces *fpl*, *Esp* chorradas *fpl*, *Am* pendejadas *fpl*, *RP* pavadas *fpl* **-2.** **~, ~, ~** *(to avoid repetition)* y tal y cual, patatín patatán **-3.** *US* **to have the blahs** *(feel depressed)* estar depre
◇ *adj (dull)* soso(a), *Esp* peñazo

blame [bleɪm] ◇ *n* **-1.** *(responsibility)* culpa *f*; **where does the ~ lie?** ¿quién tiene la culpa?; **to put** *or* **lay the ~ (for sth) on sb** culpar a alguien (de algo), echar la culpa a alguien (de algo); **to take** *or* **bear the ~ (for sth)** asumir la culpa (de algo); **to shift the ~ onto someone else** quitarse el muerto de encima; **I get the ~ for everything!** ¡siempre me echan la culpa de todo!
-2. *(reproof)* tacha *f*; **her conduct has been without ~** su conducta ha sido irreprochable *or* intachable
◇ *vt* **-1.** *(consider responsible)* culpar, echar la culpa a; **to ~ sb for sth, to ~ sth on sb** echar la culpa a alguien de algo; **I ~ the parents!** ¡la culpa la tienen los padres!; **don't ~ me for it!** ¡a mí no me eches la culpa!; **don't ~ me if you're late** ¡si llegas tarde, yo no tengo la culpa!; **he blames himself for what happened** se echa la culpa de lo que pasó; **she has nobody to ~ but herself**, **she has only herself to ~** ella, y sólo ella, tiene la culpa; **to be to ~ (for)** tener la culpa (de); **the bad weather was to ~** el mal tiempo tuvo la culpa
-2. *(reproach)* culpar; **I don't ~ you for wanting to leave** no me extraña que quieras marcharte; **she's left him – well, can you ~ her?** ella le ha dejado – ¡a ver!, ¡y con razón!

blameless ['bleɪmlɪs] *adj (person)* inocente; *(conduct, life)* intachable

blamelessly ['bleɪmlɪslɪ] *adv* de manera intachable

blameworthy ['bleɪmwɜːðɪ] *adj (person)* culpable; *(conduct)* reprobable

blanch [blɑːntʃ] ◇ *vt* CULIN escaldar
◇ *vi (go pale)* palidecer, ponerse pálido(a)

blancmange [blə'mɒnʒ] *n* = budín dulce de aspecto gelatinoso a base de leche y maicena

bland [blænd] *adj* **-1.** *(flavour, food)* soso(a), insulso(a); *(diet)* suave **-2.** *(person)* insulso(a), anodino(a); **~ assurances** promesas tibias

blandishments ['blændɪʃmənts] *npl Formal* halagos *mpl*, lisonjas *fpl*

blandly ['blændlɪ] *adv (to reply, smile)* tibiamente, con tibieza

blandness ['blændnɪs] *adj* **-1.** *(of flavour, food)* sosería *f*, insulsez *f* **-2.** *(of person)* insulsez *f*

blank [blæŋk] ◇ *adj* **-1.** *(space)* espacio *m* en blanco; **fill in the blanks** rellene los espacios en blanco; **my mind is a ~** no recuerdo absolutamente nada; IDIOM **to draw a ~** *(inquiry)* no sacar nada en claro *or* en limpio
-2. *(gun cartridge)* cartucho *m* de fogueo; **to fire** *or* **shoot blanks** disparar tiros de fogueo; *Fam (be infertile)* ser estéril
-3. *(form)* formulario *m or* impreso *m* (sin rellenar)
-4. *(unfinished piece of metal) (for cutting key)*

blanket

llave f ciega; *(for minting coin)* moneda f sin acuñar

◇ *adj* **-1.** *(unwritten on)* *(paper)* en blanco; *(cassette, disk)* virgen; **leave this line ~** no escribir en esta línea ❑ **~ *cheque*** cheque m en blanco; IDIOM **to give sb a ~ cheque to do sth** dar carta blanca a alguien para hacer algo; COMPTR **~ *unformatted disk*** disquete m sin formatear
-2. *(empty)* *(screen)* en blanco; **my mind went ~** se me quedó la mente en blanco ❑ **~ *cartridge*** *(for gun)* cartucho m de fogueo
-3. *(expressionless)* *(face, look)* vacío(a), inexpresivo(a); **he looked ~ when I mentioned your name** no dio muestras de reconocer tu nombre cuando lo mencioné
-4. *(absolute)* *(refusal, rejection)* rotundo(a)
-5. ~ *verse* *(in poetry)* verso m blanco, verso m suelto

◇ *vt Br (deliberately ignore)* **he blanked me** hizo como que no me veía

◆ **blank out** ◇ *vt sep (erase)* *(text, memory)* borrar

◇ *vi (lose consciousness)* perder la conciencia *or* el conocimiento

blanket ['blæŋkɪt] ◇ *n* **-1.** *(for bed)* manta f, *Am* cobija f, *Am* frazada f; IDIOM *Br* **to be born on the wrong side of the ~** ser hijo(a) ilegítimo(a) **-2.** *(of fog, cloud)* manto m

◇ *adj (agreement, ban)* general, total; **the government imposed a ~ ban on demonstrations** el gobierno prohibió todas las manifestaciones ❑ **~ *bath*** = lavado que se practica a un paciente postrado en cama; RAD & TV **~ *coverage*** *(of event)* cobertura f emisión f ininterrumpida; **~ *stitch*** punto m de festón; **~ *term (for)*** término m genérico (para referirse a)

◇ *vt (cover)* cubrir (**with** *or* **in** de)

◆ **blanket out** *vt sep* oscurecer, eclipsar

blankety-blank ['blæŋkətɪ'blæŋk] *Fam Euph* ◇ *adj* maldito(a), *Esp* puñetero(a)

◇ *exclam* **what the ~ are you doing here?** ¿qué porras haces tú aquí?

blankly ['blæŋklɪ] *adv* **-1.** *(to look, stare) (without expression)* inexpresivamente; *(without understanding)* sin comprender; **she stared ~ into the distance** tenía la mirada perdida en la distancia **-2.** *(to refuse)* de plano, rotundamente

blare [bleə(r)] ◇ *n* estruendo m

◇ *vi (radio, music, trumpet)* tronar

◆ **blare out** ◇ *vt sep* dar a todo volumen

◇ *vi (radio, music, trumpet)* tronar

blarney ['blɑːnɪ] *n Fam* coba f, labia f; IDIOM **he's kissed the Blarney Stone** tiene un pico de oro

blasé [*Br* 'blɑːzeɪ, *US* blɑː'zeɪ] *adj* **she was very ~ about the accident** no le dio mayor importancia al accidente

blaspheme [blæs'fiːm] *vi* blasfemar (**against** contra)

blasphemer [blæs'fiːmə(r)] *n* blasfemo(a) m,f

blasphemous ['blæsfəməs] *adj* blasfemo(a)

blasphemy ['blæsfəmɪ] *n* blasfemia f

blast [blɑːst] ◇ *n* **-1.** *(of wind)* ráfaga f; *(of heat, steam)* bocanada f; **at full ~** *(of machines)* a toda máquina ❑ **~ *furnace*** alto horno m
-2. *(sound) (of whistle, horn)* pitido m; *Fam* **the radio was on full ~** la radio estaba a todo volumen
-3. *(explosion)* explosión f; *(shock wave)* onda f expansiva; IDIOM *Fam* **meeting him was a real ~ from the past!** ¡encontrarme con él fue como volver de repente al pasado! ❑ **~ *wave*** onda f de choque
-4. *US Fam (good time)* **it was a ~** lo pasamos genial, *Esp* fue una pasada; **we had a ~** lo pasamos bomba; **he gets a ~ out of teasing her** le encanta tomarle el pelo

◇ *vt* **-1.** *(with explosives) (hole, tunnel)* abrir (con la ayuda de explosivos); **the rocket was blasted into space** el cohete fue lanzado al espacio; **the building had been blasted by a bomb** una bomba había volado el edificio
-2. *(with gun)* **to ~ sb's head off** volarle la cabeza a alguien

-3. *Fam (criticize)* machacar, atacar
-4. *Formal (destroy) (crops)* arrasar, asolar; **to ~ sb's hopes** dar al traste con las esperanzas de alguien
-5. *Br Fam* **~ (it)!** ¡maldita sea!; **~ that train!** ¡maldito tren!

◇ *vi (radio, television, music)* tronar, sonar estruendosamente

◆ **blast off** *vi (space rocket)* despegar

blasted ['blɑːstɪd] ◇ *adj* **-1.** *Formal (plant)* arruinado(a), destruido(a); **a ~ oak** un roble partido por un rayo **-2.** *Fam (for emphasis)* dichoso(a), *Esp* puñetero(a); **it's a ~ nuisance!** ¡es una pesadez *or* lata! **-3.** *Fam (drunk)* trompa; *(on drugs)* colocado(a)

◇ *adv Fam (for emphasis)* **don't go so ~ fast!** ¡no hace falta que te vayas a toda velocidad!

blast-off ['blɑːstɒf] *n (of space rocket)* despegue m, lanzamiento m

blatant ['bleɪtənt] *adj* manifiesto(a); **must you be so ~ about it?** no hace falta que se entere todo el mundo; **a ~ lie** una mentira evidente

blatantly ['bleɪtəntlɪ] *adv* ostensiblemente, manifiestamente; **it's ~ obvious** es más que evidente

blather ['blæðə(r)] *US Fam* ◇ *n Esp* paridas fpl, *Am* pendejadas fpl, *RP* pavadas fpl

◇ *vi* desbarrar, decir *Esp* paridas *or Am* pendejadas *or RP* pavadas

blaze [bleɪz] ◇ *n* **-1.** *(fire) (in hearth)* fuego m, hoguera f; *(uncontrolled)* fuego m, incendio m; **five die in ~** *(in headline)* cinco muertos en un incendio
-2. *(of colour, light)* explosión f; **they died in a ~ of gunfire** murieron acribillados en un tiroteo; **in a ~ of anger** en un ataque de ira; **in a ~ of publicity** acompañado(a) de una gran campaña publicitaria; **to go out in a ~ of glory** marcharse de forma apoteósica
-3. *(mark) (on tree)* marca f, señal f; *(on horse)* mancha f *(de color claro)*
-4. *Fam* **to run/work like blazes** correr/trabajar como una bala *or* a toda mecha; *Fam* **what the blazes does he want?** ¿qué diablo *or* diantre(s) quiere?; **who/why the blazes...?** ¿quién/por qué demonios *or* diantres...?; *Fam* **go** *or Br* **get to blazes!** ¡váyase usted a la porra!

◇ *vt* **-1.** *(proclaim, publish)* proclamar; **the news was blazed across the front page** la noticia apareció en portada en grandes caracteres
-2. *(lead)* abrir, dirigir; IDIOM **to ~ a trail** abrir nuevos caminos

◇ *vi* **-1.** *(fire)* arder; *(sun)* abrasar **-2.** *(light)* estar encendido(a) *or Am* prendido(a); *(eyes, gem)* brillar; **to ~ with anger** estar encendido(a) de ira **-3.** *(gun)* disparar ininterrumpidamente

◆ **blaze away** *vi (with gun)* disparar continuamente

blazer ['bleɪzə(r)] *n (chaqueta f)* blazer m

blazing ['bleɪzɪŋ] *adj* **-1.** *(sun, heat)* abrasador(ora), achicharrante; **a ~ hot day** un día achicharrante **-2.** *(building)* en llamas **-3.** *(furious)* iracundo(a), fuera de sí; **a ~ row** una discusión violenta

blazon ['bleɪzən] *vt* **-1.** *(decorate)* ornar (**with** con) **-2.** *(broadcast)* proclamar *or* pregonar a los cuatro vientos; **his name was blazoned all over the news** su nombre sonaba en todos los noticiarios

bldg *(abbr* **building***)* ed., edificio m

bleach [bliːtʃ] ◇ *n* lejía f, *Arg* lavandina f, *CAm, Chile, Méx, Ven* cloro m, *Col* decol m, *Urug* jane f

◇ *vt (cloth)* desteñir; **hair bleached by the sun** cabellos descoloridos por el sol

◇ *vi* **to ~ in the sun** *(hair)* decolorarse con el sol; **do not ~** *(washing instruction)* no poner en lejía

bleachers ['bliːtʃəz] *npl US* gradas fpl descubiertas

bleaching powder ['bliːtʃɪŋ'paʊdə(r)] *n* cloruro m de cal, polvos mpl de blanqueo

bleak

bleak [bliːk] *adj* **-1.** *(landscape, mountain)* desolado(a) **-2.** *(weather)* desapacible **-3.** *(grim) (situation, existence, outlook)* desolador(ora); **the future looks ~** el futuro se presenta desolador

bleakly ['bliːklɪ] *adv* sombríamente

bleakness ['bliːknɪs] *n* **-1.** *(of landscape)* desolación f **-2.** *(of weather)* desapacibilidad f **-3.** *(hopelessness)* carácter m desolador

blearily ['blɪərɪlɪ] *adv* con ojos de sueño

bleary ['blɪərɪ] *adj (eyes)* de sueño

bleary-eyed ['blɪərɪ'aɪd] *adj* **to be ~** tener ojos de sueño

bleat [bliːt] ◇ *n* **-1.** *(of lamb, goat, calf)* balido m **-2.** *(of person)* lamento m

◇ *vi* **-1.** *(lamb, goat, calf)* balar **-2.** *Pej (complain)* quejarse, lamentarse (**about** de); **stop bleating!** ¡no seas quejica!

bleating ['bliːtɪŋ] ◇ *adj (of lamb, goat, calf)* balador(ora)

◇ *n* **-1.** *(of lamb, goat, calf)* balidos mpl **-2.** *Pej (complaining)* lamento m

bleed [bliːd] *(pt & pp* **bled** [bled]*)* ◇ *vt* **-1.** MED sangrar; IDIOM **to ~ sb dry** chupar la sangre a alguien **-2.** *(radiator)* purgar

◇ *vi* **-1.** *(person)* sangrar; **his nose is bleeding** le sangra la nariz; **to ~ to death** morir desangrado(a) **-2.** *(colour)* correrse **-3.** TYP sangrar

◇ *n* TYP sangrado m

bleeder ['bliːdə(r)] *n Br Fam* imbécil mf, soplagaitas mf inv; **poor ~** pobre diablo; **you lucky ~!** ¡qué suerte (tienes), cabrón!

bleeding ['bliːdɪŋ] ◇ *n* hemorragia f; **has the ~ stopped?** ¿te ha dejado de salir sangre?

◇ *adj* **-1.** *(wound)* sangrante ❑ *Fam Pej* **~ *heart*** *(person)* abogado(a) m,f de causas perdidas, blandengue mf **-2.** *Br Fam (for emphasis)* **you ~ liar!** ¡pedazo de *or Méx* pinche mentiroso!; **you ~ idiot!** ¡maldito *or Méx* pinche imbécil!

◇ *adv Br Fam (for emphasis)* **it's ~ cold/expensive** hace un frío/es caro de la leche; **that was ~ stupid!** ¡qué estupidez!; **you're ~ (well) coming with me!** ¡mecachis en la mar, tú te vienes conmigo!

bleep [bliːp] ◇ *n* pitido m

◇ *vt (page)* **to ~ sb** llamar a alguien al buscapersonas *or Esp* busca *or Méx* localizador *or RP* radiomensaje

◇ *vi* pitar

◆ **bleep out** *vt sep Fam* TV censurar con un pitido

bleeper ['bliːpə(r)] *n Br (pager)* buscapersonas m inv, *Esp* busca m, *Méx* localizador m, *RP* radiomensaje m

blemish ['blemɪʃ] ◇ *n* **-1.** *(mark)* mancha f, marca f; *(on fruit)* maca f **-2.** *(on reputation)* mancha f, mácula f; **her reputation is without ~** su reputación es intachable

◇ *vt Fig (spoil)* manchar, perjudicar

blench [blentʃ] *vi* **-1.** *(flinch)* inmutarse **-2.** *(turn pale)* palidecer, ponerse pálido(a)

blend [blend] ◇ *n* **-1.** *(mixture)* mezcla f **-2.** LING palabra f compuesta *(formada por parte de dos sustantivos)* **-3.** COMPTR degradado m

◇ *vt* **-1.** *(styles, ideas)* conjugar (**with** con) **-2.** CULIN mezclar; *(in blender)* batir; **~ the butter and sugar (together),** **~ the sugar into the butter** mezclar el azúcar con la mantequilla

◇ *vi* **-1.** *(mix together)* mezclarse; **their voices blended into one** sus voces sonaron al unísono **-2.** *(merge)* fundirse **-3.** **to ~ into** *(surroundings)* confundirse con; **to ~ into the background** *(go unnoticed)* pasar desapercibido(a)

◆ **blend in** *vi (with surroundings)* armonizar (**with** con)

blended ['blendɪd] *adj* **~ tea/tobacco** mezcla de tés/tabacos; **~ whisky** whisky de mezcla

blender ['blendə(r)] *n Esp* batidora f, *Am* licuadora f

blenny ['blenɪ] *n* blenio m, cangüeso m

bless [bles] *(pt & pp* **blessed** [blest]*)* *vt* **-1.** *(say blessing for)* bendecir; **God ~ America** Dios bendiga a América; **I ~ the day I learnt to**

blessed swim bendito sea el día en que aprendí a nadar

-2. *(in exclamations)* **God ~ you!** ¡(que) Dios te bendiga!; **~ you!** *(when someone sneezes)* ¡salud!, *Esp* ¡jesús!; *(in thanks)* ¡gracias!; *Old-fashioned* **~ my soul!** ¡válgame Dios!; **~ me if I hadn't left the keys at home!** ¡pues no me había dejado las llaves en casa!

-3. *(gift)* **he is blessed with quick wits/ good health** tiene la suerte de ser muy espabilado/tener muy buena salud; **they have been blessed with two fine children** han tenido dos hermosos hijos

blessed ['blesɪd] *adj* -1. *(holy)* sagrado(a), santo(a); **~ are the peacemakers** bienaventurados son los que buscan la paz ❑ **the Blessed Sacrament** el Santísimo Sacramento

-2. *(in Roman Catholic church)* **the Blessed Edith Stein** la beata Edith Stein

-3. *Fam (for emphasis)* dichoso(a); **every ~ day** todos los santos días; **a ~ nuisance** una pesadez; **I can't see a ~ thing!** ¡no veo ni jota *or* un pepino!

blessing ['blesɪŋ] *n* -1. *(religious)* bendición *f*; **the priest said the ~** el cura dio la bendición

-2. *(approval)* aprobación *f*; **with the ~ of his parents** con el consentimiento de sus padres; **the chairman gave the plan his ~** el presidente dio su aprobación *or* visto bueno al proyecto

-3. *(benefit, advantage)* bendición *f*, bondad *f*; **it was a ~ that no one was hurt** fue una bendición que nadie saliera herido; IDIOM **it turned out to be a ~ in disguise** pese a las apariencias, resultó ser una bendición; IDIOM **to count one's blessings** dar gracias (a Dios) por lo que se tiene

blether ['bleðə(r)] *vi Fam* -1. *(talk)* charlar -2. *(talk rubbish)* desbarrar, decir *Esp* paridas *or Am* pendejadas *or RP* pavadas

blew *pt of* **blow**

blight [blaɪt] ❖ *n* -1. *(crop disease)* mildiu *m* -2. *(destructive influence)* plaga *f*; **to cast a ~ on sth** enturbiar algo

❖ *vt* -1. *(crop)* infestar, arruinar -2. *(spoil, ruin)* arruinar, socavar; **a region blighted by poverty and epidemic** una región asolada por la pobreza y la enfermedad; **to ~ sb's hopes** truncar las esperanzas de alguien

blighter ['blaɪtə(r)] *n Br Fam Old-fashioned (fellow)* tipo *m*, *Esp* gachó *m*; **lucky ~** suertudo(a); **poor ~** pobre diablo

Blighty ['blaɪtɪ] *n Br Fam Old-fashioned* Inglaterra

blimey ['blaɪmɪ] *exclam Br Fam* ¡miércoles!, ¡caramba!, *Méx* ¡ay güey!

blimp [blɪmp] *n* -1. *(airship, balloon)* dirigible *m* -2. *Br Fam Pej* **a (Colonel) Blimp** un reaccionario, un carca

blimpish ['blɪmpɪʃ] *adj Br* reaccionario(a)

blind¹ [blaɪnd] ❖ *npl* **the ~** los ciegos, los invidentes; IDIOM **it's like the ~ leading the ~** es como un ciego guiando a otro ciego ❑ **~ school** escuela *f* para ciegos

❖ *adj* -1. *(unable to see)* & *Fig* ciego(a); **a ~ man** un ciego; **a ~ woman** una ciega; **to be ~** ser *or* estar ciego(a); **to go ~** quedarse ciego(a); *Fig* **to be ~ to sth** no ver algo; **she was ~ to the consequences** no era capaz de ver las consecuencias; **to be ~ in one eye** ser tuerto(a); *Fam* **I'm ~ without my glasses** sin *Esp* gafas *or Am* anteojos no veo nada; IDIOM **to be as ~ as a bat** ser cegato(a) perdido(a); IDIOM **to turn a ~ eye (to sth)** hacer la vista gorda (con algo); **to be ~ with fury** estar ciego de ira ❑ **~ alley** callejón *m* sin salida; **~ date** cita *f* a ciegas; **~ man's buff** la gallinita ciega; **~ side** *(for driver)* ángulo *m* muerto; *(of person)* zona *f* que queda fuera del ángulo de visión; **~ spot** *(for driver)* ángulo *m* muerto; *(in eye)* punto *m* ciego; *Fig (problem of understanding)* punto *m* flaco; **~ test** test *m* ciego; *US* FIN **~ trust** = gestión de las inversiones de un personaje importante por la que él desconoce los detalles para evitar un posible conflicto de intereses

-2. *(unthinking) (loyalty, trust)* ciego(a); **he flew into a ~ rage** le entró una rabia ciega; **~ with anger** ciego(a) de ira ❑ **~ faith** fe *f* ciega

-3. *(hidden from sight) (entrance, turning)* sin visibilidad

-4. *(without opening) (wall)* ciego(a)

-5. *Fam (as intensifier)* **he didn't take a ~ bit of notice** maldito el caso que hizo; **it didn't make a ~ bit of difference** no importó lo más mínimo

❖ *adv* -1. *(without seeing)* **to buy sth ~** comprar algo a ciegas; **to fly ~** volar a ciegas

-2. CULIN **to bake ~** hornear *(sin el relleno)*

-3. *(as intensifier)* **to be ~ drunk** estar borracho(a) perdido(a); **I would swear ~ it was him** juraría por mi madre que era él

❖ *vt (deprive of sight, dazzle)* cegar; **he was blinded** se quedó ciego; *Fig* **love blinded her to his faults** el amor le impedía ver sus defectos; IDIOM **to ~ sb with science** confundir a alguien utilizando términos muy técnicos

blind² *n* -1. *(deception, decoy)* tapadera *f*; **it's just a ~** no es más que una tapadera -2. *(for window)* persiana *f*; *(roller type)* persiana *f* (de tela) enrollable; *(Venetian)* persiana *f* veneciana *or* de lamas -3. *US (for hunters, birdwatchers)* puesto *m* de observación

blinder ['blaɪndə(r)] *n Br Fam* -1. *(drinking session)* borrachera *f* -2. *(excellent example)* **a ~ of a goal** un golazo; **a ~ of a shot** un tiro increíble; **the keeper played a ~** el portero *or Am* arquero hizo un paradón

blinders ['blaɪndəz] *npl US (for horse)* anteojeras *fpl*

blindfold ['blaɪndfəʊld] ❖ *n* venda *f*

❖ *vt* vendar los ojos a

❖ *adv* IDIOM **I could do the job ~** podría hacer el trabajo con los ojos vendados *or* cerrados

blinding ['blaɪndɪŋ] *adj* -1. *(light, flash)* cegador(ora); *(pain)* agudísimo(a); *(intensity)* tremendo(a) -2. *Br Fam (excellent)* fenomenal, *Esp* muy guay, *Andes*, *CAm*, *Carib*, *Méx* chévere, *Méx* padre, *RP* bárbaro(a)

blindingly ['blaɪndɪŋlɪ] *adv* **it was ~ obvious** estaba clarísimo, saltaba a la vista

blindly ['blaɪndlɪ] *adv* -1. *(to grope, hit out)* a ciegas -2. *(to obey, follow)* ciegamente

blindness ['blaɪndnɪs] *n also Fig* ceguera *f*

blindworm ['blaɪndwɜːm] *n* lución *m*

blink [blɪŋk] ❖ *n* -1. *(of eyes)* parpadeo *m*, pestañeo *m* -2. COMPTR **~ rate** velocidad *f* de parpadeo -3. IDIOMS **in the ~ of an eye** en un abrir y cerrar de ojos; *Fam* **the TV is on the ~** *(malfunctioning)* ya se ha vuelto a escacharrar la tele

❖ *vt* -1. **to ~ one's eyes** parpadear, pestañear -2. *US* **to ~ one's lights** dar *or* echar las luces

❖ *vi* -1. *(person)* parpadear, pestañear -2. *(lights, cursor)* parpadear

➤ **blink at** *vt insep (ignore)* no hacer caso de, hacer caso omiso de

➤ **blink away, blink back** *vt insep* **to ~ away** *or* **back one's tears** contener las lágrimas

blinker ['blɪŋkə(r)] ❖ *n* AUT **~ (light)** *(turn signal)* intermitente *m*; *(warning light)* luz *f* intermitente

❖ *vt (horse)* poner anteojeras a; *Fig* **their affection for her had blinkered them to her faults** el cariño que sentían por ella les impedía ver sus defectos

blinkered ['blɪŋkəd] *adj (approach, attitude)* estrecho(a) de miras, cerrado(a)

blinkers ['blɪŋkəz] *npl* -1. *(for horse)* anteojeras *fpl*; *Fig* **to be wearing ~** ser estrecho(a) de miras -2. *Fam (indicators)* intermitentes *mpl*

blinking ['blɪŋkɪŋ] ❖ *adj* -1. *(light)* intermitente -2. *Br Fam (for emphasis)* condenado(a), dichoso(a); **the ~ thing won't work!** ¡este condenado *or* dichoso cacharro no funciona!; **what a ~ nuisance!** ¡vaya lata *or RP* emboble!

❖ *adv Fam (for emphasis)* **it's ~ cold/expensive** hace un frío/es caro de narices; **you're so ~ stubborn!** ¡mira que eres tozudo!

blip [blɪp] *n* -1. *(sound)* pitido *m* -2. *(on radar screen)* parpadeo *m* -3. *Fam (temporary problem)* pequeño problema *m*

bliss [blɪs] *n* -1. *(happiness)* éxtasis *m inv*; **breakfast in bed, what ~!** el desayuno en la cama, ¡qué maravilla! -2. REL dicha *f*, gloria *f*

blissful ['blɪsfʊl] *adj* maravilloso(a), feliz; **we had a ~ time in France** en Francia lo pasamos maravillosamente; **to be in ~ ignorance** ser felizmente ignorante

blissfully ['blɪsfʊlɪ] *adv* felizmente; **~ happy** completamente feliz; **~ ignorant** felizmente ignorante

B-list ['biːlɪst] *adj (actor, celebrity)* de segunda (fila)

blister ['blɪstə(r)] ❖ *n* -1. *(on feet, skin)* ampolla *f*; *(on paint)* burbuja *f* -2. COM **~ pack** blister *m*

❖ *vt (feet, skin)* levantar ampollas en, ampollar; *(paint)* hacer que salgan burbujas en

❖ *vi (feet, skin)* ampollarse; *(paint)* hacer burbujas

blistering ['blɪstərɪŋ] *adj* -1. *(sun, heat)* abrasador(ora), achicharrante -2. *(criticism, attack)* feroz, despiadado(a) -3. *(fast)* **she's setting a ~ pace** está imponiendo un ritmo vertiginoso

blithe [blaɪð] *adj* -1. *(cheerful)* alegre -2. *(thoughtless)* despreocupado(a)

blithely ['blaɪðlɪ] *adv* -1. *(cheerfully)* alegremente -2. *(thoughtlessly)* despreocupadamente

blithering ['blɪðərɪŋ] *adj Fam* **a ~ idiot** un verdadero idiota

BLitt [biː'lɪt] *n Br (abbr* **Bachelor of Letters)** -1. *(qualification)* licenciatura *f* en filología *(rama de literatura)* -2. *(person)* licenciado(a) *m,f* en filología *(rama de literatura)*

blitz [blɪts] ❖ *n* -1. *(air bombardment)* bombardeo *m* aéreo; HIST **The Blitz** = bombardeo alemán de ciudades británicas en 1940-41 -2. *Fam Fig* **let's have a ~ on that paperwork** vamos a quitarnos de encima estos papeles

❖ *vt* bombardear desde el aire

blitzed [blɪtst] *adj Fam* -1. *(on alcohol)* trompa *inv*; **to get ~** agarrarse un pedo -2. *(on drugs)* colocado(a), *RP* falopeado(a); **to get ~** colocarse, *RP* falopearse

blizzard ['blɪzəd] *n* ventisca *f*, tormenta *f* de nieve

bloated ['bləʊtɪd] *adj* -1. *(stomach, limb)* hinchado(a); **to feel ~** notarse *or* estar hinchado(a) -2. *(ego)* exagerado(a); **~ with self-importance** henchido(a) de presunción -3. *(budget)* hinchado(a)

bloater ['bləʊtə(r)] *n* arenque *m* ahumado

blob [blɒb] *n* -1. *(drop) (of cream, jam)* pegote *m*; *(of paint)* goterón *m*; *(of ink)* gota *f* -2. *(shapeless mass)* **a ~ on the horizon** una mancha en el horizonte; **if he goes on eating like that he'll just be a ~** como siga comiendo así se va a poner como un globo

bloc [blɒk] *n* POL bloque *m*

block [blɒk] ❖ *n* -1. *(of ice, wood, stone)* bloque *m*; *(of butcher, for execution)* tajo *m*; IDIOM **I'm putting my head on the ~ for you** me estoy jugando el pellejo por ti; **(building) blocks** *(toy)* bloques *m* (de construcción); *US* **on the (auctioneer's) ~** a subasta ❑ **~ capitals** (letras *fpl*) mayúsculas *fpl*; **~ diagram** *(flowchart)* diagrama *m* (de flujo *or* bloques); **~ and tackle** *(for lifting)* polipasto *m*, sistema *m* de poleas

-2. *(building)* bloque *m*; *(in prison, hospital)* pabellón *m* ❑ *Br* **~ of flats** bloque *m* de apartamentos *or Esp* pisos

-3. *(group) (of buildings)* manzana *f*, *Am* cuadra *f*; **we walked round the ~** dimos la vuelta a la manzana; *US* **the school is five blocks away** el colegio está a cinco *Esp* manzanas *or Am* cuadras

-4. *(group) (of shares)* paquete *m*; *(of seats, tickets)* grupo *m*, conjunto *m*; COMPTR **a ~ of**

blockade   72   **blossom**

text un bloque de texto ❏ ~ **booking** reserva f de grupo; Br ~ **grant** (to local government) subvención f (del gobierno central); Br ~ **release** (for study) = periodo de permiso para estudiar; ~ **vote** voto m por delegación
-**5.** (of paper) bloc m
-**6.** (in race) **(starting) blocks** tacos mpl de salida; **to be first off the blocks** hacer la salida más rápida
-**7.** Fam (head) **I'll knock your ~ off!** ¡te rompo la crisma!
-**8.** (obstruction) (in pipe) bloqueo m; **to put a ~ on sth** (cheque, account, imports) bloquear algo; **we've put blocks on all the roads** hemos bloqueado or cortado todas las carreteras; **to have a (mental) ~ about sth** tener un bloqueo mental con algo; **I have a (mental) ~ about mathematics** las matemáticas no me entran en la cabeza
-**9.** (in basketball, volleyball) bloqueo m
-**10.** MED (anaesthetic) anestesia f

◇ vt -**1.** (obstruct) (pipe, road) bloquear; (toilet, sink) atascar; (artery, exit, stairs) obstruir; **my nose is blocked** tengo la nariz taponada; **to ~ sb's way** cerrar el paso a alguien; **to ~ sb's view** no dejar ver a alguien
-**2.** (hinder) (proposal) bloquear; (traffic) obstruir, bloquear; (progress) dificultar; FIN **to ~ a cheque** anular un cheque
-**3.** (in basketball, volleyball) bloquear
-**4.** TYP (on book cover) estampar
-**5.** COMPTR **to ~ text** seleccionar un bloque de texto; **to ~ and copy** seleccionar y copiar
-**6.** THEAT (moves, scene) = establecer los movimientos y las posiciones de los actores en escena

◆ **block in** vt sep -**1.** (sketch out) esbozar -**2.** (prevent free movement of) tapar la salida a, cerrar el paso a

◆ **block off** vt sep (road, exit) cortar, bloquear

◆ **block out** vt sep -**1.** (light) impedir el paso de; (memory) enterrar; **she wears earplugs to ~ out the music** se pone tapones en los oídos para no oír la música -**2.** (sketch out) esbozar

◆ **block up** vt sep (door, window) atrancar; (hole, entrance) tapar; **my nose is blocked up** tengo la nariz congestionada

blockade [blɒ'keɪd] ◇ n bloqueo m; **to impose a ~ on** imponer un bloqueo; **to lift or to raise a ~** levantar un bloqueo; **to be under ~** sufrir un bloqueo; **to run a ~** eludir un embargo
◇ vt bloquear

blockage ['blɒkɪdʒ] n (in pipe, on road, in intestine) obstrucción f

blockboard ['blɒkbɔːd] n contrachapado m or panel m de listones

blockbuster ['blɒkbʌstə(r)] n Fam -**1.** (book, movie) bombazo m, gran éxito m -**2.** (bomb) bomba f de demolición

blocked [blɒkt] adj FIN (account) congelado(a); (cheque) bloqueado(a)

blocked-up ['blɒkt'ʌp] adj **to have a ~ nose** tener la nariz taponada

blockhead ['blɒkhed] n Fam zoquete m, tarugo m

blockhouse ['blɒkhaʊs] n MIL blocao m

bloke [bləʊk] n Br Fam tipo m, Esp tío m

blond [blɒnd] ◇ n (man) rubio m, Méx güero m, CAm chele m, Carib catire m, Col mono m
◇ adj rubio(a), Méx güero(a), CAm chele(a), Carib catire(a), Col mono(a)

blonde [blɒnd] ◇ n (man, woman) rubio(a) m,f, Méx güero(a) m,f, CAm chele(a) m,f, Carib catire(a) m,f, Col mono(a) m,f
◇ adj rubio(a), Méx güero(a), CAm chele(a), Carib catire(a), Col mono(a)

blood [blʌd] ◇ n -**1.** (body fluid) sangre f; **to give** or **donate ~** donar sangre ❏ ~ **bank** banco m de sangre; ~ **cell** glóbulo m; ~ **clot** coágulo m; ~ **count** recuento m de células sanguíneas, hemograma m; ~ **donor** donante mf de sangre; ~ **doping** forma de dopaje consistente en reinyectar sangre previamente extraída justo antes de una carrera; ~ **group** grupo m sanguíneo; ~ **heat** temperatura f (normal) del cuerpo; ~ **money** (for committing murder) = dinero pagado para que se cometa un asesinato; (compensation) indemnización f por fallecimiento (en delito de sangre); ~ **orange** (naranja f) sanguina f; ~ **packing** = forma de dopaje consistente en reinyectar sangre previamente extraída justo antes de una carrera; ~ **plasma** plasma m sanguíneo; ~ **poisoning** septicemia f; ~ **pressure** tensión f (arterial), presión f arterial; **to have high/low ~ pressure** tener la tensión alta/baja; Fig **her ~ pressure goes up every time she talks politics** cada vez que habla de política le sube la adrenalina; ~ **products** productos mpl sanguíneos; US ~ **pudding** morcilla f; US ~ **sausage** morcilla f; ~ **serum** suero m sanguíneo; ~ **sports** = deportes sangrientos como la caza o las peleas de gallos; ~ **sugar** (nivel m de) azúcar m or f en la sangre; ~ **test** análisis m de sangre; ~ **transfusion** transfusión f sanguínea; ~ **type** grupo m sanguíneo; ~ **vessel** vaso m sanguíneo

-**2.** (breeding, kinship) **of noble/Italian ~** de sangre noble/italiana ❏ ~ **brother** hermano m de sangre; ~ **relation** or **relative: they are ~ relations** or **relatives** les unen lazos de sangre

-**3.** Br Archaic or Literary (young man) **a young ~** un doncel

-**4.** [IDIOMS] **travelling/the theatre runs in her ~** lleva el viajar/el teatro en la sangre; **to have ~ on one's hands** tener las manos manchadas de sangre; **he's after your ~** te tiene ojeriza; also Fig **they're out for ~** tienen sed de sangre; **his ~ is up** tiene los ánimos encendidos; **the ~ rushed to his head** se puso hecho una furia; **fresh** or **new** or **young ~** savia nueva; **in cold ~** a sangre fría; **it makes my ~ run cold** me hiela la sangre; **it makes my ~ boil when...** me hierve la sangre cuando...; **~, sweat and tears** sangre, sudor y lágrimas; **it's like trying to get ~ out of a stone** es como intentar sacar agua de una piedra; [PROV] **~ is thicker than water** la sangre tira

◇ vt (initiate) (soldier, politician) dar el bautismo de fuego a

blood-and-thunder ['blʌdən'θʌndə(r)] adj (book, movie) de acción y violencia

bloodbath ['blʌdbɑːθ] n baño m de sangre

bloodcurdling ['blʌdkɜːdlɪŋ] adj aterrador(ora), horripilante

bloodhound ['blʌdhaʊnd] n sabueso m

bloodily ['blʌdɪlɪ] adv de manera sangrienta

bloodless ['blʌdlɪs] adj -**1.** (without bloodshed) incruento(a), sin derramamiento de sangre; ~ **coup** (in country) golpe incruento; Fig (in company, political party) golpe de mano -**2.** (pale) pálido(a) -**3.** (lacking energy, emotion) sin chispa

bloodletting ['blʌdletɪŋ] n -**1.** MED sangría f -**2.** (slaughter) sangría f, matanza f; Fig (internal feuding) luchas fpl intestinas

bloodline ['blʌdlaɪn] n -**1.** (of people) genealogía f, linaje m -**2.** (of animal) pedigrí m

bloodlust ['blʌdlʌst] n ansias fpl de sangre

blood-red ['blʌd'red] adj de un rojo intenso

bloodshed ['blʌdʃed] n derramamiento m de sangre

bloodshot ['blʌdʃɒt] adj (eyes) inyectado(a) de sangre

bloodstain ['blʌdsteɪn] n mancha f de sangre

bloodstained ['blʌdsteɪnd] adj manchado(a) de sangre

bloodstock ['blʌdstɒk] n (horses) caballos mpl de carreras, purasangres mpl

bloodstone ['blʌdstəʊn] n GEOL heliotropo m (gema)

bloodstream ['blʌdstriːm] n torrente m or flujo m sanguíneo

bloodsucker ['blʌdsʌkə(r)] n -**1.** (mosquito, leech) chupador(ora) m,f de sangre -**2.** Fam (person) sanguijuela f, parásito(a) m,f

bloodthirsty ['blʌdθɜːstɪ] adj -**1.** (person) sanguinario(a) -**2.** (film, story) sangriento(a)

bloody ['blʌdɪ] ◇ adj -**1.** (bleeding) sangriento(a), sangriento(a); (bloodstained) ensangrentado(a); (battle, revolution) sangriento(a); **to give sb a ~ nose** hacer sangrar la nariz a alguien; Fig dar un escarmiento a alguien, infligir una herida a alguien ❏ **Bloody Mary** HIST (queen) María la Sanguinaria, = sobrenombre dado a María I Tudor por la crueldad con que persiguió a los protestantes ingleses durante su reinado (1553-8); (drink) bloody mary m

-**2.** Br & Austr very Fam (for emphasis) maldito(a), Esp puñetero(a), Méx pinche; **a ~ liar** un mentiroso de mierda; **you ~ idiot!** ¡tonto del culo!; **where's my ~ wallet?** ¿dónde he puesto la maldita or Esp puñetera cartera?; **it's a ~ shame she didn't come** fue una putadilla que no viniera; **~ hell!** ¡me cago en la mar!, ¡mierda!, Méx ¡en la madre!

-**3.** Br Fam Old-fashioned (unpleasant) fastidioso(a); **he's been perfectly ~ about it** ha estado de lo más desagradable al respecto

◇ adv Br & Austr very Fam (for emphasis) **it's ~ hot!** ¡hace un calor del carajo or Esp de la leche or RP de mierda!; **not ~ likely!** ¡ni de coña or RP en pedo!, Méx ¡no mames!; **he can ~ well do it himself!** ¡que lo haga él, carajo or Esp joder!; **it was ~ awful!** ¡fue horroroso!; **it was ~ brilliant!** ¡fue brutal!, Esp ¡fue cojonudo or la hostia!, Méx ¡fue de poca madre!, RP ¡fue para alquilar balcones!; Ironic **that's just ~ marvellous!** ¡genial!, Esp ¡me parece cojonudo!, RP ¡ahora sí estamos bárbaro!

◇ vt ensangrentar; **to ~ someone's nose** ensangrentar la nariz a alguien; Fig dar un escarmiento a alguien, infligir una herida a alguien

bloody-minded [blʌdɪ'maɪndɪd] adj Br terco(a), difícil; **he's just being ~** tiene ganas de fastidiar

bloody-mindedness [blʌdɪ'maɪndɪdnɪs] n Br terquedad f; **he did it out of sheer ~** lo hizo puramente por fastidiar

bloom [bluːm] ◇ n -**1.** (flower) flor f; -**2.** (state) **to come into ~** florecer; **in (full) ~** en flor, florecido(a); Fig en su apogeo; **in the ~ of youth** en la flor de la edad -**3.** (on fruit, leaves) vello m, pelusa f; [IDIOM] **to take the ~ off sth** empañar algo
◇ vi -**1.** (garden, flower) florecer; Fig **to ~ with health** estar rebosante de salud -**2.** (talent, the arts) florecer

bloomer ['bluːmə(r)] n -**1.** (plant) **a night ~** una planta que florece de noche -**2.** Fam (mistake) metedura f de pata -**3.** Br (bread) hogaza f

bloomers ['bluːməz] npl pololos mpl

blooming ['bluːmɪŋ] ◇ adj -**1.** (healthy) **~ (with health)** rebosante de salud -**2.** Br Fam (for emphasis) condenado(a); **you ~ idiot!** ¡pedazo de idiota!; **I've lost my ~ keys!** ¡he perdido las malditas llaves!
◇ adv Br Fam **~ awful** pésimo, Esp fatal; **he's ~ useless!** ¡es un inútil!; **you can ~ well do it yourself!** ¡puedes hacerlo tú mismo, guapo!

Bloomsbury Group ['bluːmzbərɪ'gruːp] n **the ~** = grupo de artistas e intelectuales, como el economista John Maynard Keynes y los escritores E.M. Forster y Virginia Woolf, que desarrollaban su actividad en el barrio londinense del mismo nombre durante el primer tercio del siglo XX

blooper ['bluːpə(r)] n US Fam Hum metedura f de pata

blossom ['blɒsəm] ◇ n flor f; **to be in ~** estar en flor
◇ vi -**1.** (flower, bush) florecer -**2.** (person, relationship, the arts) florecer; **a blossoming friendship/interest** una amistad/un interés floreciente; **to ~ into sth** transformarse en algo

blot [blɒt] ◇ n (of ink) borrón m, mancha f; Fig tacha f, mácula f; IDIOM **to be a ~ on the landscape** estropear el paisaje

◇ vt (pt & pp **blotted**) **-1.** (stain) emborronar, manchar; IDIOM **he had blotted his copybook** había manchado su reputación **-2.** (with blotting paper) secar

• **blot out** vt sep (sun, light) impedir el paso de; (memory) enterrar

blotch [blɒtʃ] ◇ n **-1.** (of colour, ink) mancha f **-2.** (on skin) mancha f, enrojecimiento m; **he came out in blotches** le salieron manchas

◇ vt (clothing, paper) manchar

blotchy ['blɒtʃɪ] adj (skin) con manchas

blotter ['blɒtə(r)] n **-1.** (blotting pad) hoja f de papel secante **-2.** US (log book) registro m de incidencias

blotting paper ['blɒtɪŋpeɪpə(r)] n papel m secante

blotto ['blɒtəʊ] adj Fam (drunk) **to be ~** estar Esp, RP mamado(a) or Méx cuete

blouse [blaʊz] n **-1.** (for woman) blusa f **-2.** (for soldier) guerrera f; (for sailor) marinera f, blusa f de marinero **-3.** (for farmer, worker) guardapolvo m

blouson ['bluːzɒn] n **-1.** Br (jacket) cazadora f **-2.** US (dress, blouse) blusón m (con cinturón)

blow[1] [bləʊ] n **-1.** (hit) golpe m; (with axe) hachazo m; **to come to blows (over sth)** llegar a las manos (por algo); Fig **to soften** or **cushion the ~** suavizar el golpe; IDIOM **to strike a ~ for sth** romper una lanza por algo; **without striking a ~** sin tener que batirse, sin llegar a las manos; **at one ~** de un golpe

-2. (setback) duro golpe m; **this news came as** or **was a ~ to us** la noticia fue un duro golpe para nosotros; **it was a ~ to her pride** hirió su orgullo

blow[2] (pt **blew** [bluː], pp **blown** [bləʊn]) ◇ vt **-1.** (of wind) **the wind blew the fence down** or **over** el viento derribó la valla; **the wind blew the door open** el viento abrió la puerta; **we were blown off course** el viento nos hizo perder el rumbo; IDIOM **it really blew the cobwebs away** me despejó por completo

-2. (of person) (flute, whistle, horn) tocar; **to ~ the dust off sth** soplar el polvo que hay en algo; Fig (plan, scheme) desenterrar algo; **she blew smoke in his face** le echó humo a la cara; **to ~ bubbles** hacer pompas de jabón; **to ~ glass** soplar vidrio; **to ~ sb a kiss** lanzar un beso a alguien; **to ~ one's nose** sonarse la nariz; IDIOM **to ~ one's own trumpet** or **horn** echarse flores, RP batirse el parche; IDIOM **to ~ the whistle on sth/sb** dar la alarma sobre algo/alguien

-3. ELEC **the hairdryer has blown a fuse** ha saltado un fusible en el secador; IDIOM Fam **to ~ a fuse** or **gasket** (person) ponerse hecho(a) una furia; RP rayarse

-4. (cause to explode) **to ~ sth to pieces** volar algo; **the ship was blown right out of the water** el barco salió volando por los aires; **we've blown a tyre** se nos ha pinchado una rueda; Fam **to ~ sb's brains out** saltarle a alguien la tapa de los sesos; IDIOM **to ~ sb's cover** desvelar la verdadera identidad de alguien; IDIOM Br Fam **to ~ the gaff on sb** descubrir a alguien; IDIOM **to ~ the lid off sth** (reveal) sacar algo a la luz; IDIOM Fam **to ~ one's lid** or **stack** or **top** ponerse hecho(a) un basilisco, RP rayarse; Fam **the Grand Canyon blew my mind** el Gran Cañón me dejó patidifuso(a); Fig **this discovery blows their theory sky-high** este descubrimiento echa por tierra su teoría

-5. Fam (waste) (chance, opportunity) echar a perder, mandar al garete; **that's blown it!** ¡lo ha estropeado todo!

-6. Fam (spend) (money) fundir, RP fumar; **he blew all his savings on a holiday** se fundió or RP fumó todos sus ahorros en unas vacaciones

-7. US Fam (leave) **to ~ town** largarse de la ciudad

-8. Fam (in exclamations) **~ it!** (expressing annoyance) ¡ostras!; Br **~ me**, US **~ me down!, well I'll be blowed!** (expressing surprise) ¡no fastidies!; Br **~ me if he didn't tell her anyway** ¡y no te fastidia, va y se lo cuenta!; **~ the cost!** ¡a paseo con el costo!; **I'm blowed if I'm going to help her** ya puede esperar sentada si cree que le voy a ayudar; Old-fashioned **well, I'll be blowed!** ¡cáspita!, ¡demontre!

-9. Vulg (fellate) **to ~ sb** chupársela or Esp comérsela a alguien; **~ me!** ¡chúpame or Esp cómeme la polla!

◇ vi **-1.** (wind, person) soplar; **the fence blew down** or **over** el viento derribó la valla; **the door blew open/shut** el viento abrió/cerró la puerta; **my papers blew out of the window** mis papeles salieron volando por la ventana; **his scarf was blowing in the wind** el viento agitaba su bufanda; **dust blew in her eyes** se le llenaron los ojos de polvo; **to ~ on one's fingers** calentarse los dedos soplando; **to ~ on one's soup** soplar en la sopa; IDIOM **he's always blowing hot and cold** está cambiando constantemente de opinión

-2. (whistle, horn) sonar; **the whistle had blown before the goal** el pitido sonó antes del gol

-3. ELEC (fuse) fundirse

-4. (tyre) reventarse

-5. (pant) resoplar

◇ n **-1.** (of person) soplido m; **she gave her nose a ~** se sonó la nariz

-2. Br (walk) **to go (out) for a ~** salir a dar una vuelta, salir a tomar el aire

-3. Br Fam (cannabis) chocolate m, Méx mota f, RP yerba f

-4. US Fam (cocaine) coca f, Esp perico m, CSur merca f, Col perica f

• **blow away** ◇ vt sep **-1.** (of wind) **the wind blew the newspaper away** el viento se llevó el periódico volando

-2. Fam (shoot dead) **to ~ sb away** dejar seco(a) a alguien de un disparo; **they blew away the opposition** barrieron a la oposición; Fig **his latest film blew me away** su última película me dejó alucinado

◇ vi (paper, hat) salir volando

• **blow in** vi Fam (arrive) aterrizar

• **blow off** ◇ vt sep **the wind blew her hat off** el viento le quitó el sombrero; Fam **to ~ sb's head off** (with gun) volarle la cabeza a alguien

◇ vi (hat) salir volando

• **blow out** ◇ vt sep (extinguish) apagar; **the storm blew itself out** la tormenta se extinguió

◇ vi **-1.** (be extinguished) apagarse

-2. (tyre) reventarse

• **blow over** vi (storm) amainar; (scandal) calmarse

• **blow up** ◇ vt sep **-1.** (inflate) (balloon, tyre) inflar, hinchar

-2. (cause to explode) explosionar, (hacer) explotar; **they blew up the embassy** volaron la embajada

-3. PHOT (enlarge) ampliar; Fig **the press blew the incident up** la prensa exageró el incidente; Fig **it had been blown up out of all proportion** se sacaron las cosas de quicio

◇ vi **-1.** (bomb) explotar, hacer explosión; Fig (lose one's temper) ponerse hecho(a) una furia; **the van blew up** la furgoneta saltó por los aires

-2. (begin) **there's a storm blowing up** se está formando una tormenta

-3. Fam (athlete, cyclist) desfallecer

blow-by-blow ['bləʊbaɪ'bləʊ] adj (account) detallado(a), con todo lujo de detalles

blow-dry ['bləʊdraɪ] ◇ n secado m

◇ vt secar con secador de mano

blower ['bləʊə(r)] n **-1.** (device) ventilador m

-2. Br Fam (telephone) teléfono m; **to get on the ~ to sb** dar un telefonazo a alguien

blowfly ['bləʊflaɪ] n moscardón m, moscarda f

blowgun ['bləʊɡʌn] n US cerbatana f

blowhard ['bləʊhɑːd] n US Fam fanfarrón(ona) m,f, Esp fantasma mf

blowhole ['bləʊhəʊl] n **-1.** (of whale) espiráculo m **-2.** (in ice) respiradero m

blowjob ['bləʊdʒɒb] n Vulg chupada f, Esp mamada f; **to give sb a ~** chupársela or Esp comérsela a alguien

blowlamp ['bləʊlæmp] n Br soplete m

blown pp of **blow**

blow-out ['bləʊaʊt] n **-1.** (of tyre) reventón m, Am ponchadura f **-2.** Fam (big meal) comilona f, Esp cuchipanda f **-3.** (of fuse) **there's been a ~** se han fundido los plomos **-4.** (of oil or gas well) erupción f

blowpipe ['bləʊpaɪp] n (weapon) cerbatana f

blowsy = **blowzy**

blowtorch ['bləʊtɔːtʃ] n soplete m

blow-up ['bləʊʌp] n **-1.** (photograph) ampliación f **-2.** Fam (of temper) estallido m de ira

blowy ['bləʊɪ] adj ventoso(a), de mucho viento

blowzy, blowsy ['blaʊzɪ] adj (woman) desaseada y gorda

BLT [biːel'tiː] n (abbr **bacon, lettuce and tomato**) sándwich m de lechuga, tomate y tocino or Esp beicon

blub [blʌb] (pt & pp **blubbed**) vi Br Fam (cry) lloriquear

blubber ['blʌbə(r)] ◇ n **-1.** (of whale) grasa f de ballena **-2.** Fam (fat) grasa f **-2.** Fam (cry) **to have a ~** llorar como una Magdalena

◇ vi Fam (cry) lloriquear

blubbery ['blʌbərɪ] adj Fam **-1.** (fat) fofo(a) **-2.** (tearful) lloroso(a); **she gets all ~ at weddings** siempre le da la llorera en las bodas

bludge [blʌdʒ] Austr Fam ◇ n ganga f, Esp chollo m

◇ vt gorrear, Esp, Méx gorronear, RP garronear

bludgeon ['blʌdʒən] ◇ n (club) palo m, cachiporra f

◇ vt **-1.** (beat) apalear; **he was bludgeoned to death** lo mataron a palos **-2.** (force) **to ~ sb into doing sth** forzar a alguien a que haga algo

blue [bluː] ◇ n **-1.** (colour) azul m

-2. (sky) cielo m; **the plane rose into the ~** el avión se perdió en la distancia; IDIOM **out of the ~** inesperadamente

-3. the blues (music) el blues; **to sing the blues** cantar blues

-4. Fam **to have the blues** (be depressed) estar muy depre

-5. Br SPORT = persona que ha sido elegida para representar a Oxford o Cambridge en un deporte

◇ adj **-1.** (colour) azul; **to go** or **turn ~** ponerse amoratado(a); **~ with cold** amoratado(a) de frío ❏ Fam **~ baby** niño(a) m,f cianótico(a); **~ berets** cascos mpl azules; **~ blood** sangre f azul; **~ book** Br informe m de una comisión parlamentaria; US (social register) lista f de famosos; **~ cheese** queso m azul; **~ flag** (clean beach award) bandera f azul, = distintivo de playa limpia en la Europa comunitaria; **~ fox** zorro m azul; **~ jay** arrendajo m azul; **~ jeans** (pantalones mpl) vaqueros mpl; **~ line** (in ice hockey) línea f azul; MUS **~ note** = tercera o séptima sostenida, nota muy usada en el "blues"; **~ pencil: to take a ~ pencil to sth** censurar algo; US **~ plate (special)** plato m del día; **~ ribbon** (first prize) primer premio m; **~ rinse** (hair colouring) tinte m azulado; **~ tit** herrerillo m; **~ whale** ballena f azul

-2. Fam (sad) **to feel ~** estar depre or triste

-3. Fam (indecent) (joke) verde; **to tell ~ stories** contar chistes verdes; **a ~ film** or **movie** una película porno

-4. IDIOMS Fam **she can complain until she's ~ in the face** puede quejarse todo lo que quiera; Vulg **to have ~ balls** tener dolor de huevos (por no haber satisfecho la excitación sexual); Fam **to be in a ~ funk** estar muerto(a) de miedo; **once in a ~ moon** de uvas a peras, RP cada muerte de obispo; Fam **to scream** or **shout ~ murder** poner el grito en el cielo; **to turn the air ~** decir palabrotas

Bluebeard ['blu:bɪəd] n (in folklore) Barbazul
bluebell ['blu:bel] n campanilla f
blueberry ['blu:bərɪ] n US arándano m
bluebird ['blu:bɜ:d] n azulejo m
blue-black ['blu:'blæk] adj azul oscuro(a)
blue-blooded ['blu:'blʌdɪd] adj de sangre azul
bluebottle ['blu:bɒtəl] n moscarda f, mosca f azul
blue-chip ['blu:tʃɪp] adj FIN (shares, company) de gran liquidez, puntero(a)
blue-collar ['blu:'kɒlə(r)] adj (union, background) obrero(a); (job) manual ❏ **~ worker** obrero(a) m,f, trabajador(ora) m,f manual
blue-eyed ['blu:aɪd] adj de ojos azules; IDIOM Br Fam **his mother's ~ boy** el niño bonito de mamá; IDIOM Br Fam **the boss's ~ boy** el favorito del jefe
bluegrass ['blu:grɑ:s] n -1. (plant) espiguilla f, hierba f de punta (americana) -2. MUS bluegrass m, = estilo de música country propio del sur de Estados Unidos ❏ **the Bluegrass State** = apelativo familiar referido al estado de Kentucky
blue-green algae ['blu:gri:n'ældʒi:] npl algas fpl verdeazuladas
bluenose ['blu:nəʊz] n US Fam (prig) puritano(a) m,f, mojigato(a) m,f
blue-pencil [blu:'pensəl] vt (censor) censurar
blueprint ['blu:prɪnt] n -1. ARCHIT & IND cianotipo m, plano m -2. (plan) proyecto m; **a ~ for success** la fórmula del éxito
blue-ribbon ['blu:'rɪbən] adj US -1. (prestigious) distinguido(a), selecto(a) -2. LAW **~ jury** jurado m especial
blue-sky ['blu:skaɪ] adj US -1. (research) puramente teórico(a) or especulativo(a) -2. (stocks, shares) fraudulento(a)
bluestocking ['blu:stɒkɪŋ] n Pej Old-fashioned marisabidilla f
bluesy ['blu:zɪ] adj (music) con aire de blues
bluethroat ['blu:θrəʊt] n pechiazul m
bluewater ['blu:wɔ:tə(r)] adj en mar abierto
bluff¹ [blʌf] ◇ n (pretence) farol m; **to call sb's ~** (at cards) ver a alguien un farol; (in negotiation) retar a alguien a que cumpla sus fanfarronadas
◇ vt **to ~ sb into believing sth** hacerle creer algo a alguien; **she bluffed her way out of the problem** se escabulló del apuro a base de engaños; **we'll just have to ~ it out** tendremos que marcarnos un farol
◇ vi (pretend) fingir, simular; (in cards) tirarse un farol
bluff² n (cliff) despeñadero m
bluff³ adj (manner) abrupto(a)
bluffer ['blʌfə(r)] n farolero(a) m,f
bluish ['blu:ɪʃ] adj azulado(a), tirando a azul
blunder ['blʌndə(r)] ◇ n (mistake) metedura f or Am metida f de pata; (more serious) error m (de bulto)
◇ vi -1. (make mistake) meter la pata; (more seriously) cometer un error (de bulto) -2. (move clumsily) **to ~ about** or **around** dar tropezones aquí y allá; **to ~ along** avanzar dando tumbos; **to ~ into sth/sb** tropezar con algo/alguien; **he blundered through the interview** durante la entrevista fue de tropiezo en tropiezo
blunderbuss ['blʌndəbʌs] n trabuco m
blundering ['blʌndərɪŋ] adj torpe; Fam **he's a ~ idiot!** ¡es un metepatas!
blunt [blʌnt] ◇ adj -1. (blade) romo(a), desafilado(a); (pencil) desafilado(a); **a ~ instrument** (weapon) un instrumento contundente; **it's rather a ~ instrument for solving the problem** es un método bastante burdo para resolver el problema -2. (frank) (manner, statement, person) franco(a); (refusal) contundente; **to be ~,...** para ser francos,...
◇ vt -1. (blade, pencil, scissors) desafilar -2. (dull) (anger, enthusiasm) atenuar, templar
bluntly ['blʌntlɪ] adv (frankly) sin rodeos, claramente; **to put it ~,...** para decirlo sin rodeos,...
bluntness ['blʌntnɪs] n -1. (of blade) embotadura f -2. (of manner, statement, person) franqueza f, llaneza f
blur [blɜ:(r)] ◇ n (vague shape) imagen f borrosa; (unclear memory) vago recuerdo m; **without my glasses, everything is a ~** sin Esp las gafas or Am los anteojos lo veo todo borroso; **my childhood is all a ~ to me now** recuerdo mi infancia muy vagamente; **to go by in a ~** (time) pasar sin sentir or en un suspiro
◇ vt (pt & pp **blurred**) (writing, image, outline) desdibujar, difuminar; (memory) desdibujar, difuminar; **tears blurred my eyes** las lágrimas me empañaban los ojos; **this definition blurs the distinction between right and wrong** esta definición no aclara la distinción entre lo correcto y lo incorrecto
◇ vi (writing, image, outline) desdibujarse, difuminarse; (memory) desdibujarse, difuminarse
blurb [blɜ:b] n Fam (on book cover) notas y citas fpl promocionales
blurred [blɜ:d], **blurry** ['blɜ:rɪ] adj borroso(a)
blurt [blɜ:t] vt sep **to ~ (out)** soltar
blush [blʌʃ] ◇ n -1. (of embarrassment) rubor m, sonrojo m; **to spare sb's blushes** salvar a alguien del bochorno; Fig **the first ~ of dawn** el primer albor -2. **~ wine** = vino rosado de color pálido -3. IDIOM **at first ~** a primera vista
◇ vi ruborizarse, sonrojarse; **to ~ with shame** ponerse colorado(a) de vergüenza or Am pena; **I ~ to admit it** me da vergüenza or Am pena confesarlo
blusher ['blʌʃə(r)] n (rouge) colorete m
blushing ['blʌʃɪŋ] adj ruborizado(a), sonrojado(a); **~ bride** (novia) afortunada
bluster ['blʌstə(r)] ◇ n (protests, threats) bravuconadas fpl, fanfarronadas fpl
◇ vt **"how dare you!" he blustered** "¿cómo te atreves?" gritó jactanciosamente; **he tried to ~ his way out of the situation** trató de salir del paso con bravuconadas
◇ vi -1. (wind) soplar racheado -2. (protest, threaten) echar bravatas
blustering ['blʌstərɪŋ] ◇ n (protests, threats) bravuconadas fpl, fanfarronadas fpl
◇ adj bravucón(ona)
blustery ['blʌstərɪ] adj **a ~ day** un día de viento fuerte y racheado
blvd (abbr **boulevard**) bulevar m, paseo m
B-lymphocyte ['bi:lɪmfəsaɪt] n célula f B
BM (abbr **Bachelor of Medicine**) (qualification) licenciatura f en medicina; (person) licenciado(a) m,f en medicina
BMA [bi:em'eɪ] n (abbr **British Medical Association**) = colegio británico de médicos
BMus [bi:'mʌz] (abbr **Bachelor of Music**) (qualification) licenciatura f en música; (person) licenciado(a) m,f en música
BMX [bi:em'eks] (abbr **Bicycle Motocross**) n ciclocross m; **~ bike** bicicleta f de ciclocross
bn (abbr **billion**) mil millones mpl, millardo m
BNFL [bi:enef'el] n (abbr **British Nuclear Fuels Limited**) = empresa de energía nuclear británica
BNP [bi:en'pi:] (abbr **British National Party**) n = partido político británico de extrema derecha
BO [bi:'əʊ] n Fam -1. (abbr **body odour**) sobaquina f, olor m a sudor -2. (abbr **box office**) taquilla f
boa ['bəʊə] n -1. (snake) **~ (constrictor)** boa f (constrictor) -2. (clothing) **feather ~** boa
Boadicea [bəʊdɪ'sɪə], **Boudicca** ['bəʊdɪkə] pr n Boadicea, = reina de los icenos que encabezó una revuelta contra la ocupación romana de Gran Bretaña en el siglo I de nuestra era y que, al ser vencida, se envenenó
boar [bɔ:(r)] n -1. (male pig) verraco m -2. (wild pig) jabalí m
board [bɔ:d] ◇ n -1. (of wood) tabla f, tablón m; (for notices) tablón m; (for chess, draughts) tablero m; (blackboard) pizarra f, encerado m, Am pizarrón m; IDIOM **to go by the ~** (be abandoned, ignored) irse a pique; **across the ~** de manera global or general ❏ **~ game** juego m de mesa
-2. (material) cartón m madera
-3. (group of people) **~ (of directors)** consejo m de administración, junta f directiva; **to be on the ~** ser miembro del consejo de administración or de la junta directiva ❏ US **~ of education** = organismo encargado de la educación pública en el ámbito local; **~ of enquiry** comisión f investigadora; EDUC **~ of examiners** tribunal m (de examinadores); Br **~ of governors** (of school) consejo m escolar; **~ meeting** reunión f del consejo, junta f; US **~ of regents** junta f rectora; Br **Board of Trade** = departamento ministerial responsable de la supervisión del comercio y de la promoción de las exportaciones; US **~ of trade** cámara f de comercio; **~ of trustees** junta f de síndicos
-4. (meals) **half ~** media pensión f; **full ~** pensión completa; **~ and lodging** or US **room** alojamiento y comida
-5. **on ~** (ship, plane, train) a bordo; **to go on ~** subir a bordo; IDIOM Br **to take an idea/a proposal on ~** aceptar una idea/una propuesta
-6. COMPTR placa f; **on ~** instalado
-7. US FIN bolsa f
◇ vt -1. (ship, plane) embarcar en; (train, bus) subir a, montar en -2. (attack) (ship) abordar -3. (provide lodging) alojar
◇ vi -1. (lodge) alojarse (**with** en casa de); (at school) estar interno(a) -2. (get on) (ship, plane) embarcar; (train, bus) subir, montar -3. AV **flight 123 is now boarding** el vuelo 123 está en estos momentos procediendo al embarque

◆ **board out** vt sep alojar
◆ **board up** vt sep (house, window) cubrir con tablas, entablar

boarder ['bɔ:də(r)] n -1. (lodger) huésped mf -2. (at school) interno(a) m,f
boarding ['bɔ:dɪŋ] n -1. AV **~ card** tarjeta f de embarque; NAUT **~ party** pelotón m de abordaje; AV **~ pass** tarjeta f de embarque -2. (lodging) **~ house** pensión f; **~ school** internado m
boardroom ['bɔ:dru:m] n sala f de juntas; **the decision was taken at ~ level** la junta directiva tomó la decisión
boardwalk ['bɔ:dwɔ:k] n US paseo m marítimo entarimado
boast [bəʊst] ◇ n jactancia f, alarde m; **it's his proud ~ that he has never lost a game** alardea or se jacta de no haber perdido nunca un partido
◇ vt -1. (brag) jactarse de, alardear de; **he boasted that he could beat me** se jactó de que podía ganarme -2. (possess) poseer; **the school boasts a fine library** el colegio posee una excelente biblioteca
◇ vi alardear (**about** de); **it's nothing to ~ about!** ¡no es como para estar orgulloso!
boaster ['bəʊstə(r)] n jactancioso(a) m,f, fanfarrón(ona) m,f
boastful ['bəʊstfʊl] adj jactancioso(a), presuntuoso(a)
boastfully ['bəʊstfʊlɪ] adv con (mucha) jactancia or presunción
boastfulness ['bəʊstfʊlnɪs] n jactancia f, presunción f
boasting ['bəʊstɪŋ] n jactancia f, alardeo m
boat [bəʊt] n (in general) barco m; (small) barca f, bote m; (large) buque m; **I came by ~** vine en barco; **to take to the boats** meterse en las lanchas salvavidas; IDIOM **we're all in the same ~** estamos todos en el mismo barco; IDIOM **to push the ~ out** (celebrate lavishly) tirar la casa por la ventana ❏ **~ deck** cubierta f; **~ people** (refugees) boat people mpl inv, = personas que huyen por mar buscando asilo político; (in Caribbean) balseros mpl; **the Boat Race** la regata Oxford-Cambridge, = carrera anual de barcos de remo que enfrenta en el río Támesis a una embarcación de la

universidad de Cambridge con otra de la de Oxford; **~ train** = ferrocarril que enlaza con una línea marítima

boat-builder ['bəʊtbɪldə(r)] *n* constructor(ora) *m,f* de barcos

boater ['bəʊtə(r)] *n (straw hat)* canotier *m*

boathook ['bəʊthʊk] *n* bichero *m*

boathouse ['bəʊthaʊs] *n* cobertizo *m* para barcas

boating ['bəʊtɪŋ] *n* paseo *m* en barca; **~ accident** accidente en barco; **to go ~** ir a pasear en barca

boatload ['bəʊtləʊd] *n (of cargo, tourists)* cargamento *m*; *Fig* **by the ~** a espuertas

boatman ['bəʊtmən] *n* barquero *m*

boatswain ['bəʊsən] *n* NAUT contramaestre *m*

boatyard ['bəʊtjɑːd] *n* astillero *m*

Bob [bɒb] *n Br Fam* **...and ~'s your uncle!** ¡y ya está!, ¡y a vivir!

bob[1] [bɒb] ⋄ *n* **-1.** *(abrupt movement) (curtsy)* ligera genuflexión *f (a modo de saludo)*, reverencia *f*; **he signalled his agreement with a ~ of his head** mostró su conformidad asintiendo (con la cabeza) **-2.** *(hairstyle)* corte *m* estilo paje **-3.** *(bobsleigh)* bobsleigh *m*, bob *m* **-4.** *(weight) (on pendulum)* pesa *f*; *(on plumbline)* plomada *f*

⋄ *vt (pt & pp* **bobbed)** **-1. to ~ one's head** *(signalling assent)* hacer un gesto con la cabeza; **she bobbed a curtsy** hizo una reverencia **-2. to have one's hair bobbed** *(cut short)* cortarse el pelo a lo paje

⋄ *vi* **-1.** *(move)* **to ~ up and down** moverse arriba y abajo; **to ~ about** *(on water)* mecerse; **to ~ in/out** entrar/salir **-2.** *(curtsy)* hacer una reverencia **-3. to ~ for apples** *(party game)* = juego consistente en atrapar con la boca las manzanas que flotan en un recipiente de agua

▸ **bob up** *vi* aparecer, presentarse

bob[2] *(pl* **bob)** *n Br Fam (shilling)* chelín *m*; **that must have cost a few ~** debe haber costado buena *Esp* pasta *or Am* plata *or Méx* lana; **she's not short of a ~ or two** le sobra la *Esp* pasta *or Am* plata *or Méx* lana

bobbin ['bɒbɪn] *n (on machine)* canilla *f*, bobina *f*; *(for thread)* carrete *m*, bobina *f* ❑ **~ lace** encaje *m* de bolillos

bobble ['bɒbəl] ⋄ *n* **-1.** *(on hat)* borla *f*, pompón *m* **-2.** *US Fam (mistake)* pifia *f*; *(in American football)* = pérdida del balón al caérsele a un jugador de las manos; *(in baseball)* = recepción torpe de la pelota

⋄ *vt US Fam (ball)* manejar torpemente

bobble-hat ['bɒbəlhæt] *n Br* gorro *m* con borla *or* pompón

bobby ['bɒbɪ] *n Br Fam (policeman)* poli *mf*

bobby-pin ['bɒbɪpɪn] *n US (for hair)* horquilla *f*

bobby socks, bobby sox ['bɒbɪsɒks] *npl US (for girls)* calcetines *mpl* cortos *or* de colegiala, *CSur* zoquetes *mpl*, *Col* medias *fpl* tobilleras

bobby-soxer ['bɒbɪsɒksə(r)] *n US Fam* quinceañera *f*

bobcat ['bɒbkæt] *n* lince *m* rojo

bobolink ['bɒbəlɪŋk] *n* charlatán *m*

bobsled ['bɒbsled], **bobsleigh** ['bɒbsleɪ] ⋄ *n* bobsleigh *m*, bob *m*

⋄ *vi* hacer bobsleigh, hacer bob

bobtail ['bɒbteɪl] *n* **-1.** *(animal)* animal *m* rabicorto **-2.** *(tail)* cola *f* cortada

bobwhite ['bɒbwaɪt] *n* **(northern)** **~** colín *m* de Virginia

Boche [bɒʃ] *n Old-fashioned Pej* **the ~** los cabezas cuadradas

bock [bɒk] *n US (dark beer)* = cerveza oscura con mucho cuerpo

bod [bɒd] *n Fam* **-1.** *Br (person)* tipo(a) *m,f*, *Esp* tío(a) *m,f*; **he's an odd ~** es un bicho raro **-2.** *(body)* cuerpo *m*; **he's got a nice ~** tiene un cuerpazo

bodacious [bəʊ'deɪʃəs] *adj US Fam* tremendo(a), *Esp* de (agárrate y) no te menees

bode [bəʊd] ⋄ *vt* presagiar, augurar; **this bodes nothing good (for)** esto no hace presagiar nada bueno (para)

⋄ *vi* **this bodes well/ill for the future** es un buen/mal presagio para el futuro

bodge [bɒdʒ] *Br Fam* ⋄ *n* **(job)** chapuza *f*

⋄ *vt* hacer una chapuza con

bodice ['bɒdɪs] *n* **-1.** *(part of dress)* cuerpo *m* **-2.** *(undergarment)* corpiño *m*

bodice-ripper ['bɒdɪsrɪpə(r)] *n Fam (book, movie)* = novela o película romántica de tono truculento y ambientación histórica

bodily ['bɒdɪlɪ] ⋄ *adj* corporal; **~ functions** funciones fisiológicas; **~ needs** necesidades físicas

⋄ *adv* en volandas; **he was carried ~ to the door** lo llevaron en volandas hasta la puerta

bodkin ['bɒdkɪn] *n (needle)* aguja *f* de enjaretar

body ['bɒdɪ] *n* **-1.** *(of person, animal)* cuerpo *m*; *Fig* **to have enough to keep ~ and soul together** tener lo justo para vivir ❑ **~ armour** protección *f* corporal antibalas; *(in sports)* protecciones *fpl*; *Fig* **a ~ blow** *(severe setback)* un duro golpe; **~ clock** reloj *m* biológico; CIN **~ double** doble *mf* de cuerpo; **~ fascism** dictadura *m* del cuerpo; **~ fluids** fluido *m* corporal; **~ hair** vello *m* corporal; **~ heat** calor *m* animal; **~ image** imagen *f* corporal; **~ language** lenguaje *m* corporal; **~ milk** body milk *m*; **~ odour** olor *m* corporal; **~ paint** maquillaje *m* de cuerpo; **~ piercing** perforaciones *fpl* en el cuerpo, piercing *m*; **~ popping** *(dance)* = manera de bailar propia de los años ochenta, moviendo el cuerpo como un robot; MED **~ scan** escáner *m* (del cuerpo); MED **~ scanner** escáner *m* (de cuerpo); **~ search** registro *m*, cacheo *m*; **~ stocking** body *m*; **~ warmer** chaleco *m* acolchado **-2.** *(dead)* cadáver *m*; IDIOM **over my dead ~!** ¡por encima de mi cadáver! ❑ **~ bag** bolsa *f* para cadáveres; MIL **~ count** *(of casualties)* número *m* de bajas; HIST **~ snatcher** profanador(ora) *m,f* de tumbas **-3.** *(of hair, wine)* cuerpo *m*

-4. *(group)* grupo *m*, conjunto *m*; *(organization)* entidad *f*; **public ~** organismo público; **a large ~ of people** un nutrido grupo de gente; **they left/rose in a ~** se marcharon/se levantaron a la vez ❑ LAW **~ corporate** persona *f* jurídica; **the ~ politic** el Estado, la nación

-5. *(mass)* **a ~ of evidence** un conjunto de pruebas; **~ of water** masa de agua; **there is a large ~ of support for the policy** la política cuenta con un gran apoyo

-6. *(main part) (of car)* carrocería *f*; *(of plane)* fuselaje *m*; *(of camera, stringed instrument)* cuerpo *m*; *(of dress)* cuerpo *m*; *(of hall, church)* parte *f* central ❑ **~ shop** taller *m* de chapa y pintura

-7. *(of letter, e-mail)* cuerpo *m*, texto *m*; *(of argument)* núcleo *m*

-8. *(garment)* body *m* ❑ **~ stocking** *(leotard)* malla *f*; *(women's undergarment)* body *m*

-9. *Fam Old-fashioned* gachó *m*, gachí *f*

-10. PHYS cuerpo *m*

bodybuilder ['bɒdɪbɪldə(r)] *n* culturista *mf*

body-building ['bɒdɪbɪldɪŋ] *n* culturismo *m*

bodycheck ['bɒdɪtʃek] SPORT ⋄ *n* bloqueo *m*

⋄ *vt* blocar

bodyguard ['bɒdɪɡɑːd] *n (person)* guardaespaldas *mf inv*, escolta *mf*; *(group)* escolta *f*

bodysurf ['bɒdɪsɜːf] *vi* hacer surf sin tabla

bodywork ['bɒdɪwɜːk] *n (of car)* carrocería *f*

Boer [bɔː(r)] *n* bóer *mf* ❑ **the ~ War** la guerra anglo-bóer

boff [bɒf] *vt US Fam (have sex with)* echar un casquete con

boffin ['bɒfɪn] *n Br Fam Hum (scientist)* sabio *m*, lumbrera *f*

bog [bɒɡ] *n* **-1.** *(marsh)* pantano *m*, ciénaga *f* **-2.** *Br Fam (toilet)* baño *m*, *Esp* tigre *m* ❑ **~ paper** papel *m* higiénico *or* de baño; **~ roll** papel *m* higiénico *or* de baño

▸ **bog down** *vt sep* **to get bogged down** *(in mud, details)* quedarse atascado(a)

▸ **bog off** *vi Br very Fam* **~ off!** *(go away) Esp* ¡vete a tomar por saco!, *Méx* ¡vete a la chingada!, *RP* ¡ándate a la mierda!; *(expressing contempt, disagreement)* ¡ni de coña!, *Méx* ¡no mames!, *RP* ¡ni soñando!

bogey ['bəʊɡɪ] ⋄ *n* **-1.** *(cause of fear)* pesadilla *f* **-2.** *Br Fam (snot)* moco *m* **-3.** *(in golf)* uno *m* sobre par, bogey *m*; **a ~ 5** un bogey en un par cuatro

⋄ *vt (in golf)* **to ~ a hole** hacer uno sobre par, hacer bogey en un hoyo

bogeyman ['bəʊɡɪmæn] *n* **the ~** el coco, el hombre del saco

boggle ['bɒɡəl] *vi Fam* **he boggled at the thought of her reaction** le horripilaba pensar cómo reaccionaría ella; **she boggled at paying such a price** se quedó pasmada de tener que pagar un precio tan alto; IDIOM **the mind boggles!** ¡no me lo puedo ni imaginar!

boggy ['bɒɡɪ] *adj (land)* cenagoso(a)

bogie ['bəʊɡɪ] *n Br* RAIL **-1.** *(wheel unit)* bogie *m* **-2.** *(truck)* vagoneta *f*

Bogota [bɒɡə'tɑː] *n* Bogotá

bog-standard ['bɒɡ'stændəd] *adj Br Fam* del montón, correntucho(a)

bogus ['bəʊɡəs] *adj* **-1.** *(false)* falso(a); *Fam* **he's completely ~** es un farsante **-2.** *US Fam (unpleasant)* de lo más pesado, latoso(a); *(unfashionable)* carca

Bohemia [bə'hiːmɪə] *n* Bohemia

Bohemian [bəʊ'hiːmɪən] ⋄ *n* **-1.** *(from Bohemia)* bohemio(a) *m,f* **-2.** *(unconventional)* bohemio(a) *m,f*

⋄ *adj* bohemio(a)

bohunk ['bəʊhʌŋk] *n US Fam* **-1.** *(Eastern European immigrant)* = término ofensivo para referirse a los inmigrantes de la Europa del Este **-2.** *(country bumpkin)* palurdo(a) *m,f*, *Esp* paleto(a) *m,f*, *RP* pajuerano(a) *m,f*

boil[1] [bɔɪl] *n* MED forúnculo *m*, pústula *f*

boil[2] ⋄ *n* **to come to the ~** empezar *or* romper a hervir; **to bring sth to the ~** hacer que algo hierva; **to be on the ~** *(kettle, water)* estar hirviendo; *Fig (situation)* estar cociéndose *or* fraguándose; **to go off the ~** dejar de hervir; *Fig (movie, career)* flaquear

⋄ *vt (liquid)* hervir, cocer; *(eggs, meat, vegetables)* hervir, cocer; **to ~ the kettle** poner el agua a hervir; *Fig* **he can't even ~ an egg!** ¡no sabe ni freír un huevo!

⋄ *vi* **-1.** *(liquid)* hervir; **the kettle's boiling** el agua está hirviendo; **the kettle boiled dry** el hervidor se quedó sin agua; IDIOM *Fam* **to keep the pot boiling** mantener el asunto vivo **-2.** *(person)* estar furioso(a); **to ~ with rage** montar en cólera **-3.** *(ocean)* bullir

▸ **boil away** *vi* **-1.** *(continue boiling)* hervir **-2.** *(evaporate)* consumirse

▸ **boil down** *vt sep (reduce)* reducir

▸ **boil down to** *vt insep Fam* **it all boils down to...** todo se reduce a...; **it boils down to the same thing** a fin de cuentas, todo es lo mismo

▸ **boil over** *vi* **-1.** *(milk, soup)* salirse, rebosar **-2.** *(situation)* estallar; **the unrest boiled over into violence** el malestar estalló en demostraciones de violencia

▸ **boil up** ⋄ *vt sep (water, kettle)* poner a hervir

⋄ *vi* **frustration was boiling up inside her** por dentro sentía el resquemor de la frustración

boiled [bɔɪld] *adj* **-1.** *(cooked)* hervido(a), cocido(a); **a ~ egg** *(soft)* un huevo pasado por agua; *(hard)* un huevo duro; **~ potatoes** *Esp* patatas *or Am* papas cocidas *or* hervidas ❑ **~ ham** jamón *m* (de) York, jamón *m* dulce; **~ rice** arroz *m* blanco; *Br* **~ sweet** caramelo *m* **-2.** *Fam* **~ shirt** camisa *f* de pechera rígida

boiler ['bɔɪlə(r)] *n* **-1.** *(water heater, in engine)* caldera *f* ❑ **~ room** *(sala f de)* calderas *fpl* **-2.** *(chicken)* gallina *f*, pollo *m* viejo **-3.** *Fam Pej (old)* vejestorio *m*, *Fam* vieja *f* foca *f*

boilermaker ['bɔɪləmeɪkə(r)] *n* **-1.** *(metalworker)* calderero *m* **-2.** *US Fam* = un whisky seguido de una cerveza

boilersuit ['bɔɪləsuːt] *n Br* mono *m* (de trabajo), *Am* overol *m*, *CSur, Cuba* mameluco *m*, *Ven* braga *f*

boiling ['bɔɪlɪŋ] ◇ *adj* hirviente; *Fam* **I'm ~!** ¡me estoy asando! ❑ **~ point** punto *m* de ebullición; IDIOM **the situation has reached ~ point** la situación está al rojo vivo
◇ *adv* **it's ~ hot** hace un calor abrasador
boiling-water reactor ['bɔɪlɪŋ'wɔːtər(r)æktə(r)] *n* reactor *m* de agua en ebullición
boil-in-the-bag ['bɔɪlɪndə'bæg] *adj (food)* para hervir en bolsa
boisterous ['bɔɪstərəs] *adj* **-1.** *(person)* alborotador(ora), bullicioso(a); **to be in a ~ mood** estar alborotado(a) **-2.** *(sea)* embravecido(a), bravo(a); *(wind)* tempestuoso(a)
boisterously ['bɔɪstərəslɪ] *adv (to behave)* ruidosamente, escandalosamente
boisterousness ['bɔɪstərəsnɪs] *n (of person)* actitud *f* alborotadora, actitud *f* bulliciosa
bold [bəʊld] ◇ *adj* **-1.** *(brave)* audaz; **he put a ~ face on it, he put on a ~ front** mantuvo el tipo
-2. *(shameless, impudent)* caradura, osado(a); IDIOM **to be as ~ as brass** ser un(a) caradura, *Esp* tener más cara que espalda; *Formal* **who might you be, if I may make so ~?** ¿quién es usted?, si me permite el atrevimiento
-3. *(striking)* marcado(a), acentuado(a); **in ~ relief** en relieve
-4. TYP **(type** *or* **face) (letra** *f)* negrita *f;* **~ italics** letra cursiva en negrita
◇ *n* TYP **in ~** en negrita
boldface ['bəʊldfeɪs] ◇ *n* negrita *f*
◇ *adj* en negrita
boldly ['bəʊldlɪ] *adv* **-1.** *(bravely)* audazmente, con audacia **-2.** *(shamelessly, impudently)* con descaro *or* osadía, descaradamente **-3.** *(strikingly)* llamativamente, marcadamente; **~ designed** de diseño atrevido
boldness ['bəʊldnɪs] *n* **-1.** *(courage)* audacia *f*
-2. *(shamelessness, impudence)* descaro *m*, osadía *f* **-3.** *(force)* viveza *f*
bole [bəʊl] *n (of tree)* tronco *m*
bolero [bə'leərəʊ] *(pl* **boleros)** *n* **-1.** *(music, dance)* bolero *m* **-2.** *(jacket)* bolero *m*, torera *f*
Bolivia [bə'lɪvɪə] *n* Bolivia
Bolivian [bə'lɪvɪən] ◇ *n* boliviano(a) *m,f*
◇ *adj* boliviano(a)
boll [bəʊl] *n* BOT cápsula *f* ❑ **~ weevil** gorgojo *m* del algodón
bollard ['bɒləd] *n* **-1.** NAUT bolardo *m*, noray *m* **-2.** *Br (traffic barrier)* bolardo *m*
bollix ['bɒlɪks] *vt US very Fam* **to ~ sth (up)** joder algo
bollock ['bɒlək] *Br very Fam* ◇ *adv* **~ naked** en bolas, *Esp* en pelota picada
◇ *vt* **to ~ sb** poner a alguien como un trapo *or Méx* como camote, *Esp* echar una bronca que te cagas a alguien
bollocking ['bɒləkɪŋ] *n Br very Fam* **to give sb a ~** poner a alguien como un trapo *or Méx* como camote a alguien, *Esp* echar una bronca que te cagas a alguien; **he got a ~ from the boss** el jefe le puso como un trapo *or Méx* como camote, *Esp* se llevó una bronca que te cagas del jefe
bollocks, ballocks ['bɒləks] *Br Vulg* ◇ *npl* **-1.** *(testicles)* cojones *mpl*, huevos *mpl* **-2.** *(nonsense)* **(that's) ~!** eso son *Esp* gilipolleces *or Am* pendejadas!; **the film was a load of ~** la película era una *Esp* gilipollez *or Am* pendejada
◇ *exclam* ¡mierda!, *Esp* ¡joder!
▸ bollocks up *vt sep Br Vulg* **to ~ sth up** cagarla con algo
Bollywood ['bɒlɪwʊd] *n* = la industria cinematográfica de la India
Bologna [bə'lɒnjə] *n* Bolonia
bologna [bə'ləʊnɪ] *n US (sausage)* = embutido ahumado de gran tamaño y elaborado con distintos tipos de carne
Bolognese [bɒlə'neɪz] ◇ *n (person)* boloñés(esa) *m,f*
◇ *adj* **-1.** *(from Bologna)* boloñés(esa) **-2. ~ sauce** (salsa *f)* boloñesa *f*
boloney = **baloney**
Bolshevik ['bɒlʃəvɪk], **Bolshevist** ['bɒlʃəvɪst]
◇ *n* bolchevique *mf*
◇ *adj* bolchevique
Bolshevism ['bɒlʃəvɪzəm] *n* bolchevismo *m*

Bolshevist = **Bolshevik**
bolshie, bolshy ['bɒlʃɪ] *adj Br Fam* respondón(ona); **she's in a ~ mood** está muy respondona
bolster ['bəʊlstə(r)] ◇ *n* almohada *f* cilíndrica
◇ *vt (confidence, pride)* reforzar, fortalecer
▸ bolster up *vt sep (regime, theory)* reforzar; **bolstered up by recent successes** reforado(a) por los recientes logros; FIN **to ~ up the dollar** reforzar *or* fortalecer el dólar
bolt [bəʊlt] ◇ *n* **-1.** *(on door)* cerrojo *m*, pestillo *m*; IDIOM *Fam* **he has shot his ~** ha quemado sus últimos cartuchos
-2. *(metal fastening)* perno *m*
-3. *(of rifle)* cerrojo *m*
-4. *(of crossbow)* flecha *f*
-5. *(dash)* **she made a ~ for the door** se precipitó hacia la puerta; **he made a ~ for it** salió disparado ❑ **~ hole** refugio *m*
-6. *(of lightning)* rayo *m*; IDIOM **to come like a ~ from the blue** ocurrir de sopetón, pillar *or Am* agarrar a todo el mundo por sorpresa
-7. *(of cloth)* rollo *m*
◇ *adv* **~ upright** erguido(a)
◇ *vt* **-1.** *(lock)* **to ~ the door/window** cerrar la puerta/ventana con pestillo **-2.** *(attach with bolts)* atornillar **-3.** *(eat)* engullir **-4.** *(sift)* tamizar
◇ *vi* **-1.** *(move quickly)* **a rabbit bolted across the field** un conejo cruzó el prado como un rayo **-2.** *(escape) (horse)* salir de estampida; *(person)* salir huyendo **-3.** *(plants)* retoñar prematuramente
▸ bolt down *vt sep* **-1.** *(eat quickly)* **to ~ sth down** engullir *or* zamparse algo **-2.** *(fasten)* atornillar; IDIOM **the burglars stole everything that wasn't bolted down** los ladrones dejaron la casa limpio
bomb [bɒm] ◇ *n* **-1.** *(explosive device)* bomba *f;* **the ~** la bomba atómica; **to drop/plant a ~** arrojar/colocar una bomba; IDIOM *Fam* **this place looks as if it ~ has hit it** parece como si aquí hubiera caído una bomba; IDIOM *Br Fam* **to go like a ~** *(go quickly)* ir como una bala; *(be successful)* salir a pedir de boca; IDIOM *Br Fam* **to go down a ~ (with sb): their proposals went down a ~ with the chairman** al presidente le encantaron sus propuestas ❑ **~ disposal** desactivación *f* de bombas; **~ disposal expert** (experto *m)* artificiero *m*; **~ disposal squad** brigada *f* de artificieros, brigada *f* de desactivación de bombas; **~ scare** amenaza *f* de bomba; **~ shelter** refugio *m* antiaéreo; **the ~ squad** la brigada *f* de explosivos; **~ warning** aviso *m* de bomba
-2. *Br Fam (fortune)* **it cost a ~** costó un ojo de la cara; **to make a ~** forrarse
-3. *US Fam (failure)* fiasco *m*, desastre *m*
-4. *(into swimming-pool)* **to do a ~** tirarse en bomba, hacer la bomba
◇ *vt* **-1.** *(from air)* bombardear **-2.** *(put bomb in)* colocar una bomba en
◇ *vi Fam* **-1.** *US (fail)* fracasar estrepitosamente **-2.** *Br (go quickly)* **he bombed down the road** pasó disparado por la calle
▸ bomb along *vi Br Fam (go quickly)* ir a toda máquina *or Esp* pastilla
▸ bomb out ◇ *vt sep* **-1. he was bombed out (of his house)** *(in air raid)* el bombardeo lo dejó sin casa; *(by terrorists)* la bomba lo dejó sin casa **-2.** *Br Fam* **to ~ sb out** *(let down)* dejar a alguien en la estacada
◇ *vi Fam (be eliminated)* **to ~ out of sth** quedar apeado(a) *or* eliminado(a) de algo
bombard [bɒm'bɑːd] *vt* bombardear; *Fig* **to ~ sb with questions** bombardear a alguien con preguntas
bombardier [bɒmbə'dɪə(r)] *n* **-1.** *Br (army rank)* ≃ cabo *m* primero de artillería **-2.** *(in aircraft)* bombardero(a) *m,f*
bombardment [bɒm'bɑːdmənt] *n* bombardeo *m*
bombast ['bɒmbæst] *n* ampulosidad *f*, altisonancia *f*

bombastic [bɒm'bæstɪk] *adj* ampuloso(a), altisonante
Bombay [bɒm'beɪ] *n* Bombay ❑ **~ duck** = pescado en salazón utilizado como condimento en la cocina hindú; **~ mix** = aperitivo picante compuesto por fideos secos, lentejas y cacahuetes
bombe [bɒm] *n* CULIN = postre consistente en una gran bola de helado rellena, por ejemplo, de natillas, bizcocho o nueces
bombed (out) ['bɒmd('aʊt)] *adj very Fam (drunk) Esp* bolinga, *Méx* cuete, *RP* en pedo; *(on drugs)* flipado(a), colocado(a), *RP* falopeado(a)
bomber ['bɒmə(r)] *n* **-1.** *(aircraft)* bombardero *m* ❑ **~ jacket** cazadora *f* or CSur campera *f* or Méx chamarra *f* de aviador **-2.** *(person)* terrorista *mf (que coloca bombas)*
bombing ['bɒmɪŋ] *n* **-1.** *(aerial)* bombardeo *m* ❑ **~ range** campo *m* de tiro; **~ run** incursión *f* aérea, misión *f* de bombardeo **-2.** *(by terrorist)* atentado *m* con bomba
bombshell ['bɒmʃel] *n* **-1.** *Old-fashioned (shell)* obús *m* **-2.** IDIOMS **to drop a ~** dejar caer una bomba; *Fam* **a blonde ~** una rubia *or Méx* güera *or CAm* catira despampanante *or* explosiva
bombsight ['bɒmsaɪt] *n* visor *m* de bombardeo
bombsite ['bɒmsaɪt] *n* lugar *m* arrasado por un bombardeo; *Br Fig* **your bedroom is a ~!** ¡tu cuarto está hecho una leonera!
bona fide ['bəʊnə'faɪdɪ] *adj* auténtico(a), genuino(a)
bona fides ['bəʊnə'faɪdiːz] *npl* **to check sb's ~** comprobar las credenciales de alguien
bonanza [bə'nænzə] *n* **-1.** *(record profit, winnings)* filón *m*; **a ~ year** un año de grandes beneficios *or* de bonanza; **she had a real ~ at the sales** encontró muchas gangas en las rebajas **-2.** *US (in mine)* bonanza *f*
bonbon ['bɒnbɒn] *n* caramelo *m*
bonce [bɒns] *n Br Fam (head)* coco *m*, *Esp* tarro *m*
bond [bɒnd] ◇ *n* **-1.** *(between materials)* unión *f*
-2. *(between people)* vínculo *m*; **to feel a ~ with sb** sentir un vínculo de unión con alguien; **marriage/family bonds** vínculos matrimoniales/familiares
-3. *Literary* **bonds** *(ropes, chains)* ataduras *fpl*
-4. CHEM enlace *m*
-5. FIN bono *m* ❑ **~ issue** emisión *f* de bonos; **~ market** mercado *m* de obligaciones de renta fija
-6. LAW fianza *f*; *Formal* **my word is my ~** siempre cumplo mi palabra
-7. COM **to be in ~** estar en depósito aduanero
-8. ~ (paper) papel *m* de carta
◇ *vt* **-1.** *(stick)* pegar, adherir **-2.** *Fig (unite)* **to ~ together** unir **-3.** COM *(goods)* poner en depósito aduanero
◇ *vi* **-1.** *(stick)* pegar, adherirse **-2.** *Fig (form attachment)* unirse **(with** a**)**
bondage ['bɒndɪdʒ] *n* **-1.** *Literary (slavery)* esclavitud *f*, servidumbre *f*; **to be in ~ to** estar sometido(a) a, ser esclavo(a) de **-2.** *(sexual practice)* bondage *m*, = práctica sexual en la que se ata a uno de los participantes ❑ **~ gear** = prendas y adornos de bondage
bonded ['bɒndɪd] *adj (company)* con responsabilidad legal ❑ **~ warehouse** depósito *m* franco
bondholder ['bɒndhəʊldə(r)] *n* obligacionista *mf*, poseedor(ora) *m,f* de bonos
bonding ['bɒndɪŋ] *n* (lazos *mpl* de) unión *f*
bondservant ['bɒndzɜːvənt] *n* HIST siervo(a) *m,f*
bondsman ['bɒndzmən] *n* **-1.** HIST *(serf)* siervo *m* **-2.** *US (for insurance)* avalista *mf*
Bond Street ['bɒndstriːt] *n* = importante calle comercial de Londres, famosa por sus tiendas de moda, joyerías y galerías de arte
bond(s)woman ['bɒnd(z)wʊmən] *n* HIST *(serf)* sierva *f*
bone [bəʊn] ◇ *n* **-1.** *(of person, animal)* hueso *m*; *(of fish)* espina *f*; **made from ~** (hecho) de hueso; **her finger was cut to the ~** se cortó

el dedo hasta el hueso ❏ ~ **china** porcelana f fina; ~ **marrow** ANAT médula f (ósea); CULIN tuétano m; ~ **meal** harina f de hueso; ~ **structure: she has good ~ structure** tiene las facciones delicadas

-2. **bones** (remains) restos

-3. US Fam **bones** (dice) dados

-4. IDIOMS **bones ~ of contention** manzana de la discordia, caballo de batalla; **chilled** or **frozen to the ~** helado hasta la médula; **close to** or **near the ~** (tactless, risqué) fuera de tono; **to cut spending down to the ~** recortar el gasto al máximo; **to be ~ idle** or **lazy** ser más vago(a) que la chaqueta de un guardia, RP ser un(a) vagoneta; Fam **to have a ~ to pick with sb** tener que arreglar or ajustar cuentas con alguien; **to work one's fingers to the ~** matarse a trabajar or RP trabajando; **to make no bones about doing sth** no tener reparos or ningún reparo en hacer algo; **he made no bones about it** no trató de disimularlo; **I (can) feel it in my bones** tengo una corazonada, lo presiento

◇ vt **-1.** (fillet) (chicken) deshuesar; (fish) quitar las espinas a **-2.** US Vulg (have sex with) Esp follarse or tirarse a, Am cogerse a, Méx chingarse a

◇ vi US Vulg (have sex) Esp follar, Am coger, Méx chingar

◆ **bone up on** vt insep Fam empollarse

boned [bəʊnd] adj (meat) deshuesado(a); (fish) sin espinas, en filetes

bone-dry [bəʊnˈdraɪ] adj completamente seco(a)

bonehead [ˈbəʊnhed] US Fam ◇ n estúpido(a) m,f, Esp berzotas mf inv

◇ adj estúpido(a); ~ **English** = clase elemental de redacción en inglés en la universidad

boneless [ˈbəʊnlɪs] adj (meat) sin hueso, deshuesado(a); (fish) sin espinas, desespinado(a)

boner [ˈbəʊnə(r)] n **-1.** Vulg (erection) **to have a ~** Esp estar empalmado, Am tenerla parada **-2.** US Fam (mistake) metedura f de pata; **to pull a ~** meter la pata

boneshaker [ˈbəʊnʃeɪkə(r)] n Fam (car) tartana f, cafetera f

bonfire [ˈbɒnfaɪə(r)] n hoguera f, fogata f ❏ Br **Bonfire Night** = fiesta de la noche del 5 de noviembre en que se hacen hogueras y hay fuegos artificiales

bong [bɒŋ] n **-1.** (sound) retumbo m **-2.** (for smoking drugs) narguile m, pipa f de agua

◇ vi retumbar

bongo [ˈbɒŋgəʊ] n MUS ~ **drums, bongos** bongós mpl

bonhomie [ˈbɒnəmi:] n camaradería f

bonk¹ [bɒŋk] Fam ◇ n (blow) tortazo m, viaje m

◇ vt (hit) pegar

bonk² Br very Fam ◇ n (sex) **to have a ~** Esp echar un casquete

◇ vt (have sex with) echar un casquete con

◇ vi (have sex) echar un casquete

bonkers [ˈbɒŋkəz] adj Br Fam (mad) **to be ~** estar chiflado(a) or Esp majareta; **to go ~** volverse majareta

bon mot [bɒnˈməʊ] n salida f ingeniosa, agudeza f

Bonn [bɒn] n Bonn

bonnet [ˈbɒnɪt] n **-1.** (hat) capota f, cofia f **-2.** Br (of car) capó m, CAm, Méx cofre m; **let's have a look under the ~** vamos a echar un vistazo al motor

bonny [ˈbɒnɪ] adj Scot bonito(a), precioso(a)

bonsai [ˈbɒnsaɪ] n bonsai m

bonus [ˈbəʊnəs] n **-1.** (for productivity, seniority) plus m; **Christmas ~** aguinaldo (dinero) ❏ ~ **number** (in lottery) ≃ (número m) complementario m; ~ **scheme** sistema m de primas

-2. (in insurance, for investment) prima f ❏ COM ~ **issue** emisión f gratuita de acciones

-3. (advantage) ventaja f adicional; **it's a real ~ living so near the shops** es una verdadera suerte tener las tiendas tan a la mano

bon viveur [ˌbɒnviːˈvɜː(r)], **bon vivant** [ˌbɒnviːˈvɒnt] n **he's a ~** le gusta vivir bien, es un sibarita

bon voyage [ˌbɒnvɔɪˈɑːʒ] n buen viaje m

bony [ˈbəʊnɪ] adj **-1.** (person, limb) huesudo(a) **-2.** (fish) con muchas espinas

boo [buː] ◇ n (pl **boos**) abucheo m

◇ vt abuchear; **he was booed off the stage** salió de escena entre los abucheos del público

◇ vi **they started to ~** se comenzaron a oír abucheos

◇ exclam (of audience, crowd) ¡buu!, ¡fuera!; (to frighten sb) ¡uuh!; IDIOM **he wouldn't say ~ to a goose** es muy tímido, Esp es un cortado

boob [buːb] Fam ◇ n **-1.** Br (mistake) metedura f or Am metida f de pata; **to make a ~** meter la pata, Méx segarla **-2.** Br **boobs** (breasts) tetas; **to have a ~ job** operarse del pecho ❏ ~ **tube** = top ajustado sin mangas ni tirantes **-3.** US (person) lelo(a) m,f, bobalicón(ona) m,f ❏ ~ **tube** (television) caja f tonta

◇ vi Br (make mistake) meter la pata

boo-boo [ˈbuːbuː] n Fam **-1.** (blunder) metedura f or Am metida f de pata; **to make a ~** meter la pata **-2.** US (injury) pupa f

booby [ˈbuːbɪ] n **-1.** (bird) alcatraz m, piquero m **-2.** Fam (fool) bobalicón(ona) m,f, Esp memo(a) m,f ❏ US ~ **hatch** loquero m; ~ **prize** premio m para el farolillo rojo; ~ **trap** (explosive device) bomba f trampa or camuflada; (practical joke) trampa f

booby-trap [ˈbuːbɪtræp] (pt & pp **booby-trapped**) vt (with explosive device) colocar una bomba trampa en; (as practical joke) colocar una trampa en

booger [ˈbuːgə(r)] n US Fam **-1.** (nasal mucus) moco m **-2.** (person) pillastre mf **-3.** (thing) chisme m, cacharro m

boogie [ˈbuːgɪ] Fam ◇ n **-1.** (dance) **to have a ~** echarse un bailecito, menear el esqueleto **-2.** US very Fam = término generalmente ofensivo para referirse a un negro, RP grone m

◇ vi **-1.** (dance) echarse un bailecito, menear el esqueleto **-2.** US (leave) largarse, Esp darse el piro

boogie-woogie [ˈbuːgɪˈwuːgɪ] n bugui-bugui m

boo-hoo [ˈbuːhuː] exclam ¡buaaah!

booing [ˈbuːɪŋ] n abucheo m

book [bʊk] ◇ n **-1.** (printed volume) libro m; **I'm in the ~** (telephone directory) mi número está en la guía, estoy en la guía ❏ ~ **club** círculo m de lectores; ~ **end** sujetalibros m inv; ~ **fair** feria f del libro; ~ **lover** amante mf de la lectura, lector(ora) m,f apasionado(a) or ávido(a); ~ **review** reseña f literaria; ~ **token** vale m para comprar libros

-2. (small bound set) (of stamps) librillo m; (of matches) caja f (de solapa); (of tickets) talonario m

-3. FIN **the books** (of company) la contabilidad; **to do the books** llevar la contabilidad ❏ ~ **entry** anotación f contable, asiento m contable; ~ **price** valor m contable; ~ **value** valor m contable

-4. (of club, association) **to be on the books** ser socio(a)

-5. (betting) **to open/keep a ~ on sth** hacer/tener una apuesta sobre algo

-6. (of opera, musical) libreto m

-7. IDIOMS **to bring sb to ~ for sth** obligar a alguien a rendir cuentas por algo; **physics is a closed ~ to me** la física es un misterio para mí; **to be an open ~** (person) ser (como) un libro abierto; **to talk** or **speak like a ~** hablar como un libro; **I can read her like a ~** no tiene secretos para mí, la conozco como la palma de mi mano; **in my ~ ...** a mi modo de ver...; **to be in sb's good/bad books** estar a buenas/malas con alguien, RP estar en buenos/malos términos con alguien; **to do sth by** or **according to the ~** hacer algo según las normas; Fam **that's one for the books!** ¡qué milagro!, ¡esto va a hacer historia!; Fam **that suits my ~ por mí, estupendo; to throw the ~ at sb**

castigar a alguien con la máxima severidad

◇ vt **-1.** (reserve) reservar; (performer) contratar; **to ~ sb on a flight** reservarle (plaza en) un vuelo a alguien; **to be fully booked** (theatre, flight) estar completo(a); (person) tener la agenda completa

-2. (record details of) (police suspect) fichar; (traffic offender) multar

-3. Br (soccer player) mostrar una tarjeta amarilla a

-4. US Fam **to ~ it** (leave) largarse, Esp darse el piro

◇ vi **-1.** (make reservation) reservar, hacer reserva **-2.** US Fam (leave) largarse, Esp darse el piro **-3.** US Fam (move quickly) ir a toda mecha

◆ **book in** ◇ vt sep **to ~ sb in** hacer una reserva para alguien

◇ vi (take a room) tomar una habitación, Br (register) registrarse

◆ **book into** vt insep (hotel) tomar una habitación en, registrarse en

◆ **book up** ◇ vt sep **the hotel is fully booked up** el hotel está al completo; **I'm booked up for this evening** ya he quedado para esta noche

◇ vi **that show books up quickly** las entradas para ese espectáculo se agotan pronto

bookable [ˈbʊkəbəl] adj **-1.** (seat, flight) que se puede reservar con antelación **-2.** (offence) (merecedor(ora)) de tarjeta

bookbinder [ˈbʊkbaɪndə(r)] n encuadernador(ora) m,f

bookbinding [ˈbʊkbaɪndɪŋ] n encuadernación f

bookcase [ˈbʊkkeɪs] n librería f, estantería f

Booker [ˈbʊkə(r)] n **the ~ (Prize)** = premio anual a la mejor novela en lengua inglesa publicada por primera vez por una editorial británica

bookie [ˈbʊkɪ] n Fam (in betting) corredor(ora) m,f de apuestas

booking [ˈbʊkɪŋ] n **-1.** (reservation) reserva f; **to make a ~** hacer una reserva ❏ ~ **fee** suplemento m or recargo m por reserva; ~ **office** taquilla f, Am boletería f **-2.** (of comedian, singer) compromiso m **-3.** (in soccer) tarjeta f amarilla; **to receive a ~** recibir una tarjeta amarilla

bookish [ˈbʊkɪʃ] adj **-1.** (person) estudioso(a) **-2.** Pej (approach, style) académico(a), sesudo(a)

bookkeeper [ˈbʊkkiːpə(r)] n FIN tenedor(ora) m,f de libros

bookkeeping [ˈbʊkkiːpɪŋ] n FIN contabilidad f

book-learning [ˈbʊklɜːnɪŋ] n **he doesn't have much ~** no tiene muchos estudios

booklet [ˈbʊklɪt] n folleto m

booklist [ˈbʊklɪst] n (reading list) bibliografía f

bookmaker [ˈbʊkmeɪkə(r)] n (in betting) corredor(ora) m,f de apuestas

bookmark [ˈbʊkmɑːk] ◇ n **-1.** (for book) marcapáginas m **-2.** COMPTR marcador m, favorito m

◇ vt COMPTR (Web page) añadir a la lista de marcadores or favoritos

bookmobile [ˈbʊkməbiːl] n US bibliobús m, biblioteca f móvil or ambulante

bookplate [ˈbʊkpleɪt] n ex libris m inv

bookrest [ˈbʊkrest] n atril m (de pie)

bookseller [ˈbʊkselə(r)] n librero(a) m,f

bookshelf [ˈbʊkʃelf] n (single shelf) estante m; **bookshelves** (set of shelves) estantería f

bookshop [ˈbʊkʃɒp] n librería f

bookstall [ˈbʊkstɔːl] n **-1.** (in street) puesto m de libros **-2.** Br (in railway station) quiosco m de prensa

bookstand [ˈbʊkstænd] n **-1.** (in bookstore, library) expositor m de libros **-2.** (for supporting book) atril m (de pie) **-3.** (in railway station) quiosco m de prensa

bookstore [ˈbʊkstɔː(r)] n US librería f

bookworm [ˈbʊkwɜːm] n **-1.** Fam (avid reader) ratón m de biblioteca **-2.** (insect) piojo m de los libros

Boolean ['bu:lɪən] *adj* COMPTR *(logic, operator)* booleano(a) ❑ ~ ***algebra*** álgebra *f* de Boole; ~ ***search*** búsqueda *f* booleana

boom¹ [bu:m] *n* **-1.** NAUT *(for sail)* botavara *f* **-2.** *(barrier across river, harbour)* barrera *f* **-3.** CIN & TV jirafa *f*

boom² ◇ *n (economic)* auge *m*, boom *m*; ~ **and bust** auge y crisis; ~ **town** ciudad en auge
◇ *vi (business, trade)* estar en auge, dispararse; **sales are booming** las ventas se han disparado

boom³ ◇ *n (sound)* estruendo *m*, retumbo *m* ❑ *Fam* ~ ***box*** radiocasete *m* or *Esp* loro *m* grande *(portátil)*
◇ *vt (say loudly)* aullar, bramar; **"nonsense!" she boomed** "¡tonterías!" bramó
◇ *vi (thunder, gun, voice)* retumbar; *(waves)* bramar
◆ **boom out** ◇ *vt sep (say)* decir vociferando
◇ *vi (gun, voice)* retumbar

boomerang ['bu:məræŋ] ◇ *n* bumerán *m*; ~ **effect** efecto bumerán
◇ *vi Fam* **to ~ on sb** volverse contra alguien

booming ['bu:mɪŋ] *adj* **-1.** *(voice)* estruendoso(a), atronador(ora) **-2.** *(business, industry)* en auge

boon [bu:n] *n* bendición *f*; **this service is a ~ for the elderly** este servicio es una bendición para los ancianos; **a ~ companion** *(person)* un(a) amigo(a) íntimo(a); **the book will be a ~ companion to the backpacker** el libro será un compañero de viaje imprescindible para los mochileros

boondocks ['bu:ndɒks] *npl US Fam* **in the ~** en el quinto infierno or *Esp* pino, *Andes, RP* donde el diablo perdió el poncho, *Chile* en la punta del cerro, *Col* en la Patagonia

boondoggle ['bu:ndɒgəl] *vi US Fam* pérdida *f* de tiempo

boor ['bʊə(r)] *n* grosero(a) *m,f*, cafre *mf*

boorish ['bʊərɪʃ] *adj (person, behaviour)* grosero(a), ordinario(a)

boorishly ['bʊərɪʃlɪ] *adv* groseramente, con ordinariez

boost [bu:st] ◇ *n* **-1.** *(of rocket)* propulsión *f*; *(of economy)* impulso *m*; **a ~ in sales** un rápido incremento en las ventas; **to give sth/sb a ~** dar un impulso a algo/alguien **-2.** *(upward push)* **to give sb a ~** impulsar *or* dar impulso a alguien hacia arriba
◇ *vt* **-1.** *(rocket)* propulsar; TEL *(signal)* amplificar; *(economy, sales, productivity)* impulsar, estimular; *(hopes)* alimentar; *(morale)* levantar; **this success will really ~ his confidence** este éxito le dará más seguridad en sí mismo **-2.** *(promote) (product, candidate)* impulsar **-3.** *US Fam (steal)* afanar, *Esp* sisar
◇ *vi US Fam (shoplift)* afanar, *Esp* sisar *(en comercios)*

booster ['bu:stə(r)] *n* **-1.** *(on missile, spacecraft)* ~ **(rocket)** (cohete *m*) propulsor *m* **-2.** ELEC elevador *m* de tensión ❑ *US* ~ ***cables*** pinzas *fpl* or cables *mpl* (de arranque) de batería **-3.** MED ~ **(shot)** revacunación *f* **-4.** *US Fam (supporter)* **he's a great ~ for his home town** le entusiasma ir cantando las maravillas de su ciudad natal **-5.** *US Fam (shoplifter)* ratero(a) *m,f (en comercios)*

boot [bu:t] ◇ *n* **-1.** *(footwear)* bota *f*; *(ankle-length)* botín *m*; **football/rugby ~** bota de fútbol/rugby ❑ *US* MIL ~ ***camp*** campamento *m* de reclutas; ~ ***polish*** betún *m*; ~ ***scraper*** limpiabarros *m inv*
-2. *Fam (kick)* **to give sth a ~** darle a algo una patada *or* un puntapié; **he needs a ~ up the backside** ése lo que necesita es una buena patada en el trasero
-3. *Br (of car)* maletero *m*, *CAm, Méx* cajuela *f*, *RP* baúl *m*
-4. COMPTR ~ ***disk*** disco *m* de arranque; ~ ***sector*** sector *m* de arranque
-5. *Br Fam Pej (ugly woman)* coco *m*, *Esp* feto *m* (malayo), *Am* bagre *m*
-6. *Fam (dismissal)* **to give sb the ~** dar la patada a alguien, poner a alguien de patitas en la calle; **to get the ~** *(from work)* ser despedido(a); **his girlfriend gave him the ~** su novia le dio calabazas
-7. to ~ *(as well)* además, por añadidura
-8. IDIOMS **the ~ is on the other foot** se ha dado la vuelta a la tortilla; *Br Fam* **to put** *or* **stick the ~ in** *(beat severely, criticize)* ensañarse; **to die with one's boots on** morir con las botas puestas
◇ *vt* **-1.** *Fam (kick)* dar una patada a **-2.** COMPTR arrancar
◇ *vi* COMPTR **to ~ (up)** arrancar
◆ **boot out** *vt sep Fam* **to ~ sb out** poner a alguien en la calle, echar a alguien
◆ **boot up** ◇ *vt sep (computer)* arrancar
◇ *vi (computer, person)* arrancar

bootable ['bu:təbəl] *adj* COMPTR *(disk)* de arranque

bootblack ['bu:tblæk] *n US* limpiabotas *mf inv*

booted ['bu:tɪd] *adj* con botas ❑ ~ ***warbler*** zarcero *m* escita

bootee [bu:'ti:] *n (child's shoe)* patuco *m*

booth [bu:ð] *n* **-1.** *(for telephone, in voting)* cabina *f* **-2.** *(at fair)* barraca *f* or caseta *f* (de feria); *(at trade fair)* stand *m* **-3.** *(in restaurant)* mesa *f (rodeada de asientos corridos fijados al suelo)*

boot-jack ['bu:tdʒæk] *n* sacabotas *m inv*

bootlace ['bu:tleɪs] *n* cordón *m* ❑ ~ ***tie*** lazo *m*

bootleg ['bu:tleg] ◇ *vt (pt & pp* **bootlegged***)* **-1.** *(alcohol) (make)* elaborar clandestinamente; *(sell)* contrabandear; **he made a fortune by bootlegging rum** hizo una fortuna con el contrabando *or* estraperlo de ron **-2.** *(copy illegally) (recording, cassette)* piratear; *(designer product)* **these "Rolexes" were bootlegged in South Korea** estos Rolex falsos son de fabricación coreana
◇ *adj* **-1.** *(alcohol)* de estraperlo, de contrabando **-2.** *(recording, cassette)* pirata; *(watch, jeans)* falso(a)

bootlegger ['bu:tlegə(r)] *n* **-1.** *(of alcohol)* contrabandista *mf*, estraperlista *mf* **-2.** *(of recordings)* pirateador(ora) *m,f*; *(of watches, jeans)* = persona que fabrica productos de marca falsos

bootless ['bu:tlɪs] *adj Literary (fruitless)* infructuoso(a)

bootlicker ['bu:tlɪkə(r)] *n Fam* lameculos *mf inv*, *Esp* pelota *mf*, *Méx* arrastrado(a) *m,f*, *RP* chupamedias *mf inv*

bootmaker ['bu:tmeɪkə(r)] *n* botero(a) *m,f*

boots ['bu:ts] *n Br (in hotel)* limpiabotas *m*

bootstrap ['bu:tstræp] *n* **-1.** IDIOM **he pulled himself up by his bootstraps** logró salir adelante por su propio esfuerzo **-2.** COMPTR arranque *m* ❑ ~ ***routine*** secuencia *f* de arranque

booty ['bu:tɪ] *n* **-1.** *(loot)* botín *m* **-2.** *US Fam (buttocks)* culo *m*, *Am* cola *f* **-3.** *US Fam (sexual intercourse)* **to get some ~** mojar *Esp* el churro *or RP* bizcocho, *Méx* echarse un caldito

booze [bu:z] *Fam* ◇ *n* bebida *f*, *Esp* priva *f*, *RP* chupi *m*; **to be on the ~** empinar el codo, darle a la bebida *or Esp* a la priva *or RP* al chupi; **she's off the ~** ha dejado la bebida *or Esp* priva, *RP* dejó el chupi
◇ *vi* empinar el codo, *RP* chupar

boozehound ['bu:zhaʊnd] *n US Fam* borracho(a) *m,f*

boozer ['bu:zə(r)] *n Fam* **-1.** *(person)* bebedor(ora) *m,f*, esponja *f*, *Am* tomador(ora) *m,f* **-2.** *Br (pub)* bar *m*, *Esp* bareto *m*

booze-up ['bu:zʌp] *n Br Fam* juerga *f*; **to have a ~** agarrarse una curda

boozy ['bu:zɪ] *adj Fam (person)* borrachín(ina); *(occasion)* lleno(a) de alcohol; *(voice, breath)* de borracho(a)

bop¹ [bɒp] ◇ *n* **-1.** *(music)* bebop *m* **-2.** *Br Fam (dance)* baile *m*
◇ *vi (pt & pp* **bopped***) Br Fam (dance)* bailotear

bop² ◇ *n (blow)* golpecito *m*
◇ *vt (pt & pp* **bopped***) (hit)* dar un golpecito a; **she bopped him on the head** le dio un coscorrón

boracic [bəˈræsɪk] *adj* CHEM bórico(a) ❑ ~ ***acid*** ácido *m* bórico

borage ['bɒrɪdʒ] *n* borraja *f*

borax ['bɔ:ræks] *n* bórax *m inv*

Bordeaux [bɔ:'dəʊ] *n* **-1.** *(city)* Burdeos **-2.** *(wine)* burdeos *m inv*

bordello [bɔ:'deləʊ] *(pl* **bordellos***) n* burdel *m*, lupanar *m*

border ['bɔ:də(r)] ◇ *n* **-1.** *(edge)* borde *m*; *(on clothes)* ribete *m* **-2.** *(frontier)* frontera *f*; **to cross the ~** cruzar la frontera ❑ ~ ***crossing*** paso *m* fronterizo; ~ ***guard*** guardia *m* fronterizo; ~ ***incident*** incidente *m* fronterizo; ~ ***town*** ciudad *f* fronteriza
-3. *(in garden)* arriate *m*
-4. *(proper names)* **the Borders** los Borders, = región en el sureste de Escocia limítrofe con Inglaterra ❑ ***Border collie*** Border collie *m*; ***Border terrier*** Border terrier *m*
◇ *vt* **-1.** *(line edges of)* bordear **-2.** *(be adjacent to)* lindar con **-3.** *(country)* limitar con; **Mexico borders Texas** México tiene frontera con Tejas
◆ **border on** *vt insep* **-1.** *(of country)* limitar con; **Italy and Austria ~ on each other** Italia y Austria tienen frontera común, Italia y Austria son limítrofes **-2.** *(be close to)* rayar en, bordear; **to ~ on insanity/the ridiculous** rayar en or bordear la locura/lo ridículo

borderland ['bɔ:dəlænd] *n* frontera *f*, zona *f* fronteriza

borderline ['bɔ:dəlaɪn] ◇ *n* frontera *f*, límite *m*; **to be on the ~** estar en el límite, estar en la frontera
◇ *adj* **a ~ case** un caso dudoso; **a ~ pass** un aprobado raspado

bore¹ [bɔ:(r)] ◇ *n (person)* pelma *mf*, pelmazo(a) *m,f*; *(thing)* fastidio *m*, lata *f*; **what a ~!** ¡qué fastidio *or* lata!; **visiting them is such a ~!** ¡visitarlos es un fastidio *or* una lata!
◇ *vt* aburrir; **I won't ~ you with the details** no te voy a aburrir con los detalles; IDIOM *Fam Hum* **to ~ the pants off sb** aburrir como una ostra *or RP* un perro a alguien; IDIOM **housework bores me stiff** *or* **rigid** *or* **to tears** *or* **to death** las tareas de la casa me fastidian un montón *or Esp* me amuerman cantidad

bore² ◇ *n* **-1.** *(calibre)* calibre *m*; *(of pipe)* diámetro *m* interior; **a 12 ~ shotgun** una escopeta del calibre 12 **-2.** *(drilled hole)* agujero *m*, perforación *f*; **a test ~** una perforación de prospección
◇ *vt (with drill)* perforar, taladrar; **to ~ a hole/tunnel/well** abrir un agujero/un túnel/un pozo; **to ~ a hole in sth** taladrar algo
◇ *vi* **to ~ for water/minerals** hacer perforaciones *or* prospecciones en búsqueda *or* busca de agua/minerales; **to ~ through sth** perforar *or* taladrar algo; **I felt his eyes boring into me** noté que me taladraba con la mirada

bore³ *n (of river)* macareo *m*

bore⁴ *pt of* **bear²**

bored [bɔ:d] *adj* aburrido(a); **to be ~ (with)** estar aburrido(a) (de); **I'm ~ with my job** mi trabajo me aburre; *Fam* **I was ~ stiff** *or* **rigid** *or* **to tears** *or* **to death** me aburrí como una ostra *or RP* un perro

boredom ['bɔ:dəm] *n* aburrimiento *m*

borehole ['bɔ:həʊl] *n* perforación *f*

borer ['bɔ:rə(r)] *n* **-1.** *(tool) (for wood, metal)* barrena *f*; *(for mine, well)* perforadora *f* **-2.** *(insect)* carcoma *f*

boric ['bɔ:rɪk] *adj* CHEM ~ ***acid*** ácido *m* bórico

boring ['bɔ:rɪŋ] *adj* aburrido(a); **to be ~** ser aburrido(a)

boringly ['bɔ:rɪŋlɪ] *adv* de la manera más aburrida

born [bɔ:n] ◇ *adj* **he's a ~ story-teller/leader** es un narrador/líder nato; **he's a ~ loser** es un perdedor nato; *Fam* **in all my ~ days** en toda mi santa vida
◇ *(pp of* **bear** *used to form passive)* **-1. to be ~** nacer; **I was ~ in London/in 1975** nací en Londres/en 1975; **I was ~ for this** *(it's my destiny)* he nacido para esto; **she was ~ blind** nació ciega, es ciega de nacimiento; **she was ~ lucky** nació con estrella; **she was**

~ **Elizabeth Hughes, but writes as E.R. Johnson** su nombre verdadero es Elizabeth Hughes, pero escribe con el seudónimo E.R. Johnson; **she was ~ and bred in London, she's a Londoner,** ~ and bred nació y se crió en Londres; **to be ~ into the world** venir al mundo; **she was ~ into a poor family** nació en una familia humilde; **he was ~ of an American father and a Greek mother** es hijo de padre estadounidense y madre griega; **a cynicism ~ of experience** un escepticismo producto de la experiencia
 -**2.** IDIOMS *Fam* **I wasn't ~ yesterday** no me chupo el dedo; *Fam* **there's one ~ every minute** hace falta ser bobo(a); **to be ~ under a lucky star** haber nacido con (buena) estrella, *RP* haber nacido bajo una estrella; **to be ~ with a silver spoon in one's mouth** nacer con *or* el pan debajo del brazo

-born [bɔːn] *suffix* **he's New York~** es neoyorquino de nacimiento, nació en Nueva York; **she's English~** es inglesa de nacimiento, nació en Inglaterra

born-again Christian [ˈbɔːnəgənˈkrɪstʃən] *n* REL = cristiano convertido a un culto evangélico

borne *pp of* **bear²**

Borneo [ˈbɔːnɪəʊ] *n* Borneo

boron [ˈbɔːrɒn] *n* CHEM boro *m*

borough [ˈbʌrə] *n* -**1.** *Br* = división administrativa y electoral que comprende un municipio o un distrito urbano ❑ **~ council** *(of town)* municipio *m*; *(within city)* sede *f* de distrito
 -**2.** *US (municipality)* municipio *m*; *(in Alaska)* condado *m*; **the Five Boroughs** = los cinco distritos que componen la ciudad de Nueva York: Manhattan, Queens, Brooklyn, el Bronx y Harlem

borrow [ˈbɒrəʊ] ◇ *vt* -**1.** *(take on loan)* tomar prestado(a); **to ~ sth from sb** pedir algo prestado a alguien; **can I ~ your book?** ¿me prestas *or Esp* dejas tu libro?; **I borrowed his bicycle without him knowing** le tomé la bicicleta prestada sin que lo supiera; **to ~ a book from the library** tomar prestado un libro de la biblioteca; **to ~ money from the bank** pedir un crédito al banco; IDIOM **to be living on borrowed time** *(ill person, government)* tener los días contados; *US* **to ~ trouble** buscarse problemas
 -**2.** *(appropriate) (idea) (word)* tomar; **a word borrowed from Russian** un préstamo del ruso, una palabra de origen ruso
 -**3.** *(in subtracting figures)* llevarse
 -**4.** *(in golf)* = golpear la bola desviada para que la irregularidad del terreno la guíe hacia el hoyo
 ◇ *vi* **she's always borrowing from other people** siempre está pidiendo cosas prestadas a los demás; **to ~ against one's salary** pedir un adelanto del sueldo; **to ~ against one's property** pedir un préstamo utilizando una propiedad como garantía
 ◇ *n (in golf)* inclinación *f*, irregularidad *f*

borrower [ˈbɒrəʊə(r)] *n (from bank)* prestatario(a) *m,f; (from library)* usuario(a) *m,f*, PROV **neither a ~ nor a lender be** ni prestes ni pidas prestado

borrowing [ˈbɒrəʊɪŋ] *n* -**1.** *(of money, word)* préstamo *m, Méx* prestamiento *m* -**2.** FIN **government ~** (nivel de) endeudamiento del Estado ❑ **~ rate** tipo *m* de interés de los empréstitos

borscht [bɔːʃt] *n* = sopa a base de remolacha

borstal [ˈbɔːstəl] *n Br Formerly* correccional *m*, reformatorio *m*

borzoi [ˈbɔːzɔɪ] *n* galgo *m* ruso, borzoi *m*

Bosch [bɒʃ] *pr n* **(Hieronymus) ~** el Bosco

bosh [bɒʃ] *Fam Old-fashioned* ◇ *n* tonterías *fpl, Am* pendejadas *fpl, RP* pavadas *fpl*
 ◇ *exclam* ¡pamplinas!

Bosnia [ˈbɒznɪə] *n* Bosnia

Bosnia-Herzegovina [ˈbɒznɪəhɜːtsəgəˈviːnə] *n* Bosnia y Hercegovina

Bosnian [ˈbɒznɪən] ◇ *n* bosnio(a) *m,f*
 ◇ *adj* bosnio(a); **~ Croat** croata de Bosnia; **~ Muslim** musulmán(ana) de Bosnia; **~ Serb** serbio(a) de Bosnia

bosom [ˈbʊzəm] ◇ *n* -**1.** *(breast, chest)* pecho *m*; **her ample ~** sus abundantes senos *or* pechos; **he clutched her/the book to his ~** la estrechó/estrechó el libro contra su pecho; **he harboured a great hatred in his ~** albergaba un intenso odio en sus entrañas -**2.** *(heart, centre)* seno *m*; **in the ~ of one's family** en el seno de la familia -**3.** *(of dress)* pechera *f*
 ◇ *adj* **~ friend** amigo(a) del alma; *Fam* **~ buddy** amiguete(a) de toda la vida

-bosomed [ˈbʊzəmd] *suffix* **big/small~** con mucho/poco pecho

bosomy [ˈbʊzəmɪ] *adj* pechugona

Bosphorus [ˈbɒsfərəs] *n* **the ~** el Bósforo

boss¹ [bɒs] *n* -**1.** *(on shield)* tachón *m* -**2.** *(on wheel hub)* cubo *m* -**3.** ARCHIT clave *f*

boss² ◇ *n* -**1.** *Fam (at work)* jefe(a) *m,f*; **he's his own ~** trabaja por cuenta propia; **ok, you're the ~** bueno *or Esp* vale, lo que tú digas; IDIOM **to show sb who's ~** enseñar a alguien quién manda -**2.** *Fam (of union, party)* líder *mf*
 ◇ *vt Fam* **to ~ sb (about** *or* **around)** dar órdenes a alguien (a diestro y siniestro)

boss-eyed [ˈbɒsaɪd] *adj Br Fam* bizco(a)

bossily [ˈbɒsɪlɪ] *adv* de manera autoritaria

bossiness [ˈbɒsɪnɪs] *n Fam* **I can't stand ~** no soporto a la gente mandona

bossy [ˈbɒsɪ] *adj* mandón(ona)

bossy-boots [ˈbɒsɪˈbuːts] *n Fam* marimandón(ona) *m,f*

Boston [ˈbɒstən] *n* Boston ❑ **the ~ Tea Party** el motín del Té de Boston

BOSTON TEA PARTY
Insurrección que tuvo lugar en 1773 en la que algunos bostonianos disfrazados de indios arrojaron cargamentos de té al mar para protestar contra los aranceles impuestos por Inglaterra. El motín del té de Boston fue uno de los acontecimientos clave que precedió a la Guerra de la Independencia de los Estados Unidos.

Bostonian [bɒˈstəʊnɪən] ◇ *n* bostoniano(a) *m,f*
 ◇ *adj* bostoniano(a)

bosun [ˈbəʊsən] *n* NAUT contramaestre *m*

botanic(al) [bəˈtænɪk(əl)] *adj* botánico(a) ❑ **~ garden(s)** jardín *m* botánico

botanist [ˈbɒtənɪst] *n* botánico(a) *m,f*

botany [ˈbɒtənɪ] *n* botánica *f* ❑ **Botany Bay** = golfo en la costa suroriental australiana donde había una famosa colonia penitenciaria

botch [bɒtʃ] *Fam* ◇ *n* chapuza *f*; **to make a ~ of a job/an interview** hacer una chapuza de trabajo/entrevista
 ◇ *vt* **to ~ (up) a job/an interview** hacer una chapuza de trabajo/entrevista

botched [bɒtʃt] *adj Fam* chapucero(a); **a ~ attempt at suicide** un intento de suidicio chapucero; **his ~ apology only made matters worse** sus torpes disculpas no hicieron más que empeorar las cosas

both [bəʊθ] ◇ *pron* ambos(as), los/las dos; **~ of my brothers** mis dos hermanos; **my sister's a doctor – so are ~ of mine!** mi hermana es médica – ¡mis dos hermanas también!; **~ (of them) are dead, they are ~ dead** los dos *or* ambos están muertos; **~ of these printers are faulty, these printers are ~ faulty** estas dos impresoras son defectuosas; **~ of us agree, we ~ agree** los dos estamos de acuerdo; **I'll tell them ~ later** se lo diré (a los dos) más tarde; **two teams, ~ of which are unbeaten** dos equipos, los dos imbatidos; **my sisters, ~ of whom are married** mis dos hermanas, que están casadas
 ◇ *adj* ambos(as), los/las dos; **~ (the) brothers** ambos hermanos, los dos hermanos; **~ my brothers** mis dos hermanos; **my sister's a doctor – ~ mine are too!** mi hermana es médica – ¡mis dos hermanas también!; **to hold sth in ~ hands** sostener algo con las dos manos; **on ~ sides** a ambos lados; **on ~ sides of the Atlantic** a ambos lados del Atlántico; **to look ~ ways** mirar a uno y otro lado; IDIOM **you can't have it ~ ways** o una cosa o la otra, no puedes tenerlo todo
 ◇ *adv* **~ you and I** tanto tú como yo; **she is ~ intelligent and beautiful** es inteligente y, además, hermosa; **I speak ~ German and Spanish** hablo alemán y español

bother [ˈbɒðə(r)] ◇ *n* -**1.** *(trouble)* problemas *mpl*, dificultades *fpl; (inconvenience)* molestia *f*; **thanks a lot – it was no ~** muchas gracias – no hay de qué; **if it's not too much ~** si no te es mucha molestia; **it wasn't worth the ~** no valió la pena; **to get into ~ with the law** meterse en problemas con la justicia; **to go to the ~ of doing sth** tomarse la molestia de hacer algo; *Br Fam* **I've been having a bit** *or* **a spot of ~ with my back** he estado bastante fastidiado *or RP* embromado de la espalda últimamente; *Br Fam* **there was a spot of ~ outside the pub** *(fighting)* hubo bronca a la salida del pub
 -**2.** *Br (person)* **sorry to be such a ~** siento dar tanto mal
 ◇ *vt* -**1.** *(annoy)* molestar (**about** por); **my back's still bothering me** todavía me molesta la espalda; **I hate to** *or* **I'm sorry to ~ you but...** siento tener que molestarte pero...
 -**2.** *(concern, worry)* preocupar; **to be bothered about sth** estar preocupado(a) por algo; **heights don't ~ me** las alturas no me dan miedo; **don't ~ yourself** *or* **your head about that** no te preocupes por eso
 -**3.** *Fam (care about)* **I can't be bothered** no tengo ganas, paso; **I can't be bothered doing it** *or* **to do it** paso de hacerlo; **I'm not bothered** me da igual
 ◇ *vi* -**1.** *(care)* preocuparse (**about** por)
 -**2.** *(take the trouble)* **he didn't even ~ to apologize** ni siquiera se molestó en pedir disculpas; **you'd know what I'd said if you'd bothered to listen** si te hubieras molestado en escucharme, te habrías enterado; **I didn't ~ with breakfast today** hoy no he desayunado; **don't ~!** ¡no te molestes!; **I don't know why I ~!** ¡no sé ni por qué me molesto!; **thanks, but you needn't have bothered** gracias, pero no debías haberte molestado; **there's nothing to be gained, so why ~ going?** si no vamos a sacar ningún partido, ¿para qué ir?; **he left without bothering to say thank you** se marchó sin ni siquiera dar las gracias
 ◇ *exclam Br* ¡caramba!

botheration [bɒðəˈreɪʃən] *exclam Fam* ¡caramba!, ¡vaya por Dios!

bothersome [ˈbɒðəsəm] *adj* incordiante, molesto(a)

Botswana [bɒtˈswɑːnə] *n* Botsuana

bottle [ˈbɒtəl] ◇ *n* -**1.** *(container)* botella *f; (of medicine)* frasco *m; (for baby)* biberón *m*; **he drank (straight) from the ~** bebió directamente de la botella, bebió a morro ❑ **~ bank** contenedor *m* de vidrio; *Fam* **~ blonde** rubia *f or Méx* güera *f* teñida; **~ green** verde *m* botella; **~ rack** botellero *m; Fam* **~ tan** bronceado *m or* moreno *m* artificial
 -**2.** *(alcohol) Fam* **he was too fond of the ~** era demasiado aficionado a la bebida *or* a empinar el codo; **bring your own ~** *(on invitation)* trae una botella de algo; *(on advert, menu)* = aviso de un restaurante que indica que es posible consumir bebidas alcohólicas traídas de fuera; *Fam* **to be on the ~** beber mucho; *Fam* **to take to** *or* **hit the ~** darse a la bebida; *Fam* **she's been off the ~ for six months** lleva seis meses sin beber ❑ **~ party** fiesta *f* (a la que cada invitado lleva una botella)
 -**3.** *Br Fam (courage)* **to have a lot of ~** tener

bottlebrush muchas agallas; **to lose one's ~** acobardarse
◇ vt **-1.** *(wine)* embotellar **-2.** *(fruit)* envasar, poner en conserva
● **bottle out** vi *Br Fam* rajarse; **he bottled out of telling her the truth** se rajó y no le dijo la verdad
● **bottle up** vt sep **-1.** *(emotions, anger)* reprimir, contener **-2.** *(military unit)* contener

bottlebrush ['bɒtəlbrʌʃ] n escobilla f para limpiar botellas

bottled ['bɒtəld] adj embotellado(a) ❑ **~ gas** gas m butano, gas m de bombona; **~ water** agua f embotellada

bottle-feed ['bɒtəlfiːd] (pt & pp **bottle-fed**) vt dar el biberón a

bottle-feeding ['bɒtəlfiːdɪŋ] n lactancia f artificial

bottleful ['bɒtəlfʊl] n botella f; **they drink sherry by the ~** se beben el jerez por botellas

bottleneck ['bɒtəlnek] ◇ n **-1.** *(in road, traffic)* embotellamiento m, estrechamiento m **-2.** *(in production)* atasco m
◇ vt US obstaculizar, entorpecer

bottlenose(d) dolphin ['bɒtəlnəʊz'dɒlfɪn] n delfín m mular

bottle-opener ['bɒtəlˌəʊpənə(r)] n abrebotellas m inv

bottling plant ['bɒtəlɪŋ'plɑːnt] n embotelladora f

bottom ['bɒtəm] ◇ n **-1.** *(lowest part)* (of well, sea, swimming-pool) fondo m; (of stairs, mountain, page, ladder) pie m; (of list) final m; **it's in the ~ of the cup** está en el fondo de la taza; **at the ~ of** (well, sea) en el fondo de; (stairs, mountain, page) al pie de; **he's at the ~ of the class** es el último de la clase; **my team are at the ~ of the league** mi equipo está en la cola de la liga; **I'll wait for you at the ~** (of hill) te esperaré abajo; **I started at the ~ and worked my way up** (in job) comencé desde abajo y fui ascendiendo a base de trabajo; **from the ~ of one's heart** de todo corazón; **the ~ has fallen out of the market** la demanda ha caído en Esp picado or Am picada; **at the ~ of the fifth (inning)** (in baseball) en la segunda parte del quinto turno de bateo; also Fig **to touch ~** tocar fondo
-2. *(underside)* (of cup, box) parte f de abajo; (of shoe) suela f; (of ship) casco m; **there's a sticker on the ~ of the box** hay una etiqueta en la parte de abajo de la caja
-3. *(furthest end)* (of table) final m; (of bed) pie m; (of corridor) fondo m; **at the ~ of the garden** al fondo del jardín; **at the ~ of the street** al final de la calle
-4. *(of clothing)* bikini **~** parte de abajo del bikini; **pyjama bottoms** pantalones del pijama or Am piyama; **the ~ of my trousers has a hole in it** mis pantalones tienen un agujero en la parte del trasero
-5. Fam (buttocks) trasero m, culo m
-6. IDIOMS **at ~** *(fundamentally)* en el fondo; **to be at the ~ of sth** (be the reason for) ser el motivo de algo; (person) estar detrás de algo; **to be at the ~ of the heap** or **pile** estar en lo más bajo de la escala; **to get to the ~ of sth** llegar hasta el fondo de algo; Fam **bottoms up!** ¡salud!
◇ adj inferior; **the ~ layer/drawer** la capa/el cajón de abajo del todo; **the ~ 20 percent of schoolchildren** el 20 por ciento de los escolares con peores resultados; **the ~ score was 23** el peor resultado fue un 23; **the ~ team in the league** el (equipo) colista; Fam **you can bet your ~ dollar that...** puedes apostar lo que quieras a que...; Br **~ drawer** (of bride-to-be) ajuar; **~ floor** planta baja; **in ~ gear** en primera (velocidad); SPORT **the ~ half of the draw** la parte de abajo de los cruces; **the ~ line** (financially) el saldo final; **£500 is my ~ line** no voy a bajar de 500 libras; **the ~ line is that he is unsuited to the job** la realidad es que no resulta adecuado para el trabajo; **~ sheet** sábana bajera
◇ adv (in last place) **to come** or **finish ~** llegar or finalizar el último

● **bottom out** vi *(recession, unemployment)* tocar fondo

bottomless ['bɒtəmlɪs] adj *(abyss)* sin fondo; *(reserve)* inagotable; Fig **a ~ pit** *(costly project)* un pozo m sin fondo; *(very hungry person)* una persona con mucho saque

bottommost ['bɒtəmməʊst] adj de más abajo; **the ~ layers of society** los estratos más bajos de la sociedad

bottom-up ['bɒtəm'ʌp] adj *(approach, method)* de lo general a lo particular; **~ processing** = procesamiento que parte de lo particular para crear un marco general

botulin ['bɒtjʊlɪn] n toxina f botulínica

botulism ['bɒtjʊlɪzəm] n botulismo m

Boudicca = Boadicea

boudoir ['buːdwɑː(r)] n tocador m

bouffant ['buːfɒŋ] adj ahuecado(a)

bougainvillea [buːgən'vɪlɪə] n buganvilla f

bough [baʊ] n rama f

bought pt & pp of **buy**

bouillon ['buːjɒn] n CULIN caldo m ❑ US **~ cube** pastilla f or cubito m de caldo (concentrado)

boulder ['bəʊldə(r)] n roca f (redondeada) ❑ GEOL **~ clay** = depósito glaciar compuesto por arcilla y rocas

boulevard ['buːləvɑːd] n bulevar m, paseo m

bounce [baʊns] ◇ n **-1.** *(of ball)* (action) rebote m, bote m; **to catch a ball on the ~** agarrar una bola a bote pronto ❑ **~ pass** (in basketball) pase m de pique or picado
-2. *(spring)* **there isn't much ~ in this ball** esta pelota no bota mucho
-3. *(energy)* vitalidad f, chispa f
-4. *(of hair)* vigor m, vitalidad f
-5. US Fam *(dismissal)* **to give sb the ~** echar a alguien, poner a alguien de patitas en la calle; **he got the ~** lo echaron, lo pusieron de patitas en la calle
-6. COMPTR **~ message** mensaje m rebotado
-7. IDIOM Fam **on the ~:** three games on the **~** tres partidos seguidos
◇ vt **-1.** *(cause to spring)* botar; **he bounced the baby on his knee** movía al niño arriba y abajo sobre la rodilla; Fig **to ~ an idea off sb** preguntar a alguien su opinión acerca de una idea; IDIOM **to ~ sb into doing sth** presionar a alguien para que haga algo
-2. Fam (cheque) **the bank bounced my cheque** el banco me rechazó el cheque
-3. US Fam (dismiss, eject) echar, poner en la calle
◇ vi **-1.** *(object)* botar, rebotar; **the ball bounced down the steps** la pelota cayó botando por las escaleras; **to ~ off the wall** (ball) rebotar en la pared; Fig **criticism bounces off him** las críticas le resbalan
-2. *(person)* **he bounced up and down on the bed** daba saltos en la cama; **to ~ into/out of a room** entrar a/salir de una habitación con energía
-3. Fam *(cheque)* ser rechazado
-4. COMPTR rebotar

● **bounce back** vi *(after illness, disappointment)* recuperarse, reponerse; **the pound has bounced back against the dollar** la libra se ha recuperado frente al dólar

bouncer ['baʊnsə(r)] n Fam *(doorman)* gorila m, matón m

bouncing ['baʊnsɪŋ] adj *(baby)* robusto(a)

bouncy ['baʊnsɪ] adj **-1.** *(ball)* que bota bien; *(mattress)* elástico(a); *(hair)* flexible ❑ **~ castle** castillo m hinchable **-2.** *(lively)* **to be ~** *(person)* tener mucha vitalidad

bound¹ ['baʊnd] n **-3.** *(leap)* salto m; **at one ~** de un salto **-2.** *(limit)* límite m
◇ vi **-1.** *(leap)* saltar; **to come bounding up to sb** ir hacia alguien dando saltos or brincos; **the children bounded into/out of the classroom** los niños entraban y salían de la clase dando saltos **-2.** *(beat fast)* **my heart bounded within me when I saw her** cuando la veía me palpitaba el corazón a toda velocidad

bound² adj **-1.** *(destined)* **~ for** con destino a; **~ for great/better things** destinado(a) a hacer grandes/mejores cosas; **where are you ~ for?** ¿hacia dónde se dirige?
-2. *(certain)* **he's ~ to come** seguro que viene; **it was ~ to happen** tenía que suceder; **it's ~ to be painful at first** al principio seguro que va a ser doloroso; Old-fashioned **she's up to no good, I'll be ~** estoy seguro de que anda tramando algo
-3. *(obliged)* **you are ~ to report any change in your income** tienes obligación de notificar cualquier cambio en tus ingresos; **to be ~ by an oath/a contract/a treaty** estar obligado(a) por un juramento/un contrato/un tratado; **to be (legally) ~ to do sth** tener la obligación legal or estar obligado(a) por ley a hacer algo; **the teacher felt ~ to report the incident** el profesor se sintió obligado a dar cuenta del incidente; Formal **I feel** or **am ~ to say (that)** he de decir que
-4. *(tied)* **~ hand and foot** atado(a) de pies y manos
-5. *(book)* encuadernado(a); **~ in boards/leather** encuadernado(a) en cartoné/en piel

bound³ vt *(border)* **the region is bounded to the north by a mountain range** la región limita al norte con una cordillera montañosa

bound⁴ pt & pp of **bind**

-bound [baʊnd] suffix *(heading towards)* **a south~ train** un tren (que va) hacia el sur; **city~ traffic** tráfico entrante, tráfico que se dirige hacia la ciudad

boundary ['baʊndrɪ] n **-1.** *(limit, border)* frontera f, límite m; **~ line** *(of parish, property)* límite, línea divisoria, linde; **the ~ (line) between fact and fiction** la frontera or el límite entre la realidad y la ficción
-2. SPORT **~ (line)** *(in cricket)* línea f de fuera, límites mpl; *(in basketball)* línea f de fuera; **to hit** or **score a ~** *(in cricket)* = anotarse cuatro carreras con un golpe que saca la bola fuera del campo de juego (o seis si la bola no llega a tocar el suelo)

bounden ['baʊndən] adj Formal **~ duty** deber m ineludible

bounder ['baʊndə(r)] n Old-fashioned Fam sinvergüenza m

boundless ['baʊndlɪs] adj ilimitado(a), sin límites

bounds [baʊndz] npl *(limit)* límites mpl; **to be out of ~** estar vedado(a); **the castle gardens are out of ~ to visitors** no se permite la entrada de los visitantes a los jardines del castillo; **the ball went out of ~** *(in golf)* la pelota salió fuera de límites; **it is (not) beyond the ~ of possibility** (no) es del todo imposible; **within the ~ of possibility** dentro de lo posible; **to know no ~** *(anger, ambition, grief)* no conocer límites; **within ~** dentro de un orden or límite

bounteous ['baʊntɪəs] adj Literary **-1.** *(person)* munificente, próvido(a) **-2.** *(plentiful)* copioso(a), abundante

bountiful ['baʊntɪfʊl] adj **-1.** *(person)* magnánimo(a), generoso(a) **-2.** *(plentiful)* abundante, copioso(a); **in ~ supply** abundante, copioso(a)

bounty ['baʊntɪ] n **-1.** *(reward)* recompensa f ❑ **~ hunter** cazarrecompensas mf inv **-2.** Literary *(generosity)* generosidad f, exuberancia f **-3.** Literary *(gift)* regalo m, obsequio m

bouquet [buː'keɪ] n **-1.** *(of flowers)* ramo m; Fig **he won many bouquets for his Othello** su Otelo fue muy elogiado **-2.** *(of wine)* buqué m **-3.** CULIN **~ garni** ramillete m de hierbas aromáticas

bourbon ['bɜːbən] n **-1.** US *(whiskey)* whisky m americano, bourbon m **-2.** HIST **the Bourbons** la casa de Borbón, los Borbones **-3.** Br **Bourbon biscuit** = galleta de chocolate rellena de crema de chocolate

bourgeois ['bʊəʒwɑː] ◇ n (pl **bourgeois**) burgués(esa) m,f
◇ adj also Pej burgués(esa), aburguesado(a)

bourgeoisie [bʊəʒwɑːˈziː] n burguesía f

bout [baʊt] n **-1.** (of work, activity) periodo m; **a ~ of drinking** una borrachera de varios días **-2.** (of illness, depression) ataque m; **she's prone to frequent bouts of illness** sufre frecuentes episodios de enfermedad **-3.** (boxing, wrestling match) combate m

boutique [buːˈtiːk] n **-1.** (fashion shop) boutique f **-2.** (within larger store) boutique f

bouzouki [bəˈzuːkɪ] n bouzouki m, buzuki m

bovine ['bəʊvaɪn] adj **-1.** (of cattle) bovino(a) ❑ **~ spongiform encephalopathy** encefalopatía f espongiforme bovina **-2.** Pej (stupid) tonto(a), embobado(a)

Bovril® ['bɒvrɪl] n Br Bovril^í m, = concentrado de carne

bovver ['bɒvə(r)] n Br Fam camorra f, Esp follón m ❑ **~ boots** botas fpl militares or de tachuelas; **~ boy** camorrista m, RP camorrero m

bow¹ [bəʊ] ◇ n **-1.** (weapon) arco m; **a ~ and arrow** un arco y flechas **-2.** (for violin, cello) arco m **-3.** (in hair, on dress) lazo m; **to tie sth in a ~** atar algo con un lazo ❑ **~ tie** Esp pajarita f, Arg moñito m, CAm, Carib, Col corbatín m, Chile humita f, Méx corbata f de moño, Urug moñita f, Ven corbata f de lacito **-4. ~ window** mirador m, ventanal m curvo **-5. ~ legs** piernas fpl estevadas
◇ vi **-1.** (bend) combarse **-2.** MUS manejar el arco

bow² [baʊ] n (of ship) proa f

bow³ [baʊ] ◇ n (with head) inclinación f de cabeza; (with upper body) reverencia f; **to take a ~** (performer) salir a saludar; **this is splendid work... take a ~!** ¡es un trabajo magnífico, mi más sincera enhorabuena!
◇ vt **to ~ one's head** inclinar la cabeza
◇ vi **-1.** (as greeting, sign of respect) inclinar la cabeza; Fig **to ~ and scrape (to)** (act servilely) ser empalagoso(a) (con), mostrarse servil (ante or hacia) **-2.** (yield) **to ~ to sth/sb** rendirse ante algo/alguien; **to ~ to the inevitable** rendirse ante lo inevitable; **I ~ to your superior knowledge** me descubro ante tus conocimientos

◆ **bow down** ◇ vt sep (weigh down) **he was bowed down with worry** las preocupaciones lo habían doblegado
◇ vi inclinarse (**to** or **before** ante); **to ~ down before sb** inclinarse ante alguien

◆ **bow out** ◇ vt sep (of servant, usher) despedir con una reverencia
◇ vi (resign) retirarse

bowdlerize ['baʊdləraɪz] vt (text, account) expurgar, censurar

bowed [baʊd] adj **with ~ head** con la cabeza inclinada; **~ with age** encorvado(a) por la edad

bowel ['baʊəl] n **-1.** ANAT intestino m; **bowels** entrañas fpl ❑ **~ complaint** afección f or trastorno m intestinal; **~ movement** evacuación f, deposición f; **to have a ~ movement** hacer de vientre **-2.** Literary **the bowels of the earth** las entrañas de la Tierra

bower ['baʊə(r)] n **-1.** (arbour) rincón m umbrío **-2.** Literary (boudoir) boudoir m, tocador m

bowerbird ['baʊəbɜːd] n tilonorrinco m

Bowery ['baʊərɪ] n **the ~** = calle de Nueva York conocida tradicionalmente por sus bares y hoteles baratos

bowfin ['baʊfɪn] n (fish) amia f

bowhead ['baʊhed] n (whale) ballena f franca or de Groenlandia

bowie knife ['bəʊɪnaɪf] n machete m

bowing¹ ['baʊɪŋ] n **~ and scraping** obsequiosidad

bowing² ['bəʊɪŋ] n MUS manejo m del arco

bowl¹ [bəʊl] n **-1.** (dish) cuenco m, bol m; (for washing up) palangana f, Esp barreño m; **a ~ of soup, please** un plato de sopa, por favor; **fruit ~** frutero m; **salad ~** ensaladera f; **soup ~** plato sopero **-2.** (of toilet) taza f **-3.** (of pipe) cazoleta f **-4.** (of spoon) cuenco m **-5.** (arena) estadio m

bowl² ◇ vt **-1.** (in bowling) (ball) lanzar; **I bowled 160** anoté 160 puntos **-2.** (in cricket) (ball) lanzar; **he bowled (out) the batsman** su lanzamiento descalificó al bateador
◇ vi **-1.** (in cricket, bowling alley) lanzar la bola; (on grass) lanzar la bocha **-2.** (move quickly) **they came bowling down the street** (on bicycles, in car) pasaron por la calle volando

◆ **bowl along** vi **we were bowling along** íbamos volando

◆ **bowl over** vt sep **-1.** (knock down) derribar **-2.** Fam (amaze) dejar pasmado(a), dejar atónito(a); **she was bowled over by the news** la noticia la dejó pasmada

bow-legged [baʊˈlegɪd] adj con las piernas arqueadas, estevado(a)

bowler ['bəʊlə(r)] n **-1.** (hat) **~ (hat)** sombrero m hongo, bombín m **-2.** (in cricket) lanzador(ora) m,f **-3.** (in bowling) (on grass) jugador(ora) m,f (de bochas inglesas); (in bowling alley) jugador(ora) m,f (de bolos)

bowlful ['bəʊlfʊl] n cuenco m, bol m

bowline ['bəʊlɪn] n NAUT bolina f ❑ **~ knot** as m de guía

bowling ['bəʊlɪŋ] n **-1.** (on grass) **to go ~** ir a jugar a las bochas ❑ **~ green** cancha f de bochas (inglesas) **-2.** (in bowling alley) (juego m de) bolos mpl; **to go ~** ir a jugar a los bolos ❑ **~ alley** pista f de bolos; (building) bolera f; **~ ball** bola f (de bolos)

bowls ['bəʊlz] n (game) bochas fpl inv (inglesas), = juego parecido a la petanca que se juega sobre césped, y en el que las bolas se lanzan a ras de suelo

bowman ['bəʊmən] n arquero m

bowser ['baʊzə(r)] n **-1.** AV camión m cisterna **-2.** Austr (petrol pump) surtidor m de gasolina or RP nafta

bowsprit ['baʊsprɪt] n NAUT bauprés m

bowstring ['bəʊstrɪŋ] n cuerda f de arco

bow-wow ◇ n ['baʊwaʊ] (dog) gua-gua m, guau-guau m
◇ exclam [baʊˈwaʊ] ¡guau! ¡guau!

box [bɒks] ◇ n **-1.** (container) caja f; **a ~ of chocolates** una caja de bombones; IDIOM **in a pine** or **wooden ~** (coffin) con los pies por delante ❑ **~ camera** cámara f de cajón; US **~ canyon** = cañón de paredes verticales; CONSTR **~ girder** viga f hueca; AUT **~ junction** cruce m con parrilla or cuadrícula (de líneas amarillas); **~ kite** cometa f or CAm, Méx papalote m or RP barrilete m de caja; US **~ lunch** = almuerzo que se compra listo para comer y que viene en una caja; **~ pleat** tabla f (en falda); Br **~ spanner** llave m de tubo; **~ spring** muelle m; US **~ wrench** llave f de tubo **-2.** (in theatre) palco m ❑ **~ seat** localidad f de palco; IDIOM **to be in the ~ seat** estar en una situación privilegiada **-3.** CIN & THEAT **~ office** taquilla f, Am boletería f; **it was a success at the ~ office, it did good ~ office** fue un éxito de taquilla **-4.** (vaulting horse) plinto m **-5.** (in cricket, hockey) protector m genital **-6.** (printed, drawn) recuadro m; **tick the ~** ponga una cruz en la casilla **-7.** COMPTR (for graphics) caja f **-8.** (postal) apartado m de correos, Am casilla f postal, Andes, RP casilla f de correos, Col apartado m aéreo; **~ number 12** apartado de correos número 12 **-9.** (in soccer) **(penalty) ~** área f (de castigo) **-10.** (blow) **a ~ round** or **on the ears** un cachete **-11.** (tree) boj m **-12.** Br Fam (television) **the ~** la tele; **what's on the ~ tonight?** ¿qué echan en la tele esta noche? **-13.** IDIOM Fam **to be out of one's ~** (drunk) estar borracho(a) como una cuba, estar totalmente Méx cuete or RP en pedo **-14.** Vulg (woman's genitals) coño m, Esp conejo m, Col cuca f, Méx paloma f, RP concha f, Ven cuchara f

◇ vt **-1.** (place in box) **to ~ sth (up)** colocar algo en una caja **-2.** (fight) pelear con, boxear con **-3.** (hit) **to ~ sb's ears, to ~ sb round the ears** darle un cachete a alguien **-4.** NAUT **to ~ the compass** cuartear la aguja
◇ vi (fight) boxear; IDIOM **to ~ clever** actuar con astucia

◆ **box in** vt sep **-1.** (pipes, meter) tapar, cubrir; (bath, washbasin) = cubrir con madera la parte inferior de algo **-2.** (in race) encajonar, encerrar; Fig **to feel boxed in** sentirse encerrado(a) or encajonado(a)

boxcar ['bɒkskɑː(r)], **box-wagon** ['bɒkswægən] n US vagón m de mercancías, furgón m (de mercancías)

boxed [bɒkst] adj en estuche; **a ~ set** (of CDs, videos, books) un (juego en) estuche

boxer ['bɒksə(r)] n **-1.** (fighter) boxeador m **-2. boxers**, **~ shorts** (underwear) calzoncillos mpl, boxers mpl **-3.** (dog) bóxer m

boxercise ['bɒksəsaɪz] n = forma de ejercicio que incorpora elementos de boxeo

boxing ['bɒksɪŋ] n boxeo m, CAm, Méx box m ❑ **~ glove** guante m de boxeo; **~ match** combate m de boxeo; **~ ring** ring m

Boxing Day ['bɒksɪŋdeɪ] n Br = San Esteban, el 26 de diciembre, fiesta nacional en Inglaterra y Gales

box-office ['bɒksɒfɪs] adj **a ~ hit** or **success** un éxito de taquilla or Am boletería f; **~ receipts** or **takings** ingresos de taquilla

boxroom ['bɒksruːm] n Br = en una vivienda, cuarto pequeño sin ventana que se suele usar como trastero

box-wagon = boxcar

boxwood ['bɒkswʊd] n (madera f de) boj m

boxy ['bɒksɪ] adj cuadrado(a), achaparrado(a)

boy [bɔɪ] ◇ n **-1.** (male child) chico m; (baby) niño m; **I'd known him since we were boys** lo conocía desde que éramos niños ❑ **~ band** = grupo de música formado por chicos jóvenes; **Boys' Brigade** = organización protestante británica de escultismo para chicos; Br Fam **~ racer** niñato m al volante; **Boy Scout** boy scout m, escultista m; US Fam Hum **~ toy** amiguito m, = amante muy joven; **~ wonder** joven m prodigio **-2.** (son) chico m, niño m; **they have three boys** tienen tres niños or chicos; **the Smiths' ~** el hijo or chico de los Smith **-3.** (male adult) **one of the boys** uno del grupo, uno más; **a night out with the boys** una noche de parranda con los amigos **-4.** Fam (term of address) **my dear ~** querido muchacho m; Br **how are you, old ~?** ¿cómo estás, caballero? **-5.** Old-fashioned (native servant) criado m (de las colonias) **-6.** (addressing dog, horse) **down, ~!** ¡quieto! **-7.** IDIOMS **he's just a ~ when it comes to women** es muy inocentón para los asuntos de mujeres; Br Fam **the boys in blue** la policía, la poli; **you shouldn't send a ~ to do a man's job** hay cosas que requieren un hombre hecho y derecho; Fam **he threatened to send the boys round** amenazó con enviar a los matones; Fam **to play with the big boys** jugar or ir en serio
◇ exclam Fam **oh ~!** ¡vaya!; **~ was he angry!** ¡anda que no estaba furioso!

boycott ['bɔɪkɒt] ◇ n boicot m; **to place under a ~** boicotear
◇ vt boicotear

boyfriend ['bɔɪfrend] n novio m

boyhood ['bɔɪhʊd] n niñez f

boyish ['bɔɪɪʃ] adj **-1.** (of man) (looks, grin) infantil **-2.** (of woman) (looks, behaviour) varonil

boy-meets-girl ['bɔɪmiːtsˈgɜːl] adj **a ~ story** una típica historia de amor

boyo ['bɔɪəʊ] n (pl **boyos**) Fam (in Welsh and Irish dialect) chico m, chaval m, Méx chavo m, Arg pibe m

bozo ['bəʊzəʊ] n (pl **bozos**) US Fam zoquete m, tarugo m

BP [biːˈpiː] n (abbr **blood pressure**) tensión f (arterial), presión f sanguínea

Bp (*abbr* **Bishop**) obispo *m*
bpd (*abbr* **barrels per day**) barriles *mpl* diarios
BPhil [biːˈfɪl] (*abbr* **Bachelor of Philosophy**) **-1.** (*qualification*) licenciatura *f* en filosofía **-2.** (*person*) licenciado(a) *m,f* en filosofía
bpi [biːpiːˈaɪ] *n* COMPTR **-1.** (*abbr* **bits per inch**) bpp **-2.** (*abbr* **bytes per inch**) bpp
bps [biːpiːˈes] *n* COMPTR (*abbr* **bits per second**) bps
Bq (*abbr* **becquerel**) Bq
BR [biːˈɑː(r)] *n Br Formerly* (*abbr* **British Rail**) = compañía británica estatal de ferrocarril
Br (*abbr* **brother**) Br Anselm hermano Anselm
bra [brɑː] *n* sostén *m*, *Esp* sujetador *m*, *Carib, Col, Méx* brasier *m*, *RP* corpiño *m*
brace [breɪs] ◇ *n* **-1.** (*reinforcement, support*) abrazadera *f*, refuerzo *m* **-2.** (*on teeth*) **a ~, braces** aparato *m* (corrector) **-3.** MED **neck/back ~** collarín *m* **-4.** *Br* **braces** (*for trousers*) tirantes *mpl*; **a pair of braces** unos tirantes **-5.** (*pl* **brace**) (*of birds, pistols*) par *m* **-6.** (*tool*) **~ and bit** berbiquí *m* **-7.** MUS & TYP (*bracket*) llave *f*
◇ *vt* **-1.** (*reinforce*) reforzar **-2.** (*steady, prepare*) **he braced his body/himself for the impact** se preparó para el impacto; **to ~ oneself (for)** (*shock, surprise*) prepararse *or Chile, Méx, Ven* alistarse (para)
◇ *vi US* (*prepare*) prepararse
◆ **brace up** *vi US* (*take heart*) armarse de valor
bracelet [ˈbreɪslɪt] *n* **-1.** (*jewellery*) pulsera *f* **-2.** *Fam* **bracelets** (*handcuffs*) esposas *fpl*
bracer [ˈbreɪsə(r)] *n Fam* (*drink*) reconstituyente *m*, tónico *m*
brachial [ˈbreɪkɪəl] *adj* ANAT braquial
brachiocephalic [ˌbrækɪəʊsəˈfælɪk] *adj* ANAT braquiocefálico(a)
brachiosaurus [ˌbrækɪəˈsɔːrəs] *n* braquiosaurio *m*
brachycephalic [ˌbrækɪsəˈfælɪk] *adj* ANAT braquicéfalo(a)
brachycephalism [ˌbrækɪˈsefəlɪzəm] *n* ANAT braquicefalia *f*
bracing [ˈbreɪsɪŋ] *adj* (*wind, weather*) vigorizante
bracken [ˈbrækən] *n* helechos *mpl*
bracket [ˈbrækɪt] ◇ *n* **-1.** (*for shelves*) escuadra *f*, soporte *m* **-2.** (*in writing*) paréntesis *m inv*; (*round*) paréntesis *m inv*; (*square*) corchete *m*; (*curly*) llave *f*; (*angle*) paréntesis *m inv* angular; **in brackets** entre paréntesis; **open/close brackets** (*in dictation*) abrir/cerrar paréntesis **-3.** (*group*) banda *f*, grupo *m*; **age/income ~** banda de edad/de renta
◇ *vt* **-1.** (*word, phrase, symbol*) (*in round brackets*) poner *or* encerrar entre paréntesis; (*in square brackets*) poner *or* encerrar entre corchetes **-2.** (*link vertically with curly bracket*) unir con una llave **-3.** (*classify*) asociar (**with** con); **they resented being bracketed together** lamentaron que los pusieran en el mismo saco
brackish [ˈbrækɪʃ] *adj* (*water*) ligeramente salobre *or* salado(a)
brad [bræd] *n* clavo *m*
bradawl [ˈbrædɔːl] *n* lezna *f*
brae [breɪ] *n Scot* **-1.** (*hillside*) ladera *f* **-2.** (*slope*) cuesta *f*
brag [bræg] (*pt & pp* **bragged**) ◇ *vt* jactarse de
◇ *vi* jactarse (**about** de); **it's nothing to ~ about** no es como para estar orgulloso, no es como para jactarse
◇ *n* **-1.** (*boast*) alarde *m*, pavoneo *m* **-2.** (*card game*) = juego de cartas predecesor del póker
braggadocio [ˌbrægəˈdəʊtʃɪəʊ] *n Literary* baladronada *f*, bravata *f*
braggart [ˈbrægət] *n* fanfarrón(ona) *m,f*
Brahma [ˈbrɑːmə] *n* REL Brahma
Brahman [ˈbrɑːmən], **Brahmin** [ˈbrɑːmɪn] *n* (*person*) brahmán *m*, bramán *m*

Brahmaputra [ˌbrɑːməˈpuːtrə] *n* **the ~** el Brahmaputra
Brahmin [ˈbrɑːmɪn] *n* **-1.** = **Brahman -2.** *US Fam* = miembro de la aristocracia social e intelectual
braid [breɪd] ◇ *n* **-1.** (*of hair*) trenza *f*; **she wears her hair in braids** lleva trenzas **-2.** (*of thread*) galón *m*
◇ *vt* **-1.** (*hair, thread*) trenzar **-2.** (*decorate*) **the uniform is braided with gold** el uniforme lleva ribetes dorados
Braille [breɪl] *n* braille *m*; **to read/learn ~** leer/aprender braille ❑ **~ alphabet** alfabeto *m* braille
brain [breɪn] ◇ *n* **-1.** (*organ*) cerebro *m*; **brains** (*as food*) sesos *mpl*; **to suffer ~ damage** sufrir una lesión cerebral ❑ MED **~ death** muerte *f* cerebral; **~ scan** escáner *m* cerebral; ANAT **~ stem** tronco *m* del encéfalo; **~ surgeon** neurocirujano(a) *m,f*; **~ tumour** tumor *m* cerebral
-2. *Fam* (*clever person*) **he's a real ~** es un verdadero cerebro *or* cerebrito
-3. (*intelligence, mind*) *Fam* **to have brains** tener cerebro; **I don't have the brains to become a doctor** no tengo el coco necesario para ser médico; **anyone with half a ~** cualquiera que tenga dos dedos de frente; *Fam* **she's the brains of the business** ella es el cerebro del negocio; ⟨IDIOM⟩ *Fam* **to have money/sex on the ~** estar obsesionado(a) con el dinero/sexo ❑ **the ~ drain** la fuga de cerebros; *US* **~ trust** (*advisers*) comité *m* de asesores expertos; **brains trust** (*on TV, radio*) panel *m* de expertos
◇ *vt Fam* (*hit*) descalabrar
brainbox [ˈbreɪnbɒks] *n Br Fam* (*intelligent person*) cerebro *m*
brainchild [ˈbreɪntʃaɪld] *n* (*idea, project*) idea *f*
brain-dead [ˈbreɪnded] *adj* **-1.** MED clínicamente muerto(a) **-2.** *Pej* subnormal
brainless [ˈbreɪnlɪs] *adj* insensato(a)
brainpower [ˈbreɪnpaʊə(r)] *n* capacidad *f* intelectual, intelecto *m*
brainstorm [ˈbreɪnstɔːm] ◇ *n Fam* **-1.** (*mental confusion*) cruce *m* de cables **-2.** *US* (*brilliant idea*) idea *f* genial
◇ *vi* hacer una lluvia *or* tormenta de ideas
brainstorming [ˈbreɪnstɔːmɪŋ] *n* **~ session** tormenta de ideas, sesión de reflexión creativa
brainteaser [ˈbreɪntiːzə(r)] *n Fam* rompecabezas *m inv*
brainwash [ˈbreɪnwɒʃ] *vt* lavar el cerebro a; **to ~ sb into doing sth** lavar el cerebro a alguien para que haga algo
brainwave [ˈbreɪnweɪv] *n* **-1.** PHYSIOL onda *f* cerebral **-2.** *Fam* **to have a ~** tener una idea genial *or* una brillante idea
brainwork [ˈbreɪnwɜːk] *n* trabajo *m* intelectual
brainy [ˈbreɪnɪ] *adj Fam* **to be ~** tener mucho coco
braise [breɪz] *vt* estofar, *Andes, Méx* ahogar
brake[1] [breɪk] ◇ *n* freno *m*; **to put on** *or* **apply the brake(s)** frenar; *Fig* **to put the brakes on a project** frenar un proyecto ❑ **~ block** portazapata *m* del freno; **~ fluid** líquido *m* de frenos; **~ horsepower** potencia *f* al freno; **~ lights** luces *fpl* de freno, luces *fpl* de frenado; **~ lining** forro *m or* revestimiento *m* del freno; **~ pad** pastilla *f* del freno; **~ pedal** (pedal *m* del) freno *m*; **~ shoe** zapata *f* (del freno); *Br* **~ van** (*on train*) furgón *m* de cola, furgón-freno *m*
◇ *vi* frenar
brake[2] *n* (*land*) matorral *m*
brake[3] *n* **-1.** (*carriage*) break *m* **-2.** *Br* (*car*) ranchera *f*
brakeman [ˈbreɪkmən] *n* **-1.** *US* RAIL guardafrenos *mf inv* **-2.** (*for bobsleigh*) frenador *m*
brakesman [ˈbreɪksmən] *n* RAIL guardafrenos *mf inv*
braking distance [ˈbreɪkɪŋˈdɪstəns] *n* distancia *f* de frenado *or* de seguridad
bramble [ˈbræmbl] *n* (*plant*) zarza *f*
◇ *vi* **to go brambling** ir a recoger moras
brambling [ˈbræmblɪŋ] *n* (*bird*) pinzón *m* real

Bramley [ˈbræmlɪ] *n* **~ (apple)** = variedad de manzana de gusto ácido empleada para cocinar
bran [bræn] *n* salvado *m* ❑ *Br* **~ tub** = juego de feria en que se extraen regalos de un recipiente lleno de salvado
branch [brɑːntʃ] ◇ *n* **-1.** (*of tree*) rama *f*
-2. (*division*) (*of family, subject*) rama *f*; (*of government, organization*) división *f*, departamento *m*; (*of river*) afluente *m*; (*of road, railway*) ramal *m*, derivación *f* ❑ **~ line** (*of railway*) línea *f* secundaria, ramal *m*
-3. (*of bank*) sucursal *f*; (*of shop*) establecimiento *m* ❑ **~ manager** director(ora) *m,f* de sucursal; **~ office** sucursal *f*
-4. (*of organization, union*) (*department*) división *f*, sección *f*; (*local group, office*) delegación *f*
-5. *US* (*stream*) arroyo *m*
-6. COMPTR ramificación *f*, bifurcación *f*
◇ *vi* bifurcarse
◆ **branch off** *vi* **-1.** (*road*) desviarse, bifurcarse (**from** de); (*driver*) desviarse (**from** de) **-2.** (*discussion*) desviarse
◆ **branch out** *vi* ampliar horizontes, diversificarse; **the company has branched out into electronics** la compañía ha ampliado su oferta a productos de electrónica; **I've decided to ~ out on my own** (*become self-employed*) he decidido establecerme por mi cuenta
brand [brænd] ◇ *n* **-1.** COM (*of product*) marca *f*; *Fig* **she has her own ~ of humour** tiene un humor muy suyo ❑ **~ image** imagen *f* de marca; **~ leader** marca *f* líder (en el mercado); **~ loyalty** lealtad *f or* fidelidad *f* a la marca; **~ name** marca *f* de fábrica, nombre *m* comercial; **~ recognition** reconocimiento *m* de marca
-2. (*on cattle*) marca *f*, hierro *m*
-3. (*branding-iron*) marca *f*, hierro *m*
-4. (*burning wood*) tea *f*
-5. *Literary* (*torch*) tea *f*, antorcha *f*
◇ *vt* **-1.** (*cattle*) marcar (con el hierro); *Fig* **the image was branded on her memory** la imagen se le quedó grabada en la memoria
-2. (*label*) **to ~ sb (as) a liar/coward** tildar a alguien de mentiroso/cobarde
-3. COM (*product*) dar nombre comercial a; **the product is branded differently in our three main markets** el producto lleva tres marcas diferentes en nuestros tres mercados principales
Brandenburg [ˈbrændənbɜːg] *n* Brandeburgo, Brandemburgo; **the ~ Gate** la puerta de Brandeburgo *or* Brandemburgo
branding-iron [ˈbrændɪŋaɪən] *n* hierro *m* (de marcar)
brandish [ˈbrændɪʃ] *vt* blandir
brand-new [ˈbrændˈnjuː] *adj* flamante, completamente nuevo(a)
brandy [ˈbrændɪ] *n* (*cognac*) brandy *m*, coñac *m*, *RP* cognac *m*; (*more generally*) aguardiente *m*; **cherry/plum ~** aguardiente de cerezas/ciruelas ❑ *Br* **~ butter** = crema a base de mantequilla, azúcar y coñac para aderezar postres; **~ glass** copa *f* de coñac; *Br* **~ snap** barquillo *m* (relleno) de crema
brash [bræʃ] *adj* desparpajado(a); **I find his ~ manner annoying** me molesta su desparpajo
brashly [ˈbræʃlɪ] *adv* con desparpajo, con brusquedad
brashness [ˈbræʃnɪs] *n* desparpajo *m*, brusquedad *f*
brass [brɑːs] *n* **-1.** (*metal*) latón *m*; ⟨IDIOM⟩ *Br Fam* **it's not worth a ~ farthing** no vale un pepino *or* pimiento; ⟨IDIOM⟩ *Br very Fam* **it's ~ monkey weather!** ¡hace un frío que pela *or Am* de la masita!; ⟨IDIOM⟩ *Fam* **to get down to ~ tacks** ir al grano ❑ *US* **~ knuckles** puño *m* americano
-2. (*objects*) **brass(es)** piezas de latón; **the ~ is cleaned once a week** las piezas de latón se limpian una vez a la semana
-3. (*memorial plaque*) placa *f* (conmemorativa) ❑ **~ rubbing** (*technique*) = técnica de reproducción de placas frotando el papel sobre una superficie de latón

brasserie | 83 | **break**

-4. MUS *(brass instruments)* metales *mpl* ❑ ~ **band** banda *f*
-5. MIL *Fam* **the (top) ~, the ~ hats** *(in army)* la plana mayor, los peces gordos
-6. *Br Fam (money) Esp* pasta *f*, *Esp, RP* guita *f*, *Am* plata *f*, *Méx* lana *f*
-7. *Br Fam (cheek, nerve)* cara *f*, caradura *f*; IDIOM **to have a ~ neck** tener más cara que espalda, *RP* ser un(a) caradura; **to have the ~ (neck) to do sth** tener la caradura de hacer algo
◆ **brass off** *vt sep Br Fam* poner histérico(a), poner de los nervios; **to be brassed off (with)** estar hasta la coronilla (de)

brasserie ['bræsərɪ] *n* restaurante *m*, casa *f* de comidas

brassière [brə'zɪə(r)] *n* sostén *m*, *Esp* sujetador *m*, *Carib, Col, Méx* brasier *m*, *RP* corpiño *m*

brass-necked [brɑːs'nekt] *adj Br Fam* caradura

brasswork ['brɑːswɜːk] *n* latón *m*

brassy ['brɑːsɪ] *adj* **-1.** *(colour)* del color del latón, color latón **-2.** *(sound)* estridente **-3.** *Fam (woman)* escandalosa

brat [bræt] *n Pej* niñato(a) *m,f* ❑ *Fam* **~ pack** camada *f* or hornada *f* de jóvenes promesas

Bratislava [brætɪ'slɑːvə] *n* Bratislava

bravado [brə'vɑːdəʊ] *n* fanfarronería *f*, bravuconería *f*; **these words were sheer ~** eran sólo palabras vanas

brave [breɪv] ◇ *n* **-1.** *(native American)* guerrero *m* indio **-2.** *Literary* **the ~** los valientes; **the bravest of the ~** los más valientes
◇ *adj* **-1.** *(courageous)* valiente, valeroso(a); **a ~ effort** un intento encomiable; **you'll have to be ~ and tell him** tendrás que armarte de valor y decírselo; IDIOM **to put a ~ face on it, to put on a ~ front** poner al mal tiempo buena cara **-2.** *Literary (splendid)* magnífico(a), espléndido(a); **a ~ new world** un mundo nuevo y espléndido
◇ *vt (danger, weather)* encarar, afrontar
◆ **brave out** *vt sep* **to ~ it out** aguantar, plantar cara; **he had to ~ out the crisis alone** tuvo que lidiar con la crisis él solo

bravely ['breɪvlɪ] *adv* valientemente, valerosamente

bravery ['breɪvərɪ] *n* valentía *f*, valor *m*

bravo [brɑː'vəʊ] *exclam* ¡bravo!

bravura [brə'vjʊərə] *n (spirit, zest)* brío *m*, entrega *f*; MUS virtuosismo *m*; **a ~ performance** MUS una virtuosa interpretación; *Fig* una brillante actuación

brawl [brɔːl] ◇ *n* trifulca *f*, refriega *f*
◇ *vi* pelearse

brawler ['brɔːlə(r)] *n* camorrista *m*, pedenciero *m*

brawn [brɔːn] *n* **-1.** *Fam (strength)* fuerza *f*, músculo *m*; **he's got more ~ than brains** tiene más músculo que seso **-2.** *Br* CULIN queso *m* de cerdo, *Esp* cabeza *f* de jabalí

brawny ['brɔːnɪ] *adj* musculoso(a)

bray [breɪ] ◇ *n* **-1.** *(of donkey)* rebuzno *m* **-2.** *(laugh)* risotada *f*
◇ *vi* **-1.** *(donkey)* rebuznar **-2.** *(laugh)* carcajearse

brazen ['breɪzən] *adj* **-1.** *(shameless)* descarado(a); *Old-fashioned or Hum* **a ~ hussy** una pelandusca **-2.** *Literary (made of brass)* de latón; *(brass-coloured)* color latón **-3.** *Literary (in sound)* metálico(a)
◆ **brazen out** *vt sep* **to ~ it out** echarle mucha cara al asunto

brazen-faced ['breɪzənfeɪst] *adj* desvergonzado(a), descarado(a)

brazenly ['breɪzənlɪ] *adv* con el mayor descaro

brazier ['breɪzɪə(r)] *n* brasero *m*

Brazil [brə'zɪl] *n* Brasil

brazil [brə'zɪl] *n* **~ (nut)** coquito *m* del Brasil

Brazilian [brə'zɪlɪən] ◇ *n* brasileño(a) *m,f*
◇ *adj* brasileño(a)

breach [briːtʃ] ◇ *n* **-1.** *(in wall)* brecha *f*; IDIOM **to step into the ~** *(in emergency)* echar un cable, cubrir el vacío
-2. *(of agreement, rules)* violación *f*, incumplimiento *m*; *(of trust)* abuso *m*; **in ~ of sth** en contra de algo; **in ~ of the law** infringiendo la ley ❑ **~ of confidence** abuso *m* de confianza; **~ of contract** incumplimiento *m* de contrato; **~ of discipline** incumplimiento *m* de las normas; LAW **~ of the peace** alteración *f* del orden público; *Br* POL **~ of privilege** abuso *m* de la inmunidad parlamentaria; *Old-fashioned* **~ of promise** incumplimiento *m* de compromiso matrimonial
-3. *(in friendship)* ruptura *f*
◇ *vt* **-1.** *(defences)* atravesar, abrir brecha en **-2.** *(contract, agreement)* violar, incumplir
◇ *vi (whale)* saltar *(fuera del agua)*

bread [bred] ◇ *n* **-1.** *(food)* pan *m*; **a loaf of ~** un pan; **~ and butter** pan con mantequilla; **they put the prisoner on ~ and water** pusieron al prisionero a pan y agua ❑ *Br* **~ bin**, *US* **~ box** panera *f*; **~ knife** cuchillo *m* del pan; **~ pudding** budín *m* de pan; **~ sauce** = salsa hecha con leche, miga de pan y condimentos
-2. *Fam (money) Esp* pasta *f*, *Esp, RP* guita *f*, *Am* plata *f*, *Méx* lana *f*
-3. IDIOMS **to put ~ on the table** ganar el pan, *RP* parar la olla; **very nice, but it won't put ~ on the table** muy bonito, pero eso no te va a dar de comer; **to take the ~ out of sb's mouth** quitarle el pan de la boca a alguien; **the customers are our ~ and butter** lo que nos da de comer son los clientes; **he knows which side his ~ is buttered on** él sabe lo que le conviene; **his ~ always falls butter side down** siempre te salen las cosas mal; *Br Fam* **it's the best thing since sliced ~** es lo más or *Esp* el no va más or *Esp* la bomba or *Am* lo máximo
◇ *vt (fish, cutlet)* empanar

bread-and-butter ['bredən'bʌtə(r)] *adj Fam* **~ issues** asuntos básicos ❑ **~ pudding** = postre elaborado a base de rebanadas de pan y mantequilla con pasas

breadbasket ['bredbɑːskɪt] *n* **-1.** *(basket)* cesta *f* del pan **-2.** GEOG granero *m* **-3.** *Fam (stomach)* panza *f*

breadboard ['bredbɔːd] *n* tabla *f* de cortar el pan

breadcrumb ['bredkrʌm] ◇ *n* miga *f*; **breadcrumbs** *(in recipe)* pan rallado; **fried in breadcrumbs** empanado(a)
◇ *vt (fish, cutlet)* empanar

breaded ['bredɪd] *adj* empanado(a)

breadfruit ['bredfruːt] *n* fruto *m* del árbol del pan ❑ **~ tree** árbol *m* del pan

breadline ['bredlaɪn] *n (queue)* = cola de gente que espera su ración de alimentos gratuitos; IDIOM **on the ~** en la indigencia; **we're not on the ~ yet** todavía no tenemos que salir a pedir

breadstick ['bredstɪk] *n* colín *m*

breadth [bredθ] *n* **-1.** *(width)* ancho *m*, anchura *f*; **the stage is 60 metres in ~** el escenario tiene 60 metros de ancho **-2.** *(of outlook, understanding)* amplitud *f*

breadthways ['bredθweɪz], **breadthwise** ['bredθwaɪz] *adj* a lo ancho

breadwinner ['bredwɪnə(r)] *n* **the ~** el/la que mantiene a la familia

break [breɪk] ◇ *n* **-1.** *(gap, opening)* *(in wall, fence)* abertura *f*, hueco *m*; *(in clouds)* claro *m*; *(in electric circuit)* corte *m*; **at ~ of day** al despuntar el día ❑ COMPTR **~ key** tecla *f* de interrupción; ELEC **~ switch** interruptor *m*
-2. *(interval, pause)* descanso *m*, pausa *f*; *(at theatre)* entreacto *m*, descanso *m*; *(in conversation)* pausa *f*; *(holiday)* vacaciones *fpl*; *Br* **~ (time)** *(at school)* recreo *m*; **(commercial) ~** *(on TV, radio)* pausa *f* publicitaria, anuncios *mpl*; **to take a ~** *(rest)* descansar; **to work/talk without a ~** trabajar/hablar sin pausa or sin descanso; *Fam* **give me a ~!** *(leave me alone)* ¡déjame en paz!; *(I don't believe you)* ¡no digas tonterías!
-3. *(change)* *(in routine)* cambio *m*; **there's been a ~ in the deadlock** se ha desbloqueado la situación; **a ~ in the weather** un paréntesis de buen tiempo; **a ~ with tradition** una ruptura con la tradición; **I've decided to make a clean ~** he decidido hacer borrón y cuenta nueva; **she's wanted to leave him for years but only recently decided to make the ~** lleva años queriendo dejarle pero sólo recientemente ha decidido romper con él
-4. *(in bone)* fractura *f*, rotura *f*
-5. *Fam (escape)* fuga *f*; **he made a ~ for the door** se abalanzó hacia la puerta; **to make a ~ for it** intentar escaparse
-6. *Fam (chance)* oportunidad *f*, *Am* chance *m*; **to give sb a ~** *(give opportunity)* dar una oportunidad or *Am* un chance a alguien; **big ~** gran oportunidad; **a lucky ~** un golpe de suerte
-7. *(in tennis)* **~ (of serve)** ruptura *f* (del servicio) ❑ **~ point** punto *m* de break or ruptura
-8. *(in snooker, billiards) (points)* tacada *f*
-9. *(in cycling)* escapada *f*; **he made a ~** *(in soccer, rugby)* se escapó de sus adversarios
-10. *(in song)* **an instrumental ~** una parte instrumental
-11. *(in golf)* caída *f*
-12. *(carriage)* break *m*
◇ *vt (pt* **broke** [brəʊk], *pp* **broken** ['brəʊkən])
-1. *(in general)* romper; *(machine)* romper, estropear; **I've broken my bicycle** se me ha roto la bicicleta; **to ~ one's arm/leg** romperse or partirse un brazo/una pierna; IDIOM **~ a leg!** *(good luck!)* ¡buena suerte!; **to ~ sth into pieces** romper algo en pedazos; **she broke the roll in two** partió el panecillo en dos; **the river broke its banks** el río se desbordó; *Fig* **to ~ one's back doing sth** deslomarse or desriñonarse haciendo algo; **to ~ bread** *(take communion)* comulgar; *also Fig* **to ~ camp** levantar el campamento; *also Fig* **to ~ cover** ponerse al descubierto; **to ~ sb's hold** *(escape)* escaparse de alguien; IDIOM **to ~ the ice** romper el hielo; *US Fig* **to ~ jail** evadirse; *Fig* **to ~ the mould** romper moldes; *Fig* **I nearly broke my neck!** ¡casi me abro la cabeza!; *Fig* **I'll ~ her neck if she does it again** como lo vuelva a hacer le partiré la cara; *Fig* **this product breaks new ground** este producto es muy innovador; **to ~ ranks** romper filas; **without breaking sweat** sin derramar una gota de sudor; *Fig* sin despeinarse; **to ~ wind** soltar una ventosidad
-2. *(surpass)* **to ~ a record** batir un récord; **to ~ the sound barrier** superar la barrera del sonido
-3. *(interrupt)* **to ~ one's journey/holiday** interrumpir el viaje/las vacaciones; **it broke my concentration** me desconcentró; **to ~ the monotony** romper la monotonía
-4. *(end) (links, relations)* romper; **to ~ the deadlock** desbloquear la situación; **to ~ a habit** romper con una mala costumbre; **to ~ the silence/tension** romper el silencio/la tensión; **he broke his silence** rompió su silencio; **to ~ a strike** reventar una huelga; IDIOM *Fam Hum* **why ~ the habit of a lifetime?** ¿y por qué cambiar ahora?
-5. *(cushion, soften) (blow)* amortiguar; **the tree broke his fall** el árbol amortiguó su caída
-6. *(destroy) (person, health, resistance)* acabar con, arruinar; **to ~ sb's heart** romper el corazón de alguien; **to ~ sb's spirit** minar la moral a alguien; *(in games)* hacer saltar la banca; **it's only $5, so it won't exactly ~ the bank!** sólo cuesta 5 dólares, ¡no me voy a arruinar!
-7. *(violate) (agreement, promise)* romper; *(law, rules)* violar; **you broke your word** no cumpliste tu palabra
-8. *(reveal) (story)* descubrir, revelar (**to** a); **to ~ the news of sth to sb** dar la noticia de algo a alguien; **try to ~ it to her gently** intenta decírselo con mucho tacto
-9. *(decipher) (code)* descifrar
-10. *(horse)* domar
-11. *(in tennis)* **to ~ sb's serve** romper el servicio a alguien
◇ *vi* **-1.** *(glass, bone)* romperse; *(machine)* romperse, estropearse; **my bracelet broke** se me rompió la pulsera; **to ~ into pieces** romperse en pedazos; **to ~ in two**

breakable

romperse *or* partirse en dos; **the sea broke against the rocks** el mar rompía contra las rocas
-2. *(health)* sucumbir; *(resistance)* desmoronarse; **he broke under torture** se desmoronó con la tortura
-3. *(begin) (storm)* estallar, desatarse; **dawn broke** amaneció; **day was beginning to ~** despuntaba el día
-4. *(news, story)* saltar, estallar
-5. *(voice) (at puberty)* cambiar; **her voice broke with emotion** se quedó con la voz quebrada por la emoción
-6. *(change) (weather)* abrirse
-7. *(escape)* **to ~ free (from)** escaparse (de); **to ~ free** *or* **loose** soltarse
-8. *(have pause, rest)* hacer una pausa; **let's ~ for coffee** paremos para tomar un café
-9. *(in tennis)* romper el servicio
-10. *(in snooker, billiards)* romper

◆ **break away** *vi* **-1.** *(escape)* escapar (**from** de) **-2.** *(from party, country)* separarse (**from** de)

◆ **break down** ◇ *vt sep* **-1.** *(destroy) (door)* echar abajo; *(resistance)* vencer; **they were unable to ~ down the opposition's defence** no consiguieron superar la defensa del equipo contrario; **saliva breaks down food** la saliva descompone la comida; *Fig* **we need to ~ down the barriers between the two sides** necesitamos derribar las barreras entre las dos partes
-2. *(analyse) (argument)* dividir; *(figures)* desglosar
◇ *vi* **-1.** *(machine)* estropearse; *(car)* averiarse, estropearse; *(talks)* romperse; *(argument)* fallar, desmoronarse **-2.** *(person) (under pressure, physically)* derrumbarse; **to ~ down (in tears)** romper a llorar

◆ **break even** *vi* cubrir gastos, no tener pérdidas

◆ **break in** ◇ *vt sep (horse, new shoes)* domar; *(new recruit)* amoldar
◇ *vi* **-1.** *(burglar)* entrar *(en una casa)* **-2.** *(interrupt)* interrumpir

◆ **break into** *vt insep* **-1.** *(of burglar) (house)* entrar en; **somebody broke into the vehicle through the window** alguien entró en el vehículo rompiendo la ventana
-2. *(begin suddenly)* **to ~ into laughter/a song/a run** echarse a reír/cantar/correr; **to ~ into a sweat** ponerse a sudar
-3. *(gain presence in) (market)* penetrar en, introducirse en
-4. *(use) (money)* **I'll have to ~ into my savings** tendré que echar mano de mis ahorros

◆ **break off** ◇ *vt sep* **-1.** *(detach) (twig, handle)* partir, desprender; **he broke off a piece of chocolate** partió una porción de chocolate
-2. *(terminate) (relations, engagement)* romper
-3. *(interrupt) (journey, holiday, speech)* interrumpir
◇ *vi* **-1.** *(become detached)* partirse, desprenderse
-2. *(stop talking)* interrumpirse; **to ~ off to do sth** parar para hacer algo

◆ **break open** ◇ *vt sep* **-1.** *(lock, safe)* forzar; *(door) (kick down)* echar abajo **-2.** *(melon, coconut)* abrir
◇ *vi (burst)* romperse, partirse

◆ **break out** *vi* **-1.** *(escape)* escaparse (**of** de)
-2. *(start) (disease, argument)* desatarse; *(war)* estallar; *(fire)* comenzar; **he broke out in a sweat** le entraron sudores; **she broke out in a rash** le salió un sarpullido

◆ **break through** *vt insep (wall, barrier)* atravesar; *Fig (sb's reserve, shyness)* superar
◇ *vi (sun)* salir

◆ **break up** ◇ *vt sep* **-1.** *(machine, company)* desmantelar; *(ship)* desguazar
-2. *(ground, soil)* mullir
-3. *(fight, quarrel)* poner fin a; *(demonstration)*

84

disolver; *Fam* **~ it up!** *(stop fighting)* ¡basta ya (de pelear)!
-4. *US Fam (cause to laugh)* **it broke me up** me hizo morirme de risa *or* desternillarme
◇ *vi* **-1.** *(disintegrate)* hacerse pedazos; *(family, group)* separarse; *(crowd)* dispersarse
-2. *(end) (meeting, school term)* terminar; *(marriage, relationship)* romperse, terminar; **to ~ up with sb** romper con alguien
-3. *US Fam (laugh)* desternillarse de risa

◆ **break with** *vt insep* romper con

breakable ['breɪkəbəl] ◇ *n* **breakables** objetos *mpl* frágiles
◇ *adj* frágil, rompible

breakage ['breɪkɪdʒ] *n* **all breakages must be paid for** *(sign)* el cliente deberá abonar cualquier artículo que resulte roto

breakaway ['breɪkəweɪ] ◇ *n (in cycling)* escapada *f*; **to establish a ~** organizar *or* montar una escapada
◇ *adj* **a ~ group** *(from party, organization)* un grupo escindido *(del principal)*; *(in cycling)* un grupo de escapados; **a ~ republic** una república secesionada

breakdance ['breɪkdɑːns] ◇ *n* breakdance *m*
◇ *vi* hacer breakdance, bailar breakdance

breakdancing ['breɪkdɑːnsɪŋ] *n* break *m*, breakdance *m*

breakdown ['breɪkdaʊn] *n* **-1.** *(of car, machine)* avería *f*; **to have a ~** tener *or* sufrir una avería ❑ **~ service** asistencia *f* en carretera, ayuda *f* en carretera; *Br* **~ truck** grúa *f*; *Br* **~ van** grúa *f*
-2. *(failure) (of talks)* ruptura *f*; *(of communication, system)* *Esp* fallo *m*, *Am* falla *f*; *(of service)* interrupción *f*; *(of tradition)* desmoronamiento *m*, desintegración *f*; *(of marriage, relationship)* ruptura *f*
-3. *(mental collapse)* **he had a (nervous) ~** le dio una depresión *or* una crisis nerviosa
-4. *(analysis) (of figures, costs)* desglose *m*; **a ~ of the population by age and occupation** un desglose de la población por edad y ocupación

breaker ['breɪkə(r)] *n* **-1.** *(wave)* ola *f* grande **-2.** *Br (scrap merchant)* **the ship was sent to the breakers** enviaron el barco al desguace ❑ **breakers yard** *(for cars, boats)* desguace *m*
-3. *Fam (CB operator)* radioaficionado(a) *m,f*

break-even point [breɪk'iːvənpɔɪnt] *n* FIN punto *m* de equilibrio, umbral *m* de rentabilidad

breakfast ['brekfəst] ◇ *n* desayuno *m*; **to have ~** desayunar; **to have sth for ~** desayunar algo, tomar algo para desayunar; IDIOM **to have** *or* **eat sb for ~** merendarse a alguien ❑ **~ cereal** cereales *mpl* (de desayuno); **~ television** programación *f* matinal
◇ *vi* **to ~ (on sth)** desayunar (algo)

break-in ['breɪkɪn] *n (burglary)* robo *m* (en el interior de una casa o edificio)

breaking ['breɪkɪŋ] *n* **-1.** LAW **~ and entering** allanamiento *m* de morada **-2.** **~ point** *(of person, patience)* límite *m*; **the situation has reached ~ point** se ha llegado a una situación límite

breakneck ['breɪknek] *adj* **at ~ speed** a una velocidad de vértigo

break-out ['breɪkaʊt] *n (from prison)* evasión *f*

breakthrough ['breɪkθruː] *n* **-1.** *(major advance, discovery)* avance *m*, adelanto *m*; **to make a ~** *(in talks)* dar un gran paso adelante; **the ~ came when...** el gran avance se produjo cuando... **-2.** MIL *(in enemy lines)* penetración *f*

break-up ['breɪkʌp] *n* **-1.** *(disintegration) (of relationship)* ruptura *f*; *(of country, empire, organization)* desintegración *f*, desmembración *f*
-2. *(of ship)* desguace *m* **-3.** *(of ice)* ruptura *f*

breakwater ['breɪkwɔːtə(r)] *n* rompeolas *m inv*

bream [briːm] *n* **-1.** *(freshwater)* = tipo de carpa
-2. *(saltwater)* **(sea) ~** besugo *m*

breathe

breast [brest] ◇ *n* **-1.** *(of woman)* pecho *m*, seno *m*; **a child at the ~** un niño que mama ❑ **~ cancer** cáncer *m* de mama; **~ pump** sacaleches *m*
-2. *Literary (of man, woman)* pecho *m*; **he held her to his ~** la abrazó contra su pecho; IDIOM **to make a clean ~ of it** confesarlo todo
-3. *(of chicken)* pechuga *f*
-4. *(of garment)* pechera *f* ❑ **~ pocket** bolsillo *m* or *CAm, Méx, Perú* bolsa *f* superior
◇ *vt* **-1.** *(face) (waves, storm)* encarar **-2.** *(reach summit of)* coronar **-3.** SPORT **the runner breasted the tape** el corredor alcanzó la cinta de meta

breast-beating ['brestbiːtɪŋ] *n* lamentos *mpl*, lamentaciones *fpl*

breastbone ['brestbəʊn] *n* esternón *m*

breastfed ['brestfed] *adj* amamantado(a)

breastfeed ['brestfiːd] *(pt & pp* **breastfed** ['brestfed]*)* ◇ *vt* dar el pecho a, amamantar
◇ *vi* dar el pecho

breastfeeding ['brestfiːdɪŋ] *n* lactancia *f* materna

breastplate ['brestpleɪt] *n (of armour)* peto *m* (de armadura)

breaststroke ['breststrəʊk] *n* braza *f*; **to do** *or* **swim the ~** *Esp* nadar a braza, *Am* nadar pecho

breaststroker ['breststrəʊkə(r)] *n* bracista *mf*

breastwork ['brestwɜːk] *n* MIL parapeto *m*

breath [breθ] *n* **-1.** *(respiration)* respiración *f*; *(air inhaled)* inspiración *f*; *(air exhaled)* espiración *f*; **he took huge breaths** inspiró grandes bocanadas de aire; **to take a deep ~** inspirar profundamente; **bad ~** mal aliento; *Fam* **coffee ~** aliento a café; **fries ~** aliento a *Esp* patatas *or Am* papas fritas; **out of ~** sin aliento, sin respiración; **to pause** *or* **stop for ~** pararse para tomar aliento; **to get one's ~ back** recuperar la respiración; **to go out for a ~ of fresh air** salir a tomar el aire; IDIOM **she's a real ~ of fresh air** es una verdadera bocanada de aire fresco; *also Fig* **to hold one's ~** contener la respiración; IDIOM *Fam* **don't hold your ~!** ¡ya puedes esperar sentado(a)!; *Fig* **to take sb's ~ away** quitar la respiración a alguien; **to waste one's ~** malgastar saliva ❑ **~ freshener** spray *m* bucal; **~ test** prueba *f* de alcoholemia
-2. *(while speaking)* **he said it all in one ~** lo dijo todo de un tirón; **with her dying ~** con su último aliento; **in the same ~** a la vez, al mismo tiempo; **they are not to be mentioned in the same ~** no tienen punto de comparación; **in the next ~** al momento siguiente; **under one's ~** en voz baja, en un susurro
-3. *(gust)* ráfaga *f*; **a ~ of wind** una brisa
-4. *(hint)* **the first ~ of spring** el primer indicio de la primavera; **the faintest ~ of scandal** el mínimo indicio de escándalo

breathable ['briːðəbəl] *adj* **-1.** *(atmosphere)* respirable **-2.** *(fabric)* transpirable, que transpira

breathalyse, *US* **breathalyze** ['breθəlaɪz] *vt (driver)* hacer la prueba de la alcoholemia a

Breathalyser®, *US* **Breathalyzer**® ['breθəlaɪzə(r)] *n* alcoholímetro *m* ❑ **~ test** prueba *f* del alcohol *or* de (la) alcoholemia

breathe [briːð] ◇ *vt* **-1.** *(inhale)* respirar, inspirar; *(exhale)* espirar, exhalar; **he breathed alcohol over her** le echó el aliento (con olor) a alcohol
-2. IDIOMS **to ~ fire** *(in anger)* echar chispas; *Literary* **to ~ one's last** exhalar el último suspiro; **to ~ new life into sth** *(project, scheme)* dar vida a algo; **to ~ a sigh of relief** dar un suspiro de alivio; **don't ~ a word (of it)!** ¡no digas una palabra!
◇ *vi* **-1.** *(person)* respirar; **to ~ heavily** *or* **deeply** *(after exertion)* respirar profundamente *or* entrecortadamente; *(during illness)* respirar con dificultad; *Fig* **to ~ easily** *or* **freely (again)** volver a respirar tranquilo(a); **I need room to ~** *(in relationship)* necesito espacio vital; IDIOM **to ~ down sb's neck** *(pursue)* pisar los talones a

breathed

alguien; *(supervise closely)* estar constantemente encima de alguien **-2.** *(wine)* respirar, airearse **-3.** *(fabric)* transpirar
- ◆ **breathe in** ⬦ *vt sep* inspirar, aspirar
  ⬦ *vi* inspirar, aspirar
- ◆ **breathe out** ⬦ *vt sep* espirar
  ⬦ *vi* espirar

breathed [briːðd] *adj* LING *(unvoiced)* sordo(a)
breather ['briːðə(r)] *n Fam (rest)* respiro *m*; **to have** *or* **take a ~** tomarse un respiro
breathing ['briːðɪŋ] *n* respiración *f* ❑ **~ apparatus** respirador *m*; *Fig* **~ space** respiro *m*
breathless ['breθlɪs] *adj* **-1.** *(person)* jadeante; **we waited in ~ excitement** esperamos con ansiosa emoción **-2.** *(calm, silence)* completo(a)
breathlessly ['breθlɪslɪ] *adv* "**it was a disaster!**" **he said** "fue un desastre", dijo sin aliento; **we waited ~ for the result** esperamos el resultado ansiosamente
breathlessness ['breθlɪsnɪs] *n* dificultades *fpl* respiratorias
breathtaking ['breθteɪkɪŋ] *adj* **-1.** *(view, beauty)* impresionante, asombroso(a) **-2.** *(cynicism, stupidity)* impresionante, asombroso(a); **with a ~ lack of tact** con una falta de tacto asombrosa
breathtakingly ['breθteɪkɪŋlɪ] *adv* asombrosamente; **~ beautiful** de una belleza arrebatadora
breathy ['breθɪ] *adj* **to have a ~ voice** tener la voz jadeante
Brechtian ['brektɪən] *adj* brechtiano(a)
bred *pt & pp of* **breed**
breech [briːtʃ] *n* **-1.** MED **~ birth** parto *m* de nalgas; MED **~ delivery** parto *m* de nalgas **-2.** *(of gun)* recámara *f* ❑ **~ loader** arma *f* de retrocarga
breechblock ['briːtʃblɒk] *n* cubrechimenea *m*, bloque *m* de cierre
breeches ['brɪtʃɪz] *npl (pantalones mpl)* bombachos *mpl*; **a pair of ~** unos (pantalones) bombachos ❑ **~ buoy** boya *f* de salvamento del andarivel
breech-loading ['briːtʃləʊdɪŋ] *adj* de retrocarga
breed [briːd] ⬦ *n* **-1.** *(of animal)* raza *f* **-2.** *(kind)* raza *f*; *Fig* **a dying ~** una especie en (vías de) extinción; **she is one of the new ~ of executives** pertenece al nuevo género de ejecutivos
⬦ *vt (pt & pp* **bred** [bred]) **-1.** *(animals)* criar; **they're specially bred for racing** los crían especialmente para las carreras **-2.** *(create)* *(discontent, violence)* crear, producir; **dirt breeds disease** la suciedad genera enfermedades
⬦ *vi* reproducirse; **to ~ like rabbits** reproducirse como conejos
breeder ['briːdə(r)] *n* **-1.** *(of animals)* criador(ora) *m,f* **-2.** *(animal)* reproductor(ora) *m,f* **-3.** PHYS **~ reactor** reactor *m* nuclear reproductor
breeding ['briːdɪŋ] *n* **-1.** *(for animals)* cría *f*; **the ~ season** *(for animals)* la época de cría ❑ **~ ground** criadero *m*; *Fig (of discontent, revolution)* caldo *m* de cultivo **-2.** *(of person)* **(good) ~ (buena)** educación *f*; **to lack ~** no tener educación
breeze [briːz] ⬦ *n* **-1.** *(light wind)* brisa *f*; **there's quite a ~** hace una fuerte brisa **-2.** *Fam* **it was a ~** fue pan comido *or* coser y cantar
⬦ *vi* **to ~ along** pasar con aire despreocupado; **to ~ in/out** *(casually)* entrar/salir despreocupadamente
- ◆ **breeze through** *vt insep (test, interview)* despachar con facilidad; **she breezed through her finals** pasó los exámenes finales sin problemas

breezeblock ['briːzblɒk] *n Br* bloque *m* de cemento ligero
breezily ['briːzɪlɪ] *adv (casually)* con aire despreocupado; *(cheerfully)* alegremente

breezy ['briːzɪ] *adj* **-1.** *(weather)* **it's ~** hace aire **-2.** *(person, attitude) (casual)* despreocupado(a); *(cheerful)* alegre
Bren gun ['brenɡʌn] *n* ametralladora *f* Bren
brent goose ['brentɡuːs] *n* barnacla *f* carinegra
brethren ['breðrɪn] *npl* REL hermanos *mpl*
Breton ['bretən] ⬦ *n* **-1.** *(person)* bretón(ona) *m,f* **-2.** *(language)* bretón *m*
⬦ *adj* bretón(ona)
breve [briːv] *n* MUS breve *f*
breviary ['briːvɪərɪ] *n* REL breviario *m*
brevity ['brevɪtɪ] *n* **-1.** *(shortness)* brevedad *f* **-2.** *(succinctness)* brevedad *f*; PROV **~ is the soul of wit** lo bueno, si breve, dos veces bueno
brew [bruː] ⬦ *n* **-1.** *(beer)* cerveza *f* **-2.** *US Fam (drink of beer)* birra *f*, *Méx* cheve *f*; **we had a few brews** no tomamos unas cuantas birras **-3.** *(strange mixture)* brebaje *m*; **a heady ~ of sex, politics and murder** una embriagadora combinación de sexo, política y asesinatos
⬦ *vt* **-1.** *(beer)* elaborar, fabricar **-2.** *(tea)* preparar **-3.** *(plot, scheme)* urdir, tramar
⬦ *vi* **-1.** *(make beer)* fabricar *or* elaborar cerveza **-2.** *(tea)* hacerse **-3.** *(approach)* **there's a storm brewing** se está preparando *or* se avecina una tormenta; **there's trouble brewing** se está fraguando *or* cociendo algo
- ◆ **brew up** *vi* **-1.** *(storm, trouble)* fraguarse, prepararse **-2.** *Br Fam (make tea)* preparar el té

brewer ['bruːə(r)] *n (firm)* fabricante *mf* de cerveza ❑ **~'s yeast** levadura *f* de cerveza
brewery ['bruːərɪ] *n* fábrica *f* de cerveza, cervecera *f*
brewing ['bruːɪŋ] *n (business)* fabricación *f* de cerveza
brewski ['bruːskɪ] *n US Fam* birra *f*, *Méx* cheve *f*
brew-up ['bruːʌp] *n Br Fam* **to have a ~** hacer té, preparar té
briar, brier ['braɪə(r)] *n* **-1.** *(plant)* brezo *m* ❑ **~ rose** escaramujo *m* **-2.** *(pipe)* pipa *f* (de madera) de brezo
bribe [braɪb] ⬦ *n* soborno *m*; **to take bribes** aceptar sobornos; **she won't take bribes** es insobornable, no acepta sobornos; **he was accused of offering bribes** lo acusaron de ofrecer sobornos
⬦ *vt* sobornar; **to ~ sb into doing sth** sobornar a alguien para que haga algo
bribery ['braɪbərɪ] *n* soborno *m*; **to be open to ~** dejarse sobornar, aceptar sobornos
bric-à-brac ['brɪkəbræk] *n* baratijas *fpl*, chucherías *fpl*
brick [brɪk] ⬦ *n* **-1.** *(building block)* ladrillo *m*; **bricks and mortar** *(building materials)* ladrillos y mortero; *(property)* bienes inmuebles ❑ **~ red** color *m* teja
-2. *(material)* ladrillo *m*; **~ wall/house** muro/casa de ladrillo(s); **it's made of ~** está hecho de ladrillo
-3. *(for children)* **(toy) bricks** piezas *fpl* de construcción *(de juguete)*
-4. *(of ice cream)* barra *f*, bloque *m*
-5. *Br Fam Old-fashioned* **he's a ~** es un gran tipo
-6. IDIOMS **it's like talking to a ~ wall** es como hablarle a la pared; **you're banging your head against a ~ wall** te estás esforzando para nada; *Fam* **to drop a ~** meter la pata; *Vulg* **to be built like a ~ shithouse** ser un camión, *Esp* estar cachas; PROV **you can't make bricks without straw** no se puede trabajar sin materia prima
⬦ *vi Br Fam* **I was bricking it** estaba muerto de miedo, *Esp* los tenía de corbata
- ◆ **brick in, brick up** *vt sep (window, doorway)* tapiar

brickbat ['brɪkbæt] *n (insult)* pulla *f*, detracción *f*
brickie ['brɪkɪ] *n Br Fam* albañil *m*
bricklayer ['brɪkleɪə(r)] *n* albañil *mf*
bricklaying ['brɪkleɪɪŋ] *n* albañilería *f*
brick-red ['brɪk'red] *adj* (de) color teja
brickwork ['brɪkwɜːk] *n* (obra *f* de) ladrillos *mpl*, enladrillado *m*

brickworks ['brɪkwɜːks] *n* fábrica *f* de ladrillos, ladrillar *m*
brickyard ['brɪkjɑːd] *n* fábrica *f* de ladrillos, ladrillar *m*
bridal ['braɪdəl] *adj* nupcial ❑ **~ dress** traje *m* de novia; **~ gown** traje *m* de novia; **~ shop** boutique *f* de novia; **~ suite** suite *f* nupcial
bride [braɪd] *n* novia *f (en boda)*; **the ~ and groom** los novios; **his ~ of four months killed herself** su esposa se suicidó cuatro meses después de la boda
bridegroom ['braɪdɡruːm] *n* novio *m*
bridesmaid ['braɪdzmeɪd] *n* dama *f* de honor; IDIOM **always the ~, never the bride** siempre le toca ser el segundón/la segundona
bride-to-be ['braɪdtəˈbiː] *n* futura esposa *f*
bridge[1] ⬦ *n* **-1.** *(over river, road, valley)* puente *m*; IDIOM **we'll cross that ~ when we come to it** no nos adelantemos a los acontecimientos; *Fig* **a ~ building effort** un esfuerzo por tender un puente
-2. *(on ship)* puente *m* (de mando)
-3. *(on teeth)* puente *m*
-4. *(of violin)* puente *m*
-5. *(of nose)* caballete *m*; *(of glasses)* puente *m*
-6. *(in billiards, snooker)* caballete *m*
-7. COMPTR *(between networks)* puente *m*
-8. *US* FIN **~ loan** crédito *m* de puente
⬦ *vt* **-1.** *(river, gorge)* tender un puente sobre **-2.** *(differences)* **to ~ a gap** llenar un vacío; **to ~ the gap between rich and poor** acortar la distancia entre ricos y pobres; **we need to ~ the gap between theory and practice** tenemos que aunar la teoría y la práctica
bridge[2] *n (card game)* bridge *m*
bridgehead ['brɪdʒhed] *n* MIL cabeza *f* de puente
bridgework ['brɪdʒwɜːk] *n (in dentistry)* puente *m*
bridging loan ['brɪdʒɪŋləʊn] *n Br* FIN crédito *m* provisional *or* de puente
bridle ['braɪdəl] ⬦ *n* brida *f* ❑ **~ path** camino *m* de herradura; **~ way** camino *m* de herradura
⬦ *vt* embridar, poner la brida a; IDIOM **to ~ one's tongue: he'll have to learn to ~ his tongue** tendrá que aprender a medir sus palabras
⬦ *vi (with anger)* indignarse **(at** por)
brie [briː] *n (queso m)* brie *m*
brief [briːf] ⬦ *n* **-1.** LAW escrito *m*; **he accepted the ~** aceptó el caso
-2. *(instructions)* **our ~ was to design a functional office space** teníamos instrucciones de crear un espacio de trabajo funcional; *Fig* **that goes beyond our ~** eso no entra en el ámbito de nuestras competencias; *Fig* **I hold no ~ for...** estoy en contra *or* no soy partidario(a) de...
-3. *Br Fam (lawyer)* abogado(a) *m,f*
-4. in ~ *(briefly)* en suma
⬦ *adj* **-1.** *(short in duration)* breve; **a ~ interval** un breve intervalo **-2.** *(succinct)* breve; **to be ~** *(when talking)* ser breve; **to be ~..., in ~...** en pocas palabras... **-3.** *(short in length)* corto(a); **a very ~ pair of shorts** unos pantalones muy cortos
⬦ *vt* **-1.** *(inform)* informar (**on** sobre, acerca de); *(before meeting)* poner al corriente (**on** sobre, acerca de); *(before a mission)* dar instrucciones a (**on** sobre, acerca de) **-2.** LAW pasar la instrucción del caso a
⬦ *vi* **to ~ against sb** dar informes negativos sobre alguien
briefcase ['briːfkeɪs] *n* maletín *m*, portafolios *m inv*
briefing ['briːfɪŋ] *n* **-1.** *(meeting)* sesión *f* informativa **-2.** *(information)* información *f*; *(written)* informe *m*
briefly ['briːflɪ] *adv* **-1.** *(for a short time)* brevemente **-2.** *(succinctly)* en pocas palabras; **(put)** **~...** en pocas palabras...
briefness ['briːfnɪs] *n* **-1.** *(in duration)* brevedad *f* **-2.** *(succinctness)* brevedad *f* **-3.** *(in length)* lo corto

briefs [bri:fs] *npl (underwear) (woman's) Esp* bragas *fpl, Esp* braga *f, Col* blúmers *mpl, Ecuad* follones *mpl, RP* bombacha *f; (man's)* calzoncillos *mpl*

brier = briar

Brig (*abbr* **Brigadier**) gral. de brigada

brig [brɪg] *n* -1. *(ship)* bergantín *m* -2. *(prison on ship)* calabozo *m* -3. *US Fam (prison) Esp* chirona *f, Andes, RP* cana *f, Méx* bote *m*

brigade [brɪ'geɪd] *n* -1. MIL brigada *f* -2. *Fam Pej (group)* brigada *f*

brigadier [brɪgə'dɪə(r)] *n Br* general *m* de brigada ❑ *US* ~ **general** general *m* de brigada

brigand ['brɪgənd] *n Literary* malhechor *m*, bandido *m*

bright [braɪt] ◇ *adj* -1. *(sun, light)* brillante; *(day)* claro(a), luminoso(a); *(weather)* despejado(a); *(room)* luminoso(a); *(colour)* vivo(a); **a ~ red/blue umbrella** un paraguas de color rojo/azul vivo; **cloudy with ~ intervals** nublado con intervalos despejados; *Fig* **the ~ lights** la gran ciudad; **~ red** rojo vivo; **to go ~ red** *(blush)* ruborizarse
-2. *(shining) (diamond, metal, eyes)* brillante
-3. *(optimistic) (future, situation)* prometedor(ora); **it was the only ~ spot in the day** fue el único momento bueno del día; **to look on the ~ side (of things)** fijarse en el lado bueno (de las cosas)
-4. *(cheerful)* alegre; **he's always so ~ and breezy** siempre está de lo más alegre
-5. *(clever) (person)* inteligente; *(idea, suggestion)* brillante, genial; *Ironic* **whose ~ idea was that?** ¿quién tuvo la genial *or* brillante idea?; **he's ~ at physics** se le da bien la física; IDIOM **to be as ~ as a button** *or* **a new penny** *(clever)* ser la mar de espabilado(a), *Esp* ser más listo(a) que el hambre; *(fresh, awake)* estar como una rosa, estar fresco(a) como una lechuga; **~ spark** *(person)* listo(a), listillo(a)
◇ *adv (to burn)* vivamente; *(to shine)* radiantemente, brillantemente; **~ and early** tempranito

brighten ['braɪtən] ◇ *vt* -1. *(room)* alegrar, avivar -2. *(mood)* alegrar, animar
◇ *vi* -1. *(weather, sky)* aclararse -2. *(face, eyes, mood)* alegrarse, animarse -3. *(prospects)* mejorar

◆ **brighten up** ◇ *vt sep (room, mood)* alegrar
◇ *vi* -1. *(weather, sky)* despejarse -2. *(person, face)* animarse

bright-eyed ['braɪt'aɪd] *adj* con los ojos brillantes; *Fig (enthusiastic)* vivo(a); IDIOM *Fam* **~ and bushy-tailed** alegre y contento(a)

brightly ['braɪtlɪ] *adv* -1. *(to shine)* radiantemente, brillantemente; *(to burn)* vivamente; **~ coloured** de vivos colores; **~ polished** resplandeciente -2. *(to say, smile)* alegremente

brightness ['braɪtnəs] *n* -1. *(of light, sun)* luminosidad *f*, brillo *m*; *(of colour)* viveza *f*; **~ (control)** *(on TV)* (mando *m* del) brillo -2. *(cheerfulness)* alegría *f* -3. *(cleverness)* inteligencia *f*

brights ['braɪts] *npl US (headlights)* **to put the ~ on** dar *or* poner las largas

brill[1] [brɪl] *n (fish)* remol *m*, rombo *m*

brill[2] *adj Br Fam* genial, *Esp* guay

brilliance ['brɪljəns] *n* -1. *(of light, colour, smile)* resplandor *m*, brillo *m* -2. *(of person, idea)* genialidad *f* -3. *(of performance)* genialidad *f*

brilliant ['brɪljənt] ◇ *adj* -1. *(bright, intense) (light, sun, smile)* radiante, resplandeciente; *(colour)* brillante -2. *(intelligent) (person, mind, idea)* genial -3. *(outstanding) (musician, performance, future, career)* brillante; *(success)* clamoroso(a) -4. *Br Fam (excellent)* genial, *Andes CAm, Carib, Méx* chévere, *Andes, CSur* macanudo(a), *Méx* padre, *RP* bárbaro(a)
◇ *n (diamond)* brillante *m*

brilliantine ['brɪljəntiːn] *n* brillantina *f*

brilliantly ['brɪljəntlɪ] *adv* -1. *(to shine)* radiantemente; **~ coloured** de vivos colores; **~ lit** muy iluminado(a) -2. *(to act, play, perform)* magníficamente

Brillo pad® ['brɪləʊ'pæd] *n* = estropajo hecho de fibra de acero embebida en jabón

brim [brɪm] ◇ *n* -1. *(of cup, glass)* borde *m*; **full to the ~** lleno hasta el borde -2. *(of hat)* ala *f*
◇ *vi (pt & pp* **brimmed***) (with liquid, enthusiasm)* **to be brimming with** rebosar de; **her eyes brimmed with tears** tenía los ojos anegados de lágrimas

◆ **brim over** *vi* rebosar, desbordarse; *Fig* **to be brimming over with health/ideas** estar rebosante de salud/ideas

brimful ['brɪmfʊl] *adj* hasta el borde; *Fig* **~ of health/ideas** pletórico(a) de salud/ideas

brimstone ['brɪmstəʊn] *n Literary* azufre *m*; **fire and ~** fuego del infierno

brindled ['brɪndəld] *adj* pardo(a) con manchas

brine [braɪn] *n* -1. *(for preserving)* salmuera *f* -2. *(seawater)* agua *f* del mar

bring [brɪŋ] *(pt & pp* **brought** [brɔːt]*) vt* -1. *(take)* traer; **~ me a chair, would you?** ¿me podrías traer una silla, por favor?; **~ a bottle (with you)** trae una botella; **the sound of sirens brought people onto the streets** las sirenas hicieron que la gente saliera a la calle; **to ~ sth out of one's pocket** sacar algo del bolsillo; **the path brought us to a lake** el camino nos llevó a un lago; **what brings you to London?** ¿qué te trae por Londres?; **to ~ sth to sb's attention** llamar la atención de alguien sobre algo; **that brings us to my final point...** esto nos lleva al último punto...; **he brings a wealth of technical expertise to the job** aporta a su trabajo sus grandes conocimientos técnicos; **to ~ a child into the world** traer al mundo a un niño; LAW **to ~ an action against sb** interponer una demanda *or* entablar un pleito contra alguien; LAW **to ~ charges against sb** presentar cargos contra alguien; LAW **to ~ sb to trial** llevar a alguien a juicio; *Fig* **the pictures brought home to us the full horror of the war** las imágenes nos hicieron sentir en carne propia el tremendo horror de la guerra
-2. *(lead to, cause)* traer; **it has brought me great happiness** me ha causado gran alegría; **the announcement brought an angry reaction** el anuncio produjo una reacción airada; **the change brought new problems with it** el cambio trajo *or* acarreó nuevos problemas; **to ~ sb (good) luck/bad luck** traer (buena) suerte/mala suerte a alguien; **to ~ new hope to sb** infundir nuevas esperanzas a alguien; **to ~ tears to sb's eyes** hacerle llorar a alguien
-3. *(cause to come to a particular condition)* **the latest death brings the total to seventy** la última muerte pone el total en setenta; **to ~ oneself into an upright position** incorporarse; **to ~ sth to the boil** hacer que algo hierva; **to ~ sb to the brink of ruin** dejar a alguien al borde de la ruina; **to ~ sth into disrepute** perjudicar la reputación de algo, desprestigiar algo; **it brought me into conflict with the authorities** me enfrentó con las autoridades; **to ~ sth to an end** poner fin a algo; **the earthquake brought the building to the ground** el terremoto derrumbó el edificio; **she brought the bus to a halt** detuvo el autobús; **to ~ sth to light** sacar algo a la luz; **to ~ sth to mind** traer a la memoria algo; **to ~ sth into question** poner en duda algo; **to ~ sb up short** detener a alguien; **to ~ oneself to do sth** resolverse a hacer algo; **I couldn't ~ myself to tell her** no pude decírselo
-4. *(be sold for)* **the house won't ~ very much** la casa no reportará mucho dinero

◆ **bring about** *vt sep (cause)* provocar, ocasionar

◆ **bring along** *vt sep* traer

◆ **bring around** = **bring round**

◆ **bring back** *vt sep* -1. *(return with)* traer; **~ me back a loaf of bread from the shop** tráeme una barra de pan de la tienda
-2. *(return) (purchase)* devolver; *(person)* traer de vuelta; **to ~ sb back to life/health** devolver la vida/la salud a alguien; **that brings us back to the issue of human rights** esto nos trae de vuelta *or* de nuevo al tema de los derechos humanos
-3. *(cause to remember)* recordar; **to ~ back memories of sth to sb** traer a alguien recuerdos de algo
-4. *(reintroduce) (law, punishment)* reinstaurar; **they're going to ~ back trams** van a volver a poner tranvías

◆ **bring down** *vt sep* -1. *(from shelf, attic)* bajar
-2. *(cause to fall) (soldier, plane, footballer)* derribar; *(government)* derrocar; IDIOM *Fam* **her performance brought the house down** su actuación enfervorizó al público
-3. *(lower) (price, temperature)* bajar; *(inflation)* reducir
-4. *(land) (aircraft)* aterrizar

◆ **bring forth** *vt sep Formal (cause)* producir, generar

◆ **bring forward** *vt sep* -1. *(proposal, plan)* presentar; *(witness)* hacer comparecer -2. *(advance time of)* adelantar -3. COM pasar a cuenta nueva; **brought forward** saldo anterior

◆ **bring in** *vt sep* -1. *(consult) (expert, consultant)* contratar los servicios de; **we're going to have to ~ the police in** vamos a tener que recurrir a la policía; **could I just ~ in Mr Lamont on that point?** ¿podría el Sr. Lamont decirnos lo que piensa al respecto?
-2. *(take to police station)* **the police brought him in for questioning** la policía lo llevó a comisaría para interrogarlo
-3. *(earn) (of person)* ganar; *(of sale, investment)* generar
-4. *(law, bill)* introducir
-5. LAW *(verdict)* pronunciar
-6. *(attract)* **this should ~ the crowds in** esto debería atraer a las masas
-7. *(washing)* entrar

◆ **bring off** *vt sep* -1. *(accomplish)* conseguir; *(plan, deal)* llevar a cabo -2. SPORT *(player)* sacar, sustituir

◆ **bring on** *vt sep* -1. *(cause)* provocar; **you've brought it on yourself** tú te lo has buscado; **she brought shame on her entire family** deshonró a toda su familia
-2. SPORT *(substitute)* sacar (al campo), hacer entrar a
-3. *(cause to flower)* **the good weather has brought on the daffodils** el buen tiempo ha hecho florecer antes los narcisos

◆ **bring out** *vt sep* -1. *(new product)* sacar
-2. *(provoke, elicit)* **to ~ out the best/the worst in sb** sacar lo mejor/peor de alguien; **to ~ out the flavour in sth** realzar el sabor de algo; **strawberries ~ her out in a rash** las fresas le provocan un sarpullido; **to ~ sb out (of his/her shell)** sacar a alguien de su concha
-3. *(cause to strike)* poner en huelga

◆ **bring round, bring around** *vt sep* -1. *(take)* traer -2. *(revive)* hacer volver en sí, reanimar -3. *(persuade)* convencer; **she brought him round to her point of view** le convenció -4. *(direct)* **he brought the conversation round to the subject of...** sacó a colación el tema de...

◆ **bring through** *vt sep (help to overcome)* **to ~ sb through sth** ayudar a alguien a superar algo

◆ **bring together** *vt sep* -1. *(cause to meet)* reunir -2. *(make closer)* acercar, unir

◆ **bring up** *vt sep* -1. *(subject)* sacar a colación
-2. *(child)* educar; **she brought up ten children** crió a diez hijos; **I was brought up in Spain** fui criado(a) en España; **I was brought up (as) a Christian** me dieron una educación cristiana; **I was brought up to show respect for my elders** me enseñaron

a respetar a mis mayores, me educaron en el respeto a mis mayores; **they're very well/badly brought up** están muy bien/mal educados
-3. *(vomit)* vomitar
-4. *(charge)* **he's been brought up on a charge of assault** ha sido acusado de agresión

bring-and-buy ['brɪŋənˌbaɪ] *adj Br* **~ (sale)** = mercadillo benéfico de compra y venta

brink [brɪŋk] *n also Fig* borde *m*; **on the ~ of** *(tears, disaster, success, death)* al borde de; *Fig* **to be on the ~ of doing sth** estar a punto de hacer algo

brink(s)manship ['brɪŋk(s)mənʃɪp] *n (in politics, diplomacy)* = política consistente en arriesgarse hasta el límite para obtener concesiones de la parte contraria

briny ['braɪnɪ] ◇ *n Fam* **the ~** el mar
◇ *adj* salobre

brio ['briːəʊ] *n* brío *m*

brioche [briːˈɒʃ] *n* brioche *m*

briquet(te) [brɪˈket] *n* briqueta *f*

brisk [brɪsk] *adj* **-1.** *(weather, wind)* fresco(a), vigorizante **-2.** *(efficient) (person, manner)* enérgico(a) **-3.** *(rude)* brusco(a) **-4.** *(rapid)* rápido(a); **at a ~ pace** a paso ligero **-5.** COM **business is ~** el negocio va muy bien; **to do a ~ trade in sth** hacer el agosto con algo

brisket ['brɪskɪt] *n* falda *f* de ternera

briskly ['brɪsklɪ] *adv* **-1.** *(efficiently)* enérgicamente **-2.** *(rudely)* bruscamente **-3.** *(rapidly)* rápidamente **-4.** COM **currency futures are trading ~** el mercado de futuros de divisas está muy activo

briskness ['brɪsknɪs] *n* **-1.** *(of manner, tone of voice)* brío *m*, energía *f* **-2.** *(of pace)* rapidez *f*

bristle ['brɪsəl] ◇ *n (on face)* pelo *m* de la barba; *(of animal, brush)* cerda *f*; *(of plant)* pelo *m*
◇ *vi* **-1.** *(animal's fur)* erizarse **-2.** *(show anger)* **to ~ (with anger)** enfurecerse; **they bristled at any suggestion of bias** se enfurecieron ante la insinuación de que había existido parcialidad **-3.** *(be full)* **the hall was bristling with security men** la sala estaba repleta de agentes de seguridad; **the situation was bristling with difficulties** la situación estaba erizada de dificultades

bristling ['brɪslɪŋ] *adj (beard, moustache)* hirsuto(a)

bristly ['brɪslɪ] *adj (chin)* con barba de tres días; *(beard)* erizado(a), pinchudo(a)

Brit [brɪt] *n Fam* británico(a) *m,f*

Britain ['brɪtən] *n* Gran Bretaña

Britannia [brɪˈtænɪə] *n* **-1.** *(figure)* = personificación de Gran Bretaña en forma de una mujer guerrera que lleva tridente y casco **-2. (the Royal Yacht) ~** = barco que la reina Isabel II dejó de usar en 1998 que en la actualidad se conserva como atracción turística

Britannic [brɪˈtænɪk] *adj Formal* **His** *or* **Her ~ Majesty** Su Majestad Británica

britches ['brɪtʃɪz] *npl US* (pantalones *mpl*) bombachos *mpl*

Briticism ['brɪtɪsɪzəm] *n* término *m* (del inglés) británico

British ['brɪtɪʃ] ◇ *npl* **the ~** los británicos
◇ *adj* británico(a) ❑ **the ~ Academy** = sociedad británica de académicos que promueve el estudio de la historia, la filosofía y la lengua; **~ Columbia** la Columbia británica; **the ~ Council** el British Council, = organismo encargado de promover la lengua y cultura británicas en el extranjero; **the ~ Isles** las Islas Británicas; **~ Legion** = organismo que presta servicios y apoya a los militares británicos retirados; **the ~ Library** la biblioteca nacional británica; **the ~ Museum** el museo británico; **~ Summer Time** = hora oficial de verano en Gran Bretaña; **~ thermal unit** unidad *f* térmica británica (= 1.055 julios)

Britisher ['brɪtɪʃə(r)] *n US* británico(a) *m,f*

Briton ['brɪtən] *n* **-1.** *(British citizen)* británico(a) *m,f* **-2.** HIST britano(a) *m,f*

Britpop ['brɪtpɒp] *n* Britpop *m*, = música pop británica de los noventa compuesta por grupos con influencias de los sesenta

Brittany ['brɪtənɪ] *n* Bretaña

brittle ['brɪtəl] ◇ *adj* **-1.** *(fragile) (glass, bones, peace, relationship)* frágil; *(paper, branches)* quebradizo(a) ❑ **~ bone disease** = osteopatía hereditaria que provoca una fragilidad anormal en los huesos **-2.** *(forced) (laughter)* crispado(a); *(smile)* forzado(a) **-3.** *(irritable)* **to be ~** *(permanent quality)* ser susceptible; *(temporarily)* estar susceptible
◇ *n (sweet)* = dulce hecho a base de caramelo y frutos secos

bro [brəʊ] *n Fam* **-1.** *(brother)* hermano *m* **-2.** *US (male friend)* compadre *m*, *Esp* colega *m*, *CAm, Méx* mano *m*, **yo, ~!** ¿qué pasa colega *or Esp* tronco?

broach [brəʊtʃ] *vt* **-1.** *(subject, question)* sacar a colación, abordar **-2.** *(barrel)* espitar

broad[1] [brɔːd] ◇ *adj* **-1.** *(wide)* ancho(a); *(smile, sense)* amplio(a); **to be 5 metres ~** medir *or* tener 5 metros de ancho; **to have ~ shoulders** ser ancho(a) de espaldas; *Fig (be resilient)* aguantar carros y carretas *or* lo que te/le/etc. echen; IDIOM *Fam* **it's as ~ as it's long** lo mismo me da que me da lo mismo ❑ **~ bean** haba *f*
-2. *(extensive)* amplio(a), extenso(a); **a ~ syllabus** un programa de estudios amplio *or* extenso; **a ~ range of products** una amplia *or* extensa gama de productos
-3. *(general) (sense, consensus, support)* amplio(a), mayoritario(a); **he gave a ~ outline of the scheme** expuso el plan en líneas generales; **to be in ~ agreement** estar de acuerdo en líneas generales; *Fig* **the movement was a ~ church** el movimiento admitía miembros de diversas tendencias
-4. *(obvious, marked) (accent)* marcado(a); **to drop a ~ hint** lanzar *or* soltar una clara indirecta; **in ~ daylight** en pleno día
-5. *(humour)* basto(a)
-6. *(liberal) (mind)* abierto(a); **~ views** actitud abierta
◇ *n (widest part)* **the ~ of the back** la parte más ancha de la espalda

broad[2] *n US Fam* tipa *f*, *Esp* tía *f*

broadband ['brɔːdbænd] TEL ◇ *n* banda *f* ancha
◇ *adj* de banda ancha

broad-based ['brɔːdbeɪst] *adj* de amplio espectro

broad-brimmed ['brɔːdˈbrɪmd] *adj (hat)* de ala ancha

broadcast ['brɔːdkɑːst] ◇ *n (programme)* emisión *f*
◇ *vt (pt & pp* **broadcast)** **-1.** *(programme, news)* transmitir, emitir; **the match will be ~ live** el partido se emitirá en directo; *Fam* **don't ~ it!** ¡no lo pregones! **-2.** *(seed)* sembrar al voleo
◇ *vi (station)* emitir

broadcaster ['brɔːdkɑːstə(r)] *n (person)* presentador(ora) *m,f*

broadcasting ['brɔːdkɑːstɪŋ] *n (programmes)* emisiones *fpl*, programas *mpl*; **he works in ~** trabaja en la televisión/radio ❑ **~ rights** derechos *mpl* de antena; **~ station** emisora *f*

broadcloth ['brɔːdklɒθ] *n* = tejido de acabado satinado

broaden ['brɔːdən] ◇ *vt (road)* ensanchar; **to ~ sb's horizons** ampliar los horizontes de alguien; **reading broadens the mind** leer amplía los horizontes culturales
◇ *vi* **to ~ (out)** ensancharse, ampliarse

broadly ['brɔːdlɪ] *adv* **-1.** *(widely)* **to smile ~** esbozar una amplia sonrisa **-2.** *(generally)* en general; **~ speaking** en términos generales

broad-minded [brɔːdˈmaɪndɪd] *adj* tolerante, de mentalidad abierta

broad-mindedness [brɔːdˈmaɪndɪdnɪs] *n* tolerancia *f*, mentalidad *f* abierta

Broadmoor ['brɔːdmɔː(r)] *n* = centro psiquiátrico penitenciario de Inglaterra

Broads [brɔːdz] *npl* **the (Norfolk) ~** = parque nacional de marismas situado en el este de Inglaterra en el que proliferan lagos y canales

broadsheet ['brɔːdʃiːt] *n (newspaper)* periódico *m* de formato grande *(característico de la prensa británica seria)*

broad-shouldered [brɔːdˈʃəʊldəd] *adj* ancho(a) de espaldas

broadside ['brɔːdsaɪd] ◇ *n also Fig* **to fire a ~** soltar una andanada
◇ *adv* **(on)** lateralmente, de lado

broad-spectrum ['brɔːdˈspektrəm] *adj* de amplio espectro

broadsword ['brɔːdsɔːd] *n* sable *m*

Broadway ['brɔːdweɪ] *n* Broadway

BROADWAY

Broadway da nombre a una avenida de Manhattan, famosa por su relación con el mundo del teatro neoyorquino y la industria del espectáculo. Sus 36 teatros están situados en el "Theater District", cercano a Times Square. Los primeros teatros fueron construidos en la década de 1890 y llegó a su apogeo durante los años veinte, cuando poder contar con una obra en cartel en aquella avenida era sinónimo de éxito teatral.
A las salas de dimensiones más reducidas próximas a los teatros principales se las denomina "Off-Broadway", mientras que el término "Off-off-Broadway" se emplea para referirse a las producciones experimentales de bajo presupuesto que se representan en teatros pequeños, almacenes reformados o clubes.

brocade [brəˈkeɪd] *n (cloth)* brocado *m*

broccoli ['brɒkəlɪ] *n* brécol *m*, brócoli *m*

brochure ['brəʊʃə(r)] *n* folleto *m*

brogue[1] [brəʊg] *n (shoe)* zapato *m* de vestir *(de cuero calado)*

brogue[2] *n (accent)* acento *m* (especialmente el irlandés)

broil [brɔɪl] *US* ◇ *vt (grill)* asar a la parrilla
◇ *vi* abrasarse, achicharrarse; **broiling sun** sol abrasador

broiler ['brɔɪlə(r)] *n* **-1.** *(chicken)* pollo *m* (tomatero) **-2.** *US (grill)* grill *m* **-3.** *US Fam (hot day)* día *m* achicharrante

broke [brəʊk] ◇ *adj Fam* **-1. to be ~** *(penniless)* estar sin un centavo *or Méx* sin un peso *or Esp* sin blanca; **to go ~** arruinarse; IDIOM **to go for ~** jugarse el todo por el todo **-2.** *(broken)* estropeado(a); PROV **if it ain't ~ don't fix it** si no está roto, no lo arregles
◇ *pt of* **break**

broken ['brəʊkən] ◇ *adj* **-1.** *(smashed, fractured) (object, bone)* roto(a)
-2. *(not working)* estropeado(a)
-3. *(ruined) (person, heart)* destrozado(a); **he's a ~ man** está destrozado; **to come from a ~ home** provenir de un hogar deshecho *or* roto
-4. *(promise, agreement)* roto(a)
-5. *(uneven) (ground, surface)* accidentado(a); *(sleep)* discontinuo(a); **~ cloud** nubes y claros
-6. *(line)* discontinuo(a)
-7. *(speech)* inconexo(a); **in a ~ voice** con la voz quebrada; **to speak ~ English** chapurrear inglés
◇ *pp of* **break**

broken-down ['brəʊkənˌdaʊn] *adj* **-1.** *(not working)* averiado(a) **-2.** *(in poor condition) (car)* destartalado(a); *(person)* enfermo(a)

broken-hearted ['brəʊkənˈhɑːtɪd] *adj* **to be ~** estar desolado(a) *or* desconsolado(a); **she was ~ when she found out** se le partió el alma cuando se enteró

brokenly ['brəʊkənlɪ] *adv (to speak)* de manera inconexa

broker ['brəʊkə(r)] ◇ *n* FIN agente *mf*, corredor(ora) *m,f*
◇ *vt* **to ~ an agreement** preparar un acuerdo

brokerage ['brəʊkərɪdʒ] *n* FIN **-1.** *(fee)* corretaje *m*, correduría *f* **-2.** *(office)* correduría *f*

brolly ['brɒlɪ] *n Br Fam* paraguas *m inv*

bromide ['brəʊmaɪd] n **-1.** CHEM bromuro m □ ~ **paper** papel m de bromuro de plata **-2.** *(platitude)* fórmula f caduca

bromine ['brəʊmiːn] n CHEM bromo m

bronchi pl of **bronchus**

bronchial ['brɒŋkɪəl] adj ANAT bronquial; **the ~ tubes** los bronquios

bronchiole ['brɒŋkɪəʊl] n ANAT bronquiolo m

bronchitic [brɒŋ'kɪtɪk] adj MED bronquítico(a)

bronchitis [brɒŋ'kaɪtɪs] n bronquitis f inv

bronchodilator ['brɒŋkəʊdaɪ'leɪtə(r)] n PHARM broncodilatador m

bronchus ['brɒŋkəs] (pl **bronchi** ['brɒŋkaɪ]) n ANAT bronquio m

bronco ['brɒŋkəʊ] (pl **broncos**) n potro m salvaje

brontosaurus [brɒntə'sɔːrəs] n brontosaurio m

Bronx cheer ['brɒŋks'tʃɪə(r)] n US Fam pedorreta f

bronze [brɒnz] ◇ n **-1.** *(metal)* bronce m □ **the Bronze Age** la Edad de(l) Bronce **-2.** ~ **(medal)** medalla f de bronce **-3.** *(sculpture)* bronce m
◇ adj **-1.** *(material)* de bronce **-2.** *(colour)* color (de) bronce

bronzed [brɒnzd] adj *(tanned)* bronceado(a)

brooch [brəʊtʃ] n broche m

brood [bruːd] ◇ n **-1.** *(of birds)* nidada f; *(of animals)* camada f □ ~ **mare** yegua f de cría **-2.** Hum *(of children)* prole f, progenie f **-3.** Pej *(group, kind)* secuaces mpl
◇ vi **-1.** *(bird)* empollar **-2.** *(person)* dar vueltas (**about** or **over** or **on** a); **to ~ over one's mistakes** rumiar los propios errores; **it's no use brooding on** or **over the past** lo pasado, pasado está **-3.** *(loom)* cernerse; **the monument broods over the town's main square** el monumento se cierne sobre la plaza principal de la ciudad

brooding ['bruːdɪŋ] adj *(atmosphere)* desasosegante, amenazador(ora); *(expression, presence)* pesaroso(a)

broody ['bruːdɪ] adj **-1.** *(hen)* clueca **-2.** Br *(woman)* **in springtime, I get ~** en primavera me surge el instinto maternal **-3.** *(moody)* apesadumbrado(a)

brook[1] [brʊk] n *(stream)* arroyo m, riachuelo m □ US ~ **trout** trucha f de arroyo

brook[2] vt Formal *(tolerate)* tolerar, consentir; **he will ~ no opposition** no admitirá oposición

broom [bruːm] n **-1.** *(plant)* retama f, escoba f **-2.** *(for cleaning)* escoba f; Fig **a new ~** = jefe recién llegado que quiere cambiar radicalmente las cosas; PROV **a new ~ sweeps clean** escoba nueva barre bien

broomstick ['bruːmstɪk] n palo m de escoba

Bros npl COM *(abbr* **Brothers)** Riley ~ Hnos. Riley

broth [brɒθ] n *(soup) (thin)* sopa f, caldo m; *(thick)* potaje m, sopa f

brothel ['brɒθəl] n burdel m □ Fam ~ **creepers** = zapatos de ante de suela gruesa

brother ['brʌðə(r)] n **-1.** *(family member)* hermano m **-2.** *(fellow member) (of trade union)* compañero m; **brothers in arms** compañeros de lucha; **his ~ officers** sus compañeros **-3.** *(monk)* hermano m **-4.** US Fam *(fellow black male)* hermano m

brotherhood ['brʌðəhʊd] n **-1.** *(feeling)* fraternidad f **-2.** *(group)* hermandad f; **the ~ of man** la humanidad **-3.** REL hermandad f

brother-in-law ['brʌðərɪnlɔː] (pl **brothers-in-law**) n cuñado m

brotherly ['brʌðəlɪ] adj fraternal, fraterno(a)

brougham ['bruːəm] n *(carriage)* berlina f, cupé m

brought pt & pp of **bring**

brouhaha ['bruːhɑːhɑː] n Fam revuelo m, jaleo m

brow [braʊ] n **-1.** *(forehead)* frente f **-2.** *(eyebrow)* ceja f **-3.** *(of hill)* cima f, cumbre f

browbeat ['braʊbiːt] *(pt* **browbeat**, *pp* **browbeaten** ['braʊbiːtən]) vt intimidar; **to ~ sb into doing sth** intimidar a alguien para que haga algo

brown [braʊn] ◇ n marrón m, Am color m café
◇ adj marrón, Am café; *(hair, eyes)* castaño(a); *(skin) (tanned)* bronceado(a); *(natural)* moreno(a); IDIOM **as ~ as a berry** muy moreno(a), RP negro(a) como un carbón; IDIOM **to be (lost) in a ~ study** estar totalmente absorto(a) or ensimismado(a) □ ~ **ale** cerveza f tostada; ~ **bear** oso m pardo; ~ **booby** alcatraz m pardo; ~ **bread** pan m integral; ~ **coal** lignito m; ~ **fish owl** búho m pescador; COM ~ **goods** equipamiento m audiovisual; ~ **owl** cárabo m; ~ **paper** papel m de estraza; ~ **rat** rata f de alcantarilla; ~ **rice** arroz m integral; Br ~ **sauce** = salsa oscura a base de fruta, vinagre y especias; ~ **sugar** azúcar m or f moreno(a)
◇ vt **-1.** *(in cooking)* dorar **-2.** *(tan)* poner moreno, broncear
◇ vi **-1.** *(in cooking)* dorarse **-2.** *(tan)* ponerse moreno, broncearse

brownbag ['braʊnbæɡ] vt US Fam **to ~ it** *(drink)* = beber de una botella de licor sin sacarla de su bolsa de papel; *(food)* = llevar la comida al trabajo en una bolsa de papel

browned-off [braʊnd'ɒf] adj Br Fam **to be ~ (with sth/sb)** estar hasta las narices (de algo/alguien)

brownfield ['braʊnfiːld] n **-1.** US ~ **(site)** = antigua área industrial contaminada **-2.** Br ~ **site** = terreno urbanizable en el que previamente había edificios que han sido demolidos

Brownie ['braʊnɪ] n ~ **(Guide)** *(member of girls' organization)* escultista f; IDIOM **to win** or **get** ~ **points** anotarse tantos or RP porotos

brownie ['braʊnɪ] n US *(cake)* bizcocho m de chocolate y nueces

browning ['braʊnɪŋ] n Br CULIN colorante m (marrón)

brownish ['braʊnɪʃ] adj parduzco(a)

brown-nose ['braʊnnəʊz] very Fam ◇ n lameculos mf inv
◇ vt lamer el culo a
◇ vi lamer culos, ser un/una lameculos

Brownshirt ['braʊnʃɜːt] n HIST camisa mf parda

brownstone ['braʊnstəʊn] n US **-1.** *(house)* casa f de piedra arenisca rojiza **-2.** *(stone)* piedra f arenisca rojiza

browse [braʊz] ◇ n **to have a ~** echar una ojeada □ COMPTR ~ **mode** modo m de consulta
◇ vt COMPTR **to ~ the Web** navegar por la Web
◇ vi **-1.** *(in bookshop, magazine)* echar una ojeada; **to ~ through sth** *(book, magazine)* hojear algo **-2.** *(animal)* **to ~ on sth** pacer algo

browser ['braʊzə(r)] n COMPTR navegador m

browsing ['braʊzɪŋ] n COMPTR navegación f; **fast/secure ~** navegación rápida/segura

brucellosis [bruːsə'ləʊsɪs] n MED brucelosis f inv

bruise [bruːz] ◇ n **-1.** *(on body)* cardenal m, moradura f **-2.** *(on fruit)* maca f, magulladura f
◇ vt **-1.** *(person, sb's arm)* magullar; **to ~ one's arm** hacerse un cardenal en el brazo; **his ego was bruised** su ego quedó algo magullado **-2.** *(feelings)* herir
◇ vi **to ~ easily** *(fruit)* macarse con facilidad; **he bruises easily** le salen cardenales con facilidad

bruised [bruːzd] adj **-1.** *(body)* magullado(a), lleno(a) de cardenales **-2.** *(fruit)* con macas, magullado(a) **-3.** *(feelings)* herido(a)

bruiser ['bruːzə(r)] n Fam matón m

bruising ['bruːzɪŋ] ◇ n *(bruises)* moratones mpl, moraduras fpl
◇ adj *(encounter, impact)* duro(a), violento(a)

bruit [bruːt] vt Literary **to ~ sth about** or **around** divulgar algo, hacer correr el rumor de algo

Brum [brʌm] n Br Fam Birmingham

Brummie ['brʌmɪ] Br Fam ◇ n persona f de Birmingham (Inglaterra)
◇ adj de Birmingham (Inglaterra)

brunch [brʌntʃ] ◇ n desayuno-comida m
◇ vi tomar un desayuno-comida

Brunei [bruː'naɪ] n Brunei

brunette [bruː'net] n morena f

brunt [brʌnt] n **she bore the ~ of the criticism** recibió la mayor parte de las críticas; **the north of the city bore the ~ of the attack** el norte de la ciudad fue la parte más afectada por el ataque

bruschetta [brʊs'ketə] n = tostada con tomate, albahaca y aceite de oliva

brush [brʌʃ] ◇ n **-1.** *(for clothes, hair, teeth)* cepillo m; *(for sweeping)* cepillo m, escoba f; *(for scrubbing)* cepillo m; *(for painting pictures)* pincel m; *(for house-painting, shaving)* brocha f **-2.** *(action) (to clothes, hair, teeth, horse)* cepillado m; **to give one's hair a ~** cepillarse el pelo; **to give the floor a ~** barrer el suelo **-3.** *(light touch)* roce m; **she felt the ~ of his lips on her neck** notó en el cuello el roce de sus labios **-4.** *(encounter, skirmish)* roce m; Fam **to have a ~ with the law** tener un problemilla con la ley; **to have a ~ with death** encontrarse cara a cara con la muerte **-5.** *(of fox)* cola f **-6.** *(in motor, generator)* escobilla m **-7.** *(undergrowth)* maleza f, matorrales mpl □ ~ **fire** incendio m de matorrales; Fig ~ **fire war** (pequeño) enfrentamiento m or conflicto m bélico
◇ vt **-1.** *(clean)* cepillar; *(floor)* barrer; **to ~ one's hair** cepillarse el pelo; **to ~ one's teeth** lavarse or cepillarse los dientes **-2.** *(move)* **she brushed her hair back from her face** se retiró or apartó el pelo de la cara **-3.** *(touch lightly)* rozar
◇ vi **to ~ against sth/sb** rozar algo/a alguien; **to brush past sth/sb** pasar rozando algo/a alguien

◆ **brush aside** vt sep **-1.** *(move aside)* apartar **-2.** *(ignore) (objection, criticism)* hacer caso omiso de; *(opponent)* ningunear

◆ **brush away** vt sep **-1.** *(remove) (tears)* enjugar; *(insect)* espantar **-2.** *(person, difficulty)* deshacerse de

◆ **brush down** vt sep *(clothing, horse)* cepillar

◆ **brush off** ◇ vt sep **-1.** *(dust, dirt)* sacudir **-2.** Fam *(dismiss)* no hacer caso a, pasar de
◇ vi *(dirt)* salir, irse; **it will ~ off easily** saldrá or se irá fácilmente

◆ **brush on** vt sep *(apply)* aplicar

◆ **brush up** vt sep **-1.** *(leaves, crumbs)* barrer **-2.** Fam *(subject, language)* **to ~ up (on)** pulir, dar un repaso a

brushed [brʌʃt] adj *(cotton, nylon)* afelpado(a)

brush-off ['brʌʃɒf] n Fam **to give sb the ~** no hacer ni caso a alguien; **I got the ~** no me hicieron ni caso, pasaron de mí

brushstroke ['brʌʃstrəʊk] n ART pincelada f; *(in house-painting)* brochazo m

brush-up ['brʌʃʌp] n **-1.** Br *(clean-up)* **to have a wash and ~** arreglarse **-2.** Fam *(revision)* repaso m, puesta f al día

brushwood ['brʌʃwʊd] n **-1.** *(as fuel)* leña f, broza f **-2.** *(undergrowth)* maleza f, broza f

brushwork ['brʌʃwɜːk] n ART pincelada f, técnica f del pincel

brusque [bruːsk] adj brusco(a)

brusquely ['bruːsklɪ] adv bruscamente

brusqueness ['bruːsknɪs] n brusquedad m

Brussels ['brʌsəlz] n Bruselas □ ~ **sprouts** coles fpl de Bruselas

brutal ['bruːtəl] adj **-1.** *(cruel)* brutal **-2.** *(uncompromising) (honesty)* brutal, crudo(a); **with ~ frankness** con una franqueza brutal **-3.** *(severe) (climate, cold)* abominable, crudo(a)

brutality [bruː'tælɪtɪ] n brutalidad f; **police ~** la brutalidad de la policía

brutalize ['bruːtəlaɪz] vt **-1.** *(make cruel)* embrutecer; *(make insensitive)* insensibilizar **-2.** *(ill-treat)* tratar con brutalidad

brutalizing [ˈbruːtəlaɪzɪŋ] *adj (making cruel)* embrutecedor(ora); *(making insensitive)* insensibilizante

brutally [ˈbruːtəlɪ] *adv* **-1.** *(cruelly)* brutalmente **-2.** *(uncompromisingly)* **he was ~ frank about our prospects** fue de una sinceridad aplastante al hablar de nuestras posibilidades

brute [bruːt] ◇ *n* **-1.** *(animal)* bestia *mf* **-2.** *(person)* bestia *mf*
◇ *adj* **-1.** *(purely physical)* **~ force** *or* **strength** fuerza bruta **-2.** *(mindless)* inconsciente, salvaje; **an act of ~ stupidity** una salvajada

brutish [ˈbruːtɪʃ] *adj* **-1.** *(animal-like) (behaviour)* de troglodita; *(appearance)* de animal **-2.** *(cruel)* brutal

Brutus [ˈbruːtəs] *pr n* Bruto

Brylcreem® [ˈbrɪlkriːm] ◇ *n* gomina *f*
◇ *vt* engominar

bryony [ˈbraɪənɪ] *n* nueza *f*, brionia *f*

BS [biːˈes] **-1.** *(abbr* **British Standard(s)**) normativa *f* británica **-2.** *US (abbr* **Bachelor of Surgery**) *(qualification)* licenciatura *f* en Cirugía; *(person)* licenciado(a) *m,f* en Cirugía **-3.** *US Fam (abbr* **bullshit**) *Esp* gilipolleces *fpl*, *Am* pendejadas *fpl*, *RP* boludeces *fpl*

BSA [biːesˈeɪ] *n (abbr* **Boy Scouts of America**) = organización de boy scouts estadounidenses

BSc [biːesˈsiː] *n* UNIV *(abbr* **Bachelor of Science**) *(qualification)* licenciatura *f* en Ciencias; *(person)* licenciado(a) *m,f* en Ciencias

BSE [biːesˈiː] *n (abbr* **bovine spongiform encephalopathy**) encefalopatía *f* espongiforme bovina *(enfermedad de las vacas locas)*

BSI [biːesˈaɪ] *n Br (abbr* **British Standards Institution**) = asociación británica de normalización, *Esp* ≃ AENOR *f*

BST [biːesˈtiː] *n Br (abbr* **British SummerTime**) = horario británico de verano

BT [biːˈtiː] *n (abbr* **British Telecom**) BT, = compañía telefónica británica

BTA [biːtiːˈeɪ] *n (abbr* **BritishTourist Authority**) = departamento británico de turismo

BTEC [ˈbiːtek] *n Br (abbr* **Business andTechnician Education Council**) = organismo británico encargado de la formación profesional

BTU [biːtiːˈjuː] *n (abbr* **British thermal unit**) BTU *f*

BTW, btw *(abbr* **by the way**) *(in e-mail messages)* a propósito, por cierto

bubba [ˈbʌbə] *n US Fam* **-1.** *(brother)* hermano *m* **-2.** *(southern male)* = hombre inculto y campechano del sur de los Estados Unidos

bubble [ˈbʌbəl] ◇ *n* **-1.** *(in liquid)* burbuja *f*; *(of soap)* pompa *f*; **to blow bubbles** hacer pompas de jabón ❑ **~ bath** *(liquid)* espuma *f* de baño; *(bath)* baño *m* de espuma; PHYS **~ chamber** cámara *f* de burbujas; **~ gum** chicle *m (para hacer globos), Urug* chicle *m* globero; COMPTR **~ memory** memoria *f* de burbuja; **~ wrap** plástico *m* de embalar de burbujas
-2. COM **~ pack** blister *m*
-3. *(illusion)* **the ~ has burst** la buena racha ha terminado
-4. *Br* CULIN **~ and squeak** = refrito de patata y repollo hervidos
◇ *vi* **-1.** *(form bubbles)* burbujear, borbotar; **the gas bubbled to the surface** el gas salía burbujeando a la superficie
-2. *(gurgle)* borbollar; **then soup was bubbling away on the stove** la sopa borbollaba en el fuego
-3. *(brim)* **the children were bubbling with excitement** los niños estaban rebosantes de entusiasmo
◆ **bubble over** *vi (soup, milk)* salirse, desbordarse, *Fig* **to ~ over with joy** rebosar alegría

bubble-jet [ˈbʌbəldʒet] *n* COMPTR **~ (printer)** impresora *f* de inyección

bubbly [ˈbʌblɪ] ◇ *n Fam (champagne)* champán *m*
◇ *adj* **-1.** *(liquid)* espumoso(a) **-2.** *(person, personality)* alegre, jovial

bubonic plague [bjuːˈbɒnɪkˈpleɪg] *n* peste *f* bubónica

buccaneer [bʌkəˈnɪə(r)] *n* bucanero *m*

buccaneering [bʌkəˈnɪərɪŋ] *adj* desaprensivo(a)

Bucharest [ˈbuːkərest] *n* Bucarest

buck [bʌk] ◇ *n* **-1.** *(deer)* ciervo *m* (macho); *(rabbit)* conejo *m* (macho) **-2.** *US & Austr Fam (dollar)* dólar *m*; **to make a fast** *or* **quick ~** hacer dinero fácil **-3.** *Fam (responsibility)* **to pass the ~** escurrir el bulto; **the ~ stops here** aquí recae la responsabilidad última **-4.** *(jump)* sacudida *f* **-5.** *Fam Archaic or Literary (young man)* pollo *m*
◇ *adv US Fam* **~ naked** en cueros, *Chile* piluchо(a), *Col* en bola
◇ *vt* **-1.** *(of horse)* **the horse bucked its rider** el caballo dio un salto y tiró al jinete **-2.** *Fam (resist)* **to ~ the odds** desafiar las leyes de la probabilidad; **to ~ the system** oponerse al sistema; **to ~ a trend** invertir una tendencia
◇ *vi* **-1.** *(horse)* corcovear **-2.** *US (car)* avanzar a sacudidas **-3.** *US Fam (resist)* **to ~ against change** plantarse ante los cambios **-4.** *US Fam (strive)* **he's bucking for promotion** se está dejando la piel para conseguir el ascenso
◆ **buck up** *Fam* ◇ *vt sep* **-1.** *(encourage)* animar, entonar **-2.** *(improve)* **to ~ up one's ideas** espabilarse
◇ *vi* **-1.** *(cheer up)* animarse **-2.** *(hurry)* espabilarse, aligerar

buckboard [ˈbʌkbɔːd] *n US* = carruaje abierto de cuatro ruedas

bucked [bʌkt] *adj Br Fam* animado(a), contento(a); **I was really ~ to hear the fantastic news** esas noticias tan buenas me dieron muchos ánimos

bucket [ˈbʌkɪt] ◇ *n* **-1.** *(container)* balde *m*, *Esp* cubo *m*; **a ~ of water** un balde *or Esp* cubo de agua ❑ **~ seat** asiento *m* envolvente; *Fam* **~ shop** *Br (for air tickets)* agencia *f* de viajes barata; *(for shares)* = agencia de cambio y bolsa fraudulenta
-2. *(of dredger, grain elevator, waterwheel)* cangilón *m*; *(of mechanical digger)* cuchara *f*, cazo *m*
-3. IDIOMS *Br Fam* **it's raining buckets** está lloviendo a cántaros *or RP* a baldes; *Fam* **to cry** *or* **weep buckets** llorar a mares
◇ *vi Fam* **-1.** *Br (rain)* **it's bucketing (down)** está lloviendo a cántaros **-2.** *(move hurriedly)* **we were bucketing along** íbamos a todo correr *or Esp* toda pastilla

bucketful [ˈbʌkɪtfʊl] *n* balde *m or Esp* cubo *m* (lleno)

buckeye [ˈbʌkaɪ] *n* **-1.** *(tree)* = tipo de falso castaño ❑ **the Buckeye State** = apelativo familiar referido al estado de Ohio **-2.** *Fam (person)* = apelativo familiar referido a una persona de Ohio

Buck House [bʌkˈhaʊs] *n Fam* palacio *m* de Buckingham, = residencia oficial de la monarquía británica

bucking bronco [ˈbʌkɪŋˈbrɒŋkəʊ] *n* toro *m* mecánico

Buckingham Palace [ˈbʌkɪŋəmˈpælɪs] *n* palacio *m* de Buckingham, = residencia oficial de la monarquía británica

buckle [ˈbʌkəl] ◇ *n* **-1.** *(on belt, dress)* hebilla *f* **-2.** *(in wheel)* abolladura *f*; *(in girder, structure)* torcedura *f*
◇ *vt* **-1.** *(fasten)* abrochar **-2.** *(deform) (girder, structure)* torcer; *(wheel)* abollar
◇ *vi* **-1.** *(fasten)* abrocharse **-2.** *(deform) (girder, structure)* torcerse; *(wheel)* abollarse; **the bridge buckled under the weight of traffic** el puente se combó por el peso del tráfico **-3.** *(knees)* doblarse; **he buckled at the knees** se le doblaron las rodillas
◆ **buckle down** *vi* poner manos a la obra; **to ~ down to a task** ponerse a hacer una tarea
◆ **buckle to** *vi Fam* poner manos a la obra
◆ **buckle up** *vi US* abrocharse el cinturón

buckler [ˈbʌklə(r)] *n (shield)* rodela *f*

buckram [ˈbʌkrəm] *n* bucarán *m*

Bucks [bʌks] *(abbr* **Buckinghamshire**) (condado *m* de) Buckinghamshire

bucksaw [ˈbʌksɔː] *n* segueta *f*

Buck's fizz [bʌksˈfɪz] *n Br* = cóctel a base de champán y jugo de naranja; *Esp* ≃ agua *f* de Valencia

buckshee [bʌkˈʃiː] *Br Fam* ◇ *adj* gratis *inv*
◇ *adv* gratis

buckshot [ˈbʌkʃɒt] *n* perdigones *mpl*

buckskin [ˈbʌkskɪn] *n* piel *f (de ciervo o cabra)*

buckteeth *pl of* **bucktooth**

buckthorn [ˈbʌkθɔːn] *n* espino *m* negro

bucktooth [ˈbʌktuːθ] *(pl* **buckteeth** [ˈbʌktiːθ]) *n* diente *m* de conejo; **to have buckteeth** tener dientes de conejo

bucktoothed [bʌkˈtuːθt] *adj* con dientes de conejo

buckwheat [ˈbʌkwiːt] *n* alforfón *m*

bucolic [bjuːˈkɒlɪk] *adj Literary* bucólico(a)

bud [bʌd] ◇ *n* **-1.** *(of leaf, branch)* brote *m*; *(of flower)* capullo *m*; **the trees are in ~** los árboles están cubiertos de brotes **-2.** *US Fam (term of address)* **hey, ~!** *(to stranger)* ¡oye!; *(to friend)* ¡qué hay, *Esp* colega *or Am* compadre!
◇ *vi (pt & pp* **budded**) **-1.** *(plant)* brotar, salir **-2.** *(talent)* brotar, nacer

Budapest [ˈbuːdəpest] *n* Budapest

Buddha [ˈbʊdə] *n* Buda *m*

Buddhism [ˈbʊdɪzəm] *n* budismo *m*

Buddhist [ˈbʊdɪst] ◇ *n* budista *mf*
◇ *adj* budista

budding [ˈbʌdɪŋ] *adj (genius, actor)* en ciernes, incipiente

buddleia [ˈbʌdlɪə] *n* budleya *f*

buddy [ˈbʌdɪ] *n Fam* **-1.** *US (friend) Esp* colega *m*, *Am* hermano *m*, *Am* compadre *m*, *Méx* cuate *m* ❑ CIN **~ movie** = película que narra las peripecias de dos amigos; **~ system** sistema *m* de compañerismo
-2. *US (term of address)* **thanks, ~!** *(to friend, stranger)* ¡gracias, colega *or Am* hermano *or Am* compadre *or Méx* manito!; **hey, ~!** ¡oye, colega!, *Am* ¡eh, compañero!
-3. *(friend of AIDS sufferer)* = voluntario que ayuda a un enfermo del sida
◆ **buddy up** *vi Fam US* **to ~ up to sb** hacer la *Esp* pelota *or Méx* barba a alguien, *CSur* chupar las medias a alguien

buddy-buddy [ˈbʌdɪˈbʌdɪ] *adj US Fam* muy amiguete(a); **to be ~ with sb** ser muy amiguete(a) de alguien

budge [bʌdʒ] ◇ *vt* **-1.** *(move)* mover; *(stain)* quitar, *Am* sacar **-2. I couldn't ~ him** *(change his mind)* no conseguí hacerle cambiar de opinión
◇ *vi* **-1.** *(move)* moverse; *(stain)* irse, quitarse **-2.** *(yield)* ceder; **he won't ~ an inch** no dará su brazo a torcer, no cederá un ápice

budgerigar [ˈbʌdʒərɪgɑː(r)] *n* periquito *m* (australiano)

budget [ˈbʌdʒɪt] ◇ *n* presupuesto *m*; *Br* POL **the Budget** ≃ los Presupuestos Generales del Estado; **to go over ~** salirse del presupuesto; **we are within ~** no nos hemos salido del presupuesto; **on a ~** con un presupuesto limitado, por poco dinero ❑ **~ account** *(with a shop)* cuenta *f* de cliente; *(with a bank)* cuenta *f* para domiciliaciones; **~ cut** recorte *m* presupuestario; *Br* POL **Budget Day** = día en que se anuncian los Presupuestos Generales del Estado; **~ deficit** déficit *m* presupuestario; **~ flights** vuelos *mpl* a precios reducidos; **~ holidays** vacaciones *fpl* económicas; **~ surplus** superávit *m* presupuestario
◇ *vt (time, money)* calcular; **how much has been budgeted for advertising?** ¿cuánto dinero se ha presupuestado para publicidad?
◇ *vi* administrar(se) el dinero; **to ~ for** *(include in budget)* contemplar en el presupuesto; **we hadn't budgeted for these expenses** *(hadn't foreseen)* no contábamos con estos gastos

budgetary [ˈbʌdʒɪtərɪ] *adj* FIN presupuestario(a)

budgie [ˈbʌdʒɪ] *n Br Fam* periquito *m* (australiano)

Buenos Aires [ˈbwenəˈsaɪrɪz] *n* Buenos Aires

buff [bʌf] ◇ n **-1.** (colour) marrón m claro **-2.** (leather) gamuza f **-3.** (polishing cloth) gamuza f; (disc) disco m pulidor **-4.** (enthusiast) film or movie ~ cinéfilo(a); **opera** ~ entendido(a) en ópera **-5.** Fam **in the** ~ (naked) en cueros
◇ adj **-1.** (in colour) marrón claro(a) **-2.** (jacket, coat) de gamuza
◇ vt (polish) sacar brillo a
◆ **buff up** vt sep **to ~ sth up** sacar brillo a algo

buffalo ['bʌfələʊ] (pl **buffalo** or **buffaloes**) ◇ n **-1.** (African, Indian) búfalo m ❑ ~ **mozzarella** mozzarella f de búfala **-2.** (American bison) búfalo m, bisonte m **-3.** US ~ **wings** alitas fpl de pollo fritas
◇ vt US Fam (confuse, intimidate) apabullar

buffer[1] ['bʌfə(r)] n **-1.** RAIL (on train, at end of track) tope m; **to act as a** ~ **(against)** amortiguar ❑ ~ **state** estado m barrera; ~ **zone** zona f de protección **-2.** US (on car) parachoques m inv, Méx defensas fpl, RP paragolpes m inv **-3.** COMPTR búfer m, buffer m, memoria f intermedia **-4.** (for polishing) gamuza f **-5.** CHEM tampón m ❑ ~ **solution** solución f tampón

buffer[2] n Br Fam **old** ~ vejete m

buffet[1] ['bʌfɪt] ◇ vt (of wind) zarandear, azotar; Fig **he was buffeted by the crowds** le arrolló or zarandeó la multitud; Fig **to be buffeted by events** verse sacudido(a) por el remolino de los acontecimientos
◇ n (blow) golpe m; Fig **the buffets of fate** or **fortune** los reveses or golpes del destino or de la fortuna

buffet[2] ['bʊfeɪ] n **-1.** (sideboard) mostrador m de comidas, bufé m **-2.** (meal) bufé m ❑ ~ **lunch** (almuerzo m tipo) bufé m **-3.** (at station) cafetería f ❑ ~ **car** vagón m restaurante, bar m

buffeting ['bʌfɪtɪŋ] n **to take a** ~ (ship) ser zarandeado(a); Fig (person) recibir un repaso

buffoon [bə'fu:n] n payaso m, bufón m; **to act** or **to play the** ~ hacer el payaso

buffoonery [bə'fu:nərɪ] n majaderías fpl, payasadas fpl

bug [bʌg] ◇ n **-1.** (biting insect) bicho m (que pica); US (any insect) bicho m, insecto m
-2. Fam (illness) infección f; **there's a** ~ **going round** hay un virus rondando por ahí; **I've got a stomach** ~ tengo el estómago revuelto
-3. Fam (craze) gusanillo m; **the travel** ~ el gusanillo de viajar
-4. COMPTR (fault) (in machine, software, system) error m; **there are still a few bugs to be ironed out** todavía quedan por solucionar algunos errores
-5. (listening device) micrófono m oculto
◇ vt (pt & pp **bugged**) **-1.** (telephone) pinchar, intervenir; (room) poner micrófonos en
-2. Fam (annoy) molestar, fastidiar; **stop bugging me about it!** ¡deja de darme la lata con eso!; **there's something about him that really bugs me!** ¡tiene algo que me fastidia!
◇ vi US Fam (eyes) **his eyes bugged** se le salieron los ojos de las órbitas
◆ **bug off** vi US Fam (leave) largarse, Esp pirarse; ~ **off!** ¡fuera!, ¡lárgate!
◆ **bug out** vi US Fam **-1.** (leave) largarse, Esp pirarse **-2.** (go mad) tener una venada
-3. (eyes) **his eyes bugged out** se le salieron los ojos de las órbitas

bugaboo ['bʌgəbu:] n US Fam coco m

bugbear ['bʌgbeə(r)] n Fam tormento m, pesadilla f

bug-eyed ['bʌgaɪd] adj **to be** ~ (permanently) tener ojos saltones; **she was** ~ **in amazement** se le salían los ojos de las órbitas de asombro; Hum **a** ~ **monster** un marciano con ojos de besugo or Am de pescado

bug-free [bʌg'fri:] adj COMPTR sin errores

bugger ['bʌgə(r)] ◇ n **-1.** very Fam (unpleasant person) hijo(a) m,f de puta, cabrón(ona) m,f; **you silly** ~! ¡qué tonto(a) eres!; **the poor** ~! ¡pobre desgraciado!; **to play silly buggers** hacer el Esp gilipollas, hacerse Méx el pendejo or RP el pavo
-2. Br very Fam (unpleasant thing) **a** ~ **of a job** una putada de trabajo; **her house is a** ~ **to find** es bastante jodido encontrar su casa
-3. Br very Fam (for emphasis) **he knows** ~ **all about it** no tiene ni puta idea; **there's** ~ **all left in the fridge** carajo or Esp joder, no queda nada en la nevera; **I don't** or **couldn't give a** ~! ¡me importa un carajo!, Esp ¡me la trae floja!
-4. (electronic eavesdropper) = persona que se dedica a instalar micrófonos ocultos
-5. Old-fashioned (sodomite) sodomita m
◇ vt **-1.** (sodomize) sodomizar
-2. Br very Fam (exhaust) dejar hecho(a) polvo
-3. Br very Fam (ruin, break) joder, cargarse, Méx chingar; **that's really buggered it!** ¡lo ha jodido todo bien!
-4. Br very Fam (for emphasis) ~ **it!** ¡carajo!, Esp ¡joder!, RP ¡la puta (digo)!; ~ **me!** ¡carajo!, Esp ¡la hostia!, RP ¡la puta (digo)!; **I'll be buggered if I'm going to pay for it!** ¡no lo voy a pagar ni loco or Esp ni de coña or RP ni en joda!; ~ **the expense, let's buy it!** ¡al carajo con el precio, vamos a comprarlo!
◇ exclam ¡carajo!, Esp ¡joder!, RP ¡la puta (digo)!
◆ **bugger about, bugger around** Br very Fam ◇ vt sep **stop buggering me about** or **around!** Esp ¡deja de marearme, joder!, Méx ¡deja de chingarme!, RP ¡puta, dejá de volverme loco!
◇ vi Esp hacer el gilipollas, Am pendejear
◆ **bugger off** vi Br very Fam abrirse, Esp, RP pirarse; ~ **off!** ¡vete a la mierda!
◆ **bugger up** vt sep Br very Fam joder

buggered ['bʌgəd] adj Br very Fam **-1.** (exhausted) hecho(a) polvo, Col como un chupo, Méx camotes inv
-2. (broken) jodido(a)
-3. (in trouble) **if we don't get the money soon, we're** ~ si no conseguimos el dinero pronto, la hemos cagado
-4. (for emphasis) **well, I'm** ~! (in surprise) ¡carajo!, Esp ¡joder!; **I'm** ~ **if I'll do anything to help** (in annoyance) no pienso ayudar ni de coña; **(I'm)** ~ **if I know** no tengo ni puta idea

buggery ['bʌgərɪ] ◇ n **-1.** LAW sodomía f **-2.** Br very Fam **to run like** ~ correr Esp a toda hostia or RP a los pedos, Méx ir hecho la raya; **is he a good cook? – is he** ~! ¿cocina bien? – ¡qué va a cocinar bien ni qué carajo or Esp ni qué hostias or RP ni en pedo!
◇ exclam Br very Fam ¡carajo!, Esp ¡joder!, RP ¡la puta (digo)!

bugging device ['bʌgɪŋdɪ'vaɪs] n (in room) micrófono m oculto; (in telephone) = aparato para intervenir llamadas

buggy ['bʌgɪ] n **-1.** Br (pushchair) sillita f (de niño) **-2.** US (pram) cochecito m (de niño) **-3.** (carriage) calesa f

bughouse ['bʌghaʊs] US Fam ◇ n loquero m, frenopático m
◇ adj loco(a), pirado(a)

bugle ['bju:gəl] n corneta f, clarín m

bugler ['bju:glə(r)] n corneta mf, clarín mf

bugloss ['bju:glɒs] n lengua f de buey

bug-ridden ['bʌgrɪdən] adj COMPTR lleno de errores

build [bɪld] ◇ n **-1.** (physique) complexión f, constitución f; **a man of slight/heavy** ~ un hombre menudo/corpulento; **he has the** ~ **of a rugby player** tiene la complexión de un jugador de rugby
-2. (construction work) construcción m; **the** ~ **took four months** su construcción llevó cuatro meses
◇ vt (pt & pp **built** [bɪlt]) **-1.** (construct) (wall, ship, bridge, nest, road) construir; (house) construir, edificar; (barrier, structure) levantar; (car) fabricar; **this furniture was built to last** estos muebles están fabricados para que duren mucho tiempo
-2. (found, develop) (empire) construir, levantar; (career, reputation) forjarse, labrarse
-3. COM **to** ~ **the business** ampliar el negocio; **to** ~ **one's market share** incrementar la cuota de mercado
◇ vi **-1.** (construct) construir, edificar **-2.** (increase) (excitement, tension) crecer, aumentar
◆ **build in** vt sep **-1.** CONSTR empotrar **-2.** Fig (safeguard) incorporar
◆ **build into** vt sep **-1.** CONSTR empotrar en **-2.** Fig (safeguard) incorporar en
◆ **build on** vt sep **-1.** (add) añadir **-2.** (use as foundation) **she built on their achievements** siguió avanzando a partir de sus logros; **he had built all his hopes on passing the exam** todas sus esperanzas se cimentaban en que aprobaría el examen
◆ **build up** ◇ vt sep **-1.** (increase) (expectations) alimentar; (resources) aumentar; **to** ~ **up speed** tomar or Esp coger velocidad; **to** ~ **sb's hopes up** dar esperanzas a alguien; Hum **don't** ~ **your hopes up!** ¡no te hagas ilusiones!
-2. (develop) (business) ampliar; (reputation) forjarse; (strength, fortune) acumular; **he built up the business from scratch** creó su negocio desde cero; **you need to** ~ **up your strength again** tienes que recobrar fuerzas; **to** ~ **up an immunity (to sth)** hacerse inmune (a algo); **this success built up her confidence** aquel éxito le hizo ganar seguridad en sí misma
-3. (hype) **the press built her up as a future champion** la prensa construyó su imagen de futura campeona; **it wasn't as good as it was built up to be** no fue tan bueno como se había hecho creer
◇ vi **-1.** (accumulate) (work, debts, dust) acumularse
-2. (clouds) formarse
-3. (tension, pressure) incrementarse, aumentar; **traffic is building up** el tráfico está aumentando; **the film builds up to an incredible climax** la tensión de la película aumenta hasta llegar a un final apoteósico

builder ['bɪldə(r)] n **-1.** (worker) albañil m ❑ Br Fam Hum ~'**s bum** culo m de obrero, = parte superior del trasero que asoma cuando alguien lleva los pantalones caídos **-2.** (small businessman) contratista mf de obras ❑ ~'**s merchant** comerciante mf de materiales para la construcción

building ['bɪldɪŋ] n **-1.** (structure) edificio m ❑ **buildings insurance** seguro m de hogar or de la casa
-2. (trade) construcción f; (activity) obras fpl; ~ **is due to start on Monday** las obras empiezan el lunes ❑ ~ **block** (toy) pieza f (de construcción); Fig unidad f básica; ~ **contractor** contratista mf de obras; **the** ~ **industry** el sector de la construcción; ~ **materials** material m de construcción; ~ **permit** licencia f de obras; ~ **site** obra f; Br ~ **society** ≃ caja f de ahorros

build-up ['bɪldʌp] n **-1.** (of tension, forces) incremento m, aumento m; (of troops) concentración f; ~ **of traffic, traffic** ~ atasco m
-2. (before election, public event) **in the** ~ **to the game** conforme se acerca el día del partido; **the long** ~ **to the elections** la larga precampaña electoral
-3. (publicity) **they gave the product a big** ~ el producto vino precedido de una gran campaña publicitaria; **after all the** ~... después de toda la expectación creada...

built [bɪlt] ◇ pt & pp of **build**
◇ adj **-1.** (building) ~ **(out) of sth** hecho(a) de algo; **British** ~ de construcción británica, construido m en Gran Bretaña **-2.** (person) **to be powerfully** ~ tener una complexión imponente; **he was slightly** ~ era de escasa corpulencia

built-in ['bɪlt'ɪn] adj **-1.** (in structure) (cupboard) empotrado(a); (in car, computer) incorporado(a); **it has a** ~ **timer** lleva un temporizador incorporado **-2.** (safeguard, obsolescence) inherente

built-to-order ['bɪlttu:'ɔːdə(r)] adj COMPTR construido(a) a medida

built-up [ˌbɪltˈʌp] *adj* **-1.** *(area)* urbanizado(a) **-2.** *(heel, shoe)* con alza

bulb [bʌlb] *n* **-1.** *(of plant)* bulbo *m* **-2.** *(light bulb)* *Esp* bombilla *f*, *Andes, Méx* foco *m*, *CAm, Carib* bombillo *m*, *RP* lamparita *f* **-3.** *(of thermometer)* cubeta *f*

bulbous [ˈbʌlbəs] *adj* bulboso(a), en forma de bulbo

Bulgaria [bʌlˈgeərɪə] *n* Bulgaria

Bulgarian [bʌlˈgeərɪən] ◇ *n* **-1.** *(person)* búlgaro(a) *m,f* **-2.** *(language)* búlgaro *m*
◇ *adj* búlgaro(a)

bulge [bʌldʒ] ◇ *n* **-1.** *(lump, swelling)* bulto *m*, abultamiento *m* **-2.** *(increase)* crecimiento *m* or aumento *m* repentino
◇ *vi* **-1.** *(be full)* estar repleto(a) (**with** de) **-2.** *(swell)* abombarse; *Fig* **her eyes bulged at the sight of all the food** al ver tanta comida parecía que se le iban a salir los ojos de las órbitas; **to ~ out** sobresalir

bulghur [ˈbʌlgə(r)] *n* ~ (**wheat**) trigo *m* bulgur

bulging [ˈbʌldʒɪŋ] *adj (bag, pocket, wallet)* abultado(a); *(stomach)* hinchado(a); **~ eyes** ojos saltones

bulimia [bʊˈliːmɪə] *n* bulimia *f*

bulimic [bʊˈliːmɪk] ◇ *n* bulímico(a) *m,f*
◇ *adj* bulímico(a)

bulk [bʌlk] ◇ *n* **-1.** *(mass)* masa *f*, volumen *m*; *(of person)* mole *f*, corpachón *m*; **a man of enormous ~** un hombre grandullón, una mole de hombre
-2. *(main part)* **the ~ (of sth)** el grueso (de algo); **the ~ of the estate was woodland** la mayor parte de la finca era bosque
-3. COM **in ~** a granel; **to buy/sell in ~** comprar/vender al por mayor; **a ~ order** un pedido al por mayor ▫ **~ buying** compra *f* al por mayor; **~ carrier** carguero *m* (de mercancía) a granel; **~ mail** envío *m* (postal) masivo; **~ purchase** compra *f* al por mayor; **~ rate** *(for postage)* = tarifa reducida para envíos masivos
-4. *(dietary fibre)* fibra *f*
◇ *vt* **to ~ sth out** or **up** abultar algo
◇ *vi* **to ~ large** *(problem)* tener relieve; **the prospect of defeat bulked large in their minds** no se les quitaba de la cabeza la posibilidad de salir derrotados

bulk-buy [ˈbʌlkˈbaɪ] ◇ *vt* comprar al por mayor
◇ *vi* comprar al por mayor

bulkhead [ˈbʌlkhed] *n* mamparo *m*

bulkiness [ˈbʌlkɪnɪs] *n (of thing)* voluminosidad *f*; *(of person)* corpulencia *f*

bulky [ˈbʌlkɪ] *adj* **-1.** *(large) (thing)* grande, voluminoso(a); *(person)* corpulento(a) **-2.** *US (sweater)* de tejido flojo(a) or suelto(a)

bull¹ [bʊl] ◇ *n* **-1.** *(male animal) (cow)* toro *m*; *(whale)* ballena *f* (macho) ▫ *Br Fam* **~ bars** *(on car)* defensa *f* delantera, = barra o pantalla protectora de metal para casos de choque con animales; **~ elephant** elefante *m* (macho); **~ terrier** bulterrier *m*
-2. ST EXCH **~ market** mercado *m* alcista
-3. *Fam (nonsense)* **to talk ~** decir sandeces or idioteces
-4. *(centre of target)* diana *f*; **to hit the ~** dar en el blanco
-5. *US* **~ session** *(discussion)* charla *f* informal *(especialmente entre hombres)*
-6. IDIOM **like a ~ in a china shop** como un elefante en una cacharrería; **to take the ~ by the horns** agarrar or *Esp* coger el toro por los cuernos
◇ *exclam very Fam* ¡y un cuerno!

bull² *n* REL bula *f*

bulldog [ˈbʊldɒg] *n* bulldog *m* ▫ *Br* **~ clip** pinza *f* sujetapapeles

bulldoze [ˈbʊldəʊz] *vt* **-1.** *(flatten) (area, land)* allanar, nivelar; *(building)* demoler; *(remove)* derribar **-2.** *(push, force)* **to ~ sb into doing sth** forzar or obligar a alguien a hacer algo; **she bulldozed her way to the top** se abrió paso a empellones hasta la cima; **they bulldozed the legislation through parliament** consiguieron que se aprobara la ley de mala manera

bulldozer [ˈbʊldəʊzə(r)] *n* bulldozer *m*

bullet [ˈbʊlɪt] *n* **-1.** *(for gun)* bala *f*, proyectil *m*; IDIOM *Br Fam* **he got the ~** lo pusieron de patitas en la calle, le dieron la patada ▫ **~ hole** agujero *m* de bala; **~ wound** herida *f* de bala **-2.** COMPTR & TYP topo *m* **-3.** RAIL **~ train** tren *m* de alta velocidad

bulleted [ˈbʊlɪtɪd] *adj* COMPTR & TYP **~ list** lista con topos

bullet-headed [ˈbʊlɪtˈhedɪd] *adj* **-1.** *(round headed)* de cabeza apepinada **-2.** *US (obstinate)* terco(a), obstinado(a)

bulletin [ˈbʊlɪtɪn] *n* boletín *m* ▫ *US* COMPTR **~ board** tablón *m* de anuncios; COMPTR **~ board service** tablón *m* de anuncios electrónico

bullet-proof [ˈbʊlɪtpruːf] ◇ *adj* antibalas *inv*, a prueba de balas ▫ **~ vest** chaleco *m* antibalas
◇ *vt (door, vehicle)* blindar

bullfight [ˈbʊlfaɪt] *n* corrida *f* de toros

bullfighter [ˈbʊlfaɪtə(r)] *n* torero(a) *m,f*

bullfighting [ˈbʊlfaɪtɪŋ] *n* toreo *m*

bullfinch [ˈbʊlfɪntʃ] *n* camachuelo *m*

bullfrog [ˈbʊlfrɒg] *n* rana *f* toro

bull-headed [ˈbʊlˈhedɪd] *adj Fam (obstinate)* cabezón(ona), terco(a)

bullhorn [ˈbʊlhɔːn] *n US* megáfono *m*

bullion [ˈbʊlɪən] *n* **gold/silver ~** oro/plata en lingotes or barras

bullish [ˈbʊlɪʃ] *adj* **-1.** FIN *(market)* al alza **-2.** *Fam (optimistic)* optimista

bull-mastiff [ˈbʊlˈmæstɪf] *n* bullmastiff *m*

bull-necked [ˈbʊlˈnekt] *adj (person)* cuellicorto(a)

bullock [ˈbʊlək] *n* buey *m*

bullpen [ˈbʊlpen] *n US* **-1.** *(cell)* calabozo *m*, celda *f* **-2.** *(in baseball)* = área de calentamiento para los pitchers

bullring [ˈbʊlrɪŋ] *n (building)* plaza *f* de toros; *(arena)* ruedo *m*

bullrush = **bulrush**

bull's-eye [ˈbʊlzaɪ] ◇ *n* **-1.** *(of target)* diana *f*, blanco *m*; *also Fig* **to hit the ~** dar en el blanco **-2.** *(sweet)* = caramelo de menta duro
◇ *exclam (in darts)* ¡blanco!; *(celebrating success)* ¡bingo!

bullshit [ˈbʊlʃɪt] *Vulg* ◇ *n (nonsense) Esp* gilipolleces *fpl*, *Am* pendejadas *fpl*, *RP* boludeces *fpl*
◇ *exclam* ¡y una mierda!, *RP* ¡las bolas!
◇ *vt (pt & pp* **bullshitted***)* **don't ~ me, I want the truth!** ¡no me jodas or *Méx* chingues, dime la verdad!; **she bullshitted her way into the job** consiguió el trabajo dándoselas
◇ *vi (talk nonsense)* decir *Esp* gilipolleces or *Am* pendejadas or *RP* boludeces

bullshitter [ˈbʊlʃɪtə(r)] *n Vulg (smooth talker)* fantasma *mf*; **he's a ~** *(talks nonsense)* no me dice más que *Esp* gilipolleces or *Am* pendejadas or *RP* boludeces

bullwhip [ˈbʊlwɪp] ◇ *n* látigo *m* (de cuero trenzado)
◇ *vt* dar latigazos a, azotar con un látigo a

bully [ˈbʊlɪ] ◇ *n* **-1.** *(thug)* matón(ona) *m,f*; *(at school) Esp* abusón(ona) *m,f*, *Am* abusador(ora) *m,f* **-2.** *(in field hockey)* bully *m*
◇ *exclam Fam* **~ for you!** ¡bravo!; *Ironic* ¡enhorabuena!
◇ *vt* intimidar; **to ~ sb into doing sth** intimidar a alguien para que haga algo

◆ **bully off** *vi (in field hockey)* comenzar el juego con un bully or saque neutral

bully beef [ˈbʊlɪbiːf] *n Br Fam* fiambre *m* de vaca en conserva

bully-boy [ˈbʊlɪbɔɪ] *n* matón *m*; **~ tactics** tácticas de intimidación

bullying [ˈbʊlɪɪŋ] *n* intimidación *f*
◇ *adj* intimidatorio(a), amenazador(ora)

bully-off [ˈbʊlɪɒf] *n (in field hockey)* bully *m* (inicial)

bulrush, bullrush [ˈbʊlrʌʃ] *n* **-1.** *Br (reed mace)* anea *f*, espadaña *f* **-2.** *US (soft rush)* junco *m*

bulwark [ˈbʊlwək] *n* **-1.** *(wall)* bastión *m* (**against** contra) **-2.** *(breakwater)* rompeolas *m inv*, malecón *m* **-3.** **bulwarks** *(of ship)* borda *f* **-4.** *Fig (protection)* bastión *m* (**against** contra)

bum [bʌm] *Fam* ◇ *n* **-1.** *Br (buttocks)* trasero *m*, culo *m*, *Am* cola *f* ▫ *Br* **~ bag** riñonera *f*, *Méx* canguera *f*; *Vulg* **~ boy** puto *m*, chapero *m*; **~ fluff** *(beard)* pelusilla *f*, primera barba *f*
-2. *US (tramp)* vagabundo(a) *m,f*; **on the ~** *(scrounging)* a la sopa boba; *(as a vagrant)* de vagabundo
-3. *(worthless person)* cero *m* a la izquierda; IDIOM **to give sb the ~'s rush** *(dismiss, eject)* poner a alguien de patitas en la calle; IDIOM **to give sth the ~'s rush** *(idea, suggestion)* mandar algo a hacer gárgaras
-4. *(enthusiast)* fanático(a) *m,f*, *Esp* forofo(a) *m,f*; **a ski ~** un fanático or *Esp* forofo del esquí; **to be a beach ~** pasarse la vida en la playa
◇ *adj (of poor quality)* malo(a), *Esp* cutre, *RP* berreta; **she got a ~ deal** la trataron a patadas; **a ~ rap** *(false charge)* una acusación falsa; **~ steer** engañifa
◇ *vt (pt & pp* **bummed***)* **to ~ sth from** or **off sb** *Esp* gorronear or *Méx* gorrear or *RP* garronear algo a alguien; **can I ~ a lift** or **a ride to the station?** ¿me llevas a la estación?

◆ **bum around** *Fam* ◇ *vt insep* **to ~ around Australia/the country** vagabundear por Australia/el país; **to ~ around the house** haraganear por casa
◇ *vi (be idle)* holgazanear, gandulear; *(travel)* vagabundear

bumble [ˈbʌmbəl] *vi* **-1.** *(move clumsily)* **to ~ about** or **along** or **around** ir a trompicones **-2.** *(talk confusedly)* **to ~ on (about sth)** farfullar (algo)

bumble-bee [ˈbʌmbəlbiː] *n* abejorro *m*

bumbling [ˈbʌmblɪŋ] *adj* **~ fool** or **idiot** tonto(a), inútil

bumf, bumph [bʌmf] *n Br Fam* papelotes *mpl*

bummed [bʌmd] *adj US Fam* **to be ~** estar con la moral por los suelos

bummer [ˈbʌmə(r)] *n Fam (annoying thing)* lata *f*, *RP* embole *m*, *Ven* lava *f*; **what a ~!** ¡qué lata!; **it was a real ~ being stuck at home all day** fue una pesadez or *Esp* un latazo tener que quedarse en casa todo el día

bump [bʌmp] ◇ *n* **-1.** *(jolt)* golpe *m*, sacudida *f*; *Fig* **to come (back) down to earth with a ~** volver a la dura realidad; IDIOM *Br* **to give sb the bumps** *(on birthday)* = lanzar a alguien por el aire, tantas veces como años cumpla, sujetándole varias personas por las extremidades para después dejar que caiga al suelo ▫ **~ start** *(for car)* = método de arranque de un coche empujándolo mientras se mete la marcha conforme se pone en movimiento
-2. *(lump) (on head)* chichón *m*; *(in surface)* bollo *m*; *(on road)* bache *m*
◇ *vt* **-1.** *(hit)* **to ~ one's head against sth** golpearse en la cabeza con algo **-2.** *(air passenger)* dejar en tierra (por overbooking) **-3.** *US Fam (remove)* cargarse
◇ *vi* **-1.** *(move with jerks)* traquetear, dar sacudidas; **the old bus bumped along the country roads** el viejo autobús iba dando tumbos por las carreteras rurales del país
-2. *(collide)* darse un topetazo, chocar; **the boat bumped against the pier** la embarcación topó or chocó contra el muelle
-3. *Fam* **to ~ and grind** *(stripper, dancer)* bailar de forma provocativa *(moviendo la pelvis)*
◇ *adv* **the driver went ~ into the car in front** el conductor se dio un topetazo or golpe con el coche de delante; *Hum* **things that go ~ in the night** cosas que emiten misteriosos ruidos durante la noche

◆ **bump into** *vt insep* **-1.** *(collide with)* chocar con **-2.** *Fam (meet by chance)* encontrarse con, toparse con

◆ **bump off** *vt sep Fam (kill)* liquidar, cargarse a

◆ **bump up** *vt sep Fam (price)* subir

bumper ['bʌmpə(r)] ◇ n -1. (of car) parachoques m inv, Méx defensas fpl, RP paragolpes m inv ❑ ~ **sticker** adhesivo m para parachoques or Méx defensas fpl or RP paragolpes m inv -2. ~ **car** (at fairground) auto m or coche m de choque, Méx carrito m chocón, RP autito m chocador -3. (full glass) vaso m a rebosar
◇ adj abundante, excepcional ❑ ~ **crop** cosecha f excepcional; Br ~ **issue** número m especial
bumper-to-bumper ['bʌmpətə'bʌmpə(r)] adj **there was ~ traffic** había caravana
bumph = bumf
bumpkin ['bʌmpkɪn] n (country) ~ palurdo(a) m,f, Esp paleto(a) m,f
bump-start ['bʌmpstɑːt] vt **to ~ a car** arrancar un coche empujando
bumptious ['bʌmpʃəs] adj presuntuoso(a), engreído(a)
bumpy ['bʌmpɪ] adj -1. (road, surface) lleno(a) de baches, accidentado(a) -2. (journey, flight) incómodo(a), agitado(a); Fam Fig **to have a ~ ride** encontrar muchos obstáculos
bun [bʌn] n -1. (sweetened roll) bollo m; (sponge-cake) bizcocho m; (for beefburger) panecillo m (redondo); IDIOM Br Euph & Hum **to have a ~ in the oven** estar esperando a la cigüeña, estar con bombo ❑ Br Fam Hum **~ fight** Esp merendola f, Am té m (multitudinario)
-2. (hair) moño m, Méx chongo m; **to wear one's hair in a ~** llevar el pelo recogido en un moño
-3. US Fam **buns** (buttocks) trasero, culo
bunch [bʌntʃ] n -1. (of flowers) ramo m, ramillete m; (of bananas, grapes) racimo m; (of carrots) manojo m; **the best** or **the pick of the ~** el mejor de todo el lote; **the best of a bad ~** lo único que se salva; IDIOM Br Old-fashioned & Hum **to give sb a ~ of fives** darle un mamporro or puñetazo a alguien
-2. (of keys) manojo m
-3. (of people) grupo m; (of friends) pandilla f; (of cyclists) pelotón m
-4. (of hair) **to wear one's hair in bunches** peinarse con or llevar coletas
-5. Fam (lot) **to have a whole ~ of things to do** tener un montón de cosas que hacer; Ironic **thanks a ~!** ¡gracias, generoso(a)!
◆ **bunch together** vi (people) apiñarse
◆ **bunch up** vi -1. (group of people) apelotonarse, apiñarse -2. (clothing) arrugarse, hacerse arrugas en
bundle ['bʌndəl] ◇ n -1. (of papers) manojo m; (of banknotes) fajo m; (of straw, sticks) haz m, gavilla f; (of clothes) fardo m, hato m; (of fibres, wires) haz m; Fam **she's a ~ of nerves** es un manojo de nervios; Fam Ironic **he's a real ~ of fun** or **laughs** es un tipo aburridísimo, Esp es un muermo de tío, RP es un tipo embolante; Fam Ironic **thanks a ~!** ¡muy amable por tu parte!, ¡es todo un detalle!
-2. COMPTR paquete m, kit m
-3. Fam (large sum of money) **to cost a ~** costar un dineral; **to make a ~** forrarse
-4. Br Fam **to go a ~ on sth/sb** (be enthusiastic about) volverse loco por algo/alguien, pirrarse por or RP coparse con algo/alguien; **I don't go a ~ on horror films** no me vuelven loco las películas de terror
◇ vt -1. (make into a bundle) liar, juntar; **they bundled the straw into sheaves** hicieron haces con la paja; **the notes were bundled in $10,000 packets** los billetes venían en fajos de 10.000 dólares
-2. (move quickly) **to ~ sb out of the door** sacar a alguien a empujones por la puerta; **to ~ sb into a taxi** meter a alguien a empujones en un taxi
-3. COM **to ~ sth with sth** venir acompañado de, estar dotado de; **it comes bundled with over $2,000 worth of software** viene acompañado de software por valor de más de 2.000 dólares
◆ **bundle off** vt sep (send) despachar
◆ **bundle up** vt sep -1. (tie up) liar, envolver; **he bundled his clothes up in a sheet** se sirvió de una sábana para hacer un hatillo con la ropa -2. (dress warmly) arropar, envolver
bung [bʌŋ] n -1. (of barrel) tapón m -2. Br Fam (bribe) soborno m, Andes, RP coima f, CAm, Méx mordida f
◇ vt -1. (pipe, hole) atascar, taponar -2. Fam (put, throw) echar, Am botar; ~ **it there** échalo or Am bótalo ahí; ~ **it on the bill** ponlo or métemelo en la cuenta; **we'll ~ in a few extras** añadiremos algunos suplementos
◆ **bung up** vt sep Fam (pipe, hole) atascar, taponar; **my nose is bunged up** tengo la nariz taponada
bungalow ['bʌŋɡələʊ] n -1. (single-storey house) bungaló m -2. (in tropics, at beach) bungaló m
bungee jumping ['bʌndʒiː'dʒʌmpɪŋ] n puenting m
bunghole ['bʌŋhəʊl] n agujero m de barril
bungle ['bʌŋɡəl] ◇ vt (job, task) echar a perder, hacer mal; **they bungled their attempt to escape** fastidiaron su intento de fuga
◇ vi hacer chapuzas
◇ n Br **to make a ~ of sth** hacer un estropicio or chapuza con algo
bungler ['bʌŋɡlə(r)] n chapucero(a) m,f, chapuzas mf inv
bungling ['bʌŋɡlɪŋ] ◇ n estropicio m, chapuza f
◇ adj chapucero(a)
bunion ['bʌnjən] n (on foot) juanete m
bunk[1] [bʌŋk] n (bed) litera f ❑ ~ **bed** litera f
bunk[2] n Fam -1. (nonsense) estupidez f, idiotez f; **that's a load of ~** eso es una sarta de estupideces -2. Br **to do a ~** (run away) Esp darse el piro, Esp pirarse, Méx rajarse, RP tomarse el buque; (from prison) fugarse
◆ **bunk down** vi acostarse, echarse a dormir
◆ **bunk off** Br Fam ◇ vt insep **to ~ off school** Esp hacer novillos, Col capar colegio, Méx irse de pinta, RP hacerse la rabona; **we bunked off geography** nos fumamos la clase de geografía
◇ vi Esp hacer novillos, Col capar colegio, Méx irse de pinta, RP hacerse la rabona
bunker ['bʌŋkə(r)] n -1. (for coal) carbonera f -2. MIL búnker m -3. Br (on golf course) búnker m
bunkhouse ['bʌŋkhaʊs] n US barracón m (para trabajadores)
bunkum ['bʌŋkəm] n Fam palabrería f, tonterías fpl
bunk-up ['bʌŋkʌp] n Br Fam **to give sb a ~** aupar a alguien
bunny ['bʌnɪ] n Fam ~ **(rabbit)** conejito m ❑ ~ **girl** conejita f (de club nocturno)
Bunsen burner ['bʌnsən'bɜːnə(r)] n mechero m Bunsen
bunt [bʌnt] ◇ n (in baseball) toque m
◇ vi golpear ligeramente
bunting[1] ['bʌntɪŋ] n -1. (decorations) banderines mpl -2. (fabric) lanilla f
bunting[2] n (bird) escribano m
buoy [bɔɪ] n boya f
◆ **buoy up** vt sep -1. (keep afloat) mantener a flote -2. (person, spirits) animar, alentar -3. (economy, prices, currency) mantener al alza
buoyancy ['bɔɪənsɪ] n -1. (in water) flotabilidad f -2. (of person) optimismo m -3. (of economy, prices, currency) firmeza f
buoyant ['bɔɪənt] adj -1. (in water) flotante -2. (person, mood) optimista, vital -3. (economy, prices, currency) boyante
BUPA ['buːpə] n (abbr **British United Provident Association**) = seguro médico privado británico
buppie ['bʌpɪ] n US Fam yuppie m negro
Burberry® ['bɜːbərɪ] n = gabardina de buena calidad
burble ['bɜːbəl] ◇ vt (say) farfullar
◇ vi -1. (stream) borbotar -2. (person) mascullar; **to ~ on about** parlotear sobre
burbot ['bɜːbɒt] n lota f
burbs [bɜːbz] npl US Fam barrios mpl del extrarradio; **to live in the ~** vivir en el extrarradio

burden ['bɜːdən] ◇ n -1. Formal (heavy load) carga f
-2. (heavy responsibility, strain) carga f; **to be a ~ (to sb)** ser una carga (para alguien); LAW **the ~ of proof** la carga de la prueba; **the ~ of responsibility** el peso de la responsabilidad
-3. (chorus, refrain) estribillo m
-4. (theme, central idea) hilo m conductor, idea f principal; **what is the main ~ of her argument?** ¿cuál es la idea principal?
◇ vt -1. (weigh down) cargar, sobrecargar (**with** con or de)
-2. (trouble) molestar, agobiar; **I don't want to ~ you with my problems** no quiero que mis problemas supongan una carga para ti; **she was burdened with guilt** el sentimiento de culpa la agobiaba; **to ~ sb with taxes** ahogar a alguien con impuestos
burdensome ['bɜːdənsəm] adj pesado(a), molesto(a)
burdock ['bɜːdɒk] n bardana f
bureau ['bjʊərəʊ] (pl **bureaux** ['bjʊərəʊz]) n -1. Br (desk) secreter m, escritorio m -2. US (chest of drawers) cómoda f -3. (office) oficina f, departamento m ❑ ~ **de change** oficina f de cambio (de moneda) -4. US (government department) departamento m
bureaucracy [bjʊə'rɒkrəsɪ] n burocracia f
bureaucrat ['bjʊərəkræt] n burócrata mf
bureaucratic [bjʊərə'krætɪk] adj burocrático(a)
bureaucratize [bjʊə'rɒkrətaɪz] vt burocratizar
bureaux pl of **bureau**
burette [bjʊ'ret] n bureta f
burg [bɜːɡ] n US Fam (city, town) ciudad f
burgee ['bɜːdʒiː] n US banderín m
burgeon ['bɜːdʒən] vi -1. (trade, relationship) florecer; **a burgeoning talent** un talento incipiente -2. (plant) brotar
burger ['bɜːɡə(r)] n Fam (hamburger) hamburguesa f ❑ ~ **bar** hamburguesería f
burgher ['bɜːɡə(r)] n HIST or Hum burgués(esa) m,f
burglar ['bɜːɡlə(r)] n ladrón(ona) m,f ❑ ~ **alarm** alarma f antirrobo (en casa, edificio)
burglarize ['bɜːɡləraɪz] vt US robar, desvalijar
burglar-proof ['bɜːɡləpruːf] adj a prueba de ladrones
burglary ['bɜːɡlərɪ] n robo m (en una casa o edificio)
burgle ['bɜːɡəl] vt robar, desvalijar
burgomaster ['bɜːɡəmɑːstə(r)] n burgomaestre m
Burgundian [bɜː'ɡʌndɪən] ◇ n borgoñés(esa) m,f, borgoñón(ona) m,f
◇ adj borgoñés(esa), borgoñón(ona)
Burgundy ['bɜːɡəndɪ] n Borgoña
burgundy ['bɜːɡəndɪ] adj -1. (colour) burdeos inv -2. (wine) de Borgoña
burial ['berɪəl] n entierro m; **to give sb a decent/Christian ~** enterrar a alguien de forma digna/cristiana ❑ ~ **chamber** cámara f mortuoria; ~ **mound** túmulo m
burial-ground ['berɪəl'ɡraʊnd] n cementerio m
Burkina-Faso [bɜː'kiːnə'fæsəʊ] n Burkina Faso
burlap ['bɜːlæp] n US arpillera f
burlesque [bɜː'lesk] ◇ n -1. (parody) parodia f -2. US THEAT espectáculo m de variedades, revista f
◇ adj burlesco(a), paródico(a)
◇ vt parodiar
burly ['bɜːlɪ] adj -1. (strong, robust) fornido(a), corpulento(a) -2. US (direct) directo(a), franco(a)
Burma ['bɜːmə] n Birmania
Burmese [bɜː'miːz] ◇ npl (people) **the ~** los birmanos
◇ n -1. (language) birmano m -2. ~ **(cat)** gato(a) m,f birmano(a), gato(a) m,f sagrado(a) de Birmania
◇ adj birmano(a)
burn[1] [bɜːn] ◇ n -1. (wound) quemadura f -2. (scorch mark) quemadura f -3. Fam **to go for the ~** (when exercising) continuar hasta que duelan los músculos
◇ vt (pt & pp **burnt** [bɜːnt] or **burned**) -1.

(fuel, building) quemar; *(waste, rubbish)* quemar, incinerar; **the stove burns wood/coal** la cocina funciona con leña/carbón; **did you ~ yourself?** ¿te has quemado?; **I've burnt the dinner** se me ha quemado la cena; **to ~ one's hand/finger** quemarse la mano/el dedo; **to ~ one's tongue/mouth** *(with hot food, drink)* escaldarse *or* quemarse la lengua/boca; **to ~ a hole in sth** hacer un agujero a algo quemándolo, *Fig* **to ~ a hole in sb's pocket** *(money)* quemarle a alguien en las manos; **he burnt his initials into the wood** grabó sus iniciales a fuego en la madera; **to be burnt alive** ser quemado(a) vivo(a); **to be burnt to death** morir abrasado(a); **the house was burnt to the ground** la casa quedó reducida a cenizas

-2. *US Fam (swindle)* timar, dar gato por liebre at; **they were badly burned in the stockmarket crash** la crisis de la bolsa les hizo perder mucha *Esp* pasta *or Am* plata

-3. *US Fam (anger)* poner negro(a)

-4. COMPTR *(CD-ROM)* estampar

-5. IDIOMS **to have money to ~** *(rich person)* tener dinero de sobra; **she's just got paid so she's got money to ~** le acaban de pagar y tiene dinero para gastar; **to ~ one's boats** *or* **one's bridges** quemar las naves; **to ~ the candle at both ends** forzar la máquina, *RP* andar a mil, = intentar hacer demasiadas cosas al mismo tiempo y no dormir lo suficiente; **to ~ the midnight oil** quedarse hasta muy tarde *(estudiando o trabajando)*, *Andes* trasnocharse

◇ *vi* -1. *(fire, fuel, building)* arder; *(food)* quemarse; **I can smell something burning** (algo) huele a quemado; **this wood won't ~** esta madera no arderá bien; **the fire is burning low** el fuego está bajo; **the church burned to the ground** la iglesia quedó arrasada por el fuego

-2. *(light)* estar encendido(a) *or Am* prendido(a)

-3. *(with desire, anger, enthusiasm)* arder **(with** de**)**; **my face was burning** *(with embarrassment)* me puse como un tomate; **to be burning to do sth** estar deseando hacer algo

-4. *(sting, smart)* escocer; **the wind made her face ~** el viento le cortaba la cara

-5. *(get sunburnt)* quemarse

◆ **burn down** ◇ *vt sep* incendiar, quemar

◇ *vi* quemarse; **the candle has burned down** la vela se ha consumido

◆ **burn off** *vt sep* -1. *(vegetation)* quemar -2. *(gas)* quemar -3. *(paint)* retirar, quitar *(aplicando una llama)* -4. *(calories)* quemar

◆ **burn out** ◇ *vt sep* -1. **to ~ itself out** *(fire)* consumirse, agotarse -2. **to ~ oneself out** *(become exhausted)* agotarse

◇ *vi* -1. *(fire)* consumirse -2. *(person)* quemarse -3. *(bulb, fuse)* fundirse -4. AUT **the clutch had burnt out** se había quemado el embrague

◆ **burn up** ◇ *vt sep* -1. *(consume) (energy)* consumir, gastar; *(fuel)* consumir, gastar; *(calories)* quemar; **the desire for revenge was burning him up** ardía en deseos de vengarse; IDIOM **to ~ up the miles** correr como el viento -2. *US Fam* **to ~ sb up** poner negro(a) *or* a cien a alguien

◇ *vi (rocket, meteorite)* entrar en combustión

burn² *n Scot (stream)* arroyo *m*

burner ['bɜːnə(r)] *n* -1. *(on a stove)* quemador *m* -2. COMPTR tostadora *f*, grabadora *f*; **a CD ~** una tostadora *or* grabadora de CDs

burning ['bɜːnɪŋ] *adj* -1. *(on fire)* en llamas; **the ~ bush** *(in bible)* la zarza ardiente -2. *(very hot) (heat, sun)* abrasador(ora); **to be ~ hot** abrasar; **I had a ~ sensation in my stomach** tuve una sensación de quemazón en el estomago -3. *(intense) (passion)* abrasador(ora); *(ambition)* irrefrenable -4. *(urgent, topical)* **a ~ issue** un asunto candente; **the ~ question** la pregunta candente *or* clave

burnish ['bɜːnɪʃ] *vt (polish)* bruñir; **her hair was like burnished gold** su pelo relumbraba como el oro

burn-out ['bɜːnaʊt] *n* -1. **I had a ~** *(of engine)* se me quemó; **what caused the ~?** *(in electrical system)* ¿por qué se fundió? -2. *Fam (exhaustion)* agotamiento *m*

Burns Night ['bɜːnzˈnaɪt] *n* = celebración escocesa en la noche del 25 de enero

---

BURNS NIGHT

Los escoceses celebran esta fiesta dentro y fuera de Escocia. Las familias o los amigos se reúnen, se pronuncian discursos en honor del célebre poeta escocés Robert Burns (1759-96) y, al son de la gaita, se sirven los "haggis", plato escocés por excelencia, que irán acompañados del imprescindible whisky.

---

burnt [bɜːnt] ◇ *adj* quemado(a); **to be ~** estar quemado(a); **a ~ offering** REL un holocausto; *Hum* un trozo quemado *(de comida)*; ART **~ sienna** siena tostado; **~ umber** ocre pardo

◇ *pt & pp of* **burn**

burnt-out ['bɜːntˈaʊt] *adj* -1. *(building)* calcinado(a), carbonizado(a) -2. *(fuse)* fundido(a); *(engine)* gripado(a) -3. *Fam (person)* quemado(a); **she was ~ by thirty** a los treinta ya estaba quemada

burp [bɜːp] ◇ *n* eructo *m*

◇ *vi* eructar

◇ *vt* **to ~ a baby** sacar el aire a un bebé, *RP* hacer a un bebé hacer provecho

burr [bɜː(r)] *n* -1. *(rough edge)* rebaba *f* -2. *(of plant)* erizo *m* -3. *(noise)* ronroneo *m* -4. *(in accent)* **to speak with a ~** hablar arrastrando la "r"

burrow ['bʌrəʊ] ◇ *n (of animal)* madriguera *f*

◇ *vt* -1. *(hole) (of person)* excavar; **he burrowed his way underneath the prison wall** salió de la prisión excavando un túnel -2. *(nestle)* acomodar; **the cat burrowed its head into my shoulder** el gato se acurrucó en mi hombro

◇ *vi* -1. *(dig) (person, animal)* excavar -2. *(search)* rebuscar; **he burrowed around in his desk** rebuscó en su escritorio -3. *(nestle)* acurrucarse, hacerse un ovillo

bursa ['bɜːsə] *(pl* **bursae** ['bɜːsiː] *or* **bursas** ['bɜːsəz]*) n* ANAT bolsa *f*

bursar ['bɜːsə(r)] *n* UNIV tesorero(a) *m,f*

bursary ['bɜːsərɪ] *n* -1. *(office)* tesorería *f (de una facultad)* -2. *Br (scholarship)* beca *f*

bursitis [bɜːˈsaɪtɪs] *n* MED bursitis *f inv*

burst [bɜːst] ◇ *n* -1. *(in pipe, tyre)* reventón *m* -2. *(sudden eruption) (of applause)* salva *f*; *(of activity, enthusiasm)* arranque *m*; **a ~ of energy** un arrebato de energía; **a ~ of gunfire** una ráfaga de disparos; **a ~ of laughter** una carcajada; **a ~ of speed** un acelerón; **to work in bursts** trabajar a rachas

◇ *vt (pt & pp* **burst***)* -1. *(balloon, bubble, pipe, tyre)* reventar

-2. **to ~ its banks** *(river)* desbordarse

-3. *Fam* **he almost ~ a blood vessel** casi le da un síncope

◇ *vi* -1. *(explode, break open)* reventar; *Fig* **to ~ onto the scene** salir a la palestra; **he ~ onto the political scene in the early 1980s** irrumpió en el mundo de la política a principios de los ochenta

-2. *(be full)* **to be bursting at the seams** *(room, bus)* estar hasta los topes; **the town was bursting with refugees** la ciudad estaba a reventar de refugiados; *Fam* **to be fit to ~** *(full of food)* estar a punto de reventar; *Fam* **I'm bursting (for the toilet)** (estoy que) me meo

-3. *(enter, move suddenly)* **she ~ through the door** cruzó la puerta como una exhalación; **the front door ~ open** la puerta delantera se abrió súbitamente *or* de golpe; **the sun suddenly ~ through the clouds** el sol salió súbitamente *or* abrió paso entre las nubes

-4. *(be eager, enthusiastic)* **to be bursting with pride/joy** reventar de orgullo/alegría; **to be bursting to do sth** morirse de ganas de hacer algo

◆ **burst in** *vi (enter)* irrumpir; **to ~ in on sth/sb** interrumpir algo/a alguien

◆ **burst into** *vt insep* -1. *(enter)* irrumpir en -2. *(suddenly start)* **to ~ into flames** inflamarse; **to ~ into song** ponerse a cantar; **to ~ into laughter/tears** echarse a reír/llorar

◆ **burst open** *vi (door, suitcase)* abrirse de golpe; *(plastic bag)* reventar

◆ **burst out** ◇ *vi* -1. *(leave suddenly)* salir de estampida; **two men suddenly ~ out of the room** de pronto, dos hombres abandonaron la sala precipitadamente

-2. *(start suddenly)* **to ~ out laughing** soltar una carcajada; **to ~ out crying** echarse *or* romper a llorar

◇ *vt insep (exclaim)* exclamar, espetar

bursting ['bɜːstɪŋ] *n* **~ point** lleno absoluto; **full to ~** lleno hasta los topes, lleno a reventar; **I'm full to ~** estoy que reviento

Burton ['bɜːtən] *n* IDIOM *Br Fam* **it's gone for a ~** *(machine, appliance)* se ha estropeado *or Esp* cascado; *(chance)* se ha ido al garete; **he's gone for a ~** = estiró la pata, *Esp* la ha cascado, *CAm, Méx* lió el petate

Burundi [bəˈrʊndɪ] *n* Burundi

bury ['berɪ] *vt* -1. *(body, treasure)* enterrar; **to be buried alive** ser enterrado(a) vivo(a); **he was buried at sea** arrojaron sus restos mortales al mar; **buried treasure** tesoro oculto *or* enterrado; **she has already buried two husbands** ha sobrevivido a dos maridos; IDIOM **to ~ the hatchet** *(end quarrel)* enterrar el hacha de guerra; IDIOM **to ~ one's head in the sand** esconder la cabeza bajo el ala, adoptar la política del avestruz; IDIOM **we agreed to ~ our differences** acordamos hacer borrón y cuenta nueva

-2. *(of avalanche, mudslide)* sepultar

-3. *(thrust, plunge)* **he buried his hands in his pockets** metió las manos hasta el fondo de los bolsillos; **she buried the knife in his back** le clavó el cuchillo en la espalda; **the bullet buried itself in the wall** la bala se incrustó en la pared

-4. *(hide)* **to ~ oneself in sth** *(work, book)* enfrascarse en algo; **he always has his nose buried in a book** está siempre enfrascado *or* sumido en la lectura; **to ~ oneself in the country** retirarse al campo; **to ~ one's face in one's hands** esconder la cara en las manos

-5. *Fam (defeat)* machacar

bus [bʌs] ◇ *n* -1. *(vehicle)* autobús *m*, *Andes* buseta *f*, *Bol, Arg* colectivo *m*, *CAm, Méx* camión *m*, *CAm, Carib* guagua *f*, *Urug* ómnibus *m*, *Ven* microbusete *m*; **by ~** en autobús □ **~ conductor** cobrador(ora) *m,f* de autobús; **~ driver** conductor(ora) *m,f* de autobús; **~ lane** carril *m* bus; **~ route** línea *f* de autobús; **~ shelter** marquesina *f*; **~ station** estación *f* de autobuses, *CAm, Méx* central *f* camionera; **~ stop** parada *f* de autobús

-2. *Br Fam (car)* cacharro *m*, tartana *f*

-3. COMPTR bus *m* □ **~ controller** controlador(ora) *m,f* del bus; **~ error** error *m* de bus; **~ width** anchura *f* del bus

◇ *vt (pt & pp* **bused** *or* **bussed***)* -1. *(transport)* transportar en autobús -2. *US* **to ~ tables** *(in restaurant)* recoger mesas

◇ *vi* ir en autobús

◆ **bus in** *vt sep* llevar/traer en autobús

bus-boy ['bʌsbɔɪ] *n US* ayudante *m* de camarero

busby ['bʌzbɪ] *n* birretina *f*, = casco alto de piel

bus-girl ['bʌsgɜːl] *n US* ayudanta *f* de camarero

bush [bʊʃ] *n* -1. *(plant)* arbusto *m*, mata *f*; **we hid in the bushes** nos escondimos entre los matorrales *or* matojos; *Fig* **a ~ of black hair** una mata de pelo moreno

-2. **the ~** *(in Africa, Australia)* = parte no cultivada del país, fuera de las ciudades □

~ **jacket** sahariana *f*; *US* ~ **league** = liga profesional estadounidense de béisbol de menor importancia que la liga nacional; *Fam* ~ **telegraph** *Esp* radio *f* macuto, *Cuba, CRica, Pan* radio *f* bemba; **I heard it on the ~ telegraph** me lo contó un pajarito, me enteré por radio *Esp* macuto *or Cuba, CRica, Pan* bemba
-**3.** *Br (metal sleeve)* cojinete *m*
-**4.** *Vulg (woman's pubic hair)* felpudo *m*
bush-baby ['bʊʃbeɪbɪ] *n* gálago *m*, lémur *m*
bushed [bʊʃt] *adj Fam (exhausted)* **to be ~** estar molido(a) *or* reventado(a)
bushel ['bʊʃəl] *n* = medida de áridos (*GB* = 36,35 litros; *US* = 35,23 litros); *Fig* **don't hide your light under a ~** no ocultes tus buenas cualidades
bushfire ['bʊʃfaɪə(r)] *n* incendio *m* de matorral
bushing ['bʊʃɪŋ] *n US (metal sleeve)* cojinete *m*
bush-league ['bʊʃliːg] *adj US Pej* de tres al cuarto
Bushman ['bʊʃmən] *n* bosquimano(a) *m,f*
bushman ['bʊʃmən] *n Austr* = persona que vive o viaja por zonas apartadas de la civilización
bushmaster ['bʊʃmɑːstə(r)] *n (snake)* cascabel *f* muda, *Ven* cuaima *f*
bushranger ['bʊʃreɪndʒə(r)] *n* -**1.** *Austr (fugitive)* = fugitivo que vive en zonas desiertas -**2.** *US (backwoodsman)* = persona que vive apartada de la civilización
bushwhack ['bʊʃwæk] ◇ *vt US Fam (ambush)* tender una emboscada a
◇ *vi US & Austr* = vivir o viajar por zonas apartadas de la civilización
bushy ['bʊʃɪ] *adj* -**1.** *(area)* de matorrales -**2.** *(tree)* frondoso(a); *(beard, eyebrows, hair)* espeso(a)
busily ['bɪzɪlɪ] *adv* activamente, diligentemente; **she is ~ collecting material for her next book** está recopilando laboriosamente información para su próximo libro
business ['bɪznɪs] *n* -**1.** *(individual company)* empresa *f*, negocio *m*; **she has her own ~** tiene su propia empresa *o* propio negocio ❑ **~ administration** administración *f* de empresas; **~ to** empresa a empresa; **~ management** gestión *f or* administración *f* de empresas; **~ premises** local *m* comercial
-**2.** *(commercial activity)* negocios *mpl*; **~ as usual** *(on sign)* seguimos abiertos durante las reformas; *Fig* **it was ~ as usual as the Raiders won again** los Raiders volvieron a ganar como de costumbre; **the music ~** la industria de la música; **I'm learning ~ Spanish** estoy aprendiendo español comercial; **it's bad ~ to be rude to customers** no es rentable tratar mal a los clientes; **to be in ~** dedicarse a los negocios; *Fig* **now we're back in ~** ya estamos otra vez en marcha; **to be in the ~ computing ~** *(person)* trabajar en el sector de la informática; **I'm not in the ~ of making concessions** no estoy por hacer concesiones; **he's the best centre forward in the ~** es el mejor delantero centro del mundo; **to do ~ (with)** hacer negocios (con); **we do a lot of ~ with Germany** tenemos un gran volumen de negocios con Alemania; **it was a pleasure to do ~ with you** ha sido un placer tratar con usted; **souvenir shops are doing good ~ this year** las tiendas de recuerdos están teniendo un buen año; IDIOM **he's a man you can do ~ with** es un hombre con el que se puede tratar; **to go into ~ (with)** montar un negocio (con); **to go out of ~** quebrar; **how's ~?** ¿cómo van los negocios?; **~ is good/bad at the moment** en estos momentos el negocio va bien/mal; **it's good/bad for ~** es bueno/malo para los negocios; **to lose ~ (to sb)** perder clientes *or* clientela (a manos de alguien); **to go to London on ~** ir a Londres en viaje de negocios; **I'm here on ~** estoy aquí por cuestiones de negocios; **we open for ~ at nine** abrimos al público a las nueve; **to put sb out of ~** obligar a alguien a cerrar; **to talk ~** hablar de negocios; *Fam* **the ~ end of a gun** la boca de un cañón/rifle/*etc.* ❑ *FIN* **~ account** cuenta *f* comercial; **~ appointment** cita *f* de negocios; **~ card** tarjeta *f* de visita; *AV* **~ class** clase *f* ejecutiva; **the ~ community** la comunidad empresarial; **~ computing** informática *f* de gestión; **~ graphics** gráficos *mpl* para presentaciones; **~ hours** *(of company)* horario *m* de trabajo; *(of shop)* horario *m* comercial; **~ loan** crédito *m* comercial; **~ lunch** comida *f* de trabajo; **~ park** parque *m* empresarial; **~ plan** plan económico; **~ school** escuela *f* de comercio; **~ studies** (ciencias *fpl*) empresariales *fpl*; **~ trip** viaje *m* de negocios
-**3.** *(matters to be dealt with)* **we have a lot of ~ to get through in this meeting** tenemos que tratar muchos asuntos en esta reunión; **to get down to ~** ir a lo esencial, ir a lo importante; IDIOM **to mean ~** ir en serio; **what's your ~ here?** ¿qué te trae por aquí?; *Fam* **he was working like nobody's ~** estaba trabajando de lo lindo; *Br very Fam* **to do the ~** *(have sex)* echar un polvete; *Br Fam* **it's the ~!** *(excellent)* ¡es fantástico *or* genial!; **any other ~** *(on agenda)* ruegos y preguntas
-**4.** *(affair, matter)* asunto *m*; **it's a sad *or* sorry ~** es un asunto lamentable *or* triste; **I'm sick of the whole ~** estoy harto de todo este asunto; **what a ~!** ¡menudo lío!; **what's all that ~ about you not getting paid?** ¿qué es eso de que no te han pagado?
-**5.** *(proper concern, responsibility)* asunto *m*; **that's your/my ~** es asunto tuyo/mío; **it's none of your ~** no es asunto tuyo; **it's not my ~ to...** no me corresponde a mí...; **I was just going about my ~** yo simplemente iba a lo mío; **you had no ~ telling her that** no tenías ningún derecho a decírselo; **to make it one's ~ to do sth** proponerse algo; **mind your own ~** métete en tus asuntos; **I was sitting there minding my own ~...** estaba sentado ocupado en mis cosas...
-**6.** *Fam Hum (excrement)* **the dog did its ~** el perro hizo sus necesidades
businesslike ['bɪznɪslaɪk] *adj (manner)* eficiente; *(meeting, conversation)* formal
businessman ['bɪznɪsmæn] *n (executive, manager)* hombre *m* de negocios, ejecutivo *m*; *(owner of business)* empresario *m*; **to be a good ~** tener cabeza para los negocios
businesswoman ['bɪznɪswʊmən] *n (executive, manager)* mujer *f* de negocios, ejecutiva *f*; *(owner of business)* empresaria *f*; **to be a good ~** tener cabeza para los negocios
busing *US* = **bussing**
busk [bʌsk] *vi Br (street musician)* actuar en la calle
busker ['bʌskə(r)] *n Br (street musician)* músico(a) *m,f* ambulante
busload ['bʌsləʊd] *n* **a ~ of workers** un autobús repleto de trabajadores; **the tourists arrived by the ~** *or* **in busloads** los turistas iban llegando por tandas en autobús
busman ['bʌsmən] *n* IDIOM *Fam* **a ~'s holiday** = tiempo libre que se ocupa con una actividad similar a la del trabajo habitual
bus(s)ing ['bʌsɪŋ] *n US* = transporte de estudiantes a colegios alejados para favorecer el equilibrio racial
bust¹ [bʌst] *n* -**1.** *(of woman)* busto *m*; **~ measurement** medida *f* de busto -**2.** *(statue)* busto *m*
bust² *Fam* ◇ *n* -**1.** *(police raid)* redada *f*; **drug(s) ~** operación *or* redada antidroga
-**2.** *US (failure)* quiebra *f*
◇ *adj* -**1.** *(broken)* **to be ~** estar estropeado *or Esp* escacharrado(a)
-**2.** *(having no money)* arruinado(a); **to go ~** *(bankrupt)* quebrar; **victory/the championship or ~!** ¡la victoria/el campeonato o nada!
-**3.** *(in pontoon)* **(I'm) ~** me pasé
◇ *vt (pt & pp* **bust** *or* **busted)** -**1.** *(break)* escacharrar; *Fig* **to ~ a gut** *or* **a blood vessel (doing sth)** dejarse la piel (haciendo algo), *RP* romperse el alma (haciendo algo); *US very Fam* **to ~ one's ass (doing sth)** dejarse las pelotas *or* la piel (haciendo algo)
-**2.** *(arrest)* trincar **(for** por**)**
-**3.** *(raid)* hacer una redada en
-**4.** *US MIL (demote)* degradar; **he got busted to sergeant** lo degradaron a sargento
-**5.** *US (horse)* domar
◆ **bust out** *vi Fam (escape)* fugarse, largarse
◆ **bust up** *Fam* ◇ *vt sep* -**1.** *(disrupt) (event)* reventar; *(friendship, relationship)* romper -**2.** *(damage, destroy) (bar, flat)* destrozar, arrasar
◇ *vi* -**1.** *(boyfriend, girlfriend)* cortar, romper; **he has ~ up with his girlfriend** ha cortado con su novia -**2.** *US (laugh)* romper a reír
bustard ['bʌstəd] *n* **(great) ~** avutarda *f* ❑ **houbara ~** hubara *f*
busted ['bʌstɪd] *adj Fam (arm, leg)* roto(a); *(appliance)* estropeado(a), *Esp* escacharrado(a)
buster ['bʌstə(r)] *n US Fam (term of address) Esp* tío *m*, *Esp* tronco *m*, *Méx* cuate *m*, *RP* boludo *m*; **who are you looking at, ~?** ¿tú qué miras, *Esp* tronco *or Méx* cuate *or RP* boludo?
bustier ['bʊstiːeɪ] *n (garment)* bustier *m*
bustle ['bʌsəl] ◇ *n* -**1.** *(activity)* bullicio *m*, trajín *m* -**2.** *(on dress)* polisón *m*
◇ *vi* -**1.** *(move busily)* **to ~ (about *or* around)** trajinar; **he bustled about *or* around (in) the kitchen** iba de un lado para otro en la cocina -**2.** *(be excited)* **to ~ with sth** bullir de algo, ser un hervidero de algo
bustling ['bʌsəlɪŋ] *adj (city, street, shop)* bullicioso(a)
bust-up ['bʌstʌp] *n Fam* -**1.** *Br (quarrel)* bronca *f*; **to have a ~** tener una bronca -**2.** *(of relationship)* ruptura *f*
busty ['bʌstɪ] *adj Fam* pechugona, tetona
busy ['bɪzɪ] ◇ *adj* -**1.** *(person)* ocupado(a); **to be ~** *(person)* estar ocupado(a); **he was too ~ to notice** estaba demasiado atareado como para darse cuenta; **I'm afraid I'm ~ tomorrow** me temo que tengo compromisos que atender mañana; *Fam* **to be a ~ bee** estar *or* andar siempre liado(a) *or* haciendo algo; **to be ~ doing sth** estar haciendo algo; **to keep sb ~** dar que hacer a alguien; **he likes to keep ~** le gusta tener algo que hacer; **make sure they're kept ~** asegúrate de que no se quedan sin hacer nada
-**2.** *(port, street)* transitado(a), de mucho tránsito; *(office)* ajetreado(a); *(shop)* concurrido(a); *(day, week)* ajetreado(a); *(schedule)* apretado(a); **to be ~** *(day, week)* ser ajetreado(a); **I've had a ~ day** he tenido un día muy ajetreado; **the train was very ~** el tren iba muy lleno; **a ~ road** una carretera con mucho tráfico; **this is our busiest period** *(business, shop)* éste es el periodo en que tenemos más movimiento *or* ajetreo
-**3.** *US (telephone line)* ocupado(a); **the line is ~** (el teléfono) da ocupado, *Esp* (el teléfono) está comunicando
-**4.** *(overelaborate)* recargado(a), barroco(a)
-**5.** *Br* **~ Lizzie** alegría *f* de la casa
◇ *vt* **to ~ oneself with sth** entretenerse con algo
busybody ['bɪzɪbɒdɪ] *n Fam* entrometido(a) *m,f*, metomentodo *mf*
but [bʌt] ◇ *conj* -**1.** *(in general)* pero; **small ~ strong** pequeño, pero fuerte; **I told her to do it ~ she refused** le dije que lo hiciera, pero se negó; **I had no choice ~ to tell him** no tuve otra opción que decírselo; **it's all right to be angry, ~ to resort to violence...!** ¡está bien *esp Esp* enfadarse *or esp Am* enojarse, pero recurrir a la violencia...!; **he defended her, ~ then he is her father** la defendió, pero claro, es su padre; **you could go by train, ~ then it is more expensive** podrías ir en tren, aunque claro, es más caro
-**2.** *(direct contrast)* sino; **not once ~ twice** no una vez sino dos; **we shouldn't tell them, ~ keep it secret** no se lo deberíamos decir, sino mantenerlo en secreto

-3. *(introducing statement)* ...~ **let us turn to the subject of human rights** ...pero pasemos al tema de los derechos humanos; ~ **I tell you I saw it!** ¡te aseguro que lo vi!; ~ **that's fantastic!** ¡qué genial *or* estupendo!

◇ *prep* *(except)* salvo, excepto; **all ~ one of them passed** aprobaron todos menos uno; **any day ~ tomorrow** cualquier día salvo mañana; **she is anything ~ stupid** es todo menos tonta; **it's nothing ~ prejudice** no son más que prejuicios; **you've done nothing ~ complain** no has hecho más que quejarte; **what could I do ~ invite him?** ¿qué otra cosa podía hacer más que invitarlo?; **you cannot ~ wonder at her self-confidence** su confianza en sí misma es increíble; **I couldn't help ~ notice** no pude evitar darme cuenta; **who ~ John could solve this problem?** ¿quién sino John podría resolver este problema?; ~ **for you/him** *(had it not been for)* de no ser por ti/él, si no es por ti/él; **the room was empty ~ for a table and a chair** no había más que una mesa y una silla en la habitación; **the last ~ one** el/la penúltimo(a); **the next ~ one** el próximo no, el otro

◇ *adv* **-1.** *Formal (only)* **he is ~ a child** no es más que un niño; **had I ~ known!** ¡si lo hubiera sabido!; **this is ~ one of the possible explanations** ésta no es sino una de las posibles explicaciones; **he has recently lost his job** acaba de perder su trabajo; **one can ~ try** por lo menos lo podemos intentar
-2. *(for emphasis)* **she wrote to me every day, ~ every single day** me escribió todos los días, sin faltar uno solo

◇ *n* **no buts!** ¡no hay peros que valgan!

butane ['bju:teɪn] *n* butano *m*; ~ **(gas)** gas *m* butano

butch [bʊtʃ] ◇ *n Fam (masculine lesbian)* marimacho *m*
◇ *adj Fam* **-1.** *(woman)* marimacho; **she looks rather ~** tiene pinta de marimacho **-2.** *(man)* muy macho *or* machote

butcher ['bʊtʃə(r)] ◇ *n* **-1.** *(meat salesman)* carnicero(a) *m,f*; **the ~'s (shop)** la carnicería ❑ **~'s block** tajo *m* **-2.** *(murderer)* carnicero(a) *m,f* **-3.** IDIOM *Br Fam* **to have a ~'s (at sth/sb)** echar un vistazo *or* una ojeada (a algo/alguien) **-4.** ~ **bird** *(shrike)* alcaudón *m*
◇ *vt* **-1.** *(animal)* matar, sacrificar **-2.** *(massacre)* masacrar **-3.** *(ruin)* hacer una escabechina con; **the censors butchered the movie** los censores masacraron la película

butchery ['bʊtʃərɪ] *n* carnicería *f*; *Fig* carnicería *f*, matanza *f*

butler ['bʌtlə(r)] *n* mayordomo *m*

butt [bʌt] ◇ *n* **-1.** *(blow with head) (by animal)* embestida *f*; *(by person)* testarazo *m*, cabezazo *m*
-2. *(end) (of rifle)* culata *f*; *(of cigarette)* colilla *f*
-3. *US Fam (cigarette)* pito *m*
-4. *US Fam (buttocks)* trasero *m*; **don't just sit around on your ~ all day!** ¡no te pases el día entero apoltronado!; **move your ~!** ¡mueve el culo!
-5. *(in archery, shooting) (target)* blanco *m*; *(mound behind target)* = montículo protector detrás del blanco
-6. *(for grouse shooting)* = montículo tras el que se ocultan los cazadores
-7. *(person)* **to be the ~ of a joke** ser el blanco de una broma
-8. *(barrel)* tonel *m*, cuba *f*
-9. *(in carpentry)* ~ **joint** junta *f*
◇ *vt (hit with head) (of animal)* embestir; *(of person)* dar *or* arrear un cabezazo a

◆ **butt in** *vi (interrupt)* inmiscuirse, entrometerse

◆ **butt out** *vi US Fam* dejar de entrometerse; ~ **out!** ¡no te metas donde no te llaman!

butte [bju:t] *n US* otero *m*, cerro *m*

butter ['bʌtə(r)] ◇ *n* mantequilla *f*, *RP* manteca *f*; IDIOM **she looks as if ~ wouldn't melt in her mouth** parece incapaz de matar una mosca, *Esp* parece como si no hubiera roto un plato en su vida ❑ ~ **bean** = tipo de judía blanca; ~ **cream** = crema para pasteles hecha de azúcar glas y mantequilla; ~ **dish** mantequera *f*; ~ **icing** = crema para pasteles hecha de azúcar glas y mantequilla; ~ **knife** cuchillo *m* de mantequilla *or RP* manteca
◇ *vt* untar de mantequilla *or RP* manteca

◆ **butter up** *vt sep Fam (flatter)* hacer la rosca a

butterball ['bʌtəbɔ:l] *n US Fam* gordinflón(ona) *m,f*

buttercup ['bʌtəkʌp] *n* ranúnculo *m*, botón *m* de oro

butterfat ['bʌtəfæt] *n* grasa *f* de la leche

butter-fingered ['bʌtəfɪŋgəd] *adj Fam* torpe, manazas *inv*

butterfingers ['bʌtəfɪŋgəz] *n Fam (clumsy person)* torpe *mf*, manazas *mf inv*

butterfly ['bʌtəflaɪ] *n* **-1.** *(insect)* mariposa *f* ❑ ~ **effect** efecto *m* mariposa; *Br* ~ **kiss** beso *m* de mariposa *(caricia con las pestañas)*; ~ **net** cazamariposas *m inv*; ~ **nut** palomilla *f*, *(tuerca f de)* mariposa *f*; **Butterfly Pillow**® mariposa *f* cervical; ~ **valve** válvula *f* de mariposa
-2. *(in swimming)* ~ **(stroke)** *(estilo m)* mariposa *f*; **to do** *or* **swim (the)** ~ nadar a mariposa
-3. IDIOM **I had butterflies (in my stomach)** me temblaban las rodillas; **she gets butterflies (in her stomach) before a performance** le entra un hormigueo (en el estómago) antes de cada actuación

buttermilk ['bʌtəmɪlk] *n* **-1.** *(by-product from butter making)* suero *m* (de leche) **-2.** *US (curdled milk)* leche *f* cuajada *or* batida *(para beber)*

butterscotch ['bʌtəskɒtʃ] *n* = dulce de mantequilla y azúcar

buttery ['bʌtərɪ] ◇ *n Br (in Oxford or Cambridge college)* cantina *f*, cafetería *f*
◇ *adj* mantecoso(a); **a ~ taste** un sabor a mantequilla

butthead ['bʌthed] *n US Fam* zoquete *mf*, zopenco(a) *m,f*

buttock ['bʌtək] *n* nalga *f*

button ['bʌtən] ◇ *n* **-1.** *(on clothes)* botón *m* ❑ ~ **lift** *(in skiing)* telesquí *m*; ~ **mushroom** champiñón *m* pequeño **-2.** *(on machine)* botón *m*; COMPTR *(on mouse, screen)* botón *m*
-3. *US (badge)* chapa *f* **-4.** *(little)* ~ **quail** torillo *m* **-5.** IDIOMS *Fam* **on the** ~ *(punctual)* en punto, a la hora; **to be right on the** ~ *(accurate)* dar en el clavo
◇ *vt* **-1.** *(shirt)* abotonar; **to ~ one's shirt** abotonarse la camisa **-2.** *Fam* ~ **it** *or* **your lip** *or* **your mouth!** ¡cierra el pico!
◇ *vi* cerrarse, abrocharse; **the blouse buttons at the back** la blusa se abrocha en la espalda *or* por detrás

◆ **button up** *vt sep (shirt, dress)* abotonar; **to ~ up one's shirt** abotonarse la camisa

button-down ['bʌtəndaʊn] *adj* **-1.** *(collar)* abrochado(a); *(shirt)* de cuello abrochado **-2.** *US (conventional)* convencional

buttonhole ['bʌtənhəʊl] ◇ *n* **-1.** *(in clothing)* ojal *m* ❑ ~ **stitch** *(sewing)* puntada *f* de refuerzo, punto *m* de ojal **-2.** *Br (flower)* ojal *m*
◇ *vt (detain)* **to ~ sb** agarrar a alguien para hablar

button-nosed ['bʌtənnəʊzd] *adj* de nariz pequeña

button-through ['bʌtənθru:] *adj* abotonado(a) de arriba a abajo

buttress ['bʌtrɪs] ◇ *n* **-1.** ARCHIT contrafuerte *m* **-2.** *(support)* apoyo *m*, pilar *m*
◇ *vt* **-1.** ARCHIT reforzar con contrafuertes
-2. *(support) (argument, system)* respaldar

butty ['bʌtɪ] *n Br Fam* sándwich *m*

buxom ['bʌksəm] *adj* **-1.** *(full-bosomed)* de amplios senos **-2.** *(plump)* de carnes generosas

buy [baɪ] ◇ *n* compra *f*; **a good/bad ~** una buena/mala compra
◇ *vt (pt & pp* **bought** [bɔ:t]*)* **-1.** *(purchase)* comprar; **to ~ sth new/second-hand/on credit** adquirir algo nuevo/de segunda mano/a crédito *or* plazos; **to ~ sb sth, to ~ sth for sb** comprar algo a *or* para alguien; **to ~ sth from** *or Fam* **off sb** comprarle algo a alguien; **she bought herself a pair of skis** se compró un par de esquís; **they bought it for £100** lo compraron por 100 libras; **$20 won't ~ you very much these days** 20 dólares no te dan para mucho hoy en día; **let me ~ you a drink** te invito a tomar algo
-2. *(gain, obtain)* **money can't ~ you love/happiness** el dinero no atrae el amor/no da la felicidad
-3. *(bribe)* comprar, sobornar; **he can't be bought** no se deja comprar *or* sobornar
-4. *Fam (believe)* tragarse; **she won't ~ that** *(won't believe)* no se lo tragará; **OK, I'll ~ that!** bueno, me lo creo
-5. IDIOMS **to ~ time** ganar tiempo; *Fam* **he bought it** *or US* **the farm** *(has died)* estiró la pata, *Esp* la ha palmado
◇ *vi* comprar (**from** a); ~ **now, pay later** compre ahora y pague después

◆ **buy back** *vt sep* recomprar (**from** a); **can I ~ my bicycle back from you?** ¿me vendes la bici que me compraste?

◆ **buy in** *vt sep (supplies)* aprovisionarse de

◆ **buy into** *vt insep (company, scheme)* adquirir una parte *or* acciones de

◆ **buy off** *vt sep Fam (opponent)* comprar

◆ **buy out** *vt sep* **-1.** COM comprar la parte de; **he was bought out for $50,000** le compraron su parte por 50.000 dólares
-2. MIL **to ~ oneself out** pagar para salir del ejército

◆ **buy up** *vt sep* acaparar, comprar la totalidad de

buy-back ['baɪbæk] *n* COM recompra *f*

buyer ['baɪə(r)] *n* **-1.** *(customer)* comprador(ora) *m,f*; **a ~'s market** un mercado favorable al comprador **-2.** *(for store, company)* representante *mf* del departamento de compras

buy-out ['baɪaʊt] *n* COM adquisición *f* (de todas las acciones)

buzz [bʌz] ◇ *n* **-1.** *(noise) (of conversation)* rumor *m*; *(of machine, insects)* zumbido *m*; **the announcement caused a ~ of excitement** el anuncio levantó un cuchicheo *or* murmullo de emoción ❑ *Fam* HIST ~ **bomb** bomba *f* volante *(en la Segunda Guerra Mundial)*; *US* ~ **saw** sierra *f* circular; *Fam* ~ **word** palabra *f* de moda
-2. *Fam (phone call)* **to give sb a ~** dar a alguien un toque *or* un telefonazo, *Méx* echar un fonazo a alguien
-3. *Fam (gossip)* **what's the ~?** ¿qué se comenta?
-4. *Fam (thrill)* **to give sb a ~** volver loco(a) *or* dar mucho gusto a alguien; **to get a ~ out of sth** volverse loco con algo; *US* **he got a ~ on** le dio un subidón *or RP* acelere
◇ *vt Fam* **-1.** *(on intercom)* llamar por el portero electrónico; *(on pager)* llamar a través del *Esp* busca *or Méx* localizador *or RP* radiomensaje
-2. *US (telephone)* dar un telefonazo *or Méx* echar un fonazo a
-3. *(in aircraft) (building, town)* sobrevolar casi rozando; *(other aircraft)* volar muy cerca de *(para darle un aviso)*
◇ *vi* **-1.** *(make noise)* zumbar; **my ears were buzzing** me zumbaban los oídos
-2. *(with buzzer)* **he buzzed for his secretary** llamó a su secretaria por el interfono
-3. *Fam (be lively)* **the whole town was buzzing with excitement** toda la ciudad hervía de animación; **my head was buzzing with ideas** las ideas me bullían en la cabeza
-4. *Fam US (leave)* largarse, pirarse

◆ **buzz off** *vi Br Fam* largarse, *Esp, RP* pirarse; ~ **off!** ¡lárgate!, ¡fuera!

buzzard ['bʌzəd] *n* **-1.** *(hawk)* ratonero *m* común **-2.** *US (vulture)* buitre *m*

buzzer ['bʌzə(r)] *n (electric bell)* timbre *m*; **the ~ downstairs is broken** se ha estropeado el portero electrónico
buzzing ['bʌzɪŋ] *n* zumbido *m*
Bvd *US (abbr* **Boulevard***)* bulevar *m*
b & w, b/w PHOT & CIN *(abbr* **black and white***)* b/n, blanco y negro
by [baɪ] ◇ *prep* **-1.** *(expressing agent)* por; **he was arrested by the police** fue detenido por la policía; **made by hand** hecho a mano; **the song was written by Lennon** la canción fue escrita por Lennon, Lennon escribió la canción; **a play by Shakespeare** una obra de Shakespeare
-2. *(close to)* junto a; **by the fire** junto al fuego; **by the side of the road** al borde de la carretera; **the dog sat by her side** el perro se sentó a su lado
-3. *(via)* por; **enter by the back door** entra por la puerta de atrás; **to go by the same route** ir por la misma ruta; **by land/sea** por tierra/mar
-4. *(with manner, means)* **by rail** en tren; **by car/plane** en coche/avión; **to make a reservation by phone** reservar algo por teléfono; **to send sth by courier** enviar algo por mensajero; **to pay by credit card** pagar con tarjeta de crédito; **by moonlight** a la luz de la luna; **what do you mean by that?** ¿qué quieres decir con eso?; **to call sb by their first name** llamar a alguien por su nombre (de pila); **to take sb by the hand/arm** tomar *or Esp* coger a alguien de la mano/del brazo; **he took the sword by the hilt** agarró la espada por la empuñadura; **to know sb by sight** conocer a alguien de vista; **he had two children by his first wife** tuvo dos hijos de su primera esposa; **to earn one's living by teaching** ganarse la vida enseñando; **the machine is activated by pressing this button** la máquina se enciende apretando este botón; **he achieved fame by becoming the first man to set foot on the Moon** se hizo famoso por ser el primer hombre en la Luna
-5. *(past)* **he walked right by me without stopping** pasó por mi lado sin detenerse; **we drove by the school on the way here** pasamos delante del colegio camino de aquí
-6. *(at or before)* **he should be here by now** debería estar ya aquí; **by then it was too late** para entonces ya era demasiado tarde; **by tomorrow** para mañana; **by 1995 they were all dead** en 1995 ya estaban todos muertos; **by the time I arrived, she had already gone** para cuando llegué, ya se había marchado
-7. *(during)* **by day** de día; **by night** de noche, por la noche
-8. *(with measurements, quantities, numbers)* **to divide by three** dividir entre tres; **to multiply by three** multiplicar por tres; **to sell sth by weight/the kilo** vender algo al peso/por kilos; **3 metres by 2** 3 por 2 metros, 3 metros por 2; **to increase by 50 percent** aumentar en un 50 por ciento; **the price has gone up by $5** el precio ha subido 5 dólares; **you were exceeding the speed limit by 30 km/h** ibas 30 km/h por encima del límite de velocidad; **we are paid by the hour** nos pagan por horas; **they came by the thousand** vinieron a miles
-9. *(according to)* **I'm Swedish by birth** soy sueco de nacimiento; **by law** por ley; **that's all right by me** a mí me parece bien; **she's a teacher by profession** es profesora; **to go by appearances...** a juzgar por las apariencias...; **I will not live by their standards** me niego a vivir siguiendo sus criterios
-10. *(with reflexive pronouns) see* **myself, himself, yourself** *etc*
-11. *(as a result of)* **by chance/mistake** por casualidad/error; **I was surprised by what she said** me sorprendió lo que dijo
-12. *(indicating process)* **day by day** día a día; **little by little** poco a poco; **one by one** uno(a) a uno(a); **step by step** paso a paso; **two by two** de dos en dos
-13. come by my house some time *(visit)* pásate por mi casa algún día de éstos
◇ *adv* **-1. by and by** *(gradually)* poco a poco; *(soon)* dentro de poco; **by and large** en general, por lo general; **by the way..., by the by** *or* **bye...** a propósito...
-2. *(past)* **to pass by** *(person)* pasar; *(time)* transcurrir, pasar; **to drive by** pasar sin detenerse *(en coche)*
-3. you must come by some time *(visit)* tienes que visitarnos un día de éstos
-4. *(in reserve)* **I've been putting some money by for Christmas** he apartado algo de dinero para las Navidades

bye [baɪ] ◇ *n* SPORT **to get a ~** *(into next round)* = pasar a la fase siguiente en una competición sin necesidad de enfrentarse a un contrincante
◇ *exclam Fam* ¡adiós!, ¡hasta luego!, *Am* ¡bye!, *Am* ¡chau!

bye-bye ['baɪ'baɪ] *exclam Fam* ¡adiós!, ¡hasta luego!, *Am* ¡bye!, *Am* ¡chau!
bye-byes ['baɪbaɪz] *n Fam* **go (to) ~ now** a la camita ahora mismo
by(e)-law ['baɪlɔː] *n* **-1.** *Br (made by local government)* ordenanza *f* municipal **-2.** *(made by company, association)* estatutos *mpl*
by-election ['baɪɪlekʃən] *n Br* POL = elección parcial en una sola circunscripción para cubrir un escaño dejado vacante
Byelorussia = Belarus
Byelorussian = Belorussian
bygone ['baɪgɒn] ◇ *n* IDIOM **let bygones be bygones** lo pasado, pasado está, *Am* lo pasado, pisado
◇ *adj* pasado(a), pretérito(a); **in ~ days** en otros tiempos
by-law = bye-law
byline ['baɪlaɪn] *n* JOURN pie *m* de autor
BYOB *(abbr* **bring your own bottle***)* = sigla que indica bien que se lleven bebidas, en el caso de una fiesta, o bien que se pueden consumir bebidas alcohólicas traídas de fuera, en el caso de un restaurante
bypass ['baɪpɑːs] ◇ *n* **-1.** *(road)* (carretera *f* de) circunvalación *f* **-2.** *(heart operation)* bypass *m*
◇ *vt* **-1.** *(of road)* circunvalar; *(of traveller)* bordear, no atravesar **-2.** *(circumvent)* *(difficulty)* evitar, esquivar; *(superior)* rehuir; **I bypassed the personnel officer and spoke directly to the boss** me salté al responsable de personal y me dirigí directamente al director
by-play ['baɪpleɪ] *n* THEAT acción *f* secundaria
by-product ['baɪprɒdʌkt] *n* **-1.** *(of industrial process)* subproducto *m* **-2.** *(consequence)* consecuencia *f*
byre ['baɪə(r)] *n Br* establo *m*
byroad ['baɪrəʊd] *n* carretera *f* secundaria
Byronic [baɪ'rɒnɪk] *adj* byroniano(a)
bystander ['baɪstændə(r)] *n* espectador(ora) *m,f*, transeúnte *mf*
byte [baɪt] *n* COMPTR byte *m*
byway ['baɪweɪ] *n (road)* carretera *f* secundaria
byword ['baɪwɜːd] *n* **to be a ~ for...** ser sinónimo de...
by-your-leave ['baɪjɔː'liːv] *n* IDIOM **without so much as a ~** sin (ni) siquiera pedir permiso
Byzantine [bɪ'zæntaɪn, 'bɪzəntiːn] ◇ *n* HIST bizantino(a) *m,f*
◇ *adj* **-1.** HIST bizantino(a) **-2.** *(intricate, complex)* bizantino(a)
Byzantium [bɪ'zæntɪəm] *n* Bizancio

C, c [siː] *n (letter)* C

C [siː] *n* **-1.** MUS do *m* **-2.** SCH *(grade)* aprobado *m*; **to get a C** *(in exam, essay)* sacar un aprobado **-3.** *(abbr* **Celsius** *or* **centigrade)** C **-4.** *(abbr* **century)** s.; **~ 16** s. XVI **-5.** *Fam* **the big C** el cáncer **-6.** *(Roman numeral)* C **-7.** *US Fam* **C note** billete de cien dólares

c *(abbr* **cent(s))** *(of dollar)* centavo *m*; *(of euro)* céntimo *m*

c, ca *(abbr* **circa)** *(with dates)* h., hacia; *(with figures, amounts)* aprox.; **~ 820 AD** hacia el año 820 d.C.

C++ [ˈsiːplʌsˈplʌs] *n* COMPTR C++ *m*

C1 [ˈsiːˈwʌn] *n (abbr* **Canadian canoe 1)** C1 *m*

C2 [ˈsiːˈtuː] *n (abbr* **Canadian canoe 2)** C2 *m*

CA -1. *(abbr* **California)** California **-2.** *Br (abbr* **chartered accountant)** censor(ora) *m,f* jurado(a) de cuentas, contador(ora) *m,f* público(a) **-3.** *(abbr* **Consumers' Association)** asociación *f* de consumidores **-4.** *(abbr* **Central America)** América Central, Centroamérica

C/A, c/a FIN *(abbr Br* **current** *or* **cheque** *or US* **checking account)** c/c

CAA [ˌsiːeɪˈeɪ] *n (abbr* **Civil Aviation Authority)** = organismo regulador de la aviación civil en Gran Bretaña

CAB [ˌsiːeɪˈbiː] *n Br (abbr* **Citizen's Advice Bureau)** = oficina de asesoría para los ciudadanos, *Esp* ≃ OCU *f*

cab [kæb] *n* **-1.** *(taxi)* taxi *m* ❏ **~ driver** taxista *mf*; **~ rank** parada *f* de taxis **-2.** *(of lorry, train, crane)* cabina *f* **-3.** *(horse-drawn)* coche *m* de caballos

cabal [kəˈbɑːl] *n Pej* camarilla *f*

cabaret [ˈkæbəreɪ] *n* **-1.** *(show)* cabaré *m*, cabaret *m* ❏ **~ artist** *(female)* cabaretera *f*; *(male or female)* artista *mf* de variedades **-2.** *(nightclub)* cabaré *m*, cabaret *m*

cabbage [ˈkæbɪdʒ] *n* **-1.** *(vegetable)* col *f*, repollo *m* ❏ **~ lettuce** lechuga *f* repollada; **~ patch** huerto *m* de coles; **~ rose** rosa *f* de cien hojas *or* de Castilla; **~ white** *(butterfly)* mariposa *f* de la col **-2.** *Br (brain-damaged person)* vegetal *m* **-3.** *Br Fam (dull person)* pasmarote *m*, pasmado(a) *m,f*, *Méx* pendejo(a) *m,f*, *RP* papanatas *mf inv* **-4.** *US Fam (money) Esp* pasta *f*, *Am* plata *f*

cabbala [kəˈbɑːlə] *n* cábala *f*

cabbalist [ˈkæbəlɪst] *n* cabalista *mf*

cabbalistic [ˌkæbəˈlɪstɪk] *adj* cabalístico(a)

cabbie, cabby [ˈkæbɪ] *n Fam* taxista *mf*, *RP* tachero(a) *m,f*

caber [ˈkeɪbə(r)] *n (in Scotland)* tronco *m*; **tossing the ~** = prueba típica de los "Highland Games" consistente en llevar erguido un largo tronco *y* luego lanzarlo

cabin [ˈkæbɪn] *n* **-1.** *(hut)* cabaña *f* **-2.** *(of ship)* camarote *m* ❏ **~ boy** grumete *m*; **~ class** clase *f* cabina; **~ cruiser** yate *m* (de motor) **-3.** *(of plane)* cabina *f* ❏ **~ attendant** auxiliar *mf* de vuelo; **~ staff** personal *m* de cabina, tripulación *f* de cabina de pasajeros **-4.** *Br (signal box)* sala *f* de agujas, puesto *m* de señales **-5.** *Br (of lorry, train)* cabina *f*

cabinet [ˈkæbɪnɪt] *n* **-1.** *(piece of furniture)* armario *m*; *(with glass front)* vitrina *f* **-2.** POL gabinete *m*; **to form a ~** formar un gabinete; **they took the decision in ~** tomaron la decisión en un consejo de ministros ❏ **~ crisis** crisis *f* ministerial; **~ meeting** (reunión *f* del) consejo *m* de ministros; **~ minister** ministro(a) *m,f* (con cartera); **~ reshuffle** remodelación *f* del gabinete

cabinet-maker [ˈkæbɪnɪtmeɪkə(r)] *n* ebanista *mf*; **~'s (shop)** ebanistería *f*

cabinet-making [ˈkæbɪnɪtmeɪkɪŋ] *n* ebanistería *f*

cable [ˈkeɪbəl] ◇ *n* **-1.** *(electrical)* cable *m* **-2.** *(rope, wire)* cable *m* ❏ **~ car** teleférico *m*, funicular *m (poraire)*; **~ railway** funicular *m*; **~ release** *(for camera)* disparador *m* de cable **-3.** *(fibre-optic)* cable *m*; TV **~ (television)** televisión *f* por cable, cablevisión *f*; **only available on ~** disponible sólo a través de televisión por cable ❏ **~ company** operador(ora) *m,f* de cable, cableoperador(ora) *m,f*; **~ distribution** distribución *f* por cable; COMPTR **~ modem** módem *m* cable; **~ operator** operador(ora) *m,f* de cable, cableoperador(ora) *m,f* **-4.** *(in knitting)* **~ stitch** punto *m* de ochos *or* de trenzas **-5.** *(telegram)* cable(grama) *m* ❏ **~ transfer** *(of money)* giro *m* *or* transferencia *f* telegráfica **-6.** NAUT *(measurement)* cable *m* (120 brazas en Estados Unidos y 100 en el Reino Unido)
◇ *vt (message)* cablegrafiar; **I cabled them to say I needed more money** les mandé un cable *or* les cablegrafié para decirles que necesitaba más dinero

cablegram [ˈkeɪbəlɡræm] *n* cable *m*, cablegrama *m*

cableway [ˈkeɪbəlweɪ] *n* transportador *m* aéreo

cabling [ˈkeɪbəlɪŋ] *n* cables *mpl*

caboodle [kəˈbuːdəl] *n* IDIOM *Fam* **the whole (kit and) ~** todo, *Esp* toda la pesca

caboose [kəˈbuːs] *n* **-1.** *US (on train)* furgón *m* de cola **-2.** NAUT bodega *f* **-3.** *US Fam (buttocks)* trasero *m*

cabrilla [kəˈbrɪlə] *n* cabrilla *f*

cabriolet [ˈkæbrɪəleɪ] *n* AUT cabriolé *m*, descapotable *m*, *Am* convertible *m*

cacao [kəˈkɑːəʊ] *n* **-1.** *(plant)* cacao *m* **-2.** *(bean)* (semilla *f* de) cacao *m*

cache [kæʃ] *n* **-1.** *(of drugs, arms)* alijo *m* **-2.** COMPTR caché *f* ❏ **~ card** tarjeta *f* caché; **~ memory** memoria *f* caché; **~ RAM** RAM *f* caché
◇ *vt* **-1.** *(hide)* esconder **-2.** COMPTR *(data)* meter en la memoria caché

cachet [ˈkæʃeɪ] *n (distinction)* caché *m*, cachet *m*, distinción *f*

cack [kæk] *Br Fam* ◇ *n* **-1.** *(excrement)* caca *f* **-2.** *(nonsense)* bobadas *fpl*, tonterías *fpl*, *Esp* chorradas *fpl*; **don't talk ~!** ¡no digas bobadas! **-3.** *(worthless things)* porquerías *fpl*; **the film was a load of ~** la película era una porquería
◇ *adj (bad) Esp* chungo(a), *Am* feo(a); **her dress sense is ~** tiene un gusto nefasto para vestirse
◇ *vt* **he was cacking himself** *(scared)* estaba cagado (de miedo)

cack-handed [ˈkækˈhændɪd] *adj Fam* torpe, *Esp* patoso(a)

cackle [ˈkækəl] ◇ *n* **-1.** *(of hen)* cacareo *m*, cloqueo *m* **-2.** *Fam (talking)* parloteo *m*; *(laughter)* carcajeo *m*; **she gave a loud ~** soltó una risotada; **cut the ~!** ¡corta el rollo!, *RP* ¡paralá!
◇ *vt* **"you're trapped!" cackled the old witch** "estás atrapado", dijo con una risotada la vieja bruja
◇ *vi* **-1.** *(hen)* cacarear, cloquear **-2.** *Fam (laugh)* carcajearse

cacophonous [kəˈkɒfənəs] *adj* discordante, cacofónico(a)

cacophony [kəˈkɒfənɪ] *n* **-1.** *(harsh sounds)* estrépito *m*; **a ~ of voices** un griterío *or* una bulla enorme **-2.** LING cacofonía *f*

cactus [ˈkæktəs] *(pl* **cacti** [ˈkæktaɪ]) *n* cactus *m inv*, cacto *m* ❏ **~ wren** chochín *m* de los cactos

CAD [ˌsiːeɪˈdiː] *n* COMPTR *(abbr* **computer-aided** *or* **-assisted design)** CAD *m*

cad [kæd] *n Fam Old-fashioned* canalla *m*

cadaver [kəˈdævə(r)] *n* cadáver *m*

cadaverous [kəˈdævərəs] *adj* cadavérico(a)

CAD/CAM [ˈkædˈkæm] *n* COMPTR *(abbr* **computer-aided design/computer-assisted manufacture)** CAD/CAM *m*

caddie, caddy [ˈkædɪ] ◇ *n (in golf)* caddy *mf*, cadi *mf* ❏ **~ car** carrito *m* de golf; **~ cart** carrito *m* de golf
◇ *vi* **to ~ for sb** hacer de caddy para alguien

caddis fly [ˈkædɪsflaɪ] *n* frigánea *f*

caddish [ˈkædɪʃ] *adj Br Fam Old-fashioned (behaviour)* canallesco(a); *(person)* canalla; **that was a ~ thing to do** eso fue una canallada

caddy [ˈkædɪ] *n* **-1.** *(container)* **(tea) ~** caja *f* para el té **-2.** *US (cart)* carrito *m* **-3.** = **caddie**

cadence [ˈkeɪdəns] *n* cadencia *f*

cadenza [kəˈdenzə] *n* MUS cadencia *f (pasaje para solista)*

cadet [kəˈdet] *n* **-1.** MIL cadete *m* ❏ **~ corps** = organismo que, en algunas escuelas, enseña disciplina militar **-2.** *Br (police)* = alumno de una academia de policía

cadge [kædʒ] *Fam* ◇ *vt* gorrear, *Esp, Méx* gorronear, *RP* garronear **(from** *or* **off a)**; **he cadged a meal from** *or* **off his aunt** le gorreó *or Esp, Méx* gorroneó *or RP* garroneó una comida a su tía; **can I ~ a lift from you?** ¿me puedes llevar *or CAm, Méx, Perú* dar aventón?
◇ *vi* **she's always cadging off** *or* **from her friends** siempre está gorreando *or Esp, Méx* gorroneando *or RP* garroneando de sus amigos
◇ *n Br Esp* gorrón(ona) *m,f*; **to be on the ~** estar gorreando *or Esp, Méx* gorroneando *or RP* garroneando

cadger [ˈkædʒə(r)] *n Fam* gorrero(a) *m,f*, *Esp*, *Méx* gorrón(ona) *m,f*, *RP* garronero(a) *m,f*

cadmium [ˈkædmɪəm] *n* CHEM cadmio *m* ❏ **~ yellow** amarillo *m* cadmio

cadre [ˈkɑːdrə] *n* MIL & POL cuadro *m*

CAE [ˌsiːeɪˈiː] *n* COMPTR *(abbr* **computer-aided** *or -* **assisted engineering)** ingeniería *f* asistida por *Esp* ordenador *or Am* computadora

caecum, *US* cecum [ˈsiːkəm] *(pl* **caeca**, *US* **ceca** [ˈsiːkə]) *n* ANAT *(intestino m)* ciego *m*

Caesar [ˈsiːzə(r)] *pr n* César ❏ **~ salad** ensalada *f* César, = ensalada de lechuga, huevo pasado por agua, ajo, queso rallado y picatostes

caesarean, US **cesarean** [sɪˈzeərɪən] ◇ n cesárea f; **it was a ~** (delivery) fue un nacimiento por or mediante cesárea; **to be a ~** (baby) nacer por or mediante cesárea; **she has to have a ~** tienen que hacerle una or la cesárea; **the baby was born by ~** nació por or mediante cesárea
◇ adj **~ section** operación f de cesárea; **to be born** or **delivered by ~ section** nacer mediante una operación de cesárea
caesium, US **cesium** [ˈsiːzɪəm] n CHEM cesio m
caesura [sɪˈzjʊərə] (pl **caesuras, cesuras** or **caesurae, cesurae** [sɪˈzjʊəriː]) n LIT cesura f
café, cafe [ˈkæfeɪ] n **-1.** (coffee shop) café m, cafetería f ❑ **~ au lait** café m con leche; **~ society** = el mundillo de los cafés y restaurantes de moda **-2.** (cheap restaurant) cafetería f, restaurante m barato
cafeteria [kæfəˈtɪərɪə] n **-1.** (in school, hospital, museum) cafetería f, comedor m **-2.** (cheap restaurant) cafetería f, restaurante m barato
cafetière [kæfəˈtjeə(r)] n Br cafetera f (de émbolo)
caff [kæf] n Br Fam = cafetería barata
caffeine [ˈkæfiːn] n cafeína f
caffeine-free [ˈkæfiːnˈfriː] adj sin cafeína
caftan [ˈkæftæn] n caftán m
cage [keɪdʒ] ◇ n **-1.** (for bird or animal) jaula f **-2.** (of elevator) cabina f; (in coal mine) jaula f **-3.** SPORT (for discus, hammer) jaula f (de protección); (of ice-hockey goal) portería f
◇ vt enjaular; **to feel caged in** sentirse enjaulado(a)
caged [keɪdʒd] adj enjaulado(a); **he was like a ~ animal** era como un animal enjaulado
cagey, US **cagy** [ˈkeɪdʒɪ] adj **to be ~ (about sth)** (cautious) ir or Esp andar con tiento (con algo); (evasive) salirse por la tangente (en cuanto a algo); **he was being ~ about his qualifications** no quería dar demasiados detalles sobre su titulación
cagily [ˈkeɪdʒɪlɪ] adv con tiento, cautelosamente; **to answer ~** (deliberately vaguely) dar una respuesta vaga
caginess [ˈkeɪdʒɪnɪs] n tiento m, cautela f
cagoule [kəˈguːl] n Br chubasquero m
cagy US = **cagey**
cahoots [kəˈhuːts] npl IDIOM Fam **to be in ~ (with sb)** estar conchabado(a) (con alguien), RP estar metido(a) (con alguien)
CAI [siːeɪˈaɪ] n COMPTR (abbr **computer-aided instruction**) enseñanza f asistida por Esp ordenador or Am computadora
Caiaphas [ˈkaɪəfæs] pr n Caifás
caiman = **cayman**
Cain [keɪn] pr n Caín; IDIOM Fam **to raise ~** armar la gorda or Esp la marimorena
cairn [keən] n hito m de piedras ❑ **~ terrier** terrier m cairn
Cairo [ˈkaɪrəʊ] n El Cairo
caisson [ˈkeɪsən] n TECH **-1.** (watertight chamber) cajón m (estanco), campana f neumática ❑ **~ disease** enfermedad f de los cajones or de los buzos **-2.** (for raising sunken ships) camello m **-3.** (for dock) compuerta f flotante **-4.** (for ammunition) cajón m de municiones
cajole [kəˈdʒəʊl] vt engatusar; **to ~ sb into doing sth** engatusar a alguien para que haga algo; **they eventually cajoled the information out of him** lo engatusaron para sacarle la información
cajolery [kəˈdʒəʊlərɪ] n engatusamiento m
cajoling [kəˈdʒəʊlɪŋ] ◇ n engatusamiento m
◇ adj engatusador(ora)
Cajun [ˈkeɪdʒən] ◇ n **-1.** (person) cajún mf, = persona de Luisiana descendiente de inmigrantes franceses **-2.** (language) = lengua derivada del francés hablado en Luisiana
◇ adj cajún, = característico de los habitantes de Luisiana descendientes de inmigrantes franceses
cake [keɪk] ◇ n **-1.** (food) pastel m, Esp tarta f, Col, CSur torta f, Col ponqué m; (small) pastel m; **a chocolate ~** un pastel or Esp una tarta de chocolate; **to make** or **bake a ~** (small) hacer or cocinar un pastel; (big) hacer or cocinar una tarta ❑ **~**

shop pastelería f; **~ stand** = mueble para servir pasteles formado por varios platos superpuestos y sujetados por un armazón; Br **~ tin** molde m de pastel
-2. (block) (of soap, chocolate, paint, shoe polish) pastilla f
-3. IDIOMS **it's a piece of ~** es facilísimo, está tirado, RP es un boleto; **that takes the ~!** ¡esto es el colmo!; PROV **you can't have your ~ and eat it** no se puede estar en misa y repicando, RP no se puede chiflar y comer gofio
◇ vt **her shoes were caked with mud** tenía los zapatos llenos de barro
◇ vi endurecerse; **the mud had caked on his boots** el barro se le había secado en las botas
cakehole [ˈkeɪkhəʊl] n Br Fam **shut your ~!** ¡cierra el pico!
cakewalk [ˈkeɪkwɔːk] n IDIOM US Fam **it was a ~** (easy task) fue pan comido, fue un paseo
CAL [kæl] n COMPTR (abbr **computer-aided or -assisted learning**) enseñanza f asistida por Esp ordenador or Am computadora
cal. -1. (abbr **calorie**) cal. **-2.** (abbr **calibre**) calibre m
calabash [ˈkæləbæʃ] n **-1.** (fruit) calabaza f, Am güira f, Andes, RP zapallo m, Carib ahuyama f **-2.** (tree) calabacero m, Am güiro m, Andes, RP zapallo m, Col, Ven totumo m
calaboose [ˈkæləbuːs] n US Fam calabozo m; **in the ~** en la cárcel, Esp en chirona, Andes, RP en la cana, RP en el bote
calamari [kæləˈmɑːrɪ] n CULIN calamares mpl
calami pl of **calamus**
calamine [ˈkæləmaɪn] n calamina f ❑ **~ lotion** loción f de calamina
calamitous [kəˈlæmɪtəs] adj calamitoso(a), desastroso(a)
calamity [kəˈlæmɪtɪ] n calamidad f, desastre m
calamus [ˈkæləməs] (pl **calami** [ˈkæləmaɪ]) n cálamo m, ácoro m
calandra lark [kəˈlændrəˈlɑːk] n calandria f
calcareous [kælˈkeərɪəs] adj CHEM calcáreo(a)
calcic [ˈkælsɪk] adj CHEM cálcico(a)
calcification [kælsɪfɪˈkeɪʃən] n calcificación f
calcify [ˈkælsɪfaɪ] ◇ vt calcificar
◇ vi calcificarse
calcination [kælsɪˈneɪʃən] n calcinación f
calcine [ˈkælsaɪn] ◇ vt calcinar
◇ vi calcinarse
calcite [ˈkælsaɪt] n GEOL calcita f
calcium [ˈkælsɪəm] n CHEM calcio m ❑ **~ carbonate** carbonato m cálcico; **~ hydrate** hidrato m de calcio; **~ hydroxide** hidróxido m de calcio; **~ phosphate** fosfato m cálcico
calculable [ˈkælkjʊləbəl] adj calculable
calculate [ˈkælkjʊleɪt] ◇ vt **-1.** (reckon) (mathematically) calcular; (estimate, evaluate) calcular, estimar; **he calculated that his chances of success were reasonably good** calculó or estimó que tenía bastante buenas posibilidades de tener éxito
-2. (design, intend) **his remark was calculated to shock** pretendió impresionar con el comentario; **his comments were scarcely calculated to inspire confidence** sus comentarios no inspiraron demasiado optimismo que digamos
◇ vi **to ~ on (doing) sth** contar con (hacer) algo
calculated [ˈkælkjʊleɪtɪd] adj **-1.** (considered) calculado(a); **a ~ risk** un riesgo calculado **-2.** (intentional) deliberado(a); **a ~ insult** un insulto intencionado
calculating [ˈkælkjʊleɪtɪŋ] adj **-1.** (scheming) calculador(ora) **-2.** (adding) **~ machine** calculadora f
calculation [kælkjʊˈleɪʃən] n **-1.** (mathematical) cálculo m; **to make a ~** hacer or efectuar un cálculo; **to be out in one's calculations** equivocarse en el cálculo or en los cálculos
-2. (estimate) **to upset sb's calculations** desbaratar los cálculos de alguien; **by my calculations we should be there soon** según mis cálculos deberíamos llegar allí pronto
-3. (self-interested forethought) **his action was**

more the result of ~ than principle su acción obedecía más a un cálculo premeditado que a una cuestión de principios
calculator [ˈkælkjʊleɪtə(r)] n **-1.** (electronic) calculadora f **-2.** (table) tabla f
calculus [ˈkælkjʊləs] (pl **calculuses** or **calculi** [ˈkælkjʊlaɪ, ˈkælkjʊliː]) n **-1.** MATH cálculo m (infinitesimal) **-2.** MED cálculo m
Calcutta [kælˈkʌtə] n Calcuta
caldera [kælˈdeərə] n GEOL caldera f
Caledonia [kælɪˈdəʊnɪə] n Caledonia
Caledonian [kælɪˈdəʊnɪən] ◇ n caledonio(a) m,f
◇ adj caledonio(a)
calendar [ˈkælɪndə(r)] ◇ n **-1.** (system) calendario m **-2.** (list of days and dates) calendario m ❑ **~ month** mes m natural; **~ year** año m natural, Am año m calendario **-3.** (list of events) calendario m; **a key date in the legal/sporting ~** una fecha clave en el calendario jurídico/deportivo
◇ vt **it has been calendared for 16 June** la fecha ha sido fijada para el 16 de junio
calendarize [ˈkælɪndəraɪz] vt FIN desglosar en el calendario
calender [ˈkælɪndə(r)] n (machine) calandria f
calends [ˈkælɪndz] npl HIST calendas fpl
calendula [kəˈlendjʊlə] n caléndula f, maravilla f
calf¹ [kɑːf] (pl **calves** [kɑːvz]) n **-1.** (young cow, bull) becerro(a) m,f, ternero(a) m,f; **the cow is in** or **with ~** la vaca está preñada; IDIOM **to kill the fatted ~** tirar la casa por la ventana ❑ **~ love** amor m de adolescente **-2.** (skin) piel f de becerro **-3.** (young elephant, giraffe, buffalo) cría f; (young whale) ballenato m
calf² (pl **calves** [kɑːvz]) n (of leg) pantorrilla f ❑ **~ muscle** gemelo m
calfskin [ˈkɑːfskɪn] n piel f de becerro
caliber US = **calibre**
calibrate [ˈkælɪbreɪt] vt (instrument) calibrar
calibration [kælɪˈbreɪʃən] n (of instrument) calibrado m, calibración f
calibre, US **caliber** [ˈkælɪbə(r)] n **-1.** (of firearm) calibre m **-2.** (of person) calibre m, categoría f; **the work is of the highest ~** es un trabajo de gran categoría; **the two applicants are not of the same ~** los dos aspirantes no son del mismo calibre or de la misma categoría
calico [ˈkælɪkəʊ] (pl **calicoes**) ◇ n **-1.** Br (white fabric) percal m, calicó m **-2.** US (printed fabric) percal m, calicó m
◇ adj US **a ~ cat** = gato de tres colores, normalmente blanco con manchas negras y rojizas
Calif (abbr **California**) California
California [kælɪˈfɔːnɪə] n California ❑ **~ condor** cóndor m de California; **~ privet** aligustre m de California; **~ quail** codorniz f de California
Californian [kælɪˈfɔːnɪən] ◇ n californiano(a) m,f
◇ adj californiano(a)
californium [kælɪˈfɔːnɪəm] n CHEM californio m
Caligula [kəˈlɪgjʊlə] pr n Calígula
calipers US = **callipers**
caliph [ˈkeɪlɪf] n califa m
caliphate [ˈkælɪfeɪt] n califato m
calisthenics US = **callisthenics**
CALL [kɔːl] n COMPTR (abbr **computer-assisted language learning**) enseñanza f de idiomas asistida por Esp ordenador or Am computadora
call [kɔːl] ◇ n **-1.** (cry) (of person) llamada f, grito m, Am llamado m; (of animal) grito m; (of bird) reclamo m; (of horn, bugle) toque m
-2. (alert, summons) (at airport) aviso m, llamada f, Am llamado m; (in theatre) aviso m; **would you like a ~ in the morning?** ¿quiere que lo despertemos Esp por or Am en la mañana?
-3. (appeal) llamamiento m, llamada f, Am llamado m; **there were calls for a strike** hubo llamamientos a la huelga; **there were calls for her resignation** pidieron su dimisión; **a ~ for unity/compassion** un llamamiento a la unidad/la compasión; COM **a ~ for tenders** una convocatoria a la

licitación; **a ~ to arms** una llamada a (tomar) las armas; **a ~ to order** una llamada al orden ❑ **~ alarm** alarma *f* *(para anciano o discapacitado)*
-**4.** *(on phone)* llamada *f*, *Am* llamado *m*; *(long-distance)* llamada *f* interurbana, *Esp* conferencia *f*, llamada *f or Am* llamado *m* larga distancia; **to get** *or* **receive a ~** recibir una llamada; **to give sb a ~** llamar a alguien; **to make a ~** hacer una llamada *or Am* un llamado; **to put a ~ through (to sb)** pasar una llamada *or Am* un llamado (a alguien); **to return sb's ~** devolverle la llamada *or Am* el llamado a alguien; **you have a ~ from Canada** tienes una llamada *or Am* un llamado *or* desde Canadá, te llaman de *or* desde Canadá; **there's a ~ for you** tienes una llamada *or Am* un llamado, te llaman; **he's on a ~** está hablando por teléfono, está con una llamada *or Am* un llamado; **will you accept the ~?** *(when charges are reversed)* ¿acepta la llamada *or Am* el llamado?; **I'll take the ~ in my office** pásame la llamada *or Am* el llamado a mi oficina ❑ **~ barring** bloqueo *m or* prohibición *f* de llamadas *or Am* llamados; **~ box** *Br* cabina *f* telefónica *or* de teléfono; *US* teléfono *m* de emergencia; **~ centre** centro *m* de atención telefónica; **~ diversion** desvío *m* de llamada *or Am* llamado; **~ forwarding** desvío *m* de llamada *or Am* llamado; **~ girl** prostituta *f* *(que concierta sus citas por teléfono)*; *US* **~ letters** *(of radio station)* código *m* de identificación; **~ sign** *(of radio station)* código *m* de identificación; **~ transfer** desvío *m* de llamada *or Am* llamado; **~ waiting** llamada *f or Am* llamado *m* en espera
-**5.** *(visit)* visita *f*; **to pay a ~ on sb, to pay sb a ~** hacer una visita a alguien
-**6.** *(demand)* demanda *f* **(for** de); **there are a lot of calls on my time** tengo muchos compromisos; **there's not much ~ for it** no tiene mucha demanda, no hay mucha demanda de ello; **there's no ~ for rudeness!** no hace falta ser grosero; **to be on ~** *(doctor)* estar de guardia; **he showed bravery beyond the ~ of duty** mostró un valor excepcional; *Hum* **I need to answer a ~ of nature** necesito hacer mis necesidades ❑ **~ number** *(for library book)* signatura *f*; *US* **~ slip** *(for library book)* ficha *f*
-**7.** *(decision)* decisión *f*; **it's a hard ~** es una decisión difícil; **it's your ~** *(when tossing coin)* tú eliges
-**8.** *(in basketball, baseball, tennis)* decisión *f*
-**9.** *Literary (attraction)* llamada *f*, *Am* llamado *m*; **the ~ of the wild** la llamada *or Am* el llamado de la naturaleza
-**10.** *(option)* **you'll have first ~** serás el primero al que consultemos
-**11.** ST EXCH *(claim)* requerimiento *m* de pago ❑ **~ option** opción *f* de compra
-**12.** FIN **~ money** dinero *m* a la vista, préstamo *m* al cliente
-**13.** *(in bridge)* canto *m*
◇ *vt* -**1.** *(summon) (person)* llamar; **the headmaster called me into his study** el director me llamó a su despacho; **he called me over to show me something** me llamó para enseñarme *or* mostrarme una cosa; **he felt called to be a priest** sintió la llamada *or Am* el llamado del Señor; LAW **to ~ sb to give evidence** llamar a alguien a prestar declaración; LAW **to ~ sb as a witness** llamar a alguien a testificar; **to ~ sb's attention to sth** llamar la atención de alguien sobre algo; **it calls to mind when...** me hace recordar *or Am* acordar cuando...; **to ~ sb to order** llamar a alguien al orden; **to ~ sth into play** poner algo en juego; **to ~ sth into question** poner algo en tela de juicio
-**2.** *(announce) (meeting, strike, election)* convocar; *(flight)* anunciar
-**3.** *(on phone)* llamar, telefonear; **I'm going to ~ the police** voy a llamar a la policía; **we called his house** llamamos a su casa, [IDIOM]

Hum **don't ~ us, we'll ~ you** ya lo(a) llamaremos
-**4.** *(name)* llamar; **we called him Spot** le pusimos Spot; **she is called Teresa** se llama Teresa; **what's he/it called?** ¿cómo se llama?; **~ me by my first name** llámame por mi nombre (de pila); **to ~ sb names** insultar a alguien; **to ~ sb all the names or every name under the sun** poner a alguien de vuelta y media
-**5.** *(describe as)* llamar; **to ~ sb a liar/a thief** llamar a alguien mentiroso/ladrón; **are you calling me a thief?** ¿me estás llamando ladrón?; **she calls herself a consultant** dice que es una asesora; *Ironic* **~ yourself a mechanic!** ¡vaya un experto en mecánica (que estás tú hecho)!
-**6.** *(consider)* **I wouldn't ~ her a friend** no es exactamente una amiga; **do you ~ that clean?** ¿llamas limpio a esto?; **we'll ~ it $10** dejémoslo en *or* digamos 10 dólares; **let's ~ it a day** ya está bien por hoy; **let's ~ it a draw** dejémoslo en empate; **I want a place I can ~ my own** quiero tener mi propia casa
-**7.** *(shout)* **to ~ sb's name** llamar a alguien por su nombre
-**8.** FIN **to ~ a loan** exigir el pago *or* la amortización de un préstamo
-**9.** SPORT *(declare, judge)* **the umpire called the shot out** el juez de silla dijo que la bola había sido mala *or* que la bola había salido
-**10.** *(in poker)* ver; **I called him for $50** vi sus 50 dólares
◇ *vi* -**1.** *(person, bird, animal)* llamar; *(horn, bugle)* sonar; **to ~ for help** pedir ayuda a gritos; **he called to his companions** llamó a sus compañeros
-**2.** *(on phone)* llamar; **did anyone ~ while I was out?** ¿me llamó alguien mientras no estaba?; **(may I ask) who's calling?** ¿de parte de quién?
-**3.** *(visit) (person)* venir, pasarse
-**4.** *(when tossing coin)* **you ~!** ¡tú eliges!
◆ **call aside** *vt sep* llamar aparte
◆ **call at** *vt insep* -**1.** *(visit) (of person)* pasarse por; **to ~ at the baker's** pasarse por la panadería; **I called (round) at Steve's** me pasé *or* fui por casa de Steve
-**2.** *(stop)* **the ship called at several ports** el barco hizo escala en varios puertos; **this train will ~ at York and Peterborough** este tren efectúa parada en York y Peterborough
◆ **call away** *vt sep* **she was called away from the office** tuvo que salir de la oficina; **she's been called away on business** ha tenido que marcharse por un asunto de negocios
◆ **call back** ◇ *vt sep* -**1.** *(summon again)* hacer volver; **as I was leaving he called me back** me llamó cuando ya me iba
-**2.** *(on phone)* volver a llamar; **could you ~ me back later?** ¿podría llamarme más tarde?
◇ *vi* -**1.** *(on phone)* volver a llamar
-**2.** *(return)* volver (a pasar)
◆ **call by** *vi Br (visit)* pasarse
◆ **call down** *vt sep* -**1.** *Literary* **to ~ sth down on** *or* **upon sb** invocar algo sobre alguien
-**2.** *US Fam (reprimand)* llamar la atención a, dar un toque a
◆ **call for** *vt insep* -**1.** *(require)* requerir, necesitar; **this calls for a celebration!** ¡esto hay que celebrarlo!; **that wasn't called for!** ¡eso no era necesario!, ¡no había necesidad de eso!
-**2.** *(demand)* exigir; **the opposition called for an official statement** la oposición exigió una declaración oficial
-**3.** *Br (come to collect)* **a young man called for you** un joven vino a verte; **I'll ~ for you/it at twelve** pasaré a recogerte/recogerlo a las doce
◆ **call forth** *vt insep* -**1.** *Formal (provoke)* provocar

-**2.** *Literary (summon)* convocar
◆ **call in** ◇ *vt sep* -**1.** *(doctor, police)* llamar; *(into room)* hacer pasar
-**2.** *(recall) (defective goods)* retirar del mercado; *(banknotes)* retirar de la circulación; *(library books)* reclamar
-**3.** *(loan)* pedir la devolución *or* el pago de; *(favour)* pedir la devolución de
◇ *vi* -**1.** *(visit)* **to ~ in on sb** ir a *or* pasarse por casa de alguien
-**2.** *(phone)* llamar
◆ **call off** *vt sep* -**1.** *(cancel) (meeting, match, trip, search)* suspender; *(strike)* desconvocar; *(deal)* cancelar, suspender
-**2.** *(dog)* llamar, **I want you to ~ off your thugs** quiero que retires a tus matones
◆ **call on, call upon** *vt insep* -**1.** *(request, invite)* **to ~ on sb to do sth** invitar a alguien a que haga algo; **I now ~ on the mayor to open this conference** y cedo al alcalde el honor de inaugurar este congreso
-**2.** *(require)* **she may be called on to give evidence** puede que la hagan comparecer como testigo
-**3.** *(visit)* visitar; **the sales reps ~ on their clients monthly** los representantes van a ver *or* visitan a los clientes todos los meses
-**4.** *(make use of)* recurrir a; **he had to ~ on every ounce of concentration** tuvo que concentrarse al máximo
◆ **call out** ◇ *vt sep* -**1.** *(troops)* convocar; *(doctor)* llamar; **the workers were called out on strike** se convocó a los trabajadores a la huelga
-**2.** *(shout)* gritar; *(numbers in bingo, lottery)* cantar
◇ *vi (shout out)* gritar
◆ **call round** *vi Br* **I'll ~ round this afternoon** pasaré a verte *or* visitarte esta tarde
◆ **call up** *vt sep* -**1.** *(reinforcements)* pedir
-**2.** *(on phone)* llamar
-**3.** MIL *(draft)* llamar a filas, reclutar
-**4.** *(select for team)* convocar
-**5.** COMPTR *(data, information)* visualizar
-**6.** *(spirit)* invocar
◆ **call upon** *vt insep* = **call on**
Callanetics® [ˈkæləˌnetɪks] *npl* ejercicios *mpl* musculares de Callan
callboy [ˈkɔːlbɔɪ] *n* -**1.** THEAT traspunte *m* -**2.** *US (bellboy)* botones *m inv*
caller [ˈkɔːlə(r)] *n* -**1.** *(visitor)* visita *f* -**2.** *(on phone)* persona *f* que llama; **many of our callers have been asking about the cost of the scheme** muchos de nuestros oyentes han llamado preguntando cuánto costaría el proyecto -**3.** *(in bingo)* = persona que canta los números
calligrapher [kəˈlɪɡrəfə(r)] *n* calígrafo(a) *m,f*
calligraphy [kəˈlɪɡrəfɪ] *n* caligrafía *f*
call-in [ˈkɔːlɪn] *n US* RAD & TV **~ show** = programa con llamadas de los televidentes/oyentes
calling [ˈkɔːlɪŋ] *n* -**1.** *(vocation)* vocación *f*; **that's very good work, I think you might have missed your ~!** ese trabajo está muy bien, ¡te deberías haber dedicado a esto!
-**2.** *Formal (profession)* profesión *f* ❑ *US* **~ card** tarjeta *f* de visita; *Fig* sello *m* inconfundible; *Fam Hum* **Lassie left her ~ card on the carpet** Lassie dejó un regalito en la alfombra
callipers, *US* **calipers** [ˈkælɪpəz] *npl* -**1.** *(for legs)* aparato *m* ortopédico -**2.** *(measuring device)* calibrador *m*, calibre *m*
callisthenics, *US* **calisthenics** [ˌkælɪsˈθenɪks] *n* gimnasia *f* sueca, calistenia *f*
callous [ˈkæləs] *adj* cruel, desalmado(a); **to make sb ~** encallecer a alguien; **to become ~** encallecerse
calloused [ˈkæləst] *adj* calloso(a), encallecido(a); **to become ~** *(hands, feet)* encallecerse
callously [ˈkæləslɪ] *adv* cruelmente, despiadadamente

callousness ['kæləsnɪs] *n* crueldad *f*, inhumanidad *f*

call-out ['kɔːlaʊt] *n Br (by maintenance man)* desplazamiento *m* ❑ **~ charge** tarifa *f* por desplazamiento

callow ['kæləʊ] *adj* inmaduro(a); **a ~ youth** un joven bisoño *or* inexperto

call-up ['kɔːlʌp] *n* MIL llamada *f or Am* llamado *m* a filas, reclutamiento *m*; **to get one's ~ papers** recibir la orden de reclutamiento, ser llamado(a) a filas

callus ['kæləs] *n* **-1.** *(on skin)* callo *m*, callosidad *f* **-2.** MED *(on broken bone)* callo *m*

calm [kɑːm] ◇ *n* calma *f*, tranquilidad *f*; *also Fig* **the ~ before the storm** la calma que precede a la tormenta
◇ *adj* **-1.** *(person)* tranquilo(a), reposado(a); **to stay ~** mantener la calma; **to become** *or* **grow calmer** calmarse; **to be ~ and collected** mantenerse sereno(a) **-2.** *(sea)* tranquilo(a), en calma; *(weather)* apacible
◇ *vt* calmar, tranquilizar; **this will ~ your nerves** esto te calmará *or* tranquilizará
◆ **calm down** ◇ *vt sep (person)* calmar, tranquilizar
◇ *vi (person)* calmarse, tranquilizarse; *(situation)* calmarse; **~ down!** ¡cálmate!, ¡tranquilízate!

calming ['kɑːmɪŋ] *adj (influence, effect)* tranquilizador(ora), tranquilizante; **her words had a ~ effect on him** sus palabras consiguieron tranquilizarlo

calmly ['kɑːmlɪ] *adv* serenamente, tranquilamente; **she took the news very ~** se tomó la noticia con mucha calma

calmness ['kɑːmnɪs] *n (of person)* calma *f*, tranquilidad *f*; *(of voice, sea)* calma *f*

Calor gas® ['kælə'gæs] *n Br* butano *m*

caloric [kə'lɒrɪk] *adj* calórico(a)

calorie ['kælərɪ] *n* caloría *f*; *Fam* **to watch** *or* **count the calories** cuidar la línea ❑ **~ content** contenido *m or* aporte *m* calórico

calorie-controlled ['kælərɪkən'trəʊld] *adj (diet)* bajo(a) en calorías

calorific [kælə'rɪfɪk] *adj* calorífico(a) ❑ **~ value** *(of fuel)* poder *m* calorífico; *(of food)* valor *m* calórico

calorimeter [kælə'rɪmɪtə(r)] *n* CHEM calorímetro *m*

calque [kælk] *n* LING calco *m*

calumniate [kə'lʌmnɪeɪt] *vt Formal* calumniar

calumnious [kə'lʌmnɪəs] *adj Formal* calumnioso(a)

calumny ['kæləmnɪ] *n* calumnia *f*

Calvados ['kælvədɒs] *n* calvados *m inv*

Calvary ['kælvərɪ] *n* REL calvario *m*

calve [kɑːv] *vi (cow)* parir

calves *pl of* **calf**

Calvin ['kælvɪn] *pr n* **John ~** Juan Calvino

Calvinism ['kælvɪnɪzəm] *n* calvinismo *m*

Calvinist ['kælvɪnɪst] ◇ *n* calvinista *mf*
◇ *adj* calvinista

calypso [kə'lɪpsəʊ] *(pl* **calypsos**) *n* calipso *m*

calyx ['keɪlɪks] *(pl* **calyxes** *or* **calyces** ['keɪlɪsiːz]*) n* BOT cáliz *m*

CAM [siːi'em] *n* COMPTR *(abbr* **computer-aided** *or* **-assisted manufacture)** CAM *f*, fabricación *f* asistida por *Esp* ordenador *or Am* computadora

cam [kæm] *n* TECH leva *f*

camaraderie [kæmə'rɑːdərɪ] *n* camaradería *f*, compañerismo *m*

camber ['kæmbə(r)] *n* **-1.** *(curve) (of road)* caída *f*, peralte *m*; *(of ship deck)* brusca *f*; *(of aircraft wing)* curvatura *f* **-2.** *(of car wheels)* inclinación *f*

cambered ['kæmbəd] *adj (road)* peraltado(a); *(ship's deck)* con brusca

Cambodia [kæm'bəʊdɪə] *n* Camboya

Cambodian [kæm'bəʊdɪən] ◇ *n* camboyano(a) *m,f*
◇ *adj* camboyano(a)

Cambrian ['kæmbrɪən] GEOL ◇ *n* **the ~** el cámbrico
◇ *adj (period)* cámbrico(a)

cambric ['kæmbrɪk] *n* batista *f*

Cambridge ['keɪmbrɪdʒ] *n* Cambridge

Cambs. *(abbr* **Cambridgeshire)** *(condado m de)* Cambridgeshire

camcorder ['kæmkɔːdə(r)] *n* videocámara *f (portátil)*

came *pt of* **come**

camel ['kæməl] ◇ *n* **-1.** *(animal)* camello *m* ❑ **~ driver** camellero(a) *m,f*; **~ racing** carreras *fpl* de camellos **-2.** *(colour)* beige *m*, *Esp* beis *m*
◇ *adj (coat, jacket) (of camelhair)* de pelo de camello; *(coloured)* beige, *Esp* beis

camelhair ['kæməlheə(r)] *n* pelo *m* de camello ❑ **~ coat** abrigo *m* de pelo de camello

camellia [kə'miːlɪə] *n* camelia *f*

Camembert ['kæməmbeə(r)] *n (queso m)* camembert *m*

cameo ['kæmɪəʊ] *(pl* **cameos***) n* **-1.** *(stone)* **~ (brooch)** camafeo *m* **-2.** CIN aparición *f* breve *(de un actor famoso)*; **he has a ~ role in...** aparece brevemente en...

camera ['kæmərə] *n* **-1.** *(photographic)* cámara *f (fotográfica)*, máquina *f* de fotos *or* fotográfica; *(for TV, cinema)* cámara *f*; **TV off ~** fuera de imagen; **TV on ~** delante de la cámara; **the ~ never lies** la cámara nunca miente ❑ **~ crew** equipo *m* de filmación; **~ lens** objetivo *m* **-2.** LAW **in ~** a puerta cerrada **-3. ~ obscura** cámara *f* oscura

cameraman ['kæmərəmæn] *n* cámara *m*, operador *m*

camera-ready copy ['kæmərəredɪ'kɒpɪ] *n* TYP copia *f* lista para ser filmada

camera-shy ['kæmərəʃaɪ] *adj* **she's extremely ~** le da muchísima vergüenza *or Am* pena que le hagan fotos/que le filmen

camerawoman ['kæmərəwʊmən] *n* cámara *f*, operadora *f*

camerawork ['kæmərəwɜːk] *n* fotografía *f*

Cameroon [kæmə'ruːn] *n* Camerún

Cameroonian [kæmə'ruːnɪən] ◇ *n* camerunés(esa) *m,f*
◇ *adj* camerunés(esa)

camiknickers ['kæmɪnɪkəz] *npl* picardías *m inv*

camisole ['kæmɪsəʊl] *n* combinación *f*

camomile, chamomile ['kæməmaɪl] *n* manzanilla *f*, camomila *f* ❑ **~ tea** *(infusión f de)* manzanilla *f*

camouflage ['kæməflɑːʒ] ◇ *n also Fig* camuflaje *m*
◇ *vt also Fig* camuflar

camp[1] [kæmp] ◇ *n* **-1.** *(place)* campamento *m*; **to make** *or* **pitch** *or* **set up ~** acampar; **to break ~** levantar el campamento ❑ **~ bed** cama *f* plegable, catre *m* **-2.** *US (summer)* **~** colonia *f*, campamento *m* de verano **-3.** *(group)* bando *m*; **the conservative ~** el bando conservador; **to go over to the other ~** pasarse al otro bando
◇ *vi* **to ~ (out)** acampar

camp[2] *adj Fam* **-1.** *(behaviour, manner)* amariposado(a), amanerado(a) **-2.** *(style, taste)* amanerado(a), *Esp* hortera, *Col* lobo(a), *Méx* corriente, *RP* groncho(a)
◆ **camp up** *vt sep* afeminar, amanerar; **to ~ it up** remedar a las mujeres *(en gestos, la voz)*

campaign [kæm'peɪn] ◇ *n* **-1.** *(military)* campaña *f* **-2.** *(electoral, marketing)* campaña *f*; **a ~ against drugs** una campaña contra las drogas; **a ~ for a shorter working week** una campaña para conseguir la reducción de la semana laboral ❑ **~ manager** *(in election)* director(ora) *m,f or* jefe(a) *m,f* de campaña; **~ worker** = persona que trabaja en una campaña electoral
◇ *vi* **to ~ for/against** hacer campaña a favor de/en contra de

campaigner [kæm'peɪnə(r)] *n* defensor(ora) *m,f*; **to be a ~ for/against** hacer campaña a favor de/en contra de

campanile [kæmpə'niːlɪ] *n* campanil *m*, campanario *m (torre independiente)*

campanology [kæmpə'nɒlədʒɪ] *n* campanología *f*

campanula [kæm'pænjʊlə] *n* BOT campanilla *f*, campánula *f*

Camp David [kæmp'deɪvɪd] *n* = residencia campestre del presidente estadounidense ❑ POL **the ~ Agreement** los Acuerdos de Camp David

camper ['kæmpə(r)] *n* **-1.** *(person)* campista *mf* **-2.** *(vehicle)* **~ (van)** autocaravana *f*

campfire ['kæmpfaɪə(r)] *n* fuego *m or* hoguera *f (de campamento)*

camp-follower ['kæmp'fɒləʊə(r)] *n* **-1.** HIST = vendedor, prostituta, etc. que se desplaza con un ejército **-2.** *(politician)* político(a) *m,f* oportunista

campground ['kæmpgraʊnd] *n US* camping *m*

camphor ['kæmfə(r)] *n* alcanfor *m* ❑ **~ tree** alcanforero *m*

camphorated ['kæmfəreɪtɪd] *adj* alcanforado(a)

camping ['kæmpɪŋ] *n* acampada *f*; *(on commercial campsite)* camping *m*; **to go ~** ir de acampada; *(on commercial campsite)* ir de camping ❑ **~ mat** aislante *m (colchoneta)*; **~ site** lugar *m* de acampada; *(commercial)* camping *m*; **~ stove** hornillo *m*

campion ['kæmpɪən] *n (red)* coronaria *f*; *(white)* colleja *f*

campsite ['kæmpsaɪt] *n* lugar *m* de acampada; *(commercial)* camping *m*

campus ['kæmpəs] *n* campus *m inv*; **to live on/off ~** vivir en el campus/fuera del campus ❑ *Br* **~ university** universidad *f* en torno a un campus

CAMRA ['kæmrə] *n (abbr* **Campaign for Real Ale)** = asociación británica que promociona el consumo de cervezas tradicionales a través de publicaciones, festivales y otras actividades

camshaft ['kæmʃɑːft] *n* TECH árbol *m* de levas

can[1] [kæn] ◇ *n* **-1.** *(container) (for food, drink)* lata *f*; *(for hairspray, polish)* bote *m*; *(for petrol)* bidón *m*; *US (for rubbish)* balde *m*, cubo *m*; **it's in the ~** *(movie)* está rodado; *Fam Fig* **the project's in the ~** el proyecto sale adelante seguro, *Esp* tenemos el proyecto en el bote; [IDIOM] **to open a ~ of worms** sacar a la luz un asunto espinoso; [IDIOM] **it's a real ~ of worms** es un asunto espinoso
-2. *US Fam (toilet)* baño *m*, *Esp* tigre *m*
-3. *US Fam (prison)* cárcel *f*, *Esp* chirona *f*, *Andes, RP* cana *f*, *Méx* bote *m*; **in the ~** en la cárcel *or Esp* en chirona *or Andes, RP* en la cana *or Méx* en el bote
-4. *US Fam (buttocks)* trasero *m*; **to kick sb in the ~** dar a alguien una patada en el culo *or* trasero
◇ *vt (pt & pp* **canned***)* **-1.** *(fruit, meat)* enlatar
-2. *US Fam* **~ it!** *(keep quiet)* ¡cállate la boca!
-3. *US Fam (dismiss)* poner de patitas en la calle

can[2] [*stressed* kæn, *unstressed* kən] *modal aux v*

> El verbo **can** carece de infinitivo, de gerundio y de participio. En infinitivo o en participio, se empleará la forma correspondiente de **be able to**, por ejemplo: **he wanted to be able to speak English**; **she has always been able to swim**. En el inglés hablado, y en el escrito en estilo coloquial, la forma negativa **cannot** se transforma en **can't**.

-1. *(be able to)* poder; **I ~ go** puedo ir; **~ you help me?** ¿puedes ayudarme?, ¿me ayudas?; **we cannot possibly do it** no podemos hacerlo de ninguna manera; **I will come as soon as I ~** vendré lo antes posible; **he was very disappointed – ~ you blame him?** se quedó muy desilusionado – ¡no me extraña!; **he will do what** *or* **all he ~** hará lo que pueda; **it can't be done** es imposible, no se puede hacer; **we ~ but try** por lo menos lo podemos intentar; **I can't but dispute that claim** no puedo por menos que estar en desacuerdo con esa afirmación; *US* **~ do** *(yes, I will)* lo haré; *US* **no ~ do** *(no, I won't)* no puedo hacerlo

-2. *(know how to)* saber; **I ~ swim** sé nadar; **she ~ play the violin** sabe tocar el violín; **I ~ speak Spanish** hablo español

-3. *(indicating possibility)* poder; **adult**

animals ~ **grow to 6 metres** los ejemplares adultos pueden llegar a los 6 metros; **a full description ~ be found on page 56** en la página 56 hay *or* se encuentra una descripción completa; **you ~ be really stupid sometimes** a veces eres bien estúpido; **she can't have realized what was going on** seguro que no se daba cuenta de lo que pasaba; **there ~ be no doubt that...** no cabe duda de que...; **~ it be true?** ¡no puede ser!; **you CAN'T be serious!** ¡no lo dirás en serio!; **you CAN'T be tired already!** ¡no me digas que ya estás cansado!; **what CAN he want now?** ¿pero qué es lo que quiere ahora?
-**4.** *(indicating permission)* poder; **~ I ask you something?** ¿te puedo hacer una pregunta?; **~ I borrow a pencil? – no, you can't/yes you ~** ¿me prestas un lápiz? – sí/no; **you can't smoke in here** aquí está prohibido fumar; **you can't play a jack after a king** no se puede echar una jota después de un rey; **we can't phone home from work** no nos dejan llamar a casa desde el trabajo
-**5.** *(indicating request)* **~ you tell those kids to shut up?** ¿quieres decirles a esos niños que se callen?; **can't you be a bit quieter?** ¿podrías hacer *or* armar menos ruido?; **mummy, ~ I have an ice cream, please?** mamá, ¿me compras un helado?; **~ I have the chicken, please?** para mí pollo, por favor
-**6.** *(indicating order)* **you ~ leave this room at once!** ¡sal de la habitación ahora mismo!; *Fam* **and you ~ shut up and all!** ¡y tú cierra el pico también!
-**7.** *(with verbs indicating senses or mental processes: not translated)* **I ~ see/hear them** los veo/oigo; **you ~ taste the pepper in it** se nota la pimienta; **I ~ see you don't believe me** ya veo que no me crees; **how ~ you tell?** ¿cómo lo sabes?; **I can't remember/understand** no recuerdo/entiendo

Cana ['keɪnə] *n* Caná; **the wedding feast at ~** las bodas de Caná
Canaan ['keɪnən] *n* Canaán
Canaanite ['keɪnənaɪt] *n* cananeo(a) *m,f*
Canada ['kænədə] *n* (el) Canadá ❑ **~ goose** barnacla *f* canadiense
Canadian [kə'neɪdɪən] ◇ *n* canadiense *mf*
◇ *adj* canadiense ❑ **~ canoe** canoa *f* canadiense
canal [kə'næl] *n* -**1.** *(waterway)* canal *m* ❑ **~ boat** gabarra *f*; **the Canal Zone** *(in Panama)* la zona del Canal -**2.** ANAT canal *m*
canalize ['kænəlaɪz] *vt* -**1.** *(region)* construir canales en; *(river)* canalizar, encauzar -**2.** *(efforts, funds)* canalizar
canapé ['kænəpeɪ] *n* canapé *m*
canard ['kænɑːd] *n (false report)* *Esp* bulo *m*, patraña *f*
Canary [kə'neərɪ] *n* **the ~ Islands, the Canaries** las Islas Canarias, las Canarias; **~ Islander** canario(a)
canary [kə'neərɪ] *n* -**1.** *(bird)* canario *m* -**2.** *(colour)* **~ (yellow)** amarillo *m* canario ❑ **~ grass** alpiste *m*
canasta [kə'næstə] *n* canasta *f (en naipes)*
Canberra ['kænbərə] *n* Canberra
cancan ['kæn'kæn] *n* cancán *m*
cancel ['kænsəl] *(pt & pp* **cancelled**, *US* **canceled)** ◇ *vt* -**1.** *(call off) (meeting, match, trip)* suspender; *(huelga, manifestación)* desconvocar; *(flight, train)* suspender, cancelar
-**2.** *(revoke) (contract)* rescindir; *(agreement)* cancelar; *(order, subscription, reservation)* anular, cancelar; *(cheque)* anular, invalidar; *(debt)* saldar, amortizar
-**3.** *(ticket) (by stamping)* matasellar; *(by punching)* perforar
-**4.** *(cross out)* tachar
-**5.** MATH eliminar
-**6.** COMPTR cancelar ❑ **~ button** botón *m* de cancelar
◇ *vi* **he called to ~** llamó para cancelarlo;

they were supposed to be playing tonight, but they've cancelled iban a tocar hoy, pero lo han suspendido
◆ **cancel out** *vt sep* -**1.** *(benefit)* neutralizar, anular; *(debt)* enjugar; **to ~ each other out** *(effects, forces)* anularse, contrarrestarse -**2.** MATH anular
cancellation [kænsə'leɪʃən] *n* -**1.** *(calling off) (of match, meeting, trip)* suspensión *f*; *(of flight, train)* suspensión *f*, cancelación *f*
-**2.** *(revocation) (of agreement)* cancelación *f*; *(of contract)* rescisión *f*; *(of order, subscription, reservation)* anulación *f*, cancelación *f*; *(of cheque)* anulación *f*, invalidación *f*; *(of debt)* amortización *f*, liquidación *f* ❑ **~ charge** tarifa *f* de cancelación de reserva; **~ fee** tarifa *f* de cancelación de reserva
-**3.** *(on postage stamp)* matasellos *m inv*
Cancer ['kænsə(r)] *n (sign of zodiac)* Cáncer *m*; **to be (a) ~** ser Cáncer
cancer ['kænsə(r)] *n (disease)* cáncer *m*; **lung/skin ~** cáncer de pulmón/de piel; **to die of ~** morir de cáncer; *Fig* **we must remove the ~ of militarism** hay que eliminar el cáncer del militarismo ❑ **~ drug** fármaco *m* contra el cáncer; **~ patient** enfermo(a) *m,f* de cáncer; **~ research** investigación *f* del cáncer; **~ specialist** cancerólogo(a) *m,f*; *Fam* **~ stick** pitillo *m*, *Am* pucho *m*
cancer-causing ['kænsəkɔːzɪŋ] *adj* cancerígeno(a)
Cancerian [kæn'sɪərɪən] *n (person)* Cáncer *mf inv*
cancerous ['kænsərəs] *adj* MED canceroso(a); **~ tumour** tumor canceroso
candela [kæn'delə] *n* PHYS candela *f*
candelabra [kændɪ'lɑːbrə] *(pl* **candelabras** *or* **candelabra)** *n* candelabro *m*
C and F *(abbr* **cost and freight)** C. & F., CAF, costo *m or Esp* coste *m* y flete
C and I *(abbr* **cost and insurance)** C. & I., costo *m or Esp* coste *m* y seguro
candid ['kændɪd] *adj (person, smile, report)* sincero(a), franco(a); **I'd like your ~ opinion** me gustaría que me dijeras lo que piensas sinceramente; **to be quite ~,...** para ser sincero *or* franco,... ❑ TV **~ camera** cámara *f* oculta
candida ['kændɪdə] *n* MED Candida *m* albicans *(hongo que causa la candidiasis)*
candidacy ['kændɪdəsɪ], **candidature** ['kændɪdətʃə(r)] *n* candidatura *f*
candidate ['kændɪdeɪt] *n* -**1.** *(for job, in election)* candidato(a) *m,f*; **to stand as a ~ (for)** presentarse como candidato (a); *Fig* **he's a ~ for the sack if ever there was one** es el candidato número uno para ser despedido -**2.** *(in exam)* examinando(a) *m,f*, candidato(a) *m,f*
candidature = **candidacy**
candidiasis [kændɪ'daɪəsɪs] *n* MED candidiasis *f inv*
candidly ['kændɪdlɪ] *adv* sinceramente, francamente
candidness ['kændɪdnɪs] *n* sinceridad *f*, franqueza *f*
candied ['kændɪd] *adj* escarchado(a), confitado(a), *Col*, *Méx* cristalizado(a), *RP* abrillantado(a) ❑ **~ peel** piel *f* de naranja/limón escarchada
candle ['kændəl] *n* -**1.** *(domestic)* vela *f*; *(in church)* vela *f*, cirio *m* ❑ **~ grease** sebo *m* -**2.** PHYS candela *f* -**3.** IDIOMS **he can't hold a ~ to you** no te llega ni a la suela del zapato; **it's not worth the ~** no vale *or Esp* merece la pena
candlelight ['kændəllaɪt] *n* luz *f* de las velas; **by ~** a la luz de las velas
candlelit ['kændəllɪt] *adj (room)* iluminado(a) con velas; **a ~ dinner** una cena a la luz de las velas
Candlemas ['kændləməs] *n* REL la Candelaria
candlestick ['kændəstɪk] *n* palmatoria *f*, candelero *m*
candlewick ['kændəlwɪk] *n* chenile *f*
can-do ['kæn'duː] *adj* **I admire her ~ spirit** admiro su espíritu decidido

candour, *US* **candor** ['kændə(r)] *n* sinceridad *f*, franqueza *f*
C and W *(abbr* **country and western)** música *f* country
candy ['kændɪ] *n US (sweet)* caramelo *m*; *(sweets)* dulces *mpl*, golosinas *fpl* ❑ **~ apple** manzana *f* acaramelada; **~ bar** barra *f* de chocolate, chocolatina *f*; **~ store** confitería *f*
candyfloss ['kændɪflɒs] *n Br* algodón *m* dulce
candy-striped ['kændɪstraɪpt] *adj* de rayas
cane [keɪn] ◇ *n* -**1.** *(of sugar, bamboo)* caña *f*; *(for furniture, baskets)* mimbre *m* ❑ **~ furniture** muebles *mpl* de mimbre; **~ spirit** aguardiente *m* de caña; **~ sugar** azúcar *f* de caña -**2.** *(rod) (walking-stick)* bastón *m*; *(for punishment)* vara *f*, palmeta *f*; *(for supporting plant)* rodrigón *m*; **to get the ~** ser castigado(a) con la vara
◇ *vt* -**1.** *(beat)* pegar con la vara *or* palmeta -**2.** *Fam (defeat)* dar una paliza *or Esp* un palizón a
canine ['keɪnaɪn] ◇ *n* -**1.** ZOOL can *m* -**2.** ANAT **~ (tooth)** colmillo *m*, (diente *m*) canino *m*
◇ *adj* canino(a)
caning ['keɪnɪŋ] *n* -**1.** *(beating)* castigo *m* con la vara *or* palmeta -**2.** *Fam (defeat)* paliza *f*, *Esp* palizón *m*
canister ['kænɪstə(r)] *n* -**1.** *(for flour, sugar, film, oil)* lata *f* -**2.** *(for tear gas, smoke)* bote *m*
canker ['kæŋkə(r)] *n* -**1.** MED ulceración *f* -**2.** BOT cancro *m* -**3.** *(evil influence)* cáncer *m*
cannabis ['kænəbɪs] *n (plant)* cáñamo *m*, cannabis *m*; *(drug)* hachís *m*, cannabis *m* ❑ **~ resin** resina *f* (de cannabis)
canned [kænd] *adj* -**1.** *(food)* enlatado(a), en lata ❑ **~ laughter** risas *fpl* de fondo, risas *fpl* grabadas; *Fig* **~ music** música *f* de supermercado -**2.** *Fam (drunk)*, *Esp* ciego(a), *Méx* cuete, *RP* en pedo; **to get ~** agarrarse una borrachera *or Esp* una buena curda *or Méx* un cuete
cannellini bean [kænə'liːnɪbiːn] *n* alubia *f* blanca
cannelloni [kænə'ləʊnɪ] *n* canelones *mpl*
canner ['kænə(r)] *n (business)* empresa *f* de conservas
cannery ['kænərɪ] *n* fábrica *f* de conservas
cannibal ['kænɪbəl] *n* caníbal *mf*, antropófago(a) *m,f*
cannibalism ['kænɪbəlɪzəm] *n* canibalismo *m*, antropofagia *f*
cannibalistic [kænɪbə'lɪstɪk] *adj* caníbal, antropófago(a)
cannibalization [kænɪbəlaɪ'zeɪʃən] *n* MKTG canibalismo *m*, canibalización *f (de productos)*
cannibalize ['kænɪbəlaɪz] *vt* -**1.** *(machinery, car)* desguazar *(para aprovechar las piezas)* -**2.** MKTG canibalizar *(productos)*
cannily ['kænɪlɪ] *adv* hábilmente, con astucia
canning ['kænɪŋ] *n* enlatado *m*, envasado *m* ❑ **~ plant** planta *f* de enlatado *or* envasado
cannon ['kænən] ◇ *n* -**1.** *(gun)* cañón *m* ❑ **~ fodder** carne *f* de cañón -**2.** *Br (in billiards, snooker)* carambola *f*
◇ *vi* -**1.** *(bump)* **to ~ into sth/sb** chocar contra algo/alguien -**2.** *Br (in billiards, snooker)* **to ~ into** hacer carambola con
cannonball ['kænənbɔːl] *n* bala *f* de cañón
cannot ['kænɒt] = **can not**
cannula ['kænjʊlə] *(pl* **cannulas** *or* **cannulae** ['kænjʊliː]) *n* MED cánula *f*
canny ['kænɪ] *adj (choice, remark)* astuto(a); **he's very ~ with his money** es muy cuidadoso con su dinero
canoe [kə'nuː] ◇ *n* -**1.** *(eskimo)* kayak *m*; *(native American)* canoa *f* -**2.** *(sporting)* piragua *f*, kayak *m* ❑ SPORT **~ polo** kayak *m* polo
◇ *vi* recorrer en canoa; **we canoed down the Orinoco** descendimos el Orinoco en canoa
canoeing [kə'nuːɪŋ] *n* piragüismo *m*; **to go ~** ir a hacer piragüismo
canoeist [kə'nuːɪst] *n* piragüista *mf*
canon ['kænən] *n* -**1.** *(religious decree)* canon *m*; *Fig* **canons of good taste** cánones del buen gusto ❑ **~ law** derecho *m* canónico
-**2.** *(priest)* canónigo *m*
-**3.** *(accepted body of works) (of writer)* = obras

de un autor aceptadas como suyas; *(of religion)* canon *m*; **most women writers have usually been excluded from the ~** la mayoría de las mujeres escritoras no han sido consideradas tradicionalmente como dignas de ser estudiadas -**4.** MUS canon *m*

canonical [kə'nɒnɪkəl] *adj* -**1.** REL *(text)* canónico(a) -**2.** *(accepted)* canónico(a)

canonization [kænənaɪ'zeɪʃən] *n* canonización *f*

canonize ['kænənaɪz] *vt* REL canonizar

canoodle [kə'nu:dəl] *vi Hum* besuquearse, *Esp* darse el lote

can-opener ['kænəʊpənə(r)] *n* abrelatas *m inv*

canopy ['kænəpɪ] *n* -**1.** *(above bed)* dosel *m*; *(outside shop)* toldo *m* -**2.** *(of trees)* copas *fpl* de los árboles -**3.** *(of parachute)* tela *f*, casquete *m*

cant [kænt] ◇ *n* -**1.** *(insincere talk)* hipocresías *fpl*, falsedades *fpl*; *(clichés)* tópicos *mpl* -**2.** *(jargon)* jerga *f* -**3.** *(slope)* inclinación *f*, pendiente *f*; *(oblique surface)* superficie *f* inclinada
◇ *vt (tilt)* inclinar
◇ *vi* -**1.** *(tilt)* inclinarse -**2.** *(slope)* estar inclinado(a)

can't [kɑ:nt] = **can not**

Cantab. (*abbr* **Cantabrigiensis**) *(in degree titles)* = abreviatura que indica que un título fue obtenido en la universidad de Cambridge

Cantabria [kæn'tæbrɪə] *n* Cantabria

Cantabrian [kæn'tæbrɪən] *n* ◇ *(person)* cántabro(a) *m,f*
◇ *adj* cántabro(a) ❑ **the ~ Mountains** la Cordillera Cantábrica; **the ~ Sea** el (Mar) Cantábrico

cantaloup(e) ['kæntəlu:p] *n* melón *m* francés *or* cantaloup

cantankerous [kæn'tæŋkərəs] *adj* cascarrabias, refunfuñón(ona)

cantata [kæn'tɑ:tə] *n* MUS cantata *f*

canteen [kæn'ti:n] *n* -**1.** *(in factory, office)* cantina *f*, comedor *m*; *(in school)* comedor *m* -**2.** *(on military base)* cantina *f (tienda)* -**3.** *(water bottle)* cantimplora *f* -**4.** *Br (set)* **a ~ of cutlery** una cubertería *f* -**5.** MIL *(mess tin)* plato *m* de campaña *or* del rancho

canter ['kæntə(r)] ◇ *n (on horse)* medio galope *m*; **the horse won at a ~** el caballo ganó la carrera cruzando la línea de meta a medio galope; *Fig* **they won at a ~** ganaron sin dificultad
◇ *vi (horse)* ir a medio galope; *Fig* **to ~ through an exam** pasar un examen con facilidad

Canterbury bell ['kæntəbrɪ'bel] *n* farolillo *m*

canticle ['kæntɪkəl] *n* MUS cántico *m*

cantilever ['kæntɪli:və(r)] ◇ *n (in engineering)* voladizo *m*, viga *f* voladiza ❑ **~ bridge** puente *m* voladizo
◇ *vt* **the stand had a roof that was cantilevered over the seats** la grada tenía una cubierta en voladizo sobre los asientos

canting ['kæntɪŋ] *adj (hypocritical)* hipócrita

canto ['kæntəʊ] (*pl* **cantos**) *n (section of poem)* canto *m*

Canton [kæn'tɒn] *n* Cantón

canton ['kæntɒn] *n* cantón *m*

cantonal ['kæntənəl] *adj* cantonal

Cantonese [kæntə'ni:z] ◇ *n* -**1.** *(person)* cantonés(esa) *m,f* -**2.** *(language)* cantonés *m*
◇ *adj* cantonés(esa)

cantonment [kæn'tu:nmənt] *n* MIL acantonamiento *m*

cantor ['kæntɔ:(r)] *n* REL -**1.** *(Jewish)* = en una sinagoga, persona que dirige los cantos -**2.** *(Christian)* chantre *m*, sochantre *m*

Canuck [kə'nʌk] *n US Fam* -**1.** *(Canadian)* = término a veces peyorativo para referirse a los canadienses -**2.** *(French Canadian)* = término a veces peyorativo para referirse a los francocanadienses

Canute [kə'nju:t] *pr n* Canuto

> **CANUTE**
> El danés **Canuto** reinó Inglaterra entre 1016 y 1035. La leyenda cuenta que convocó a su corte justo a la orilla del mar y ordenó que se retiraran las olas. El resultado inevitable fue que todos se mojaron los pies. Aunque esta acción pretendía demostrar cómo su poder para contentar a los cortesanos era limitado, su nombre se utiliza ahora para indicar que alguien está intentando resistirse a lo inevitable: "he believed it was Canute-like to oppose the ordination of women", "how long can they continue to play King Canute by opposing these popular reforms?".

canvas ['kænvəs] *n* -**1.** *(cloth)* lona *f*; **under ~** *(in tent)* en una tienda de campaña *or Am* carpa; *(on sailing ship)* a vela ❑ **~ shoes** zapatillas *fpl* de lona, playeras *fpl* -**2.** *(for painting)* lienzo *m*, tela *f*; *(for embroidery)* cañamazo *m* -**3.** *(painting)* cuadro *m*, lienzo *m* -**4.** *(of boxing ring)* lona *f* -**5.** *(in rowing)* = la parte delantera de un bote de remos

canvasback ['kænvəsbæk] *n* porrón *m* coacoxtle

canvass ['kænvəs] ◇ *vt* -**1.** POL **to ~ a street/an area** visitar las casas de una calle/una zona haciendo campaña electoral -**2.** *US* POL **to ~ votes** *(scrutinize)* escrutar los votos -**3.** COM *(consumers, customers)* encuestar -**4.** *(seek opinions)* **to ~ opinion** hacer un sondeo de opinión informal
◇ *vi* -**1.** POL = hacer campaña electoral hablando directamente con los electores por las casas o en la calle -**2.** COM **to ~ for customers** tratar de captar clientes
◇ *n (for votes)* = recorrido por las casas o en la calle haciendo campaña electoral hablando directamente con los electores
❑ **~ returns** = resultados de los sondeos informales realizados por los activistas que hacen campaña electoral en la calle

canvasser ['kænvəsə(r)] *n* -**1.** POL = persona que va de casa en casa tratando de captar votos para un partido -**2.** *US (scrutineer)* escrutador(ora) *m,f* -**3.** COM *(salesman)* representante *m,f*; *(door-to-door)* vendedor(ora) *m,f* a domicilio; **no canvassers** *(notice on door)* prohibida la venta a domicilio

canvassing ['kænvəsɪŋ] *n* -**1.** POL captación *f* de votos; **all parties have intensified their ~ in the last few days** todos los partidos han intensificado sus esfuerzos por captar votos en los últimos días -**2.** COM *(for orders)* captación *f* de pedidos; *(for custom)* captación *f* de clientes

canyon ['kænjən] *n* cañón *m*

canyoning ['kænjənɪŋ] *n* SPORT barranquismo *m*

CAP [si:eɪ'pi:] *n* EU (*abbr* **Common Agricultural Policy**) PAC *f*

cap [kæp] ◇ *n* -**1.** *(headgear) (without peak)* gorro *m*; *(with peak)* gorra *f*; *(of nurse, waitress)* cofia *f*; IDIOM **to go ~ in hand to sb** acudir a alguien en actitud humilde; IDIOM **to set one's ~ at sb** poner los ojos en alguien; PROV **if the ~ fits, wear it** quien se pica, ajos come ❑ **~ and bells** gorro *m* de campanillas; **~ and gown** gorra *f* y bonete *m*
-**2.** *(cover) (of bottle)* tapón *m*; *(metal)* chapa *f*; *(of pen)* capucha *f*, capuchón *m*; *(for tooth)* funda *f*; *(of mushroom)* sombrero *m*, sombrerillo *m* ❑ TECH **~ screw** tornillo *m* de capuchón
-**3.** *(for toy gun)* fulminante *m*
-**4.** *(limit)* **to put a ~ on sth** poner un tope a algo
-**5.** *Br* SPORT **to win a ~** entrar en la selección nacional; **he won his first international ~** debutó con la selección nacional
-**6.** *(contraceptive device)* diafragma *m*
-**7.** *US Fam (bullet)* plomo *m*, bala *f*
◇ *vt (pt & pp* **capped**) -**1.** *(cover)* **to be capped with** estar cubierto(a) de *or* por
-**2.** *(surpass, do better than)* superar; **that caps the lot!** ¡es el colmo!; **to ~ it all,...** para colmo,...
-**3.** *(limit) (spending, taxation)* poner un tope a; *(local authority)* limitar las competencias fiscales de
-**4.** *Br* SPORT **he was capped for England** fue internacional *or* jugó con la selección inglesa; **the manager decided to ~ two new players** el seleccionador decidió que debutaran dos nuevos jugadores
-**5.** *(tooth)* poner una funda a
-**6.** *US Fam (shoot)* llenar de plomo, *Am* balear, *Am* abalear, *Méx* balacear

cap. -**1.** (*abbr* **capacity**) capacidad *f* -**2.** (*abbr* **capital**) cap.

capability [keɪpə'bɪlɪtɪ] *n* -**1.** *(ability, capacity)* capacidad *f* (**to do sth** para hacer algo); **it is beyond our capabilities** no entra dentro de nuestras posibilidades -**2.** MIL capacidad *f*; **nuclear ~** capacidad nuclear

capable ['keɪpəbəl] *adj* -**1.** *(able)* **to be ~ of doing sth** *(be able to do)* ser capaz de hacer algo; **that man's ~ of anything** ese hombre es capaz de cualquier cosa -**2.** *(competent)* capaz, competente; **the project is now in the ~ hands of Mr Simpson** el proyecto queda ahora a cargo del muy competente señor Simpson

capably ['keɪpəblɪ] *adv* competentemente; **~ assisted by...** con la inestimable colaboración de...

capacious [kə'peɪʃəs] *adj (room, container)* espacioso(a); *(clothes)* amplio(a)

capacitance [kə'pæsɪtəns] *n* ELEC capacitancia *f*, capacidad *f* eléctrica (de un condensador)

capacitor [kə'pæsɪtə(r)] *n* ELEC condensador *m*

capacity [kə'pæsɪtɪ] *n* -**1.** *(of container, bus)* capacidad *f*; *(of hall, theatre, stadium)* capacidad *f*, aforo *m*; **the stadium has a ~ of 40,000** el estadio tiene capacidad para 40.000 espectadores, el estadio tiene un aforo de 40.000 espectadores; **a ~ crowd** *(in hall, stadium)* un lleno (absoluto); **full to ~** *(hall, theatre, stadium)* lleno hasta la bandera
-**2.** *(of engine)* cilindrada *f*
-**3.** *(aptitude)* capacidad *f*; **to have a ~ for sth** tener capacidad para algo; **beyond/within my ~** fuera de/dentro de mis posibilidades
-**4.** *(role)* calidad *f*, condición *f*; **in my ~ as...** en mi calidad de...; **to act in one's official ~** actuar *or* intervenir oficialmente *or* de manera oficial; **he's acting in an advisory ~** actúa *or* interviene en calidad de asesor
-**5.** *(output)* capacidad *f* productiva, rendimiento *m* (máximo); **to work at full ~** trabajar a pleno rendimiento; **the factory has not yet reached ~** la fábrica aún no ha alcanzado su capacidad productiva

caparison [kə'pærɪsən] *n (for horse)* gualdrapa *f*

cape[1] [keɪp] *n (cloak)* capa *f*; *(of bullfighter)* capote *m*

cape[2] *n* GEOG cabo *m* ❑ **Cape Canaveral** Cabo *m* Cañaveral; **the Cape of Good Hope** el Cabo de Buena Esperanza; **Cape Horn** (el) Cabo de Hornos; **Cape Town** Ciudad de Cabo

Cape Verde ['keɪp'vɜ:d] *n* Cabo Verde

Cape Verdean ['keɪp'vɜ:dɪən] ◇ *n* caboverdiano(a) *m,f*
◇ *adj* caboverdiano(a)

caper[1] ['keɪpə(r)] *n (plant, food)* alcaparra *f*

caper[2] ◇ *n* -**1.** *(nonsense)* **I'm getting too old for this sort of ~** me estoy haciendo mayor para este tipo de tonterías; **he was up to his old capers again** ya estaba haciendo otra vez de las suyas; **what a ~!** *(fuss)* ¡qué *Esp* follón *or* lío! -**2.** *US Fam (illegal activity)* chanchullo *m*
◇ *vi* **to ~ (about)** retozar

capercaillie ['kæpə'keɪlɪ] *n* urogallo *m*

Capernaum [kə'pɜ:nɪəm] *n* Cafarnaúm

capful ['kæpfʊl] *n (of liquid)* tapón *m* (lleno); **add two capfuls to a hot bath** añada dos tapones a una bañera llena de agua caliente

capi *pl of* **capo**[2]

capillarity [kæpɪ'lærɪtɪ] *n* PHYS capilaridad *f*

capillary [kəˈpɪləri] ◇ n capilar m; **capillaries** mpl vasos capilares ❑ ~ **action** capilaridad f; ~ **tube** tubo m capilar
◇ adj capilar

capital [ˈkæpɪtəl] ◇ n **-1.** (letter) mayúscula f; **write in capitals** escriba con mayúsculas
-2. (city) capital f; **the financial ~ of the world** la capital financiera del mundo
-3. ARCHIT capitel m
-4. FIN capital m; (assets) patrimonio m, capital m; **~ and labour** el capital y los trabajadores; **to raise** ~ reunir capital; **to live off one's** ~ vivir del capital que se posee (sin invertirlo); Fig **to make ~ out of sth** sacar partido de algo ❑ ~ **assets** activo m fijo, bienes mpl de capital; ~ **equipment** bienes mpl de equipo or de producción; ~ **expenditure** inversión f en activo fijo; ~ **flight** evasión f de capitales or divisas; ~ **gains** plusvalías fpl or ganancias fpl de capital; ~ **gains tax** impuesto m sobre (las) plusvalías; ~ **goods** bienes mpl de capital; ~ **injection** inyección f or aportación f de capital; ~ **investment** inversión f (de capital); ~ **market** mercado m de capitales; US ~ **stock** capital m escriturado; ~ **tax** impuesto m sobre el capital; ~ **yield** rendimiento m or renta f del capital
◇ adj **-1.** (principal) ~ **city** capital f
-2. (important) capital; **of ~ importance** de capital importancia ❑ ~ **ship** = cualquiera de los barcos más grandes e importantes de una marina de guerra
-3. (letter) mayúscula f; ~ **T** T mayúscula; **in ~ letters** en mayúsculas; Fam **he's arrogant with a ~ A** es terriblemente arrogante, Esp es un arrogante de tomo y lomo, RP es rearrogante
-4. LAW ~ **crime** delito m capital; ~ **offence** delito m capital; ~ **punishment** pena f capital or de muerte
-5. Br Old-fashioned (splendid) excelente

capital-intensive [ˈkæpɪtəlɪnˈtensɪv] adj con grandes necesidades de capital

capitalism [ˈkæpɪtəlɪzəm] n capitalismo m

capitalist [ˈkæpɪtəlɪst] ◇ n capitalista mf
◇ adj capitalista

capitalistic [ˌkæpɪtəˈlɪstɪk] adj capitalista

capitalization [ˌkæpɪtəlaɪˈzeɪʃən] n FIN capitalización f

capitalize [ˈkæpɪtəlaɪz] vt **-1.** (provide with capital) financiar, capitalizar **-2.** FIN (convert into capital) capitalizar, convertir en capital; **capitalized expense** gasto amortizable **-3.** (word, letter) escribir con mayúscula
◆ **capitalize on** vt insep aprovechar, aprovecharse de, capitalizar

capitation [ˌkæpɪˈteɪʃən] n **-1.** FIN ~ **(tax)** impuesto m por cabeza, capitación f **-2.** Br SCH ~ **(allowance** or **expenditure)** = asignación presupuestaria por alumno dada a un colegio o autoridad educativa

Capitol [ˈkæpɪtəl] n **-1.** (in Rome) **the** ~ el Capitolio **-2.** (in US) **the** ~ (national) el Capitolio; **the (state)** ~ el Capitolio (del Estado) ❑ ~ **Hill** el Capitolio

CAPITOL HILL

En **Capitol Hill**, Washington, se encuentran las dos cámaras legislativas del gobierno estadounidense, "the House of Representatives" y "the Senate" (conocidos colectivamente como "Congress"). El término **Capitol Hill** se utiliza a veces para referirse a estas instituciones, especialmente cuando se las quiere contrastar con el poder ejecutivo, al que se alude con los términos "the administration" o "the White House": "the administration may have difficulty when it sends its proposals to Capitol Hill this month", "official US censure came amid strong condemnation from Capitol Hill".

capitula pl of **capitulum**

capitulate [kəˈpɪtjəleɪt] vi capitular **(to** ante)

capitulation [kəˌpɪtjəˈleɪʃən] n capitulación f, rendición f **(to** ante)

capitulum [kəˈpɪtjələm] (pl **capitula** kəˈpɪtjələ) n BOT cabezuela f

caplet [ˈkæplɪt] n US comprimido m, pastilla f (de forma ovalada)

capo¹ [ˈkæpəʊ] (pl **capos**) n (for guitar) cejilla f, ceja f

capo² (pl **capos** or **capi** [ˈkæpiː]) n (mafia boss) capo m

capon [ˈkeɪpɒn] n CULIN capón m

Cappadocia [ˌkæpəˈdəʊsɪə] n Capadocia

cappuccino [ˌkæpəˈtʃiːnəʊ] (pl **cappuccinos**) n (café m) capuchino m

caprice [kəˈpriːs] n capricho m

capricious [kəˈprɪʃəs] adj (person, horse, fate) caprichoso(a); (weather) cambiante

capriciously [kəˈprɪʃəslɪ] adv caprichosamente

capriciousness [kəˈprɪʃəsnɪs] n carácter m caprichoso

Capricorn [ˈkæprɪkɔːn] n (sign of zodiac) Capricornio m; **to be (a)** ~ ser Capricornio

capriole [ˈkæprɪəʊl] n cabriola f

caps [kæps] npl COMPTR & TYP (abbr **capital letters**) (letras fpl) mayúsculas fpl ❑ ~ **lock** mayúsculas fpl fijas; ~ **lock key** tecla f de mayúsculas fijas

capsicum [ˈkæpsɪkəm] n pimiento m

capsize [kæpˈsaɪz] ◇ vt hacer volcar
◇ vi volcar

capstan [ˈkæpstən] n NAUT cabrestante m

capsular [ˈkæpsjələ(r)] adj capsular

capsule [ˈkæpsjuːl] n **-1.** (container) cápsula f **-2.** (pill) cápsula f **-3.** (space) ~ cápsula f espacial **-4.** BOT cápsula f **-5.** ANAT cápsula f

Capt MIL (abbr **Captain**) Capitán(ana) m,f

captain [ˈkæptɪn] ◇ n **-1.** (of boat) capitán(ana) m,f; (of aircraft) comandante mf; **this is your ~ speaking** les habla el comandante; **captains of industry** industriales poderosos, magnates de la industria **-2.** (of team) capitán(ana) m,f **-3.** (in army, air force) capitán(ana) m,f; ~ **Carruthers** el capitán Carruthers **-4.** US (in police) comisario(a) m,f **-5.** US (head waiter) maître m; (of bellboys) jefe m de botones
◇ vt SPORT capitanear; **he captained his side to victory** condujo a su equipo a la victoria con él de capitán

captaincy [ˈkæptɪnsɪ] n SPORT capitanía f; **under his** ~ **they won the league** ganaron la liga con él de capitán

caption [ˈkæpʃən] ◇ n **-1.** (under picture) pie m de foto; (under cartoon) texto m **-2.** (heading) titular m, encabezamiento m, Méx, RP encabezado m **-3.** CIN (subtitle) subtítulo m
◇ vt **-1.** (picture) añadir un pie de foto a **-2.** CIN subtitular

captious [ˈkæpʃəs] adj Formal (person) puntilloso(a), criticón(ona); (remark, attitude) crítico(a)

captivate [ˈkæptɪveɪt] vt cautivar, embelesar

captivating [ˈkæptɪveɪtɪŋ] adj (smile, manner) cautivador(ora), arrebatador(ora)

captive [ˈkæptɪv] ◇ n cautivo(a) m,f, prisionero(a) m,f
◇ adj cautivo(a); **he was taken** ~ fue hecho prisionero; **they were held ~ for four days** los tuvieron prisioneros durante cuatro días; **he knew he had a ~ audience** sabía que su público no tenía elección ❑ MKTG ~ **market** mercado m cautivo

captivity [kæpˈtɪvɪtɪ] n cautividad f, cautiverio m; **in** ~ en cautividad or cautiverio

captor [ˈkæptə(r)] n captor(ora) m,f

capture [ˈkæptʃə(r)] ◇ vt **-1.** (take prisoner) (person) capturar, apresar; (wild animal) capturar; (town) tomar; (in chess, draughts) comer
-2. (gain control of) (attention, interest) captar; COM (market) acaparar, hacerse con; **this exciting prospect captured our imagination** esta apasionante posibilidad atrajo or despertó nuestro interés
-3. (succeed in representing) (mood) reflejar, reproducir; **this photograph captures the moment perfectly** esta fotografía refleja or reproduce el momento perfectamente; **they captured the event on film** filmaron el acontecimiento
-4. COMPTR (data) meter, introducir

◇ n **-1.** (of person) captura f, apresamiento m; (of wild animal) captura f; (of town) toma f
-2. COMPTR (of data) captura f

Capuchin [ˈkæpʊtʃɪn] ◇ n (monk) capuchino m
◇ adj capuchino m

capuchin [ˈkæpʊtʃɪn] n ~ **(monkey)** (mono m) capuchino m

CAR [siːeɪˈɑː(r)] n (abbr **Central African Republic**) República f Centroafricana

car [kɑː(r)] n **-1.** (automobile) coche m, Am carro m, CSur auto m; **by** ~ en coche or Am carro or CSur auto ❑ ~ **bomb** coche m bomba; Br ~ **boot sale** = mercadillo en el que los particulares venden objetos que exponen en el maletero del coche; ~ **coat** tres cuartos m inv; ~ **crash** accidente m de coche or de automóvil or automovilístico; ~ **dealer** (in general) vendedor(ora) m,f de coches; (of particular make) concesionario m de automóviles; ~ **door** puerta f (del coche); ~ **ferry** transbordador m de vehículos, ferry m para vehículos; Br ~ **hire** alquiler m de coches, Méx renta f de carros; ~ **industry** industria f automovilística; ~ **insurance** seguro m del automóvil; ~ **lot** = terreno al aire libre en el que están expuestos los coches en venta; Br ~ **park** parking m, estacionamiento m, Esp aparcamiento m, Col, Pan parqueadero m; ~ **phone** teléfono m de coche; ~ **pool** (of company, organization) flota f de vehículos; (car-sharing scheme) = acuerdo para compartir un coche entre varias personas para ir a trabajar, llevar a los niños al colegio, etc.; ~ **radio** radio f (del coche), autorradio m or f; US ~ **rental** alquiler m de coches, Méx renta f de carros; ~ **show** feria f del automóvil; ~ **wash** tren m or túnel m de lavado
-2. US (train, subway carriage) vagón m, coche m
-3. US (tram) tranvía f
-4. US (of lift) cabina f
-5. (of balloon) barquilla f; (of airship) góndola f

carabiner [ˌkærəˈbiːnə(r)] n (in mountaineering) mosquetón m

Caracas [kəˈrækəs] n Caracas

caracole [ˈkærəkəʊl] n escarceo m

carafe [kəˈræf] n jarra f

carambola [ˌkærəmˈbəʊlə] n **-1.** (tree) carambolo m **-2.** (fruit) carambola f

caramel [ˈkærəməl] n **-1.** (burnt sugar) caramelo m ❑ ~ **flavouring** aromatizante m con sabor a caramelo **-2.** (toffee) caramelo m

caramelize [ˈkærəməlaɪz] ◇ vt caramelizar, poner a punto de caramelo
◇ vi caramelizarse, ponerse a punto de caramelo

carapace [ˈkærəpeɪs] n ZOOL caparazón m

carat [ˈkærət] n **-1.** (of gold) quilate m; **18-~ gold** oro de 18 quilates **-2.** (for diamonds) quilate m

caravan [ˈkærəvæn] n **-1.** Br (pulled by car) caravana f, rulot f ❑ ~ **holiday** vacaciones fpl en caravana; ~ **site** camping m para caravanas **-2.** (of gypsy) carromato m **-3.** (in desert) caravana f

caravanette [ˌkærəvəˈnet] n Br autocaravana f

caravanning [ˈkærəvænɪŋ] n Br caravaning m; **to go** ~ ir de vacaciones en caravana, ir de caravaning

caravel(le) [ˈkærəvel] n carabela f

caraway [ˈkærəweɪ] n (plant) alcaravea f; ~ **seeds** carvis mpl

carbide [ˈkɑːbaɪd] n CHEM carburo m

carbine [ˈkɑːbaɪn] n carabina f

carbohydrate [ˌkɑːbəʊˈhaɪdreɪt] n **-1.** CHEM hidrato m de carbono, carbohidrato m **-2.** (foodstuff) hidrato m de carbono, carbohidrato m

carbolic [kɑːˈbɒlɪk] adj CHEM ~ **acid** fenol m, ácido m fénico or carbólico; ~ **soap** jabón m (desinfectante) de brea

carbon [ˈkɑːbən] n **-1.** CHEM carbono m ❑ BIOL ~ **cycle** ciclo m del carbono; ~ **(14) dating** prueba f del or datación f por carbono 14; ~ **dioxide** dióxido m or bióxido m de carbono, anhídrido m carbónico; ~ **fibre**

carbonaceous fibra f de carbono; **~ monoxide** monóxido m de carbono; **~ steel** acero m al carbono **-2.** (for copying) **~ (paper)** papel m carbón or de calco ❏ **~ copy** copia f en papel carbón; Fig calco m, copia f exacta

carbonaceous [kɑːbəˈneɪʃəs] adj carbonoso(a)

carbonate [ˈkɑːbəneɪt] ❖ n CHEM carbonato m
❖ vt (drink) gasificar

carbonated [ˈkɑːbəneɪtɪd] adj carbónico(a), con gas ❏ **~ drink** bebida f carbónica; **~ water** agua f con gas

carbonic [kɑːˈbɒnɪk] adj CHEM carbónico(a) ❏ **~ acid** ácido m carbónico

carboniferous [kɑːbəˈnɪfərəs] ❖ n **the Carboniferous** el carbonífero
❖ adj (period) carbonífero(a)

carbonization [kɑːbənaɪˈzeɪʃən] n carbonización f

carbonize [ˈkɑːbənaɪz] vt convertir en carbono

carborundum® [kɑːbəˈrʌndəm] n carborundo m

carboy [ˈkɑːbɔɪ] n bombona f, garrafón m

carbuncle [ˈkɑːbʌŋkəl] n **-1.** MED = acumulación de forúnculos **-2.** GEOL carbunclo m, carbúnculo m

carburation [kæbjʊˈreɪʃən] n carburación f

carburettor, US **carburetor** [kɑːbjʊˈretə(r)] n carburador m

carcass [ˈkɑːkəs] n **-1.** (of animal) animal m muerto; (at butcher's) res f muerta; **(chicken) ~** huesos mpl or restos mpl (de pollo) **-2.** Fam Hum (of person) **move your ~!** ¡mueve el culo! **-3.** (of building, ship, car) armazón m

carcinogen [kɑːˈsɪnədʒen] n MED agente m carcinógeno or cancerígeno

carcinogenic [kɑːsɪnəˈdʒenɪk] adj MED carcinógeno(a), cancerígeno(a)

carcinoma [kɑːsɪˈnəʊmə] n MED carcinoma m

card[1] [kɑːd] n **-1.** (for game) carta f, naipe m; **to play cards** jugar a las cartas ❏ **~ game** juego m de cartas or naipes; **~ table** mesa f de juego (para cartas); **~ trick** truco m or juego m de cartas
-2. (with printed information) tarjeta f; (for index) ficha f ❏ **~ catalogue** fichero m (de tarjetas); **~ file** fichero m de tarjetas; **~ index** fichero m (de tarjetas)
-3. (for identification) (for club, library) carné m, carnet m, CSur, Méx credencial m; (for business) tarjeta f (de visita) ❏ **~ key** tarjeta f; POL **~ vote** votación f por delegación
-4. (greetings card) tarjeta f; (postcard) (tarjeta f) postal f
-5. (thin cardboard) cartulina f ❏ **~ mount** (for print, photograph) passpartú m
-6. COMPTR tarjeta f ❏ **~ punch** perforadora f
-7. (in golf) tarjeta f (de recorrido)
-8. (of race meeting) programa m (de carreras)
-9. Fam Old-fashioned **he's a real ~!** ¡es todo un personaje!
-10. IDIOMS **play your cards right and you could get promoted** si juegas bien tus cartas, puedes conseguir un ascenso; **the cards are stacked against him** lleva las de perder; **to have** or **hold all the cards** tener la sartén por el mango; **to play** or **keep one's cards close to one's chest** no dar ninguna pista, RP no mostrar el juego; **to play one's best** or **strongest** or **trump ~** jugarse la mejor carta; **to put one's cards on the table** poner las cartas sobre la mesa, RP mostrar el juego; **to have a ~ up one's sleeve** tener un as en la manga; **it is** Br **on** or US **in the cards that...** es más que probable que...; Br Fam **to get one's cards** ser despedido(a)
❖ vt **-1.** (in golf) entregar una tarjeta (con un recorrido) de **-2.** US (ask for identity card) pedir el carné a

card[2] TEX ❖ n carda f
❖ vt cardar

cardamom [ˈkɑːdəməm] n cardamomo m, grana f del Paraíso

cardan joint [ˈkɑːdəndʒɔɪnt] n cardán m

cardboard [ˈkɑːdbɔːd] ❖ n cartón m ❏ **~ box** caja f de cartón; **~ city** = lugar donde duermen los vagabundos
❖ adj **-1.** (container, partition) de cartón; **a ~ cut-out** una figura de cartón **-2.** Fig (insubstantial) vacío(a)

card-carrying [ˈkɑːdkærɪŋ] adj **~ member** miembro or socio(a) (de pleno derecho); **a ~ Communist** un miembro del partido comunista

cardholder [ˈkɑːdhəʊldə(r)] n titular mf (de una tarjeta)

cardiac [ˈkɑːdɪæk] adj cardíaco(a) ❏ **~ arrest** paro m cardíaco; **~ massage** masaje m cardíaco

cardie [ˈkɑːdɪ] n Br Fam cárdigan m, chaqueta f (de punto)

cardigan [ˈkɑːdɪgən] n cárdigan m, chaqueta f (de punto)

cardinal [ˈkɑːdɪnəl] ❖ n **-1.** REL cardenal m **-2.** (bird) cardenal m ❏ **northern ~** cardenal m de Virginia
❖ adj (importance, significance) capital, cardinal ❏ **~ number** número m cardinal; **~ point** punto m cardinal; **~ sins** pecados mpl capitales; **~ virtues** virtudes fpl cardinales

cardiogram [ˈkɑːdɪəgræm] n cardiograma m

cardiograph [ˈkɑːdɪəgrɑːf] n cardiógrafo m

cardiography [kɑːdɪˈɒgrəfɪ] n cardiografía f

cardiologist [kɑːdɪˈɒlədʒɪst] n cardiólogo(a) m,f

cardiology [kɑːdɪˈɒlədʒɪ] n cardiología f

cardiopulmonary [kɑːdɪəʊˈpʌlmənərɪ] adj MED cardiorrespiratorio(a)

cardiovascular [kɑːdɪəʊˈvæskjʊlə(r)] adj MED cardiovascular ❏ **~ system** sistema m cardiovascular

carditis [kɑːˈdaɪtɪs] n MED carditis f

cardphone [ˈkɑːdfəʊn] n Br teléfono m que funciona con tarjetas

card-sharp(er) [ˈkɑːdʃɑːp(ə(r))] n Pej tahúr(ura) m,f, fullero(a) m,f

CARE [keə(r)] n (abbr **Co-operative for American Relief to Everywhere**) = organización estadounidense de ayuda humanitaria ❏ **~ package** = paquete conteniendo ayuda humanitaria

care [keə(r)] ❖ n **-1.** (worry) preocupación f, inquietud f; (problem) preocupación f; **she doesn't have a ~ in the world** no tiene ni una sola preocupación
-2. (attention, effort) cuidado m, atención f; **to do sth with great ~** hacer algo con mucho cuidado; **to drive with ~** conducir or Am manejar con precaución or prudencia; **he was charged with driving without due ~ and attention** fue acusado de conducción temeraria; **to take ~ to do sth** procurar hacer algo; **take ~ not to spill** or **that you don't spill any ink** ten cuidado de no derramar tinta; **take ~ on the roads** conduce or Am maneja con prudencia; **I've taken a lot of ~ over this piece of work** he puesto mucho cuidado en este trabajo; **take more ~ with your handwriting** pon más atención en tu caligrafía
-3. (looking after) cuidado m; **(medical) ~** asistencia f médica; Br **to put a child in ~** poner a un niño bajo la tutela del Estado; Br **she was taken into ~** fue puesto bajo tutela; **to be in** or **under sb's ~** estar al cuidado de alguien; **write to me ~ of Mrs Wallace** escríbeme a la dirección de la Sra Wallace; **to take ~ of** (look after) (person) cuidar de; (animal, machine) cuidar; (deal with) ocuparse de; **to take ~ of oneself** cuidarse; **it will take ~ of itself** se resolverá por sí solo; **take good ~ of him, won't you?** cuídalo bien, ¿de acuerdo?; **that has all been taken ~ of by our lawyers** nuestros abogados ya se han ocupado de todo eso; **that takes ~ of the financial side of things** y con eso ya hemos terminado con el aspecto financiero; **I'll take ~ of the bill** yo pago la cuenta; Fam **take ~ (of yourself)** (goodbye) ¡cuídate!, CAm, Méx ¡que estés bien! ❏ Br **~ in the community** = política que aboga que el cuidado de discapacitados o ancianos no dependa de instituciones como hospitales o asilos, sino de sus familias y la comunidad en general; **~ label** (on garment) etiqueta f con las instrucciones de lavado
❖ vt **-1.** (mind) **I don't ~ what he says** no me importa lo que diga; **what do I ~?** ¿y a mí que me importa?; **who cares what they think?** ¿a quién le importa lo que piensen ellos?; **I don't ~ whether he likes it or not** me da lo mismo que le guste o no
-2. Formal (like) **would you ~ to come with me?** ¿podría or le gustaría acompañarme?; **would you ~ to try some of this wine?** ¿quiere probar este vino?; **I wouldn't ~ to find out what he's like when he's angry** no quiero ni imaginarme cómo es cuando se esp Esp enfada or esp Am enoja; **I was more nervous than I cared to admit** estaba más nervioso de lo que quería admitir
-3. (be willing to) **he'll tell anyone who cares to listen** va por ahí contándoselo a todo el mundo
❖ vi **-1.** (be concerned) preocuparse (**about** por); **no one seems to ~** no parece importarle a nadie, nadie parece preocuparse; **that's all he cares about** eso es lo único que le preocupa; **he said she'd be angry, as if I cared** dijo que se esp Esp enfadaría or esp Am enojaría, como si me importara; **you can go ahead and tell her for all I ~** me trae sin cuidado que se lo digas, RP por mí, decíselo; **I could be dead for all they ~** por ellos, como si me muera, Am por ellos, podría morirme; **I couldn't** or US Fam **could ~ less!** ¡me trae sin cuidado!, ¡me importa un pepino!; **I don't ~!** ¡me da igual!, ¡no me importa!; **see if I ~!** ¡me trae sin cuidado!, ¡me importa un pepino!; **who cares?** ¿qué más da?
-2. (feel affection) **I really ~ about you** me importas mucho

◆ **care for** vt insep **-1.** (look after) (person) cuidar (de); (animal, machine) cuidar; **well cared for** bien cuidado(a)
-2. Formal (like) **I don't ~ for this music** no me gusta esta música; **would you ~ for some tea?** ¿quiere un té?, ¿le Esp apetece or Carib, Col, Méx provoca or Méx antoja un té?
-3. (feel affection towards) **I ~ for you deeply** me importas muchísimo

careen [kəˈriːn] ❖ vt (ship) inclinar para carenar
❖ vi (rush) ir a toda velocidad; **the train careened from side to side** el tren se bamboleaba de un lado a otro

career [kəˈrɪə(r)] ❖ n (working life, profession) carrera f; **a ~ in banking/engineering** (una) carrera en el sector de la banca/ingeniería; **to make a ~ for oneself** labrarse un futuro, hacer carrera; **her university ~** su paso por la universidad; **it was a good/bad ~ move** fue bueno/malo para mi/tu/etc. carrera; **a job with ~ prospects** un trabajo con buenas perspectivas profesionales ❏ **careers advice** orientación f profesional or vocacional; **careers adviser** asesor(ora) m,f de orientación profesional; **~ break** interrupción f de la carrera profesional; **~ diplomat** diplomático(a) m,f de carrera; Br **~ girl** = joven ambiciosa que da mucha importancia a su carrera; **careers guidance** orientación f profesional or vocacional; **careers officer** asesor(ora) m,f de orientación profesional; **~ path** trayectoria f profesional; **careers service** servicio m de orientación profesional; **~ woman** = mujer ambiciosa que da mucha importancia a su carrera
❖ vi **to ~ (along)** ir a toda velocidad; **he careered right into me** se me echó encima

careerism [kəˈrɪərɪzəm] n Pej arribismo m

careerist [kəˈrɪərɪst] n Pej arribista mf

carefree [ˈkeəfriː] adj despreocupado(a)

careful [ˈkeəfʊl] adj **-1.** (taking care) cuidadoso(a); (prudent) cauto(a), prudente; **(be) ~!** ¡(ten) cuidado!; **to be ~ to do sth** tener

carefully

cuidado de or procurar hacer algo; **to be ~ with money** ser ahorrador(ora); **be ~ with that vase!** ¡(ten) cuidado con ese jarrón!; **be ~ not to drop it** procura que no se te caiga; **be ~ crossing the road** ten cuidado al cruzar or cuando cruces la calle; **be ~ what you say** cuidado con lo que dices; **she was ~ not to mention this** tuvo cuidado de or procuró no mencionar esto; **you can't be too ~ these days** en estos tiempos que corren toda precaución es poca

-2. *(thorough)* (work, inspection, person) cuidadoso(a), detallado(a); **they made a ~ examination of the evidence** examinaron las pruebas cuidadosamente; **after ~ consideration** tras mucho reflexionar

carefully ['keəfʊlɪ] *adv* **-1.** *(cautiously, with attention)* cuidadosamente; *(to drive)* con cuidado, con precaución; *(to think, choose)* con cuidado; *(to listen, watch)* atentamente, detenidamente; **she chose her words ~** eligió sus palabras cuidadosamente **-2.** *(thoroughly)* cuidadosamente

carefulness ['keəfʊlnɪs] *n* **-1.** *(caution)* cuidado *m*, prudencia *f* **-2.** *(thoroughness)* cuidado *m*, meticulosidad *f*

careless ['keəlɪs] *adj* **-1.** *(negligent)* descuidado(a); **to be ~ (about sth)** descuidar (algo); **to be ~ with money** tener muy poco cuidado con el dinero; **he's ~ about his appearance** descuida mucho su aspecto; **a ~ act** una imprudencia; **a ~ mistake** un descuido; **a ~ remark** una observación inoportuna □ **~ driving** conducción *f* temeraria

-2. **~ of** *(indifferent to)* sin preocuparse por, indiferente a

-3. *(carefree)* (person) despreocupado(a); *(look, smile)* natural; **she danced with ~ grace** bailaba con gracia natural

carelessly ['keəlɪslɪ] *adv* **-1.** *(negligently)* descuidadamente **-2.** *(casually)* con aire despreocupado

carelessness ['keəlɪsnɪs] *n* **-1.** *(negligence)* descuido *m*, negligencia *f* **-2.** *(casualness)* despreocupación *f*

carer ['keərə(r)] *n* = persona que cuida de un familiar enfermo o anciano, sin que necesariamente reciba compensación económica por ello

caress [kə'res] ◇ *n* caricia *f*
◇ *vt* acariciar

caret ['kærət] *n* TYP signo *m* de intercalación

caretaker ['keəteɪkə(r)] *n* **-1.** *Br* (of building) conserje *m*, portero(a) *m,f*; (of school) conserje *m* □ **~ government** gobierno *m* provisional; **~'s lodge** portería *f*; **~'s office** portería *f* **-2.** *(carer)* **he's his grandmother's ~** se encarga de cuidar de su abuela

careworn ['keəwɔːn] *adj* agobiado(a); **to be ~** estar agobiado(a)

carfare ['kɑːfeə(r)] *n* US (precio *m* del) *Esp* billete *m* or *Am* boleto *m* or *Am* pasaje *m*

cargo ['kɑːgəʊ] (pl **cargoes**) *n* cargamento *m* □ **~ boat** barco *m* de carga, carguero *m*; **~ plane** avión *m* de carga; **~ ship** barco *m* de carga, carguero *m*; **~ trousers** pantalones *mpl* tipo cargo; **~ winch** maquinilla *f* de carga

carhop ['kɑːhɒp] *n US Fam (serving food)* camarero(a) *m,f* (que acerca la comida al coche de los clientes)

Carib ['kærɪb] *n* **-1.** *(person)* caribe *mf* **-2.** *(language)* caribe *m*

Caribbean [kærɪ'biːən, *US* kə'rɪbɪən] ◇ **the ~** *(region)* las Antillas, el Caribe; *(sea)* el Caribe
◇ *adj* caribeño(a), antillano(a); **the ~ islands** las Antillas; **the ~ Sea** el (mar) Caribe

caribou ['kærɪbuː] *n* caribú *m*

caricature ['kærɪkətʃʊə(r)] ◇ *n* caricatura *f*, *Am* caricato *m*
◇ *vt* caricaturizar

caricaturist ['kærɪkətʃʊərɪst] *n* caricaturista *mf*

Caricom ['kærɪkɒm] *n* (abbr **Caribbean Community**) Caricom *m* o *f*

caries ['keəriːz] (pl **caries**) *n* MED caries *f inv*

carillon [kə'rɪljən] *n* carillón *m*

105

caring ['keərɪŋ] *adj* (person) afectuoso(a), solícito(a); (society) solidario(a); **a ~ environment** un entorno con calor humano □ **the ~ professions** = las profesiones relacionadas con la salud y la asistencia social

carjack ['kɑːdʒæk] *Fam* ◇ *n* secuestro *m* de coche or *Am* carro or *CSur* auto
◇ *vt* **they were carjacked** se los llevaron secuestrados en el coche or *Am* carro or *CSur* auto

carjacking ['kɑːdʒækɪŋ] *n Fam* secuestro *m* de un coche or *Am* carro or *CSur* auto

carless ['kɑːlɪs] *adj* sin coche or *Am* carro or *CSur* auto; **we were ~ for two weeks** estuvimos dos semanas sin coche or *Am* carro or *CSur* auto

carload ['kɑːləʊd] *n* **-1.** *(in car)* **we got them home in three carloads** los llevamos a casa en tres viajes; **volunteers arrived by the ~** llegaban coches y coches or *Am* carros y carros or *CSur* autos y autos con voluntarios **-2.** *US (by rail)* vagón *m* (lleno)

carmaker ['kɑːmeɪkə(r)] *n US* fabricante *m* de automóviles

carman ['kɑːmən] *n US* conductor *m*

Carmelite ['kɑːməlaɪt] ◇ *n* (monk) (monje *m*) carmelita *m*; (nun) (monja *f*) carmelita *f*
◇ *adj* carmelita

carmine ['kɑːmaɪn] ◇ *n* (colour) carmín *m*
◇ *adj* (color) carmín *inv*

carnage ['kɑːnɪdʒ] *n* matanza *f*

carnal ['kɑːnəl] *adj* carnal; *Formal* **to have ~ knowledge of sb** haber mantenido relaciones íntimas or sexuales con alguien □ *US* **~ abuse** agresión *f* sexual a menores

carnality [kɑː'nælɪtɪ] *n Literary* carnalidad *f*, sensualidad *f*

carnally ['kɑːnəlɪ] *adv* carnalmente

carnation [kɑː'neɪʃən] *n* **-1.** *(flower)* clavel *m* **-2.** *(colour)* rosa *m*

Carnegie Hall ['kɑːnegɪhɔːl] *n* = gran sala de conciertos en Nueva York

carnelian [kə'niːljən] *n* cornalina *f*

carnival ['kɑːnɪvəl] *n* **-1.** *(traditional festival)* carnaval *m*; **there was a ~ atmosphere in the town** había un ambiente carnavalesco or de carnaval en la ciudad **-2.** *(funfair)* feria *f*

carnivore ['kɑːnɪvɔː(r)] *n* carnívoro *m*

carnivorous [kɑː'nɪvərəs] *adj* carnívoro(a)

carob ['kærəb] *n* **-1.** *(substance)* extracto *m* de algarroba *(sucedáneo de chocolate)* **-2.** *(tree)* algarrobo *m* □ **~ bean** algarroba *f*

carol ['kærəl] ◇ *n* **(Christmas) ~** villancico *m* □ **~ singer** = persona que forma parte de un coro que canta villancicos en lugares públicos
◇ *vt* (pt & pp **carolled**, *US* **caroled**) **-1.** *(of bird)* cantar **-2.** *(of person)* (sing) cantar con alegría; **"I'm home again!" she carolled** "¡he vuelto a casa!", dijo con una voz cantarina **-3.** *(praise)* alabar
◇ *vi* **-1.** *(baby, bird)* cantar **-2.** *(person)* cantar con alegría; **to go carolling** ir a cantar villancicos

Caroline ['kærəlaɪn] *adj* **-1.** HIST carolino(a), = del rey Carlos I o Carlos II de Inglaterra **-2.** **the ~ Islands** las (islas) Carolinas

Carolingian [kærə'lɪndʒɪən] *adj* HIST carolingio(a)

carom ['kærəm] *US* ◇ *n* (in billiards, pool) carambola *f*
◇ *vi* **-1.** *(in billiards, pool)* **to ~ into** hacer carambola con **-2. to ~ into sth/sb** chocar contra algo/alguien

carotene ['kærətiːn] *n* caroteno *m*

carotid [kə'rɒtɪd] *n* ANAT **~ (artery)** (arteria *f*) carótida *f*

carouse [kə'raʊz] *vi* estar de parranda

carousel [kærə'sel] *n* **-1.** *US (at fair)* tiovivo *m*, carrusel *m*, *RP* calesita *f* **-2.** *(at airport)* cinta *f* transportadora de equipajes **-3.** *(for slides)* carro *m*

carp¹ [kɑːp] (pl **carp**) *n* (fish) carpa *f*

carp² *vi* quejarse (sin motivo) (**at** de); **he's always carping on about having too much work** siempre se está quejando de que tiene demasiado trabajo

carrier

carpal ['kɑːpəl] ◇ *n* ANAT hueso *m* carpiano
◇ *adj* ANAT carpiano(a) □ MED **~ tunnel syndrome** síndrome *m* or estrechamiento *m* del túnel carpiano

Carpathians [kɑː'peɪθɪənz] *npl* **the ~** los Cárpatos

carpel ['kɑːpəl] *n* BOT carpelo *m*

carpenter ['kɑːpɪntə(r)] ◇ *n* carpintero(a) *m,f*; **~'s (shop)** carpintería *f*
◇ *vt* (wood, joint) **the parts were carefully carpentered to fit together** las piezas habían sido fabricadas para encajar perfectamente

carpentry ['kɑːpɪntrɪ] *n* carpintería *f*

carpet ['kɑːpɪt] ◇ *n* **-1.** *(rug)* alfombra *f*, *Am* tapete *m*; *(fitted)* Esp moqueta *f*, *Am* alfombra *f*, *RP* moquette *f*; Fig **a ~ of flowers** una alfombra de flores □ **~ slippers** zapatillas *fpl* de casa; **~ tile** trozo *m* cuadrado de *Esp* moqueta or *Am* alfombra or *RP* moquette

-2. IDIOMS **to pull the ~ out from under sb** retirarle el apoyo a alguien repentinamente; *Br Fam* **to be on the ~** *(in trouble)* llevarse una buena regañina or *Esp* bronca; *Br Fam* **to put sb on the ~** *(reprimand)* echar una regañina or *Esp* bronca a alguien □ **~ bombing** bombardeo *m* de saturación
◇ *vt* **-1.** *(floor)* Esp enmoquetar, *Am* alfombrar, *RP* moquetear; **the ground was carpeted with flowers** el suelo estaba cubierto por una alfombra de flores **-2.** *Br Fam* **to ~ sb** echar una regañina or *Esp* bronca a alguien

carpet-bag ['kɑːpɪtbæg] *n* maleta *f* or *RP* valija *f* tapizada

carpetbagger ['kɑːpɪtbægə(r)] *n* **-1.** *US* HIST = norteño que se trasladó al sur para aprovechar las oportunidades creadas durante el periodo posterior a la Guerra Civil americana **-2.** POL *(opportunist)* candidato(a) *m,f* cunero(a)

carpeted ['kɑːpɪtɪd] *adj Esp* enmoquetado(a), *Am* alfombrado(a)

carpeting ['kɑːpɪtɪŋ] *n* (fabric) tejido *m* de alfombra; (carpets) alfombrado *m*

carpet-sweeper ['kɑːpɪtswiːpə(r)] *n* cepillo *m* mecánico (para alfombras)

carpi *pl of* **carpus**

carping ['kɑːpɪŋ] ◇ *n* (complaining) quejica *mf*; (fault-finding) criticón(ona) *m,f*, puntilloso(a) *m,f*
◇ *adj* (complaining) quejica; (fault-finding) criticón(ona), puntilloso(a); **~ criticism(s)** critiqueo

carport ['kɑːpɔːt] *n* AUT plaza *f* de estacionamiento or *Esp* aparcamiento techado (al lado de una casa)

carpus ['kɑːpəs] (pl **carpi** ['kɑːpaɪ, 'kɑːpiː]) *n* ANAT carpo *m*

carrag(h)een ['kærəgiːn] *n* CULIN carragena *f*, alga *f* roja de Irlanda

carrel ['kærəl] *n* (in library) cubículo *m* or pupitre *m* (de estudio)

carriage ['kærɪdʒ] *n* **-1.** *(vehicle)* carroza *f*, carruaje *m* □ **~ clock** reloj *m* de mesa (con asa); SPORT **~ driving** trotones *mpl*, = carreras de carros en torno a un circuito al aire libre

-2. *Br (of train)* vagón *m*, coche *m*

-3. *(of typewriter)* carro *m* □ **~ return** retorno *m* de carro

-4. *(of gun)* cureña *f*

-5. COM *(transport)* transporte *m*, porte *m*; *(cost)* portes *mpl*; **~ forward** porte debido; **~ free** franco(a) de porte; **~ paid** porte pagado

-6. *(bearing)* (of person) porte *m*

carriageway ['kærɪdʒweɪ] *n* AUT calzada *f*; **the northbound ~** la calzada en dirección norte

carrier ['kærɪə(r)] *n* **-1.** *(of disease, infection)* portador(ora) *m,f* **-2.** COM *(company)* transportista *m*; *(airline)* línea *f* aérea **-3.** *(container)* (on bicycle) portaequipaje *m*, transportín *m*; **(bag)** bolsa *f* (de plástico)

-4. COMPTR & TEL portadora *f* □ **~ signal** señal *f* de portadora; **~ tone** tono *m* de portadora

-5. ~ pigeon (bird) paloma *f* mensajera

carrier-based ['kærɪə'beɪst], **carrier-borne** ['kærɪəbɔːn] adj MIL ~ **bombers** bombarderos desplazados en portaaviones

carrion ['kærɪən] n carroña f ❑ ~ **crow** corneja f negra

carrion-eating ['kærɪən'iːtɪŋ] adj (animal) carroñero(a)

carrot ['kærət] n **-1.** (plant, vegetable) zanahoria f ❑ ~ **cake** pastel m de zanahoria; ~ **juice** Esp zumo m or Am jugo m de zanahoria **-2.** Fig (incentive) **to hold out a ~** mostrar un señuelo; IDIOM **to use the ~ and stick approach** utilizar una táctica de incentivos y amenazas

carroty ['kærətɪ] adj (hair) cobrizo(a), pelirrojo(a)

carry ['kærɪ] ◇ vt **-1.** (transport, convey) llevar; (goods, passengers) transportar; (disease) ser portador(ora) de; (electricity) conducir; **a bus carrying schoolchildren** un autobús con escolares; **this plane can ~ 59 passengers** este avión tiene cabida or capacidad para 59 pasajeros; **I've been carrying this note around for ages** llevo siglos cargando con esta nota, hace siglos que ando dando vueltas con esta nota; **to ~ sth away** or **off** llevarse algo; **the boat was carried away by the tide** la marea arrastró el barco; **the injured player was carried off the pitch on a stretcher** sacaron al jugador lesionado del campo en camilla; **she carried him up to the first floor** lo subió en brazos or Am cargó hasta el primer piso; **to be carrying a child** (be pregnant) estar embarazada; IDIOM Fam **to ~ the can** pagar el pato or los platos rotos; **she carries herself like a queen** tiene el porte de una reina; **to ~ oneself well** tener buen porte
-2. (have on one's person) (gun, money) llevar (encima), Méx cargar
-3. (support, bear) sostener, aguantar; **will it ~ the weight of those books?** ¿aguantará el peso de esos libros?; **his legs wouldn't ~ him any further** sus piernas no lo aguantaban más; **you're carrying too much weight** (are overweight) estás demasiado gordo; Fig **to ~ the cost of sth** correr con el costo de algo
-4. (contain, have) **this product carries a warning/a guarantee** este producto viene con un aviso/una garantía; **to ~ an advertisement/article** (of newspaper) publicar un anuncio/artículo; **the news carried an item on Somalia** el telediario or Am noticiero incluyó un reportaje sobre Somalia; **to ~ authority** tener autoridad; **to ~ conviction** ser convincente; **to ~ weight** tener peso
-5. (involve) (fine, penalty, risk, consequences) conllevar; **the post carries a lot of responsibility** el puesto conlleva una gran responsabilidad
-6. (take, extend) **to ~ sth too far/to extremes** llevar algo demasiado lejos/hasta los extremos; **to ~ an argument to its logical conclusion** llevar un argumento hasta las últimas consecuencias
-7. (capture, win) **he carried all before him** arrolló, tuvo un éxito arrollador; US **Clinton carried the state** Clinton triunfó electoralmente en el estado; **his argument carried the day** su argumentación consiguió la victoria
-8. (convince) **we need to ~ the party members with us** necesitamos convencer a los afiliados del partido; **her speech carried the meeting** su discurso convenció a los reunidos
-9. (proposal, motion) aprobar; **the motion was carried unanimously** la moción se aprobó por unanimidad; POL **the bill was carried (by 30 votes)** se aprobó el proyecto de ley (por 30 votos)
-10. COM (keep in stock) tener (en almacén)
-11. (compensate for) **the team cannot afford to ~ players who are not good enough** el equipo no puede permitirse tener jugadores mediocres
-12. (help) **their determination carried them to victory** su determinación los llevó a la victoria
-13. MATH llevar(se); **3, ~ 2** 3, (me) llevo 2
-14. (sing correctly) (tune) cantar bien

◇ vi **-1.** (reach destination) (sound) oírse; **your voice isn't carrying to the back of the room** su voz no llega al fondo de la sala; **her voice carries well** tiene una voz potente; **the ball didn't ~ to the fielder** la bola botó or Am picó antes de llegar al defensor
-2. Fam (carry a gun) **he could be carrying** puede que vaya armado
◇ n COMPTR & MATH acarreo m

◆ **carry away** vt sep **to get carried away (by sth)** (excited) emocionarse (por or con algo); (overenthusiastic) entusiasmarse (por or con algo); **I got a bit carried away with the garlic** se me ha ido la mano con el ajo; **I got carried away and said something I didn't mean** me exalté y dije algo que no quería decir; **don't get too carried away!** ¡no te emociones demasiado!

◆ **carry back** vt sep **the song carried me back to the days of my youth** la canción me hizo recordar mi juventud

◆ **carry forward** vt sep FIN pasar a nueva columna; **carried forward** (at foot of page) suma y sigue

◆ **carry off** vt sep **-1.** (take away) (object, hostage) llevarse; **to ~ off a prize** (win) llevarse un premio
-2. (do successfully) **she carried it off (well)** salió airosa; **he carried off the role brilliantly** representó el papel brillantemente; **she carries off that short dress wonderfully** a ella sí que le queda bien ese vestido corto
-3. Euph (kill) (by disease) llevarse; **hundreds were carried off by the epidemic** la epidemia se llevó cientos de vidas

◆ **carry on** ◇ vt sep **-1.** (continue) (tradition) seguir; (discussion) continuar
-2. (undertake) (business, trade) dirigir, gestionar; (correspondence, conversation) mantener
◇ vi **-1.** (continue) continuar, seguir; **~ on!** ¡sigue!, ¡adelante!; **to ~ on doing sth** seguir haciendo algo; **we're trying to ~ on as normal** intentamos seguir como si no hubiera pasado nada; **she just carried on regardless** siguió como si nada; **~ on with what you were doing** continúa con lo que estabas haciendo
-2. Fam (behave badly) hacer trastadas; **I don't like the way she carries on** no me gusta su forma de comportarse
-3. Fam (have an affair) tener un lío or Méx una movida or RP un asunto (**with** con)
-4. Fam (argue) **they were carrying on at each other** estaban tirándose los trastos a la cabeza

◆ **carry out** vt sep **-1.** (perform) (work, experiment, research) llevar a cabo, efectuar, realizar
-2. (fulfil) (promise, threat, order) cumplir; (plan) llevar a cabo; (instructions) cumplir, seguir

◆ **carry over** vt sep **-1.** (postpone) aplazar; **this match has been carried over from last week** éste es el partido aplazado la semana pasada; **that will have to be carried over to the next meeting** eso tendremos que dejarlo para la siguiente reunión; **you may ~ over your holiday entitlement to the following year** puedes trasladar las vacaciones que te corresponden al año siguiente
-2. (retain) **a practice carried over from the previous regime** una práctica heredada del antiguo régimen
-3. ACCT (balance) trasladar al siguiente ejercicio; **to ~ over a loss to the following year** trasladar una pérdida or un rendimiento negativo al siguiente ejercicio, repercutir una pérdida or un rendimiento negativo en el ejercicio siguiente
-4. = carry forward

◆ **carry through** vt sep **-1.** (help to succeed) **her determination carried her through** su determinación la sostuvo
-2. (implement) llevar a cabo; **they are determined to ~ through the reforms** están decididos a llevar a cabo las reformas

carryall ['kærɔːl] n US bolsa f (de viaje o de deporte)

carry-back ['kærɪbæk] n FIN pérdida f trasladada al ejercicio anterior, compensación f con ejercicios anteriores

carrycot ['kærɪkɒt] n Br moisés m, capazo m

carrying ['kærɪɪŋ] n **-1.** ~ **charges** (for transport) gastos mpl de transporte; (for goods stored) gastos mpl de almacenamiento, costo m or Esp coste m de mantenimiento
-2. US ~ **charge** (on credit purchase) recargo m, comisión f

carrying-on ['kærɪɪŋ'ɒn] (pl **carryings-on**) n Fam **-1.** (fuss, commotion) jaleo m, Esp follón m **-2.** (improper behaviour) líos mpl

carry-on[1] ['kærɪ'ɒn] n Br Fam bronca f, Esp follón m; **what a ~!** ¡menuda bronca!

carry-on[2] adj ~ **baggage** or **luggage** equipaje de mano

carry-out ['kærɪ'aʊt] n **-1.** US & Scot (food) = comida preparada para llevar **-2.** Scot (drink) = bebidas alcohólicas que se compran para llevar **-3.** US & Scot (restaurant) = restaurante donde se vende comida para llevar

carry-over ['kærɪ'əʊvə(r)] n **-1.** (habit, influence, trace) remanente m **-2.** FIN (amount) pérdida f trasladada al ejercicio siguiente

car-sick ['kɑːsɪk] adj **to be ~** estar mareado(a) (en el coche); **to get ~** marearse (en el coche)

car-sickness ['kɑːsɪknɪs] n mareo m (en el coche); **he suffers from ~** se marea en el coche or Am carro or CSur auto

cart[1] [kɑːt] ◇ n **-1.** (drawn by horse) carro m, carreta f; IDIOM **to put the ~ before the horse** empezar la casa por el tejado ❑ ~ **track** pista f **-2.** (pushed by hand) carretilla f **-3.** (golf cart) carrito m de golf **-4.** US (in supermarket) carrito m
◇ vt Fam (carry) cargar con; **I've been carting this around all afternoon** llevo cargando con esto toda la tarde

◆ **cart away** vt sep llevarse

◆ **cart off** vt sep Fam **to ~ sb off** llevarse a alguien (a la fuerza)

cart[2] n Fam (abbr **cartridge**) (for video game) cartucho m

carte blanche ['kɑːt'blɑːnʃ] n **to give sb ~ (to do sth)** dar a alguien carta blanca (para hacer algo)

cartel [kɑː'tel] n ECON cartel m, cártel m; **to form a ~** formar un cartel or cártel; **an oil/steel ~** un cartel or cártel petrolero/siderúrgico

Cartesian [kɑː'tiːʒən] adj **-1.** PHIL cartesiano(a) **-2.** MATH ~ **coordinates** coordenadas fpl cartesianas

Carthage ['kɑːθɪdʒ] n HIST Cartago

Carthaginian [kɑːθə'dʒɪnɪən] HIST ◇ n cartaginense mf
◇ adj cartaginense

carthorse ['kɑːthɔːs] n caballo m de tiro

Carthusian [kɑː'θjuːzɪən] REL ◇ n cartujo m
◇ adj cartujo(a)

cartilage ['kɑːtɪlɪdʒ] n cartílago m

cartilaginous [kɑːtɪ'lædʒɪnəs] adj ANAT cartilaginoso(a)

cartload ['kɑːtləʊd] n carretada f

cartographer [kɑː'tɒgrəfə(r)] n cartógrafo(a) m,f

cartographic [kɑːtə'græfɪk] adj cartográfico(a)

cartography [kɑː'tɒgrəfɪ] n cartografía f

carton ['kɑːtən] n **-1.** (cardboard box) caja f (de cartón) **-2.** (for yoghurt, cream) envase m; (for milk, juice) cartón m, tetrabrik® m **-3.** **a ~ of cigarettes** un cartón de cigarrillos

cartoon [kɑːˈtuːn] *n* **-1.** *(drawing) (in newspaper)* chiste *m*, viñeta *f* ▫ **~ strip** tira *f* cómica **-2.** *(movie) (feature length)* película *f* de dibujos animados; **they showed some cartoons before the movie** pasaron dibujos animados antes de la película **-3.** ART cartón *m*

cartoonist [kɑːˈtuːnɪst] *n* **-1.** *(for newspaper)* humorista *mf* gráfico(a), dibujante *mf* de humor *or* de chistes; *(of comic strip)* humorista *mf* gráfico(a), *Méx* monero(a) *m,f* **-2.** *(for cartoon film)* animador(ora) *m,f*

cartridge [ˈkɑːtrɪdʒ] *n* **-1.** *(for firearm)* cartucho *m* ▫ **~ belt** canana *f*, cartuchera *f*; **~ case** casquillo *m* de bala **-2.** *(refill) (of film)* cartucho *m*; *(for pen)* recambio *m* **-3.** *(for tape deck)* cartucho *m* **-4.** *(for record-player)* cartucho *m* **-5.** ART **~ paper** papel *m* de dibujo **-6.** COMPTR *(disk)* cartucho *m*; **ink/toner ~** cartucho de tinta/tóner

cartwheel [ˈkɑːtwiːl] *n* **-1.** *(wheel)* rueda *f* de carro **-2.** *(in gymnastics)* voltereta *f* lateral; **to turn cartwheels** hacer la voltereta lateral
◇ *vi* dar vueltas de campana laterales; **the vehicle went cartwheeling across the track** el vehículo dio varias vueltas de campana sobre la pista

cartwright [ˈkɑːtraɪt] *n* carretero(a) *m,f*

carve [kɑːv] *vt* **-1.** *(wood, stone)* tallar, esculpir, labrar; *(name, inscription)* grabar, tallar; **it was carved from a single block of wood** fue tallado *or* esculpido a partir de un solo bloque de madera; **he carved his name on the desk** grabó su nombre en el pupitre **-2.** *(meat)* trinchar
◆ **carve out** *vt sep* **to ~ out a career for oneself** forjarse *or* labrarse una carrera
◆ **carve up** *vt sep* **-1.** *(meat)* trinchar; *(carcass)* descuartizar; *Andes, RP* despostar; *Fig (territory)* repartir, dividir **-2.** *Fam* **to ~ sb up** *(attack with knife)* apuñalar *or* rajar a alguien **-3.** *Br Fam* **to ~ sb up** *(in car)* = adelantar a alguien y reincorporarse al carril cruzándose bruscamente por delante del vehículo adelantado

carved [kɑːvd] *adj (wood, stone)* tallado(a), esculpido(a), labrado(a)

carver [ˈkɑːvə(r)] *n* **-1.** *(knife)* cuchillo *m* de trinchar **-2. carvers** cubiertos *mpl* de trinchar

carvery [ˈkɑːvərɪ] *n Br* = restaurante que ofrece carne trinchada en el momento

carving [ˈkɑːvɪŋ] *n* **-1.** *(object)* talla *f* **-2.** *(decoration) (in wood, stone)* labrado *m*, tallado *m* **-3.** *(of meat)* **~ board** trinchero *m*

carving-fork [ˈkɑːvɪŋfɔːk] *n (for meat)* tenedor *m* de trinchar

carving-knife [ˈkɑːvɪŋnaɪf] *n (for meat)* cuchillo *m* de trinchar

caryatid [kærɪˈætɪd] *n* ARCHIT cariátide *f*

Casablanca [kæsəˈblæŋkə] *n* Casablanca

Casanova [kæsəˈnəʊvə] *pr n* Casanova; **he's a ~** es un donjuán *or* un casanova

casbah [ˈkæzbɑː] *n* kasba(h) *f*

cascade [kæsˈkeɪd] ◇ *n* **-1.** *(waterfall)* cascada *f* **-2.** *(of hair, sparks)* cascada *f*
◇ *vi* **-1.** *(water)* caer formando una cascada **-2.** *(hair, sparks)* caer en cascada

CASE [keɪs] *n* COMPTR *(abbr* **computer-aided software engineering)** ingeniería *f* de sistemas asistida por *Esp* ordenador *or Am* computadora

case¹ [keɪs] ◇ *n* **-1.** *(instance, situation)* caso *m*; **it's a ~ of not having any choice** la cuestión es que no tenemos alternativa; **it was a ~ of signing or being fired** era cuestión de firmar o ser despedido; **a ~ in point** un buen ejemplo, un caso claro; **in ~ of emergency/accident** en caso de urgencia/accidente; **in any ~** en cualquier caso; **in my/his ~** en mi/su caso; **in no ~ should you...** en ningún caso deberías...; **in that ~** en ese caso; **in this ~** en este caso; **in which ~** en cuyo caso ▫ **~ study** estudio *m* de caso (real)
-2. *(actual state of affairs)* **that is not the ~ in Great Britain** en Gran Bretaña no es así; **that is/isn't the ~** es/no es así; **if that's the ~...** si es así...; **as** *or* **whatever the ~ may be** según el caso; **as is often/usually the ~** como suele ocurrir
-3. *(investigation)* caso *m*; **we have ten detectives on the ~** tenemos diez detectives en el caso; **a murder/fraud ~** un caso de asesinato/de fraude; **the ~ is closed** el caso ha sido cerrado; *Fam Fig* **don't worry, I'm on the ~** no te preocupes que yo me encargo del tema; [IDIOM] *US Fam* **to have a ~ on sb** estar colgado(a) *or* prendado(a) de alguien, tener un metejón con alguien; [IDIOM] *Fam* **he's always on my ~** siempre me está agobiando
-4. LAW causa *f*, caso *m*; **the ~ for the defence** la defensa; **the ~ for the prosecution** la acusación; **to bring a ~ for sth against sb** entablar un pleito por algo contra alguien; **we don't have a ~** no tenemos nada en lo que basar el caso; **to win/lose one's ~** ganar/perder el caso; **the ~ continues** el juicio continúa ▫ **~ law** jurisprudencia *f*; **~ load: the courts simply cannot cope with the ~ load** los tribunales no dan abasto con un número tan grande de casos
-5. MED caso *m*; **all burns cases are treated here** todos los casos de quemaduras son atendidos aquí ▫ MED **~ history** historia *f* médica, historial *m* médico; **~ load: the loads of young doctors** el número de casos que tienen que atender los doctores jóvenes
-6. *(argument)* **the ~ for/against sth** los argumentos a favor de/en contra de algo; **she argued her ~ very convincingly** defendió su postura muy convincentemente; **to have a (good) ~** estar respaldado(a) por buenos argumentos; **to make (out) a ~ for/against sth** exponer los argumentos a favor de/en contra de algo; **there's a ~ for doing nothing** se podría argumentar que es mejor no hacer nada
-7. *Fam (eccentric person)* caso *m*; **he's a real ~!** ¡es todo un caso!
◇ **in case** *adv* **just in ~** por si acaso; **I'll take my umbrella (just) in ~** llevaré el paraguas por si acaso
◇ **in case** *conj* por si; **in ~ he isn't there** por si no está allí; **bring an umbrella in ~ it rains** trae un paraguas por si lluve; **in ~ you were wondering, she's my sister** por si te lo estás preguntando, es mi hermana; **I'm trying to work, in ~ you hadn't noticed** estoy intentando trabajar, por si no te habías dado cuenta

case² ◇ *n* **-1.** *(container) (for spectacles)* funda *f*; *(for jewellery)* estuche *m*; **a cigarette ~** una pitillera; **(packing) ~** cajón *m*; **(display or glass) ~** vitrina *f*; **a ~ of wine** una caja de vino ▫ **~ discount** *(on wine)* = descuento por compra de cajas enteras; **~ knife** cuchillo *m* de monte **-2.** *(suitcase)* maleta *f*, *RP* valija *f*; *(briefcase)* maletín *m*, cartera *f* **-3.** *(of bullet, shell)* casquillo *m* **-4.** TYP **lower/upper ~** caja *f* baja/alta; COMPTR **this e-mail address is ~ sensitive** hay que respetar las mayúsculas y las minúsculas en esta dirección de correo electrónico, esta dirección de correo electrónico distingue entre mayúsculas y minúsculas **-5.** GRAM caso *m*
◇ *vt (enclose)* **the containers are cased in concrete** los contenedores están revestidos de cemento

case³ *vt Fam* **to ~ the joint** echar una ojeada al lugar *(antes de cometer un delito)*

casebook [ˈkeɪsbʊk] *n* **-1.** *(medical, legal)* registro *m* **-2.** *(study aid)* colección *f* de estudios

case-hardened [ˈkeɪsˈhɑːdənd] *adj* **-1.** *(steel)* de cementación **-2.** *(insensitive)* **even ~ policemen wept** hasta los policías más insensibilizados lloraron

casein [ˈkeɪsiːn] *n* caseína *f*

casement [ˈkeɪsmənt] *n* **-1.** *(window)* **~ (window)** ventana *f* (batiente) **-2.** *(window frame)* marco *m*

casework [ˈkeɪswɜːk] *n* asistencia *f* social en casos individuales

caseworker [ˈkeɪswɜːkə(r)] *n* asistente *mf* social

cash [kæʃ] ◇ *n* **-1.** *(coins, banknotes)* (dinero *m* en) efectivo *m*; **to pay (in) ~** pagar en efectivo; **~ on delivery** entrega contrarreembolso; **~ in hand** al contado ▫ **~ account** cuenta *f* de caja; **~ advance** adelanto *m* or anticipo *m* en metálico; **~ balance** *(status)* estado *m* de cuenta; *(amount remaining)* saldo *m* de caja; **~ bar** = en un acontecimiento social, bar en el que se paga por las consumiciones; **~ book** registro *m* or libro *m* de caja; **~ box** caja *f* (para el dinero); **~ card** tarjeta *f* (del cajero automático); **~ and carry** *(shop)* almacén *m* (de venta) al por mayor; *Fam* **~ cow** fuente *f* de ingresos, mina *f*; **~ crop** cultivo *m* comercial; FIN **~ deposit** depósito *m* or *Esp* ingreso *m* en efectivo; **~ desk** (mostrador *m* de) caja *f*; **~ discount** descuento *m* or rebaja *f* por pronto pago; **~ dispenser** cajero *m* automático; FIN **~ flow** flujo *m* de caja, cash-flow *m*; **to have ~ flow problems** tener problemas de tesorería *or* liquidez; *Hum* no ir muy bien de dinero; ACCT **~ flow statement** estado *m* de flujo de caja; **~ machine** cajero *m* automático; **~ payment** pago *m* en efectivo; *Br* **~ point** cajero *m* automático; **~ price** precio *m* al contado; **~ prize** premio *m* en efectivo *or* metálico; **~ purchase** compra *f* al contado; FIN **~ ratio** coeficiente *m* de caja; ACCT **~ received** *(balance sheet item)* efectivo *m*, cobros *mpl* por caja; **~ register** caja *f* registradora; **~ sale** venta *f* al contado; ACCT **~ statement** estado *m* de caja, cuenta *f* de tesorería; **~ terms** condiciones *fpl* de pago al contado; **~ withdrawal** reintegro *m* (en efectivo)
-2. *Fam (money in general)* dinero *m*, *Am* plata *f*, *Méx* lana *f*; **to be short of ~** ir un poco mal de dinero; **I ran out of ~** me quedé sin dinero
◇ *vt (cheque, postal order)* hacer efectivo(a), cobrar; **could you ~ this cheque for me?** *(in bank)* ¿podría cobrar *or* hacer efectivo este cheque?
◆ **cash in** ◇ *vt sep (insurance policy)* hacer efectivo(a), cobrar; *(bond, savings certificate)* hacer efectivo(a), canjear (en dinero); *(gambling chips)* cambiar; [IDIOM] *US Fam* **to ~ in one's chips** *(die)* estirar la pata, *Esp* diñarla, *CAm, Méx* liar el petate
◇ *vi Fam* **-1. to ~ in on** *(profit from)* aprovechar, sacar provecho de **-2.** *US (die)* estirar la pata, *Esp* diñarla, *CAm, Méx* liar el petate
◆ **cash up** *vi Br* hacer la caja

cashback [ˈkæʃbæk] *n Br* = posibilidad de sacar dinero de una cuenta en el momento de pagar con tarjeta de débito una compra en un supermercado; **would you like any ~?** ¿quiere sacar dinero de la cuenta?

cashew [ˈkæʃuː] *n* **~ (nut)** anacardo *m*

cashier¹ [kæˈʃɪə(r)] *n* cajero(a) *m,f* ▫ **~'s cheque** talón *m* bancario; *Br* **~'s desk** caja *f*

cashier² *vt* MIL destituir

cashing up [ˈkæʃɪŋˈʌp] *n* COM arqueo *m*

cashless [ˈkæʃlɪs] *adj (transaction)* sin dinero en efectivo; *(economy)* en la que no se maneja dinero en efectivo

cashmere [ˈkæʃmɪə(r)] *n* cachemir *m*; **a ~ sweater** un suéter de cachemir

casing [ˈkeɪsɪŋ] *n* **-1.** TECH *(of machine)* cubierta *f*, carcasa *f* **-2.** *(of tyre)* cubierta *f* **-3.** *(of wire, shaft)* revestimiento *m* **-4.** *(of sausage)* piel *f*

casino [kəˈsiːnəʊ] *(pl* **casinos)** *n* casino *m*

cask [kɑːsk] *n* tonel *m*, barril *m*

casket [ˈkɑːskɪt] *n* **-1.** *(for jewellery)* cofre *m*, arqueta *f* **-2.** *US (coffin)* ataúd *m*

CASM [ˈkæzəm] *n* COMPTR *(abbr* **computer-aided sales and marketing)** ventas *fpl* y márketing asistidos por *Esp* ordenador *or Am* computadora

Caspar [ˈkæspə(r)] *pr n* Gaspar

Caspian ['kæspɪən] ◇ n the ~ el Caspio
◇ adj **the ~ Sea** el mar Caspio; **~ tern** pagaza f piquirroja
Cassandra [kə'sændrə] n **-1.** MYTHOL Casandra **-2.** Fig = persona cuyas profecías son desoídas
cassava [kə'sɑːvə] n **-1.** (plant) mandioca f **-2.** (food) tapioca f
casserole ['kæsərəʊl] ◇ n **-1.** (cooking vessel) cazuela f, cacerola f **-2.** (food) cazuela f, guisado m; **chicken ~** pollo a la cazuela, guisado de pollo
◇ vt guisar en cazuela
cassette [kə'set] n **-1.** (audio, video) cinta f, casete f ❏ **~ deck** platina f, pletina f; **~ head cleaner** cinta for casete f limpiadora; **~ player** casete m, magnetófono m; **~ recorder** casete m, magnetófono m; **~ single** cinta f de single, single m en (formato de) cinta; **~ storage rack** mueble m para guardar cintas **-2.** (for still camera) cartucho m
cassia ['kæsɪə] n cañafístula f
Cassiopeia [kæsɪə'pɪə] n Casiopea
cassis [kæ'siːs] n casis m
cassiterite [kə'sɪtərait] n GEOL casiterita f
cassock ['kæsək] n sotana f
cassowary ['kæsəweərɪ] n **(southern) ~** casuario m
cast [kɑːst] ◇ n **-1.** (of play, movie) reparto m ❏ **~ list** reparto m
-2. (reproduction) reproducción f; (mould) molde m
-3. ~ iron hierro m fundido or colado
-4. MED **(plaster) ~** escayola f, esp Am yeso m; **she had her arm in a ~** tenía el brazo escayolado or esp Am enyesado
-5. (type, form) **the delicate ~ of her features** la delicadeza de sus rasgos; **a very liberal ~ of mind** una mentalidad muy liberal
-6. (colour, shade) matiz m, toque m; **white with a pinkish ~** blanco con un matiz or toque rosa
-7. (of fishing line) lanzamiento m; (of net) redada f
-8. (squint) bizquera f; **he has a ~ in his eye** es bizco
◇ vt (pt & pp **cast**) **-1.** (throw) (stone) tirar, lanzar; (line) lanzar; (net) lanzar, echar; **to ~ a spell over sb** hechizar or encantar a alguien; **to ~ lots (for sth)** sortear (algo), echar (algo) a suertes; Literary **the tyrant ~ his enemies into prison** el tirano envió a sus enemigos a la cárcel; **the editor has ~ his net wide** el editor ha aplicado criterios muy amplios en su selección
-2. (direct) (shadow) proyectar, hacer; **the accident ~ a shadow over their lives** el accidente ensombreció sus vidas; **she ~ a desperate glance at her mother** lanzó una mirada desesperada hacia su madre; Fig **to ~ a cloud over sth** ensombrecer algo; **to ~ doubt on sth** poner en duda algo; **to ~ one's eyes over sth** echar una ojeada a algo; also Fig **to ~ light on sth** arrojar luz sobre algo; **to ~ one's mind back to sth** remontarse a algo; **the evidence ~ suspicion on him** las pruebas lo señalan como sospechoso
-3. (shed, throw off) **the horse ~ a shoe** al caballo se le cayó una herradura; **to ~ its skin** (reptile) mudar de piel or camisa; **~ all fear from your mind** no tengas ningún miedo
-4. (vote) emitir; **to ~ one's vote (for sb)** emitir el voto (por alguien), votar (por alguien); **the number of votes ~** el número de votos emitidos
-5. THEAT & CIN **to ~ a movie/play** seleccionar a los actores para una película/obra; **she was ~ as** or **in the role of Desdemona** la eligieron para el papel de Desdémona; **he was ~ against type** le dieron un papel opuesto al que acostumbra a representar
-6. (metal) fundir; (statue) fundir, vaciar; **it was ~ in bronze** fue fundido en bronce; Fig **they are all ~ in the same mould** están todos cortados por el mismo patrón

-7. (horoscope) preparar
◇ vi (in fishing) (with rod) lanzar la caña; (with net) lanzar la red
◆ **cast about, cast around** vi **to ~ about** or **around for sth** intentar encontrar algo
◆ **cast aside** vt sep **-1.** (book, clothes) deshacerse de **-2.** (idea, prejudice) abandonar
◆ **cast away** vt sep (sailor) **to be ~ away** ser un/una náufrago(a)
◆ **cast down** vt sep **to be ~ down** estar deprimido(a) or abatido(a)
◆ **cast off** vt sep (clothes, chains, traditions) deshacerse de; **~ off all your cares!** ¡olvida tus preocupaciones!
◇ vi **-1.** NAUT soltar amarras **-2.** (in knitting) rematar una vuelta
◆ **cast on** vi (in knitting) engarzar una vuelta
◆ **cast out** vt sep Literary expulsar
◆ **cast up** vt sep (of sea, tide, waves) arrojar a la costa
castanets [kæstə'nets] npl castañuelas fpl
castaway ['kɑːstəweɪ] n náufrago(a) m,f
caste [kɑːst] n (social rank) casta f
castellated ['kæstəleɪtɪd] adj ARCHIT acastillado(a), almenado(a)
caster ['kɑːstə(r)] n **-1.** (for sugar) espolvoreador m ❏ Br **~ sugar** azúcar m or f extrafino(a), azúcar m of molido(a) **-2.** (wheel) ruedecita f
castigate ['kæstɪgeɪt] vt Formal (criticize) reprender
Castile [kæ'stiːl] n Castilla
Castilian [kæs'tɪlɪən] ◇ n **-1.** (person) castellano(a) m,f **-2.** (language) castellano m
◇ adj castellano(a); **~ Spanish** castellano
casting ['kɑːstɪŋ] ◇ n **-1.** THEAT & CIN reparto m ❏ **the ~ couch:** she denied having got the part on the **~ couch** negó haberse acostado con el director de reparto para obtener el papel; **~ director** director(ora) m,f de reparto **-2.** (metal piece) pieza f fundida **-3.** (of sculpture) vaciado m
◇ adj **~ vote** voto m de calidad
cast-iron ['kɑːst'aɪən] adj **-1.** (stove, gate) de hierro fundido; **a ~ pot** una olla de hierro fundido **-2.** (solid, unbreakable) **~ alibi/guarantee** coartada f/garantía irrefutable; Hum **he has a ~ stomach** tiene un estómago a prueba de bombas
castle ['kɑːsəl] ◇ n **-1.** (building) castillo m; IDIOM **to build castles in the air** or **in Spain** construir castillos en el aire **-2.** (in chess) torre f
◇ vi (in chess) enrocarse
castling ['kɑːslɪŋ] n (in chess) enroque m
cast-off ['kɑːstɒf] ◇ n **-1.** (garment) prenda f vieja or usada **-2.** Fam (person) persona f rechazada
◇ adj **~ clothing** ropa vieja or usada
castor ['kɑːstə(r)] n (on furniture) ruedecita f
castor oil [kɑːstə'rɔɪl] n aceite m de ricino ❏ **~ plant** ricino m
castrate [kæs'treɪt] vt (animal) castrar, capar; (person) castrar
castrated [kæs'treɪtɪd] adj (animal) castrado(a), capado(a); (person) castrado(a)
castrati pl of **castrato**
castration [kæs'treɪʃən] n castración f ❏ **~ complex** complejo m de castración
castrato [kæ'strɑːtəʊ] (pl **castratos** or **castrati** [kæ'strɑːtiː]) n castrado m
Castroist ['kæstrəʊɪst] ◇ n castrista mf
◇ adj castrista
casual ['kæʒjʊəl] ◇ adj **-1.** (relaxed, informal) informal; **~ clothes** ropa informal or de sport
-2. (superficial) **to make ~ conversation** hablar de cosas insustanciales; **even a ~ glance would reveal that...** incluso una mirada superficial revelaría...; **it was just a ~ suggestion** no era más que una sugerencia de pasada ❏ **~ sex** relaciones fpl sexuales ocasionales
-3. (unconcerned) despreocupado(a), tranquilo(a); (careless) descuidado(a); (remark, glance) de pasada, casual; **they were very** **~ about it** parecía no importarles la cosa
-4. (employment, worker) eventual; **to employ sb on a ~ basis** dar empleo a alguien de manera eventual
-5. (chance) (meeting) casual; (reader) ocasional
-6. ~ water (in golf) agua f accidental or ocasional
◇ n Br Fam (soccer hooligan) = aficionado al fútbol de extracción modesta pero que gasta bastante dinero en ropa y que siempre va en grupo
casualization [kæʒjʊəlaɪ'zeɪʃən] n ECON **~ of labour** precarización del mercado de trabajo
casually ['kæʒjʊəlɪ] adv **-1.** (unconcernedly) **she remarked quite ~ that...** comentó de pasada que...; **he treated the issue rather ~** se tomó el asunto bastante a la ligera **-2.** (informally) (to talk) en tono informal; **to dress ~** vestirse de manera informal, vestirse de sport
casualty ['kæʒjʊəltɪ] n **-1.** (in accident, earthquake) víctima f; (in war) baja f; Br **fortunately, there were no casualties** no hubo que lamentar desgracias personales ❏ **~ list** (in accident) lista f de víctimas; (in war) lista f de bajas **-2.** Br **~ (department)** (servicio m de) urgencias fpl
casuistic(al) [kæʒjʊ'ɪstɪk(əl)] adj Pej (argument) hábil pero basado en falsedades
casuistry ['kæʒjʊɪstrɪ] n Pej **he made his case with his usual ~** expuso su caso argumentándolo hábilmente con falsedades
casus belli ['kɑːzəs'belɪː] (pl **casus belli**) n Literary casus belli m inv
CAT [kæt] n MED (abbr **Computerized Axial Tomography**) TAC f ❏ **~ scan** escáner m (TAC)
cat [kæt] n **-1.** (animal) (domestic) gato(a) m,f; (lion, tiger) felino m, félido m; **the big cats** los grandes felinos ❏ **~ burglar** ladrón(ona) m,f (que entra en las casas escalando); **~'s cradle** = juego consistente en formar diferentes figuras utilizando los dedos y un cordel; **~ door** gatera f; **~ flap** gatera f; **~ food** comida f para gatos; **~ litter** arena f para gatos; **~'s paw** instrumento m; **he's just a ~ for the government** no es más que un mero instrumento del gobierno
-2. US Fam Old-fashioned (man) tipo m, Esp tío m
-3. Fam (whip) azote m (de nueve cuerdas)
-4. IDIOMS **a ~ may look at a king** con mirar no hago daño a nadie; Fam **has the ~ got your tongue?** Esp ¿(se) te ha comido la lengua el gato?, Am ¿te comieron la lengua los ratones?; Fam **I don't have** or **stand a ~ in hell's chance** no tengo la más mínima posibilidad or Am chance; Fam **who's "she"? the ~'s mother?** ¿qué es eso de "ella"? ella tiene un nombre; **to fight like ~ and dog** Esp llevarse como el perro y el gato, Am pelear como perro y gato; **look what the ~'s dragged in** mira quién amanece or Am anda por aquí; **you look like something the ~ brought in** ¡tú has visto la facha que llevas?; **to look like the ~ that got the cream** estar más ancho(a) que largo(a), RP estar redondo(a); Br **to wait to see which way the ~ will jump** ver de qué lado sopla el viento; PROV **when the ~'s away, the mice will play** cuando el gato duerme bailan los ratones; **to play a ~-and-mouse game with sb** jugar al ratón y al gato con alguien; Fam **to be like a ~ on a hot tin roof** or **on hot bricks** estar histérico(a); **to let the ~ out of the bag** revelar el secreto, Esp descubrir el pastel; **to set the ~ among the pigeons** meter al lobo en el redil; Fam **there isn't enough room to swing a ~** no se puede uno ni mover; Fam **he thinks he's the ~'s whiskers** or **pyjamas** se lo tiene muy creído, se cree que él no va más or RP el súmum, Méx se cree que es la única Coca-Cola® en el desierto
catabolism [kə'tæbəlɪzəm] n BIOCHEM catabolismo m
cataclysm ['kætəklɪzəm] n cataclismo m

cataclysmic [kætə'klɪzmɪk] *adj* catastrófico(a)
catacombs ['kætəku:mz] *npl* catacumbas *fpl*
catafalque ['kætəfælk] *n* catafalco *m*
Catalan ['kætəlæn] ◇ *n* **-1.** *(person)* catalán(ana) *m,f* **-2.** *(language)* catalán *m*
◇ *adj* catalán(ana)
catalepsy ['kætəlepsɪ] *n* MED catalepsia *f*
cataleptic [kætə'leptɪk] *adj* MED cataléptico(a)
catalogue, *US* **catalog** ['kætəlɒg] ◇ *n* catálogo *m*; *Fig* **a ~ of complaints** una retahíla de quejas; **a ~ of disasters** una serie *or* cadena de desastres ❑ **~ number** *(in library)* signatura *f*
◇ *vt* catalogar
Catalonia [kætə'ləʊnɪə] *n* Cataluña
Catalonian [kætə'ləʊnɪən] *adj* catalán(ana)
catalpa [kə'tælpə] *n* catalpa *f*
catalyse, *US* **catalyze** ['kætəlaɪz] *vt* CHEM catalizar
catalysis [kə'tælɪsɪs] *n* CHEM catálisis *f*
catalyst ['kætəlɪst] *n also Fig* catalizador *m*
catalytic [kætə'lɪtɪk] *adj* CHEM catalizador(ora), catalítico(a) ❑ AUT **~ *converter*** catalizador *m*
catalyze *US* = catalyse
catamaran [kætəmə'ræn] *n* catamarán *m*
cataphora [kə'tæfərə] *n* LING catáfora *f*
cataphoric [kætə'fɒrɪk] *adj* LING catafórico(a)
catapult ['kætəpʌlt] ◇ *n* **-1.** *Br (hand-held)* tirachinas *m inv* **-2.** *(mediaeval siege weapon)* catapulta *f* **-3.** *(on aircraft carrier)* catapulta *f*
◇ *vt* catapultar; **to be catapulted into the air** salir despedido(a) por los aires; **to ~ sb to stardom** lanzar *or* catapultar a alguien al estrellato
cataract ['kætərækt] *n* **-1.** *(in river)* catarata *f*; *Fig* **the rain was falling in cataracts** llovía a cántaros **-2.** MED catarata *f*; **she's got cataracts** tiene cataratas
catarrh [kə'tɑ:(r)] *n* catarro *m*
catarrhal [kə'tɑ:rəl] *adj* catarral
catastrophe [kə'tæstrəfɪ] *n* catástrofe *f* ❑ MATH **~ *theory*** teoría *f* de las catástrofes
catastrophic [kætə'strɒfɪk] *adj* catastrófico(a)
catastrophically [kætə'strɒfɪkəlɪ] *adv* catastróficamente
catatonic [kætə'tɒnɪk] *adj* MED catatónico(a)
catbird ['kætbɜ:d] *n (bird)* pájaro *m* gato
catcall ['kætkɔ:l] ◇ *n* silbido *m*; **the actors were greeted with catcalls** los actores fueron recibidos con silbidos *or* abucheos
◇ *vi* silbar, abuchear
catch [kætʃ] ◇ *n* **-1.** *(act)* *(of ball)* parada *f (sin que la pelota toque el suelo)*; **to play ~** *(ball game)* jugar a (que no caiga) la pelota; *(chasing game)* jugar al corre-corre-que-te-pillo, *RP* jugar a la mancha
-2. *(thing caught)* *(in fishing)* pesca *f*, captura *f*; *Fam* **her new boyfriend's a real ~** su nuevo novio es un buen partido
-3. *(fastening) (on door)* pestillo *m*; *(on box, jewellery, window)* cierre *m*
-4. *(disadvantage)* trampa *f*; **there must be a ~ in it somewhere** tiene que haber alguna trampa, aquí hay gato encerrado; **where's the ~?** ¿dónde está la trampa?; IDIOM **a catch-22 situation** un callejón sin salida
-5. *(in voice)* **there was a ~ in her voice** tenía la voz entrecortada
-6. MUS canon *m*
-7. AGR **~ crop** cultivo *m* intermedio *or* intercalado
◇ *vt (pt & pp* **caught** [kɔ:t]) **-1.** *(thrown object, falling object)* atrapar, *Esp* coger, *Am* agarrar; **~ (it)!** *(when throwing something)* ¡agárralo!, *Esp* ¡cógelo!; **she caught him before he hit the ground** lo agarró antes de que se cayera al suelo; **we put the bucket there to ~ the dripping water** pusimos el balde ahí para que el agua de la gotera cayera dentro; *US* **shall we ~ a bite to eat?** *Am* ¿comemos algo?, *Esp* ¿tomamos algo (de comer)?; **to ~ one's breath** *(after exercise)* recobrar el aliento; *(in surprise)* quedarse sin aliento; **a sudden noise made her ~ her breath** un ruido repentino hizo que se le cortara la respiración; **to ~ hold of sth** agarrarse a algo; **to ~ a few rays** tomar un poco el sol; **my room catches the sun** a mi habitación le da el sol; **you look as if you've caught the sun** parece que te ha pegado el sol
-2. *(capture) (prey, mouse, thief)* atrapar, capturar; *(fish)* pescar; **he caught her by the arm** la agarró del brazo; **this photo catches the atmosphere of the match** esta fotografía refleja la atmósfera del partido
-3. *(surprise, discover)* *Esp* pillar, *Esp* coger, *Am* pescar; **to ~ sb doing sth** *Esp* coger *or Am* pescar a alguien haciendo algo; **we got caught in a shower** nos agarró *or Esp* cogió un chubasco; **we were caught without any matches** nos vimos sin fósforos *or Esp* cerillas; *Fam* **you won't ~ me doing that!** ¡no haría eso ni borracho *or* loco!; *Fam* **you won't ~ me doing that again!** ¡no pienso volver a hacerlo!; **you won't ~ my husband dancing** a mi marido no lo verás bailar ni borracho *or RP* loco; **to ~ oneself doing sth** sorprenderse haciendo algo; *Fam* **to ~ sb napping** agarrar *or Esp* coger a alguien desprevenido; IDIOM **to ~ sb red-handed** *or Fam* **at it** agarrar *or Esp* coger a alguien con las manos en la masa, *Esp* coger *or Am* agarrar *or Am* pescar a alguien in fraganti; IDIOM *Fam* **to ~ sb with their pants** *or Br* **trousers down** pescar a alguien desprevenido, *Esp* pillar a alguien en bragas, *RP* agarrar a alguien en bolas; IDIOM **he was caught short** le entraron unas ganas repentinas de ir al baño
-4. *(take) (bus, train, taxi)* tomar, *Esp* coger
-5. *(be in time for) (bus, train)* alcanzar, llegar a; **I must leave, I've got a train to ~** me marcho, tengo que tomar *or Esp* coger un tren; **to ~ the post** llegar a tiempo a la recogida del correo; **you need to ~ the disease in its early stages** *(start treating)* hay que actuar contra la enfermedad en su fase inicial
-6. *(manage to see) (programme, movie, play)* ver, alcanzar a ver; **to ~ a glimpse of sth** vislumbrar algo; **to ~ sight of sth** ver algo
-7. *(manage to find) Esp* pillar, *Esp* coger, *Am* agarrar; **you've caught me at a bad time** me *Esp* pillas *or Am* agarras en un mal momento; **I'll ~ you later!** luego te veo
-8. *(notice) (see)* ver; *(hear)* (alcanzar a) oír; *(smell)* percibir; **did you ~ the irony in her voice?** ¿has captado el tono irónico de su voz?; **I didn't ~ what he said** no oí *or Esp* cogí lo que dijo
-9. *(trap, entangle)* **I caught my dress on a nail, my dress got caught on a nail** me enganché el vestido en un clavo; **don't ~ your fingers in the door** no te *Esp* pilles *or Am* agarres los dedos con la puerta; **to ~ sb's attention** *or* **eye** llamar la atención de alguien; **to ~ sb's imagination** capturar la imaginación de alguien
-10. *(become infected with)* agarrar, *Esp* coger, *Am* pescar; **to ~ a cold** resfriarse, *Esp* coger *or Méx* pescar un resfriado, *Andes, RP* agarrarse *or* pescarse un resfrío; **to ~ the flu** *Esp* coger la gripe, *Am* pescar una gripe; **I caught this cold from** *or* **off you** tú me pegaste este *Esp, Méx* resfriado *or Andes, RP* resfrío; **you'll ~ your death (of cold) out there!** ¡vas a agarrar *or Esp* coger *or Méx* pescar un resfriado de muerte ahí fuera!, *Andes, RP* ¡te vas a agarrar un resfrío mortal ahí afuera!; **he's caught the habit from his sister** se le ha pegado la costumbre de su hermana
-11. *(hit)* **he caught me (a blow) on the chest** me dio un golpe en el pecho; **the stone caught her on the arm** la piedra le dio en el brazo; **he caught his knee on the table** se dio con la rodilla en la mesa; *Fam* **you'll ~ it!** *(get into trouble)* ¡te la vas a *Esp* cargar *or Esp* ganar *or Méx, RP* ligar!
-12. to ~ fire *or* **light** *(go on fire)* prenderse
◇ *vi* **-1.** *(fire)* prender
-2. *(in door)* quedarse pillado(a); *(on nail)* quedarse enganchado(a); **my skirt caught on a nail** se me enganchó la falda en un clavo
-3. *(person)* **to ~ at sth** tratar de agarrarse *or Esp* coger algo
-4. *(voice)* **her voice caught** su voz se entrecortó
◆ **catch on** *vi* **-1.** *(fashion)* cuajar
-2. *Fam (understand)* darse cuenta (**to** de), enterarse (**to** de)
◆ **catch out** *vt sep* **to ~ sb out** *(discover, trick) Esp* pillar *or Am* agarrar a alguien; **I got caught out by the weather** me sorprendió *or Esp* cogió el mal tiempo
◆ **catch up** ◇ *vi (close gap, get closer)* **to ~ up with sb** alcanzar a alguien; **we have a long way to go before we ~ up with our competitors** todavía nos queda mucho para ponernos a la altura de nuestros competidores; **I'm going to ~ up on some sleep** voy a recuperar algo de sueño; **we must ~ up with each other some time** *(meet up)* tenemos que quedar para ponernos al día de lo que pasa por nuestras vidas; **to ~ up with one's work** ponerse al día en el trabajo; **his past has caught up with him** ha salido a relucir su pasado; **the police will ~ up with you eventually** la policía acabará atrapándote *or Esp* cogiéndote
◇ *vt sep* **-1.** *(reach)* **to ~ sb up** alcanzar a alguien
-2. to get caught up in sth *(become entangled)* verse envuelto(a) *or* enredarse en algo; *Fig (become involved)* ensimismarse en algo; *Fig* **he was totally caught up in his book** estaba totalmente absorto en su libro
catch-all ['kætʃɔ:l] *adj Fam* **a ~ term** un término muy general *or* que vale para todo
catch-as-catch-can ['kætʃəzkætʃ'kæn] ◇ *n (wrestling)* catch *m*, = variedad de lucha libre
◇ *adj US* de cualquier manera, a la buena de Dios; **there's no strict order, it's ~** no hay ningún orden fijo, se hace de cualquier manera *or* a la buena de Dios
catcher ['kætʃə(r)] *n (in baseball)* cácher *mf*, catcher *mf*, receptor(ora) *m,f*
catching ['kætʃɪŋ] *adj (disease, habit)* contagioso(a)
catchline ['kætʃlaɪn] *n (in advertising campaign)* eslogan *m*
catchment area ['kætʃmənt'eərə] *n* **-1.** *(drainage area)* cuenca *f* **-2.** *(of school, hospital)* área *f* de cobertura
catchpenny ['kætʃpenɪ] *adj* **this novel is a ~ affair** esta novela no está escrita más que para vender
catchphrase ['kætʃfreɪz] *n* coletilla *f*, latiguillo *m*
catchword ['kætʃwɜ:d] *n* **-1.** *(catchphrase)* coletilla *f*, latiguillo *m* **-2.** TYP reclamo *m*
catchy ['kætʃɪ] *adj (tune, slogan)* pegadizo(a)
cat-claw vine ['kætklɔ:'vaɪn] *n* uña *f* de gato
catechism ['kætəkɪzm] *n* catecismo *m*
catechize ['kætəkaɪz] *vt* **-1.** REL catequizar **-2.** *(examine)* interrogar, cuestionar
categoric(al) [kætɪ'gɒrɪk(əl)] *adj (denial)* categórico(a), terminante; *(refusal)* rotundo(a); **he was quite ~ in his denial** lo negó rotundamente ❑ PHIL **the ~ *imperative*** el imperativo categórico
categorically [kætɪ'gɒrɪkəlɪ] *adv* categóricamente
categorization [kætəgəraɪ'zeɪʃən] *n* clasificación *f*
categorize ['kætəgəraɪz] *vt* clasificar (**as** como)
category ['kætəgərɪ] *n* categoría *f* ❑ **~ *climb*** *(in cycling)* puerto *m* puntuable; **first ~ climb** *(in cycling)* puerto de primera; PHIL **~ *mistake*** error *m* categórico
cater ['keɪtə(r)] *vi* **-1.** *(provide food) (at weddings)* dar *or* organizar banquetes; *(for company, airline)* dar servicio de comidas *or* catering; **we ~ for groups of up to 50** *(in restaurant)* servimos a grupos de hasta 50 personas; **parties catered for** *(sign in restaurant)* se organizan banquetes
-2. to ~ for *(needs, requirements)* tener en

cater-cornered

cuenta; **to ~ for all tastes** atender a todos los gustos; **to ~ to sth** (indulge) complacer; **does the building ~ for disabled staff?** ¿tiene el edificio accesibilidad para personal discapacitado?
◇ vt US (party, event) dar el servicio de comida y bebida de, hacer el catering de

cater-cornered ['keɪtəkɔːnəd] US Fam ◇ adj diagonal
◇ adv en diagonal, diagonalmente

caterer ['keɪtərə(r)] n (company) empresa f de hostelería; (person) hostelero(a) m,f

catering ['keɪtərɪŋ] n (trade) catering m, hostelería f; **to do the ~** (at party) dar el servicio de comida y bebida ❑ **~ manager** responsable mf del catering; **~ school** escuela f de hostelería

caterpillar ['kætəpɪlə(r)] n oruga f ❑ **~ track** (on tank, tractor) oruga f; **~ tractor** (tractor m) oruga f

caterwaul ['kætəwɔːl] vi (cat) maullar; (person) chillar

caterwauling ['kætəwɔːlɪŋ] n (of cat) maullidos mpl; (of person) aullidos mpl

catfight ['kætfaɪt] n -1. (between cats) pelea f entre gatos -2. Fam pelea f entre mujeres

catfish ['kætfɪʃ] n -1. (freshwater) siluro m, bagre m -2. (saltwater) perro m del norte

catfoot ['kætfʊt] vi US deslizarse como un gato

catgut ['kætgʌt] n -1. (for rackets, stringed instruments) cuerda f de tripa -2. (in surgery) catgut m, hilo m de sutura

Cathar ['kæθə(r)] HIST ◇ n cátaro(a) m,f
◇ adj cátaro(a)

catharsis [kə'θɑːsɪs] (pl **catharses** [kə'θɑːsiːz]) n catarsis f inv

cathartic [kə'θɑːtɪk] adj catártico(a)

Cathay [kæ'θeɪ] n Archaic Catay

cathedra see **ex cathedra**

cathedral [kə'θiːdrəl] n catedral f ❑ **~ city** ciudad f catedralicia; **~ town** ciudad f catedralicia

Catherine ['kæθrɪn] pr n **~ the Great** Catalina la Grande; **~ de' Medici** Catalina de Médicis; **~ of Aragon** Catalina de Aragón ❑ **~ wheel** (firework) girándula f

catheter ['kæθɪtə(r)] n MED catéter m

catheterize ['kæθɪtəraɪz] vt MED introducir un catéter en, practicar un cateterismo a

cathode ['kæθəʊd] n ELEC cátodo m ❑ **~ rays** rayos mpl catódicos; **~ ray tube** tubo m de rayos catódicos

Catholic ['kæθəlɪk] ◇ n católico(a) m,f
◇ adj **the ~ church** la iglesia católica

catholic ['kæθəlɪk] adj (wide-ranging) ecléctico(a); **to be ~ in one's tastes** tener unos gustos muy eclécticos

Catholicism [kə'θɒlɪsɪzəm] n catolicismo m

cathouse ['kæthaʊs] n US Fam burdel m

cation ['kætaɪən] n PHYS catión m

catkin ['kætkɪn] n (on bush, tree) amento m, candelilla f

catlike ['kætlaɪk] adj gatuno(a)

catmint ['kætmɪnt], **catnip** ['kætnɪp] n menta f de gato

catnap ['kætnæp] Fam ◇ n siestecilla f, Am siestita f; **to have a ~** echarse una siestecilla or Am siestita, dar una cabezada
◇ vi echarse una siestecilla or Am siestita, dar una cabezada

catnip = **catmint**

Cato ['keɪtəʊ] pr n Catón

cat-o'-nine-tails [kætə'naɪnteɪlz] n azote m (de nueve cuerdas)

Catseye®, cat's eye ['kætsaɪ] n (on road) captafaro m, = baliza reflectante en la calzada

catsuit ['kætsuːt] n Br mallas fpl

catsup ['kætsʌp] n US ketchup m, catchup m

cattail ['kæteɪl] n US espadaña f (planta)

cattery ['kætərɪ] n residencia f para gatos

cattle ['kætəl] npl ganado m (vacuno) ❑ **~ breeder** ganadero(a) m,f; **~ breeding** cría f de ganado vacuno; **~ cake** = especie de pienso concentrado para el ganado; **~ egret** garcilla f bueyera; **~ fair** feria f de ganado; **~ farmer** ganadero(a) m,f (de vacu-

no); Br **~ grid** paso m canadiense, reja f (que impide el paso del ganado); **~ market** feria f de ganado; **~ prod** picana f; **~ ranch** rancho m ganadero, RP estancia f; **~ rustler** cuatrero(a) m,f, ladrón(ona) m,f de ganado; **~ shed** establo m; **~ show** feria f de ganado; **~ track** cañada f; **~ truck** vagón m de ganado

cattleman ['kætəlmən] n ganadero m

catty ['kætɪ] adj Fam malicioso(a), malintencionado(a)

catty-cornered ['kætɪkɔːnəd] US Fam ◇ adj diagonal
◇ adv en diagonal, diagonalmente

Catullus [kə'tʌləs] pr n Catulo

CATV [siːeɪtiː'viː] n US (abbr **community antenna television**) (cable TV) televisión f por cable; (via shared aerial) antena f (colectiva) comunitaria

catwalk ['kætwɔːk] n pasarela f

Caucasian [kɔː'keɪʒən] ◇ n -1. (in anthropology) caucásico(a) m,f -2. US (white person) blanco(a) m,f -3. (person from the Caucasus) caucasiano(a) m,f -4. LING caucásico m
◇ adj -1. (in anthropology) caucásico(a) -2. US (white) blanco(a) -3. (from the Caucasus) caucasiano(a) -4. LING caucásico(a)

Caucasus ['kɔːkəsəs] n **the ~** el Cáucaso

caucus ['kɔːkəs] n POL -1. (group within party) = dentro de un partido político, grupo que actúa en bloque a la hora de coordinar tácticas y proponer candidatos
-2. US (before elections) = reunión local de activistas locales para elegir al candidato presidencial de cada uno de los partidos políticos
-3. US (within legislative body) grupo m; **the Democratic ~** el grupo demócrata; **~ (meeting)** = reunión de los miembros de un partido político
-4. Austr = reunión de los miembros del Partido Laborista en el Parlamento Federal

caudal ['kɔːdəl] adj -1. ANAT caudal -2. ZOOL caudal ❑ **~ fin** caleta f caudal

caught [kɔːt] pt & pp of **catch**

caul [kɔːl] n ANAT amnios m

cauldron ['kɔːldrən] n caldero m

cauliflower ['kɒlɪflaʊə(r)] n coliflor f ❑ **~ cheese** = coliflor con besamel de queso; **~ ear** (swollen ear) oreja f hinchada por los golpes

caulk [kɔːk] vt NAUT calafatear

caulking ['kɔːlkɪŋ] n NAUT calafateo m

causal ['kɔːzəl] adj causal; **a ~ link (between)** una relación causa-efecto or de causalidad (entre)

causality [kɔː'zælɪtɪ] n Formal causalidad f

causally ['kɔːzəlɪ] adv causalmente; **the two events are ~ linked** los dos hechos tienen la misma causa

causation [kɔː'zeɪʃən] n Formal causalidad f

causative ['kɔːzətɪv] ◇ n GRAM (verb) verbo m factitivo or causativo
◇ adj -1. Formal causante -2. GRAM (verb) factitivo(a), causativo(a)

cause [kɔːz] ◇ n -1. (origin) causa f; **the ~ of the disease is not yet known** se desconoce or todavía no se conoce la causa de la enfermedad; **she is the ~ of his being in prison** está en prisión por culpa de ella; **~ and effect** causa y efecto
-2. (reason) motivo m, razón f; **with (good) ~** con razón; **without good ~** sin razón alguna; **his condition is giving ~ for concern** su estado es preocupante; **to have good ~ for doing sth** tener un buen motivo para hacer algo; **I have no ~ for complaint** no tengo motivo de queja or motivos para quejarme; **there's no ~ to be concerned** no hay por qué preocuparse
-3. (purpose, mission) causa f; **in the ~ of justice** en defensa de la justicia; **her devotion to the ~** su dedicación a la causa; **it's a lost ~** es una causa perdida; **it's all in a good ~** es por una buena causa; **to make common ~ (with sb)** hacer causa común (con alguien)
◇ vt causar; **smoking causes cancer** el

tabaco provoca cáncer; **I didn't mean to ~ offence** no pretendía ofender a nadie; **he was accused of deliberately causing a fire** lo acusaron de provocar deliberadamente un incendio; **to ~ trouble** crear problemas; **to ~ sb to do sth** hacer que alguien haga algo; **what caused him to change his mind?** ¿qué hizo que cambiara de opinión?

cause célèbre ['kɔːzəˈlebrə] (pl **causes célèbres**) n (legal case) caso m célebre

causeway ['kɔːzweɪ] n paso m elevado (sobre agua)

caustic ['kɔːstɪk] adj -1. CHEM cáustico(a) ❑ **~ soda** sosa f cáustica -2. (biting, sarcastic) cáustico(a), mordaz

caustically ['kɔːstɪklɪ] adv cáusticamente, con un tono cáustico

cauterize ['kɔːtəraɪz] vt MED cauterizar

caution ['kɔːʃən] ◇ n -1. (prudence) prudencia f, cautela f; **to exercise ~** actuar con precaución; **to proceed with ~** (generally) proceder con cautela; (in car) ser prudente; **to throw ~ to the wind(s)** olvidarse de la prudencia -2. (warning) advertencia f; **to be given a ~** LAW recibir una advertencia; SPORT ser amonestado(a)
◇ vt -1. (warn) advertir; **he cautioned them to be careful** les advirtió que tuvieran cuidado; **to ~ sb against sth** prevenir a alguien contra algo -2. LAW (on arrest) leer los derechos a; (instead of prosecuting) amonestar (**for** por) -3. SPORT amonestar (**for** por)

cautionary ['kɔːʃənərɪ] adj **a ~ tale** un cuento ejemplar

cautious ['kɔːʃəs] adj cauto(a), prudente; **she's ~ about making predictions** es muy cauta or prudente a la hora de efectuar predicciones

cautiously ['kɔːʃəslɪ] adv cautelosamente, con prudencia

cautiousness ['kɔːʃəsnɪs] n cautela f, prudencia f

cavalcade [kævəl'keɪd] n cabalgata f

cavalier [kævə'lɪə(r)] ◇ n HIST **Cavalier** = seguidor de Carlos I en la guerra civil inglesa del siglo XVII
◇ adj demasiado despreocupado(a); **to be ~ about sth, to have a ~ attitude towards sth** tomarse algo a la ligera

cavalry ['kævəlrɪ] n caballería f ❑ **~ charge** carga f de la caballería; **~ twill** = tipo de tejido resistente utilizado para pantalones, etc.

cavalryman ['kævəlrɪmæn] n soldado m de caballería

cave [keɪv] ◇ n cueva f, caverna f ❑ **~ dweller** cavernícola mf, troglodita mf, hombre m de las cavernas; **~ painting** pintura f rupestre

◆ **cave in** vi (ground, structure) hundirse, ceder; Fig (stop resisting) rendirse, darse por vencido(a)

caveat ['kævɪæt] n -1. LAW = demanda de notificación previa ante un tribunal -2. Formal (warning) salvedad f, reserva f; **with the ~ that...** con la salvedad de que...; **it was a case of ~ emptor** era un caso en el que la responsabilidad caía por cuenta y riesgo del consumidor

cave-in ['keɪvɪn] n -1. (of ground, structure) hundimiento m, derrumbamiento m -2. (surrender) rendición f

caveman ['keɪvmæn] n cavernícola m, troglodita m

caver ['keɪvə(r)] n espeleólogo(a) m,f

cavern ['kævən] n caverna f

cavernous ['kævənəs] adj (room, pit, building) tenebroso(a); (voice) cavernoso(a); (eyes) hundido(a)

cavewoman ['keɪvwʊmən] n cavernícola f, troglodita f

caviar(e) ['kævɪɑː(r)] n caviar m

cavil ['kævɪl] (pt & pp **cavilled**, US **caviled**) vi Literary poner reparos (**at** a)

caving ['keɪvɪŋ] n espeleología f; **to go ~** hacer espeleología

cavity ['kævɪtɪ] *n* **-1.** *(hole)* cavidad *f* ❑ ~ **wall insulation** aislamiento *m* de doble pared **-2.** *(of tooth)* caries *f inv* **-3.** ANAT *(nasal)* fosa *f*; **the stomach/cranial ~** la cavidad estomacal/craneal

cavort [kə'vɔːt] *vi* retozar, brincar

cavy ['keɪvɪ] *n (animal)* cobaya *f*, conejillo *m* de Indias

caw [kɔː] ⋄ *n (of bird)* graznido *m*
⋄ *vi* graznar

cawing ['kɔːɪŋ] *n (of bird)* graznido *m*

cay [kiː] *n* cayo *m*

Cayenne [keɪ'en] *n* Cayena

cayenne [keɪ'en] *n (spice)* ~ **(pepper)** cayena *f*

cayman, caiman ['keɪmən] *n* caimán *m*

Cayman Islands ['keɪmənaɪləndz] *n* **the ~** las Islas Caimán

CB [siː'biː] *n* **-1.** *(abbr* **Citizens' Band)** banda *f* ciudadana *or* de radioaficionados **-2.** *(abbr* **Companion of (the Order of) the Bath)** = una de las distinciones honoríficas británicas más importantes

CBAT ['siː'bæt] *n US (abbr* **College Board Achievement Test)** = examen con el que se valoran las aptitudes de los alumnos que desean ingresar en la universidad

CBC [siːbiː'siː] *n (abbr* **Canadian Broadcasting Corporation)** cadena *f* CBC *(de radio y televisión canadiense)*

CBD [siːbiː'diː] *n US (abbr* **cash before delivery)** pago *m* antes de la entrega

CBE [siːbiː'iː] *n (abbr* **Commander of the Order of the British Empire)** = condecoración británica al mérito civil

CBer [siː'biːə(r)] *n US Fam* cebeísta *mf*, radioaficionado(a) *m,f*

CBI [siːbiː'aɪ] *n (abbr* **Confederation of British Industry)** = organización empresarial británica, ≃ *Esp* CEOE *f*

CBS [siːbiː'es] *n (abbr* **Columbia Broadcasting System)** CBS *f*

CBT [siːbiː'tiː] *n (abbr* **Chicago Board of Trade)** = bolsa de futuros de Chicago

cc [siː'siː] ⋄ **-1.** *(abbr* **cubic centimetre)** c.c. **-2.** *(abbr* **carbon copy)** cc, copias a
⋄ *vt* COM **make sure you cc that letter to the chairman** asegúrate de enviar una copia de esa carta al presidente

CCTV [siːsiːtiː'viː] *n (abbr* **closed-circuit television)** circuito *m* cerrado de televisión

CD [siː'diː] *n* **-1.** *(abbr* **compact disc)** *(for music)* CD *m*, (disco *m*) compacto *m*; *(for software)* CD *m* ❑ ~ **burner** estampadora *f* de CD; ~ **drive** unidad *f* or lector *m* de CD, lector *m* de CD; ~ **player** (lector *m* or reproductor *m* de) CD *m*; ~ **rack** mueble *m* para CDs; ~ **reader** lector *m* de CD; ~ **recorder** grabadora *f* de CD; ~ **single** CD *m* sencillo; ~ **tower** torre *f* de almacenamiento de CDs; ~ **writer** estampadora *f* or grabadora *f* de CD
-2. *(abbr* **Corps Diplomatique)** CD
-3. *(abbr* **certificate of deposit)** certificado *m* de depósito

CDC [siːdiː'siː] *n (abbr* **Center for Disease Control)** = organismo federal estadounidense de investigación sobre las causas y la prevención de las enfermedades

cd/fwd ACCT *(abbr* **carried forward)** suma y sigue

CD-i, CDI [siːdiː'aɪ] *n* COMPTR *(abbr* **compact disc interactive)** CD-I *m*

CD-R [siːdiː'ɑː(r)] *n* COMPTR **-1.** *(abbr* **compact disc recorder)** grabadora *f* de CD-ROM **-2.** *(abbr* **compact disc recordable)** disco *m* compacto regrabable

Cdr MIL *(abbr* **Commander)** Comandante *mf*

Cdre NAUT *(abbr* **Commodore)** Comodoro *m*

CD-ROM [siːdiː'rɒm] *n* COMPTR *(abbr* **compact disc read-only memory)** CD-ROM *m* ❑ ~ **burner** estampadora *f* de CD-ROM; ~ **drive** unidad *f* or lector *m* de CD-ROM, lector *m* de CD-ROM; ~ **reader** lector *m* de CD-ROM; ~ **recorder** grabadora *f* de CD-ROM; ~ **writer** estampadora *f* de CD-ROM

CDT [siːdiː'tiː] *n* **-1.** *US (abbr* **Central Daylight Time)** = hora en el huso horario del centro de los Estados Unidos y Canadá **-2.** *Br (abbr* **craft, design and technology)** = asignatura escolar que incluye el trabajo del metal, de la madera y dibujo técnico

CDW [siːdiː'dʌbəljuː] *n (abbr* **collision damage waiver)** CDW *m*, cobertura *f* parcial de daños por colisión

CE **-1.** *(abbr* **Council of Europe)** CE *m* **-2.** *(abbr* **Church of England)** Iglesia *f* anglicana **-3.** *(abbr* **Civil Engineer)** ingeniero(a) *m,f* civil **-4.** *(abbr* **Common** *or* **Christian Era)** 1492 CE 1492 d. JC.

cease [siːs] ⋄ *vt* abandonar, suspender; **to ~ firing** dejar de disparar; **~ fire!** ¡alto el fuego!; COM **to ~ trading** *(as company)* cerrar el negocio, suspender la actividad comercial; *(on Stock Exchange)* suspender la cotización
⋄ *vi* cesar; **to ~ doing** *or* **to do sth** dejar de hacer algo; **the organization ceased to exist in 1974** la organización dejó de existir en 1974; **she never ceased in her efforts to free him** nunca cejó en sus esfuerzos por conseguir su liberación; **it never ceases to amaze me (that...)** no deja de sorprenderme (que...)
⋄ *n Formal* **without ~** sin cesar

ceasefire ['siːsfaɪə(r)] *n* alto *m* el fuego, tregua *f*

ceaseless ['siːslɪs] *adj* incesante

ceaselessly ['siːslɪslɪ] *adv* incesantemente, sin parar

Cecilia [sɪ'siːljə] *pr n* **Saint ~** Santa Cecilia

cecum *US* = **caecum**

cedar ['siːdə(r)] *n* **-1.** *(tree)* cedro *m* ❑ ~ **of Lebanon** cedro *m* del Líbano **-2.** *(wood)* cedro *m*

cedarwood ['siːdəwʊd] *n* madera *f* de cedro

cede [siːd] *vt* LAW *(territory, property)* ceder

cedilla [sə'dɪlə] *n* cedilla *f*

CEEB [siːiː'biː] *n US (abbr* **College Entrance Examination Board)** = institución sin ánimo de lucro que gestiona exámenes como el de acceso a la universidad y asesora sobre ayudas financieras y becas

Ceefax® ['siːfæks] *n Br* = teletexto de la BBC

ceilidh ['keɪlɪ] *n* = en Escocia e Irlanda, fiesta en la que se bailan danzas tradicionales

ceiling ['siːlɪŋ] *n* **-1.** *(of room)* techo *m* ❑ ~ **rose** rosetón *m* (de techo) **-2.** *(limit)* techo *m*, tope *m*; **to reach a ~** tocar techo; **the government has set a 3 percent ~ on wage rises** el gobierno ha marcado un techo *o* tope del 3 por ciento para los incrementos salariales ❑ ~ **price** precio *m* máximo autorizado **-3.** AV techo *m*, altura *f* máxima

celandine ['selandaɪn] *n* BOT celidonia *f*

celeb [sə'leb] *n Fam* famoso(a) *m,f*

celebrant ['selɪbrənt] *n* REL celebrante *mf*

celebrate ['selɪbreɪt] ⋄ *vt* **-1.** *(birthday, Christmas)* celebrar; *(event, victory)* celebrar, festejar; **this month he celebrates fifty years as an actor** este mes cumple cincuenta años como actor **-2.** *(praise)* *(person, sb's beauty)* celebrar; **to ~ sb's achievements** celebrar los logros de alguien; **to ~ the memory of sth/sb** celebrar la memoria de algo/alguien **-3.** REL **to ~ mass** celebrar *or* decir misa
⋄ *vi* **let's ~!** ¡vamos a celebrarlo!

celebrated ['selɪbreɪtɪd] *adj* célebre

celebration [selɪ'breɪʃən] *n* **-1.** *(commemoration)* *(of birthday, Christmas)* celebración *f*; **celebrations** *(of anniversary, victory)* actos *mpl* conmemorativos; **to join in the celebrations** unirse a las celebraciones; **in ~** en celebración; **in ~ of Christmas/forty years of peace** para celebrar la Navidad/cuarenta años de paz; **this calls for a ~!** ¡esto hay que celebrarlo!; **a ~ of sb's achievements** una celebración de los logros de alguien
-2. *(praise)* celebración *f*; **he wrote the poem in ~ of her beauty** escribió el poema para celebrar su belleza
-3. REL celebración *f*

celebratory [selə'breɪtərɪ] *adj (atmosphere, mood)* festivo(a), de celebración; **we had a ~ drink after the game** después del partido tomamos unas bebidas de celebración

celebrity [sɪ'lebrɪtɪ] *n* **-1.** *(person)* celebridad *f*, famoso(a) *m,f* **-2.** *(fame)* celebridad *f*, fama *f*

celebutante [sɪ'lebjʊɑːnt] *n US* nuevo(a) famoso(a) *m,f*

celeriac [sə'leərɪæk] *n* apio *m* nabo

celerity [sɪ'lerɪtɪ] *n Literary* celeridad *f*

celery ['selərɪ] *n* apio *m*; **a ~ stick, a stick of ~** una rama de apio ❑ ~ **salt** sal *f* de apio

celestial [sɪ'lestjəl] *adj* ASTRON celeste; *Literary* celestial ❑ ~ **body** cuerpo *m* celeste; ~ **coordinates** coordenadas *fpl* celestes; ~ **map** mapa *m* celeste; ~ **meridian** meridiano *m* celeste; ~ **navigation** navegación *f* celeste; ~ **pole** polo *m* celeste; ~ **sphere** esfera *f* celeste

celiac *US* = **coeliac**

celibacy ['selɪbəsɪ] *n* celibato *m*

celibate ['selɪbət] *adj* célibe

cell [sel] *n* **-1.** *(in prison)* celda *f*, calabozo *m*; *(in monastery)* celda *f* ❑ ~ **block** bloque *m* de celdas **-2.** *(of honeycomb)* celda *f* **-3.** ELEC *(photoelectric)* célula *f*; *(battery)* pila *f* **-4.** BIOL célula *f* ❑ ~ **culture** cultivo *m* celular; ~ **division** división *f* celular; ~ **line** línea *f* celular; ~ **nucleus** núcleo *m* celular; ~ **theory** teoría *f* celular; ~ **wall** pared *f* celular **-5.** *(underground group)* célula *f* **-6.** COMPTR *(in spreadsheet)* celda *f*

cellar ['selə(r)] *n* **-1.** *(basement)* sótano *m* **-2.** *(for wine)* bodega *f*; **he keeps a good ~** tiene una buena bodega

cellist ['tʃelɪst] *n* violonchelista *mf*

cello ['tʃeləʊ] *(pl* **cellos)** *n* violonchelo *m*, violoncelo *m*, chelo *m*

Cellophane® ['seləfeɪn] *n Br* celofán *m*

cellphone ['selfəʊn] *n* teléfono *m* celular

cellular ['seljʊlə(r)] *adj* **-1.** BIOL celular **-2.** *(blanket)* celular **-3.** ~ **phone** teléfono *m* celular

cellulite ['seljʊlaɪt] *n* celulitis *f inv (acumulación de grasa)*

cellulitis [seljʊ'laɪtɪs] *n* MED celulitis *f inv (inflamación)*

celluloid® ['seljʊlɔɪd] *n* celuloide *m*; **the true story: now on ~** la historia real, ahora en la pantalla grande

cellulose ['seljʊləʊs] *n* celulosa *f*

Celsius ['selsɪəs] *adj* centígrado(a); **10 degrees ~** 10 grados centígrados ❑ ~ **degree** grado *m* Celsius; ~ **scale** escala *f* Celsius; ~ **thermometer** termómetro *m* centígrado

Celt [kelt] *n* celta *mf*

Celtiberian [keltɪ'bɪərɪən] ⋄ *n* celtíbero(a) *m,f*
⋄ *adj* celtíbero(a)

Celtic ['keltɪk] ⋄ *n (language)* celta *m*
⋄ *adj* celta, céltico(a) ❑ ~ **cross** cruz *f* celta

cement [sɪ'ment] ⋄ *n* **-1.** *(in building)* cemento *m* ❑ ~ **mixer** hormigonera *f* **-2.** *(glue)* cola *f* **-3.** *(in dentistry)* *(for filling cavities)* empaste *m*; *(for attaching crowns)* cemento *m*
⋄ *vt* **-1.** *(cover with cement)* cubrir de cemento **-2.** *(fix together)* *(with glue)* encolar, pegar; *(bricks)* juntar con cemento; **they cemented the plaque to the wall** pegaron la placa a la pared con cemento **-3.** *(make firm)* *(friendship)* consolidar, cimentar

cemetery ['semətrɪ] *n* cementerio *m*

cenotaph ['senətɑːf] *n* cenotafio *m*; **the Cenotaph** = monumento en Londres a los caídos en las dos Guerras Mundiales

Cenozoic [siːnəʊ'zəʊɪk] GEOL ⋄ *n* **the ~** el cenozoico
⋄ *adj (era)* cenozoico(a)

censer ['sensə(r)] *n (in church)* incensario *m*

censor ['sensə(r)] ⋄ *n* **-1.** *(of books, films)* censor(ora) *m,f*; **it'll never get past the censors** no pasará la censura **-2.** HIST *(in ancient Rome)* censor *m*
⋄ *vt* censurar

censorious [sen'sɔːrɪəs] *adj (person)* censurador(ora); *(look)* reprobatorio(a); **to be ~ of** censurar

censorship ['sensəʃɪp] *n* censura *f*

censurable ['senʃərəbəl] *adj Formal* censurable

censure ['senʃə(r)] ⋄ *n* censura *f*, crítica *f*; **even he is not above ~** hasta a él se le puede censurar; POL **vote of ~** moción de censura
⋄ *vt* censurar, criticar

census ['sensəs] n censo m; **to take a ~** censar

cent [sent] n (of dollar) centavo m; (of euro) céntimo m; US Fam **I haven't got a ~** no tengo ni un centavo or Esp duro or Méx peso; IDIOM US Fam **to put one's two cents (worth) in** Esp meter baza, Am meterse

centaur ['sentɔː(r)] n centauro m

centenarian [sentɪ'neərɪən] n centenario(a) m,f

centenary [sen'tiːnərɪ] ◇ n centenario m
◇ adj centenario(a)

centennial [sen'tenɪəl] US ◇ n centenario m
◇ adj centenario(a) ❏ **the Centennial State** = apelativo familiar referido al estado de Colorado

center, centerboard etc US = **centre, centreboard** etc

centesimal [sen'tesɪməl] adj centesimal

centigrade ['sentɪɡreɪd] adj centígrado(a); **10 degrees ~** 10 grados centígrados

centigram(me) ['sentɪɡræm] n centigramo m

centilitre, US **centiliter** ['sentɪliːtə(r)] n centilitro m

centimetre, US **centimeter** ['sentɪmiːtə(r)] n centímetro m

centipede ['sentɪpiːd] n ciempiés m inv

CENTO ['sentəʊ] n Formerly (abbr **Central Treaty Organization**) = organización para la cooperación económica y militar fundada en 1959 y disuelta en 1979 e integrada por el Reino Unido, Irán, Paquistán y Turquía

central ['sentrəl] adj **-1.** (in location) central; **~ Miami** el centro de Miami ❏ **the Central African Republic** la República Centroafricana; **Central America** Centroamérica, América Central; **Central American** centroamericano(a); SPORT **~ defender** defensa mf central, central mf; **Central Europe** Europa Central; **Central European** centroeuropeo(a); **Central European Time** hora f de Europa central; **~ midfielder** (in soccer) centrocampista mf; Br **~ reservation** (on motorway) mediana f, Col, Méx camellón m; US **Central Standard Time** hora f oficial del meridiano 90°
-2. (in convenient location) céntrico(a); **our hotel is quite ~** nuestro hotel es bastante céntrico
-3. (in importance) central, primordial; **it is ~ to our plans** es el eje sobre el que giran nuestros planes; **exports played a ~ part in our recovery** las exportaciones han desempeñado un papel central or primordial en nuestra recuperación ❏ **~ character** (in book, movie) personaje m central, protagonista mf
-4. (at heart of network) central ❏ **~ bank** banco m central; CIN **~ casting** = el departamento de un estudio de cine encargado de los repartos; Hum **he looked like a gangster from ~ casting** parecía un gángster de película; **~ computer** Esp ordenador m central, Am computadora f central; **Central European Bank** Banco m Central Europeo; **~ government** gobierno m central; **~ heating** calefacción f central; **Central Intelligence Agency** Agencia f Central de Inteligencia; AUT **~ locking** cierre m centralizado; **~ nervous system** sistema m nervioso central; COMPTR **~ processing unit** unidad f central de proceso
-5. LING **~ vowel** vocal central

centralism ['sentrəlɪzəm] n POL centralismo m

centralist ['sentrəlɪst] POL ◇ n centralista mf
◇ adj centralista

centrality [sen'trælətɪ] n **-1.** (of location) situación f céntrica **-2.** (of argument, idea) carácter m esencial

centralization [sentrəlaɪ'zeɪʃən] n centralización f

centralize ['sentrəlaɪz] vt centralizar

centralized ['sentrəlaɪzd] adj centralizado(a)

centrally ['sentrəlɪ] adv **-1.** (located) **we live quite ~** vivimos en una zona muy céntrica
-2. (organized) **~ controlled** de control or Am monitoreo centralizado; **~ funded** de financiación or Am financiamiento central; **the house is ~ heated** la casa tiene calefacción central; ECON **a ~ planned economy** una economía de planificación centralizada

centre, US **center** ['sentə(r)] ◇ n **-1.** (of object, shape) centro m; **in the ~** en el centro ❏ **~ of gravity** centro m de gravedad; PHYS **~ of mass** centro m de masa; **~ punch** punzón m; **~ spread** (in newspaper) página f central; (in magazine) póster m central
-2. (of town) centro m; **urban ~** centro urbano, ciudad; **she lives in the city ~** or **the ~ of town** vive en el centro de la ciudad
-3. (building) centro m; **a sports/health ~** un centro deportivo/de salud
-4. (in politics) centro m; **left of ~** de izquierdas; **right of ~** de derechas; **a party of the ~ left/right** un partido de centroizquierda /centroderecha
-5. (focus, location) (of commerce, finance) centro m; (of unrest) foco m; **~ of attention** centro de atención; **~ of interest** centro de interés; **~ of population** centro demográfico
-6. THEAT **~ stage** parte f central del escenario; IDIOM **to take ~ stage** centrar la atención
-7. SPORT (position) (in basketball) pívot mf; (in American football) central mf; **(inside/outside) ~** (in rugby) centro mf (izquierdo/derecho) ❏ **~ back** (in soccer) defensa mf central, central mf; **~ circle** círculo m central; **~ court** pista f central; **~ field** (in baseball) jardín m central, campo m exterior central; **~ fielder** (in baseball) jugador(ora) m,f exterior central; **~ forward** (in soccer) delantero m centro; **~ half** (in soccer) medio mf centro
-8. SPORT (pass) centro m
◇ vt **-1.** (focus) (attack, bombing) centrar, concentrar (**on** sobre); (attention, interest) centrar or concentrar (**on** en) **-2.** TYP (text) centrar **-3.** SPORT (ball) centrar

◆ **centre around** vt insep **-1.** (located) **the village is centred around the church** el pueblo se extiende en torno a la iglesia
-2. (have as focus) centrarse en torno a; **the debate has centred around his personality** el debate se ha centrado en torno a su personalidad

◆ **centre on** vt insep (concentrate) centrarse en; **all their attention was centred on the World Cup** toda su atención estaba centrada en el Mundial; **the conversation centred on politics** la conversación giró en torno a la política

◆ **centre round** vt insep = **centre around**

centreboard, US **centerboard** ['sentəbɔːd] n NAUT orza f de la quilla

centred, US **centered** ['sentəd] adj **-1.** (situated in the centre) centrado(a) **-2.** (mentally focused) centrado(a)

centrefold, US **centerfold** ['sentəfəʊld] n (in magazine) póster m central

centreline, US **centerline** ['sentəlaɪn] n **-1.** (of tennis court, road) línea f central **-2.** (of geometrical figure, aeroplane) eje m; (of yacht) crujía f

centrepiece, US **centerpiece** ['sentəpiːs] n **-1.** (on table) centro m de mesa **-2.** (main element) núcleo m, eje m

centrifugal [sentrɪ'fjuːɡəl] adj PHYS centrífugo(a) ❏ **~ force** fuerza f centrífuga; **~ pump** bomba f centrífuga

centrifuge ['sentrɪfjuːdʒ] n (for separating liquids) centrifugadora f, separador m centrífugo

centring, US **centering** ['sentərɪŋ] n **-1.** (on position) centrado m **-2.** TYP (of text) centrado m

centripetal [sen'trɪpɪtəl] adj PHYS centrípeto(a) ❏ **~ acceleration** aceleración f centrípeta; **~ force** fuerza f centrípeta

centrist ['sentrɪst] n centrista mf

centuries-old ['sentʃəriːz'əʊld] adj (custom, tradition) secular, ancestral; (building) centenario(a)

centurion [sen'tʃʊərɪən] n HIST centurión m

century ['sentʃərɪ] n **-1.** (a hundred years) siglo m; **the 2nd ~** (written) el siglo II; (spoken) el siglo dos or segundo; **in the 20th ~** en el siglo XX **-2.** (in cricket) = cien (o más de cien) carreras **-3.** HIST (in ancient Rome) centuria f

century-old ['sentʃərɪ'əʊld] adj (institution, building) centenario(a)

CEO [siːiː'əʊ] n COM (abbr **chief executive officer**) director(ora) m,f gerente, consejero(a) m,f delegado(a)

cep [sep] n boleto m comestible or calabaza

cephalic [sə'fælɪk] adj ANAT cefálico(a)

cephalopod ['sefələpɒd] n ZOOL cefalópodo m

ceramic [sə'ræmɪk] ◇ n (vase, figure) cerámica f
◇ adj de cerámica; **~ tile** (on floor) baldosa f; (on wall) azulejo m ❏ **~ hob** placa f de vitrocerámica

ceramics [sə'ræmɪks] n (art) cerámica f

Cerberus ['sɜːbərəs] n MYTHOL Cerbero

cereal ['sɪərɪəl] n **-1.** (plant, grain) cereal m ❏ **~ crops** cosechas fpl de cereal **-2.** (food) **(breakfast) ~** cereales mpl (de desayuno)

cerebellum [serɪ'beləm] (pl **cerebella** [serɪ'belə]) n ANAT cerebelo m

cerebra pl of **cerebrum**

cerebral ['serɪbrəl] adj **-1.** ANAT cerebral ❏ **~ cortex** córtex m inv or corteza f cerebral; **~ hemisphere** hemisferio m cerebral; MED **~ palsy** parálisis f inv cerebral **-2.** (intellectual) cerebral

cerebration [serɪ'breɪʃən] n reflexión f, meditación f

cerebrospinal [serəbrəʊ'spaɪnəl] adj ANAT (fluid) cefalorraquídeo(a)

cerebrum ['serɪbrəm] (pl **cerebrums** or **cerebra** ['serɪbrə]) n ANAT cerebro m

ceremonial [serɪ'məʊnɪəl] ◇ n ceremonial m; **ceremonials** ceremoniales mpl
◇ adj ceremonial

ceremonially [serɪ'məʊnɪəlɪ] adv de manera ceremonial

ceremonious [serɪ'məʊnɪəs] adj ceremonioso(a)

ceremoniously [serɪ'məʊnɪəslɪ] adv ceremoniosamente

ceremony ['serɪmənɪ] n **-1.** (formality) ceremonia f; **with/without ~** con/sin ceremonia; Fig **he was sacked without ~** lo despidieron sin ningún miramiento; **there's no need to stand on ~** no hace falta cumplir con formalidades **-2.** (occasion, rite) ceremonia f; **the marriage ~** la ceremonia nupcial

Ceres ['sɪəriːz] n MYTHOL Ceres

cerise [sə'riːz] ◇ n color m cereza
◇ adj de color cereza

cerium ['sɪərɪəm] n cerio m

cert [sɜːt] n Fam **it's a (dead) ~ to win** no cabe ninguna duda de que ganará; **he's a ~ for the job** conseguirá el trabajo con toda seguridad

cert. (abbr **certificate**) certificado m

certain ['sɜːtən] ◇ adj **-1.** (sure) seguro(a); **to be ~ about sth** estar seguro(a) de algo; **she was quite ~ about the identity of the killer** no tenía la menor duda acerca de la identidad del asesino; **to be ~ of sth** estar seguro(a) de algo; **to be ~ of doing sth** ir a hacer algo seguro; **she's ~ of finishing in the top three** seguro que queda entre las tres primeras; **it now seems ~ she is guilty** ahora parece claro or seguro que es culpable; **she's ~ to win** seguro que va a ganar; **he is ~ to come** vendrá con toda seguridad; **his promotion is ~ to cause a scandal** su ascenso provocará sin lugar a dudas un escándalo; **to make ~ of sth** asegurarse de algo; **he made ~ that all the doors were locked** se aseguró de que todas las puertas estuvieran cerradas; **one thing at least is ~,...** por lo menos una cosa es segura or está clara,...; **for ~** con certeza; **I don't know for ~** no lo sé con certeza; **I'll have it tomorrow for ~** lo tendré para mañana seguro; **he won't do that again, that's for ~!** no lo volverá a hacer, ¡puedes estar seguro de ello!
-2. (inevitable) **defeat seemed ~** la derrota parecía inevitable; **the soldiers faced ~**

death los soldados iban a una muerte segura
-**3.** (*particular*) cierto(a), determinado(a); **for ~ reasons** por ciertos motivos; **a ~ person** cierta persona; **a ~ Richard Sanders** un tal Richard Sanders; **in a ~ sense he's right** en cierta manera tiene razón; **I suppose he has a ~ charm** supongo que tiene un cierto encanto *or* un no sé qué
-**4.** (*some*) **there's been a ~ amount of confusion over this** ha habido cierta confusión sobre esto; **to a ~ extent** *or* **degree** hasta cierto punto, en cierta medida; **~ people** algunas personas
◇ *pron Formal* **~ of us/them** algunos de nosotros/ellos

certainly ['sɜːtənlɪ] *adv* -**1.** (*undoubtedly*) sin duda, ciertamente; **she's ~ very clever, but...** sin duda es muy lista, pero...
-**2.** (*definitely*) por supuesto; **we will ~ be there** por supuesto *or* seguro que estaremos allí
-**3.** (*for emphasis*) desde luego; **that was ~ some goal!** ¡menudo golazo!; **I ~ won't be recommending that movie!** ¡no pienso recomendar esa película ni en broma!; **can you help me? – ~!** ¿me puedes ayudar? – ¡desde luego *or* por supuesto!; **are you angry? – I most ~ am!** ¿estás *esp Esp* enfadado *or esp Am* enojado? – ¡claro *or* ya lo creo que sí!; **~ not!** ¡ni hablar!

certainty ['sɜːtəntɪ] *n* -**1.** (*conviction*) certeza *f*, certidumbre *f*; **she said it with some ~** lo dijo con certidumbre
-**2.** (*inevitability*) **there is no ~ that we will win** no es seguro que ganemos
-**3.** (*fact*) **there are no certainties any more** ya no se puede dar nada por seguro; **they had lost faith in the old certainties** habían perdido la fe en las cosas seguras de antaño; **to know sth for a ~** saber algo a ciencia cierta; **it's a ~ that they will win** es seguro *or* cosa segura que ganarán, van a ganar seguro

CertEd [sɜːt'ed] *n Br* (*abbr* **Certificate in Education**) = título que permite ejercer de profesor en centros de enseñanza secundaria

certifiable ['sɜːtɪfaɪəbəl] *adj* -**1.** (*attested*) que se puede certificar -**2.** (*mad*) **to be ~** estar como para que lo/la encierren

certificate ◇ *n* [sə'tɪfɪkət] -**1.** (*official confirmation*) certificado *m*; **marriage/death ~** certificado *or* partida de matrimonio/defunción ❑ AV **~ of airworthiness** certificado *m* de aeronavegabilidad; COM **~ of incorporation** = certificado de constitución de una sociedad; **~ of origin** certificado *m* de origen; **~ of registration** (*of ship*) patente *f* de navegación -**2.** (*in education*) título *m*
◇ *vt* [sɜː'tɪfɪkeɪt] certificar

certificated [sɜː'tɪfɪkeɪtɪd] *adj* certificado(a)

certification [sɜːtɪfɪ'keɪʃən] *n* -**1.** (*act*) certificación *f* -**2.** (*document*) certificado *m*

certified ['sɜːtɪfaɪd] *adj* (*qualified*) diplomado(a); (*document*) certificado(a) ❑ US **~ check** cheque *m* conformado; US **~ mail** correo *m* certificado; US **~ milk** leche *f* con certificado sanitario; US **~ public accountant** *Esp* censor(ora) *m,f* jurado(a) de cuentas, *Am* contador(ora) *m,f* público(a); LAW **~ true copy** (*document*) copia *f* auténtica compulsada; (*appearing on document*) es fiel copia del original

certify ['sɜːtɪfaɪ] ◇ *vt* -**1.** (*confirm*) certificar; **this document certifies that he is a qualified doctor** este documento acredita que tiene la titulación de médico; **to ~ that sth is true** dar fe de que algo es verdad; **this is to ~ that...** por la presente certifico que...
-**2.** (*declare*) **to ~ sb insane** declarar demente a alguien; **she was certified dead at 6.43 am** se certificó su muerte a las 6.43 de la mañana; *Fam* **he ought to be certified!** ¡está chalado!, ¡está mal de la azotea!
-**3.** *US* **to ~ a cheque** conformar un cheque
◇ *vi* **the bruises certified to the truth of her story** las magulladuras probaban la veracidad de su historia

certitude ['sɜːtɪtjuːd] *n Formal* certidumbre *f*

cerulean [sɪ'ruːlɪən] *adj Literary* celúleo(a)

Cervantine [sɜː'væntaɪn] *adj* cervantino(a)

cervical ['sɜːvɪkəl] *adj* ANAT -**1.** (*of the cervix*) cervical ❑ **~ cancer** cáncer *m* cervical; **~ smear** frotis *m inv* cervical, citología *f* (cervical) -**2.** (*of the neck*) cervical ❑ **~ collar** collarín *m*; **~ vertebra** vértebra *f* cervical

cervix ['sɜːvɪks] (*pl* **cervices** ['sɜːvɪsiːz]) *n* ANAT cuello *m* del útero

cesarean *US* = **caesarean**

cesium *US* = **caesium**

cessation [se'seɪʃən] *n Formal* cese *m*; **~ of hostilities** cese de hostilidades

cession ['seʃən] *n Formal* cesión *f*

cesspit ['sespɪt], **cesspool** ['sespuːl] *n* pozo *m* negro; *Fig* sentina *f*, cloaca *f*

cesura *US* = **caesura**

CET [siːiː'tiː] *n* -**1.** (*abbr* **Central European Time**) hora *f* de Europa central -**2.** EU (*abbr* **common external tariff**) AEC *m*

cetacean [sɪ'teɪʃən] ZOOL ◇ *n* cetáceo *m*
◇ *adj* cetáceo(a)

cetane ['siːteɪn] *n* CHEM cetano *m* ❑ **~ number** índice *m or* número *m* de cetano

Ceylon [sɪ'lɒn] *n Formerly* Ceilán

CF [siː'ef] *n* (*abbr* **cost and freight**) CF *m*, costo *m or Esp* coste *m* y flete

cf [siː'ef] (*abbr* **confer, compare**) cf., cfr.

CFC [siːef'siː] *n* CHEM (*abbr* **chlorofluorocarbon**) CFC *m*

CFO [siːef'əʊ] *n US* (*abbr* **chief financial officer**) director(ora) *m,f* financiero(a)

CFR [siːef'ɑː(r)] *n* (*abbr* **Code of Federal Regulations**) = código de normas que cubre las áreas de competencia del gobierno federal estadounidense

CFTC [siːefti:'siː] *n* (*abbr* **Commodity Futures Trading Commission**) = comisión creada en 1973 con el fin de controlar las transacciones comerciales en los mercados de futuros estadounidenses

cg (*abbr* **centigramme(s)**) cg

CGA [siːdʒi:'eɪ] *n* COMPTR (*abbr* **colour graphics adaptor**) CGA

CGI [siːdʒi:'aɪ] *n* COMPTR -**1.** (*abbr* **common gateway interface**) interfaz *f* común de pasarela -**2.** (*abbr* **computer-generated images**) imágenes *fpl* generadas por *Esp* ordenador *or Am* computadora

CGS system [siːdʒi:'esˌsɪstəm] *n* PHYS (*abbr* **centimetre-gramme-second system**) sistema *m* cegesimal

CH -**1.** *Br* (*abbr* **Companion of Honour**) = condecoración que se entrega al ciudadano que ha prestado algún servicio destacado al Estado -**2.** (*abbr* **central heating**) calefacción *f* central -**3.** (*abbr* **clearing house**) cámara *f* de compensación

ch (*abbr* **chapter**) cap.

cha-cha-cha [tʃɑːtʃɑː'tʃɑː], **cha-cha** ['tʃɑːtʃɑː] *n* chachachá *m*

Chad [tʃæd] *n* Chad

Chadian ['tʃædɪən] ◇ *n* chadiano(a) *m,f*
◇ *adj* chadiano(a)

chador ['tʃʌdə(r)] *n* chador *m*

chafe [tʃeɪf] ◇ *vt* (*rub*) rozar, hacer rozadura en; **his shirt collar chafed his neck** el cuello de la camisa le rozaba *or* le hacía rozadura en el cuello
◇ *vi* -**1.** (*rub*) rozar, hacer rozadura -**2.** (*resent*) **to ~ at** *or* **against sth** sentirse irritado(a) por algo

chaff [tʃæf] ◇ *n* -**1.** (*of grain*) granzas *fpl*, barcia *f* -**2.** (*worthless material*) paja *f*
◇ *vt* (*tease*) tomar el pelo a

chaffinch ['tʃæfɪntʃ] *n* pinzón *m* (vulgar)

chafing ['tʃeɪfɪŋ] *n* -**1.** (*of skin*) irritación *f*, rozadura *f* -**2.** (*warming*) **~ dish** = aparato para mantener la comida caliente en la mesa

chagrin ['ʃægrɪn] *n* disgusto *m*, desazón *f*; **much to my/her ~** muy a mi/su pesar

chain [tʃeɪn] *n* -**1.** (*metal*) cadena *f*; AUT **(snow) chains** cadenas *fpl* (para el hielo); **we keep the dog on a ~** tenemos al perro encadenado; **in chains** encadenado(a); *Fig* **to form a human ~** formar una cadena humana; **to pull the ~** (*in toilet*) tirar de la cadena; IDIOM **to pull** *or* **yank sb's ~** fastidiar *or* mosquear a alguien ❑ TECH **drive ~** transmisión *f* por cadena; **~ gang** cadena *f* de presidiarios; **~ guard** (*on bicycle*) protector *m* de cadena, cubrecadena *f*; **~ mail** cota *f* de malla; **~ of office** (*of mayor*) collar *m* de mando; **~ stitch** (*in knitting*) punto *m* de cadeneta; **~ wheel** (*de bicicleta*) plato *m*
-**2.** (*of mountains, islands*) **a ~ of mountains** una cadena montañosa, una cordillera; **a ~ of islands, an island ~** una cadena de islas
-**3.** (*of shops*) cadena *f*; **~ of stores** cadena de tiendas ❑ **~ store** tienda *f* (*perteneciente a una cadena*)
-**4.** (*series*) (*of ideas*) serie *f* encadenada; **a ~ of events** una concatenación de sucesos ❑ **~ of command** estructura *f* de mando; **~ letter** = carta en la que se pide al destinatario que envíe copias de la misma a otras personas; *US* **~ lightning** relámpagos *mpl* en zigzag; **~ reaction** reacción *f* en cadena
-**5.** (*measure of length*) = medida equivalente a 22 yardas o 20,10 metros
◇ *vt* encadenar; **to ~ sth/sb to sth** encadenar algo/a alguien a algo; **they chained themselves to the railings in protest** se encadenaron a la verja como forma de protesta; IDIOM **to be chained to one's desk** estar todo el día en el trabajo
◆ **chain up** *vt sep* encadenar

chain-link fence ['tʃeɪnlɪŋk'fens] *n* verja *f* de eslabón de cadena *or* de tela metálica

chainsaw ['tʃeɪnsɔː] *n* motosierra *f*, sierra *f* mecánica

chain-smoke ['tʃeɪnsməʊk] *vi* fumar un cigarrillo tras otro

chain-smoker ['tʃeɪn'sməʊkə(r)] *n* fumador(ora) *m,f* empedernido(a)

chair [tʃeə(r)] ◇ *n* -**1.** (*seat*) silla *f*; (*armchair*) sillón *m*
-**2.** (*chairperson*) (*of meeting*) presidente(a) *m,f*; (*of debate*) moderador(ora) *m,f*; **to be in the ~** ocupar la presidencia; **to address the ~** dirigirse a la presidencia, dirigirse al presidente/a la presidenta; **to take the ~** ocupar la presidencia, presidir
-**3.** UNIV (*of professor*) cátedra *f*; **she holds the ~ of Physics** ocupa la cátedra de Física
-**4.** *US Fam* (*electric chair*) **the ~** la silla eléctrica; **to go to** *or* **get** *or* **be sent to the ~** ser enviado a la silla eléctrica
-**5.** (*on railway line*) cojinete *m*
◇ *vt* -**1.** (*meeting*) presidir; (*debate*) moderar -**2.** *Br* (*hero, victor*) llevar a hombros; **they chaired him out of the hall** lo sacaron a hombros del salón de actos

chairbound ['tʃeəbaʊnd] *adj* inválido(a) (*en silla de ruedas*)

chairlift ['tʃeəlɪft] *n* telesilla *m*

chairman ['tʃeəmən] *n* -**1.** (*of meeting, debate*) moderador *m*; **to act as ~** hacer de moderador; **Mister Chairman** Señor Presidente; **Madam Chairman** Señora Presidenta
-**2.** (*of company*) presidente *m* (del consejo de administración); **to act as ~** ocupar la presidencia; **~ and managing director** presidente y consejero delegado, presidente y máximo responsable ejecutivo ❑ **Chairman of the Board** presidente *m* del consejo de administración
-**3.** POL **Chairman Mao** Mao

chairmanship ['tʃeəmənʃɪp] *n* presidencia *f*; **under the ~ of Mr Greene** bajo *or* durante la presidencia del Señor Greene

chairperson ['tʃeəpɜːsən] *n* (*of meeting, debate*) moderador(ora) *m,f*

chairwoman ['tʃeəwʊmən] *n* -**1.** (*of meeting, debate*) moderadora *f*; **to act as ~** hacer de moderadora; **Madam Chairwoman** Señora Presidenta -**2.** (*of company*) presidenta *f* (del consejo de administración); **to act as ~** ocupar la presidencia; **~ and managing director** presidenta y consejera delegada, presidenta y máxima responsable ejecutiva ❏ ***Chairwoman of the Board*** presidenta *f* del consejo de administración

chaise [ʃeɪz] *n (carriage)* tílburi *m*

chaise longue [ʃeɪz'lɒŋ] *(pl* **chaises longues** [ʃeɪz'lɒŋ]) *n* chaise longue *f*

chalcedony [kæl'sedənɪ] *n* GEOL calcedonia *f*

chalcopyrite [kælkə'paɪraɪt] *n* GEOL calcopirita *f*

Chaldea [kæl'diːə] *n* HIST Caldea

Chaldean [kæl'diːən] HIST ◇ *n* **-1.** *(person)* caldeo(a) *m,f* **-2.** *(language)* caldeo *m*
◇ *adj* caldeo(a)

chalet ['ʃæleɪ] *n* **-1.** *(in mountains)* chalé *m* **-2.** *(in holiday camp)* cabaña *f*

chalice ['tʃælɪs] *n* REL cáliz *m*

chalk [tʃɔːk] ◇ *n* **-1.** *(mineral)* creta *f*
-2. *(for blackboard)* tiza *f*, *Méx* gis *m*; *(for cue)* tiza *f* ❏ **~ *dust*** polvo *m* de tiza; *Br* **~ *and talk*** = método de enseñanza tradicional centrado en las explicaciones del profesor y la utilización de la pizarra; *US* **~ *talk*** conferencia *f (utilizando una pizarra)*
-3. IDIOMS *Br* **they are as different as ~ and cheese** no se parecen para nada *or* ni en el blanco de los ojos, son como el día y la noche; *Br Fam* **by a long ~: not by a long ~** ni de lejos; **she was the best candidate by a long ~** era, de lejos, la mejor candidata
◇ *vt* **-1.** *(mark)* trazar *o* marcar con tiza; *(write)* escribir con tiza **-2.** *(cue)* dar tiza a

◆ **chalk up** *vt sep* **-1.** *(victory)* apuntarse **-2.** *(charge, credit)* **to ~ sth up to sb** apuntarle algo en la cuenta a alguien; **to ~ sth up to experience** asumir algo como una experiencia positiva

chalkboard ['tʃɔːkbɔːd] *n US* pizarra *f*, encerado *m*, *Am* pizarrón *m*

chalkface ['tʃɔːkfeɪs] *n Br Hum* **the people at the ~** los profesores

chalkpit ['tʃɔːkpɪt] *n* cantera *f* de creta

chalky ['tʃɔːkɪ] *adj* **-1.** *(containing chalk) (soil)* calizo(a); *(water)* calcáreo(a) **-2.** *(like chalk) (hands, face)* lleno(a) de tiza *or Méx* de gis

challenge ['tʃælɪndʒ] ◇ *n* **-1.** *(invitation to contest, duel)* desafío *m*; **to issue/accept a ~** lanzar/aceptar un desafío
-2. *(exacting task)* desafío *m*, reto *m*; **to enjoy a ~** disfrutar con las tareas difíciles; **to rise to the ~** estar a la altura de las circunstancias; **the job presents a real ~** el trabajo constituye un auténtico reto; **are you up to the ~?** ¿te sientes capacitado?; **where's the ~ in that?** ¿y eso qué tiene de difícil?
-3. *(to authority)* **this was a direct ~ to my authority** esto fue un ataque directo a mi autoridad
-4. *(competition)* **they present no real ~ to his leadership** no suponen una amenaza seria a su liderazgo
-5. *(to potential juror)* recusación *f*
-6. MIL *(demand for identity, password)* (orden *f* de) alto *m*; **they failed to respond to the policeman's ~** no se detuvieron cuando el policía les dio el alto
◇ *vt* **-1.** *(to a contest, fight)* desafiar, retar; **to ~ sb to do sth** desafiar *or* retar a alguien a hacer algo; **to ~ sb to a duel** desafiar *or* retar a alguien a un duelo; **to ~ sb to a game of tennis** retar a alguien a un partido de tenis
-2. *(make demands on)* **you need a job that will ~ you** necesitas un trabajo que represente un reto para ti
-3. *(dispute) (statement, authority)* cuestionar, poner en duda; **she challenged his right to decide** puso en duda que él tuviera derecho a decidir; **when challenged on this point, he was evasive** cuando se le discutió este punto, respondió con evasivas
-4. *(juror)* recusar
-5. MIL *(demand identity, password from)* dar el alto a; **when challenged by a policeman, he ran away** cuando un policía le dio el alto, se echó a correr

challenged ['tʃælɪndʒd] *adj* **physically ~** discapacitado(a) físico(a); *Hum* **to be vertically ~** ser muy bajito(a) *or* un retaco

challenger ['tʃælɪndʒə(r)] *n* **-1.** *(in race, election)* aspirante *mf* **-2.** MKTG competidor *m*

challenging ['tʃælɪndʒɪŋ] *adj* **-1.** *(defiant)* desafiante **-2.** *(demanding) (ideas, theory)* estimulante, provocador(ora); *(job, task)* estimulante

chamber ['tʃeɪmbə(r)] *n* **-1.** *(hall)* sala *f*; POL **Lower/Upper Chamber** cámara *f* baja/alta ❏ ***Chamber of Commerce*** cámara *f* de comercio; **~ *of horrors*** *(at funfair)* casa *f* del terror; **the troops discovered a real ~ of horrors in the town** las tropas descubrieron auténticas atrocidades en la ciudad; **~ *music*** música *f* de cámara; **~ *orchestra*** orquesta *f* de cámara
-2. *(of heart)* cavidad *f (cardíaca)*
-3. *(of revolver)* recámara *f*
-4. LAW **chambers** *(of barrister, judge)* despacho *m*; **the case was heard in chambers** el caso se vio a puerta cerrada
-5. *Archaic (room)* aposento *m*

chamberlain ['tʃeɪmbəlɪn] *n* chambelán *m*

chambermaid ['tʃeɪmbəmeɪd] *n* camarera *f* (de hotel)

chamberperson ['tʃeɪmbəpɜːsən] *n (woman)* camarera *f* (de hotel); *(man)* camarero *m* de hotel

chamberpot ['tʃeɪmbəpɒt] *n* orinal *m*, *Am* bacinica *f*

chameleon [kə'miːlɪən] *n* **-1.** *(reptile)* camaleón *m* **-2.** *(person)* camaleón *m*

chamfer ['tʃæmfə(r)] ◇ *n* bisel *m*
◇ *vt* biselar

chamois *(pl* **chamois**) *n* **-1.** ['ʃæmwɑː] *(animal)* rebeco *m*, gamuza *f* **-2.** ['ʃæmɪ] **~ (leather)** *(material)* ante *m*; *(cloth)* gamuza *f*

chamomile = **camomile**

champ¹ [tʃæmp] *n Fam* campeón(ona) *m,f*

champ² *vi (munch)* mascar; **to ~ at the bit** *(horse)* morder *or* tascar el freno; *(person)* hervir de impaciencia

Champagne [ʃæm'peɪn] *n* Champaña

champagne [ʃæm'peɪn] ◇ *n* champán *m*, champaña *m o f* ❏ **~ *bottle*** botella *f* de champán; **~ *glass*** copa *f* de champán; *Hum* **~ *socialist*** = persona de ideas progresistas y con un estilo de vida lujoso
◇ *adj (colour)* champán *inv*

champers ['ʃæmpəz] *n Br Fam* champán *m*

champion ['tʃæmpɪən] ◇ *n* **-1.** *(in sport)* campeón(ona) *m,f*; **world/European ~** campeón(ona) mundial/de Europa ❏ ***the Champions League*** *(in soccer)* la Liga de Campeones **-2.** *(of cause)* abanderado(a) *m,f*, defensor(ora) *m,f*; **a ~ of the poor** un defensor de los pobres
◇ *vt* defender, abanderar; **she championed the cause of birth control** abanderó la causa del control de la natalidad
◇ *adj* **-1.** *(in sport, competition)* triunfador(ora) **-2.** *Br Fam (very good)* súper *inv*

championship ['tʃæmpɪənʃɪp] *n* **-1.** SPORT campeonato *m*; **the ~-winning team** el equipo campeón **-2.** *(support)* defensa *f*

chance [tʃɑːns] ◇ *n* **-1.** *(luck)* casualidad *f*, suerte *f*; **by ~** por casualidad; **have you got a lighter by any ~?** ¿no tendrás por casualidad un encendedor?; **to leave things to ~** dejar las cosas al azar; **to leave nothing to ~** no dejar nada a la improvisación; **it was pure ~ that I found it** lo encontré por pura casualidad; IDIOM *Fam* **~ would be a fine thing!** ¡qué más quisiera yo!; **it was a ~ in a million** *(flukish)* había una posibilidad entre un millón
-2. *(opportunity)* oportunidad *f*, *Am* chance *f*; **to give sb a ~** darle una oportunidad a alguien; **now's your ~!** ¡ésta es la tuya!, ¡ésta es tu oportunidad!; **it's your last ~** es tu última oportunidad; **when I get the ~** en cuanto tenga ocasión *or* oportunidad; **some children simply don't get a ~ in life** algunos niños nunca reciben una oportunidad en sus vidas; **he never had *or* stood a ~** nunca recibió una oportunidad; **give her a ~ to defend herself** dale la oportunidad de que se defienda ella misma; **give me a ~, I'm trying to explain!** ¡déjame, que estoy intentando explicarme!; **given half a ~** a la mínima (oportunidad), como te descuides; **given the ~, he could prove to be an excellent player** si le dieran la oportunidad, podría demostrar que es un excelente jugador; **to be in with a ~** tener posibilidades; **it's the ~ of a lifetime** es una oportunidad única en la vida, es una oportunidad de oro
-3. *(likelihood)* posibilidad *f* (**of** de); **to have *or* stand a ~** tener posibilidades; **is there any ~ of seeing you again?** ¿nos podríamos volver a ver de nuevo?; **there's no ~ of that happening** es imposible que suceda; *Fam* **(the) chances are (that)...** lo más seguro es que...; **what are her chances of making a full recovery?** ¡qué posibilidades hay de que se recupere por completo?; *Fam* **no ~!** *Esp* ¡qué va!, *Am* ¡para nada!, *Méx* ¡ni modo!; **it's a ~ in a million** *(unlikely)* es altamente improbable, hay muy pocas posibilidades
-4. *(risk)* riesgo *m*; **to take a ~** correr el riesgo; **it's a ~ we'll have to take** es un riesgo que habrá que correr; **I'm taking no chances** no pienso correr riesgos; **I'll take my chances** correré el riesgo
◇ *adj* **a ~ discovery/meeting** un descubrimiento/encuentro casual
◇ *vt (risk)* **to ~ doing sth** arriesgarse a hacer algo; **I can't ~ her finding out about it** no me puedo arriesgar a que lo descubra; *Fam* **to ~ it, to ~ one's arm** arriesgarse, jugársela; **let's ~ it** *or* **our luck** arriesguémonos, juguémonosla
◇ *vi (happen)* **to ~ to do sth** hacer algo por casualidad; **I chanced to be staying at the same hotel** estaba en el mismo hotel por casualidad

◆ **chance on, chance upon** *vt insep* encontrar por casualidad

chancel ['tʃɑːnsəl] *n* presbiterio *m*

chancellery ['tʃɑːnsələrɪ] *n* **-1.** *Br (in embassy)* cancillería *f* **-2.** *US (diplomatic staff)* personal *m* diplomático **-3.** *(in Austria, Germany)* cancillería *f*

chancellor ['tʃɑːnsələ(r)] *n* **-1.** *(of university) Br* rector(ora) *m,f* honorario(a); *US* rector(ora) *m,f* **-2.** *(of Austria, Germany)* canciller *m* **-3.** *Br* POL **Chancellor (of the Exchequer)** ≃ ministro(a) *m,f* de (Economía y) Hacienda **-4.** *Br (of embassy)* canciller *m* **-5.** *US (judge)* = juez que preside un "chancery"

chancellorship ['tʃɑːnsələʃɪp] *n* **-1.** *(of university) Br* rectorado *m* honorario; *US* rectorado *m* **-2.** *(of Austria, Germany)* cancillería *f* **-3.** *Br (of Exchequer)* **the economy had done extremely well under Mr Smith's ~** la economía marchó excelentemente cuando el Sr. Smith estuvo al frente del ministerio de Hacienda

chancer ['tʃɑːnsə(r)] *n Br Fam Pej* oportunista *mf*

chancery ['tʃɑːnsərɪ] *n* **-1.** *Br* LAW **Chancery Division** = en la sección de lo civil del tribunal supremo, división que trata casos de derecho hipotecario, derecho de sociedades, fideicomisos y patentes **-2.** *US* LAW = tribunal que trata casos fuera del ámbito del derecho consuetudinario **-3.** *Br (in embassy)* cancillería *f*

chancre ['ʃæŋkə(r)] *n* MED chancro *m*

chancy ['tʃɑːnsɪ] *adj Fam (risky)* arriesgado(a)

chandelier [ʃændə'lɪə(r)] *n* araña *f (lámpara)*

chandler ['tʃɑːndlə(r)] *n* **-1.** NAUT abastecedor(ora) *m,f* de buques **-2.** *Old-fashioned (candle maker)* cerero(a) *m,f*, fabricante *mf* de velas

change [tʃeɪndʒ] ◇ *n* **-1.** *(alteration)* cambio *m* (**in/to** en/a); **we live in a time of great ~** vivimos en una época de grandes cambios; **she dislikes ~ of any kind** los cambios le desagradan; **a ~ for the better/worse** un cambio a *or* para mejor/peor; **there has been no ~ in the situation** la situación no ha cambiado; **a ~ in the weather** un cambio de tiempo; **a ~ of address** un cambio de domicilio; **please notify us of any ~ of address** por favor, comuníquenos cualquier cambio de domicilio; **a ~ of course** (for ship) un cambio de dirección; (for government) un golpe de timón; Fig **a ~ of direction** un giro, un viraje; **to have a ~ of heart** cambiar de parecer; **he had a ~ of mind** cambió de idea; **several changes of mind later...** después de cambiar de idea varias veces...; **a ~ of scene** un cambio de aires; **a ~ of venue** (for sports match) un cambio de estadio; (for meeting) un cambio de lugar; (for concert) un cambio de local or de sala; **for a ~** para variar; **to make changes to sth** hacer cambios en algo, cambiar algo; **living in the country will be a big ~ for us** la vida en el campo nos va a suponer todo un cambio; **that makes a ~** es toda una novedad; **walking to work makes a pleasant ~ from driving** no está nada mal caminar al trabajo de vez en cuando en vez de conducir; **this rice is a welcome ~ from pasta** qué alegría comer arroz por una vez en lugar de pasta; PROV **a ~ is as good as a rest** un cambio de actividad es casi tan bueno como un descanso

-2. (fresh set or supply) **a ~ of clothes** una muda (de ropa); **a ~ of underwear** una muda

-3. (in journey) transbordo m; **if you go by bus you'll have to make two changes** si vas en autobús tendrás que hacer dos transbordos; **you can get there by train with a ~ at Bristol** puedes llegar hasta ahí en tren haciendo transbordo en Bristol

-4. (money) cambio m, Esp vueltas fpl, Andes, CAm, Méx sencillo m, Carib, Col devuelta f, RP vuelto m; **small** or **loose ~** (dinero m) suelto m; **the machine doesn't give ~** la máquina no da or devuelve cambio; **have you got ~ for a $10 bill?** ¿tienes cambio de 10 dólares?; **I have a dollar in ~** tengo un dólar en monedas; **keep the ~** quédese con el cambio; **you've given me the wrong ~** me ha dado el cambio equivocado; **you won't get much ~ out of £300** te costará por lo menos 300 libras; Fam Fig **don't bother asking him, you won't get any ~ out of him** ni te molestes en pedírselo, con ése no cuentes ❑ **~ machine** máquina f de cambiar monedas

-5. Euph **the ~ (of life)** (menopause) la menopausia

◇ vt -1. (alter, transform) cambiar; **to ~ sth into sth** transformar algo en algo; **the prince was changed into a frog** el príncipe fue transformado en rana; **there's no point in trying to ~ him** no vale la pena intentar cambiarlo; **she wants to ~ the world** quiere cambiar el mundo; **the illness completely changed his personality** la enfermedad cambió su personalidad por completo; **let's ~ the living-room around** cambiemos las cosas de sitio en el salón; **I'm going to ~ my image** voy a cambiar mi imagen; **to ~ colour** (of object, animal, person) cambiar de color; **to ~ direction** (of vehicle) cambiar de dirección; (of process, historical events) cambiar de curso; Br AUT **to ~ gear** cambiar de marcha; **to ~ one's mind** cambiar de opinión; **he's changed his mind about moving to New York** ha cambiado de opinión sobre su traslado a Nueva York; **to ~ one's name** cambiarse de nombre; **he changed his name to Wilson** se puso de nombre Wilson; **to ~ the subject** cambiar de tema; Fig **to ~ tack** (try different approach) cambiar de táctica; IDIOM **you've certainly changed your tune!** ¡vaya, parece que has cambiado de opinión!; Fig **to ~ one's ways** cambiar de comportamiento

-2. (exchange) cambiar (**for** por); **to ~ one thing for another** cambiar una cosa por otra; SPORT **to ~ ends** cambiar de lado; **they ~ the guard at eleven o'clock** (in prison) el cambio de los guardias se produce a las once; **to ~ hands** (of money, car) cambiar de manos; **I've decided to ~ jobs** he decidido cambiar de trabajo; **to ~ places with sb** (in room) cambiar el sitio or de lugar con alguien; (in job) ponerse en el lugar de alguien, cambiar de tareas con alguien; IDIOM **I wouldn't like to ~ places with him** no me gustaría estar en su lugar; **to ~ sides** cambiar de lado; **to ~ trains** hacer transbordo

-3. (replace) cambiar; **if the shoes are too small we'll ~ them for you** si los zapatos le van muy pequeños los puede cambiar; **to ~ a fuse** cambiar un fusible

-4. (with clothing, linen) **to get changed** cambiarse (de ropa); **to ~ one's clothes/shirt** cambiarse de ropa/camisa; **to ~ the bedsheets** cambiar las sábanas; **to ~ a** Br **nappy** or US **diaper** cambiar los pañales; **to ~ the baby** cambiar al bebé or Andes a la guagua or RP al nene

-5. (money) cambiar; **could you ~ a $20 bill for two tens?** ¿podrías cambiar un billete de 20 dólares en or por dos de diez?; **to ~ dollars into euros** cambiar dólares por euros

◇ vi -1. (alter) cambiar; **the wind changed** el viento cambió; **to ~ for the better/worse** cambiar a or para mejor/peor; **nothing will make him ~** nada lo hará cambiar; **he has changed in appearance** su apariencia ha cambiado; **we waited for the lights to ~** esperamos a que cambiara el semáforo; **winter changed to spring** la primavera siguió al invierno; Br AUT **to ~ into first gear** cambiar a primera; **nothing changes!** ¡siempre lo mismo!

-2. (be transformed) **to ~ into sth** transformarse en algo

-3. (put on other clothes) cambiarse; **to ~ into sth more comfortable** ponerse algo más cómodo; **why don't you ~ out of your suit and put on something more comfortable?** ¿por qué no te quitas or Am sacas el traje y te pones algo más cómodo?

-4. (passenger) hacer transbordo; **~ at Preston for all stations to Liverpool** todos los pasajeros en dirección a Liverpool deben hacer transbordo en Preston; **all ~!** ¡fin de trayecto!

→ **change down** vi Br AUT reducir (de marcha); **he changed down into third** redujo a tercera

→ **change off** vi US (alternate) turnarse, hacer turnos (**with** con)

→ **change over** vi cambiarse; **to ~ over from sth to sth** cambiar de algo a algo; **to ~ over from dictatorship to democracy** pasar de la dictadura a la democracia; **to ~ over to another channel** cambiar de canal

→ **change up** vi Br AUT cambiar a una marcha más larga; **he changed up into third** puso la tercera

changeability [tʃeɪndʒə'bɪlɪtɪ] n -1. (of weather) variabilidad f -2. (of moods) variabilidad f

changeable ['tʃeɪndʒəbəl] adj -1. (weather) variable, cambiante -2. (person) variable

changed [tʃeɪndʒd] adj alterado(a); **I'm a ~ man** he cambiado completamente; **these are ~ days** los tiempos han cambiado

changeless ['tʃeɪndʒlɪs] adj invariable

changeling ['tʃeɪndʒlɪŋ] n (in folklore) = niño que las hadas reemplazan por otro al nacer

changemaker ['tʃeɪndʒmeɪkə(r)] n US (machine) máquina f de cambios

change-over ['tʃeɪndʒəʊvə(r)] n -1. (switch) transición f (**to** a); **the ~ to gas went smoothly** el cambio a la utilización de gas transcurrió sin contratiempos -2. Br SPORT relevo m

changing ['tʃeɪndʒɪŋ] ◇ n **of the guard** cambio m de guardia; **~ mat** (for baby) cambiador m

◇ adj cambiante; **we live in a ~ world** vivimos en un mundo en constante cambio

changing-room ['tʃeɪndʒɪŋruːm] n -1. (for sport, in theatre) vestuario m, vestuarios mpl -2. (in shop) probador m

channel ['tʃænəl] ◇ n -1. (broad strait) canal m; **the (English) Channel** el Canal de la Mancha; **a Channel** or **cross-Channel ferry** un ferry que atraviesa el Canal de la Mancha ❑ **Channel Islander** habitante mf de las islas del Canal de la Mancha; **the Channel Islands** las islas Anglonormandas or del Canal de la Mancha; **the Channel Tunnel** el Eurotúnel, el túnel del Canal (de la Mancha)

-2. (riverbed) cauce m; (navigable course) canal m

-3. (furrow, groove) ranura f; (on a column) acanaladura f

-4. (means, conduit) cauce m; **all enquiries must go through the proper channels** todas las consultas han de seguir los trámites or cauces apropiados; **they tried to obtain his release through diplomatic channels** intentaron obtener su liberación a través de los cauces diplomáticos; **to keep open the channels of communication** mantener abiertos los canales de comunicación ❑ **~ of distribution** canal m de distribución

-5. TV canal m; **the movie is on another ~** la película la ponen en otro canal ❑ Br **~-hopping** zapping m, zapeo m; US **~-surfing** zapping m, zapeo m

-6. RAD (frequency band) banda f

-7. COMPTR (for IRC) canal m

◇ vt (pt & pp **channelled**, US **channeled**) -1. (liquid) canalizar, encauzar -2. (resources, effort) canalizar

channel-hop ['tʃænəlhɒp], US **channel-surf** ['tʃænəlsɜːf] vi Fam zapear, hacer zapping

channelling ['tʃænəlɪŋ] n (of resources, efforts) canalización f

chant [tʃɑːnt] ◇ n -1. (of demonstrators, crowd) consigna f; (at sports matches) cántico m -2. REL canto m

◇ vt -1. (of demonstrators, crowd) corear -2. REL salmodiar

◇ vi -1. (of demonstrators, crowd) corear -2. REL salmodiar

chanterelle [tʃæntə'rel] n rebozuelo m

chant(e)y US = shanty

chanting ['tʃɑːntɪŋ] ◇ n -1. (of demonstrators, crowd) consignas fpl; (at sports matches) cánticos mpl -2. REL canto m

◇ adj (demonstrators, crowd) **there were thousands of ~ demonstrators in the streets** había miles de manifestantes en las calles coreando consignas

chaos ['keɪɒs] n caos m inv; **there has been ~ on the roads today** hoy el tráfico en las carreteras ha sido un caos or caótico ❑ PHYS **~ theory** (la) teoría f del caos

chaotic [keɪ'ɒtɪk] adj caótico(a)

chaotically [keɪ'ɒtɪklɪ] adv de forma caótica, caóticamente

chap [tʃæp] ◇ n -1. Fam (man) tipo m, Esp tío m, RP flaco m; **he's a good ~** es un buen tipo or Esp tío or RP flaco; **be a good ~ and tell him I'm not in** pórtate y dile que no estoy; Old-fashioned **how are you, old ~?** ¿cómo va todo, viejo amigo? -2. (sore) llaga f, grieta f

◇ vt (lips, skin) agrietar, cortar

◇ vi (lips, skin) agrietarse, cortarse

chaparral [tʃæpə'ræl] n chaparral m

chapat(t)i [tʃə'pætɪ] n chapati m, = pan sin levadura aplanado típico de la India

chapel ['tʃæpəl] n -1. (in church, school) capilla f ❑ **~ of ease** capilla f sufragánea; **~ of rest** = capilla en la que descansa el féretro antes del funeral -2. Br (Nonconformist church) templo m -3. Irish & Scot (Catholic church) iglesia f (católica) -4. Br (of trade unionists) = rama de un sindicato dentro de una empresa del sector de las artes gráficas, la edición o el periodismo

chaperone ['ʃæpərəʊn] ◇ n -1. (for young unmarried woman) señora f de compañía, Esp carabina f, Am chaperona f -2. (for group) acompañante mf

◇ vt **to ~ sb** Esp acompañar a alguien como carabina, Am ir de chaperona de alguien

chaplain ['tʃæplɪn] n capellán m

chaplaincy ['tʃæplɪnsɪ] *n* capellanía *f*

chaplet ['tʃæplɪt] *n* -1. *(wreath)* corona *f* (de flores) -2. REL rosario *m*

chapped [tʃæpt] *adj (lips, skin)* cortado(a), agrietado(a)

chappie, chappy ['tʃæpɪ] *n Br Fam* tipo *m*, *Esp* tío *m*, *RP* flaco *m*

chaps [tʃæps] *npl (worn by cowboy)* zahones *mpl*, *Col,Ven* zamarros *mpl*, *Méx* chaparreras *fpl*

chapstick® ['tʃæpstɪk] *n* protector *m* labial, *Esp* barra *f* de cacao de labios

chapter ['tʃæptə(r)] *n* -1. *(of book)* capítulo *m*; **~ eight** capítulo ocho; **the holiday was a ~ of accidents** las vacaciones consistieron en una sucesión de accidentes; **this closed a particularly violent ~ in our history** esto cierra un capítulo particularmente violento de nuestra historia; IDIOM **to quote** *or* **give ~ and verse** dar pelos y señales -2. *(of organization)* sección *f*; *(of religious organization)* capítulo *m* ❏ *US* **~ house** (of fraternity, sorority) = lugar de reunión de una asociación de universitarios -3. *(of cathedral)* cabildo *m* ❏ **~ house** sala *f* capitular

char¹ [tʃɑː(r)] *(pt & pp* **charred**) ◇ *vt (scorch)* carbonizar, quemar
◇ *vi* carbonizarse

char² *Br Fam* ◇ *n (cleaning lady)* señora *f* de la limpieza
◇ *vi (pt & pp* **charred**) *(clean)* **to ~ for sb** trabajar como señora de la limpieza para alguien

char³ *n Br Fam (tea)* té *m*

char⁴ *(pl* **char** *or* **chars**) *n (fish)* salvelino *m*

charabanc ['ʃærəbæŋ] *n Br Old-fashioned* autobús *m or Esp* autocar *m* turístico

character ['kærɪktə(r)] *n* -1. *(in novel, play)* personaje *m* ❏ **~ actor** actor *m* de carácter, = actor especializado en personajes poco convencionales; **~ part** papel *m* de carácter; **~ sketch** descripción *f* de un personaje, semblanza *f*
-2. *(unusual person)* personaje *m*; **the place attracts all sorts of characters** el lugar atrae a todo tipo de personajes; **he's quite a ~!** *(eccentric, entertaining)* es todo un personaje
-3. *Pej (person)* tipo *m,f*; **some ~ in a uniform told us to leave** un tipo de uniforme nos dijo que nos marcháramos
-4. *(nature, personality)* carácter *m*; **the war completely changed his ~** la guerra cambió su personalidad por completo; **is there such a thing as national ~?** ¿existe la noción de carácter nacional?; **such rudeness is entirely in ~ for him** esa grosería es típica de él; **it was out of ~ for her to be so unhelpful** no era típico de ella ser tan poco servicial
-5. *(reputation)* **a person of good ~** una persona íntegra ❏ **~ assassination** campaña *f* de desprestigio; *Br* **~ reference** *(when applying for job)* referencias *fpl*; LAW **~ witness** = testigo que declara en favor del buen carácter del acusado
-6. *(aspect, quality)* carácter *m*; **it was the vindictive ~ of the punishment she objected to** a lo que se oponía era al carácter vengativo del castigo
-7. *(determination, integrity)* carácter *m*; **she's a woman of great ~** es una mujer con mucho carácter; **to have/lack ~** tener/no tener carácter
-8. *(distinction, originality)* carácter *m*; **the house had (great) ~** la casa tenía mucho carácter
-9. TYP carácter *m*
-10. COMPTR carácter *m*; **characters per inch** caracteres por pulgada; **characters per second** caracteres por segundo ❏ **~ code** código *m* de carácter; **~ map** mapa *m* de caracteres; **~ mode** modo *m* carácter; **~ recognition** reconocimiento *m* de caracteres; **~ set** juego *m* de caracteres; **~ string** cadena *f* de caracteres

character-building ['kærɪktə'bɪldɪŋ], **character-forming** ['kærɪktə'fɔːmɪŋ] *adj Br* que imprime carácter; **it's ~** imprime carácter

characterful ['kærɪktəful] *adj* lleno(a) de carácter

characteristic [kærɪktə'rɪstɪk] ◇ *n* característica *f*
◇ *adj* característico(a); **she refused all honours with ~ humility** rechazó los honores con la humildad que le caracteriza

characteristically [kærɪktə'rɪstɪklɪ] *adv* **he was ~ modest about his victory** reaccionó ante su victoria con la modestia que lo caracteriza; **~, she put her family first** como es característico en ella, su familia era lo primero

characterization [kærɪktərɑɪ'zeɪʃən] *n* -1. *Formal (description)* caracterización *f* -2. *(in novel, play)* caracterización *f*; **he's very poor at ~** *(writer)* no se le da nada bien la caracterización de personajes; *(actor)* no tiene talento para la interpretación

characterize ['kærɪktərɑɪz] *vt* -1. *(be typical of)* caracterizar; **his music is characterized by a sense of joy** su música se caracteriza por una impresión de alegría -2. *(describe)* definir; **I would hardly ~ him as naive!** ¡yo no lo definiría como ingenuo, ni mucho menos!

characterless ['kærɪktəlɪs] *adj* anodino(a), sin carácter

charade [ʃə'rɑːd] *n* -1. *(farce)* farsa *f* -2. **charades** *(party game)* charada *f*

charbroil ['tʃɑːbrɔɪl] *vt US* asar a la parrilla

charcoal ['tʃɑːkəʊl] ◇ *n* -1. *(fuel)* carbón *m* (vegetal) -2. *(for drawing)* carboncillo *m* ❏ **~ burner** carbonero(a) *m,f*; **~ drawing** dibujo *m* al carboncillo; **~ grey** gris *m* marengo
◇ *adj (colour)* gris marengo

chard [tʃɑːd] *n* acelgas *fpl*

charge [tʃɑːdʒ] ◇ *n* -1. *(cost)* precio *m*, tarifa *f*; *(to an account)* adeudo *m*, cargo *m*; **to make a ~ for sth** cobrar por algo; **there's a ~ of one pound for use of the locker** hay que pagar una libra para utilizar la taquilla; **what's the ~ for delivery?** ¿cuánto cuesta el envío?; **there is no ~ for admission** la entrada es gratuita; **at no extra ~** sin cargo adicional; **free of ~** gratis; **what's the ~?** ¿cuánto cuesta?, ¿cuánto (te) cobran?; *US* **will that be cash or ~?** ¿pagará en efectivo o con tarjeta? ❏ **~ account** cuenta *f* de crédito; **~ card** tarjeta *f* de compra
-2. LAW cargo *m*; **he was arrested on a ~ of...** fue arrestado acusado de...; **to bring a ~ against sb** presentar cargos contra alguien; **to drop the charges** retirar los cargos; **they will have to answer** *or* **face charges of fraud** tendrán que responder a acusaciones de fraude; **you are under arrest — on what ~?** queda arrestado — ¿de qué se me acusa? ❏ *Br* **~ sheet** pliego *m* de acusaciones
-3. *(accusation)* acusación *f*; **the government rejected charges that it was mismanaging the economy** el gobierno rechazó las acusaciones de que estaba gestionando mal la economía; **she laid herself open to charges of dishonesty** se expuso a que la acusaran de falta de honradez
-4. *(responsibility)* **he had a dozen salesmen under his ~** tenía a una docena de vendedores a su cargo; **to be in ~ (of)** estar a cargo (de), ser el/la encargado(a) (de); **to be in** *or* **have ~ of doing sth** estar a cargo de hacer algo; **she's in ~ of public relations** está a cargo *or* se encarga de las relaciones públicas; **to be in sb's ~** estar a cargo *or* al cuidado de alguien; **to put sb in ~ (of)** poner a alguien a cargo (de); **who's in ~ here?** ¿quién manda aquí?; **I demand to see the person in ~** exijo ver al encargado; **can I leave you in ~ of the kids for a few minutes?** ¿te puedes encargar de los niños durante un rato?; **to take ~ (of)** hacerse cargo (de)
-5. *(person in one's care)* **the nanny took her charges to the zoo** la niñera llevó a los niños a su cargo al zoo ❏ *Br* **~ hand** encargado(a) *m,f*; **~ nurse** enfermero(a) *m,f* jefe
-6. *(of explosive)* carga *f*
-7. ELEC carga *f*; **put the battery on ~ overnight** pon la batería a cargar por la noche
-8. *(attack)* *(by troops, police)* carga *f*; *(by bull)* embestida *f*; HIST **the Charge of the Light Brigade** la Carga de la Brigada Ligera
-9. *Fam (thrill)* **to get a ~ out of sth/doing sth** disfrutar como un enano haciendo algo

◇ *vt* -1. *(price)* cobrar; **how much** *or* **what do you ~ for this service?** ¿cuánto cobran por este servicio?; **you will be charged for postage** los gastos de envío correrán a tu cargo; **they didn't ~ us for the coffee** no nos cobraron el café
-2. *(pay for by credit)* **~ it to my account** cárguelo a mi cuenta; **~ it to the company** pónganlo en la cuenta de la compañía; *US* **I'll ~ it** *(pay by credit card)* lo pagaré con tarjeta de crédito
-3. LAW acusar; **to ~ sb with a crime** acusar a alguien de un delito; **he was charged with assaulting a policeman** lo acusaron de atacar a un policía
-4. *(accuse)* **to ~ sb with having done sth** acusar a alguien de haber hecho algo
-5. *Formal (give responsibility)* **to ~ sb to do sth, to ~ sb with doing sth** encomendarle a alguien que haga algo; **she was charged with the task of interviewing applicants** se le encomendó la tarea de entrevistar candidatos
-6. *(gun)* cargar
-7. ELEC cargar
-8. *(attack)* *(of troops, police)* cargar contra; *(of bull)* embestir; **the police charged the crowd** la policía cargó contra la multitud
-9. *Formal (fill)* **please ~ your glasses** por favor llenen los vasos

◇ *vi* -1. *(rush)* cargar; **the rhino suddenly charged** el rinoceronte cargó de repente; **to ~ about** *or* **around** corretear alocadamente; **he charged in** entró apresuradamente; *Fig* **you can't just ~ in and start telling everybody what to do** no puedes llegar y empezar a decirle a todo el mundo lo que tiene que hacer
-2. *(attack)* *(troops, police, bull)* cargar; **to ~ at sb** cargar contra alguien; **~!** ¡a la carga!
-3. *(ask money)* **we don't ~ for this service** no cobramos por este servicio
-4. ELEC cargarse

◆ **charge off** *vt insep US* calificar como incobrable

◆ **charge up** *vt sep* -1. *(battery)* cargar
-2. *(expenses)* cargar en cuenta

THE CHARGE OF THE LIGHT BRIGADE

La carga de la caballería ligera fue un incidente ocurrido durante la Batalla de Balaklava (1854) en la Guerra de Crimea (1853-1856), en la cual una brigada de la caballería británica se lanzó, al malinterpretar órdenes, contra posiciones rusas fuertemente protegidas, con consecuencias prediciblemente sangrientas. El comandante francés comentó, "es magnífico, pero así no se hace una guerra". Por su parte, el poeta inglés Tennyson celebró la obediencia ciega de los soldados en su poema "The Charge of the Light Brigade", que contiene los versos famosos:
"Theirs not to reason why
Theirs but to do and die"
(no les tocaba preguntar el porqué
solo tenían que actuar y morir).
Hoy en día, se tiende a considerar el incidente como el colmo de la estupidez militar.

---

chargeable ['tʃɑːdʒəbəl] *adj* -1. *(of cost)* imputable; **travelling expenses are ~ to the employer** los gastos de desplazamiento corren a cargo del empresario -2. *(taxable)* gravable -3. LAW **a ~ offence** un delito

charged [tʃɑːdʒd] *adj* **-1.** *(situation, atmosphere)* **he spoke in a voice ~ with emotion** hablaba embargado por la emoción; **an emotionally ~ issue** un tema con una fuerte carga emotiva; **a highly ~ atmosphere** un ambiente muy tenso **-2.** ELEC cargado(a); **positively/negatively ~** con carga positiva/negativa

chargé d'affaires [ˈʃɑːʒeɪdæˈfeəz] *(pl* **chargés d'affaires)** *n* encargado(a) *m,f* de negocios

charger [ˈtʃɑːdʒə(r)] *n* **-1.** ELEC cargador *m* (de pilas/baterías) **-2.** *Literary (horse)* caballo *m* de batalla **-3.** *(dish)* fuente *f*, bandeja *m*

chariot [ˈtʃærɪət] *n (in battles)* carro *m* (de caballos); *(in ancient Rome)* cuadriga *f*; *Hum* **your ~ awaits!** ¡su carruaje está listo!

charioteer [tʃærɪəˈtɪə(r)] *n* auriga *m*

charisma [kəˈrɪzmə] *n* carisma *m*

charismatic [kærɪzˈmætɪk] *adj* carismático(a) ❑ REL **the Charismatic movement** el movimiento carismático

charitable [ˈtʃærɪtəbəl] *adj* **-1.** *(giving) (person, action)* caritativo(a)
-2. *(kind) (person)* amable, generoso(a); **it would be ~ to call him misguided** decir que va *or Esp* anda descaminado sería demasiado generoso
-3. *(organization, work)* benéfico(a), de caridad ❑ **~ donations** donaciones *fpl* benéficas, donativos *mpl* benéficos; **~ institution** institución *f* benéfica; **~ organization** entidad *f* benéfica; **~ trust** fundación *f* benéfica

charitably [ˈtʃærɪtəblɪ] *adv (kindly)* con generosidad; **he spoke very ~ of his former opponent** habló con mucha generosidad de su antiguo rival

charity [ˈtʃærɪtɪ] *n* **-1.** *(kindness, generosity)* caridad *f*; **he bought the painting out of ~** compró el cuadro por caridad
-2. *(help to the needy)* caridad *f*; **they're too proud to accept ~** son demasiado orgullosos para aceptar caridad; **they raised £10,000 for ~** reunieron 10.000 libras para obras benéficas PROV **~ begins at home** *Esp* la caridad bien entendida empieza por uno mismo, *Am* la caridad empieza por casa
-3. *(organization)* entidad *f* or organización *f* benéfica; **all proceeds will go to ~** toda la recaudación se dedicará a obras de beneficencia; **she does a lot of ~ work** trabaja mucho para entidades benéficas ❑ *Br* **the Charity Commissioners** = miembros de una comisión gubernamental que supervisa las actividades de las entidades benéficas; **~ raffle** rifa *f* benéfica; *Br* **Charity Shield** = título que disputan el ganador de la liga y el ganador de la copa de la federación inglesa de fútbol, *Esp* ≃ Supercopa *f*; *Br* **~ shop** = tienda perteneciente a una entidad benéfica en la que normalmente se venden artículos de segunda mano

charlady [ˈtʃɑːleɪdɪ] *n Br* señora *f* de la limpieza

charlatan [ˈʃɑːlətən] *n* charlatán(ana) *m,f*, embaucador(ora) *m,f*

Charlemagne [ˈʃɑːləmeɪn] *pr n* Carlomagno

Charles [tʃɑːls] *pr n* **~ I/II** Carlos I/II

Charleston [ˈtʃɑːlstən] *n* charlestón *m*

charlie [ˈtʃɑːlɪ] *n Fam* **-1.** *Br (fool)* **to look/feel a right** *or* **proper Charlie** parecer/sentirse tonto(a) **-2.** *(cocaine)* coca *f*

Charlie Chaplin [ˈtʃɑːlɪˈtʃæplɪn] *pr n (film character)* Charlot

charlotte [ˈʃɑːlət] *n* **-1.** *(baked)* **apple ~** = postre elaborado con manzanas, azúcar, mantequilla y pan **-2.** *(cold)* **~ (russe)** carlota *f* (rusa)

charm [tʃɑːm] ◇ *n* **-1.** *(attractiveness, attractive quality)* encanto *m*, atractivo *m*; **he has great ~** tiene mucho encanto; **the charms of the big city** los encantos o atractivos de la gran ciudad; **to turn on the ~** ponerse encantador(ora) ❑ *Fam* **~ offensive** campaña *f* de imagen; *US* **~ school** = escuela privada de etiqueta para señoritas
-2. *(spell)* hechizo *m*; **to be under a ~** estar hechizado(a); **it worked like a ~** funcionó a las mil maravillas
-3. *(talisman)* **a lucky ~** un amuleto (de la suerte) ❑ **~ bracelet** pulsera *f* de dijes
◇ *vt* hechizar, encantar; **they charmed the money out of her** la sedujeron para sacarle el dinero; **he charmed his way to the top** se sirvió de sus encantos para encumbrarse a lo más alto

charmed [tʃɑːmd] *adj* **-1.** *(delighted)* encantado(a); **she sang to a ~ audience** cantó delante de un público entregado; **pleased to meet you – ~, I'm sure** *(in introduction)* encantado(a) de conocerlo(a) – lo mismo digo **-2.** *(by magic)* encantado(a); **to lead a ~ life** tener buena estrella

charmer [ˈtʃɑːmə(r)] *n* **to be a real ~** ser encantador(ora)

charming [ˈtʃɑːmɪŋ] *adj* encantador(ora); *Ironic* **(that's) ~!** ¡qué simpático(a)!

charmingly [ˈtʃɑːmɪŋlɪ] *adv* de forma encantadora; **he seemed ~ naive** tenía una inocencia encantadora

charmless [ˈtʃɑːmlɪs] *adj (person)* desangelado(a)

charnel house [ˈtʃɑːnəlhaʊs] *n* HIST osario *m*; *Fig* **the country has been turned into a ~** el país se ha convertido en un cementerio

charred [tʃɑːd] *adj (wood, body)* carbonizado(a)

chart [tʃɑːt] ◇ *n* **-1.** *(map)* carta *f* **-2.** *(graph)* gráfico *m*; *(of hospital patient)* gráficas *fpl* de evolución *or* de constantes **-3. the charts** *(pop music)* las listas (de éxitos); **she's in the charts** está en las listas de éxitos; **she's got a record in the charts** tiene un disco en las listas de éxitos
◇ *vt* **-1.** *(on map)* hacer un mapa de **-2.** *(on table, graph)* representar gráficamente; **this graph charts sales over the last ten years** este gráfico representa *or* refleja las ventas de los últimos diez años **-3.** *(trace, describe)* describir; **the book charts the rise of fascism** el libro describe el auge del fascismo

charter [ˈtʃɑːtə(r)] ◇ *n* **-1.** *(of town)* fuero *m*; *(of university, organization)* estatutos *mpl*; *(of company)* escritura *f* de constitución, carta *f* fundacional; **the UN Charter** la Carta de las Naciones Unidas **-2.** *(lease, licence)* fletamiento *m*; *(charter flight)* chárter *m* ❑ **~ flight** vuelo *m* chárter; NAUT **~ party** carta *f* de fletamento; **~ plane** avión *m* chárter
◇ *vt* **-1.** *(company)* constituir, otorgar carta fundacional a **-2.** *(plane, ship)* fletar

chartered [ˈtʃɑːtəd] *adj (qualified)* colegiado(a) ❑ *Br* **~ accountant** censor(ora) *m,f* jurado(a) de cuentas; **~ surveyor** tasador(ora) *m,f* de la propiedad

charterhouse [ˈtʃɑːtəhaʊs] *n (monastery)* cartuja *f*

Chartism [ˈtʃɑːtɪzəm] *n* HIST cartismo *m*

Chartist [ˈtʃɑːtɪst] HIST ◇ *n* cartista *mf*
◇ *adj* cartista ❑ **the ~ movement** el movimiento cartista

chartreuse [ʃɑːˈtrɜːz] *n* chartreuse *m*

chart-topping [ˈtʃɑːtˌtɒpɪŋ] *adj Br* en el número uno de las listas de éxitos

charwoman [ˈtʃɑːwʊmən] *n* señora *f* de la limpieza

chary [ˈtʃeərɪ] *adj (cautious)* cauteloso(a); **to be ~ of doing sth** mostrarse reacio(a) a la hora de hacer algo

Charybdis [kəˈrɪbdɪs] *n* MYTHOL **Scylla and ~** Escila y Caribdis

chase [tʃeɪs] ◇ *n* **-1.** *(pursuit)* persecución *f*; **to give ~ to sb** perseguir a alguien **-2.** *(in cycling)* persecución *f*, caza *f* **-3. the ~** *(hunting)* la caza
◇ *vt* **-1.** *(pursue)* perseguir; **he's always chasing young women** siempre va detrás de chicas jóvenes; **to ~ rainbows** hacer castillos en el aire **-2.** *(expel)* **he chased them off his land** los expulsó de sus tierras; **the reporters were chased from** *or* **out of the house** los periodistas fueron expulsados de la casa **-3.** *(metal)* cincelar
◇ *vi* **to ~ after sb** perseguir a alguien; **to ~ after women** ir detrás de las chicas, andar detrás de las *Méx* faldas *or RP* polleras; **she chased all round London to find that dress** dio vueltas por todo Londres para encontrar ese vestido

◆ **chase away** *vt sep* ahuyentar

◆ **chase down** *vt sep (runner, cyclist)* perseguir

◆ **chase up** *vt sep (report, information)* hacerse con; *(debt)* reclamar; **I'll ~ them up about it** les llamaré para recordárselo; **can you ~ up the manager for me?** ¿podría localizarme al encargado?

chaser [ˈtʃeɪsə(r)] *n* **-1.** *(drink)* = vasito de licor que se toma después de la cerveza **-2.** *(horse)* caballo *m* de carreras

chasm [ˈkæzəm] *n (deep fissure)* abismo *m*, sima *f*; *Fig* abismo *m*

chassis [ˈʃæsɪ] *(pl* **chassis** [ˈʃæsɪz]) *n* **-1.** *(of car)* chasis *m inv*, bastidor *m* **-2.** *(of radio, TV)* bastidor *m*

chaste [tʃeɪst] *adj* casto(a)

chastely [ˈtʃeɪstlɪ] *adv* castamente

chasten [ˈtʃeɪsən] *vt* **-1.** *(subdue, humble)* escarmentar **-2.** *(punish, reprimand)* castigar

chastened [ˈtʃeɪsənd] *adj (subdued, humbled)* escarmentado(a)

chasteness [ˈtʃeɪstnɪs] *n* castidad *f*

chastening [ˈtʃeɪsənɪŋ] *adj* **prison had a ~ effect on him** su encarcelamiento tuvo un efecto aleccionador; **it's a ~ thought** es una idea que da que pensar

chastise [tʃæsˈtaɪz] *vt Formal* **-1.** *(reprimand)* reprender **-2.** *(beat)* castigar

chastisement [tʃæsˈtaɪzmənt] *n Formal* castigo *m*

chastity [ˈtʃæstɪtɪ] *n* castidad *f* ❑ **~ belt** cinturón *m* de castidad

chasuble [ˈtʃæzjʊbəl] *n* REL casulla *f*

chat [tʃæt] ◇ *n* **-1.** *(informal conversation)* charla *f*, *CAm, Méx* plática *f*; **to have a ~** charlar; **there's too much ~ and not enough work going on here!** ¡mucho hablar y poco trabajar hay aquí! ❑ **~ line** *(on telephone)* línea *f* compartida; **party line** *f*; *(erotic)* teléfono *m* erótico; *Br* **~ show** *(on TV)* tertulia *f* televisiva; *Br* **~ show host** presentador(ora) *m,f* de tertulia televisiva **-2.** COMPTR charla *f*, chat *m* ❑ **~ room** sala *f* de conversación
◇ *vi (pt & pp* **chatted)** **-1.** *(talk informally)* charlar, *CAm, Méx* platicar **(to** *or* **with** con) **-2.** COMPTR charlar, chatear **(to** *or* **with** con)

◆ **chat up** *vt sep Br Fam* **to ~ sb up** intentar ligar con alguien *or* ligarse a alguien, *RP* intentar levantar a alguien

château [ˈʃætəʊ] *(pl* **châteaus** *or* **châteaux** [ˈʃætəʊz]) *n* castillo *m*

château-bottled [ˈʃætəʊˈbɒtəld] *adj* embotellado(a) por el productor

chattel [ˈtʃætəl] *n* LAW **goods and chattels** bienes (muebles) ❑ *US* **~ mortgage** hipoteca *f* sobre bienes muebles

chatter [ˈtʃætə(r)] ◇ *n* **-1.** *(of people)* cháchara *f*, parloteo *m*; *(of birds)* parloteo *m*; *(of monkeys)* chillido *m* **-2.** *(of machines)* tecleo *m*, traqueteo *m* **-3.** *(of teeth)* castañeteo *m*
◇ *vi* **-1.** *(person)* parlotear; *(bird)* parlotear; *(monkey)* chillar; **she sat quietly while Maria chattered away** se sentó tranquilamente mientras Maria parloteaba; *Br Pej* **the chattering classes** los intelectualoides **-2.** *(machine)* traquetear **-3.** *(teeth)* **my teeth were chattering (with cold/fear)** me castañeteaban los dientes (de frío/miedo)

chatterbox [ˈtʃætəbɒks] *n Fam* cotorra *f*, parlanchín(ina) *m,f*

chattiness [ˈtʃætɪnɪs] *n* locuacidad *f*; **she was irritated by his ~** le irritaba su constante parloteo

chatty [ˈtʃætɪ] *adj (person)* hablador(ora); *(letter)* desenfadado(a)

chat-up line [ˈtʃætʌpˌlaɪn] *n Br Fam* frase *f* típica para ligar

Chaucerian [tʃɔː'sɪərɪən] ◇ n -1. (poet) = poeta imitador de Chaucer -2. (scholar) experto(a) m,f en Chaucer
◇ adj chauceriano(a), = típico del estilo del poeta Geoffrey Chaucer (c. 1340-1400)
chauffeur ['ʃəʊfə(r)] ◇ n Esp chófer m, Am chofer m
◇ vt **we were chauffeured to the airport** el Esp chófer or Am chofer nos llevó al aeropuerto
chauffeur-driven ['ʃəʊfə'drɪvən] adj con Esp chófer or Am chofer
chauvinism ['ʃəʊvɪnɪzəm] n -1. (sexism) machismo m -2. (nationalism) chovinismo m, patrioterismo m
chauvinist ['ʃəʊvɪnɪst] n -1. (sexist) machista m -2. (nationalist) chovinista mf, patriotero(a) m,f
chauvinistic [ʃəʊvɪ'nɪstɪk] adj -1. (sexist) machista -2. (nationalist) chovinista, patriotero(a)
chaw [tʃɔː] Fam ◇ n (of tobacco) = porción de tabaco de mascar
◇ vt = **chew**
◇ vi = **chew**
cheap [tʃiːp] ◇ n **to do sth on the ~** hacer algo en plan barato or mirando el dinero
◇ adj -1. (inexpensive) barato(a); **~ at (half) the price** tirado(a) de precio; **it's ~ to run** (car) gasta muy poco; **~ and cheerful** (wine) bueno pero sin pretensiones; **a ~ and cheerful way to brighten up a room** una manera sencilla y económica de alegrar una habitación ❑ **~ rate** tarifa f reducida or económica
-2. (of little value) barato(a); **human life is ~ in many countries** en muchos países la vida humana vale muy poco; **~ and nasty** de chichinabo, de chicha y nabo
-3. (of poor quality) barato(a)
-4. (low, despicable) **I feel ~!** ¡qué bajo he caído!; **the way he treated her made her feel ~** la trató de tal manera que la hizo sentirse despreciable
-5. (tasteless, mean) burdo(a), rastrero(a); **a ~ joke/remark** un chiste/comentario de mal gusto; **that was a ~ shot** eso ha sido un golpe bajo; **a ~ trick** un truco sucio
-6. US (stingy) mezquino(a)
◇ adv **to buy sth ~** comprar algo barato; **it's cheaper to buy 10 kilos** sale más barato or económico comprar 10 kilos; **clothes of that quality don't come ~** la ropa de esta calidad no es barata; Fam **it was going ~** estaba tirado(a) de precio, estaba regalado
cheapen ['tʃiːpən] vt -1. (lower, debase) degradar, rebajar; **to ~ oneself** rebajarse -2. (reduce the price of) abaratar
cheapjack ['tʃiːpdʒæk] Fam ◇ n comerciante mf de trastos baratos
◇ adj (shoddy) chapucero(a)
cheaply ['tʃiːplɪ] adv (to buy, sell) barato; **they can manufacture more ~ than we can** pueden fabricar con un costo or Esp coste más bajo que el nuestro; **to live ~** vivir con poco dinero
cheapness ['tʃiːpnɪs] n -1. (low price) bajo m precio -2. (low value) poco valor m -3. (tastelessness) vulgaridad f; (meanness, nastiness) bajeza f, vileza f
cheapo ['tʃiːpəʊ] adj Fam (of low quality) barato(a), Esp cutre, RP berreta
cheapskate ['tʃiːpskeɪt] n Fam roñica mf, roñoso(a) m,f
cheat [tʃiːt] ◇ n -1. (dishonest person) tramposo(a) m,f; (in exam) copión(ona) m,f -2. (deception, trick) trampa f; **that's a ~** eso es trampa ❑ **~ sheet** Esp, Ven chuleta f, Arg machete m, Méx acordeón f, Urug trencito m -3. (for computer game) truco m (clave)
◇ vt -1. (defraud, swindle) engañar, timar; **he cheated her out of the money** le estafó el dinero; **to feel cheated** sentirse engañado or timado -2. Literary (avoid) **to ~ death** burlar a la muerte
◇ vi -1. (in game) hacer trampa; **he always cheats at cards** siempre hace trampas jugando a las cartas -2. (in exam) copiar

◆ **cheat on** vt insep -1. (falsify) **he cheated on his income tax** hizo trampas en la declaración de la renta -2. (be unfaithful to) **he cheats on his wife** engaña a su mujer
cheating ['tʃiːtɪŋ] ◇ n -1. (in game) trampas fpl; **that's ~!** ¡eso es trampa! -2. (in exam) **~ is severely punished** el copiar se castiga con severidad
◇ adj -1. (dishonest) poco honrado(a) -2. (unfaithful) **she was sick of her ~ husband** estaba harta de que su marido la engañara
Chechen ['tʃetʃen] ◇ n checheno(a) m,f
◇ adj checheno(a)
Chechnya ['tʃetʃenjə] n Chechenia
check¹ [tʃek] ◇ n -1. (inspection) control m, inspección f; **the airline ordered checks on all their planes** la línea aérea ordenó que se efectuaran inspecciones en todos sus aviones
-2. (inquiry, investigation) **the police ran a ~ on her** la policía investigó sus antecedentes; **to keep a ~ on sth/sb** controlar algo/a alguien
-3. (restraint) freno m; **the courts act as a ~ upon the president** los tribunales ejercen de contrapeso frente al presidente; **to put a ~ on sth** poner freno a algo; **to keep sth/sb in ~** mantener algo/a alguien a raya or bajo control; **he kept or held his anger in ~** controló su rabia ❑ POL **checks and balances** = sistema de controles entre el poder ejecutivo, el legislativo y el judicial para evitar una acumulación de poderes
-4. (in chess) jaque m; **to put sb in ~** poner en jaque a alguien; **~!** ¡jaque!
-5. (pattern) a or de cuadros; **a skirt in black and white ~** una falda a or de cuadros blancos y negros
-6. US (cheque) cheque m; **to make out or write a ~ (to sb)** extender un cheque or talón (a alguien); **a ~ for $50** un cheque de 50 dólares
-7. US (in restaurant) cuenta f; (ticket for coat, luggage) resguardo m; **~ please!** ¡la cuenta, por favor!
-8. US (tick) marca f, señal f de visto bueno
-9. COMPTR **~ box** caja f de verificación, casilla f de verificación
◇ vt -1. (verify, examine) (information) comprobar, Guat, Méx checar; (passport, ticket) revisar; (machine) inspeccionar; **she didn't ~ her facts before writing the article** no comprobó los datos antes de escribir el artículo; **the doctor checked my blood pressure** el doctor me comprobó la presión sanguínea; **to ~ (that)...** comprobar que...; **to ~ sth against sth** (compare) confrontar or cotejar algo con algo; **all quotations were checked against the original sources** todas las citas fueron contrastadas or cotejadas con las fuentes originales; **to ~ sth for errors** comprobar algo en búsqueda or Esp busca de fallos or Am fallas, comprobar algo por si hubiera fallos or Am fallas; **I'll ~ my diary** voy a mirar mi agenda; **I need to ~ my e-mail** tengo que mirar mi correo electrónico
-2. (restrain) (inflation, enemy advance) frenar; (emotion, impulse) contener, reprimir; **to ~ oneself** contenerse
-3. (in chess) dar jaque
-4. US (coat, hat) dejar en el guardarropa; (baggage) dejar en consigna
-5. US (tick) marcar (como comprobado)
◇ vi (verify) comprobar, Méx checar; **to ~ with sb** preguntar a alguien
◇ adj = **checked**
◇ exclam (yes) ¡sí!; (to superior) ¡sí, señor!
◆ **check in** ◇ vt sep -1. (baggage) facturar, Am despachar; (passenger) registrar -2. US (library book) devolver
◇ vi -1. (at hotel) registrarse -2. (at airport) facturar -3. US (phone) **it's a little late, I'd better ~ in with my parents** es un poco tarde, será mejor que les regunte a mis padres por teléfono
◆ **check into** vt insep **to ~ into a hotel** registrarse en un hotel

◆ **check off** vt sep (item on list) marcar (como comprobado)
◆ **check on** vt insep -1. (facts) **to ~ on sth** comprobar algo -2. (person) **to ~ on sb** controlar or vigilar a alguien; **the doctor checked on two patients before leaving** el doctor comprobó cómo estaban dos pacientes antes de marcharse
◆ **check out** ◇ vt sep -1. (investigate) (person) investigar; (information) comprobar, verificar, Am chequear, Méx checar; Fam **we could ~ out the new pub** podíamos ir a ver qué tal está el nuevo bar -2. Fam (look at) mirar, echar un ojo a; **~ it/her out!** ¡fíjate!, ¡no te lo pierdas! -3. US (library book) sacar
◇ vi -1. (leave hotel) dejar el hotel (tras pagar) -2. (prove to be correct) (story) cuadrar
◆ **check over** vt sep (goods) revisar
◆ **check up** vi **I'm not sure of the exact figure, but I can ~ up for you** no sé cuál es la cifra exacta, pero la puedo buscar; **to ~ up on sb** (investigate) hacer averiguaciones sobre alguien; **he's always checking up on me** siempre está controlándome; **to ~ up on sth** enterarse de algo

CHECKS AND BALANCES

Uno de los pilares fundamentales del gobierno estadounidense, garantizado por la constitución, es el del control mutuo o **Checks and Balances**. Este sistema fue concebido con el fin de que ninguno de los tres poderes, legislativo, ejecutivo o judicial, acumulase demasiada influencia con respecto a los otros dos. Así pues, el presidente tiene la potestad de vetar las leyes del Congreso que hayan sido aprobadas por una mayoría inferior a dos tercios de la cámara. Aunque el presidente tiene poderes para nombrar a los jueces del Tribunal Supremo, el Congreso ha de ratificar esa decisión. A su vez, los jueces del Tribunal Supremo pueden decidir si una ley es inconstitucional.

check² ◇ n (pattern) cuadros mpl; **a suit in broad ~** un traje a cuadros grandes
◇ adj a cuadros
checkbook US = **chequebook**
checked [tʃekt] adj a cuadros
checker ['tʃekə(r)] n US -1. (piece) dama f; **checkers** (game) damas fpl -2. (in supermarket) cajero(a) m,f -3. (in left-luggage office, cloakroom) encargado(a) m,f
checkerboard ['tʃekəbɔːd] n US tablero m de damas or de ajedrez
checkered US = **chequered**
check-in ['tʃekɪn] n AV facturación f; **~ (desk)** mostrador m de facturación ❑ **~ time** = hora a la que hay que facturar; **~ time is thirty minutes prior to departure** la facturación podrá realizarse treinta minutos antes de la salida
checking ['tʃekɪŋ] n -1. (verification, examination) control m; (more detailed) examen m, inspección f -2. US **~ account** cuenta f corriente
checklist ['tʃeklɪst] n lista f de comprobaciones or de control
checkmark ['tʃekmɑːk] n US marca f, señal f de visto bueno
checkmate ['tʃekmeɪt] ◇ n (in chess) jaque m mate
◇ vt -1. (in chess) dar jaque mate a -2. (opponent) frustrar
checkout ['tʃekaʊt] n -1. (in supermarket) (mostrador m de) caja f ❑ **~ assistant** cajero(a) m,f; **~ display** pantalla f de la caja registradora; **~ girl** cajera f -2. (in hotel) **~ time is at twelve noon** la habitación debe dejarse libre a las doce del mediodía
checkpoint ['tʃekpɔɪnt] n control m
checkroom ['tʃekrʊm, 'tʃekruːm] n US -1. (for coats, hats) guardarropa f -2. (for luggage) consigna f
checksum ['tʃeksʌm] n COMPTR suma f de comprobación or control

check-up ['tʃekʌp] n **-1.** (for person) (at doctor's) revisión f (médica), chequeo m médico, reconocimiento m médico; (at dentist's) revisión f **-2.** US (for car) revisión f

Cheddar ['tʃedə(r)] n queso m Cheddar

cheek [tʃi:k] ◇ n **-1.** (of face) mejilla f; **to dance ~ to ~** bailar muy agarrados; **~ by jowl (with sb)** hombro con hombro (con alguien); IDIOM **to turn the other ~** poner la otra mejilla ❏ **~ pouch** abazón m **-2.** (buttock) nalga f **-3.** Fam (impudence) cara f, caradura f, frescura f; **I've never heard such ~** ¡pero qué cara más dura!; **he's got a ~!** ¡qué caradura!, Esp ¡vaya morro!; **what (a) ~!, of all the ~!** ¡qué caradura!
◇ vt Br Fam (be impudent to) ser descarado(a) con

cheekbone ['tʃi:kbəʊn] n pómulo m

cheekily ['tʃi:kɪlɪ] adv con mucho descaro, descaradamente

cheekiness ['tʃi:kɪnɪs] n descaro m

cheeky ['tʃi:kɪ] adj Fam descarado(a), fresco(a), caradura; Hum **~ devil** descarado(a), Esp carota; Hum **~ monkey** desvergonzado(a), Esp faltón(ona)

cheep [tʃi:p] ◇ n (of bird) piada f; Fam Fig **I don't want to hear a ~ from you!** ¡no quiero oírte decir ni pío!
◇ vi (bird) piar

cheer [tʃɪə(r)] ◇ n **-1.** (shout) (of crowd) ovación f; (of single person) grito m de entusiasmo; **three cheers for Gemma!** ¡tres hurras por Gemma! **-2.** Fam **cheers!** (when drinking) ¡salud!; Br (goodbye) ¡chao!, Am ¡chau!; Br (thanks) ¡gracias! **-3.** Literary (mood) **to be of good ~** estar de buen humor; **there's little ~ in this quarter's sales figures** las cifras del último trimestre no son como para estar de celebración
◇ vt **-1.** (applaud) aclamar, vitorear **-2.** (make happier) animar
◇ vi (shout) (crowd) lanzar vítores, gritar de entusiasmo; (single person) gritar de entusiasmo

◆ **cheer on** vt sep (support) animar, vitorear, jalear

◆ **cheer up** ◇ vt sep (person) animar; (room) alegrar
◇ vi animarse; **~ up!** ¡anímate!

cheerful ['tʃɪəfʊl] adj (person, atmosphere, mood) alegre, animado(a); (colour, smile, news) alegre

cheerfully ['tʃɪəfəlɪ] adv alegremente; Fam **I could ~ strangle him!** ¡lo estrangularía con mucho or sumo gusto!

cheerfulness ['tʃɪəfʊlnɪs] n alegría f

cheerily ['tʃɪərɪlɪ] adv jovialmente

cheeriness ['tʃɪərɪnɪs] n alegría f

cheering ['tʃɪərɪŋ] ◇ n (of crowd) gritos mpl de ánimo
◇ adj (comforting) alentador(ora)

cheerio [tʃɪərɪ'əʊ] exclam Br **-1.** (goodbye) ¡chao!, Am ¡chau! **-2.** Old-fashioned (when drinking) ¡salud!

cheerleader ['tʃɪəli:də(r)] n animadora f

cheerless ['tʃɪəlɪs] adj triste, sombrío(a)

cheery ['tʃɪərɪ] adj jovial, alegre

cheese [tʃi:z] n queso m; **~ sandwich/omelette** sandwich m/tortilla f de queso; Fam **(say) ~!** (for photograph) ¡sonríe!, Esp ¡(di) patata!, Méx ¡(di) rojo!, RP ¡(decí) whisky!; Br Fam **hard ~!** ¡qué le vamos a hacer!, ¡mala suerte! ❏ **~ dish** quesera f; **~ fondue** fondue f de queso; **~ grater** rallador m de queso; **~ maker** (person) quesero(a) m,f; **~ plant** costilla f de hombre; **~ portion** quesito m; **~ shop** quesería f; **~ spread** queso m para untar; **~ straw** colín m de queso; **~ triangle** quesito m; **~ and wine** fiesta f o recepción f en la que se sirve un aperitivo consistente normalmente en vino y queso

◆ **cheese off** vt sep Br Fam (annoy, irritate) **to ~ sb off** jorobar a alguien, Méx, RP **ponerse como loco a alguien**; **to be cheesed off (with)** estar hasta las narices or la coronilla (de)

cheeseboard ['tʃi:zbɔ:d] n **-1.** (board) tabla f para el queso **-2.** (selection) tabla f de quesos

cheeseburger ['tʃi:zbɜ:gə(r)] n hamburguesa f de or con queso

cheesecake ['tʃi:zkeɪk] n **-1.** (dessert) tarta f de queso **-2.** Fam (pictures of attractive women) **the walls were covered with ~** las paredes estaban llenas de fotos de chicas

cheesecloth ['tʃi:zklɒθ] n estopilla f

cheesemonger ['tʃi:zmʌŋgə(r)] n Br quesero(a) m,f

cheeseparing ['tʃi:zpeərɪŋ] ◇ n tacañería f
◇ adj tacaño(a)

cheesy ['tʃi:zɪ] adj **-1.** (flavour, smell) a queso; (sauce, dish) con sabor a queso **-2.** Fam Pej (inferior) de tres al cuarto, RP de cuarta **-3.** (grin) de oreja a oreja

cheetah ['tʃi:tə] n guepardo m

chef [ʃef] n chef m, jefe(a) m,f de cocina ❏ US **~'s salad** = ensalada con lechuga, queso, huevos duros y trozos de carne

Chek(h)ov ['tʃekɒf] pr n Chejov

chemical ['kemɪkəl] ◇ n producto m químico, sustancia f química
◇ adj químico(a); **~ analysis** análisis m inv químico; **~ bond** enlace m químico; **~ compound** compuesto m químico; **~ element** elemento m químico; **~ engineer** ingeniero(a) m,f químico; **~ engineering** ingeniería f química; **~ equilibrium** equilibrio m químico; **~ fertilizer** abono m químico; **~ formula** fórmula f química; Fam **the ~ generation** = la generación del bakalao y las pastillas; **~ reaction** reacción f química; **~ symbol** símbolo m químico; **~ toilet** inodoro m (de desecho) químico; **~ valency** valencia f química; **~ warfare** guerra f química; **~ weapons** armas fpl químicas

chemically ['kemɪkəlɪ] adv químicamente

chemise [ʃə'mi:z] n **-1.** (dress) vestido m camisero **-2.** (undergarment) combinación f

chemist ['kemɪst] n **-1.** (scientist) químico(a) m,f **-2.** Br (pharmacist) farmacéutico(a) m,f; **~'s (shop)** farmacia f

chemistry ['kemɪstrɪ] n **-1.** (science) química f; (properties) composición fpl química ❏ **~ set** juego m de química **-2.** (interaction) sintonía f; **there was a certain ~ between them** entre ellos había una cierta sintonía or un cierto entendimiento

chemotherapy ['ki:məʊ'θerəpɪ] n MED quimioterapia f

chenille [ʃə'ni:l] n TEX felpilla f

cheque, US **check** [tʃek] n cheque m, talón m; **a ~ for $50** un cheque de 50 dólares; **to make out a ~ (to sb), to write (sb) a ~** extender un cheque or talón (a alguien); **to cash a ~** hacer efectivo un cheque or talón; **to pay by ~** pagar con cheque or talón; **to stop a ~** suspender el pago de un cheque or talón; **will you take a ~?** ¿le puedo extender un cheque or pagar con cheque? ❏ **~ account** cuenta f corriente; Br **~ card** = tarjeta que avala los cheques; **~ number** número m de cheque; **~ stub** talón m or matriz f or resguardo m de cheque

chequebook, US **checkbook** ['tʃekbʊk] n talonario m (de cheques), chequera f ❏ **~ journalism** periodismo m de exclusivas (a golpe de talonario)

chequered, US **checkered** ['tʃekəd] adj **-1.** (pattern) a cuadros ❏ SPORT **~ flag** bandera f de llegada, bandera f a cuadros **-2.** (varied) **she's had a somewhat ~ career** su trayectoria ha estado llena de altibajos

Chequers ['tʃekəz] n = la segunda residencia oficial del primer ministro británico, en el medio de la campiña británica

cherish ['tʃerɪʃ] vt (person) querer, tener mucho cariño a; (possessions) apreciar; (hope, illusion) albergar, abrigar; (memory) conservar

cherished ['tʃerɪʃt] adj preciado(a)

Chernobyl [tʃɜ:'nɒbəl] n Chernóbil

cheroot [ʃə'ru:t] n = cigarro puro cortado por ambos extremos

cherry ['tʃerɪ] n **-1.** (fruit) cereza f; **~ (tree)** cerezo m; **~ (wood)** (madera f de) cerezo m ❏ **~ blossom** flor f de cerezo; **~ brandy** brandy m de cereza; **~ orchard** cerezal m **-2.** (colour) **~ (red)** color m cereza **-3.** **~ plum** mirobolano m **-4.** **~ tomato** tomate m cereza **-5.** Fam (virginity) virginidad f; **to lose one's ~** perder la virginidad

cherry-pick ['tʃerɪpɪk] Fam ◇ vt seleccionar sólo lo mejor
◇ vi seleccionar sólo lo mejor

cherry-red ['tʃerɪ'red] adj rojo cereza; **~ lips** labios rojizos

cherub ['tʃerəb] (pl **cherubs** or **cherubim** ['tʃerəbɪm]) n **-1.** (angel) querubín m **-2.** Fam (child) angelito m

cherubic [tʃə'ru:bɪk] adj angelical

cherubim pl of **cherub**

chervil ['tʃɜ:vɪl] n perifollo m

Ches (abbr **Cheshire**) (condado m de) Cheshire

Cheshire ['tʃeʃə(r)] n IDIOM **to grin like a ~ cat** sonreír de oreja a oreja

chess [tʃes] n ajedrez m; **a game of ~** una partida de ajedrez ❏ **~ player** ajedrecista mf, jugador(ora) m,f de ajedrez; **~ tournament** torneo m de ajedrez

chessboard ['tʃesbɔ:d] n tablero m de ajedrez

chessman ['tʃesmæn], **chesspiece** ['tʃespi:s] n pieza f de ajedrez

chest [tʃest] ◇ n **-1.** (of person) pecho m; (breasts) pechos mpl; IDIOM **I needed to get it off my ~** necesitaba desahogarme ❏ **~ cold** catarro m or Esp, Méx resfriado m or Andes, RP resfrío m de pecho; **~ expander** extensor m; **~ infection** infección f de las vías respiratorias; **~ pains** dolores mpl de pecho; **~ pass** (in basketball) pase m de pecho; **~ protector** peto m; **~ X-ray** radiografía f de los pulmones **-2.** (box) (for clothes) baúl m; (for treasure) cofre m ❏ **~ of drawers** cómoda f; **~ freezer** arcón m congelador
◇ vt **to ~ the ball down** (in soccer) parar y bajar la pelota con el pecho

chesterfield ['tʃestəfi:ld] n (sofa) = tipo de sofá en el que los brazos son de la misma altura que el respaldo

chestnut ['tʃesnʌt] ◇ n **-1.** (nut) castaña f; (wood) castaño m; **~ (tree)** castaño m ❏ **~ purée** crema f de castaña **-2.** (colour) color m castaño **-3.** (horse) alazán(ana) m,f **-4.** IDIOM Fam **an old ~** (joke) un chiste viejísimo
◇ adj (hair) castaño(a); (horse) castaño(a), zaino(a)

chesty ['tʃestɪ] adj **-1.** (cough) de pecho **-2.** Fam (woman) pechugona, tetona, Méx chichona

cheval glass [ʃə'vælglɑːs] n = espejo de cuerpo entero montado sobre un marco que permite girarlo

chevron ['ʃevrən] n **-1.** (on uniform) galón m **-2.** (on road) = marca indicadora de curva con flechas en la dirección de la curva

chew [tʃuː] ◇ n **-1.** (confectionery) caramelo m **-2.** (of tobacco) = porción de tabaco de mascar **-3.** (for dog) juguete m (para masticar)
◇ vt masticar, mascar; **to ~ one's nails** morderse las uñas; **to ~ a bone** roer un hueso; IDIOM Fam **to ~ the fat** or **the rag** estar de charla or Esp palique or Méx plática (con alguien)
◇ vi masticar; **to ~ at** or **on sth** (bone, stick) mordisquear algo

◆ **chew out** vt sep US Fam (reprimand) echar una regañina or Esp bronca a; **to get chewed out** llevarse una regañina or Esp bronca

◆ **chew over** vt sep Fam rumiar

◆ **chew up** vt sep (food) masticar; (slippers, carpet) mordisquear; Fig **that machine chewed up my favourite cassette** el casete destrozó mi cinta favorita

chewing ['tʃuːɪŋ] n masticación f ❏ **~ tobacco** tabaco m de mascar

chewing-gum ['tʃuːɪŋgʌm] n chicle m, goma f de mascar

chewy ['tʃu:ɪ] *adj (meat, bread)* correoso(a); *(confectionery)* gomoso(a), correoso(a)

Chiang Kai-shek ['tʃæŋkaɪ'ʃek] *pr n* Chang Kai Shek

chiaroscuro [kɪɑːrəˈskʊərəʊ] *(pl* **chiaroscuros***) n ART* claroscuro *m*

chic [ʃiːk] *adj* chic, elegante

Chicago [ʃɪˈkɑːgəʊ] *n* Chicago

Chicana [tʃɪˈkɑːnə] *n US* chicana *f*

chicane [ʃɪˈkeɪn] *n SPORT* chicane *f*

chicanery [ʃɪˈkeɪnərɪ] *n (trickery)* supercherías *fpl*

Chicano [tʃɪˈkɑːnəʊ] *n US* chicano *m*

chichi [ˈʃiːʃiː] *adj Fam Pej* pintoresco(a) y cursi

chick [tʃɪk] *n* **-1.** *(young bird)* polluelo *m; (young chicken)* pollito *m* **-2.** *Fam (woman)* nena *f*, *Arg* piba *f*, *Méx* chava *f*

chickadee ['tʃɪkədiː] *n* **black-capped ~** carbonero capirotado

chicken ['tʃɪkɪn] ◇ *n* **-1.** *(bird)* gallina *f; (meat)* pollo *m;* IDIOM **it's a ~ and egg situation** en esta situación no se sabe quién fue primero, la gallina o el huevo; IDIOM **his chickens have come home to roost** ahora está sufriendo las consecuencias de sus actos; PROV **don't count your chickens (before they're hatched)** no cantes victoria antes de tiempo ❑ **~ breast** pechuga *f* de pollo; **~ farmer** avicultor(ora) *m,f;* **~ leg** pata *f* de pollo; **~ livers** higadillos *mpl* de pollo; **~ run** corral *m;* **~ soup** sopa *f* de pollo; **~ wire** tela *f* metálica, red *f* de alambre
-2. *Fam (coward)* gallina *mf*, *Esp* miedica *mf*
-3. *Fam (game)* **to play ~** jugar a ver quién se acobarda antes
◇ *adj Fam (cowardly)* **to be ~** ser un/una gallina
◆ **chicken out** *vi Fam* acobardarse, *Méx* ciscarse, *RP* achicarse; **he chickened out of telling her the truth** no se atrevió a decirle la verdad; **he chickened out at the last minute** en el último minuto se acobardó

chickenfeed ['tʃɪkɪnfiːd] *n* **-1.** *(food)* grano *m* **-2.** *Fam (insignificant sum)* calderilla *f*

chicken-hearted ['tʃɪkɪn'hɑːtɪd], **chicken-livered** ['tʃɪkɪn'lɪvəd] *adj Fam* gallina, cobarde

chickenpox ['tʃɪkɪnpɒks] *n* varicela *f*

chickpea ['tʃɪkpiː] *n* garbanzo *m*

chickweed ['tʃɪkwiːd] *n* pamplina *f*, álsine *f*

chicory ['tʃɪkərɪ] *n* **-1.** *(salad vegetable)* achicoria *f* **-2.** *(coffee additive, substitute)* achicoria *f*

chide [tʃaɪd] *(pt* **chided** *or* **chid** [tʃɪd], *pp* **chided** *or* **chidden** ['tʃɪdən]*) vt* reprender, regañar

chief [tʃiːf] ◇ *n* **-1.** *(of tribe)* jefe(a) *m,f;* IDIOM **there are too many chiefs and not enough Indians here** aquí hay demasiados mandos y poca tropa, *Am* acá hay más caciques que indios **-2.** *(head) Fam* **the ~** el/la jefe(a) ❑ **~ of police** jefe(a) *m,f* de policía; **~ of staff** MIL jefe(a) *m,f* del Estado Mayor; *US (of president, governor)* jefe(a) *m,f* de gabinete
◇ *adj* **-1.** *(most important)* principal
-2. *(head) Br* **~ accountant** jefe(a) *m,f* de contabilidad; *US* **~ canvasser** *(in elections)* presidente(a) *m,f* de mesa; *Br* **~ constable** jefe(a) *m,f* de policía; COM **~ executive,** *US* **~ executive officer** consejero(a) *m,f* delegado(a), director(ora) *m,f* gerente; *US* **~ financial officer** director(ora) *m,f* financiero(ra); *Br* **~ inspector** inspector(ora) *m,f* jefe; LAW **~ justice** *(in USA)* = presidente del Tribunal Supremo; **~ librarian** bibliotecario(a) *m,f* jefe; NAUT **~ petty officer** suboficial *mf* mayor de marina; *Br PARL* **Chief Whip** = persona al frente del grupo de encargados de mantener la disciplina de un partido político en el parlamento

chiefly ['tʃiːflɪ] *adv* principalmente

chieftain ['tʃiːftən] *n (of clan)* jefe *m* (del clan)

chiffchaff ['tʃɪftʃæf] *n* mosquitero *m*

chiffon ['ʃɪfɒn] *n* gasa *f;* **a ~ scarf** un fular

chiffonade [ʃɪfəˈneɪd] *n US* = verdura picada servida como guarnición

chiffon(n)ier [ʃɪfəˈnɪə(r)] *n* = cómoda alta y estrecha

chigger ['tʃɪgə(r)] *n* **-1.** *(sand flea)* nigua *f* **-2.** *US (parasitic larva)* = parásito que causa un intenso picor en la piel humana

chignon ['ʃiːnjɒn] *n* moño *m*, *Méx* chongo *m*

chihuahua [tʃɪˈwɑːwɑː] *n (perro m)* chihuahua *m*

chilblain ['tʃɪlbleɪn] *n* sabañón *m*

child [tʃaɪld] *(pl* **children** ['tʃɪldrən]*) n* niño(a) *m,f; (son)* hijo *m; (daughter)* hija *f;* **they have three children** tienen tres hijos; **children's literature** literatura infantil; **children's boutique** boutique infantil; **children's hospital** hospital infantil; **he's a ~ of the 60s** es un producto de los años 60; **don't be such a ~!** ¡no seas niño *or Esp* crío!; **it's ~'s play** es un juego de niños; *Old-fashioned* **to be with ~** estar encinta; *Old-fashioned* **to get a woman with ~** dejar a una mujer encinta; PROV **the ~ is father to or of the man** las experiencias de la infancia marcan el carácter para siempre ❑ **~ abuse** = malos tratos y/o agresión sexual a menores; *Br* **~ benefit** ayuda *f* familiar por hijos; **children's home** hospicio *m;* **~ labour** trabajo *m* de menores; **~ lock** cierre *m* de seguridad a prueba de niños; **~ molester** corruptor(ora) *m,f* de menores; **~ pornography** pornografía *f* infantil; **~ prodigy** niño(a) *m,f* prodigio; **~ psychiatrist** especialista *mf* en psiquiatría infantil; **Child Support Agency** = agencia estatal británica que vela por el cumplimiento de la ley en materia de pensiones alimenticias

child-bearing ['tʃaɪldbeərɪŋ] *n* maternidad *f;* **of ~ age** en edad de tener hijos

childbirth ['tʃaɪldbɜːθ] *n* parto *m;* **to die in ~** morir al dar a luz, morir en el parto

childcare ['tʃaɪldkeə(r)] *n* cuidado *m* de menores *or* niños, puericultura *f*

child-friendly ['tʃaɪld'frendlɪ] *adj* **a ~ restaurant** un restaurante en el que están bienvenidos los niños

childhood ['tʃaɪldhʊd] *n* niñez *f*, infancia *f;* **his ~ home** la casa de su niñez *or* infancia

childish ['tʃaɪldɪʃ] *adj Pej* pueril, infantil; **don't be ~** no seas niño *or* crío

childishness ['tʃaɪldɪʃnɪs] *n Pej* puerilidad *f*, infantilismo *m;* **that's just ~!** ¡son cosas de niños!

childless ['tʃaɪldlɪs] *adj* **to be ~** no tener hijos; **a ~ couple** una pareja sin hijos

childlike ['tʃaɪldlaɪk] *adj (innocence)* infantil; *(appearance)* aniñado(a)

childminder ['tʃaɪldmaɪndə(r)] *n Br* niñero(a) *m,f*, *Esp* canguro *mf*

childproof ['tʃaɪldpruːf] *adj* **~ bottle** = botella que los niños no pueden abrir; **~ lock** *(in car)* cierre de seguridad a prueba de niños

children *pl of* **child**

Chile ['tʃɪlɪ] *n* Chile

Chilean ['tʃɪlɪən] ◇ *n* chileno(a) *m,f*
◇ *adj* chileno(a)

chili = **chilli**

chill [tʃɪl] ◇ *n* **-1.** *(illness)* resfriado *m;* **to catch a ~** resfriarse, agarrar *or Esp* coger *or Méx* pescar un resfriado, *Andes, RP* agarrarse *or* pescarse un resfrío
-2. *(coldness)* **there's a ~ in the air** hace bastante fresco; **to take the ~ off sth** templar algo; **his remark cast a ~ over the meeting** su comentario enfrió la reunión; **I sensed a certain ~ in his welcome** noté cierta frialdad en su bienvenida ❑ **~ factor** índice *m* de enfriamiento (del aire)
-3. *(feeling of fear)* escalofrío *m;* **a ~ ran down my spine** sentí un escalofrío; **a ~ of fear** un escalofrío de temor
◇ *adj (wind)* frío(a)
◇ *vt (wine, food)* poner a enfriar
◆ **chill out** *vi Fam* relajarse; **he likes chilling out at home** le encanta estar tranqui *or* relajarse en casa; **I wish he'd ~ out a bit** ojalá se tomara las cosas con más calma; **~ (out)!** ¡calma!, ¡tranqui!

chilled [tʃɪld] *adj* **-1.** *(cold)* frío(a); **~ white wine** vino blanco frío; **serve ~** *(on product)* sírvase frío; **to be ~ to the bone/the marrow** estar muerto(a) de frío **-2.** *Fam (relaxed)* **~ (out)** relajado(a), *Esp* tranqui

chiller ['tʃɪlə(r)] *n Fam (book)* libro *m* de miedo; *(movie)* película *f* de miedo

chil(l)i ['tʃɪlɪ] *n* **~ (pepper)** chile *m*, *Esp* guindilla *f*, *Andes, RP* ají *m;* **~ (con carne)** = guiso picante de carne picada y alubias rojas ❑ **~ dog** perrito *m* caliente *or Col, Méx* perro *m* caliente *or RP* pancho *m* con chile; **~ powder** chile *m or Esp* guindilla *f* en polvo

chilliness ['tʃɪlɪnɪs] *n* **-1.** *(of air, wind)* frío *m* **-2.** *(of greeting, manner)* frialdad *f*

chilling ['tʃɪlɪŋ] *adj (frightening)* escalofriante

chillout room ['tʃɪlaʊtruːm] *n Fam (in nightclub)* chill out *m*, = habitación o espacio apartado en una discoteca en los que la gente puede descansar y escuchar música ambiental

chilly ['tʃɪlɪ] *adj* **-1.** *(cold)* frío(a); **it's a bit ~ out** hace bastante fresco fuera **-2.** *(unfriendly)* frío(a)

chime [tʃaɪm] ◇ *n (of bells)* repique *m; (of clock)* campanada *f; (of doorbell)* campanilleo *m;* **chimes** *(for door)* carillón *m*
◇ *vt* **the clock chimed nine o'clock** el reloj dio las nueve
◇ *vi* **-1.** *(bells)* repicar; *(clock)* dar la hora; *(doorbell)* sonar (con ruido de campanilla) **-2.** *(agree)* **his view chimes with mine** su opinión coincide con la mía
◆ **chime in** *vi* **-1.** *Fam (in conversation)* meter baza *or Méx, RP* la cuchara; **they all chimed in at once** se pusieron todos a hablar a la vez **-2.** *(agree)* **his explanation chimes in with the facts** su explicación concuerda con los hechos

chimera [kaɪˈmɪərə] *n (unrealistic idea)* quimera *f*

chimeric(al) [kaɪˈmerɪk(əl)] *adj* quimérico(a)

chimney ['tʃɪmnɪ] *n* **-1.** *(of house, factory, engine)* chimenea *f* ❑ **~ breast** campana *f* (de la chimenea); **~ stack** chimenea *f* (parte que sobresale); **~ swift** vencejo *m* espinoso de las chimeneas **-2.** *(of lamp)* tubo *m* **-3.** *(in rock face)* chimenea *f*

chimneypiece ['tʃɪmnɪpiːs] *n Br* repisa *f* (de la chimenea)

chimneypot ['tʃɪmnɪpɒt] *n* (cañón *m* exterior de) chimenea *f*

chimney-sweep ['tʃɪmnɪswiːp] *n* deshollinador(ora) *m,f*

chimpanzee [tʃɪmpænˈziː], *Fam* **chimp** [tʃɪmp] *n* chimpancé *m*

chin [tʃɪn] *n* mentón *m*, barbilla *f;* IDIOM **to keep one's ~ up** mantener los ánimos; IDIOM **to take it on the ~** aguantarlo sin rechistar

China ['tʃaɪnə] *n* China ❑ **the ~ Sea** el mar de China; **~ Syndrome** síndrome *m* de China, = la posibilidad hipotética de que el resultado de la fusión accidental del núcleo de un reactor pudiera atravesar la Tierra de un lado a otro

china ['tʃaɪnə] *n* **-1.** *(material)* loza *f; (porcelain)* porcelana *f* ❑ **~ clay** caolín *m;* **~ doll** muñeca *f* de porcelana **-2.** *(plates, cups)* vajilla *f* de loza; *(porcelain)* vajilla *f* de porcelana ❑ **~ cabinet** chinero *m*

Chinaman ['tʃaɪnəmən] *n Old-fashioned or Pej* chino *m*

Chinatown ['tʃaɪnətaʊn] *n* barrio *m* chino *(de la comunidad china)*

chinaware ['tʃaɪnəweə(r)] *n* **-1.** *(porcelain objects)* porcelana *f* **-2.** *(plates, cups)* vajilla *f* de loza; *(porcelain)* vajilla *f* de porcelana

chinchilla [tʃɪnˈtʃɪlə] *n* **-1.** *(animal)* chinchilla *f* **-2.** *(fur)* piel *f* (de) chinchilla *f*

chin-chin ['tʃɪn'tʃɪn] *exclam Br Fam Old-fashioned* **-1.** *(when drinking)* ¡chin chin! **-2.** *(hello, goodbye)* ¡salud!

Chinese [tʃaɪˈniːz] ◇ *n* **-1.** *(person)* chino(a) *m,f* **-2.** *(language)* chino *m* **-3.** *Fam (meal)* comida *f* china; *(restaurant)* chino *m*
◇ *npl* **the ~** los chinos
◇ *adj* chino(a) ❑ *Br* **~ burn: to give sb a ~ burn** = agarrar el antebrazo de una persona con las dos manos y girarlas en dirección contraria produciendo gran dolor, *RP* hacer una tortura china a alguien; **~ cabbage** col *f* china, repollo *m* chino; **~**

checkers damas *fpl* chinas; **~ gooseberry** kiwi *m*; **~ lantern** lámpara *f* china *or* de papel; *Br* **~ leaves** col *f* china, repollo *m* chino; **~ New Year** el Año Nuevo chino; *Fig* **a ~ puzzle** un rompecabezas; **~ restaurant** restaurante *m* chino; **~ takeaway** restaurante *m* chino de comida para llevar; **~ tea** té *m* chino; FIN & ST EXCH **~ walls** murallas *fpl* chinas, = separación de departamentos dentro de una entidad financiera para evitar el conflicto de intereses
Chink [tʃɪŋk] *n Fam* = término generalmente ofensivo para referirse a los chinos
chink¹ [tʃɪŋk] *n (gap)* resquicio *m*; *(in rock, wall)* grieta *f*; [IDIOM] **to find a ~ in sb's armour** encontrar el punto flaco de alguien
chink² ◇ *n (sound)* tintineo *m*
   ◇ *vt (glasses)* entrechocar
   ◇ *vi* tintinear
Chinkie, Chinky [ˈtʃɪŋkɪ] *n Fam* **-1.** *(person)* = término generalmente ofensivo para referirse a los chinos **-2.** *Br (meal)* comida *f* china; *(restaurant)* restaurante *m* chino
chinless wonder [ˈtʃɪnlɪsˈwʌndə(r)] *n Br Fam* niño *m* bien *or* de papá, *Esp* niñato *m*, *RP* nene *m* bien *or* de papá
chinos [ˈtʃiːnəʊz] *npl (pantalones mpl)* chinos *mpl*
chinstrap [ˈtʃɪnstræp] *n* barboquejo *m*
chintz [tʃɪnts] *n (textile)* cretona *f* satinada
chintzy [ˈtʃɪntsɪ] *adj* **-1.** *(fabric, sofa)* de cretona satinada con estampado **-2.** *US (cheap, poor-quality)* barato(a), ordinario(a) **-3.** *US Fam (miserly)* roñoso(a), tacaño(a), *CSur* amarrete(a), *Méx* codo(a)
chin-up [ˈtʃɪnʌp] *n (exercise)* flexión *f (colgando de una barra con los brazos)*
chinwag [ˈtʃɪnwæg] *Fam* ◇ *n* **to have a ~ (with sb)** charlar (con alguien), *CAm, Méx* platicar (con alguien)
   ◇ *vi* charlar, estar de cháchara, *CAm, Méx* platicar
chip [tʃɪp] ◇ *n* **-1.** *(of wood)* viruta *f*; *(of marble)* lasca *f*; *(out of plate, cup)* mella *f*, desportilladura *f*; **this glass has a ~ (in it)** este vaso está desportillado; **chocolate chips** trozos de chocolate
   -2. *Br* **chips** *(French fries) Esp* patatas *fpl or Am* papas *fpl* fritas ▫ **~ pan** freidora *f*; **~ shop** = tienda que vende comida para llevar, especialmente pescado frito con *Esp* patatas *or Am* papas fritas; **~ van** = furgoneta en la que se vende comida similar a la de una "chip shop"
   -3. *US* **(potato) chips** *(crisps) Esp* patatas *fpl or Am* papas *fpl* fritas *(de bolsa)*
   -4. *(in gambling, board games)* ficha *f*
   -5. COMPTR chip *m*, pastilla *f*
   -6. *(in soccer, rugby)* vaselina *f*, globo *m*; **~ (shot)** *(in golf)* chip *m*, golpe *m* corto
   -7. [IDIOMS] **he's a ~ off the old block** de tal palo, tal astilla; **to have a ~ on one's shoulder (about sth)** tener complejo (por algo); *Fam* **when the chips are down** en los momentos difíciles; *Br Fam* **he's had his chips** *(has failed) Esp* ya ha tenido su oportunidad, *Am* perdió su chance; *(has died)* la ha palmado, *Am* estiró la pata, *CAm, Méx* lió el petate, *RP* la quedó
   ◇ *vt (pt & pp* **chipped***)* **-1.** *(shape by cutting)* tallar **-2.** *(damage) (plate, cup)* mellar, desportillar; *(paint)* desconchar; *(furniture)* astillar; **to ~ one's tooth** mellarse un diente **-3.** CULIN cortar **-4.** *(ball) (in soccer, rugby)* picar; *(in golf)* dar un golpe corto con la cucharilla a; **to ~ the goalkeeper** *(in soccer)* hacerle una vaselina al portero
   ◇ *vi (plate, cup)* mellarse, desportillarse; *(paint)* desconcharse; *(furniture)* astillarse
   ▸ **chip away** *vt sep (plaster, paint)* desconchar
   ▸ **chip away at** *vt insep* **-1.** *(wood, stone)* dar golpes a **-2.** *(confidence, reputation)* erosionar, socavar
   ▸ **chip in** *Fam* ◇ *vt insep* **-1.** *(contribute)* poner; **we all chipped in $5** todos pusimos *or* contribuimos con 5 dólares **-2.** *(say)* **"I think he's right," chipped in Johnny** "creo que tiene razón", saltó Johnny

   ◇ *vi* **-1.** *(in collection of money)* poner algo *(de dinero)*; **they all chipped in to buy her a present** todos pusieron algo para comprarle un regalo **-2.** *(in discussion)* meter baza *or Méx, RP* la cuchara, terciar; **to ~ in with a suggestion** aportar alguna sugerencia
   ▸ **chip off** ◇ *vt sep (break off)* arrancar
   ◇ *vi (plaster, paint)* desconcharse
chipboard [ˈtʃɪpbɔːd] *n* aglomerado *m*
chipmunk [ˈtʃɪpmʌŋk] *n* ardilla *f* listada *or* estriada
chipolata [tʃɪpəˈlɑːtə] *n Br* salchichilla *f*
chipped [tʃɪpt] *adj* **-1.** *(damaged) (plate, cup)* mellado(a), desportillado(a); *(paint)* desconchado(a); *(furniture)* astillado(a) **-2.** *(sliced, cut) US* **~ beef** = carne de vaca ahumada cortada en filetes finos; *Br* **~ potatoes** *Esp* patatas *fpl* fritas, *Am* papas *fpl* fritas
Chippendale [ˈtʃɪpəndeɪl] *n* **a ~ table/sideboard** una mesa/un aparador estilo chippendale *(estilo de mobiliario inglés del siglo XVIII)*
chipper [ˈtʃɪpə(r)] *adj Fam* **-1.** *(lively)* animado(a), alegre; **I'm feeling very ~** estoy muy animado **-2.** *(smartly dressed)* elegante, chic
chippings [ˈtʃɪpɪŋz] *npl* **-1.** *(of wood)* virutas *fpl* **-2.** *(in roadwork)* gravilla *f*; **slow, loose ~ (sign)** precaución, gravilla suelta
chippy [ˈtʃɪpɪ] ◇ *n Fam* **-1.** *Br (fish and chip shop)* = tienda que vende comida para llevar, especialmente pescado frito con *Esp* patatas *or Am* papas fritas **-2.** *Br (carpenter)* carpintero(a) *m,f* **-3.** *US Pej (woman)* mujer *m* alegre
   ◇ *adj (aggressive)* irritable
chiromancy [ˈkaɪrəmænsɪ] *n* quiromancia *f*
chiropodist [kɪˈrɒpədɪst] *n* podólogo(a) *m,f*, *Am* podiatra *mf*
chiropody [kɪˈrɒpədɪ] *n* podología *f*
chiropractic [kaɪrəˈpræktɪk] *n* quiropráctica *f*
chiropractor [ˈkaɪrəpræktə(r)] *n* quiropráctico(a) *m,f*
chirp [tʃɜːp], **chirrup** [ˈtʃɪrəp] ◇ *n* **-1.** *(of birds)* trino *m* **-2.** *(of grasshopper)* chirrido *m*
   ◇ *vi* **-1.** *(bird)* trinar **-2.** *(grasshopper)* chirriar
chirpy [ˈtʃɜːpɪ] *adj Fam* alegre, animado(a)
chirrup = chirp
chisel [ˈtʃɪzəl] ◇ *n (for wood)* formón *m*; *(for stone)* cincel *m*
   ◇ *vt (pt & pp* **chiselled***, US* **chiseled***)* **-1.** *(in woodwork, sculpture)* tallar; **to ~ sth from** *or* **in** *or* **out of marble** tallar algo en mármol; *Fig* **chiselled features** rasgos muy dibujados **-2.** *Fam (cheat)* **to ~ sb out of sth** timarle algo a alguien; **to ~ sb out of his money** estafar a alguien
chiseller, *US* **chiseler** [ˈtʃɪzələ(r)] *n Fam (cheat)* timador(ora) *m,f*
chit [tʃɪt] *n* **-1.** *(note)* nota *f* **-2.** *(voucher)* vale *m* **-3.** *(receipt)* recibo *m* **-4.** *Fam Old-fashioned (girl)* moza *f*, muchacha *f*
chitchat [ˈtʃɪtʃæt] *n Fam* charla *f*, cháchara *f*, *CAm, Méx* plática *f*
chitterlings [ˈtʃɪtəlɪŋz], **chitlins** [ˈtʃɪtlɪnz] *npl* mondongo *m*, callos *mpl*
chitty [ˈtʃɪtɪ] *n Br* **-1.** *(voucher)* vale *m* **-2.** *(receipt)* recibo *m*
chiv [ʃɪv] *n Fam* pincho *m*, cuchillo *m*
chivalric [ˈʃɪvəlrɪk] *adj (literature)* caballeresco(a)
chivalrous [ˈʃɪvəlrəs] *adj* caballeroso(a), caballeresco(a)
chivalrously [ˈʃɪvəlrəslɪ] *adv* caballerosamente
chivalrousness [ˈʃɪvəlrəsnɪs] *n (courteous behaviour)* caballerosidad *f*
chivalry [ˈʃɪvəlrɪ] *n* **-1.** *(courteous behaviour)* caballerosidad *f*; *Hum* **is not dead** todavía quedan caballeros *f*; HIST caballería *f*
chives [tʃaɪvz] *npl* cebollinos *mpl*
chiv(v)y [ˈtʃɪvɪ] *vt Br Fam* **to ~ sb into doing sth** dar la lata *or RP* hinchar a alguien para que haga algo; **to ~ sb along** *or* **up** meter prisa *or Am* apurar a alguien
chlamydia [kləˈmɪdɪə] *n* MED linfogranuloma *m* venéreo

chloral [ˈklɔːrəl] *n* CHEM cloral *m* ▫ **~ hydrate** hidrato *m* de cloral
chlorate [ˈklɔːreɪt] *n* CHEM clorato *m*
chloric [ˈklɒrɪk] *adj* CHEM clórico(a) ▫ **~ acid** ácido *m* clórico
chloride [ˈklɔːraɪd] *n* CHEM cloruro *m*
chlorinate [ˈklɒrɪneɪt] *vt* clorar
chlorinated [ˈklɒrɪneɪtɪd] *adj* clorado(a)
chlorination [klɒrɪˈneɪʃən] *n* cloración *f*
chlorine [ˈklɔːriːn] *n* CHEM cloro *m*
chlorite [ˈklɔːraɪt] *n* GEOL clorita *f*
chlorofluorocarbon [klɔːrəʊflʊərəʊˈkɑːbən] *n* CHEM clorofluorocarbono *m*
chloroform [ˈklɒrəfɔːm] ◇ *n* CHEM cloroformo *m*
   ◇ *vt* cloroformar
chlorophyll, *US* **chlorophyl** [ˈklɒrəfɪl] *n* BIOL clorofila *f*
chloroplast [ˈklɒrəplæst] *n* BOT cloroplasto *m*
choc [tʃɒk], **choccy** [ˈtʃɒkɪ] *n Br Fam* chocolate *m*
chocaholic [tʃɒkəˈhɒlɪk] *n Fam Hum* adicto(a) *m,f* al chocolate, chocolatero(a) *m,f*
choc-ice [ˈtʃɒkaɪs] *n Br* bombón *m* helado *(sin palo)*
chock [tʃɒk] *n (for wheel of car, plane)* calzo *m*
chock-a-block [tʃɒkəˈblɒk], *Br* **chocka** [ˈtʃɒkə] *adj Fam* abarrotado(a) **(with** de**)**
chock-full [tʃɒkˈfʊl] *adj Fam* abarrotado(a) **(of** de**)**
chocolate [ˈtʃɒklət] ◇ *n* **-1.** *(solid, liquid)* chocolate *m*; **a ~ ice cream/milkshake** un helado/un batido de chocolate ▫ **~ bar** chocolatina *f*; **~ biscuit** galleta *f* de chocolate; **~ cake** tarta *f or* pastel *m or Col, CSur* torta *f* de chocolate; **~ chip cookie** galleta *f* con trozos de chocolate; **~ finger** = galleta alargada cubierta de chocolate; **~ milk** cacao *m*; **~ sauce** chocolate *m* líquido
   -2. *(drink)* chocolate *m*; **(hot** *or* **drinking) ~** chocolate a la taza *or* caliente
   -3. *(sweet, candy)* bombón *m*; **a box of chocolates** una caja de bombones
   -4. *(colour)* marrón *m* oscuro, color *m* chocolate
   ◇ *adj* **-1.** *(made of chocolate)* de chocolate **-2.** *(in colour)* **~ (coloured)** marrón oscuro, color chocolate
choice [tʃɔɪs] ◇ *n* **-1.** *(act)* elección *f*; **that's an excellent ~, sir** excelente elección, señor; **the ~ is yours, it's your ~** la decisión es suya; **to make** *or* **take one's ~** elegir, escoger; **to have first ~** poder elegir el primero; **by** *or* **from ~** por *(propia)* elección; **cake with the ice cream of your ~** pastel con helado a elegir; **the drink of your ~** la bebida que prefieras; **it has become the drug of ~ for doctors treating this illness** se ha convertido en la droga preferida por los doctores que tratan esta enfermedad
   -2. *(thing chosen)* elección *f*; **he was a surprise ~ as party leader** fue una elección sorpresa como líder del partido; **my first ~ would be...** mi primera opción sería...; **the ~ of venue was rather controversial** la elección del lugar fue bastante polémica
   -3. *(alternative)* alternativa *f*, opción *f*; **you give me no ~ but to dismiss you** no me dejas otra alternativa que despedirte; **you have the ~ of staying or coming with us** puedes elegir entre quedarte o venir con nosotros; **they were given a ~ between tennis and soccer** les dieron a elegir entre tenis y fútbol; **you have no ~ in the matter** no tienes otra opción; **we had no ~ but to do it** no tuvimos más remedio que hacerlo
   -4. *(selection)* selección *f*, surtido *m*; **there isn't much ~** no hay mucho donde elegir; **available in a wide ~ of colours** disponible en una amplia gama de colores; **you have a ~ of three starters** puedes elegir entre tres primeros platos
   ◇ *adj* **-1.** *(well chosen)* escogido(a); **she used some ~ language** *(offensive)* soltó unas cuantas lindezas
   -2. *(food, wine)* selecto(a); *(meat)* de calidad

choir ['kwaɪə(r)] n **-1.** (group of singers) coro m ❑ **~ practice** ensayo m del coro; **~ school** escuela f de canto; **~ stalls** sillería f del coro **-2.** (part of church) coro m

choirboy ['kwaɪəbɔɪ] n niño m de coro

choirmaster ['kwaɪəmɑːstə(r)] n director m de coro

choirmistress ['kwaɪəmɪstrɪs] n directora f de coro

choke [tʃəʊk] ◇ n **-1.** AUT estárter m **-2. ~ chain** (for dog) = collar corredizo que aprisiona el cuello si el perro tira de él **-3.** (of artichoke) barba f
◇ vt **-1.** (strangle) ahogar, estrangular; **to ~ sb to death** estrangular a alguien **-2.** (block) atascar; **the roads were choked with traffic** las carreteras estaban atascadas or colapsadas de tráfico; **the garden was choked with weeds** el jardín estaba inundado de malas hierbas
◇ vi **-1.** (asphyxiate) ahogarse; **she choked on a fish bone** se atragantó con una espina; **he choked on his own vomit** se ahogó en su propio vómito; Fig **to ~ with anger** ponerse rojo(a) de ira; Fig **to ~ with laughter** morirse de risa **-2.** SPORT Fam venirse abajo por los nervios
◆ **choke back** vt sep (tears, words, anger) contener
◆ **choke off** vt sep **-1.** (discussion) cortar; **his screams were choked off** sus gritos se acallaron **-2.** (supply, investment) cortar
◆ **choke up** vt sep **-1.** (drain) atascar **-2.** Fam (emotionally) conmover

choked ['tʃəʊkt] adj Fam (emotional) conmovido(a), emocionado(a); **I was really choked at the wedding** me emocioné mucho en la boda

choker ['tʃəʊkə(r)] n **-1.** (necklace) gargantilla f **-2.** (cloth band) tirilla f

choler ['kɒlə(r)] n Literary (anger) cólera f

cholera ['kɒlərə] n cólera m

choleric ['kɒlərɪk] adj Literary colérico(a)

cholesterol [kɒ'lestərɒl] n colesterol m ❑ **~ level** nivel m de colesterol

chomp [tʃɒmp] ◇ vt masticar, mascar
◇ vi masticar, mascar; **the cow was chomping away at a tuft of grass** la vaca estaba mascando or masticando una mata de hierba

Chomskyan ['tʃɒmskɪən] adj de Chomsky

choo-choo ['tʃuːtʃuː] n (in children's language) (tren m) chú-chú m

choose [tʃuːz] (pt **chose** [tʃəʊz], pp **chosen** ['tʃəʊzən]) ◇ vt **-1.** (select) elegir, escoger; **to ~ sb sth, to ~ sth for sb** elegir algo a or para alguien; **there's not much** or **a lot to ~ between them** no es fácil escoger entre los dos; **~ your words carefully** piensa bien lo que dices
-2. (elect) elegir; **they chose her as** or **to be party leader** la eligieron como líder del partido
-3. (decide) decidir; **to ~ to do sth** decidir hacer algo; **they chose to ignore his rudeness** decidieron no hacer caso de su grosería; **I didn't ~ to invite her** (I had no alternative) la invité porque no tenía otra alternativa
◇ vi **-1.** (make choice) elegir, escoger; **~ for yourself** elige tú mismo; **there's a wide range to ~ from** hay una amplia gama donde elegir; **there's not a lot to ~ from** no hay mucho donde elegir
-2. (please, want) **I'll do as I ~** haré lo que me parezca; **if you ~, you can receive cash instead** si lo prefiere, se lo podemos abonar en efectivo
◆ **choose up** US ◇ vt seleccionar
◇ vi seleccionar los jugadores

chooser ['tʃuːzə(r)] n COMPTR selector m

choosy ['tʃuːzɪ] adj Fam exigente (**about** con); **I can't afford to be (too) ~** no me puedo permitir ser muy exigente

chop [tʃɒp] ◇ n **-1.** (with axe) hachazo m; (with side of hand) manotazo m, cate m **-2.** Br Fam (dismissal, cancellation) **she got the ~** (was sacked) la pusieron de patitas en la calle; **to be for the ~** (plan, scheme, organization) ser lo próximo en desaparecer; **I hear Sammy's for the ~** he oído decir que van a poner de patitas en la calle a Sammy **-3.** (of lamb, pork) chuleta f
◇ vt (pt & pp **chopped**) **-1.** (wood) cortar; (meat) trocear; (vegetables) picar **-2.** Fam (budget, funding) reducir; (project) eliminar
◇ vi **-1.** (hit) **to ~ at** (with axe, sword) golpear **-2.** Br IDIOM **to ~ and change** cambiar de idea continuamente
◆ **chop down** vt sep (tree) derribar, talar
◆ **chop off** vt sep cortar; **to ~ sb's head off** cortarle a alguien la cabeza
◆ **chop up** vt sep (wood) cortar; (meat) trocear; (vegetables) picar

chop-chop ['tʃɒp'tʃɒp] exclam Fam ¡venga, vamos!; **get to work, ~!** ¡bueno, vamos, a trabajar!, Esp ¡hala, venga, a trabajar!

chopper ['tʃɒpə(r)] n **-1.** (for meat) tajadera f **-2.** Br (axe) hacha f pequeña **-3.** Fam (helicopter) helicóptero m **-4.** Fam (bicycle) bicicleta f; (motorbike) chóper f, = moto de gran cilindrada con un gran manillar **-5.** Br Vulg (penis) Esp polla f, Am verga f

choppers ['tʃɒpəz] npl Fam **-1.** (false teeth) dentadura f postiza **-2.** (teeth) dientes mpl, Esp piños mpl

chopping ['tʃɒpɪŋ] n **~ block** (butcher's) tajo m, tajadera f; **~ board** tabla f de cocina (para cortar)

choppy ['tʃɒpɪ] adj **-1.** (sea, lake) picado(a); **to be ~** estar picado(a) **-2.** (narrative, style) tosco(a), sin pulir

chops [tʃɒps] npl Fam (of person, animal) Esp morros mpl, Am trompa f; Fam Fig **to lick one's ~** (to relish) relamerse (de gusto)

chopsticks ['tʃɒpstɪks] npl palillos mpl (chinos)

chop suey [tʃɒp'suːɪ] n chop suey m, = plato de la cocina china con verduras y carne servido con arroz

choral ['kɔːrəl] adj MUS coral ❑ **~ society** orfeón m, coral f

chorale [kɒ'rɑːl] n **-1.** (hymn) coral m **-2.** US (choir) coral f, orfeón m

chord [kɔːd] n **-1.** MUS acorde m; **to touch a ~ (in sb)** tocar la fibra sensible (de alguien); **her speech struck a ~ with the electorate** su discurso caló hondo en el electorado **-2.** MATH (of arc) cuerda f

chordate ['kɔːdeɪt] ZOOL ◇ n cordado m
◇ adj cordado

chore [tʃɔː(r)] n **-1.** (domestic task) tarea f doméstica; **ironing is one ~ I don't mind doing** el planchado es una de las tareas domésticas que no me importan hacer; **to do the chores** hacer las tareas **-2.** Fam (unpleasant, tedious task) fastidio m, Esp lata f, RP embole m; Fam **what a ~!** ¡vaya fastidio!

chorea [kɒ'rɪə] n MED corea f

choreograph ['kɒrɪəɡrɑːf] vt coreografiar

choreographer [kɒrɪ'ɒɡrəfə(r)] n coreógrafo(a) m,f

choreographic [kɒrɪə'ɡræfɪk] adj coreográfico(a)

choreography [kɒrɪ'ɒɡrəfɪ] n coreografía f

chorister ['kɒrɪstə(r)] n orfeonista mf, miembro m de un coro

choroid ['kɒrɔɪd] n ANAT coroides f

chortle ['tʃɔːtəl] ◇ n risa f placentera
◇ vi reírse con placer; **to ~ with delight at** or **over sth** reírse con placer de algo

chorus ['kɔːrəs] ◇ n **-1.** (of song) estribillo m; (in opera, cantata) coro m; **we all joined in (on) the ~** cantamos el estribillo todos juntos **-2.** (group of singers) coro m **-3.** THEAT (dancers, singers) coro m ❑ **~ girl** corista f; **~ line** coro m de revista **-4.** (in classical Greek drama) coro m **-5.** (of complaints, groans) coro m; **in ~** a coro; **a ~ of protest** un coro de protestas
◇ vt corear, decir a coro

chorusmaster ['kɔːrəsmɑːstə(r)] n director m de coro

chose pt of **choose**

chosen ['tʃəʊzən] ◇ adj escogido(a), elegido(a); **the ~ few** los pocos elegidos ❑ **the ~ people** el pueblo elegido
◇ pp of **choose**

chough [tʃʌf] n chova f piquirroja

choux pastry ['ʃuː'peɪstrɪ] n pasta f brisa

chow¹ [tʃaʊ], **chow-chow** ['tʃaʊ'tʃaʊ] n (dog) chow-chow m

chow² n Fam (food) papeo m, Esp manduca f, Méx itacate m, RP morfi m
◆ **chow down** vi US Fam liarse a comer or Esp,Ven papear or RP morfar

chowder ['tʃaʊdə(r)] n = crema de pescado o de mariscos

chow mein [tʃaʊ'meɪn] n chow mein m, = plato de la cocina china con verduras y carne o pescado servido con fideos chinos

Christ [kraɪst] n **-1.** (Jesus) Cristo m; **the ~ child** el niño Jesús **-2.** Fam (as oath) **~ (Almighty)!** ¡Dios!; **for ~'s sake** ¡por (el amor de) Dios!; **~ (alone) knows** (I have no idea) sabe Dios, (sólo) Dios sabe

christen ['krɪsən] vt **-1.** (baptize) bautizar; (nickname) bautizar; **he was christened "Bigears"** le pusieron de nombre "Bigears" **-2.** Fam (use for first time) estrenar

Christendom ['krɪsəndəm] n Old-fashioned (people, countries) la cristiandad; **the most beautiful princess in ~** la princesa más bella de la cristiandad

christening ['krɪsənɪŋ] n (baptism) bautizo m

Christian ['krɪstʃən, 'krɪstɪən] ◇ n cristiano(a) m,f
◇ adj cristiano(a); Old-fashioned **that was a very ~ thing to do** ha/has sido muy amable or generoso ❑ **~ democrat** democratacristiano(a) m,f, democristiano(a) m,f; **the ~ era** la era cristiana; **~ name** nombre m de pila; **~ Science** Ciencia f Cristiana; **~ Scientist** = miembro de la Ciencia Cristiana

Christianity [krɪstɪ'ænɪtɪ] n cristianismo m, cristiandad f

Christianize ['krɪstʃənaɪz] vt cristianizar

Christlike ['kraɪstlaɪk] adj **his ~ features** sus rasgos, tan parecidos a los de Cristo; **a ~ sacrifice** un sacrificio como el de Cristo

Christmas ['krɪsməs] n Navidad f, Navidades fpl; **I'm staying with my parents over ~** voy a pasar la Navidad or las Navidades con mis padres; **at ~** en Navidad; **I gave her a new bike for ~** le compré una moto nueva como regalo de Navidad; **Merry** or **Happy ~!** ¡Feliz Navidad! ❑ Br **~ box** (money) aguinaldo m; **~ cactus** cactus m inv de Navidad; **~ cake** = pastel de Navidad a base de frutas; **~ card** tarjeta f de Navidad, Esp crismas m inv; **~ carol** villancico m; **~ club** = en una tienda, cuenta en la que los clientes van poniendo regularmente contribuciones como forma de ahorrar para hacer las compras navideñas; **~ cracker** = cilindro de papel que produce un pequeño estallido al abrirlo estirándolo por los extremos y contiene un regalito de Navidad; **~ Day** día m de Navidad; **~ dinner** comida f de Navidad; **~ Eve** Nochebuena f; **~ flower** flor m de Pascua; **~ hamper** cesta f de Navidad; **~ Island** Isla f de Navidad; **~ present** regalo m de Navidad; **~ pudding** = pudin con pasas y otras frutas típico de Navidad; **~ shoppers** gente f que hace las compras navideñas; **~ stocking** = calcetín que los niños cuelgan de la chimenea para que Papá Noel meta en él los regalos; **~ tree** árbol m de Navidad

Christmassy ['krɪsməsɪ] adj Fam navideño(a)

Christmastide ['krɪsməstaɪd] n Literary Pascua f, Navidad f; **at ~** en Pascua or Navidad

Christology [krɪs'tɒlədʒɪ] n REL cristología f

Christopher ['krɪstəfə(r)] pr n **Saint ~** San Cristóbal; **~ Columbus** Cristóbal Colón

chromatic [krəʊ'mætɪk] adj cromático(a) ❑ MUS **~ scale** escala f cromática

chromatography [krəʊmə'tɒɡrəfɪ] n CHEM cromatografía f

chrome [krəʊm] ◇ n cromo m ❑ **~ yellow** amarillo m cromo
◇ adj cromado(a)
◇ vt cromar

chromium ['krəʊmɪəm] ◇ n CHEM cromo m ❑ ~ **dioxide** dióxido m de cromo; ~ **steel** acero m al cromo
◇ adj de cromo

chromium-plated ['krəʊmɪəm'pleɪtɪd] adj cromado(a)

chromosomal [krəʊmə'səʊməl] adj BIOL cromosómico(a)

chromosome ['krəʊməsəʊm] n BIOL cromosoma m

chromosphere ['krəʊməsfɪə(r)] n ASTRON cromosfera f

chronic ['krɒnɪk] adj **-1.** (invalid, ill-health) crónico(a); ~ **unemployment** desempleo crónico, Esp paro estructural, Am desocupación crónica ❑ MED ~ **fatigue syndrome** encefalomielitis f inv miálgica **-2.** (habitual) (smoker, gambler) empedernido(a) **-3.** Br Fam (very bad) desastroso(a)

chronically ['krɒnɪkəlɪ] adv **-1.** (ill) **to be** ~ **ill** ser un/una enfermo/a crónico(a) **-2.** Fam (very badly) desastrosamente, Esp fatal

chronicle ['krɒnɪkəl] ◇ n crónica f; **the (Book of) Chronicles** el Libro de las Crónicas
◇ vt relatar, escribir la crónica de

chronicler ['krɒnɪklə(r)] n cronista mf

chronological [krɒnə'lɒdʒɪkəl] adj cronológico(a); **in ~ order** por orden cronológico

chronologically [krɒnə'lɒdʒɪkəlɪ] adv cronológicamente

chronology [krə'nɒlədʒɪ] n cronología f

chronometer [krə'nɒmɪtə(r)] n cronómetro m

chrysalis ['krɪsəlɪs], **chrysalid** ['krɪsəlɪd] (pl **chrysalides** [krɪ'sælɪdiːz]) n ZOOL pupa f, crisálida f

chrysanthemum [krɪ'zænθəməm] n crisantemo m

chub [tʃʌb] n cacho m (pez)

chubbiness ['tʃʌbɪnɪs] n gordura f

chubby ['tʃʌbɪ] adj Fam rechoncho(a), regordete, rollizo(a)

chubby-cheeked ['tʃʌbɪ'tʃiːkt] adj Fam mofletudo(a)

chuck[1] [tʃʌk] ◇ n **-1.** (tap) golpecito m; **he gave her a ~ under the chin** le dio un golpecito en la barbilla **-2.** (meat) ~ **(steak)** aguja f (de ternera) ❑ ~ **wagon** = cantina ambulante en un carromato **-3.** IDIOM Br Fam **to give sb the** ~ cortar con alguien, Andes, CAm, Carib botar a alguien
◇ vt **-1.** (tap) dar un golpecito a; **to ~ sb under the chin** darle un golpecito a alguien en la barbilla **-2.** Fam (throw, throw away) tirar, Am botar; ~ **it in the bin** tíralo or bótalo a la papelera; **they chucked him off the bus** lo echaron del autobús **-3.** Fam (finish relationship with) cortar con, Andes, CAm, Carib botar a

◆ **chuck away** vt sep Fam tirar (a la basura), Am botar; Fig (opportunity) desperdiciar

◆ **chuck in** vt sep Br Fam (job, studies) dejar, mandar al diablo or a paseo; **sometimes I feel like chucking it all in** a veces me dan ganas de mandarlo todo al diablo or a paseo; **to ~ one's hand in** (at cards) dejar una mano; Fig (admit defeat) tirar la toalla

◆ **chuck out** vt sep Fam **-1.** (throw away) tirar or Am botar **-2.** (eject from pub, house) echar

◆ **chuck up** vi Fam (vomit) devolver, Esp echar la papilla

chuck[2] [tʃʌk] n TECH (of drill) mandril m, portabrocas m inv

chucker-out [tʃʌkər'aʊt] n Br Fam (in pub, club) gorila m, matón m

chuckle ['tʃʌkəl] ◇ n risita f; **they had a good ~ about** or **over it** se echaron unas risitas comentando el tema
◇ vi reírse por lo bajo; **to ~ to oneself** reír entre dientes

chuff [tʃʌf] vi **the train chuffed up the hill** el tren subió la colina resoplando

chuffed [tʃʌft] adj Br Fam **to be ~ about sth** estar encantado(a) con algo; **I was ~ to bits** estaba contentísimo or loco de contento

chug [tʃʌg] vi (pt & pp **chugged**) (move slowly and steadily) **the train chugged up the hill** el tren resollaba cuesta arriba; Fam **he's still chugging along in the same job** sigue tirando con el mismo trabajo
◇ vt (drink quickly) engullir, tragar
◇ n (noise) resoplido m

◆ **chug down** vt sep Fam (drink quickly) engullir, tragar

chug-a-lug ['tʃʌgə'lʌg] vt US Fam (drink quickly) engullir, tragar

chukka ['tʃʌkə], **chukker** ['tʃʌkə(r)] n SPORT (in polo) tiempo m, periodo m

chum[1] [tʃʌm] n Fam amiguete(a) m,f; **listen, ~, you'd better watch it!** ¡eh, amigo or Esp tío, ya puedes andarte con cuidado!

◆ **chum up** vi Fam hacerse amiguetes; **to ~ up with sb** hacerse amiguete de alguien

chum[2] n US (bait) carnada f

chummy ['tʃʌmɪ] adj Fam **to be ~ with sb** ir de amiguete(a) con alguien; **to get ~ with sb** hacerse muy amiguete de alguien

chump [tʃʌmp] n Fam **-1.** (foolish person) zoquete mf **-2.** Br **to be off one's ~** (mad) faltarle un tornillo a alguien, Esp estar mal de la chaveta or azotea, RP estar del tomate; **to go off one's ~** perder la chaveta, volverse majara **-3.** US Fam ~ **change** (small amount of money) unas monedillas, algo de dinerillo **-4.** Br ~ **chop** chuleta f (con hueso)

chunk [tʃʌŋk] n (of wood, bread, stone) trozo m, pedazo m; (of time, money) cantidad f; **a whole ~ of the budget went on equipment** toda una parte del presupuesto se fue en comprar equipo

chunky ['tʃʌŋkɪ] adj **-1.** Fam (person) (stocky) fortachón(ona), Esp cuadrado(a); (chubby) rechoncho(a), regordete **-2.** (food, stew) con trozos sólidos **-3.** Br (clothing) **a ~ pullover** un suéter or Esp jersey or RP pulóver grueso or gordo **-4.** (jewellery) grueso(a) y pesado(a)

Chunnel ['tʃʌnəl] n Fam **the ~** el Eurotúnel

church [tʃɜːtʃ] n **-1.** (building) iglesia f ❑ ~ **architecture** arquitectura f religiosa; ~ **hall** = sala para actividades parroquiales
-2. (as place of worship) **to go to ~** (Catholic) ir a misa; (Protestant) ir al oficio ❑ ~ **service** oficio m religioso
-3. (institution) **the Church** la Iglesia; **Church and State** la Iglesia y el Estado; **to enter the Church** (as priest) ser ordenado sacerdote; (as nun) meterse a monja ❑ **the ~ calendar** el calendario eclesiástico; **the Church of England** la Iglesia anglicana; **the Church Fathers** los Padres de la Iglesia; **the Church of Rome** la Iglesia de Roma; **the Church of Scotland** la Iglesia de Escocia (presbiteriana); **Church year** año m eclesiástico

---

CHURCH

La anglicana "Church of England" es la Iglesia oficial de Inglaterra; su líder laico es el soberano, su cabeza espiritual el Arzobispo de Canterbury. En cambio, en Escocia la "Church of Scotland" es presbiteriana de tendencia calvinista. Es la iglesia oficial de Escocia desde 1690 y está regida por el "Moderator" que es elegido todos los años por los miembros de la asamblea general de la Iglesia. Los miembros de su clero se llaman "ministers" y no hay obispos dentro de esta jerarquía.

La rama escocesa de la "Church of England" se denomina "Episcopal Church" en Escocia. Fue fundada en el siglo XVI y dispone de un menor número de miembros que la "Church of Scotland". Una tercera iglesia, la "Free Church of Scotland" fue establecida por protestantes escoceses disidentes en el siglo XIX. La rama irlandesa de la "Church of England" se llama "Church of Ireland".

En EE. UU. el estado no es confesional ya que lo prohíbe la primera enmienda de su constitución.

---

churchgoer ['tʃɜːtʃgəʊə(r)] n **to be a ~** ser cristiano(a) practicante

churchgoing ['tʃɜːtʃgəʊɪŋ] REL ◇ adj practicante; **the ~ public** la gente que va a la iglesia
◇ n **there has been a decline in ~** ha habido un descenso en el número de personas que acuden a la iglesia

Churchillian [tʃɜː'tʃɪlɪən] adj típico(a) de Churchill

churchman ['tʃɜːtʃmən] n **-1.** (clergyman) clérigo m **-2.** (layman) laico m, lego m

churchwarden ['tʃɜːtʃ'wɔːdən] n (in Church of England) ≃ sacristán m

churchwoman ['tʃɜːtʃwʊmən] n **-1.** (clergywoman) mujer f sacerdote **-2.** (laywoman) laica f, lega f

churchyard ['tʃɜːtʃjɑːd] n cementerio m (de iglesia), camposanto m (de iglesia)

churl [tʃɜːl] n Literary **don't be such a ~!** ¡no seas tan grosero!

churlish ['tʃɜːlɪʃ] adj grosero(a); **it would be ~ not to acknowledge the invitation** sería una grosería no aceptar la invitación

churlishly ['tʃɜːlɪʃlɪ] adv groseramente

churlishness ['tʃɜːlɪʃnɪs] n grosería f

churn [tʃɜːn] ◇ n **-1.** (for making butter) mantequera f **-2.** Br (for milk) lechera f
◇ vt **-1.** (butter) batir **-2.** (water) agitar; (mud) remover
◇ vi **my stomach's churning** (because of nervousness) tengo un nudo en el estómago

◆ **churn out** vt sep Fam **-1.** (produce rapidly) producir como churros; **he churns out novel after novel** escribe novelas como churros **-2.** (produce mechanically) producir como churros

◆ **churn up** vt sep (water) agitar; (mud) remover; **the propeller churned up the water** la hélice agitaba el agua

chute [ʃuːt] n **-1.** (for parcels, coal) rampa f; **(Br rubbish** or US **garbage)** ~ colector m de basuras **-2.** (in swimming pool, playground) tobogán m ❑ US **chutes and ladders** ≃ el juego de la oca **-3.** Fam (parachute) paracaídas m inv **-4.** IDIOM US **out of the ~** desde el principio

chutney ['tʃʌtnɪ] n = salsa agridulce y picante a base de fruta

chutzpah ['hʊtspə] n Fam descaro m, frescura f

CI [siː'aɪ] n (abbr **counter-intelligence**) contraespionaje m

CIA [siːaɪ'eɪ] n (abbr **Central Intelligence Agency**) CIA f

ciao [tʃaʊ] exclam ¡chao!, Am ¡chau!

ciborium [sɪ'bɔːrɪəm] (pl **ciboria** [sɪ'bɔːrɪə]) n REL (vessel) copón m

cicada [sɪ'kɑːdə] n (insect) cigarra f, chicharra f

cicatrice ['sɪkətrɪs], **cicatrix** ['sɪkətrɪks] (pl **cicatrices** [sɪkə'traɪsiːz]) n cicatriz f

Cicero ['sɪsərəʊ] pr n Cicerón

cicerone [sɪsə'rəʊnɪ] (pl **cicerones** or **ciceroni** [sɪsə'rəʊniː]) n cicerone mf

Ciceronian [sɪsə'rəʊnɪən] adj ciceroniano(a)

CID [siːaɪ'diː] n (abbr **Criminal Investigation Department**) = policía judicial británica

cider ['saɪdə(r)] n **-1.** (alcoholic) sidra f ❑ ~ **apple** manzana f sidrera; ~ **press** lagar m; ~ **vinegar** vinagre m de sidra **-2.** US (non-alcoholic) Esp zumo or Am jugo m de manzana

CIF, cif [siːaɪ'ef] n (abbr **cost, insurance and freight**) CIF m, costo m or Esp coste m, seguro m y flete

cig [sɪg] n Br Fam pitillo m, Am pucho m

cigar [sɪ'gɑː(r)] n (cigarro m) puro m ❑ ~ **band** vitola f; ~ **butt** colilla f de puro, CAm yegua f, CAm, Ven chinga f; ~ **case** cigarrera f; ~ **cutter** cortacigarros m inv, cortapuros m inv; US ~ **store** ≃ estanco m

cigarette [sɪgə'ret] n cigarrillo m; **have you got any cigarettes?** ¿tienes cigarrillos or tabaco? ❑ ~ **ash** ceniza f (de cigarrillo); ~ **butt** colilla f, Am pucho m; ~ **card** = pequeño cromo que solía venir en algunos paquetes de cigarrillos; ~ **case** pitillera f, petaca f; ~ **end** colilla f, Am pucho m; ~ **holder** boquilla f; ~ **lighter** encendedor m, Esp mechero m; ~ **machine** (vending machine) máquina f (expendedora) de tabaco; (for rolling cigarettes) máquina f de liar tabaco; **~ pack** or **packet** paquete m de cigarrillos or de tabaco, RP atado m; **~ paper** papel m de fumar, Andes mortaja f; **~ stub** colilla f, Am pucho m

cigarillo [sɪgəˈrɪləʊ] (pl **cigarillos**) n purito m

ciggy [ˈsɪgɪ] n Br Fam pitillo m, Am pucho m

ciguatera [sɪgwəˈterə]' n US = intoxicación alimentaria producida por el consumo de pescado coralino en el que se ha acumulado una sustancia tóxica

cilantro [sɪˈlæntrəʊ] n US cilantro m

C-in-C [siːɪnˈsiː] n MIL (abbr **Commander-in-Chief**) comandante m en jefe

cinch [sɪntʃ] ◇ n -1. Fam **it's a ~** (easy task) es pan comido; (certain) es cosa hecha or segura, es fijo -2. US (for saddle) cincha f
◇ vt -1. Fam (win easily) llevarse algo de calle -2. US (horse) cinchar

cinchona [sɪŋˈkəʊnə] n (tree) quino m

cinder [ˈsɪndə(r)] n **cinders** (from fire, volcano) cenizas fpl; (from furnace) escoria f; IDIOM **burnt to a ~** completamente carbonizado(a) ❏ **~ track** pista f de ceniza

cinderblock [ˈsɪndəblɒk] n US bloque m de cemento ligero

Cinderella [sɪndəˈrelə], Fam **Cinders** [ˈsɪndəz] n Cenicienta f

cine [ˈsɪnɪ] n Br **~ camera** (professional) cámara f cinematográfica or Am (amateur) tomavistas m inv; **~ film** película f; **~ projector** proyector m de cine

cineaste [ˈsɪnɪæst] n cinéfilo(a) m,f

cinema [ˈsɪnəmə] n -1. Br (building) cine m; **to go to the ~** ir al cine; **there's nothing on at the ~** no ponen nada en el cine; **at a ~ near you from Friday** en todos los cines desde el viernes ❏ **~ screen** pantalla f de cine -2. (art) cine m; **Spanish ~** el cine español

cinema-goer [ˈsɪnəməgəʊə(r)] n Br **these scenes shocked many cinema-goers** estas escenas sacudieron a muchos espectadores; **as regular cinema-goers will know...** como los asiduos or aficionados al cine ya sabrán...; **she's not a regular ~** no va al cine con regularidad

cinema-going [ˈsɪnəməgəʊɪŋ] Br ◇ adj **the ~ public** los cinéfilos
◇ n **there has been an increase in ~** ha aumentado la asistencia a los cines

Cinemascope® [ˈsɪnəməskəʊp] n cinemascope® m

cinematic [sɪnɪˈmætɪk] adj cinematográfico(a)

cinematographer [sɪnəməˈtɒɡrəfə(r)] n director(ora) m,f de fotografía, operador(ora) m,f de cine

cinematography [sɪnəməˈtɒɡrəfɪ] n fotografía f

cinephile [ˈsɪnɪfaɪl] n cinéfilo(a) m,f

Cinerama® [sɪnəˈrɑːmə] n cinerama® m

cinnabar [ˈsɪnəbɑː(r)] n cinabrio m

cinnamon [ˈsɪnəmən] n -1. (spice) canela f; **a ~ bun** un bollo con canela ❏ **~ stick** palito m de canela en rama -2. (tree) canelo m

cipher, cypher [ˈsaɪfə(r)] n -1. (code) clave f, cifra f; **written in ~** cifrado(a), codificado(a) ❏ **~ text** cifrado -2. (monogram) cifra f, monograma f -3. (nonentity) **he's a mere ~** es un don nadie

circa [ˈsɜːkə] prep hacia; **~ 820 AD** hacia el año 820 d.C.

circadian [sɜːˈkeɪdɪən] adj BIOL circadiano(a) ❏ **~ rhythm** ritmo m circadiano

Circe [ˈsɜːsɪ] n MYTHOL Circe

circle [ˈsɜːkəl] ◇ n -1. (shape) círculo m; **to sit in a ~** sentarse en círculo; **we stood in a ~ around him** nos pusimos en círculo alrededor suyo; IDIOM **we're going round in circles** estamos dándole vueltas a lo mismo; IDIOM **to come full ~** volver al punto de partida
-2. (under eyes) ojera f; **she had dark circles under her eyes** tenía ojeras
-3. (in theatre) anfiteatro m; **lower/upper ~** primer/segundo anfiteatro
-4. (group) círculo m; **~ of friends** círculo de amistades; **in artistic/political circles** en los círculos artísticos/políticos; **in certain circles** en determinados círculos
-5. (in discus, shot, hammer) área f or círculo m de lanzamiento
◇ vt -1. (draw circle round) rodear con un círculo -2. (go round) girar en torno de -3. (surround) rodear -4. IDIOM US **to ~ the wagons** preparar la defensa
◇ vi (plane, birds) volar en círculo, hacer círculos; **the plane circled overhead** el avión sobrevolaba en círculo

circlet [ˈsɜːklɪt] n (on head) diadema f (corona)

circuit [ˈsɜːkɪt] n -1. (electric) circuito m ❏ **~ board** placa f base; **~ breaker** cortacircuitos m inv
-2. (journey around) circuito m; **we made a ~ of the grounds** hicimos un recorrido por los terrenos; **the Earth's ~ around the Sun** la órbita de la Tierra alrededor del Sol; **he did two circuits of the track** dio dos vueltas a la pista
-3. (series of venues) (for comedian, singer, sportsperson) circuito m; **she's been on the ~ for a long time** lleva mucho tiempo en el circuito ❏ **~ judge** juez mf de distrito, ≃ juez mf de la audiencia provincial
-4. (motor-racing track) circuito m ❏ **~ training** circuitos mpl (de entrenamiento)

circuitous [səˈkjuːɪtəs] adj -1. (route) **we got there by a ~ route** dimos muchos rodeos para llegar -2. (argument, reasoning) enrevesado(a)

circuitry [ˈsɜːkɪtrɪ] n -1. COMPTR circuitería f -2. ELEC sistema m de circuitos

circular [ˈsɜːkjʊlə(r)] ◇ n (letter, advertisement) circular f
◇ adj -1. (movement, shape) circular ❏ COMPTR **~ reference** referencia f circular; **~ saw** sierra f circular -2. (for general distribution) **a ~ letter** or **memo** una circular -3. (argument, reasoning) circular

circularity [sɜːkjʊˈlærətɪ] n -1. (of movement, shape) forma f circular -2. (of argument, reasoning) carácter m circular

circularize [ˈsɜːkjʊləraɪz] vt mandar circulares a; **all our branches have been circularized with the information** se han enviado circulares con la información a todas nuestras delegaciones

circulate [ˈsɜːkjʊleɪt] ◇ vt (document) hacer circular; **please ~ the minutes of this morning's meeting** por favor pasen una circular con or distribuyan copias de las actas de la reunión de esta mañana
◇ vi -1. (blood, traffic) circular; (money) circular -2. (at party) alternar

circulating library [ˈsɜːkjʊleɪtɪŋˈlaɪbrərɪ] n US biblioteca f (de la que se pueden sacar libros)

circulation [sɜːkjʊˈleɪʃən] n -1. (of air, blood, money) circulación f; **for internal ~ only** (on document) para uso interno solamente; **to be in ~** (money) estar en circulación; Fig **to be out of ~** (person) estar fuera de la circulación; **notes in ~** papel moneda en circulación
-2. MED circulación f, riego m sanguíneo; **to have good/poor ~** tener buena/mala circulación
-3. (of newspaper, magazine) difusión f; **it has a ~ of about 20,000** tiene una difusión de aproximadamente 20.000 ejemplares

circulatory [sɜːkjʊˈleɪtərɪ] adj ANAT circulatorio(a) ❏ **~ system** sistema m circulatorio

circumcise [ˈsɜːkəmsaɪz] vt circuncidar

circumcised [ˈsɜːkəmsaɪzd] adj circunciso(a)

circumcision [sɜːkəmˈsɪʒən] n circuncisión f; **female ~** ablación del clítoris

circumference [səˈkʌmfərəns] n circunferencia f

circumflex [ˈsɜːkəmfleks] ◇ n acento m circunflejo
◇ adj **~ accent** acento m circunflejo

circumlocution [sɜːkəmləˈkjuːʃən] n Formal circunlocución f, circunloquio m

circumlocutory [sɜːkəmˈlɒkjʊtərɪ] adj Formal lleno(a) de circunlocuciones or circunloquios

circumnavigate [sɜːkəmˈnævɪgeɪt] vt circunnavegar

circumnavigation [sɜːkəmnævɪˈgeɪʃən] n circunnavegación f

circumscribe [ˈsɜːkəmskraɪb] vt -1. (limit) restringir, circunscribir -2. GEOM circunscribir

circumspect [ˈsɜːkəmspekt] adj Formal circunspecto(a), Esp comedido(a)

circumspection [sɜːkəmˈspekʃən] n Formal circunspección f

circumstance [ˈsɜːkəmstæns] n -1. (situation) circunstancia f; **you have to take into account the circumstances they lived in** hay que tener en cuenta las circunstancias en las que vivían; **in** or **under the circumstances** dadas las circunstancias; **in** or **under normal circumstances** en circunstancias normales; **in** or **under no circumstances** en ningún caso; **due to circumstances beyond our control** debido a circunstancias ajenas a nuestra voluntad
-2. (fate) las circunstancias; **she was a victim of ~** fue víctima de las circunstancias
-3. Formal (financial situation) **circumstances** situación f económica, posición f; **to live in reduced circumstances** haber venido a menos

circumstantial [sɜːkəmˈstænʃəl] adj -1. LAW **~ evidence** pruebas indiciarias or de indicios -2. Formal (description, report) detallado(a)

circumstantiate [sɜːkəmˈstænʃɪeɪt] vt Formal corroborar (con datos)

circumvent [sɜːkəmˈvent] vt Formal (law, rule) burlar

circumvention [sɜːkəmˈvenʃən] n Formal (of law, rule) **the ~ of a rule** el burlar una norma

circus [ˈsɜːkəs] n -1. (show) circo m; **a ~ clown/performer** un payaso/un artista de circo -2. Br (roundabout) rotonda f, Esp glorieta f

cirrhosis [sɪˈrəʊsɪs] n MED cirrosis f inv; **~ of the liver** cirrosis hepática

cirri pl of **cirrus**

cirrocumulus [sɪrəʊˈkjuːmjʊləs] (pl **cirrocumuli** [sɪrəʊˈkjuːmjʊlaɪ]) n MET cirrocúmulo m

cirrostratus [sɪrəʊˈstrɑːtəs] (pl **cirrostrati** [sɪrəʊˈstrɑːtaɪ]) n MET cirroestrato m

cirrus [ˈsɪrəs] (pl **cirri** [ˈsɪraɪ]) n MET cirro m

CIS [siːaɪˈes] n (abbr **Commonwealth of Independent States**) CEI f

cissy [ˈsɪsɪ] n Br Fam (weak male) blandengue m, llorica m; (effeminate male) mariquita m

Cistercian [sɪˈstɜːʃən] ◇ n cisterciense nmf
◇ adj cisterciense

cistern [ˈsɪstən] n (water tank) cisterna f; (for lavatory) cisterna f

citadel [ˈsɪtədel] n ciudadela f

citation [saɪˈteɪʃən] n -1. (from author) cita f -2. MIL mención f (de honor)

cite [saɪt] vt -1. (quote) citar; **he cited it as an example** lo citó como ejemplo -2. (commend) **she was cited for bravery** fue elogiada por su valor -3. LAW citar; **they were cited to appear as witnesses** fueron citados para comparecer como testigos

citizen [ˈsɪtɪzən] n -1. (of nation, state) ciudadano(a) m,f; **to become a Spanish ~** obtener la nacionalidad española; **a ~ of the world** un ciudadano del mundo ❏ Br **Citizen's Advice Bureau** = oficina de asesoría para los ciudadanos, Esp ≃ OCU f; Br **Citizens' Charter** = iniciativa gubernamental introducida en 1991 para garantizar servicios públicos de una mínima calidad
-2. (of town) ciudadano(a) m,f; **the citizens of the town** los habitantes de la ciudad
-3. (civilian) civil mf ❏ **~'s arrest** detención realizada por un civil; **Citizens' Band (Radio)** (radio f de) banda f ciudadana or de radioaficionados

citizenry [ˈsɪtɪzənrɪ] n (of town, nation) ciudadanía f, ciudadanos mpl

citizenship [ˈsɪtɪzənʃɪp] n ciudadanía f

citrate [ˈsɪtreɪt] n CHEM citrato m

citric acid [ˈsɪtrɪkˈæsɪd] n CHEM ácido m cítrico

citril finch [ˈsɪtrɪlˈfɪntʃ] n verderón m serrano

citron [ˈsɪtrən] n -1. (fruit) cidra f -2. (tree) cidro m

citrus fruit [ˈsɪtrəsˈfruːt] n cítrico m; **they grow ~** cultivan cítricos

city ['sɪtɪ] n **-1.** (large town) ciudad f; **life in the ~, ~ life** la vida en la ciudad; US Fam **a ~ cop** un poli urbano ❑ **~ bus** autobús m urbano; **~ break** (holiday) = vacaciones de corta duración para visitar una ciudad; **~ centre** centro m de la ciudad; JOURN **~ desk** sección f de economía; JOURN **~ editor** Br redactor(ora) m,f jefe de economía; US redactor(ora) m,f de local; **~ fathers** (council) gobierno m municipal, consistorio m; Br **City and Guilds** (qualification) = certificado de formación profesional; (exam) = examen para conseguir el título "City and Guilds"; US **~ hall** ayuntamiento m; US **~ manager** = gestor contratado por un ayuntamiento para encargarse de la gestión municipal; **~ planner** urbanista mf; **~ planning** urbanismo m; Pej **~ slicker** urbanita mf presuntuoso(a); Br **~ technology college** = centro de formación profesional ubicado normalmente en una zona deprimida de la ciudad y con financiación empresarial
-2. Br **the City** la City (de Londres), = el barrio financiero y bursátil de Londres

city-dweller ['sɪtɪdwelə(r)] n habitante mf de ciudad, urbanita mf

cityscape ['sɪtɪskeɪp] n paisaje m urbano

city-state ['sɪtɪ'steɪt] n ciudad-estado f

civet ['sɪvət] n **-1.** (animal) **~ (cat)** civeta f **-2.** (secretion) civeto m

civic ['sɪvɪk] adj cívico(a); **to do one's ~ duty** cumplir con la obligación de uno como ciudadano ❑ **~ centre** = area o complejo que acoge las oficinas administrativas de la ciudad

civics ['sɪvɪks] n (subject) educación f cívica

civil ['sɪvəl] adj **-1.** (of society) civil ❑ **~ aviation** aviación f civil; **~ defence** protección f civil; **~ disobedience** desobediencia f civil; **~ disturbance** desorden m público; **~ engineer** ingeniero(a) m,f civil, ingeniero(a) m,f de caminos, canales y puertos; **~ engineering** ingeniería f civil; **~ law** derecho m civil; LAW **~ liability** responsabilidad f civil; **~ liberty** libertad f individual or civil; **~ list** = presupuesto anual concedido por el parlamento a la corona británica; LAW **~ marriage** matrimonio m civil; LAW **~ rights** derechos mpl civiles; **~ servant** funcionario(a) m,f; **the ~ service** la administración (pública), el funcionariado; **~ society** la sociedad civil; **~ war** guerra f civil; **the Civil War** (American) la Guerra de Secesión (americana); (Spanish) la Guerra Civil (española)
-2. (polite) cortés; **that's very ~ of you!** ¡qué amable de tu parte!; **keep a ~ tongue in your head!** ¡ten cuidado con el lenguaje que utilizas!

CIVIL RIGHTS MOVEMENT

Se refiere a la campaña por la equiparación de derechos entre negros y blancos en EE.UU. durante la década de los 50 y 60. El movimiento se originó en los estados sureños como forma de protesta organizada contra la segregación en autobuses y escuelas, tan habitual en aquella época, y encontró en Martin Luther King a un líder carismático que encabezó en Washington la multitudinaria marcha pro derechos civiles de 1963.
El movimiento forzó cambios significativos en la legislación estadounidense, incluyendo la ley de Derechos Civiles de 1964 y la ley del Derecho al Voto de 1963, así como la promoción de la igualdad de oportunidades en la contratación laboral mediante, por ejemplo, la discriminación positiva.

civilian [sɪ'vɪljən] ⬦ n civil mf
⬦ adj civil; **in** or **wearing ~ clothes** de paisano

civility [sɪ'vɪlɪtɪ] n **-1.** (quality) cortesía f **-2.** (act) cumplido m

civilization [sɪvɪlaɪ'zeɪʃən] n civilización f

civilize ['sɪvɪlaɪz] vt civilizar

civilized ['sɪvɪlaɪzd] adj (society, behaviour) civilizado(a); **they have real coffee in their office – very ~!** tienen café auténtico en la oficina – ¡qué refinados!

civilly ['sɪvəlɪ] adv con civilidad or cortesía

civvy ['sɪvɪ] n Fam **civvies** (clothes) ropa f de paisano ❑ Br **~ street** vida f de civil or de paisano

CJD [siːdʒeɪ'diː] n (abbr **Creutzfeldt-Jakob disease**) enfermedad f de Creutzfeldt-Jakob

cl (abbr **centilitre(s)**) cl

clack [klæk] ⬦ n (sound) golpeteo m
⬦ vi golpetear; **their friendship set tongues clacking** su amistad dio mucho que hablar

clad [klæd] ⬦ adj ataviado(a) (**in** de); **~ in rags** andrajoso(a)
⬦ pt & pp of **clothe**
⬦ vt TECH (building) revestir

cladding ['klædɪŋ] n TECH (on building) revestimiento m

claim [kleɪm] ⬦ n **-1.** (for damages, compensation) reclamación f (**for** de); **to make** or **put in a ~** hacer or presentar una reclamación; **to lay ~ to sth** reivindicar (la posesión de) algo; **I have many claims on my time** estoy muy ocupado; **he has a ~ to the throne of France** tiene derechos sobre el trono de Francia; **his only ~ to fame** su único título de gloria
-2. (in insurance) reclamación f; **to make a ~ on insurance** dar parte al seguro; **the company pays 65 percent of all claims** la empresa paga el 65 por ciento de las reclamaciones ❑ **claims assessor** perito(a) m,f tasador(ora) de seguros; **~ form** (for insurance) (after theft, fire, holiday cancellation) formulario m de reclamación; (after car accident) parte m de accidente
-3. (assertion) afirmación f; **she makes no ~ to originality** no pretende ser original; **~ and counter-claim** réplica y contrarréplica
-4. (piece of land) terreno m, explotación f
⬦ vt **-1.** (as a right) reclamar; **to ~ compensation/damages (from sb)** reclamar (a alguien) una compensación/daños y perjuicios; **he claimed all the credit** reivindicar todo el mérito; **these images instantly ~ our attention** estas imágenes nos llamaron la atención inmediatamente; **to ~ a prize** hacerse con un premio; **to ~ responsibility for sth** atribuirse la responsabilidad de algo
-2. (assert) **to ~ that...** afirmar que...; **it is claimed that...** dicen que...; **he claims to be an expert** asegura ser un experto; **I can't ~ to be a close friend** no puedo pretender que soy un amigo íntimo
-3. (assert ownership of) (baggage) recoger; (lost property) reclamar; **the epidemic claimed thousands of lives** la epidemia segó miles de vidas
⬦ vi **to ~ for** or **on sth** (insurance) reclamar algo

◆ **claim back** vt sep (expenses, cost) reclamar; **~ the money back if they don't agree to change it** si no te lo quieren cambiar pide que te devuelvan el dinero

claimant ['kleɪmənt] n **-1.** (to throne) aspirante mf, pretendiente mf **-2.** (for social security) solicitante mf; (for insurance) reclamante mf

clairvoyance [kleə'vɔɪəns] n clarividencia f

clairvoyant [kleə'vɔɪənt] ⬦ n vidente mf
⬦ adj **to be ~** ser clarividente

clam [klæm] n **-1.** (shellfish) almeja f; IDIOM **to shut up like a ~** no decir esta boca es mía ❑ **~ chowder** sopa f de almejas **-2.** US Fam (dollar) dólar m

◆ **clam up** (pt & pp **clammed**) vi Fam no decir esta boca es mía or ni mú

clambake ['klæmbeɪk] n US **-1.** (picnic) = picnic en la playa en el que se preparan almejas **-2.** (party) fiesta f

clamber ['klæmbə(r)] vi trepar (**up** or **over** por)

clammy ['klæmɪ] adj (weather, walls) húmedo(a); **his hands were ~** tenía las manos húmedas y frías

clamor US = **clamour**

clamorous ['klæmərəs] adj **-1.** (crowd) vociferante **-2.** (protest, complaint) vehemente

clamour, US **clamor** ['klæmə(r)] ⬦ n **-1.** (noise) griterío m, clamor m **-2.** (demands) demandas fpl (**for** de); (protest) protestas fpl; **a ~ of protest** una oleada de protestas
⬦ vi (make noise) clamar; **clamar por algo**; **the children clamoured to go out** los niños pedían salir a gritos

clamp [klæmp] ⬦ n **-1.** (of vice) mordaza f, abrazadera f **-2.** MED pinza f quirúrgica, clamp m **-3.** (wheel) **~** (for car) cepo m **-4.** Br (for potatoes) = montón formado por patatas cultivadas y cubierto con paja y tierra para protegerlo de los rigores del invierno
⬦ vt **-1.** (fasten) sujetar (**to** a) **-2.** (car) poner un cepo a **-3.** (curfew, restrictions) imponer; **the authorities clamped a curfew on the town** las autoridades impusieron el toque de queda en la ciudad

◆ **clamp down on** vt insep Fam (people, tax evasion, violence) tomar medidas contundentes contra; **to ~ down on inflation** tomar medidas contundentes contra la inflación, poner coto a la inflación

clampdown ['klæmpdaʊn] n Fam medidas fpl contundentes (**on** contra); **there has been a ~ on credit** ha habido una reducción drástica de los créditos

clamworm ['klæmwɜːm] n US = gusano utilizado como cebo

clan [klæn] n clan m

clandestine [klæn'destɪn] adj clandestino(a)

clandestinely [klæn'destɪnlɪ] adv clandestinamente, de forma clandestina

clang [klæŋ] ⬦ n ruido m metálico, estrépito m
⬦ vi (bell) repicar; **the gate clanged shut** la verja se cerró con gran estrépito

clanger ['klæŋə(r)] n Br Fam metedura f or Am metida f de pata, patinazo m; IDIOM **to drop a ~** meter la pata

clangour, US **clangor** ['klæŋə(r)] n Formal ruido m metálico; **the ~ of the bells was driving him mad** el repicar de las campanas lo estaba volviendo loco

clank ['klæŋk] ⬦ n sonido m metálico
⬦ vt hacer ruido con
⬦ vi **the chains clanked** las cadenas produjeron un sonido metálico

clannish ['klænɪʃ] adj Pej (group, person) exclusivista, cerrado(a)

clansman ['klænzmən] n miembro m de un clan

clanswoman ['klænzwʊmən] n miembra f de un clan

clap [klæp] ⬦ n **-1.** (with hands) aplauso m; **to give sb a ~** (applaud) aplaudir a alguien **-2.** (pat) palmada f **-3.** (noise) **a ~ of thunder** el estampido de un trueno **-4.** very Fam (venereal disease) **the ~** gonorrea f; **to have (a dose of) the ~** haber agarrado or Esp pillado la gonorrea
⬦ vt (pt & pp **clapped**) **-1.** (applaud) aplaudir; **to ~ one's hands** (to applaud) aplaudir; (to mark attention, rhythm) dar palmadas
-2. (pat, slap) **to ~ sb on the back** dar a alguien una palmada en la espalda
-3. (put) **he clapped his hat on** se encasquetó el sombrero; Fam **to ~ sb in prison** Esp enchironar a alguien, meter Méx en el bote or RP en cana a alguien; Fam **to ~ eyes on sth/sb** ver algo/a alguien; **the minute she clapped eyes on him** en el momento en que lo vio or le echó el ojo
⬦ vi (applaud) aplaudir; (to get attention, to mark rhythm) dar palmadas

clapboard ['klæpbɔːd] n tablón m (de madera); **a ~ house** una casa de tablones de madera

Clapham ['klæpəm] n IDIOM Br **the man on the ~ omnibus** el hombre de la calle

clapometer [klæ'pɒmɪtə(r)] n = aparato utilizado en concursos televisivos para medir la intensidad de los aplausos de la audiencia

clapped-out [klæpt'aʊt] *adj Br Fam (person)* rendido(a), hecho(a) polvo; *(car, machine)* destartalado(a), *Esp* cascado(a), *Méx* jodido(a); **to be ~** estar destartalado(a) *or Esp* cascado(a) *or Méx* jodido(a)

clapper ['klæpə(r)] *n* **-1.** *(of bell)* badajo *m* **-2.** *Br Fam* **to run/work like the clappers** correr/trabajar como un condenado(a)

clapperboard ['klæpəbɔːd] *n* CIN claqueta *f*

clapping ['klæpɪŋ] *n (applause)* aplausos *mpl*

claptrap ['klæptræp] *n Fam* majaderías *fpl*, *Am* huevadas *fpl*, *Am* pendejadas *fpl*

claque [klæk] *n* **-1.** THEAT *(for applause)* claque *m* **-2.** *(group of admirers)* claque *m*

claret ['klærət] ◇ *n (wine, colour)* burdeos *m inv*
◇ *adj (colour)* burdeos

clarification [klærɪfɪ'keɪʃən] *n (explanation)* aclaración *f*; **to ask for ~** pedir una aclaración

clarify ['klærɪfaɪ] ◇ *vt* **-1.** *(explain)* aclarar; **to ~ sb's mind on sth** aclarar algo a alguien **-2.** *(butter)* clarificar
◇ *vi* **-1.** *(matter, situation)* aclararse **-2.** *(butter)* clarificarse

clarinet [klærɪ'net] *n* clarinete *m*

clarinettist [klærɪ'netɪst] *n* clarinetista *mf*

clarion ['klærɪən] *n* HIST clarín *m*; *Fig* **a ~ call** una llamada inequívoca

clarity ['klærɪtɪ] *n* **-1.** *(of explanation, text, style)* claridad *f*; **~ of mind** claridad de ideas **-2.** *(of liquid)* claridad *f* **-3.** *(of sound, image)* claridad *f*

clash [klæʃ] ◇ *n* **-1.** *(conflict) (of interests)* conflicto *m*; *(of opinions)* discrepancia *f*; *(of ideas)* confrontación *f*; **he was wearing green trousers and a pink sweater – what a terrible ~!** llevaba pantalones verdes y un suéter rosa – ¡qué combinación tan horrible!
-2. *(between people, troops)* enfrentamiento *m*, choque *m*; **there have been clashes in the streets** ha habido enfrentamientos callejeros
-3. *(of events, appointments)* coincidencia *f*; **there's a ~ in my diary on Friday, could we move our meeting to Monday?** el viernes tengo algo a la misma hora, ¿podríamos cambiar la reunión al lunes?
-4. *(of metal objects)* **the ~ of swords/cymbals** el sonido del choque de las espadas/los platillos
-5. SPORT *(between teams)* choque *m*
◇ *vi* **-1.** *(be incompatible) (evidence, explanations)* contradecirse; *(interests)* entrar en conflicto; *(colours, designs)* no pegar, desentonar; **the wallpaper clashes with the carpet** el papel no pega con la *Esp* moqueta *or Am* alfombra; **that shirt clashes with your trousers** esa camisa desentona *or* no pega con los pantalones
-2. *(come into conflict)* enfrentarse (**with** con *or* a); **police clashed with protesters** la policía se enfrentó con *or* a los manifestantes, hubo enfrentamientos entre la policía y los manifestantes
-3. *(appointments, events)* **to ~ with** coincidir con
-4. *(metal objects)* entrechocarse
◇ *vt (metallic objects)* entrechocar

clasp [klɑːsp] ◇ *n* **-1.** *(on necklace, handbag)* broche *m*, cierre *m* ❑ **~ knife** navaja *f* **-2.** *(hold)* **a hand ~** un apretón de manos
◇ *vt (grip)* agarrar; *(embrace)* estrechar; **to ~ sb in one's arms** estrechar a alguien entre los brazos; **to clasp sth to one's breast** estrechar algo contra el pecho; **to ~ sb's hand** agarrar a alguien de la mano

class [klɑːs] ◇ *n* **-1.** *(social group)* clase *f* ❑ **~ struggle** lucha *f* de clases; **~ system** sistema *m* de clases; **~ war** guerra *f* de clase
-2. *(lesson)* clase *f*; **I've got a history ~ now** ahora tengo clase de historia; **she's taking classes in mathematics** está haciendo un curso de matemáticas; **before/after ~** antes/después de clase
-3. *(group of students)* clase *f*; **she's in my ~ for French** está en mi clase de francés; **the ~ of '91** la promoción del '91
-4. *(category)* clase *f*; *Fig* **to be in a ~ of one's own** constituir una clase aparte
-5. *(in transport)* clase *f*; **first/second ~** primera/segunda clase
-6. *(stylishness)* clase *f*; **to have a lot of ~** tener mucha clase
-7. US LAW **~ action (suit)** = acción civil ejercida conjuntamente por varios afectados en representación propia y de terceros
◇ *vt (classify)* catalogar (**as** como)
◇ *adj Fam (excellent)* **a ~ hi-fi** un equipo de alta fidelidad de categoría; **to be a ~ act** *(person)* tener un toque de distinción

class-conscious ['klɑːs'kɒnʃəs] *adj Pej* clasista
class-consciousness ['klɑːs'kɒnʃəsnɪs] *n* conciencia *f* de clase

classic ['klæsɪk] ◇ *n* **-1.** *(book, movie)* clásico *m* **-2.** SCH & UNIV **classics** *(lenguas fpl)* clásicas *fpl* **-3.** *Fam* **it was a ~!** *Esp* ¡fue la pera *or* la monda!, *Méx* ¡estuvo padrísimo!, *RP* ¡fue de lo mejor! **-4.** SPORT *(prueba f)* clásica *f*
◇ *adj* **-1.** *(outstanding)* clásico(a) **-2.** *(typical, representative)* **a ~ example** un ejemplo típico **-3.** *(traditional)* clásico(a) ❑ **~ car** automóvil *m* de época *(especialmente de entre 1925 y 1942)* **-4.** *Fam* **it was ~!** *Esp* ¡fue la pera *or* la monda!, *Méx* ¡estuvo padrísimo!, *RP* ¡fue de lo mejor!

classical ['klæsɪkəl] *adj* **-1.** *(traditional)* clásico(a) ❑ **~ ballet** danza *f* clásica; **~ music** música *f* clásica **-2.** *(of ancient Greece, Rome)* clásico(a); **Classical Latin/Greek** latín/griego clásico(a); **in ~ times** en tiempos de los clásicos

classically ['klæsɪkəlɪ] *adv (trained, educated)* a la manera clásica; **she's not ~ beautiful, but she's very attractive** no es bella a la manera clásica, pero es muy atractiva

classicism ['klæsɪsɪzəm] *n* clasicismo *m*

classicist ['klæsɪsɪst] *n* estudiante *mf* de clásicas

classifiable ['klæsɪfaɪəbəl] *adj* **most of her work is ~ as fiction** la mayor parte de su obra se puede clasificar como ficción; **his work is not easily ~** su obra es difícil de clasificar

classification [klæsɪfɪ'keɪʃən] *n* **-1.** *(action)* clasificación *f* **-2.** *(category)* clasificación *f* **-3.** *Br (of movies)* clasificación *f*

classified ['klæsɪfaɪd] ◇ *adj* **-1.** **~ advertisements** *or* **ads** *(in newspaper)* anuncios *mpl* por palabras, anuncios *mpl* breves **-2.** *(secret)* reservado(a), confidencial
◇ *n* **the classifieds** *(in newspaper)* los anuncios por palabras, los anuncios breves

classify ['klæsɪfaɪ] *vt* **-1.** *(categorize)* clasificar **-2.** *(documents, information)* clasificar como secreto **-3.** *Br (movie)* clasificar

classless ['klɑːslɪs] *adj (society)* sin clases, sin barreras sociales; *(accent)* desclasado(a)

classmate ['klɑːsmeɪt] *n* compañero(a) *m,f* de clase

classroom ['klɑːsruːm, 'klɑːsrʊm] *n* aula *f*, clase *f*

classwork ['klɑːswɜːk] *n* trabajo *m* de clase

classy ['klɑːsɪ] *adj Fam* con clase, elegante

clatter ['klætə(r)] ◇ *n* ruido *m*, estrépito *m*; **he sat down with a ~** se sentó con gran estrépito
◇ *vt* **they clattered the bins noisily as they emptied them** armaron un gran estrépito con las papeleras mientras las vaciaban
◇ *vi (typewriter)* repiquetear; **the bin clattered down the stairs** el balde rodó escaleras abajo con estrépito; **he clattered up the stairs** subió las escaleras con estrépito; **to ~ about** *(person)* trastear, trapalear

Claudius ['klɔːdɪəs] *pr n (emperor)* Claudio

clausal ['klɔːzəl] *adj* GRAM oracional

clause [klɔːz] *n* **-1.** *(of contract, treaty, law)* cláusula *f* ❑ *Formerly* **Clause 4** = cláusula en la constitución del Partido Laborista británico por la que el partido se comprometía a la defensa de la empresa pública **-2.** *(of sentence)* oración *f* (simple), cláusula *f*

claustrophobia [klɔːstrə'fəʊbɪə] *n* claustrofobia *f*

claustrophobic [klɔːstrə'fəʊbɪk] *adj* claustrofóbico(a)

clavichord ['klævɪkɔːd] *n* MUS clavicordio *m*

clavicle ['klævɪkəl] *n* ANAT clavícula *f*

claw [klɔː] ◇ *n* **-1.** *(of animal, bird)* garra *f*; *(of crab, lobster)* pinza *f*; *also Fig* **to show one's claws** mostrar las garras; IDIOM *Fam* **to get one's claws into sb** echarle el guante a alguien, *Am* pescar a alguien **-2.** *(of hammer)* oreja *f* ❑ **~ hammer** martillo *m* de carpintero *or* de oreja
◇ *vt (scratch)* arañar; *Fig* **to ~ one's way to the top** lograr abrirse paso hasta la cima del éxito
◇ *vi* **to ~ at sth/sb** arañar algo/a alguien
◆ **claw back** *vt* **-1.** *(money)* recobrar, recuperar **-2.** *(regain)* **she clawed her way back into the lead** recuperó el liderato

clawback ['klɔːbæk] *n (sum)* reembolso *m*, devolución *f*

clay [kleɪ] *n* **-1.** *(material)* arcilla *f* ❑ **~ pipe** pipa *f* de cerámica **-2.** SPORT **on ~** en tierra batida ❑ **~ court** *(for tennis)* pista *f* de tierra batida; **~ pigeon** plato *m*; **~ pigeon shooting** tiro *m* al plato

clayey ['kleɪɪ] *adj* arcilloso(a)

claymation [kleɪ'meɪʃən] *n* CIN & TV animación *f* con plastilina

clean [kliːn] ◇ *adj* **-1.** *(not dirty)* limpio(a); *(air)* puro(a); **are your hands ~?** ¿tienes las manos limpias?; **wipe the bath ~** limpia la bañera; **he keeps his home very ~** tiene su casa muy limpia; **~ drinking water** agua potable; **a ~ fuel/technology** *(non-polluting)* un combustible/una tecnología no contaminante
-2. *(unmarked)* **a ~ piece of paper** una hoja (de papel) en blanco; **he was given a ~ bill of health** lo declararon sano; **the inspectors gave the building a ~ bill of health** los inspectores dieron el visto bueno al edificio; **to have a ~** *Br* **driving** *or US* **driver's licence** no tener puntos de penalización en *Esp* el carné de conducir *or Am* la licencia para conducir; **to start with a ~ sheet** *or* **slate** hacer borrón y cuenta nueva, empezar de cero otra vez; **he kept a ~ sheet** *(in soccer)* no le metieron ni un gol
-3. *(morally pure) (humour, joke)* sano(a); **good ~ fun** diversión sana; **keep it ~, we don't want to offend anybody** sin groserías, no queremos que se ofenda nadie; **a ~ game** un juego limpio; **~ living** vida sana
-4. *(clear) (shape, outline)* nítido(a); *(cut)* limpio(a); *(flavour)* bien definido(a); **the building has ~ lines** el edificio tiene líneas bien definidas; **a ~ break** *(of bone)* una fractura limpia; *Fig* **it would be better for us to make a ~ break** *(end relationship)* sería mejor que lo dejáramos, *RP* sería mejor que dejáramos; *Fig* **to make a ~ break with the past** romper radicalmente con el pasado; *Fig* **to make a ~ getaway** escaparse sin ser seguido; IDIOM **he showed his pursuers a ~ pair of heels** puso tierra de por medio entre él y sus perseguidores; *Fig* **to make a ~ sweep** *(of prizes, in election)* arrasar; *(replace staff)* renovar a todo el personal
-5. *Fam (not in possession of gun)* desarmado(a); **they arrested him, but he was ~** *(not in possession of drugs)* lo detuvieron, pero no llevaba *or Am* tenía drogas encima; **I've been ~ for six months now** *(no longer on drugs)* no me he metido nada en los últimos seis meses
-6. *Fam* **to be ~** *(innocent)* estar limpio(a)
◇ *adv* **-1.** *(completely)* **to cut ~ through sth** cortar algo limpiamente; **they got ~ away** se escaparon sin que nadie los siguiera; *Fam* **I ~ forgot** me olvidé completamente; **the bullet went ~ through his chest** la bala le perforó el pecho
-2. *Fam* **to come ~ (about sth)** *(admit the truth)* decir la verdad *or* sincerarse (acerca de algo)

clean-cut

◇ vt **-1.** (remove dirt from) limpiar; **to ~ one's hands** limpiarse las manos; **to ~ one's teeth** limpiarse or cepillarse los dientes; **~ the dirt off the mantelpiece** limpia la repisa; **I cleaned the mud from my shoes** me limpié el barro de los zapatos; **to ~ one's plate** (eat all one's food) limpiar el plato **-2.** (chicken, fish) limpiar
◇ vi **-1.** (do housework) limpiar
-2. it doesn't ~ very well (detergent) no limpia muy bien; (carpet, oven) es difícil de limpiar
◇ n **-1.** (wash) **to give sth a ~** limpiar algo; **the bathroom needs a ~** hay que limpiar el baño
-2. ~ and jerk (in weightlifting) arrancada f en dos tiempos

◆ **clean down** vt sep (wall, work surface, table) limpiar

◆ **clean off** ◇ vt sep **-1.** (mud, stain) quitar **-2.** (sofa, table) limpiar
◇ vi (mud, stain) irse, desaparecer

◆ **clean out** vt sep **-1.** (cupboard, room) limpiar de arriba abajo
-2. Fam (rob) desplumar; (leave without money) dejar Esp sin blanca or Am sin un centavo; **we're completely cleaned out** estamos Esp sin blanca or Am sin un centavo

◆ **clean up** ◇ vt sep **-1.** (place, person) limpiar; **to ~ oneself up** limpiarse; **to ~ up the seas/air** reducir la contaminación de los mares/del aire; Fig **the police intend to ~ up the city** la policía pretende limpiar la ciudad
-2. IDIOMS **we need to ~ up our image** tenemos que limpiar nuestra imagen; Fam **to ~ up one's act** empezar a portarse como Dios manda, Esp ponerse las pilas; Fam **the company has been told that unless it cleans up its act it will be fined** le han dicho a la empresa que si no rectifica su comportamiento será multada; Fam **you've got to ~ up your act!** (give up drugs, alcohol) ¡tienes que limpiarte!
◇ vi **-1.** (tidy up) ordenar; (wash oneself) lavarse; **to ~ up after sb** limpiar lo que ha ensuciado alguien
-2. Fam (make large profits) forrarse; (win all prizes, medals) arrasar

clean-cut ['kliːn'kʌt] adj **-1.** (features, outline) nítido(a) **-2.** (person, image) sano(a)

cleaner ['kliːnə(r)] n **-1.** (person) limpiador(ora) m,f **-2.** (substance) producto m de limpieza **-3. ~'s** (dry cleaner's) tintorería f; IDIOM Fam **to take sb to the cleaners** (defeat) darle un buen baño a alguien

cleaning ['kliːnɪŋ] n limpieza f; **to do the ~** hacer la limpieza, limpiar; **I've got a lot of ~ to do** tengo que limpiar mucho; **~ materials** productos de limpieza ❑ **~ lady** mujer f or señora f de la limpieza

clean-limbed ['kliːn'lɪmd] adj alto(a) y fornido(a)

cleanliness ['klenlɪnɪs] n (of place) limpieza f; (of person) higiene f; PROV **~ is next to godliness** la limpieza ante todo

clean-living ['kliːn'lɪvɪŋ] adj sano(a), sin vicios

cleanly[1] ['kliːnlɪ] adv **-1.** (to fight) limpiamente **-2.** (to break, cut) limpiamente

cleanly[2] ['klenlɪ] adj Literary **a young boy should be ~ in thought** un joven debería tener pensamientos limpios

cleanness ['kliːnnɪs] n **-1.** (lack of dirt) (of hands, habits) limpieza f; (of water, air, fuel) pureza f **-2.** (of shape, outline) nitidez f

clean-out ['kliːnaʊt] n buena limpieza f, limpieza f a fondo

cleanse [klenz] vt **-1.** (clean) (skin, blood, wound) limpiar **-2.** (purify) purificar; **he was cleansed of his sins** quedó limpio de sus pecados

cleanser ['klenzə(r)] n **-1.** (for household use) producto m de limpieza **-2.** (for skin) loción f limpiadora

clean-shaven ['kliːn'ʃeɪvən] adj (man, face) (bien) afeitado(a); **to be ~** (just shaved) estar bien afeitado(a); (have no beard) no tener barba ni bigote

cleansing ['klenzɪŋ] adj **-1.** (lotion, power) limpiador(ora) ❑ **~ milk** leche f limpiadora; **~ solution** (for contact lenses) solución f limpiadora **-2.** Br **~ department** servicio m municipal de limpieza

clean-up ['kliːnʌp] n limpieza f; **to give sth a ~** limpiar algo

clear [klɪə(r)] adj **-1.** (transparent) (liquid) claro(a); (glass, gel) transparente; **~ honey** miel líquida; **a ~ soup** un caldo; Fig **to have a ~ conscience** tener la conciencia tranquila
-2. (cloudless) (sky, weather) despejado(a); **to be ~** (sky) estar despejado(a); **on a ~ day** en un día despejado
-3. (unobstructed) (road) despejado(a); (floor, table) limpio(a); **the roads are ~ of snow** no hay nieve en las carreteras; **make sure the corridor is ~ of obstacles** asegúrate de que no haya obstáculos en el pasillo; **to have a ~ view of sth** ver algo claramente; **to be ~** (road) estar despejado(a); **all ~!** ¡no hay peligro!
-4. (not dull) (colour) claro(a); (complexion, skin) limpio(a); **~ blue** azul claro
-5. (distinct) (sound, image) nítido(a); IDIOM **as ~ as a bell** (voice, sound) perfectamente audible
-6. (not confused) **~ thinking is needed in a crisis** en un momento de crisis hay que mantener la mente despejada; **to have/keep a ~ head** tener/mantener la mente despejada
-7. (easy to understand) (instructions, report) claro(a); **to be ~** (explanation) ser claro(a); **to be a ~ speaker** hablar con claridad; **to make it ~ (to sb) that...** dejar bien claro (a alguien) que...; **to make oneself ~** expresarse con claridad or claramente; **let's get this ~** que quede esto claro; **do I make myself ~?** ¿queda claro?
-8. (obvious, evident) claro(a); **it is ~ that...** es evidente que..., está claro que...; **it is becoming ~ to me that you don't care** me estoy dando cuenta de que no te importa; **it's far from ~ who will win the election** no está nada claro quién va a ganar las elecciones; IDIOM **it's (as) ~ as day** está más claro que el agua; IDIOM Fam Hum **it's (as) ~ as mud** de claro no tiene nada
-9. (sure) **I wasn't ~ what she meant** no me quedó claro lo que quería decir; **are you ~ on** or **about that?** ¿lo tienes claro?; **he is quite ~ about what has to be done** tiene muy claro lo que hay que hacer; **I want to be ~ in my mind about it** lo quiero tener muy claro
-10. (unqualified) (victory, improvement) claro(a); **a ~ majority** una amplia mayoría; **a ~ profit** un beneficio neto; **a ~ winner** un claro vencedor
-11. (free) **~ of** (not touching) despegado(a) de; (at safe distance) alejado(a) de; **when the plane is ~ of the ground** cuando el avión haya despegado; **once you are ~ of the area** una vez que estés a una distancia prudencial; **I have two ~ weeks at the end of May** tengo dos semanas libres a final de mayo; **they are six points ~ of their nearest rivals** les sacan seis puntos a sus inmediatos perseguidores
-12. ~ round (in showjumping) ronda f sin penalizaciones
-13. (net) (money, wages) neto(a); **he brings home $2,000 ~** trae a casa 2.000 dólares netos; **a ~ profit** un beneficio neto
◇ adv **-1.** (distinctly) **reading you loud and ~** te oigo alto y claro
-2. (out of the way) **make sure the curtains hang ~ of the ground** asegúrate de que las cortinas no tocan el suelo; **he pulled her ~ of the wreckage** la sacó de entre los restos del accidente; **when we got ~ of the town** cuando ya habíamos dejado la ciudad atrás; **stay ~ of the edge of the cliff!** ¡no te acerques al acantilado!; **I'd stay ~ of him if I were you** yo de ti no me acercaría a él; **to steer ~ of sth/sb** evitar algo/a alguien; **stand ~ of the doors!** ¡apártense de las puertas!
-3. (all the way) **the thieves got ~ away** los ladrones consiguieron escapar; **you can see ~ to the hills** la vista alcanza hasta las colinas
◇ vt **-1.** (remove) quitar, sacar; COM (old stock) liquidar; COMPTR (data) borrar; **could you ~ those books off the table?** ¿podrías quitar or sacar esos libros de la mesa?; **she cleared the table** quitó la mesa; **he cleared the backlog of work** actualizó or puso al día el trabajo atrasado; **to ~ a debt** saldar una deuda
-2. (remove obstructions from) (road, area, blocked nose) despejar; (forest) talar; (pipe) Esp desatascar, Am destapar; **to ~ one's desk** ordenar la mesa; **to ~ the table** recoger la mesa; **to ~ one's head** despejar la mente; **to ~ one's throat** carraspear; **he cleared a space for the plates** hizo un hueco or espacio para los platos, Andes hizo campo para los platos; **the police cleared the square of demonstrators** la policía despejó la plaza de manifestantes; **the judge cleared the court** el juez mandó desalojar la sala; **to ~ a path through the crowd** abrirse camino entre la multitud; IDIOM **to ~ the decks** ponerse al día y finalizar los asuntos pendientes; also Fig **to ~ the ground (for)** abrir el camino (a); also Fig **to ~ the way (for sth)** abrir el camino (a algo)
-3. (exonerate) eximir; LAW absolver; **to ~ sb of blame** eximir de culpa a alguien; **give him a chance to ~ himself** dale una oportunidad para que limpie su nombre; **they campaigned to ~ his name** hicieron una campaña para limpiar su nombre; **he tried to ~ his name** trató de limpiar su nombre
-4. (purify) (wine, beer) encolar
-5. (refresh) **to ~ the air** (of storm) refrescar el ambiente; **his apology cleared the air** sus disculpas distendieron el ambiente; **I went for a walk to ~ my head** (from hangover) me fui a dar una vuelta para despejarme; (from confusion) me fui a dar una vuelta para aclarar las ideas
-6. (pass) **to ~ customs** pasar la aduana; **the bill cleared the Senate** el proyecto de ley fue aprobado por el Senado
-7. (not touch) **to ~ a fence** (of horseman) sortear una valla; **the horse cleared the fence with ease** el caballo salvó la valla con facilidad; **the plane barely cleared the trees** el avión no rozó los árboles por muy poco; **make sure it clears the ground** asegúrate de que no toca el suelo
-8. (authorize) (plan, proposal) aprobar; (cheque) compensar, dar por bueno; **we've been cleared for take-off** nos han dado permiso para el despegue or Am decolaje; **I'll need to ~ it with the boss** necesito el visto bueno del jefe
-9. (solve) **to ~ a case** resolver un caso
-10. (make profit of) **she clears $45,000 a year** gana 45.000 dólares limpios al año; **she cleared 10 percent on the deal** se llevó un 10 por ciento en el acuerdo
-11. to ~ the ball (in soccer, rugby, hockey) despejar la pelota
-12. COM (stock) liquidar
◇ vi **-1.** (weather, sky) despejarse; (fog) levantarse; **the water eventually cleared** el agua acabó por aclararse
-2. (expression) **her face cleared** su cara cambió or se alegró
-3. (cheque) **the cheque hasn't cleared yet** el cheque no ha sido compensado todavía
-4. COM **reduced to ~** (on sign) liquidación
◇ n **-1. to be in the ~** (not under suspicion) estar fuera de sospecha; (out of danger) estar fuera de peligro
-2. SPORT **to be in the ~** estar solo(a)

◆ **clear away** ◇ vt sep (remove) quitar (de

clearance ['klɪərəns] n **-1.** (removal) eliminación f; HIST **the (Highland) Clearances** = desalojo, a veces a la fuerza, de los habitantes de las Tierras Altas escocesas durante los siglos XVIII y XIX para dejar espacio para el ganado ovino
-2. COM **reduced for ~** rebajado(a) por liquidación (de existencias) ❑ **~ sale** liquidación f (de existencias)
-3. (authorization) autorización f; (of cheque) compensación f; (from customs) despacho m de aduanas; **to get ~ to do sth** obtener autorización para hacer algo; **the plane was given ~ to land** el avión recibió permiso para aterrizar
-4. (gap) margen m, espacio m; **there was less than a metre ~ between the roof of the bus and the bridge** quedaba menos de un metro de espacio entre el techo del autobús y el puente ❑ US **~ lights** (on truck) luces fpl de gálibo
-5. (in soccer, rugby, hockey) despeje m
-6. (in high jump, pole vault) salto m válido
-7. (in snooker, pool) tacada f final (metiendo todas las bolas)

clear-cut ['klɪə'kʌt] adj (line, shape) claro(a), bien definido(a); (issue, division) claro(a), inequívoco(a); **it isn't as ~ as you think** no está tan claro como piensas

clear-eyed ['klɪər'aɪd] adj **-1.** (sharp-sighted) observador(ora) **-2.** (perceptive) perspicaz

clear-headed ['klɪə'hedɪd] adj lúcido(a)

clearing ['klɪərɪŋ] n **-1.** (in forest) claro m **-2.** FIN (of cheque) compensación f ❑ Br **~ bank** banco m compensador or de compensación; **~ house** FIN cámara f de compensación; (for information, materials) centro m coordinador

clearly ['klɪəlɪ] adv **-1.** (to see, hear, explain, describe, think, write) claramente, con claridad **-2.** (obviously) claramente; **he is ~ wrong** está claramente equivocado; **they didn't expect us** está claro que no nos esperaban; **~!** ¡sin duda!; **~ not!** ¡en absoluto!

clearness ['klɪənɪs] n **-1.** (of explanation, text, style) claridad f **-2.** (of liquid) claridad f **-3.** (of sound, image) claridad f **-4.** (of victory) amplitud f

clear-out ['klɪəraʊt] n **I need to give my desk a ~** tengo que limpiar or ordenar mi escritorio

clear-sighted [klɪə'saɪtɪd] adj (perceptive) lúcido(a), clarividente

clearway ['klɪəweɪ] n Br = trecho de calle o carretera en donde está prohibido detenerse

cleat [kli:t] n **-1.** (on shoe) taco m **-2.** NAUT cornamusa f

cleavage ['kli:vɪdʒ] n **-1.** (of woman) escote m; **to show a lot of ~** (of woman) llevar un escote muy amplio; (of dress) enseñar mucho escote **-2.** BIOL (of cell) división f **-3.** GEOL exfoliación f

cleave [kli:v] (pt **cleaved** or **cleft** [kleft] or **clove** [kləʊv], pp **cleaved** or **cleft** or **cloven** ['kləʊvən]) vt Literary hendir, partir en dos
➤ **cleave through** vt insep (slice) penetrar, atravesar; **the police cleaved through the crowd** la policía se abrió camino a través de la multitud; **to ~ through the waves** surcar las olas
➤ **cleave to** (pt & pp **cleaved**) vt insep Formal aferrarse a

cleaver ['kli:və(r)] n cuchillo m de carnicero, tajadera f

clef [klef] n MUS clave f

cleft [kleft] ◇ n grieta f, hendidura f
◇ adj hendido(a); **to have a ~ chin** tener la barbilla hundida; **to have a ~ palate** tener fisura de paladar; IDIOM **to be (caught) in a ~ stick** (in awkward situation) estar entre la espada y la pared
◇ pt & pp of **cleave**

clematis ['klemətɪs, klə'meɪtɪs] n clemátide f

clemency ['klemənsɪ] n **-1.** (mercy) clemencia f **-2.** (of weather) benignidad f

clement ['klemənt] adj **-1.** (person) clemente **-2.** (weather) bonancible, benigno(a)

clementine ['klemənti:n, 'klemənta ɪn] n Br clementina f

clench [klentʃ] vt (fist, jaw, buttocks) apretar; (grasp firmly) agarrar; **to speak through clenched teeth** hablar rechinando los dientes; **he gave a clenched fist salute** saludó con el puño cerrado or alzado

Cleopatra [klɪə'pætrə] pr n Cleopatra

clerestory ['klɪəstɔ:rɪ] n ARCHIT triforio m

clergy ['klɜ:dʒɪ] n clero m

clergyman ['klɜ:dʒɪmən] n clérigo m

clergywoman ['klɜ:dʒɪwʊmən] n mujer f sacerdote

cleric ['klerɪk] n clérigo m

clerical ['klerɪkəl] adj **-1.** (administrative) administrativo(a) ❑ **~ assistant** auxiliar mf administrativo(a); **~ error** error m administrativo; **~ work** trabajo m de oficina **-2.** REL clerical ❑ **~ collar** alzacuello m

clericalism ['klerɪkəlɪzəm] n clericalismo m

clerihew ['klerɪhju:] n LIT = poema humorístico formado por dos pareados y que contiene el nombre de una persona famosa

clerk [klɑ:k, US klɜ:rk] ◇ n **-1.** (in office) oficinista m f **-2.** (in court) oficial(ala) m,f, secretario(a) m,f **-3.** US (in store) dependiente(a) m,f **-4.** Br CONSTR **~ of works** maestro(a) m,f de obras **-5. ~ of the course** (in horseracing) = persona responsable del funcionamiento de un hipódromo
◇ vi US **-1.** (as assistant) **to ~ for sb** trabajar de ayudante de alguien **-2.** (work in store) trabajar de dependiente

clever ['klevə(r)] adj **-1.** (intelligent) (person, animal) listo(a); **she's very ~ at mathematics** se le dan muy bien las matemáticas; Ironic **oh, very ~!** (in response to stupid act) ¡qué hábil!; (in response to joke) ¡qué gracioso!
-2. (cunning) astuto(a); **he was too ~ for us** fue más astuto que nosotros; IDIOM Fam **she's too ~ by half** se pasa de lista or RP viva ❑ Br Fam Pej **~ clogs** or **dick** sabelotodo mf, Esp listillo(a) m,f
-3. (skilful) habilidoso(a), hábil; **it was very ~ the way he persuaded her** fue una manera muy habilidosa or hábil de convencerla; **to be ~ with one's hands** ser muy habilidoso(a), Esp ser un(a) manitas
-4. (ingenious) (book, movie, story, plan, idea) ingenioso(a)

clever-clever ['klevə'klevə(r)] adj Br Fam **a ~ remark** un comentario de sabiondo or enterado; **all very ~, but does it tell us anything new?** todo muy ingenioso, pero nos dice algo que no supiéramos ya

cleverly ['klevəlɪ] adv **-1.** (intelligently) inteligentemente **-2.** (cunningly) astutamente **-3.** (skilfully) habilidosamente, hábilmente **-4.** (ingeniously) ingeniosamente

cleverness ['klevənɪs] n (of person, plan) inteligencia f

clew ['klu:] n NAUT puño m de la escota

cliché ['kli:ʃeɪ] n (idea, phrase) tópico m, lugar m común, cliché m

clichéd ['kli:ʃeɪd] adj tópico(a); **the characters are very ~** los personajes están muy esterotipados; **a ~ comment** or **remark** un tópico, un lugar común, un cliché

cliché-ridden ['kli:ʃeɪ'rɪdən] adj lleno(a) de tópicos or lugares comunes or clichés

click ['klɪk] ◇ n **-1.** (of fingers, tongue) chasquido m **-2.** (of button) clic m **-3.** COMPTR clic m **-4. ~ beetle** baticabeza m
◇ vt **to ~ one's fingers** chasquear los dedos; **to ~ one's heels** dar un taconazo; **to ~ one's tongue** chasquear la lengua
◇ vi **-1.** (make a sound) hacer clic **-2.** COMPTR hacer clic **(on** en); **~-and-drag** hacer clic y arrastrar **-3.** Fam (become clear) **suddenly it clicked** de pronto caí en la cuenta **-4.** Fam (get on well) **they clicked at once** se entendieron desde el primer momento **-5.** Fam (be a success) **to ~ with the public** (play, movie) conectar con el público

clickable ['klɪkəbəl] adj COMPTR ❑ **~ image** imagen f interactiva; **~ image map** mapa m interactivo

clickety-click ['klɪkətɪ'klɪk] n traqueteo m

client ['klaɪənt] n **-1.** (customer) cliente(a) m,f ❑ **~ base** base f de clientes; **~ state** estado m satélite **-2.** COMPTR cliente m ❑ **~/server model** modelo m cliente/servidor

clientele [kli:ɒn'tel] n clientela f

cliff [klɪf] n acantilado m ❑ **~ face** ladera f del acantilado

cliffhanger ['klɪfhæŋə(r)] n **the movie was a real ~** la película tenía mucho Esp suspense or Am suspenso; **the election was a real ~** no se supo quién ganaría las elecciones hasta el último momento

climacteric [klaɪ'mæktərɪk] n **-1.** (critical period) momento m crítico **-2.** (menopause) climaterio m

climactic [klaɪ'mæktɪk] adj culminante

climate ['klaɪmət] n clima m; Fig **in the current ~** en las actuales circunstancias ❑ **~ change** cambio m climático; AUT **~ control** climatizador m; **~ range** régimen m climático

climatic [klaɪ'mætɪk] adj climático(a) ❑ **~ zone** zona f climática

climatological ['klaɪmətə'lɒdʒɪkəl] adj climatológico(a)

climatology [klaɪmə'tɒlədʒɪ] n climatología f

climax ['klaɪmæks] ◇ n **-1.** (peak) clímax m inv, momento m culminante **-2.** (sexual) orgasmo m
◇ vt culminar **(with** con)
◇ vi **-1.** (film, story) culminar **(with** con) **-2.** (reach orgasm) llegar al orgasmo

climb [klaɪm] ◇ n **-1.** (on foot) (up hill) ascensión f, subida f; (of mountaineer) escalada f; **it's quite a ~** hay una buena subida; **it's a steep ~** es una cuesta or subida muy empinada **-2.** (in car, on bicycle) subida f, ascenso m **-3.** (of aircraft) subida f, ascenso m
◇ vt (tree) subir a, trepar a; (hill, ladder) subir; (rope) subir por, trepar por; (mountain, cliff) escalar; **to ~ the stairs** subir las escaleras; Fig **to ~ the walls** subirse por las paredes
◇ vi **-1.** (person) ascender, subir; (mountaineer) escalar; (sun) subir; **to ~ into bed** meterse en la cama; **to ~ over a wall** trepar por un muro; **he climbed out of the hole/through an opening** salió del agujero trepando/por una abertura; **to ~ to power** ascender al poder
-2. (road) subir
-3. (car, cyclist) subir, ascender
-4. (aircraft) subir, ascender
-5. (prices, figures) subir
-6. to ~ (socially or **in the world)** ascender socialmente
➤ **climb down** ◇ vt insep (descend) bajar de
◇ vi **-1.** (descend) descender, bajar **-2.** Fig (in argument, conflict) echarse atrás, dar marcha atrás
➤ **climb up** ◇ vt insep (tree) subir a, trepar a; (hill, ladder) subir; (rope) subir

climb-down

por, trepar por; *(mountain, cliff)* escalar ◇ *vi* subir

climb-down ['klaɪmdaʊn] *n* marcha *f* atrás

climber ['klaɪmə(r)] *n* **-1.** *(mountain climber)* alpinista *mf*, *Am* andinista *mf*; *(rock climber)* escalador(ora) *m,f* **-2.** *(plant)* (planta *f*) trepadora *f* **-3.** *(cyclist)* escalador(ora) *m,f*

climbing ['klaɪmɪŋ] *n (mountain climbing)* alpinismo *m*, *Am* andinismo *m*; *(rock climbing)* escalada *f*; **to go ~** hacer alpinismo, ir de escalada ❑ **~ boots** botas *fpl* de montaña; **~ frame** = en los parques, estructura de hierro o madera para que trepen los niños; **~ iron** trepador *m*, garfio *m* para trepar; **~ plant** planta *f* trepadora; **~ stalk** tallo *m* trepador; **~ wall** pared *f* (en un rocódromo)

climes [klaɪmz] *npl Literary or Hum* latitudes *fpl*, tierras *fpl*; **foreign ~** tierras foráneas

clinch [klɪntʃ] ◇ *n* **-1.** *(of boxers)* abrazo *m* **-2.** *(of lovers)* abrazo *m*; **they were in a ~** estaban abrazados
◇ *vt* **-1.** *(settle) (deal)* cerrar; *(argument)* zanjar; **that clinches it!** ¡eso lo resuelve del todo! **-2.** CONSTR *(nail)* remachar
◇ *vi (boxers)* abrazarse

clincher ['klɪntʃə(r)] *n Fam* **cost was the ~ in deciding which method to use** el costo fue el elemento decisivo a la hora de elegir el método; **the ~ came two minutes from full time** el gol decisivo llegó a dos minutos del final

cline [klaɪn] *n* curva *f*

cling [klɪŋ] *(pt & pp* **clung** [klʌŋ]*) vi* **-1.** *(hold on tightly)* **to ~ to** *(rope, person)* aferrarse a; *Fig* **to ~ to an opinion** aferrarse a una idea **-2.** *(stick)* pegarse; **a dress that clings to the body** un vestido que se pega *or* ciñe al cuerpo **-3.** *(smell)* pegarse, adherirse; **the smell of smoke clings to your clothes for days** el olor del tabaco impregna la ropa durante días

◆ **cling together** *vi* **-1.** *(people)* **they clung together for warmth** se abrazaron unos a otros para mantener el calor; **new immigrants often ~ together for security** los inmigrantes recién llegados suelen formar una piña para preservar su seguridad
-2. *(things)* **newly washed and spin-dried sheets ~ together** las sábanas recién lavadas y centrifugadas se quedan pegadas; **the leaves clung together in clumps** las hojas se apelmazan en montones

clingfilm ['klɪŋfɪlm], **clingwrap** ['klɪŋræp] *n Br* plástico *m* transparente *(para envolver alimentos)*

clingy ['klɪŋɪ] *adj* **-1.** *(child)* mimoso(a), pegajoso(a); *(boyfriend, girlfriend)* pegajoso(a), empalagoso(a) **-2.** *(clothes)* ceñido(a), ajustado(a); **clothes get very ~ in this humidity** la ropa se pega mucho con tanta humedad

clinic ['klɪnɪk] *n* **-1.** *(hospital)* clínica *f* **-2.** *(department, session)* consulta *f* **-3.** *Br (private hospital)* clínica *f* privada **-4.** *(consultant's teaching session)* clase *f* práctica; SPORT clínic *m*

clinical ['klɪnɪkəl] *adj* **-1.** MED clínico(a) ❑ **~ linguistics** lingüística *f* aplicada a los trastornos del lenguaje; **~ psychology** psicología *f* clínica; **~ thermometer** termómetro *m* clínico; **~ trials** ensayos *mpl* clínicos **-2.** *(unemotional)* aséptico(a)

clinically ['klɪnɪkəlɪ] *adv* **-1.** MED clínicamente; **~ dead** clínicamente muerto(a); **~ depressed** con un cuadro clínico de depresión **-2.** *(unemotionally)* asépticamente

clinician [klɪ'nɪʃən] *n* facultativo(a) *m,f*, clínico(a) *m,f*

clink[1] [klɪŋk] ◇ *n (sound)* tintineo *m*
◇ *vt* hacer tintinear; **to ~ glasses (with sb)** brindar (con alguien)
◇ *vi (glasses)* tintinear

clink[2] *n Fam (prison) Esp* trena *f*, *Esp* trullo *m*, *Andes*, *RP* cana *f*, *Méx* bote *m*

clinker ['klɪŋkə(r)] *n* **-1.** *(ash)* escoria *f* **-2.** *US Fam (mistake, gaffe)* metedura *f* or *Am* metida *f* de pata **-3.** *US Fam (movie, play)* fracaso *m*

clinker-built ['klɪŋkə'bɪlt] *adj (boat)* de tinglado dillo

clip[1] [klɪp] ◇ *n* **-1.** *(for paper)* clip *m*, sujetapapeles *m inv* **-2.** *(brooch)* broche *m*; *(for hair)* clip *m* para el pelo, horquilla *f*; *(for tie)* alfiler *m* **-3.** *(for bullets)* cargador *m*
◇ *vt (pt & pp* **clipped**) *(attach)* sujetar (con un clip)
◇ *vi* **the two pieces ~ together** las dos piezas se acoplan

clip[2] ◇ *n* **-1.** *Br Fam (blow)* **to give sb a ~ on** *or* **round the ear** darle a alguien un *Esp* cachete *or Am* una cachetada en la oreja **-2.** *(of movie)* fragmento *m*; *(of programme)* avance *m* **-3.** *US (from newspaper)* recorte *m* **-4.** *Fam (speed)* **at a (good) ~** a toda marcha *or Esp* pastilla **-5.** *US Fam Pej* **~ joint** garito *m* or *RP* boliche *m* carero **-6.** COMPTR **~ art** clip art *m*, dibujos *mpl* artísticos

◇ *vt (pt & pp* **clipped**) **-1.** *(cut) (hair)* cortar; *(hedge)* podar; *(ticket)* picar; **~ the coupon out of the magazine** recorte el cupón de la revista; **he clipped five seconds off the record** rebajó el récord cinco segundos; IDIOM **to ~ sb's wings** cortar las alas a alguien **-2.** *(hit)* dar un golpe a; *Br Fam* **to ~ sb round the ear** dar un sopapo a alguien

◆ **clip on** *vi* sujetarse

clipboard ['klɪpbɔːd] *n* **-1.** *(writing board)* carpeta *f* con sujetapapeles **-2.** COMPTR portapapeles *m inv*

clip-clop ['klɪpklɒp] ◇ *n* **we heard the ~ of horses' hooves** oímos el cabalgar de los caballos
◇ *vi (pt & pp* **clip-clopped**) **the horse clip-clopped away** se oyó el cabalgar del caballo conforme se marchaba

clip-on ['klɪpɒn] *adj* **~ bow tie** *Esp* pajarita *f* (de broche), *Méx* corbata *f* de moño (de broche), *RP* moñito *m* (de broche); **~ earrings** pendientes *mpl* or *Am* aretes *mpl* de clip; **~ microphone** micrófono *m* de solapa; **~ sunglasses** suplemento *m* (de sol), = gafas de sol para ponerse sobre las gafas graduadas

clipped [klɪpt] *adj (accent, tone)* entrecortado(a)

clipper ['klɪpə(r)] *n (ship)* clíper *m*

clippers ['klɪpəz] *npl (for hair)* maquinilla *f* (para cortar el pelo); *(for nails)* cortaúñas *m inv*; *(for hedge)* podadera *f*, tijeras *fpl* de podar

clippie ['klɪpɪ] *n Br Fam Old-fashioned* cobrador(ora) *m,f*

clipping ['klɪpɪŋ] *n* **-1.** *(from newspaper)* recorte *m* **-2. clippings** *(from nails)* pedazos *mpl*; *(from hair)* recortes *mpl*; *(from hedge)* trozos *mpl*; **grass clippings** hierba cortada

clique [kliːk] *n* camarilla *f*, círculo *m*

cliquey ['kliːkɪ] *adj* exclusivista; **students tend to be rather ~** los estudiantes tienden a formar grupos muy cerrados

clitoral ['klɪtərəl] *adj* del clítoris ❑ **~ circumcision** ablación *f* del clítoris

clitoridectomy [klɪtərɪ'dektəmɪ] *n* clitoridectomía *f*

clitoris ['klɪtərɪs] *n* clítoris *m inv*

Cllr *Br (abbr* **Councillor)** concejal(ala) *m,f*

cloaca [kləʊ'aːkə] *n* BIOL cloaca *f*

cloak [kləʊk] ◇ *n* capa *f*; *Fig* **under the ~ of darkness** bajo el manto de la oscuridad; *Fig* **the business was a ~ for his illegal activities** la empresa era una tapadera para sus actividades ilegales
◇ *vt Fig* **cloaked in darkness** envuelto(a) en la oscuridad; *Fig* **cloaked in secrecy** rodeado(a) de secreto

cloak-and-dagger ['kləʊkən'dægə(r)] *adj (movie, book)* de intriga; **a ~ affair** un asunto lleno de intrigas

cloakroom ['kləʊkruːm, 'kləʊkrʊm] *n* **-1.** *(for coats, bags)* guardarropa *m* ❑ **~ attendant** guardarropa *mf*; **~ ticket** vale *m* del guardarropa **-2.** *Br Euph (toilet)* servicio *m*

clobber[1] ['klɒbə(r)] *n Br Fam* **-1.** *(clothes)* trapos *mpl*, ropa *f* **-2.** *(belongings)* trastos *mpl*

clobber[2] *vt Fam* **-1.** *(hit)* sacudir **-2.** *(defeat)* dar una paliza a **-3.** *(penalize)* castigar

cloche [klɒʃ] *n* **-1.** *(for plants)* campana *f* protectora **-2. ~ hat** sombrero *m* de campana

clock [klɒk] ◇ *n* **-1.** *(for telling the time)* reloj *m* (grande o de pared); **to work round the ~** trabajar día y noche; **a race against the ~** una carrera contrarreloj; **they worked against the ~** trabajaron a contrarreloj *or* contra reloj; **to put the clocks forward/ back** adelantar/atrasar los relojes; IDIOM **to turn the ~ back** retroceder en el tiempo; **to watch the ~** = estar siempre pendiente de la hora de finalización de la jornada laboral ❑ **~ face** esfera *f* (del reloj); **~ radio** radio *f* despertador; **~ tower** torre *f* del reloj
-2. *Fam (mileometer)* ≃ cuentakilómetros *m inv*; **it's got 30,000 miles on the ~** ha hecho 30.000 millas
-3. *(taximeter)* taxímetro *m*
-4. COMPTR reloj *m* ❑ **~ speed** velocidad *f* de reloj
-5. ~ golf = juego en el que hay que golpear la pelota de golf con el putter desde diferentes posiciones de un perímetro circular

◇ *vt* **-1.** *(measure speed of)* medir la velocidad de; *(reach speed of)* alcanzar; *(achieve time of)* registrar un tiempo de **-2.** *Fam (hit)* cascar, *Esp* endiñar

◆ **clock in** *vi (at work)* fichar (a la entrada), *Am* marcar tarjeta (a la entrada)
◆ **clock off** *vi (at work)* fichar (a la salida), *Am* marcar tarjeta (a la salida)
◆ **clock on** = **clock in**
◆ **clock out** = **clock off**
◆ **clock up** *vt sep (votes, profits)* registrar; **he clocked up another ten points** anotó otros diez puntos; **I've clocked up ten hours overtime** he hecho diez horas extras; **this car has clocked up 10,000 miles** este coche *or Am* carro *or CSur* auto marca 10.000 millas

clockmaker ['klɒkmeɪkə(r)] *n* relojero(a) *m,f*

clock-watcher ['klɒkwɒtʃə(r)] *n Fam* = trabajador que está siempre pendiente de que dé la hora para irse

clockwise ['klɒkwaɪz] ◇ *adj* **in a ~ direction** en el sentido de las agujas del reloj
◇ *adv* en el sentido de las agujas del reloj

clockwork ['klɒkwɜːk] ◇ *n* **to go** *or* **run like ~** marchar a la perfección
◇ *adj (toy)* mecánico(a)

clod [klɒd] *n* **-1.** *(of earth)* terrón *m* **-2.** *Fam (idiot)* lerdo(a) *m,f*, tarugo(a) *m,f*

clodhopper ['klɒdhɒpə(r)] *n Fam* **-1.** *(person)* ganso(a) *m,f*, *Esp* patoso(a) *m,f* **-2.** *(shoe)* zapatón *m*

clodhopping ['klɒdhɒpɪŋ] *adj Fam* torpe, *Esp* patoso(a)

clog [klɒg] ◇ *n (shoe)* zueco *m*
◇ *vt (pt & pp* **clogged**) *(pipe, filter)* bloquear, atascar; *(system)* bloquear
◇ *vi* bloquearse, atascarse

◆ **clog up** ◇ *vt (pipe, filter)* bloquear, atascar; *(system)* bloquear; **the roads were clogged up** las carreteras estaban colapsadas
◇ *vi* bloquearse, atascarse

clog-dance ['klɒgdɑːns] *n* = baile con zuecos

cloisonné ['klwæzəneɪ] ◇ *n* esmalte *m* tabicado, cloisonné *m*
◇ *adj* de esmalte tabicado *or* cloisonné

cloister ['klɔɪstə(r)] ◇ *n* claustro *m*
◇ *vt (seclude)* **to ~ oneself away** enclaustrarse

cloistered ['klɔɪstəd] *adj* **to lead a ~ life** no tener mucha relación con el mundo exterior

clone [kləʊn] ◇ *n* **-1.** BIOL clon *m* **-2.** COMPTR clónico *m* **-3.** *Fam (imitator)* clon *m*, copia *f*
◇ *vt* BIOL clonar

cloning ['kləʊnɪŋ] *n* BIOL clonación *f*

clonk = **clunk**

close¹ [kləʊs] ◇ adj **-1.** (in distance, time) cercano(a), próximo(a); **to be ~ to** (near) estar cerca de; **we are ~ to an agreement** estamos a punto de alcanzar un acuerdo; **to be ~ to tears/victory** estar a punto de llorar/vencer; **they are very ~ in age** se llevan muy pocos años; **to be ~ on fifty** estar cerca de los cincuenta; **it's ~ on nine o'clock** son cerca de las nueve; **that was ~, she nearly saw me** me he librado por poco, casi me ve; **we won, but it was a ~ (run) thing** ganamos por un pelo; IDIOM **he keeps things ~ to his chest** es muy callado, no suelta prenda; **~ combat** combate cuerpo a cuerpo; **in ~ proximity to** muy cerca de; **at ~ quarters** de cerca; **he was shot at ~ range** le dispararon or Am lo balearon a quemarropa; **this razor gives a very ~ shave** con esta maquinilla se obtiene un afeitado al ras or Esp un afeitado muy apurado; IDIOM **I had a ~ call** or **shave when I nearly missed my flight** me faltó un pelo para perder el avión, Am por un pelito no perdí el avión
-2. (in relationship) (contact, co-operation, relationship) estrecho(a); (community) unido(a); **there's a ~ connection between the two things** las dos cosas están íntimamente relacionadas; **to be ~ to sb** (friends) tener mucha confianza con alguien; (relatives) estar muy unido(a) a alguien; **a ~ friend** un amigo íntimo; **a ~ relative** un pariente cercano or próximo; **sources ~ to the Prime Minister** fuentes cercanas al primer ministro; **a subject ~ to my heart** un tema por el que tengo un especial interés; **to be in ~ contact with sb** tener mucho contacto con alguien; **~ to home** (remark, criticism) personal; **an example from closer to home** un ejemplo que nos será más familiar
-3. (roughly similar) **is his name Tim? – you're ~, it's Tom** ¿se llama Tim? – casi, se llama Tom; **his version of events was ~ to the truth** su versión de los acontecimientos era bastante fiel a la realidad; **he bears a very ~ resemblance to his father** se parece mucho a su padre; **they are very ~ in ideology** tienen unas ideas muy parecidas; **it's the closest thing we've got to an operating theatre** es lo más parecido que tenemos a un quirófano
-4. (thorough) (examination, attention) cuidadoso(a); (observer) atento(a); **to keep a ~ eye** or **watch on sth/sb** vigilar de cerca algo/a alguien; **to take a ~ look at sth** mirar algo detenidamente; **in ~ confinement** aislado(a)
-5. (weather) bochornoso(a); (room) cargado(a); **it's terribly close today** hoy hace un bochorno increíble; **it's very close in here** el ambiente está muy cargado, el aire está viciado
-6. (contest, election, race) reñido(a); **she came a ~ second** llegó segunda muy cerca de la primera; **the result is too ~ to call** es imposible saber quién va a ganar
-7. (secretive) reservado(a); **to be ~ about sth** ser reservado con algo
-8. Fam (miserly) tacaño(a), Esp rácano(a), Carib, Col, Méx amarrado(a)
-9. Br **the ~ season** (for hunting) la veda; (in sport) la temporada de descanso (al final de la liga)
-10. COM & FIN Br **~ company** = tipo de sociedad anónima controlada por un máximo de cinco socios; US **~ corporation** = tipo de sociedad anónima controlada por un número pequeño de socios
-11. (compact) (weave, print) apretado(a); (grain) fino(a), cerrado(a); MIL **in ~ formation** en formación cerrada
-12. LING (vowel) cerrado(a)
-13. MUS **~ harmony** armonía f cerrada
◇ n **-1.** (cul-de-sac) callejón m
-2. Br (of cathedral) = recinto en torno a una catedral
-3. Scot (of tenement) = pasadizo cubierto que conecta la calle y las escaleras de un bloque de viviendas
◇ adv **-1.** (near) cerca; **~ to** cerca de; **to come ~ to death** estar a punto de morir; **to come ~ to doing sth** estar a punto de hacer algo; **did they win? – no, they didn't even come ~** ¿ganaron? – no, ni de lejos; **don't get too ~ to the edge** no te acerques demasiado al borde; **he lives ~ to here** or **~ by** vive cerca de aquí; **to follow ~ behind sb** seguir de cerca a alguien; **they were sitting ~ together** estaban sentados muy juntos; **~ at hand** a mano; **look at it ~ to** or **up** míralo de cerca
-2. (tight) **to hold sb ~** abrazar a alguien fuerte

close² [kləʊz] ◇ n **-1.** (end) final m; **to bring sth to a ~** poner término a algo, dar por terminado(a) algo; **to come** or **draw to a ~** tocar or llegar a su fin; **we must draw the meeting to a ~** debemos concluir la reunión; **towards the ~ of the century** hacia el final del siglo; **at ~ of play** (in cricket) al final del día
-2. COM **at ~ of business** al cierre del negocio ❏ ST EXCH **~ of trading** cierre m de la sesión
-3. COMPTR **~ box** cuadro m de cierre
◇ vt **-1.** (shut) (door, eyes, shop) cerrar; (curtains) cerrar, correr; Fig **to ~ one's eyes to sth** (ignore) no querer ver algo; **to ~ one's mind to sth** cerrarse a algo; Fig **to ~ ranks (around sb)** cerrar filas (en torno a alguien)
-2. (shut down) (factory, business) cerrar; **fog has closed the airport** la niebla ha obligado a cerrar el aeropuerto
-3. (end) (meeting, debate) terminar; (conference) clausurar; (case) cerrar
-4. (reduce) (distance, gap) reducir
-5. (bank account) cancelar
-6. (electrical circuit) cerrar
-7. **to ~ a deal (with sb)** cerrar un trato (con alguien)
◇ vi **-1.** (shut) (shop, business) cerrar; (door, window) cerrarse; **the bakery closes on Fridays** la panadería está cerrada los viernes
-2. (end) (meeting, movie, book, speaker) terminar, finalizar
-3. (wound, opening) cerrarse; **the gap between them was closing fast** la distancia que los separaba se iba reduciendo rápidamente
-4. (cover, surround) **the waves closed over him** las olas se le echaron encima; **my fingers closed around the gun** empuñé la pistola
-5. FIN **the pound closed at $1.65** la libra cerró a 1.65 dólares; **the shares closed up/down** al cierre de la sesión las acciones habían subido/bajado con respecto al precio de salida

◆ **close down** ◇ vt sep (business, factory) cerrar
◇ vi **-1.** (business, factory) cerrar
-2. Br RAD & TV finalizar la emisión

◆ **close in** vi **-1.** (night) acercarse; (fog) espesarse
-2. **to ~ in on sb** ir cercando a alguien; **to ~ in for the kill** (lion, tiger) acercarse para matar; **the days are closing in** los días se están acortando

◆ **close off** vt sep (area, building) cerrar

◆ **close on** vt insep (prey, target) acercarse a

◆ **close out** vt sep US (goods) liquidar

◆ **close up** ◇ vt sep (hole, shop, wound) cerrar
◇ vi **-1.** (wound, hole) cerrarse
-2. (shopkeeper) cerrar
-3. (hide emotions) cerrarse

◆ **close with** vt sep **-1.** (settle deal with) cerrar el trato con
-2. Literary (enemy) enzarzarse con

close-cropped [ˈkləʊsˈkrɒpt] adj (hair) al rape; (grass) muy corto(a)

closed [kləʊzd] adj **-1.** (shut) cerrado(a); **behind ~ doors** a puerta cerrada; Fig **he's a ~ book** es un tipo misterioso; **computing is a ~ book to me** la informática para mí es un verdadero misterio; **to have a ~ mind** tener una mentalidad cerrada
-2. (restricted) MATH **a ~ set** un conjunto cerrado; CIN **to film on a ~ set** rodar a puerta cerrada; **a ~ society** una sociedad cerrada ❏ Br **~ season** (for hunting) veda f; IND **~ shop** = centro de trabajo que emplea exclusivamente a trabajadores de un sindicato en particular
-3. LING (sound, syllable) cerrado(a)
-4. ELEC (circuit, switch) cerrado(a) ❏ **~-circuit television** circuito m cerrado de televisión

closed-door [ˈkləʊzˈdɔː(r)] adj US (meeting) a puerta cerrada; **they held a ~ meeting** se reunieron a puerta cerrada

close-down [ˈkləʊzdaʊn] n **-1.** (of shop, business) cierre m (por cese de negocio) **-2.** Br TV & RAD cierre m (de emisión)

close-fisted [kləʊsˈfɪstɪd] adj Fam agarrado(a), roñoso(a), Am amarrado(a)

close-fitting [ˈkləʊsˈfɪtɪŋ] adj ajustado(a)

close-grained [ˈkləʊsˈɡreɪnd] adj (wood) de grano fino or cerrado

close-knit [ˈkləʊsˈnɪt] adj (community, group) muy unido(a)

closely [ˈkləʊslɪ] adv **-1.** (not distantly) (to follow) de cerca; **to ~ resemble sb** parecerse mucho a alguien; **~ related/connected** íntimamente relacionado(a)/conectado(a)
-2. (tightly) con fuerza **-3.** (attentively) (to examine, watch, follow) de cerca; **to listen ~** escuchar atentamente **-4.** (evenly) **~ contested** muy reñido(a) **-5.** (densely) (populated) densamente; **~ packed** apiñado(a)

closeness [ˈkləʊsnɪs] n **-1.** (physical nearness) proximidad f, cercanía f **-2.** (of relationship, contact) intimidad f **-3.** (similarity) (of copy, translation) parecido m **-4.** (thoroughness) (of examination) minuciosidad f **-5.** Fam (stinginess) tacañería f **-6.** (compactness) (of weave) lo tupido, (of print) lo apretado

closeout [ˈkləʊzaʊt] n US liquidación f

close-run [ˈkləʊsˈrʌn] adj (election, race) reñido(a)

close-set [ˈkləʊsˈset] adj **to have ~ eyes** tener los ojos muy juntos

close-shaven [kləʊsˈʃeɪvən] adj **he was ~** se había dado un afeitado al ras or Esp un afeitado apurado

closet [ˈklɒzɪt] ◇ n **-1.** (cupboard) armario m; IDIOM Fam **to come out of the ~** (as homosexual) salir del armario, declararse homosexual públicamente; Hum **many economists are coming out of the ~ as Keynesians** muchos economistas están confesando sin pudor su keynesianismo **-2.** Old-fashioned (small room) habitación f pequeña **-3.** Old-fashioned **(water) ~** váter m, excusado m
◇ adj Fam **~ communist/alcoholic** comunista/alcohólico(a) encubierto(a); **~ gay** homosexual no declarado(a); **she's a ~ Julio Iglesias fan** le encanta Julio Iglesias, pero nunca lo confesaría
◇ vt **to be closeted with sb** (in meeting) estar encerrado(a) con alguien

closetful [ˈklɒzɪtfʊl] n **a ~ of dresses** un armario lleno de vestidos

close-up [ˈkləʊsʌp] n primer plano m; **in ~** en primer plano

closing [ˈkləʊzɪŋ] n (shutting) cierre m ❏ **~ ceremony** ceremonia f de clausura; **~ date** fecha f límite; **~ headlines** (in news programme) titulares fpl (al final del programa); FIN **~ price** cotización f al cierre; **~ speech** discurso m de clausura; **~ time** (of pub) hora f de cierre

closure [ˈkləʊʒə(r)] n **-1.** (of company, shop) cierre m **-2.** (of meeting) conclusión f, finalización f; **to move the ~** pedir la conclusión or finalización **-3.** (for container) cierre m **-4.** (feeling of completion) **the bereaved families need some sort of ~** los familiares de las víctimas necesitan llegar a un desenlace satisfactorio **-5.** LING oclusión f

clot [klɒt] ◇ n **-1.** (of blood) coágulo m **-2.** Fam (stupid person) lelo(a) m,f, Esp memo(a) m,f
◇ vi (pt & pp **clotted**) (blood) coagularse

cloth [klɒθ] n **-1.** (material) tela f, tejido m; IDIOM **to be cut from the same ~** estar cortados(as) por el mismo patrón, ser tal para cual ▫ **~ binding** encuadernación f en tela; **~ cap** gorra f de tela or paño; **the ~ cap vote** el voto de la clase trabajadora or obrera **-2.** (individual piece) (for cleaning) trapo m; (tablecloth) mantel m **-3. a man of the ~** (clergyman) un ministro de Dios

cloth-bound ['klɒθbaʊnd] adj (book) encuadernado(a) en tela

clothe [kləʊð] (pt & pp **clad** [klæd] or **clothed**) vt vestir; Fig **the countryside was clothed in snow** el campo estaba cubierto de nieve; Fig **the hills were clothed in mist** las colinas estaban envueltas de niebla

cloth-eared ['klɒθɪəd] adj Br Fam Hum duro(a) de oído

clothes [kləʊðz] npl **-1.** (garments) ropa f; **to put one's ~ on** vestirse, ponerse la ropa; **to take one's ~ off** quitarse or Am sacarse la ropa, desvestirse; **to have no ~ on** estar desnudo(a); **in one's best ~** con las mejores ropas ▫ **~ basket** cesto m de la ropa (sucia); **~ brush** cepillo m para la ropa; **~ hanger** percha f; **~ horse** tendedero m (plegable); Fam Pej (person) pijo(a) m,f, presumido(a) m,f con la ropa; **~ moth** polilla f; **~ peg** pinza f (de la ropa); US **~ pin** pinza f (de la ropa); **~ pole** palo m del tendedero; **~ prop** = palo utilizado para elevar la cuerda del tendedero; **~ shop** tienda f de ropa or de modas
-2. Br (bedclothes) ropa f de cama

clothesline ['kləʊðzlaɪn] n cuerda f de tender la ropa

clothier ['kləʊðɪə(r)] n (clothes seller) vendedor(ora) m,f de ropa

clothing ['kləʊðɪŋ] n (clothes) ropa f; **an article of ~** una prenda de vestir; **the ~ industry** la industria del vestido or del textil y la confección; **~ manufacturers** fabricantes de ropa ▫ **~ allowance** asignación f para ropa

clotted cream ['klɒtɪd'kriːm] n = Esp nata or Am crema de leche muy espesa típica del suroeste de Inglaterra

cloture ['kləʊtʃə(r)] US POL ◇ n = adelanto de la finalización de un debate solicitando una votación
◇ vt = adelantar la finalización de un debate solicitando una votación

cloud [klaʊd] ◇ n **-1.** (in sky) nube f; **there's a lot of ~ today** hoy está muy nublado ▫ MET **~ base** parte f inferior del manto nuboso; PHYS **~ chamber** cámara f de niebla; MET **~ cover** cielo m nuboso, nubosidad f
-2. (of dust, smoke, gas, insects) nube f
-3. (haze) (on mirror) vaho m; (in liquid) nube f
-4. IDIOMS **to be under a ~** (in disgrace) haber caído en desgracia; **he left under a ~** se marchó bajo sospecha, salió por la puerta falsa or de atrás; **to have one's head in the clouds** estar en las nubes; Br Fam **to be (living) in ~-cuckoo-land** estar en Babia or la luna; PROV **every ~ has a silver lining** no hay mal que por bien no venga; Fam **she is on ~ nine** está más contenta que un chico con zapatos nuevos or Esp que unas castañuelas
◇ vt **-1.** (mirror) empañar; (liquid) enturbiar **-2.** (obscure) nublar; **to ~ the issue** embrollar las cosas; **his judgement was clouded** no podía pensar con claridad, estaba ofuscado **-3.** (spoil) empañar; **the news clouded their happiness** las noticias empañaron su alegría
◇ vi (liquid) enturbiarse **-2.** (face) entristecerse
◆ **cloud over** vi (sky) nublarse

cloudburst ['klaʊdbɜːst] n chaparrón m

cloud-capped ['klaʊdkæpt] adj cubierto(a) de nubes

cloud-cuckoo-land ['klaʊd'kʊkuːlænd] n **to be living in ~** estar en Babia or la luna

cloudiness ['klaʊdɪnɪs] n **-1.** (of sky, day) nubosidad f **-2.** (of liquid) aspecto m turbio

cloudless ['klaʊdlɪs] adj (sky) despejado(a), sin nubes; (future) despejado(a)

cloudy ['klaʊdɪ] adj **-1.** (sky, day) nublado(a) **-2.** (liquid) turbio(a) **-3.** (confused) confuso(a)

clout [klaʊt] Fam ◇ n **-1.** (blow) tortazo m, sopapo m; **to give sth/sb a ~** dar algo/a alguien un tortazo or sopapo **-2.** (power, influence) poder m, influencia f; **to have** or **carry a lot of ~** ser muy influyente
◇ vt (hit) sacudir, Esp atizar, RP mandar

clove[1] [kləʊv] n (of garlic) diente m
clove[2] n (spice) clavo m
clove[3] pt of **cleave**

cloven ['kləʊvən] ◇ adj **~ hoof** pezuña or pata hendida
◇ pp of **cleave**

cloven-hooved ['kləʊvən'huːvd] adj con la pezuña or pata hendida

clover ['kləʊvə(r)] n (plant) trébol m; IDIOM **to be in ~** vivir a cuerpo de rey

cloverleaf ['kləʊvəliːf] n hoja f de trébol ▫ **~ junction** (cruce m or nudo m de) trébol m

clown [klaʊn] ◇ n **-1.** (in circus) payaso m; **to act the ~** hacer el payaso; **to make a ~ of oneself** hacer el payaso **-2.** THEAT (in Shakespearean drama) payaso m, bufón m
◇ vi **to ~ (about** or **around)** hacer el payaso

cloy [klɔɪ] vi empalagar

cloying ['klɔɪɪŋ] adj empalagoso(a)

cloze test ['kləʊztest] n = prueba de comprensión en la que el lector tiene que reemplazar los espacios en blanco en un texto con las palabras que faltan

club [klʌb] ◇ n **-1.** (society, in sport) club m; **soccer/tennis ~** club de fútbol/tenis; IDIOM Fam **join the ~!** ¡ya eres uno más!, ¡bienvenido al club!; IDIOM Br Fam Hum **to be in the (pudding) ~** (pregnant) Esp estar con bombo, Esp estar preñada, Am estar de encargo, Am estar esperando a la cigüeña ▫ **~ chair** = butaca tapizada; **~ class** clase f preferente or club; **~ sandwich** sándwich m club; US **~ soda** soda m
-2. (nightclub) discoteca f, sala f (de fiestas); **the ~ scene** el mundo de las discotecas
-3. (gentlemen's club) club m de caballeros
-4. (weapon) palo m, garrote m
-5. (Indian) ~ (for exercise) maza f
-6. (in golf) palo m
-7. (in cards) trébol m; **clubs** (suit) tréboles mpl; **ace/nine of clubs** as/nueve de tréboles
-8. ~ foot (congenitally deformed) pie m deforme
-9. US **~ car** coche m restaurante
◇ vt (pt & pp **clubbed**) (hit) apalear; **he was clubbed to death** murió apaleado
◆ **club together** vi **to ~ together (to buy sth)** poner dinero entre todos (para comprar algo)

clubbable ['klʌbəbəl] adj Br Old-fashioned sociable

clubber ['klʌbə(r)] n Fam discotequero(a) m,f

clubbing ['klʌbɪŋ] n **to go ~** ir de discotecas

clubhead ['klʌbhed] n cabeza f (de un palo de golf)

clubhouse ['klʌbhaʊs] n = en unas instalaciones deportivas, edificio m en el que se encuentran los vestuarios y el bar

clubland ['klʌblənd] n Br **-1.** (nightclub area) zona f de discotecas **-2.** (area of gentlemen's clubs) = zona del centro de Londres en la que se encuentran la mayor parte de los clubes de caballeros de Londres

clubmoss ['klʌbmɒs] n pie m de lobo

clubroom ['klʌbruːm, 'klʌbrʊm] n sala f de reuniones

cluck [klʌk] ◇ n **-1.** (of hen) cacareo m; (of person) chasquido m **-2.** Fam (fool) **you dumb ~!** ¡tonto del bote!
◇ vi (hen) cacarear; (person) chasquear la lengua

clue [kluː] n **-1.** (in crime, mystery) pista f; **her hat provides a ~ to her profession** el sombrero ofrece una pista sobre su profesión; **to give sb a ~** dar una pista a alguien; **where's John? – I haven't a ~!** ¿dónde está John? – ¡no tengo ni idea!; Fam **he hasn't got a ~** no tiene ni idea **-2.** (in crossword) definición f, pregunta f
◆ **clue in** vt sep Fam (person) informar, poner al día
◆ **clue up** vt sep Fam (person) informar, poner al día

clued-up [kluːd'ʌp] adj Fam **to be ~ (on** or **about sth)** estar muy puesto(a) (en algo)

clueless ['kluːlɪs] adj Fam **he's ~ (about)** es un Esp negado or Méx desmadre or RP queso (para)

clump [klʌmp] ◇ n **-1.** (of bushes) mata f; (of people, trees) grupo m **-2.** (of weeds) matojo m; (of earth) terrón m **-3.** (of hair) mechón m **-4.** (sound) **the ~ of her footsteps** el ruido de sus pisotones
◇ vt (group) amontonar
◇ vi **to ~ about** dar pisotones
◆ **clump together** ◇ vt sep amontonar
◇ vi (trees) agruparse; **traffic tends to ~ together even outside peak times** el tráfico tiende a ser muy pesado incluso fuera de las horas punta

clumsily ['klʌmzɪlɪ] adv **-1.** (awkwardly) con torpeza, torpemente **-2.** (crudely, ineptly) burdamente, toscamente

clumsiness ['klʌmzɪnɪs] n **-1.** (awkwardness) (of person, movement) torpeza f **-2.** (crudeness, ineptness) tosquedad f

clumsy ['klʌmzɪ] adj **-1.** (ungainly, awkward) (person, movement) torpe **-2.** (crude, inept) (attempt, burglary) burdo(a), tosco(a)

clung pt & pp of **cling**

clunk [klʌŋk], **clonk** [klɒŋk] ◇ n estrépito m
◇ vi golpear estrepitosamente

clunky ['klʌŋkɪ] adj (shoes, furniture) basto(a)

cluster ['klʌstə(r)] ◇ n **-1.** (group) (of flowers) ramo m; (of grapes) racimo m; (of people, islands, stars) grupo m; (of cases of an illness) conjunto m, serie f ▫ **~ bomb** bomba f de dispersión or fragmentación **-2. ~ analysis** (in statistics) análisis m inv de conglomerados **-3.** COMPTR cluster m, bloque m
◇ vt **to be clustered together** (houses) estar apiñado(a); (cases of an illness) estar concentrado(a)
◇ vi **to ~ round sth/sb** apiñarse en torno a algo/alguien; **to ~ together** apiñarse

clutch[1] [klʌtʃ] ◇ n **-1.** (grasp) **he had us in his clutches** nos tenía en sus garras; **she had fallen into his clutches** había caído en sus garras ▫ **~ bag** Esp bolso m or Andes, RP cartera f or Méx bolsa f (sin asas)
-2. AUT embrague m; **to let the ~ in** pisar el embrague, embragar; **to let the ~ out** soltar el embrague, desembragar ▫ **~ cable** cable m de embrague; **~ pedal** (pedal m de) embrague m
-3. US Fam (crisis) **when the ~ comes** a la hora de la verdad
◇ vt **-1.** (hold tightly) agarrar firmemente; **she clutched her coat to her chest** apretaba el abrigo contra su pecho **-2.** (seize) **to ~ hold of sth** agarrar algo
◇ vi **to ~ at sth** agarrarse a algo; IDIOM **to ~ at straws** agarrarse a un clavo ardiendo

clutch[2] n **-1.** (of eggs, chicks) nidada f **-2.** (of people) grupo m; (of things) montón m

clutter ['klʌtə(r)] ◇ n desbarajuste m; **in a ~** revuelto(a); **among the ~ on her desk** entre el desbarajuste de su mesa
◇ vt **to be cluttered (up) with sth** estar abarrotado(a) de algo; **his mind was cluttered with useless facts** tenía la cabeza llena de información inútil

cluttered ['klʌtəd] adj revuelto(a)

Clydeside ['klaɪdsaɪd] n Clydeside, = región de Escocia en torno a Glasgow, en la que tradicionalmente se encontraba ubicada una importante industria de construcción naval

cm (abbr **centimetre(s)**) cm

Cmdr (abbr **commander**) comandante mf

CMYK ['siːemwaɪ'keɪ] TYP (abbr **cyan magenta yellow black**) CMYK

CNAA [ˌsiːenei'ei] n UNIV (abbr **Council for National Academic Awards**) = organismo británico que expide los títulos universitarios

CND [ˌsiːen'diː] n (abbr **Campaign for Nuclear Disarmament**) = organización británica en favor del desarme nuclear

CNN [ˌsiːen'en] n TV (abbr **Cable News Network**) CNN f

C-note ['siːnəʊt] n US Fam billete m de cien dólares

CO[1] [siːˈəʊ] (pl **COs**) n -1. MIL (abbr **Commanding Officer**) oficial m al mando -2. (abbr **conscientious objector**) objetor(ora) m,f de conciencia

CO[2] (abbr **Colorado**) Colorado

Co, co [kəʊ] n -1. COM (abbr **company**) cía; Fig **Jane and co** Jane y compañía -2. (abbr **county**) condado m

c/o [siːˈəʊ] (abbr **care of**) en el domicilio de

coach [kəʊtʃ] ⟡ n -1. esp Br (bus) autobús m, Esp autocar m ❏ ~ **driver** conductor(ora) m,f de autobús; ~ **party** grupo m de viajeros en autobús; ~ **station** estación f de autobuses; ~ **tour** gira f en autobús; ~ **trip** excursión f en autobús
-2. (horse-drawn carriage) coche m de caballos, diligencia f; IDIOM **to drive a** ~ **and horses through sth** saltarse algo a la torera ❏ ~ **house** (for keeping carriage) cochera f
-3. (section of train) vagón m
-4. US AV **to travel** ~ viajar en clase turista ❏ ~ **class** clase f turista
-5. (of athlete, team) entrenador(ora) m,f; (of pupil) profesor(ora) m,f particular
⟡ vt -1. (athlete, team) entrenar -2. (pupil) dar clases particulares a; **to** ~ **sb for an exam** ayudar a alguien a preparar un examen -3. (witness) **the police coached the witness** la policía preparó la declaración del testigo; **he had been carefully coached in what to say** le habían indicado lo que tenía que decir

coachbuilder ['kəʊtʃˌbɪldə(r)] n AUT carrocero(a) m,f

coaching ['kəʊtʃɪŋ] n -1. (of athlete, team) entrenamiento m -2. (of pupil) clases fpl particulares -3. HIST ~ **inn** taberna f de posta

coachload ['kəʊtʃləʊd] n **a** ~ **of tourists** un autobús (lleno) de turistas

coachman ['kəʊtʃmən] n cochero m

coachwork ['kəʊtʃwɜːk] n AUT carrocería f

coagulant [kəʊ'ægjʊlənt] n MED coagulante m

coagulate [kəʊ'ægjʊleɪt] vi coagularse

coagulation [kəʊˌægjʊ'leɪʃən] n coagulación f

coal [kəʊl] ⟡ n -1. (fuel) carbón m; **a lump of** ~ un trozo de carbón ❏ ~ **bunker** carbonera f; ~ **cellar** carbonera f; ~ **dust** polvo m de carbón; ~ **fire** hoguera f or lumbre f de carbón; ~ **gas** gas m de carbón or de hulla; ~ **industry** industria f del carbón; ~ **merchant** carbonero(a) m,f; ~ **mine** mina f de carbón; ~ **miner** minero(a) m,f (del carbón); ~ **mining** minería f del carbón; US ~ **oil** petróleo m; ~ **tar** alquitrán m mineral or de hulla
-2. ~ **tit** carbonero m garrapinos
-3. IDIOMS **to carry coals to Newcastle** ir a vendimiar y llevar uvas de postre; **to haul sb over the coals** echar una regañina or Esp bronca a alguien
⟡ vi NAUT repostar carbón

coal-burning ['kəʊlbɜːnɪŋ] adj de carbón

coalesce [kəʊə'les] vi (views, interests) fundirse; (movements, groups) coaligarse

coalface ['kəʊlfeɪs] n cabeza f or frente m de mina

coalfield ['kəʊlfiːld] n yacimiento m de carbón; (large region) cuenca f carbonífera

coal-fired ['kəʊlfaɪəd] adj de carbón

coalfish ['kəʊlfɪʃ] n carbonero m

coaling station ['kəʊlɪŋˌsteɪʃən] n = puerto en el que los barcos se pueden aprovisionar de carbón

coalition [kəʊə'lɪʃən] n coalición f; **to form a** ~ formar una coalición ❏ ~ **government** gobierno m de coalición

coalman ['kəʊlmæn] n carbonero m

coalshed ['kəʊlʃed] n cobertizo m para el carbón

coarse [kɔːs] adj -1. (person, language) grosero(a), basto(a); (laugh) grosero(a) -2. (not refined) (features) grosero(a), basto(a); (accent) vulgar, común -3. (in texture) (surface) áspero(a); (sand) grueso(a); (salt) gordo(a); (fabric) basto(a), grosero(a); **to have** ~ **hair** tener el pelo basto -4. SPORT ~ **fishing** pesca f de río (salvo trucha y salmón)

coarse-featured ['kɔːs'fiːtʃəd] adj de rasgos bastos

coarse-grained ['kɔːsgreɪnd] adj -1. (rock, salt, wood, leather) de grano grueso -2. (person) grosero(a), basto(a)

coarsely ['kɔːslɪ] adv -1. (vulgarly) groseramente -2. (roughly) ~ **chopped** cortado(a) en trozos grandes; ~ **ground** molido(a) grueso(a)

coarsen ['kɔːsən] ⟡ vt -1. (texture, appearance) volver áspero(a) -2. (person, speech) embrutecer, volver grosero(a) or basto(a)
⟡ vi -1. (texture, appearance) volverse áspero(a); (features) volverse grosero(a) or basto(a) -2. (person, speech) embrutecer, volverse grosero(a) or basto(a)

coarseness ['kɔːsnɪs] n -1. (of person, language) grosería f -2. (of surface, texture) aspereza f

coast [kəʊst] ⟡ n -1. (of country) costa f; **she lives on the** ~ vive en la costa; **it's a small island just off the** ~ es una isla pequeña a poca distancia de la costa; **it was broadcast** ~ **to** ~ fue retransmitido de costa a costa en todo el país; IDIOM **the** ~ **is clear** no hay moros en la costa ❏ ~ **road** carretera f costera or litoral
-2. (act of coasting) **a gentle** ~ **downhill** (in car) una sencilla bajada en punto muerto; (on bicycle) una sencilla bajada sin pedalear
⟡ vi -1. (freewheel) (in car) rodar en punto muerto; (on bicycle) rodar sin pedalear -2. (progress without effort) **she coasted through her exams** pasó sus exámenes con toda facilidad; **he's coasting** (not working hard) está viviendo de las rentas -3. NAUT recorrer la costa

coastal ['kəʊstəl] adj costero(a) ❏ ~ **fishing** pesca f de bajura; ~ **vessel** buque m de cabotaje; ~ **waters** aguas fpl costeras

coaster [kəʊstə(r)] n -1. (ship) buque m de cabotaje -2. (for glass) posavasos m inv

coastguard ['kəʊstgɑːd] n -1. (organization) servicio m de guardacostas -2. esp Br (person) guardacostas mf inv

coastguardsman ['kəʊstgɑːdzmən] n US guardacostas m inv

coastline ['kəʊstlaɪn] n costa f, litoral m

coast-to-coast ['kəʊsttə'kəʊst] adj de costa a costa

coat [kəʊt] ⟡ n -1. (overcoat) abrigo m; (jacket) chaqueta f, Méx chamarra f, RP campera f ❏ ~ **hook** colgador m -2. (of dog, horse) pelaje m -3. (covering) (of snow, paint, dust) capa f; **give it a** ~ **of paint/varnish** dale una mano de pintura/barniz -4. ~ **of arms** escudo m de armas -5. HIST ~ **of mail** cota f de malla(s)
⟡ vt -1. (cover) cubrir (**with** de); **coated with mud** cubierto(a) de barro, embarrado(a) -2. (in cookery) cubrir (**with** de); **to** ~ **sth in breadcrumbs** empanar or rebozar algo; **hazelnuts coated with chocolate** avellanas recubiertas de or bañadas en chocolate

coated ['kəʊtɪd] adj -1. (tongue) sucio(a) -2. (paper) couché, cuché

coat-hanger ['kəʊtˌhæŋə(r)] n percha f

coati [kəʊ'ɑːtɪ] n coatí m

coating ['kəʊtɪŋ] n (of paint, dust) capa f

coatrack ['kəʊtræk] n perchero m

coatstand ['kəʊtstænd] n perchero m

coat-tails ['kəʊtteɪlz] npl frac m; Fig **on sb's** ~ a la sombra de alguien

coauthor [kəʊ'ɔːθə(r)] ⟡ n coautor(ora) m,f
⟡ vt **to** ~ **a book with sb** escribir un libro conjuntamente con alguien

coax [kəʊks] vt persuadir; **to** ~ **sb into doing sth** persuadir a alguien para que haga algo; **to** ~ **sth out of sb** sonsacar algo a alguien; **he coaxed the box open with a screwdriver** abrió la caja forzándola con un destornillador

coaxial [kəʊ'æksɪəl] adj COMPTR coaxial ❏ ~ **cable** cable m coaxial

coaxing ['kəʊksɪŋ] ⟡ n persuasión m; **no amount of** ~ **would get him to agree** no fue posible persuadirle para que aceptara
⟡ adj persuasivo(a)

cob [kɒb] n -1. (horse) jaca f -2. (male swan) cisne m macho -3. (of maize) mazorca f -4. Br (bread) pan m de hogaza, pan m redondo

cobalt ['kəʊbɔːlt] n CHEM cobalto m ❏ ~ **blue** azul m (de) cobalto

cobber ['kɒbə(r)] n Austr Fam amigo m, Esp colega m, Esp tío m, Andes, CAm, Carib, Méx mano m, RP flaco m

cobble ['kɒbəl] ⟡ n adoquín m
⟡ vt adoquinar
◆ **cobble together** vt sep Fam (make hastily) improvisar, Esp apañar

cobbled ['kɒbəld] adj (path, street) adoquinado(a)

cobbler[1] ['kɒblə(r)] n (shoe repairer) zapatero(a) m,f (remendón(ona)); (shoemaker) zapatero(a) m,f (fabricante)

cobbler[2] n -1. US (dessert) = postre caliente compuesto por una fruta cubierta por masa quebrada -2. (drink) = refresco con jugo de frutas, vino u otra bebida alcohólica y hielo

cobblers ['kɒbləz] Br ⟡ npl -1. very Fam (nonsense) Esp paridas fpl, Am pendejadas fpl, RP pelotudeces fpl -2. Vulg (testicles) huevos mpl, Esp cojones mpl
⟡ exclam very Fam ¡menuda Esp parida or Am pendejada or RP pelotudez!

cobblestone ['kɒbəlstəʊn] n adoquín m

cobnut ['kɒbnʌt] n avellana f

COBOL ['kəʊbɒl] n COMPTR (abbr **Common Business-Oriented Language**) (lenguaje m) COBOL m

cobra ['kəʊbrə] n cobra f

cobweb ['kɒbweb] n telaraña f, tela f de araña; Fig **to brush the cobwebs off sth** desempolvar algo; IDIOM **to clear away the cobwebs, to blow the cobwebs away** despejarse

coca ['kəʊkə] n (bush, substance) coca f; ~ **leaves** coca fpl, hojas fpl de coca

Coca-Cola® [kəʊkə'kəʊlə] n Coca-Cola® f

cocaine [kə'keɪn, kəʊ'keɪn] n cocaína f; ~ **addict** cocainómano(a)

coccyx ['kɒksɪks] (pl **coccyges** [kɒk'saɪdʒiːz]) n ANAT coxis m inv

cochineal [kɒtʃɪ'niːl, kɒtʃɪ'niːl] n -1. (insect) cochinilla f -2. (colouring) carmín m, cochinilla f

cochlea ['kɒklɪə] (pl **cochleae** ['kɒkliː]) n ANAT caracol m (del oído)

cock [kɒk] ⟡ n -1. (male fowl) gallo m; (male bird) macho m; IDIOM Fam **he thinks he's** ~ **of the walk** Esp se cree que es el amo del cotarro, Am se cree el patrón de la vereda ❏ ~ **sparrow** gorrión m macho
-2. (tilt) **a** ~ **of the head** una inclinación de la cabeza
-3. (tap) llave f de paso
-4. Vulg (penis) Esp polla f, Am verga f, Chile pico m, Chile penca f, Méx pito m, RP pija f, Ven pinga f
-5. Br (term of address) macho m, Esp colega m; **all right, me old** ~! ¡qué pasa, macho!
-6. Br very Fam (nonsense) Esp gilipolleces fpl, Am pendejadas fpl, RP boludeces fpl
-7. (of hay) montón m
⟡ vt -1. (lift up) **the dog/horse cocked its ears** el perro/caballo levantó las orejas; **the dog cocked its leg** el perro levantó la pata; IDIOM **to** ~ **a snook at sb** hacer burla a alguien -2. (tilt) inclinar -3. (gun) montar, amartillar
◆ **cock up** vt sep Br very Fam **to** ~ **sth up** cagar or Esp joder or Méx madrear algo
⟡ vi **he's cocked up again** ha vuelto a

cagarla or Esp joderla or Méx madrearla
cockade [kɒ'keɪd] n escarapela f
cock-a-doodle-doo ['kɒkədu:dəl'du:] exclam ¡quiquiriquí!
cock-a-hoop ['kɒkə'hu:p] adj **he was ~ about the result** estaba encantado con el resultado
cock-a-leekie [kɒkə'li:kɪ] n = sopa escocesa de pollo y puerros
cockamamie ['kɒkəmeɪmɪ] adj US Fam demencial
cock-and-bull story ['kɒkən'bʊlstɔ:rɪ] n Fam cuento m chino
cockatoo [kɒkə'tu:] n (pl **cockatoos**) n cacatúa f
cockatrice [kɒkə'traɪs] n MYTHOL = monstruo con la cabeza, patas y alas de un gallo y el cuerpo y la cola de una serpiente
cockchafer ['kɒktʃeɪfə(r)] n melolonta f
cock-crow ['kɒkkrəʊ] n Literary **at ~** al amanecer
cocked [kɒkt] adj IDIOM **to knock sth/sb into a ~ hat** (outclass) dar mil or cien vueltas a algo/alguien
cockerel ['kɒkərəl] n gallo m joven
cocker spaniel ['kɒkə'spænjəl] n cocker mf
cock-eyed ['kɒkaɪd] adj Fam **-1.** (decision, plan) disparatado(a) **-2.** (crooked) torcido(a)
cockfight ['kɒkfaɪt] n pelea f de gallos
cockfighting ['kɒkfaɪtɪŋ] n peleas fpl de gallos
cockiness ['kɒkɪnɪs] n descaro m, engreimiento m, Esp chulería f
cockle ['kɒkəl] n **-1.** (shellfish) berberecho m **-2.** IDIOM Fam **it warmed the cockles of his heart** le alegró el corazón
cockleshell ['kɒkəlʃel] n **-1.** (shell) concha f de berberecho **-2.** (boat) cascarón m
Cockney ['kɒknɪ] ◇ n **-1.** (person) = habitante de los barrios obreros del este de Londres **-2.** (dialect) = habla de los barrios obreros del este de Londres
◇ adj = de los barrios obreros del este de Londres

COCKNEY

Según la tradición, sólo los que hayan nacido al son de las campanas de la iglesia de St Mary-le-Bow, en el corazón de la capital británica, pueden considerarse verdaderos londinenses o **Cockneys**. Sin embargo, el apelativo se aplica por extensión a los nacidos en el East End de Londres, tradicionalmente compuesto en su mayoría por barrios de clase obrera. Con este término también se designa el característico acento y el habla de estos londinenses, especialmente el "rhyming slang".

cockpit ['kɒkpɪt] n **-1.** (of passenger plane) cabina f; (of fighter plane) carlinga f **-2.** (of racing car) cabina f, habitáculo m **-3.** (of boat) puente m de mando **-4.** (for cockfights) reñidero m, Col gallera f, Cuba gallería f, Méx palenque m
cockroach ['kɒkrəʊtʃ] n cucaracha f
cockscomb ['kɒkskəʊm] n **-1.** (on cockerel) cresta f **-2.** (plant) cresta f de gallo **-3.** Old-fashioned (upstart) mocosa f
cocksucker ['kɒksʌkər] n Vulg hijo(a) m,f de puta
cocksure [kɒkʃʊə(r)] adj arrogante
cocktail ['kɒkteɪl] n also Fig cóctel m; **a lethal ~ of drugs** un cóctel letal de drogas ☐ **~ bar** coctelería f, bar m de cócteles; **~ cabinet** mueble m bar; **~ dress** vestido m de noche; **~ lounge** bar m (de hotel); **~ onion** cebolla f pequeña (servida como aperitivo); **~ party** cóctel m; **~ sausage** salchicha f pequeña (servida como aperitivo); **~ shaker** coctelera f; **~ stick** palillo m; **~ waitress** camarera f or Méx mesera f RP moza f RP moza f
cocktease(r) ['kɒkti:z(ə(r))] n Vulg calientabraguetas f, Esp calientapollas f inv, Col, Ven calientahuevos f inv, RP calientapija f
cock-up ['kɒkʌp] n Br very Fam cagada f; **to make a ~ of sth** cagarla con algo; **it was a ~, not a conspiracy** fue un error, no una conspiración

cocky ['kɒkɪ] adj Fam gallito(a), engreído(a), Esp chulo(a); **don't get ~!** ¡no seas gallito!, Esp ¡no te pongas chulo!
coco ['kəʊkəʊ] n Br Fam **I should ~!** ¡y tanto que sí!, ¡ya lo creo!
cocoa ['kəʊkəʊ] n (powder) cacao m; **a cup of ~** una taza de leche con cacao ☐ **~ bean** semilla f or grano m de cacao; **~ butter** manteca f de cacao; **~ powder** cacao m en polvo
coconut ['kəʊkənʌt] n (fruit) coco m; **~ (tree)** cocotero m ☐ **~ ice** cocada f; **~ matting** estera f de fibra de coco; **~ milk** leche f or agua f de coco; **~ oil** aceite m de coco; **~ palm** cocotero m; **~ shy** = juego de feria que consiste en derribar cocos con una pelota
cocoon [kə'ku:n] ◇ n (of insect) capullo m
◇ vt **to be cocooned from the outside world** estar sobreprotegido(a) del mundo exterior
COD [si:əʊ'di:] COM (abbr **cash on delivery**) ◇ n entrega f contra reembolso
◇ adv contra reembolso
cod[1] [kɒd] n bacalao m ☐ **~ roe** huevas fpl de bacalao; **the Cod War** = enfrentamiento diplomático entre el Reino Unido e Islandia por la pesca del bacalao en aguas islandesas entre 1972 y 1976
cod[2] Br Fam ◇ n (hoax) engaño m
◇ adj (bogus) falso(a)
coda ['kəʊdə] n **-1.** MUS coda f **-2.** (in book) colofón m
coddle ['kɒdəl] vt **-1.** (child) mimar **-2.** (egg) **coddled eggs** = huevos cocidos a fuego lento
code [kəʊd] ◇ n **-1.** (cipher) código m, clave f; **in ~** cifrado(a) ☐ **~ book** libro m de códigos; **~ name** nombre m en clave; **~ word** contraseña f **-2.** (used to identify) código m; **~ number** código m **-3.** (rules) código m; **~ of conduct** código de conducta; **~ of practice** código de conducta **-4.** COMPTR código m **-5.** (for telephone number) prefijo m **-6.** LING **~ switching** cambio m de código
◇ vt **-1.** (message) codificar, cifrar **-2.** (identify) codificar **-3.** COMPTR codificar
coded ['kəʊdɪd] adj en código
codeine ['kəʊdi:n] n codeína f
co-dependant [kəʊdɪ'pendənt] n codependiente mf
co-dependency [kəʊdɪ'pendənsɪ] n codependencia f, dependencia f mutua
codfish ['kɒdfɪʃ] (pl **codfish** or **codfishes**) n bacalao m
codger ['kɒdʒə(r)] n Fam **old ~** vejete, abuelo
codicil ['kɒdɪsɪl] n LAW codicilo m
codification [kəʊdɪfɪ'keɪʃən] n codificación f
codify ['kəʊdɪfaɪ] vt codificar
coding ['kəʊdɪŋ] n **-1.** (of message) codificación f, cifrado m **-2.** COMPTR codificación f ☐ **~ error** error m de codificación
cod-liver oil ['kɒdlɪvə'rɔɪl] n aceite m de hígado de bacalao
codpiece ['kɒdpi:s] n HIST = pieza de vestuario que se colocaba encima de la bragueta
co-driver ['kəʊdraɪvə(r)] n copiloto mf
codswallop ['kɒdzwɒləp] n Br Fam majaderías fpl, sandeces fpl, Am pendejadas fpl; **a load of ~** una sarta de majaderías
co-ed [kəʊ'ed] ◇ n **-1.** (school) colegio m mixto **-2.** US (female student) alumna f de escuela mixta
◇ adj mixto(a)
coeducation ['kəʊedjʊ'keɪʃən] n educación f or enseñanza f mixta
coeducational ['kəʊedjʊ'keɪʃənəl] adj (school) mixto(a)
coefficient [kəʊɪ'fɪʃənt] n MATH coeficiente m ☐ PHYS **~ of expansion** coeficiente m de dilatación
coelacanth ['si:ləkænθ] n celacanto m
coeliac, US **celiac** ['si:lɪæk] adj ANAT abdominal, celíaco(a) ☐ MED **~ disease** enfermedad f celíaca
co-enzyme [kəʊ'enzaɪm] n BIOL coenzima f

coequal [kəʊ'i:kwəl] ◇ n **they were, in theory, coequals** en teoría tenían el mismo nivel
◇ adj del mismo nivel
coerce [kəʊ'ɜ:s] vt coaccionar; **to ~ sb into doing sth** coaccionar a alguien para que haga algo
coercion [kəʊ'ɜ:ʃən] n coacción f
coercive [kəʊ'ɜ:sɪv] adj coactivo(a), coercitivo(a)
coeval [kəʊ'i:vəl] Formal ◇ n coetáneo(a) m,f, contemporáneo(a) m,f
◇ adj coetáneo(a), contemporáneo(a)
co-exist ['kəʊɪg'zɪst] vi convivir, coexistir
co-existence ['kəʊɪg'zɪstəns] n convivencia f, coexistencia f
co-extensive [kəʊɪk'stensɪv] adj **~ with** (in space) con la misma extensión que; (in time) con la misma duración que
C of E [si:əv'i:] adj Br (abbr **Church of England**) anglicano(a)
coffee ['kɒfɪ] n café m; **two coffees, please!** ¡dos cafés, por favor!; **black ~** café Esp solo or Am negro; **white ~** café con leche ☐ **~ bar** café m, cafetería f; **~ bean** grano m de café; **~ break** descanso m para el café; **~ cake** Br tarta f or pastel m or Col,CSur torta f de moka; US = pan dulce con frutos secos; **~ cup** taza f de café; **~ grinder** molinillo m de café; **~ grounds** posos mpl del café; **~ house** café m; US **~ klatsch** = tertulia informal en la que se sirve café; **~ machine** (in café) cafetera f; (vending machine) máquina f de café; **~ mill** molinillo m de café; Br **~ morning** = reunión matinal que a veces tiene fines benéficos; **~ mug** taza f (alta) de café; **~ pot** cafetera f; **~ shop** cafetería f; **~ spoon** cucharilla f de café; **~ table** mesita f baja, mesa f de centro, RP mesa f ratona; **~-table book** libro m ilustrado de gran formato
coffee-coloured ['kɒfɪkʌləd] adj color café inv
coffer ['kɒfə(r)] n (chest) cofre m; Fig **the company's coffers** las arcas de la empresa
cofferdam ['kɒfədæm] n ataguía f, compartimento m estanco
coffered ['kɒfəd] adj ARCHIT artesonado(a); **a ~ ceiling** un (techo) artesonado
coffin ['kɒfɪn] n ataúd m, féretro m
cog [kɒg] n (tooth) diente m (en engranaje); (wheel) rueda f dentada; Fig **I'm only a ~ in the machine** no soy más que una pieza del engranaje ☐ **~ railway** tren m de cremallera
cogency ['kəʊdʒənsɪ] n Formal poder m, convicción f
cogent ['kəʊdʒənt] adj Formal poderoso(a), convincente
cogently ['kəʊdʒəntlɪ] adv Formal con poder or convicción, convincentemente
cogitate ['kɒdʒɪteɪt] vi Formal meditar, reflexionar (**about** or **on** sobre)
cogitation [kɒdʒɪ'teɪʃən] n Formal meditación f, reflexión f
cognac ['kɒnjæk] n coñá m, coñac m
cognate ['kɒgneɪt] LING ◇ n término m emparentado, cognado m
◇ adj emparentado(a)
cognition [kɒg'nɪʃən] n cognición f, conocimiento m
cognitive ['kɒgnɪtɪv] adj cognitivo(a), cognoscitivo(a) ☐ PSY **~ dissonance** disonancia f cognitiva; **~ psychology** psicología f cognitiva; **~ science** ciencia f del conocimiento; **~ therapy** terapia f cognitiva
cognizance ['kɒgnɪzəns] n Formal **-1.** (knowledge) **to take ~ of** tener en cuenta **-2.** LAW **within the ~ of this court** bajo la jurisdicción or competencia de este tribunal
cognizant ['kɒgnɪzənt] adj Formal **to be ~ of sth** tener conocimiento de algo
cognomen [kɒg'nəʊmen] n (pl **cognomens** or **cognomina** [kɒg'nəʊmɪnə]) n Formal (nickname) cognomen m
cognoscenti [kɒgnə'sentɪ] npl entendidos mpl
cogwheel ['kɒgwi:l] n rueda f dentada
cohabit [kəʊ'hæbɪt] vi cohabitar, convivir (**with** con)

cohabitation [kəʊhæbɪ'teɪʃən] *n* cohabitación *f*, convivencia *f*

coheir ['kəʊ'eə(r)] *n* coheredero(a) *m,f*

coheiress ['kəʊ'eərɪs] *n* coheredera *f*

cohere [kəʊ'hɪə(r)] *vi* **-1.** *(stick together)* pegarse; **his vague memories of the event started to ~** sus vagos recuerdos del acontecimiento empezaban a cobrar sentido **-2.** *(be logically consistent)* ser coherente, tener cohesión *or* coherencia

coherence [kəʊ'hɪərəns] *n* **-1.** *(cohesion)* cohesión *f* **-2.** *(logical consistency)* coherencia *f*

coherent [kəʊ'hɪərənt] *adj* coherente; *Fam* **the man wasn't ~** era incoherente, no conseguía expresarse

coherently [kəʊ'hɪərəntlɪ] *adv* coherentemente, con coherencia

cohesion [kəʊ'hiːʒən] *n* cohesión *f* ❑ EU **~ fund** fondo *m* de cohesión

cohesive [kəʊ'hiːsɪv] *adj* **-1.** *(united)* cohesionado(a) **-2.** PHYS *(force)* cohesivo(a)

cohort ['kəʊhɔːt] *n* **-1.** *Pej (associate, companion)* acólito(a) *m,f*, secuaz *mf* **-2.** *(group)* cohorte *f* **-3.** *(in statistics)* cohorte *f* **-4.** HIST cohorte *f*

coif [kɔɪf] *n (skullcap)* cofia *f*

coiffure [kwɑː'fjʊə(r)] ◇ *n* peinado *m*
◇ *vt* peinar; **she was elegantly coiffured, as ever** iba tan elegantemente peinada como de costumbre

coil [kɔɪl] ◇ *n* **-1.** *(of rope, wire)* rollo *m* **-2.** *(single loop)* bucle *m*, vuelta *f*; *(of smoke)* círculo *m*; **the snake's coils** los anillos de la serpiente **-3.** *(electrical)* bobina *f* **-4.** *Br (contraceptive device)* DIU *m*, espiral *f*
◇ *vt* enrollar (**round** alrededor de)
◇ *vi* **-1.** *(river, smoke)* **the river coiled through the valley** el río bajaba zigzagueando por el valle; **the smoke coiled into the air** el humo ascendía formando volutas **-2.** *(snake)* **the python coiled around its prey** la pitón se enroscó en torno a su presa
◆ **coil up** ◇ *vt sep (rope, hose)* enrollar; **the snake coiled itself up** la serpiente se enroscó *or* enrolló
◇ *vi (snake)* enroscarse, enrollarse

coiled [kɔɪld] *adj* enrollado(a); *Fig* **like a ~ spring** en tensión

coin [kɔɪn] ◇ *n* **-1.** *(single item)* moneda *f*; **a 10p ~** una moneda de 10 peniques; ⟦IDIOM⟧ **the other side of the ~** la otra cara de la moneda ❑ **~ box** *(of telephone, vending machine)* depósito *m* de monedas; *(in church)* cepillo *m* **-2.** *(metal currency)* moneda *f*; ⟦IDIOM⟧ **to pay sb back in his own ~** pagar a alguien con *or* en la misma moneda
◇ *vt* **-1.** *(mint)* **to ~ money** acuñar moneda; *Fam* **he's simply coining it** se está forrando, *Méx* se está pudriendo en dinero **-2.** *(new word, phrase)* acuñar; **to ~ a phrase...** por así decirlo..., valga la expresión...

coinage ['kɔɪnɪdʒ] *n* **-1.** *(coins)* monedas *fpl* **-2.** *(new word, phrase)* **a recent ~** una expresión de nuevo cuño **-3.** *(creation) (of money)* acuñación *f* **-4.** *(creation) (of word)* acuñación *f*

coincide [kəʊɪn'saɪd] *vi* **-1.** *(in space, time)* coincidir (**with** con) **-2.** *(correspond)* coincidir

coincidence [kəʊ'ɪnsɪdəns] *n* **-1.** *(accident)* coincidencia *f*; **by ~** por casualidad; **what a ~!** ¡qué coincidencia! **-2.** *(correspondence)* coincidencia *f*

coincidental [kəʊɪnsɪ'dentəl] *adj* casual, accidental; **there was nothing ~ about this** esto no tenía nada de accidental *or* fortuito

coincidentally [kəʊɪnsɪ'dentəlɪ] *adv* casualmente

coin-operated ['kɔɪnɒpəreɪtɪd] *adj* **~ machine** máquina de monedas

coir [kɔɪə(r)] *n* fibra *f* de coco

coital ['kɔɪtəl] *adj* del coito

coitus ['kɔɪtəs] *n Formal* coito *m* ❑ **~ interruptus** coitus *m inv* interruptus

Coke® [kəʊk] *n* Coca-Cola® *f*

coke [kəʊk] ◇ *n* **-1.** *(fuel)* coque *m* **-2.** *Fam (cocaine)* coca *f*
◇ *vt (coal)* coquizar

cokehead ['kəʊkhed] *n Fam* cocainómano(a) *m,f*

Col MIL *(abbr* **Colonel)** coronel *m*

col¹ *(abbr* **column)** col.

col² [kɒl] *n (of mountain)* puerto *m*, paso *m*

cola ['kəʊlə] *n* **-1.** *(drink)* (refresco *m* de) cola *f* **-2.** *(tree)* cola *f* ❑ **~ nut** nuez *f* de cola

colander ['kɒləndə(r)] *n* escurridor *m*

cold [kəʊld] ◇ *n* **-1.** *(low temperature)* frío *m*; **he doesn't seem to feel the ~** parece que no siente el frío; **come in out of the ~** entra aquí, que hace frío
-2. *(illness)* catarro *m*, *Esp, Méx* resfriado *m*, *Andes, RP* resfrío *m*; **to have a ~** estar acatarrado(a), tener un *Esp, Méx* resfriado *or Andes, RP* resfrío; **to catch a ~** agarrar *or Esp* coger *or Méx* pescar un resfriado, *Andes, RP* agarrarse *or* pescarse un resfrío; **a ~ in the chest** un catarro *or Esp, Méx* resfriado *or Andes, RP* resfrío de pecho; **a ~ in the head** un catarro
-3. ⟦IDIOMS⟧ **to come in from the ~** salir del ostracismo; **to be left out in the ~** ser dejado(a) de lado
◇ *adj* **-1.** *(in temperature)* frío(a); **to be ~** *(person)* tener frío; *(thing)* estar frío(a); **my feet are ~** tengo los pies fríos; **it's ~** *(weather)* hace frío; **to get ~** enfriarse; **to be in a ~ sweat** tener sudores fríos; **the thought made him break out in a ~ sweat** sólo de pensarlo le entraban escalofríos *or* sudores fríos; *Fam* **a ~ one** *(beer)* una cervecita, una birra, *Méx* una chela ❑ **~ buffet** buffet *m* frío; **~ calling** *(in marketing)* contacto *m* en frío *or* sin previo aviso; **~ chisel** cortafrío *m*, *RP* cortafierro *m*; **~ cream** crema *f* de belleza; *US* **~ cuts** fiambres *mpl* y embutidos; **~ frame** *(in garden)* = cajonera para proteger a las plantas; MET **~ front** frente *m* frío; PHYS **~ fusion** fusión *f* fría *or* en frío; **~ meats** fiambres *mpl* y embutidos; **~ snap** ola *f* de frío; **~ sore** herpes *m inv* labial, *Esp* calentura *f*, *Méx* fuego *m*; **~ spell** ola *f* de frío; **~ start** *(of car)* arranque *m* en frío; **~ steel** they attacked with **~ steel** atacaron con la bayoneta calada; **~ storage** *(of food)* conservación *f* en cámara frigorífica; *Fig* **to put sth into ~ storage** dejar algo para más tarde, *Esp* aparcar algo; **~ store** *(room)* cámara *f* frigorífica; *Fam* **~ turkey** *(withdrawal symptoms)* síndrome *m* de abstinencia, *Esp* mono *m*; **to go ~ turkey** cortar por lo sano con las drogas; **~ war** guerra *f* fría; **~ warrior** partidario(a) *m,f* de la guerra fría
-2. *(person, manner, welcome)* frío(a); **to be ~ towards sb** mostrarse frío con alguien, tratar a alguien con frialdad; **to have a ~ heart** no tener corazón; **in the ~ light of day** a la fría luz del día
-3. *(colour)* frío(a)
-4. *(in children's game)* **is it over here? – no, you're getting colder** ¿está por ahí? – frío, frío
-5. COMPTR **~ boot** reinicio *m* en frío, reinicio *m Esp* del ordenador *or Am* de la computadora *(tras haberlo/a apagado/a por completo)*
-6. ⟦IDIOMS⟧ **~ as charity** frío(a) como el hielo; **~ as ice** frío(a) como el hielo; *Fam* **it leaves me ~** *(doesn't interest or impress me)* ni me va ni me viene, *Esp* me deja frío(a), *RP* no me mueve un pelo; **their trail was ~** se había perdido su rastro; **in ~ blood** a sangre fría; **it was a ~ comfort to know...** no servía de mucho consuelo saber...; **that's ~ comfort** eso no es un consuelo; **to get ~ feet** echarse *or Esp* borde; **to give sb the ~ shoulder** tratar a alguien con frialdad; **to put sth into ~ storage** postergar *or Esp* aparcar algo indefinidamente; **to pour** *or* **throw ~ water on sth** echar un jarro *or RP* balde de agua fría sobre algo
◇ *adv* **-1.** *(without preparation)* **to do sth ~** hacer algo en frío
-2. *Fam* **to be out ~** *(unconscious)* estar inconsciente; **he knocked him (out) ~** lo dejó inconsciente de un golpe
-3. *US Fam (absolutely)* **she turned me down ~** me rechazó de plano; **he knows his subject ~** sabe un montón del tema

cold-blooded ['kəʊld'blʌdɪd] *adj* **-1.** *(animal)* de sangre fría **-2.** *(unfeeling) (act)* desalmado(a); **to be ~** *(animal)* tener la sangre fría; *(person)* ser desalmado(a); **~ murder** asesinato a sangre fría

cold-bloodedly ['kəʊld'blʌdɪdlɪ] *adv* a sangre fría; **he went about the business quite ~** abordó el asunto con bastante sangre fría

coldcock ['kəʊld'kɒk] *vt US Fam* dejar K.O. *or* sin sentido

cold-filtered ['kəʊld'fɪltəd] *adj (beer)* filtrado(a) en frío

cold-hearted ['kəʊld'hɑːtɪd] *adj (person, decision)* insensible

coldly ['kəʊldlɪ] *adv* fríamente, con frialdad

coldness ['kəʊldnɪs] *n* **-1.** *(of weather)* frialdad *f* **-2.** *(of manner)* frialdad *f*; **there is a ~ between them** hay frialdad entre ellos

cold-pressed ['kəʊldprest] *adj (olive oil)* prensado(a) en frío

cold-shoulder ['kəʊld'ʃəʊldə(r)] *vt* tratar con frialdad a

cold-weather payment ['kəʊld'weðə'peɪmənt] *n Br* = ayuda adicional a los jubilados para contribuir al costo de la calefacción cuando las temperaturas caen por debajo de un punto determinado

coleslaw ['kəʊlslɔː] *n* = ensalada de repollo, zanahoria y cebolla con mayonesa

coley ['kəʊlɪ] *n* carbonero *m*

colic ['kɒlɪk] *n* cólico *m*

colicky ['kɒlɪkɪ] *adj* **a ~ baby** un bebé con cólico

coliseum, colosseum [kɒlə'sɪəm] *n* coliseo *m*

colitis [kə'laɪtɪs] *n* MED colitis *f inv*

collaborate [kə'læbəreɪt] *vi* **-1.** *(on project)* colaborar (**on** en) **-2.** *Pej (during occupation)* colaborar (**with** con)

collaboration [kəlæbə'reɪʃən] *n* **-1.** *(on project)* colaboración *f* (**with** con); **in ~ with** en colaboración con **-2.** *Pej (with occupying enemy)* colaboracionismo *m* (**with** con)

collaborative [kə'læbərətɪv] *adj* colectivo(a), en colaboración

collaborator [kə'læbəreɪtə(r)] *n* **-1.** *(on project)* colaborador(ora) *m,f* **-2.** *Pej (with the enemy)* colaboracionista *mf*

collage ['kɒlɑːʒ] *n (art)* collage *m*

collagen ['kɒlədʒən] *n* BIOL colágeno *m*

collapse [kə'læps] ◇ *n* **-1.** *(of building, bridge, wall)* hundimiento *m*, desplome *m* **-2.** *(of person)* colapso *m*; *(of health)* deterioro *m*; *(of lung)* colapso *m* **-3.** *(of prices, currency, economy)* desplome *m*, hundimiento *m*; *(of defences, resistance)* desplome *m*, hundimiento *m*; *(of government)* caída *f*, hundimiento *m*; *(of business)* hundimiento *m*
◇ *vt* **-1.** *(fold up) (table, chair)* plegar **-2.** *(merge) (paragraphs, entries)* integrar, juntar; COMPTR *(subdirectories)* contraer
◇ *vi* **-1.** *(fall down) (building, bridge, wall)* desplomarse, hundirse
-2. *(person)* sufrir un colapso, desplomarse; *(health)* deteriorarse; *(lung)* colapsar; **he collapsed and died** tuvo un colapso y se murió; **to ~ with laughter** desternillarse de risa; **I collapsed from the heat** sufrí un colapso por el calor
-3. *(prices, resistance, currency, economy)* desplomarse, hundirse; *(government)* caer, hundirse; *(business)* hundirse
-4. *(fold up)* plegarse

collapsed [kə'læpst] *adj (lung)* colapsado(a)

collapsible [kə'læpsəbəl] *adj (table, bed, boat)* plegable; *(steering column)* desarmable

collar ['kɒlə(r)] ◇ *n* **-1.** *(of garment)* cuello *m* ❑ **~ stud** = cierre automático para cuellos de quita y pon **-2.** *(for dog)* collar *m*; *(for horse)* collera *f* **-3.** *(marking on bird, animal)* collar *m* **-4.** TECH abrazadera *f* **-5.** CULIN *(of bacon)* cuello *m*
◇ *vt Fam* **-1.** *(seize, capture)* cazar, agarrar **-2.** *(appropriate)* agarrar, pescar

collarbone ['kɒləbəʊn] n clavícula f
collard greens ['kɒlɑːd'griːnz] npl US col f rizada, RP repollo m rizado
collared dove ['kɒləd'dʌv] n tórtola f turca
collarless ['kɒləlɪs] n ~ **shirt** camisa f sin cuello
collate [kɒ'leɪt] vt **-1.** (assemble) (information, texts) recopilar; TYP (sheets, signatures) ordenar **-2.** (compare) (text) cotejar, comparar (**with** con)
collateral [kə'lætərəl] ◇ n FIN garantía f (prendaria), pignoración f
◇ adj **-1.** FIN ~ **loan** préstamo m pignoraticio or con garantía prendaria; FIN ~ **security** garantía f (prendaria) **-2.** MIL ~ **damage** daños mpl colaterales, bajas fpl civiles (en un bombardeo) **-3.** (branch, family, artery) colateral
collation [kə'leɪʃən] n **-1.** (of information, texts) recopilación f; TYP (of sheets, signatures) ordenación f **-2.** (comparison) (of texts) cotejo m, comparación f **-3.** Formal (light meal) colación f, refrigerio m
colleague ['kɒliːg] n compañero(a) m,f, colega mf
collect[1] [kə'lekt] ◇ vt **-1.** (gather) (supporters, belongings) reunir, juntar; (data, evidence, news) recoger, reunir; (taxes) recaudar; (fine, debt, rent) recaudar; **they're collecting money for charity** recogen dinero para una organización benéfica
-2. (accumulate) **to ~ dust** acumular polvo; **solar panels ~ the heat** el calor es acumulado por paneles solares
-3. (pick up) recoger, pasar a buscar; **I'll ~ you at midday** te recogeré or pasaré a buscar al mediodía
-4. (take away) recoger; **the council collects the rubbish** el ayuntamiento se encarga de la recogida de basuras; **when is the mail collected?** ¿cuándo es la recogida del correo?
-5. (as hobby) (stamps, books) coleccionar
-6. (compose) **she collected her thoughts** puso en orden sus ideas; **to ~ oneself** concentrarse
◇ vi **-1.** (people) reunirse; (things, dust, water) acumularse **-2.** (gather money) recoger dinero, hacer una colecta (**for** para) **-3.** US ~ **on delivery** entrega contra reembolso
◇ adj US ~ **call** llamada f or Am llamado m a cobro revertido
◇ adv US **to call sb ~** llamar a alguien a cobro revertido; **to send a parcel ~** enviar un paquete a gastos debidos
◆ **collect up** vt sep recoger
collect[2] ['kɒlekt] n (prayer) colecta f
collectable [kə'lektəbəl] ◇ n collectables piezas fpl coleccionables or de coleccionista
◇ adj (desirable) codiciado(a)
collected [kə'lektɪd] adj **-1.** (calm) sereno(a), entero(a) **-2. the ~ works of...** las obras completas de...
collecting [kə'lektɪŋ] n ~ **agency** agencia f especializada en el cobro de deudas; ~ **bank** banco m especializado en el cobro de deudas; ~ **tin** lata f (utilizada como hucha o alcancía)
collection [kə'lekʃən] n **-1.** (group) (of objects) montón m; (of people) grupo m
-2. (things collected) (of stamps, paintings) colección f; (of poems, essays) recopilación f
-3. (of fashion designer) colección f; **Porto's new winter ~** la nueva colección de invierno de Porto
-4. (act of collecting) (of money) cobro m; (of rubbish, letters) recogida f; (of taxes) recaudación f; **your order is ready for ~** puede pasar a recoger su pedido; **~ times are 8. 45 and 17. 30** (from letter box) la recogida de cartas es a las 8.45 y a las 17.30
-5. to make or **take a ~** (for charity) hacer una colecta ❑ ~ **plate** (in church) platillo m para las limosnas
collective [kə'lektɪv] ◇ n (group) colectivo m; (farm) (granja f) cooperativa f
◇ adj colectivo(a) ❑ ~ **agreement** convenio m colectivo; ~ **bargaining** negociación

f colectiva; GRAM ~ **noun** sustantivo m or nombre m colectivo; ~ **security** seguridad f colectiva; ~ **unconscious** inconsciente m or subconsciente m colectivo
collectively [kə'lektɪvlɪ] adv colectivamente; **they are ~ known as...** se los conoce como...
collectivism [kə'lektɪvɪzəm] n POL colectivismo m
collectivist [kə'lektɪvɪst] adj colectivista
collectivization [kəlektɪvaɪ'zeɪʃən] n colectivización f
collectivize [kə'lektɪvaɪz] vt colectivizar
collector [kə'lektə(r)] n **-1.** (of paintings, stamps) coleccionista mf ❑ ~'**s item** pieza f de coleccionista **-2.** (of money) (of taxes) recolector(ora) m,f; (of debts) cobrador(ora) m,f; **our collectors will be on the streets over Christmas** (for charity) nuestros voluntarios irán recaudando dinero por las calles durante las Navidades
colleen ['kɒliːn, kɒ'liːn] n Irish chica f, muchacha f
college ['kɒlɪdʒ] n **-1.** (for adult or further education) escuela f ❑ Br ~ **of further education** = centro de enseñanza donde se pueden cursar estudios de formación profesional y bachillerato
-2. (for vocational training) instituto m, escuela f ❑ Br ~ **of education** escuela f de pedagogía or magisterio
-3. US (university) universidad f; **to be at ~** estar en la universidad; **a ~ student** un(a) universitario(a), IDIOM US **to give it the old ~ try** ir a por todas
-4. Br (part of university) colegio m universitario
-5. (professional organization) colegio m (profesional)
-6. (electoral body) colegio m; **the College of Cardinals** el colegio cardenalicio
collegiate [kə'liːdʒɪət] adj **-1.** (university) = formado por varios colegios universitarios **-2.** US (life, atmosphere) universitario(a) **-3.** REL ~ **church** colegiata f
collide [kə'laɪd] vi **-1.** (crash) colisionar, chocar (**with** con or contra) **-2.** (clash) enfrentarse; **I can see that we are going to ~ on this issue** ya veo que nos vamos a enfrentar por este tema
collie ['kɒlɪ] n collie m
collier ['kɒlɪə(r)] n **-1.** (miner) minero(a) m,f del carbón **-2.** (ship) barco m carbonero
colliery ['kɒlɪərɪ] n mina f de carbón
collision [kə'lɪʒən] n **-1.** (crash) colisión f, choque m; **to be in ~ (with)** chocar or colisionar (con), entrar en colisión (con); **to be on a ~ course** (aeroplanes, ships) estar a punto de chocar or colisionar ❑ AUT ~ **damage waiver** cobertura f parcial de daños por colisión **-2.** Fig (clash) enfrentamiento m; **they are on a ~ course** terminarán enfrentándose
collocate ['kɒləkeɪt] LING ◇ n colocador m, colocación f
◇ vi ser colocador típico or colocación típica (**with** de)
collocation [kɒlə'keɪʃən] n LING colocación f (típica), enlace m típico
colloid ['kɒlɔɪd] n CHEM coloide m
colloidal [kə'lɔɪdəl] adj CHEM coloidal ❑ ~ **suspension** suspensión f or sistema m coloidal
colloquia pl of **colloquium**
colloquial [kə'ləʊkwɪəl] adj coloquial
colloquialism [kə'ləʊkwɪəlɪzəm] n voz f or término m coloquial
colloquially [kə'ləʊkwɪəlɪ] adv coloquialmente; **known ~ as...** conocido(a) coloquialmente como...
colloquium [kə'ləʊkwɪəm] (pl **colloquia** [kə'ləʊkwɪə] or **colloquiums**) n Formal coloquio m
colloquy ['kɒləkwɪ] (pl **colloquies**) n Formal coloquio m
collude [kə'luːd] vi conspirar, confabularse; **to ~ with sb in sth** conspirar con alguien en algo, actuar en connivencia con alguien en algo

collusion [kə'luːʒən] n connivencia f; **to be in ~ with sb** estar en connivencia con alguien
collywobbles ['kɒlɪwɒbəlz] npl Fam **to have the ~** (be nervous) tener Esp canguelo or Méx mello or RP chuchi
Colo (abbr **Colorado**) Colorado
Cologne [kə'ləʊn] n Colonia
cologne [kə'ləʊn] n (**eau de**) ~ (agua f de) colonia f
Colombia [kə'lʌmbɪə] n Colombia
Colombian [kə'lʌmbɪən] ◇ n colombiano(a) m,f
◇ adj colombiano(a)
Colombo [kə'lʌmbəʊ] n Colombo
colon ['kəʊlən, 'kɒlən] n **-1.** ANAT colon m **-2.** (punctuation mark) dos puntos mpl
colonel ['kɜːnəl] n coronel m
colonial [kə'ləʊnɪəl] ◇ n **-1.** (colonist) colono m **-2.** Br Old-fashioned or Hum = persona de una antigua colonia británica
◇ adj **-1.** (power, life) colonial; Pej (attitude) colonialista **-2.** US (architecture) = de estilo colonial estadounidense **-3.** Br Formerly (troops, customs) = de las antiguas colonias británicas
colonialism [kə'ləʊnɪəlɪzəm] n colonialismo m
colonic [kə'lɒnɪk] adj de colon ❑ MED ~ **irrigation** irrigación f de colon
colonist ['kɒlənɪst] n colonizador(ora) m,f, colono m
colonization [kɒlənaɪ'zeɪʃən] n colonización f
colonize ['kɒlənaɪz] vt colonizar
colonizer ['kɒlənaɪzə(r)] n colonizador(ora) m,f
colonnade [kɒlə'neɪd] n columnata f
colony ['kɒlənɪ] n **-1.** (of people) colonia f; Fig **the English ~ in Paris** la colonia inglesa en París **-2.** (of animals) colonia f **-3.** HIST **the Colonies** Br las colonias, US = las trece colonias
colophon ['kəʊləfɒn, 'kɒləfən] n TYP **-1.** (ornament) logotipo m, símbolo m **-2.** (identifying publisher) colofón m
color, colored etc US = **colour, coloured** etc
Colorado [kɒlə'rɑːdəʊ] n Colorado ❑ ~ **beetle** escarabajo m de la Esp patata or Am papa
colorant ['kʌlərənt] n **-1.** (for food) colorante m **-2.** (for hair) tinte m
coloration [kʌlə'reɪʃən] n coloración f
coloratura [kɒlərə'tʊərə] n MUS **-1.** (passage, style) coloratura f **-2.** (singer) ~ (**soprano**) soprano f coloratura
colossal [kə'lɒsəl] adj colosal
colosseum = **coliseum**
colossus [kə'lɒsəs] (pl **colossi** [kə'lɒsaɪ] or **colossuses**) n **-1.** (statue) coloso m; HIST **the Colossus of Rhodes** el Coloso de Rodas **-2.** (person) coloso m,f, gigante m f
colostomy [kə'lɒstəmɪ] n MED colostomía f ❑ ~ **bag** = bolsa de evacuación para una colostomía
colour, US **color** ['kʌlə(r)] ◇ n **-1.** (hue) color m; **what ~ is it?** ¿de qué color es?; **it's blue in ~** es de color azul; **he painted the room in bright/dark colours** pintó la habitación de colores brillantes/oscuros; ~ **photograph/film** fotografía/película en color; **in ~** (film) en color; (magazine) a color ❑ PHOT ~ **balance** equilibrio m de colores; ~ **code** código m de colores; TYP ~ **correction** calibración f or corrección f de color; COMPTR ~ **display** monitor m en color; PHOT ~ **filter** filtro m de color; COMPTR ~ **monitor** monitor m en color; COMPTR ~ **printer** impresora f en color; COMPTR ~ **printing** impresión m en color; ~ **scheme** combinación f de colores; TYP ~ **separation** separación f de colores; ~ **supplement** (of newspaper) suplemento m en color; ~ **television** televisión f en color; PHYS ~ **temperature** temperatura f del color; ~ **therapy** cromoterapia f
-2. (complexion) color m; **her ~ isn't good** tiene mala cara; **to lose one's ~** palidecer,

colour-blind

perder los colores; **to get one's ~ back** recuperar los colores; **to bring the ~ back to sb's cheeks** hacer que alguien recupere los colores
-**3.** *(skin colour)* color *m* de la piel; **~ isn't an issue here** no se trata de una cuestión del color de la piel; *US* **person of ~ color** ❏ **~ bar** discriminación *f* racial; **to operate a ~ bar** discriminar racialmente; **~ prejudice** prejuicios *mpl* raciales
-**4.** *(aspect)* **the political ~ of a newspaper** el color (político) de un periódico; **under the ~ of patriotism** bajo el pretexto del patriotismo; **the matter took on a different ~ colour** el asunto tomó un cariz diferente
-**5.** *(liveliness, interest)* colorido *m*; **to give ~ to a story** dar colorido a una historia
-**6.** *(paint, dye)* **the colours have run** ha desteñido; **a box of colours** *(watercolour paints)* una caja de acuarelas
-**7.** MIL **~ party** = grupo de soldados que portan el estandarte del regimiento
-**8.** *(snooker ball)* bola *f* de color
-**9.** IDIOMS **to be off ~** *(person)* *Esp* estar pocho(a), *Am* estar de capa caída; *(joke)* estar fuera de tono; **let's see the ~ of your money** veamos primero el dinero
  ⬦ *vt* -**1.** *(change colour of)* colorear; **to ~ sth blue** *(in picture)* pintar *or* colorear algo de azul; *(with dye)* teñir algo de azul; **to ~ one's hair** teñirse el pelo -**2.** *(affect)* *(judgement, view)* influir en
  ⬦ *vi (blush)* ruborizarse

◆ **colour in,** *US* **color in** *vt sep* colorear

◆ **colour up** *vi (blush)* ruborizarse, sonrojarse

colour-blind, *US* **color-blind** ['kʌləblaɪnd] *adj* daltónico(a)

colour-blindness, *US* **color-blindness** ['kʌləblaɪndnɪs] *n* daltonismo *m*

colour-coded, *US* **color-coded** ['kʌlə'kəʊdɪd] *adj* **the wires are ~** los cables están coloreados de acuerdo con un código

coloured, *US* **colored** ['kʌləd] ⬦ *n* -**1.** *(person)* = término para referirse a una persona de color, a veces considerado ofensivo o anticuado -**2.** *SAfr* **Coloured** mestizo(a) *m,f* -**3. coloureds** *(clothes)* ropa *f* de color
  ⬦ *adj* -**1.** *(illustration)* coloreado(a); **brightly ~** de colores vivos; **~ pencils** lápices de colores -**2.** *(person)* = término para describir a una persona de color, hoy en día considerado ofensivo o anticuado -**3.** *SAfr* **Coloured** mestizo(a) -**4.** *(exaggerated)* **a highly ~ narrative** una narrativa llena de colorido

colour-fast, *US* **color-fast** ['kʌləfɑːst] *adj (fabric)* que no destiñe

colourful, *US* **colorful** ['kʌləfʊl] *adj* -**1.** *(having bright colours)* de colores vivos *or* brillantes -**2.** *(interesting, exciting)* lleno(a) de colorido; **a ~ character** un personaje pintoresco; **he has a ~ past** tiene un pasado pintoresco -**3.** *(vivid) (language, description)* expresivo(a), vívido(a); *Euph* **they used some rather ~ language** utilizaron un lenguaje muy subido de tono

colourfully, *US* **colorfully** ['kʌləfʊlɪ] *adv* -**1.** *(with bright colours)* con colores vivos *or* brillantes -**2.** *(vividly)* expresivamente, vívidamente; *Euph* **he expresses himself rather ~** utiliza un lenguaje muy subido de tono

colouring, *US* **coloring** ['kʌlərɪŋ] *n* -**1.** *(in food)* colorante *m* -**2.** *(complexion)* tez *f*; **to have dark/fair ~** ser de tez morena/clara -**3.** *(of animal)* colorido *m* -**4.** *(act)* **go and do some ~** vete a colorear ❏ **~ book** libro *m* para colorear

colouring-in, *US* **coloring-in** ['kʌlərɪŋ'ɪn] *n* **go and do some ~** vete a colorear ❏ **~ book** libro *m* para colorear

colourize, *US* **colorise** ['kʌləraɪz] *vt* CIN colorear, transformar por coloreado

colourless, *US* **colorless** ['kʌləlɪs] *adj* -**1.** *(clear)* incoloro(a) -**2.** *Fig (dull)* insulso(a), inexpresivo(a)

colours, *US* **colors** ['kʌləz] *npl* -**1.** *(of sports team)* colores *mpl*, camiseta *f*; *(in horse-racing)* colores *mpl*; **to wear the school ~** llevar los colores del colegio -**2.** MIL *(flag)* bandera *f*, enseña *f*; **to be called to the ~** ser llamado(a) a filas -**3.** IDIOMS **to pass with flying ~** aprobar con todos los honores; **to sail under false ~** navegar bajo falso pabellón; **to show oneself in one's true ~** quitarse la máscara

Colt® [kəʊlt] *n (revolver)* Colt® *m*

colt [kəʊlt] *n* -**1.** *(horse)* potro *m* -**2.** SPORT benjamín(ina) *m,f*

coltsfoot ['kəʊltsfʊt] *(pl* **coltsfoot** *or* **coltsfoots)** *n* tusílago *m*, fárfara *f*

columbine ['kɒləmbaɪn] *n* aguileña *f*

Columbus [kə'lʌmbəs] *n* **Christopher ~** Cristóbal Colón ❏ *US* **~ Day** = festividad que conmemora la llegada de Colón a América, *Esp* ≃ el día de la Hispanidad, *Am* ≃ el día de la Raza

column ['kɒləm] *n* -**1.** *(of building)* columna *f* -**2.** *(in newspaper)* columna *f*; **she has a ~ in "The Times"** tiene una columna en "The Times", es columnista de "The Times"; **the story got a lot of ~ inches** *(good coverage)* la prensa se hizo amplio eco de la noticia -**3.** *(of troops)* columna *f*; **a supply/relief ~** un convoy de aprovisionamiento/de ayuda humanitaria -**4.** *(on screen, in table)* columna *f* ❏ COMPTR **~ graph** gráfico *m* en columnas

columnist ['kɒləmɪst] *n* columnista *mf*

coma ['kəʊmə] *n* coma *m*; **in a ~** en un estado de coma; **to go into/be in a ~** entrar en/estar en coma

comatose ['kəʊmətəʊs] *adj* -**1.** MED comatoso(a) -**2.** *Fam (exhausted)* hecho(a) polvo; *(asleep)* frito(a), *Esp* sobado(a)

comb [kəʊm] ⬦ *n* -**1.** *(for hair)* peine *m*; *(worn in hair)* peineta *f*; **to run a ~ through one's hair, to give one's hair a ~** peinarse -**2.** *(for horses)* peine *m* -**3.** TEX *(for cotton, wool)* peine *m* -**4.** *(of cock)* cresta *f* -**5.** *(honeycomb)* panel *m* -**6.** **~ binding** *(plastic)* encuadernación *f* en canutillo
  ⬦ *vt* -**1.** *(hair)* **I combed the girl's hair** peiné a la chica; **to ~ one's hair** peinarse -**2.** *(horse)* peinar -**3.** TEX *(cotton, wool)* peinar; **combed cotton** algodón peinado -**4.** *(area, town)* peinar, rastrear minuciosamente; **she combed the book for references to the crisis** buscó por todo el libro referencias a la crisis

combat ['kɒmbæt] ⬦ *n* combate *m*; **to die in ~** caer *or* morir en combate; **women are now used in a ~ role** las mujeres son utilizadas ahora como combatientes ❏ **~ fatigue** fatiga *f* de combate; **~ fatigues** traje *m* de combate; **~ jacket** guerrera *f*; **~ trousers** pantalones *mpl* de combate; **~ unit** unidad *f* de combate; **~ zone** área *f* de combate
  ⬦ *vt (disease, prejudice, crime)* combatir

combatant ['kɒmbətənt] ⬦ *n* combatiente *mf*
  ⬦ *adj* combatiente

combative ['kɒmbətɪv] *adj* combativo(a), beligerante

combatively ['kɒmbətɪvlɪ] *adv* con combatividad *or* beligerancia

combination [kɒmbɪ'neɪʃən] *n* -**1.** *(mixture)* combinación *f*; **a ~ of circumstances** un cúmulo de circunstancias ❏ **~ therapy** *(for HIV)* terapia *f* combinada
-**2.** *(association, team)* **together they formed a winning ~** juntos forman una combinación ganadora
-**3.** *(code) (for lock, safe)* combinación *f* ❏ **~ lock** cierre *m* de combinación
-**4.** MATH combinación *f*
-**5.** *(in showjumping)* = obstáculo de dos o más partes
-**6.** *Br (motorbike and sidecar)* moto *f* con sidecar
-**7.** *Br* **combinations** *(underclothing)* calzoncillos *mpl* largos

combine ⬦ *n* ['kɒmbaɪn] -**1.** AGR **~ (harvester)** cosechadora *f* -**2.** ECON grupo *m* empresarial
  ⬦ *vt* [kəm'baɪn] combinar; **to ~ business with pleasure** combinar los negocios con el placer; **to ~ forces** aunar esfuerzos; **the event was organized by all the groups combined** el acontecimiento fue organizado por una combinación de todos los grupos; **this, combined with her other problems, made her ill** esto, en combinación *or* junto con sus otros problemas, hizo que enfermara
  ⬦ *vi* [kəm'baɪn] *(merge)* unirse, combinarse; *(people)* unirse; *(chemical elements)* combinarse

combined [kəm'baɪnd] ⬦ *adj* conjunto(a); **our ~ efforts** todos nuestros esfuerzos ❏ SPORT **~ event** clasificación *f* combinada; MIL **~ forces** fuerzas *fpl* conjuntas
  ⬦ *n* SPORT combinada *f*

combining form [kəm'baɪnɪŋfɔːm] *n* GRAM afijo *m*

combo ['kɒmbəʊ] *(pl* **combos***)* *n* -**1.** MUS conjunto *m* -**2.** *Fam (combination)* combinación *f*

combustible [kəm'bʌstɪbəl] *adj* combustible

combustion [kəm'bʌstʃən] *n* combustión *f* ❏ **~ chamber** cámara *f* de combustión; **~ engine** motor *m* de combustión

come [kʌm] *(pt* **came** [keɪm], *pp* **come)** ⬦ *vi* -**1.** *(in general)* venir **(from** de); *(arrive)* venir, llegar; **here ~ the children** ya llegan *or* ahí vienen los niños; **~ (over) here!** ¡ven aquí!; **~ and have a look** ven a ver; **I'll ~ and help** iré a ayudar; **coming!** ¡ya voy!; **she came running towards us** vino corriendo hacia nosotros; **the rain came pouring down** se puso a llover a cántaros; **can I ~ to the park with you?** ¿puedo ir al parque contigo?; **someone is coming to fix the VCR tomorrow** mañana vendrá alguien a arreglar el *Esp* vídeo *or Am* video; **why don't you ~ to dinner some time?** ¿por qué no vienes a cenar un día de éstos?; **she always comes to me for help** siempre acude a mí en búsqueda de ayuda; **to ~ to sb's rescue** acudir al rescate de alguien; **to ~ first/last** *(in race, competition)* llegar *or* terminar primero/último; *Fig* **my family comes first** mi familia es lo primero; **~ away from there, it's dangerous** sal *or Esp* quítate de ahí, que es peligroso; **my name comes before hers on the list** mi nombre está *or* va antes que el de ella en la lista; **to ~ for sth/sb** *(pick up)* venir en búsqueda *or Esp* busca de algo/alguien; **they came from three-nil down to win** remontaron el tres (a) cero y ganaron; **the pain comes and goes** el dolor es intermitente; **you can't just ~ and go as you please** no puedes entrar y salir como te dé la gana; **the deadline came and went** el plazo pasó; IDIOM *Fam* **I don't know whether I'm coming or going!** ¡no sé dónde tengo la cabeza!; *Fam* **~, ~!** ¡bueno, bueno!, *Esp* ¡venga ya!; *Fam* **~ again?** ¿cómo (dices)?; **lying comes naturally to her** mentir es algo natural en ella; **now that I ~ to think of it** ahora que lo pienso; **~ to that, he never told me either** ahora que lo mencionas, a mí tampoco me lo dijo
-**2.** *(in time)* venir; **Christmas is coming** llega la Navidad; **summer has ~ early this year** el verano se ha adelantado este año; **what comes next?** ¿qué viene a continuación?; **a chance like that won't ~ again** una oportunidad *or Am* chance como esa no se volverá a presentar; **the time has ~ to... ha** llegado el momento de...; **she will be ten ~ January** cumple diez años en enero; **the weather should be better ~ Sunday** el tiempo debería mejorar el domingo; **she's got a nasty shock coming** se va a llevar una sorpresa desagradable; **to take things as they ~** tomarse las cosas como vienen; **it came as a relief to me** fue un gran alivio para mí; **to ~ as a surprise** ser una sorpresa, resultar sorprendente; **it comes as no surprise that...** no es de extrañar que...; **~ what may** suceda lo que suceda; **in the days/years to ~** en días/años venideros; IDIOM *Fam* **he had it coming (to him)** se lo estaba buscando

-3. *(be available)* **it comes in three sizes** viene en tres tallas *or RP* talles; **the computer comes with a free modem** *Esp* el ordenador *or Am* la computadora viene con un módem de regalo; **work of that quality doesn't ~ cheap** un trabajo de esa calidad no sale barato; **do you want milk or sugar in your coffee? – I'll have it as it comes** ¿quieres el café con leche o con azúcar? – me da igual, como sea; *Fam* **he's as tough as they ~** es duro como el que más, *RP* es más duro que la miércoles; **it's as good as they ~** es de lo mejor que hay
-4. *(become)* **to ~ of age** hacerse mayor de edad; **how did the door ~ to be open?** ¿cómo es que estaba la puerta abierta?; **he has ~ to be regarded as the greatest novelist of his time** ha llegado a ser considerado el novelista más grande de su época; *Literary* **it came to pass that...** aconteció que...; **he had a poor start to the season but he came good eventually** comenzó mal la temporada pero con el tiempo se puso a la altura de lo que se esperaba de él; **to ~ loose** aflojarse; **to ~ open** abrirse; **to ~ true** cumplirse, hacerse realidad; **to ~ unstuck** fracasar
-5. *very Fam (have orgasm) Esp* correrse, *Am* venirse, *RP* irse
◇ *vt* **-1.** *(travel)* **we've ~ a long way to be here** hemos venido desde lejos para estar aquí; *Fig* **she has ~ a long way since then** ha progresado mucho desde entonces
-2. *Br Fam (pretend to be)* **don't ~ the innocent with me!** ¡no te hagas el inocente conmigo!; *Fam* **don't ~ it with me!** *(don't lie to me)* ¡no me vengas con ésas!; *(don't be cheeky) Esp* ¡no te pongas chulo(a) conmigo!, *Am* ¡no te hagas el vivo conmigo!
◇ *n very Fam (semen)* leche *f*
◆ **come about** *vi* **-1.** *(happen)* ocurrir, suceder; **how did it ~ about that...?** ¿cómo fue que...?; **the discovery came about quite by accident** el descubrimiento ocurrió de forma bastante accidental
-2. *(boat, wind)* cambiar de dirección *or* rumbo
◆ **come across** ◇ *vt insep (find)* encontrar, encontrarse con; **I've never ~ across that expression before** es la primera vez que encuentro esa expresión
◇ *vi (make an impression)* **to ~ across well/badly** quedar bien/mal, dar buena/mala impresión; **she comes across as (being) a bit arrogant** da la impresión de que es un poco arrogante
◆ **come across with** *vt insep Fam (provide)* **he came across with the money he owed me** me dio el dinero que me debía; **the crook came across with the names of his accomplices** el granuja reveló los nombres de sus cómplices
◆ **come after** *vt insep (chase)* perseguir
◆ **come along** *vi* **-1.** *(accompany)* **why don't you ~ along?** ¿por qué no te vienes?; **she asked me to ~ along (with them)** me pidió que les acompañara
-2. *(occur)* venir; **don't just accept the first job that comes along** no aceptes el primer trabajo que encuentres; **chances like this don't ~ along very often** oportunidades como ésta no se presentan todos los días
-3. *(as exhortation)* **~ along!** ¡vamos!, *Esp* ¡venga!
-4. *(project, work)* marchar, progresar; **the patient is coming along well** el paciente está mejorando; **how's the project coming along?** ¿qué tal marcha el proyecto?; **his Spanish is coming along well** su español va mejorando
◆ **come apart** *vi* deshacerse; **to ~ apart at the seams** descoserse; *Fig* **under pressure he came apart** se derrumbó ante la presión
◆ **come at** *vt insep (attack)* atacar, *Esp* ir a por; **he came at me with a knife** me atacó *or*

Esp fue a por mí con un cuchillo; **questions were coming at me from all sides** me llovían preguntas por todas partes
◆ **come away** *vi* **-1.** *(become detached)* soltarse; **to ~ away from sth** desprenderse de algo
-2. *(leave)* **~ away from that door!** ¡apártate de esa puerta!; **I came away from the meeting feeling cheated** salí de la reunión sintiéndome engañado
◆ **come back** *vi* **-1.** *(return)* volver, regresar, *Col, Méx* regresarse; **to ~ back to what I was saying,...** volviendo a lo que decía antes,...
-2. *(to memory)* **it's all coming back to me** ahora me acuerdo de todo
-3. *(reply)* responder; *US (retort)* replicar; **they came back with an argument in favour of the project** respondieron con un argumento a favor del proyecto
-4. *(recover)* recuperarse; **the Pistons came back strongly in the final quarter** los Pistons remontaron en el último cuarto
-5. *(become fashionable again)* ponerse de moda otra vez
◆ **come before** *vt insep* **-1.** *(court, judge)* comparecer ante; *(parliament)* presentarse ante
-2. *(be more important than)* anteponerse a
◆ **come between** *vt insep* **she won't let anything ~ between her and her work** no permite que nada interfiera con su trabajo; **let's not let this disagreement ~ between us** no dejemos que este desacuerdo se interponga entre nosotros
◆ **come by** ◇ *vt insep (acquire)* conseguir; **jobs are hard to ~ by** es difícil conseguir un trabajo; **how did she ~ by all that money?** ¿de dónde sacó todo ese dinero?
◇ *vi (visit)* pasarse; **I'll ~ by tomorrow** me pasaré mañana (por tu casa)
◆ **come down** ◇ *vt insep (descend) (ladder, stairs, mountain)* bajar por
◇ *vi* **-1.** *(descend)* bajar; *(rain)* caer; **~ down from that tree!** ¡bájate de ese árbol!; **the plane came down in a field/the sea** el avión tuvo que aterrizar en un campo/cayó al mar; **he's coming down from Scotland** viene desde Escocia; IDIOM **you've ~ down in my estimation** ahora te tengo en menos estima; IDIOM **to ~ down in the world** venir a menos
-2. *(reach)* **her hair comes down to her waist** el pelo le llega hasta la cintura
-3. *(collapse)* venirse abajo, hundirse; **the ceiling came down** el techo se vino abajo *or* se hundió
-4. *(decrease) (temperature, prices)* bajar, descender; **he's ready to ~ down 10 percent on the price** está dispuesto a bajar el precio un 10 por ciento
-5. *(be demolished)* demoler, derribar; **these shacks will soon ~ down** pronto demolerán *or* derribarán estas chozas
-6. *(decide)* **to ~ down in favour of** decantarse a favor de
-7. *(be passed down)* **a few fragmentary ballads are all that have come down to us** todo lo que nos ha llegado son los trozos de unas cuantas baladas; **this custom comes down from the Romans** esta costumbre se ha heredado *or* viene de los romanos
-8. *Br (from university)* licenciarse, *Am* egresar
◆ **come down on** *vt insep (reprimand)* regañar
◆ **come down to** *vt insep (be a matter of)* reducirse a, tratarse de; **when it comes down to it...** a la hora de la verdad...
◆ **come down with** *vt insep (become ill) Esp* pillar, *Am* agarrarse; **he came down with a cold** *Esp* pilló un resfriado, *Am* se agarró un resfrío
◆ **come forward** *vi (as candidate)* presentarse; **no witnesses have yet ~**

forward todavía no han aparecido testigos
◆ **come from** *vt insep* **-1.** *(originate from)* **to ~ from France** *(person)* ser francés(esa); **to ~ from Chicago** ser de Chicago; **to ~ from a middle-class background** proceder de un entorno de clase media; **where is the money going to ~ from?** ¿de dónde va a salir el dinero?; **this word comes from the Greek** esta palabra viene del griego; **that's surprising coming from him** viniendo de él, es sorprendente; *Fam Fig* **I can see where you're coming from, but...** entiendo tus razones, pero...
-2. *(result from)* **that's what comes from telling lies** eso es lo que pasa por contar mentiras
◆ **come in** *vi* **-1.** *(enter) (person)* entrar; **~ in!** ¡adelante!, ¡pase!; **I won't be coming in (to work) tomorrow** no vendré (a trabajar) mañana
-2. *(arrive) (train, flight)* llegar; **to ~ in first/second** llegar en primer/segundo lugar; **reports are coming in of a major accident** nos llegan noticias de un grave accidente; **it's nice to have some money coming in** está bien tener ingresos
-3. *(have a role)* entrar; *Fam* **that's where you ~ in** ahí es cuando entras tú
-4. *(prove to be)* **to ~ in handy** *or* **useful** resultar útil, venir bien
-5. *(comment)* intervenir; **can I ~ in on that last point?** ¿podría hacer un comentario sobre ese último punto?
-6. *(on radio)* **~ in unit number one, over** adelante unidad uno, cambio
-7. *(be introduced)* entrar en vigor; **when do the new rules ~ in?** ¿cuándo entran en vigor las nuevas normas?
-8. *(government)* llegar al poder
-9. *(become seasonable)* **when do strawberries ~ in?** ¿cuándo es la temporada de las fresas?
-10. *(become fashionable)* ponerse de moda
-11. *(tide)* subir
◆ **come in for** *vt insep* **to ~ in for praise/criticism** recibir alabanzas/críticas
◆ **come into** *vt insep* **-1.** *(enter) (room, city)* entrar en; **he came into my life five years ago** entró en mi vida hace cinco años; **luck didn't ~ into it** la suerte no tuvo nada que ver; **to ~ into existence** nacer, surgir; **to ~ into fashion** ponerse de moda; **to ~ into force** *or* **effect** *(of law, ruling)* entrar en vigor; **this bike really comes into its own on rough terrain** es en terrenos accidentados donde esta moto vale de verdad; **to ~ into the world** venir al mundo
-2. *(inherit)* heredar
◆ **come of** *vt insep (result from)* **no good will ~ of it** no saldrá nada bueno de esto; **everyone was keen on the idea, but nothing ever came of it** a todo el mundo le interesaba la idea, pero no se llegó a materializar; **that's what comes of being too ambitious** eso es lo que pasa por ser demasiado ambicioso
◆ **come off** ◇ *vt insep* **-1.** *(fall from) (horse, bicycle)* caerse de
-2. *(be removed from) (of button)* caerse; *(of label)* despegarse; *(of paint)* desconcharse; **the handle has ~ off this cup** se ha soltado el asa de esta taza
-3. *(stop taking) (medicine, drugs)* dejar de tomar
-4. *(have completed)* **the team is coming off a run of defeats** el equipo ha tenido una racha de derrotas
-5. *Fam* **~ off it!** *(don't be ridiculous)* ¡anda ya!
◇ *vi* **-1.** *(be removed) (button)* caerse; *(label)* despegarse; *(paint)* levantarse; **the handle came off in my hand** se me quedó el asa en la mano
-2. *(fall)* caerse
-3. *(leave football field)* retirarse
-4. *(succeed) (plan)* salir; *(joke)* funcionar; **my trip to China didn't ~ off** al final no me

fui de viaje a China
-5. *(fare, manage)* **to ~ off well/badly** *(in contest)* quedar bien/mal; **she came off worst again** ha vuelto a salir la peor parada

◆ **come on** ◇ *vi* -1. *(as exhortation)* **~ on!** *(hurry up, try harder)* ¡vamos!, *Esp* ¡venga!; *(expressing disbelief)* ¡anda ya!; **~ on in!** ¡entra!, ¡pasa!; **why don't you ~ on over to our place?** ¿por qué no te vienes a (nuestra) casa?
-2. *(make progress)* marchar, progresar; **how's the project coming on?** ¿qué tal marcha el proyecto?; **his Spanish is coming on well** su español va mejorando
-3. *(appear)* *(on stage, in movie)* salir, aparecer; *(substitute)* salir
-4. *Fam (behave, act)* **don't ~ on all macho with me!** ¡a mí no te me pongas macho!; **you came on a bit strong** te pasaste un pelo
-5. *(start)* *(heating, lights)* encenderse, *Am* prenderse; *(TV programme)* empezar; **I feel a cold coming on** me estoy resfriando *or* acatarrando; **as night came on** conforme se hacía de noche
◇ *vt insep (find) (person, object)* encontrar, encontrarse con

◆ **come on to** *vt insep* -1. *(proceed to consider)* **we now ~ on to the next point on the agenda** pasamos ahora al siguiente punto del orden del día
-2. *Fam (flirt)* intentar seducir a, *Esp* tirar los tejos a, *Méx* echarle los perros a, *RP* cargar a

◆ **come out** *vi* -1. *(person, sun)* salir; *(flower)* salir; COMPTR **to ~ out of a document** salir de un documento; **that didn't ~ out the way I meant it** no he querido decir eso
-2. *(magazine, book)* salir; *(movie)* estrenarse
-3. *(tooth, screw, hair)* caerse; *(stain)* salir, quitarse
-4. *(become known)* **it came out that...** se descubrió que...; **the truth will ~ out in the end** al final se sabrá la verdad
-5. *(declare oneself publicly)* **to ~ out in favour of/against sth** declararse a favor de/en contra de algo; **to ~ out on strike** declararse en huelga; *Fam* **to ~ out (of the closet)** *(homosexual)* salir del armario, declararse homosexual públicamente; *Hum* **he finally came out as a country and western fan** acabó declarándose abiertamente un fan de la música country
-6. *(emerge, finish up)* salir; **everything will ~ out fine** todo saldrá bien
-7. *(in competition, exam)* **I came out top in maths** fui el primero en matemáticas; **to ~ out on top** *(win)* ganar
-8. *Old-fashioned (into society)* debutar
-9. *(photographs)* salir; **the photos have ~ out well** las fotos han salido bien

◆ **come out at** *vt insep (amount to)* **the total comes out at 450** el total asciende a 450

◆ **come out in** *vt insep* **I came out in a rash** me salió un sarpullido; **I came out in spots** me salieron granos

◆ **come out of** *vt insep (result from)* **the only good thing to ~ out of it was...** lo único positivo del asunto fue...; **to ~ out of an affair well/badly** salir bien/mal parado(a) de un asunto

◆ **come out with** *vt insep* **to ~ out with an opinion** expresar una opinión; **she comes out with some really stupid comments** mira que dice tonterías a veces; **he finally came out with it** al final lo consiguió

◆ **come over** ◇ *vt insep (affect)* sobrevenir; **a strange feeling came over me** me sobrevino una extraña sensación; **what's ~ over you?** ¿qué te ha pasado?
◇ *vi* -1. *(move, travel in direction of speaker)* **at the party she came over to talk to me** se acercó a hablar conmigo en la fiesta; **his family came over with the early settlers** su familia llegó con los primeros colonos; **I met him in the plane coming over** me lo encontré en el vuelo que me traía aquí
-2. *(make impression)* **to ~ over well/badly** quedar bien/mal; **she comes over (as) a bit arrogant** da la impresión de que es un poco arrogante
-3. *(feel)* **to ~ over all funny** sentirse raro(a); **to ~ over all dizzy** marearse
-4. *(visit)* pasarse; **I'll ~ over tomorrow** me pasaré mañana (por tu casa)
-5. *(change sides)* **they came over to our side** se pasaron a nuestro bando; **he finally came over to their way of thinking** al final acabó por compartir su punto de vista

◆ **come round** *vi* -1. *(visit)* pasarse; **~ round and see me one day** pásate a verme un día
-2. *(regain consciousness)* volver en sí
-3. *(accept)* **to ~ round to sb's way of thinking** terminar aceptando la opinión de alguien
-4. *(change to better mood)* **don't worry, she'll soon ~ round** no te preocupes, ya se le pasará
-5. *(recur)* **my birthday has ~ round again** otra vez es mi cumpleaños; **the summer holidays will soon be coming round again** pronto llegarán otra vez las vacaciones de verano

◆ **come through** ◇ *vt insep* -1. *(penetrate)* penetrar, entrar -2. *(survive)* *(war, crisis, illness)* sobrevivir a
◇ *vi* -1. *(message, news)* llegar; **you're coming through loud and clear** se te recibe alto y claro
-2. *(show)* **the fear came through in his voice** el temor se revelaba en su voz; **her enthusiasm comes through in her letters** su entusiasmo se refleja en sus cartas
-3. *(survive)* sobrevivir
-4. *(enter)* pasar; **~ through into my office** pase a mi oficina
-5. *(be granted, approved)* **my request for a transfer finally came through** al final fue aprobada mi solicitud de traslado
-6. *US Fam (do what is expected)* **he came through in the end** al final hizo lo que tenía que hacer; **they came through with the money** pusieron el dinero

◆ **come to** ◇ *vt insep* -1. *(amount to)* sumar, alcanzar; **how much does it ~ to?** ¿a cuánto asciende?; **the scheme never came to anything, the scheme came to nothing** el plan se quedó en nada
-2. *(reach) (place, decision, conclusion)* llegar a; **to ~ to the end (of sth)** llegar al final (de algo); **to ~ to harm** sufrir daño; **to ~ to the point** ir al grano; **to ~ to rest** detenerse; **what is the world coming to?** ¿adónde vamos a ir a parar?; **when it comes to...** en cuestión de...; IDIOM **he got what was coming to him** se la estaba buscando; **if it comes to that, you're not exactly a genius either** si nos fijamos en eso, no es que tú seas tampoco un genio
-3. *(occur to)* **the answer came to him all of a sudden** la respuesta se le ocurrió de repente; **it will ~ to me later** ya me saldrá
◇ *vi (regain consciousness)* volver en sí

◆ **come together** *vi* -1. *(gather)* reunirse
-2. *(begin to go well)* **things are really starting to ~ together for us** las cosas nos están comenzando a salir bien

◆ **come under** *vt insep* -1. *(be classified under) (heading)* ir bajo
-2. *(be responsibility of)* **that doesn't ~ under our department** no es responsabilidad de nuestro departamento
-3. *(be subjected to) (pressure, scrutiny)* ser sometido(a) a; **his motives have ~ under suspicion** sus motivos han sido puestos en duda; **the measures have ~ under heavy criticism** las medidas han sido duramente criticadas; **to ~ under attack** ser atacado(a)

◆ **come up** ◇ *vt insep (stairs, hill)* subir
◇ *vi* -1. *(sun, plant)* salir, crecer; **my carrots are coming up nicely** la zanahorias están saliendo *or* creciendo muy bien
-2. *(reach)* **the mud came up to our knees** el barro nos llegaba a las rodillas
-3. *(arise) (opportunity, problem)* surgir, presentarse; *(issue, name)* surgir; *(job)* salir; **there are some interesting films coming up on television** van a poner algunas películas interesantes en la televisión; **I'll let you know if anything comes up** te avisaré si surge algo; **two glasses of wine, please – coming up!** dos vasos de vino, por favor – ¡marchando!; **a nice house has ~ up for sale** ha salido a la venta una casa bonita
-4. *(happen unexpectedly)* **she's ready for anything that might ~ up** está preparada para cualquier imprevisto; **I can't make it, something has ~ up** no voy a poder ir, me ha surgido algo
-5. *(happen in due course)* **Christmas is coming up** llega la Navidad
-6. LAW **to ~ up before the judge** *or* **the court** *(accused)* comparecer delante del juez *or* del tribunal; *(case)* verse delante del juez *or* del tribunal; **the case comes up for trial tomorrow** el caso se verá mañana
-7. *(travel)* venir; **we've got some friends coming up to visit us** van a venir a visitarnos unos amigos
-8. *(approach)* **to ~ up behind sb** acercarse a alguien por atrás
-9. *(go up)* subir; IDIOM **to ~ up in the world** ascender socialmente
-10. *(turn out)* **that old sideboard has ~ up beautifully** *(after cleaning)* ese aparador antiguo ha quedado estupendamente; IDIOM **to ~ up smelling of roses** salir airoso(a)
-11. *(turn on)* **when the lights came up at the interval** cuando se encendieron las luces en el intermedio
-12. *Br (to university)* empezar los estudios

◆ **come up against** *vt insep* **to ~ up against opposition/a problem** encontrarse con oposición/un problema

◆ **come up for** *vt insep* **the agreement is coming up for review** el acuerdo va a ser revisado; **the chairperson is coming up for re-election** se va a volver a elegir presidente

◆ **come upon** *vt insep (find) (person, object)* encontrar, encontrarse con

◆ **come up to** *vt insep* -1. *(approach)* acercarse a; **a man came up to me and started talking** un hombre se me acercó y comenzó a hablarme; **we're coming up to Christmas** se acerca la Navidad; **it's coming up to nine o'clock** ya son casi las nueve
-2. *(reach, equal)* llegar a (la altura de); **the water came up to her chin** el agua le llegaba a la (altura de la) barbilla; **the movie didn't ~ up to my expectations** la película no fue tan buena como yo esperaba

◆ **come up with** *vt insep* -1. *(find) (money)* encontrar
-2. *(think of)* **they came up with a wonderful idea** se les ocurrió una idea maravillosa; **what will she ~ up with next?** ¿qué será lo próximo que se le ocurra?

comeback ['kʌmbæk] *n* -1. *(of sportsperson)* vuelta *f* a la competición *or Am* competencia; *(of actor)* regreso *m*; **to make a ~** *(of fashion)* volver; *(of actor)* volver a actuar; *(of sportsperson)* volver a la competición *or Am* competencia -2. *(opportunity for retaliation)* posibilidad *f* de reclamar; **I've got no ~** no hay nada que pueda hacer, sólo me queda el recurso del pataleo -3. *(retort)* réplica *f*

COMECON ['kɒmɪkɒn] *n Formerly (abbr* **Council for Mutual Economic Assistance)** COMECON *m*, CAME *m*

comedian [kəˈmiːdɪən] n **-1.** (comic) humorista mf; Fig (funny person) payaso(a) m,f **-2.** THEAT (comic actor) actor m cómico

comedienne [kəmɪdɪˈen] n **-1.** (comic) humorista f **-2.** THEAT (comic actress) actriz f cómica

comedown [ˈkʌmdaʊn] n Fam degradación f

comedy [ˈkɒmədɪ] n **-1.** (play, movie) comedia f; (TV series) serie f cómica or de humor; IDIOM **it was a ~ of errors from start to finish** fue una payasada de principio a fin ❑ LIT **~ of manners** comedia f de costumbres **-2.** (humorous entertainment) humor m; **comedy show** (on TV) programa m de humor **-3.** (humorousness) gracia f, comicidad f

come-hither [kʌmˈhɪðə(r)] adj Fam **~ look** mirada seductora

comely [ˈkʌmlɪ] adj Literary hermoso(a), bello(a)

come-on [ˈkʌmɒn] n Fam **to give sb the ~** (sexually) intentar seducir a alguien, Esp tirar los tejos a alguien, Méx echarle los perros a alguien, RP cargar a alguien; **it was a ~ to get buyers interested** era un señuelo para atraer a los compradores

comer [ˈkʌmə(r)] n **-1.** (arrival) **open to all comers** abierto a todo el mundo; **he was willing to take on all comers** estaba dispuesto a enfrentarse a cualquier rival **-2.** US Fam (potential success) **she's a real ~!** ¡tiene mucho potencial!, ¡promete mucho!

comestibles [kəˈmestɪbəlz] npl Formal comestibles mpl

comet [ˈkɒmɪt] n cometa m

come-uppance [kʌmˈʌpəns] n Fam **he'll get his ~** ya tendrá su merecido

comfort [ˈkʌmfət] ◇ n **-1.** (ease) comodidad f; **to live in ~** vivir confortablemente; **in the ~ of one's own home** en el calor del hogar; **the bullets were too close for ~** las balas pasaban peligrosamente cerca ❑ **~ food** = comida sencilla y que llena; US **~ station** servicio m, Esp aseos mpl, Am baños mpl, Am lavatorios mpl
-2. (amenities) **every modern ~** todas las comodidades modernas; **I like my ~ or comforts** me gustan las comodidades
-3. (consolation) consuelo m; **it's a ~ to know the children are safe** consuela saber que los niños están a salvo; **if it's any ~,...** si te sirve de consuelo,...; **to take ~ from** or **in sth** consolarse con algo; **I took ~ from** or **in the knowledge that it would soon be over** me consoló saber que pronto acabaría; Ironic **some ~ you are/that is!** ¡menudo consuelo!
◇ vt (console) consolar, confortar

comfortable [ˈkʌmfətəbəl] adj **-1.** (bed, chair, clothes, shoes) cómodo(a); (room) cómodo(a), confortable; **to be ~** (person) estar cómodo(a); **to make oneself ~** ponerse cómodo(a); **to feel ~** sentirse a gusto, sentirse cómodo(a); **I wouldn't feel ~ accepting that money** no me sentiría bien si aceptara ese dinero
-2. (income) holgado(a); (life) cómodo(a); **to be in ~ circumstances** estar en una situación holgada or desahogada
-3. (patient) estable; **the patient is ~** el paciente no sufre demasiados dolores; **he had a ~ night** pasó una noche relajada
-4. (majority, lead, win) holgado(a); **we're leading by a ~ margin** vamos ganando por un holgado margen

comfortably [ˈkʌmfətəblɪ] adv **-1.** (to sit) cómodamente **-2.** (without difficulty) holgadamente, cómodamente; **to live ~** vivir sin apuros; **to win ~** ganar holgadamente; **we should manage it ~ in two hours** deberíamos poder hacerlo con toda comodidad en dos horas **-3.** (in financial comfort) holgadamente, desahogadamente; **to be ~ off** estar en una situación holgada or desahogada

comforter [ˈkʌmfətə(r)] n **-1.** US (quilt) edredón m **-2.** (for baby) chupete m **-3.** Old-fashioned (scarf) bufanda f

comforting [ˈkʌmfətɪŋ] adj reconfortante

comfrey [ˈkʌmfrɪ] n consuelda f

comfy [ˈkʌmfɪ] adj Fam (bed, chair) cómodo(a); **to be ~** (person) estar cómodo(a)

comic [ˈkɒmɪk] ◇ n **-1.** (performer) cómico(a) m,f, humorista mf **-2.** (magazine) **~ (book)** (for children) Esp tebeo m, Am revista f de historietas, CSur revista f de chistes; (for adults) cómic m **-3.** US **comics** (in newspaper, magazine) tiras fpl cómicas
◇ adj cómico(a); **to provide some ~ relief** aliviar la situación con un toque de humor ❑ **~ opera** ópera f cómica or bufa; **~ strip** tira f cómica

COMIC RELIEF

Se trata de una organización benéfica británica fundada por un grupo de comediantes con el fin de recaudar fondos para los pobres y para causas humanitarias tanto del Reino Unido como en el extranjero. Cada dos años se celebra el "Comic Relief Day" que consiste fundamentalmente en un maratón televisivo en el que se anima a los televidentes a que aporten donativos para varias organizaciones y proyectos benéficos. Características de este día son las narices rojas de payaso que lucen todos los que al adquirirlas han contribuido a tales causas, por lo que esa fecha también es conocida como "Red Nose Day".

comical [ˈkɒmɪkəl] adj cómico(a)

coming [ˈkʌmɪŋ] ◇ n **-1.** (of person) venida f, llegada f; (of night) caída f; **there was a lot of ~ and going next door** había muchas idas y venidas en la puerta de al lado; **I've lost track of all the comings and goings in this company** he perdido la cuenta de la gente que llega y se va de esta empresa
-2. **~ of age** (reaching adulthood) mayoría de edad; **the ~ of age of Icelandic cinema** la mayoría de edad del cine islandés **-3.** Old-fashioned **~ out** (in society) debut, presentación
◇ adj **-1.** (approaching) (year, week) próximo(a); **this ~ week** la semana próxima or que viene **-2.** Fam (promising) **he's the ~ man** es un tipo con una gran proyección de futuro

Comintern [ˈkɒmɪntɜːn] n HIST (abbr **Communist International**) Comintern f, Komintern f

comma [ˈkɒmə] n coma f

command [kəˈmɑːnd] ◇ n **-1.** (order) orden f; **to give a ~** dar una orden; **to do sth at sb's ~** hacer algo por orden de alguien; **they are at your ~** están a sus órdenes ❑ THEAT & TV **~ performance** gala f real
-2. (authority, control) (of army, expedition) mando m; **to be in ~ (of)** estar al mando (de); **to be in ~ of a situation** dominar una situación; **to be at sb's ~** estar a las órdenes de alguien; **he took ~ of the situation** tomó el mando de la situación ❑ MIL **~ and control** centro m de mando; ECON **~ economy** economía f dirigida; ASTRON **~ module** módulo m de mando; **~ post** puesto m de mando
-3. (mastery) dominio m; **~ of the seas** dominio de los mares; **she has a good ~ of English** tiene un buen dominio del inglés; **he has many resources at his ~** tiene muchos recursos a su disposición
-4. MIL **Northern/Southern ~** (area) el comando Norte/Sur
-5. COMPTR comando m, instrucción f ❑ **~ interpreter** intérprete m de comandos; **~ key** tecla f de comando; **~ language** lenguaje m comando, lenguaje m de comandos; **~ line** línea f de comando; **~ processor** intérprete m de procesos
◇ vt **-1.** (order) mandar, ordenar; **to ~ sb to do sth** mandar a alguien que haga algo; **she commanded that we leave immediately** nos ordenó que nos marcháramos de inmediato
-2. (ship, regiment) estar al mando de, mandar
-3. (have at one's disposal) disponer de; **with all the skill he could ~** con toda la habilidad de que disponía
-4. (inspire) (respect, admiration) infundir, inspirar; (attention) obtener; **to ~ a high price** alcanzar un precio elevado; **she can ~ a high salary** puede pedir or exigir un buen sueldo
-5. (of building, statue) **the statue/building commands a view of the entire city** desde la estatua/el edificio se ve toda la ciudad

commandant [ˈkɒməndænt, kɒmənˈdænt] n MIL comandante mf

commandeer [kɒmənˈdɪə(r)] vt **-1.** MIL requisar **-2.** (take for one's own use) apropiarse de

commander [kəˈmɑːndə(r)] n **-1.** (person in charge) (of garrison, camp, unit) comandante mf **-2.** Br NAUT capitán(ana) m,f de fragata **-3.** (of police) = oficial de policía de alta graduación a cargo de un distrito de Londres

commander-in-chief [kəˈmɑːndərɪnˈtʃiːf] n MIL comandante mf en jefe

commanding [kəˈmɑːndɪŋ] adj **-1.** MIL **~ officer** oficial m (al mando) **-2.** (dominant) (position) dominante; (lead) abrumador(ora) **-3.** (tone, appearance) autoritario(a)

commandment [kəˈmɑːndmənt] n REL mandamiento m; **to keep the commandments** cumplir los mandamientos

commando [kəˈmɑːndəʊ] (pl **commandos**) n MIL (soldier, unit) comando m; **a ~ raid** una incursión de comandos; **a ~ unit** una unidad de comandos

commemorate [kəˈmeməreɪt] vt conmemorar

commemoration [kəmeməˈreɪʃən] n conmemoración f; **in ~ of** en conmemoración de

commemorative [kəˈmemərətɪv] adj conmemorativo(a)

commence [kəˈmens] Formal ◇ vt comenzar; **to ~ doing sth** comenzar a hacer algo; LAW **to ~ proceedings against sb** entablar un pleito contra alguien
◇ vi comenzar

commencement [kəˈmensmənt] n **-1.** Formal (beginning) comienzo m, inicio m **-2.** US UNIV ceremonia f de graduación

COMMENCEMENT

Designa la ceremonia de graduación que tiene lugar en las universidades y centros de enseñanza secundarios de EE.UU. Los estudiantes lucen las típicas togas académicas y el núcleo de la ceremonia gira en torno al discurso conocido como "Commencement address". Por lo general, en las universidades el discurso lo pronuncia una personalidad destacada o un político, y en las más afortunadas el presidente de la nación es el encargado de pronunciarlo.

commend [kəˈmend] vt **-1.** (praise) encomiar, elogiar; **to ~ sb for bravery** elogiar la valentía de alguien; **highly commended** accésit, mención
-2. (recommend) **he commended the proposal to the committee** encomendó la propuesta a la comisión; **the train journey has little to ~ it** el viaje en tren tiene poco de recomendable
-3. (entrust) encomendar (**to** a); REL **we commended our souls to God** encomendamos nuestras almas a Dios

commendable [kəˈmendəbəl] adj encomiable

commendably [kəˈmendəblɪ] adv **his speech was ~ brief** su discurso fue de una brevedad digna de encomio

commendation [kɒmenˈdeɪʃən] n **-1.** (praise) encomio m; **worthy of ~** digno(a) de encomio or mención **-2.** (award in competition) accésit m, mención f; **to receive a ~** recibir un accésit or una mención

commensurate [kəˈmenʃərət] adj Formal acorde (**with** con), proporcional (**with** a); **you will receive a salary ~ with the position** percibirá un salario adecuado a su puesto; **of ~ value** de un valor similar

comment [ˈkɒment] ◇ n **-1.** (remark) comentario m; **to make a ~ on sth** hacer un comentario acerca de algo; **she let it pass without ~** lo dejó pasar sin hacer ningún comentario; **(it's a) fair ~** no te/le/etc. falta razón
-2. (reaction) impresiones fpl, valoraciones

fpl; **no one was available for ~** nadie quiso hacer declaraciones *or* valorar el asunto; **no ~** sin comentarios
  -**3**. *(gossip, criticism)* **the decision provoked much ~** la decisión suscitó muchos comentarios
  -**4**. *(note)* comentario *m*
  ◇ *vt* **to ~ that...** comentar que...;**"how interesting," he commented** "qué interesante", comentó
  ◇ *vi* hacer comentarios; **to ~ on sth** comentar algo

commentary ['kɒməntəri] *n* -**1**. *(on TV, radio)* comentarios *mpl* ❏ SPORT **~ box** cabina *f* de comentaristas -**2**. *(on text)* comentario *m*

commentate ['kɒmənteɪt] *vi (for TV, radio)* hacer de comentarista; **to ~ on a match** ser el comentarista de un partido

commentator ['kɒmənteɪtə(r)] *n (on TV, radio)* comentarista *mf*; **a political ~** un(a) comentarista político(a)

commerce ['kɒmɜːs] *n* -**1**. *(trade)* comercio *m* -**2**. *Formal (of ideas, opinions)* intercambio *m* -**3**. *(government department)* el Ministerio de Comercio; *US* **Secretary of Commerce** Ministro(a) de Comercio

commercial [kə'mɜːʃəl] ◇ *adj* -**1**. *(relating to business)* comercial ❏ **~ artist** diseñador(ora) *m,f* gráfico(a) de publicidad; FIN **~ bank** banco *m* comercial; TV & RAD **~ break** pausa *f* publicitaria; **~ college** escuela *f* de secretariado administración; **~ contract** contrato *m* mercantil; **~ department** departamento *m* comercial; **~ law** derecho *m* mercantil; **~ paper** efecto *m* de comercio; **~ photography** fotografía *f* publicitaria; **~ traveller** viajante *mf* de comercio; **~ value** valor *m* comercial; **~ vehicle** vehículo *m* de transporte de mercancías
  -**2**. *(profitable)* rentable; **it's not a ~ proposition** no es rentable
  -**3**. *Pej (profit-seeking)* comercial; **their motives are purely ~** sus motivos son estrictamente comerciales
  -**4**. *(television, radio)* comercial
  ◇ *n (TV, radio advertisement)* anuncio *m* (publicitario)

commercialism [kə'mɜːʃəlɪzəm] *n Pej* comercialismo *m*

commercialize [kə'mɜːʃəlaɪz] *vt* explotar

commercially [kə'mɜːʃəlɪ] *adv* comercialmente; **to be ~ successful** *(product)* ser un éxito de ventas; *(movie, play)* ser un éxito de taquilla *or Am* boletería; **~ viable** rentable, viable desde el punto de vista económico

commie ['kɒmɪ] *Fam Pej* ◇ *n (communist)* rojo(a) *m,f*
  ◇ *adj* rojo(a)

commis ['kɒmɪ] *n (waiter)* ayudante *mf* de camarero; **~ (chef)** ayudante *mf* de cocina

commiserate [kə'mɪzəreɪt] *vi* **he commiserated with me** me dijo cuánto lo sentía

commiseration [kəmɪzə'reɪʃən] *n* **he offered his commiserations** dijo cuánto lo sentía; **(you have) my commiserations** te compadezco, cuánto lo siento

commissar [kɒmɪ'sɑː(r)] *n* POL comisario(a) *m,f* político(a)

commissariat [kɒmɪ'seərɪət, kɒmɪ'sɑːrɪət] *n* -**1**. HIST *(in Soviet Union)* comisariado *m* -**2**. MIL *(department)* intendencia *f* -**3**. MIL *(food supplies)* provisiones *fpl*

commissary ['kɒmɪsərɪ] *n US* -**1**. MIL *(shop)* economato *m* -**2**. MIL *(officer)* intendente *mf* -**3**. *(cafeteria)* cafetería *f (en estudio cinematográfico)*

commission [kə'mɪʃən] ◇ *n* -**1**. COM *(payment)* comisión *f*; **to charge ~** cobrar comisión; **to work on a ~ basis** trabajar a comisión; **I get (a) 5 percent ~** me llevo el 5 por ciento de comisión
  -**2**. *(order)* encargo *m*; **to give a ~ to an artist** encargar algo a un artista
  -**3**. *(body)* comisión *f*, comité *m*; **~ of inquiry, fact-finding ~** comisión de investigación ❏ **Commission for Racial Equality** = organismo británico subvencionado por el gobierno que lucha contra el racismo
  -**4**. *(service)* **out of/in ~** *(ship)* fuera de/en servicio; *(machine, car)* averiado(a)/en funcionamiento; **you'll be out of ~ for six weeks** *(to athlete)* estarás alejado de las pistas durante seis semanas
  -**5**. MIL nombramiento *m*; **to resign one's ~** renunciar al rango de oficial
  -**6**. *Formal (of deed, crime)* comisión *f*, perpetración *f*; **sins of ~ and omission** pecados de obra y omisión
  ◇ *vt* -**1**. *(order) (new building, work of art, book)* encargar; **to ~ sb to do sth** encargar a alguien hacer algo *or* que haga algo -**2**. MIL **to be commissioned** ser nombrado(a)
  -**3**. *(ship)* poner en servicio

commissionaire [kəmɪʃə'neə(r)] *n Br (at hotel, cinema)* portero *m* de librea

commissioner [kə'mɪʃənə(r)] *n* -**1**. *(member of commission)* comisionado(a) *m,f*; EU comisario(a) *m,f* -**2**. **~ of police** comisario(a) *m,f* de policía -**3**. LAW **~ for oaths** ≃ notario(a) *m,f*, *CRica, Ecuad, RP* ≃ escribano(a) *m,f*

commissioning [kə'mɪʃənɪŋ] *n (in publishing)* = encargo de trabajos ❏ **~ editor** = director editorial responsable de encargar trabajos externos

commit [kə'mɪt] ◇ *vt* -**1**. *(error, crime)* cometer; **to ~ suicide** suicidarse
  -**2**. **to ~ oneself** *(promise)* comprometerse; **to ~ oneself to (doing) sth** comprometerse a (hacer) algo; **he refused to ~ himself** rechazó comprometerse
  -**3**. *(oblige)* obligar; **to ~ sb to doing sth** obligar a alguien a hacer algo
  -**4**. *(entrust)* confiar, encomendar; **to ~ sth to writing** *or* **paper** poner algo por escrito; **to ~ sth to memory** memorizar algo
  -**5**. *(send)* **to ~ sb to prison** encarcelar a alguien; **he was committed** *(to mental institution)* fue ingresado en un psiquiátrico; **to ~ troops to a battle** asignar tropas para una batalla
  -**6**. LAW **to ~ sb for trial** enviar a alguien a un tribunal superior para ser juzgado
  -**7**. POL *(legislative bill)* enviar a una comisión
  ◇ *vi (emotionally)* comprometerse

commitment [kə'mɪtmənt] *n* -**1**. *(obligation)* compromiso *m*; **I'm afraid I have other commitments** me temo que tengo otros compromisos; **family commitments** compromisos familiares; **my present financial commitments mean I am unable to help** mis compromisos financieros actuales me impiden ayudar; COM **free home trial with no ~ to buy** prueba en casa gratuita sin obligación de compra
  -**2**. *(promise)* compromiso *m*; **to make a ~ (to sth/sb)** comprometerse (con algo/alguien)
  -**3**. *(dedication)* entrega *f* **(to** a), compromiso *m* **(to** con); **his ~ to the cause of legal reform** su entrega a *or* su compromiso con la causa de la reforma legal; **she lacks ~** no se entrega *or* compromete lo suficiente
  -**4**. *(emotional engagement)* **so many men avoid ~ in relationships** hay tantos hombres que evitan comprometerse en las relaciones
  -**5**. POL *(of legislative bill)* envío *m* a una comisión

committal [kə'mɪtəl] *n* -**1**. *(to mental hospital, prison)* reclusión *f*, ingreso *m* **(to** en) ❏ LAW **~ proceedings** auto *m* de prisión, orden *f* de encarcelamiento -**2**. *(of coffin to ground)* enterramiento *m*, sepultura *f*

committed [kə'mɪtɪd] *adj* -**1**. *(dedicated) (writer, artist)* comprometido(a); **a ~ Socialist/Christian** un(a) socialista/cristiano(a) comprometido(a); **he didn't seem very ~** no parecía muy entregado; **to be ~ to an idea** estar comprometido(a) con una idea -**2**. *(under obligation)* comprometido(a); **you're not ~ to paying a fixed sum** no está obligado *or* no se compromete a pagar una suma fija

committee [kə'mɪtɪ] *n* comité *m*, comisión *f*; **to sit** *or* **be on a ~** ser miembro de un comité ❏ **~ of inquiry** comisión *f* investigadora; **~ meeting** reunión *f* del comité; **~ member** miembro *mf* del comité; EU **Committee of the Regions** comité *m* de las Regiones; *Br* PARL **~ stage** *(of bill)* = fase de aprobación de una ley en la que la estudia una comisión de diputados

committeeman [kə'mɪtɪmən] *n* miembro *m* de un comité *or* una comisión

committeeperson [kə'mɪtɪpɜːsən] *n* miembro *mf* de un comité *or* una comisión

committeewoman [kə'mɪtɪwʊmən] *n* miembro *f* de un comité *or* una comisión

commode [kə'məʊd] *n* -**1**. *(chest of drawers)* cómoda *f* -**2**. *(for chamberpot)* silla *f* con orinal, silla *f (de)* servicio

commodious [kə'məʊdɪəs] *adj Formal* amplio(a), espacioso(a)

commodity [kə'mɒdɪtɪ] *n* -**1**. *(product)* bien *m* de consumo, *Fig* **a rare ~** un bien muy escaso -**2**. ECON & FIN producto *m* básico ❏ **~ exchange** bolsa *f* de materias primas; **~ futures** contrato *m* de futuros sobre productos; **the ~** *or* **commodities market** el mercado de materias primas

commodore ['kɒmədɔː(r)] *n* -**1**. *(in navy)* comodoro *m* -**2**. *(of merchant ships)* = capitán al mando de un convoy de buques -**3**. *(of shipping line)* = capitán al mando de una flota de buques -**4**. *(of yacht club)* presidente(a) *m,f*

common ['kɒmən] ◇ *n* -**1**. **to have sth in ~ (with sb)** tener algo en común (con alguien); **they have certain ideas in ~** tienen algunas ideas en común; **in ~ with you,...** al igual que tú,... -**2**. *(land)* = campo municipal para uso del común, ≃ ejido *m*
  ◇ *adj* -**1**. *(frequent, widespread)* común, frecuente; **it's quite ~ for people to find the experience upsetting** es bastante común *or* frecuente que la experiencia resulte traumática; **a ~ occurrence** un suceso común *or* frecuente; **it was a ~ sight in my youth** era bastante común cuando era joven; **the ~ belief of the period that...** entonces se creía que...; **it's ~ practice nowadays** es común hoy en día; **in ~ use** de uso corriente
  -**2**. *(shared)* común (**to** a); *Br* **to make ~ cause with sb** hacer causa común con alguien; **it is by ~ consent the best** está considerado por todos como el mejor; **it's ~ knowledge** es de(l) dominio público ❏ EU **Common Agricultural Policy** Política *f* Agrícola Común; MATH & *Fig* **~ denominator** denominador *m* común; *Br* SCH **Common Entrance** = examen de ingreso a un colegio privado, que se realiza normalmente a los trece años; EU **~ external tariff** arancel *m* externo común, tarifa *f* exterior común; MATH & *Fig* **~ factor** factor *m* común; EU **Common Fisheries Policy** Política *f* Pesquera Común; COMPTR **~ gateway interface** interfaz *f* común de pasarela; **the ~ good** el bien común; **~ grave** fosa *f* común; *Fig* **~ ground** puntos *mpl* en común; **~ land** terreno *m* comunal; **~ law** derecho *m* consuetudinario; *Formerly* **the Common Market** el Mercado Común; **~ ownership** propiedad *f* colectiva; **~ property** bienes *mpl* comunales; **~ room** *(in institution)* sala *f* de estar, salón *m*; *(for pupils)* sala *f* de alumnos; *(for teachers)* sala *f* de profesores
  -**3**. *(average, ordinary)* común, corriente; **it's only ~ courtesy to reply** lo cortés en estos casos es responder ❏ **~ carrier** transportista *mf*; **the ~ cold** el *Esp, Méx* resfriado *or Andes, RP* resfrío común; **~ criminal** delincuente *mf* común; **the ~ man** el ciudadano medio; **~ name** *(of plant)* nombre *m* común; **the ~ people** la gente corriente; **~ sense** sentido *m* común; *US* ST EXCH **~ stock** acciones *fpl* ordinarias; **the ~ touch** el don de gentes
  -**4**. *(vulgar)* ordinario(a); IDIOM *Fam* **as ~ as muck** más basto(a) que la lija, vulgarote(a), *RP* regroncho(a)
  -**5**. GRAM *(gender)* común ❏ **~ noun** nombre *m or* sustantivo *m* común
  -**6**. MUS **~ time** *or* **measure** cuatro por cuatro

commonality [kɒmən'ælɪtɪ] n Formal **-1.** (shared area) **there is a ~ of interest between the two groups** hay cierta comunidad de intereses entre los dos grupos **-2.** (common people) **the ~** la plebe

commonalty ['kɒmənltɪ] n Formal (common people) **the ~** la plebe

commoner ['kɒmənə(r)] n **-1.** (not noble) plebeyo(a) m,f **-2.** Br UNIV = estudiante que no disfruta de una de las becas que concede su universidad

common-law ['kɒmənlɔ:] adj **~ husband** esposo m de hecho; **~ marriage** matrimonio m or unión f de hecho; **~ wife** esposa f de hecho

commonly ['kɒmənlɪ] adv **-1.** (usually, generally) comúnmente; **~ known as...** comúnmente conocido como... **-2.** (vulgarly) ordinariamente

common-or-garden [kɒmənɔ:'gɑ:dən] adj Br Fam corriente y moliente, común y corriente

commonplace ['kɒmənpleɪs] ◇ n tópico m, lugar m común
◇ adj común, habitual; **mobile phones have become ~** los teléfonos móviles se han convertido en algo muy común or habitual

Commons ['kɒmənz] npl Br & Can **the (House of) ~** la Cámara de los Comunes

commons ['kɒmənz] npl **-1.** Archaic or Literary **the commons** (common people) la plebe **-2.** Old-fashioned or Hum (food) **we'll be on short ~ till the end of the month** tendremos que ponernos a dieta hasta final de mes

common-sense ['kɒmənsens], **commonsensical** [kɒmən'sensɪkəl] adj (attitude, approach, decision) con sentido común

commonweal ['kɒmənwi:l] n Literary (common good) bien m común

Commonwealth ['kɒmənwelθ] n **-1.** (of nations) **the (British) ~** la Commonwealth, la Comunidad Británica de Naciones ❑ **the ~ Games** los Juegos de la Commonwealth **-2.** (in state names) **the ~ of Australia** la Commonwealth of Australia; **the ~ of Massachusetts/Pennsylvania** el Estado de Massachusetts/Pensilvania ❑ **the ~ of Independent States** la Confederación de Estados Independientes **-3.** HIST **the ~** la República, = en Inglaterra, el periodo transcurrido entre la ejecución de Carlos I en 1649 y la Restauración de 1660

COMMONWEALTH

La **Commonwealth** se compone de 54 estados soberanos que, en algún momento, formaron parte del Imperio Británico. El término **Commonwealth** fue inventado en 1884, pero su estatuto —fundado sobre principios de autonomía, igualdad y lealtad a la corona por parte de las colonias y dependencias británicas— no fue adoptado hasta 1931.
A pesar del desmoronamiento del Imperio, el monarca británico continúa a la cabeza de la **Commonwealth** y los dirigentes de todos los estados miembros se reúnen bienalmente en la para celebrar la "Commonwealth Conference". El "Commonwealth Day", que remplazó al "Empire Day" en 1958, se celebra el día del aniversario oficial de la reina Isabel II. Los juegos de la **Commonwealth** permiten a los estados miembros competir en la mayoría de las disciplinas olímpicas y tienen lugar cada cuatro años en un país diferente.

commotion [kə'məʊʃən] n **-1.** (noise) alboroto m; **what's all the ~ (about)?** ¿a qué viene todo este alboroto? **-2.** (uproar) alboroto m, tumulto m; **to cause a ~** causar un alboroto

comms [kɒmz] n COMPTR comunicaciones fpl ❑ **~ package** software m de comunicaciones; **~ port** puerto m de comunicaciones

communal ['kɒmjʊnəl] adj **-1.** (shared) (bathroom, changing room) comunal, compartido(a) **-2.** (of community) comunitario(a); **a ~ activity** una actividad comunitaria; **~ life** vida en comunidad **-3.** (between social groups) **~ violence** violencia entre comunidades

communally ['kɒmjʊnəlɪ] adv en comunidad; **~ owned** de propiedad comunitaria

commune ◇ n ['kɒmju:n] **-1.** (collective) comuna f **-2.** (administrative unit) municipio m, Am comuna f **-3.** HIST **the (Paris) Commune** la Comuna de París
◇ vi [kə'mju:n] estar en comunión (**with** con); **to ~ with nature** estar en comunión con la naturaleza

communicable [kə'mju:nɪkəbəl] adj **-1.** (information, ideas) que se puede comunicar **-2.** (disease) contagioso(a)

communicant [kə'mju:nɪkənt] n REL comulgante mf

communicate [kə'mju:nɪkeɪt] ◇ vt (information, idea, feelings) comunicar (**to** a)
◇ vi **-1.** (person) comunicarse (**with** con); **they ~ with each other by phone** se comunican por teléfono; **we can't seem to ~ any more** ya no nos comunicamos como antes **-2.** (rooms) comunicarse (**with** con)

communicating [kə'mju:nɪkeɪtɪŋ] adj (rooms) que se comunican; **~ door** puerta de comunicación ❑ **~ vessels** vasos mpl comunicantes

communication [kəmju:nɪ'keɪʃən] n **-1.** (contact) comunicación f; **to be in ~ (with sb)** estar en contacto (con alguien); **he broke off all ~ with us when he resigned** cortó las relaciones con nosotros tras su dimisión; **radio ~** comunicación por radio ❑ **~ cord: to pull the ~ cord** accionar la alarma (en los trenes); **~ skills** dotes fpl or aptitud f para la comunicación **-2.** Formal (message) comunicado m

communications [kəmju:nɪ'keɪʃənz] npl **-1.** (means of contact, transport) comunicaciones fpl; **~ are very poor in this region** las comunicaciones son muy malas en esta región
-2. TEL **~ centre** centro m or nudo m de comunicaciones; **~ satellite** satélite m de telecomunicaciones; **~ technology** tecnología f de las telecomunicaciones
-3. COMPTR **~ protocol** protocolo m de comunicaciones; **~ software** software m de comunicaciones

communicative [kə'mju:nɪkətɪv] adj comunicativo(a) ❑ LING **~ competence** competencia f comunicativa

communicator [kə'mju:nɪkeɪtə(r)] n comunicador(ora) m,f

communion [kə'mju:njən] n **-1.** REL (sacrament) comunión f; **to take** or **receive Communion** comulgar ❑ **~ bread** pan m bendito; **~ cup** cáliz m; **~ wine** vino m de comunión **-2.** (denomination) confesión f **-3.** Formal (communication) comunión f; **they sought to live in ~ with nature** buscaban vivir en comunión con la naturaleza

communiqué [kə'mju:nɪkeɪ] n comunicado m

communism ['kɒmjʊnɪzəm] n comunismo m

communist ['kɒmjʊnɪst] ◇ n comunista mf
◇ adj comunista ❑ **the Communist Manifesto** el Manifiesto Comunista

community [kə'mju:nɪtɪ] n **-1.** (group of people) comunidad f; (group of animals) colonia f; **the Jewish ~** la comunidad judía; **the business ~** el sector empresarial, los empresarios; **a sense of ~** un espíritu de comunidad; **to improve ~ relations** mejorar las relaciones entre las comunidades ❑ **~ care** asistencia f social domiciliaria; **~ centre** ≃ centro m cívico or social; Br Formerly **~ charge** ≃ contribución f urbana; US **~ chest** = fondo comunitario para actividades de beneficiencia a nivel local; US **~ college** = centro docente que ofrece cursos de enseñanza superior de dos años de duración; **~ medicine** medicina f social; **~ policeman** policía m de barrio, Esp policía m de proximidad; **~ policing** policía f de barrio, Esp policía f de proximidad; Br **~ school** = colegio que ofrece cursos extracurriculares a la comunidad y que suele servir de centro comunitario; **~ service** servicios mpl a la comunidad (impuestos como pena sustitutiva de cárcel); **~ singing** = canto en grupo en el que todo el mundo toma parte; **~ spirit** espíritu m comunitario; **~ work** trabajo m or asistencia f social de zona
-2. (locality) comunidad f; **a small mining ~** una pequeña comunidad minera
-3. REL comunidad f
-4. Formal (sharing) comunidad f; **~ of goods/interests** comunidad de bienes/intereses
-5. the (European) Community la Comunidad (Europea) ❑ EU **Community directive** directiva f comunitaria

commutable [kə'mju:təbəl] adj **-1.** (journey) suficientemente corto(a) para hacerlo en el día **-2.** LAW (sentence) conmutable

commutation [kɒmju:'teɪʃən] n **-1.** LAW (of sentence) conmutación f **-2.** US (commuting) = viaje diario al lugar de trabajo ❑ **~ ticket** abono m

commute [kə'mju:t] ◇ vt **-1.** LAW conmutar (**to** por) **-2.** FIN **to ~ an annuity into a lump sum** conmutar una anualidad por un pago único
◇ vi **to ~ (to work)** viajar diariamente al lugar de trabajo

commuter [kə'mju:tə(r)] n = persona que viaja diariamente al trabajo ❑ **~ town** ciudad f dormitorio; **~ train** = tren de cercanías que las personas utilizan para desplazarse diariamente al lugar de trabajo

Comoros ['kɒmərəʊz] n **the ~ (Islands)** las (Islas) Comores

compact ◇ n ['kɒmpækt] **-1.** (for powder) polvera f **-2.** (treaty) pacto m **-3.** US (car) utilitario m
◇ adj [kəm'pækt] **-1.** (small) compacto(a) **-2.** (dense) compacto(a) **-3.** (concise) conciso(a)
◇ vt [kəm'pækt] compactar, comprimir

compact disc ['kɒmpækt'dɪsk] n (disco m) compacto m ❑ **~ player** reproductor m de discos compactos

compacting [kəm'pæktɪŋ] n COMPTR (of file) compresión f

compactly [kəm'pæktlɪ] adv (made) de manera compacta; **~ designed** diseñado(a) de manera compacta

compactness [kəm'pæktnɪs] n **-1.** (smallness) **the ~ of the design** lo compacto del diseño **-2.** (denseness) **the ~ of the soil** lo compacto del suelo **-3.** (conciseness) **the ~ of his style** lo conciso de su estilo

companion [kəm'pænjən] n **-1.** (friend) compañero(a) m,f; **a drinking/travelling ~** un compañero de borrachera/viaje
-2. Old-fashioned (employee) dama f de compañía
-3. (one of pair) pareja f; **the ~ volume** el volumen que lo acompaña
-4. (guidebook) guía f, manual m (**to** de)
-5. (in titles) = en algunas órdenes de caballería, miembro con el grado más bajo ❑ **Companion of Honour** = miembro de una orden fundada por George V en 1917

companionable [kəm'pænjənəbəl] adj sociable

companionship [kəm'pænjənʃɪp] n (company) compañía f; (camaraderie) compañerismo m

companionway [kəm'pænjənweɪ] n NAUT escalera f de cámara

company ['kʌmpənɪ] n **-1.** (companionship) compañía f; **to be good ~** ser buena compañía; **to keep sb ~** hacer compañía a alguien; **in sb's ~** en compañía de alguien; **I like** or **am fond of my own ~** me gusta estar solo(a); **in ~ with others** junto con otros; **we request the pleasure of your ~ at dinner** tenemos el honor de invitarlo a cenar; **to part ~ (with sb)** separarse (de alguien); PROV **two's ~, three's a crowd** dos es compañía, tres es multitud
-2. (companions) compañía f; **to get into bad ~** mezclarse con malas compañías; **if I'm wrong, I'm in good ~** si me equivoco, no soy el único; **I don't like the ~ he keeps** no

comparable

me gustan las compañías con las que anda; PROV **a man is known by the ~ he keeps** dime con quién andas y te diré quién eres

-3. *(people present)* **you shouldn't pick your nose in ~** no se debe uno meter el dedo en la nariz delante de (la) gente

-4. *(guests)* **we're expecting ~** tenemos invitados; *Fam* **we've got ~!** *(there's someone else here, we're being followed)* ¡tenemos compañía!

-5. COM empresa *f*, compañía *f*; **to form** *or* **incorporate a ~** constituir (en sociedad) una empresa; **Jones & Company** Jones y Compañía; **he's a real ~ man** es un auténtico hombre de empresa; **on** *or* **in ~ time** *(make telephone call etc)* en horas de trabajo ❑ *~* ***car*** coche *m* o *Am* carro *m* o *RP* auto *m* de empresa; *~* ***director*** director(ora) *m,f* de empresa; *Br ~* ***law*** derecho *m* de sociedades; *~* ***policy*** política *f* de empresa; COM *~* ***secretary*** jefe(a) *m,f* de administración

-6. *(army unit)* compañía *f*
-7. *(theatre group)* compañía *f*
-8. NAUT **the ship's ~** la tripulación (del barco)
-9. *US Fam* **the Company** la CIA

comparable ['kɒmpərəbəl] *adj* comparable (**to** *or* **with** a *or* con); **the two cases are not ~** no se pueden comparar los dos casos

comparably ['kɒmpərəbli] *adv* de forma similar

comparative [kəm'pærətɪv] ⬦ *n* GRAM comparativo *m*
⬦ *adj* **-1.** *(cost, comfort, wealth)* relativo(a); **she's a ~ stranger to me** casi no la conozco **-2.** *(study, research, linguistics)* comparado(a) ❑ *~* ***grammar*** gramática *f* comparada; *~* ***literature*** literatura *f* comparada

comparatively [kəm'pærətɪvlɪ] *adv (quite)* relativamente

compare [kəm'peə(r)] ⬦ *n Literary* **beyond ~** incomparable
⬦ *vt* **-1.** *(contrast)* comparar (**with** *or* **to** con); **compared with** *or* **to...** comparado con..., en comparación con...; *Fig* **to ~ notes (with sb)** intercambiar pareceres *or* opiniones (con alguien); **to ~ like with like** comparar dos iguales
-2. *(liken)* comparar; **to compare sth to sth** comparar algo con algo; **he has been compared to Kerouac** se le ha comparado con Kerouac
-3. GRAM formar el comparativo de
⬦ *vi* compararse (**with** con *or* a); **they just don't ~** no tienen ni punto de comparación; **how do our results ~ with those of our competitors?** ¿cómo son nuestros resultados en comparación con los de nuestros competidores?; **how do they ~ in (terms of) price?** ¿cuál es la relación en cuestión de precio?; **to ~ favourably** *or* **well with sth** resultar ser mejor que algo

comparison [kəm'pærɪsən] *n* **-1.** *(generally)* comparación *f*; **in** *or* **by ~** en comparación; **there is no ~** no hay punto de comparación; **this book stands** *or* **bears ~ with the classics** este libro puede compararse con los clásicos; **to draw** *or* **make a ~ between** establecer un paralelismo entre **-2.** GRAM comparación *f*; **degrees of ~** grados de comparación

compartment [kəm'pɑːtmənt] *n* **-1.** *(section)* compartimento *m* **-2.** *(on train)* compartimento *m*

compartmentalize [kəmpɑː't'mentəlaɪz] *vt also Fig* dividir en compartimentos, compartimentar

compass ['kʌmpəs] *n* **-1.** *(for finding direction)* brújula *f* ❑ *~* ***card*** brújula *f* giroscópica; *~* ***needle*** aguja *f* magnética; *~* ***rose*** rosa *f* de los vientos **-2.** MATH **compasses** compás *m*; **a pair of compasses** un compás **-3.** *Formal (range)* ámbito *m*, alcance *m*; **beyond the ~ of the human mind** más allá de lo que la mente humana llega a imaginar

compassion [kəm'pæʃən] *n* compasión *f*; **to arouse ~** despertar compasión; **to show ~** mostrar compasión; **you have no ~** no tienes compasión ❑ *~* ***fatigue*** insensibilización *f*

compassionate [kəm'pæʃənət] *adj (person, attitude)* compasivo(a); **to be ~ towards sb** ser compasivo(a) con alguien; **on ~ grounds** por compasión ❑ *~* ***leave*** = permiso por enfermedad grave o muerte de un familiar

compatibility [kəmpætə'bɪlɪtɪ] *n* compatibilidad *f*

compatible [kəm'pætəbəl] *adj* compatible (**with** con); **IBM-~** compatible IBM ❑ COMPTR *~* ***computer*** *Esp* ordenador *m* o *Am* computadora *f* compatible

compatriot [kəm'pætrɪət] *n* compatriota *mf*

compel [kəm'pel] *(pt & pp* **compelled***) vt* **-1.** *(force)* obligar; **to ~ sb to do sth** obligar a alguien a hacer algo; **I feel compelled to admit to a certain envy** me siento obligado a admitir que siento algo de envidia
-2. *(elicit, demand)* **to ~ admiration** inspirar admiración; **to ~ respect** inspirar *or* imponer respeto; **a tone of voice that compels attention** un tono de voz que llama la atención

compelling [kəm'pelɪŋ] *adj* **-1.** *(argument, reason)* poderoso(a), convincente; *(urgency)* apremiante **-2.** *(movie, performance)* absorbente; **the report makes ~ reading** el informe es fascinante

compendia *pl of* **compendium**

compendious [kəm'pendɪəs] *adj Formal* condensado(a) y completo(a)

compendium [kəm'pendɪəm] *(pl* **compendiums** *or* **compendia** [kəm'pendɪə]*) n Br* **-1.** *(book)* compendio *m* **-2. a ~ of games** *(board games)* unos juegos reunidos

compensable [kəm'pensəbəl] *adj* compensable

compensate ['kɒmpənseɪt] ⬦ *vt (make amends to)* compensar, indemnizar (**for** por)
⬦ *vi* **-1.** *(make up)* **to ~ for sth** compensar algo; *(with money)* compensar algo **-2.** PSY compensar (**for** por)

compensation [kɒmpən'seɪʃən] *n* **-1.** *(reparation)* compensación *f*; *(money)* indemnización *f*; **the job has its compensations** el trabajo tiene sus ventajas; **in ~ for** en compensación por ❑ *Br* LAW *~* ***order*** orden *m* de pago de compensación; *~* ***package*** *Br (for redundancy)* indemnización *f* por despido; *US (when starting new job)* ayuda *f* por traslado **-2.** PSY compensación *f*

compensatory [kɒmpen'seɪtərɪ] *adj* compensatorio(a)

compere, compère ['kɒmpeə(r)] ⬦ *n* presentador(ora) *m,f*
⬦ *vt (programme, show)* presentar

compete [kəm'piːt] *vi* **-1.** *(vie)* competir (**with/for** con *or* contra/por); **to ~ for a prize** competir por un premio; **her cooking can't ~ with yours** su comida no se puede comparar con la tuya; **children here aren't encouraged to ~** aquí no se fomenta la competitividad entre los niños
-2. *(commercially)* competir; **we have to ~ on an international level** tenemos que competir a nivel internacional
-3. *(in sporting event)* competir; **to ~ against sb for sth** competir contra alguien por algo; **there are only three teams competing** sólo compiten tres equipos

competence ['kɒmpɪtəns] *n* **-1.** *(ability)* capacidad *f*, cualidades *fpl*; **they questioned his ~ to hold the post** pusieron en entredicho su capacidad *or* sus cualidades para desempeñar el cargo; **it's beyond my ~ to assess the quality of his work** no estoy capacitado para evaluar la calidad de su trabajo **-2.** LAW competencia *f* **-3.** LING competencia *f*

competent ['kɒmpɪtənt] *adj* **-1.** *(capable)* competente; **is she ~ to handle the accounts?** ¿está capacitada para encargarse de la contabilidad?; **he's quite ~ at French** habla

complaint

francés bastante bien; **a ~ piece of work** un trabajo bien realizado **-2.** LAW *(witness)* competente, capacitado(a)

competently ['kɒmpɪtəntlɪ] *adv* competentemente

competing [kəm'piːtɪŋ] *adj* **-1.** *(rival)* **there are many ~ claims on our budget** nuestro presupuesto tiene que repartirse entre muchas necesidades **-2.** *(in sporting event)* participante; **all ~ teams must report to the stewards** todos los equipos participantes deben presentarse ante los jueces

competition [kɒmpə'tɪʃən] *n* **-1.** *(contest)* concurso *m*; *(in sport)* competición *f* or *Am* competencia *f*; **to enter a ~** inscribirse en una competición *or Am* competencia **-2.** *(rivalry)* competencia *f*; **~ for the position is fierce** la competencia por el puesto es feroz; **to be in ~ with sb** competir con alguien **-3.** *(opposition)* **the ~** la competencia; **you're up against some tough ~** te vas a enfrentar a una competencia muy dura

competitive [kəm'petɪtɪv] *adj* **-1.** *(involving competition)* competitivo(a); **to be chosen by ~ examination** ser elegido(a) en una oposición ❑ *~* ***sports*** deportes *mpl* de competición *or Am* competencia; COM *~* ***tendering*** adjudicación *f* por concurso público
-2. *(person, environment)* competitivo(a)
-3. COM *(product, price, company)* competitivo(a); **we have to stay ~** tenemos que seguir siendo competitivos ❑ *~* ***advantage*** ventaja *f* competitiva

competitively [kəm'petɪtɪvlɪ] *adv* **-1.** *(in contest)* competitivamente; **to play ~** *(in competitions)* jugar en competiciones; *(intent on winning)* ser muy competitivo en el juego **-2.** COM *~* ***priced goods*** productos a precios muy competitivos

competitiveness [kəm'petɪtɪvnɪs] *n* **-1.** *(of person)* competitividad *f* **-2.** COM *(of product, price, company)* competitividad *f*

competitor [kəm'petɪtə(r)] *n* **-1.** *(in contest)* competidor(ora) *m,f* **-2.** COM competidor(ora) *m,f*

compilation [kɒmpɪ'leɪʃən] *n* recopilación *f*, compilación *f* ❑ *~* ***album*** (álbum *m*) recopilatorio *m*

compile [kəm'paɪl] *vt* **-1.** *(gather) (facts, material)* recopilar, compilar **-2.** *(compose) (list)* elaborar; *(dictionary)* redactar **-3.** COMPTR compilar

compiler [kəm'paɪlə(r)] *n* **-1.** *(of facts, material)* recopilador(ora) *m,f*, compilador(ora) *m,f* **-2.** *(of dictionary)* redactor(ora) *m,f* **-3.** COMPTR compilador *m*

complacency [kəm'pleɪsənsɪ] *n* autocomplacencia *f*; **to shake sb out of their ~** sacar a alguien de su autocomplacencia

complacent [kəm'pleɪsənt] *adj* autocomplaciente; **to be ~ about sth** ser demasiado relajado(a) respecto a algo; **to become** *or* **get ~** volverse autocomplaciente

complacently [kəm'pleɪsəntlɪ] *adv* con autocomplacencia

complain [kəm'pleɪn] ⬦ *vi* **-1.** *(grumble, protest)* quejarse (**about** de); **I complained to the manager** me quejé al encargado; **I can't ~ about the service** no tengo queja alguna del servicio; **how are things? – I can't ~** ¿cómo van las cosas? – no me puedo quejar; **stop complaining!** ¡deja de quejarte *or* de protestar! **-2. to ~ of** *(symptoms)* estar aquejado(a) de
⬦ *vt* **to ~ that...** quejarse de que...; **she complained that he was always late** se quejó de que siempre llegaba tarde

complainant [kəm'pleɪnənt] *n* LAW reclamante *mf*

complaining [kəm'pleɪnɪŋ] *n* quejas *fpl*

complaint [kəm'pleɪnt] *n* **-1.** *(grievance)* queja *f*; **to have cause** *or* **grounds for ~** tener motivos de queja; **to lodge** *or* **make a ~ (against sb)** presentar una queja (contra alguien)
-2. *(formal protest)* queja *f*, reclamación *f*, *Am* reclamo *m* ❑ ***complaints book*** libro *m* de reclamaciones *or Am* reclamos; ***complaints department*** departamento *f* de

complement ['kɒmplɪmənt] ◇ n -1. (supplement) complemento m -2. GRAM complemento m -3. MATH complemento m -4. NAUT the full ~ la dotación, la tripulación; Fig I still have my full ~ of teeth todavía conservo toda mi dentadura
◇ vt complementar; they ~ each other well (of two people, flavours, colours) se complementan muy bien

complementary [kɒmplɪ'mentərɪ] adj complementario(a) ❑ MATH ~ **angle** ángulo m complementario; ~ **colours** colores mpl complementarios; ~ **medicine** medicina f alternativa

complete [kəm'pli:t] adj -1. (lacking nothing) completo(a); **Christmas wouldn't be ~ without a turkey** las Navidades no estarían completas sin un pavo; **my happiness is ~** soy completamente feliz; **the ~ works of...** las obras completas de...; **~ with fitted plug** con el enchufe incluido
-2. (finished) terminado(a), acabado(a); **the work is now ~** el trabajo ya está terminado -3. (total, thorough) total, absoluto(a); **a ~ turnaround in the situation** un vuelco total de la situación; **it came as a ~ surprise** fue una sorpresa absoluta; **a ~ (and utter) failure** un fracaso total; **she is a ~ fool** es tonta de remate; **he's a ~ stranger** es un completo desconocido
◇ vt -1. (make whole) completar; **I just need one more card to ~ my collection** sólo me falta una postal para completar la colección; COM **to ~ an order** completar un pedido -2. (finish) terminar -3. (fill in) **to ~ a form** rellenar un impreso

completely [kəm'pli:tlɪ] adv completamente, totalmente

completeness [kəm'pli:tnɪs] n -1. (wholeness) **there's a ~ to the movie/novel** es una película/novela muy redonda; **they added a final volume to the series for ~** añadieron un último volumen para redondear la colección -2. (thoroughness) **the ~ of their victory/defeat** lo categórico de su victoria/derrota

completion [kəm'pli:ʃən] n -1. (of work) finalización f, terminación f; **the bridge is due for ~ in January** la finalización del puente está prevista para enero; **in the process of ~** a punto de ser completado; **on ~** al terminar; **to be nearing ~** estar próximo a concluir ❑ ~ **date** fecha f de finalización -2. LAW (of sale) consumación f

complex ['kɒmpleks] ◇ n -1. (of buildings) complejo m; **shopping/industrial ~** un complejo comercial/industrial -2. PSY complejo m; **to have a ~ about one's weight** tener complejo de gordo(a); Fam **you'll give her a ~** le va a entrar complejo
◇ adj complejo(a), complicado(a); **this is where things start to get a bit ~** aquí es donde se complican las cosas; **it's a ~ issue** es un tema complejo or complicado ❑ ~ **number** número m complejo; ~ **sentence** oración f compuesta

complexion [kəm'plekʃən] n -1. (of face) tez f; **to have a dark/fair ~** tener la tez oscura/clara; **to have a good or clear ~** tener un buen cutis -2. (aspect) cariz m; **that puts a different ~ on it** eso le da otro cariz diferente

complexity [kəm'pleksɪtɪ] n complejidad f

compliance [kəm'plaɪəns] n -1. (conformity) cumplimiento m (**with** de); **to enforce ~** hacer cumplir las normas; **in ~ with your wishes** en cumplimiento de sus deseos -2. (submission) docilidad f, sumisión f

compliant [kəm'plaɪənt] adj -1. (obedient, submissive) dócil, sumiso(a) -2. (with legislation, norm) **all procedures must be ~ with the new legislation** todos los procedimientos deben estar en conformidad con la nueva legislación

complicate ['kɒmplɪkeɪt] vt complicar; **the issue is complicated by the fact that...** el asunto se complica aún más debido al hecho de que...; **that complicates matters** eso complica el asunto

complicated ['kɒmplɪkeɪtɪd] adj complicado(a); **to become** or **to get ~** complicarse

complication [kɒmplɪ'keɪʃən] n complicación f; **complications** (in patient's condition) complicaciones; **you're always causing complications!** ¡siempre estás complicando las cosas!

complicity [kəm'plɪsɪtɪ] n complicidad f (**in** en)

compliment ['kɒmplɪmənt] ◇ n cumplido m; **to pay sb a ~** hacer un cumplido a alguien; also Ironic **to return the ~** devolver el cumplido; **with compliments** con mis mejores deseos; **to send one's compliments to sb** enviar saludos or CAm, Col, Ecuad saludes a alguien; Formal **compliments of the season** Felices Fiestas ❑ **compliments slip** nota f de cortesía
◇ vt **to ~ sb on sth** felicitar a alguien por algo

complimentary [kɒmplɪ'mentərɪ] adj -1. (praising) elogioso(a); **they weren't very ~ about my paintings** no hablaron muy bien de mis cuadros -2. (free) de regalo, gratuito(a) ❑ ~ **copy** (of book) ejemplar m de regalo or gratuito; ~ **ticket** invitación f

compline ['kɒmplɪn] n REL completas fpl

comply [kəm'plaɪ] vi **to ~ with** (rule) cumplir, ajustarse a; (order) cumplir; (request) someterse a; **I will ~ with your wishes** obedeceré tus deseos; **cars must ~ with existing regulations** los coches deben cumplir el reglamento existente

component [kəm'pəʊnənt] ◇ n -1. (element) pieza f -2. COMPTR & ELEC componente m
◇ adj ~ **part** pieza f

comport [kəm'pɔːt] vt Formal **to ~ oneself** conducirse, comportarse

comportment [kəm'pɔːtmənt] n Formal conducta f, comportamiento m

compose [kəm'pəʊz] ◇ vt -1. (make up, constitute) **to be composed of** estar compuesto(a) de -2. (music, poetry) componer; (letter, e-mail) redactar -3. TYP (set) componer -4. (calm) **to ~ oneself** serenarse; **she composed her features** se serenó; **I need to ~ my thoughts** necesito poner en orden mis ideas
◇ vi (create music) componer

composed [kəm'pəʊzd] adj sereno(a)

composer [kəm'pəʊzə(r)] n compositor(ora) m,f

composite ['kɒmpəzɪt] ◇ adj -1. (compound) compuesto(a) ❑ ~ **photograph** fotografía f de superposición = fotografía formada a partir de la superposición de dos o más fotografías -2. BOT de las compuestas -3. MATH compuesto(a), no primo
◇ n -1. (compound) combinación f -2. BOT compuesta f -3. POL (conference motion) = moción resultante de la amalgama de propuestas elaboradas a nivel local para su discusión a nivel nacional

composition [kɒmpə'zɪʃən] n -1. (constitution) composición f; **the chemical ~ of water** la composición química del agua -2. (piece of music) composición f -3. (essay) redacción f -4. (act of composing music) composición f -5. TYP composición f -6. LAW (agreement with creditors) acuerdo m

compositor [kəm'pɒzɪtə(r)] n TYP cajista mf

compos mentis ['kɒmpəs'mentɪs] adj LAW en pleno uso de sus facultades mentales; Hum **I'm never ~ before midday** yo no soy persona or no valgo para nada antes del mediodía

compost ['kɒmpɒst] ◇ n compost m, mantillo m ❑ ~ **heap** montón m de compost or mantillo
◇ vt -1. (treat with compost) tratar con compost or mantillo -2. (convert into compost) convertir en compost or mantillo

composure [kəm'pəʊʒə(r)] n compostura f; **to lose/recover one's ~** perder/recobrar la compostura

compote ['kɒmpɒt] n -1. CULIN compota f -2. US (dish) compotera f

compound[1] ◇ n ['kɒmpaʊnd] -1. CHEM compuesto m -2. GRAM compuesto m
◇ adj ['kɒmpaʊnd] -1. (of several parts) compuesto(a) ❑ BIOL ~ **eye** ojo m compuesto; MED ~ **fracture** fractura f abierta or expuesta -2. GRAM (sentence) compuesto(a) ❑ ~ **tense** tiempo m compuesto; ~ **verb** perífrasis f inv verbal -3. MATH (number) compuesto(a) ❑ ~ **fraction** fracción f mixta -4. FIN ~ **interest** interés m compuesto
◇ vt [kəm'paʊnd] -1. (make up) **to be compounded of sth** estar compuesto(a) de algo -2. (make worse) (problem) complicar, empeorar; (error) agravar, exacerbar -3. LAW (settle) **to ~ a debt** liquidar una deuda pagando sólo una parte
◇ vi [kəm'paʊnd] LAW **to ~ with sb** (over debt) llegar a un acuerdo con alguien

compound[2] ['kɒmpaʊnd] n (enclosure) recinto m

comprehend [kɒmprɪ'hend] vt -1. (understand) comprender -2. Formal (include) comprender, abarcar

comprehensibility [kɒmprɪhensə'bɪlɪtɪ] n **despite the increase in volume there is little loss in ~** a pesar del aumento de tamaño se sigue comprendiendo bien

comprehensible [kɒmprɪ'hensəbəl] adj comprensible

comprehension [kɒmprɪ'henʃən] n -1. (understanding) comprensión f; **it is beyond my ~** me resulta incomprensible -2. SCH (exercise) ejercicio m de comprensión; **a reading/listening ~** un ejercicio de comprensión escrita/oral

comprehensive [kɒmprɪ'hensɪv] adj ◇ -1. (thorough, complete) (answer, study, view) detallado(a), completo(a); (defeat, victory) rotundo(a) ❑ FIN ~ **insurance** seguro m a todo riesgo -2. Br ~ **school** ≃ instituto m (de enseñanza secundaria) (no selectiva)
◇ n Br ≃ instituto m (de enseñanza secundaria) (no selectiva)

COMPREHENSIVE SCHOOL

Las **comprehensive schools** fueron introducidas en Gran Bretaña en 1965 por los laboristas con el fin de democratizar la enseñanza y garantizar la igualdad de oportunidades para todos los estudiantes, cualesquiera que fueran los ingresos de los padres y su origen social. Hoy en día, el 90 por ciento de los alumnos de secundaria asisten a las **comprehensive schools** donde, a diferencia de las "grammar schools", no se realizan pruebas de acceso. La calidad de la enseñanza varía enormemente según los centros. A menudo se distribuye a los alumnos por niveles para las asignaturas principales, como las matemáticas, el inglés y los idiomas.

comprehensively [kɒmprɪ'hensɪvlɪ] adv -1. (thoroughly) **the book deals with these issues ~** el libro aborda estos asuntos con todo detalle; **they were ~ defeated** sufrieron una derrota aplastante -2. Br **he was educated ~** = estudió en una "comprehensive school"

compress ◇ n ['kɒmpres] MED compresa f, apósito m
◇ vt [kəm'pres] -1. (gas) comprimir; **compressed air** aire comprimido -2. (text) condensar; **three centuries are compressed into two chapters** en dos capítulos se condensan tres siglos -3. COMPTR comprimir

compressed [kəm'prest] adj COMPTR comprimido(a)

compression [kəm'preʃən] n compresión f ❑ ~ **ratio** COMPTR índice m de compresión; (of engine) relación f de compresión; ~ **stroke** (of engine) carrera f de compresión; COMPTR ~ **utility** utilidad f de compresión, compresor m

compressor [kəm'presə(r)] *n* **-1.** COMPTR compresor *m* **-2.** TECH compresor *m*

comprise [kəm'praɪz] *vt* **-1.** *(consist of)* comprender, incluir; **to be comprised of** constar de **-2.** *(constitute)* constituir; **women ~ 60 percent of the population** las mujeres constituyen el 60 por ciento de la población

compromise ['kɒmprəmaɪz] ◇ *n* solución *f* negociada *or* intermedia; **to reach a ~** alcanzar una solución intermedia; **there must be no ~** no estamos dispuestos a negociar

◇ *vt* **-1.** *(principles)* traicionar **-2.** *(jeopardize)* poner en peligro; **to ~ oneself** ponerse en un compromiso

◇ *vi* **-1.** *(make concessions)* transigir, hacer concesiones; **to ~ with sb (on sth)** transigir (con alguien) en algo, hacer concesiones (a alguien) en algo **-2.** *(be lax)* **we'll never ~ on safety** nunca comprometeremos la seguridad

compromising ['kɒmprəmaɪzɪŋ] *adj* comprometedor(ora)

comptroller [kən'trəʊlə(r)] *n* FIN interventor(ora) *m,f* ❑ US **Comptroller General** Interventor(ora) *m,f* General

compulsion [kəm'pʌlʃən] *n* **-1.** *(obligation)* obligación *f*; **under ~** bajo coacción; **to be under no ~ to do sth** no estar obligado(a) a hacer algo **-2.** *(urge)* impulso *m*

compulsive [kəm'pʌlsɪv] *adj* **-1.** *(obsessive)* compulsivo(a); **he's a ~ liar** miente por compulsión ❑ MED **~ eating** ingesta *f* compulsiva **-2.** *(absorbing)* **the programme was ~ viewing** el programa fue absorbente *or* fascinante

compulsorily [kəm'pʌlsərəlɪ] *adv* obligatoriamente

compulsory [kəm'pʌlsərɪ] *adj* obligatorio(a); **military service is ~** hay servicio militar obligatorio; **Latin is ~** el latín es obligatorio ❑ **~ education** educación *f* obligatoria; **~ figures** *(in figure skating)* programa *m* obligatorio; Br **~ purchase** expropiación *f* forzosa; Br **~ purchase order** expropiación *f* forzosa; **~ redundancy** despido *m* forzoso

compunction [kəm'pʌŋkʃən] *n* reparo *m*; **he has no ~ about stealing** no tiene ningún reparo en robar; **without ~** sin reparos

computation [kɒmpjʊ'teɪʃən] *n* cálculo *m*

computational [kɒmpjʊ'teɪʃənəl] *adj* computacional ❑ **~ linguistics** lingüística *f* computacional

compute [kəm'pju:t] *vt* calcular

computer [kəm'pju:tə(r)] *n* Esp ordenador *m*, Am computador *m*, Am computadora *f*; **he's good at computers** se le dan muy bien Esp los ordenadores *or* Am las computadoras, sabe mucho de informática; **he works in computers** es informático; **to have sth on ~** tener algo en Esp el ordenador *or* Am la computadora ❑ **~ animation** animación *f* por Esp ordenador *or* Am computadora; US **~ camp** colonia de verano en la que se aprende informática; **~ centre** centro *m* de cálculo; **~ dating** sistema *m* informatizado de emparejamiento *(de agencia matrimonial)*; **~ department** departamento *m* informático; **~ engineer** ingeniero(a) *m,f* informático(a); **~ equipment** equipo *m* informático; **~ expert** experto(a) *m,f* en informática; **~ fair** salón *m or* feria *f* de la informática; **~ game** juego *m* de Esp ordenador *or* Am computadora; Fam **~ geek** monstruo *m* de la informática; **~ graphics** infografía *f*; **~ literacy** conocimientos *mpl* de informática; **~ network** red *f* informática; **~ operator** operador(ora) *m,f* de Esp ordenadores *or* Am computadoras; **~ printout** listado *m*, copia *f* impresa; **~ program** programa *m* informático; **~ programmer** programador(ora) *m,f*; **~ programming** programación *f* (de Esp ordenadores *or* Am computadoras); **~ science** informática *f*; **~ scientist** informático(a) *m,f*; **~ simulation** simulación *f* por Esp ordenador *or* Am computadora; **~ system** sistema *m* informático; **~ technician** técnico(a) *m,f* informático(a); **~ terminal** terminal *m* de Esp ordenador *or* Am computadora; **~ virus** virus *m inv* informático

computer-aided [kəm'pju:tərˌeɪdɪd], **computer-assisted** [kəm'pju:tərə'sɪstɪd] *adj* ❑ **~ design** diseño *m* asistido por Esp ordenador *or* Am computadora; **~ engineering** ingeniería *f* asistida por Esp ordenador *or* Am computadora; **~ learning** enseñanza *f* asistida por Esp ordenador *or* Am computadora; **~ manufacture** fabricación *f* asistida por Esp ordenador *or* Am computadora

computer-enhanced [kəm'pju:tərən'hɑ:nst] *adj* retocado(a) *or* procesado(a) por Esp ordenador *or* Am computadora

computer-generated [kəm'pju:tə'dʒenəreɪtɪd] *adj* generado(a) por Esp ordenador *or* Am computadora

computerization [kəmpju:tərəˈzeɪʃən] *n* informatización *f*, Am computarización *f*, Am computadorización *f*

computerize [kəm'pju:təraɪz] *vt* informatizar, Am computarizar, Am computadorizar

computerized [kəm'pju:təraɪzd] *adj* informatizado(a), Am computarizado(a), Am computadorizado(a) ❑ **~ axial tomography** tomografía *f* axial computerizada

computer-literate [kəm'pju:tə'lɪtərɪt] *adj* **to be ~** tener conocimientos de informática

computing [kəm'pju:tɪŋ] *n* informática *f*, Am computación *f* ❑ **~ course** curso *m* de informática; **~ skills** conocimientos *mpl* de informática

comrade ['kɒmreɪd] *n* camarada *mf*, compañero(a) *m,f*

comrade-in-arms ['kɒmreɪdɪn'ɑ:mz] *n* compañero(a) *m,f* de armas

comradeship ['kɒmrədʃɪp] *n* camaradería *f*

comsat ['kɒmsæt] *n* (*abbr* **communications satellite**) satélite *m* de telecomunicaciones

Con Br POL (*abbr* **Conservative**) conservador(ora)

con[1] [kɒn] Fam ◇ *n (swindle)* timo *m*, Andes, RP truchada *f*; **what a ~!** ¡menudo timo!, Andes, RP ¡qué truchada! ❑ **~ man** timador *m*, Andes, RP cagador *m*; **~ trick** timo *m*, RP truchada *f*

◇ *vt (pt & pp* **conned**) **-1.** *(swindle)* timar, RP cagar; **to ~ sth out of sb, to ~ sb out of sth** timarle *or* estafarle algo a alguien; **to ~ sb into doing sth** embaucar a alguien para que haga algo **-2.** *Old-fashioned (study)* estudiar; *(learn by heart)* memorizar

con[2] *n* Fam (*prisoner*) recluso(a) *m,f*, preso(a) *m,f*

con[3] *n (disadvantage)* **the pros and cons** los pros y los contras

concatenated [kɒn'kætəneɪtɪd] *adj* COMPTR concadenado(a)

concatenation [kɒnkætə'neɪʃən] *n* **-1.** *Formal (series)* concatenación *f* **-2.** COMPTR concatenación *f*

concave ['kɒnkeɪv] *adj* cóncavo(a)

concavity [kɒn'kævətɪ] *n* concavidad *f*

conceal [kən'si:l] *vt (object)* ocultar, esconder (**from** de); *(fact)* ocultar (**from** a); **to ~ oneself** esconderse, ocultarse

concealed [kən'si:ld] *adj (lighting)* indirecto(a); *(driveway, entrance)* oculto(a); **danger! ~ entrance** *(sign)* ¡peligro, entrada/salida sin visibilidad!; **he spoke with barely ~ fury** habló sin apenas poder contener su *esp Esp* enfado *or esp Am* enojo

concealer [kən'si:lə(r)] *n (cosmetics)* corrector *m*; *(for use under eyes)* antiojeras *m inv*

concealment [kən'si:lmənt] *n* **-1.** *(act of hiding)* **the pattern on the animal's skin aids ~** el dibujo de la piel del animal le ayuda a camuflarse **-2.** LAW ocultación *f* de pruebas

concede [kən'si:d] ◇ *vt* **-1.** *(admit)* reconocer, admitir; **to ~ defeat** admitir la derrota; **she was forced to ~ that he was right** se vio obligada a reconocer que él tenía razón **-2.** *(give up)* ceder; **he refused to ~ any further ground** se negó a ceder más terreno **-3.** *(grant, allow)* conceder **-4.** SPORT **to ~ a goal** encajar un gol

◇ *vi* ceder

conceit [kən'si:t] *n* **-1.** *(vanity)* engreimiento *m*, presuntuosidad *f* **-2.** LIT *(witty idea)* idea *f* ingeniosa

conceited [kən'si:tɪd] *adj* engreído(a), presuntuoso(a)

conceivable [kən'si:vəbəl] *adj* concebible, posible; **it is ~ that...** es posible que...; **they tried every ~ means of persuading him** intentaron convencerle por todos los medios posibles; **what ~ reason could I have for lying?** ¿y por qué razón iba yo a mentir?

conceivably [kən'si:vəblɪ] *adv* posiblemente; **she could ~ have done it** es posible que lo haya hecho ella

conceive [kən'si:v] ◇ *vt* **-1.** *(idea, plan)* concebir; **it's impossible to ~ such a thing** es imposible imaginar algo así; **I can't ~ why they did it** no me cabe en la cabeza por qué lo hizo **-2.** *(child)* concebir **-3.** *(form, develop)* **she conceived a passion for jazz** le entró pasión por el jazz

◇ *vi* **-1.** *(think, imagine)* **to ~ of** imaginar, concebir **-2.** *(become pregnant)* concebir

concentrate ['kɒnsəntreɪt] ◇ *vt* **-1.** *(focus)* concentrar; **we must ~ our attention on this problem** debemos concentrar nuestra atención en este problema; **the threat helped to ~ their minds** la amenaza les hizo aplicarse **-2.** *(bring together)* concentrar; **our support is concentrated in the South** nuestro apoyo está concentrado en el Sur

◇ *vi* **-1.** *(pay attention)* concentrarse (**on** en); **I can't ~ with all that noise** con todo ese ruido no me puedo concentrar

-2. *(focus)* concentrarse; **the government should ~ on improving the economy** el gobierno debería concentrarse en mejorar la economía; **her talk concentrated on economic issues** su discurso se centró en temas económicos

-3. *(gather)* concentrarse; **the population tends to ~ in cities** la población tiende a concentrarse en las ciudades

◇ *n* concentrado *m*

concentrated ['kɒnsəntreɪtɪd] *adj* **-1.** *(liquid)* concentrado(a) **-2.** *(effort)* intenso(a), consciente

concentration [kɒnsən'treɪʃən] *n* **-1.** *(mental)* concentración *f*; **she has remarkable powers of ~** tiene una capacidad de concentración extraordinaria ❑ **~ span** capacidad *f* de concentración; **he has a ~ span of about three seconds** no es capaz de concentrarse más de tres segundos **-2.** *(focusing)* concentración *f* **-3.** *(grouping)* concentración *f* ❑ **~ camp** campo *m* de concentración **-4.** CHEM concentración *f*

concentric [kən'sentrɪk] *adj* MATH concéntrico(a)

concept ['kɒnsept] *n* concepto *m*

conception [kən'sepʃən] *n* **-1.** *(of child)* concepción *f* **-2.** *(of idea)* concepción *f* **-3.** *(understanding)* idea *f*; **to have no ~ of sth** no tener ni idea de algo

conceptual [kən'septjʊəl] *adj* conceptual ❑ **~ art** arte *m* conceptual

conceptualize [kən'septjʊəlaɪz] *vt* formarse un concepto de

concern [kən'sɜ:n] ◇ *n* **-1.** *(interest, affair)* interés *m*; **that's my ~** eso es asunto mío; **it's no ~ of mine/yours**, **it's none of my/your ~** no es de mi/tu incumbencia; **it's of no ~ to me whether you go or not** me da igual que vayas o no; **of public ~** de interés público

-2. *(worry, compassion)* preocupación *f*; **their main ~ is to avoid defeat** lo más importante para ellos es evitar la derrota; **my one ~ is that...** lo único que me preocupa es que...; **there is growing ~ that...** preocupa cada vez más a la gente que...; **this is a matter of some ~ to us** nos preocupa bastante este asunto; **I did it out of ~ for you** lo hice por ti; **to give cause for ~** dar motivos de preocupación; **there is no cause for ~** no hay motivo de preocupación; **to show ~** mostrar preocupación; **he**

concerned showed no ~ for their safety dejó claro que su seguridad no le importaba -**3.** *(company)* empresa *f*
◇ *vt* -**1.** *(affect)* concernir, incumbir; **this matter does not ~ you** este asunto no te concierne *or* incumbe; **those concerned will be informed in writing** se informará por escrito a los interesados; **as far as I'm concerned...** por lo que a mí respecta...; **as far as your salary is concerned...** en cuanto a *or* por lo que se refiere a tu salario...; **I'm useless where figures are concerned** soy inútil para los números; **to whom it may ~** a quien pueda interesar, *RP* a quien corresponda -**2.** *(worry)* preocupar; **it concerns me that...** me preocupa que... -**3.** *(occupy)* **to ~ oneself with** *or* **about sth** preocuparse de algo; **so far, I have concerned myself only with the causes of the problem** hasta ahora, sólo me he ocupado de las causas del problema -**4.** *(be about)* **the article concerns revelations regarding the president** el artículo trata de revelaciones sobre el presidente; **it concerns your request for a transfer** tiene que ver con tu petición de traslado

concerned [kən'sɜːnd] *adj* -**1.** *(worried)* preocupado(a) (**about** *or* **for** por); **I don't feel at all ~** no estoy nada preocupado; **a ~ expression** una expresión de preocupación; **a group of ~ citizens** un grupo de ciudadanos preocupados -**2.** *(involved)* implicado(a), competente; **pass this request on to the department ~** remítase la solicitud al departamento competente; **the people ~** las personas afectadas

concerning [kən'sɜːnɪŋ] *prep* en relación con *or* a, respecto a; **I wrote to her ~ the lease** le escribí con referencia al arrendamiento

concert ['kɒnsət] *n* -**1.** *(musical)* concierto *m*; **in ~** en concierto ❑ **~ grand** piano *m* de cola *or* de concierto; **~ hall** sala *f* de conciertos; **~ party** *(entertainment)* compañía *f* de artistas de revista; *Fam* ST EXCH = grupo de inversores que planea la adquisición mayoritaria de las acciones de una empresa para desbancar a la directiva; **~ pianist** concertista *mf* de piano; MUS **~ pitch** diapasón *m* normal; **~ venue** *(indoors)* sala *f* de conciertos; *(outdoors)* recinto *m* para conciertos
-**2.** *Formal (co-operation)* **in ~ with** en colaboración con

concerted [kən'sɜːtɪd] *adj* conjunto(a), concertado(a); **a ~ effort** un esfuerzo conjunto; **~ action** una acción *or* actuación concertada

concertina [kɒnsə'tiːnə] *n* ◇ *(musical instrument)* concertina *f*
◇ *vi (collapse) (car)* arrugarse como un acordeón

concertmaster ['kɒnsətmɑːstə(r)] *n US* primer violín *m*

concerto [kən'tʃɜːtəʊ] *(pl* **concertos)** *n* MUS concierto *m*; **piano/violin ~** concierto para piano/violín

concession [kən'seʃən] *n* -**1.** *(compromise)* concesión *f*; **to make concessions** hacer concesiones; **the only ~ the film makes to reality is...** la única concesión que la película hace a la realidad es..., el único aspecto en que la película se acerca a la realidad es...
-**2.** *Br (discount)* descuento *m*; **price: £4.50 (concessions £3)** precio: 4,50 libras (estudiantes, jubilados, etc. 3 libras)
-**3.** COM *(within store)* concesión *f*
-**4.** *(mining, drilling rights)* concesión *f*, derechos *mpl* de explotación

concessionaire [kənseʃə'neə(r)] *n* concesionario(a) *m,f*

concessionary [kən'seʃənərɪ] *adj* con descuento ❑ *Br* **~ ticket** *Esp* billete *m or Am* boleto *m or Am* pasaje *m* con descuento *(para niños, estudiantes, parados o jubilados)*

conch [kɒntʃ] *n* caracola *f*

conchy, conchie ['kɒntʃɪ] *n Fam Pej Old-fashioned* objetor(ora) *m,f* de conciencia

concierge ['kɒnsɪɜːʒ] *n* -**1.** *(in apartment block)* portero(a) *m,f* -**2.** *US (in hotel)* conserje *mf*

conciliate [kən'sɪlɪeɪt] ◇ *vt* -**1.** *(appease)* apaciguar -**2.** *(reconcile)* conciliar
◇ *vi Formal* **to ~ between two people/countries** mediar entre dos personas/países

conciliation [kənsɪlɪ'eɪʃən] *n* -**1.** *(appeasement)* conciliación *f* -**2.** *(reconciliation)* arbitraje *m*, conciliación *f* -**3.** *(in dispute)* conciliación *f*; **the dispute went to ~** el conflicto controversia se sometió a conciliación ❑ **~ service** órgano *m* de conciliación

conciliator [kən'sɪlɪeɪtə(r)] *n* -**1.** *(appeaser)* conciliador(ora) *m,f* -**2.** IND *(in dispute)* conciliador(ora) *m,f*

conciliatory [kən'sɪlɪətərɪ] *adj* conciliador(ora); **she was at her most ~** se mostró de lo más conciliadora, mostró su vena más conciliatoria

concise [kən'saɪs] *adj* -**1.** *(succinct)* conciso(a), sucinto(a); **to be ~** ser conciso *or* breve -**2.** *(dictionary)* abreviado(a)

concisely [kən'saɪslɪ] *adv* con concisión, concisamente

conciseness [kən'saɪsnɪs], **concision** [kən'sɪʒən] *n* concisión *f*

conclave ['kɒnkleɪv] *n* -**1.** *(private meeting)* cónclave *m*, conciliábulo *m* -**2.** REL cónclave *m*; **in ~** en cónclave

conclude [kən'kluːd] ◇ *vt* -**1.** *(finish)* concluir; **to be concluded...** continuará... -**2.** *(settle) (deal)* cerrar, firmar; **to ~ a treaty** firmar un tratado -**3.** *(deduce)* **to ~ that...** concluir que...
◇ *vi (finish)* concluir; **to ~, I would just like to say...** para concluir, me gustaría decir...

concluding [kən'kluːdɪŋ] *adj* final

conclusion [kən'kluːʒən] *n* -**1.** *(inference)* conclusión *f*; **to draw a ~** sacar una conclusión; **it's up to you to draw your own conclusions** puedes sacar tus propias conclusiones; **to come to** *or* **reach a ~** llegar a una conclusión; **this leads me to the ~ that...** esto me lleva a la conclusión de que...; [IDIOM] **to jump to conclusions** sacar conclusiones precipitadas
-**2.** *(end)* conclusión *f*; **to bring sth to a ~** concluir algo; **in ~** en conclusión, concluyendo
-**3.** *(of deal, treaty)* firma *f*

conclusive [kən'kluːsɪv] *adj* concluyente; **the evidence is still not ~** las pruebas todavía no son concluyentes

conclusively [kən'kluːsɪvlɪ] *adv (to prove, argue, show)* de manera concluyente

concoct [kən'kɒkt] *vt* -**1.** *(dish, drink)* preparar, confeccionar -**2.** *(plan, excuse)* tramar, fraguar

concoction [kən'kɒkʃən] *n* -**1.** *(drink)* poción *f*, brebaje *m*; *(dish)* mejunje *m* -**2.** *(invention)* invención *f*

concomitant [kən'kɒmɪtənt] *Formal* ◇ *n* concomitancia *f*, hecho *m* concomitante
◇ *adj* concomitante (**with** con); **the snow and the ~ delays** la nieve y los consiguientes retrasos

concord ['kɒŋkɔːd] *n* -**1.** *Formal (harmony)* armonía *f*, concordia *f* -**2.** GRAM concordancia *f* -**3.** MUS concordancia *f*

concordance [kən'kɔːdəns] *n* -**1.** *(agreement)* consonancia *f*, acuerdo *m*; **to be in ~ with...** estar en consonancia con... -**2.** *(of Bible, author's works)* concordancia *f* (**to** con)

concordat [kən'kɔːdæt] *n* concordato *m*

Concorde ['kɒŋkɔːd] *n* AV Concorde *m*

concourse ['kɒŋkɔːs] *n* -**1.** *(in railway station, airport)* vestíbulo *m* -**2.** *(crowd, gathering)* concurrencia *f*

concrete ['kɒŋkriːt] ◇ *n* hormigón *m*, *Am* concreto *m* ❑ **~ jungle** jungla *f* de(l) asfalto; **~ mixer** hormigonera *f*
◇ *adj (definite)* concreto(a); **we need ~ proof** necesitamos pruebas concretas ❑ GRAM **~ noun** sustantivo *m* concreto; **~ poetry** poesía *f* concreta
◇ *vt* pavimentar con hormigón *or Am* concreto
◆ **concrete over** *vt sep (yard, field)* pavimentar con hormigón *or Am* concreto

concubine ['kɒŋkjʊbaɪn] *n* concubina *f*

concupiscence [kən'kjuːpɪsəns] *n Formal* concupiscencia *f*

concur [kən'kɜː(r)] *(pt & pp* **concurred)** *vi* -**1.** *(agree)* coincidir, estar de acuerdo (**with** con); **the experts' opinions ~** los expertos coinciden en sus opiniones -**2.** *(occur together)* concurrir, coincidir

concurrence [kən'kʌrəns] *n* -**1.** *(agreement)* coincidencia *f* -**2.** *(simultaneous occurrence)* concurrencia *f*, coincidencia *f*

concurrent [kən'kʌrənt] *adj* -**1.** *(event)* simultáneo(a) -**2.** LAW **two ~ sentences** dos condenas concurrentes *or* simultáneas

concurrently [kən'kʌrəntlɪ] *adv* simultáneamente; LAW **the two sentences to run ~** las dos condenas se cumplirán concurrentemente *or* simultáneamente

concuss [kən'kʌs] *vt* conmocionar

concussed [kən'kʌst] *adj* conmocionado(a)

concussion [kən'kʌʃən] *n* conmoción *f* cerebral

condemn [kən'dem] *vt* -**1.** LAW *(sentence)* condenar (**to** a); **to ~ sb to death** condenar a alguien a muerte -**2.** *(censure)* condenar -**3.** *(force, doom)* **they are condemned to live in poverty** están condenados a vivir en la miseria -**4.** *(declare unsafe) (building)* declarar en ruina; *(meat)* declarar no apto para el consumo -**5.** *US (property)* expropiar

condemnation [kɒndem'neɪʃən] *n* -**1.** *(sentence)* condena *f* -**2.** *(criticism)* condena *f*; **I have nothing but ~ for such actions** acciones así sólo merecen mi más absoluta repulsa -**3.** *(of building)* declaración *m* de estado ruinoso; *(of meat)* declaración *f* de no apto(a) para el consumo -**4.** *US (of property)* expropiación *f*

condemnatory [kən'demnətərɪ] *adj* condenatorio(a)

condemned [kən'demd] *adj* -**1.** *(sentenced)* condenado(a); **the ~ cell** la celda de los condenados a muerte -**2.** *(declared unfit) (building)* declarado(a) en ruina; *(meat)* declarado(a) no apto(a) para el consumo

condensation [kɒnden'seɪʃən] *n* -**1.** *(of gas, liquid, vapour)* condensación *f* -**2.** *(on glass)* vaho *m*; *(on walls)* condensación *f*, vapor *m* condensado -**3.** *(abridgement)* condensación *f* -**4.** PHYS *(of beam)* condensación *f*

condense [kən'dens] ◇ *vt* -**1.** *(gas, liquid)* condensar -**2.** *(text)* condensar -**3.** PHYS *(beam)* condensar
◇ *vi* condensarse

condensed [kən'denst] *adj* -**1.** *(abridged)* resumido(a), condensado(a); **a ~ book** un libro condensado -**2.** *(concentrated)* concentrado(a), condensado(a) ❑ **~ milk** leche *f* condensada; **~ soup** sopa *f* concentrada -**3.** TYP *(font, print)* condensado(a)

condenser [kən'densə(r)] *n* TECH condensador *m*

condescend [kɒndɪ'send] *vi* -**1.** *(behave patronizingly)* **to ~ towards sb** tratar a alguien con aires de superioridad -**2.** *(lower oneself)* **to ~ to do sth** dignarse a *or* tener a bien hacer algo

condescending [kɒndɪ'sendɪŋ] *adj* altivo(a), condescendiente

condescendingly [kɒndɪ'sendɪŋlɪ] *adv* altivamente, con altivez

condescension [kɒndɪ'senʃən] *n* altivez *f*, condescendencia *f*

condign [kən'daɪn] *adj Formal (appropriate)* merecido(a)

condiment ['kɒndɪmənt] *n* condimento *m*

condition [kən'dɪʃən] *n* -**1.** *(state)* condiciones *fpl*, estado *m*; **in good/bad ~** en buenas/malas condiciones, en buen/mal estado; **the patient is in a stable ~** el paciente está estable; **in a critical ~** en estado crítico; **you're in no ~ to drive** no estás en condiciones de conducir *or Am* manejar; **to be out of ~** *(person)* no estar en forma; **to be in (good) ~** *(person)* estar en (buena) forma; **in your ~** *(to pregnant woman)* en tu estado; **the human ~** la condición humana

-2. conditions *(circumstances)* circunstancias *fpl*; **working conditions** condiciones laborales; **driving conditions** estado de las carreteras; **living conditions** condiciones de vida; **weather conditions** condiciones meteorológicas, estado del tiempo
 -3. conditions *(of contract, offer)* términos *mpl*, condiciones *fpl* ❑ LAW **conditions of employment** términos *mpl* del contrato; **conditions of sale** condiciones *fpl* de venta
 -4. *(requirement)* condición *f*; **on (the) ~ that...** con la condición *or* a condición de que...; **on no ~** bajo ningún concepto; **on one ~** con una condición
 -5. MED enfermedad *f*, afección *f*; **heart ~** afección cardíaca
 -6. *Formal (social status)* condición *f*
 ◇ *vt* **-1.** *(influence)* condicionar; **we have been conditioned to believe that...** nos han programado para creer que...; PSY **a conditioned reflex** *or* **response** un reflejo condicionado **-2.** *(hair)* suavizar, acondicionar; *(fabric)* suavizar; *(muscles)* tonificar

conditional [kənˈdɪʃənəl] ◇ *n* GRAM condicional *m*, potencial *m*
 ◇ *adj* **-1.** *(dependent on other factors)* condicional; **to be ~ on** *or* **upon sth** depender de algo, tener algo como condición ❑ LAW **~ discharge** remisión *f* condicional de la pena **-2.** GRAM condicional

conditionally [kənˈdɪʃənəlɪ] *adv* condicionalmente

conditioner [kənˈdɪʃənə(r)] *n (for hair)* suavizante *m*, acondicionador *m*; *(for fabric)* suavizante *m*

conditioning [kənˈdɪʃənɪŋ] ◇ *n* **-1.** *(psychological)* condicionamiento *m* **-2.** *(of hair, fabric)* suavizamiento *m*, acondicionamiento *m*
 ◇ *adj (shampoo)* suavizante, acondicionador(ora)

condo [ˈkɒndəʊ] *(pl* **condos)** *n US* **-1.** *(apartment)* apartamento *m*, *Esp* piso *m*, *Arg* departamento *m (en propiedad)* **-2.** *(building)* = bloque de apartamentos poseídos por diferentes propietarios

condolence [kənˈdəʊləns] *n* pésame *m*; **a letter of ~** una carta de pésame *or* condolencia; **to offer sb one's condolences** dar el pésame a alguien

condom [ˈkɒndɒm] *n* preservativo *m*, condón *m*

condominium [kɒndəˈmɪnɪəm] *n* **-1.** *US (apartment)* apartamento *m*, *Esp* piso *m*, *Arg* departamento *m (en propiedad)* **-2.** *US (building)* = bloque de apartamentos poseídos por diferentes propietarios **-3.** *(joint sovereignty)* condominio *m*

condone [kənˈdəʊn] *vt* justificar; **I cannot ~ such behaviour** no puedo justificar ese tipo de comportamiento; **I'm not condoning what they've done** no estoy justificando lo que han hecho

condor [ˈkɒndɔː(r)] *n* cóndor *m*

conducive [kənˈdjuːsɪv] *adj* **to be ~ to** ser favorable para, facilitar; **these conditions are not ~ to economic growth** estas condiciones no son favorables para el crecimiento de la economía; **this weather is not ~ to study** con este tiempo no apetece estudiar, con este tiempo no dan ganas de estudiar

conduct ◇ *n* [ˈkɒndʌkt] **-1.** *(behaviour)* conducta *f*; **bad/good ~** mala/buena conducta **-2.** *(management)* **his ~ of the war** la manera en que condujo la guerra
 ◇ *vt* [kənˈdʌkt] **-1.** *(business, operations)* gestionar, hacer; *(campaign, experiment, inquiry)* realizar, hacer; *(religious service)* oficiar; LAW **she conducted her own case** se encargó de su propia defensa **-2.** *(guide)* **we were conducted round the factory** nos llevaron por toda la fábrica; **a conducted tour** una visita guiada **-3.** MUS *(orchestra)* dirigir **-4.** *(heat, electricity)* conducir **-5. to ~ oneself** *(behave)* comportarse, conducirse
 ◇ *vi* [kənˈdʌkt] MUS dirigir

conductance [kənˈdʌktəns] *n* PHYS conductancia *f*

conduction [kənˈdʌkʃən] *n* PHYS conducción *f*

conductive [kənˈdʌktɪv] *adj* PHYS conductor(ora); **~ material** conductor

conductivity [kɒndʌkˈtɪvɪtɪ] *n* PHYS conductividad *f*

conductor [kənˈdʌktə(r)] *n* **-1.** *Br (on bus)* cobrador(ora) *m,f*, *RP* guarda *mf* **-2.** *US (on train)* revisor *m* **-3.** *(of orchestra)* director(ora) *m,f* de orquesta **-4.** *(of heat, electricity)* conductor *m*

conductress [kənˈdʌktrɪs] *n* **-1.** *Br (on bus)* cobradora *f*, *RP* guarda *f* **-2.** *US (on train)* revisora *f*

conduit [ˈkɒndjʊɪt] *n* conducto *m*

condyle [ˈkɒndɪl] *n* ANAT cóndilo *m*

cone [kəʊn] *n* **-1.** *(shape)* cono *m* **-2.** *(traffic)* **~** cono *m (de tráfico)* **-3.** *(for ice cream)* cucurucho *m* **-4.** *(in retina)* cono *m* **-5.** *(of pine, fir)* piña *f*
 ◆ **cone off** *vt sep Br* delimitar con conos

cone-shaped [ˈkəʊnʃeɪpt] *adj* cónico(a)

confab [ˈkɒnfæb] *n Fam (discussion)* deliberación *f*; **to have a ~ about sth** deliberar sobre algo

confection [kənˈfekʃən] *n Formal* **-1.** *(sweet, cake)* dulce *m* **-2.** *(creation)* creación *f*

confectioner [kənˈfekʃənə(r)] *n (cake maker)* pastelero(a) *m,f*; *(sweet maker)* confitero(a) *m,f*; **~'s (shop)** *(cake shop)* pastelería *f*; *(sweet shop)* confitería *f* ❑ CULIN **~'s custard** crema *f* pastelera; *US* **~'s sugar** azúcar *m Esp, Méx* glas *or Esp* de lustre *or Chile* flor *or Col* pulverizado *or RP* impalpable

confectionery [kənˈfekʃənərɪ] *n* dulces *mpl*

confederacy [kənˈfedərəsɪ] *n* **-1.** *(alliance)* confederación *f* **-2.** *(conspiracy)* conspiración *f* **-3.** HIST **the Confederacy** *(in American Civil War)* la Confederación

confederate [kənˈfedərət] ◇ *n* **-1.** *(member of confederacy)* confederado(a) *m,f* **-2.** *(accomplice)* compinche *mf*, cómplice *mf* **-3.** HIST confederado(a) *m,f*
 ◇ *adj* **-1.** *(allied)* confederado(a) **-2.** HIST **Confederate** confederado(a); **the Confederate States** los Estados Confederados
 ◇ *vt (ally, unite)* confederar
 ◇ *vi* confederarse

confederation [kənfedəˈreɪʃən] *n* confederación *f*

confer [kənˈfɜː(r)] *(pt & pp* **conferred)** ◇ *vt (title, rank, powers)* conferir, otorgar **(on** a); *(degree, diploma)* conceder, otorgar **(on** a)
 ◇ *vi (discuss)* deliberar **(with** con); **contestants are not allowed to ~** a los concursantes no se les permite hablar entre ellos

conference [ˈkɒnfərəns] *n* **-1.** *(meeting)* reunión *f*; **to be in ~** estar reunido(a); **we hope to get management to the ~ table** esperamos que la dirección se sienten en la mesa de negociaciones ❑ TEL **~ call** multiconferencia *f*; **~ room** sala *f* de juntas *or* reuniones
 -2. *(congress)* congreso *m*; **the Labour Party ~** el congreso del Partido Laborista ❑ **~ centre** palacio *m* de congresos; **~ delegate** delegado(a) *m,f* de un congreso; **~ hostess** azafata *f* de exposiciones y congresos, azafata *f* de ferias y congresos; **~ pack** carpeta *f* con el material del congreso
 -3. *US* SPORT conferencia *f*

conferment [kənˈfɜːmənt], **conferral** [kənˈfɜːrəl] *n* otorgamiento *m*, concesión *f*

confess [kənˈfes] ◇ *vt* **-1.** *(admit) (fault, crime)* confesar, admitir; **to ~ that...** confesar que...; **I must ~ I was baffled, too** debo admitir que yo también me quedé perplejo(a) **-2.** REL *(sins, sinner)* confesar
 ◇ *vi* **-1.** *(admit)* confesar; **to ~ to a crime** confesar haber cometido un delito; **to ~ to sth** confesarse culpable de algo, confesar algo; **I ~ to being shocked** confieso que estoy impactado; **I must** *or* **I have to ~,...** tengo que *or* debo confesar que... **-2.** REL confesarse

confessed [kənˈfest] *adj* confeso(a), declarado(a)

confession [kənˈfeʃən] *n* **-1.** *(of guilt)* confesión *f*; **to make a ~** confesar, hacer una confesión; **I have a ~ to make** tengo que hacer una confesión **-2.** REL *(sacrament)* confesión *f*; **the priest heard our ~** el sacerdote nos confesó, el sacerdote nos oyó en confesión; **to go to ~** confesarse **-3.** *(declaration)* **a ~ of faith** una profesión de fe **-4.** *(religious body)* confesión *f*; **the Anglican ~** la confesión anglicana

confessional [kənˈfeʃənəl] ◇ *n* REL confesionario *m*, confesonario *m*
 ◇ *adj* **the ~ tone of the memoir** el tono íntimo de la biografía; **she was in a ~ mood** estaba dispuesta a hacer revelaciones íntimas

confessor [kənˈfesə(r)] *n* REL confesor *m*

confetti [kənˈfetɪ] *n* confeti *m*

confidant [ˈkɒnfɪdænt] *n* confidente *m*

confidante [kɒnfɪˈdænt] *n* confidente *f*

confide [kənˈfaɪd] ◇ *vt* **-1.** *(reveal)* confiar; **to ~ sth to sb** confiarle algo a alguien; **to ~ a secret to sb** confiarle un secreto a alguien; **she confided her fear to them** les confió que tenía miedo **-2.** *(entrust)* confiar; **to ~ sth to sb's care** confiar a alguien el cuidado de algo
 ◇ *vi* **to ~ in sb** confiarse a *or* confesarse con alguien; **there's nobody I can ~ in** no puedo confiar en nadie

confidence [ˈkɒnfɪdəns] *n* **-1.** *(trust)* confianza *f*; **to have ~ in sb** fiarse de alguien, tener confianza en alguien; **we have ~ in her ability** tenemos confianza en su capacidad; **to have every ~ that...** estar completamente seguro(a) de que...; **they have put all their ~ in him** han depositado toda su confianza en él; **she put her ~ in the doctors' skill** confía en el saber hacer de los médicos; **to take sb into one's ~** confiarse a alguien ❑ **~ trick** timo *m*, estafa *f*; **~ trickster** embaucador(ora) *m,f*, timador(ora) *m,f*
 -2. *(self-assurance)* confianza *f* (en uno mismo); **she's full of ~** tiene mucha confianza en sí misma
 -3. *(secrecy)* **in ~** confidencialmente; **she told me in the strictest ~** me lo contó con la más absoluta reserva
 -4. *(secret)* **to exchange confidences** intercambiar confidencias
 -5. MATH **~ interval** intervalo *m* de confianza

confidence-building [ˈkɒnfɪdənsbɪldɪŋ] *adj (exercise, activity)* para incrementar la confianza

confident [ˈkɒnfɪdənt] *adj* **-1.** *(certain)* seguro(a); **to be ~ of** *(success, outcome)* estar seguro(a) de; **to be ~ that...** estar seguro(a) de que... **-2.** *(self-assured) (person)* seguro(a) de sí mismo(a); *(performance)* lleno(a) de seguridad; **in a ~ tone** con un tono de seguridad

confidential [kɒnfɪˈdenʃəl] *adj* **-1.** *(private)* confidencial, secreto(a); *(on envelope)* confidencial; **I would like you to treat this conversation as ~** me gustaría que consideraras esta conversación como confidencial **-2.** *(attached to one person)* de confianza ❑ **~ secretary** secretario(a) *m,f* de confianza **-3.** *(tone, manner)* confiado(a)

confidentiality [kɒnfɪdenʃɪˈælɪtɪ] *n* confidencialidad *f*, reserva *f*; **all inquiries are treated with complete ~** todas las consultas son confidenciales

confidentially [kɒnfɪˈdenʃəlɪ] *adv* confidencialmente; **~, I don't trust him** entre tú y yo, no confío en él

confidently [ˈkɒnfɪdəntlɪ] *adv* con seguridad, con confianza; **I ~ predict (that)...** pronostico con seguridad (que)...

confiding [kənˈfaɪdɪŋ] *adj* confiado(a)

configurable [kənˈfɪɡ(j)ərəbəl] *adj* configurable

configuration [kənfɪɡ(j)əˈreɪʃən] *n* configuración *f*

configure [kənˈfɪɡ(j)ə(r)] *vt* configurar

confine [kənˈfaɪn] *vt* **-1.** *(imprison)* confinar, recluir
 -2. *(restrict movement of)* **to be confined to bed** tener que guardar cama; **to be confined to barracks** quedarse acuartelado
 -3. *(limit)* **to ~ oneself to sth** limitarse a

confined / **conjectural**

algo; **we confined ourselves to (discussing) the financial arrangements** nos limitamos a discutir los aspectos financieros; **damage was confined to the centre** los destrozos se localizaron en el centro; **please ~ your remarks to the subject under consideration** le rogamos se ciña al tema en cuestión
-4. *(a fire)* aislar

confined [kən'faɪnd] *adj (area, atmosphere)* limitado(a), reducido(a); **in a ~ space** en un espacio limitado

confinement [kən'faɪnmənt] *n* **-1.** *(in prison)* reclusión *f*, encierro *m*; MIL **~ to barracks** acuartelamiento **-2.** *Old-fashioned (birth)* parto *m*

confines ['kɒnfaɪnz] *npl* límites *mpl*, confines *mpl*; **within/beyond the ~ of** dentro/más allá de los límites *or* confines de; **within the ~ of the home** en el ámbito del hogar

confirm [kən'fɜːm] *vt* **-1.** *(verify)* confirmar, corroborar; **I can ~ that story** puedo confirmar esa historia; **to ~ that...** confirmar que...
-2. *(arrangement, reservation)* confirmar; **to be confirmed** *(on poster, programme)* por confirmar
-3. *(strengthen) (belief, doubts, resolve)* confirmar, reafirmar; **my suspicions were confirmed** mis sospechas se vieron confirmadas
-4. *(ratify) (treaty)* ratificar; *(result, nomination)* confirmar
-5. REL confirmar, recibir (el sacramento de) la confirmación

confirmation [kɒnfə'meɪʃən] *n* **-1.** *(verification)* confirmación *f*
-2. *(of arrangement, reservation)* confirmación *f*; **on ~ of your booking** cuando confirme la reserva
-3. *(strengthening) (of belief, doubts, resolve)* confirmación *f*, reafirmación *f*
-4. *(ratification) (of treaty)* ratificación *f*; *(of result, nomination)* confirmación *f* ❑ US **~ hearing** = reunión de senadores para dar el visto bueno a un alto cargo nombrado por el presidente
-5. REL confirmación *f*

confirmed [kən'fɜːmd] *adj (smoker, liar)* empedernido(a); **he's a ~ bachelor** es un solterón empedernido; *Euph* es de la otra acera

confiscate ['kɒnfɪskeɪt] *vt* confiscar; **to ~ sth from sb** confiscar algo a alguien

confiscation [kɒnfɪs'keɪʃən] *n* confiscación *f*; **their property is liable to ~** sus propiedades son susceptibles de ser confiscadas, sus propiedades están sujetas a confiscación

conflagration [kɒnflə'greɪʃən] *n Formal* incendio *m*

conflate [kən'fleɪt] *vt Formal* aunar

conflation [kən'fleɪʃən] *n Formal* refundición *f*

conflict ◇ *n* ['kɒnflɪkt] conflicto *m*; **to be in ~ (with)** estar en conflicto (con); **to come into ~ with** entrar en conflicto con; **our differing beliefs brought us into ~** nuestra disparidad de opiniones nos hizo entrar en conflicto; **a ~ of interests** un conflicto de intereses
◇ *vi* [kən'flɪkt] *(evidence, reports)* chocar (**with** con)

conflicting [kən'flɪktɪŋ] *adj (opinions)* encontrado(a); *(reports, evidence)* contradictorio(a); *(interests)* opuesto(a), encontrado(a)

confluence ['kɒnfluəns] *n* confluencia *f*

conform [kən'fɔːm] *vi* **-1.** *(be in keeping with) (laws, standards)* ajustarse (**to** a); *(expectations)* ajustarse, responder (**with** a); **to ~ to type: the supporters conformed to type and wrecked the bar** los hinchas hicieron honor a su fama y destrozaron el bar
-2. *(behave conventionally)* ser conformista, actuar como todo el mundo; **there's tremendous pressure to ~** existe una enorme presión para que uno se comporte como los demás
-3. REL seguir los preceptos de la iglesia

conformism [kən'fɔːmɪzəm] *n* conformismo *m*

conformist [kən'fɔːmɪst] ◇ *n* conformista *mf*
◇ *adj* conformista

conformity [kən'fɔːmətɪ] *n* conformidad *f*; **in ~ with...** de conformidad con..., conforme a...

confound [kən'faʊnd] *vt* **-1.** *(frustrate)* frustrar
-2. *(surprise)* desconcertar, sorprender; **he confounded his critics** desconcertó *or* sorprendió a sus críticos **-3.** *Formal (mix up)* confundir **-4.** *Fam Old-fashioned* **~ it/him!** ¡maldita sea!

confounded [kən'faʊndɪd] *adj Fam Old-fashioned* condenado(a), dichoso(a), *RP, Méx* maldito(a); **it's a ~ nuisance!** ¡es una maldita pesadez!

confront [kən'frʌnt] *vt* **-1.** *(meet face to face)* enfrentarse a; **the two groups of demonstrators confronted each other** los dos grupos de manifestantes se enfrentaron; **to be confronted by a problem** enfrentarse a un problema
-2. *(face up to)* enfrentarse a, hacer frente a; **to ~ sb (about sth)** hablar cara a cara con alguien (acerca de algo); **to ~ a problem** encarar un problema
-3. *(present)* **they confronted him with evidence of his crimes** le presentaron pruebas de sus crímenes

confrontation [kɒnfrʌn'teɪʃən] *n* **-1.** *(conflict)* confrontación *f*, enfrentamiento *m* **-2.** *(encounter)* confrontación *f*, enfrentamiento *m*

confrontational [kɒnfrʌn'teɪʃənəl] *adj* polémico(a), controvertido(a)

Confucian [kən'fjuːʃən] ◇ *n* confuciano(a) *m,f*
◇ *adj* confuciano(a)

Confucius [kən'fjuːʃəs] *pr n* Confucio

confuse [kən'fjuːz] *vt* **-1.** *(bewilder)* desconcertar, confundir; **don't ~ me!** ¡no me confundas!; **to ~ the issue, to ~ matters** complicar el asunto *or* las cosas **-2.** *(mix up)* confundir (**with** con); **you're confusing me with my brother** confundes con mi hermano; **don't ~ the two issues** no confundas los dos asuntos

confused [kən'fjuːzd] *adj* **-1.** *(bewildered) (person)* confundido(a), desorientado(a); **to get ~** desorientarse; **I'm a bit ~ about what's happening** estoy un poco confundido con lo que ha ocurrido **-2.** *(mixed up) (mind, ideas, situation)* confuso(a)

confusedly [kən'fjuːzɪdlɪ] *adv* confusamente, de manera confusa

confusing [kən'fjuːzɪŋ] *adj* confuso(a); **Mexican history is very ~** la historia de México es muy complicada; **I hope my explanation wasn't too ~** espero que mi explicación no fuera demasiado confusa; **the plot gets a bit ~** la trama se complica un poco

confusingly [kən'fjuːzɪŋlɪ] *adv* confusamente; **~, both twins do exactly the same courses at university** para mayor confusión, ambos gemelos cursan la misma carrera universitaria

confusion [kən'fjuːʒən] *n* **-1.** *(perplexity)* desconcierto *m*; **this only added to my ~** eso sólo aumentó mi desconcierto
-2. *(embarrassment)* turbación *f*, aturdimiento *m*; **I was thrown into ~** me quedé turbado *or* aturdido
-3. *(mixing up)* confusión *f*
-4. *(uncertainty)* **there is some ~ as to who won** existe cierta confusión acerca de quién ganó; **to avoid ~, I will number the cases** para evitar confusión, le asignaré un número a cada caso
-5. *(disorder)* confusión *f*; **to throw sth into ~** *(country, party)* sumir a algo en el desconcierto; *(plans)* trastocar algo por completo

confute [kən'fjuːt] *vt Formal (person)* rebatir los argumentos de; *(theory)* rebatir, refutar

conga ['kɒŋgə] ◇ *n (dance)* conga *f*
◇ *vi* bailar la conga

congeal [kən'dʒiːl] *vi (blood)* coagularse; *(fat, lava, paint)* solidificarse; *(food)* cuajarse

congenial [kən'dʒiːnɪəl] *adj (person)* simpático(a); *(atmosphere)* agradable

congenital [kən'dʒenɪtəl] *adj (disease, deformity)* congénito(a); *Fig* **~ liar** mentiroso(a) patológico(a)

conger ['kɒŋgə(r)] *n* **~ (eel)** congrio *m*

congested [kən'dʒestɪd] *adj* **-1.** *(street)* congestionado(a); **the streets were ~ with traffic** el tráfico colapsaba las calles **-2.** *(lungs)* congestionado(a) (**with** por); **to become ~ (with blood)** congestionarse (por una acumulación de sangre)

congestion [kən'dʒestʃən] *n* **-1.** *(of traffic)* congestión *f* **-2.** *(of lungs)* congestión *f*

conglomerate [kən'glɒmərət] ◇ *n* **-1.** COM conglomerado *m* de empresas **-2.** GEOL conglomerado *m*
◇ *adj (composed of various things)* conglomerado(a)
◇ *vi* [kən'glɒməreɪt] aglomerarse; **the revellers tend to ~ in the city centre** los juerguistas suelen aglomerarse *or* darse cita en el centro de la ciudad

conglomeration [kənglɒmə'reɪʃən] *n* conglomerado *m*

Congo ['kɒŋgəʊ] *n* **-1. the ~** *(country)* el Congo; **the Democratic Republic of ~** la República Democrática del Congo **-2.** *(river)* **the Congo** el Congo

Congolese [kɒŋgə'liːz] ◇ *n* congoleño(a) *m,f*
◇ *adj* congoleño(a)

congrats [kən'græts] *exclam Fam* ¡felicidades!, ¡enhorabuena!

congratulate [kən'grætjʊleɪt] *vt* felicitar (**on** por); **I ~ you** le felicito; **to ~ oneself on (having done) sth** felicitarse por (haber hecho) algo

congratulations [kəngrætjʊ'leɪʃənz] *npl* enhorabuena *f*, felicitaciones *fpl*; **~ on the new job/your engagement/passing your exams** enhorabuena por tu nuevo trabajo/tu compromiso/haber aprobado tus exámenes; **to give *or* offer one's ~ to sb** dar la enhorabuena a alguien; **~!** ¡felicidades!; **I hear ~ are in order** he oído que hay que darle la enhorabuena a alguien

congratulatory [kən'grætjʊlətərɪ] *adj* de felicitación

congregate ['kɒŋgrɪgeɪt] *vi* congregarse

congregation [kɒŋgrɪ'geɪʃən] *n (of church)* fieles *mpl*, feligreses *mpl*; **St Albans has a large ~** St Alban tiene una nutrida comunidad de fieles *or* feligreses

congregational [kɒŋgrɪ'geɪʃənəl] *adj* **-1.** *(relating to a congregation)* de la congregación **-2. the Congregational Church** la iglesia congregacionalista

congress ['kɒŋgres] *n* **-1.** *(conference)* congreso *m* **-2.** *US* POL **Congress** el Congreso *(de los Estados Unidos)*

congressional [kən'greʃənəl] *adj US* POL *(leaders, report, committee)* del Congreso; *(election)* al Congreso ❑ **~ district** circunscripción *f* electoral (del Congreso); **~ elections** ≃ elecciones *fpl* legislativas; **~ immunity** inmunidad *f* parlamentaria; **Congressional Medal of Honor** = máxima condecoración militar en EE.UU. otorgada por el Congreso como reconocimiento al valor demostrado en acto de servicio; **Congressional privilege** inmunidad *f* parlamentaria; **Congressional Record** actas *fpl* del Congreso de los EE.UU.

Congressman ['kɒŋgresmæn] *n US* POL congresista *m*, *Am* congresal *m*

Congresswoman ['kɒŋgreswʊmən] *n US* POL congresista *f*, *Am* congresal *f*

congruence ['kɒŋgruəns], **congruency** ['kɒŋgruənsɪ] *n* **-1.** *Formal (correspondence)* congruencia *f* **-2.** GEOM congruencia *f*

congruent ['kɒŋgruənt] *adj* **-1.** *Formal (correspondent)* acorde (**with** con) **-2.** GEOM congruente

conic ['kɒnɪk] *adj* GEOM cónico(a) ❑ **~ section** sección *f* cónica

conical ['kɒnɪkəl] *adj* cónico(a) ❑ **~ projection** *(in mapmaking)* proyección *f* cónica

conifer ['kɒnɪfə(r)] *n* conífera *f*

coniferous [kə'nɪfərəs] *adj* conífero(a); **a ~ forest** un bosque de coníferas

conjectural [kən'dʒektərəl] *adj* basado en conjeturas

conjecture [kənˈdʒektʃə(r)] ◇ n conjetura f; **whether he knew or not is a matter for ~** sólo se pueden hacer conjeturas sobre si lo sabía o no; **it's sheer ~** no son más que conjeturas
◇ vt conjeturar
◇ vi hacer conjeturas

conjointly [kɒnˈdʒɔɪntli] adv Formal conjuntamente

conjugal [ˈkɒndʒəgəl] adj conyugal; **he demanded his ~ rights** pidió a su esposa que cumpliera sus deberes conyugales

conjugate [ˈkɒndʒəgeɪt] GRAM ◇ vt conjugar
◇ vi conjugarse

conjugation [kɒndʒəˈgeɪʃən] n GRAM conjugación f

conjunction [kənˈdʒʌŋkʃən] n -1. (combination) conjunción f; **in ~ with** junto con -2. GRAM conjunción f -3. (of planets) conjunción f

conjunctiva [kɒndʒʌŋkˈtaɪvə] (pl **conjunctivas** or **conjunctivae** [kɒndʒʌŋkˈtaɪviː]) n ANAT conjuntiva f

conjunctivitis [kəndʒʌŋktɪˈvaɪtɪs] n MED conjuntivitis f inv

conjuncture [kənˈdʒʌŋktʃə(r)] n Formal coyuntura f

conjure [ˈkʌndʒə(r)] ◇ vt -1. (produce) **to ~ a rabbit from a hat** hacer aparecer un conejo de un sombrero; **they conjured a bottle of wine out of nowhere** or **thin air** hicieron aparecer una botella de vino como por arte de magia -2. Archaic (appeal to) conminar, conjurar
◇ vi (do magic) hacer juegos de manos; IDIOM Br **his is a name to ~ with** es un personaje de muchas campanillas
◆ **conjure up** vt sep -1. (produce) hacer aparecer; **she conjured up a meal** preparó una comida prácticamente con nada -2. (call to mind) evocar

conjurer, conjuror [ˈkʌndʒərə(r)] n mago(a) m,f, prestidigitador(ora) m,f

conjuring [ˈkʌndʒərɪŋ] n magia f, prestidigitación f ❏ **~ trick** juego m de manos

conjuror = **conjurer**

conk [kɒŋk] Fam ◇ n -1. (blow) mamporro m; **he gave me a ~ on the nose** me dio un mamporro en la nariz -2. Br (nose) napia f, Esp napias fpl
◇ vt (hit) dar un mamporro
◆ **conk out** vi Fam -1. (stop working) (car, TV) Esp escacharrarse, Am descomponerse, Méx desconchinflarse -2. (fall asleep) quedarse frito(a) or Esp roque or Méx súpito(a) -3. US (die) estirar la pata, palmarla

conker [ˈkɒŋkə(r)] n Fam -1. (chestnut) castaña f -2. Br **conkers** (game) = juego con castañas ensartadas en cordeles cuyo objetivo es romper la castaña del contricante

Conn (abbr **Connecticut**) Connecticut

connect [kəˈnekt] ◇ vt -1. (pipes, wires, gas) conectar, empalmar (**to** con or a); **to be connected to sth** estar conectado(a) or enchufado(a) a algo; **to ~ sth to the mains** enchufar algo, conectar algo a la red; **to get connected** (to telephone system, Internet) conectarse
-2. (link) conectar; **to ~ sth with** or **to** conectar algo a; **a corridor connects the room to the library** el pasillo comunica la habitación con la biblioteca
-3. (associate) (person, problem) relacionar (**with** con), vincular (**with** con or a); **to be connected with...** estar relacionado(a) con...; **are they connected?** ¿existe algún vínculo or alguna relación entre ellos?; **the two issues are not connected** los dos asuntos no están relacionados; **there is nothing to ~ the two crimes** no hay nada que relacione los dos delitos; **I'd never connected the two things before** nunca había asociado las dos cosas hasta ahora; **to be well connected** (socially) estar bien relacionado(a), tener buenos contactos
-4. TEL poner, pasar; **could you ~ me with Lost Property, please?** ¿me pasa or Esp pone con el departamento de objetos perdidos, por favor?; **I'm trying to ~ you** estoy intentando pasarle
◇ vi -1. (wires, roads, pipes) conectarse, empalmarse; **the living-room connects with the kitchen** el salón da a la cocina; **this road connects with the motorway** esta carretera va a parar a la autopista or enlaza con la autopista
-2. (train, plane) enlazar (**with** con)
-3. (blow) dar en el blanco; **my fist connected with his chin** le di un puñetazo en la barbilla; **he connected with a right to the jaw** le encajó un derechazo en la mandíbula
-4. (people) (emotionally) entenderse, conectar
-5. COMPTR (to the Internet) conectarse ❏ **~ time** tiempo m de conexión
◆ **connect up** ◇ vt sep (pipes, wires) conectar
◇ vi -1. (pipes, wires) ensamblarse, conectarse -2. COMPTR (to the Internet) conectarse

Connecticut [kəˈnetɪkət] n Connecticut

connecting [kəˈnektɪŋ] adj (rooms) que se comunican ❏ **~ door** puerta f que comunica; **~ flight** vuelo m de enlace or conexión; TECH **~ rod** biela f

connection [kəˈnekʃən] n -1. (of pipes, wires) conexión f, empalme m; (electrical) conexión f
-2. TEL conexión f; **a bad ~** una mala conexión
-3. COMPTR (to Internet) conexión f; **to establish a ~** conectarse; **to have a fast/slow ~** tener una conexión rápida/lenta ❏ **~ kit** kit m de conexión
-4. (link, association) conexión f, vínculo m; **to make a ~ between X and Y** relacionar X con Y; **does this have any ~ with what happened yesterday?** ¿tiene esto algo que ver con lo que pasó ayer?; **he has CIA connections** tiene vínculos con la CIA; **that was when I made the ~** entonces lo relacioné; **in ~ with** en relación con; **in this ~** a este respecto
-5. (acquaintance, contact) **she has important connections** está bien relacionada; **he used his connections to get the job** utilizó sus contactos para conseguir el trabajo; **she has some useful connections in the publishing world** tiene algunos contactos útiles en el mundo editorial
-6. (family relationship) familiares mpl, parientes mpl; **her family has Scottish connections** su familia tiene parientes escoceses
-7. (train, plane) enlace m, conexión f; **I missed my ~** perdí el enlace or la conexión
-8. US Fam (drug dealer) camello m, Méx narco mf

connective [kəˈnektɪv] ◇ n GRAM nexo m
◇ adj ANAT **~ tissue** tejido m conjuntivo

connectivity [kɒnekˈtɪvɪti] n COMPTR conectividad f

connector [kəˈnektə(r)] n -1. (for wire, piping) conector m, junta f -2. COMPTR conector m

conning tower [ˈkɒnɪŋˈtaʊə(r)] n -1. (on submarine) falsa torre f -2. (on warship) torre de mando f

connivance [kəˈnaɪvəns] n connivencia f, complicidad f; **to be in ~ with sb** estar en connivencia con alguien; **to do sth with the ~ of** or **in ~ with** hacer algo con la complicidad de or en connivencia con; **it would have been impossible without the ~ of the authorities** habría sido imposible sin la connivencia or la complicidad de las autoridades

connive [kəˈnaɪv] vi -1. (conspire) **to ~ (with)** confabularse (con) -2. (work towards) **to ~ at** contribuir a

conniving [kəˈnaɪvɪŋ] adj confabulador(ora)

connoisseur [kɒnəˈsɜː(r)] n entendido(a) m,f (**of** en)

connotation [kɒnəˈteɪʃən] n -1. (association) connotación f -2. LING & PHIL connotación f

connote [kəˈnəʊt] vt -1. (imply) tener connotaciones de, connotar -2. LING & PHIL connotar

connubial [kəˈnjuːbɪəl] adj Formal conyugal

conquer [ˈkɒŋkə(r)] vt -1. (defeat) (country, sb's heart) conquistar -2. (overcome) (difficulty, one's shyness, fears) vencer; **Everest was conquered in 1953** el Everest fue conquistado en 1953 -3. (market, market share) conquistar

conquering [ˈkɒŋkərɪŋ] adj vencedor(ora)

conqueror [ˈkɒŋkərə(r)] n conquistador(ora) m,f; HIST **(William) the Conqueror** (Guillermo) el Conquistador

conquest [ˈkɒŋkwest] n -1. (of land, person) conquista f; **the ~ of space** la conquista del espacio -2. (land, person conquered) conquista f; **to make a ~ of sb** conquistar a alguien; **he would boast of his conquests** se jactaba de sus conquistas -3. HIST **the (Norman) Conquest** la conquista normanda

Cons Br POL (abbr **Conservative**) conservador(ora)

consanguinity [kɒnsæŋˈgwɪnɪti] n consanguinidad f

conscience [ˈkɒnʃəns] n conciencia f; **to have a clear** or **an easy ~** tener la conciencia tranquila; **my ~ is clear** tengo la conciencia tranquila; **he has a guilty ~** le remuerde la conciencia; **she had three deaths on her ~** sobre su conciencia pesaban tres muertes; **in all ~** en conciencia ❏ LAW **~ clause** cláusula f de conciencia; **~ money** = dinero que se da para descargar la conciencia

conscience-stricken [ˈkɒnʃənsˈstrɪkən] adj lleno(a) de remordimientos

conscientious [kɒnʃɪˈenʃəs] adj (worker) concienzudo(a); **she's ~ about wiping her feet before entering the house** nunca deja de limpiarse los zapatos antes de entrar en casa ❏ **~ objector** objetor(ora) m,f de conciencia

conscientiously [kɒnʃɪˈenʃəsli] adv concienzudamente

conscientiousness [kɒnʃɪˈenʃəsnɪs] n escrupulosidad f, esmero m

conscious [ˈkɒnʃəs] adj -1. (awake) **to be ~** estar consciente; **to become ~** volver en sí, recobrar la con(s)ciencia
-2. (aware) **to be ~ of** ser consciente de; **to become ~ of** cobrar conciencia de, darse cuenta de; **I wasn't ~ of having annoyed you** no me di cuenta de que te estaba molestando; **to be ~ that...** ser consciente de que...; PSY **the ~ mind** la con(s)ciencia, el consciente
-3. (intentional) consciente, deliberado(a); **to make a ~ effort to do sth** hacer un esfuerzo consciente para hacer algo; **to make a ~ decision to do sth** tomar conscientemente la decisión de hacer algo

-conscious [ˈkɒnʃəs] suffix **fashion~** que sigue la moda; **health~** preocupado(a) por la salud

consciously [ˈkɒnʃəsli] adv (deliberately) conscientemente, adrede

consciousness [ˈkɒnʃəsnɪs] n -1. (state of being awake) con(s)ciencia f, conocimiento m; **to lose ~** quedar inconsciente, perder el conocimiento; **to regain ~** volver en sí, recobrar el conocimiento -2. (awareness) conciencia f, concienciación f; **to raise sb's ~ of sth** concienciar a alguien de algo ❏ **~ raising** concienciación f -3. (mentality) conciencia f; **the national ~** la conciencia nacional -4. PSY conciencia f

conscript ◇ vt [kənˈskrɪpt] reclutar (forzosamente); **he was conscripted into the army** le llamaron a filas or a cumplir el servicio militar; Hum **I've been conscripted to do the dishes** me han reclutado para fregar los platos
◇ n [ˈkɒnskrɪpt] recluta mf (forzoso)
◇ adj [ˈkɒnskrɪpt] (army) de reclutas

conscription [kənˈskrɪpʃən] n reclutamiento m obligatorio

consecrate ['kɒnsɪkreɪt] vt **-1.** REL *(church)* consagrar (**to** a); *(bread and wine)* consagrar **-2.** *(dedicate)* consagrar (**to** a)

consecrated ['kɒnsɪkreɪtɪd] adj REL *(church, bread)* consagrado(a); **in ~ ground** en tierra consagrada

consecration [kɒnsɪ'kreɪʃən] n **-1.** REL *(of church)* consagración f; **the Consecration** la Consagración **-2.** *(dedication)* consagración f

consecutive [kən'sekjʊtɪv] adj **-1.** *(successive)* consecutivo(a); **on three ~ days** en tres días consecutivos; **they have had five ~ home wins** llevan cinco victorias seguidas en casa **-2.** GRAM *(clause)* consecutivo(a)

consecutively [kən'sekjʊtɪvlɪ] adv consecutivamente; **three times ~** tres veces consecutivas or seguidas; LAW **the sentences to be served ~** las condenas se cumplirán de forma sucesiva or sucesivamente

consensual [kən'sensjʊəl] adj **-1.** *(approach, politics)* consensuado(a) **-2.** *(sexual activity)* consentido(a) **-3.** LAW *(contract)* consensual

consensus [kən'sensəs] n consenso m; **to reach a ~** alcanzar un consenso; **the ~ of opinion** el parecer de la mayoría; **the general ~ was that...** la opinión generalizada era que...; **there was no ~ about what to do** no hubo consenso sobre qué hacer ❑ **~ politics** política f de consenso

consent [kən'sent] ◇ n consentimiento m; **to give/withhold one's ~ to sth** dar/negar el consentimiento a algo; **we got married without my parents' ~** nos casamos sin el permiso or consentimiento de mis padres; **by mutual ~** de común acuerdo
◇ vi **to ~ to (do) sth** consentir (en hacer) algo; **they consented to my request** accedieron a mi solicitud

consenting [kən'sentɪŋ] adj puestos(as) de acuerdo ❑ LAW **~ adult** mayor mf de edad (que actúa de motu proprio)

consequence ['kɒnsɪkwəns] n **-1.** *(result)* consecuencia f; **the policy had terrible consequences** esa política tuvo terribles consecuencias; **as a ~ (of)** como consecuencia (de); **in ~** en consecuencia; **to take** or **suffer the consequences** sufrir las consecuencias; **regardless of the consequences** independientemente de las consecuencias
-2. *(importance)* **it is of some ~ to me** para mí tiene bastante importancia; **of little ~** de poca relevancia; **of no ~** irrelevante; **a person of no** or **little ~** una persona de ninguna or escasa importancia
-3. consequences *(game)* = juego consistente en componer un cuento con fragmentos que cada participante escribe por separado y pasa al siguiente

consequent ['kɒnsɪkwənt] adj Formal consiguiente; **a glut and the ~ drop in prices** un exceso de oferta con la consiguiente or subsiguiente caída de precios; **~ upon sth** resultante de algo

consequential [kɒnsɪ'kwenʃəl] adj Formal **-1.** *(resultant)* consiguiente, resultante **-2.** *(significant)* trascendente, relevante

consequently ['kɒnsɪkwəntlɪ] adv por consiguiente, en consecuencia

conservancy [kən'sɜːvənsɪ] n **-1.** Br *(commission)* junta f rectora **-2.** *(protected area)* área f protegida

conservation [kɒnsə'veɪʃən] n **-1.** *(of the environment)* conservación f o protección f del medio ambiente; *(of energy, resources)* conservación f ❑ **~ area** *(of town, city)* zona f arquitectónica protegida; *(nature reserve)* zona f protegida **-2.** *(of works of art)* conservación f **-3.** PHYS conservación f

conservationist [kɒnsə'veɪʃənɪst] n ecologista mf

conservatism [kən'sɜːvətɪzəm] n **-1.** *(in habits, politics)* conservadurismo m **-2.** Br POL **Conservatism** conservadurismo m

Conservative [kən'sɜːvətɪv] Br POL ◇ n conservador(ora) m,f; **the Conservatives** los conservadores
◇ adj conservador(ora); **the ~ Party** el Partido Conservador

conservative [kən'sɜːvətɪv] adj **-1.** *(traditional)* conservador(ora) **-2.** *(cautious)* prudente, cauto(a); **a ~ estimate** un cálculo moderado

conservatively [kən'sɜːvətɪvlɪ] adv **-1.** *(to dress)* de forma conservadora, con un estilo conservador **-2.** *(cautiously)* **it was ~ estimated at £5,000** se calculó en 5.000 libras como mínimo

conservatoire [kən'sɜːvətwɑː(r)] n MUS conservatorio m

conservatory [kən'sɜːvətrɪ] n **-1.** *(greenhouse)* invernadero m *(adosado a una casa)* **-2.** *(extension to house)* = habitación acristalada adosada a una casa **-3.** MUS conservatorio m

conserve ◇ vt [kən'sɜːv] **-1.** *(protect)* *(monument, countryside, wildlife)* conservar, preservar **-2.** *(save)* *(water, energy)* conservar; **to ~ one's strength** ahorrar energías
◇ n ['kɒnsɜːv] *(jam)* compota f

consider [kən'sɪdə(r)] ◇ vt **-1.** *(think over)* considerar; **I'll ~ it** lo consideraré; **to ~ doing sth** considerar hacer algo; **to ~ whether to do sth** contemplar la posibilidad de hacer algo; **the jury retired to ~ its verdict** el jurado se retiró a deliberar; **to ~ sb for a job** tener en cuenta a alguien para un puesto
-2. *(take into account)* tener en cuenta; **he has a wife and family to ~** tiene que pensar en su mujer y en sus hijos; **she never considers anybody but herself** sólo piensa en sí misma; **if you ~ what might have happened...** teniendo en cuenta lo que podría haber sucedido...; **all things considered** mirándolo bien, bien mirado
-3. *(regard)* considerar; **we ~ it likely that...** consideramos que lo más probable es...; **to ~ oneself happy** considerarse feliz; **I ~ him a friend** yo lo considero un amigo; **I would ~ it an honour** lo consideraría todo un honor; **it is considered to be the best treatment available** está considerado como or se le considera del mejor tratamiento disponible; **we can ~ ourselves lucky** podemos considerarnos afortunados; **~ it done!** ¡considéralo hecho!, ¡dalo por hecho!; **~ yourself dismissed!** ¡date por despedido!
-4. Formal *(look at)* observar
◇ vi *(think)* reflexionar; **I need time to ~** necesito tiempo para reflexionar

considerable [kən'sɪdərəbəl] adj considerable; **a ~ number (of)** un considerable número (de); **with ~ difficulty** con grandes dificultades; **to a ~ extent** en buena or gran medida

considerably [kən'sɪdərəblɪ] adv considerablemente

considerate [kən'sɪdərət] adj considerado(a) *(towards* or **to** con)*; **that's very ~ of you** es todo un detalle por tu parte

considerately [kən'sɪdərətlɪ] adv con consideración

considerateness [kən'sɪdərətnɪs] n consideración f

consideration [kənsɪdə'reɪʃən] n **-1.** *(deliberation)* **the matter needs careful ~** es necesario considerar el asunto con detenimiento; **different possibilities are under ~** se están estudiando varias posibilidades; **after due ~** tras las debidas deliberaciones; **to give a proposal some ~** considerar una propuesta; **to take sth into ~** tomar algo en consideración; Formal **in ~ of** *(because of)* en consideración or atención a
-2. *(factor)* factor m; **it's an important ~ in reaching a decision** es un factor a tener muy en cuenta a la hora de tomar una decisión; **money is always the first ~** el dinero es siempre el primer factor que se tiene en cuenta
-3. *(respect)* consideración f; **have you no ~ for other people?** ¿es que no tienes respeto por los demás?; **show some ~!** ¡ten un poco de consideración!; **out of ~ for** por consideración hacia
-4. *(importance)* **of no ~** de ninguna importancia or trascendencia
-5. Formal *(payment)* **for a small ~** a cambio de una pequeña retribución

considered [kən'sɪdəd] adj **a ~ response** una respuesta pensada detenidamente; **it is my ~ opinion that...** tras pensarlo muy detenidamente creo que...

considering [kən'sɪdərɪŋ] ◇ prep considerando, teniendo en cuenta; **~ (that) she'd never played the part before, she did very well** considerando or teniendo en cuenta que nunca había representado ese papel, lo hizo muy bien
◇ conj considerando que, teniendo en cuenta que; **~ (that) he is so young** teniendo en cuenta su juventud
◇ adv **it's not so bad, ~** no está tan mal, después de todo

consign [kən'saɪn] vt **-1.** *(entrust)* confiar (**to** a) **-2.** *(send)* consignar, enviar (**to** a) **-3.** *(relegate)* **I consigned his last letter to the rubbish bin** tiré su última carta a la basura

consignee [kɒnsaɪ'niː] n COM consignatario(a) m,f

consigner, consignor [kən'saɪnə(r)] n COM consignador(ora) m,f

consignment [kən'saɪnmənt] n **-1.** *(dispatch)* envío m; **goods for ~** mercancías listas para ser enviadas ❑ **~ note** aviso m or Esp albarán m de envío **-2.** *(batch of goods)* envío m, remesa f

consignor = consigner

consist [kən'sɪst]
◆ **consist in** vt insep consistir en; **the book's charm consists largely in its simplicity** el encanto or atractivo del libro radica en buena medida en su simplicidad
◆ **consist of** vt insep consistir en, constar de; **the book consists solely of amusing anecdotes** el libro consta exclusivamente de anécdotas divertidas

consistency [kən'sɪstənsɪ] n **-1.** *(of substance, liquid)* consistencia f **-2.** *(of actions, arguments)* coherencia f, congruencia f; **to lack ~** ser incongruente **-3.** *(of performance, work)* regularidad f, constancia f

consistent [kən'sɪstənt] adj **-1.** *(coherent)* *(reasoning, behaviour)* coherente, congruente; **~ with** *(theory, principles)* coherente con **-2.** *(unvarying)* *(quality, standard)* invariable, constante; *(performance)* constante, regular; *(refusal, failure)* constante, continuo(a); **I try to be ~** trato de ser consecuente; **she was ~ in her choice of partners** fue consecuente a la hora de elegir compañeros

consistently [kən'sɪstəntlɪ] adv **-1.** *(coherently)* *(to argue, behave)* coherentemente, congruentemente **-2.** *(without variation)* *(to perform)* con un nivel constante de calidad; *(to fail, deny, oppose)* constantemente

consolation [kɒnsə'leɪʃən] n consuelo m; **that's one ~** es un consuelo; **if it's any ~** si te sirve de consuelo ❑ **~ prize** premio m de consolación

consolatory [kən'sɒlətərɪ] adj *(message, words)* de consuelo, consolador(ora)

console¹ ['kɒnsəʊl] n **-1.** *(control panel)* consola f **-2.** *(cabinet)* consola f **-3.** MUS *(on organ)* consola f **-4. ~ table** consola f

console² [kən'səʊl] vt consolar; **~ yourself with the thought that it was cheap** consuélate pensando que, al menos, fue barato

consolidate [kən'sɒlɪdeɪt] ◇ vt **-1.** *(reinforce)* consolidar **-2.** COM *(companies)* fusionar; *(debts)* consolidar
◇ vi consolidarse

consolidated [kən'sɒlɪdeɪtɪd] adj consolidado(a) ❑ FIN **~ accounts** cuentas fpl consolidadas; FIN **~ balance sheet** balance m consolidado

consolidation [kənsɒlɪ'deɪʃən] n **-1.** *(reinforcement)* consolidación f **-2.** COM *(of companies)* fusión f; *(of debts)* consolidación f

consoling [kən'səʊlɪŋ] adj *(idea, thought)* de consuelo, consolador(ora)

consols ['kɒnsəlz] npl Br FIN valores mpl consolidados

consommé [Br kənˈsɒmeɪ, US ˈkɒnsəmeɪ] n consomé m

consonant [ˈkɒnsənənt] ◇ n consonante f ❑ LING ~ **cluster** grupo m consonántico
◇ adj Formal ~ **with** en consonancia con

consonantal [kɒnsəˈnæntəl] adj consonántico(a)

consort [ˈkɒnsɔːt] n (spouse of monarch) consorte mf
◆ **consort with** [kənˈsɔːt] vt insep asociarse con

consortium [kənˈsɔːtɪəm] (pl **consortia** [kənˈsɔːtɪə] or **consortiums**) n COM consorcio m

conspectus [kənˈspektəs] n Formal **-1.** (overview) visión f general **-2.** (summary) resumen m

conspicuous [kənˈspɪkjʊəs] adj (person) visible; (colour) llamativo(a); (bravery, intelligence) notable; (failure, lack) manifiesto(a); **to look ~** resaltar, llamar la atención; **to feel ~** tener la sensación de que se está llamando la atención; **to make oneself ~** hacerse notar; **in a ~ position** en un lugar bien visible; **to be ~ by one's/its absence** brillar por su ausencia ❑ ~ **consumption** ostentación f en el consumo

conspicuously [kənˈspɪkjʊəslɪ] adv (dressed) de forma llamativa; **the publicity campaign was ~ successful** la campaña de publicidad fue un éxito evidente

conspiracy [kənˈspɪrəsɪ] n **-1.** (plot) conspiración f, conjura f; ~ **of silence** pacto de silencio ❑ ~ **theory** = teoría que sostiene la existencia de una conspiración, generalmente imaginaria **-2.** (plotting) conspiración f; LAW **he's been charged with ~** se le ha acusado de conspiración

conspirator [kənˈspɪrətə(r)] n conspirador(ora) m,f

conspiratorial [kənspɪrəˈtɔːrɪəl] adj conspirador(ora), de conspiración

conspire [kənˈspaɪə(r)] vi **-1.** (plot) conspirar (**against/with** contra/con); **to ~ (with sb) to do sth** conspirar (con alguien) para hacer algo **-2.** (combine) (events) obrar (**against** contra); **circumstances conspired against me** las circunstancias obraban en mi contra; **everything conspired to make him late** todo se confabuló para que llegara tarde

constable [ˈkʌnstəbəl, ˈkɒnstəbəl] n Br policía mf; **Constable Jenkins** agente Jenkins

constabulary [kənˈstæbjʊlərɪ] n Br (cuerpo m de) policía f

Constance [ˈkɒnstəns] n **Lake ~** lago Constanza

constancy [ˈkɒnstənsɪ] n Literary (loyalty) lealtad f, fidelidad f; (of feelings) constancia f

constant [ˈkɒnstənt] ◇ adj **-1.** (unchanging) (price, temperature) constante **-2.** (continuous) (attention, questions) continuo(a), constante; (interruptions, noise) constante; **it's a ~ worry to me** me preocupa constantemente; **the machinery is in ~ use** la maquinaria se usa constantemente **-3.** Literary (loyal) leal
◇ n constante f

Constantine [ˈkɒnstəntaɪn] pr n Constantino

Constantinople [kɒnstæntɪˈnəʊpəl] n Formerly Constantinopla

constantly [ˈkɒnstəntlɪ] adv constantemente; ~ **diminishing returns** rendimientos en constante descenso

constellation [kɒnstəˈleɪʃən] n **-1.** (of stars) constelación f **-2.** (of celebrities) pléyade f

consternation [kɒnstəˈneɪʃən] n consternación f; **I watched in ~ as he carried out his threat** observé consternado cómo cumplió con sus amenazas; **the prospect filled me with ~** el panorama me llenó de consternación

constipate [ˈkɒnstɪpeɪt] vt estreñir

constipated [ˈkɒnstɪpeɪtɪd] adj estreñido(a)

constipation [kɒnstɪˈpeɪʃən] n estreñimiento m

constituency [kənˈstɪtjʊənsɪ] n POL **-1.** (district) circunscripción f electoral **-2.** (electors) electores mpl potenciales ❑ Br ~ **party** sección f local del partido (en una circunscripción electoral)

constituent [kənˈstɪtjʊənt] ◇ n **-1.** POL elector(ora) m,f **-2.** (part) elemento m (constitutivo)
◇ adj constitutivo(a) ❑ ~ **assembly** asamblea f constituyente

constitute [ˈkɒnstɪtjuːt] vt **-1.** (represent) constituir; **it constitutes a major change in policy** constituye un importante cambio de política **-2.** (make up) constituir, formar **-3.** (set up) (committee) constituir, fundar

constitution [kɒnstɪˈtjuːʃən] n **-1.** (of state, organization) constitución f ❑ **the Constitution State** = apelativo familiar referido al estado de Connecticut **-2.** (of person) constitución f; **to have a strong ~** ser de constitución robusta; **to have the ~ of an ox** estar hecho(a) un roble, estar fuerte como un toro

CONSTITUTION

La constitución estadounidense fue redactada tras la independencia, durante una convención extraordinaria celebrada en Filadelfia en 1787 y entró en vigor al año siguiente. Junto con la Declaración de Independencia y la Carta de Derechos formó los cimientos de lo que puede considerarse el primer estado moderno. Por otro lado, la Constitución británica, a diferencia de la Constitución americana, no es un documento en sí mismo, sino el resultado virtual de la sucesión de leyes a lo largo del tiempo basado en el principio de jurisprudencia.

constitutional [kɒnstɪˈtjuːʃənəl] ◇ n Old fashioned or Hum (walk) paseo m
◇ adj (reform, decision) constitucional ❑ ~ **court** tribunal m constitucional; ~ **law** derecho m constitucional; ~ **monarchy** monarquía f constitucional; ~ **rights** garantías fpl constitucionales

constitutionality [kɒnstɪtjuːʃəˈnælɪtɪ] n Formal constitucionalidad f

constitutionally [kɒnstɪˈtjuːʃənəlɪ] adv constitucionalmente

constrain [kənˈstreɪn] vt Formal restringir, constreñir; **to feel constrained to do sth** sentirse obligado(a) a hacer algo

constraint [kənˈstreɪnt] n (restriction) limitación f, restricción f; **to place constraints (up)on sth/sb** imponer restricciones a algo/alguien; **to do sth under ~** hacer algo bajo coacción; **to speak without ~** hablar abiertamente; **financial constraints** restricciones económicas; **social constraints** limitaciones sociales

constrict [kənˈstrɪkt] vt **-1.** (make narrow) (blood vessels, intestine) constreñir, contraer **-2.** (restrict) (flow, breathing) dificultar; (person, economy) constreñir; **to feel constricted by sth** sentirse constreñido(a) por algo

constricted [kənˈstrɪktɪd] adj **-1.** (narrowed) (blood vessel, intestine) constreñido(a) **-2.** (restricted) (breathing, movement) inhibido(a), coartado(a); **to feel ~** sentirse constreñido(a)

constriction [kənˈstrɪkʃən] n **-1.** (in chest, throat) constricción f; ~ **of the blood vessels** vasoconstricción **-2.** (restriction) (of person, economy) constricción f

constrictor [kənˈstrɪktə(r)] n **-1.** ANAT músculo m constrictor **-2.** (snake) serpiente f constrictora

construct ◇ vt [kənˈstrʌkt] **-1.** (build) construir; **to ~ sth out of sth** construir algo con algo **-2.** (formulate) (sentence) construir; (system, theory) construir, elaborar; **a beautifully constructed play** una obra muy bien montada
◇ n [ˈkɒnstrʌkt] (idea) concepto m

construction [kənˈstrʌkʃən] n **-1.** (act of building, thing built) construcción f; **under ~** en construcción ❑ **the ~ industry** (el sector de) la construcción; ~ **set** (toy) juego m de construcción; ~ **site** obra f; ~ **workers** obreros mpl de la construcción **-2.** (thing built) construcción f **-3.** (formulation) (of sentence) construcción f; (of system, theory) construcción f, elaboración f **-4.** (interpretation) **to put a favourable/unfavourable ~ on sb's words** darle un sentido bueno/malo a las palabras de alguien **-5.** GRAM construcción f

constructive [kənˈstrʌktɪv] adj **-1.** (comment, proposal) constructivo(a); ~ **criticism** críticas constructivas **-2.** Br LAW ~ **dismissal** = despido forzado por presiones del empresario

constructively [kənˈstrʌktɪvlɪ] adv constructivamente, de manera constructiva

constructor [kənˈstrʌktə(r)] n constructor(ora) m,f ❑ **constructors' championship** (in motor racing) mundial m de constructores

construe [kənˈstruː] vt **-1.** (interpret) interpretar; **it could hardly be construed as a compliment** difícilmente podría interpretarse como un cumplido **-2.** (parse) analizar sintácticamente **-3.** Old-fashioned (translate) traducir literalmente

consubstantiation [ˈkɒnsəbstænsɪˈeɪʃən] n REL consustanciación f

consul [ˈkɒnsəl] n **-1.** (diplomat) cónsul mf ❑ ~ **general** cónsul mf general **-2.** (Roman) cónsul m

consular [ˈkɒnsjʊlə(r)] adj consular

consulate [ˈkɒnsjʊlət] n consulado m

consulship [ˈkɒnsəlʃɪp] n consulado m

consult [kənˈsʌlt] ◇ vt **-1.** (ask) (doctor, expert) consultar; **to ~ sb about sth** consultar algo a alguien; **I wasn't consulted** no se me consultó **-2.** (refer to) (book, map, watch) consultar
◇ vi consultar; **I'll have to ~ with head office about this** tendré que consultarlo con la central; **they consulted together over what steps to take next** debatieron qué medidas tomar a continuación

consultancy [kənˈsʌltənsɪ] n **-1.** (of medical specialist) = plaza de especialista hospitalario **-2.** COM asesoría f, consultoría f; **to do ~ work** desarrollar tareas de asesoría or consultoría ❑ ~ **fees** honorarios mpl de asesoría or consultoría

consultant [kənˈsʌltənt] n **-1.** (medical specialist) médico(a) m,f especialista (en hospital) **-2.** (contracted adviser) asesor(ora) m,f, consultor(ora) m,f

consultation [kɒnsəlˈteɪʃən] n **-1.** (with doctor) consulta f **-2.** (discussion) consulta f; **there was no ~ about the decision** la decisión no fue consultada; **to hold a ~ (with)** consultar (con); **in ~ with sb** con la asesoría de alguien **-3.** (reference) consulta f; **the dictionary is designed for easy ~** el diseño del diccionario favorece su fácil consulta

consultative [kənˈsʌltətɪv] adj consultivo(a); **in a ~ capacity** a título consultivo

consulting [kənˈsʌltɪŋ] adj asesor(ora) ❑ ~ **room** (of doctor) consulta f, consultorio m

consumables [kənˈsjuːməbəlz] npl **-1.** (goods) bienes mpl consumibles **-2.** COMPTR consumibles mpl

consume [kənˈsjuːm] vt **-1.** (eat, drink) consumir **-2.** (use up) (energy, fuel, time) consumir **-3.** (burn up) (of fire, flames) reducir a cenizas; **fire consumed the building** las llamas arrasaron el edificio; Fig **to be consumed with jealousy/desire** estar consumido(a) por los celos/el deseo

consumer [kənˈsjuːmə(r)] n (of product) consumidor(ora) m,f ❑ ~ **association** asociación f de consumidores; ~ **credit** crédito m al consumo; ~ **demand** demanda f de consumo; ~ **durables** bienes mpl de consumo duraderos; ~ **goods** bienes mpl de consumo; ~ **organization** organización f de consumidores; US ECON ~ **price index** índice m de precios al consumo, IPC m; ~ **protection** protección f del consumidor; **the ~ society** la sociedad de consumo; ~ **spending** consumo m privado; ~ **terrorism** terrorismo m contra la cadena de consumo

consumerism [kənˈsjuːmərɪzəm] n **-1.** (consumer protection) protección f al consumidor **-2.** Pej (consumption) consumismo m

consuming [kənˈsjuːmɪŋ] *adj (passion)* arrebatado(a), arrollador(ora); *(interest)* ferviente, absorbente

consummate ◇ *adj* [ˈkɒnsjʊmət] **-1.** *(supreme)* consumado(a); **with ~ skill** con una habilidad consumada **-2.** *(utter) (fool, liar)* completo(a), perfecto(a)
◇ *vt* [ˈkɒnsəmeɪt] *(marriage, relationship)* consumar

consummation [ˌkɒnsəˈmeɪʃən] *n* **-1.** *(of marriage, relationship)* consumación *f* **-2.** *(of life's work)* consumación *f*

consumption [kənˈsʌmpʃən] *n* **-1.** *(of food, fuel, resources)* consumo *m*; **unfit for human ~** no apto(a) para el consumo humano **-2.** *(purchasing)* consumo *m* **-3.** *Old-fashioned (tuberculosis)* tisis *f inv*

consumptive [kənˈsʌmptɪv] *Old-fashioned* ◇ *n* tísico(a) *m,f*
◇ *adj* tísico(a)

cont -1. (*abbr* **contents**) contenidos *mpl* **-2.** (*abbr* **continued**) sigue

contact [ˈkɒntækt] ◇ *n* **-1.** *(communication)* contacto *m*; **we don't have much ~ with our neighbours** no tenemos demasiado contacto con nuestros vecinos; **to be in/come into ~ with sb** estar/ponerse en contacto con alguien; **to make ~ with sb** contactar con alguien, ponerse en contacto con alguien; **to lose ~ with sb** perder el contacto con alguien; **~ address/number** dirección/número de contacto
-2. *(touch)* contacto *m*; **to be in/come into ~ with** estar en/ponerse en contacto con; **physical ~** contacto físico ❑ **~ *allergy*** alergia *f* de contacto; PHOT **~ *print*** copia *f* de contacto; **~ *sport*** deporte *m* de contacto
-3. *(person)* contacto *m*; **he has lots of contacts** tiene muchos contactos
-4. ELEC contacto *m*; **to make/break (the) ~** hacer/interrumpir (el) contacto
-5. *(lens)* **~ *lens*** lente *f* de contacto, *Esp* lentilla *f*, *Méx* pupilente *f*; **she wears ~ lenses** *or Fam* **contacts** lleva lentes de contacto
◇ *vt* contactar con, ponerse en contacto con; **we'll ~ you later on this week** nos pondremos en contacto con usted a finales de esta semana

contactable [kənˈtæktəbəl] *adj* localizable; **I'm ~ at this number** estoy localizable en este número

contagion [kənˈteɪdʒən] *n* **-1.** *(infection)* contagio *m* **-2.** *Literary (harmful influence)* peste *f*

contagious [kənˈteɪdʒəs] *adj* **-1.** *(disease)* contagioso(a); **he's no longer ~** ya no es contagioso **-2.** *(laughter)* contagioso(a)

contain [kənˈteɪn] *vt* **-1.** *(hold)* contener **-2.** *(include)* contener **-3.** *(restrain)* contener; **I could scarcely ~ my indignation** apenas podía contener la indignación; **to ~ oneself** contenerse, aguantarse **-4.** *(hold back) (enemy, inflation, fire, epidemic)* contener

container [kənˈteɪnə(r)] *n* **-1.** *(for storage)* recipiente *m* **-2.** *(for transport)* contenedor *m*; **~ lorry/ship** camión/buque de transporte de contenedores ❑ **~ *terminal*** terminal *f* de contenedores

containerize [kənˈteɪnəraɪz] *vt (cargo)* meter en contenedores

containment [kənˈteɪnmənt] *n (of political power, problem)* contención *f*

contaminate [kənˈtæmɪneɪt] *vt also Fig* contaminar

contamination [kənˌtæmɪˈneɪʃən] *n* contaminación *f*

contd (*abbr* **continued**) cont.; **~ on page 14** sigue en la página 14

contemplate [ˈkɒntəmpleɪt] *vt* **-1.** *(consider)* contemplar; **to ~ marriage/suicide** considerar el matrimonio/suicidio, pensar en casarse/suicidarse; **to ~ doing sth** contemplar (la posibilidad de) hacer algo; **it's too awful to ~** no quiero ni contemplarlo **-2.** *(look at)* contemplar **-3.** *(foresee)* prever; **I didn't ~ delays of this sort** no preví que fuera a haber retrasos de este tipo

contemplation [ˌkɒntəmˈpleɪʃən] *n* **-1.** *(thought)* contemplación *f*; **deep in ~** reflexionando profundamente **-2.** *(observation)* contemplación *f* **-3.** *(meditation)* meditación *f*; **a life of ~** una vida contemplativa

contemplative [kənˈtemplətɪv] *adj* **-1.** *(look, mood)* contemplativo(a), meditabundo(a) **-2.** REL *(order, prayer)* contemplativo(a)

contemplatively [kənˈtemplətɪvlɪ] *adv* pensativamente

contemporaneous [kənˌtempəˈreɪnɪəs] *adj Formal* simultáneo(a); **to be ~ (with sth)** ocurrir a la par (que algo), coincidir en el tiempo (con algo)

contemporaneously [kənˌtempəˈreɪnɪəslɪ] *adv Formal* (to exist, live) en *or* durante la misma época

contemporary [kənˈtempərərɪ] ◇ *n* contemporáneo(a) *m,f*; **he was a ~ of mine at university** era de mi misma promoción universitaria
◇ *adj* **-1.** *(modern)* contemporáneo(a); **a study of ~ Britain** un estudio de la Gran Bretaña actual *or* contemporánea ❑ **~ *dance*** ballet *m* moderno, danza *f* moderna **-2.** *(of the same period)* contemporáneo(a), coetáneo(a) **(with** de)

contempt [kənˈtempt] *n* **-1.** *(scorn)* desprecio *m*, menosprecio *m*; **to hold sth/sb in ~** sentir desprecio por algo/alguien; **to treat sth/sb with ~** tratar algo/a alguien con desprecio; **I feel nothing but ~ for him** lo único que siento por él es desprecio **-2.** LAW **~ (of court)** desacato *m* (al tribunal); **to charge sb with ~ (of court)** acusar a alguien de desacato

contemptible [kənˈtemptəbəl] *adj* despreciable

contemptuous [kənˈtemptjʊəs] *adj* despreciativo(a), despectivo(a); **to be ~ of** mostrar desprecio hacia

contemptuously [kənˈtemptʃʊəslɪ] *adv (to laugh, reject, smile)* con desprecio

contend [kənˈtend] ◇ *vt Formal (maintain, argue)* **to ~ that...** afirmar *or* alegar que...
◇ *vi* **-1.** *(deal)* enfrentarse **(with** a *or* con**)**; **the difficulties I have to ~ with** las dificultades a las que me tengo que enfrentar; **they still had the guards to ~ with** todavía les quedaba enfrentarse con los guardias **-2.** *(compete)* **to ~ (with sb) for sth** disputarse algo (con alguien), competir (contra alguien) por algo

contender [kənˈtendə(r)] *n* contendiente *mf* **(for** a**)**; **an Oscar ~** un aspirante al Oscar; **a strong ~ (for)** un serio aspirante (a)

contending [kənˈtendɪŋ] *adj (views, interests)* encontrados(as), enfrentados(as)

content¹ [ˈkɒntent] *n* **-1.** *(amount contained)* contenido *m*; **high protein/fibre ~** alto contenido en proteínas/fibra
-2. contents *(of pockets, drawer, letter)* contenido *m*; *(table in book)* índice *m*; **the contents of the house were auctioned off separately** subastaron el mobiliario de la casa por separado ❑ **contents *insurance*** seguro *m* del contenido
-3. *(substance)* contenido *m*; **all style and no ~** bien presentado pero sin sustancia ❑ LING **~ *word*** palabra *f* con contenido semántico
-4. COMPTR **~ *provider*** proveedor *m* de contenidos

content² [kənˈtent] ◇ *adj* **to be ~ with sth** estar satisfecho(a) con *or* de algo; **not ~ with having ruined our evening,...** no contento con habernos estropeado la velada,...; **he's quite ~ to let others do all the work** se complace en dejar a los demás hacer todo el trabajo; **she wasn't ~ just to know what had happened, she wanted to know why** no le satisfacía saber simplemente qué ocurrió, quería saber el porqué
◇ *vt* **to ~ oneself with (doing) sth** contentarse con (hacer) algo; **my reply seemed to ~ them** al parecer, se quedaron contentos con mi respuesta
◇ *n* **to one's heart's ~** a placer, a discreción

contented [kənˈtentɪd] *adj (person, smile)* satisfecho(a) **(with** con *or* de**)**; **to be ~ (with)** estar satisfecho(a) (con *or* de)

contentedly [kənˈtentɪdlɪ] *adv* con satisfacción; **she sighed ~** suspiró satisfecha

contention [kənˈtenʃən] *n* **-1.** *(dispute)* disputa *f*; **his morals are not in ~** nadie pone en tela de juicio sus principios morales **-2.** *(competition)* **to be in ~ (for sth)** tener posibilidades (de ganar algo); **to be out of ~** no tener ninguna posibilidad; **the teams in ~ for the title** los equipos que compiten por el título **-3.** *Formal (opinion)* argumento *m*; **my ~ is that...** sostengo que...

contentious [kənˈtenʃəs] *adj* **-1.** *(issue, views)* polémico(a) **-2.** *(person)* que siempre se mete en discusiones

contentment [kənˈtentmənt] *n* satisfacción *f*; **a look of ~** una mirada de satisfacción

contest ◇ *n* [ˈkɒntest] **-1.** *(competition)* concurso *m*; *(in boxing)* combate *m* **-2.** *(struggle)* contienda *f*, pugna *f*; **a ~ for/between** una contienda *or* lucha por/entre **-3.** *US* LAW **no ~** nolo contendere, no quiero litigar
◇ *vt* [kənˈtest] **-1.** *(dispute) (statement, right, decision)* impugnar, rebatir; **to ~ a will** impugnar un testamento **-2.** *(in election)* **to ~ a seat** disputar un escaño; POL **a fiercely contested election** unas elecciones muy reñidas

contestant [kənˈtestənt] *n (in competition, game)* concursante *mf*; *(in sporting competition)* competidor(ora) *m,f*

context [ˈkɒntekst] *n* contexto *m*; **in/out of ~** en/fuera de contexto; **to quote sth out of ~** citar algo fuera de contexto; **to put sth into ~** poner algo en contexto; **the wider social ~** el contexto social más amplio

context-dependent [ˈkɒntekstdɪˈpendənt] *adj* **to be ~** depender del contexto

context-sensitive help [ˈkɒntekstˈsensɪtɪvhelp] *n* COMPTR ayuda *f* contextual

contextual [kɒnˈtekstjʊəl] *adj* contextual, relativo(a) al contexto

contextualize [kɒnˈtekstjʊəlaɪz] *vt* contextualizar

contiguity [ˌkɒntɪˈgjuːɪtɪ] *n Formal* contigüedad *f*

contiguous [kənˈtɪgjʊəs] *adj Formal* contiguo(a) **(with** con**)**

continence [ˈkɒntɪnəns] *n* **-1.** MED control *m* de los esfínteres **-2.** *(self-restraint)* continencia *f*

continent¹ [ˈkɒntɪnənt] *n* **-1.** *(land mass)* continente *m* **-2.** *Br (Europe)* **(on) the Continent** (en) Europa continental

continent² *adj* **-1.** MED continente **-2.** *(restrained)* continente

continental [ˌkɒntɪˈnentəl] ◇ *adj* **-1.** *(in geography)* continental ❑ **~ *drift*** deriva *f* continental; **~ *shelf*** plataforma *f* continental; **~ *slope*** talud *m* continental **-2.** *Br (European)* de la Europa continental ❑ **~ *breakfast*** desayuno *m* continental; **~ *quilt*** edredón *m* **-3.** *US* **the ~ United States** *(mainland)* tierra firme estadounidense; HIST **las colonias confederadas**
◇ *n Br Old-fashioned* europeo(a) *m,f* (de la Europa continental)

contingency [kənˈtɪndʒənsɪ] *n* **-1.** *(possibility)* contingencia *f*, eventualidad *f*; **to allow for contingencies** tomar precauciones ante cualquier eventualidad ❑ LAW **~ *fee*** honorarios *mpl* condicionales; **~ *fund*** fondo *m* de emergencia; **~ *plan*** plan *m* de emergencia **-2.** *(chance, uncertainty)* contingencia *f*, eventualidad *f*

contingent [kənˈtɪndʒənt] ◇ *n (group)* contingente *m*
◇ *adj Formal* **-1.** *(dependent)* contingente; **to be ~ on sth** depender de algo **-2.** PHIL *(truth)* contingente

continua *pl of* **continuum**

continual [kənˈtɪnjʊəl] *adj* **-1.** *(continuous, uninterrupted)* continuo(a) **-2.** *(repeated)* continuo(a)

continually [kən'tɪnjʊəlɪ] adv (ceaselessly, repeatedly) continuamente, constantemente; **I ~ have to remind him it's my house** tengo que recordarle constantemente que se trata de mi casa

continuance [kən'tɪnjʊəns] n -1. (prolongation) mantenimiento m -2. US LAW aplazamiento m

continuant [kən'tɪnjʊənt] n LING sonido m continuo

continuation [kəntɪnjʊ'eɪʃən] n -1. (extension) (of story) continuación f; (of road) continuación f, prolongación f -2. (prolongation) continuación f, prolongación f -3. (resumption) continuación f, reanudación f

continue [kən'tɪnjuː] ◇ vt -1. (carry on) continuar, seguir; **to ~ doing** or **to do sth** continuar or seguir haciendo algo -2. (after interruption) reanudar; **to be continued** continuará; **continued on page 30** sigue en la página 30; **"furthermore," he continued...** "además", prosiguió...
◇ vi -1. (carry on) continuar, seguir; **the rain continued for three days** no paró de llover en tres días, siguió lloviendo durante tres días; **to ~ with sth** seguir con algo; **it's not something I want to ~ with** no es algo que quiera seguir haciendo; **if you ~ with this appalling behaviour,...** si sigues portándote así de mal,...; **we continued along the road for an hour** seguimos or continuamos por la carretera durante una hora; **he continued on his way** reanudó su camino; **the situation cannot ~** esto no puede continuar or seguir así -2. (resume) continuar, proseguir; **the talks will ~ today** las conversaciones se reanudarán hoy -3. (remain) seguir; **she will ~ as director until December** seguirá ocupando el puesto de director hasta diciembre -4. (extend) prolongarse; **the path continues on down to the river** el camino se prolonga hasta el río

continued [kən'tɪnjuːd] adj (support, interest) constante

continuing [kən'tɪnjuːɪŋ] adj (conflict, involvement) continuado(a) ❏ Br **~ education** formación f continua

continuity [kɒntɪ'njuːɪtɪ] n -1. (cohesion) continuidad f -2. (on radio, TV) continuidad f ❏ **~ announcer** locutor(ora) m,f de continuidad -3. CIN continuidad f ❏ **~ girl** script f, anotadora f

continuo [kən'tɪnjʊəʊ] (pl **continuos**) n MUS bajo m continuo

continuous [kən'tɪnjʊəs] ◇ adj -1. (uninterrupted, unbroken) continuado(a) ❏ SCH & UNIV **~ assessment** evaluación f continua; ST EXCH **~ market** mercado m continuo; COMPTR **~ mode** modo m continuo; COMPTR **~ paper** papel m continuo; CIN **~ performance** sesión f continua; COMPTR **~ stationery** papel m continuo; COMPTR & TYP **~ tone** tono m continuo -2. GRAM (tense, aspect) continuo(a)
◇ n GRAM continuo m

continuously [kən'tɪnjʊəslɪ] adv continuamente, ininterrumpidamente

continuum [kən'tɪnjʊəm] (pl **continua** [kən'tɪnjʊə] or **continuums**) n continuo m

contort [kən'tɔːt] ◇ vt (body, features) contorsionar
◇ vi contorsionarse; **his face contorted in pain** tenía el rostro contraído de dolor

contorted [kən'tɔːtɪd] adj -1. (face) crispado(a), contorsionado(a); (body) contorsionado(a) -2. (logic, argument) tergiversado(a)

contortion [kən'tɔːʃən] n (of body, features) contorsión f; Fig **he went through all sorts of contortions to justify this decision** recurrió a toda clase de argumentos enrevesados para justificar la decisión

contortionist [kən'tɔːʃənɪst] n contorsionista mf

contour ['kɒntʊə(r)] ◇ n -1. (shape, outline) contorno m, perfil m; **the contours of the hill** el contorno de la colina -2. ~ **(line)** (on map) curva f de nivel ❏ **~ map** mapa m topográfico
◇ vt -1. (map) acotar -2. (shape) moldear

contraband ['kɒntrəbænd] n -1. (smuggling) contrabando m -2. (smuggled goods) **~ (goods)** mercancía f de contrabando

contrabassoon [kɒntrəbə'suːn] n MUS contrafagot m

contraception [kɒntrə'sepʃən] n anticoncepción f

contraceptive [kɒntrə'septɪv] ◇ n anticonceptivo m
◇ adj anticonceptivo(a) ❏ **~ method** método m anticonceptivo; **~ pill** píldora f anticonceptiva; **~ sponge** esponja f vaginal

contract ◇ n ['kɒntrækt] -1. (agreement, document) contrato m; **to break one's ~** incumplir el contrato; **to be under ~** estar contratado(a); **to enter into a ~** firmar un contrato ❏ **~ of employment** contrato m de trabajo; **~ law** derecho m contractual; **~ of sale** contrato m or escritura f de compraventa; **~ staff** personal m contratado -2. (won by tender) contrata f; **to put work out to ~** subcontratar un trabajo, otorgar la contrata de un trabajo -3. Fam **to take out a ~ on sb** (hire assassin) contratar a un asesino para matar a alguien ❏ **~ killer** asesino(a) m,f a sueldo -4. (in bridge) contrato m ❏ **~ bridge** (bridge m) contrato m
◇ vt [kən'trækt] -1. (illness) contraer; **to ~ debts** contraer deudas -2. (hire) **to ~ sb (to do sth)** contratar a alguien (para hacer algo) -3. (muscle) contraer -4. GRAM contraer; **a contracted form** una forma contracta
◇ vi [kən'trækt] -1. (make agreement) **to ~ to do sth** firmar un contrato para hacer algo -2. (shrink) contraerse
◆ **contract in** vi Br suscribirse
◆ **contract out** COM ◇ vt sep **the cleaning service was contracted out** el servicio de limpieza lo lleva una contrata
◇ vi Br excluirse, optar por salirse (**of** de)

contracting [kən'træktɪŋ] adj -1. (involved in contract) contratante; **the ~ parties** las partes contratantes -2. **~ company** (sub-contractor) empresa f contratante, contratista mf

contraction [kən'trækʃən] n -1. (of metal, pupil) contracción f -2. MED contracción f; **contractions have begun** (before childbirth) han empezado las contracciones -3. GRAM contracción f

contractor [kən'træktə(r)] n (sub-contractor) contratista mf; **building ~** contratista de obras; **haulage ~** transportista

contractual [kən'træktjʊəl] adj contractual

contractually [kən'træktjʊəlɪ] adv contractualmente; **~ bound/obliged to do sth** vinculado(a)/obligado(a) por contrato a hacer algo

contradict [kɒntrə'dɪkt] vt -1. (disagree with) contradecir; **she hates being contradicted** no soporta que la contradigan; **to ~ oneself** contradecirse -2. (conflict with) contradecirse con; **their statements ~ each other** sus declaraciones se contradicen -3. (deny) desmentir

contradiction [kɒntrə'dɪkʃən] n contradicción f; **he's full of contradictions** está lleno de contradicciones; **it's a ~ in terms** es una contradicción en sí misma

contradictory [kɒntrə'dɪktərɪ] adj contradictorio(a)

contradistinction [kɒntrədɪ'stɪŋkʃən] n Formal **in ~ to** en contraposición a

contraflow ['kɒntrəfləʊ] n Br **~ (system)** habilitación f del carril contrario

contraindication [kɒntrəɪndɪ'keɪʃən] n MED contraindicación f

contralto [kən'træltəʊ] (pl **contraltos**) n MUS contralto f

contraption [kən'træpʃən] n Fam cachivache m, artilugio m

contrapuntal [kɒntrə'pʌntəl] adj MUS de contrapunto

contrarily [kən'treərɪlɪ] adv caprichosamente

contrariness [kən'treərɪnɪs] n espíritu m de contradicción; **with his usual ~...** con sus habituales ganas de llevar la contraria...

contrary ['kɒntrərɪ] ◇ n **the ~** lo contrario; **on the ~** por el or al contrario; **unless you hear to the ~** salvo que te digan lo contrario or otra cosa; **quite the ~!** ¡todo lo contrario!
◇ adj -1. (opposite) contrario(a); **~ to** contrario(a) a; **~ to my expectations** al contrario de lo que esperaba; **~ to popular belief,...** en contra de lo que vulgarmente se cree,... -2. (wind) en contra, de cara -3. [kən'treərɪ] (awkward) caprichoso(a)

contrast ◇ n ['kɒntrɑːst] -1. (difference) contraste m; **to be a ~ (to sth)** ser un contraste (con algo); **in ~ with** or **to** en contraste con; **by ~** por el contrario; **for ~** para contrastar -2. TV & PHOT contraste m; **turn up the ~** sube el contraste ❏ **~ button** botón m de contraste
◇ vt [kən'trɑːst] **to ~ sth with sth** contrastar or comparar algo con algo or algo y algo
◇ vi [kən'trɑːst] contrastar (**with** con)

contrasting [kən'trɑːstɪŋ] adj opuesto(a)

contrastive [kən'trɑːstɪv] adj opuesto(a), antagónico(a) ❏ LING **~ stress** acento m contrastivo

contravene [kɒntrə'viːn] vt contravenir

contravention [kɒntrə'venʃən] n contravención f; **in ~ of...** contraviniendo...

contretemps ['kɒntrətɒm] (pl **contretemps**) n (disagreement) roce m, discusión f

contribute [kən'trɪbjuːt] ◇ vt -1. (money) contribuir con, aportar -2. (ideas, enthusiasm) contribuir con, aportar; **what can they ~ to the project?** ¿que pueden aportar al proyecto? -3. (article, poem) contribuir con, aportar; **to ~ an article to a newspaper** escribir una colaboración para un periódico
◇ vi -1. (donate money) contribuir; **to ~ to a charity** realizar un donativo a una organización benéfica -2. (give, add) **she still has a lot to ~** todavía tiene mucho que aportar; **he rarely contributes to discussions** rara vez interviene en las discusiones; **to ~ to the success of sth** contribuir al éxito de algo -3. (journalist, author) **to ~ to a newspaper/magazine** escribir para un periódico/una revista -4. (to pension scheme) cotizar

contributing [kən'trɪbjuːtɪŋ] adj **a ~ factor** un factor determinante

contribution [kɒntrɪ'bjuːʃən] n -1. (to project, activity) contribución f, aportación f; (to discussion) intervención f; **to make a ~ to** contribuir a; **he made some interesting contributions to the discussion** hizo algunas aportaciones interesantes a la discusión; **the soufflé was Tim's ~** Tim trajo el suflé -2. (payment) (to charity) donación f; (to pension scheme) cotización f; **social security contributions** cotizaciones a la seguridad social -3. (to newspaper) colaboración f

contributor [kən'trɪbjʊtə(r)] n -1. (to charity) donante mf -2. (to newspaper) colaborador(ora) m,f

contributory [kən'trɪbjʊtərɪ] adj -1. (cause, factor) determinante ❏ LAW **~ negligence** imprudencia f or negligencia f (culposa), culpa f concurrente -2. FIN **~ pension scheme** plan m de pensiones contributivo

contrite [kən'traɪt] adj arrepentido(a); **to be ~** estar arrepentido(a)

contrition [kən'trɪʃən] n arrepentimiento m, contrición f ❏ REL **an act of ~** un acto de contrición

contrivance [kən'traɪvəns] n -1. (device) aparato m -2. (scheme, plan) estratagema f

contrive [kən'traɪv] vt -1. (device, scheme) idear, inventar -2. (manage) **to ~ to do sth** arreglárselas or ingeniárselas para hacer algo; **she contrived to confuse matters still further** se las ingenió para complicar el asunto todavía más

contrived [kən'traɪvd] adj (words, compliment) estudiado(a), forzado(a); (ending, plot) artificioso(a)

control [kən'trəʊl] ◇ n **-1.** *(power, command)* control m; **to take ~** ponerse al mando, tomar el control; **to gain ~ of sth** hacerse con el control de algo; **to have ~ of** or **over** controlar; **to be in ~ of** *(in charge of)* estar al cargo de; **to be back in ~** *(of situation)* volver a controlar la situación; **to get out of ~** descontrolarse; **under ~** bajo control; **to keep sth under ~** mantener algo bajo control; **to bring a fire under ~** controlar un incendio; **under British/government ~** bajo control británico/del gobierno; **due to circumstances beyond** or **outside our ~** debido a circunstancias ajenas a nuestra voluntad; **out of ~** fuera de control; **the fire was out of ~** el fuego estaba fuera de control; **her children are completely out of ~** sus hijos están totalmente descontrolados; **to lose/regain ~** perder/recuperar el control; **he lost ~ (of himself)** perdió el control; **she likes to feel in ~** le gusta notar que lleva las riendas ❏ **~ centre** centro m de control; *Fam* **~ freak** maniático(a) m,f del control y del orden; **~ tower** *(at airport)* torre f de control
-2. *(of device)* mando m; **volume/brightness ~** mando del volumen/brillo; **the controls** los mandos; **to be at the controls** estar a los mandos; **to take over the controls** tomar los mandos ❏ **~ column** palanca f de mando; **~ panel** *(of vehicle, machine)* tablero m or cuadro m de mandos; COMPTR **~ unit** unidad f de control
-3. *(of ball)* control m; **he showed good ~** mostró un buen control
-4. *(restraint)* control m **(on** sobre); **to place controls on sth** controlar algo
-5. *(experiment)* prueba f de control ❏ **~ group** grupo m de control
-6. *(checkpoint)* control m
-7. *(base)* (centro m de) control m; **to call ~** llamar al centro de control
-8. COMPTR (tecla f de) control m ❏ **~ key** tecla f de control; **~ panel** panel m de control
◇ vt *(pt & pp* **controlled)** **-1.** *(be in charge of)* *(company, country)* controlar, dominar
-2. *(regulate)* *(production, expenditure, flow)* controlar, regular
-3. *(child, pupils)* controlar, dominar; *(vehicle)* manejar, controlar; *(ball)* controlar; **to ~ the traffic** dirigir el tráfico
-4. *(restrict)* *(disease, inflation, fire)* controlar; **to ~ oneself** controlarse, dominarse; **she was unable to ~ her anger** fue incapaz de dominar su ira
-5. *(verify)* *(accounts)* controlar, verificar; *(experiment)* comprobar, controlar

controllable [kən'trəʊləbəl] *adj* controlable; **it's no longer ~** está fuera de control

controlled [kən'trəʊld] *adj* **-1.** *(person)* controlado(a), contenido(a); *(emotions, voice)* contenido(a), sereno(a) **-2.** *(regulated)* controlado(a), regulado(a) ❏ ECON **~ economy** economía f dirigida; **~ explosion** explosión f controlada **-3.** *(experiment)* controlado(a)

controller [kən'trəʊlə(r)] n **-1.** *(person in charge)* director(ora) m,f; *(financial)* interventor(ora) m,f **-2.** COMPTR controlador(ora) m,f

controlling [kən'trəʊlɪŋ] *adj* FIN **to have a ~ interest (in)** tener el control accionarial (sobre), tener una participación mayoritaria (en)

controversial [kɒntrə'vɜːʃəl] *adj* polémico(a), controvertido(a); **he's trying to be ~** está tratando de ser polémico, está intentando crear polémica

controversially [kɒntrə'vɜːʃəlɪ] *adv* con gran polémica

controversy ['kɒntrəvɜːsɪ, kən'trɒvəsɪ] n polémica f, controversia f; **to cause** or **give rise to ~** causar or crear polémica or controversia

controvert ['kɒntrəvɜːt] vt *Formal (dispute, deny)* controvertir

contumacious [kɒntjuː'meɪʃəs] *adj* **-1.** *Formal (disobedient)* contumaz **-2.** LAW contumaz

contumacy ['kɒntjʊməsɪ] n **-1.** *Formal (disobedience)* contumacia f **-2.** LAW contumacia f

contumely ['kɒntjʊmlɪ] n *Formal (scorn)* contumelia f

contusion [kən'tjuːʒən] n MED contusión f

conundrum [kə'nʌndrəm] n **-1.** *(riddle)* adivinanza f, acertijo m **-2.** *(problem)* enigma m

conurbation [kɒnɜː'beɪʃən] n conurbación f

convalesce [kɒnvə'les] vi convalecer; **she's convalescing from** or **after a bad bout of flu** está convaleciente de una gripe seria

convalescence [kɒnvə'lesəns] n convalecencia f

convalescent [kɒnvə'lesənt] n *(patient)* convaleciente m,f ❏ **~ home** clínica f de reposo

convection [kən'vekʃən] n convección f ❏ **~ current** corriente f de convección; **~ heater** calentador m de aire, convector m

convector [kən'vektə(r)] n **~ (heater)** calentador m de aire, convector m

convene [kən'viːn] ◇ vt *(meeting)* convocar
◇ vi *(committee, meeting)* reunirse

convener, convenor [kən'viːnə(r)] n **-1.** *(of meeting)* convocante m,f **-2.** *Br (in trade union)* representante m,f sindical

convenience [kən'viːnɪəns] n **-1.** *(ease, benefit)* conveniencia f; **we can now offer the ~ of phone booking** ahora podemos ofrecerle la comodidad de reservar por teléfono; **for ~, for ~'s sake** por comodidad; **at your ~** a su conveniencia, como mejor le convenga; *Formal* **at your earliest ~** en cuanto le sea posible ❏ **~ food** comida f preparada; **~ store** tienda f de ultramarinos, *Col, Méx* tienda f, *CSur* almacén m, *Cuba* bodega f de barrio
-2. *(facility)* **the house has every modern ~** la casa está dotada de todas las comodidades modernas
-3. *Br* **(public)** *(toilet)* servicio m público, *Esp* aseos *mpl* públicos, *Am* baños *mpl* públicos

convenient [kən'viːnɪənt] *adj* **-1.** *(suitable)* *(arrangement)* conveniente, adecuado(a); *(time, place)* oportuno(a); **if it is ~ for you** si te viene bien; **it's not very ~ for me** no me viene muy bien; **would one o'clock be ~?** ¿le viene bien a la una?
-2. *(handy)* *(place)* bien situado(a); *(method)* práctico(a), cómodo(a); **~ for** próximo(a) a; **the house is very ~ for local shops and schools** la casa está muy cerca de las tiendas y los colegios; **how ~!** ¡que ni pintado!; *Ironic* **he says he's left his wallet at home – well how ~!** dice que se ha dejado la cartera en casa – ¡qué casualidad!

conveniently [kən'viːnɪəntlɪ] *adv* convenientemente; **~ located** bien situado(a), (en un sitio) muy a mano; *Ironic* **she had ~ left her purse at home** se había dejado el monedero en casa, lo cual le vino muy bien

convenor = convener

convent ['kɒnvənt] n REL convento m; **to enter a ~** ingresar en un convento ❏ **~ education** educación f religiosa; **she had a ~ education** fue a un colegio de monjas; **~ school** colegio m de monjas

convention [kən'venʃən] n **-1.** *(conference)* congreso m; *US* POL convención f; **medical/scientific ~** congreso médico/científico ❏ **~ centre** palacio m de congresos
-2. *(agreement)* convención f, convenio m **(on** sobre)
-3. *(established practice)* convencionalismo m, convención f; **to go against ~** ir contra las convenciones; **to defy ~** actuar en contra de las convenciones; **the ~ is that...** según la costumbre...

CONVENTIONS

En EE.UU. se denomina **conventions** a las reuniones cuatrienales que los dos grandes partidos americanos, el Demócrata y el Republicano, vienen celebrando desde 1832. En ellas se recaba apoyo para los candidatos en las elecciones presidenciales del otoño y se discuten las líneas generales de la campaña electoral que arranca con la celebración de la **convention**.

conventional [kən'venʃənəl] *adj* **-1.** *(customary, traditional)* convencional; **he's terribly ~** es sumamente convencional; **the ~ wisdom is that...** la opinión tradicional es que... **-2.** *(non-nuclear)* **~ warfare** guerra f convencional; **~ weapons** armas *fpl* convencionales **-3.** COMPTR **~ memory** memoria f convencional

conventionally [kən'venʃənəlɪ] *adv (to dress, behave)* de manera convencional; **~, this is regarded as a fault** convencionalmente, esto se considera una falta

converge [kən'vɜːdʒ] vi **-1.** *(lines, people)* converger, convergir **(on** con) **-2.** *(economies)* converger, convergir

convergence [kən'vɜːdʒəns] n **-1.** *(of ideas, opinions)* convergencia f **-2.** *(economic)* convergencia f ❏ **~ criteria** criterios *mpl* de convergencia

convergent [kən'vɜːdʒənt] *adj* **-1.** *(ideas, opinions)* convergente **-2.** *(economies)* convergente **-3.** PSY *(thinking)* convergente

converging lens [kən'vɜːdʒɪŋ'lenz] n PHYS lente f convergente

conversant [kən'vɜːsənt] *adj* **to be ~ with sth** estar familiarizado(a) con algo

conversation [kɒnvə'seɪʃən] n conversación f; **to have a ~ (with sb)** mantener una conversación (con alguien); **to get into ~ with sb** entablar conversación con alguien; **to make ~ (with)** dar conversación (a); **to be (deep) in ~ with sb** estar en plena conversación con alguien; **they had run out of ~** se les acabó la conversación; **the art of ~** el arte de hablar or conversar or *CAm, Méx* platicar; **it was a bit of a ~ killer** or **stopper** nos dejó sin habla ❏ **~ class** clase f de conversación; **~ piece** tema m de conversación

conversational [kɒnvə'seɪʃənəl] *adj* **-1.** *(tone, style)* coloquial **-2.** COMPTR *(mode)* conversacional

conversationalist [kɒnvə'seɪʃənəlɪst] n conversador(ora) m,f; **to be a good ~** ser buen conversador

conversationally [kɒnvə'seɪʃənəlɪ] *adv* **he mentioned, quite ~, that he had got a new job** como quien no quiere la cosa, mencionó que tenía un empleo nuevo

converse[1] [kən'vɜːs] vi *(talk)* conversar **(about** or **on** sobre)

converse[2] ['kɒnvɜːs] ◇ n *(opposite)* **the ~** lo contrario, lo opuesto
◇ *adj (opinion, statement)* contrario(a), opuesto(a)

conversely [kən'vɜːslɪ] *adv* por el contrario, a la inversa

conversion [kən'vɜːʃən] n **-1.** *(in religion, political beliefs)* conversión f **-2.** *(alteration)* conversión f, transformación f ❏ FIN **~ issue** emisión f convertible; **~ table** *(for measurements)* tabla f de conversión or de equivalencias **-3.** *(in American football, rugby)* transformación f **-4.** COMPTR conversión f ❏ **~ program** programa m de conversión

convert ◇ n ['kɒnvɜːt] *(in religion, political beliefs)* converso(a) m,f **(to** a); **to become a ~ to sth** convertirse a algo
◇ vt [kən'vɜːt] **-1.** *(in religion, political beliefs)* convertir **(to** a); **to ~ sb to sth** convertir a alguien a algo
-2. *(alter, adapt)* transformar, convertir **(into** en)
-3. **to ~ a try** *(in rugby)* transformar un ensayo, realizar la transformación; **to ~ a pass** *(in American football)* transformar un pase
-4. LAW apropiarse indebidamente de; **to ~ funds to another purpose** malversar fondos
-5. FIN *(bonds, securities, loan stock)* convertir
-6. COMPTR convertir **(to/into** en)
◇ vi [kən'vɜːt] **-1.** *(in religion, political beliefs)* convertirse **(to** a) **-2.** *(transform)* convertirse **(into** en); **the settee converts into a bed** el sofá se convierte en cama

converted [kən'vɜːtɪd] *adj (building)* reformado(a)

converter [kənˈvɜːtə(r)] n **-1.** RAD & ELEC convertidor m **-2.** (for steel) convertidor m

convertibility [kənvɜːtəˈbɪlətɪ] n **-1.** (of currency) convertibilidad f **-2.** (of building, car, machine) convertibilidad f

convertible [kənˈvɜːtəbəl] ◇ adj **-1.** (settee) convertible; (car) descapotable, Am convertible **-2.** FIN (bonds, securities) convertible ❑ ~ **currency** moneda f or divisa f convertible
◇ n (car) descapotable m, Am convertible m

convex [ˈkɒnveks] adj convexo(a)

convexity [kɒnˈveksɪtɪ] n convexidad f

convey [kənˈveɪ] vt **-1.** (communicate) transmitir; **I tried to ~ the seriousness of the situation to him** intenté transmitirle la gravedad de la situación; **it's impossible to ~ in words** (feeling, sight) es imposible expresarlo con palabras; Formal **please ~ my appreciation to the host** por favor, hágale llegar or transmítale mis saludos or CAm, Col, Ecuad saludes al anfitrión
-2. (transport) (people, goods) transportar; (electricity) conducir, llevar
-3. LAW (property) traspasar, transferir

conveyance [kənˈveɪəns] n **-1.** (of goods) transporte m
-2. Formal (vehicle) vehículo m
-3. LAW (transfer of property) traspaso m, transmisión f; (document) escritura f de traspaso

conveyancing [kənˈveɪənsɪŋ] n LAW contratación f inmobiliaria

conveyor [kənˈveɪə(r)] n **-1.** ~ **(belt)** cinta f transportadora **-2.** Formal (person) mensajero(a) m,f, portador(ora) m,f

convict ◇ n [ˈkɒnvɪkt] convicto(a) m,f
◇ vt [kənˈvɪkt] **to ~ sb (of a crime)** declarar a alguien culpable (de un delito), condenar a alguien (por un delito); **to be convicted of sth** ser condenado(a) por algo
◇ vi [kənˈvɪkt] condenar

convicted [kənˈvɪktɪd] adj LAW (murderer, rapist) convicto(a); **you stand ~ by your own words** tus propias palabras te incriminan

conviction [kənˈvɪkʃən] n **-1.** LAW condena f (for por); **to have no previous convictions** no tener condenas anteriores **-2.** (belief, certainty) convicción f; **a person of strong convictions** una persona de profundas convicciones; **her voice lacked ~** le faltaba convicción en la voz; **to carry ~** ser convincente; **he acted from** or **in the ~ that...** actuó convencido de que...

convince [kənˈvɪns] ◇ vt convencer; **to ~ sb to do sth** convencer a alguien para hacer algo or para que haga algo; **to ~ sb of sth** convencer a alguien de algo
◇ vi convencer

convinced [kənˈvɪnst] adj (pacifist, Christian) convencido(a); **he was ~ he was right** estaba convencido de que tenía razón; **I'm still to be ~** sigo sin convencerme; **to be convinced of sth** estar convencido de algo

convincing [kənˈvɪnsɪŋ] adj convincente; **she wasn't very ~ as Juliet** no estaba muy convincente en el papel de Julieta

convincingly [kənˈvɪnsɪŋlɪ] adv convincentemente

convivial [kənˈvɪvɪəl] adj (person) sociable; (atmosphere) agradable

conviviality [kənvɪvɪˈælɪtɪ] n (of person) cordialidad f; (of atmosphere) amenidad f

convocation [kɒnvəˈkeɪʃən] n **-1.** Formal (summoning) convocación f, convocatoria f **-2.** Br REL asamblea f **-3.** Br UNIV asamblea f

convoke [kənˈvəʊk] vt convocar

convoluted [ˈkɒnvəluːtɪd] adj **-1.** (argument, explanation) intrincado(a), enrevesado(a) **-2.** (shape) enrollado(a)

convolution [kɒnvəˈluːʃən] n Formal **-1.** (of argument, explanation) enrevesamiento m **-2.** ANAT (of brain) circunvolución f

convolvulus [kənˈvɒlvjʊləs] (pl **convolvuluses** or **convolvuli** [kənˈvɒlvjʊlaɪ]) n BOT convolvulácea f

convoy [ˈkɒnvɔɪ] ◇ n (of ships, lorries) convoy m; **to travel in ~** viajar en convoy
◇ vt (escort) escoltar

convulse [kənˈvʌls] ◇ vt **-1.** (person) convulsionar; **to be convulsed with laughter** desternillarse de risa; **to be convulsed with pain** retorcerse de dolor **-2.** (disrupt) sacudir
◇ vi (face) **his face convulsed with** or **in pain** hizo una mueca de dolor

convulsions [kənˈvʌlʃənz] npl MED convulsiones fpl; **to go into** or **have ~** tener convulsiones; **to be in ~** (of laughter) desternillarse de risa

convulsive [kənˈvʌlsɪv] adj convulsivo(a); ~ **laughter/sobs** risas/sollozos incontenibles or irreprimibles

convulsively [kənˈvʌlsɪvlɪ] adv de forma convulsiva

coo [kuː] ◇ n (of dove, pigeon) arrullo m
◇ vi (dove, pigeon) arrullar; **the neighbours came to ~ over the baby** los vecinos vinieron a hacer monerías al bebé
◇ vt (endearments, sweet nothings) susurrar
◇ exclam Fam ¡vaya!

cooee [ˈkuːiː] exclam ¡yuju!

cook [kʊk] ◇ n cocinero(a) m,f; **he's a very good ~** es muy buen cocinero, cocina muy bien; IDIOM Fam Hum **as usual, I was chief ~ and bottlewasher** como siempre, yo me encargué de todo; PROV **too many cooks spoil the broth** = es difícil obtener un buen resultado cuando hay demasiadas personas trabajando en lo mismo
◇ vt **-1.** (prepare) (meal, dish) preparar; (boil, bake, fry) guisar, cocinar **-2.** IDIOMS Fam **to ~ the books** falsificar las cuentas; Fam **to ~ sb's goose** hundir a alguien
◇ vi **-1.** (person) cocinar; (food) cocinarse, hacerse **-2.** IDIOMS Fam **now we're cooking with gas!** ahora sí (que sí), ahora la cosa marcha; Fam **what's cooking?** (what's happening?) ¿qué se cuece por aquí?, Am ¿qué andan tramando por acá?

➤ **cook up** vt insep (food) preparar, cocinar; Fam Fig **to ~ up an excuse/a story** inventarse una excusa/un cuento

cookbook [ˈkʊkbʊk] n libro m de cocina

cook-chill [ˈkʊktʃɪl] adj congelado(a) precocinado(a)

cooked [kʊkt] adj (food) cocinado(a); (meal) caliente; (pasta, vegetables) cocido(a); **this meat isn't ~** esta carne no está bien hecha; **is it ~ through?** ¿está bien hecho? ❑ ~ **breakfast** desayuno m caliente; ~ **meats** fiambres mpl

cooker [ˈkʊkə(r)] n **-1.** (stove) cocina f, Col, Méx, Ven estufa f **-2.** Br Fam (apple) manzana f para asar

cookery [ˈkʊkərɪ] n cocina f ❑ ~ **book** libro m de cocina; ~ **programme** programa m de cocina

cookhouse [ˈkʊkhaʊs] n cocina f (de campaña)

cookie [ˈkʊkɪ] n **-1.** US (biscuit) galleta f ❑ ~ **cutter** molde m de galletas
-2. Fam (person) **a smart ~** un(a) espabilado(a), Méx un(a) listo(a), RP un(a) avivado(a); **a tough ~** Esp tío(a) or Am tipo(a) duro(a) de pelar
-3. COMPTR cookie m
-4. IDIOMS Fam **that's the way the ~ crumbles!** ¡qué se le va a hacer!; **he was caught with his hand in the ~ jar** lo pillaron con las manos en la masa; Fam **to toss** or US **shoot one's cookies** (vomit) Esp echar la pota, Am arrojar

cooking [ˈkʊkɪŋ] n cocina f; **to do the ~** cocinar; **I prefer good home ~** yo prefiero la buena comida casera ❑ ~ **apple** manzana f para asar; ~ **chocolate** chocolate m fondant; ~ **foil** papel m (de) aluminio; ~ **salt** sal f común or de cocina, sal f gorda; ~ **time** tiempo m de cocción; ~ **utensils** utensilios mpl de cocina

cook-off [ˈkʊkɒf] n US concurso m de cocina

cookout [ˈkʊkaʊt] n US comida f al aire libre

cookware [ˈkʊkweə(r)] n utensilios mpl de cocina

cool [kuːl] ◇ n **-1.** (coldness) fresco m; **in the ~ of the evening** al fresco de la tarde **-2.** (calm) **to keep/lose one's ~** mantener/perder la calma
◇ adj **-1.** (wind, weather, liquid) (cold) fresco(a); (lukewarm) tibio(a); **it's ~** hace fresco; **don't let your soup get ~** no dejes que se te enfríe la sopa; **keep in a ~ place** conservar en un lugar fresco ❑ ~ **bag** nevera f or CSur heladera f or Méx refrigerador m portátil; ~ **box** nevera f or CSur heladera f or Méx refrigerador m portátil
-2. (calm) sereno(a); **keep ~!** (stay calm) ¡mantén la calma!; **to keep a ~ head** mantener la cabeza fría; **~ customer!** ¡qué sangre fría tiene!; IDIOM **as ~ as a cucumber** imperturbable, impasible, RP fresco(a) como una lechuga
-3. (not friendly) **to be ~ to** or **towards sb** mostrarse frío(a) con alguien; **they seemed rather ~ towards the suggestion** recibieron la sugerencia con frialdad
-4. Fam (of sum of money) **he lost a ~ thousand (dollars)** (money) perdió la friolera de mil dólares
-5. Fam (fashionable) genial, Esp guay, Andes, CAm, Carib, Méx chévere, Méx padre, RP copado(a); **he still thinks it's ~ to smoke** todavía cree que se lleva fumar, Esp todavía cree que mola fumar
-6. Fam (excellent) genial, Esp guay, Andes, CAm, Carib, Méx chévere, Andes, RP macanudo(a), Méx padre; **we had a really ~ weekend** pasamos un fin de semana genial
-7. Fam (allowed, acceptable) **is it ~ to smoke in here?** ¿se puede fumar aquí dentro?; **everything's ~!** (there's nothing to worry about) ¡todo está Esp guay or Am OK!
-8. Fam (accepting, not upset) conforme; **are you ~ with that?** Esp ¿vale?, Andes, RP ¿listo?, Méx ¿OK?; **I thought she'd be angry, but she was really ~ about it** pensé que se mosquearía, pero se lo tomó superbién or Am rebién
◇ exclam Fam ¡qué genial!, Esp ¡qué guay!, Andes, CAm, Carib, Méx ¡qué chévere!, Andes, RP ¡qué bueno!, Méx ¡qué padre!
◇ adv Fam **to play it ~** aparentar calma; **play it ~!** ¡tómatelo con calma!
◇ vt (make cold) enfriar; (make less warm) (air, one's feet) refrescar; (food, drink) enfriar (un poco); ~ **it!** ¡tranquilo!, Esp ¡tranqui!; Fam **to ~ one's heels** esperar, hacer antesala
◇ vi **-1.** (become cold) enfriarse **-2.** (become less warm) (air) refrescarse; (food, drink) enfriarse (un poco); (ardour, enthusiasm) apagarse; **his anger soon cooled** pronto se le pasó el esp Esp enfado or esp Am enojo

➤ **cool down** vt sep **-1.** (liquid, food) enfriar (un poco); (machine) enfriar **-2.** **this will ~ you down** (cold drink) esto te refrescará
◇ vi **-1.** (weather) refrescar; (liquid, food) enfriarse (un poco); (machine) enfriarse **-2.** (become calm) calmarse, tranquilizarse

➤ **cool off** vi **-1.** (become cooler) **he had a shower to ~ off** se dio una ducha para refrescarse **-2.** (affection, enthusiasm) enfriarse; (angry person) calmarse, tranquilizarse

coolant [ˈkuːlənt] n refrigerante m

cooler [ˈkuːlə(r)] n **-1.** (for drinks) nevera f or CSur heladera f or Méx refrigerador m portátil **-2.** Fam (prison) Esp chirona f, Andes, RP cana f, Méx bote m; **in the ~** en Esp chirona or Andes, RP cana or Méx bote **-3.** (drink) **(wine) ~** = refresco a base de vino y jugo de frutas

cool-headed [ˈkuːlˈhedɪd] adj **to be ~** tener la cabeza fría, tener serenidad

coolie [ˈkuːlɪ] n culi m

cooling [ˈkuːlɪŋ] adj refrescante ❑ ~ **tower** torre f de refrigeración

cooling-off period [ˈkuːlɪŋɒfpɪərɪəd] n **-1.** IND (in dispute) periodo m de reflexión **-2.** (after signing agreement) periodo m de reflexión

coolly [ˈkuːllɪ] adv **-1.** (calmly) tranquilamente, con serenidad **-2.** (without enthusiasm) fríamente, con frialdad

coolness ['ku:lnɪs] n **-1.** (in temperature) frescor m **-2.** (calmness) serenidad f, tranquilidad f **-3.** (lack of friendliness, enthusiasm) frialdad f; **I sensed a certain ~ in his welcome** sentí una cierta frialdad en su bienvenida

coon [ku:n] n **-1.** US Fam (raccoon) mapache m **-2.** Fam (black person) = término generalmente ofensivo para referirse a los negros

coop [ku:p] n corral m
◆ **coop up** vt sep encerrar

co-op ['kəʊɒp] n cooperativa f; Br **the Co-op** = cadena de supermercados británica propiedad de una cooperativa

cooper ['ku:pə(r)] n tonelero(a) m,f

co-operate [kəʊ'ɒpəreɪt] vi cooperar (**with** con)

co-operation [kəʊɒpə'reɪʃən] n cooperación f; **we didn't get much ~ from them** no cooperaron demasiado con nosotros; **in ~ with, with the ~ of** en cooperación con, con la cooperación de

co-operative [kəʊ'ɒpərətɪv] ◇ n cooperativa f
◇ adj **-1.** (helpful) cooperativo(a); **he has been most ~** ha cooperado muchísimo **-2.** (joint, collective) conjunto(a); **it was a ~ effort** fue un esfuerzo conjunto ❑ *society* cooperativa f

co-operatively [kəʊ'ɒpərətɪvlɪ] adv de forma cooperativa

co-opt [kəʊ'ɒpt] vt **to ~ sb onto a committee** nombrar a alguien miembro de una comisión; **to ~ sb to do sth** elegir a alguien para que haga algo

co-ordinate ◇ n [kəʊ'ɔ:dɪnət] **-1.** MATH coordenada f ❑ *geometry* geometría f analítica **-2. co-ordinates** (clothes) conjuntos mpl
◇ adj GRAM (clause) coordinado(a)
◇ vt [kəʊ'ɔ:dɪneɪt] coordinar

co-ordinated [kəʊ'ɔ:dɪneɪtɪd] adj **-1.** (physically) coordinado(a); **he's not very ~** no coordina muy bien, no tiene mucha coordinación **-2.** (concerted) coordinado(a) ❑ PHYS *Co-ordinated Universal Time* tiempo m universal coordinado

co-ordinating [kəʊ'ɔ:dɪneɪtɪŋ] adj **-1.** (body, officer) coordinador(ora) **-2.** GRAM **~ conjunction** conjunción coordinante

co-ordination [kəʊɔ:dɪ'neɪʃən] n **-1.** (ease of movement) coordinación f **-2.** (of efforts) coordinación f

co-ordinator [kəʊ'ɔ:dɪneɪtə(r)] n coordinador(ora) m,f

coot [ku:t] n **-1.** (bird) focha f **-2.** Fam Old-fashioned (idiot) merluzo(a) m,f, RP tontuelo(a) m,f

cootie ['ku:tɪ] n US Fam piojo m

co-owner ['kəʊ'əʊnə(r)] n copropietario(a) m,f

co-ownership ['kəʊ'əʊnəʃɪp] n copropiedad f

cop [kɒp] Fam ◇ n **-1.** (police officer) poli mf; **the cops** la poli; **to play cops and robbers** jugar a polis y cacos ❑ *~ shop* (police station) comisaría f **-2.** Br Old-fashioned (arrest) **it's a fair ~!** ¡me han Esp pillado or Am agarrado con todo el equipo! **-3.** Br **it's not much ~** (not very good) no es nada del otro mundo
◇ vt **-1.** (catch) **to ~ sb** pescar or Esp pillar or Am agarrar a alguien; **to ~ hold of sth** pillar algo; (listen) **¡oye esto!**; (look) **¡mira!, ¡no te lo pierdas!**, Esp **¡al loro!**
-2. Br **to ~ it** (be punished) cargársela; (die) estirar la pata, Esp palmarla, Méx petaleársela
-3. US Fam **to ~ some zees** echar una cabezadita or un sueñecito
-4. Fam **to ~ a plea** = declararse culpable de un delito menor para evitar ser acusado de otro más grave
◆ **cop out** vi Fam zafarse, Esp escaquearse, RP zafar; **he copped out of telling her** se zafó or Esp escaqueó de decírselo, RP zafó de decírselo

copartner [kəʊ'pɑ:tnə(r)] n socio(a) m,f

copartnership [kəʊ'pɑ:tnəʃɪp] n sociedad f

cope [kəʊp] vi arreglárselas; **to ~ with** hacer frente a, poder con; **I can't ~ with her when she gets angry** no puedo con ella cuando se enfada; **the system can't ~ with this volume of work** el sistema no puede con tal cantidad de trabajo; **he can't ~ with his job** no puede con su trabajo; **I couldn't ~ without her** no sé qué haría sin ella; **I just can't ~!** ¡es demasiado para mí!, ¡no puedo con ello!
◇ vt **-1.** (provide with coping) poner una albardilla a **-2.** (join timbers) acoplar
◇ n REL capa f pluvial

Copenhagen [kəʊpən'hɑ:gən] n Copenhague

Copernican [kə'pɜ:nɪkən] adj copernicano(a)

Copernicus [kə'pɜ:nɪkəs] pr n Copérnico

copestone ['kəʊpstəʊn] n (coping-stone) (piedra f de) albardilla f

copier ['kɒpɪə(r)] n (photocopying machine) fotocopiadora f

co-pilot ['kəʊpaɪlət] n copiloto mf

coping ['kəʊpɪŋ] n (on wall) albardilla f ❑ *~ saw* sierra f de marquetería

coping-stone ['kəʊpɪŋstəʊn] n (piedra f de) albardilla f

copious ['kəʊpɪəs] adj abundante, copioso(a); **he took ~ notes** tomó numerosas notas

copiously ['kəʊpɪəslɪ] adv abundantemente, copiosamente

cop-out ['kɒpaʊt] n Fam **to be a ~** ser una forma de zafarse or Esp escaquearse or RP zafar

copper ['kɒpə(r)] n **-1.** (metal) cobre m ❑ *~ sulphate* sulfato m de cobre **-2.** Fam **coppers** (coins) calderilla f, RP chirolas fpl, Méx morralla f (sólo monedas de uno y dos peniques) **-3.** (colour) color m cobrizo **-4.** Fam (policeman) poli m **-5.** (container) caldero m
◇ adj **-1.** (made from copper) de cobre **-2.** (copper-coloured) cobrizo(a)

copper-bottomed [kɒpə'bɒtəmd] adj **-1.** (pot) con fondo de cobre **-2.** (guarantee, commitment) sólido(a)

copperhead ['kɒpəhed] n **-1.** (snake) (American) serpiente f cabeza de cobre; (Australian) = serpiente venenosa australiana **-2.** US HIST = durante la guerra de Secesión estadounidense, apelativo de los norteños que simpatizaban con los estados del sur

copperplate ['kɒpəpleɪt] n (writing) letra f inglesa

coppery ['kɒpərɪ] adj cobrizo(a)

coppice ['kɒpɪs] n arboleda f, soto m

copra ['kɒprə] n copra f

coprocessor [kəʊ'prəʊsesə(r)] n COMPTR coprocesador m

coproduction [kəʊprə'dʌkʃən] n CIN coproducción f

coprolalia [kɒprə'leɪlɪə] n PSY coprolalia f

copse [kɒps] n arboleda f, soto m

Copt [kɒpt] n copto(a) m,f

copter ['kɒptə(r)] n Fam helicóptero m

Coptic ['kɒptɪk] ◇ adj copto(a)
◇ n (language) copto m

copula ['kɒpjʊlə] (pl **copulas** or **copulae** ['kɒpjʊli:]) n GRAM cópula f

copulate ['kɒpjʊleɪt] vi copular

copulation [kɒpjʊ'leɪʃən] n cópula f

copulative ['kɒpjʊlətɪv] adj GRAM copulativo(a)
❑ *~ conjunction* conjunción f copulativa

copy ['kɒpɪ] ◇ n **-1.** (reproduction) copia f; **to make a ~ of sth** hacer una copia de algo ❑ COMPTR *~ protection* protección f contra copia
-2. (of letter, document) copia f ❑ *~ typist* mecanógrafo(a) m,f
-3. (of book, newspaper) ejemplar m
-4. JOURN advertising **~** textos publicitarios; **the story made good ~** la noticia dio mucho de sí ❑ *~ deadline* fecha f límite de edición; *~ editor* corrector(ora) m,f de estilo
◇ vt **-1.** (reproduce) copiar
-2. (imitate, emulate) copiar, imitar
-3. (in order to cheat) copiar (**from** de); **he copied the answer from me** se copió de mí; **he copied the answer from a book** copió la respuesta de un libro
-4. (photocopy) fotocopiar
-5. COMPTR (text, file) copiar; **to ~ sth to disk** copiar algo a un disco; **to ~ and paste sth** copiar y pegar algo
-6. (send copy to) enviar una copia a; **to ~ sb with sth** enviar una copia de algo a alguien
◇ vi **-1.** (cheat) copiarse (**from** de) **-2.** COMPTR **to ~ and paste** copiar y pegar **-3.** US TEL (hear) **do you ~?** ¿me oyes or recibes?
◆ **copy down, copy out** vt sep copiar; **to ~ out a passage from a book** copiar un pasaje de un libro; **I copied it down wrong** lo copié mal

copybook ['kɒpɪbʊk] n cuaderno m de caligrafía; IDIOM **to blot one's ~** empañar (uno) su prestigio
◇ adj (perfect) de libro ❑ **a ~ example** un ejemplo perfecto

copycat ['kɒpɪkæt] ◇ n Fam copión(ona) m,f
◇ adj **~ crime** = delito inspirado en otro similar

copy-edit ['kɒpɪedɪt] ◇ vt (article, book) corregir el estilo de
◇ vi corregir el estilo

copyist ['kɒpɪɪst] n copista mf

copy-protected ['kɒpɪprə'tektɪd] adj COMPTR protegido(a) contra copia

copyread ['kɒpɪri:d] US ◇ vt corregir el estilo de
◇ vi corregir el estilo

copyreader ['kɒpɪri:də(r)] n US corrector(ora) m,f de estilo

copyright ['kɒpɪraɪt] ◇ n copyright m, derechos mpl de autor, propiedad f intelectual; **she has (the) ~ on the book** tiene el copyright or los derechos de autor del libro; **this book is out of ~** los derechos de autor sobre este libro han vencido ❑ *~ (deposit) library* = cada una de las seis bibliotecas que tiene derecho a recibir gratis una copia de cada libro que se publica en el Reino Unido; *~ law* leyes fpl de la propiedad intelectual
◇ vt registrar como propiedad intelectual
◇ adj = protegido por las leyes de la propiedad intelectual

copywriter ['kɒpɪraɪtə(r)] n redactor(ora) m,f creativo(a) or de publicidad

coquetry ['kɒkɪtrɪ] n coquetería f

coquette [kɒ'ket] n (mujer f) coqueta f

coquettish [kɒ'ketɪʃ] adj coqueto(a)

cor [kɔ:(r)] exclam Br Fam ¡caramba!, Esp ¡jolines!; **~ blimey!** ¡demonios!, ¡caramba!

coracle ['kɒrəkəl] n = barco de remos hecho de mimbre con revestimiento impermeable

coral ['kɒrəl] ◇ n coral m ❑ *~ island* isla f coralina; *~ reef* arrecife m de coral; *the Coral Sea* el Mar del Coral; *~ snake* serpiente f de coral, Am coralillo m or f
◇ adj coralino(a)

cor anglais ['kɔ:r'ɒŋgleɪ] (pl **cors anglais** ['kɔ:zɒŋgleɪ]) n MUS corno m inglés

corbel ['kɔ:bəl] n ARCHIT ménsula f

cord [kɔ:d] n **-1.** (string) cuerda f, cordel m; (for curtains, pyjamas) cordón m **-2.** ELEC cable m, cordón m **-3.** (corduroy) pana f; **a ~ jacket/skirt** una chaqueta or Méx chamarra or RP campera/falda or RP pollera de pana; **cords** pantalones de pana

cordial ['kɔ:dɪəl] ◇ n (drink) refresco m
◇ adj **-1.** (friendly) cordial **-2.** (deeply felt) profundo(a)

cordiality [kɔ:dɪ'ælɪtɪ] n cordialidad f

cordially ['kɔ:dɪəlɪ] adv **-1.** (warmly) cordialmente; US **~ yours** (at end of letter) un cordial saludo **-2.** (completely) (to hate, detest) completamente

cordite ['kɔ:daɪt] n cordita f

cordless ['kɔ:dlɪs] adj **~ kettle** = hervidor eléctrico con soporte independiente enchufado a la red; **~ microphone** micrófono m inalámbrico; **~ phone** teléfono m inalámbrico

cordon ['kɔ:dən] n cordón m; **a police ~** un cordón policial
◆ **cordon off** vt sep acordonar

cordon bleu ['kɔ:dɒn'blɜ:] adj **a ~ cook** un cocinero(a) cordon bleu or de primera categoría

cordon sanitaire [kɔːˈdɒnsænɪˈtɜː(r)] n cordón m sanitario

corduroy [ˈkɔːdərɔɪ] n pana f; **a ~ jacket/skirt** una chaqueta or Méx chamarra or RP campera/falda or RP pollera de pana; **~ trousers, corduroys** pantalones de pana

CORE [kɔː(r)] (abbr **Congress of Racial Equality**) n = organización estadounidense contra el racismo

core [kɔː(r)] ◇ n **-1.** (of apple, pear) corazón m; (of earth) núcleo m, endosfera f; (of nuclear reactor) núcleo m; **he's rotten to the ~** está corrompido hasta la médula; **it shook me to the ~** me afectó profundamente
 -2. (of problem) meollo m; **a hard ~ of support** un núcleo sólido de apoyo ▫ SCH **~ curriculum** asignaturas fpl troncales; COM **~ market:** the ~ market for the product is among 18-30 year-olds el sector del mercado al que va dirigido fundamentalmente el producto es el comprendido entre los 18-30 años; **~ time** (in flexitime) tiempo m mínimo
 -3. ELEC (of cable) alma f
 ◇ vt (apple, pear) quitar or sacar el corazón a

coreligionist [kəʊrɪˈlɪdʒənɪst] n correligionario(a) m,f

corer [ˈkɔːrə(r)] n sacacorazones m inv (de manzanas)

co-respondent [kəʊrɪˈspɒndənt] n LAW (in divorce suit) codemandado(a) m,f

Corfu [kɔːˈfuː] n Corfú

corgi [ˈkɔːgɪ] n corgi mf

coriander [kɒrɪˈændə(r)] n cilantro m

Corinth [ˈkɒrɪnθ] n Corinto

Corinthian [kəˈrɪnθɪən] ◇ n **-1.** (from Corinth) corintio(a) m,f **-2.** Br SPORT = el clásico deportista aficionado que encarna el espíritu de la caballerosidad
 ◇ adj **-1.** (from Corinth) corintio(a) **-2.** ARCHIT corintio(a)

cork [kɔːk] ◇ n **-1.** (material) corcho m ▫ **~ oak** or **tree** alcornoque m **-2.** (stopper) (tapón m de) corcho m; IDIOM Fam **put a ~ in it!** ¡cierra el pico!, RP ¡cortála!
 ◇ vt (bottle) encorchar

corkage [ˈkɔːkɪdʒ] n = recargo que se cobra en un restaurante por el consumo de bebidas traídas de fuera

corkboard [ˈkɔːkbɔːd] n tablero m de corcho

corked [kɔːkt] adj (wine) agrio(a) (por entrada de aire al descomponerse el corcho)

corker [ˈkɔːkə(r)] n Fam Old-fashioned **she's a real ~** (good-looking) está buenísima; **a ~ of a joke** un chiste tronchante or Am cómico; **a ~ of a fib** una trola or RP boleto como una casa, Méx un chisme enorme

corking [ˈkɔːkɪŋ] adj Fam Old-fashioned excelente, estupendo(a)

corkscrew [ˈkɔːkskruː] ◇ n sacacorchos m inv
 ◇ vi (staircase) ascender/descender en espiral; **the plane corkscrewed out of the sky** el avión cayó trazando una espiral

corm [kɔːm] n BOT bulbo m

cormorant [ˈkɔːmərənt] n cormorán m

Corn (abbr **Cornwall**) (condado m de) Cornwall or Cornualles

corn[1] [kɔːn] n **-1.** Br (wheat) trigo m ▫ **~ circle** = franja aplastada y circular de terreno cultivado, que aparece por causas supuestamente paranormales; **~ exchange** = edificio donde se solía comerciar en trigo; Br HIST **the Corn Laws** = medidas proteccionistas contra las importaciones de cereales puestas en práctica durante la primera mitad del s. XIX
 -2. (maize) maíz m, Andes, RP choclo m ▫ **~ bread** pan m de maíz or Andes, RP choclo; **~ on the cob** mazorca f de maíz or Andes, RP choclo, Méx elote m; **~ meal** harina f de maíz or Andes, RP choclo; **~ oil** aceite m de maíz or Andes, RP choclo; **~ syrup** almíbar m de maíz
 -3. ~ bunting triguero m
 -4. Fam (sentimentality) sensiblería f, cursilería f; **the book is pure ~** el libro es una auténtica cursilada

corn[2] n (on foot) callo m; IDIOM Br Fam **to tread on sb's corns** (upset) ponerle a alguien en el dedo en la llaga, darle a alguien donde le duele ▫ **~ plaster** parche m para callos

corncob [ˈkɔːnkɒb] n mazorca f; **~ pipe** = pipa de fumar hecha de una mazorca seca

corncrake [ˈkɔːnkreɪk] n rey m or guión m de codornices

cornea [ˈkɔːnɪə] n ANAT córnea f

corneal [ˈkɔːnɪəl] adj MED de la córnea; **~ graft** injerto de córnea

corned beef [ˈkɔːndˈbiːf] n = fiambre de carne de vaca prensado y enlatado

cornelian [kɔːˈniːlɪən] n cornalina f

Cornhusker [ˈkɔːnhʌskə(r)] n = persona de Nebraska ▫ **the ~ State** = apelativo familiar referido al estado de Nebraska

corner [ˈkɔːnə(r)] ◇ n **-1.** (of page, screen) esquina f; (of room) rincón m; (of mouth, eye) comisura f; **out of the ~ of one's eye** con el rabillo del ojo; **a forgotten ~ of the world** un rincón perdido del globo; IDIOM **from the four corners** or **every ~ of the earth** desde todos los rincones de la tierra
 -2. (of street) esquina f; **I'll meet you at** or **on the ~** quedamos en la esquina; **it's at** or **on the ~ of Washington Avenue and Main Street** está en la esquina de Washington Avenue y or con Main Street; **the house on** or **at the ~** la casa de la esquina; also Fig **it's just round the ~** está a la vuelta de la esquina; **to turn the ~** doblar la esquina; Fig (economy, company) empezar a mejorar ▫ **~ Br shop** or **US store** = tienda pequeña de barrio que vende productos alimenticios, de limpieza, golosinas, etc.
 -3. (bend in road) curva f (cerrada)
 -4. (difficult situation) **to be in a (tight) ~** estar en un apuro or aprieto
 -5. (in soccer, hockey) saque m de esquina, córner m ▫ **~ flag** banderín m de córner; **~ kick** (in soccer) saque m de esquina, córner m
 -6. (in boxing) rincón m, esquina f ▫ **~ man** ayudante m del preparador
 ◇ vt **-1.** (person, animal) acorralar, arrinconar **-2.** (market) monopolizar, acaparar; **to ~ the market in sth** monopolizar el mercado de algo
 ◇ vi (car) girar, torcer

cornered [ˈkɔːnəd] adj (animal, prey) acorralado(a), arrinconado(a); **we've got him ~** lo tenemos acorralado

cornering [ˈkɔːnərɪŋ] n Br (of driver, car) **his ~ is poor** no sabe girar muy bien; **this model has improved ~ performance** este modelo ha mejorado la forma de tomar las curvas

cornerstone [ˈkɔːnəstəʊn] n also Fig piedra f angular

cornet [Br ˈkɔːnɪt, US kɔːˈnet] n **-1.** (musical instrument) corneta f **-2.** Br (for ice cream) cucurucho m

cornet(t)ist [kɔːˈnetɪst] n MUS corneta mf

corn-fed [ˈkɔːnfed] adj (chicken) alimentado(a) a base de trigo

cornfield [ˈkɔːnfiːld] n **-1.** Br (of wheat) trigal m **-2.** US (of maize) maizal m

cornflakes [ˈkɔːnfleɪks] npl copos mpl de maíz

cornflour [ˈkɔːnflaʊə(r)] n Br harina f de maíz or Andes, RP choclo, maicena® f

cornflower [ˈkɔːnflaʊə(r)] n aciano m ▫ **~ blue** azul m violáceo

cornice [ˈkɔːnɪs] n **-1.** ARCHIT cornisa f **-2.** (ledge of snow) cornisa f

Cornish [ˈkɔːnɪʃ] ◇ npl (people) **the ~** la gente de Cornualles
 ◇ n (language) córnico m
 ◇ adj de Cornualles ▫ Br **~ pasty** empanada f de carne y Esp patatas or Am papas

cornstarch [ˈkɔːnstɑːtʃ] n US harina f de maíz or Andes, RP choclo, maicena® f

cornucopia [kɔːnjʊˈkəʊpɪə] n **-1.** ART cornucopia f, cuerno m de la abundancia **-2.** (abundant source) fuente f inagotable

Cornwall [ˈkɔːnwəl] n Cornualles

corny [ˈkɔːnɪ] adj Fam **-1.** (joke) viejo(a), trillado(a) **-2.** (movie, novel) sensiblero(a), cursi

corolla [kəˈrɒlə] n BOT corola f

corollary [kəˈrɒlərɪ] n corolario m

corona [kəˈrəʊnə] n **-1.** ASTRON corona f **-2.** PHYS **~ (discharge)** descarga f de corona **-3.** BOT corona f

coronary [ˈkɒrənərɪ] ◇ n **he had a ~** le dio un infarto (de miocardio)
 ◇ adj MED coronario(a) ▫ **~ artery** arteria f coronaria; **~ bypass** bypass m coronario; **~ heart disease** cardiopatía f coronaria; **~ thrombosis** trombosis f coronaria

coronation [kɒrəˈneɪʃən] n coronación f ▫ **~ chicken** = pollo con mayonesa aromatizada con curry

coroner [ˈkɒrənə(r)] n LAW = persona que preside una investigación sobre un caso de muerte sospechosa

coronet [ˈkɒrənɪt] n (small crown) corona f pequeña

Corp -1. COM (abbr **corporation**) ≃ S.A. **-2.** MIL (abbr **corporal**) cabo mf

corpora pl of **corpus**

corporal[1] [ˈkɔːpərəl] adj corporal ▫ **~ punishment** castigo m corporal

corporal[2] n MIL cabo mf

corporate [ˈkɔːpərət] adj **-1.** (collective) (decision, responsibility) colectivo(a) ▫ POL **~ state** estado m corporativo
 -2. COM (of company) de empresa, corporativo(a) ▫ **~ culture** cultura f empresarial; **~ event** acto m de empresa; **~ hospitality** actos mpl sociales de la empresa; **~ identity** identidad f corporativa; **~ image** imagen f corporativa or de empresa; **~ interests** los intereses de los empresarios or del capital; **~ lawyer** abogado(a) m,f de empresa; FIN **~ raider** tiburón m; **~ sponsorship** patrocinio m corporativo; **~ strategy** estrategia f empresarial
 -3. (incorporated) constituido(a), incorporado(a)

corporation [kɔːpəˈreɪʃən] n **-1.** COM sociedad f anónima ▫ Br **~ tax** impuesto m de sociedades **-2.** (council) consistorio m, ayuntamiento m; Br **a ~ bus** un autobús del ayuntamiento **-3.** Fam (paunch) panza f, barriga f

corporatism [ˈkɔːpərətɪzəm] n POL corporatismo m

corporeal [kɔːˈpɔːrɪəl] adj Formal corpóreo(a)

corps [kɔː(r)] (pl **corps** [kɔːz]) n **-1.** MIL cuerpo m **-2.** (trained team of people) cuerpo m; **the diplomatic ~** el cuerpo diplomático **-3.** THEAT **corps de ballet** cuerpo de ballet

corpse [kɔːps] ◇ n cadáver m
 ◇ vi Fam (actor) reírse

corpulence [ˈkɔːpjʊləns] n obesidad f

corpulent [ˈkɔːpjʊlənt] adj obeso(a)

corpus [ˈkɔːpəs] (pl **corpuses** or **corpora** [ˈkɔːpərə]) n **-1.** (works of author) recopilación f, corpus m inv **-2.** (for analysis) corpus m inv ▫ **~ linguistics** lingüística f de corpus

corpuscle [ˈkɔːpʌsəl] n ANAT glóbulo m; **red/white (blood) ~** glóbulo rojo/blanco

corral [kəˈrɑːl] ◇ n US corral m, cercado m
 ◇ vt (cattle, horses) encorralar, acorralar; Fig (people) acorralar; Fam **to ~ sb into doing sth** acorralar a alguien para que haga algo

correct [kəˈrekt] ◇ adj **-1.** (exact) (amount, figure) exacto(a); (information, use, spelling) correcto(a); **do you have the ~ time?** ¿sabes qué hora es exactamente?; **he is ~** tiene razón; **that is ~** (eso es) correcto; **am I ~ in thinking that...?** ¿tengo razón al pensar que...?, ¿estoy en lo cierto al pensar que...?; **to prove ~** resultar (ser) correcto(a); MATH **to four decimal places** redondeado(a) hasta el cuarto decimal
 -2. (person, behaviour) correcto(a); **the ~ procedure** lo correcto; **as is only ~** como es debido or procede
 ◇ vt **-1.** (rectify) corregir; **to ~ a mistake/misunderstanding** corregir un error/un malentendido **-2.** (exam, proofs, homework) corregir **-3.** (person) corregir; **~ me if I'm wrong, but...** corríjame si me equivoco, pero...; **I stand corrected** reconozco mi error

correcting fluid [kəˈrektɪŋfluːɪd] n líquido m corrector

correction [kəˈrekʃən] n **-1.** (of exam, proofs, homework) corrección f **-2.** (alteration, rectification) (of error) corrección f; **to make corrections (to sth)** corregir (algo) **-3.** Old-fashioned (punishment) **house of ~** correccional

correctional institution [kəˈrekʃənəlɪnstɪˈtjuːʃən] n US correccional m

corrective [kəˈrektɪv] ◇ n enmienda f; **to serve as a ~ to sth** enmendar algo
◇ adj corrector(ora), correctivo(a); **to take ~ action to rectify a problem** poner remedio a un problema ❑ MED **~ surgery** cirugía f correctiva

correctly [kəˈrektlɪ] adv **-1.** (exactly) correctamente; **I'm not sure I heard you ~** no estoy seguro de haberte oído bien **-2.** (properly) correctamente, apropiadamente

correlate [ˈkɒrɪleɪt] ◇ vt relacionar (**with** con)
◇ vi presentar una correlación (**with** con); **these two trends are closely correlated** estas dos tendencias guardan una estrecha relación

correlation [kɒrɪˈleɪʃən] n correlación f

correlative [kəˈrelətɪv] GRAM ◇ n correlativo m
◇ adj correlativo(a)

correspond [kɒrɪsˈpɒnd] vi **-1.** (be in accordance) corresponderse (**with** con) **-2.** (be equivalent) corresponder (**with** or **to** con or a), corresponderse (**with** or **to** con); **the festival corresponds to our New Year** el festival corresponde a nuestro Año Nuevo **-3.** (write letters) mantener correspondencia (**with** con)

correspondence [kɒrɪsˈpɒndəns] n **-1.** (relationship) correspondencia f, relación f (**between** entre)
-2. (letter writing) correspondencia f; **they kept up a regular ~** se carteaban de forma habitual, mantenían una correspondencia habitual; **to be in ~ with sb** mantener correspondencia con alguien ❑ **~ course** curso m por correspondencia
-3. (letters) correspondencia f ❑ **~ column** (in newspaper) cartas f al director

correspondent [kɒrɪsˈpɒndənt] n **-1.** (of newspaper, radio) corresponsal mf; **our Middle East ~** nuestro corresponsal en Oriente Medio **-2.** (letter writer) **he's a good ~** escribe cartas con regularidad; **he's a bad ~** se le da muy mal escribir cartas

corresponding [kɒrɪˈspɒndɪŋ] adj **-1.** (equivalent) correspondiente **-2. ~ member** (of society, club) miembro mf correspondiente

correspondingly [kɒrɪˈspɒndɪŋlɪ] adv proporcionalmente

corridor [ˈkɒrɪdɔː(r)] n **-1.** (in building, train) pasillo m; **the corridors of power** las altas esferas **-2.** (for air traffic) corredor m, pasillo m aéreo **-3.** (strip of territory) corredor m

corroborate [kəˈrɒbəreɪt] vt corroborar

corroborating [kəˈrɒbəreɪtɪŋ], **corroborative** [kəˈrɒbərətɪv] adj (evidence, statement) corroborativo(a)

corroboration [kərɒbəˈreɪʃən] n corroboración f; **to provide ~ of sth** corroborar algo

corrode [kəˈrəʊd] ◇ vt also Fig corroer
◇ vi corroerse

corrosion [kəˈrəʊʒən] n corrosión f

corrosive [kəˈrəʊsɪv] ◇ n corrosivo m
◇ adj corrosivo(a)

corrugated [ˈkɒrəgeɪtɪd] adj ondulado(a) ❑ **~ iron** chapa f ondulada; **~ paper** papel m ondulado

corrugation [kɒrəˈgeɪʃən] n ondulación f

corrupt [kəˈrʌpt] ◇ adj **-1.** (dishonest) corrupto(a); **~ practices** corrupción **-2.** (depraved, immoral) corrompido(a) **-3.** (text, manuscript) alterado(a) **-4.** COMPTR corrompido(a)
◇ vt **-1.** (make dishonest) corromper **-2.** (deprave, debase) corromper; **to ~ sb's morals** pervertir a alguien **-3.** (text, manuscript) alterar **-4.** COMPTR corromper

corruptible [kəˈrʌptəbəl] adj corruptible

corruption [kəˈrʌpʃən] n **-1.** (of official, politician) corrupción f **-2.** (depravity, debasement) corrupción f; **a ~ of the truth** una tergiversación or deformación de la verdad ❑ **~ of minors** corrupción f de menores **-3.** (of text, manuscript) alteración f **-4.** COMPTR corrupción f

corruptly [kəˈrʌptlɪ] adv **-1.** (dishonestly) corruptamente, de forma deshonesta **-2.** (in a depraved way) corrompidamente, de forma corrompida

corsage [kɔːˈsɑːʒ] n **-1.** (flowers) ramillete m **-2.** (bodice) cuerpo m

corsair [ˈkɔːseə(r)] n Old-fashioned **-1.** (pirate) corsario m **-2.** (ship) buque m corsario

corset [ˈkɔːsɪt] n corsé m

Corsica [ˈkɔːsɪkə] n Córcega

Corsican [ˈkɔːsɪkən] ◇ n corso(a) m,f
◇ adj corso(a)

cortege, cortège [kɔːˈteʒ] n cortejo m (fúnebre)

Cortes [ˈkɔːtez] pr n Hernán Cortés

cortex [ˈkɔːteks] (pl **cortices** [ˈkɔːtɪsiːz]) n **-1.** ANAT corteza f **-2.** BOT corteza f

Cortez [ˈkɔːtez] pr n Hernán Cortés

cortisone [ˈkɔːtɪzəʊn] n cortisona f

corundum [kəˈrʌndəm] n GEOL corindón m

coruscate [ˈkɒrəskeɪt] vi chispear

coruscating [ˈkɒrəskeɪtɪŋ] adj (wit) chispeante, ocurrente

corvette [kɔːˈvet] n corbeta f

cos[1] [kɒz] n MATH (abbr **cosine**) cos

cos[2] conj Fam (because) porque

cos[3] [kɒs] n **~ (lettuce)** lechuga f romana

cosh [kɒʃ] Br ◇ n porra f
◇ vt golpear con una porra

cosignatory [kəʊˈsɪgnətrɪ] n Formal firmante mf conjunto(a) (**to** or **of** de)

cosily, US **cozily** [ˈkəʊzɪlɪ] adv **-1.** (warmly, comfortably) cómodamente, confortablemente; (furnished, decorated) acogedoramente **-2.** (in a friendly way) amigablemente

cosine [ˈkəʊsaɪn] n MATH coseno m

cosiness, US **coziness** [ˈkəʊzɪnɪs] n **-1.** (warmth, comfort) comodidad f, confort m **-2.** (of relationship) intimidad f

cosmetic [kɒzˈmetɪk] ◇ n cosmético m; **cosmetics** cosméticos mpl, maquillaje m
◇ adj **-1.** (for beautifying) cosmético(a) ❑ **~ surgery** cirugía f estética; **~ surgery clinic** clínica f de cirugía estética **-2.** (superficial) cosmético(a); **the changes were only ~** eran unos cambios superficiales or puramente decorativos

cosmetician [kɒzməˈtɪʃən] n (specialist) cosmetólogo(a) m,f

cosmic [ˈkɒzmɪk] adj **-1.** (relating to the universe) cósmico(a) ❑ ASTRON **~ radiation** radiación f cósmica; **~ rays** rayos mpl cósmicos **-2.** (large, significant) astronómico(a); **of ~ proportions** de dimensiones astronómicas

cosmography [kɒzˈmɒgrəfɪ] n cosmografía f

cosmology [kɒzˈmɒlədʒɪ] n cosmología f

cosmonaut [ˈkɒzmənɔːt] n cosmonauta mf

cosmopolitan [kɒzməˈpɒlɪtən] ◇ n cosmopolita mf
◇ adj cosmopolita

cosmos [ˈkɒzmɒs] n **the ~** el cosmos

Cossack [ˈkɒsæk] ◇ adj cosaco(a)
◇ n cosaco(a) m,f

cosset [ˈkɒsɪt] vt mimar

cost [kɒst] ◇ n **-1.** (price) costo m, Esp coste m; **maintenance costs** costos de mantenimiento; **the radio was repaired at a ~ of £50** la reparación de la radio costó 50 libras; **the ~ in human terms** (of unemployment, closure) el costo humano; **think of the ~ (involved)!** ¡piensa lo que costará!; **at little ~** a bajo precio; **at no extra ~** sin costo adicional; **at great ~** (financial) por un precio alto; Fig a un alto precio; Fig **at the ~ of...** a costa de...; COM **at ~ (price)** a precio de costo or Esp coste ❑ FIN **~ accounting** contabilidad f de costos or Esp costes; **~ cutting** reducción f de gastos; ECON **~ of living** costo m or Esp coste m de la vida; **~ of living index** índice m del costo or Esp coste de la vida; COM **~ of production** costo m de producción
-2. LAW **costs** costas fpl (judiciales); **he was awarded costs** le concedieron la indemnización de las costas judiciales; **he was ordered to pay costs** le ordenaron el pago de las costas judiciales
-3. IDIOMS **to count the ~ of sth** ver las consecuencias de algo; **at any ~** a toda costa, cueste lo que cueste; **at all costs** a toda costa, a cualquier precio; **he'll do it whatever the ~ to his health** lo hará aunque le cueste la salud; **as I found out to my ~** como pude comprobar para mi desgracia
◇ vt **-1.** (pt & pp **cost**) costar; **how much** or **what does it ~?** ¿cuánto cuesta?; **it costs $25** cuesta 25 dólares; **it costs nothing to join** hacerse socio no cuesta nada; **it doesn't ~ anything to be polite** no cuesta nada ser educado; **whatever it costs** cueste lo que cueste; Fam **it'll ~ you!** ¡te saldrá caro!; Fam **to ~ a fortune** or **the earth** or **an arm and a leg** costar una fortuna or un ojo de la cara; **it ~ her a lot of time and effort** le costó mucho tiempo y trabajo; **to ~ sb dear** costarle caro a alguien; **the attempt ~ him his life** el intento le costó la vida
-2. (pt & pp **costed**) COM (budget) calcular el costo de; **a carefully costed budget** un presupuesto con los costos muy estudiados
◇ vi Fam **it's going to ~** va a salir por un pico, va a salir carillo

co-star [ˈkəʊstɑː(r)] ◇ n coprotagonista mf
◇ vt (pt & pp **co-starred**) **co-starring...** coprotagonizado(a) por...
◇ vi ser el coprotagonista

Costa Rica [ˈkɒstəˈriːkə] n Costa Rica

Costa Rican [ˈkɒstəˈriːkən] ◇ n costarricense mf
◇ adj costarricense

cost-benefit [ˈkɒstˈbenɪfɪt] adj ECON **~ analysis** análisis m inv de costo-beneficio or Esp coste-beneficio

cost-conscious [ˈkɒstˈkɒnʃəs] adj **to be ~** ser consciente de los costos or Esp costes

cost-cutting [ˈkɒstˈkʌtɪŋ] ◇ n reducción f de costos or Esp costes
◇ adj (drive, campaign) de reducción de costos or Esp costes

cost-effective [ˈkɒstɪˈfektɪv] adj rentable

costermonger [ˈkɒstəmʌŋgə(r)] n Br Old-fashioned vendedor(ora) m,f de fruta ambulante

costing [ˈkɒstɪŋ] n COM cálculo m de costos or Esp costes

costive [ˈkɒstɪv] adj estreñido(a)

costly [ˈkɒstlɪ] adj caro(a); **a ~ error** or **mistake** un error muy caro

costume [ˈkɒstjuːm] n **-1.** (in play, film) traje m; (fancy dress) disfraz m; **are you going to the party in ~?** ¿vas a ir disfrazado a la fiesta?; **costumes by...** (in credits) vestuario... ❑ **~ designer** diseñador(ora) m,f de vestuario, figurinista mf; **~ drama** (TV series) serie f de época; (movie) película f de época; **~ hire** (fancy dress) alquiler m de disfraces; (for play, wedding) alquiler m de trajes y vestidos; **~ jewellery** bisutería f
-2. (traditional dress) **national ~** traje típico
-3. (swimming) **~** traje m de baño, Esp bañador m, RP malla f
-4. Br Old-fashioned (woman's suit) traje m de chaqueta

costumier [kɒˈstjuːmɪə(r)] n diseñador(ora) m,f de vestuario, figurinista mf

cosy, US **cozy** [ˈkəʊzɪ] ◇ adj **-1.** (warm, snug) acogedor(ora); **it's ~ here** se está bien aquí; **to feel ~** sentirse a gusto **-2.** (intimate) **a ~ relationship** una relación demasiado estrecha or amistosa; **he's a bit too ~ with the boss** tiene una relación demasiado amistosa con el jefe
◇ n (for tea-pot) cubreteteras m inv; (for egg) cubrehuevos m inv
◆ **cosy up** vi **to ~ up to sb** (snuggle up) acurrucarse contra alguien; Fig (ingratiate oneself) adular a alguien, tratar de ganarse el favor de alguien

cot [kɒt] *n* **-1.** *Br (for child)* cuna *f* ▫ ~ **death** (síndrome *m* de la) muerte *f* súbita infantil **-2.** *US (folding bed)* catre *m*, cama *f* plegable

cotangent ['kəʊ'tændʒənt] *n* MATH cotangente *f*

coterie ['kəʊtəri:] *n* camarilla *f*

coterminous [kəʊ'tɜ:mɪnəs] *adj Formal* colindante, limítrofe (**with** con)

cottage ['kɒtɪdʒ] *n* casa *f* de campo, chalé *m* ▫ ~ *cheese* queso *m* fresco; ~ *hospital* hospital *m* rural; ~ *industry* industria *f* artesanal; ~ *loaf* pan *m* payés, hogaza *f*; ~ *pie* = pastel de carne picada y puré de patata

cotter ['kɒtə(r)] *n* TECH *(wedge)* chaveta *f*; ~ **(pin)** chaveta *f*

cotton ['kɒtən] *n* **-1.** *(material, plant)* algodón *m*, *Am* cotón *m*; **a ~ shirt** una camisa de algodón ▫ *US* **the Cotton belt** el cinturón de algodón, = la región algodonera al sudeste de Estados Unidos; ~ *bud* bastoncillo *m* (de algodón); *US* ~ *candy* algodón *m* dulce; ~ *gin* almarrá *f*; ~ *mill* fábrica *f* de algodón; ~ *picker* *(person)* recolector(ora) *m,f* de algodón; *(machine)* recolectora *f* de algodón; ~ *thistle* cardo *m* borriquero, espina *f* blanca; *Br* ~ *wool* algodón *m* (hidrófilo or en rama); IDIOM **to wrap sb in ~ wool** criar a alguien entre algodones
-2. *Br (thread)* hilo *m* (de algodón)

◆ **cotton on** *vi Fam* enterarse, *Esp* coscarse, *RP* captar; **I didn't ~ on to what she meant at first** al principio no me enteraba de lo que quería decir

◆ **cotton to** *vt insep US Fam* **-1.** *(take a liking to)* **I didn't ~ to her at first** al principio no me cayó bien **-2.** *(approve of)* aprobar

cottonmouth ['kɒtənmaʊθ] *n* mocasín *m* de agua

cotton-pickin' ['kɒtənpɪkɪn] *adj US Fam* maldito(a)

cottonseed ['kɒtənsi:d] *n* semilla *f* de algodón

cottontail ['kɒtənteɪl] *n* tapetí *m*

cotyledon [kɒtɪ'li:dən] *n* BOT cotiledón *m*

couch [kaʊtʃ] *n* **-1.** *n* sofá *m*; *Fam Fig* **to be on the ~** *(in psychoanalysis)* estar en el psicoanalista ▫ ~ *grass* grama *f* del norte, cerrillo *m*; *Fam* ~ *potato* = persona perezosa que se pasa todo el día viendo la tele
◇ *vt (express)* expresar, formular (**in** en)

couchette [ku:'ʃet] *n* litera *f*

cougar ['ku:gə(r)] *n* puma *m*

cough [kɒf] ◇ *n* tos *f*; **to have a ~** tener tos; **I can't get rid of this ~** no consigo curarme esta tos ▫ ~ *drop* pastilla *f* para la tos; ~ *mixture* jarabe *m* para la tos; ~ *sweet* caramelo *m* para la tos; ~ *syrup* jarabe *m* para la tos
◇ *vi* toser; **a coughing fit** un ataque de tos
◇ *vt (blood)* expectorar

◆ **cough up** ◇ *vt sep* **-1.** *(phlegm, blood)* toser **-2.** *Fam (money)* poner, *Esp* apoquinar, *RP* garpar
◇ *vi Fam (pay up)* poner dinero, *Esp* apoquinar, *RP* garpar

could [kʊd] *modal aux v*

> En el inglés hablado, y en el escrito en estilo coloquial, la forma negativa **could not** se transforma en **couldn't**.

-1. *(was able to: past of* **can***)* **I ~ hear them talking** los oía hablar; **I ~ have tried harder** podía haberme esforzado más; **they couldn't very well refuse** les resultaba imposible negarse; **he couldn't have been kinder** fue de lo más amable; **he was as happy as ~ be** estaba en la gloria; **(it) ~ be** podría ser; **how COULD you!** ¡cómo has podido!; **I ~ have hit him!** *(I was so angry)* ¡me dieron ganas de pegarle!; **you ~ have warned me!** ¡me podías haber avisado!, ¡haberme avisado!
-2. *(indicating ability or skill)* **I ~ swim well at that age** a esa edad nadaba muy bien; **she ~ speak three languages** hablaba tres idiomas
-3. *(in requests)* **~ you get me some water?** ¿me puedes traer un poco de agua?; **you**
be quiet please? ¿te podrías callar, por favor?; **~ I borrow your newspaper?** ¿me prestas el periódico?
-4. *(indicating supposition or speculation)* **it ~ break at any time** podría partirse en cualquier momento; **you ~ well be right** es muy posible que tengas razón; **they ~ have changed their plans (for all we know)** podrían haber cambiado de planes; **what ~ I have done with the keys?** ¿qué habré hecho yo con las llaves?
-5. *(in conditional)* **if I had more money, I ~ buy a new guitar** si tuviera más dinero podría comprarme una guitarra nueva
-6. *(in suggestions)* **we ~ always telephone** siempre podríamos llamar or *Am* hablar por teléfono; **you ~ go to the beach** podrías ir a la playa; **couldn't we at least talk about it?** ¿no podríamos hablar del tema?

couldn't ['kʊdənt] = could not

couldn't-care-less ['kʊdənt'keə'les] *adj* pasota; ~ **attitude** actitud pasota

coulis ['ku:li:] *n* CULIN = puré de pescado, ave, fruta o verdura

coulomb ['ku:lɒm] *n* ELEC culombio *m*

council ['kaʊnsəl] *n* **-1.** *(organization, body)* consejo *m* ▫ *Council of Europe* Consejo *m* de Europa; EU *Council of Ministers* Consejo *m* de Ministros
-2. *(local government) (of town)* ayuntamiento *m*, concejo *m*; *(of region, county)* autoridades *fpl* regionales, ≃ diputación *f* provincial; **to be on the ~** ser concejal(ala) ▫ *Br* ~ *estate* urbanización de viviendas de protección oficial; *Br* ~ *house* ≃ vivienda *f* de protección oficial; *Br* ~ *tax* ≃ contribución *f* urbana
-3. *(meeting)* consejo *m*; **to hold a ~ of war** *(in wartime)* celebrar un consejo de guerra; *Fig (in emergency)* celebrar una reunión de emergencia
-4. REL concilio *m*

councillor, *US* **councilor** ['kaʊnsɪlə(r)] *n* POL concejal(ala) *m,f*

councilman ['kaʊnsəlmən] *n US* concejal *m*

councilwoman ['kaʊnsəlwʊmən] *n US* concejala *f*

counsel ['kaʊnsəl] ◇ *n* **-1.** *(advice)* consejo *m*; **to take ~ with sb (about sth)** pedir consejo a alguien (sobre algo); **he's someone who keeps his own ~** siempre se reserva su opinión **-2.** LAW abogado(a) *m,f*; **if ~ would approach the bench** ruego a la defensa y la acusación que se acerquen al estrado ▫ ~ *for the defence* abogado(a) *m,f* defensor(ora); ~ *for the prosecution* fiscal *mf*
◇ *vt (pt & pp* **counselled**, *US* **counseled***)* **-1.** *(advise)* aconsejar; **to ~ sb to do sth** aconsejar a alguien que haga algo; **to ~ caution** aconsejar prudencia **-2.** *(give psychological help to)* proporcionar apoyo psicológico a
◇ *vi* **I would ~ against accepting the offer** yo no aconsejaría aceptar la oferta

counselling ['kaʊnsəlɪŋ] *n* apoyo *m* psicológico, ayuda *f* psicológica; **you need ~** necesitas apoyo psicológico or ayuda psicológica; **to seek ~** solicitar apoyo psicológico or ayuda psicológica

counsellor ['kaʊnsələ(r)] *n* **-1.** *(adviser)* consejero(a) *m,f*, asesor(ora) *m,f*; *(therapist)* psicólogo(a) *m,f* **-2.** *US* LAW abogado(a) *m,f*

count[1] [kaʊnt] *n (nobleman)* conde *m*

count[2] ◇ *n* **-1.** *(calculation)* cuenta *f*; *(of votes)* recuento *m*; **at the last ~** según las cifras más recientes; **we had ten bottles left, at the last ~** en el último recuento nos quedaban diez botellas; **to keep/lose ~ of** llevar/perder la cuenta de; **I've lost ~ of the number of times...** he perdido la cuenta de cuántas veces...; **on the ~ of three** a la (voz) de tres ▫ GRAM ~ *noun* nombre *m* contable
-2. *(total, number)* (número *m*) total *m*; **the casualty ~ has risen to 34** el número or la cifra total de víctimas se eleva ya a 34
-3. *(in boxing)* cuenta *f* (hasta diez); IDIOM **to be out for the ~** *(boxer)* estar fuera de
combate; *Fig (fast asleep) Esp* estar roque
-4. LAW cargo *m*, acusación *f*; **guilty on both counts** culpable de los dos cargos; *Fig* **she said it would be quick and painless, but she was wrong on both counts** dijo que sería rápido y sin dolor, pero se equivocaba en ambas cosas; *Fig* **on a number of counts** en una serie de puntos

◇ *vt* **-1.** *(enumerate)* contar; **I counted ten people in the room** conté a diez personas en la habitación; **I'm counting the days until I leave the company** cuento los días que faltan para poder marcharme de la empresa; *Fig* **you can ~ them on the fingers of one hand** se pueden contar con los dedos de una mano; **to ~ sheep** *(in order to fall asleep)* contar ovejitas
-2. *(include)* contar; **have you counted yourself?** ¿te has contado?; **counting the dog, there were four of us** éramos cuatro, contando al perro; **there were four of us, not counting the dog** eramos cuatro sin contar al perro
-3. *(consider)* considerar; **I ~ him as a friend** lo considero un amigo; **I ~ him among my friends** lo incluyo entre mis amigos; ~ **yourself lucky you weren't killed** considérate afortunado(a) por haber salido con vida

◇ *vi* **-1.** *(by numbers)* contar; **to ~ (up) to ten** contar hasta diez; **to ~ on one's fingers** contar con los dedos; **counting from tomorrow** contando a partir de mañana
-2. *(be valid)* contar, valer; **two children ~ as one adult** dos niños cuentan como un adulto; **that one doesn't ~** ese no cuenta; **it counts as one of my worst holidays** fue una de mis peores vacaciones; **his record counted in his favour** su historial contaba en su favor; **to ~ for nothing** no contar para nada
-3. *(be important)* contar; **every vote counts** todos los votos cuentan or son importantes; **experience counts more than qualifications** la experiencia cuenta más que los títulos; **we have to make this opportunity ~** tenemos que hacer valer esta ocasión

◆ **count against** *vt insep* ir en contra de, perjudicar

◆ **count down** *vi* hacer la cuenta atrás; *Fig* **the whole nation is counting down to the elections** toda la nación espera or *Esp* aguarda con interés el día de las elecciones

◆ **count for** *vt insep* **their opinion doesn't ~ for much** su opinión no cuenta gran cosa

◆ **count in** *vt sep* contar con; ~ **me in!** ¡cuenta conmigo!

◆ **count on** *vt insep* **-1.** *(rely on)* contar con; **we're counting on you** contamos contigo; **to ~ on sb to do sth** contar con que alguien haga algo; **don't ~ on it** no cuentes con ello
-2. *(expect)* contar con; **I'm counting on getting away by five o'clock** cuento con salir *or* con que saldré antes de las cinco; **I wasn't counting on my husband being here** no contaba con que mi marido estuviera aquí

◆ **count out** *vt sep* **-1.** *(money)* contar **-2.** *(exclude)* dejar fuera, excluir; ~ **me out!** ¡no contéis conmigo! **-3.** *(in boxing)* **to be counted out** quedar fuera de combate (tras la cuenta hasta diez)

◆ **count towards** *vt insep (contribute to)* contar para, valer para

◆ **count up** *vt sep* contar, hacer la cuenta de

◆ **count upon** *vt insep* = count on

countable ['kaʊntəbəl] *adj* GRAM contable

countdown ['kaʊntdaʊn] *n* cuenta *f* atrás; **to start the ~** comenzar la cuenta atrás; **the ~ to the wedding/Christmas has begun** ha comenzado la cuenta atrás de la boda/las Navidades

countenance ['kaʊntɪnəns] *Formal* ◇ *n* **-1.** *(face)* semblante *m*; **to keep one's ~** guardar la compostura; **to lose ~** *(person, government)*

counter¹ ['kaʊntə(r)] *n* **-1.** *(in shop)* mostrador *m*; *(in pub)* barra *f*; *(in bank)* ventanilla *f*; **it's available over the ~** *(of medicine)* se vende sin receta; FIN **to buy shares over the ~** comprar acciones sin cotización oficial; **under the ~** ❑ *US* **~ check** cheque *m* de ventanilla; **~ staff** *(in bank, post office)* personal *m* de ventanilla **-2.** *(in kitchen)* encimera *f* **-3.** *(token)* ficha *f* **-4.** *(counting device)* contador *m*

perder la compostura **-2.** *(support)* **to give** *or* **lend ~ to sth** dar respaldo a algo
◇ *vt* respaldar; **I would never ~ such a thing!** ¡nunca respaldaría *or* apoyaría semejante cosa!

counter² ◇ *n* **-1.** *(counterbalance)* contrapeso *m*; **to act as a ~ to** servir de contrapeso a **-2.** *(in boxing)* contraataque *m*, respuesta *f*
◇ *adv* **~ to** en contra de; **to act ~ to sb's advice/wishes** actuar en contra de los consejos/deseos de alguien; **to go** *or* **run ~ to** estar en contra de
◇ *vt* **-1.** *(argument, assertion)* responder a; **to ~ that...** replicar que... **-2. to ~ a blow** *(in boxing)* responder a un golpe
◇ *vi* **-1. to ~ by doing sth** reaccionar haciendo algo **-2.** *(in boxing)* contraatacar, responder

counteract [kaʊntə'rækt] *vt* contrarrestar
counterargument ['kaʊntərɑːgjʊmənt] *n* argumento *m* contrario
counter-attack ['kaʊntərətæk] ◇ *n* contraataque *m*
◇ *vt* contraatacar
◇ *vi* contraatacar
counter-attraction ['kaʊntərə'trækʃən] *n* rival *m*
counterbalance ['kaʊntə'bæləns] ◇ *n* contrapeso *m*; *Fig* **to act as a ~ (to sth)** contrarrestar (algo)
◇ *vt* contrarrestar
counterbid ['kaʊntəbɪd] *n* FIN *(during takeover)* contraoferta *f*
counterblast ['kaʊntəblɑːst] *n* dura réplica *f*
countercharge ['kaʊntətʃɑːdʒ] ◇ *n* LAW contradenuncia *f*
◇ *vi* contraatacar
◇ *vt* **to ~ that...** contraatacar diciendo que...
counter-claim ['kaʊntəkleɪm] *n* contrarréplica *f*, contrademanda *f*
counter-clockwise ['kaʊntə'klɒkwaɪz] *US* ◇ *adj* **in a ~ direction** en sentido opuesto al de las agujas del reloj
◇ *adv* en sentido opuesto al de las agujas del reloj
counter-culture ['kaʊntəkʌltʃə(r)] *n* contracultura *f*
counterdemonstration ['kaʊntədəmən'streɪʃən] *n* manifestación *f* contraria, contramanifestación *f*
counterespionage [kaʊntər'espɪənɑːʒ] *n* contraespionaje *m*
counterfeit ['kaʊntəfɪt] ◇ *n* falsificación *f*
◇ *adj (banknote, passport, document)* falso(a); *Fig (sympathy, affection)* falso(a), fingido(a)
◇ *vt (banknote, passport, document)* falsificar; *Fig (sympathy, affection)* fingir
counterfeiter ['kaʊntəfɪtə(r)] *n (of banknote, passport, document)* falsificador(ora) *m,f*
counterfoil ['kaʊntəfɔɪl] *n* matriz *f*
counter-insurgency [kaʊntərɪn'sɜːdʒənsɪ] *n* MIL medidas *fpl* para sofocar una revuelta
counterintelligence ['kaʊntərɪn'telɪdʒəns] *n* contraespionaje *m*
counterintuitive ['kaʊntəɪn'tjuːɪtɪv] *adj* contraintuitivo(a)
countermand [kaʊntə'mɑːnd] *vt* revocar
countermeasure ['kaʊntəmeʒə(r)] *n* medida *f* en sentido contrario
counteroffensive ['kaʊntərə'fensɪv] *n* contraofensiva *f*
counteroffer ['kaʊntərɒfə(r)] *n* contraoferta *f*
counterpane ['kaʊntəpeɪn] *n* colcha *f*
counterpart ['kaʊntəpɑːt] *n* homólogo(a) *m,f*; **there is no ~ in our system** no hay un equivalente en nuestro sistema

counterpoint ['kaʊntəpɔɪnt] *n* MUS contrapunto *m*
counterpoise ['kaʊntəpɔɪz] ◇ *n* contrapeso *m*; **to be in ~** servir de contrapeso
◇ *vt* contrapesar
counterproductive ['kaʊntəprə'dʌktɪv] *adj* contraproducente
counterproposal ['kaʊntəprə'pəʊzəl] *n* contrapropuesta *f*
counterpunch ['kaʊntəpʌntʃ] ◇ *n (in boxing)* devolución *f* de un golpe
◇ *vi* devolver un golpe
Counter-Reformation ['kaʊntərefə'meɪʃən] *n* HIST **the ~** la Contrarreforma
counter-revolution ['kaʊntərevə'luːʃən] *n* contrarrevolución *f*
counter-revolutionary ['kaʊntərevə'luːʃənərɪ]
◇ *n* contrarrevolucionario(a) *m,f*
◇ *adj* contrarrevolucionario(a)
countersign ['kaʊntəsaɪn] *vt* refrendar
countersignature ['kaʊntə'sɪɡnətʃə(r)] *n* refrendo *m*
countersink ['kaʊntəsɪŋk] TECH ◇ *n* **-1.** *(hole)* avellanado *m* **-2.** *(tool)* avellanador *m*
◇ *vt* **-1.** *(hole)* avellanar **-2.** *(screw)* atornillar
counter-tenor ['kaʊntə'tenə(r)] *n* MUS contratenor *m*, contralto *mf*
counterterrorism [kaʊntə'terərɪzəm] *n* contraterrorismo *m*
countervailing ['kaʊntəveɪlɪŋ] *adj* compensatorio(a)
counterweight ['kaʊntəweɪt] *n* contrapeso *m*; **to act as a ~ (to sth)** servir de contrapeso (a algo), contrarrestar (algo)
countess ['kaʊntəs] *n* condesa *f*
countless ['kaʊntlɪs] *adj* innumerables, incontables; **on ~ occasions** en innumerables ocasiones; **I've told you ~ times not to do that** te he dicho miles de veces que no hagas eso
countrified ['kʌntrɪfaɪd] *adj* rústico(a)
country ['kʌntrɪ] *n* **-1.** *(state, people)* país *m*; **the whole ~ was saddened by the news** la noticia entristeció a todo el país; **up and down the ~** por todo el país; **they were ready to fight/die for their ~** estaban dispuestos a luchar/morir por la patria; *Br* POL **to go to the ~** *(call elections)* convocar elecciones; **the old ~** mi tierra, el terruño **-2.** *(as opposed to town)* campo *m*; **in the ~** en el campo; **~ people** la gente del campo; **~ lifestyle** modo de vida rural *or* campestre; **to travel across ~** *(in car, on bike, on foot)* ir campo a través ❑ *Fam Pej* **~ bumpkin** *Esp* paleto(a) *m,f*, *Esp* palurdo(a) *m,f*, *Méx* pelado(a) *m,f*, *RP* pajuerano(a) *m,f*; **~ club** club *m* de campo; **~ cousin** palurdo(a) *m,f*, pueblerino(a) *m,f*; **~ dancing** bailes *mpl* regionales *or* tradicionales; **~ house** casa *f* solariega *or* de campo; **~ life** vida *f* campestre; **~ seat** casa *f* solariega, quinta *f*
-3. *(area)* terreno *m*, tierras *fpl*; **this is good farming ~** estas tierras son buenas para la agricultura y la ganadería; **Wordsworth/Faulkner ~** la tierra de Wordsworth/Faulkner
-4. *(music)* **country (and western)** música *f* country
countryman ['kʌntrɪmən] *n* **-1.** *(compatriot)* compatriota *m*, paisano *m*; **a fellow ~** un compatriota **-2.** *(who lives in the country)* campesino *m*
countryside ['kʌntrɪsaɪd] *n* campo *m*; **in the ~** en el campo
countrywide [kʌntrɪ'waɪd] *adj* a escala nacional
countrywoman ['kʌntrɪwʊmən] *n* **-1.** *(compatriot)* compatriota *f*, paisana *f*; **a fellow ~** una compatriota **-2.** *(who lives in the country)* campesina *f*
county ['kaʊntɪ] *n* **-1.** *(in UK)* condado *m* ❑ **~ council** = órgano de gobierno de un condado; LAW **~ court** = tribunal de justicia de un condado, *Esp* ≃ audiencia *f* provincial; **~ town** capital *f* de condado **-2.** *(in USA)* condado *m* ❑ LAW **~ court** = tribunal de justicia de un condado, *Esp* ≃

audiencia *f* provincial; **~ fair** feria *f* rural anual; **the ~ line** el límite del condado; **~ seat** capital *f* de condado
coup [kuː] *(pl* **coups** [kuːz]) *n* **-1.** *(surprising achievement)* golpe *m* de efecto; **to pull off a ~** dar un golpe de efecto; **it was quite a ~** fue todo un golpe de efecto ❑ **~ de grâce** golpe *m* de gracia, tiro *m* de gracia **-2.** POL **~ (d'état)** golpe *m* de Estado
coupé ['kuːpeɪ] *n (car)* cupé *m*
couple ['kʌpəl] ◇ *n* **-1.** *(of things)* par *m*; **a ~ of** un par de; **were there many mistakes? – only a ~** ¿había muchas faltas? – sólo un par; *US Fam* **he's a ~ years older** es un par de años mayor **-2.** *(people)* pareja *f*; **they make a lovely ~** hacen una pareja encantadora **-3.** PHYS par *m* de fuerzas
◇ *vt* **-1.** *(associate)* relacionar, asociar (**with** con); **her name has been coupled with his** *(romantically)* su nombre se ha relacionado *or* asociado con el de él **-2.** *(combine)* conjugar, combinar; **coupled with** junto con **-3.** RAIL enganchar, acoplar
◇ *vi (have sexual intercourse) (people)* copular; *(animals)* aparearse
coupler ['kʌplə(r)] *n* **-1.** ELEC acoplador *m* **-2.** *US* RAIL enganche *m*
couplet ['kʌplɪt] *n* LIT pareado *m*
coupling ['kʌplɪŋ] *n* **-1.** *(linking)* combinación *f*; *(of ideas, names)* asociación *f*, emparejamiento *m* **-2.** ELEC acoplamiento *m* **-3.** *Br* RAIL enganche *m* **-4.** *(sexual intercourse) (between people)* cópula *f*; *(between animals)* apareamiento *m*
coupon ['kuːpɒn] *n* **-1.** *(for discount, special offer)* cupón *m*, vale *m*; *(for rationing)* cupón *m* **-2.** FIN cupón *m* **-3.** *Br* football *or* pools **~** boleto *m* (de las quinielas)
courage ['kʌrɪdʒ] *n* valor *m*, coraje *m*; **to have the ~ to do sth** tener valor para hacer algo; **to take one's ~ in both hands** armarse de valor; **to pluck up** *or* **screw up the ~ (to do sth)** armarse de valor (para hacer algo); **he didn't have the ~ of his convictions** no tuvo coraje para defender sus convicciones; **he took ~ from the news** aquella noticia le animó *or* le dio ánimos
courageous [kə'reɪdʒəs] *adj* valiente
courageously [kə'reɪdʒəslɪ] *adv* valientemente
courgette [kʊə'ʒet] *n Br* calabacín *m*, *CSur* zapallito *m*, *Méx* calabacita *f*
courier ['kʊrɪə(r)] *n* **-1.** *(messenger)* mensajero(a) *m,f* ❑ **~ service** servicio *m* de mensajería **-2.** *(in tourism)* guía *mf* **-3.** *(drug smuggler)* correo *m*, enlace *m*
course [kɔːs] ◇ *n* **-1.** *(direction, bearing) (of river)* curso *m*; **to be on ~** *(ship)* seguir el rumbo; **to be on ~ for** *(likely to achieve)* ir camino de; **to be off ~** haber perdido el rumbo; **the boat was blown off ~** el viento desvió el barco de su rumbo; *also Fig* **to change ~** cambiar de rumbo; **to set ~ for** poner rumbo a; **to steer a ~ between recklessness and excessive caution** encontrar un término medio entre la imprudencia y una cautela excesiva
-2. *(progression) (of time, events)* transcurso *m*, curso *m*; *(of illness)* curso *m*; **during** *or* **in the ~ of the campaign** durante el transcurso de la campaña; **in the ~ of my investigations** en el curso de mis investigaciones; **I'll find out in the ~ of the next few months** me enteraré a lo largo de los próximos meses; **in the ~ of time** con el tiempo; **in the normal** *or* **ordinary ~ of events** normalmente; **to be in the ~ of doing sth** estar haciendo algo; **to let things take** *or* **run their ~** dejar que las cosas sigan su curso; **the flu has run its ~** el proceso gripal ha completado su evolución; **throughout the ~ of history** durante el transcurso de la historia
-3. *(approach)* **a ~ of action** una táctica (a seguir); **it is the only ~ left open to us** es la única posibilidad *or* opción que nos queda
-4. EDUC *(self-contained)* curso *m*; *(as part of degree)* asignatura *f*; **to do** *or* **take a ~ in sth** hacer un curso de algo; **to go on a**

(training) ~ acudir a un curso (de formación); **(degree)** ~ carrera; **a ~ of lectures** un ciclo de conferencias

-5. MED **a ~ of treatment** un tratamiento; **the doctor put me on a ~ of antibiotics/injections** el doctor me recetó antibióticos/inyecciones

-6. (of meal) plato m; **first ~** primer plato; **main ~** plato principal; **what would you like for your first ~?** ¿qué van a comer de primer plato?, Esp ¿qué tomarán de primero?; **a three-~ meal** una comida con primer y segundo platos, y postre

-7. (for race) circuito m; (for golf) Esp campo m, Am cancha f; (for showjumping) recorrido m; also Fig **to stay the ~** aguantar hasta el final

-8. (of bricks) hilada f, RP hilera f

◇ **of course** adv (expressing agreement) claro; (clearly, unsurprisingly) naturalmente; **of ~ you can come!** ¡pues claro que puedes venir!; **can I have a go? - of ~ (you can)** ¿puedo intentarlo? – claro (que sí); **ah, of ~, that's why he wouldn't tell me** ah, claro, por eso no me lo quería decir; **he is, of ~, very experienced in this area** tiene, naturalmente, una gran experiencia en este área; **of ~, you can't expect them to accept it immediately** por supuesto, no se puede esperar que lo acepten de inmediato; **of ~ not!** ¡claro or por supuesto que no!; **did you tell her? - of ~ I didn't!** ¿se lo dijiste? – ¡claro or por supuesto que no!

◇ vt (hunt) **to ~ hares** cazar liebres con perros

◇ vi (liquid) correr; **tears coursed down her cheeks** las lágrimas caían por sus mejillas; **the blood coursed through his veins** la sangre le corría por las venas

coursebook ['kɔːsbʊk] n manual m, libro m de texto

courser ['kɔːsə(r)] n **-1.** Literary (horse) corcel m **-2.** (bird) corredor m

courseware ['kɔːsweə(r)] n COMPTR software m didáctico

coursework ['kɔːswɜːk] n trabajo m realizado durante el curso

court [kɔːt] n **-1.** LAW tribunal m; (room) sala f; **the ~ rose** los asistentes se pusieron de pie; **to appear in ~** (accused, witness) comparecer ante un tribunal; **to go to ~** ir a los tribunales or a juicio; **to take sb to ~** llevar a alguien a juicio or a los tribunales; **to settle a case out of ~** arreglar una disputa sin acudir a los tribunales; **are you prepared to say that in ~?** ¿está dispuesto a decir eso delante de un tribunal?; **I'll see you in ~ then!** ¡pues nos veremos en los tribunales!; IDIOM **to be laughed out of ~** (idea) ser ridiculizado(a); IDIOM **I was laughed out of ~** se rieron de mí; IDIOM **to rule sth out of ~** rechazar algo de plano ❑ **~ of appeal** tribunal m de apelación; **~ appearance** (of defendant) comparecencia f en un juicio; **~ case** caso m judicial, proceso m; **~ of inquiry** comisión f de investigación; **~ of law** tribunal m; **~ order** orden f judicial

-2. (for tennis, basketball) pista f, cancha f; (for squash) pista f; **he was on ~ for three hours** pasó tres horas en la pista ❑ US **~ tennis** = versión primitiva del tenis que se juega en una pista con paredes

-3. (royal) corte f; Fig **she held ~ in the hotel bar, surrounded by a posse of journalists** entretuvo a un grupo de periodistas en el bar del hotel ❑ **~ card** figura f (naipe); **~ circular** boletín m de la corte; **~ correspondent** corresponsal mf en la corte; **~ jester** bufón m de la corte; Br **~ shoe** zapato m de salón

-4. (courtyard) patio m

-5. Old-fashioned **to pay ~ to** (woo) hacer la corte a

◇ vt **-1.** Old-fashioned (woo) cortejar **-2.** (seek) (sb's friendship, favour) intentar ganarse; (failure) exponerse a; (death) jugar con; **to ~ disaster** jugársela, buscarse problemas

◇ vi Old-fashioned **to be courting** (couple) cortejarse

court-appointed ['kɜːtə'pɔɪntɪd] adj nombrado(a) por un tribunal ❑ **~ defence lawyer** abogado m,f de oficio

courteous ['kɜːtɪəs] adj cortés (**to** or **towards** con)

courteously ['kɜːtɪəslɪ] adv cortésmente

courtesan ['kɔːtɪzæn] n Literary cortesana f

courtesy ['kɜːtəsɪ] n **-1.** (politeness) cortesía f; **at least have the ~ to apologize** por lo menos tenga la cortesía or la gentileza de pedir disculpas; **by ~ of...** por cortesía de... ❑ **~ call** visita f de cortesía or cumplido; **~ car** coche m or Am carro m or RP auto m gratuito (cortesía de una empresa); **~ light** (in car) luz f interior; **~ title** título m de cortesía; **~ visit** visita f de cortesía or cumplido

-2. (polite action, remark) cortesía f; **do me the ~ of listening** ten la cortesía de escucharme; **to exchange courtesies** intercambiar cumplidos

courthouse ['kɔːthaʊs] n US LAW palacio m de justicia

courtier ['kɔːtɪə(r)] n cortesano(a) m,f

courtly ['kɔːtlɪ] adj Literary refinado(a), distinguido(a) ❑ **~ love** amor m cortés

court-martial ['kɔːt'mɑːʃəl] MIL ◇ n (pl **courts-martial**) consejo m de guerra; **to be tried by ~** ser sometido(a) a un consejo de guerra

◇ vt (pt & pp **court-martialled**, US **court-martialed**) someter a un consejo de guerra a; **he was court-martialled** le sometieron a un consejo de guerra

courtroom ['kɔːtruːm] n LAW sala f de juicios ❑ CIN & THEAT **~ drama** = película u obra de teatro cuyo argumento gira en torno a un juicio

courtship ['kɔːtʃɪp] n **-1.** Old-fashioned (wooing) cortejo m **-2.** (attempts to attract) **his ~ of the youth vote** sus intentos de ganarse el voto juvenil **-3.** (of animals, birds) cortejo m; **~ dance** baile m de cortejo; **~ display** parada nupcial

courtside ['kɔːtsaɪd] ◇ n **at ~** a pie de pista
◇ adj **~ seat** (at basketball match) silla f de pista

courtyard ['kɔːtjɑːd] n patio m

couscous ['kuːskuːs] n cuscús m

cousin ['kʌzən] n primo(a) m,f; **a distant ~** un(a) primo(a) lejano(a); **it's a distant ~ of the sparrow** es un pariente lejano del gorrión; **our British/American cousins** nuestros primos británicos/estadounidenses

couture [kuːˈtjʊə(r)] n alta costura f

couturier [kuːˈtjʊərɪeɪ] n modisto m

covalent bond ['kəʊveɪlənt'bɒnd] n CHEM enlace m covalente

covariance [kəʊˈveərɪəns] n MATH covarianza f

cove[1] [kəʊv] n (small bay) cala f, ensenada f

cove[2] n Br Fam Old-fashioned (person) tipo m, Esp gachó m

coven ['kʌvən] n aquelarre m

covenant ['kʌvənənt] ◇ n **-1.** (agreement) pacto m, convenio m **-2.** Br (to charity) = acuerdo para realizar regularmente una donación a una entidad benéfica la cual, además, recibe los impuestos con que haya sido gravada la cantidad donada **-3.** REL **the Covenant** la Alianza

◇ vt (money) = donar por el sistema de "covenant"

Covent Garden ['kɒvənt'gɑːdən] n Covent Garden, = zona en el centro de Londres llena de bares y tiendas donde está ubicada la "Royal Opera House"

Coventry ['kɒvəntrɪ] n IDIOM **to send sb to ~** hacer el vacío a alguien

cover ['kʌvə(r)] ◇ n **-1.** (lid) tapa f

-2. (soft covering) funda f; (for cushion, typewriter) funda f; **covers** (of bed) mantas fpl (y sábanas); **under the covers** debajo de las sábanas

-3. (of book) tapa f; (of magazine) portada f, tapa f; **front ~** portada f; **back ~** contraportada, Perú, RP contratapa; **to read a book from ~ to ~** leerse un libro de principio a fin ❑ **~ girl** chica f de portada or RP tapa; **~ page** (of fax) página f de portada; **~ price** precio m; **~ sheet** (of fax) página f de portada; **~ story** tema m de portada

-4. (shelter) protección f; **the soldiers looked for ~** los soldados buscaron un lugar en el que protegerse; **we'll give you ~ (by shooting)** te cubriremos; **to break ~** ponerse al descubierto; **to run for ~** correr a ponerse a cubierto; **to take ~** ponerse a cubierto; **to take ~ from sth** protegerse or resguardarse de algo; **under ~ of darkness** al amparo de la oscuridad

-5. (disguise, front) tapadera f; **my ~ has been blown** me han desenmascarado; **they use the business as a ~ for money laundering activities** utilizan el negocio como tapadera or pantalla para sus operaciones de blanqueo or lavado de dinero ❑ **~ story** tapadera f

-6. FIN (in insurance) cobertura f; **full ~** cobertura máxima; **to take out ~ against sth** protegerse or asegurarse contra algo ❑ Br **~ note** póliza f provisional

-7. FIN (in banking) garantía f

-8. (temporary replacement) **to provide ~ for sb** reemplazar a alguien; **there is no ~ available for her when she's ill** no hay nadie que la reemplace cuando se pone enferma

-9. (song) **~ (version)** versión f (de una canción original)

-10. (in restaurant) **they have 200 covers** tienen capacidad para 200 comensales ❑ **~ charge** cubierto m

-11. COM (envelope) **to send sth under plain ~** enviar algo en un sobre sin la dirección del remitente; **to send sth under separate ~** enviar algo por separado or aparte

-12. US **~ letter** (for job application) carta f de presentación

◇ vt **-1.** (person, object) cubrir; (with a lid) tapar; (hole, gap) tapar; (seat, sofa) tapizar; (book) forrar; **to be covered in sth** estar cubierto(a) de algo; **to ~ one's eyes** taparse los ojos; **to ~ one's face** taparse la cara; **to ~ a wall with paint** recubrir de pintura una pared; **the ground was covered with snow** el suelo estaba cubierto de nieve; **his face was covered in spots** tenía la cara llena de granos; **to ~ oneself with glory** cubrirse de gloria; **I was covered in** or **with shame** me moría de vergüenza; IDIOM **to ~ oneself** or Br **one's back** or US very Fam **one's ass** cubrirse las espaldas

-2. (hide) (one's embarrassment, confusion) ocultar; **to ~ one's tracks** no dejar rastro

-3. (travel over) cubrir, recorrer; **we covered 100 km** cubrimos or recorrimos 100 kms

-4. (extend over) cubrir; **water covers most of the earth's surface** el agua cubre la mayor parte de la corteza terrestre; **to ~ a lot of ground** (in book, discussion) abarcar mucho

-5. (include, deal with) cubrir; **the law covers the whole of the banking sector** la ley abarca a todo el sector bancario; **I think that covers everything** creo que con eso que ya he tocado todos los puntos; IDIOM **I've got it covered** me estoy ocupando de ello

-6. (of journalist) cubrir; **to ~ a story** cubrir una noticia

-7. (be sufficient for) cubrir; **to ~ one's costs** cubrir gastos; **$20 should ~ it** 20 dólares deberían bastar or ser suficientes

-8. (insure) cubrir, asegurar (**against** contra); **are we covered against flooding?** ¿estamos asegurados contra inundaciones?

-9. (with gun) cubrir; **you ~ me while I cross the street** cúbreme mientras cruzo la calle; **we've got the door covered** estamos apuntando a la puerta

-10. (of musician, band) **to ~ a song** hacer una versión de una canción **-11.** (of animal) cubrir
◆ **cover for** vt insep **-1.** (replace temporarily) reemplazar or sustituir temporalmente **-2.** (provide excuses for) excusar
◆ **cover up** ◇ vt sep **-1.** (conceal) ocultar **-2.** (person, object) cubrir; (with a lid) tapar; **to ~ oneself up** (with clothing) taparse
◇ vi **-1.** (conceal the truth) encubrir (**for sb** a alguien) **-2.** (put on clothes) (to keep warm) abrigarse; (as protection from the sun) protegerse

coverage ['kʌvərɪdʒ] n (on TV, in newspapers) cobertura f informativa; **radio/television ~ of the game** cobertura televisiva/radiofónica del partido

coveralls ['kʌvərɔːlz] npl US mono m (de trabajo), Am overol m

covered ['kʌvəd] adj (walkway, market) cubierto(a) ❑ **~ swimming pool** piscina f cubierta; **~ wagon** carreta f

covering ['kʌvərɪŋ] ◇ n **-1.** (of snow, dust, chocolate) capa f **-2.** (protective) (on furniture) funda f
◇ adj **-1.** MIL **~ fire** fuego m de cobertura **-2.** Br **~ letter** carta f de presentación

coverlet ['kʌvəlɪt] n colcha f

covert ◇ adj ['kəʊvɜːt] (secret) encubierto(a) ❑ **~ operations** operaciones fpl clandestinas or secretas
◇ n ['kʌvət] (hiding place for animals) matorral m

covertly [kəʊvɜːtlɪ] adv a escondidas, de manera encubierta

cover-up ['kʌvərʌp] n encubrimiento m; **there has been a ~** han intentado encubrir el asunto; **the government denied there was any ~** el gobierno negó que hubiera habido encubrimiento alguno

covet ['kʌvɪt] vt codiciar; REL **thou shalt not ~...** no codiciarás...; **the much-coveted Pulitzer Prize** el codiciadísimo premio Pulitzer

covetous ['kʌvɪtəs] adj codicioso(a); **to be ~ of** codiciar

covetousness ['kʌvɪtəsnɪs] n codicia f

covey ['kʌvɪ] n (of partridge, grouse) nidada f

cow¹ [kaʊ] n **-1.** (farm animal) vaca f; IDIOM **till the cows come home** hasta que las ranas críen pelo ❑ **~ parsley** perifollo m silvestre **-2.** (female elephant, seal, whale) hembra f **-3.** very Fam Pej (woman) bruja f, pécora f; **poor ~** pobre infeliz or desgraciada; **lucky ~** Esp tía or Am tipa suertuda; **you silly ~!** ¡boba!

cow² vt acobardar, intimidar; **to ~ sb into submission** reducir a alguien a la obediencia; **to look cowed** parecer intimidado(a); **a cowed look** una mirada acobardada or intimidada

coward ['kaʊəd] n cobarde mf

cowardice ['kaʊədɪs] n cobardía f; **moral ~** cobardía moral

cowardliness ['kaʊədlɪnɪs] n cobardía f

cowardly ['kaʊədlɪ] adj cobarde; **what a ~ thing to do!** ¡eso es de cobardes!

cowbell ['kaʊbel] n cencerro m

cowboy ['kaʊbɔɪ] n **-1.** (in American West) vaquero m; **to play cowboys and indians** jugar a indios y vaqueros; **a ~ film** or **movie** una película de vaqueros or del oeste ❑ **~ boots** (botas fpl) camperas fpl **-2.** Br Fam Pej (careless or dishonest workman) jeta m, sinvergüenza m; **a ~ company** una empresa de sinvergüenzas; **some ~ builder/electrician** un sinvergüenza de albañil/electricista

cowcatcher ['kaʊkætʃə(r)] n US quitapiedras m inv

cower ['kaʊə(r)] vi acoquinarse, amilanarse; **the dog was cowering in a corner** el perro estaba encogido en una esquina; **he stood cowering before the boss** se quedó de pie acoquinado or amilanado ante el jefe

cowgirl ['kaʊgɜːl] n vaquera f

cowhand ['kaʊhænd] n vaquero m

cowherd ['kaʊhɜːd] n vaquero m

cowhide ['kaʊhaɪd] n cuero m

cowl [kaʊl] n **-1.** (monk's hood) capucha f **-2.** (on chimney) sombrerete m **-3.** (on sweater, dress) **~ neck** or **neckline** cuello vuelto

cowlick ['kaʊlɪk] n mechón m

cowling ['kaʊlɪŋ] n capó m

cowman ['kaʊmən] n **-1.** Br (cowherd) vaquero m **-2.** US (ranch owner) ganadero m

cowmuck ['kaʊmʌk] n estiércol m de vaca

co-worker [kəʊ'wɜːkə(r)] n US compañero(a) m,f de trabajo

cowpat ['kaʊpæt] n Fam boñiga f (de vaca), Méx caca f, Col, RP mierda f

cowpea ['kaʊpɪ:] n alubia f carilla

cowpoke ['kaʊpəʊk] n US Fam vaquero m

cowpox ['kaʊpɒks] n vacuna f

cowpuncher ['kaʊpʌntʃə(r)] n US Fam Old-fashioned vaquero m

cowrie, cowry ['kaʊrɪ] n (mollusc, shell) cauri m

cowshed ['kaʊʃed] n establo m

cowshit ['kaʊʃɪt] n Vulg mierda f de vaca

cowslip ['kaʊslɪp] n prímula f

cox [kɒks] ◇ n timonel mf
◇ vt llevar el timón de; **he coxed them to victory** los condujo a la victoria
◇ vi hacer de timonel

coxcomb = **cockscomb**

coxed [kɒkst] adj **~ fours** cuatro m con (timonel); **~ pairs** dos m inv con (timonel)

coxless ['kɒkslɪs] adj **~ fours** cuatro m sin (timonel); **~ pairs** dos m inv sin (timonel)

Cox's (orange pippin) ['kɒksɪz('ɒrɪndʒ'pɪpɪn)] n = tipo de manzana inglesa de tamaño pequeño con la pulpa dulce y la cáscara de color verde y rojizo

coxswain ['kɒkswɛɪn] n timonel mf

coy [kɔɪ] adj **-1.** (shy) timorato(a); **she gave him a ~ look** lo miró con timidez **-2.** (evasive) evasivo(a); **to be ~ about sth** mostrarse evasivo(a) en relación con algo

coyly ['kɔɪlɪ] adv **-1.** (shyly) con estudiada timidez **-2.** (evasively) de manera evasiva

coyness ['kɔɪnɪs] n **-1.** (shyness) timidez f **-2.** (evasiveness) evasión f

coyote [kɔɪ'jəʊtɪ] n coyote m ❑ **the Coyote State** = apelativo familiar referido al estado de Dakota del Sur

coypu ['kɔɪpuː] (pl **coypus** or **coypu**) n coipo m

cozy, cozily etc US = **cosy, cosily** etc

CP [siː'piː] n (abbr **Communist Party**) PC m

CPA [siːpiː'eɪ] n US (abbr **certified public accountant**) Esp contable mf diplomado(a), Am contador(ora) público(a)

CPI [siːpiː'aɪ] n US ECON (abbr **consumer price index**) IPC m, Índice m de Precios al Consumo

cpi [siːpiː'aɪ] n COMPTR (abbr **characters per inch**) cpp

Cpl MIL (abbr **Corporal**) cabo m

CPR [siːpiː'ɑː(r)] n MED (abbr **cardiopulmonary resuscitation**) masaje m cardiaco

CPS [siːpiː'es] n (abbr **Crown Prosecution Service**) ≃ Fiscalía f General del Estado

cps [siːpiː'es] n COMPTR (abbr **characters per second**) cps

CPU [siːpiː'juː] n COMPTR (abbr **central processing unit**) CPU f

Cr (abbr **Crescent**) = calle en forma de media luna

crab [kræb] ◇ n **-1.** (crustacean) cangrejo m, Am jaiba f ❑ **~ stick** palito m de cangrejo
-2. ASTRON **the Crab** el Cangrejo
-3. Fam (irritable person) quejica mf
-4. Fam (pubic louse) ladilla f; **to have crabs** tener ladillas
-5. (gymnastic position) puente m
-6. (in rowing) **he caught a ~** erró or falló con el remo
-7. **~ apple** (fruit) manzana f silvestre; (tree) manzano m silvestre
-8. **~ plover** (bird) chorlito m cangrejero
◇ vi (grumble) rezongar

crabbed [kræbd] adj **~ writing** letra apretada y difícil de leer

crabby ['kræbɪ] adj Fam gruñón(ona)

crack [kræk] ◇ n **-1.** (in glass, porcelain) raja f; (in skin, wood, wall, ground, ice) grieta f; Fig **cracks have started to appear in his alibi** su coartada está empezando a hacer agua
-2. (gap) rendija f; **the door was open a ~** la puerta estaba entreabierta
-3. (sound) (of whip) chasquido m; (of twig, bone) crujido m; (of gun) disparo m; **a ~ of thunder** un trueno; IDIOM **she wasn't given a fair ~ of the whip** no le dieron ninguna oportunidad
-4. (blow) **a ~ on the head** un porrazo en la cabeza
-5. Fam (attempt) intento m; **to have a ~ at (doing) sth** intentar (hacer) algo
-6. Fam (joke, insult) chiste m
-7. (first moment) **to get up at the ~ of dawn** levantarse al amanecer
-8. COMPTR (software) = programa utilizado para desproteger otro programa
-9. (drug) **(cocaine)** crack m
-10. Vulg (woman's genitals) coño m, Col cuca f, Méx paloma f, RP concha f
-11. Vulg (anus) ojete m, culo m
◇ adj Fam de primera; **she's a ~ shot** es una tiradora de primera; **~ troops** tropas de élite
◇ vt **-1.** (fracture) (cup, glass) rajar; (skin, wood, wall, ground, ice) agrietar; (bone) fisurarse; **he cracked his head open** se abrió la cabeza
-2. (make sound with) (whip) chasquear; (fingers, knuckles) hacer crujir; Fig **to ~ the whip** usar la mano dura
-3. (hit) **to ~ sb over the head** dar a alguien un porrazo en la cabeza; **he cracked his head against the wall** se dio con la cabeza contra la pared
-4. (solve) (problem) resolver; (code) descifrar; **the police think they have cracked the case** la policía cree haber resuelto el caso; Fam **I think we've cracked it!** ¡creo que lo hemos resuelto!
-5. (break open) (nut, egg) cascar; (safe) forzar; US Fam **I didn't ~ a book all term** no toqué un libro en todo el trimestre; Fam **to ~ (open) a bottle** abrir una botella; Fam **she didn't ~ a smile all evening** no se le escapó una sonrisa en toda la noche
-6. COMPTR (protection) descifrar, saltarse; (program) desproteger
-7. (market) colapsar
-8. Fam (joke) soltar, contar
-9. CHEM descomponer
◇ vi **-1.** (cup, glass) rajarse; (skin, wood, wall, ground, ice) agrietarse; (bone) fisurarse
-2. (voice) (with emotion) quebrarse
-3. (person) (under pressure) venirse abajo, derrumbarse; **his nerve cracked** perdió los nervios; **their marriage cracked under the strain** su matrimonio se vino abajo por la presión
-4. (make noise) (twig, bone) crujir; (whip) chasquear; **I heard a rifle ~** oí el disparo de un rifle
-5. Fam **to get cracking** ponerse en marcha or manos a la obra; **get cracking!** ¡manos a la obra!

◆ **crack down** vi **to ~ down on sth** adoptar medidas severas contra algo

◆ **crack up** Fam ◇ vt sep **-1.** (repute) **it's not all it's cracked up to be** no es tan bueno como lo pintan **-2.** (cause to laugh) **to ~ sb up** hacer que alguien se parta or se muera or Esp se tronche or Méx se ataque or RP se descostille de risa
◇ vi **-1.** (ice, ground) agrietarse **-2.** Fam (laugh) partirse or morirse or Esp troncharse or RP descostillarse de risa, Méx atacarse de risa **-3.** Fam (have nervous breakdown) tener un ataque de nervios or una crisis nerviosa; **I must be cracking up** (going mad) me estoy volviendo loco or Esp majareta

crackbrained ['krækbreɪnd] adj Fam descabellado(a)

crackdown ['krækdaʊn] n medidas fpl severas; **a ~ on drugs/tax evasion** medidas severas contra las drogas/la evasión fiscal

cracked ['krækt] *adj* **-1.** *(cup, glass)* rajado(a); *(skin, wood, wall, ground, ice)* agrietado(a); *(bone)* fisurado(a) **-2.** *(voice)* quebrado(a) **-3.** *Fam (crazy)* **to be ~** estar chiflado(a) *or Esp* majareta

cracker ['krækə(r)] *n* **-1.** *(biscuit)* galleta *f* salada, cracker *f*
  -2. *(firework)* petardo *m*
  -3. *Br Fam (excellent thing, person)* **the first goal was an absolute ~** el primer gol fue de antología; **she's a ~** *(very attractive)* está muy buena, *Esp* está como un tren, *RP* está que mata
  -4. (Christmas) ~ = cilindro de papel que produce un pequeño estallido al abrirlo estirándolo por los extremos y contiene un regalito de Navidad
  -5. COMPTR cracker *mf*, pirata *mf* informático(a)

cracker-barrel ['krækəbærəl] *adj US Fam (wisdom, philosophy)* simplón(ona)

crackerjack ['krækədʒæk] *US Fam* ◇ *n (excellent person)* figura *mf*, fuera de serie *mf*; *(excellent thing)* cosa *f* genial *or* fuera de serie
  ◇ *adj (excellent)* genial, fuera de serie

crackers ['krækəz] *adj Br Fam (mad)* **to be ~** estar como una cabra; **to go ~** volverse majareta, *RP* pirarse

crackhead ['krækhed] *n Fam* adicto(a) *m,f* al crack

crackhouse ['krækhaʊs] *n Fam* = lugar de reunión de adictos al crack

cracking ['krækɪŋ] ◇ *adj Br Fam* **-1.** *(very good)* genial, fuera de serie **-2.** *(very fast)* rapidísimo(a); **at a ~ pace** a toda mecha *or* pastilla, *Méx* hecho(a) la raya, *RP* a los piques
  ◇ *n* **-1.** CHEM craqueo *m* **-2.** COMPTR pirateo *m*

crackle ['krækəl] ◇ *n (of twigs, paper)* crujido *m*; *(of fire)* crepitación *f*; *(of radio)* ruido *m* de fondo, interferencias *fpl*; *(of gunfire)* chasquido *m*
  ◇ *vi (twigs, paper)* crujir; *(fire)* crepitar; *(radio)* tener ruido de fondo *or* interferencias; Fig **to ~ with energy** *(film, performance)* rebosar energía

crackling ['kræklɪŋ] *n* **-1.** *(on roast pork)* piel *f* tostada **-2.** *US* **cracklings** cortezas *fpl* de cerdo, *Am* chicharrones *mpl*

crackly ['krækli] *adj* **-1.** *(paper)* crujiente **-2.** *(sound)* **it's a bit ~** *(radio)* hay interferencias; *(record)* tiene ruidos de fondo; **the phone line was a bit ~** había interferencias en la línea telefónica

crackpot ['krækpɒt] *Fam* ◇ *n* pirado(a) *m,f*, *Esp* majareta *mf*, *Méx* zafado(a) *m,f*
  ◇ *adj* descabellado(a)

crack-up ['krækʌp] *n Fam (of person)* hundimiento *m*, derrumbe *f*

Cracow ['krækaʊ] *n* Cracovia

cradle ['kreɪdəl] ◇ *n* **-1.** *(for child, of civilization)* cuna *f*; **the ~ of democracy/civilization** la cuna de la democracia/civilización; IDIOM **from the ~ to the grave** de la cuna a la sepultura ❏ **~ cap** = especie de costra que sale en la cabeza de un bebé, producida por una infección **-2.** *(for cleaning windows, painting)* andamio *m* colgante **-3.** *(for telephone receiver)* soporte *m*
  ◇ *vt* acunar; **the village was cradled in a valley** el pueblo estaba situado en el seno de un valle

cradle-snatcher ['kreɪdəlsnætʃə(r)], *US* **cradle-robber** ['kreɪdəlrɒbə(r)] *n Fam Hum* asaltacunas *mf inv*, = persona que mantiene relaciones con otra persona muy joven

craft¹ [krɑːft] ◇ *n* **-1.** *(trade)* oficio *m*; *(skill)* arte *m* ❏ **~ union** sindicato *m* gremial **-2. crafts** *(handcrafts)* artesanía *f* ❏ **~ fair** feria *f* de artesanía; **~ knife** cúter *m*, cuchilla *f*; **~ studio** taller *m* de artesanía **-3.** *(cunning)* artimañas *fpl*; **to obtain sth by ~** obtener algo por medio de artimañas
  ◇ *vt (fashion)* elaborar; **crafted by hand** hecho(a) a mano; **a beautifully crafted film** una película bellamente elaborada *or* realizada

craft² *(pl* **craft)** *n (boat)* embarcación *f*; *(aircraft)* avión *m*, nave *f*; *(spacecraft)* nave *f* espacial

craftily ['krɑːftɪli] *adv* muy ladinamente; **~ worded** muy hábilmente *or* astutamente expresado

craftiness ['krɑːftɪnɪs] *n* astucia *f*, maña *f*

craftsman ['krɑːftsmən] *n* artesano *m*

craftsmanship ['krɑːftsmənʃɪp] *n* **-1.** *(skill)* destreza *f*, maestría *f* **-2.** *(workmanship)* trabajo *m*

craftswoman ['krɑːftswʊmən] *n* artesana *f*

craftwork ['krɑːftwɜːk] *n* trabajos *mpl* manuales, manualidades *fpl*

crafty ['krɑːfti] *adj* astuto(a), mañoso(a); **you ~ old devil!** ¡qué pillo eres!

crag [kræɡ] *n* peñasco *m*, risco *m*

craggy ['kræɡi] *adj (rocky)* escarpado(a); *(features)* marcado(a)

cram [kræm] *(pt & pp* **crammed)** ◇ *vt (things)* embutir **(into** en); *(people)* apiñar **(into** en); **he crammed the clothes into the suitcase** llenó la maleta *or RP* valija de ropa hasta los topes; **there were ten of us crammed into a tiny office** éramos diez personas apiñadas en una oficina pequeñísima; **to be crammed with sth** estar repleto(a) de algo; **to ~ food into one's mouth** llenarse la boca de comida; **they crammed as much sightseeing as possible into their three days** no pararon de ver monumentos y sitios en los tres días que tenían; **we crammed a lot into one day** hicimos un montón de cosas en un día
  ◇ *vi* **-1.** *(squeeze)* **we all crammed into the taxi** nos apiñamos todos en el taxi **-2.** *Fam (study)* matarse estudiando, *Esp* empollar, *RP* tragar; **to ~ for an exam** matarse estudiando *or Esp* empollar *or RP* tragar para un examen

cram-full [kræm'fʊl] *adj Fam* atestado(a), abarrotado(a)

crammer ['kræmə(r)] *n Br (school)* academia *f* de preparación intensiva

cramp [kræmp] ◇ *n* **-1.** *(muscle pain)* calambre *m*; **to have ~** *or US* **a ~** tener calambres; **to have stomach ~**, *US* **to have cramps** tener retortijones **-2.** *(in carpentry)* abrazadera *f* **-3.** CONSTR **~(-iron)** grapa *f*
  ◇ *vt* **-1.** *(restrict)* limitar, coartar; IDIOM *Fam* **to ~ sb's style** ser un estorbo para alguien, coartar a alguien **-2.** *(secure with a cramp)* grapar, poner una grapa a

cramped [kræmpt] *adj* **-1.** *(room)* estrecho(a); **to be ~ for space** tener muy poco espacio; **they live in very ~ conditions** vivir muy apretados **-2.** *(handwriting)* apretado(a)

crampon ['kræmpɒn] *n* crampón *m*

cranberry ['krænbəri] *n* arándano *m* agrio ❏ **~ juice** *Esp* zumo *m or Am* jugo *m* de arándanos; **~ sauce** salsa *f* de arándanos

crane [kreɪn] ◇ *n* **-1.** *(for lifting)* grúa *f* ❏ CIN **~ shot** plano *m* desde la grúa **-2.** *(bird)* grulla *f*
  ◇ *vt* **to ~ one's neck** estirar el cuello
  ◇ *vi* **to ~ forward** inclinarse hacia delante (estirando el cuello)

cranefly ['kreɪnflaɪ] *n* típula *f*

crania *pl of* **cranium**

cranial ['kreɪnɪəl] *adj* ANAT craneal ❏ **~ nerve** nervio *m* craneal

cranium ['kreɪnɪəm] *(pl* **crania** ['kreɪnɪə]) *n* ANAT cráneo *m*

crank¹ [kræŋk] *n (gear mechanism)* cigüeñal *m* ❏ **~ handle** manivela *f*
  ◆ **crank out** *vt sep US Fam* **she cranks out a new novel every year** cada año saca su novela de rigor
  ◆ **crank up** *vt sep (engine)* poner en marcha con manivela; *(volume)* subir a tope; *Fam Fig* **to ~ oneself up** ponerse las pilas, ponerse a funcionar

crank² [kræŋk] *n Fam* **-1.** *(eccentric)* rarito(a) *m,f*, maniático(a) *m,f* **-2.** *US Fam (grumpy person)* cascarrabias *mf inv*, gruñón(ona) *m,f*

crankcase ['kræŋkkeɪs] *n* cárter *m*

crankiness ['kræŋkɪnɪs] *n Fam* **-1.** *(eccentricity)* rarezas *fpl* **-2.** *US (bad temper)* malas pulgas *fpl*

crankshaft ['kræŋkʃɑːft] *n* AUT cigüeñal *m*

cranky ['kræŋki] *adj Fam* **-1.** *(eccentric)* rarito(a), maniático(a) **-2.** *US (grumpy)* cascarrabias, gruñón(ona)

cranny ['kræni] *n* rendija *f*

crap [kræp] *very Fam* ◇ *n* **-1.** *(excrement)* mierda *f*; **to have** *or* **take a ~** cagar, *Esp* echar una cagada, *Col, RP* embarrarla, *Méx* chingarla
  -2. *(dirt, disgusting substance)* porquería *f*, mierda *f*
  -3. *(worthless things)* mierda *f*, porquerías *fpl*; **the movie/book was a load of ~** la película/el libro era una mierda; **clear all your ~ off the bed** quita toda tu mierda *or* todas tus porquerías de la cama; **he eats nothing but ~** no come más que porquerías *or Esp* guarrerías
  -4. *(nonsense) Esp* gilipolleces *fpl*, *Esp* paridas *fpl*, *Col, Méx* pendejadas *fpl*, *RP* pelotudeces *fpl*; **he's full of ~** no dice más que *Esp* gilipolleces *or Col, Méx* pendejadas *or RP* pelotudeces
  -5. *(unfair treatment, interference)* **I'm not taking that ~ from you!** ¡a mí no me vengas con esas!; **I don't need this ~!** *(I'm sick of this)* ¡estoy hasta los huevos!
  -6. *US (dice game)* sevenleven *m*, = juego de apuestas con dos dados; **~ game** partida de sevenleven
  ◇ *adj Br* **-1.** *(of poor quality) Esp* fatal, *Esp* de puta pena, *Am* pésimo, **it's ~!** ¡es una mierda!; **he's a ~ teacher** es una mierda de profesor
  -2. *(unpleasant)* de pena, de mierda; **I had a ~ time at my parents'** lo pasé *Esp* fatal *or Esp* de puta pena *or Am* pésimo en casa de mis padres; **that was a ~ thing to say to her!** ¡fue una putada decirle eso!
  -3. to feel ~ *(ill)* estar hecho(a) una mierda, *Esp* sentirse fatal, *Méx* estar jodido(a), *RP* sentirse para la mierda; **I felt ~ about having let them down** *(guilty)* me sentí fatal *or Méx* una mierda *or RP* para la mierda por haberles fallado
  ◇ *vt (pt & pp* **crapped)** **he was crapping himself** *(scared)* estaba cagado (de miedo)
  ◇ *vi (defecate)* cagar
  ◆ **crap out** *vi very Fam* cagarse, rajarse; **to ~ out of sth** cagarse y no poder con algo; **to ~ out of doing sth** cagarse y no hacer algo

crappy ['kræpi] *adj* = crap

craps [kræps] *n US (game)* sevenleven *m*, = juego de apuestas con dos dados; **to shoot ~** jugar al sevenleven

crapulous ['kræpjʊləs], **crapulent** ['kræpjʊlənt] *adj Formal* ebrio(a)

crash [kræʃ] ◇ *n* **-1.** *(noise)* estruendo *m*; **a ~ of thunder** un trueno; **there was a loud ~ from the kitchen** se oyó un estruendo que venía de la cocina; **with a ~** con gran estrépito
  -2. *(accident)* choque *m*, colisión *f*; **car/train/plane ~** accidente de coche/tren/avión; **to have a ~** tener un accidente; **to be (involved) in a ~** *(person)* verse involucrado(a) en un accidente ❏ AUT **~ barrier** quitamiedos *m inv*; **~ dive** *(of plane)* caída *f* en *Esp* picado *or Am* picada; *(of submarine)* inmersión *f* a toda máquina; **~ helmet** casco *m* (protector)
  -3. *(financial)* quiebra *f* (financiera), crack *m*
  -4. COMPTR bloqueo *m*
  ◇ *adj* **~ course** curso *m* intensivo; **~ diet** dieta *f* drástica
  ◇ *adv* **he ran ~ into a wall** se estrelló contra un muro; **something went ~ in the attic** algo se cayó con gran estrépito en el desván
  ◇ *exclam* ¡pum!, ¡zas!
  ◇ *vt* **-1.** *(plane)* estrellar; **she crashed the car** se estrelló con el coche *or Am* carro *or CSur* auto; **to ~ a car into a wall/tree** estrellar un coche *or Am* carro *or CSur* auto contra una pared/un árbol **-2.** *(bang together)* **he crashed the cymbals together**

entrechocó los platillos -3. *Fam* **to ~ a party** colarse en una fiesta
◇ *vi* -1. *(make noise)* *(waves)* romper; *(cymbals, thunder)* sonar; **the bookcase crashed to the ground** la estantería cayó con estruendo
-2. *(car, train)* chocar, estrellarse (**into** contra); *(plane)* estrellarse (**into** contra); **to ~ into sth/sb** *(person)* chocar *or* estrellarse contra algo/alguien
-3. *(fall)* **the tree came crashing down** el árbol se vino abajo
-4. *(business, economy, stock market)* quebrar; **share prices crashed** el precio de las acciones cayó estrepitosamente
-5. COMPTR bloquearse, colgarse
-6. *Fam (sleep)* dormir, *Esp* sobar; **can I ~ at your place?** ¿puedo quedarme a dormir *or Esp* roncar *or RP* roncar en tu casa? ❑ **~ pad: he lets me use his place as a ~ pad** me deja dormir *or Esp* sobar en su casa
◆ **crash out** *vi Fam (go to sleep)* quedarse frito(a) *or Esp* sopa; **he had crashed out on the sofa** se quedó frito *or Esp* sopa en el sofá

crash-dive ['kræfdaɪv] *vi (submarine)* realizar una inmersión de emergencia

crashing ['kræʃɪŋ] *adj* **a ~ bore** un tostón

crash-land ['kræʃ'lænd] ◇ *vi (aircraft, pilot)* realizar un aterrizaje forzoso
◇ *vt (aircraft)* hacer aterrizar en una emergencia

crash-landing ['kræʃ'lændɪŋ] *n* aterrizaje *m* forzoso *or* de emergencia

crass [kræs] *adj (person, remark)* zafio(a); **~ ignorance/stupidity** ignorancia/estupidez supina

crate [kreɪt] ◇ *n* -1. *(box)* cajón *m*; *(for bottles)* caja *f* -2. *Fam (aircraft)* cafetera *f*; *(car)* cacharro *m*, cafetera *f*
◇ *vt (goods)* poner en cajones, embalar

crater ['kreɪtə(r)] *n* cráter *m*

cratered ['kreɪtəd] *adj* lleno(a) de cráteres

cravat [krə'væt] *n* pañuelo *m*, fular *m*

crave [kreɪv] ◇ *vt* -1. *(affection, tobacco)* ansiar -2. *Formal (beg)* suplicar, implorar; **to ~ sb's pardon** suplicar *or* implorar el perdón de alguien
◇ *vi* **to ~ for** *(affection, tobacco)* ansiar

craven ['kreɪvən] *adj Literary* cobarde

craving ['kreɪvɪŋ] *n (in general)* ansia *f* (**for** de); *(of pregnant woman)* antojo *m*; **to have a ~ for sth** *(in general)* desear vehementemente algo, ansiar algo; **I used to have cravings for anchovies** *(of pregnant woman)* me entraban antojos de comer anchoas

craw [krɔː] *n Fam* **having to apologize stuck in my ~** se me hizo muy cuesta arriba tener que disculparme; **his arrogant attitude really sticks in my ~** no puedo tragar su arrogancia

crawfish *US* = crayfish

crawl [krɔːl] ◇ *n* -1. *(slow pace)* paso *m* lento; **the traffic was moving at a ~** el tráfico avanzaba lentamente; **to slow to a ~** *(traffic, pace)* casi paralizarse -2. *(swimming stroke)* (estilo *m*) crol *m*; **to do** *or* **swim the ~** nadar a crol -3. **~ space** *(under suspended floor)* = espacio entre las plantas de un edificio que permite el acceso a las cañerías e instalación eléctrica
◇ *vi* -1. *(person)* arrastrarse; *(baby)* gatear; **he crawled into bed** se fue arrastrando hasta meterse en la cama
-2. *(move slowly) (car, traffic)* avanzar lentamente; *(insect)* trepar
-3. *Fam (be infested)* **the house was crawling with cockroaches** la casa estaba infestada de cucarachas; **the streets were crawling with police** las calles estaban infestadas de policía
-4. *(come out in goose pimples)* **it makes my skin** *or* **flesh ~** me pone la carne de gallina
-5. *Fam (be obsequious)* **to ~ to sb** arrastrarse ante alguien; **he'll come crawling back** ya volverá arrastrándose

crawler ['krɔːlə(r)] *n* -1. *Fam (obsequious person)* adulador(ora) *m,f*, *Esp* pelota *mf*, *Am* arrastrado(a) *m,f*, *Méx* lambiscón(ona) *m,f*, *RP* chupamedias *mf inv* -2. *Br* **~ lane** carril *m* (adicional) para tráfico lento -3. COMPTR rastreador *m*

crayfish ['kreɪfɪʃ], *US* **crawfish** ['krɔːfɪʃ] *n* -1. *(freshwater)* cangrejo *m* de río -2. *(saltwater)* langosta *f*

crayon ['kreɪɒn] ◇ *n (wax)* barra *f* de cera *f*; *(pastel)* (barra *f* de) pastel *m*; *(pencil)* lápiz *m* de color
◇ *vt* pintar con ceras
◇ *vi* pintar con ceras

craze [kreɪz] ◇ *n* locura *f*, moda *f* (**for** de); **it's becoming a ~** se está poniendo de moda
◇ *vt (send mad)* volver loco(a)

crazed [kreɪzd] *adj* -1. *(mad)* demente, delirante; **~ with fear** muerto(a) de miedo; **~ with grief** loco(a) de dolor -2. *(ceramics)* agrietado

crazily ['kreɪzɪlɪ] *adv* -1. *(to behave)* alocadamente -2. *(crookedly)* empinadamente

craziness ['kreɪzɪnɪs] *n* locura *f*

crazy ['kreɪzɪ] ◇ *adj* -1. *(mad)* loco(a); **to be ~** estar loco(a); **to go ~** volverse loco(a); **to drive** *or* **send sb ~** volver loco(a) a alguien; **like ~** *(to run, work)* como un loco; **this is ~!** ¡esto es una locura! ❑ *US* **~ bone** hueso *m* de la risa; **~ golf** minigolf *m*; *US* **~ quilt** colcha *f* de patchwork
-2. *Fam (very keen)* **she's ~ about motorbikes** las motos la vuelven loca; **to be ~ about sb** estar loco(a) por alguien; **I'm not ~ about the idea** la idea no me entusiasma
-3. *(crooked)* **at a ~ angle** formando un ángulo grotesco ❑ *Br* **~ paving** pavimento *m* de formas irregulares
◇ *n US (person)* loco(a) *m,f*

CRE [siːɑːr'iː] *n (abbr* **Commission for Racial Equality**) = órgano oficial británico contra el racismo

creak [kriːk] ◇ *n (of hinge)* chirrido *m*; *(of timber, shoes)* crujido *m*, rechinar *m*; *(of person's joints)* chirrido *m*, crujido *m*
◇ *vi* -1. *(make noise) (hinge)* chirriar, rechinar; *(timber, shoes, person's joints)* crujir -2. *(plot, dialogue)* chirriar, flaquear

creaky ['kriːkɪ] *adj* -1. *(chair, floorboard, person's joints)* que cruje; *(door hinge)* que chirría, chirriante -2. *(unconvincing)* **the dialogue is a bit ~** los diálogos chirrían un poco

cream [kriːm] ◇ *n* -1. *(of milk) Esp* nata *f*, *Am* crema *f* (de leche); **~ of tomato/chicken (soup)** crema de tomate *or Méx* jitomate/pollo ❑ **~ bun** pastel *m* de *Esp* nata *or Am* crema; **~ cake** pastel *m* de *Esp* nata *or Am* crema; **~ cheese** queso *m* blanco para untar; *Br* **~ cracker** galleta *f* salada, cracker *f*; **~ puff** *(pastry)* pastel *m* de nata; *Fam (weakling)* enclenque *m,f*, **~ soda** refresco *m or* gaseosa *f* de vainilla; *Br* **~ tea** = merienda a base de té, bollos con *Esp* nata *or Am* crema y mermelada
-2. *Fig* **the ~** *(best part)* la flor y nata
-3. *(filling for cookies, chocolates)* crema *f*
-4. *(lotion)* crema *f*; **face/hand ~** crema facial/de manos
-5. *(colour)* (color *m*) crema *m*
-6. **~ of tartar** crémor *m* tártaro
◇ *adj* **~(-coloured)** (color) crema ❑ **~-coloured courser** corredor *m* sahariano
◇ *vt* -1. *(skim)* quitar la *Esp* nata *or Am* crema a -2. CULIN *(beat)* batir ❑ **creamed coconut** crema *f* de coco; **creamed potatoes** puré *m* de patatas; **creamed rice** arroz *m* con leche -3. *Fam (defeat)* hacer tortilla *or* papilla; *US (beat up)* hacer papilla *or* puré
◆ **cream off** *vt sep* seleccionar, quedarse con; **to ~ off the best students** seleccionar a *or* quedarse con los mejores estudiantes

creamer ['kriːmə(r)] *n* -1. *(milk substitute)* leche *f* en polvo -2. *US (jug)* jarrita *f* para la *Esp* nata *or Am* crema -3. *(machine)* desnatadora *f*

creamery ['kriːmərɪ] *n* -1. *(shop)* lechería *f* -2. *(factory)* central *f* lechera, fábrica *f* de productos lácteos

creaminess ['kriːmɪnɪs] *n (in taste, texture)* cremosidad *f*

creamy ['kriːmɪ] *adj* -1. *(containing cream)* con *Esp* nata *or Am* crema -2. *(in texture) (liquid)* cremoso(a); *(skin)* de porcelana -3. *(in colour)* **~ white** crema

crease [kriːs] ◇ *n* -1. *(in skin, paper, crumpled fabric)* arruga *f*; *(in ironed trousers)* raya *f*; **to put a ~ in a pair of trousers** hacerle la raya a unos pantalones -2. *(in cricket)* = línea que delimita la posición del bateador o del lanzador
◇ *vt* -1. *(clothes)* arrugar -2. *(furrow)* **to ~ one's brow** fruncir el ceño; **the bullet creased his scalp** la bala le rozó el cuero cabelludo
◇ *vi (become creased)* arrugarse
◆ **crease up** *Br Fam* ◇ *vt sep* **to ~ sb up** *(make laugh)* hacer que alguien se parta *or RP* se descostille *or Méx* se ataque de risa
◇ *vi (laugh)* partirse *or RP* descostillarse *or Méx* atacarse de risa

create [krɪ'eɪt] ◇ *vt* -1. *(bring into being)* crear -2. *(cause) (employment, problems)* crear; **to ~ a sensation** causar sensación -3. *(appoint)* **he was created (a) baron** le nombraron barón
◇ *vi Br Fam (get angry, cause fuss)* ponerse hecho(a) una furia

creation [krɪ'eɪʃən] *n* -1. *(process)* creación *f*; REL **the Creation** la creación; *Fam* **where in ~ did you get that hat!** ¡de dónde demonios sacaste ese sombrero! -2. *(something created)* creación *f*; **the latest creations** *(fashions)* las últimas creaciones

creationism [krɪ'eɪʃənɪzəm] *n* creacionismo *m*

creationist [krɪ'eɪʃənɪst] *n* creacionista *mf*

creative [krɪ'eɪtɪv] *adj* creativo(a); **the ~ process** el proceso creativo; **we need some ~ thinking** necesitamos pensar creativamente ❑ FIN **~ accounting** maquillaje *m* de cuentas, artificios *mpl* contables; **~ writing** creación *f* literaria

creatively [kriː'eɪtɪvlɪ] *adv* creativamente, de forma creativa

creativity [kriːə'tɪvɪtɪ] *n* creatividad *f*

creator [krɪ'eɪtə(r)] *n* creador(ora) *m,f*; REL **the Creator** el Creador

creature ['kriːtʃə(r)] *n* -1. *(living being, animal)* criatura *f*; **we are all God's creatures** todos somos criaturas del Señor; **creatures from outer space** criaturas del espacio exterior ❑ **~ comforts** (pequeños) placeres *mpl* de la vida
-2. *(person)* criatura *f*; **poor creature!** ¡pobrecito!; **he's a ~ of habit** es un animal de costumbres
-3. *Pej (instrument)* **the chairman is a ~ of the government** el presidente es un títere del Gobierno

crèche [kreʃ] *n* -1. *Br (nursery)* guardería *f* (infantil); **will there be a ~ at the conference?** ¿habrá servicio de guardería en el congreso? -2. *US (Nativity scene)* belén *m*, pesebre *m* -3. *US (orphanage)* orfanato *m*

cred [kred] *n Br Fam* **he lost his (street) ~** ya no lo tienen por un tipo legal

credence ['kriːdəns] *n* **to give** *or* **lend ~ to sth** dar crédito a algo

credentials [krɪ'denʃəlz] *npl* -1. *(references, proof of ability)* referencias *fpl*; **he quickly established his ~** pronto demostró su valía -2. *(of ambassador)* credenciales *fpl*

credibility [kredɪ'bɪlɪtɪ] *n* credibilidad *f*; **the party has lost ~ with the electorate** el partido ha perdido credibilidad con los votantes ❑ **~ gap** vacío *m or* falta *f* de credibilidad

credible ['kredɪbəl] *adj* creíble; **a ~ alternative** una alternativa creíble

credibly ['kredəblɪ] *adv* de forma creíble

credit ['kredɪt] ◇ *n* -1. *(with bank)* crédito *m*; **to be in ~** *(person, account)* tener saldo positivo; **to give sb ~** *(of bank)* conceder un crédito a alguien; **he has £50 to his ~** tiene un saldo de 50 libras; **on the ~ side** *(in accounts)* en el haber; *Fig* **on the credit side, the changes will cut costs** en el lado positivo, los cambios recortarán costos; *Fig* **on the ~ side, he's a good cook** tiene en su haber ser un buen cocinero ❑ **~**

creditable — **criminal**

account cuenta *f* abierta *or* a crédito; **~ balance** saldo *m* acreedor; **~ broker** intermediario(a) *m,f* financiero(a); **~ card** tarjeta *f* de crédito; ECON **~ control** control *m* crediticio *or* de crédito; **~ limit** límite *m* de descubierto *or* de crédito; US **~ line** línea *f* de crédito, descubierto *m* permitido; **~ rating** clasificación *f or* grado *m* de solvencia; ECON **~ squeeze** restricción *f* de crédito; **~ transfer** transferencia *f* bancaria; **~ union** cooperativa *f* de crédito
-2. *(in shop)* **to buy/sell on ~** comprar/vender a crédito; **to give sb ~** fiar a alguien ❑ **~ note** vale *m* de compra; **~ sale** venta *f* a crédito
-3. *(belief)* crédito *m*; **to give ~ to sth** dar crédito a algo; **to gain ~** *(of theory)* ganar aceptación
-4. *(recognition, honour)* reconocimiento *m*; **you'll have to give her ~ for that** se lo tendrás que reconocer; **you're smarter than I gave you ~ for** eres más lista de lo que yo creía; **to take the ~ for sth** apuntarse el mérito de algo; IDIOM **~ where ~'s due, Joe did most of the work** en justicia, hay que reconocer que Joe hizo la mayor parte del trabajo; **to her ~, she refused** se negó, lo cual dice mucho en su favor; **she has five novels to her ~** tiene cinco novelas a sus espaldas; **it does you ~** puedes estar orgulloso de ello; **you're a ~ to the school** eres motivo de orgullo para la escuela; **all ~ to them** se merecen todo el reconocimiento
-5. *(of movie)* **credits** títulos *mpl* de crédito
-6. SCH & UNIV *(in modular course)* crédito *m*
-7. SCH & UNIV **(pass with)** ~ notable *m*

◇ *vt* -1. *(money)* abonar; **to ~ an account with $200, to ~ $200 to an account** abonar 200 dólares en una cuenta
-2. *(attribute)* **to ~ sb with sth** atribuir algo a alguien; **I credited you with more sense** te consideraba más sensato; **~ me with a bit more intelligence!** ¡deja de tomarme por tonto!; **she's credited with being the first woman to sail round the world** a ella se le atribuye el mérito de ser la primera mujer en dar la vuelta al mundo en velero
-3. *(believe)* creer; **would you ~ it?** ¿te lo quieres creer?

creditable ['krɛdɪtəbəl] *adj* encomiable, digno(a) de encomio
creditably ['krɛdɪtəblɪ] *adv* encomiablemente; **we managed to come out of it quite ~** conseguimos salir con la cabeza alta
creditor ['krɛdɪtə(r)] *n* FIN acreedor(ora) *m,f*
creditworthy ['krɛdɪtwɜːðɪ] *adj* solvente
credo ['kriːdəʊ] *(pl* **credos***) n* -1. REL credo *m* -2. *Fig* credo *m*
credulity [krɪ'djuːlɪtɪ] *n* credulidad *f*
credulous ['krɛdjʊləs] *adj* crédulo(a)
creed [kriːd] *n* -1. REL credo *m* -2. *(set of beliefs)* credo *m*; **people of every colour and ~** gente de todas las razas y credos
creek [kriːk] *n* -1. *Br (small bay)* cala *f* -2. *US & Austr (stream)* riachuelo *m* -3. IDIOM *Fam* **to be up the ~ (without a paddle)** tenerlo claro, *Esp* ir de culo
creel [kriːl] *n* nasa *f*
creep [kriːp] ◇ *n Fam* -1. *(unpleasant person)* asqueroso(a) *m,f*
-2. *Br (obsequious person) Esp* pelota *mf*, *Am* arrastrado(a) *m,f*, *Méx* lambiscón(ona) *m,f*, *RP* chupamedias *mf inv*
-3. IDIOMS **he/it gives me the creeps** *(makes me uneasy)* me pone la piel de gallina; *(disgusts me)* me da asco; **I always get the creeps when I'm alone in the house** *(get frightened)* siempre me da escalofríos quedarme solo en casa, siempre que me quedo solo en casa me entra el *Esp* canguelo *or Arg* cuiqui *or Col* culillo *or Méx* mello

◇ *vi (pt & pp* **crept** [krɛpt]*)* -1. *(move stealthily) (animal, person)* moverse sigilosamente, deslizarse; **to ~ in** colarse; **to ~ out** escapar (sigilosamente)
-2. *(move slowly)* **the minutes ~ by** los minutos transcurrían lentamente; **inflation continues to ~ towards 10 percent** la inflación se sigue acercando al 10 por ciento
-3. *(appear gradually, unnoticed)* aparecer *or* surgir poco a poco; **a mistake has crept into our calculations** se nos ha colado un error en los cálculos
-4. IDIOM *Fam* **it makes my flesh ~** me pone la carne de gallina
-5. *(plants)* trepar

◆ **creep up** *vi* -1. *(approach stealthily)* acercarse con sigilo; **she crept up behind me** se me acercó por detrás sin que me diese cuenta -2. *(inflation, prices)* aumentar progresivamente *or* gradualmente

◆ **creep up on** *vt insep* -1. *(in order to attack, surprise)* **they crept up on him from behind** se acercaron a él por detrás sigilosamente; **old age has crept up on me** los años se me han echado encima -2. *(catch up with)* alcanzar gradualmente; **the deadline is creeping up on us** la fecha límite se nos está echando encima

creeper ['kriːpə(r)] *n (plant)* enredadera *f*; *(in wild)* liana *f*
creeping ['kriːpɪŋ] *adj* -1. *(gradual)* paulatino(a); **~ privatization** privatización gradual subrepticia -2. **~ stalk** *(of plant)* tallo *m* rastrero -3. *Fam (obsequious)* adulador(ora); **a ~ Jesus** chupacirios
creepy ['kriːpɪ] *adj Fam* -1. *(unpleasant)* repugnante, repelente -2. *(frightening)* espeluznante
creepy-crawly ['kriːpɪ'krɔːlɪ] *n Fam* bicho *m*, bicharraco *m*
cremate [krɪ'meɪt] *vt* incinerar
cremation [krɪ'meɪʃən] *n* incineración *f*, cremación *f*
crematorium [krɛmə'tɔːrɪəm] *(pl* **crematoria** [krɛmə'tɔːrɪə]*) n* -1. *(oven)* horno *m* crematorio *m* -2. *(establishment)* crematorio *m*
crematory ['krɛmətrɪ] *n US* crematorio *m*
crème [krɛm] *n* **~ brulée** = natillas cubiertas con una capa de azúcar quemado, ~ crema *f* catalana; **~ caramel** flan *m*; IDIOM **the ~ de la ~** *(the best)* la flor y nata; **~ fraîche** *Esp* nata *f or Am* crema *f* fresca fermentada; **~ de menthe** pipermín *m*, licor *m* de menta
crenellated, *US* **crenelated** ['krɛnəleɪtɪd] *adj* almenado(a)
crenellation, *US* **crenelation** [krɛnə'leɪʃən] *n* almenaje *m*, almenas *fpl*
creole ['kriːəʊl] ◇ *n* -1. *(person)* criollo(a) *m,f* -2. LING criollo *m*
◇ *adj* criollo(a)
creosote ['krɪəsəʊt] ◇ *n* creosota *f*
◇ *vt* creosotar
crêpe [kreɪp] *n* -1. *(textile)* crepé *m*, crespón *m*, crêpe *f* ❑ **~ bandage** venda *f*; **~ de Chine** crepé *m or* crespón *m or* crêpe *m* de la China -2. **(rubber) ~** goma *f*, crepé *m* ❑ **~(-rubber) soles** zapatos *mpl* de suela de goma *or* de crepé -3. **~ (paper)** papel *m* crespón *or* pinocho -4. [krɛp] *(pancake)* crepe *m*, crêpe *f*
crept *pt & pp of* **creep**
crepuscular [krɪ'pʌskjʊlə(r)] *adj Literary* crepuscular
Cres *(abbr* **Crescent)** = calle en forma de crescendo
crescendo [krɪ'ʃɛndəʊ] *(pl* **crescendos***) n* -1. MUS crescendo *m*; **to rise to a ~** alcanzar el punto culminante -2. *Fig* crescendo *m*; **to rise to a ~** *(complaints)* alcanzar el punto culminante
crescent ['krɛsənt] ◇ *n* -1. *(shape)* medialuna *f* -2. *(street)* = calle en forma de medialuna
◇ *adj* **~(-shaped)** en forma de medialuna ❑ **~ moon** cuarto *m* creciente; *(when waning)* luna *f* menguante; *(when waxing)* luna *f* creciente
cress [krɛs] *n* berro *m*
crest [krɛst] ◇ *n* -1. *(of bird)* cresta *f*; *(of helmet)* penacho *m* -2. *(of wave)* cresta *f*; IDIOM **on the ~ of a wave** en la cresta de la ola -3. *(of hill)* cima *f* -4. *(coat of arms)* escudo *m*
◇ *vt (hill, rise)* coronar, llegar a la cumbre de

Cresta Run [krɛstə'rʌn] *n* SPORT **the ~** = famosa pista de bobsleigh en Saint Moritz
crested ['krɛstɪd] *adj* -1. *(animal, bird)* con cresta ❑ **~ lark** cogujada *f*; **~ tit** herrerillo *m* capuchino -2. *(notepaper)* con membrete
crestfallen ['krɛstfɔːlən] *adj* abatido(a)
Cretaceous [krɪ'teɪʃəs] GEOL ◇ *n* **the ~** el cretácico *or* cretáceo
◇ *adj (period)* cretácico(a), cretáceo(a)
Cretan ['kriːtən] ◇ *n* cretense *mf*
◇ *adj* cretense
Crete [kriːt] *n* Creta
cretin ['krɛtɪn] *n* -1. *Fam Pej (idiot)* cretino(a) *m,f* -2. MED cretino(a) *m,f*, enfermo(a) *m,f* de cretinismo
cretinism ['krɛtɪnɪzəm] *n* MED cretinismo *m*
cretinous ['krɛtɪnəs] *adj* estúpido(a), cretino(a)
cretonne ['krɛtɒn] *n* cretona *f*
Creutzfeldt-Jakob disease ['krɔɪtsfɛlt-'jɑːkɒbdɪ'ziːz] *n* enfermedad *f* de Creutzfeld(t)-Jakob
crevasse [krə'væs] *n* -1. *(in glacier)* grieta *f* -2. *US (in riverbank)* quiebra *f*
crevice ['krɛvɪs] *n* grieta *f*
crew[1] [kruː] ◇ *n* -1. *(of ship, plane)* tripulación *f*; *(of tank)* dotación *f*, personal *m*; *(of ambulance)* personal *m* ❑ **~ cut** rapado *m*; **~ neck** cuello *m* redondo -2. *(team of workers)* equipo *m* -3. CIN equipo *m* (de rodaje) -4. *Fam (gang, group)* pandilla *f*, *Méx* bola *f*, *RP* barra *f*
◇ *vt (ship, plane)* tripular
◇ *vi (sailor)* **to ~ for sb** formar parte de la tripulación de alguien
crew[2] *pt of* **crow**
crib [krɪb] ◇ *n* -1. *US (cradle)* cuna *f* ❑ **~ death** *(síndrome m* de la) muerte *f* súbita infantil -2. *(Nativity scene)* belén *m*, pesebre *m* -3. *(for cattle) (stall)* establo *m*, cuadra *f*; *(manger)* pesebre *m* -4. *Fam (at school) (translation)* traducción *f* *(que permite entender el original)*; *(in exam) Esp, Ven* chuleta *f*, *Arg* machete *m*, *Chile* torpedo *m*, *Col*, *Méx* acordeón *m*, *Perú* comprimido *m*, *Urug* trencito *m*
◇ *vt (pt & pp* **cribbed***) Fam (at school)* copiar **(from** *or* **off** de); **the scene was cribbed from Rabelais** la escena era un plagio de Rabelais
◇ *vi Fam* copiar **(from** *or* **off** de)
cribbage ['krɪbɪdʒ] *n* = juego de naipes en el que los puntos se van anotando con clavijas en un tablero
crick [krɪk] ◇ *n (in neck)* **to have/get a ~ in one's neck** tener tortícolis
◇ *vt* **to ~ one's neck** hacerse daño en el cuello
cricket[1] ['krɪkɪt] *n (insect)* grillo *m*
cricket[2] *n (sport)* críquet *m*; IDIOM *Br* **that's not ~!** ¡eso es juego sucio! ❑ **~ ball** pelota *f* de críquet; **~ bat** bate *m* de críquet; **~ pitch** campo *m* de críquet
cricketer ['krɪkɪtə(r)] *n* jugador(ora) *m,f* de críquet
cricketing ['krɪkɪtɪŋ] *adj* **the ~ nations of the world** los países del mundo en los que se juega al críquet
crikey ['kraɪkɪ] *exclam Fam Old-fashioned* ¡caramba!
crime [kraɪm] *n* -1. *(act) (serious)* crimen *m*; *(less serious)* delito *m*; **a ~ against humanity** un crimen contra la humanidad; **a ~ of passion** un crimen pasional; **to commit a ~** cometer un delito, delinquir; *Fig* **it's a ~** *(outrageous)* es un crimen; *Fig* **it's not a ~ to...** no es ningún crimen...
-2. *(illegality)* delincuencia *f*; **~ is on the increase** está aumentando la delincuencia; PROV ❑ **~ doesn't pay** delinquir no vale la pena ❑ **~ prevention** prevención *f* de la delincuencia; **~ wave** ola *f* de delincuencia; **~ writer** escritor(ora) *m,f* de novela negra
Crimea [kraɪ'mɪə] *n* Crimea
Crimean [kraɪ'mɪən] *adj* de Crimea; HIST **the ~ War** la guerra de Crimea
criminal ['krɪmɪnəl] ◇ *n (in general)* delincuente *mf*; *(serious)* criminal *mf*
◇ *adj* -1. *(illegal)* delictivo(a), criminal ❑ **~**

liability responsabilidad f penal; **~ negligence** negligencia f criminal; **~ offence** delito m (penal)
-2. (relating to crime) criminal; **a ~ investigation** una investigación criminal; **to instigate ~ proceedings against sb** demandar a alguien ante un juzgado de lo penal ❏ **~ court** juzgado m de lo penal; **Criminal Investigation Department** = policía judicial británica; **~ law** derecho m penal; **~ lawyer** abogado(a) m,f criminalista, penalista mf; **~ record** antecedentes mpl penales
-3. Fam (outrageous) escandaloso(a); **a ~ waste of money** un despilfarro disparatado; **it's ~ what they've done to the rainforest** es un crimen lo que han hecho con las selvas tropicales

criminality [krɪmɪˈnælɪtɪ] n (in general) delincuencia f; (serious) criminalidad f

criminalization [krɪmɪnəlaɪˈzeɪʃən] n penalización f

criminalize [ˈkrɪmɪnəlaɪz] vt penalizar

criminally [ˈkrɪmɪnəlɪ] adv -1. (for legal purposes) a efectos penales, penalmente; **the ~ insane** los (delincuentes) psicópatas; **he was ~ negligent** cometió un delito de negligencia -2. (outrageously) escandalosamente

criminologist [krɪmɪˈnɒlədʒɪst] n criminólogo(a) m,f

criminology [krɪmɪˈnɒlədʒɪ] n criminología f

crimp [krɪmp] ◇ vt -1. (for decoration) (hair) rizar (con tenacillas); (cloth) plisar; (pie crust) hacer un reborde a -2. (to seal) sellar (mediante presión) -3. US Fam (hinder) obstaculizar
◇ n -1. (wave in hair) rizo m, bucle m; (in cloth) pliegue m -2. US Fam (obstacle) estorbo m; **to put a ~ into sth** obstaculizar algo

crimpers [ˈkrɪmpəz], **crimping irons** [ˈkrɪmpɪŋaɪənz] npl planchas fpl de pelo

Crimplene® [ˈkrɪmpliːn] n = tejido de poliéster antiarrugas

crimson [ˈkrɪmzən] ◇ n carmesí m; **to turn ~** ponerse colorado(a), sonrojarse
◇ adj carmesí
◇ vi (face) ponerse colorado(a), sonrojarse; (sky) ponerse rojo, teñirse de rojo

cringe [krɪndʒ] vi -1. (show fear) encogerse; **to ~ in terror** encogerse de terror or aterrorizado(a) -2. (be embarrassed) tener vergüenza ajena, abochornarse; **it makes me ~** me produce vergüenza ajena; **I ~ at the very thought** me sonrojo sólo de pensarlo -3. (be servile) rebajarse (**before/to** ante)

cringe-making [ˈkrɪndʒmeɪkɪŋ] adj Br Hum que da vergüenza ajena

cringing [ˈkrɪndʒɪŋ] adj -1. (afraid) atemorizado(a) -2. (servile) servil

crinkle [ˈkrɪŋkəl] ◇ vt (paper) arrugar; **to ~ one's nose** arrugar la nariz
◇ vi arrugarse; **his nose crinkled at the smell** se le arrugó la nariz del olor
◇ n -1. (wrinkle) arruga f -2. (noise) crujido m

crinkle-cut [ˈkrɪŋkəlkʌt] adj (chips, crisps) ondulado(a)

crinkly [ˈkrɪŋklɪ] adj (paper) arrugado(a); (hair) rizado(a), crespo(a)

crinoline [ˈkrɪnəlɪn] n crinolina f

cripes [kraɪps] exclam Br Fam Old-fashioned ¡caramba!, ¡cáspita!

cripple [ˈkrɪpəl] ◇ n inválido(a) m,f; **an emotional ~** un inválido emocional
◇ vt -1. (person) dejar inválido(a), lisiar -2. (industry, system) deteriorar, arruinar; (ship, plane, tank) inutilizar

crippled [ˈkrɪpəld] adj -1. (person) lisiado(a); **to be ~ with rheumatism** estar incapacitado(a) por el reumatismo -2. (industry, system) deteriorado(a), arruinado(a); (plane, ship, tank) inutilizado(a); **the country is ~ with debt** el país está asfixiado por la deuda

crippling [ˈkrɪplɪŋ] adj -1. (illness) incapacitante -2. (taxes, strike) pernicioso(a); (debt) asfixiante

crisis [ˈkraɪsɪs] (pl **crises** [ˈkraɪsiːz]) n crisis f inv; **an energy ~** una crisis energética; **in ~** en crisis; **to go through a ~** atravesar una crisis; **to settle** or **to resolve a ~** resolver una crisis; **to have a ~ of confidence** pasar una etapa de inseguridad, tener una crisis de confianza; **the situation has reached ~ point** la situación ha llegado a un punto crítico ❏ **~ management** gestión f de crisis

crisp [krɪsp] ◇ n Br **crisps** Esp patatas fpl or Am papas fpl fritas (de bolsa); **burnt to a ~** achicharrado(a)
◇ adj -1. (crunchy) (apple, lettuce) fresco(a); (pastry, bacon) crujiente, RP crocante; (snow) crujiente -2. (fresh, neat) (clothing, linen) fresco(a); (image, outline) nítido(a); **a five pound note** un billete de cinco libras nuevecito -3. (air, breeze) fresco(a) -4. (concise) (style) conciso(a) -5. (brisk) (tone, manner) seco(a)
◇ vt tostar
◇ vi tostarse

crispbread [ˈkrɪspbred] n = galleta crujiente de trigo o centeno empleada como sustituto adelgazante del pan

crisply [ˈkrɪsplɪ] adv (to say) secamente

crispness [ˈkrɪspnɪs] n -1. (of apple, lettuce) frescor m, frescura f; (of pastry, bacon) lo crujiente, RP lo crocante; (of snow) lo crujiente -2. (of clothing, linen) frescor m, frescura f; (of image, outline) nitidez f -3. (of air, breeze) frescor m, frescura f -4. (of style) concisión f -5. (of tone, manner) sequedad f

crispy [ˈkrɪspɪ] adj (bacon, batter) crujiente, RP crocante

criss-cross [ˈkrɪskrɒs] ◇ vt entrecruzar
◇ vi entrecruzarse
◇ adj entrecruzado(a); **in a ~ pattern** con un diseño entrecruzado
◇ adv **the poles lay ~ on the floor** los postes estaban entrecruzados en el suelo

crit [krɪt] n Fam (review) crítica f

criterion [kraɪˈtɪərɪən] (pl **criteria** [kraɪˈtɪərɪə]) n criterio m ❏ EDUC **~ referencing** evaluación f por criterios

criterium [kraɪˈtɪərɪəm] n SPORT criterium m

critic [ˈkrɪtɪk] n -1. (reviewer) crítico(a) m,f; **movie/art/theatre ~** crítico cinematográfico/de arte/teatral -2. (fault-finder) criticón(ona) m,f; **she has her critics** tiene sus detractores

critical [ˈkrɪtɪkəl] adj -1. (negative) crítico(a); **to be ~ of** criticar; **don't be so ~!** ¡no seas tan crítico!
-2. (analytical) crítico(a); **to look at sth with a ~ eye** mirar algo con un ojo crítico
-3. (essay, study) crítico(a); **it was a ~ success** fue un éxito de crítica or entre la crítica ❏ **~ edition** edición f crítica
-4. (decisive) crítico(a), decisivo(a); **this is a ~ time for them** es un momento crítico para ellos; **it's ~ that we get a decision by Monday** se hace del todo imprescindible que para el lunes hayamos tomado una decisión; **she was in a ~ condition** or **on the ~ list** (of patient) se encontraba en estado crítico
-5. PHYS **to go ~** (of reactor) alcanzar el punto crítico ❏ **~ angle** ángulo m crítico; **~ mass** masa f crítica; **~ temperature** temperatura f crítica
-6. COM **~ path analysis** análisis m inv del camino crítico, análisis m inv de ruta crítica

critically [ˈkrɪtɪklɪ] adv -1. (disparagingly) en or con tono crítico -2. (crucially) **it is ~ important (that...)** es de vital importancia (que...) -3. (seriously) seriamente; **~ ill** en estado crítico -4. (by critics) **~ acclaimed** elogiado(a) por la crítica

criticism [ˈkrɪtɪsɪzəm] n -1. (negative comment) crítica f; **this isn't meant as a ~ but...** esto no es una crítica, pero... -2. (of movie, novel) crítica f, reseña f

criticize [ˈkrɪtɪsaɪz] ◇ vt -1. (comment negatively on) criticar; **to ~ sb for (doing) sth** criticar a alguien por (hacer) algo -2. (of movie, novel) hacer la crítica de, reseñar
◇ vi **all you ever do is ~** no haces más que criticar

critique [krɪˈtiːk] ◇ n crítica f
◇ vt analizar, evaluar

critter [ˈkrɪtə(r)] n US Fam bicho m

croak [krəʊk] ◇ n (of frog) croar m; (of raven) graznido m; (of person) gruñido m
◇ vt -1. (utter) mascullar -2. very Fam (kill) cepillarse
◇ vi -1. (frog) croar; (raven) graznar; (person) gruñir -2. very Fam (die) palmar, espicharla

Croat [ˈkrəʊæt], **Croatian** [krəʊˈeɪʃən] ◇ n -1. (person) croata mf -2. (language) croata m
◇ adj croata

Croatia [krəʊˈeɪʃə] n Croacia

Croatian = Croat

crochet [ˈkrəʊʃeɪ] ◇ n ganchillo m, Col, CSur crochet m, Méx gancho m ❏ **~ hook** aguja f de ganchillo or Col, CSur crochet or Méx gancho
◇ vt **to ~ sth** hacer algo a ganchillo or Col, CSur crochet or Méx gancho
◇ vi hacer ganchillo or Col, CSur crochet or Méx gancho m

crock [krɒk] n -1. (pot) vasija f de barro -2. Fam **old ~** (person) viejo(a) chocho(a), (car) cacharro, Esp tartana -3. Vulg **it's a ~ of shit** es una cagada or Méx una pendejada or RP una boludez

crockery [ˈkrɒkərɪ] n vajilla f

crocodile [ˈkrɒkədaɪl] n -1. (animal) cocodrilo m ❏ ELEC **~ clip** pinza f cocodrilo; **~ tears** lágrimas fpl de cocodrilo -2. (material) **~ (skin)** piel f de cocodrilo; **~ shoes** zapatos de piel de cocodrilo -3. (line of pupils) fila f; **to walk in a ~** caminar en fila de a dos

crocus [ˈkrəʊkəs] n azafrán m

Croesus [ˈkriːsəs] pr n Creso; IDIOM **to be as rich as ~** Esp ser un Creso or un Onassis, Am ser Rockefeller

croft [krɒft] n Scot granja f pequeña

crofter [ˈkrɒftə(r)] n Scot granjero(a) m,f

croissant [ˈkrwæsɒŋ] n croissant m

Cro-Magnon [krəʊˈmægnən] n **~ (man)** hombre m de Cromañón

crone [krəʊn] n Pej **old ~** bruja f

crony [ˈkrəʊnɪ] n amigote m, amiguete m,f

cronyism [ˈkrəʊnɪɪzəm] n Pej amiguismo m, enchufismo m

crook [krʊk] n -1. (criminal) granuja mf, bribón(ona) m,f -2. (shepherd's staff) cayado m; (bishop's) báculo m -3. (curve) recodo m; **to hold sth in the ~ of one's arm** llevar algo en brazos or en el brazo
◇ vt (finger, arm) doblar; IDIOM **all she has to do is ~ her little finger and he comes running** no tiene más que chasquear los dedos y él viene corriendo
◇ adj Austr Fam (ill) malo(a), pachucho(a)

crooked [ˈkrʊkɪd] adj -1. (not straight) torcido(a), (lane, path) tortuoso(a); **his hat was on ~** llevaba el sombrero ladeado; **to give a ~ smile** sonreír socarronamente -2. Fam (dishonest, illegal) (deal) sucio(a); (person) corrupto(a)

crookedly [ˈkrʊkɪdlɪ] adv -1. (to walk, stand) de manera encorvada or ladeada -2. (to smile) con socarronería

crookery [ˈkrʊkərɪ] n corruptelas fpl

croon [kruːn] ◇ vt canturrear
◇ vi canturrear

crooner [ˈkruːnə(r)] n cantante mf melódico(a)

crop [krɒp] n -1. (harvest) cosecha f; **to get in** or **to harvest the crops** cosechar, recoger la cosecha; **a poor/good ~** una buena/mala cosecha; Fig **this year's ~ of films** la cosecha de películas de este año
-2. (variety) cultivo m ❏ **~ circle** = franja aplastada y circular de terreno cultivado, que aparece por causas supuestamente paranormales; AGR **~ rotation** rotación f de cultivos; **~ spraying** fumigación f de cultivos
-3. (whip) (riding) **~** fusta f
-4. (of bird) buche m
-5. (haircut) corte m al rape
-6. TYP **~ mark** marca f de (re)corte

◇ vt (pt & pp **cropped**) **-1.** (cut) (hair, tail) cortar; (photograph) recortar **-2.** (of cattle) (grass) pacer **-3.** (harvest) cosechar
◇ vi (land) **to ~ well** ser fértil
◆ **crop up** vi (arise) surgir; **his name cropped up in the conversation** su nombre surgió en la conversación; **sorry I was late, something cropped up** siento haber llegado tarde, me surgió un imprevisto
cropper ['krɒpə(r)] n IDIOM Fam **to come a ~** (fall) darse un porrazo or Esp batacazo or Méx madrazo; (fail) pinchar
croquet ['krəʊkeɪ] n croquet m
croquette [krɒ'ket] n croqueta f
crosier, crozier ['krəʊzɪə(r)] n báculo m
cross [krɒs] ◇ n **-1.** (religious symbol) cruz f; **to make the sign of the ~** (blessing self) santiguarse; (blessing others) dar la bendición; IDIOM **it's a heavy ~ to bear** es una cruz, es una pesada carga; **we all have our crosses to bear** todos tenemos alguna or nuestra cruz
-2. (sign, shape) cruz f; **he signed with a ~** firmó con una equis
-3. (hybrid) (of animals) cruce m, híbrido m, Am cruza f; Fig **to be a ~ between A and B** ser una mezcla de A y B
-4. (in soccer) centro m; (in boxing) (golpe m) directo m
-5. TEX **cut on the ~** (material) cortado(a) al bies or al sesgo
◇ adj **-1.** (annoyed) esp Esp enfadado(a), esp Am enojado(a) (**about/with** por/con); **to be ~ (with)** estar esp Esp enfadado(a) or esp Am enojado(a) (con); **to get ~ (with sb)** esp Esp enfadarse or esp Am enojarse (con alguien); **it makes me ~** me da mucha rabia; **we've never exchanged a ~ word** nunca nos hemos levantado la voz, nunca nos hemos dicho una palabra más alta que otra
-2. ~ hairs or **wires** (of gunsight, telescope) punto de mira
◇ vt **-1.** (go across) (river, road) cruzar; (room, sea) cruzar, atravesar; **to ~ sb's path** cruzarse en el camino de alguien; **it crossed my mind (that...)** se me ocurrió (que...); IDIOM **we'll ~ that bridge when we come to it** Esp no adelantemos acontecimientos, Am no nos adelantemos a los acontecimientos; IDIOM **to ~ the Rubicon** cruzar el Rubicón
-2. (span) (of bridge) atravesar, cruzar
-3. (place across) cruzar; **to ~ one's legs/arms** cruzar las piernas/los brazos; **to ~ one's eyes** poner los ojos bizcos; IDIOM **to keep one's fingers crossed** cruzar los dedos; IDIOM Br **to ~ the floor (of the House)** cambiar de partido; IDIOM **to ~ sb's palm with silver** (bribe) sobornar a alguien, Esp soltarle parné a alguien; IDIOM **to ~ swords (with)** verse las caras or habérselas (con); IDIOM **we must have got our wires crossed** parece que no nos hemos entendido bien
-4. (write line across) **to ~ one's t's** ponerle el palito a la te
-5. (oppose) oponerse a, contrariar; **he had been crossed in love** había sido desafortunado en amores
-6. (animals, plants) cruzar (**with** con)
-7. SPORT (ball, puck) centrar
-8. Br (cheque) **to ~ a cheque** cruzar un cheque
-9. REL **to ~ oneself** santiguarse; IDIOM Fam **~ my heart (and hope to die)!** ¡te lo juro!, ¡que me caiga aquí mismo si no es cierto!
◇ vi **-1.** (roads, lines) cruzarse; **our letters crossed in the post** nuestras cartas se cruzaron en el correo **-2.** (pass over) cruzar; **she crossed to the other side of the road** cruzó (al otro lado de) la carretera; **they crossed from Dover to Boulogne** cruzaron de Dover a Boulogne
◆ **cross off** vt sep tachar; **~ his name off the list** tacha su nombre de la lista
◆ **cross out** vt sep tachar
◆ **cross over** vi **-1.** (go across) cruzar **-2.** (pop band) cambiar de estilo; **to ~ over into the mainstream** (band, actor) darse a conocer al gran público; **to ~ over into everyday use** (technical term) pasar al lenguaje cotidiano
crossbar ['krɒsbɑː(r)] n **-1.** (on bike) barra f (de la bicicleta) **-2.** (of goalposts) larguero m
crossbeam ['krɒsbiːm] n viga f (transversal)
crossbencher [krɒs'bentʃə(r)] n Br PARL = miembro de la Cámara de los Lores que no pertenece a ningún partido
crossbill ['krɒsbɪl] n piquituerto m
crossbones ['krɒsbəʊnz] npl **the skull and ~** la calavera y las tibias
cross-border ['krɒs'bɔːdə(r)] adj (trade, co-operation) entre países fronterizos; (attack) fronterizo(a) ❑ **~ pollution** contaminación f transfronteriza or transfrontera
crossbow ['krɒsbəʊ] n ballesta f
crossbred ['krɒsbred] adj cruzado(a)
crossbreed ['krɒsbriːd] ◇ n (animal, plant) híbrido m, cruce m, Am cruza f
◇ vt (animals, plants) cruzar
cross-Channel ['krɒs'tʃænəl] adj **~ ferry** = transbordador que cruza el Canal de la Mancha; **~ trade** = comercio entre Gran Bretaña y el resto de Europa
crosscheck ['krɒstʃek] ◇ n comprobación f, verificación f (**against** con); **they ran a ~ on the two sets of medical records** cotejaron los dos grupos de historiales médicos
◇ vt comprobar, verificar (**against** con)
◇ vi hacer una verificación (**against** con); **make sure the information crosschecks against our records** asegúrate de que la información coincide con la de nuestro registro
cross-country ['krɒs'kʌntri] ◇ adj (vehicle) todoterreno ❑ **~ runner** corredor(ora) m,f de cross; **~ running** campo m a través, cross m; **~ skiing** esquí m de fondo; **~ skis** esquís mpl de fondo
◇ adv (travel) a campo a través
crosscourt ['krɒskɔːt] adj SPORT cruzado(a)
cross-cultural [krɒs'kʌltʃərəl] adj intercultural, entre culturas
cross-current ['krɒskʌrənt] n (in sea) contracorriente f; (of opinion) tendencia f a contracorriente
cross-cut saw ['krɒskʌt'sɔː] n (sierra f) tronzadera f, tronzador m
cross-dressing ['krɒsdresɪŋ] n travestismo m
crossed [krɒst] adj **~ cheque** cheque m cruzado or barrado, talón m cruzado; **~ line** cruce m de líneas
cross-examination ['krɒsɪgzæmɪ'neɪʃən] n interrogatorio m; **to admit sth under ~** confesar algo durante un interrogatorio
cross-examine ['krɒsɪg'zæmɪn] vt interrogar
cross-eyed ['krɒsaɪd] adj bizco(a)
cross-fertilization ['krɒsfɜːtɪlaɪ'zeɪʃən] n **-1.** (between plants) polinización f cruzada **-2.** (cultural) mestizaje m (cultural); (of ideas) intercambio m
cross-fertilize [krɒs'fɜːtɪlaɪz] vt **-1.** (plants) polinizar con fecundación cruzada **-2.** Fig favorecer el mestizaje (cultural) entre
cross-field ['krɒsfiːld] adj SPORT **~ ball** cruce m; **~ pass** cruce m
crossfire ['krɒsfaɪə(r)] n also Fig fuego m cruzado; **they were caught in the ~** el fuego cruzado los pilló or Esp cogió or Am agarró en medio
cross-grained ['krɒsgreɪnd] adj **-1.** (wood) nudoso(a), con nudos **-2.** (person) difícil
crosshatch ['krɒshætʃ] vt sombrear, rayar
crosshatching ['krɒshætʃɪŋ] n sombreado m
crossing ['krɒsɪŋ] n **-1.** (of sea) travesía f; **we had a good ~** tuvimos una buena travesía **-2.** (across street) paso m de peatones ❑ US **~ guard** = persona encargada de ayudar a cruzar la calle a los colegiales
cross-legged ['krɒs'leg(ɪ)d] adv **to sit ~** sentarse con las piernas cruzadas
crossly ['krɒslɪ] adv con esp Esp enfado or esp Am enojo
cross-over ['krɒsəʊvə(r)] ◇ n (of career) salto m, cambio m
◇ adj MUS (style) híbrido(a), de fusión
crosspatch ['krɒspætʃ] n Fam cascarrabias mf inv
crosspiece ['krɒspiːs] n travesaño m
cross-platform ['krɒs'plætfɔːm] adj COMPTR multiplataforma inv
cross-ply ['krɒsplaɪ] adj (tyre) (de cubierta) diagonal
cross-pollination ['krɒspɒlɪ'neɪʃən] n BOT polinización f cruzada
cross-post ['krɒspəʊst] vt COMPTR hacer un envío masivo de
cross-posting [krɒs'pəʊstɪŋ] n COMPTR = envío masivo de mensajes por correo electrónico a diferentes grupos de noticias
cross-purposes [krɒs'pɜːpəsɪz] npl **they were (talking) at ~ with each other** sin darse cuenta, estaban hablando de cosas distintas
cross-question [krɒs'kwestʃən] vt interrogar
cross-refer ['krɒsrɪ'fɜː(r)] vt remitir (**to** a)
cross-reference [krɒs'refərəns] ◇ n referencia f, remisión f
◇ vt remitir (**to** a)
crossroad ['krɒsrəʊd] n US (across a road) cruce m, intersección f; (between main roads) carretera f secundaria (que comunica dos carreteras principales)
crossroads ['krɒsrəʊdz] n encrucijada f; **to be at a ~** (person, process) estar en una encrucijada
cross-section ['krɒs'sekʃən] n **-1.** (cut, diagram) sección f transversal **-2.** (sample) muestra f (representativa)
cross-stitch ['krɒsstɪtʃ] n punto m de cruz
crosstalk ['krɒstɔːk] n **-1.** RAD & TEL interferencia f **-2.** Br (witty exchange) intercambio m de comentarios agudos
crosstown ['krɒstaʊn] adj US (bus, train) que cruza la ciudad
cross-training ['krɒs'treɪnɪŋ] n SPORT ejercicios mpl combinados (de suelo y aparatos)
crosstree ['krɒstriː] n NAUT cruceta f
crosswalk ['krɒswɔːk] n US paso m de peatones
crossways = **crosswise**
crosswind ['krɒswɪnd] n viento m lateral
crosswise ['krɒswaɪz], **crossways** ['krɒsweɪz] ◇ adj diagonal, transversal
◇ adv en diagonal, transversalmente
crossword ['krɒswɜːd] n **~ (puzzle)** crucigrama m
crotch [krɒtʃ] n (of person, trousers) entrepierna f
crotchet ['krɒtʃɪt] n **-1.** Br MUS negra f **-2.** US (eccentric habit) manía f **-3.** US (trick, device) truco m
crotchety ['krɒtʃɪti] adj Fam (irritable) gruñón(ona)
crouch [kraʊtʃ] vi **to ~ (down)** (animal) agazaparse; (person) agacharse
croup [kruːp] n **-1.** MED garrotillo m, crup m **-2.** (of animal) grupa f
croupier ['kruːpɪə(r)] n crupier m
crouton ['kruːtɒn] n picatoste m (en forma de dado)
crow [krəʊ] ◇ n **-1.** (bird) corneja f; **as the ~ flies** en línea recta; IDIOM US Fam **to eat ~** tragarse (uno) sus palabras ❑ **~'s feet** (facial lines) patas fpl de gallo; **~'s nest** (on ship) cofa f **-2.** (sound) (of cock) cacareo m; (of baby) balbuceo m; **he gave a ~ of triumph** dio un grito de alegría
◇ vi (pt **crowed** or **crew** [kruː], pp **crowed**) **-1.** (cock) cacarear **-2.** (baby) balbucear **-3.** (boast, rejoice) pavonearse, alardear (**about** de); **it's nothing to ~ about!** ¡no es como para estar orgulloso!; **to ~ over sth** (own triumph) pavonearse or alardear de algo; (other's misfortune) mofarse de algo
◇ vt alardear
crowbar ['krəʊbɑː(r)] n palanqueta f
crowd [kraʊd] ◇ n **-1.** (large number of people) muchedumbre f, multitud f; (at sports match) público m; **a ~ of noisy children** una multitud de niños revoltosos; **there was quite a ~** había bastante gente; **there were crowds of people in town** había un montón de gente en el centro; **the concert drew a good ~** el concierto congregó a mucha

gente or mucho público; **to be a ~ puller** atraer a las masas; **don't get lost in the ~** no te pierdas entre la muchedumbre ❑ **~ scene** (in movie) escena f de masas

-2. Fam (group) pandilla f, Méx bola f, RP barra f; **the usual ~ were there** estaba la gente de siempre, estaban los de siempre; **to be in with the wrong ~** andar con malas compañías; **they stick to their own ~** siempre van con su gente

-3. (average majority) **to go with** or **follow the ~** seguir a la mayoría; **she doesn't like to be one of the ~** no le gusta ser una más; IDIOM **to stand out from the ~** destacar, sobresalir

◇ vt **-1.** (fill, cram) atestar, abarrotar; **people crowded the streets/the shops** las calles/tiendas estaban abarrotadas (de gente); **the park was crowded with sunbathers** el parque estaba lleno de gente tomando el sol; **the tables are crowded together** las mesas están apelotonadas

-2. Fam (jostle, pressurize) **I was crowded off the bus** me sacaron del autobús a empujones; **stop crowding me!** ¡deja de acosarme!

-3. US **to ~ the plate** (in baseball) estar muy cerca de la base

-4. NAUT **to ~ on sail** hacer fuerza de vela

◇ vi **to ~ (together)** apiñarse, amontonarse; **to ~ round sth/sb** apiñarse en torno de algo/a alguien; **they crowded round to read the poster** se apiñaron en torno al póster para leerlo; **we crowded into the room** nos apretujamos en la habitación; **they came crowding through the door** entraron en tropel por la puerta

◆ **crowd in** vi **-1.** (enter) entrar en tropel **-2.** (thoughts) agolparse; **gloomy thoughts kept crowding in on me** los pensamientos sombríos se agolpaban dentro de mí

◆ **crowd out** vt sep **-1.** (fill) atestar, llenar hasta los topes **-2.** (exclude) **to ~ sb out of a deal/the market** excluir a alguien de un acuerdo/del mercado; **small shops are being crowded out by bigger stores** las grandes tiendas están dejando al pequeño comerciante fuera del mercado

crowded ['kraʊdɪd] adj **-1.** (busy) abarrotado(a), atestado(a) (**with** de); **to be ~ (with)** estar abarrotado(a) or atestado(a) de; **he has a ~ schedule** tiene una agenda muy apretada **-2.** (overpopulated) superpoblado(a); **~ inner-city areas** las zonas deprimidas y superpobladas del centro de la ciudad

crown [kraʊn] ◇ n **-1.** (of monarch) corona f; **the Crown** (institution) la Corona ❑ Br LAW **~ court** = tribunal superior de lo penal; **the ~ jewels** las joyas de la corona; **~ land** (in UK) = tierras que pertenecen a la corona; **~ prince** príncipe m heredero; **~ princess** princesa f heredera; LAW **Crown Prosecution Service** ≃ Fiscalía f General del Estado; **~ of thorns** corona f de espinas

-2. (top) (of head) coronilla f; (of hat) copa f; (of hill) cima f; (of road) centro m; (on tooth) corona f, funda f

-3. (currency) corona f

-4. (outstanding achievement) cima f, cumbre f; **it was the ~ of his career** fue la cima or cumbre de su carrera

-5. (paper size) = tamaño de papel de 385 x 505 mm

◇ vt **-1.** (as monarch) coronar; **to ~ sb king** coronar rey a alguien

-2. (sit on top of) **the woods that ~ the hill** los bosques que coronan la cima de la colina

-3. (finish off, make perfect) **her election success crowned her career** su victoria en las elecciones fue la cima or cumbre de su carrera; IDIOM Ironic **to ~ it all...** para colmo..., para remate or RP rematar...

-4. **to ~ a tooth** ponerle una corona a una muela

-5. (in draughts, checkers) **to ~ a piece** coronar un peón

-6. Fam (hit on the head) **I'll ~ you!** ¡te voy a dar una!, Esp ¡te voy a sacudir!

◇ vi US (in checkers) coronar

crowned [kraʊnd] adj **the ~ heads of Europe** las testas coronadas de Europa

crowning ['kraʊnɪŋ] adj (achievement) supremo(a); **~ glory** (finest act, thing) gloria suprema; **the red hair that was her ~ glory** el pelo rojo que era el remate de su belleza

crozier = crosier

CRT [si:ɑ:'ti:] nTECH (abbr **cathode ray tube**) TRC m

crucial ['kru:ʃəl] adj crucial; **there's a ~ difference** hay una diferencia crucial; **~ seconds were ticking away** se estaban perdiendo unos segundos vitales; **improving exports has never been more ~** nunca fue tan importante como ahora incrementar las importaciones

crucially ['kru:ʃəlɪ] adv de manera crucial; **it is ~ important** es de una importancia crucial or vital

crucible ['kru:sɪbəl] n also Fig crisol m

crucifix ['kru:sɪfɪks] n crucifijo m

crucifixion [kru:sɪ'fɪkʃən] n crucifixión f

cruciform ['kru:sɪfɔ:m] adj Formal cruciforme

crucify ['kru:sɪfaɪ] vt **-1.** (execute) crucificar **-2.** Fam (defeat, criticize) **the minister was crucified in the press** la prensa crucificó al ministro; **they were crucified by the Dodgers** los Dodgers les dieron una paliza; **my mum will ~ us if she finds out!** ¡si mamá se entera nos mata!

crud [krʌd] n Fam **-1.** (dirt) porquería f, mugre f **-2.** (nonsense) bobadas fpl, sandeces fpl, Am huevadas fpl **-3.** US (dirty, untidy person) cerdo(a) m,f, Esp guarro(a) m,f

cruddy ['krʌdɪ] adj Fam **-1.** (dirty) mugriento(a), Esp guarro(a) **-2.** (bad) asqueroso(a), Esp cutre, RP groncho(a) **-3.** (unwell) **I feel ~** no me encuentro bien, Esp me encuentro chungo

crude [kru:d] ◇ adj **-1.** (unsophisticated) tosco(a); **a ~ but effective method** un método tosco pero efectivo **-2.** (rude, vulgar) ordinario(a), grosero(a) **-3.** (oil) crudo(a)

◇ n (oil) crudo m

crudely ['kru:dlɪ] adv **-1.** (simply) toscamente **-2.** (vulgarly) de forma ordinaria, groseramente; **to gesture ~** hacer gestos groseros

crudeness ['kru:dnɪs], **crudity** ['kru:dɪtɪ] n **-1.** (simplicity) tosquedad f **-2.** (vulgarity) ordinariez f, grosería f

crudités [kru:dɪ'teɪz] npl CULIN crudités fpl

cruel ['kru:əl] adj cruel (**to** con); (fate) aciago(a), Esp fatal; **it was ~ luck** fue muy mala suerte, fue tremendamente injusto; **it was a ~ disappointment** fue una tremenda decepción; **a ~ wind** un viento inclemente; PROV **you have to be ~ to be kind** quien bien te quiere te hará llorar

cruelly ['kru:əlɪ] adv cruelmente, con crueldad; **they were ~ mistaken in thinking him a friend** estaban completamente engañados al pensar que era su amigo

cruelty ['kru:əltɪ] n **-1.** (ill-treatment) crueldad f (**to** con); **divorce on the grounds of ~** divorcio por motivos de crueldad or ensañamiento **-2.** (cruel act) crueldad f; **he had to suffer the cruelties of his classmates** tuvo que soportar las humillaciones de sus compañeros de clase

cruelty-free ['kru:əltɪ'fri:] adj (cosmetics) = elaborado y probado sin el uso de animales

cruet ['kru:ɪt] n **-1.** CULIN (**stand** or **set**) vinagreras fpl **-2.** REL vinajeras fpl

Cruft's [krʌfts] n = exhibición canina anual celebrada en Londres

cruise [kru:z] ◇ n (on ship) crucero m; **to go on a ~** ir de crucero ❑ AUT **~ control** control m (automático) de velocidad; **~ missile** misil m de crucero

◇ vi **-1.** (ship) navegar por; (warship) patrullar; (passengers) hacer un crucero; (car, plane) ir a velocidad de crucero; **it was cruising at 25 knots** (ship) navegaba a 25 nudos; **cruising speed** (of ship, plane) velocidad f de crucero

-2. (achieve easily) **I cruised through the exam** para mí el examen fue un paseo; **the Rovers cruised to a 3-0 victory** los Rovers obtuvieron una cómoda victoria por 3-0

-3. Fam (look for sexual partner) tratar de ligar, Esp buscar ligue

-4. US Fam (leave) irse, marcharse, Méx rajarse; **ready to ~?** ¿nos piramos or abrimos ya?, Méx ¡ándale, vámonos!, RP ¿vamos yendo?

-5. Hum **you're cruising for a bruising!** tú sigue así y te ganarás un soplamocos

◇ vt **-1.** (ocean) (liner) navegar por; (warship) navegar por, patrullar **-2.** Fam (person) intentar ligar con or Méx a, RP intentar enganchar con; (place) ir a ligar a, ir de Esp ligue or RP levante por

cruiser ['kru:zə(r)] n **-1.** (warship) crucero m **-2.** (pleasure boat) (**cabin**) **~** yate m (de motor) **-3.** US (police patrol car) coche m patrulla, CSur patrullero m

cruiserweight ['kru:zəweɪt] ◇ adj (in boxing) del peso semipesado

◇ n (in boxing) peso m semipesado

cruller ['krʌlə(r)] n US rosquilla f

crumb [krʌm] ◇ n **-1.** (of bread) miga f; **my only ~ of comfort is...** lo único que me consuela es...; Fig **he was left with the crumbs** no le dejaron más que las migajas; Fig **they make the profit and we get the crumbs from the table** ellos se embolsan los beneficios y a nosotros sólo nos quedan las migajas **-2.** Fam Pej (person) mamarracho(a) m,f, mequetrefe mf

◇ vi (cover in breadcrumbs) empanar

crumble ['krʌmbəl] ◇ vt (bread, stock cube) desmigajar, desmenuzar

◇ vi (stone, plaster) desmenuzarse; (bread) desmigajarse; (building) desmoronarse, derrumbarse; (empire, resistance) desmoronarse, venirse abajo; Fig **his world was crumbling around him** se le caía el mundo encima

◇ n (dessert) = postre al horno a base de compota con masa quebrada dulce por encima

crumbly ['krʌmblɪ] ◇ adj **it's very ~** se desmenuza muy fácilmente

◇ n Br Fam (old person) ancianito(a) m,f, viejecito(a) m,f

crumbs [krʌmz] exclam Fam ¡vaya por Dios!

crummy ['krʌmɪ] adj Fam **-1.** (bad) malo(a), Esp cutre, Col corroncho(a), RP groncho(a) **-2.** (unwell) **I feel ~** estoy hecho polvo, Esp me siento fatal

crumpet ['krʌmpɪt] n **-1.** (teacake) = torta pequeña que se come con mantequilla **-2.** Br Fam (women) Esp titis fpl, Esp tías fpl, Méx viejas fpl, RP minas fpl; **a bit of ~** Esp una tía maciza, Am una tipa bien buena

crumple ['krʌmpəl] ◇ vt (material, dress) arrugar; **to ~ sth into a ball** hacer una pelota con algo

◇ vi **-1.** (crease) arrugarse **-2.** (collapse) (structure) desmoronarse; (person) desplomarse; (resistance) sucumbir; **his face crumpled and tears came to his eyes** se le descompuso el rostro y sus ojos se llenaron de lágrimas ❑ AUT **~ zone** zona f de absorción (de golpes)

crunch [krʌntʃ] ◇ n (sound) crujido m; IDIOM **when it comes to the ~** a la hora de la verdad

◇ adj Fam (crucial) crucial, transcendental; **a ~ game** un partido decisivo

◇ vt **-1.** (with teeth) ronzar, machacar con los dientes **-2.** (numbers, data) devorar

◇ vi **-1.** (with teeth) ronzar; **to ~ on sth** ronzar algo **-2.** (make sound) crujir; **the snow/gravel crunched beneath my feet** la nieve/grava crujía a mi paso

◆ **crunch up** vt sep arrugar; **he crunched the letter up and threw it in the bin** hizo una pelota con la carta y la tiró a la papelera

crunchy ['krʌntʃɪ] adj crujiente, RP crocante

crupper ['krʌpə(r)] n **-1.** (on saddle) baticola f **-2.** (of horse) grupa f, ancas fpl

crusade [kru:'seɪd] ◇ n **-1.** HIST **the Crusades** las Cruzadas **-2.** *(campaign)* cruzada *f*; **a ~ for/against sth** una cruzada *or* campaña a favor de/en contra de algo
◇ vi **to ~ for/against** emprender una cruzada a favor de/en contra de
crusader [kru:'seɪdə(r)] n **-1.** HIST cruzado *m* **-2.** *(campaigner)* paladín *m*, defensor(ora) *m,f*; **a ~ against injustice** un paladín de la justicia
crush [krʌʃ] ◇ n **-1.** *(crowd)* muchedumbre *f*, aglomeración *f*; **there was a terrible ~** había un gentío horrible; **we lost each other in the ~** nos separamos entre el gentío ❑ THEAT **~ bar** = bar de un teatro donde se sirven bebidas en los descansos de una representación; **~ barrier** barrera *f or* valla *f* de seguridad
-2. *(drink)* **orange ~** naranjada
-3. *Fam (infatuation)* **to have a ~ on sb** estar embobado(a) con alguien, *Esp* estar colado(a) por *or* encaprichado(a) de alguien
◇ vt **-1.** *(squash, smash) (person, thing)* estrujar, aplastar; *(grapes, garlic)* prensar, aplastar; *(ice)* picar; **they were crushed to death** murieron aplastados
-2. *(squeeze, press)* apretujar; **to be crushed together** estar apretujados(as); **too many things had been crushed into the box** habían metido a presión demasiadas cosas en la caja
-3. *(crease)* arrugar; **crushed velvet** terciopelo arrugado *or* aplastado
-4. *(defeat, repress) (opponent, revolt)* aplastar, destrozar; **to ~ sb's hopes** echar por tierra las esperanzas de alguien; **she felt crushed by the news** la noticia la dejó desolada
◇ vi **-1.** *(squeeze)* **we crushed into the taxi** nos estrujamos para entrar en el taxi **-2.** *(crease)* arrugarse
crushing ['krʌʃɪŋ] *adj (blow, defeat)* demoledor(ora), aplastante; *(remark)* hiriente, humillante; **he can be terribly ~ when he wants to be** puede ser tremendamente hiriente cuando se lo propone
crush-resistant ['krʌʃrɪzɪstənt] *adj (fabric)* inarrugable
crust [krʌst] ◇ n **-1.** *(of bread, pie)* corteza *f*; **to cut the crusts off sandwiches** cortar los bordes de los sándwiches; **a ~ of bread** un mendrugo; IDIOM *Br Fam* **to earn a** *or* **one's ~** ganarse el pan **-2. the earth's ~** la corteza terrestre
◇ vi **to ~ (over)** *(become covered with a crust)* cubrirse con una costra; *(wound)* encostrarse
crustacean [krʌs'teɪʃən] n ZOOL crustáceo *m*
crusty ['krʌstɪ] *adj* **-1.** *(bread, roll)* crujiente, *RP* crocante **-2.** *Br (person)* malhumorado(a), gruñón(ona)
crutch [krʌtʃ] n **-1.** *(for walking)* muleta *f*; **to be on crutches** ir con muletas **-2.** *(support)* apoyo *m*, sostén *m*; **he uses notes as a mental ~** utiliza notas como apoyo **-3.** *(of trousers, person)* entrepierna *f*
crux [krʌks] n **the ~ of the matter** el quid de la cuestión
cruzado [kru:'sɑːdəʊ] *(pl* **cruzados***) n Formerly (Brazilian currency)* cruzado *m*
cry [kraɪ] ◇ n **-1.** *(call) (of person)* grito *m*; *(in demonstration)* consigna *f*; **to give** *or* **utter a ~** dar un grito; **there were cries of "down with the king!"** se oían gritos de "¡abajo el rey!"; **"democracy now!" was the ~** la consigna era "¡democracia ya!"; **a ~ of pain** un grito de dolor; **he heard a ~ for help** oyó un grito de socorro; *Fig* **a ~ for help** un grito de auxilio; **it's a far ~ from what we expected** dista mucho de lo que esperábamos
-2. *(of birds, animals)* chillido *m*; *(of hounds)* aullido *m*; **to be in full ~** *(of hounds)* ir detrás como fieras; *Fig* **the opposition is in full ~ after the government** la oposición está criticando al gobierno a voz en grito
-3. *(weeping)* **to have a good ~** llorar abundantemente
◇ vt *(pt & pp* **cried** [kraɪd]*)* **-1.** *(exclaim)* exclamar; **"look!," she cried** "fíjate", exclamó; *Old-fashioned* **the peddler was crying his wares** el vendedor ambulante iba pregonando sus mercancías **-2.** *(weep)* **she cried herself to sleep** lloró hasta quedarse dormida; **he cried tears of joy** lloraba de alegría
◇ vi **-1.** *(weep)* llorar; **to ~ over sth** llorar por algo; **she cried in** *or* **with frustration** lloraba de impotencia; **we laughed until we cried** nos reímos hasta que se nos saltaron las lágrimas; PROV **there's no point in crying over spilt milk** a lo hecho, pecho; IDIOM **to ~ on sb's shoulder** tomar *or* agarrar a alguien de paño de lágrimas
-2. *(shout, call)* gritar; **to ~ for help** gritar pidiendo ayuda
-3. *(bird, animal)* chillar; *(hounds)* aullar
◆ **cry down** vt sep menospreciar, quitar mérito a
◆ **cry off** vi echarse atrás; **he cried off, saying he had a cold** se echó atrás diciendo que estaba enfriado; **I had to ~ off at the last minute** tuve que echarme atrás en el último momento
◆ **cry out** ◇ vt sep **-1.** *(shout)* gritar **-2.** *(weep)* **to ~ one's eyes** *or* **heart out** llorar a lágrima viva
◇ vi *(shout)* gritar; *Fam* **for crying out loud!** ¡por el amor de Dios!; *Fam* **that wall is crying out for a coat of paint** esa pared está pidiendo a gritos una mano de pintura
◆ **cry up** vt sep ensalzar, alabar; **to ~ up sb's chances of winning** exagerar las posibilidades de ganar de alguien
crybaby ['kraɪbeɪbɪ] n *Fam* llorica *mf*
crying ['kraɪɪŋ] ◇ n *(weeping)* llanto *m*
◇ *adj (need)* acuciante, apremiante; **it's a ~ shame that...** es una auténtica vergüenza que...; **there is a ~ need for more teachers** existe una necesidad apremiante de contar con más profesores
cryogenics [kraɪəʊ'dʒenɪks] n criogenia *f*
cryonic [kraɪ'ɒnɪk] *adj* criónico(a), criogénico(a) ❑ **~ suspension** suspensión *f* criónica *or* criogénica
cryonics [kraɪ'ɒnɪks] n crionización *f*, criogenización *f*
cryosurgery [kraɪəʊ'sɜːdʒərɪ] n criocirugía *f*
crypt [krɪpt] n cripta *f*
cryptanalysis [krɪptə'næləsɪs] n criptoanálisis *m inv*
cryptic ['krɪptɪk] *adj (remark, hint)* críptico(a) ❑ **~ crossword** crucigrama *m* críptico
crypto- ['krɪptəʊ] *prefix* cripto-; **~fascist** criptofascista
cryptogram ['krɪptəgræm] n criptograma *m*
cryptographer [krɪp'tɒgrəfə(r)] n criptógrafo(a) *m,f*
cryptography [krɪp'tɒgrəfɪ] n criptografía *f*
crystal ['krɪstəl] ◇ n **-1.** *(glass)* cristal *m* **-2.** *(mineral)* cristal *m*; **salt/sugar crystals** cristales de sal/azúcar ❑ **~ healing** curación *f* con cristales; PHYS **~ lattice** estructura *f or* malla *f* cristalina; RAD **~ set** receptor *m* de (radio de) galena **-3.** *(of watch, clock)* cristal *m*, vidrio *m*
◇ *adj* **-1.** *(clear)* transparente, claro(a); IDIOM **to be ~ clear** *(of issue)* ser de una claridad meridiana; **to make sth ~ clear** dejar algo muy claro **-2.** *(made of glass)* de cristal ❑ **~ ball** bola *f* de vidrio *or Esp* cristal
crystal-clear ['krɪstəl'klɪə(r)] *adj (water)* cristalino(a); *(explanation)* clarísimo(a), más claro(a) que el agua
crystalline ['krɪstəlaɪn] *adj* **-1.** CHEM cristalino(a) **-2.** *(clear)* cristalino(a)
crystallization [krɪstəlaɪ'zeɪʃən] n **-1.** CHEM cristalización *f* **-2.** *(of plan, idea)* cristalización *f*
crystallize ['krɪstəlaɪz] ◇ vt **-1.** CHEM cristalizar **-2.** CULIN **crystallized fruits** frutas escarchadas *or Col, Méx* cristalizadas *or RP* abrillantadas
◇ vi **-1.** CHEM cristalizar **-2.** *(plan, idea)* cristalizar
crystallography [krɪstə'lɒgrəfɪ] n cristalografía *f*

CSA [si:es'eɪ] n *(abbr* **Child Support Agency***)* = agencia estatal británica que vela por el cumplimiento de la ley en materia de pensiones alimenticias
CSE [si:es'i:] n *Br Formerly* SCH *(abbr* **Certificate of Secondary Education***)* = certificado de enseñanza secundaria que se obtenía a los 15 o 16 años
CS gas [si:es'gæs] n gas *m* lacrimógeno
CST [si:es'ti:] n *US (abbr* **Central Standard Time***)* = hora oficial en el centro de los Estados Unidos
CSU [si:es'ju:] n *(abbr* **Civil Service Union***)* = sindicato británico de funcionarios
CT[1] *(abbr* **Connecticut***)* Connecticut
CT[2] [si:'ti:] n *US* MED *(abbr* **Computerized Tomography***)* TAC *f* ❑ **~ scan** escáner *m* (TAC)
CTC [si:ti:'si:] n *(abbr* **city technology college***)* = centro de formación profesional ubicado normalmente en una zona deprimida de la ciudad y con financiación empresarial
cu *(abbr* **cubic***)* cúbico
cub [kʌb] n **-1.** *(of fox, lion)* cachorro *m*; *(of bear)* osezno *m*; *(of wolf)* lobezno *m*, lobato *m* **-2.** *Fam (youngster)* **young ~** jovencito(a) **-3.** *(in youth organization)* **Cub (Scout)** lobato *m*, niño *m* explorador **-4.** *(novice)* **~ reporter** periodista *mf* novato(a)
Cuba ['kju:bə] *n* Cuba
Cuban ['kju:bən] ◇ n cubano(a) *m,f*
◇ *adj* cubano(a) ❑ **~ heels** tacones *mpl* cubanos; HIST **the ~ missile crisis** la crisis de los misiles (cubanos)
cubbyhole ['kʌbɪhəʊl] n *(cupboard)* armario *m* empotrado; *(room)* cuartito *m*
cube [kju:b] ◇ n *(shape)* cubo *m*; *(of sugar)* terrón *m* ❑ MATH **~ root** raíz *f* cúbica
◇ vt **-1.** *(cut into cubes)* cortar en daditos **-2.** MATH elevar al cubo
cubic ['kju:bɪk] *adj* cúbico(a) ❑ **~ capacity** capacidad *f*, volumen *m*; **~ metre** metro *m* cúbico
cubicle ['kju:bɪkəl] n *(in hospital, dormitory, public toilet)* cubículo *m*; *(in swimming pool)* cabina *f*, vestuario *m*
cubism ['kju:bɪzəm] n ART cubismo *m*
cubist ['kju:bɪst] ART ◇ n cubista *mf*
◇ *adj* cubista
cubit ['kju:bɪt] n *(measurement)* codo *m*
cuboid ['kju:bɔɪd] MATH ◇ n paralelepípedo *m* rectángulo
◇ *adj* cúbico(a)
cuckold ['kʌkəld] ◇ n cornudo *m*
◇ vt ponerle los cuernos a
cuckoo ['kʊku:] ◇ n *(pl* **cuckoos***)* cuco *m*; **great spotted ~** críalo *m* ❑ **~ clock** reloj *m* de cuco, *RP* reloj *m* cucú; **~ spit** espumilla *f* del cércopo
◇ *adj Fam (mad)* **to be ~** estar pirado(a), *Méx* estar zafado(a)
cucumber ['kju:kʌmbə(r)] n pepino *m*
cud [kʌd] n **to chew the ~** *(of cow)* rumiar; *(of person)* rumiárselo
cuddle ['kʌdəl] ◇ n abrazo *m*; **they were having a ~** se estaban haciendo arrumacos; **to give sb a ~** dar un abrazo a alguien
◇ vt abrazar
◇ vi arrimarse; **to ~ up to sb** arrimarse a alguien
cuddly ['kʌdlɪ] *adj Fam (child, animal)* tierno(a) ❑ **~ toy** muñeco *m* de peluche
cudgel ['kʌdʒəl] ◇ n porra *f*, palo *m*; IDIOM **to take up the cudgels on sb's behalf** salir en defensa de alguien, *Am* quebrar una lanza por alguien
◇ vt *(pt & pp* **cudgelled**, *US* **cudgeled***)* IDIOM **to ~ one's brains** estrujarse el cerebro, devanarse los sesos
cue[1] [kju:] ◇ n *(of actor)* entrada *f*, pie *m*; **to miss one's ~** no oír la entrada *or* el pie; **to give sb their ~** dar el pie a alguien; *Fig* **to take one's ~ from sb** tomar ejemplo de alguien; **as if on ~** en ese preciso instante; **her yawn was our ~ to leave** su bostezo fue lo que nos dio pie para irnos ❑ **~ card** *(for public speaker)* tarjeta *f* (en la que están anotados los puntos más importantes)
◇ vt **-1.** *(actor)* dar la entrada a **-2.** *(track on CD)* buscar

◆ **cue in** vt sep (actor) dar el pie a; (musician) dar la entrada a

cue² ◇ n (in billiards, pool) taco m ❑ ~ **ball** bola f jugadora; ~ **rack** taquera f
◇ vt embocar

cuff¹ [kʌf] ◇ n -1. (of shirt) puño m ❑ ~ **links** gemelos mpl -2. US (of trousers) vuelta f -3. Fam **cuffs** (handcuffs) esposas fpl -4. IDIOMS Fam **off the** ~ improvisadamente; **I can't tell you off the** ~ así a bote pronto or RP de la nada no te lo puedo decir; US **he bought it on the** ~ (on credit) le fiaron lo que compró
◇ vt Fam (put handcuffs on) esposar

cuff² Fam ◇ n (blow) cachete m, cate m; **I got a** ~ **round** or **on the ear** me gané un bofetón
◇ vt (hit) dar un sopapo or Am una cachetada a; **to** ~ **sb round the ear** dar un sopapo a alguien

cuirass [kwɪˈræs] n coraza f
cuisine [kwɪˈziːn] n cocina f
cul-de-sac [ˈkʌldəsæk] (pl **culs-de-sac** [ˈkʌldəsæk] or **cul-de-sacs**) n callejón m sin salida
culinary [ˈkʌlɪnərɪ] adj culinario(a)
cull [kʌl] ◇ n (of seals, deer) sacrificio m (selectivo)
◇ vt -1. (animals) sacrificar (selectivamente) -2. (select) extraer, recoger (**from** de); **recipes culled from the world's cuisines** recetas seleccionadas de entre las cocinas de todo el mundo
Culloden [kəˈlɒdən] n = batalla que tuvo lugar en el norte de Escocia en 1746 en la que los jacobitas fueron finalmente derrotados por el gobierno británico
culminate [ˈkʌlmɪneɪt] vi -1. (climax) **to** ~ **in** culminar en -2. ASTRON culminar
culmination [kʌlmɪˈneɪʃən] n -1. (peak, climax) culminación f -2. ASTRON culminación f
culottes [kjuːˈlɒts] npl falda f or Am pollera f pantalón; **a pair of** ~ una falda or Am pollera pantalón
culpability [kʌlpəˈbɪlətɪ] n Formal culpabilidad f
culpable [ˈkʌlpəbəl] adj culpable ❑ Scot LAW ~ **homicide** homicidio m involuntario
culprit [ˈkʌlprɪt] n culpable mf; **poor housing is the main** ~ **for high infant mortality** la precariedad de la vivienda es el principal responsable or la causa principal del elevado índice de mortalidad infantil
cult [kʌlt] n -1. (belief) culto m -2. (sect) secta f -3. (craze, minority fashion) culto m; **he became a** ~ **figure** se convirtió en objeto de culto; ~ **movie/novel** película/novela de culto
cultist [ˈkʌltɪst] n adepto(a) m,f or miembro mf de una secta
cultivate [ˈkʌltɪveɪt] vt -1. (land, crop) cultivar -2. (idea, person, friendship) cultivar; **to** ~ **the mind** cultivar la mente
cultivated [ˈkʌltɪveɪtɪd] adj -1. (land, plant) cultivado(a) -2. (educated) culto(a)
cultivation [kʌltɪˈveɪʃən] n -1. (of land, crop) cultivo m; **fields under** ~ tierras en cultivo -2. (of taste) cultivo m; (of relations) cultivo m, fomento m
cultivator [ˈkʌltɪveɪtə(r)] n -1. (machine) cultivadora f -2. (person) cultivador(ora) m,f; **a** ~ **of useful contacts** una persona que cultiva los contactos útiles
cultural [ˈkʌltʃərəl] adj cultural; **it's a** ~ **desert** es un desierto cultural ❑ ~ **anthropology** antropología f cultural; ~ **attaché** agregado m cultural; ~ **heritage** acervo m cultural; HIST **the Cultural Revolution** la Revolución Cultural
culturally [ˈkʌltʃərəlɪ] adv culturalmente
culture [ˈkʌltʃə(r)] ◇ n -1. (artistic activity, refinement) cultura f; **a man of** ~ un hombre culto or con cultura; **to have no** ~ no tener cultura, ser inculto(a) ❑ Hum ~ **vulture** devorador(ora) m,f de cultura
-2. (society) cultura f; **a** ~ **of violence/nepotism** una cultura de violencia/nepotismo; **popular/youth** ~ cultura popular/juvenil ❑ ~ **shock** choque m cultural
-3. BIOL cultivo m ❑ ~ **medium** caldo m de cultivo

-4. AGR (of land, crops) cultivo m; (of animals, poultry) cría f
◇ vt BIOL cultivar
cultured [ˈkʌltʃəd] adj -1. (educated) culto(a) -2. (pearl) cultivado(a)
culvert [ˈkʌlvət] n -1. (for water) alcantarilla f -2. (for cable) conducto m subterráneo
cum [kʌm] prep **kitchen-~-dining room** cocina-comedor; **he's a joiner-~-gardener** es carpintero y jardinero
cumbersome [ˈkʌmbəsəm] adj (bulky) engorroso(a); (baggage) voluminoso(a); (process, system, style) pesado(a); **a** ~ **way to do** or **of doing sth** una manera muy farragosa de hacer algo
cumin [ˈkʌmɪn] n comino m
cum laude [kʊmˈlaʊdeɪ] adv US UNIV cum laude
cummerbund [ˈkʌməbʌnd] n fajín m (de esmoquin)
cumulative [ˈkjuːmjʊlətɪv] adj acumulativo(a) ❑ ~ **interest** interés m acumulable
cumuli pl of **cumulus**
cumulonimbus [kjuːmjʊləʊˈnɪmbəs] (pl **cumulonimbi** [kjuːmjʊləʊˈnɪmbaɪ]) n MET cumulonimbo m
cumulus [ˈkjuːmjʊləs] (pl **cumuli** [ˈkjuːmjʊlaɪ]) n MET cúmulo m
cuneiform [ˈkjuːnɪfɔːm] adj cuneiforme
cunnilingus [kʌnɪˈlɪŋgəs] n cunilinguo m, cunnilingus m inv
cunning [ˈkʌnɪŋ] ◇ n astucia f
◇ adj -1. (devious) astuto(a), artero(a); IDIOM **to be as** ~ **as a fox** tener la astucia de un zorro -2. (ingenious) ingenioso(a) -3. US (cute) mono(a), Esp majo(a), Am lindo(a)
cunningly [ˈkʌnɪŋlɪ] adv -1. (deviously) astutamente -2. (ingeniously) ingeniosamente
cunt [kʌnt] n Vulg -1. (vagina) coño m, Col cuca f, Méx paloma f, RP concha f -2. (as insult) hijo(a) m,f de puta, cabrón(ona) m,f
cup [kʌp] ◇ n -1. (for drinking) taza f; ~ **of coffee/tea** (taza de) café/té; **would you like another** ~? ¿te Esp apetece or Carib, Col, Méx provoca otra taza?, ¿quieres or CSur querés otra taza?
-2. CULIN (measurement) taza f; **add two cups of sugar** añada dos tazas de azúcar
-3. (trophy) copa f; **the (European) Cup Winners Cup** (in soccer) la Recopa (de Europa) ❑ ~ **final** final f de (la) copa; ~ **tie** (in soccer) eliminatoria f de copa
-4. (punch) ponche m (con vino); **champagne** ~ sorbete de champán
-5. (of bra) copa f ❑ ~ **size** talla f de copa
-6. (in golf) hoyo m
-7. IDIOMS Fam **it's not my** ~ **of tea** no es santo de mi devoción, Esp no me va mucho; Fam **it's not everyone's** ~ **of tea** no (le) gusta a todo el mundo; Fam Old-fashioned **he was in his cups** llevaba unas copitas de más; Literary **he drained the** ~ **of sorrow** apuró el cáliz de la amargura; Literary **my** ~ **runneth over!** ¡no quepo en mí de gozo!
◇ vt (pt & pp **cupped**) **to** ~ **one's hands** (to hold liquid) ahuecar las manos; **to** ~ **one's hands round one's mouth** poner las manos en la boca a modo de bocina; **he cupped her breasts in his hands** cubrió sus pechos con las manos; **she cupped a hand to her ear** se llevó la mano a la oreja para oír mejor
cupboard [ˈkʌbəd] n armario m; **the** ~ **was bare** la despensa estaba vacía, no quedaba nada que llevarse a la boca; IDIOM Br Fam **it was** ~ **love** era un amor interesado ❑ ~ **space** armarios mpl
cupcake [ˈkʌpkeɪk] n -1. (cake) ≃ magdalena f -2. Fam (eccentric person) bicho m raro -3. US Fam (homosexual) mariquita m
cupful [ˈkʌpfʊl] n taza f
Cupid [ˈkjuːpɪd] n Cupido; **to play** ~ hacer de celestino(a)
cupid [ˈkjuːpɪd] n ART cupido m, querubín m
cupidity [kjuːˈpɪdɪtɪ] n Formal codicia f
cupola [ˈkjuːpələ] n -1. ARCHIT (ceiling, roof) cúpula f; (turret) linterna f -2. (gun turret) torreta f
cuppa [ˈkʌpə] n Br Fam (taza de) té m
cupric [ˈkjuːprɪk] adj CHEM cúprico(a)

cupro-nickel [ˈkjuːprəʊˈnɪkəl] n cuproníquel m
cup-tie [ˈkʌptaɪ] vt Br **to be cup-tied** (in soccer) = no poder jugar en una competición de copa con un equipo por haber participado esa temporada en la misma competición con otro equipo
cur [kɜː(r)] n Old-fashioned -1. (dog) chucho m -2. (person) perro(a) m,f, granuja mf
curable [ˈkjʊərəbəl] adj curable
Curaçao [kjʊərəˈsaʊ] n Curasao m
curaçao [kjʊərəˈsaʊ] n curasao m
curassow [kjʊərəˈsaʊ] n hoco m, guaco m
curate¹ [ˈkjʊərət] n REL coadjutor m, IDIOM Br **it's a** ~**'s egg** tiene alguna que otra cosa buena
curate² [kjʊəˈreɪt] vt (exhibition) **the exhibition was curated by Horace Watkins** Horace Watkins era el director de la exposición
curative [ˈkjʊərətɪv] ◇ n remedio m curativo
◇ adj curativo(a)
curator [kjʊəˈreɪtə(r)] n (of museum) conservador(ora) m,f (de museos); (of exhibition) comisario(a) m,f, director(ora) m,f
curb [kɜːb] ◇ n -1. (limit) freno m; **to put a** ~ **on sth** poner freno a algo; **she kept a** ~ **on her anger** dominó or controló su ira -2. US (at roadside) bordillo m (de la acera), Chile solera f, Col, Perú sardinel m, CSur cordón m (de la vereda), Méx borde m (de la banqueta) -3. (on harness) ~ (**bit**) freno m; ~ (**chain**) barbada f
◇ vt -1. (restrain) (spending) frenar, contener; (emotions) refrenar -2. (horse) poner la barbada a -3. US ~ **your dog** (sign) controle a su perro
curbstone US = **kerbstone**
curd [kɜːd] n (from milk) **curd(s)** cuajada f; **curds and whey** cuajada y suero (de la leche) ❑ ~ **cheese** queso m blanco
curdle [ˈkɜːdəl] ◇ vt -1. (milk, sauce) cortar; **the heat has curdled the milk** la leche se ha cortado por el calor, el calor ha cortado la leche -2. IDIOMS Fam **he has a face that would** ~ **milk** tiene la cara avinagrada; **the thought was enough to** ~ **my blood** sólo de pensarlo se me helaba la sangre
◇ vi -1. (milk, sauce) cortarse; **if the mayonnaise curdles, start again** si se corta la mayonesa, empieza otra vez -2. IDIOM **his screams made my blood** ~ sus gritos me helaron la sangre
cure [kjʊə(r)] ◇ n -1. (remedy) cura f (**for** para); **to take** or **follow a** ~ (at health spa) tomar las aguas; **there is no known** ~ no se conoce ninguna cura f; (recovery) curación f; **to be beyond** or **past** ~ (person) no tener curación, ser incurable; Fig (problem, situation) no tener remedio -3. REL **the** ~ **of souls** la cura de almas
◇ vt -1. (person) (of illness) curar, sanar; Fig (of bad habit) quitar, curar; **to** ~ **sb of sth** curar a alguien de algo -2. (preserve) (meat, fish) curar; (hides) curtir; (tobacco) curar
cure-all [ˈkjʊərɔːl] n panacea f
curettage [kjʊəˈretɪdʒ] n MED raspado m, legrado m
curfew [ˈkɜːfjuː] n (restriction, time) toque m de queda; **to impose/lift a** ~ decretar/levantar un toque de queda; US **to be under** ~ (teenager) estar castigado(a) sin salir
curia [ˈkjʊərɪə] n REL **the (papal)** ~ la curia pontificia or romana
curie [ˈkjʊərɪ] n PHYS curio m, curie m
curio [ˈkjʊərɪəʊ] (pl **curios**) n curiosidad f, rareza f
curiosity [kjʊərɪˈɒsɪtɪ] n -1. (interest) curiosidad f; **out of** ~ por curiosidad; PROV ~ **killed the cat** por querer saber la zorra perdió la cola, mejor no te metas donde no te llaman -2. (novelty) curiosidad f; **I was something of a** ~ era un bicho raro
curious [ˈkjʊərɪəs] adj -1. (inquisitive) curioso(a); **to be** ~ **to see/know** tener curiosidad por ver/saber; **I'm** ~ **as to what happened next** tengo curiosidad por or me intriga saber qué ocurrió después -2. (strange) curioso(a); **the** ~ **thing (about it) is...** lo curioso (del caso) es que...

curiously ['kjʊərɪəslɪ] *adv* **-1.** *(inquisitively)* con curiosidad, con extrañeza **-2.** *(strangely)* curiosamente; **~ enough** por raro que parezca, aunque parezca mentira

curium ['kjʊərɪəm] *n* CHEM curio *m*

curl [kɜːl] ◇ *n* **-1.** *(of hair)* rizo *m*, *Andes, RP* rulo *m*; **her hair hung in curls** tenía cabellos con tirabuzones **-2.** *(of smoke)* voluta *f*; **with a ~ of the lip** con una mueca
◇ *vt* **-1.** *(hair)* rizar **-2.** *(roll, twist)* **to ~ one's lip** hacer un gesto de desprecio; **to ~ oneself into a ball** enroscarse, hacerse un ovillo; **to ~ the ball** *(in soccer)* dar al balón con efecto *or* de rosca
◇ *vi* **-1.** *(hair)* rizarse **-2.** *(paper)* abarquillarse; *(leaf)* rizarse; **her lip curled in contempt** hizo una mueca de desprecio con el labio **-3.** *(smoke)* formar volutas

◆ **curl up** *vi* **-1.** *(settle down)* *(in bed, on sofa)* acurrucarse **-2.** *(hedgehog, person)* enroscarse, hacerse un ovillo; **she curled up in front of the fire with a book** se hizo un ovillito frente a la chimenea con un libro; *Fam* **when I saw him at the party, I just wanted to ~ up and die** cuando lo vi en la fiesta pensé "tierra trágame" **-3.** *(leaves)* rizarse; *(paper)* abarquillarse **-4.** *(smoke)* subir formando volutas

curler ['kɜːlə(r)] *n* **-1.** *(for hair)* rulo *m*, *Chile* tubo *m*, *RP* rulero *m*, *Ven* rollo *m* **-2.** *(player)* jugador(ora) *m,f* de curling

curlew ['kɜːljuː] *n* zarapito *m* ❑ **~ sandpiper** correlimos *m* zarapitín

curlicue ['kɜːlɪkjuː] *n* floritura *f*

curling ['kɜːlɪŋ] *n* **-1.** *(sport)* curling *m*, = deporte consistente en el deslizamiento sobre hielo de piedras pulidas lo más cerca posible de una meta ❑ **~ stone** piedra *f* de curling **-2. ~ tongs** *(for hair)* tenacillas *fpl*

curly ['kɜːlɪ] ◇ *adj (hair)* rizado(a), *Chile, Col* crespo(a), *Méx* quebrado(a), *RP* enrulado(a) ❑ TYP **~ brackets** llaves *fpl*; **~ endive** escarola *f*; COMPTR **~ quotes** comillas *fpl* tipográficas
◇ *n Fam (person with curly hair)* **hi there, ~** hola, ricitos

curmudgeon [kəˈmʌdʒən] *n Old-fashioned* cascarrabias *mf inv*

currant ['kʌrənt] *n* **-1.** *(dried fruit)* pasa *f* (de Corinto) ❑ **~ bun** bollo *m* de pasas **-2.** *(berry)* grosella *f* ❑ **~ bush** grosellero *m*

currency ['kʌrənsɪ] *n* **-1.** FIN moneda *f*; **to buy ~** comprar divisas; **foreign ~** divisas *fpl* ❑ **~ market** mercado *m* de divisas; **~ swap** permuta *f* de divisas; **~ unit** unidad *f* monetaria **-2.** *(acceptance, credence)* **to give ~ to a rumour** extender un rumor; **to gain ~** *(of idea, belief)* extenderse

current ['kʌrənt] ◇ *n* **-1.** *(of water, opinion)* corriente *f*; **to swim against the ~** nadar contra corriente; *Fig* **to swim** *or* **go against the ~** ir a *or* nadar contra corriente **-2.** *(of electricity)* corriente *f* ❑ **~ limiter** limitador *m* de corriente
◇ *adj* **-1.** *(existing, present)* actual; *(year, month)* en curso; **his ~ whereabouts are unknown** se desconoce su paradero actual; **in ~ use** de uso corriente ❑ **~ affairs** (temas *mpl* de) actualidad *f*
-2. *(presently valid) (price)* vigente; *(licence)* válido(a), vigente ❑ **~ issue** *(of magazine)* (último) número *m*
-3. *Br* FIN **~ account** cuenta *f* corriente; **~ assets** activo *m* circulante; **~ expenditure** gasto *m* corriente *or* ordinario; **~ liabilities** pasivo *m* corriente, obligaciones *fpl* a corto plazo

currently ['kʌrəntlɪ] *adv* actualmente, en este momento; **~ showing** *(at cinema)* en cartelera

curriculum [kəˈrɪkjʊləm] *(pl* **curricula** [kəˈrɪkjʊlə]*) n* SCH plan *m* de estudios, currículo *m*; **the maths ~** los contenidos del programa de matemáticas; **across the ~** en todas las asignaturas del plan de estudios ❑ *esp Br* **~ vitae** currículum *m* (vitae)

curry[1] ['kʌrɪ] CULIN ◇ *n* curry *m*; **chicken/lamb ~** pollo/cordero al curry ❑ *Br* **~ house** restaurante *m* de comida india; **~ powder** curry *m (especia)*; **~ sauce** salsa *f* de curry
◇ *vt* **curried chicken/lamb** pollo/cordero al curry

curry[2] *vt (horse)* almohazar; IDIOM **to ~ favour with sb** ganarse el favor de alguien con zalamerías

currycomb ['kʌrɪkəʊm] *n* almohaza *f*

curse [kɜːs] ◇ *n* **-1.** *(jinx, affliction)* maldición *f*; **to call down** *or* **put a ~ on sb** echar una maldición a alguien; **a ~ on...!** ¡maldito(a) sea...! **-2.** *(swearword)* maldición *f*, juramento *m*; *Fam* **curses!** ¡caramba!, ¡maldición! **-3.** *Fig (bane)* lacra *f*, pesadilla *f*; **the ~ of unemployment** la lacra del desempleo **-4.** *Fam Old-fashioned* **the ~** *(period)* el mes, la regla
◇ *vt* **-1.** *(damn)* maldecir; **I ~ the day I met him!** ¡maldito sea el día en que lo conocí!; **~ it!** ¡maldito sea! **-2.** *(swear at)* insultar **-3.** *(afflict)* **to be cursed with sth** *(person)* estar aquejado(a) de algo, padecer de algo; **the region is cursed with high winds** la región es azotada por fuertes vientos; **he is cursed with a violent temper** tiene la desgracia de tener mal genio
◇ *vi* maldecir

cursed [kɜːst, 'kɜːsɪd] *adj* maldito(a)

cursive ['kɜːsɪv] ◇ *n* cursiva *f*
◇ *adj* cursivo(a)

cursor ['kɜːsə(r)] *n* **-1.** COMPTR cursor *m* ❑ **~ blink rate** velocidad *f* de parpadeo del cursor; **~ keys** teclas *fpl* de cursor **-2.** *(of slide rule)* cursor *m*

cursorily ['kɜːsərəlɪ] *adv* someramente, por encima

cursory ['kɜːsərɪ] *adj* somero(a); **a ~ glance** un vistazo superficial

curt [kɜːt] *adj* brusco(a), seco(a); **with a ~ nod** con un gesto brusco *or* seco

curtail [kɜːˈteɪl] *vt* **-1.** *(shorten)* acortar **-2.** *(reduce, limit)* restringir, limitar

curtailment [kɜːˈteɪlmənt] *n* **-1.** *(shortening)* acortamiento *m* **-2.** *(reduction, limitation)* restricción *f*, limitación *f*

curtain ['kɜːtən] *n* **-1.** *(for window)* cortina *f*; *Fig* **a ~ of smoke/rain** una cortina de humo/lluvia ❑ **~ hook** gancho *m* de cortina; **~ rail** riel *m*; **~ ring** aro *m* de cortina; **~ rod** barra *f* de cortina
-2. *(in theatre)* telón *m*; IDIOM **to bring down the ~ on sth** dar por finalizado algo; IDIOM *Fam* **it's curtains for him** es su final ❑ THEAT **~ call** saludo *m*; **she took four ~ calls** salió cuatro veces a saludar
-3. CONSTR **~ wall** muro *m* o pared *f* de cerramiento

◆ **curtain off** *vt sep* separar con una cortina

curtain-raiser ['kɜːtənreɪzə(r)] *n* THEAT número *m* introductorio; *Fig* prólogo *m*

curtly ['kɜːtlɪ] *adv* secamente, con brusquedad

curtness ['kɜːtnɪs] *n* brusquedad *f*; **the ~ of his tone** la brusquedad de su tono

curts(e)y ['kɜːtsɪ] ◇ *n* reverencia *f*; **to make** *or* **give a ~** hacer una reverencia
◇ *vi* hacer una reverencia (**to** *a or* ante)

curvaceous [kɜːˈveɪʃəs] *adj* escultural

curvature ['kɜːvətʃə(r)] *n* curvatura *f*; MED **~ of the spine** desviación de columna

curve [kɜːv] ◇ *n* **-1.** *(line, shape, in road)* curva *f*; **the ~ of the bay** la curva de la bahía **-2.** *Fam (of woman)* **she was all curves** era todo curvas, tenía un cuerpo escultural **-3.** MATH curva *f* **-4.** *US* **~ ball** *(in baseball)* bola *f* con mucho efecto; IDIOM **to throw sb a ~ ball** poner a alguien en un aprieto
◇ *vi (line, surface)* curvarse; *(road, river)* hacer una curva; **to ~ (to the) left/right** curvarse a la izquierda/derecha
◇ *vt (ball)* lanzar con mucho efecto

curved [kɜːvd] *adj* curvo(a), curvado(a)

curvilinear [kɜːvɪˈlɪnɪə(r)] *adj* curvilíneo(a)

curvy ['kɜːvɪ] *adj* **-1.** *(line, road)* sinuoso(a) **-2.** *Fam (woman)* escultural

Cusco = Cuzco

cushion ['kʊʃən] ◇ *n* **-1.** *(on chair)* cojín *m*, almohadón *m*; *(of air)* colchón *m* **-2.** *(on billiard table)* banda *f* **-3.** *(protection)* amortiguador *m* (**against** para)
◇ *vt* **-1.** *(blow, impact)* amortiguar **-2.** *(protect)* **to ~ sb against sth** proteger a alguien de algo

cushy ['kʊʃɪ] *adj Fam* fácil; **a ~ number** una ganga, *Esp* un chollo, *Méx* pan comido

cusp [kʌsp] *n* **-1.** ASTRON cuerno *m* (de la luna); **on the ~ (of)** en el borde (de) **-2.** *(of tooth)* corona *f*

cuspidor ['kʌspɪdɔː(r)] *n US* escupidera *f*

cuss [kʌs] *Fam* ◇ *n* **-1.** *(curse)* maldición *f*, juramento *m* ❑ *US* **~ word** palabrota *f*, *Esp* taco *m* **-2.** *(person)* maldito(a) *m,f*, *Esp* puñetero(a) *m,f*
◇ *vt US* **to ~ sb (out)** poner a alguien de vuelta y media
◇ *vi* maldecir, jurar

cussed ['kʌsɪd] *adj US Fam* **-1.** *(stubborn)* tozudo(a), *Esp* puñetero(a) **-2.** *(cursed)* maldito(a), *Esp* puñetero(a)

cussedness ['kʌsɪdnɪs] *n Fam* **out of sheer ~** por pura tozudez

custard ['kʌstəd] *n* **-1.** *(sweet sauce)* natillas *fpl* ❑ **~ powder** polvos *mpl* para hacer natillas **-2.** *(baked)* crema *f* ❑ **~ tart** tarta *f* de crema **-3. ~ pie** *(in slapstick comedy)* pastel *m* *or Esp* tarta *f* de crema **-4. ~ apple** chirimoya *f*

custodial [kʌˈstəʊdɪəl] *adj* LAW **~ sentence** pena *f* de reclusión *or* de cárcel

custodian [kʌsˈtəʊdɪən] *n* **-1.** *(of building, library)* conservador(ora) *m,f* **-2.** *(of principles, morals)* guardián(ana) *m,f*

custody ['kʌstədɪ] *n* **-1.** *(of children)* custodia *f*; **to have ~ of sb** tener la custodia de alguien; **he was given** *or* **awarded ~ (of the child)** le otorgaron *or* concedieron la custodia (del niño) ❑ **~ battle** batalla *f* legal por la custodia **-2.** *(detention)* **to be in (police) ~** estar detenido(a); **to take sb into ~ detener a alguien -3.** *Formal (keeping)* custodia *f*; **in safe ~** bien custodiado(a)

custom ['kʌstəm] *n* **-1.** *(tradition, practice)* costumbre *f*; **it was his ~ to rise early** tenía la costumbre de levantarse temprano; **the ~ is to leave a small tip** es costumbre dejar una pequeña propina; **according to ~** según la costumbre
-2. COM **we value your ~** apreciamos la confianza que deposita en nosotros; **to lose sb's ~** perder a alguien como cliente; **to take one's ~ elsewhere** comprar en otra parte
-3. FIN **~ house** aduana *f*

customarily ['kʌstəmərɪlɪ] *adv* por lo común, normalmente

customary ['kʌstəmərɪ] *adj* **-1.** *(traditional)* acostumbrado(a), de costumbre; **it is ~ to...** es costumbre... **-2.** *(usual)* habitual; **with his ~ good humour** con su buen humor habitual

custom-built ['kʌstəmˈbɪlt] *adj* hecho(a) de encargo

customer ['kʌstəmə(r)] *n* **-1.** *(in shop, of business)* cliente(a) *m,f*; **the ~ is always right** el cliente siempre tiene la razón ❑ COM **~ base** clientela *f* fija, clientes *mpl* fijos; COM **~ care** atención *f* al cliente; COM **~ loyalty** fidelidad *f* del cliente; COM **~ services (department)** (departamento *m* de) atención *f* al cliente
-2. *Fam (character)* **an awkward ~** un tipo quisquilloso; **he's a queer** *or* **an odd ~** es un tipo raro

customizable ['kʌstəmaɪzəbəl] *adj* COMPTR *(program, menu)* personalizable

customize ['kʌstəmaɪz] *vt* **-1.** *(modify)* adaptar al gusto del cliente **-2.** COMPTR *(program, menu)* personalizar

custom-made ['kʌstəmˈmeɪd] *adj (equipment)* personalizado(a); *(clothes)* hecho(a) a medida; *(musical instrument)* de encargo

customs ['kʌstəmz] *npl* **-1.** *(authorities, checkpoint)* aduana *f*; **to go through ~** pasar la aduana ❑ **~ agent** agente *mf* de aduanas; **~ allowance** cantidad *f* libre de impuestos; ~ **declaration** declaración f en la aduana; ~ **duties** derechos mpl arancelarios; ~ **officer** inspector(ora) m,f or agente mf de aduanas; ~ **official** inspector(ora) m,f or agente mf de aduanas; ~ **union** unión f aduanera

-2. (duty) derechos mpl arancelarios or de aduana

cut [kʌt] ◇ n -1. (in flesh, wood, cloth) corte m; **to make a ~ in sth** (with knife, scissors) hacer un corte en algo; Fig **the ~ and thrust of debate** el duelo del debate; IDIOM **to be a ~ above sth/sb** ser mejor que or estar por encima de algo/alguien

-2. (reduction) (in wages, prices) recorte m (**in** de); **to make cuts to** (budget) recortar; **to take a pay ~** or **a ~ in pay** aceptar un recorte salarial

-3. (deletion) corte m; **to make cuts to** (text, movie) cortar; **a ten-second ~** un corte de diez segundos

-4. (blow) (with knife) navajazo m; (with sword) estocada f; Fig **his treachery was the unkindest ~ of all** su traición fue el golpe más bajo de todos; Fig **the ~ and thrust of parliamentary debate** el toma y daca del debate parlamentario

-5. Fam (portion, share) parte f, tajada f; **a ~ of the profits** una tajada de los beneficios

-6. (of meat) corte m; **a ~ of meat** un corte de carne

-7. (style) (of clothes, hair) corte m

-8. (trim) (of hair) corte m; **a ~ and blow-dry** cortar y marcar

-9. (in golf) corte m; **to make/miss the ~** meterse/no meterse en el corte

-10. (in cards) corte m

-11. CIN (edit) versión f; (transition) corte m (**from/to** de/a)

-12. SPORT (backspin) efecto m cortado

-13. Br (canal) canal m

◇ adj -1. ~ **flowers** flores fpl cortadas; ~ **glass** vidrio m or Esp cristal m tallado; Fam **a ~ glass accent** un acento muy afectado; COMPTR ~ **sheet feeder** alimentador m hoja a hoja

-2. Fig ~ **and dried** (problem, situation) claro(a), nítido(a); (solution, result) preestablecido(a)

◇ vt (pt & pp **cut**) -1. (with knife, scissors) cortar; ~ **me/yourself a slice of cake** córtame/córtate un trozo de pastel; **to ~ a hole in sth** hacer un agujero en algo (cortando); **to ~ oneself (on sth)** cortarse (con algo); **to ~ one's finger/knee** hacerse un corte en un dedo/una rodilla; also Fig **to ~ one's throat** cortarse el cuello; **to ~ one's wrists** cortarse las muñecas; **to ~ sb loose** or **free** soltar a alguien; **to ~ sth to pieces** cortar algo en pedazos; Fig (criticize) poner algo por los suelos; **to ~ a swathe through sth** hacer estragos en algo

-2. (divide into parts) partir; (in slices) rebanar; **to ~ sth in two** or **in half** cortar algo en dos or por la mitad; **to ~ sth into quarters** cortar algo en cuatro; **to ~ sth into slices** cortar algo en rodajas; **to ~ sth open** (bag, melon) abrir algo (cortando); **to ~ one's head open** abrirse la cabeza

-3. (trim) (grass, lawn) cortar; **to have one's hair ~** (ir a) cortarse el pelo; **to ~ sb's hair** cortarle el pelo a alguien; **to ~ one's nails** cortarse las uñas

-4. (shape) (diamond, stone) tallar; (key) hacer; **a well ~ suit** un traje bien cortado

-5. (dig) (tunnel) abrir, excavar; **steps had been ~ in the rock** habían excavado escalones en la roca

-6. (reduce) (wages, prices) recortar; **the firm ~ its costs by 30 percent** la empresa redujo sus costos en más de un 30 por ciento; **we have to ~ our workforce to 300** tenemos que reducir nuestra plantilla a 300

-7. (shorten) (movie, text) acortar; **to ~ a speech/a visit short** abreviar un discurso/una visita; **to ~ a long story short...** en resumidas cuentas...

-8. (interrupt) **to ~ sb short** cortar a alguien; **they ~ the enemy's supply line** cortaron la línea de suministro del enemigo

-9. (eliminate, suppress) eliminar; **the scene was ~ from the movie** eliminaron la escena de la película; very Fam ~ **the crap!** Esp ¡corta el rollo de una puñetera vez!, Esp ¡déjate. de gilipolleces!, Andes ¡déjate de joder!, Méx ¡ya no me jodas!, RP ¡dejá de romper los huevos!

-10. (switch off) (engine) parar; ~ **the lights!** ¡apague las luces!, ¡fuera luces!

-11. CIN (edit) montar

-12. COMPTR **to ~ and paste sth** cortar y pegar algo

-13. (cross, intersect) cortar; **where the path cuts the road** donde el camino se cruza con la carretera; **to ~ a corner** (in car) tomar una esquina

-14. (upset) herir; **to ~ sb to the quick** herir a alguien en lo más profundo

-15. Fam (ignore, snub) desdeñar, despreciar; **to ~ sb dead** no hacer ni caso a alguien

-16. Fam (drug) cortar (**with** con)

-17. (cards) cortar; **to ~ the cards** or **deck** cortar la baraja

-18. (tooth) echar, RP cortar; **the baby is cutting his first tooth** al bebé le está saliendo su primer diente, el bebé está echando or RP cortando su primer diente; Fig **to ~ one's teeth on sth** iniciarse con or en algo

-19. Old-fashioned **to ~ a record** or **disc** (make recording) grabar un disco

-20. IDIOMS US **to ~ class** or **school** faltar a clase, Esp hacer novillos, Col capar clase, Méx irse de pinta, RP hacerse la rabona, Ven hacer la cimarra; **to ~ one's coat according to one's cloth** adaptarse (uno) a sus posibilidades; **to ~ corners** hacer las cosas chapuceramente; **to ~ a fine figure** or Br **a dash** tener un aspecto elegante; **that's cutting it** or **things (a bit) fine** eso es ir muy justo; **the atmosphere was so tense you could ~ it with a knife** había tanta tensión en el ambiente que se podía cortar con un cuchillo; **that cuts no ice with me** eso me deja frío, RP eso no me mueve un pelo; **to ~ one's losses** cortar por lo sano

◇ vi -1. (with knife, scissors) cortar; **it cuts easily** (meat, fabric) se corta fácilmente; **it will ~ into six pieces** saldrán seis trozos

-2. CIN ~**!** ¡corten!; **to ~ to another scene** saltar a otra escena

-3. COMPTR **to ~ and paste** cortar y pegar

-4. (in cards) cortar

-5. IDIOMS **that's an argument that cuts both ways** es un arma de doble filo; **to ~ to the chase** ir al grano; **to ~ loose** (become independent) romper las ataduras; (in sport) abrir brecha; Fam **to ~ and run** escabullirse, Esp escaquearse, RP picárselas

◆ **cut across** vt insep -1. (take short cut through) atajar por -2. (transcend) transcender; **this issue cuts across party lines** este tema está por encima de las diferencias entre partidos

◆ **cut back** ◇ vt sep -1. (reduce) reducir, recortar -2. (bush, tree) podar

◇ vi -1. (double back) volver sobre sus pasos -2. CIN volver (**to** a)

◆ **cut back on** vt insep (expenses, production) reducir, recortar; **to ~ back on smoking** fumar menos; **to ~ back on drinking** beber or Am tomar menos

◆ **cut down** ◇ vt sep -1. (tree) talar, cortar; **they were ~ down by machine-gun fire** los abatió una ráfaga de ametralladora; IDIOM **to ~ sb down to size** bajarle los humos a alguien -2. (shorten, reduce) (speech, text) reducir; (spending, time) recortar, reducir

◇ vi **to ~ down on sth** reducir algo; **he has ~ down on smoking** fuma menos; **try to ~ down on carbohydrates** intenta reducir el consumo de hidratos de carbono or carbohidratos

◆ **cut in** ◇ vi -1. (interrupt conversation) interrumpir; **to ~ in on sb/sb's conversation** interrumpir a alguien/la conversación de alguien -2. (start working) **the thermostat cuts in automatically** el termostato se pone en funcionamiento automáticamente -3. (car, athlete) **a van ~ in in front of me** se me metió delante una camioneta

◇ vt sep (include) **we should ~ him in on the deal** deberíamos permitir que participara en el negocio

◆ **cut into** vt insep (with knife) cortar; **the rope was cutting into his wrists** la cuerda se le hincaba en las muñecas; **the work was cutting into her free time** el trabajo estaba interfiriendo en su tiempo libre

◆ **cut off** vt sep -1. (remove) cortar; **to ~ off sb's head** cortarle la cabeza a alguien; **to ~ off sb's arm** cortarle or amputarle el brazo a alguien; IDIOM **to ~ off one's nose to spite one's face** tirar piedras contra el propio tejado

-2. (disconnect) cortar; **I've been ~ off** (had electricity, water etc disconnected) me han cortado la luz/el agua/etc.; (during phone conversation) se ha cortado la comunicación

-3. (disinherit) **her family ~ her off without a penny** su familia no le dejó ni un centavo

-4. (interrupt) interrumpir; **to ~ sb off in mid-sentence** interrumpir a alguien a mitad de frase; **the enemy ~ off our supplies** el enemigo nos cortó los suministros

-5. (isolate) aislar; **we're ~ off from the rest of the country here** aquí estamos aislados del resto del país; **to ~ oneself off (from)** desconectarse (de)

-6. (intercept) **they ~ off the enemy's retreat** le cortaron la retirada al enemigo

◆ **cut out** ◇ vt sep -1. (picture) recortar; (tumour) extirpar; (from text, movie) eliminar

-2. (stop, eliminate) **to ~ out cigarettes/chocolate** dejar de fumar/de comer chocolate; ~ **out the stupid remarks!** ¡déjate de comentarios estúpidos!; Fam ~ **it out!** ¡basta ya!

-3. (light, sound) apagar

-4. (exclude) **to ~ sb out of a deal** excluir a alguien de un trato; **to ~ sb out of one's will** desheredar a alguien

-5. IDIOMS **to be ~ out for sth** (suited) estar hecho(a) para algo; Fam **I've really got my work ~ out** lo tengo verdaderamente difícil, me las estoy viendo negras or RP en figurillas

◇ vi -1. (stop working) (thermostat) desconectarse; (engine) calarse -2. US Fam (leave) largarse

◆ **cut through** vt insep -1. (slice) **the knife ~ clean through the rope** el cuchillo cortó limpiamente la cuerda; Fig **she ~ through all the waffle and got straight to the point** se dejó de rodeos y fue al grano -2. (take short cut via) atajar por

◆ **cut up** ◇ vt sep -1. (meat, vegetables) cortar, trocear; (paper) recortar -2. (attack with razor, knife) **the robbers ~ him up** los ladrones le hicieron varios cortes en la cara -3. Fam **to be very ~ up (about sth)** (upset) estar muy afectado(a) (por algo) -4. (when driving) cruzarse por delante de

◇ vi Fam -1. Br **to ~ up rough** (person) ponerse hecho(a) una fiera, hacerse el Méx pendejo or RP pavo -2. US (misbehave) hacer el ganso

cutaneous [kjʊˈteɪnɪəs] adj MED cutáneo(a)
cutaway [ˈkʌtəweɪ] ◇ n -1. CIN cambio m de plano (**to** a) -2. (coat) chaqué m

◇ adj (diagram, model) con un corte interno
cutback [ˈkʌtbæk] n -1. (reduction) reducción f, recorte m -2. US CIN flashback m
cute [kjuːt] adj -1. (sweet) bonito(a), mono(a) -2. (good-looking) Esp guapo(a), Am buen(ena) mozo(a), RP pintón(ona) -3. US (clever) listo(a); **don't get ~ with me** no te hagas el listo conmigo
cuticle [ˈkjuːtɪkəl] n cutícula f

cutie ['kju:tɪ] n Fam (child, woman) preciosidad f, monada f

cutie-pie ['kju:tɪpaɪ] n Fam bomboncito m, monín(ina) m,f

cutlass ['kʌtləs] n alfanje m

cutler ['kʌtlə(r)] n cuchillero m

cutlery ['kʌtlərɪ] n cubiertos mpl, cubertería f

cutlet ['kʌtlɪt] n -1. (of meat) chuleta f -2. (croquette) ≃ croqueta f; **vegetable cutlets** = especie de croquetas de verdura

cutoff ['kʌtɒf] n -1. (limit) ~ **date** fecha f tope; ~ **point** límite m, tope m -2. (in flow, supply) corte m -3. US (shortcut) atajo m

cut-offs ['kʌtɒfs] npl Fam vaqueros mpl recortados, Chile bluyíns mpl recortados, Méx pantalones mpl de mezclilla recortados

cutout ['kʌtaʊt] n -1. (shape) figura f recortada -2. ELEC cortacircuitos m inv

cut-price ['kʌt'praɪs] adj rebajado(a); ~ **travel / fashions** viaje/modas a precios rebajados

cutter ['kʌtə(r)] n -1. (person) (of clothes) cortador(ora) m,f; (of jewels) cortador(ora) m,f; (of film) montador(ora) m,f -2. (ship) cúter m; (ship's boat) bote m; (of coastguard) guardacostas m inv

cutthroat ['kʌtθrəʊt] ◇ n matón m, asesino(a) m,f
◇ adj ~ **competition** competencia salvaje or sin escrúpulos ❑ ~ **razor** navaja f barbera

cutting ['kʌtɪŋ] ◇ n -1. (of plant) esqueje m -2. (newspaper) ~ recorte m (de periódico) -3. (for railway, road) desmonte m -4. CIN ~ **room** sala f de montaje; Fig **the scenes ended up on the ~ room floor** las escenas fueron eliminadas en el montaje
◇ adj (wind) cortante; (remark) hiriente, cortante ❑ ~ **edge** filo m cortante; Fig **to be at the ~ edge of** estar a la vanguardia de

cuttlebone ['kʌtəlbəʊn] n jibión m

cuttlefish ['kʌtəlfɪʃ] n sepia f, jibia f

Cuzco, Cusco ['ku:skəʊ] n Cuzco

CV [si:'vi:] n (abbr **curriculum vitae**) CV, currículum m vitae

cwt (abbr **hundredweight**) -1. (metric) 50 kg -2. (imperial) Br (112 lb) = 50,8 kg; US (100 lb) = 45,36 kg

cyan ['saɪæn] ◇ n cián m
◇ adj cián

cyanide ['saɪənaɪd] n CHEM cianuro m

cyberbanking ['saɪbəbæŋkɪŋ] n COMPTR banca f electrónica

cybercafe ['saɪbəkæfeɪ] n COMPTR cibercafé m

cybercrime ['saɪbəkraɪm] n COMPTR cibercrimen m

cyberculture ['saɪbəkʌltʃə(r)] n COMPTR cibercultura f

cybernaut ['saɪbənɔːt] n COMPTR cibernauta m,f

cybernetic [saɪbə'netɪk] adj COMPTR cibernético(a) ❑ ~ **organism** organismo m cibernético, ciborg m

cybernetics [saɪbə'netɪks] n COMPTR cibernética f

cyberpunk ['saɪbəpʌŋk] n COMPTR (science fiction) ciberpunk m

cybersex ['saɪbəseks] n COMPTR cibersexo m

cyberspace ['saɪbəspeɪs] n COMPTR ciberespacio m; **in** ~ en el ciberespacio

cybersquatter ['saɪbəskwɒtə(r)] n COMPTR ciberokupa m,f

cyberterrorism ['saɪbəterərɪzəm] n COMPTR ciberterrorismo m

cyborg ['saɪbɔːg] n COMPTR ciborg m

Cyclades ['sɪklədi:z] n **the** ~ las Cícladas

cyclamen ['sɪkləmən] n ciclamen m, pamporcino m

cycle ['saɪkəl] ◇ n -1. (pattern) ciclo m; **the ~ of the seasons** el ciclo de las estaciones
-2. (bicycle) bicicleta f ❑ Br ~ **lane** carril-bici m; ~ **path** (through park, town) carril m para bicicletas; (through countryside) sendero m para bicicletas; ~ **racing** carreras fpl ciclistas; ~ **rack** (on pavement) soporte m para bicicletas; (on car) baca f para bicicletas
-3. COMPTR & ELEC ciclo m
-4. (of songs, plays) ciclo m
◇ vi ir en bicicleta; **she cycles into town every day** va al centro en bicicleta todos los días

cycleway ['saɪkəlweɪ] n (through park, town) carril m para bicicletas; (through countryside) sendero m para bicicletas

cyclic(al) ['sɪklɪk(əl)] adj cíclico(a)

cycling ['saɪklɪŋ] n ciclismo m; **to go ~** salir en bicicleta; **I'd never gone cycling before** nunca había montado en bicicleta; **to go on a ~ holiday** hacer cicloturismo ❑ ~ **shorts** culotte m, culottes mpl; ~ **track** pista f de ciclismo

cyclist ['saɪklɪst] n ciclista m,f

cyclo-cross ['saɪkləkrɒs] n ciclocross m

cyclometer [saɪ'klɒmətə(r)] n cuentakilómetros m inv

cyclone ['saɪkləʊn] n MET ciclón m

cyclonic [saɪ'klɒnɪk] adj MET ciclónico(a)

Cyclops ['saɪklɒps] n MYTHOL Cíclope m

cyclorama [saɪklə'rɑːmə] n THEAT ciclorama m

cyclotron ['saɪklətrɒn] n PHYS ciclotrón m

cygnet ['sɪgnɪt] n cisne m joven

cylinder ['sɪlɪndə(r)] n -1. (shape) cilindro m -2. (in engine) cilindro m; IDIOM **to be firing on all cylinders** funcionar a pleno rendimiento ❑ ~ **block** bloque m (de cilindros); ~ **head** culata f -3. (gas container) bombona f -4. (of revolver) cilindro m

cylindrical [sɪ'lɪndrɪkəl] adj cilíndrico(a)

cymbal ['sɪmbəl] n platillo m

cynic ['sɪnɪk] n descreído(a) m,f, suspicaz m,f; **cynics will say she married for money** los más suspicaces dirán que se casó por dinero; **you're such a ~!** ¡siempre estás pensando lo peor!

cynical ['sɪnɪkəl] adj -1. (sceptical) descreído(a), suspicaz; **to be ~ about sth** ser escéptico(a) respecto a algo; **you're so ~!** ¡cómo puedes pensar siempre lo peor! -2. (unscrupulous) desaprensivo(a), sin escrúpulos

cynically ['sɪnɪklɪ] adv -1. (sceptically) descreídamente, con suspicacia -2. (unscrupulously) desaprensivamente, sin escrúpulos

cynicism ['sɪnɪsɪzəm] n (scepticism) descreimiento m, suspicacia f

cypher = **cipher**

cypress ['saɪprəs] n ciprés m

Cypriot ['sɪprɪət] ◇ n chipriota m,f
◇ adj chipriota

Cyprus ['saɪprəs] n Chipre

Cyrillic [sɪ'rɪlɪk] ◇ adj cirílico(a)
◇ n cirílico m

cyst [sɪst] n MED quiste m

cystic fibrosis ['sɪstɪkfaɪ'brəʊsɪs] n MED fibrosis f inv cística or quística

cystitis [sɪs'taɪtɪs] n MED cistitis f inv

cytology [saɪ'tɒlədʒɪ] n BIOL citología f

cytoplasm ['saɪtəplæzəm] n BIOL citoplasma m

czar [zɑː(r)] n zar m

Czech [tʃek] ◇ n -1. (person) checo(a) m,f -2. (language) checo m
◇ adj checo(a) ❑ **the ~ Republic** la República Checa

Czechoslovak = **Czechoslovakian**

Czechoslovakia [tʃekəslə'vækɪə] n Formerly Checoslovaquia

Czechoslovakian [tʃekəslə'vækɪən], **Czechoslovak** [tʃekə'sləʊvæk] Formerly ◇ n checoslovaco(a) m,f
◇ adj checoslovaco(a)

D

D, d [diː] n (letter) D, d

D [diː] n **-1.** MUS re m **-2.** SCH **to get a D** (in exam, essay) (pass) sacar un aprobado or suficiente bajo; (fail) Esp suspender, Am reprobar **-3.** US POL (abbr **Democratic**) demócrata mf **-4. the D** (in soccer) el semicírculo, la medialuna (del área); (in snooker) la medialuna (de la cabaña)

d -1. (abbr **died**) **d 1913** fallecido(a) en 1913 **-2.** Br Formerly (abbr **penny**) penique m

DA [diːˈeɪ] n US LAW (abbr **district attorney**) fiscal mf (del distrito) ❑ **the DA's office** la oficina del fiscal (del distrito)

D/A [diːˈeɪ] COM (abbr **documents against acceptance**) documentos contra aceptación

da [dɑː] n Fam Irish papá m

dab [dæb] ◇ n **-1.** (of paint, glue, perfume) pizca f, toque m; Br Fam **dabs** (fingerprints) huellas fpl dactilares or digitales; esp Br Fam **she's a ~ hand at drawing** dibuja que es un alucine **-2.** (fish) limanda f
◇ vt (pt & pp **dabbed**) (paint, glue, perfume) aplicar, poner; **she dabbed her eyes with a handkerchief** se secó los ojos delicadamente con un pañuelo
◆ **dab at** vt insep **he dabbed at the stain with a sponge** dio unas pasaditas a la mancha con una esponja; **she dabbed at his tears with a handkerchief** le secó las lágrimas con un pañuelo
◆ **dab off** vt sep **~ off any excess oil on the fish with a paper towel** quite con cuidado el exceso de aceite del pescado con una servilleta de papel
◆ **dab on** vt sep **~ on the paint with a brush** aplique la pintura con pinceladas cortas; **~ antiseptic on the wound** pon con cuidado un poco de antiséptico en la herida

dabble [ˈdæbəl] ◇ vt **they dabbled their feet in the water** chapoteaban en el agua
◇ vi **he dabbles in politics** se entretiene con la política; **to ~ on the Stock Market** jugar a la bolsa

dabbler [ˈdæblə(r)] n aficionado(a) m,f, diletante mf

dabchick [ˈdæbtʃɪk] n zampullín m chico

Dacca [ˈdækə] n Formerly Dacca

dace [deɪs] (pl **dace** or **daces**) n cacho m (pez)

dacha [ˈdætʃə] n dacha f

dachshund [ˈdækshʊnd] n perro m salchicha, dachshund m

Dacia [ˈdeɪsɪə] n HIST Dacia

Dacian [ˈdeɪsɪən] HIST ◇ n dacio(a) m,f
◇ adj dacio(a)

Dacron® [ˈdækrɒn] n dacrón® m

dactyl [ˈdæktɪl] n LIT dáctilo m

dactylic [dækˈtɪlɪk] adj LIT dactílico(a)

dad [dæd] n Fam **-1.** (father) (said by child) papá m; (said by adult) Esp padre m, Am papá m **-2.** (old man) abuelo m

Dada [ˈdɑːdɑː] ART ◇ n Dadá m
◇ adj dadaísta

Dadaism [ˈdɑːdɑːɪzəm] n ART dadaísmo m

Dadaist [ˈdɑːdɑːɪst] ART ◇ n dadaísta mf
◇ adj dadaísta

daddy [ˈdædɪ] n Fam papi m, papaíto m; **the ~ bear/elephant** el papá oso/elefante; IDIOM **the ~ of them all** el que se lleva la palma

daddy-longlegs [ˈdædɪˈlɒŋlegz] n Fam **-1.** Br (cranefly) típula f **-2.** US (harvestman) segador m

dado [ˈdeɪdəʊ] n **-1.** (of wall) friso m ❑ **~ rail** zócalo m, friso m **-2.** ARCHIT (of column, pedestal) dado m

Daedalus [ˈdiːdələs] n MYTHOL Dédalo

daemon [ˈdiːmən] n **-1.** (demigod) semidios m inv **-2.** = **demon**

daffodil [ˈdæfədɪl] n narciso m (de los prados)

daffy [ˈdæfɪ] adj Fam chiflado(a)

daft [dɑːft] ◇ adj Br Fam tonto(a), Am sonso(a), Am zonzo(a); **it was a ~ thing to do/say** hacer/decir esto fue una tontería; **to be ~ about sth/sb** estar loco por algo/alguien
◇ adv **don't talk ~** no digas tonterías

dagger [ˈdægə(r)] n **-1.** (weapon) daga f, puñal m **-2.** TYP cruz f, obelisco m **-3.** IDIOM **to be at daggers drawn (with sb)** estar a matar (con alguien); **to look** or US **shoot daggers at sb** fulminar a alguien con la mirada

dago [ˈdeɪɡəʊ] (pl **dagos**) n very Fam = término generalmente ofensivo para referirse a españoles, italianos, portugueses o latinoamericanos

daguerreotype [dəˈgerətaɪp] n daguerrotipo m

dahl, d(h)al [dɑːl] n = potaje hindú muy especiado a base de legumbres

dahlia [ˈdeɪlɪə] n dalia f

Dáil (Éireann) [ˈdɔɪl(ˈɛərən)] n = cámara baja del parlamento de la República de Irlanda

daily [ˈdeɪlɪ] ◇ n **-1.** (newspaper) diario m, periódico m **-2.** Br Fam señora f de la limpieza
◇ adj diario(a); **on a ~ basis** a diario; **our ~ bread** el pan nuestro de cada día; Fam **the ~ grind** la rutina diaria; **the ~ round** la ronda diaria ❑ Fam Old-fashioned **~ dozen** ejercicios mpl (de gimnasia) diarios; Br **~ help** señora f de la limpieza; **~ paper** diario m, periódico m
◇ adv diariamente; **twice ~** dos veces al día

daintily [ˈdeɪntɪlɪ] adv **-1.** (to eat, hold) con finura, con delicadeza; (to walk) con gracia y donaire **-2.** (to dress) con gusto, con refinamiento

dainty [ˈdeɪntɪ] ◇ adj **-1.** (features, lace, ornament) delicado(a), fino(a) **-2.** (movement) grácil; **to walk with ~ steps** caminar con paso grácil **-3.** (tasty) **~ morsels** delicias suculentas **-4.** (fussy) **she's a ~ eater** es muy quisquillosa con la comida
◇ n **dainties** (cakes) exquisiteces mpl; (sweets) confites mpl, golosinas fpl

daiquiri [ˈdækərɪ] n daiquiri m, Am daiquirí m

dairy [ˈdeərɪ] n **-1.** (on farm) vaquería f ❑ **~ cattle** vacas fpl lecheras, rebaño m lechero; **~ cow** vaca f lechera; **~ farm** vaquería f; **~ farming** la industria lechera **-2.** (factory) central f lechera ❑ **~ produce** productos mpl lácteos **-3.** (shop) lechería f

dairymaid [ˈdeərɪmeɪd] n Old-fashioned lechera f

dairyman [ˈdeərɪmən] n lechero m

dais [ˈdeɪɪs] n tarima f

daisy [ˈdeɪzɪ] n margarita f; IDIOM Fam **he's pushing up the daisies** está criando malvas ❑ **~ chain** guirnalda f de margaritas

daisy-chain [ˈdeɪzɪtʃeɪn] vt COMPTR conectar en bucle

daisy-cutter [ˈdeɪzɪkʌtə(r)] n Fam (bomb) bomba f BLU 82 "corta margaritas"

daisy-wheel [ˈdeɪzɪwiːl] n COMPTR margarita f ❑ **~ printer** impresora f de margarita

Dakar [ˈdækɑː(r)] n Dakar

Dakota [dəˈkəʊtə] n **the Dakotas** la Dakota del Norte y la del Sur

dal = **dahl**

Dalai Lama [ˈdælaɪˈlɑːmə] n **the ~** el Dalai-lama

dale [deɪl] n valle m

Dalek [ˈdɑːlek] n = robot con voz entrecortada creado para la serie de la BBC "Dr. Who"

dalesman [ˈdeɪlzmən] n Br = habitante de los valles del norte de Inglaterra, especialmente de Yorkshire

dalliance [ˈdælɪəns] n Formal flirteo m, coqueteo m

dally [ˈdælɪ] vi **-1.** (dawdle) perder el tiempo; **to ~ over a decision** demorarse en tomar una decisión **-2.** Old-fashioned (flirt) **to ~ with sb** coquetear con alguien

Dalmatian [dælˈmeɪʃən] n (dog) dálmata m

dam [dæm] ◇ n **-1.** (barrier) dique m, presa f **-2.** (reservoir) embalse m **-3.** (animal) madre f
◇ vt (pt & pp **dammed**) (valley) construir una presa en; (river, lake) embalsar
◆ **dam up** vt sep **-1.** = **dam -2.** (one's feelings) reprimir

damage [ˈdæmɪdʒ] ◇ n **-1.** (to machine, building) daños mpl; (to health, reputation) perjuicio m, daño m; **to do** or **cause ~ to sth** ocasionar daños a algo, perjudicar a algo; **the storm did a lot of ~** la tormenta ocasionó grandes daños; **the ~ is done** el daño ya está hecho; IDIOM Fam **what's the ~?** ¿qué se debe? ❑ **~ limitation** limitación f de daños; **it was a ~ limitation exercise** se trató de una acción para minimizar los daños
-2. LAW **damages** daños mpl y perjuicios; **to award damages to sb (for sth)** conceder a alguien una indemnización por daños y perjuicios (por algo)
◇ vt (machine, building) dañar; (health, reputation) perjudicar, dañar

damaged [ˈdæmɪdʒd] adj dañado(a); **~ goods** (stock) mercancías dañadas; Old-fashioned (person) persona con un pasado oscuro

damaging [ˈdæmɪdʒɪŋ] adj perjudicial; **it was a ~ admission** fue una confesión perjudicial; **it's a ~ blow to his election chances/career** es un duro golpe a sus posibilidades de salir elegido/su carrera

Damascus [dəˈmæskəs] n Damasco

damask [ˈdæməsk] n **-1.** (silk, linen) damasco m **-2. ~ rose** rosa f de Jericó

dame [deɪm] n **-1.** US Fam (woman) tipa f, Esp gachí f, CSur mina f, Méx vieja f **-2.** Br (in pantomime) = personaje femenino de una vieja interpretado por un actor **-3.** Br (title) = título nobiliario concedido a una mujer

damfool [ˈdæmfuːl] adj Fam estúpido(a), ridículo(a)

dammit [ˈdæmɪt] exclam Fam ¡maldita sea!; IDIOM Br **or as near as ~** o casi casi

damn [dæm] ◇ n Fam **I don't give a ~** me importa un bledo or comino; **I don't give a ~ about what they say** me importa un bledo or comino lo que digan; **it's not**

damnable

worth a ~ no vale un pimiento
◇ adj Fam maldito(a); **you ~ fool!** ¡maldito idiota!; **it's a ~ nuisance!** ¡qué fastidio!; **it's one ~ thing after another** es que es una cosa or CAm,Carib,Col vaina detrás de la otra
◇ adv Fam -1. (as intensifier) **~ good** genial, buenísimo(a); **it's a ~ shame** es una auténtica pena; **he's so ~ slow** ¡mira que es lento!, es lento como él sólo; **you know ~ well what I mean!** ¡sabes de sobra lo que quiero decir!
-2. Br **~ all** (absolutely nothing) nada de nada; **~ all money/help** nada de dinero/ayuda; **he knows ~ all about politics** no tiene ni la más remota idea or Esp ni puñetera idea de política
◇ vt -1. (criticize severely) vapulear, criticar duramente; IDIOM **to ~ sb with faint praise** criticar veladamente a alguien con falsos elogios; **you're damned if you do and damned if you don't** si lo haces, mal, y si no lo haces, también mal
-2. REL condenar
-3. Fam **~ it!** ¡maldita sea!; **~ you!** ¡maldito seas!; **he lied to me, ~ him!** el muy maldito me mintió; **~ the expense/the consequences!** ¡a la porra con los gastos/las consecuencias!; **well I'll be damned!** ¡que me aspen!, ¡madre mía!; **I'm** or **I'll be damned if I'm going to apologize** no tengo la menor intención de disculparme; **I'm damned if I'm going to help him!** ¡va listo or lo lleva claro si piensa que voy a ayudarle!; **I'm damned if I understand** no entiendo nada de nada
◇ exclam Fam ¡maldita sea!

damnable ['dæmnəbəl] adj Old-fashioned horrible, detestable

damnably ['dæmnəblɪ] adv Old-fashioned terriblemente, sumamente

damnation [dæm'neɪʃən] n ◇ REL condenación f
◇ exclam Fam ¡maldición!

damned [dæmd] ◇ adj -1. REL (soul) condenado(a) -2. Fam = **damn**
◇ adv Fam **~ good** genial, buenísimo(a)
◇ n REL **the ~** los condenados

damnedest ['dæmdəst] Fam ◇ n **to do one's ~ (to do sth)** hacer todo lo posible (por hacer algo)
◇ adj US **it was the ~ thing!** ¡fue de lo más raro!, ¡fue una cosa rarísima!

damning ['dæmɪŋ] adj (admission, revelation) condenatorio(a); **~ evidence** pruebas condenatorias; **the report was a damning indictment of the government** el informe ponía en seria tela de juicio al gobierno

Damocles ['dæməkliːz] n MYTHOL Damocles

damp [dæmp] ◇ n humedad f ❏ CONSTR **~ course** aislante m hidrófugo or antihumedad
◇ adj húmedo(a); **a ~ patch** una mancha de humedad; Fig **a ~ squib** un chasco
◇ vt -1. (with water) humedecer, mojar -2. (sound, vibration) amortiguar; Fig **to ~ sb's spirits** or **enthusiasm** desanimar a alguien
➤ **damp down** vt sep -1. (fire) sofocar -2. (enthusiasm, ardour) apagar, enfriar

dampen ['dæmpən] vt -1. (make wet) humedecer -2. (enthusiasm, ardour) apagar; **to ~ sb's spirits** desanimar a alguien

damper ['dæmpə(r)] n -1. MUS sordina f, apagador m -2. (in furnace, chimney) regulador m de tiro -3. ELEC & TECH amortiguador f -4. IDIOM **to put a ~ on sth** ensombrecer algo; **his arrival put a ~ on proceedings** su llegada ensombreció el acto

dampness ['dæmpnɪs] n humedad f

damp-proof ['dæmpruːf] ◇ vt aislar de la humedad
◇ CONSTR **~ course** aislante m hidrófugo or antihumedad

damsel ['dæmzəl] n Literary doncella f, damisela f; Hum **a ~ in distress** una doncella en apuros

damson ['dæmzən] n -1. (fruit) ciruela f damascena -2. (tree) ciruelo m damasceno

dan [dæn] n (in martial arts) dan m

dance [dɑːns] ◇ n -1. (action) baile m; **may I have the next ~?** ¿me concede el próximo baile?; **traditional dances** danzas or bailes tradicionales; IDIOM Fam **to lead sb a (merry) ~** traer a alguien al retortero or a mal traer, RP sacar canas verdes a alguien ❏ **the ~ of the seven veils** la danza de los siete velos
-2. (piece of music) baile m
-3. (art) danza f; **to study ~** estudiar danza ❏ **~ company** compañía f de danza; **~ school** academia f de baile
-4. (social occasion) baile m; **to hold a ~** celebrar un baile ❏ **~ band** orquesta f de baile; **~ floor** pista f de baile; **~ hall** salón m de baile; **~ music** música f de baile
◇ vt (waltz, polka) bailar; **to ~ the night away** bailar durante toda la noche; **she danced the baby on her knee** puso al bebé a bailar sobre sus rodillas; IDIOM **to ~ attendance on sb** atender servilmente a alguien
◇ vi -1. (person) bailar; **they danced down the road** bajaron la calle dando brincos; **to ~ for joy** dar saltos de alegría; IDIOM **to ~ to sb's tune** (obey) bailar al son que toca alguien -2. Literary (leaves) mecerse; (light, eyes) bailar

dancer ['dɑːnsə(r)] n bailarín(ina) m,f

dancing ['dɑːnsɪŋ] n baile m; **to go ~** ir a bailar ❏ **~ partner** pareja f de baile; **~ shoes** zapatos mpl de baile

D and C [diːən'siː] n MED (abbr **dilatation and curettage**) operación f de legrado

dandelion ['dændɪlaɪən] n diente m de león ❏ **~ clock** vilano m del diente de león

dander ['dændə(r)] n IDIOM Fam **to get sb's ~ up** (annoy) sacar de quicio a alguien

dandified ['dændɪfaɪd] adj (appearance) de petimetre, de dandi; **a ~ young man** un petimetre

dandle ['dændəl] vt montar a caballito (en las rodillas)

dandruff ['dændrʌf] n caspa f ❏ **~ shampoo** champú m anticaspa

dandy ['dændɪ] ◇ n petimetre m, dandi m
◇ adj Fam genial; **everything's just (fine and) ~** está todo fenómeno

Dane [deɪn] n danés(esa) m,f

dang [dæŋ] exclam US Fam ¡maldita sea!

danger ['deɪndʒə(r)] n peligro m; **~, keep out!** (sign) peligro, prohibido el paso; **in/out of ~** en/fuera de peligro; **to be in ~ of doing sth** correr el peligro de hacer algo; **to be a ~ to sth/sb** ser un peligro para algo/alguien; **to put sth/sb in ~** poner algo/a alguien en peligro; **there is no ~ that...** no hay peligro de que...; **to be on the ~ list** (patient) estar muy grave; **to be off the ~ list** (patient) estar fuera de peligro ❏ **~ money** prima f or plus m de peligrosidad; Fig **~ sign** señal f de peligro

dangerous ['deɪndʒərəs] adj peligroso(a); IDIOM **to be** or **tread on ~ ground** pisar or meterse en un terreno peligroso ❏ **~ driving** conducción f temeraria; **~ play** juego m peligroso

dangerously ['deɪndʒərəslɪ] adv peligrosamente; **they came ~ close to losing** estuvieron en un tris de caer derrotados; **to live ~** vivir al límite

dangle ['dæŋgəl] ◇ vt balancear, hacer oscilar; Fig **the company dangled a bonus in front of its workers** la empresa ofreció una paga extra a sus trabajadores como incentivo
◇ vi colgar; **he was dangling at the end of the rope** colgaba del extremo de la cuerda; IDIOM **to keep sb dangling** tener a alguien pendiente

Danish ['deɪnɪʃ] ◇ n -1. (language) danés m -2. US (pastry) = pastel dulce de hojaldre
◇ adj danés(esa) ❏ **~ blue (cheese)** queso m azul danés; **~ pastry** = pastel dulce de hojaldre

dank [dæŋk] adj (weather, dungeon) frío(a) y húmedo(a)

Dantean ['dæntɪən], **Dantesque** [dæn'tesk] adj dantesco(a)

dark

Danube ['dænjuːb] n **the ~** el Danubio

Daphne ['dæfnɪ] n MYTHOL Dafne

dapper ['dæpə(r)] adj pulcro(a), atildado(a)

dapple ['dæpəl] vt motear

dappled ['dæpəld] adj (horse) rodado(a); **the ~ light on the forest floor** el lecho del bosque, salpicado de luces y sombras

dapple-grey, US **dapple-gray** ['dæpəlgreɪ]
◇ adj tordillo(a)
◇ n (horse) tordillo m

DAR [diːerˈɑː(r)] n (abbr **Daughters of the American Revolution**) = asociación de mujeres descendientes de combatientes de la Guerra de la Independencia norteamericana

Darby and Joan ['dɑːbɪənˈdʒəʊn] n = matrimonio ideal de ancianos que siguen llevando una vida en común totalmente feliz ❏ **~ club** = club para personas de la tercera edad

Dardanelles [dɑːdəˈnelz] n **the ~** el estrecho de Dardanelos

dare [deə(r)] ◇ n reto m, desafío m; **he would do anything for a ~** es capaz de hacer cualquier cosa si le desafían a ello; **they did it for a ~** lo hicieron para demostrar que podían
◇ vt -1. (be sufficiently brave) **to ~ to do sth** atreverse a hacer algo; **I lay there hardly daring to breathe** estaba ahí sin apenas atreverme a respirar
-2. (challenge) **to ~ sb to do sth** retar a alguien a que haga algo; **I ~ you to tell her!** ¿a que no se lo dices?, ¿a que no eres capaz de decírselo?
-3. Literary (risk) **he was willing to ~ death for fame and glory** estaba dispuesto a arriesgar la vida a cambio de la fama y la gloria; **few would ~ the tyrant's displeasure** pocos osarían provocar las iras del tirano
◇ modal aux v **to ~ do sth** atreverse a hacer algo; **I ~ not** or **daren't ask him** no me atrevo a preguntarle; **don't you ~ tell her!** ¡ni se te ocurra decírselo!; **how ~ you!** ¡cómo te atreves!; **just you ~!** ¡atrévete!; **~ I say it...** casi no me atrevo a decirlo...; **I ~ say** probablemente; **I ~ say she's right** me atrevería a decir que tiene razón; Ironic **he was most apologetic – I ~ say!** no sentía muchísimo – ¡no era para menos!

dare-devil ['deədevəl] ◇ n temerario(a) m,f
◇ adj temerario(a), osado(a)

daring ['deərɪŋ] ◇ n atrevimiento m, osadía f
◇ adj -1. (courageous) audaz, atrevido(a)
-2. (provocative) atrevido(a)

daringly ['deərɪŋlɪ] adv -1. (courageously) con audacia or atrevimiento -2. (provocatively) con atrevimiento; **a ~ low neckline** un escote muy atrevido

dark [dɑːk] ◇ n -1. (darkness) oscuridad f; **to be afraid of the ~** tener miedo a la oscuridad; **before/after ~** antes/después del anochecer; **in the ~** en la oscuridad; **to see in the ~** ver en la oscuridad
-2. IDIOMS **to be in the ~ (about sth)** Am no tener idea (sobre algo), Esp estar in albis (sobre algo); **to keep sb in the ~ (about sth)** mantener a alguien en la ignorancia (acerca de algo); **his answer left us completely in the ~** su respuesta no nos aclaró nada
◇ adj -1. (not illuminated) oscuro(a); **it's ~ by six o'clock** a las seis ya es de noche; **it's getting ~** está oscureciendo or anocheciendo; **the ~ side of the moon** la cara oculta de la luna
-2. (colour, dress, suit) oscuro(a); **~ blue/brown** azul/marrón oscuro ❏ **~ chocolate** chocolate m negro; **~ glasses** gafas fpl oscuras; ASTRON **~ matter** materia f oscura; **~ meat** (of poultry) carne f (oscura) del muslo
-3. (skin, hair) oscuro(a), moreno(a); **to have ~ hair** ser moreno
-4. (gloomy) (thought, mood) sombrío(a)
-5. (sinister) (look) siniestro(a); **~ powers** las fuerzas del mal, una mano negra; **there's a ~ side to her** tiene una cara oculta or

darken ['dɑːkən] ◇ vt (sky, colour) oscurecer; **a darkened room** una habitación ensombrecida; IDIOM **never ~ my door again!** ¡no vuelvas a pisar el umbral de mi casa!, ¡no quiero verte nunca más!
◇ vi **-1.** (sky, colour) oscurecerse **-2.** (thoughts, mood) ensombrecerse

darkie = darky

darkish ['dɑːkɪʃ] adj tirando a oscuro(a); **~ hair** pelo tirando a moreno

darkly ['dɑːklɪ] adv (to say, hint) con tono siniestro

darkness ['dɑːknɪs] n **-1.** (of night, room) oscuridad f; **~ had fallen** había caído la noche; **in ~** a oscuras, en tinieblas **-2.** (of skin, hair) lo moreno **-3.** (of colour) tonalidad f oscura

darkroom ['dɑːkruːm] n PHOT cuarto m oscuro

dark-skinned ['dɑːk'skɪnd] adj moreno(a)

darky, darkie ['dɑːkɪ] n Br Fam Pej moreno(a) m,f, negro(a) m,f

darling ['dɑːlɪŋ] ◇ n **-1.** (term of affection) encanto m; **~!** ¡querido(a)!; **he was an absolute ~ about it** fue un encanto; **be a ~ and...** sé bueno(a) y... **-2.** (favourite) niño(a) m,f mimado(a); **she's the ~ of the press** es la niña mimada de la prensa
◇ adj **-1.** (beloved) querido(a), queridísimo(a) **-2.** Fam (delightful) mono(a), precioso(a)

darn¹ [dɑːn] ◇ vt (mend) zurcir
◇ n zurcido m

darn² Fam ◇ adj maldito(a); **it's a ~ nuisance!** ¡es un verdadero fastidio!; **you're a ~ fool** ¡eres más tonto que Abundio!
◇ adv condenadamente; **we were ~ lucky** tuvimos una suerte loca; **you know ~ well what I mean!** sabes de sobra lo que quiero decir
◇ vt **~ it!** ¡mecachis!, ¡caray!; **he's late, ~ him!** ¡maldito sea, ya llega tarde!; **well, I'll be darned!** ¡qué increíble!, ¡yo alucino!
◇ exclam ¡caramba!

darned [dɑːnd] adj = **darn²**
◇ adv = **darn²**

darning ['dɑːnɪŋ] n **-1.** (action) zurcido m ❑ **~ needle** aguja f de zurcir **-2.** (items to be darned) ropa f para zurcir

dart [dɑːt] ◇ n **-1.** (missile) dardo m; **darts** (game) dardos; **to play darts** jugar a los dardos **-2.** (movement) **to make a ~ for sth** salir disparado(a) hacia algo **-3.** (in clothes) pinza f
◇ vt **to ~ a glance at sb** lanzar una mirada a alguien
◇ vi (move quickly) precipitarse; **to ~ away** or **off** salir disparado(a); **to ~ in/out** entrar/salir precipitadamente; **her eyes darted from one face to another** sus ojos saltaban de una cara a otra

dartboard ['dɑːtbɔːd] n diana f

Dartford warbler ['dɑːtfəd'wɔːblə(r)] n curruca f rabilarga

Darwinian [dɑːˈwɪnɪən] ◇ n darviniano(a) m,f, darvinista m f
◇ adj darviniano(a)

Darwinism ['dɑːwɪnɪzəm] n darvinismo m

dash [dæʃ] ◇ n **-1.** (of liquid) chorrito m; Fig (of humour, colour) toque m, pizca f
-2. (hyphen) guión m; (in Morse) raya f; TYP **em-~** guión, raya; TYP **en-~** guión
-3. (run) carrera f; **to make a ~ for the exit** salir disparado(a) hacia la salida; **to make a ~ for it** (rush) echar a correr; (escape) huir precipitadamente
-4. SPORT **the 60 metres ~** los 60 metros lisos
-5. (style) dinamismo m, brío m; **to cut a ~** tener un aspecto elegante
-6. Fam (in car) cuadro m de mandos, Esp salpicadero m
◇ vt **-1.** (throw) arrojar; **to ~ sth to the ground** arrojar algo al suelo; **to ~ sth to pieces** hacer trizas or añicos algo; **several boats were dashed against the cliffs** varios barcos se estrellaron contra los acantilados **-2.** (destroy) **to ~ sb's hopes** truncar las esperanzas de alguien **-3.** Fam (damn) **~ (it)!** ¡caramba!
◇ vi **-1.** (move quickly) correr, ir apresuradamente; **the dog dashed across the road** el perro atravesó la carretera como una exhalación; **to ~ in/out** entrar/salir apresuradamente; **I'm just dashing out to the shops** salgo disparado a las tiendas; **to ~ about** or **around** correr de acá para allá; Fam **I must ~** tengo que salir pitando **-2.** (waves) romper

◆ **dash off** ◇ vt sep **to ~ off a letter** escribir a toda prisa or Am a todo apuro una carta
◇ vi salir corriendo

dashboard ['dæʃbɔːd] n tablero m de mandos, Esp salpicadero

dashed [dæʃt] adj Fam Old-fashioned dichoso(a), maldito(a)

dashing ['dæʃɪŋ] adj **-1.** (lively) imponente; **a ~ young man** un joven apuesto **-2.** (smart, stylish) deslumbrante; **you look very ~ in that hat** estás muy elegante con ese sombrero

dastardly ['dæstədlɪ] adj Old-fashioned (act, person) ruin, malvado(a)

DAT [diːeɪˈtiː] n (abbr **digital audio tape**) cinta f digital de audio, DAT ❑ COMPTR **~ cartridge** cartucho m DAT; **~ drive** unidad f DAT

data ['deɪtə] n **-1.** (information) datos mpl; **an item** or **piece of ~** un dato; **we have very little ~ on that** disponemos de escasos datos al respecto
-2. COMPTR datos mpl ❑ **~ acquisition** recogida f de datos; **~ analysis** análisis m de datos; **~ bank** banco m de datos; **~ bus** bus m de datos; **~ capture** recogida f de datos; **~ communications** transmisión f (electrónica) de datos; **~ compression** compresión f de datos; **~ conversion** conversión f de datos; **~ encryption** encriptación f de datos; **~ entry** proceso m or entrada f de datos; **~ input** entrada f de datos; **~ link** enlace m para transmisión de datos; **~ loss** pérdida f de datos; **~ management** gestión m de datos; **~ privacy** confidencialidad f de los datos; **~ processing** proceso m or procesamiento m de datos; **~ protection** protección f de datos; **~ recorder** (on aircraft) caja f negra; **~ recovery** recuperación f de datos; **~ traffic** tráfico m de datos; **~ transfer rate** velocidad f de transferencia de datos

database ['deɪtəbeɪs] COMPTR ◇ n base f de datos ❑ **~ management** gestión f de bases de datos; **~ management system** sistema m de gestión de bases de datos
◇ vt introducir en una base de datos

datacomms ['deɪtəkɒmz] n COMPTR transmisión f de datos

dataglove ['deɪtəglʌv] n COMPTR guante m de datos

datagram ['deɪtəgræm] n COMPTR datagrama m

date¹ [deɪt] n (fruit) dátil m ❑ **~ palm** palmera f datilera

date² ◇ n **-1.** (day) fecha f; **what's the ~ (today)?, what's today's ~?** ¿a qué (fecha) estamos hoy?, ¿qué fecha es hoy?; Am ¿a cómo estamos?; **to fix** or **set a ~ (for sth)** fijar una fecha (para algo); **to ~** hasta la fecha; **up to ~** al día; **to bring sb up to ~ on sth** poner a alguien al día de algo; **out of ~** anticuado(a), pasado(a) de moda; **at a later** or **some future ~** en una fecha futura; **as postmark** con la fecha del matasellos ❑ **~ of birth** fecha f de nacimiento; **~ of issue** fecha f de expedición; **~ stamp** sello m con la fecha
-2. (period) **of an earlier/a later ~** de una fecha anterior/posterior; **to put a ~ to sth** (remember when it happened) recordar en qué fecha ocurrió algo; (estimate when built, established) fechar or datar algo
-3. (meeting) cita f; **let's make it a ~** vamos a quedar de fijo; **to have a ~ with sb** haber quedado or tener una cita con alguien ❑ **~ rape** = violación por una persona con quien se sale o con quien se tiene una relación
-4. US (girlfriend, boyfriend) pareja f; **can I bring a ~?** ¿puedo venir acompañado?, ¿puedo venir con pareja?
-5. (performance) actuación f
◇ vt **-1.** (letter, ticket) fechar; **it's dated last Sunday** (letter) tiene fecha del domingo pasado **-2.** (fix date of) (antique, remains) datar, fechar; Fig **that dates you** eso demuestra lo viejo que eres **-3.** US (go out with) salir con
◇ vi **-1.** (go) **to ~ from** or **back to** (custom, practice) remontarse a; (building) datar de **-2.** (go out of fashion) pasar de moda **-3.** US (go out with boyfriend, girlfriend) **how long have they been dating?** ¿cuánto tiempo llevan saliendo?; **he hasn't started dating yet** aún no ha empezado a salir con chicas

dated ['deɪtɪd] adj (clothes, style) anticuado(a), pasado(a) de moda; (word) desusado(a)

dateline ['deɪtlaɪn] n **-1.** GEOG meridiano m de cambio de fecha **-2.** JOURN **~ Tel Aviv** fechado(a) en Tel Aviv

date-stamp ['deɪtstæmp] ◇ n **-1.** (instrument) fechador m **-2.** (mark) fecha f
◇ vt (book, letter) fechar, poner fecha a

dating agency ['deɪtɪŋ'eɪdʒənsɪ] n agencia f de contactos

dative ['deɪtɪv] GRAM ◇ n dativo m
◇ adj dativo(a)

datum ['deɪtəm] (pl **data** ['deɪtə]) n PHIL dato m

daub [dɔːb] ◇ n **-1.** (of paint) mancha f, pintarrajo m **-2.** Fam Pej (painting) mamarracho m
◇ vt (with mud, paint) embadurnar (**with** de); **the walls were daubed with slogans** las paredes estaban pintarrajeadas de eslóganes; **to ~ paint on sth** embadurnar algo de pintura

daughter ['dɔːtə(r)] n **-1.** (female child) hija f **-2.** US **Daughters of the American Revolution** = asociación de mujeres descendientes de combatientes de la Guerra de la Independencia norteamericana

daughter-in-law ['dɔːtərɪnlɔː] n nuera f

daughterly ['dɔːtəlɪ] adj filial; **to behave in a ~ way** comportarse como una hija

daunt [dɔːnt] vt intimidar, acobardar; Formal **nothing daunted** sin dejarse arredrar

daunting ['dɔːntɪŋ] adj desalentador(ora), desmoralizante; **a ~ task** una tarea ingente

dauntless ['dɔːntlɪs] adj impávido(a), imperturbable

dauntlessly ['dɔːntlɪslɪ] adv impávidamente, imperturbablemente

dauphin ['dəʊfɪn] n HIST delfín m

davenport ['dævənpɔːt] n **-1.** Br (desk) escritorio m davenport **-2.** US (sofa) sofá m grande

David ['deɪvɪd] pr n **King ~** el rey David

Davis Cup ['deɪvɪs'kʌp] n **the ~** la Copa Davis

davit ['dævɪt] n NAUT pescante m

Davy Jones' locker ['deɪvɪdʒəʊnz'lɒkə(r)] n el fondo del mar

Davy lamp ['deɪvɪlæmp] n lámpara f de seguridad

dawdle ['dɔːdəl] vi perder el tiempo (**over** con)

◆ **dawdle away** vt sep **to ~ away the entire morning** perder or desperdiciar toda la mañana

dawdler ['dɔːdlə(r)] n lento(a) m,f

dawn [dɔːn] ◇ n **-1.** (daybreak) amanecer m, alba f; **at ~** al alba; **from ~ to dusk** de sol a sol ❑ **the ~ chorus** el canto de los pájaros al amanecer; **~ raid** MIL ataque m sorpresa al amanecer; FIN ataque m sorpresa (especulativo) **-2.** (of life, civilization) albores mpl,

day despertar *m*; **since the ~ of time** desde el principio de los tiempos

◇ *vi* **-1.** *(day)* amanecer; **the day dawned bright and clear** el día amaneció claro y despejado **-2.** *Fig (life, civilization)* despertar

◆ **dawn on** *vt insep* **the truth finally dawned on him** finalmente vio la verdad; **it dawned on me that...** caí en la cuenta de que...

day [deɪ] *n* **-1.** *(period of 24 hours)* día *m*; **once/twice a ~** una vez/dos veces al día; **the ~ after tomorrow** pasado mañana; **the ~ before yesterday** anteayer; **we had a ~ out at the seaside** fuimos a pasar el día a la playa; **any ~ now** cualquier día de estos; **~ after ~** día tras día; **~ by ~** día a día; **~ in ~ out** día tras día; **every ~** todos los días; **every other ~** cada dos días, un día sí y otro no, *Am* día por medio; **we've been searching for them for days** llevamos días buscándolos; **we're going to the beach for the ~** vamos a pasar el día a la playa; **from ~ one** desde el primer día; **from ~ to ~** de un día para otro; **from one ~ to the next** de un día para otro; **from that ~ on** desde aquel día; **in a few days' time** en unos pocos días; **soup of the ~** sopa del día; **one ~, one of these days, some ~** un *or* cualquier día (de éstos); **the other ~** el otro día; **a year ago to the ~** hace exactamente un año; **to this ~** hasta el día de hoy; *Fam* **it's not every ~ (that) you get promoted** no te ascienden todos los días; **I had a bad ~ today** hoy ha sido un mal día; *US* **have a nice ~!** ¡que tenga un buen día!; **to have an off ~** tener un mal día; *Fam* **hurry up, we haven't got all ~!** ¡date prisa *or Andes, RP* apúrate, no tenemos todo el día! ❑ REL **~ of abstinence** día *m* de vigilia; REL **Day of Atonement** Día *f* de la Expiación; FIN **~ book** diario *m* de entradas y salidas; COM **days of grace** periodo *m* de gracia; **Day of Judgement** Día *m* del Juicio Final; **~ of reckoning** hora *f* de pagar las culpas; **~ of rest** día *m* de descanso; *Br* **return** *(train ticket) Esp* billete *m or Am* boleto *m or Am* pasaje *m* de ida y vuelta en el día; **~ trip** excursión *f* de un día

-2. *(hours of daylight)* día *m*; **all ~ (long)** todo el día; **by ~, during the ~** durante el día; **to sleep by ~** dormir por el día; **to work ~ and night** trabajar día y noche ❑ **~ bed** diván *m*; **~ care** *(for children)* servicio *m* de guardería *(infantil); (for elderly people)* = servicio de atención domiciliaria a los ancianos; **~ care centre** *(for children)* guardería *f (infantil);* **~ cream** crema *f* de día; CIN **~ for night** noche *f* americana; **~ nursery** guardería *f*; **~ patient** paciente *mf* ambulatorio(a); **~ pupil** alumno(a) *m,f* externo(a); **~ room** *(in hospital)* = sala de estar en la que los pacientes ven la televisión, charlan, etc.; **~ school** colegio *m* sin internado

-3. *(period of work)* jornada *f*; **to work a seven-hour ~** hacer *or* trabajar una jornada de siete horas; *Fam* **I'm on days this week** *(working day shift)* esta semana voy de días, *Am* esta semana trabajo de día; **to be paid by the ~** cobrar por día trabajado; **to take *or* have a ~ off** tomarse un día libre; **to work days** trabajar el turno de día *or* diurno; **did you have a good ~ at work?** ¿qué tal te ha ido hoy en el trabajo? ❑ *Br* **~ of action** día *m* de huelga; **~ labourer** jornalero(a) *m,f*; **~ release** = sistema que permite a un trabajador realizar cursos de formación continua un día a la semana; **~ shift** *(in factory)* turno *m* de día *or* diurno

-4. *(era)* **in my ~** en mis tiempos; **in my university days** en mis tiempos de universitario; **he was a great player in his ~** en su tiempo fue un gran jugador; **in the days before electricity** antes de que hubiera electricidad; **in the days of...** en tiempos de...; **in days to come** más adelante, en el futuro; **in days gone by**

antaño; **in this ~ and age** en los tiempos que corren; **in those days** en aquellos tiempos; **she was the greatest actress of her ~** fue la actriz más grande de su tiempo; **the good old days** los buenos tiempos; **the best days of their lives** los mejores días de sus vidas; **these days** hoy (en) día; **those were the days!** ¡aquellos sí que eran buenos tiempos!; **he began/ended his days in poverty** comenzó/terminó sus días en la pobreza; **your ~ will come** tu día llegará; **the ~ will come when...** llegará el día en el que...; **communism has had its ~** el comunismo ha pasado a la historia

-5. IDIOMS *Fam* **he's sixty if he's a ~** tiene como mínimo sesenta años; **in all my (born) days** en toda mi vida; **it's all in a ~'s work** son los gajes del oficio; **it's been one of those days!** ¡ha sido un día loco!; *US Fam* **a ~ at the beach** algo facilísimo, un paseo; **the game was a ~ at the beach for the Dodgers** el partido fue facilísimo *or* un paseo para los Dodgers; *Fam* **I don't have any time for word processors, give me a typewriter any ~** donde esté *or* haya una máquina de escribir que se quiten los procesadores de textos; *Fam* **when it comes to holidays, give me the beach any ~** en cuanto a las vacaciones, donde esté la playa, que se quite lo demás; *Fam* **that'll be the ~!** ¡no lo verán tus ojos!, ¡cuando las ranas críen pelo!, *RP* ¡el día del golero *or* arquero!; **it's my lucky ~!** ¡es mi día (de suerte)!; **this isn't my ~!** ¡hoy no es mi día!; **it's rather late in the ~ to start worrying about that** ya es un poco tarde como para preocuparse por eso; **his/its days are numbered** sus días están contados, tiene los días contados; *Fam* **let's call it a ~** dejémoslo por hoy; **to carry *or* win the ~** *(win battle)* conseguir la victoria; *Fam Hum* **don't give up the ~ job!** mira, mejor dedícate a otra cosa; **we decided to make a ~ of it** decidimos aprovechar para pasar el día; *Fam* **to make sb's ~** alegrarle el día a alguien; **to name the ~** *(of wedding)* fijar la fecha de la boda

day-boy ['deɪbɔɪ] *n Br* alumno *m* externo
daybreak ['deɪbreɪk] *n* amanecer *m*, alba *f*; **at ~** al alba
daydream ['deɪdri:m] ◇ *n* fantasía *f*
◇ *vi* fantasear, soñar despierto(a); **to ~ about sth** fantasear sobre algo
day-girl ['deɪgɜ:l] *n Br* alumna *f* externa
Day-Glo® ['deɪgləʊ] *adj* fosforescente, fosforito(a)
daylight ['deɪlaɪt] *n* **-1.** *(dawn)* amanecer *m*; **before ~** antes de que amanezca

-2. *(light of day)* (luz *f* del) día *m*; **it was still ~** todavía era de día; **in ~** de día; **in broad ~** a plena luz del día; **~ hours** horas de luz ❑ *US* **~ saving time** horario *m* oficial de verano

-3. IDIOMS **to begin to see ~** *(approach end of task)* vislumbrarse el final; *(begin to understand)* empezar a ver algo claro; **to scare the living daylights out of sb** dar un susto de muerte a alguien; **it's ~ robbery!** ¡es un atraco a mano armada!
daylong ['deɪlɒŋ] *adj* de un día
daytime ['deɪtaɪm] *n* día *m*; **in the ~** durante el día ❑ **~ TV** programación *f* diurna *or* de día
day-to-day ['deɪtə'deɪ] *adj* diario(a), cotidiano(a); **on a ~ basis** día a día
day-tripper ['deɪtrɪpə(r)] *n* dominguero(a) *m,f*; **the town was full of day-trippers** el pueblo estaba lleno de gente que había venido a pasar el día
daze [deɪz] ◇ *n* aturdimiento *m*; **to be in a ~** estar aturdido(a)
◇ *vt* aturdir; **I was dazed by the impact** el golpe me dejó aturdida
dazed [deɪzd] *adj* aturdido(a)
dazzle ['dæzəl] ◇ *n* **-1.** *(of headlights)* resplandor *m*, brillo *m* **-2.** *(of publicity)* hechizo *m*
◇ *vt* **-1.** *(of light)* deslumbrar **-2.** *(of beauty, skill)* deslumbrar, encandilar

dazzling ['dæzlɪŋ] *adj* **-1.** *(light, intensity)* deslumbrante **-2.** *(beauty, skill)* deslumbrante, que encandila
dazzlingly ['dæzlɪŋlɪ] *adv* **-1.** *(bright, intense)* deslumbrantemente **-2.** *(beautiful, skilful)* deslumbrantemente
dB *(abbr* **decibel(s))** dB
dbase ['di:beɪs] *n* COMPTR *(abbr* **database)** base *f* de datos
DBE [di:bi:'i:] *n (abbr* **Dame Commander of the Order of the British Empire)** = título honorífico concedido a mujeres distinguidas con la Orden del Imperio Británico
DBMS [di:bi:em'es] *n* COMPTR *(abbr* **database management system)** sistema *m* de gestión de bases de datos
DC [di:'si:] *n* **-1.** ELEC *(abbr* **direct current)** corriente *f* continua **-2.** *(abbr* **District of Columbia)** DC, Distrito de Columbia
DCL *(abbr* **Doctor of Civil Law)** doctor(ora) *m,f* en derecho civil
DD [di:'di:] **-1.** *(abbr* **Doctor of Divinity)** Doctor(ora) *m,f* en Teología **-2.** COMPTR *(abbr* **double density)** doble densidad *f*
D/D *(abbr* **direct debit)** domiciliación *f* bancaria *or* de pago, *Am* débito *m* bancario
D-Day ['di:'deɪ] *n* **-1.** MIL el día D ❑ HIST **the ~ landings** el Desembarco de Normandía **-2.** *Fig* el día D
DDT [di:di:'ti:] *n (abbr* **dichlorodiphenyltrichloroethane)** DDT *m*
DE *(abbr* **Delaware)** Delaware
DEA [di:i:'eɪ] *n (abbr* **Drug Enforcement Administration)** = departamento estadounidense de lucha contra la droga
deacon ['di:kən] *n* REL diácono *m*
deaconess ['di:kənes] *n* REL diaconisa *f*
deactivate [di:'æktɪveɪt] *vt* desactivar
dead [ded] ◇ *adj* **-1.** *(not alive)* muerto(a); **a ~ man** un muerto; **a ~ woman** una muerta; IDIOM **to step into *or* fill ~ men's shoes** pasar a ocupar el puesto de una que ha muerto, *RP* ocupar el lugar del muerto; **to be ~** estar muerto(a); IDIOM *Fam* **to be ~ from the neck up** tener la cabeza llena de serrín *or Am* aserrín; IDIOM **to be ~ to the world** *(asleep)* estar con un tronco; *(drunk)* estar K.O., estar inconsciente; **he was ~ on arrival** cuando llegó al hospital ya había muerto, *Esp* ingresó cadáver; **to give sb up for ~** dar a alguien por muerto; **to shoot sb ~** matar a alguien a tiros; IDIOM *Fam* **as ~ as a doornail** *or* **a dodo** muerto(a) y bien muerto(a); *Fig* **half ~ with fright** medio muerto(a) de miedo; **wanted ~ or alive** se busca vivo(a) o muerto(a); *Fig* **they were more ~ than alive** estaban más muertos que vivos; *Fam Fig* **if dad finds out, you're ~** si papá se entera, te mata; IDIOM **to leave sth ~ in the water** condenar algo al fracaso; *Fam* **I wouldn't be seen *or* caught ~ in that dress!** ¡no me pondría ese vestido ni borracha *or* loca!; **a ~ body** un cadáver; IDIOM *Fam* **over my ~ body!** ¡por encima de mi cadáver!; IDIOM **to flog** *or US* **beat a ~ horse** esforzarse inútilmente; IDIOM *Fam* **he's ~ meat** se puede dar por muerto; PROV **~ men tell no tales** los muertos no hablan ❑ *US* **~ bolt** cerradura *f* embutida *or* de pestillo; *Fam Fig* **~ duck: the project proved to be a ~ duck** el proyecto estaba condenado al fracaso desde el principio; *also Fig* **~ end** callejón *m* sin salida; **to come to a ~ end** meterse en un callejón sin salida; **~ man's handle** = control de seguridad que tiene que estar accionado para que el aparato funcione; MUS **~ march** marcha *f* fúnebre; *Fam* **~ men** *(empty bottles)* cascos *mpl*, botellas *fpl* vacías; **the Dead Sea** el mar Muerto; **the Dead Sea Scrolls** los Manuscritos del Mar Muerto

-2. *(numb)* dormido(a); **my leg went ~** se me durmió la pierna; *Fam* **to give sb a ~ leg** = golpear a alguien en cierto músculo de manera que se le quede la pierna floja durante unos instantes

-3. *(not working) (battery)* gastado(a), agotado(a); **the engine's ~** no funciona el

motor; **the phone/line is ~** no hay línea, *RP* da muerto; **the battery has gone ~** se ha gastado *or* agotado la batería; **the phone/line went ~** se cortó la línea
-4. *(not alight) (fire, match, cigarette)* extinguido(a)
-5. *(no longer continuing)* **the deal still isn't ~** todavía hay esperanzas de alcanzar un acuerdo; *Fig* **~ and buried** finiquitado(a) ❑ **~ letter** *(undelivered letter)* = carta que no se puede repartir ni devolver; *(law)* letra *f* muerta
-6. *(language)* muerto(a)
-7. *(lacking energy) (voice, eyes, performance, colour)* apagado(a); *(sound)* sordo(a); **this place is ~ in winter** este lugar está muerto en invierno; *Fig* **he's a ~ weight** es un peso muerto
-8. *(absolute) (silence)* absoluto(a), completo(a); **to hit a target ~ centre** alcanzar el objetivo en pleno centro; IDIOM *Fam* **it/he was a ~ loss** resultó ser un desastre total; IDIOM *Fam* **to be a ~ ringer for sb** ser idéntico(a) a alguien ❑ **~ calm** calma *f* chicha; *Fam* **~ cert** ganador(ora) *m,f* seguro(a); **~ halt: to come to a ~ halt** detenerse por completo; **~ heat** *(in race)* empate *m*; NAUT **~ reckoning** estima *f*
-9. *Fam (tired)* **to be ~** estar muerto(a); **I'm ~ on my feet** estoy que me muero *or* que me caigo
-10. SPORT *(out of play)* muerto(a); **the ball went ~** *(in rugby)* la pelota acabó en balón muerto ❑ **~ ball situation** *(in football)* jugada *f* a balón parado
-11. *Fam* **are these glasses ~?** *(said by bar staff)* ¿me puedo llevar los vasos?
◇ *adv* **-1.** *(completely) (certain, wrong)* totalmente, completamente; *Fam* **~ beat** *or* **tired** hecho(a) polvo, molido(a); *Fam* **you're ~ right** tienes toda la razón del mundo; **to be ~ (set) against sth** oponerse rotundamente a algo; **to be ~ set on doing sth** estar completamente decidido(a) a hacer algo; **~ slow** *(sign)* muy despacio; **they arrived ~ on time** llegaron puntualísimos; *Fam* **to be ~ wrong** equivocarse de medio a medio; **to stop ~** pararse en seco; **to stop sb ~ in their tracks** hacer que alguien se pare en seco
-2. *Fam (very)* **you were ~ lucky** fuiste muy suertudo; **the movie was ~ boring** la película fue aburridísima *or Esp* un tostón *or RP* un embole; **the exam was ~ easy** el examen fue facilísimo, *Esp* el examen estuvo chupado *or* tirado, *RP* el examen fue un boleto; **these meatballs are ~ good** estas albóndigas están de morirse *or RP* del otro mundo
-3. *(exactly)* **~ on six o'clock** a las seis en punto; **you're ~ on** *(exactly right)* exactamente; **it hit the target ~ centre** dio de lleno en el blanco; **to stare ~ ahead** mirar fijamente hacia delante
◇ *n* **at ~ of night** a altas horas de la noche; **in the ~ of winter** en pleno invierno
◇ *npl* **the ~** los muertos; *Fig* **to come back from the ~** resucitar; **to rise from the ~** resucitar (de entre los muertos)

dead-and-alive ['dedəndə'laɪv] *adj Br (place)* de mala muerte

dead-ball line [ded'bɔːllaɪn] *n (in rugby)* línea *f* de balón muerto

deadbeat ['dedbiːt] *n Fam* **-1.** *(lazy person)* vago(a) *m,f*, holgazán(ana) *m,f* **-2.** *(tramp)* indigente *mf* **-3.** *(parasite)* gorrero(a) *m,f*, *Esp, Méx* gorrón(ona) *m,f*, *RP* garronero(a) *m,f*

deaden ['dedən] *vt (blow, sound, pain)* amortiguar, atenuar; **to become deadened to sth** volverse insensible a algo

deadhead ['dedhed] ◇ *n* **-1.** *US Fam (lazy person)* vago(a) *m,f*, holgazán(ana) *m,f* **-2.** *US (user of free ticket for theatre)* espectador(ora) *m,f* con invitación; *(user of free ticket for bus, train)* viajero(a) *m,f* con *Esp* billete *or Am* boleto *m or Am* pasaje *m* gratuito **-3.** *Br (of plant)* flor *f* marchita
◇ *vt (plant)* cortar las flores marchitas a

dead-letter box [ded'letə(r)bɒks], **dead-letter drop** [ded'letə(r)drɒp] *n* = escondrijo donde los espías dejan y recogen cartas

deadline ['dedlaɪn] *n (day)* fecha *f* límite; *(time)* plazo *m*; **to meet a ~** cumplir un plazo; **to miss a ~** no cumplir con un plazo; **to work to a ~** trabajar con un plazo

deadlock ['dedlɒk] ◇ *n* **-1.** *(stalemate)* punto *m* muerto; **to reach (a) ~** llegar a un punto muerto; **to break the ~** salir del impasse **-2.** *(on door)* candado *m*
◇ *vt* **to be deadlocked** *(of talks, negotiations)* estar en un punto muerto

deadly ['dedlɪ] ◇ *adj* **-1.** *(mortal) (poison, blow, enemy)* mortal, mortífero(a); *(sin)* capital; *(weapon)* mortífero(a); *(pallor)* cadavérico(a); **to ~ effect** con efectos devastadores ❑ **~ nightshade** belladona *f* **-2.** *(complete) (silence)* sepulcral; *(accuracy)* certero(a), infalible; **in ~ earnest** *(say)* muy en serio, totalmente en serio **-3.** *Fam (boring)* aburridísimo(a)
◇ *adv (very)* **~ accurate** tremendamente exacto(a); **~ boring** mortalmente aburrido(a); **to be ~ serious about sth** decir algo completamente en serio

deadness ['dednɪs] *n* **-1.** *(of voice, eyes, performance)* falta *f* de vida; *(of colour)* lo apagado; *(of sound)* debilidad *f* **-2.** *(of place)* falta *f* de animación

dead-on ['dedɒn] *adj Fam* atinado(a)

deadpan ['dedpæn] ◇ *adj (expression)* inexpresivo(a); *(humour)* socarrón(ona)
◇ *adv* de manera inexpresiva

deadwood ['dedwʊd] *n* **-1.** *(of tree)* ramas *fpl* secas **-2.** *(in company)* **there is too much ~ in this office** en esta oficina sobra mucha gente *or* hay mucha gente que está de más

deaf [def] ◇ *adj* sordo(a); **a ~ man** un sordo; **a ~ woman** una sorda; **to be ~** ser *or* estar sordo(a); **~ and dumb** sordomudo(a); **to go ~** quedarse sordo(a); **to be ~ in one ear** ser sordo(a) de un oído; IDIOM **as ~ as a post** sordo(a) como una tapia; **to turn a ~ ear to sb** hacer caso omiso de alguien; **the appeal fell on ~ ears** el llamamiento cayó en saco roto; *Fig* **she was ~ to his appeals** hizo oídos sordos a sus requerimientos; *Fam* **are you ~? I said "no"!** ¿estás sordo o qué? ¡he dicho que no!
◇ *npl* **the ~** los sordos

deaf-aid ['defeɪd] *n* audífono *m*

deafen ['defən] *vt* ensordecer; *Fam* **that noise is deafening me!** ese ruido me está dejando sordo

deafening ['defənɪŋ] *adj* ensordecedor(ora); *Hum* **the silence was ~** había un silencio abrumador

deaf-mute [def'mjuːt] *n Old-fashioned* sordomudo(a) *m,f*

deafness ['defnɪs] *n* sordera *f*

deal[1] [diːl] *n (wood)* madera *f* de conífera, madera *f* blanda

deal[2] ◇ *n* **-1.** *(agreement)* acuerdo *m*; *(in business)* trato *m*; **to do** *or* **make a ~ (with sb)** hacer un trato (con alguien); **it's a ~!** ¡trato hecho!; **the union got a good ~ for its members** el sindicato logró un buen acuerdo para sus afiliados; **the ~ is off** se ha roto el acuerdo; IDIOM *US Fam* **what's the ~?** *(what happened?)* ¿qué pasó?, ¿qué ha pasado?
-2. *(bargain)* oferta *f*; **I got a good ~ on this video** este *Esp* vídeo *or Am* video me salió muy barato
-3. *(treatment)* **to give sb a fair ~** dar un trato justo a alguien; **the president promised a new** *or* **better ~ for teachers** el presidente prometió una renovación de la situación de los maestros; **to get a good/bad ~** recibir un buen/mal trato
-4. *(amount)* **a good** *or* **great ~**, *Old-fashioned* **a ~** *(a lot)* mucho; **not a great ~** no mucho; **there's not much ~ I can do to help no** puedo hacer mucho para ayudar; **they haven't had a great ~ of luck** no han tenido demasiada suerte, han tenido muy poca suerte; **to have a great ~ to do** tener mucho que hacer; **a good** *or* **great ~ of my time** gran parte de mi tiempo; **a good/great ~ faster** mucho/bastante más rápido; **I didn't enjoy it a great ~** no me gustó demasiado
-5. *(in cards)* **(it's) your ~** te toca repartir *or* dar; **whose ~ is it?** ¿quién da *or* reparte?
◇ *vt (pt & pp* **dealt** [delt]) **-1.** *(cards)* repartir, dar; **he dealt me a king** me dio *or* repartió un rey; **to ~ sb in** repartir *or* dar cartas a alguien; *Fig* **~ me in** cuenta conmigo **-2.** *(blow)* **to ~ sth/sb a blow** dar un golpe a algo/alguien; *Fig* **our hopes have been dealt a severe blow** nuestras ilusiones han sufrido un serio revés **-3.** *(sell)* **to ~ drugs** traficar con droga, pasar droga
◇ *vi* **-1.** *(trade)* **to ~ in leather/shares** comerciar con pieles/acciones; **to ~ in drugs** traficar con droga, pasar droga; *Fig* **to ~ in death/human misery** hacer negocio con la muerte/la miseria humana **-2.** *(in drugs)* traficar con droga, pasar droga **-3.** *(in cards)* repartir, dar

➤ **deal out** *vt sep (cards, justice)* repartir; **she dealt out a heavy sentence to them** les infligió una severa condena; **~ me out (this hand)** no me repartas cartas (esta mano), (esta mano) no voy

➤ **deal with** *vt insep* **-1.** *(subject)* tratar; **the book deals with her rise to power** el libro trata sobre su ascenso al poder
-2. *(tackle, cope with) (complaint)* ocuparse de; *(situation, criticism)* hacer frente a, afrontar; **the switchboard deals with over 1,000 calls a day** desde la centralita se gestionan más de 1.000 llamadas diarias; **the problem is being dealt with** nos estamos ocupando del problema; **we're dealing with a very difficult problem here** aquí nos enfrentamos a un serio problema; **I know how to ~ with him** sé cómo tratarlo; **how is she dealing with his death?** ¿qué tal lleva lo de su muerte?; **I'll ~ with it** *(problem, situation)* yo me ocuparé del asunto; **that's that dealt with** eso ya está listo
-3. *(have dealings with)* tener tratos con; **I usually ~ with the boss** normalmente hablo *or* negocio con el jefe; **to ~ with a company** tener relaciones *or* tratos con una empresa; **she's not an easy woman to ~ with** no es una mujer de trato fácil
-4. *(punish)* **she dealt severely with them** les impuso un severo castigo; **I'll ~ with you later** ya hablaremos tú y yo después

dealer ['diːlə(r)] *n* **-1.** *(in card game)* = jugador que reparte **-2.** COM comerciante *mf* (**in** de); **(art) ~** marchante *mf* (de arte); **(car) ~** *(in general)* vendedor(ora) *m,f* (de coches *or Am* carros *or RP* autos); **a Ford/Toyota ~** un concesionario Ford/Toyota **-3.** *(in drugs)* traficante *mf*

dealership ['diːləʃɪp] *n* AUT **-1.** *(showroom)* concesionario *m* **-2.** *(franchise)* concesión *f*

dealing ['diːlɪŋ] *n* **-1.** *Br (on stock exchange)* contratación *f* ❑ **~ room** sala *f* de cambios **-2.** *(in drugs)* tráfico *m*

dealings ['diːlɪŋz] *npl* tratos *mpl*; **to have ~ with sb** estar en tratos con alguien

dealt *pt & pp of* **deal**

dean [diːn] *n* **-1.** REL deán *m* **-2.** UNIV decano(a) *m,f* ❑ *US* **Dean's List** = lista de los alumnos considerados más sobresalientes por el decano de una universidad

deanery ['diːnərɪ] *n* REL *(residence)* residencia *f* del deán

dear [dɪə(r)] ◇ *adj* **-1.** *(loved)* querido(a); **Margaret dearest** queridísima Margaret; **to hold sth/sb ~** apreciar mucho algo/a alguien; **all that I hold ~ (in life)** todo lo que tiene un significado especial para mí (en la vida); **he's a ~ friend (of mine)** es un amigo muy querido; **my dearest wish is that...** mi mayor deseo es que...; **a place ~ to the hearts of...** un lugar muy querido

para...; IDIOM *Fam* **to run for ~ life** correr desesperadamente
-**2.** *(in spoken form of address)* **my ~ fellow** querido *or* mi estimado colega; **my ~ girl** jovencita; **my ~ Mrs Stevens** mi querida Sra. Stevens
-**3.** *(in letter)* **Dear Sir** Muy Sr. mío; **Dear Madam** Muy Sra. mía; **Dear Sir or Madam, Dear Sir/Madam** Muy Sres. míos; **Dear Mr Thomas** Estimado Sr. Thomas; **Dear Andrew** Querido Andrew; **My dearest Gertrude** Queridísima Gertrude; IDIOM **a Dear John letter** = una carta para poner fin a una relación amorosa
-**4.** *(delightful)* mono(a), precioso(a); **she's such a ~ girl** es una chica tan encantadora; **what a ~ little child/cottage/frock!** ¡qué monada de criatura/chalé/vestido!
-**5.** *(expensive)* caro(a); **things are getting dearer** todo está cada vez más caro
◇ *exclam* **~ me!, ~, ~!, oh ~!** *(in shock, disapproval)* ¡madre mía!; **oh ~!** *(expressing worry)* ¡vaya por Dios!
◇ *n* **poor ~** pobrecito(a); **my ~** cariño mío, mi amor; **my dearest** querido(a); **she's such a ~** ¡es un cielo!; **be a ~ and...** sé bueno y...; *Fam* **an old ~** una viejecita; **will that be all, ~?** *(said by shop assistant, waitress)* ¿algo más, cielo?
◇ *adv (to buy, sell)* caro; *Fig* **it cost me ~** me costó muy caro
dearly ['dɪəlɪ] *adv* -**1.** *(very much)* **I love him ~** lo quiero muchísimo; **I would ~ love to know** me encantaría saberlo; REL **~ beloved** queridos hermanos y hermanas; **~ beloved son of...** *(on gravestone)* el hijo amado de... -**2.** *(at high cost)* **she paid ~ for her mistake** pagó muy caro su error
dearth [dɜːθ] *n* escasez *f* (**of** de)
deary ['dɪərɪ] *n Fam* cariño *m*, corazón *m*; **~ me!** ¡madre mía!
death [deθ] *n* -**1.** *(end of life)* muerte *f*; **at the time of his ~** cuando falleció, en el momento de su muerte; **to put sb to ~** ejecutar a alguien; **he fell to his ~** se mató de una caída; **he was beaten/stabbed to ~** lo mataron a golpes/a puñaladas; **he was burnt to ~** murió abrasado; **a fight to the ~** una lucha a muerte; **there's been a ~ in the family** ha fallecido alguien de la familia; **~ to traitors!** ¡muerte *or* mueran los traidores!; **till ~ do us part** hasta que la muerte nos separe ❑ **~ camp** campo *m* de exterminio; **~ certificate** certificado *m or* partida *f or* acta *f* de defunción; *Br Formerly* **~ duties** impuesto *m* de sucesiones; **~ knell** toque *m* de difuntos; *Fig* **to sound the ~ knell for sth** asestar el golpe de gracia a algo *or* anunciar el final de algo; **~ mask** mascarilla *f*; **~ penalty** pena *f* de muerte; **~ rate** tasa *f* de mortalidad; **~ rattle** último estertor *m*; US **~ row** galería *f* de los condenados a muerte; **~ sentence** pena *f* de muerte; FIN **~ in service (benefit)** indemnización *f* por fallecimiento del trabajador; **~ squad** escuadrón *m* de la muerte; US **~ tax** impuesto *m* de sucesiones; **~ threat** amenaza *f* de muerte; *also Fig* **~ throes** últimos estertores *mpl*, agonía *f*; **to be in one's ~ throes** estar agonizando; *Fig* **to be in its ~ throes** *(project, business)* estar en las últimas; **~ toll** número *m or* saldo *m* de víctimas mortales; **~ warrant** orden *f* de ejecución; IDIOM **to sign one's own ~ warrant** firmar la propia sentencia de muerte; **~ wish** ganas *fpl* de morir
-**2.** IDIOMS **to be sick to ~ of sth** estar hasta la coronilla de algo; **to be scared to ~** estar muerto(a) de miedo; **to be in at the ~** ver el final; *Fam* **to do sth to ~** repetir algo hasta la saciedad *or Am* el hartazgo; **it's been done to ~** *(play, subject for novel)* eso está muy visto; *Fam* **you'll be the ~ of me** *(with amusement)* me vas a acabar conmigo; *RP* **me vas a sacar canas verdes**; *(with irritation)* me vas a matar (a disgustos); **you'll catch your ~ (of cold)!** ¡vas a agarrar *or Esp* coger un resfriado de muerte!, *RP* ¡te vas a agarrar un resfrío fenomenal!; **to be at ~'s door**

estar a las puertas de la muerte; **to look like ~ warmed** *Br* **up** *or US* **over** tener una pinta horrorosa

---

DEATH ROW

Así se llama a las zonas reservadas a los condenados a muerte en las cárceles estadounidenses. En los años sesenta se puso en tela de juicio la constitucionalidad de la pena de muerte, pero en 1972 la Corte Suprema declaró que no era contraria a la Constitución, aunque sí lo era la forma en que se aplicaba. Cuando en 1977 se llevaron a cabo las primeras ejecuciones según la nueva legislación, muchos de los que habían sido condenados tras 1976 pidieron que se volviera a examinar su caso. Como consecuencia, el número de condenados a muerte en espera de una revisión de su condena no ha cesado de aumentar desde entonces. En los últimos años, también han aumentado las ejecuciones de forma espectacular en ciertos estados –especialmente en Tejas– y la pena de muerte continúa siendo un tema que suscita gran polémica.

---

deathbed ['deθbed] *n* lecho *m* de muerte; **a ~ confession** una confesión en artículo mortis
deathblow ['deθbləʊ] *n Fig* golpe *m* mortal; **to deal a ~ to sth** asestarle un golpe mortal a algo
deathly ['deθlɪ] ◇ *adj (pallor)* cadavérico(a); *(silence)* sepulcral
◇ *adv* **~ pale** lívido(a), pálido(a); **~ cold** muerto(a) de frío
death's-head ['deθshed] *n* calavera *f* ❑ US **~ hawkmoth** mariposa *f* de la muerte; **~ moth** mariposa *f* de la muerte
deathtrap ['deθtræp] *n* **it's a ~** *(house, car)* es un auténtico peligro
deathwatch beetle ['deθwɒtʃ'biːtəl] *n* carcoma *f*
deb [deb] *n Fam* debutante *f*
debacle [deɪ'bɑːkəl] *n* desastre *m*, debacle *f*
debag [diː'bæɡ] *(pt & pp* **debagged**) *vt Fam* quitar *or Am* sacar sus pantalones a
debar [diː'bɑː(r)] *(pt & pp* **debarred**) *vt (from club, pub)* prohibir la entrada (**from** en); **to ~ sb from doing sth** prohibirle a alguien hacer algo
debark[1] [diː'bɑːk] ◇ *vt* desembarcar
◇ *vi* desembarcar
debark[2] *vt (tree)* quitar la corteza a
debase [dɪ'beɪs] *vt* -**1.** *(degrade) (person, sport, ideal)* degradar; **to ~ oneself** degradarse -**2.** *(coinage)* = depreciar una moneda rebajando su contenido metálico
debasement [dɪ'beɪsmənt] *n* -**1.** *(of person, sport, ideal)* degradación *f* -**2.** *(of coinage)* = reducción del valor por rebaja en el contenido metálico
debatable [dɪ'beɪtəbəl] *adj* discutible; **it is ~ whether...** es discutible que...
debate [dɪ'beɪt] ◇ *n* debate *m*; **after much or lengthy ~ they decided to buy it** tras mucho debatir decidieron comprarlo; **after much ~, he chose the Ferrari** después de darle muchas vueltas se decantó por el Ferrari; **to be open to ~** ser discutible
◇ *vt (issue)* debatir, discutir; **a much/hotly debated question** una cuestión muy/acaloradamente debatida; **he debated (with himself) whether to go** se debatía entre ir y no ir
◇ *vi* debatir (**with/on** con/sobre)
debater [dɪ'beɪtə(r)] *n* polemista *mf*, persona *f* que participa en debates
debating [dɪ'beɪtɪŋ] *n* = debates y discusiones organizados por una institución o asociación ❑ **~ society** = asociación que organiza debates en una universidad o instituto
debauched [dɪ'bɔːtʃt] *adj* depravado(a), degenerado(a)
debauch [dɪ'bɔːtʃ] *Literary* ◇ *n* orgía *f*
◇ *vt (person)* corromper, pervertir
debauched [dɪ'bɔːtʃt] *adj* vicioso(a), libertino(a)

debauchee [dɪbɔː'tʃiː] *n Literary* vicioso(a) *m,f*, libertino(a) *m,f*
debauchery [dɪ'bɔːtʃərɪ] *n* libertinaje *m*, depravación *f*
debenture [dɪ'bentʃə(r)] *n* FIN obligación *f* ❑ **~ bond** obligación *f* hipotecaria; **debentures issue** emisión *f* de obligaciones
debilitate [dɪ'bɪlɪteɪt] *vt* debilitar
debilitating [dɪ'bɪlɪteɪtɪŋ] *adj* debilitador(ora), debilitante; **it has a ~ effect on her concentration** ejerce un efecto debilitante *or* debilitador en su capacidad de concentración
debility [dɪ'bɪlɪtɪ] *n* debilidad *f*
debit ['debɪt] FIN ◇ *n* cargo *m*, adeudo *m*; *Br* **your account is in ~** el saldo de su cuenta es negativo ❑ **~ balance** saldo *m* deudor; **~ card** tarjeta *f* de débito; **~ entry** asiento *m* de adeudo *or* de cargo; **~ note** nota *f* de adeudo *or* de cargo; **~ side** debe *m*, columna *f* de la izquierda; *Fig* **on the ~ side** en el lado negativo
◇ *vt (account, person)* adeudar, debitar; **to ~ sb's account with $50, to ~ $50 from sb's account** adeudar *or* debitar 50 dólares en la cuenta de alguien
debonair [debə'neə(r)] *adj (person)* gallardo(a); *(smile, charm)* jovial, alegre
debouch [dɪ'baʊtʃ] *vi* -**1.** *(river)* desembocar -**2.** MIL *(troops)* emerger, surgir
Debrett's [də'brets] *n* **~ (Peerage)** = publicación que recoge a los miembros de la aristocracia británica
debrief [diː'briːf] *vt* **to ~ sb on a mission** pedir a alguien que rinda cuentas sobre una misión
debriefing [diː'briːfɪŋ] *n* interrogatorio *m (tras una misión)*
debris ['debriː] *n* -**1.** *(of building)* escombros *mpl*; *(of plane, car)* restos *mpl*; *Fig* **he wanted to salvage something from the ~ of his marriage** quería rescatar algo de un matrimonio hecho pedazos -**2.** GEOL **~ cone** cono *m* de deyección
debt [det] *n* -**1.** *(moral obligation)* deuda *f*; **I shall always be in your ~** siempre estaré en deuda contigo; **he has paid his ~ to society** ha saldado su deuda con la sociedad; **to owe sb a ~ of gratitude** tener una deuda de gratitud con alguien; **~ of honour** deuda de honor
-**2.** *(financial obligation, sum owed)* deuda *f*; **bad ~** deuda incobrable; **to get** *or* **run into ~** endeudarse; **to be in ~ (to)** estar endeudado(a) (con); **to get out of ~** salir del endeudamiento; **he always paid his debts** siempre saldaba sus cuentas ❑ **~ collector** cobrador(ora) *m,f* de morosos; **~ rescheduling** reprogramación *f* de la deuda; **~ restructuring** reprogramación *f* de la deuda; **~ servicing** servicio *m* de la deuda; FIN **~ swap** intercambio *m* de deuda
debtor ['detə(r)] *n* deudor(ora) *m,f* ❑ **~ nation** nación *f* deudora *or* endeudada; HIST **~'s prison** = cárcel del s. XIX en la que se encerraba a los deudores hasta que saldaban sus deudas
debt-ridden ['detrɪdən] *adj* agobiado(a) *or* abrumado(a) por las deudas
debug [diː'bʌɡ] *(pt & pp* **debugged**) *vt* -**1.** COMPTR depurar, eliminar errores en -**2.** *(remove hidden microphones from)* limpiar de micrófonos
debugger [diː'bʌɡə(r)] *n* COMPTR depurador *m*
debugging [diː'bʌɡɪŋ] *n* -**1.** COMPTR depuración *f* -**2.** *(removal of microphones)* eliminación *f* de micrófonos
debunk [diː'bʌŋk] *vt Fam* echar por tierra
debut ['deɪbjuː] ◇ *n* debut *m*; **to make one's ~** debutar; **her ~ performance** su primera actuación, su debut
◇ *vi* debutar (**as** como)
débutante, debutante ['debjʊtɑːnt] *n* debutante *f*
Dec *(abbr* **December)** dic. *m*
decade ['dekeɪd] *n* decenio *m*, década *f*
decadence ['dekədəns] *n* decadencia *f*
decadent ['dekədənt] *adj* decadente; *Hum* **how ~!** ¡qué decadente!

decaf(f) ['diːkæf] n Fam descafeinado m
decaffeinated [diːˈkæfɪneɪtɪd] adj descafeinado(a)
decagon ['dekəgən] n GEOM decágono m
decahedron [dekəˈhiːdrən] n GEOM decaedro m
decal ['diːkæl] n US calcomanía f
decalcify [diːˈkælsɪfaɪ] vt PHYSIOL descalcificar
decalitre ['dekəliːtə(r)] n decalitro m
Decalogue ['dekəlɒg] n **the ~** el Decálogo, las Tablas de la Ley
decamp [dɪˈkæmp] vi -1. MIL levantar el campamento -2. Fam (abscond) esfumarse, Esp darse el piro; **to ~ to another room** largarse a otra habitación
decant [dɪˈkænt] vt -1. (wine) decantar -2. (people) conducir
decanter [dɪˈkæntə(r)] n licorera f
decapitate [dɪˈkæpɪteɪt] vt decapitar
decapitation [dɪkæpɪˈteɪʃən] n decapitación f
decapod ['dekəpɒd] n -1. (crustacean) decápodo m -2. (mollusc) decápodo m
decarbonize [diːˈkɑːbənaɪz] vt AUT descarburar
decathlete [dɪˈkæθliːt] n decatleta mf
decathlon [dɪˈkæθlɒn] n decatlón m
decay [dɪˈkeɪ] ◇ n -1. (of wood, stone, food, corpse) putrefacción f, descomposición f; (of teeth) caries f inv -2. (of civilization) declive m, decadencia f; (of building) ruina f; also Fig **to fall into ~** alcanzar un estado ruinoso, deteriorarse; **it's a custom which has fallen into ~** es una costumbre que ha caído en desuso -3. PHYS descomposición f, desintegración f
◇ vi -1. (wood, stone, food, corpse) pudrirse, descomponerse; (teeth) picarse, cariarse -2. (decline) declinar -3. PHYS descomponerse, desintegrarse
◇ vt (wood, stone, food, corpse) pudrir, descomponer; (tooth) cariar
decaying [dɪˈkeɪɪŋ] adj (wood, stone, food, corpse) podrido(a), en descomposición; (teeth) cariado(a); **~ inner-city slums** zonas en deterioro del centro de la ciudad
decease [dɪˈsiːs] n Formal fallecimiento m
deceased [dɪˈsiːst] Formal ◇ adj difunto(a), **James Porton, ~** el difunto James Porton
◇ n **the ~** el/la difunto(a)
decedent [dɪˈsiːdənt] n US LAW finado(a) m,f, difunto(a) m,f
deceit [dɪˈsiːt] n engaño m; **by ~** valiéndose de engaños
deceitful [dɪˈsiːtfʊl] adj (person) falso(a); (behaviour) engañoso(a); **to be ~** ser un(a) falso(a)
deceitfully [dɪˈsiːtfʊlɪ] adv **to obtain sth ~** conseguir algo con engaños
deceitfulness [dɪˈsiːtfʊlnɪs] n falsedad f
deceive [dɪˈsiːv] ◇ vt engañar; **to be deceived by appearances** dejarse engañar por las apariencias; **to ~ oneself** engañarse; **to ~ sb into thinking sth** hacer creer algo a alguien; **don't be deceived** no te engañes; **I thought my eyes were deceiving me** no daba crédito a lo que estaba viendo
◇ vi engañar; **it was not done with intent to ~** no se hizo con intención de engañar
deceiver [dɪˈsiːvə(r)] n impostor(ora) m,f, embustero(a) m,f
decelerate [diːˈseləreɪt] vi decelerar, desacelerar
deceleration [diːseləˈreɪʃən] n deceleración f, desaceleración f
December [dɪˈsembə(r)] n diciembre m; see also **May**
decency ['diːsənsɪ] n -1. (of dress, behaviour) decencia f, decoro m; **common ~** (mínima) decencia; **he didn't even have the ~ to tell us first** ni siquiera tuvo la delicadeza de decírnoslo primero -2. Formal **the decencies** (conventional standards) las convenciones sociales; **to observe the decencies** guardar las formas
decent ['diːsənt] adj -1. (respectable) decente, decoroso(a); **~, church-going folk** gente de bien, que va a misa; Old-fashioned **to do the ~ thing** (marry woman one has made pregnant) hacer lo que es decente casarse; Hum **are you ~?** (dressed) ¿estás visible or presentable?; **she remarried after a ~ interval** volvió a casarse tras un decoroso periodo de tiempo
-2. (of acceptable quality, size) decente; **I earn a ~ wage** gano un sueldo decente; **a ~ meal** una comida decente; **a ~ night's sleep** una buena noche de descanso; **he speaks ~ Spanish** habla un español aceptable -3. Fam (kind) **a ~ chap** un buen tipo; **it's very ~ of you** es muy amable de tu parte
decently ['diːsəntlɪ] adv -1. (respectably) con decencia, decentemente; **to treat people ~** tratar a los demás con decencia -2. (reasonably) **they pay quite ~** pagan un sueldo bastante decente -3. Fam (kindly) con amabilidad
decentralization [diːsentrəlaɪˈzeɪʃən] n descentralización f
decentralize [diːˈsentrəlaɪz] ◇ vt descentralizar
◇ vi descentralizarse
deception [dɪˈsepʃən] n engaño m; **by ~** valiéndose de engaños
deceptive [dɪˈseptɪv] adj engañoso(a); **appearances can be ~** las apariencias engañan
deceptively [dɪˈseptɪvlɪ] adv engañosamente; **~ worded/written** formulado/escrito engañosamente; **it looks ~ easy** a primera vista parece muy fácil
decibel ['desɪbel] n decibelio m
decide [dɪˈsaɪd] ◇ vt -1. (choose, resolve) decidir; **to ~ to do sth** decidir hacer algo; **what have you decided?** ¿qué has decidido?; **it was decided to wait for her reply** se decidió esperar su respuesta; **nothing has been decided** no hay nada decidido; **to ~ one's own future** decidir or determinar (uno) su propio porvenir; **the weather hasn't decided what it's doing yet** el tiempo no termina de aclararse
-2. (determine) (outcome, sb's fate) decidir; **that was what decided me** eso fue lo que me hizo decidirme
-3. (settle) (debate, war) resolver; **that decides the matter** eso resuelve la cuestión; **the issue will be decided at our next meeting** el asunto se resolverá en nuestra próxima reunión
◇ vi -1. (make up one's mind) decidir; **what shall we do? - you ~** ¿qué hacemos? - tú decides; **she couldn't ~ between the two** no se decidía entre los dos; **you'll have to ~ for yourself** tendrás que decidirte tú solo; **I can't ~ whether to go or not** no sé si ir o no; **to ~ in favour of/against sb** (judge, jury) fallar a favor de/en contra de alguien; **to ~ against doing sth** decidir no hacer algo; **to ~ in favour of doing sth** decidir hacer algo
-2. (determine) **he planned to become a doctor but circumstances decided otherwise** quería ser médico pero el destino no quiso que así fuera
◆ **decide on** vt insep decidirse por; **have you decided on a date/a name?** ¿habéis escogido una fecha/un nombre?; **I've decided on Greece for my holiday** he elegido Grecia para pasar mis vacaciones
decided [dɪˈsaɪdɪd] adj -1. (person, manner) decidido(a), resuelto(a); (opinion) tajante -2. (difference, preference, improvement) claro(a), marcado(a)
decidedly [dɪˈsaɪdɪdlɪ] adv -1. (to answer, say) categóricamente -2. (very) decididamente; **he was ~ unhelpful** no ayudó en lo más mínimo; **I feel ~ unwell today** decididamente, no me encuentro bien hoy
decider [dɪˈsaɪdə(r)] n **the ~** (goal, match etc) el gol/partido/etc. decisivo
deciding [dɪˈsaɪdɪŋ] adj decisivo(a); **the ~ factor** el factor decisivo
deciduous [dɪˈsɪdjʊəs] adj BOT de hoja caduca, caducifolio(a)
decilitre, US **deciliter** ['desɪliːtə(r)] n decilitro m

decimal ['desɪməl] ◇ n número m decimal
◇ adj (number) decimal ❏ **~ currency** moneda f (de sistema) decimal; **place: correct to five ~ places** correcto(a) hasta la quinta cifra decimal; **~ point** coma f (decimal); **~ system** sistema m decimal
decimalization [desɪməlaɪˈzeɪʃən] n conversión f al sistema decimal
decimalize ['desɪməlaɪz] ◇ vt decimalizar, convertir al sistema decimal
◇ vi convertirse al sistema decimal
decimate ['desɪmeɪt] vt -1. (inflict heavy losses on) diezmar -2. (in Roman army) diezmar
decipher [dɪˈsaɪfə(r)] vt descifrar
decision [dɪˈsɪʒən] n -1. (choice, judgement) decisión f; **to come to** or **arrive at** or **reach a ~** llegar a una decisión; **to make** or **take a ~** tomar una decisión; **it's your ~** es tu decisión; **the referee's ~ is final** la decisión del juez es final -2. Formal (decisiveness) decisión f, determinación f; **to act/speak with ~** actuar/hablar con decisión
decision-making [dɪˈsɪʒənmeɪkɪŋ] n toma f de decisiones; **the ~ process** el proceso para la toma de decisiones
decisive [dɪˈsaɪsɪv] adj -1. (battle, argument, factor, influence) decisivo(a) -2. (manner, person, tone) decidido(a); **be ~!** ¡sé más resuelto!
decisively [dɪˈsaɪsɪvlɪ] adv -1. (conclusively) contundentemente; **they were ~ defeated** fueron derrotados claramente or contundentemente -2. (firmly, with decision) con decisión, decididamente
decisiveness [dɪˈsaɪsɪvnɪs] n -1. (of factor, battle, argument, question) contundencia f -2. (of manner, person, tone) firmeza f, decisión f
deck [dek] ◇ n -1. (of ship) cubierta f; **on ~** en cubierta; **to go (up) on ~** salir a cubierta; **below ~** bajo cubierta; IDIOM **to clear the decks** ponerse al día y finalizar los asuntos pendientes ❏ **~ chair** tumbona f, hamaca f; **~ chair attendant** = persona que se ocupa del alquiler de tumbonas en playas y piscinas; **~ hand** marinero m; **~ house** camareta f alta; **~ tennis** = modalidad de tenis para jugar sobre la cubierta de un barco
-2. **top** or **upper/bottom ~** (of bus) piso de arriba/abajo
-3. (outside house) terraza f entarimada
-4. (of cards) **~ (of cards)** baraja f; IDIOM **he's not playing with a full ~** le falta un tornillo
-5. Fam (ground) **to hit the ~** (fall) caer de bruces; (lie down) echar cuerpo a tierra; (get out of bed) levantarse
-6. **cassette ~** pletina f; **tape ~** pletina f
◇ vt -1. (decorate) **to ~ oneself out in sth** engalanarse con algo; **the town centre was decked out for the parade** el centro vistió sus mejores galas para el desfile -2. Fam (knock to ground) tumbar, noquear
-decker ['dekə(r)] suffix **double~ bus** autobús de dos pisos; **triple~ sandwich** sándwich de tres pisos
deckle-edged ['dekəledʒd] adj (paper) de barba
declaim [dɪˈkleɪm] ◇ vt proclamar, pregonar
◇ vi pregonar; **to ~ against sth** declamar en contra de algo
declamatory [dɪˈklæmətərɪ] adj declamatorio(a)
declaration [dekləˈreɪʃən] n -1. (statement) declaración f; **~ of love/war** declaración de amor/guerra ❏ also Fig **~ of faith** profesión f de fe; HIST **the Declaration of Independence** la declaración de independencia de los Estados Unidos; **~ of intent** declaración f de intenciones -2. (in cards) declaración f

THE DECLARATION OF INDEPENDENCE

Este documento redactado por Thomas Jefferson el 4 de julio de 1776 en el que se declara la independencia de las 13 colonias de Nueva Inglaterra se considera el acta de nacimiento de EE. UU. Sus palabras iniciales son una expresión de los ideales de la Ilustración y a pesar de estar escritas por propietarios de esclavos han servido y

sirven de inspiración a demócratas y defensores de la libertad de todo el mundo:
"We hold these truths to be self-evident, that all men are created equal, that they are endowed by their Creator with certain unalienable rights, that among these are life, liberty and the pursuit of happiness."
(Sostenemos como evidentes estas verdades: que todos los hombres son creados iguales; que son dotados por su Creador de ciertos derechos inalienables; que entre éstos están la vida, la libertad y la búsqueda de la felicidad).

declarative [dɪˈklærətɪv] *adj* declaratorio(a)
declare [dɪˈkleə(r)] ◇ *vt* **-1.** *(proclaim, announce)* declarar; **to ~ war (on)** declarar la guerra (a); **to ~ sb guilty/innocent** declarar a alguien culpable/inocente; **to ~ sb bankrupt** declarar a alguien en quiebra; FIN **to ~ a dividend of 10 percent** fijar un dividendo del 10 por ciento; **to ~ oneself** *(proclaim one's love)* declararse; **to ~ oneself for/against sth** declararse *or* pronunciarse a favor de/en contra de algo
 -2. have you anything to ~? *(at customs)* ¿(tiene) algo que declarar?
 -3. *(trumps, suit)* declarar
 ◇ *vi* **-1. to ~ for/against sth** declararse a favor de/en contra de algo; *Old-fashioned* **I do ~!** ¡demontre! **-2.** *(in cards)* declarar
declared [dɪˈkleəd] *adj (intention, opponent)* declarado(a) ❏ FIN **~ capital** capital *m* declarado *or* escriturado
declassify [diːˈklæsɪfaɪ] *vt* desclasificar; **the information/file has been declassified** se ha desclasificado la información/el archivo
declension [dɪˈklenʃən] *n* GRAM declinación *f*
declination [deklɪˈneɪʃən] *n* **-1.** ASTRON declinación *f* **-2.** *US (refusal)* rechazo *m*
decline [dɪˈklaɪn] ◇ *n* **-1.** *(decrease, reduction) (in prices, standards, crime, profits)* descenso *m*, disminución *f*; **there has been a ~ in child mortality** se ha producido un descenso de la mortalidad infantil; **to be on the ~** ir en descenso
 -2. *(process of deterioration) (of person, empire)* declive *m*; **to go into ~** decaer, debilitarse; **to be in ~** estar en declive; **to fall into ~** entrar en decadencia; *Old-fashioned* **to fall into a ~** *(person)* entrar en decadencia
 ◇ *vt* **-1.** *(offer, invitation)* declinar; **to ~ to do sth** declinar hacer algo **-2.** GRAM declinar
 ◇ *vi* **-1.** *(refuse)* rehusar **-2.** *(health, influence, empire, industry)* declinar; *(standards)* decaer, bajar; *(numbers)* disminuir, reducirse; **to ~ in importance/value** perder importancia/valor **-3.** *(slope downwards)* descender, inclinarse **-4.** GRAM declinar
declining [dɪˈklaɪnɪŋ] *adj* **-1.** *(decreasing)* decreciente **-2.** *(deteriorating)* en declive, en decadencia; **he is in ~ health** su salud está empeorando *or* deteriorándose; **in my ~ years** en mis últimos años
declivity [dɪˈklɪvətɪ] *n Formal (slope)* declive *m*
declutch [diːˈklʌtʃ] *vi* desembragar
decode [diːˈkəʊd] *vt* descodificar, descifrar
decoder [diːˈkəʊdə(r)] *n* descodificador *m*
decoding [diːˈkəʊdɪŋ] *n* descodificación *f*
décolletage [deɪkɒlˈtɑːʒ] *n* escote *m*
decolonization [diːkɒlənaɪˈzeɪʃən] *n* descolonización *f*
decolonize [diːˈkɒlənaɪz] *vt* descolonizar
decommission [diːkəˈmɪʃən] *vt* **-1.** *(of nuclear reactor)* desmantelar **-2.** *(of warship)* retirar de servicio **-3.** *(of weapons)* entregar
decompose [diːkəmˈpəʊz] ◇ *vi* **-1.** *(rot)* descomponerse **-2.** *(break down)* desintegrarse
 ◇ *vt* CHEM descomponer
decomposing [diːkəmˈpəʊzɪŋ] *adj (corpse)* en descomposición
decomposition [diːkɒmpəˈzɪʃən] *n* descomposición *f*
decompress [diːkəmˈpres] *vt* COMPTR *(file)* descomprimir

decompression [diːkəmˈpreʃən] *n* descompresión *f* ❏ **~ chamber** cámara *f* de descompresión; **~ sickness** aeroembolismo *m*
decongestant [diːkənˈdʒestənt] ◇ *n* MED descongestionante *m*
 ◇ *adj* descongestionante, anticongestivo(a)
deconsecrate [diːˈkɒnsɪkreɪt] *vt* secularizar
deconstruct [diːkənˈstrʌkt] *vt* LIT deconstruir
deconstruction [diːkənˈstrʌkʃən] *n* LIT teoría *f* desconstructiva, desconstruccionismo *m*
decontaminate [diːkənˈtæmɪneɪt] *vt* descontaminar
decontamination [diːkəntæmɪˈneɪʃən] *n* descontaminación *f*
decontrol [diːkənˈtrəʊl] *vt (trade, prices)* desregularizar, liberalizar
décor [ˈdeɪkɔː(r)] *n (in house, on stage)* decoración *f*
decorate [ˈdekəreɪt] ◇ *vt* **-1.** *(cake, room, tree) (with decorations)* decorar, adornar (**with** con) **-2.** *(house, room) (with paint)* pintar; *(with wallpaper)* empapelar **-3.** *(with medal)* condecorar; **to be decorated for bravery** ser condecorado por haber dado muestras de valor
 ◇ *vi (with paint)* pintar; *(with wallpaper)* empapelar
decorating [ˈdekəreɪtɪŋ] *n (of house, room)* **he did all the ~ in the new house himself** pintó y empapeló la casa nueva él solo
decoration [dekəˈreɪʃən] *n* **-1.** *(on cake, for party)* decoración *f*; **she's just there for ~** sólo está allí de adorno; **decorations** adornos *mpl* **-2.** *(of room) (with paint)* pintado *m*; *(with wallpaper)* empapelado *m* **-3.** *(medal)* condecoración *f*
decorative [ˈdekərətɪv] *adj* **-1.** *(ornamental)* decorativo(a) ❏ **the ~ arts** las artes decorativas **-2.** *Br* **the house is in excellent ~ order** el interior de la casa se encuentra en excelente estado
decorator [ˈdekəreɪtə(r)] *n* **(painter and) ~** pintor(ora) *m,f (que también empapela)*
decorous [ˈdekərəs] *adj Formal (person, behaviour)* decoroso(a)
decorum [dɪˈkɔːrəm] *n* decoro *m*; **to behave with ~** comportarse con decoro
decoy ◇ *n* [ˈdiːkɔɪ] **-1.** *(bird)* señuelo *m* **-2.** *(person, object)* señuelo *m*; **to act as a ~** hacer *or* servir de señuelo
 ◇ *vt* [dɪˈkɔɪ] atraer con un señuelo; **to ~ sb into doing sth** lograr que alguien haga algo utilizando un señuelo
decrease ◇ *n* [ˈdiːkriːs] *(in size, popularity, price)* reducción *f*, disminución *f* (**in** de); **a ~ in the number of applications** un descenso en el número de solicitudes; **to be on the ~** estar disminuyendo, decrecer
 ◇ *vt* [dɪˈkriːs] disminuir, reducir
 ◇ *vi* [dɪˈkriːs] disminuir; **the price has decreased** ha bajado el precio
decreasing [dɪˈkriːsɪŋ] *adj* decreciente; **a ~ number of visitors** un número de visitantes cada vez menor
decreasingly [dɪˈkriːsɪŋlɪ] *adv* cada vez menos
decree [dɪˈkriː] ◇ *n* decreto *m*; **to issue a ~** promulgar un decreto; **by royal ~** por real decreto ❏ LAW **~ absolute** sentencia *f* definitiva de divorcio; LAW **~ nisi** sentencia *f* provisional de divorcio
 ◇ *vt* decretar; **fate decreed that...** estaba escrito que..., el destino quiso que...
decrepit [dɪˈkrepɪt] *adj* **-1.** *(person)* decrépito(a) **-2.** *(thing)* ruinoso(a)
decrepitude [dɪˈkrepɪtjuːd] *n Formal* **-1.** *(of person)* decrepitud *f* **-2.** *(of thing)* ruina *f*, deterioro *m*
decriminalization [diːkrɪmɪnəlaɪˈzeɪʃən] *n* despenalización *f*
decriminalize [diːˈkrɪmɪnəlaɪz] *vt* despenalizar
decry [dɪˈkraɪ] *vt* censurar, condenar; **the union has decried the suggested increase as an insult** el sindicato ha condenado el aumento propuesto por considerarlo un insulto
decrypt [diːˈkrɪpt] *vt* COMPTR descifrar

decryption [diːˈkrɪpʃən] *n* COMPTR descifrado *m*
DEd [diːˈed] *n (abbr* **Doctor of Education)** doctor(ora) *m,f* en pedagogía
dedicate [ˈdedɪkeɪt] *vt* **-1.** *(devote)* dedicar; **to ~ oneself to sb/sth** consagrarse a alguien/algo; **she dedicated her life to helping the poor** consagró *or* dedicó su vida a ayudar a los pobres **-2.** *(book, record)* dedicar (**to** a) **-3.** *(consecrate) (church, shrine)* consagrar **-4.** *US (open for public use)* inaugurar
dedicated [ˈdedɪkeɪtɪd] *adj* **-1.** *(committed)* entregado(a), dedicado(a); **a ~ teacher/doctor** un profesor/médico entregado por completo a su trabajo; **to be ~ to sth** estar consagrado(a) a algo **-2.** COMPTR dedicado(a), especializado(a) ❏ COMPTR **~ line** línea *f* dedicada; **~ word processor** procesador *m* de textos *(ordenador, computadora)*
dedicatee [dedɪkəˈtiː] *n* destinatario(a) *m,f* de una dedicatoria
dedication [dedɪˈkeɪʃən] *n* **-1.** *(devotion)* dedicación *f*, entrega *f* (**to** a); **a life of ~** una vida de entrega **-2.** *(of book)* dedicatoria *f*
dedicatory [dedɪˈkeɪtərɪ] *adj* dedicatorio(a)
deduce [dɪˈdjuːs] *vt* deducir (**from** de); **what do you ~ from that?** ¿qué deduces de eso?; **I deduced that she was lying** deduje que estaba mintiendo
deducible [dɪˈdjuːsɪbəl] *adj* deducible (**from** de)
deduct [dɪˈdʌkt] *vt* descontar, deducir (**from** de); **tax is deducted at source** la deducción la realiza el pagador; **after deducting expenses** después de descontar los gastos
deductible [dɪˈdʌktɪbəl] *adj* deducible; FIN **~ for tax purposes** desgravable
deduction [dɪˈdʌkʃən] *n* **-1.** *(subtraction)* deducción *f*; **after deductions** *(from pay, salary)* después de (hacer las) deducciones; **I take home £200 a week after deductions** me llevo a casa 200 libras netas por semana **-2.** *(conclusion)* deducción *f*; **by (a process of) ~** por deducción
deductive [dɪˈdʌktɪv] *adj* deductivo(a)
deed [diːd] *n* **-1.** *(action)* acción *f*, obra *f*; **a brave ~** una actuación valiente; **we want deeds not words** queremos hechos, no palabras; IDIOM **to do one's good ~ for the day** hacer la buena acción *or* obra del día; **in word and ~** de palabra y obra
 -2. LAW *(document)* escritura *f*, título *m* de propiedad ❏ **~ of covenant** = escritura que formaliza el pago de una donación periódica a una entidad, generalmente benéfica, o a un individuo; **~ of partnership** escritura *f* de constitución de sociedad; **~ poll:** **to change one's name by ~ poll** cambiarse legalmente el nombre
 ◇ *vt US* LAW *(transfer)* ceder, donar
deejay [ˈdiːdʒeɪ] *Fam* ◇ *n* pincha *mf*, disc-jockey *mf inv*
 ◇ *vi* pinchar (música)
deem [diːm] *vt Formal* considerar, estimar; **it was deemed necessary to call an enquiry** se consideró necesario solicitar una investigación; **she was deemed (to be) the rightful owner** fue considerada la propietaria legítima
de-emphasize [diːˈemfəsaɪz] *vt (need, claim, feature)* quitar énfasis *or* importancia a
deep [diːp] ◇ *n Literary* **-1.** *(ocean)* **the ~** las profundidades del mar **-2.** *(depth)* **in the ~ of winter** en lo más duro del invierno
 ◇ *adj* **-1.** *(vertically) (water, hole, snow, wound)* profundo(a); *(dish)* hondo(a); **to be 10 metres ~** tener 10 metros de profundidad; **to give a ~ sigh** dar un profundo *or* hondo suspiro, suspirar profundamente; **take a ~ breath** respire hondo; **the ~ blue sea** los mares insondables; IDIOM **to be in/get into ~ water** estar/meterse en un lío ❏ **~ end** *(of swimming pool)* parte *f* profunda; IDIOM **to go off (at) the ~ end (at sb)** ponerse hecho(a) un basilisco (con alguien); IDIOM **she was thrown in at the ~ end** la hicieron empezar de golpe *or* sin preparación; LING **~ structure** estructura *f* profunda

deepen

-2. *(horizontally) (forest, cupboard, serve)* profundo(a); **the cupboard is a metre ~** el armario tiene un metro de fondo; **the crowd stood 15 ~** la multitud formaba filas de 15 en fondo; **~ in the forest** en el corazón del bosque; *Hum* **~ in Virginia, in deepest Virginia** en el Virginia ❑ **the Deep South** *(of USA)* la América profunda de los estados del sur; **~ space** espacio *m* interplanetario *or* intergaláctico

-3. *(strong, intense) (feelings)* profundo(a), intenso(a); *(sleep)* profundo(a); **in deepest sympathy** *(on card)* con mi más sincero pésame; **they were ~ in conversation** estaban enfrascados en la conversación *or CAm, Méx* plática; **~ in debt** endeudado(a) hasta el cuello; **to be in ~ mourning** estar de riguroso luto; *Vulg* **to be in ~ shit** estar metido en un lío de cojones; **~ in thought** ensimismado(a); **to be in ~ trouble** estar en un serio aprieto

-4. *(profound) (thinker, book, thought, remark)* profundo(a); **he's a ~ one** *(mysterious)* es enigmático; **(it's) too ~ for me!** es demasiado profundo para mí

-5. *(colour)* intenso(a); **a ~ blue** un azul intenso

-6. *(sound, voice)* grave

◇ *adv* profundamente; **she thrust her hand ~ into the bag** metió la mano hasta el fondo de la bolsa; **the crowd lining the road was four ~** la gente se agolpaba en cuatro filas a lo largo de la calle; **the snow lay ~ on the ground** una gran capa de nieve cubría el suelo; **to look ~ into sb's eyes** mirar a alguien fijamente a los ojos; **to walk ~ into the forest** internarse en el bosque; **to work ~ into the night** trabajar hasta bien entrada la noche; **~ down he's very kind** en el fondo, es muy amable; **mistrust between the two families runs ~** la desconfianza entre las dos familias está profundamente arraigada; **don't get in too ~** *(involved)* no te impliques demasiado; *Fam* **she's in it pretty ~** está metida hasta el cuello

deepen ['di:pən] ◇ *vt* **-1.** *(well, ditch)* profundizar, ahondar **-2.** *(sorrow, interest)* acentuar, agudizar; *(knowledge)* profundizar en; *(crisis)* profundizar, agudizar, *(mystery)* crecer, aumentar; *(love, friendship)* estrechar; **to ~ one's understanding of sth** ahondar en el conocimiento de algo **-3.** *(sound, voice)* hacer más grave; *(colour)* intensificar

◇ *vi* **-1.** *(river)* hacerse más profundo(a) **-2.** *(silence, mystery, knowledge)* hacerse más profundo(a); *(crisis)* ahondarse, acentuarse; *(love, friendship)* estrecharse, *(conviction, belief)* afianzarse; *(sorrow, interest)* acentuarse, agudizarse **-3.** *(colour)* intensificarse; *(sound, voice)* hacerse más grave

deep-dish ['di:pdɪʃ] *adj US* CULIN **~ pie** = pastel que se cuece en un recipiente hondo y que sólo tiene una costra por encima

deepening ['di:pənɪŋ] *adj (silence, shadows, emotion)* cada vez más profundo(a), creciente; *(crisis)* cada vez más acentuado(a), cada vez mayor

deep-freeze ['di:p'fri:z] ◇ *n* congelador *m*
◇ *vt* congelar

deep-fry ['di:p'fraɪ] *vt* freír (en aceite muy abundante)

deep-fryer ['di:p'fraɪə(r)] *n* freidora *f*

deeply ['di:plɪ] *adv* **-1.** *(to breathe, sigh, sleep)* profundamente; *(to think, study)* a fondo **-2.** *(touched, offended)* profundamente; *(relieved, grateful)* profundamente, sumamente; **to care ~ about sth/sb** preocuparse profundamente por algo/alguien

deepness ['di:pnɪs] *n* **-1.** *(vertical distance) (of water, hole, snow, wound)* profundidad *f* **-2.** *(horizontal distance) (of shelf, cupboard)* profundidad *f*, hondura *f* **-3.** *(strength, intensity) (of feeling, sleep)* profundidad *f* **-4.** *(of thought, remark)* profundidad *f* **-5.** *(of colour)* intensidad *f* **-6.** *(of sound, voice)* gravedad *f*

deep-pan ['di:ppæn] *adj* CULIN **~ pizza** pizza *f* gruesa

deep-rooted ['di:pru:tɪd] *adj (prejudice, fear)* muy arraigado(a)

deep-sea ['di:p'si:] *adj (exploration)* de las profundidades marinas; *(creatures)* abisal ❑ **~ diver** buceador(ora) *m,f or* buzo *m* de profundidad; **~ fishing** pesca *f* de altura

deep-seated ['di:p'si:tɪd] *adj (distrust, belief, prejudice)* muy arraigado(a)

deep-set ['di:pset] *adj (eyes)* hundido(a)

deep-six ['di:p'sɪks] *vt US Fam* **-1.** *(throw away)* tirar **-2.** *(rule out)* rechazar

deep-throated ['di:p'θrəʊtɪd] *adj (cough, laugh)* bronco(a)

deepwater ['di:pwɔ:tə(r)] *adj (port, fish)* de aguas profundas

deer ['dɪə(r)] *(pl* **deer**) *n* ciervo *m*, venado *m*

deerskin ['dɪəskɪn] *n* piel *f* de ciervo

deerstalker ['dɪəstɔ:kə(r)] *n (hat)* gorro *m* de cazador (con orejeras)

de-escalate [di:'eskəleɪt] ◇ *vt (crisis)* desacelerar
◇ *vi (crisis)* remitir

de-escalation [di:eskə'leɪʃən] *n (of crisis)* desaceleración *f*

deface [dɪ'feɪs] *vt (statue, painting, poster)* desfigurar, afear; *(book)* pintarrajear

de facto [deɪ'fæktəʊ] ◇ *adj* de hecho
◇ *adv* de hecho

defamation [defə'meɪʃən] *n* difamación *f*; **~ of character** difamación

defamatory [dɪ'fæmətərɪ] *adj* difamatorio(a)

defame [dɪ'feɪm] *vt* difamar

default [dɪ'fɔ:lt] ◇ *n* **-1.** LAW & SPORT *(failure to appear)* incomparecencia *f*; **to win sth by ~** ganar algo por incomparecencia (del contrario)
-2. *(lack of alternative)* **he became the boss by ~** a falta de otra persona, él terminó por convertirse en el jefe
-3. COMPTR **~ drive** unidad *f* (de disco) por defecto *or* omisión; COMPTR **~ settings** valores *mpl or* configuración *f* por defecto *or* omisión
-4. FIN mora *f* ❑ **~ interest** interés *m* de mora *or* moratorio

◇ *vi* **-1.** LAW **to ~ on payments** *(of debt, alimony)* incumplir los pagos **-2.** COMPTR **to ~ to sth** seleccionar algo por defecto

defaulter [dɪ'fɔ:ltə(r)] *n* FIN moroso(a) *m,f*

defeat [dɪ'fi:t] ◇ *n* **-1.** *(of army, team, government)* derrota *f*; **our ~ of the enemy** la derrota que infligimos al enemigo; **to admit ~** admitir la derrota; **to suffer (a) ~** sufrir una derrota **-2.** *(of project, bill)* rechazo *m*; PARL *(of measure)* rechazo *m*

◇ *vt* **-1.** *(army, government, opponent)* derrotar, vencer; **that rather defeats the object of the exercise** eso se contradice con la finalidad de la operación; **we were defeated by the weather** el mal tiempo pudo con nosotros; **it defeats me** *(I don't understand)* no alcanzo a comprenderlo **-2.** *(proposal, bill, motion)* rechazar

defeatism [dɪ'fi:tɪzəm] *n* derrotismo *m*

defeatist [dɪ'fi:tɪst] ◇ *n* derrotista *mf*
◇ *adj* derrotista

defecate ['defəkeɪt] *vi Formal* defecar

defecation [defə'keɪʃən] *n Formal* defecación *f*

defect ◇ *n* ['di:fekt] defecto *m*; **hearing/speech ~** defecto auditivo/en el habla; **a character ~** un defecto de carácter

◇ *vi* [dɪ'fekt] *(to enemy country)* desertar (**from** de); **to ~ to another party** pasarse a otro partido; **she defected to our main competitor** se pasó a nuestro principal competidor

defection [dɪ'fekʃən] *n (to enemy country)* deserción *f*; *(to another party)* cambio *m* de partido

defective [dɪ'fektɪv] *adj* **-1.** *(flawed) (machine, hearing, sight)* defectuoso(a); *(reasoning)* erróneo(a) **-2.** GRAM defectivo(a)

defector [dɪ'fektə(r)] *n (to enemy country)* desertor(ora) *m,f*; *(to another party)* tránsfuga *mf*

defence, *US* **defense** [dɪ'fens] *n* **-1.** *(of country)* defensa *f*; **how much is spent on ~?** ¿cuánto se gasta en defensa?; *Br* **the Ministry of Defence**, *US* **the Department of Defense** el Ministerio de Defensa; *Br* **Defence Minister** ministro(a) de Defensa; *US* **Secretary of Defense** secretario(a) de Defensa ❑ **~ contract** contrato *m* de defensa; **~ industry** industria *f* de defensa; **~ spending** gasto *m* de defensa

-2. *(of person, cause)* defensa *f*; **to come to sb's ~** salir en defensa de alguien; **to speak in sb's ~** *(in support of)* hablar en defensa de alguien; *(following attack)* salir en defensa de alguien; **to act in ~ of sth** *(in support of)* actuar en defensa de algo; *(following attack)* salir en defensa de algo ❑ **~ mechanism** mecanismo *m* de defensa

-3. *(thing providing protection, argument)* defensa *f*, protección *f*; **to use sth as a ~ against sth** utilizar algo como defensa *or* protección contra algo; **to put up a stubborn ~** plantear una férrea defensa; **defences** *(of country)* defensas *fpl*; **the body's natural defences against infection** las defensas naturales del cuerpo contra la infección; *Fig* **my defences were down** había bajado la guardia; **he had no ~ against her charms** estaba indefenso ante sus encantos

-4. LAW defensa *f*; **the ~** *(lawyers)* la defensa; **to appear for the ~** comparecer por la defensa; **she conducted her own ~** se encargó de su propia defensa ❑ **~ counsel** abogado(a) *m,f* defensor(ora); **~ witness** testigo *mf* de descargo

-5. SPORT defensa *f*; **they're weak in ~** tienen una defensa débil, son débiles en defensa

defenceless, *US* **defenseless** [dɪ'fenslɪs] *adj* indefenso(a)

defencelessness, *US* **defenselessness** [dɪ'fenslɪsnɪs] *n* indefensión *f*

defenceman [dɪ'fensmæn] *n (in ice hockey)* defensa *mf*

defend [dɪ'fend] ◇ *vt* **-1.** *(protect)* defender (**from** de); **to ~ sth/sb from** *or* **against attack** defender algo/a alguien de un ataque; **to ~ oneself** defenderse **-2.** *(justify) (opinion, argument)* defender; **do you have anything to say to ~ yourself?** ¿tiene algo que decir en su defensa? **-3.** *(goalmouth, title)* defender **-4.** LAW defender

◇ *vi* **-1.** LAW defender, actuar por la defensa **-2.** SPORT defender

defendant [dɪ'fendənt] *n* LAW *(in civil court)* demandado(a) *m,f*; *(in criminal court)* acusado(a) *m,f*

defender [dɪ'fendə(r)] *n* **-1.** *(of country, belief)* defensor(ora) *m,f* **-2.** SPORT defensa *mf*

defending [dɪ'fendɪŋ] *adj* **-1.** *(in sport)* **the ~ champion** el defensor del título, el actual campeón **-2.** LAW **~ counsel** abogado(a) defensor(ora)

defense, defenseless *etc US* = **defence, defenceless** *etc*

defensible [dɪ'fensəbəl] *adj* **-1.** *(idea, opinion)* justificable, defendible **-2.** *(against military attack)* defendible

defensive [dɪ'fensɪv] ◇ *n* **to be on the ~** estar a la defensiva
◇ *adj* defensivo(a); **to get ~** ponerse a la defensiva; **there's no need to be** *or* **get so ~!** no hace falta que te pongas *or* que estés tan a la defensiva ❑ **~ end** *(in American football)* defensive end *m*; **~ line** *(in American football)* línea *f* de defensa; **~ rebound** *(in basketball)* rebote *m* defensivo

defensively [dɪ'fensɪvlɪ] *adv* a la defensiva; **she answered ~** respondió en actitud defensiva

defensiveness [dɪ'fensɪvnɪs] *n* actitud *f* defensiva; **I was suspicious when she spoke with such ~** me hizo sospechar que hablara tan a la defensiva

defer [dɪ'fɜ:(r)] *(pt & pp* **deferred**) ◇ *vt* **-1.** *(delay, postpone)* aplazar, posponer; **to ~ sth to a later date** aplazar algo para una fecha posterior; **to ~ doing sth** postergar algo; LAW **to ~ sentencing** diferir *or* aplazar una sentencia **-2.** *(from military service)* conceder una prórroga a; **to ~ sb on medical grounds** conceder una prórroga

a alguien por motivos de salud
◇ vi **to ~ to** *(person, knowledge)* ceder ante, deferir a

deference ['defərəns] *n* deferencia *f*; **to treat sb with ~, to pay** *or* **to show ~ to sb** tratar a alguien con deferencia, demostrar deferencia hacia alguien; **in** *or* **out of ~ to...** por deferencia hacia...

deferential [defə'renʃəl] *adj* deferente; **to be ~ to sb** mostrar deferencia hacia alguien

deferentially [defə'renʃəlɪ] *adv* con deferencia, deferentemente

deferment [dɪ'fɜːmənt] *n* **-1.** *(of payment, decision)* aplazamiento *m* **-2.** *US (of military service)* prórroga *f*

deferral [dɪ'fɜːrəl] *n (of payment, decision, sentence)* aplazamiento *m*

deferred [dɪ'fɜːd] *adj* aplazado(a) ❑ FIN **~ liabilities** pasivo *m* diferido, pasivo *m* exigible a largo plazo; ST EXCH **~ ordinary shares** acciones *fpl* ordinarias de dividendo diferido

defiance [dɪ'faɪəns] *n* desafío *m*; **I will not tolerate any further ~** no toleraré nuevos actos de rebeldía; **a gesture of ~** un gesto desafiante; **in ~ of the law/my instructions** desafiando la ley/mis instrucciones

defiant [dɪ'faɪənt] *adj (look, gesture, remark)* desafiante; *(person)* insolente

defiantly [dɪ'faɪəntlɪ] *adv (to act)* de manera desafiante; *(to look, gesture, remark)* con aire desafiante

defibrillation [diːfɪbrɪ'leɪʃən] *n* MED desfibrilación *f*

defibrillator [diː'fɪbrɪleɪtə(r)] *n* MED desfibrilador *m*

deficiency [dɪ'fɪʃənsɪ] *n* **-1.** *(lack) (of resources)* escasez *f*; *(of vitamins, minerals)* carencia *f*, deficiencia *f*; **a ~ in calcium, a calcium ~** carencia de calcio ❑ MED **~ disease** enfermedad *f* carencial **-2.** *(flaw, defect)* deficiencia *f*, defecto *m* **-3.** *(deficit)* déficit *m*

deficient [dɪ'fɪʃənt] *adj* deficiente; **he is ~ in vitamin C** le falta *or* Esp anda bajo de vitamina C; **their diet is ~ in calcium** su dieta es pobre en calcio; **to be mentally ~** ser deficiente mental; **he is somewhat ~ in imagination** le falta algo de imaginación

deficit ['defɪsɪt] *n* FIN déficit *m*; **to be in ~** tener déficit; **to make up the ~** enjugar el déficit; **the balance of payments shows a ~ of £800 million** la balanza de pagos arroja un déficit de 800 millones de libras ❑ ECON **~ financing** financiación *f* mediante déficit

defile[1] [dɪ'faɪl] *vt* **-1.** *(sacred place, tomb)* profanar **-2.** *Literary (memory)* profanar, mancillar

defile[2] ['diːfaɪl] *n* desfiladero *m*

defilement [dɪ'faɪlmənt] *n* **-1.** *(of sacred place, tomb)* profanación *f* **-2.** *Literary (of memory)* profanación *f*, mancillamiento *m*

definable [dɪ'faɪnəbəl] *adj* definible (**as** como)

define [dɪ'faɪn] *vt* **-1.** *(give meaning of) (term, word)* definir; **he defines politics as the art of the possible** define la política como el arte de lo posible **-2.** *(delimit, identify) (boundary, extent, powers)* delimitar, distinguir; *(objectives)* definir **-3.** *(object, shape)* definir; **the figures in the painting are not clearly defined** las figuras del cuadro no están claramente definidas

defining [dɪ'faɪnɪŋ] *adj* **-1.** *(decisive)* decisivo(a) **-2.** *(distinctive)* definidor(ora), distintivo(a)

definite ['defɪnɪt] *adj* **-1.** *(precise) (plan, date, answer, decision)* claro(a), definitivo(a); *(views)* concluyente; **he has very ~ ideas on the subject** tiene unas ideas muy claras al respecto
-2. *(noticeable) (change, advantage, improvement)* claro(a), indudable
-3. *(sure, certain)* seguro(a); **I've heard rumours, but nothing ~** he oído rumores, pero nada en firme; **are you ~ about it?** ¿estás seguro (de ello)?, ¿lo tienes claro?; **it's not ~ yet** todavía no está claro
-4. GRAM **~ article** artículo *m* determinado

definitely ['defɪnɪtlɪ] *adv* **-1.** *(precisely) (to fix, arrange)* en concreto, de forma definitiva; **he told me very ~ that he didn't want to come**

me dijo definitivamente que no quería venir
-2. *(noticeably) (improved, superior)* claramente, sin duda
-3. *(certainly)* con certeza; **that's ~ the man I saw** no me queda ninguna duda de que ése fue el hombre que vi; **she's ~ leaving, but I don't know when** se va seguro, pero no sé cuándo; **I'll ~ be there** seguro que estaré allí; **are you going? – ~!** ¿vas a ir? – ¡claro!; **~ not!** ¡desde luego que no!

definition [defɪ'nɪʃən] *n* **-1.** *(of word, term)* definición *f*; **my ~ of happiness would be...** por felicidad yo entiendo...; **by ~** por definición **-2.** *(statement) (of boundary, extent, powers)* delimitación *f*; *(of objectives)* definición *f* **-3.** *(of TV, binoculars)* definición *f*; *(of photograph, sound)* nitidez *f*, claridad *f*

definitive [dɪ'fɪnɪtɪv] *adj* **-1.** *(conclusive) (battle, result, answer)* definitivo(a), concluyente **-2.** *(authoritative) (biography, edition)* definitivo(a); **his is the ~ study on the subject** el suyo es el estudio más autorizado sobre la materia

definitively [dɪ'fɪnɪtɪvlɪ] *adv* definitivamente

deflate [diː'fleɪt] ◇ *vt* **-1.** *(ball, tyre)* deshinchar, desinflar **-2.** *(economy)* producir una deflación en **-3.** *(person)* desanimar; **to ~ sb's ego** bajarle los humos a alguien
◇ *vi* **-1.** *(ball, tyre)* deshincharse, desinflarse **-2.** *(economy)* sufrir una deflación

deflated [diː'fleɪtɪd] *adj* **-1.** *(ball, tyre)* deshinchado(a) **-2.** *(person)* desilusionado(a), abatido(a)

deflation [diː'fleɪʃən] *n* **-1.** *(of ball, tyre)* desinflamiento *m* **-2.** *(of economy)* deflación *f*

deflationary [diː'fleɪʃənrɪ] *adj* deflacionario(a)

deflect [dɪ'flekt] ◇ *vt (ball, bullet, light, sound)* desviar; *(person)* distraer, desviar (**from** de); **the ball was deflected into the net** la pelota fue desviada a la red; **to ~ criticism** distraer la atención de los críticos
◇ *vi (projectile, light)* desviarse (**off** de)

deflection [dɪ'flekʃən] *n (of ball, bullet, light, sound, magnetic needle)* desviación *f*; **it was a lucky ~ off the post** fue un afortunado desvío del poste

deflower [diː'flaʊə(r)] *vt Old-fashioned or Literary (woman)* desflorar, desvirgar

defog [diː'fɒg] *vt US* AUT desempañar

defoliant [diː'fəʊlɪənt] *n* defoliante *m*

defoliate [diː'fəʊlɪeɪt] *vt* defoliar

defoliation [diːfəʊlɪ'eɪʃən] *n* defoliación *f*

deforest [diː'fɒrɪst] *vt* deforestar

deforestation [diːfɒrɪs'teɪʃən] *n* de(s)forestación *f*

deform [dɪ'fɔːm] *vt* deformar

deformation [diːfɔː'meɪʃən] *n* deformación *f*

deformed [dɪ'fɔːmd] *adj (person, limb)* deforme; **the baby was born ~** el bebé nació con una malformación

deformity [dɪ'fɔːmɪtɪ] *n* deformidad *f*; *(in baby, unborn child)* malformación *f* congénita

DEFRA ['defrə] *n (abbr* **Department of the Environment, Food and Rural Affairs**) = departamento del gobierno británico de medio ambiente, alimentación y asuntos rurales

defragment [diːfræg'ment] *vt* COMPTR desfragmentar

defragmentation [diːfrægmen'teɪʃən] *n* COMPTR desfragmentación *f*

defraud [dɪ'frɔːd] *vt* defraudar, estafar; **to ~ sb of sth** defraudar algo a alguien

defray [dɪ'freɪ] *vt Formal (cost, expenses)* sufragar, costear

defrock [diː'frɒk] *vt* expulsar del sacerdocio

defrost [diː'frɒst] ◇ *vt* **-1.** *(food)* descongelar; *(refrigerator)* deshelar, descongelar **-2.** *US (windshield)* desempañar
◇ *vi (food)* descongelarse; *(refrigerator)* deshelarse, descongelarse

defroster [diː'frɒstə(r)] *n US (for windshield)* luneta *f* térmica, dispositivo *m* antivaho

deft [deft] *adj* diestro(a), hábil; **to be ~ at (doing) sth** ser muy habilidoso(a) con algo

deftly ['deftlɪ] *adv* con destreza, hábilmente

deftness ['deftnɪs] *n* destreza *f*, habilidad *f*

defunct [dɪ'fʌŋkt] *adj* **-1.** *(person)* difunto(a) **-2.** *(company, scheme)* ya desaparecido(a); *(theory)* trasnochado(a)

defuse [diː'fjuːz] *vt* **-1.** *(bomb)* desactivar **-2.** *(situation)* calmar, apaciguar

defy [dɪ'faɪ] *vt* **-1.** *(disobey)* desobedecer; *(law, rule)* desacatar; **many defied the curfew to be there** muchos no respetaron el toque de queda para estar allí
-2. *(elude)* desafiar; **to ~ description** ser indescriptible; **his behaviour defies logic** su comportamiento va en contra de toda lógica
-3. *Formal (challenge)* desafiar; **to ~ sb to do sth** desafiar a alguien a hacer *or* a que haga algo

degaussing [diːˈgaʊsɪŋ] *n* COMPTR desmagnetización *f*

degeneracy [dɪ'dʒenərəsɪ] *n (process, state)* degeneración *f*

degenerate ◇ *n* [dɪ'dʒenərət] *(person)* degenerado(a) *m,f*
◇ *adj* [dɪ'dʒenərət] degenerado(a)
◇ *vi* [dɪ'dʒenəreɪt] degenerar (**into** en); **his health was degenerating** su salud se estaba deteriorando; **the discussion degenerated into an argument** la conversación degeneró en discusión

degeneration [dɪdʒenə'reɪʃən] *n* degeneración *f*

degenerative [dɪ'dʒenərətɪv] *adj* degenerativo(a) ❑ MED **~ disease** enfermedad *f* degenerativa

degradation [degrə'deɪʃən] *n* **-1.** *(corruption, debasement)* degradación *f* **-2.** *(poverty)* degradación *f*

degrade [dɪ'greɪd] *vt* **-1.** *(debase)* rebajar, degradar; **I won't ~ myself by answering that** no me rebajaré a contestar a eso **-2.** MIL *(officer)* degradar **-3.** MIL *(enemy defences)* deteriorar

degrading [dɪ'greɪdɪŋ] *adj* degradante

degrease [diː'griːs] *vt* desengrasar

degree [dɪ'griː] *n* **-1.** *(extent, level)* grado *m*; **there are varying degrees of opposition to the new law** existen diversos grados *or* niveles de oposición a la nueva ley; **there was a certain ~ of mistrust between them** había un cierto grado de desconfianza entre ellos; **an honour of the highest ~** un honor del más alto grado; **a ~ of precision never before thought possible** un grado de precisión nunca antes imaginable; **a ~ of risk** un cierto riesgo, un elemento de riesgo; **a ~ of truth** cierto grado de verdad, algo de cierto *or* de verdad; **to a ~** *(somewhat)* hasta cierto punto; *(exceedingly)* en grado sumo; **to such a ~ that...** hasta tal punto que...; **by degrees** poco a poco, gradualmente ❑ GRAM **~ of comparison** grado *m* de comparación
-2. *(of temperature, in geometry, geography)* grado *m*; **it's 25 degrees** *(of temperature)* hace 25 grados; **ten degrees below zero** diez grados bajo cero; **it's two degrees east of Greenwich** está situado a dos grados al este de Greenwich; **a 90-~ angle** un ángulo de noventa grados ❑ **~ centigrade** grado *m* centígrado
-3. *(at university) (title)* título *m* universitario, licenciatura *f*; *(course)* carrera *f*; **postgraduate ~** título/curso de posgrado; **to take** *or* **do a ~** hacer *or* estudiar una carrera; **to have a ~ in physics** ser licenciado(a) en física ❑ **~ ceremony** ceremonia *f* de graduación
-4. *Archaic or Literary (rank, status)* **of high/low degree** de alto/bajo rango, de alta/baja condición social

dehumanization [diːhjuːmənaɪ'zeɪʃən] *n* deshumanización *f*

dehumanize [diː'hjuːmənaɪz] *vt* deshumanizar

dehumidifier [diːhjuː'mɪdɪfaɪə(r)] *n* deshumidificador *m*

dehydrate [diːhaɪ'dreɪt] ◇ *vt (person, food)* deshidratar
◇ *vi (person)* deshidratarse

dehydrated [diːhaɪˈdreɪtɪd] *adj (person, food)* deshidratado(a); **to be ~** estar deshidratado(a); **to become ~** deshidratarse

dehydration [diːhaɪˈdreɪʃən] *n* deshidratación *f*

dehydrogenate [diːhaɪˈdrɒdʒəneɪt] *vt* CHEM deshidrogenar

de-ice [diːˈaɪs] *vt* quitar el hielo de

de-icer [diːˈaɪsə(r)] *n (for car)* descongelador *m* (de parabrisas); *(on plane)* dispositivo *m* de descongelación

deictic [ˈdaɪktɪk] *adj* LING deíctico(a)

deification [deɪɪfɪˈkeɪʃən] *n* deificación *f*, divinización *f*

deify [ˈdeɪɪfaɪ] *vt* deificar, divinizar

deign [deɪn] *vt* **to ~ to do sth** dignarse a hacer algo

deindustrialization [diːɪndʌstrɪəlaɪˈzeɪʃən] *n* desindustrialización *f*

deinstall [diːɪnˈstɔːl] *vt* COMPTR desinstalar

deinstaller [diːɪnˈstɔːlə(r)] *n* COMPTR desinstalador *m*

deionize [diːˈaɪənaɪz] *vt* CHEM desionizar; **deionized water** agua desionizada

deism [ˈdeɪɪzəm] *n* deísmo *m*

deist [ˈdeɪɪst] *n* deísta *mf*

deity [ˈdeɪɪtɪ] *n (god)* deidad *f*, divinidad *f*; **the Deity** Dios

deixis [ˈdaɪksɪs] *n* LING deixis *f*

déjà vu [ˈdeɪʒɑːˈvuː] *n* déjà vu *m*; **when I went in, I experienced a strange feeling of ~** cuando entré, sentí como si ya hubiera estado allí antes

dejected [dɪˈdʒektɪd] *adj* abatido(a); **to be ~** estar abatido(a)

dejectedly [dɪˈdʒektɪdlɪ] *adv* con abatimiento

dejection [dɪˈdʒekʃən] *n* abatimiento *m*

de jure [deɪˈdʒʊəreɪ] ◇ *adj* de jure
◇ *adv* de jure

dekko [ˈdekəʊ] *n Br Fam* **to have** *or* **take a ~ at sth/sb** echar un vistazo *or* una ojeada a algo/alguien

Del *(abbr* **Delaware)** Delaware

del key [ˈdelkiː] *n* tecla *f* de borrado

Delaware [ˈdeləweə(r)] *n* Delaware

delay [dɪˈleɪ] ◇ *n* retraso *m*, *Am* demora *f*; **without ~** sin dilación *or* demora; **there's no time for ~** no hay tiempo que perder; **an hour's ~, a ~ of an hour** un retraso *or Am* una demora de una hora; **all flights are subject to ~** todos los vuelos llevan retraso *or Am* demora; **there has been a ~ in processing your application** se ha producido un retraso *or Am* una demora en la tramitación de su solicitud; **the defence lawyer requested a ~ in the hearing** el abogado de la defensa solicitó un aplazamiento de la vista
◇ *vt* **-1.** *(cause to be late) (project, person)* retrasar; *(traffic)* retener, demorar; **to be delayed** *(train)* llevar retraso; *(person)* llegar tarde, retrasarse, *Am* demorarse; **I don't want to ~ you** no te quiero entretener; **delaying tactics** tácticas dilatorias
-2. *(postpone, defer) (decision, departure)* retrasar, demorar; **she ~ leaving until the last possible moment** retrasó *or* demoró su marcha hasta el último momento
◇ *vi* retrasarse, demorarse; **don't ~!** ¡no deje pasar más tiempo!

delayed [dɪˈleɪd] *adj (effect, reaction)* retardado(a); **she's suffering from ~ shock** está sufriendo un shock retardado

delayed-action [dɪˈleɪdˈækʃən] *adj (fuse, drug)* de efecto retardado

delectable [dɪˈlektəbəl] *adj* delicioso(a)

delectation [dɪlekˈteɪʃən] *n Formal or Hum* deleite *m*; **for your ~** para mayor deleite suyo/vuestro

delegate ◇ *n* [ˈdelɪgət] **-1.** *(at meeting, conference)* delegado(a) *m,f* **-2.** *US (in House of Representatives)* = representante de un territorio que aún no ha adquirido la categoría de estado
◇ *vt* [ˈdelɪgeɪt] *(power, responsibility)* delegar **(to en)**; **to ~ sb to do sth** delegar en alguien para hacer algo
◇ *vi* [ˈdelɪgeɪt] delegar responsabilidades; **she's not very good at delegating** no se le da bien delegar responsabilidades

delegation [delɪˈgeɪʃən] *n* **-1.** *(group of delegates)* delegación *f* **-2.** *(of work, power)* delegación *f*

delete [dɪˈliːt] ◇ *vt* **-1.** *(erase)* borrar, suprimir; *(cross out)* tachar; **~ where inapplicable** táchese lo que no corresponda ❑ COMPTR **~ key** tecla *f* de borrado **-2.** COM *(from stock, catalogue)* retirar; **to ~ sth from stock** descatalogar algo
◇ *vi* borrar, suprimir

deleterious [delɪˈtɪərɪəs] *adj Formal* nocivo(a), perjudicial **(to para)**

deletion [dɪˈliːʃən] *n* **-1.** *(action)* supresión *f*, borrado *m* **-2.** *(passage, word deleted)* supresión *f*

Delhi [ˈdelɪ] *n* Delhi; *Hum* **~ belly** = diarrea sufrida por extranjeros en los países tropicales

deli [ˈdelɪ] *n Fam (shop)* = tienda de ultramarinos *or Am* enlatados de calidad ❑ **~ counter** *(in supermarket)* mostrador *m* de delicatessen

deliberate ◇ *adj* [dɪˈlɪbərət] **-1.** *(intentional)* deliberado(a), intencionado(a); **it wasn't ~** fue sin querer; **it was quite ~!** ¡fue a propósito *or* adrede! **-2.** *(unhurried)* pausado(a) **-3.** *(careful, studied)* reflexivo(a); **her speech was slow and ~** hablaba de modo pausado y articulaba las palabras claramente
◇ *vi* [dɪˈlɪbəreɪt] *(think)* reflexionar **(on** *or* **upon** sobre); *(discuss)* deliberar **(on** *or* **upon** sobre)
◇ *vt* [dɪˈlɪbəreɪt] deliberar sobre; **they deliberated what to do next** deliberaron sobre qué hacer a continuación

deliberately [dɪˈlɪbərətlɪ] *adv* **-1.** *(intentionally)* a propósito, deliberadamente; **I ~ didn't invite her** no la invité adrede *or* a propósito **-2.** *(unhurriedly)* pausadamente

deliberation [dɪlɪbəˈreɪʃən] *n* **-1.** *(thought)* reflexión *f*; **after much ~** tras largas deliberaciones **-2.** *(discussion)* deliberación *f*; **there were endless deliberations about what to do** hubo interminables deliberaciones acerca de qué hacer **-3.** *(unhurriedness)* pausa *f*; **to do sth with ~** hacer algo pausadamente

deliberative [dɪˈlɪbərətɪv] *adj (assembly, process)* deliberativo(a)

delicacy [ˈdelɪkəsɪ] *n* **-1.** *(fineness) (of lace, features)* delicadeza *f* **-2.** *(subtlety) (of smell, colour, flavour)* suavidad *f*, finura *f* **-3.** *(fragility) (of person, health)* fragilidad *f* **-4.** *(gentleness) (of touch)* suavidad *f*, lo delicado **-5.** *(sensitivity) (of mechanism, situation)* lo delicado; **it's a matter of some ~** es un tema algo delicado **-6.** *(tact, sensitivity)* delicadeza *f*, tacto *m* **-7.** *(food)* exquisitez *f*

delicate [ˈdelɪkət] ◇ *adj* **-1.** *(fine) (lace, features)* delicado(a) **-2.** *(subtle) (smell, colour, flavour)* suave **-3.** *(fragile) (health)* frágil, delicado(a); *(child)* enfermizo(a) **-4.** *(gentle) (touch)* suave, delicado(a) **-5.** *(sensitive) (mechanism, situation)* delicado(a); **a ~ international situation** una situación internacional delicada
◇ *npl* **delicates** *(clothes)* prendas *fpl* delicadas

delicately [ˈdelɪkətlɪ] *adv* **-1.** *(finely)* **~ carved** primorosamente tallado(a) **-2.** *(subtly) (scented, coloured, flavoured)* suavemente, finamente **-3.** *(gently) (to touch)* con suavidad, con delicadeza **-4.** *(tactfully, sensitively)* con delicadeza; **the mechanism is very ~ balanced** el equilibrio del mecanismo es muy delicado

delicatessen [delɪkəˈtesən] *n (shop)* = tienda de ultramarinos *or Am* enlatados de calidad ❑ **~ counter** mostrador *m* de delicatessen

delicious [dɪˈlɪʃəs] *adj* **-1.** *(tasty)* delicioso(a); **to look/taste ~** tener un aspecto/sabor delicioso **-2.** *(very enjoyable)* divino(a), delicioso(a)

deliciously [dɪˈlɪʃəslɪ] *adv* **-1.** *(tastily)* deliciosamente **-2.** *(very enjoyably)* divinamente, deliciosamente

delight [dɪˈlaɪt] ◇ *n* **-1.** *(pleasure)* gusto *m*, placer *m*; **she listened with ~** escuchó con deleite; **to my/her ~** para mi/su deleite; **he took ~ in her failure** se alegró de su fracaso; **to take ~ in doing sth** disfrutar haciendo algo
-2. *(source of pleasure)* placer *m*, encanto *m*; **the delights of Blackpool** los encantos *or* placeres de Blackpool; **they're a ~ to teach** es una delicia darles clases
◇ *vt* deleitar, encantar; **to ~ the ear/eye** deleitar el oído/la vista; **her show has delighted audiences everywhere** su show ha hecho las delicias del público en todo el mundo
◇ *vi* **she delights in her grandchildren** disfruta con sus nietos; **to ~ in doing sth** disfrutar haciendo algo; **she delights in irritating people** disfruta sacando de quicio a la gente

delighted [dɪˈlaɪtɪd] *adj* encantado(a); **a ~ smile** una sonrisa encantadora; **to be ~ (with sth)** estar encantado(a) (con algo); **I was ~ at the news** la noticia me llenó de alegría; **I'm ~ to see you** me alegro mucho de verte; **I'm ~ that you can come** me alegra mucho que puedas venir; **I would be ~ to attend** me encantaría poder asistir; **could you come to dinner on Saturday? – I'd be ~ (to)** ¿querrías venir a cenar el sábado? – me encantaría

delightedly [dɪˈlaɪtɪdlɪ] *adv* con alegría

delightful [dɪˈlaɪtfʊl] *adj (person, smile)* encantador(ora); *(meal, evening)* delicioso(a); **she looked ~ in her new dress** estaba preciosa con su vestido nuevo

delightfully [dɪˈlaɪtfʊlɪ] *adv (to dance, sing)* maravillosamente; **the evenings were ~ cool** hacía un frescor por las tardes delicioso; **he was ~ unpretentious** tenía una modestia que era una delicia

Delilah [dɪˈlaɪlə] *pr n* Dalila

delimit [diːˈlɪmɪt] *vt* delimitar

delimiter [diːˈlɪmɪtə(r)] *n* COMPTR delimitador *m*

delineate [dɪˈlɪnɪeɪt] *vt Formal* **-1.** *(sketch)* delinear, trazar; **the outline of the town was delineated against the sunset** el contorno de la ciudad se dibujaba sobre la puesta de sol **-2.** *(plan, proposal)* detallar, especificar; *(character in novel)* definir, dibujar

delineation [dɪlɪnɪˈeɪʃən] *n Formal* **-1.** *(outline, sketch)* descripción *f* **-2.** *(of plan, proposal)* descripción *f*; *(of character in novel)* descripción *f*

delinquency [dɪˈlɪŋkwənsɪ] *n* **-1.** *(criminal behaviour)* delincuencia *f* **-2.** FIN morosidad *f*, impago *m*

delinquent [dɪˈlɪŋkwənt] ◇ *n* delincuente *mf*
◇ *adj* **-1.** *(law-breaking)* delincuente **-2.** FIN *(person, account)* moroso(a)

delirious [dɪˈlɪrɪəs] *adj* **-1.** *(raving)* delirante; **to be ~** delirar **-2.** *(excited, wild)* loco(a) de contento; **to be ~ about sth** estar como loco(a) con algo; **I'm not exactly ~ at the prospect** no estoy to lo que se dice loca de alegría ante esa perspectiva

deliriously [dɪˈlɪrɪəslɪ] *adv* **to be ~ happy** estar loco(a) de alegría

delirium [dɪˈlɪrɪəm] *n* **-1.** MED delirio *m* ❑ **~ tremens** delírium *m* tremens **-2.** *(state of excitement)* delirio *m*, desvarío *m*; **to be in a ~ of joy** estar loco(a) de alegría, delirar de alegría

delist [diːˈlɪst] *vt* COM *(product)* descatalogar

deliver [dɪˈlɪvə(r)] ◇ *vt* **-1.** *(to person, home) (letter, parcel, goods)* entregar **(to a)**; *(newspaper, milk)* repartir; **the train delivered us safely home** el tren nos trajo sanos y salvos a casa; IDIOM **to ~ the goods** estar a la altura de las circunstancias
-2. *(achieve) (result, victory, deal)* alcanzar, lograr
-3. *(blow)* propinar
-4. *(produce) (speech, verdict)* pronunciar; **to ~ a service** prestar un servicio; *Formal* **to ~**

deliverance — demonetarize

oneself of an opinion emitir una opinión -**5.** MED **to ~ a baby** traer al mundo a un niño; **the baby was delivered at 6.08 this morning** el niño nació a las 6.08 de esta mañana; *Formal or Literary* **she was delivered of a daughter** dio a luz a una niña -**6.** *Literary (free, rescue)* **to ~ sb from sth** *(from evil, temptation)* librar a alguien de algo; *(from prison, captivity)* liberar a alguien de algo; **~ us from evil** líbranos del mal -**7.** *US* POL **can he ~ the Black vote?** ¿sabrá arrastrar (con él) el voto de la comunidad negra? -**8.** *(of rocket)* liberar -**9. to ~ a pass** *(in soccer)* hacer un pase
◇ *vi* -**1.** COM repartir; **we ~** repartimos a domicilio -**2.** *(fulfil promise)* **their proposal is impressive, but can they ~?** la propuesta es impresionante, pero ¿podrán llevarla a la práctica?

◆ **deliver over** *vt sep* **he delivered himself over to the police** se entregó a la policía

◆ **deliver up** *vt sep (fugitive, town)* entregar

deliverance [dɪ'lɪvərəns] *n Literary* liberación *f*

deliverer [dɪ'lɪvərə(r)] *n* -**1.** *Formal or Literary (saviour)* libertador(ora) *m,f* -**2.** COM *(of goods)* repartidor(ora) *m,f*

delivery [dɪ'lɪvərɪ] *n* -**1.** *(to person, home) (of letter, parcel)* entrega *f*; *(consignment)* envío *m*, entrega *f*; **there are deliveries every other day** se realizan entregas en días alternos; **to take ~ of sth** recibir algo; **allow two weeks for ~** *(on order form)* la entrega se realizará en un plazo de dos semanas; **payment on ~** pago contra entrega; **to pay on ~** pagar en el momento de la entrega ❏ **~ charges** gastos *mpl* de envío *or* transporte; **~ date** fecha *f* de entrega; **~ man** repartidor *m*; **~ note** nota *f* de entrega, *Esp* albarán *m*; **~ time** plazo *m* de entrega; **~ van** furgoneta *f* de reparto -**2.** *(style of speaking)* discurso *m*, oratoria *f* -**3.** MED *(of baby)* parto *m* ❏ **~ room** sala *f* de partos, paritorio *m* -**4.** *Literary (saving)* liberación *f* -**5.** *(in cricket)* lanzamiento *m*

dell [del] *n Literary* nava *f*, vallejo *m*

delouse [diː'laʊs] *vt* despiojar

Delphic ['delfɪk] *adj* -**1.** HIST délfico(a) ❏ **the ~ oracle** el oráculo de Delfos -**2.** *Literary (obscure)* ambiguo(a), oscuro(a)

delphinium [del'fɪnɪəm] *n* espuela *f* de caballero

delta ['deltə] *n* -**1.** *(Greek letter)* delta *f* -**2.** *(of river)* delta *m* -**3.** AV **~ wing** ala *f* en delta

deltoid ['deltɔɪd] ANAT ◇ *n* deltoides *m inv* ◇ *adj* **~ muscle** deltoides

delude [dɪ'luːd] *vt* engañar; **he deluded them into thinking that he was a millionaire** les engañó haciéndoles creer que era millonario; **to ~ oneself** engañarse; **let's not ~ ourselves about his motives** no nos engañemos acerca de sus motivos

deluded [dɪ'luːdɪd] *adj (mistaken, foolish)* engañado(a); **a poor ~ young man** un pobre joven iluso

deluge ['deljuːdʒ] ◇ *n* -**1.** *(downpour)* diluvio *m* -**2.** *(flood)* inundación *f* -**3.** *(of letters, questions)* avalancha *f*, lluvia *f*
◇ *vt* -**1.** *(flood)* inundar -**2.** *(overwhelm)* inundar **(with** de); **we have been deluged with requests for/offers of help** estamos desbordados con tantas solicitudes/ofertas de ayuda

delusion [dɪ'luːʒən] *n* -**1.** *(illusion, mistaken idea)* engaño *m*, ilusión *f*; **to be under a ~** estar engañado(a); **delusions of grandeur** delirios de grandeza -**2.** PSY *idea f* delirante; **to suffer from delusions** tener delirios

delusive [dɪ'luːsɪv], **delusory** [dɪ'luːsərɪ] *adj Formal* ilusorio(a), engañoso(a)

deluxe [dɪ'lʌks] *adj* de lujo

delve [delv] *vi* -**1.** *(investigate)* rebuscar, ahondar; **to ~ into the past** hurgar en el pasado -**2.** *(search, rummage)* rebuscar; **to ~ into a bag** rebuscar en una bolsa -**3.** *(dig, burrow)* hurgar, escarbar

Dem *(abbr* **Democrat)** demócrata *mf*

demagnetize [diː'mægnətaɪz] *vt* TECH desimantar, desmagnetizar

demagog *US* = **demagogue**

demagogic [demə'gɒgɪk] *adj* demagógico(a)

demagogue, *US* **demagog** ['demagɒg] *n* demagogo(a) *m,f*

demagoguery [demə'gɒgərɪ], **demagogy** ['demagɒgɪ] *n* demagogia *f*

demand [dɪ'mɑːnd] ◇ *n* -**1.** *(request)* exigencia *f*; *(for pay rise)* demanda *f* por reivindicación *f* salarial; **there have been many demands for the minister's resignation** muchos han exigido *or* pedido la dimisión del ministro; **to make demands on sb** exigir mucho de alguien; **I have a lot of demands on my time** estoy *or Esp* ando siempre muy ocupado; **payable on ~** exigible a la vista, pagadero(a) a su presentación; **feeding on ~** = alimentación a un bebé cuando lo pide y no a horas preestablecidas; **by popular ~** a petición popular
-**2.** *(for goods)* demanda *f* **(for** de); **to be in (great) ~** estar muy solicitado(a); **there isn't much ~ for that model** ese modelo no tiene mucha demanda; **science teachers are in increasing ~** hay una demanda cada vez mayor de profesores de ciencias ❏ FIN **~ deposit** depósito *m* a la vista, depósito *m* disponible; **~ note** pagaré *m* a la vista
◇ *vt* -**1.** *(insist on)* exigir; **I ~ to see the manager** exijo ver al jefe; **to ~ an apology/explanation** exigir una disculpa/explicación; **they're demanding payment** demandan *or* exigen el pago; **to ~ to do sth** exigir *or* querer hacer algo; **to ~ (that) sb do sth** exigir a alguien que haga algo; **to ~ sth of** *or* **from sb** exigir algo a alguien
-**2.** *(require)* requerir, exigir; **the task demands a lot of care and attention** la tarea requiere mucho cuidado y atención

demanding [dɪ'mɑːndɪŋ] *adj (person)* exigente; **to be ~** *(job)* exigir mucho (esfuerzo); **he's a ~ child** es un niño que da mucho trabajo

demand-led [dɪ'mɑːnd'led] *adj* ECON arrastrado(a) por la demanda

demarcate ['diːmɑːkeɪt] *vt Formal* delimitar, demarcar

demarcation [diːmɑː'keɪʃən] *n* -**1.** *(boundary, border)* demarcación *f* ❏ **~ line** línea *f* de demarcación -**2.** IND delimitación *f* de atribuciones ❏ **~ dispute** = enfrentamiento entre grupos sindicales y la patronal sobre la delimitación de las tareas que sus miembros deben realizar en el trabajo

dematerialize [diːmə'tɪərɪəlaɪz] *vi* desvanecerse (en el aire)

demean [dɪ'miːn] *vt* degradar; **to ~ oneself** rebajarse; **your behaviour demeans the office you hold** su comportamiento desmerece el cargo que ocupa

demeaning [dɪ'miːnɪŋ] *adj* degradante

demeanour, *US* **demeanor** [dɪ'miːnə(r)] *n* -**1.** *(behaviour)* comportamiento *m*, conducta *f* -**2.** *(manner, bearing)* porte *m*; **he had the ~ of a gentleman** tenía el porte de un caballero

demented [dɪ'mentɪd] *adj* -**1.** *(insane)* demente; **I couldn't make sense of his ~ ravings** no conseguía entender su locura -**2.** *Fam (half mad)* trastornado(a), perturbado(a); **to be ~ with grief** estar trastornado(a) por el dolor; **to drive sb ~** volver loco(a) a alguien

dementedly [dɪ'mentɪdlɪ] *adv* de forma demencial

dementia [dɪ'menʃə] *n* MED demencia *f*

demerara [demə'reərə] *n* **~ (sugar)** azúcar *m* moreno de caña

demerger [diː'mɜːdʒə(r)] *n Br* COM separación *f*, disolución *f*

demerit [diː'merɪt] *n* -**1.** *Formal (fault, flaw)* demérito *m*, deficiencia *f* -**2.** *US (in school or military record)* falta *f (en el historial)*

demesne [dɪ'meɪn] *n* HIST *(land)* tierras *fpl* solariegas

demigod ['demɪgɒd] *n* semidiós *m*

demijohn ['demɪdʒɒn] *n* damajuana *f*

demilitarization [diːmɪlɪtərə'zeɪʃən] *n* desmilitarización *f*

demilitarize [diː'mɪlɪtəraɪz] *vt* desmilitarizar

demilitarized zone [diː'mɪlɪtəraɪzd'zəʊn] *n* zona *f* desmilitarizada

demi-monde ['demɪmɒnd] *n* bajos *mpl* fondos

demise [dɪ'maɪz] ◇ *n* -**1.** *Formal (of person)* fallecimiento *m*, deceso *m*; *(of newspaper, empire)* cierre *m*, desaparición *f* -**2.** LAW *(transfer)* transferencia *f* en arrendamiento
◇ *vt* LAW *(lease)* transferir en arrendamiento; *(bequeath)* transmitir por sucesión

demisemiquaver [demɪ'semɪkweɪvə(r)] *n* MUS fusa *f*

demist [diː'mɪst] *vt Br* AUT desempañar

demister [diː'mɪstə(r)] *n Br* AUT luneta *f* térmica, dispositivo *m* antivaho

demitasse ['demɪtæs] *n (cup)* taza *f* pequeña, tacita *f*

demo ['deməʊ] *(pl* **demos)** *n Fam* -**1.** *(protest)* mani *f* -**2.** *(musical)* maqueta *f* ❏ **~ tape** maqueta *f (cinta)* -**3.** COMPTR demo *f* ❏ **~ disk** disco *m* de demostración

demob [diː'mɒb] *(pt & pp* **demobbed)** *Br Fam* ◇ *vt (troops)* licenciar, desmovilizar
◇ *n (demobilization)* licencia *f (absoluta),* desmovilización *f*; **~ suit** = traje que se les daba a los soldados cuando se licenciaban

demobilization [diːməʊbɪlaɪ'zeɪʃən] *n* licencia *f (absoluta),* desmovilización *f*

demobilize [diː'məʊbɪlaɪz] *vt* licenciar, desmovilizar

democracy [dɪ'mɒkrəsɪ] *n* -**1.** *(system)* democracia *f* -**2.** *(state)* democracia *f*

Democrat ['deməkræt] *n US (politician, voter)* demócrata *mf*; **the Democrats** los demócratas, el partido demócrata

democrat ['deməkræt] *n* demócrata *mf*

Democratic [demə'krætɪk] *adj US* POL demócrata

democratic [demə'krætɪk] *adj* -**1.** *(country, organization, election)* democrático(a) ❏ **the Democratic People's Republic of Korea** la República Popular de Corea; **the ~ process** el proceso de democratización; **the Democratic Republic of Congo** la República Democrática del Congo
-**2.** *(person, attitude)* democrático(a); **he's very ~ about how he runs things** es muy democrático a la hora de dirigir las cosas

democratically [demə'krætɪklɪ] *adv* democráticamente

democratization [dɪmɒkrətaɪ'zeɪʃən] *n* democratización *f*

democratize [dɪ'mɒkrətaɪz] *vt* democratizar

demodulate [diː'mɒdjʊleɪt] *vt* RAD producir la desmodulación de

demodulator [diː'mɒdjʊleɪtə(r)] *n* demodulador *m*

demographer [dɪ'mɒgrəfə(r)] *n* demógrafo(a) *m,f*

demographic [demə'græfɪk] ◇ *adj* demográfico(a)
◇ *n* **demographics** *(statistics)* datos *mpl* demográficos, estadísticas *fpl* demográficas

demography [dɪ'mɒgrəfɪ] *n* demografía *f*

demolish [dɪ'mɒlɪʃ] *vt* -**1.** *(building)* demoler, derribar -**2.** *(theory)* desbaratar; *(opponent)* aplastar -**3.** *Fam (food)* engullir, zamparse

demolition [demə'lɪʃən] *n* -**1.** *(of building)* demolición *f*, derribo *m* ❏ **~ charge** carga *f* de voladura; **~ squad** equipo *m* de demolición
-**2.** *(of theory)* desmantelamiento *m*, destrucción *f*; *(of opponent)* destrucción *f*
-**3.** SPORT **~ derby** = concurso en el que varios vehículos viejos chocan entre sí hasta que sólo queda uno en funcionamiento
-**4.** MIL **demolitions** *(explosives)* explosivos *mpl*; **demolitions expert** experto en explosivos

demon ['diːmən] *n* -**1.** *(devil, evil spirit)* demonio *m* -**2.** IDIOMS **that child's a little ~** ese niño es un diablillo; *Fam* **he's a ~ tennis player** es un fiera jugando al tenis; *Hum* **the ~ drink** el demonio de la bebida

demonetarize [diː'mʌnətəraɪz], **demonetize** [diː'mʌnətaɪz] *vt* FIN *(currency)* desmonetizar

demoniacal [diːməˈnaɪəkəl] *adj* demoníaco(a), diabólico(a)
demonic [dɪˈmɒnɪk] *adj* demoníaco(a) ❏ **~ possession** posesión *f* demoníaca *or* del demonio
demonology [diːməˈnɒlədʒɪ] *n* demonología *f*
demonstrable [dɪˈmɒnstrəbəl] *adj* demostrable
demonstrably [dɪˈmɒnstrəblɪ] *adv* **a theory that is ~ untrue** una teoría cuya falsedad es fácilmente demostrable
demonstrate [ˈdemənstreɪt] ◇ *vt* **-1.** *(fact, theory)* demostrar; **to ~ how sth works** hacer una demostración de cómo funciona algo **-2.** *(appliance, machine)* hacer una demostración de **-3.** *(ability, quality)* demostrar; **she demonstrated great musical ability** demostró tener una gran aptitud para la música
◇ *vi (politically)* manifestarse **(for/against a favor de/en contra de)**
demonstration [demənˈstreɪʃən] *n* **-1.** *(of fact, theory, skills)* demostración *f* **-2.** *(of appliance, machine)* demostración *f* ❏ **~ model** modelo *m* de muestra **-3.** *(political)* manifestación *f*; **to go on a ~** participar en una manifestación; **to hold** *or* **stage a ~** celebrar *or* organizar una manifestación
demonstrative [dɪˈmɒnstrətɪv] ◇ *adj* **-1.** *(person)* efusivo(a), extravertido(a) **-2.** GRAM demostrativo(a)
◇ *n* GRAM demostrativo *m*
demonstratively [dɪˈmɒnstrətɪvlɪ] *adv (effusively)* efusivamente, afectuosamente
demonstrator [ˈdemənstreɪtə(r)] *n* **-1.** *(of product)* demostrador(ora) *m,f* comercial **-2.** *(political)* manifestante *mf* **-3.** *Br* UNIV asistente *mf or* auxiliar *mf* del profesor
demoralization [dɪmɒrəlaɪˈzeɪʃən] *n* desmoralización *f*
demoralize [dɪˈmɒrəlaɪz] *vt* desmoralizar
demoralizing [dɪˈmɒrəlaɪzɪŋ] *adj* desmoralizador(ora)
Demosthenes [dɪˈmɒsθəniːz] *pr n* Demóstenes
demote [dɪˈməʊt] *vt* **-1.** *(in army, organization)* degradar, relegar (a un puesto más bajo) **-2.** SPORT **two teams were demoted** dos equipos fueron descendidos de categoría
demotic [dɪˈmɒtɪk] *adj* **-1.** *Formal (popular)* popular **-2.** LING popular, coloquial; **~ Greek** (griego) demótico
demotion [dɪˈməʊʃən] *n* **-1.** *(of person)* degradación *f* **-2.** SPORT descenso *m* de categoría
demotivate [diːˈməʊtɪveɪt] *vt* desmotivar
demur [dɪˈmɜː(r)] *(pt & pp* **demurred***)* ◇ *vi* objetar; **to ~ at a suggestion** poner objeciones a una sugerencia
◇ *n* **without ~** sin poner objeciones *or* reparos
demure [dɪˈmjʊə(r)] *adj (modest)* recatado(a)
demurely [dɪˈmjʊəlɪ] *adv* recatadamente, con recato
demurrage [dɪˈmʌrɪdʒ] *n* COM sobrestadía *f*
demystify [diːˈmɪstɪfaɪ] *vt* aclarar, clarificar
demythologize [diːmɪˈθɒlədʒaɪz] *vt* desmitificar
den [den] *n* **-1.** *(of animal)* guarida *f* **-2.** *(haunt)* **a ~ of thieves** una cueva de ladrones; **a ~ of iniquity** un antro de depravación **-3.** *(room)* cuarto *m* privado, madriguera *f*
denationalization [diːnæʃənəlaɪˈzeɪʃən] *n* desnacionalización *f*
denationalize [diːˈnæʃənəlaɪz] *vt* desnacionalizar
denature [diːˈneɪtʃə(r)] *vt* desnaturalizar; **denatured alcohol** alcohol desnaturalizado
denazification [diːnɑːtsɪfɪˈkeɪʃən] *n* HIST = proceso de erradicación ideológica del nazismo en Alemania por parte de los aliados tras la Segunda Guerra Mundial
dendrite [ˈdendraɪt] *n* ANAT dendrita *f*
dendrochronology [dendrəʊkrəˈnɒlədʒɪ] *n* dendrocronología *f*
dendron [ˈdendrɒn] *n* ANAT dendrita *f*
dengue [ˈdeŋgeɪ] *n* MED dengue *m*
deniable [dɪˈnaɪəbəl] *adj* refutable, negable

denial [dɪˈnaɪəl] *n* **-1.** *(of accusation, guilt)* negación *f*; **to issue a ~** emitir un desmentido; **no one believed his denials** nadie creyó sus desmentidos
-2. *(of right, request)* denegación *f*; LAW **~ of justice** denegación de justicia
-3. *(disavowal, repudiation)* negación *f*, rechazo *m*; **it's a ~ of everything we stand for** supone una negación de todo lo que representamos
-4. *(abstinence)* renuncia *f*, abnegación *f*
-5. PSY **to be in ~** atravesar una fase de negación *or* rechazo
denier [ˈdenɪə(r)] *n* denier *m*; **20 ~ tights** medias de un denier 20
denigrate [ˈdenɪgreɪt] *vt* **-1.** *(person)* denigrar **-2.** *(ability, achievement)* despreciar, menospreciar
denigration [denɪˈgreɪʃən] *n* **-1.** *(of person)* trato *m* denigrante **(of** a) **-2.** *(of sb's ability, achievement)* desprecio *m*, menosprecio *m*
denim [ˈdenɪm] *n* tela *f* vaquera; **denims** *(jeans)* vaqueros *mpl*, *Chile* bluyíns *mpl*, *Méx* pantalones *mpl* de mezclilla; **~ jacket** cazadora *or* *CSur* campera *or* *Méx* chamarra vaquera; **~ shirt** camisa vaquera
denizen [ˈdenɪzən] *n* **-1.** *Literary or Hum (dweller)* morador(ora) *m,f* **-2.** BOT & BIOL = planta o animal que se ha adaptado a un entorno donde no es autóctono
Denmark [ˈdenmɑːk] *n* Dinamarca
denominate [dɪˈnɒmɪneɪt] *vt* *Formal (name)* denominar
denomination [dɪnɒmɪˈneɪʃən] *n* **-1.** REL confesión *f* **-2.** FIN valor *m* (nominal) **-3.** *Formal (designation, specification)* denominación *f*, categoría *f*
denominational [dɪnɒmɪˈneɪʃənəl] *adj* REL confesional
denominator [dɪˈnɒmɪneɪtə(r)] *n* MATH denominador *m*
denotation [diːnəʊˈteɪʃən] *n* PHIL & LING denotación *f*
denote [dɪˈnəʊt] *vt* **-1.** *Formal (signify)* denotar **-2.** PHIL denotar
denouement [deɪˈnuːmɒŋ] *n* desenlace *m*
denounce [dɪˈnaʊns] *vt* **-1.** *(inform against)* denunciar; **to ~ sb to the authorities** denunciar a alguien ante las autoridades; **to ~ sb as an impostor** denunciar a alguien por impostor **-2.** *(criticize publicly)* denunciar, condenar
dense [dens] *adj* **-1.** *(smoke, fog, traffic, population)* denso(a); *(jungle, undergrowth)* tupido(a); *(crowd)* nutrido(a) **-2.** *(text, article)* denso(a) **-3.** PHYS denso(a) **-4.** *Fam (stupid)* corto(a)
densely [ˈdenslɪ] *adv* densamente; **~ packed** muy apretado(a); **~ populated** densamente poblado(a)
denseness [ˈdensnɪs] *n* **-1.** *Fam (stupidity)* falta *f* de luces **-2.** *(of smoke, fog, population)* densidad *f*; *(of jungle, undergrowth)* densidad *f*, espesura *f* **-3.** *(of prose)* densidad *f*
density [ˈdensɪtɪ] *n* **-1.** *(of smoke, fog, population)* densidad *f*; *(of jungle, undergrowth)* densidad *f*, espesura *f* **-2.** *(of prose)* densidad *f* **-3.** PHYS densidad *f*
dent [dent] ◇ *n (in metal, wall)* abolladura *f*; **to make a ~ in sth** abollar algo, hacer una abolladura *or* marca en algo; *Fig* **the wedding made a ~ in his savings** la boda le costó una buena parte de sus ahorros; IDIOM **this defeat made a ~ in his self-confidence** esa derrota minó su seguridad en sí mismo
◇ *vt* **-1.** *(car, metal)* abollar **-2.** *(confidence, pride)* minar
◇ *vi (metal)* abollarse
dental [ˈdentəl] ◇ *adj* **-1.** MED *(treatment, hygiene)* dental ❏ **~ appointment** cita *f* con el dentista; **~ floss** hilo *m or* seda *f* dental; **~ hygienist** higienista *mf* dental; **~ nurse** enfermera *f* de dentista; **~ practice** clínica *f* dental, consulta *f* de dentista; **~ surgeon** odontólogo(a) *m,f*; **~ surgery** *(activity)* odontología *f*; *Br (office)* clínica *f* dental; **~ technician** mecánico(a) *m,f* dentista, protésico(a) *m,f* dental
-2. LING dental
◇ *n* LING dental *f*
dentifrice [ˈdentɪfrɪs] *n (paste, powder)* dentífrico *m*
dentine [ˈdentiːn], *US* **dentin** [ˈdentɪn] *n* dentina *f*
dentist [ˈdentɪst] *n* dentista *mf*; **to go to the ~('s)** ir al dentista; **the ~'s** *Br* **surgery** *or US* **office** la consulta del dentista
dentistry [ˈdentɪstrɪ] *n (subject)* odontología *f*
dentition [denˈtɪʃən] *n* ANAT dentición *f*
denture [ˈdentʃə(r)] *n (artificial tooth)* prótesis *f inv* dental; **(set of) dentures** dentadura *f* postiza
denude [dɪˈnjuːd] *vt* **to be denuded of** estar desprovisto(a) de; **a landscape denuded of trees** un paisaje despojado *or* desprovisto de árboles
denunciation [dɪnʌnsɪˈeɪʃən] *n* **-1.** *(accusation)* denuncia *f* **-2.** *(criticism)* denuncia *f*, condena *f*
Denver boot [ˈdenvəˈbuːt] *n* AUT *Fam* cepo *m*
deny [dɪˈnaɪ] *vt* **-1.** *(accusation, fact)* negar; *(rumour)* desmentir; **I can't** *or* **won't** *or* **don't ~ I found it amusing, but...** no niego que lo encontré divertido, pero...; **to ~ doing sth**, **to ~ having done sth** negar haber hecho algo; **there's no denying that...** es innegable que...; **to ~ all knowledge of sth** negar tener conocimiento de algo
-2. *(right, request)* denegar; **to ~ sb sth** *or* **sth to sb** denegar algo a alguien; **she was denied access to the information/room** le denegaron el acceso a la información/sala; **to ~ sb his rights** denegar *or* negar a alguien sus derechos
-3. *(deprive)* **to ~ oneself sth** privarse de algo; **she denied herself to feed her children** se privó de comer para alimentar a sus hijos, sufrió privaciones para poder alimentar a sus hijos
-4. *Literary (disavow, repudiate)* renegar de; **thou shalt ~ me thrice** me negarás tres veces
deodorant [diːˈəʊdərənt] *n* desodorante *m*; **~ stick/spray** desodorante de barra/de spray
deodorize [diːˈəʊdəraɪz] *vt* desodorizar, eliminar el mal olor de
deoxidize [diːˈɒksɪdaɪz] *vt* CHEM desoxidar
deoxygenate [diːˈɒksɪdʒəneɪt] *vt* CHEM desoxigenar
deoxyribonucleic acid [diːˈɒksɪraɪbəʊnjuːˈkleɪɪkˈæsɪd] *n* BIOCHEM ácido *m* desoxirribonucleico
dep RAIL *(abbr* **departure***)* salida *f*
depart [dɪˈpɑːt] ◇ *vi Formal* **-1.** *(leave)* salir **(from** de); **the Baltimore train will ~ from platform 6** el tren con destino a Baltimore efectuará su salida por la vía 6; **they departed for Canada from Portsmouth** salieron de Portsmouth para Canadá **-2.** *(deviate, vary)* **to ~ from** *(tradition, subject, truth)* desviarse de
◇ *vt Literary* **to ~ this life** dejar este mundo, pasar a mejor vida
departed [dɪˈpɑːtɪd] ◇ *n* **the ~** los difuntos
◇ *adj (dead)* difunto(a); **his dear ~** su difunta esposa, su esposa que en paz descanse
department [dɪˈpɑːtmənt] *n* **-1.** *(in company, shop)* departamento *m*; **the toy/clothing ~** la sección de juguetería/confección ❏ **~ store** grandes almacenes *mpl*
-2. *(in university, school)* departamento *m*; **the French ~** el departamento de francés
-3. *(of government)* ministerio *m* ❏ *US* **Department of Agriculture** Ministerio *m* de Agricultura; *US* **Department of Commerce** Ministerio *m* de Comercio; *US* **Department of the Interior** Ministerio *m* del Interior; *US* **Department of Labor** Ministerio *m* de Trabajo; *US* **Department of State**, **State Department** Departamento *m* de Estado, = Ministerio de Asuntos Exteriores estadounidense; *Br* **Department of Trade and Industry** Ministerio *m* de Industria y Comercio

departmental 186 **depressurize**

-4. *(field, responsibility)* **recruiting staff is not my** ~ la contratación de personal no es competencia mía; *Fig* **cooking's not really my** ~ realmente, cocinar no es mi fuerte
-5. *(administrative area)* departamento *m*

departmental [diːpɑːtˈmentəl] *adj* de departamento; **at a** ~ **level** a nivel departamental *or* de departamento ❑ ~ *head* jefe(a) *m,f* de departamento

departmentalize [diːpɑːtˈmentəlaɪz] *vt (organization)* dividir en departamentos, compartimentar

departure [dɪˈpɑːtʃə(r)] *n* -1. *(of plane, train)* salida *f* ❑ ~ *gate* puerta *f* de embarque; ~ *lounge (in airport)* sala *f* de embarque; ~ *time* hora *f* de salida
-2. *(of person) (from place)* partida *f*; *(from competition)* salida *f*; **her unexpected ~ from politics** su inesperada marcha de la política; *Formal* **to take one's** ~ retirarse
-3. *(from tradition, subject, truth)* alejamiento *m*; **a ~ from company policy** un cambio en la política de la compañía; **a ~ from his usual habits** un cambio en sus hábitos; **a new** ~ un camino distinto, una innovación

depend [dɪˈpend] *vi* depender; **that/it depends** depende

◆ **depend on, depend upon** *vt sep* -1. *(be determined by)* **that depends on you** eso depende de ti; **it depends on how much money I have** depende de cuánto dinero tenga; **our future may ~ on it** nuestro futuro podría depender de eso; **it takes up to three hours, depending on the route you take** dependiendo de la ruta que se tome, se tarda más de tres horas
-2. *(rely on)* **to ~ on sth/sb (for sth)** depender de algo/alguien (para algo); **we ~ on oil for our prosperity** nuestra prosperidad depende del petróleo
-3. *(trust, be sure of)* confiar en alguien; **we need somebody who can be depended on to be discreet** necesitamos a alguien en cuya discreción podamos confiar; *Ironic* **you can ~ on him to be late** puedes estar seguro(a) de que llegará tarde; **you can ~ on it!** ¡cuenta con ello!, ¡tenlo por seguro!

dependability [dɪpendəˈbɪlɪtɪ] *n (of person)* formalidad *f*; *(of car)* fiabilidad *f*

dependable [dɪˈpendəbəl] *adj (person)* formal; *(friend)* leal; *(car)* fiable, *Am* confiable

dependant [dɪˈpendənt] *n* **his/her dependants** las personas a su cargo; **do you have any dependants?** ¿tiene personas a su cargo?

dependence [dɪˈpendəns] *n* -1. *(reliance)* dependencia *f* (**on** de) -2. *(trust)* dependencia *f*, confianza *f* (**on** en) -3. *(addiction)* **morphine/heroin** ~ adicción a la morfina/heroína

dependency [dɪˈpendənsɪ] *n* -1. *(territory)* dependencia *f* -2. *(reliance)* dependencia *f*, confianza *f* ❑ ~ *culture* cultura *f* de la dependencia del Estado

dependent [dɪˈpendənt] *adj* -1. *(reliant)* dependiente; **to be ~ on sth/sb** depender de algo/alguien; **to be ~ on drugs** ser drogodependiente(a); **to be ~ on heroin** ser heroinómano(a); *Formal* **he has two ~ children** tiene dos hijos a su cargo
-2. *(contingent)* **to be ~ on sth** depender de algo, estar supeditado(a) a algo; **their prosperity was ~ on the continuation of the war** su prosperidad dependía de *or* estaba supeditada a la continuación de la guerra
-3. GRAM *(clause)* subordinado(a)
-4. MATH *(variable)* dependiente

depersonalize [diːˈpɜːsənəlaɪz] *vt* -1. *(person, organization)* despersonalizar, deshumanizar
-2. *(issue, argument)* **we should ~ the issue and deal with the facts** tenemos que dejar a un lado el plano personal del asunto y centrarnos en los hechos

depict [dɪˈpɪkt] *vt* -1. *(of painting)* retratar, plasmar -2. *(of book, piece of writing)* describir

depiction [dɪˈpɪkʃən] *n* -1. *(picture)* representación *f* -2. *(description)* descripción *f*

depilate [ˈdepɪleɪt] *vt* depilar

depilatory [dɪˈpɪlətərɪ] *adj* depilatorio(a); ~ *cream* crema depilatoria

deplane [diːˈpleɪn] *vi US* desembarcar del avión, abandonar el avión

deplete [dɪˈpliːt] *vt* mermar; **the illness depleted her strength** la enfermedad consumió *or* mermó sus fuerzas; **the soil has been depleted of nutrients** los nutrientes del suelo se han agotado; **to be seriously depleted** *(strength, stocks)* haber disminuido mucho ❑ CHEM *depleted uranium* uranio *m* empobrecido

depletion [dɪˈpliːʃən] *n (reduction)* disminución *f*, merma *f*; *(of soil)* agotamiento *m*; **the ~ of the ozone layer** la degradación de la capa de ozono

deplorable [dɪˈplɔːrəbəl] *adj* deplorable; **in a ~ condition** en un estado deplorable

deplorably [dɪˈplɔːrəblɪ] *adv* deplorablemente

deplore [dɪˈplɔː(r)] *vt* -1. *(regret)* deplorar; **we all ~ the loss of life involved** todos lamentamos la pérdida de vidas humanas que lleva consigo -2. *(condemn, disapprove of)* condenar, rechazar; **everyone deplores violence against unarmed civilians** todo el mundo condena los ataques contra la población civil desarmada

deploy [dɪˈplɔɪ] ◇ *vt* -1. *(troops)* desplegar -2. *(argument, charm)* hacer uso de, utilizar
◇ *vi (troops)* desplegarse

deployment [dɪˈplɔɪmənt] *n* -1. *(of troops)* despliegue *m* -2. *(of argument, charm)* utilización *f*

depolarize [diːˈpəʊləraɪz] *vt* despolarizar

depoliticize [diːpəˈlɪtɪsaɪz] *vt* despolitizar

deponent [dɪˈpəʊnənt] ◇ *n* LAW declarante *mf*
◇ *adj* GRAM *(verb)* deponente

depopulate [diːˈpɒpjʊleɪt] *vt* despoblar

depopulated [diːˈpɒpjʊleɪtɪd] *adj* despoblado(a); **to become** ~ despoblarse

depopulation [diːpɒpjʊˈleɪʃən] *n* despoblación *f*

deport [dɪˈpɔːt] *vt* -1. *(expel)* deportar -2. *Formal (behave)* **to ~ oneself** comportarse, conducirse

deportation [diːpɔːˈteɪʃən] *n* deportación *f* ❑ ~ *order* orden *f* de deportación

deportee [diːpɔːˈtiː] *n* deportado(a) *m,f*

deportment [dɪˈpɔːtmənt] *n Formal* -1. *(behaviour)* comportamiento *m*, conducta *f* -2. *(carriage, posture)* porte *m*

depose [dɪˈpəʊz] *vt* -1. *(remove)* deponer -2. LAW declarar, deponer

deposit [dɪˈpɒzɪt] ◇ *n* -1. *(in bank account)* depósito *m*; **to make a** ~ hacer *or* realizar un depósito *or Esp* ingreso; **on** ~ en una cuenta de ahorros, en depósito ❑ *Br* ~ *account* cuenta *f* or depósito *m* a plazo fijo; FIN ~ *guarantee fund* fondo *m* de garantía de depósito; ~ *slip* resguardo *m* or comprobante *m* de depósito *or Esp* ingreso
-2. *(returnable)* señal *f*, fianza *f*; *(first payment)* entrega *f* inicial, *Esp* entrada *f*; **to put down a ~ (on sth)** pagar la entrega inicial *or Esp* entrada (de algo); **a ~ for a stereo** una señal para una cadena de música; **is there a ~ on the bottle?** ¿cobran el envase *or* el casco?; *Br* POL **to lose one's ~** = perder el dinero depositado al presentarse como candidato por no haber sacado suficientes votos
-3. *(of oil, minerals)* yacimiento *m*
-4. *(sediment, silt)* depósito *m*; *(in wine)* poso *m*

◇ *vt* -1. *(put down, leave)* depositar; **the bus deposited me in front of my house** el autobús me dejó delante de mi casa; **I have deposited the papers with my lawyer** he entregado la documentación a mi abogado
-2. *(in bank account) Esp* ingresar, *Am* depositar; FIN **to ~ sth as security** depositar algo como garantía, hacer un depósito como garantía
-3. *(of liquid, river)* depositar

depositary [dɪˈpɒzɪtərɪ] *n Formal* depositario(a) *m,f*

deposition [depəˈzɪʃən] *n* -1. LAW declaración *f* -2. *(removal of leader)* destitución *f*, deposición *f* -3. GEOL sedimentación *f* -4. REL & ART **the Deposition (from the Cross)** el Descendimiento (de la Cruz)

depositor [dɪˈpɒzɪtə(r)] *n* FIN depositante *mf*

depository [dɪˈpɒzɪtərɪ] *n (store)* depósito *m*, almacén *m*; *(for furniture)* guardamuebles *m inv*

depot [*Br* ˈdepəʊ, *US* ˈdiːpəʊ] *n* -1. MIL depósito *m*; COM almacén *m* -2. *Br (for keeping and repairing buses)* cochera *f* -3. *US (bus station)* estación *f* de autobuses, *CAm, Méx* central *f* camionera; *(railway station)* estación *f* de tren *or* de ferrocarril

depravation [depraˈveɪʃən] *n* depravación *f*

deprave [dɪˈpreɪv] *vt* pervertir, depravar

depraved [dɪˈpreɪvd] *adj* depravado(a)

depravity [dɪˈprævɪtɪ] *n* -1. *(corruption)* depravación *f* -2. *(act)* acto *m* depravado

deprecate [ˈdeprɪkeɪt] *vt Formal* -1. *(disapprove of, deplore)* censurar -2. *(denigrate, disparage)* menospreciar, infravalorar; **to ~ sb's efforts** restar importancia *or* mérito a los esfuerzos de alguien

deprecating [ˈdeprɪkeɪtɪŋ], **deprecatory** [ˈdeprɪkeɪtərɪ] *adj* -1. *(disapproving)* de desaprobación; **to be ~ about sth/sb** mostrar desaprobación por algo/alguien -2. *(disparaging)* despreciativo(a), despectivo(a)

depreciate [dɪˈpriːʃɪeɪt] ◇ *vt* -1. COM *(value of sth)* depreciar, amortizar; *(currency)* depreciar, devaluar -2. *Formal (denigrate)* menospreciar, denigrar
◇ *vi (property, prices, currency)* depreciarse; *(equipment)* perder valor, bajar de precio; **the pound has depreciated against the dollar** la libra se ha depreciado *or* devaluado con respecto al dólar

depreciation [dɪpriːʃɪˈeɪʃən] *n* -1. *(of property, prices, currency)* depreciación *f*; *(of equipment)* pérdida *f* de valor -2. *Formal (disparagement)* menosprecio *m*

depredation [depraˈdeɪʃən] *n Formal* **depredations** *(of war, time)* estragos *mpl*; **environmental ~** estragos en el medio ambiente

depress [dɪˈpres] *vt* -1. *(person)* deprimir; **it depressed her to talk about it** la deprimía hablar de ello -2. *(prices)* hacer bajar; *(economy)* deprimir -3. *Formal (push down) (button)* pulsar; *(clutch)* presionar

depressant [dɪˈpresənt] MED ◇ *n (sedative)* depresor *m*
◇ *adj* depresor(ora)

depressed [dɪˈprest] *adj* -1. *(person)* deprimido(a); **to be ~** estar deprimido(a); MED **to be (clinically) ~** tener un cuadro clínico de depresión; **to make sb ~** deprimir a alguien -2. *(economically) (area, industry)* deprimido(a); *(prices, wages)* reducido(a), disminuido(a); ST EXCH **the market is ~** el mercado experimenta una recesión, el mercado se encuentra deprimido

depressing [dɪˈpresɪŋ] *adj* deprimente; **these figures make for ~ reading** estas cifras son deprimentes

depressingly [dɪˈpresɪŋlɪ] *adv* ~ **slow** de una lentitud deprimente; **his lack of interest was ~ clear** su clara falta de interés era deprimente

depression [dɪˈpreʃən] *n* -1. *(of person)* depresión *f*; MED **(clinical)** ~ depresión (clínica) -2. *(of economy)* depresión *f*; HIST **the (Great) Depression** la Gran Depresión -3. *(hollow, indentation)* depresión *f*, hoyo *m* -4. MET depresión *f* atmosférica, zona *f* de bajas presiones

depressive [dɪˈpresɪv] MED ◇ *n (person)* depresivo(a) *m,f*
◇ *adj* depresivo(a); **he had a tendency to be ~** tendía a deprimirse *or* a la depresión ❑ ~ *disorder* trastorno *m* depresivo

depressor [dɪˈpresə(r)] *n* -1. ANAT *(muscle)* depresor *m* -2. *(instrument)* **a tongue ~** un depresor (para la garganta)

depressurize [diːˈpreʃəraɪz] *vt* despresurizar

deprivation [deprɪ'veɪʃən] n **-1.** (lack) falta f **-2.** (poverty) privación f; **a life of** ~ una vida llena de privaciones or penurias; **emotional** ~ falta de cariño

deprive [dɪ'praɪv] vt **to ~ sb of sth** privar a alguien de algo; **they were deprived of food** no se les dio de comer; **he was deprived of his inheritance** fue despojado de su herencia, fue desheredado; **I won't ~ you of the pleasure of telling him** no seré yo quien te prive del placer de contárselo; **he deprives himself so his children can eat** pasa privaciones para que sus hijos puedan comer

deprived [dɪ'praɪvd] adj (background, area) desfavorecido(a); **the boy is emotionally ~** el chico tiene carencias afectivas

deprogram [di:'prəʊgræm] vt (cult member) desprogramar

deprogrammer [di:'prəʊgræmə(r)] n desprogramador(ora) m,f

dept (abbr **department**) dpto.

depth [depθ] n **-1.** (vertical distance) (of water, hole, snow, wound) profundidad f; **the wreck was located at a ~ of 200 metres** los restos del naufragio se encontraban a doscientos metros de profundidad; **to be out of one's ~** (in water) no hacer pie; Fig **she was out of her ~ in her new job/in the competition** el nuevo trabajo/el campeonato le venía grande ❑ MIL **~ charge** carga f de profundidad
-2. (horizontal distance) (of shelf, cupboard) profundidad f, fondo m
-3. (strength, intensity) (of feeling, sleep) profundidad f; **in ~** (investigate, discuss) a fondo, en profundidad
-4. (of knowledge, thought) profundidad f
-5. (of colour) intensidad f
-6. (of sound, voice) gravedad f, tono m grave
-7. PHOT **~ of field** profundidad f de campo
-8. the depths (of ocean) las profundidades (marinas); **the depths of despair** la más absoluta desesperación; **in the depths of the forest** en la espesura del bosque; **in the depths of winter** en pleno invierno

deputation [depjʊ'teɪʃən] n delegación f

depute [dɪ'pjuːt] vt **to ~ sb to do sth** delegar en alguien para que haga algo; **she deputed the running of the business to her eldest son** encomendó a su hijo mayor la gestión del negocio, delegó en su hijo mayor para que dirigiera el negocio

deputize ['depjʊtaɪz] ◇ vt (make a deputy) **to ~ sb** nombrar a alguien como sustituto
◇ vi **to ~ for sb** suplir a alguien

deputy ['depjʊti] n **-1.** (substitute) sustituto(a) m,f; (second-in-command) asistente mf, lugarteniente mf; **to act as sb's ~** sustituir a alguien ❑ **~ director** director(ora) m,f adjunto(a); **~ manager** director(ora) m,f adjunto(a); **~ mayor** teniente mf (de) alcalde; **~ prime minister** vicepresidente(a) m,f del Gobierno
-2. (political representative) diputado(a) m,f
-3. US (policeman) **~ (sheriff)** ayudante mf del sheriff

derail [di:'reɪl] ◇ vt **to be derailed** (train) descarrilar; (project, negotiations) desbaratarse
◇ vi (train) descarrilar

derailleur [dɪ'reɪlɪə(r)] n cambio m de marchas

derailment [dɪ'reɪlmənt] n descarrilamiento m

derange [dɪ'reɪndʒ] vt **-1.** (drive insane) volver loco(a), desquiciar **-2.** (disarrange, disorder) trastornar, desorganizar

deranged [dɪ'reɪndʒd] adj perturbado(a); **to be ~** estar perturbado(a)

derangement [dɪ'reɪndʒmənt] n **-1.** (mental illness) perturbación f or trastorno m mental **-2.** (disorder, disarray) trastorno m, desorganización f

derby n [Br 'dɑːbɪ, US 'dɜːbɪ] **-1.** SPORT derby m; Br **the Derby** el Derby, = carrera de caballos celebrada en Epsom Downs, Inglaterra, desde 1780; US **the Kentucky Derby** = carrera de caballos anual que se celebra en Louisville, Kentucky, desde 1875 **-2.** US (hat) bombín m, sombrero m hongo

derecognize [di:'rekəgnaɪz] vt (country, trade union) retirar el reconocimiento oficial a

deregulate [di:'regjʊleɪt] vt COM & ECON liberalizar, desregular

deregulation [di:regjʊ'leɪʃən] n COM & ECON liberalización f, desregulación f

derelict ['derəlɪkt] ◇ adj **-1.** (abandoned) ruinoso(a), en ruinas **-2.** Formal (negligent, neglectful) negligente
◇ n **-1.** (person) indigente mf **-2.** NAUT derrelicto m

dereliction [derɪ'lɪkʃən] n **-1.** (abandonment) ruina f **-2.** (neglect) **~ of duty** incumplimiento m del deber

deride [dɪ'raɪd] vt ridiculizar, burlarse de

de rigueur [dɪ'rɪɡɜː(r)] adj de rigor

derision [dɪ'rɪʒən] n burla f, escarnio m; **to be an object of ~** ser objeto de burla

derisive [dɪ'raɪsɪv] adj burlón(ona)

derisively [dɪ'raɪsɪvlɪ] adv (to say, speak) con sorna, con burla

derisory [dɪ'raɪsərɪ] adj (amount) irrisorio(a)

derivable [dɪ'raɪvəbəl] adj deducible (**from** de)

derivation [derɪ'veɪʃən] n **-1.** (of word) origen m; **what is the ~ of...?** ¿cuál es el origen de...?, ¿de dónde procede or deriva...? **-2.** MATH derivación f

derivative [dɪ'rɪvətɪv] ◇ n **-1.** (word) derivado m **-2.** MATH derivada f **-3.** ST EXCH derivado m, producto m financiero derivado
◇ adj Pej (novel, idea, writer) poco original

derive [dɪ'raɪv] ◇ vt (pleasure, satisfaction) encontrar (**from** en); (courage, hope, inspiration) proceder, derivar (**from** de); (benefit, profit) obtener (**from** de); **to be derived from** (name, behaviour) derivar or provenir de; **it's derived from oil** se deriva del petróleo, se obtiene a partir del petróleo
◇ vi **to ~ from** derivar or provenir de; **the word originally derives from Turkish** la palabra se deriva or procede originariamente del turco

dermal ['dɜːməl] adj MED dérmico(a)

dermatitis [dɜːmə'taɪtɪs] n MED dermatitis f inv

dermatological [dɜːmətə'lɒdʒɪkəl] adj MED dermatológico(a)

dermatologist [dɜːmə'tɒlədʒɪst] n MED dermatólogo(a) m,f

dermatology [dɜːmə'tɒlədʒɪ] n MED dermatología f

dermis ['dɜːmɪs] n ANAT dermis f inv

derogate ['derəgeɪt]
➤ **derogate from** vi Formal **-1.** (detract from) quitar mérito a **-2.** (authority, law) menoscabar, restringir; **this change in no way derogates from her existing rights** este cambio en no restringe de ningún modo sus actuales derechos

derogatory [dɪ'rɒgətərɪ] adj despectivo(a); **she was quite ~ about my efforts** mostró un gran desprecio por or hacia mis esfuerzos

derrick ['derɪk] n **-1.** (crane) grúa f **-2.** (over oil well) torre f de perforación

derrière [derɪ'eə(r)] n Euph or Hum trasero m

derring-do ['derɪŋ'duː] n Hum hazañas fpl, proezas fpl; **tales of ~** cuentos épicos

derringer ['derɪndʒə(r)] n US = pistola corta y de gran calibre

derv [dɜːv] n Br (fuel) gasóleo m, gasoil m

dervish ['dɜːvɪʃ] n derviche m; IDIOM **like a dancing** or **whirling ~** como un descosido(a)

desalinate [di:'sælɪneɪt] vt desalar, desalinizar

desalination [di:sælɪ'neɪʃən] n desalinización f ❑ **~ plant** planta f desalinizadora

descale [di:'skeɪl] vt quitar la cal or el sarro a

descant ['deskænt] ◇ n MUS contrapunto m ❑ **~ recorder** flautín m
◇ vi Literary **to ~ on** or **upon sth** (comment, ramble) disertar sobre algo largo y tendido

descend [dɪ'send] ◇ vi **-1.** (go down) (person, path, plane) descender
-2. (fall) **darkness descended** cayó la noche; **silence descended on the battlefield** el campo de batalla quedó sumido en el silencio; **a mood of despair descended upon the country** el país quedó sumido en un sentimiento de desesperación
-3. (sink, stoop) **I never thought she would ~ to malicious gossip** nunca pensé que fuera a caer tan bajo como para chismorrear con tanta malicia, RP nunca pensé que llegaría a ese nivel subterráneo de chismerío; **to ~ to sb's level** rebajarse al nivel de alguien
-4. to ~ from sb (be related to) descender de alguien; **dogs and wolves probably ~ from a common ancestor** probablemente, los perros y los lobos descienden de un antepasado común
-5. (be passed down) **Lord Grey's title descended to his grandson** el título de Lord Grey recayó en or pasó a su nieto; **the expression has descended to us from the Romans** hemos heredado esa expresión de los romanos
◇ vt **-1.** (hill, stairs) descender por, bajar **-2.** (be related to) **to be descended from sb** descender de alguien
➤ **descend on** vt insep (attack) (group of people) abalanzarse sobre, invadir; (village, town) caer sobre; **every summer tourists ~ on the city** todos los veranos los turistas invaden la ciudad; **the children descended on the table of goodies** los niños se abalanzaron or lanzaron sobre la mesa de golosinas; **we can't all ~ on him without warning** (visit en masse) no podemos presentarnos allí todos sin avisar

descendant [dɪ'sendənt] n descendiente m

descending [dɪ'sendɪŋ] adj **-1.** (staircase, spiral) descendente; **in ~ order** (of priority, size) en orden descendente or decreciente **-2.** MUS descendente

descent [dɪ'sent] n **-1.** (downward movement) (of plane, from mountain) descenso m; **the stream makes a gentle ~ into hell** un descenso a los infiernos **-2.** (slope) bajada f, pendiente f (cuesta abajo) **-3.** (ancestry) ascendencia f; **of Mexican ~** de ascendencia mexicana **-4.** (transmission) transmisión f **-5.** (invasion) invasión f, incursión f

descramble [di:'skræmbəl] vt descodificar

describe [dɪs'kraɪb] vt **-1.** (depict verbally) describir; **witnesses described the man as tall and dark-haired** la descripción de los testigos correspondía a la de un hombre alto y moreno; **the book describes how they escaped** el libro describe or cuenta cómo escaparon
-2. (characterize) definir; **she describes herself as an artist** se define a sí misma como artista; **his methods have been described as unorthodox** sus métodos han sido calificados de poco ortodoxos; **I wouldn't ~ it as a complete failure** yo no lo definiría como un fracaso rotundo
-3. Formal (draw, follow) (circle, line) describir, trazar; **the severed head described an elegant arc in the air** la cabeza cortada describió un elegante arco en el aire

description [dɪs'krɪpʃən] n **-1.** (account, representation) descripción f; **to give a ~ (of)** dar or hacer una descripción (de); **to answer** or **fit the ~** responder a la descripción; **I don't know anyone of that ~** no conozco a nadie con esa descripción; **beyond ~** indescriptible
-2. (kind) tipo m, clase f; **birds of all descriptions** todo tipo de aves; **she's a journalist of some ~** es periodista, no sé de qué tipo exactamente; **we were unable to find a vehicle of any ~** no pudimos encontrar ningún vehículo de ninguna clase

descriptive [dɪs'krɪptɪv] adj (name, expression) descriptivo(a); (adjective) calificativo(a); **he has great ~ powers** tiene una gran habilidad para las descripciones ❑ **~ linguistics** lingüística f descriptiva

descriptor [dɪs'krɪptə(r)] n COMPTR descriptor m

descry [dɪˈskraɪ] *vt Literary* divisar

desecrate [ˈdesɪkreɪt] *vt* profanar

desecration [desɪˈkreɪʃən] *n* profanación *f*

desegregate [diːˈsegrɪgeɪt] *vt* terminar con la segregación racial en

desegregation [diːsegrɪˈgeɪʃən] *n* eliminación *f* de la segregación racial (**of** en)

deselect [diːsɪˈlekt] *vt* **-1.** *Br* POL no reelegir como candidato(a) **-2.** COMPTR deseleccionar

desensitize [diːˈsensɪtaɪz] *vt (emotionally)* insensibilizar; **children have become desensitized to violence** los niños se han hecho insensibles a la violencia

desert¹ [ˈdezət] *n* desierto *m*; **~ region** región desértica; **~ storm** tormenta del desierto ❑ **~ boots** botas *fpl* de ante *(con cordones)*; **~ island** isla *f* desierta; **~ rat** rata *f* del desierto; HIST **the Desert Rats** las Ratas del Desierto, = soldados de la séptima división acorazada británica, destacados en el norte de África entre 1941 y 1942; **~ rose** rosa *f* del desierto

desert² [dɪˈzɜːt] ◇ *vt (place, family)* abandonar; *(organization, principle)* abandonar, desertar de; MIL **to ~ one's post** abandonar el puesto; *Fig* **his courage deserted him** el valor le abandonó
◇ *vi (from army)* desertar (**from** de); **one of the officers deserted to the enemy** uno de los oficiales desertó para pasarse al enemigo

deserted [dɪˈzɜːtɪd] *adj* desierto(a); **the streets were ~** las calles estaban desiertas

deserter [dɪˈzɜːtə(r)] *n* desertor(ora) *m,f*

desertification [dɪzɜːtɪfɪˈkeɪʃən] *n* desertización *f*

desertion [dɪˈzɜːʃən] *n* **-1.** LAW abandono *m* del hogar **-2.** MIL deserción *f* **-3.** *(of cause, organization)* deserción *f*

deserts [dɪˈzɜːts] *npl* IDIOM **he got his just ~** recibió su merecido

deserve [dɪˈzɜːv] ◇ *vt* merecer, merecerse, *Am* ameritar; **to ~ (to do) sth** merecer *or Am* ameritar (hacer) algo; **the case deserves serious consideration** el caso merece *or Am* amerita toda nuestra atención; **they ~ each other** están hechos el uno para el otro; **she got what she deserved** recibió su merecido; **to ~ whatever** *or* **everything one gets** merecérselo; **they ~ better than this** se merecen algo mejor que esto
◇ *vi Formal* **to ~ well of sb** merecer el reconocimiento de alguien

deservedly [dɪˈzɜːvɪdlɪ] *adv* merecidamente; **she was ~ reprimanded** fue reprendida, y con razón

deserving [dɪˈzɜːvɪŋ] *adj (cause, organization)* meritorio(a); **(to be) ~ of sth** (ser) digno(a) *or* merecedor(ora) de algo; **a ~ case** un caso merecedor de ayuda; *Old-fashioned* **the ~ poor** los pobres dignos *or* merecedores de ayuda

déshabillé [deɪzəˈbiː, dɪsəˈbiːl] *n* **in ~** en deshabillé *or* salto de cama

desiccant [ˈdesɪkənt] *n* CHEM desecante *m*

desiccated [ˈdesɪkeɪtɪd] *adj* **-1.** *(dried)* seco(a), desecado(a) ❑ **~ coconut** coco *m* rallado y seco **-2.** *Fig (person)* seco(a), rancio(a)

desideratum [dɪzɪdəˈrɑːtəm] *(pl* **desiderata** [dɪzɪdəˈrɑːtə]*) n Formal* desiderátum *m inv*

design [dɪˈzaɪn] ◇ *n* **-1.** *(decorative pattern)* dibujo *m*, motivo *m*
-2. *(style, composition) (of car, furniture, clothes)* modelo *m*, diseño *m*; **our latest ~** nuestro último modelo; **the problems were due to poor ~** los problemas se debieron a un mal diseño *or* a un diseño defectuoso; **~ fault** defecto de diseño
-3. *(drawing) (of building, machine)* diseño *m*
-4. *(subject)* diseño *m*
-5. *(planning) (of product, machine)* diseño *m*; **it's still at the ~ stage** todavía se halla en fase de diseño
-6. *(intention)* propósito *m*; **by ~** a propósito; **to have designs on sth/sb** tener las miras puestas en algo/alguien
◇ *vt* **-1.** *(plan) (building, vehicle, clothes)* diseñar; *(syllabus, course)* estructurar; **she designs jewellery** es diseñadora de joyas
-2. *(intend)* **the book is designed for children** el libro está pensado *or* concebido para los niños; **it's specially designed for very low temperatures** está especialmente concebido para bajas temperaturas; **the system is designed to favour the landowners** el sistema está pensado para favorecer a los terratenientes; **his remarks were designed to shock** sus comentarios pretendían escandalizar

designate [ˈdezɪgneɪt] ◇ *vt* **-1.** *(appoint, assign)* designar; **to ~ sb to do sth** designar a alguien para hacer algo; **he designated her as his successor** la nombró su sucesora; **this area has been designated a national park** esta zona ha sido declarada parque nacional
-2. *Formal (indicate, signify)* indicar, señalar; **the flags on the map ~ enemy positions** las banderas del mapa indican posiciones enemigas
-3. *Formal (name)* nombrar, designar; **we've been designated the "Co-ordinating Committee"** se nos ha nombrado "Comité de Coordinación"
◇ *adj* designado(a), nombrado(a)

designated [ˈdezɪgneɪtɪd] *adj* **-1.** *(in baseball)* **~ hitter** bateador(ora) *m,f* designado(a) **-2.** *esp US* **~ driver** = persona que accede a no beber alcohol durante una salida nocturna para llevar a los demás en coche a casa al final de la misma

designation [dezɪgˈneɪʃən] *n* **-1.** *(appointment)* nombramiento *m* **-2.** *(title)* denominación *f* **-3.** COM **~ of origin** denominación de origen

designedly [dɪˈzaɪnɪdlɪ] *adv* a propósito

designer [dɪˈzaɪnə(r)] *n* diseñador(ora) *m,f*; **(set) ~** THEAT escenógrafo *m,f*; CIN decorador(ora) *m,f* ❑ **~ clothes** ropa *f* de diseño; **~ drugs** drogas *fpl* de diseño; **~ label** marca *f* de moda (exclusiva); *Hum* **~ stubble** barba *f* de tres días

designing [dɪˈzaɪnɪŋ] *adj* intrigante, maquinador(ora)

desirability [dɪzaɪərəˈbɪlɪtɪ] *n* **-1.** *(of outcome)* conveniencia *f*; **no one questions the ~ of the measure** nadie cuestiona la conveniencia de la medida **-2.** *(of person)* atractivo *m*

desirable [dɪˈzaɪərəbəl] *adj* **-1.** *(attractive)* apetecible; *(sexually)* deseable; **~ residence** *(in advert)* propiedad impecable **-2.** *(advisable)* deseable; **a knowledge of French is ~** *(in job advert)* se valorarán los conocimientos de francés

desire [dɪˈzaɪə(r)] ◇ *n* **-1.** *(wish)* deseo *m*; **I feel no ~ to go** no me *Esp* apetece *or Carib, Col, Méx* provoca nada ir; **I have no ~ to hurt anyone's feelings, but...** no pretendo herir los sentimientos de nadie, pero...; **my one ~ is that you should be happy** mi único deseo es que seas feliz **-2.** *(sexual)* deseo *m*; **to feel ~ for sb** desear a alguien
◇ *vt* **-1.** *(want, wish)* desear; **to ~ (to do) sth** desear (hacer) algo; **if you so ~** si así lo desea; **it leaves a lot to be desired** deja mucho que desear **-2.** *(sexually)* desear **-3.** *Formal (request)* **your presence is desired at the palace** se solicita su presencia en palacio

desired [dɪˈzaɪəd] *adj* **his words had the ~ effect** sus palabras tuvieron el efecto deseado *or* pretendido; **measure out the quantity ~** mida *or* pese la cantidad deseada

desirous [dɪˈzaɪərəs] *adj Formal* deseoso(a) (**of** de); **he was ~ of re-establishing friendly relations** estaba deseoso de reestablecer relaciones de amistad; **he seemed ~ to assist us** parecía estar deseoso de ayudarnos

desist [dɪˈsɪst] *vi Formal* desistir (**from** de)

desk [desk] *n* **-1.** *(in school)* pupitre *m*; *(in office)* mesa *f*, escritorio *m* ❑ **~ diary** agenda *f*; **a ~ job** un trabajo de oficina; **~ lamp** lámpara *f* de mesa *or* de escritorio; **~ research** trabajo *m* de documentación; **~ tidy** organizador *m* de escritorio
-2. *(in hotel)* recepción *f* ❑ *US* **~ clerk** recepcionista *mf*
-3. JOURN sección *f*; **the foreign/sports ~** la sección de noticias internacionales/de información deportiva
-4. *(in foreign ministry, intelligence organization)* oficina *f* regional; **the Central America ~** la Oficina regional para Centroamérica

desk-bound [ˈdeskbaʊnd] *adj* **a ~ job** un trabajo de oficina; **he doesn't like being ~** no le gusta tener que trabajar en la oficina

deskilling [diːˈskɪlɪŋ] *n* = pérdida de la aportación humana en un trabajo como resultado de la introducción de una nueva tecnología

desktop [ˈdesktɒp] *n* COMPTR escritorio *m* ❑ **~ computer** *Esp* ordenador *m or Am* computadora *f* de sobremesa; **~ publishing** autoedición *f*; **~ publishing operator** autoeditor(ora) *m,f*

desolate [ˈdesələt] ◇ *adj* **-1.** *(deserted) (place, landscape)* desolado(a) **-2.** *(cheerless) (person, look)* desolado(a), afligido(a); *(future, prospect)* desolador(ora)
◇ *vt* **-1.** *(area, place)* desolar, devastar; *(depopulate)* despoblar **-2.** *(person)* desolar, asolar; **he was desolated at** *or* **by the news** la noticia lo dejó desolado

desolation [desəˈleɪʃən] *n* **-1.** *(of place, defeated country)* desolación *f* **-2.** *(of person)* desolación *f*

despair [dɪsˈpeə(r)] ◇ *n* **-1.** *(hopelessness)* desesperación *f*; **to be in ~ (at** *or* **over sth)** estar desesperado(a) (por *or* a causa de algo); **to drive sb to ~** llevar a alguien a la desesperación **-2.** *(cause of distress)* **William was the ~ of his teachers** William llevaba a sus profesores por la calle de la amargura, William traía locos a sus profesores
◇ *vi* desesperarse; **to ~ of doing sth** perder la esperanza de hacer algo; **don't ~, help is on the way** no desesperen, la ayuda está en camino; **I ~ of you** contigo me desespero, no sé qué voy a hacer contigo

despairing [dɪˈspeərɪŋ] *adj (cry, look)* de desesperación; *(person)* desesperado(a)

despairingly [dɪˈspeərɪŋlɪ] *adv* con desesperación, desesperadamente

despatch = **dispatch**

desperado [despəˈrɑːdəʊ] *(pl* **desperados**) *n* forajido(a) *m,f*

desperate [ˈdespərət] *adj* **-1.** *(hopeless, despairing) (person, situation)* desesperado(a); **we heard ~ screams** oímos gritos de desesperación; **to be ~** estar desesperado(a)
-2. *(extreme)* desesperado(a); **to be in ~ need of sth** necesitar algo desesperadamente; **~ measures are required** es necesario adoptar medidas urgentes, se impone adoptar medidas a la desesperada; **these are ~ times** corren tiempos muy difíciles
-3. *(reckless)* **a ~ criminal** un delincuente capaz de cualquier cosa; **a ~ attempt to escape** un intento de huida a la desesperada, un intento desesperado de escapar; **I'm afraid she'll do something ~** temo que cometa cualquier locura
-4. *(intent, eager)* **to be ~ for money** necesitar dinero urgentemente; **to be ~ to do sth** morirse de ganas de hacer algo; *Fam* **I'm ~ for a cigarette** me muero por un cigarrillo

desperately [ˈdespərətlɪ] *adv* **-1.** *(hopelessly) (in love)* perdidamente; **~ ill** gravísimamente enfermo(a); **they are ~ poor** son extremadamente pobres
-2. *(recklessly) (to fight, plead)* desesperadamente
-3. *(as intensifier)* **to be ~ sorry about sth** lamentar algo muchísimo; **to ~ need sth** necesitar algo desesperadamente; **we're ~ busy at the moment** estamos sumamente ocupados en este momento; **do you want to go? – not ~** ¿quieres ir? – no me muero de ganas *or* no estoy desesperado por ir

desperation [despəˈreɪʃən] n desesperación f; **in ~** preso(a) de la desesperación; **she did it in ~** lo hizo por desesperación or a la desesperada

despicable [dɪˈspɪkəbəl] adj (person, action) despreciable; **you're ~!** ¡eres un ser despreciable or detestable!; **it was a ~ thing to do** fue despreciable hacer eso

despise [dɪˈspaɪz] vt despreciar; **he despised himself for his cowardice** se despreciaba a sí mismo por ser un cobarde; **such simple pleasures are not to be despised** no hay que despreciar esos pequeños placeres

despite [dɪˈspaɪt] prep a pesar de, pese a; **he laughed ~ himself** muy a su pesar se río; **~ the fact that...** a pesar de que...

despoil [dɪˈspɔɪl] vt Literary expoliar, saquear; **the cathedral was despoiled of its treasures** despojaron la catedral de todos sus tesoros

despondence [dɪˈspɒndəns], **despondency** [dɪˈspɒndənsɪ] n desánimo m, abatimiento m

despondent [dɪˈspɒndənt] adj desanimado(a), abatido(a); **to be ~** estar desanimado(a) or abatido(a); **to become ~** desanimarse, abatirse

despondently [dɪˈspɒndəntlɪ] adv con desánimo, con aire abatido

despot [ˈdespɒt] n déspota mf

despotic [dɪsˈpɒtɪk] adj despótico(a)

despotically [dɪsˈpɒtɪklɪ] adv despóticamente

despotism [ˈdespətɪzəm] n despotismo m

des res [ˈdezˈrez] n Br (abbr **desirable residence**) (in advert) propiedad f impecable; Fam Hum pisito m

dessert [dɪˈzɜːt] n postre m; **what's for ~?** ¿qué hay de postre? ❑ **~ pear** pera f de agua; **~ plate** plato m de postre; **~ trolley** carrito m de los postres; **~ wine** vino m dulce

dessertspoon [dɪˈzɜːtspuːn] n cuchara f or Ven cucharilla f de postre; (as measurement) cucharada f de las de postre

dessertspoonful [dɪˈzɜːtspuːnfʊl] n cucharada f de las de postre

destabilization [diːsteɪbɪlaɪˈzeɪʃən] n desestabilización f

destabilize [diːˈsteɪbəlaɪz] vt desestabilizar

destination [destɪˈneɪʃən] n (lugar m de) destino m; **to reach one's ~** llegar uno a su destino ❑ COMPTR **~ disk** disco m de destino; **~ drive** unidad f (de disco) de destino

destine [ˈdestɪn] vt Literary destinar

destined [ˈdestɪnd] adj -1. (intended, fated) destinado(a); **to be ~ to do sth** estar destinado a hacer algo; **their plan was ~ to fail** su plan estaba abocado al fracaso; **he was ~ never to see her again** su destino era no volver a verla jamás; **they were ~ for an early grave** su destino era morir a una corta edad; **the equipment was ~ for civilian use** el equipo estaba destinado a ser utilizado por la población civil -2. (of plane, ship) **~ for** con destino or rumbo a

destiny [ˈdestɪnɪ] n destino m, sino m; **she felt it was her ~ to become a writer** sentía que su destino era convertirse en escritora

destitute [ˈdestɪtjuːt] ❑ adj -1. (extremely poor) indigente; **to be utterly ~** estar en la miseria -2. Formal (lacking) **to be ~ of** carecer de, estar desprovisto(a) de
❑ npl **the ~** los desposeídos, los desheredados

destitution [destɪˈtjuːʃən] n indigencia f; **to live in ~** vivir en la indigencia

destroy [dɪˈstrɔɪ] vt -1. (demolish, wreck) destruir, acabar con; **they threaten to ~ our democratic way of life** amenazan con destruir nuestro estilo democrático de vida; **the experience destroyed his faith in humanity** la experiencia acabó con su fe en la humanidad
-2. (damage, ruin) destruir; (health, career, reputation) acabar con, destruir; (friendship, marriage) destruir, destrozar; **he was destroyed by his wife's death** la muerte de su esposa le dejó deshecho or destrozado
-3. (kill) (sick or unwanted animal) sacrificar; (vermin) acabar con, destruir
-4. Fam (defeat) arrasar, aplastar

destroyer [dɪˈstrɔɪə(r)] n NAUT destructor m

destruct [dɪˈstrʌkt] US ❑ vt (missile, rocket) destruir
❑ vi destruirse
❑ adj (button, mechanism) de destrucción

destruction [dɪˈstrʌkʃən] n -1. (demolition, devastation) (of building, town, forest) destrucción f; (of career, reputation) ruina f, destrucción f -2. (damage) destrozos mpl; **the ~ caused by the fire/storm** los destrozos ocasionados por el fuego/la tormenta -3. (cause of ruin) perdición f, ruina f; **drink proved to be his ~** la bebida resultó ser su perdición

destructive [dɪˈstrʌktɪv] adj -1. (weapon) destructivo(a); **the ~ power of a bomb** el poder destructor or destructivo de una bomba -2. **a ~ child** un niño destrozón

destructiveness [dɪˈstrʌktɪvnɪs] n -1. (of bomb, weapon) capacidad f destructora or destructiva -2. (of person) tendencia f destructiva or destructora

desuetude [dɪˈsjuːɪtjuːd] n Literary desuso m; **to fall into ~** (custom, law) caer en desuso

desultorily [ˈdesəltərɪlɪ] adv (to converse) sin ganas or entusiasmo, con desgana; (to inspect, browse) sin propósito fijo

desultory [ˈdesəltərɪ] adj (attempt, manner) sin convicción, desganado(a); **to have a ~ conversation** mantener a desgana una conversación or CAm, Méx plática; **in a ~ manner** or **fashion** de una forma or manera desganada

detach [dɪˈtætʃ] ❑ vt -1. (separate) separar (**from** de); **to ~ oneself from sth** (to gain objectivity) distanciarse de algo; **she managed to ~ herself from the rest of the group** se las arregló para distanciarse del resto del grupo -2. (troops) destacar
❑ vi retirarse, quitarse

detachable [dɪˈtætʃəbəl] adj (cover, handle) extraíble; (accessories) desmontable; (hood, lining) de quita y pon

detached [dɪˈtætʃt] adj -1. (separate) separado(a); **to become** or **get ~ from sth** alejarse or separarse de algo; **to become ~ from reality** perder el contacto con la realidad ❑ esp Br **~ house** casa f or chalé m individual; MED **~ retina** desprendimiento m de retina -2. **to be ~** (objective) ser imparcial; (cold, distant) ser despegado(a) or distante

detachment [dɪˈtætʃmənt] n -1. (separation) separación f, desprendimiento m -2. (objectivity) imparcialidad f; (coldness) despego m, desapego m; **with an air of ~** con (aire de) despego or desapego -3. (military unit) destacamento m

detail [Br ˈdiːteɪl, US dɪˈteɪl] ❑ n -1. (item of information, of painting, photograph) detalle m; **to pay attention to ~** prestar atención a los pequeños detalles; **to go into detail(s)** entrar en detalles; **it's not important, it's just a ~** es sólo un detalle sin importancia; **in ~** en or con detalle; **in great ~** con todos los detalles; **minor details** detalles sin importancia
-2. **details** (information) detalles mpl; (address and phone number) datos mpl (personales); **for further details please contact...** para obtener información más detallada, se ruega contactar con...; **let me take down your details** permítame que anote sus datos
-3. (intricacy) **the ~ of the carving** la complejidad or minuciosidad de la talla
-4. MIL (group of soldiers) piquete m, cuadrilla f
❑ vt -1. (describe, enumerate) detallar -2. MIL (assign) destacar; **to ~ sb to do sth** encomendar a alguien hacer algo

detailed [ˈdiːteɪld] adj detallado(a); **a ~ description** una descripción detallada or pormenorizada; **a ~ account** una cuenta detallada

detain [dɪˈteɪn] vt -1. Formal (delay) entretener; **I won't ~ you any longer** no le quitaré más tiempo; **I'm afraid I've been detained** (when cancelling appointment) me temo que me he entretenido demasiado; **such details need not ~ us** no deberíamos entretenernos en estos detalles
-2. (suspect) detener; **to ~ sb for questioning** detener a alguien para interrogarlo
-3. SCH (pupil) dejar castigado(a), castigar a quedarse después de clase

detainee [diːteɪˈniː] n detenido(a) m,f

detect [dɪˈtekt] vt (of person) percibir; (of machine) detectar; (source of a problem) identificar, hallar; **do I ~ a certain lack of enthusiasm on your part?** ¿noto una cierta falta de entusiasmo por tu parte?; **without being detected** sin ser descubierto

detectable [dɪˈtektəbəl] adj (by person) perceptible; (by machine, device) detectable

detection [dɪˈtekʃən] n (discovery) (of mines, planes) detección f; (by detective) investigación f; **to escape ~** (mistake, theft) no ser detectado(a)

detective [dɪˈtektɪv] n (on police force, private) detective mf ❑ **~ agency** agencia f de detectives; **~ bureau** agencia f de detectives; **~ story** relato m policíaco; **~ work** investigación f

detector [dɪˈtektə(r)] n (device) detector m ❑ Br **~ van** = furgoneta que detecta a los usuarios de televisión que no han pagado la licencia para recibir el servicio

détente [deɪˈtɒnt] n distensión f (entre países)

detention [dɪˈtenʃən] n -1. LAW detención f, arresto m; **in ~** bajo arresto ❑ **~ centre** centro m de internamiento or reclusión; **~ order** orden f de arresto -2. SCH **to get** or **be given ~** = ser castigado a quedarse en el colegio después de terminadas las clases; **the entire class was given an hour's ~** toda la clase se quedó castigada una hora después de clase

deter [dɪˈtɜː(r)] (pt & pp **deterred**) vt -1. (discourage) disuadir (**from** de); **to ~ sb from doing sth** disuadir a alguien de que haga algo -2. (prevent) (war, attack) impedir

detergent [dɪˈtɜːdʒənt] ❑ n detergente m
❑ adj detergente

deteriorate [dɪˈtɪərɪəreɪt] vi (situation, health, relations, sight, hearing) deteriorarse; (weather, work) empeorar; **this quarrel might ~ into something worse** esta discusión podría degenerar en algo mucho peor

deterioration [dɪtɪərɪəˈreɪʃən] n (of situation, health, relations, sight, hearing) deterioro m; (of weather) empeoramiento m

determinable [dɪˈtɜːmɪnəbəl] adj concretable, determinable

determinant [dɪˈtɜːmɪnənt] ❑ n Formal factor m determinante
❑ adj determinante

determination [dɪtɜːmɪˈneɪʃən] n -1. (resoluteness) decisión f, determinación f; **she showed real ~** demostró ser una persona muy resuelta or decidida -2. (establishment, fixing) determinación f, establecimiento m

determine [dɪˈtɜːmɪn] vt -1. (govern, influence) determinar, condicionar -2. Formal (decide) decidir, resolver; **to ~ to do sth** tomar la determinación de hacer algo -3. (identify) (cause, origin) determinar -4. (settle) fijar, determinar

determined [dɪˈtɜːmɪnd] adj decidido(a), resuelto(a); **a ~ effort** un esfuerzo denodado; **he's a very ~ young man** es un joven muy decidido; **to be ~ to do sth** estar decidido(a) a hacer algo; **I'm ~ that this will not happen again** estoy empeñado en que esto no vuelva a suceder

determinedly [dɪˈtɜːmɪndlɪ] adv decididamente, con determinación

determiner [dɪˈtɜːmɪnə(r)] n GRAM determinante m

determining [dɪˈtɜːmɪnɪŋ] adj (factor, influence) determinante, decisivo(a)

determinism [dɪˈtɜːmɪnɪzəm] n PHIL determinismo m

determinist [dɪˈtɜːmɪnɪst] PHIL ◇ n determinista mf
  ◇ adj determinista
deterrence [dɪˈterəns] n disuasión f
deterrent [dɪˈterənt] ◇ n elemento m de disuasión; **to act as a ~** tener un efecto disuasorio; **a nuclear ~** un arma nuclear como elemento de disuasión
  ◇ adj disuasivo(a), disuasorio(a) ❏ **~ force** fuerza f disuasoria or de disuasión
detest [dɪˈtest] vt detestar; **she detests having to make small talk** detesta tener que hablar sobre temas triviales
detestable [dɪˈtestəbəl] adj detestable, odioso(a)
detestation [diːtesˈteɪʃən] n Formal odio m, aborrecimiento m (**of** a)
dethrone [diːˈθrəʊn] vt destronar
detonate [ˈdetəneɪt] ◇ vt explosionar, hacer explotar
  ◇ vi detonar, explotar
detonation [detəˈneɪʃən] n detonación f
detonator [ˈdetəneɪtə(r)] n detonador m
detour [ˈdiːtʊə(r)] ◇ n desvío m; **to make a ~** dar un rodeo
  ◇ vi desviarse, dar un rodeo
detoxicate [diːˈtɒksɪkeɪt] vt **-1.** (person) desintoxicar **-2.** (poison) eliminar la toxicidad de
detoxification [diːtɒksɪfɪˈkeɪʃən], Fam **detox** [ˈdiːtɒks] n desintoxicación f ❏ **~ centre** centro m de desintoxicación; **~ programme** programa m de desintoxicación
detoxify [diːˈtɒksɪfaɪ] vt **-1.** (person) desintoxicar **-2.** (substance) purificar, eliminar la toxicidad de
detract [dɪˈtrækt]
  ◆ **detract from** vt insep disminuir, mermar; (achievement, contribution) restar importancia or valor a; **the oil refinery detracts from the beauty of the place** la refinería de petróleo resta belleza al lugar
detraction [dɪˈtrækʃən] n detracción f
detractor [dɪˈtræktə(r)] n detractor(ora) m,f
detrain [diːˈtreɪn] US ◇ vi apearse, bajar del tren
  ◇ vt (troops) desembarcar; (supplies) descargar
detriment [ˈdetrɪmənt] n Formal **to the ~ of...** en detrimento de...; **without ~ to...** sin perjuicio para...
detrimental [detrɪˈmentəl] adj Formal perjudicial (**to** para); **to have a ~ effect on** perjudicar
detrimentally [detrɪˈmentəlɪ] adv Formal perjudicialmente
detritus [dɪˈtraɪtəs] n **-1.** Formal (debris) detrito m **-2.** GEOL detrito m, detritus m inv
de trop [dəˈtrəʊ] adj **I felt a little ~** me sentí como que sobraba
detumescence [diːtjuːˈmesəns] n desinflamación f, detumescencia f
deuce [djuːs] n **-1.** (in tennis) deuce m **-2.** (in cards, dice) dos m **-3.** Fam Old-fashioned (as expletive) **where the ~ is it?** ¿dónde diantre está?; **how the ~ should I know?** ¿cómo diantre iba yo a saberlo?
deus ex machina [deɪəseksˈmækɪnə] n deus ex machina m
deuterium [dʒuːˈtɪərɪəm] n CHEM deuterio m
Deutschmark [ˈdɔɪtʃmɑːk] n marco m alemán
devaluation [diːvæljʊˈeɪʃən] n devaluación f
devalue [diːˈvæljuː] vt **-1.** (currency) devaluar **-2.** (person, achievements, efforts) restar mérito a
devastate [ˈdevəsteɪt] vt **-1.** (crops, village) devastar **-2.** (overwhelm) destrozar, desolar; **I was devastated by the news** la noticia me dejó destrozado or desolado
devastated [ˈdevəsteɪtɪd] adj **-1.** (crops, village) devastado(a) **-2.** (person) destrozado(a), desolado(a)
devastating [ˈdevəsteɪtɪŋ] adj **-1.** (storm, bombardment) devastador(ora); (news, discovery) desolador(ora), terrible; (argument, criticism) demoledor(ora); **to ~ effect** con un efecto demoledor **-2.** (charm, beauty) arrollador(ora); **he has a ~ wit** tiene un ingenio pasmoso or apabullante

devastatingly [ˈdevəsteɪtɪŋlɪ] adv **~ effective** de efectos devastadores; **~ frank/direct** terriblemente or tremendamente franco/directo; **~ beautiful/handsome** de una belleza arrolladora
devastation [devəsˈteɪʃən] n desolación f, devastación f; **scenes of utter ~** escenas de completa devastación or desolación
develop [dɪˈveləp] ◇ vt **-1.** (body, region) desarrollar; (site, land) urbanizar
  -2. (expand, elaborate) (theory, argument) desarrollar; (business, market) ampliar, expandir
  -3. (improve) (product, method, design) desarrollar; (skills) perfeccionar
  -4. (acquire) (infection) contraer; (symptom) empezar a presentar; (habit) adquirir; **to ~ a temperature** or **a fever** empezar a tener fiebre; **to ~ a fault** (machine) empezar a fallar; **to ~ a liking for sth** tomar afición a algo; **to ~ a taste for sth** agarrarle or Esp cogerle el gusto a algo
  -5. PHOT revelar
  ◇ vi **-1.** (body, region, plot) desarrollarse; **let's see how things ~** vamos a ver cómo evolucionan las cosas; **to ~ into sth** transformarse or convertirse en algo; **as the story developed...** a medida que la historia se iba desarrollando... **-2.** (become apparent) (problem, difficulty) surgir, aparecer; (talent, trend) desarrollarse
developed [dɪˈveləpt] adj **-1.** (country) desarrollado(a); (land) urbanizado(a); **he has a highly ~ sense of irony** posee un finísimo sentido de la ironía **-2.** (film) revelado(a)
developer [dɪˈveləpə(r)] n **-1.** (of land) promotor(ora) m,f inmobiliario(a) **-2.** (person) **a slow ~** una persona lenta en su desarrollo **-3.** PHOT revelador m, líquido m de revelado **-4.** COMPTR desarrollador(a) m,f
developing [dɪˈveləpɪŋ] ◇ n PHOT revelado m; **~ bath/tank** baño/cubeta de revelado
  ◇ adj (region, country) en (vías de) desarrollo; (crisis) creciente; **a ~ interest in...** un creciente interés en...
development [dɪˈveləpmənt] n **-1.** (growth) (of body, region) desarrollo m; (of site, land) urbanización f ❏ **~ agency** agencia f de cooperación; **~ aid** ayuda f al desarrollo; Br **~ area** = área deprimida en la que el gobierno fomenta la creación de nuevas industrias; ECON **~ potential** potencial m de explotación
  -2. (expansion, elaboration) (of argument, theory) desarrollo m
  -3. (improvement) (of product, method, design) desarrollo m; **it's still at the ~ stage** se encuentra todavía en la fase de desarrollo
  -4. (progress, change) cambio m, variación f; **recent developments in the industry** la evolución reciente de la industria; **there have been some interesting developments** se han dado novedades interesantes; **to await further developments** esperar a ver cómo se desarrolla la situación; **the latest developments in medical research** los últimos avances de la investigación médica
  -5. (housing project) urbanización f
developmental [dɪveləpˈmentəl] adj de desarrollo ❏ **~ psychology** psicología f del desarrollo
deviance [ˈdiːvɪəns], **deviancy** [ˈdiːvɪənsɪ] n **-1.** (variation, difference) desviación f; **~ from the norm** desviación or apartamiento de la norma **-2.** PSY desviación f
deviant [ˈdiːvɪənt] ◇ adj (behaviour, growth) desviado(a), anómalo(a)
  ◇ n (social, sexual) pervertido(a) m,f, persona f de conducta desviada
deviate [ˈdiːvɪeɪt] vi (in behaviour, from course) desviarse (**from** de); **to ~ from the norm** desviarse or apartarse de la norma
deviation [diːvɪˈeɪʃən] n **-1.** (in behaviour, from course) desviación f (**from** de) **-2.** (in statistics) desviación f
deviationism [diːvɪˈeɪʃənɪzəm] n POL desviacionismo m
deviationist [diːvɪˈeɪʃənɪst] POL ◇ n desviacionista f
  ◇ adj desviacionista

device [dɪˈvaɪs] n **-1.** (for measuring, processing, cutting) aparato m; (for safety, security) dispositivo m; **an explosive ~** un artefacto explosivo; **a nuclear ~** un dispositivo nuclear
  -2. (method, scheme) estratagema f; IDIOM **to leave sb to his own devices** dejar a alguien que se las arregle solo
  -3. COMPTR dispositivo m, periférico m ❏ **~ driver** controlador m de dispositivos or periféricos
  -4. (in heraldry) divisa f
devil [ˈdevəl] ◇ n **-1.** (evil being) diablo m, demonio m; **the Devil** el diablo or demonio; Old-fashioned **the ~ take him!** ¡que el diablo se lo lleve!; Old-fashioned **go to the ~!** ¡vete al infierno!, ¡al diablo contigo!
  -2. Fam (person) **poor ~!** ¡pobre diablo!; **you little ~!** (to child) ¡granujilla!; **you lucky ~!** ¡qué suerte tienes!; **he's a bit of a ~** (daring, reckless) no se corta un pelo; **go on, be a ~!** ¡vamos, date el gusto!
  -3. Fam (for emphasis) **what the ~ are you doing?** ¿qué diablos or demonios estás haciendo?; **how the ~...?** ¿cómo diablos or demonios...?; **how the ~ should I know?** ¿y yo cómo diablos or demonios voy a saberlo?; **he has a ~ of a temper** tiene un carácter endiablado; **we had a ~ of a job moving it** sudamos tinta para moverlo
  -4. (trainee barrister) aprendiz mf de abogado
  -5. US **~'s food cake** = pastel de chocolate; **devils on horseback** Br (with prunes) = ciruelas pasas envueltas en bacon y asadas a la parrilla, US (with oysters) = ostras envueltas en bacon y asadas a la parrilla
  -6. IDIOMS **to be (caught) between the ~ and the deep blue sea** estar entre la espada y la pared; **talk of the ~...** hablando del rey de Roma...; **to give the ~ his due...** hay que reconocer que...; **there'll be the ~ to pay** se va a armar la gorda or la de San Quintín; **to work like the ~** trabajar como un(a) negro(a) or Am como loco(a); **(to play) ~'s advocate** (hacer de) abogado del diablo; **~ take the hindmost!** ¡sálvese quien pueda!; PROV **better the ~ you know (than the ~ you don't)** más vale lo malo conocido (que lo bueno por conocer); PROV **the ~ makes** or **finds work for idle hands** el ocio es la madre de todos los vicios
  ◇ vt CULIN preparar con picante y especias; **devilled eggs** = huevos duros preparados con salsa picante
  ◇ vi Br **to ~ for sb** (lawyer) trabajar de pasante para alguien; (author) trabajar de ayudante para alguien
devilish [ˈdevəlɪʃ] ◇ adj **-1.** (fiendish, mischievous) diabólico(a) **-2.** Fam Old-fashioned (extreme) endemoniado(a), infernal
  ◇ adv Fam Old-fashioned **it's ~ cold** hace un frío que pela; **this work is ~ hard** este trabajo es la mar de difícil
devilishly [ˈdevəlɪʃlɪ] adv **-1.** (fiendishly, mischievously) endemoniadamente **-2.** Fam Old-fashioned (as intensifier) endemoniadamente; **it's ~ hot in there** allí hace un calor endemoniado
devil-may-care [ˈdevəlmeɪˈkeə(r)] adj despreocupado(a)
devilment [ˈdevəlmənt] n (mischief) malicia f, diabluras fpl; **out of ~** por malicia
devilry [ˈdevəlrɪ] n **-1.** (mischief) malicia f, diabluras fpl; **out of ~** por malicia **-2.** (black magic) brujería f, magia f negra
devious [ˈdiːvɪəs] adj **-1.** (person, mind) retorcido(a); (means, method) intrincado(a), enrevesado(a); **that's a bit ~ of you!** ¡qué maquiavélico eres! **-2.** (route) sinuoso(a)
deviously [ˈdiːvɪəslɪ] adv maquiavélicamente
deviousness [ˈdiːvɪəsnɪs] n **-1.** (of person, mind) zorrería f, artería f; (of means, method) carácter m maquiavélico **-2.** (of route) sinuosidad f
devise [dɪˈvaɪz] vt **-1.** (plan, plot) idear; (method, scheme) concebir, elaborar **-2.** LAW (property) legar
devising [dɪˈvaɪzɪŋ] n **a system of his own ~** un sistema de elaboración propia

devoice [diːˈvɔɪs] vt LING desonorizar
devoid [dɪˈvɔɪd] adj desprovisto(a) (**of** de); ~ **of interest** carente de interés
devolution [diːvəˈluːʃən] n **-1.** (of duty, responsibility) delegación f **-2.** POL transferencia f de poder político, traspaso m de competencias; **they want ~** quieren la autonomía (política) **-3.** LAW (of property) cesión f, traspaso m

DEVOLUTION

Este término hace referencia en el Reino Unido al proyecto de descentralización del parlamento británico llevado a cabo tras las elecciones de 1997, en las que obtuvo mayoría el partido laborista. Durante largo tiempo se habían hecho campañas en Escocia y Gales para alcanzar un mayor grado de autonomía. El nuevo gobierno organizó sendos referendums y tras ellos se crearon parlamentos regionales en Edimburgo ("Scottish Parliament") y Cardiff ("Welsh Assembly") por primera vez en 300 y 500 años respectivamente. Este proceso de traspaso de competencias se vio reforzado por la creación de un parlamento en Irlanda del Norte ("Northern Ireland Assembly") en el que participan todos los partidos regionales. Estos parlamentos tienen distintos niveles de autonomía, pero todos carecen de competencias en defensa o política exterior, por ejemplo.

devolve [dɪˈvɒlv] ◇ vt (functions, powers) transferir, traspasar (**to** a)
◇ vi **-1.** (responsibility, power) recaer (**on** or **upon** en); **it devolves on** or **upon me to decide** me corresponde a mí decidir **-2.** LAW (estate) pasar (**on** a); **the property devolves on** or **upon the son** el patrimonio pasa al hijo or recae en el hijo
devolved [dɪˈvɒlvd] adj (parliament, power) delegado(a)
Devonian [dɪˈvəʊnɪən] GEOL ◇ n **the ~** el devónico
◇ adj (period) devónico(a)
devote [dɪˈvəʊt] vt (time, money, energy) dedicar (**to** a); **to ~ oneself to** consagrarse a; **she devotes all her energies to writing** dedica todas sus energías a la escritura; **the whole meeting was devoted to a discussion of the sales figures** toda la reunión estuvo dedicada a discutir las cifras de ventas
devoted [dɪˈvəʊtɪd] adj (parent, husband, wife) devoto(a); (admirer, follower) devoto(a), ferviente; **to be ~ to sb** tener auténtica devoción por alguien, tener un enorme cariño a alguien; **they are ~ to each other** están muy unidos; **after years of ~ service** tras años de abnegada dedicación
devotedly [dɪˈvəʊtɪdlɪ] adv con devoción, con fervor
devotee [devəʊˈtiː] n **-1.** (of person, idea) adepto(a) m,f; (of sport, music) fanático(a) m,f, entusiasta mf (**of** de) **-2.** (of god, religion) devoto(a) m,f
devotion [dɪˈvəʊʃən] n **-1.** (to friend, family) devoción f; (to cause, leader) dedicación f, entrega f; (of time, money, energy) dedicación f; **he showed great ~ to duty** demostró su gran entrega or lealtad al deber **-2.** (to god, saint) devoción f; **devotions** (prayers) oraciones fpl
devotional [dɪˈvəʊʃənəl] adj REL (pictures, objects) de devoción, de culto; (literature, manual) litúrgico(a)
devour [dɪˈvaʊə(r)] vt **-1.** (consume) (food) devorar; (book) devorar, leer con avidez; **he devoured her with his eyes** la devoraba con la mirada **-2.** (of fire) devorar, destruir; Fig **he was devoured by jealousy** los celos lo devoraban
devout [dɪˈvaʊt] adj **-1.** (person) devoto(a); **a Catholic/Muslim** un católico/musulmán devoto **-2.** Formal (wish, hope) sincero(a)
devoutly [dɪˈvaʊtlɪ] adv **-1.** (to pray) con devoción **-2.** Formal (earnestly) fervientemente, con fervor
dew [djuː] n rocío m

dewberry [ˈdjuːbərɪ] n = tipo de zarzamora
dewclaw [ˈdjuːklɔː] n espolón m
dewdrop [ˈdjuːdrɒp] n **-1.** (on plant, window) gota f de rocío **-2.** Br Fam (on nose) moco m colgando
dewlap [ˈdjuːlæp] n papada f
dewy [ˈdjuːɪ] adj cubierto(a) de rocío
dewy-eyed [djuːɪˈaɪd] adj **-1.** (naive) ingenuo(a), candoroso(a) **-2.** (loving, sentimental) cándido(a), inocente, sentimental
dexedrine [ˈdeksədriːn] n dexedrina f
dexterity [deksˈterɪtɪ] n (mental, physical) destreza f
dexterous, dextrous [ˈdekstrəs] adj **-1.** (physically) diestro(a), hábil **-2.** (skilful) hábil
dexterously [ˈdekstrəslɪ] adv con destreza, hábilmente
dextrin(e) [ˈdekstrɪn] n CHEM dextrina f
dextrose [ˈdekstrəʊs] n dextrosa f
dextrous = dexterous
DFC [diːefˈsiː] (abbr **Distinguished Flying Cross**) n = cruz al mérito en aviación
DfE [diːefˈiː] n (abbr **Department for Education**) = ministerio británico de educación
DG [diːˈdʒiː] n (abbr **director-general**) director(ora) m,f general
Dhaka [ˈdækə] n Dacca
dhal = dahl
dhoti [ˈdəʊtɪ] n taparrabos m inv (hindú)
dhow [daʊ] n = tipo de embarcación con una o más velas latinas, que se emplea en países del Océano Índico
DHSS [diːeɪtʃesˈes] n Formerly (abbr **Department of Health and Social Security**) = ministerio británico de sanidad y seguridad social
diabetes [daɪəˈbiːtiːz] n diabetes f inv; **to have ~** padecer or tener diabetes ❏ MED **~ insipidus** diabetes f insípida; MED **~ mellitus** diabetes f mellitus
diabetic [daɪəˈbetɪk] ◇ n diabético(a) m,f; **~ chocolate/jam** chocolate/mermelada para diabéticos ❏ MED **~ coma** coma m diabético
◇ adj diabético(a)
diabolic [daɪəˈbɒlɪk] adj (evil) diabólico(a), demoníaco(a)
diabolical [daɪəˈbɒlɪkəl] adj **-1.** (evil) diabólico(a), demoníaco(a) **-2.** Br Fam (very bad) espantoso(a) **-3.** Br Fam (as intensifier) **what a ~ liberty!** ¡qué or menudo descaro!
diabolically [daɪəˈbɒlɪklɪ] adv **-1.** (fiendishly) diabólicamente, endemoniadamente **-2.** Br Fam (very badly) espantosamente, pésimamente; **they played ~** jugaron pésimamente or Esp de pena **-3.** Br Fam (as intensifier) **the results were ~ bad** los resultados fueron espantosos; **he's ~ incompetent** es un inútil total
diabolism [daɪˈæbəlɪzəm] n diabolismo m, culto m al diablo
diachronic [daɪəˈkrɒnɪk] adj LING diacrónico(a)
diacritic [daɪəˈkrɪtɪk] n LING signo m diacrítico
diadem [ˈdaɪədem] n diadema f
diaeresis, US **dieresis** [daɪˈerəsɪs] n LING diéresis f inv
diagnose [ˈdaɪəgnəʊz] vt **-1.** (illness) diagnosticar; **the illness was wrongly diagnosed** se le dio un diagnóstico erróneo a la enfermedad; **he was diagnosed as having eczema** le diagnosticaron un eccema **-2.** (fault, problem) determinar
diagnosis [daɪəgˈnəʊsɪs] (pl **diagnoses** [daɪəgˈnəʊsiːz]) n **-1.** (of illness) diagnóstico m; **to make** or **give a ~** emitir un diagnóstico **-2.** (of situation) diagnóstico m
diagnostic [daɪəgˈnɒstɪk] ◇ adj diagnóstico(a)
❏ COMPTR **~ program** programa m de diagnóstico; EDUC **~ test** prueba f diagnóstico
◇ n (symptom) síntoma m, indicador m
diagonal [daɪˈægənəl] ◇ n diagonal f; **on the ~** al bies, al sesgo
◇ adj diagonal
diagonally [daɪˈægənəlɪ] adv en diagonal, diagonalmente; **~ opposite (from)** diagonalmente opuesto

diagram [ˈdaɪəgræm] ◇ n diagrama m
◇ vt (pt & pp **diagrammed**) hacer un diagrama de
diagrammatic [daɪəgrəˈmætɪk] adj gráfico(a), esquemático(a); **in ~ form** en forma de diagrama
dial [ˈdaɪəl] ◇ n **-1.** (of clock) esfera f; (of radio) dial m; (of phone) disco m; (on instrument panel) cuadrante m ❏ US **~ code** prefijo m (telefónico); US **~ tone** tono m (de marcar)
-2. Br Fam Old-fashioned (face) jeta f, cara f
◇ vt (pt & pp **dialled**, US **dialed**) (phone number) marcar, Andes, RP discar; **to ~ Spain direct** llamar a España directamente; **to ~ Br 999** or **US 911** ≃ llamar al teléfono de emergencia; **the number you have dialled has not been recognized** el número marcado no existe
◇ vi marcar, Andes, RP discar
dialect [ˈdaɪəlekt] n dialecto m
dialectal [daɪəˈlektəl] adj dialectal
dialectic [daɪəˈlektɪk] ◇ n dialéctica f
◇ adj dialéctico(a)
dialectical [daɪəˈlektɪkəl] adj dialéctico(a) ❏ **~ materialism** materialismo m dialéctico
dialectics [daɪəˈlektɪks] n dialéctica f
dialectologist [daɪəlekˈtɒlədʒɪst] n dialectólogo(a) m,f
dialectology [daɪəlekˈtɒlədʒɪ] n dialectología f
dialling [ˈdaɪəlɪŋ] n Br **~ code** prefijo m (telefónico); Br **~ tone** tono m (de marcar)
dialogue, US **dialog** [ˈdaɪəlɒg] n (conversation) diálogo m; (in novel, movie) diálogo m; POL **to enter into a ~ (with)** establecer un diálogo (con) ❏ COMPTR **~ box** cuadro m de diálogo; COMPTR **~ mode** modo m (de) diálogo
dial-up [ˈdaɪlʌp] n COMPTR conexión f telefónica or Spec por línea conmutada ❏ **~ access** acceso m telefónico or Spec por línea conmutada; **~ account** cuenta f con acceso telefónico or Spec por línea conmutada
dialysis [daɪˈælɪsɪs] n MED diálisis f inv ❏ **~ machine** aparato m de diálisis
diamanté [dɪəˈmɒnteɪ] n (fabric, dress) strass m
diameter [daɪˈæmɪtə(r)] n diámetro m; **the wheel is 60 cm in ~** la rueda tiene 60 cms de diámetro
diametric(al) [daɪəˈmetrɪk(əl)] adj **-1.** GEOM diametral **-2.** (complete) **in ~ opposition to** diametralmente opuesto(a) a; **she's the ~ opposite of her sister** es diametralmente opuesta a su hermana
diametrically [daɪəˈmetrɪklɪ] adv **to be ~ opposed to** ser diametralmente opuesto(a) a
diamond [ˈdaɪəmənd] n **-1.** (gem) diamante m, [IDIOM] US **she is a ~ in the rough** vale mucho, aunque no tenga muchos modales ❏ **~ anniversary** bodas fpl de diamante; **~ jubilee** (celebración f del) sexagésimo aniversario m; **~ necklace** collar m de diamantes; **~ ring** sortija f de diamantes; (effect during eclipse) anillo m de diamante(s); **the Diamond State** = apelativo familiar referido al estado de Delaware; Br **~ wedding** bodas fpl de diamante
-2. (shape) rombo m
-3. (in cards) diamante m; **diamonds** diamantes mpl; **ace/nine of diamonds** as/nueve de diamantes
-4. (in baseball) diamante m
diamondback [ˈdaɪəmɒndbæk] n **-1.** (snake) serpiente f de cascabel (con manchas en forma de diamante) **-2.** (turtle) tortuga f diamante
diamorphine [daɪəˈmɔːfiːn] n PHARM diacetilmorfina f
Diana [daɪˈænə] n MYTHOL Diana
diaper [ˈdaɪəpə(r)] n US pañal m ❏ **~ rash** escoceduras fpl or eritema m del pañal
diaphanous [daɪˈæfənəs] adj Literary diáfano(a)
diaphragm [ˈdaɪəfræm] n **-1.** ANAT diafragma m **-2.** PHOT diafragma m **-3.** (contraceptive) diafragma m
diarist [ˈdaɪərɪst] n (in newspaper) cronista mf; (private) escritor(ora) m,f de diarios
diarrhoea, US **diarrhea** [daɪəˈrɪə] n diarrea f

diary ['daɪərɪ] *n* **-1.** *(as personal record)* diario *m*; **to keep a ~** llevar un diario **-2.** *(for appointments)* agenda *f* **-3.** *Br (in newspaper)* = columna de sucesos de actualidad

Diaspora [daɪ'æspərə] *n* **the ~** la diáspora

diastole [daɪ'æstəlɪ] *n* PHYSIOL diástole *f*

diatom ['daɪətɒm] *n* BIOL diatomea *f*

diatomic [daɪə'tɒmɪk] *adj* CHEM diatómico(a)

diatonic [daɪə'tɒnɪk] *adj* MUS diatónico(a) ❑ **~ scale** escala *f* diatónica

diatribe ['daɪətraɪb] *n* diatriba *f* **(against** contra *or* en contra de**)**

diazepam [daɪ'æzəpæm] *n* PHARM diazepán *m*

dibble ['dɪbəl] *n* *(gardening tool)* plantador *m*

dibs [dɪbz] *Fam* IDIOM **to have first ~ (of sth)** tener la primicia (de algo)

dice [daɪs] ◇ *n* *(pl* **dice**) *(in game)* dado *m*; **to shoot** *or Br* **play ~** jugar a los dados; IDIOM *Fam* **no ~!** ¡no ha habido suerte!
◇ *vt* *(meat, potatoes)* cortar en dados
◇ *vi* IDIOM **to ~ with death** jugarse la piel *or Am* la vida

dicey ['daɪsɪ] *adj Fam* arriesgado(a)

dichotomy [daɪ'kɒtəmɪ] *n* dicotomía *f*

dick [dɪk] ◇ *n* **-1.** *US Fam (detective)* sabueso(a) *m,f* **-2.** *Vulg (penis)* Esp polla *f*, *esp Am* verga *f*, *Chile* pico *m*, *Méx* pito *m*, *RP* pija *f*, *Ven* pinga *f* **-3.** *Vulg (idiot) Esp* gilipollas *mf inv*, *Am* pendejo(a) *m,f*, *RP* pelotudo(a) *m,f* **-4.** *US Vulg (nothing)* **he didn't do ~** no hizo una puta mierda; **you don't know ~** no tienes ni puta idea
◇ *vt US Vulg Esp* follarse, *Am* coger; **his best friend was dicking his wife** su mejor amigo se estaba tirando a su mujer

dickens ['dɪkɪnz] *n* **what the ~?** ¿qué diablos?; **we had a ~ of a job getting a Hungarian translator** nos costó Dios y ayuda encontrar un traductor húngaro

Dickensian [dɪ'kenzɪən] *adj* **-1.** *(typical of Dickens)* dickensiano(a) **-2.** *(celebration, Christmas)* jovial y acogedor(ora) **-3.** *(conditions, squalor)* de la época victoriana, dickensiano(a)

dicker ['dɪkə(r)] *vi* **to ~ with sb (for sth)** regatear con alguien (por algo)

dickey = **dickie**

dickhead ['dɪkhed] *n Vulg Esp* gilipollas *mf inv*, *Am* pendejo(a) *m,f*, *RP* boludo(a) *m,f*

dickie, dickey ['dɪkɪ] *n Fam* **-1.** *(shirt front)* pechera *f* **-2. (bow)** *Esp* pajarita *f*, *CAm, Carib, Col* corbatín *m*, *Chile* humita *f*, *Méx* corbata *f* de moño, *RP* moñito *m*, *Ven* corbata *f* de lacito

dicky ['dɪkɪ] *adj Br Fam* **to have a ~ heart** no estar muy bien del corazón

dicky-bird ['dɪkɪbɜːd] *n* **-1.** *(in children's language)* pío pío *m*, pajarito *m* **-2.** *Br Fam* **not a ~** ni pío

dicotyledon [daɪkɒtɪ'liːdən] *n* BOT dicotiledónea *f*

dicta *pl of* **dictum**

Dictaphone® ['dɪktəfəʊn] *n* dictáfono *m*

dictate ◇ *n* ['dɪkteɪt] **she followed the dictates of her conscience** siguió los dictados de su conciencia
◇ *vt* [dɪk'teɪt] **-1.** *(letter, passage)* dictar **(to** a**) -2.** *(determine)* *(choice)* imponer, dictar; *(conditions)* imponer; **circumstances ~ that we postpone the meeting** las circunstancias (nos) obligan a aplazar la reunión; **common sense dictates that we should leave early** el sentido común dicta *or* nos dice que nos marchemos temprano
◇ *vi* [dɪk'teɪt] **-1.** *(dictate text)* dictar **-2.** *(give orders)* **to ~ to sb** dar órdenes a alguien; **I won't be dictated to!** ¡no voy a permitir que me den órdenes!

dictation [dɪk'teɪʃən] *n* **-1.** *(of letter, story)* dictado *m*; **to take ~** escribir al dictado; **at ~ speed** a velocidad de dictado **-2.** SCH dictado *m*; **to do (a) ~** hacer un dictado

dictator [dɪk'teɪtə(r)] *n* dictador(ora) *m,f*

dictatorial [dɪktə'tɔːrɪəl] *adj* *(power, manner)* dictatorial

dictatorially [dɪktə'tɔːrɪəlɪ] *adv* de manera dictatorial

dictatorship [dɪk'teɪtəʃɪp] *n* dictadura *f* ❑ **~ of the proletariat** dictadura *f* del proletariado

diction ['dɪkʃən] *n* **-1.** *(enunciation)* dicción *f*; **to have good ~** tener una buena dicción **-2.** *(choice of words)* lenguaje *m*

dictionary ['dɪkʃənərɪ] *n* diccionario *m*

dictum ['dɪktəm] *(pl* **dicta** ['dɪktə] *or* **dictums**) *n Formal* **-1.** *(statement)* sentencia *f*, aforismo *m* **-2.** *(maxim)* máxima *f* **-3.** LAW dictamen *m*

did *pt of* **do**

didactic [dɪ'dæktɪk] *adj* **-1.** *(intended to instruct)* didáctico(a) **-2.** *Pej (excessively concerned with message)* doctrinario(a)

didactics [dɪ'dæktɪks] *n* didáctica *f*

diddle ['dɪdəl] *vt Fam (swindle)* tangar, timar; **they diddled him out of the money** le engatusaron para sacarle el dinero

diddly ['dɪdəlɪ] *n US Fam* **that's not worth ~** no vale un pimiento

diddly-squat ['dɪdəlɪ'skwɒt] *n US Fam* cero *m* pelotero

diddlyshit ['dɪdəlɪʃɪt] *n US Vulg* **I don't give a ~** me importa un carajo *or* una mierda

diddums ['dɪdəmz] *exclam Fam* ¡nanay!

didgeridoo [dɪdʒərɪ'duː] *n* = instrumento de viento originario de Australia, hecho con caña de bambú

didn't ['dɪdənt] = **did not**

die[1] [daɪ] *n* **-1.** *(pl* **dice** [daɪs]) *(in game)* dado *m*; IDIOM **the ~ is cast** la suerte está echada **-2.** *(pl* **dies** [daɪz]) *(punch)* troquel *m* ❑ **~ casting** vaciado *m*

die[2] ◇ *vi* **-1.** *(stop living)* morir; **she is dying** se está muriendo; **to ~ young/a hero** morir (de) joven/como un héroe; **she died of cancer/AIDS** murió de cáncer/sida; **to ~ from** *or* **of one's wounds** morir de las heridas recibidas; **she died in her bed** *(of natural causes)* murió de muerte natural; *Literary* **he died by his own hand** murió por su propia mano, se dio muerte a sí mismo; *Fam* **I'd rather ~!** ¡ni borracho!; *Fam* **I nearly died (laughing/of shame)** casi me muero (de risa/de vergüenza *or CAm, Carib, Col, Méx* pena); IDIOM *Fam* **never say ~!** ¡nunca te des por vencido!
-2. *(fire, light)* extinguirse, apagarse; *(memory, image)* morir, borrarse; **their love died** su amor se extinguió; **her secret died with her** se llevó el secreto a la tumba; **to ~ hard** *(habit, rumour)* ser difícil de eliminar; **the engine died on me** se me estropeó el motor
-3. *Fam (want very much)* **to be dying to do sth** morirse de ganas de hacer algo; **I'm dying for a cigarette** me muero de ganas de fumar un cigarrillo; **it was a house to ~ for** la casa era para caerse de espaldas *or* de agárrate y no te menees; **she's dying to see him** se muere de ganas de verle
◇ *vt* **to ~ a natural/violent death** morir de muerte natural/violenta; IDIOM **to ~ the death** quedarse en nada

◆ **die away** *vi (sound, voice)* desvanecerse
◆ **die back** *vi (plant)* secarse
◆ **die down** *vi* **-1.** *(fire)* remitir; *(wind)* calmarse; *(sound)* atenuarse; *(applause)* irse apagando **-2.** *(excitement, scandal)* apaciguarse
◆ **die off** *vi* morirse; **to be dying off** ir muriéndose
◆ **die out** *vi* **-1.** *(family, species, tradition)* extinguirse, desaparecer **-2.** *(fire)* extinguirse, apagarse

die-cast ['daɪkɑːst] ◇ *vt* vaciar
◇ *adj* fundido(a) a presión *or* a troquel, troquelado(a)

diehard ['daɪhɑːd] ◇ *n* intransigente *mf*
◇ *adj* intransigente

dieresis *US* = **diaeresis**

diesel ['diːzəl] *n* **-1.** *(fuel)* gasoil *m*, gasóleo *m* **-2.** *(railway engine)* locomotora *f* diesel **-3.** *(car)* coche *m* *or Am* carro *m* *or RP* auto *m* (de motor) diesel
◇ *adj* *very Fam* **~ dyke** marimacho *m*; **~ engine** motor *m* diesel; **~ fuel** gasoil *m*, gasóleo *m*; **~ oil** gasoil *m*, gasóleo *m*

diet ['daɪət] ◇ *n* **-1.** *(habitual food)* dieta *f*; **a balanced/poor ~** una dieta equilibrada/pobre; **you should reduce the fat in your ~** deberías reducir la cantidad de grasas en tus comidas *or* en tu dieta; **they live on a ~ of root vegetables** se alimentan *or* llevan una dieta a base de tubérculos
-2. *(restricted food)* dieta *f*, régimen *m*; **to be/go on a ~** estar/ponerse a dieta *or* régimen
-3. *(assembly)* dieta *f*
◇ *vi* hacer dieta *or* régimen
◇ *adj (low-calorie)* light, bajo(a) en calorías

dietary ['daɪətərɪ] *adj* dietético(a) ❑ **~ fibre** fibra *f* alimenticia; **~ laws** leyes *fpl* dietéticas

dietetic [daɪə'tetɪk] *adj* dietético(a)

dietetics [daɪə'tetɪks] *n* dietética *f*

dietician [daɪə'tɪʃən] *n* especialista *mf* en dietética, *Am* dietista *mf*

differ ['dɪfə(r)] *vi* **-1.** *(be different)* ser distinto(a) *or* diferente **(from** de**)**; **how does this model ~ from yours?** ¿en qué se diferencia este modelo del tuyo?; **to ~ in size/colour** diferenciarse por el tamaño/color; **they ~ from each other in one respect** se diferencian *or* se distinguen en un aspecto
-2. *(disagree)* discrepar **(with sb/about sth** de alguien/en algo**)**; *Formal* **I beg to ~** me veo obligado a discrepar; IDIOM **to agree to ~** reconocer mutuamente las discrepancias

difference ['dɪfərəns] *n* **-1.** *(disparity)* diferencia *f* **(between** entre**)**; **there's a big ~ between liking someone and loving them** hay una gran diferencia de que te guste alguien a quererlo; **to notice a (big) ~ in sth/sb** percibir una (gran) diferencia en algo/alguien; **that makes no** *or* **doesn't make any ~** eso no cambia nada; **would it make any ~ to you if we left earlier?** ¿te importa si nos vamos antes?; **it makes no ~ (to me)** (me) da igual *or* lo mismo; **it made a big ~ to him** para él supuso mucho; **that makes all the ~** eso cambia mucho las cosas; *Fam* **tell her, then, for all the ~ it will make** pues díselo, total, para lo que va a servir; **I just want to make a ~** tan sólo quiero aportar algo al mundo; **a product with a ~** un producto distinto a los demás; **to be able to tell the ~ between two things** ser capaz de distinguir entre dos cosas
-2. *(disagreement)* diferencia *f*, discrepancia *f*; **we've had our differences in the past** en el pasado ha habido sus más y sus menos entre nosotros; **we have to settle our differences** tenemos que resolver nuestras diferencias; **a ~ of opinion** una diferencia de opiniones; **to have a ~ of opinion with sb** discrepar en algo con alguien
-3. *(in numbers, quantity)* diferencia *f*; **to pay the ~** pagar la diferencia; *Fam* **(it's the) same ~** igual da, lo mismo me da

different ['dɪfərənt] ◇ *adj* **-1.** *(not the same)* diferente, distinto(a); **that's quite a ~ matter** eso es una cuestión aparte; **I'm working for a ~ firm now** ahora trabajo para otra empresa; **you look ~** se te ve distinta, tienes otro aspecto; **to be ~ from** *or* **to** *or US* **than** ser diferente *or* distinto(a) de; **she feels a ~ person** se siente otra (persona); **he just wants to be ~** sólo busca ser diferente; **she always has to be ~** le gusta destacar
-2. *(various)* diferentes, distintos(as); **I spoke to ~ people about it** hablé de ello con varias personas
-3. *(unusual)* **it's certainly ~** sin duda es original *or* poco común
◇ *adv Fam* **she thinks he's a saint but I know ~** ella piensa que es un santo pero sé que no es así; **they won't know any ~** no lo van a notar, no se van a dar cuenta

differential [dɪfə'renʃəl] ◇ *n* diferencial *m*; **wage** *or* **pay differentials** diferencias salariales

differentiate ⋄ *adj* diferencial ❑ MATH ~ **calculus** cálculo *m* diferencial; ~ **equation** ecuación *f* diferencial; AUT ~ **gear** diferencial *m*

differentiate [dɪfə'renʃɪeɪt] ⋄ *vt* **-1.** *(distinguish)* diferenciar, distinguir (**from** de); **we should ~ between morality and religion** deberíamos distinguir entre moral y religión **-2.** MATH diferenciar
⋄ *vi* diferenciar, distinguir (**between** entre)

differentiation [dɪfərenʃɪ'eɪʃən] *n* **-1.** *(difference)* diferencia *f*, diferenciación *f* **-2.** MATH diferenciación *f*

differently ['dɪfrəntlɪ] *adv* de forma diferente; **if things had turned out ~** si las cosas hubieran salido de otra forma; **she acts ~ from** *or* **US than us** su comportamiento es diferente al nuestro; *Euph* **~ abled** discapacitado(a)

difficult ['dɪfɪkəlt] *adj* **-1.** *(hard)* *(task, problem)* difícil; *(book, question)* complejo(a), difícil; **he's had a ~ life** ha tenido una vida difícil; **I found it ~ to get established** me resultó difícil *or* me costó establecerme
-2. *(awkward)* difícil; **you're just being ~** no estás siendo razonable; **he's ~ to get on with** no es fácil llevarse bien con él; **to make life ~ for sb** complicarle la vida a alguien; **to make things ~ for sb** poner las cosas difíciles a alguien; **she's at a ~ age** está en una edad difícil

difficulty ['dɪfɪkəltɪ] *n* **-1.** *(trouble)* dificultad *f*; **to have ~ (in) doing sth** tener dificultad en hacer algo; **to be in ~** *or* **difficulties** estar en dificultades; **to get into ~** *or* **difficulties** verse en apuros, encontrar problemas; **with/without ~** con/sin dificultad
-2. *(obstacle, problem)* dificultad *f*, problema *m*; **the main ~ is getting there** el mayor problema *or* la mayor dificultad es llegar hasta allí; **to make difficulties (for sb)** crear dificultades (a alguien)

diffidence ['dɪfɪdəns] *n* pudor *m*, retraimiento *m*

diffident ['dɪfɪdənt] *adj* pudoroso(a), retraído(a)

diffidently ['dɪfɪdəntlɪ] *adv* (to smile) tímidamente; *(to express oneself, say sth)* con poca seguridad en sí mismo

diffract [dɪ'frækt] *vt* PHYS difractar

diffraction [dɪ'frækʃən] *n* PHYS difracción *f* ❑ ~ **grating** red *f* *or* rejilla *f* de difracción

diffuse ⋄ *adj* [dɪ'fju:s] *(light)* difuso(a); *(literary style)* difuso(a), prolijo(a); *(sense of unease)* vago(a), difuso(a)
⋄ *vt* [dɪ'fju:z] difundir
⋄ *vi* [dɪ'fju:z] difundirse

diffused [dɪ'fju:zd] *adj* ~ **lighting** iluminación difusa *or* difuminada

diffuseness [dɪ'fju:snɪs] *n* (of style) prolijidad *f*

diffuser [dɪ'fju:zə(r)] *n* difusor *m*

diffusion [dɪ'fju:ʒən] *n* **-1.** *(of light, news)* difusión *f* **-2.** PHYS difusión *f*

dig [dɪg] ⋄ *n* **-1.** *(in archeology)* excavación *f*; **to go on a ~** ir de excavaciones **-2.** *(poke)* golpe *m*; **a ~ in the ribs** (with elbow) un codazo en las costillas **-3.** *(remark)* pulla *f*; **to have a ~ at sb, to get a ~ in at sb** lanzar una pulla a alguien
⋄ *vt* (*pt* & *pp* **dug** [dʌg]) **-1.** *(hole, grave)* cavar; *(garden)* cavar en; *(well)* excavar; **the dog dug a hole by the tree** el perro escarbó *or* hizo un agujero junto al árbol; **to ~ potatoes** sacar *or* arrancar *Esp* patatas *or* *Am* papas, IDIOM **she is digging her own grave** está cavando su propia tumba
-2. *(thrust, jab)* **she dug me in the ribs (with her elbow)** me dio un codazo en las costillas, me clavó el codo en las costillas
-3. *Fam (like)* **she really digs that kind of music** ese tipo de música le gusta un montón
-4. *Fam (look at)* fijarse en; **~ that guy over there** ¡fíjate en ese tipo!, ¡no te pierdas a ese tipo!
-5. *Fam (understand)* captar, pillar
⋄ *vi* **-1.** *(person)* cavar; *(animal)* escarbar; *(in archeology)* excavar; **to ~ for gold** realizar prospecciones en búsqueda de oro; **~ deep (into your pockets)** sean generosos

-2. *(search, investigate)* **he spends hours digging about in old junk shops** se pasa horas rebuscando en tiendas de objetos usados; **if you ~ a bit deeper** si ahondas un poco más **-3.** *Fam (understand)* **you ~?** ¿lo pillas?

◆ **dig in** ⋄ *vt sep* **-1. to ~ oneself in** *(soldiers)* atrincherarse **-2.** IDIOM **to ~ one's heels in** emperrarse
⋄ *vi* **-1.** *Fam (start eating)* ponerse a comer; **~ in!** ¡a comer! **-2.** *(soldiers)* atrincherarse

◆ **dig into** *vt insep* **-1.** IDIOM **to ~ oneself into a hole** empeorar las cosas, meterse en una situación difícil, complicarse la vida **-2.** *(delve into)* echar mano de; **they had to ~ into their savings** tuvieron que echar mano de sus ahorros **-3.** *(jab)* **to ~ sth into sth** clavar algo en algo; **your elbow is digging into me** me estás clavando el codo

◆ **dig out** *vt sep* **-1.** *(bullet, splinter)* extraer; *(person) (from ruins, snow drift)* rescatar **-2.** *Fam (find) (information)* encontrar; *(object)* rescatar

◆ **dig up** *vt sep* **-1.** *(plant)* arrancar, desarraigar; *(treasure, body)* desenterrar **-2.** *(road)* levantar **-3.** *Fam (find) (information)* desenterrar, sacar a la luz; *(person)* sacar

digest ⋄ *n* ['daɪdʒest] **-1.** *(of book, facts)* resumen *m*; **in ~ form** de forma resumida **-2.** *(journal)* boletín *m*, revista *f* **-3.** LAW repertorio *m* de jurisprudencia, digesto *m*
⋄ *vt* [dɪ'dʒest] **-1.** *(food)* digerir **-2.** *(idea, information)* digerir **-3.** *Formal (summarize)* compendiar

digestible [dɪ'dʒestəbəl] *adj* **-1.** *(food)* digerible, fácil de digerir; **to be easily ~** digerirse fácilmente **-2.** *(facts, information)* digerible, fácil de digerir

digestion [dɪ'dʒestʃən] *n* digestión *f*

digestive [dɪ'dʒestɪv] *adj* digestivo(a); *Br* ~ **(biscuit)** galleta *f* integral ❑ ~ **system** aparato *m* digestivo; ~ **tract** tubo *m* *or* tracto *m* digestivo

digger ['dɪgə(r)] *n* **-1.** *(machine)* excavadora *f* **-2.** *Fam (Australian)* australiano(a) *m,f*; *(New Zealander)* neozelandés(esa) *m,f*

digicash ['dɪdʒɪkæʃ] *n* COMPTR dinero *m* electrónico

digit ['dɪdʒɪt] *n* **-1.** *(finger)* dedo *m* **-2.** *(number)* dígito *m*; **a three-~ number** un número de tres dígitos

digital ['dɪdʒɪtəl] *adj* **-1.** *(of fingers)* digital, dactilar
-2. *(watch, computer)* digital ❑ COMPTR ~ **audio tape** cinta *f* digital (de audio); ~ **camera** cámara *f* digital; ~ **recording** grabación *f* digital; COMPTR ~ **signal** señal *f* digital; COMPTR ~ **signature** firma *f* electrónica; ~ **tape** cinta *f* digital; ~ **television** televisión *f* digital; ~ **versatile disk** disco *m* versátil digital; ~ **video** *Esp* vídeo *m* *or* *Am* video *m* digital; ~ **video camera** cámara *f* de *Esp* vídeo *or* *Am* video digital

digital/analog converter ['dɪdʒɪtəl'ænəlɒgkən'vɜ:tə(r)] *n* COMPTR conversor *m* digital analógico, analogizador *m*

digitalin [dɪdʒɪ'teɪlɪn] *n* PHARM digitalina *f*

digitalis [dɪdʒɪ'teɪlɪs] *n* **-1.** BOT digital *f* **-2.** MED digitalina *f*

digitize ['dɪdʒɪtaɪz] COMPTR ⋄ *vt* digitalizar, escanear
⋄ *vi* digitalizar, escanear

digitizer ['dɪdʒɪtaɪzə(r)] *n* COMPTR digitalizador *m*

diglossia [daɪ'glɒsɪə] *n* LING diglosia *f*

dignified ['dɪgnɪfaɪd] *adj* **-1.** *(person, silence)* digno(a) **-2.** *(stately)* majestuoso(a), señorial; **he made a ~ exit** realizó una salida llena de solemnidad, salió de forma majestuosa

dignify ['dɪgnɪfaɪ] *vt (give prestige to)* dignificar; **I won't ~ that remark with a reply** un comentario así no merece *or* *Am* amerita siquiera una contestación

dignitary ['dɪgnɪtərɪ] *n* *Formal* dignatario(a) *m,f*

dignity ['dɪgnɪtɪ] *n* **-1.** *(status)* dignidad *f*; **she considered it beneath her ~ to respond** le pareció que responder supondría una degradación; **to stand on one's ~** ponerse muy digno(a) **-2.** *(poise)* dignidad *f*; **with ~** con dignidad **-3.** *(rank, title)* dignidad *f*, categoría *f*

digraph ['daɪgrɑ:f] *n* LING dígrafo *m*

digress [daɪ'gres] *vi* divagar; **you're digressing from the subject** se está apartando del tema; **..., but I ~ ...**, pero me estoy alejando del tema

digression [daɪ'greʃən] *n* digresión *f*; **if I might be permitted a ~...** si me permite hacer una disgresión *or* un inciso...

digressive [daɪ'gresɪv] *adj (style, passage)* lleno(a) de digresiones

digs [dɪgz] *npl* *Br* **to live in ~** vivir en una habitación *or* un cuarto de alquiler

dihedral [daɪ'hi:drəl] GEOM ⋄ *n* diedro *m*
⋄ *adj* diedro

dike = **dyke**

diktat ['dɪktæt] *n* decreto *m*; **to govern by ~** gobernar por decreto

dilapidated [dɪ'læpɪdeɪtɪd] *adj (building)* derruido(a); *(car)* destartalado(a); **to be ~** *(building)* estar derruido(a); *(car)* estar destartalado(a)

dilapidation [dɪlæpɪ'deɪʃən] *n* **-1.** *(of building)* ruina *f*, grave deterioro *m*; **in a state of ~** en estado ruinoso **-2.** *Br* LAW = cantidad cobrada a un inquilino por las reparaciones que sean necesarias cuando acaba el contrato de alquiler

dilatation and curettage [daɪlə'teɪʃənənkju:'retɪdʒ] *n* MED operación *f* de legrado

dilate [daɪ'leɪt] ⋄ *vt* dilatar
⋄ *vi* **-1.** *(eyes)* dilatarse **-2.** *Formal (talk, write)* **to ~ on** *or* **upon a topic** extenderse *or* explayarse sobre un tema

dilation [daɪ'leɪʃən] *n* dilatación *f*

dilator [daɪ'leɪtə(r)] *n* **-1.** *(instrument)* dilatador *m* **-2.** *(muscle)* dilatador *m*

dilatory ['dɪlətərɪ] *adj* *Formal* *(person, action, tactics)* dilatorio(a); **to be ~ in doing sth** hacer algo con dilación

DILBERT

Es el nombre de un famoso personaje estadounidense de tira cómica creada en 1989 por Scott Adams. Dilbert es ingeniero de software y trabaja en una oficina, abrumado por los caprichos irracionales y las exigencias de una dirección tiránica. La tira cómica, que ilustra con ingenio los sentimientos de alienación de los empleados en su lugar de trabajo así como lo absurdo de la vida en la oficina, es fundamentalmente una crítica de la cultura corporativa. Así pues, en el mundo anglosajón son frecuentes las alusiones a **Dilbert** para ilustrar el descontento con la vida de oficina.

dildo ['dɪldəʊ] *(pl* **dildos**) *n* **-1.** *(sex aid)* consolador *m* **-2.** *very Fam (person)* gil *mf*, soplagaitas *mf inv*

dilemma [daɪ'lemə] *n* dilema *m*, disyuntiva *f*; **to be in a ~** estar en un dilema; **this leaves me in something of a ~** esto me pone en un cierto dilema

dilettante [dɪlɪ'tæntɪ] *n* diletante *mf*

dilettantish [dɪlɪ'tæntɪʃ] *adj* diletante

diligence ['dɪlɪdʒəns] *n* diligencia *f*

diligent ['dɪlɪdʒənt] *adj (person)* diligente; *(work)* concienciudo(a), minucioso(a); **he is very ~ in his work** *or* **carrying out his work** se esmera mucho en la realización de su trabajo

diligently ['dɪlɪdʒəntlɪ] *adv* con diligencia, diligentemente

dill [dɪl] *n* eneldo *m* ❑ ~ **pickle** pepinillo *m* en vinagre (al eneldo)

dilly ['dɪlɪ] *n* *US Fam Old-fashioned* **a ~ of a joke** un chiste sensacional; **a ~ of a storm** *Esp* una tormenta de aúpa, *Am* una señora tormenta

dilly-dally ['dɪlɪ'dælɪ] *vi* *Fam* **-1.** *(loiter)* entretenerse **-2.** *(hesitate)* titubear, vacilar

dilute [daɪ'lu:t] ⋄ *adj* diluido(a)
⋄ *vt* **-1.** *(wine, acid)* diluir; **~ to taste** diluir al gusto de cada uno **-2.** *(policy, proposal)* debilitar, restar eficacia a

dilution [daɪˈluːʃən] n -1. (of wine, acid) dilución f -2. (of policy, proposal) debilitamiento m

dim [dɪm] ◇ adj -1. (light) tenue; (room) poco iluminado(a), oscuro(a)
-2. (indistinct) (shape, outline) tenue; (memory) vago(a); (eyesight) débil; **her eyes grew ~ with tears** sus ojos fueron empañándose or nublándose por las lágrimas; IDIOM **in the ~ and distant past** en un pasado lejano or remoto
-3. (chance, hope) remoto(a), lejano(a)
-4. IDIOM **to take a ~ view of sth** (regard unfavourably) desaprobar algo
-5. Fam (stupid) tonto(a), corto(a) de alcances, Am sonso(a), Am zonzo(a)
◇ vt (pt & pp **dimmed**) -1. (light) atenuar; AUT **to ~ one's headlights** poner las luces de cruce -2. (memory) ir borrando; (mind, senses) ir debilitando; **his eyes were dimmed with tears** las lágrimas le empañaban or nublaban los ojos
◇ vi -1. (light) atenuarse -2. (memory) ir borrándose; (sight) ir debilitándose
◆ **dim out** vt sep US ir oscureciendo

dime [daɪm] n US moneda f de diez centavos; Fam **it's not worth a ~** no vale un centavo or Esp un duro; IDIOM Fam **they're a ~ a dozen** los hay a patadas; IDIOM **it can turn on a ~** (of car) da la vuelta en una baldosa, tiene un ángulo de giro muy pequeño ❑ **~ store** (tienda f de) baratillo m, Esp (tienda f de) todo a cien m

dimension [daɪˈmenʃən] n -1. (measurement) dimensión f -2. (scope) alcance m, magnitud f; **a problem of these dimensions** un problema de estas dimensiones or proporciones -3. (aspect) dimensión f; **the book adds a whole new ~ to the subject** el libro aporta toda una nueva dimensión al asunto

diminish [dɪˈmɪnɪʃ] ◇ vt -1. (number) reducir; (effect, power) disminuir; (value) disminuir -2. (person) infravalorar, menospreciar
◇ vi disminuir; **to ~ in number/size** disminuir en número/de talla; **the euro has diminished in value over the past few months** el euro ha disminuido de valor or se ha depreciado en los últimos meses

diminished [dɪˈmɪnɪʃt] adj -1. MUS disminuido(a) -2. LAW **~ responsibility** responsabilidad f atenuada

diminishing [dɪˈmɪnɪʃɪŋ] adj (number, effect, influence) decreciente; (value) cada vez menor, cada vez más reducido(a); **the law of ~ returns** la ley de los rendimientos decrecientes

diminuendo [dɪmɪnjʊˈendəʊ] MUS ◇ n (pl **diminuendos**) diminuendo m
◇ adv diminuendo

diminution [dɪmɪˈnjuːʃən] n Formal (number, effect, influence, value) disminución f; **there has been no ~ in his powers as a novelist** sus grandes facultades como novelista no se han visto mermadas

diminutive [dɪˈmɪnjʊtɪv] ◇ n GRAM diminutivo m
◇ adj -1. (small) diminuto(a), minúsculo(a) -2. GRAM diminutivo(a)

dimly [ˈdɪmlɪ] adv (to remember) vagamente; (to see) con dificultad; **~ lit** en penumbra, con luz tenue

dimmer [ˈdɪmə(r)] n -1. (for lamp) **~ (switch)** regulador m de intensidad -2. US AUT **dimmers** (headlights) luces cortas or de cruce; (parking lights) luces de estacionamiento ❑ **~ switch** conmutador m or palanca f de luces

dimness [ˈdɪmnɪs] n -1. (of light) lo tenue; (of room) penumbra f -2. (of memory) lo vago, (of shape) lo tenue -3. Fam (stupidity) torpeza f, cortedad f

dimout [ˈdɪmaʊt] n US reducción f de las luces

dimple [ˈdɪmpəl] ◇ n -1. (in cheek, chin) hoyuelo m -2. (in surface of ground, water) rizo m, remolino m
◇ vt -1. (of smile) **the grin dimpled her cheeks** la sonrisa le hizo hoyuelos en las mejillas -2. (of wind) (surface of water) formar remolinos en, rizar
◇ vi -1. (cheek) **her cheeks dimpled when she smiled** se le hicieron hoyuelos en las mejillas al sonreír -2. (surface of ground, water) rizarse, ondularse

dimpled [ˈdɪmpəld] adj -1. (cheek, chin) con hoyuelos -2. (surface) con ondulaciones

dim sum [ˈdɪmˌsʌm] n CULIN = selección de entrantes de comida china hechos al vapor o fritos

dimwit [ˈdɪmwɪt] n Fam estúpido(a) m,f, idiota mf

dim-witted [dɪmˈwɪtɪd] adj Fam estúpido(a), idiota

din [dɪn] ◇ n (of traffic, machinery) estrépito m; (of people) jaleo m, alboroto m
◇ vt Fam **to ~ sth into sb** meterle en la cabeza algo a alguien

dinar [ˈdiːnɑː(r)] n dinar m

din-dins [ˈdɪndɪnz] n (in children's language) comidita f

dine [daɪn] Formal ◇ vt **to wine and ~ sb** llevar a alguien a cenar
◇ vi cenar; **to ~ off** or **on sth** cenar algo, tomar algo para cenar
◆ **dine out** vi cenar fuera; Fig **he'll be able to ~ out on that story for months** esa historia le dará tema de conversación para varios meses

diner [ˈdaɪnə(r)] n -1. (person) comensal mf -2. US (restaurant) restaurante m barato -3. US (on train) vagón m restaurante

dinette [daɪˈnet] n área f de comedor

ding [dɪŋ] ◇ vi sonar
◇ vt (bell) hacer sonar, tocar
◇ n **I heard the ~ of the bell from the kitchen** oí el talán talán de la campana desde la cocina

ding-a-ling [ˈdɪŋəlɪŋ] n -1. (ring) tilín m -2. US Fam (fool) bobo(a) m,f, Esp memo(a) m,f

dingbat [ˈdɪŋbæt] n TYP (carácter m) dingbat m

ding-dong [ˈdɪŋˈdɒŋ] ◇ n -1. (sound) din don m; **to go ~** hacer din don -2. Fam (fight) trifulca f
◇ adj (argument, contest) reñido(a)

dinghy [ˈdɪŋ(g)ɪ] n -1. **(rubber) ~** lancha f neumática -2. **(sailing) ~** bote m de vela

dinginess [ˈdɪndʒɪnɪs] n -1. (of room, street) sordidez f -2. (of colour) lo sucio, lo deslustrado

dingle [ˈdɪŋgəl] n hondonada f frondosa

dingo [ˈdɪŋgəʊ] (pl **dingoes**) n dingo m

dingy [ˈdɪndʒɪ] adj -1. (room, street) sórdido(a) -2. (colour) sucio(a), deslustrado(a)

dining [ˈdaɪnɪŋ] n **~ car** (on train) vagón m restaurante; **~ club** sociedad f gastronómica; **~ hall** (in school) comedor m; **~ room** comedor m; **~ table** mesa f de comedor

dink [dɪŋk] n -1. (in tennis, volleyball) dejada f -2. US very Fam = término ofensivo para referirse a un vietnamita

dinkum [ˈdɪŋkəm] adj Austr Fam (person, thing) auténtico(a); **fair ~** está bien, Esp vale

dinky [ˈdɪŋkɪ] adj -1. Br Fam (small and charming) lindo(a), chiquitín(ina); **look at that ~ little chair!** ¡mira qué sillita tan mona or cuca! -2. US Pej (insignificant) vulgar, del montón; **a ~ little house/hotel room** una casucha/un cuartucho de hotel

dinner [ˈdɪnə(r)] n -1. (evening meal) cena f; **to have ~** cenar; **what's for ~?** ¿qué hay de cena?; **to ask sb round for ~** invitar a alguien a cenar; **they went out to ~** salieron a cenar ❑ **~ plate** plato m llano; **~ service** vajilla f; **~ table** mesa f; **~ time** hora f de cenar
-2. (midday meal) comida f, almuerzo m; **to have ~** comer, almorzar; **what's for ~?** ¿qué hay de comida?; IDIOM Fam **he's seen more movies than I've had hot dinners** ese ha visto más películas que pelos tiene en la cabeza, Esp ese ha visto películas a porrillo ❑ **~ hour** (at school) hora f de comer; **~ lady** camarera f, Am mesera f, RP moza f (en un comedor escolar); **~ time** hora f de comer
-3. (formal occasion) cena f de gala ❑ **~ dance** cena f con baile; **~ jacket** esmoquin m; **~ party** cena f (en casa con invitados)

dinnerware [ˈdɪnəweə(r)] n US vajilla f

dinosaur [ˈdaɪnəsɔː(r)] n -1. (animal) dinosaurio m -2. Fam (outdated person) dinosaurio m; (outdated thing) reliquia f

DIN plug [ˈdɪnplʌg] n ELEC conector m DIN

dint [dɪnt] n -1. **by ~ of** (by means of) a fuerza de -2. US (dent) abolladura f

diocesan [daɪˈɒsɪsən] adj REL diocesano(a)

diocese [ˈdaɪəsɪs] n REL diócesis f inv

diode [ˈdaɪəʊd] n ELEC diodo m

Diogenes [daɪˈɒdʒɪniːz] pr n Diógenes

Dionysiac [daɪəˈnɪzɪæk], **Dionysian** [daɪəˈnɪzɪən] adj Literary dionisíaco(a), dionisíaco(a)

Dionysus [daɪəˈnaɪsɪs] pr n Dionisio

dioptre, US **diopter** [daɪˈɒptə(r)] n dioptría f

diorama [daɪəˈrɑːmə] n diorama m

dioxide [daɪˈɒksaɪd] n CHEM dióxido m

dioxin [daɪˈɒksɪn] n CHEM dioxina f

dip [dɪp] ◇ n -1. (in road, land) (hollow) hondonada f; (slope) pendiente f -2. (drop) (in prices, temperature) caída f, descenso m -3. Fam (swim) chapuzón m, baño m; **to go for a ~** ir a darse un chapuzón -4. (sauce) salsa f fría (para mojar aperitivos) -5. (for sheep) baño m desinfectante -6. Fam (pickpocket) carterista mf -7. US Fam (idiot) imbécil mf
◇ vt (pt & pp **dipped**) -1. (immerse) meter **(in(to)** en); (food) mojar **(in(to)** en); **~ the fish in the beaten egg** pase el pescado por el huevo batido
-2. (put in) meter; **he dipped his hand in his pocket** se metió la mano en el bolsillo
-3. (lower) bajar; Br **to ~ one's headlights** poner las luces de cruce; **the plane dipped its wings** el avión se ladeó
-4. (sheep) dar un baño desinfectante a
◇ vi -1. (road, land) bajar or descender un poco; **the road dips sharply** la carretera desciende describiendo una pendiente pronunciada
-2. (prices, temperature) caer, descender; **shares dipped on the London Stock Market yesterday** las acciones experimentaron ayer una caída en la bolsa londinense
-3. (move down) bajar; **she dipped down behind the wall** se agachó tras el muro; **the sun dipped below the horizon** el sol se hundió en el horizonte
◆ **dip into** vt insep -1. (draw upon) (savings, capital) recurrir a, echar mano de -2. (dabble in) (book, subject) echar un vistazo a

DipEd [dɪpˈed] n Br EDUC (abbr **Diploma in Education**) = diploma de capacitación para la enseñanza

diphtheria [dɪfˈθɪərɪə] n MED difteria f

diphthong [ˈdɪfθɒŋ] n LING diptongo m

diplodocus [dɪˈplɒdəkəs] n diplodocus m inv, diplodoco m

diploid [ˈdɪplɔɪd] adj BIOL diploide

diploma [dɪˈpləʊmə] n diploma m, título m; **postgraduate ~** título de posgrado; **to take** or **do a ~** sacarse un diploma or título, diplomarse; **to have a ~ in physics** estar diplomado en física, tener el título de físico

diplomacy [dɪˈpləʊməsɪ] n -1. (between nations) diplomacia f -2. (tact) diplomacia f

diplomat [ˈdɪpləmæt], **diplomatist** [dɪˈpləʊmətɪst] n -1. (official) diplomático(a) m,f -2. (tactful person) persona f diplomática; **he's a real ~** es muy diplomático

diplomatic [dɪpləˈmætɪk] adj -1. (official) diplomático(a) ❑ **~ bag** valija f diplomática; **~ corps** cuerpo m diplomático; **~ immunity** inmunidad f diplomática; **~ incident** incidente m diplomático; **~ passport** pasaporte m diplomático; **~ relations** relaciones fpl diplomáticas; **~ service** diplomacia f, cuerpo m diplomático
-2. (tactful) diplomático(a); **that wasn't very ~** eso no fue muy diplomático

diplomatist = diplomat

dipole [ˈdaɪpəʊl] n ELEC dipolo m

dipped [dɪpt] adj Br **~ headlights** luces de cruce or cortas

dipper [ˈdɪpə(r)] n -1. US (ladle) cucharón m, cazo m -2. (bird) mirlo m acuático

dippy ['dɪpɪ] *adj Fam (mad)* loquelo(a), chiflado(a); **she's ~ about him** se muere por sus huesitos, está colada por él

dipshit ['dɪpʃɪt] *n US Vulg* soplagaitas *mf inv*, *Esp* gilipollas *mf inv*

dipso ['dɪpsəʊ] *(pl* **dipsos**) *n Fam* borracho(a) *m,f*

dipsomania [dɪpsə'meɪnɪə] *n* dipsomanía *f*

dipsomaniac [dɪpsə'meɪnɪæk] *n* dipsómano(a) *m,f*, dipsomaníaco(a) *m,f*

dipstick ['dɪpstɪk] *n* AUT varilla *f* del aceite

DIP switch ['dɪpswɪtʃ] *n* COMPTR interruptor *m* DIP

dipswitch ['dɪpswɪtʃ] *n Br* AUT conmutador *m* or palanca *f* de luces

diptych ['dɪptɪk] *n* ART díptico *m*

dir [dɜː(r)] *n* COMPTR *(abbr* **directory***)* directorio *m*

dire ['daɪə(r)] *adj* **-1.** *(ominous) (warning)* nefasto(a), siniestro(a)
 -2. *(serious, extreme) (situation, poverty)* alarmante, angustioso(a); *(consequences)* terrible; **to be in ~ need of sth** tener una necesidad acuciante de algo; **to be in ~ straits** estar en un serio apuro; **out of ~ necessity** por tener una necesidad perentoria
 -3. *Fam (bad)* pésimo(a); **the film was pretty ~** la película era infumable

direct [dɪ'rekt, daɪ'rekt] ◇ *adj* **-1.** *(without deviation or interruption)* directo(a); **to be a ~ descendant of sb** ser descendiente directo(a) de alguien; **keep out of ~ sunlight** *(on label)* mantener fuera de la exposición directa al sol *or* a los rayos solares ❑ **~ flight** vuelo *m* directo *or* sin escalas; **~ free kick** *(in soccer)* tiro *m* libre directo; **~ free kick offence** falta *f* libre directa
 -2. *(without intermediary)* directo(a); **to have a ~ influence on sth** influir directamente en algo ❑ POL **~ action** acción *f* directa; FIN **~ debit** domiciliación *f* bancaria *or* de pago, *Am* débito *m* bancario; **~ dialling** llamada *f* directa, *Am* llamado *m* directo; **~ line** línea *f* directa; COM **~ mail** correo *m* directo, correo *m* comercial; COM **~ mailing** publicidad *f* directa; POL **~ rule** gobierno *m* directo; COM **~ selling** venta *f* directa
 -3. *(exact)* exacto(a); **a ~ quotation** una cita literal; **the ~ opposite** justamente lo contrario; **to score a ~ hit** dar en el blanco, hacer diana
 -4. *(frank) (person, question, answer)* directo(a), franco(a); **he was always very ~ with us** fue siempre muy directo con nosotros, nos habló siempre con toda franqueza
 -5. ELEC **~ current** corriente *f* continua
 -6. GRAM **~ object** complemento *m or* objeto *m* directo; **~ question** pregunta *f* directa *or* en estilo directo; **~ speech** estilo *m* directo

 ◇ *adv (to travel, write)* directamente; *(to broadcast)* en directo; **to dial ~** hacer una llamada directa *or Am* un llamado directo

 ◇ *vt* **-1.** *(remark, gaze, effort)* dirigir **(at** a**)**; **their criticism was directed against the manager** sus críticas iban dirigidas contra el encargado; **he directed my attention to the map** hizo que dirigiera mi atención al mapa, me hizo fijarme en el mapa; **I directed my steps homewards** dirigí mis pasos hacia casa
 -2. *(show the way)* **can you ~ me to the station?** ¿podría indicarme cómo llegar a la estación?
 -3. *(company, traffic)* dirigir
 -4. *(instruct)* **to ~ sb to do sth** mandar *or* indicar a alguien que haga algo; **as directed** según las instrucciones
 -5. CIN *(movie, scene)* dirigir
 -6. LAW **to ~ the jury: the judge directed the jury to bring in a verdict of guilty** el juez ordenó al jurado que emitiera un veredicto de culpabilidad

 ◇ *vi* CIN dirigir

direct-grant school [dɪˌrektgrɑːnt'skuːl] *n Br Formerly* = escuela privada financiada parcialmente por el Estado, a condición de que sea admitido un porcentaje de alumnos exentos de pago

direction [dɪ'rekʃən, daɪ'rekʃən] *n* **-1.** *(way)* dirección *f*; **in the ~ of…** en dirección a…; **in the right/wrong ~** en la dirección correcta/equivocada; **in every ~, in all directions** en todas direcciones ❑ **~ finder** radiogoniómetro *m*
 -2. *(of movie, play, project)* dirección *f*; **under the ~ of…** dirigido(a) por…
 -3. *(instruction)* dirección *f*, supervisión *f*; **they worked under my ~** trabajaban bajo mi supervisión; **read the directions on the label** lea las indicaciones *or* instrucciones en la etiqueta
 -4. *(purpose)* **he has no ~ in his life** no tiene un norte *or* un rumbo en la vida
 -5. directions *(to place)* indicaciones *fpl*; **he asked me for directions to the station** me preguntó cómo se llegaba a la estación

directional [dɪ'rekʃənəl, daɪ'rekʃənəl] *adj* direccional, de dirección ❑ RAD **~ aerial** antena *f* direccional *or Spec* directiva; **~ coupler** acoplador *m* direccional

directive [dɪ'rektɪv, daɪ'rektɪv] *n* directiva *f*; **an EU ~** una directiva de la UE

directly [dɪ'rektlɪ, daɪ'rektlɪ] ◇ *adv* **-1.** *(without deviation or interruption) (to go)* directamente; **to be ~ descended from sb** ser descendiente directo(a) de alguien; **to come ~ to the point** ir directo al grano
 -2. *(without intermediary) (to write)* directamente; **the affair concerns me ~** el asunto me afecta directamente *or* de lleno; **he reports ~ to me** él me rinde cuentas directamente a mí, yo soy su inmediato superior
 -3. *(exactly) (opposite, above)* justo, directamente
 -4. *(frankly) (to answer, speak)* directamente, abiertamente
 -5. *(immediately)* pronto, en breve; **~ before/after lunch** justo antes/después de comer; **I'm coming ~** voy ahora mismo

 ◇ *conj* **I'll come ~ I've finished** vendré en cuanto acabe

directness [dɪ'rektnɪs, daɪ'rektnɪs] *n* franqueza *f*

director [dɪ'rektə(r), daɪ'rektə(r)] *n* **-1.** *(of company)* director(ora) *m,f* ❑ SPORT **~ of football** director(ora) *m,f* técnico(a); *Br* LAW **~ of public prosecutions** ≃ Fiscal *mf* General del Estado; EDUC **~ of studies** jefe(a) *m,f* de estudios
 -2. *(of movie, play)* director(ora) *m,f* ❑ **~'s chair** silla *f* plegable de tela, silla *f* de director; **it was his first time in the ~'s chair** era la primera vez que dirigía una película; **~ of photography** director(ora) *m,f* de fotografía
 -3. *(of orchestra)* director(ora) *m,f* de orquesta

directorate [dɪ'rektərət, daɪ'rektərət] *n* **-1.** *(post)* dirección *f* **-2.** *(board)* consejo *m* de administración

director-general [dɪˌrektə'dʒenərəl, daɪˌrektə'dʒenərəl] *n* director(ora) *m,f* general

directorial [ˌdɪrek'tɔːrɪəl, ˌdaɪrek'tɔːrɪəl] *adj* THEAT & CIN *(career, debut)* como director(ora); *(work)* de director(ora)

directorship [dɪ'rektəʃɪp, daɪ'rektəʃɪp] *n* dirección *f*, puesto *m* de director(ora)

directory [dɪ'rektərɪ, daɪ'rektərɪ] *n* **-1.** *(of phone numbers)* guía *f* (telefónica), listín *m* (de teléfonos), *Am* directorio *m* de teléfonos; **(street) ~** callejero *m* ❑ *Br* **~ enquiries**, *US* **~ assistance** (servicio *m* de) información *f* telefónica **-2.** COMPTR directorio *m*

dirge [dɜːdʒ] *n* **-1.** REL canto *m* fúnebre **-2.** *Fam (depressing tune)* = canción sombría y aburrida

dirigible [dɪ'rɪdʒəbəl] *n* dirigible *m*

dirk [dɜːk] *n Scot* daga *f*, puñal *m*

dirndl ['dɜːndəl] *n* dirndl *m*, = traje de corpiño entallado y falda de vuelo

dirt [dɜːt] *n* **-1.** *(mud, dust)* suciedad *f*; **don't tread ~ into the carpet** no ensucies la *Esp* moqueta *or Am* alfombra con la suciedad del zapato; IDIOM **to treat sb like ~** tratar a alguien como a un trapo; **dog ~** excremento de perro
 -2. *(soil)* tierra *f* ❑ *US* **~ farmer** = agricultor que labra su propia tierra; **~ road** camino *m* de tierra; **~ track** pista *f* de tierra; **~ track racing** carreras *fpl* sobre pistas de tierra
 -3. *(obscenity)* **that movie is nothing but ~** esa película es una cochinada
 -4. *Fam (scandal)* **to dig for ~ on sb** buscar material comprometedor acerca de alguien

dirt-cheap ['dɜːt'tʃiːp] *Fam* ◇ *adj* tirado(a) de precio

 ◇ *adv* tirado(a) de precio

dirtily ['dɜːtɪlɪ] *adv* **-1.** *(to eat)* como un cerdo **-2.** *(to play, fight)* sucio **-3.** *(to laugh)* lascivamente

dirt-poor ['dɜːtpʊə(r)] *adj Fam* **to be ~** ser más pobre que las ratas

dirty ['dɜːtɪ] ◇ *adj* **-1.** *(unclean)* sucio(a); **to get ~** *(person, object)* ensuciarse, mancharse; *also Fig* **to get one's hands ~** mancharse las manos; IDIOM **the party is washing its linen in public** el partido está sacando sus propios trapos sucios a la luz pública, *RP* el partido está sacando los trapitos al sol; *Fam* **the ~ mac brigade** la pandilla de los viejos verdes
 -2. *(unprincipled, ruthless)* sucio(a); **a ~ player** un deportista que juega sucio; **it's a ~ business** es un asunto sucio; **to give sb a ~ look** fulminar a alguien con la mirada; *Fam* **it's a ~ (rotten) shame** es una injusticia asquerosa ❑ *Fam* **~ dog** canalla *mf*, perro(a) *m,f*; **~ money** dinero *m* sucio; **~ play** juego *m* subterráneo; *US Fam* **~ pool** juego *m* sucio; *Br Hum* **~ stop-out** parrandero(a) *m,f*, juerguista *mf*; **~ trick** jugarreta *f*, mala pasada *f*; **~ tricks campaign** campaña *f* de descrédito *or* difamación; **~ war** guerra *f* sucia; *also Fig* **~ work** trabajo *m* sucio; **I'm not doing his ~ work for him** no voy a hacerle el trabajo sucio
 -3. *(obscene) (movie)* pornográfico(a); *(book, language)* obsceno(a), lascivo(a); **to have a ~ mind** tener una mente calenturienta; **to have a ~ laugh** *(salacious)* tener una risa lasciva; *(earthy)* tener una risa pícara ❑ *Fam* **~ joke** chiste *m* verde; **~ old man** viejo *m* verde; *Fam Hum* **~ weekend** escapada *f* (romántica) de fin de semana; **~ word** palabrota *f*; *Fam* **"middle class" is a ~ word around here** la palabra "clase media" no está muy bien vista aquí
 -4. *(weather)* horroroso(a)
 -5. *(colour)* desvaído(a); **a ~ brown colour** un color marronáceo

 ◇ *adv* **-1.** *(to fight, play)* sucio **-2.** *(obscenely)* **to talk ~** decir obscenidades **-3.** *Br Fam (for emphasis)* **a ~ big hole** un pedazo de agujero

 ◇ *vt (soil) (hands, clothes)* ensuciar, manchar; *(reputation)* manchar; *Fig* **I wouldn't ~ my hands with it** yo no me mancharía las manos en ese asunto; *Euph* **to ~ oneself** ensuciarse

 ◇ *vi* **to ~ easily** *(material, car etc)* ensuciarse con facilidad

 ◇ *n* IDIOM *Br Fam* **to do the ~ on sb** jugársela a alguien

dis = **diss**

disability [dɪsə'bɪlɪtɪ] *n* **-1.** *(handicap)* discapacidad *f*, minusvalía *f* ❑ **~ allowance** subsidio *m* por discapacidad *or* invalidez; **~ benefit** seguro *m* de incapacidad *or* de invalidez **-2.** LAW incapacidad *f*, invalidez *f*

disable [dɪ'seɪbəl] *vt* **-1.** *(person)* discapacitar, incapacitar; **a disabling disease** una enfermedad que provoca una incapacidad **-2.** *(tank, ship)* inutilizar; *(alarm system)* desactivar **-3.** COMPTR *(option)* desactivar **-4.** LAW incapacitar

disabled [dɪ'seɪbəld] ◇ *adj* **-1.** *(handicapped)* discapacitado(a), minusválido(a); **a ~ man** un discapacitado *or* minusválido; **a ~ woman** una discapacitada *or* minusválida; **~ ex-servicemen** inválidos de guerra ❑ **~**

disablement

access acceso *m* para minusválidos; **~ parking space** estacionamiento *m* para minusválidos; **~ *toilet*** servicio *m* or *Am* baño *m* or *Am* lavatorio *m* para minusválidos
-**2.** *(tank, ship)* inutilizado(a)
-**3.** COMPTR *(option)* desactivado(a)
◇ *npl* **the ~** los discapacitados *or* minusválidos

disablement [dɪsˈeɪbəlmənt] *n* **-1.** *(handicap)* discapacidad *f*, invalidez *f* **-2.** *(of tank, ship)* inutilización *f*

disabuse [dɪsəˈbjuːz] *vt Formal* desengañar **(of** de**); you'll just have to ~ yourself of that notion** intenta desengañarte de esa idea

disadvantage [dɪsədˈvɑːntɪdʒ] ◇ *n* desventaja *f*, inconveniente *m*; **to be at a ~** estar en desventaja; **it's to her ~ that...** va en detrimento suyo que..., supone una desventaja para ella que...; **the situation works** *or* **is to his ~** la situación lo perjudica, la situación le es desfavorable; **to put sb at a ~** poner a alguien en desventaja
◇ *vt* perjudicar

disadvantaged [dɪsədˈvɑːntɪdʒd] ◇ *adj (family, background)* desfavorecido(a)
◇ *npl* **the ~** los desfavorecidos

disadvantageous [dɪsædvænˈteɪdʒəs] *adj* desventajoso(a), desfavorable; **to be ~ to sb** ser desfavorable para alguien, no resultar ventajoso para alguien; **in a ~ position** en una posición nada ventajosa

disadvantageously [dɪsædvænˈteɪdʒəslɪ] *adv* desfavorablemente

disaffected [dɪsəˈfektɪd] *adj* descontento(a); **~ youth** juventud descontenta *or* desencantada

disaffection [dɪsəˈfekʃən] *n* descontento *m*, desapego *m*

disaffiliate [dɪsəˈfɪlɪeɪt] *vi* darse de baja **(from** de**)**

disagree [dɪsəˈgriː] *vi* **-1.** *(have different opinion)* no estar de acuerdo **(with** con**); I have to ~** discrepo, no estoy de acuerdo; **we ~ on everything** no estamos de acuerdo en nada; **I can't say I ~ with her** no puedo decir que no esté de acuerdo con ella
-**2.** *Euph (quarrel)* tener una discusión, discutir **(with** con**)**
-**3.** *(not correspond) (reports, figures)* no cuadrar, no coincidir
-**4.** *(climate, food)* **to ~ with sb** sentarle mal a alguien

disagreeable [dɪsəˈgriːəbəl] *adj (person, remark, weather)* desagradable; **don't be so ~!** ¡no seas tan desagradable *or* antipática!

disagreeably [dɪsəˈgriːəblɪ] *adv (to behave)* de forma desagradable

disagreement [dɪsəˈgriːmənt] *n* **-1.** *(failure to agree)* desacuerdo *m*; **to be in ~ with sb** estar en desacuerdo con alguien; **there was a lot of ~ as to what to do** nadie se ponía de acuerdo sobre qué hacer **-2.** *Euph (quarrel)* discusión *f*; **to have a ~ with sb (about** *or* **over sth)** discutir con alguien (por *or* acerca de algo) **-3.** *(discrepancy)* discrepancia *f*

disallow [dɪsəˈlaʊ] *vt Formal* **-1.** *(objection)* rechazar **-2.** *(goal)* anular

disambiguate [dɪsæmˈbɪgjʊeɪt] *vt* clarificar, eliminar ambigüedades de

disappear [dɪsəˈpɪə(r)] *vi* **-1.** *(vanish) (person, object, snow)* desaparecer; **she disappeared from sight** la perdimos de vista; **he disappeared into the crowd** se esfumó entre la multitud; **he keeps disappearing whenever you need him** siempre desaparece cuando más falta hace; **where did you ~ to?** ¿dónde te habías metido?; **to ~ over the horizon** desaparecer por el horizonte; **to make sth ~** hacer desaparecer algo, hacer que algo desaparezca
-**2.** *(cease to exist) (pain, problem)* desaparecer; **the species is fast disappearing in the wild** la especie está en vías de extinción en estado salvaje

disappearance [dɪsəˈpɪərəns] *n* desaparición *f*

disappearing act [dɪsəˈpɪərɪŋækt] *n* **to do a ~** *(conjurer)* hacer una desaparición; *Fam (sneak away)* hacer mutis (por el foro); *Fam* **the scissors have done a ~** las tijeras se las ha tragado la tierra

disappoint [dɪsəˈpɔɪnt] ◇ *vt* **-1.** *(person)* decepcionar, desilusionar; **he was once again disappointed in his attempt to reach the summit** quedó nuevamente decepcionado al no conseguir coronar la cumbre
-**2.** *(hope, ambition)* frustrar, dar al traste con
◇ *vi* defraudar, decepcionar

disappointed [dɪsəˈpɔɪntɪd] *adj* **-1.** *(person)* decepcionado(a), desilusionado(a); **to be ~** estar decepcionado(a) *or* desilusionado(a); **are you ~ at** *or* **with the results?** ¿estás decepcionado con los resultados?, ¿te han decepcionado los resultados?; **she was ~ with the book** el libro le decepcionó; **to be ~ in sb** llevarse una decepción *or* desilusión con alguien; **to be ~ in love** sufrir *or* llevarse un desengaño amoroso
-**2.** *(hope, ambition)* frustrado(a)

disappointing [dɪsəˈpɔɪntɪŋ] *adj* decepcionante; **how ~!** ¡qué decepción!, ¡qué desilusión!

disappointingly [dɪsəˈpɔɪntɪŋlɪ] *adv* de manera decepcionante; **she got ~ low grades** sacó unas notas decepcionantes

disappointment [dɪsəˈpɔɪntmənt] *n* **-1.** *(feeling)* decepción *f*, desilusión *f*; **to her great ~ she failed** para su gran desilusión, suspendió; **book early to avoid ~** reserve ahora para evitar desilusiones
-**2.** *(experience)* decepción *f*, chasco *m*; **to be a ~** *(person, movie)* ser decepcionante; **she has suffered many disappointments** ha sufrido *or* se ha llevado muchos desengaños *or* decepciones

disapprobation [dɪsæprəˈbeɪʃən] *n Formal* desaprobación *f*

disapproval [dɪsəˈpruːvəl] *n* desaprobación *f*, disconformidad *f*; **a look of ~** una mirada de desaprobación *or* disconformidad; **she showed/expressed her ~ of the decision** mostró/expresó su disconformidad *or* desaprobación con la decisión; **he shook his head in ~** hizo un gesto de desaprobación con la cabeza

disapprove [dɪsəˈpruːv] ◇ *vi* estar en contra, mostrar desaprobación; **to ~ of sth** desaprobar algo; **to ~ of sb** no ver con buenos ojos a alguien, no tener buena opinión de alguien; **to ~ of doing sth** no estimar correcto hacer algo; **I ~ of parents who smack their children** no me parece bien que los padres peguen a sus hijos
◇ *vt* no aprobar, rechazar

disapproving [dɪsəˈpruːvɪŋ] *adj (tone, look)* desaprobatorio(a); **to be ~ of sth** desaprobar algo

disapprovingly [dɪsəˈpruːvɪŋlɪ] *adv* con desaprobación

disarm [dɪsˈɑːm] ◇ *vt* **-1.** *(country, enemy)* desarmar; *(bomb)* desactivar **-2.** *(charm)* desarmar
◇ *vi* desarmarse

disarmament [dɪsˈɑːməmənt] *n* desarme *m* ❑ **~ *talks*** conversaciones *fpl* para el desarme

disarming [dɪsˈɑːmɪŋ] *adj (smile)* arrebatador(ora), irresistible

disarmingly [dɪsˈɑːmɪŋlɪ] *adv* **she's ~ honest/friendly** su honradez/amabilidad te desarma

disarranged [dɪsəˈreɪndʒd] *adj Formal (hair, clothes)* desarreglado(a)

disarray [dɪsəˈreɪ] *n (of person, room, clothing)* desorden *m*; **in ~** *(untidy)* en desorden; *(confused)* sumido(a) en el caos; **the army retreated in ~** el ejército se batía en retirada desordenadamente; **the company was thrown into ~** la empresa quedó sumida en el caos *or* en la confusión

disassemble [dɪsəˈsembəl] ◇ *vt (machine, furniture)* desmontar, desarmar
◇ *vi* desmontarse, desarmarse

disassociate [dɪsəˈsəʊsɪeɪt] *vt* disociar; **to ~ oneself from sth/sb** desmarcarse de algo/alguien

disassociation [dɪsəsəʊsɪˈeɪʃən] *n* **-1.** *(act)* disociación *f*, separación *f* **-2.** PSY disociación *f*

disaster [dɪˈzɑːstə(r)] *n* **-1.** *(natural, man-made)* desastre *m*, catástrofe *f*; **the holiday was one ~ after another** las vacaciones fueron un catálogo de desastres ❑ **~ *area*** zona *f* catastrófica; *Fam (untidy place)* leonera *f*, cuadra *f*; *Fam* **he's a (walking) ~ area** *(person)* es un desastre ambulante; **my desk is just a ~ area** tengo la mesa hecha un desastre; **~ *fund*** fondo *m* de ayuda para los damnificados; CIN **~ *movie*** película *f* de catástrofes
-**2.** *(complete failure)* desastre *m*; **the project is heading for ~** el proyecto está abocado al fracaso; **as a manager, he's a ~!** como director es un desastre *or* una calamidad; **to end in ~** terminar en desastre
-**3.** *(very bad luck)* **~ struck** se produjo un desastre *or* una catástrofe

disastrous [dɪˈzɑːstrəs] *adj* desastroso(a), catastrófico(a); **...with ~ results** ...con consecuencias desastrosas

disastrously [dɪˈzɑːstrəslɪ] *adv* desastrosamente; **to go ~ wrong** salir desastrosamente

disavow [dɪsəˈvaʊ] *vt Formal* **-1.** *(knowledge, responsibility, statement)* negar, desmentir **-2.** *(child)* renegar de, rechazar

disavowal [dɪsəˈvaʊəl] *n Formal* **-1.** *(of knowledge, responsibility, statement)* desmentido *m*, mentís *m* **-2.** *(of child)* rechazo *m*, repudio *m*

disband [dɪsˈbænd] ◇ *vt (army, club, organization)* disolver
◇ *vi* disolverse

disbar [dɪsˈbɑː(r)] *vt* LAW expulsar de la abogacía, inhabilitar como abogado(a)

disbelief [dɪsbɪˈliːf] *n* incredulidad *f*; **in ~** con incredulidad

disbelieve [dɪsbɪˈliːv] *vt (person, story)* no creer, dudar de; **it's not that I ~ you, but...** no es que dude de ti, pero..., no es que no te crea, pero...

disbelieving [dɪsbɪˈliːvɪŋ] *adj (stare, frown)* incrédulo(a), de duda

disburse [dɪsˈbɜːs] *vt Formal* desembolsar

disbursement [dɪsˈbɜːsmənt] *n Formal* **-1.** *(payment)* desembolso *m* **-2.** *(action)* desembolso *m*

disc, US **disk** [dɪsk] *n* **-1.** *(flat circular object)* disco *m* ❑ **~ *brake*** freno *m* de disco; **~ *wheel*** *(of bicycle)* rueda *f* lenticular **-2.** *(record)* disco *m* ❑ **~ *jockey*** pinchadiscos *mf inv* **-3.** ANAT disco *m*

discard [dɪsˈkɑːd] ◇ *vt* **-1.** *(get rid of) (thing, person)* desechar; *(plan, proposal, possibility)* descartar; **to ~ one's clothes** desembarazarse de la ropa **-2.** *(in cards)* descartarse
◇ *vi (in cards)* descartarse

discarded [dɪsˈkɑːdɪd] *adj* desechado(a), descartado(a)

discern [dɪˈsɜːn] *vt* distinguir, apreciar; **I could ~ no difference between them** no pude percibir ninguna diferencia entre ellos

discernible [dɪˈsɜːnɪbəl] *adj* perceptible; **there is no ~ difference** no hay una diferencia apreciable

discerning [dɪˈsɜːnɪŋ] *adj (audience, customer)* entendido(a); *(taste)* cultivado(a)

discernment [dɪˈsɜːnmənt] *n* discernimiento *m*, criterio *m*

discharge ◇ *n* [ˈdɪstʃɑːdʒ] **-1.** *(of patient)* alta *f*; *(of prisoner)* puesta *f* en libertad; *(of employee)* despido *m*; *(of soldier)* licencia *f* **-2.** *(of firearm)* descarga *f*, disparo *m* **-3.** *(of gas, chemical)* emisión *f*; *(of electricity)* descarga *f*; *(of pus, fluid)* supuración *f*; *(vaginal)* flujo *m* (vaginal) **-4.** *(of duty)* cumplimiento *m*; *(of debt)* liquidación *f*; *(of fine)* abono *m*
◇ *vt* [dɪsˈtʃɑːdʒ] **-1.** *(patient)* dar el alta; *(prisoner)* poner en libertad; *(employee)* despedir; *(soldier)* licenciar; **she discharged herself from hospital** se dio de alta del hospital; **a discharged bankrupt** una rehabilitación del quebrado
-**2.** *(unload) (cargo)* descargar, desembarcar; *(passengers)* desembarcar
-**3.** *(firearm)* descargar, disparar

-4. *(gas, chemical)* emitir; *(electricity)* descargar; *(pus, fluid)* supurar **-5.** *(duty)* cumplir; *(debt)* saldar, liquidar; *(fine)* abonar
◇ *vi* [dɪsˈtʃɑːdʒ] **-1.** *(ship)* descargar **-2.** *(wound)* supurar **-3.** *(river, sewer)* desembocar, ir a parar a **-4.** ELEC descargarse

disciple [dɪˈsaɪpəl] *n* **-1.** REL discípulo(a) *m,f* **-2.** *(follower)* discípulo(a) *m,f*

disciplinarian [ˌdɪsɪplɪˈneərɪən] *n* **he's such a strict ~** le gusta llevar una severa disciplina

disciplinary [ˈdɪsɪplɪnərɪ] *adj* disciplinario(a); **to take ~ action against sb** abrirle a alguien un expediente disciplinario; SPORT **he has a poor ~ record** tiene un abultado historial de sanciones ❏ SPORT **~ committee** comité *m* de competición

discipline [ˈdɪsɪplɪn] ◇ *n* **-1.** *(control)* disciplina *f*; **to keep** *or* **maintain ~** guardar la disciplina **-2.** *(academic subject)* disciplina *f*
◇ *vt* **-1.** *(punish)* castigar **-2.** *(train)* disciplinar; **to ~ oneself** disciplinarse; **she had disciplined herself to show no emotion** se había impuesto la disciplina de no mostrar sentimientos

disciplined [ˈdɪsɪplɪnd] *adj* disciplinado(a)

disclaim [dɪsˈkleɪm] *vt* **-1.** *(deny)* negar; **she disclaimed all knowledge of the matter** negó saber nada del asunto; **he tried to ~ responsibility for the accident** intentó declinar cualquier responsabilidad en el accidente **-2.** *(renounce)* renunciar a

disclaimer [dɪsˈkleɪmə(r)] *n* negación *f* de responsabilidad; **to issue a ~** hacer público un comunicado negando toda responsabilidad

disclose [dɪsˈkləʊz] *vt* **-1.** *(reveal) (secret, feelings)* revelar; **they refused to ~ his whereabouts** rehusaron desvelar su paradero **-2.** *(uncover)* descubrir

disclosure [dɪsˈkləʊʒə(r)] *n* **-1.** *(act)* revelación *f* **-2.** *(fact revealed)* revelación *f*

disco [ˈdɪskəʊ] *(pl* **discos)** *n* discoteca *f* ❏ **~ dancer** bailarín(ina) *m,f* de música disco; **~ music** música *f* disco

discography [dɪsˈkɒɡrəfɪ] *n* discografía *f*

discolour, US **discolor** [dɪsˈkʌlə(r)] ◇ *vt (fade)* decolorar; *(stain)* teñir, manchar
◇ *vi (fade)* ponerse descolorido(a); *(stain)* dejar mancha, manchar

discolouration, US **discoloration** [dɪskʌləˈreɪʃən] *n* mancha *f*, decolorida

discomfit [dɪsˈkʌmfɪt] *vt Formal* **-1.** *(confuse, embarrass)* turbar, desconcertar; **to feel discomfited** sentirse turbado(a) *or* desconcertado(a) **-2.** *(thwart) (plan, project)* frustrar, desbaratar

discomfiture [dɪsˈkʌmfɪtʃə(r)] *n Formal* turbación *f*, desconcierto *m*

discomfort [dɪsˈkʌmfət] ◇ *n (lack of comfort)* incomodidad *f*; *(pain)* molestia *f*, dolor *m*; **to be in ~** sufrir, pasarlo mal; **to the great ~ of their friends** para gran incomodo de sus amigos
◇ *vt* incomodar, molestar

discomposure [dɪskəmˈpəʊʒə(r)] *n Formal* desconcierto *m*, aturdimiento *m*

disconcert [dɪskənˈsɜːt] *vt* **-1.** *(fluster)* desconcertar **-2.** *(upset)* preocupar

disconcerting [dɪskənˈsɜːtɪŋ] *adj* **-1.** *(causing confusion, embarrassment)* desconcertante **-2.** *(upsetting)* preocupante

disconcertingly [dɪskənˈsɜːtɪŋlɪ] *adv* de manera desconcertante

disconnect [dɪskəˈnekt] *vt (gas, electricity, phone)* cortar, desconectar; *(machine, appliance)* desenchufar, desconectar; **we've been disconnected** nos han cortado el gas/la electricidad/el teléfono

disconnected [dɪskəˈnektɪd] *adj* **-1.** *(events, account)* inconexo(a) **-2.** *(wire, plug)* desconectado(a), desenchufado(a); *(telephone)* desconectado(a)

disconnection, disconnexion [dɪskəˈnekʃən] *n (of phone, gas, water)* desconexión *f*

disconsolate [dɪsˈkɒnsələt] *adj* desconsolado(a) **(at** por**); to be ~ (at)** estar desconsolado(a) (por)

disconsolately [dɪsˈkɒnsələtlɪ] *adv* desconsoladamente

discontent [dɪskənˈtent] *n* **-1.** *(dissatisfaction)* descontento *m* **-2.** *(person)* persona *f* descontenta

discontented [dɪskənˈtentɪd] *adj* descontento(a); **to be ~ (with)** estar descontento(a) (con)

discontinuation [dɪskəntɪnjʊˈeɪʃən] *n (of product, model)* desaparición *f*; *(of practice, production, treatment)* suspensión *f*; **this design flaw led to the product's ~** este defecto en el diseño hizo que el producto se dejara de fabricar

discontinue [dɪskənˈtɪnjuː] *vt* **-1.** *(practice, production, treatment)* suspender, interrumpir; COM **it's a discontinued line** ese modelo ya no se fabrica **-2.** LAW *(action, suit)* sobreseer, suspender

discontinuity [dɪskɒntɪˈnjuːɪtɪ] *n* **-1.** *(of process, sequence)* interrupción *f*, suspensión *f* **-2.** MATH *(of function, curve)* discontinuidad *f* **-3.** GEOL discontinuidad *f*

discontinuous [dɪskənˈtɪnjʊəs] *adj* **-1.** *(line)* discontinuo(a); *(process, run of events)* intermitente **-2.** MATH *(function, curve)* discontinuo(a)

discord [ˈdɪskɔːd] *n* **-1.** *(conflict)* discordia *f* **-2.** MUS *(unpleasant sound)* sonido *m* discordante; *(lack of harmony)* discordancia *f*

discordant [dɪsˈkɔːdənt] *adj* **-1.** *(opinions)* discordante, discorde **-2.** *(music)* discordante, discorde

discotheque [ˈdɪskətek] *n* sala *f* de fiestas

discount [ˈdɪskaʊnt] ◇ *n* descuento *m*, rebaja *f*; **there's a 5 percent ~ on radios** las radios tienen un 5 por ciento de descuento *or* rebaja; **she got a (10 percent) ~** le hicieron un (10 por ciento de) descuento; **at a ~** *(sale)* con descuento; ST EXCH *(shares)* al descuento, a un precio reducido; **politeness is at a ~ these days** hoy en día la educación no es un valor en alza ❏ **~ house** Br FIN sociedad *f* mediadora del mercado de dinero, casa *f* de descuento; US *(store)* tienda *f* de saldos; FIN **~ rate** tipo *m or Am* tasa *f* de descuento; **~ store** tienda *f* de saldos
◇ *vt* **-1.** *(price, goods)* rebajar **-2.** FIN *(sum of money, bill, banknote)* descontar **-3.** [dɪsˈkaʊnt] *(suggestion, possibility)* descartar; **you have to ~ half of what she says as exaggeration** la mitad de lo que dice es una exageración, en la mitad de lo que dice está exagerando; **it's not something you can ~** no es algo que puedas descartar

discountenance [dɪsˈkaʊntɪnəns] *vt* **-1.** *(disapprove of)* repudiar, desaprobar **-2.** *(embarrass)* avergonzar

discourage [dɪsˈkʌrɪdʒ] *vt* **-1.** *(dishearten)* desalentar, desanimar; **to become discouraged** desalentarse, desanimarse
-2. *(dissuade) (burglars, visitors)* disuadir, ahuyentar; *(crime)* poner trabas a, impedir; **we are trying to ~ smoking** estamos tratando de animar a que la gente deje de fumar, estamos tratando de evitar que se fume; **it's a practice which should be discouraged** es una práctica que debería desaconsejarse; **all these strikes are discouraging investors** todas estas huelgas están disuadiendo a los inversores; **to ~ sb from doing sth** tratar de disuadir a alguien de que haga algo

discouragement [dɪsˈkʌrɪdʒmənt] *n* **-1.** *(loss of enthusiasm)* desaliento *m*, desánimo *m* **-2.** *(attempt to discourage)* **my suggestions met with ~** mis sugerencias se toparon con reticencias **-3.** *(deterrent)* **it serves as a ~ to burglars** actúa de freno contra los ladrones; **to act as a ~** frenar

discouraging [dɪsˈkʌrɪdʒɪŋ] *adj* desalentador(a); **the response to the appeal was ~** la respuesta al llamamiento fue desalentadora

discourse [ˈdɪskɔːs] ◇ *n* **-1.** *Formal (speech)* discurso *m*; *(essay)* disertación *f*, tratado *m* **-2.** LING discurso *m* ❏ **~ analysis** análisis *m inv* del discurso **-3.** *Literary (conversation)* conversación *f*; **to engage in ~ with sb** enfrascarse en una conversación con alguien
◇ *vi* **to ~ (up)on a subject** disertar sobre un tema

discourteous [dɪsˈkɜːtɪəs] *adj* descortés **(to** *or* **towards** con**)**

discourteously [dɪsˈkɜːtjəslɪ] *adv* de forma descortés, con descortesía

discourtesy [dɪsˈkɜːtəsɪ] *n* descortesía *f*; **I meant no ~** no pretendía ser descortés

discover [dɪsˈkʌvə(r)] *vt* **-1.** *(country, answer, reason)* descubrir; **we soon discovered what was wrong** enseguida descubrimos lo que andaba mal, nos dimos cuenta enseguida de lo que andaba mal; **I finally discovered my glasses in my desk** al final encontré mis gafas en mi mesa
-2. *(realize)* darse cuenta, notar; **when did you ~ that your wallet had been stolen?** ¿cuándo se dio cuenta de *or* notó que le habían sustraído la cartera?
-3. *(actor, singer)* descubrir

discoverer [dɪsˈkʌvərə(r)] *n* descubridor(ora) *m,f*

discovery [dɪsˈkʌvərɪ] *n* **-1.** *(act, event)* descubrimiento *m*; **to make a ~** realizar un descubrimiento; **a voyage of ~** un viaje lleno de descubrimientos **-2.** *(actor, singer, place, thing)* descubrimiento *m*, hallazgo *m*; **he's quite a ~** *(new actor, soccer player)* es todo un descubrimiento **-3.** LAW *(of documents)* revelación *f*

discredit [dɪsˈkredɪt] ◇ *n* descrédito *m*; **to bring ~ on** *or* **upon** desacreditar *or* desprestigiar a; **to be a ~ to sth/sb** desacreditar algo/a alguien; **to his great ~, he lied** para su gran descrédito, mintió
◇ *vt* **-1.** *(person)* desacreditar **-2.** *(report, theory)* poner en entredicho, cuestionar

discreditable [dɪsˈkredɪtəbəl] *adj (person, practice)* vergonzoso(a), ignominioso(a)

discredited [dɪsˈkredɪtɪd] *adj (person, theory)* desacreditado(a)

discreet [dɪsˈkriːt] *adj* **-1.** *(tactful)* discreto(a); **you can trust him to be ~** puedes confiar en su discreción **-2.** *(inconspicuous)* discreto(a); **at a ~ distance** a una distancia prudencial

discreetly [dɪsˈkriːtlɪ] *adv* discretamente, con discreción; **it is ~ concealed** está oculto con discreción

discrepancy [dɪsˈkrepənsɪ] *n* discrepancia *f* **(between** entre**); there's a ~ in the accounts** existe una discrepancia en las cuentas

discrete [dɪsˈkriːt] *adj* **-1.** *(distinct)* diferenciado(a), independiente **-2.** MATH & PHYS discreto(a)

discretion [dɪsˈkreʃən] *n* **-1.** *(tact)* discreción *f* **-2.** *(judgement)* criterio *m*; **at your ~** a discreción, a voluntad; **at the judges' ~** a discreción de los jueces; **use your (own) ~** sigue tu propio criterio; **I'll leave it to your ~** lo dejo a tu criterio; **the age of ~** la madurez; PROV **~ is the better part of valour** la prudencia es la madre de la ciencia

discretionary [dɪsˈkreʃənərɪ] *adj* discrecional

discriminate [dɪsˈkrɪmɪneɪt] ◇ *vt* discriminar, distinguir **(from** de**)**
◇ *vi* **-1.** *(distinguish)* **to ~ between** discriminar *or* distinguir entre **-2.** *(act with bias)* **to ~ against sb** discriminar a alguien; **she felt she was being discriminated against** sentía que la estaban discriminando; **to ~ in favour of** discriminar a favor de

discriminating [dɪsˈkrɪmɪneɪtɪŋ] *adj (audience, customer)* entendido(a); *(taste)* cultivado(a); **he is not very ~ in his choice of friends** no es muy selectivo *or* exigente a la hora de elegir a sus amistades

discrimination [dɪskrɪmɪˈneɪʃən] *n* **-1.** *(bias)* discriminación *f*; **racial/sexual/religious ~** discriminación racial/sexual/religiosa **-2.** *(taste)* buen gusto *m*, refinamiento *m*; *(judgement)* criterio *m*, sensatez *f* **-3.** *(differentiation)* distinción *f*, diferenciación *f*

discriminatory [dɪsˈkrɪmɪnətərɪ] *adj* discriminatorio(a)

discursive [dɪsˈkɜːsɪv] adj dilatado(a), con muchas digresiones or divagaciones

discus [ˈdɪskəs] n -1. (object) disco m (para lanzamientos) ❑ ~ **thrower** lanzador(ora) m,f de disco -2. (event) **he was second in the ~** quedó segundo en el lanzamiento de disco

discuss [dɪsˈkʌs] vt -1. (talk about) (problem, price, subject) discutir, hablar de; (person) hablar de; (debate) debatir; **I want to ~ it with my lawyer** quiero consultarlo con mi abogado; **I don't want to ~ it** no quiero hablar de ello -2. (examine) (of author, report) estudiar, analizar; **~** (in exam questions) analizar

discussion [dɪsˈkʌʃən] n -1. (talk) discusión f; (debate) debate m; **there has been no ~ about this** esto no se ha discutido; **the matter is under ~** el asunto está siendo discutido; **to come up for ~** (in meeting) discutirse; **after much ~** después de largas deliberaciones ❑ **~ group** coloquio m; COMPTR grupo m de discusión, coloquio m; COMPTR **~ list** lista f de discusión; **~ programme** (on TV, radio) programa f debate, coloquio m
-2. (examination) (by author, in report) análisis m inv

disdain [dɪsˈdeɪn] ◇ n desdén m, desprecio m (**for** por); **a look of ~** una mirada de desprecio; **with** or **in ~** con desdén or desprecio
◇ vt desdeñar, despreciar; **to ~ to do sth** no dignarse a hacer algo

disdainful [dɪsˈdeɪnfʊl] adj desdeñoso(a); **she was ~ of my chances in the race** desdeñó mis posibilidades de ganar la carrera

disease [dɪˈziːz] n -1. (illness) enfermedad f; **to fight ~** luchar contra las enfermedades -2. (vice, evil) mal m, enfermedad f

diseased [dɪˈziːzd] adj -1. (plant, limb) enfermo(a); **to be ~** estar afectado(a) por una enfermedad -2. (evil, corrupt) (mind, imagination) enfermizo(a)

disembark [dɪsɪmˈbɑːk] ◇ vt desembarcar
◇ vi desembarcar (**from** de)

disembodied [dɪsɪmˈbɒdɪd] adj (voice, presence) inmaterial, incorpóreo(a)

disembowel [dɪsɪmˈbaʊəl] (pt & pp **disembowelled**, US **disemboweled**) vt destripar

disenchant [dɪsɪnˈtʃɑːnt] vt desencantar, desilusionar; **a disenchanting experience** una experiencia desilusionante or decepcionante

disenchanted [dɪsɪnˈtʃɑːntɪd] adj desencantado(a) (**with** con)

disenchantment [dɪsɪnˈtʃɑːntmənt] n desencanto m (**with** con)

disenfranchise [dɪsɪnˈfræntʃaɪz], **disfranchise** [dɪsˈfræntʃaɪz] vt privar del derecho de voto a

disengage [dɪsɪnˈgeɪdʒ] ◇ vt -1. (separate) soltar; **I tried to ~ my hand from his** intenté soltarme de su mano; **to ~ oneself from sth** desasirse de algo -2. (gear) quitar; **to ~ the clutch** desembragar -3. (troops) retirar
◇ vi -1. (separate) desasirse, soltarse (**from** de) -2. (gears) desconectarse -3. (troops) retirarse

disengagement [dɪsɪnˈgeɪdʒmənt] n -1. (from political group, organization) desvinculación f -2. (of troops) retirada f

disentangle [dɪsɪnˈtæŋgəl] vt -1. (untangle) (string, hair) desenredar -2. (free) **I tried to ~ my dog from the net** traté de soltar a mi perro de la red; **to ~ oneself from a difficult situation** desembarazarse de una situación complicada -3. (plot, mystery) desenredar, desentrañar

disequilibrium [dɪsekwɪˈlɪbrɪəm] n Formal desequilibrio m

disestablish [dɪsɪˈstæblɪʃ] vt (church) separar del Estado

disfavour, US **disfavor** [dɪsˈfeɪvə(r)] n **to be in ~ (with)** no ser visto(a) con buenos ojos (por); **to fall into ~** caer en desgracia; **to regard sth/sb with ~** no ver con buenos ojos algo/a alguien

disfigure [dɪsˈfɪgə(r)] vt (person, statue) desfigurar; (landscape) deteriorar, afear; **a disfiguring disease** una enfermedad que deja a una persona desfigurada

disfigurement [dɪsˈfɪgəmənt] n (of person, statue) desfiguración f; (of landscape) deterioro m, afeamiento m

disfranchise = disenfranchise

disgorge [dɪsˈgɔːdʒ] ◇ vt -1. (liquid, sewage) expulsar; (people) derramar; **his bag burst, disgorging its contents onto the floor** se le rompió la bolsa y su contenido se desparramó por el suelo -2. (give unwillingly) (information) desembuchar
◇ vi (river) desembocar

disgrace [dɪsˈgreɪs] ◇ n -1. (shame) vergüenza f; **it will bring ~ on** or **to the family** traerá la deshonra a la familia; **to resign in ~** dimitir a causa de un escándalo; **there's no ~ in being poor** ser pobre no es ninguna deshonra
-2. (disfavour) **he is in ~ with the party** el partido está muy disgustado con él
-3. (shameful example or thing) escándalo m, vergüenza f; **it's a ~!** ¡es un escándalo or una vergüenza!; **he is a ~ to his family/country** es una vergüenza or deshonra para su familia/país; **look at you, your hair's a ~!** ¡mírate, tienes el pelo hecho una birria!
◇ vt -1. (bring shame on) (person) avergonzar; (family, country) deshonrar; **to ~ oneself** caer en la deshonra -2. (discredit) **a disgraced politician** un político desacreditado

disgraceful [dɪsˈgreɪsfʊl] adj (behaviour, appearance) vergonzoso(a), indignante; **it's ~!** ¡es una vergüenza!

disgracefully [dɪsˈgreɪsfʊlɪ] adv vergonzosamente; **she was ~ late** fue vergonzoso lo tarde que llegó

disgruntled [dɪsˈgrʌntəld] adj contrariado(a), descontento(a); **to be ~** estar contrariado(a) or descontento(a)

disguise [dɪsˈgaɪz] ◇ n (costume) disfraz m; **to put on** or **wear a ~** ponerse or llevar un disfraz; **in ~** disfrazado(a)
◇ vt -1. (person) disfrazar (**as** de); (object) ocultar, camuflar; **to ~ oneself** disfrazarse -2. (one's feelings, the truth) ocultar, disfrazar; **there is no disguising the fact that...** no se puede ocultar el hecho de que...

disgust [dɪsˈgʌst] ◇ n asco m, repugnancia f; **to fill sb with ~** dar asco a alguien; **she left in ~** se marchó indignada or asqueada; **much to my ~** para mi gran indignación
◇ vt repugnar; **I was disgusted by their behaviour** me dio asco su comportamiento

disgusted [dɪsˈgʌstɪd] adj indignado(a), asqueado(a); **to be ~ with** or **by sth/sb** estar indignado(a) con or por algo/alguien; **he was** or **felt ~ with himself** sentía asco de sí mismo, estaba indignado consigo mismo

---

DISGUSTED OF TUNBRIDGE WELLS

Tunbridge Wells, población situada en el sudeste de Inglaterra en la que predomina la clase acomodada, está considerada como uno de los bastiones de los valores conservadores. La expresión **Disgusted of Tunbridge Wells** designa humorísticamente el estereotipo de las actitudes reaccionarias de la clase media inglesa. La locución representa la hipotética firma de una persona conservadora que escribe a un periódico para quejarse de algún aspecto social o de la vida moderna. El efecto cómico radica en que el tono airado de la protesta resulta desproporcionado si se compara con el agravio.

---

disgustedly [dɪsˈgʌstɪdlɪ] adv con indignación, con asco

disgusting [dɪsˈgʌstɪŋ] adj -1. (revolting) (person, behaviour, smell) asqueroso(a), repugnante; (habit, language) indecente, vergonzoso(a) -2. (disgraceful) vergonzoso(a)

disgustingly [dɪsˈgʌstɪŋlɪ] adv -1. (sickeningly) **a ~ bad meal** una comida asquerosa -2. Fam **to be ~ rich** estar podrido(a) de millones

dish [dɪʃ] ◇ n -1. (bowl) (for serving) fuente f; (for cooking) cazuela f; **dishes** (crockery) platos mpl; **to do** or **wash the dishes** lavar los platos, fregar los cacharros ❑ **~ mop** estropajo m; US **~ soap** lavavajillas m inv (detergente)
-2. (food) plato m ❑ **~ of the day** plato m del día
-3. (of radio telescope) reflector m; **~** (Br **aerial** or US **antenna**) (for TV) antena f parabólica
-4. Fam Old-fashioned (good-looking man or woman) bombón m
◇ vt -1. Br (chances, hopes) truncar, arruinar -2. US (criticize) **to ~ sb** criticar a alguien -3. IDIOM Fam **to ~ the dirt (on sb)** sacar los trapos sucios (de alguien), RP sacar los trapitos al sol (de alguien)
◆ **dish out** vt sep -1. (food) repartir, servir -2. (distribute) (money, leaflets) repartir; (advice) dar; IDIOM **you can ~ it out but you can't take it** repartes golpes a diestro y siniestro, pero contigo que no se metan
◆ **dish up** vt sep -1. (meal) servir -2. Fam (arguments, excuses) ofrecer, presentar
◇ vi insep (serve food) servir

disharmony [dɪsˈhɑːmənɪ] n discordia f

dishcloth [ˈdɪʃklɒθ] n (for washing) bayeta f; (for drying) paño m (de cocina), CAm secador m, Chile paño m de loza, Col limpión m, Méx trapón m, RP repasador m

dishearten [dɪsˈhɑːtən] vt descorazonar, desalentar; **don't get disheartened** trata de no desanimarte

disheartening [dɪsˈhɑːtənɪŋ] adj descorazonador(ora)

dishevelled, US **disheveled** [dɪˈʃevəld] adj (hair) desaliñado(a), despeinado(a); (clothes) desastrado(a), desarreglado(a); (person, appearance) desaliñado(a), descuidado(a); **to be ~** estar desaliñado(a)

dishonest [dɪsˈɒnɪst] adj deshonesto(a), poco honrado(a); **by ~ means** por medios fraudulentos or deshonestos

dishonestly [dɪsˈɒnɪstlɪ] adv (to act, obtain) de forma poco honrada; (to answer, speak) con engaños

dishonesty [dɪsˈɒnɪstɪ] n deshonestidad f, falta f de honradez

dishonour, US **dishonor** [dɪsˈɒnə(r)] ◇ n deshonra f; **to bring ~ on sb** deshonrar a alguien, llevar la deshonra a alguien
◇ vt -1. (family, country, profession) deshonrar -2. FIN (cheque) no pagar, devolver

dishonourable, US **dishonorable** [dɪsˈɒnərəbəl] adj deshonroso(a) ❑ MIL **~ discharge** expulsión f por conducta deshonrosa

dishonourably, US **dishonorably** [dɪsˈɒnərəblɪ] adv (to behave) de manera deshonrosa; MIL **to be ~ discharged** ser expulsado por conducta deshonrosa

dishpan [ˈdɪʃpæn] n US balde m, palangana f (para fregar los platos); **to have ~ hands** tener manos de fregona

dishrag [ˈdɪʃræg] n US bayeta f

dishtowel [ˈdɪʃtaʊəl] n paño m (de cocina), CAm secador m, Chile paño m de loza, Col limpión m, Méx trapón m, RP repasador m

dishwasher [ˈdɪʃwɒʃə(r)] n -1. (person) lavaplatos mf inv, friegaplatos mf inv -2. (machine) lavavajillas m inv; **~ safe** (glass, plate) que se puede meter en el lavavajillas

dishwater [ˈdɪʃwɔːtə(r)] n agua f de fregar (los platos); Fig **this coffee is like ~!** ¡este café es puro aguachirle!, RP ¡este café parece caldo de medias!

dishy [ˈdɪʃɪ] adj Br Fam de buen ver, Esp majo(a)

disillusion [dɪsɪˈluːʒən] ◇ vt desilusionar; **I hate to ~ you, but...** siento desilusionarte, pero...; **he has been disillusioned by his experiences** sus experiencias lo han acabado por desilusionar
◇ n = disillusionment

disillusioned [dɪsɪˈluːʒənd] adj desencantado(a), desilusionado(a); **to be ~ (with)** estar desencantado(a) (con)

disillusionment [dɪsɪˈluːʒənmənt] n desencanto m, desilusión f (**with** con); **the electorate's increasing ~ with the government** el creciente desencanto del electorado con el gobierno

disincentive [dɪsɪnˈsentɪv] n traba f; **it acts as a ~ to creativity** constituye una traba para la creatividad

disinclination [dɪsɪnklɪˈneɪʃən] n falta f de interés (**to do sth** en hacer algo); **her ~ to believe him** su poca disposición a creerle; **the West's ~ to go on lending** la actitud reacia de Occidente a seguir realizando préstamos

disinclined [dɪsɪnˈklaɪnd] adj **to be ~ to do sth** no tener ganas de or interés por hacer algo; **I felt ~ to help** no tenía ganas de ayudar, no me apetecía ayudar

disinfect [dɪsɪnˈfekt] vt desinfectar

disinfectant [dɪsɪnˈfektənt] n desinfectante m

disinflation [dɪsɪnˈfleɪʃən] n ECON desinflación f, deflación f

disinformation [dɪsɪnfəˈmeɪʃən] n desinformación f

disingenuous [dɪsɪnˈdʒenjʊəs] adj falso(a), poco sincero(a)

disingenuousness [dɪsɪnˈdʒenjʊəsnɪs] n falsedad f, falta f de sinceridad

disinherit [dɪsɪnˈherɪt] vt desheredar

disintegrate [dɪsˈɪntɪɡreɪt] vi **-1.** (break into pieces) (stone, wet paper) desintegrarse, deshacerse; (plane, rocket) desintegrarse **-2.** (break down) (coalition, empire, the family) desintegrarse; (calm, confidence) disiparse, volatilizarse; (health) hundirse **-3.** PHYS desintegrarse

disintegration [dɪsɪntɪˈɡreɪʃən] n desintegración f

disinter [dɪsɪnˈtɜː(r)] (pt & pp **disinterred**) vt **-1.** (body) desenterrar **-2.** (fact, information, scandal) desenterrar, desempolvar

disinterest [dɪsˈɪntrɪst], **disinterestedness** [dɪsˈɪntrɪstɪdnɪs] n **-1.** (objectivity) imparcialidad f **-2.** (lack of interest) desinterés m

disinterested [dɪsˈɪntrɪstɪd] adj **-1.** (objective) desinteresado(a), imparcial **-2.** (uninterested) **he was ~ in the movie** no le interesaba la película

disinterestedly [dɪsˈɪntrɪstɪdlɪ] adv **-1.** (objectively) desinteresadamente, con imparcialidad **-2.** (with a lack of interest) sin interés

disinterestedness = **disinterest**

disinvest [dɪsɪnˈvest] vi FIN retirar el capital invertido

disinvestment [dɪsɪnˈvestmənt] n FIN desinversión f

disjointed [dɪsˈdʒɔɪntɪd] adj (conversation, film, speech) deshilvanado(a), inconexo(a)

disjointedly [dɪsˈdʒɔɪntɪdlɪ] adv de forma deshilvanada or inconexa

disjunctive [dɪsˈdʒʌŋktɪv] adj GRAM disyuntivo(a) ❏ **~ conjunction** conjunción f disyuntiva

disk [dɪsk] n **-1.** COMPTR disco m; **on ~** en disquete or disco ❏ **~ controller** controlador m del disco; **~ drive** unidad f de disco, disquetera f; **~ driver** controlador m de disco; **~ mailer** sobre m para el envío de discos; **~ operating system** sistema m operativo de disco; **~ space** espacio m en disco **-2.** US = **disc**

diskette [dɪsˈket] n COMPTR disquete m

dislikable [dɪsˈlaɪkəbəl] adj desagradable, antipático(a)

dislike [dɪsˈlaɪk] ⟨⟩ n (of things) aversión f (**of** por); (of people) antipatía f (**of** hacia); **to have a ~ for** or **of sth** tener aversión a algo; **my likes and dislikes** las cosas que me gustan y las que me disgustan; **to take a ~ to sb** tomar or Esp coger antipatía a alguien
⟨⟩ vt **I ~ him/it** no me gusta; **I don't ~ him/it** no me disgusta; **I ~ them** no me gustan; **I don't ~ them** no me disgustan; **I ~ getting up early** no me gusta madrugar; **he is much disliked** cae muy mal, se le tiene mucha antipatía

dislocate [ˈdɪslǝkeɪt] vt **-1.** (shoulder, hip) dislocar; **the fall dislocated his shoulder** se cayó y se dislocó el hombro; **to ~ one's shoulder** dislocarse el hombro **-2.** (plan, timetable) trastocar

dislocation [dɪsləˈkeɪʃən] n **-1.** (of shoulder, hip) dislocación f **-2.** (of plan) desbaratamiento m

dislodge [dɪsˈlɒdʒ] vt **-1.** (brick, tile) soltar **-2.** (something stuck) sacar (**from** de) **-3.** (opponent) desplazar, desalojar; **nothing would ~ him from his position on arms control** nada lo haría abandonar su postura respecto al control armamentístico

disloyal [dɪsˈlɔɪəl] adj desleal; **to be ~ to sth/sb** ser desleal a or con algo/alguien

disloyally [dɪsˈlɔɪəlɪ] adv de forma desleal, con deslealtad

disloyalty [dɪsˈlɔɪəltɪ] n deslealtad f (**to a** or **con**); **an act of ~** un acto desleal or de deslealtad

dismal [ˈdɪzməl] adj **-1.** (gloomy) (place) sombrío(a), tétrico(a); (face, person) triste; (song) triste, deprimente; (day, weather) muy triste; (future) negro(a) **-2.** (extremely poor) (performance) nefasto(a), Esp fatal; (failure) estrepitoso(a), rotundo(a); Hum **the ~ science** = la economía

dismally [ˈdɪzməlɪ] adv (to perform) rematadamente mal, Esp fatal; (to fail) estrepitosamente

dismantle [dɪsˈmæntəl] ⟨⟩ vt **-1.** (object, scenery, exhibition) desmontar **-2.** (system, arrangement) desmantelar
⟨⟩ vi desmontarse

dismast [dɪsˈmɑːst] vt (ship) desarbolar

dismay [dɪsˈmeɪ] ⟨⟩ n consternación f; **in** or **with ~** con consternación; **to be filled with ~ by sth** estar profundamente consternado(a) por algo; **(much) to my ~** para mi consternación
⟨⟩ vt consternar; **there's no need to be dismayed** no hay por qué consternarse

dismayed [dɪsˈmeɪd] adj consternado(a); **don't look so ~** no tengas ese aire tan consternado or abatido

dismember [dɪsˈmembə(r)] vt **-1.** (body) descuartizar **-2.** (country, company) desmembrar

dismiss [dɪsˈmɪs] vt **-1.** (from job) (employee) despedir; (magistrate, official) destituir, cesar; MIL **to ~ sb from the service** separar del servicio a alguien, dar de baja a alguien
-2. (send away) (school class) dejar marcharse; **to ~ sb** dar a alguien permiso para retirarse; **~ him from your thoughts!** sácatelo or quítatelo de la cabeza; SCH **class dismissed!** ¡esto es todo por hoy!; MIL **~!** ¡rompan filas!
-3. (not take seriously) (thought, theory) descartar; (proposal, suggestion) rechazar; (threat, danger) no hacer caso de; **the suggestion was dismissed as being irrelevant** la sugerencia fue rechazada por no venir al caso; **he was long dismissed as a crank** durante mucho tiempo se le calificó de maniático
-4. LAW (case) sobreseer; (appeal) desestimar
-5. (in cricket) vencer

dismissal [dɪsˈmɪsəl] n **-1.** (of employee) despido m; (of magistrate, official) destitución f, cese m **-2.** (of thought, theory, proposal, suggestion) rechazo m; **we were worried by his ~ of the danger** estábamos preocupados por cómo desestimaba el peligro **-3.** LAW (of case) sobreseimiento m; (of appeal) desestimación f

dismissive [dɪsˈmɪsɪv] adj (tone of voice, gesture) desdeñoso(a), despectivo(a); **to be ~ of sth/sb** ser despectivo(a) con algo/alguien; **he was very ~ of my chances** se mostró escéptico en cuanto a mis posibilidades

dismount ⟨⟩ vt [dɪsˈmaʊnt] **-1.** (cause to fall) (from horse) desmontar **-2.** (gun, device) desarmar **-3.** COMPTR desmontar
⟨⟩ vi [dɪsˈmaʊnt] (from horse, bicycle) desmontar, bajarse (**from** de)
⟨⟩ n [ˈdɪsmaʊnt] (in gymnastics) salida f

disobedience [dɪsəˈbiːdɪəns] n desobediencia f; **an act of ~** un acto de desobediencia

disobedient [dɪsəˈbiːdɪənt] adj desobediente; **to be ~ to sb** desobedecer a alguien; **that was very ~ of you** eso fue una muestra de gran desobediencia por tu parte

disobey [dɪsəˈbeɪ] vt (person, rule, order) desobedecer

disobliging [dɪsəˈblaɪdʒɪŋ] adj Formal (unhelpful) poco servicial, poco atento(a)

disorder [dɪsˈɔːdə(r)] ⟨⟩ n **-1.** (confusion, untidiness) desorden m; **in ~** en desorden; **the meeting broke up in ~** la reunión se disolvió en medio de una gran confusión; **the army retreated in ~** el ejército se retiró en desbandada
-2. (unrest) desorden m; **serious disorders have broken out** se han producido graves disturbios
-3. MED dolencia f; **a nervous ~** un trastorno nervioso; **a blood ~** una disfunción vascular
⟨⟩ vt (make untidy) (files, papers) desordenar, desorganizar

disordered [dɪsˈɔːdəd] adj **-1.** (confused, untidy) (room, files) desordenado(a) **-2.** (mind) desordenado(a); Br **to be mentally ~** sufrir un trastorno mental

disorderly [dɪsˈɔːdəlɪ] adj **-1.** (untidy) (room, house, files) desordenado(a) **-2.** (unruly) (mob) alborotado(a); (person, conduct) indisciplinado(a); **to lead a ~ life** llevar una vida desordenada ❏ LAW **~ conduct** escándalo m público; LAW **~ house** casa f de prostitución

disorganization [dɪsɔːɡənaɪˈzeɪʃən] n desorganización f

disorganize [dɪsˈɔːɡənaɪz] vt (plans, schedule) desorganizar, trastocar

disorganized [dɪsˈɔːɡənaɪzd] adj (person, ideas, system) desorganizado(a)

disorientate [dɪsˈɔːrɪənteɪt], **disorient** [dɪsˈɔːrɪənt] vt desorientar; **to become disorientated** or **disoriented** desorientarse

disorientation [dɪsɔːrɪənˈteɪʃən] n desorientación f

disown [dɪsˈəʊn] vt (wife, child) repudiar; (country) renegar de; (statement) no reconocer como propio(a)

disparage [dɪsˈpærɪdʒ] vt desdeñar, menospreciar

disparaging [dɪsˈpærɪdʒɪŋ] adj desdeñoso(a), menospreciativo(a); **to be ~ about sth/sb** desdeñar or menospreciar algo/a alguien

disparagingly [dɪsˈpærɪdʒɪŋlɪ] adv con desdén, desdeñosamente

disparate [ˈdɪspərɪt] adj Formal dispar

disparity [dɪsˈpærɪtɪ] n **-1.** (inequality) (in ages, wealth, status) disparidad f **-2.** (inconsistency) (in report, statement) discrepancia f, divergencia f

dispassionate [dɪsˈpæʃənət] adj **-1.** (calm) desapasionado(a) **-2.** (impartial) ecuánime, imparcial; **to take a ~ view of things** ver las cosas de manera ecuánime or imparcial

dispassionately [dɪsˈpæʃənətlɪ] adv **-1.** (calmly) desapasionadamente, sin apasionamiento **-2.** (impartially) ecuánimemente, imparcialmente

dispatch, despatch [dɪsˈpætʃ] ⟨⟩ n **-1.** (of letter, parcel, merchandise) envío m, expedición f; (of messenger, troops) envío m
-2. (message) despacho m; MIL **he was mentioned in dispatches** aparecía mencionado en partes de guerra ❏ **~ box** (for papers) valija f oficial; Br **at the ~ box** (in Parliament) en la tribuna de oradores; US **~ case** (for papers) valija f oficial; COM **~ note** nota f de envío; MIL **~ rider** (on motorbike) mensajero(a) m,f motorizado(a); (on horse) emisario m, correo m
-3. Formal (promptness) **with ~** con celeridad or prontitud
⟨⟩ vt **-1.** (send) (letter, parcel, merchandise) enviar, despachar; (messenger, troops) en-

viar -2. *(kill)* dar muerte a -3. *Formal (task)* dar cuenta de, despachar -4. *Fam (food)* despacharse

dispel [dɪsˈpel] *(pt & pp* **dispelled)** *vt* -1. *(doubt, fear)* disipar -2. *(clouds, mist)* disipar

dispensable [dɪsˈpensəbəl] *adj* prescindible

dispensary [dɪsˈpensərɪ] *n* MED dispensario *m*, botiquín *m*

dispensation [ˌdɪspenˈseɪʃən] *n* -1. *(administration) (of charity, justice)* administración *f* -2. *(handing out)* dispensación *f*, despacho *m* -3. *(exemption)* dispensa *f* **(from** de); **to receive ~ from military service** quedar exento(a) de realizar el servicio militar; **as a special ~ the prisoner was allowed to attend the funeral** como gracia *or* dispensa especial, se permitió al prisionero asistir al funeral -4. POL & REL *(system)* sistema *f*, régimen *m*

dispense [dɪsˈpens] *vt* -1. *(administer) (charity, justice)* administrar -2. *(hand out) (medication, prescription)* administrar; *(advice)* repartir -3. *(of vending machine)* expedir -4. *Formal (exempt)* **to ~ sb from (doing) sth** dispensar a alguien de (hacer) algo

◆ **dispense with** *vt insep (do without, get rid of)* prescindir de; **to ~ with the formalities** prescindir de las formalidades

dispenser [dɪsˈpensə(r)] *n* -1. *(machine)* máquina *f* expendedora; **coffee ~** máquina automática de café; **soap ~** dispositivo dosificador de jabón -2. *(pharmacist)* farmacéutico(a) *m,f*

dispensing chemist [dɪsˈpensɪŋˈkemɪst] *n* farmacéutico(a) *m,f*

dispersal [dɪsˈpɜːsəl], **dispersion** [dɪsˈpɜːʃən] *n* -1. *(of crowd, seeds)* dispersión *f* -2. *(of gas)* dispersión *f* -3. *(of light by prism)* descomposición *f*

disperse [dɪsˈpɜːs] ◇ *vt* -1. *(crowd, seeds)* dispersar; *(knowledge, information)* difundir -2. *(gas)* dispersar -3. *(light) (of prism)* descomponer

◇ *vi* -1. *(crowd)* dispersarse -2. *(darkness, clouds)* disiparse

dispersion = **dispersal**

dispirit [dɪˈspɪrɪt] *vt* desanimar, desalentar

dispirited [dɪsˈpɪrɪtɪd] *adj* desanimado(a), desalentado(a); **to be ~** estar desanimado(a) *or* desalentado(a)

dispiritedly [dɪˈspɪrɪtɪdlɪ] *adv* con desánimo, con desaliento

dispiriting [dɪˈspɪrɪtɪŋ] *adj* desalentador(ora), descorazonador(ora)

displace [dɪsˈpleɪs] *vt* -1. *(shift) (object, refugees, population)* desplazar -2. *(supplant)* sustituir -3. PHYS *(water, air)* desplazar -4. MED **to ~ a bone** dislocar un hueso

displaced [dɪsˈpleɪst] *adj* desplazado(a) ❑ **~ persons** desplazados *mpl*

displacement [dɪsˈpleɪsmənt] *n* -1. *(of refugees, population)* desplazamiento *m* -2. *(of water, ship)* desplazamiento *m* -3. *(substitution)* **~ (of A by B)** sustitución *f* (de A por B) -4. PSY **~ activity** actividad *f* sublimadora

display [dɪsˈpleɪ] ◇ *n* -1. *(of goods)* muestra *f*; *(of handicrafts, paintings)* exposición *f*; **on ~** expuesto(a); **to put sth on ~** exponer algo ❑ **~ cabinet** vitrina *f*; **~ copy** *(of book)* ejemplar *m* de muestra; **~ stand** expositor *m*; **~ window** escaparate *m*, *Am* vidriera *f*, *Chile, Col, Méx* vitrina *f* -2. *(of affection, interest, anger)* demostración *f*, muestra *f*; *(of courage, determination, ignorance)* manifestación *f*, despliegue *m*; *(of sport)* exhibición *f*; **a ~ of force** un despliegue de fuerza; **to make a great ~ of sth** hacer gran ostentación *or* exhibición de algo, exteriorizar mucho algo -3. COMPTR pantalla *f* ❑ **~ area** área *f* de visualización; **~ menu** menú *m* de visualización; **~ unit** monitor *m* -4. **~ advertising** *(in newspaper)* publicidad *f* visual

◇ *vt* -1. *(goods)* disponer; *(on sign)* mostrar -2. *(affection, interest, anger)* demostrar, mostrar; *(courage, determination, ignorance)* manifestar, desplegar -3. COMPTR *(image, data)* visualizar

◇ *vi (bird, animal)* realizar la parada nupcial

displease [dɪsˈpliːz] *vt* disgustar, desagradar; **to be displeased with sb** estar disgustado(a) con alguien; **to be displeased with** *or* **at sth** estar disgustado(a) con *or* por algo

displeasing [dɪsˈpliːzɪŋ] *adj* desagradable; **the exam results were ~ to your parents** los resultados de los exámenes disgustaron a tus padres

displeasure [dɪsˈpleʒə(r)] *n* disgusto *m*, desagrado *m*; **to incur sb's ~** provocar el enojo de alguien

disport [dɪˈspɔːt] *vt Formal* **to ~ oneself** divertirse; **they published photos of him disporting himself on the beach** publicaron fotos de él divirtiéndose en la playa

disposable [dɪsˈpəʊzəbəl] *adj* ◇ -1. *(camera, pen, lighter)* desechable ❑ *US* **~ diaper** pañal *m* desechable, *Esp* braga-pañal *m*; COM **~ goods** productos *mpl* desechables, productos *mpl* de usar y tirar; *Br* **~ nappy** pañal *m* desechable, *Esp* braga-pañal *m* -2. *(funds)* disponible ❑ **~ income** poder *m* adquisitivo

◇ *n* -1. *(nappy)* pañal *m* desechable -2. *(lighter)* encendedor *m or Esp* mechero *m* no recargable

disposal [dɪsˈpəʊzəl] *n* -1. *(of rubbish, evidence, body)* eliminación *f*; **waste** *or* **refuse ~** eliminación de desechos *or* residuos -2. *US (disposal unit)* trituradora *f* de basuras -3. *(of property)* venta *f* -4. *(availability)* **to have sth at one's ~** disponer de algo; **to put sth at sb's ~** poner algo/a alguien a disposición de alguien; **I am entirely at your ~** estoy a su entera disposición; **in the time at our ~** en el tiempo del que disponemos -5. *Formal (arrangement)* disposición *f*, colocación *f*; *(of troops)* despliegue *m*

dispose [dɪsˈpəʊz] ◇ *vt Formal* -1. *(arrange) (ornaments, books)* disponer, colocar; *(troops, forces)* desplegar -2. *(incline, persuade)* predisponer; **his moving testimonial disposed the jury to leniency** su conmovedor testimonio predispuso al jurado a adoptar una postura indulgente

◇ *vi* PROV **man proposes, God disposes** el hombre propone y Dios dispone

◆ **dispose of** *vt insep* -1. *(get rid of) (rubbish, evidence, body)* eliminar -2. *(sell) (property)* vender -3. *(deal with) (problem, question, task)* acabar con; **to ~ of an argument** echar por tierra un argumento -4. *Formal (have at one's disposal)* disponer de -5. *Euph (kill)* eliminar -6. *Hum (eat)* dar buena cuenta de, merendarse

disposed [dɪsˈpəʊzd] *adj (willing)* **to be ~ to do sth** estar dispuesto(a) a hacer algo; **I am ~ to be lenient** estoy dispuesto a ser indulgente; **to be well/ill ~ towards sb** estar predispuesto(a) a favor/en contra de alguien

disposition [ˌdɪspəˈzɪʃən] *n* -1. *(temperament)* carácter *m*; **a man of a placid ~** un hombre de carácter plácido -2. *(inclination)* **to have a ~ to do sth** tener tendencia a hacer algo -3. *Formal (arrangement) (of buildings, ornaments)* disposición *f*, colocación *f*; *(of troops)* despliegue *m* -4. LAW traspaso *m*, enajenación *f*

dispossess [ˌdɪspəˈzes] *vt* desposeer **(of** de)

dispossessed [ˌdɪspəˈzest] ◇ *npl* **the ~** los desposeídos

◇ *adj* desposeído(a)

dispossession [ˌdɪspəˈzeʃən] *n* desposeimiento *m*

disproof [dɪsˈpruːf] *n* -1. *(action)* refutación *f* -2. *(evidence, fact)* refutación *f*

disproportion [ˌdɪsprəˈpɔːʃən] *n* desproporción *f*; **to be in ~ to sth** ser desproporcionado(a) en relación con algo, no guardar proporción con algo

disproportionate [ˌdɪsprəˈpɔːʃənət] *adj (excessive)* desproporcionado(a); **to be ~ to sth** ser desproporcionado(a) respecto a algo; **a ~ amount of time/money** una cantidad de tiempo/dinero desmesurada; **the police response was entirely ~** la respuesta de la policía fue completamente desproporcionada

disproportionately [ˌdɪsprəˈpɔːʃənətlɪ] *adv* desproporcionadamente; **a ~ large sum of money** una cantidad enorme *or* desmesurada de dinero

disprove [dɪsˈpruːv] *(pp* **disproved**, LAW **disproven** [dɪsˈprəʊvən] *vt* refutar

disputable [dɪsˈpjuːtəbəl] *adj* discutible

disputant [dɪsˈpjuːtənt] *n Formal* debatiente *mf*

disputation [ˌdɪspjuːˈteɪʃən] *n Formal* -1. *(debate)* debate *m* -2. *(argument)* polémica *f*, controversia *f*

disputatious [ˌdɪspjuːˈteɪʃəs] *adj Formal* disputador(ora)

dispute [dɪsˈpjuːt] ◇ *n* -1. *(debate)* discusión *f*, debate *m*; **there's some ~ about the matter** existe un cierto debate en torno a la cuestión; **it's open to ~** es cuestionable; **it's beyond ~** es indiscutible -2. *(argument, contention)* pelea *f*, disputa *f*; **to be in ~** *(proposals, territory, ownership)* estar en litigio; **the matter in ~** la cuestión debatida; **a border ~** un conflicto fronterizo -3. IND **(industrial) ~** conflicto *m* laboral; **to be in ~ with management (over sth)** estar en conflicto con la dirección (por algo)

◇ *vt* -1. *(subject, claim, statement)* debatir, discutir; **I'm not disputing that** eso no lo discuto; **her courage can hardly be disputed** nadie puede poner en duda su valentía -2. *(decision)* cuestionar; LAW *(will)* impugnar -3. *(contest, final)* disputar; **two teams are currently disputing the leadership** dos equipos se disputan actualmente el liderazgo

◇ *vi* discutir **(about** *or* **over** sobre)

disputed [dɪsˈpjuːtɪd] *adj* -1. *(decision, fact, claim)* discutido(a), polémico(a) -2. *(fought over)* **this is a much ~ territory** este territorio es objeto de un fuerte litigio

disqualification [dɪsˌkwɒlɪfɪˈkeɪʃən] *n* -1. *(from competition, exam)* descalificación *f*; *(from standing for election)* inhabilitación *f* -2. *(disqualifying factor)* impedimento *m* **(for** para); **it's not necessarily a ~** no constituye necesariamente un impedimento -3. *Br* LAW **a year's ~ from driving** un año de suspensión *Esp* del permiso de conducir *or Am* de la licencia para conducir

disqualify [dɪsˈkwɒlɪfaɪ] *vt* -1. *(from competition, exam)* descalificar; *(from standing for election)* inhabilitar; **to ~ sb from doing sth** incapacitar a alguien para hacer algo; **her youth disqualifies her from participating** no puede participar por razón de su juventud, su juventud le impide participar; **being a woman doesn't ~ me from expressing an opinion** el hecho de ser mujer no me quita el derecho a expresar mi opinión -2. *Br* LAW **to ~ sb from driving** retirar a alguien *Esp* el permiso de conducir *or Am* la licencia para conducir

disquiet [dɪsˈkwaɪət] *Formal* ◇ *n* inquietud *f*, desasosiego *m*

◇ *vt* inquietar, desasosegar

disquieting [dɪsˈkwaɪətɪŋ] *adj Formal* inquietante

disquisition [ˌdɪskwɪˈzɪʃən] *n Formal* disquisición *f* **(on** acerca de)

disregard [ˌdɪsrɪˈɡɑːd] ◇ *n* indiferencia *f*, menosprecio *m* **(for** por); **with complete ~ for her own safety** sin preocuparse lo más mínimo por su propia seguridad

◇ *vt (warning, fact, feelings)* no tener en cuenta; *(order)* desacatar; *(instructions)* hacer caso omiso a, desoír; *(danger)* despreciar; **I'll ~ what you just said** voy a hacer caso omiso de lo que acabas de decir, voy a hacer como si no hubiera oído lo que acabas de decir

disrepair [ˌdɪsrɪˈpeə(r)] *n* **in (a state of) ~** deteriorado(a); **to fall into ~** deteriorarse

disreputable [dɪsˈrepjʊtəbəl] *adj* **-1.** *(dishonourable) (person, behaviour)* poco respetable; *(action, methods)* vergonzoso(a) **-2.** *(not respectable, shady) (neighbourhood, pub)* de mala reputación

disreputably [dɪsˈrepjʊtəblɪ] *adv (to behave)* de forma poco respetable

disrepute [dɪsrɪˈpjuːt] *n* **to bring sth into ~** desprestigiar algo; **to fall into ~** caer en descrédito

disrespect [dɪsrɪˈspekt] *n* irreverencia *f*, falta *f* de respeto; **to treat sth/sb with ~** tratar a algo/alguien irrespetuosamente; **she has a healthy ~ for authority** tiene una sana falta de respeto por la autoridad; **I meant no ~** no pretendía faltar al respeto

disrespectful [dɪsrɪˈspektfʊl] *adj* irrespetuoso(a); **to be ~ to sb** ser irrespetuoso(a) con alguien, faltarle el respeto a alguien; **it would be ~ not to go to the funeral** sería una falta de respeto no asistir al funeral

disrobe [dɪsˈrəʊb] *vt* **-1.** *Formal (judge, priest, monarch)* despojar de sus vestiduras a **-2.** *Hum (undress)* desvestir, dejar en cueros
◇ *vi* **-1.** *Formal (judge, priest, monarch)* despojarse de las vestiduras **-2.** *Hum (undress)* desvestirse, ponerse en cueros

disrupt [dɪsˈrʌpt] *vt (traffic)* entorpecer, trastornar; *(plan)* trastornar, trastocar; *(meeting, lesson)* interrumpir, alterar el desarrollo de; *(life, routine)* alterar

disruption [dɪsˈrʌpʃən] *n (of traffic)* entorpecimiento *m*, trastorno *m* (**to** de); *(of plan)* desbaratamiento *m* (**to** de); *(of meeting)* interrupción *f* (**of** de); *(of life, routine)* alteración *f* (**to** de); **we apologize to viewers for the ~ to this evening's programmes** pedimos disculpas a los telespectadores por los cambios que está sufriendo la programación de esta noche

disruptive [dɪsˈrʌptɪv] *adj (person, behaviour, factor)* alborotador(ora), revoltoso(a); **to be ~** ocasionar trastornos; **to have a ~ influence on sb** tener una influencia perjudicial sobre alguien

dis(s) [dɪs] *vt US Fam* faltar (al respeto) a

dissatisfaction [dɪsætɪsˈfækʃən] *n* insatisfacción *f* (**with** con); **there is growing ~ with his policies** existe una creciente insatisfacción con sus políticas

dissatisfied [dɪˈsætɪsfaɪd] *adj* insatisfecho(a) (**with** con); **to be ~ (with)** estar insatisfecho(a) (con); **the meal/explanation left me ~** la comida/explicación no me satisfizo

dissect [dɪˈsekt] *vt* **-1.** *(animal, plant)* diseccionar **-2.** *(argument, theory, book)* diseccionar

dissecting [dɪˈsektɪŋ] *adj (table, room)* de disección ❑ **~ microscope** microscopio *m* de disección

dissection [dɪˈsekʃən] *n* **-1.** *(of animal, plant)* disección *f* **-2.** *(of argument, theory, book)* disección *f*

dissemble [dɪˈsembəl] *Formal* ◇ *vt (feelings, motives)* ocultar, disimular
◇ *vi* disimular

disseminate [dɪˈsemɪneɪt] *Formal* ◇ *vt (knowledge, idea, information)* propagar, difundir
◇ *vi* propagarse, difundirse

disseminated [dɪˈsemɪneɪtɪd] *adj* MED **~ sclerosis** esclerosis *m inv* múltiple

dissemination [dɪsemɪˈneɪʃən] *n Formal (of knowledge, idea, information)* difusión *f*, propagación *f*

dissension [dɪˈsenʃən] *n Formal* disensión *f*, discordia *f*; **there is ~ in the ranks** *(in army)* existen desavenencias en el seno de las tropas; *(in political party)* existen disensiones entre las filas del partido

dissent [dɪˈsent] ◇ *n* **-1.** *(disagreement)* discrepancia *f*, disconformidad *f*; **to voice** *or* **to express one's ~** manifestar *or* expresar alguien su disentimiento; SPORT **he was booked for ~** fue amonestado por protestar **-2.** REL disidencia *f* **-3.** US LAW voto *m* particular
◇ *vi* **-1.** *(not conform)* disentir (**from** de); **two members of the inquiry dissented from the findings** dos miembros de la investigación discreparon en cuanto a sus resultados **-2.** REL disidir

dissenter [dɪˈsentə(r)] *n* **-1.** *(generally)* disidente *mf* **-2.** REL disidente *mf*

dissenting [dɪˈsentɪŋ] *adj* discrepante; **a ~ voice** una voz discordante

dissertation [dɪsəˈteɪʃən] *n* **-1.** UNIV *Br (for higher degree)* tesina *f*; *US (doctoral)* tesis *f* **-2.** *Formal (essay, speech)* disertación *f*

disservice [dɪˈsɜːvɪs] *n* **to do sb a ~** perjudicar a alguien; **to do oneself a ~** perjudicarse a sí mismo, hacerse un flaco favor

dissidence [ˈdɪsɪdəns] *n* POL disidencia *f*

dissident [ˈdɪsɪdənt] ◇ *n* disidente *mf*
◇ *adj* disidente

dissimilar [dɪˈsɪmɪlə(r)] *adj* distinto(a) (**to** de); **the cases are too ~ to compare** los casos son demasiado distintos como para compararlos; **they are not ~** no son distintos; **it's not ~ to what was happening twenty years ago** no es diferente de lo que ocurría hace veinte años

dissimilarity [dɪsɪmɪˈlærɪtɪ] *n* desigualdad *f*, disimilitud *f* (**between** entre)

dissimulate [dɪˈsɪmjʊleɪt] *Formal* ◇ *vt (feelings)* disimular
◇ *vi* disimular

dissimulation [dɪsɪmjʊˈleɪʃən] *n Formal* disimulo *m*

dissipate [ˈdɪsɪpeɪt] ◇ *vt* **-1.** *(disperse) (fears, doubts)* disipar **-2.** *(waste) (fortune, one's energy)* derrochar **-3.** PHYS *(heat, energy)* disipar
◇ *vi (mist, doubts)* disiparse

dissipated [ˈdɪsɪpeɪtɪd] *adj (lifestyle, adolescence)* disipado(a), disoluto(a)

dissipation [dɪsɪˈpeɪʃən] *n* **-1.** *(dispersal) (of fears, doubts)* disipación *f* **-2.** *(wasting) (of fortune, energy)* derroche *m* **-3.** PHYS *(of heat, energy)* disipación *f* **-4.** *(loose living)* disipación *f*; **to lead** *or* **live a life of ~** llevar *or* vivir una vida disoluta

dissociate [dɪˈsəʊsɪeɪt] ◇ *vt* disociar; **to ~ oneself from sth/sb** desmarcarse de algo/alguien
◇ *vi* CHEM disociarse

dissociation [dɪsəʊsɪˈeɪʃən] *n* **-1.** *(act)* disociación *f*, separación *f* **-2.** CHEM disociación *f* **-3.** PSY disociación *f*

dissociated [dɪˈsəʊsɪeɪtɪd] *adj* PSY disociado(a) ❑ **~ personality** personalidad *f* disociada

dissoluble [dɪˈsɒljʊbəl] *adj* disoluble

dissolute [ˈdɪsəluːt] *adj (person, life)* disoluto(a)

dissolution [dɪsəˈluːʃən] *n* **-1.** *(of assembly, parliament)* disolución *f* **-2.** *(of marriage, alliance, empire)* disolución *f* **-3.** HIST **the Dissolution of the Monasteries** la Disolución de los Monasterios *(tras la reforma protestante en Inglaterra)*

dissolve [dɪˈzɒlv] ◇ *vt* **-1.** *(in liquid)* disolver **-2.** *(empire, marriage, parliament)* disolver
◇ *vi* **-1.** *(salt, sugar)* disolverse; **it dissolves in water** es soluble en agua **-2.** *(assembly, parliament)* disolverse **-3.** *(marriage, alliance, empire)* disolverse **-4.** *(fear, hopes)* desvanecerse **-5. to ~ into tears** deshacerse en lágrimas; **to ~ into laughter** partirse de risa **-6.** CIN & TV fundirse
◇ *n* CIN & TV fundido *m* encadenado

dissonance [ˈdɪsənəns] *n* **-1.** MUS disonancia *f* **-2.** *(disagreement)* discordancia *f*

dissonant [ˈdɪsənənt] *adj* **-1.** MUS disonante **-2.** *(clashing) (opinions, colours)* discordante

dissuade [dɪˈsweɪd] *vt (person)* disuadir; **she was not to be dissuaded** nadie la iba a disuadir; **to ~ sb from doing sth** disuadir a alguien de hacer algo

dissuasion [dɪˈsweɪʒən] *n* disuasión *f*

dissuasive [dɪˈsweɪsɪv] *adj (person, effect)* disuasivo(a), disuasorio(a); **it had a powerful ~ effect on them** ejerció un poderoso efecto disuasorio sobre ellos

dissyllabic = disyllabic

dissyllable = disyllable

distaff [ˈdɪstɑːf] *n* **-1.** *(in spinning)* rueca *f* **-2.** *Literary* **on the ~ side** en la rama femenina de la familia

distal [ˈdɪstəl] *adj* ANAT distal

distance [ˈdɪstəns] ◇ *n* **-1.** *(between two places)* distancia *f*; **a short ~ away** bastante cerca; **some ~ away** bastante lejos; **it's some** *or* **quite a** *or* **a good ~ from here** está bastante lejos de aquí; **it's no ~ (at all)** está cerquísimo; **at a ~ of...** a una distancia de...; **you can't see it from this ~** desde tan lejos no se ve; **it is within walking/cycling ~ of the station** se puede ir andando/en bicicleta desde la estación; **to keep sb at a ~** guardar las distancias con alguien; **to keep one's ~ (from)** mantener las distancias ❑ **~ education** educación *f* a distancia, enseñanza *f* a distancia; **~ learning** educación *f* a distancia
-2. *(distant point, place)* **from a ~** desde lejos; **in the ~** en la lejanía, a lo lejos; **to admire sb from** *or* **at a ~** admirar a alguien desde lejos
-3. *(separation in time)* **at this ~ in time...** después de tanto tiempo...; **at a ~ of two hundred years, it's very difficult to know** después de doscientos años es muy difícil saberlo
-4. SPORT **to go the ~** *(in boxing)* aguantar todos los asaltos; *(of racehorse)* acabar la carrera; *Fig* resistir hasta el final ❑ **~ race** carrera *f* de fondo; **~ runner** corredor(ora) *m,f* de fondo; **~ running** fondo *m*
◇ *vt* **she soon distanced herself from the other runners** no tardó en distanciarse de los demás corredores; **to ~ oneself from sth/sb** *(dissociate oneself)* distanciarse de algo/alguien

distant [ˈdɪstənt] *adj* **-1.** *(in space)* distante, lejano(a); **three kilometres ~** a tres kilómetros de distancia
-2. *(in time)* lejano(a); **in the ~ past/future** en el pasado/un futuro lejano; **the time is not far ~ when...** no falta mucho para que...
-3. *(tenuous) (resemblance)* vago(a); **a ~ relative** un pariente lejano
-4. *(reserved, aloof)* distante; **to have a ~ manner** ser distante
-5. *(distracted)* distraído(a); **she had a ~ look** tenía la mirada distante *or* perdida

distantly [ˈdɪstəntlɪ] *adv* **-1.** *(not closely) (to resemble)* vagamente; **~ related** *(people)* lejanamente emparentado(a); *(ideas, concepts)* vagamente relacionado(a) **-2.** *(reservedly)* distantemente, con frialdad **-3.** *(distractedly) (to answer, smile)* distraídamente

distaste [dɪsˈteɪst] *n* desagrado *m* (**for** por); **to feel ~ for sth** sentir aversión hacia algo; **he'll have to overcome his ~ for hard work** tendrá que vencer su aversión hacia el trabajo duro

distasteful [dɪsˈteɪstfʊl] *adj* **-1.** *(unpleasant) (task, thought)* desagradable; **I find it extremely ~** me parece deplorable **-2.** *(in bad taste) (joke, remark)* de mal gusto

distemper[1] [dɪsˈtempə(r)] *n (disease)* moquillo *m*

distemper[2] ◇ *n (paint)* (pintura *f* al) temple *m*
◇ *vt* pintar con (pintura al) temple

distend [dɪsˈtend] ◇ *vt* hinchar
◇ *vi* hincharse

distended [dɪsˈtendɪd] *adj* hinchado(a)

distil [dɪsˈtɪl] *(pt & pp* **distilled***) vt* **-1.** *(water, whisky)* destilar **-2.** *(information)* condensar
→ **distil off, distil out** *vt sep* CHEM extraer (mediante destilación)

distillate [ˈdɪstɪlət] *n* CHEM destilado *m*

distillation [dɪstɪˈleɪʃən] *n* **-1.** *(of water, whisky)* destilación *f* **-2.** *(distillate)* destilado *m* **-3.** *(of information)* condensación *f*, compendio *m*

distilled water [dɪsˈtɪldˈwɔːtə(r)] *n* agua *f* destilada

distiller [dɪsˈtɪlə(r)] *n* **-1.** *(person)* destilador(ora) *m,f* **-2.** *(business)* destilería *f*

distillery [dɪsˈtɪlərɪ] *n* destilería *f*

distinct [dɪsˈtɪŋkt] *adj* **-1.** *(different)* distinto(a); **to be ~ from** ser distinto(a) de; **the two issues are quite ~ from each other** se trata de dos asuntos completamente distintos; **as ~ from** a diferencia de
-2. *(clear) (change, idea, preference, voice)* claro(a); *(memory)* vívido(a)

distinction -3. *(real) (possibility, feeling, advantage, improvement)* claro(a); **it is a ~ possibility** *(in answer to question)* es una opción muy posible; **I have the ~ impression she's trying to avoid me** tengo la clara impresión de que está tratando de evitarme; **there's a ~ smell of smoke in here** aquí huele claramente a humo

distinction [dɪsˈtɪŋkʃən] *n* **-1.** *(difference)* distinción *f*; **to make** *or* **draw a ~ between** establecer una distinción entre; **they made no ~ between enemy soldiers and civilians** no hicieron distinciones entre los soldados enemigos y los civiles
  -2. *(honour, recognition)* honor *m*; **to win** *or* **gain ~ (as)** adquirir mucho prestigio (como), destacarse (como); *Ironic* **I had the ~ of coming last** me correspondió el honor de ser el último
  -3. *(excellence)* **a writer/scientist of ~** un escritor/científico destacado; **with ~** *(perform, serve)* de manera sobresaliente
  -4. SCH & UNIV ≃ matrícula *f* de honor; **he got a ~ in maths** ≃ sacó matrícula de honor en matemáticas

distinctive [dɪsˈtɪŋktɪv] *adj* **-1.** *(characteristic)* característico(a), distintivo(a) **(of** de) **-2.** LING **~ feature** rasgo *m* distintivo

distinctively [dɪsˈtɪŋktɪvlɪ] *adv* de manera característica

distinctly [dɪsˈtɪŋktlɪ] *adv* **-1.** *(clearly) (to speak, hear)* claramente, con claridad; **I ~ remember telling you** recuerdo con toda claridad habértelo dicho **-2.** *(decidedly) (better, easier)* claramente, *(stupid, ill-mannered)* verdaderamente; **by then the weather was ~ cold** para entonces el tiempo era claramente frío

distinguish [dɪsˈtɪŋgwɪʃ] ◇ *vt* **-1.** *(recognize)* distinguir **-2.** *(characterize, differentiate)* distinguir **(from** de) **-3.** *(earn praise, honour)* **to ~ oneself by...** distinguirse por...; **I didn't exactly ~ myself on the football field** yo no sobresalía precisamente por jugar bien al fútbol
  ◇ *vi* **to ~ between** distinguir entre

distinguishable [dɪsˈtɪŋgwɪʃəbəl] *adj* **-1.** *(visible)* visible; **the horizon was hardly ~ in the fog** el horizonte apenas se distinguía entre la niebla **-2.** *(recognizable)* distinguible; **to be ~** distinguirse **-3.** *(differentiable)* diferenciable **(from** de); **the two species are not easily ~ from a distance** las dos especies son difíciles de diferenciar *or* distinguir desde lejos

distinguished [dɪsˈtɪŋgwɪʃt] *adj (person, performance, career)* destacado(a); *(air)* distinguido(a); **to look ~** tener aire distinguido

distinguishing [dɪsˈtɪŋgwɪʃɪŋ] *adj (mark, characteristic)* característico(a), distintivo(a); **~ feature** rasgo físico característico

distort [dɪsˈtɔːt] *vt* **-1.** *(shape, face)* deformar; *(sound)* distorsionar **-2.** *(meaning, facts)* distorsionar, tergiversar; *(judgement)* distorsionar; **his upbringing distorted his view of the world** su educación distorsionó su percepción del mundo **-3.** ELEC, RAD & TV distorsionar

distorted [dɪsˈtɔːtɪd] *adj* **-1.** *(shape, face)* deformado(a); *(sound)* distorsionado(a) **-2.** *(account)* distorsionado(a), tergiversado(a)

distortion [dɪsˈtɔːʃən] *n* **-1.** *(of shape, face)* deformación *f*; *(of sound)* distorsión *f* **-2.** *(of meaning, facts)* distorsión *f*, tergiversación *f* **-3.** ELEC, RAD & TV distorsión *f*

distract [dɪsˈtrækt] *vt* **-1.** *(break concentration of)* distraer **(from** de); **to ~ sb's attention** distraer a alguien; **~ her for a couple of minutes** distráela un par de minutos; **this is distracting us from our main purpose** esto nos está alejando de nuestro objetivo principal; **she is easily distracted** se distrae con facilidad **-2.** *(amuse)* distraer

distracted [dɪsˈtræktɪd] *adj* **-1.** *(confused) (person, look)* abstraído(a), ausente **-2.** *(upset)* desazonado(a); **~ with worry** alterado(a) por la preocupación

distractedly [dɪsˈtræktɪdlɪ] *adv* **-1.** *(with thoughts elsewhere)* distraídamente **-2.** *(anxiously)* desazonadamente; **she was sobbing ~** lloraba desconsoladamente

distracting [dɪsˈtræktɪŋ] *adj (disruptive)* **that noise is very ~** ese ruido distrae mucho; **it's very ~ having so many people in the office** es fácil distraerse con tanta gente en la oficina

distraction [dɪsˈtrækʃən] *n* **-1.** *(distracting thing)* distracción *f*; **it would be an unwelcome ~** supondría una distracción muy molesta; **I need a place where I can work without ~** necesito un lugar donde poder trabajar sin que nada me distraiga
  -2. *(amusement)* entretenimiento *m*, distracción *f*
  -3. *(madness)* **to drive sb to ~** sacar a alguien de quicio; **to love sb to ~** amar a alguien con locura

distrain [dɪˈstreɪn] *vi* LAW **to ~ on sb's goods** embargar los bienes de alguien

distraint [dɪˈstreɪnt] *n* LAW embargo *m*

distraught [dɪsˈtrɔːt] *adj* desconsolado(a), consternado(a) **(over** por); **to be ~ (with grief)** estar desconsolado(a) *or* consternado(a)

distress [dɪsˈtres] ◇ *n* **-1.** *(suffering) (mental)* sufrimiento *m*, angustia *f*; *(physical)* sufrimiento *m*; **to cause sb ~** hacer sufrir a alguien; **to be in ~** *(person)* estar sufriendo mucho; *(ship, plane)* estar en situación de peligro ❑ **~ flare** bengala *f* (de socorro); **~ signal** señal *f* de socorro **-2.** *(hardship)* dificultades *fpl*; **to be in financial ~** tener dificultades financieras
  ◇ *vt* **-1.** *(upset)* afligir, angustiar; **he was distressed by the animal's suffering** lo angustiaba el sufrimiento del animal **-2.** *(furniture, clothing)* envejecer

distressed [dɪsˈtrest] *adj* **-1.** *(person)* angustiado(a), afligido(a); **to be ~** estar angustiado(a) *or* afligido(a); **there's no need to get ~** no hay necesidad de angustiarse **-2.** *Euph (financially)* **to be in ~ circumstances** encontrarse en una situación difícil **-3.** *(wood, paintwork)* envejecido(a)

distressing [dɪsˈtresɪŋ] *adj (upsetting)* angustioso(a); *(worrying)* preocupante

distressingly [dɪsˈtresɪŋlɪ] *adv* **we have ~ few options** tenemos tan pocas opciones que es angustiante

distribute [dɪsˈtrɪbjuːt] ◇ *vt* **-1.** *(hand out) (money, leaflets, gifts)* distribuir **-2.** *(share out, allocate) (wealth, weight)* distribuir, repartir
  -3. *(spread) (paint)* extender; **make sure the glue is evenly distributed** extienda bien la cola **-4.** FIN *(dividend)* repartir **-5.** COM & CIN *(supply)* distribuir
  ◇ *vi* COM realizar la distribución

distribution [dɪstrɪˈbjuːʃən] *n* **-1.** *(of money, leaflets, gifts)* distribución *f*
  -2. *(sharing out)* reparto *m*; **~ of wealth** reparto de la riqueza
  -3. *(spread) (of paint, load, population)* distribución *f*
  -4. COM & CIN *(supply)* distribución *f*; **to have a wide ~** *(movie, product)* tener (una) buena distribución ❑ ECON **~ channel** canal *m* de comercialización; **~ cost** costo *m* de distribución; **~ list** *(of memo)* lista *f* de distribución; **~ network** red *f* de distribución
  -5. MATH *(in statistics)* distribución *f*

distributive [dɪsˈtrɪbjʊtɪv] *adj* **-1.** COM de la distribución; **the ~ trades** el sector de la distribución **-2.** GRAM distributivo(a)

distributor [dɪsˈtrɪbjətə(r)] *n* **-1.** *(person, company)* distribuidor(ora) *m,f*; *(of movie)* distribuidora *f* **-2.** AUT distribuidor *m*, *Esp* delco® *m* ❑ **~ cap** tapa *f* del distribuidor *or Esp* delco®

distributorship [dɪsˈtrɪbjətəʃɪp] *n* COM **to have the ~ for...** ser el distribuidor exclusivo de...

district [ˈdɪstrɪkt] *n* **-1.** *(of country) (administrative area)* comarca *f*; *(more generally)* zona *f*, región *f*; **the District of Columbia** el Distrito de Columbia ❑ *US* **~ attorney** fiscal *mf* del distrito; *Br Formerly* **~ council** junta *f* municipal; **~ court** tribunal *m* federal; *Br* **~ nurse** = enfermera que visita a los pacientes en sus casas **-2.** *(of town, city)* barrio *m*

distrust [dɪsˈtrʌst] ◇ *n* desconfianza *f*; **my ~ of her** mi falta de confianza en ella; **to have a deep ~ of sth/sb** desconfiar mucho de algo/alguien
  ◇ *vt* desconfiar de

distrustful [dɪsˈtrʌstfʊl] *adj* desconfiado(a); **to be ~ of** desconfiar de

distrustfully [dɪsˈtrʌstfʊlɪ] *adv* con desconfianza

disturb [dɪsˈtɜːb] *vt* **-1.** *(annoy, interrupt) (person)* molestar; *(sleep, concentration)* perturbar; **the police disturbed the burglar as he was breaking in** la policía sorprendió al ladrón cuando penetraba en el inmueble; **"do not ~"** *(sign)* "se ruega no molesten *or* no molestar"; LAW **to ~ the peace** alterar el orden público
  -2. *(worry)* preocupar
  -3. *(disarrange) (papers, room)* desordenar; *(water surface)* agitar

disturbance [dɪsˈtɜːbəns] *n* **-1.** *(interruption, disruption)* interrupción *f* **-2.** *(nuisance, noise)* molestia *f*; **to cause a ~** molestar **-3.** *(atmospheric, emotional)* perturbación *f* **-4.** *(fight, riot)* altercado *m*; **disturbances** *(unrest)* altercados, disturbios; **to cause** *or* **create a ~** provocar altercados

disturbed [dɪsˈtɜːbd] *adj* **-1.** *(distressed, upset) (mentally, emotionally)* trastornado(a), perturbado(a); **to be ~** *(mentally, emotionally)* estar trastornado(a) *or* perturbado(a) **-2.** *(concerned, worried)* inquieto(a), preocupado(a); **I was ~ by this turn of events** me inquietó el cariz que estaban tomando los acontecimientos **-3.** *(interrupted) (night, sleep)* agitado(a)

disturbing [dɪsˈtɜːbɪŋ] *adj* **-1.** *(worrying)* preocupante **-2.** *(upsetting)* perturbador(ora); **some viewers may find these scenes ~** estas escenas pueden herir la sensibilidad de algunos espectadores

disturbingly [dɪsˈtɜːbɪŋlɪ] *adv* **the level of pollution is ~ high** el (alto) nivel de contaminación es preocupante; **the crime rate has risen ~ fast** el número de delitos está creciendo de manera preocupante

disulphide, *US* **disulfide** [daɪˈsʌlfaɪd] *n* CHEM disulfuro *m*

disunite [dɪsjuːˈnaɪt] *vt* desunir, separar

disunited [dɪsjuːˈnaɪtɪd] *adj* desunido(a)

disunity [dɪsˈjuːnɪtɪ] *n* desunión *f*

disuse [dɪsˈjuːs] *n* falta *f* de uso; **the machine rusted from ~** la máquina se oxidó por falta de uso; **to fall into ~** caer en desuso

disused [dɪsˈjuːzd] *adj (machine)* en desuso; *(public building)* vacío(a); *(mine, well, railway line)* abandonado(a)

disyllabic, dissyllabic [dɪsɪˈlæbɪk] *adj* bisílabo(a)

disyllable, dissyllable [dɪˈsɪləbəl] *n* palabra *f* bisílaba

ditch [dɪtʃ] ◇ *n* zanja *f*; *(at roadside)* cuneta *f*; *(as defence)* foso *m*
  ◇ *vt* **-1.** *Fam (get rid of) (car, useless object)* deshacerse de; *(girlfriend, boyfriend)* plantar; *(plan, idea)* descartar **-2.** AV **to ~ a plane** amerizar, hacer un amerizaje forzoso
  ◇ *vi Fam (plane)* amerizar

dither [ˈdɪðə(r)] *Fam* ◇ *n* **to be all of a ~, to be in a ~** aturrullarse
  ◇ *vi (be indecisive)* vacilar **(about** *or* **over** acerca de); **stop dithering (about)!** *(decide)* ¡decídete ya!; *(make a start)* ¡deja de vacilar!

ditherer [ˈdɪðərə(r)] *n Fam* **he's such a terrible ~** es superindeciso

ditransitive [daɪˈtrænsɪtɪv] *adj* GRAM ditransitivo(a), doble transitivo(a)

ditto [ˈdɪtəʊ] *adv* ídem; *Fam* **I'm hungry – ~** tengo hambre – ídem (de ídem) ❑ **~ marks** comillas *fpl* de repetición

ditty [ˈdɪtɪ] *n Fam* tonadilla *f*

diuretic [daɪjʊˈretɪk] ◇ *n* diurético *m*
  ◇ *adj* diurético(a)

diurnal [daɪˈɜːnəl] *adj* **-1.** *Literary (daily)* diario(a) **-2.** ZOOL *(animal)* diurno(a)

diva ['di:və] n diva f

divan [dɪ'væn] n **-1.** (sofa) diván m **-2.** ~ **bed** cama f turca

dive [daɪv] ◇ n **-1.** (from poolside, diving board) salto m de cabeza; (of diver, submarine) inmersión f **-2.** (of plane, bird) Esp picado m, Am picada f; **the plane went into a** ~ el avión se lanzó en Esp picado or Am picada **-3.** Fam (sudden movement) **to make a** ~ **for sth** lanzarse hacia algo; **to make a** ~ **for the exit** salir corriendo hacia la salida; **I made a** ~ **for the vase** (to stop it breaking) me lancé a recoger el jarrón **-4.** Fam Pej (place) antro m **-5.** (in soccer) (by goalkeeper) estirada f; **it was a blatant** ~ (to gain penalty) se tiró descaradamente **-6.** Fam (in boxing) **to take a** ~ dejarse ganar
◇ vi (pt US **dove** [dəʊv]) **-1.** (from poolside, diving board) tirarse de cabeza; (scuba-diver) bucear; (deep-sea diver, submarine) sumergirse; **to** ~ **for clams/pearls** recoger almejas/perlas buceando **-2.** (aircraft, bird) lanzarse en Esp picado or Am picada **-3.** (move quickly) lanzarse; **the rabbit dived down its hole** el conejo se metió disparado en su madriguera; **she dived under the bed** se metió a toda prisa debajo de la cama; **to** ~ **for cover** ponerse a cubierto; **she dived out of sight** salió disparada a esconderse; **he dived under the covers and shut his eyes** se metió corriendo bajo las mantas y cerró los ojos **-4.** (reach for quickly) **he dived for his camera** se lanzó a por su cámara; **he dived into his pocket** se apresuró a meter la mano en el bolsillo **-5.** (in soccer) (goalkeeper) hacer or realizar una estirada; (to gain penalty) tirarse (a la piscina)
◆ **dive in** vi **-1.** (swimmer) tirarse de cabeza **-2.** Fam ~ **in!** (eat) ¡empieza! **-3.** Fam (start immediately) lanzarse

dive-bomb ['daɪvbɒm] vt bombardear (cayendo) en Esp picado or Am picada

dive-bomber ['daɪvbɒmə(r)] n bombardero m (tipo Stuka)

diver ['daɪvə(r)] n **-1.** (person) (from diving board) saltador(ora) m,f de trampolín; (with scuba apparatus) submarinista mf, buzo m; (deep-sea) buzo m, **pearl/clam** ~ pescador de perlas/almejas m; (bird) colimbo m; **black-throated** ~ colimbo ártico; **great northern** ~ colimbo grande; **red-throated** ~ colimbo chico

diverge [daɪ'vɜːdʒ] vi **-1.** (rays, lines) divergir; (roads) bifurcarse; **our paths diverged** (in life) nuestros caminos se separaron **-2.** (opinions, persons) discrepar, divergir (**from** de); **to** ~ **from the truth** (story, account) alejarse de la verdad

divergence [daɪ'vɜːdʒəns] n **-1.** (of roads, rays, lines) divergencia f (**from** de) **-2.** (of people, opinions) discrepancia f, divergencia f

divergent [daɪ'vɜːdʒənt] adj **-1.** (paths, lines) divergente **-2.** (accounts) discrepante **-3.** PSY (thinking) divergente

diverging [daɪ'vɜːdʒɪŋ] adj **-1.** (paths, lines) divergente **-2.** (accounts) discrepante

divers ['daɪvəz] adj Archaic or Literary (several) diversos(as), varios(as)

diverse [daɪ'vɜːs] adj **-1.** (different from each other) distinto(a); **they are very** ~ **in their approach** tienen enfoques muy distintos **-2.** (varied) diverso(a)

diversification [daɪvɜːsɪfɪ'keɪʃən] n COM diversificación f (**into** hacia)

diversify [daɪ'vɜːsɪfaɪ] COM ◇ vt diversificar
◇ vi diversificarse; **to** ~ **into software/banking** ampliar el campo de actividades al software/a la banca

diversion [daɪ'vɜːʃən] n **-1.** (of traffic, funds) desvío m; (of river) desviación f **-2.** (distraction) distracción f; **to create a** ~ distraer la atención **-3.** (amusement) distracción f; **to seek** ~ **from sth** (tratar de) distraerse con algo

diversionary [daɪ'vɜːʃənərɪ] adj (remark, proposal) para distraer la atención; **to use** ~ **tactics** utilizar una táctica de despiste

diversity [daɪ'vɜːsɪtɪ] n diversidad f

divert [daɪ'vɜːt, dɪ'vɜːt] vt **-1.** (traffic, river) desviar (**from** de); **the train was diverted via Birmingham** desviaron el tren por Birmingham; **the plane was diverted to Newark** desviaron el avión a Newark **-2.** (attention) desviar (**from** de) **-3.** Formal (amuse) **to** ~ **oneself** distraerse

diverting [daɪ'vɜːtɪŋ] adj entretenido(a), distraído(a)

divest [daɪ'vest] vt Formal **-1.** (take away from) **to** ~ **sb of sth** despojar a alguien de algo **-2.** **to** ~ **oneself of** (coat, clothes) despojarse de

divestiture [daɪ'vestɪtʃə(r)], **divestment** [daɪ'vestmənt] n US FIN desinversión f; ~ **of assets** desinversión de activos

divide [dɪ'vaɪd] ◇ n **-1.** (gulf) división f, separación f; IDIOM Euph **to cross the Great Divide** (die) pasar a mejor vida **-2.** US GEOG (watershed) línea f divisoria de aguas; **the Great** or **Continental Divide** la Divisoria Continental
◇ vt **-1.** (split up) (property, kingdom, land) dividir (**between** or **among** entre); **to** ~ **sth in two/three** dividir algo en dos/tres partes **-2.** MATH dividir; **to** ~ **346 by 17** dividir 346 entre 17 **-3.** (share) repartir (**between** or **among** entre); **he divides his time between the office and home** divide su tiempo entre la oficina y su casa **-4.** (separate) separar (**from** de); IDIOM ~ **and rule** divide y vencerás **-5.** (disunite) (family, party, country) dividir **-6.** Br POL **to** ~ **the House on an issue** someter un asunto a votación parlamentaria
◇ vi **-1.** (road) bifurcarse **-2.** (group, cells) dividirse; **the class divided into groups** la clase se dividió en grupos **-3.** MATH dividir; **10 divides by 2** 10 es divisible por 2 **-4.** Br (parliament) votar; **the House divided on the issue** el parlamento votó sobre la cuestión
◆ **divide off** vt sep separar (**from** de)
◆ **divide out** vt sep repartir (**between** or **among** entre)
◆ **divide up** ◇ vt sep repartir; **they divided the area/work up between them** se repartieron el área/el trabajo entre ellos
◇ vi (group) dividirse

divided [dɪ'vaɪdɪd] adj **-1.** BOT seccionado(a) **-2.** (disunited) (family, party) dividido(a); **to be** ~ **against itself** estar dividido(a); **a family** ~ **against itself** una familia dividida; **I feel** ~ **(in my mind)** or **my mind is** ~ **on the issue** estoy indeciso(a) respecto a ese asunto ❏ US ~ **highway** autovía f; ~ **skirt** falda f pantalón

dividend ['dɪvɪdend] n **-1.** (from investment) dividendo m; IDIOM **to pay dividends** resultar beneficioso(a) **-2.** MATH dividendo m

divider [dɪ'vaɪdə(r)] n **-1.** (in room) (thin wall) tabique m; (screen) mampara f **-2.** (for files) separador m **-3.** MATH **(a pair of) dividers** (un) compás m de puntas

dividing [dɪ'vaɪdɪŋ] adj ~ **line** línea f divisoria; **the** ~ **line between confidence and arrogance** la línea que separa la seguridad en uno mismo y la arrogancia; ~ **wall** muro m divisorio

divination [dɪvɪ'neɪʃən] n adivinación f

divine [dɪ'vaɪn] ◇ adj **-1.** (judgement, worship, intervention) divino(a); ~ **right** derecho divino; HIST **the** ~ **right of kings** el derecho divino de los reyes **-2.** Fam (wonderful) precioso(a), divino(a); **you look** ~ **in that dress** estás divina con ese vestido
◇ vt **-1.** Literary (conjecture, guess) adivinar **-2.** (locate) (water) descubrir
◇ n Literary (member of clergy) eclesiástico m

divinely [dɪ'vaɪnlɪ] adv **-1.** (by God) ~ **inspired** de inspiración divina **-2.** Fam (wonderfully) divinamente

diving ['daɪvɪŋ] n **-1.** (into water) (from poolside, diving board) salto m (de cabeza); (sporting event) saltos mpl de trampolín; (scuba diving) submarinismo m, buceo m; (deep sea) buceo m en alta mar; **to go** ~ hacer submarinismo ❏ ~ **bell** campana f de buzo; ~ **board** trampolín m; ~ **mask** gafas fpl submarinas; ~ **suit** traje m de buceo or de hombre rana **-2.** ~ **header** (in soccer) cabezazo m en plancha

diving rod [daɪ'vaɪnɪŋrɒd], **dowsing rod** ['daʊzɪŋrɒd] n varilla f de zahorí

divinity [dɪ'vɪnɪtɪ] n **-1.** (divine nature, god) divinidad f **-2.** (subject) teología f

divisible [dɪ'vɪzɪbəl] adj divisible (**by** por or entre)

division [dɪ'vɪʒən] n **-1.** (separation, in maths) división f; **religious/class divisions** divisiones religiosas/de clase ❏ MATH ~ **sign** signo m de división or dividir **-2.** (distribution) reparto m ❏ ~ **of labour** división f del trabajo **-3.** (discord) discordia f; **a** ~ **of opinion** división de opiniones **-4.** (unit) (of army, company) división f **-5.** (in sports league) **first/second** ~ primera/segunda división **-6.** Br PARL votación f ❏ ~ **bell** = campana o timbre que llama a los parlamentarios a la cámara cuando se va a realizar una votación; ~ **lobby** = cada uno de los dos pasillos que se utilizan para votar en la Cámara de los Comunes

divisive [dɪ'vaɪsɪv] adj (policy, issue) disgregador(ora)

divisor [dɪ'vaɪzə(r)] n MATH divisor m

divorce [dɪ'vɔːs] ◇ n divorcio m; **to file** or **to sue for (a)** ~ poner una demanda de divorcio; **to get** or **to obtain a** ~ obtener el divorcio; **to start** ~ **proceedings (against sb)** emprender los trámites de divorcio (contra alguien) ❏ ~ **court** = tribunal especializado en divorcios y anulaciones; ~ **lawyer** (abogado(a) m,f) matrimonialista mf; ~ **settlement** acuerdo m de divorcio
◇ vt **-1.** (spouse) divorciarse de; **you should** ~ **him** deberías divorciarte de él **-2.** (separate) separar (**from** de)
◇ vi (husband and wife) divorciarse

divorced [dɪ'vɔːst] adj **-1.** (person) divorciado(a); **a** ~ **woman** una (mujer) divorciada; **to get** ~ **(from sb)** divorciarse (de alguien) **-2.** (separated) **to be** ~ **from reality** (person) haber perdido el contacto con la realidad; (suggestion, plan) ser descabellado(a)

divorcee [dɪvɔː'siː] n divorciado(a) m,f

divorcée [dɪvɔː'seɪ] n divorciada f

divot ['dɪvət] n chuleta f, = trozo de tierra y hierba arrancado al jugar al golf

divulge [daɪ'vʌldʒ] vt divulgar, dar a conocer

divvy ['dɪvɪ] n Fam **-1.** (share) tajada f, parte f **-2.** Br (idiot) imbécil mf, merluzo(a) m,f
◆ **divvy up** vt sep Fam repartirse

Diwali [dɪ'wɑːlɪ] n REL = fiesta religiosa hindú celebrada en torno a octubre o noviembre en honor de Lakshmi, la diosa de la fortuna

Dixie ['dɪksɪ] n US Fam = el sudeste de Estados Unidos

dixie ['dɪksɪ] n Br Fam MIL olla f, puchero m

Dixieland ['dɪksɪlænd] MUS ◇ n Dixieland m
◇ adj **jazz** Dixieland m

DIY [diːaɪ'waɪ] (abbr **do-it-yourself**) bricolaje m; **a** ~ **enthusiast** un amante del bricolaje; ~ **store** tienda or almacén m de bricolaje

dizzily ['dɪzɪlɪ] adv **-1.** (to rise) (cliffs, prices) vertiginosamente **-2.** Fam (to behave, laugh) atolondradamente

dizziness ['dɪzɪnɪs] n mareos mpl; **a spell of** ~ un mareo

dizzy ['dɪzɪ] adj **-1.** (giddy, unsteady) (because of illness) mareado(a); (feeling vertigo) con vértigo; **to be** ~ (because of illness) estar mareado(a); (feeling vertigo) tener or sentir vértigo; **you'll make yourself** ~ te vas a marear; **just watching them makes me (feel)** ~ sólo con mirarlos me mareo ❏ ~ **spell** mareo m **-2.** (height, speed) **to reach the** ~

heights of government alcanzar las altas esferas del gobierno
-3. *Fam (foolish)* lelo(a), atontado(a); **a ~ blonde** una rubia *or Méx* güera locuela
◇ *vt (person)* marear

DJ ['di:dʒeɪ] ◇ *n* **-1.** *(abbr* **disc jockey***)* pinchadiscos *mf inv*, disc-jockey *mf* **-2.** *Fam (abbr* **dinner jacket***)* esmoquin *m*
◇ *vi* pinchar (música)

Djakarta = Jakarta
Djibouti [dʒɪ'buːtɪ] *n* Yibuti
djinn [dʒɪn] *n* genio *m*
dl *(abbr* **decilitre(s)***)* dl
DLitt [di:'lɪt] *n (abbr* **Doctor of Letters***)* doctor(ora) *m,f* en filología *(rama de literatura)*
DMs [di:'emz] *npl Br Fam (abbr* **Dr Martens***)* (botas *fpl)* Dr. Martens *fpl*
DMus [di:'mʌs] *n (abbr* **Doctor of Music***)* doctor(ora) *m,f* en música
DMZ *(abbr* **demilitarized zone***)* zona *f* desmilitarizada
DNA [di:en'eɪ] *n* CHEM *(abbr* **deoxyribonucleic acid***)* ADN *m* ❑ **~ *fingerprinting*** pruebas *fpl* de(l) ADN, pruebas *fpl* de identificación genética; **~ *profile*** perfil *m* de ADN; **~ *test*** prueba *f* del ADN
Dnieper ['ni:pə(r)] *n* **the ~** el Dniéper
D-notice ['di:nəʊtɪs] *n Br* POL = escrito en el que el gobierno pide a un medio de comunicación que no publique una noticia por razones de seguridad
DNS COMPTR *(abbr* **Domain Name System***)* DNS *m*
do¹ [dəʊ] *n* MUS do *m*
do² [du:] ◇ *v aux*

> En el inglés hablado, y en el escrito en estilo coloquial, las formas negativas **do not**, **does not** y **did not** se transforman en **don't**, **doesn't** y **didn't**.

(3rd person singular **does** [dʌz], *pt* **did** [dɪd], *pp* **done** [dʌn])* **-1.** *(not translated in negatives and questions)* **I don't speak Spanish** no hablo español; **I didn't see him** no lo vi; **don't be so stupid!** ¡no seas tan estúpido(a)!; **don't let's fall out over it** no nos vayamos a pelear por esto; **do you speak Spanish?** ¿hablas español?; **did you see him?** ¿lo viste?; **don't you speak Spanish?** ¿no hablas español?; **didn't you see him?** ¿no lo viste?; **doesn't she look lovely?** ¿verdad que está preciosa?; **doesn't it (just) make you mad the way they get paid double what we do?** es para ponerse hecho una furia que ellos cobren el doble que nosotros; **where did she go?** ¿adónde fue?; **why don't we have a drink?** ¿por qué no nos tomamos una copa?
-2. *(for emphasis)* **she DOES speak Spanish!** ¡sí que habla español!; **I DIDN'T see him!** ¡te digo que no lo vi!; **DO be careful!** ¡ten mucho cuidado, por favor!; *Fam* **DO shut up!** ¡haz el favor de callarte!; **so you DO know her after all** así que después de todo sí que la conoces; **if you DO decide to come...** si finalmente decides venir...; **we do stock them normally, but we're out of them at the moment** normalmente sí tenemos, pero en este momento se nos han agotado; **I did warn you** yo ya te avisé; **you DO say some silly things!** ¡mira que llegas a decir tonterías!, *RP* ¡mirá que decís cada cosa!; **well they did kick him first** fuiste tú la que le dio la patada en primer lugar; **I do believe she lied to me** tengo la sospecha de que me mintió; *Fam* **do I love that song!** ¡pero cómo me gusta esa canción!; *Fam* **boy, did he get angry!** ¡uf!, se puso furioso, *Esp* jo, ¡y cómo se enfadó!, *RP* pa, ¡se requete enojó!
-3. *(substituting main verb)* **she writes better than I do** escribe mejor que yo; **he has always loved her and still does** siempre la ha querido y todavía la quiere; **if you want to speak to him, do it now** si quieres hablar con él, hazlo ahora; **who said that? – I did** ¿quién dijo eso? – yo; **you don't have to worry about that, but I do** tú

no tienes por qué preocuparte de eso, pero yo sí; **they wanted to stop, but we didn't** querían parar, pero nosotros no; **I speak Spanish – do you?** hablo español – ¿de verdad?; *Ironic* **I want a bike for Christmas – do you now** *or* **indeed?** para Navidad quiero una bici – ¡no me digas!; **I think it's great, don't you?** me parece genial, ¿y a ti? *or Esp* ¿a que sí? *or RP* ¿no es verdad?; **you look better than you did** ahora tienes mejor aspecto que antes; **I feel concerned for my son, as do most parents** me preocupa mi hijo, como a la mayoría de (los) padres; **switch the light off – I have done** apaga la luz – ya lo he hecho; **why do you feel that way? – I just do!** ¿por qué te sientes así? – ¡no lo sé!; **will they come? – they may do** ¿vendrán? – *Esp* puede que *or Am* talvez sí; **can I have some more tea? – please do** ¿podría tomar más té? – por favor; **do you speak Spanish? – no I don't** ¿hablas español? – no; **you hid my book! – no I didn't** ¡has escondido mi libro! – ¡no!; **did you see him? – (yes) I did** ¿lo viste? – sí; *Fam* **you didn't clean your room – I did so!** no has limpiado tu habitación – ¡claro que la limpié! *or Esp* ¡que sí que la he limpiado!; **I don't like them – nor** *or* **neither do I** no me gustan – a mí tampoco; **I like them – so do I** me gustan – a mí también; **you forgot your keys – so I did** te olvidaste las llaves – es verdad; **I liked her – you didn't!** *(surprised)* me cayó bien – ¿de verdad? *or* ¿en serio?; **I wear a toupee – you do?** *(astonished)* llevo peluquín – ¿en serio?; **oh no you don't!** *(don't do that)* ¡ni se te ocurra!
-4. *(in tag questions)* **you speak Spanish, don't you?** tú hablas español, ¿no?; **John lives near here, doesn't he?** John vive cerca de aquí, ¿verdad?; **you do like her, don't you?** sí que te gusta, ¿no?; **they said they'd come early, didn't they?** dijeron que vendrían temprano, ¿no?; **you didn't see him, did you?** tú no lo viste, ¿verdad?; **you didn't believe her, did you?** no le creíste, ¿a que no? *or* ¿no?; **so you finally passed, did you?** así que finalmente aprobaste, ¿no?; **so you think you can play chess, do you?** ¿así que crees que sabes jugar al ajedrez?
-5. *(in sentences beginning with adverbial phrase)* **not only did you lie...** no sólo mentiste...; **little did I realize...** ni me di cuenta de...
◇ *vt*

> **Do**, unido a muchos nombres, expresa actividades, como **to do the gardening**, **to do the ironing** y **to do the shopping**. En este diccionario, estas estructuras se encuentran bajo los nombres respectivos.

-1. *(in general)* **what are you doing?** ¿qué haces?, ¿qué estás haciendo?; **what do you do (for a living)?** *(what's your job?)* ¿a qué te dedicas?, ¿en qué trabajas?; **to do sth to sb** hacer algo a alguien; **I hate what your job is doing to you** me parece terrible cómo te está afectando el trabajo; **to do sb good** sentar bien a alguien; **to do sb harm** hacer daño *or* mal a alguien; **it just isn't done!** *(is not acceptable behaviour)* ¡eso no se hace!, ¡eso no está bien!; **he's done it!** *(managed it)* ¡lo ha conseguido!; **that does it!** *(expressing annoyance)* ¡esto ya es demasiado!; **we need to do something about this problem** tenemos que hacer algo sobre *or* respecto a este problema; **there's not much we can do (about it)** ¿qué le vamos a hacer?; **what are you doing for New Year?** ¿qué vas a hacer para fin de año?; **what are we going to do for food?** ¿y qué vamos a comer?; **to do sth for sb** hacer algo por alguien; **what can I do for you?** ¿qué desea?, ¿puedo ayudarle en algo?; **that hairstyle does nothing for her** ese peinado no le favorece nada; *Fam* **this music doesn't do anything for me** esta

música no me dice nada; *Fam* **she really does something for me** me vuelve loco, me pone a cien; **what do you do with yourself in the evenings?** ¿qué haces por las tardes?; **I was so embarrassed I didn't know what to do with myself** estaba tan avergonzada *or Andes, CAm, Carib, Méx* apenada que no sabía dónde meterme; **he does nothing but sleep, all he does is sleep** no hace más que dormir; PROV **what's done is done** lo hecho, hecho está
-2. *(carry out) (task, work)* hacer; **you'll have to do it again** tendrás que hacerlo otra vez; **what do I do to start the machine?** ¿qué hago para poner en marcha la máquina?; **it can't be done any quicker** no se puede hacer más rápidamente; **what a foolish thing to do!** ¡que tontería!; **to do the housework** hacer las tareas *or* labores de la casa; **to do the washing-up** lavar *or* fregar (los platos); **I'll do the talking** déjame hablar a mí; *Hum* **don't do anything I wouldn't do** no hagas nada que yo no haría
-3. *(clean, wash, brush)* **to do the bathroom** limpiar el baño; **to do the dishes** lavar *or* fregar (los platos); **to do one's hair** peinarse, arreglarse el pelo; **to do one's nails** arreglarse las uñas; **to do one's teeth** lavarse los dientes
-4. *(fix, mend)* reparar, arreglar; **I've come to do the roof** he venido a reparar *or* arreglar el tejado
-5. *(make, prepare, give, sell)* **they do good food here** aquí hacen muy bien de comer; **do you do carpets?** ¿venden *or* tienen alfombras?; **do you do day trips to France?** *(to travel agent)* ¿organizan visitas de un día a Francia?; **I can do you a ham sandwich** te puedo preparar un *Esp* bocadillo *or Am* sandwich de jamón; *Br* **the pub does a good lunch** en el pub se almuerza bien; **I'll do you a deal on this sale** te voy a hacer un trato *or* precio especial en éste; **do a few copies of this page for me** hazme *or* sácame unas copias de esta página
-6. *(study)* hacer, estudiar; *Br (course)* hacer; **to do French/physics** *(at school, university)* estudiar francés/física; **we're doing Cervantes** estamos estudiando *or* dando Cervantes
-7. *(solve) (sums, crossword, equation)* hacer
-8. CIN, THEAT & TV **he did Hamlet last year** *(produced, directed)* el año pasado hizo Hamlet; *(played part of)* el año pasado hizo de Hamlet
-9. *(finish)* **well that's that done, thank goodness** bueno, ya hemos terminado, menos mal; **have** *or* **are you done complaining?** ¿has terminado ya de quejarte?, ¿ya terminaste de quejarte?; **it will never be done in time** no va a estar terminado a tiempo; **done!** *(in bargain)* ¡trato hecho!
-10. *(cook)* hacer; **to do sth in the oven/under the grill** hacer algo al horno/grill; **how would you like your steak done?** ¿cómo quiere el filete *or Andes, RP* bife?; **to be done** *(food)* estar hecho(a)
-11. *(speed, distance)* **the motorbike was/we were doing 150 km per hour** la moto iba/íbamos a 150 kms por hora; **this vehicle can do 150 km per hour** este vehículo alcanza los 150 kms por hora; **it does 41 miles to the gallon** *Esp* ≃ consume 7 litros a los cien (kilómetros), *Am* ≃ hace 14,5 kilómetros por litro; **we did the trip in under two hours** hicimos el viaje en menos de dos horas
-12. *(serve, attend to)* servir, atender; **I'll just do this gentleman first** serviré *or* atenderé primero a este caballero; *Fam* **they do you very well in this hotel** en este hotel te tratan muy bien
-13. *Fam (visit)* hacerse; **to do London** ver

Londres; **to do the sights** visitar los lugares de interés; **we did Europe in a week** nos hicimos Europa en una semana **-14.** *(with time)* **I did a year in China** pasé un año en China; *Fam* **he did ten years for robbery** estuvo diez años en *Esp* chirona *or Andes, RP* cana *or Méx* bote por robo
-15. *Fam (impersonate)* **she does a very good Roseanne** imita muy bien a Roseanne; **she did a McEnroe** *(acted like)* se comportó como McEnroe
-16. *Fam (take)* **to do drugs** tomar drogas; **let's do lunch** tenemos que quedar para comer
-17. *Br Fam (punish, prosecute)* **he was done for fraud** lo juzgaron *or Esp* empapelaron por fraude; **I got done by my dad for smoking** mi padre me regañó *or Esp* echó la bronca *or RP* rezongó por fumar
-18. *Br Fam (beat up)* **I'm going to do you!** vas a recibir tu merecido, *Esp* ¡te voy a dar un repaso!, *RP* ¡te la vas a ligar!
-19. *Fam (kill)* cargarse a
-20. *Fam (cheat)* **I've been done!** ¡me han timado!; **they did me for £100** me timaron 100 libras
-21. *Fam (spoil)* **you've really done it now!** ¡ahora sí que la has hecho!; **that's done it, we'll never win now!** ¡la has/hemos *Esp* fastidiado *or Andes, Méx, Ven* fregado, ahora sí que no ganamos!, *RP* ¡ya está, ahora sí que no ganamos más!
-22. *Fam (be sufficient or suitable for)* **will that/ $20 do you?** ¿te basta *or* alcanza con eso/ con 20 dólares?; **those shoes will have to do the children for another year** esos zapatos les tendrán que valer *or* servir a los niños hasta el año que viene; **there, that should do it** bueno *or Esp* venga, con eso ya está
-23. *Fam (rob, burgle)* hacer, limpiar
-24. *Fam* **to do it (with sb)** *(have sex)* hacerlo (con alguien)
◇ *vi* **-1.** *(in general)* hacer; **do as I do** haz lo mismo que yo; **do as your father says** haz lo que dice tu padre; *Fam* **do as I say, not as I do** sigue mi consejo y no hagas lo que yo, *RP* hacé lo que yo digo y no lo que yo hago; **you'd do well to take her advice** harías bien en seguir su consejo; **to do well by sb** comportarse bien con alguien; **they've done well by their daughter** han mirado por el bien de su hija; PROV **do as you would be done by** trata al prójimo como quisieras que te trataran a ti
-2. *(perform, get on)* **she did well/badly** le fue bien/mal; **he is doing well/badly at school** le va bien/mal en el colegio; **how am I doing?** ¿qué tal lo estoy haciendo?; **how are you doing?** ¿qué tal te va?, ¿cómo te va?; **how are we doing with the corrections?** *(checking progress)* ¿qué tal van las correcciones?; **how are we doing for time?** ¿qué tal vamos de tiempo?; *Formal* **how do you do?** encantado(a) de conocerlo(la); **how did you do in the interview?** ¿qué tal te salió la entrevista?, *RP* ¿cómo te fue en la entrevista?; **the tomatoes are doing well this year** los tomates están creciendo hermosos este año; **he has done very well for himself** ha prosperado mucho; **well done!** ¡muy bien!
-3. *(referring to health)* **the patient is doing well** el paciente se está recuperando; **how is she doing, doctor?** ¿qué tal va, doctora?; **mother and baby are both doing well** la madre y el niño se encuentran bien
-4. *(suffice, be acceptable)* **a kilo should/ won't do** un kilo será/no será suficiente; **will £20 do?** ¿será suficiente *or Esp* llegará con 20 libras?; **will this room do?** ¿qué tal le parece esta habitación?; **you may not like it, but it'll just have to do** puede que no te guste, pero tendrás que conformarte; **I've only got a red one – that'll do** sólo tengo uno rojo – ése servirá *or* valdrá; **that'll do nicely** eso vendrá de maravilla; **that'll do!** *(expressing annoyance)* ¡ya basta *or Esp* vale!; **this will never do!** ¡esto es intolerable!; **it doesn't do to insult your boss** no conviene insultar a tu jefe; **it wouldn't do to be late** quedaría mal llegar tarde; **to make do** arreglárselas, apañárselas
-5. *(finish)* **hasn't she done yet?** ¿no ha terminado aún?; **I haven't** *or* **I'm not done with you yet** todavía no terminamos, todavía no he acabado contigo
-6. *Fam (happen)* **there was nothing doing down at the club** no pasaba nada en el club, *Esp* no había nada de marcha en el club; **nothing doing!** ¡nada de eso!, ¡de eso nada!

◇ *n* **-1. do's and don'ts** *(rules)* reglas *fpl* básicas
-2. *Fam (party, celebration)* fiesta *f*; **he's having a do to celebrate his promotion** va a hacer una fiesta para celebrar su ascenso
-3. *Fam (excrement)* **dog** *or* **doggie do** caca *f* de perro

◆ **do away with** *vt insep* **-1.** *(abolish) (institution, rule, restriction)* suprimir, eliminar **-2.** *Fam (kill)* acabar con; **to do away with oneself** quitarse de en medio
◆ **do down** *vt sep Br* **-1.** *(criticize, disparage)* desacreditar, menospreciar; **to do oneself down** minusvalorarse, infravalorarse **-2.** *Fam (cheat)* timar a
◆ **do for** *vt insep Fam* **-1.** *(finish off) (person, plan, company)* acabar con; **he's done for** *(he's had it)* está perdido, lo tiene crudo *or* claro **-2.** *Br (exhaust)* agotar; **shopping always does for me** ir de compras siempre me deja agotado(a); **I'm done for!** *(exhausted)* ¡estoy hecho(a) polvo!
◆ **do in** *vt sep Fam* **-1.** *(kill)* cargarse, cepillarse; *(beat up)* dar un repaso; **he did himself in** se mató **-2.** *esp Br (exhaust)* **I'm absolutely done in** estoy hecho(a) migas **-3.** *Br (damage)* **to do one's back/knee in** fastidiarse la espalda/rodilla
◆ **do out** *vt sep* **-1.** *(decorate)* decorar; **the room was done out in blue** la habitación estaba decorada de azul **-2.** *Br Fam (clean)* limpiar
◆ **do out of** *vt sep* **to do sb out of sth** *(deprive)* privar a alguien de algo; *(cheat)* tangar *or* estafar algo a alguien
◆ **do over** *vt sep* **-1.** *Br Fam (beat up)* **to do sb over** dar una tunda a alguien **-2.** *Br Fam (rob, burgle)* hacer **-3.** *(redecorate)* **the whole house needs doing over** la casa entera necesita reformas **-4.** *US (repeat)* volver a hacer
◆ **do up** ◇ *vt sep* **-1.** *(fasten)* abrochar; **to do one's buttons up** abrocharse los botones; **do your coat up** abróchate el abrigo; **to do one's shoes** *or* **laces up** atarse los zapatos *or* cordones; **to do one's tie up** hacerse el nudo de la corbata; **do me up will you?** abróchame, ¿quieres?
-2. *(wrap)* envolver
-3. *(improve appearance of)* remozar, renovar; **to do oneself up** *(dress smartly)* arreglarse, *Esp* ponerse guapo(a); **she was all done up** iba toda arreglada; **the house needs a bit of doing up** hay que arreglar un poco la casa
◇ *vi (clothes)* abrocharse; **it does up at the side** se abrocha por el costado
◆ **do with** *vt insep* **-1.** *(benefit from)* **I could do with a cup of tea** no me vendría mal una taza de té; **this room could do with being painted** a esta habitación le hace falta *or* no le vendría mal una capa de pintura; **I could have done with some help** no me hubiera venido mal una ayuda
-2. *(expressing involvement)* **it's to do with your husband** tiene que ver con tu marido; **what has that got to do with it?** ¿y qué tiene que ver (con ello)?; **I want nothing to do with him** no quiero tener nada que ver con él; **I had nothing to do with it** no tuve nada que ver con eso; **it has** *or* **it's nothing to do with you** *(not your business)* no es asunto tuyo; **we don't have much to do with the people next door** no tenemos mucha relación con los vecinos de al lado; **we have nothing to do with them any more** ya no tenemos nada que ver con ellos; **he is** *or* **has something to do with the railways** hace algo relacionado con los trenes
-3. *(finish)* **to have done with sth** terminar con algo; **have you done with the scissors yet?** ¿has terminado con las tijeras?; **I'm done with men for ever** no quiero volver a ver a un hombre en mi vida; **I've done with making excuses for her** ya no voy a inventarle más excusas; **let's have done with it!** ¡acabemos de una vez!
-4. *Br Fam (tolerate)* **I can't be doing with people like that** paso de esa clase de gente; **I can't do with** *or* **be doing with you complaining all the time** ya estoy harto(a) de que te quejes todo el rato
◆ **do without** ◇ *vt insep (manage without)* pasar sin; **I couldn't do without a computer** no podría pasar sin *Esp* ordenador *or Am* computadora; **I could do without your snide remarks** me sobran *or* puedes ahorrarte tus comentarios sarcásticos; **I could do without having to travel an hour to work** si no tuviera que viajar una hora hasta el trabajo no pasaría nada
◇ *vi* **we haven't got any left, so you'll just have to do without** no nos queda ninguno, tendrás que arreglártelas sin él/ellos

DOA [diːəʊˈeɪ] *adj MED (abbr* **dead on arrival)** **he was ~** cuando llegó al hospital ya había muerto, *Esp* ingresó cadáver
doable [ˈduːəbəl] *adj Fam* realizable, factible; **is it ~ in the time available?** ¿es posible hacerlo en el tiempo que tenemos?
DOB *(abbr* **date of birth)** = fecha de nacimiento
Dobermann [ˈdəʊbəmən] *n* **~ (pinscher)** dobermann *m inv*
doc [dɒk] *n Fam* doctor(ora) *m,f*
docile [ˈdəʊsaɪl] *adj* dócil
docilely [ˈdəʊsaɪlɪ] *adv* dócilmente
docility [dəˈsɪlɪtɪ] *n* docilidad *f*
dock[1] [dɒk] ◇ *n (for ships)* muelle *m*; **to be in ~** *(ship)* estar atracado(a); **the docks** el puerto ❑ **~ strike** huelga *f* de estibadores; **~ worker** estibador *m*
◇ *vi* **-1.** *(ship)* atracar **-2.** *(two spacecraft)* acoplarse
dock[2] *n LAW* banquillo *m* (de los acusados); *Fig* **to be in the ~** *(government, public figure)* estar en el banquillo
dock[3] *vt* **-1.** *(tail)* recortar **-2.** *(wages)* recortar
dock[4] *n (plant)* acederón *m*, acedera *f*
docker [ˈdɒkə(r)] *n* estibador *m*
docket [ˈdɒkɪt] ◇ *n* **-1.** *(on parcel) (indicating contents)* etiqueta *f*; *(delivery note)* nota *f* de entrega, *Esp* albarán *m* **-2.** *Br (customs document)* certificado *m* de aduana **-3.** *Br LAW (summary)* sumario *m*, expediente *m* **-4.** *US LAW (agenda)* orden *m* del día
◇ *vt (parcel)* etiquetar
docking [ˈdɒkɪŋ] *n* **-1.** *(in space)* acoplamiento *m* **-2.** COMPTR **~ station** estación *f* base
dockland [ˈdɒklænd] *n* barrio *m* portuario; **Docklands** *(in London)* = zona de Londres en la que se concentran grandes empresas, sobre todo de índole financiera
dockside [ˈdɒksaɪd] *n* **on the ~** en el muelle
dockyard [ˈdɒkjɑːd] *n* astillero *m*
Doc Martens [dɒkˈmɑːtənz] *npl Fam* (botas *fpl*) Dr. Martens *fpl*
doctor [ˈdɒktə(r)] ◇ *n* **-1.** *(medical)* médico(a) *m,f*; **good morning, ~** buenos días, doctor; **dear Doctor Cameron** *(in letter)* Estimado Dr. Cameron; **to go to the ~('s)** ir al médico; IDIOM *Fam* **that's just what the ~ ordered** me/le/*etc* viene como anillo al dedo; **~'s line** *or* **note** justificante *m* del médico **-2.**

doctoral — **dollar**

UNIV doctor(ora) m,f (**of** en)
◇ vt **-1.** *Fam (tamper with) (accounts, evidence, text)* amañar; *(photograph)* trucar; *(food wine)* adulterar **-2.** *Br (cat)* castrar, capar

doctoral ['dɒktərəl] *adj* UNIV doctoral; ~ **candidate** doctorando(a) ❑ ~ **thesis** tesis *f* doctoral

doctorate ['dɒktərɪt] *n* UNIV doctorado *m*; **to have/to do a ~ in sth** tener/hacer un doctorado en algo

doctoring ['dɒktərɪŋ] *n Fam (profession)* medicina *f*

doctrinaire [dɒktrɪ'neə(r)] *adj* doctrinario(a)

doctrinal [dɒk'traɪnəl] *adj* doctrinal

doctrine ['dɒktrɪn] *n* **-1.** *(religious dogma)* doctrina *f* **-2.** *US (political principle)* doctrina *f*

docudrama ['dɒkjʊdrɑːmə] *n* docudrama *m*

document ◇ *n* ['dɒkjʊmənt] documento *m*; **to draw up a ~** redactar un documento; LAW **the documents in the case** el dossier (del caso) ❑ ~ **holder** *(for keyboarder)* atril *m*; COMPTR ~ **reader** digitalizador *m*, lector *m* de documentos; ~ **shredder** máquina *f* destructora de documentos; ~ **wallet** *(of card, plastic)* carpeta *f*
◇ vt ['dɒkjʊment] **-1.** *(write about, record)* documentar; **it is well documented** está bien documentado; **the first documented case** el primer caso registrado *or* documentado **-2.** *(support with evidence)* documentar

documentarist [dɒkjʊ'mentərɪst] *n* CIN & TV documentalista *mf*

documentary [dɒkjʊ'mentərɪ] ◇ *n* documental *m* ❑ COM ~ **bill** letra *f* documentaria; ~ **database** base *f* de datos documental; ~ **evidence** pruebas *fpl* instrumentales; COM ~ **letter of credit** carta *f* de crédito documentaria
◇ *adj* documental

documentation [dɒkjʊmen'teɪʃən] *n* documentación *f*

DOD [diːəʊ'diː] *n (abbr* **Department of Defense)** = ministerio de defensa de los Estados Unidos

dodder ['dɒdə(r)] *vi* renquear, caminar *or Esp* andar con paso vacilante

doddering ['dɒdərɪŋ] *adj (walk)* renqueante, vacilante; ~ **old fool** viejo chocho

doddery ['dɒdərɪ] *adj* renqueante; **a ~ old man** un viejo chocho

doddle ['dɒdəl] *n Br Fam* **it's a ~** es pan comido

dodecagon [dəʊ'dekəgən] *n* GEOM dodecágono *m*

dodecahedron [dəʊdekə'hiːdrən] *n* GEOM dodecaedro *m*

Dodecanese [dəʊdekə'niːz] *n* **the ~** el Dodecaneso

dodge [dɒdʒ] *n* ◇ **-1.** *(movement)* regate *m*, quiebro *m* **-2.** *Fam (trick)* truco *m*; **tax ~** trampa para engañar a Hacienda
◇ vt **-1.** *(blow, person, bullets, falling rock, ball)* esquivar **-2.** *(responsibility, question)* eludir; *(tax)* evadir; **to ~ the issue** eludir *or* esquivar el asunto; **to ~ school** faltar a clase, *Esp* hacer novillos, *Col* capar clase, *Méx* irse de pinta, *RP* hacerse la rabona
◇ *vi* apartarse bruscamente

Dodgems® ['dɒdʒəmz] *npl Br* autos *mpl or* coches *mpl* de choque, *Méx* carritos *mpl* chocones, *RP* autitos *mpl* chocadores; **to have a ride** *or Fam* **go on the ~** montar en los autos de choque

dodger ['dɒdʒə(r)] *n* **he's a bit of a ~** no hace más que zafarse *or Esp* escaquearse

dodgy ['dɒdʒɪ] *adj Br Fam* **-1.** *(dangerous, risky) (area, situation)* peligroso(a), *Esp* chungo(a)
-2. *(untrustworthy, barely legal) (person)* dudoso(a); **a ~ business deal** un chanchullo
-3. *(not working properly, unstable) (brakes, weather)* **the engine sounds a bit ~** el motor no suena nada bien; **the ceiling looks a bit ~** el techo tiene toda la pinta de ir a caerse; **my stomach's been a bit ~ recently** tengo el estómago hecho una pena últimamente, *Esp* tengo el estómago un poco chungo últimamente

dodo ['dəʊdəʊ] *(pl* **dodos** *or* **dodoes)** *n* dodo *m*; IDIOM **(as) dead as a ~** muerto(a) y bien muerto(a)

DOE [diːəʊ'iː] *n* **-1.** *Formerly (abbr* **Department of the Environment)** = ministerio británico del medio ambiente **-2.** *(abbr* **Department of Energy)** = ministerio británico de energía

doe [dəʊ] *n* **-1.** *(deer)* cierva *f* **-2.** *(rabbit)* coneja *f*; *(hare)* liebre *f (hembra)*

doe-eyed ['dəʊaɪd] *adj* de mirada tierna

doer ['duːə(r)] *n (dynamic person)* persona *f* muy activa; **she is more (of) a ~ than a talker** es de las que hablan poco pero hacen mucho

does [dʌz] *3rd person singular of* **do**

doeskin ['dəʊskɪn] *n* cabritilla *f*; ~ **gloves** guantes de cabritilla

doesn't ['dʌzənt] = **does not**

doff [dɒf] *vt also Fig* **to ~ one's cap to sb** descubrirse ante alguien

dog [dɒg] ◇ *n* **-1.** *(animal)* perro(a) *m,f*; *(male fox, wolf)* macho *m* ❑ ~ **biscuit** galleta *f* para perros; ~ **breeder** criador(ora) *m,f* de perros; ~ **collar** *(of dog)* collar *m* de perro; *Fam (of cleric)* alzacuello *m*; **the ~ days** la canícula; ~ **food** comida *f* para perros; ~ **handler** adiestrador(ora) *m,f* de perros; ~ **Latin** latín *m* de cocina, latín *m* macarrónico; ~ **licence** licencia *f* del perro; ~ **paddle** *(swimming stroke)* estilo *m* perrito; ~ **racing**, *Br Fam* **the dogs** carreras *fpl* de galgos; ~ **rose** escaramujo *m*; ~ **sitter** = persona que cuida del perro de otra que está de viaje; ~ **show** concurso *m* canino; **Dog Star** Sirio; ~ **tag** *(of dog, soldier)* placa *f* de identificación
-2. *Fam (person)* **you lucky ~!** ¡qué potra tienes!; **dirty ~** canalla, perro(a) asqueroso(a)
-3. *Fam Pej (ugly woman)* coco *m*, *Esp* cardo *m*, *Andes, RP* bagre *m*
-4. *US Fam (useless thing)* desastre *m*
-5. IDIOMS **give a ~ a bad name (and hang him)** no es fácil desprenderse de la mala reputación; *Br Vulg Hum* **to be the ~'s bollocks** estar de puta madre; *Fam* **to make a ~'s breakfast** *or* **dinner of sth** hacer de algo un desastre, hacer una chapuza con algo; *Fam* **he doesn't have** *or* **stand a ~'s chance** no tiene ni la más remota posibilidad; *Br Fam* **he was dressed up like a ~'s dinner** estaba vestido muy ordinario, *Esp* iba muy hortera, *RP* estaba muy terraja; *Fam* **it's a ~-eat-~ world** es un mundo de fieras; *Fam* **to go to the dogs** irse a pique, hundirse; *Fam* **this country's going to the dogs** el país se está yendo a pique; *Fam* **to lead a ~'s life** llevar una vida de perros; *Fam* **to be a ~ in the manger** ser como el perro del hortelano, que ni come ni deja comer; **to work like a ~** trabajar como un(a) condenado(a); *Fam Hum* **I'm going to see a man about a ~** *(going to the toilet)* voy a mudarle el agua al canario *or* a los garbanzos; *(going somewhere unspecified)* voy a dar una vuelta *or Esp* un voltio; PROV **you can't teach an old ~ new tricks** la gente vieja no hay tus tus; PROV **every ~ has his day** todos tenemos nuestro momento de gloria
◇ vt *(pt & pp* **dogged) -1.** *(follow)* perseguir, seguir; **to ~ sb's footsteps** seguir los pasos de alguien **-2.** *(plague)* **she was dogged by misfortune** le perseguía la mala suerte

dogcart ['dɒgkɑːt] *n* = coche de caballos de dos ruedas

doge [dəʊdʒ] *n* HIST dux *m inv*, dogo *m*

dog-ear ['dɒgɪə(r)] ◇ *n* doblez *m (en la esquina de una página)*
◇ vt *(page)* doblar la esquina de

dog-eared ['dɒgɪəd] *adj* ajado(a), con las esquinas dobladas

dog-end ['dɒgend] *n Br Fam* colilla *f*

dogfight ['dɒgfaɪt] *n* **-1.** *(between dogs)* pelea *f* de perros **-2.** *(between planes)* combate *m* aéreo **-3.** *(between people)* lucha *f* encarnizada

dogfish ['dɒgfɪʃ] *n* lija *f*, pintarroja *f*

dogged ['dɒgɪd] *adj* tenaz, perseverante

doggedly ['dɒgɪdlɪ] *adv* tenazmente, con tenacidad

doggedness ['dɒgɪdnɪs] *n* tenacidad *f*

doggie = **doggy**

doggerel ['dɒgərəl] *n (comical)* poesía *f* burlesca; *(bad)* ripios *mpl*

doggo ['dɒgəʊ] *adv Br Fam* **to lie ~** permanecer escondido(a)

doggone ['dɒgɒn] *exclam US Fam* **~ (it)!** ¡maldita sea!, ¡mecachis en la mar!

doggone(d) ['dɒgɒn(d)] *US Fam* ◇ *adj* maldito(a), *Esp* puñetero(a); **I've lost the ~ keys** ya he perdido las malditas *or Esp* puñeteras llaves
◇ *adv* **it's so ~ hot!** ¡vaya un calorazo que hace!

doggy, doggie ['dɒgɪ] ◇ *n Fam (in children's language)* perrito *m* ❑ ~ **bag** bolsa *f* para las sobras de la comida
◇ *adj* **-1.** *(smell)* a perro **-2.** *(liking dogs)* **he's a ~ person** le gustan los perros

doggy-paddle ['dɒgɪpædəl] ◇ *n* estilo *m* perrito
◇ *vi* nadar al estilo perrito

doghouse ['dɒghaʊs] *n* **-1.** *US (kennel)* perrera *f* **-2.** IDIOM *Fam* **to be in the ~** haber caído en desgracia

dogleg ['dɒgleg] ◇ *n* **-1.** *(in corridor)* esquina *f*, ángulo *m*; *(in road)* curva *f* cerrada **-2.** *(golf hole)* hoyo *m* en ángulo
◇ *vi (road, corridor)* = hacer una curva muy cerrada; **the hole doglegs to the left** el hoyo hace un ángulo hacia la izquierda

doglike ['dɒglaɪk] *adj (devotion)* perruno(a)

dogma ['dɒgmə] *n* dogma *m*

dogmatic [dɒg'mætɪk] *adj* dogmático(a)

dogmatically [dɒg'mætɪklɪ] *adv* dogmáticamente

dogmatism ['dɒgmətɪzəm] *n* dogmatismo *m*

do-gooder ['duː'gʊdə(r)] *n Fam Pej* = persona idealista que intenta siempre ayudar a los demás, incluso cuando no lo necesitan

dogsbody ['dɒgzbɒdɪ] *n Br Fam* burro *m* de carga; **I'm not your ~** no soy tu criado

dog-tired ['dɒg'taɪəd] *adj Fam* molido(a), hecho(a) polvo *or* puré

dogtooth ['dɒgtuːθ] *n* **-1.** *(pattern)* pata *f* de gallo; **in a ~ check** de pata de gallo **-2.** ~ **violet** *(plant)* diente *m* de perro

dogwood ['dɒgwʊd] *n* cornejo *m*, cerezo *m* silvestre

doh [dəʊ] *n* MUS do *m*

doily, doyly ['dɔɪlɪ] *n* blonda *f*, *RP* carpeta *f*

doing ['duːɪŋ] *n* **-1.** *(work)* **this is his ~** esto es obra suya; **it was none of my ~** yo no he tenido nada que ver; **that takes some ~** eso tiene su trabajo *or* no es ninguna tontería **-2. doings** *(activities)* actividades *fpl*

do-it-yourself ['duːɪtjə'self] *n* bricolaje *m*; **a ~ enthusiast** un amante del bricolaje

Dolby® ['dɒlbɪ] *n* dolby® *m inv*; **in ~ stereo** en estéreo Dolby

doldrums ['dɒldrəmz] *npl* **-1.** GEOG **the Doldrums** *(zone)* los doldrums, = la zona de las calmas ecuatoriales **-2.** IDIOM **to be in the ~** *(person)* estar con la moral baja, *Am* estar con el ánimo por el piso; *(trade, economy)* estar estancado(a)

dole [dəʊl] *n Br Fam* subsidio *m* de desempleo, *Esp* paro *m*; **to be on the ~** cobrar el subsidio de desempleo *or Esp* paro; **to go on the ~** apuntarse para cobrar el desempleo, *Esp* apuntarse al paro; **to join the ~ queue** pasar a engrosar las filas del desempleo *or Esp* paro
➤ **dole out** *vt sep Fam* repartir; *(in small amounts)* repartir con cuentagotas

doleful ['dəʊlfʊl] *adj* triste

dolefully ['dəʊlfʊlɪ] *adv* apesadumbradamente, con tristeza

doll [dɒl] *n* **-1.** *(toy)* muñeca *f*; **to play with dolls** jugar con muñecas ❑ *Br* ~**'s house** casa *f* de muñecas **-2.** *Fam (attractive woman)* muñeca *f* **-3.** *US Fam (kind person)* encanto *m*
➤ **doll up** *vt sep Fam* **to ~ oneself up, to get dolled up** emperifollarse

dollar ['dɒlə(r)] *n* dólar *m*; **to look like a million dollars** ir con una pinta que quita el hipo, ir despampanante; IDIOM *Fam Hum* **the sixty-four-thousand ~ question** la pregunta

dollarization

del millón; [IDIOM] US **(it's) dollars to doughnuts that he'll be there** puedes apostar lo que quieras a que estará allí ❑ **- area** área *f* del dólar; **~ bill** billete *m* de un dólar; *Fam* **~ diplomacy** diplomacia *f* del dólar; **~ sign** signo *m* del dólar; [IDIOM] *Fam Hum* **to have ~ signs in one's eyes** pensar sólo en el dinero

dollarization [dɒlərai'zeiʃən] *n* dolarización *f*

dolled up [dɒld'ʌp] *adj Fam* **to get ~** emperifollarse

dollhouse ['dɒlhaʊs] *n US* casa *f* de muñecas

dollop ['dɒləp] *Fam* ◇ *n (serving)* cucharada *f* ◇ *vt* **to ~ food out onto plates** servir grandes cucharadas de comida en los platos

dolly ['dɒlɪ] ◇ *n* -1. *Fam (toy)* muñequita *f* -2. *Br Fam Old-fashioned ~* **bird** *(woman)* muñeca *f* -3. *Br* **~ mixtures** *(sweets)* pastillas *fpl* de goma, *Esp* gominolas *fpl* -4. CIN & TV plataforma *f* móvil, dolly *f* ❑ **~ shot** travelling *m* ◇ *vi* CIN & TV **to ~ in/out** avanzar/retroceder con la plataforma móvil *or* la dolly

dolmen ['dɒlmən] *n (prehistoric monument)* dolmen *m*

dolomite ['dɒləmait] *n* -1. *(mineral)* dolomita *f* -2. *(rock)* dolomita *f*

Dolomites ['dɒləmaits] *npl* **the ~** los Dolomitas

dolorous ['dɒlərəs] *adj Literary* doloroso(a), penoso(a)

dolphin ['dɒlfɪn] *n* delfín *m*

dolphinarium [dɒlfɪ'neərɪəm] *n* delfinario *m*

dolphin-watching ['dɒlfɪnwɒtʃɪŋ] *n* observación *f* de delfines; **to go ~** ir a observar delfines

dolt [dəʊlt] *n* estúpido(a) *m,f*, idiota *mf*

domain [də'meɪn] *n* -1. *(lands)* dominios *mpl* -2. *(area of influence, expertise)* ámbito *m*, campo *m*; **that is outside my ~** eso queda fuera de mi campo -3. COMPTR dominio *m* ❑ **~ name** nombre *m* de dominio; **Domain Name System** Sistema *m* de Nombres de Dominio

dome [dəʊm] *n* -1. *(on building)* cúpula *f* -2. *Literary (of heavens, sky)* bóveda *f*; **the ~ of his bald head** su cráneo calvo -3. *Fam (head)* coco *m*, *Esp* chola *f*

domed [dəʊmd] *adj* -1. *(building)* con cúpula -2. *(shaped like a dome) (roof)* abovedado(a); *(forehead)* abombado(a)

Domesday Book ['du:mzdeɪbʊk] *n* HIST **the ~** = catastro de Inglaterra realizado por encargo de Guillermo el Conquistador en 1086

domestic [də'mestɪk] ◇ *n* -1. *Fam (argument)* riña *f* familiar -2. *(servant)* criado(a) *m,f* ◇ *adj* -1. *(of the home, family)* doméstico(a); **he's a ~ sort of person** es muy hogareño(a); **to be in ~ service** trabajar en el servicio doméstico ❑ **~ bliss** felicidad *f* hogareña; **~ help** servicio *m* doméstico; *Br* **~ science** *(school subject)* economía *f* doméstica; **~ servant** criado(a) *m,f*; **~ violence** violencia *f* doméstica *or* en el hogar -2. *(animal, pet)* doméstico(a); **~ fowl** aves domésticas -3. *(not foreign) (policy, market, trade)* interior; *(flight, economy)* nacional; **~ sales** ventas domésticas, ventas internas

domesticate [də'mestɪkeɪt] *vt* -1. *(animal)* domesticar -2. *Hum (person)* domesticar

domesticated [də'mestɪkeɪtɪd] *adj* -1. *(animal)* domesticado(a) -2. *Hum* **to be ~** *(person)* estar muy bien enseñado(a)

domestication [dəmestɪ'keɪʃən] *n (of animal)* domesticación *f*

domesticity [dɒmes'tɪsɪtɪ] *n* vida *f* hogareña *or* doméstica; **the cosy ~ of their life** su agradable vida hogareña

domestique [dɒmes'ti:k] *n (in cycling)* doméstico(a) *m,f*

domicile ['dɒmɪsaɪl] *n* -1. *Formal (house)* domicilio *m* -2. LAW domicilio *m*

domiciled ['dɒmɪsaɪld] *adj* **to be ~ in** estar domiciliado(a) en

domiciliary [dɒmɪ'sɪlɪərɪ] *adj Formal (visit)* a domicilio; *(care, services)* domiciliario(a)

dominance ['dɒmɪnəns] *n* -1. *(pre-eminence)* predominio *m*; **the ~ of the sport by European athletes** el dominio ejercido en este deporte por atletas europeos -2. BIOL *(of gene, species)* dominancia *f*

dominant ['dɒmɪnənt] ◇ *adj* -1. *(most important) (team, person)* dominante -2. *(building, geographical feature)* dominante -3. BIOL *(species)* dominante; **the ~ male/female** el macho/la hembra dominante ❑ **~ gene** gen *m* dominante -4. MUS dominante ◇ *n* -1. BIOL *(gene)* gen *m* dominante; *(species)* especie *f* dominante -2. MUS *(note)* dominante *f*

dominate ['dɒmɪneɪt] ◇ *vt* -1. *(control, be preeminent in)* dominar; **to ~ a match** *or* **game** *(of player, team)* dominar un partido; **financial matters dominated the discussion** los asuntos financieros predominaron en la discusión -2. *(of mountain, building)* dominar ◇ *vi* dominar

dominating ['dɒmɪneɪtɪŋ] *adj (feature, colour)* dominante, predominante; *(personality)* dominante

domination [dɒmɪ'neɪʃən] *n* dominio *m*; **Spain was under Roman ~ at the time** en aquella época España se encontraba bajo el dominio de los romanos

domineer [dɒmɪ'nɪə(r)] *vi* dominar; **to ~ over sb** someter a alguien

domineering [dɒmɪ'nɪərɪŋ] *adj* dominante

Dominica [də'mɪnɪkə] *n* Dominica

Dominican [də'mɪnɪkən] ◇ *n* -1. *(person from Dominican Republic)* dominicano(a) *m,f* -2. *(person from Dominica)* dominicano(a) *m,f* -3. *(monk)* dominico(a) *m,f*
◇ *adj* -1. *(of Dominican Republic)* dominicano(a) ❑ **the ~ Republic** la República Dominicana -2. *(of Dominica)* dominicano(a) -3. *(monk, order)* dominico(a)

dominion [də'mɪnjən] *n* -1. *Literary (rule, authority)* dominio *m*; **to have** *or* **exercise ~ over sb** tener a alguien bajo el dominio de uno -2. *(territory)* dominio *m* -3. *Formerly (in British Commonwealth)* dominio *m*

domino ['dɒmɪnəʊ] *(pl* **dominoes)** *n* -1. *(for game)* ficha *f* de dominó; **dominoes** *(game)* dominó *m* ❑ POL **the ~ effect** el efecto dominó -2. *(cloak, mask)* dominó *m*

Don [dɒn] *n* **the (River) ~** el Don

don[1] [dɒn] *n Br* UNIV profesor(ora) *m,f (especialmente de Oxford o Cambridge)*

don[2] *(pt & pp* **donned)** *vt Formal (hat, clothes)* enfundarse, ponerse

donate [də'neɪt] *vt* donar; **to ~ blood** donar sangre

donation [də'neɪʃən] *n* -1. *(action)* donación *f* -2. *(money, goods or blood given)* donativo *m*, donación *f*; **to make a ~** hacer un donativo

done [dʌn] ◇ *pp of* **do**
◇ *adj* -1. *(finished)* **to get sth ~** hacer algo; [IDIOM] **~ and dusted: everything should be ~ and dusted by the end of the month** todo tiene que estar completamente acabado para fin de mes -2. *(fitting)* **the ~ thing** lo correcto; **it's not the ~ thing** no se hace

doner kebab ['dɒnəkə'bæb] *n* kebab *m*, = pan de pitta relleno de carne de cordero asada

dong [dɒŋ] *n* -1. *(sound of bell)* tolón tolón *m*, (sonido *m* de la) campanada *f* -2. *very Fam (penis)* verga *f*, *Esp* polla *f*, *Esp* cipote *m*

dongle ['dɒŋgəl] *n* COMPTR llave *f* de hardware, mochila *f*

donjon ['dɒndʒən] *n* torre *f* del homenaje

Don Juan [dɒn'hwɑ:n] *n* donjuán *m*

donkey ['dɒŋkɪ] *n* -1. *(animal)* burro *m*; [IDIOM] *Fam* **I haven't seen him for ~'s years** hace siglos que no lo veo ❑ **~ jacket** chaqueta *f or Méx* chamarra *f or RP* campera *f* gruesa de trabajo -2. *(person)* burro(a) *m,f* -3. *Br Fam (clumsy player)* armario *m*

donkey-work ['dɒŋkɪwɜ:k] *n Fam* **to do the ~** *(drudgery)* hacer el trabajo más pesado; *(difficult part)* hacer lo más difícil

donnish ['dɒnɪʃ] *adj Br (person, manner, humour)* académico(a), = típico de los profesores universitarios de Oxford y Cambridge

donor ['dəʊnə(r)] *n* -1. *(to charity)* donante *mf* -2. *(of blood, organ)* donante *mf* ❑ **~ card** carné *m* de donante; **~ insemination** = inseminación artificial con semen procedente de un donante -3. ART donante *m*

don't [dəʊnt] = do not

dontcha, dontcher ['dəʊntʃə] *Br Fam* = **don't you**

don't know ['dəʊnt'nəʊ] *n* -1. *(answer)* no sé *m* -2. *(person)* = persona que no sabe o no contesta en un cuestionario

donut ['dəʊnʌt] *n US* dónut *m*

doodah ['du:dɑ:], *US* **doodad** ['du:dæd] *n Fam* chisme *m*, *CAm, Carib, Col* vaina *f*, *RP* coso *m*

doo-doo ['du:'du:] *n US Fam (in children's language)* caca *f*; **to be in deep ~** *(trouble)* estar metido(a) en un lío

doodle ['du:dəl] *Fam* ◇ *n* garabato *m*
◇ *vt* garabatear
◇ *vi* garabatear

doodlebug ['du:dəlbʌg] *n* -1. *US (insect)* larva *f* de la hormiga león -2. *Br Fam* HIST *(flying bomb)* bomba *f* volante

doom [du:m] ◇ *n* -1. *(terrible fate, ruin)* fatalidad *f*; **it's not all ~ and gloom** no todo es tan terrible -2. *Literary (death)* **he fell to his ~** se despeñó y se mató; **thousands were sent to their ~** miles de personas fueron enviadas a la muerte
◇ *vt* **to be doomed** *(unlucky)* tener mala estrella; *(about to die)* ir hacia una muerte segura; *(of plan, marriage, expedition)* estar condenado(a) al fracaso; **to be doomed to do sth** estar fatalmente predestinado(a) a hacer algo; **they were doomed to a life of poverty** estaban condenados a vivir una vida de miseria

doom-laden ['du:mleɪdən] *adj* funesto(a)

doomsday ['du:mzdeɪ] *n* día *m* del Juicio Final; **till ~** hasta el día del Juicio Final; **the ~ scenario** la más catástrofica de las situaciones

door [dɔ:(r)] *n* -1. *(of building, room, vehicle, wardrobe)* puerta *f*; **front ~** *(of house, building)* puerta principal; *(of block of flats)* portal; **back/side ~** puerta trasera/lateral; **there's someone at the ~** están llamando a la puerta; **answer the ~** ve a ver quién llama; **to see sb to the ~** acompañar a alguien a la puerta *or* a la salida; **to show sb the ~** *(ask to leave)* echar a alguien; **to shut the ~ in sb's face** dar a alguien con la puerta en las narices; **out of doors** al aire libre; **behind closed doors** *(meet, take decision)* a puerta cerrada; **she lives two doors away** vive a dos portales de aquí; THEAT **tickets available at the ~** *(sign)* venta de entradas en la puerta ❑ **~ chain** cadena *f* del cerrojo; **~ handle** tirador *m*; **~ viewer** mirilla *f*
-2. [IDIOM] **to lay sth at sb's ~** achacar algo a alguien; [PROV] **when one ~ shuts another opens** cuando una puerta se cierra, se abre otra; **the agreement leaves the ~ open for further discussion** el acuerdo deja una puerta abierta a ulteriores negociaciones; **the discovery opens the ~ to medical advances** el descubrimiento abre una puerta a nuevos avances en medicina

doorbell ['dɔ:bel] *n* timbre *m*

do-or-die ['du:ɔ:'daɪ] *adj* **he has a ~ approach to any challenge** ante cualquier reto va a por todas

doorframe ['dɔ:freɪm] *n* marco *m* de la puerta

doorjamb ['dɔ:dʒæm] *n* jamba *f*, montante *m*

doorkeeper ['dɔ:ki:pə(r)] *n* portero(a) *m,f*

doorknob ['dɔ:nɒb] *n* pomo *m*

doorknocker ['dɔ:nɒkə(r)] *n* aldaba *f*, llamador *m*

doorman ['dɔ:mən] *n* portero *m*

doormat ['dɔ:mæt] *n* felpudo *m*; [IDIOM] **to treat sb like a ~** tratar como un trapo *or* pisotear a alguien

doorpost ['dɔ:pəʊst] *n* jamba *f*

doorsill ['dɔ:sɪl] *n* umbral *m*

doorstep ['dɔ:step] *n* -1. *(step)* escalón *m* de entrada; **he stood on the ~** se quedó en el umbral; *Fig* **on one's ~** *(very near)* en la

doorstop misma puerta; **they're building a huge factory practically on my ~** están construyendo una fábrica enorme prácticamente delante de mi puerta **-2.** *Br Fam (slice of bread)* rebanada *f* gruesa de pan

◇ *vt Br* **-1.** *(of canvasser) (district)* = ir haciendo campaña de puerta en puerta en **-2.** *(of journalist)* **he was doorstepped by journalists** había periodistas esperándolo a la puerta de su casa

◇ *vi Br (canvasser)* = ir haciendo campaña de puerta en puerta

doorstop ['dɔːstɒp] *n (fixed)* tope *m*; *(wedge)* cuña *f*

door-to-door ['dɔːtə'dɔː(r)] ◇ *adj* POL **~ canvassing** = campaña electoral en la que los representantes de los partidos van de casa en casa; **~ enquiries** investigación *f* de casa en casa; COM **~ salesman** vendedor *m* a domicilio; **~ selling** venta *f* a domicilio

◇ *adv* **-1.** *(to sell)* **to sell sth ~** vender algo a domicilio **-2.** *(to travel)* **the journey takes twenty-five minutes ~** el viaje dura veinticinco minutos de puerta a puerta

doorway ['dɔːweɪ] *n* puerta *f*, entrada *f*; **in the ~** a *or* en la puerta

dopamine ['dəʊpəmiːn] *n* BIOCHEM dopamina *f*

doozy ['duːzɪ] *n US Fam* **a ~ of a movie** una película bestial *or Méx* padrísima *or RP* genial; **they had a real ~ of an argument** tuvieron una pelotera colosal *or* bárbara

dope [dəʊp] ◇ *n* **-1.** *Fam (hashish, cannabis)* costo *m*; *(marijuana)* maría *f* ❏ **~ dealer** camello *m*

-2. *(for horse, athlete)* droga *f* ❏ **~ test** *(for athlete)* control *m or* prueba *f* antidoping

-3. *Fam (idiot)* tonto(a) *m,f*, bobo(a) *m,f*, *Am* sonso(a) *m,f*, *Am* zonzo(a) *m,f*

-4. *Fam (news, information)* información *f*; **to give sb the ~ on sth** contarle algo a alguien; **have you got any ~ on the murder?** ¿sabes algo acerca del asesinato?

-5. *(varnish)* barniz *m*

◇ *vt (person, horse)* drogar; *(food, drink)* echar droga en

◇ *adj US Fam (excellent)* genial, *Esp* guay, *Andes, CAm, Carib, Méx* chévere, *Méx* padre

◆ **dope out** *vt sep US Fam (work out, understand)* entender

dopehead ['dəʊphed] *n Fam* porrero(a) *m,f*, fumeta *mf*

dopey, dopy ['dəʊpɪ] *adj Fam* **-1.** *(stupid)* tonto(a), bobo(a), *Am* sonso(a), *Am* zonzo(a) **-2.** *(not alert)* **I was a bit ~** estaba un poco zombi

doppelgänger ['dɒpəlgæŋə(r)] *n* doble *mf*

Doppler ['dɒplə(r)] *n* PHYS **the ~ effect** el efecto Doppler; **~ shift** desplazamiento *m* Doppler

dopy = **dopey**

Dordogne [dɔː'dɔɪn] *n* **the ~** la Dordoña

Doric ['dɒrɪk] ◇ *adj* ARCHIT dórico(a)

◇ *n Scot* **the ~** = dialecto rural escocés

dork [dɔːk] *n US Fam* petardo(a) *m,f*

dorky ['dɔːkɪ] *adj US Fam (person)* petardo(a); *(clothes)* fuera de onda

dorm [dɔːm] *n Fam* dormitorio *m (colectivo)*

dormancy ['dɔːmənsɪ] *n Formal* **-1.** *(of seed, spore)* vida *f* latente **-2.** *(of volcano)* inactividad *f*

dormant ['dɔːmənt] ◇ *adj* **-1.** *(seed, spore)* en estado de latencia **-2.** *(volcano)* inactivo(a) **-3.** *(emotions, ideas)* latente

◇ *adv* **to lie ~** permanecer latente

dormer ['dɔːmə(r)] *n* **~ (window)** claraboya *f*

dormice *pl of* **dormouse**

dormie ['dɔːmɪ] *adj (in golf)* **to be ~ three** llevar tres golpes de ventaja *(cuando quedan tres hoyos)*

dormitory ['dɔːmɪtərɪ] *n* **-1.** *(in school, institution)* dormitorio *m (colectivo)* ❏ **~ town** ciudad *f* dormitorio **-2.** *US* UNIV ≃ colegio *m* mayor

Dormobile® ['dɔːməbiːl] *n* combi *f*

dormouse ['dɔːmaʊs] *(pl* **dormice** ['dɔːmaɪs]*) n* lirón *m*

dorsal ['dɔːsəl] *adj* dorsal

DOS [dɒs] *n* COMPTR *(abbr* **disk operating system)** DOS *m* ❏ **~ prompt** indicador *m or* señal *f* de DOS

dosage ['dəʊsɪdʒ] *n (amount)* dosis *f inv*; *(directions on bottle)* posología *f*; **to increase the ~** aumentar la dosis

dose [dəʊs] *n* ◇ **-1.** *(amount)* dosis *f inv*; *Fig* **in small doses are fine… in small doses** los niños están bien… para un rato; **with a strong ~ of humour** con una buena dosis de humor; IDIOM *Br* **to go through sth like a ~ of salts** hacer algo a toda velocidad *or* en dos patadas

-2. *(of illness)* **a ~ of flu** una gripe *or Am* gripa

-3. *Fam* **to catch a ~** *(venereal disease)* agarrar una enfermedad venérea

◇ *vt Fam* tomar; **to ~ oneself (up) with pills** tomarse una fuerte dosis de pastillas

dosh [dɒʃ] *n Br Fam (money) Esp* pasta *f, Am* plata *f, Méx* lana *f, RP* guita *f*

doss [dɒs] *Br Fam* ◇ *n* **-1.** *(sleep)* **to have a ~** echarse a dormir *or Esp* sobar **-2. it was a ~** *(easy)* fue pan comido, fue coser y cantar

◇ *vi* **to ~ in a park** dormir *or Esp* sobar en un parque

◆ **doss about, doss around** *vi Br Fam* gandulear

◆ **doss down** *vi Br Fam* echarse a dormir *or Esp* sobar

dosser ['dɒsə(r)] *n Br Fam* **-1.** *(tramp)* vagabundo(a) *m,f* **-2.** *(lazy person)* vago(a) *m,f* perdido(a) *or Esp* del copón

doss-house ['dɒshaʊs] *n Br Fam* pensión *f* de mala muerte

dossier ['dɒsɪeɪ] *n* dossier *m*, expediente *m*; **to keep a ~ on sb** tener a alguien fichado

dot [dɒt] ◇ *n* punto *m*; **dots and dashes** *(Morse code)* puntos y rayas; **~, ~, ~** *(in punctuation)* puntos *mpl* suspensivos; **on the ~** *(exactly)* en punto; IDIOM *Br Fam* **since the year ~** desde el año catapún *or RP* de ñaupa *or Chile* de ñauca ❏ **~ com (company)** empresa *f* punto com; COMPTR **~ matrix printer** impresora *f* matricial *or* de agujas

◇ *vt (pt & pp* **dotted**) **-1.** *(mark with dot)* **to ~ an "i"** poner el punto sobre una "i"; IDIOM **to ~ the i's (and cross the t's)** dar los últimos toques

-2. *(spot, fleck)* salpicar; **dotted with** salpicado(a) de; **the lake was dotted with boats** el lago estaba salpicado de barcas; **the islands are dotted all round the coast** las islas se hallan esparcidas por toda la costa

-3. MUS *(note)* poner un puntillo a

-4. *Fam* **to ~ sb one** *(hit)* darle a alguien

dotage ['dəʊtɪdʒ] *n* **to be in one's ~** estar chocho(a), chochear

dotard ['dəʊtəd] *n* viejo(a) *m,f* chocho(a)

dote [dəʊt]

◆ **dote on, dote upon** *vt insep* mimar, adorar

doth [stressed dʌθ, unstressed dəθ] *Literary or* REL *3rd pers sing of* **do**

doting ['dəʊtɪŋ] *adj (parents, grandparents)* **he has a ~ mother** su madre lo adora

dotted line ['dɒtɪd'laɪn] *n* línea *f* punteada *or* de puntos; **to sign on the ~** *(on form)* estampar *or* firmar en la línea punteada *or* de puntos; *Fig* estampar la firma; **tear along the ~** rasgar por la línea punteada *or* de puntos

dotterel ['dɒtərəl] *n* chorlito *m* carambolo

dotty ['dɒtɪ] *adj Fam (person)* chalado(a); **a ~ idea** una chaladura; **to be ~** estar chalado(a); **he's ~ about her** se le cae la baba con ella

double ['dʌbəl] ◇ *n* **-1.** *(of person)* doble *mf*

-2. CIN & TV *(stand-in)* doble *mf*

-3. *(hotel room)* habitación *f* doble

-4. *(drink)* doble *m*

-5. doubles *(in tennis)* dobles *mpl*; **a doubles match** un partido de dobles

-6. SPORT **the ~** *(two titles)* el doblete

-7. *(in snooker, pool)* doblete *m*

-8. *(in baseball)* doble *m*, = bateo que permite llegar a la segunda base

-9. *(in darts)* (tiro *m* a) doble *m*

-10. *(in bridge)* doble *m*

-11. *(in betting)* **~ or quits** doble o nada

-12. at *or* **on the ~** *(quickly)* a toda velocidad, corriendo

◇ *adj* **-1.** *(twice as much or many)* doble; **it's ~ the price/size** tiene el doble de precio/tamaño, cuesta/mide el doble; **her wages are ~ mine** gana el doble que yo, tiene el doble de sueldo que yo; **a ~ gin/whisky** una ginebra/un whisky doble ❏ *Br* **~ cream** *Esp* nata *f* para montar, *Am* crema *f* líquida enriquecida, *RP* crema *f* doble; **~ knitting** punto *m* doble; **~ spacing** doble espacio *m*; **~ time** *(pay)* paga *f* doble; **in ~ time** *(march)* a paso ligero; *(play music)* a doble tiempo

-2. *(in pair)* **~ three, nine, four, ~ two** *(phone number)* treinta y tres, noventa y cuatro, veintidós; **~ m** *(when spelling)* doble eme, dos emes ❏ **~ act** *(two entertainers)* pareja *f* de humoristas; **~ bill** *(at cinema)* programa *m or* sesión *f* doble; *US* **~ boiler** olla *f* para baño María; **~ booking** *(in hotel, on plane)* doble reserva *f*; **~ chin** papada *f*; **~ date** cita *f* de dos parejas; **~ doors** puerta *f* doble; FIN **~ entry** doble entrada *f*; *US* CIN **~ feature** *(at cinema)* sesión *f* doble; **~ figures** números *mpl* de dos cifras; **inflation is now in ~ figures** la inflación ha superado la barrera del 10 por ciento; *Br* UNIV **~ first** = licenciatura en dos especialidades con las calificaciones más altas; **~ helix** doble hélice *f*; *US* FIN **~ indemnity** = seguro de vida en el que se paga el doble del capital cuando el asegurado muere por accidente; *US* LAW **~ jeopardy** = principio de no ser juzgado dos veces por el mismo delito; GRAM **~ negative** doble negación *f*; **~ parking** estacionamiento *m or Esp* aparcamiento *m* en doble fila; MED **~ pneumonia** pulmonía *f* doble; *Br* **~ saucepan** olla *f* para baño María; *Fam* **~ whammy** mazazo *m* por partida doble; *US* **~ whole note** breve *f*; *Br* **~ yellow line** = línea doble continua de color amarillo próxima al bordillo que indica prohibición total de estacionamiento

-3. *(for, of two people)* doble ❏ **~ bed** cama *f* de matrimonio, cama *f* doble; **~ occupancy** = ocupación de una habitación por dos personas; **~ room** habitación *f* doble

-4. *(dual) (purpose, advantage)* doble; **to lead a ~ life** llevar una doble vida ❏ **~ agent** agente *mf* doble; **~ bind: to be in a ~ bind** estar en un dilema; **~ bluff** supuesto farol *m*; **~ cross** timo *m*; *Br Fam* **Dutch: to talk ~ Dutch** hablar en chino; **~ exposure** *(of photograph)* doble exposición *f*; **~ meaning** doble sentido *m*; **~ standard** doble moral *f*; **~ take: to do a ~ take** reaccionar un instante más tarde; **~ vision** visión *f* doble

-5. SPORT **~ bogey** *(in golf)* doble bogey *m*; **~ dribble** *(in basketball)* dobles *mpl*; **~ fault** *(in tennis)* doble falta *f*; **~ pump** *(in basketball)* rectificación *f* en el aire; **~ salko** *(in figure skating)* doble salko *m*; **~ team** *(in basketball)* dos *m* contra uno

-6. **~ bass** contrabajo *m*

◇ *adv* **-1.** *(twice as much)* el doble; **to charge sb ~** cobrar a alguien el doble; **it costs ~ what it did last year** cuesta el doble de lo que costaba el año pasado; **they pay him ~ if he works at night** si trabaja por la noche le pagan el doble; **to see ~** ver doble

-2. *(in two)* **to fold sth ~** doblar algo por la mitad; **to be bent ~** estar doblado(a) *or* agachado(a)

◇ *vt* **-1.** *(multiply by 2)* duplicar; **he doubled my salary** me duplicó el sueldo

-2. *(fold)* doblar por la mitad

-3. *(in betting, bridge)* doblar; **to ~ the stakes** doblar la apuesta

-4. CIN & TV ser el doble de

-5. THEAT **the cast doubles several of the parts** varios actores hacen más de un papel cada uno

◇ *vi* **-1.** *(increase)* duplicarse

-2. to ~ as *(person)* hacer también de; *(thing)* funcionar también como

-3. CIN & TV *(stand in)* hacer de doble **(for** de)

double-barrelled 209 **down**

-4. THEAT *(play two roles)* hacer dos papeles; **he doubles as the priest and the servant** hace de cura y de criado

◆ **double back** *vi (person, animal, vehicle)* volver sobre sus pasos; **the path doubles back on itself** el camino vuelve hacia atrás

◆ **double up** *vi* **-1.** *(bend)* doblarse; **to ~ up with** *or* **in pain** retorcerse de dolor; **to ~ up with laughter** troncharse de risa -**2. to ~ up as** *(person)* hacer también de; *(thing)* funcionar también como -**3.** *(share)* compartir -**4.** *(in betting)* = utilizar el premio de una apuesta para volver a apostar

double-barrelled ['dʌbəl'bærəld] *adj* **-1.** *(shotgun)* de dos cañones **-2.** *(surname)* compuesto(a)

double-blind ['dʌbəl'blaɪnd] *adj (experiment)* a doble ciego

double-book ['dʌbəl'bʊk] *vt (seat, room)* reservar por partida doble; **I've double-booked myself for next Friday** *(doing two things)* he quedado en hacer dos cosas a la vez el viernes que viene

double-breasted ['dʌbəl'brestɪd] *adj (suit, jacket)* cruzado(a)

double-check ['dʌbəl'tʃek] ◇ *vt* comprobar de nuevo; **make sure you ~ everything** comprueba todo dos veces
◇ *vi* comprobar de nuevo

double-click ['dʌbəl'klɪk] COMPTR ◇ *n* doble click *m*
◇ *vt* hacer doble click en
◇ *vi* hacer doble click **(on** en**)**

double-clutch ['dʌbəl'klʌtʃ] *vi* US AUT = cambiar de marcha con la técnica del doble embrague

double-cross ['dʌbəl'krɒs] *vt* engañar, traicionar

double-dealer ['dʌbəl'di:lə(r)] *n* tramposo(a) *m,f*

double-dealing ['dʌbəl'di:lɪŋ] *n* doblez *f*, duplicidad *f*

double-decker ['dʌbəl'dekə(r)] ◇ *n Br* autobús *m* de dos pisos
◇ *adj* **-1.** *Br (bus)* de dos pisos **-2.** *Fam (sandwich)* de dos pisos

double-declutch ['dʌbəldi:'klʌtʃ] *vi Br* AUT = cambiar de marcha con la técnica del doble embrague

double-density disk ['dʌbəl'densɪtɪ'dɪsk] *n* disco *m* de doble densidad

double-edged ['dʌbəl'edʒd] *adj (blade, remark)* de doble filo; IDIOM **to be a ~ sword** ser un arma de doble filo, ser una espada de dos filos

double entendre ['du:blɒn'tɒndrə] *n* doble sentido *m*, equívoco *m*

double-entry ['dʌbəl'entri] *n* FIN doble entrada *f*; **~ bookkeeping** contabilidad *f* por partida doble

double-fault ['dʌbəl'fɔ:lt] *n (in tennis)* doble falta *f*

double-glazed ['dʌbəl'gleɪzd] *adj* con doble acristalamiento

double-glazing ['dʌbəl'gleɪzɪŋ] *n* doble acristalamiento *m*

double-headed ['dʌbəl'hedɪd] *adj* **-1.** *(eagle)* bicéfalo(a) **-2.** *(coin)* de dos caras

doubleheader ['dʌbəl'hedə(r)] *n US* SPORT dos encuentros *mpl* consecutivos

double-jointed ['dʌbəl'dʒɔɪntɪd] *adj* **to be ~** = tener las articulaciones más flexibles de lo normal de modo que se doblan hacia atrás

double-lock ['dʌbəl'lɒk] *vt* cerrar con dos vueltas (de llave)

double-park ['dʌbəl'pɑ:k] ◇ *vt* estacionar *or Esp* aparcar en doble fila
◇ *vi* estacionarse *or Esp* aparcar en doble fila

double-quick ['dʌbəl'kwɪk] *adj* **in ~ time** *(to move, finish, work)* a toda velocidad
◇ *adv* rapidísimamente

double-space ['dʌbəl'speɪs] *vt* escribir a doble espacio

double-speak = double-talk

doublet ['dʌblɪt] *n* HIST jubón *m*; **~ and hose** calzas y jubón

double-talk ['dʌbəltɔ:k], **double-speak** ['dʌbəlspi:k] *n* equívocos *mpl*, ambigüedades *fpl*; **we asked for a raise and he gave us a lot of ~ about bonuses** le pedimos un aumento de sueldo y nos soltó un rollo acerca de primas

doublethink ['dʌbəlθɪŋk] *n* (asunción *f* de) ideas *fpl* contradictorias

doubloon [dʌ'blu:n] *n* doblón *m*

doubly ['dʌblɪ] *adv* **-1.** *(twice as much)* doblemente, por partida doble; **it's ~ important that...** es doblemente importante que...; **she's ~ careful now** ahora tiene el doble de cuidado **-2.** *(in two ways)* por partida doble; **he's ~ wrong, then** en ese caso, se equivoca por partida doble

doubt [daʊt] ◇ *n* duda *f*; **to have doubts about sth** tener dudas sobre algo; **I have my doubts** yo tengo mis dudas (al respecto); **to be in ~** *(person)* tener dudas; *(outcome)* ser incierto(a); **we are in no ~ as to his competence** no tenemos dudas en cuanto a su competencia; **your ability is not open to ~** *or* **in ~** no se cuestiona *or* no se pone en duda tu capacidad; **if** *or* **when in ~** en caso de duda; **beyond ~** sin lugar a dudas; LAW **to prove sth beyond reasonable ~** demostrar algo más allá de toda duda fundada; **no ~** sin duda; **he's very witty – no ~** es muy ingenioso – lo no dudo; **he'll no ~ be late** seguro que llega tarde; **there is no ~ that...** no cabe duda de que...; **there is no ~ about her guilt** no hay duda alguna acerca de su culpabilidad; **I have no ~** *or* **doubts about it** no tengo la menor duda; **I have no ~ (that) she's telling the truth** no me cabe la menor duda de que dice la verdad; **there is some ~ about her guilt** se tienen dudas acerca de su culpabilidad; **there is now considerable ~ about the convictions** ahora se tienen grandes dudas acerca de las condenas; **there is room for ~** caben dudas; **there is room for ~ about his honesty** cabe dudar de su honradez; **without (a) ~** sin duda alguna, sin lugar a dudas; **to cast ~ on sth** poner en tela de juicio algo, cuestionar algo; **to raise doubts about sth** poner algo en duda; **to raise doubts in sb's mind** hacer dudar a alguien

◇ *vt* **-1.** *(think unlikely)* dudar; **I ~ it** lo dudo; **I don't ~ it** no lo dudo; **I ~ (that) he's telling the truth** dudo que diga la verdad; **I ~ whether that is the case** dudo que sea así; **I ~ if it makes him happy** dudo que le haga feliz
-**2.** *(mistrust)* dudar de; **do you ~ me?** ¿acaso dudas de mí?; **I don't ~ his honesty** no dudo de su honradez; **she began to ~ the evidence of her own eyes** empezó a dudar de lo que había visto con sus propios ojos
◇ *vi (have doubts)* tener dudas, dudar

doubter ['daʊtə(r)] *n* escéptico(a) *m,f*

doubtful ['daʊtfʊl] *adj* **-1.** *(uncertain) (person)* dubitativo(a); *(outcome)* incierto(a); **to be ~ about sth** tener dudas acerca de algo; **I'm ~ about his chances** no estoy seguro de que tenga muchas posibilidades; **it is ~ whether he will succeed** es dudoso que tenga éxito; **she looked ~** se mostró indecisa
-**2.** *(questionable)* dudoso(a); **a joke in ~ taste** un chiste de gusto dudoso; **she has rather ~ dress sense** su gusto a la hora de vestir es más que dudoso
-**3.** FIN **~ debt** deuda *f* de cobro dudoso

doubtfully ['daʊtfʊlɪ] *adv* con aire dubitativo, sin demasiada convicción

doubting ['daʊtɪŋ] *adj* escéptico(a), incrédulo(a); **a ~ Thomas** un(a) escéptico(a) *or* incrédulo(a)

doubtless ['daʊtlɪs], **doubtlessly** ['daʊtlɪslɪ] *adv* sin duda, indudablemente; **~ he will have something to say about it** seguro que *or* sin duda tendrá algo que decir a todo esto; **Jean will be there, I suppose – ~** me imagino que Jean estará allí – seguro

douche [du:ʃ] ◇ *n* **-1.** *(jet of water) (vaginal)* irrigación *f* vaginal; *(rectal)* irrigación *f* rectal **-2.** *(instrument) (vaginal)* irrigador *m* vaginal; *(rectal)* irrigador *m* rectal
◇ *vt* irrigar

douche-bag ['du:ʃbæg] *n* **-1.** *(device) (vaginal)* irrigador *m* vaginal; *(rectal)* irrigador *m* rectal **-2.** US Fam *(person)* mal nacido(a) *m,f*, desgraciado(a) *m,f*

dough [dəʊ] *n* **-1.** *(for bread)* masa *f* **-2.** *Fam (money) Esp* pasta *f*, *Esp, RP* guita *f*, *Am* plata *f*, *Méx* lana *f*

doughnut ['dəʊnʌt] ◇ *n (with hole)* dónut *m*; *(without hole)* buñuelo *m*
◇ *vi (surround speaker)* = en el Parlamento, rodear varios diputados a un orador de su mismo partido para que en televisión parezca que la sala está llena

doughty ['daʊtɪ] *adj* Literary corajudo(a), valiente

doughy ['dəʊɪ] *adj* **-1.** *(in consistency)* pastoso(a), blando(a) **-2.** *(complexion)* pálido(a)

dour [dʊə(r)] *adj* severo(a), adusto(a)

Douro ['dʊərəʊ] *n* **the ~** el Duero

douse, dowse [daʊs] *vt* **-1.** *(soak)* empapar, mojar; **he doused himself with** *or* **in aftershave** se empapó de colonia **-2.** *(extinguish)* apagar

dove¹ [dʌv] *n* **-1.** *(bird)* paloma *f*; **the ~ of peace** la paloma de la paz ❑ **~ grey** gris *m* perla **-2.** POL partidario(a) *m,f* de la negociación *(en política exterior)*

dove² US *pt of* dive

dovecot(e) ['dʌvkɒt] *n* palomar *m*

dove-grey, US **dove-gray** ['dʌvgreɪ] *adj* gris perla *inv*

Dover sole ['dəʊvə'səʊl] *n* lenguado *m*

dovetail ['dʌvteɪl] ◇ *vt* **-1.** *(joint)* ensamblar a *or* con cola de milano **-2.** *(combine)* **he managed to ~ his plans with hers** consiguió hacer encajar sus planes con los de ella
◇ *vi (fit closely)* encajar **(with** *or* **into** en *or* con**)**; **the two projects ~ nicely** los dos proyectos se complementan muy bien
◇ *n* cola *f* de milano ❑ **~ joint** (ensambladura *f* de *or* con) cola *f* de milano

dovish ['dʌvɪʃ] *adj* POL *(person, speech)* conciliador(ora)

dowager ['daʊədʒə(r)] *n* **-1.** *(noblewoman)* viuda *f (de un noble)* ❑ **~ duchess** duquesa *f* viuda **-2.** *(grand-looking woman)* señorona *f*, matrona *f* ❑ *Fam* **~'s hump** cifosis *f inv*

dowdy ['daʊdɪ] *adj (woman, dress)* soso(a)

dowel ['daʊəl] *n* **~ (pin)** espiga *f*, tubillón *m*

Dow-Jones ['daʊ'dʒəʊnz] *n* **the ~ (average** *or* **index)** el índice Dow-Jones

down¹ [daʊn] ◇ *prep* **-1.** *(moving from top to bottom)* **to fall ~ the stairs** caerse por las escaleras *(abajo)*; **pour it ~ the sink** échalo por el *Esp, Méx* fregadero *or Chile, Col, Ven* lavaplatos *or RP* pileta; **to go ~ the plughole** colarse por el desagüe; **the rabbit disappeared ~ its hole** el conejo desapareció en su madriguera; **she ran her finger ~ the page** recorrió hacia abajo la página con su dedo; **we walked ~ the hill** bajamos la colina; **she spilled ketchup ~ her blouse** se manchó la blusa de ketchup; **tears streamed ~ her cheeks** ríos de lágrimas bajaban por sus mejillas
-**2.** *(at the bottom of)* **the kitchen is ~ the stairs** la cocina está escaleras abajo
-**3.** *(along)* **it's just ~ the road** está a la vuelta de la esquina; **~ the line** *(in tennis)* cerca de la línea de saque; IDIOM **three years ~ the line** *or* **road** de aquí a tres años; **to go ~ the street** ir por la calle; **to look ~ the corridor** mirar por el pasillo; **go ~ the corridor and turn right** ve hasta el fondo del pasillo y gira a la derecha; **it's halfway ~ the corridor** está a mitad de pasillo; **they sailed ~ the river** navegaron río abajo; **to work ~ a mine** trabajar en una mina; **we don't get many visitors ~ our way** no vienen muchos visitantes por aquí
-**4.** *Br Fam (to, in)* **we're going ~ the disco** nos vamos a acercar a la disco, vamos hasta la discoteca; **I've got to go ~ the**

town tengo que bajar al centro; **he'll be ~ the pub** estará en el bar

-5. *Fam (inside)* **get this whisky ~ you** métete este whisky en el cuerpo

-6. *(relating to time)* **~ the years** a través de los años; **~ (through) the ages** a través de los siglos

◇ *adv* **-1.** *(with motion)* abajo; **I'll be ~ in a minute** bajo enseguida; **come ~ here** ven aquí abajo; **the book had fallen ~ behind the sofa** el libro se había caído detrás del sofá; **go ~ to the basement** baja al sótano; **my trousers keep slipping ~** se me caen los pantalones; **put your bags ~ on the floor** deja *or* pon las bolsas en el suelo; **everything was perfect, ~ to the last detail** todo estuvo perfecto, hasta el último detalle; **~!** *(to dog)* ¡tumbado!; **~ with traitors!** ¡abajo *or* fuera los traidores!; *Br Fam* **~ under** en/a Australia y Nueva Zelanda

-2. *(with position)* abajo; **it's another 50 metres ~** está 50 metros más abajo; **we're halfway ~** estamos a mitad de descenso; **~ at the bottom of the mountain/page** al pie de la montaña/la página; **~ below** abajo; **~ here/there** aquí/ahí abajo; **further ~** más abajo; **it's on the third shelf ~** está en el tercer estante empezando por encima *or Am* empezando de arriba; **she lives three floors ~** vive tres pisos más abajo; **his office is three doors ~ on the left** *(along passage)* su oficina es la tercera puerta a la izquierda; **from the waist ~** de (la) cintura para abajo; **we'll be ~ at the mall** estaremos en el centro comercial

-3. *(to or at lower level)* **the blinds are ~** las persianas están cerradas *or Esp* echadas *or RP* bajadas; **the price is ~** ha bajado el precio; **all our televisions are ~ this month** *(in price)* este mes tenemos rebajados todos los televisores; **inflation is ~ on last year** la inflación ha bajado con respecto al año pasado; **interest rates are ~ to 5 percent** los tipos *or RP* las tasas de interés han bajado al 5 por ciento; *FIN* **the pound is ~ two cents against the dollar** la libra ha bajado dos centavos frente al dólar; **I'm trying to keep my weight ~** estoy intentando no engordar; **could you turn the music ~?** ¿podrías bajar la música?; **everyone from the boss ~** todos, desde el jefe hacia *or* para abajo; **~ to the smallest details** hasta el mínimo detalle

-4. *(facing downwards)* hacia abajo; **smooth side ~** con la parte lisa hacia abajo

-5. *(on floor, ground)* **you need to put newspaper ~** tienes que poner papel de periódico *or* diario en el suelo; **he was ~ for a count of eight** *(boxer)* se levantó cuando ya habían contado hasta ocho

-6. *(from city, the north)* **she came ~ from Berlin** bajó de Berlín; **she's from ~ South** es del Sur; **we drove ~ to New Orleans** bajamos en coche *or Am* carro *or CSur* auto hasta Nueva Orleans; *US* **to go ~ East** = ir hacia la parte noreste de Estado Unidos, ir hacia el este; *Br UNIV* **she went ~ from Oxford** *(on vacation)* salió de Oxford *(durante las vacaciones)*; *(graduated)* se licenció por la universidad de Oxford

-7. *(downstairs)* **I'll be ~ in a minute** bajo en un minuto; **they aren't ~ yet** todavía no han bajado

-8. *(reduced to)* **I'm ~ to my last cigarette** sólo me queda un cigarrillo; **the team was ~ to 10 men** el equipo se había quedado con 10 jugadores

-9. *(behind, less)* **they are a goal ~** pierden por un gol; **the cashier is £10 ~** al cajero le faltan 10 libras; **he's three minutes ~ on the leader** va a tres minutos del líder

-10. *(in writing)* **get it ~ in writing** *or* **on paper** apúntalo, escríbelo; **I'm not ~ on the list** no estoy (apuntado) en la lista; **you're ~ to go last** estás apuntado para salir el último; **they've got me ~ for the 200 m hurdles** me han apuntado para los 200 metros vallas

-11. *(as deposit)* **we paid $100 ~** pagamos un depósito de 100 dólares

-12. *(underinflated)* **one of my tyres is ~** tengo una rueda desinflada *or* deshinchada

-13. *(indicating responsibility)* **it's ~ to her** *(her decision)* ella decide; *(her achievement)* es gracias a ella; **it's ~ to you to make the plan succeed** de ti depende que el plan tenga éxito; **our failure is ~ to a lack of effort** nuestro fracaso se debe a una falta de esfuerzo

◇ *adj* **-1.** *(depressed)* **to be/feel ~** estar/encontrarse deprimido(a)

-2. *(not working)* **to be ~** *(computer)* no funcionar; **the network is ~** se ha caído la red; **the lines are ~** no hay línea

-3. *(finished)* **one ~, two to go!** ¡uno menos, ya sólo quedan dos!

-4. *(ill)* **he's ~ with the flu** está con gripe *or Col, Méx* gripa

-5. COMPTR **~ arrow** flecha *f* abajo; **~ arrow key** tecla *f* de flecha abajo

-6. *(elevator, escalator)* que baja

-7. *(as deposit)* **~ payment** desembolso *m* or *Am* cuota *f* inicial

-8. *Fam* IDIOMS **to be ~ on sth/sb** haber agarrado *or Esp* cogido manía a algo/alguien, *RP* habérselas agarrado con algo/alguien; **to be ~ on one's luck** no estar de suerte

◇ *vt* **-1.** *(put down)* **to ~ tools** *(workers)* dejar de trabajar

-2. *(aircraft, opponent)* derribar

-3. *(drink)* **he downed his beer and left** se terminó la cerveza de un trago y se fue; **he can ~ a pint in thirty seconds** se bebe *or* toma una pinta en treinta segundos

◇ *n* **-1. downs** *(hills)* colinas *fpl*

-2. *(in American football)* down *m*, = cada uno de los cuatro intentos de avance que tiene el equipo atacante; **first ~** primer down

-3. IDIOM *Fam* **to have a ~ on sb** haber agarrado *or Esp* cogido manía a alguien, *RP* habérselas agarrado con alguien

down² *n* **-1.** *(feathers)* plumón *m* **-2.** *(fine hair on skin)* pelusa *f* **-3.** *(on plant, fruit)* pelusa *f*

down-and-out ['daʊnən'aʊt] *Fam* ◇ *n (tramp)* vagabundo(a) *m,f*, indigente *mf*

◇ *adj* **to be ~** ser indigente

down-at-heel ['daʊnət'hiːl] *adj* **-1.** *(person, appearance)* desastrado(a); *(bar)* destartalado(a); *(district)* pobre, ruinoso(a) **-2.** *(shoe)* desgastado(a)

downbeat ['daʊnbiːt] ◇ *n* MUS primer tiempo *m* del compás

◇ *adj* **-1.** *(gloomy, pessimistic)* triste, pesimista **-2.** *(restrained)* **to be ~ about sth** minimizar algo

downcast ['daʊnkɑːst] *adj* **-1.** *(eyes, gaze)* bajo(a) **-2.** *(person)* deprimido(a), abatido(a); **to be ~** estar deprimido(a) *or* abatido(a)

downer ['daʊnə(r)] *n Fam* **-1.** *(drug)* calmante *m*, depresor *m* **-2. what a ~!** *(how depressing)* ¡qué palo!; **to be on a ~** estar con la depre; **it was a real ~** fue un buen palo; **the film's a complete ~** la película te deja totalmente hecho polvo

downfall ['daʊnfɔːl] *n (of government)* caída *f*; *(of person)* perdición *f*; **drink was his ~** la bebida fue su perdición

downfield [daʊn'fiːld] ◇ *adj* hacia adelante

◇ *adv* hacia adelante

downgrade ['daʊngreɪd] *vt* **-1.** *(job)* rebajar de categoría; **he was downgraded to area manager** lo rebajaron de categoría a director de zona **-2.** *(belittle)* denigrar

downhearted [daʊn'hɑːtɪd] *adj* desanimado(a), abatido(a); **don't be ~!** ¡no te desanimes!

downhill [daʊn'hɪl] ◇ *adj (road)* cuesta abajo ❑ **~ skiing** (esquí *m* de) descenso *m*

◇ *adv also Fig* **to go ~** ir cuesta abajo; IDIOM **it was ~ all the way** *(unproblematic)* fue coser y cantar, *RP* fue con viento a favor; *(in continual decline)* fue cuesta abajo

◇ *n* SPORT *(prueba f de)* descenso *m*

down-home ['daʊn'həʊm] *adj US Fam* hogareño(a)

Downing Street ['daʊnɪŋstriːt] *n* Downing Street

DOWNING STREET

En esta calle londinense se encuentran las residencias oficiales del Primer Ministro británico y del ministro de Hacienda, en los números 10 y 11 respectivamente. El término **Downing Street** se emplea a menudo para designar al gobierno, como por ejemplo en la frase: "there has been no statement from Downing Street."

down-in-the-mouth ['daʊnɪnðə'maʊθ] *adj* **to be/look ~** estar/parecer deprimido(a) *or* tristón(ona)

download ['daʊn'ləʊd] COMPTR ◇ *n* descarga *f*

◇ *vt* bajar, descargar

◇ *vi* descargarse

downloadable [daʊn'ləʊdəbəl] *adj* COMPTR descargable ❑ **~ font** fuente *f* cargable

down-market [daʊn'mɑːkɪt] ◇ *adj* popular, barato(a); **it's a rather ~ area** no es una zona elegante

◇ *adv* **to move ~** dirigirse a un público más popular

downpipe ['daʊnpaɪp] *n Br* canalón *m*

downplay ['daʊnpleɪ] *vt (significance, importance of sth)* restar importancia a

downpour ['daʊnpɔː(r)] *n* aguacero *m*, tromba *f* de agua

downright ['daʊnraɪt] ◇ *adj* **-1.** *(utter, complete) (stupidity, dishonesty)* absoluto(a), completo(a); **it's a ~ lie!** ¡es completamente falso! **-2.** *(blunt, frank)* rudo(a)

◇ *adv (stupid, untrue)* absolutamente, completamente; **the sales assistant was ~ rude** la dependienta estuvo increíblemente maleducada; **it would be ~ suicidal!** ¡eso sería completamente suicida!

downriver ['daʊn'rɪvə(r)] *adv (to travel, live)* río abajo

downshift ['daʊnʃɪft] *vi* **-1.** *US (change gear)* reducir **-2.** *(change lifestyle)* relajar el ritmo de vida

downside ['daʊnsaɪd] *n* **-1.** *(underside)* parte *f* de abajo; *US* **~ up** boca abajo **-2.** *(disadvantage)* inconveniente *m*, aspecto *m* negativo; **on the ~, we'll have to sleep in the train** lo malo es que tendremos que dormir en el tren

downsize ['daʊnsaɪz] COM ◇ *vt (of company)* hacer reajuste de plantilla en, reducir plantilla en

◇ *vi* hacer reajuste de plantilla, reducir plantilla

downsizing ['daʊnsaɪzɪŋ] *n* COM reajuste *m* de plantillas

downslope ['daʊnsləʊp] *n* cuesta *f* abajo

Down's Syndrome ['daʊnz'sɪndrəʊm] *n* síndrome *m* de Down

downstage [daʊn'steɪdʒ] *adv* THEAT en la parte delantera del escenario; **~ from her** delante de ella; **to stand ~ of sb** estar más cerca del público que alguien

downstairs ◇ *adj* ['daʊnsteəz] de abajo; **the ~ apartment/bathroom** el apartamento/cuarto de baño de abajo

◇ *adv* [daʊn'steəz] **-1.** *(descending stairs)* abajo; **to come/go ~** bajar (la escalera); **she ran/fell ~** corrió/cayó escaleras abajo **-2.** *(on lower floor)* **he lives ~** vive en el apartamento *or Esp* piso de abajo; **the family ~** la familia que vive en el piso de abajo **-3.** *Old-fashioned (among the servants)* **what will they think of this ~?** ¿qué va a pensar el servicio?

◇ *n* [daʊn'steəz] **-1.** *(of house)* piso *m* de abajo **-2.** *Old-fashioned (servants)* el servicio

downstate ['daʊnsteɪt] *US* ◇ *adj* del sur del estado; **~ New York** el sur del estado de Nueva York

◇ *adv* al sur del estado

downstream [daʊn'striːm] ◇ *adv* **-1.** *(to live, travel)* aguas abajo **(from** de) **-2.** IND *(in production process)* en una fase posterior, aguas abajo

◇ *adj (on river)* **the ~ villages** los pueblos río abajo

downstroke ['daʊnstrəʊk] *n* **-1.** *(in engine)* movimiento *m* descendente, *Spec* carrera *f* descendente **-2.** *(in writing)* trazo *m* hacia abajo

downswing ['daʊnswɪŋ] *n* **-1.** ECON (fase *f* de) contracción *f*, bajón *m* **-2.** *(in golf)* swing *m* hacia abajo

downtime ['daʊntaɪm] *n* COMPTR & IND paro *m* técnico

down-to-earth ['daʊntə'ɜːθ] *adj* práctico(a), realista

downtown [daʊn'taʊn] *US* ⋄ *n* centro *m* (urbano)
⋄ *adj* del centro; ~ **theatres** teatros del centro; ~ **New York** el centro de Nueva York
⋄ *adv* **he gave me a lift** ~ me llevó *or CAm, Méx, Perú* me dio aventón al centro; **to live** ~ vivir en el centro

downtrodden ['daʊntrɒdən] *adj* **-1.** *(oppressed)* oprimido(a) **-2.** *(grass)* pisoteado(a)

downturn ['daʊntɜːn] *n* ECON (fase *f* de) contracción *f*, bajón *m*

downward ['daʊnwəd] ⋄ *adj (movement, path, trend)* descendente; **to take a** ~ **glance** *or* **look at sth** dirigir la mirada hacia abajo para ver algo
⋄ *adv* = **downwards**

downward-compatible ['daʊnwədkəm'pætəbəl] *adj* COMPTR compatible con versiones anteriores

downward(s) ['daʊnwəd(z)] *adv* hacia abajo; **to look** ~ mirar hacia abajo; **we will have to revise our estimates** ~ tendremos que revisar nuestros cálculos a la baja; **everyone from the president** ~ todo el mundo, empezando por el presidente

downwind [daʊn'wɪnd] *adv* en la dirección del viento; **they lived** ~ **from the brewery** el viento solía llevar el olor de la fábrica de cerveza hasta donde vivían

downy ['daʊnɪ] *adj* **-1.** *(fluffy) (feathers, hair)* sedoso(a); *(chick)* suave **-2.** *(surface) (leaf, skin)* aterciopelado(a)

dowry ['daʊrɪ] *n* dote *f*

dowse [daʊz] ⋄ *vi* **to** ~ **for water** buscar agua con varilla de zahorí
⋄ *vt* = **douse**

dowsing rod = **divining rod**

doyen ['dɔɪən] *n* decano *m*, más veterano *m*

doyenne [dɔɪ'en] *n* decana *f*, más veterana *f*

doyly = **doily**

doz *(abbr* **dozen)** docena *f*

doze [dəʊz] ⋄ *n* cabezada *f*, sueñecito *m*; **to have a** ~ echar una cabezada
⋄ *vi* dormitar

◆ **doze off** *vi* quedarse traspuesto(a)

dozen ['dʌzən] *n* docena *f*; **a** ~ **eggs** una docena de huevos; **half a** ~ **eggs** media docena de huevos; **86 cents a** ~ 86 centavos la docena; **they're sold by the** ~ se venden por docenas; **have some more, there are dozens of them** toma unos cuantos más, tenemos docenas; *Fam* **dozens of times/people** montones de veces/personas

dozenth ['dʌzənθ] *adj* duodécimo(a); *Fam* **for the** ~ **time** por enésima vez

dozy ['dəʊzɪ] *adj Fam* **-1.** *(sleepy)* amodorrado(a) **-2.** *(stupid)* bobo(a), idiota

DP ['diː'piː] *n* **-1.** *(abbr* **data processing)** proceso *m* de datos **-2.** *(abbr* **displaced person)** desplazado(a) *m,f*

DPhil [diː'fɪl] *n Br (abbr* **Doctor of Philosophy)** doctor(ora) *m,f* en filosofía

dpi [diːpiː'aɪ] *n* COMPTR *(abbr* **dots per inch)** ppp

DPP [diːpiː'piː] *n Br (abbr* **Director of Public Prosecutions)** ≃ Fiscal *mf* General del Estado

Dr *(abbr* **doctor)** Dr., Dra.; **Dr Jones** *(on envelope)* Dr. Jones; **Dear Dr Jones** *(in letter)* Estimado Dr. Jones

drab [dræb] *adj (colours, clothes)* soso(a), insulso(a); *(person)* gris, soso(a); *(surroundings, atmosphere)* anodino(a)

drabness ['dræbnɪs] *n (of colour, clothes)* sosería *f*; *(of surroundings, atmosphere)* sosería *f*, insulsez *f*

drachma ['drækmə] *n* dracma *m o f*

draconian [drə'kəʊnɪən] *adj* draconiano(a)

Dracula ['drækjʊlə] *pr n* **(Count)** ~ (el conde) Dracula

draft [drɑːft] ⋄ *n* **-1.** *(of letter, proposal, novel)* borrador *m*; **this is only the first** ~ esto no es más que el primer borrador ❑ POL ~ **bill** anteproyecto *m* de ley; COMPTR ~ **mode** modo *m* borrador; COMPTR ~ **quality** calidad *f* borrador; ~ **treaty** borrador *m* del tratado
-2. FIN letra *f* de cambio, giro *m*
-3. MIL *(detachment) (of troops)* destacamento *m*
-4. *US (conscription)* llamada *f or Am* llamado *m* a filas, reclutamiento *m* ❑ ~ **board** oficina *f* de reclutamiento; ~ **card** cartilla *f* de reclutamiento; ~ **dodger** persona que se libra de tener que alistarse en el ejército mediante subterfugios
-5. *US* = **draught**
-6. *US* SPORT draft *m*, selección *f* de jugadores; **first round** ~ **pick** *(player)* = jugador escogido en la primera ronda de selección de los drafts
⋄ *vt* **-1.** *(letter, proposal)* hacer un borrador de; **to** ~ **a bill** redactar un anteproyecto de ley
-2. *US* MIL llamar a filas a, reclutar; **he was drafted into the army** lo llamaron a filas

◆ **draft in** *vt sep (troops, supporters)* movilizar; **I was drafted in to do the washing-up** me encargaron lavar los platos

draft-proof, draftsman *etc US* = **draught-proof, draughtsman** *etc*

drag [dræg] ⋄ *n* **-1.** *(air resistance)* resistencia *f* del aire
-2. *(handicap, hindrance)* carga *f*, lastre *m*; **unemployment is a** ~ **on the economy** el desempleo representa un lastre para la economía
-3. *Fam (boring person)* plomo *m*, pelma *mf*; *(boring task)* rollo *m*, lata *f*; **the party was a real** ~ la fiesta fue un rollazo; **what a** ~! ¡qué lata!, ¡vaya rollo!
-4. *Fam (on cigarette)* chupada *f*, *Esp* calada *f*, *Am* pitada *f*; **to take a** ~ **on a cigarette** dar una chupada a un cigarrillo
-5. *(women's clothing)* **he was in** ~ iba vestido de mujer ❑ ~ **act** número *m* de transformismo; ~ **artist** transformista *m*, travestí *m (que viste espectacularmente)*; ~ **queen** transformista *m*, travestí *m (que viste espectacularmente)*
-6. ~ **racing** = carreras de aceleración en coches preparados; ~ **strip** = pista para carreras de aceleración en coches preparados
-7. *US Fam* **the main** ~ la calle mayor *or* principal
-8. *US Fam (influence) Esp* enchufe *m*, *Chile* pituto *m*, *Col, Méx, RP, Ven* palanca *f*, *RP* acomodo *m*
⋄ *vt (pt & pp* **dragged) -1.** *(pull along ground)* arrastrar; **to** ~ **sth on** *or* **along the ground** arrastrar a alguien por el suelo; IDIOM **they dragged their feet over the decision** se anduvieron con muchos rodeos hasta tomar la decisión; IDIOM **to** ~ **sb's name through the mud** *or* **mire** arrastrar el nombre de alguien por el lodo
-2. *Fam (move with difficulty)* **he dragged me to a concert** me llevó a rastras a un concierto; **we eventually dragged ourselves away from the party** finalmente y a regañadientes nos fuimos de la fiesta; **I had to** ~ **the truth out of her** tuve que arrancarle la verdad; IDIOM **to** ~ **sb through the courts** llevar a alguien a juicio; **don't** ~ **me into this!** ¡no me metas en esto!
-3. *(trawl) (pond, canal)* dragar; **they dragged the lake for the body** dragaron el lago en busca del cadáver
-4. COMPTR arrastrar; ~ **and drop** arrastrar y soltar
-5. **to** ~ **the ball back** *(in soccer)* pasar la pelota hacia atrás
⋄ *vi* **-1.** *(coat, scarf)* arrastrar, ir arrastrando

-2. *(movie, conversation)* resultar pesado(a); **the meeting dragged to a close** la reunión terminó por fin; **the minutes dragged by** los minutos transcurrían de manera interminable

◆ **drag down** *vt sep Fig* **don't let him** ~ **you down with him** no te dejes arrastrar por él

◆ **drag in** *vt sep* sacar a colación

◆ **drag on** *vi (meeting, movie)* durar eternamente; **don't let the matter** ~ **on** no dejes que el tema se eternice; **the day dragged on** el día parecía eternizarse

◆ **drag out** *vt sep (meeting, speech)* alargar innecesariamente

◆ **drag up** *vt* **-1.** *(refer to)* sacar a relucir
-2. *Br Fam Hum* **where were you dragged up?** ¿dónde has aprendido esos modales?

dragnet ['drægnet] *n (in deep-sea fishing)* red *f* de arrastre *or* barredera; *Fig (to catch criminals)* emboscada *f*

dragon ['drægən] *n* **-1.** *(mythological creature)* dragón *m* **-2.** *Fam (fearsome woman)* ogro *m*, bruja *f* **-3.** IDIOMS *Fam* **to chase the** ~ *(smoke heroin)* hacerse *or* fumarse un cigarrillo de heroína *or Esp* chino (de caballo)

dragonfly ['drægənflaɪ] *n* libélula *f*, caballito *m* del diablo

dragoon [drə'guːn] ⋄ *n* MIL dragón *m*
⋄ *vt* **to** ~ **sb into doing sth** obligar a alguien a hacer algo

dragster ['drægstə(r)] *n* dragster *m*, = automóvil preparado o modificado para participar en carreras de aceleración en distancias cortas

drain [dreɪn] ⋄ *n* **-1.** *(for water)* desagüe *m*; *(for sewage)* alcantarilla *f*, *(grating)* sumidero *m*; IDIOM **to go down the** ~ *(money, time)* echarse a perder; *(work)* irse al traste; IDIOM **to laugh like a** ~ reírse a carcajadas
-2. MED drenaje *m*
-3. *(on strength, resources)* merma *f*, mengua *f* (**on** de); **the space programme is a** ~ **on the country's resources** el programa espacial se lleva muchos de los recursos del país; **all that travelling was a terrible** ~ **on him** tanto viajar lo dejó exhausto
⋄ *vt* **-1.** *(liquid)* vaciar, quitar (**from** de); *(pond)* desaguar; *(swamp)* drenar; *(oil tank, sink)* vaciar; *(dishes, pasta, vegetables)* escurrir
-2. **to** ~ **one's glass** *(drink up)* apurar el vaso
-3. MED drenar
-4. *(strength, resources)* mermar, menguar; **to** ~ **sb of his/her strength** extenuar a alguien; *Fig* **to** ~ **wealth from a country** debilitar la economía de un país; *Fig* **to feel drained** estar extenuado(a)
⋄ *vi* **-1.** *(liquid)* irse; **the colour drained from her face** se puso pálida, empalideció repentinamente
-2. *(sink, river)* desaguar; *(washed dishes, vegetables)* escurrir

◆ **drain away** *vi (liquid)* irse; *(strength, enthusiasm)* diluirse, agotarse; *(fear, tension)* disiparse

◆ **drain off** ⋄ *vt sep* **-1.** *(liquid)* quitar, escurrir; *(dishes, vegetables)* escurrir
-2. MED drenar
⋄ *vi* escurrirse

drainage ['dreɪnɪdʒ] *n* **-1.** *(on land)* drenaje *m*; **soil with good** ~ un suelo con buen drenaje ❑ ~ **ditch** acequia *f* de drenaje
-2. *(system) (in house)* sistema *m* de desagüe; *(in town)* alcantarillado *m*

drainboard *US* = **drainer**

drained [dreɪnd] *adj Fig (person)* exhausto(a)

drainer ['dreɪnə(r)], **draining board** ['dreɪnɪŋbɔːd], *US* **drainboard** ['dreɪnbɔːd] *n* escurridero *m*, escurreplatos *m inv*

drainpipe ['dreɪnpaɪp] *n* tubo *m* de desagüe ❑ ~ **trousers, drainpipes** pantalones *mpl* de pitillo

drake [dreɪk] *n* pato *m*

DRAM ['diːræm] *n* COMPTR *(abbr* **dynamic random access memory)** (memoria *f*) RAM *f* dinámica

dram [dræm] *n* **-1.** PHARM = 1,8 gramos **-2.** *Fam (of whisky)* chupito *m*

drama ['drɑːmə] n **-1.** (art form) teatro m, arte m dramático; **Spanish ~** el teatro español ❑ **~ documentary** documental m dramatizado; **~ school** escuela f de arte dramático **-2.** (play) obra f de teatro, drama m; Fig **to make a ~ out of sth** hacer una tragedia de algo **-3.** (excitement, tension) dramatismo m; **a moment of high ~** un momento de gran dramatismo; **full of ~** (film, story) muy dramático; Fam Pej **she's such a ~ queen!** ¡es muy teatrera!

dramatherapy ['drɑːməθerəpɪ] n PSY (técnica f del) psicodrama m

dramatic [drə'mætɪk] adj **-1.** (actor, work) dramático(a) ❑ **~ irony** = en una obra de teatro, situación en la que el espectador sabe más que los personajes **-2.** (change, reduction) drástico(a); (increase, rise, event, scenery) espectacular; (effect) espectacular; **there's no need to be so ~ about it** no hay por qué ponerse tan dramático

dramatically [drə'mætɪklɪ] adv **-1.** (suddenly, markedly) (to change, reduce) drásticamente; (to increase, rise, improve) espectacularmente; **~ different** radicalmente distinto **-2. to be ~ effective** (scene, entrance) tener un efecto dramático

dramatics [drə'mætɪks] npl **-1.** THEAT arte m dramático, teatro m **-2.** (behaviour) histrionismo m, dramatismo m exagerado; Fam **ok, cut the ~ and calm down** Esp vale o Arg dale o Méx órale, deja de echarle tanto teatro y tranquilízate

dramatis personae ['drɑːmətɪspɜː'səʊnaɪ] npl LIT dramatis personae mpl, personajes mpl

dramatist ['dræmətɪst] n dramaturgo(a) m,f

dramatization [dræmətaɪ'zeɪʃən] n **-1.** (for theatre, radio, television) dramatización f **-2.** (exaggeration) dramatización f, exageración f

dramatize ['dræmətaɪz] ◇ vt **-1.** (novel) (for theatre, radio, television) dramatizar; **dramatized for radio/TV by...** adaptado para la radio/televisión por... **-2.** (exaggerate) **to ~ a situation** dramatizar una situación
◇ vi dramatizar

dramaturge ['dræmətɜːdʒ], **dramaturgist** ['dræmətɜːdʒɪst] n LIT dramaturgo(a) m,f

dramaturgy ['dræmətɜːdʒɪ] n LIT dramática f, dramaturgia f

drank pt of **drink**

drape [dreɪp] ◇ vt **-1.** (adorn) (table, coffin) cubrir (**with** con); (room) adornar (**with** o **in** con); **the stage was draped with** o **in black** el escenario estaba decorado con telas negras colgadas; **they draped the flag over the coffin** cubrieron el ataúd con la bandera **-2.** (hang) colgar; **she draped a leg over the chair arm** colgó la pierna por encima del brazo del sillón; **he draped himself over the sofa** se asomó por detrás del sofá con el cuerpo colgando sobre el respaldo
◇ n US **drapes** cortinas fpl

draper ['dreɪpə(r)] n Br mercero(a) m,f; **~'s (shop)** mercería f, tienda f de confección

drapery ['dreɪpərɪ] n Br **-1.** (goods) artículos mpl de confección, tejidos mpl **-2.** (shop) mercería f, tienda f de confección **-3.** ART (in sculpture, painting) paños mpl

drastic ['dræstɪk] adj (measure, remedy, effect, decline, rise) drástico(a), radical

drastically ['dræstɪklɪ] adv drásticamente

drat [dræt] exclam Fam **~ (it)!** ¡caramba!

dratted ['drætɪd] adj Fam dichoso(a), condenado(a); **where's that ~ brother of mine?** ¿dónde se ha metido el bobo de mi hermano?

draught, US **draft** [drɑːft] n **-1.** (wind) corriente f (de aire); **I can feel a ~** noto una corriente de aire; **there's a terrific ~ in here** aquí hay o hace una corriente terrible ❑ **~ excluder** burlete m **-2.** (drink) trago m; **on ~** (beer) de barril ❑ **~ beer** cerveza f de barril **-3.** (of medicine) dosis f **-4.** (of ship) calado m **-5. ~ animal** animal m de tiro

draughtboard ['drɑːftbɔːd] n Br tablero m de damas

draught-proof, US **draft-proof** ['drɑːftpruːf] ◇ vt hacer hermético(a)
◇ adj hermético(a)

draughts ['drɑːfts] n Br (game) damas fpl; **to play ~** jugar a las damas

draughtsman, US **draftsman** ['drɑːftsmən] n **-1.** (artist) delineante mf **-2.** Br (in games) ficha f de damas

draughtsmanship, US **draftsmanship** ['drɑːftsmənʃɪp] n (in artistic drawing) dibujo m (artístico); (in technical drawing) dibujo m lineal, delineación f

draughty, US **drafty** ['drɑːftɪ] adj **this room/house is a bit ~** en este cuarto/esta casa hay o hace bastante corriente

draw [drɔː] ◇ n **-1.** (in game, argument) empate m; (in chess) tablas fpl; **the game ended in a ~** el partido acabó en empate **-2.** (for lottery, sporting competition) sorteo m; **the ~ will take place tonight** el sorteo se celebrará esta noche; **they are in the top half of the ~** han quedado sorteados en la parte de arriba de los cruces **-3.** (of playing card) **it's your ~** te toca robar **-4.** (attraction) atracción f; **she's a big ~** tiene mucho gancho **-5.** (of gun) **to be quick on the ~** desenfundar rápido o con rapidez; **to beat sb to the ~** desenfundar más rápido que alguien **-6.** (on cigarette, pipe) chupada f, Esp calada f, RP pitada f **-7.** US (gully) barranco m **-8.** (golf shot) golpe m con efecto lateral
◇ vt (pt **drew** [druː], pp **drawn** [drɔːn]) **-1.** (scene, diagram, map) dibujar; (line) trazar; **to ~ a picture of sth** hacer un dibujo de algo; **to ~ sb's picture** hacer el retrato de alguien; Fig **she drew a vivid picture of events** pintó un vivo retrato de los acontecimientos; **the author has drawn his characters well** el escritor ha retratado bien a sus personajes; Hum **do you want me to ~ you a map?** ¿te tengo que hacer un esquema?; Fig **I ~ the line at sharing my bed with him** lo que no pienso hacer es compartir la cama con él; Fig **he doesn't know where to ~ the line** se pasa de la raya; Fig **the agreement draws a line under the dispute** el acuerdo pone fin a la disputa **-2.** (pull, lead) (cart) tirar de; (person) llevar (**towards** hacia); **a carriage drawn by two horses** un carro tirado por dos caballos; **she drew me towards the door** me llevó hacia la puerta; **he drew her towards him in a passionate embrace** la atrajo hacia él, abrazándola apasionadamente; **she drew the shawl around her shoulders** envolvió sus hombros con el chal; **he drew his hand wearily across his forehead** se pasó la mano por la frente con gesto cansado; Fig **I won't be drawn into your argument** no pienso meterme en su discusión; Fig **let's not get drawn into that argument** no empecemos con esta discusión; Fig **to be drawn into a life of crime** verse arrastrado(a) a una vida delictiva; **he barely had time to ~ breath** apenas tuvo tiempo de respirar; **to ~ a meeting to a close** poner fin a una reunión; **to ~ a bow** (in archery) tensar un arco; **to ~ the blinds** bajar la persiana; **to ~ the curtains** (open) correr o descorrer las cortinas; (close) correr o Esp echar o RP cerrar las cortinas **-3.** (extract) (cork, tooth, nail) sacar (**from** de); (pistol, gun) desenfundar; (sword) desenvainar; Fig (strength, comfort, inspiration) hallar (**from** en); **he drew a knife on me** me sacó un cuchillo; **to ~ water from a well** sacar agua de un pozo; **to ~ money from the bank** sacar dinero del banco; **to ~ blood** hacer sangre; **his remark had clearly drawn blood** evidentemente su comentario ha hecho mucho daño; **our members are drawn from all walks of life** nuestros socios proceden de diferentes profesiones; Fig **she refused to be drawn on the issue** eludió dar detalles sobre el asunto **-4.** (attract) atraer; **the programme drew attention to the suffering of the refugees** el programa llamó la atención sobre el sufrimiento de los refugiados; **I drew the error to the chairman's attention** hice ver el error al presidente; **to ~ attention to oneself** llamar la atención; **to ~ a crowd** atraer a una multitud; **my eyes were drawn to his hat** su sombrero me llamó la atención; **to feel drawn to sth/sb** sentirse atraído(a) hacia algo/alguien; **to ~ the enemy's fire** atraer el fuego del enemigo; IDIOM **to ~ sb's fire** suscitar las críticas o iras de alguien **-5.** (tie) **to ~ a game with sb** empatar con alguien **-6.** (choose at random) (card) tomar, extraer; **I drew the winning ticket** saqué el boleto ganador; **to ~ lots** echar a suertes; **they were drawn against** o **they drew the champions** les tocó enfrentarse a los campeones; IDIOM **I drew the short straw** me tocó la peor parte, Am me tocó bailar con la más fea **-7.** (receive) (salary, pension, benefit) percibir **-8.** (establish) **to ~ a comparison with sth** establecer una comparación con algo; **to ~ a conclusion from sth** sacar una conclusión de algo **-9.** (provoke) (reaction, comment, criticism, laughter) provocar; (applause) arrancar; **the trick drew a gasp of astonishment from the crowd** el truco provocó un grito de sorpresa entre el público; **his confession drew tears from his mother** su confesión hizo brotar lágrimas de los ojos de su madre **-10.** FIN **to ~ a cheque (on)** librar o girar un cheque (a cargo de) **-11. to ~ the ball** (in golf) golpear la pelota con efecto (intencionalmente) **-12.** (disembowel) destripar **-13.** TECH (wire, rod) tirar; (metal, glass sheet) laminar **-14.** NAUT **the ocean liner draws 8 metres** el trasatlántico tiene 8 metros de calado
◇ vi **-1.** (illustrate) dibujar **-2.** (in game) empatar (**with** o **against** con); **they drew two-two** o **two all** empataron a dos **-3.** (move) **to ~ ahead of** o **past sb** adelantar a alguien; **they drew alongside us** se pusieron a nuestra altura; **the train drew into the station** el tren entró en o Am a la estación; **the crowd drew to one side** la multitud se hizo a un lado; **to ~ level with sb** ponerse a la altura de alguien; **the campaign is drawing to an end** o **a close** la campaña llega o toca a su fin; **to ~ to a halt** detenerse, Am parar; **to ~ near** o **close** acercarse, aproximarse **-4.** (choose card, straw) echar a suertes; **they drew for partners** se echaron a suertes quién iba con quién **-5.** (take out gun) desenfundar **-6.** (fire, chimney) tirar **-7.** (tea) reposar

→ **draw apart** vi (separate) separarse (**from** de)

→ **draw aside** vi apartarse; **I drew aside to let them pass** me aparté para dejarlos pasar
◇ vt sep (person) apartar; (curtain) descorrer, apartar

→ **draw away** vi **-1.** (move away) (person, vehicle) alejarse (**from** de) **-2.** (move ahead) adelantarse

→ **draw back** ◇ vt sep (sheet, veil, hand) retirar
◇ vi echarse atrás (**from** de); **the child drew back in fear** el niño retrocedió asustado; Fig **to ~ back from doing sth** echarse atrás a la hora de hacer algo

→ **draw down** vt sep **-1.** (blinds) bajar **-2.** (provoke) provocar; **their policy drew down a storm of protest** su política provocó una ola de protestas

→ **draw in** ◇ vt sep **-1.** (make picture of) I'm

drawback | 213 | **dress**

going to ~ **the head in next** ahora voy a dibujar la cabeza
-**2.** *(claws)* esconder
-**3.** *(attract)* atraer
-**4.** *(inhale)* aspirar; **to ~ in a deep breath** inspirar *or* aspirar profundamente
◇ *vi* -**1.** *(move)* **the bus drew in to the kerb** el autobús se detuvo junto a la acera; **the train drew in (to the station)** el tren llegó (a la estación)
-**2.** *(day)* hacerse más corto; **the nights are drawing in** las noches se están alargando, los días se están haciendo más cortos

◆ **draw off** *vt sep* -**1.** *Br (clothing, gloves)* quitarse
-**2.** *(liquid)* extraer
-**3.** *(pursuers, critics)* distraer

◆ **draw on** ◇ *vt insep* -**1.** *(resources, savings, experience)* recurrir a
-**2.** *(cigarette, pipe)* dar una chupada *or Esp* calada a
-**3.** *(put on)* ponerse; **he drew on a pair of trousers** se puso unos pantalones
◇ *vt sep (entice, encourage)* alentar, espolear
◇ *vi* **evening was drawing on** caía la tarde; **winter is drawing on** se está acercando el invierno

◆ **draw out** ◇ *vt sep* -**1.** *(remove)* sacar; **the police managed to ~ the names out of him** la policía consiguió sacarle los nombres
-**2.** *(money from bank)* sacar
-**3.** *(prolong)* alargar, prolongar
-**4.** *(encourage to talk)* **to ~ sb out (on sth)** hacer que alguien suelte a hablar (de algo)
◇ *vi* -**1.** *(vehicle)* partir; **the train drew out (of the station)** el tren partió (de la estación)
-**2.** *(days)* hacerse más largo

◆ **draw together** ◇ *vt sep (people, objects)* unir; **the child's illness had drawn them together** la enfermedad del niño los había unido
◇ *vi (unite)* aunarse

◆ **draw up** ◇ *vt sep* -**1.** *(pull)* **to ~ up a chair** acercar una silla; **she drew herself up to her full height** se levantó cuan larga era
-**2.** *(will)* redactar; *(plan, itinerary)* diseñar; *(list)* elaborar, confeccionar
-**3.** *(position)* **the troops were drawn up on the hill** las tropas estaban colocadas *or* situadas en la colina
◇ *vi (vehicle)* parar, detenerse; **the other boat drew up alongside us** el otro barco se detuvo a nuestro lado

◆ **draw upon** *vt insep (resources, savings, experience)* recurrir a

drawback ['drɔːbæk] *n* inconveniente *m*
drawbridge ['drɔːbrɪdʒ] *n* puente *m* levadizo
drawee ['drɔːiː] *n* FIN *(of cheque)* librado(a) *m,f*
drawer [drɔː(r)] *n* -**1.** *(in furniture)* cajón *m* -**2.** FIN *(of cheque)* librador(ora) *m,f* -**3.** *(sketcher)* dibujante *mf*
drawers [drɔːz] *npl Old-fashioned (for women) Esp* bragas *fpl, Esp* braga *f, CAm, Carib, Méx* blúmer *m, CAm* calzón *m, Méx* pantaleta *f, RP* bombacha *f; (for men)* calzoncillos *mpl, Chile* fundillos *mpl, Col* pantaloncillos *mpl, Méx* calzones *mpl*
drawing ['drɔːɪŋ] *n* -**1.** *(illustration)* dibujo *m;* **to make a ~ of sth** hacer un dibujo de algo ❑ **~ board** tablero *m* de dibujo; IDIOM **it's still on the ~ board** *(plan, project)* está todavía en fase de proyecto; IDIOM **back to the ~ board!** ¡hay que volver a empezar desde cero *or* el principio!; **~ paper** papel *m* de dibujo; *Br* **~ pin** *Esp* chincheta *f, Am* chinche *f*
-**2. ~ room** *(in house)* sala *f* de estar, salón *m*
-**3. ~ power** *(attractive capacity)* poder *m* de convocatoria
-**4.** FIN *US* **~ account** cuenta *f* de depósitos a la vista; **~ rights** derechos *mpl* de giro

drawl [drɔːl] ◇ *n* acento *m* cansino; **he spoke with a Texan ~** hablaba con un típico acento tejano
◇ *vt* arrastrar
◇ *vi* arrastrar los sonidos al hablar
drawn [drɔːn] ◇ *adj* -**1.** *(face, features)* demacrado(a); **to look ~** tener aspecto demacrado(a); **~ features** facciones demacradas
-**2.** *(game)* empatado(a)
◇ *pp of* **draw**
drawn-out ['drɔːn'aʊt] *adj* interminable, sempiterno(a); **a long ~ dispute** una disputa sempiterna
drawstring ['drɔːstrɪŋ] *n* cordón *m;* **~ hood/trousers** capucha/pantalón que se ata con un cordón
dray [dreɪ] *n (cart)* carreta *f*, carretón *m*
dread [dred] ◇ *n* pavor *m*, terror *m;* **she has a terrible ~ of heights** le tiene un pavor tremendo a las alturas; **she lives in ~ of her ex-husband** vive aterrorizada por su ex-marido; **he waited in ~ for the phone to ring** esperó aterrado a que sonara el teléfono
◇ *vt* **she dreaded telling him** la idea de decírselo le aterraba; **she's dreading the journey** la idea del viaje le aterra; **I ~ to think!** ¡me da pavor pensarlo!
◇ *adj Literary* sobrecogedor(ora)
dreaded ['dredɪd] *adj* temido(a), temible; *Hum* **they brought out the ~ holiday slides** sacaron las temidas diapositivas de sus vacaciones
dreadful ['dredfʊl] *adj* -**1.** *(terrible)* espantoso(a), horroroso(a); **to feel ~** *(ill, embarrassed)* sentirse muy mal *or Esp* fatal; **to look ~** tener un aspecto terrible; **how ~!** ¡qué horror! -**2.** *Fam (for emphasis)* **it's a ~ bore!** ¡es un aburrimiento total!; **it's a ~ shame!** ¡es una vergüenza absoluta!
dreadfully ['dredfʊli] *adv Fam* -**1.** *(very badly)* espantosamente, *Esp* fatal; **the children behaved ~** los niños se portaron muy mal *or Esp* fatal -**2.** *(very)* terriblemente; **I'm ~ sorry** lo siento muchísimo
dreadlocks ['dredlɒks], *Fam* **dreads** [dredz] *npl* trenzas *fpl* rastafari
dreadnought ['drednɔːt] *n* HIST acorazado *m*
dreads = dreadlocks
dream [driːm] ◇ *n* -**1.** *(during sleep)* sueño *m;* **to have a ~ (about)** soñar (con); **to have bad dreams** tener pesadillas; **sweet** *or* **pleasant dreams!** ¡que sueñes con los angelitos! ❑ **~ sequence** *(in movie)* sueño *m;* **the ~ time** *(Aboriginal)* = mítico periodo en el que, según la tradición aborigen australiana, se formó la tierra y sus pobladores; **~ world** mundo *m* de ensueño
-**2.** *(wish, fantasy, ideal)* sueño *m;* **her ~ was to become a pilot** su sueño era ser piloto; **the woman of his dreams** la mujer de sus sueños; **my ~ house/job** la casa/el trabajo de mis sueños, la casa/el trabajo que siempre soñé; **even in her wildest dreams she never thought she'd win first prize** nunca en la vida hubiera imaginado que iba a ganar el primer premio ❑ POL **a ~ ticket** *(candidates)* un equipo ganador
-**3.** *(daydream)* ensoñación *f;* **he's always in a ~** siempre está con la cabeza en las nubes, siempre está soñando despierto
-**4.** IDIOMS **a ~ come true** un sueño hecho realidad; **it worked like a ~** salió a la perfección; **my interview went like a ~** la entrevista me salió a las mil maravillas; *Fam* **a ~ of a house** una casa de ensueño; *Fam* **she's a real ~!** ¡es un encanto!, ¡es un sol!; *Fam* **in your dreams!** ¡ya te gustaría a ti!, ¡eso quisieras tú!
◇ *vt (pt & pp* **dreamt** [dremt] *or* **dreamed)** -**1.** *(in sleep)* **to ~ that...** soñar que...; **she dreamt she was flying** soñó que volaba; **you must have dreamt it** lo debes de haber soñado
-**2.** *(daydream)* soñar, imaginar; **to ~ idle dreams** perder el tiempo con fantasías
-**3.** *(imagine)* imaginar, soñar; **I never dreamt (that) you would take me seriously** nunca imaginé que me tomarías en serio

◇ *vi* -**1.** *(in sleep)* soñar **(of** *or* **about** con); **I must be dreaming!** ¡debo de estar soñando!
-**2.** *(daydream)* soñar despierto(a); **stop dreaming and get on with your work!** ¡deja de pensar en las musarañas y ponte a trabajar!; **for years she'd dreamt of having a cottage in the country** durante años soñó con tener una casita en el campo; IDIOM *Fam* **~ on!** *(that'll never happen)* ¡ya puedes esperar sentado(a)!; *(that's not the case)* ¡qué va!
-**3.** *Fam (imagine, consider)* **I wouldn't ~ of it!** ¡jamás se me ocurriría!; **she'd never ~ of complaining** nunca se le pasaría por la cabeza la idea de quejarse

◆ **dream away** *vt sep* **she would ~ away the hours watching the clouds float by** se pasaba las horas soñando, mirando pasar las nubes

◆ **dream up** *vt* idear, inventarse; **it's some new scheme the government has dreamt up** es un nuevo plan que se ha sacado de la manga el gobierno; **where did you ~ that one up?** ¿de dónde te has sacado eso?

dreamboat ['driːmbəʊt] *n Fam* bombón *m*
dreamer ['driːmə(r)] *n* -**1.** *(idealist, visionary)* visionario(a) *m,f* -**2.** *(daydreamer)* soñador(ora) *m,f*
dreamily ['driːmɪli] *adv (to act, move, speak)* como en sueños
dreamless ['driːmləs] *adj (sleep)* sin sueños
dreamlike ['driːmlaɪk] *adj* onírico(a)
dreamt *pt & pp of* **dream**
dreamy ['driːmi] *adj* -**1.** *(dreamlike)* soñador(ora); **the ~ look in her eye** su mirada soñadora -**2.** *Fam (wonderful)* de ensueño
dreary ['drɪəri] *adj* -**1.** *(bleak) (surroundings, weather)* deprimente -**2.** *(dull) (life, job)* triste, deprimente; *(person)* sombrío(a)
dreck [drek] *n US Fam* -**1.** *(rubbish)* porquería *f*, mierda *f* -**2.** *(excrement)* mierda *f*
dredge [dredʒ] ◇ *vt* -**1.** *(river)* dragar; *Fig* **she dredged her memory** rebuscó en su memoria -**2.** *(with flour, sugar)* espolvorear
◇ *n (net)* red *f* de arrastre

◆ **dredge up** *vt* -**1.** *(from river, canal)* sacar del agua al dragar -**2.** *(scandal, memory)* sacar a relucir
dredger ['dredʒə(r)] *n* -**1.** *(ship)* dragador *m* -**2.** *(for flour, sugar)* tamiz *m*
dregs [dregz] *npl (of drink)* posos *mpl;* **she drank the tea down to the ~** se bebió el té sin dejar ni una gota; *Fig* **the ~ of society** la escoria de la sociedad
drench [drentʃ] *vt* empapar **(with** *or* **in** con *or* en); **drenched to the skin** calado(a) hasta los huesos; **to be drenched with sweat** estar empapado(a) de sudor
Dresden ['drezdən] *n* Dresde ❑ **~ china** porcelana *f* de Dresde
dress [dres] ◇ *n* -**1.** *(for woman)* vestido *m*
-**2.** *(clothing)* traje *m;* **national ~** traje típico (del país); **formal ~** traje formal; **informal ~** vestido informal; **to have good/no ~ sense** saber/no saber vestirse, tener/no tener estilo para vestir ❑ **~ circle** *(in theatre)* piso *m* principal, palco *m* de platea; **~ code** normas *fpl* en el vestir, código *m* vestimentario; **~ rehearsal** *(of play)* ensayo *m* general; **~ shirt** camisa *f* de vestir; **a ~ suit** un traje de gala; **~ uniform** uniforme *m* de gala

◇ *vt* -**1.** *(person)* vestir; **to ~ oneself, to get dressed** vestirse; **to be dressed in black** ir vestido(a) de negro; **dressed in rags** andrajoso(a), harapiento(a); **dressed as a man** vestida *or* disfrazada de hombre; **dressed as a clown/a witch** *(for a party)* disfrazado(a) de payaso/de bruja; **well/badly dressed** bien/mal vestido(a); IDIOM **she was dressed to kill** iba imponente
-**2.** *(wound)* vendar
-**3.** *(salad)* aderezar, *Esp* aliñar; **dressed crab** changurro *m*
-**4.** *(finish) (stone, timber)* acabar
-**5.** AGR *(field)* abonar
-**6.** *(neuter) (animal)* castrar

dressage

-7. MIL **to ~ ranks** alinear a los soldados
◇ vi **-1.** (get dressed, wear clothes) vestirse; **to ~ well/badly** vestir(se) bien/mal; **to ~ in white** ir vestido(a) de blanco, vestir de blanco
-2. (dress formally) **to ~ for dinner** ponerse elegante *or* vestirse para la cena
◆ **dress down** ◇ vt sep (scold) regañar, *Esp* echar un rapapolvo a
◇ vi (wear casual clothes) ir vestido(a) con ropa informal
◆ **dress up** ◇ vt sep **-1.** (put on best clothes) arreglar, vestir de etiqueta; **she was all dressed up, she was dressed up to the nines** llevaba puestas sus mejores galas; IDIOM *Fam Hum* **all dressed up and nowhere to go** compuesta y sin novio
-2. (disguise) disfrazar (**as** de *or* como)
-3. (smarten) arreglar; **it's the same old clichés dressed up as new ideas** son los mismos tópicos de siempre disfrazados de ideas nuevas
◇ vi **-1.** (elegantly) arreglarse, vestirse de etiqueta
-2. (in fancy dress) disfrazarse (**as** de)
dressage ['dresɑːʒ] n doma f de caballos
dresser ['dresə(r)] n **-1.** (person) **a smart/sloppy ~** una persona elegante/descuidada vistiendo, una persona elegante/descuidada en el vestir **-2.** (in kitchen) aparador m **-3.** *US* (in bedroom) cómoda f **-4.** THEAT ayudante mf de camerino
dressing ['dresɪŋ] n **-1.** (putting clothes on) **~ gown** bata f; **~ room** THEAT camerino m; SPORT vestuario m; **~ table** tocador m **-2.** (for wound) vendaje m, gasa f ❑ MIL **~ station** puesto m de socorro, enfermería f **-3.** (for salad) aderezo m, *Esp* aliño m **-4.** *US* (stuffing) relleno m **-5.** AGR (fertilizer) abono m
dressing-down ['dresɪŋ'daʊn] n **to give sb a ~** regañar a alguien, *Esp* echar un rapapolvo a alguien
dressmaker ['dresmeɪkə(r)] n modisto(a) m,f; **~'s (shop)** taller m de costura *or* confección
dressmaking ['dresmeɪkɪŋ] n corte m y confección
dressy [dresɪ] adj *Fam* (clothes, person) elegante, puesto(a); (event) elegante
drew pt of **draw**
dribble ['drɪbəl] ◇ n **-1.** (saliva) baba f **-2.** (of blood, oil) reguero m **-3.** SPORT regate m, dribbling m
◇ vi **-1.** (person, baby) babear **-2.** (liquid) gotear; *Fig* **to ~ in/out** (people) entrar/salir poco a poco **-3.** SPORT avanzar con el balón controlado; **to ~ past a defender** regatear *or* driblar a un defensa
◇ vt **-1.** (trickle) **he was dribbling milk from his mouth** le salía un hilo de leche de la boca; **be careful with that jug, you're dribbling water everywhere!** ¡cuidado con la jarra, que estás derramando agua por todas partes! **-2.** SPORT (in football) regatear, driblar
dribbling ['drɪblɪŋ] n SPORT dribbling m
dribs [drɪbz] npl **in ~ and drabs** poco a poco, con cuentagotas
dried [draɪd] adj (meat, fish) desecado(a), en salazón; (milk, eggs) en polvo ❑ **~ flowers** flores fpl secas; **~ fruit** fruta f pasa
drier, dryer ['draɪə(r)] n **-1.** (for hair) secador m **-2.** (for clothes) (machine) secadora f; (rack) tendedero m
drift [drɪft] ◇ n **-1.** (of current) movimiento m, arrastre m; (of business, conversation) tendencia f; (of events) curso m ❑ **~ ice** masa f de hielo flotante; **~ net** (for fishing) red f de deriva
-2. (deviation from course) (of plane, ship) desviación f; **the ~ towards war** el inexorable rumbo hacia la guerra
-3. (meaning) (of person's words) sentido m, idea f; *Fam* **I get the ~** ya veo cuál es la idea; *Fam* **if you catch** *or* **get my ~** tú ya me entiendes, tú ya sabes por donde voy
-4. (of snow) ventisquero m
-5. LING evolución f

◇ vi **-1.** (boat) ir a la deriva; **to ~ off course**

desviarse del rumbo; **to ~ onto the rocks** ir a la deriva hacia las rocas
-2. (move without fixed aim) (economy) ir a la deriva; (conversation) derivar; (events) discurrir; (person) vagar, errar; **to let things ~** dejar que las cosas vayan a la deriva; **people drifted in and out during the speech** durante el discurso, la gente entraba y salía; **the conversation drifted from one topic to another** la conversación divagaba, saltando de un tema a otro; **to ~ apart** irse separando poco a poco; **to ~ into war/crime** ir derivando hacia la guerra/la delincuencia
-3. (sand, snow) amontonarse
◆ **drift off** vi (fall asleep) quedarse dormido(a)
drifter ['drɪftə(r)] n **-1.** (person) alma f errante
-2. (boat) trainera f
driftwood ['drɪftwʊd] n madera f flotante
drill [drɪl] ◇ n **-1.** (electric tool) taladradora f; (manual tool) taladro m (manual); (of dentist) torno m; (pneumatic) martillo m neumático ❑ **~ hole** (in wood, brick) taladro m; (for oil well) perforación f
-2. (bit) **~ (bit)** broca f
-3. (training, exercises) ejercicio m ❑ **~ sergeant** (in army) sargento(a) m,f de instrucción
-4. *Br Fam* (routine, method) **I know the ~** ya conozco el procedimiento; **what's the ~?** (what do you want me to do?) ¿qué tengo que hacer?; (what's the system or method?) ¿cómo se hace?
-5. (material) dril m
-6. AGR (machine) sembradora f
-7. AGR (furrow) surco m
◇ vt **-1.** (well, road) perforar; **to ~ a hole in sth** taladrar un agujero en algo; **to ~ a tooth** hacer un agujero en un diente con el torno
-2. (train) (soldiers) entrenar; **to ~ pupils in pronunciation** hacer practicar la pronunciación a los alumnos; *Fam* **to ~ sth into sb** meterle algo en la cabeza a alguien
◇ vi **-1.** (in ground) **to ~ for oil** hacer perforaciones en búsqueda *or Esp* busca de petróleo
-2. (troops) entrenar, practicar
drilling ['drɪlɪŋ] n **~ platform** plataforma f de perforación (petrolífera); **~ rig** torre f de perforación (petrolífera)
drily, dryly ['draɪlɪ] adv (to comment) lacónicamente
drink [drɪŋk] ◇ n **-1.** (in general) bebida f; **a ~ of water/milk** un vaso de agua/leche; **hot/cold drinks** bebidas calientes/frías; **give the children a ~** dale algo de beber a los niños; **there's plenty of food and ~** hay comida y bebida de sobra ❑ **drinks machine** máquina f (expendedora) de bebidas
-2. (alcoholic) copa f; **to have a ~** tomar una copa; **to go for a ~** ir a tomar una copa; **to be the worse for ~** haber tomado una copa de más; **to take to ~** darse a la bebida; **to have a ~ problem** tener un problema con la bebida
-3. *Fam* **the ~** (the sea) el mar
◇ vt (pt **drank** [dræŋk], pp **drunk** [drʌŋk]) beber, tomar; **would you like something to ~?** ¿quieres tomar algo?; **to ~ sb's health** brindar a la salud de alguien; **to ~ sb under the table** aguantar bebiendo *or Am* tomando más que alguien; **to ~ oneself to death** morir alcoholizado(a) *or* por el alcohol; **he drank himself into a stupor** se emborrachó tanto que quedó totalmente aturdido
◇ vi **-1.** (generally) beber; **she drank out of** *or* **from the bottle** bebió directamente de la botella
-2. (drink alcohol) beber, *Am* tomar; **I don't ~** no bebo, *Am* no tomo; **don't ~ and drive** si bebes no conduzcas, *Am* si tomas no manejes; **to ~ to sb/sth** brindar por alguien/algo; IDIOM *Fam* **to ~ like a fish** beber como un cosaco
◆ **drink in** vt sep (fresh air) respirar; (words)

absorber; (applause) regodearse con; (view) admirar embelesado(a); **to ~ in the atmosphere** empaparse del ambiente
◆ **drink up** ◇ vt sep beberse todo
◇ vi **~ up!** (in pub) ¡vayan terminando!
drinkable ['drɪŋkəbəl] adj (water) potable; (wine, beer) pasable, aceptable
drink-driver ['drɪŋk'draɪvə(r)] n *Br* conductor(ora) m,f en estado de embriaguez
drink-driving ['drɪŋk'draɪvɪŋ] n *Br* **he was arrested for ~** lo detuvieron por conducir *or Am* manejar en estado de embriaguez
drinker ['drɪŋkə(r)] n bebedor(ora) m,f; **I'm not a coffee ~** no suelo tomar café; **he's a heavy ~** es un bebedor empedernido
drinking ['drɪŋkɪŋ] n **heavy ~ is bad for you** beber *or Am* tomar mucho es malo; **his ~ is becoming a problem** está empezando a beber demasiado; **it was her ~ that destroyed the marriage** la afición de ella a la bebida destruyó el matrimonio; **his ~ companions** sus compañeros de borracheras; **I'm not a ~ man** no suelo beber *or Am* tomar; **~ and driving** conducción en estado de embriaguez ❑ **~ chocolate** chocolate m a la taza (poco espeso); **~ fountain** fuente f (de agua potable); **~ song** canción f de taberna; **~ straw** pajita f, *Col, Ven* pitillo m, *Méx* popote m; **~ water** agua f potable; **the village's ~ water is contaminated** el agua del pueblo no es apta para su consumo
drinking-up time ['drɪŋkɪŋ'ʌptaɪm] n *Br* = tiempo que tienen los clientes de un bar para acabarse las bebidas después de la hora oficial de cierre
drip [drɪp] ◇ n **-1.** (drop) gota f; (sound) goteo m; **I caught the drips in a bucket** puse un balde para recoger las gotas que caían
-2. (in hospital) gota a gota m inv; **she's on a ~** le han puesto suero
-3. *Fam* (weak person) sosaina mf
◇ vt (pt & pp **dripped**) gotear; **you're dripping water all over the floor** estás derramando agua por todo el suelo; **his words dripped venom** sus palabras destilaban veneno
◇ vi **-1.** (liquid) gotear; **the rain is dripping down my neck** me entra la lluvia por el cuello; **sweat dripped from his brow** le caían gotas de sudor de la frente
-2. (tap, nose, washing, hair, trees) gotear; (walls) estar empapado(a); **to be dripping with sweat/blood** estar empapado(a) en sudor/sangre
-3. (have to excess) **to be dripping with jewels** ir cargado(a) de joyas; **dripping with sentimentality** preñado(a) de sentimentalismo
drip-dry ['drɪp'draɪ] ◇ adj que no necesita plancha
◇ vt colgar a secar en una percha
◇ vi secarse en una percha
drip-feed ['drɪpfiːd] ◇ n (device) gota a gota m, goteo m; (solution) suero m (intravenoso)
◇ vt poner el gota a gota a, alimentar con suero intravenoso a
dripping ['drɪpɪŋ] ◇ n grasa f
◇ adj **a ~ tap** *Esp* un grifo *or Chile, Col, Méx* una llave *or RP* una canilla que gotea
◇ adv **to be ~ wet** estar empapado(a)
drip-proof ['drɪp'pruːf] adj (paint, varnish) que no gotea
drippy ['drɪpɪ] adj **-1.** *Fam Pej* (person) blandengue **-2.** (tap, nose) que gotea
drive [draɪv] ◇ n **-1.** (trip) viaje m (en coche *or Am* carro *or CSur* auto); **it's an hour's ~ away** está a una hora en coche *or Am* carro *or CSur* auto; **to go for** *or* **take a ~** dar una vuelta en coche *or Am* carro *or CSur* auto
-2. AUT (of car) tracción f; **four-wheel ~** (car) cuatro por cuatro, vehículo con tracción a *or Am* en las cuatro ruedas; (system) tracción a *or Am* en las cuatro ruedas; **left-hand ~** (car) vehículo con el volante al *or Am* del lado izquierdo ❑ **~ belt** correa f de transmisión; **~ shaft** (eje m de) transmisión f
-3. COMPTR unidad f de disco
-4. MIL ofensiva f

-5. SPORT *(in golf)* golpe *m* largo, drive *m*; *(in tennis)* golpe *m* natural, drive *m*; *(in soccer)* disparo *m* fuerte; *(in American football)* avance *m* ofensivo, ataque *m*
-6. *(of house)* camino *m* de entrada
-7. *(street)* calle *f*
-8. *(initiative, energy)* brío *m*, empuje *m*; **to have plenty of ~** tener mucho brío *or* empuje; **he lacks ~** le falta brío *or* empuje
-9. *(strong need)* instinto *m*
-10. *(campaign)* **sales/membership ~** campaña de ventas/para captar socios; **we're on an economy ~** estamos en una campaña de ahorro
-11. *(of cattle)* = traslado de ganado vacuno en manadas
-12. *(competition)* *(of whist, bridge)* competición *f*, *Am* competencia *f*
◇ *vt (pt* **drove** [drəʊv], *pp* **driven** [ˈdrɪvən]) **-1.** *(car, train)* conducir, *Am* manejar; *(racing car, motor boat)* pilotar; **to ~ sb to school** llevar a alguien al colegio en coche *or Am* carro *or CSur* auto; **could you ~ me home/into town?** ¿me puedes llevar (en coche *or Am* carro *or CSur* auto) a casa/al centro?; **she drove the car into a tree** empotró el coche *or Am* carro *or CSur* auto contra un árbol; **she drives a BMW** tiene un BMW; **I ~ a truck** soy camionero
-2. *(cover)* *(distance)* cubrir; **we drove 400 miles in a day** cubrimos 400 millas en un día
-3. *(direct, guide, force)* *(cattle, people)* conducir, guiar; **to ~ sb to do sth** empujar a alguien a que haga algo; **to ~ prices up/down** hacer que los precios suban/bajen; **we were driven off course by the wind** el viento nos apartó de nuestro rumbo; **they have driven us into a corner** nos han arrinconado; **the movement was driven underground** el movimiento se vio forzado a pasar a la clandestinidad; **he was driven to it** se vio forzado a ello; **driven by jealousy, he killed her** guiado por los celos, la mató; **the situation is driving me to despair/distraction** la situación me está desesperando/sacando de quicio; **to ~ sb to drink** hacer que alguien se dé a la bebida; *Fam* **it's enough to ~ you to drink!** ¡es como para volverse loco(a)!; **to ~ sb mad** *or* **crazy** volver loco(a) a alguien; IDIOM *Fam* **to ~ sb round the bend** *or* **twist** agotar la paciencia a alguien, *Esp* hacer que alguien acabe hasta el gorro, *RP* inflar a alguien; *Fam* **it drives me wild** *(I love it)* me vuelve loco; **to ~ oneself too hard** *(at work)* matarse a trabajar; **to ~ a hard bargain** ser un(a) duro(a) negociador(ora), no regalar nada a nadie
-4. *(hammer)* **to ~ a nail home** clavar un clavo; IDIOM **to ~ a point home:** **she used shocking examples to ~ her point home** usó ejemplos impactantes para dejarlo bien claro
-5. *(bore)* *(hole)* hacer; *(shaft, tunnel)* abrir
-6. *(machine)* impulsar, hacer funcionar; **to be driven by electricity** funcionar con electricidad; *Fig* **he is driven by a desire for revenge** lo motiva *or* impulsa un deseo de venganza
-7. *(expel)* **they were driven from the country/their homes** fueron forzados a abandonar su país/sus hogares; **he was driven out of office** fue obligado a abandonar el cargo
-8. *(hit hard)* *(in soccer)* lanzar con fuerza; **she drove the ball past her opponent** *(in tennis)* superó a su rival en un drive; **he drove the ball 250 yards** *(in golf)* hizo un drive de 250 yardas; **to ~ a post into the ground** clavar un poste en el suelo; *Fig* **he really drove the message home** dejó bien claro su mensaje
◇ *vi* **-1.** *(in car)* conducir, *Am* manejar; **can you ~?** ¿sabes conducir *or Am* manejar?; **I've decided to ~ rather than take the train** he decidido ir en coche *or Am* carro *or CSur* auto en vez de en tren; **to ~ at 100 km/h** ir a 100 km/h.; **to ~ to work** ir al trabajo en coche *or Am* carro *or CSur* auto; **we drove home/down to the coast** fuimos en coche *or Am* carro *or CSur* auto a casa/a la costa; **they drove all night** viajaron toda la noche; **they ~ on the left** circulan por la izquierda
-2. *(car)* responder; *Fam* **it drives like a dream** responde de maravilla
-3. *(army, herd of cattle)* avanzar; **they drove towards the coast** avanzaron hacia la costa
-4. *(dash)* golpear, azotar; **rain was driving against the window** la lluvia golpeaba la ventana
-5. *(in American football)* **they drove upfield** avanzaron hacia *Esp* la portería contraria *or Am* el arco contrario

◆ **drive against** *vt insep (of rain, hail)* golpear con fuerza
◆ **drive at** *vi* **what are you driving at?** ¿qué estás insinuando?
◆ **drive away** ◇ *vt sep* **-1.** *(car)* **you can ~ the car away today** se puede llevar el automóvil hoy mismo; **to ~ sb away** llevarse a alguien en un coche *or Am* carro *or CSur* auto **-2.** *(cause to leave)* *(person)* expulsar; *(animal)* ahuyentar; *Fig* **to ~ sb away** *(alienate)* ahuyentar a alguien
◇ *vi (in car)* irse, marcharse *(en vehículo)*
◆ **drive back** *vt sep (enemy, opposition)* hacer retroceder
◆ **drive by** *vi* **they waved to us as they drove by** nos saludaron cuando pasaron por delante de nosotros; **they drove by without stopping** pasaron de largo
◆ **drive in** *vt sep (nail, stake)* clavar
◆ **drive into** *vt insep (crash into)* chocar contra
◆ **drive off** ◇ *vt sep (repel)* repeler
◇ *vi* **-1.** *(in car)* irse **-2.** *(in golf)* salir
◆ **drive on** ◇ *vi (in car)* seguir adelante
◇ *vt sep (push)* empujar
◆ **drive out** *vt sep (person)* expulsar; *(thought)* alejar; **to ~ out evil spirits** *(from a place, person)* alejar los malos espíritus
◆ **drive over** *vi* ir en coche *or Am* carro *or CSur* auto
◆ **drive past** ◇ *vt insep (in car)* **we drove past a castle** pasamos por delante de un castillo
◇ *vi (in car)* pasar de largo
◆ **drive up** *vi (person)* llegar *(en vehículo)*; *(car)* llegar

drive-by [ˈdraɪvbaɪ] *adj* **~ shooting** *or* **killing** tiroteo *or* asesinato desde un vehículo
drive-in [ˈdraɪvɪn] *n* **~ (cinema)** autocine *m*; **~ (restaurant)** = establecimiento de comida rápida que atiende a los clientes sin que éstos necesiten salir de su vehículo
drivel [ˈdrɪvəl] ◇ *n Fam Esp* chorradas *fpl*, *CAm, Méx* babosadas *fpl*, *Chile* leseras *fpl*, *CSur, Perú, Ven* macanas *fpl*; **to talk ~** decir chorradas
◇ *vi* **-1.** *(speak foolishly)* decir *Esp* chorradas *or CAm, Méx* babosadas *or Chile* leseras *or CSur, Perú, Ven* macanas; **what's he drivelling on about?** ¿qué chorradas está contando?
-2. *(dribble)* babear
drivelling, *US* **driveling** [ˈdrɪvəlɪŋ] *adj Fam* charlatán(ana), *CSur* macaneador(ora); **you ~ idiot!** ¡vaya tonterías que dices!
driven [ˈdrɪvən] ◇ *pp of* **drive**
◇ *adj* **-1.** *(ambitious)* ambicioso(a) **-2.** *(snow)* arrastrado(a) por el viento
-driven [ˈdrɪvən] *suffix* **-1.** *(fuelled by)* **steam~** de vapor **-2.** *(lead by)* **market/consumer~** impulsado(a) por el mercado/por los consumidores
driver [ˈdraɪvə(r)] *n* **-1.** *(of car, bus)* conductor(ora) *m,f*; *(of lorry)* camionero(a) *m,f*; *(of taxi)* taxista *mf*; *(of train)* maquinista *mf*; *(of racing car, motor boat, bobsleigh)* piloto *mf*; *(of horse-drawn vehicle)* cochero(a) *m,f*; **he's a good/bad ~** es un buen/mal conductor ❑ **drivers' championship** *(in motor racing)* campeonato *m* de pilotos; *US* **~'s license** *Esp* carné *m* *or* permiso *m* de conducir, *Bol, Ecuad, Perú* brevet *m*, *Carib* licencia *f* de conducir, *Méx* licencia *f* de manejar *or para* conducir, *RP* permiso *m* de conductor, *Urug* libreta *f* de manejar; **~'s seat** asiento *m* del conductor; IDIOM **to be in the ~'s seat** estar al mando
-2. *(golf club)* driver *m*, madera *f* n°1
-3. COMPTR controlador *m*
-4. *(determining factor)* factor *m* crucial
drive-through [ˈdraɪvθruː] *n* = establecimiento que atiende a sus clientes a través de una ventana sin que tengan que salir del automóvil
drive-time [ˈdraɪvtaɪm] *n* = la hora punta durante la cual aumenta el número de oyentes radiofónicos; RAD **~ programme** = programa dirigido a los conductores (durante la hora punta)
driveway [ˈdraɪvweɪ] *n* camino *m* de entrada
driving [ˈdraɪvɪŋ] ◇ *n* **-1.** *(in car)* conducción *f*, *Am* manejo *m*; **I like ~** me gusta conducir *or Am* manejar; **his ~ is awful** conduce *or Am* maneja muy mal; LAW **he was charged with ~** *Br* **under the influence** *or US* **while intoxicated** lo acusaron de conducir *or Am* manejar en estado de embriaguez; IDIOM **to be in the ~ seat** estar al mando ❑ **~ conditions** condiciones *fpl* de conducción *or Am* manejo; **~ instructor** profesor(ora) *m,f* de autoescuela; **~ lessons** clases *fpl* de conducir *or Am* manejar; *Br* **~ licence** *Esp* carné *m* *or* permiso *m* de conducir, *Bol, Ecuad, Perú* brevet *m*, *Carib* licencia *f* de conducir, *Méx* licencia *f* de manejar *or para* conducir, *RP* permiso *m* de conductor, *Urug* libreta *f* de manejar; **~ mirror** espejo *m* retrovisor; **~ school** autoescuela *f*; **~ test** examen *m* de conducir; **to pass one's ~ test** aprobar el examen de conducir
-2. *(in golf)* **~ range** campo *m* de tiro *or* prácticas (para golf)
◇ *adj* **-1.** *(rain)* torrencial; **we could hardly see because of the ~ snow** apenas había visibilidad debido a la ventisca de nieve
-2. *(motivating)* *(ambition)* **her ~ ambition spurred her on** la ambición era lo que la espoleaba a seguir; **the ~ force (behind sth)** la fuerza motriz (detrás de algo)
-3. TECH *(powered)* *(shaft, belt)* motor(triz) ❑ **~ wheel** rueda *f* motriz
drizzle [ˈdrɪzəl] ◇ *n* llovizna *f*, *Andes, RP* garúa *f*
◇ *vi* lloviznar, chispear, *Andes, RP* garuar; **it's drizzling** está lloviznando *or Andes, RP* garuando
drizzly [ˈdrɪzlɪ] *adj* **a ~ day** un día de llovizna *or Andes, RP* garúa
droll [drəʊl] *adj* **-1.** *(comical)* gracioso(a); *Ironic* **oh, very ~!** ¡muy gracioso! **-2.** *(odd, quaint)* singular, curioso(a)
drollery [ˈdrəʊlərɪ] *n (joking)* bromas *fpl*, chistes *mpl*
dromedary [ˈdrɒmədərɪ] *n* dromedario *m*
drone [drəʊn] ◇ *n* **-1.** *(bee)* zángano *m* **-2.** *Pej (person)* zángano(a) *m,f* **-3.** *(noise)* *(of bee, engine, aircraft)* zumbido *m*; **the ~ of his voice** el zumbido de su voz **-4.** MUS *(of bagpipe)* *(pipe)* roncón *m* **-5.** *(plane)* avión *m* teledirigido
◇ *vi (bee, engine, aircraft)* zumbar
◆ **drone on** *vi* **to ~ on about sth** soltar una perorata sobre algo; **he was still droning on an hour late** una hora más tarde todavía seguía con su cantinela
drongo [ˈdrɒŋgəʊ] *(pl* **drongoes** *or* **drongos)** *n Austr Fam* imbécil *mf*, inútil *mf*
drool [druːl] ◇ *n US* **-1.** *(saliva)* baba *f* **-2.** *(nonsense)* *Esp* chorradas *fpl*, *Am* disparates *mpl*, *CAm, Méx* babosadas *fpl*, *Chile* leseras *fpl*, *CSur, Perú, Ven* macanas *fpl*
◇ *vi* babear; *Fig* **she was drooling at the idea** se le caía la baba con sólo pensarlo; *Fig* **she was drooling over him** se le caía la baba con él
droop [druːp] ◇ *n* **he could tell she was tired from the ~ of her shoulders** sabía que estaba cansada porque encorvaba los hombros
◇ *vi* **-1.** *(bow, slope)* *(head)* inclinarse; *(shoulders)* encorvarse **-2.** *(bend, collapse)* *(flower)* marchitarse; *Fig (person)* desanimarse

drooping ['druːpɪŋ] *adj* **-1.** *(eyelids, shoulders)* caído(a); *(moustache)* lacio(a) **-2.** *(flagging)* **to revive sb's ~ spirits** levantar el ánimo de alguien

droopy ['druːpɪ] *adj* *(ears, eyelids, shoulders)* caído(a); *(moustache)* lacio(a); **we were all feeling pretty ~** estábamos todos bastante cansados

drop [drɒp] ◇ *n* **-1.** *(of liquid)* gota *f*; **there hasn't been a ~ of rain for weeks** no ha caído una gota de agua desde hace semanas; **would you like a ~ of wine?** ¿quieres un poco de vino?, *Esp* ¿te apetece un poco de vino?; **could I have a ~ more coffee?** ¿me podrías poner un poquitín *or* poquitito más de café?; **you've had a ~ too much** *(to drink) Esp* llevas una copa de más, *Am* tienes unas copas de más; **I haven't touched a ~ since** desde entonces no he bebido *or Am* tomado ni una gota; IDIOM **it's only a ~ in the ocean** no es más que un grano de arena en el desierto
-2. drops *(for eyes, nose)* gotas *fpl*
-3. *(decrease) (in price, temperature, voltage)* caída *f*, descenso *m* (**in** de); **a ~ in our wages** una reducción de nuestros sueldos
-4. *(fall)* caída *f*, descenso *m*; *(in parachuting)* salto *m*; **a ~ of 10 metres** una caída de 10 metros; **a sudden ~ in the ground level** una caída repentina del terreno; IDIOM **I'd go there at the ~ of a hat** iría allí sin pensarlo *or Esp* pensármelo dos veces; IDIOM **we have to be ready to change our strategy at the ~ of a hat** tenemos que estar preparados para cambiar nuestra estrategia de un momento a otro *or* de la noche a la mañana; IDIOM *US Fam* **to have the ~ on sb** sacar ventaja a alguien ❑ **~ tank** *(on aircraft)* depósito *m* lanzable
-5. *(of supplies) (by parachute)* suministro *m* aéreo; **to make a ~** lanzar suministros ❑ **~ zone** = zona sobre la que se lanzan suministros
-6. SPORT *(in golf)* drop *m*; **to take a ~** dropar ❑ **~ ball** *(in soccer)* saque *m* neutral; **~ goal** *(in rugby)* gol *m* de botepronto; **~ handlebars** manillar *m* de cuerno de cabra; **~ kick** *(in rugby)* (puntapié *m* de) botepronto *m*; **~ shot** *(in tennis, badminton)* dejada *f*
-7. *(sweet)* caramelo *m*; **lemon/fruit ~** caramelo de limón/frutas
-8. *(earring) Esp* pendiente *m*, *Am* arete *m* *(en forma de lágrima)*; *(on chandelier)* lágrima *f*
-9. *(collection point)* punto *m* de recogida
-10. THEAT *(trapdoor)* trampilla *f*, escotillón *m*; **~ (curtain)** telón *m*
-11. TYP **~ cap** letra *f* capitular
-12. TECH **~ forge** *or* **hammer** *(in foundry)* martinete *m*

◇ *vt* *(pt & pp* **dropped***)* **-1.** *(allow to fall)* *(accidentally)* dejar caer; *(deliberately)* tirar, dejar caer, *Andes, CAm, Carib, Méx* botar; *(bomb)* lanzar, tirar; **I've dropped my watch** se me ha caído el reloj; **he dropped the catch** *(in cricket, baseball)* se le cayó la pelota en la recepción; **~ it!** *(to dog)* ¡déjalo!, ¡suelta!; **they dropped food by parachute** lanzaron alimentos mediante paracaídas; **I'll ~ it in the post** *or* **mail** lo mandaré por correo; **to ~ a curtsy** hacer una reverencia; **to ~ anchor** echar el ancla; **to ~ one's trousers** bajarse los pantalones; IDIOM **to ~ sb in it** meter a alguien en un lío
-2. *(lower) (prices)* bajar; *(hem)* bajar; **she dropped her eyes/voice** bajó los ojos/la voz; **~ your speed** reduzca la velocidad
-3. *(person from car)* dejar; **I'll ~ you at the station** te dejaré en la estación
-4. *(deliver)* dejar; **we dropped the parcel at John's on the way home** de camino a casa dejamos el paquete en casa de John
-5. *(abandon)* *(idea, plan)* abandonar; *(subject, boyfriend)* dejar; **we dropped everything and ran outside** dejamos todo y salimos corriendo; **I can't ~ everything just because you're here** no puedo dejarlo todo sólo porque estés aquí; **to ~ sb** *(as friend)* abandonar *or* dejar a alguien; **to ~ maths/French** dejar las matemáticas/el francés; **let's ~ the subject** dejemos el tema; *Fam* **just ~ it, will you!** *(change subject)* ¡basta ya, por favor!, *Esp* déjalo ya, ¿te parece?; LAW **to ~ the charges** retirar los cargos
-6. *(omit)* *(letter, syllable)* saltarse, omitir; *(not pronounce)* no pronunciar; *(story, article)* no publicar; **to ~ sb from a team** excluir a alguien de un equipo; **he drops his h's** *or* **aitches** no pronuncia la hache; **I've dropped a stitch** se me ha salido un punto; **you can ~ the "doctor"** no hace falta que me llames "doctor"; **let's ~ the formalities, shall we?** dejemos las formalidades a un lado, ¿de acuerdo?
-7. *(lose)* *(points, set)* perder; **he dropped $50 on the deal** perdió 50 dólares en el trato
-8. *(give)* **to ~ sb a line/a card** mandar unas líneas/una postal a alguien
-9. *(utter)* **to ~ (sb) a hint** lanzar una indirecta (a alguien); **she let (it) ~ that she had been there** *(accidentally)* se le escapó que había estado allí; *(deliberately)* dejó caer que había estado allí; IDIOM **to ~ names** dárselas de conocer a muchos famosos
-10. *(in rugby)* **to ~ a goal** marcar un gol de botepronto
-11. *(in golf)* **to ~ a shot** hacer un bogey
-12. *Fam (knock down)* tumbar
-13. *Am Fam (spend)* pulirse
-14. *(of animal) (give birth)* tener
-15. *Fam* **to ~ acid** tomarse *or* meterse un ácido

◇ *vi* **-1.** *(object, liquid)* caer, caerse; *(ground)* caer; **it dropped onto the floor** se cayó al suelo; **it dropped out of my pocket** se me cayó del bolsillo; **to ~ into sb's lap** *(opportunity)* llegarle a alguien como venido(a) *or* llovido(a) del cielo; **the road drops into the valley** la carretera desciende hacia el valle; THEAT **the curtain dropped** cayó el telón
-2. *(sink down, collapse, sag)* caer; **she dropped into an armchair** se dejó caer en un sillón; **he dropped to the ground** se echó al suelo; **she dropped to her knees** cayó de rodillas; **my jaw dropped** me quedé boquiabierto; *Fam* **I'm ready** *or* **fit to ~** estoy hecho polvo, *Esp* estoy para el arrastre; *Fam* **we danced until we dropped** bailamos hasta más no poder *or* hasta caer rendidos; **he'll work until he drops** trabajará hasta caer rendido; IDIOM *Fam* **people are dropping like flies** la gente está cayendo como moscas; **to ~ dead** caerse muerto; *Fam* **~ dead!** ¡muérete!, *RP* ¡morite!
-3. *(prices, temperature, demand)* caer, bajar; *(voice)* bajar; *(wind)* amainar; *(speed)* disminuir; **inflation has dropped below 3 percent** la inflación ha caído por debajo del 3 por ciento; **the temperature dropped below zero** las temperaturas descendieron por debajo de los cero grados; **shares dropped a point** las acciones cayeron un entero; **the pound dropped three points against the dollar** la libra bajó tres enteros frente al dólar; **the Stealers have dropped to seventh in the league** los Stealers han descendido al séptimo puesto de la liga
-4. *(subject)* **we have decided to let the matter ~** hemos decidido pasar por alto el asunto; *Fam* **let it ~!** ¡basta ya!, *Esp* ¡déjalo ya!, *RP* ¡acabala!
-5. *(animal) (give birth)* parir

◆ **drop away** *vi* **-1.** *(ground)* descender **-2.** *(interest, membership, attendance)* disminuir

◆ **drop back** *vi* *(intentionally)* retrasarse, *Am* demorarse; **he's dropped back from third to fifth place** ha pasado del tercer al quinto puesto

◆ **drop behind** ◇ *vt insep* **she has dropped behind the rest of the class** ha quedado rezagada respecto al resto de la clase
◇ *vi* *(athlete)* rezagarse; **you've been dropping behind with your schoolwork** te has ido retrasando con tus estudios

◆ **drop by** ◇ *vt insep* **why don't you ~ by our house some time?** ¿por qué no te pasas por nuestra casa un rato de éstos?
◇ *vi* **I thought I'd ~ by for a chat** se me ocurrió pasarme a charlar *or CAm, Méx* platicar un rato

◆ **drop down** *vi* *(person)* agacharse; *(table leaf)* abatirse

◆ **drop in** ◇ *vt sep* *(deliver)* **I'll ~ it in on my way to work** pasaré a dejarlo de camino al trabajo
◇ *vi* **he dropped in yesterday** se pasó por aquí ayer; **to ~ in on sb** pasar a visitar a alguien

◆ **drop off** ◇ *vt sep* *(person from car)* dejar; **he called round to ~ some work off for me** se acercó para traerme algo de trabajo
◇ *vi* **-1.** *(fall)* caerse **-2. to ~ off (to sleep)** quedarse dormido(a) **-3.** *(interest, membership, attendance)* bajar, disminuir

◆ **drop out** *vi* **-1.** *(from a contest)* retirarse **-2.** *(from society)* marginarse **-3. to ~ out of school/university** dejar la escuela/la universidad

◆ **drop round** ◇ *vt sep (deliver)* entregar, llevar; **I'll ~ it round at your place tomorrow** lo dejaré en tu casa mañana
◇ *vi (visit)* pasarse

drop-dead gorgeous ['drɒpded'gɔːdʒəs] *adj Fam* guapísimo(a); **to be/look ~** estar como un tren *or* para parar un tren

drop-down menu ['drɒpdaʊn'menjuː] *n* COMPTR menú *m* desplegable

drop-forge ['drɒp'fɔːdʒ] *vt* TECH forjar con el martinete

drophead coupé ['drɒphedkuː'peɪ] *n Br* cupé *m* descapotable

drop-in centre ['drɒpɪnsentə(r)] *n Br* = centro asistencial en el que no se necesita cita previa

drop-kick ['drɒpkɪk] *vt (ball)* golpear con un puntapié de botepronto; *(goal)* marcar de botepronto

drop-leaf table ['drɒpliːf'teɪbəl] *n* mesa *f* de alas

droplet ['drɒplɪt] *n* gotita *f*

drop-off ['drɒpɒf] *n* **-1.** *(decrease)* descenso *m* **-2.** *US (descent)* descenso *m*

dropout ['drɒpaʊt] *n Fam* **-1.** *(from society)* marginado(a) *m,f* **-2.** *(from school, university)* = persona que ha abandonado los estudios ❑ **~ rate** *(from university)* índice *m* de abandono de los estudios

drop-out ['drɒpaʊt] *n (in rugby)* saque *m* de 22

dropper ['drɒpə(r)] *n (for medicine)* cuentagotas *m inv*

dropping-off ['drɒpɪŋ'ɒf] *n (decrease)* descenso *m*

droppings ['drɒpɪŋz] *npl* excrementos *mpl*

drop-scone ['drɒpskɒn] *n Br* = tortita gruesa y esponjosa

dropsy ['drɒpsɪ] *n* MED hidropesía *f*

dross [drɒs] *n* **-1.** *(waste coal)* escoria *f* **-2.** *Fam (rubbish)* porquería *f*, basura *f*; **the movie was a load of ~** la película era una auténtica basura *or* porquería

drought [draʊt] *n* sequía *f*

drove [drəʊv] ◇ *n (of animals)* manada *f*; *(of people)* horda *f*, legión *f*; **in droves** en manadas; *Hum* **people stayed away in droves** asistieron cuatro gatos
◇ *pt of* **drive**

drover ['drəʊvə(r)] *n* conductor *m* de ganado, *RP* tropero *m*

drown [draʊn] ◇ *vt* **-1.** *(kill by drowning)* ahogar; **to be drowned** morir ahogado(a); **to ~ oneself** ahogarse; IDIOM **to ~ one's sorrows (in drink)** ahogar las penas (en alcohol)
-2. *(flood)* *(field, village)* inundar; **he drowned his food in ketchup** inundó de

ketchup la comida; **don't ~ it!** *(my drink)* ¡no me lo vayas a aguar!
-3. *(make inaudible)* ahogar; **his voice was drowned (out) by the music** la música ahogaba su voz
◇ *vi (die by drowning)* ahogarse
◆ **drown out** *vt sep* ahogar

drowned ['draʊnd] *adj* ahogado(a); IDIOM **to look like a ~ rat** ir calado(a) hasta los huesos

drowning ['draʊnɪŋ] ◇ *n (death)* **there have been four drownings** *or* **cases of ~ this year** se han ahogado cuatro personas este año; **to save sb from ~** salvar a alguien de morir ahogado(a)
◇ *adj* **a ~ man** un hombre que se está ahogando; **the last thoughts of the ~ man were of his family** la familia ocupó los últimos pensamientos del hombre que se ahogaba; PROV **a ~ man will clutch at a straw** = en una situación desesperada uno se agarra a un clavo ardiendo

drowse [draʊz] *vi* dormitar

drowsiness ['draʊzɪnɪs] *n* somnolencia *f*, sueño *m*; **may cause ~** *(on label)* puede causar somnolencia

drowsy ['draʊzɪ] *adj (person)* somnoliento(a), soñoliento(a); *(afternoon)* soporífero(a); **to be ~** estar somnoliento(a); **to make sb (feel) ~** *(atmosphere, drug)* amodorrar

drub [drʌb] *(pt & pp* **drubbed***) vt (defeat thoroughly)* aplastar, hundir

drubbing ['drʌbɪŋ] *n Fam (thorough defeat)* paliza *f*; **to give sb a real ~** dar una buena paliza a alguien; **to get a good ~** ser vapuleado

drudge [drʌdʒ] ◇ *n* = persona que tiene un trabajo pesado y aburrido
◇ *vi* trajinar

drudgery ['drʌdʒərɪ] *n* trabajo *m* (duro y) rutinario; **the sheer ~ of it!** ¡qué lata de trabajo!

drug [drʌg] ◇ *n* **-1.** *(medicine)* medicamento *m*; **he was put on drugs by the doctor** el médico le recetó varios medicamentos
-2. *(illegal)* droga *f*; **hard/soft drugs** drogas duras/blandas; **to be on drugs** *(as a habit)* drogarse, tomar drogas; *(at particular time)* estar drogado(a); **to take** *or* **do drugs** drogarse, tomar drogas; **I don't do drugs** no tomo drogas; IDIOM **music is (like) a ~ for him** para él, la música es (como) una droga ❑ **~ abuse** drogadicción *f*; **~ addict** drogadicto(a) *m,f*, toxicómano(a) *m,f*; **~ addiction** drogadicción *f*; **~ baron** capo *m* de la droga, gran narco *m*; **~ czar** jefe(a) *m,f* de la lucha contra la droga; **~ dealer** *(large-scale)* narcotraficante *mf*, traficante *mf* de drogas; *(small-scale)* traficante *mf* de drogas; **~ dealing** tráfico *m* de estupefacientes *or* drogas; **Drug Enforcement Administration** = departamento estadounidense de lucha contra la droga; *Fam* **~ peddler** camello *mf*; **~ pusher** camello *mf*; **~ squad** brigada *f* antidroga *or* de estupefacientes; **drugs test** prueba *f* antidoping *or* antidopaje, control *m* antidoping; **~ trafficking** tráfico *m* de estupefacientes *or* drogas
◇ *vt (pt & pp* **drugged***)* drogar; **they had drugged his wine/food** le echaron una droga en el vino/la comida; **to ~ oneself up** *(with medicine)* atiborrarse de medicamentos; *(with illegal drugs)* atiborrarse de drogas; **she was drugged up to the eyeballs** *(after operation)* estaba hasta arriba de narcóticos

drugget ['drʌgɪt] *n* alpujarra *f*, droguete *m*

druggie, druggy ['drʌgɪ] *n Fam* drogata *mf*

druggist ['drʌgɪst] *n US* farmacéutico(a) *m,f*

druggy = druggie

drugstore ['drʌgstɔː(r)] *n US* = tienda que vende cosméticos, periódicos, medicamentos, etc.

drug-taking ['drʌgteɪkɪŋ] *n* consumo *m* de drogas

druid ['druːɪd] *n* druida *m*

druidic(al) [druː'ɪdɪk(əl)] *adj* druídico(a)

drum [drʌm] ◇ *n* **-1.** *(musical instrument)* tambor *m*; **to beat** *or* **bang a ~** golpear *or* tocar un tambor; IDIOM **to beat** *or* **bang the ~ for sth/sb** anunciar algo/a alguien a bombo y platillo, dar mucho bombo a algo/alguien; **to play (the) drums** tocar la batería; **Keith Wilson on drums** a la batería, Keith Wilson ❑ **~ and bass** drum and bass *m*; **~ kit** batería *f*; **~ machine** caja *f* de ritmos; MIL **~ major** tambor *m* mayor; **~ majorette** majorette *f (que encabeza el desfile)*; **~ roll** redoble *m* de tambor
-2. *(container)* barril *m*; *(for oil)* bidón *m*; *(for rope, cable)* tambor *m*
-3. *(of machine)* tambor *m* ❑ AUT **~ brake** freno *m* de tambor; COMPTR **~ scanner** escáner *m* de tambor
-4. ARCHIT tambor *m*
◇ *vt (pt & pp* **drummed***)* **she was drumming her fingers on the table** estaba tamborileando en la mesa con los dedos; **to ~ one's heels on the floor** golpear repetidamente con el talón
◇ *vi* **-1.** *(play drums in pop band)* tocar la batería; *(play single drum)* tocar el tambor
-2. *(beat)* **the rain was drumming on the window panes** la lluvia golpeaba en los cristales
◆ **drum into** *vt sep* **to ~ sth into sb** meterle algo en la cabeza a alguien a fuerza de repetirlo; **we had it drummed into us that...** nos repitieron hasta la saciedad que...
◆ **drum out** *vt sep* **he was drummed out of the club/the army** lo expulsaron del club/del ejército
◆ **drum up** *vt (support, enthusiasm)* reunir; *(customers)* reclutar, reunir

drumbeat ['drʌmbiːt] *n* toque *m* de tambor

drumhead ['drʌmhed] *n* **-1.** *(of drum)* parche *m*
-2. MIL **~ court-martial** = consejo de guerra que se celebra en el campo de batalla

drumlin ['drʌmlɪn] *n* GEOL montículo *m* ovalado

drummer ['drʌmə(r)] *n* **-1.** *(in pop band)* batería *mf*, *Am* baterista *mf*; *(on single drum)* tambor *mf* **-2.** *(in military band)* tamborilero(a) *m,f*, tambor *mf* ❑ **~ boy** tamborilero *m*

drumstick ['drʌmstɪk] *n* **-1.** *(for playing drums)* baqueta *f* **-2.** *(chicken leg)* muslo *m*

drunk [drʌŋk] ◇ *n* **-1.** *(person)* borracho(a) *m,f* ❑ *US Fam* **~ tank** celda *f* para los borrachos
-2. *Fam (binge)* borrachera *f*
◇ *adj* **-1.** *(on alcohol)* borracho(a); **to be ~** estar borracho(a); **to get ~** emborracharse; **to get sb ~** emborrachar a alguien; LAW **~ and disorderly behaviour** estado de embriaguez con conducta violenta; LAW **~ and incapable** incapacitado(a) por los efectos del alcohol; IDIOM **~ as a lord** borracho(a) como una cuba
-2. *(intoxicated, overwhelmed)* **~ with power/success** ebrio(a) de poder/por el éxito
◇ *pp of* **drink**

drunkard ['drʌŋkəd] *n* borracho(a) *m,f*

drunk-driver ['drʌŋk'draɪvə(r)] *n US* conductor(ora) *m,f* en estado de embriaguez

drunk-driving ['drʌŋk'draɪvɪŋ] *n US* **he was arrested for ~** lo detuvieron por conducir *or Am* manejar en estado de embriaguez

drunken ['drʌŋkən] *adj (person)* borracho(a); *(party, argument)* acalorado(a) por el alcohol; **~ brawl** trifulca *f* de borrachos; **in a ~ stupor** aturdido(a) por el alcohol

drunkenly ['drʌŋkənlɪ] *adv* **there were people singing ~ in the street** había borrachos cantando en la calle; **he slumped ~ into an armchair** cayó borracho en un sillón; **he staggered ~ down the street/the stairs** iba calle/escaleras abajo tambaleándose por la borrachera

drunkenness ['drʌŋkənnɪs] *n (state)* embriaguez *f*, borrachera *f*; *(habit)* alcoholismo *m*

drunkometer [drʌŋ'kɒmɪtə(r)] *n US Fam* alcoholímetro *m*

drupe [druːp] *n* BOT drupa *f*

Druze, Druse [druːz] ◇ *n* druso(a) *m,f*; **the ~** los drusos
◇ *adj* druso(a)

dry [draɪ] ◇ *adj* **-1.** *(not wet, lacking moisture)* *(climate, clothing, skin, bread)* seco(a); **to be ~** *(thirsty)* estar seco(a); *(cow)* no dar leche; **the weekend will be ~** el tiempo será seco *or* no habrá precipitaciones durante el fin de semana; **my mouth/throat is ~** tengo la boca/garganta seca; **to run** *or* **go ~** *(well, river)* secarse; **for ~ hair** *(shampoo)* para cabello seco; **to be kept ~** *(sign on container)* no mojar; IDIOM **as ~ as a bone** reseco(a); IDIOM **there wasn't a ~ eye in the house** la sala entera lloraba a lágrima viva *or* a moco tendido ❑ PHYS **~ battery** pila *f* (seca); PHYS **~ cell** pila *f* (seca); **a ~ cough** una tos seca; NAUT **~ dock** dique *m* seco; **~ fly** *(in angling)* mosca *f* artificial; **~ goods** *Br (grain, pulses, tea, coffee)* alimentos *mpl* no perecederos *(no enlatados)*; *US (drapery)* artículos *mpl* de confección; *US* **~ goods store** mercería *f*, tienda *f* de confección; **~ ice** nieve *f* carbónica, hielo *m* seco; **~ land** tierra *f* firme; **~ measure** medida *f* para áridos; **~ riser** = cañería para subir agua a los pisos de un edificio en caso de incendio; **~ rot** putrefacción *f* de la madera; **~ run** ensayo *m*; **~ skiing** esquí *m* en pista artificial; **~ ski slope** pista *f* de esquí artificial; **~ season** estación *f* seca
-2. *(boring)* aburrido(a), árido(a); IDIOM **to be (as) ~ as dust** ser un aburrimiento *or Esp* tostón
-3. *(humour)* lacónico(a)
-4. *(wine, champagne)* seco(a) ❑ **~ martini** dry martini *m*, ginebra *f* con martini seco; **~ sherry** jerez *m* fino
-5. *(state, town)* que prohibe la venta de alcohol
-6. *Br Fam (hardline)* duro(a)
◇ *vt (clothes, dishes, fruit)* secar; **to ~ one's eyes** *or* **tears** secarse los ojos *or* las lágrimas; **to ~ oneself** secarse; **to ~ one's hair/hands** secarse el pelo/las manos
◇ *vi (clothes, hair, fruit, leaves)* secarse; **you wash, I'll ~** friega tú y yo seco
◇ *n* **-1.** *Br Fam (hardliner)* duro(a) *m,f*
-2. *Austr Fam (dry season)* estación *f* seca
-3. *(dry place)* **come into the ~** entra aquí, que está seco
-4. *(with towel, cloth)* **give your hair a ~** sécate el pelo con la toalla
◆ **dry off** ◇ *vt* secar; **to ~ oneself off** secarse
◇ *vi* secarse
◆ **dry out** ◇ *vt sep* **-1.** *(skin, hair)* resecar
-2. *(alcoholic)* desintoxicar
◇ *vi* **-1.** *(moisture, wet thing)* secarse **-2.** *(alcoholic)* desintoxicarse
◆ **dry up** ◇ *vt sep* **-1.** *(well, pool)* secar **-2.** *(dishes)* secar
◇ *vi* **-1.** *(well, pool, river)* secarse **-2.** *(funds, conversation, inspiration)* agotarse **-3.** *(actor, public speaker)* quedarse en blanco **-4.** *Fam* **~ up!** *(shut up)* ¡cierra el pico! **-5.** *Br (do drying-up)* secar (los platos)

dryad ['draɪæd] *n* MYTHOL dríada *f*

dry-clean [draɪ'kliːn] *vt* limpiar *or* lavar en seco; **to have sth dry-cleaned** *(at laundry)* llevar algo a la tintorería; *(in hotel)* mandar algo al servicio de tintorería; **~ only** *(on label)* lavado en seco

dry-cleaner's [draɪ'kliːnəz] *n* tintorería *f*; **to be in** *or* **at the ~** *(garment)* estar en la tintorería

dry-cleaning [draɪ'kliːnɪŋ] *n* **-1.** *(process)* limpieza *f or* lavado *m* en seco **-2.** *(clothes)* **to collect the ~** recoger la ropa de la tintorería

dryer = drier

dry-eyed ['draɪaɪd] *adj* **I remained ~ throughout the film** no lloré en toda la película

dry-fly fishing ['draɪflaɪ'fɪʃɪŋ] *n* pesca *f* con mosca artificial

drying ['draɪɪŋ] *n* **I'll do the ~** yo seco ❑ **~ cupboard** *(for clothes)* = armario o cuartito donde se tiende la ropa; **~ rack** *(for dishes)* escurreplatos *m inv*; **~ room** *(for clothes)* = habitación donde se tiende la ropa

drying-up ['draɪɪŋ'ʌp] *n Br* **to do the ~** secar (los platos) ❑ **~ cloth** trapo *m* de secar los platos

dryly = drily

dryness ['draɪnɪs] *n* **-1.** *(of weather, skin, wine)* sequedad *f* **-2.** *(of prose style)* aridez *f* **-3.** *(of humour)* laconismo *m*

dry-roasted ['draɪrəʊstɪd] *adj (peanuts)* tostado(a)

dry-stone wall ['draɪstəʊn'wɔ:l] *n* muro *m* de piedra (sin argamasa)

DSC [di:es'si:] *n Br* MIL *(abbr* **Distinguished Service Cross)** ≃ cruz *f* al mérito militar

DSc [di:es'si:] *n (abbr* **Doctor of Science)** doctor(ora) *m,f* en ciencias

DSL [di:es'el] *n* COMPTR *(abbr* **Digital Subscriber Line)** línea *f* digital por suscripción

DSO [di:es'əʊ] *n Br* MIL *(abbr* **Distinguished Service Order)** ≃ medalla *f* al mérito militar

DSS [di:es'es] *n Formerly (abbr* **Department of Social Security)** = ministerio británico de seguridad social

DST [di:es'ti:] *n (abbr* **daylight saving time)** horario *m* oficial de verano

DTI [di:ti:'aɪ] *n Br (abbr* **Department of Trade and Industry)** ≃ Ministerio *m* de Industria

DTLR [di:ti:el'ɑ:(r)] *n (abbr* **Department for Transport, Local Government and the Regions)** = departamento del gobierno británico de transporte, administraciones locales y las regiones

DTP [di:ti:'pi:] *n* COMPTR *(abbr* **desktop publishing)** autoedición *f* ❑ **~ operator** autoeditor(a) *m,f*

DTs [di:'ti:z] *npl (abbr* **delirium tremens)** delirium tremens *m inv*; **to have the ~** tener un delirium tremens

dual ['djʊəl] *adj (purpose, function)* doble; **with the ~ aim of reducing inflation and stimulating demand** con el doble propósito de reducir la inflación y estimular la demanda ❑ *Br* **~ carriageway** *(road)* (tramo *m* de) autovía *f*; **~ controls** *(in car)* doble juego *m* de pedales; *(in plane)* doble juego *m* de mandos; **~ nationality: to have ~ nationality** tener doble nacionalidad; **~ ownership** copropiedad *f*; **~ personality** doble personalidad *f*

dual-control ['djʊəlkən'trəʊl] *adj (car)* con doble juego de pedales; *(plane)* con doble juego de mandos

dualism ['djʊəlɪzəm] *n* PHIL dualismo *m*

duality [djʊ'ælɪtɪ] *n* dualidad *f*

dual-purpose ['djʊəl'pɜ:pəs] *adj* de doble uso

dub [dʌb] ◇ *n (music)* dub *m*
◇ *vt (pt & pp* **dubbed)** **-1.** *(movie)* doblar; **dubbed into Spanish** doblado(a) al español **-2.** *(call)* apodar **-3.** *(make a knight)* armar caballero

dubbin ['dʌbɪn] *n* grasa *f* de cuero, ≃ grasa *f* de caballo

dubbing ['dʌbɪŋ] *n* CIN doblaje *m*

dubiety [dju:'baɪətɪ] *n Formal* dudas *fpl*

dubious ['dju:bɪəs] *adj* **-1.** *(uncertain)* dudoso(a), inseguro(a); *(outcome, value)* dudoso(a); **to be ~ (about sth)** no estar convencido(a) (de algo); **to look ~** *(person)* parecer dubitativo(a) **-2.** *(questionable) (distinction, honour, reputation, decision, origin)* dudoso(a); **a ~ character** un tipo sospechoso; **those mussels look a bit ~** esos mejillones tienen una pinta sospechosa

dubiously ['dju:bɪəslɪ] *adv* **-1.** *(doubtfully)* dudosamente, dubitativamente **-2.** *(in suspect manner)* sospechosamente

Dublin ['dʌblɪn] *n* Dublín ❑ **~ Bay prawn** langostino *m*

Dubliner ['dʌblɪnə(r)] *n* dublinés(esa) *m,f*

ducat ['dʌkət] *n* **-1.** HIST ducado *m* **-2.** *US Fam* **ducats** *(money) Esp* pasta *f*, *Esp*, *RP* guita *f*, *Am* plata *f*, *Méx* lana *f*

ducal ['dju:kəl] *adj* ducal

duchess ['dʌtʃɪs] *n* duquesa *f*

duchy ['dʌtʃɪ] *n* ducado *m*

duck [dʌk] ◇ *n* **-1.** pato *m*; IDIOM **to take to sth like a ~ to water** sentirse en el agua como pez en el agua; IDIOM **criticism runs off him like water off a ~'s back** le resbalan las críticas
❑ **ducks and drakes: to play ducks and drakes** *(game)* hacer cabrillas *or* hacer la rana en el agua; IDIOM **to play ducks and drakes with sth** *(money)* despilfarrar algo; *(facts)* tratar algo caprichosamente; **~ pond** estanque *m* de patos
-2. *(in cricket)* **to be out for a ~** = ser eliminado sin haber hecho ninguna carrera; *Fig* **to break one's ~** romper la mala racha
-3. *very Fam* **~'s arse** *(hairstyle)* = estilo de peinado masculino popular en los años cincuenta consistente en pelo corto peinado hacia atrás
-4. *US Fam* **it's ~ soup** *(something easily done)* es coser y cantar
-5. *Br Fam (form of address)* **what do you want, ducks?** ¿qué quieres, artista?
-6. *(material)* lona *f*
-7. ducks *(trousers)* pantalones *mpl* de lona
◇ *vt* **-1.** *(one's head)* agachar; **to ~ sb** *(under water)* hacer una ahogadilla a alguien **-2.** *(avoid)* **to ~ the issue** eludir el tema
◇ *vi (to avoid being hit)* agacharse; *(under water)* zambullirse; **~!** ¡adentro!; **to ~ behind a hedge** agacharse detrás de un seto
➔ **duck down** *vi* agacharse
➔ **duck out of** *vt insep* **to ~ out of sth/doing sth** zafarse de algo/hacer algo

duck-billed platypus ['dʌkbɪld'plætɪpəs] *n* ornitorrinco *m*

duckboard ['dʌkbɔ:d] *n* tablón *m*; **they laid duckboards over the mud** tendieron un paso de tablones sobre el barro

duck-egg blue ['dʌkeg'blu:] ◇ *n* azul *m* verdoso claro
◇ *adj* azul verdoso(a) claro(a)

duckie = ducky

ducking ['dʌkɪŋ] *n* **he got** *or* **took a ~** *(thrown into water)* le dieron un chapuzón; *(head pushed under water)* le hicieron una aguadilla *or* ahogadilla; **~ and diving** *(shady dealings)* trapicheos; *(when under attack)* fintas y amagos ❑ HIST **~ stool** = asiento en que se sentaba a un criminal para sumergirlo en agua como castigo

duckling ['dʌklɪŋ] *n* patito *m*

duckweed ['dʌkwi:d] *n* lenteja *f* de agua

ducky, duckie ['dʌkɪ] *n Fam* cielo *m*, corazón *m*

duct [dʌkt] *n* **-1.** *(for fuel, air)* conducto *m* **-2.** ANAT conducto *m*; **tear/hepatic ~** conducto lacrimal/hepático

ductile ['dʌktaɪl] *adj* **-1.** TECH *(metal, plastic)* dúctil **-2.** *(person)* dúctil

dud [dʌd] *Fam* ◇ *n* **-1.** *(person)* **to be a ~ at maths/sport** ser un desastre para las matemáticas/el deporte **-2.** *(useless thing)* **most of these batteries are duds** la mayoría de estas pilas no van **-3.** *(shell)* proyectil *m* que no estalla
◇ *adj* **-1.** *(useless)* defectuoso(a) **-2.** *(banknote)* falso(a); *(cheque)* sin fondos **-3.** *(shell, bomb)* que no estalla

dude [dju:d, du:d] *n US Fam* **-1.** *(man)* tipo *m*, *Esp* tío *m* ❑ **~ ranch** = rancho acondicionado para el turista urbanita **-2.** *(term of address) Esp* colega *m*, *Esp* tío *m*, *Andes, CAm, Carib, Méx* mano *m*, *RP* flaco *m* **-3.** *(dandy) Esp* pijo(a), *Méx* popis, *RP* pituco(a), *Ven* pitoco(a)

dudgeon ['dʌdʒən] *n* **in high ~** encolerizado(a)

duds [dʌdz] *npl Fam (clothes)* trapos *mpl*

due [dju:] ◇ *adj* **-1.** *(owed)* pagadero(a); **to become** *or* **fall ~** ser pagadero(a); **are you ~ any money from him?** ¿te debe dinero?; **you're ~ an apology** mereces *or Am* americatas una disculpa; **I think we're ~ a bit of luck/some good weather** creo que ya nos toca tener un poco de suerte/buen tiempo; **I'm ~ (for) a rise** *(I will receive one)* me van a subir el sueldo; *(I deserve one)* me deberían subir el sueldo; **~ to...** *(because of, as result of)* debido a...
-2. *(merited, proper)* debido(a); **after ~ consideration** tras la debida consideración; **to fail to exercise ~ care and attention** ser culpable de negligencia; **to give sb ~ warning** poner a alguien sobre aviso; LAW **~ process (of law)** garantías legales; **with all ~ respect,...** con el debido respeto,...; **in ~ course** *(when appropriate)* a su debido tiempo; *(eventually)* al final
-3. *(expected)* **the train/he is ~ (to arrive) at two o'clock** el tren/él tiene la llegada prevista a las dos; **when is he ~?** ¿cuándo llega?; **to be ~ to do sth: he's ~ to take up the post next month** está previsto que empiece a trabajar el mes que viene; **she's ~ back any minute** volverá en cualquier momento; **when is their baby ~?** ¿para cuándo esperan el niño?; **the movie/book is ~ out soon** la película/el libro está a punto de aparecer ❑ FIN **~ date** (fecha *f* de) vencimiento *m*; **when's the ~ date?** *(of baby)* ¿cuándo sales de cuentas?; FIN **~ date reminder** aviso *m* de vencimiento

◇ *n* **-1.** *(right)* **to give him his ~, he did apologize** para ser justos con él, hay que decir que se disculpó
-2. dues *(for membership)* cuota *f*; *Fig* **to pay one's dues** saldar (uno) sus cuentas
◇ *adv* **~ north** justo al *or* hacia el norte; **to head ~ south** dirigirse derecho al *or* hacia el sur

duel ['djʊəl] ◇ *n* **-1.** *(over matter of honour)* duelo *m*; **to fight a ~** batirse en duelo **-2.** *(contest, conflict)* contienda *f*, conflicto *m*
◇ *vi (pt & pp* **duelled**, *US* **dueled) -1.** *(over matter of honour)* batirse en duelo **(with** con) **-2.** *(in contest, conflict)* discutirse, pelearse **(with** con)

duelling, *US* **dueling** ['djʊəlɪŋ] *n* duelos *mpl*; **~ was illegal** era ilegal batirse en duelo ❑ **~ pistols** pistolas *fpl* de duelo

duellist, *US* **duelist** ['djʊəlɪst] *n* duelista *m*

duet [dju:'et] *n* MUS dúo *m*; **to sing/play a ~** cantar/tocar un dúo; **piano/violin ~** dúo para piano/violín

duff [dʌf] *Fam* ◇ *n* **-1.** *(pudding)* pudin *m* de frutas **-2.** IDIOM *Br* **to be up the ~** *(pregnant)* estar preñada; **to get sb up the ~** dejar preñada a alguien **-3.** *US (buttocks)* trasero *m*, culo *m*; **get up off your ~!** ¡mueve el culo!
◇ *adj (bad, useless)* malísimo(a); **he's ~ at darts** es malísimo jugando a los dardos
➔ **duff up** *vt sep Br Fam* dar una paliza a

duffel = duffle

duffer ['dʌfə(r)] *n Fam* **-1.** *(incompetent person)* ceporro(a) *m,f*, nulidad *f*; **to be a ~ at history/French** ser una nulidad en historia/francés **-2.** *(old man)* **old ~** viejales *m inv*, abuelo *m*, *Esp* pureta *m*

duffle, duffel ['dʌfəl] *n* **~ (coat)** trenca *f* ❑ **~ bag** talega *f* de lona

dug[1] *pt & pp of* **dig**

dug[2] [dʌg] *n* **-1.** *(of animal)* teta *f* **-2.** *Fam (of human)* teta *f*

dugout ['dʌgaʊt] *n* **-1.** *(canoe)* piragua *f*, canoa *f (hecha con un tronco vaciado)* **-2.** *(shelter)* refugio *m* subterráneo **-3.** SPORT banquillo *m (en foso)*

DUI [di:ju:'aɪ] *n US (abbr* **driving under the influence) he was charged with ~** le acusaron de conducir *or Am* manejar bajo los efectos del alcohol

duke [dju:k] *n* **-1.** *(nobleman)* duque *m*; **the Duke of York** el duque de York **-2.** *Fam (fist)* puño *m*; **put up your dukes!** ¡en guardia!
➔ **duke out** *vt sep US Old-fashioned* **to ~ it out (with sb)** pelear a puñetazos (con alguien)

dukedom ['dju:kdəm] *n (territory, title)* ducado *m*

dulcet ['dʌlsɪt] *adj Literary* dulce, melodioso(a); *Ironic* **her ~ tones** su dulce voz

dulcimer ['dʌlsɪmə(r)] *n* MUS salterio *m*, dulcémele *m*

dull [dʌl] ◇ *adj* **-1.** *(boring) (book, movie, person)* aburrido(a); *(job, life, party)* insulso(a), soso(a); **it's deadly ~ here** esto es un aburrimiento; **there's never a ~ moment with him around** cuando estás con él no tienes un momento de aburrimiento; IDIOM **to be as ~ as ditchwater** ser más soso(a) que la calabaza
-2. *(not intelligent)* tonto(a), torpe, *Am* sonso(a), *Am* zonzo(a)
-3. *(listless)* apático(a)

dullard

-**4.** *(not sharp) (tool, blade)* romo(a); *(sound, pain)* sordo(a)
-**5.** *(not bright) (colour, surface)* mate, apagado(a); *(light)* tenue, velado(a); *(eyes)* apagado(a); *(weather, sky)* gris, triste
-**6.** COM & FIN *(market)* flojo(a)
◇ *vt* -**1.** *(reduce intensity of) (pleasure)* enturbiar; *(the senses)* embotar; *(pain)* mitigar, atenuar; *(sound)* apagar
-**2.** *(make less bright) (colours, eyes)* apagar
-**3.** *(make blunt) (blade)* desafilar, embotar
◇ *vi* -**1.** *(become less acute) (pleasure)* atenuar, mermar; *(pain)* paliar, mitigar; *(mind)* embotar -**2.** *(become less bright) (colour)* apagarse; *(eyes)* perder el brillo

dullard ['dʌləd] *n Literary* pavisoso(a) *m,f*, sosaina *mf*

dullness ['dʌlnɪs] *n* -**1.** *(tedium)* **the ~ of the book/speech** lo aburrido que era el libro/discurso -**2.** *(lack of intelligence)* necedad *f*, torpeza *f* -**3.** *(listlessness)* apatía *f* -**4.** *(of tool, blade)* embotamiento *m*; *(of sound, pain)* lo amortiguado -**5.** *(of colour, surface, light, eyes)* falta *f* de brillo; **the ~ of the sky/weather depressed him** el cielo/tiempo gris lo deprimía

dullsville ['dʌlzvɪl] *n Fam (boring place)* **it's ~ round here** este lugar es aburridísimo *or Esp* es un muermo

dully ['dʌlɪ] *adv* -**1.** *(boringly)* pesadamente -**2.** *(not brightly)* pálidamente, sin brillo -**3.** *(listlessly)* apáticamente, con apatía; **..., she said ~** ..., dijo con apatía

duly ['dju:lɪ] *adv* -**1.** *(properly)* como corresponde, debidamente; **~ appointed/elected** nombrado/elegido como corresponde; **we were ~ worried** estábamos preocupados con razón -**2.** *(as expected)* **he said he'd be punctual and he ~ arrived on the stroke of eight** dijo que llegaría puntual y confirmando las previsiones, llegó a las ocho en punto

dumb [dʌm] *adj* -**1.** *(mute)* mudo(a); **to be struck ~ with astonishment** quedarse mudo(a) de asombro; **~ animals** los animales indefensos; **~ insolence** actitud insolente; **in ~ show** sin palabras
-**2.** *US Fam (stupid) (person, action)* bobo(a), estúpido(a); **that was a ~ thing to do/say** fue una estupidez hacer/decir eso; **to play** *or* **act ~** hacerse el tonto; **~ blonde** rubia *or Méx* güera sin cerebro
-**3.** **~ waiter** *(between floors)* montaplatos; *(stand)* mesita auxiliar
◆ **dumb down** *vt sep (population, youth, electorate)* reducir el nivel cultural de; *(newspaper, programme)* empobrecer los contenidos de

dumbass ['dʌmæs] *US very Fam* ◇ *n* gil *mf*, lerdo(a) *m,f*, *Esp* gilipuertas *mf inv*
◇ *adj* lerdo(a), *Esp* gilipollesco(a)

dumbbell ['dʌmbel] *n* -**1.** *(for weightlifting)* pesa *f* -**2.** *Fam (person)* colgado(a) *m,f*

dumbfound [dʌm'faʊnd] *vt* dejar boquiabierto(a), dejar pasmado(a); **we were dumbfounded by the news** la noticia nos dejó boquiabiertos *or* pasmados

dumbing (down) ['dʌmɪŋ(daʊn)] *n (of population, youth, electorate)* reducción *f* del nivel cultural; *(of newspaper, programme)* empobrecimiento *m* de contenidos

dumbly ['dʌmlɪ] *adv* sin decir palabra

dumbo ['dʌmbəʊ] *n Fam* idiota *mf*, imbécil *mf*

dumbstruck ['dʌmstrʌk] *adj* boquiabierto(a), pasmado(a)

dumbwaiter ['dʌm'weɪtə(r)] *n* montaplatos *m inv*

dumdum bullet ['dʌmdʌm'bʊlɪt] *n* (bala *f*) dumdum *f*

dummy ['dʌmɪ] ◇ *n* -**1.** *(in shop window)* maniquí *m*; *(of ventriloquist)* muñeco *m*
-**2.** *(fake object for display)* **to be a ~** ser de pega; **all the bottles are dummies** todas las botellas son de pega
-**3.** *Br (for baby)* chupete *m*
-**4.** *Fam (idiot)* idiota *mf*, imbécil *mf*
-**5.** *Pej (mute)* mudo(a) *m,f*
-**6.** *(in soccer, rugby)* amago *m*; **to sell sb a ~** hacerle un amago a alguien

-**7.** *(in bridge)* mano *f* del muerto
-**8.** FIN *(representative)* hombre *m* de paja
◇ *vt (in soccer, rugby)* **to ~ sb** hacerle un amago a alguien
◇ *adj (fake)* falso(a) ❑ FIN **~ buyer** comprador(ora) *m,f* ficticio(a); **~ issue** *(of newspaper, magazine)* ejemplar *m* de prueba; **~ run** prueba *f*
◆ **dummy up** *vi US Fam (remain quiet)* no decir ni mu

dump [dʌmp] ◇ *n* -**1.** *(for refuse)* vertedero *m*, basurero *m* ❑ **~ truck** volquete *m*
-**2.** *Fam (town)* ciudad *f* de mala muerte; *(village)* pueblo *m* de mala muerte; *(messy room, flat)* pocilga *f*; **what a ~!** ¡qué asco de sitio!, *Esp* ¡qué sitio más cutre!, *RP* ¡qué lugar más terraja!
-**3.** MIL *(store)* depósito *m*
-**4.** COMPTR **(memory** *or* **storage)** ~ volcado *m* de memoria
-**5.** *very Fam* **to** *Br* **have** *or US* **take a ~** *(defecate)* jiñar, poner una piedra
◇ *vt* -**1.** *(put down)* soltar, dejar; *(unload)* descargar; **just ~ your bags over there** pon *or* deja tus bolsas ahí; **I'm just going home to ~ my things** voy a casa a dejar mis cosas
-**2.** *(dispose of) (rubbish, old car)* tirar, *Am* botar; *(nuclear, toxic waste)* verter; *Fam (lover, boyfriend, girlfriend)* dejar, dar calabazas a; **he just dumped me off at the motorway exit** me dejó tirado a la salida de la autopista; *Fam* **to ~ sth on sb** encasquetar algo a alguien; **she's dumped the kids on me for the weekend** me ha encasquetado(a) los niños durante el fin de semana
-**3.** ECON inundar el mercado con, hacer dumping con
-**4.** COMPTR *(memory)* volcar
◆ **dump on** *vt insep US Fam (criticize) (person)* poner verde a; *(project, suggestion)* dejar por los suelos, *Esp* poner a parir *or* como un trapo, *Méx* viborear

dumpbin ['dʌmpbɪn] *n* COM cesta *f* de productos de ocasión

dumper ['dʌmpə(r)] *n* **(truck)** volquete *m*

dumping ['dʌmpɪŋ] *n* -**1. no ~** *(sign)* prohibido arrojar basuras ❑ **~ ground** vertedero *m*
-**2.** ECON dumping *m*

dumpling ['dʌmplɪŋ] *n* -**1.** *(in stew)* = bola de masa hervida -**2.** *(sweet)* **apple ~** bollo relleno de manzana -**3.** *Fam (fat man, woman)* gordo(a) *m,f*

dumps [dʌmps] *npl* IDIOM *Fam* **to be down in the ~** estar con la moral por los suelos, *Am* estar con el ánimo por el piso

Dumpster® ['dʌmpstə(r)] *n US* contenedor *m* (de escombros)

dumpy ['dʌmpɪ] *adj Fam* rechoncho(a), achaparrado(a)

dun¹ [dʌn] ◇ *n* -**1.** *(colour)* pardo *m* -**2.** *(horse)* caballo *m* pardo
◇ *adj (colour)* pardo(a)

dun² *(pt & pp* **dunned)** *vt* **to ~ sb for payment** apremiar a alguien para que pague; **a dunning letter** una carta en la que se pide que se pague una deuda

dunce [dʌns] *n* burro(a) *m,f*; **to be a ~ at sth** ser muy burro para algo ❑ **~'s** *or* **~ cap** ≃ orejas *fpl* de burro

dunderhead ['dʌndəhed] *n Fam* tonto(a) *m,f* del bote

dune [dju:n] *n* **(sand) ~** duna *f* ❑ **~ buggy** buggy *m*

dung [dʌŋ] *n* -**1.** *(excrement)* excremento *m* -**2.** *(manure)* estiércol *m*

dungarees [dʌŋɡə'ri:z] *npl* -**1.** *(with bib)* (pantalón *m* de) peto *m*; **a pair of ~** unos pantalones de peto -**2.** *US (trousers)* vaqueros *mpl*, *Chile* bluyíns *mpl*, *Méx* pantalones *mpl* de mezclilla

dung-beetle ['dʌŋbi:təl] *n* escarabajo *m* pelotero

dungeon ['dʌndʒən] *n* mazmorra *f*

dungheap ['dʌŋhi:p], **dunghill** ['dʌŋhɪl] *n* estercolero *m*

dunk [dʌŋk] ◇ *n (in basketball)* mate *m*
◇ *vt* -**1.** *(in liquid) (dip)* mojar; *(submerge)* sumergir, hundir -**2.** *(in basketball)* machacar

Dunkirk [dʌn'kɜːk] *n* Dunkerque

THE DUNKIRK SPIRIT

En 1940 el ejército británico llevó a cabo una operación de evacuación de tropas aliadas en el puerto francés de Dunkerque, donde habían quedado atrapadas debido al avance del ejército alemán. Gracias a los cientos de pequeñas embarcaciones privadas que acompañaron a los buques de la Armada y la Marina Mercante británicas en su singladura por el Canal de la Mancha, más de 330.000 soldados fueron rescatados.
Desde entonces **the Dunkirk spirit** se emplea en el Reino Unido para designar el heroísmo nacional y la capacidad del país para formar una piña en momentos de crisis. La expresión también denota con un punto de ironía la concepción obsoleta e imperialista del triunfo del poderío británico ante la adversidad.

dunlin ['dʌnlɪn] *n* correlimos *m inv*

dunno [də'nəʊ] *Fam* = **don't know**

dunnock ['dʌnək] *n* acentor *m*

duo ['dju:əʊ] *(pl* **duos)** *n* dúo *m*

duodecimal [dju:əʊ'desɪməl] *adj* duodecimal

duodenal [dju:əʊ'di:nəl] *adj* ANAT duodenal

duodenum [dju:əʊ'di:nəm] *n* ANAT duodeno *m*

duopoly [dju:'ɒpəlɪ] *n* COM duopolio *m*

DUP [di:ju:'pi:] *n (abbr* **Democratic Unionist Party)** = Partido Unionista Democrático, que apoya la permanencia de Irlanda del Norte en el Reino Unido

dupe [dju:p] ◇ *n* ingenuo(a) *m,f*, primo(a) *m,f*
◇ *vt* engañar; **to ~ sb into doing sth** engañar a alguien para que haga algo; **she duped him into believing that...** le hizo creer que...

duplex ['dju:pleks] ◇ *n US (apartment)* dúplex *m*
◇ *adj* -**1.** *US* **~ apartment** dúplex *m*; **~ house** chalet *m* adosado -**2.** COMPTR dúplex *m*

duplicate ['dju:plɪkət] ◇ *n (copy)* duplicado *m*, copia *f*; **in ~** por duplicado
◇ *adj (key, document)* duplicado(a); *(receipt, certificate)* por duplicado; **~ copy** *(of key, receipt, certificate)* duplicado, copia
◇ *vt* ['dju:plɪkeɪt] -**1.** *(document)* duplicar, hacer un duplicado de; *(key)* copiar, hacer un duplicado de -**2.** *(result, conditions)* repetir; **we're duplicating work unnecessarily** estamos duplicando el trabajo innecesariamente

duplicating machine ['dju:plɪkeɪtɪŋmə'ʃi:n] *n* copiadora *f*

duplication [dju:plɪ'keɪʃən] *n* -**1.** *(copying)* duplicación *f* -**2.** *(repetition)* repetición *f*; **to avoid ~ of effort** para evitar la duplicación del trabajo

duplicator ['dju:plɪkeɪtə(r)] *n (machine)* mimeógrafo *m*, multicopista *f*

duplicitous [dju:'plɪsɪtəs] *adj Formal* falso(a), artero(a)

duplicity [dju:'plɪsɪtɪ] *n Formal* duplicidad *f*

durability [djʊərə'bɪlɪtɪ] *n* -**1.** *(of construction, fabric)* durabilidad *f* -**2.** *(of relationship, peace)* durabilidad *f*; *(of politician, athlete)* resistencia *f*

durable ['djʊərəbəl] ◇ *adj* -**1.** *(construction, fabric)* duradero(a) -**2.** *(friendship, peace)* duradero(a); *(politician, athlete)* resistente -**3.** COM **~ goods** bienes duraderos
◇ *n* **(consumer) durables** bienes *mpl* de consumo duraderos

duration [djʊ'reɪʃən] *n* duración *f*; **to be of short/long ~** ser de corta/larga duración, durar poco/mucho; **for the ~ of** durante todo(a); **for the ~** hasta el final

duress [djʊ'res] *n* **under ~** bajo coacción

durex® ['djʊreks] *n* -**1.** *Br Fam (condom)* condón *m*, preservativo *m* -**2.** *Austr (adhesive tape)* cinta *f* adhesiva, *Esp* papel *m* celo

durian ['djʊərɪən] *n* durián *m*

during ['djʊərɪŋ] *prep* **-1.** *(in the course of)* durante; **they met ~ the war** se conocieron durante la guerra; **~ the investigation it emerged that...** durante la investigación salió a la luz que... **-2.** *(throughout)* durante; **~ the war it was used as a hospital** durante la guerra se utilizó como hospital

durst [dɜːst] *Archaic or Literary pt of* **dare**

durum ['dʌrəm] *n* **~ (wheat)** trigo *m* duro

dusk [dʌsk] *n* crepúsculo *m*, anochecer *m*; **at ~** al anochecer

duskiness ['dʌskɪnɪs] *n* **the ~ of his complexion** su tez morena

dusky ['dʌskɪ] *adj* **-1.** *(dark) (room, colour)* oscuro(a) **-2.** *(complexion)* moreno(a), oscuro(a); *Hum* **a ~ maiden** una doncella de tez morena

dust [dʌst] ⋄ *n* **-1.** *(dirt, powder)* polvo *m* ❑ **~ bag** *(for vacuum cleaner)* bolsa *f*; **~ bowl** zona *f* semidesértica; **~ cloth** trapo *m or* bayeta *f* del polvo; **~ cloud** polvareda *f*, nube *f* de polvo; **~ cover** *(for book)* sobrecubierta *f*; *(for furniture) (fitted)* funda *f*; *(loose)* sábana *f (para proteger del polvo)*; **~ devil** remolino *m*; **~ jacket** *(for book)* sobrecubierta *f*; **~ sheet** sábana *f (para proteger del polvo)*; **~ storm** tormenta *f* de polvo

-2. *(action)* **to give sth a ~** quitar *or* sacar el polvo a algo

-3. *Literary (earthly remains)* polvo *m*

-4. IDIOMS **to let the ~ settle** dejar que las aguas vuelvan a su cauce; **once the ~ has settled** *(when the fuss is over)* cuando haya pasado la tormenta; *Fam* **you won't see me for ~!** pondré pies en polvorosa

⋄ *vt* **-1.** *(clean) (room, furniture)* limpiar el polvo de; IDIOMS **done and dusted: we thought the deal was done and dusted** creíamos que el acuerdo estaba atado y bien atado **-2.** *(sprinkle) (with flour, sugar)* espolvorear **(with** con**)**

◆ **dust down** *vt sep* **-1.** *(clothes, furniture)* quitar *or* sacar el polvo a; **he dusted himself down** se sacudió el polvo **-2.** *(reprimand)* reprender

◆ **dust off** *vt sep* **-1.** *(clothes, furniture)* quitar *or* sacar el polvo a; *(crumbs, dandruff)* sacudir; **he dusted himself off** se sacudió el polvo **-2.** *Fig (legislation, one's French)* desempolvar

dust-bath ['dʌstbɑːθ] *n* **to take a ~** *(bird)* revolcarse en el polvo

dustbin ['dʌstbɪn] *n Br* cubo *m or Am* bote *m* de la basura ❑ **~ lid** tapa *f* del cubo *or Am* bote de la basura; **~ liner** bolsa *f* de basura; **~ man** basurero *m*

dustcart ['dʌstkɑːt] *n Br* camión *m* de la basura

dustcloth ['dʌstklɒθ] *n US* trapo *m or* bayeta *f* del polvo

duster ['dʌstə(r)] *n* **-1.** *Br (cloth)* trapo *m or* bayeta *f* del polvo; *(for blackboard)* borrador *m* **-2.** *US (housecoat)* guardapolvo *m* **-3.** *US (coat)* guardapolvo *m*

dust-free ['dʌst'friː] *adj (environment)* sin polvo

dustheap ['dʌsthiːp] *n US (rubbish heap)* basura *f*, basurero *m*; IDIOM **to be consigned to the ~** *(idea, plan)* quedar descartado(a); **if you don't update your skills you'll end up on the ~** como no te recicles nadie te va a querer contratar

dusting ['dʌstɪŋ] *n* **-1.** *(of room, furniture)* **to do the ~** limpiar *or* quitar el polvo **-2.** *(with sugar)* **give the cake a ~ of cocoa** espolvorear el pastel con cacao

dustman ['dʌstmən] *n Br* basurero *m*

dustpan ['dʌstpæn] *n* recogedor *m* ❑ **~ and brush** cepillo *m* y recogedor

dust-up ['dʌstʌp] *n Fam (brawl)* bronca *f*, trifulca *f*; **to have a ~ (with sb)** tener una bronca (con alguien)

dusty ['dʌstɪ] *adj* **-1.** *(room, furniture, road)* polvoriento(a); **to get ~** llenarse de polvo **-2.** *(colour)* apagado(a) **-3.** IDIOM *Br Fam* **to get a ~ answer** ser respondido(a) con evasivas

Dutch [dʌtʃ] ⋄ *npl (people)* **the ~** los holandeses

⋄ *n* **-1.** *(language)* neerlandés *m* **-2.** *Br Fam (wife)* **the old ~** la parienta

⋄ *adj* holandés(esa) ❑ **the ~ Antilles** las Antillas Holandesas; **~ auction** = subasta en la que se va bajando el precio hasta encontrar comprador; **~ barn** *Br* = granero metálico con el techo abovedado; *US* = granero de estilo colonial con tejado puntiagudo; **~ cap** *(contraceptive)* diafragma *m*; **~ courage** = valentía que da el alcohol; **~ elm disease** enfermedad *f* de los olmos; **~ oven** *(cooking pot)* = cazuela pesada con tapa; **~ treat** = salida en la que cada cual paga lo suyo; **~ uncle: to talk to sb like a ~ uncle** echar una reprimenda *or Esp* rapapolvo a alguien

⋄ *adv* IDIOM *Fam* **to go ~** pagar cada uno lo suyo, *Esp* pagar a escote

Dutchman ['dʌtʃmən] *n* holandés *m*; IDIOM *Fam* **if that's a real diamond (then) I'm a ~** si eso es un diamante de verdad, que venga Dios y lo vea

Dutchwoman ['dʌtʃwʊmən] *n* holandesa *f*

dutiable ['djuːtɪəbəl] *adj* sujeto(a) a derechos, imponible

dutiful ['djuːtɪfʊl] *adj* obediente

dutifully ['djuːtɪfʊlɪ] *adv* obedientemente, sin rechistar

duty ['djuːtɪ] *n* **-1.** *(obligation)* deber *m*; **he did his ~** cumplió con su deber; **he failed in his ~** faltó a *or* no cumplió con su deber; **I shall make it my ~ to...** yo me ocuparé de...; **it is my painful ~ to inform you that...** siento mucho tener que comunicarle que...; **it is your ~ to...** tu deber es...; **he did it out of a sense of ~** lo hizo porque sentía que era su deber; **I'll have to go, ~ calls** tengo que ir, el deber me llama ❑ **~ call** visita *f* de compromiso

-2. *(task)* **duties** tareas *fpl*; **she took up** *or* **assumed her duties** se incorporó a su puesto; **she carried out** *or* **performed her duties well** desempeñó bien su trabajo; **she handed over her duties (to her successor)** delegó sus responsabilidades (en su sucesor); **in the course of one's duties** en el desempeño de sus funciones

-3. *(of soldier, doctor, policeman)* **to be on ~** estar de servicio; **to be off ~** estar fuera de servicio; **to go on/off ~** empezar/terminar el turno de servicio; MIL **tour of ~** destino; IDIOM **to do ~ as sth** hacer de algo, servir de algo ❑ **~ chemist's** farmacia *f* de turno *or* de guardia; **~ doctor** médico(a) *m,f* de guardia; **~ manager** encargado(a) *m,f* de turno; **~ officer** oficial *mf* de guardia; **~ roster** rota *f* de guardias

-4. FIN *(tax)* derecho *m*, impuesto *m*; **to pay ~ on sth** pagar derechos *or* impuestos por algo

duty-bound ['djuːtɪbaʊnd] *adj* **to feel ~ to do sth** sentirse obligado(a) a hacer algo

duty-free ['djuːtɪ'friː] ⋄ *n Fam (goods)* artículos *mpl* libres de impuestos; **I'm just going to get some ~** voy a comprar algo al duty-free

⋄ *adj* exento(a) *or* libre de impuestos ❑ **~ allowance** cantidad *f* libre de impuestos; **~ shop** tienda *f* libre de impuestos

duvet ['duːveɪ] *n Br* edredón *m* ❑ **~ cover** funda *f* de edredón

DVD [diːviː'diː] *n* COMPTR *(abbr* **Digital Versatile Disk, Digital Video Disk)** DVD *m* ❑ **~ player** reproductor *m or* lector *m* de DVD

DVLA [diːviːel'eɪ] *n (abbr* **Driver and Vehicle Licensing Agency)** ≃ Dirección *f* General de Tráfico

DVM [diːviː'em] *n (abbr* **Doctor of Veterinary Medicine)** veterinario(a) *m,f*

dwarf [dwɔːf] ⋄ *n (pl* **dwarfs** *or* **dwarves** [dwɔːvz]) **-1.** MYTHOL enano *m* **-2.** *(person)* enano *m,f* **-3.** *(plant, tree)* variedad *f* enana

⋄ *adj (plant, tree)* enano(a) ❑ **~ star** estrella *f* enana

⋄ *vt (of building, achievements)* empequeñecer; **the church is dwarfed by the new skyscraper** el nuevo rascacielos hace pequeña a la iglesia

dweeb [dwiːb] *n US Fam* petardo(a) *m,f*

dwell [dwel] *(pt & pp* **dwelt** [dwelt]) *vi Literary (live)* morar; **to ~ in one's mind** *(image, thought)* permanecer

◆ **dwell on, dwell upon** *vt insep* **to ~ on sth at some length** *(in lecture, book)* explayarse *or* extenderse bastante; **why ~ on the negative side of things?** ¿para qué fijarse en el lado negativo de las cosas?; **let's not** *or* **don't let's ~ on it** no le demos más vueltas al asunto

-dweller ['dwelə(r)] *suffix* **cave~** cavernícola; **city~** habitante de la ciudad

dwelling ['dwelɪŋ] *n* **-1.** *Literary (abode)* morada *f*; **the gods had their ~ place on Mount Olympus** los dioses moraban en el monte Olimpo **-2.** *Formal (house)* vivienda *f* ❑ **~ house** residencia *f*

dwelt *pt & pp of* **dwell**

DWEM [dwem] *n (abbr* **dead white European male)** = varón europeo blanco muerto

---

DWEM

Este término peyorativo surgió durante los debates sobre multiculturalismo y educación en EE. UU. de la década de los 80. Algunos estudiantes y profesores criticaron el hecho de que la mayor parte de las obras de obligada lectura en los cursos de humanidades fueran escritas por **DWEM**s (varones europeos blancos muertos), ya que ese tipo de educación negaba a los estudiantes el acceso a las contribuciones hechas por negros, mujeres y representantes de civilizaciones no occidentales. En consecuencia muchas universidades modificaron sus planes de estudios para prestar mayor atención a cuestiones de raza, sexo y a culturas no europeas, especialmente de Sudamérica y África.

El asunto ha dado pie a un continuo debate entre los defensores del multiculturalismo y sus detractores, los cuales consideran que el empleo de términos como **DWEM** es un síntoma de lo que ven como los excesos del movimiento que aboga por lo políticamente correcto.

DWI ['diːdʌbəljuː'aɪ] *n US (abbr* **driving while intoxicated)** **he was charged with ~** le acusaron de conducir *or Am* manejar bajo los efectos del alcohol

dwindle ['dwɪndəl] *vi (hopes, savings, population)* disminuir, reducirse; **to ~ (away) to nothing** quedar reducido(a) a nada

dwindling ['dwɪndlɪŋ] *adj (funds, membership)* menguante; *(enthusiasm, hopes, audience)* decreciente

DWP [diːdʌbəljuː'piː] *n (abbr* **Department for Work and Pensions)** = ministerio británico de seguridad social y empleo

dye [daɪ] ⋄ *n* **-1.** *(for clothes, hair)* tinte *m*; **the ~ has run** ha desteñido **-2.** *Literary* **a villain of the deepest ~** un malvado de la peor calaña

⋄ *vt (fabric, hair)* teñir; **to ~ sth black/red** teñir algo de negro/rojo; **to ~ one's hair** teñirse el pelo

⋄ *vi (fabric)* teñirse; **nylon doesn't ~ well** el nylon no se tiñe bien, el nylon no coge bien el tinte

dyed-in-the-wool ['daɪdɪnðə'wʊl] *adj* acérrimo(a)

dyer ['daɪə(r)] *n* tintorero(a) *m,f*

dyestuff ['daɪstʌf] *n* tinte *m*, tintura *f*

dyeworks ['daɪwɜːks] *n* taller *m* de teñido, tintorería *f*

dying ['daɪɪŋ] ⋄ *adj (person, animal)* moribundo(a), agonizante; *(art, industry, tradition)* en vías de desaparición; **to** *or* **till my ~ day** hasta el día de mi muerte; IDIOM **men like him are a ~ breed** quedan pocos hombres como él ❑ **~ wish** última voluntad *f*; **~ words** últimas palabras *fpl*

⋄ *npl* **the ~** los moribundos

dyke, dike [daɪk] *n* **-1.** *(barrier)* dique *m* **-2.** *(ditch)* zanja *f* **-3.** *very Fam Pej (lesbian)* tortillera *f*

dynamic [daɪ'næmɪk] ◇ adj **-1.** (energetic) dinámico(a) **-2.** COMPTR ~ **data exchange** intercambio m dinámico de datos; ~ **HTML** HTML m dinámico; ~ **RAM** RAM f dinámica
◇ n dinámica f

dynamics [daɪ'næmɪks] ◇ npl (of change, growth) dinámica f
◇ n PHYS dinámica f

dynamism ['daɪnəmɪzəm] n dinamismo m

dynamite ['daɪnəmaɪt] ◇ n **-1.** (explosive) dinamita f **-2.** IDIOMS **this information is political ~** esta información es políticamente explosiva; Fam **it's ~!** (marvellous) ¡es genial!
◇ vt dinamitar

dynamo ['daɪnəməʊ] (pl **dynamos**) n **-1.** ELEC dinamo f **-2.** Fig (person) máquina f

dynamometer [daɪnə'mɒmɪtə(r)] n TECH dinamómetro m

dynastic [dɪ'næstɪk] adj dinástico(a)

dynasty ['dɪnəstɪ] n dinastía f

dyne [daɪn] n PHYS dina f

dysentery ['dɪsəntrɪ] n disentería f

dysfunction [dɪs'fʌŋkʃən] n (of organ) disfunción f

dysfunctional [dɪs'fʌŋkʃənəl] adj disfuncional ❑ ~ **family** familia f desestructurada

dyslexia [dɪs'leksɪə] n dislexia f; **to suffer from** ~ ser disléxico(a), padecer dislexia

dyslexic [dɪs'leksɪk] adj disléxico(a)

dysmenorrhoea, US **dysmenorrhea** [dɪsmenə'rɪə] n MED dismenorrea f

dyspepsia [dɪs'pepsɪə] n MED dispepsia f

dyspeptic [dɪs'peptɪk] adj **-1.** MED dispéptico(a), que hace malas digestiones **-2.** Formal (bad-tempered) malhumorado(a); **to be in a ~ mood** estar de mal humor

dysphasia [dɪs'feɪzɪə] n MED disfasia f, afasia f moderada

dyspnoea, US **dyspnea** [dɪsp'nɪə] n MED disnea f

dystrophy ['dɪstrəfɪ] n MED distrofia f

E, e [iː] n (letter) E, e f
E [iː] n -1. MUS mi m -2. (abbr **east**) E -3. SCH baja calificación f; **to get an E** (in exam, essay) obtener una baja calificación -4. Fam (abbr **ecstasy**) (drug) éxtasis m inv -5. IDIOM Br Fam **to give sb the big E** deshacerse de alguien, dar calabazas a alguien
ea. (abbr **each**) £3.00 ea. tres libras cada uno(a)
each [iːtʃ] ⋄ adj cada; ~ **day** cada día; ~ **one (of them)** cada uno (de ellos); ~ **(and every) one of us** todos (y cada uno de) nosotros; **an ~ way bet** (in horse racing) = apuesta que se gana si el caballo queda entre los tres primeros
⋄ pron -1. (both, all) cada uno(a); **we ~ earn $300, we earn $300 ~** ganamos cada uno 300 dólares, ganamos 300 dólares cada uno; **oranges at 25 pence ~** naranjas a 25 peniques la pieza or cada una; **you can have one ~** pueden tomar uno cada (uno); **~ of us** cada uno de nosotros; **her novels, ~ of which is a masterpiece,...** sus novelas, cada una de las cuales es una obra maestra,...; **a little of ~** un poco de cada (uno); **take one of ~** tomen uno de cada (uno); **it may seem odd, but ~ to his own** aunque parezca extraño, sobre gustos no hay nada escrito
-2. (reciprocal) **to hate ~ other** odiarse; **to kiss ~ other** besarse; **they were made for ~ other** fueron hechos el uno para el otro; **to support ~ other** apoyarse mutuamente; **we used to copy ~ other's homework** solíamos copiarnos los deberes; **stop screaming at ~ other!** Esp ¡dejad de gritar!, Am ¡déjense de gritar!; **we write to ~ other** nos escribimos; **they are always arguing with ~ other** siempre están discutiendo
eager [ˈiːɡə(r)] adj (look, interest) ávido(a), ansioso(a); (supporter, helper) entusiasta; (desire, hope) intenso(a); **to be ~ for sth** estar ansioso(a) por or ávido(a) de algo; **to be ~ for affection/for success** tener una gran necesidad de afecto/de triunfar; **the audience were ~ for more** el público seguía pidiendo más; **he's ~ for me to see his work** está ansioso porque yo vea su trabajo; **to be ~ to do sth** estar ansioso(a) por hacer algo; **to be ~ to please** estar deseoso(a) por agradar; **they were ~ to learn** estaban ávidos or ansiosos por aprender; IDIOM Fam **to be an ~ beaver** ser muy aplicado(a)
eagerly [ˈiːɡəli] adv (to ask, say, look at) ávidamente, ansiosamente; (to wait) con ansiedad or impaciencia; (to listen) con avidez; ~ **awaited** ansiado(a), largamente esperado(a)
eagerness [ˈiːɡənɪs] n (impatience) avidez f, ansia f; (enthusiasm) entusiasmo m; **his ~ to please** su afán de agradar; **in her ~ to leave, she forgot the key** en su afán por marcharse, se olvidó de la llave
eagle [ˈiːɡəl] ⋄ n -1. (bird) águila f; IDIOM **under the ~ eye of...** bajo la atenta mirada de... ❏ ~ **owl** búho m real -2. (in golf) dos m bajo par, eagle m; **an ~ 3** un eagle en un par 5
⋄ vt (in golf) **to ~ a hole** hacer dos bajo par or eagle en un hoyo

eagle-eyed [ˈiːɡəlˈaɪd] adj **to be ~** tener vista de lince
eaglet [ˈiːɡlɪt] n aguilucho m
E and OE FIN (abbr **errors and omissions excepted**) s.e.u.o.
ear [ɪə(r)] n -1. (of person, animal) (external part) oreja f; (internal part) oído m; **he has an ~ infection** tiene una infección en el oído ❏ MED ~, **nose and throat specialist** otorrinolaringólogo(a) m,f; MED ~, **nose and throat department** departamento de otorrinolaringología; ~ **piercing** perforación f de las orejas; ~ **trumpet** trompetilla f
-2. (hearing, perception) oído m; **I could scarcely believe my ears** no daba crédito a lo que estaba oyendo or lo que oían mis oídos; **to keep an ~** or **one's ears open** estar alerta or atento(a); **keep an ~ open for the baby** está atento(a) al bebé; **to reach sb's ears** (news, rumour) llegar a (los) oídos de alguien; **to have a good ~** tener buen oído; **to have an ~ for music** tener buen oído para la música; **to have an ~ for languages** tener aptitudes para los idiomas; **to play by ~** (instrument, tune) tocar de oído; Fig **let's play it by ~** ya veremos sobre la marcha
-3. (of wheat) espiga f
-4. IDIOMS **he closed his ears to her request for help** hizo oídos sordos a su petición de ayuda; **to keep one's ears pinned back** ser todo oídos; **to keep one's ~ to the ground** mantenerse al corriente; **I was listening to them with half an ~** estaba medio escuchándolos(as); **he has the boss's ~** goza de la confianza del jefe; **the house was falling down around their ears** la casa se les caía encima; Fam **to be up to one's ears in work/debt** estar hasta las Esp cejas or Am narices de trabajo/deudas; Fam **to have sth coming out of one's ears** estar hasta arriba or Am las narices de algo; **to go in one ~ and out the other** (words, information) entrar por un oído y salir por el otro; Fam **to be (thrown) out on one's ~** ser puesto(a) de patitas en la calle; **to grin from ~ to ~** sonreír de oreja a oreja; Fam **his ears are flapping** (he's listening closely) está con las antenas puestas or RP orejas paradas; **his ears must be burning** no se habla más que de él; Fam **I'm all ears** soy todo oídos
earache [ˈɪəreɪk] n dolor m de oídos
ear-bashing [ˈɪəbæʃɪŋ] n Fam reprimenda f, Esp bronca f, Méx jalada f, RP rezongo m; **to give sb an ~** echar una reprimenda or Esp bronca a alguien, dar a alguien Méx una jalada or RP un buen rezongo
eardrops [ˈɪədrɒps] npl gotas fpl para los oídos
eardrum [ˈɪədrʌm] n tímpano m
-eared [ɪəd] suffix **long/short~** con orejas largas/cortas
earflap [ˈɪəflæp] n (on cap) orejera f
earful [ˈɪəfʊl] n Fam -1. **to give sb an ~** (scold, criticize) echar un sermón or Esp una bronca a alguien, RP dar a alguien un buen rezongo; **to get an ~** llevarse un sermón or Esp una bronca or RP un rezongo -2. **get an ~ of this!** (news, gossip) ¡pon la antena!
ear-hole [ˈɪəhəʊl] n agujero m de la oreja

earl [ɜːl] n conde m ❏ **Earl Grey (tea)** = tipo de té chino, muy popular en Gran Bretaña, con sabor suave
earldom [ˈɜːldəm] n título m de conde, condado m
earlier [ˈɜːlɪə(r)] ⋄ adj anterior; **I caught an ~ train** tomé or Esp cogí un tren anterior; **her ~ novels** sus novelas anteriores; **it's ~ than I thought** es más temprano de lo que creía; **could I have an ~ appointment?** ¿podría darme una cita a primera hora?
⋄ adv **(on)** antes; **a few days ~** unos días antes; ~ **that day** ese mismo día con anterioridad; **no ~ than tomorrow** no antes de mañana; **as we saw ~** como vimos anteriormente or antes
earliest [ˈɜːlɪəst] ⋄ n **at the ~** como muy pronto; **the ~ I can be there is four o'clock** no podré estar ahí antes de las cuatro; **what's the ~ you can make it?** ¿a qué hora puede estar?
⋄ adj (opportunity, memory) primero(a); **from the ~ times** desde los primeros tiempos; **from the ~ days of the century** desde principios de siglo; **at the ~ possible moment** lo antes posible; **what is your ~ possible delivery date?** ¿cuál es su fecha de entrega más inmediata?; COM **at your ~ convenience** en cuanto le sea posible
earliness [ˈɜːlɪnɪs] n **the ~ of the hour** lo temprano de la hora
earlobe [ˈɪələʊb] n lóbulo m de la oreja
early [ˈɜːlɪ] ⋄ adj (comparative **earlier** [ˈɜːlɪə(r)], superlative **earliest** [ˈɜːlɪəst]) -1. (in the day) temprano(a); **at this ~ hour...** a una hora tan temprana...; **the ~ hours** las primeras horas de la mañana, la madrugada; **in the ~ afternoon** a primera hora de la tarde; **in the ~ morning** Esp por la mañana temprano, Am en or Arg a la mañana temprano, Urug de mañana temprano; **to be an ~ riser** or **bird** ser madrugador(ora); **to have an ~ night** acostarse temprano; **to make an ~ start** (on journey) salir temprano; Br **it's ~ closing on Wednesdays** los miércoles las tiendas abren sólo por la mañana
-2. (at beginning of period of time) temprano(a); **my ~ childhood/teens** mi temprana infancia/juventud; **an ~ example of...** un ejemplo temprano de...; **an ~ goal** un gol temprano or tempranero; **this is an ~ Rembrandt** éste es un Rembrandt de su primera época; **at/from an ~ age** en/desde una edad temprana; **in ~ summer** a principios del verano; **in the ~ 1980s** a principios de los ochenta; **in my ~ days as a teacher...** en mis primeros tiempos como profesor...; **in the ~ days** al principio ❏ **Early American** estilo m colonial americano; ~ **music** música f antigua
-3. (first) primero(a); ~ **aircraft were much slower** los primeros aviones eran mucho más lentos; **the ~ days/stages of...** los primeros días/las primeras etapas de...; **he is in the ~ stages of cancer** se encuentra en la fase inicial de un cáncer; ~ **signs suggest that...** las primeras señales sugieren que... ❏ ~ **man** el hombre primitivo

-4. *(ahead of time) (arrival)* antes de tiempo; *(flowers, vegetables)* temprano(a); **to be ~** llegar temprano *or Esp* pronto; **I am half an hour ~** llego media hora antes *or* con media hora de adelanto; **she was ~ for the interview** llegó pronto *or* temprano a la entrevista; **we were ~ going to bed last night** ayer nos fuimos pronto a la cama; **it's too ~ to say** es demasiado pronto para saber; **it's ~ days** todavía es pronto; **to have an ~ breakfast/lunch** desayunar/comer temprano; **an ~ death** una muerte prematura; **the illness sent him to an ~ grave** la enfermedad le ocasionó una muerte prematura; PROV **~ to bed, ~ to rise (makes a man healthy, wealthy and wise)** a quien madruga, Dios le ayuda ❑ **an ~ bird** un(a) madrugador(ora); PROV **the ~ bird catches the worm** a quien madruga Dios le ayuda; *US* **~ bird special** = menú a precio rebajado para los clientes que llegan a un restaurante antes de la hora de la cena; *Br* **~ closing:** **it's ~ closing today** hoy cierran temprano; **~ retirement** jubilación *f* anticipada, prejubilación *f*; MIL **~ warning system** sistema *m* de alerta inmediata
-5. *(future)* pronto(a); **we need an ~ decision** necesitamos una decisión rápida; **an ~ reply** una pronta respuesta; **at an ~ date** en fecha próxima
◇ *adv* **-1.** *(in the day)* temprano, *Esp* pronto; **~ in the morning/evening** en las primeras horas de la mañana/tarde; **I'd phoned her ~ that day** ya la había llamado ese mismo día; **to get up ~** levantarse temprano *or Esp* pronto
-2. *(at beginning of period of time)* **~ next week** a principios de la semana que viene; **~ in the year** a primeros *or* principios de año; **~ in one's life/career** al principio de la vida/carrera profesional; **they scored as ~ as the fifth minute** marcaron tras sólo cinco minutos, sólo tardaron *or Am* demoraron cinco minutos en marcar; **~ on** temprano; **it became clear ~ on that we would lose** ya al poco (tiempo) de comenzar quedó claro que perderíamos
-3. *(ahead of time)* temprano, *Esp* pronto; **he was born a month ~** nació con un mes de adelanto; **we finished ~** acabamos temprano *or Esp* pronto; **they left the party ~** se fueron temprano *or Esp* pronto de la fiesta; **to die ~** morir prematuramente; **Easter falls ~ this year** este año Semana Santa cae antes *or Am* temprano; **we made our reservations ~** reservamos con antelación; **to retire ~** jubilarse anticipadamente; **as ~ as possible** lo antes posible, cuanto antes; **we arrived too ~** llegamos demasiado temprano *or Esp* pronto

earmark ['ɪəmɑːk] ◇ *n* característica *f*; **it has all the earmarks of embezzlement** tiene todas las características de un desfalco
◇ *vt* **-1.** *(assign)* destinar (**for** a); **this land has been earmarked for development** estos terrenos han sido destinados para desarrollo urbano; **this money has been earmarked for research** esta partida ha sido asignada a investigación **-2.** *(sheep)* marcar en la oreja

earmuffs ['ɪəmʌfs] *npl* orejeras *fpl*

earn [ɜːn] ◇ *vt* **-1.** *(money)* ganar; *(interest)* dar, devengar; **how much does he ~?** ¿cuánto gana?; **their money is earning a high rate of interest** obtienen un interés muy alto por su dinero; **to ~ one's living** ganarse la vida
-2. *(rest, respect)* ganarse; **it earned him ten years in prison** le valió diez años de prisión, le costó diez años de cárcel; **you've earned it!** ¡te lo has ganado!, ¡te lo mereces!
◇ *vi (person)* ganar dinero; **none of his children have started earning yet** ninguno de sus hijos ha comenzado a trabajar aún
➤ **earn out** *vi* COM *(cover costs, profit)* ser rentable, dar beneficios

earned income *n* ['ɜːnd'ɪnkʌm] rentas *fpl* del trabajo

earner ['ɜːnə(r)] *n* **-1.** *(person)* **(wage) ~** asalariado(a) *m,f*; **she's the only ~ in the family** es la única de la familia que aporta ingresos **-2.** *Br Fam (source of income)* **the shop is a nice little ~** la tienda es una buena fuente de ingresos

earnest ['ɜːnɪst] ◇ *adj* **-1.** *(serious)* serio(a); **she's terribly ~** es muy formal, todo se lo toma muy en serio **-2.** *(sincere)* **it is my ~ hope/wish that...** espero/deseo de todo corazón que...
◇ *n* **in ~** *(seriously)* en serio; **he spoke in deadly ~** habló muy en serio; **it's raining in ~ now** se ha puesto a llover a cántaros

earnestly ['ɜːnɪstlɪ] *adv* **-1.** *(seriously)* seriamente, con gravedad **-2.** *(sincerely)* sinceramente; **we ~ hope that...** esperamos sinceramente que...

earnestness ['ɜːnɪstnɪs] *n* **-1.** *(seriousness)* seriedad *f*, gravedad *f* **-2.** *(sincerity)* honestidad *f*, sinceridad *f*

earning ['ɜːnɪŋ] *n* **~ capacity** *or* **power** *(of business)* capacidad de generar ingresos, poder lucrativo; **his ~ capacity** *or* **power has increased enormously** su capacidad de ganar dinero ha aumentado vertiginosamente

earnings ['ɜːnɪŋz] *npl (of person)* ingresos *mpl*; *(of company)* beneficios *mpl*, ganancias *fpl* ❑ ST EXCH **~ per share** dividendos *mpl* por acción

earnings-related ['ɜːnɪŋzrɪ'leɪtɪd] *adj* proporcional a los ingresos ❑ **~ pension** pensión *f* contributiva *or* retributiva

earphones ['ɪəfəʊnz] *npl* auriculares *mpl*

earpiece ['ɪəpiːs] *n (of telephone)* auricular *m*

ear-piercing ['ɪəpɪəsɪŋ] *adj (scream)* estridente

earplug ['ɪəplʌg] *n* tapón *m* para los oídos

earring ['ɪərɪŋ] *n* Esp pendiente *m*, *Am* arete *m*

earshot ['ɪəʃɒt] *n* **within ~** al alcance del oído; **out of ~** fuera del alcance del oído; **I was within ~ of them** podía oírlos

ear-splitting ['ɪəsplɪtɪŋ] *adj* ensordecedor(ora)

earth [ɜːθ] ◇ *n* **-1.** *(planet)* **the ~** *or* **Earth** la Tierra; *Hum* **Earth to John, Earth calling John** John ¿estás ahí?, centro de control *or Am* monitoreo llamando a John; **on ~ as it is in heaven** así en la Tierra como en el cielo ❑ **~ mother** *(in mythology)* madre tierra *f*, diosa *f* de la fecundidad; *Fig (woman)* madraza *f*; **~ sciences** ciencias *fpl* de la Tierra; **~ tremor** temblor *m* de tierra, movimiento *m* sísmico
-2. *(soil)* tierra *f*; **~ floor** *(of hut)* piso *or* suelo de tierra
-3. *Br* ELEC toma *f* de tierra ❑ **~ wire** conductor *m* de tierra, cable *m* de toma de tierra
-4. *(burrow)* madriguera *f*; **to go to ~** *(animal)* esconderse en la madriguera; *(person)* esconderse; *Fig* **to run sb to ~** dar con alguien
-5. *Fam (as intensifier)* **where/why/what/who on ~...?** ¿dónde/por qué/qué/quién diantres...?; **how on ~ should I know?** ¿cómo (diantres *or* demonios) quieres que yo lo sepa?; **there's no reason on ~ why I should go** no tengo por qué ir
-6. IDIOMS *Hum* **the ~ moved** *(while making love)* la tierra tembló; *Hum* **did the ~ move for you?** *(while making love)* ¿fue alucinante?; *Fig* **to come back to ~ (with a bump)** bajarse de la nube, bajar a la tierra; **to bring sb back down to ~** devolver a alguien a la realidad, *RP* traer de vuelta a alguien; *Fam* **to look/feel like nothing on ~** tener un aspecto/sentirse horrible *or Esp* fatal; **to cost/pay the ~** costar/pagar un ojo de la cara *or Esp* un riñón; **to promise sb the ~** prometer a alguien el oro y el moro
◇ *vt Br* ELEC conectar a tierra
➤ **earth up** *vt sep (plant)* aporcar, cubrir con tierra

earthbound ['ɜːθbaʊnd] *adj* **-1.** *(heading towards earth)* en dirección a Tierra **-2.** *Fig (uninspired)* mediocre, gris

earthen ['ɜːθən] *adj* **-1.** *(floor)* de tierra **-2.** *(pot)* de barro

earthenware ['ɜːθənweə(r)] ◇ *n* loza *f*
◇ *adj* de loza

earthiness ['ɜːθɪnɪs] *n (of humour, person)* descaro *m*

earthling ['ɜːθlɪŋ] *n* terrícola *mf*

earthly ['ɜːθlɪ] *n Br Fam* **-1.** *(chance)* **she hasn't got an ~** no tiene la menor posibilidad **-2.** *(idea)* **I haven't got an ~** (no tengo) ni idea
◇ *adj* **-1.** *(life, existence)* terrenal **-2.** *Fam (emphatic)* **there's no ~ reason** no hay razón alguna; **it's no ~ use** no vale absolutamente para nada

earthman ['ɜːθmæn] *n* terrícola *m*

earthmover ['ɜːθmuːvə(r)] *n* excavadora *f*, pala *f* mecánica

earthmoving ['ɜːθmuːvɪŋ] *adj* **~ equipment** maquinaria de excavaciones

earthquake ['ɜːθkweɪk] *n also Fig* terremoto *m*

earth-shaking ['ɜːθʃeɪkɪŋ], **earth-shattering** ['ɜːθʃætərɪŋ] *adj Fam (news, discovery)* extraordinario(a)

earthward ['ɜːθwəd], **earthwards** ['ɜːθwədz] *adv* rumbo a la Tierra

earthwoman ['ɜːθwʊmən] *n* terrícola *f*

earthwork ['ɜːθwɜːk] *n* **-1.** *(excavation)* movimiento *m* de tierras **-2.** *(fortification)* terraplén *m*

earthworm ['ɜːθwɜːm] *n* lombriz *f (de tierra)*

earthy ['ɜːθɪ] *adj* **-1.** *(of or like earth)* terroso(a); **~ taste/smell** sabor/olor a tierra
-2. *(person, humour) (coarse)* descarado(a); *(uninhibited)* directo(a), campechano(a)

earwax ['ɪəwæks] *n* cera *f* de los oídos, cerumen *m*

earwig ['ɪəwɪg] *n* tijereta *f*

ease [iːz] ◇ *n* **-1.** *(facility)* facilidad *f*; **with ~** con facilidad; **~ of access/use** fácil acceso/manejo; **for ~ of reference** para facilitar la consulta
-2. *(peace)* **at ~** a gusto; **to be** *or* **feel at ~** estar *or* sentirse a gusto; **we feel more at ~ with each other now** ahora nos sentimos más a gusto juntos; **to put sb at (his** *or* **her) ~** hacer que alguien se sienta a gusto; **to put** *or* **set sb's mind at ~** tranquilizar a alguien; *Formal* **to take one's ~** descansar, reposar
-3. *(affluence, leisure)* **a life of ~** una vida desahogada
-4. MIL **(stand) at ~!** ¡descansen!
◇ *vt* **-1.** *(alleviate) (pain, anxiety)* calmar; **to ~ sb's mind** tranquilizar *or* sosegar a alguien
-2. *(relax, diminish) (pressure, tension)* disminuir; *(traffic flow)* descongestionar, hacer más fluido(a); *(sb's workload)* aliviar; *(restrictions)* relajar
-3. *(move carefully, slowly)* **she eased the heavy box onto the shelf** despacio y con cuidado, trasladó la pesada caja al estante; **she eased the rucksack from her back** se quitó la mochila con cuidado; **to ~ oneself into a chair** acomodarse en una silla parsimoniosamente; **he eased himself through the gap in the wall** se deslizó por el hueco en el muro
◇ *vi (pain, pressure)* disminuir, remitir; **the wind/the rain has eased** el viento/la lluvia ha amainado un poco
➤ **ease in** *vt sep* introducir con cuidado
➤ **ease off** ◇ *vt sep (lid)* quitar con cuidado; *(bandage)* aflojar, quitar con cuidado
◇ *vi (pain)* disminuir, remitir; *(rain)* amainar; *(work)* aflojar; *(pressure)* disminuir, bajar; **the traffic tends to ~ off towards late evening** al anochecer el tráfico *or Am* tránsito se hace más fluido
➤ **ease out** *vt sep* **they eased him out of the front seat** lo bajaron del asiento con cuidado; **to ~ sb out** *(from position, job)* forzar la caída de alguien paulatinamente
➤ **ease up** *vi* **-1.** *(diminish) (pain)* disminuir,

easel

remitir; *(rain)* amainar **-2.** *(runner, horse)* aflojar *or* disminuir la marcha **-3.** *(take things easy)* tomarse las cosas con más calma; **to ~ up on sb** no ser demasiado duro(a) con alguien; **to ~ up on sth** no pasarse con algo

easel ['iːzəl] *n* caballete *m*

easily ['iːzɪlɪ] *adv* **-1.** *(without difficulty)* fácilmente; **the table would ~ sit six people** a la mesa se pueden sentar seis personas con comodidad; **she is ~ pleased** es fácil de complacer; **he is ~ amused** se entretiene con cualquier cosa; **that's ~ said** eso se dice pronto, del dicho al hecho...; **that's ~ done** *(anyone can make that mistake)* le puede pasar a cualquiera; *(it's simple)* tiene fácil solución
-2. *(undoubtedly)* fácilmente; **~ the biggest** sin duda alguna el mayor; **it's ~ the best of the lot** es con mucho *or* con diferencia el mejor de todos
-3. *(very possibly)* **he could ~ change his mind** es muy probable que cambie de idea; **the information could (just as) ~ be wrong** la información puede muy bien ser errónea
-4. *(comfortably)* cómodamente, sin dificultad
-5. *(at least)* **he's ~ forty** andará por los cuarenta como poco, tendrá por lo menos cuarenta (años); **it's ~ two hours from here** queda a por lo menos dos horas de aquí
-6. *(to speak)* con soltura; **~** *(to smile, answer)* espontáneamente, con desenvoltura

easiness ['iːzɪnɪs] *n* **-1.** *(of task, question, exam)* facilidad *f* **-2.** *(of manner)* desenvoltura *f*

easing ['iːzɪŋ] *n* **-1.** *(of pain)* alivio *m* **-2.** *(of pressure)* disminución *f*; *(of restrictions)* flexibilización *f*, relajación *f*; **~ of tension** *(political)* distensión

east [iːst] ◇ *n* este *m*; **to the ~ (of)** al este (de); **the East of Spain** el este de España; **the East** *(Asia)* el Oriente; *(of Europe)* el Este; **the wind is in** *or* **(coming) from the ~** el viento sopla del este
◇ *adj* **-1.** *(direction, side)* oriental, este; **the ~ coast** la costa este *or* occidental; **~ London** el este de Londres ❑ **~ wind** viento *m* del este *or* de levante
-2. *(in names)* **East Africa** África Oriental; **East Anglia** East Anglia, = región geográfica del este de Inglaterra que incluye los condados de Norfolk y Suffolk y zonas de Cambridgeshire y Essex; **the East End (of London)** = el barrio este de Londres; *Formerly* **East Germany** Alemania Oriental *or* del Este; *Old-fashioned* **the East Indies** *(Far East)* las Indias Orientales; *(Malay archipelago)* = el archipiélago indonesio; **the East Side** = el barrio este de Manhattan; **East Timor** Timor Oriental
◇ *adv (to travel, move)* hacia el este; **it's (3 miles) ~ of here** está (a 3 millas) al este de aquí; **they live out ~** viven por el este; **~ by north/by south** este cuarta al nordeste/al sureste; **to face ~** *(person)* mirar hacia el este; *(room, house)* estar orientado(a) *or* mirar al este; **to go ~** ir hacia el este

eastbound ['iːstbaʊnd] *adj (train, traffic)* en dirección este; **the ~ carriageway** el carril que va hacia el este

Eastender ['iːst'endə(r)] *n Br* = persona del East End londinense

Easter ['iːstə(r)] *n (period)* Semana *f* Santa; *(festival)* Pascua *f* (de Resurrección); **at ~** en Semana Santa ❑ **~ Day** Domingo *m* de Pascua *or* de Resurrección; **~ egg** *(chocolate egg)* huevo *m* de Pascua; COMPTR huevo *m* de Pascua; **~ Island** la Isla de Pascua; **~ Monday** Lunes *m inv* de Pascua; **~ Sunday** Domingo *m* de Pascua *or* de Resurrección; **~ week** *(Holy Week)* Semana *f* Santa; *(following Easter)* Semana *f* de Pascua

---

EASTER RISING

La insurrección de los nacionalistas irlandeses contra el dominio británico que tuvo lugar en 1916 se conoce como **the Easter Rising**. El levantamiento, que se produjo principalmente en Dublín, fue aplastado en cuestión de días por las tropas del ejército británico. La posterior ejecución de quince cabecillas, quienes alcanzaron la consideración de mártires, atrajo las simpatías de gran parte del pueblo irlandés hacia la rebelión. A consecuencia de estos acontecimientos, el dominio británico en Irlanda se hizo insostenible. La Guerra de Independencia (1919-21) desembocaría en la división de la isla entre Irlanda del Norte y un estado autónomo en el sur que se convertiría en la República de Irlanda en 1949.

---

easterly ['iːstəlɪ] ◇ *n (wind)* levante *m*
◇ *adj (direction)* (hacia el) este; **the most ~ point** el punto más al este; **~ wind** viento de levante

eastern ['iːstən] *adj* **-1.** *(region)* del este, oriental; **the ~ side of the country** la región del este *or* oriental del país ❑ *Formerly* **the Eastern bloc** el bloque del Este; **Eastern Europe** Europa Oriental *or* del Este; **~ hemisphere** hemisferio *m* oriental; **~ kingbird** tirano *m* real; **Eastern Orthodox Church** Iglesia *f* ortodoxa; **~ screech owl** autillo *m* americano; *US* **Eastern Standard Time** = hora oficial en la costa este de los EE.UU.
-2. *(religion)* oriental

Easterner ['iːstənə(r)] *n* **-1.** *(in US)* persona del este de Estados Unidos **-2.** *(oriental)* oriental *mf*

easternized ['iːstənaɪzd] *adj US* = que adoptó las costumbres del este de los EE.UU. aunque proviene de otra zona del país

easternmost ['iːstənməʊst] *adj* más oriental, más al este; **the ~ island of the archipelago** la isla más al este del archipiélago

east-north-east ['iːstnɔːθ'iːst] ◇ *adj* del este-nordeste *or* estenoreste
◇ *adv* hacia el *or* en dirección estenordeste *or* estenoreste

east-south-east ['iːstsaʊθ'iːst] ◇ *adj (direction)* estesudeste, estesureste; *(wind)* del estesudeste *or* estesureste
◇ *adv* hacia el estesudeste *or* estesureste

eastward ['iːstwəd] ◇ *adj* hacia el este
◇ *adv* hacia el este

eastwardly ['iːstwədlɪ] *adj (direction)* (hacia el) este

eastwards ['iːstwədz] *adv* hacia el este; **to face ~** *(person)* mirar hacia el este; *(room, house)* estar orientado(a) *or* mirar al este; **to go ~** ir hacia el este

East-West ['iːst'west] *adj (relations, trade)* Este-Oeste

easy ['iːzɪ] ◇ *adj* **-1.** *(not difficult)* fácil; **that's the ~ answer** ésa es la salida fácil; **to take the ~ option** *or* **the ~ way out** optar por *or* elegir la solución fácil; **they ran out ~ winners** ganaron con gran facilidad; **~ on the eye/ear** agradable a la vista/al oído; **~ to get on with** tratable, de trato fácil; **~ to install** de fácil instalación; **~ to please** fácil de contentar; **~ to talk to** tratable, de trato fácil; COM **by ~ payments, on ~ terms** con facilidades de pago; **it's within ~ walking distance** se puede ir caminando *or Esp* andando perfectamente; **it's all too ~ to believe such a thing of her** no es difícil creer algo así de ella; **that's ~ for you to say** eso se dice muy fácil; **it's the easiest thing in the world** es lo más fácil del mundo; **that's easier said than done** es muy fácil decirlo, del dicho al hecho (hay mucho trecho); **that's far from ~** *or* **no ~ matter** de fácil eso no tiene nada, eso no es nada fácil; **to make things ~ for sb** ponerle *or RP* hacerle las cosas fáciles a alguien; **you're not making this ~ for me** no me lo estás poniendo *or RP* haciendo nada fácil; IDIOM *Fam* **it's as ~ as ABC** *or* **as anything** *or* **as pie** *or* **as falling off a log** *or* **as shelling peas** es pan comido, *RP* es un boleto *or* una papa; IDIOM *Fam* **to be ~ game** *or* **meat** *or* **prey** ser presa fácil ❑ *Fam* **~ money** dinero *m* fácil
-2. *(comfortable) (pace, life)* cómodo(a), apacible; *(manners, style)* desenvuelto(a); **with an ~ mind** *or* **conscience** con la conciencia tranquila; **I don't feel too ~ about the idea** la idea me inquieta *or* preocupa; *Fam* **I'm ~!** *(I don't mind)* ¡por mí es igual!, ¡a mí me da lo mismo!; **my stomach feels a little easier** *(less painful)* mi estómago está algo mejor; **to have an ~ time (of it)** tenerlo fácil; **I haven't been having an ~ time of it recently** no lo he tenido nada fácil últimamente; IDIOM *Fam* **to be on ~ street** no tener problemas económicos ❑ **~ chair** butaca *f*, sillón *m*; **~ listening** *(music)* música *f* ligera
-3. *Fam (woman)* fácil; *Old-fashioned* **a woman of ~ virtue** una mujer de vida *Esp* alegre *or RP* ligera, *Méx* una mujer de costumbres fáciles
◇ *adv Fam* **I could beat you ~** te gano fácil; **true love doesn't come ~** el amor verdadero no se encuentra fácilmente; *Fam* **to get off ~** salir bien parado(a); **to go ~ on sb** no ser demasiado duro(a) con alguien; **to go ~ on sth** no pasarse con algo; **now we can rest** *or* **breathe ~** ahora podemos descansar *or* respirar tranquilos; *Fig* **I can sleep ~** puedo dormir tranquilo, MIL **stand ~!** ¡descansen!; **to take things** *or* **it ~** tomarse las cosas con calma, tómarselo con calma; **the doctor told me to take things ~** el doctor me dijo que no hiciera grandes esfuerzos; **take it ~!** *(relax)* ¡tranquilo!; *(goodbye)* ¡hasta pronto!; IDIOM **~ come, ~ go** tal como viene, se va; *Fam* **~ does it!** ¡con cuidado!; *US* **~ over** *(egg)* frito por los dos lados

easy-care ['iːzɪkeə(r)] *adj (fabric, clothing)* fácil de lavar y planchar, que no necesita especiales cuidados

easy-cook ['iːzɪkʊk] *adj* de cocción fácil *or* rápida ❑ **~ rice** arroz *m* vaporizado

easy-going ['iːzɪ'gəʊɪŋ] *adj (tolerant)* tolerante; *(calm)* tranquilo(a); **the police take an ~ attitude to such cases** ante casos de este tipo, la policía es bastante permisiva *or* tolerante

easy-to-use ['iːzɪtə'juːz] *adj* fácil de usar

eat [iːt] *(pt* ate [et, eɪt], *pp* eaten ['iːtən]) ◇ *vt* **-1.** *(food)* comer; **to ~ (one's) breakfast/lunch/dinner** desayunar/almorzar/cenar; **I don't ~ meat** no como carne; **they ate their way through a whole chicken** se zamparon un pollo entero
-2. *(of machine) (cash card, ticket)* tragarse; **the machine just ate my cash card** la máquina se me acaba de tragar la tarjeta
-3. IDIOMS **he/she/it looks good enough to ~** está para comérselo(a); **to ~ sb out of house and home** dejar la despensa vacía a alguien; *Fam* **I could ~ a horse!** ¡tengo un hambre tremenda *or Esp* canina *or RP* de la Madona!; *Fam* **he won't ~ you!** ¡no te va a comer!; **he eats people like you for breakfast** se merienda a la gente viva *or* cruda; *Fam* **what's eating you?** *(worrying you)* ¿qué te preocupa?, *RP* ¿qué te pica?; **to ~ one's words** tragarse (uno) sus propias palabras; *Fam* **if it works, I'll ~ my hat** si esto funciona, *Esp* me meto a *or Méx* me voy de *or RP* me hago monja
◇ *vi* comer; **to ~ well** comer bien; **we usually ~ at seven** normalmente comemos a las siete; **to ~ for two** *(pregnant woman)* comer por dos; **~, drink and be merry!** ¡a vivir, que son dos días!; IDIOM **to have sb eating out of one's hand** tener a alguien en *Esp* el bote *or Am* el bolsillo

● **eat away (at)** *vt sep* **-1.** *(wear away)* *(of waves)* erosionar; *(of mice)* roer; *(of acid, rust)* corroer **-2.** *(use up)* *(support, resources)* agotar, consumir

● **eat in** *vi (at home)* comer en casa

● **eat into** *vt insep* **-1.** *(erode)* corroer **-2.** *(use up) (time)* gastar; *(savings)* mermar

● **eat out** *vi* salir a comer fuera

● **eat up** ◇ *vt sep* **-1.** *(food)* terminar (de comer) **-2.** *(consume)* *(petrol, money)* consumir; **to ~ up the miles** devorar los kilómetros, comerse la carretera; **to be eaten up with** *(jealousy, hate, ambition)* estar consumido(a) por

◇ vi ~ **up!** ¡termina (de comer)!
eatable ['i:təbəl] ◇ adj comestible
◇ npl **eatables** provisiones fpl; **has everyone brought some eatables?** ¿ha traído todo el mundo algo de comer?
eaten pp de **eat**
eater ['i:tə(r)] n **to be a slow/fast ~** comer despacio(a)/deprisa; **to be a big ~** comer mucho; **to be a fussy ~** ser un(a) quisquilloso(a) or tiquismiquis para la comida; **he's a messy ~** lo deja todo hecho una porquería cuando come
eatery ['i:tərɪ] n Fam restaurante m
eating ['i:tɪŋ] n **to be** or **make good ~** estar riquísimo(a) ❑ ~ **apple** manzana f de mesa or para comer; ~ **disorder** trastorno m alimenticio; ~ **house** restaurante m
eats [i:ts] npl Fam comida f, Esp manduca f, RP morfi m
eau de Cologne [ˌəʊdəkə'ləʊn] n (agua f de) colonia f
eau de toilette [ˌəʊdətwɑː'let] n (agua f de) colonia f
eau de vie [ˌəʊdə'viː] n aguardiente m
eaves [i:vz] npl (of house) alero m ❑ US ~ **trough** canalón m
eavesdrop ['i:vzdrɒp] (pt & pp **eavesdropped**) vi **to ~ (on)** escuchar disimuladamente
eavesdropper ['i:vzdrɒpə(r)] n = persona que escucha con disimulo conversaciones ajenas
ebb [eb] ◇ n (of tide) reflujo m; Fig **the ~ and flow** (of events) los vaivenes; **to be on the ~** (tide) bajar; Fig (fortunes) estar pasando por una mala racha; IDIOM **to be at a low ~** (person, spirits) estar en horas bajas; **his fortunes were at their lowest ~** estaban pasando una mala racha ❑ ~ **tide** marea f baja, bajamar f
◇ vi **-1.** (tide) bajar; **to ~ and flow** fluir y refluir; Fig sufrir altibajos **-2.** (strength, enthusiasm) menguar, disminuir
◆ **ebb away** vi **-1.** (water) bajar **-2.** (strength, enthusiasm) menguar, disminuir; (rage) disiparse; (support) debilitarse; (life) escaparse, consumirse
Ebola virus ['ebələ'vaɪrəs] n virus m del Ébola
ebonics [ɪ'bɒnɪks] n LING inglés m afroamericano
ebony ['ebənɪ] n **-1.** (tree, wood) ébano m **-2.** (colour) color m ébano; ~ **skin** piel negra como el ébano
e-book ['i:bʊk] COMPTR n libro m electrónico
EBRD [ˌi:bi:ɑː'di:] n (abbr **European Bank for Reconstruction and Development**) BERD m
ebullience [ɪ'bʌlɪəns] n fogosidad f
ebullient [ɪ'bʌlɪənt] adj fogoso(a); **they were in (an) ~ mood** or **in ~ spirits** estaban exultantes
e-business ['i:ˌbɪznɪs] n comercio m electrónico
EC [ˌi:'si:] n (abbr **European Community**) CE f
e-cash ['i:kæʃ] n COMPTR dinero m electrónico
ECB [ˌi:si:'bi:] n (abbr **European Central Bank**) BCE m
eccentric [ek'sentrɪk] ◇ n excéntrico(a) m,f
◇ adj **-1.** (person, clothes, behaviour) excéntrico(a) **-2.** (circle, orbit, wheel) excéntrico(a)
eccentrically [ek'sentrɪklɪ] adv **-1.** (to dress, talk, behave) de forma excéntrica, excéntricamente **-2.** (to rotate) de forma excéntrica
eccentricity [ˌeksen'trɪsɪtɪ] n **-1.** (of person, clothes, behaviour) excentricidad f **-2.** (of circle, orbit, wheel) excentricidad f
Eccles cake ['ekəlzkeɪk] n Br = pastelito de hojaldre relleno de pasas
Ecclesiastes [ɪˌkli:zɪ'æstiːz] n **(the book of) ~** el Eclesiastés
ecclesiastic [ɪˌkli:zɪ'æstɪk] ◇ n clérigo m
◇ adj eclesiástico(a)
ecclesiastical [ɪˌkli:zɪ'æstɪkəl] adj eclesiástico(a) ❑ ~ **architecture** arquitectura f religiosa
ECG [ˌi:si:'dʒi:] n MED (abbr **electrocardiogram**) ECG m
echelon ['eʃəlɒn] n **the higher echelons** las altas esferas; **the lower echelons** los grados inferiores

echidna [ɪ'kɪdnə] n equidna f
echinoderm [ɪ'kaɪnədɜːm] n ZOOL equinodermo m
echo ['ekəʊ] ◇ n (pl **echoes**) **-1.** (sound) eco m; **they cheered him to the ~** se llevó una sonora ovación; Fig **her words found an ~ in many hearts** sus palabras conmovieron a muchos ❑ ~ **chamber** cámara f de resonancia; ~ **sounder** sonda f acústica; MED ~ **virus** ecovirus m inv, echovirus m inv **-2.** COMPTR eco m
◇ vt (pt & pp **echoed**) (of mountain, valley) devolver el eco de; (of person) (opinion, words) repetir, hacerse eco de
◇ vi (noise, voice, music) retumbar; (place) hacer eco; **the room echoed with the shouts of children** la habitación resonó con los gritos de los niños
echoic [e'kəʊɪk] adj (onomatopoeic) onomatopéyico(a)
echolocation [ˌekəʊləʊ'keɪʃən] n ecolocación f
echo-sounder ['ekəʊˌsaʊndə(r)] n ecosonda f, sonda f acústica
echt [ekt] adj auténtico(a), genuino(a)
éclair [eɪ'kleə(r)] n (pastry) petisú m
eclampsia [ɪ'klæmpsɪə] n MED eclampsia f
eclectic [ɪ'klektɪk] adj ecléctico(a)
eclecticism [ɪ'klektɪsɪzəm] n eclecticismo m
eclipse [ɪ'klɪps] ◇ n **-1.** (of sun) eclipse m; ~ **of the moon/sun** eclipse de luna/sol; **total/partial ~** eclipse total/parcial **-2.** (loss of fame, prominence) eclipse m
◇ vt **-1.** (sun, moon) eclipsar **-2.** (surpass, obscure) eclipsar
eclogue ['eklɒg] n LIT égloga f
eco- ['i:kəʊ] prefix eco-; ~**-hazard** peligro ecológico
ecocide ['i:kəʊsaɪd] n atentado m contra el medio ambiente
Ecofin ['i:kəʊfɪn] n EU (abbr **European Council of Economics and Finance Ministers**) Ecofin m
ecofreak ['i:kəʊfri:k] n Fam verde mf radical
eco-friendly ['i:kəʊfrendlɪ] adj ecológico(a)
eco-industry ['i:kəʊˌɪndəstrɪ] n ecoindustria f
eco-label ['i:kəʊleɪbəl] n ecoetiqueta f
E. coli ['i:'kəʊlaɪ] n BIOL (abbr **Escherichia coli**) Escherichia coli f
ecological [ˌi:kə'lɒdʒɪkəl] adj ecológico(a) ❑ ~ **disaster** desastre m ecológico; ~ **pyramid** pirámide f ecológica or trófica
ecologically [ˌi:kə'lɒdʒɪklɪ] adv desde el punto de vista ecológico; ~ **friendly** ecológico(a), que no daña el medio ambiente; ~ **sound** razonable desde el punto de vista ecológico
ecologist [ɪ'kɒlədʒɪst] n (scientist) ecólogo(a) m,f
ecology [ɪ'kɒlədʒɪ] n ecología f
e-commerce ['i:ˌkɒmɜːs] n comercio m electrónico
econometrics [ɪˌkɒnə'metrɪks] n ECON econometría f
economic [ˌi:kə'nɒmɪk] adj **-1.** (factor, development, crisis) económico(a) ❑ ~ **agreement** acuerdo m económico; ~ **growth** crecimiento m económico; ~ **indicator** indicador m económico; ~ **miracle** milagro m económico; POL ~ **refugee** refugiado(a) m,f por razones económicas; ~ **sanctions** sanciones fpl económicas
-2. (profitable) rentable; **it doesn't make ~ sense** no tiene sentido desde el punto de vista económico; **it's more ~ to buy in bulk** sale más barato or económico comprar grandes cantidades
-3. Fam (inexpensive) económico(a)
economical [ˌi:kə'nɒmɪkəl] adj **-1.** (inexpensive) económico(a); **to be ~ (to run)** (car, heating) ser económico, consumir poco; **he was being ~ with the truth** no decía toda la verdad **-2.** (style) sobrio(a)
economically [ˌi:kə'nɒmɪklɪ] adv **-1.** (in economic terms) económicamente; ~ **viable** (project, product) económicamente viable **-2.** (cost-effectively) económicamente
economics [ˌi:kə'nɒmɪks] n economía f, ciencias fpl económicas; **the ~ of a plan** el aspecto económico de un plan
economism [ɪ'kɒnəmɪzəm] n economicismo m

economist [ɪ'kɒnəmɪst] n economista mf
economize [ɪ'kɒnəmaɪz] vi economizar, ahorrar **(on en)**
economy [ɪ'kɒnəmɪ] ◇ n **-1.** (system) economía f; **the British/US ~** la economía británica/estadounidense; **a mixed/planned/market ~** una economía mixta/planificada/de mercado
-2. (saving) economía f; **to practise ~** ser ahorrador(ora); **to make economies** ahorrar; ~ **of effort** moderación or economía en el esfuerzo; ~ **of style** sobriedad en el estilo; **economies of scale** economías de escala ❑ AV ~ **class** clase f económica or turista; Fam ~ **class syndrome** síndrome m de la clase turista; ~ **drive** (cost-cutting campaign) campaña f de ahorro; ~ **measure** medida f de ahorro; ~ **size** (of packet) tamaño m económico
◇ adv (to fly, travel) en clase económica or turista
ecosphere ['i:kəʊsfɪə(r)] n GEOG ecosfera f, biosfera f
ecosystem ['i:kəʊsɪstəm] n ecosistema m
ecotage ['i:kəʊtɑːʒ] n sabotaje m ecológico
ecotax ['i:kəʊtæks] n ecotasa f, impuesto m ecológico
ecoterrorism ['i:kəʊterərɪzəm] n terrorismo m ecológico
ecoterrorist ['i:kəʊterərɪst] n terrorista mf ecológico(a)
ecotourism ['i:kəʊtɔːrɪzəm] n ecoturismo m, turismo m verde or ecológico
ecotourist ['i:kəʊtɔːrɪst] n ecoturista mf
ecowarrior ['i:kəʊwɒrɪə(r)] n militante mf ecologista
ecru ['eɪkruː] ◇ n color m crudo
◇ adj de color crudo
ecstasy ['ekstəsɪ] n **-1.** (emotional state) éxtasis m inv; **he went into ecstasies over the food** se deshacía en elogios a la comida; **to send sb into ~** or **ecstasies** sumir a alguien en un estado de éxtasis **-2.** (drug) éxtasis m inv **-3.** REL éxtasis m inv
ecstatic [ek'stætɪk] adj exultante, alborozado(a); **to be ~ (about** or **over sth)** estar exultante de alegría (por algo); **I'm not ~ about it** no doy saltos de alegría
ecstatically [ek'stætɪklɪ] adv con inmensa alegría, con gran alborozo; ~ **happy** loco(a) de alegría or de contento
ECT [ˌi:si:'ti:] n MED (abbr **electroconvulsive therapy**) electrochoque m
ectoderm ['ektəʊdɜːm] n BIOL ectodermo m
ectoparasite [ˌektəʊ'pærəsaɪt] n BIOL ectoparásito m
ectoparasitic [ˌektəʊpærə'sɪtɪk] adj BIOL ectoparásito(a)
ectopic [ek'tɒpɪk] adj MED ectópico(a) ❑ ~ **pregnancy** embarazo m ectópico or extrauterino
ectoplasm ['ektəplæzəm] n **-1.** BIOL ectoplasma m **-2.** (at a seance) ectoplasma m
ECU, ecu ['ekjuː, 'i:kjuː] n Formerly (abbr **European Currency Unit**) ecu m
Ecuador ['ekwədɔː(r)] n Ecuador
Ecuadoran [ˌekwə'dɔːrən], **Ecuadorian** [ˌekwə'dɔːrɪən] ◇ n ecuatoriano(a) m,f
◇ adj ecuatoriano(a)
ecumenic(al) [ˌi:kjʊ'menɪk(əl)] adj REL ecuménico(a) ❑ ~ **council** concilio m ecuménico
ecumenism [ɪ'kjuːmənɪzəm] n REL ecumenismo m
eczema ['eksɪmə] n eccema m; **to have ~** tener un eccema
ed [ed] **-1.** (abbr **edition**) ed. **-2.** (abbr **editor**) ed. **-3.** (abbr **edited**) editado(a)
Edam ['i:dæm] n queso m de bola
EdD [ed'di:] n (abbr **Doctor of Education**) doctor(ora) m,f en ciencias de la educación
eddy ['edɪ] ◇ n remolino m ❑ ELEC ~ **current** corriente f de Foucault
◇ vi arremolinarse
edelweiss ['eɪdəlvaɪs] n edelweiss m inv, flor f de nieve
edema US = **oedema**
Eden ['i:dən] n (jardín m del) Edén m

edentate [iː'denteɪt] BIOL ◇ n desdentado m ◇ adj desdentado(a)

EDF [iːdiː'ef] n (abbr **European Development Fund**) FED m

edge [edʒ] ◇ n -1. (of table, road, forest) borde m; (of page) margen m; (of coin, book) canto m; **at** or **by the water's ~** al borde or a la orilla del agua; **to be on the ~ of** (war, disaster, madness) estar al borde de; Fig **to be on the ~ of one's seat** estar (con el alma) en vilo; Fig **to be close to the ~** estar al borde de la desesperación; Fig **to push sb over the ~** llevar a alguien al límite
-2. (of blade, tool) filo m; IDIOM **to take the ~ off sb's hunger** calmar el hambre a alguien; IDIOM **it took the ~ off their victory** deslustró or enturbió su victoria; IDIOM **to give sth/sb that extra ~** dar a algo/alguien una ventaja adicional; **to be on ~** (nervous) estar tenso(a) or nervioso(a); **to set sb on ~** (make nervous) poner los nervios de punta a alguien; US Fam **to have an ~ on** estar alegre, Esp tener el puntillo
-3. (advantage) ventaja f; **to have the ~ (over** or **on sb)** llevar ventaja (a alguien)

◇ vt -1. (in sewing) ribetear; **edged with lace** ribeteado(a) con encaje -2. (move gradually) **to ~ one's way** abrirse camino; **to ~ one's way along a ledge** ir desplazándose lentamente por una cornisa; **to ~ one's chair nearer** ir acercando la silla -3. US (include) incluir

◇ vi (move slowly) **to ~ forward(s)/backward(s)** ir avanzando/retrocediendo despacio or poco a poco; **to ~ towards** acercarse lentamente a; **to ~ away (from sth/sb)** alejarse (de algo/alguien); **to ~ past sb** pasar deslizándose junto a alguien; **to ~ through the crowd** avanzar lentamente entre la multitud

◆ **edge out** ◇ vt sep (beat narrowly) batir por muy poco a
◇ vi escabullirse; **to ~ out of a room** abandonar disimuladamente una habitación

edger ['edʒə(r)] n (for lawn) desbrozadora f, cortadora f de bordes

edgeways ['edʒweɪz], **edgewise** ['edʒwaɪz] adv de canto, de lado; **seen ~ (on)...** visto(a) de lado...

edgily ['edʒɪlɪ] adv (nervously) tensamente, con los nervios a flor de piel

edginess ['edʒɪnɪs] n (nervousness) estado m de tensión, nerviosismo m

edging ['edʒɪŋ] n (of cloth) ribete m; (of furniture) moldura f

edgy ['edʒɪ] adj (nervous) tenso(a), con los nervios a flor de piel; **to be ~** estar tenso(a) or con los nervios a flor de piel

edible ['edɪbəl] ◇ adj comestible
◇ npl **edibles** provisiones fpl; **has everyone brought some edibles?** ¿ha traído todo el mundo algo de comer?

edict ['iːdɪkt] n Formal edicto m; HIST **the Edict of Nantes** el edicto de Nantes

edification [edɪfɪ'keɪʃən] n Formal edificación f, instrucción f; Ironic **for your ~** para que te vayas instruyendo, para tu solaz espiritual

edifice ['edɪfɪs] n Formal edificio m

edify ['edɪfaɪ] vt Formal edificar

edifying ['edɪfaɪɪŋ] adj edificante; **a far from ~ spectacle** un espectáculo nada edificante

Edinburgh ['edɪnbərə] n Edimburgo

edit ['edɪt] ◇ n -1. (of text) revisión f -2. COMPTR (menu heading) edición f
◇ vt -1. (correct, rewrite) corregir -2. (prepare for publication) editar; **edited by...** edición (a cargo) de... -3. CIN (cut) montar -4. (manage) (newspaper, journal) dirigir -5. COMPTR editar ❑ **~ mode** modo m de edición
◆ **edit out** vt sep eliminar, excluir

editing ['edɪtɪŋ] n -1. CIN montaje m ❑ **~ desk** mesa f de montaje; **~ table** mesa f de montaje -2. COMPTR edición f

edition [ɪ'dɪʃən] n edición f; **revised/limited ~** (of book) edición revisada/limitada; **morning/evening ~** (of newspaper) edición matutina/vespertina; **in Tuesday's ~ of the programme** en la edición del martes del programa

editor ['edɪtə(r)] n -1. (of published writings) editor(ora) m,f -2. (proofreader, writer) redactor(ora) m,f -3. CIN montador(ora) m,f -4. (of newspaper, journal) (manager) director(ora) m,f; (journalist) redactor(ora) m,f; **the political/sports ~** el jefe de la sección de política/deportes -5. TV (of series of programmes) realizador(ora) m,f -6. COMPTR (software) editor m

editorial [edɪ'tɔːrɪəl] ◇ n editorial m
◇ adj (decision, comment) editorial; (job, skills) editorial; **changes in ~ policy** cambios en la política editorial ❑ **~ staff** (equipo m de) redacción f

editorialist [edɪ'tɔːrɪəlɪst] n US editorialista mf

editorialize [edɪ'tɔːrɪəlaɪz] vi JOURN -1. (in editorial) **as the Times editorialized,...** como editorializó el Times,... -2. Pej (be opinionated) verter las propias opiniones, ser subjetivo(a)

editorially [edɪ'tɔːrɪəlɪ] adv desde el punto de vista editorial

editor-in-chief ['edɪtərɪn'tʃiːf] n (of newspaper) jefe(a) m,f de redacción, redactor(ora) m,f jefe

editorship ['edɪtəʃɪp] n -1. (of newspaper) dirección f -2. (of series of books) dirección f editorial -3. TV (of programmes) realización f

EdM [ed'em] n (abbr **Master of Education**) máster m en ciencias de la educación

EDP [iːdiː'piː] n COMPTR (abbr **electronic data processing**) tratamiento m or procesamiento m electrónico de datos

educable ['edjʊkəbəl] adj Formal educable

educate ['edjʊkeɪt] vt -1. (school) (child, pupil) educar; **he was educated in France/at Oxford** se educó en Francia/Oxford
-2. (inform) **the campaign aims to ~ young people about the risks of drugs** el objetivo de la campaña es concienciar a los jóvenes de los riesgos de las drogas
-3. (train, develop) (person, taste) educar; **she was educated always to think of others before herself** le enseñaron a pensar en los demás antes que en ella

educated ['edjʊkeɪtɪd] adj (person) culto(a); (palate) educado(a); **an ~ guess** una suposición bien fundada; **in ~ speech** en la lengua culta

education [edjʊ'keɪʃən] n -1. (process of learning) educación f, aprendizaje m; (process of teaching) educación f, enseñanza f; **primary/secondary ~** enseñanza primaria/secundaria; **tertiary ~** enseñanza terciaria or superior; **a classical/scientific ~** una formación or instrucción clásica/científica; **he had** or **received a good ~** recibió una buena educación; **he never completed his ~** nunca concluyó sus estudios; **Faculty of Education** facultad de pedagogía; Fam **it was an ~ working over there** trabajar allí fue muy instructivo
-2. (knowledge) educación f, cultura f; **a man without ~** un hombre sin instrucción

educational [edjʊ'keɪʃənəl] adj -1. (system, standards, TV programme) educativo(a); (books, publisher) educativo(a); (method) pedagógico(a); (establishment) docente ❑ **~ psychologist** psicopedagogo(a) m,f; **~ qualifications** títulos mpl académicos; **~ toy** juguete m educativo -2. (experience, visit) instructivo(a)

educationalist [edjuː'keɪʃənəlɪst], **educationist** [edjuː'keɪʃənɪst] n pedagogo(a) m,f

educationally [edjʊ'keɪʃənəlɪ] adv pedagógicamente hablando, desde el punto de vista pedagógico; **to be ~ deprived** or **disadvantaged** estar en una situación desventajosa desde el punto de vista educativo; Br Old-fashioned **~ sub-normal** con graves problemas de aprendizaje

educationist = educationalist

educative ['edjʊkətɪv] adj educativo(a)

educator ['edjʊkeɪtə(r)] n educador(ora) m,f, docente mf

educe [ɪ'djuːs] vt Formal extraer

edutainment [edjʊ'teɪnmənt] n juegos mpl didácticos or educativos, material m lúdico-didáctico

Edward ['edwəd] pr n **~ I/II** Eduardo I/II; **~ the Confessor** Eduardo el Confesor

Edwardian [ed'wɔːdɪən] ◇ n = persona de la época de Eduardo VII
◇ adj (architecture, furniture) = de la época de Eduardo VII (1901-10)

EEC [iːiː'siː] n Formerly (abbr **European Economic Community**) CEE f

EEG [iːiː'dʒiː] n MED -1. (abbr **electroencephalogram**) EEG m -2. (abbr **electroencephalograph**) electroencefalógrafo m

eek [iːk] exclam Fam ¡ah!

eel [iːl] n anguila f

eelworm ['iːlwɜːm] n nematodo m, lombriz f radicícola

e'en [iːn] adv Literary = **even**

EEOC [iːiːəʊ'siː] n (abbr **Equal Employment Opportunity Commission**) = organismo público estadounidense que vela por la existencia de igualdad de oportunidades para los diferentes sexos, razas, etc.

e'er [eə(r)] adv Literary = **ever**

eerie ['ɪərɪ] adj (sound, atmosphere) espeluznante, sobrecogedor(ora); **an ~ silence** (after explosion, in empty house) un silencio sobrecogedor

eerily ['ɪərɪlɪ] adv de forma espeluznante; **it was ~ silent** había un silencio sobrecogedor

eeriness ['ɪərɪnɪs] n lo espeluznante

eff [ef] vi Br Fam Euph **he was effing and blinding** estaba diciendo palabrotas or soltando maldiciones
◆ **eff off** vi Br Fam Euph **~ off!** ¡vete por ahí!

efface [ɪ'feɪs] vt borrar; **to ~ oneself** mantenerse en un segundo plano

effect [ɪ'fekt] ◇ n -1. (result) efecto m; **we did all we could, but to little** or **no ~** hicimos todo lo posible, pero no sirvió para nada; **with ~ from...** con efecto a partir de..., que entra en vigor a partir de...; **with immediate ~** con efecto inmediato; **to come into ~** entrar en vigor or vigencia; **to have an ~ on** tener efecto en or sobre; **the measures had a positive ~ on inflation** las medidas incidieron positivamente en la inflación, las medidas tuvieron un impacto positivo en la inflación; **the medicine didn't have any ~** el medicamento no surtió ningún efecto; **to put sth into ~** llevar algo a la práctica; **to remain in ~** permanecer en vigor or vigencia; **to suffer (from) the effects of sth** sufrir los efectos de algo; **to take ~** (drug, medicine) hacer or surtir efecto; (law) entrar en vigor
-2. (impression) efecto m, impresión f; **they had altered the design to great ~** su cambio de diseño fue impactante; **the city is seen to best ~ at night** la ciudad puede observarse en todo su esplendor de noche; **for ~** para impresionar; **to pause for ~** hacer una pausa para mantener la emoción
-3. (meaning, significance) **...or words to that ~** ...o algo por el estilo; **he said something to the ~ that he wouldn't be staying long** dijo algo en el sentido de que no se quedaría mucho rato; Formal **you will receive a letter to this ~** recibirá una carta confirmando este hecho
-4. Formal (possession) **personal effects** efectos personales
-5. (simulation) efecto m; **clever use of lighting created the ~ of a thunderstorm** un uso inteligente de la iluminación consiguió el efecto de una tormenta; **effects** (in film) efectos especiales; (in music) efectos ❑ **effects microphone** micrófono m de ambiente

◇ vt Formal (cause) (reconciliation, cure) lograr; (payment, purchase) efectuar; **to ~ a change** efectuar un cambio; **to ~ an entry** entrar, penetrar

◇ **in effect** adv (basically) de hecho, en la práctica; **in ~, what this means is that...** lo que esto viene a decir es que...
effective [ɪˈfektɪv] ◇ adj **-1.** (efficient, successful) eficaz; **an ~ way of doing sth** una manera eficaz de hacer algo
-2. (actual, real) efectivo(a); **to assume ~ command** asumir el mando efectivo ❑ **~ life** (of product, structure) vida f útil; **~ range** (of firearm, missile) alcance m real
-3. LAW (in force) **to be** or **become ~ (from)** entrar en vigor (desde); **to cease to be ~** (policy, law) dejar de tener vigencia
-4. (creating effect) (colour, illustration, speaker) impactante
◇ n MIL **effectives** efectivos mpl
effectively [ɪˈfektɪvlɪ] adv **-1.** (efficiently) eficazmente **-2.** (really) en realidad, de hecho; **they are ~ the same** de hecho vienen a ser lo mismo; **the game was ~ over** el partido quedó virtualmente sentenciado **-3.** (creating effect) con gran efecto
effectiveness [ɪˈfektɪvnɪs] n **-1.** (efficiency) eficacia f **-2.** (effect) (of colour, illustration, speech) efecto m; **how to improve the ~ of your backhand** cómo mejorar la eficacia de tu revés
effectual [ɪˈfektjʊəl] adj **-1.** (effective) efectivo(a) **-2.** (contract, ruling) válido(a)
effectuate [ɪˈfektjʊeɪt] vt Formal efectuar, operar
effeminacy [ɪˈfemɪnəsɪ] n (of man) afeminamiento m; **the ~ of his voice/manner** lo afeminado de su voz/sus modales
effeminate [ɪˈfemɪnət] adj afeminado(a)
effeminately [ɪˈfemɪnətlɪ] adv de manera afeminada
effervesce [efəˈves] vi **-1.** (liquid) burbujear, estar en efervescencia **-2.** (person) estar en plena efervescencia
effervescence [efəˈvesəns] n (of liquid, person) efervescencia f
effervescent [efəˈvesənt] adj (liquid, person) efervescente
effete [ɪˈfiːt] adj **-1.** (person, gesture) afectado(a), refinado(a) en exceso **-2.** (civilization, society) decadente
efficacious [efɪˈkeɪʃəs] adj Formal eficaz
efficacy [ˈefɪkəsɪ] n Formal eficacia f
efficiency [ɪˈfɪʃənsɪ] n **-1.** (of person) eficiencia f **-2.** (of machine, method) eficacia f ❑ US **~ apartment** cuarto m de alquiler
efficient [ɪˈfɪʃənt] adj **-1.** (person) eficiente; **to be ~ at sth** ser eficiente en algo **-2.** (machine, method) eficaz; **to make more ~ use of sth** hacer un uso más eficaz de algo
efficiently [ɪˈfɪʃəntlɪ] adv con eficiencia, eficientemente; **to organize one's time ~** organizarse el tiempo de forma eficiente
effigy [ˈefɪdʒɪ] n (statue) efigie f; (for ridicule) monigote m; **to burn sb in ~** quemar un monigote de alguien
effing [ˈefɪŋ] Br Fam Euph ◇ n **~ and blinding** palabrotas
◇ adj maldito(a), Esp puñetero(a); **the ~ telly's not working** la maldita tele no funciona
◇ adv **don't be so ~ lazy!** ¡no seas tan vago, contra or caray!
efflorescence [efləˈresəns] n **-1.** BOT (of plant) floración f **-2.** CHEM eflorescencia f **-3.** MED eflorescencia f
efflorescent [efləˈresənt] adj CHEM eflorescente
effluent [ˈeflʊənt] n **-1.** (waste, sewage) aguas fpl residuales **-2.** GEOG efluente m
effort [ˈefət] n **-1.** (exertion) esfuerzo m; **their efforts were rewarded** sus esfuerzos se vieron recompensados; **we appreciate your efforts on our behalf** agradecemos los esfuerzos que han hecho por nosotros; **put some ~ into it!** ¡podrías hacer un esfuerzo!; **I put a lot of ~ into that project** puse mucho esfuerzo or empeño en ese proyecto; **without much ~** sin mucho esfuerzo; **it was an ~ for me to stay awake** me costó mucho mantenerme despierto; **to make an ~ (to do sth)** hacer un esfuerzo (por hacer algo); **at least she made the ~** al

menos lo intentó; **to make no ~ to do sth** no molestarse en hacer algo, no hacer nada or ningún esfuerzo por hacer algo; **to make every ~ to do sth** esforzarse al máximo por hacer algo; **to be worth the ~** valer la pena
-2. (attempt) intento m; **in an ~ to do sth** en un intento por hacer algo
-3. (achievement, production) **it's not a bad ~** no está nada mal; Fam **what do you think of his latest ~?** ¿qué te parece su último trabajo?
-4. PHYS (of traction) esfuerzo m
effortless [ˈefətlɪs] adj fácil, cómodo(a); **she makes it seem so ~** hace que parezca tan sencillo; **he won with almost ~ ease** ganó con absoluta comodidad
effortlessly [ˈefətlɪslɪ] adv sin esfuerzo, fácilmente
effrontery [ɪˈfrʌntərɪ] n Formal desfachatez f, descaro m; **he had the ~ to...** tuvo la desfachatez or el descaro de...
effusion [ɪˈfjuːʒən] n **-1.** Formal (spontaneous expression) efusión f **-2.** MED (of liquid, blood) efusión f
effusive [ɪˈfjuːsɪv] adj efusivo(a); **to be ~ in one's praise/congratulations** ser efusivo(a) en los elogios/las felicitaciones; **to be ~ in one's apologies** deshacerse en disculpas
effusively [ɪˈfjuːsɪvlɪ] adv efusivamente; **to apologize ~** deshacerse en disculpas
EFL [iːefˈel] n (abbr **English as a Foreign Language**) inglés m como lengua extranjera
EFT [iːefˈtiː] n (abbr **electronic funds transfer**) transferencia f electrónica de fondos
EFTA [ˈeftə] n (abbr **European Free Trade Association**) EFTA f, AELC f
EFTPOS [ˈeftpɒs] n (abbr **electronic funds transfer at point of sale**) transferencia f (electrónica de fondos) en el punto de venta
e.g. [iːˈdʒiː] (abbr **exempli gratia**) p. ej.
EGA [iːdʒiːˈeɪ] COMPTR (abbr **enhanced graphics adaptor**) EGA
egad [iːˈgæd] exclam Archaic ¡pardiez!
egalitarian [ɪgælɪˈteərɪən] ◇ n partidario(a) m,f del igualitarismo
◇ adj igualitario(a)
egalitarianism [ɪgælɪˈteərɪənɪzəm] n igualitarismo m
egg [eg] n **-1.** (of animal, food) huevo m, CAm, Méx blanquillo m ❑ **eggs Benedict** = plato típico estadounidense que consiste en bollos tostados cubiertos con jamón asado, huevos escalfados y salsa holandesa; US **~ crate** huevera f, cartón m de huevos; **~ custard** ≃ natillas fpl; US **~ roll** rollo m or rollito m de primavera, RP arrollado m or arrolladito m primavera; **~ white** clara f (de huevo); **~ yolk** yema f (de huevo)
-2. (reproductive cell) óvulo m
-3. IDIOMS **to be a good/bad ~** (person) ser buena/mala gente; **to have ~ on one's face** haber quedado en ridículo; Fam **you've got ~ on your chin** (your fly is undone) tienes la bragueta bajada, RP tenés la ventana abierta; Fam **as sure as eggs is eggs** como que dos y dos son cuatro; PROV **don't put all your eggs in one basket** no te lo juegues todo a una sola carta, Am no pongas todos los huevos en la misma canasta
◆ **egg on** vt sep **to ~ sb on (to do sth)** incitar a alguien (a hacer algo)
egg-and-spoon race [ˈegənˈspuːnreɪs] n carrera f del huevo y la cuchara
eggbeater [ˈegbiːtə(r)] n **-1.** (kitchen utensil) varillas fpl (para batir), batidor m **-2.** US Fam (helicopter) helicóptero m
eggbox [ˈegbɒks] n Br huevera f, cartón m de huevos
egg-cosy [ˈegkəʊzɪ] n Br cubrehuevera f
eggcup [ˈegkʌp] n huevera f (para huevos cocidos)
egg-flip = eggnog
egghead [ˈeghed] n Fam Hum or Pej lumbrera f, cerebrito m
eggnog [ˈegnɒg], **egg-flip** [ˈegflɪp] n ponche m de huevo
eggplant [ˈegplænt] n US berenjena f

eggshell [ˈegʃel] ◇ n cáscara f (de huevo); IDIOM **to walk on eggshells** andar con pies de plomo ❑ **~ china** or **porcelain** = porcelana muy fina y frágil
◇ adj (paint, finish) semimate
egg-slice [ˈegslaɪs] n rodaja f de huevo
egg-timer [ˈegtaɪmə(r)] n reloj m de arena (para medir el tiempo que tarda en cocerse un huevo)
eggwhisk [ˈegwɪsk] n Br varillas fpl (para batir), batidor m
eggy [ˈegɪ] adj Fam (smell, taste) a huevo
egis US = aegis
eglantine [ˈeglantaɪn] n BOT eglantina f
EGM [iːdʒiːˈem] n COM (abbr **extraordinary general meeting**) n junta f general extraordinaria
ego [ˈiːgəʊ] (pl **egos**) n **-1.** (self-esteem) amor m propio, autoestima f; PSY ego m, yo m; **he has an enormous ~** tiene un ego descomunal, es un presuntuoso; **to boost sb's ~** dar mucha moral a alguien ❑ Fam **~ trip:** **his public statements are just a big ~ trip** sólo hace declaraciones públicas para alimentar su ego; **he's on another ~ trip** ya se le han vuelto a subir los humos
-2. PSY ego m
egocentric [iːgəʊˈsentrɪk] adj egocéntrico(a)
egocentricity [iːgəʊsenˈtrɪsɪtɪ], **egocentrism** [ˈiːgəʊsentrɪzəm] n egocentrismo m
egoism [ˈiːgəʊɪzəm] n egoísmo m
egoist [ˈiːgəʊɪst] n egoísta mf
egoistic(al) [iːgəʊˈɪstɪk(əl)] adj egoísta
egomania [iːgəʊˈmeɪnɪə] n egolatría f, egocentrismo m
egomaniac [iːgəʊˈmeɪnɪæk] nególatra mf, egocéntrico(a) m,f
egotism [ˈiːgətɪzəm] n egocentrismo m
egotist [ˈiːgəʊtɪst] n egocéntrico(a) m,f
egotistic(al) [iːgəˈtɪstɪk(əl)] adj egocéntrico(a)
egotistically [ˈiːgəˈtɪstɪklɪ] adv egocéntricamente
ego-trip [ˈiːgəʊˈtrɪp] vi Fam **he's ego-tripping again** ya se le han vuelto a subir los humos
egregious [ɪˈgriːdʒɪəs] adj Formal atroz; **an ~ error** un craso error, un error mayúsculo
egress [ˈiːgres] n Formal salida f
egret [ˈiːgret] n garceta f
Egypt [ˈiːdʒɪpt] n Egipto
Egyptian [ɪˈdʒɪpʃən] ◇ n egipcio(a) m,f
◇ adj egipcio(a) ❑ **~ goose** ganso m del Nilo; **~ vulture** alimoche m
Egyptologist [iːdʒɪpˈtɒlədʒɪst] n egiptólogo(a) m,f
Egyptology [iːdʒɪpˈtɒlədʒɪ] n egiptología f
eh [eɪ] exclam **-1.** (what did you say?) ¿eh? **-2.** (seeking agreement, confirmation) ¿eh? **-3.** (in astonishment) ¡qué!, ¡cómo!
EIA [iːaɪˈeɪ] n (abbr **environmental impact assessment**) EIA f, evaluación f de impacto ambiental
EIB [iːaɪˈbiː] n (abbr **European Investment Bank**) BEI m
eider [ˈaɪdə(r)] n **~ (duck)** eíder m, eider m
eiderdown [ˈaɪdədaʊn] n (duvet) edredón m
eidetic [aɪˈdetɪk] adj PSY (memory, image) eidético(a)
eight [eɪt] ◇ n **-1.** (number) ocho m; **~ and ~ are sixteen** ocho y ocho, dieciséis; **there were ~ of us** éramos ocho; **all ~ of them left** se marcharon los ocho; **the ~ of hearts** (in cards) el ocho de corazones ❑ US **~ ball** bola f negra; IDIOM Fam **to be behind the ~ ball** estar con el agua al cuello
-2. (time) las ocho; **come at ~** ven a las ocho; **it's almost ~** van a dar or son casi las ocho; **is ~ too late?** ¿qué tal a las ocho? ¿o es muy tarde?
◇ adj **-1.** (number) ocho; **they live at number ~** viven en el (número) ocho; **chapter/page ~** capítulo/página ocho; **~ hundred** ochocientos(as); US **~ hundred number** = número de teléfono al que se llama gratis, Esp ≃ número novecientos; **~ hundred men** ochocientos hombres; **~ thousand** ocho mil; **it costs ~ pounds** cuesta ocho libras; **an ~-hour day** una jornada de ocho horas

-2. *(time)* ocho; ~ **o'clock** las ocho (en punto); **it's ~ minutes to five** son las cinco menos ocho minutos
-3. *(age)* **to be ~ (years old)** tener ocho años (de edad); **she'll soon be ~ (years old)** dentro de nada cumplirá (los) ocho años

eighteen [eɪˈtiːn] ◇ *n* dieciocho *m*
◇ *adj* dieciocho; *see also* **eight**

eighteenth [eɪˈtiːnθ] ◇ *n* **-1.** *(fraction)* dieciochoavo *m*, decimoctava parte *f* **-2.** *(in series)* decimoctavo(a) *m,f* **-3.** *(of month)* dieciocho *m*
◇ *adj* decimoctavo(a); *see also* **eleventh**

eightfold [ˈeɪtfəʊld] ◇ *adj* óctuplo(a); **an ~ increase** una subida de ocho veces
◇ *adv* ocho veces

eighth [eɪtθ] ◇ *n* **-1.** *(fraction)* octavo *m*, octava parte *f* **-2.** *(in series)* octavo(a) *m,f*; **Edward the Eighth** *(written)* Eduardo VIII; *(spoken)* Eduardo octavo **-3.** *(of month)* ocho *m*; **(on) the ~ of May** el ocho de mayo; **we're leaving on the ~** nos vamos el (día) ocho
◇ *adj* octavo(a); **the ~ century** *(written)* el siglo VIII; *(spoken)* el siglo octavo *or* ocho; *US* **~ grade** = octavo (y último) curso de educación primaria en Estados Unidos; *US* **~ grader** alumno(a) de octavo de primaria ❑ *US* MUS **~ *note*** corchea *f*
◇ *adv* **she finished ~** acabó octava

eighties [ˈeɪtiːz] ◇ *npl* **in the ~** *(decade)* en los (años) ochenta; **to be in one's ~** tener ochenta y tantos años; **the temperature was in the ~** *(Fahrenheit)* hacía alrededor de 30 grados
◇ *adj Fam* de los ochenta; **it's terribly ~** recuerda un montón a los años ochenta; **~ look/song** pinta/canción de los (años) ochenta; **~ hairstyle** peinado estilo años ochenta

eightieth [ˈeɪtɪəθ] ◇ *n* octogésimo(a) *m,f*
◇ *adj* octogésimo(a)

eightsome reel [ˈeɪtsəmˈriːl] *n* = danza escocesa para ocho personas

eighty [ˈeɪtɪ] ◇ *n* ochenta *m*; **~-one** ochenta y uno(a); **he was doing ~ (miles an hour)** *(in car)* iba a unos ciento treinta (kilómetros por hora)
◇ *adj* ochenta; **about ~ books/passengers** unos ochenta libros/pasajeros; **~ percent of the staff** el ochenta por ciento del personal; **she's about ~ (years old)** tiene unos ochenta años; **he will be ~ tomorrow** mañana cumple ochenta años

einsteinium [aɪnˈstaɪnɪəm] *n* CHEM einstenio *m*

Eire [ˈeərə] *n Formerly* Eire *m* (hoy la República de Irlanda)

eisteddfod [aɪˈstedfəd] *n* = festival de música, teatro y poesía celebrado en Gales

either [ˈaɪðə(r), ˈiːðə(r)] ◇ *adj* **-1.** *(one or other)* cualquiera de los/las dos; **~ candidate may win** puede ganar cualquiera de los (dos) candidatos; **I doubt whether ~ solution can really work** dudo que ninguna de las dos soluciones funcione; **I don't like ~ colour** no me gusta ninguno de los dos colores
-2. *(each of the two)* **in ~ case** en los dos casos, en ambos casos; **she wore a bracelet on ~ arm** llevaba una pulsera en cada brazo *or* ambos brazos; **on ~ side** a cada lado; **~ way, you still have to pay the full fare** en cualquier caso vas a tener que pagar el importe completo; **I don't mind ~ way** me da igual; **they said a week, but it could be a day ~ way** dijeron una semana, pero podría ser un día arriba, un día abajo
◇ *pron* cualquiera; **~ (of them) will do** me sirve cualquiera (de ellos); **has ~ of you heard from him?** ¿alguno de los dos tiene noticias suyas?; **if ~ got lost...** si se perdiese cualquiera de los dos...; **I don't believe ~ of them** no les creo a ninguno de los dos; **I don't want ~ of them** no quiero ninguno
◇ *conj* **~... or...** o... o..., (o) bien... o bien...; **~ you or your brother** o tú o tu hermano; **we can ~ do it now or later** o lo hacemos ahora o más tarde; **I don't eat ~ meat or fish** no como (ni) carne ni pescado; **you ~ love it or hate it** lo amas o lo odias; **~ shut up or leave!** ¡o te callas o te vas!; **it's ~ that or I lose my job** o eso o pierdo mi trabajo
◇ *adv* tampoco; **if you don't go, I won't go ~** si tú no vas, yo tampoco; **I've never met her – I haven't ~** no la conozco – yo tampoco; **he can't sing, and he can't act ~** no sabe cantar ni tampoco actuar; **I don't want to and I don't see why I should ~** ni quiero ni veo por qué debería

either-or [ˈaɪðərˈɔː(r)] *adj* **to be in an ~ situation** tener que elegir (entre lo uno o lo otro)

ejaculate [ɪˈdʒækjʊleɪt] ◇ *vt* **-1.** *(semen)* eyacular **-2.** *Formal (exclaim)* exclamar
◇ *vi (emit semen)* eyacular

ejaculation [ɪdʒækjʊˈleɪʃən] *n* **-1.** *(of semen)* eyaculación *f* **-2.** *Old-fashioned (exclamation)* exclamación *f*

eject [ɪˈdʒekt] ◇ *vt* **-1.** *(troublemaker)* expulsar **-2.** *(CD, video)* expulsar; *(pilot)* eyectar; *(lava)* escupir, arrojar
◇ *vi (from plane)* eyectarse

ejection [ɪˈdʒekʃən] *n* **-1.** *(of troublemaker)* expulsión *f* **-2.** *(of CD, video)* expulsión *f*; *(of pilot)* eyección *f*; *(of lava)* erupción *f* ❑ *US* **~ *seat*** asiento *m* eyectable *or* eyector

ejector seat [ɪˈdʒektəsiːt] *n* asiento *m* eyectable *or* eyector

eke [iːk]
◆ **eke out** *vt sep* **-1.** *(make last) (rations)* estirar **-2.** *(scrape)* **to ~ out a living** ganarse la vida a duras penas; **they eked out a miserable existence on the barren land** la árida tierra apenas les permitía subsistir

EKG [ˈiːkeɪdʒiː] *n US (abbr* **electrocardiogram)** ECG *m*

el [el] *n US Fam (abbr* **elevated railroad)** ferrocarril *m or* tren *m* elevado

elaborate ◇ *adj* [ɪˈlæbərət] *(plan, excuse, meal)* elaborado(a); *(preparations)* minucioso(a); *(drawing, description, design)* detallado(a); *(system)* sofisticado(a); *(style, costume)* muy elaborado(a); **in ~ detail** minuciosamente; **he described the scene in ~** describió la escena con todo lujo de detalles
◇ *vt* [ɪˈlæbəreɪt] elaborar
◇ *vi* dar detalles **(on** *or* **upon** sobre)

elaborately [ɪˈlæbərətlɪ] *adv* laboriosamente; **an ~ worked-out scheme** un plan cuidadosamente elaborado; **an ~ decorated room** una habitación profusamente decorada

elaboration [ɪlæbəˈreɪʃən] *n* **-1.** *(development)* elaboración *f* **-2.** *(adding of detail)* **to provide further ~** dar más detalles

élan [eɪˈlɑːn] *n Literary* brío *m*

eland [ˈiːlənd] *n* eland *m* común *or* de El Cabo

elapse [ɪˈlæps] *vi* transcurrir

elasmobranch [ɪˈlæzməbræŋk] ZOOL ◇ *n* elasmobranquio *m*
◇ *adj* elasmobranquio(a)

elastic [ɪˈlæstɪk] ◇ *n* **-1.** *(material)* elástico *m* **-2.** *US (rubber band)* goma *f* elástica, gomita *f*
◇ *adj* **-1.** *(material)* flexible, elástico(a) ❑ **~ *band*** goma *f* (elástica), gomita *f* **-2.** *(adaptable, changeable) (concept, category)* flexible; *(conscience)* indulgente; *(price, demand)* elástico(a) **-3.** *(springy) (step)* ágil, ligero(a)

elasticated [ɪˈlæstɪkeɪtɪd] *adj* con elástico, *RP* elastizado(a)

elasticity [iːlæsˈtɪsɪtɪ] *n* **-1.** *(of material)* elasticidad *f* **-2.** *(of concept, category)* flexibilidad *f*; *(of conscience)* indulgencia *f*; *(of price, demand)* elasticidad *f*

elastin [ɪˈlæstɪn] *n* BIOCHEM elastina *f*

Elastoplast® [ɪˈlæstəplɑːst] *n Br Esp* tirita® *f*, *Am* curita® *f*

elated [ɪˈleɪtɪd] *adj* jubiloso(a), eufórico(a); **to be** *or* **feel ~ (about sth)** estar jubiloso(a) *or* eufórico(a) (por algo)

elation [ɪˈleɪʃən] *n* júbilo *m*, euforia *f*

Elba [ˈelbə] *n* (la isla de) Elba

Elbe [elb] *n* **the (River) ~** el Elba

elbow [ˈelbəʊ] ◇ *n* **-1.** *(of arm, jacket)* codo *m*; **out at the elbows** *(of pullover, jacket)* con agujeros en los codos; **to be at sb's ~** *(as support)* estar al lado de alguien; *(as irritant)* estar pegado(a) a alguien ❑ **~ *patch*** codera *f*
-2. *(in road)* recodo *m*; *(in pipe)* codo *m*
-3. IDIOMS **to give sb the ~** *(of employer)* despedir a alguien; *(of lover)* cortar con alguien; **he got the ~** *(employee)* lo despidieron; *(lover)* cortó con él; **to be up to one's ~** *or* **the elbows in sth** estar hasta arriba de algo
◇ *vt* **to ~ sb in the ribs** dar un codazo a alguien en las costillas; **to ~ sb aside** apartar a alguien de un codazo; **to ~ one's way through (a crowd)** abrirse paso a codazos (entre una multitud)

elbow-grease [ˈelbəʊgriːs] *n Fam* **the house is in a state, but it just needs a bit of ~** la casa está hecha un desastre, pero con un repaso a fondo quedará bien; **put some ~ into it!** ¡dale fuerte! *(al sacar brillo)*

elbow-room [ˈelbəʊrʊm] *n* **-1.** *(space)* espacio *m or* sitio *m* (libre) **-2.** *Fam Fig (freedom)* **to have enough ~** tener un margen de libertad *or* de maniobra

elder¹ [ˈeldə(r)] ◇ *adj* mayor; **my ~ brother** mi hermano mayor; **Pitt/Pliny the Elder** Pitt/Plinio el Viejo ❑ **~ *statesman*** antiguo mandatario *m* (que conserva su prestigio)
◇ *n* **-1.** *(older person)* mayor *mf*; **young people should respect their elders** los jóvenes deberían respetar a sus mayores **-2.** *(of tribe)* anciano(a) *m,f*; REL = persona que ostenta un cargo de responsabilidad en una parroquia

elder² *n (tree)* saúco *m*

elderberry [ˈeldəberɪ] *n (fruit)* baya *f* de saúco

elderly [ˈeldəlɪ] ◇ *adj* anciano(a); **she's getting rather ~** se está haciendo mayor; *Hum* **my rather ~ VCR** mi prehistórico vídeo *or Am* video
◇ *npl* **the ~** los ancianos

eldest [ˈeldɪst] ◇ *adj* mayor; **my ~ daughter** la mayor de mis hijas, mi hija mayor
◇ *n* **the ~** el/la mayor

elect [ɪˈlekt] ◇ *n* REL **the ~** los elegidos
◇ *adj* electo(a); **the president ~** el presidente electo
◇ *vt* **-1.** *(councillor, MP)* elegir; **to ~ sb president, to ~ sb to the presidency** elegir a alguien presidente; **to ~ sb to office** elegir a alguien para un cargo; **to get** *or* **be elected** ser elegido(a) **-2.** *Formal (choose)* **to ~ to do sth** elegir hacer algo

electable [ɪˈlektəbl] *adj* elegible, con gancho electoral

elected [ɪˈlektɪd] *adj* elegido(a)

election [ɪˈlekʃən] *n (event)* elecciones *fpl*; *(action)* elección *f*; **to hold an ~** celebrar unas elecciones; **to stand for ~** presentarse a las elecciones ❑ *Br* **~ *agent*** representante *mf* electoral; **~ *campaign*** campaña *f* electoral; **~ *literature*** propaganda *f* electoral

electioneering [ɪlekʃəˈnɪərɪŋ] ◇ *n* electoralismo *m*
◇ *adj (speech, campaign)* electoralista

elective [ɪˈlektɪv] ◇ *adj* **-1.** *(assembly)* electivo(a); *(official, post)* electivo(a) **-2.** UNIV *(course)* optativo(a), opcional
◇ *n (subject)* (asignatura *f*) optativa *f*

elector [ɪˈlektə(r)] *n* **-1.** *(voter)* elector(ora) *m,f*, votante *mf* **-2.** *US (member of electoral college)* miembro *mf* de un colegio electoral

electoral [ɪˈlektərəl] *adj* POL electoral ❑ **~ *college*** cuerpo *m* de compromisarios, colegio *m* electoral; **~ *mandate*** mandato *m* electoral; **~ *pact*** pacto *m* electoral; **~ *reform*** reforma *f* electoral; *Br & Austr* **~ *register*** censo *m* electoral; *Br & Austr* **~ *roll*** censo *m* electoral

electorate [ɪˈlektərət] *n* electorado *m*

Electra [ɪˈlektrə] *n* MYTHOL Electra

electric [ɪˈlektrɪk] ◇ *adj* eléctrico(a); *Fig* **the atmosphere of the meeting was ~** en la reunión el ambiente estaba electrizado; **the effect of her words was ~** sus palabras tuvieron un efecto electrizante ❑ ELEC **~ *arc*** arco *m* eléctrico *or* voltaico; *esp US* **~ *bill*** factura *f* de la luz; **~ *blanket*** manta *f* eléctrica; **~ *blue*** azul *m* eléctrico; **~ *chair*** silla *f* eléctrica; **~ *charge*** carga *f* eléctrica;

electrical | 229 | **elfin**

~ **cooker** cocina f or Col, Méx estufa f eléctrica; ~ **current** corriente f eléctrica, fluido m eléctrico; ~ **eel** anguila f eléctrica; ~ **eye** célula f fotoeléctrica; ~ **fence** valla f electrificada, cerca f eléctrica; ~ **field** campo m eléctrico; ~ **guitar** guitarra f eléctrica; ~ **motor** electromotor m, motor m eléctrico; ~ **organ** órgano m electrónico; ~ **ray** (fish) torpedo m, tembladera f; ~ **razor** máquina f de afeitar, maquinilla f eléctrica or de afeitar; ~ **shock** descarga f eléctrica; ~ **shock therapy** terapia f de electrochoque or electroshock; ~ **storm** tormenta f eléctrica; ~ **window:** it has ~ **windows** tiene elevalunas eléctrico or Am vidrio eléctrico
◇ npl **electrics** Br Fam (of car, house) instalación f eléctrica

electrical [ɪˈlektrɪkəl] adj eléctrico(a) ❑ ~ **appliance** electrodoméstico m, aparato m eléctrico; ~ **engineer** (with university qualification) ingeniero(a) m,f eléctrico; (without university qualification) técnico mf electricista; ~ **engineering** electrotecnia f, ingeniería f electrónica; ~ **fault** Esp fallo m eléctrico, Am falla f eléctrica; ~ **shock** descarga f eléctrica; ~ **storm** tormenta f eléctrica

electrically [ɪˈlektrɪklɪ] adv ~ **powered** or **operated** eléctrico(a); ~ **charged** con carga eléctrica; Fig **an ~ charged atmosphere** un ambiente cargado

electrician [ɪlekˈtrɪʃən] n electricista mf

electricity [ɪlekˈtrɪsɪtɪ] n -1. (power) electricidad f; **the ~ (supply)** el suministro eléctrico; **to turn** or **to switch the ~ off/on** conectar/desconectar la corriente; **to be without ~** estar sin suministro eléctrico ❑ esp Br ~ **bill** factura f de la luz; ~ **generator** generador m eléctrico, grupo m electrógeno; ~ **pylon** torre f de alta tensión -2. (tension, energy) tensión f; **there was ~ in the air** el ambiente estaba cargado

electrification [ɪlektrɪfɪˈkeɪʃən] n electrificación f

electrify [ɪˈlektrɪfaɪ] vt -1. (supply) electrificar -2. (railway system) electrificar -3. Fig (excite) electrizar

electrifying [ɪˈlektrɪfaɪɪŋ] adj Fig electrizante

electrocardiogram [ɪlektrəˈkɑːdɪəgræm] n MED electrocardiograma m

electrocardiograph [ɪlektrəˈkɑːdɪəgræf] n MED electrocardiógrafo m

electrochemical [ɪlektrəˈkemɪkəl] adj electroquímico(a)

electroconvulsive therapy [ɪˈlektrəʊkənˌvʌlsɪvˈθerəpɪ] n terapia f de electrochoque or electroshock

electrocute [ɪˈlektrəkjuːt] vt electrocutar; **to ~ oneself** electrocutarse

electrocution [ɪlektrəˈkjuːʃən] n electrocución f

electrode [ɪˈlektrəʊd] n electrodo m

electrodynamics [ɪlektrəʊdaɪˈnæmɪks] n electrodinámica f

electroencephalogram [ɪlektrəʊenˈsefələgræm] n (electro)encefalograma m

electroencephalograph [ɪlektrəʊenˈsefələgræf] n electroencefalógrafo m

electrolyse, US **electrolyze** [ɪˈlektrəlaɪz] vt -1. CHEM electrolizar -2. (to remove hair) hacerse la depilación eléctrica en

electrolysis [ɪlekˈtrɒlɪsɪs] n -1. CHEM electrólisis f inv -2. (to remove hair) depilación f eléctrica

electrolyte [ɪˈlektrəlaɪt] n CHEM electrólito m, electrolito m

electrolyze US = electrolyse

electromagnet [ɪlektrəʊˈmægnɪt] n electroimán m

electromagnetic [ɪlektrəʊmægˈnetɪk] adj PHYS electromagnético(a) ❑ ~ **theory** teoría f electromagnética de la luz; ~ **wave** onda f electromagnética

electromagnetism [ɪlektrəʊˈmægnətɪzəm] n PHYS electromagnetismo m

electrometer [ɪlekˈtrɒmɪtə(r)] n electrómetro m

electromotive [ɪlektrəʊˈməʊtɪv] adj PHYS ~ **force** fuerza f electromotriz

electron [ɪˈlektrɒn] n electrón m ❑ ~ **beam** haz m de electrones; PHYS ~ **gun** cañón m electrónico or de electrones; ~ **microscope** microscopio m electrónico

electronic [ɪlekˈtrɒnɪk] adj electrónico(a) ❑ ~ **banking** banca f electrónica, (servicio m de) telebanco m; ~ **book** libro m electrónico; COMPTR ~ **cash** dinero m electrónico; COMPTR ~ **commerce** comercio m electrónico; ~ **crime** delito m electrónico; COMPTR ~ **data interchange** intercambio m electrónico de datos; COMPTR ~ **data processing** tratamiento m or procesamiento m electrónico de datos; ~ **engineer** ingeniero(a) m,f electrónico(a); ~ **engineering** ingeniería f electrónica; ~ **flash** flash m electrónico; ~ **funds transfer** transferencia f electrónica de fondos; ~ **funds transfer at point of sale** transferencia f (electrónica de fondos) en el punto de venta; COMPTR ~ **journal** periódico m electrónico; COMPTR ~ **mail** correo m electrónico; COMPTR ~ **mailbox** buzón m electrónico; ~ **media** medios mpl de comunicación electrónicos; COMPTR ~ **money** dinero m electrónico; ~ **music** música f electrónica; COMPTR ~ **office** oficina f informatizada or electrónica; COMPTR ~ **organizer** agenda f electrónica; ~ **payment system** sistema m de pago electrónico; ~ **point of sale** punto m de venta electrónico; ~ **publishing** edición f electrónica; COMPTR ~ **shopping** compras fpl en línea; ~ **surveillance** vigilancia f a través de dispositivos electrónicos; ~ **tagging** (of criminal) = sistema electrónico que mediante una etiqueta permite la localización de presos en libertad condicional; ~ **ticketing** expedición f de Esp billetes or Am boletos or Am pasajes electrónicos

electronically [ɪlekˈtrɒnɪklɪ] adv electrónicamente

electronics [ɪlekˈtrɒnɪks] ◇ n electrónica f; ~ **company** casa de electrónica; **the ~ industry** el sector de la electrónica
◇ npl (of machine) sistema m electrónico

electronvolt [ɪˈlektrɒnvəʊlt] n PHYS electronvoltio m

electroplate [ɪˈlektrəpleɪt] vt bañar por galvanoplastia, galvanizar por electrodeposición

electroshock [ɪˈlektrəʊʃɒk] n MED ~ **therapy** or **treatment** terapia or tratamiento de electrochoque

electrostatics [ɪlektrəˈstætɪks] n electrostática f

electrotherapy [ɪlektrəˈθerəpɪ] n electroterapia f

electrotype [ɪˈlektrətaɪp] n TYP (printing plate) electrotipo m, galvanotipo m

elegance [ˈelɪgəns] n elegancia f

elegant [ˈelɪgənt] adj (appearance, movement) elegante; (reasoning, solution) lúcido(a); IDIOM **to have had an ~ sufficiency** saciar el apetito

elegantly [ˈelɪgəntlɪ] adv (to dress, move) elegantemente; ~ **arranged/proportioned** armoniosamente dispuesto(a)/proporcionado(a)

elegiac [eləˈdʒaɪək] adj elegiaco(a), elegíaco(a)

elegy [ˈelɪdʒɪ] n elegía f

element [ˈelɪmənt] n -1. (constituent part) elemento m, componente m; **a key ~ in selling is...** un componente fundamental de las ventas es...; **this movie has all the elements of a hit movie** esta película contiene todos los ingredientes del éxito
-2. (factor, aspect) componente m, elemento m; **there is an ~ of risk involved** existe cierto riesgo; **the ~ of surprise** el factor sorpresa; **the human/time ~** el factor humano/tiempo; **an ~ of danger** un factor de peligro
-3. (in society) elemento m; **undesirable elements in society** los indeseables de la sociedad
-4. (rudiments) **the elements of computing** los principios básicos de la informática
-5. CHEM elemento m
-6. (of kettle, electric fire) resistencia f
-7. **the elements** (weather) los elementos; **to brave the elements** desafiar a los elementos
-8. (ideal environment) **she was in her ~** estaba en su elemento
-9. REL **the elements** (bread and wine) las especies eucarísticas

elemental [elɪˈmentəl] adj -1. (basic) elemental, primario(a); **logistics is ~ to any successful military campaign** la logística es un factor fundamental en cualquier campaña militar -2. (relating to the elements) elemental, natural; **the ~ force of the storm** la fuerza natural que desencadena la tormenta -3. CHEM elemental

elementary [elɪˈmentərɪ] adj elemental, básico(a); **an ~ mistake** un error básico; IDIOM ~ **my dear Watson** elemental, querido Watson ❑ ~ **algebra** álgebra f elemental; PHYS ~ **particle** partícula f elemental; US ~ **school** escuela f primaria

elephant [ˈelɪfənt] n elefante m; Hum **like the ~, he never forgets** no olvida fácilmente las cosas ❑ ~ **seal** elefante m marino

elephantiasis [elɪfənˈtaɪəsɪs] n MED elefantiasis f inv

elephantine [eləˈfæntaɪn] adj -1. (in size) (body, size) mastodóntico(a) -2. (clumsy) (steps, movement) pesado(a), de elefante

elevate [ˈelɪveɪt] vt -1. (raise) (object) elevar; MIL (cannon) apuntar más alto con -2. (promote) **to ~ sb to the peerage** otorgar a alguien un título nobiliario -3. (exalt, uplift) (person, mind) elevar, exaltar; **the legends have been elevated into a religion** las leyendas han sido elevadas a la categoría de cultos

elevated [ˈelɪveɪtɪd] adj -1. (raised) (road, platform) elevado(a) ❑ US ~ **railroad** ferrocarril m or tren m elevado -2. (exalted) (position, rank) elevado(a); (thoughts, style) elevado(a); **to have an ~ opinion of oneself** tener un concepto demasiado elevado de uno mismo

elevation [elɪˈveɪʃən] n -1. (height) altitud f; ~ **above sea level** altitud (por encima del nivel del mar); **2000 metres in ~** 2.000 metros de altitud
-2. (promotion) ascenso m, elevación f
-3. (of style, language) exaltación f, enaltecimiento m
-4. (high place) elevación f (del terreno), promontorio m
-5. ARCHIT alzado m; **front/side/rear ~** vista frontal/lateral/posterior; **viewed in ~** en vista alzada
-6. MIL ángulo m de tiro
-7. REL (of host) elevación f

elevator [ˈelɪveɪtə(r)] n -1. US (lift) ascensor m; IDIOM Fam Hum **the ~ doesn't go up to the top floor** no es precisamente una lumbrera ❑ ~ **attendant** ascensorista mf; ~ **operator** ascensorista mf; ~ **shaft** hueco m del ascensor; ~ **shoes** zapatos mpl de plataforma -2. US (grain) ~ silo m -3. (for goods) montacargas m inv -4. (on aircraft wing) timón m de profundidad

eleven [ɪˈlevən] ◇ n once m; **the Spanish ~** (football team) el once español
◇ adj once; see also **eight**

eleven-plus [ɪˈlevənplʌs] n = prueba selectiva con la que se accede a una "grammar school" en el Reino Unido

elevenses [ɪˈlevənzɪz] npl Br Fam tentempié m (de la mañana), Am onces nfpl

eleventh [ɪˈlevənθ] ◇ n -1. (fraction) onceavo m, onceava parte f -2. (in series) undécimo(a) m,f; **Louis the Eleventh** (written) Luis XI; (spoken) Luis once -3. (in month) once m; **(on) the ~ of May** el once de mayo; **we're leaving on the ~** nos vamos el (día) once
◇ adj undécimo(a), IDIOM **at the ~ hour** Esp en el or Am a último momento, Am en el último minuto; **the ~ century** (written) el siglo XI; (spoken) el siglo once

elf [elf] (pl **elves** [elvz]) n elfo m ❑ ~ **owl** mochuelo m duende

elfin [ˈelfɪn] adj delicado(a), angelical

El Greco [el'grekəʊ] *pr n* el Greco
elicit [ɪ'lɪsɪt] *vt (information)* sacar, obtener (**from** en); *(reaction, response)* provocar (**from** en); **to ~ a smile from sb** arrancar a alguien una sonrisa
elide [ɪ'laɪd] *vt* LING elidir
eligibility [elɪdʒə'bɪlɪtɪ] *n* **-1.** *(entitlement)* elegibilidad *f*; **they questioned his ~** cuestionaron si era apto para presentar su candidatura; **to determine sb's ~ for promotion** decidir si alguien reúne los requisitos necesarios para un ascenso **-2.** *(as potential partner)* **there was no doubt as to his ~** no cabían dudas de que era un buen candidato
eligible ['elɪdʒəbəl] *adj* **-1.** *(deserving, entitled)* **to be ~ for sth** reunir los requisitos para algo; **you are still not ~ to join the pension scheme** usted aún no reúne los requisitos necesarios para acogerse al plan de pensiones **-2.** *(as potential partner)* **there were lots of ~ men at the party** en la fiesta había muchos hombres apetecibles; **an ~ bachelor** un buen partido
Elijah [ɪ'laɪdʒə] *pr n* Elías
eliminate [ɪ'lɪmɪneɪt] *vt* **-1.** *(remove) (possibility, alternative)* eliminar; *(item from diet)* suprimir; **to ~ hunger and poverty from the world** terminar con el hambre y la pobreza en el mundo **-2.** *(from competition)* eliminar; **they were eliminated in the first round** cayeron eliminados en la primera ronda **-3.** MATH eliminar **-4.** PHYSIOL eliminar **-5.** *Euph (kill)* eliminar
elimination [ɪlɪmɪ'neɪʃən] *n* **-1.** *(removal) (of possibility, alternative)* eliminación *f*; **by a process of ~** por (un proceso de) eliminación **-2.** *(from competition)* eliminación *f* **-3.** MATH eliminación *f* **-4.** PHYSIOL eliminación *f* **-5.** *Euph (murder)* eliminación *f*
eliminator [ɪ'lɪmɪneɪtə(r)] *n (contest)* eliminatoria *f*
eliminatory [ɪ'lɪmɪnətərɪ] *adj (round, stage)* eliminatorio(a)
elision [ɪ'lɪʒən] *n* LING elisión *f*
elite [eɪ'liːt] ◇ *n* élite *f*
◇ *adj* de élite
elitism [eɪ'liːtɪzəm] *n* elitismo *m*
elitist [eɪ'liːtɪst] ◇ *n* elitista *mf*
◇ *adj* elitista
elixir [ɪ'lɪksə(r)] *n Literary* elixir *m*; **the ~ of life** el elixir de la vida
Elizabeth [ɪ'lɪzəbəθ] *pr n* **~ I/II** Isabel I/II; **Queen ~ II (of England)** la reina Isabel (de Inglaterra)
Elizabethan [ɪlɪzə'biːθən] ◇ *n* isabelino(a) *m,f*
◇ *adj* isabelino(a)
elk [elk] *n* **-1.** *(European)* alce *m* **-2.** *(North American)* ciervo *m* canadiense
ellipse [ɪ'lɪps] *n* MATH elipse *f*
ellipsis [ɪ'lɪpsɪs] *(pl* **ellipses** [ɪ'lɪpsiːz]*) n* GRAM elipsis *f inv*
ellipsoid [ɪ'lɪpsɔɪd] *n* MATH elipsoide *m*
ellipsoidal [ɪlɪp'sɔɪdəl] *adj* MATH elipsoidal
elliptic(al) [ɪ'lɪptɪk(əl)] *adj* **-1.** MATH elíptico(a) **-2.** *Formal (remark)* solapado(a), indirecto(a)
elm [elm] *n (wood, tree)* olmo *m*
elocution [elə'kjuːʃən] *n* dicción *f*; **~ lessons/teacher** clase/profesor(ora) de dicción
elongate ['iːlɒŋgeɪt] *vt* alargar; **an elongated neck** un cuello alargado
elongation [iːlɒŋ'geɪʃən] *n* **-1.** *(act)* alargamiento *m* **-2.** *(of line)* prolongación *f*, alargamiento *m*
elope [ɪ'ləʊp] *vi* fugarse *(para casarse)*
elopement [ɪ'ləʊpmənt] *n* fuga *f (para casarse)*
eloquence ['eləkwəns] *n* elocuencia *f*
eloquent ['eləkwənt] *adj* **-1.** *(person, speech)* elocuente **-2.** *(expressive)* **an ~ gesture** un gesto elocuente; **the state of the economy is an ~ indictment of this policy** la actual situación económica constituye una elocuente crítica a esta política
eloquently ['eləkwəntlɪ] *adv* con elocuencia, elocuentemente
El Salvador [el'sælvədɔː(r)] *n* El Salvador
else [els] *adv* **all ~ is mere speculation** todo lo demás es mera especulación; **above all ~** por encima de todo; **if all ~ fails** si el resto falla, en último extremo; **anyone ~** *(any other person)* alguien más; *(in negative sentences)* nadie más; **anyone ~ would have given up** cualquier otro(a) hubiera abandonado; **would anyone ~ like some coffee?** ¿alguien más quiere café?; **anything ~** cualquier otra cosa; *(in negative sentences)* nada más; **I rarely eat anything ~** rara vez como otra cosa; **(can I get you) anything ~?** ¿(desea) alguna cosa más *or* algo más?; **anywhere ~** (en/a) cualquier otro sitio; **we'd never live anywhere ~** nunca viviríamos en ninguna otra parte; **is there anywhere ~ I should look?** ¿debería mirar en alguna otra parte?; **everyone ~** todos los demás; **everything ~** todo lo demás; **everywhere ~** (en/a) todos los demás sitios; **how ~?** ¿cómo si no?; **how ~ do you think I did it?** ¿cómo piensas si no que lo hice?, *RP* ¿cómo te pensás que lo hice?; **little ~** poca cosa más, poco más; **there's little ~ we can do, there isn't much ~ we can do** poco más podemos hacer, no podemos hacer mucho más; **no one ~** nadie más; **nothing ~** *(nothing different)* ninguna otra cosa; *(nothing additional)* nada más; **we'll have to have sausages, there's nothing ~** tendremos que comer salchichas, es lo único que tenemos; **if nothing ~ it taught me to be more cautious** al menos me enseñó a ser más precavido; **nowhere ~** (en/a) ningún otro sitio; **there's nowhere ~ for us to hide** no tenemos ningún otro sitio donde escondernos; **or ~** de lo contrario, si no; **do what I tell you or ~!** ¡como no hagas lo que te digo, te vas a enterar *or* ya verás!; **someone ~** *(different person)* otra persona; *(additional person)* alguien más; **she ran off with someone ~** se marchó con otro; **it must be someone ~'s** debe ser de otro; **something ~** *(different thing)* otra cosa; *(additional thing)* algo más; *Fam* **that meal was something ~!** ¡la comida estaba *Esp* estupenda *or Andes, CAm, Carib, Méx* chévere *or Col* tenaz *or Méx* padre *or RP* bárbara!; *Fam* **you're something ~, you know!** ¡eres la repera *or Méx* lo máximo!, *RP* ¡sos de no creer!; **somewhere ~** (en/a) otro sitio; **there must be somewhere ~ we can hide** tiene que haber algún otro sitio donde nos podamos esconder; **what ~?** ¿qué más?; **what ~ can you do?** *(expressing resignation)* ¿qué más se puede hacer?; **I didn't know what ~ to do** no sabía qué otra cosa podía hacer; **what did you get for your birthday? – socks, what ~?** ¿qué te regalaron para tu cumpleaños? – calcetines, para variar; **whatever ~ you do, don't do that** hagas lo que hagas, no se te ocurra hacer eso; **when ~?** ¿en qué otro momento?; **when is he coming round? – Tuesday, when ~?** ¿cuándo va a venir? – el martes, ¿cuándo si no?; **where ~?** ¿en/a qué otro sitio?; **where is he ~ – in the bar, where ~?** ¿dónde está? – en el bar, ¿dónde si no?; **who ~ was there?** ¿quién más estaba allí?; **who broke it? – Peter, who ~?** ¿quién lo rompió? – Peter, ¿quién si no? *or* ¿quién va a ser?; **whoever ~ you tell, don't tell her** se lo digas a quien se lo digas, no se te ocurra decírselo a ella; **why ~?** ¿por qué si no?; **why ~ would I do that?** ¿por qué iba a hacerlo si no?
elsewhere ['elsweə(r)] *adv (in another place)* en otro sitio; *(to another place)* a otro sitio; **~ in Europe** en otras partes de Europa; **her ambitions lie ~** tiene otras aspiraciones; *Fig* **to look ~** buscar en otro sitio
ELT [iːel'tiː] *n (abbr* **English Language Teaching***)* enseñanza *f* del inglés
elucidate [ɪ'luːsɪdeɪt] ◇ *vt* aclarar, poner en claro
◇ *vi* aclararlo, explicarse
elucidation [ɪluːsɪ'deɪʃən] *n Formal* dilucidación *f*, aclaración *f*
elude [ɪ'luːd] *vt (enemy, pursuers)* eludir; *(obligation, responsibility)* eludir; **success has eluded us so far** el éxito nos ha rehuido hasta ahora; **her novels ~ categorization** sus novelas escapan a cualquier clasificación; **his name eludes me** no consigo recordar su nombre; **to ~ sb's grasp** escapar(se) de las manos de alguien
elusive [ɪ'luːsɪv] *adj (enemy, concept)* escurridizo(a); *(difficult to find)* esquivo(a); *(vague)* vago(a), impreciso(a); **success proved ~** el éxito se mostraba esquivo
elusiveness [ɪ'luːsɪvnɪs] *n (of person, concept, happiness)* carácter *m* escurridizo *or* esquivo
elver ['elvə(r)] *n* angula *f*
elves *pl of* **elf**
Elysée [ɪ'liːzeɪ] *n* **the ~ Palace** el Elíseo
Elysian [ɪ'lɪzɪən] *adj* MYTHOL **the ~ fields** los Campos Elíseos
Elysium [ɪ'lɪzɪəm] *n* MYTHOL Elíseo
'em [əm] *pron Fam* = **them**
emaciated [ɪ'meɪsɪeɪtɪd] *adj (person)* esquelético(a), demacrado(a); *(animal, body, limbs)* esquelético(a); *(face)* demacrado(a)
emaciation [ɪmeɪsɪ'eɪʃən] *n* delgadez *f* extrema, escualidez *f*
e-mail ['iːmeɪl] COMPTR ◇ *n* **-1.** *(system)* correo *m* electrónico; **to contact sb by ~** contactar con alguien por correo electrónico; **to send sth by ~** enviar algo por correo electrónico ❑ **~ account** cuenta *f* de correo (electrónico); **~ address** dirección *f* de correo electrónico; **~ bomb** bomba *f* de correo; **~ client** cliente *m* de correo electrónico; **~ program** programa *m* de correo electrónico; **~ software** software *m* de correo electrónico
-2. *(message)* (mensaje *m* por) correo *m* electrónico
◇ *vt* **-1.** *(person)* enviar un correo electrónico a; *(file)* enviar por correo electrónico; **~ us at...** contacte con nosotros por correo electrónico en la siguiente dirección...
emanate ['eməneɪt] ◇ *vt* emanar
◇ *vi (quality, smell, radiation)* emanar (**from** de); *(suggestions, noises)* provenir, proceder (**from** de); **orders emanating from headquarters** órdenes provenientes del cuartel general
emanation [emə'neɪʃən] *n* emanación *f*, efluvio *m*; **emanations of a disturbed mind** creaciones de una mente trastornada
emancipate [ɪ'mænsɪpeɪt] *vt* emancipar (**from** de)
emancipated [ɪ'mænsɪpeɪtɪd] *adj* emancipado(a)
emancipation [ɪmænsɪ'peɪʃən] *n* emancipación *f*; *US* HIST **the Emancipation Proclamation** la Proclamación de la Emancipación

---

THE EMANCIPATION PROCLAMATION

Discurso pronunciado por el presidente americano Abraham Lincoln en 1863, en el que proclamó "libres para siempre" a los esclavos de la Confederación (los estados del sur), y permitió a los negros unirse a su ejército. Aunque no tuvo ningún efecto práctico inmediato en el sur, ya que estos estados estaban fuera del control federal, este discurso confirió el carácter de cruzada moral al esfuerzo bélico del norte y representó el fin de la esclavitud. Hoy día, los estadounidenses se refieren a esta proclamación haciendo alusión a la emancipación de los esclavos por Lincoln.

---

emasculate [ɪ'mæskjʊleɪt] *vt Formal* **-1.** *(castrate)* emascular, castrar **-2.** *(rights)* mutilar; *(legislation)* desvirtuar; *(group, organization)* debilitar, minar
emasculated [ɪ'mæskjʊleɪtɪd] *adj Formal* **-1.** *(castrated)* emasculado(a), castrado(a) **-2.** *(legislation)* desvirtuado(a); *(group, organization)* debilitado(a), minado(a)
embalm [ɪm'bɑːm] *vt* embalsamar
embalmer [ɪm'bɑːmə(r)] *n* embalsamador(ora) *m,f*
embalming [ɪm'bɑːmɪŋ] *n* embalsamamiento *m* ❑ **~ fluid** líquido *m* embalsamador
embankment [ɪm'bæŋkmənt] *n* **-1.** *(beside railway)* terraplén *m* **-2.** *(alongside river)* dique *m*

embargo [ɪmˈbɑːgəʊ] ◇ n (pl **embargoes**) **-1.** (on trade) embargo m; **trade/arms ~** embargo comercial/de armas; **to be under (an) ~** estar sometido(a) a embargo; **to put** or **place** or **lay an ~ on** imponer un embargo a; **to lift** or **raise an ~** levantar un embargo; **to break an ~** romper un embargo **-2.** (on spending, activity) prohibición f; **to put an ~ on sth** prohibir algo
◇ vt (pt & pp **embargoed**, continuous **embargoing**) someter a embargo

embark [ɪmˈbɑːk] ◇ vt (passengers, cargo) embarcar
◇ vi (go on ship) embarcar; Fig **to ~ (up)on** (adventure) embarcarse en

embarkation [ˌembɑːˈkeɪʃən] n embarque m

embarrass [ɪmˈbærəs] vt avergonzar, abochornar, Andes, CAm, Carib, Méx apenar; **I won't ~ you by repeating what you said** no te voy a avergonzar or abochornar repitiendo lo que dijiste; **to ~ the government** poner en apuros al Gobierno

embarrassed [ɪmˈbærəst] adj **-1.** (ashamed) avergonzado(a), Andes, CAm, Carib, Méx apenado(a); (uncomfortable) azorado(a), violento(a); **an ~ laugh/grin** una risa/sonrisa de apuro; **there was an ~ silence** se produjo un embarazoso or incómodo silencio; **to be ~** (ashamed) estar avergonzado(a) or Andes, CAm, Carib, Méx apenado(a); (uncomfortable) estar azorado(a) or violento(a); **to feel ~ (about sth)** (ashamed) sentirse avergonzado(a) or Andes, CAm, Carib, Méx apenado(a) (por algo); (uncomfortable) estar azorado(a) or violento(a) (por algo); **I felt ~ about asking him** (ashamed) me daba vergüenza or Andes, CAm, Carib, Méx pena preguntárselo; (uncomfortable) preguntárselo me hacía sentir violento; **to look ~** (ashamed) parecer avergonzado(a) or Andes, CAm, Carib, Méx apenado(a); (uncomfortable) parecer azorado(a) or violento(a)
-2. (financially) apurado(a) (de dinero); **to be (financially) ~** estar apurado(a) de dinero

embarrassing [ɪmˈbærəsɪŋ] adj (causing shame) vergonzoso(a), bochornoso(a); (causing discomfort) violento(a), embarazoso(a); **this report will be very ~ for the government** este informe pondrá al gobierno en una situación muy embarazosa or violenta; **she was so bad it was ~** era tan mala que daba vergüenza (ajena); **~ revelations** revelaciones escandalosas; **how ~!** ¡qué vergüenza! or Andes, CAm, Carib, Méx ¡pena!

embarrassingly [ɪmˈbærəsɪŋlɪ] adv (causing shame) bochornosamente; (causing discomfort) violentamente; **it was ~ obvious** era de una evidencia bochornosa; **it was ~ easy** era tan fácil que daba vergüenza

embarrassment [ɪmˈbærəsmənt] n **-1.** (feeling) (shame) vergüenza f, Andes, CAm, Carib, Méx pena f; (discomfort) apuro m, embarazo m; **(much) to my ~** para mi (gran) bochorno; **to cause sb ~** hacer pasar vergüenza or Andes, CAm, Carib, Méx pena a alguien
-2. (person, thing) **to be an ~ to sb** ser motivo de vergüenza or Andes, CAm, Carib, Méx pena para alguien
-3. (financial) **to be in a state of financial ~** estar pasando apuros económicos
-4. (excess) **to have an ~ of riches** estar bien surtido(a)

embassy [ˈembəsɪ] n embajada f; **the Spanish Embassy** la embajada española or de España

embattled [ɪmˈbætəld] adj **-1.** (town) asediado(a); (leader, government) asediado(a), acosado(a); **to be ~** (town, leader, government) estar asediado(a); (ready for battle) (army) preparado(a) para el combate

embed [ɪmˈbed] (pt & pp **embedded**) vt **-1.** (in wood, rock, cement) incrustar; (jewel) engastar, incrustar; **to be embedded in sth** estar incrustado(a) en algo; **the bullet embedded itself in the wall** la bala se incrustó en la pared; **to be embedded in sb's memory** estar grabado(a) en la memoria de alguien
-2. COMPTR incrustar
-3. LING insertar; **an embedded clause** una oración insertada (en otra)

embellish [ɪmˈbelɪʃ] vt **-1.** (room, design, building) adornar (**with** con) **-2.** (account) adornar (**with** con) **-3.** MUS adornar

embellishment [ɪmˈbelɪʃmənt] n **-1.** (of room, design, building) adorno m **-2.** (of account) adorno m (**with** con) **-3.** MUS floritura f

ember [ˈembə(r)] n brasa f, ascua f; **embers** (of fire) brasas, rescoldos

embezzle [ɪmˈbezəl] ◇ vt (public money) malversar; (private money) desfalcar
◇ vi **to ~ from a company** desfalcar a una compañía

embezzlement [ɪmˈbezəlmənt] n (of public money) malversación f; (of private money) desfalco m

embezzler [ɪmˈbezlə(r)] n (of public money) malversador(ora) m,f; (of private money) desfalcador(ora) m,f

embitter [ɪmˈbɪtə(r)] vt (person) amargar; (relations) agriar; (conflict) enconar

embittered [ɪmˈbɪtəd] adj (person) amargado(a)

embitterment [ɪmˈbɪtəmənt] n (of person) amargura f

emblazon [ɪmˈbleɪzən] vt **-1.** (on shield) blasonar (**with** con) **-2.** (display) (name, headline) estampar con grandes letras; **her name was emblazoned across the front page** su nombre aparecía en grandes titulares en primera plana

emblem [ˈembləm] n emblema m

emblematic [ˌembləˈmætɪk] adj simbólico(a), emblemático(a); **to be ~ of sth** ser el emblema de algo, simbolizar algo

embodiment [ɪmˈbɒdɪmənt] n encarnación f; **she seemed the ~ of reasonableness** parecía la sensatez personificada

embody [ɪmˈbɒdɪ] vt encarnar, representar; **she embodies everything I detest** es la encarnación de todo lo que detesto; **the principles embodied in the American Constitution** los principios encarnados en la constitución americana

embolden [ɪmˈbəʊldən] vt envalentonar; **to feel emboldened to do sth** tener el valor de hacer algo

embolism [ˈembəlɪzəm] n MED embolia f

embolus [ˈembələs] (pl **emboli** [ˈembəlaɪ]) n MED émbolo m

emboss [ɪmˈbɒs] vt (metal, leather) repujar; (letter, design) grabar en relieve

embossed [ɪmˈbɒst] adj (design, notepaper) grabado(a) en relieve; (wallpaper) estampado(a) en relieve; **an ~ letterhead** un membrete en relieve

embouchure [ˈɒmbəʃʊə(r)] n MUS boquilla f

embrace [ɪmˈbreɪs] ◇ n abrazo m; **to hold** or **clasp sb in an ~** estrechar a alguien entre los brazos
◇ vt **-1.** (person) abrazar **-2.** (belief, cause) abrazar; (opportunity) aprovechar **-3.** (include) abarcar; **the view from the terrace embraces the whole valley** la vista desde la terraza abarca todo el valle; **the movement embraces people of all faiths and of none** el movimiento engloba tanto a los creyentes de cualquier fe como a los no creyentes
◇ vi abrazarse

embrasure [ɪmˈbreɪʒə(r)] n **-1.** ARCHIT alféizar m **-2.** MIL tronera f

embrocation [ˌembrəˈkeɪʃən] n linimento m

embroider [ɪmˈbrɔɪdə(r)] ◇ vt **-1.** (garment, cloth) bordar **-2.** (account, report) adornar
◇ vi bordar

embroidered [ɪmˈbrɔɪdəd] adj (garment, cloth) bordado

embroidery [ɪmˈbrɔɪdərɪ] n **-1.** (on garment, cloth) bordado m ❏ **~ frame** bastidor m, tambor m de bordar; **~ thread** hilo m de bordar **-2.** (of account, report) florituras fpl

embroil [ɪmˈbrɔɪl] vt **to be embroiled in sth** estar implicado(a) en algo; **to get embroiled in a debate with sb** enfrascarse or participar en una discusión con alguien

embroilment [ɪmˈbrɔɪlmənt] n (in scandal, situation) implicación f, participación f

embryo [ˈembrɪəʊ] (pl **embryos**) n embrión m; **I have the ~ of an idea** tengo el embrión de una idea; **in ~** (creature, plan, idea) en estado embrionario ❏ **~ research** investigación f embrionaria

embryologist [ˌembrɪˈɒlədʒɪst] n embriólogo(a) m,f

embryology [ˌembrɪˈɒlədʒɪ] n embriología f

embryonic [ˌembrɪˈɒnɪk] adj **-1.** BIOL embrionario(a) **-2.** (plan, idea) en estado embrionario

emcee [emˈsiː] Fam ◇ n presentador(ora) m,f, maestro(a) m,f de ceremonias
◇ vt presentar

emend [ɪˈmend] vt Formal enmendar, corregir

emendation [ˌiːmenˈdeɪʃən] n Formal enmienda f, corrección f

emerald [ˈemərəld] n **-1.** (gemstone) esmeralda f **-2.** (colour) **~ (green)** verde m esmeralda; **the Emerald Isle** la Isla Esmeralda, = apelativo con que se conoce a Irlanda

emerge [ɪˈmɜːdʒ] vi **-1.** (come out) (from water) emerger, salir a la superficie (**from** de); (from behind and inside something) salir (**from** de); **she emerged from hiding** salió de su escondite
-2. (come through) **to ~ victorious** or **the winner** salir victorioso(a) or ganador(ora); **to ~ unscathed** resultar or salir ileso(a)
-3. (become apparent) (difficulty, truth) aflorar, surgir; **it later emerged that...** más tarde resultó que...
-4. (come into being) (new state, leader, theory) surgir, aparecer; **new playwrights have emerged on the scene** nuevos dramaturgos han surgido or aparecido en escena

emergence [ɪˈmɜːdʒəns] n **-1.** (from hiding) aparición f **-2.** (of facts, truth) revelación f **-3.** (of new state, leader, theory) surgimiento m, aparición f; **his ~ on the international stage** su aparición or irrupción en el ámbito internacional

emergency [ɪˈmɜːdʒənsɪ] n **-1.** (crisis) emergencia f; **in an ~, in case of ~** en caso de emergencia; **to be prepared for any ~** estar preparado(a) para cualquier emergencia; **for ~ use only** (sign) usar sólo en caso de emergencia ❏ US **~ brake** freno m de mano; **~ exit** salida f de emergencia; **~ landing** aterrizaje m forzoso; **~ services** (police, ambulance, fire brigade) servicios mpl de urgencias; **~ stop** parada f en seco or de emergencia
-2. MED urgencia f ❏ US **~ room** sala f de urgencias
-3. POL **a national ~** una crisis nacional; **to declare a state of ~** declarar el estado de excepción ❏ **~ powers** poderes mpl extraordinarios

emergent [ɪˈmɜːdʒənt] adj pujante; **~ nations** países emergentes

emerging [ɪˈmɜːdʒɪŋ] adj emergente, incipiente; FIN **~ markets** mercados emergentes

emeritus [ɪˈmerɪtəs] adj emérito(a) ❏ **professor ~, ~ professor** profesor(ora) m,f emérito(a)

emery [ˈemərɪ] n esmeril m ❏ **~ board** lima f de uñas; **~ paper** (papel m de) lija f

emetic [ɪˈmetɪk] ◇ n emético m, vomitivo m
◇ adj emético(a), vomitivo(a)

EMF [ˌiːemˈef] n **-1.** (abbr **electromotive force**) fuerza f electromotriz **-2.** (abbr **European Monetary Fund**) FME m

EMI [ˌiːemˈaɪ] n (abbr **European Monetary Institute**) IME m

emigrant [ˈemɪgrənt] n emigrante mf

emigrate [ˈemɪgreɪt] vi emigrar

emigration [ˌemɪˈgreɪʃən] n emigración f

émigré [ˈemɪgreɪ] n emigrado(a) m,f; POL exiliado(a) m,f

eminence [ˈemɪnəns] n **-1.** (importance) eminencia f; **she has achieved** or **attained ~ in her profession** ha alcanzado el prestigio en su profesión **-2.** (high ground) promontorio m **-3.** (title of cardinal) **Your Eminence** Su or Vuestra Eminencia **-4.** ANAT (of bone) eminencia f

éminence grise ['eɪmɪnɒns'griːz] n eminencia f gris

eminent ['emɪnənt] adj **-1.** (distinguished) eminente **-2.** (conspicuous) evidente, indiscutible; **it makes ~ good sense** indiscutiblemente, tiene sentido **-3.** US LAW **~ domain** dominio eminente, derecho a expropiar

eminently ['emɪnəntlɪ] adv sumamente; **~ suitable** sumamente apropiado(a)

emir [e'mɪə(r)] n emir m

emirate ['emɪreɪt] n emirato m

emissary ['emɪsərɪ] n emisario(a) m,f

emission [i:'mɪʃən] n emisión f, emanación f; **toxic emissions** emanaciones tóxicas

emit [i:'mɪt] (pt & pp **emitted**) vt (heat, light, sound) emitir; (smell, gas) desprender, emanar; (radiation) emitir; (sparks) soltar

Emmental ['emənta:l] n (queso m) emental m or emmenthal m

Emmy ['emɪ] n **~ (Award)** (premio m) Emmy m

emollient [ɪ'mɒlɪənt] ◇ n MED emoliente m
◇ adj **-1.** MED emoliente **-2.** (calming) conciliador(ora), apaciguador(ora)

emolument [ɪ'mɒljʊmənt] n Formal emolumento m

e-money ['i:mʌnɪ] n COMPTR dinero m electrónico

emote [ɪ'məʊt] vi exteriorizar las emociones

emoticon [ɪ'məʊtɪkɒn] n COMPTR emoticono m

emotion [ɪ'məʊʃən] n **-1.** (strong feeling) emoción f; **to show no ~** no mostrar ninguna emoción; **to shake with ~** (person, voice) temblar de la emoción **-2.** (particular feeling) sentimiento m; **to appeal to the emotions** apelar a los sentimientos; **to be in control of one's emotions** controlar los sentimientos

emotional [ɪ'məʊʃənəl] adj **-1.** (stress, problem) emocional; (life) sentimental, afectivo(a); **to be an ~ wreck** estar destrozado(a) emocionalmente; **an ~ cripple** un(a) inmaduro(a) emocional ❑ **~ blackmail** chantaje m sentimental or emocional; **~ intelligence** inteligencia f emocional
-2. (charged with emotion) (plea, speech, film, music, farewell) emotivo(a), conmovedor(ora); (reunion) emotivo(a)
-3. (governed by emotions) (person) emotivo(a); (reaction, state) emocional; **he felt very ~** se emocionó mucho; **to get** or **become ~** emocionarse; **now, now, don't get so ~** (keep calm) vamos, no te alteres

emotionalism [ɪ'məʊʃənəlɪzəm] n Pej sentimentalismo m

emotionally [ɪ'məʊʃənəlɪ] adv **-1.** (immature, scarred) emocionalmente; **to feel ~ exhausted** or **drained** sentirse emocionalmente exhausto(a); **to be ~ involved with sb** tener una relación sentimental con alguien; **I'm too ~ involved with the whole situation** estoy demasiado implicado emocionalmente en la situación; **~ deprived** privado(a) de cariño; **to be ~ disturbed** tener traumas or problemas emocionales
-2. (to react) emotivamente; (to speak) emotivamente, con emoción; **an ~ charged atmosphere** un ambiente cargado de emotividad

emotionless [ɪ'məʊʃənlɪs] adj (voice) desapasionado(a), inexpresivo(a); (expression) impertérrito(a)

emotive [ɪ'məʊtɪv] adj (words, plea) emotivo(a); **an ~ issue** un asunto que despierta encendidas pasiones

empanel [ɪm'pænəl] (pt & pp Br **empanelled**, US **empaneled**) vt LAW (jury) constituir

empathetic [empə'θetɪk] adj empático(a)

empathize ['empəθaɪz] vi **to ~ with sb** sentirse identificado(a) con alguien, empatizar con alguien

empathy ['empəθɪ] n empatía f; **there is real ~ between them** hay una verdadera empatía or compenetración entre ellos; **to feel ~ for sb** identificarse con alguien

emperor ['empərə(r)] n emperador m; IDIOM **it was a case of the ~'s new clothes** (deception) era un caso de autoengaño colectivo;

era negarse a ver la realidad ❑ **~ moth** pavón m; **~ penguin** pingüino m emperador

emphasis ['emfəsɪs] (pl **emphases** ['emfəsiːz]) n **-1.** (importance) énfasis m inv; **there is too much ~ on materialism in our society** nuestra sociedad pone demasiado énfasis en or da demasiada importancia a las cosas materiales, **to lay** or **place** or **put ~ on sth** hacer hincapié en algo, poner énfasis en algo; **a change of ~** un cambio en el orden de importancia
-2. (stress) (in words) acento m; **to say sth with ~** decir algo enfatizando or con énfasis; **he waved his arms around for ~** agitó los brazos para enfatizar or para recalcar

emphasize ['emfəsaɪz] vt **-1.** (point, fact) hacer hincapié en, recalcar; **she emphasized the need for caution** hizo hincapié en or recalcó la necesidad de ser cautos; **I can't ~ this too strongly** no todo énfasis que se le dé es poco **-2.** (physical feature) hacer resaltar, marcar **-3.** (word, syllable) acentuar

emphatic [ɪm'fætɪk] adj (gesture, denial) enfático(a); (denial, response, refusal) rotundo(a), categórico(a); (victory, scoreline) convincente; **he was quite ~ that...** hizo especial hincapié en que...; **he was quite ~ on that point** recalcó mucho este punto

emphatically [ɪm'fætɪklɪ] adv (to say) enfáticamente; (to refuse, deny) rotundamente, categóricamente; **I most ~ do not agree (with you)** esto en absoluto desacuerdo contigo; **most ~!** ¡absolutamente!

emphysema [emfɪ'siːmə] n enfisema m

empire ['empaɪə(r)] ◇ n also Fig imperio m; **the Roman/British Empire** el Imperio Romano/Británico; **a shipbuilding/newspaper ~** un imperio naviero/periodístico ❑ US **the Empire State** = apelativo familiar referido al estado de Nueva York
◇ adj (costume, furniture) (de) estilo imperio

empire-building ['empaɪə'bɪldɪŋ] n (within an organization) acumulación f de poder, medro m personal

empirical [em'pɪrɪkəl] adj empírico(a) ❑ CHEM **~ formula** fórmula f empírica

empirically [em'pɪrɪklɪ] adv empíricamente

empiricism [em'pɪrɪsɪzəm] n PHIL empirismo m

empiricist [em'pɪrɪsɪst] n PHIL empirista mf

emplacement [ɪm'pleɪsmənt] n MIL **(gun) ~** puesto m de artillería, emplazamiento m de tiro

emplane [ɪm'pleɪn] ◇ vt embarcar (en avión)
◇ vi embarcar(se) (en un avión), subir a bordo (de un avión)

employ [ɪm'plɔɪ] ◇ n Formal **to be in sb's ~** trabajar al servicio or a las órdenes de alguien
◇ vt **-1.** (workers) emplear; **he has been employed with the firm for twenty years** ha trabajado veinte años para la empresa; **to ~ sb as a receptionist** emplear a alguien como recepcionista, tener a alguien trabajando como recepcionista; **we employed two new people last week** la semana pasada contratamos or empleamos a dos personas nuevas
-2. (occupy) **to ~ oneself (by** or **in doing sth)** ocuparse (en hacer algo); **to be employed in doing sth** estar ocupado(a) con algo; **have you no better way of employing your time?** ¿no tienes una forma mejor de ocupar el tiempo?; **you would be better employed elsewhere** serías de más provecho en otra parte
-3. (tool, method, force) emplear, utilizar

employable [ɪm'plɔɪəbəl] adj **a good education makes you more ~** una buena formación te da más posibilidades de encontrar trabajo or empleo; **at her age she's no longer ~** a su edad ya nadie le quiere dar trabajo or empleo

employed [ɪm'plɔɪd] ◇ n **the ~** los trabajadores, los asalariados
◇ adj (person) empleado(a), con empleo; **the resources ~ in the operation** los recursos empleados en la operación; **the methods ~ were questionable** los métodos empleados eran cuestionables ❑ **~ population** población f con empleo or asalariada

employee [ɪm'plɔɪiː] n empleado(a) m,f; **she is an ~ of Ratcorp, she is a Ratcorp ~** trabaja para Ratcorp, es una empleada de Ratcorp; **management and employees** (in negotiations) dirección y los trabajadores or empleados ❑ **~ association** asociación f de trabajadores; COM **~ buyout** = adquisición de una empresa por los trabajadores or empleados

employer [ɪm'plɔɪə(r)] n (person) empresario(a) m,f, patrono(a) m,f; (company) empresa f; **who is your ~?** ¿para quién trabajas?; **they are good employers** tratan bien a sus trabajadores; **this company is the town's largest ~** esta empresa es la que emplea a un mayor número de trabajadores en la ciudad ❑ **~'s contribution** (to employee benefits) cotizaciones fpl por parte de la empresa; **~'s liability** responsabilidad f patronal or de la empresa; **~'s organization** organización f empresarial or patronal

employment [ɪm'plɔɪmənt] n **-1.** (work) empleo m; **to be in ~** tener un (puesto de) trabajo, estar empleado(a); **to be without ~** no tener empleo, estar desempleado(a) or Am desocupado(a); **to look for** or **to seek ~** buscar trabajo or empleo; **to provide ~ for sb** dar trabajo or empleo a alguien ❑ COM **~ agency** agencia f de colocación; COM **~ bureau** agencia f de colocación; Br Formerly **~ exchange** oficina f de empleo; **(the) ~ figures** las cifras de desempleo or Esp del paro or Am de desocupación
-2. (use) (of tool, force) empleo m, uso m

emporium [em'pɔːrɪəm] (pl **emporiums** or **emporia** [em'pɔːrɪə]) n Formal gran almacén m, Am emporio m

empower [ɪm'paʊə(r)] vt **-1.** (authorize) **to ~ sb to do sth** autorizar a alguien para hacer algo **-2.** (give power to) **to ~ sb** dar a alguien una sensación de poder or fuerza

empowering [ɪm'paʊərɪŋ] adj emancipador(ora); **an ~ experience** una experiencia que hace sentir fuerte; **she found it ~ to be able to stand up to him** le daba una sensación de poder verse capaz de enfrentarse a él

empowerment [ɪm'paʊəmənt] n capacitación f; **the ~ of women** la potenciación del papel de la mujer

empress ['emprɪs] n emperatriz f

emptiness ['emptɪnɪs] n vacío m; **a feeling of ~** una sensación de vacío; **the ~ of my life/days** la vacuidad de mi vida/mis días

empty ['emptɪ] ◇ adj **-1.** (container, room, house) vacío(a); **the house was ~ of people** en la casa no había nadie; **on an ~ stomach** con el estómago vacío; PROV **~ vessels make most noise** mucho ruido y pocas nueces
-2. (promise, threat) vano(a); (gesture) vacío(a), vano(a)
-3. (meaningless) (existence) vacío(a); **her life seemed ~ (of meaning)** su vida parecía carecer de significado or sentido
-4. (of fuel) **the fuel gauge was at** or **showing ~** el indicador de la gasolina marcaba vacío; **to be running on ~** (car) ir sin gasolina or con el depósito vacío; Fig **I feel like I'm running on ~ at the moment** en estos momentos, me siento como si ya no me quedaran fuerzas
-5. MATH **the ~ set** el conjunto vacío
◇ vt (glass, bottle, bin) vaciar; **to ~ sth into sth** vaciar (el contenido de) algo en algo; **he emptied everything out of his pockets** se vació los bolsillos or CAm, Méx, Perú las bolsas por completo; **he emptied (the contents of) the bucket over her head** le vació el balde en la cabeza
◇ vi (building, street, bath) vaciarse; **the room emptied** la habitación se quedó vacía; **the sewer emptied into the river** la

empty-handed | 233 | **end**

cloaca vertía sus aguas *or* desaguaba en el río
◇ *n* **empties** *(bottles)* cascos *mpl*
◆ **empty out** ◇ *vt sep (container, pockets)* vaciar
◇ *vi (container)* vaciarse; *(liquid)* salir (**into** a), verterse (**into** en)

empty-handed ['emptɪ'hændɪd] *adv* con las manos vacías

empty-headed ['emptɪ'hedɪd] *adj* necio(a), bobo(a); **to be ~** tener la cabeza hueca

empyrean [empaɪ'riːən] *n Literary* **the ~** el empíreo

EMS [iːem'es] *n* FIN *(abbr* **European Monetary System**) SME *m*

EMT [iːem'tiː] *n US (abbr* **emergency medical technician**) auxiliar *mf* sanitario *(que presta primeros auxilios)*

EMU [iːem'juː] *n* FIN *(abbr* **Economic and Monetary Union**) UEM *f*

emu ['iːmjuː] *n (bird)* emú *m*

emulate ['emjʊleɪt] *vt* **-1.** *(imitate)* emular **-2.** COMPTR emular

emulation [emjʊ'leɪʃən] *n* **-1.** *(imitation)* emulación *f*; **to do sth in ~ of sb** hacer algo emulando a alguien **-2.** COMPTR emulación *f*

emulator ['emjʊleɪtə(r)] *n* COMPTR emulador *m*

emulsifier [ɪ'mʌlsɪfaɪə(r)], **emulsifying agent** [ɪ'mʌlsɪfaɪɪŋ'eɪdʒənt] *n* emulgente *m*, emulsionante *m*

emulsify [ɪ'mʌlsɪfaɪ] *vt* TECH emulsionar

emulsifying agent = **emulsifier**

emulsion [ɪ'mʌlʃən] ◇ *n* **-1.** CHEM *(liquid)* emulsión *f* **-2.** PHOT emulsión *f* **-3. ~ (paint)** pintura *f* al agua
◇ *vt (paint)* pintar

enable [ɪ'neɪbəl] *vt* **-1.** *(allow)* **to ~ sb to do sth** permitir a alguien hacer algo; **this device will ~ closer study of chemical reactions** este dispositivo permitirá un estudio más directo de las reacciones químicas **-2.** COMPTR *(function)* ejecutar; *(device, option)* activar

enabled [ɪ'neɪbəld] *adj* COMPTR *(device, option)* activado(a)

enabler [ɪ'neɪblə(r)] *n* posibilitador(ora) *m,f*, facilitador(ora) *m,f*

enabling [ɪn'eɪblɪŋ] *n* LAW capacitación *f*, autorización *f* ❑ **~ act** ley *f* de otorgamiento de poderes

enact [ɪ'nækt] *vt* **-1.** *(law)* promulgar **-2.** *(drama)* representar; *Fig* **the political drama currently being enacted in Washington** el drama político que están representando en Washington en estos momentos

enactment [ɪ'næktmənt] *n* **-1.** *(of law)* promulgación *f* **-2.** *(of drama)* representación *f*

enamel [ɪ'næməl] ◇ *n* **-1.** *(on metal, glass)* esmalte *m*; **an ~ plate** un plato esmaltado *or* de loza; **an ~ bath** una bañera esmaltada **-2.** *(on teeth)* esmalte *m* **-3. ~ (paint)** esmalte *m*
◇ *vt (pt & pp* **enamelled**, *US* **enameled**) esmaltar

enamelled, *US* **enameled** [ɪ'næməld] *adj* esmaltado(a); **~ saucepan** una cacerola esmaltada

enamelling, *US* **enameling** [ɪ'næməlɪŋ] *n* esmalte *m*, esmaltado *m*

enamoured [ɪ'næməd] *adj* **to be ~ of** estar enamorado(a) de; **I'm not greatly ~ of the idea** no me entusiasma la idea

en bloc [ɒn'blɒk] *adv* en bloque

enc -1. *(abbr* **enclosure**) material *m* adjunto **-2.** *(abbr* **enclosed**) adjunto(a)

encamp [ɪn'kæmp] ◇ *vt* **to be encamped** estar acampado(a)
◇ *vi* acampar

encampment [ɪn'kæmpmənt] *n* MIL campamento *m*

encapsulate [ɪn'kæpsjʊleɪt] *vt* **-1.** *(summarize)* sintetizar, condensar **-2.** PHARM encapsular

encase [ɪn'keɪs] *vt (with lining, cover)* revestir; **to be encased in concrete** estar revestido(a) de hormigón *or Am* concreto

encash [ɪn'kæʃ] *vt Br* hacer efectivo(a), cobrar

encashment [ɪn'kæʃmənt] *n Br* cobro *m*

encaustic [en'kɔːstɪk] ◇ *adj (brick, tile)* encáustico(a); *(painting)* encáustico(a)
◇ *n* pintura *f* encáustica

encephalitis [ɪnsefə'laɪtɪs] *n* MED encefalitis *f inv*

encephalogram [ɪn'sefələgræm] *n* MED encefalograma *m*

encephalograph [ɪn'sefələgrɑːf] *n* MED electroencefalógrafo *m*

encephalography [ɪnsefə'lɒgrəfɪ] *n* MED encefalografía *f*

encephalomyelitis [ɪnsefələʊmaɪə'laɪtɪs] *n* MED encefalomielitis *f*

enchant [ɪn'tʃɑːnt] *vt* **-1.** *(charm)* cautivar, encantar; **her performance enchanted us all** su actuación nos cautivó a todos *or* nos dejó a todos encantados **-2.** *(put under a spell)* hechizar

enchanted [ɪn'tʃɑːntɪd] *adj* **-1.** *(delighted)* encantado(a) (**with** con) **-2.** *(under a spell, magic)* encantado(a); **an ~ wood** un bosque encantado

enchanter [ɪn'tʃɑːntə(r)] *n* mago(a) *m,f*, hechicero(a) *m,f*

enchanting [ɪn'tʃɑːntɪŋ] *adj (smile, scenery, voice, idea)* cautivador(ora); *(person, cottage)* encantador(ora)

enchantingly [ɪn'tʃɑːntɪŋlɪ] *adv* con encanto; **he sings ~** canta de forma encantadora

enchantment [ɪn'tʃɑːntmənt] *n* fascinación *f*, encanto *m*

enchantress [ɪn'tʃɑːntrɪs] *n* **-1.** *(witch)* maga *f*, hechicera *f* **-2.** *(attractive woman)* seductora *f*

enchilada [entʃɪ'lɑːdə] *n* enchilada *f*; *US Fam* **big ~** *(person)* pez gordo; **the whole ~** *(everything)* todo, toda la pesca *or RP* la bola

encircle [ɪn'sɜːkəl] *vt* rodear

encirclement [ɪn'sɜːkəlmənt] *n* cerco *m*

encl -1. *(abbr* **enclosure**) material *m* adjunto **-2.** *(abbr* **enclosed**) adjunto(a)

enclave ['enkleɪv] *n* enclave *m*

enclose [ɪn'kləʊz] *vt* **-1.** *(surround)* rodear; **a garden enclosed in** *or* **by high walls** un jardín rodeado de *or* cercado por un muro alto **-2.** *(include in letter)* adjuntar; **I ~ a cheque for £20** adjunto un cheque por 20 libras

enclosed [ɪn'kləʊzd] *adj* **-1.** *(confined)* **an ~ space** un espacio cerrado **-2.** *(in letter)* adjunto(a); **please find ~...** le adjunto..., le envío adjunto(a)... **-3.** REL **an ~ order** una orden de clausura

enclosure [ɪn'kləʊʒə(r)] *n* **-1.** *(area)* recinto *m*, cercado *m* **-2.** *(in letter)* material *m* adjunto **-3.** *(of land)* terreno *m* cercado

encode [ɪn'kəʊd] *vt* **-1.** *(message, text)* cifrar, codificar **-2.** COMPTR codificar

encoder [ɪn'kəʊdə(r)] *n* **-1.** *(of message, text)* codificador *m* **-2.** COMPTR codificador *m*

encoding [ɪn'kəʊdɪŋ] *n* COMPTR codificación *f*

encomium [en'kəʊmɪəm] *(pl* **encomiums** *or* **encomia** [en'kəʊmɪə]) *n Formal* encomio *m*, elogio *m*

encompass [ɪn'kʌmpəs] *vt* **-1.** *(include)* abarcar, incluir **-2.** *Formal (surround)* circundar

encore ['ɒŋkɔː(r)] ◇ *n (in theatre)* bis *m*; **to call for an ~** pedir un bis; **to give an ~** *(performer)* hacer un bis
◇ *exclam* ¡otra, otra!

encounter [ɪn'kaʊntə(r)] ◇ *n* **-1.** *(meeting)* encuentro *m* ❑ PSY **~ group** grupo *m* de encuentro **-2.** *(confrontation)* enfrentamiento *m*
◇ *vt (person, difficulty)* encontrar(se) con, topar(se) con; **to ~ resistance/opposition** topar con *or* encontrar resistencia/oposición

encourage [ɪn'kʌrɪdʒ] *vt* **-1.** *(person)* animar; **to ~ sb to do sth** animar a alguien a hacer algo; **this encouraged her in her belief that he was guilty** aquello dio pábulo a sus sospechas de que era culpable; **don't ~ him!** ¡no le des más pie!, ¡no lo animes!
-2. *(support, promote) (growth, commerce)* promover, impulsar; *(the arts)* fomentar, promover; *(belief)* alimentar; **it's something we want to ~** es algo que pretendemos fomentar

encouragement [ɪn'kʌrɪdʒmənt] *n* apoyo *m*, aliento *m*; **to give** *or* **offer sb ~** animar *or* alentar a alguien; **to get** *or* **to receive ~ (from sb)** recibir *or* tener respaldo *m* (de alguien); **shouts/words of ~** gritos/palabras de aliento

encouraging [ɪn'kʌrɪdʒɪŋ] *adj* alentador(ora)

encouragingly [ɪn'kʌrɪdʒɪŋlɪ] *adv (to smile, speak)* de forma alentadora; **~, a working party has been set up** es alentador que se haya formado un equipo de trabajo

encroach [ɪn'krəʊtʃ]
◆ **encroach on**, **encroach upon** *vt insep (rights)* usurpar; *(time, land)* invadir; *Fig* **to ~ on sb's territory** invadir el terreno de alguien

encroachment [ɪn'krəʊtʃmənt] *n (on rights)* usurpación *f* (**on** de); *(on time, land)* invasión *f* (**on** de)

encrustation [ɪnkrʌst'eɪʃən] *n* costra *f*

encrusted [ɪn'krʌstɪd] *adj* **~ with diamonds** con diamantes incrustados; **~ with mud** con barro incrustado

encrypt [ɪn'krɪpt] *vt* COMPTR encriptar

encryption [ɪn'krɪpʃən] *n* COMPTR encriptación *f*

encumber [ɪn'kʌmbə(r)] *vt* **-1.** *(hamper, impede)* **to be encumbered by** *or* **with** estar *or* verse entorpecido(a) por **-2.** LAW **an encumbered estate** *(with debts, mortgage)* una finca con cargas

encumbrance [ɪn'kʌmbrəns] *n* **-1.** *(to movement, action)* estorbo *m*; **to be an ~ to sb** ser *or* representar una carga para alguien **-2.** LAW gravamen *m*, carga *f*

encyclical [ɪn'sɪklɪkəl] *n* REL encíclica *f*

encyclop(a)edia [ɪnsaɪklə'piːdɪə] *n* enciclopedia *f*

encyclop(a)edic [ɪnsaɪklə'piːdɪk] *adj* enciclopédico(a); **he has an ~ knowledge of baseball** sus conocimientos de baloncesto son enciclopédicos ❑ ***dictionary*** diccionario *m* enciclopédico

end [end] ◇ *n* **-1.** *(extremity)* extremo *m*; *(of nose, finger, stick)* punta *f*; *(of sports stadium)* fondo *m*; **a cigarette ~** una colilla; **the financial ~ of the business** el lado *or* aspecto financiero del negocio; **at either ~ of the political spectrum** a ambos extremos del espectro político; **aimed at the lower ~ of the market** dirigido(a) al segmento bajo del mercado; **at the other ~ of the line** *(on phone)* al otro lado del teléfono *or* de la línea; **we'll pick you up at the other ~** *(of journey)* te recogeremos a la llegada; **go to the ~ of the** *Br* **queue** *or US* **line** ve al final de la cola; **a cylinder viewed ~ on looks like a circle** un cilindro visto desde un extremo parece un círculo; **place the two tables ~ to ~** junta las mesas a lo largo; **they were parked ~ to ~** estaban estacionados *or Esp* aparcados en cordón; **from one ~ to the other, from ~ to ~** de un extremo al otro; SPORT **to change ends** cambiar de lado; **to stand sth on (its) ~** colocar algo de pie *or Am* parado(a); **the deep/shallow ~** *(of swimming pool)* el lado más/menos hondo *or* donde cubre/no cubre ❑ COMPTR **~ key** (tecla *f*) fin *m*; **~ line** línea *f* de fondo; **~ zone** *(in American football)* zona *f* de anotación
-2. *(limit in time, quantity)* final *m*, fin *m*; *(of film, book)* final *m*, desenlace *m*; **THE END** *(in film)* FIN; **I'll take questions at the ~** responderé preguntas al final; **at the ~ of the week** al final de la semana; **at the ~ of May/the month** a finales *or* fin de mayo/de mes; **there will be no ~ to the bombings until...** los bombardeos no cesarán hasta...; **I am at the ~ of my patience** se me está agotando la paciencia; **I'm not going, ~ of story** *or* **and that's the ~ of it** no voy, y se acabó, no voy, y no hay nada más que hablar; **his career is at an ~** su carrera ha llegado a su fin *or Am* al fin; **in the ~** al final; **to be at the ~ of one's resources/one's strength** haber agotado los recursos/las fuerzas; **they have improved no ~** han mejorado un montón;

Fam **no ~ of...** la mar de...; **for hours/days on ~** durante horas y horas/días y días; **that's the ~ of that!** ¡se acabó!, ¡sanseacabó!; **it's not the ~ of the world** no es el fin del mundo; **to bring sth to an ~** *(interview, show)* terminar *or* acabar algo; *(speculation, uncertainty)* terminar *or* acabar con algo; **to come to an ~** concluir, llegar a su fin; *Fam* **to come to a bad** *or* **sticky ~** acabar mal; **look, take my bike and let that be the ~ of it** *or* **an ~ to it!** ¡toma mi bici, y no se hable más!; **to put an ~ to sth** poner fin a algo; **to the ~ of time** *(forever)* por siempre; IDIOM **at the ~ of the day** en definitiva, al final ❑ **~ product** producto *m* final; **~ result** resultado *m* final; COM & COMPTR **~ user** usuario(a) *m,f* final; **~ user certificate** certificado *m* del destinatario final

-3. *(death)* final *m*, fin *m*; **when the ~ finally came** cuando llegó la hora final; **and that was the ~ of him** y así murió; *Fam* **this job will be the ~ of me!** ¡este trabajo va a acabar conmigo *or* me va a matar!; **to meet one's ~** encontrar la muerte; **to meet a bloody ~** tener un final violento

-4. *(aim, purpose)* fin *m*, propósito *m*; **an ~ in itself** un fin en sí mismo; **to this ~** con este fin; **to what ~?** ¿con qué fin o propósito?; **she attained** *or* **achieved her end(s)** logró lo que se proponía; PROV **the ~ justifies the means** el fin justifica los medios

-5. SPORT *(in American football)* extremo *m*, end *m*; **defensive ~** extremo defensivo, defensive end; **tight ~** extremo cerrado, tight end

-6. SPORT *(in bowls, curling)* tanda *f* de lanzamiento *(en una dirección)*

-7. IDIOMS *Fam* **it's/she's the absolute ~!** ¡es el colmo!; **to be at the ~ of one's tether** *or Esp US* **rope** estar hasta la coronilla; *Fam* **to beat sb all ends up** darle a alguien una paliza *or Esp* un baño; **to come to** *or* **reach the ~ of the road** *or* **line** llegar al final; *Fam* **to get (hold of) the wrong ~ of the stick** agarrar el rábano por las hojas, *RP* agarrar para el lado de los tomates; *Br very Fam* **to get one's ~ away** mojar *Esp* el churro *or RP* bizcocho, *Méx* echarse un caldito; **I would go to the ends of the earth to be with you** iría hasta el fin del mundo para estar contigo; **we shall never hear the ~ of it** nos lo van a recordar mientras vivamos; *Fam* **to keep** *or* **hold one's ~ up** defenderse bien; **we've kept our ~ of the bargain** por nuestra parte hemos cumplido; **to make ends meet** llegar a fin de mes; **he can't see beyond the ~ of his nose** no ve más allá de sus narices; *Fam* **she can't tell one ~ of a cello from the other** no tiene ni idea de violoncelos

◇ *adj (house, seat, table)* del final; **it's the ~ one** es el que está al final, es el del final

◇ *vt* terminar, acabar; **this ends weeks of uncertainty** esto pone fin a semanas de incertidumbre; **she ended her career on a high** finalizó su carrera a lo grande; **to ~ it all, to ~ one's own life** *(commit suicide)* quitarse la vida; **he ended his life** *or* **days in poverty** terminó *or* acabó sus días en la pobreza; **it will be the celebration to ~ all celebrations** será una celebración de antología

◇ *vi* terminar, acabar; **the similarity ends there** el parecido acaba ahí; **I must ~ by thanking...** para terminar, debo dar gracias a...; **it ends in a point** acaba en punta; **the match ended in a draw** el partido terminó en empate; **it ended in disaster** terminó en desastre; *Br* **it'll all ~ in tears!** ¡acabará mal!; **the book ends with everyone getting married** el libro concluye con todos casándose; *Fig* **where will it all ~?** ¿hasta dónde vamos a llegar?

◇ **in the end** *adv* al final; **in the ~ we decided not to go** al final decidimos no ir; **what does it matter in the ~?** ¿qué importa a fin de cuentas?

◆ **end up** *vi* acabar, terminar; **they ended up in Manchester** acabaron *or* terminaron en Manchester; **to ~ up in hospital/in prison** acabar *or* terminar en el hospital/en la cárcel; **to ~ up as the boss** acabar *or* terminar siendo jefe

endanger [ɪnˈdeɪndʒə(r)] *vt* poner en peligro; **such work would ~ her health** un trabajo así resultaría peligroso para su salud

endangered [ɪnˈdeɪndʒəd] *adj* **an ~ species** una especie amenazada *or* en peligro de extinción

endear [ɪnˈdɪə(r)] *vt* **to ~ oneself to sb** hacerse querer por alguien; **her outspokenness did not ~ her to her boss** su franqueza no le ganó el favor del jefe

endearing [ɪnˈdɪərɪŋ] *adj (person)* encantador(ora); *(feature, smile)* atrayente; **it's his least ~ characteristic** es su característica menos atrayente

endearingly [ɪnˈdɪərɪŋlɪ] *adv* de forma encantadora; **the house was ~ named "Bide a Wee"** la casa tenía el encantador nombre de "Bide a Wee"

endearment [ɪnˈdɪəmənt] *n* **words** *or* **terms of ~** palabras tiernas *or* cariñosas

endeavour, *US* **endeavor** [ɪnˈdevə(r)] *Formal*
◇ *n* esfuerzo *m*; **in an ~ to stop the strike** en un esfuerzo por terminar la huelga; **despite her best endeavours** a pesar de haberse esforzado al máximo; **to make every ~ to do sth** procurar por todos los medios hacer algo; **a new field of human ~** un nuevo campo en los afanes de la humanidad

◇ *vt* **to ~ to do sth** esforzarse por hacer algo, procurar hacer algo; **we ~ to please** nos esforzamos por complacer, procuramos complacer

endemic [ɪnˈdemɪk] *adj* endémico(a); **the problem/disease is ~ to the region** el problema es endémico a la región/la enfermedad es endémica a la región

endgame [ˈendɡeɪm] *n* **-1.** *(in chess)* final *m* (de partida) **-2.** *(in conflict)* etapa *f* final *or* desenlace *m* (de los acontecimientos)

ending [ˈendɪŋ] *n* **-1.** *(of nuclear tests, restrictions)* fin *m*; **he called for the ~ of the ban on...** pidió que se levantase la prohibición de... **-2.** *(of story)* final *m*, desenlace *m*; **it has a happy/sad ~** tiene un final feliz/triste **-3.** *(of word)* desinencia *f*, terminación *f*; **accusative/genitive ~** desinencia *or* terminación de acusativo/genitivo

endive [ˈendaɪv] *n* **-1.** *(like lettuce)* **(curly) ~** escarola *f* **-2.** *esp US (chicory)* endibia *f*, achicoria *f*

endless [ˈendlɪs] *adj* **-1.** *(series, task)* interminable; *(variations)* innumerables, infinitos(as); *(complaining)* constante; *(patience, tolerance)* inagotable; **the long afternoons seemed ~** las largas tardes parecían eternas; **the possibilities are ~** las posibilidades son interminables *or* infinitas **-2.** TECH *(belt, screw)* sin fin

endlessly [ˈendlɪslɪ] *adv (to talk, discuss)* constantemente, sin parar; **the road stretched out ~ before them** la carretera se extendía interminable ante ellos

endmost [ˈendməʊst] *adj* último(a)

endnote [ˈendnəʊt] *n* nota *f* (al final de libro, artículo)

endocarditis [endəʊkɑːˈdaɪtɪs] *n* MED endocarditis *f*

endocardium [endəʊˈkɑːdɪəm] *n* ANAT endocardio *m*

endocarp [endəʊˈkɑːp] *n* BIOL endocarpio *m*

endocrine [ˈendəkraɪn] *adj* MED endocrino(a) ❑ **~ gland** glándula *f* endocrina

endocrinologist [endəkrɪˈnɒlədʒɪst] *n* endocrinólogo(a) *m,f*, endocrino(a) *m,f*

endocrinology [endəkrɪˈnɒlədʒɪ] *n* endocrinología *f*

endodontics [endəˈdɒntɪks] *n* endodoncia *f*

end-of-term [ˈendəvˈtɜːm] *adj* SCH & UNIV *(party, concert, trip)* *(of three-month term)* de final de trimestre; *(of four-month term)* de final de cuatrimestre ❑ **~ exam** examen *m* parcial

endogamous [enˈdɒɡəməs] *adj* endogámico(a)

endogamy [enˈdɒɡəmɪ] *n* endogamia *f*

endogenous [ɪnˈdɒdʒənəs] *adj* endógeno(a)

endometriosis [ˈendəʊmiːtrɪˈəʊsɪs] *n* MED endometriosis *f inv*

endometritis [ˈendəʊmɪˈtraɪtəs] *n* MED endometritis *f inv*

endometrium [endəʊˈmiːtrɪəm] *n* ANAT endometrio *m*

endomorph [ˈendəməːf] *n* endomorfo(a) *m,f*

endorheic [endəˈreɪk] *adj* GEOL endorreico(a)

endorphin [ɪnˈdɔːfɪn] *n* endorfina *f*

endorse, indorse [ɪnˈdɔːs] *vt* **-1.** *(document, cheque)* endosar **-2.** *(opinion, action)* apoyar, respaldar **-3.** *(commercial product)* promocionar **-4.** *Br (driving licence)* anotar una infracción en

endorsee, indorsee [endɔːˈsiː] *n* FIN endosatario(a) *m,f*

endorsement, indorsement [ɪnˈdɔːsmənt] *n* **-1.** *(on document, cheque)* endoso *m* **-2.** *(of action, opinion)* apoyo *m*, respaldo **(of a) -3.** *(of commercial product)* promoción *f* **-4.** *Br (on driving licence)* infracción *f* anotada

endoscope [ˈendəskəʊp] *n* MED endoscopio *m*

endoscopy [enˈdɒskəpɪ] *n* MED endoscopia *f*

endoskeleton [ˈendəʊskelətən] *n* ZOOL endoesqueleto *m*

endosperm [ˈendəʊspɜːm] *n* BOT endoespermo *m*

endothelium [endəʊˈθiːlɪəm] *n* ANAT endotelio *m*

endothermic [endəʊˈθɜːmɪk] *adj* CHEM endotérmico(a) ❑ **~ reaction** proceso *m* endotérmico

endow [ɪnˈdaʊ] *vt* **-1.** FIN = donar (a una institución) capital o propiedades que proporcionen una renta regular **-2.** *(gift)* dotar **(with** de); **she was endowed with a lively sense of humour** estaba dotada de un gran sentido del humor

endowment [ɪnˈdaʊmənt] *n* **-1.** FIN donación *f* ❑ **~ assurance** seguro *m* de vida mixto *or* de ahorro; **~ insurance** seguro *m* de vida mixto *or* de ahorro; **~ mortgage** hipoteca-inversión *f*, = crédito hipotecario por intereses ligado a un seguro de vida **-2.** *Formal (talent)* dote *f*

endpaper [ˈendpeɪpə(r)] *n (in book)* guarda *f*

endurable [ɪnˈdjʊərəbəl] *adj* soportable

endurance [ɪnˈdjʊərəns] *n* resistencia *f*; **to have great powers of ~** tener gran resistencia; **beyond ~** insoportable ❑ **~ test** prueba *f* de resistencia

endure [ɪnˈdjʊə(r)] ◇ *vt* soportar, aguantar; **it was more than she could ~** fue más de lo que era capaz de soportar; **she can't ~ being kept waiting** no soporta *or* no aguanta tener que esperar

◇ *vi (last) (relationship)* prolongarse; *(memory, fame, tradition)* perdurar; **he won't be able to ~ for long in this temperature** no podrá sobrevivir por mucho tiempo con esta temperatura

enduring [ɪnˈdjʊərɪŋ] *adj (relationship)* duradero(a); *(memory, fame, tradition)* duradero(a), perdurable

endways [ˈendweɪz], **endwise** [ˈendwaɪz] *adv* **-1.** *(end forward)* de canto, de lado; **~ on** de canto, de lado; **the house stands ~ on to the road** uno de los extremos de la casa mira hacia la carretera **-2.** *(end to end)* a lo largo, extremo con extremo

ENE *(abbr* **east-north-east)** ENE

enema [ˈenəmə] *n* enema *m*

enemy [ˈenəmɪ] ◇ *n* **-1.** *(opponent, adversary)* enemigo(a) *m,f*; **I wouldn't wish it/him on my worst ~** no se lo desearía ni a mi peor enemigo; **she's her own worst ~** su peor enemigo es ella misma; **to make an ~ of sb** ganarse la enemistad de alguien; **the ~ within** el enemigo en casa *or* de dentro **-2.** *(in war)* **the ~** el enemigo; **~-occupied territory** territorio ocupado por el enemigo

◇ *adj (country, ship, territory)* enemigo(a); *(losses)* en el campo enemigo; **~ alien** extranjero(a) enemigo(a); **~ fire** fuego enemigo

energetic [enə'dʒetɪk] *adj* **-1.** *(exercise, activity) (vigorous)* enérgico(a); *(demanding energy)* que requiere mucha energía; **I don't want to do anything too ~** no quiero hacer nada que requiera mucha energía; **after a very ~ day** después de un día muy activo
-2. *(person)* lleno(a) de energía, enérgico(a); **to feel ~** sentirse con muchas energías; **I'm at my most ~ in the morning** por las mañanas es cuando tengo más energías; **they're doing it, but they aren't being very ~ about it** lo están haciendo pero no le están echando muchas ganas *or* mucho brío
-3. *(vehement) (denials, protest)* enérgico(a)

energetically [enə'dʒetɪklɪ] *adv* **-1.** *(to move, work)* con brío, con energías **-2.** *(to protest)* enérgicamente

energize ['enədʒaɪz] *vt* **-1.** *(invigorate)* dar energías a **-2.** *(machine, circuit)* energizar, activar

energy ['enədʒɪ] *n* **-1.** *(power)* energía *f*; **to save** *or* **conserve ~** ahorrar energía; **to consume** *or* **use ~** consumir *or* usar energía ❑ **~ audit** auditoría *f* energética; **~ conservation** reducción *f* del consumo energético; **~ crisis** crisis *f* energética; **~ source** fuente *f* de energía
-2. PHYS energía *f* ❑ **~ level** nivel *m* de energía
-3. *(vitality)* energía *f*; **to lack ~** no tener energía *or* fuerzas
-4. *(effort)* energía *f*; **he is devoting** *or* **applying (all) his ~** *or* **energies to finding a job** dedica toda su energía a encontrar empleo

energy-saving ['enədʒɪseɪvɪŋ] *adj* que ahorra energía

enervated ['enəveɪtɪd] *adj Formal* enervado(a), debilitado(a)

enervating ['enəveɪtɪŋ] *adj Formal* enervante, debilitante

enervation [enə'veɪʃən] *n Formal* enervación *f*, enervamiento *m*

enfant terrible ['ɒnfɒnte'riːblə] *(pl* **enfants terribles***) n* enfant terrible *mf*, niño(a) *m,f* terrible

enfeeble [ɪn'fiːbəl] *vt* debilitar, enervar

enfeeblement [ɪn'fiːbəlmənt] *n* debilitamiento *m*, debilitación *f*

enfilade [enfɪ'leɪd] MIL ◇ *n* enfilada *f*
◇ *vt* enfilar

enfold [ɪn'fəʊld] *vt* rodear; **he enfolded her in his arms** la rodeó con sus brazos

enforce [ɪn'fɔːs] *vt (law, policy, decision)* hacer cumplir, aplicar; *(discipline)* mantener; *(rights)* hacer valer; **such a law would be impossible to ~** sería imposible hacer que una ley así se cumpliese; **to ~ compliance with the law/regulations** hacer que se cumpla la ley/la normativa

enforced [ɪn'fɔːst] *adj* forzoso(a), obligado(a)

enforcement [ɪn'fɔːsmənt] *n* aplicación *f* ❑ **~ procedure** vía *f* ejecutiva

enforcer [ɪn'fɔːsə(r)] *n* **-1.** *US (hitman)* = persona encargada de mantener la disciplina en el seno de una banda criminal **-2.** SPORT jugador(ora) *m,f* duro(a)

enfranchise [ɪn'fræntʃaɪz] *vt* otorgar el derecho al voto a

enfranchisement [ɪn'fræntʃaɪzmənt] *n* concesión *f* del derecho al voto **(of** a)

engage [ɪn'geɪdʒ] ◇ *vt* **-1.** *(employ)* contratar; *Formal* **to ~ the services of sb** contratar *or* emplear los servicios de alguien
-2. *(attract, draw)* **to ~ sb's attention/interest** suscitar la atención/el interés de alguien; **there was nothing about the film that engaged me** la película no me interesó lo más mínimo; **this campaign is carefully designed to ~ our sympathy** esta campaña está cuidadosamente diseñada para ganarse nuestras simpatías; **to be engaged in doing sth** estar ocupado haciendo algo; **to be in conversation** entablar conversación con alguien
-3. MIL **to ~ the enemy** entrar en liza con el enemigo
-4. *(cog, gear)* engranar; **to ~ the clutch** embragar

◇ *vi* **-1. to ~ in sth** *(activity, sport)* dedicarse a algo; **to ~ in conversation** entablar conversación; **they engaged in name-calling** se dedicaron a intercambiar insultos
-2. *(cog)* engranar; *(gear)* entrar
-3. MIL entablar batalla *or* combate
-4. *Formal (promise)* **to ~ to do sth** comprometerse a hacer algo

engaged [ɪn'geɪdʒd] *adj* **-1.** *(to be married)* prometido(a); **to be ~ (to sb)** estar prometido(a) (a *or* con alguien); **to get ~ (to sb)** prometerse (con *or* a alguien); **they got ~ last summer** se prometieron el verano pasado
-2. *Br* **to be ~** *(phone)* estar ocupado(a) *or Esp* comunicando; **I got the ~ tone** *or* **signal** estaba ocupado *or Esp* comunicando
-3. *Br (public toilet)* ocupado(a)
-4. *(involved)* **to be ~ in doing sth** estar ocupado(a) haciendo algo; **to be ~ in discussions with sb** estar en discusiones con alguien; *Formal* **I am otherwise ~ this evening** tengo otros compromisos esta noche

engagement [ɪn'geɪdʒmənt] *n* **-1.** *(to be married)* compromiso *m*; *(period)* noviazgo *m*; **he announced their ~** anunció *or* hizo público su compromiso; **to break off an ~** romper un compromiso ❑ **~ ring** anillo *m* de pedida *or* de compromiso
-2. *(appointment)* compromiso *m*; **he had a prior** *or* **previous ~** tenía un compromiso previo; **~ diary/calendar** agenda/calendario de compromisos
-3. *(military action)* batalla *f*, combate *m*

engaging [ɪn'geɪdʒɪŋ] *adj* atractivo(a), encantador(ora)

engagingly [ɪn'geɪdʒɪŋlɪ] *adv* encantadoramente; **to smile ~** sonreír con encanto

engender [ɪn'dʒendə(r)] *vt Formal* generar, engendrar

engine ['endʒɪn] *n* **-1.** *(of car, plane, ship)* motor *m* ❑ **~ room** sala *f* de máquinas; **~ trouble** avería *f (del motor)* **-2.** RAIL locomotora *f* ❑ *Br* **~ driver** maquinista *mf*; *US* **~ house** cochera *f* de tren; *Br* **~ shed** cochera *f* de tren **-3.** *(motivating force)* motor *m* **-4.** *(of computer game)* sistema *m*

engineer [endʒɪ'nɪə(r)] ◇ *n* **-1.** *(for roads, machines, bridges)* ingeniero(a) *m,f*; **civil/marine/mechanical ~** ingeniero(a) civil/ naval/mecánico(a)
-2. *(mechanic, repairer)* técnico(a) *m,f*
-3. NAUT maquinista *mf*
-4. MIL ingeniero(a) *m,f*; **the Engineers** el cuerpo de ingenieros
-5. *US* RAIL maquinista *mf*
-6. *(instigator)* artífice *mf*; **she was the ~ of her own downfall** fraguó su propia ruina
◇ *vt* **-1.** *(road, bridge, car)* **the bridge has been superbly engineered** el puente es una magnífica obra de ingeniería **-2.** *(bring about) (coup, confrontation)* tramar; *(downfall, defeat, escape)* maquinar; *(situation)* manipular; **he engineered things so he would get all the credit** maquinó las cosas para acaparar todo el mérito

engineering [endʒɪ'nɪərɪŋ] *n* **-1.** *(subject, activity)* ingeniería *f*; *Br* **~ work** *(on railway line)* reparaciones *f*; **an ~ company** una empresa de ingeniería **-2.** *(design, construction)* **an incredible feat of ~** una increíble hazaña de ingeniería

England ['ɪŋglənd] *n* Inglaterra *f*; **an ~ player** un(a) jugador(ora) inglés(esa)

English ['ɪŋglɪʃ] ◇ *n (language)* inglés *m*; **Australian/Indian ~** inglés australiano/de la India; **~ class/teacher** clase/profesor(a) de inglés; **in plain** *or* **simple ~** con claridad, en cristiano; **she could barely speak the King's/Queen's ~** ni siquiera sabe hablar (inglés) como Dios manda; *Hum* **~ as she is spoke** el inglés macarrónico ❑ **~ as a Foreign Language** inglés *m* como lengua extranjera; **~ Language Teaching** enseñanza *f* del inglés
◇ *npl (people)* **the ~** los ingleses
◇ *adj* inglés(esa); **the ~ Channel** el Canal de la Mancha ❑ **~ breakfast** desayuno *m* inglés; *US* MUS **~ horn** corno *m* inglés; *US* **~ muffin** tortita *f*

Englishman ['ɪŋglɪʃmən] *n* inglés *m*; PROV **an ~'s home is his castle** el hogar de un inglés es su castillo, = refrán que alude a la importancia que los ingleses otorgan a la intimidad de sus hogares

English-speaking ['ɪŋglɪʃ'spiːkɪŋ] *adj* anglófono(a), de habla inglesa; **the ~ world** los países *or* el mundo de habla inglesa

Englishwoman ['ɪŋglɪʃwʊmən] *n* inglesa *f*

engorged [ɪn'gɔːdʒd] *adj* hinchado(a); **~ with blood** hinchado y lleno de sangre

engraft [ɪn'grɑːft] *vt* **-1.** BOT injertar **-2.** *(ideas, principles)* inculcar

engrain, engrained = ingrain, ingrained

engrave [ɪn'greɪv] *vt* grabar; **to have one's name engraved on sth** hacer (uno) grabar algo con su nombre; **engraved on her memory** grabado en su memoria

engraver [ɪn'greɪvə(r)] *n* grabador(ora) *m,f*

engraving [ɪn'greɪvɪŋ] *n* grabado *m*

engross [ɪn'grəʊs] *vt* **-1.** *(absorb)* absorber; **I wondered what was engrossing them** sentía curiosidad por saber qué los tenía tan absortos **-2.** LAW *(manuscript, document)* redactar en forma legal

engrossed [ɪn'grəʊst] *adj* absorto(a); **to be ~ (in)** estar absorto(a) (en)

engrossing [ɪn'grəʊsɪŋ] *adj* absorbente

engulf [ɪn'gʌlf] *vt (of waves, flames)* devorar; **the house was suddenly engulfed in darkness** la casa quedó súbitamente sumida en la oscuridad; **she was engulfed by despair** se sumió en la desesperación

enhance [ɪn'hɑːns] *vt* **-1.** *(increase, improve) (value, chances)* incrementar, aumentar; *(performance, quality)* mejorar; *(beauty, colour, taste)* realzar; *(reputation)* acrecentar, elevar **-2.** COMPTR *(image)* mejorar, aumentar la calidad de **-3.** FIN *(pension)* aumentar

enhanced [ɪn'hɑːnst] *adj* COMPTR **~ keyboard** teclado *m* expandido

enhancement [ɪn'hɑːnsmənt] *n* **-1.** *(of value)* aumento *m*; *(of performance, quality)* mejora *f*; *(of beauty, colour, taste)* realce *m* **-2.** COMPTR *(of image)* mejora *f*, aumento *m* de calidad **-3.** FIN *(of pension)* aumento *m*

enigma [ɪ'nɪgmə] *n* enigma *m*; **he remains an ~ to us** sigue siendo un enigma para nosotros

enigmatic [enɪg'mætɪk] *adj* enigmático(a)

enigmatically [enɪg'mætɪklɪ] *adv* enigmáticamente

enjambment [ɪn'dʒæmmənt] *n* LIT encabalgamiento *m*

enjoin [ɪn'dʒɔɪn] *vt Formal* **-1.** *(urge)* ordenar; **to ~ sb to do sth** instar a alguien a hacer algo; **to ~ sth on sb** exigir *or* imponer algo a alguien **-2.** *US (forbid)* prohibir; **to ~ sb from doing sth** prohibirle a alguien (que haga) algo

enjoy [ɪn'dʒɔɪ] ◇ *vt* **-1.** *(take pleasure from)* disfrutar de; **I enjoyed that!** *(book, film, meal)* ¡me ha gustado mucho!, ¡he disfrutado mucho (con eso)!; **I thoroughly enjoyed the party** lo pasé fenomenal en la fiesta; **~ your meal!** ¡que aproveche!, ¡buen provecho!; **did you ~ your meal?** ¿te gustó la comida?; *(said by waiter)* ¿ha sido todo de su agrado?; **he enjoys swimming/going to the cinema** le gusta nadar/ir al cine; **I don't ~ being made fun of** no me hace ninguna gracia que se rían de mí; **to ~ oneself** divertirse, pasarlo bien; **to ~ life** disfrutar de la vida
-2. *(benefit from)* gozar de, disfrutar de; **to ~ good health/a high standard of living** disfrutar de buena salud/de un buen nivel de vida
◇ *vi US* **~!** *(enjoy yourself)* ¡pásalo bien!; *(in restaurant)* ¡que aproveche!, ¡buen provecho!

enjoyable [ɪn'dʒɔɪəbəl] *adj* agradable; **we had a most ~ evening** pasamos una tarde de lo más agradable

enjoyably [ɪnˈdʒɔɪəblɪ] *adv* agradablemente; **we spent the weekend most ~** pasamos un fin de semana muy agradable

enjoyment [ɪnˈdʒɔɪmənt] *n* **-1.** *(pleasure)* disfrute *m*; **to get ~ out of** *or* **from sth/doing sth** disfrutar de algo/haciendo algo; **to spoil sb's ~ of sth: I won't spoil your ~ by telling you the end of the movie** no te voy a robar el placer de disfrutar de la película contándote el final **-2.** *(of privilege, right)* disfrute *m*

enlarge [ɪnˈlɑːdʒ] ◇ *vt* **-1.** *(house, territory)* ampliar, agrandar; *(hole)* agrandar; *(business, group of friends, field of knowledge)* ampliar; *(pores)* dilatar **-2.** *(photograph)* ampliar
◇ *vi (get larger)* agrandarse, aumentar; *(pores)* dilatarse

◆ **enlarge (up)on** *vt insep Formal (elaborate on)* **to ~ (up)on sth** explicar algo más detalladamente

enlarged [ɪnˈlɑːdʒd] *adj* **-1.** *(increased)* aumentado(a); **an ~ edition** *(of reference book)* una edición ampliada **-2.** *(photograph)* ampliado(a) **-3.** MED *(organ)* aumentado(a) de volumen

enlargement [ɪnˈlɑːdʒmənt] *n* **-1.** *(of territory, business)* ampliación *f* **-2.** MED *(of organ)* agrandamiento *m*, aumento *m* de volumen **-3.** *(of photograph)* ampliación *f*

enlarger [ɪnˈlɑːdʒə(r)] *n* PHOT ampliadora *f*

enlighten [ɪnˈlaɪtən] *vt* aclarar; **can somebody ~ me as to what is going on?** ¿podría alguien aclararme qué está ocurriendo?

enlightened [ɪnˈlaɪtənd] *adj* progresista, liberal ❏ HIST **~ *despotism*** despotismo *m* ilustrado

enlightening [ɪnˈlaɪtənɪŋ] *adj* esclarecedor(ora), informativo(a)

enlightenment [ɪnˈlaɪtənmənt] *n* **-1.** *(clarification)* aclaración *f* **-2.** HIST **the (Age of) Enlightenment** la Ilustración, el Siglo de las Luces

enlist [ɪnˈlɪst] ◇ *vt* **-1.** *(support, help)* conseguir; **in a blatant attempt to ~ our sympathy** en un intento descarado de ganarse nuestras simpatías **-2.** MIL *(soldier)* alistar; *US* **enlisted man/woman** soldado *mf* raso
◇ *vi* MIL alistarse

enlistment [ɪnˈlɪstmənt] *n* **-1.** *(of support, help)* obtención *f*, consecución *f* **-2.** MIL alistamiento *m*

enliven [ɪnˈlaɪvən] *vt* animar

en masse [ɒnˈmæs] *adv* en masa

enmesh [ɪnˈmeʃ] *vt* **to become** *or* **get enmeshed in sth** enredarse en algo

enmity [ˈenmɪtɪ] *n Formal* enemistad *f* **(towards** hacia)

ennoble [ɪˈnəʊbəl] *vt* **-1.** *(confer title on)* conceder un título nobiliario a **-2.** *Fig (elevate, dignify)* ennoblecer

ennoblement [ɪˈnəʊbəlmənt] *n* **-1.** *(of commoner)* concesión *f* de un título nobiliario **-2.** *(conferral of dignity)* ennoblecimiento *m*, dignificación *f*

ennobling [ɪˈnəʊblɪŋ] *adj (effect, experience)* ennoblecedor(ora), dignificador(ora)

ennui [ɒnˈwiː] *n Literary* hastío *m*

enormity [ɪˈnɔːmɪtɪ] *n* **-1.** *(of action, crime)* magnitud *f* **-2.** *Formal (atrocity)* atrocidad *f* **-3.** *(great size)* enormidad *f*; **the ~ of the task** la enormidad de la tarea

enormous [ɪˈnɔːməs] *adj* **-1.** *(very large)* enorme, inmenso(a); **~ amounts of food** enormes *or* ingentes cantidades de comida; **he made one last ~ effort** hizo un último y descomunal esfuerzo; **an ~ difference** una enorme diferencia **-2.** *(as intensifier)* enorme; **I found ~ enjoyment in watching those old films again** disfruté enormemente viendo de nuevo esas viejas películas

enormously [ɪˈnɔːməslɪ] *adv* enormemente; **it was ~ successful** fue un enorme éxito

enough [ɪˈnʌf] ◇ *adj* suficiente, bastante; **are there ~ chairs?** ¿hay suficientes sillas?; **there'll be opportunity ~ later** habrá suficientes oportunidades más adelante; **I've got problems ~ of my own** ya tengo yo suficientes problemas; **do you have ~ money to pay for it?** ¿te alcanza *or* llega el dinero para pagarlo?; **more than ~** *or* **quite ~ money/wine** dinero/vino de sobra *or* más que suficiente; **there's not nearly ~ food** no hay suficiente comida ni de lejos; **that's ~ complaining for one day!** ¡ya basta de quejarte!

◇ *pron* **will this be ~?** ¿bastará *or* será bastante con esto?; **I haven't got ~** no tengo suficiente(s); **have you got ~ to pay the bill?** ¿te alcanza *or* llega para pagar la cuenta?; **I know ~ about the subject to say that...** conozco el tema lo suficiente como para decir que...; *Ironic* **have you had ~ of that cake yet?** ¿todavía no te has llenado *or* hartado de pastel *or Col, CSur* torta?; **you've had ~ of a chance to apologize** has tenido (más que) suficientes ocasiones para pedir perdón; **more than ~, quite ~** más que suficiente; **that's not nearly ~ con** eso no basta ni mucho menos; **that's ~** *(sufficient)* es suficiente; **that's ~!** *(stop doing that)* ¡basta ya!, *Esp* ¡vale ya!; **~ is ~** ya basta; **~ of this nonsense!** ¡basta de tonterías!; *Fam* **~ said!** ¡no me digas más!, ¡ni una palabra más!; **it's ~ to make you doubt your sanity!** ¡es como para volverte loco!; *Fam* **I can't get ~ of that wine!** ¡no me canso de beber *or* tomar ese vino!; **to have ~ to live on** tener (lo suficiente) para vivir; **to have had ~ of sth/sb** estar harto(a) de algo/alguien; *US Fam* **~ already!** ¡basta!, *Esp* ¡ya vale!

◇ *adv* **-1.** *(sufficiently)* suficientemente, bastante; **good ~** suficientemente bueno(a), suficiente; **it's just not good ~!** *(behaviour)* ¡esto es inaceptable!; **she is not strong/tall ~ (to...)** no es lo bastante fuerte/alta (como para...); **is it warm ~ in here for you?** ¿no tendrás frío aquí?; **last year was bad ~, but this year is even worse** el año pasado ya fue malo, pero éste es aún peor; **I was stupid ~ to listen to him** fui tan estúpido como para escucharlo; **he's friendly ~, I suppose, but...** no es que no sea amable, pero...; **would you be kind ~ to give me a hand?** ¿serías tan amable de ayudarme?; **you understand well ~ what I'm saying** entiendes perfectamente lo que estoy diciendo

-2. *(reasonably)* bastante; **it's normal ~ that he should want to be informed** es bastante normal que quiera estar informado; **she's a nice ~ girl** es una chica agradable *or Esp* maja; **oddly** *or* **strangely ~,...** curiosamente,....

en passant [ɒnˈpæsɒŋ] *adv* de pasada

enplane [enˈpleɪn] *US* ◇ *vt* embarcar *(en avión)*
◇ *vi* embarcar(se) *(en un avión)*, subir a bordo *(de un avión)*

enquire, enquiry etc = **inquire, inquiry** etc

enrage [ɪnˈreɪdʒ] *vt* enfurecer, encolerizar

enraged [ɪnˈreɪdʒd] *adj* enfurecido(a), colérico(a); **he was ~ to discover that...** montó en cólera *or* se enfureció cuando se enteró de que...

enrapture [ɪnˈræptʃə(r)] *vt* embelesar

enraptured [ɪnˈræptʃəd] *adj* embelesado(a); **to be ~ with** estar embelesado(a)

enrich [ɪnˈrɪtʃ] *vt* enriquecer; **to ~ oneself** enriquecerse; **enriched with vitamins** enriquecido(a) con vitaminas ❏ PHYS **enriched uranium** uranio *m* enriquecido

enriching [ɪnˈrɪtʃɪŋ] *adj* enriquecedor(ora)

enrichment [ɪnˈrɪtʃmənt] *n* enriquecimiento *m*

enrol, *US* **enroll** [ɪnˈrəʊl] *(pt & pp* **enrolled)** ◇ *vt (member)* inscribir; *(student)* matricular, inscribir
◇ *vi* inscribirse; **to ~ on** *or* **for a course** matricularse *or* inscribirse en un curso; **to ~ as a student** matricularse como estudiante

enrolment, *US* **enrollment** [ɪnˈrəʊlmənt] *n* **-1.** *(registration) (of members)* inscripción *f*; *(of students)* matrícula *f*, inscripción *f* **-2.** *(number of members)* número *m* de socios; *(number of students)* número *m* de matriculados

en route [ɒnˈruːt] *adv* de camino, por el camino; **~ for** de camino a

ensconce [ɪnˈskɒns] *vt* **to ~ oneself** apoltronarse, aposentarse; **to be ensconced in** estar apoltronado(a) *or* aposentado(a) en

ensemble [ɒnˈsɒmbəl] *n* **-1.** MUS conjunto *m*; **a wind ~** un conjunto de viento **-2. an ~ cast** *(in movie, play)* un reparto de primerísima categoría **-3.** *(of clothes)* conjunto *m* **-4.** *(whole)* conjunto *m*

enshrine [ɪnˈʃraɪn] *vt* **to be enshrined in sth** estar consagrado(a) en algo

enshroud [ɪnˈʃraʊd] *vt Literary* envolver

ensign [ˈensaɪn] *n* **-1.** *(flag)* bandera *f*, enseña *f* **-2.** *US (naval officer)* alférez *m* de fragata **-3.** *Br* HIST *(army officer)* abanderado *m*

ensile [enˈsaɪl] *vt (turn into silage)* convertir en ensilaje; *(store as silage)* ensilar

enslave [ɪnˈsleɪv] *vt* esclavizar

ensnare [ɪnˈsneə(r)] *vt (animal, criminal)* atrapar, capturar; **to ~ sb into doing sth** engatusar a alguien para que haga algo

ensue [ɪnˈsjuː] *vi* sucederse, seguir; **a long silence ensued** siguió un largo silencio; **the problems that have ensued from this decision** los problemas que surgieron a consecuencia de esta decisión

ensuing [ɪnˈsjuːɪŋ] *adj* subsiguiente

en suite [ɒnˈswiːt] *adj* **with an ~ bathroom, with bathroom ~** con cuarto de baño privado

ensure [ɪnˈʃʊə(r)] *vt* asegurar, garantizar; **her support will ~ your success/promotion** su apoyo te asegurará *or* garantizará el éxito

ENT [iːenˈtiː] *n* MED *(abbr* **Ear, Nose and Throat)** otorrinolaringología *f* ❏ **~ *specialist*** otorrinolaringólogo(a) *m,f*

entablature [ɪnˈtæblətjʊə(r)] *n* ARCHIT entablamento *m*

entail [enˈteɪl] *vt* **-1.** *(involve)* implicar, conllevar; **what does the job ~?** ¿en qué consiste el trabajo? **-2.** LAW **to ~ an estate** vincular mediante testamento una propiedad

entangle [ɪnˈtæŋgəl] *vt* **-1.** *(ensnare)* **to get** *or* **become entangled** *(wires)* enmarañarse, enredarse; *(animal in net)* enredarse **-2.** *(involve)* **she got entangled in the dispute** se vio envuelta *or* involucrada en la disputa; **to be romantically entangled with sb** tener relaciones amorosas con alguien

entanglement [ɪnˈtæŋgəlmənt] *n* **-1.** *(of wires, cables)* enredo *m*, entramado *m*; **barbed wire entanglements** *(defences)* alambradas de púas *or* espino **-2.** *(love affair, difficult situation)* lío *m*; **his various romantic entanglements** sus diversos líos amorosos; **his entanglements with the police** sus líos con la policía

entente [ɒnˈtɒnt] *n* POL **~ (cordiale)** entente *f* (cordial)

enter [ˈentə(r)] ◇ *vt* **-1.** *(room, house, country)* entrar en; **as we ~ a new decade** ahora que entramos en o iniciamos una nueva década; **the war entered a new phase** la guerra entró en una nueva fase; **a note of sadness entered her voice** su voz adquirió una nota de tristeza; **it never entered my head** *or* **mind that...** jamás se me pasó por la cabeza que...

-2. *(race)* inscribirse en; *(exam)* presentarse a; **to ~ sb for an exam/a race** inscribir a alguien en un examen/una carrera

-3. *(army, university)* ingresar en; *(profession)* empezar a ejercer; *(politics)* entrar en; **young graduates entering the profession** los jóvenes licenciados que comienzan a ejercer; **to ~ the church** *(as priest)* ser ordenado sacerdote; *(as nun)* meterse monja

-4. *(formally present)* **to ~ a complaint/protest** presentar una queja/un escrito de protesta

-5. LAW **to ~ a plea of guilty/not guilty** declararse culpable/inocente; **to ~ an appeal** interponer un recurso de apelación

-6. *(record) (on list, in book)* anotar

-7. COMPTR *(data)* introducir ❏ **~ *key*** tecla *f* enter

◇ *vi* **-1.** *(go in)* entrar; THEAT **~ Juliet** *(stage*

Edificios antiguos — Ancient Buildings

Housing

Obras públicas — Construction works

Presas / Dams

- presa de escollera — rockfill dam
- presa de cúpula — dome dam
- presa de gravedad — gravity dam

Esclusa / Lock

- esclusa — lock
- aguas abajo — downstream water
- aguas arriba — upstream water
- barcaza — boat (barge)
- compuerta abierta — open sluice gate
- conductos — conduits
- compuerta cerrada — closed sluice gate
- compuerta abierta — open sluice gate
- compuerta cerrada — closed sluice gate
- compuerta abierta — open sluice gate

Puentes / Bridges

- puente catenaria — catenary wire bridge
- puente colgante de acero — steel suspension bridge
- puente en arco de hormigón armado — reinforced-concrete arched bridge
- puente en arco de acero — steel arched bridge
- puente en celosía de acero — lattice-girder steel bridge
- puente de piedra — stone bridge

Calle / Street

- hormigón bituminoso — bituminous concrete
- grava-arena — gravel-sand
- pozo de registro — inspection chamber
- calzada — UK roadway / US pavement
- contrapiso de hormigón — platform concrete
- acera — UK pavement / US sidewalk
- alcantarilla — manhole
- cámara de tendido de cables — duct rodding chamber
- calefacción urbana — district heating
- agua de retorno — returning water
- agua — water
- gas — gas
- red de cable — cabled network
- vapor — steam
- colector — main sewer
- rejilla de protección — protection grate

direction) entra Julieta **-2.** *(sign up)* **to ~ for a race/an exam** inscribirse en una carrera/presentarse a un examen

◆ **enter into** *vt insep* **-1.** *(service, dispute, relationship)* empezar, iniciar; **to ~ into conversation with sb** entablar conversación con alguien; **to ~ into discussions with sb** entablar *or* establecer un diálogo con alguien

-2. *(become involved in)* **to ~ into partnership (with sb)** asociarse (con alguien); **to ~ into an agreement with sb** llegar a un acuerdo con alguien; **to ~ into the spirit of things** meterse en el ambiente

-3. *(have a part in)* **money doesn't ~ into it** el dinero no tiene nada que ver; **an element of risk enters into every business venture** hay un elemento de riesgo en toda operación comercial

◆ **enter (up)on** *vt insep* embarcarse en

enteric [enˈterɪk] *adj* MED entérico(a) ❑ **~ fever** fiebre *f* tifoidea

enteritis [entəˈraɪtɪs] *n* MED enteritis *f inv*

enterprise [ˈentəpraɪz] *n* **-1.** *(undertaking)* empresa *f*, iniciativa *f* **-2.** *(company)* empresa *f* **-3.** *(initiative)* iniciativa *f*; **to show ~** tener *or* mostrar iniciativa ❑ **~ culture** cultura *f* empresarial; **~ zone** ≃ zona *f* de urgente reindustrialización

enterprising [ˈentəpraɪzɪŋ] *adj (person)* emprendedor(ora); **an ~ choice as a subject for a dissertation** una elección de tema para una tesina que demuestra iniciativa

entertain [entəˈteɪn] *vt* **-1.** *(amuse)* entretener, divertir; **to keep sb entertained** entretener a alguien, tener a alguien entretenido

-2. *(show hospitality towards)* **to ~ guests** tener invitados, recibir visitas; **he entertained them to dinner** *(at restaurant)* los invitó a cenar; *(home)* los tuvo de invitados para la cena

-3. *Formal (consider) (opinion, idea)* considerar; *(fear, suspicion, hope)* albergar; **he entertains grave doubts about the scheme** alberga serias dudas respecto al plan; **I refused to ~ such a suggestion** me negué a considerar tal propuesta

◇ *vi* recibir (invitados)

entertainer [entəˈteɪnə(r)] *n* artista *mf* (del espectáculo)

entertaining [entəˈteɪnɪŋ] ◇ *n* **to do a lot of ~** tener a menudo invitados, recibir muchas visitas

◇ *adj* entretenido(a), divertido(a)

entertainingly [entəˈteɪnɪŋlɪ] *adv* **he rather ~ fell flat on his face** la forma en que calló de bruces fue de lo más divertida *or* graciosa

entertainment [entəˈteɪnmənt] *n* **-1.** *(amusement)* entretenimiento *m*, diversión *f*; **for your ~, we have organized...** para su diversión, hemos organizado...; **her favourite ~ is reading** su distracción preferida es la lectura; **much to the ~ of the crowd** para regocijo de la multitud; **we had to make our own ~** tuvimos que entretenernos solos; **I'm not doing this for my own ~, you know!** ¡esto no lo hago por gusto, eh! ❑ COM **~ allowance** gastos *mpl* de representación

-2. THEAT espectáculo *m*; **the ~ business** la industria del espectáculo ❑ COM **~ allowance** gastos *mpl* de representación; **entertainments director** *(at hotel, holiday camp)* organizador(ora) *m,f* de actividades; **entertainments officer** *(on ship)* animador(ora) *m,f*

enthral, US **enthrall** [ɪnˈθrɔːl] *(pt & pp* **enthralled)** *vt* cautivar, hechizar

enthralling [ɪnˈθrɔːlɪŋ] *adj* cautivador(ora)

enthrone [ɪnˈθrəʊn] *vt* entronizar, colocar en el trono

enthronement [ɪnˈθrəʊnmənt] *n* entronización *f*

enthuse [ɪnˈθjuːz] ◇ *vt* entusiasmar

◇ *vi* entusiasmarse (**about** *or* **over** por)

enthusiasm [ɪnˈθjuːzɪæzəm] *n* entusiasmo *m*

enthusiast [ɪnˈθjuːzɪæst] *n* entusiasta *mf*; **she's a jazz ~** es una enamorada del jazz

enthusiastic [ɪnθjuːzɪˈæstɪk] *adj (person)* entusiasmado(a); *(praise, applause, support, welcome)* entusiasta; **to be ~ (about)** estar entusiasmado(a) (con); *Ironic* **don't sound so ~!** ¡no lo digas con tanto entusiasmo!

enthusiastically [ɪnθjuːzɪˈæstɪklɪ] *adv* con entusiasmo

entice [ɪnˈtaɪs] *vt* **to ~ sb to do sth** incitar a alguien a hacer algo; **their suggestion didn't ~ me** su sugerencia no me tentó; **they enticed him into a card game** lo engatusaron para que jugase a las cartas; **she enticed him away from his wife** consiguió que se alejara de su mujer seduciéndolo

enticement [ɪnˈtaɪsmənt] *n (attraction)* incentivo *m*, aliciente *m*

enticing [ɪnˈtaɪsɪŋ] *adj* tentador(ora), atractivo(a)

entire [ɪnˈtaɪə(r)] *adj* **-1.** *(whole)* entero(a); **the ~ building/country** el edificio/país entero; **the ~ day/week** el día entero/la semana entera; **she read the ~ book in an afternoon** se leyó el libro entero en una tarde

-2. *(complete, total)* **to be in ~ agreement (with sb)** estar completamente de acuerdo (con alguien); **to enjoy sb's ~ confidence** tener la completa confianza de alguien

-3. *(intact)* intacto(a)

entirely [ɪnˈtaɪəlɪ] *adv* completamente, totalmente; **I agree (with you) ~**, **I ~ agree (with you)** estoy completamente *or* totalmente de acuerdo (contigo); **it's ~ my fault** es totalmente culpa mía; **that's another matter ~** eso es una cuestión completamente *or* totalmente diferente; **it's not ~ clear what happened** no está completamente *or* totalmente claro lo que sucedió

entirety [ɪnˈtaɪərətɪ] *n* **-1.** *(completeness)* integridad *f*, totalidad *f*; **in its ~** en su totalidad, íntegramente **-2.** *(total)* totalidad *f*; **the ~ of his estate** la totalidad de su patrimonio

entitle [ɪnˈtaɪtl] *vt* **-1.** *(allow)* **to ~ sb to sth** dar derecho a alguien a algo; **to ~ sb to do sth** dar derecho a alguien a hacer algo; **to be entitled to (do) sth** tener derecho a (hacer) algo; **you're entitled to your own opinion but...** tienes todo el derecho a opinar lo que quieras pero..., tu opinión es muy respetable, pero...

-2. *(book, song)* titular; **his new album is entitled "Knock me Senseless"** su nuevo álbum se titula *or* llama "Knock me Senseless"

entitlement [ɪnˈtaɪtlmənt] *n* derecho *m*

entity [ˈentɪtɪ] *n* ente *m*, entidad *f*; **it is now a separate ~** es ahora un ente independiente

entomb [ɪnˈtuːm] *vt* sepultar

entomologist [entəˈmɒlədʒɪst] *n* entomólogo(a) *m,f*

entomology [entəˈmɒlədʒɪ] *n* entomología *f*

entourage [ˈɒntʊrɑːʒ] *n* séquito *m*, comitiva *f*

entr'acte [ˈɒntrækt] *n* intermedio *m*, entreacto *m*

entrails [ˈentreɪlz] *npl* entrañas *fpl*

entrain [ɪnˈtreɪn] ◇ *vt Formal (troops)* embarcar (en tren)

◇ *vi* subir al tren

entrance[1] [ˈentrəns] *n* **-1.** *(way in)* entrada *f*; **the front/rear/side ~** la entrada delantera/trasera/lateral ❑ **~ hall** vestíbulo *m*

-2. *(act of entering)* entrada *f*; THEAT & *Fig* **he made his ~** hizo su aparición *or* entrada (en escena)

-3. *(access)* **to gain ~ to** lograr acceder a

-4. *(admission)* entrada *f*, ingreso *m*; **to refuse** *or* **deny sb ~ (to sth)** no permitirle la entrada a alguien (a algo) ❑ **~ examination** examen *m* de ingreso, prueba *f* de acceso; **~ fee** *(to museum)* (precio *m* de) entrada *f*; *(to join organization)* cuota *f* de ingreso; *(to sit exam)* (cuota *f* de) inscripción *f*; **~ requirements** *(to university, profession)* requisitos *mpl* de ingreso

entrance[2] [ɪnˈtrɑːns] *vt (charm)* cautivar, encantar

entrancing [ɪnˈtrɑːnsɪŋ] *adj* cautivador(ora), encantador(ora)

entrant [ˈentrənt] *n* **-1.** *(in exam)* candidato(a) *m,f*, examinando(a) *m,f*; *(in race)* participante *mf* **-2.** *(to society, profession)* nuevo(a) miembro *mf*, neófito(a) *m,f*

entrap [ɪnˈtræp] *(pt & pp* **entrapped)** *vt* **-1.** *(animal, bird)* atrapar **-2.** *(trick)* engañar, embaucar **-3.** LAW **to ~ sb** inducir a alguien a cometer un delito

entrapment [ɪnˈtræpmənt] *n* LAW incitación *f or* inducción *f* al delito

entreat [ɪnˈtriːt] *vt Formal* suplicar, rogar; **to ~ sb to do sth** suplicar a alguien que haga algo

entreaty [ɪnˈtriːtɪ] *n Formal* súplica *f*, ruego *m*; **a look of ~** una mirada de súplica

entrechat [ˈɒntrəʃɑː] *n (in ballet)* entrechat *m*, cruce *m* de pies

entrecôte [ˈɒntrəkɒt] *n* entrecot *m*

entrée [ˈɒntreɪ] *n* **-1.** *(introduction)* entrada *f*, acceso *m* **-2.** *Br (first course)* entrada *f*, primer plato *m* **-3.** US *(main course)* plato *m* principal

entrench [ɪnˈtrentʃ] *vt (establish)* consolidar

entrenched [ɪnˈtrentʃd] *adj* **-1.** *(troops)* **to be ~** estar atrincherado(a) **-2.** *(deep-rooted)* arraigado(a); *(opposition)* firme; **to be ~** *(custom, attitude)* estar arraigado(a); **he became more ~ in his views** se reafirmó más en sus ideas

entrepreneur [ɒntrəprəˈnɜː(r)] *n* empresario(a) *m,f*

entrepreneurial [ɒntrəprəˈnɜːrɪəl] *adj (spirit, attitude)* empresarial; *(flair, skill, talent)* para los negocios

entropy [ˈentrəpɪ] *n* PHYS entropía *f*

entrust [ɪnˈtrʌst] *vt* **to ~ sb with sth, to ~ sth to sb** confiar algo a alguien; **she entrusted her children to them** les confió a sus hijos

entry [ˈentrɪ] *n* **-1.** *(way in)* entrada *f*; **to deny** *or* **refuse sb ~ (to)** negarle a alguien la entrada (a); **no ~** *(sign)* *(on door)* prohibida la entrada; *(in street)* prohibido pasar *or* el paso ❑ **~ visa** visado *m* de entrada

-2. *(act of entering)* entrada *f*; **she made her ~ by a side door** hizo su entrada por la puerta lateral

-3. *(access)* **to gain ~ to** lograr introducirse en

-4. *(admission) (into group, organization)* ingreso *m*; **to deny** *or* **refuse sb ~ (to)** *(organization)* negarle a alguien el ingreso (en) ❑ **~ requirements** *(to university, profession)* requisitos *mpl* de ingreso

-5. *(in competition)* **we had over 1,000 entries for the competition** se recibieron más de 1.000 inscripciones para el concurso; **last year's marathon had a record number of entries** el maratón del año pasado registró un número récord de participantes ❑ US **~ blank** (impreso *m* de) inscripción *f*; **~ fee** cuota *f* de inscripción; **~ form** (impreso *m* de) inscripción *f*

-6. *(number of entrants)* número *m* de inscripciones

-7. *(item) (in dictionary, encyclopedia)* entrada *f*; *(in diary)* anotación *f*; *(in accounts)* asiento *m*

entryism [ˈentrɪɪzəm] *n Br* POL entrismo *m*

entry-level [ˈentrɪlevəl] *adj* **-1.** *(computer)* de gama baja **-2.** *(job, salary)* inicial

entryphone [ˈentrɪfəʊn] *n Br* portero *m* automático *or* electrónico

entryway [ˈentrɪweɪ] *n US* entrada *f*

entwine [ɪnˈtwaɪn] ◇ *vt* entrelazar; **to ~ sth round sth** enrollar algo alrededor de algo; **to become entwined** *(one thing)* enrollarse; *(two or more things)* entrelazarse; **to become entwined with sth** enrollarse con algo

◇ *vi* entrelazarse

E-number [ˈiːnʌmbə(r)] *n* número *m* E, aditivo *m*

enumerable [ɪˈnjuːmərəbəl] *adj* enumerable; **his faults were easily ~** sus defectos se podían enumerar fácilmente

enumerate [ɪˈnjuːməreɪt] *vt* enumerar

enumeration [ɪnjuːməˈreɪʃən] n enumeración f

enunciate [ɪˈnʌnsɪeɪt] ◇ vt -1. (sound, word) articular -2. (opinion, view) enunciar ◇ vi vocalizar

enunciation [ɪnʌnsɪˈeɪʃən] n (diction) dicción f

envelop [ɪnˈveləp] vt envolver (**in** en); **enveloped in mystery** envuelto en misterio; **enveloped in mist** envuelto en (la) niebla

envelope [ˈenvələʊp, ˈɒnvələʊp] n -1. (for letter) sobre m -2. (covering) envoltura f, recubrimiento m -3. IDIOMS **back of an ~ calculations** cálculos hechos deprisa y corriendo; **to push the ~** romper moldes

envenom [ɪnˈvenəm] vt -1. (with poison) envenenar -2. (with malice) envenenar

enviable [ˈenvɪəbəl] adj envidiable

envious [ˈenvɪəs] adj envidioso(a); **to be** or **feel ~ (of)** tener envidia (de); **I am very ~ of you!** me das mucha envidia; **her success only made people ~ (of her)** su éxito sólo consiguió que la gente le tuviese envidia

enviously [ˈenvɪəslɪ] adv con envidia

environment [ɪnˈvaɪərənmənt] n -1. (natural surroundings) **the ~** el medio ambiente; POL **Department** or **Ministry of the Environment** ministerio del medio ambiente -2. (of animal, plant) (**natural**) **~** entorno m or medio m natural -3. (context) entorno m; **in a work ~** en un entorno laboral -4. (atmosphere) ambiente m; **a good working ~** un buen ambiente de trabajo -5. COMPTR entorno m

environmental [ɪnvaɪərənˈmentəl] adj -1. (ecological) (planning, issue) ambiental, medioambiental; (pollution) ambiental ❏ **~ audit** auditoría f medioambiental; **~ conservation** conservación f del medio ambiente; **~ consultancy** consultoría f de medio ambiente or medioambiental; **~ damage** daños mpl medioambientales or ecológicos; **~ disaster** catástrofe f ecológica; **~ education** educación f (medio)ambiental; **~ group** grupo m ecologista; Br **Environmental Health Officer** inspector(ora) m,f de sanidad; **~ impact** impacto m (medio)ambiental; **~ impact assessment** evaluación f de impacto ambiental; US **Environmental Protection Agency** = agencia gubernamental estadounidense encargada de la protección medioambiental; **~ studies** estudios mpl medioambientales or del medio ambiente -2. (of surroundings) ambiental

environmentalism [ɪnvaɪərənˈmentəlɪzəm] n ecologismo m

environmentalist [ɪnvaɪərənˈmentəlɪst] n ecologista mf

environmentally [ɪnvaɪərənˈmentəlɪ] adv ecológicamente, desde el punto de vista ecológico ❏ **~ friendly** ecológico(a), que no daña el medio ambiente; **~ friendly manufacturing** fabricación f limpia

environs [ɪnˈvaɪərənz] npl inmediaciones fpl, alrededores mpl

envisage [ɪnˈvɪzɪdʒ], **envision** [ɪnˈvɪʒən] vt -1. (foresee) prever; **I don't ~ any major changes** no preveo ningún cambio importante -2. (imagine) imaginar; **it's not quite what I'd envisaged** yo me había hecho a la idea de otra cosa

envoy [ˈenvɔɪ] n (diplomat) enviado(a) m,f

envy [ˈenvɪ] ◇ n -1. (jealousy) envidia f; **out of ~** por envidia -2. (object of jealousy) envidia f; **to be the ~ of sb** ser la envidia de alguien ◇ vt (person) envidiar; **I do ~ her** la envidio; **I ~ her having the chance to travel at that age** me da envidia las posibilidades de viajar que tiene a su edad; **they envied him his success** tenían envidia de or envidiaban su éxito; **I can't say I ~ you** ¡no me das ninguna envidia!

enzyme [ˈenzaɪm] n BIOL enzima m or f

EOC [iːəʊˈsiː] n (abbr **Equal Opportunities Commission**) = organismo público británico que vela por la existencia de igualdad de oportunidades para los diferentes sexos, razas, etc.

Eocene [ˈiːəʊsiːn] GEOL ◇ n **the ~** el eoceno ◇ adj (epoch) eoceno(a)

E & OE FIN (abbr **errors and omissions excepted**) s.e.u.o.

eon US = aeon

EP [iːˈpiː] n (abbr **extended play**) EP m

EPA [iːpiːˈeɪ] n (abbr **Environmental Protection Agency**) = agencia gubernamental estadounidense encargada de la protección medioambiental

epaulette, US **epaulet** [ˈepəlet] n MIL charretera f

epée [ˈepeɪ] n (fencing sword) espada f (de esgrima)

ephedrine [Br ˈefɪdriːn, US ɪˈfedrən] n PHARM efedrina f

ephemera [ɪˈfemərə] npl objetos mpl efímeros coleccionables

ephemeral [ɪˈfemərəl] adj -1. (short-lived) efímero(a) -2. ZOOL de vida efímera

Ephesus [ˈefəsəs] n Éfeso

epic [ˈepɪk] ◇ n (poem, novel) epopeya f; (film) película f épica
◇ adj -1. (poem, film, novel) épico(a) -2. (struggle, game) épico(a); **on an ~ scale** a gran escala

epicene [ˈepɪsiːn] adj Literary (beauty) andrógino(a)

epicentre, US **epicenter** [ˈepɪsentə(r)] n epicentro m

epicure [ˈepɪkjʊə(r)] n Formal gourmet mf

epicurean [ˈepɪkjʊəˈriːən] ◇ n -1. PHIL **Epicurean** epicúreo(a) m,f -2. (gourmet) sibarita mf, gourmet mf
◇ adj -1. PHIL **Epicurean** epicúreo(a) -2. (tastes) sibarita, de gourmet

Epicureanism [ˈepɪkjʊəˈriːənɪzəm] n epicureísmo m

Epicurus [epɪˈkjʊərəs] pr n Epicuro

epidemic [epɪˈdemɪk] MED & Fig ◇ n epidemia f
◇ adj epidémico(a); **the problem has reached ~ proportions** el problema ha alcanzado una enorme magnitud

epidemiological [epɪdiːmɪəˈlɒdʒɪkəl] adj MED epidemiológico(a)

epidemiologist [epɪdiːmɪˈɒlədʒɪst] n MED epidemiólogo(a) m,f

epidemiology [epɪdiːmɪˈɒlədʒɪ] n MED epidemiología f

epidermic [epɪˈdɜːmɪk] adj ANAT epidérmico(a)

epidermis [epɪˈdɜːmɪs] n ANAT epidermis f inv

epidural [epɪˈdjʊərəl] MED ◇ n (anestesia f) epidural f
◇ adj epidural

epigastrium [epɪˈgæstrɪəm] n ANAT epigastrio m

epiglottis [epɪˈglɒtɪs] (pl **epiglottises**) n ANAT epiglotis f inv

epigone [ˈepɪgɒn] n epígono m

epigram [ˈepɪgræm] n epigrama m

epigrammatic [epɪgrəˈmætɪk] adj epigramático(a)

epigraph [ˈepɪgrɑːf] n epígrafe m

epilepsy [ˈepɪlepsɪ] n epilepsia f

epileptic [epɪˈleptɪk] ◇ n epiléptico(a) m,f
◇ adj epiléptico(a) ❏ **~ fit** ataque m epiléptico

epilogue, US **epilog** [ˈepɪlɒg] n epílogo m

epinephrine [epɪˈnefrɪn] n US epinefrina f

epiphany [ɪˈpɪfənɪ] n -1. REL **the Epiphany** la Epifanía f -2. Literary (revelation) epifanía f

epiphenomenon [epɪfɪˈnɒmɪnən] (pl **epiphenomena** [epɪfɪˈnɒmɪnə]) n epifenómeno m

epiphyte [ˈepɪfaɪt] adj BOT epifito(a)

episcopacy [ɪˈpɪskəpəsɪ] n -1. (church government) gobierno m episcopal -2. (group of bishops) episcopado m

episcopal [ɪˈpɪskəpəl] adj episcopal; **the Episcopal Church** la Iglesia Episcopal

episcopalian [ɪpɪskəˈpeɪlɪən] REL ◇ n episcopalista mf
◇ adj episcopalista

episcopate [ɪˈpɪskəpət] n episcopado m

episiotomy [epɪsɪˈɒtəmɪ] n MED episiotomía f

episode [ˈepɪsəʊd] n -1. (part of story, programme) capítulo m, episodio m -2. (incident) episodio m; **I wanted to forget the whole ~** quería olvidar toda la historia -3. MED ataque m

episodic [epɪˈsɒdɪk] adj episódico(a)

epistemology [ɪpɪstəˈmɒlədʒɪ] n epistemología f

epistle [ɪˈpɪsəl] n -1. REL epístola f; **the Epistle of Paul to the Romans/Corinthians** la epístola de San Pablo a los Romanos/Coríntios -2. Hum (letter) epístola f

epistolary [ɪˈpɪstələrɪ] adj LIT (novel) epistolar

epitaph [ˈepɪtɑːf] n epitafio m

epithelial [epɪˈθiːlɪəl] adj ANAT epitelial ❏ **~ tissue** tejido m epitelial

epithelium [epɪˈθiːlɪəm] n ANAT epitelio m

epithet [ˈepɪθet] n epíteto m

epitome [ɪˈpɪtəmɪ] n paradigma m; **she's the ~ of generosity** es la generosidad personificada

epitomize [ɪˈpɪtəmaɪz] vt ser el paradigma de; **this action epitomizes the government's attitude to education** este acto refleja a la perfección or es el vivo ejemplo de la actitud del gobierno respecto a la educación

EPO [iːpiːˈəʊ] n PHARM (abbr **erythropoietin**) EPO f

epoch [ˈiːpɒk] n era f, época f

epoch-making [ˈiːpɒkmeɪkɪŋ], **epochal** [ˈepəkəl] adj **an ~ change/event** un cambio/acontecimiento que hace/hizo/etc época

eponym [ˈepənɪm] n epónimo m

eponymous [ɪˈpɒnɪməs] adj epónimo(a)

EPOS [ˈiːpɒs] n (abbr **electronic point of sale**) punto m de venta electrónico

epoxy resin [ɪˈpɒksɪˈrezɪn] n CHEM resina f epoxídica

EPROM [ˈiːprɒm] n COMPTR (abbr **erasable programmable read only memory**) eprom f

EPS [iːpiːˈes] n -1. FIN (abbr **earnings per share**) dividendos mpl por acción -2. COMPTR (abbr **encapsulated PostScript**) EPS m

epsilon [ˈepsɪlɒn] n epsilon f

Epsom salts [ˈepsəmˈsɔːlts] npl epsomita f

e-publishing [ˈiːˈpʌblɪʃɪŋ] n COMPTR edición f electrónica

equable [ˈekwəbəl] adj -1. (person, temper) ecuánime -2. (climate) estable

equably [ˈekwəblɪ] adv con ecuanimidad, ecuánimemente

equal [ˈiːkwəl] ◇ n igual mf; **she is his intellectual ~** tiene la misma talla intelectual que él; **to treat sb as an ~** tratar a alguien de igual a igual; **to have no ~** (person) no tener rival; (achievement, work of art) no tener parangón
◇ adj -1. (identical) igual; **~ in size/number** de la misma talla/del mismo número; **to be ~ to sth** ser igual a algo; **all other things being ~** si no hay imprevistos; **in ~ measure** en igual medida; **to an ~ extent** en igual medida, de la misma forma; **she speaks Spanish and German with ~ ease** habla español e inglés con la misma facilidad; **to be on an ~ footing with sb** estar en igualdad de condiciones con alguien; **on ~ terms** en igualdad de condiciones ❏ **~ opportunities** igualdad f de oportunidades; **an ~ opportunity employer** = una entidad que practica la igualdad de oportunidades en la selección de personal; **~ pay** igualdad f salarial or de retribuciones; **~ pay for ~ work** el mismo salario para el mismo trabajo; **~ rights** igualdad f de derechos; US **Equal Rights Amendment** = proyecto de enmienda de la Constitución estadounidense para equiparar los derechos entre mujeres y hombres que finalmente fue rechazado; MATH **~** or **equals sign** (signo m de) igual m -2. (good enough) **to be/feel ~ to (doing) sth** estar/sentirse capaz para (hacer) algo; **he proved ~ to the task/challenge** se mostró a la altura de la tarea/del desafío
◇ vt (pt & pp **equalled**, US **equaled**) -1. MATH ser igual a; **four fives equal(s) twenty** cuatro por cinco (es) igual a veinte, cuatro

equality

por cinco, veinte; **let x ~ 2y** si x es igual a 2y
-2. *(match) (record, offer)* igualar; **there is no one to ~ him for eloquence** nadie lo iguala en elocuencia; **there is nothing to ~ it in nature** no tiene parangón en la naturaleza

equality [ɪ'kwɒlɪtɪ] *n* igualdad *f*; **~ of opportunity** igualdad de oportunidades ❑ **the Equality State** = apelativo familiar referido al estado de Wyoming

equalize ['iːkwəlaɪz] *vt* igualar
◇ *vi* SPORT empatar, igualar el marcador

equalizer ['iːkwəlaɪzə(r)] *n* **-1.** ELEC ecualizador *m* **-2.** SPORT tanto *m* del empate **-3.** *US Fam (handgun)* pipa *f*, *Am* fierro *m*

equally ['iːkwəlɪ] *adv* **-1.** *(to an equal degree)* igualmente; **she worked ~ hard** se esforzó por igual; **~ talented students** estudiantes de igual talento; **they were ~ responsible** fueron igualmente responsables; **it applies ~ to both young and old** se aplica tanto a los jóvenes como a los viejos
-2. *(in equal amounts)* **to share** *or* **divide sth ~** dividir algo en partes iguales; **to contribute ~ to the expenses** contribuir en partes iguales a los gastos; **~ spaced** a la misma distancia
-3. *(alternatively)* al mismo tiempo, del mismo modo; **~, he might be lying** por otro lado, podría estar mintiendo; **we could ~ well stay at home** también podemos quedarnos en casa

equanimity [ekwə'nɪmɪtɪ] *n Formal* ecuanimidad *f*; **to recover one's ~** recobrar la compostura; **with ~** ecuánimemente

equate [ɪ'kweɪt] *vt* equiparar **(with** con)
◇ *vi* corresponderse **(with** con)

equation [ɪ'kweɪʒən] *n* **-1.** MATH ecuación *f*; IDIOM **to bring sth into the ~: that's without bringing money into the ~** y eso sin tener en cuenta el dinero **-2.** CHEM ecuación *f*

equator [ɪ'kweɪtə(r)] *n* ecuador *m*; **at** *or* **on the Equator** en el Ecuador; **to cross the Equator** cruzar el Ecuador *or* la línea del Ecuador

equatorial [ekwə'tɔːrɪəl] *adj* ecuatorial; **Equatorial Guinea** Guinea Ecuatorial

equerry ['ekwərɪ] *n* = ayuda de cámara de la casa real británica

equestrian [ɪ'kwestrɪən] ◇ *n* caballista *mf*
◇ *adj (statue, ability)* ecuestre

equestrianism [ɪ'kwestrɪənɪzəm] *n* equitación *f*

equidistance [ekwɪ'dɪstəns] *n* equidistancia *f*

equidistant [ekwɪ'dɪstənt] *adj* equidistante **(from** de); **to be ~ (from)** equidistar (de)

equilateral [ekwɪ'lætərəl] *adj (triangle)* equilátero(a)

equilibrium [ekwɪ'lɪbrɪəm] *n* equilibrio *m*; **to maintain/lose one's ~** mantener/perder el equilibrio; **in ~** en equilibrio

equine ['ekwaɪn] *adj* **-1.** *(activities)* ecuestre; *(disease)* equino(a) **-2.** *(features)* caballuno(a), equino(a); **to have an ~ face** tener cara de caballo

equinoctial [ekwɪ'nɒkʃəl] *adj* equinoccial

equinox ['ekwɪnɒks] *n* equinoccio *m*; **autumnal ~** equinoccio de otoño; **spring** *or* **vernal ~** equinoccio de primavera

equip [ɪ'kwɪp] *(pt & pp* **equipped)** *vt* **-1.** *(provide with equipment)* equipar; **to ~ sb with sth** equipar a alguien con *or* de algo, proveer a alguien de algo; **she equipped herself with a tent and a sleeping bag** se equipó con *or* de una tienda y un saco de dormir; **we're not equipped to perform heart surgery** no contamos con el equipo necesario para realizar una operación de corazón
-2. *(prepare)* preparar; **to be equipped for...** estar preparado(a) para...

equipment [ɪ'kwɪpmənt] *n* **-1.** *(items)* equipo *m*; **camping ~** material de acampada; **sports ~** artículos deportivos ❑ ***allowance*** gastos *mpl* de equipamiento **-2.** *Fig* **intellectual ~** dotación intelectual **-3.** *Formal (act)* equipamiento *m*

equitable ['ekwɪtəbəl] *adj* justo(a), equitativo(a)

equitably ['ekwɪtəblɪ] *adv* equitativamente

Equity ['ekwɪtɪ] *n (actors' union)* = sindicato británico al que todos los actores profesionales han de estar afiliados

equity ['ekwɪtɪ] *n* **-1.** *(fairness)* justicia *f*, equidad *f* **-2.** FIN *(of shareholders)* fondos *mpl* propios, neto *m* patrimonial; *(of company)* capital *m* escriturado *or* social; **equities** acciones (ordinarias) ❑ **~ *capital*** capital *m* propio; **~ *markets*** mercados *mpl* de renta variable

equivalence [ɪ'kwɪvələns] *n* equivalencia *f* **(between** entre)

equivalent [ɪ'kwɪvələnt] ◇ *n* equivalente *m*; **the Spanish ~ for "Prime Minister"** el equivalente español del "primer ministro"; **it costs the ~ of £5 per week** cuesta el equivalente de cinco libras por semana
◇ *adj* equivalente **(to** a); **to be ~ (to)** equivaler (a); **that would be ~ to saying that...** eso equivale a decir que...

equivocal [ɪ'kwɪvəkəl] *adj* **-1.** *(ambiguous) (words, attitude)* equívoco(a) **-2.** *(dubious) (behaviour)* equívoco(a)

equivocally [ɪ'kwɪvəklɪ] *adv* **-1.** *(ambiguously)* de manera equívoca **-2.** *(dubiously)* de manera equívoca

equivocate [ɪ'kwɪvəkeɪt] *vi Formal* hablar con ambigüedad

equivocation [ɪkwɪvə'keɪʃən] *n Formal* evasivas *fpl*, ambigüedades *fpl*

ER [iː'ɑː(r)] *n* **-1.** *Br (abbr* **Elizabeth Regina)** = emblema de la reina Isabel **-2.** *US* MED *(abbr* **Emergency Room)** (sala *f* de) urgencias *fpl*

ERA ['ɪərə] *n (abbr* **Equal Rights Amendment)** = proyecto de enmienda de la Constitución estadounidense para equiparar los derechos entre mujeres y hombres que finalmente fue rechazado

era ['ɪərə] *n* **-1.** *(period, epoch)* era *f*, época *f*; **the end of an ~** el final de una era *or* época; **her election marked a new ~ in politics** su elección marcó una nueva era en política; **the ~ of horse travel** la era *or* época de los viajes a caballo **-2.** GEOL era *f*

eradicable [ɪ'rædɪkəbəl] *adj* erradicable; **these errors are (not) easily ~** estos errores no se pueden erradicar fácilmente

eradicate [ɪ'rædɪkeɪt] *vt* erradicar

eradication [ɪrædɪ'keɪʃən] *n* erradicación *f*

erasable [*Br* ɪ'reɪzəbəl, *US* ɪ'reɪsəbəl] *adj* COMPTR regrabable ❑ **~ *CD-ROM*** CD-ROM *m* regrabable

erase [*Br* ɪ'reɪz, *US* ɪ'reɪs] *vt* **-1.** *(writing)* borrar; *Fig* **to ~ sth from one's mind** borrar algo de la mente *or* del pensamiento **-2.** *(from tape, disk, file)* borrar; **~ *button/head*** botón/cabeza de borrado

eraser [*Br* ɪ'reɪzə(r), *US* ɪ'reɪsər] *n* goma *f* (de borrar)

Erasmus [ɪ'ræzməs] *pr n* Erasmo

erasure [ɪ'reɪʒə(r), *US* ɪ'reɪʃər] *n* **-1.** *(act)* borrado *m* **-2.** *(mark) (in paper)* tachadura *f*; **there were numerous erasures on the tape** había muchas secciones borradas de la cinta

erbium ['ɜːbɪəm] *n* CHEM erbio *m*

ERDF [iːɑːdiː'ef] *n* FIN *(abbr* **European Regional Development Fund)** FEDER *m*

ere [eə(r)] *Literary* ◇ *prep* antes de; **~ long** en breve
◇ *conj* antes (de) que

erect [ɪ'rekt] ◇ *adj* **-1.** *(upright)* erguido(a), erecto(a); **she holds herself very ~** va muy erguida; **with head ~** con la cabeza erguida; **the dog sat with ears ~** el perro estaba sentado con las orejas tiesas **-2.** *(penis)* erecto(a); *(nipples)* de punta, duro(a)
◇ *vt* **-1.** *(build) (building, temple)* erigir, construir; *(statue, wall)* erigir, levantar; *(roadblock, scaffolding, mast)* levantar; *(tent)* montar, levantar **-2.** *(system, theory)* construir

erectile [ɪ'rektaɪl] *adj* PHYSIOL eréctil ❑ **~ *disfunction*** disfunción *f* eréctil

erection [ɪ'rekʃən] *n* **-1.** *(of building)* construcción *f*; *(of tent, scaffolding)* montaje *m*; **the sculptor was present at the ~ of the statue** el escultor estaba presente cuando levantaron *or* erigieron la estatua **-2.** *(building)* construcción *f* **-3.** *(erect penis)* erección *f*; **to have** *or* **get an ~** tener una erección

erector [ɪ'rektə(r)] *n* **-1.** ANAT *(muscle)* **~ (muscle)** (músculo *m*) erector *m* **-2.** *US* **Erector set** = juego de construcciones de metal

erg [ɜːg] *n* PHYS ergio *m*

ergative ['ɜːgətɪv] *adj* GRAM ergativo(a)

ergo ['ɜːgəʊ] *adv Formal & Hum* ergo, luego

ergonomic [ɜːgə'nɒmɪk] *adj* ergonómico(a)

ergonomically [ɜːgə'nɒmɪklɪ] *adv* ergonómicamente; **~ designed** con diseño ergonómico

ergonomics [ɜːgə'nɒmɪks] *n* ergonomía *f*

ergot ['ɜːgɒt] *n* cornezuelo *m*, ergotina *f*

ergotism ['ɜːgətɪzəm] *n* MED ergotismo *m*

ERIC ['erɪk] *n US (abbr* **Educational Resources Information Center)** = institución que publica y distribuye libros sobre temas educativos

Erin ['erɪn] *n Literary* Erín

Eritrea [erɪ'treɪə] *n* Eritrea

Eritrean [erɪ'treɪən] ◇ *n* eritreo(a) *m,f*
◇ *adj* eritreo(a)

ERM [iːɑː'rem] *n* FIN *(abbr* **Exchange Rate Mechanism)** mecanismo *m* de tipos de cambio

ermine ['ɜːmɪn] *n* armiño *m*

Ernie ['ɜːnɪ] *n Br* = computadora que otorga al azar los premios a los cupones de un sorteo británico (los "premium bonds")

erode [ɪ'rəʊd] ◇ *vt* **-1.** *(rock, soil, metal)* erosionar **-2.** *(confidence)* minar; *(power)* desgastar **-3.** *(savings, income)* mermar
◇ *vi* **-1.** *(rock, soil, metal)* erosionarse **-2.** *(confidence, power)* minarse **-3.** *(savings, income)* mermar

erogenous [ɪ'rɒdʒɪnəs] *adj* erógeno(a) ❑ **~ *zone*** zona *f* erógena

Eros ['ɪərɒs] *n* MYTHOL Eros

erosion [ɪ'rəʊʒən] *n* **-1.** *(of rock, soil, metal)* erosión *f*; **soil ~** erosión del terreno; **wind/wave ~** erosión eólica/marítima **-2.** *(of confidence, power)* desgaste *m* **-3.** *(of savings, income)* merma *f*

erotic [ɪ'rɒtɪk] *adj* erótico(a)

erotica [ɪ'rɒtɪkə] *npl* obras *fpl* eróticas

erotically [ɪ'rɒtɪklɪ] *adv* eróticamente; **to be ~ charged** tener mucha carga erótica

eroticism [ɪ'rɒtɪsɪzəm] *n* erotismo *m*

eroticize [ɪ'rɒtɪsaɪz] *vt* erotizar

erotomania [ɪrɒtə'meɪnɪə] *n* erotomanía *f*

err [ɜː(r)] *vi* **-1.** *(make mistake)* cometer un error, errar; **to ~ in one's judgement/calculations** cometer un error de juicio/de cálculo; **to ~ on the side of caution** pecar de prudente; PROV **to ~ is human (to forgive divine)** errar es humano (perdonar, divino) **-2.** *(stray)* descarriarse; REL *or Hum* **to ~ from the straight and narrow** apartarse del camino del bien

errand ['erənd] *n* recado *m*, *Am* mandado *m*; **to send sb on an ~** mandar a alguien a hacer un recado *or Am* mandado; **to run** *or* **do errands for sb** hacerle los recados *or Am* mandados a alguien; **an ~ of mercy** una misión caritativa *or* de caridad ❑ **~ *boy*** chico *m* de los recados, *RP* cadete *m*

errant ['erənt] *adj Literary* **-1.** *(behaviour)* desordenado(a), díscolo(a); *(son, daughter)* descarriado(a); *(husband)* díscolo(a), infiel **-2.** *(roaming)* errante

errata *pl of* **erratum**

erratic [ɪ'rætɪk] ◇ *adj* **-1.** *(irregular, unpredictable) (service, performance)* desigual, irregular; *(course, movement)* errático(a); *(mood)* errático(a), variable; **her playing is ~** su interpretación es muy irregular *or* desigual **-2.** MED *(heartbeat)* irregular **-3.** GEOL **~ *block*** *or* **boulder** bloque errático
◇ *n* GEOL bloque *m* errático

erratically [ɪ'rætɪklɪ] *adv (to act, behave)* de manera errática, de forma imprevisible; *(to move)* erráticamente; **to play ~** *(sportsman, musician)* jugar de manera irregular

erratum [e'rɑːtəm] *(pl* **errata** [e'rɑːtə]) *n* TYP *(mistake)* errata *f*; **errata** *(list)* fe de erratas ❑ **erratum *slip*** fe de erratas *(en una hoja suelta)*

erring ['ɜːrɪŋ] *adj (husband, wife)* infiel; **his ~ ways** sus devaneos
erroneous [ɪ'rəʊnɪəs] *adj* erróneo(a)
erroneously [ɪ'rəʊnɪəslɪ] *adv* erróneamente
erroneously [ɪ'rəʊnɪəslɪ] *adv* erróneamente
error ['erə(r)] *n* **-1.** *(mistake)* error *m*; **to make** or **commit an ~** cometer un error, equivocarse; **an ~ of judgement** un error de juicio
-2. *(mistakenness)* **in ~** por error, por equivocación; **to be in ~** *(be wrong)* estar en un error; *(have made a mistake)* haber cometido un error; **to see the ~ of one's ways** darse cuenta de los propios errores
-3. COMPTR **~ code** código *m* de error; **~ message** mensaje *m* de error
ersatz ['ɜːzæts] *adj* sucedáneo(a) ❏ **~ coffee** sucedáneo *m* del café
Erse [ɜːs] *n* gaélico *m* irlandés
erstwhile ['ɜːstwaɪl] *adj Literary* antiguo(a), de otros tiempos
erudite ['erjʊdaɪt] *adj Formal* erudito(a)
eruditely ['erjʊdaɪtlɪ] *adv Formal* eruditamente
erudition [erjʊ'dɪʃən] *n Formal* erudición *f*
erupt [ɪ'rʌpt] *vi* **-1.** *(volcano)* entrar en erupción
-2. *(break out)* *(violence, war)* estallar; **the city erupted into violence** la ciudad estalló en violencia
-3. *(make an outburst)* **the stadium erupted when they scored** el estadio se vino abajo cuando marcaron; **he erupted when I told him the news** montó en cólera cuando le dije la noticia; **to ~ with laughter** estallar en carcajadas
-4. *(pimples)* hacer erupción, salir; **her face erupted in spots** su cara se cubrió de una erupción de granos
-5. *(tooth)* romper, salir
eruption [ɪ'rʌpʃən] *n* **-1.** *(of volcano)* erupción *f*
-2. *(of violence, war)* estallido *m*, explosión *f*
-3. *(outburst)* estallido *m*, explosión *f* **-4.** *(of pimples)* erupción *f*
erysipelas [erɪ'sɪpɪləs] *n* MED erisipela *f*
erythema [erɪ'θiːmə] *n* MED eritema *m*
erythrocyte [ɪ'rɪθrəsaɪt] *n* PHYSIOL eritrocito *m*, hematíe *m*
erythropoietin [ɪ'rɪθrəʊ'pɔɪətɪn] *n* PHARM eritropoyetina *f*
Esau ['iːsɔː] *pr n* Esaú
esc COMPTR *(abbr* **escape)** Esc ❏ **~ key** tecla *f* Esc
escalate ['eskəleɪt] ◇ *vt (conflict, tension)* intensificar, provocar una escalada de; *(demands)* aumentar, incrementar
◇ *vi* **-1.** *(prices)* aumentar; **escalating costs/prices** costos *or Esp* costes/precios cada vez más altos *or* en constante aumento **-2.** *(conflict)* intensificarse; **the conflict may ~** puede intensificarse el conflicto, puede producirse una escalada del conflicto; **to ~ into...** convertirse en...
escalation [eskə'leɪʃən] *n* **-1.** *(of prices)* escalada *f*; *(of demands)* aumento *m* ❏ COM **~ clause** *(for wages)* cláusula *f* de escala móvil; *(for prices)* cláusula *f* de revisión de precios **-2.** *(of conflict)* escalada *f*
escalator ['eskəleɪtə(r)] *n* **-1.** *(moving stairs)* escalera *f* mecánica **-2.** COM **~ clause** *(for wages)* cláusula *f* de escala móvil; *(for prices)* cláusula *f* de revisión de precios
escalope ['eskəlɒp] *n* CULIN escalope *m*
escapade ['eskəpeɪd] *n* aventura *f*, correría *f*
escape [ɪs'keɪp] ◇ *n* **-1.** *(from captivity)* *(of person)* huida *f*, evasión *f*; *(of prisoner)* fuga *f*, evasión *f*; *(of animal)* huida *f*; **to make one's ~** escapar(se), huir ❏ COM **~ clause** cláusula *f* de escape *or* de salvaguardia; **~ hatch** escotilla *f* de escape; **~ road** vía *f* de escape, zona *f* de frenado de emergencia; **~ route** *(from fire)* vía *f* de salida *(de emergencia)*; *(of criminal)* vía *f* de escape; **~ velocity** velocidad *f* de escape
-2. *(from danger, death)* **he had a narrow ~ lucky ~** se salvó por poco; **a means of ~ from poverty** un medio para salir de la pobreza
-3. *(diversion)* evasión *f*; **an ~ from reality** una evasión de la realidad; **the cinema provided an ~ from their daily routine** el cine les servía para evadirse de la monotonía cotidiana

-4. *(of gas, liquid)* escape *m* ❏ *also Fig* **~ valve** válvula *f* de escape
-5. COMPTR escape *m* ❏ **~ key** tecla *f* de escape
◇ *vt* **-1.** *(avoid) (danger, punishment, death)* escapar(se) de, librarse de; **to ~ doing sth** librarse de hacer algo; **there's no escaping the fact that...** no se puede negar (el hecho de) que...
-2. *(elude)* **nothing escapes them** no se les escapa ni una; **to ~ sb's notice** pasar inadvertido(a) a alguien; **this problem escaped detection** este problema pasó inadvertido, este problema no fue detectado; **her name escapes me** ahora no me sale su nombre
◇ *vi* **-1.** *(flee)* escapar(se) **(from** de); **he escaped to Italy** (se) escapó a Italia; **to ~ from reality** evadirse de la realidad
-2. *(from accident)* **she escaped uninjured** escapó *or* salió ilesa; **they escaped with a few bruises** salieron con unos cuantos cardenales
-3. *(gas, fluid)* escaparse **(from** de)
-4. COMPTR salir
escaped [ɪs'keɪpt] *adj (prisoner)* fugado(a); *(animal)* escapado(a)
escapee [eskeɪ'piː] *n* fugitivo(a) *m,f*
escapement [ɪs'keɪpmənt] *n (of clock, piano)* escape *m*
escapism [ɪs'keɪpɪzəm] *n* escapismo *m*, evasión *f* de la realidad
escapist [ɪs'keɪpɪst] ◇ *n* fantasioso(a) *m,f*
◇ *adj* de evasión
escapologist [eskə'pɒlədʒɪst] *n* escapista *mf*
escapology [eskə'pɒlədʒɪ] *n* escapismo *m*
escarpment [ɪs'kɑːpmənt] *n* escarpa *f*, escarpadura *f*
eschatological [eskætə'lɒdʒɪkəl] *adj* REL escatológico(a)
eschatology [eskə'tɒlədʒɪ] *n* REL escatología *f*
eschew [ɪs'tʃuː] *vt Formal* evitar, rehuir
escort ◇ *n* ['eskɔːt] **-1.** *(guard)* escolta *f*; **under ~** escoltado(a); **under armed ~** escoltado(a) por hombres armados ❏ MIL **~ duty** servicio *m* de escolta **-2.** *(for convoy)* escolta *f* **-3.** *(male companion at social event)* acompañante *m* **-4.** *(hired companion) (female)* señorita *f* de compañía; *(male)* acompañante *m* ❏ **~ agency** agencia *f* de acompañantes
◇ *vt* [ɪs'kɔːt] **-1.** *(prisoner, VIP)* escoltar **-2.** *(convoy)* escoltar **-3.** *(conduct)* **to ~ sb off the premises** conducir a alguien fuera del local; **kindly ~ these gentlemen to the door** sírvase acompañar *or* conducir a estos señores a la puerta **-4.** *(at social event)* acompañar
escritoire [eskrɪ'twɑː(r)] *n* buró *m*, escritorio *m*
escrow ['eskrəʊ] *n* LAW plica *f*; **in ~** en fideicomiso ❏ **~ account** cuenta *f* de depósito en garantía
escudo [ɪ'skuːdəʊ] *(pl* **escudos)** *n* escudo *m*
escutcheon [ɪs'kʌtʃən] *n (shield)* escudo *m* de armas, blasón *m*
ESE *(abbr* **east-south-east)** ESE
Eskimo ['eskɪməʊ] *(pl* **Eskimos)** ◇ *n* esquimal *mf*
◇ *adj* esquimal ❏ **~ roll** *(in canoeing)* = maniobra para darle la vuelta a una piragua que ha volcado sin salirse de ella; **~ whimbrel** *(bird)* zarapito *m* esquimal
ESL [iːs'el] *n (abbr* **English as a Second Language)** = inglés como segunda lengua
ESOP [iːsəʊ'piː] *n US (abbr* **Employee Stock Ownership Plan)** plan *m* de oferta de acciones a los empleados
oesophagus *US* = **oesophagus**
esoteric [esəʊ'terɪk] *adj* esotérico(a)
ESP [iːes'piː] *n* **-1.** *(abbr* **extrasensory perception)** percepción *f* extrasensorial **-2.** *(abbr* **English for special purposes)** inglés *m* para fines específicos
esp *(abbr* **especially)** especialmente
espadrille ['espədrɪl] *n* alpargata *f*, zapatilla *f* de esparto
esparto [ɪ'spɑːtəʊ] *n* **~ (grass)** esparto *m*
especial [ɪs'peʃəl] *adj Formal* especial, singular

especially [ɪs'peʃəlɪ] *adv* **-1.** *(particularly, more than normal)* especialmente, particularmente; **we were ~ lucky with the weather** tuvimos especial suerte con el tiempo; **be ~ careful with this one** ten especial cuidado con éste; **I wasn't ~ interested in the movie** no tenía especial *or* particular interés por la película; **it's very hot, ~ in August** hace mucho calor, sobre todo *or* especialmente en agosto
-2. *(for a particular purpose)* especialmente; **he went ~ to meet her** fue especialmente *or* expresamente para conocerla
Esperanto [espə'ræntəʊ] *n* esperanto *m*
espionage ['espɪənɑːʒ] *n* espionaje *m*
esplanade [esplə'neɪd] *n* paseo *m* marítimo
espousal [ɪ'spaʊzəl] *n Formal (of belief, cause)* adhesión *f* **(of** a)
espouse [ɪs'paʊz] *vt* patrocinar
espresso [es'presəʊ], **expresso** [e(k)s'presəʊ] *(pl* **espressos, expressos)** *n* café *m* exprés, *Esp* café *m* solo, *Am* café *m* negro ❏ **~ machine** cafetera *f* exprés
esprit de corps [e'spriːdə'kɔː(r)] *n* espíritu *m* de grupo *or* cuerpo
espy [ɪ'spaɪ] *vt Literary* divisar
Esq *(abbr* **Esquire)** Derek Wilson, ~ (Sr.) D. Derek Wilson
Esquire [ɪ'skwaɪə(r)] *n* Derek Wilson, ~ (Sr.) D. Derek Wilson
essay ['eseɪ] ◇ *n* **-1.** *(at school)* redacción *f*; *(at university)* trabajo *m* **-2.** *(literary)* ensayo *m* **-3.** *Formal (attempt)* tentativa *f*
◇ *vt Formal (attempt)* intentar; **to ~ a smile** tratar de *or* intentar esbozar una sonrisa
essayist ['eseɪɪst] *n* ensayista *mf*
essence ['esəns] *n* **-1.** *(most important part or quality)* esencia *f*; **the ~ of her speech was that...** la esencia de su discurso era que...; **in ~** esencialmente, en esencia; **the very ~ of...** la más pura esencia de...; **time is of the ~** no hay tiempo que perder **-2.** CULIN esencia *f*; **coffee/vanilla ~** esencia de café/vainilla **-3.** PHIL esencia *f*
essential [ɪ'senʃəl] ◇ *n* **-1.** *(vital item, ingredient)* **when camping a good sleeping bag is an ~** cuando vas de camping, un buen saco de dormir es imprescindible; **just pack a few essentials** prepara sólo lo imprescindible
-2. essentials *(basic foodstuffs)* productos primarios *or* de primera necesidad; *(basic issues)* cuestiones básicas; *(basic principles)* nociones básicas, principios básicos; **in (all) essentials** en lo esencial
◇ *adj* **-1.** *(basic)* esencial, básico(a) ❏ **~ oil** aceite *m* esencial
-2. *(indispensable)* esencial, fundamental; **the ~ thing** lo esencial; **good rapport is ~ to success in teaching** una buena relación de comunicación es esencial *or* imprescindible para enseñar con éxito; **a balanced diet is ~ for good health** una dieta equilibrada es esencial para mantener una buena salud; **it is ~ that...** es esencial *or* fundamental que...
essentially [ɪ'senʃəlɪ] *adv* esencialmente, fundamentalmente; **~, it's a question of having enough money** fundamentalmente, se trata de disponer del dinero suficiente; **~, nothing has changed** en esencia, no ha cambiado nada
EST [iːes'tiː] *n US (abbr* **Eastern Standard Time)** = hora oficial de la costa este de los Estados Unidos
est -1. *(abbr* **established)** fundado(a); **Jones & Son, Butchers (~ 1879)** Carnicería Jones e hijos, fundada en 1879 **-2.** *(abbr* **estimated)** aprox.
establish [ɪs'tæblɪʃ] *vt* **-1.** *(set up, create) (business)* constituir; *(precedent)* sentar, crear; *(order, peace)* establecer, imponer; **to ~ a reputation** crearse *or* labrarse una reputación; **to ~ oneself in business** establecerse en el mundo de los negocios; **to ~ contact with sb** entrar en *or* establecer contacto con alguien; **she has established a 6 percent lead in the polls** ha establecido una ventaja del 6 por ciento sobre sus oponentes en las encuestas

established -2. *(confirm) (authority, power)* consolidar; **the movie established her as an important director** la película la consagró como una gran directora; **they established their right to vote** establecieron su derecho al voto
-3. *(prove, determine) (fact, cause)* determinar, establecer; **to ~ sb's innocence/guilt** demostrar la inocencia/culpabilidad de alguien; **the police have been unable to ~ a link between the two murders** la policía no ha conseguido establecer una conexión entre los dos asesinatos

established [ɪsˈtæblɪʃt] *adj* -1. *(existing) (custom, practice)* establecido(a) -2. *(confirmed, successful) (reputation)* consolidado(a); *(author, star)* consagrado(a) -3. *(proven) (fact)* probado(a) -4. **the ~ Church** la iglesia oficial

establishing shot [ɪsˈtæblɪʃɪŋˈʃɒt] *n* TV & CIN plano *m* general or de situación

establishment [ɪsˈtæblɪʃmənt] *n* -1. *(founding, creation) (of company)* fundación *f*; *(of reputation)* establecimiento *m*
-2. *(of fact)* determinación *f*
-3. **the Establishment** *(established order)* el sistema, el orden establecido; *(ruling class)* la clase dirigente; **the financial/political Establishment** la clase dirigente económica/política
-4. *(institution)* centro *m*; *(hotel, restaurant)* establecimiento *m*
-5. *Formal (staff)* **to be on the ~** estar en plantilla
-6. MIL **peacetime ~** personal en tiempos de paz

estate [ɪsˈteɪt] *n* -1. *(land)* finca *f*; **her country ~** su finca en el campo ❑ *Br* **~ agency,** **~ agent's** inmobiliaria *f*, agencia *f* inmobiliaria; *Br* **~ agent** agente *mf* de la propiedad (inmobiliario(a))
-2. *Br (development)* **(housing) ~** urbanización *f*; **(industrial) ~** parque *m* or polígono *m* industrial
-3. LAW *(of deceased person)* herencia *f* ❑ *Br* **~ duty** impuesto *m* sobre sucesiones; *US* **~ tax** impuesto *m* sobre sucesiones
-4. *Br* **(car)** ranchera *f*, *Esp* coche *m* familiar
-5. *Formal (state, position)* **men of low/high ~** hombres de estrato social bajo/alto; **the ~ of matrimony** el estado del matrimonio
-6. POL estamento *m*; **the three estates** los tres estamentos

estate-bottled [ɪsˈteɪtˈbɒtəld] *adj (wine)* embotellado(a) en origen

estd., est'd. *(abbr* **established)** fundado(a)

esteem [ɪsˈtiːm] ◇ *n* estima *f*; **to hold sth/sb in high/low ~** tener algo/a alguien en gran/poca estima; **to go down/up in sb's ~** perder/ganar puntos con alguien
◇ *vt* -1. *(respect)* apreciar -2. *Formal (consider)* **to ~ it an honour that...** considerar un honor que...

esteemed [ɪsˈtiːmd] *adj Formal* estimado(a)

ester [ˈestə(r)] *n* CHEM éster *m*

Esther [ˈestə(r)] *pr n* Ester, Esther

esthete, esthetic *etc US* = **aesthete, aesthetic** *etc*

estimable [ˈestɪməbəl] *adj Formal* estimable

estimate ◇ *n* [ˈestɪmət] -1. *(calculation)* estimación *f*, cálculo *m* aproximado; **give me an ~ of how much it will cost/how long it will take** dime aproximadamente cuánto va a costar/cuánto va a tardar; **at a rough ~** aproximadamente -2. COM *(quote)* presupuesto *m*
◇ *vt* [ˈestɪmeɪt] -1. *(calculate)* estimar **(at** en); **the cost was estimated at £2,000** calcularon or estimaron que el coste or *Esp* coste sería de dos mil libras esterlinas; **I ~ (that) it will take at least five years** calculo que llevará al menos cinco años -2. *(judge)* estimar

estimated [ˈestɪmeɪtɪd] *adj (cost, value)* estimado(a), aproximado(a); **an ~ 50,000 people attended the demonstration** se calcula or se estima que 50.000 personas asistieron a la manifestación; **~ time of arrival** hora aproximada or prevista de llegada

estimation [estɪˈmeɪʃən] *n* -1. *(calculation)* cálculo *m*, estimación *f* -2. *(judgement)* juicio *m*, opinión *f*; **in my ~** a mi juicio -3. *(esteem)* **she has gone up/down in my ~** ahora la tengo en más/menos estima

Estonia [esˈtəʊnɪə] *n* Estonia

Estonian [esˈtəʊnɪən] ◇ *n* -1. *(person)* estonio(a) *m,f* -2. *(language)* estonio *m*
◇ *adj* estonio(a)

estrange [ɪˈstreɪndʒ] *vt* distanciar, alejar

estranged [ɪˈstreɪndʒd] *adj* **his ~ wife** su mujer, con la que ya no vive; **an ~ couple** una pareja separada; **to be ~ (from)** estar separado(a) (de)

estrangement [ɪˈstreɪndʒmənt] *n* separación *f*

estrogen *US* = **oestrogen**

estrus *US* = **oestrus**

estuary [ˈestjʊərɪ] *n* estuario *m* ❑ **Estuary English** = inglés con un acento sin connotaciones de clase, hablado por la gente joven en el sureste de Inglaterra

ET [iːˈtiː] *n (abbr* **extraterrestrial)** extraterrestre

ETA [iːtiːˈeɪ] *n (abbr* **estimated time of arrival)** hora *f* aproximada or prevista de llegada

et al [etˈæl] *(abbr* **et alii)** et al.

etc *(abbr* **et cetera)** etc.

et cetera [ɪtˈsetərə] *adv* etcétera

etch [etʃ] *vt* grabar (al aguafuerte); *Fig* **the scene was etched on his memory** tenía la escena grabada en la memoria

etching [ˈetʃɪŋ] *n* -1. *(print)* grabado *m* al aguafuerte *m*; *Hum* **come up and see my etchings** ven a ver mi colección de sellos -2. *(technique)* grabado *m* (al aguafuerte)

ETD [iːtiːˈdiː] *n (abbr* **estimated time of departure)** hora *f* aproximada or prevista de salida

eternal [ɪˈtɜːnəl] *adj* -1. *(everlasting)* eterno(a); **to my ~ shame** para mi infinita vergüenza or *Andes, CAm, Carib, Méx* pena ❑ **the Eternal City** la Ciudad Eterna; **~ rest** sueño *m* eterno -2. *(perpetual) (problem)* eterno(a); *(discussions, complaints)* constante ❑ **the ~ triangle** el triángulo amoroso

eternally [ɪˈtɜːnəlɪ] *adv* -1. *(forever)* eternamente; **I shall be ~ grateful to you** te estaré eternamente agradecido(a) -2. *(perpetually)* constantemente; **they were ~ complaining about the weather** se pasaban todo el día quejándose del tiempo

eternity [ɪˈtɜːnɪtɪ] *n* eternidad *f*; *Fam* **I waited an ~** esperé una eternidad ❑ **~ ring** alianza *f*

ethane [ˈiːθeɪn] *n* CHEM etano *m*

ethanol [ˈeθənɒl] *n* CHEM etanol *m*

ethene [ˈeθiːn] *n* CHEM etileno *m*, eteno *m*

ether [ˈiːθə(r)] *n* -1. *(chemical)* éter *m* -2. *Literary (sky)* **the ~** el éter -3. **over** or **through the ~** *(by radio)* por el éter

ethereal [ɪˈθɪərɪəl] *adj* etéreo(a)

Ethernet® [ˈiːθənet] *n* COMPTR Ethernet® *f*

ethic [ˈeθɪk] *n* ética *f*, moral *f*

ethical [ˈeθɪkəl] *adj* ético(a) ❑ COM **~ audit** auditoría *f* ética; FIN **~ fund** fondo *m* ético; FIN **~ investment** inversiones *fpl* éticas

ethically [ˈeθɪklɪ] *adv* éticamente

ethics [ˈeθɪks] ◇ *n* PHIL ética *f*
◇ *npl (principles, morality)* ética *f*

Ethiopia [iːθɪˈəʊpɪə] *n* Etiopía

Ethiopian [iːθɪˈəʊpɪən] ◇ *n* etíope *mf*
◇ *adj* etíope

ethmoid bone [ˈeθmɔɪdbəʊn] *n* ANAT etmoides *m inv*

ethnic [ˈeθnɪk] ◇ *adj* -1. *(of race)* étnico(a); **the threat of ~ unrest** la amenaza de disturbios étnicos ❑ **~ cleansing** limpieza *f* étnica; **~ minority** minoría *f* étnica; **~ origin** origen *m* étnico -2. *(exotic) (music, clothes)* étnico(a); *(food, furniture)* exótico(a)
◇ *n US* miembro *m* de la minoría étnica

ethnically [ˈeθnɪklɪ] *adv* étnicamente; **an ~ mixed** or **diverse region** una región de diversidad étnica

ethnicity [eθˈnɪsɪtɪ] *n* etnicidad *f*

ethnocentric [eθnəʊˈsentrɪk] *adj* etnocéntrico(a)

ethnocentrism [ˈeθnəʊˈsentrɪzəm] *n* etnocentrismo *m*

ethnographer [eθˈnɒgrəfə(r)] *n* etnógrafo(a) *m,f*

ethnographic [eθnəˈgræfɪk] *adj* etnográfico(a)

ethnography [eθˈnɒgrəfɪ] *n* etnografía *f*

ethnologist [eθˈnɒlədʒɪst] *n* etnólogo(a) *m,f*

ethnology [eθˈnɒlədʒɪ] *n* etnología *f*

ethology [ɪˈθɒlədʒɪ] *n* etología *f*

ethos [ˈiːθɒs] *n* espíritu *m*, valores *mpl* (morales)

ethyl [ˈeθɪl] *n* CHEM etilo *m* ❑ **~ alcohol** alcohol *m* etílico

ethylene [ˈeθɪliːn] *n* CHEM etileno *m* ❑ **~ glycol** etilenglicol *m*

e-ticket [ˈiːtɪkɪt] *n Esp* billete *m* or *Am* boleto *m* or *Am* pasaje *m* electrónico

etiolated [ˈiːtɪəleɪtɪd] *adj* -1. BOT con etiolación -2. *Formal* demacrado(a)

etiology *US* = **aetiology**

etiquette [ˈetɪket] *n* etiqueta *f*, protocolo *m*; **professional ~** ética profesional

Etna [ˈetnə] *n* **(Mount) ~** el Etna

Eton [ˈiːtən] *n* **~ (College)** = centro privado de enseñanza secundaria de larga tradición en Inglaterra ❑ **~ crop** corte *m* de pelo a lo garçon

Etonian [ɪˈtəʊnɪən] ◇ *n* alumno *m* de la escuela privada de Eton
◇ *adj* de la escuela privada de Eton

Etruscan [ɪˈtrʌskən] ◇ *n* -1. *(person)* etrusco(a) *m,f* -2. *(language)* etrusco *m*
◇ *adj* etrusco(a)

etymological [etɪməˈlɒdʒɪkəl] *adj* etimológico(a)

etymologist [etɪˈmɒlədʒɪst] *n* etimólogo(a) *m,f*

etymology [etɪˈmɒlədʒɪ] *n* etimología *f*

EU [iːˈjuː] *n (abbr* **European Union)** UE *f*

eucalyptus [juːkəˈlɪptəs] *n* eucalipto *m* ❑ **~ oil** aceite *m* de eucalipto

Eucharist [ˈjuːkərɪst] *n* **the ~** la Eucaristía

euchre [ˈjuːkə(r)] *US* ◇ *n* = juego de veinticuatro o treinta y dos cartas parecido al whist
◇ *vt Fam (cheat)* timar

Euclid [ˈjuːklɪd] *pr n* Euclides

Euclidean [juːˈklɪdɪən] *adj* GEOM euclidiano(a)

eugenic [juːˈdʒenɪk] *adj* eugenésico(a)

eugenics [juːˈdʒenɪks] *n* eugenesia *f*

eukaryotic [juːkærˈɒtɪk] *adj* BIOL eucariótico(a)

eulogist [ˈjuːlədʒɪst] *n* panegirista *mf*

eulogistic [juːləˈdʒɪstɪk] *adj* panegírico(a), laudatorio(a)

eulogize [ˈjuːlədʒaɪz] *vt Formal* loar, alabar

eulogy [ˈjuːlədʒɪ] *n* panegírico *m*

eunuch [ˈjuːnək] *n* eunuco *m*

euphemism [ˈjuːfəmɪzəm] *n* eufemismo *m*

euphemistic [juːfəˈmɪstɪk] *adj* eufemístico(a)

euphemistically [juːfəˈmɪstɪklɪ] *adv* de manera eufemística, eufemísticamente; **~ known as...** conocido(a) con el eufemismo...

euphonious [juːˈfəʊnɪəs] *adj Formal* eufónico(a), armonioso(a)

euphonium [juːˈfəʊnɪəm] *n* bombardino *m*

euphony [ˈjuːfənɪ] *n* eufonía *f*

euphoria [juːˈfɔːrɪə] *n* euforia *f*

euphoric [juːˈfɒrɪk] *adj* eufórico(a); **to be ~** estar eufórico(a)

Euphrates [juːˈfreɪtiːz] *pr n* **the ~** el Éufrates

Eurasia [jʊəˈreɪʒə] *n* Eurasia

Eurasian [jʊəˈreɪʒən] ◇ *n* eur(o)asiático(a) *m,f*
◇ *adj* eur(o)asiático(a)

EURATOM [jʊəˈrætəm] *n (abbr* **European Atomic Energy Community)** EURATOM *f*

eureka [jʊəˈriːkə] *exclam* ¡eureka!

eurhythmics, *US* **eurythmics** [juːˈrɪðmɪks] *n* euritmia *f*

Euribor [ˈjʊərɪbɔː(r)] *n* FIN *(abbr* **Euro Inter-Bank Offered Rate)** Euribor *m*

Euripides [jʊəˈrɪpɪdiːz] *pr n* Eurípides

euro [ˈjʊərəʊ] *n (pl* **euros)** *n (European currency)* euro *m*; **the ~ area** or **zone** la zona (del) euro

Euro- [ˈjʊərəʊ] *prefix* euro-

Eurobond ['jʊərəʊbɒnd] n eurobono m
Eurocentric [jʊərəʊ'sentrɪk] adj eurocéntrico(a)
Eurocheque ['jʊərəʊtʃek] n Br FIN eurocheque m
Eurocommunism ['jʊərəʊ'kɒmjʊnɪzəm] n eurocomunismo m
Eurocommunist ['jʊərəʊ'kɒmjʊnɪst] ◇ n eurocomunista mf
◇ adj eurocomunista
Eurocrat ['jʊərəkræt] n eurócrata mf
eurocurrency ['jʊərəʊkʌrənsɪ] n eurodivisa f
Eurodollar ['jʊərəʊdɒlə(r)] n FIN eurodólar m
Euro-election ['jʊərəʊ'lekʃən] n **the Euroelections** las euroelecciones
Euroland ['jʊərəʊlænd] n Fam zona f (del) euro, Eurolandia
Euromarket ['jʊərəʊmɑːkɪt] n FIN euromercado m
Euro-MP ['jʊərəʊem'piː] n eurodiputado(a) m,f
Europa [jʊ'rəʊpə] n MYTHOL Europa
Europe ['jʊərəp] n **-1.** (continent) Europa **-2.** Br (the EU) la Unión Europea; **Britain went into ~ in 1973** Gran Bretaña entró en la Comunidad Europea en 1973
European [jʊərə'piːən] ◇ n europeo(a) m,f
◇ adj europeo(a) ❏ FIN **~ Bank for Reconstruction and Development** Banco m Europeo de Reconstrucción y Desarrollo; **~ capital of culture** capital f europea de la cultura; **~ Central Bank** Banco m Central Europeo; EU **~ Commission** Comisión f Europea; EU **~ Commissioner** comisario(a) m,f europeo(a); EU **~ Community** Comunidad f Europea; **~ Court of Human Rights** Tribunal m Europeo de Derechos Humanos; **~ Court of Justice** Tribunal m de Justicia Europeo; **the ~ Cup** (in soccer) la Copa de Europa; **the ~ Cup Winners Cup** (in soccer) la Recopa de Europa; Formerly EU **~ Currency Unit** unidad f de cuenta europea; Formerly EU **~ Economic Community** Comunidad f Económica Europea; **~ Free Trade Association** Asociación f Europea de Libre Comercio; EU **~ Monetary System** Sistema m Monetario Europeo; EU **~ Parliament** Parlamento m Europeo; US **~ plan:** **on the ~ plan** por habitación sólo; EU **~ Rapid Reaction Force** Fuerza f de Acción Rápida Europea; EU **~ Regional Development Fund** Fondo m Europeo de Desarrollo Regional; EU **~ Social Fund** Fondo m Social Europeo; **~ Space Agency** Agencia f Espacial Europea; EU **~ Union** Unión f Europea
Europeanism [jʊərə'piːənɪzəm] n europeísmo m
Europeanization [jʊərəpiːənaɪ'zeɪʃən] n europeización f
Europeanize [jʊərə'piːənaɪz] vt europeizar
Europhile ['jʊərəfaɪl] ◇ n europeísta mf
◇ adj europeísta
Europhobe ['jʊərəfəʊb] ◇ n antieuropeísta mf
◇ adj antieuropeísta
europium [jʊ'rəʊpɪəm] n CHEM europio m
Europol ['jʊərəʊpɒl] n (abbr **European Police**) Europol m
europudding ['jʊərəʊpʊdɪŋ] n CIN Fam Pej = coproducción cinematográfica europea de gran presupuesto que carece de un carácter nacional definido
Euro-rebel ['jʊərəʊ'rebəl] n Br disidente mf en materia de europeísmo
Eurosceptic ['jʊərəʊ'skeptɪk] Br ◇ n euroescéptico(a) m,f
◇ adj euroescéptico(a)
Euroscepticism ['jʊərəʊ'skeptɪsɪzəm] n Br euroescepticismo m
Eurospeak ['jʊərəʊspiːk] n Fam jerga f burocrática europea, jerga f comunitaria
Eurostar® ['jʊərəʊstɑː(r)] n Euroestar® m
Eurotunnel® ['jʊərəʊtʌnəl] n eurotúnel® m
Eurovision ['jʊərəʊvɪʒən] n Eurovisión f ❏ **the ~ song contest** el Festival de Eurovisión
eurythmics US = **eurhythmics**
Eustachian tube [juː'steɪʃən'tjuːb] n ANAT trompa f de Eustaquio
euthanasia [juːθə'neɪzɪə] n eutanasia f

eutrophication [juːtrɒfɪ'keɪʃən] n BIOL eutrofización f
evacuate [ɪ'vækjʊeɪt] vt **-1.** (people) evacuar; **children were evacuated to the countryside** los niños fueron evacuados al campo **-2.** (building, area) evacuar, desalojar **-3.** Formal **to ~ the bowels** evacuar
evacuation [ɪvækjʊ'eɪʃən] n **-1.** (of people) evacuación f **-2.** (of building, area) evacuación f, desalojo m **-3.** Formal (of bowels) evacuación f
evacuee [ɪvækjʊ'iː] n evacuado(a) m,f
evade [ɪ'veɪd] vt **-1.** (escape from) (pursuer) burlar **-2.** (avoid) (blow) esquivar; (question) eludir; **he has so far evaded arrest/detection** hasta el momento, ha eludido ser detenido/descubierto; **she evaded her responsibilities** rehuyó sus responsabilidades; **success still evades him** el éxito aún le da la espalda; **to ~ the issue** evitar el tema **-3.** (tax) **to ~ tax** evadir impuestos
evader [ɪ'veɪdə(r)] n **tax ~** evasor(ora) fiscal
evaluate [ɪ'væljʊeɪt] vt **-1.** (damages, worth) evaluar **-2.** (situation, evidence, reasons) evaluar, analizar
evaluation [ɪvæljʊ'eɪʃən] n **-1.** (of damages, worth) evaluación f **-2.** (of situation, evidence, reasons) evaluación f, análisis m inv
evaluative [ɪ'væljʊətɪv] adj evaluador(ora), valorativo(a)
evanescence [evə'nesəns] n Literary evanescencia f
evanescent [evə'nesənt] adj Literary evanescente, efímero(a)
evangelical [iːvæn'dʒelɪkəl] ◇ n REL evangélico(a) m,f
◇ adj **-1.** REL evangélico(a) **-2.** (eager to persuade) **an ~ communist** un(a) comunista que siempre está predicando
evangelism [ɪ'vændʒəlɪzəm] n evangelismo m
evangelist [ɪ'vændʒəlɪst] n **-1.** (gospel writer) evangelista mf **-2.** (preacher) predicador(ora) m,f **-3.** (fervent advocate) **he was an ~ for the new business methods** predicó las bondades de los nuevos métodos empresariales
evangelize [ɪ'vændʒəlaɪz] ◇ vt REL evangelizar, predicar el evangelio
◇ vi **-1.** REL evangelizar, predicar el evangelio **-2.** (advocate fervently) predicar; **he has been evangelizing about jazz for years** lleva años predicando las bondades del jazz
evaporate [ɪ'væpəreɪt] ◇ vt evaporar; **evaporated milk** leche evaporada
◇ vi **-1.** (liquid) evaporarse **-2.** (enthusiasm, doubts, fears, opposition) evaporarse, desvanecerse
evaporation [ɪvæpə'reɪʃən] n **-1.** (of liquid) evaporación f **-2.** (of enthusiasm, doubts, fears, opposition) desvanecimiento m
evasion [ɪ'veɪʒən] n **-1.** (escape) (from pursuer) evasión f **-2.** (avoidance) (of question) evasión f; (of responsibility) evasión f, negligencia f **-3.** (evasive statement) evasiva f; **I was met with the usual evasions** me dieron las evasivas de costumbre **-4.** (of tax) **(tax) ~** evasión f fiscal or de impuestos
evasive [ɪ'veɪsɪv] adj **-1.** (person, reply) evasivo(a); **to be ~ (about sth)** andarse or venir con evasivas (con respecto a algo) **-2.** MIL **to take ~ action** maniobrar para evitar el enfrentamiento; Fig quitarse or Andes, RP sacarse de en medio
evasively [ɪ'veɪsɪvlɪ] adv con evasivas
evasiveness [ɪ'veɪsɪvnɪs] n actitud f evasiva
Eve [iːv] pr n Eva
eve [iːv] n **-1.** (day before) víspera f; **on the ~ of...** (en) la víspera de..., en vísperas de... **-2.** Archaic or Literary (evening) crepúsculo m
even[1] ['iːvən] ◇ adj **-1.** (flat) (surface) llano(a), liso(a); **the surface isn't very ~** la superficie no está nivelada; [IDIOM] **to put sth back on an ~ keel** restablecer el equilibrio de algo **-2.** (regular) (breathing, pace) regular, constante; (temperature) constante; (coating) uniforme; (voice, tone) mesurado(a); **to have an ~ temper** tener un carácter pacífico **-3.** (equal) (contest) igualado(a); **the scores**

are ~ los marcadores están igualados; **an ~ distribution of wealth** una distribución equitativa de la riqueza; **to have an ~ chance (of doing sth)** tener un cincuenta por ciento de posibilidades (de hacer algo); Fig **we're ~ now** (ahora) estamos en paz or RP a mano; Fig **to get ~ with sb** (take revenge on) vengarse or desquitarse de alguien; **it's ~ money whether... or...** tan posible es que... como que... **-4.** (exactly divisible by 2) **~ number** número par
◇ adv (for emphasis) incluso, aún; **~ bigger/more interesting** aún or incluso mayor/más interesante; **~ my dad agreed** hasta mi padre estuvo de acuerdo; **it could be described as foolish, ~ absurd** se podría describir como tonto, hasta absurdo; **he seemed shy, surly ~** parecía tímido, incluso arisco or RP chúcaro; **it would be unwise to ~ consider the offer** no sería aconsejable ni plantearse siquiera la oferta; Fam **don't ~ think about it!** ¡ni lo pienses!, ¡ni se te ocurra!; **I never ~ saw it** ni siquiera llegué a verlo; **not ~** ni siquiera; **without ~ speaking** sin (tan) siquiera hablar
◇ vt **-1.** (surface) allanar, nivelar **-2.** (make equal) igualar, equilibrar; **in order to ~ the odds their team had an extra player** con el objeto de igualar el encuentro, su equipo tenía un jugador más; **to ~ the score** igualar el marcador
◇ **even as** conj **~ as I speak** justo a la vez que estoy hablando, incluso mientras estoy hablando; **~ as she said it, she realized she was wrong** conforme or mientras lo decía, se daba cuenta de que estaba equivocada
◇ **even if** conj aunque; **~ if what you say is true** aunque sea verdad lo que dices, aun siendo verdad lo que dices; **~ if you run you'll be late** aunque corras llegarás tarde
◇ **even now** adv incluso ahora
◇ **even so** adv aun así
◇ **even then** adv (still) ya entonces; (nevertheless) aun así
◇ **even though** conj aunque, a pesar de que
◆ **even out** ◇ vt sep (surface, bumps, load) nivelar; (differences, effects) equilibrar; **they aim to ~ out social inequalities** aspiran a eliminar las desigualdades sociales; **with this account, you can ~ out payments over the year** con esta cuenta, los pagos se reparten equitativamente a lo largo del año
◇ vi (differences, workload) equilibrarse
◆ **even up** vt sep equilibrar; **to ~ things up** equilibrar las cosas; **the amateur team starts a goal ahead to ~ up the odds** el equipo de aficionados empieza con un gol de más para compensar la desventaja
even[2] n Archaic or Literary (evening) tarde f
even-handed ['iːvən'hændɪd] adj imparcial
even-handedly ['iːvən'hændɪdlɪ] adv imparcialmente
evening ['iːvnɪŋ] ◇ n **-1.** (part of day) (earlier) tarde f; (later) noche f; **this ~** esta tarde/noche; **tomorrow ~** mañana por la tarde/noche; **yesterday ~** ayer (por la) tarde/noche; **the next or following ~, the ~ after** la tarde/noche (del día) siguiente; **the previous ~, the ~ before** la tarde/noche (del día) anterior; **all ~** toda la tarde; **every ~** todas las tardes/noches; **every Friday ~** todos los viernes por la tarde/noche; **in the ~** por la tarde/noche; **at seven o'clock in the ~** a las siete de la tarde; **on Wednesday ~** el miércoles por la tarde/noche; **on the ~ of the twelfth** la tarde/noche del doce; **I'm on evenings this week** hago turno de tarde esta semana; **good ~!** ¡buenas tardes/noches!; Fam **~!** ¡buenas (tardes/noches)!; [IDIOM] **to make an ~ of it** aprovechar la noche; **thank you for a lovely ~** gracias por una velada tan agradable; Fig **in the ~ of her life** en el crepúsculo de su

vida ❑ ~ **class** clase f nocturna; ~ **dress** (for men) traje m de etiqueta; (for women) vestido m or traje m de noche; ~ **paper** periódico m vespertino or de la tarde; ~ **performance** (of play) función f de noche; ~ **primrose** onagra f, hierba f del asno; ~ **primrose oil** aceite m de onagra; ~ **showing** (of movie) sesión f de noche; ~ **star** lucero m de la tarde or vespertino
-2. (entertainment) velada f; **a musical/cultural** ~ una velada musical/cultural
◇ **evenings** adv esp US (earlier) por las tardes; (later) por las noches; **evenings he's mostly at home** por las tardes/noches normalmente está en casa

evenly ['i:vənlɪ] adv -1. (regularly) (to spread, coat) uniformemente; **to breathe** ~ respirar con normalidad -2. (calmly) **to say sth** ~ decir algo con tranquilidad -3. (equally) (to divide, share) equitativamente; ~ **matched** en igualdad de condiciones; ~ **spaced rows** filas con intervalos regulares

evenness ['i:vənnɪs] n -1. (of surface) uniformidad f, lisura f -2. (regularity) (of breathing, pace) regularidad f; (of voice) mesura f -3. (of contest) equilibrio m

evens ['i:vənz] n (in betting) **the odds are** ~ las apuestas están 2 a 1

evensong ['i:vənsɒŋ] n REL vísperas fpl

event [ɪ'vent] n -1. (occurrence) acontecimiento m; **in the normal course of events** en circunstancias normales; **a strange/unexpected turn of events** un giro extraño/inesperado en el transcurso de los acontecimientos; **after the** ~ a posteriori; **at all events** en todo or cualquier caso; **in any** ~ en cualquier caso; **in either** ~ en cualquiera de los casos; **in the** ~ **it was a big success** resultó ser todo un éxito; **in the** ~ **of fire** en caso de incendio; **in the** ~ **of her resigning...** en caso de que dimita...; **in the unlikely** ~ **that he comes** en el improbable supuesto de que venga
-2. (organized activity) actividad f; (entertainment) espectáculo m; (banquet) gala f ❑ ~ **management** organización f de eventos; ~ **organizer** organizador(ora) m,f de eventos
-3. (in athletics) prueba f

even-tempered ['i:vən'tempəd] adj ecuánime, sereno(a)

eventful [ɪ'ventfʊl] adj (day, life) agitado(a), azaroso(a)

eventfulness [ɪ'ventfʊlnɪs] n lo accidentado

eventide ['i:vəntaɪd] n Old-fashioned or Literary anochecer m ❑ Euph ~ **home** residencia f de la tercera edad or de ancianos

eventual [ɪ'ventʃʊəl] adj final; **bad management led to the** ~ **collapse of the company** una mala gestión finalmente llevó a la empresa a la quiebra

eventuality [ɪventʃʊ'ælɪtɪ] n eventualidad f, posibilidad f; **in that** ~ en ese caso; **to be ready for all eventualities** estar preparado(a) or Am alistado(a) para cualquier eventualidad

eventually [ɪ'ventʃəlɪ] adv finalmente, al final; **he'll get tired of it** ~ al final se acabará cansando

eventuate [ɪ'ventʃʊeɪt] vi Formal resultar; **whatever expense may** ~ **from these changes** cualquier gasto que pueda surgir de estos cambios; **his illness eventuated in death** la enfermedad consumó en su muerte

ever ['evə(r)] adv -1. (always, at any time) **all she** ~ **does is criticize** no hace más que criticar; **it's the only brand of coffee I** ~ **buy** es la única marca de café que compro; **don't** ~ **do it again!** ¡ni se te ocurra volver a hacerlo!; **before I had** ~ **met her** antes de que la conociera, antes de conocerla; **if you** ~ **come to Washington** si vienes a Washington alguna vez; ~ **the gentleman, he opened the door for her** caballeroso como siempre, le abrió la puerta; Literary **it will** ~ **be so** siempre será así; **she was as friendly as** ~ estuvo or fue tan amable como siempre; **as** ~, **we were the last to find out** como siempre, fuimos los últimos en saberlo; ~ **since (then)** desde entonces; ~ **since 1960** desde 1960; ~ **since her mother died** desde que murió su madre; **for** ~ **(and** ~**)** por siempre; **if** ~ **there was a time to celebrate, this is it** ésta es una ocasión como ninguna para celebrar; **she's a liar if** ~ **there was one** miente como ella sola, es la más mentirosa del mundo; **they all lived happily** ~ **after** (in story) vivieron felices y comieron perdices; Br **Yours** ~, Old-fashioned ~ **yours** (in letter) afectuosamente, un saludo afectuoso
-2. (with comparatives, superlatives) **the worst/best** ~ el peor/mejor de todos los tiempos; **the biggest earthquake** ~ **recorded** el mayor terremoto registrado jamás; **it's my first** ~ **parachute jump** es mi primer salto en paracaídas; **it's my last** ~ **performance** es mi última representación; **the biggest house I've** ~ **seen** la casa más grande que haya visto jamás; **better/ worse than** ~ mejor/peor que nunca; **more than** ~ más que nunca; **they are becoming** ~ **better** son cada vez mejores
-3. (with negative sense) **hardly** ~ casi nunca; **nobody had** ~ **heard of him** nadie sabía nada de él; **not** ~ nunca; **nothing** ~ **happens** nunca pasa nada; **nothing** ~ **upsets her** nada consigue esp Esp enfadarla or esp Am enojarla; **I don't know if I'll** ~ **see him again** no sé si lo volveré a ver (alguna vez); **I seldom** or **rarely if** ~ **see her** apenas la veo; US ~ **and again** de cuando or vez en cuando
-4. (in questions) alguna vez; **do you** ~ **go to Spain?** ¿vas a España?, ¿visitas España?; **have you** ~ **been to Spain?** ¿has estado (alguna vez) en España?; **I can't remember** ~ **meeting him** no recuerdo haberlo visto; **will I** ~ **be happy?** ¿seré feliz algún día?; **can't you** ~ **get anything right?** ¿es que no puedes hacer nada bien?; **don't you** ~ **regret it?** ¿nunca sientes remordimientos?
-5. (in exclamations, questions) **have you** ~ **seen the like of it!** ¡has visto algo igual!; **how** ~ **could she say that?** ¿pero cómo ha podido decir algo así?; **what** ~ **is the matter?** ¿se puede saber qué te ocurre?; **when** ~ **did you manage to do it?** ¿pero cuándo te las arreglaste para hacerlo?; **where** ~ **can it be?** ¿pero dónde puede estar?; **who** ~ **was that?** ¿se puede saber quién era ése?; **why** ~ **would he do such a thing?** ¿pero por qué haría una cosa así?; US **are you pleased? – am I** ~! ¿estás contento? – ¡ya lo creo!
-6. Fam (for emphasis) ~ **so expensive** tan carísimo(a); **thanks** ~ **so much** muchísimas or tantísimas gracias; **it's** ~ **so slightly stained** tiene una mancha pero apenas se nota; **I got** ~ **so confused** me confundí por completo; ~ **such a lot of money** tantísimo dinero; **she's** ~ **such a nice person** es una persona tan encantadora; **we had** ~ **such a good time** nos lo pasamos de maravilla

Everest ['evərɪst] n **(Mount)** ~ el (monte) Everest

Everglades ['evəgleɪdz] npl **the** ~ los Everglades, = región pantanosa al sur de Florida

evergreen ['evəgri:n] ◇ n árbol m de hoja perenne
◇ adj -1. (tree) (de hoja) perenne ❑ US **the Evergreen State** = apelativo familiar referido al estado de Washington -2. (ever popular) (song, story, film) de toda la vida, clásico -3. FIN ~ **fund** fondo m de crédito permanente

everlasting [evə'lɑ:stɪŋ] adj -1. (eternal) (life) eterno(a), perpetuo(a); **to my** ~ **shame/regret,...** para mi infinita vergüenza or Am pena/infinito remordimiento,...; **Henry, to his** ~ **credit, said nothing** Henry no dijo nada, lo cual le será eternamente reconocido -2. (incessant) continuo(a), incesante; **a life of** ~ **misery** una vida de continuas desgracias -3. ~ **flower** siemprevivaf

evermore [evə'mɔ:(r)] adv Formal por siempre (jamás); **for** ~ para siempre

every ['evrɪ] adj -1. (each, all) cada; **I know** ~ **song he's ever written** conozco todas las canciones que ha escrito; **he ate** ~ **(last) bit of it** se comió hasta el último bocado; **I enjoyed** ~ **minute of the movie** disfruté la película enormemente; **it was worth** ~ **penny** ha valido su precio; **she has read** ~ **(single) one** ha leído todos y cada uno, ha leído todos sin excepción; ~ **(single) one of us** todos y cada uno de nosotros; ~ **time** siempre, cada vez; ~ **time (that) I see her** cada vez que la veo; US ~ **which way** en todas direcciones; **he criticizes me at** ~ **opportunity** me critica siempre que puede; **from** ~ **side** de todas partes; **it is in** ~ **sense** or **way an improvement** supone una mejora desde todos los puntos de vista; **of** ~ **description** or **kind** or **sort** de todo tipo; ~ **man for himself!** ¡sálvese quien pueda!; **they have been watching her** ~ **move** han estado vigilando todos sus movimientos; **they cater for your** ~ **need** se ocupan de todas tus necesidades; **they hung on his** ~ **word** estaban pendientes de cada una de sus palabras
-2. (indicating regular occurrence) ~ **day** todos los días; ~ **week** todas las semanas; ~ **20 kilometres** cada 20 kilómetros; ~ **day this week** cada día de esta semana; **a baby is born** ~ **three minutes** cada tres minutos nace un bebé; ~ **second week** cada dos semanas; ~ **second man was killed** uno de cada dos hombres murió; **one in** ~ **ten** uno de cada diez; ~ **few days** cada pocos días; ~ **other** or **second day** cada dos días, Am día por medio; ~ **other line/page** (one in two) cada dos líneas/páginas, Am línea/página por medio; ~ **other house had a satellite dish** (almost all) casi todas las casas tenían antena parabólica; ~ **so often,** ~ **once in a while,** ~ **now and again** or **then** de vez en cuando
-3. (for emphasis) **I shall give you** ~ **assistance** haré todo lo que pueda para ayudarte; **there is** ~ **chance the plan will succeed** lo más probable es que el plan sea un éxito; **I have** ~ **confidence in you** confío plenamente en ti; **we are making** ~ **effort to improve** estamos haciendo todo lo posible por mejorar; **I have** ~ **intention of telling her** estoy completamente decidido a contárselo; **you have had** ~ **opportunity to change** has tenido todas las oportunidades del mundo para cambiar; **you have** ~ **right to be angry** tienes todo el derecho a estar esp Esp enfadado or esp Am enojado; **he is showing** ~ **sign of improving** muestra todos los signos de estar recuperándose; **we wish you** ~ **success** te deseamos mucho éxito; ~ **bit as good/intelligent as...** exactamente igual de bueno/inteligente que...

everybody ['evrɪbɒdɪ], **everyone** ['evrɪwʌn] pron todo el mundo, todos(as); ~ **I know was there** toda la gente que conozco estaba allí; ~ **has their own opinion on the matter** todos tenemos nuestra propia opinión sobre el tema; **is** ~ **here?** ¿estamos todos?; **is that** ~? (are we all here?) ¿estamos todos?; **not** ~ **would agree with you** no todo el mundo estaría de acuerdo contigo; **we will send a letter to** ~ **affected** enviaremos una carta a todos los afectados; **would** ~ **in favour raise their hand?** los que estén a favor, que levanten la mano; **O.K.** ~, **let's start** atención todo el mundo, vamos a empezar, Esp venga todos, comencemos; ~ **but Jim agreed** todos estuvimos/estuvieron de acuerdo menos Jim; ~ **who wants to go should put their name on the list** el que quiera ir que escriba su nombre en la lista; Hum ~ **who is anybody** toda la gente importante

everyday ['evrɪdeɪ] adj (event, expression) cotidiano(a); **for** ~ **use** para uso cotidiano; **in** ~ **use** de uso cotidiano or corriente

everyone = everybody

everyplace ['evripleis] *adv US* = **everywhere**

everything ['evriθiŋ] *pron* todo; **I lost ~** (lo) perdí todo; **the movie has ~** la película tiene de todo; **we have ~ from sofas to fitted kitchens** tenemos de todo, desde sofás hasta cocinas integrales; **she has ~ going for her** lo tiene todo a su favor; **~ (that) I did seemed to go wrong** parecía que todo lo que hacía salía mal; **I will do ~ possible** *or* **~ (that) I can** haré todo lo posible *or* todo lo que pueda; **~ went quiet** se hizo el silencio; **is ~ all right?** ¿pasa algo?, ¿algún problema?; **money isn't ~** el dinero no lo es todo; **you are *or* mean ~ to me** tú lo eres todo para mí; **does it have anything to do with me? – it has ~ to do with you!** ¿tiene algo que ver conmigo? – ¡por supuesto que tiene que ver contigo!; *Fam* **the room had a minibar and ~** la habitación tenía minibar y todo; *Fam* **what with the kids and ~ we haven't got time** con los niños y toda la pesca *or Méx* todas las historias *or RP* toda la pelota no tenemos tiempo; **~ must go!** *(sign in sale)* ¡hasta liquidar existencias *or RP* el stock!

everywhere ['evriweə(r)] ◇ *adv* por *or* en todas partes *or* todos lados; **we looked ~** miramos por todas partes *or* todos lados; **they go ~ together** van juntos a todas partes *or* todos lados; **he follows me ~** me sigue a todas partes *or* todos lados; **~ in France** en toda Francia; **~ you go/look** dondequiera que vayas/mires; **I fly ~ with British Airways** siempre vuelo con British Airways; **democrats ~ were shocked by this decision** la decisión conmocionó a los demócratas de todo el mundo; **death was ~** la presencia de la muerte se dejaba *or* hacía sentir en todas partes; **I can't be ~ at once!** ¡no se puede estar en todas partes a la vez *or* en todos lados al mismo tiempo!

◇ *pron* **~ looks so clean** todo parece tan limpio; **~'s fully booked** no hay lugar en ningún sitio, *Esp, Méx* no hay plazas en ningún sitio, *Andes* en ninguna parte hay campo

evict [ɪ'vɪkt] *vt* desahuciar, desalojar

eviction [ɪ'vɪkʃən] *n* desahucio *m*, desalojo *m*
❑ **~ order** orden *f* de desahucio *or* desalojo

evidence ['evɪdəns] ◇ *n* **-1.** *(proof, indication)* pruebas *fpl*; **on the ~ of their past performances...** a juzgar por su actuación en el pasado...; **to be in ~** ser claramente visible; **the police weren't much in ~** no se veía mucha policía; **a politician very much in ~ these days** un político que en la actualidad se deja ver mucho; **to show ~ of** mostrar; **there was no ~ of his stay in the house** no había pruebas de su paso por la casa

-2. LAW pruebas *fpl*; **the ~ is against him** las pruebas están en su contra; **a piece of ~** una prueba; **on the ~ of...** de acuerdo con el *or* sobre la base del testimonio de...; **to give ~ (for/against sb)** declarar (a favor/contra alguien), testificar (a favor/contra alguien); *Br* **to turn King's *or* Queen's ~**, *US* **to turn State's ~** = inculpar a un cómplice ante un tribunal a cambio de recibir un trato indulgente; *Br* **anything you say may be taken down and used in ~ against you** *(police caution)* todo lo que diga puede ser utilizado en su contra

◇ *vt Formal* evidenciar, demostrar; **as evidenced by...** como lo demuestra...

evident ['evɪdənt] *adj* evidente; **with ~ pleasure** con evidente placer; **it was ~ that...** era evidente que..., estaba claro que...

evidently ['evɪdəntlɪ] *adv* **-1.** *(apparently)* evidentemente, por lo visto; **did he refuse? – ~ not** ¿se negó? – por lo visto no; **their solution to the problem has ~ been unsuccessful** evidentemente, la solución que han dado al problema no ha tenido éxito **-2.** *(clearly)* claramente; **he was ~ in pain** se veía *or* se notaba claramente que le dolía

evil ['iːvəl] ◇ *n* mal *m*; **a greater/lesser ~** un mal mayor/menor; **the evils of drink** los males de la bebida; **to speak ~ of sb** hablar mal de alguien

◇ *adj* **-1.** *(wicked) (person)* malo(a), malvado(a); *(action, practice)* vil, perverso(a); *(influence, effect)* nocivo(a), perjudicial; *(spirit, spell)* maligno(a); IDIOM **to have an ~ tongue** tener una lengua viperina; IDIOM **to put off the ~ day** *or* **hour** posponer el día *or* el momento fatídico ❑ **the ~ eye** el mal de ojo; **to give sb the ~ eye** echar mal de ojo a alguien **-2.** *(smell, taste)* horrible

evildoer ['iːvəlduːə(r)] *n Literary* malhechor(ora) *m,f*

evildoing ['iːvəlduːɪŋ] *n* maldad *f*

evil-looking ['iːvəlˌlʊkɪŋ] *adj* de aspecto siniestro

evilly ['iːvəlɪ] *adv* maliciosamente

evil-minded ['iːvəlˈmaɪndɪd] *adj* perverso(a)

evil-smelling ['iːvəlˈsmelɪŋ] *adj* maloliente, apestoso(a)

evil-tempered ['iːvəlˈtempəd] *adj* de mal carácter

evince [ɪ'vɪns] *vt Formal* evidenciar

eviscerate [ɪ'vɪsəreɪt] *vt (disembowel)* destripar

evocation [ˌevə'keɪʃən] *n* evocación *f*

evocative [ɪ'vɒkətɪv] *adj* evocador(ora) (**of** de); **to be ~ of sth** evocar algo

evoke [ɪ'vəʊk] *vt* **-1.** *(summon up) (memory, emotion)* evocar **-2.** *(elicit) (admiration)* suscitar; *(response, smile)* provocar

evolution [ˌiːvə'luːʃən] *n (gradual development)* evolución *f*; **the theory of ~** la teoría de la evolución (de las especies)

evolutionary [ˌiːvə'luːʃənərɪ] *adj* evolutivo(a)

evolutionist [ˌiːvə'luːʃənɪst] *n* evolucionista *mf*

evolve [ɪ'vɒlv] ◇ *vt* desarrollar

◇ *vi (species)* evolucionar; *(situation)* desarrollarse; *(theory, discipline)* desarrollarse, evolucionar; **to ~ from** *(species)* provenir de

ewe [juː] *n* oveja *f* (hembra)

ewer ['juːə(r)] *n* aguamanil *m*, jarro *m*

ex¹ [eks] *n Fam (former spouse, girlfriend, boyfriend)* ex *mf*

ex² *prep* **-1.** COM **ex warehouse/works** en almacén/fábrica **-2.** FIN sin (incluir); **ex VAT** sin IVA

ex- [eks] *prefix (former)* ex-; **ex-minister/teacher** ex ministro(a)/profesor(ora); **ex-wife/husband** ex mujer/marido, exmujer/exmarido

exacerbate [eg'zæsəbeɪt] *vt Formal* exacerbar

exact [ɪg'zækt] ◇ *adj* **-1.** *(accurate, correct)* exacto(a); **it's an ~ copy** es una copia exacta

-2. *(precise) (number, amount)* exacto(a), preciso(a); **at the ~ moment when...** en el preciso momento *or* instante en que...; **those were her ~ words** ésas fueron exactamente sus palabras; **the ~ opposite** exactamente lo contrario; **to be ~** para ser exactos; **an ~ science** una ciencia exacta

◇ *adv Fam* **the ~ same dress** el mismísimo vestido

◇ *vt (promise, apology)* arrancar (**from** a); *(obedience, respect)* imponer (**from** a); *(tax)* imponer el pago de (**from** a)

exacting [ɪg'zæktɪŋ] *adj (person)* exigente; *(task)* arduo(a); *(standards)* riguroso(a)

exaction [ɪg'zækʃən] *n* exacción *f*

exactitude [ɪg'zæktɪtjuːd] *n Formal* exactitud *f*

exactly [ɪg'zæktlɪ] *adv* exactamente; **I followed her instructions ~** seguí sus instrucciones al pie de la letra; **it's ~ 5 o'clock** son exactamente las cinco en punto; **the machine can reproduce this sound ~** el aparato puede reproducir este sonido con exactitud; **~!** ¡exacto!; **not ~** *(not very)* no precisamente; *(as a reply)* no exactamente; **~ the same** exactamente lo mismo; **~ the opposite** justo lo contrario; **it's ~ what I was worried about** es justo lo que me preocupaba; *Ironic* **her remarks were not ~ helpful** sus comentarios no fueron lo que se dice de gran ayuda

exactness [ɪg'zæktnɪs] *n* exactitud *f*, precisión *f*

exaggerate [ɪg'zædʒəreɪt] ◇ *vt* **-1.** *(overstate)* exagerar; **to ~ one's own importance** darse una importancia exagerada **-2.** *(emphasize)* acentuar

◇ *vi* exagerar

exaggerated [ɪg'zædʒəreɪtɪd] *adj* exagerado(a); **to have an ~ opinion of oneself** *or* **of one's own worth** tener una opinión desmesurada de la propia valía

exaggeration [ɪgˌzædʒə'reɪʃən] *n* exageración *f*; **he is given to ~** le gusta exagerar; **it would be no ~ to say that...** no sería exagerado *or* una exageración decir que...

exalt [ɪg'zɔːlt] *vt Formal* **-1.** *(praise)* exaltar **-2.** *(in rank)* ascender

exaltation [ˌegzɔːl'teɪʃən] *n* **-1.** *(praise)* exaltación *f*, ensalzamiento *m* **-2.** *(elation)* júbilo *m*, exultación *f*

exalted [ɪg'zɔːltɪd] *adj (high)* elevado(a)

exam [ɪg'zæm] *n* examen *m*; **to take *or* sit an ~** examinarse, hacer un examen; **to fail an ~** *Esp* suspender *or Am* reprobar un examen; **to pass an ~** aprobar un examen; **under ~ conditions** con condiciones de examen, como si fuera un examen ❑ **~ board** tribunal *m* (de examen), junta *f* examinadora; **~ paper** hoja *f* de examen, examen *m*; **~ result** nota *f*, resultado *m*

examination [ɪgˌzæmɪ'neɪʃən] *n* **-1.** *(inspection, scrutiny)* examen *m*, inspección *f*; *(at customs)* (of baggage) registro *m*; **to carry out** *or* **make an ~ of sth** *(gen)* examinar *or* inspeccionar algo; *(baggage)* registrar algo; **the device was removed for ~** retiraron el dispositivo para examinarlo; **on ~** tras *or* al ser examinado, después de un examen; **on closer** *or* **further ~** tras un examen más detenido, al ser examinado más de cerca; **the matter is under ~** el asunto se está estudiando

-2. *(at school, at university)* examen *m*; **to take** *or* **sit an ~** hacer un examen, examinarse; **to fail an ~** *Esp* suspender *or Am* reprobar un examen; **to pass an ~** aprobar un examen; **under ~ conditions** con condiciones de examen, como si fuera un examen ❑ **~ board** tribunal *m* (de examen), junta *f* examinadora; **~ paper** hoja *f* de examen, examen *m*; **~ result** nota *f*, resultado *m*

-3. *(of patient)* reconocimiento *m*, examen *m*

-4. LAW *(of witness, suspect)* interrogatorio *m*

examine [ɪg'zæmɪn] *vt* **-1.** *(inspect) (object, evidence)* examinar; *(place)* inspeccionar; *(records)* estudiar, revisar; *(at customs) (baggage)* registrar; **to ~ one's conscience** hacer examen de conciencia **-2.** *(at school, at university)* examinar **-3.** *(patient)* reconocer, examinar; IDIOM *Hum* **he needs his head examined** le falta un tornillo **-4.** LAW *(witness, suspect)* interrogar

examinee [ɪgˌzæmɪ'niː] *n* examinando(a) *m,f*

examiner [ɪg'zæmɪnə(r)] *n* examinador(ora) *m,f*

examining magistrate [ɪg'zæmɪnɪŋˈmædʒɪstreɪt] *n Br* juez *m* de instrucción, juez *m* de primera instancia

example [ɪg'zɑːmpəl] *n* **-1.** *(illustration, specimen)* ejemplo *m*; **for ~** por ejemplo; **it's a classic ~ of 1960's architecture** es un ejemplo clásico de la arquitectura de los años sesenta

-2. *(person or action to be imitated)* ejemplo *m*; **you're an ~ to us all** eres un ejemplo para todos nosotros; **to hold sb up as an ~** poner a alguien como ejemplo; **to set an ~** dar ejemplo; **you're setting your little brother a bad ~** le estás dando un mal ejemplo a tu hermano pequeño; **to follow sb's ~** seguir el ejemplo de alguien; **to lead by ~** predicar con el ejemplo

-3. *(warning)* **let this be an ~ to you!** ¡que te sirva de escarmiento!, ¡así aprenderás!; **to make an ~ of sb** imponer un castigo ejemplar a alguien

exasperate [ɪgˈzɑːspəreɪt] vt exasperar; **to get** or **become exasperated (with sth/sb)** exasperarse (con algo/alguien)

exasperating [ɪgˈzɑːspəreɪtɪŋ] adj exasperante; **it's been an ~ day** ha sido un día de volverse loco

exasperatingly [ɪgˈzɑːspəreɪtɪŋlɪ] adv exasperantemente; **he's ~ slow** es de una lentitud exasperante or que saca de quicio

exasperation [ɪgzɑːspəˈreɪʃən] n exasperación f; **out of** or **in ~** con exasperación

ex cathedra [ˈeksəˈθiːdrə] ◇ adj magistral
◇ adv ex cathedra, ex cátedra

excavate [ˈekskəveɪt] ◇ vt excavar
◇ vi excavar

excavation [ekskəˈveɪʃən] n -1. (activity) excavación f; **after months of ~** después de excavar durante meses -2. (site) lugar m de la excavación

excavator [ˈekskəveɪtə(r)] n -1. (machine) excavadora f -2. (person) excavador(ora) m,f

exceed [ɪkˈsiːd] vt -1. (be more than) (amount, number) superar, exceder; **demand exceeded supply** la demanda superaba or excedía la oferta -2. (go beyond) (expectations, hopes, fears) superar, exceder; (limit) rebasar, sobrepasar; (budget) sobrepasar; **she exceeded her authority** se excedió en su autoridad; **do not ~ the stated dose** (on medicine label) no exceda la dosis indicada

exceedingly [ɪkˈsiːdɪŋlɪ] adv sumamente, extremadamente

excel [ɪkˈsel] (pt & pp **excelled**) ◇ vt esp Ironic **to ~ oneself** superarse; **you've really excelled yourself this time!** ¡esta vez te has superado a ti misma!, ¡esta vez te has lucido!
◇ vi sobresalir (**at** or **in** en), distinguirse (**at** or **in** en)

excellence [ˈeksələns] n excelencia f; **to strive for ~** esforzarse por alcanzar la excelencia or máxima calidad

Excellency [ˈeksələnsɪ] n **Your/His ~** Su Excelencia

excellent [ˈeksələnt] adj excelente; **~!** ¡estupendo!, Andes,CAm,Carib,Méx ¡chévere!, Méx ¡padre!, RP ¡bárbaro!

excellently [ˈeksələntlɪ] adv estupendamente, excelentemente

excelsior [ɪkˈselsɪɔː(r)] n US virutas fpl de embalaje

except [ɪkˈsept] ◇ prep excepto, salvo; **everywhere ~ there** en todas partes or todos lados menos allí; **nobody ~ him** nadie salvo él; **I know nothing ~ what you've told me** no sé nada aparte de lo que me has contado; **you can't get them ~ by mail order** sólo los puedes conseguir por correo; **we would have lost, ~ for you** de no ser o a no ser por ti, habríamos perdido; **the dress is ready ~ for the buttons** menos or salvo los botones, el vestido está listo; **he's my best friend, ~ for you, of course** es mi mejor amigo, aparte de ti, claro está
◇ conj -1. (apart from) **they did everything ~ win** hicieron todo menos ganar; **there is little we can do ~ pray** aparte de rezar, poco podemos hacer; **~ when** salvo cuando
-2. (only) **~ (that)** sólo que; **mine's identical ~ (that) it's red** el mío es igual, pero rojo; **I'd love to go, ~ I haven't got time** me encantaría ir, sólo que or pero no tengo tiempo
◇ vt exceptuar, excluir (**from** de); **Friday excepted, we had a nice week** con la excepción del viernes, la semana fue buena; **present company excepted** exceptuando a los aquí presentes

excepting [ɪkˈseptɪŋ] prep exceptuando, salvo; **not ~...** incluyendo a...; **I got all the answers right, ~ the first one** acerté todas las respuestas menos la primera

exception [ɪkˈsepʃən] n -1. (atypical case) excepción f; **the ~ that proves the rule** la excepción que confirma la regla -2. (exemption, allowance) excepción f; **to make an ~ of sth/for sb** hacer una excepción con algo/con alguien; **with the ~ of...** a excepción de...; **without ~** sin excepción -3. **to take ~ to sth** (be offended) ofenderse por algo; (object) censurar algo

exceptionable [ɪkˈsepʃənəbəl] adj Formal inaceptable, censurable

exceptional [ɪkˈsepʃənəl] adj -1. (outstanding) excepcional -2. (very special) excepcional; **in ~ circumstances** en circunstancias excepcionales

exceptionally [ɪkˈsepʃənəlɪ] adv -1. (outstandingly) extraordinariamente -2. (in very special cases) excepcionalmente; **~, more time may be allowed** en casos excepcionales se dará más tiempo

excerpt [ˈeksɜːpt] ◇ n fragmento m (**from** de)
◇ vt **the quotations were excerpted from...** las citas fueron extraídas or seleccionadas de...

excess [ɪkˈses] ◇ n -1. (over-indulgence) exceso m; **to do sth to ~** hacer algo en exceso; **to lead a life of ~** llevar una vida de excesos -2. (surplus) exceso m; **in ~ of** más de, por encima de; **sums in ~ of £1,000** sumas superiores a or de más de 1.000 libras; **to pay the ~** (on ticket) pagar la diferencia or el suplemento -3. **excesses** (outrages, atrocities) excesos -4. Br (in insurance policy) franquicia f
◇ adj **~ baggage** exceso m de equipaje; **~ demand** exceso m de demanda; **~ fare** suplemento m; **~ weight** (obesity) exceso m de peso

excessive [ɪkˈsesɪv] adj (charges, fees) excesivo(a); **~ drinking** beber demasiado or en exceso

excessively [ɪkˈsesɪvlɪ] adv excesivamente; **it was difficult, but not ~ so** era difícil pero no demasiado or excesivamente

exchange [ɪksˈtʃeɪndʒ] ◇ n -1. (of prisoners, ideas) intercambio m; **in ~ (for)** a cambio (de); **in ~ for helping them, she was given food and lodging** a cambio de ayudarles, le dieron alojamiento y comida ❑ COM **~ of contracts** firma f de contrato
-2. (argument) **there was a heated ~** hubo un acalorado intercambio verbal
-3. (cultural, educational) intercambio m ❑ **~ student** alumno(a) m,f de intercambio; **~ visit** visita f de intercambio
-4. FIN (of currency) cambio m ❑ **~ controls** controles mpl de cambio (monetario); **~ rate** tipo m or Am tasa f de cambio; **at the current ~ rate** con el tipo or Am la tasa de cambio actual; **~ rate mechanism** mecanismo m de los tipos de cambio
-5. FIN (place) **(Stock) Exchange** mercado m de valores, bolsa f
-6. (telephone) **~** (equipment) central f telefónica, centralita f
◇ vt -1. (insults, gifts, information) intercambiar; (faulty goods) descambiar; (prisoners) canjear; **to ~ sth for sth** cambiar algo por algo; **we exchanged places (with each other)** intercambiamos el sitio (el uno con el otro); **would you like to ~ places?** ¿quieres que te cambie el sitio?, ¿quieres que me cambie de sitio contigo?; **we exchanged addresses** nos intercambiamos nuestras señas or direcciones; Euph **to ~ words** tener unas palabras; **to ~ glances** mirarse, intercambiar miradas; **to ~ views** intercambiar impresiones
-2. FIN (currency) cambiar

exchangeable [ɪksˈtʃeɪndʒəbəl] adj (voucher, currency) canjeable (**for** por)

exchequer [ɪksˈtʃekə(r)] n Br **the Exchequer** el erario público, ≃ Hacienda

excisable [ɪkˈsaɪzəbəl] adj (taxable) imponible

excise[1] [ˈeksaɪz] n **~ (duties)** (tax) impuesto m sobre el consumo

excise[2] [ɪkˈsaɪz] vt Formal -1. (growth) extirpar -2. (from text) suprimir, excluir

exciseman [ˈeksaɪzmæn] n Br HIST recaudador m de impuestos

excision [ekˈsɪʒən] n Formal -1. (of growth) extirpación f -2. (of a piece of text) supresión f, eliminación f

excitability [ɪksaɪtəˈbɪlɪtɪ] n excitabilidad f

excitable [ɪkˈsaɪtəbəl] adj excitable

excite [ɪkˈsaɪt] vt -1. (person) entusiasmar, emocionar; **the doctor said you weren't to ~ yourself** el médico dijo que no debes alterarte or agitarte -2. (arouse sexually) excitar -3. (feeling, passion) excitar, estimular; (envy, interest) suscitar -4. PHYS excitar

excited [ɪkˈsaɪtɪd] adj -1. (enthusiastic, eager) entusiasmado(a), emocionado(a) (**about** or **at** con); (child, dog) alborotado(a); **to get ~ (about)** entusiasmarse or ilusionarse (con); **don't get too ~!** ¡no te hagas muchas ilusiones!; Ironic **well, don't sound so ~!** ¡no lo digas con tanto entusiasmo!
-2. (agitated) **don't get ~!** ¡no te alteres or agites!
-3. (sexually) excitado(a)
-4. PHYS excitado(a)

excitedly [ɪkˈsaɪtɪdlɪ] adv -1. (enthusiasticly, eagerly) con entusiasmo, con emoción -2. (agitatedly) con alteración

excitement [ɪkˈsaɪtmənt] n -1. (enthusiasm, eagerness) emoción f, entusiamo m; **to cause great ~** provocar un gran revuelo
-2. (agitation) **to avoid ~** evitar las emociones fuertes; **what's all the ~ about?** ¿a (cuento de) qué viene tanto revuelo?; **I've had enough ~ for one day** he tenido suficientes emociones por un día
-3. (sexual) excitación f
-4. (interesting events) **we don't get much ~ round here** por aquí nunca pasa nada muy emocionante; **I don't want to miss the ~** no quería perderme lo más emocionante

exciting [ɪkˈsaɪtɪŋ] adj -1. (eventful, interesting) emocionante, apasionante -2. (sexually) excitante

excl. (abbr **excluding**) sin (incluir)

exclaim [ɪkˈskleɪm] ◇ vt exclamar; **"but why?" he exclaimed** "pero, ¿por qué?", exclamó
◇ vi exclamar (**at** ante)

exclamation [eksklə'meɪʃən] n exclamación f ❑ **~ mark** signo m de admiración or exclamación; US **~ point** signo m de admiración or exclamación

exclamatory [eksˈklæmətərɪ] adj exclamativo(a)

exclude [ɪksˈkluːd] vt -1. (bar) excluir (**from** de); **women were excluded from power/from holding public office** a las mujeres se las excluía de las posiciones de poder/de los cargos públicos; **to feel excluded (from)** sentirse excluido(a) (de)
-2. (not take into consideration) excluir (**from** de); **the figures ~ deaths from other causes** las cifras no incluyen or no comprenden las muertes por otras causas; **excluding...** excluyendo...
-3. Br (from school) expulsar temporalmente

exclusion [ɪksˈkluːʒən] n -1. (barring) exclusión f ❑ **~ clause** (in insurance policy) cláusula f de exclusión; **~ order** orden f (judicial) de extrañamiento; **~ zone** zona f de exclusión
-2. (ignoring) exclusión f; **to the ~ of...** haciendo caso omiso de... -3. Br (from school) expulsión f temporal

exclusive [ɪksˈkluːsɪv] ◇ n (in newspaper, on TV) exclusiva f
◇ adj -1. (socially select) exclusivo(a), selecto(a)
-2. (rights, contract) exclusivo(a); **~ interview** entrevista en exclusiva
-3. (not including) **~ of** (tax, postage) sin incluir, excluyendo; **from 14 to 19 October, ~ del 14 al 19 de octubre, ambos exclusive
-4. (incompatible) **to be mutually ~** excluirse mutuamente
-5. (sole) exclusivo(a); **for the ~ use of...** para uso exclusivo de...

exclusively [ɪksˈkluːsɪvlɪ] adv (only) exclusivamente; (in newspaper, on TV) en exclusiva

exclusivity [eksklu:ˈsɪvɪtɪ] n uso m exclusivo, exclusividad f

excommunicate [ekskəˈmjuːnɪkeɪt] vt excomulgar

excommunication [ekskəmjuːnɪˈkeɪʃən] *n* excomunión *f*

ex-convict [ˈeksˈkɒnvɪkt], *Fam* **ex-con** [ˈeksˈkɒn] *n* ex presidiario(a) *m,f*

excoriate [ɪksˈkɔːrieɪt] *vt Formal (criticize)* vituperar

excrement [ˈekskrɪmənt] *n* excremento *m*

excrescence [ɪksˈkresəns] *n Formal* **-1.** *(growth)* excrecencia *f* **-2.** *(eyesore)* adefesio *m*

excreta [ɪksˈkriːtə] *npl Formal* excrementos *mpl*, deposiciones *fpl*

excrete [ɪksˈkriːt] *Formal* ⋄ *vt* excretar
⋄ *vi* excretar

excretion [ɪksˈkriːʃən] *n Formal* **-1.** *(action)* excreción *f* **-2.** *(substance)* excreción *f*

excretory [ɪksˈkriːtərɪ] *adj Formal* excretor(ora)

excruciating [ɪksˈkruːʃieɪtɪŋ] *adj* **-1.** *(pain, sight)* terrible, espantoso(a) **-2.** *(extremely bad)* terrible, espantoso(a); **it was ~** *(embarrassing)* era para morirse de vergüenza; *(boring)* era para morirse de aburrimiento

excruciatingly [ɪksˈkruːʃieɪtɪŋlɪ] *adv* **-1.** *(painfully)* terriblemente, espantosamente; **~ painful** terriblemente doloroso(a) **-2.** *(very)* **it was ~ embarrassing** era de morirse de vergüenza; **it was ~ boring** era para morirse de aburrimiento; **~ funny** tremendamente gracioso(a)

exculpate [ˈekskʌlpeɪt] *vt Formal* exculpar; **to ~ oneself** exculparse

excursion [ɪksˈkɜːʃən] *n* **-1.** *(short trip)* excursión *f*; **to make** *or* **go on an ~** hacer una excursión, ir de excursión; **she went on a shopping ~** salió de compras ❏ **~ ticket** *Esp* billete *m or Am* boleto *m or Am* pasaje *m* de tarifa reducida **-2.** *(into a different field)* incursión *f*

excusable [ɪkˈskjuːzəbəl] *adj* disculpable, perdonable

excuse ⋄ *n* [ɪksˈkjuːs] **-1.** *(explanation, justification)* excusa *f*; **to make an ~, to make excuses** disculparse, excusarse; **to make one's excuses (and leave)** excusarse (y marcharse); **make my excuses to them** preséntales mis excusas; **you'd better have a good ~!** ¡más vale que tengas una buena excusa!; **there's no ~ for it!** ¡no hay derecho a eso!; **ignorance is no ~** el no saber no es excusa; **that's no ~ for being rude** eso no es razón para ser grosero; **by way of (an) ~** como excusa; **excuses, excuses!** ¡excusas y nada más que excusas!
-2. *(example)* **a poor ~ for a TV show** una vergüenza de programa; **he's a poor ~ for a father** llamarlo padre es mucho
-3. *(pretext)* excusa *f*, pretexto *m*; **an ~ to do** *or* **for doing sth** una excusa *or* un pretexto para hacer algo; **any ~ for a drink!** ¡cualquier excusa es buena con tal de beber algo!
⋄ *vt* [ɪksˈkjuːz] **-1.** *(justify)* justificar; **to ~ oneself** justificarse
-2. *(forgive)* disculpar, excusar; **now, if you will ~ me,...** ahora, si me disculpas...; **one could be excused for thinking that he was much younger** no sería de extrañar que alguien pensase que era mucho más joven; **~ me!** *(to attract attention)* ¡perdón!, ¡oiga (por favor)!; *(when trying to get past)* ¿me permite?; *(making objection)* ¡un momento!, ¡perdona!; **~ me?** *(what did you say?)* ¿cómo?; **well, ~ me for mentioning it!** ¡tampoco es como para que te pongas así porque lo haya mencionado!
-3. *(exempt)* dispensar (**from** de), eximir (**from** de); **to ~ sb from doing sth** dispensar a alguien de hacer algo; **he is excused gym** está dispensado de hacer gimnasia
-4. to ~ oneself *(give excuse)* disculparse, excusarse; *(before leaving)* disculparse, excusarse

ex-directory [eksdɪˈrektərɪ] ⋄ *adj Br* **~ number** = número que no figura en la guía telefónica
⋄ *adv* **to go ~** = hacer que el número de uno no figure en la guía telefónica

exe [ˈeksɪ] *n* COMPTR **~ file** archivo *m* exe *or* ejecutable

exec [ɪgˈzek] *n Fam* ejecutivo(a) *m,f*

execrable [ˈeksɪkrəbəl] *adj Formal* execrable

execrably [ˈeksɪkrəblɪ] *adv Formal* execrablemente

execrate [ˈeksəkreɪt] *vt Formal* **-1.** *(loathe)* detestar, abominar **-2.** *(denounce)* execrar

execration [eksɪˈkreɪʃən] *n Formal* **-1.** *(loathing)* aversión *f* **-2.** *(denunciation)* execración *f*

executable file [ɪgˈzekjʊtəbəlˈfaɪl] *n* COMPTR (fichero *m*) ejecutable *m*

execute [ˈeksɪkjuːt] *vt* **-1.** *(prisoner)* ejecutar **-2.** *(carry out) (command)* ejecutar; *(plan, operation)* llevar a cabo; *(one's duties)* cumplir (con); **a superbly executed carving** una talla magníficamente labrada **-3.** LAW *(will, deed)* otorgar **-4.** COMPTR ejecutar

execution [eksɪˈkjuːʃən] *n* **-1.** *(of prisoner)* ejecución *f* **-2.** *(of order)* ejecución *f*; *(of duty)* cumplimiento *m* **-3.** LAW *(of will, deed)* otorgamiento *m*

executioner [eksɪˈkjuːʃənə(r)] *n* verdugo *m*

executive [ɪgˈzekjʊtɪv] ⋄ *n* **-1.** *(businessman)* ejecutivo(a) *m,f* **-2.** *(committee)* ejecutivo *m* **-3.** *(arm of government)* (poder *m*) ejecutivo *m* ❏ *US* **~ privilege** = exención de la obligación de revelar el contenido de documentos internos por parte del ejecutivo del gobierno estadounidense; **~ session** sesión *f* a puerta cerrada
⋄ *adj (function, role)* ejecutivo(a); *(car park, canteen)* para ejecutivos; **he's not good at making ~ decisions** no sirve para tomar decisiones con carácter ejecutivo ❏ *Br* **~ director** director(ora) *m,f* ejecutivo(a); **~ lounge** *(in airport)* sala *f* para ejecutivos; *(in hotel)* salón *m* de ejecutivos; **~ secretary** secretario(a) *m,f* ejecutivo(a), secretario(a) *m,f* de sección; **~ suite** *(in hotel)* suite *f* para ejecutivos; *(in company)* despacho *m* de ejecutivo; **~ toy** = juego *or* artilugio para entretenerse en los ratos libres en la oficina

EXECUTIVE PRIVILEGE

El **Executive Privilege** otorga al presidente de EE.UU., o a otros miembros del ejecutivo americano, el derecho a gozar de inmunidad ante las comisiones de investigación del Congreso o los procesos judiciales. El presidente, al ejercerlo en determinadas circunstancias, puede acogerse al derecho de no revelar información al Congreso o al poder judicial. Se acostumbra a recurrir al **Executive Privilege** para mantener la confidencialidad de acciones militares o de misiones diplomáticas. Aunque desde Eisenhower abundan los intentos para eliminar las restricciones y limitaciones que regulan y acotan este derecho, los tribunales estadounidenses han fallado repetidamente en contra de los mismos.

executor [ɪgˈzekjʊtə(r)] *n* LAW albacea *mf*; **to make sb one's ~** nombrar a alguien su albacea

executrix [ɪgˈzekjʊtrɪks] *(pl* **executrices** [ɪgˈzekjʊtrɪsiːz]*) n* LAW albacea *f*

exegesis [eksəˈdʒiːsɪs] *(pl* **exegeses** [eksəˈdʒiːsiːz]*) n Formal* exégesis *f inv*

exemplar [ɪgˈzemplɑː(r)] *n* **-1.** *(fine example)* modelo *m* **-2.** *(typical example)* ejemplo *m*

exemplary [ɪgˈzemplərɪ] *adj* **-1.** *(very good) (behaviour, pupil)* ejemplar **-2.** *(serving as a warning) (punishment)* ejemplar ❏ LAW **~ damages** = indemnización adicional en calidad de castigo ejemplar

exemplification [ɪgzemplɪfɪˈkeɪʃən] *n* ejemplificación *f*

exemplify [ɪgˈzemplɪfaɪ] *vt* **-1.** *(give example of)* ilustrar **-2.** *(be example of)* ilustrar, ejemplificar

exempt [ɪgˈzempt] ⋄ *adj* exento(a) (**from** de); **to be ~ from sth** estar exento(a) de algo; **~ from taxes** exento(a) de impuestos
⋄ *vt* **-1.** *(from duty, obligation)* eximir (**from** de) **-2.** *(goods)* **to be exempted from tax** estar exento(a) de impuestos

exemption [ɪgˈzem(p)ʃən] *n* **-1.** *(from duty, obligation)* exención *f* (**from** de) **-2.** *Br (from tax)* exención *f* **-3.** *US (tax allowance)* desgravación *f* fiscal

exercise [ˈeksəsaɪz] ⋄ *n* **-1.** *(physical)* ejercicio *m*; **I don't get much ~** no hago mucho ejercicio; **to take ~** hacer ejercicio; **I'll walk, I need the ~** iré andando, necesito hacer ejercicio ❏ **~ bike** bicicleta *f* estática; **~ yard** *(in prison)* patio *m* (de ejercicios)
-2. *(school task)* ejercicio *m* ❏ **~ book** *(book)* libro *m* de ejercicios; *(notebook)* cuaderno *m* de ejercicios
-3. *(use)* ejercicio *m*; **in the ~ of one's duties** en el ejercicio de su cargo
-4. *(activity, undertaking)* ejercicio *m*, operación *f*; **a useful/futile ~** una útil/vana empresa; **this is more than just a PR ~** esto es más que un simple ejercicio de relaciones públicas
-5. *(military)* maniobra *f*; **on exercise(s)** de maniobras
⋄ *vt* **-1.** *(body, mind)* ejercitar; *(horse)* ejercitar; *(dog)* sacar a pasear a
-2. *(right, one's influence)* ejercer; **to ~ discretion** ser discreto(a); **to ~ restraint** controlarse; **to ~ patience** tener paciencia; **to ~ caution** ser prudente
-3. ST EXCH *(option)* ejercer
-4. *Formal (preoccupy)* atribular
⋄ *vi (physically)* hacer ejercicio

exert [ɪgˈzɜːt] *vt (pressure, force, influence)* ejercer; **to ~ oneself** esforzarse; *Ironic* **don't ~ yourself!** ¡no te vayas a herniar!

exertion [ɪgˈzɜːʃən] *n* **-1.** *(of pressure, influence)* ejercicio *m*; *(of force)* empleo *m* **-2.** *(effort)* esfuerzo *m*; **after the day's exertions** después de los esfuerzos hechos durante la jornada

exfoliate [eksˈfəʊlieɪt] ⋄ *vt* exfoliar
⋄ *vi* exfoliarse

exfoliating cream [eksˈfəʊlieɪtɪŋkriːm] *n* crema *f* exfoliante

ex gratia [ˈeksˈgreɪʃɪə] *adj (payment)* voluntario(a)

exhalation [eksəˈleɪʃən] *n* **-1.** *(breathing out)* espiración *f* **-2.** *(air breathed out)* exhalación *f*

exhale [eksˈheɪl] ⋄ *vt (air)* espirar, exhalar; *(smoke)* exhalar
⋄ *vi (breathe out air)* espirar, exhalar; *(breathe out smoke)* exhalar

exhaust [ɪgˈzɔːst] ⋄ *n* **-1.** *(on car)* escape *m*; **~ (pipe)** tubo *m* de escape, *RP* caño *m* de escape **-2.** *(emission)* **~ (fumes)** gases *mpl* de la combustión
⋄ *vt* **-1.** *(person)* agotar; **to ~ oneself (doing sth)** agotarse haciendo algo **-2.** *(resources, patience)* agotar; **I think we've exhausted the subject, don't you?** creo que hemos agotado el tema ¿no?

exhausted [ɪgˈzɔːstɪd] *adj* agotado(a), exhausto(a); **to be ~** estar agotado(a) *or* exhausto(a); **you look ~!** ¡pareces agotada *or* exhausta!

exhausting [ɪgˈzɔːstɪŋ] *adj* agotador(ora)

exhaustion [ɪgˈzɔːstʃən] *n* **-1.** *(tiredness)* agotamiento *m*; **to be suffering from ~** sufrir de agotamiento **-2.** *(of resources, patience)* agotamiento *m*

exhaustive [ɪgˈzɔːstɪv] *adj* exhaustivo(a); **the list is not ~** la lista no es exhaustiva

exhaustively [ɪgˈzɔːstɪvlɪ] *adv* exhaustivamente, de forma exhaustiva

exhibit [ɪgˈzɪbɪt] ⋄ *n* **-1.** *(in art exhibition)* obra *f* expuesta; **one of the prize exhibits** una de las mejores piezas **-2.** *(in court case)* prueba *f* material; **~ A** la prueba A **-3.** *US (exhibition)* exposición *f*
⋄ *vt* **-1.** *(object)* exhibir **-2.** *(painting in exhibition)* exponer **-3.** *(demonstrate) (courage, self-control)* demostrar, dar muestras de; **to ~ signs of stress/wear** dar muestras de estrés/desgaste
⋄ *vi (artist)* exponer

exhibition [eksɪˈbɪʃən] *n* **-1.** *(of art, informative)* exposición *f*; **trade ~** exposición comercial ❏ **~ centre** centro *m* de exposiciones; SPORT **~ game** partido *m* de exhibición **-2.** *Fam* **to make an ~ of oneself** dar el espectáculo, *Esp* montar el número; **that**

exhibitionism

was a disgraceful ~! ¡fue un espectáculo penoso or bochornoso! **-3.** Br UNIV (award) beca f

exhibitionism [eksɪˈbɪʃənɪzəm] n **-1.** (attracting attention) exhibicionismo m **-2.** PSY exhibicionismo m

exhibitionist [eksɪˈbɪʃənɪst] n **-1.** (person who likes attracting attention) exhibicionista mf **-2.** PSY exhibicionista mf

exhibitionistic [eksɪbɪʃəˈnɪstɪk] adj (behaviour, person) exhibicionista

exhibitor [ɪgˈzɪbɪtə(r)] n **-1.** (at gallery, trade fair) expositor(ora) m,f **-2.** (cinema owner, company) exhibidor(ora) m,f

exhilarate [ɪgˈzɪləreɪt] vt entusiasmar, enardecer

exhilarated [ɪgˈzɪləreɪtɪd] adj eufórico(a), enardecido(a); **to feel ~** sentirse eufórico(a)

exhilarating [ɪgˈzɪləreɪtɪŋ] adj vivificante, excitante

exhilaration [ɪgzɪləˈreɪʃən] n euforia f

exhort [ɪgˈzɔːt] vt Formal exhortar; **to ~ sb to do sth** exhortar a alguien a hacer algo

exhortation [ɪgzɔːˈteɪʃən] n Formal exhortación f

exhumation [ekshjuːˈmeɪʃən] n Formal exhumación f

exhume [eksˈhjuːm] vt exhumar

exigency [ˈeksɪdʒənsɪ] n Formal **-1. exigencies** (demands, needs) exigencias, imperativos **-2.** (emergency) urgencia f

exigent [ˈeksɪdʒənt] adj Formal **-1.** (manner) exigente, imperioso(a) **-2.** (problem) acuciante, apremiante

exiguous [ɪgˈzɪgjʊəs] adj Formal exiguo(a)

exile [ˈeksaɪl] ◇ n **-1.** (banishment) exilio m; **to go into ~** exiliarse; **in ~** en el exilio **-2.** (exiled person) exiliado(a) m,f
◇ vt exiliar (**from** de)

exist [ɪgˈzɪst] vi **-1.** (be in existence) existir; **the species now only exists in zoos** la especie sólo se conserva en zoológicos; **there exists an ancient tradition which...** existe una vieja tradición que... **-2.** (survive) sobrevivir (**on** a base de); **he earns enough to ~ on** gana lo suficiente para subsistir

existence [ɪgˈzɪstəns] n **-1.** (state of being) existencia f; **to be in ~** existir; **it's the only one of its species still in ~** es el único de su especie que queda en existencia; **it's the only shop/institution of its kind still in ~** es la única tienda/institución de este tipo que aún existe; **to come into ~** nacer, ver la luz; **to go out of ~** desaparecer
-2. (life) existencia f, vida f; **to lead a pleasant/wretched ~** llevar una existencia or vida agradable/desgraciada

existent [ɪgˈzɪstənt] adj Formal existente, actual; **under ~ legislation** con la legislación actual or vigente

existential [egzɪsˈtenʃəl] adj existencial

existentialism [egzɪsˈtenʃəlɪzəm] n existencialismo m

existentialist [egzɪsˈtenʃəlɪst] ◇ n existencialista mf
◇ adj existencialista

existing [ɪgˈzɪstɪŋ] adj existente, actual; **under ~ legislation** con la legislación actual or vigente

exit [ˈegzɪt] ◇ n **-1.** (way out) (from room, building, motorway) salida f; **let's turn off at the next ~** vamos a tomar la próxima salida ❏ US **~ ramp** carril m de salida or deceleración **-2.** (action) (from room) salida f; **to make an ~** salir ❏ POL **~ poll** sondeo m a la salida de los colegios electorales; **~ visa** visado m or Am visa f de salida; **~ wound** herida f de salida
◇ vt **-1.** (room, building) salir de **-2.** COMPTR salir de
◇ vi **-1.** (leave) salir; **he exited through the rear door** salió por la puerta de atrás **-2.** THEAT salir; **~ Ophelia** (as stage direction) sale Ofelia **-3.** COMPTR salir

exodus [ˈeksədəs] n **-1.** (mass departure) éxodo m **-2. Exodus** (book in Bible) el Éxodo

ex officio [ˈeksəˈfɪʃɪəʊ] ◇ adj (member) en virtud del cargo
◇ adv **to act ~** actuar en virtud del cargo

exogamous [ekˈsɒgəməs] adj BIOL exogámico(a)

exogamy [ekˈsɒgəmɪ] n BIOL exogamia f

exogenous [ekˈsɒdʒənəs] adj exógeno(a)

exonerate [ɪgˈzɒnəreɪt] vt exonerar, exculpar (**from** or **of** de)

exoneration [ɪgzɒnəˈreɪʃən] n exoneración (**from** de)

exorbitant [ɪgˈzɔːbɪtənt] adj exorbitante, exagerado(a)

exorbitantly [ɪgˈzɔːbɪtəntlɪ] adv exorbitantemente; **it's ~ expensive** es exorbitantemente caro; **it's ~ priced** tiene un precio exorbitante

exorcism [ˈeksɔːsɪzəm] n exorcismo m; **to carry out** or **perform an ~** llevar a cabo un exorcismo

exorcist [ˈeksɔːsɪst] n exorcista mf

exorcize [ˈeksɔːsaɪz] vt (evil spirits, place) exorcizar; Fig (past, fears) conjurar

exoskeleton [ˈeksəʊskelətən] n ZOOL exoesqueleto m

exosphere [ˈeksəʊsfɪə(r)] n ASTRON exosfera f

exothermic [eksəʊˈθɜːmɪk] adj CHEM (reaction) exotérmico(a)

exotic [ɪgˈzɒtɪk] ◇ adj exótico(a); **~-sounding/-looking** de sonido/aspecto exótico
◇ n (plant) planta f exótica

exotica [ɪgˈzɒtɪkə] npl objetos mpl exóticos, rarezas fpl

exotically [ɪgˈzɒtɪklɪ] adv (dressed, decorated) de forma exótica

exoticism [ɪgˈzɒtɪsɪzəm] n exotismo m

expand [ɪksˈpænd] ◇ vt **-1.** (enlarge) (gas) expandir; (metal) expandir, dilatar; (chest, muscles) desarrollar
-2. (increase) (production, output) ampliar; (company, empire) expandir
-3. (extend) (ambitions, influence) extender, ampliar; **to ~ one's horizons** ampliar horizontes; **it's an idea that could easily be expanded into a novel** es una idea que puede fácilmente ampliarse a una novela
-4. (add detail to) ampliar
-5. MATH (equation) desarrollar
-6. COMPTR (memory) ampliar, expandir
◇ vi **-1.** (enlarge) (gas) expandirse; (metal) expandirse, dilatarse; (chest, muscles) desarrollarse
-2. (increase) (production, output) ampliarse; (company, empire) expandirse; (market) expandirse, extenderse; **we want to ~ into publishing** queremos extendernos al sector editorial
-3. (talk, write at greater length) **could you ~?** ¿puedes hablar más or extenderte un poco?
➔ **expand on, expand upon** vt insep (talk, write at greater length about) desarrollar; **could you ~ on this?** ¿puedes hablar más or extenderte sobre este punto?

expandable [ɪksˈpændəbəl] adj COMPTR expandible; **98MB ~ to 392MB** 98MB expandibles a 392MB

expanded [ɪksˈpændɪd] adj **-1.** (plastic) **~ polystyrene** poliestireno m expandido **-2.** COMPTR **~ keyboard** teclado m expandido; **~ memory** memoria f expandida

expanding [ɪksˈpændɪŋ] adj **-1.** (market, economy, company) en expansión; **the ~ universe** el universo en expansión **-2.** (extendable) expandible; **~ watch strap** correa de reloj expandible; **~ suitcase/briefcase** maleta/maletín de expansión

expanse [ɪksˈpæns] n (of land, water) extensión f

expansion [ɪksˈpænʃən] n **-1.** (of solid, gas) dilatación f ❏ **~ bolt** perno m regulable; **~ joint** junta f de dilatación **-2.** (of production, output) ampliación f; (of company, empire, market) expansión f **-3.** COMPTR **~ card** tarjeta f de ampliación (de memoria); **~ slot** ranura f de expansión

expansionism [ɪkˈspænʃənɪzəm] n expansionismo m

expansionist [ɪksˈpænʃənɪst] adj expansionista

expansive [ɪksˈpænsɪv] adj (person, gesture) expansivo(a), comunicativo(a); **an ~ gesture** un gesto amplio; **to be in an ~ mood** estar comunicativo(a)

expansively [ɪksˈpænsɪvlɪ] adv (to talk) extensamente; (to gesture) ampliamente

expat [ˈeksˈpæt] n esp Br Fam emigrado(a) m,f

expatiate [eksˈpeɪʃɪeɪt] vi Formal explayarse, hablar largo y tendido (**on** acerca de)

expatriate [eksˈpætrɪət] ◇ adj n (voluntary) emigrado(a) m,f; (in exile) expatriado(a) m,f
◇ adj expatriado(a)
◇ vt [eksˈpætrɪeɪt] expatriar

expect [ɪksˈpekt] ◇ vt **-1.** (anticipate) esperar; **the movie was better than I expected** la película era mejor de lo que esperaba; **I wasn't expecting that** no me esperaba eso, no contaba con eso; **I knew what to ~** ya sabía lo que me esperaba; **the police are expecting trouble** la policía prevé problemas, la policía cree que se producirán problemas; **we were expecting more people to turn up** contábamos con que viniera más gente; **~ it to be difficult** puedes contar con que será difícil; **I expected as much** ya me lo esperaba; **to ~ the worst** esperarse lo peor; **to ~ to do sth** esperar hacer algo; **so I'll ~ to see you here on Monday** nos vemos entonces el lunes; **I'm expecting to be made redundant** estoy pendiente de que me despidan; **you can ~ to pay up to $50** te puede costar hasta 50 dólares; **to ~ sb to do sth** esperar que alguien haga algo; **I was expecting you to say no** me temía que dirías que no; **don't ~ me to help you out** no esperes que yo te ayude; **we ~ sales to drop** prevemos un descenso en las ventas; **they won, as expected** ganaron, como se esperaba; **as one might ~** como era de esperar; **it's only to be expected** no es de sorprender; **what do** or **can you ~ (from him)?** ¿qué esperas or esperabas (de él)?; **I expected better of you** realmente esperaba más de ti
-2. (require) **to ~ sb to do sth** esperar de alguien que haga algo; **I ~ you to be punctual** confío en que serás puntual; **I don't ~ you to be perfect** no pretendo que seas perfecto; **you are expected to answer all the questions** conteste a todas las preguntas; **applicants are expected to provide three references** los aspirantes deberán adjuntar tres referencias; **you can't be expected to do everything yourself** no se pueden pedir que hagas todo tú solo or por ti mismo; **people ~ too much from marriage** la gente espera demasiado del matrimonio; **I ~ absolute loyalty from you** te exijo lealtad absoluta; **I know what is expected of me** sé qué es lo que se espera de mí
-3. (suppose) **to ~ (that)...** suponer que...; **I ~ you'll be wanting something to drink** (said grudgingly) supongo que querrás algo de beber; **I ~ so/not** supongo que sí/que no; **it is expected that they will marry in the autumn** se espera que se casen en otoño
-4. (baby) **she's expecting a baby** está esperando un hijo
-5. (await) esperar; **I'll ~ you at six** te espero a las seis; **we're expecting him back any minute** lo esperamos en cualquier momento
◇ vi Fam (be pregnant) **she's expecting** está en estado or esperando

expectancy [ɪksˈpektənsɪ] n expectación f; **an air of ~** un ambiente de gran expectación; **a look of ~** una mirada expectante

expectant [ɪksˈpektənt] adj **-1.** (full of anticipation) (air, crowd) expectante **-2.** (pregnant) **~ mother** futura madre

expectantly [ɪksˈpektəntlɪ] adv con expectación, con aire expectante

expectation [ekspekˈteɪʃən] n **-1.** (anticipation) expectativa f; **there is every ~ that he will recover** hay muchas esperanzas de que se

expected

recupere; **in (the) ~ of sth** en previsión de algo
-2. *(hope, aspiration)* expectativa *f*; **to have high expectations of** tener muchas esperanzas puestas en; **it came up to/fell short of** *or* **didn't live up to his expectations** estuvo/no estuvo a la altura de las expectativas; **contrary to all expectations** contra lo que se esperaba
-3. *Formal* **expectations** *(of inheritance)* expectativas de heredar

expected [ɪksˈpektɪd] *adj* esperado(a), previsto(a); **please state ~ salary** *(on application form)* por favor, indique el salario que espera percibir

expectorant [ɪksˈpektərənt] *n* MED expectorante *m*

expectorate [ɪkˈspektəreɪt] MED *or Formal* ◇ *vi* expectorar
◇ *vt* expectorar

expediency [ɪksˈpiːdɪənsɪ], **expedience** [ɪksˈpiːdɪəns] *n* **-1.** *(advisability)* conveniencia *f*
-2. *(self-interest)* conveniencia *f*

expedient [ɪksˈpiːdɪənt] *Formal* ◇ *n* recurso *m*
◇ *adj* **-1.** *(advisable)* conveniente; **it would be ~ to...** resultaría conveniente... **-2.** *(self-interested)* conveniente

expedite [ˈekspɪdaɪt] *vt Formal* acelerar, apresurar; **to ~ matters** para acelerar las cosas

expedition [ekspəˈdɪʃən] *n* **-1.** *(journey)* expedición *f*; **to go on an ~** salir de expedición; *Fam* **getting there was quite an ~!** ¡llegar allí resultó ser toda una expedición! **-2.** *Archaic or Literary (speed)* celeridad *f*

expeditionary force [ekspəˈdɪʃənərˈfɔːs] *n* MIL cuerpo *m or* fuerzas *fpl* expedicionarias

expeditious [ekspəˈdɪʃəs] *adj Formal* diligente

expeditiously [ekspɪˈdɪʃəslɪ] *adv Formal* con diligencia

expel [ɪksˈpel] *(pt & pp* **expelled)** *vt* **-1.** *(from school, party, country)* expulsar **-2.** *(gas, liquid, breath)* expulsar

expend [ɪksˈpend] *vt* **-1.** *(time)* emplear **(on** en); *(effort)* dedicar **(on** a); *(energy)* consumir **(on** en); *(money, resources)* emplear, invertir **(on** en) **-2.** *(use up)* *(ammunition)* agotar; *(supply)* consumir, agotar

expendable [ɪksˈpendəbəl] *adj* prescindible; **none of my staff was ~** todos mis empleados eran imprescindibles

expenditure [ɪksˈpendɪtʃə(r)] *n* **-1.** *(act of spending)* *(of money, energy)* gasto *m*; **this will involve us in fairly heavy ~** esto nos obligará a realizar un desembolso considerable **-2.** *(money spent)* gasto *m* **(on** en); **arms/defence ~** gastos en armamento/defensa; **public ~** gasto público

expense [ɪksˈpens] *n* **-1.** *(cost)* gasto *m*; **at no extra ~** sin costo *or Esp* coste adicional; **at my own ~** a mi costa; **it's not worth the ~** no vale lo que cuesta; **to go to great ~** gastar mucho dinero; **no ~ was spared to...** no se reparó en gastos para...; **at the ~ of one's health/sanity** a costa de perder la salud/cordura; **to go to the ~ of doing sth** gastarse el dinero en hacer algo; **I don't want to put you to any ~** no quiero suponerle ningún gasto; **to make a joke at sb's ~** hacer un chiste a costa de alguien; **to succeed at other people's ~** tener éxito a costa de los demás
-2. COM **expenses** gastos; **to meet** *or* **cover sb's expenses** correr con *or* costear los gastos de alguien; **to put sth on expenses** apuntar algo en la cuenta de gastos (de la empresa); **it's on expenses** corre a cargo de la empresa; **all expenses paid** con todos los gastos pagados ❏ **~ account** cuenta *f* de gastos

expensive [ɪksˈpensɪv] *adj* caro(a); **it's an ~ place to live** es un sitio donde resulta caro vivir; **to have ~ tastes** tener gustos caros; **an ~ mistake** un error muy caro

expensively [ɪksˈpensɪvlɪ] *adv* caro; **dressed/furnished** con ropa cara/muebles caros; **to live ~** vivir a lo grande, llevar un tren de vida caro

expensiveness [ɪkˈspensɪvnɪs] *n* lo caro

experience [ɪksˈpɪərɪəns] ◇ *n* **-1.** *(in life, in a job)* experiencia *f*; **he still lacks ~** todavía le falta experiencia; **to know sth from ~** saber algo por experiencia; **to speak from ~** hablar basándose en la experiencia; **to learn from ~** aprender de la experiencia; **~ shows** *or* **proves that...** la experiencia indica *or* demuestra que...; **in my ~** según mi experiencia; **to chalk it up to** *or* **put it down to ~** asumirlo como una experiencia positiva; **no ~ necessary** *(in job advert)* no es necesaria *or* no se necesita experiencia
-2. *(event)* experiencia *f*; **she had a nasty ~** le pasó una cosa terrible; **my first ~ of Spanish cooking** mi primera experiencia *or* encuentro con la cocina española; **it was the ~ of a lifetime!** ¡fue una experiencia inolvidable!
◇ *vt* **-1.** *(undergo)* *(hardship, recession, improvement)* experimentar; **it's not something I've experienced myself** no es algo por lo que yo haya pasado; **he experienced some difficulty in opening the door** tuvo alguna dificultad para abrir la puerta
-2. *(feel)* *(thrill, emotion, despair)* experimentar; **she experienced a certain feeling of fear** tuvo un poco de miedo; **he is experiencing a great deal of anxiety at the moment** está pasando por un momento de mucha ansiedad

experienced [ɪksˈpɪərɪənst] *adj (person, observer)* experimentado(a) **(in** en); **we're looking for someone a bit more ~** buscamos a alguien con un poco más de experiencia; **to be ~ at** *or* **in (doing) sth** tener experiencia en (hacer) algo; **to the ~ eye** para el ojo avezado

experiential [ɪksˌpɪərɪˈenʃəl] *adj Formal* empírico(a), experiencial

experiment [ɪksˈperɪmənt] ◇ *n* experimento *m*; **to do** *or* **carry out** *or* **conduct an ~** hacer *or* realizar un experimento; **as an ~, by way of ~** como experimento; **it's a bit of an ~** *(as modest apology)* es una prueba *or* un experimento
◇ *vi* experimentar **(with/on** con); **to ~ on animals** experimentar con animales, hacer experimentos con animales

experimental [ɪkspərɪˈmentəl] *adj* experimental; **it's still at the ~ stage** aún se encuentra en (una) fase experimental

experimentally [ɪkspərɪˈmentəlɪ] *adv* de forma experimental, empíricamente

experimentation [ɪkspərɪmənˈteɪʃən] *n* experimentación *f*

experimenter [ɪkˈsperɪmentə(r)] *n* experimentador(ora) *m,f*

expert [ˈekspɜːt] ◇ *n* experto(a) *m,f* **(at/on** *or* **in** en); **I'm no ~, but...** no soy un experto *or* entendido pero...; **do it yourself, you're the ~!** hazlo tú, que eres el experto
◇ *adj* experto(a) **(in** *or* **at** en); **an ~ opinion** la opinión de un experto; **to seek ~ advice** recurrir a la opinión de un experto; **to run** *or* **cast an ~ eye over sth** analizar algo con ojos de experto ❏ COMPTR **~ system** sistema *m* experto; LAW **~ witness** perito(a) *m,f*

expertise [ekspɜːˈtiːz] *n* destreza *f*, pericia *f*

expertize [ˈekspɜːtaɪz] *US* ◇ *vt* expertizar
◇ *vi* dar una opinión experta *or* de especialista

expertly [ˈekspɜːtlɪ] *adv* diestramente, hábilmente

expiate [ˈekspɪeɪt] *vt Formal* expiar

expiation [ekspɪˈeɪʃən] *n Formal* expiación *f*; **in ~ of sth** para expiar *or* enmendar algo

expiatory [ˈekspɪətərɪ] *adj Formal* expiatorio(a)

expiration [ekspɪˈreɪʃən] *n Formal* **-1.** *(of contract)* vencimiento *m* **-2.** *(exhalation)* espiración *f* **-3.** *US* **~ date** *(of product)* fecha *f* de caducidad

expire [ɪksˈpaɪə(r)] *vi* **-1.** *(law)* caducar; *(deadline)* expirar, vencer; *(passport, visa, lease)* vencer; **expires end 08/04** *(on credit card)* válido hasta 08/04 **-2.** *(exhale)* espirar **-3.** *Literary (die)* expirar

expiry [ɪksˈpaɪərɪ] *n* vencimiento *m* ❏ **~ date** fecha *f* de caducidad

---

explain [ɪksˈpleɪn] ◇ *vt* **-1.** *(clarify)* *(rule, theory)* explicar; **he explained to us how the machine worked** nos explicó el funcionamiento de la máquina; **she explained that she was a tourist in the city** aclaró que estaba de turista en la ciudad
-2. *(account for)* explicar, aclarar; **that explains it!** ¡eso lo explica todo!, ¡acabáramos!; **that's easily explained, that is easy to ~** es fácil de explicar; **to ~ oneself** explicarse
◇ *vi* explicarse

➤ **explain away** *vt sep* justificar, explicar; **~ that away if you can!** a ver si puedes justificarlo

explainable [ɪkˈspleɪnəbəl] *adj* explicable

explaining [ɪksˈpleɪnɪŋ] *n* **he's got a lot of ~ to do** tiene muchas cosas que explicar *or* muchas explicaciones que dar

explanation [eksplaˈneɪʃən] *n* explicación *f*; **to give** *or* **offer an ~ for sth** explicar algo; **to find an ~ for sth** encontrarle una explicación a algo; **what's the ~ for this?** ¿cómo se explica esto?, ¿qué explicación tiene esto?; **what can you say in ~ of your conduct?** ¿cómo puedes explicar tu conducta?; **the instructions need a bit of ~** hay que explicar un poco las instrucciones; **the minister is demanding a full ~** el ministro exige una detallada explicación

explanatory [ɪksˈplænətərɪ] *adj* explicativo(a) ❏ **~ note** nota *f* aclaratoria

expletive [ɪksˈpliːtɪv] *n (swearword)* palabrota *f*, *Esp* taco *m*

explicable [ɪksˈplɪkəbəl] *adj* explicable

explicate [ˈeksplɪkeɪt] *vt Formal* explicar, ofrecer una interpretación de

explication [eksplɪˈkeɪʃən] *n Formal* explicación *f*

explicit [ɪksˈplɪsɪt] *adj (denial, meaning, support)* explícito(a); **he was ~ on this point** fue explícito al respecto; **there's too much ~ sex on TV** en la tele se ve demasiado sexo explícito; **to give sb ~ instructions to do sth** dar instrucciones explícitas a alguien de que haga algo

explicitly [ɪksˈplɪsɪtlɪ] *adv* explícitamente

explicitness [eksˈplɪsɪtnɪs] *n* lo explícito

explode [ɪksˈpləʊd] ◇ *vt* **-1.** *(bomb)* hacer explotar, explosionar **-2.** *(idea, theory)* reventar, desbaratar
◇ *vi* **-1.** *(bomb)* explotar, estallar
-2. *(person) (with anger)* estallar; **to ~ with laughter** echarse *or* romper a reír, soltar una carcajada
-3. *(change dramatically)* **the game exploded into life** el partido cobró vida repentinamente; **punk exploded onto the scene in the 1970s** el movimiento punk irrumpió en escena en los años setenta; **the population exploded over the next decade** el crecimiento de la población se disparó durante la década siguiente

exploded [ɪksˈpləʊdɪd] *adj* **-1.** *(bomb)* detonado(a) **-2.** *(diagram)* en secciones, esquemático(a)

exploit ◇ *n* [ˈeksplɔɪt] hazaña *f*, proeza *f*
◇ *vt* [eksˈplɔɪt] **-1.** *(take unfair advantage of)* explotar **-2.** *(use)* *(resources, sb's talents)* aprovechar

exploitation [eksplɔɪˈteɪʃən] *n* explotación *f*

exploitative [eksˈplɔɪtətɪv] *adj* explotador(ora)

exploiter [ekˈsplɔɪtə(r)] *n (of workers)* explotador(ora) *m,f*

exploration [eksplɔˈreɪʃən] *n* **-1.** *(of place, problem)* exploración *f* **-2.** MED exploración *f*

exploratory [ɪksˈplɔrətərɪ] *adj* exploratorio(a); **~ discussions** *or* **talks** negociaciones preliminares ❏ **~ drilling** perforación *f* exploratoria; MED **~ surgery** cirugía *f* exploratoria

explore [ɪksˈplɔː(r)] ◇ *vt* **-1.** *(country, town)* explorar; **she explored her new filling with the tip of her tongue** se tocaba el nuevo empaste *or RP* la nueva emplomadura con la punta de la lengua **-2.** *(issue, possibility, problem)* analizar, estudiar; *Fig* **to**

explorer ~ every avenue agotar todas la posibilidades -3. MED explorar
◇ vi explorar; **let's go exploring** (in countryside, town) vayamos a explorar

explorer [ɪks'plɔːrə(r)] n explorador(ora) m,f

explosion [ɪks'pləʊʒən] n -1. (of bomb, gas) explosión f, estallido m
-2. (of laughter, anger) estallido m; **there was an ~ of laughter from the dining room** en el comedor comenzaron a soltar carcajadas
-3. (rapid increase) **an ~ in house prices** una vertiginosa escalada de los precios de la vivienda; **an ~ in the number of fast-food outlets** un espectacular incremento de los establecimientos de comida rápida

explosive [ɪks'pləʊsɪv] ◇ n explosivo m; **an explosives expert** un experto en explosivos
◇ adj -1. (gas) explosivo(a) ❑ **~ device** artefacto m explosivo -2. (likely to become violent) (temper, situation) explosivo(a); **an ~ combination** (of personalities, factors) una mezcla explosiva

expo ['ekspəʊ] (pl **expos**) n Fam expo f

exponent [ɪks'pəʊnənt] n -1. (of theory, art) exponente m; **a leading ~ of...** (supporter) un destacado defensor de... -2. MATH exponente m

exponential [ekspə'nenʃəl] adj exponencial; **~ growth/increase** crecimiento/aumento exponencial

exponentially [ekspə'nenʃəlɪ] adv exponencialmente

export ◇ n ['ekspɔːt] -1. (product) artículo m de exportación; **exports** (of country) exportaciones
-2. (exportation) exportación f; **for ~ only** sólo para exportación ❑ **~ credit** crédito m a la exportación; **~ credit guarantee** garantía f de créditos para la exportación; **~ duty** derechos mpl de exportación; **~ licence** permiso m or licencia f de exportación; **~ trade** comercio m de exportación
◇ vt [ɪks'pɔːt] -1. (goods) exportar -2. COMPTR exportar (**to** a)
◇ vi exportar

exportation [ekspɔː'teɪʃən] n exportación f

exporter [eks'pɔːtə(r)] n exportador(ora) m,f; **the country is a big ~ of oil** el país es un gran exportador de petróleo

expose [ɪks'pəʊz] vt -1. (uncover) (wire, nerve) exponer; (to air, cold, danger) exponer (**to** a); **to ~ sb to sth** exponer a alguien a algo; **he was exposed to German from the age of five** estuvo en contacto con el alemán desde que tenía cinco años; **to be exposed to criticism/ridicule** estar expuesto(a) a las críticas/al ridículo
-2. (crime, scandal) sacar a la luz, revelar; **to ~ sb as a traitor** revelar que alguien es un traidor
-3. (sexually) **a man exposed himself to my sister** a mi hermana le salió al paso un exhibicionista
-4. PHOT exponer

exposé [eks'pəʊzeɪ] n (article) artículo m de denuncia; (TV programme) programa m de denuncia

exposed [ɪks'pəʊzd] adj (position, hillside) expuesto(a), desprotegido(a); (wire) al descubierto, sin protección; (parts, gears) al descubierto; (beam) a la vista

exposition [ekspə'zɪʃən] n -1. (explanation) exposición f -2. (exhibition) exposición f -3. MUS exposición f

expostulate [ɪks'pɒstjʊleɪt] vi Formal discutir

expostulation [ɪkspɒstjʊ'leɪʃən] n Formal protesta f, reclamación f

exposure [ɪks'pəʊʒə(r)] n -1. (to air, cold, danger) exposición f; **to die of ~** morir de hipotermia (a la intemperie)
-2. (publicity) publicidad f; **to get** or **receive a lot of ~** recibir mucha publicidad
-3. (of crime, criminal) denuncia f
-4. PHOT (time) (tiempo m de) exposición f; (photograph) foto f ❑ **~ meter** fotómetro m
-5. FIN riesgo m, exposición f or concentración crediticia

-6. (position of house) orientación f; **the building has a southern ~** el edificio está orientado al sur

expound [ɪks'paʊnd] Formal ◇ vt explicar, dar cuenta de
◇ vi **to ~ on** hablar extensamente sobre, explayarse sobre

express [ɪks'pres] ◇ n -1. (train) (tren m) rápido m -2. (bus) directo m
◇ adj -1. (explicit) (purpose, instruction) expreso(a); **with the ~ intention of...** con la expresa intención de... -2. (rapid) **~ checkout** caja f rápida; **~ delivery** entrega f urgente; **~ letter** carta f urgente; US **Express Mail** = servicio de correo de entrega en 24 horas; **~ train** tren m rápido or expreso
◇ adv **to send a letter ~** enviar una carta urgente
◇ vt -1. (voice, convey) (idea, opinion, emotion) expresar; **to ~ oneself** expresarse; **to ~ an interest in (doing) sth** expresar or manifestar interés por (hacer) algo; **they expressed optimism that a solution would be found** manifestaron su optimismo en que se hallaría una solución; **well/badly expressed** bien/mal expresado
-2. MATH expresar
-3. Formal (squeeze out) (juice) exprimir; (milk) extraerse

expression [ɪks'preʃən] n -1. (of feelings, thoughts, friendship) expresión f; **to give ~ to sth** dar expresión a algo, expresar algo; **her feelings found ~ in music** expresaba sus sentimientos a través de la música; **we'd like you to have it as an ~ of our gratitude** nos gustaría que lo aceptes como muestra de nuestra gratitud; **freedom of ~** libertad de expresión
-2. (facial) expresión f
-3. (feeling) (in art, music) sentimiento m; **to play/to paint with ~** tocar/pintar con sentimiento
-4. (verbal) expresión f; **a set** or **fixed ~** una frase hecha
-5. MATH expresión f

expressionism [ɪks'preʃənɪzəm] n expresionismo m

expressionist [ɪks'preʃənɪst] ◇ n expresionista mf
◇ adj expresionista

expressionistic [ɪksˌpreʃə'nɪstɪk] adj expresionista

expressionless [ɪks'preʃənlɪs] adj (face, voice) inexpresivo(a)

expressive [ɪks'presɪv] adj expresivo(a); **to be ~ of sth** ser la manifestación or expresión de algo

expressively [ɪks'presɪvlɪ] adv de un modo expresivo

expressiveness [ɪk'spresɪvnɪs] n expresividad f

expressly [ɪks'preslɪ] adv -1. (specially) expresamente -2. (explicitly) explícitamente, expresamente; **I ~ forbid you to leave** te prohíbo expresamente que te vayas

expresso = espresso

expressway [ɪks'preswei] n US autopista f

expropriate [eks'prəʊprɪeɪt] vt expropiar

expropriation [eksˌprəʊprɪ'eɪʃən] n expropiación f

expulsion [ɪks'pʌlʃən] n -1. (from school, party, country) expulsión f -2. (of gas, liquid, breath) expulsión f

expunge [ɪks'pʌndʒ] vt Formal borrar, eliminar

expurgate ['ekspɜːgeɪt] vt expurgar

exquisite ['ekskwɪzɪt] adj -1. (food, beauty, manners) exquisito(a); (jewellery, craftsmanship) exquisito(a); **to have ~ taste** tener un gusto exquisito -2. (intense) (pleasure, pain, thrill) intenso(a)

exquisitely [eks'kwɪzɪtlɪ] adv -1. (beautiful, decorated) exquisitamente; **an ~ beautiful girl** una joven de una belleza exquisita -2. (intensely) intensamente

ex-serviceman [eks'sɜːvɪsmən] n Br excombatiente m

ex-servicewoman [eks'sɜːvɪswʊmən] n Br excombatiente f

ext (abbr **extension**) ext.

extant [eks'tænt] adj Formal **one of the few ~ paintings of that period** una de las pocas pinturas que se conservan de aquel periodo

extemporaneous [ɪkstempə'reɪnɪəs], **extemporary** [ɪks'tempərərɪ] adj improvisado(a)

extempore [ɪks'tempərɪ] ◇ adj (speech, speaker) improvisado(a)
◇ adv **to speak ~** hablar improvisando

extemporize [ɪks'tempəraɪz] vi Formal improvisar

extend [ɪks'tend] ◇ vt -1. (stretch out) (arm, leg) extender; (wings) extender, abrir; (aerial) desplegar
-2. (make longer) (holiday, deadline, contract) prolongar, prorrogar; (road, runway) prolongar, alargar
-3. (make larger, widen) (frontier, knowledge, search) ampliar; (vocabulary) ampliar; **to ~ a house** ampliar una casa; **the company wants to ~ its activities into the export market** la compañía quiere ampliar sus actividades entrando en el mercado de las exportaciones
-4. (give, offer) (one's hand) tender; (support, thanks) dar; **to ~ an invitation to sb** invitar a alguien, enviar una invitación a alguien; **to ~ a welcome to sb** dar a alguien la bienvenida; FIN **to ~ credit to sb** conceder un crédito a alguien
-5. (stretch) (horse, person) exigir
◇ vi -1. (in space) extenderse; **the queue extended all the way down the street** la cola llegaba hasta la calle; **the ladder extends to 15 ft** la escalera se extiende cuatro metros y medio
-2. (in time) prolongarse
-3. (apply to) **the legislation does not ~ to single mothers** esta legislación no alcanza or incluye a las madres solteras

extendable [ɪks'tendəbəl] adj -1. (ladder, legs) extensible -2. (lease, contract) prorrogable

extended [ɪks'tendɪd] adj -1. (in time) (contract) prorrogado(a); (leave, visit) prolongado(a); **~ coverage** (on radio, TV) amplia cobertura ❑ US **~ care** = servicios de atención hospitalaria en consultorios externos; US **~ forecast** = pronóstico meteorológico que comprende más de dos días; **~ warranty** garantía f ampliada
-2. (larger, wider) (frontiers, search) ampliado(a), extendido(a); **the bank granted him ~ credit** el banco le amplió el crédito ❑ **~ family** clan m familiar, Spec familia f extendida
-3. COMPTR **~ keyboard** teclado m extendido; **~ memory** memoria f extendida

extended-play [ɪks'tendɪd'pleɪ] adj EP inv

extension [ɪks'tenʃən] n -1. (of deadline) prórroga f, prolongación f; (for essay) aplazamiento m (de la fecha de entrega)
-2. (on building) ampliación f; **to build an ~ onto** construir una ampliación a
-3. (for telephone) extensión f, RP interno m; **can I have ~ 946?** ¿me puede comunicar or Esp poner con la extensión 946?, RP ¿me puede dar con el interno 946? ❑ **~ number** número m de extensión or RP interno
-4. (of frontiers) ampliación f, extensión f; (of legislation) ampliación f; **by ~** por extensión
-5. (action) (of arm) extensión f
-6. **~ (cable** or **cord** or Br **lead)** alargador m, alargadera f
-7. COMPTR extensión f
-8. UNIV **~ course** curso m de extensión universitaria

extensive [ɪks'tensɪv] adj -1. (area, knowledge, experience) amplio(a), extenso(a); (damage, repairs) cuantioso(a); (changes) profundo(a); (research, enquiries) exhaustivo(a); **to make ~ use of sth** utilizar algo mucho; **the issue has been given ~ coverage in the media** el asunto ha recibido una amplia cobertura en los medios de comunicación -2. **~ farming** agricultura f extensiva

extensively [ɪks'tensɪvlɪ] *adv (to travel)* mucho, a muchas partes; *(to read)* mucho, extensamente; **to use sth ~** utilizar algo mucho; **to be ~ damaged** sufrir cuantiosos daños; **~ changed/revised** profundamente transformado(a)/revisado(a)

extensor [ɪk'stensə(r)] *n* ANAT **~ (muscle)** (músculo *m*) extensor *m*

extent [ɪks'tent] *n* **-1.** *(of lands)* extensión *f*; *(of problem, damage, knowledge)* alcance *m*; *(of debts, involvement, influence)* magnitud *f*; **along the entire ~ of the street** en toda la extensión de la calle
-2. *(degree)* grado *m*, nivel *m*; **to what ~?** ¿hasta qué punto or extremo?, ¿en qué medida?; **to an ~, to a certain ~, to some ~** hasta cierto punto, en cierta medida; **to a great ~, to a large ~** en gran medida; **to a lesser ~** en menor medida; **to the ~ that...**, **to such an ~ that...** hasta tal punto que...

extenuate [ɪk'stenjʊeɪt] *vt* atenuar; **extenuating circumstances** (circunstancias) atenuantes

extenuation [ɪkstenjʊ'eɪʃən] *n* atenuación *f*; **in ~ (of)** como atenuante (de)

exterior [ɪks'tɪərɪə(r)] ◇ *n* **-1.** *(outside)* exterior *m*; **beneath her calm ~ she was extremely nervous** bajo su apariencia tranquila estaba sumamente inquieta **-2.** CIN exterior *m*
◇ *adj* **-1.** *(external) (wall, surface)* externo(a), exterior **-2.** CIN **an ~ shot** una toma en exteriores **-3.** MATH *(angle)* externo(a)

exteriorize [ɪks'tɪərɪəraɪz] *vt (emotions)* exteriorizar, manifestar

exterminate [ɪks'tɜːmɪneɪt] *vt* exterminar

extermination [ɪkstɜːmɪ'neɪʃən] *n* exterminio *m*

exterminator [ɪks'tɜːmɪneɪtə(r)] *n (of insects)* técnico(a) *m,f* en desinfección; *(of rodents)* técnico(a) *m,f* en desratización

external [ɪks'tɜːnəl] ◇ *adj* **-1.** *(exterior) (wall, surface, appearance)* externo(a), exterior; **for ~ use only or application only** *(on medicine)* (de) uso tópico, (de) aplicación externa
-2. *(from outside) (interference, pressure)* externo(a) ❏ FIN **~ audit** auditoría *f* externa; UNIV **~ degree** licenciatura *f* a distancia; UNIV **~ examiner** examinador(ora) *m,f* externo(a)
-3. *(foreign) (relations, trade)* exterior; **~ affairs** política *f* exterior
-4. COMPTR **~ command** comando *m* externo; **~ device** periférico *m* externo; **~ hard disk** disco *m* duro externo
◇ *n* **externals** apariencias

externalize [ɪks'tɜːnəlaɪz] *vt (feelings, emotions)* exteriorizar

externally [ɪks'tɜːnəlɪ] *adv* **-1.** *(outside, outwardly)* por fuera, exteriormente **-2.** *(to apply medicine)* por vía tópica, externamente **-3.** *(by outsiders)* por terceros

extinct [ɪks'tɪŋkt] *adj (species)* extinto(a), extinguido(a); *(volcano)* extinto(a), apagado(a); **to become ~** extinguirse

extinction [ɪks'tɪŋkʃən] *n* extinción *f*; **to hunt an animal to ~** cazar un animal hasta que se extinga

extinguish [ɪks'tɪŋgwɪʃ] *vt* **-1.** *(fire)* extinguir, apagar; *(light, cigarette)* apagar **-2.** *(hope, memory)* apagar, destruir

extinguisher [ɪks'tɪŋgwɪʃə(r)] *n Esp* extintor *m*, *Am* extinguidor *m*

extirpate ['ekstɜːpeɪt] *vt Formal* extirpar, erradicar

extirpation [ekstə'peɪʃən] *n Formal* extirpación *f*

extol, US **extoll** [ɪks'təʊl] *(pt & pp* **extolled)** *vt* ensalzar

extort [ɪks'tɔːt] *vt (money)* obtener mediante extorsión; *(promise, confession)* arrancar; **to ~ money from sb** extorsionar a alguien

extortion [ɪks'tɔːʃən] *n* extorsión *f*; *Fam* **that's sheer ~!** *(very expensive)* ¡es un robo!

extortionate [ɪks'tɔːʃənɪt] *adj (demand, price)* abusivo(a)

extortionately [ɪks'tɔːʃənɪtlɪ] *adv* **to be ~ expensive** tener un precio abusivo or exorbitante

extra ['ekstrə] ◇ *n* **-1.** *(additional item)* extra *m*; **a model with many optional extras** un modelo con muchos extras; **I can't afford many little extras** *(luxuries)* no me puedo permitir muchos caprichos or lujos **-2.** *(on bill)* suplemento *m*, recargo *m* **-3.** *(in movie)* extra *mf* **-4.** *(edition of newspaper)* número *m* especial or extra
◇ *adj* **-1.** *(additional)* adicional; **an ~ helping of cake** una porción más de pastel, otra porción más de pastel; **there are ~ towels if you need them** si necesitas toallas, hay más; **he made an ~ effort to be polite** tuvo que hacer un verdadero esfuerzo por ser amable; **service/VAT is ~** el servicio/IVA no está incluido; **it was an ~ $2** costó or valía dos dólares más; **(at) no ~ charge** sin recargo ❏ **~ point** *(in American football)* punto *m* extra; **~ time** *(in soccer match)* prórroga *f*; **the game has gone into ~ time** están jugando la prórroga
-2. *(spare)* de repuesto, de sobra
◇ *adv* **-1.** *(extremely)* **be ~ careful with the salt** ten muchísimo cuidado con la sal; **to work ~ hard** trabajar muchísimo; **~ fast** superrápido; **~ fine** *(flour, sugar)* extrafino(a); **~ large** extragrande; **~ strong** *(paper, tissue)* superresistente; *(mint)* extra fuerte ❏ **~ virgin olive oil** aceite *m* de oliva virgen extra
-2. *(in addition)* de más; **to pay ~ for a double room** pagar un suplemento por habitación doble

extract ◇ *n* ['ekstrækt] **-1.** *(concentrate)* extracto *m*; **beef/malt/vegetable ~** extracto de carne/malta/vegetal **-2.** *(from book, movie)* fragmento *m*
◇ *vt* [ɪks'trækt] **-1.** *(take out) (juice, oil, bullet)* extraer, sacar; *(tooth)* extraer; *(cork)* sacar; **I extracted the letter from my pocket** saqué la carta del bolsillo **-2.** *(obtain) (information)* obtener, sacar; *(money)* sacar, extraer; **to ~ a confession from sb** arrancar una confesión a alguien **-3.** MATH **to ~ the square root of a number** extraer la raíz cuadrada de un número **-4.** COMPTR *(zipped file)* extraer

extraction [ɪks'trækʃən] *n* **-1.** *(removal) (of juice, oil, bullet, tooth)* extracción *f* **-2.** *(social, geographical)* origen *m*, extracción *f*; **of noble/humble ~** de extracción or origen noble/humilde; **she is of Danish ~** es de origen danés

extractor [ɪks'træktə(r)] *n* **-1.** *(machine, tool)* extractor *m* **-2.** *(for juice)* exprimidor *m* **-3.** **~ (fan)** extractor *m* ❏ **~ hood** campana *f* extractora (de humos) **-4.** *(in gun)* expulsor *m*, extractor *m* de cartuchos

extracurricular ['ekstrəkə'rɪkjʊlə(r)] *adj* SCH extraescolar ❏ **~ activities** actividades *fpl* extraescolares

extraditable ['ekstrədaɪtəbəl] *adj (person)* extraditable; **~ offence** delito de extradición, delito sujeto a extradición

extradite ['ekstrədaɪt] *vt* LAW extraditar

extradition [ekstrə'dɪʃən] *n* LAW extradición *f* ❏ **~ request** demanda *f* de extradición; **~ treaty** tratado *m* de extradición

extrajudicial ['ekstrədʒuː'dɪʃəl] *adj* extrajudicial

extramarital ['ekstrə'mærɪtəl] *adj* extramarital

extramural ['ekstrə'mjʊərəl] *adj* **-1.** *Br* UNIV **~ course** = curso universitario para alumnos externos; **Department of Extramural Studies** Departamento de Estudios Externos **-2.** *US* **~ medical care** = asistencia que se brinda fuera de la institución hospitalaria

extraneous [ɪks'treɪnɪəs] *adj Formal* **-1.** *(irrelevant)* no pertinente; **to be ~ to sth** no ser pertinente en or para algo **-2.** *(from outside)* externo(a), ajeno(a)

extraordinarily [ɪks'trɔːdənərɪlɪ] *adv* **-1.** *(as intensifier)* extraordinariamente; **~ beautiful** bellísimo(a); **it took an ~ long time to get there** llevó muchísimo tiempo llegar allí
-2. *(unusually)* extraordinariamente; **~ for him, he arrived on time** por extraordinario que parezca, llegó a tiempo

extraordinary [ɪks'trɔːdənrɪ] *adj* **-1.** *(outstanding)* extraordinario(a)
-2. *(strange, unusual) (person)* extraño(a), extraordinario(a); *(behaviour, appearance, outfit)* insólito(a); **I find it ~ that you did not inform the police** me parece raro que no hayas informado a la policía; **the ~ thing is that...** lo extraordinario es que...; **quite ~!** ¡increíble!, ¡fabuloso!
-3. *(additional) (meeting, session)* extraordinario(a) ❏ **~ general meeting** junta *f* general extraordinaria; **~ powers** poderes *mpl* extraordinarios, competencias *fpl* extraordinarias

extrapolate [ɪk'stræpəleɪt] ◇ *vt* **-1.** *(infer from facts)* extrapolar **-2.** MATH extrapolar (**from** a partir de)
◇ *vi* **to ~ from sth** extrapolar (a partir de) algo

extrapolation [ɪkstræpə'leɪʃən] *n* extrapolación *f*

extrasensory ['ekstrə'sensərɪ] *adj* extrasensorial ❏ **~ perception** percepción *f* extrasensorial

extraterrestrial ['ekstrətɪ'restrɪəl] ◇ *n* extraterrestre *mf*
◇ *adj* extraterrestre

extraterritorial ['ekstrəterɪ'tɔːrɪəl] *adj (possessions, rights)* extraterritorial

extrauterine ['ekstrə'juːtəraɪn] *adj* MED extrauterino(a)

extravagance [ɪks'trævəgəns] *n* **-1.** *(excessive spending)* derroche *m*, despilfarro *m*; **his bankruptcy was due to the ~ of his tastes** se arruinó por lo mucho que despilfarró
-2. *(expensive purchase)* dispendio *m*; **to allow oneself little extravagances/the occasional ~** permitirse pequeños lujos/un lujo esporádico or ocasional **-3.** *(exaggeratedness) (of behaviour, dress, gesture)* exageración *f*

extravagant [ɪks'trævəgənt] *adj* **-1.** *(wasteful, profligate) (person)* derrochador(ora), manirroto(a); *(tastes)* caro(a); *(lifestyle)* de lujo; **an ~ purchase** un despilfarro; **to be ~ with other people's money** tirar or malgastar el dinero de los demás
-2. *(exaggerated) (behaviour, dress, gesture)* extravagante; *(comparison)* exagerado(a); *(praise)* excesivo(a); **to make ~ claims for sth** atribuir a algo exageradas cualidades

extravagantly [ɪks'trævəgəntlɪ] *adv* **-1.** *(lavishly)* dispendiosamente; **to live ~** vivir a todo lujo **-2.** *(exaggeratedly) (to behave, dress)* extravagantemente; *(to praise)* exageradamente

extravaganza [ɪkstrævə'gænzə] *n* espectáculo *m* fastuoso

extravehicular ['ekstrəvɪ'hɪkjʊlə(r)] *adj (in space flight)* fuera de la nave ❏ **~ activity** paseo *m* espacial

extraversion, extravert *etc* = **extroversion, extrovert** *etc*

Extremadura [ekstrəmə'djuːrə] *n* Extremadura

extreme [ɪks'triːm] ◇ *n* extremo *m*; **to go from one ~ to the other** pasar de un extremo al otro; **to go to extremes** recurrir a comportamientos extremos; **to take or carry sth to extremes** llevar algo al extremo; **to go to the opposite ~** irse al extremo opuesto; **extremes of temperature** temperaturas extremas; **polite/careful/reckless in the ~** extremadamente amable/cuidadoso/imprudente
◇ *adj* **-1.** *(intense, great) (heat, pain)* extremo(a); **they live in ~ poverty** viven en la más absoluta pobreza; **to be in ~ pain** sufrir un dolor terrible; **~ old age** vejez muy avanzada; CIN & TV **~ close-up** primerísimo plano
-2. *(immoderate) (views, measures, reaction)* extremo(a); **to be ~ in one's beliefs** ser de creencias extremistas or radicales; **an ~ case** un caso extremo ❏ **~ sports** deportes *mpl* extremos
-3. *(furthest away)* **on the ~ left/right of the screen** en el extremo izquierdo/derecho de la pantalla; **~ opposites** polos opuestos; **they are ~ opposites of the political spectrum** se encuentran en extremos opuestos

extremely

dentro del espectro político; POL **the ~ left** la extrema izquierda
 -4. REL **~ unction** extremaunción f
extremely [ɪksˈtriːmlɪ] adv extremadamente, sumamente
extremism [ɪksˈtriːmɪzəm] n extremismo m
extremist [ɪksˈtriːmɪst] ◇ n extremista mf
 ◇ adj extremista
extremity [ɪksˈtremɪtɪ] n -1. (end) extremo m -2. **the extremities** (of the body) las extremidades -3. (extreme nature) (of belief, view) extremismo m -4. (of situation) gravedad f extrema; **to help sb in their ~** ayudar a alguien que está pasando por una situación extrema -5. (extreme measure) medida f extrema
extricate [ˈekstrɪkeɪt] vt sacar, extraer; **to ~ oneself from** (danger, difficulties) escapar or librarse de; (meeting, conversation) escabullirse de
extrinsic [eksˈtrɪnsɪk] adj Formal extrínseco(a)
extroversion, extraversion [ekstrəˈvɜːʃən] n PSY extroversión f, extraversión f
extrovert, extravert [ˈekstrəvɜːt] ◇ n extrovertido(a) m,f, extravertido(a) m,f
 ◇ adj extrovertido(a), extravertido(a)
extroverted [ˈekstrəvɜːtɪd] adj extrovertido(a), extravertido(a)
extrude [ɪksˈtruːd] vt TECH extrudir
exuberance [ɪgˈzjuːbərəns] n -1. (of person) euforia f, exultación f; (of writing) exuberancia f; **to be full of exuberance** estar exultante -2. (of vegetation) exuberancia f
exuberant [ɪgˈzjuːbərənt] adj -1. (person) eufórico(a), exultante; (style) exuberante -2. (vegetation) exuberante
exuberantly [ɪgˈzjuːbərəntlɪ] adv con euforia, eufóricamente
exude [ɪgˈzjuːd] ◇ vt -1. (sweat, odour) exudar, rezumar -2. (health, confidence) rebosar, rezumar
 ◇ vi (sap, blood) brotar
exult [ɪgˈzʌlt] vi Formal -1. (rejoice) alborozarse, exultar (**in** ante) -2. (be triumphant) regocijarse (**over** con)
exultant [ɪgˈzʌltənt] adj Formal exultante
exultantly [ɪgˈzʌltəntlɪ] adv Formal con gran júbilo, exultantemente
exultation [egzʌlˈteɪʃən] n Formal júbilo m, euforia f
exurb [ˈeksɜːb] n US = zona residencial ubicada en las afueras de una ciudad
exurbia [eksˈɜːbɪə] n US = zona en la que se encuentran diferentes barrios residenciales en las afueras de una ciudad
ex-voto [ˈeksˈvəʊtəʊ] n REL exvoto m
eye [aɪ] ◇ n -1. (of person) ojo m; **he has blue eyes** tiene los ojos azules; **I have weak eyes** tengo la vista débil; **to open/close one's eyes** abrir/cerrar los ojos; **to look sb (straight) in the ~** mirar a alguien a los ojos; **the ~ of the camera** la mirada de la cámara ❑ **~ contact** contacto m visual; **to establish ~ contact with sb** mirar a alguien a los ojos, cruzar la mirada con alguien; US **~ doctor** óptico m,f; **~ gel** gel m para los ojos; **at ~ level** a la altura de los ojos; **~ make-up** maquillaje m de ojos; **~ pencil** lápiz m de ojos; **~ socket** cuenca f del ojo; **~ test** revisión f ocular or de la vista; **~ tooth** colmillo m
 -2. (gaze) **her eyes fell on the letter** al bajar la vista vió la carta; **the film looks at the world through the eyes of a child** la película mira el mundo a través de los ojos de un niño; **to look at sth with a critical ~** mirar algo con ojo crítico
 -3. (of needle) ojo m
 -4. (on potato) ojo m
 -5. **the ~ of the storm** el ojo del huracán
 -6. [IDIOMS] **all eyes will be on the prime minister this week** todas las miradas recaerán esta semana sobre el primer ministro; **they were all eyes** miraban con enorme atención; **as far as the ~ can see** hasta donde alcanza la vista; **she's our eyes and ears at central office** nos mantiene informados de lo que ocurre en la oficina central; **he stole it before my (very) eyes** lo robó delante de mis ojos; **I couldn't believe my eyes** no podía creer lo que veía or estaba viendo; **to catch sb's ~** (attract attention) llamar la atención de alguien; **I was trying to catch your ~, but you didn't notice** intentaba hacer que me miraras, pero no me viste; Fam **to clap eyes on** echarle el ojo or la vista a; **to cry one's eyes out** llorar a lágrima viva; **to disappear from the public ~** desaparecer de la escena pública; **your eyes were too big for your stomach!** ¡comiste más con los ojos or con la vista que con la boca!; **his eyes were popping out of his head** los ojos se le salían de las órbitas; Fam **her eyes were out on stalks** tenía los ojos como platos; **to feast one's eyes on sth** recrearse la vista con algo or mirando algo; **this is for your eyes only** esto sólo te lo enseño a ti; **to get one's ~ in** (when playing sport) afinar la puntería; **to give sb the ~** echarle unas miraditas a; **a scene of devastation greeted** or **met my eyes** ante mis ojos se presentaba una escena de destrucción; **to have an ~ for detail/colour/a bargain** tener buen ojo para los detalles/el color/las gangas; **to have an ~ to** or **for the main chance** actuar de manera oportunista, estar a la que salta; **the government clearly has half an ~ on the forthcoming election** el gobierno no pierde de vista las próximas elecciones; **to have a good ~** (at billiards, tennis, shooting) tener buen ojo; **to have one's ~ on sth/sb** (be observing) estar vigilando algo/a alguien; **to have one's ~ on sth** (be intending to buy) tenerle el ojo echado a algo; **to have one's ~ on sb** (be attracted to) haberle echado el ojo a alguien; **he only has eyes for her** sólo tiene ojos para ella; **he has eyes in** or **at the back of his head** se entera de todo, RP tiene ojos en la nuca; **she has eyes like a hawk** no se le pasa ni un detalle, RP tiene un ojo de lince; **to be in the public ~** estar en (el) candelero; **she can do no wrong in his eyes** para él, ella es perfecta; **in the eye(s) of the law** a (los) ojos de la ley; **to keep an ~ on sth/sb** vigilar algo/a alguien; **I'll keep an ~ out for it/him** estaré al tanto de ello/él; **keep your ~ on the ball** no pierdas de vista la pelota; **keep your eyes open for any cheap printers** estate alerta por si ves alguna impresora barata; **to keep one's eyes and ears open** mantener los ojos y los oídos bien abiertos; **to keep one's eyes peeled** or **skinned** no perder ojo; **to make eyes at sb** echar miradas lánguidas or miraditas a alguien; **I couldn't meet her eyes** no me atrevía a mirarla a los ojos; **there's more to this/him than meets the ~** es más complicado de lo que parece; Br Fam **that's one in the ~ for him!** ¡le va a sentar or caer como una patada!; **to open sb's eyes to sth** abrirle a alguien los ojos en relación con algo, hacer ver algo a alguien; **to please** or **delight the ~** deleitar la vista; **to run** or **cast one's ~ over sth** echar una ojeada a algo; **I don't see ~ to ~ with my boss** (we don't get on) no me llevo bien con mi jefe; **we don't see ~ to ~ about abortion** no compartimos las mismas ideas sobre el aborto; **I saw it with my own eyes** lo vi con mis propios ojos; **to shut** or **close one's eyes to sth** negarse a ver algo, no querer ver algo; **to set** or **lay eyes on sth** ver algo; **he couldn't take his eyes off it/her** no podía quitarle or Andes, RP sacarle los ojos de encima; **to my beginner's ~, it seems fine** desde mi mirada de principiante, parece bien; **a story told through the eyes of a child** una historia contada desde la perspectiva de un niño; **to be up to one's eyes in work/debt** estar hasta el cuello de trabajo/deudas; **with an ~ to...** con vistas a...; **I could do it with my eyes closed** or **shut** lo podría hacer con los ojos cerrados; **she wanders around with her eyes closed** or **shut most of the time** la mayoría del tiempo no se entera de nada; **to do sth with one's eyes open** hacer algo a sabiendas; **I'd give my ~ teeth to go with them** daría Esp un ojo de la cara or Am todo por ir con ellos; PROV **what the ~ doesn't see, the heart doesn't grieve over** ojos que no ven, corazón que no siente; PROV **an ~ for an ~, a tooth for a tooth** ojo por ojo, diente por diente; **their justice is based on an ~ for an ~, a tooth for a tooth** su justicia se basa en la ley del talión
 ◇ vt observar, mirar; **they eyed each other suspiciously** se miraron con sospecha

➤ **eye up** vt sep Fam (ogle) desnudar con la mirada

eyeball [ˈaɪbɔːl] ◇ n globo m ocular; Fam **~ to ~** muy cerca, frente a frente; Fam **I'm up to my eyeballs in work** Esp hasta arriba or Am hasta las narices de trabajo; Fam **doped** or **drugged (up) to the eyeballs** drogadísimo(a), Esp muy puesto(a), RP falopeado(a) al mango
 ◇ vt Fam repasar de arriba a abajo a
eyebath [ˈaɪbɑːθ] n Br lavaojos m inv
eyebolt [ˈaɪbɒlt] n perno m de argolla
eyebrow [ˈaɪbraʊ] n ceja f; **to raise one's eyebrows** (in surprise) arquear las cejas; **this remark raised a few eyebrows** or **caused a few raised eyebrows** este comentario provocó estupor entre algunos ❑ **~ pencil** lápiz m de ojos, delineador m; **~ tweezers** pinzas fpl de depilar
eyecatching [ˈaɪkætʃɪŋ] adj llamativo(a)
eye-cup [ˈaɪkʌp] n US lavaojos m inv
eye-drops [ˈaɪdrɒps] npl (medicine) colirio m
eyeful [ˈaɪfʊl] n -1. (of dirt, dust) **I got an ~ of sand** me entró un ojo lleno de arena -2. Fam **to get an ~ of sth** (look at) mirar algo bien; **she's quite an ~!** ¡está para comérsela or como un tren!
eyeglass [ˈaɪglɑːs] n monóculo m
eyeglasses [ˈaɪglɑːsɪz] npl US (spectacles) gafas fpl
eyehole [ˈaɪhəʊl] n -1. (in mask) (agujero m del) ojo m -2. (peephole) mirilla f -3. (eye socket) cuenca f del ojo
eyelash [ˈaɪlæʃ] n pestaña f
eyelet [ˈaɪlɪt] n -1. (hole) ojete m -2. (metal ring) aro m (del ojete)
eyelid [ˈaɪlɪd] n párpado m
eyeliner [ˈaɪlaɪnə(r)] n lápiz m de ojos
eye-opener [ˈaɪəʊpənə(r)] n Fam -1. (surprise) revelación f; **it was a real ~ for him** para él fue una verdadera revelación; **the experience proved a bit of an ~ for us all!** la experiencia nos abrió los ojos a todos -2. US (drink) = trago que se toma de buena mañana
eyepatch [ˈaɪpætʃ] n parche m
eyepiece [ˈaɪpiːs] n ocular m
eye-popping [ˈaɪpɒpɪŋ] adj US Fam alucinante
eyeshade [ˈaɪʃeɪd] n visera f
eyeshadow [ˈaɪʃædəʊ] n sombra f de ojos
eyesight [ˈaɪsaɪt] n vista f; **to have good/bad ~** tener buena/mala vista, tener bien/mal la vista; **his ~ is failing** ya no ve tan bien, le comienza a fallar la vista; **to lose one's ~** perder la vista, quedarse ciego(a)
eyesore [ˈaɪsɔː(r)] n (building) engendro m, adefesio m
eyestrain [ˈaɪstreɪn] n vista f cansada; **it causes ~** cansa la vista
Eyetie [ˈaɪtaɪ] n Br Fam Pej = término despectivo para referirse a personas de origen italiano, RP tano(a) m,f
eyewash [ˈaɪwɒʃ] n -1. (for eye) colirio m, baño m ocular -2. (nonsense) paparruchas fpl
eyewear [ˈaɪweə(r)] n gafas fpl, Am anteojos mpl, Am lentes mpl
eyewitness [ˈaɪwɪtnɪs] n testigo mf presencial or ocular
eyrie [ˈɪərɪ], US **aerie** [ˈeərɪ] n nido m de águila
Ezekiel [ɪˈziːkɪəl] pr n Ezequiel
e-zine [ˈiːziːn] n COMPTR revista f electrónica

Ff

F, f [ef] *n* (*letter*) F, f *f*

F [ef] *n* -1. *Br Euph* **the F word** = eufemismo para referirse a la palabra "fuck" -2. MUS fa *m* -3. SCH muy deficiente *m*; **to get an F** (*in exam, essay*) sacar un muy deficiente -4. (*abbr* **Fahrenheit**) F

f -1. MUS (*abbr* **forte**) forte -2. (*abbr* **female**) (*person*) m.; (*animal*) h. -3. (*abbr* **feminine**) f., fem.

FA [ef'eɪ] *n Br* -1. (*abbr* **Football Association**) = federación inglesa de fútbol; **the FA Cup** = la copa de la federación inglesa de fútbol, *Esp* ≃ la Copa del Rey -2. *Fam Euph* (*abbr* **Fanny Adams** *or* **fuck all**) **sweet FA** nada de nada

fa [fɑː] *n* MUS fa *m*

FAA [efeɪ'eɪ] *n US* (*abbr* **Federal Aviation Administration**) Dirección *f* Federal de Aviación

fab [fæb] *adj Fam Esp* chupi, genial

Fabian ['feɪbɪən] ◇ *n* fabiano(a) *m,f*
◇ *adj* fabiano(a); **the ~ Society** la Sociedad Fabiana

fable ['feɪbəl] *n* fábula *f*

fabled ['feɪbəld] *adj* legendario(a), fabuloso(a)

fabric ['fæbrɪk] *n* -1. (*cloth*) tejido *m* ❑ **~ conditioner** suavizante *m* (para la ropa); **~ softener** suavizante *m* (para la ropa) -2. (*framework, structure*) estructura *f*; **the ~ of society** el tejido social

fabricate ['fæbrɪkeɪt] *vt* -1. (*story*) inventar; (*evidence*) falsificar -2. (*manufacture*) fabricar

fabrication [fæbrɪ'keɪʃən] *n* -1. (*of story*) invención *f*; (*of evidence*) falsificación *f*; **it's pure ~** es pura invención -2. (*manufacture*) fabricación *f*

fabulist ['fæbjʊlɪst] *n Literary* -1. (*storyteller*) escritor(ora) *m,f* de fábulas, fabulista *mf* -2. (*liar*) fabulador(ora) *m,f*

fabulous ['fæbjʊləs] *adj* -1. (*astounding*) fabuloso(a), magnífico(a); **~ wealth** riqueza fabulosa -2. *Fam* (*marvellous*) fabuloso(a); **we had a ~ time** lo pasamos estupendamente -3. (*mythical*) fabuloso(a)

fabulously ['fæbjʊləslɪ] *adv* (*as intensifier*) tremendamente

facade [fə'sɑːd] *n* -1. (*of building*) fachada *f* -2. (*false appearance*) fachada *f*; **his confidence is just a ~** su seguridad es sólo una fachada

face [feɪs] ◇ *n* -1. (*of person*) cara *f*, rostro *m*; **she has a beautiful ~** tiene una cara bonita; **he had a frown on his ~** tenía el ceño fruncido; **I never forget a ~** nunca olvido una cara; **to look sb in the ~** mirar a alguien a la cara; *Fig* **I shall never be able to look her in the ~ again** nunca podré volver a mirarla a la cara; **I told him to his ~** se lo dije *a or* en la cara; **to be ~ to ~ with sb** estar cara a cara con alguien; **to meet sb ~ to ~** encontrarse frente a frente con alguien; **to bring sb ~ to ~ with sth/sb** hacer que alguien se enfrente a algo/alguien ❑ **~ card** (*playing card*) figura *f*; **~ cloth** toallita *f*; **~ cream** crema *f* facial; *Br* **~ flannel** toallita *f*; **~ mask** (*cosmetic*) mascarilla *f* (facial); (*in ice hockey*) protector *m* facial; **~ pack** mascarilla *f* (facial); **~ powder** polvos *mpl* (para la cara); *US* **~ time** (*meeting*) tiempo *m* de contacto personal; **we need more ~ time on TV** necesitamos más presencia en televisión -2. (*expression*) cara *f*; **she had a sad ~** tenía la cara triste, *RP* tenía cara de triste; **his ~ was a picture** su cara era un poema; **you should have seen her ~ when I told her** deberías haber visto la cara que puso cuando se lo dije; **his ~ dropped** *or* **fell** puso cara larga; **to keep a straight ~** quedarse serio(a); **to make** *or* **pull a ~** (*of distaste*) poner cara de asco; **to make** *or* **pull faces** hacer muecas, poner caras -3. (*appearance*) **the changing ~ of Britain** el rostro cambiante de Gran Bretaña; **the acceptable ~ of terrorism** la cara más aceptable del terrorismo; **to lose ~** sufrir una humillación; **to save ~** salvar las apariencias; **the new legislation is just a ~-saver** la nueva legislación sólo sirve para salvar las apariencias ❑ **~ value** (*of stamp, note*) valor *m* nominal; *Fig* **to take sth at ~ value** aceptar algo sin darle más vueltas -4. (*person*) cara *f*; **a famous/new ~** una cara famosa/nueva; **the same old faces** las mismas caras de siempre -5. (*surface*) (*of coin, mountain, cube*) cara *f*; (*of the earth*) superficie *f*, faz *f*; (*of clock*) esfera *f*; (*of coalmine*) frente *m*, tajo *m*; (*of building*) fachada *f*; (*of golf club, table tennis bat*) cara *f* (con la que se golpea); **~ up/down** boca arriba/abajo; **to disappear off the ~ of the earth** desaparecer de la faz de la tierra -6. TYP tipo *m*, letra *f*; **bold ~** letra *or* tipo negrita -7. IDIOMS *Fam* **to have a ~ like the back (end) of a bus** *Esp* ser un coco *or RP* cuco, *Esp* ser feo(a) con avaricia, *Andes, RP* ser más feo que el miércoles, *Andes, RP* ser un bagre; **her ~ doesn't fit** (*in job, company*) no encaja bien; **the situation blew up in his ~** el problema le reventó *or* estalló en las manos; *US very Fam* **get out of my ~!** ¡piérdete!, *RP* ¡borrate!; *Fam* **in your ~** impactante, atrevido(a); *US Fam* **he's always in my ~** está siempre encima *or Am* arriba de mí; *Fam* **to be off one's ~** (*drunk*) *Esp, Méx* estar pedo, *RP* estar en pedo; (*on drugs*) estar colocado(a) *or Méx* grifo(a); *Fam* **to put one's ~ on** (*make-up*) pintarse; **to set one's ~ against sth** oponerse cerrilmente a algo; **to show one's ~** dejarse ver, hacer acto de presencia; **don't ever show your ~ here again!** ¡ni se te ocurra volver a aparecer por aquí!; *very Fam* **shut your ~!** ¡cierra el pico!, ¡cállate la boca!

◇ *vt* -1. (*look towards*) mirar a; **to ~ the front** mirar al frente; **we were facing each other** estábamos el uno frente al otro; **the house faces the river** la casa da al río; **she turned to ~ him** se puso cara a él -2. (*actively confront*) (*difficulty, danger*) enfrentarse a; **they ~ Colombia in the next round** se enfrentarán a Colombia en la próxima ronda; **I don't think I can ~ her** no creo que pueda mirarla a la cara; **I don't think I can ~ listening to him for another hour** no creo que pueda aguantar escucharlo otra hora más; **to ~ the press** hacer frente a la prensa; **to ~ facts** *or* **the truth** admitir la realidad *or* la verdad; **let's ~ it** hay que admitirlo; IDIOM **to ~ the music** apechugar con las consecuencias -3. (*be confronted by*) **he faces a sentence of up to twenty years** puede recibir una condena de hasta veinte años; **the problem facing us** el problema que se nos plantea *or* que tenemos delante; **to be faced with a decision** tener que plantearse una decisión; **to be faced with the prospect of having to do sth** enfrentarse a la perspectiva de tener que hacer algo -4. CONSTR **the building is faced with brick/stone** la fachada es de ladrillo visto/piedra

◇ *vi* -1. (*be oriented*) **she was facing towards the camera** estaba de cara a la cámara; **he was facing away from me** me daba la espalda; **to ~ north/south** (*building, window*) estar orientado(a) hacia el norte/sur; **the house faces away from the river** la casa da al lado opuesto al río

-2. MIL **about ~!** ¡media vuelta!

◇ **in the face of** *prep* (*danger, threat*) ante

◇ **on the face of it** *adv* a primera vista

● **face down** *vt sep* **he faced down his critics** se enfrentó a sus críticos y los hizo callar

● **face off** *vi US* SPORT (*teams*) enfrentarse

● **face up to** *vt insep* (*person, fears*) hacer frente a

face-ache ['feɪseɪk] *n Fam Esp* cardo *m*, *Méx* gocho(a) *m,f*, *RP* asco *m*

-faced [feɪst] *suffix* **round/long~** de cara redonda/alargada

face-hardened ['feɪshɑːdənd] *adj* (*iron, steel*) templado(a)

faceless ['feɪslɪs] *adj* anónimo(a)

face-lift ['feɪslɪft] *n* -1. (*plastic surgery*) lifting *m*, estiramiento *m* de piel; **to have a ~** hacerse un lifting -2. (*of building*) lavado *m* de cara

face-off ['feɪsɒf] *n* -1. (*confrontation*) enfrentamiento *m* (a cara de perro) -2. (*in ice hockey*) saque *m* neutral

face-painting ['feɪspeɪntɪŋ] *n* pintado *m or* pintura *f* del rostro

face-saving ['feɪsseɪvɪŋ] *adj* (*agreement, manoeuvre*) para salvar las apariencias

facet ['fæsɪt] *n* -1. (*of gem*) faceta *f* -2. (*of situation*) faceta *f*

facetious [fə'siːʃəs] *adj* guasón(ona), jocoso(a); **I was being ~** estaba bromeando

facetiously [fə'siːʃəslɪ] *adv* en tono de burla *or* guasa

facetiousness [fə'siːʃəsnɪs] *n* guasonería *f*, jocosidad *f*

face-to-face ['feɪstə'feɪs] *adj* (*meeting, confrontation*) cara a cara

facia = **fascia**

facial ['feɪʃəl] ◇ *n* **to have a ~** hacerse una limpieza de cutis
◇ *adj* facial ❑ **~ hair** vello *m* facial; **~ sauna** sauna *f* facial

facile ['fæsaɪl] *adj* (*argument, remark*) obvio(a), fácil

facilitate [fə'sɪlɪteɪt] *vt Formal* facilitar

facilitator [fə'sɪlɪteɪtə(r)] *n* (*person*) promotor(ora) *m,f*

facility [fə'sɪlɪtɪ] *n* -1. (*ease*) facilidad *f*; **to do sth with great ~** hacer algo con gran facilidad -2. (*skill*) habilidad *f*, facilidad *f*; **to have a ~ for** *or* **with languages** tener facilidad para

los idiomas
-3. (building, unit) centro m, instalaciones fpl; **a training/research ~** un centro de entrenamiento/investigación
-4. **facilities** (resources, equipment) instalaciones y servicios; **the university has excellent research facilities** la universidad cuenta con excelentes instalaciones y servicios de investigación; **the university has excellent computer facilities** la universidad está dotada de un excelente sistema informático; **storage facilities** lugar or sitio para almacenamiento; **cooking facilities** equipamiento para cocinar; **we don't have the facilities to hold a conference here** no contamos con los medios adecuados para organizar un congreso
-5. FIN **we offer easy credit facilities** ofrecemos un ágil servicio de préstamos; Br **an overdraft ~** un servicio para girar en descubierto
-6. (device, feature) dispositivo m; **it has a spell-check ~** cuenta con una herramienta de revisión ortográfica

facing ['feɪsɪŋ] ◇ adj TYP **~ pages** páginas fpl enfrentadas
◇ n -1. (of garment) entretela f -2. (on wall) revestimiento m

facsimile [fæk'sɪmɪlɪ] n (copy) facsímil m; **in ~** en facsímil ❑ **~ edition** edición f facsímil

fact [fækt] ◇ n -1. (thing that is true) hecho m; **despite the ~ that...** a pesar del hecho de que...; **in view of** or **given the ~ that...** en vista de que..., dado que...; **it's a ~ that...** se sabe que...; **it's a ~ of life** es una realidad insoslayable or un hecho cierto; **the facts of life** (sexual) lo referente al sexo y a la reproducción; (hard reality) la realidad de las cosas; **I want a pay rise – is that a ~?** quiero una subida de sueldo – ¿no me digas?; **the ~ (of the matter) is that...** el hecho es que...; **the ~ that you didn't know it's a crime is irrelevant** el que no supieras que era delito no viene al caso; **the ~ remains that it was a failure** no obstante, fue un fracaso; **the facts speak for themselves** los hechos hablan por sí mismos; **to know for a ~ (that)...** saber a ciencia cierta (que)...; **to stick** or **keep to the facts** centrarse en los hechos; LAW **after the ~** después de los hechos
-2. (piece of information, detail) dato m; **the book is full of interesting facts** el libro está lleno de datos interesantes; **to get one's facts right/wrong** informarse bien/mal; **facts and figures** datos ❑ **~ file** ficha f técnica (con datos de interés); **~ sheet** hoja f informativa
-3. (reality) realidad f; **to distinguish ~ from fiction** distinguir la realidad de la ficción
◇ **in fact** adv -1. (giving additional or more precise information) de hecho; **in ~, it wouldn't have mattered if we had known in advance** de hecho no habría importado que lo hubiéramos sabido de antemano; **he asked us, in ~ ordered us, to be quiet** nos preguntó, bueno nos mandó, que nos calláramos
-2. (correcting) en realidad; **he claims to be a writer, but in (actual) ~ he's a journalist** asegura que es escritor, pero en realidad es periodista
-3. (emphasizing, reinforcing) **did she in ~ say when she was going to arrive?** ¿pero dijo cuándo iba a llegar?; **he said it'd take two days and he was in ~ correct** dijo que llevaría dos días y, en efecto, así fue

fact-finding ['fæktfaɪndɪŋ] adj de investigación; **a ~ mission** una misión investigadora

faction[1] ['fækʃən] n (group) facción f

faction[2] n -1. (novel) = novela que narra hechos reales -2. (TV programme) docudrama m

factional ['fækʃənl] adj (in-fighting, disputes) entre facciones

factionalism ['fækʃənəlɪzəm] n faccionalismo m

factious ['fækʃəs] adj faccioso(a)

factitious [fæk'tɪʃəs] adj Formal forzado(a), artificial

factoid ['fæktɔɪd] n = noticia poco fiable que parece veraz porque aparece repetidamente en los medios de comunicación

factor ['fæktə(r)] n -1. (element) factor m; **age is an important ~** la edad es un factor importante; **the human/time ~** el factor humano/tiempo
-2. MATH factor m; **by a ~ of ten** (increase) en un factor diez ❑ **~ analysis** análisis m factorial
-3. ECON **factors of production** factores mpl de producción
-4. (in suntan cream) **~ 6/15** factor 6/15
-5. Scot (estate manager) administrador(ora) m,f
◆ **factor in** vt sep (include in calculation) incluir, contar

factorial [fæk'tɔːrɪəl] n MATH factorial f

factorize ['fæktəraɪz] vt MATH factorizar, descomponer en factores

factory ['fæktərɪ] n fábrica f, Am planta f ❑ **~ farm** granja f industrial; **~ farming** las granjas de cría intensiva; **~ price** precio m de fábrica; **~ ship** buque m factoría; **~ shop** tienda f or almacén m de fábrica; **~ worker** obrero(a) m,f industrial

factotum [fæk'təʊtəm] n Formal factótum mf

factual ['fæktʃʊəl] adj basado(a) en hechos reales; **a ~ error** un error de hecho

factually ['fæktʃʊəlɪ] adv ateniéndose a los hechos; **~ accurate/inaccurate** con datos precisos/imprecisos

faculty ['fækəltɪ] n -1. (of mind, body) facultad f; **she is still in possession of all her faculties** tiene pleno uso de sus facultades; **the ~ of reason** la razón; **the ~ of speech** la facultad del habla -2. (section of university) facultad f; **the Faculty of Arts/Law/Medicine** la facultad de letras/derecho/medicina -3. US (staff) cuerpo m docente

fad [fæd] n Fam moda f; **his latest ~ is ballroom dancing** ahora le ha dado por los bailes de salón

faddy ['fædɪ], **faddish** ['fædɪʃ] adj Fam (fussy) quisquilloso(a), tiquismiquis inv

fade [feɪd] ◇ vt -1. (cloth, colour) desteñir -2. SPORT (ball) abrir
◇ vi -1. (material) desteñirse, perder color; (colour) apagarse; (light) oscurecerse
-2. (flower, beauty) marchitarse
-3. (disappear slowly) (music, sound) desvanecerse, desaparecer gradualmente; (memory) desvanecerse; (anger, interest) disiparse; (hope, smile) desvanecerse; **to ~ from memory** desaparecer de la memoria
-4. (weaken) **to be fading fast** (person) apagarse por momentos
◇ n CIN, TV & RAD fundido m
◆ **fade away** vi -1. (disappear slowly) (music, sound) desvanecerse; (memory) desvanecerse; (anger, interest) disiparse; (hope, smile) desvanecerse -2. (weaken) (person) debilitarse
◆ **fade in** CIN & TV & RAD ◇ vt sep (picture, sound) fundir
◇ vi (picture, sound) fundirse
◆ **fade out** CIN, TV & RAD ◇ vt sep (picture) fundir en negro; (sound) hacer desaparecer gradualmente
◇ vi (picture) fundirse en negro; (sound) desvanecerse, desaparecer gradualmente

faded ['feɪdɪd] adj (flower) marchito(a); (photograph, garment) descolorido(a)

fade-in ['feɪdɪn] n CIN, TV & RAD fundido m

fade-out ['feɪdaʊt] n CIN, TV & RAD (of picture) fundido m en negro; (of sound) desaparición f gradual

fading ['feɪdɪŋ] adj (light) mortecino(a)

faecal, US **fecal** ['fiːkəl] adj fecal ❑ **~ matter** heces fpl fecales

faeces, US **feces** ['fiːsiːz] npl heces fpl

Faeroe ['feərəʊ] n **the ~ Islands, the Faeroes** las islas Feroe

faff [fæf]
◆ **faff about, faff around** vi Br Fam enredar; **stop faffing around and make up your mind** deja de enredar or dar vueltas y decídete

fag [fæg] ◇ n -1. Br Fam (unpleasant job) lata f, rollo m
-2. US very Fam (homosexual) maricón m, Méx tortillón m, RP trolo m ❑ **~ hag** = mujer que se relaciona con hombres homosexuales
-3. Fam (cigarette) pitillo m ❑ Fam **~ end** (cigarette butt) colilla f, Am pucho m; **the ~ end of a conversation** los últimos coletazos or el final de una conversación; **stop picking up ~ ends!** ¡no seas chismoso or Esp cotilla!
-4. Br (at public school) = alumno que sirve a otro de un grado superior
◇ vt (pt & pp **fagged**) Fam (exhaust) dejar hecho polvo, matar
◇ vi Br (at public school) **to ~ for sb** servir a un alumno de un grado superior
◆ **fag out** vt sep Fam (of work) dejar hecho polvo, matar

fagged [fægd] adj Fam -1. (exhausted) **~ (out)** hecho(a) migas or polvo, molido(a) -2. Br (bothered) **I can't be ~** no tengo ganas, paso

faggot ['fægət] n -1. (firewood) haz m de leña -2. Br (meatball) albóndiga f -3. US very Fam (homosexual) maricón m, Méx tortillón m, RP trolo m

fah [fɑː] n Br MUS fa m

Fahrenheit ['færənhaɪt] adj Fahrenheit; **70 degrees ~** 70 grados Fahrenheit, ≃ 21 grados centígrados ❑ **~ scale** escala f Fahrenheit

fail [feɪl] ◇ n (in exam) Esp suspenso m, Am reprobado m, IDIOM **without ~** sin falta
◇ vt -1. (exam, candidate) Esp suspender, Am reprobar; **to ~ a drugs test** dar positivo en un control antidoping
-2. (let down) **I won't ~ you** no te fallaré; **his nerve failed him** le fallaron los nervios; **words ~ me** me faltan las palabras
◇ vi -1. (not succeed) (person, plan, business, marriage) fracasar; (in exam) Esp suspender, Am reprobar; (crops) perderse; (rains) no llegar; **I tried to convince her, but I failed** intenté convencerla, pero no lo logré; **it never fails** (strategy, excuse) nunca falla; **if all else fails** en último extremo; **she failed in her attempt to become champion** fracasó en su intento de convertirse en campeona; **he failed in his duty** no cumplió con su obligación
-2. (stop working) (brakes, kidneys, heart) fallar
-3. (grow weak) (health) fallar; **his memory/eyesight is starting to ~** está empezando a fallarle la memoria/vista; **the light was failing** se hacía de noche, estaba oscureciendo
-4. **to ~ to do sth** (not do) no hacer algo; **they failed to agree a price** no consiguieron ponerse de acuerdo en el precio; **she failed to qualify for the final** no consiguió clasificarse para la final; **I ~ to see what the problem is** no acabo or termino de ver cuál es el problema; **you can't ~ to be impressed by her skill** no se puede negar que tiene mucho talento; **I ~ to be impressed** no me impresiona, no me dice nada; **it never fails to surprise me how/that...** nunca deja de sorprenderme cómo/que...

failed [feɪld] adj (attempt, plan) fallido(a); (writer, actor) frustrado(a)

failing ['feɪlɪŋ] ◇ n (fault) defecto m, Esp fallo m, Am falla f; **with all her failings** con todos Esp sus fallos or Am fallas
◇ adj -1. (sight, strength) debilitado(a) -2. (business, marriage) en serios problemas, que hace aguas; **to be in ~ health** tener una salud debilitada -3. US **~ students** alumnos que no aprueban
◇ prep **~ that** en su defecto; **~ which** en caso contrario, si no; **~ any evidence to the contrary...** ante la falta de pruebas en sentido contrario...; **~ all else** en último extremo

fail-safe ['feɪlseɪf] adj -1. (device) de seguridad or de bloqueo (en caso de avería) -2. (plan, method, excuse) infalible

failure ['feɪljə(r)] *n* **-1.** *(lack of success)* fracaso *m*; *(in exam, course)* Esp suspenso *m*, Am reprobado *m*; *(of company)* quiebra *f*; *(of crop)* pérdida *f*; **to end in ~** terminar en fracaso; **doomed to ~** condenado(a) al fracaso
-**2.** *(fiasco)* fracaso *m*, fiasco *m*; **the party/plan was a total ~** la fiesta/el plan fue un absoluto fracaso
-**3.** *(person) (unsuccessful)* fracasado(a) *m,f*, fracaso *m*; *(useless)* inútil *mf*; **he's a ~ as a father** es un fracaso de padre
-**4.** *(breakdown) (of machine)* avería *f*, Esp fallo *m*, Am falla *f*; **respiratory/kidney ~** insuficiencia respiratoria/renal
-**5.** *(neglect, omission)* **~ to keep a promise** incumplimiento de una promesa; **~ to pay a bill** impago de una factura; **his ~ to arrive on time** el hecho de que llegara tarde; **his ~ to appear meant I had to take charge** como él no apareció tuve que hacerme cargo; **the press criticized the government's ~ to act** la prensa criticó la falta de respuesta *or* de acción del gobierno

fain [feɪn] *adv Old-fashioned or Literary* de (buen) grado

faint [feɪnt] ◇ *n (loss of consciousness)* desmayo *m*; **she fell to the floor in a (dead) ~** se desplomó inconsciente
◇ *adj* **-1.** *(slight) (light, sound, smell)* leve, tenue; *(breeze, voice)* débil; *(idea, hope, memory)* vago(a), ligero(a); *(chance, possibility)* remoto(a); *(mark, trace)* ligero(a); *(suggestion)* leve; *(smile)* ligero(a); **I haven't got the faintest idea** no tengo ni la más mínima *or* remota idea
-**2.** *(weak, dizzy)* **to feel ~** *(person)* estar *or* sentirse mareado(a); **~ with exhaustion/hunger** desmayado(a) de hambre
◇ *vi (lose consciousness)* desmayarse; **to be fainting from** *or* **with hunger** estar desmayado(a) de hambre; **I almost fainted when they told me I'd got the job!** ¡cuando me dijeron que había conseguido el empleo, casi me desmayo!

faint-hearted ['feɪnt'hɑːtɪd] ◇ *adj* pusilánime
◇ *npl* **not for the ~** no apto para personas de corazón delicado

fainting fit ['feɪntɪŋ'fɪt] *n* desmayo *m*; **he had a ~** se desmayó

faintly ['feɪntlɪ] *adv* **-1.** *(indistinctly) (to hear, see)* apenas; *(to shine)* débilmente; *(to remember)* vagamente **-2.** *(slightly) (uneasy, ridiculous)* ligeramente; **the taste is ~ reminiscent of cinnamon** tiene un ligero gusto a canela; **she smiled ~** esbozó una sonrisa

faintness ['feɪntnɪs] *n* **-1.** *(of sound, light)* levedad *f*; *(of breeze, voice)* suavidad *f*, lo imperceptible; *(of memory)* fragilidad *f*; *(of mark, trace)* levedad *f* **-2.** *(dizziness)* mareos *mpl*, desfallecimiento *m*

fair¹ [feə(r)] *n* **-1.** *Br (funfair)* feria *f (ambulante)* **-2.** *(trade fair)* feria *f (comercial)* **-3.** *(market)* feria *f*, mercado *m* **-4.** *(for charity)* kermesse *f*

fair² ◇ *adj* **-1.** *(just)* justo(a); **it's not ~** no es justo; **it's not ~ on your mother, leaving her to do everything** no es justo que tu madre tenga que hacer todo; **~'s ~, that's only ~,** hay que ser justos; **it is ~ to say that...** es justo decir que...; **to be ~,...** para ser justos,...; **be ~, he's not that bad!** ¡no seas injusto, no es tan malo!; **I try to be ~ to** *or* **with everybody** intento ser justo con todos; *Fam* **you did it last week, so it's ~ do's that he has his turn too** tú lo hiciste la semana pasada, ¿por qué no va a tener él también su oportunidad?; **what you say is ~ enough, but...** no te falta razón en lo que dices, pero..., es cierto lo que dices, pero...; **~ enough!** de acuerdo *or* Esp vale, está bien; **to give sb a ~ chance** dar a alguien una oportunidad decente; **that's ~ comment** no te/le/*etc.* falta razón; **to get a ~ hearing** LAW tener un juicio justo; *Fig* tener la oportunidad de explicarse; **she didn't do her ~ share (of the work)** no hizo su parte (del trabajo); **they all got their ~ share** todos recibieron lo que les correspondía; **we've had our ~ share of problems** hemos tenido bastantes problemas; **he's had more than his ~ share of misfortune** ya ha sufrido más que suficiente; **to have a ~ trial** tener un juicio justo; **I've given you ~ warning** ya te he avisado suficientes veces; IDIOM **by ~ means or foul** como sea; IDIOM **to be ~ game** ser un blanco legítimo; PROV **all's ~ in love and war** en la guerra y en el amor, no hay reglas; IDIOM *Br & Austr Fam* **it's a ~ cop** está bien, me descubriste, *Esp* vale, me has pillado, *Méx* órale, me cachaste, *RP* está bien, me agarraste; IDIOM *Fam* **you've had a ~ crack of the whip** has tenido suficientes oportunidades ❑ SPORT **~ play** juego *m* limpio; **~ trade** comercio *m* justo
-**2.** *(quite good)* bastante bueno(a); *(average)* regular; **a ~ idea** una idea bastante buena; **they have a ~ chance of winning** tienen bastantes posibilidades de ganar; **~ to middling** regular
-**3.** *(quite large)* **a ~ amount of luck** bastante suerte; **a ~ number of people** bastante gente; **it's a ~ size** es bastante grande; **we still have a ~ way to go** todavía nos queda bastante camino
-**4.** *(attractive)* hermoso(a); *Old-fashioned* **the fair(er) sex** el bello sexo; *Hum* **written by my own ~ hand** escrito de mi puño y letra
-**5.** *(neat)* **~ copy** copia *f* en limpio; **to make a ~ copy of sth** pasar algo *Esp* a *or Am* en limpio
-**6.** *(weather)* bueno(a); **~ weather** buen tiempo
-**7.** *(light-coloured) (hair)* rubio(a), *Méx* güero(a), *Bol* choco(a), *Col* mono(a), *Ven* catire(a); *(skin)* claro(a); **she's ~** *(fair-haired)* es rubia *or Méx* güera *or Bol* choca *or Col* mona *or Ven* catira
-**8.** *(favourable) (wind)* a favor
◇ *adv* **-1.** *(to act)* justamente; **to play/fight ~** jugar/pelear limpio; **to beat sb ~ and square** derrotar a alguien con todas las de la ley; **you can't say fairer than that** no se puede pedir más **-2.** *Br Fam (completely)* **you ~ scared me to death!** ¡me diste un susto de muerte!
◇ *vt US* **-1.** *(make smooth)* perfilar **-2.** *(join)* **to ~ sth into sth** acoplar algo a algo

fairground ['feəɡraʊnd] *n* **-1.** *(of funfair)* feria *f* **-2.** *(of trade fair)* recinto *m* ferial

fair-haired [feə'heəd] *adj* rubio(a); IDIOM *US Fam* **the boss's ~ boy** el favorito del jefe

fairing ['feərɪŋ] *n (of plane, car, motorbike)* carenado *m*

fairish ['feərɪʃ] *adj* **-1.** *(quite large)* **a ~ number of...** un buen número de... **-2.** *(blondish)* tirando a rubio(a), más bien rubio(a)

fairly ['feəlɪ] *adv* **-1.** *(justly)* justamente; **to treat sb ~** tratar justamente a alguien
-**2.** *(honestly)* limpiamente; **to play/fight ~** jugar/pelear limpio; **to come by sth ~** conseguir algo limpiamente; **to win ~ and squarely** ganar limpiamente; **to lay the blame ~ and squarely on sth/sb** echarle la culpa directamente a algo/alguien
-**3.** *(quite) (rich, skilful)* bastante; **the paint comes off ~ easily** la pintura sale *or* se quita con bastante facilidad; **it is ~ certain that...** es bastante probable *or* más que probable que...
-**4.** *(for emphasis)* **he ~ took me by surprise** la verdad es que me pilló *or Esp* cogió *or Am* agarró por sorpresa; **we were ~ racing along** íbamos bastante rápido

fair-minded [feə'maɪndɪd] *adj* imparcial, justo(a)

fairness ['feənɪs] *n* **-1.** *(of person)* imparcialidad *f*; *(of decision)* justicia *f*; **in all ~** para ser justos; **in ~** *or* **out of ~ to sb** para hacer justicia a alguien **-2.** *(of hair)* color *m* rubio; *(of skin)* claridad *f*

fair-sized [feə'saɪzd] *adj* (de tamaño) considerable

fair-skinned ['feə'skɪnd] *adj* de piel blanca

fair-spoken [feə'spəʊkən] *adj* bien hablado(a)

fairway ['feəweɪ] *n* **-1.** *(in golf)* calle *f (de campo de golf)* **-2.** *(in river)* canal *m* navegable

fair-weather friend ['feəweðə'frend] *n* amigo(a) *m,f* sólo para lo bueno

fairy ['feərɪ] *n* **-1.** *(in folklore)* hada *f* ❑ **~ godmother** hada *f* madrina; **~ lights** lucecitas *fpl* de colores; **~ ring** corro *m* de brujas *(de setas)*; **~ story** *or* **tale** *(magic story)* cuento *m* de hadas; *Fam* cuento *m* chino, patraña *f* **-2.** *Fam Pej (homosexual)* mariquita *m*

fairyland ['feərɪlænd] *n* país *m* de las hadas

fairy-tale ['feərɪteɪl] *adj* **a ~ ending** un final feliz; **a ~ romance** un romance de cuento de hadas

fait accompli ['feɪtə'kɒmpliː] *(pl* **faits accomplis** ['feɪtə'kɒmpliː]*) n* hecho *m* consumado; **to be presented with a ~** recibir un hecho consumado

faith [feɪθ] *n* **-1.** *(trust)* fe *f*; **to have ~ in sth/sb** tener fe en algo/alguien; **to put one's ~ in sth/sb** depositar la confianza en algo/alguien; **to lose one's ~ in sth/sb** perder la fe *or* confianza en algo/alguien
-**2.** *(honesty)* **in good/bad ~** de buena/mala fe
-**3.** *(loyalty)* **to break ~ with** romper la lealtad hacia; **to keep ~ with sb** mantenerse fiel a alguien
-**4.** *(religious belief)* fe *f*; **~ in God** fe en Dios; **to lose one's ~** perder la fe; **Faith, Hope and Charity** Fe, Esperanza y Caridad; **an act of ~** un acto de fe ❑ **~ healer** = persona que pretende curar a la gente gracias a la fe y la oración
-**5.** *(particular religion)* creencia *f*, fe *f*; **to be of the Catholic/Jewish ~** profesar la fe católica/judía

faithful ['feɪθfʊl] ◇ *adj* **-1.** *(friend, supporter)* fiel, leal; **~ to sth/sb** fiel *or* leal a algo/alguien **-2.** *(accurate) (account, translation, copy)* fiel
◇ *npl* **-1.** REL **the ~** los fieles **-2.** POL **the party ~** los incondicionales

faithfully ['feɪθfʊlɪ] *adv* **-1.** *(loyally)* fielmente; **she promised ~ to come** dio su palabra de que vendría; **Yours ~** *(in formal letter)* (le saluda) atentamente **-2.** *(accurately)* fielmente

faithfulness ['feɪθfʊlnɪs] *n* **-1.** *(loyalty)* fidelidad *f* **-2.** *(of report, translation, copy)* fidelidad *f*

faithless ['feɪθlɪs] *adj* **-1.** *(disloyal) (husband, partner)* infiel; *(friend)* desleal **-2.** REL infiel

faithlessness ['feɪθlɪsnɪs] *n* **-1.** *(dishonesty) (of husband, partner)* deslealtad *f*; *(of friend)* deslealtad *f* **-2.** REL falta *f* de fe

fake [feɪk] ◇ *n* **-1.** *(object)* falsificación *f* **-2.** *(person)* impostor(ora) *m,f*
◇ *adj (passport, banknote)* falso(a); *(beard)* postizo(a); **a ~ tan** un bronceado artificial *or Esp* de bote
◇ *vt* **-1.** *(forge) (signature, document, painting)* falsificar **-2.** *(alter) (document)* falsificar, adulterar; *(photograph)* trucar **-3.** *(simulate) (illness, death, orgasm)* simular, fingir
◇ *vi* fingir

fakir ['feɪkɪə(r)] *n* faquir *m*, fakir *m*

falafel = **felafel**

Falangist [fə'lændʒɪst] ◇ *n* falangista *mf*
◇ *adj* falangista

falcon ['fɔːlkən] *n* halcón *m*

falconer ['fɔːlkənə(r)] *n* cetrero(a) *m,f*, halconero(a) *m,f*

falconry ['fɔːlkənrɪ] *n* cetrería *f*

Falkland ['fɔːlklənd] *n* **the ~ Islands, the Falklands** las (Islas) Malvinas ❑ **~ Islander** malvinense *mf*

Falklander ['fɔːlkləndə(r)] *n* malvinense *mf*

fall [fɔːl] ◇ *n* **-1.** *(of person, besieged city)* caída *f*; *(of rock)* desprendimiento *m*; **he died after a ~** murió tras una caída; **to have a ~** sufrir una caída; **there has been a heavy ~ of snow** ha caído una gran nevada; *Fig* **a ~ from grace** una caída en desgracia; *Fig* **his ~ from power** su caída del poder
-**2.** *(drop, slope)* pendiente *f*
-**3.** *(decrease)* caída *f*, descenso *m* (**in** de); **a ~ in interest rates** una caída *or* un descenso de los tipos de interés
-**4.** *(ruin) (of person)* caída *f*; IDIOM **he's heading for a ~** un día de éstos se va a

fall

pegar un batacazo or RP porrazo; **to take the ~ for sth** asumir la responsabilidad de algo; US Fam **he took the ~ for his boss** pagó por lo que hizo su jefe ❑ US Fam **~ guy** (scapegoat) chivo m expiatorio
-5. (in wrestling, judo) caída f
-6. US (autumn) otoño m; **in (the) ~** en (el) otoño; **the ~ colours** los colores del otoño
-7. REL **the Fall** la Caída
-8. falls (waterfall) (small) cascada; (larger) catarata
◇ vi (pt **fell** [fel], pp **fallen** ['fɔːlən]) **-1.** (trip, tumble) (person) caerse; **she fell nastily** tuvo una caída muy mala, RP se llevó una caída muy fea; **the horse fell at the first (fence)** el caballo cayó en el primer obstáculo; **to ~ backwards** caerse hacia atrás or de espaldas; **to ~ down a hole** caer por un agujero; **to ~ from a great height** caer desde muy alto; **be careful not to ~ in!** ¡no te vayas a caer (dentro or adentro)!; **he fell into the water** se cayó al agua; **she fell off the ladder** se cayó de la escalera; **he fell on his ankle** se torció el tobillo al caer; **be careful you don't ~ out!** ¡no te vayas a caer!; **she fell out of the window** se cayó Esp de or Am por la ventana; **she fell to his death from the tower** se cayó desde la torre y se mató; **to ~ flat** (be disappointing) no funcionar; also Fig **to ~ into a trap** caer en una trampa; **to ~ short of doing sth** no llegar a hacer algo; IDIOM **she always seems to ~ on her feet** siempre se las arregla, RP suele caer parada
-2. (drop) (rain, snow, stone) caer; (curtain) caer, cerrarse; **to ~ at sb's feet** caer a los pies de alguien; **she fell into his arms** cayó en sus brazos; **a tin of paint fell on my head** me cayó una lata de pintura en la cabeza; **his gaze fell on her** su mirada cayó sobre ella; **she fell onto the bed** se dejó caer en la cama; **it fell out of my pocket** se me cayó del bolsillo or CAm, Méx, Perú de la bolsa; **a photo fell out of the book** se cayó una foto del libro; **to ~ to one's knees** caer de rodillas; **the satellite fell to earth** el satélite cayó a la Tierra; **my spirits fell** me desmoralicé; **to ~ from grace** caer en desgracia; Literary **not a word fell from his lips** sus labios no dejaron escapar ni un suspiro; **to ~ into line** entrar en vereda; **suddenly everything fell into place** de pronto todo encajaba
-3. (decrease) (price, temperature, demand, level) caer, bajar, descender; **the dollar has fallen against the yen** el dólar ha caído or bajado con respecto al yen; **the temperature fell by 10° below zero** la temperatura descendió 10° bajo cero
-4. (become) **to ~ asleep** dormirse; **to ~ due** ser pagadero(a); **to ~ foul of sb** enemistarse con alguien, ponerse a malas con alguien; **to ~ foul of the law** incumplir la ley; **to ~ ill** caer enfermo(a), enfermar, RP, Ven enfermarse; **to ~ in love** enamorarse; **to ~ on hard times** caer en la pobreza or miseria; **the book fell open at page 25** el libro cayó abierto por or en la página 25; **to ~ out of favour with sb** dejar de contar con or perder el apoyo de alguien; **to ~ silent** quedarse callado(a); **to ~ to pieces** (object) romperse en pedazos; Fig (person) desmoronarse; **those trousers are falling to pieces!** ¡esos pantalones se caen a pedazos or están hechos jirones!; **to ~ victim to sth** ser víctima de algo; **the match fell victim to the weather** el partido se suspendió debido al mal tiempo
-5. (hang down) caer; **the curtains ~ right to the floor** las cortinas caen hasta el suelo
-6. (happen, be) **Christmas Day falls on a Thursday** el día de Navidad cae en jueves; **Easter falls late this year** este año Semana Santa cae más tarde; **the stress falls on the second syllable** el acento cae or recae en la segunda sílaba
-7. (be classified) **to ~ into two categories** dividirse en dos categorías; **such matters ~ under my responsibilities** esos asuntos son responsabilidad mía; **that does not ~ within the scope of our agreement** eso no entra dentro de nuestro acuerdo
-8. (empire, government) caer, sucumbir; **to ~ from power** perder el poder; **the city fell to the Gauls** la ciudad cayó en manos or en poder de los Galos
-9. (be killed) (soldier) caer, morir
-10. (begin) **silence/night fell** se hizo el silencio/de noche
-11. (light, shadow) **a shadow fell across the floor** una sombra se proyectó sobre el suelo; **a ray of sunshine fell on the table** un rayo de sol cayó sobre la mesa

◆ **fall about** vi Fam **to ~ about (laughing)** partirse (de risa)

◆ **fall apart** vi **-1.** (break) romperse **-2.** (marriage, deal) fracasar; (country, company, family, person) venirse abajo, desmoronarse; **these trousers are falling apart!** ¡estos pantalones se caen a pedazos!; **my world fell apart** mi mundo se me vino encima

◆ **fall away** vi **-1.** (paint, plaster, wallpaper) desprenderse **-2.** (ground) caer, descender **-3.** (attendance) decaer

◆ **fall back** vi **-1.** (move away) echarse atrás, retroceder; MIL replegarse **-2.** (drop behind) **he has fallen back into fifth place** ha retrocedido al quinto puesto **-3.** (decrease) caer, bajar, descender

◆ **fall back on** vt insep (money, resources, argument) recurrir a

◆ **fall behind** ◇ vt insep **we have fallen behind our competitors** nos hemos rezagado con respecto a nuestros competidores
◇ vi (drop back) quedarse rezagado(a); **to ~ behind with one's payments** atrasarse en los pagos; **he fell behind with his work** se retrasó en su trabajo, se le acumuló el trabajo

◆ **fall down** vi **-1.** (person, building) caerse; **your trousers are falling down** se te están cayendo los pantalones; **this house is falling down!** (is in bad condition) ¡esta casa se cae en pedazos! **-2.** (argument, plan) fallar; **where the whole thing falls down is...** donde falla la cosa es...

◆ **fall for** vt insep Fam **-1.** (fall in love with) enamorarse de **-2.** (be deceived by) (story) tragarse; **I'm not falling for that one!** ¡no me voy a tragar eso!; **to ~ for it** picar

◆ **fall in** vi **-1.** (roof) hundirse **-2.** (troops) formar; **the rest of the group fell in behind him** el resto del grupo se colocó en fila detrás suyo **-3.** **I'll ~ in with whatever you decide to do** me apunto a lo que ustedes decidan hacer

◆ **fall into** vt insep **-1.** (come to be in) **to ~ into the wrong hands** caer en malas manos; **to ~ into disrepair** deteriorarse; **to ~ into disrepute** caer en descrédito; **to ~ into disuse** caer en desuso; **to ~ into a stupor** quedar aletargado(a)
-2. (habit, routine) caer en; **to ~ into conversation with sb** trabar or entablar conversación con alguien; **I fell into step with the rest of the troop** me puse al ritmo del resto de la tropa

◆ **fall in with** vt insep **-1.** (become friendly with) juntarse con, andar con **-2.** (plan, idea) aceptar; **I'll ~ in with whatever you decide to do** aceptaré lo que decidas hacer

◆ **fall off** vi **-1.** (come off) desprenderse, caerse **-2.** (profits, attendance) decrecer

◆ **fall on** vt insep **-1.** (attack) (person, food) abalanzarse or caer sobre **-2.** (be responsibility of) **the responsibility falls on you** la responsabilidad recae sobre ti **-3.** (encounter) **they fell on hard times** sufrieron un revés de la fortuna

◆ **fall out** vi **-1.** (teeth, hair) **all his hair/one of his teeth has fallen out** se le ha caído todo el pelo/un diente **-2.** (quarrel) reñir, pelearse (**with** con) **-3.** MIL romper filas **-4.** (happen) suceder; **as things fell out...** al final resultó que... **-5.** US Fam (fall asleep) quedarse traspuesto(a), RP desmayarse

◆ **fall over** ◇ vt insep (stumble on) tropezar con; IDIOM **to ~ over oneself to do sth** (be very keen) desvivirse por hacer algo
◇ vi caerse

◆ **fall through** vi (plan, deal) venirse abajo

◆ **fall to** vt insep **-1.** (begin) **to ~ to doing sth** empezar or comenzar a hacer algo **-2.** Formal (be responsibility of) **it falls to me to break the bad news** me corresponde a mí dar las malas noticias; **the task that falls to us is not an easy one** no es fácil la tarea que recae sobre nosotros
◇ vi (start eating) empezar or comenzar a comer

◆ **fall under** vt insep **to ~ under sb's influence/spell** caer bajo la influencia/el hechizo de alguien

◆ **fall upon** vt insep = **fall on**

fallacious [fə'leɪʃəs] adj Formal falaz
fallacy ['fæləsɪ] n falacia f
fall-back ['fɔːlbæk] n recurso m alternativo ❑ **~ position** postura f alternativa
fallen ['fɔːlən] ◇ npl **the ~** los caídos
◇ adj caído(a); **a ~ angel** un ángel caído; **~ arches** pies planos; Old-fashioned **a ~ woman** una mujer perdida
◇ pp of **fall**
fallibility [fælɪ'bɪlɪtɪ] n capacidad f de errar, falibilidad f
fallible ['fælɪbəl] adj falible; **everyone is ~** cualquiera se puede equivocar
falling ['fɔːlɪŋ] adj (standards, prices, demand) a la baja, en descenso; **due to ~ demand/prices** debido a la caída de la demanda/los precios
falling-off ['fɔːlɪŋ'ɒf], **falloff** ['fɔːlɒf] n (in demand, popularity) descenso m, bajón m; (in production) caída f, disminución f; (in quality) paso m atrás
Fallopian tube [fə'ləʊpɪən'tjuːb] n ANAT trompa f de Falopio
fallout ['fɔːlaʊt] n **-1.** PHYS lluvia f radiactiva ❑ **~ shelter** refugio m antinuclear **-2.** (from scandal) secuelas fpl
fallow ['fæləʊ] ◇ adj (uncultivated) en barbecho; Fig **a ~ period** un periodo improductivo ❑ **~ deer** gamo m
◇ adv **to lie ~** estar en barbecho
false [fɔːls] ◇ adj **-1.** (incorrect, mistaken) falso(a); **to create** or **give a ~ impression** dar una falsa impresión; **to put a ~ interpretation on sth** interpretar algo equivocadamente; **the ceasefire turned out to be a ~ dawn** el alto el fuego se convirtió en una esperanza frustrada; **make one ~ move and I'll shoot** no hagas un solo movimiento en falso o disparo; **to bear ~ witness** presentar falso testimonio ❑ **~ alarm** falsa alarma f; **a ~ economy** un falso ahorro; **~ friend** (in foreign language) falso amigo m; **~ memory syndrome** síndrome m de la falsa memoria; **~ modesty** falsa modestia f; MUS & Fig **~ note** nota f falsa; **~ pregnancy** embarazo m psicológico; **~ rib** falsa costilla f; **~ start** (in race) salida f nula
-2. (dishonest, insincere) falso(a); **to put on a ~ front** ponerse una máscara, pretender ser diferente; **you got me here under ~ pretences** me trajiste aquí con engaños ❑ LAW **~ imprisonment** encarcelamiento m ilegal; **~ position: to put sb in a ~ position** poner a alguien en una situación comprometida or difícil
-3. (unfaithful) infiel
-4. (simulated) (beard, nose, eyelashes, fingernails) postizo(a); (document, passport, identity) falso(a) ❑ **~ bottom** (of container) doble fondo m; **~ ceiling** falso techo m; **~ teeth**

falsehood dentadura *f* postiza, *Col, RDom* caja *f* de dientes; **~ wall** pared *f* falsa
◇ *adv* **to play sb ~** embaucar a alguien
falsehood ['fɔːlshʊd] *n Formal* **-1.** *(lie)* falsedad *f* **-2.** *(dishonesty)* falsedad *f*
falsely ['fɔːlslɪ] *adv* **-1.** *(mistakenly)* equivocadamente; **he was ~ accused of theft** lo acusaron por error de haber robado **-2.** *(insincerely)* falsamente
falsetto [fɔːl'setəʊ] *(pl* **falsettos)** MUS ◇ *n* falsete *m*
◇ *adj (voice)* en falsete
falsies ['fɔːlsɪz] *npl Fam* rellenos *mpl (para sostén)*
falsifiable [fɔːlsɪ'faɪəbəl] *adj (theory)* refutable
falsification [fɔːlsɪfɪ'keɪʃən] *n* **-1.** *(forgery)* falsificación *f* **-2.** *(disproof)* refutación *f*
falsify ['fɔːlsɪfaɪ] *vt* **-1.** *(forge) (records, document, evidence)* falsificar **-2.** *(disprove) (theory)* refutar
falsity ['fɔːlsɪtɪ] *n* falsedad *f*
falter ['fɔːltə(r)] ◇ *vt* balbucear; **"maybe... yes... perhaps...," he faltered** "quizá... sí... tal vez...", balbuceó
◇ *vi* **-1.** *(speaker)* vacilar, titubear; *(voice)* entrecortarse **-2.** *(waver) (courage)* flaquear; *(memory)* fallar; **his steps faltered as he neared the room** al acercarse a la habitación su andar perdió seguridad **-3.** *(function unreliably) (engine)* fallar; *(economy)* tambalear
faltering ['fɔːltərɪŋ] *adj* **-1.** *(hesitating) (voice)* titubeante; *(attempt)* tímido **-2.** *(wavering) (courage)* debilitado(a); *(memory)* que falla; *(steps)* tambaleante **-3.** *(engine)* que falla; *(economy)* tambaleante
fame [feɪm] *n* fama *f*; **to seek ~ and fortune** buscar fama y fortuna; **to rise to ~** llegar a la fama; **Mick Jagger of Rolling Stones ~** Mick Jagger, famoso por los Rolling Stones
famed [feɪmd] *adj* famoso(a), afamado(a); **he is ~ for his generosity** es famoso por su generosidad
familial [fə'mɪlɪəl] *adj Formal* familiar
familiar [fə'mɪlɪə(r)] ◇ *adj* **-1.** *(well-known)* familiar; **a ~ face** un rostro familiar; **his name is ~** su nombre resulta familiar; **she's a ~ sight about town** se la suele ver en la ciudad; **an all too ~ story of drug addiction and homelessness** la conocida historia de adicción a las drogas y falta de hogar
-2. *(acquainted)* **to be ~ with** estar familiarizado(a) con; **to become ~ with sth** familiarizarse con algo
-3. *(informal)* familiar, *Am* confianzudo(a); **~ language/tone** lenguaje/tono familiar; **to be on ~ terms with sb** tener trato informal con alguien; **to get too ~ with sb** tomarse demasiada confianza con alguien
◇ *n* **-1.** *(friend)* allegado *m* **-2.** *(in witchcraft)* familiar *m*
familiarity [fəmɪlɪ'ærɪtɪ] *n* **-1.** *(of face, place)* familiaridad *f*; PROV **~ breeds contempt** la confianza da asco **-2.** *(acquaintance)* familiaridad *f* **(with** *book, rules, language)* familiaridad *f* **(with** con); **her ~ with his work** el conocimiento que posee sobre su trabajo **-3.** *(informality)* familiaridad *f*, confianza *f*; **she resented his excessive ~ with her** le molestaba la excesiva confianza con la que la trataba
familiarization [fəmɪlɪəraɪ'zeɪʃən] *n* familiarización *f*; **a ~ process** un proceso de familiarización; **after a period of ~ with the method...** luego de un periodo de familiarización con el método...
familiarize [fə'mɪlɪəraɪz] *vt* **-1.** *(acquaint)* **to ~ oneself with sth** familiarizarse con algo; **to ~ sb with sth** familiarizar a alguien con algo **-2.** *(make widely known)* popularizar
familiarly [fə'mɪlɪəlɪ] *adv (informally)* con confianza *or* familiaridad; **~ known as...** popularmente *or* comúnmente conocido(a) como...
family ['fæmɪlɪ] *n* ALSO BIOL familia *f*; **have you any ~?** *(relatives)* ¿tienes parientes?; *(children)* ¿tienes hijos?; **of good ~** de buena familia; **to start a ~** empezar a tener hijos; **to keep sth in the ~** *(of property)* mantener algo en la familia; *(scandal)* mantener algo en familia; **they treat her as one of the ~** la tratan como si fuera de la familia; **it runs in the ~** es cosa de familia; *Fam* **she's in the ~ way** está en estado; **a ~ affair** *(celebration, problem)* un asunto familiar *or* de familia ❑ *Br Formerly* **~ allowance** ayuda *f* familiar; **~ business** negocio *m* familiar; *US* LAW **~ court** tribunal *m* de familia; *Br* **~ credit** ayuda *f or* subsidio *m* familiar; **~ doctor** médico *m* de cabecera *or* familia; **~ heirloom** joya *f* de familia; **~ life** vida *f* de familia; **~ man** hombre *m* de familia; **~ name** apellido *m*; **~ planning** planificación *f* familiar; **~ planning clinic** centro *m* de planificación familiar; *US* **~ practice** medicina *f* general; *US* **~ practitioner** médico *m* de cabecera *or* familia; **~ resemblance** parecido *m* de familia; **~ room** *(in hotel)* habitación *f* familiar; *US (in house)* sala *f* de estar; *Br (in pub)* = sala en la que se permite el acceso con niños; **~ seat** casa *f* solariega; **~ therapy** terapia *f* familiar; **~ tree** árbol *m* genealógico; **~ vault** panteón *m* familiar; **~ viewing: suitable/unsuitable for ~ viewing** apto(a)/no apto(a) para todos los públicos
family-run ['fæmɪlɪ'rʌn] *adj* familiar; **a ~ business** un negocio familiar; **a ~ hotel/restaurant** un hotel/restaurante familiar *or* regentado por una familia
family-sized ['fæmɪlɪ'saɪzd] *adj* de tamaño familiar
famine ['fæmɪn] *n* hambruna *f* ❑ **~ relief** ayuda *f* humanitaria contra el hambre
famished ['fæmɪʃd] *adj Fam* muerto(a) de hambre; **to be ~** estar muerto(a) de hambre
famous ['feɪməs] *adj* famoso(a), célebre; **the town is ~ for its gardens** la ciudad es famosa por sus jardines; **a ~ victory** una victoria célebre; **so much for her ~ cooking!** ¡y para esto tanto hablar de su famosa cocina!; **~ last words!** ¡que te crees tú eso!
famously ['feɪməslɪ] *adv* **-1.** *(celebratedly)* celebradamente; **as Oscar Wilde ~ said...** como reza *or* dice la célebre cita de Oscar Wilde... **-2.** *Fam (very well)* **to get on ~ (with sb)** llevarse genial (con alguien)
fan¹ [fæn] ◇ *n (cooling device) (hand-held)* abanico *m*; *(mechanical)* ventilador *m*; **~ shaped like a ~** con forma de abanico; IDIOM *US Fam* **to hit the ~** destaparse, estallar ❑ **~ belt** *(of car)* correa *f* del ventilador; **~ heater** convector *m*; **~ oven** horno *m* de convección; **~ palm** palma *f* enana; ARCHIT **~ vaulting** bóveda *f* de abanico
◇ *vt (pt & pp* **fanned) -1.** *(with fan)* abanicar; **to ~ oneself** abanicarse **-2.** *(blow on)* **the coast is fanned by cool sea breezes** la fresca brisa del mar acaricia la costa **-3.** *(fire, passions)* atizar, avivar; **to ~ the flames** echar (más) leña al fuego
fan² *n (enthusiast) (of music, art, sport)* aficionado(a) *m,f*; *(of team)* hincha *mf*; *(of artist, singer)* admirador(ora) *m,f*, fan *mf*; **I'm not a ~ of electric cookers** no soy partidario de las cocinas *or Col, Méx, Ven* estufas eléctricas ❑ **~ club** club *m* de fans; **~ letter** carta *f* de admirador(ora) *or* fan; **~ mail** cartas *fpl* de fans *or* de admiradores
◆ **fan out** ◇ *vt* **-1.** *(of peacock) (tail)* desplegar en abanico **-2.** *(cards)* abrir en abanico
◇ *vi (police, soldiers)* desplegarse
fan-assisted ['fænə'sɪstɪd] *adj (oven)* con ventilación
fanatic [fə'nætɪk] ◇ *n* fanático(a) *m,f*
◇ *adj* fanático(a)
fanatical [fə'nætɪkəl] *adj* fanático(a) **(about** de); **he's ~ about punctuality** es un fanático de la puntualidad
fanatically [fə'nætɪklɪ] *adv* con fanatismo, de un modo fanático
fanaticism [fə'nætɪsɪzəm] *n* fanatismo *m*
fanciable ['fænsɪəbəl] *adj Br Fam* atractivo(a), resultón(ona)
fancied ['fænsɪd] *adj* **-1.** *(imagined)* imaginario(a); **he was nicknamed "Clint" because of a ~ resemblance to the movie actor** lo llamaban "Clint" por un imaginario *or* supuesto parecido al actor de cine **-2.** *(favoured)* favorito(a)
fancier ['fænsɪə(r)] *n* **a pigeon/bird ~** un(a) criador(ora) de palomas/pájaros
fanciful ['fænsɪfʊl] *adj* **-1.** *(imaginative)* creativo(a), imaginativo(a) **-2.** *(unrealistic)* inverosímil, descabellado(a)
fancifully ['fænsɪfʊlɪ] *adv (to suggest)* con gran derroche *or* grandes dosis de imaginación; **somewhat ~ described as...** descripta, con bastante imaginación, como...
fancily ['fænsɪlɪ] *adv* extravagantemente, estrafalariamente; **they were very ~ dressed** estaban vestidos de una manera estrafalaria
fancy ['fænsɪ] ◇ *n* **-1.** *(imagination)* fantasía *f*; **a flight of ~** un delirio
-2. *(whim)* capricho *m*; **he went wherever his ~ took him** iba donde se le antojaba *or Esp* donde le apetecía *or Carib, Col, Méx* donde le provocaba; **it's just a passing ~** es sólo un interés *or* capricho pasajero
-3. *(liking)* **to take a ~ to sth/sb** encapricharse de algo/alguien; **the idea took *or* caught his ~** le atrajo *or* gustó la idea
-4. *(notion)* fantasía *f*, impresión *f*; **I have a ~ that...** me da en la nariz que...
◇ *adj* **-1.** *(elaborate) (jewels, hat)* de fantasía; *(gadget)* sofisticado(a); **don't try any ~ stuff, or else** no intentes nada raro ❑ **~ dress** disfraz *m*; **~ dress party** fiesta *f* de disfraces; **~ footwork** *(of dancer)* paso *m* complicado *or* difícil; *Fig* **it took some ~ footwork to see three women at the same time** tuvo que hacer malabarismos para salir con tres mujeres a la vez; *Br* **~ goods** obsequios *mpl*, artículos *mpl* de regalo; *Fam* **~ man** *(lover)* querido *m*, amiguito *m*; *Fam* **~ woman** *Br (lover)* querida *f*, amiguita *f*; *US (prostitute)* fulana *f*
-2. *(upmarket) (neighbourhood, shop, car)* exclusivo(a); *(party)* encopetado(a); *(hotel)* lujoso(a); *(food, decoration)* con muchas florituras; *Fam* **to charge ~ prices** cobrar precios exorbitantes
-3. *(affected, pretentious) (talk, words)* afectado(a), pedante
◇ *vt* **-1.** *Fam (want)* **do you ~ a drink?** *Esp* ¿te apetece algo de beber?, *Carib, Col, Méx* ¿te provoca algo de beber?, *RP* ¿querés algo de tomar?; **I didn't ~ the idea** no me atraía la idea; **I don't ~ travelling in this weather** no me apetece viajar con este tiempo
-2. *Br Fam (be attracted by)* **he fancies her** le gusta ella; *Fam* **to ~ the pants off sb** encontrar a alguien buenísimo(a)
-3. *(imagine)* imaginar; **to ~ (that)...** imaginar que...; *Fam* **~ that!** ¡fíjate!, ¡lo que hay que ver!; **~ anyone wanting to do that!** ¡quién podría querer hacerlo!; **~ meeting you here!** ¡qué sorpresa encontrarte aquí!
-4. *Formal (believe)* creer; **she fancies herself as an intellectual** se considera una intelectual; **I ~ I have seen her before** me parece que la he visto antes
-5. *(have good opinion of)* **he is strongly fancied to win** se cree que tiene muchas posibilidades de ganar; *Fam* **to ~ oneself** tenérselo muy creído; *Fam* **she fancies herself as a writer/musician** se las da de buena escritora/música; **I don't ~ their chances of winning** no creo que tengan muchas posibilidades de ganar; *Fam* **he fancies his chances of getting the job** tiene muchas esperanzas de conseguir el trabajo
fancy-free ['fænsɪ'friː] *adj* sin compromisos *or* responsabilidades
fancywork ['fænsɪwɜːk] *n* labor *m*
fandom ['fændəm] *n US* hinchada *f*
fanfare ['fænfeə(r)] *n* **-1.** *(on trumpets)* fanfarria *f* **-2.** *(ostentation)* fanfarría *f*; **with much ~** con *or* a bombo y platillo
fang [fæŋ] *n (of wolf, vampire)* colmillo *m*; *(of snake)* diente *m*

fanlight ['fænlaɪt] *n* montante *m* en abanico

Fannie Mae ['fæni'meɪ] *n US Fam* = asociación nacional federal de hipotecas

fanny ['fæni] *n* **-1.** *US Fam (buttocks)* culo *m* ❑ **~ pack** riñonera *f*, *Méx* cangurera *f* **-2.** *Br Vulg (vagina) Esp* coño *m*, *Am* concha *f*, *Méx* paloma *f*

◆ **fanny about, fanny around** *vi Br very Fam* dar vueltas

fantail ['fænteɪl] *n* ~ **(pigeon)** paloma *f* colipava

fan-tailed warbler ['fænteɪld'wɔːblə(r)] *n* buitrón *m*

fantasia [fæn'teɪzɪə] *n* MUS fantasía *f*

fantasist ['fæntəzɪst] *n* **-1.** *(writer)* escritor(ora) *m,f* de novela fantástica **-2.** *(over-imaginative person)* fantaseador(ora) *m,f*

fantasize ['fæntəsaɪz] *vi* fantasear **(about** sobre)

fantastic [fæn'tæstɪk] *adj* **-1.** *Fam (excellent)* fantástico(a), formidable; **we had a ~ time** lo pasamos formidablemente *or* estupendamente **-2.** *(enormous) (size, amount, rate)* inmenso(a); *(price)* desorbitado(a); *(success, achievement)* fenomenal, increíble **-3.** *(unbelievable)* absurdo(a); **it sounds ~, but it's true** parece absurdo pero es verdad

fantastical [fæn'tæstɪkəl] *adj* fantástico(a), increíble

fantastically [fæn'tæstɪklɪ] *adv* **-1.** *Fam (enormously)* fabulosamente, increíblemente; **it's ~ expensive** es increíblemente caro **-2.** *(unbelievably)* somewhat ~, **the story ends happily** aunque parezca increíble, la historia tiene un final feliz *or* termina bien

fantasy ['fæntəsɪ] *n* **-1.** *(dream)* fantasía *f*, sueño *m*; **his ~ was...** su fantasía era... **-2.** *(imagination)* fantasía *f*; **to live in a ~ world** vivir en un mundo imaginario *or* de fantasía ❑ **~ football** = juego en que los participantes escogen su equipo de fútbol ideal de entre los futbolistas de un torneo y luego van sumando puntos según la actuación de éstos en la competición real, *Esp* ≃ liga *f* fantástica®; **~ role-playing game** juego *m* de rol **-3.** LIT **~ (literature)** literatura *f* fantástica

fanzine ['fænziːn] *n* fanzine *m*

FAO [efeɪ'əʊ] *n* **-1.** *(abbr* **Food and Agriculture Organization)** FAO *f* **-2.** *(abbr* **for the attention of)** a la atención de

FAQ [efeɪ'kjuː] *n* COMPTR *(abbr* **frequently asked questions)** preguntas *fpl* más frecuentes ❑ **~ file** documento *m* con las preguntas más frecuentes

far [fɑː(r)] ◇ *adj* **-1.** *(distant)* lejano(a); **in the ~ distance** allá a lo lejos; **life here is a ~ cry from life in Paris** la vida aquí no se parece en nada a *or* ni se compara con la vida en París ❑ **the Far East** el Lejano Oriente
 -2. *(more distant)* **the ~ end** el (otro) extremo; **the ~ side of the pitch** el otro lado del campo
 -3. *(extreme)* extremo(a); **on the ~ left of the screen** en el extremo izquierdo de la pantalla; POL **the ~ left/right** la extrema izquierda/derecha; **in the ~ north of the country** en el extremo norte del país
 ◇ *adv (comparative* **farther** ['fɑːðə(r)] *or* **further** ['fɜːðə(r)], *superlative* **farthest** ['fɑːðɪst] *or* **furthest** ['fɜːðɪst]) **-1.** *(with distance)* **is it ~ to Seattle?** ¿está *or* queda muy lejos Seattle?; **how ~ is it to Glasgow?** ¿a cuánto estamos de Glasgow?; **how ~ is it from Montreal to Toronto?** ¿a qué distancia *or* a cuánto está Montreal de Toronto?; **how ~ did she jump?** ¿cuánto saltó?; **how ~ did you get with your homework?** ¿hasta dónde llegaste en *or* con los deberes?; **how ~ can he be trusted?** ¿hasta qué punto podemos confiar en él?; **we hadn't got ~ along the road when...** no llevábamos mucho rato en la carretera cuando...; **~ away** lejos; **how ~ away is it?** ¿a qué distancia está?; **~ below/above** muy abajo/arriba; *also Fig* **from...** lejos de...; **I was ~ from satisfied** no estaba satisfecho ni mucho menos; **I didn't mean to offend you, ~ from it** no quise ofenderte, todo lo contrario; **~ be it from me to criticize, but...** Dios me libre de criticar a nadie, pero...; **~ and wide** *or* **near** por todas partes; **they got as ~ as the border** no pasaron de la frontera; **as ~ as possible** *(as much as possible)* en la medida de lo posible; **as ~ as I can see** tal y como yo lo veo; **as** *or* **so ~ as I know** que yo sepa; **as** *or* **so ~ as I can remember** por lo que yo recuerdo; **as** *or* **so ~ as I'm concerned** en *or* por lo que a mí respecta; **as** *or* **so ~ as your salary is concerned** en *or* por lo que se refiere a tu salario; **it's all right as ~ as it goes** dentro de lo que cabe, no está mal; **they came from/searched ~ and wide** vinieron de/buscaron por todas partes; **he can only be trusted so ~** sólo se puede confiar en él hasta cierto punto; **you weren't ~ off** *or* **out** *or* **wrong** no ibas muy desencaminado; *Fig* **to go ~** *(in career)* llegar lejos; *(of money)* dar para mucho, *Fig* **to go as** *or* **so ~ as to do sth** llegar al extremo de hacer algo; **I would go so ~ as to call him stupid** *Esp* yo hasta estúpido lo llamaría, *Am* yo incluso diría que es estúpido; **this has gone ~ enough!** ¡esto ya pasa de castaño oscuro!; *Fig* **to go too ~** ir demasiado lejos; **if you follow my advice, you won't go ~ wrong** si sigues mis consejos, no tendrás problemas; *Fig* **to take** *or* **carry sth too ~** ir demasiado lejos con algo; IDIOM *Fam* **to be ~ gone** *(drunk) Esp, Méx* estar pedo, *RP* estar en pedo; *(mad)* estar enojadísimo(a) *or Esp* ido(a) *or CSur* rayado(a) *or Méx* zafado(a)
 -2. *(with time)* **to work ~ into the night** trabajar hasta bien entrada la noche; **we mustn't plan so ~ ahead** no debemos hacer planes a tan largo plazo; **my birthday isn't ~ away** no queda *or* falta mucho para mi cumpleaños; **~ back in the past** en el pasado lejano; **for as ~ back as I can remember** hasta donde alcanzo a recordar; **so ~** hasta el momento; **so ~ this year** en lo que llevamos de año; IDIOM **so ~ so good** todo bien de momento
 -3. *(much)* **~ better/worse** mucho mejor/peor; **~ above/below the average** muy por encima/por debajo del promedio; **I'd rather stay at home** yo desde luego *or* sin duda preferiría quedarme en casa; **her arguments ~ outweigh his** sus argumentos tienen mucho más peso que los de él; **she's ~ too intelligent to do that** es demasiado inteligente (como) para hacer eso; **~ too many demasiados(as); ~ too much** demasiado; **~ and away the best** el mejor con diferencia *or RP* por lejos; **by ~** con diferencia, con mucho, *RP* por lejos

farad ['færəd] *n* ELEC faradio *m*

faraday ['færədeɪ] *n* PHYS faraday *m*

faraway ['fɑːrəweɪ] *adj* **-1.** *(place)* lejano(a) **-2.** *(look)* ausente

farce [fɑːs] *n* **-1.** LIT farsa *f* **-2.** *(ridiculous situation)* farsa *f*; **the event degenerated into a ~** el acontecimiento degeneró en *or* se transformó en una farsa

farcical ['fɑːsɪkəl] *adj* grotesco(a)

fare [feə] *n* **-1.** *(for journey)* tarifa *f* ❑ *Br* **~ dodger**, *US* **~ beater** = persona que se cuela en un medio de transporte público; *Br* **~ stage** *(section)* zona *f* tarifaria (de un autobús) **-2.** *(taxi passenger)* pasajero(a) *m,f* **-3.** *Formal (food)* comida *f*; **hospital/prison ~** comida de hospital/de prisión
 ◇ *vi* **to ~ well/badly** *(person, team)* hacerlo bien/mal; *(industry, sector)* comportarse bien/mal; **how did she ~?** ¿cómo le salió?; **the company has fared better in recent months** en los últimos meses la compañía ha obtenido mejores resultados; **he fared better in last year's tournament** le fue mejor en el torneo del año pasado

farewell [feə'wel] *n* despedida *f*, adiós *m*; **to bid sb ~** despedirse de alguien; **to say** *or* **make one's farewells** despedirse; **~, my old friend** hasta siempre, compañero ❑ **~ dinner** cena *f* de despedida

far-fetched ['fɑː'fetʃt] *adj (idea, plan)* inverosímil, rebuscado(a)

far-flung ['fɑːflʌŋ] *adj* **-1.** *(distant)* remoto(a) **-2.** *(widespread)* amplio(a), vasto(a)

farm [fɑːm] ◇ *n (small)* granja *f*; *(large)* hacienda *f*, explotación *f* agrícola, *RP* estancia *f*; **a fish ~** una piscifactoría; **a mink ~** una granja *or* un criadero de visones ❑ **~ animals** animales *mpl* de granja; **~ hand** bracero *m*, peón *m* or trabajador *m* del campo; **~ labourer** bracero *m*, peón *m* or trabajador *m* del campo; **~ produce** productos *mpl* de la tierra; **~ work** faenas *fpl* agrícolas *or* del campo; **~ worker** bracero *m*, peón *m* or trabajador *m* del campo
 ◇ *vt (land)* cultivar; *(livestock)* criar
 ◇ *vi (grow crops)* cultivar la tierra

◆ **farm out** *vt sep* **-1.** *(work)* subcontratar **-2.** *(child)* **she farms her children out to an aunt** deja al cuidado de sus niños a una tía

farmer ['fɑːmə(r)] *n (of small farm)* granjero(a) *m,f*; *(of large farm)* agricultor(ora) *m,f*; **a sheep/cattle ~** un(a) ganadero(a)

farmhouse ['fɑːmhaʊs] ◇ *n* granja *f*, casa *f* de labranza
 ◇ *adj* de granja; **~ cooking** cocina artesanal

farming ['fɑːmɪŋ] *n* agricultura *f*; **fish farming** piscicultura; **mink farming** cría de visones; **fruit/vegetable ~** cultivo frutícola/de hortalizas; **~ cooperative/machinery** cooperativa/maquinaria agrícola

farmland ['fɑːmlænd] *n* terreno *m* agrícola

farmstead ['fɑːmsted] *n US* granja *f*, alquería *f*

farmyard ['fɑːmjɑːd] *n* corral *m*; **~ animal** animal de corral; **~ smells** olor a cuadra *or* establo

Faroe ['feərəʊ] *n* **the ~ Islands, the Faroes** las Islas Feroe

far-off ['fɑːrɒf] *adj (place, time)* lejano(a)

far-out ['fɑːraʊt] *Fam* ◇ *adj* **-1.** *(strange)* raro(a); *(avant-garde)* moderno(a) **-2.** *(excellent)* genial, formidable, *CAm, Carib, Col, Méx* chévere, *Méx* padre, *RP* bárbaro(a)
 ◇ *exclam* ¡súper!, *Esp* ¡chachi!

farrago [fə'rɑːgəʊ] *n (pl* **farragos** *or* **farragoes)** *n* fárrago *m*, mezcolanza *f*; **a ~ of lies** una sarta de mentiras

far-reaching ['fɑː'riːtʃɪŋ] *adj (decision, change)* de gran calado; **to have ~ consequences** tener consecuencias importantes

farrier ['færɪə(r)] *n (blacksmith)* herrador(ora) *m,f*, herrero(a) *m,f*

farrow ['færəʊ] ◇ *n* camada *f* de cerdos *or* puercos *or Am* chanchos
 ◇ *vi* parir

far-seeing ['fɑː'siːɪŋ] *adj (person, decision)* previsor(ora), con visión de futuro

Farsi ['fɑːsiː] *n (language)* persa *m* (moderno)

far-sighted ['fɑː'saɪtɪd] *adj* **-1.** *(shrewd) (person, decision)* previsor(ora), con visión de futuro **-2.** *US (long-sighted)* hipermétrope

far-sightedness ['fɑː'saɪtɪdnɪs] *n* **-1.** *(of person, decision)* visión *f* de futuro **-2.** *US (long-sightedness)* hipermetropía *f*

fart [fɑːt] *Fam* ◇ *n* **-1.** *(gas)* pedo *m* **-2.** *(person)* **a boring old ~** un(a) petardo(a), *Esp* un(a) plasta
 ◇ *vi* tirarse un pedo

◆ **fart about, fart around** *vi Fam (waste time)* perder el tiempo a lo tonto

farther = further

farthest = furthest

farthing ['fɑːðɪŋ] *n Br Formerly* cuarto *m* de penique; *Fam* **he doesn't have a (brass) ~** no tiene (ni) un céntimo

f.a.s., FAS COM *(abbr* **free alongside ship)** F.A.S., franco al costado del buque

fascia, facia ['feɪʃə] *(pl* **fasciae** ['feɪʃiː] *or* **fascias)** *n* **-1.** *(on shop front)* rótulo *m* **-2.** *Br (in car)* tablero *m* de instrumentos, *Esp* salpicadero *m* **-3.** ARCHIT faja *f*

fascinate ['fæsɪneɪt] *vt* fascinar; **she was fascinated by** *or* **with his story** estaba fascinada con su relato, su relato la fascinó

fascinating ['fæsɪneɪtɪŋ] *adj* fascinante

fascinatingly ['fæsɪneɪtɪŋlɪ] *adv* fascinantemente, de manera fascinante

fascination [ˌfæsɪˈneɪʃən] *n* fascinación *f*; **it holds a ~ for him** ejerce gran fascinación en él; **she watched/listened in ~** observó/escuchó con fascinación

fascism [ˈfæʃɪzəm] *n* fascismo *m*

fascist [ˈfæʃɪst] ◇ *n* fascista *mf*
◇ *adj* fascista

fascistic [fəˈʃɪstɪk] *adj* fascista

fashion [ˈfæʃən] ◇ *n* **-1.** *(in clothes)* moda *f*; **the latest Paris fashions** los últimos modelos de París; **to follow ~** seguir la moda; **to set the ~** marcar la moda; **in ~** de moda; **out of ~** pasado(a) de moda; **to come into ~** ponerse de moda; **to go out of ~** pasar de moda; **it's becoming the ~ to take holidays at home** se está poniendo de moda tomarse las vacaciones en casa; *Fam* **he was eating chocolate like** *or* **as if it was going out of ~** comía chocolate a más no poder ❏ **~** *boutique* boutique *f* de señora; **~** *designer* modisto(a) *m,f*; **~** *house* casa *f* de moda(s); **~** *model* modelo *mf*; **~** *parade* desfile *m* de moda, desfile *m or* pase *m* de modelos; **~** *show* desfile *m* de moda, desfile *m or* pase *m* de modelos; *Pej* **~** *victim* adicto(a) *m,f* a la moda

-2. *(manner)* manera *f*, forma *f*; **in an orderly ~** ordenadamente, de forma ordenada; **we rubbed noses, Eskimo ~** nos frotamos las narices al estilo esquimal; **after** *or* **in the ~ of** al estilo de; **after** *or* **in the ~ of Mozart** al estilo de Mozart, a lo Mozart; **after a ~** más o menos; **he can speak German after a ~** se defiende en alemán

◇ *vt (form)* elaborar (**from** con); **he fashioned a small figure from a block of wood** modeló un figurín a partir de un bloque de madera; **to ~ a log into a canoe** convertir un tronco en una canoa

fashionable [ˈfæʃnəbəl] *adj* de moda; **to be ~** estar de moda

fashionably [ˈfæʃnəblɪ] *adv (to dress)* a la moda

fashion-conscious [ˈfæʃənkɒnʃəs] *adj* pendiente de la moda

fast¹ [fɑːst] ◇ *adj* **-1.** *(rapid)* rápido(a); **I'm a ~ reader/swimmer** leo/nado muy rápido; *Fam Fig* **he's a ~ worker!** ¡no pierde un instante!; **the action was ~ and furious** la acción transcurría a un ritmo vertiginoso; IDIOM *Fam* **he pulled a ~ one on me** me jugó una mala pasada, *Esp* me la pegó, *RP* me jorobó ❏ **~** *break (in basketball)* contraataque *m*; **~** *food* comida *f* rápida; **the ~** *lane (of motorway)* el carril rápido; IDIOM **to live life in the ~ lane** llevar un tren de vida frenético; **~** *train* (tren *m*) rápido *m*

-2. *(clock, watch)* adelantado(a); **my watch is ten minutes ~** mi reloj lleva diez minutos de adelanto, mi reloj va *or* está diez minutos adelantado

-3. *(secure) (grip)* firme; *(rope, knot)* bien apretado(a); *(door)* bien cerrado(a); **to make sth ~** sujetar *or* atar algo

-4. PHOT *(film)* sensible

-5. *(track, green, surface)* rápido(a)

-6. *(colour)* sólido(a), inalterable

-7. *(wild)* disipado(a), disoluto(a); *Fam* **a ~ woman** *(promiscuous)* una mujer fácil *or Esp* casquivana

◇ *adv* **-1.** *(rapidly)* rápido; **we need a doctor, ~!** ¡rápido, necesitamos un doctor!; **this species is disappearing ~** esta especie está desapareciendo rápidamente; **do it, and do it ~!** ¡hazlo, y hazlo deprisa!, *RP* ¡hacelo, y que sea rápido!; **how ~ can it go?** ¿qué velocidad alcanza?; **how ~ were you driving?** ¿a qué velocidad *Esp* conducías *or Am* ibas manejando?; **how ~ can you finish it?** ¿para cuándo puedes tenerlo finalizado *or Am* pronto?; **not so ~!** ¡no tan deprisa *or* rápido!; **we are ~ running out of options** cada vez nos quedan menos opciones; **she ran as ~ as her legs could carry her** corrió como una condenada; **to play ~ and loose with the truth** jugar con la verdad

-2. *(securely)* firmemente; **to hold ~** sujetarse bien; **he held ~ to his beliefs** se mantuvo fiel a sus creencias

-3. *(soundly)* **~ asleep** profundamente dormido(a)

fast² ◇ *n* ayuno *m*; **to break one's ~** romper el ayuno ❏ REL **~** *day* día *m* de ayuno
◇ *vi* ayunar

fast-acting [ˈfɑːstˈæktɪŋ] *adj (drug, poison)* de efecto inmediato

fastball [ˈfɑːstbɔːl] *n (in baseball)* bola *f* rápida

fast-breeder reactor [ˈfɑːstbriːdərˈækt̬ər(r)] *n* reactor *m* (nuclear) reproductor rápido

fasten [ˈfɑːsən] *vt* **-1.** *(attach)* unir; **to ~ sth (onto sth) with glue/nails/string** pegar/clavar/atar algo (a algo); **he fastened the two ends together** ató *or* unió un extremo al otro; **to ~ one's belt/buttons** abrocharse el cinturón/los botones; **they fastened the blame on him** le echaron la culpa a él; **~ your seatbelts** abróchense los cinturones

-2. *(close) (door, window)* cerrar, echar el cerrojo a

-3. *(eyes, attention)* fijar (**on** en)

◇ *vi (garment)* abrocharse; *(bag, door, window)* cerrarse; **the trousers ~ at the side** el pantalón se abrocha por el costado

→ **fasten down** *vt sep* cerrar

→ **fasten on** *vt insep* **-1.** *(belt, holster)* abrochar(se) **-2.** *(seize upon) (idea)* aferrarse a; **the press fastened on this admission as proof of his guilt** la prensa se aferró a aquella confesión como prueba de su culpabilidad **-3.** *(fix)* fijarse en; **her eyes fastened on the letter** se fijó en la carta, clavó la mirada en la carta

→ **fasten onto** *vt insep* **-1.** *(seize upon) (idea)* aferrarse a **-2.** *(grip)* agarrarse a, pegarse a; **he fastened onto our group** se pegó a nuestro grupo

→ **fasten upon** *vt insep* **-1.** *(seize upon) (idea)* aferrarse a **-2.** *(fix)* fijarse en; **her eyes fastened upon the letter** se fijó en la carta, clavó la mirada en la carta

fastener [ˈfɑːsnə(r)], **fastening** [ˈfɑːsnɪŋ] *n (of garment)* cierre *m*

fast-food [ˈfɑːstˈfuːd] *adj (restaurant, chain)* de comida rápida

fast-forward [ˈfɑːstˈfɔːwəd] ◇ *n* avance *m* rápido ❏ **~** *button* botón *m* de avance rápido
◇ *vt (cassette)* pasar hacia delante

fastidious [fæˈstɪdɪəs] *adj* **-1.** *(meticulous)* meticuloso(a), puntilloso(a); **she is ~ about accuracy** es muy meticulosa *or* puntillosa con la precisión **-2.** *(fussy)* quisquilloso(a)

fastidiousness [fæˈstɪdɪəsnɪs] *n* **-1.** *(meticulousness)* meticulosidad *f* **-2.** *(fussiness)* quisquillosidad *f*; **she found his ~ tiresome** era tan quisquilloso que le resultaba pesado *or Am* fastidioso

fast-moving [ˈfɑːstˈmuːvɪŋ] *adj (vehicle)* veloz, rápido(a); *(film)* rápido(a) ❏ **~** *consumer goods* productos *mpl* de venta rápida

fastness [ˈfɑːstnɪs] *n* **-1.** *(of colour, dye)* inalterabilidad *f* **-2.** *Literary (stronghold)* fortaleza *f*

fast-talk [ˈfɑːstˈtɔːk] *vt Fam* **he fast-talked his way into a good job** consiguió un buen empleo a base de mucha labia *or* palabrería

fast-talker [ˈfɑːstˈtɔːkə(r)] *n Fam* embaucador(ora) *m,f*, tipo(a) *m,f* con mucha labia

fast-track [ˈfɑːstˈtræk] ◇ *n* vía *f* rápida
◇ *adj (promotion, career)* fulgurante; *(executive)* de fulgurante carrera
◇ *vt* hacer por la vía rápida

fat [fæt] ◇ *n* **-1.** *(on person)* grasa *f* ❏ *US Fam* **~** *farm* clínica *f* de adelgazamiento
-2. *(on meat, in food)* grasa *f*; **high/low in ~** alto/bajo contenido de grasa; **to fry in deep/shallow ~** freír en abundante aceite/con poco aceite ❏ **~** *content* materia *f* grasa; **~** *intake* consumo *m* de grasa
-3. IDIOMS *Fam* **the ~'s in the fire!** ¡la que se va a armar!; **to live off the ~ of the land** vivir a cuerpo de rey
◇ *adj* **-1.** *(obese)* gordo(a); **to get ~** engordar; *Fig* **to grow ~ at the expense of others** *(become rich)* hacerse rico(a) a costa de los demás; IDIOM *Fam* **get this into your ~ head** métetelo en esa cabezota *or* cabeza dura que tienes ❏ *Fig* **~** *cat* pez *m* gordo; *Pej* **~** *cat executive* = alto ejecutivo con un salario desproporcionado
-2. *(meat)* graso(a)
-3. *(thick)* grueso(a), voluminoso(a)
-4. *Fam (cheque, salary, contract)* jugoso(a); **to make a ~ profit** tener unas jugosas ganancias; **the ~ years** los años de vacas gordas; IDIOM *US* **to be in ~ city** vivir en jauja
-5. *Fam Ironic (for emphasis)* **a ~ lot of good that'll do you!** ¡pues sí que te va a servir de mucho!; **you're a ~ lot of help!** ¡pues sí que eres tú de mucha ayuda!, ¡con tu ayuda estamos arreglados *or Esp* apañados!; **~ chance!** ¡ni soñarlo!, *Méx* ¡ya mero!

fatal [ˈfeɪtəl] *adj* **-1.** *(deadly) (disease, injury, accident)* mortal; **this condition can prove ~** esta afección puede ser mortal
-2. *(ruinous) (action, consequences)* nefasto(a), fatal; *(mistake)* fatídico(a); **such a decision would be ~ to our plans** semejante decisión sería nefasta para nuestros planes
-3. *Literary (ordained by fate)* fatal; **the ~ hour/meeting** la hora/el encuentro fatal
-4. COMPTR **~** *error* error *m* fatal

fatalism [ˈfeɪtəlɪzəm] *n* fatalismo *m*

fatalist [ˈfeɪtəlɪst] *n* fatalista *mf*

fatalistic [ˌfeɪtəˈlɪstɪk] *adj* fatalista

fatality [fəˈtælɪtɪ] *n* **-1.** *(in accident)* víctima *f* mortal; **road fatalities** víctimas mortales de accidentes de tráfico **-2.** *(inevitability)* fatalidad *f*

fatally [ˈfeɪtəlɪ] *adv (wounded)* mortalmente; **~ flawed** con graves defectos

fate [feɪt] *n* **-1.** *(destiny)* destino *m*, sino *m*; *Formal* **~ decreed otherwise** el destino no lo quiso así; **as ~ would have it...** el destino quiso que...
-2. *(destined end, lot)* **to meet one's ~** encontrar la muerte; **to leave sb to his ~** abandonar a alguien a su suerte; **to suffer/share a similar ~** sufrir/compartir la misma suerte; **a ~ worse than death** un sino peor que la muerte
-3. MYTHOL **the Fates** las Parcas

fated [ˈfeɪtɪd] *adj* **-1.** *(destined)* predestinado(a); **they were ~ to meet** estaban destinados a conocerse; **he was ~ never to return** su destino era no regresar jamás **-2.** *(doomed)* condenado(a)

fateful [ˈfeɪtfəl] *adj* **-1.** *(decisive) (day, decision)* decisivo(a) **-2.** *(prophetic) (words)* profético(a)

fat-free [ˈfætˈfriː] *adj* sin grasas; **95 percent ~** sin grasas en un 95 por ciento de su contenido

fathead [ˈfæthed] *n Fam* imbécil *mf*, majadero(a) *m,f*

father [ˈfɑːðə(r)] ◇ *n* **-1.** *(parent)* padre *m*; **~ of six** padre de seis hijos; **from ~ to son** de padre a hijo; **he was like a ~ to me** fue como un padre para mí; **on my ~'s side** por parte de mi padre; PROV **like son like ~, like son de tal palo, tal astilla**; **Our Father** Padre Nuestro ❏ *Father Christmas* Papá *m* Noel, *Chile* el viejo de Pascua; *Father's Day* día *m* del padre; **~** *figure* figura *f* paterna; **he was a ~ figure to her** era para ella él era como un padre; *(Old) Father Time* el Tiempo
-2. *(ancestor)* antepasado *m*, predecesor *m*; **like our fathers before us** como nuestros predecesores *or* antecesores
-3. *(originator)* creador *m*, padre *m*; **the ~ of the atom bomb** el padre de la bomba atómica
-4. *(priest)* padre *m*; **Father Murphy** el padre Murphy ❏ REL *the Fathers of the Church* los Padres de la Iglesia; REL **~** *confessor* padre *m* espiritual
-5. *Br (of trade union) Father of Chapel* delegado *m or Esp* enlace *m* sindical *(del sector editorial y de artes gráficas)*

◇ *vt (child)* engendrar; *Fig (idea, invention)* concebir, crear **-2.** *(attribute)* **to ~ sth on sb** achacar algo a alguien, cargar a

fatherhood ['fɑːðəhʊd] n paternidad f

father-in-law ['fɑːðərɪnlɔː] (pl **fathers-in-law**) n suegro m, padre m político

fatherland ['fɑːðəlænd] n tierra f natal, patria f

fatherless ['fɑːðəlɪs] adj huérfano(a) de padre

fatherly ['fɑːðəlɪ] adj paternal; ~ **advice** un consejo paternal or de padre

father-to-be ['fɑːðətəbiː] (pl **fathers-to-be**) n futuro padre m

fathom ['fæðəm] ◇ n (measurement) braza f
◇ vt (mystery) desentrañar; (person) entender

◆ **fathom out** vt sep (mystery) desentrañar; (person) entender

fatigue [fəˈtiːɡ] ◇ n **-1.** (tiredness) fatiga f, cansancio m; **to be suffering from** ~ estar agotado(a) or exhausto(a) **-2.** (in metal) fatiga f **-3.** MIL **(duty)** faena f; **fatigues** (military clothing) traje m de faena
◇ vt **-1.** (person) fatigar, cansar **-2.** (metal) producir la fatiga de

fatigue-dress [fəˈtiːɡˈdres] n MIL traje m de faena

fatiguing [fəˈtiːɡɪŋ] adj cansador(ora)

fatness ['fætnɪs] n **-1.** (obesity) gordura f **-2.** (of meat) grasa f **-3.** (thickness) grosor m, voluminosidad f

fatso ['fætsəʊ] (pl **fatsos**) n Fam gordinflón(ona) m,f

fatted ['fætɪd] adj IDIOM **to kill the ~ calf** tirar la casa por la ventana

fatten ['fætən] ◇ vt engordar, cebar
◇ vi engordar

◆ **fatten up** vt sep engordar, cebar

fattening ['fætənɪŋ] adj que engorda; **it's very ~** engorda mucho

fattish ['fætɪʃ] adj más bien grueso(a)

fatty ['fætɪ] ◇ n Fam gordito(a) m,f
◇ adj **-1.** (meat) graso(a); ~ **foods** alimentos grasos **-2.** PHYSIOL **~ acid** ácido m graso; **~ tissue** tejido m adiposo

fatuity [fəˈtjuːətɪ] n Formal necedad f

fatuous ['fætjʊəs] adj fatuo(a), necio(a)

fatuously ['fætjʊəslɪ] adv (to smile) con necedad, neciamente; **to say sth ~** decir algo de forma necia

fatuousness ['fætjʊəsnɪs] n necedad f

fatwa ['fætwɑː] n fatwa f

faucet ['fɔːsɪt] n US Esp grifo m, Chile, Col, Méx llave f, RP canilla f

fault [fɔːlt] ◇ n **-1.** (flaw) (of person, product) defecto m; (of engine) avería f, Esp fallo m, Am falla f; **for all her faults**, in spite of her **faults** a pesar de todos sus defectos; **to find ~ with** encontrar defectos a; **she finds ~ with everything** nada le parece bien, le encuentra defectos a todo; **she's generous to a ~** se pasa de generosa
-2. (mistake) error m; **a ~ in the addition** un error en la suma
-3. (guilt) culpa f; **whose ~ is it?** ¿de quién es la culpa?; **it was my ~** fue culpa mía; **it's not my ~** no es culpa mía, no tengo la culpa; **to be at ~** tener la culpa; **his memory was at ~** le fallaba la memoria; **I was late, but through no ~ of my own** llegué tarde, pero no fue por culpa mía
-4. (in tennis, badminton, squash) falta f; (in show jumping) falta f
-5. (geological) falla f ❏ **~ line** línea f de falla; **~ plane** plano m de falla
◇ vt criticar, poner reparos a; **her attitude can't be faulted** no se puede criticar su actitud

fault-finding ['fɔːltfaɪndɪŋ] ◇ n **her ~ is losing her friends** como no para de poner defectos está perdiendo amistades
◇ adj criticón(ona)

faultless ['fɔːltlɪs] adj impecable, intachable

faultlessly ['fɔːltlɪslɪ] adv impecablemente, de manera impecable

faulty ['fɔːltɪ] adj **-1.** (machine) defectuoso(a); **the wiring is ~** hay Esp un fallo or Am una falla en la instalación eléctrica, la instalación eléctrica es defectuosa **-2.** (logic, reasoning) incorrecto(a), equivocado(a)

faun [fɔːn] n (mythological creature) fauno m

fauna ['fɔːnə] n (animal life) fauna f

Faust [faʊst] pr n Fausto

Faustian ['faʊstɪən] adj de Fausto

Faustus ['faʊstəs] pr n Fausto

Fauvism ['fəʊvɪzəm] n ART fauvismo m

faux ami ['fəʊzæˈmiː] (pl **faux amis** ['fəʊzæˈmiːz]) n falso amigo m

faux pas ['fəʊˈpɑː] (pl **faux pas** ['fəʊˈpɑːz]) n metedura f or Am metida f de pata

fava bean ['fɑːvəbiːn] n US haba f

fave [feɪv] adj Fam favorito(a)

favour, US **favor** ['feɪvə(r)] ◇ n **-1.** (approval) favor m; **to be in/out of ~ (with)** (of people) ser visto(a) con buenos/malos ojos (por); (of product, method) gozar/no gozar de mucha aceptación (entre); **to look on sth/sb with ~** ser partidario(a) de algo/alguien; **to find ~ with sb** encontrar aceptación por parte de alguien; **to fall out of ~ (with sb)** caer en desgracia (con alguien); **to be in ~ of (doing) sth** estar a favor de (hacer) algo; **to vote in ~ (of)** votar a favor (de); **all those in ~ say "aye"** los que estén a favor, digan "sí"
-2. (act of goodwill) favor m; **to ask sb a ~, to ask a ~ of sb** pedir un favor a alguien; **to do sb a ~** hacer un favor a alguien; Br Fam **do me a ~ and shut up!** ¡haz el favor de callarte!; Fam **are you going to buy it? – do me a ~!** ¿vas a comprarlo? – ¡por favor!, ¡anda ya!
-3. (advantage) favor m; **the odds are in his ~** tiene todo a su favor; **the wind is in our ~** tenemos viento a favor; **in ~ of...** (in preference to) en favor de...; **that's a point in her ~** eso va a su punto a su favor; FIN **balance in your ~** saldo a su favor
-4. HIST (badge) emblema m
-5. Literary **a woman's favours** los favores de una mujer
◇ vt **-1.** (approve of, prefer) estar a favor de, ser partidario(a) de
-2. (be favourable to) favorecer
-3. (bestow favour on) **she favoured him with a smile** lo honró con una sonrisa; **he favoured us with his company** nos honró con su presencia or compañía; **he has been favoured with good looks** ha sido agraciado con un buen aspecto físico
-4. Old-fashioned (resemble) parecerse a; **he favours his mother/father** ha salido or se parece a su madre/padre

favourable, US **favorable** ['feɪvrəbəl] adj **-1.** (positive, assenting) (answer, impression) favorable; **he seemed ~ to the idea** parecía apoyar la idea
-2. (advantageous) (terms, conditions) favorable, ventajoso(a); (weather, wind) favorable; **in a ~ light** desde una óptica favorable; **the election will be held at the time most ~ to the government** la elección tendrá lugar en el momento que más convenga al gobierno

favourably, US **favorably** ['feɪvrəblɪ] adv favorablemente; **she spoke ~ of you** habló muy bien de ti; **the movie was ~ reviewed** la película recibió críticas favorables; **to be ~ disposed toward(s)** tener buena disposición hacia; **I was ~ impressed** me impresionó gratamente; **it compares ~ with his early work** es mejor que su trabajo anterior

favoured, US **favored** ['feɪvəd] adj privilegiado(a), favorecido(a); **the ~ few** los pocos privilegiados

favourite, US **favorite** ['feɪvrɪt] ◇ n **-1.** (preferred person, thing) favorito(a) m,f, preferido(a) m,f; **let's listen to some old favourites** escuchemos algunos viejos éxitos; **he's a great ~ with the old ladies** les cae muy bien a las señoras mayores; **spaghetti? my ~!** ¿espaguetis? ¡mi plato favorito or preferido!
-2. (of teacher, monarch) predilecto(a) m,f, elegido(a) m,f
-3. (in race, competition) favorito(a) m,f
◇ adj favorito(a); **he's not one of my ~ people** no es de los que mejor me cae; US POL **~ son** = político que goza del favor de los delegados de su estado para convertirse en candidato de su partido a la presidencia de la nación

favouritism, US **favoritism** ['feɪvərɪtɪzəm] n favoritismo m

fawn[1] [fɔːn] ◇ n **-1.** (deer) cervatillo m **-2.** (colour) beige m, Esp beis m
◇ adj (colour) beige, Esp beis

fawn[2] vi adular (**on** a)

fawning ['fɔːnɪŋ] adj adulador(ora), adulón(ona)

fax [fæks] ◇ n **-1.** (machine) fax m, telefax m; **to send sth by ~** enviar algo por fax ❏ COMPTR **~ modem** módem m fax; **~ number** número m de fax **-2.** (message) fax m; **to send sb a ~** enviar un fax a alguien
◇ vt mandar por fax; **to ~ sb** mandar un fax a alguien; **I'll ~ the figures to you** le enviaré or mandaré vía fax con las cifras

faze [feɪz] vt Fam desconcertar; **he wasn't remotely fazed by the news he had won** la noticia de que había ganado no lo pilló por sorpresa en lo más mínimo

FBI [efbiːˈaɪ] n US (abbr **Federal Bureau of Investigation**) FBI m

FC [efˈsiː] n (abbr **football club**) CF m, FC m

FCC [efsiːˈsiː] n (abbr **Federal Communications Commission**) Comisión f Federal de Comunicaciones

FCO [efsiːˈəʊ] n Br (abbr **Foreign and Commonwealth Office**) Ministerio m de Asuntos Exteriores or Am Relaciones Exteriores

FD [efˈdiː] n US (abbr **Fire Department**) Cuerpo m de Bomberos

FDA [efdiːˈeɪ] n (abbr **Food and Drug Administration**) = organismo encargado del control de la calidad de los alimentos y de otorgar las licencias de venta para los medicamentos

fealty ['fiːəltɪ] n HIST (juramento m de) vasallaje m

fear [fɪə(r)] ◇ n **-1.** (dread) miedo m; **her ~ of spiders/failure/heights** su miedo a las arañas/al fracaso/a las alturas; **have no ~!** ¡ no temas!, ¡no tengas miedo!; **there is a ~ amongst some groups that...** existe el temor entre algunos grupos de que...; **my fears proved unfounded** mis temores resultaron ser infundados; **fears are growing for his safety** existe una creciente preocupación or un miedo creciente por su seguridad; **for ~ of** por miedo a; **for ~ that** por miedo a que; **to be** or **go in ~ of** tener miedo de; **she was in ~ of** or **for her life** temía por su vida; **we live in ~ of being attacked by terrorists** vivimos con el miedo en el cuerpo a un atentado terrorista; **without ~ or favour** con imparcialidad
-2. (awe) **the ~ of God** el temor a Dios; IDIOM Fam **to put the ~ of God into sb** meter a alguien el miedo en el cuerpo
-3. (risk) peligro m; **there's no ~ of her leaving** no corremos el riesgo de que se marche, es muy poco probable que se marche; Fam **no ~!** ¡ni pensarlo!, Méx ¡ya mero!
◇ vt **-1.** (be afraid of) temer; **to ~ that...** temer(se) que...; **they were feared dead** se temía que hubieran fallecido; **so ~ so me temo; I ~ not** me temo que no; **to ~ the worst** temerse lo peor; **just as I had feared** tal y como yo (me) temía; **I fear it may be too late** temo que pueda ser demasiado tarde
-2. (revere) (God) temer
◇ vi temer (**for** por); Old-fashioned **~ not!, never ~!** pierde cuidado, no hay por qué preocuparse

feared [fɪəd] adj temido(a)

fearful ['fɪəfʊl] *adj* **-1.** *(pain, consequence)* terrible, espantoso(a); **she has a ~ temper** tiene un carácter terrible **-2.** *Fam (noise, expense)* tremendo(a) **-3.** *(person)* temeroso(a); **to be ~ of...** tener miedo de...

fearfully ['fɪəfʊlɪ] *adv* **-1.** *(in fear)* temerosamente, atemorizadamente **-2.** *Fam (extremely)* tremendamente

fearless ['fɪəlɪs] *adj* valiente, arrojado(a); **they set off, ~ of the consequences** partieron, sin temor a las consecuencias

fearlessly ['fɪəlɪslɪ] *adv* sin miedo, con arrojo

fearlessness ['fɪəlɪsnɪs] *n* valentía *f*, arrojo *m*

fearsome ['fɪəsəm] *adj* terrible, espantoso(a); **the ~ difficulty of the task** la tremenda dificultad de la tarea

feasibility [fi:zə'bɪlɪtɪ] *n (of plan, scheme)* viabilidad *f*, factibilidad *f* ❑ **~ study** estudio *m* de viabilidad

feasible ['fi:zəbəl] *adj* viable, factible; **a ~ explanation** una explicación aceptable *or* creíble

feasibly ['fi:zəblɪ] *adv* **he could quite ~ finish last** no es imposible que llegue el último

feast [fi:st] ◇ *n* **-1.** *(large meal)* banquete *m*, festín *m*; **it was a real ~** fue una verdadera comilona **-2.** *(pleasant abundance)* **a ~ of music/poetry** un festín de música/de poesía; **a ~ for the eyes** un deleite para los ojos; IDIOM **it's either ~ or famine** no hay término medio **-3.** REL fiesta *f* ❑ **~ day** fiesta *f* de guardar
◇ *vt* **to ~ oneself on sth** darse un festín con algo; IDIOM **to ~ one's eyes on sth** recrear la vista en algo
◇ *vi* darse un banquete (**on** *or* **upon** de)

feasting ['fi:stɪŋ] *n* celebraciones *fpl*, festejos *mpl*

feat [fi:t] *n* hazaña *f*, hito *m*; **a major ~ of engineering** un importante hito *or* logro de la ingeniería; **it was a remarkable ~ of arms** fue un extraordinario hito *or* logro militar

feather ['feðə(r)] ◇ *n* **-1.** *(of bird)* pluma *f* ❑ **~ bed** colchón *m* de plumas; **~ boa** boa *f*; **~ duster** plumero *m*; **~ stitch** punto *m* de escapulario **-2.** IDIOMS **you could have knocked me down with a ~** me quedé de piedra; **that's a ~ in her cap** es un triunfo personal para ella; **to make the feathers fly** armar un buen revuelo
◇ *vt* **-1.** *(put feathers on) (arrow)* emplumar; IDIOM **to ~ one's nest** hacer el agosto **-2.** AV *(propeller)* poner en bandera **-3.** *(in rowing) (oar)* poner en posición horizontal

featherbed ['feðəbed] *(pt & pp* **featherbedded**) *vt (pamper, spoil)* facilitar las cosas a

featherbedding ['feðəbedɪŋ] *n Pej (of industry, business)* = práctica que consiste en contratar mano de obra que no es necesaria o limitar el rendimiento de los obreros a fin de crear puestos de trabajo o proteger los ya existentes

featherbrain ['feðəbreɪn] *n Fam* cabeza *mf* hueca

feather-brained ['feðəbreɪnd] *adj Fam* atolondrado(a), cabeza hueca

feathered ['feðəd] *adj* con plumas ❑ *Hum* **~ friend** pájaro *m*

featherweight ['feðəweɪt] *n (in boxing)* peso *m* pluma

feathery ['feðərɪ] *adj (sponge, pastry)* ligero(a), liviano(a)

feature ['fi:tʃə(r)] ◇ *n* **-1.** *(of face)* rasgo *m*, facción *f*; **features** *(face)* facciones
-2. *(part, element)* elemento *m*; **it's a regular ~ in the programme** es un elemento fijo del programa; **safety features** *(of car)* equipamiento de seguridad
-3. *(characteristic, quality)* característica *f*; **it's a ~ of these films that...** una de las características de estas películas es que...; **the novel has just one redeeming ~** hay sólo un aspecto rescatable de la novela; **to make a ~ of sth** destacar algo
-4. CIN **~ (film)** largometraje *m*
-5. *(in newspaper, on television, radio)* reportaje *m* ❑ **features editor** redactor(ora) *m,f* jefe *(de reportajes)*; **~ writer** articulista *mf*
◇ *vt* **-1.** *(have as special feature) (of car, appliance, house)* contar *or* estar equipado(a) con
-2. CIN *(of movie)* **a movie featuring...** una película de la que figura...
-3. JOURN *(display prominently)* **the story/the picture is featured on the front page** la historia/la fotografía aparece en la primera página
◇ *vi* **-1.** *(appear, figure)* figurar, aparecer; **the millionaire featured prominently in the scandal** el multimillonario desempeñó un papel importante en el escándalo; **do I ~ in your plans?** ¿cuentas conmigo? **-2.** CIN aparecer

feature-length ['fi:tʃəleŋθ] *adj* de larga duración, de largo metraje

featureless ['fi:tʃəlɪs] *adj* uniforme, monótono(a)

Feb *(abbr* **February**) feb.

febrile ['fi:braɪl] *adj Formal (atmosphere, state)* febril

February ['febrʊərɪ] *n* febrero *m; see also* **May**

fecal *US* = **faecal**

feces *US* = **faeces**

feckless ['feklɪs] *adj* abúlico(a), apático(a)

fecklessness ['feklɪsnɪs] *n* abulia *f*, apatía *f*

fecund ['fekʌnd] *adj Literary* fecundo(a)

fecundity [fə'kʌndɪtɪ] *n Literary* fecundidad *f*

Fed [fed] *n US Fam* **-1.** *(FBI agent)* agente *mf* del FBI; **the Feds** los del FBI, los federales **-2.** FIN **the ~** la junta de gobierno de la Reserva Federal

fed *pt & pp of* **feed**

federal ['fedərəl] *adj* **-1.** *(republic, system)* federal ❑ *Federal Bureau of Investigation* FBI *m*; *Federal Republic of Germany* República *f* Federal de Alemania; *Federal Reserve Bank* banco *m* de la Reserva Federal; *Federal Reserve Board* junta *f* de gobierno de la Reserva Federal **-2.** *(funding, taxes)* federal

federalese ['fedərəli:z] *n US Fam* jerga *f* burocrática federal

federalism ['fedərəlɪzəm] *n* federalismo *m*

federalist ['fedərəlɪst] ◇ *n* federalista *mf*
◇ *adj* federalista

federally ['fedərəlɪ] *adv* **to be ~ funded** estar sufragado(a) con fondos federales

federate ['fedəreɪt] ◇ *vt* federar
◇ *vi* federarse
◇ *adj* ['fedərət] federado(a)

federation [fedə'reɪʃən] *n* **-1.** *(organisation)* federación *f* ❑ *the Federation Cup (in tennis)* la Copa Federación **-2.** *(unification)* federación *f*

fedora [fɪ'dɔ:rə] *n* = sombrero flexible de fieltro

fed up ['fedʌp] *adj Fam* **to be ~ (with)** estar harto(a) (de); **I'm ~ with the way you treat me!** ¡estoy harto de cómo me tratas!; **you sound ~** parece que estás harta

fee [fi:] *n* **-1.** *(of lawyer, doctor)* minuta *f*, honorarios *mpl*; *(for speaker, performer)* honorarios *mpl* **-2.** *(for entrance)* (precio *m* de) entrada *f*, *Méx* (precio *m* del) boleto *m*; *(for examination)* derechos *mpl*; *(for membership)* cuota *f*; **(school) fees** matrícula *f*; **for a small ~** por una módica suma **-3.** LAW **~ simple** pleno dominio

feeble ['fi:bəl] *adj* **-1.** *(weak) (person, light)* débil; *Fam* **don't be so ~!** ¡no seas tan patético! **-2.** *(unconvincing) (argument, attempt, excuse)* flojo(a), pobre; *(smile)* tenue; *(joke)* malo

feeble-minded ['fi:bəl'maɪndɪd] *adj* **-1.** *(irresolute)* con poco carácter **-2.** *(stupid)* lelo(a) **-3.** *Old-fashioned (mentally defective)* débil mental

feebleness ['fi:bəlnɪs] *n* **-1.** *(of person)* debilidad *f* **-2.** *(of argument, attempt, excuse)* pobreza *f*

feebly ['fi:blɪ] *adv* **-1.** *(to say, shine, wave)* débilmente **-2.** *(to argue, attempt, smile)* desganadamente

feed [fi:d] ◇ *n* **-1.** *(animal food)* pienso *m* ❑ **~ additive** aditivo *m* (alimentario)
-2. *(for baby) (from bottle, breast)* toma *f*; **it's time for her next ~** ya es la hora de la siguiente toma
-3. *(meal for animal)* **the dog gets two feeds a day** al perro se le dan dos comidas diarias
-4. *Fam (meal)* comilona *f*
-5. TECH *(supply) (of fuel, material)* provisión *f*; *(device)* alimentador *m* ❑ **~ pipe** *(for fuel)* manguera *f or* tubo *m* de alimentación; ELEC **~ source** fuente *f* de alimentación
-6. *Br* THEAT *Fam (comedian's partner)* partenaire *mf*
◇ *vt (pt & pp* **fed** [fed]) **-1.** *(give food to)* alimentar, dar de comer a; **to ~ sb sth** dar de comer algo a alguien; **to ~ oneself** alimentarse; **she is so ill she isn't even able to ~ herself** está tan enferma que ni siquiera puede comer por sus propios medios; **he can ~ himself already** ya come solo; **we were well fed** nos dieron muy bien de comer; *Fam* **to ~ one's face** comer hasta reventar; **please do not ~ the animals** *(sign)* se ruega no dar de comer a los animales
-2. *(give as food)* **to ~ sth to sb** darle a alguien algo de comer; **they were fed to the lions** los echaron a los leones
-3. *(provide food for)* alimentar; **the country is no longer able to ~ its citizens** el país ya no puede procurar alimentos para sus ciudadanos; **he earns just enough money to ~ himself** gana lo justo para comer; **to ~ one's family** dar de comer a la familia; **there are ten mouths to ~** son diez bocas que alimentar; *Hum* **there's enough here to ~ an army!** ¡aquí hay suficiente para alimentar a un ejército *or* a un batallón!
-4. *(baby) (from breast)* amamantar, dar de mamar a; *(from bottle)* dar el biberón a
-5. *(plant, lawn)* echar fertilizante a, fertilizar
-6. *(fire, furnace)* alimentar; *(imagination, hope, rumour)* alimentar
-7. *(supply) (fuel, material)* alimentar, proveer; **to ~ coins into a machine** introducir monedas en una máquina; **to ~ information to sb, to ~ sb with information** proporcionar información a alguien; **to ~ data into a computer** introducir datos en *Esp* un ordenador *or Am* una computadora
-8. THEAT *(give cue to)* dar pie a
-9. SPORT *(pass)* **to ~ the forwards** dar pases a los delanteros
◇ *vi* **-1.** *(eat)* alimentarse (**on** de); **to put the cattle out to ~** sacar el ganado para que paste; *Fig* **these demagogues ~ on people's ignorance** estos demagogos se aprovechan de la ignorancia de la gente **-2.** *(suckle)* **to ~ on demand** *(of nursing mother)* dar el pecho *or* de mamar cuando el bebé lo pide

▸ **feed back** *vt sep (information, results)* retroalimentar

▸ **feed into** *vt insep* abastecer; **what you study in this module feeds into the general course as well** lo que se estudia en esta asignatura *or* módulo guarda relación con el curso

▸ **feed off** *vt insep* **-1.** *(eat)* alimentarse de **-2.** *(prey on)* cebarse en *or* con

▸ **feed up** *vt sep* **to ~ sb up** alimentar bien *or* hacer engordar a alguien

feedback ['fi:dbæk] *n* **-1.** ELEC realimentación *f*; *(on guitar, microphone)* acoplamiento *m*, feedback *m*
-2. *(response)* reacción *f*; **positive/negative ~** reacción positiva/negativa; **we welcome ~ from customers** apreciamos la opinión de nuestros clientes; **this will provide us with much-needed ~ on public opinion** esto nos proporcionará la información que tanto necesitamos sobre la opinión pública

feedbag ['fi:dbæg] *n US (for horse)* morral *m*; *Fam* **to put on the (old) ~** comer, *Esp* papear, *RP* morfar

feeder ['fi:də(r)] *n* **-1.** *(eater)* **this baby is such a messy ~** este niño es muy sucio a la hora de comer; **to be a heavy ~** *(person, animal)* comer mucho **-2.** *(small road, railway line)* ramal *m* **-3.** *(device) (for cattle, poultry)* comedero *m*

feeding

-4. (for machine, printer, photocopier) alimentador m -5. (power line) cable m de alimentación

feeding ['fi:dɪŋ] n alimentación f ❏ ~ **bottle** biberón m; **the Feeding of the Five Thousand** (in bible) el milagro de los panes y los peces; ~ **frenzy:** **to be in a ~ frenzy** (sharks) alterarse a la hora de atacar a su presa; (reporters, critics) acosar frenético(a) a su presa; ZOOL ~ **grounds** áreas fpl or zonas fpl de alimentación; ~ **station** (in cycling) avituallamiento m (lugar); ~ **time** (for child, animal) hora f de comer; Fam **it's like ~ time at the zoo** es un descontrol total a la hora de comer

feedstock ['fi:dstɒk] n IND materia f prima

feedstuff ['fi:dstʌf] n pienso m, comida f para animales

feel [fi:l] ◇ n -1. (act of touching) **to have a ~ of sth** tocar algo; **can I have a ~?** ¿puedo tocar?
 -2. (sense of touch) tacto m
 -3. (sensation) sensación f; **I don't like the ~ of nylon** no me gusta la sensación que produce el nylon; **it has a silky ~** es sedoso al tacto; **the ~ of silk against her skin** el roce de la seda contra su piel
 -4. (knack) **she has a real ~ for languages** tiene un don especial para los idiomas; **he soon got the ~ for it** Esp enseguida cogió el truco or tranquillo, Am enseguida agarró la onda or RP le encontró la vuelta; **I haven't got a ~ for the part yet** todavía no me he hecho con el personaje
 -5. (atmosphere) **the movie has an authentic ~ to it** la película da sensación de autenticidad
 -6. SPORT (skill) finura f
 ◇ vt (pt & pp **felt** [felt]) -1. (touch with hand) tocar; (examine) palpar; ~ **how hot this plate is!** ¡toca y verás lo caliente que está el plato!; **to ~ one's way** (in darkness) andar or ir a tientas; Fig (in new situation) familiarizarse
 -2. (notice) notar; **did it hurt? — no, I didn't ~ a thing** ¿te dolió? — no, no noté nada; **I felt the floor tremble** or **trembling** noté que el suelo temblaba; **I felt her arm against mine** noté el contacto de su brazo contra el mío; **I could ~ myself getting nervous** sentía que me estaba poniendo nervioso
 -3. (experience) (pain, despair) sentir; **I no longer ~ anything for her** ya no siento nada por ella; **I felt her death more than the others** su muerte me afectó a mí más que a los otros; **I'm beginning to ~ my age** estoy empezando a sentirme viejo(a); **to ~ the cold** ser Esp friolero(a) or Am friolento(a); **to ~ the effects of sth** sentir los efectos de algo; Fig **to ~ the heat** sentir la presión; **to ~ the need to do sth** sentir la necesidad de hacer algo; **to ~ the pace** (athlete) & Fig no conseguir seguir, no aguantar el ritmo; **I (can) ~ it in my bones** (have intuition) lo presiento, me da en la nariz, Chile, Perú me tinca, Méx, Ven me late
 -4. (believe) creer, pensar; **I ~ (that)...** me parece que...; **I ~ it necessary** creo que hace falta; **she felt herself (to be) better than the rest** se creía mejor que el resto
 ◇ vi -1. (physically) (person) sentirse; **to ~ ill/tired** sentirse enfermo(a)/cansado(a); **my legs are feeling tired** tengo las piernas cansadas; **to ~ hot/cold** tener calor/frío; **to ~ hungry/thirsty** tener hambre/sed; **my throat feels sore** me duele la garganta; **my foot feels better** tengo mejor el pie; **how do you ~?, how are you feeling?** ¿cómo te encuentras?, ¿cómo estás?; **not to ~ oneself** no sentirse muy bien; **to ~ up to doing sth** (well enough) sentirse con fuerzas para hacer algo; (competent enough) sentirse capaz de hacer algo
 -2. (mentally, emotionally) sentirse; **to ~ satisfied/left out** sentirse satisfecho(a)/ excluido(a); **to ~ as if...** me da la sensación de que...; **to ~ bad about sth** sentirse mal por algo; **to ~ strongly about sth** tener convicciones muy arraigadas sobre algo; **to ~ sure (that)...** estar seguro(a) (de que)...; **how would you ~ about going to the cinema?** ¿qué te parecería ir al cine?; **how would you ~ if...?** ¿cómo te sentirías si...?; **I know exactly how you ~** te entiendo perfectamente; **to ~ (like) a new man/woman** sentirse otro/otra; **it feels strange/good** es extraño/agradable; **how does it ~ to be a grandfather?** ¿qué se siente siendo abuelo?; **I felt (like) an idiot** me sentí como un/una idiota; **to ~ like doing sth** tener ganas de hacer algo; **I ~ like a cup of coffee** Esp me apetece or Carib, Col, Méx me provoca un café, Méx se me antoja or CSur me tomaría un café; **I don't ~ like it** no tengo ganas, Esp no me apetece; **come round whenever you ~ like it** ven a vernos cuando quieras; **it felt like** or **as if it would never end** parecía que no iba a acabar or terminar nunca; **it feels like (it's going to) rain** parece que va a llover; ~ **free to take as many as you like** llévate todos los que quieras; **can I have another? — ~ free!** ¿puedo Esp tomar or Am agarrar otro? — ¡claro! or ¡por favor!
 -3. (feel sympathy for) **to ~ for sb** sentirlo por alguien; **I really felt for his wife** me daba mucha pena su mujer
 -4. (things) **to ~ hard/soft** ser duro(a)/ blando(a) al tacto; **it feels soft now** ahora está blando(a); **to ~ hot/cold** estar caliente/frío(a); **it feels warmer today** (weather) parece que hace más calor hoy; **it feels like leather** parece cuero al tacto, tiene la textura del cuero; **it feels like summer** parece como si estuviéramos en verano
 -5. (touch with hands) **to ~ in one's pockets** mirarse or RP fijarse en los bolsillos or CAm, Méx, Perú las bolsas; **he felt on the ground for the key** buscó la llave a tientas por el suelo

 ◆ **feel about** vi (in drawer, pocket) rebuscar; **to ~ about in one's pocket for the key** rebuscar la llave en el bolsillo

 ◆ **feel out** vt sep US Fam (ask opinion of) **to ~ sb out about sth** sondear or tantear a alguien acerca de algo

 ◆ **feel up** vt sep Fam meter mano a, sobar

feeler ['fi:lə(r)] n -1. (of insect) antena f; (of snail) cuerno m -2. **to put out feelers** (before deal, negotiation) tantear el terreno

feelgood ['fi:lɡʊd] adj Fam **a ~ movie/ending** una de esas películas/uno de esos finales que levantan la moral; **the ~ factor** la sensación de bienestar

feeling ['fi:lɪŋ] n -1. (sensation) (of cold, pain) sensación f; **she gets a tingling ~ in her fingers** le da un hormigueo en los dedos; **there's a ~ of spring in the air** ya se siente la primavera; **a ~ of unease came over her** la invadió cierta inquietud
 -2. (ability to feel) **(sense of)** ~ sensibilidad f; **to have no ~ in one's right arm** tener el brazo derecho insensible
 -3. (emotion) sentimiento m; **a ~ of joy/anger** un sentimiento de alegría/ira; **to speak with ~** hablar apasionadamente; **I know the ~!** ¡sé cómo te sientes!; **his feelings towards me** sus sentimientos hacia mí; **to hurt sb's feelings** herir los sentimientos de alguien; **to show one's feelings** demostrar los sentimientos (propios); **to have no feelings** no tener sentimientos; **feelings were running high (about)** estaban los ánimos revueltos (en cuanto a); Fam **no hard feelings!** ¡estamos en paz!
 -4. (sensitivity) sensibilidad f; **to have a ~ for sth** tener sensibilidad para algo; **to play/sing with ~** tocar/cantar con pasión
 -5. (opinion) opinión f; **there is a general ~ that...**, **the general ~ is that...** la impresión general es que...; **my ~ is that...** pienso or creo que...; **I don't have any strong feelings about it (either way)** no tengo una opinión muy clara al respecto
 -6. (intuition) impresión f; **I have a ~ that somebody's watching us** tengo la sensación de que alguien nos observa; **I had a ~ I might find you here** me daba la sensación or tenía la impresión de que te encontraría aquí; **it's just a ~** es sólo una corazonada; **to have a good/bad ~ about sth/sb** tener un buen/mal presentimiento acerca de algo/alguien

feelingly ['fi:lɪŋlɪ] adv sentidamente

fee-paying ['fi:peɪɪŋ] adj ~ **school** colegio m de pago

feet pl of **foot**

feign [feɪn] vt (anger, surprise) fingir, simular; **to ~ illness/interest** fingir una enfermedad/interés

feigned [feɪnd] adj (fake) fingido(a), simulado(a)

feint[1] [feɪnt] ◇ n amago m, finta f
 ◇ vi **to ~ to the left/right** hacer una finta or amagar a la izquierda/derecha

feint[2] n TYP raya f fina; **narrow ~** con rayas finas

feint-ruled ['feɪnt'ru:ld] adj (paper) rayado(a)

feisty ['faɪstɪ] adj Fam (spirited) combativo(a), animoso(a)

felafel, falafel [fə'læfəl] n falafel m, = especie de albóndiga a base de pasta de garbanzos, cebolla, pimiento y especias

feldspar ['feldspɑ:(r)] n GEOL feldespato m

felicitous [fɪ'lɪsɪtəs] adj Formal (choice, expression) feliz, acertado(a)

felicitously [fɪ'lɪsɪtəslɪ] adv Formal acertadamente

felicity [fɪ'lɪsɪtɪ] n Formal -1. (happiness) dicha f, felicidad f -2. (of choice, expression) acierto m

feline ['fi:laɪn] ◇ n felino m, félido m
 ◇ adj felino(a)

fell[1] [fel] vt -1. (tree) talar -2. (opponent) derribar

fell[2] adj -1. Archaic or Literary (evil) maligno(a) -2. IDIOM **at one ~ swoop** de un golpe

fell[3] n Br (hill) monte m ❏ ~ **running** = deporte en el que se corre a través de páramos o colinas; ~ **walking** senderismo m, excursionismo m

fell[4] pt of **fall**

fella(h), feller ['felə] n Fam -1. (man) tipo m, Esp tío m, RP flaco m -2. (boyfriend) novio m, Esp chorbo m

fellatio [fe'leɪʃɪəʊ] n felación f

feller = **fella(h)**

fellow ['feləʊ] ◇ n -1. (comrade) compañero(a) m,f, camarada m,f; **school** ~ compañero(a) de escuela -2. Fam (man) tipo m, Esp tío m, RP flaco m; **my dear ~** (mi) querido amigo -3. (at university) profesor(ora) m,f titular -4. (of academy, society) miembro m,f -5. (of sock, glove) compañero(a) m,f, pareja f
 ◇ adj ~ **citizen** conciudadano(a); ~ **countryman/countrywoman** compatriota; **one's ~ man** el prójimo; ~ **passenger/student** compañero(a) de viaje/de estudios; ~ **worker** compañero(a) de trabajo ❏ ~ **feeling** (sentimiento m de) solidaridad f; ~ **traveller** (in politics) simpatizante m,f

fellowship ['feləʊʃɪp] n -1. (friendship) compañerismo m, camaradería f -2. (association) sociedad f, asociación f -3. (at university) (of college) título m de fellow; (research grant) beca f de investigación

felon ['felən] n US LAW criminal m,f

felonious [fe'ləʊnɪəs] adj Formal criminal

felony ['felənɪ] n US LAW crimen m, delito m grave

felt[1] [felt] n -1. (fabric) fieltro m -2. (roofing) ~ fieltro m impermeable (para tejados) -3. ~ **pen** rotulador m, Méx plumón m, RP marcador m

felt[2] pt & pp of **feel**

felt-tip ['felt'tɪp] n ~ **(pen)** rotulador m, Méx plumón m, RP marcador m

fem [fem] adj Fam femenino(a)

female ['fi:meɪl] ◇ n -1. (person) mujer f -2. (animal, plant) hembra f
 ◇ adj -1. (person) femenino(a) ❏ ~ **circumcision** circuncisión f femenina, ablación f del clítoris; ~ **condom** preservativo m or condón m femenino; ~ **impersonator** = comediante que se disfraza de mujer -2. (animal, plant) hembra -3. TECH (plug, socket)

feminine hembra ❑ ~ **connector** conector *m* hembra; ~ **screw** rosca *f* (hembra), hembra *f* del tornillo

feminine ['femɪnɪn] ◇ *n* GRAM femenino *m*
◇ *adj* **-1.** *(characteristic of a woman)* femenino(a); **this house needs the ~ touch** esta casa necesita el toque femenino **-2.** GRAM femenino(a) ❑ ~ **gender** género *m* femenino

femininity [femɪ'nɪnɪtɪ] *n* femin(e)idad *f*

feminism ['femɪnɪzəm] *n* feminismo *m*

feminist ['femɪnɪst] ◇ *n* feminista *mf*
◇ *adj* feminista

femme fatale ['fæmfə'tɑːl] (*pl* **femmes fatales** ['fæmfə'tɑːl]) *n* mujer *f* fatal

femoral ['femərəl] *adj* ANAT femoral

femur ['fiːmə(r)] *n* ANAT fémur *m*

fen [fen] *n* (*marshy land*) pantano *m*, ciénaga *f*; **the Fens** = tierras bajas del este de Inglaterra, especialmente Norfolk y Cambridgeshire

fence [fens] ◇ *n* **-1.** *(barrier)* valla *f*, cerca *f*; *(metal)* alambrada *f*, *Am* alambrado *m* ❑ ~ **post** poste *m*, estaca *f* **-2.** *(in show-jumping)* valla *f* **-3.** *Fam (receiver of stolen property)* perista *mf* **-4.** IDIOMS **to sit on the ~** no pronunciarse, nadar entre dos aguas; **to get off the ~** pronunciarse; **to mend one's fences with sb** limar asperezas con alguien
◇ *vt* **-1.** *(land)* vallar, cercar **-2.** *Fam (stolen goods)* recibir *(el perista)*
◇ *vi* **-1.** *(as sport)* hacer esgrima **-2.** *(joust verbally)* polemizar, contender **-3.** *Fam (receive stolen goods)* ejercer de perista

◆ **fence in** *vt sep* **-1.** *(land)* vallar, cercar **-2.** *Fig (restrict)* restringir, limitar; **to feel fenced in** sentirse atrapado(a)

◆ **fence off** *vt sep* cerrar *or* separar con una valla

fencer ['fensə(r)] *n* **-1.** *(sportsperson)* tirador(ora) *m,f* **-2.** *(workman)* alambrador(ora) *m,f*

fencing ['fensɪŋ] *n* **-1.** *(sport)* esgrima *f* **-2.** *Fig (verbal)* contienda *f* **-3.** *(fences) (wood)* vallado *m*; *(metal)* alambrado *m*

fencing-master ['fensɪŋmæstə(r)] *n* maestro *m* de esgrima

fend [fend] *vi* **to ~ for oneself** valerse por sí mismo(a)

◆ **fend off** *vt sep (attack)* rechazar; *(blow)* atajar, parar; *(question)* eludir

fender ['fendə(r)] *n* **-1.** *(for fireplace)* pantalla *f* (de chimenea), parachispas *m inv* **-2.** *US (of car) Esp, RP* guardabarros *m inv*, *Andes, CAm, Carib* guardafango *m*, *Méx* salpicadera *f* **-3.** *US (on train, tram)* quitapiedras *m inv*

fender-bender ['fendəbendə(r)] *n US Fam* toque *m*, topetazo *m*

feng shui ['fəŋʃuːi] *n* feng shui *m*

Fenian ['fiːnɪən] ◇ *n* **-1.** HIST feniano(a) *m,f* **-2.** *Irish Fam (catholic)* = término ofensivo para designar a los católicos
◇ *adj* **-1.** HIST feniano(a) **-2.** *Irish Fam* = término ofensivo referido a los católicos; ~ **bastard!** ¡católico de mierda!

fenland ['fenlənd] *n* pantano *m*, ciénaga *f*

fennel ['fenəl] *n* hinojo *m*

fenugreek ['fenjʊgriːk] *n* alholva *f*, fenogreco *m*

feral ['ferəl] *adj* montaraz, salvaje

ferment ◇ *n* ['fɜːment] **-1.** *(commotion)* agitación *f*; **in a (state of) ~** agitado(a) **-2.** *(substance)* fermento *m*
◇ *vt* [fə'ment] **-1.** *(cause to ferment)* fermentar **-2.** *(stir up)* provocar, agitar
◇ *vi (alcoholic drink)* fermentar

fermentation [fɜːmen'teɪʃən] *n* fermentación *f*

fermented [fə'mentɪd] *adj* fermentado(a)

fermium ['fɜːmɪəm] *adj* CHEM fermio *m*

fern [fɜːn] *n* helecho *m*

ferocious [fə'rəʊʃəs] *adj* **-1.** *(fierce) (animal)* feroz; *(criticism, fighting)* feroz, encarnizado(a) **-2.** *(intense) (competition, opposition)* encarnizado(a); *(appetite)* voraz; *(heat, climate)* abrasador

ferociously [fə'rəʊʃəslɪ] *adv* **-1.** *(fiercely) (to attack, criticize)* encarnizadamente; *(to look at)* con furia, enfurecidamente **-2.** *(intensely) (competitive)* encarnizadamente; **it was ~ hot** hacía un calor atroz

ferocity [fə'rɒsɪtɪ], **ferociousness** [fə'rəʊʃəsnɪs] *n* **-1.** *(of animal)* ferocidad *f*; *(criticism, fighting)* ferocidad *f*, encarnizamiento *m* **-2.** *(intensity) (of competition, opposition)* encarnizamiento *m*; *(of heat, climate)* furia *f*

ferret ['ferɪt] ◇ *n* hurón *m*
◇ *vi* **-1.** *(hunt with ferrets)* huronear **-2.** *Fam* **to ~ (about** *or* **around) for sth** husmear *or* hurgar en busca de algo; **to ~ about in sb's past** hurgar en el pasado de alguien

◆ **ferret out** *vt sep (object, information)* encontrar, dar con

ferric ['ferɪk] *adj* férrico(a) ❑ ~ **oxide** óxido *m* férrico

Ferris wheel ['ferɪs'wiːl] *n Esp* noria *f*, *Andes* rueda *f* de Chicago, *Arg* vuelta *f* al mundo, *Chile, Urug* rueda *f* gigante, *Méx* rueda *f* de la fortuna

ferroconcrete ['ferəʊ'kɒŋkriːt] *n* hormigón *m* armado

ferrous ['ferəs] *adj* ferroso(a)

ferruginous duck [fə'ruːdʒɪnəs'dʌk] *n* porrón *m* pardo

ferrule ['feruːl] *n (on umbrella, walking stick)* virola *f*, contera *f*

ferry ['ferɪ] ◇ *n* transbordador *m*, ferry *m* ❑ ~ **terminal** terminal *f* de ferries
◇ *vt* **-1.** *(by boat)* **to ~ sth/sb across a river** pasar *or* llevar algo/a alguien al otro lado de un río
-2. *(by vehicle)* **the injured were ferried to hospital in taxis** los heridos fueron trasladados *or* transportados al hospital en taxis; **speakers were ferried to and fro between venues by volunteers** un equipo de voluntarios se encargaba de llevar a los conferenciantes *or Am* conferencistas a las distintas sedes

ferryboat ['ferɪbəʊt] *n* transbordador *m*, ferry *m*

ferryman ['ferɪmən] *n* barquero *m*

fertile ['fɜːtaɪl] *adj* **-1.** *(land, animal, person)* fértil **-2.** *(imagination, mind)* fértil; **to fall on ~ ground** *(suggestion)* caer en terreno fértil

fertility [fɜː'tɪlɪtɪ] *n* **-1.** *(of land, animal, person)* fertilidad *f* ❑ ~ **drug** fármaco *m or* medicamento *m* fertilizante; ~ **rate** tasa *f* de fecundidad; ~ **symbol** símbolo *m* de fertilidad; MED ~ **treatment** tratamiento *m* de fertilidad **-2.** *(of imagination, mind)* fecundidad *f*, fertilidad *f*

fertilization [fɜːtɪlaɪ'zeɪʃən] *n* **-1.** *(of animal, plant, egg)* fecundación *f* **-2.** *(of land)* abono *m*

fertilize ['fɜːtɪlaɪz] *vt* **-1.** *(animal, plant, egg)* fecundar **-2.** *(land)* fertilizar

fertilizer ['fɜːtɪlaɪzə(r)] *n* fertilizante *m*

ferule ['feruːl] *n (cane, rod)* férula *f*

fervent ['fɜːvənt], **fervid** ['fɜːvɪd] *adj (hope, prayer, belief)* ferviente; *(believer, supporter)* fervoroso(a); **he is a ~ believer in reincarnation** cree fervientemente en la reencarnación

fervently ['fɜːvəntlɪ] *adv (to hope, pray, believe)* fervientemente; *(to speak, beg, desire)* con fervor

fervid = fervent

fervour, *US* **fervor** ['fɜːvə(r)] *n* fervor *m*

fess [fes]

◆ **fess up** *vi US Fam (confess)* cantar

-fest [fest] *suffix Fam* **-1.** *(festival)* **filmfest** festival de cine; **songfest** festival de la canción **-2.** *(occasion of excess)* **drinkfest** orgía de alcohol

fester ['festə(r)] *vi* **-1.** *(wound)* infectarse; *also Fig* **a festering sore** una herida abierta **-2.** *(rubbish)* pudrirse; *Fig* **piles of dishes were festering in the kitchen** había montones de platos pudriéndose en la cocina **-3.** *(resentment, rivalry)* enconarse

festival ['festɪvəl] *n* **-1.** *(of arts, music, drama)* festival *m* **-2.** *(public holiday)* festividad *f* **-3.** REL festividad *f*

festive ['festɪv] *adj (atmosphere, occasion)* festivo(a); **in ~ mood** con ganas de fiesta; **there was a really ~ atmosphere** había un clima muy festivo *or* alegre; **the ~ season** *(Christmas)* la época navideña

festively ['festɪvlɪ] *adv* con aire festivo *or* de fiesta

festivity [fes'tɪvɪtɪ] *n* regocijo *m*; **an air of ~** un clima *or* aire de fiesta; **the festivities** la celebración, las fiestas

festoon [fes'tuːn] ◇ *n* **-1.** *(of flowers, ribbons)* guirnalda *f* **-2.** ARCHIT festón *m*
◇ *vt* festonear, engalanar (**with** con)

feta ['fetə] *n* ~ **(cheese)** queso *m* feta

fetal *US* = foetal

fetch [fetʃ] ◇ *vt* **-1.** *(bring) (object, liquid)* traer, *Esp* ir a por; *(person)* ir a recoger *or* buscar a; **to ~ sb from the airport** ir a recoger *or* buscar a alguien al aeropuerto; **to ~ the police** llamar a la policía; **go and ~ the doctor!** ¡ve a buscar a un médico! **the noise fetched him from the cellar** el ruido hizo que regresara del sótano; **~!** *(to dog)* ¡busca!
-2. *(be sold for)* alcanzar; **it should ~ at least $50,000** debería venderse al menos por 50.000 dólares
-3. *(blow)* **to ~ sb a blow** propinarle un golpe a alguien
-4. *(generate) (response, laugh)* arrancar
-5. *Literary (utter) (sigh, moan)* exhalar
◇ *vi* IDIOMS **to ~ and carry for sb** ser el/la criado(a) de alguien

◆ **fetch up** *vt sep Fam* **-1.** *(vomit)* **the child fetched up his dinner all over himself** el niño se devolvió toda la cena encima **-2.** *(bring up)* **he fetched a bottle of wine up from the cellar** subió una botella de vino de la bodega
◇ *vi (end up)* ir a parar, acabar

fetching ['fetʃɪŋ] *adj* atractivo(a); **that hat's very ~ on you** ese sombrero te sienta de maravilla, estás muy *Esp* guapo(a) *or Am* lindo(a) con ese sombrero

fête, fete [feɪt] ◇ *n* = fiesta benéfica al aire libre con mercadillo, concursos, actuaciones, etc.
◇ *vt* festejar, agasajar; **his book was fêted in the press/by the critics** su libro fue muy elogiado por la prensa/por los críticos

fetid ['fetɪd] *adj* fétido(a)

fetish ['fetɪʃ] *n* **-1.** *(idol)* fetiche *m* **-2.** *(obsession)* obsesión *f*; **to have a ~ for sth** tener obsesión por algo, estar obsesionado(a) por algo; **to make a ~ of sth** hacer de algo una obsesión

fetishism ['fetɪʃɪzəm] *n* fetichismo *m*

fetishist ['fetɪʃɪst] *n* fetichista *mf*

fetlock ['fetlɒk] *n* espolón *m*

fetter ['fetə(r)] ◇ *vt* **-1.** *(slave, prisoner)* poner grilletes a, engrilletar **-2.** *(restrict)* encadenar, atar; **we are fettered by the conditions laid down in the will** estamos atados de pies y manos por las condiciones establecidas en el testamento
◇ *npl* **fetters -1.** *(on slave, prisoner)* grilletes *mpl*; **in fetters** con los grilletes puestos, engrilletado(a) **-2.** *(on rights, freedom)* cadenas *fpl*, ataduras *fpl*

fettle ['fetəl] *n* **in good** *or* **fine ~** en plena forma

fettuccine, fettucini [fetʊ'tʃiːni] *n* fettuccini *mpl*

fetus *US* = foetus

feud [fjuːd] ◇ *n* disputa *f* duradera
◇ *vi* pelearse (**with** con)

feudal ['fjuːdəl] *adj* feudal ❑ ~ **system** feudalismo *m*

feudalism ['fjuːdəlɪzəm] *n* feudalismo *m*

feuding ['fjuːdɪŋ] *n* altercados *mpl*, reyertas *fpl*

fever ['fiːvə(r)] *n* **-1.** *(illness, high temperature)* fiebre *f*; **to have** *or* **be running a ~** tener fiebre **-2.** *(state of excitement)* **gold/election ~** fiebre del oro/electoral; **to be in a ~ (over**

fevered ['fiːvəd] *adj* **-1.** *(brow)* afiebrado(a) **-2.** *(imagination)* febril

feverish ['fiːvərɪʃ] *adj* **-1.** *(patient)* con fiebre, febril; **to be/feel ~** estar or sentirse afiebrado **-2.** *(excitement, atmosphere)* febril

feverishly ['fiːvərɪʃlɪ] *adv* febrilmente

few [fjuː] ◇ *npl* **the ~ who came** los pocos que vinieron; **the many suffer abject poverty while the ~ enjoy great wealth** la mayoría sufre una pobreza extrema mientras que unos pocos viven en la abundancia

◇ *adj* **-1.** *(not many)* pocos(as); **~ people knew who she was** pocos sabían quién era; **he's one of the ~ people you can trust** es uno de los pocos en los que se puede confiar; **in the last/next ~ days** en los últimos/próximos días; **his visits are ~ and far between** sólo viene muy de vez en cuando; **as ~ as a dozen finished the race** tan sólo una docena terminó la carrera; **every ~ minutes/days** cada pocos minutos/días; **so ~ people came that...** vino tan poca gente que...; **only a very ~ people knew** sólo lo sabía muy poca gente; **he gave too ~ examples** dio muy pocos ejemplos; **we had one chair too ~** nos faltaba una silla

-2. *(some)* **a ~ days/lemons** algunos días/limones; **there are only a ~ tickets left** sólo quedan unas pocas entradas or *Col, Méx* boletos; **a ~ hundred metres** algunos centenares de metros; **I've met him a ~ times** me lo he encontrado unas cuantas veces; **have a ~ more olives** come más aceitunas; **more than a ~ people were shocked** mucha gente se escandalizó; **we've had quite a ~** or **a good ~ problems** hemos tenido bastantes problemas; **to have a ~ words with sb (about sth)** hablar con alguien (sobre algo)

◇ *pron* **-1.** *(not many)* pocos(as) *m,fpl*; **~ (of them) could speak French** pocos (de ellos) hablaban francés; **he's one of the ~ you can trust** es uno de los pocos en los que se puede confiar; **the last/next ~** los últimos/los siguientes; **~, if any** pocos(as) o ninguno(a), apenas alguno(a); **so ~ remain that...** quedan tan pocos que...; **we have too ~** no tenemos suficientes; **there are very/too ~ of us** somos muy/demasiado pocos

-2. *(some)* **a ~** algunos(as); **carrots? – just a ~, please** ¿zanahorias? – unas pocas, por favor; **a ~ of the survivors** algunos supervivientes or sobrevivientes; **a ~ of us** algunos de nosotros; **all but a ~ (of them) left early** casi todos se fueron temprano; **more than a ~ (of us) were shocked** muchos nos escandalizamos; **there are only a ~ left** sólo quedan unos pocos; **quite a ~, a good ~** bastantes; *Fig* **to have had a ~ (too many)** haber tomado unas cuantas copas de más

fewer ['fjuːə(r)] *(comparative of* **few***)* ◇ *adj* menos; **we have ten books ~** tenemos diez libros menos; **~ and ~ people** cada vez menos gente; **no ~ than thirty** no menos de treinta

◇ *pron* menos *mfpl*; **there are ~ (of them) than I thought** hay menos de lo que creía; **few like him, ~ still respect him** pocos lo aprecian y menos aún lo respetan; **the ~ the better** cuantos menos, mejor

fewest ['fjuːɪst] *(superlative of* **few***)* ◇ *adj* **that hospital reported the ~ cases** ese hospital es el que menos casos registró; **take the road which has the ~ curves** ve por la carretera que tenga menos curvas; **the ~ mistakes possible** la menor cantidad de errores posible

◇ *pron* **we received the ~** nosotros somos los que menos recibimos

fey [feɪ] *adj* **-1.** *(whimsical)* fantasioso(a) **-2.** *(clairvoyant)* clarividente

fez [fez] *(pl* **fezzes***)* n fez *m*

ff *(abbr* **and the following***)* y sig.

FIA [efaɪ'eɪ] *n (abbr* **Fédération Internationale de l'Automobile***)* FIA *f*

fiancé [fɪ'ɒnseɪ] *n* prometido *m*, novio *m*

fiancée [fɪ'ɒnseɪ] *n* prometida *f*, novia *f*

Fianna Fáil ['fiːənə'fɔɪl] *n* = partido político irlandés a favor de la unificación de Irlanda

fiasco [fɪ'æskəʊ] *(pl Br* **fiascos***, US* **fiascoes***) n* fiasco *m*

fiat ['fiːæt] *n* **-1.** *Formal* decreto *m* **-2.** *US* FIN **~ money** moneda *f* fiduciaria

fib [fɪb] *Fam* ◇ *n* cuento *m*; **to tell a ~** contar un cuento

◇ *vi (pt & pp* **fibbed***)* contar un cuento; **I'm sure he was fibbing about how much he earns** estoy seguro de que lo que dijo que ganaba era (un) cuento; **I fibbed to them about having to do some work** les metí el cuento de que tenía que trabajar

FIBA ['fiːbə] *n (abbr* **Fédération Internationale de Basketball Amateur***)* FIBA *f*

fibber ['fɪbə(r)] *n Fam* cuentista *mf, Am* cuentero(a) *m,f*

fibre, *US* **fiber** ['faɪbə(r)] *n* **-1.** *(of cloth, wood)* fibra *f*; **artificial/natural fibres** fibras artificiales/naturales; **every ~ of his being** lo más profundo de su ser ❑ **~ optics** fibra *f* óptica **-2.** *(in diet)* fibra *f*; **high/low ~ diet** dieta rica/baja en fibra **-3.** *(strength of character)* **(moral) ~** carácter *m*

fibreboard, *US* **fiberboard** ['faɪbəbɔːd] *n* chapa *f* or tablero *m* de fibra

fibreglass, *US* **fiberglass** ['faɪbəglɑːs] *n* fibra *f* de vidrio; **a ~ boat** un bote de fibra de vidrio

fibre-optic, *US* **fiber-optic** [faɪbə'rɒptɪk] *adj* de fibra óptica

fibrescope, *US* **fiberscope** ['faɪbəskəʊp] *n* MED fibroscopio *m*

fibre-tip, *US* **fiber-tip** ['faɪbətɪp] *n* **~ (pen)** rotulador *m*

fibrillation [fɪbrɪ'leɪʃən] *n* MED fibrilación *f*

fibroid ['faɪbrɔɪd] ◇ *n* MED fibroma *m*

◇ *adj* fibrilar ❑ **~ tumour** tumor *m* fibrilar

fibrosis [faɪ'brəʊsɪs] *n* MED fibrosis *f inv*

fibrositis [faɪbrə'saɪtɪs] *n* MED fibrositis *f inv*

fibrous ['faɪbrəs] *adj* fibroso(a)

fibula ['fɪbjʊlə] *(pl* **fibulae** ['fɪbjʊliː] *or* **fibulas***) n* ANAT peroné *m*

FICA ['faɪkə] *n (abbr* **Federal Insurance Contributions Act***)* = ley estadounidense sobre las contribuciones a la seguridad social

fiche [fiːʃ] *n (microfiche)* microficha *f*

fickle ['fɪkəl] *adj (person)* inconstante, inconsecuente; *(weather)* cambiante, inestable; *(fate)* caprichoso(a)

fickleness ['fɪkəlnɪs] *n (of person)* inconstancia *f*; *(of weather)* inestabilidad *f*; *(of fate)* lo caprichoso

fiction ['fɪkʃən] *n* **-1.** *(something invented)* ficción *f*; **it's pure ~** es pura ficción; **to maintain** or **keep up a ~** continuar con or mantener un engaño or una farsa **-2.** *(short stories, novels)* ficción *f*; **a work of ~** una obra de ficción

fictional ['fɪkʃənəl] *adj (character)* de ficción; *(scene, account)* novelado(a)

fictionalize ['fɪkʃənəlaɪz] *vt* novelar, trasponer a la ficción

fictitious [fɪk'tɪʃəs] *adj* ficticio(a); **he gave her a ~ address** le dio una dirección inventada or falsa

ficus ['faɪkəs] *n* BOT ficus *m*

fiddle ['fɪdəl] ◇ *n* **-1.** *(violin)* violín *m (en música folk)* **-2.** *esp Br Fam (swindle)* timo *m*; **a tax ~** una evasión fiscal; **an insurance ~** un chanchullo para cobrar dinero del seguro; **to be on the ~** dedicarse a hacer chanchullos **-3.** *(tricky task)* lío *m*, enredo *m*

◇ *vt Fam (cheat)* amañar; **to ~ the accounts** amañar la contabilidad, *Méx* hacer una transa con la contabilidad; **to ~ one's income tax** amañar la declaración de la renta; **he fiddled it so that he got the results he wanted** lo amañó para conseguir el resultado que quería

◇ *vi* **-1.** *(play violin)* tocar el violín *(en música folk)*; IDIOM **to ~ while Rome burns** tontear en un momento de crisis **-2.** *(fidget)* juguetear (**with** con), enredar (**with** con); **to ~ with sth** juguetear or enredar con algo; **he fiddled with the knobs on the television** toqueteaba los controles del televisor

◆ **fiddle about, fiddle around** *vi (fidget)* juguetear, enredar; **to ~ about or around with sth** juguetear or enredar con algo; **he fiddled about with the knobs on the television** toqueteaba los controles del televisor

fiddle-de-dee ['fɪdəldɪ'diː] *exclam Fam Old-fashioned* ¡tonterías!

fiddle-faddle ['fɪdəlfædəl] *Fam Old-fashioned* ◇ *n* tonterías *fpl*

◇ *exclam* ¡tonterías!

fiddler ['fɪdlə(r)] *n* **-1.** *(musician)* violinista *mf (en música folk)* ❑ **~ crab** cangrejo *m* de mar **-2.** *Fam (swindler)* tramposo(a) *m,f*

fiddlesticks ['fɪdəlstɪks] *exclam Fam Old-fashioned* ¡paparruchas!

fiddling ['fɪdlɪŋ] *Fam* ◇ *n Br (swindling)* chanchullos *mpl*, tejemanejes *mpl*

◇ *adj (trifling)* trivial

fiddly ['fɪdlɪ] *adj Br* complicado(a); **some of the parts are quite small and ~** algunas de las piezas son muy pequeñas y difíciles de manejar; **now for the really ~ bit** y ahora viene la parte delicada; **to be a ~ job** ser un trabajo complicado or de chinos

fidelity [fɪ'delɪtɪ] *n* **-1.** *(of people)* fidelidad *f* **-2.** *(of translation)* fidelidad *f* **-3.** ELEC fidelidad *f*

fidget ['fɪdʒɪt] ◇ *n (person)* enredador(ora) *m,f*, trasto *m*; **to have** or **get the fidgets** estar or ponerse inquieto

◇ *vi* enredar, trastear; **stop fidgeting!** ¡quédate quieto!; **to ~ with sth** juguetear or enredar con algo

fidgety ['fɪdʒɪtɪ] *adj* inquieto(a); **to get ~** ponerse inquieto

fiduciary [fɪ'djuːʃərɪ] *adj* FIN fiduciario(a)

fiefdom ['fiːfdəm] *n* **-1.** HIST feudo *m* **-2.** *(private domain)* feudo *m*

field [fiːld] ◇ *n* **-1.** *(of grass, crops)* campo *m*; **to work in the fields** trabajar en el campo; **a ~ of wheat** un trigal ❑ **~ ice** banquisa *f*; **~ of view** campo *m* visual; **~ of vision** campo *m* visual

-2. *(of oil, coal)* yacimiento *m*

-3. *(of study, activity)* campo *m*; **in the political ~** en el terreno político; **she's an expert in her ~** es una experta en su campo; **that's not my ~** eso no entra en mi campo

-4. *(not in office, laboratory)* **to work in the ~** hacer trabajo de campo, trabajar in situ ❑ **~ day** día *m* de actividades al aire libre; MIL día *m* de maniobras; IDIOM **to have a ~ day: the press had a ~ day** la prensa se puso las botas; **~ study** *(scientific)* estudio *m* de campo; **~ trial(s)** prueba *f* sobre el terreno; SCH & UNIV **~ trip** viaje *m* or salida *f* para *(realizar)* trabajo de campo

-5. *(for sport)* campo *m*; **the ~** *(in race, contest)* los participantes; *(in baseball, cricket)* el campo, *Am* la cancha; *also Fig* **to lead the ~** ir en cabeza; **to take the ~** *(team)* salir al terreno de juego; *(army)* entrar en combate; IDIOM *Fam* **to play the ~** ir de flor en flor ❑ **~ events** *(in athletics)* pruebas *fpl* de salto y lanzamiento; **~ goal** *(in American football)* gol *m* de campo; *(in basketball)* tiro *m* de campo; *(in ice hockey)* gol *m* de campo; *US* **~ hockey** hockey *m* sobre hierba or *Am* césped; **~ sports** = la caza y la pesca

-6. MIL **~ (of battle)** campo *m* (de batalla); **in the ~** en el campo de batalla ❑ **~ ambulance** ambulancia *f* de campaña; **~ artillery** artillería *f* de campaña; **~ of fire** campo *m* de fuego; **~ glasses** prismáticos *mpl*, gemelos *mpl*; **~ gun** cañón *m* de campaña; **~ hospital** hospital *m* de campaña; **~ kitchen** cocina *f* de campaña; **~ marshal** mariscal *m* de campo; **~ officer** oficial *m* superior

-7. PHYS *(electric, magnetic)* campo *m* ❑ **~ winding** devanado *m* inductor or de campo

-8. COMPTR campo *m*

-9. PHOT **~ aperture** apertura *f* de campo

fieldcraft -10. *(on coat of arms, flag)* campo *m*
◇ *vt* -1. *(team)* alinear; *(candidates)* presentar; *(troops, unit)* poner en acción -2. *(deal with)* **to ~ a question** contestar con destreza a una pregunta -3. *(in cricket, baseball) (ball)* interceptar y devolver, *Am* fildear
◇ *vi (in cricket, baseball)* interceptar y devolver la pelota, *Am* fildear

fieldcraft ['fi:ldkrɑ:ft] *n* = destreza para manejarse en el campo

fielder ['fi:ldə(r)] *n (in cricket, baseball)* exterior *mf*, *Am* fildeador(ora) *m,f*; **center/left/right ~** exterior *or Am* fildeador(ora) central/izquierdo(a)/derecho(a)

fieldfare ['fi:ldfeə(r)] *n* zorzal *m* real

fieldmouse ['fi:ldmaʊs] *(pl* **fieldmice** ['fi:ldmaɪs]*) n* ratón *m* de campo

field-test ['fi:ldtest] *vt (machine)* probar *or CSur* testear sobre el terreno

fieldwork ['fi:ldwɜ:k] *n (scientific)* trabajo *m* de campo

fieldworker ['fi:ldwɜ:kə(r)] *n* investigador(ora) *m,f* de campo

fiend [fi:nd] *n* -1. *(demon)* demonio *m* -2. *Fam (evil person)* diablo *m*, demonio *m*; **sex ~** maníaco sexual -3. *Fam (fanatic)* entusiasta *mf*, fanático(a) *m,f*; **my boss is a ~ for punctuality** mi jefe está obsesionado con la puntualidad; **dope** *or* **drug ~** adicto(a)

fiendish ['fi:ndɪʃ] *adj* -1. *(evil)* endiablado(a), endemoniado(a); **to take a ~ delight** *or* **pleasure in doing sth** regodearse *or* entusiasmarse haciendo algo -2. *Fam (difficult)* endiablado(a), endemoniado(a) -3. *Fam (cunning) (plan, scheme)* diabólico(a), maquiavélico

fiendishly ['fi:ndɪʃlɪ] *adv* -1. *(evilly)* diabólicamente -2. *(difficult, clever)* endiabladamente, endemoniadamente

fierce [fɪəs] *adj* -1. *(aggressive) (animal, look)* fiero(a); *(hatred, temper)* feroz; *(fighting, battle)* encarnizado(a) -2. *(intense) (heat, sun)* abrasador(ora); *(contest, argument, competition, criticism)* feroz, encarnizado(a); *(wind, storm)* devastador(ora); *(loyalty, desire)* fervoroso(a)

fiercely ['fɪəslɪ] *adv* -1. *(aggressively)* (*to glare)* fieramente, *(to fight)* ferozmente -2. *(to condemn, defend, argue)* vehementemente, apasionadamente; *(to resist)* con furia; *(to compete, criticize)* encarnizadamente; *(competitive, loyal)* extremadamente; **to be ~ opposed to sth** oponerse a algo con vehemencia

fierceness ['fɪəsnɪs] *n* -1. *(of animal, look)* fiereza *f*; *(of hatred, temper)* furia *f*; *(of fighting, battle)* encarnizamiento *m* -2. *(intensity) (of heat, sun)* intensidad *f*; *(of contest, argument, competition, criticism)* ferocidad *f*; *(of wind, storm)* violencia *f*; *(of loyalty, desire)* fervor *m*

fiery ['faɪərɪ] *adj* -1. *(heat)* achicharrante, abrasador(ora) -2. *(red, sky)* encendido(a) -3. *(taste)* muy picante -4. *(person, character, temper)* exaltado(a); *(speech)* encendido(a) -5. *US* **the ~ cross** la cruz ardiente, = símbolo del Ku Klux Klan

fiesta [fi'estə] *n* fiesta *f*

FIFA ['fi:fə] *n (abbr* **Fédération Internationale de Football Association)** FIFA *f*

fife [faɪf] *n* pífano *m*, flautín *m*

fifteen [fɪf'ti:n] ◇ *n* -1. *(number)* quince *m* -2. SPORT *(rugby team)* equipo *m*
◇ *adj* quince; *see also* **eight**

fifteenth [fɪf'ti:nθ] ◇ *n* -1. *(fraction)* quinceavo *m*, quinceava parte *f* -2. *(in series)* decimoquinto(a) *m,f* -3. *(of month)* quince *m*
◇ *adj* decimoquinto(a); *see also* **eleventh**

fifth [fɪfθ] ◇ *n* -1. *(fraction)* quinto *m*, quinta parte *f* -2. *(in series)* quinto(a) *m,f* -3. *(of month)* cinco *m* -4. *(fifth gear)* quinta *f*; **in ~** en quinta
◇ *adj* quinto(a); IDIOM *US Fam* **to feel like a ~ wheel** hacer de carabina *or* de sujetavelas, *Méx* hacer mal tercio, *RP* estar de paleta ❑ **the Fifth Amendment** la Quinta Enmienda; *Hum* **I plead the Fifth (Amendment)** tengo derecho a guardar silencio; POL **~ column** quinta columna *f*; POL **~ columnist** quintacolumnista *mf*; AUT **~ gear** quinta *f* (marcha *f*); *see also* **eighth**

FIFTH AMENDMENT

La quinta enmienda a la Constitución estadounidense, recogida en la "Bill of Rights" o carta de derechos, establece que ningún ciudadano está obligado a facilitar información ante un tribunal de justicia que pueda ser empleada en su contra y que no podrá ser encarcelado ni sufrir el embargo de sus bienes a menos que haya tenido un juicio justo. Esta enmienda también dispone que un ciudadano no podrá ser juzgado dos veces por el mismo delito. Ante un tribunal, se emplea la expresión "to plead the Fifth" ("acogerse a la Quinta") para recurrir a este derecho; la misma expresión es utilizada en tono jocoso cuando en lenguaje cotidiano se quiere dar a entender que no se tiene la intención de responder a una pregunta.

---

fifthly ['fɪfθlɪ] *adv* en quinto lugar

fifties ['fɪfti:z] *npl (años mpl)* cincuenta *mpl*; *see also* **eighties**

fiftieth ['fɪftɪəθ] ◇ *n* quincuagésimo(a) *m,f*
◇ *adj* quincuagésimo(a)

fifty ['fɪftɪ] ◇ *n* cincuenta *m*
◇ *adj* cincuenta; *see also* **eighty**

fifty-fifty ['fɪftɪ'fɪftɪ] ◇ *adj* **a ~ chance of success** un cincuenta por ciento de posibilidades de éxito
◇ *adv* a medias; **to go ~ (on sth/with sb)** ir a medias (en algo/con alguien)

fig[1] [fɪg] *n (fruit)* higo *m*; IDIOM *Fam* **he doesn't give** *or* **care a ~** le importa un rábano ❑ **~ leaf** *(in art)* hoja *f* de parra, *Fig* **it's just a ~ leaf** no es más que una tapadera; **~ tree** higuera *f*

fig[2] *(abbr* **figure)** fig.

fight [faɪt] ◇ *n* -1. *(physical, verbal)* pelea *f*; *(contest, battle)* lucha *f*; *(boxing match)* combate *m*; **to get into a ~ (with sb)** pelearse (con alguien); **to give in without a ~** ceder sin oponer resistencia; **to have a ~ (with sb)** pelearse (con alguien); **the ~ game** el boxeo, *Am* el box; **to put up a good ~** oponer resistencia; **to make a ~ of it** plantar cara; **to start a ~ (with sb)** pelearse (con alguien); IDIOM **it promises to be a ~ to the finish** promete ser una lucha encarnizada; IDIOM **to have a ~ on one's hands: you'll have a ~ on your hands to convince her** te costará Dios y ayuda *or* un triunfo convencerla
-2. *(struggle)* lucha *f* (**for** por); **the ~ against cancer** la lucha contra el cáncer
-3. *(spirit)* **to show some ~** demostrar espíritu de lucha; **all the ~ went out of her** se quedó sin fuerzas para seguir luchando; **there was no ~ left in him** no le quedaban fuerzas *or* arrestos
◇ *vt (pt & pp* **fought** [fɔ:t]*) (person, enemy, rivals)* luchar contra; *(boxer)* pelear contra; *(disease, poverty, fire)* luchar contra, combatir; *(temptation, desire, decision)* luchar contra; *(war, battle)* librar; **he's always fighting other children** siempre se está peleando con otros niños; **to ~ sb for sth** disputar algo a alguien; LAW **she fought her case** defendió su caso *(en un juicio)*; **the Socialists fought a successful campaign** los Socialistas llevaron a cabo una campaña exitosa; **to ~ a duel** enfrentarse en duelo; **to ~ an election** presentarse a unas elecciones; POL **to ~ a seat** = presentarse como candidato por una circunscripción electoral; **to ~ one's way through a crowd** abrirse paso entre una multitud; **to ~ one's way to the top of one's profession** luchar por llegar a la cima de su profesión; **to ~ sb's battles for them** dar la cara por alguien; IDIOM **to ~ one's corner: she fought her corner fiercely** defendió su parcela apasionadamente; IDIOM **to ~ fire with fire: we'll have to ~ fire with fire** combatiremos con sus mismas armas; IDIOM **to ~ a losing battle** librar una batalla perdida
◇ *vi* -1. *(physically)* luchar (**about/with** por/contra), pelearse (**about/with** por/con); *(verbally)* pelearse, discutir (**about/**

with por/con); *(boxer)* pelear; **did you ~ in the Second World War?** ¿combatiste en la Segunda Guerra Mundial?; **to ~ over sth** pelearse por algo; **to ~ fair** pelear limpio; **to ~ shy of sth** evitar algo; **to ~ to the death** luchar a muerte; **to go down fighting** luchar hasta el final; IDIOM **to ~ like cats and dogs** pelearse como locos *or RP* como perro y gato
-2. *(struggle)* luchar (**for** por); **to ~ for breath** luchar por respirar; **he is fighting for his life** se está debatiendo entre la vida y la muerte; **she is fighting for her political life** está luchando por salvar su carrera política

● **fight back** ◇ *vt sep (laughter, fear)* reprimir, contener; **to ~ back one's tears** reprimir *or* contener las lágrimas
◇ *vi* -1. *(respond to attack) (physically)* devolver los golpes; *(verbally)* responder; *(soldiers, company)* contraatacar -2. *(recover) (from near defeat)* remontar; **he fought back and made a full recovery** luchó contra la enfermedad y se recuperó por completo

● **fight down** *vt sep* **to ~ down one's tears** tratar de contener las lágrimas

● **fight off** *vt sep (enemy, attack)* rechazar, ahuyentar; *(illness)* librarse de; *(sensation, sleep, impulse)* vencer

● **fight on** *vi* continuar luchando

● **fight out** *vt sep* **they'll have to ~ it out (between them)** for who gets the last slice tendrán que ponerse de acuerdo para ver quién se lleva el último trozo

fightback ['faɪtbæk] *n* contraataque *m*, respuesta *f*

fighter ['faɪtə(r)] *n* -1. *(person) (in fight)* combatiente *mf*, contendiente *mf*; *(for cause)* luchador(ora) *m,f*; *(boxer)* boxeador(ora) *m,f*, púgil *m* -2. *(plane)* **~ (plane)** caza *m* ❑ **~ pilot** piloto *m* de caza; **~ squadron** escuadrón *m* de cazas

fighter-bomber ['faɪtə'bɒmə(r)] *n* cazabombardero *m*

fighting ['faɪtɪŋ] ◇ *n* -1. *(brawling)* peleas *fpl*; **~ broke out between police and fans** hubo enfrentamientos entre la policía y los fans -2. MIL combates *mpl*, enfrentamientos *mpl*; **heavy ~** fuertes combates *or* enfrentamientos
◇ *adj* IDIOM **to be in with** *or* **have a ~ chance** tener posibilidad de ganar; **to be ~ fit** estar en plena forma; **that's ~ talk!**, *Fam Hum* **them's ~ words!** *(approving)* ¡así se habla!; *(disapproving)* ¡conque ésas tenemos! ❑ **~ cock** gallo *m* de pelea; **~ fish** *(pez m)* combatiente *m*; **~ forces** fuerzas *fpl* de combate; **~ spirit** espíritu *m* de lucha

figment ['fɪgmənt] *n* **it's a ~ of your imagination** es producto de tu imaginación

figurative ['fɪgərətɪv] *adj* -1. *(language, sense)* figurado(a) -2. *(art, painting)* figurativo(a)

figuratively ['fɪgərətɪvlɪ] *adv* en sentido figurado; **~ speaking,...** en sentido figurado,...

figure ['fɪgə(r), *US* 'fɪgjə(r)] ◇ *n* -1. *(number)* cifra *f*; **there must be a mistake in the figures** debe de haber un error en los números; **she's good at figures** tiene facilidad para los números, se le dan bien los números; **I couldn't put a ~ on it** no sabría decir cuánto exactamente; **he received a ~ of around $10,000** recibió una cantidad en torno a los 10.000 dólares; **unemployment is down to single figures** el desempleo ha caído por debajo del 10 por ciento; **to reach double/three figures** *(total)* alcanzar valores de dos/tres cifras; **his salary is in six figures** gana más de 100.000 libras/dólares/*etc*.
-2. *(body shape)* figura *f*, línea *f*; **to have a good ~** tener buen tipo; **she has kept/lost her ~** ha mantenido/ha perdido la línea; **a fine ~ of a man** un hombre muy bien plantado; **to cut a sorry ~** tener un aspecto lamentable
-3. *(person)* figura *f*; **a leading ~ in local politics** una figura destacada de la política local; **a distinguished ~** una

figurehead / **filter-tipped**

personalidad distinguida; **he's a ~ of fun** todo el mundo se ríe de él
-4. *(illustration)* figura *f*, ilustración *f*; **see ~ 21 b** ver figura 21 b
-5. *(expression)* **~ of speech** figura *f* retórica; **I didn't mean it like that, it was just a ~ of speech** no quería decir eso, era sólo una manera *or* forma de hablar
-6. GEOM figura *f* ❑ *Br* **~ of eight,** *US* **~ eight** ocho *m*; **~ skater** patinador(ora) *m,f* artístico(a); **~ skating** patinaje *m* artístico
-7. *(statue, in painting)* figura *f*
◇ *vt US* **-1.** *(think)* figurarse; **I figured (that) you'd want me to tell her** me figuraba *or* imaginaba que querrías que se lo dijera yo; **why did you help me? – I figured I owed you one** ¿por qué me ayudaste? – te debía una **-2.** *(calculate)* calcular
◇ *vi* **-1.** *(appear) (in list, book)* figurar; **that doesn't ~ in my plans** eso no figura en mis planes; **where do I ~ in all this?** ¿dónde entro yo en todo esto? **-2.** *Fam (make sense)* **that figures!** ¡(es) normal *or* lógico!; **it doesn't ~** no lo entiendo; *US* **go ~!** ¡a ver ahora!
◆ **figure in** *vt sep US* incluir
◆ **figure on** *vt insep Fam* **to ~ on doing sth** contar con hacer algo
◆ **figure out** *vt sep Fam* **-1.** *(amount)* calcular
-2. *(problem)* resolver; *(solution)* encontrar; **to ~ out (that)...** llegar a la conclusión de que...; **I couldn't ~ out how to do it** no conseguí entender cómo había que hacerlo; **I can't ~ out why he'd do such a thing** no acabo de entender por qué ha hecho algo así; **she can't ~ you out at all!** ¡no te entiende en absoluto!
◆ **figure up** *vt sep US* sumar
figurehead ['figəhed] *n* **-1.** *(on ship)* mascarón *m* de proa **-2.** *(of country, party)* testaferro *m*
figure-hugging ['figəhʌgɪŋ] *adj* muy ceñido(a)
figurine [figə'ri:n] *n* figurilla *f*, estatuilla *f*
Fiji ['fi:dʒi:] *n* (las islas) Fiyi
Fijian [fi:'dʒi:ən] ◇ *n* fiyiano(a) *m,f*
◇ *adj* de Fiyi
filament ['filəmənt] *n* **-1.** ELEC filamento *m* **-2.** BOT filamento *m*
filbert ['filbət] *n* avellana *f*; **~ (tree)** avellano *m*
filch [filtʃ] *vt Fam* afanar, *Esp* mangar
file¹ [faɪl] ◇ *n (tool)* lima *f*
◇ *vt (metal)* limar; **to ~ one's nails** limarse las uñas; **to ~ sth down/off** limar
file² ◇ *n* **-1.** *(folder)* carpeta *f*, *(box)* archivo *m* ❑ **~ card** ficha *f*; *US* **~ clerk** archivero(a) *m,f*, archivista *mf*; **~ copy** copia *f* de archivo
-2. *(documents)* expediente *m*, ficha *f*; **to keep** *or* **have a ~ on** tener una ficha *or* un expediente de; **to have sth on ~** tener algo archivado; **we have placed your CV on ~** *or* **in our files** hemos guardado su CV en nuestros registros, tendremos su CV presente; **the police have closed their ~ on the case** la policía ha cerrado *or* archivado el caso
-3. COMPTR archivo *m*, fichero *m* ❑ **~ compression** compresión *f* de archivos; **~ conversion** conversión *f* de archivos *or* ficheros; **~ format** formato *m* de archivo *or* fichero; **~ manager** administrador *m* de archivos; **~ merging** fusión *f* de archivos; **~ name** nombre *m* de archivo *or* fichero; **~ name extension** extensión *f* (del nombre) del archivo; **~ protection** protección *f* de ficheros *or* archivos; **~ server** servidor *m* de ficheros *or* archivos; **~ transfer** transferencia *f* de archivos *or* ficheros; **~ transfer protocol** protocolo *m* de transferencia de archivos
◇ *vt* **-1.** *(sort and store) (documents, letters)* archivar; **to be filed under a letter/subject** estar archivado en una letra determinada/por tema
-2. *(present)* **to ~ a claim** presentar una demanda; **to ~ charges against sb** presentar cargos contra alguien; *US* **to ~ one's tax return** presentar la declaración impositiva *or* (del impuesto sobre) la renta
◇ *vi* **to ~ for divorce** presentar una demanda de divorcio
file³ ◇ *n (line)* fila *f*; **in single** *or* **Indian ~** en fila india
◇ *vi* **to ~ past (sth/sb)** desfilar (ante algo/alguien); **to ~ in/out** entrar/salir en fila
filet mignon ['fi:leɪmi:njɒn] *n US* solomillo *m*
filial ['filiəl] *adj* filial
filibuster ['filibʌstə(r)] POL ◇ *n* discurso *m* dilatorio *(para evitar una votación)*
◇ *vi* pronunciar discursos dilatorios
filigree ['filigri:] *n* filigrana *f*
filing ['faɪlɪŋ] *n* archivación *f*, archivado *m* ❑ *Br* **~ clerk** archivero(a) *m,f*, archivista *mf*; **~ cabinet** archivador *m*; **~ tray** bandeja *f* de la correspondencia para archivar
filings ['faɪlɪŋz] *npl (of metal)* limaduras *fpl*
Filipino [fili'pi:nəʊ] ◇ *n (pl* **Filipinos**) **-1.** *(person)* filipino(a) *m,f* **-2.** *(language)* tagalo *m*
◇ *adj* filipino(a)
fill [fil] ◇ *n* **we ate/drank our ~** comimos/bebimos hasta llenarnos; *Fig* **to have had one's ~ of sth** estar harto(a) de algo
◇ *vt* **-1.** *(container)* llenar (**with** de); *(sails)* hinchar; **to ~ sb's glass** llenar el vaso a alguien; **he filled his pipe** cargó su pipa; **filled with chocolate** relleno(a) de chocolate; **to be filled with admiration/hope** estar lleno(a) de admiración/esperanza; **the smell of roses filled the air** el olor a rosas inundaba el ambiente; **the article filled three pages** el artículo ocupaba tres páginas; **the thought fills me with dread** la idea me horroriza; IDIOM **to ~ sb's shoes** reemplazar a alguien
-2. *(gap, hole)* rellenar; **I had a tooth filled** me hicieron un empaste, *or RP* una emplomadura; **the product filled a gap in the market** el producto vino a llenar un hueco en el mercado
-3. *(occupy) (time)* ocupar
-4. to ~ a vacancy *(employer)* cubrir una vacante; **we need someone with more experience to ~ this post** necesitamos alguien con más experiencia para ocupar este puesto
-5. *(cover) (need, demand)* responder a; *(role)* desempeñar
-6. *(supply)* **to ~ an order** *(for stationery, equipment)* despachar un pedido; **the waiter who filled my order** el camarero que me sirvió
◇ *vi (become full)* llenarse (**with** de *or* con); *(sails)* hincharse; **her eyes filled (up) with tears** se le llenaron los ojos de lágrimas
◆ **fill in** *vt sep* **-1.** *(hole, space, form)* rellenar; **~ your address in here** escriba su dirección aquí; **to ~ in time** matar el tiempo
-2. *Fam (inform)* **to ~ sb in (on sth)** poner a alguien al tanto (de algo)
-3. *(use) (time)* ocupar, pasar; **he's just filling in time** sólo está haciendo tiempo
◇ *vi* **to ~ in for sb** sustituir a alguien
◆ **fill out** *vt sep (form, application)* rellenar
◇ *vi (person)* engordar
◆ **fill up** ◇ *vt sep* **-1.** *(glass)* llenar (hasta el borde); *Fam* **~ her up!** *(car)* ¡lleno, por favor!; **this rice pudding should ~ you up** este arroz con leche te debería llenar **-2.** *(occupy) (day, time)* ocupar, pasar
◇ *vi (tank, container, stadium, theatre)* llenarse (**with** de); **we'd better ~ up at the next** *Br* **petrol** *or US* **gas station** habrá que repostar en la próxima gasolinera *or Am* estación de servicio
filler ['filə(r)] *n* **-1.** *(for cracks, holes)* masilla *f*; *(for cavity)* empaste *m* **-2.** *(in newspaper)* artículo *m* de relleno; *(on TV or radio)* programa *m* de relleno **-3.** *(in quilt, beanbag)* relleno *m* **-4.** AUT **~ cap** tapa *f* del depósito de gasolina *or RP* del tanque de nafta

fillet ['filit] ◇ *n* **-1.** *(of fish)* filete *m* **-2.** *(of meat)* filete *m*; **pork ~** lomo (de cerdo) ❑ **~ steak** filete *m*
◇ *vt (fish, meat)* cortar en filetes
fill-in ['filin] *n* **-1.** *Fam (person)* suplente *mf* **-2.** *US Fam (information)* informe *m*
filling ['filiŋ] ◇ *n* **-1.** *(in tooth)* empaste *m* **-2.** *(in sandwich, pie)* relleno *m* **-3. ~ station** gasolinera *f*, estación *f* de servicio
◇ *adj* **a ~ meal** una comida que llena mucho
fillip ['filip] *n* impulso *m*, empujón *m*; **to give sth/sb a ~** impulsar algo/a alguien
filly ['fili] *n* **-1.** *(horse)* potra *f* **-2.** *Fam Old-fashioned (girl)* moza *f*
film [film] ◇ *n* **-1.** *(thin layer)* película *f*; **a ~ of ice** una fina capa de hielo
-2. *esp Br (at cinema)* película *f*; **to make a ~ (about sth)** hacer una película (acerca de algo); **the ~ of the book** la versión cinematográfica *or* la película del libro; **French/German ~** el cine francés/alemán; **to be in films** aparecer *or* salir en películas ❑ **~ actor** actor *m* de cine; **~ actress** actriz *f* de cine; **~ buff** cinéfilo(a) *m,f*; **~ crew** equipo *m* de rodaje; **~ critic** crítico(a) *m,f* cinematográfico *or* de cine; **~ director** director(ora) *m,f* de cine, cineasta *mf*; **~ festival** festival *m* de cine; **the ~ industry** la industria cinematográfica; **~ library** filmoteca *f*; **~ noir** cine *m* negro; **~ projector** proyector *m* cinematográfico; **~ script** guión *m* de cine; **~ set** plató *m* cinematográfico *or* de cine; **~ star** estrella *f* de cine; **~ studio** estudio *m* cinematográfico
-3. *(photographic)* **a (roll of) ~** *(for camera)* un rollo, un carrete ❑ **~ speed** sensibilidad *f* (de película); **~ strip** tira *f* de diapositivas
-4. TYP fotolitos *mpl*; **a piece of film** un fotolito
◇ *vt (person, event, scene)* filmar, rodar; *(novel)* llevar *or* adaptar al cine
◇ *vi* rodar, filmar; **to ~ well** *(be photogenic)* ser fotogénico(a)
◆ **film over** *vi* empañarse, nublarse; **her eyes filmed over with tears** sus ojos se empañaron *or* llenaron de lágrimas
filmable ['filməbəl] *adj* **no one thought the book was ~** nadie pensaba que el libro podía ser llevado al cine
filmgoer ['filmgəʊə(r)] *n* **these scenes shocked many filmgoers** estas escenas sacudieron a muchos espectadores; **as regular filmgoers will know...** como los asiduos *or* aficionados al cine ya sabrán...; **she's not a regular ~** no va al cine con regularidad
filmic ['filmik] *adj* cinematográfico(a), fílmico(a)
filming ['filmiŋ] *n* rodaje *m*, filmación *f*
filmmaker ['filmmeikə(r)] *n* cineasta *mf*
filmography [fil'mɒgrəfi] *n* filmografía *f*
filmsetting ['filmsetiŋ] *n Br* fotocomposición *f*
filmy ['filmi] *adj (material)* de gasa
Filofax® ['failəfæks] *n* agenda *f* de anillas
filo pastry ['fi:ləʊ'peistri] *n* hojaldre *m* griego
filter ['filtə(r)] ◇ *n* **-1.** *(for liquids)* filtro *m* ❑ **~ coffee** café *m* de filtro; **~ paper** papel *m* de filtro **-2.** *(tip) (on cigarette)* filtro *m* ❑ **~ (tip) cigarette** cigarrillo *m* con filtro **-3.** *Br* AUT **~ lane** carril *m* de giro a la derecha/izquierda; **~ signal** *(on traffic light)* señal *f* de giro a la derecha/izquierda **-4.** PHOT filtro *m* **-5.** ELEC & RAD filtro *m* **-6.** COMPTR filtro *m*
◇ *vt* filtrar
◇ *vi* **-1.** *(pass) (liquid, light)* filtrarse (**through** a través de); **to ~ in/out** *(people)* llegar/irse poco a poco; **the news soon filtered through** la noticia se filtró rápidamente **-2.** *Br* AUT *(traffic)* **to ~ to the right/left** girar a la derecha/izquierda *(según la indicación del semáforo)*
◆ **filter out** *vt sep (impurities, noise)* filtrar (hasta eliminar)
filtering software ['filtəriŋ'sɒftweə(r)] *n* COMPTR software *m* de filtrado
filter-tipped ['filtətipt] *adj (cigarette)* con filtro

filth [fɪlθ] n **-1.** (dirt) porquería f **-2.** (obscenity) obscenidades fpl; (obscene books, films) cochinadas fpl, Esp guarrerías fpl; **to talk ~** decir cochinadas **-3.** Br very Fam **the ~** la poli, Esp la madera

filthy ['fɪlθɪ] ◇ adj **-1.** (very dirty) asqueroso(a) **-2.** (very bad) **to be in a ~ mood** or **temper** tener un humor de perros; **he gave me a ~ look** me atravesó con la mirada; Br **~ weather** tiempo de perros **-3.** (obscene) (language, jokes) obsceno(a); (film, book) indecente, Esp guarro(a); **to have a ~ mind** tener una mente sucia; **that ~ book** esa cochinada or Esp guarrería de libro
◇ adv Fam **~ dirty** mugriento(a); **~ rich** asquerosamente rico(a)

filtrate ['fɪltreɪt] n CHEM líquido m filtrado

filtration [fɪl'treɪʃən] n CHEM filtración f

fin [fɪn] n **-1.** (of fish) aleta f ❏ **~ whale** rorcual m **-2.** (of aircraft, rocket, bomb) aleta f **-3.** (for swimmer) **fins** aletas **-4.** TECH aleta f

finagle [fɪ'neɪgəl] vt US Fam agenciarse

final ['faɪnəl] ◇ n **-1.** (of competition) final f; **to be through to the finals** haber llegado a la fase final **-2.** (of newspaper) última edición f **-3.** UNIV **finals** Br exámenes de fin de carrera; US exámenes finales
◇ adj **-1.** (last) último(a); **the ~ stages** las etapas finales, las últimas etapas; **the ~ whistle** el pitido final ❏ FIN **~ demand** último aviso m de pago; ST EXCH **~ dividend** dividendo m complementario; HIST **the Final Solution** la Solución Final; **~ warning** última advertencia f
-2. (definitive) definitivo(a); **that's my ~ offer** es mi última oferta; **is that your ~ answer?** ¿es tu respuesta definitiva?; **the umpire's decision is ~** la decisión del árbitro es definitiva; **and that's ~!** ¡y no hay más que hablar! ❏ CIN **~ cut** montaje m definitivo

finale [fɪ'nɑːlɪ] n (of concert, play) final m; **grand ~** gran final; **there was a grand ~ to the match** el partido tuvo un final apoteósico

finalist ['faɪnəlɪst] n finalista mf

finality [faɪ'nælɪtɪ] n (of words, statement) rotundidad f, irrevocabilidad f; (of death) carácter m irreversible; **there was a note of ~ in his voice** lo dijo de forma un tanto rotunda or terminante

finalization [faɪnəlaɪ'zeɪʃən] n ultimación f, conclusión f

finalize ['faɪnəlaɪz] vt (details, plan, agreement) ultimar; (date) concretar; **that hasn't been finalized yet** eso aún no se ha ultimado

finally ['faɪnəlɪ] adv **-1.** (lastly) por último, finalmente; **and ~,...** y por último,... **-2.** (at last) por fin, finalmente; **she had ~ met him** por fin lo había conocido **-3.** (irrevocably) definitivamente; **it hasn't been decided ~ yet** todavía no se ha tomado la decisión definitiva

final-year ['faɪnəl'jɪə(r)] adj (student, exam) de último curso

finance [faɪ'næns, fɪ'næns] ◇ n **-1.** (subject, business, funding) finanzas fpl; **it's a problem of ~** es un problema financiero; **we don't have the necessary ~** no contamos con los recursos financieros necesarios; **Finance Minister, Minister of Finance** Ministro de Economía ❏ **~ company** compañía f financiera; **~ department** departamento m financiero; Br **~ house** compañía f financiera
-2. finances (funds) finanzas; **his finances are low** se encuentra en una mala situación financiera
◇ vt financiar

financial [faɪ'nænʃəl, fɪ'nænʃəl] adj financiero(a) ❏ **~ adviser** asesor(ora) m,f financiero(a); **~ assets** activos mpl financieros; **~ control** control m financiero; **~ controller** interventor(ora) m,f (financiero(a)); **~ director** director(ora) m,f financiero(a); **~ management** gestión f financiera; **~ market** mercado m financiero; **~ planning** planificación f financiera; **~ reserves** provisión f de fondos; **~ statement** balance m (general); Br **~ year** (for budget) ejercicio m (económico); (for tax) año m fiscal

financially [faɪ'nænʃəlɪ, fɪ'nænʃəlɪ] adv económicamente; **~ sound** económicamente sólido; **is the company ~ sound?** ¿la empresa tiene solidez económica?

financier [faɪ'nænsɪə(r), fɪ'nænsɪə(r)] n financiero(a) m,f

finch [fɪntʃ] n pinzón m

find [faɪnd] ◇ n hallazgo m; **it was quite a ~** fue todo un hallazgo
◇ vt (pt & pp **found** [faʊnd]) **-1.** (discover by chance) encontrar, hallar; **to ~ sb at home** or **in** encontrar a alguien en casa; **I found her waiting in the hall** me la encontré esperando en la entrada; **he was found dead** lo encontraron muerto; **leave everything as you found it** deja todo tal y como lo encontraste; **they found an unexpected supporter in Richard Sanders** recibieron el inesperado apoyo de Richard Sanders; **you don't ~ many people taking the bus for that journey** no mucha gente hace ese viaje en autobús; Literary **nightfall found us 20 miles from our destination** la noche cayó sobre nosotros a 20 millas de nuestro destino; **I ~ comfort in the knowledge that...** me consuela saber que...; **they ~ themselves in serious difficulty** están metidos en serias dificultades; **I often ~ myself wondering...** a menudo me sorprendo preguntándome...; **I found myself feeling jealous** me di cuenta de que tenía celos
-2. (discover by searching) encontrar, hallar; **the painting has been found** han encontrado el cuadro; **we need to ~ another $500** necesitamos conseguir 500 dólares más; **you won't ~ a better bike for the price** por este precio no vas a encontrar una bicicleta mejor; **there wasn't a single free seat to be found** no quedaba ni un asiento (libre); **she was nowhere to be found** no la encontraron por ninguna parte or ningún lado; **to ~ a job for sb, to ~ sb a job** encontrarle un trabajo a alguien; **he found something for me to do** me encontró algo que hacer; **to ~ the courage/time to do sth** encontrar el valor/el tiempo para hacer algo; **to ~ fault with sth** encontrar defectos a algo; **he couldn't ~ it in his heart to tell her** no halló or encontró fuerzas para decírselo; **the arrow/comment found its mark** la flecha/el comentario dio en el blanco; **to ~ oneself** (spiritually) encontrarse a uno mismo; Fig **to ~ one's feet** situarse; Fig **to ~ one's tongue** recuperar el habla; **to ~ one's way** orientarse, encontrar el camino; **this leaflet somehow found its way into my pocket** no sé cómo ha venido a parar a mi bolsillo este folleto; **the product never found its way into the shops** el producto no llegó a ser comercializado; **to ~ a way to do sth** encontrar la manera de hacer algo
-3. (discover by analysis) encontrar, hallar; **to ~ an answer/a solution** hallar una respuesta/una solución; **our research found that...** nuestra investigación descubrió que...; **the drug has been found to benefit cancer patients** se ha demostrado que la droga beneficia a los pacientes con cáncer
-4. (experience) **they will ~ it easy/difficult** les resultará or lo encontrarán fácil/difícil; **she found it impossible to understand him** le resultó imposible entenderle; **he found it necessary to remind her of her duty** consideró necesario recordarle cuáles eran sus obligaciones; **how did you ~ the meal/the exam?** ¿qué te pareció la comida/el examen?; **did you ~ everything to your satisfaction?** ¿le ha parecido todo bien?; **I found her charming** me pareció muy simpática; **I ~ that I can't bend down as easily as I used to** estoy descubriendo que ya no me puedo agachar como antes; **you'll ~ (that) it gets easier the more you do it** ya verás cómo or RP vas a ver que te resultará más fácil con la práctica
-5. (realize) **you will ~ (that) I am right** te darás or vas a dar cuenta de que tengo razón; **I was surprised to ~ that...** me sorprendió enterarme de que...
-6. LAW **to ~ sb guilty/innocent** declarar a alguien culpable/inocente; **how do you ~ the accused?** ¿cuál es su veredicto?
-7. to be found (exist) encontrarse; **this species is only found in Australia** esta especie sólo se encuentra en Australia
◇ vi LAW **to ~ in favour of/against sb** fallar a favor de/en contra de alguien

◆ **find out** ◇ vt sep **-1.** (discover) descubrir; (check, confirm) enterarse de; **we found out that she was French** descubrimos que era francesa; **go and ~ out what's happening** ve y entérate de lo que está pasando; **to ~ out more, write to...** para obtener más información, diríjase a...; **I found out from his wife that he had been ill for some time** me enteré por su esposa que llevaba un tiempo enfermo
-2. (see through) **to ~ sb out** descubrir a alguien; **we've been found out** nos han descubierto
◇ vi **-1.** (discover) enterarse (**about** de); **his wife found out about his affair** su mujer se enteró de su aventura **-2.** (get information) informarse (**about** de)

finder ['faɪndə(r)] n **-1.** (of lost object) **the ~ of the money should contact the police** quien encuentre el dinero ha de llamar a la policía; IDIOM Fam **finders keepers (losers weepers)** quien lo encuentre, para él **-2.** (of telescope) anteojo m buscador

finding ['faɪndɪŋ] n **-1.** (discovery) descubrimiento m **-2. findings** conclusiones

fine[1] [faɪn] LAW ◇ n multa f
◇ vt multar, poner una multa a; **to ~ sb £100** poner a alguien una multa de 100 libras

fine[2] ◇ adj **-1.** (excellent) excelente; (food) fino(a), exquisito(a); (furniture, china, clothes) fino(a); **the weather was ~** hacía buen tiempo; **it will be ~ tomorrow** mañana hará buen tiempo; **she's a ~ woman** es una mujer extraordinaria; **one of these ~ days** un día de éstos; **to appeal to sb's finer feelings** apelar a los más nobles sentimientos de alguien; **that was our finest hour** fue nuestro mejor momento ❏ **~ art** (paintings, artefacts) arte m; **she's got it down to a ~ art** lo hace con los ojos cerrados, lo tiene muy controlado; **the ~ arts** las bellas artes; **~ wines** vinos mpl selectos
-2. (satisfactory) bien; **she's ~** está bien; **everything is ~** todo está bien; **would you like wine? – water would be ~** ¿quieres vino? – con agua me basta; **more tea? – I'm ~, thanks** ¿más té? – no, gracias; **that's ~ by me** ¡me parece bien!, ¡por mí, Esp vale or RP dale or Méx órale!; **I feel ~** me encuentro bien, estoy bien
-3. (thin) fino(a); **~ grains of sand** granos finos de arena ❏ **~ print** letra f pequeña
-4. (pointed, sharp) fino(a); **a ~ nib** una plumilla fina
-5. (delicate, subtle) fino(a); (adjustment) preciso(a); (distinction) sutil; (features) delicado(a); **there's a ~ line between eccentricity and madness** la frontera entre la excentricidad y la locura es muy tenue; **I didn't understand some of the finer points** no entendí los aspectos más sutiles; **not to put too ~ a point on it** hablando en plata
-6. Ironic (great) **you're a ~ one to talk!** ¡mira quién fue a hablar!, ¡mira quién habla!; **this is another ~ mess you've got us into!** ¡en menudo lío nos has vuelto a meter!, RP ¡otra vez nos metiste en flor de lío!; **that's a ~ thing to do to your mother!** ¡eso no se le hace a tu madre!; **a ~ help you are!** ¡menuda ayuda estás hecho!, RP ¡flor de ayuda, sos vos!; **he was in a ~ (old) temper!** estaba de un humor de perros

◇ *adv* bien; **that'll do (me) just ~** con eso me bastará *or RP* alcanza; **you're doing ~!** ¡lo estás haciendo muy bien!; **she's getting on** *or* **doing ~** le va bien; **they get on ~** se llevan bien; **that suits me ~** eso me viene bien; **it seems to be working ~ to me** me parece que no le pasa nada

◇ *exclam* **shall we meet at five? – ~** ¿nos vemos a las cinco? – muy bien *or Esp* vale *or Arg* dale *or Méx* órale; *Ironic* **oh ~, you just sit there while I do all the work!** ¡fantástico, tú ahí sentado mientras yo hago todo el trabajo!

fine-grained ['faingreind] *adj* **-1.** *(rock)* de grano fino; *(wood, leather)* fino(a); **~ salt** sal fina **-2.** *(distinction)* detallado(a), minucioso(a)

finely ['fainli] *adv* **-1.** *(skilfully)* acertadamente, hábilmente **-2.** *(grated, ground, sliced)* muy fino; **~ chopped** picado(a) muy fino **-3.** *(delicately)* **~ balanced** *(contest)* muy equilibrado(a); **~ tuned** *(engine)* a punto

fineness ['fainnis] *n* **-1.** *(excellence) (of clothes, manners)* refinamiento *m* **-2.** *(of sand, sugar)* finura *f* **-3.** *(thinness) (of thread, hair, nib)* finura *f* **-4.** *(delicacy, subtlety) (of features)* sutileza *f*, delicadeza *f*; *(of detail, distinction)* sutileza *f*

finery ['fainəri] *n* galas *fpl*; **dressed in all one's ~** vestido(a) con las mejores galas

finesse [fi'nes] ◇ *n* **-1.** *(elegance, tact)* finura *f*; **he handled the matter with great ~** llevó el asunto con mucha mano izquierda *or* delicadeza **-2.** *(in card games)* impasse *m*

◇ *vt* **-1.** *(deal with skilfully)* sortear con destreza; **he finessed his way through the interview** sorteó la entrevista con mucha habilidad **-2.** *(in card game)* jugar de impasse

fine-tooth(ed) comb ['faintu:θ(t)'kəʊm] *n* peine *m* de púas finas; IDIOM **to go through sth with a ~** mirar algo con lupa, examinar algo al detalle

fine-tune ['fain'tju:n] *vt* **-1.** *(machine, engine)* afinar, poner a punto **-2.** *(economy, policy)* afinar

fine-tuning ['fain'tju:niŋ] *n* **-1.** *(of machine, engine)* ajuste *m* **-2.** *(of economy, policy)* ajuste *m*

finger ['fiŋgə(r)] ◇ *n* **-1.** *(of hand, glove)* dedo *m*; **to eat with one's fingers** comer con las manos; **to hold sth between ~ and thumb** sujetar algo entre el índice y el pulgar; *Fig* **to keep one's fingers crossed** cruzar los dedos ❑ **~ bowl** bol *m or* cuenco *m* para las manos; **~ buffet** bufé *m* a base de canapés y aperitivos; **~ food** *(snacks)* cosas *fpl* de picar; **~ hole** *(in musical instrument)* orificio *m*; **~ painting** pintura *f* con los dedos; **~ puppet** títere *m* *(para manejar con la mano)*

-2. *(measure)* **a ~ of brandy** un dedo de coñac

-3. *(of land)* lengua *f*; **to cut a cake into fingers** cortar un pastel en porciones

-4. COMPTR finger *m*

-5. IDIOMS **I'm all fingers and thumbs today** estoy de lo más torpe hoy, hoy estoy hecho un manazas; **he's got them (wrapped or twisted) round his little ~** los tiene a sus pies; **you could count them on the fingers of one hand** se pueden contar con los dedos de una mano; **to get one's fingers burnt** salir escaldado(a) *or* escarmentado(a); *Br very Fam* **get** *or* **pull your ~ out!** ¡mueve el culo!, *RP* ¡mové las bolas!; *US Fam* **to give sb the ~** = hacerle un gesto grosero a alguien con el dedo *Esp* corazón *o Am* mayor hacia arriba, ≃ hacerle un corte de mangas a alguien; *Br Fam* **to stick two fingers up at sb** = hacerle a alguien un gesto insultante con los dedos índice y *Esp* corazón *or Am* mayor hacia arriba y el dorso de la mano hacia fuera, ≃ hacer un corte de mangas a alguien; **to have one's ~ on the pulse** estar al tanto *or* a la última; **to have a ~ in every pie** estar metido(a) en todo; **don't you dare lay a ~ on him** no te atrevas a tocarle un pelo; **she wouldn't lift a ~ to help you** no levantaría ni movería un dedo para ayudarte; **to point the ~ (of suspicion) at sb** señalar a alguien con el dedo, acusar a alguien; **who are you to point the ~?** ¿quién eres tú para acusar?; *Fam* **to put the ~ on sb** *(denounce)* delatar a alguien; **to put one's ~ on it** dar en el clavo; **I can't quite put my ~ on it** no consigo dar con ello; **to work one's fingers to the bone** trabajar duro, matarse *Esp* a trabajar *or Am* trabajando

◇ *vt* **-1.** *(feel)* tocar **-2.** *Fam (inform on)* soplar acerca de, *RP* pasar el dato de **-3.** *Vulg (woman)* masturbar con el dedo

fingerboard ['fiŋgəbɔːd] *n (on musical instrument)* diapasón *m*

fingering ['fiŋgəriŋ] *n* MUS digitación *f*

fingerless ['fiŋgələs] *adj* **~ gloves** mitones *mpl*

fingermark ['fiŋgəmɑːk] *n* marca *f or* huella *f* de los dedos

fingernail ['fiŋgəneil] *n* uña *f*; IDIOM **to hang on by one's fingernails** colgar de un hilo

fingerprint ['fiŋgəprint] ◇ *n* huella *f* digital *or* dactilar; **to take sb's fingerprints** tomar las huellas digitales a alguien; *Fig* **his fingerprints are all over it** lleva su firma

◇ *vt (person)* tomar las huellas digitales *or* dactilares a

fingerstall ['fiŋgəstɔːl] *n* dedil *m*

fingertip ['fiŋgətip] *n* punta *f* del dedo; **to have sth at one's fingertips** *(facts, information)* tener algo al alcance de la mano; *(subject)* conocer algo al dedillo

finicky ['finiki] *adj Fam* **-1.** *(fussy)* quisquilloso(a); **to be a ~ eater** ser quisquilloso con la comida **-2.** *(tricky)* **to be a ~ job** ser un trabajo complicado *or* de chinos

finish ['finiʃ] ◇ *n* **-1.** *(end) (of match, meeting)* final *m*; *(of race)* meta *f*; **to be in at the ~** presenciar el final; **it was a close ~** fue un final reñido ❑ **~ line** línea *f* de meta

-2. *(surface) (of furniture, metalwork)* acabado *m*

-3. *(quality of workmanship, presentation)* **his prose/acting lacks ~** tiene una prosa/forma de actuar poco refinada

-4. SPORT **that was a very good ~ from Jones** Jones ha marcado un gol muy bueno

◇ *vt* **-1.** *(end)* terminar, acabar; **the injury finished his career** la lesión terminó *or* acabó con su carrera; **to ~ doing sth** terminar *or* acabar de hacer algo; **have you finished eating?** ¿has terminado *or* acabado de comer?

-2. *(use up)* terminar, acabar; **the milk is finished** se ha terminado *or* acabado la leche

-3. *(ruin, kill)* terminar con, acabar con

-4. *Fam (tire out)* terminar con, acabar con

-5. *(furniture, metalwork)* acabar; **nicely finished** con un excelente acabado, *RP* con una excelente terminación

◇ *vi* **-1.** *(end)* terminar, acabar; **you didn't let me ~** no me dejaste terminar *or* acabar (lo que estaba diciendo); **school finishes on Friday/at three o'clock** el colegio termina *or* acaba el viernes/a las tres; **I would like to ~ by thanking...** me gustaría concluir agradeciendo...; **to ~ on an optimistic note** finalizar con una nota de optimismo; **would you like a brandy to ~ with?** ¿ *Esp* te apetecería *or Carib,Col,Méx* te provocaría *or Méx* se te antojaría *or CSur* querés un brandy para terminar?

-2. *(in race, contest)* **to ~ fourth** quedar en cuarto lugar, terminar cuarto(a); **three horses failed to ~** tres caballos no terminaron la carrera; **Mexico finished the stronger of the two teams** México terminó jugando mejor que el otro equipo

● **finish off** ◇ *vt sep* **-1.** *(complete) (task, book)* terminar, acabar

-2. *(use up)* terminar, acabar; **we'd better ~ off this ice cream** será mejor que terminemos *or* acabemos este helado

-3. *Fam (ruin, kill)* terminar con, acabar con

-4. *Fam (tire out)* terminar con, acabar con

◇ *vi* terminar, acabar; **to ~ off by doing sth** terminar *or* acabar terminando haciendo algo

● **finish up** ◇ *vt sep (use up)* terminar, acabar; **~ up that spinach** termínate *or* acábate las espinacas

◇ *vi* **-1.** *(end up)* terminar, acabar; **to ~ up doing sth** terminar *or* acabar haciendo algo; **most of the waste finishes up as recycled paper** la mayoría de los desechos son convertidos en papel reciclado

-2. *(finish task)* terminar, acabar

● **finish with** *vt insep* **-1.** *(stop using, talking to)* terminar con, acabar con; **have you finished with the newspaper?** ¿has terminado *or* acabado con el periódico?; **I haven't finished with you yet** todavía no he terminado *or* acabado contigo; **I'm finished with politics/journalism** he dejado la política/el periodismo

-2. *(end relationship with)* terminar con, acabar con

finished ['finiʃt] *adj* **-1.** *(completed)* terminado(a), acabado(a); **the job isn't ~ yet** el trabajo no está terminado *or* acabado aún; **the joiner was ~ by 4 o'clock** a las cuatro el carpintero había terminado *or* acabado; **the ~ product** el producto acabado *or* terminado

-2. *Fam (ruined)* **he's ~!** ¡está acabado!

-3. *(of high quality) (performance)* logrado(a), redondo(a); *(appearance)* elaborado(a)

finishing ['finiʃiŋ] *adj* **to put the ~ touches to sth** dar los últimos (re)toques a algo ❑ **~ line** línea *f* de meta; **~ post** poste *m* de llegada; **~ school** = escuela privada de etiqueta para señoritas

finite ['fainait] *adj* **-1.** *(resources, number, time)* limitado(a) **-2.** MATH finito(a) **-2.** GRAM *(verb)* conjugado(a)

fink [fiŋk] *US Fam* ◇ *n* **-1.** *(informer)* soplón(ona) *m,f*, *Esp* chivato(a) *m,f* **-2.** *(unpleasant person)* pelagatos *mf inv* **-3.** *(strikebreaker)* esquirol(ola) *m,f*

◇ *vi* dar el chivatazo **(on** sobre)

Finland ['finlənd] *n* Finlandia

Finlandization [finləndai'zeiʃən] *n* POL finlandización *f*

Finn [fin] *n (person)* finlandés(esa) *m,f*

Finnish ['finiʃ] ◇ *n (language)* finés *m*, finlandés *m*

◇ *adj* finlandés(esa)

fiord = fjord

fir [fɜː(r)] *n (wood)* (madera *f* de) abeto *m*; **~ (tree)** abeto *m* ❑ **~ cone** piña *f*

fire ['faiə(r)] ◇ *n* **-1.** *(element)* fuego *m*; **to be afraid of ~** tenerle miedo al fuego; IDIOM **to play with ~** jugar con fuego; **~ and brimstone** fuego eterno

-2. *(in hearth, campsite)* fuego *m*; **to lay a ~** preparar un fuego; **to light** *or* **make a ~** encender *or* hacer fuego; **wood/coal ~** fuego de leña/carbón ❑ **~ irons** (juego *m* de) utensilios *mpl* para la lumbre

-3. *Br (heater)* estufa *f*; **electric/gas ~** estufa eléctrica/de gas

-4. *(large, destructive)* incendio *m*; **on ~** en llamas, ardiendo; **his forehead is on ~** *(because of fever)* tiene la frente hirviendo; **he is on ~** está ardiendo; IDIOM **he'll never set the world** *or Br* **the Thames on ~** nunca será un éxito rutilante; **to cause** *or* **start a ~** provocar un incendio; **to catch ~** prenderse fuego; **to set ~ to sth, to set sth on ~** prender fuego a algo; **~!** ¡fuego!; *Fam Hum* **where's the ~?** *(what's the rush?)* ¿quién se ha muerto? ❑ **~ alarm** alarma *f* contra incendios; *esp Br* **~ brigade** (cuerpo *m* de) bomberos *mpl*; *US* **~ chief** jefe(a) *m,f* de bomberos; *US* **~ department** (cuerpo *m* de) bomberos *mpl*; **~ door** puerta *f* contra incendios; **~ drill** simulacro *m* de incendio; **~ engine** coche *m* de bomberos; **~ escape** escalera *f* de incendios; **~ exit** salida *f* de incendios; **~ extinguisher** *Esp* extintor *m*, *Am* extinguidor *m*; **~ hazard** = objeto o acción que supone peligro de incendio; **all those empty boxes are a ~ hazard** todas esas cajas vacías pueden causar un incendio; **~ hose** manguera *f* de incendios; **~ hydrant** boca *f* de incendios; **~ insurance** seguro *m* contra incendios; **~ prevention** prevención *f* de incendios; **~ regulations**

firearm (laws) normativa f contra incendios; (in building) procedimiento m en caso de incendio; **~ sale** venta f de objetos dañados en un incendio; **~ station** parque m de bomberos; US **~ truck** coche m de bomberos
-5. (of rifle, artillery) fuego m; **to open ~ (on sb)** abrir fuego (contra alguien); **to hold one's ~** dejar de disparar; **hold your ~** (don't shoot) no disparen; (stop shooting) alto el fuego; **to come under ~** caer bajo el fuego enemigo; Fig **to be** or **come under ~** (be criticized) recibir muchas críticas; **to return (sb's) ~** responder al fuego (de alguien)
-6. (enthusiasm) pasión f
◇ vt -1. (rifle, bullet, missile) disparar (at contra); **to ~ a shot** disparar; Fig **to ~ a question at sb** lanzar una pregunta a alguien
-2. Fam (dismiss) despedir; **you're fired!** ¡quedas despedido!
-3. (set alight, heat) encender, Am prender; **oil-/gas-fired central heating** calefacción central de petróleo/gas
-4. (inspire) **to ~ sb with enthusiasm** hacer arder de entusiasmo a alguien; **the movie fired his imagination** la película despertó su imaginación
-5. (pottery) cocer
◇ vi -1. (with gun) disparar (at or on contra); **~!** ¡fuego!; **~ at will!** ¡fuego a discreción!; Fam Fig **~ away!** (to questioner) ¡adelante! -2. (engine) encenderse, Am prenderse; Fig **to be firing on all cylinders** funcionar a pleno rendimiento
▶ **fire off** vt sep -1. (round of ammunition) disparar -2. Fig **to ~ off questions at sb** acribillar a alguien a preguntas, asediar a alguien con preguntas; **to ~ off a memo (to)** escribir rápidamente y enviar un memorándum(a)
▶ **fire up** vt sep Fam (switch on) encender, Am prender

firearm ['faɪərɑːm] n arma f de fuego; **firearms expert** experto(a) en armas de fuego; **firearms training** entrenamiento con armas de fuego

fireball ['faɪəbɔːl] n -1. (ball lightning) bola f de fuego -2. (in nuclear explosion) bola f de fuego -3. ASTRON bólido m -4. IDIOM **she's a real ~** es muy temperamental

fire-bomb ['faɪəbɒm] ◇ n bomba f incendiaria
◇ vt arrojar bombas incendiarias a

firebrand ['faɪəbrænd] n -1. (burning torch) antorcha f -2. (agitator) agitador(ora) m,f

firebreak ['faɪəbreɪk] n cortafuego m

firebrick ['faɪəbrɪk] n ladrillo m refractario

firebug ['faɪəbʌɡ] n Fam pirómano(a) m,f, incendiario(a) m,f

firecracker ['faɪəkrækə(r)] n petardo m

firedamp ['faɪədæmp] n grisú m

fire-eater ['faɪəriːtə(r)] n -1. (performer) tragafuegos mf inv -2. (aggressive person) belicoso(a) m,f, agresivo(a) m,f

firefight ['faɪəfaɪt] n tiroteo m

firefighter ['faɪəfaɪtə(r)] n bombero(a) m,f

firefighting ['faɪəfaɪtɪŋ] ◇ n labores fpl or tareas fpl de extinción (de incendios)
◇ adj **~ equipment** equipo m contra incendios

firefly ['faɪəflaɪ] n luciérnaga f

fireguard ['faɪəɡɑːd] n pantalla f (de chimenea), parachispas m inv

firelight ['faɪəlaɪt] n luz f del fuego

firelighter ['faɪəlaɪtə(r)] n pastilla f para (encender or Am prender) el fuego

fireman ['faɪəmən] n -1. (firefighter) bombero m
❑ **~'s lift** manera de llevar a alguien a cuestas sobre un hombro y el otro brazo libre -2. (of steam engine) fogonero m

fireplace ['faɪəpleɪs] n chimenea f

fireplug ['faɪəplʌɡ] n US boca f de incendios

firepower ['faɪəpaʊə(r)] n potencia f de fuego

fireproof ['faɪəpruːf] adj (door, safe, clothing) ignífugo, incombustible; (dish) refractario(a)

fire-raiser ['faɪəreɪzə(r)] n Br pirómano(a) m,f, incendiario(a) m,f

fire-resistant ['faɪərɪzɪstənt] adj ignífugo(a), incombustible

fire-retardant ['faɪərɪtɑːdənt] adj de combustión lenta

firescreen ['faɪəskriːn] n pantalla f (de chimenea)

fireship ['faɪəʃɪp] n -1. (for firefighting) = barco para la extinción de incendios -2. HIST brulote m

fireside ['faɪəsaɪd] n **by the ~** junto a la chimenea; **~ chat** (by politician) conversación or charla informal

fire-storm ['faɪəstɔːm] n tormenta f de fuego

firetrap ['faɪətræp] n = local altamente peligroso en caso de incendio

firewall ['faɪəwɔːl] n COMPTR cortafuegos m inv

fire-water ['faɪəwɔːtə(r)] n Fam aguardiente m

firewood ['faɪəwʊd] n leña f

firework ['faɪəwɜːk] n fuego m de artificio; **fireworks** fuegos artificiales; Fig **there'll be fireworks** se va a armar una buena ❑ **firework(s) display** castillo m de fuegos mpl artificiales, espectáculo m pirotécnico

firkin ['fɜːkɪn] n barrilete m

firing ['faɪərɪŋ] n -1. (of weapons) disparos mpl; IDIOM **to be in the ~ line** estar en la línea de fuego or en el punto de mira ❑ **~ pin** percutor m; **~ range** (place) polígono m de tiro; **within ~ range** dentro del campo de tiro; **~ squad** pelotón m de ejecución or de fusilamiento; **to be executed by ~ squad** ser fusilado(a), ser ejecutado(a) por un pelotón de fusilamiento
-2. (in oven) cocción f

firm¹ [fɜːm] n (company) empresa f; (of lawyers) bufete m, estudio m

firm² ◇ adj -1. (solid, hard) (flesh, mattress) firme; (fruit) duro(a); (ground) duro(a), firme; IDIOM **I'm on firmer ground when it comes to the computing aspects** me siento más seguro en lo relativo a la informática
-2. (strong) (handshake, grip) firme; **to have a ~ hold** or **grasp** or **grip of sth** agarrar algo con firmeza
-3. (steady, stable) firme, sólido(a); FIN **the franc remained ~** el franco se mantuvo (firme)
-4. (definite) (date) firme; (denial, refusal) categórico(a), firme; **the ~ favourite** el gran favorito; **it is my ~ belief that...** creo firmemente que...; **a ~ offer** una oferta en firme
-5. (strict) firme, estricto(a); **to be ~ with sb** ser estricto(a) con alguien; **she was polite but ~** se mostró educada, pero firme
◇ adv **to stand ~** mantenerse firme; **she held ~ to her principles** se mantuvo firme en sus principios
◇ vi (prices, market) recuperarse
▶ **firm up** ◇ vt sep (plan) concretar algo
◇ vi -1. (muscles) reafirmarse -2. COM (prices) afianzarse, consolidarse

firmament ['fɜːməmənt] n Literary bóveda f celeste

firmly ['fɜːmlɪ] adv -1. (securely) (to hold, grasp) con firmeza, firmemente; (shut, secured) firmemente; **make sure you close the window** asegúrate de cerrar bien la ventana
-2. (definitely) (to say, deny, refuse) categóricamente, firmemente; **I ~ believe that...** creo firmemente que... -3. (to deal with) con firmeza

firmness ['fɜːmnɪs] n -1. (hardness) (of flesh, mattress) firmeza f; (of fruit) dureza f; (of ground) dureza f, firmeza f -2. (strength) (of handshake, grip) firmeza f -3. (stability) firmeza f, solidez f -4. (definiteness) (of offer, date) firmeza f; (of denial, refusal) firmeza f -5. (strictness) firmeza f

firmware ['fɜːmweə(r)] n COMPTR firmware m, microprograma m

first [fɜːst] ◇ n -1. (in series) primero(a) m,f; **the second one was better than the ~** el segundo fue mejor que el primero; **I'm the ~ on the list** soy el primero de la lista; **we were the ~ to arrive** fuimos los primeros en llegar; **I'm the ~ to admit that...** soy el primero en reconocer que...; **it's the ~ I've heard of it** es la primera noticia que tengo (de ello), ahora me entero
-2. (of month) primero m, Esp uno m; **the ~ of June** el primero de junio; **we're leaving on the ~** nos vamos el primero or Esp el (día) uno
-3. (beginning) **at ~** al principio; **it will be cloudy at ~** por la mañana estará nublado; **from ~ to last** de principio a fin; **from the (very) ~** (ya) desde el principio
-4. Br UNIV **to get a ~** (in degree) = licenciarse con la nota más alta en la escala de calificaciones
-5. (first gear) primera f; **in ~** en primera
-6. (unique event) **it was a ~** fue un acontecimiento sin precedentes
◇ adj primero(a); (before masculine singular noun) primer; **the ~ month** el primer mes; **he was one of the ~ people to arrive** fue uno de los primeros en llegar; **the ~ few days** los primeros días; **the ~ century** (written) el siglo I; (spoken) el siglo uno or primero; **our ~ priority is to...** nuestra prioridad máxima es...; **at ~ hand** de primera mano; **at ~ sight** a primera vista; **for the ~ time** por primera vez; **in the ~ place** en primer lugar; **why didn't you say so in the ~ place?** ¡haberlo dicho antes!; **neither of them dared make the ~ move** nadie se atrevió a dar el primer paso; **to have ~ refusal on sth** tener la opción de compra sobre algo; **~ things ~!** lo primero es lo primero; **I said the ~ thing that came into my head** dije lo primero que me vino a la mente; **I don't know the ~ thing** or **haven't got the ~ idea about motorbikes** no tengo ni idea de motos; **~ thing (in the morning)** a primera hora de la mañana; **it'll be ready ~ thing Monday** estará listo a primera hora del lunes ❑ **~ aid** (skill) socorrismo m, primeros auxilios mpl; (treatment) primeros auxilios mpl; **to give sb ~ aid** prestar a alguien los primeros auxilios; **~ base** (in baseball) (place) primera base f; (player) primer base m, Am inicialista mf; IDIOM US Fam **to get to ~ base** (complete first stage) cubrir la primera etapa; **~ class** (on train) primera f (clase f); (for mail) = en el Reino Unido, tarifa postal más cara y rápida que la de segunda clase; **~ cousin** primo(a) m,f hermano(a) or carnal; **~ cousin once removed** tío(a) m,f segundo(a); **First Division** (of league) primera división f; (in British soccer) = la segunda división del fútbol inglés y escocés; **~ edition** primera edición f, edición f príncipe; Br **~ eleven** (in soccer, cricket) primer equipo m; US **the ~ family** = la familia del presidente o gobernador; **~ floor** Br (above ground floor) primer piso m; US (ground floor) planta f baja; Br **~ form** (at school) primer curso m; also Fig **the ~ fruits** los primeros frutos; AUT **~ gear** primera f (marcha f); US **~ grade** (at school) primer curso m de enseñanza primaria; SPORT **~ half** primera parte f, primer tiempo m; US **the First Lady** la primera dama; **the ~ lady of rock/crime fiction** la reina del rock/de las novelas policiacas; **~ language** lengua f materna; SPORT **~ leg** partido m de ida; US MIL **~ lieutenant** teniente mf; **at ~ light** al alba; **~ love** primer amor m; NAUT **~ mate** segundo m de a bordo; POL **First Minister** (of Scottish Parliament, Northern Ireland Assembly) presidente(a) m,f; **~ name** nombre m (de pila); **~ night** (of play) (noche f del) estreno m; **~ night nerves** nervios del estreno; LAW **~ offence** primer delito m; LAW **~ offender** delincuente mf sin antecedentes; NAUT **~ officer** segundo m de a bordo; GRAM **~ person** primera persona f; **in the ~ person** en primera persona; **~ prize** (in competition) primer premio m; **~ quarter** (of moon) cuarto m creciente; (of year) primer trimestre m; POL **First Secretary** (of Welsh Assembly) presidente(a) m,f; **the First State** =

apelativo familiar referido al estado de Delaware; MIL ~ **strike** ataque *m* preventivo; SPORT ~ **team** primer equipo *m*; ~ **violin** primer violín *m*; **the First World** el primer mundo *m*; **the First World War** la Primera Guerra Mundial; ~ **year** *(at school, university)* primer curso *m*; *(pupil, student)* estudiante *mf* de primer curso

◇ *adv* **-1.** *(firstly)* primero; **~, I don't want to, and second, I can't** en primer lugar, no quiero, y en segundo (lugar), no puedo; **~ and foremost** ante todo; **she was ~ and last a singer** por encima de todo era una cantante; **~ of all** antes de nada, en primer lugar; *Fam* **~ off** primero de todo

-2. *(for the first time)* por primera vez; **I ~ met her in London** la conocí en Londres; **I ~ started working here three years ago** comencé a trabajar aquí hace tres años

-3. *(before)* primero(a), antes; **to come ~** *(in race, contest)* quedar primero(a); *(in importance)* ser lo primero; **you go ~!** ¡tú primero!; **he puts his work ~** para él, su trabajo es lo primero; **on a ~ come, ~ served basis** por orden de llegada; **ladies ~!** las señoras primero

-4. *(rather)* **I'd resign ~** antes dimito

FIRST AMENDMENT

La primera enmienda a la Constitución estadounidense, recogida en la "Bill of Rights" o carta de derechos, protege el derecho a la libertad de expresión y de religión, así como a la libertad de prensa y de asociación. Se acostumbra a hacer referencia a dicha enmienda cuando se considera que estos derechos han sido violados debido a algún tipo de censura, sobre todo si se trata del ámbito artístico o periodístico.

---

first-aid [ˈfɜːstˈeɪd] *adj* ~ **box** botiquín *m* de primeros auxilios; ~ **certificate** título *m* de primeros auxilios; ~ **kit** botiquín *m* de primeros auxilios; ~ **post** casa *f or* puesto *m* de socorro; ~ **station** casa *f or* puesto *m* de socorro

first-born [ˈfɜːstbɔːn] *Literary* ◇ *n* primogénito(a) *m,f*
◇ *adj* primogénito(a)

first-class [ˈfɜːstˈklɑːs] ◇ *adj* **-1.** *(compartment, ticket)* de primera (clase); *(travel)* en primera (clase); *(hotel, restaurant)* de primera categoría

-2. *Br* ~ **mail** = en el Reino Unido, servicio postal más caro y rápido que el de segunda clase; ~ **stamp** = en el Reino Unido, sello correspondiente a la tarifa postal de primera clase

-3. *Br* UNIV ~ **honours degree** = licenciatura obtenida con la nota más alta en la escala de calificaciones

-4. *Fam (excellent)* de primera; **~!** ¡genial!

◇ *adv* **to travel ~** viajar en primera (clase); **to send a letter ~** enviar una carta utilizando la tarifa postal de primera clase

first-day cover [ˈfɜːstdeɪˈkʌvə(r)] *n* = sobre con un sello matasellado el día de su puesta en circulación

first-degree [ˈfɜːstdɪˈɡriː] *adj* **-1.** MED *(burns)* de primer grado **-2.** *US* LAW *(murder)* en primer grado

first-foot [ˈfɜːstˈfʊt] ◇ *n* = primera visita en la madrugada de Año Nuevo
◇ *vt* = ser el primero en visitar a alguien en la madrugada de Año Nuevo

first-former [ˈfɜːstˈfɔːmə(r)] *n Br* SCH alumno(a) *m,f* de (primer curso de enseñanza) secundaria

first-generation [ˈfɜːstdʒenəˈreɪʃən] *adj* de primera generación

first-grader [ˈfɜːstˈɡreɪdə(r)] *n US* SCH alumno(a) *m,f* de (primer curso de enseñanza) primaria

first-hand [ˈfɜːstˈhænd] ◇ *adj* de primera mano; **I know from ~ experience what it is like to be poor** sé de primera mano lo que es la pobreza, por experiencia propia lo que es la pobreza
◇ *adv* de primera mano; **he heard it ~** se lo dijeron a él mismo

firstly [ˈfɜːstlɪ] *adv* en primer lugar

first-name [ˈfɜːstˈneɪm] *adj* **to be on ~ terms (with sb)** ≃ tutearse (con alguien)

first-past-the-post [ˈfɜːstpɑːstðəˈpəʊst] *adj* POL ~ **system** sistema *m* de elección por mayoría simple

first-person [ˈfɜːstˈpɜːsən] *adj* **-1.** GRAM *(pronoun)* de primera persona **-2.** LIT **a ~ narrative** una narración en primera persona

first-rate [ˈfɜːstˈreɪt] *adj* excelente, de primera clase

first-run [ˈfɜːstˈrʌn] *adj* ~ **cinema** cine *m* de estreno

first-strike [ˈfɜːstˈstraɪk] *adj (missile)* de ataque preventivo; **a ~ capability** una capacidad de ataque preventivo

first-time [ˈfɜːstˈtaɪm] *n* ~ **buyer** comprador(ora) de primera vivienda; ~ **visitors to the country** personas que visitan el país por primera vez; ~ **visitors are always puzzled by...** quienes llegan por primera se sorprenden por...

firth [fɜːθ] *n Scot* ría *f*, estuario *m*

fiscal [ˈfɪskəl] ◇ *adj* fiscal; *US* **the budget for ~ 2004** el presupuesto para el año fiscal de 2004 ❑ ECON ~ **drag** presión *f* fiscal en frío; ~ **policy** política *f* fiscal; *US* ~ **year** año *m* fiscal
◇ *n Scot* LAW **(procurator)** ~ fiscal *mf* (del Estado)

fish [fɪʃ] ◇ *n (pl* **fish** *or* **fishes)** **-1.** *(animal)* pez *m*; **to catch a ~** pescar ❑ ~ **eagle** águila *f* pescadora; ~ **farm** piscifactoría *f*; ~ **farming** piscicultura *f*; ~ **hawk** águila *f* pescadora; ~ **hook** anzuelo *m*; ~ **pond** estanque *m*; ~ **tank** acuario *m*

-2. *(food)* pescado *m* ❑ *Br* ~ **and chips** = pescado frito con patatas fritas; *Br* **~-and-chip shop** = tienda de "fish and chips"; *Br* ~ **fingers** palitos *mpl or* barritas *fpl* de pescado; ~ **glue** cola *f* de pescado; CULIN ~ **kettle** cacerola *f* para pescado; ~ **knife** cuchillo *m or* paleta *f* de pescado; ~ **market** lonja *f* de pescado; ~ **meal** harina *f* de pescado; ~ **paste** paté barato de pescado; ~ **shop** pescadería *f*; ~ **slice** pala *f or* espátula *f* (de cocina); *US* ~ **sticks** palitos *mpl or* barritas *fpl* de pescado

-3. IDIOMS **there are plenty more ~ in the sea** no se acaba en él/ella no se acaba el mundo; **at school/work, he was a big ~ in a small pond** en la escuela/el trabajo era un pez gordo, pero fuera era un don nadie; **to have bigger** *or* **other ~ to fry** tener algo más importante que hacer; *Fam* **to drink like a ~** beber como un cosaco, *Am* tomar como un barril sin fondo; **she felt like a ~ out of water** no se sentía en su elemento, *Am* se sentía como sapo de otro pozo; **neither ~ nor fowl** ni chicha ni limoná

◇ *vt* **-1.** *(river)* pescar en
-2. *(remove)* **to ~ sth from somewhere** retirar algo de un lugar

◇ *vi* **-1.** *(for fish)* pescar **-2.** *Fam* **to ~ for compliments** tratar de atraer elogios; **to ~ for information** ir a la caza de información; **she fished around in her pocket for some change** rebuscó en el bolsillo *or CAm, Méx, Perú* la bolsa a ver si tenía monedas; IDIOM *US* **it's time to ~ or cut bait** es hora de decidirse

◆ **fish out** *vt sep* sacar; **she fished her keys out of her bag** sacó las llaves de la cartera

◆ **fish up** *vt sep Fam* **where did you ~ that up from?** *(object)* ¿dónde lo conseguiste?; *(idea)* ¿de dónde sacaste esa idea?; **to ~ up sth from one's memory** rescatar algo de la memoria

fishbone [ˈfɪʃbəʊn] *n* espina *f*

fishbowl [ˈfɪʃbəʊl] *n* pecera *f*

fishcake [ˈfɪʃkeɪk] *n* pastelillo *m* de pescado

fisherman [ˈfɪʃəmən] *n* pescador *m*

fisherwoman [ˈfɪʃəwʊmən] *n* pescadora *f*

fishery [ˈfɪʃərɪ] *n* **-1.** *(area)* caladero *m* ❑ ~ **protection vessel** guardapesca *m* **-2.** **fisheries** *(fishing industry)* sector pesquero, industria pesquera **-3.** *(fish farm)* piscifactoría *f*

fish-eye lens [ˈfɪʃaɪˈlenz] *n* PHOT (objetivo *m* de) ojo *m* de pez

fish-face [ˈfɪʃfeɪs] *n Fam* merluzo(a) *m,f*

fishing [ˈfɪʃɪŋ] *n* pesca *f*; **to go ~** ir de pesca *or* a pescar; **trout/salmon ~** pesca de la trucha/del salmón; **there is some good ~ along this river** en este río hay buena pesca; **no ~** *(sign)* prohibido pescar ❑ ~ **boat** barco *m* de pesca; ~ **fleet** flota *f* pesquera; ~ **grounds** caladeros *mpl*; ~ **line** sedal *m*; ~ **net** red *f* de pesca; *US* ~ **pole** caña *f* de pescar; ~ **port** puerto *m* pesquero; ~ **rod** caña *f* de pescar; ~ **tackle** aparejos *mpl* de pesca; ~ **village** aldea *f or* pueblo *m* de pescadores

fish-ladder [ˈfɪʃlædə(r)] *n* salmonera *f*

fishmonger [ˈfɪʃmʌŋɡə(r)] *n (person)* pescadero(a) *m,f*; **the ~'s** la pescadería

fishnet [ˈfɪʃnet] ◇ *n US (for catching fish)* red *f* de pesca
◇ *adj* ~ **stockings** *or* **tights** medias de red *or* de malla

fishplate [ˈfɪʃpleɪt] *n* RAIL eclisa *f*

fishtail [ˈfɪʃteɪl] ◇ *n* cola *f* de pescado
◇ *vi (aircraft, car)* colear

fishwife [ˈfɪʃwaɪf] *n Pej* verdulera *f*

fishy [ˈfɪʃɪ] *adj* **-1.** *(smell, taste)* a pescado **-2.** *Fam (suspicious)* sospechoso(a); **there's something ~ going on here** aquí hay gato encerrado

fissile [ˈfɪsaɪl] *adj* **-1.** GEOL fisil, hojoso(a) **-2.** PHYS fisible, fisionable

fission [ˈfɪʃən] *n* fisión *f*

fissure [ˈfɪʃə(r)] ◇ *n* **-1.** *(in mountain, rock)* grieta *f* **-2.** MED fisura *f*
◇ *vt* agrietar
◇ *vi* agrietarse

fist [fɪst] *n* puño *m*; **to shake one's ~ at sb** amenazar a alguien con el puño; **to clench one's ~, to make a ~** apretar *or* cerrar el puño; IDIOM **to make a (good) ~ of it** hacerlo bastante bien

fistfight [ˈfɪstfaɪt] *n* pelea *f* a puñetazos

fistful [ˈfɪstfʊl] *n* puñado *m*

fisticuffs [ˈfɪstɪkʌfs] *npl* pelea *f* a puñetazos

fistula [ˈfɪstjʊlə] *n (pl* **fistulas** *or* **fistulae** [ˈfɪstjʊliː]*)* *n* MED fístula *f*

fit[1] [fɪt] *n* **-1.** *(of apoplexy, hysterics)* ataque *m*, crisis *f inv*; **(epileptic) ~** ataque *m* de epilepsia, crisis *f inv* epiléptica; MED **to have a ~** sufrir un ataque; *Fam Fig* **to have** *or* **throw a ~** *(get angry)* ponerse hecho(a) una furia; **she'll have a ~ when she finds out** cuando se entere le da un ataque

-2. *(outburst) (of anger, pique, generosity)* ataque *m*, acceso *m*; **in a ~ of temper** en un arrebato de ira; **a ~ of crying** un ataque de llanto; **a ~ of coughing, a coughing ~** un acceso de tos; **to get a ~ of the giggles** tener un ataque de risa (tonta); IDIOM **to do sth by fits and starts** hacer algo a trompicones

-3. *Br Fam* **to be in fits** *(of laughter)* partirse de risa; **to have sb in fits (of laughter)** hacer que alguien se muera de risa

fit[2] ◇ *adj* **-1.** *(appropriate)* adecuado(a), apto(a); ~ **to drink** potable; ~ **to eat** comestible; **he's not ~ to serve as a director** no está en condiciones de ejercer de director; **a meal ~ for a king** una comida digna de un rey; **that's all he's ~ for** no vale para más; **those trousers are only ~ for the bin** esos pantalones no valen más que para tirarlos *or Am* botarlos; **you are in no state to be going to work** no estás en condiciones de ir al trabajo; **this is no way to behave** esta no es manera de comportarse; **do as you see** *or* **think ~** haz lo que creas conveniente; **she saw ~ to tell him without asking me first** le dio por contárselo sin ni siquiera preguntarme a mí primero; **they didn't see ~ to inform us** no juzgaron necesario informarnos; IDIOM

fit he's not ~ to tie her shoelaces *or* **bootlaces** no le llega a la suela de los zapatos; IDIOM *US Fam* **to be ~ to be tied: she was ~ to be tied** se subía por las paredes, *Méx* estaba como agua para chocolate
-2. *(ready)* **they were ~ to burst with excitement** desbordaban de entusiasmo; **she worked until she was ~ to drop** trabajó hasta caer rendida
-3. *(healthy)* en forma; **she's very ~ for her age** se mantiene muy en forma para su edad; **to get/keep ~** ponerse/mantenerse en forma; **he is not yet ~ to go back to work** todavía no está en condiciones de volver a trabajar; IDIOM *Fam* **to be as ~ as a fiddle** estar en plena forma
-4. *Br Fam (attractive)* **to be ~** estar como un tren, *Méx* estar buenón(ona)
◇ *vt (pt & pp* **fitted) -1.** *(match)* ajustarse a, adecuarse a; **she fits the description** se ajusta a la descripción; **to make the punishment ~ the crime** imponer un castigo proporcional al delito
-2. *(be the right size for)* **it fits me** me sirve, me queda bien; **this key fits the lock** esta llave entra (bien) *or* encaja en la cerradura; **this hat doesn't ~ me** este sombrero me queda pequeño/grande; **the trousers had been made to ~ a smaller man** los pantalones habían sido confeccionados para un hombre más pequeño; **the dress fits you like a glove** el vestido te queda como un guante
-3. *(in dressmaking)* **she's being fitted for her wedding dress** le están tomando las medidas para el traje de novia
-4. *(install)* colocar, poner; **to ~ a carpet** colocar una *Esp* moqueta *or Am* alfombra; **it's fitted with an alarm** viene equipado con alarma
-5. *(insert)* **to ~ sth into sth** introducir *or* encajar algo en algo; **to ~ sth onto sth** colocar algo sobre algo; **we can ~ another two people inside** podemos meter a dos personas más; **the lid fits over the box** la tapa se coloca *or* va en la caja; **to ~ two things together** encajar dos cosas
-6. *(equip)* equipar; **to ~ sth with sth** equipar algo con algo; **fitted with electronic security devices** equipado con dispositivos electrónicos de seguridad
-7. *(make suitable)* **it is her tact that fits her for the job** su tacto la hace idónea para el trabajo
◇ *vi* **-1.** *(lid, key, plug)* encajar; **to ~ (together)** encajar; **to ~ into sth** caber en algo; **I can't ~ into these shoes any more** estos zapatos ya no me caben; *Fig* **she doesn't ~ into any of the usual categories** es inclasificable; *Fig* **there's something about her that doesn't ~** tiene algo raro
-2. *(clothes)* quedar bien (de talla); **it fits perfectly** me queda perfectamente; **this shirt doesn't ~ any more** esta camisa ya no me sirve
◇ *n* **-1.** *(of clothes)* **your coat is a good/bad ~** te queda bien/mal el abrigo; **it was a bit of a tight ~** *(in room, car)* íbamos muy justos *or* apretados; *(when parking car)* no había mucho sitio
-2. *(match)* **there must be a ~ between what we offer and what they need** tiene que haber una correspondencia entre lo que ofrecemos y lo que necesitan

◆ **fit in** ◇ *vt sep* **-1.** *(find room for) (clothes in suitcase)* **can you ~ one more in?** *(in car)* ¿cabe uno más?; **how are you going to ~ everyone in?** *(in room, car etc)* ¿qué vas a hacer para que quepa todo el mundo?
-2. *(in timetable)* **to ~ sb in** hacer un hueco a alguien; **I don't think I'll be able to ~ any shopping in** no creo que pueda sacar tiempo para ir de compras
◇ *vi* **-1.** *(go into place)* encajar; **will we all ~ in?** ¿cabremos todos?; **to ~ in with** *(statement, colour scheme, plans)* encajar con; **that idea doesn't ~ in with our overall strategy** esa idea no encaja en *or* con nuestra estrategia global

-2. *(person)* **he just didn't ~ in** simplemente no encajaba bien (en aquel ambiente); **you're going to have to learn to ~ in at school** vas a tener que aprender a integrarte en el colegio; **she doesn't ~ in easily with other people** le cuesta adaptarse a la gente; **you'll just have to ~ in with what I want to do** tendrás que adaptarte a lo que yo quiero hacer

◆ **fit out** *vt sep (ship)* armar (**with** de); *(room)* amueblar (**with** con); *(person)* equipar (**with** de *or* con)

◆ **fit up** *vt sep* **-1.** *(provide)* **to ~ sb up with sth** proporcionar algo a alguien
-2. *Fam (frame)* **to ~ sb up** hacer una declaración falsa *or* un montaje contra alguien

fitful ['fɪtfʊl] *adj (sleep)* intermitente; **to make ~ progress** ir progresando por rachas

fitfully ['fɪtfʊlɪ] *adv (to sleep, work)* intermitentemente, a ratos

fitment ['fɪtmənt] *n Br* accesorio *m (de instalación)*

fitness ['fɪtnɪs] *n* **-1.** *(health)* buena forma *f* □ **~ training** entrenamiento *m* físico **-2.** *(suitability)* aptitud *f*

fitted ['fɪtɪd] *adj* **-1.** *(garment)* entallado(a) □ **~ skirt** falda *f or Am* pollera *f* a medida **-2.** *Br (close-fitting)* **~ carpet** *Esp* moqueta *f, Am* alfombra *f, RP* moquette *m*; **~ sheet** sábana *f* ajustable **-3.** *Br (built-in) (cupboard, shelves)* empotrado(a) □ **~ kitchen** cocina *f* amueblada a medida; **~ wardrobe** armario *m* empotrado **-4.** *(suited)* **to be ~ for (doing) sth** estar capacitado para (hacer) algo

fitter ['fɪtə(r)] *n* **-1.** *(of machine, electrical parts)* técnico(a) *m,f* **-2.** *(of clothes)* probador(ora) *m,f*

fitting ['fɪtɪŋ] ◇ *n* **-1.** *(of clothes)* prueba *f*; **I'm going for a ~ tomorrow** mañana voy a probármelo □ **~ room** probador *m* **-2.** *Br (of shoe)* **have you got it in a wider/narrower ~?** ¿lo tiene con una horma más ancha/angosta? **-3. fittings** *(of office)* equipamiento; *(of bathroom)* accesorios
◇ *adj (conclusion, remark)* apropiado(a); **it was only ~ he should score the winning goal** no podía ser otro quien marcase el gol de la victoria

fittingly ['fɪtɪŋlɪ] *adv* muy apropiadamente; **~, he died in battle** como no podía ser de otro modo, murió en el campo de batalla

five [faɪv] ◇ *n* **-1.** *(number)* cinco *m*; *Fam* **to take ~** descansar cinco minutos; *US Fam* **gimme ~!** ¡chócala!, ¡choca esos cinco! **-2.** *US Fam (five-dollar note)* billete *m* de cinco (dólares)
◇ *adj* cinco □ *US* HIST **the Five Nations** = unión de pueblos indígenas del noreste de los Estados Unidos formada en 1570 por los Cayuga, los Mohawk, los Oneida, los Onondaga y los Seneca; *Formerly* **the Five Nations (Championship)** *(in rugby)* el (torneo de las) Cinco Naciones; *see also* **eight**

five-and-dime ['faɪvən'daɪm], **five-and-ten** ['faɪvən'ten] *n US* = tienda en la que sólo se venden productos muy baratos

five-a-side ['faɪvəsaɪd] *Br* ◇ *adj* **~ football** fútbol *m* sala
◇ *n* fútbol *m* sala

five-day week ['faɪvdeɪ'wiːk] *n Br* semana *f* laboral de cinco días, semana *f* inglesa

five-door ['faɪv'dɔː(r)] *adj (car)* de cinco puertas

fivefold ['faɪvfəʊld] *adj* quintuplicado(a)

five-o'clock shadow ['faɪvəklɒk'ʃædəʊ] *n Fam* sombra *f* de barba

fiver ['faɪvə(r)] *n Fam* **-1.** *Br (sum)* cinco libras *fpl*; *(note)* billete *m* de cinco libras **-2.** *US (sum)* cinco dólares *mpl*; *(note)* billete *m* de cinco dólares

fives [faɪvz] *n* SPORT = deporte británico similar al squash en el que los jugadores golpean la pelota con las manos

five-spice powder ['faɪv'spaɪs'paʊdə(r)] *n* CULIN polvo *m* or mezcla *f* cinco especias

five-spot ['faɪvspɒt] *n US Fam* billete *m* de cinco (dólares)

Five-Year Plan ['faɪvjɪə'plæn] *n* HIST plan *m* quinquenal

fix [fɪks] ◇ *n* **-1.** *Fam (difficulty)* **to be in a ~** estar en un lío; **to get into/out of a ~** meterse en/salir de un lío
-2. *Fam (of drug)* pico *m, Esp* chute *m*; **to give oneself a ~** picarse, *Esp* chutarse; *Fig* **my daily ~ of television news** mi dosis diaria de noticias
-3. AV & NAUT **to get a ~ on** *(plane, ship)* establecer la posición de; *Fig (get clear idea of)* hacerse una idea de
-4. *Fam (set-up)* **the match/quiz was a ~** el partido/concurso estaba amañado
◇ *vt* **-1.** *(attach securely)* fijar; **to ~ a post in the ground** fijar un poste en el suelo; MIL **~ bayonets!** ¡calen las bayonetas!; **to ~ sth in one's memory** fijar algo en la memoria; **to ~ one's attention on sth** fijar la atención en algo; **to ~ one's eyes on sb** fijar la mirada en alguien; **to ~ the blame on sb** echarle la culpa a alguien; **to ~ one's hopes on sth/sb** depositar las esperanzas en algo/alguien
-2. *(stare at)* **she fixed him with her piercing eyes** le clavó una mirada penetrante
-3. *(decide) (limit, price, date, place)* fijar; **nothing is fixed yet** no hay nada fijo todavía; **have you (got) anything fixed for Friday?** ¿haces algo el viernes?
-4. *(arrange) (meeting)* organizar; **I'll ~ it so you don't have to stay overnight** lo arreglaré para que no tengas que quedarte por la noche; **I've fixed it for them to come tomorrow** lo he arreglado para que vengan mañana
-5. *(prepare)* **to ~ sb breakfast/a drink** preparar el desayuno/una bebida a alguien
-6. *(repair)* arreglar; **I've been meaning to get that fixed for ages** hace tiempo que quiero arreglarlo
-7. *Fam (adjust, neaten) (make-up, tie)* arreglar; **just wait while I ~ my hair** espera mientras me peino *or* me arreglo el pelo; *US Fam* **to ~ one's face** pintarse la cara
-8. *Fam (settle a score with)* ajustar cuentas con; **I'll ~ him!** ¡se va a enterar!; **that'll ~ him!** ¡así sabrá lo que es bueno!
-9. *Fam (election, contest)* amañar, *Am* arreglar; **they'd fixed all the witnesses** *(bribed)* sobornaron a todos los testigos; *(threatened)* amenazaron a todos los testigos
-10. *US Fam* **to be fixing to do sth** tener la intención de hacer algo; **he's fixing to go on holiday** está planeando irse de vacaciones
-11. CHEM *(nitrogen)* fijar
-12. PHOT *(photo)* fijar
-13. ART *(drawing)* fijar
-14. *US Fam Euph (neuter)* capar

◆ **fix on** *vt insep (decide on)* decidirse por

◆ **fix up** ◇ *vt sep* **-1.** *(arrange) (meeting)* preparar; **it's all fixed up** está todo preparado; **he'll try to ~ something up for us** intentará arreglarnos algo; **have you got anything fixed up for this evening?** ¿haces algo esta noche?
-2. *(provide)* **I've fixed him up with a date** le he buscado a alguien para que salgan juntos; **I've managed to ~ him up with some work** logré conseguirle algo de trabajo; **you can stay here until you get fixed up (with a place to stay)** puedes quedarte aquí hasta que consigas un lugar donde instalarte *or* quedarte
-3. *(prepare) (room, flat)* arreglar, acondicionar
-4. *(repair)* **the doctor will have you fixed up in no time** el doctor te pondrá bien rápidamente
◇ *vi Fam (arrange)* quedar, *RP* arreglar

fixate [fɪk'seɪt] ◇ *vt (stare at)* fijar la atención *or* la vista en
◇ *vi* **to ~ on sth/sb** obsesionarse con algo/alguien

fixated [fɪkˈseɪtɪd] *adj* obsesionado(a) (**on** con); **to be ~ on sth** estar obsesionado con algo; **he became ~ on the idea of winning** se obsesionó con la idea de ganar

fixation [fɪkˈseɪʃən] *n* fijación *f*; **to have a ~ about sth** tener una fijación con algo

fixative [ˈfɪksətɪv] *n* **-1.** *(on drawing, painting)* fijador *m* **-2.** *(for dentures)* fijador *m*

fixed [fɪkst] *adj* **-1.** *(unchanging)* fijo(a); **a ~ smile** una sonrisa inmutable; **to have ~ ideas** tener ideas fijas; LAW **of no ~ abode** sin domicilio fijo ❑ FIN **~ assets** activo *m* fijo *or* inmovilizado; FIN **~ costs** costos *mpl or Esp* costes *mpl* fijos; **~ expenses** gastos *mpl* fijos; **~ income** renta *f* fija; FIN **~ interest rate** renta *f* fija; LAW **~ penalty** multa *f* fija *or* estipulada; **~ satellite** satélite *m* fijo *or* geoestacionario
 -2. *(definite)* **to have no ~ plans** no tener planes definidos
 -3. *Fam* **how are you ~ for money/time?** ¿qué tal vas *or* andas de dinero/tiempo?; **how are you ~ for accommodation/transport?** ¿cómo te las arreglas con el alojamiento/transporte?
 -4. *Fam (election, contest) Esp* amañado(a), *Am* arreglado(a)

fixed-income [ˈfɪkstˈɪnkʌm] *adj US* FIN a interés fijo

fixed-interest [ˈfɪkstˈɪntrest] *adj Br* FIN a interés fijo

fixedly [ˈfɪksɪdlɪ] *adv* fijamente

fixed-rate [ˈfɪkstreɪt] *adj* FIN a interés fijo ❑ **~ mortgage** hipoteca *f or* crédito *m* hipotecario a interés fijo

fixed-term [ˈfɪkstɜːm] *adj (deposit, loan)* a plazo fijo ❑ **~ contract** contrato *m* temporal *or Am* temporario; *Br* **~ deposit** depósito *m* a plazo fijo

fixed-wing aircraft [ˈfɪkstˈwɪŋˈeəkrɑːft] *n* aeronave *f* de alas fijas

fixed-yield [ˈfɪkstˈjiːld] *adj* FIN de rentabilidad fija ❑ **~ securities** valores *mpl* de renta fija

fixer [ˈfɪksə(r)] *n* **-1.** *Fam (person)* intermediario(a) *m,f*, chanchullero(a) *m,f* **-2.** PHOT fijador *m*

fixer-upper [ˈfɪksərˈʌpə(r)] *n US Fam (house)* casa *f* para *or* a reformar

fixing [ˈfɪksɪŋ] *n* **-1.** PHOT **~ bath** *(container)* cubeta *f* de fijador; *(solution)* (baño *m*) fijador *m* **-2.** *US* **roast turkey with all the fixings** pavo asado con guarniciones

fixity [ˈfɪksɪtɪ] *n (of gaze)* fijeza *f*; **~ of purpose** determinación *f*

fixture [ˈfɪkstʃə(r)] *n* **-1.** *(permanent feature)* **bathroom fixtures and fittings** saneamientos *or* sanitarios y accesorios; *Fam* **she was something of a ~ at his parties** asistía invariablemente a todas sus fiestas **-2.** *Br* SPORT encuentro *m*, partido *m* ❑ **~ list** calendario *mpl* de partidos, *RP* fixture *m*

fix-up [ˈfɪksʌp] *n US Fam (repair)* arreglo *m*

fizz [fɪz] ◇ *n* **-1.** *(sound)* burbujeo *m* **-2.** *(effervescence)* efervescencia *f* **-3.** *Fam (soft drink)* refresco *m* **-4.** *Fam (champagne)* champán *m* **-5.** *Fam (excitement)* chispa *f*; **their marriage has lost its ~** su matrimonio ha perdido la chispa
◇ *vi* burbujear; IDIOM *Fam* **to be fizzing** *(extremely angry)* estar cabreadísimo(a) *or RP* re-caliente, *Méx* estar como agua para chocolate

fizziness [ˈfɪzɪnɪs] *n (of drink)* efervescencia *f*

fizzle [ˈfɪzəl] ◇ *n (sound)* sonido *m* crepitante
◇ *vi (drink, firework)* crepitar
◆ **fizzle out** *vi Fam (plan)* quedarse en nada, quedar en agua de borrajas; *(enthusiasm, interest)* disiparse

fizzy [ˈfɪzɪ] *adj (wine)* espumoso(a); *(soft drink)* con gas, con burbujas

fjord, fiord [ˈfjɔːd] *n* fiordo *m*

FL, Fla *(abbr* **Florida***)* Florida

flab [flæb] *n Fam* grasa *f*; **to fight the ~** cuidar la silueta

flabbergast [ˈflæbəgɑːst] *vt Fam* **I was flabbergasted by this news** aluciné *or Esp* flipé con la noticia

flabbergasting [ˈflæbəgɑːstɪŋ] *adj Fam* alucinante, *Esp* flipante

flabbiness [ˈflæbɪnɪs] *n* **-1.** *(of person)* flac(c)idez *f* **-2.** *(of prose)* flojedad *f*

flabby [ˈflæbɪ] *adj* **-1.** *(person, part of body)* fofo(a) **-2.** *(argument, reasoning)* flojo(a); *(prose)* pobre

flaccid [ˈflæsɪd] *adj* flác(c)ido(a); **her writing style is rather ~** escribe con un estilo bastante pobre

flack [flæk] *n US* agente *mf* de prensa

flag [flæg] ◇ *n* **-1.** *(of country)* bandera *f*; *(on boat)* pabellón *m*, bandera *f*; *(in golf)* bandera *f*, banderín *m*; *(for celebration)* banderín *m*, banderita *f*; *(for charity)* banderita *f* ❑ **~ of convenience** pabellón *m or* bandera *f* de conveniencia; **Flag Day** *(in United States)* = día de la bandera en Estados Unidos, 14 de junio; *Br* **~ day** *(for charity)* día *m* de la banderita, día *m* de cuestación; *US* **~ station** *Esp* apeadero *m*, *Am* estación *f* de bandera
 -2. *(in taxi)* banderita *f*; **the ~ was down/up** el taxi estaba ocupado/libre, *Am* la bandera estaba baja/levantada
 -3. *(flagstone)* losa *f*
 -4. COMPTR comentario *m*, flag *m*
 -5. IDIOMS **to keep the ~ flying** mantener el pabellón; **to show the ~** defender el pabellón; *Fig* hacer acto de presencia; **to go down with all flags flying** morir peleando, *Esp* caer con las botas puestas; **to put out the flags for sb** recibir a alguien con honores
◇ *vt (pt & pp* **flagged***)* **to ~ (down) a taxi** llamar *or* parar a un taxi; **to ~ (up) a mistake** señalar un error
◇ *vi (person)* desfallecer; *(strength, enthusiasm)* flaquear; *(conversation, interest)* decaer
◆ **flag down** *vt sep (motorist, race driver)* detener

FLAG DAY

En los **flag days** (días de la banderita) británicos, se solicitan donaciones a los transeúntes para organizaciones no gubernamentales como la Cruz Roja, u otras que actúan en defensa de los niños o del Tercer Mundo. Suelen celebrarse los sábados y los donantes reciben una pegatina de papel o un pin que llevan puesto el resto del día.
En Estados Unidos el 14 de junio se celebra el **Flag Day** o "día de la bandera" en todo el país desde 1949. En este día se conmemora la adopción de las "Barras y Estrellas" como bandera nacional.

---

flagella *pl of* **flagellum**

flagellant [ˈflædʒələnt] *n* REL flagelante *mf*

flagellate [ˈflædʒəleɪt] *vt* flagelar

flagellation [flædʒəˈleɪʃən] *n* flagelación *f*

flagellum [fləˈdʒeləm] *(pl* **flagella** [fləˈdʒelə]*) n* BIOL flagelo *m*

flageolet [ˈflædʒəʊleɪ] *n* **-1.** *(bean)* alubia *f* verdina **-2.** MUS flauta *f* dulce

flagged [flægd] *adj (floor)* enlosado(a)

flagging [ˈflægɪŋ] ◇ *n (on floor)* enlosado *m*
◇ *adj (strength, enthusiasm)* debilitado(a); *(conversation, interest)* decreciente

flagon [ˈflægən] *n* **-1.** *(bottle)* botellón *m* **-2.** *(jug)* jarra *f*

flagpole [ˈflægpəʊl] *n* asta *f*, mástil *m* (de bandera)

flagrant [ˈfleɪgrənt] *adj (injustice, abuse)* flagrante; **a ~ disregard for the safety of others** una flagrante falta de consideración por la seguridad de los demás

flagrantly [ˈfleɪgrəntlɪ] *adv* flagrantemente; **~ unfair** incuestionablemente injusto(a)

flagship [ˈflægʃɪp] *n* **-1.** *(of fleet)* buque *m* insignia **-2.** *(of range of products, policies)* buque *m* insignia, estandarte *m*

flagstaff [ˈflægstɑːf] *n* asta *f*, mástil *m* (de bandera)

flagstick [ˈflægstɪk] *n (in golf)* bandera *f or* banderín *m* del hoyo

flagstone [ˈflægstəʊn] *n* losa *f*

flail [fleɪl] ◇ *n* AGR mayal *m*
◇ *vt* **-1.** *(thresh)* trillar **-2.** *(arms, legs)* agitar; **she flailed her fists at him** trató inútilmente de golpearle
◇ *vi* moverse descontroladamente; **I managed to avoid his flailing fists** conseguí evitar sus puñetazos descontrolados
◆ **flail about, flail around** *vi (arms, legs)* moverse descontroladamente; **she was flailing about in the water** se sacudía desesperadamente en el agua

flair [fleə(r)] *n* **-1.** *(stylishness)* estilo *m*; **to do sth with ~** hacer algo con estilo *or* elegancia **-2.** *(gift)* don *m*, dotes *fpl*; **to have a ~ for sth** tener dotes para algo; **he has no ~ for business** no tiene aptitudes para los negocios

flak [flæk] *n* **-1.** *(gunfire)* fuego *m* antiaéreo **-2.** *Fam Fig (criticism)* críticas *fpl*; **she got a lot of ~ for her decision** su decisión recibió duras críticas; **to come in for a lot of ~** recibir duras críticas ❑ **~ jacket** chaleco *m* antifragmentación

flake [fleɪk] ◇ *n* **-1.** *(of snow, cereal)* copo *m*; *(of skin, soap)* escama *f*; *(of paint, plaster)* desconchón *m* **-2.** *US Fam (person)* bicho *m* raro
◇ *vt* CULIN *(fish)* desmenuzar, cortar en trozos pequeños; **flaked almonds** almendras fileteadas
◇ *vi (skin)* descamarse; *(paint, plaster)* desconcharse
◆ **flake off** *vi (skin)* pelarse; *(plaster, paint)* desconcharse
◆ **flake out** *vi Fam* quedarse roque

flakiness [ˈfleɪkɪnɪs] *n* **-1.** *(of surface, skin)* escamosidad *f* **-2.** *US Fam (of person)* rareza *f*

flaky [ˈfleɪkɪ] *adj* **-1.** *(surface)* quebradizo(a); *(skin)* con escamas ❑ **~ pastry** hojaldre *m* **-2.** *US Fam (eccentric)* raro(a)

flambé [ˈflɒmbeɪ] *(pt & pp* **flambéed***) vt* CULIN flambear, flamear

flamboyance [flæmˈbɔɪəns] *n (of person, manner)* extravagancia *f*; *(of clothes)* vistosidad *f*

flamboyant [flæmˈbɔɪənt] *adj (person, manner)* extravagante; *(clothes)* vistoso(a)

flame [fleɪm] ◇ *n* **-1.** *(of fire)* llama *f*; **to be in flames** *(building, car)* estar en llamas; **to go up in flames** ser pasto de las llamas; *Fig (of hopes, chances)* esfumarse, evaporarse; **to burst into flames** incendiarse; **to be shot down in flames** *(plane, pilot)* caer envuelto(a) en llamas; *Fig (politician, critic)* llevarse un tremendo varapalo ❑ **~ retardant** material *m* ignífugo
 -2. *Literary (of passion, desire)* llama *f*; IDIOM *Fam* **he's an old ~ of mine** es un antiguo amor
 -3. COMPTR llamarada *f*, = mensaje ofensivo ❑ **~ war** guerra *f* de llamaradas *or* dialéctica
◇ *vi* **-1.** *(fire)* llamear **-2.** *(face, cheeks)* encenderse **-3.** COMPTR lanzar llamaradas
◇ *vt* COMPTR lanzar llamaradas a
◆ **flame up** *vi* **-1.** *(fire)* hacer llama, llamear **-2.** *(person, anger)* encenderse

flame-coloured [ˈfleɪmkʌləd] *adj* de color rojo fuego

flamenco [fləˈmeŋkəʊ] *n* flamenco *m* ❑ **~ dancing** baile *m* flamenco; **~ music** el flamenco, la música flamenca

flameout [ˈfleɪmaʊt] *n (of jet engine)* extinción *f* de la llama

flame-proof [ˈfleɪmpruːf] *adj* resistente al fuego

flamer [ˈfleɪmə(r)] *n* COMPTR = autor de un mensaje ofensivo

flame-resistant [ˈfleɪmrɪˈzɪstənt] *adj* ignífugo(a)

flame-retardant [ˈfleɪmrɪˈtɑːdənt] *adj* de combustión lenta

flamethrower [ˈfleɪmθrəʊə(r)] *n* lanzallamas *m inv*

flaming [ˈfleɪmɪŋ] ◇ *adj* **-1.** *(burning)* en llamas **-2.** *Br Fam (extremely angry)* **a ~ row** una pelea violenta; **in a ~ temper** enfurecido(a) **-3.** *Fam (for emphasis)* maldito(a), *Méx* pinche, *RP* bendito(a); **he's got a ~ cheek** ¡qué jeta que tiene el tipo!; **you ~ idiot!** ¡serás imbécil!; **he's a ~ pest** es un pesado de narices; **~ hell!** ¡maldición!
◇ *adv Br Fam* **don't be so ~ stupid** ¡mira que eres bobo!; **it was ~ expensive** fue caro

flamingo

Esp del copón, *Méx* fue mucho muy caro, *RP* fue recaro; **you're ~ well staying here!** ¡tú te quedas aquí!

flamingo [fləˈmɪŋgəʊ] *(pl* **flamingos)** *n* flamenco *m* ❑ **greater ~** flamenco *m* común

flammable [ˈflæməbəl] *adj* inflamable

flan [flæn] *n* tarta *f*

Flanders [ˈflɑːndəz] *n* Flandes

flange [flændʒ] *n* TECH *(on wheel)* pestaña *f*; *(on pipe, tube)* reborde *m*; *(on rail)* patín *m*

flank [flæŋk] ◇ *n* **-1.** *(of person, animal)* costado *m* **-2.** *(of beef, mutton)* falda *f* **-3.** *(of mountain)* ladera *f* **-4.** *(of army)* flanco *m* **-5.** *US* **~ speed** *(full speed)* velocidad máxima
◇ *vt* **-1.** *(be on either side of)* flanquear; **flanked by his wife and son** flanqueado por su esposa y su hijo **-2.** MIL flanquear

flanker [ˈflæŋkə(r)] *n* **-1.** *(in rugby)* tercera línea *mf*, flánker *mf* **-2.** *(in American football)* ala *mf* libre

flannel [ˈflænəl] ◇ *n* **-1.** *(fabric)* franela *f*; **~ shirt/nightgown** camisa/camisón de franela **-2.** *Br (face-cloth)* toallita *f* **-3.** *Br Fam (wordy talk)* palabrería *f*
◇ *vi Br Fam (use empty words)* charlatanear

flannelette [flænəˈlet] *n* franela *f* de algodón

flannels [ˈflænəlz] *npl (trousers)* pantalones *mpl* de franela; **a pair of ~** unos pantalones de franela

flap [flæp] ◇ *n* **-1.** *(movement) (of wings)* aleteo *m*; *(of sails)* golpeteo *m*; **the bird gave a ~ of its wings** el pájaro sacudió sus alas
-2. *(of envelope, book cover)* solapa *f*; *(of tent)* puerta *f*; *(of counter, table)* hoja *f*
-3. *(of aircraft)* alerón *m*
-4. *Fam (panic)* **to be in/get into a ~** estar/ponerse hecho(a) un manojo de nervios *or* histérico(a); **there's a ~ on at the office** hay un lío tremendo en la oficina
-5. LING golpe *m* ligero y breve
◇ *vt (pt & pp* **flapped)** *(wings)* batir; **she flapped her arms excitedly** agitó los brazos con excitación
◇ *vi* **-1.** *(wings)* aletear; *(flag)* ondear; *(sails, washing, curtains)* agitarse; **the seagull flapped away** la gaviota echó a volar batiendo las alas **-2.** *Fam (panic)* ponerse hecho(a) un manojo de nervios *or* histérico(a); **stop flapping!** ¡tranquilízate de una vez!

flapjack [ˈflæpdʒæk] *n* **-1.** *Br (biscuit)* galleta *f* de avena **-2.** *US (pancake)* crepe *f*, hojuela *f*

flapper [ˈflæpə(r)] *n* chica *f* moderna *(de los años veinte)*

flare [fleə(r)] ◇ *n* **-1.** *(signal)* bengala *f* ❑ AV **~ path** pista *f* iluminada; **~ pistol** pistola *f* de *or* lanza bengalas **-2.** *(bright flame)* llamarada *f* **-3.** *(in clothes)* campana *f*; **trousers with a wide ~** pantalones acampanados *or* de campana
◇ *vt* **to ~ one's nostrils** hinchar las aletas de la nariz
◇ *vi* **-1.** *(fire, match)* llamear **-2.** *(temper, trouble)* estallar **-3.** *(clothes)* acampanarse
◆ **flare up** *vi* **-1.** *(fire)* llamear **-2.** *(medical condition)* exacerbarse **-3.** *(temper, trouble)* estallar; **she flares up at the least thing** se pone hecha una fiera a la mínima

flared [fleəd] *adj (trousers, skirt)* acampanado(a)

flares [fleəz] *npl (trousers)* pantalones *mpl* de campana; **a pair of ~** unos pantalones de campana

flare-up [ˈfleərʌp] *n* **-1.** *(of anger)* estallido *m* de ira **-2.** *(of old injury)* rebrote *m*

flash [flæʃ] ◇ *n* **-1.** *(of light)* destello *m*; **a ~ of lightning** un relámpago; **a ~ of wit** una ocurrencia; **a ~ of inspiration** una inspiración súbita; **in a ~** *(very quickly)* en un abrir y cerrar de ojos; **it came to me in a ~** de repente caí en la cuenta; [IDIOM] **a ~ in the pan** un éxito aislado; [IDIOM] **quick as a ~, like a ~** *(to answer)* rápido como un rayo ❑ **~ burn** quemadura *f* por fogonazo; **~ card** = tarjeta grande con un dibujo o palabra empleada como material didáctico; **~ flood** riada *f*, *Fam* **~ Harry** fanfarrón *m*, *Esp* chulo *m*; **~ point** CHEM punto *m* de inflamación; *(of situation)* momento *m* de

272

máxima tensión; *(region)* zona *f* conflictiva
-2. *(in photography)* flash *m* ❑ **~ photography** fotografía *f* con flash
-3. *(of news)* avance *m* informativo, comunicado *m* urgente
-4. MIL *(on uniform)* distintivo *m*
-5. *US Fam (flashlight)* linterna *f*
◇ *adj Br Fam (showy)* llamativo(a), ostentoso(a)
◇ *vt* **-1.** *(torch)* alumbrar, iluminar; **to ~ a light in sb's face/eyes** enfocar una luz a la cara/los ojos de alguien; **to ~ one's headlights at sb** darle las luces a alguien, hacerle señales con los faros a alguien
-2. *(briefly display) (card, badge)* mostrar, exhibir; *(smile, look)* lanzar (**at** a); **to ~ a message (up) on the screen** mostrar *or* poner un mensaje en pantalla; [IDIOM] **to ~ one's money around** hacer un alarde de dinero
-3. *Fam (expose oneself to)* exhibirse ante
◇ *vi* **-1.** *(light, sign, diamond)* destellar; *(lightning)* relampaguear; **his eyes flashed with anger** sus ojos lanzaban destellos de ira
-2. *(move quickly)* **to ~ in/out/past** entrar/salir/pasar a toda velocidad *or* como un rayo; **to ~ past** *or* **by** *(time, days)* pasar rápidamente; **it flashed across my mind that...** se me ocurrió de pronto que...; **my life flashed before me** en un instante vi mi vida entera
-3. *Fam (expose oneself)* hacer exhibicionismo
◆ **flash back** *vi (in novel, film)* retroceder
◆ **flash forward** *vi (in novel, film)* avanzar

flashback [ˈflæʃbæk] *n* **-1.** *(in novel, film)* escena *f* retrospectiva, flashback *m*; **the story is told in ~** la historia está narrada retrospectivamente **-2.** *Fam (hallucination)* flash *m* de después

flashbulb [ˈflæʃbʌlb] *n* PHOT lámpara *f* *or Esp* bombilla *f* de flash

flashcube [ˈflæʃkjuːb] *n* PHOT cuboflash *m*

flasher [ˈflæʃə(r)] *n* **-1.** AUT *(indicator)* intermitente *m* **-2.** *Fam* exhibicionista *f*

flash-fried [ˈflæʃfraɪd] *adj* frito(a) a vuelta y vuelta

flash-frozen [ˈflæʃfrəʊzən] *adj* congelado(a) rápidamente

flashgun [ˈflæʃgʌn] *n* PHOT disparador *m* del flash

flashily [ˈflæʃɪlɪ] *adv Pej* ostentosamente; **~ dressed** con ropa muy llamativa

flashing [ˈflæʃɪŋ] ◇ *n* **-1.** *Fam (indecent exposure)* exhibicionismo *m* **-2.** *(on roof)* cubrejuntas *m inv*, tapajuntas *m inv*
◇ *adj (light)* intermitente

flashlight [ˈflæʃlaɪt] *n US* linterna *f*

flashover [ˈflæʃəʊvə(r)] *n* ELEC salto *m* (de corriente)

flashy [ˈflæʃɪ] *adj Pej* llamativo(a), ostentoso(a)

flask [flɑːsk] *n* **-1.** *(in chemistry)* matraz *m* **-2. (hip) ~** petaca *f* **-3. (Thermos®) ~** termo *m*

flat [flæt] ◇ *n* **-1.** *Br (apartment)* apartamento *m*, *Esp* piso *m*, *Arg* departamento *m*; **(block of) flats** *(edificio or bloque de)* apartamentos *or Esp* pisos *or Arg* departamentos
-2. *Fam (flat tyre)* rueda *f* desinflada; **we got a ~** *(puncture)* pinchamos
-3. *(flat surface) (of hand)* palma *f*; *(of blade)* cara *f*; **on the ~** en *or* sobre el llano; *(in horse racing)* en carreras sin obstáculos
-4. *(flat land)* **salt flats** salinas; **mud flats** marismas
-5. MUS bemol *m*
-6. THEAT bastidor *m*
◇ *adj* **-1.** *(surface)* llano(a), liso(a), plano(a); *(landscape, region)* llano(a); *(roof)* liso(a), plano(a); *(stomach)* plano, *(nose)* chato(a); **to be ~ on one's back** *(with illness)* estar en *or* guardar cama; **lay the book ~ on the desk** abre bien el libro sobre el escritorio; **to be as ~ as a pancake** *(surface)* ser más liso(a) que una tabla; *Fam (flat-chested)* ser plana *or Am* chata como una tabla; [IDIOM] **to go into a ~ spin** *(airplane)* entrar en barrena (horizontal); *Fam Fig* no saber por dónde tirar *or RP* agarrar, *Méx* no saber ni qué

flatten

ondas ❑ *Br* **~ cap** = gorra de tela; **~ feet: to have ~ feet** tener los pies planos; COMPTR **~ monitor** monitor *m* de pantalla plana; **~ race** carrera *f* (de caballos) sin obstáculos; **~ racing** carreras *fpl* de caballos sin obstáculos; COMPTR **~ screen** pantalla *f* plana; **~ tyre** rueda *f* desinflada
-2. *(monotonous, uneventful) (existence, atmosphere)* gris, monótono(a); *(voice)* monótono(a); *(stock market, business)* poco activo(a)
-3. *(soft drink, beer, champagne)* sin gas; **this beer is ~** esta cerveza ha perdido el gas
-4. *(categorical) (refusal, denial)* rotundo(a); **you're not going, and that's ~!** no vas, ¡y se acabó!
-5. *(fixed) (fare, charge)* fijo(a) ❑ **~ fee** tarifa *f* fija; **~ rate** FIN tarifa *f* única; COMPTR tarifa *f* plana
-6. *(tyre, balloon)* desinflado(a)
-7. *(battery)* descargado(a)
-8. MUS *(a semitone lower)* bemol; *(out of tune)* desafinado(a); **B ~** si bemol; **to be ~** *(singer)* desafinar; *(instrumentalist)* desafinar; *(instrument)* estar desafinado(a)
-9. COMPTR **~ file** archivo *m* sin formato
◇ *adv* **-1.** *(horizontal)* **he lay ~ on the floor** estaba tumbado en el suelo; **to fall ~ on one's face/back** caer(se) de bruces/caer de espaldas; **to stand ~ against the wall** *(person)* pegarse a la pared; *(item of furniture)* quedar plano(a) contra la pared; **it folds up ~** se pliega, es plegable; *Fig* **the joke fell ~** el chiste no hizo mucha gracia
-2. *(completely)* **to turn sb down ~** rechazar a alguien de plano; **to work ~ out** trabajar a tope; **to be going ~ out** *(car, person, animal)* ir a tope; **she's going ~ out to win the chairmanship** intentará conseguir la presidencia a toda costa; *Fam* **to be ~ broke** estar sin un *Esp* duro *or Méx* quinto, *RP* estar en lampa y la vía
-3. *(exactly)* **in twenty seconds ~** en veinte segundos justos
-4. MUS *(to play, sing)* desafinadamente

flatbed [ˈflætbed] *n* **-1.** *(vehicle)* **~ truck** camión *m* (con semirremolque) de plataforma **-2.** COMPTR **~ scanner** escáner *m* plano *or* de sobremesa

flatcar [ˈflætkɑː(r)] *n US* RAIL vagón *m* plataforma

flat-chested [ˈflætˈtʃestɪd] *adj* plana (de pecho)

flatfish [ˈflætfɪʃ] *n* pez *m* (de cuerpo) plano

flatfoot [ˈflætfʊt] *n US Fam (police officer)* poli *mf*, *Andes* paco(a) *m,f*, *RP* milico(a) *m,f*

flat-footed [ˈflætˈfʊtɪd] *adj* **-1.** MED **to be ~** tener (los) pies planos **-2.** *Fam (clumsy, tactless)* torpe **-3.** *Fam* **to catch sb ~** *(off guard)* pillar *or Am* agarrar desprevenido(a) a alguien

flat-hunting [ˈflætˈhʌntɪŋ] *n Br* búsqueda *f* de apartamento *or Esp* piso *or Arg* departamento; **~ takes up all my free time** buscar apartamento *or Esp* piso *or Arg* departamento me ocupa todo el tiempo libre

flat-leaf parsley [ˈflætˈliːfˈpɑːslɪ] *n* perejil *m* común

flatlet [ˈflætlɪt] *n Br* apartamento *m or Esp* piso *m or RP* departamento *m* pequeño

flatly [ˈflætlɪ] *adv* **-1.** *(categorically) (to refuse, deny)* rotundamente, de plano **-2.** *(without emotion, monotonously) (to say, speak)* monótonamente, con monotonía

flatmate [ˈflætmeɪt] *n Br* compañero(a) *m,f* de apartamento *or Esp* piso *or Arg* departamento

flatness [ˈflætnɪs] *n* **-1.** *(of surface)* lisura *f*; *(of countryside)* llanura *f* **-2.** *(monotony, dullness) (of existence, atmosphere)* monotonía *f*; *(of voice)* monotonía *f* **-3.** *(of refusal, denial)* rotundidad *f*

flat-rate [ˈflætreɪt] *adj* COMPTR **~ connection** *(to Internet)* conexión *f* con tarifa plana

flat-screen [ˈflætskriːn] *adj* de pantalla plana

flatten [ˈflætən] *vt* **-1.** *(make flat) (by squashing)* aplastar; *(ground)* allanar; **the earthquake flattened the village** el terremoto arrasó la aldea; **to ~ oneself against a wall**

flatten out ◆ vt sep (ground, surface) allanar, aplanar; (dents, tablecloth) alisar; **to ~ out a map on a table** extender un mapa en una mesa

◇ vi **-1.** (hills) allanarse, hacerse más llano(a); (prices) estabilizarse, nivelarse **-2.** (aircraft) estabilizarse

flatter ['flætə(r)] vt **-1.** (of person) halagar, adular; **I felt flattered** me sentí halagado; **I ~ myself that I am a good judge of character** me considero muy bueno a la hora de juzgar personalidades; **she flatters herself that she's a good cook** se piensa que es una buena cocinera; Fam **don't ~ yourself!** ¡no te engañes! **-2.** (of clothes, photo) favorecer

flatterer ['flætərə(r)] n adulador(ora) m,f

flattering ['flætərɪŋ] adj **-1.** (words) halagador(ora); **it is ~ to be asked** es halagador que te lo pidan; **I didn't get a very ~ impression of the city/your boss** no me llevé una muy buena impresión de la ciudad/tu jefe **-2.** (clothes, colour) favorecedor(ora)

flattery ['flætərɪ] n halagos mpl; **~ will get you nowhere** con halagos no llegarás a ninguna parte or no tienes nada que hacer

flattop ['flættɒp] n **-1.** (haircut) corte m de pelo al cepillo **-2.** US Fam portaaviones m inv

flatulence ['flætjʊləns] n MED flatulencia f

flatulent ['flætjʊlənt] adj **-1.** MED flatulento(a); **to make sb ~** producirle gases a alguien **-2.** (speech, style) rimbombante, campanudo(a)

flatware ['flætweə(r)] n US **-1.** (cutlery) cubertería f **-2.** (plates) platos mpl y recipientes mpl planos

flatworm ['flætwɜːm] n (gusano m) platelminto m

flaunt [flɔːnt] vt hacer ostentación de, alardear de; Fam **if you've got it, ~ it!** el que presume de algo es porque puede

flautist ['flɔːtɪst] n MUS flautista mf

flavour, US **flavor** ['fleɪvə(r)] ◇ n (of food) sabor m; **chocolate/coffee ~ ice-cream** helado con sabor a chocolate/café; **her stories have a Mediterranean ~** sus relatos tienen un sabor mediterráneo; IDIOM **to be ~ of the month** (be fashionable) estar a la orden del día; IDIOM **I'm not exactly ~ of the month at head office** en la central no están lo que se dice encantados conmigo ❏ **~ enhancer** aditivo m para potenciar el sabor

◇ vt (food) (with spices, herbs) condimentar; (with fruit, alcohol) dar sabor con; **vanilla flavoured** con sabor a vainilla

flavourful, US **flavorful** ['fleɪvəfʊl] adj sabroso(a)

flavouring, US **flavoring** ['fleɪvərɪŋ] n aromatizante m; **strawberry/rum ~** esencia de fresa/ron

flavourless, US **flavorless** ['fleɪvəlɪs] adj insípido(a)

flavoursome, US **flavorsome** ['fleɪvəsəm] adj sabroso(a)

flaw [flɔː] ◇ n (in diamond, plan) defecto m, Esp fallo m, Am falla f; (in personality) defecto m

◇ vt (sb's character) manchar; (beauty, object) estropear, afear

flawed [flɔːd] adj (object, argument) defectuoso(a); (work of art) imperfecto(a); (character) con defectos

flawless ['flɔːlɪs] adj (reasoning, logic) impecable; (plan, figure, complexion) perfecto(a); **to speak in ~ English** hablar un inglés perfecto

flawlessly ['flɔːlɪslɪ] adv impecablemente, a la perfección

flax [flæks] n lino m

flaxen ['flæksən] adj **hair** pelo muy rubio

flay [fleɪ] vt **-1.** (skin) desollar **-2.** (flog) despellejar, desollar; **I'll ~ him alive!** ¡lo voy a despellejar vivo! **-3.** (criticize) (person) despellejar, desollar; (performance, movie) hacer trizas

flea [fliː] n (insect) pulga f; IDIOM Fam **to send sb away with a ~ in his ear** echar a alguien una buena reprimenda or Esp bronca, RP dar a alguien un buen rezongo ❏ **~ circus** circo m de pulgas amaestradas; **~ collar** (collar m) antiparasitario m; **~ market** mercadillo m callejero, rastro m

fleabag ['fliːbæɡ] n Fam **-1.** Br (person) piojoso(a) m,f; (animal) pulgoso(a) m,f **-2.** US (hotel) hotel m de mala muerte

fleabite ['fliːbaɪt] n picadura f de pulga

flea-bitten ['fliːbɪtən] adj Fam (shabby) mugriento(a)

flea-pit ['fliːpɪt] n Br Fam (cinema) cine m de mala muerte, cine m de barrio

fleck [flek] ◇ n **-1.** (of colour) mota f **-2.** (of dust, paint) mota f; (of mud) mota f, salpicadura f

◇ vt **-1.** (with colour, sunlight) motear (**with** de) **-2.** (with mud) salpicar; **flecked with paint** con gotas de pintura

flecked [flekt] adj (bird, cloth) moteado(a) (**with** de); **hair ~ with grey** pelo jaspeado de canas

fled pt & pp of **flee**

fledged [fledʒd] adj (bird) con plumas, plumado

fledgling ['fledʒlɪŋ] ◇ n **-1.** (young bird) polluelo m **-2.** (person) novato(a) m,f

◇ adj (poet) novel; (lawyer) con poca experiencia; (company, state) naciente

flee [fliː] (pt & pp **fled** [fled]) ◇ vi huir (**from** de); **they fled to safety** corrieron a ponerse a salvo

◇ vt (person, danger, temptation) huir de; **he fled the country** huyó del país

fleece [fliːs] ◇ n **-1.** (of sheep) vellón m **-2.** (material) (sheepskin) corderito m, borreguillo m; (synthetic) forro m polar **-3.** ~ (**jacket**) forro m polar

◇ adj (gloves, scarf, hat) polar

◇ vt **-1.** Fam (cheat) desplumar; (overcharge) clavar, Méx desplumar, RP afanar **-2.** (shear) (sheep) esquilar

fleece-lined ['fliːs'laɪnd] adj (with sheepskin) forrado(a) de corderito or borreguillo; (with synthetic material) con or de forro polar

fleecy ['fliːsɪ] adj algodonoso(a)

fleet [fliːt] ◇ n **-1.** (of ships) flota f; **fishing/merchant ~** flota pesquera/mercante ❏ US **~ admiral** almirante mf de la flota **-2.** (of taxis, buses) flota f

◇ adj Literary (rapid) raudo(a), ligero(a); **~ of foot** alígero(a)

FLEET STREET

Así se llama la calle de la "City" londinense en la que se encontraban las oficinas de muchos periódicos del país. Hoy en día, en general tienen establecida su sede central en otras zonas, en particular en los "Docklands", al este de Londres. Sin embargo, el término **Fleet Street** sigue empleándose para denominar a la prensa y al mundo del periodismo.

fleet-footed ['fliːt'fʊtɪd] adj Literary alígero(a)

fleeting ['fliːtɪŋ] adj fugaz; **for a ~ moment** por un breve instante, por un momento fugaz; **we caught a ~ glimpse of her** sólo logramos atisbarla fugazmente

fleetingly ['fliːtɪŋlɪ] adv fugazmente, por un momento

fleetness ['fliːtnɪs] n Literary ligereza f; **~ of foot** ligereza de paso

Fleming ['flemɪŋ] n flamenco(a) m,f

Flemish ['flemɪʃ] ◇ n (language) flamenco m

◇ npl **the ~** (people) los flamencos

◇ adj flamenco(a)

flesh [fleʃ] n **-1.** (of person, animal) carne f; **there's not much ~ on her** no tiene mucha chicha; **in the ~** en persona; **to add ~ to** or **put ~ on one's argument** darle mayor peso a los argumentos de uno; **to make sb's ~ creep** or **crawl** darle escalofríos a alguien; **his own ~ and blood** los de su misma sangre; IDIOM **I'm only ~ and blood, you know** soy sólo de carne y hueso, no soy una máquina; IDIOM **it's more than ~ and blood can bear** or **stand** va más allá de lo humanamente soportable ❏ **~ wound** herida f superficial

-2. (of fruit) pulpa f

-3. REL carne f; **the pleasures/sins of the ~** los placeres/pecados de la carne; **(the spirit is willing but) the ~ is weak** el espíritu está pronto, pero la carne es débil

◆ **flesh out** vt sep (plan, remarks) definir, precisar

flesh-coloured, US **flesh-colored** ['fleʃ-kʌləd] adj color carne inv

flesh-eating ['fleʃiːtɪŋ] adj (dinosaur, insect) carnívoro(a)

fleshpots ['fleʃpɒts] npl HUM antros mpl de lujuria y perdición

fleshy ['fleʃɪ] adj **-1.** (person) rollizo(a); (limb) carnoso(a) **-2.** (fruit) carnoso(a); (leaf) carnoso(a)

fleur-de-lis, **fleur-de-lys** [flɜːdə'liː] (pl **fleurs-de-lis** or **fleurs-de-lys** [flɜːdə'liː]) n flor f de lis

flew pt of **fly**⁴

flex [fleks] ◇ n Br (cable) cable m, cordón m

◇ vt (one's arms, knees) flexionar; **to ~ one's muscles** flexionar los músculos; Fig **they are flexing their muscles** están haciendo una demostración de fuerza

flexibility [fleksɪ'bɪlɪtɪ] n **-1.** (of object, material) flexibilidad f **-2.** (of person, plan, attitude) flexibilidad f

flexible ['fleksɪbəl] adj **-1.** (object, material) flexible **-2.** (person, plan, attitude) flexible; **~ working hours** horario de trabajo flexible; **~ working practices** flexibilidad laboral ❏ **~ mortgage** hipoteca f flexible; MIL **~ response** réplica f flexible

flexibly ['fleksɪblɪ] adv con flexibilidad

flexitime ['fleksɪtaɪm] n horario m flexible

flibbertigibbet ['flɪbətɪdʒɪbɪt] n Fam cabeza mf loca

flick [flɪk] ◇ n **-1.** (movement) (of finger) toba f; **give the table a quick ~ with a duster** da una pasada rápida a la mesa con el trapo del polvo; **a ~ of the wrist** (in tennis) un golpe de muñeca; **at the ~ of a switch** con sólo apretar un botón ❏ Br **~ knife** navaja f automática

-2. Br Fam Old-fashioned (movie) peli f; **the flicks** (cinema) el cine

◇ vt **-1.** (hit lightly) (with finger) dar una toba a; (with hands, tail) sacudir; **he flicked the horse with his whip** dio un golpe de fusta al caballo; **to ~ a switch** pulsar un interruptor; **he flicked the cigarette ash onto the floor** tiró or Am botó la ceniza del cigarrillo al suelo; **she flicked the hair out of her eyes** se quitó or apartó el pelo de los ojos

-2. (move quickly) **the snake's tongue flicked in and out** la serpiente sacaba y metía la lengua rápidamente

◆ **flick off** vt sep **-1.** (light, computer) apagar **-2.** (with finger) (ash, dust) sacudir; **Dobbin flicked the flies off with his tail** Dobbin se sacudía las moscas con el rabo

◆ **flick on** vt sep **-1.** (light, computer) encender, Am prender **-2.** (ball) pasar al primer toque

◆ **flick through** vt insep (book, magazine) hojear, echar un vistazo a; **to ~ through the channels** (on TV) cambiar de un canal a otro, hacer zapping

flicker ['flɪkə(r)] ◇ n (of flame, light, eyelids) parpadeo m; **the ~ of the TV screen** el parpadeo de la pantalla; **a ~ of hope** un rayo de esperanza; **a ~ of interest** un atisbo de interés; **she searched his face for a ~ of recognition** examinó su rostro buscando algún indicio or alguna muestra de que la reconocía; **a ~ of a smile** un atisbo de sonrisa

◇ vi (flame, light, eyelids) parpadear; (instrument needle) oscilar; **a smile flickered on** or **across his lips** sus labios dibujaron una ligera sonrisa

flickering ['flɪkərɪŋ] *adj (light)* parpadeante; *(image)* parpadeante; **the ~ fire** el resplandor oscilante de la lumbre; **a ~ hope** un incierto rayo de esperanza

flick-on ['flɪkɒn] *n (in soccer)* pase *m* al primer toque

flier, flyer ['flaɪə(r)] *n* **-1.** *(pilot)* piloto *mf* **-2.** *(passenger)* **she's a nervous ~** se pone muy nerviosa cuando viaja en avión **-3.** *(leaflet)* hoja *f* de propaganda **-4.** *Fam (in race)* **to get a ~** salir disparado(a) **-5.** *Fam (fall)* **to take a ~** resbalar y caer; **he slipped on a wet patch and took a ~ into the freezer cabinet** resbaló en el suelo mojado y aterrizó en el congelador **-6.** *US Fam (speculative venture)* operación *f* arriesgada; **it's a bit of a ~, don't you think?** es un poco arriesgado, ¿no crees?

flight [flaɪt] *n* **-1.** *(act of flying)* vuelo *m*; **it's two hours' ~ from Chicago** está a dos horas de vuelo desde Chicago; **to be in ~** estar volando; *Fig* **a ~ of fancy** un vuelo de la imaginación ❑ **~ crew** tripulación *f* de vuelo; **~ deck** *(of plane)* cabina *f* del piloto; *(of aircraft carrier)* cubierta *f* de vuelo; **~ engineer** mecánico(a) *m,f* de vuelo, ingeniero(a) *m,f* de a bordo; *Br* **~ lieutenant** teniente *mf* de aviación; **~ log** diario *m* de vuelo; **~ mechanic** mecánico(a) *m,f* de vuelo; **~ path** ruta *f* de vuelo; **~ plan** plan *m* de vuelo; **~ recorder** caja *f* negra; **~ sergeant** sargento *mf* de aviación; **~ simulator** simulador *m* de vuelo; **~ time** duración *f* de(l) vuelo **-2.** *(journey by plane)* vuelo *m*; **my ~ is at 2.15** mi vuelo sale a las 2.15; **~ BA 314 from/to Madrid** vuelo BA 314 procedente de/con destino Madrid; **how was your ~?** ¿cómo ha ido el vuelo? ❑ **~ attendant** auxiliar *mf* de vuelo; **~ bag** bolso *m* or bolsa *f* de viaje; **~ number** número *m* de vuelo **-3.** *(group)* *(of birds)* bandada *f*; *(of aircraft)* escuadrilla *f*; *Fig* **in the top ~** con los mejores, entre la élite **-4.** *(of stairs)* **~ (of stairs)** tramo *m* (de escalera); **two flights up from me** dos pisos más arriba **-5.** *(escape)* huida *f*, fuga *f*; **to put sb to ~** poner a alguien en fuga; **to take ~** darse a la fuga ❑ FIN **~ of capital** fuga *f* de capital **-6.** *(on arrow, dart)* pluma *f*, aleta *f*

flight-feather ['flaɪt'feðə(r)] *n (of bird)* pluma *f* de vuelo

flightless ['flaɪtlɪs] *adj* no volador(ora)

flighty ['flaɪtɪ] *adj* inconstante, voluble

flimsily ['flɪmzɪlɪ] *adv* con poca solidez

flimsiness ['flɪmzɪnɪs] *n* **-1.** *(of structure)* lo endeble, la poca solidez **-2.** *(of material, dress)* ligereza *f* **-3.** *(of evidence, argument)* inconsistencia *f*; *(of excuse)* pobreza *f*

flimsy ['flɪmzɪ] ◇ *adj* **-1.** *(structure)* endeble **-2.** *(material, dress)* ligero(a) **-3.** *(evidence, argument)* inconsistente, poco sólido(a); *(excuse)* probre
◇ *n (paper)* finura *f*

flinch [flɪntʃ] *vi* **-1.** *(with pain)* estremecerse; *(with shock)* dar un respingo; **without flinching** sin inmutarse **-2.** *(shy away)* **to ~ from (doing) sth** echarse atrás a la hora de (hacer) algo

fling [flɪŋ] ◇ *n* **-1.** *Fam (attempt, try)* **to give sth a ~, to have a ~ at sth** intentar *or* probar algo; **he had given French a ~ a few years before** había probado aprender francés unos años atrás **-2.** *Fam (affair)* aventura *f*; **to have a ~ (with sb)** tener una aventura (con alguien) **-3.** *Fam (period of pleasure)* juerga *f*; **to have a ~** echar una cana al aire; **to have a final ~** echar una última cana al aire
◇ *vt (pt & pp* **flung** [flʌŋ]) **-1.** *(throw)* arrojar, tirar; **don't just ~ it, aim when you throw** cuando lo lances apunta, no lo tires de cualquier manera; **~ it in the dustbin** tíralo a la basura; **she flung the windows wide open** abrió las ventanas de par en par; **to ~ one's arms around sb** rodear a alguien con los brazos; **he flung himself into an armchair** se dejó caer de golpe en un sillón; **I flung a few things into a suitcase** metí unas cosas rápidamente en una maleta; **he flung himself off the top of the cliff** se arrojó *or* tiró por el precipicio; **she was flinging insults at us** nos lanzaba insultos; IDIOM **to ~ sth in sb's face** *(past mistake, promise)* echar algo en cara a alguien **-2.** *(commit)* **to ~ oneself into a campaign** meterse de lleno en una campaña; **she flung herself at him** se echó en sus brazos

◆ **fling about** *vt sep* **he flung his arms about wildly** *(fighting)* lanzaba golpes al aire en todas direcciones; *(gesticulating)* hacía aspavientos con vehemencia; *Fig* **to ~ one's money about** derrochar *or* despilfarrar el dinero

◆ **fling down** *vt sep (object)* tirar, *Andes, CAm, Carib, Méx* botar, *Andes, CAm, Méx* aventar; **to ~ down a challenge to sb** retar a alguien

◆ **fling off** *vt sep* **-1.** *(coat, dress)* quitarse rápidamente **-2.** *(attacker)* librarse de **-3.** *(casual remarks)* dejar caer; **to ~ sth off** *(poem, article)* escribir algo en un periquete

◆ **fling out** *vt sep* **-1.** *(throw out)* *(object)* tirar, *Am* botar; *(person)* echar **-2.** *(extend)* **to ~ out one's arm** extender el brazo rápidamente; **to ~ out one's fist** lanzar un puñetazo

◆ **fling up** *vt sep* **he flung up his hands in horror** se echó las manos a la cabeza

flint [flɪnt] *n* **-1.** *(stone)* sílex *m inv*, pedernal *m* **-2.** *(of lighter)* piedra *f*

flintlock ['flɪntlɒk] *n* fusil *m* (de chispa)

flinty ['flɪntɪ] *adj* **-1.** *(soil)* silíceo(a) **-2.** *(person, stare)* duro(a), despiadado(a); *(heart)* duro(a), de piedra; *(manner)* arisco(a)

flip [flɪp] ◇ *n* **-1.** *(flick)* **to give sth a ~** dar la vuelta a algo *(de un golpecito)*; *Fam* **the ~ side** *(of record)* la cara B; *Fig (of situation)* la otra cara de la moneda ❑ **~ chart** flip chart *m*, pizarra *f* de conferencia *(con bloc)*; **~ top** tapa *f* abatible **-2.** *(somersault)* salto *m* mortal, voltereta *f*
◇ *vt (pt & pp* **flipped**) **to ~ the switch** dar al interruptor; **to ~ a coin** lanzar una moneda al aire; **we flipped a coin to decide who went** echamos a suertes quién iría; IDIOM *Fam* **to ~ one's lid** *or US* **wig** *(get angry)* ponerse hecho(a) una fiera, *Esp* cabrearse; *(go mad)* volverse loco *or Esp* majara; *(get excited) Esp* desmadrarse, *Col, Méx, Ven* alebrestarse, *RP* pirarse; IDIOM *US* **to ~ sb the bird** *(gesture at)* = hacerle un gesto grosero a alguien con el dedo corazón hacia arriba, ≈ hacerle un corte de mangas a alguien
◇ *vi Fam (get angry)* ponerse hecho(a) una fiera *or Méx* como agua para chocolate; *(go mad)* volverse loco *or Esp* majara; *(get excited) Esp* desmadrarse, *Col, Méx, Ven* alebrestarse, *RP* pirarse
◇ *adj Fam (flippant)* pasota
◇ *exclam Fam* ¡cachis!

◆ **flip out** *vi Fam (get angry)* ponerse hecho(a) una fiera *or Méx* como agua para chocolate; *(go mad)* volverse loco *or Esp* majara; *(get excited) Esp* desmadrarse, *Col, Méx, Ven* alebrestarse, *RP* pirarse

◆ **flip over** ◇ *vt sep (pancake)* dar la vuelta a; *(boat)* volcar; *(pages)* pasar
◇ *vi (turn over) (boat)* volcar(se); *(car)* dar una vuelta de campana

◆ **flip through** *vt insep (book, magazine)* hojear, echar un vistazo a

flip-flop ['flɪpflɒp] ◇ *n* **-1.** *Br (sandal)* chancleta *f*, chancla *f* **-2.** ELEC & COMPTR biestable *m*, flip-flop *m* **-3.** *(somersault)* voltereta *f* hacia atrás **-4.** *US Fam (in attitude, policy)* cambio *m* radical, giro *m* de 180°; **to do a ~ (over sth)** cambiar radicalmente de idea (respecto a algo), dar un giro de 180° (respecto a algo)
◇ *vi US Fam* cambiar radicalmente de idea

flippancy ['flɪpənsɪ] *n (of person, remark)* frivolidad *f*

flippant ['flɪpənt] *adj (person, remark)* frívolo(a); **he was just being ~** estaba en plan frívolo

flippantly ['flɪpəntlɪ] *adv* frívolamente, con ligereza

flipper ['flɪpə(r)] *n* **-1.** *(of seal, penguin, whale)* aleta *f* **-2.** *(for swimming)* aleta *f*

flipping ['flɪpɪŋ] *Br Fam* ◇ *adj (for emphasis)* condenado(a), *Esp* puñetero(a), *Méx* pinche, *Col, RP* de miércoles; **get that ~ dog out of here!** ¡saca de aquí al condenado perro este!; **~ heck!** ¡puñeta!, *Méx* ¡híjole!, *Col, RP, Ven* ¡miércoles!
◇ *adv (for emphasis)* condenadamente, puñeteramente; **it was ~ sore!** ¡dolía que no veas!; **don't ~ well talk to me like that!** ¡a mí no se te ocurra hablarme así!

flip-top ['flɪptɒp] *adj (packet)* duro(a)

flirt [flɜːt] ◇ *n (man)* ligón *m*, mariposón *m*; *(woman)* ligona *f*, coqueta *f*
◇ *vi* **-1.** *(sexually)* flirtear, coquetear **(with** con) **-2.** *(entertain)* **to ~ with danger/an idea** coquetear con el peligro/una idea

flirtation [flɜːˈteɪʃən] *n* **-1.** *(coquetry)* coqueteo *m*, flirteo *m*; *(instance)* flirt *m*, *Esp* ligue *m*, *RP* historia *f* **-2.** *(engagement)* **he had a brief ~ with Communism/politics** tuvo un fugaz devaneo con el comunismo/la política

flirtatious [flɜːˈteɪʃəs] *adj* coqueto(a)

flirtatiously [flɜːˈteɪʃəslɪ] *adv* de un modo coqueto

flirty ['flɜːtɪ] *adj* coqueto(a)

flit [flɪt] ◇ *n Fam* **-1.** *Br* **to do a (moonlight) ~** *(move house)* mudarse de casa a escondidas **-2.** *Scot (move house)* mudarse
◇ *vi (pt & pp* **flitted**) **to ~ about** *(bird)* revolotear; **people flitted in and out of his office** había gente entrando y saliendo de su oficina; **an idea flitted into my mind** una idea me revoloteaba por la cabeza; *Fig* **to ~ from one thing to another** saltar de una cosa a otra; **to ~ from woman to woman/job to job** ir de mujer en mujer/de trabajo en trabajo

flitch [flɪtʃ] *n (of pork)* pieza *f*

float [fləʊt] ◇ *n* **-1.** *(on fishing line, net)* flotador *m*, corcho *m*; *(on raft, seaplane)* flotador *m*; *(as swimming aid)* flotador *m* **-2.** *(in toilet cistern)* boya *f*; *(in carburettor)* flotador *m* **-3.** *(in procession)* carroza *f* **-4.** *Br* **(milk) ~** = furgoneta eléctrica para el reparto de leche **-5.** COM *(supply of change)* reserva *f* de cambio **-6.** *US (raft)* plataforma *f* flotante **-7.** *US (drink)* **~** refresco con un helado flotando
◇ *vt* **-1.** *(ship, raft, platform)* flotar; **the timber is floated downstream to the mill** la madera llega al molino flotando río abajo **-2.** *(idea, proposal)* lanzar **-3.** FIN *(bonds, share issue)* flotar, lanzar al mercado; **they decided to ~ the company** *(on Stock Exchange)* decidieron que la empresa comenzara a cotizar en bolsa **-4.** FIN *(currency)* hacer flotar
◇ *vi* **-1.** *(on water)* flotar; **the logs floated down the river** los troncos bajaron flotando por el río; **the bottle floated out to sea** la botella flotó hacia el mar; **the diver floated slowly up to the surface** el submarinista se dejó llevar lentamente hasta la superficie **-2.** *(in the air) (feather)* volar; *(mist, cloud)* estar suspendido(a); *(ghost, apparition)* flotar; **music floated in through the open window** la música entraba por la ventana abierta; **she floated out of the room** se deslizó fuera de la habitación; **he seems to ~ through life** *(has no worries)* parece que vive en una nube **-3.** FIN *(currency)* flotar

◆ **float about, float around** *Fam* ◇ *vt insep (of object)* estar *or* andar por; *(of person)* dar vueltas por
◇ *vi* andar por ahí; **have you seen my keys floating about** *or* **around?** ¿has visto por ahí mis llaves?; **there's a rumour floating about** *or* **around that...** se dice *or* rumorea por ahí que...

floatation = flotation

floater ['fləʊtə(r)] n US **-1.** (floating voter) votante mf indeciso(a) **-2.** (person who often changes jobs) = persona que cambia de empleo con frecuencia

floating ['fləʊtɪŋ] adj **-1.** (on water) flotante ❑ ~ **dock** dique m flotante
-2. (mobile) (population) fluctuante, flotante ❑ ~ **kidney** riñón m flotante; ~ **rib** costilla f flotante; Br POL ~ **voter** votante mf indeciso(a)
-3. FIN (exchange rate) flotante ❑ ~ **capital** capital m circulante; Br COM ~ **charge** garantía f flotante
-4. COMPTR ~ **palette** paleta f flotante; ~ **point** coma f flotante; ~ **point processor** procesador m de coma flotante; ~ **point unit** unidad f de coma flotante; ~ **window** paleta f flotante

floating-point ['fləʊtɪŋ'pɔɪnt] adj COMPTR de coma flotante ❑ ~ **processor** procesador m de coma flotante

floating-rate ['fləʊtɪŋ'reɪt] adj FIN con interés flotante

flock [flɒk] ◇ n **-1.** (of sheep) rebaño m; (of birds) bandada f **-2.** (of people) tropel m; **they came in flocks** vinieron en tropel or en masa; **a ~ of tourists** un tropel de turistas **-3.** REL (congregation) rebaño m, grey f **-4.** (fibre) ~ **wallpaper** papel pintado con relieve
◇ vi (gather, move) acudir en tropel; **people flocked to see it** la gente acudió en masa para verlo, se formaron verdaderas multitudes para verlo; **audiences are flocking in** el público está acudiendo en masa or en tropel; **the fans flocked around him** un tropel de fans lo rodeó, una multitud de fans se apelotonó a su alrededor

floe [fləʊ] n témpano m (de hielo)

flog [flɒg] (pt & pp **flogged**) vt **-1.** (beat) azotar; IDIOM **you're flogging a dead horse** te estás esforzando inútilmente; IDIOM Fam **to ~ a subject to death** agotar completamente un tema **-2.** Br Fam (sell) enchufar, vender

flogging ['flɒgɪŋ] n (beating) azote m, flagelación f; **he was given a ~** lo azotaron

flood [flʌd] ◇ n **-1.** (of water) inundación f; **the Flood** (in the Bible) el diluvio (universal); **he caused a ~ in the bathroom** inundó el baño; **the ~ waters receded** el agua empezó a bajar; **to be in ~** (river) sufrir una crecida; **to be in full ~** (river) estar desbordado ❑ ~ **barrier** barrera f contra las inundaciones; ~ **damage** daños mpl causados por las inundaciones; ~ **plain** llanura f aluvial; ~ **warning** peligro m de inundación
-2. (of applications, letters, offers) lluvia f; (of light) **a ~ of light poured into the room** el cuarto se inundó de luz; **floods of tears** un mar de lágrimas; **to be in floods of tears** llorar a mares, estar hecho(a) un mar de lágrimas
-3. (tide) pleamar f
-4. (floodlight) foco m, reflector m
◇ vt **-1.** (land, bathroom, market) inundar; **the river flooded its banks** el río se desbordó
-2. AUT (carburettor, engine) ahogar
-3. (swamp) **to be flooded with complaints/calls** recibir un aluvión de quejas/llamadas telefónicas; **to be flooded with applications/offers** recibir una lluvia de solicitudes/ofertas; **to be flooded in light** (room, valley) estar inundado de luz
-4. COM **to ~ the market (with sth)** inundar el mercado (con algo)
◇ vi **-1.** (river) desbordarse
-2. AUT (carburettor, engine) ahogarse
-3. (move in large quantities) **the populace flooded into the streets** el pueblo salió a la calle en tropel, el pueblo llenó las calles; **the sun's rays came flooding through the window** el sol entraba a raudales por la ventana; **new energy was flooding through his veins** una nueva energía le fluía por las venas

◆ **flood back** vi (memories) suddenly it all came flooding back de repente volvía a revivirlo todo

◆ **flood out** ◇ vt sep (people) (from homes) salir en tropel de, salir en masa de
◇ vi (people, words) salir en tropel, salir en masa; **the spectators flooded out of the stadium** los espectadores salían en masa del estadio; **money flooded out of the country** el dinero salió a raudales del país

floodgate ['flʌdgeɪt] n compuerta f; IDIOM **to open the floodgates to sth** abrir las puertas de par en par a algo; **the new law will open the floodgates to all kinds of fraudulent practices** la nueva ley allanará el terreno a toda clase de práctica fraudulenta

flooding ['flʌdɪŋ] n inundaciones fpl

floodlight ['flʌdlaɪt] ◇ n foco m, reflector m
◇ vt (pt & pp **floodlit** ['flʌdlɪt] or **floodlighted**) iluminar con focos or reflectores

floodlighting ['flʌdlaɪtɪŋ] n (of pitch, stage, building) iluminación f con focos or reflectores

floodlit ['flʌdlɪt] adj iluminado(a) con focos or reflectores; **a ~ match** un partido con luz artificial

floodtide ['flʌdtaɪd] n pleamar f, marea f alta

floodwall ['flʌdwɔːl] n dique m

floor [flɔː(r)] ◇ n **-1.** (of room) suelo m ❑ ~ **covering** revestimiento m para suelos; US ~ **lamp** lámpara f de pie; ~ **plan** (plano m de) planta f; ~ **polish** cera f para suelos; ~ **polisher** (machine) enceradora f; ~ **show** espectáculo m de variedades; ~ **space** superficie f comercial, superficie f de venta; **let's push back the furniture so we have more ~ space** vamos a retirar los muebles para tener más espacio; ~ **tile** losa f, baldosa f; ~ **wax** cera f para suelos
-2. (bottom part) (of lift, cage) suelo m; (of forest) suelo m; (of ocean) fondo m
-3. (storey) (of building) piso m, planta f; **on the first ~** Br en el primer piso, en la primera planta; US en la planta baja ❑ ~ **manager** (in store) gerente mf de planta; (of TV show) regidor(ora) m,f
-4. (for dancing) pista f; **shall we take the ~?** ¿salimos a la pista?
-5. (in parliament, assembly) **the ~ of the House** ≃ el hemiciclo; **to give sb the ~** (in debate) pasar or dar la palabra a alguien; **to take the ~** levantarse para tomar la palabra; **questions from the ~** preguntas del público; Br PARL **to cross the ~ of the House** cambiar de partido ❑ US ~ **leader** portavoz mf (de un partido, en el Congreso o el Senado)
-6. (of Stock Exchange) parquet m ❑ US ~ **broker** corredor(ora) m,f de parquet (para un tercero); US ~ **trader** corredor(ora) m,f de parquet independiente
◇ vt **-1.** (building, house) (with carpet) Esp enmoquetar, Am alfombrar, RP moquetear; (with tiles) embaldosar; **to ~ a room with parquet/linoleum** poner parquet/linóleo en la habitación
-2. (knock down) derribar; **that virus really floored me** ese virus me dejó realmente por los suelos or hecho polvo
-3. Fam (puzzle, baffle) **the question floored him** la pregunta lo dejó patidifuso or perplejo

floorboard ['flɔːbɔːd] n tabla f del suelo (de tarima); **to take the floorboards up** levantar las tablas del suelo

floorcloth ['flɔːklɒθ] n (for cleaning) trapo m del suelo

flooring ['flɔːrɪŋ] n suelo m, solado m

floor-through ['flɔːθruː] adj US **this is a ~ apartment** este apartamento or Esp piso or Arg departamento ocupa toda la planta

floorwalker ['flɔːwɔːkə(r)] n US jefe(a) m,f de sección or planta

floozie, floozy ['fluːzɪ] n Fam pelandrusca f

flop [flɒp] ◇ n **-1.** (failure) fracaso m **-2.** US Fam (place to sleep) pensión f de mala muerte
◇ vi (pt & pp **flopped**) **-1.** (fall slackly) dejarse caer; **she flopped into the chair** se dejó caer sobre el sillón; **her hair flopped across her face** el pelo la azotaba el rostro; **the fish flopped about on the deck** el pez rebotaba sobre la cubierta **-2.** (fail) fracasar
◇ adv Fam **it went ~ into the water** y plaf, se cayó al agua; **the plan went ~** el plan se fastidió

flophouse ['flɒphaʊs] n US Fam pensión f de mala muerte

floppy ['flɒpɪ] ◇ adj **-1.** (ears) caído(a); (garments) flojo(a); (collar, hat) blando(a), flexible **-2.** COMPTR ~ **disk** disquete m; ~ **(disk) drive** unidad f de disquetes, disquetera f
◇ n COMPTR disquete m

flora ['flɔːrə] n (plant life) flora f; ~ **and fauna** flora y fauna

floral ['flɔːrəl] adj floral; ~ **wreath/fabric** corona/tela de flores ❑ ~ **tribute** corona f de flores

Florence ['flɒrəns] n Florencia

Florentine ['flɒrəntaɪn] ◇ adj florentino(a)
◇ n **-1.** (person) florentino(a) m,f **-2.** (biscuit) = galleta hecha con frutos secos y cubierta de chocolate

florescence [flɔːˈresəns] n BOT florescencia f

floret ['flɒrɪt] n **-1.** BOT flósculo m **-2. broccoli/cauliflower florets** cogollos de brécol/coliflor

florid ['flɒrɪd] adj **-1.** (style) florido(a) **-2.** (complexion) colorado(a)

Florida ['flɒrɪdə] n Florida ❑ **the ~ Keys** los cayos de Florida; **the ~ Strait** el estrecho de Florida

Floridian [flɒˈrɪdɪən] ◇ n floridano(a) m,f
◇ adj floridano(a)

florin ['flɒrɪn] n **-1.** Formerly (British) florín m **-2.** (Dutch) florín m

florist ['flɒrɪst] n florista mf; **~'s (shop)** floristería f

floss [flɒs] ◇ n **-1.** (of cocoon) cadarzo m **-2.** (dental) ~ hilo m dental
◇ vt **to ~ one's teeth** limpiarse los dientes con hilo dental
◇ vi limpiarse (los dientes) con hilo dental

flossy ['flɒsɪ] adj **-1.** (resembling floss) algodonoso(a) **-2.** US Fam (showy) llamativo(a)

flotation [fləʊˈteɪʃən] n **-1.** (in water) flotación f ❑ ~ **tank** cámara f de balneoterapia; ~ **therapy** balneoterapia f, talasoterapia f **-2.** COM (of company) salida f a bolsa; (of share issue) emisión f

flotilla [fləˈtɪlə] n flotilla f

flotsam ['flɒtsəm] n ~ **(and jetsam)** mpl arrojados por el mar; Fig **the ~ of the war/of society** los desechos de la guerra/de la sociedad

flounce [flaʊns] ◇ n **-1.** (in sewing) volante m, Chile vuelo m, RP,Ven volado m **-2.** (of indignation, impatience) **with a ~ of her skirt, she marched out of the room** salió de la habitación indignada/impaciente con un revuelo de faldas
◇ vi **to ~ in/out/off** entrar/salir/irse haciendo aspavientos

flounced [flaʊnst] adj (skirt) avolantado(a)

flounder ['flaʊndə(r)] ◇ n (fish) platija f
◇ vi **-1.** (in water, mud) debatirse; **the dolphin was floundering about in a few inches of water** el delfín nadaba con dificultad en unos centímetros de agua **-2.** (in speech, lecture) **somehow he floundered through his speech** a trancas y barrancas logró dar su discurso; **the economy is still floundering** la economía no consigue levantar cabeza

flour ['flaʊə(r)] ◇ n harina f ❑ ~ **improver** = aditivo conservante para la harina del pan
◇ vt enharinar

flourish ['flʌrɪʃ] ◇ n **-1.** (gesture) ademán m florituresco; **with an elaborate ~ of his hat** con una reverencia exagerada con el sombrero **-2.** (musical, in writing) floritura f; (in signature) rúbrica f; **a ~ of trumpets** un toque de trompetas
◇ vt (brandish) blandir
◇ vi (thrive) (plant, person) crecer con vigor; (business, arts) florecer; (economy) prosperar

flourishing ['flʌrɪʃɪŋ] *adj (plant)* vigoroso(a), lozano(a); *(business, economy)* próspero(a), floreciente

floury ['flaʊrɪ] *adj* **-1.** *(hands, surface)* lleno(a) de harina, enharinado(a); *(roll)* con harina encima **-2.** *(in texture) (potatoes)* harinoso(a)

flout [flaʊt] *vt (rule, sb's authority)* desobedecer; *(tradition, convention)* romper con

flow [fləʊ] ◇ *n* **-1.** *(of liquid, electricity)* flujo *m*; *(of river)* corriente *f*, flujo *m*; *(of air)* corriente *f*
 -2. *(amount, movement) (of goods, supplies)* circulación *f*; **the ~ of traffic** la circulación; FIN **the free ~ of capital** la libre circulación de capital; **a steady ~ of tourists** un movimiento constante de turistas; *Fig* **the speaker was interrupted in full ~** el orador fue interrumpido en pleno discurso; *Fig* **to go against the ~** ir a contracorriente; *Fig* **to go with the ~** seguir la corriente ❑ **~ chart** organigrama *m*; **~ diagram** organigrama *m*
 -3. *(course, progression) (of prose, novel, piece of music)* fluidez *f*; **to follow the ~ of an argument** seguir el hilo de un razonamiento; **the ~ of the narrative** la fluidez del hilo narrativo
 -4. *(of the tide)* flujo *m*
 ◇ *vi* **-1.** *(liquid, electricity, air)* correr, fluir; **a river flows through the city** un río atraviesa la ciudad; **blood was flowing from the wound** la sangre salía de la herida; **to ~ into the sea** *(river)* desembocar en el mar; *Fig* **the wine flowed freely** había vino para dar y vender
 -2. *(traffic, crowd)* circular; FIN *(capital, money)* circular; *(ideas, conversation)* fluir; **to keep the conversation flowing** mantener viva la conversación
 -3. *(hair, dress)* caer
 -4. *(prose)* ser fluido(a); **this essay doesn't ~ very well** el estilo de este ensayo no es muy fluido
 -5. *(tide)* subir, crecer
 -6. to ~ from *(be the result of)* derivarse de
 ◆ **flow in** *vi* **-1.** *(water, liquid)* entrar **-2. offers are flowing in** están lloviendo las ofertas
 ◆ **flow out** *vi* **-1.** *(water, liquid)* salir **-2.** *(people, crowds)* salir en masa

flower ['flaʊə(r)] ◇ *n* **-1.** *(plant, blossom)* flor *f*; **to be in ~** estar en flor; **to come into ~** florecer; **no flowers by request** *(at funeral)* se ruega no envíen flores ❑ **~ arranging** arte *m or* decoración *f* floral; **~ garden** jardín *m* floral; **~ girl** = dama de honor de corta edad que lleva un ramo de flores en una boda; **~ people** hippies *mpl* pacifistas; **~ power** movimiento *m* pacifista hippie; **~ show** exposición *f* de flores
 -2. *(best part)* **the ~ of the nation's youth** el retoño de la juventud de la nación; **in the first ~ of youth** en la flor de la juventud
 ◇ *vi* **-1.** *(plant, tree)* florecer **-2.** *(artistic movement, talent)* florecer

flowerbed ['flaʊəbed] *n* parterre *m*

flowered ['flaʊəd] *adj (dress, pattern)* de flores, floreado(a)

flowering ['flaʊərɪŋ] *adj (plant, tree) (which flowers)* que da flores; *(in flower)* en flor ❑ **~ cherry** cerezo *m* japonés

flowerpot ['flaʊəpɒt] *n* tiesto *m*, maceta *f*

flowery ['flaʊərɪ] *adj* **-1.** *(fabric, dress)* floreado(a) **-2.** *(perfume, wine)* de flores; *(smell)* de flores **-3.** *(prose, compliments)* florido(a)

flowing ['fləʊɪŋ] *adj* **-1.** *(beard, hair)* suelto(a) **-2.** *(prose, movement)* fluido(a)

flow-meter ['fləʊmiːtə(r)] *n* aforador *m*, caudalímetro *m*

flown *pp of* **fly**[4]

fl. oz. *(abbr* = **fluid ounce(s))** onza *f* líquida *(Br* = 28,4 ml; *US* = 29,6 ml*)*

flu [fluː] *n* gripe *f*, *Am* gripa *f*; **a dose of the ~** una gripe *or Am* gripa

flub [flʌb] *(pt & pp* **flubbed***) US Fam* ◇ *n* meterada *f* de pata, pifia *f*
 ◇ *vt* pifiarla con
 ◇ *vi* meter la pata, pifiarla

fluctuate ['flʌktjʊeɪt] *vi* fluctuar

fluctuation [flʌktjʊ'eɪʃən] *n* fluctuación *f*

flue [fluː] *n* **-1.** *(of heater)* salida *f* de humos; *(of chimney)* tiro *m* **-2.** MUS *(of organ)* **~ (pipe)** tubo *m*

fluency ['fluːənsɪ] *n* **-1.** *(in speaking, writing)* fluidez *f*; **~ in French required** *(in job advert)* se requiere dominio del francés **-2.** *(movement)* fluidez *f*

fluent ['fluːənt] *adj* **-1.** *(in a foreign language)* **he is ~ in French, he speaks ~ French** habla francés con fluidez *or* soltura; **he replied in ~ Urdu** contestó con fluidez *or* soltura en urdu; **he's a ~ speaker of Italian** habla italiano con mucha fluidez *or* soltura **-2.** *(delivery, style)* fluido(a) **-3.** *(movement)* fluido(a)

fluently ['fluːəntlɪ] *adv* **-1.** *(to speak, write)* con soltura **-2.** *(to move)* con fluidez

fluey ['fluːɪ] *adj Br Fam* griposo(a)

fluff [flʌf] ◇ *n* **-1.** *(material)* pelusa *f*; *(down)* *(on kitten, baby's head)* pelusa *f*; *(on baby bird)* plumón *m* **-2.** *Fam* **a bit of ~**, *US* **a ~** una *Esp* chorba *or Méx* vieja *or RP* mina **-3.** *Br Fam (mistake)* meterada *f* de pata, pifia *f*
 ◇ *vt Fam (botch)* hacer muy mal; *(lines)* decir mal; **to ~ one's entrance** entrar torpemente; SPORT **to ~ a shot** pifiar el tiro
 ◆ **fluff out, fluff up** *vt sep (pillow)* mullir; *(feathers)* ahuecar

fluffy ['flʌfɪ] *adj (towel, spongecake, pastry)* esponjoso(a); *Br (toy)* de peluche

fluid ['fluːɪd] ◇ *n* fluido *m*; **to be on fluids** *(patient)* estar tomando sólo líquidos
 ◇ *adj* **-1.** *(substance)* fluido(a) ❑ **~ dynamics** dinámica *f* de fluidos; **~ ounce** onza *f* líquida *(Br* = 28,4 ml; *US* = 29,6 ml*)* **-2.** *(flowing) (movement)* fluido(a); *(match)* dinámico(a) **-3.** *(liable to change) (plans, ideas)* inconcreto(a); **a ~ situation** una situación inestable

fluidity [fluː'ɪdɪtɪ] *n* **-1.** *(of substance)* fluidez *f* **-2.** *(of movement)* fluidez *f*; *(of match)* dinamismo *m* **-3.** *(of plans, ideas)* inconcreción *f*; *(of situation)* instabilidad *f*

fluke[1] [fluːk] *n Fam (stroke of luck)* chiripa; **by a ~** de chiripa

fluke[2] *n (flatworm)* trematodo *m*

fluk(e)y ['fluːkɪ] *adj Fam (lucky)* suertudo(a)

flume [fluːm] *n (at swimming pool)* tobogán *m*

flummery ['flʌmərɪ] *n* **-1.** *(dessert)* = postre frío hecho con harina de avena **-2.** *Fam (pompous nonsense)* palabrería *f*

flummox ['flʌməks] *vt Fam* desconcertar

flung *pt & pp of* **fling**

flunk [flʌŋk] *US Fam* ◇ *vt Esp* catear, *Am* reprobar, *Méx* tronar, *RP* desaprobar
 ◇ *vi Esp* catear, *Am* reprobar, *Méx* tronar, *RP* desaprobar
 ◆ **flunk out** *vi US Fam* ser expulsado(a) *(por malas notas)*

flunkey ['flʌŋkɪ] *n Fam Pej* lacayo *m*

fluorescence [flʊə'resəns] *n* fluorescencia *f*

fluorescent [flʊə'resənt] *adj* fluorescente ❑ **~ light** *(luz f)* fluorescente *m*

fluoridate ['flʊərɪdeɪt], **fluoridize** ['flʊərɪdaɪz] *vt* fluorar

fluoridation [flʊərɪ'deɪʃən] *n* fluoración *f*

fluoride ['flʊəraɪd] *n* fluoruro *m* ❑ **~ toothpaste** dentífrico *m* con fluoruro

fluoridize = **fluoridate**

fluorine ['flʊəriːn] *n* CHEM flúor *m*

fluorite ['flʊəraɪt] *n* GEOL fluorina *f*, fluorita *f*

fluorocarbon ['flʊərəʊ'kɑːbən] *n* CHEM fluorocarburo *m*

flurried ['flʌrɪd] *adj* aturullado(a); **to get ~** aturullarse

flurry ['flʌrɪ] *n* **-1.** *(of snow, wind)* torbellino *m* **-2. a ~ of activity** un torbellino *or* frenesí de actividad; **to be in a ~ of excitement** estar todo(a) aturullado(a)

flush [flʌʃ] ◇ *n* **-1.** *(redness of face)* rubor *m*, sonrojo *m*; **to bring a ~ to sb's cheeks** hacer ruborizar *or* sonrojar a alguien; *(wine)* hacer que alguien se ponga colorado(a)
 -2. *(beginning)* **in the first ~ of youth** en la primera juventud; **in the first ~ of enthusiasm** en el primer momento de entusiasmo
 -3. *(in cards)* color *m*
 -4. *(toilet mechanism)* cisterna *f*, cadena *f*; **to pull the ~, to give the toilet a ~** tirar de la cadena
 ◇ *adj* **-1.** *(even)* **the door is ~ with the wall** la puerta no sobresale de la pared **-2.** *Fam (person)* **to be ~** estar *or* andar bien de dinero **-3.** COMPTR & TYP **~ left/right** alineado(a) a la izquierda/derecha
 ◇ *vt* **-1.** *(cheeks, face)* **the exercise had flushed their cheeks** tenían las mejillas sonrojadas *or* coloradas por el ejercicio **-2.** *(toilet)* **to ~ the toilet** tirar de la cadena; **to ~ sth down the toilet** tirar algo por el váter **-3.** *(birds, game)* levantar
 ◇ *vi* **-1.** *(blush)* ruborizarse, sonrojarse; **to ~ with embarrassment** sonrojarse *or* ruborizarse de vergüenza **-2.** *(toilet)* **the lavatory isn't flushing properly** la cisterna (del váter) no funciona bien
 ◆ **flush away** ◇ *vt sep* tirar *or Am* botar al váter, tirar por el váter
 ◇ *vi* irse al tirar de la cadena
 ◆ **flush out** *vt sep* **-1.** *(clean out) (container)* limpiar; *(pipe)* purgar; *(dirt, waste)* limpiar **-2.** *(force to emerge) (animal, person in hiding)* hacer salir, sacar; *(truth)* revelar

flushed [flʌʃt] *adj (face)* ruborizado(a); **~ with** *(joy, pride)* rebosante de; *(success)* enardecido(a) por

fluster ['flʌstə(r)] ◇ *n* **to be in a ~** estar nervioso(a); **to get in a ~** ponerse nervioso(a), aturullarse
 ◇ *vt* poner nervioso(a), aturullar; **to get flustered** ponerse nervioso(a), aturullarse
 ◇ *vi* **he doesn't ~ easily** no se pone nervioso *or* no se aturulla fácilmente

flute [fluːt] *n* **-1.** *(musical instrument)* flauta *f* (traversera) **-2.** *(glass)* copa *f* de flauta *or* de champán **-3.** ARCHIT *(groove on column)* estría *f*

fluted ['fluːtɪd] *adj* **-1.** ARCHIT acanalado(a), estriado(a) **-2. ~ glass** vidrio *m* ondulado

fluting ['fluːtɪŋ] *n* ARCHIT acanaladura *f*

flutist ['fluːtɪst] *n US* MUS flautista *mf*

flutter ['flʌtə(r)] ◇ *n* **-1.** *(of wings)* aleteo *m*; *(of eyelids)* parpadeo *m*; **with a ~ of her eyelashes** pestañeando con coquetería ❑ **~ kick** *(in swimming)* patada *f* de crol
 -2. *Fam (nervous state)* **to be all in** *or* **of a ~** estar todo(a) agitado(a); **in a ~ of excitement** en un revuelo de emoción
 -3. *Br Fam (bet)* apuesta *f*; **to have a ~** hacer una pequeña apuesta; **to have a ~ on the horses/Stock Exchange** probar suerte en los caballos/la bolsa
 -4. ELEC *(in hi-fi system)* oscilación *f*
 -5. MED *(of heart)* palpitaciones *fpl*
 ◇ *vt* **to ~ its wings** *(bird)* batir las alas; **she fluttered her eyelashes at him** lo miró pestañeando con coquetería
 ◇ *vi* **-1.** *(birds, insects)* revolotear; **to ~ away** marcharse revoloteando
 -2. *(flag)* agitarse; *(wings)* agitarse
 -3. *(fall) (leaves, paper)* **the letter fluttered to the ground** la carta revoloteó hasta acabar en el suelo
 -4. *(person)* revolotear; **to ~ in/out** entrar/salir revoloteando
 -5. *(heart)* palpitar rápidamente; IDIOM **to make sb's heart ~** hacer palpitar el corazón de alguien, *RP* dar taquicardia a alguien

flutterboard ['flʌtəbɔːd] *n US & Austr* corcho *m*

fluvial ['fluːvɪəl] *adj* fluvial

flux [flʌks] *n* **-1.** *(constant change)* **in a state of ~** *(universe)* en constante fluctuación; *(situation, government)* en constante cambio **-2.** PHYS flujo *m* ❑ **~ density** densidad *f* de flujo **-3.** MED flujo *m* **-4.** TECH *(in soldering)* fundente *m*

fly[1] [flaɪ] *n* **-1.** *(of trousers)* **~**, **flies** bragueta *f*; **his ~ is** *or* **flies are open** *or* **undone** lleva la bragueta bajada *or* abierta **-2.** *(entrance to tent)* puerta *f*; *(covering for tent)* doble techo *m* **-3. ~ half** *(in rugby)* medio *m* (de) apertura, apertura *mf* **-4.** THEAT **the flies** bambalinas

fly² *Br Fam* ◇ *n* **to do sth on the ~** *(craftily, secretively)* hacer algo de tapadillo *or Esp* de extranjis
◇ *adj (cunning)* astuto(a), listo(a)

fly³ *n* **-1.** *(insect)* mosca *f* ❑ **~ agaric** amanita *f* muscaria, falsa oronja *f*
-2. *(for fishing)* mosca *f*
-3. IDIOMS **he wouldn't hurt a ~** es incapaz de matar una mosca; **they were dropping like flies** caían como moscas *or* chinches; **a ~ in the ointment** un pero, *Esp* una pequeña pega; *Fam* **there are no flies on him** se las sabe todas; **I wish I could be a ~ on the wall** me encantaría espiar por un agujerito

fly⁴ *(pt* **flew** [flu:], *pp* **flown** [fləʊn]) ◇ *vt* **-1.** *(plane, helicopter)* pilotar; **to ~ Concorde** *(pilot)* pilotar el Concorde; *(passenger)* volar en Concorde; **to ~ Air India** volar con Air India
-2. *(transport) (troops)* aerotransportar; *(passengers)* transportar *(por aire); (goods)* mandar por avión
-3. *(route, distance)* cubrir; **to ~ the Atlantic** *(pilot, passenger, plane)* cruzar el Atlántico
-4. *(combat mission)* **you had to ~ twenty missions before being eligible for leave** tenías que participar en veinte misiones aéreas para tener derecho a un permiso
-5. *(kite)* volar; **the ship/town hall was flying the Polish flag** la bandera polaca ondeaba en el barco/ayuntamiento; IDIOM **to ~ the flag** *(be patriotic)* defender los (propios) colores
-6. *(flee)* huir de, escapar de; **to ~ the nest** *(bird, child)* volar del *or* abandonar el nido; IDIOM *Fam* **to ~ the coop** *(escape)* ahuecar el ala

◇ *vi* **-1.** *(bird, plane)* volar; *(arrow, bullet, missile)* volar; *(passenger)* ir en avión, volar; **to ~ over London** sobrevolar Londres; **to ~ across the Atlantic** cruzar el Atlántico en avión; **have you ever flown** *Br* **in** *or US* **with Concorde?** ¿has ido *or* volado alguna vez en Concorde?; **he flies for an American airline** trabaja de piloto para una compañía aérea americana; **which airline did you ~ with?** ¿con qué compañía volaste?; **this plane flies well** este avión es fácil de pilotar; **the trapeze artist flew through the air** la trapecista voló por los aires; *Fig* **to be flying high** *(doing well)* estar en un muy buen momento; IDIOM **to ~ by the seat of one's pants** hacer las cosas a base de intuición
-2. *(flag, hair)* ondear; *(kite)* volar
-3. *(in wind) (coat, hair)* ondear
-4. *(move quickly) (person)* ir volando; *(time)* pasar volando; **I must ~** tengo que salir volando; **she flew down the stairs** bajó las escaleras volando *or* como una exhalación; **she flew out of the room** salió volando *or* como una exhalación de la habitación; **he came flying round the corner** dobló la esquina a toda velocidad; **sparks/dust flew into the air** saltaron chispas por los aires/se levantó una polvareda; *Literary* **he flew to her rescue** corrió a rescatarla; **the door flew open** la puerta se abrió de golpe; **his hat went flying across the room** su sombrero voló por los aires y cruzó la habitación; *Fam* **to send** *or* **knock sth/sb flying** mandar algo/a alguien por los aires; **to ~ into a rage** *or* **temper** enfurecerse, ponerse hecho(a) una furia; **to ~ in the face of sth** ir totalmente en contra de algo; **to ~ in the face of reason** ir en contra de la razón; IDIOM *Fam* **to ~ off the handle** perder los estribos
-5. *(attack)* **to ~ at sb** lanzarse sobre alguien; **to let ~ (at)** *(physically)* emprenderla *or* arremeter (contra); *(verbally)* emprenderla *or* arremeter (contra)

◇ *n* **-1.** *(in aircraft)* **to go for a ~** ir a dar una vuelta en avión **-2.** *US* **~ ball** *(in baseball)* fly *m*, = bola golpeada hacia lo alto y a lo lejos **-3.** *US Fam* **on the ~** *(ball)* por el aire; **to live on the ~** ir siempre escopeteado(a)

◆ **fly about** *vi* **-1.** *(bird, insect)* revolotear **-2.** *(rumours, accusations)* correr

◆ **fly away** *vi* **-1.** *(bird)* salir volando; *(plane, pilot)* despegar **-2.** *(papers)* volarse

◆ **fly by** *vi (time, days)* pasar volando

◆ **fly in** ◇ *vt sep (transport by aircraft)* traer *(por aire)*
◇ *vi (arrive by aircraft)* llegar *(por aire)*

◆ **fly into** *vt insep* aterrizar; **which airport are you flying into?** ¿a qué aeropuerto vuelas?

◆ **fly off** ◇ *vt sep* **-1.** *(from oil rig, island)* sacar *(por aire); (evacuate)* evacuar **-2.** *(transport by plane)* transportar *(por aire)*
◇ *vi* **-1.** *(bird, insect)* alejarse volando; *(plane, person)* volar **-2.** *(leave quickly)* irse corriendo, salir volando **-3.** *(hat)* volar por los aires, salir volando; *(lid, button)* salir disparado(a)

◆ **fly out** ◇ *vt sep (transport by aircraft)* transportar *(por aire)*
◇ *vi* **-1.** *(leave by aircraft)* salir *(por aire);* **which airport did you ~ out of?** ¿desde qué aeropuerto saliste *or* volaste? **-2.** *(come out quickly) (from hand, box, pocket)* salir disparado(a)

◆ **fly past** *vi* **-1.** *(plane, bird)* pasar volando **-2.** *(time, days)* pasar volando

flyaway ['flaɪəweɪ] *adj (hair)* suelto(a)

flyblown ['flaɪbləʊn] *adj* **-1.** *(food)* infestado(a) de moscarda **-2.** *(shabby)* mugriento(a)

fly-boy ['flaɪbɔɪ] *n US Fam* piloto *m* de las fuerzas aéreas

fly-by ['flaɪbaɪ] *(pl* **fly-bys)** *n* **-1.** *(of spacecraft)* acercamiento *m*, sobrevuelo *m* orbital de un astro **-2.** *US* desfile *m* aéreo

fly-by-night ['flaɪbaɪnaɪt] *Fam Pej* ◇ *n* pirata *mf*, = empresa o empresario que no es de fiar
◇ *adj (company)* nada fiable *or Am* confiable

fly-by-wire ['flaɪbaɪˈwaɪə(r)] *adj AV* fly-by-wire, controlado(a) por señales electrónicas

flycatcher ['flaɪkætʃə(r)] *n (bird)* papamoscas *m inv*

fly-drive ['flaɪdraɪv] *n* **~ (holiday)** vacaciones *fpl* con vuelo y alquiler de coche *or Am* carro *or RP* auto incluido

flyer = **flier**

fly-fish ['flaɪfɪʃ] *vi* pescar con mosca

fly-fishing ['flaɪfɪʃɪŋ] *n* pesca *f* con mosca; **to go ~** ir a pescar con mosca

flying ['flaɪɪŋ] ◇ *n* **she loves ~** le encanta volar; **to be afraid of ~** tener miedo a ir en avión ❑ **~ boat** hidroavión *m*; **~ circus** *(group)* escuadrón *m* de acrobacias aéreas; *(exhibition)* espectáculo *m* de acrobacias aéreas; **~ club** aeroclub *m*; **~ hours** horas *fpl* de vuelo; **~ lessons** lecciones *fpl* de vuelo; *Old-fashioned* **~ machine** máquina *f* voladora, aeroplano *m*; **~ officer** ≃ teniente *mf* de aviación; **~ suit** traje *m* de vuelo; **~ time** horas *fpl* de vuelo
◇ *adj* **-1.** *(in flight, capable of flight)* volador(ora); IDIOM **to pass an exam with ~ colours** aprobar un examen con muy buena nota ❑ HIST **~ bomb** bomba *f* volante *(en la Segunda Guerra Mundial);* **~ buttress** arbotante *m;* **~ doctor** = médico que hace uso del avión o del helicóptero para visitar a pacientes en zonas remotas o de difícil acceso; MYTHOL **the Flying Dutchman** el holandés errante; **~ fish** pez *m* volador; **~ fox** panique *m*; **~ saucer** platillo *m* volante; **~ squirrel** ardilla *f* voladora
-2. *(rapid, energetic)* **~ leap** *or* **jump** salto con carrerilla; **to get off to a ~ start** *(runner)* salir bien; *Fig (person, project, campaign)* comenzar con muy buen pie ❑ **~ tackle** placaje *m* en plancha
-3. *(mobile)* **~ column** columna *f* volante; **~ picket** piquete *m* volante; **~ squad** brigada *f* volante
-4. *(visit)* **~ visit** visita *f* relámpago

flyleaf ['flaɪli:f] *(pl* **flyleaves** ['flaɪli:vz]) *n (of book)* guarda *f*

Flymo® ['flaɪməʊ] *n* = cortacésped que funciona mediante una corriente de aire

fly-on-the-wall ['flaɪɒnðə'wɔ:l] *adj* **a ~ documentary** = documental en el que la cámara actúa con la mayor discreción posible para mostrar un retrato realista

flyover ['flaɪəʊvə(r)] *n* **-1.** *Br* paso *m* elevado **-2.** *US* desfile *m* aéreo

flypaper ['flaɪpeɪpə(r)] *n* papel *m* atrapamoscas

fly-past ['flaɪpɑ:st] *n Br* AV desfile *m* aéreo

flyposting ['flaɪpəʊstɪŋ] *n Br* = fijar carteles en lugares donde no está permitido

flysheet ['flaɪʃi:t] *n (of tent)* doble techo *m*

flyspeck ['flaɪspek] *n* **-1.** *(of fly)* cagada *f* de mosca **-2.** *(tiny spot)* mota *f*

flyspray ['flaɪspreɪ] *n (espray m)* matamoscas *m inv*

flyswat ['flaɪswɒt], **flyswatter** ['flaɪswɒtə(r)] *n* matamoscas *m inv*

fly-tipping ['flaɪtɪpɪŋ] *n Br* vertido *m* ilegal (de residuos)

flytrap ['flaɪtræp] *n* BOT atrapamoscas *m inv*

flyweight ['flaɪweɪt] *n (in boxing)* peso *m* mosca

flywheel ['flaɪwi:l] *n* TECH volante *m* (de motor)

flywhisk ['flaɪwɪsk] *n* matamoscas *m inv (con forma de cepillo)*

FM [ef'em] *n* RAD *(abbr* **frequency modulation)** FM *f*

FMCG ['efemsi:dʒi:] *n* COM *(abbr* **fast-moving consumer goods)** productos *mpl* de venta rápida

f-number ['efnʌmbə(r)] *n* PHOT número *m* f

FO [ef'əʊ] *n Br* POL *(abbr* **Foreign Office)** Ministerio *m* de Asuntos Exteriores *or Am* Relaciones Exteriores

foal [fəʊl] ◇ *n* potro *m*, potrillo *m*; **to be in ~** estar preñada
◇ *vi* parir

foam [fəʊm] ◇ *n* **-1.** *(on beer, sea)* espuma *f*; *(at mouth)* espuma *f*; **a ~ bath** un baño de espuma *or* con burbujas **-2.** *(used in firefighting)* espuma *f* **-3.** *(for padding, packing)* espuma *f* ❑ **~ rubber** gomaespuma *f*
◇ *vi (sea, beer)* hacer espuma; **to ~ at the mouth** echar espuma por la boca

◆ **foam up** *vi* hacer espuma

foamy ['fəʊmɪ] *adj* espumoso(a)

fob [fɒb] *n (chain)* cadena *f* (de reloj), leontina *f*; *(on keyring)* colgante *m* (de llavero) ❑ **~ watch** reloj *m* de bolsillo

◆ **fob off** *(pt & pp* **fobbed)** *vt sep Fam* **to ~ sb off with sth** quitarse a alguien de encima con algo; **to ~ sth off on sb** colocarle *or* encasquetarle algo a alguien

f.o.b. COM *(abbr* **free on board)** f.o.b., f.o.b.

focal ['fəʊkəl] *adj* **-1.** PHYS & PHOT focal ❑ **~ distance** distancia *f* focal; **~ length** distancia *f* focal; **~ plane** plano *m* focal; **~ point** *(of lens)* foco *m* **-2.** *(most important)* central; **~ point** *(centre of attraction)* núcleo *m*, foco *m* de atención

foci *pl of* **focus**

fo'c's'le = **forecastle**

focus ['fəʊkəs] ◇ *n (pl* **focuses** *or* **foci** ['fəʊkaɪ]) **-1.** *(of lens)* foco *m*; **in ~** *(binoculars, camera, projector)* enfocado(a); *(picture, image)* (bien) enfocado(a); **out of ~** *(binoculars, camera, projector)* desenfocado(a); *(picture, image)* desenfocado(a), mal enfocado(a); **to bring an image into ~** enfocar una imagen; *Fig* **let's try and get the problem into ~** vamos a intentar definir claramente el problema
-2. *(of interest)* foco *m*; *(of discussion)* tema *m*; **the issue became a ~ of people's discontent** el tema se convirtió en un exponente del descontento de la gente; **the ~ of the conference is on human rights** el tema central de la conferencia son los derechos humanos; **she was the ~ of attention** fue el centro de la atención; **the government is trying to shift the ~ of the debate** el gobierno está intentando desviar el énfasis del debate ❑ COM & POL **~ group** grupo *m* muestra
-3. MED *(of infection)* foco *m*
◇ *vt (pt & pp* **focussed** *or* **focused)** **-1.** PHYS *(rays of light)* enfocar
-2. *(camera, microscope)* enfocar

-3. *(eyes)* **he couldn't ~ his eyes** no podía enfocar la mirada; **all eyes were focused on him** todas las miradas estaban centradas en él
-4. *(one's interest, energy)* concentrar (**on** en); *(attention)* centrar (**on** en)
◇ *vi* **-1.** *(camera, microscope)* enfocar **-2.** *(with eyes)* enfocar la vista (**on** en) **-3.** *(concentrate)* **to ~ on sth** *(debate, speaker)* centrarse en algo

focussed ['fəʊkəst] *adj* **she's very ~** tiene muy claro lo que quiere

fodder ['fɒdə(r)] *n (for animal)* forraje *m*; *Fig* **this is ~ for the tabloids** esto da mucho que hablar a la prensa sensacionalista

FOE [ef əʊ 'iː] *n (abbr* **Friends of the Earth**) Amigos *mpl* de la Tierra

foe [fəʊ] *n* enemigo(a) *m,f*

foetal, *US* **fetal** ['fiːtəl] *adj* fetal ❏ **~ distress** sufrimiento *m* fetal; **~ position** posición *f* fetal

foetus, *US* **fetus** ['fiːtəs] *n* feto *m*

fog [fɒg] ◇ *n* **-1.** *(mist)* niebla *f* ❏ **~ bank** banco *m* de niebla; AUT **~ lamp** faro *m* antiniebla; AUT **~ light** faro *m* or luz *f* antiniebla **-2.** *(mental)* **to be in a ~** *(confused)* estar confuso(a), encontrarse confundido(a) **-3.** PHOT *(on film, negative)* velo *m*
◇ *vt* **-1.** *(glass, mirror)* empañar **-2.** *(confuse)* confundir **-3.** PHOT *(film, negative)* velar
◇ *vi* **-1. to ~** *(over or up) (glass, mirror)* empañarse **-2.** PHOT *(film, negative)* velarse

fogbound ['fɒgbaʊnd] *adj (port, airport)* paralizado(a) por la niebla

fogey, fogy ['fəʊgɪ] *(pl* **fogeys, fogies)** *n Fam* **old ~** carroza, *Am* carcamán; *Hum* **young ~** nene(a) carca

fogeyish ['fəʊgɪʃ] *adj Fam* carca, carroza

foggy ['fɒgɪ] *adj* **-1.** *(misty)* neblinoso(a); **a ~ day** un día de niebla; **it's ~ hay (mucha) niebla** ❏ *Fam* **Foggy Bottom** = apelativo usado para referirse al Ministerio de Asuntos Exteriores estadounidense **-2.** IDIOM *Fam* **I haven't (got) the foggiest (idea)!** ¡no tengo ni la menor *or* ni la más remota idea!

foghorn ['fɒghɔːn] *n (on ship)* sirena *f* de niebla; IDIOM **a voice like a ~** un vozarrón

fogy = **fogey**

foible ['fɔɪbəl] *n* manía *f*

foie gras [ˌfwɑː'grɑː] *n* **(pâté de) ~** foie-gras *m*

foil [fɔɪl] ◇ *n* **-1.** *(tinfoil)* papel *m* de aluminio, *Esp* papel *m* Albal® **-2.** *(counterweight, contrast)* contrapunto *m*; **to act as a ~ (to** *or* **for)** servir de contrapunto (a *or* para) **-3.** *(sword)* florete *m* **-4.** *(hydrofoil)* hidroaleta *f*
◇ *vt (thwart)* frustrar, malograr; *Hum* **(curses!,) foiled again!** (¡maldición!) ¡he fallado nuevamente!

foist [fɔɪst] *vt* **-1.** *(unload)* **to ~ sth on sb** endosar algo a alguien **-2.** *(impose on)* imponer (**on** a); **he foisted himself on us for the weekend** se nos colocó en casa durante todo el fin de semana

fold¹ [fəʊld] *n* **(sheep) ~** redil *m*; IDIOM **to return to the ~** volver al redil

fold² ◇ *n* **-1.** *(crease)* pliegue *m*; **folds of fat** pliegues de grasa **-2.** GEOL pliegue *m*
◇ *vt (cloth, paper)* doblar; *(chair, table)* plegar; **to ~ sth in two** *or* **in half** doblar algo por la mitad; **she sat with her legs folded under her** se sentó sobre los talones; **she sat with her hands folded in her lap** se sentó con las manos recostadas sobre el regazo; **the bird folded its wings** el pájaro dobló *or* cerró las alas; **to ~ one's arms** cruzarse de brazos; **he folded her in his arms** la estrechó entre sus brazos
◇ *vi* **-1.** *(chair, table)* plegarse **-2.** *Fam (business)* quebrar

◆ **fold away** ◇ *vt sep* plegar
◇ *vi (chair, table)* plegarse

◆ **fold back** ◇ *vt sep (sheets)* doblar; *(sleeves)* remangar; *(shutters, partition)* plegar
◇ *vi (shutters, partition)* plegarse

◆ **fold down** *vt sep (sheet)* doblar (hacia fuera); **he folded down a corner of the page** dobló una esquina de la página

◆ **fold in** *vt sep* CULIN incorporar
◆ **fold up** ◇ *vt sep* doblar
◇ *vi (map, chair)* plegarse

-fold [fəʊld] *suffix* **it's a six/twelve~ increase** se ha multiplicado por seis/doce

foldaway ['fəʊldəweɪ] *adj* plegable

folder ['fəʊldə(r)] *n* **-1.** *(file, document wallet)* carpeta *f*; *(ring binder)* carpeta *f* de anillas **-2.** COMPTR carpeta *f*

folding ['fəʊldɪŋ] *adj* **-1.** *(chair, table)* plegable ❏ **~ doors** puertas *fpl* plegables **-2.** *Fam* **~ money** billetes *mpl*

foldout ['fəʊldaʊt] *n (in a book)* (página *f*) desplegable *m*

foliage ['fəʊlɪdʒ] *n* follaje *m*

folic acid ['fɒlɪk'æsɪd] *n* BIOCHEM ácido *m* fólico

folio ['fəʊlɪəʊ] *(pl* **folios)** *n* **-1.** *(of paper)* folio *m*; TYP *(page number)* folio *m* **-2.** *(book)* libro *m* en folio, infolio *m* **-3.** *(paper size)* folio *m*

folk [fəʊk] ◇ *npl Fam* **-1.** *(people)* gente *f*; **the ~ I work with** la gente con la que trabajo; **most folk(s) just want a quiet life** la mayor parte de la gente quiere una vida tranquila; **old/young folk(s)** los viejos/la gente joven; **city/country folk(s)** la gente de ciudad/campo; **hi folks!** ¡qué hay! **-2. my/your folks** *(family)* mi/tu familia, mi/tu gente; *US (parents)* mis/tus padres
◇ *n (music)* música *f* folk *or* popular
◇ *adj (traditional)* **~ art** artesanía *f* popular *or* tradicional; **~ dance** baile *m* popular *or* regional; **~ etymology** etimología *f* popular; **~ hero** héroe *m* popular; **~ medicine** medicina *f* tradicional; **~ memory** acervo *m* popular, memoria *f* de la gente; **~ music** música *f* folk *or* popular; **~ rock** folk rock *m*; **~ singer** cantante *mf* de folk; **~ song** canción *f* folk *or* tradicional; **~ tale** cuento *m* popular

folklore ['fəʊklɔː(r)] *n* folclor *m*, folclore *m*

folklorist ['fəʊklɔːrɪst] *n* folclorista *mf*

folksy ['fəʊksɪ] *adj Fam* **-1.** *US (friendly)* simpático(a) **-2.** *(simple, down-to-earth)* simplón(ona)

follicle ['fɒlɪkəl] *n* folículo *m*

follow ['fɒləʊ] ◇ *vt* **-1.** *(go after) (person, path, route)* seguir; **I think we're being followed** creo que nos están siguiendo; **the road follows the coast** la carretera va a lo largo de la costa; **~ that!** ¡toma ya!, *RP* ¡ahí tenés!; **to ~ suit** *(in cards)* seguir el palo; *Fig* seguir el ejemplo; IDIOM **to ~ the crowd** dejarse llevar por la masa; IDIOM **to ~ one's nose** *(go straight ahead)* seguir todo recto *or* derecho; *(act instinctively)* guiarse por el instinto
-2. *(come after)* seguir a; **in the years that followed his death** en los años posteriores a su muerte; **the news will ~ this programme** a este programa le seguirán las noticias; **roast chicken followed by ice cream** pollo asado y de postre, helado
-3. *(be guided by) (example, fashion, instructions)* seguir; *(career)* hacer, seguir; **she followed a strict fitness regime** siguió un estricto programa de preparación física; **~ your instincts** sigue tus instintos
-4. *(understand)* seguir; **I don't quite ~ you** no te sigo bien
-5. *(pay attention to)* seguir; **are you following events in Afghanistan?** ¿te mantienes al tanto de los acontecimientos en Afganistán?; **to ~ a tune** seguir una melodía; **to ~ sb's progress** seguir el progreso de alguien
-6. *(support) (team, leader)* ser de; **I ~ the Bears** soy de los Bears
-7. *(believe in) (religion, method)* seguir
◇ *vi* **-1.** *(come after)* seguir; **there follows a special newsflash** a continuación un avance informativo especial; **what followed would change the course of history** lo que siguió cambió el transcurso de la historia; **in the years that followed** en los años posteriores; **proceed as follows** proceda de la siguiente forma; **their names are as follows** sus nombres son los siguientes
-2. *(result)* **it follows that...** se sigue *or* deduce que...; **just because I was late once it doesn't ~ that I will be again** porque llegara tarde una vez no quiere decir que lo vaya a volver hacer; **it follows from X that Y...** de X se deduce que Y...
-3. *(understand)* entender; **I don't ~** no (lo) entiendo

◆ **follow around** *vt sep* seguir por todas partes

◆ **follow on** *vi* continuar, seguir; **to ~ on from my earlier remarks...** a lo anteriormente dicho quisiera añadir *or Am* agregar...

◆ **follow through** ◇ *vt sep (argument, development)* desarrollar; **to ~ a project through (to the end)** llevar a cabo un proyecto (hasta el final)
◇ *vi* **-1.** *(complete task)* llegar hasta el final **-2.** SPORT acompañar el golpe

◆ **follow up** *vt sep* **-1.** *(advantage, success)* acrecentar; **they followed up their debut single with a platinum album** a su single de debut le siguió un disco de platino **-2.** *(continue) (contact, job opportunity)* hacer un seguimiento de; **they didn't ~ up their complaint** presentaron una queja pero no persistieron en ella; **~ up your initial phone call with a letter** confirma tu llamada inicial por escrito; **to ~ up a clue** seguir una pista

follower ['fɒləʊə(r)] *n* **-1.** *(devotee, disciple)* seguidor(ora) *m,f*; **as followers of this programme will be aware...** como los seguidores de este programa sabrán...; **a ~ of fashion** un seguidor de la moda **-2.** *(attendant)* vasallo(a) *m,f*

following ['fɒləʊɪŋ] ◇ *n (of team)* seguidores *mpl*; *(of politician, political party)* partidarios *mpl*; *(of TV programme)* audiencia *f*; *(of novelist, pop group)* admiradores *mpl*
◇ *pron* **the ~ is the full list** a continuación figura la lista completa
◇ *adj* siguiente; **on the ~ day** al día siguiente; **a ~ wind** un viento favorable *or* a favor

follow-my-leader ['fɒləʊmaɪ'liːdə(r)], *US* **follow-the-leader** ['fɒləʊðə'liːdə(r)] *n* = juego en el que los participantes han de imitar lo que hace el primero de la fila

follow-on ['fɒləʊˈɒn] *n (continuation)* continuación *f*

follow-the-leader *US* = **follow-my-leader**

follow-through ['fɒləʊθruː] *n* **-1.** *(consolidation)* seguimiento *m*, continuidad *f* **-2.** SPORT *(of stroke)* acompañamiento *m* (del golpe)

follow-up ['fɒləʊʌp] *n* **-1.** *(to event, research)* continuación *f* ❏ **~ interview** *(for job, research)* segunda entrevista *f*; **~ programme** *(on TV)* continuación *f*; **~ research** investigación *f* complementaria **-2.** COM *(to bill, letter)* seguimiento *m*; **a ~ phone call/letter** una llamada/carta de seguimiento **-3.** MED *(checkup)* revisión *f*

folly ['fɒlɪ] *n* **-1.** *(foolishness)* locura *f*; **an act of ~** una locura; **it would be (sheer) ~ to continue** sería una (verdadera) locura seguir **-2.** ARCHIT pequeño edificio *m* ornamental **-3.** THEAT **follies** revista *f*

foment [fə'ment] *vt (unrest, ill feeling)* fomentar

fond [fɒnd] *adj* **-1. to be ~ of sb** *(like)* tener cariño *or* aprecio a alguien; **to be ~ of (doing) sth** gustar a alguien (hacer) algo; **I'm very ~ of sweet things** me gustan mucho los dulces; **to become ~ of sb** encariñarse con alguien; **she was ~ of the occasional whisky** le gustaba tomarse un whisky de vez en cuando; **he is rather too ~ of the sound of his own voice** le encanta escucharse a sí mismo
-2. *(loving) (friend, wife, parent, embrace)* cariñoso(a); **~ memories** recuerdos entrañables; **with fondest love** *(in letter)* con mucho cariño
-3. *(hope, belief)* vano(a)

fondant ['fɒndənt] *n* fondant *m*

fondle ['fɒndəl] *vt* acariciar

fondly ['fɒndlɪ] *adv* **-1.** *(lovingly)* cariñosamente **-2.** *(naively)* ingenuamente; **to ~ imagine that...** creer ingenuamente que...

fondness ['fɒndnɪs] *n* **-1.** *(affection)* cariño *m*, afecto *m* (**for** por) **-2.** *(liking)* afición *f* (**for** a), gusto *m* (**for** por); **to have a ~ for drink** tener afición a la bebida

fondue ['fɒndu:] *n* fondue *f* ❑ **~ set** fondue *f (utensilios)*

font [fɒnt] *n* **-1.** REL pila *f* bautismal **-2.** TYP & COMPTR tipo *m* (de letra), fuente *f*

fontanelle, *US* **fontanel** [fɒntə'nel] *n* ANAT fontanela *f*

food [fu:d] *n* comida *f*; **we gave them ~** les dimos comida *or* algo de comer; **take some ~ for the journey** lleva algo de comida para el viaje; **exotic/imported food(s)** alimentos exóticos/de importación; **~ and drink** comida y bebida; **to be off one's ~** estar desganado(a); **to give sb ~ for thought** dar a alguien en qué pensar ❑ **~ additive** aditivo *m* (alimentario); BIOL **~ chain** cadena *f* trófica; **~ colouring** colorante *m* alimenticio; **~ combining** combinación *f* de alimentos; **~ court** = plaza o zona de un centro comercial dedicada al consumo de comida rápida; **~ critic** crítico(a) *m,f* gastronómico(a); **~ hall** departamento *m* de alimentación; **~ industry** industria *f* alimentaria; **~ mixer** batidora *f*; **~ parcel** paquete *m* de alimentos; **~ poisoning** intoxicación *f* alimentaria; **~ processor** robot *m* de cocina; *US* **~ stamp** = cupón que se da a gentes con bajos ingresos para la adquisición de alimentos; **~ technology** tecnología *f* de la alimentación; **~ value** valor *m* alimenticio *or* nutricional

foodie ['fu:dɪ] *n Fam* sibarita *mf* de la cocina

foodstuffs ['fu:dstʌfs] *npl* alimentos *mpl*, *(productos mpl)* comestibles *mpl*

fool¹ [fu:l] ◇ *n* **-1.** *(stupid person)* idiota *mf*; **she was a ~ to go/agree** cometió una estupidez al ir/acceder; **some ~ of a politician** algún político idiota; **any ~ could do it** cualquier necio podría hacerlo; **to play** *or* **act the ~** hacer el tonto; **to make a ~ of sb** poner a alguien en ridículo; **to make a ~ of oneself** hacer el ridículo; **(the) more ~ you!** ¡peor para ti!; **I felt such a ~** me sentí como un tonto; **she's no** *or* **nobody's ~** no tiene un pelo de tonta; **to send sb on a ~'s errand** hacer perder el tiempo a alguien; IDIOM **they're living in a ~'s paradise** viven en las nubes; PROV **there's no ~ like an old ~** no hay peor tonto que un viejo tonto; PROV **a ~ and his money are soon parted** poco le dura el dinero a quien mal lo administra; PROV **fools rush in where angels fear to tread** la ignorancia es osada ❑ **~'s gold** pirita *f*

-2. *(jester)* bufón *m*

◇ *adj US Fam* estúpido(a), insensato(a); **that's just the kind of ~ thing he'd do** ésa es justo la típica estupidez propia de él; **that ~ brother of mine** el estúpido *or* insensato de mi hermano

◇ *vt (deceive)* engañar; **they had me completely fooled** me engañaron por completo; **to ~ sb into doing sth** engañar a alguien para que haga algo; **he fooled me into believing it** me lo hizo creer; **(I) fooled you!** ¡te engañé!; **you caído!**; **he's an expert? you could have fooled me!** ¿que es un experto? ¡quién lo hubiera dicho!

◇ *vi* **-1.** *(act foolishly)* hacer el tonto *or* el indio; **stop fooling!** ¡deja de hacer el tonto! **-2.** *(joke)* bromear; **I was only fooling** estaba de broma **-3.** *(trifle)* **you'd better not ~ with him/me** más vale que no le/me toques mucho las narices

◆ **fool about, fool around** *vi* **-1.** *(act foolishly)* hacer el tonto *or* el indio
-2. *(fiddle)* juguetear, enredar; **to ~ about** *or* **around with sth** enredar con algo
-3. *(waste time)* perder el tiempo
-4. *Fam (have affair)* tener una aventura (**with** con); **her husband was always fooling around** su marido siempre tenía algún lío de faldas
-5. *Fam (couple)* besuquearse, *Esp* morrearse

◆ **fool away** *vt sep US (money)* despilfarrar, malgastar; *(time)* malgastar

fool² *n* CULIN = crema de frutas con nata

foolery ['fu:lərɪ] *n Fam* idioteces *fpl*, *Am* pendejadas *fpl*

foolhardiness ['fu:lhɑ:dɪnɪs] *n* temeridad *f*

foolhardy ['fu:lhɑ:dɪ] *adj* temerario(a)

foolish ['fu:lɪʃ] *adj* **-1.** *(stupid, ridiculous)* tonto(a); **to make sb look ~** dejar a alguien en ridículo; **I felt rather ~** me sentí como un idiota **-2.** *(imprudent)* *(decision, choice)* insensato(a), imprudente; **to do sth** hacer una imprudencia; **I was ~ enough to believe her** fui lo suficientemente insensato *or* imprudente como para creerla

foolishly ['fu:lɪʃlɪ] *adv (to act)* irreflexivamente; **~, I agreed to do it, I ~ agreed to do it** con gran imprudencia por mi parte acepté hacerlo

foolishness ['fu:lɪʃnɪs] *n (of action, decision)* estupidez *f*, imprudencia *f*; **I don't want any more ~!** ¡no quiero más tonterías!

foolproof ['fu:lpru:f] *adj (method, plan)* infalible

foolscap ['fu:lskæp] *n Br* pliego *m* común (de 43 x 34 cm)

foosball ['fu:zbɔ:l] *n US* fútbol *m* de mesa, *Esp* futbolín *m*, *Arg* metegol *m*, *Chile* taca-taca *m*, *Méx, Urug* futbolito *m*

foot [fʊt] (*pl* **feet** [fi:t]) ◇ *n* **-1.** *(of person)* pie *m*; *(of animal, chair)* pata *f*; **a ~ injury** una lesión en el pie; **the dog lay at her feet** el perro estaba tumbado a sus pies; **on ~** a pie, caminando, *Esp* andando; **she is on her feet all day** se pasa el día entero de pie *or Am* parada; **to be on one's feet again** *(after illness)* estar recuperado; **we'll soon have you back on your feet** *(better)* dentro de poco estarás recuperado; **to get to one's feet** levantarse, ponerse de pie, *Am* pararse; **to jump to one's feet** levantarse *or* ponerse de pie *or Am* pararse de un salto; **to put one's feet up** *(rest)* descansar; **I was so tired I could barely put one ~ in front of the other** estaba tan cansado que apenas podía caminar; **to set ~ in/on** poner los pies en ❑ **~ bath** baño *m* de pies; **~ brake** freno *m* de pie; **~ fault** *(in tennis)* falta *f* de pie; **~ passenger** pasajero(a) *m,f*, peatón *m*; MIL **~ patrol** patrulla *f* de infantería; **~ pedal** pedal *m*; **~ soldier** soldado *mf* de infantería; **~ spa** masaje *m* para pies

-2. *(lower part)* *(of mountain, stairs, page)* pie *m*; **at the ~ of** al pie de

-3. *(measurement)* pie *m* (= 30,48 cm); **three ~** *or* **feet six (inches)** tres pies y seis pulgadas (= 1,06 m); **at 2,000 feet** a dos mil pies (= 609,6 m)

-4. *(in poetry)* pie *m*

-5. IDIOMS **the job's not much, but it's a ~ in the door** el trabajo no es gran cosa, pero supone un primer paso; **to find one's feet** *(in new surroundings, activity)* familiarizarse; **to get off on the right/wrong ~** empezar con buen/mal pie, *RP* empezar con el pie derecho/izquierdo; **to have feet of clay** tener (los) pies de barro; **to have a ~ in both camps** tener intereses en los dos bandos; **to have one's** *or* **both feet (firmly) on the ground** tener los pies en la tierra; **to have one ~ in the grave** tener un pie en la tumba; **I was out on my feet** *(exhausted)* estaba que no me tenía en pie; **she hasn't put a ~ wrong** no ha cometido un solo error; *Fam* **my ~!** ¡ni loco!, *Esp* ¡y un jamón!, *Méx* ¡ni yendo a bailar a Chalma!, *RP* ¡tu abuela!; **to put one's ~ down** *(be firm) Esp* ponerse serio(a), *Am* no ceder; *(refuse)* negarse *Esp* en redondo *or Am* rotundamente; *(drive faster)* apretar el acelerador, pisar fuerte; *Fam* **to put one's ~ in it, to put one's ~ in one's mouth** meter la pata; **we've been rushed off our feet** no hemos parado ni un instante; **we had to think on our feet** tuvimos que tomar una decisión en el momento; **the children have been under my feet all day** los niños han estado incordiándome todo el día

◇ *vt* **to ~ the bill** pagar la cuenta

footage ['fʊtɪdʒ] *n* CIN secuencias *fpl*; TV imágenes *fpl*

foot-and-mouth disease ['fʊtən'maʊθdɪzi:z] *n* glosopeda *f*, fiebre *f* aftosa

football ['fʊtbɔ:l] *n* **-1.** *Br (soccer)* fútbol *m*; *(ball)* balón *m* (de fútbol) ❑ **~ club** club *m* (de fútbol); **~ colours** colores *mpl* del equipo; **~ fan** hincha *mf*, forofo(a) *m,f*; **~ ground** estadio *m* de fútbol; **~ hooligan** hooligan *mf*, hincha *mf* violento(a); **~ hooliganism** hooliganismo *m*, violencia *f* futbolística; **~ league** liga *f* de fútbol; **~ match** partido *m* de fútbol; **~ pitch** campo *m* de fútbol; **~ player** futbolista *mf*; **~ pools** quiniela *f*; **~ stadium** estadio *m* de fútbol; **~ strip** uniforme *m* del equipo; **~ supporter** hincha *mf*, forofo(a) *m,f*; **~ team** equipo *m* (de fútbol)

-2. *US (American football)* fútbol *m* americano; *(ball)* balón *m* (de fútbol americano) ❑ **~ fan** hincha *mf*, forofo(a) *m,f*; **~ field** campo *m* de fútbol; **~ game** partido *m* de fútbol americano; **~ league** liga *f* de fútbol americano; **~ pitch** campo *m* de fútbol americano; **~ player** futbolista *mf*, jugador(ora) *m,f* de fútbol americano; **~ stadium** estadio *m* de fútbol americano; **~ supporter** hincha *mf*, forofo(a) *m,f*; **~ team** equipo *m* (de fútbol americano)

-3. IDIOMS **the abortion issue has become a political ~** el aborto se ha convertido en un tema con el que los políticos intentan marcar puntos

footballer ['fʊtbɔ:lə(r)] *n* futbolista *mf*

footboard ['fʊtbɔ:d] *n (on bed)* pies *mpl*

footbridge ['fʊtbrɪdʒ] *n* puente *m* peatonal

-footed ['fʊtɪd] *suffix* **swift~** de paso ligero

-footer ['fʊtə(r)] *suffix* **the boat is a 15~** la barca mide seis pies de eslora

footer ['fʊtə(r)] *n* TYP pie *m* de página

footfall ['fʊtfɔ:l] *n* **-1.** *(sound)* pisada *f* **-2.** COM *(customers)* número *m* de clientes

footgear ['fʊtgɪə(r)] *n* calzado *m*

foothills ['fʊthɪlz] *npl* estribaciones *fpl*

foothold ['fʊthəʊld] *n* punto *m* de apoyo; **to gain a ~** *(climber)* afianzar el pie; *Fig* introducirse; COM **to get** *or* **secure a ~ in a market** introducirse *or* entrar en un mercado

footie, footy ['fʊtɪ] *n Br Fam* fútbol *m*, *RP* fóbal *m*

footing ['fʊtɪŋ] *n* **-1.** *(balance)* **to lose one's ~** *(on hill, ladder)* perder el equilibrio **-2.** *(basis)* **on an equal ~** de igual a igual; **on a sound financial ~** con una base económica sólida; **on a war ~** en pie de guerra; **to be on a friendly ~ with sb** tener buenas relaciones con alguien

footle ['fu:təl]

◆ **footle about, footle around** *vi Fam (potter)* perder el tiempo

footless ['fʊtlɪs] *adj* **-1.** *(tights)* sin pie **-2.** *US (inept)* torpe

footlights ['fʊtlaɪts] *npl* THEAT candilejas *fpl*

footling ['fu:tlɪŋ] *adj Fam (objection)* nimio(a); *(sum)* irrisorio(a)

footloose ['fʊtlu:s] *adj* libre de ataduras; **to be ~ and fancy-free** ser libre como el viento

footman ['fʊtmən] *n* lacayo *m*

footmark ['fʊtmɑ:k] *n* huella *f*, pisada *f*

footnote ['fʊtnəʊt] *n* nota *f* a pie de página; **as a ~ I should just mention...** a modo de haciendo un inciso, debería mencionar...; *Fig* **he was a mere ~ to history** no fue más que una gota en el océano de la historia

footpath ['fʊtpɑ:θ] *n* sendero *m*, senda *f*

footplate ['fʊtpleɪt] *n Br* plataforma *f* del maquinista

footprint ['fʊtprɪnt] *n* **-1.** *(of foot)* huella *f*, pisada *f* **-2.** *(of satellite)* (zona *f* de) cobertura *f* **-3.** COMPTR = espacio físico que ocupa un sistema informático

footpump ['fʊtpʌmp] *n* bomba *f* de pie

footrest ['fʊtrest] *n (under desk, on motorcycle)* reposapiés *m inv*

Footsie ['fʊtsɪ] *n* ST EXCH *(abbr* **Financial Times-Stock Exchange 100 Index)** Footsie *m*

footsie ['fʊtsɪ] *n Fam* **to play ~ with sb** *(under the table)* = acariciar a alguien con el pie por debajo de la mesa; *(collaborate with)* entenderse con alguien

footsore ['fʊtsɔː(r)] *adj* con los pies doloridos

footstep ['fʊtstep] *n* paso *m*; IDIOM **to follow in sb's footsteps** seguir los pasos de alguien

footstool ['fʊtstuːl] *n* escabel *m*, reposapiés *m inv*

footswitch ['fʊtswɪtʃ] *n (for guitar)* interruptor *m* de pie

foot-up [fʊt'ʌp] *n (in soccer)* juego *m* peligroso *(por levantar la pierna)*

footwear ['fʊtweə(r)] *n* calzado *m*

footwork ['fʊtwɜːk] *n* **-1.** *(in dancing, sports)* juego *m* de pies; *Fig* **fancy ~** *(in difficult situation)* malabarismos **-2.** *(walking)* **the job entails a lot of ~** el trabajo supone andar mucho

footy *Fam* = **footie**

fop [fɒp] *n Pej* petimetre *m*

foppish ['fɒpɪʃ] *adj* peripuesto(a)

for [fɔː(r), *unstressed* fə(r)] ⋄ *prep* **-1.** *(reason)* por; **what did you say that ~?** ¿por qué has dicho eso?; **they chose him ~ his looks** lo eligieron por su buena apariencia; **they fined him ~ speeding** lo multaron por exceso de velocidad; **she couldn't sleep ~ the pain** no pudo dormir a causa del dolor; **to jump ~ joy** dar saltos de alegría; **there must be a reason ~ him to be so quiet** debe estar callado por alguna razón; **if it weren't ~ you** si no hubiera sido por ti; **if it hadn't been ~ the weather** si no hubiera sido por el tiempo; **he did five years ~ robbery** cumplió cinco años por robo; **he was operated on ~ cancer** le operaron de un cáncer

-2. *(purpose)* para; **what's it ~?** ¿para qué es?; **underwear ~ men** ropa interior de hombre; **a table ~ two** una mesa para dos; **there's no time ~ that** no hay tiempo para eso; **bring that chair over ~ me to sit on** acércame una silla para que me pueda sentar; **can you give me something ~ the pain?** ¿me puede dar algo para el dolor?; **to ask sb round ~ dinner** invitar a alguien a cenar; **~ hire** se alquila, *Méx* se renta; **~ sale** se vende, en venta

-3. *(in order to get)* **I always go to my uncle ~ advice** siempre voy a pedirle consejo a mi tío; **will you go ~ the paper?** ¿podrías traer el periódico?, *Esp* ¿podrías ir a por el periódico?; **he reached ~ his wallet** sacó su cartera; **we had to run ~ the bus** tuvimos que correr para alcanzar el autobús; **I've sent off ~ details** he pedido que me envíen más detalles; **we did it ~ a laugh** lo hicimos por divertirnos *or* por diversión

-4. *(destination)* para; **to leave ~ France** salir hacia *or* para Francia; **the plane ~ Dallas** el avión de *or* para Dallas; **it's ~ you** es para ti; **there's a prize ~ the winner** hay un premio para el ganador; **her love ~ him** el amor que siente por él; *Br Fam* **I'm ~ bed** me voy a la cama

-5. *(on the occasion of)* para; **what do you want ~ your birthday?** ¿qué quieres para tu cumpleaños?; **what's ~ dinner?** ¿qué hay *or* de cenar?

-6. *(in exchange for)* **I bought it ~ £10** lo compré por 10 libras; **it is insured ~ $5,000** está asegurado en 5.000 dólares; **you get a lot ~ your money at that restaurant** la comida de ese restaurante sale muy bien de precio; **I wouldn't do that ~ all the world** *or* **~ anything** no lo haría ni por todo el oro del mundo

-7. *(with regard to, considering)* para; **he is big ~ his age** es grande para su edad; **~ a woman of your age...** para una mujer de tu edad...; **he's quite nice ~ an Australian** para ser australiano no es mala persona; **that's ~ you to decide** eso lo tienes que decidir tú; **~ me, she's the best** para mí, es la mejor; **how are we ~ time?** ¿cómo vamos de tiempo?; **they sell ten red bikes ~ every black one** se venden diez bicicletas de color rojo por cada una de color negro; **as ~ him/that,...** en cuanto a él/eso,...

-8. *(representing, on behalf of)* **A ~ Andrew** A de Andrés; **what's the Russian ~ "book"?** ¿cómo se dice "libro" en ruso?; **he plays ~ Boca Juniors** juega en (el) Boca Juniors; **I work ~ an insurance company** trabajo para una aseguradora; **I can't speak ~ her** no puedo hablar por ella; **to be happy ~ sb** estar contento(a) por alguien

-9. *(duration)* durante; **cook ~ an hour** cocinar durante una hora; **I was there ~ a month** pasé un mes allí; **I've been here ~ a month** llevo un mes aquí; **I will be here ~ a month** voy a pasar un mes aquí; **I haven't been there ~ a month** hace un mes que no voy (por allí); **we have enough food ~ two days** tenemos comida suficiente para dos días

-10. *(point in time)* **~ the first/last time** por primera/última vez; **it's time ~ lunch** es la hora de comer *or* almorzar; **can I book a table ~ eight o'clock?** querría reservar una mesa para las ocho; **I need it ~ Friday** lo necesito (para) el viernes; **can you do it ~ next Monday?** ¿lo puedes hacer para el lunes que viene?; **be there at five ~ five thirty** estáte ahí entre las cinco y las cinco y media

-11. *(distance)* **we ran ~ miles** corrimos varias millas

-12. *(in favour of)* **to be ~ sth** estar a favor de algo; **who's ~ a game of chess/a glass of wine?** ¿quién quiere jugar una partida de ajedrez/un vaso de vino?, ¿a quién *Esp* apetece *or Carib,Col, Méx* le provoca *or Méx* se le antoja una partida de ajedrez/un vaso de vino?; **to vote ~ sth** votar a favor de *or* por algo; **I'm all ~ it!** ¡estoy absolutamente a favor!

-13. *(introducing an infinitive clause)* **it is too early ~ me to decide** es demasiado pronto para decidirme; **it's time ~ us to act** ya es hora de que actuemos; **it will be difficult/easy ~ her to come** lo va a tener difícil/fácil para venir, le va a ser difícil/fácil venir; **it took an hour ~ us to get there** tardamos *or Am* demoramos una hora en llegar; **it's rare ~ her to be late** no es normal que llegue tarde

-14. *(despite)* a pesar de; **~ all his wealth, he was still unhappy** a pesar de todo su dinero, no era feliz; **~ all that, we're still good friends** a pesar de eso, seguimos siendo buenos amigos

-15. *(to the liking of)* para; **she's too quiet ~ me** es demasiado tranquila para mi gusto; **it's too small ~ you** es demasiado pequeño para ti

-16. *(in phrases)* **now ~ the moment you've all been waiting for** y ahora el momento que todos esperaban; *Fam* **he's ~ it!** ¡se la va a cargar!; *RP* ¡se va a ligar una!; **~ all the good it will do!** ¡para lo que va a servir!; **~ all I care** para lo que me importa; **I ~ one am going to stay** yo por lo menos me voy a quedar; **~ one thing,..., ~ another...** por un lado..., por el otro...; **that's men ~ you!** ¡los hombres, ya se sabe!; *Ironic* **there's gratitude ~ you!** ¡los he visto más agradecidos!

⋄ *conj Literary (because)* dado que

forage ['fɒrɪdʒ] ⋄ *n* **-1.** *(search)* búsqueda *f*; **to have a ~ for sth** buscar algo **-2.** *(animal food)* forraje *m* **-3.** MIL **~ cap** gorra *f* militar

⋄ *vt* **-1.** *(obtain)* reunir **-2.** *(feed)* dar forraje a

⋄ *vi* **to ~ (about** *or* **around) for** buscar

foray ['fɒreɪ] *n* **-1.** *(raid)* incursión *f* **(into** en) **-2.** *(excursion)* incursión *f* **(into** en); **she was on one of her forays round the bookshops** estaba en una de sus expediciones por las librerías; **he made a brief ~ into politics** hizo una breve incursión en el mundo de la política

forbade *pt of* **forbid**

forbear [fɔː'beə(r)] *(pt* **forbore** [fɔː'bɔː(r)], *pp* **forborne** [fɔː'bɔːn]) ⋄ *vi Formal* **to ~ from doing sth** abstenerse de hacer algo, contenerse para no hacer algo; **I forbore to point out it had been my idea all along** omití *or* me abstuve de señalar que la idea había sido mía

⋄ = **forebear**

forbearance [fɔː'beərəns] *n* paciencia *f*, tolerancia *f*

forbearing [fɔː'beərɪŋ] *adj* paciente, tolerante

forbid [fə'bɪd] *(pt* **forbade** [fə'bæd, fə'beɪd], *pp* **forbidden** [fə'bɪdən]) *vt* **-1.** *(not allow)* prohibir; **to ~ sb to do sth** prohibir a alguien que haga algo; **he was forbidden from seeing her again** le prohibieron volver a verla; **to ~ oneself sth** prohibirse algo **-2.** *(prevent)* **God** *or* **Heaven ~!** ¡Dios no lo quiera!

forbidden [fə'bɪdən] *adj* prohibido(a); **smoking/talking (is) ~** (está) prohibido fumar/hablar ⋄ **~ fruit** fruta *f* prohibida; **~ territory** *(literally)* zona *f* prohibida, territorio *m* vedado; *Fig (subject, topic)* tema *m* tabú *or* prohibido

forbidding [fə'bɪdɪŋ] *adj (appearance, look)* severo(a); *(sky)* amenazador(ora); *(landscape)* agreste; *(task)* dificultoso(a); **it was a ~ prospect** era una perspectiva aterradora

forbiddingly [fə'bɪdɪŋlɪ] *adv* **the castle towered ~ over the town** el castillo se elevaba amenazadoramente *or* imponentemente sobre la ciudad; **~ difficult/complex** de una dificultad/complejidad insalvable

forbore *pt of* **forbear**

forborne *pp of* **forbear**

force [fɔːs] ⋄ *n* **-1.** *(strength, violence)* fuerza *f*; **to use ~** emplear la fuerza; **by (sheer** *or* **brute) ~** por la fuerza; **they won by ~ of numbers** ganaron por superioridad numérica

-2. *(power, influence)* fuerza *f*; **the ~ of gravity** la fuerza de la gravedad; **the forces of Nature** las fuerzas de la naturaleza; **a ~ 9 gale** un viento de fuerza 9; **various forces conspired to bring about his downfall** diversas causas contribuyeron a su caída; **a ~ for good** una fuerza del bien; **the forces of evil** las fuerzas del mal; **~ of circumstance(s)** causas de fuerza mayor; **she is a ~ to be reckoned with** es alguien a tener en cuenta; **I did it from ~ of habit** lo hice por la fuerza de la costumbre ⋄ **~ field** campo *m* de fuerza

-3. *(group)* fuerza *f*; **the (armed) forces** las fuerzas armadas; **the police ~** la policía, el cuerpo de policía; **to join forces (to do sth)** unir fuerzas (para hacer algo); **they turned out in (full) ~** se presentaron en gran número

-4. **to be in ~** *(law)* estar en vigor; **to come into ~** entrar en vigor

⋄ *vt* **-1.** *(compel)* forzar, obligar; **to ~ a smile** forzar una sonrisa; **to ~ sb to do sth** *or* **into doing sth** forzar *or* obligar a alguien a hacer algo; **she was forced into accepting the offer** se vio obligada a aceptar la oferta; **to ~ sth on sb** imponer algo a alguien; **to ~ oneself to do sth** forzarse a hacer algo; *Fam* **I can't manage any more chocolate – go on, ~ yourself!** no me cabe más chocolate – ¡vamos, haz un esfuerzo *or RP* dale, castigate un poco!

-2. *(use force on) (door, lock)* forzar; **to ~ a vehicle off the road** obligar a un vehículo a salirse de la carretera; **to ~ a door open** abrir una puerta a la fuerza; **to ~ one's way through a crowd** abrirse paso a través de una multitud; **they forced his head under the water** le hundieron la cabeza en el agua a la fuerza; **to ~ an entry** entrar por la fuerza; **to ~ sb's hand** forzar a alguien a tomar una decisión; **to ~ the issue** acelerar las cosas; **to ~ oneself on sb** *(sexually)* intentar forzar a alguien

-3. *(quicken)* **to ~ the pace** forzar el ritmo

-4. *(flowers, plants)* forzar

-5. COMPTR **to ~ quit** forzar la salida

◆ **force back** *vt sep* **they forced the**

enemy back obligaron a retroceder al enemigo; **to ~ back the tears** contener o reprimir las lágrimas
- **force down** vt sep **-1.** (medicine, food) tragar a la fuerza
  -2. (aircraft) **the plane was forced down** el avión se vio obligado a aterrizar
  -3. (prices, interest rates) hacer bajar
- **force open** vt sep abrir forzudo
- **force out** vt sep **he forced out an apology** pidió perdón de una manera forzada; **I always have to ~ the truth out of you** siempre tengo que extraerte la verdad con pinzas
- **force up** vt sep (prices, interest rates) hacer subir

forced [fɔːst] adj **-1.** (manner, laugh) forzado(a) **-2.** (compulsory) **~ labour** trabajos mpl forzados; AV **~ landing** aterrizaje m forzoso; MIL **~ march** marcha f forzada

force-feed ['fɔːsˈfiːd] (pt & pp **force-fed** ['fɔːsˈfed]) vt dar de comer a la fuerza

forceful ['fɔːsfʊl] adj **-1.** (person) con mucha personalidad; (language) enérgico(a), lleno de fuerza **-2.** (argument) poderoso(a), contundente

forcefully ['fɔːsfʊlɪ] adv (to act, speak) enérgicamente; (to argue, reason) de forma contundente

force majeure ['fɔːsmæˈʒɜː(r)] n LAW fuerza f mayor

forcemeat ['fɔːsmiːt] n Br CULIN (picadillo m de) relleno m

forceps ['fɔːseps] npl MED **(a pair of) ~** (unos) fórceps m inv ◻ **~ delivery** parto m con fórceps

forcible ['fɔːsɪbəl] adj **-1.** (reminder) contundente **-2.** LAW **~ entry** Esp allanamiento m de morada, Am invasión f de domicilio

forcibly ['fɔːsɪblɪ] adv **-1.** (by force) por la fuerza; **they were ~ removed from the premises** los sacaron por la fuerza del local **-2.** (powerfully) **I was ~ reminded of his father by these words** estas palabras me recordaron vivamente a su padre

forcing ['fɔːsɪŋ] n **-1.** CULIN **~ bag** manga f (pastelera) **-2.** (in gardening) **~ house** (for plants) maduradero m; Fam Fig **it's just an academic ~ house** lo único que les importa en ese colegio son los resultados académicos

ford [fɔːd] ◇ n vado m
◇ vt vadear

fordable ['fɔːdəbəl] adj vadeable

fore [fɔː(r)] ◇ n **he was always to the ~ at such times** en momentos como ése, él siempre aparecía o se dejaba ver; **to come to the ~** cobrar importancia, pasar a primer plano; **the revolt brought these issues to the ~** la revuelta ha hecho pasar estos temas a un primer plano; **this question has been very much to the ~ in the talks** esta pregunta ha estado muy presente en las conversaciones
◇ adj **-1.** (front) delantero(a), anterior **-2.** NAUT de proa; **~ hatch/cabins** escotilla/camarotes de proa
◇ adv NAUT **they searched the ship ~ and aft** registraron el barco de proa a popa

forearm ['fɔːrɑːm] n antebrazo m

forearmed [fɔːrˈɑːmd] adj **he came ~** vino preparado

forebear, forbear ['fɔːbeə(r)] n antepasado(a) m,f, ancestro m

forebode [fɔːˈbəʊd] vt Formal augurar, presagiar

foreboding [fɔːˈbəʊdɪŋ] n presentimiento m ominoso; **the news filled us with ~** la noticia nos llenó de desasosiego

forebrain ['fɔːbreɪn] n ANAT prosencéfalo m

forecast ['fɔːkɑːst] ◇ n pronóstico m; COM previsión f; **the (weather) ~** (prediction) el pronóstico meteorológico; (programme) el parte meteorológico, el tiempo
◇ vt (pt & pp **forecast(ed)**) pronosticar; **showers are ~ for tomorrow** el pronóstico para mañana es de lluvias

forecaster ['fɔːkɑːstə(r)] n **weather ~** meteorólogo(a); **political/economic ~** analista político(a)/económico(a)

forecastle, fo'c'sle ['fəʊksəl] n NAUT castillo m de proa

foreclose [fɔːˈkləʊz] FIN ◇ vt **to ~ a mortgage** ejecutar una hipoteca
◇ vi **to ~ (on a mortgage/a loan)** ejecutar (una hipoteca/un crédito)

foreclosure [fɔːˈkləʊʒə(r)] n FIN ejecución f

forecourt ['fɔːkɔːt] n (of petrol station) explanada f delantera

foredeck ['fɔːdek] n cubierta f de proa

forefathers ['fɔːfɑːðəz] npl ancestros mpl

forefinger ['fɔːfɪŋgə(r)] n (dedo m) índice m

forefoot ['fɔːfʊt] n pata f delantera

forefront ['fɔːfrʌnt] n **to be at** or **in the ~ (of)** estar a la vanguardia (de); **it was at the ~ of my mind** lo tenía siempre en mente

foregather = **forgather**

for(e)go [fɔːˈgəʊ] (pt **for(e)went** [fɔːˈwent], pp **for(e)gone** [fɔːˈgɒn]) vt Formal renunciar a

foregoing [fɔːˈgəʊɪŋ] Formal ◇ n **the ~** lo anterior, lo anteriormente dicho
◇ adj precedente, anterior

foregone ['fɔːgɒn] adj **the result was a ~ conclusion** el resultado ya se conocía de antemano

foreground ['fɔːgraʊnd] ◇ n primer plano m; **in the ~** (in picture) en primer plano; **to keep the issue in the ~** mantener el asunto en el primer plano de actualidad or en el candelero
◇ vt poner de relieve

forehand ['fɔːhænd] ◇ n (tennis stroke) drive m
◇ adj (tennis stroke) de drive ◻ **~ smash** mate m (de drive); **~ volley** volea f de drive

forehead ['fɒrɪd, 'fɔːhed] n frente f

foreign ['fɒrɪn] adj **-1.** (from another country) extranjero(a); (trade, policy) exterior; **she sounded ~** tenía acento extranjero ◻ **~ affairs** política f exterior, asuntos mpl exteriores; **~ aid** (to another country) ayuda f (al) exterior; (from another country) ayuda f extranjera or (del) exterior; Br **Foreign and Commonwealth Office** Ministerio m de Asuntos Exteriores or Am Relaciones Exteriores; JOURN **~ correspondent** corresponsal mf (en el extranjero); **~ currency reserves** reservas fpl de divisas; **~ debt** deuda f exterior or externa; **~ exchange** (currency) divisas fpl; (system) mercado m de divisas; **~ investment** inversión f extranjera; **Foreign Legion** legión f extranjera; **Foreign Minister** ministro(a) m,f de Asuntos Exteriores or Am Relaciones Exteriores; Br **Foreign Office** Ministerio m de Asuntos Exteriores or Am Relaciones Exteriores; **~ policy** política f exterior; Br **Foreign Secretary** ministro(a) m,f de Asuntos Exteriores or Am Relaciones Exteriores; US **~ service** = funcionariado en las embajadas y consulados estadounidenses; **~ trade** comercio m exterior
-2. (not characteristic) ajeno(a); **this is ~ to our traditions** esto es ajeno a nuestras tradiciones
-3. MED **~ body** cuerpo m extraño

foreigner ['fɒrɪnə(r)] n extranjero(a) m,f

forejudge [fɔːˈdʒʌdʒ] vt prejuzgar

foreknowledge ['fɔːnɒlɪdʒ] n Formal conocimiento m previo

foreland ['fɔːlænd] n promontorio m, lengua f de tierra

foreleg ['fɔːleg] n pata f delantera

forelock ['fɔːlɒk] n mechón m de pelo (sobre los ojos); IDIOM **to touch** or **tug one's ~** hacer una reverencia

foreman ['fɔːmən] n **-1.** IND capataz m, encargado m **-2.** (of jury) presidente m or portavoz m (del jurado)

foremast ['fɔːmɑːst] n NAUT trinquete m

foremost ['fɔːməʊst] adj principal; **one of our ~ citizens** uno de nuestros más ilustres or insignes ciudadanos; **the matter was ~ in my mind** el asunto ocupaba la mayor parte de mis pensamientos

forename ['fɔːneɪm] n nombre m (de pila)

forensic [fəˈrensɪk] adj LAW forense ◻ **~ evidence** pruebas fpl forenses; **~ medicine** medicina f legal or forense; **~ scientist** forense mf; **~ skill** pericia f legal

forepaw ['fɔːpɔː] n (of dog) uña f; (of cat) zarpa f

foreplay ['fɔːpleɪ] n juego m amoroso (antes del coito)

forequarter ['fɔːkwɔːtə(r)] n (of meat) espaldilla f, cuarto m delantero; **forequarters** (of animal) cuartos delanteros

forerunner ['fɔːrʌnə(r)] n predecesor(ora) m,f

foresee [fɔːˈsiː] (pt **foresaw** [fɔːˈsɔː], pp **foreseen** [fɔːˈsiːn]) vt prever; **this could not have been foreseen** esto era imposible de prever

foreseeable [fɔːˈsiːəbəl] adj previsible; **in the ~ future** en un futuro próximo or no muy lejano; **for the ~ future** en tiempos venideros, en el futuro inmediato

foreseen pp of **foresee**

foreshadow [fɔːˈʃædəʊ] vt presagiar, anunciar

foreshore ['fɔːʃɔː(r)] n franja f costera intermareal

foreshorten [fɔːˈʃɔːtən] vt escorzar

foreshortened [fɔːˈʃɔːtənd] adj en escorzo, escorzado(a)

foresight ['fɔːsaɪt] n previsión f; **she had the ~ to see what would probably happen** supo prever lo que podría ocurrir; **lack of ~** falta de previsión

foreskin ['fɔːskɪn] n prepucio m

forest ['fɒrɪst] n bosque m; Fig **a ~ of hands** una multitud de manos ◻ **~ fire** incendio m forestal; US **~ ranger** guarda mf forestal, guardabosques mf inv

forestall [fɔːˈstɔːl] vt **-1.** (preempt) anticiparse a, adelantarse a **-2.** (prevent) impedir

forestay ['fɔːsteɪ] n NAUT estay m de proa

forester ['fɒrɪstə(r)] n (keeper) guardabosque mf, guarda mf forestal; (technical specialist) ingeniero(a) m,f de montes

forestry ['fɒrɪstrɪ] n silvicultura f ◻ **the Forestry Commission** = organismo oficial británico dedicado al cuidado y explotación forestales; **~ worker** trabajador(ora) m,f forestal

foretaste ['fɔːteɪst] n anticipo m; **to give** or **offer (sb) a ~ of sth** ofrecer (a alguien) un anticipo de algo

foretell [fɔːˈtel] (pt & pp **foretold** [fɔːˈtəʊld]) vt predecir; **nobody could have foretold what happened next** nadie podría haber anticipado lo que ocurrió a continuación

forethought ['fɔːθɔːt] n previsión f; **lack of ~** falta de previsión; **if you had given it some ~...** si antes lo hubieses pensado un poco...

foretold pt & pp of **foretell**

forever [fəˈrevə(r)] ◇ n Fam **to take ~ (to do sth)** tardar un siglo (en hacer algo), Am demorar una eternidad (en hacer algo)
◇ adv **-1.** (until the end of time) para siempre; **it won't last ~** no durará eternamente or para siempre; **Scotland ~!** ¡viva Escocia!
-2. (for good) para siempre; **dinosaurs have vanished ~** los dinosaurios se han extinguido para siempre
-3. Fam (a long time) eternamente; **we can't wait ~** no podemos esperar eternamente
-4. (repeatedly) constantemente; **he was ~ changing his mind** siempre estaba cambiando de opinión

forevermore [fɔːrevəˈmɔː(r)] adv Literary por el resto de los días, para siempre jamás

forewarn [fɔːˈwɔːn] vt advertir; PROV **forewarned is forearmed** hombre prevenido vale por dos

forewent pt of **forego**

forewoman ['fɔːwʊmən] n **-1.** IND capataza f, encargada f **-2.** (of jury) presidenta f or portavoz f (del jurado)

foreword ['fɔːwɜːd] n prólogo m

forfeit ['fɔːfɪt] ◇ n **-1.** (in game) prenda f; **to play forfeits** jugar a las prendas; **to pay a ~** pagar una prenda **-2.** (penalty) multa f; **one's privacy is the ~ one pays for success** la pérdida de la intimidad es el precio que hay que pagar por el éxito **-3.** LAW (confiscation) sanción f

forfeiture / **formally**

◇ vt Formal (right, property, sb's respect) renunciar a, sacrificar; **to ~ one's life** sacrificar la vida; FIN **to ~ a deposit** renunciar al depósito

◇ adj Formal (subject to confiscation) decomisable; (confiscated) decomisado(a); **her life could be ~** le podría costar la vida

forfeiture ['fɔːfɪtʃə(r)] n pérdida f

forfend [fɔː'fend] vt Archaic or Literary **heaven ~!** ¡Dios no lo quiera!

forgather, foregather [fɔː'gæðə(r)] vi Formal congregarse

forgave pt of **forgive**

forge [fɔːdʒ] n (factory) fundición f; (of blacksmith) forja f, fragua f

◇ vt **-1.** (metal, alliance) forjar; **a friendship forged in adversity** una amistad forjada en la adversidad **-2.** (counterfeit) falsificar

◇ vi (go forward) seguir adelante, avanzar; **we forged on, hoping to reach the village by nightfall** seguimos adelante or avanzamos, con la esperanza de llegar al pueblo antes de que cayera la noche; **to ~ into the lead** ponerse a la cabeza

◆ **forge ahead** vi **-1.** (make progress) progresar a pasos agigantados; **to ~ ahead with one's plans** seguir adelante con los planes **-2.** (in competition) tomar la delantera

forged [fɔːdʒd] adj (banknote, letter) falso(a), falsificado(a); (signature) falsificado(a)

forger ['fɔːdʒə(r)] n falsificador(ora) m,f

forgery ['fɔːdʒərɪ] n **-1.** (crime) falsificación f **-2.** (forged object, signature) falsificación f; **it's a ~** es una falsificación

forget [fə'get] (pt **forgot** [fə'gɒt], pp **forgotten** [fə'gɒtən]) ◇ vt **-1.** (not recall) olvidar; **I'll never ~ you** nunca te olvidaré; **I've forgotten her name, I ~ her name** se me ha olvidado su nombre; **I want to ~ everything for a few days** quiero olvidarme de todo durante unos días; Fam **you can ~ the holiday** ya puedes decir adiós a las vacaciones, RP andá despidiéndote de las vacaciones; **to ~ to do sth** olvidarse de hacer algo; **I'll never ~ meeting him for the first time** nunca olvidaré la primera vez que lo vi; **to ~ how to do sth** olvidar cómo se hace algo, olvidarse de cómo se hace algo; **to be forgotten (by)** caer en el olvido (de); **that has all been forgotten now** eso ya ha quedado olvidado or pasó al olvido; **the whole affair is best forgotten** es mejor que olvidemos el asunto; **to ~ (that)...** olvidar que...; **I mentioned it** como si no hubiera dicho nada, RP hacé de cuenta que no dije nada; **it's my idea and don't you ~ it!** es idea mía, que no se te olvide; **I'd like to thank all my friends, not forgetting my family** quisiera dar las gracias a todos mis amigos, sin olvidarme de mi familia; Fam **~ it!** (in reply to apology) olvídalo, RP no fue nada; (in reply to thanks) no hay de qué; (stop talking about it) dejémoslo, RP dejémoslo así; (no way) ¡ni hablar!; **I'm in charge and don't you ~ it!** yo soy el que manda, ¡ni se te ocurra olvidarlo!; **to ~ oneself** perder el control

-2. (leave behind) olvidar(se); **I forgot my coat at their place** (me) olvidé el abrigo en su casa

◇ vi olvidarse (**about** de); **before I ~** antes de que (se) me olvide; **don't ~** no te olvides; **let's ~ about it** olvidémoslo, RP dejémoslo así; Fam **you can ~ about the holiday** ya puedes decir adiós a las vacaciones, RP andá despidiéndote de las vacaciones

forgetful [fə'getfʊl] adj olvidadizo(a); **how ~ of me!** ¡qué olvido por mi parte!; **to be ~ of sth** (one's duties) desatender algo

forgetfulness [fə'getfʊlnɪs] n mala memoria f

forget-me-not [fə'getmɪnɒt] n nomeolvides m inv

forgettable [fə'getəbəl] adj poco memorable; **a very ~ performance** una actuación para olvidar or el olvido

forgivable [fə'gɪvəbəl] adj perdonable

forgivably [fə'gɪvəblɪ] adv comprensiblemente

forgive [fə'gɪv] (pt **forgave** [fə'geɪv], pp **forgiven** [fə'gɪvən]) ◇ vt **-1.** (pardon) perdonar; **to ~ sb (for sth)** perdonar (algo) a alguien; **can you ever ~ me?** ¿me podrás perdonar alguna vez?; **I'll never ~ myself if he dies** si llegara a morir nunca me lo perdonaría; **one could be forgiven for finding this strange** no es de extrañar que a uno esto le parezca raro; **~ my ignorance, but who was this Galsworthy?** disculpa mi ignorancia, pero ¿quién era Galsworthy?

-2. (debt, payment) **to ~ (sb) a debt** perdonar una deuda (a alguien)

◇ vi **to ~ and forget** perdonar y olvidar

forgiveness [fə'gɪvnɪs] n **-1.** (pardon) perdón m; **to ask (sb) for ~** pedir perdón (a alguien) **-2.** (indulgence) indulgencia f; **he was full of ~** era muy indulgente

forgiving [fə'gɪvɪŋ] adj indulgente

forgo = **forego**

forgone pp of **forgo**

forgot pt of **forget**

forgotten [fə'gɒtən] ◇ adj (obscure) olvidado(a)

◇ pp of **forget**

forint ['fɒrɪnt] n forint m inv, forinto m

fork [fɔːk] n **-1.** (for food) tenedor m, Am trinche m **-2.** (for lifting hay) horca f **-3.** (in road) bifurcación f; **take the left ~** tomar el desvío a or de la izquierda **-4.** (of bicycle, motorbike) horquilla f **-5. a ~ of lightning** un relámpago (bifurcado)

◇ vt **-1. he forked the food into his mouth** se llevó la comida a la boca con el tenedor **-2. they were forking hay onto the truck** cargaban heno con la horca en el camión

◇ vi **-1.** (road, river) bifurcarse **-2.** (driver) desviarse; **right for the airport** desvíate or toma la desviación a la derecha para ir al aeropuerto

◆ **fork out** Fam ◇ vt sep (money) aflojar, Esp apoquinar, RP garpar

◇ vi aflojar (**for** por), Esp apoquinar (**for** por), RP garpar (**for** por)

forked [fɔːkt] adj (tongue) bífido(a), (tail) ahorquillado(a); (stick) bifurcado(a); IDIOM Hum **to speak with ~ tongue** hablar con dobleces ❑ **~ lightning** relámpagos mpl (bifurcados)

fork-lift ['fɔːklɪft] n **~ (truck)** carretilla f elevadora

forlorn [fə'lɔːn] adj **-1.** (wretched) desdichado(a); **a ~ cry** un grito de desesperado **-2.** (lonely) (place) abandonado(a); (look, appearance) desamparado(a) **-3.** (desperate) (belief, attempt) desesperado(a); **in the ~ hope that...** con la vana esperanza de que...

forlornly [fə'lɔːnlɪ] adv desesperanzadamente, apesadumbradamente

form [fɔːm] ◇ n **-1.** (shape) forma f; **in the ~ of...** en forma de...; **the news came in the ~ of a fax** las noticias llegaron por fax; **to take ~** tomar forma; **to take the ~ of...** consistir en...; **~ and content** forma y fondo or contenido

-2. (type) forma f; **it's a ~ of madness** es una forma de locura; **some ~ of apology would be nice** no estaría mal que te disculparas de una manera u otra; **a ~ of address** una fórmula de tratamiento; **~ of transport** forma or modalidad de transporte

-3. (formality) **as a matter of ~, for ~'s sake** por guardar las formas

-4. (for applications, orders) formulario m, impreso m, Méx forma f; **to fill in** or **out a ~** rellenar un formulario or un impreso or Méx una forma ❑ COMPTR **~ feed** avance m de página; **~ letter** carta f general

-5. (condition) forma f (física); **to be in (good) ~** estar en (buena) forma

-6. (recent performances) (of athlete, player, team) forma f; (in horseracing) reciente historial m; **on current ~, this team is unlikely to win** tal y como está jugando últimamente es poco probable que este equipo gane; **on current ~, the government is unlikely to last long** de seguir así, este gobierno no durará mucho; **this tennis player is in** or **on (good) ~** este tenista está en plena forma or jugando (muy) bien; Fig **you're on (good) ~ today!** ¡hoy estás en vena or forma!; **this sprinter is out of** or **off ~** este esprínter no está en plena forma or corriendo (muy) bien; Fig **I'm a bit off ~ at the moment** no estoy muy en forma últimamente; Fig **true to ~, he failed to turn up** como de costumbre, no se presentó; **to upset the ~ book** ganar contra pronóstico

-7. Br SCH (class) clase f; (year) curso m ❑ **~ room** aula asignada a cada curso para pasar lista, guardar material escolar, etc.; **~ teacher** tutor(ora) m,f

-8. (body, figure) silueta f; **a slender ~ appeared at the door** una delgada silueta apareció en la puerta

-9. Old-fashioned (etiquette) **it's good/bad ~** es de buena/mala educación

-10. (mould) molde m

-11. GRAM forma f

-12. Br Fam (criminal record) ficha f

-13. Br (bench) banco m (sin respaldo)

◇ vt **-1.** (shape) formar; **to ~ a line** ponerse en fila; **she formed her hands into a cup** puso las manos en forma de cuenco

-2. (organization, party, committee) formar, fundar

-3. (develop) (relationship, friendship) establecer; (plan) concebir; (habit) adquirir; **to ~ an idea/opinion** formarse una idea/opinión; **I formed the impression that she wasn't interested** me dio la impresión de que no estaba interesada

-4. (constitute) (obstacle, basis) constituir; **the river forms a natural barrier** el río constituye or forma una barrera natural; **to ~ part of sth** formar parte de algo

-5. GRAM (past tense, imperative etc) formar; **the plural is formed by adding an "s"** el plural se forma añadiendo or Am agregando una "s"

◇ vi formarse; **they formed into a circle** se pusieron en círculo

formal ['fɔːməl] adj **-1.** (ceremonious) formal; **a ~ dinner** una cena de gala; **a ~ occasion** un acto de gala ❑ **~ dress** (for men) traje m de etiqueta; (for women) vestido m largo or de noche

-2. (correct) (person, language) ceremonioso(a), solemne; (behaviour) ceremonioso(a), solemne; **he's very ~** es muy ceremonioso or solemne; **don't be so ~** olvídate las formalidades; **"usted" is the ~ pronoun** "usted" es el pronombre de tratamiento de cortesía

-3. (official) formal; **he has no ~ qualifications** no tiene titulación oficial; **a ~ application** una solicitud oficial; **we gave him a ~ warning** lo amonestamos por escrito ❑ **~ education** formación f académica

-4. (ordered) **~ garden** jardín m francés or racionalista

-5. LING formal

-6. PHIL **~ language** lenguaje m formal

formaldehyde [fɔː'mældəhaɪd] n CHEM formaldehído m

formalin ['fɔːməlɪn] n CHEM formol m, formalina f

formalism ['fɔːməlɪzəm] n formalismo m

formalist ['fɔːməlɪst] ◇ n formalista mf

◇ adj formalista

formality [fɔː'mælɪtɪ] n **-1.** (ceremoniousness) formalidad f **-2.** (procedure) formalidad f; **it's a mere ~** no es más que un trámite or una formalidad; **let's skip the formalities** vamos a dejarnos de formalidades

formalization [fɔːməlaɪ'zeɪʃən] n formalización f

formalize ['fɔːməlaɪz] vt formalizar

formally ['fɔːməlɪ] adv **-1.** (with ceremony) formalmente

-2. (correctly) (to speak) con solemnidad; (to behave) ceremoniosamente; **he expresses himself very ~** se expresa de una manera muy solemne

formant -3. *(officially)* oficialmente, formalmente; **to be ~ educated** haber seguido una enseñanza reglada, tener formación académica; **~ announced/agreed** anunciado/acordado de manera oficial

formant ['fɔːmənt] *n* PHYS & LING formante *m*

format ['fɔːmæt] ◇ *n* **-1.** *(size)* formato *m*; TYP **A ~** = formato de un libro de 110 por 178 milímetros; **B ~** = formato de un libro de 130 por 198 milímetros **-2.** *(design, layout)* formato *m*, presentación *f*; **the news on TV now has a new ~** los *Esp* telediarios *or Am* noticieros tienen ahora un nuevo formato *or* una nueva presentación **-3.** COMPTR formato *m*
◇ *vt* (*pt & pp* **formatted**) COMPTR *(disk, page, text)* formatear

formation [fɔːˈmeɪʃən] *n* **-1.** *(establishment) (of committee, government)* formación *f*; *(of club, company)* fundación *f* **-2.** *(development)* desarrollo *m* **-3.** *(arrangement)* formación *f*; SPORT esquema *m* (de juego); **in battle ~** en formación de combate ❑ **~ dancing** baile *m* sincronizado; **~ flying** vuelo *m* en formación **-4.** MIL *(unit)* formación *f* **-5.** GEOL formación *f*

formative ['fɔːmətɪv] *adj* formativo(a); **the ~ years** los años de formación

formatted ['fɔːmætɪd] *adj (disk, text, page)* formateado(a)

formatting ['fɔːmætɪŋ] *n* COMPTR **-1.** *(action) (of disk, text)* formateado *m* **-2.** *(format) (of text)* formato *m*

former ['fɔːmə(r)] ◇ *adj* **-1.** *(earlier, previous) (pupil, colleague)* antiguo(a); **in a ~ life** en una vida anterior; **in ~ times** antiguamente; **he is a mere shadow of his ~ self** no es más que una sombra de lo que fue; **the ~ Soviet Union** la antigua Unión Soviética **-2.** *(first)* primero(a); **I prefer the ~ suggestion** prefiero la primera sugerencia
◇ *pron* **the ~** *(singular)* el/la primero(a); *(plural)* los/las primeros(as)

formerly ['fɔːməlɪ] *adv* anteriormente; **Burkina Faso, ~ Upper Volta** Burkina Faso, antes *or* anteriormente llamado Alto Volta

form-filling ['fɔːmˌfɪlɪŋ] *n* papeleo *m*; **there was a lot of ~** hubo mucho papeleo, hubo que rellenar muchos formularios

Formica® [fɔːˈmaɪkə] *n* formica® *f*

formic acid ['fɔːmɪkˈæsɪd] *n* CHEM ácido *m* fórmico

formidable [fɔːˈmɪdəbəl] *adj* **-1.** *(daunting) (opponent)* temible, terrible; *(task, difficulty, obstacle)* tremendo(a) **-2.** *(impressive) (performance, talent)* formidable, extraordinario(a); *(achievement, skills)* extraordinario(a); **a ~ intellect** un intelecto extraordinario

formidably ['fɔːmɪdəblɪ] *adv* **-1.** *(dauntingly) (difficult)* tremendamente **-2.** *(impressively) (talented, thorough)* extraordinariamente

formless ['fɔːmlɪs] *adj* informe, sin forma

formlessness ['fɔːmlɪsnɪs] *n* falta *f* de forma

Formosa [fɔːˈməʊsə] *n Formerly* Formosa

formula ['fɔːmjʊlə] (*pl* **formulas** *or* **formulae** ['fɔːmjʊliː]) *n* **-1.** *(recipe, procedure)* fórmula *f*; **the ~ for success** la clave del éxito; **a peace/pay ~** una fórmula para la paz/de pago
-2. *(form of words)* fórmula *f*; **a polite ~** una fórmula de cortesía; **a ~ acceptable to both sides** una fórmula aceptable para ambas partes
-3. MATH & PHYS fórmula *f*
-4. CHEM fórmula *f*
-5. SPORT **Formula One** Fórmula *f* 1
-6. *US (baby milk)* leche *f* maternizada

formulaic [fɔːmjʊˈleɪɪk] *adj* formulario(a)

formulate ['fɔːmjʊleɪt] *vt* formular; **it's difficult to ~ in words** es difícil expresarlo en palabras

formulation [fɔːmjʊˈleɪʃən] *n* **-1.** *(of plan)* formulación *f*; *(of idea)* formulación *f*, expresión *f* **-2.** *(of medicine, cosmetics)* fórmula *f*

fornicate ['fɔːnɪkeɪt] *vi Formal* fornicar

fornication [fɔːnɪˈkeɪʃən] *n Formal* fornicación *f*

fornicator ['fɔːnɪkeɪtə(r)] *n Formal* fornicador(ora) *m,f*

forsake [fəˈseɪk] (*pt* **forsook** [fəˈsʊk], *pp* **forsaken** [fəˈseɪkən]) *vt Literary* **-1.** *(abandon)* abandonar **-2.** *(give up)* renunciar a

forsaken [fəˈseɪkən] *adj* abandonado(a)

forsook *pt of* **forsake**

forsooth [fəˈsuːθ] *exclam Archaic* ¡en efecto!

forswear [fɔːˈsweə(r)] (*pt* **forswore** [fɔːˈswɔː(r)], *pp* **forsworn** [fɔːˈswɔːn]) *vt Formal* **-1.** *(renounce)* renunciar firmemente a **-2.** *(deny)* negar rotundamente **-3. to ~ oneself** *(commit perjury)* perjurar

forsythia [fɔːˈsaɪθɪə] *n* forsitia *f*

fort [fɔːt] *n* MIL fortaleza *f*, fuerte *m*; *Fig* **to hold** *or US* **hold down the ~** quedarse al cargo

---

FORT KNOX

La base militar de **Fort Knox**, en Kentucky, alberga los lingotes de las reservas de oro de EE.UU. El nombre **Fort Knox** se emplea a menudo en sentido figurado para dar a entender que un lugar está celosamente vigilado o es inexpugnable: "their house has so many burglar alarms it's like Fort Knox" ("su casa tiene tantas alarmas que parece Fort Knox").

---

forte ['fɔːtɪ] ◇ *n (strong point)* fuerte *m*
◇ *adj* MUS forte
◇ *adv* MUS forte

forth [fɔːθ] *adv* **-1.** *Literary (out, forward)* **to go** *or* **set ~** partir; **to send ~** enviar; **to walk back and ~** ir de aquí para allá **-2.** *Literary (forwards in time)* **from that day ~** a partir de ese día **-3. and (so on and) so ~** y así sucesivamente

Forth Bridge ['fɔːθˈbrɪdʒ] *n* **the ~** el puente Forth; IDIOM *Br Hum* **it's like painting the ~** es el cuento de nunca acabar

forthcoming [fɔːθˈkʌmɪŋ] *adj* **-1.** *(imminent) (election)* próximo(a); *(book)* de próxima aparición; *(movie)* de próximo estreno **-2.** *(available)* **no money/help was ~** no había dinero/ayuda disponible; **no answer was ~** no se ofreció ninguna respuesta **-3.** *(informative)* comunicativo(a); **he wasn't very ~ (on the subject)** no estuvo muy comunicativo (respecto a ese asunto)

forthright ['fɔːθraɪt] *adj* directo(a), franco(a)

forthwith [fɔːθˈwɪθ] *adv Formal* en el acto

forties ['fɔːtɪz] *npl* (años *mpl*) cuarenta *mpl*; *see also* **eighties**

fortieth ['fɔːtɪəθ] ◇ *n* cuadragésimo(a) *m,f*
◇ *adj* cuadragésimo(a)

fortification [fɔːtɪfɪˈkeɪʃən] *n* **-1.** *(action)* fortificación *f* **-2.** *(structure)* fortificación *f*

fortified ['fɔːtɪfaɪd] *adj* **-1.** *(town)* fortificado(a) **-2. ~ wine** = vino fuerte tipo Oporto o Jerez

fortify ['fɔːtɪfaɪ] *vt* **-1.** MIL *(place)* fortificar **-2.** *(strengthen)* **to ~ oneself** fortalecerse, tomar *or* cobrar fuerzas **-3.** *(wine)* fortificar; **fortified with vitamins** *(food, drink)* enriquecido con vitaminas

fortissimo [fɔːˈtɪsɪməʊ] MUS ◇ *adj* fortissimo
◇ *adv* fortissimo

fortitude ['fɔːtɪtjuːd] *n* fortaleza *f*, entereza *f*

fortnight ['fɔːtnaɪt] *n Br* quincena *f*; **a ~ today** en quince días; **a ~'s holiday** quince días de vacaciones

fortnightly ['fɔːtnaɪtlɪ] *Br* ◇ *adj* quincenal
◇ *adv* quincenalmente, cada quince días
◇ *n (magazine)* publicación *f* quincenal

FORTRAN ['fɔːtræn] *n* COMPTR FORTRAN *m*

fortress ['fɔːtrɪs] *n* fortaleza *f*

fortuitous [fɔːˈtjuːɪtəs] *adj* casual, fortuito(a)

fortuitously [fɔːˈtjuːɪtəslɪ] *adv* por casualidad, de manera fortuita

fortuitousness [fɔːˈtjuːɪtəsnɪs] *n* lo fortuito

fortunate ['fɔːtʃənət] *adj* afortunado(a); **to be ~ enough to do sth** tener la suerte de hacer algo; **he is ~ in his friends** tiene suerte con sus amigos; **how ~!** ¡qué suerte!; **we should help those less ~ than ourselves** debemos ayudar a los que son menos afortunados que nosotros

fortunately ['fɔːtʃənətlɪ] *adv* afortunadamente

fortune ['fɔːtʃən] *n* **-1.** *(riches)* fortuna *f*; **to make a ~** ganar una fortuna; **to make one's ~** hacer una fortuna; **to come into a ~** heredar una fortuna; **there are fortunes to be made in computing** con la informática se puede uno hacer de oro; *Fam* **it cost me a (small) ~** me ha costado un dineral *or* una fortuna
-2. *(luck)* suerte *f*, fortuna *f*; **good/bad ~** buena/mala suerte; **by good ~** por suerte *or* fortuna; **to try one's ~** probar fortuna ❑ **~ cookie** galleta *f* de la suerte
-3. *(chance, fate)* **~ smiles on him** la fortuna le sonríe; **the changing fortunes of...** los avatares *or* las vicisitudes de...; **the fortunes of war** los avatares *or* las vicisitudes de la guerra
-4. *(future)* **to tell sb's ~** decir a alguien la buenaventura
-5. *US* COM **Fortune Five Hundred** = lista que aparece en la revista de economía "Fortune" que detalla las quinientas compañías con mayores ingresos que tienen sede en Estados Unidos

fortune-hunter ['fɔːtʃənˌhʌntə(r)] *n Fam Pej* cazadores *m inv*

fortune-teller ['fɔːtʃənˌtelə(r)] *n* adivino(a) *m,f*

forty ['fɔːtɪ] ◇ *n* cuarenta *m*
◇ *adj* cuarenta; *Fam* **to have ~ winks** echarse una siestecita; *US* **the lower ~-eight** = los Estados Unidos sin incluir a Alaska y Hawai; *see also* **eighty**

forty-five ['fɔːtɪˈfaɪv] *n* **-1.** *(record)* disco *m* de cuarenta y cinco (revoluciones) **-2.** *US (pistol)* pistola *f* del calibre 45

forty-niner ['fɔːtɪˈnaɪnə(r)] *n US* HIST = buscador de oro que tomó parte en la fiebre del oro de California en 1849

forum ['fɔːrəm] *n* **-1.** *(place, publication for debate)* foro *m*; **a ~ for debate** un foro de debate **-2.** HIST **the Forum** el Foro **-3.** COMPTR fórum *m*

forward ['fɔːwəd] ◇ *n* SPORT delantero(a) *m,f*; *(in basketball)* alero(a) *m,f*
◇ *adj* **-1.** *(position)* delantero(a); *(movement)* hacia delante ❑ MIL **~ area** área *f* de vanguardia; COM **~ integration** integración *f* vertical; SPORT **~ line** línea *f* delantera; FIN **~ market** mercado *m* de futuros; **~ pass** *(in rugby)* pase *m* adelantado, avant *m*; **~ planning** planificación *f* (de futuro); **~ roll** *(in gymnastics)* voltereta *f* hacia adelante; COMPTR **~ search** búsqueda *f* hacia adelante; **~ slash** barra *f* inclinada *(hacia adelante)*
-2. *(impudent, bold)* atrevido(a)
◇ *adv* **-1.** *(of time)* **from this/that day ~** desde este/ese día en adelante; **to put the clocks ~** adelantar los relojes
-2. *(of direction)* hacia delante; **keep going straight forward** sigue todo recto hacia adelante; **to run/jump ~** correr/saltar hacia adelante; **he reached ~ to tap her on the shoulder** alargó la mano y le dio unos toquecitos en el hombro; MIL **~, march!** ¡de frente, marchen!
-3. *(of position)* delante; **we're too far ~** estamos demasiado delante; **the project is no further ~** el proyecto no ha progresado nada
◇ *vt* **-1.** *(letter)* reexpedir, remitir; *(e-mail)* remitir; **to ~ sth to sb** enviar algo a alguien; **I've arranged to have my mail forwarded** he pedido que me remitan el correo; **please ~** *(on envelope)* = expresión que se escribe en una carta para indicar que ésta debe ser enviada a una nueva dirección
-2. COM *(goods)* enviar, expedir
-3. *(one's career, interests, a cause)* promover

forwarding agent ['fɔːwədɪŋˈeɪdʒənt] *n* COM transitario(a) *m,f*

forward-looking ['fɔːwədˌlʊkɪŋ] *adj* con visión de futuro, progresista

forwards ['fɔːwədz] *adv* = **forward**

forwent *pt of* **forgo**

Fosbury flop ['fɒzbərɪˈflɒp] *n* SPORT salto *m* al estilo Fosbury

fossil ['fɒsəl] n **-1.** (of plant, animal) fósil m **-2.** ~ **fuel** combustible m fósil **-2.** Fam (person) **an old ~** un carcamal or Am carcamán

fossilize ['fɒsəlaɪz] vi **-1.** (remains) fosilizar **-2.** (attitudes, opinions) anquilosarse **-3.** (second language) fosilizarse, quedarse estancado(a)

fossilized ['fɒsəlaɪzd] adj **-1.** (remains) fosilizado(a) **-2.** (attitudes, opinions) anquilosado(a) **-3.** LING (form) fosilizado(a)

foster ['fɒstə(r)] ◇ adj **~ child** niño(a) m,f en régimen de acogida; **~ home** hogar m de acogida; **~ mother** madre f adoptiva; **~ parents** familia f de acogida
◇ vt **-1.** (child) (of family, person) adoptar (temporalmente), acoger; (of authorities, court) colocar con una familia de acogida **-2.** (idea, hope, friendship) fomentar, alimentar

fostering ['fɒstərɪŋ] n acogida f familiar (de un niño)

fought pt & pp of **fight**

foul [faʊl] ◇ n SPORT falta f
◇ adj **-1.** (disgusting) (smell, taste) asqueroso(a); (air) viciado(a); (breath) fétido(a) **-2.** Fam (horrible, unpleasant) (weather) espantoso(a); **to be in a ~ mood** or **temper** estar de un humor de perros; **he has a ~ temper** tiene un genio de mil demonios; **to be ~ to sb** tratar muy mal or Esp fatal a alguien; **he was being perfectly ~** estuvo de lo más desagradable ◻ **~ language** lenguaje m soez
-3. Literary (vile) vil
-4. (illegal) **~ ball** (in baseball) pelota f nula; **~ line** (in baseball, bowling) línea f de límites; SPORT **~ play** juego m sucio; LAW **~ play is not suspected** no hay sospecha de que exista un acto delictivo
◇ adv **to smell/taste ~** oler/saber asqueroso(a) or Esp fatal; **to fall ~ of the law** incumplir la ley
◇ vt **-1.** (make dirty) ensuciar; (pollute) contaminar; Br **it is an offence to allow a dog to ~ the pavement** es una infracción dejar que el perro haga sus necesidades en la calle; IDIOM **to ~ one's own nest** tirar piedras sobre el propio tejado
-2. (entangle) **weeds had fouled the propeller** unas algas atascaron la hélice
-3. SPORT **to ~ sb** hacerle (una) falta a alguien
◇ vi **-1.** (rope, anchor) enredarse **-2.** SPORT (in soccer, hockey) hacer falta; (in basketball) hacer (falta) personal

◆ **foul up** Fam ◇ vt sep (ruin) estropear
◇ vi (fail) meter la pata, Méx regarla

foully ['faʊlɪ] adv **-1.** (to speak) groseramente **-2.** (to behave) vilmente; **to treat sb ~** tratar a alguien vilmente **-3.** Literary **he was ~ murdered** fue vilmente asesinado

foul-mouthed ['faʊl'maʊðd] adj grosero(a), soez

foulness ['faʊlnɪs] n **-1.** (of breath, smell) hedor m, pestilencia f; (of taste) lo repugnante; (of air) lo viciado **-2.** (of weather) inclemencia f; (of language) lo grosero **-3.** (unpleasant behaviour) grosería f, malos modos mpl

foul-smelling ['faʊl'smelɪŋ] adj pestilente

foul-tempered ['faʊl'tempəd] adj malhumorado(a), arisco(a); **to be ~** tener muy mal genio

foul-up ['faʊlʌp] n Fam metedura f or Am metida f de pata

found[1] [faʊnd] vt **-1.** (city, organization) fundar; (business) crear, abrir; **our society is founded on the idea of equality** nuestra sociedad está fundada or basada en la idea de la igualdad **-2.** (suspicions, hope) fundar, basar (**on** en); **the story is founded on fact** la historia se basa en hechos reales **-3.** (cast) fundir

found[2] pt & pp of **find**
◇ adj Br **£30 a week all ~** 30 libras a la semana con todo incluido

foundation [faʊn'deɪʃən] n **-1.** (act of founding) fundación f
-2. (institution) fundación f; **a charitable ~** una fundación benéfica
-3. (basis) (of theory, belief) fundamento m; **the rumour is without ~** el rumor no tiene fundamento
-4. CONSTR **the foundations** los cimientos; **to lay the foundations of sth** sentar las bases de algo, poner los cimientos de algo; Fig **the foundations of modern society** los pilares de la sociedad moderna ◻ UNIV **~ course** curso m introductorio or de iniciación; **~ garment** prenda f de corsetería; **~ stone** primera piedra f
-5. (make-up) **~ (cream)** (crema f de) base f

founder[1] ['faʊndə(r)] n **-1.** (of hospital, school) fundador(ora) m,f ◻ Br **~ member** miembro mf fundador(ora); **~ partner** socio(a) m,f fundador(ora) **-2.** (of statue, bell) fundidor(ora) m,f

founder[2] vi **-1.** (ship) **the boat foundered on the rocks** el barco chocó contra las rocas y se fue a pique **-2.** (vehicle) **the carriage foundered in the mud** el coche se atascaba en el barro **-3.** (project, talks) irse a pique (**on** debido a) **-4.** (horse) (go lame) dar un traspié

founding father ['faʊndɪŋ'fɑ:ðə(r)] n padre m, fundador m; US HIST **the Founding Fathers =** los redactores de la constitución y fundadores de los Estados Unidos

THE FOUNDING FATHERS

A los estadistas que redactaron la Constitución de EE.UU. y determinaron el sistema de gobierno que ha regido al país desde 1789 se les conoce como Founding Fathers. Cincuenta y cinco delegados de trece estados asistieron a la Convención de la Constitución Federal celebrada en Filadelfia en 1787, donde acordaron sustituir los Artículos de la Confederación (elaborados después de la Declaración de Independencia de 1776) por un nuevo marco constitucional. Entre los ilustres delegados, la gran mayoría de los cuales había participado en la Guerra de la Independencia, se encontraban George Washington, Benjamin Franklin, Thomas Jefferson y James Madison (el padre de la Constitución). Tras ser firmada en septiembre de 1787 y ratificada por el número necesario de estados, la Constitución entró en vigor en 1789.

foundling ['faʊndlɪŋ] n Old-fashioned expósito(a) m,f ◻ **~ home** casa f cuna

foundry ['faʊndrɪ] n fundición f

fount [faʊnt] n **-1.** Literary (spring) fuente f **-2.** (source) fuente f; **a ~ of knowledge** una fuente de conocimientos; **the ~ of all wisdom** la fuente de toda sabiduría **-3.** Br TYP fundición f

fountain ['faʊntɪn] n **-1.** (ornamental) fuente f; MYTHOL **the Fountain of Youth** la fuente de la juventud **-2.** **~ pen** pluma f (estilográfica), CSur lapicera f fuente

four [fɔ:(r)] ◇ n **-1.** (number) cuatro m; **on all fours** a gatas, a cuatro patas **-2.** (in cricket) = cuatro carreras que se otorgan al bateador cuando la pelota lanzada por él da en el duelo y luego sale fuera del perímetro del campo marcado por la cuerda
◇ adj cuatro; **the ~ winds** los cuatro vientos; **to the ~ corners of the earth** a todos los rincones del orbe ◻ HIST **the Four Freedoms** las Cuatro Libertades, = las libertades de expresión y de culto, y los derechos a no vivir en la miseria ni en el miedo, como fueron proclamadas por Roosevelt en 1941; REL **the Four Horsemen of the Apocalypse** los Cuatro Jinetes del Apocalipsis; US **the Four Hundred** = apelativo referido a los miembros de la alta sociedad neoyorquina; see also **eight**

fourball ['fɔ:bɔ:l] n (in golf) fourball m, cuatro bolas m

four-by-four ['fɔ:baɪ'fɔ:(r)] n (vehicle) todoterreno m

four-colour ['fɔ:'kʌlə(r)] adj COMPTR & TYP **~ process** cuatricromía f; **~ separation** separación f de colores

four-cycle ['fɔ:'saɪkəl] adj US (engine, cylinder) de cuatro tiempos

four-dimensional ['fɔ:daɪ'menʃənəl] adj cuatridimensional

four-door ['fɔ:'dɔ:(r)] adj de cuatro puertas ◻ **~ hatchback** cinco puertas m; **~ saloon** berlina f

four-engined ['fɔ:r'endʒɪnd] adj (plane) cuatrimotor

four-eyes ['fɔ:raɪz] n Fam cuatro ojos mf inv, Esp gafotas mf inv, Méx cuatro lámparas mf inv, RP anteojudo(a) m,f

Four-F ['fɔ:r'ef] n US MIL inútil m (para el servicio militar)

four-figure ['fɔ:'fɪɡə(r)] adj de cuatro cifras; **a ~ sum** una suma de dinero de cuatro cifras

four-flusher ['fɔ:'flʌʃə(r)] n US Fam fantasma mf, fanfarrón(ona) m,f

fourfold ['fɔ:fəʊld] ◇ adj **a ~ increase (in)** cuatro veces más (de)
◇ adv cuatro veces

four-footed ['fɔ:'fʊtɪd] adj cuadrúpedo(a) ◻ Hum **~ friend** amigo m cuadrúpedo

four-in-hand ['fɔ:rɪn'hænd] n (carriage) coche m tirado por cuatro caballos

four-leaf clover ['fɔ:li:f'kləʊvə(r)] n trébol m de cuatro hojas

four-legged ['fɔ:'leɡɪd] adj cuadrúpedo(a) ◻ Hum **~ friend** amigo m cuadrúpedo

four-letter word ['fɔ:letə'wɜ:d] n palabrota f, Esp taco m

four-ply ['fɔ:plaɪ] adj **-1.** (wool) de cuatro hebras **-2.** (wood) de cuatro capas

four-poster ['fɔ:'pəʊstə(r)] n **~ (bed)** cama f de dosel

fourscore ['fɔ:skɔ:(r)] Old-fashioned ◇ n ochenta m
◇ adj ochenta

foursome ['fɔ:səm] n **-1.** (people) cuarteto m **-2.** (for tennis match, card game) dos parejas fpl; (in golf) foursome m

four-square ['fɔ:skweə(r)] ◇ adj (steady) firme; (solid) sólido(a)
◇ adv **they stood ~ behind her** la apoyaron firmemente or decididamente

four-star ['fɔ:stɑ:(r)] Br ◇ n súper f
◇ adj (petrol) súper

four-stroke ['fɔ:strəʊk] adj de cuatro tiempos

fourteen [fɔ:'ti:n] ◇ n catorce m
◇ adj catorce; see also **eight**

fourteenth [fɔ:'ti:nθ] ◇ n **-1.** (fraction) catorceavo m, catorceava parte f **-2.** (in series) decimocuarto(a) m,f **-3.** (of month) catorce m
◇ adj decimocuarto(a); see also **eleventh**

fourth [fɔ:θ] ◇ n **-1.** (in series) cuarto(a) m,f **-2.** (of month) cuatro m ◻ **the Fourth of July** el cuatro de julio **-3.** (fourth gear) cuarta f; **in ~** en cuarta **-4.** MUS cuarta f
◇ adj cuarto(a) ◻ **~ dimension** cuarta dimensión f; **the ~ estate** (the press) el cuarto poder; AUT **~ gear** cuarta f (marcha f); **~ official** (in soccer) cuarto árbitro m; **the Fourth World** el Cuarto Mundo
◇ adv en cuarto lugar; see also **eighth**

FOURTH OF JULY

El cuatro de julio, o Día de la Independencia, es la fiesta nacional de EE.UU. Se trata del aniversario de la firma de la Declaración de Independencia estadounidense en 1776. Aquel histórico acontecimiento, que marcó el nacimiento de la nación, se conmemora en todo el territorio estadounidense con fuegos artificiales, discursos y desfiles.

fourthly ['fɔ:θlɪ] adv en cuarto lugar

four-wheel drive ['fɔ:wi:l'draɪv] n tracción f a las cuatro ruedas; **a ~ (vehicle)** un todoterreno, un cuatro por cuatro

fowl [faʊl] (pl **fowl**) n **-1.** (farmyard bird) ave f de corral ◻ **~ pest** influenza f or peste f aviaria **-2.** Archaic or Literary (bird) ave f

fowling ['faʊlɪŋ] n **to go ~** ir a cazar aves ◻ **~ piece** escopeta f (para cazar aves)

fox [fɒks] ◇ n **-1.** (animal) zorro m; Fig **a sly old ~** (cunning person) un viejo zorro; IDIOM **it's like setting the ~ to mind the geese** es como dejar al lobo cuidando a los corderos ◻ **~ cub** cría f de zorro; **~ hunt** cacería f del zorro; **~ hunting** la caza del zorro; **~**

fox-bat ['fɒksbæt] *n* zorro *m* volador
foxglove ['fɒksɡlʌv] *n* digital *f*, dedalera *f*
foxhole ['fɒkshəʊl] *n* **-1.** *(of fox)* madriguera *f (de zorro)* **-2.** MIL hoyo *m* trinchera
foxhound ['fɒkshaʊnd] *n* perro *m* raposero
foxhunting ['fɒkshʌntɪŋ] *n* caza *f* del zorro; **to go ~** ir a la caza del zorro
foxtrot ['fɒkstrɒt] ⋄ *n* foxtrot *m*
⋄ *vi (pt & pp* **foxtrotted)** bailar el foxtrot
foxy ['fɒksɪ] *adj Fam* **-1.** *(cunning)* astuto(a), zorro **-2.** *US (sexy)* sexy
foyer ['fɔɪeɪ] *n* **-1.** *(of cinema, theatre)* vestíbulo *m*, *RP* foyer *m*; *(of hotel)* vestíbulo *m* **-2.** *US (of house)* recibidor *m*
FP [ef'pi:] *n* **-1.** *Br (abbr* **former pupil)** ex alumno(a) *m,f* **-2.** *US (abbr* **fireplug)** boca *f* de incendios
FPU [efpi:'ju:] *n* COMPTR *(abbr* **floating-point unit)** FPU *f*, unidad *f* de coma flotante
Fr *(abbr* **Father)** P.
fracas ['fræka:] *(pl* **fracas** ['fræka:z]) *n* gresca *f*, refriega *f*
fractal ['fræktəl] *n* MATH fractal *m* ❑ **~ geometry** geometría *f* fractal *or* de fractales
fraction ['frækʃən] *n* **-1.** MATH fracción *f*, (número *m*) quebrado *m* **-2.** *(small part)* fracción *f*; **a ~ too small/large** un poquitín pequeño/grande; **at a ~ of the cost** por una mínima parte del costo *or Esp* coste; **he escaped death by a ~ of a second** se libró de la muerte por una milésima *or* una fracción de segundo **-3.** FIN *(of share)* fracción *f* **-4.** CHEM *(of distillation)* fracción *f*
fractional ['frækʃənəl] *adj* **-1.** *(very small) (amount)* ínfimo(a); *(difference, alteration)* mínimo(a); *(decline, hesitation)* mínimo(a), ligero(a) **-2.** CHEM **~ distillation** destilación *f* fraccionada
fractionally ['frækʃənəlɪ] *adv* mínimamente
fractious ['frækʃəs] *adj* **-1.** *(unruly)* díscolo(a), revoltoso(a) **-2.** *(irritable)* irritable; **to be ~ or in a ~ mood** estar irritable
fractiously ['frækʃəslɪ] *adv (irritably)* con irritación
fracture ['fræktʃə(r)] ⋄ *n* **-1.** MED fractura *f* **-2.** *(split, crevice)* fisura *f*, grieta *f*
⋄ *vt (bone, limb)* fracturar; **fractured skull/ribs** cráneo fracturado/costillas fracturadas; *Fig* **their withdrawal fractured the alliance** su retirada quebró la alianza
⋄ *vi* fracturarse
fragile ['frædʒaɪl] *adj* **-1.** *(object, material)* frágil **-2.** *(alliance, peace)* frágil; *(health)* delicado(a), frágil **-3.** *(person)* vulnerable; *Fam* **I'm feeling a bit ~** me siento un poco débil
fragility [frə'dʒɪlɪtɪ] *n* fragilidad *f*
fragment ⋄ *n* ['fræɡmənt] *(of object, story)* fragmento *m*; **the report contains not a ~ of truth** el informe no contiene ni un ápice de verdad
⋄ [fræɡ'ment] *vt (object)* romper en pedazos, hacer añicos; *(organization)* fragmentar
⋄ *vi (object)* romperse en pedazos, hacerse añicos; *(organization)* fragmentarse
fragmentary [fræɡ'mentərɪ] *adj* fragmentario(a)
fragmentation [fræɡmen'teɪʃən] *n* **-1.** *(breaking up)* fragmentación *f* ❑ **~ bomb** bomba *f* de fragmentación **-2.** COMPTR fragmentación *f*
fragmented [fræɡ'mentɪd] *adj* fragmentado(a)
fragrance ['freɪɡrəns] *n* fragancia *f*
fragrant ['freɪɡrənt] *adj* fragante
frail [freɪl] *adj* **-1.** *(person, health)* delicado(a), frágil; *(object, structure)* frágil **-2.** *(beauty, happiness)* frágil
frailty ['freɪltɪ] *n (of person, health, alliance)* fragilidad *f*; **human ~** la flaqueza humana
frame [freɪm] ⋄ *n* **-1.** *(border) (of picture, door)* marco *m*; *(of window)* marco *m*; *(for embroidery)* bastidor *m*, tambor *m*
-2. *(structure) (of building, bridge)* estructura *f*; *(of bicycle)* cuadro *m*; *(of spectacles)* montura *f*; *(of racket)* marco *m*; *(for walking)* andador *m* ❑ **~ backpack** mochila *f* con armazón; **~ house** casa *f* de madera
-3. *(of person, animal)* cuerpo *m*
-4. *Fig* **~ of mind** humor, estado de ánimo; **I was in the wrong ~ of mind to take the test** no me sentía con ánimos para hacer el examen; **to get oneself into the right ~ of mind** prepararse mentalmente para algo; **~ of reference** sistema de referencia
-5. *(of film)* fotograma *m*; *(of comic strip)* viñeta *f*
-6. *(in snooker, pool, billiards)* set *m*; *(in bowling)* juego *m*
-7. *(in gardening)* marco *m*
-8. COMPTR *(on Web page)* cuadro *m*, marco *m*
⋄ *vt* **-1.** *(picture)* enmarcar; **he stood framed in the doorway** estaba de pie *or Am* parado(a) en el vano de la puerta; **her face was framed by a white silk scarf** su cara estaba enmarcada por un pañuelo de seda blanca
-2. PHOT, CIN & TV *(subject)* encuadrar
-3. *(answer, legislation)* formular
-4. *Fam (falsely incriminate)* tender una trampa a; **I've been framed!** ¡me han cargado con el muerto!
frame-up ['freɪmʌp] *n Fam* trampa *f*, montaje *m*
framework ['freɪmwɜ:k] *n* **-1.** *(of structure)* estructura *f* **-2.** *(for talks)* marco *m*; **the bill seeks to provide a legal ~ for divorce** el proyecto de ley intenta proporcionar un marco legal para el divorcio; **within the ~ of the UN/EU** dentro del marco de la ONU/UE; **a ~ agreement** un acuerdo marco
franc [fræŋk] *n (currency)* franco *m*; *Formerly* **Belgian/French ~** franco belga/francés; **Swiss ~** franco suizo
France [fra:ns] *n* Francia
franchise ['fræntʃaɪz] ⋄ *n* **-1.** POL sufragio *m* **-2.** COM *(for shop, fast-food chain)* franquicia *f*; *(for radio, TV station)* licencia *f* ❑ **~ agreement** contrato *m* de franquicia **-3.** COM *(shop, outlet)* franquicia *f*
⋄ *vt* COM franquiciar
franchisee [fræntʃaɪ'zi:] *n* COM *(from company)* franquiciado(a) *m,f*, concesionario(a) *m,f*
franchising ['fræntʃaɪzɪŋ] *n* COM franquicias *fpl*, franchising *m*
Francis ['fra:nsɪs] *pr n* **~ I/II** Francisco I/II; **Saint ~ of Assisi** san Francisco de Asís; **Saint ~ Xavier** san Francisco Javier
Franciscan [fræn'sɪskən] ⋄ *n* franciscano(a) *m,f*
⋄ *adj* franciscano(a)
francium ['frænsɪəm] *n* CHEM francio *m*
Franco- ['fræŋkəʊ] *prefix* franco-; **~-German cooperation** cooperación franco-alemana
Francoism ['fræŋkəʊɪzəm] *n* franquismo *m*
Francoist ['fræŋkəʊɪst] ⋄ *n* franquista *mf*
⋄ *adj* franquista
francophile ['fræŋkəfaɪl] ⋄ *n* francófilo(a) *m,f*
⋄ *adj* francófilo(a)
francophilia [fræŋkə'fɪlɪə] *n* francofilia *f*
francophobe ['fræŋkəfəʊb] ⋄ *n* francófobo(a) *m,f*
⋄ *adj* francófobo(a)
francophobia [fræŋkə'fəʊbɪə] *n* francofobia *f*
francophone ['fræŋkəʊfəʊn] ⋄ *n* francófono(a) *m,f*
⋄ *adj* francófono(a)
Franco-Prussian ['fræŋkəʊ'prʌʃən] *adj* HIST **the ~ War** la guerra franco-prusiana
frangipane ['frændʒɪpeɪn] *n* CULIN franchipán *m*
frangipani [frændʒɪ'pɑ:nɪ] *n (plant)* franchipaniero *m*; *(perfume)* esencia *f* de franchipaniero
franglais ['frɒŋɡleɪ] *n Hum* francés *m* lleno de anglicismos
Frank [fræŋk] *n* HIST franco(a) *m,f*
frank [fræŋk] ⋄ *adj* **-1.** *(candid) (person, discussion)* franco(a); **to be ~,...** francamente,... **-2.** *(undisguised) (distaste, admiration)* manifiesto(a)
⋄ *vt Br (letter)* franquear
⋄ *n* **-1.** *Br (on letter)* franqueo *m* **-2.** *US Fam (sausage)* salchicha *f* de Fráncfort

Frankenstein ['fræŋkɪnstaɪn] *n* **~**, **~'s monster** *(the character)* (el monstruo del doctor) Frankenstein; *Fig* **the committee has turned into a ~'s monster** el comité se ha convertido en un monstruo descontrolado que se ha vuelto contra su creador
Frankfurt ['fræŋkfɜ:t] *n* Fráncfort
frankfurter ['fræŋkfɜ:tə(r)] *n (sausage)* salchicha *f* de Fráncfort
frankincense ['fræŋkɪnsens] *n* incienso *m*
franking machine ['fræŋkɪŋmə'ʃi:n] *n* máquina *f* de franquear cartas
Frankish ['fræŋkɪʃ] ⋄ *adj* HIST franco(a)
⋄ *n (language)* franco *m*
frankly ['fræŋklɪ] *adv* francamente; **a ~ disastrous performance** una actuación francamente *or* realmente desastrosa; **~, I couldn't care less** la verdad, me da igual
frankness ['fræŋknɪs] *n* franqueza *f*
frantic ['fræntɪk] *adj* **-1.** *(rush, pace)* frenético(a); **things are pretty ~ at the office** estamos que no paramos en la oficina **-2.** *(agitated)* **~ with worry** fuera de sí de preocupación; **to drive sb ~** poner a alguien frenético(a) *or* al borde de la desesperación
frantically ['fræntɪklɪ] *adv* frenéticamente; **we're ~ busy at the moment** estamos ocupadísimos este momento
frappé [*Br* 'fræpeɪ, *US* fræ'peɪ] *n* **-1.** *(alchoholic)* = cóctel alcohólico servido con hielo picado **-2.** *(milkshake)* batido *m*
frat [fræt] *n US Fam* **~ boy** = miembro de una "fraternity" universitaria; **~ house** = residencia perteneciente a una "fraternity" universitaria
fraternal [frə'tɜ:nəl] *adj* fraterno(a), fraternal ❑ **~ twins** gemelos *mpl* bivitelinos, mellizos *mpl*
fraternity [frə'tɜ:nɪtɪ] *n* **-1.** *(brotherliness)* fraternidad *f* **-2.** *(religious group)* hermandad *f*, cofradía *f*; **the medical/banking ~** el gremio médico/de la banca **-3.** *US* UNIV = asociación de estudiantes que suele funcionar como club social ❑ **~ house** = residencia perteneciente a dicha asociación
fraternization [frætənaɪ'zeɪʃən] *n* confraternización *f* (**with** con)
fraternize ['frætənaɪz] *vi* confraternizar (**with** con)
fratricidal [frætrɪ'saɪdəl] *adj* fratricida
fratricide ['frætrɪsaɪd] *n* **-1.** *(act)* fratricidio *m* **-2.** *(person)* fratricida *mf*
fraud [frɔ:d] *n* **-1.** *(person)* farsante *mf* **-2.** *(deception)* fraude *m*; **credit card ~** fraude con tarjetas de crédito; **computer ~** delito informático; **to obtain sth by ~** conseguir algo por medios fraudulentos ❑ **~ squad** brigada *f* de delitos económicos, brigada anticorrupción **-3.** *(product, work)* engaño *m*
fraudster ['frɔ:dstə(r)] *n Br Fam* estafador(ora) *m,f*
fraudulence ['frɔ:djʊləns], **fraudulency** ['frɔ:djʊlənsɪ] *n* fraudulencia *f*
fraudulent ['frɔ:djʊlənt] *adj* fraudulento(a)
fraudulently ['frɔ:djʊləntlɪ] *adv* de forma fraudulenta, fraudulentamente
fraught [frɔ:t] *adj* **-1.** *(tense) (situation)* tenso(a), tirante; *(person)* tenso(a); **I've had a particularly ~ week** he tenido una semana de mucha tensión **-2.** *(filled)* **~ with danger/emotion** cargado(a) de peligro/emoción; **~ with difficulty** plagado(a) de dificultades
fray[1] [freɪ] *n (brawl)* contienda *f*, combate *m*; **to enter** *or* **join the ~** entrar en liza; **to return to the ~** *(after rest, illness)* volver a estar en la brecha
fray[2] ⋄ *vt* **-1.** *(material, garment)* deshilachar; **her jacket was frayed at the cuffs** tenía los puños de la chaqueta deshilachados **-2.** *(nerves)* crispar; **his questions were fraying my nerves** sus preguntas estaban empezando a crisparme los nervios
⋄ *vi* **-1.** *(material)* deshilacharse; IDIOM **to ~ around** *or* **at the edges** *(agreement, system)* hacer aguas; **the team were starting to ~ around the edges** se estaban empezando a ver señales de tensión en el equipo **-2.** *(nerves, tempers)* crisparse

frazzle ['fræzəl] *Fam* ◇ *n* **to be burnt to a ~** estar (totalmente) carbonizado(a); **worn to a ~** *(person)* hecho(a) polvo, *RP* destruido(a); **my nerves were worn to a ~** tenía los nervios destrozados
◇ *vt* **-1.** *(exhaust)* reventar, hacer polvo **-2.** *(burn)* carbonizar; **I got frazzled on the beach** me freí en la playa

frazzled ['fræzəld] *adj Fam (worn out)* **to be ~** estar hecho(a) polvo *or RP* destruido(a)

FRCP [efɑːsiː'piː] *n (abbr* **Fellow of the Royal College of Physicians)** = miembro del colegio británico de médicos

FRCS [efɑːsiː'es] *n (abbr* **Fellow of the Royal College of Surgeons)** = miembro del colegio británico de cirujanos

freak [friːk] ◇ *n* **-1.** *(bizarre example) (person)* engendro *m*, monstruo *m*; *(event)* fenómeno *m*, caso *m* insólito; **just because I choose not to eat meat, that doesn't make me a ~** sólo porque no coma carne no significa que sea un bicho raro; **by some ~ (of chance)** por una casualidad rara; **by a ~ of fortune** por un capricho del destino ❑ **~ show** = espectáculo que consiste en exhibir a personas con extrañas anomalías físicas
-2. *Fam (enthusiast)* fanático(a) *m,f*; **jazz/film ~** fanático(a) del jazz/cine
◇ *adj* insólito(a); **a ~ occurrence** un caso excepcional *or* insólito; **a ~ storm** una tormenta inesperada
◇ *vt Fam (shock)* alucinar; *(scare)* asustar
◇ *vi* **= freak out**

◆ **freak out** *Fam* ◇ *vt sep (shock)* alucinar; *(scare)* meter canguelo *or Méx* mello *or RP* cuiqui a
◇ *vi* **-1.** *(become angry)* ponerse hecho(a) una furia; **I freaked out** *(panicked)* me entró el pánico or la neura **-2.** *Fam (dance with abandon)* bailar como descosido(a)

freaking ['friːkɪŋ] *US Fam* ◇ *adj (for emphasis)* **where are those ~ kids?** ¿dónde están esos demonios de chicos?
◇ *adv (for emphasis)* **it's ~ cold out there** hace un frío de mil pares de narices; **I don't ~ know!** ¡no lo sé, narices!

freakish ['friːkɪʃ] *adj (bizarre)* extrafalario(a), raro(a)

freaky ['friːkɪ] *adj Fam* muy raro(a)

freckle ['frekəl] *n* peca *f*

freckled ['frekəld], **freckly** ['freklɪ] *adj* pecoso(a)

Frederick ['fredrɪk] *pr n* **– I/II** Federico I/II; **~ the Great** Federico el Grande

free [friː] ◇ *adj* **-1.** *(at liberty)* libre **(from** *or* **of** de); **~ and easy** relajado(a); **to be ~ to do sth** ser libre de hacer algo; **you are ~ to do as you please** eres libre de hacer lo que quieras; **feel ~ to borrow the books** toma los libros cuando quieras; **feel ~ to help yourself to tea** sírvete té si quieres; **she didn't feel ~ to...** no se atrevía a...; **to set sb ~** liberar a alguien; **to have ~ use of sth** poder utilizar algo sin restricciones; **to be a ~ agent** *(in general)* poder obrar a su antojo; *(of sports player)* tener la carta de libertad; IDIOM **as ~ as a bird** libre como el viento; IDIOM **to give sb/to have a ~ hand** dar a alguien/tener carta blanca ❑ **~ association** asociación *f* libre; **Free Church** iglesia *f* no conformista; **~ climbing** escalada *f* libre; **~ collective bargaining** negociación *f* colectiva libre; **~ diving** (buceo *m* en) apnea *f*; **~ drop:** **to take a ~ drop** *(in golf)* dropar una bola sin penalización; **~ enterprise** libre empresa *f*; **~ fall** *(of parachutist)* caída *f* libre; *(of economy)* caída *f* en *Esp* picado *or Am* picada; **~ hit** *(in hockey)* falta *f*, tiro *m* libre; **~ house** = "pub" británico que no depende de ninguna cervecera y puede vender cualquier marca de cerveza; **~ jazz** free jazz *m*, jazz *m* libre; **~ kick** *(in soccer)* falta *f*, golpe *m* franco, tiro *m* libre; **~ love** amor *m* libre; ECON **~ market** libre mercado *m*; **~ market economics** liberalismo *m* económico; **~ market economy** economía *f* de libre mercado;

ECON **~ marketeer** librecambista *mf*, partidario(a) *m,f* de la economía de libre mercado; ECON **~ movement** *(of capital, workers)* libertad *f* de circulación, libre circulación *f*; *Br* LAW **~ pardon:** **to give sb a ~ pardon** conceder el indulto a alguien; COM **~ port** puerto *m* franco *or* libre; **a ~ press** una prensa libre; **~ skating** programa *m* libre; **~ speech** libertad *f* de expresión; **~ spirit: she's a ~ spirit** no se conforma con una vida convencional; **~ throw** *(in basketball)* tiro *m* libre; **~ throw line** *(in basketball)* línea *f* de tiros libres; **~ trade** libre cambio *m*, libre comercio *m*; **~ trade area** área *f* de libre cambio *or* comercio; **~ verse** verso *m* libre; **~ vote** voto *m* libre; **~ will** *(generally)* propia voluntad *f*; *(in philosophy, theology)* libre albedrío *m*; **to do sth of one's own ~ will** hacer algo por iniciativa propia; **the ~ world** el mundo libre
-2. *(unoccupied)* libre; **I am ~ tomorrow** mañana estoy libre; **is this seat ~?** ¿está libre este asiento?; **she closed the door with her ~ hand** cerró la puerta con la mano libre ❑ *Br* SCH **~ period** = hora sin clase; **~ time** tiempo *m* libre
-3. *(without charge)* gratuito(a), gratis; **to be ~** ser gratuito(a) *or* gratis; COM **~ on board** franco a bordo; IDIOM **there's no such thing as a ~ lunch** nadie regala nada ❑ **~ gift** obsequio *m* (promocional); **~ postage** franquicia *f* postal; **~ sample** muestra *f* gratuita *or* RP gratis
-4. *(loose, not touching)* **you take the ~ end** agarra el extremo que queda libre; **they pulled him ~ of the rubble** lo sacaron de los escombros; **to get ~** liberarse; **the bolt had worked itself ~** el cerrojo se había soltado
-5. *(not having)* **the country will never be completely ~ from** *or* **of unemployment** el país nunca se librará por completo del desempleo; **none of us is ~ from** *or* **of guilt** ninguno de nosotros está libre de culpa; **this product is ~ from** *or* **of artificial colouring** este producto no contiene colorantes artificiales; **it's nice to be ~ of the children for once** no está mal estar sin los niños por una vez
-6. *(translation)* libre
-7. *(generous)* **to make ~ with sth** no regatear algo; *Ironic* **he is very ~ with his advice** es demasiado pródigo a la hora de dar consejos
-8. CHEM libre ❑ **~ radical** radical *m* libre
◇ *adv* **-1.** *(without charge)* gratis, gratuitamente; **to do sth ~ of charge** hacer algo gratis *or* gratuitamente; **for ~** gratis; *Fam Fig* **I won't be inviting you back again, I'll tell you that much for ~** no te voy a volver a invitar, eso lo tengo muy claro
-2. to go *or* **walk ~** *(prisoner)* salir libre
◇ *vt (pt & pp* **freed** [friːd]) *(prisoner, funds, mechanism)* liberar **(from** de); *(time, place)* desocupar; *(something stuck)* soltar; **this tool belt frees your hands for other jobs** este cinturón para herramientas te deja las manos libres para otras tareas; **they freed her from the wreckage** la sacaron de los restos del accidente; **losing my job frees me to do other things** el haber perdido el trabajo me deja tiempo para hacer otras cosas; **to ~ oneself from** *or* **of sth** librarse de algo

◆ **free up** *vt sep (time, person)* dejar libre; *(funds)* liberar; **this system frees up space on your hard disk** este sistema libera espacio en el disco duro

-free [friː] *suffix* **additive~** sin aditivos; **a problem~ transition** una transición sin problemas; **we will replace it cost~** lo substituiremos gratuitamente

freebase ['friːbeɪs] *vi Fam* hacerse un chino de coca

freebie, freebee ['friːbiː] *n Fam (gift)* regalito *m*; **the company sent him on a ~ to Prague** la empresa le pagó un viaje a Praga

freeboard ['friːbɔːd] *n* NAUT obra *f* muerta

freebooter ['friːbuːtə(r)] *n* HIST filibustero *m*

freeborn ['friːbɔːn] *adj* nacido(a) libre

freedman ['friːdmən] *n* HIST liberto *m*

freedom ['friːdəm] *n* **-1.** *(lack of restriction)* libertad *f*; **to have the ~ to do sth** tener libertad para hacer algo
-2. *(liberty, as right)* libertad *f*; **~ of conscience/thought** libertad de conciencia/pensamiento; **~ of association/speech/ worship** libertad de asociación/expresión/culto; **~ of the press** libertad de prensa ❑ **~ fighter** revolucionario(a) *m,f*; HIST **~ rider** = activista que usaba el transporte público de EE.UU. en los sesenta para comprobar si realmente ya no había segregación racial
-3. *(exemption, absence)* **~ from fear/interference** total ausencia de miedos/intromisiones; **he was granted ~ from prosecution** le eximieron de ser juzgado
-4. *(unrestricted access)* **she had the ~ of the whole house** tenía toda la casa a su disposición, podía utilizar toda la casa con entera libertad; **to give** *or* **grant sb the ~ of the city** entregar la(s) llave(s) de la ciudad a alguien; **~ of the seas** libertad de los mares; **~ of information** libertad de información ❑ LAW *Freedom of Information Act* ley *f* del derecho a la información

freedwoman ['friːdwʊmən] *n* HIST liberta *f*

Freefone® ['friːfəʊn] *adj Br* **a ~ number** un (número de) teléfono gratuito, *Esp* ≃ un teléfono 900

free-for-all ['friːfərɔːl] *n Fam (fight, discussion)* bronca *f*, gresca *f*, *Méx* agarrón *m*; **it turned into a ~** degeneró en una bronca *or* gresca *or Méx* un agarrón

free-form ['friːfɔːm] *adj* de estilo libre; **~ jazz** free jazz

freehand ['friːhænd] ◇ *adj* a mano alzada
◇ *adv* a mano alzada

free-handed ['friːhændɪd] *adj* generoso(a), desprendido(a)

freehold ['friːhəʊld] LAW ◇ *n* propiedad *f* absoluta
◇ *adv* en propiedad (absoluta)

freeholder ['friːhəʊldə(r)] *n* propietario(a) *m,f* absoluto(a)

freelance ['friːlɑːns] ◇ *n* colaborador(ora) *m,f* externo(a), free-lance *mf*
◇ *adj* free-lance
◇ *adv* **to work ~** trabajar como autónomo(a) *or* free-lance
◇ *vi* trabajar como autónomo(a) *or* free-lance

freelancer ['friːlɑːnsə(r)] *n* colaborador(ora) *m,f* externo(a), free-lance *mf*

free-living ['friːlɪvɪŋ] *adj* **-1.** *(person)* desmadrado(a) **-2.** BIOL autónomo(a)

freeload ['friːləʊd] *vi Fam* gorrear, *Esp, Méx* gorronear, *RP* garronear

freeloader ['friːləʊdə(r)] *n Fam* gorrero(a) *m,f*, *Esp, Méx* gorrón(ona) *m,f*, *RP* garronero(a) *m,f*

freely ['friːlɪ] *adv* **-1.** *(without constraint) (to give, speak, move, travel)* con libertad, libremente; **to be ~ available** encontrarse fácilmente
-2. *(voluntarily)* **I would ~ do it again** lo haría otra vez de buena gana; **I ~ admit I was wrong** no me cuesta reconocer que estaba equivocado
-3. *(translate)* libremente
-4. *(generously) (to spend)* libremente
-5. *(copiously) (to perspire, weep)* copiosamente; **the wine was flowing ~** el vino fluía copiosamente *or* en abundancia

freeman ['friːmən] *n* **-1.** *(not a slave)* hombre *m* libre **-2.** *(as honour)* ciudadano *m* honorífico *or* de honor

Freemason ['friːmeɪsən] *n* masón *m*, francmasón *m*

Freemasonry ['friːmeɪsənrɪ] *n* masonería *f*, francmasonería *f*

freenet ['friːnet] *n* COMPTR red *f* ciudadana

Freepost® ['friːpəʊst] *n Br* ≃ franqueo *m* pagado

free-range ['friːreɪndʒ] *adj (egg, chicken)* de corral, de granja

freesheet ['friːʃiːt] *n Br* periódico *m* gratuito

freesia ['friːzɪə] *n* fresia *f*

free-standing ['friːstændɪŋ] *adj* independiente

freestone ['friːstəʊn] *n* piedra *f* franca

freestyle ['friːstaɪl] *n (in swimming)* estilo *m* libre ❑ ~ **wrestling** lucha *f* libre

freethinker [friː'θɪŋkə(r)] *n* librepensador(ora) *m,f*

freethinking ['friːθɪŋkɪŋ] ◇ *n* librepensamiento *m*
◇ *adj* librepensador(ora)

free-trade ['friːtreɪd] *adj* de libre comercio ❑ ~ **zone** zona *f* franca

freeware ['friːweə(r)] *n* COMPTR freeware *m*, software *m* gratuito (de dominio público)

freeway ['friːweɪ] *n US* autopista *f*

freewheel [friː'wiːl] ◇ *n (on bicycle)* piñón *m* libre
◇ *vi* **-1.** *(on bicycle)* ir sin pedalear **-2.** *(in car)* ir en punto muerto **-3.** *(act in carefree fashion)* **to ~ through life** vivir sin plantearse nada

freewheeling [friː'wiːlɪŋ] *adj Fam* **he took a ~ approach to bringing up his children** se planteaba la educación de sus hijos sin convencionalismos ni restricciones

freewoman ['friːwʊmən] *n* **-1.** *(not a slave)* mujer *f* libre **-2.** *(as honour)* ciudadana *f* honorífica *or* de honor

freeze [friːz] ◇ *n* **-1.** *(in weather)* helada *f*
-2. *(control) (of sb's assets)* congelación *f*; **price/wage ~** congelación de los precios/los salarios
-3. *(halt)* **they called for a ~ in the production of nuclear weapons** solicitaron una suspensión total en la fabricación de armas nucleares
◇ *vt (pt* **froze** [frəʊz]*, pp* **frozen** ['frəʊzən]*)* **-1.** *(water, food)* congelar; *(river, earth, pipes)* helar; *Fig* **she froze them with a look** los fulminó con la mirada; **to be frozen to death** morir congelado
-2. *(wages, prices, assets)* congelar
-3. CIN *(image)* congelar
-4. *(anaesthetize)* dormir
◇ *vi* **-1.** *(weather)* **it may ~ tonight** puede que hiele esta noche
-2. *(liquid)* congelarse; *(river, earth, pipes)* helarse; **food had frozen solid** la comida estaba completamente congelada; **does it ~ well?** *(food)* ¿se puede congelar?; **to ~ to death** morirse de frío; *Fam* **I'm freezing!** ¡me estoy congelando!; *Fig* **her blood froze** se le heló la sangre en las venas
-3. *(person) (stand still)* quedarse paralizado(a); **~!** ¡quieto(a)!; **she froze (in her tracks)** se quedó completamente inmóvil; **the smile froze on his lips** se le heló la sonrisa en los labios
-4. CIN *(image)* congelarse
-5. COMPTR *(screen, computer)* bloquearse
◆ **freeze out** *vt sep Fam* **to ~ sb out of the conversation** excluir a alguien de la conversación
◆ **freeze over** *vi (pond, river)* helarse
◆ **freeze up** *vi* **-1.** *(pond, mechanism)* helarse **-2.** *Fam (person)* quedarse paralizado(a)

freeze-dried ['friːzdraɪd] *adj* liofilizado(a)

freeze-dry ['friːzdraɪ] *vt* liofilizar

freeze-frame ['friːzfreɪm] *n* CIN imagen *f* congelada ❑ ~ **function** congelación *f* de imagen

freezer ['friːzə(r)] *n* **-1.** *(deep-freeze)* congelador *m*; **in the ~ section of your supermarket** en la sección de congelados de su supermercado ❑ ~ **bag** bolsa *f* para congelados **-2.** ~ **(compartment)** *(of fridge)* congelador *m*

freeze-up ['friːzʌp] *n Fam* ola *f* de frío

freezing ['friːzɪŋ] ◇ *adj (rain, wind)* helado(a); *(weather, temperature)* muy frío(a); ~ **temperatures** temperaturas bajo cero; **it's ~** *(very cold)* hace un frío espantoso; **your hands are ~** tienes las manos heladas
◇ *n* **-1.** *(temperature)* **it's two degrees above/below ~** hay dos grados/dos grados bajo cero ❑ ~ **point** punto *m* de congelación **-2.** *(of food)* congelación *f*; **(not) suitable for ~** (no) se puede congelar ❑ ~ **instructions** instrucciones *fpl* de congelación
◇ *adv* **it's ~ cold outside** hace un frío espantoso

freight [freɪt] COM ◇ *n* **-1.** *(transport)* transporte *m or* flete *m* de mercancías; **to send goods by ~** enviar algo por flete ❑ ~ **charges** gastos *mpl* de transporte
-2. *(goods)* flete *m*, carga *f* ❑ *US* ~ **car** vagón *m* de mercancías; *US* ~ **elevator** montacargas *m inv*; ~ **terminal** terminal *f* de carga, terminal *f* de mercancías; *(in airports)* terminal *f* de carga; ~ **train** tren *m* de mercancías, tren de carga
-3. *(price)* flete *m*, porte *m*
◇ *vt (transport)* fletar, transportar; **we'll ~ it to you tomorrow** se lo fletaremos mañana

freighter ['freɪtə(r)] *n (ship)* carguero *m*

French [frentʃ] ◇ *npl (people)* **the ~** los franceses
◇ *n (language)* francés *m*; ~ **class/teacher** clase/profesor(ora) de francés; *Hum* **pardon** *or* **excuse my ~!** *(after swearing)* ¡con perdón!
◇ *adj* francés(esa) ❑ ~ **bean** *Esp* judía *f* verde, *Bol, RP* chaucha *f*, *Chile* poroto *m* verde, *Carib, Col* habichuela *f*, *Méx* ejote *m*; ~ **bread** pan *m* francés *or* de barra; ~ **Canadian** francocanadiense *mf*; ~ **chalk** jaboncillo *m*, jabón *m* de sastre; TECH ~ **curve** plantilla *f* de curvas; ~ **doors** (puerta *f*) cristalera *f*; ~ **dressing** vinagreta *f*; ~ **fries** *Esp* patatas *fpl or Am* papas *fpl* fritas; ~ **Guiana** Guayana Francesa; MUS ~ **horn** trompa *f*; ~ **kiss** beso *m* con lengua *or Esp* de tornillo; *Br* ~ **knickers** culot *m*; ~ **leave: to take ~ leave** escaquearse; *Br Old-fashioned* ~ **letter** condón *m*; *Br* ~ **loaf** barra *f* de pan; ~ **polish** barniz *m* de muñequilla *or* muñeca; *Br* ~ **stick** barra *f* de pan; ~ **toast** torrija *f*; ~ **window** (puerta *f*) cristalera *f*
◇ *vt US (cook) (beans)* cortar en juliana; *(meat)* cortar en filetes

Frenchified ['frentʃɪfaɪd] *adj (manners, ideas)* afrancesado(a)

Frenchify ['frentʃɪfaɪ] *vt Fam* afrancesar

French-kiss [frentʃ'kɪs] ◇ *vt* dar un beso con lengua *or Esp* de tornillo a
◇ *vi* dar un beso con lengua *or Esp* de tornillo

Frenchman ['frentʃmən] *n* francés *m*

French-polish [frentʃ'pɒlɪʃ] *vt* dar barniz de muñequilla *or* muñeca a

French-speaking [frentʃ'spiːkɪŋ] *adj* francófono(a)

Frenchwoman ['frentʃwʊmən] *n* francesa *f*

Frenchy ['frentʃɪ] *n Fam* franchute(a) *m,f*

frenetic [frə'netɪk] *adj* frenético(a)

frenetically [frə'netɪklɪ] *adv* frenéticamente

frenzied ['frenzɪd] *adj* frenético(a); ~ **with rage** fuera de sí (de ira); ~ **with worry** angustiado(a)

frenzy ['frenzɪ] *n* **-1.** *(fury, passion)* frenesí *m*; **to work oneself into a ~** ponerse frenético(a)
-2. *(fit, outburst)* **in a ~ of anger** en un arrebato de furia; **the department was in a ~ of activity** había una actividad frenética en el departamento

frequency ['friːkwənsɪ] *n* **-1.** *(of occurrence, event)* frecuencia *f*; **the increasing ~ of his absences** sus ausencias cada vez más frecuentes **-2.** PHYS frecuencia *f* ❑ RAD ~ **band** banda *f* de frecuencia(s); RAD ~ **modulation** frecuencia *f* modulada **-3.** MATH ~ **distribution** distribución *f* de frecuencias

frequent ◇ *adj* ['friːkwənt] frecuente; **it is a ~ occurrence** ocurre con frecuencia; **it is a ~ sight in the summer months** se puede ver con frecuencia durante los meses de verano; **he became a ~ visitor to our house** se convirtió en asiduo visitante de nuestra casa ❑ ~ **flyer club** = programa de fidelización de pasajeros habituales de una compañía aérea
◇ *vt* [frɪ'kwent] *Formal* frecuentar

frequently ['friːkwəntlɪ] *adv* con frecuencia, frecuentemente; **how ~?** ¿con qué frecuencia?

fresco ['freskəʊ] *(pl* **frescos** *or* **frescoes***) n* ART fresco *m*

fresh [freʃ] ◇ *adj* **-1.** *(food)* fresco(a); *(bread)* reciente; *(air)* puro(a); *(taste, smell)* refrescante; **to get some ~ air** tomar un poco el aire ❑ ~ **water** *(not salty)* agua *f* dulce
-2. *(rested, untired)* descansado(a); **I felt fresher after a shower** la ducha me despejó; **a ~ complexion** un cutis fresco; IDIOM **as ~ as a daisy** (fresco(a)) como una rosa
-3. *(new) (page, attempt, drink)* nuevo(a); *(tracks, footprint)* reciente; *(troops)* de refresco; **the paint was still ~** la pintura aún no estaba seca; **he put on a ~ shirt** se puso una camisa limpia; **to make a ~ start** empezar de nuevo; **it is still ~ in my mind** todavía lo tengo fresco en la memoria; IDIOM **to look for ~ fields and pastures new** ampliar horizontes
-4. *(original) (approach, writing)* fresco(a), original
-5. *(cold) (breeze, weather)* fresco(a); **it's a bit ~ today** hoy hace fresco *or* fresquito
-6. *US Fam (cheeky)* descarado(a), impertinente; **don't get ~ with me, young man!** ¡no me sea descarado *or* no se me ponga impertinente, jovencito!
-7. *US Fam (sexually bold)* fresco(a), aprovechado(a); **to get ~ with sb** propasarse con alguien
◇ *adv* ~ **from...** recién salido(a) de...; ~ **from** *or* **out of university** recién salido de la universidad; **the vegetables are ~ from the garden** las verduras están recién cogidas del huerto; ~ **cut flowers** flores frescas; **we're ~ out of lemons** se nos acaban de terminar los limones

freshen ['freʃən] ◇ *vt US (drink)* rellenar
◇ *vi (wind)* soplar más fuerte; *(weather)* refrescar
◆ **freshen up** *vi (wash)* refrescarse

fresher ['freʃə(r)] *n Br* UNIV novato(a) *m,f* ❑ *Freshers' Fair* = exposición de sociedades y clubes universitarios para información de los estudiantes de primero; *Freshers' Week* = semana previa al inicio de las clases universitarias con actividades organizadas para los estudiantes de primero

fresh-faced ['freʃfeɪst] *adj* lozano(a)

freshly ['freʃlɪ] *adv* recién; ~ **baked/made/painted** recién horneado/hecho/pintado

freshman ['freʃmən] *n* UNIV novato(a) *m,f*, estudiante *mf* de primer año

freshness ['freʃnɪs] *n* **-1.** *(of food)* frescura *f*; *(of air)* pureza *f*; *(of taste, smell)* frescor *m* **-2.** *(of complexion)* frescura *f*, lozanía *f* **-3.** *(of approach, writing)* frescura *f*, originalidad *f* **-4.** *(of breeze, weather)* frescura *f*, frescor *m*

freshwater ['freʃwɔːtə(r)] *adj* de agua dulce ❑ ~ **fish** pez *m* de río *or* de agua dulce

fret[1] [fret] ◇ *n Fam* **to be/get in a ~** estar/ponerse de los nervios
◇ *vt (pt & pp* **fretted***)* **don't ~ yourself!** ¡no te pongas nervioso!, ¡tranquilízate!
◇ *vi (worry)* ponerse nervioso(a); **don't ~!** ¡no te pongas nervioso!, ¡tranquilízate!; **to ~ for sth/sb: the dog was fretting for its owner** el perro estaba nervioso por la ausencia de su dueño

fret[2] *n* MUS traste *m*

fretful ['fretfʊl] *adj* **-1.** *(anxious)* inquieto(a) **-2.** *(peevish)* quejoso(a); **the baby is getting ~** el niño se está poniendo nervioso

fretfully ['fretfʊlɪ] *adv* **-1.** *(anxiously)* con nerviosismo **-2.** *(peevishly)* **"no one ever believes me," she said ~** "nadie me cree nunca", dijo quejándose *or* en tono de queja

fretsaw ['fretsɔː] *n (manual)* segueta *f*; *(electrical)* sierra *f* de calar

fretwork ['fretwɜːk] *n* calado *m* (de marquetería)

Freudian ['frɔɪdɪən] ◇ n freudiano(a) m,f
◇ adj freudiano(a) ❑ ~ **slip** lapsus m inv (linguae)
FRG [efuː'dʒiː] n (abbr **Federal Republic of Germany**) RFA f
Fri (abbr **Friday**) viern.
friable ['fraɪəbəl] adj desmenuzable, Spec friable
friar ['fraɪə(r)] n fraile m; **Friar Edmund** Fray Edmund
friary ['fraɪərɪ] n monasterio m
fricassee [frɪkə'siː] ◇ n fricasé m
◇ vt hacer un fricasé de
fricative ['frɪkətɪv] LING ◇ n fricativa f
◇ adj fricativo(a)
friction ['frɪkʃən] n **-1.** (rubbing) fricción f ❑ COMPTR ~ **feed** avance m de papel por fricción; US ~ **tape** cinta f aislante **-2.** (disagreement) fricción f; **the decision is bound to cause** ~ ésta es una decisión que va a provocar roces or levantar ampollas **-3.** PHYS rozamiento m
Friday ['fraɪdɪ] n viernes m inv; ~ **the 13th** ≃ martes y trece; see also **Saturday**
fridge [frɪdʒ] n nevera f, Esp frigorífico m, Méx refrigerador m, RP heladera f ❑ ~ **magnet** imán m para el frigorífico
fridge-freezer ['frɪdʒ'friːzə(r)] n combi m, Esp frigorífico-congelador m
fried [fraɪd] adj **-1.** (meat, fish, vegetables) frito(a) ❑ **a ~ egg** un huevo frito; ~ **food** frituras fpl, fritos mpl; ~ **rice** arroz m frito **-2.** US Fam (drunk) trompa; (on drugs) colocado(a)
friend [frend] n **-1.** (intimate, close acquaintance) amigo(a) m,f; **he's a ~ of the family** es un amigo de la familia; **to be friends with sb, to be sb's ~** ser amigo de alguien; **he's been a real ~ to us** se ha portado como un verdadero amigo con nosotros; **to make friends with sb** hacerse amigo de alguien; **she makes friends easily** hace amigos fácilmente; **he's been good ~ to me** se ha portado como un buen amigo conmigo; **that's what friends are for** para eso están los amigos; **we're just good friends** sólo somos buenos amigos; **they wanted to part friends** querían dejarlo como amigos; **he's no ~ of mine** no es amigo mío; **any ~ of yours is a ~ of mine** tus amigos son mis amigos; **to have friends in high places** tener amigos influyentes; **with friends like that, who needs enemies?** ten amigos para esto, con amigos así ¿a quién le hacen falta enemigos?; PROV **a ~ in need is a ~ indeed** en la adversidad se conoce a los amigos
-2. (supporter) **to be a ~ of the arts** ser un mecenas de las artes; **the Friends of the National Gallery** la Asociación de Amigos de la Galería Nacional; **she's no ~ of trade unionism** no simpatiza con el sindicalismo ❑ **Friends of the Earth** Amigos mpl de la Tierra
-3. (addressing someone) **my dear ~** querido(a) amigo(a); **listen, (my) ~** mira amigo; **friends, we are gathered here tonight...** amigos, estamos aquí reunidos esta noche...; ~ **or foe?** (said by sentry) ¿quién vive?
-4. REL **the (Society of) Friends** la Sociedad de los Amigos, los cuáqueros
friendless ['frendlɪs] adj **to be ~** no tener amigos; **a ~ childhood** una infancia sin amigos
friendliness ['frendlɪnɪs] n amabilidad f, simpatía f
friendly ['frendlɪ] ◇ n SPORT (partido m) amistoso m
◇ adj **-1.** (person) simpático(a), agradable; (animal) simpático(a); (smile) agradable, amable; (face) conocido(a); (greeting) cálido(a), amistoso(a); (place) agradable, acogedor(ora); **to be ~ to or towards sb** ser simpático or agradable con alguien; **to be ~ with sb** llevarse bien con alguien; **they became ~** se hicieron amigos(as); **that wasn't very ~ of him!** ¡qué poco amable!; **to be on ~ terms with sb** llevarse bien con alguien; **let me give you some ~ advice** te voy a dar un consejo como amigo ❑ Br FIN ~ **society** mutua f, mutualidad f

-2. (not hostile) (argument, rivalry) amistoso(a); SPORT (match, game) amistoso; **a ~ nation** una nación amiga; FIN **a ~ takeover bid** una oferta pública de adquisición amistosa, una OPA amistosa
-3. MIL (troops, forces, planes) amigo(a) ❑ ~ **fire** fuego m del propio bando, fuego m amigo
friendship ['frendʃɪp] n amistad f; **its aim is to promote ~ between nations** su objetivo es fomentar la amistad entre las naciones; **he did it out of ~ for her** lo hizo por amistad (hacia ella), lo hizo por la amistad que tenía con ella; **to form a ~ with sb** forjar una amistad con alguien; **to lose sb's ~** perder la amistad de alguien
frier = **fryer**
fries [fraɪz] npl US **(French) ~** Esp patatas fpl or Am papas fpl fritas
Friesian, Frisian ['friːʒən] ◇ n **-1.** (person) frisón(ona) m,f **-2.** (language) frisón m **-3.** (cow) vaca f frisona or holandesa
◇ adj frisón(ona)
frieze [friːz] n **-1.** ART & ARCHIT friso m **-2.** (decorative strip on wall) greca f
frigate ['frɪgət] n fragata f ❑ ~ **bird** rabihorcado m, fragata f
frig [frɪg] exclam very Fam **~ (it)!** ¡mierda!
◆ **frig about, frig around** very Fam vi **-1.** (act foolishly) Esp hacer el gilipollas, Am pendejear, RP boludear **-2.** (waste time) Esp hacer el gilipo!las, Am pendejear, RP boludear
frigging ['frɪgɪŋ] very Fam ◇ adj (for emphasis) Esp puñetero(a), Méx pinche, RP reverendo(a); **what a ~ waste of time!** ¡esto es Esp una puñetera or Méx pinche or RP reverenda pérdida de tiempo!; **shut your ~ mouth!** ¡cierra el pico, carajo or Esp joder!
◇ adv (for emphasis) **don't ~ lie to me!** ¡a mí no me vengas jodiendo or Méx chingando con mentiras!; **I'm ~ freezing!** ¡tengo un frío del carajo!
fright [fraɪt] n **-1.** (scare) susto m; **his face was pale with ~** estaba pálido del susto; **to take ~** asustarse; **to get a ~** darse un susto, asustarse; **to get the ~ of one's life** llevarse (uno) el susto de su vida; **to give sb a ~** dar un susto a alguien **-2.** Fam **to look a ~** estar horroroso(a)
frighten ['fraɪtən] ◇ vt asustar; **to ~ sb into doing sth** asustar a alguien para que haga algo; **to ~ sb out of doing sth** asustar a alguien para que no haga algo; Fam **to ~ the life or the wits out of sb, to ~ sb to death** dar a alguien un susto Esp de muerte or Méx de la madre or RP de miércoles
◇ vi **I don't ~ easily** no me asusto fácilmente
◆ **frighten away, frighten off** vt sep ahuyentar, espantar; **the burglars were frightened away by the police siren** la sirena de la policía asustó a los ladrones
frightened ['fraɪtənd] adj asustado(a) **(of** de); **to be ~ of heights/spiders** tener miedo a las alturas/las arañas; **there's nothing to be ~ of** no hay de qué tener miedo; **to be ~ to do sth** tener miedo de hacer algo; **I was ~ to say anything** me daba miedo decir nada
frighteners ['fraɪtnəz] npl Br Fam **to put the ~ on sb** meterle el miedo en el cuerpo a alguien
frightening ['fraɪtnɪŋ] adj escalofriante, aterrador(ora); **it's ~ to think what might have happened** da miedo pensar en lo que puede haber pasado
frighteningly ['fraɪtnɪŋlɪ] adv tremendamente, terriblemente
frightful ['fraɪtful] adj **-1.** (terrible) terrible, espantoso(a); **the soldier had ~ wounds** el soldado tenía unas heridas terribles or espantosas **-2.** Fam (as intensifier) terrible, espantoso(a); **she's a ~ bore** es una pesada terrible; **what ~ nonsense!** ¡qué bobada más enorme!

frightfully ['fraɪtfʊlɪ] adv Fam (as intensifier) terriblemente, tremendamente; **I'm ~ tired** tengo un cansancio terrible or tremendo; **it's ~ boring** es aburrido de solemnidad; **I'm ~ sorry** lo siento muchísimo
frigid ['frɪdʒɪd] adj **-1.** (smile, atmosphere) glacial **-2.** (sexually) frígida **-3.** GEOG ~ **zones** zonas fpl glaciales
frigidity [frɪ'dʒɪdɪtɪ] n **-1.** (of smile, atmosphere) frialdad f **-2.** (sexual) frigidez f
frill [frɪl] n **-1.** (of cloth) volante m; (of paper) fleco m **-2.** IDIOM **without frills** (of ceremony) sencillo(a), sin florituras; **a cheap package holiday with no frills** unas vacaciones organizadas baratas y sin lujos
frilly ['frɪlɪ] adj (shirt, skirt) de volantes, RP,Ven de volados m; ~ **underwear** ropa f interior de fantasía
fringe [frɪndʒ] ◇ n **-1.** (on clothes, lampshade) flecos mpl; (on rug, carpet) flecos; **a ~ of trees** una hilera de árboles
-2. Br (of hair) flequillo m
-3. (edge) borde m; **the fringes of the party** la periferia del partido; **to be on the fringes of society** ser un/una marginado(a), vivir en la marginalidad ❑ ~ **benefits** ventajas fpl adicionales or extras; POL ~ **group** grupo m marginal; ~ **theatre** teatro m alternativo, teatro m off
-4. (of golf green) borde m (del green)
◇ vt (rug, carpet) poner flecos a; **the path was fringed with rosebushes** el sendero estaba bordeado de rosales
frippery ['frɪpərɪ] n trivialidad f, fruslería f
Frisbee® ['frɪzbiː] n frisbee® m, disco m or plato m volador
Frisco ['frɪskəʊ] n US Fam San Francisco
Frisian = **Friesian**
frisk [frɪsk] ◇ n **-1.** (gambol) **to go for a ~ in the park** ir a retozar or juguetear al parque **-2.** (search) cacheo m; **to give sb a ~** hacer un cacheo a alguien
◇ vt (search) cachear, registrar
◇ vi **to ~ about** (gambol) retozar, juguetear
frisky ['frɪskɪ] adj (person) lleno(a) de vitalidad; (animal) retozón(ona), saltarín(ina); **to be ~** (person) (energetic) estar lleno(a) de vitalidad; (sexually) estar retozón(ona) or juguetón(ona)
frisson ['friːsɒn] n (of excitement, fear) estremecimiento m
fritter ['frɪtə(r)] n buñuelo m
◆ **fritter away** vt sep (money) despilfarrar; (time) desperdiciar
fritz [frɪts] n US Fam **to be on the ~** (TV, machine) estar estropeado(a) or Esp escacharrado(a)
◆ **fritz out** vi US Fam estropearse, Esp escacharrarse
frivolity [frɪ'vɒlɪtɪ] n frivolidad f
frivolous ['frɪvələs] adj frívolo(a); **a ~ waste of time** una pérdida de tiempo inútil
frivolously ['frɪvələslɪ] adv frívolamente, con poca seriedad
frizz [frɪz] ◇ n rizos mpl muy pequeños
◇ vt rizar (con rizos muy pequeños)
◇ vi rizar (con rizos muy pequeños)
frizzle ['frɪzəl] ◇ vt (overcook) achicharrar
◇ vi (cook noisily) chisporrotear
frizzy ['frɪzɪ] adj ensortijado(a)
fro [frəʊ] adv **to and ~** de aquí para allá; **to go to and ~** ir y venir (de un lado para otro)
frock [frɒk] n (dress) vestido m ❑ ~ **coat** levita f
frog [frɒg] ◇ n **-1.** (animal) rana f; IDIOM Fam **to have a ~ in one's throat** tener carraspera ❑ **~'s legs** ancas fpl de rana **-2.** Br Fam **Frog** (French person) franchute(a) m,f, Esp gabacho(a) m,f
◇ adj Br Fam (French) franchute(a), Esp gabacho(a)
frogman ['frɒgmən] n hombre m rana
frogmarch ['frɒgmɑːtʃ] vt llevar por la fuerza; **they frogmarched her out of the room** la sacaron por la fuerza de la habitación
frogspawn ['frɒgspɔːn] n Br huevos mpl de rana

frolic ['frɒlɪk] ◇ n **to go for a ~ in the park** ir a juguetear or retozar al parque
◇ vi (pt & pp **frolicked**) juguetear, retozar

frolicsome ['frɒlɪksəm] adj juguetón(ona), retozón(ona)

from [frɒm, unstressed frəm] prep **-1.** (expressing place) de; (expressing specific location or origin) desde; **above/the outside** desde arriba/fuera or Am afuera; **there's a great view ~ the top** desde la cima la vista es magnífica; **it fell ~ a great height** cayó desde gran altura; **he watched them ~ behind a tree** los observó desde detrás or Am atrás de un árbol; **hanging ~ the ceiling** colgado(a) del techo; **to travel ~ Edinburgh to Madrid** viajar de Edimburgo a Madrid; **the train ~ Guadalajara** el tren (procedente) de Guadalajara; **the road ~ Bakersfield** la carretera de Bakersfield; **10 km ~ Barcelona** a 10 km de Barcelona; **to return ~ abroad** volver del extranjero
-2. (expressing time) desde; **~ now on** de ahora en adelante, a partir de ahora; **~ then (on)** desde entonces; **~ that day on** a partir de aquel día, desde aquel día; **~ tomorrow** a partir de mañana; **~ six to seven (o'clock)** de (las) seis a (las) siete; **~ morning to** or **till night** de la mañana a la noche; **~ the beginning** desde el principio; **five years ~ now** de aquí a cinco años; **to be blind ~ birth** ser ciego(a) de nacimiento; **they date ~ the twelfth century** datan del siglo doce; **we are still many years ~ finding a cure** todavía han de pasar muchos años hasta que encontremos una cura
-3. (expressing range) **~... to...** de... a...; **for children ~ seven to nine (years)** para niños de siete a nueve años; **we receive anything ~ twenty to fifty calls an hour** recibimos entre veinte y cincuenta llamadas por hora; **it will benefit everyone, ~ the poor to the rich** beneficiará a todos, desde los pobres hasta los ricos; **wine ~ $7 a bottle** vinos desde 7 dólares la botella; **prices start ~ $20** precios desde 20 dólares
-4. (expressing change) **unemployment has gone down ~ 10 to 9 percent** el desempleo ha caído del 10 al 9 por ciento; **he has changed ~ being opposed to the idea to supporting it** ha pasado de oponerse a la idea a estar a favor de ella; **to go ~ bad to worse** ir de mal en peor; **to go ~ door to door** ir puerta a puerta, ir de puerta en puerta
-5. (expressing source) de; **who's this letter ~?** ¿de quién es esta carta?; **I bought it ~ a friend** se lo compré a un amigo; **I bought it ~ an antique shop** lo compré en una tienda de antigüedades; **I caught chickenpox ~ my cousin** mi primo me contagió la varicela; **where are you ~?, where do you come ~?** ¿de dónde eres?; **she's ~ Portugal** es de Portugal; **to drink ~ a cup/bottle** beber de una taza or en taza/de una botella; **a quotation ~ the Bible** una cita de la Biblia; **the wind is blowing ~ the north** el viento sopla del norte; **made ~ rubber** hecho(a) de goma; **you can tell her ~ me that...** le puedes decir de mi parte que...
-6. (on cards, faxes, in e-mails) **~ Dave** de Dave
-7. (expressing removal) **to take sth ~ sb** quitar or Andes, RP sacar algo a alguien; **take** or **subtract seven ~ ten** réstale siete a diez; **she took a coin ~ her pocket** sacó una moneda del bolsillo; **he was banned ~ the club** fue expulsado del club; **she ran ~ the room** salió corriendo de la habitación
-8. (expressing cause) **he died ~ cancer/his burns** murió de cáncer/a causa de las quemaduras; **she suffers ~ a rare disease** padece una enfermedad rara
-9. (on the basis of) **to act ~ conviction** actuar por convicción; **you could tell he was angry ~ his expression** se sabía que estaba esp Esp enfadado or esp Am enojado por su expresión; **~ what I heard/saw...** (a juzgar) por lo que yo he oído/visto...; **~ what she has said we can conclude that...** por lo que ha dicho podemos concluir que...; **~ my point of view** desde mi punto de vista
-10. (expressing protection) **to protect sb ~ sth** proteger a alguien de algo; **we sheltered ~ the rain** nos resguardamos de la lluvia
-11. (expressing prevention) **to keep sb ~ doing sth** impedir que alguien haga algo; **we kept the information ~ them** les ocultamos la información; **she has been banned ~ driving** le han retirado el carnet de Esp conducir or Am manejar
-12. (expressing comparison) **to be different ~ sth/sb** ser diferente de algo/alguien; **it's hard to tell one ~ the other** es difícil diferenciarlos

fromage frais ['frɒmɑːʒ'freɪ] n crema f de queso fresco

frond [frɒnd] n (of fern) fronda f; (of palm) (hoja f de) palma f

front [frʌnt] ◇ n **-1.** (forward part) parte f delantera; (of building) fachada f; (cover of book) portada f, RP tapa f; (of shirt, dress) parte f de delante; (of queue) principio m; **on the ~ of the book** en la portada or RP tapa del libro; **at the ~ of the book** al principio del libro; **at the ~ of the lecture hall** en la parte de delante or Am adelante del aula; **let's sit at the ~** sentémonos delante or Am adelante; **I sat in the ~** (of car) me senté delante or Am adelante; **lie on your ~** túmbate or RP tirate boca abajo; **she pushed her way to the ~** se abrió camino hasta la parte de delante or Am adelante; THEAT **~ of house** = conjunto de actividades que se desarrollan dentro del teatro y que implican contacto con el público
-2. (outward appearance) fachada f; **his kindness is only a ~** su amabilidad es pura fachada; **the company is a ~ for their arms dealing** la empresa es una tapadera or RP pantalla para el tráfico de armas ❑ Fam **~ man** (of TV, radio programme) presentador m; (of pop group) líder m; (of organization) cabeza f visible
-3. MIL & POL frente m; Fig **to make progress on all fronts** hacer progresos en todos los frentes; **on the domestic** or **home ~** (at national level) en el frente nacional; **how are things on the work ~?** ¿cómo van las cosas en el trabajo?
-4. MET frente m; **warm/cold ~** frente cálido/frío
-5. Br **the ~** (at seaside) el paseo marítimo, Arg la costanera, Cuba el malecón, Urug la rambla
-6. Br Fam (cheekiness) cara f; **to have the ~ to do sth** tener la cara de hacer algo
◇ adj delantero(a) ❑ Br PARL **~ benches** = las filas de escaños ocupados por los ministros y sus homólogos en la oposición; **~ burner:** IDIOM US **to put sth on the ~ burner** poner algo al principio de la lista; RAIL **~ carriage** vagón m delantero; **~ cover** (of magazine, book) portada f, RP tapa f; **~ desk** (reception) recepción f; **~ door** puerta f principal; Br **~ garden** jardín m delantero or Am de adelante; **~ line** MIL frente m (de batalla); (in soccer) línea f delantera; Fig **we are in the ~ line of the fight against crime** estamos en la primera línea de la lucha contra la delincuencia; **the ~ nine** (in golf) los primeros nueve hoyos; **~ page** (of newspaper) portada f, primera plana f; **~ room** salón m, sala f de estar, RP living m; **~ row: in the ~ row** en la primera fila; THEAT **to have a ~ row seat** tener asiento de primera fila; Fig ser espectador privilegiado; **~ seat** (in car) asiento m delantero or Am de adelante; **~ teeth** palas fpl, paletas fpl; **~ view** vista f frontal; **~ wheel** rueda f delantera; US **~ yard** jardín m delantero or Am de adelante
◇ vt **-1.** (government) encabezar; (TV programme) presentar; (organization) dirigir; (pop group) liderar
-2. CONSTR **the building is fronted with...** la fachada del edificio está recubierta de...
-3. (stand in front of) **tall bushes ~ the building** hay altos arbustos delante del edificio
-4. US Fam (pay in advance) adelantar; **the cashier can ~ you the money** el cajero le puede adelantar el dinero
-5. US Fam (give, lend money to) prestar, Esp dejar; **can you ~ me five bucks?** ¿puedes prestarme or Esp dejarme cinco dólares?
◇ vi (building) **the house fronts onto the river** la casa da al río

◇ **in front** adv (in race, contest) en cabeza, por delante; **to be in ~** ir ganando; **the person in ~** la persona de delante or Am adelante; **I sat in ~** (of car) me senté delante or Am adelante; **you go on in ~** ve tú delante or Am adelante

◇ **in front of** prep (in queue, opposite) delante de, Am adelante de; (in presence of) delante de, en presencia de; **we have a lot of work in ~ of us** tenemos un montón de trabajo delante de nosotros, Am tenemos un montón de trabajo por delante

◇ **out front** adv Fam (of building) fuera, afuera

◇ **up front** adj Fam **to be up ~ about sth** ser claro(a) en cuanto a algo

◇ **up front** adv Fam (to pay) por adelantado

frontage ['frʌntɪdʒ] n fachada f; **the house has a garden with river ~** la fachada de la casa da al río

frontal ['frʌntəl] adj **-1.** ANAT frontal ❑ **~ lobes** lóbulos mpl frontales; **~ lobotomy** lobotomía f frontal **-2.** MIL (attack) frontal **-3.** MET **~ system** sistema m frontal

front-bench ['frʌnt'bentʃ] adj Br PARL **~ spokesperson** (government) portavoz mf del gobierno; (opposition) portavoz mf de la oposición

frontbencher [frʌnt'bentʃə(r)] n Br PARL = diputado con cargo ministerial en el gobierno u homólogo en la oposición

front-end ['frʌnt'end] adj **-1.** COMPUT frontal **-2.** FIN inicial

frontier ['frʌntɪə(r)] n **-1.** (border) frontera f ❑ **~ guard** guardia mf fronterizo(a); **~ town** ciudad f fronteriza **-2.** (limit) límite m; **the frontiers of human knowledge** los límites del conocimiento humano **-3.** US HIST **the Frontier** la frontera; **the ~ spirit** el espíritu de los hombres de la frontera

frontiersman [frʌn'tɪəzmən] n colonizador m

frontispiece ['frʌntɪspiːs] n frontispicio m

front-line ['frʌntlaɪn] adj **-1.** MIL (troops, defences) de primera línea **-2.** POL **the ~ states** los estados fronterizos (de un país en guerra)

front-loader ['frʌnt'ləʊdə(r)] n lavadora f de carga frontal

front-loading ['frʌnt'ləʊdɪŋ] adj de carga frontal

front-of-house ['frʌntəv'haʊs] adj THEAT (staff) en contacto directo con el público ❑ **~ manager** director(ora) m,f administrativo(a)

front-page ['frʌntpeɪdʒ] adj de portada, de primera plana or página ❑ **~ news** noticias fpl de primera plana or página; **it was ~ news** salió en primera plana or página

front-runner ['frʌnt'rʌnə(r)] n **-1.** SPORT (horse) caballo m en cabeza; (athlete) corredor(ora) m,f en cabeza; **to be the ~** ir en cabeza **-2.** (in election) favorito(a) m,f

frontwards ['frʌntwədz] adv hacia delante, hacia el frente

front-wheel drive ['frʌntwiːl'draɪv] n tracción f delantera

frosh [frɒʃ] n US Fam novato(a) m,f, estudiante mf de primer año

frost [frɒst] ◇ n **-1.** (freezing weather) helada f; **there was a ~** cayó una helada; **eight degrees of ~** ocho grados bajo cero **-2.** (frozen dew) escarcha f
◇ vt **-1.** (freeze) helar; (cover with frost) cubrir de escarcha **-2. the rim of the glass**

frostbite

was frosted with sugar el reborde de la copa estaba escarchado con azúcar **-3.** US (cake) glasear

◆ **frost over, frost up** vi (window) cubrirse de escarcha

frostbite ['frɒstbaɪt] n congelación f; **he got ~ in his toes** se le congelaron los dedos de los pies; **the climber died of ~** el escalador murió congelado

frostbitten ['frɒstbɪtən] adj (fingers, toes) con síntomas de congelación; **his fingers were ~** sus dedos mostraban síntomas de congelación

frosted ['frɒstɪd] adj **-1.** (covered with frost) (field, grass) escarchado(a); (car) cubierto(a) de hielo **-2.** (glass) esmerilado(a) **-3.** (lipstick, nail varnish) nacarado(a) **-4.** US (cake) glaseado(a)

frostily ['frɒstɪlɪ] adv con gelidez or frialdad

frosting ['frɒstɪŋ] n US (on cake) glaseado m

frosty ['frɒstɪ] adj **-1.** (night, air) gélido(a), helado(a) **-2.** (welcome, smile) glacial, gélido(a)

froth [frɒθ] ◇ n **-1.** (foam) espuma f **-2.** (insubstantial talk, entertainment) insustancialidades fpl, banalidades fpl

◇ vi hacer espuma; **he was frothing at the mouth** (with rage) echaba espuma por la boca

◇ vt **to ~ the milk (with steam)** dar vapor a la leche para que espume

frothy ['frɒθɪ] adj **-1.** (liquid) espumoso(a) **-2.** Pej (novel, style) insustancial, banal **-3.** (dress, lace) ligero(a), vaporoso(a)

frown [fraʊn] ◇ n **he gave a disapproving ~** frunció el ceño en señal de desaprobación

◇ vi fruncir el ceño; **she frowned at my remark** frunció el ceño al escuchar mi comentario; **to ~ at sb** mirar a alguien con el ceño fruncido

◆ **frown on, frown upon** vt insep (disapprove of) **her parents ~ upon their friendship** los padres de ella no miran su amistad con buenos ojos; **such behaviour is rather frowned upon** este tipo de comportamiento no está muy bien visto

frowsy ['fraʊzɪ] adj **-1.** (person, clothing) desaliñado(a) **-2.** (atmosphere) con olor a cerrado

froze pt of **freeze**

frozen ['frəʊzən] ◇ adj **-1.** (food) congelado(a); **to be ~ (stiff)** estar (totalmente) congelado(a), Fig **~ with terror** congelado or paralizado por el terror ❑ **~ carrots** zanahorias fpl congeladas; **~ yoghurt** yogur m helado, helado m de yogur

-2. Fam (very cold) congelado(a), helado(a); **my feet are ~!** ¡tengo los pies congelados!

-3. MED **~ shoulder** hombro m congelado

-4. COMPTR (screen, computer) bloqueado(a)

◇ pp of **freeze**

FRS [efɑː'res] n **-1.** (abbr **Fellow of the Royal Society**) miembro mf de la Real Academia de las Ciencias Británica **-2.** US (abbr **Federal Reserve System**) Sistema m de la Reserva Federal, = banco central de EE.UU.

fructose ['frʌktəʊs] n fructosa f

frugal ['fruːgəl] adj **-1.** (person, life) frugal; **she's very ~ with her money** es muy ahorradora **-2.** (meal) frugal

frugality [fruː'gælɪtɪ] n frugalidad f

frugally ['fruːgəlɪ] adv frugalmente

fruit [fruːt] n **-1.** (for eating) fruta f; (on plant) fruto m; **a piece of ~** una (pieza de) fruta; **the fruits of the earth** los frutos de la tierra; **to bear ~** (tree) dar fruto; Fig **the ~ of her womb** el fruto de su vientre ❑ **~ bat** murciélago m frugívoro, zorro m volador; **~ bowl** frutero m; **~ cocktail** cóctel m de fruta, macedonia f (de frutas); **~ cup** (dessert) cóctel m de fruta, macedonia f; (drink) ≃ sangría f, RP ≃ clericó m; **~ drop** caramelo m de fruta; **~ fly** mosca f de la fruta; Br **~ gum** goma f de mascar or chicle m de fruta; **~ juice** Esp zumo m or Am jugo m de frutas; **~ knife** cuchillo m de fruta; Br **~ machine** (máquina f) tragaperras f inv; **~ salad** macedonia f de frutas, ensalada f de frutas; **~ sugar** fructosa f; **~ tree** (árbol m) frutal m

-2. (result) **their plans have never borne**

sus planes nunca han dado fruto; **his book is the ~ of much research** su libro es el fruto de muchas investigaciones

-3. Br Fam Old-fashioned (term of address) **old ~** compadre

-4. US Fam (homosexual) mariquita m, sarasa m

fruitcake ['fruːtkeɪk] n **-1.** (cake) bizcocho m de frutas **-2.** Fam (mad person) chiflado(a) m,f, chalado(a) m,f

fruiterer ['fruːtərə(r)] n Br frutero(a) m,f; **the ~'s** la frutería

fruitful ['fruːtfʊl] adj fructífero(a)

fruitfully ['fruːtfʊlɪ] adv provechosamente, de modo fructífero

fruition [fruː'ɪʃən] n **to come to ~** (effort) fructificar; (plan) realizarse; **to bring sth to ~** llevar algo a buen término

fruitless ['fruːtlɪs] adj infructuoso(a); **at least the trip won't have been entirely ~** al menos el viaje no habrá sido en vano

fruitlessly ['fruːtlɪslɪ] adv infructuosamente

fruity ['fruːtɪ] adj **-1.** (taste, perfume, wine) afrutado(a) **-2.** Fam (voice) profundo(a) y sonoro(a) **-3.** Br Fam (joke, story) picante, subido(a) de tono

frump [frʌmp] n Fam **she's a ~** es muy rancia en la manera de vestir

frumpish ['frʌmpɪʃ], **frumpy** ['frʌmpɪ] adj Fam **to be ~** ser anticuado(a) or rancio(a) en la manera de vestir; **she wears rather ~ clothes** usa ropa bastante anticuada

frustrate [frʌs'treɪt] vt (person, plan) frustrar; **he was frustrated in his attempt to escape** su intento de fuga fue frustrado

frustrated [frʌs'treɪtɪd] adj frustrado(a); **to be ~** estar frustrado(a)

frustrating [frʌs'treɪtɪŋ] adj frustrante

frustratingly [frʌs'treɪtɪŋlɪ] adv desesperantemente; **~, he refused to help** para mayor frustración mía, se negó a ayudarme

frustration [frʌs'treɪʃən] n (emotion) frustración f; **in ~** de (la) rabia, de desesperación; **to the point of ~** hasta desesperarse

fry [fraɪ] ◇ vt **-1.** (cook) freír **-2.** US Fam (electrocute) electrocutar, achicharrar en la silla eléctrica

◇ vi **-1.** (cook) freírse **-2.** US Fam (convict) morir electrocutado(a) or achicharrado(a) en la silla eléctrica

◇ n **-1.** US (meal) parrillada f al aire libre **-2.** (offal) asaduras fpl, RP achuras fpl

◇ npl ZOOL (young fish) pececillos mpl; (frogs) renacuajos mpl

◆ **fry up** vt sep freír

fryer, frier ['fraɪə(r)] n (in deep fat) ~ freidora f

frying ['fraɪɪŋ] n fritura f ❑ **~ pan** sartén f; [IDIOM] **to jump out of the ~ pan into the fire** ir de Guatemala a Guatepeor

fry-pan ['fraɪpæn] n US sartén f

fry-up ['fraɪʌp] n Br fritura f

f-stop ['efstɒp] n PHOT posición f del número f

FT [ef'tiː] n (abbr **Financial Times**) Financial Times m; **FT Index** índice (FT) de la bolsa de Londres

ft (abbr **foot** or **feet**) pie m (= 30,48 cm); **20 ft** 20 pies

FTC [eftiː'siː] n US (abbr **Federal Trade Commission**) Comisión f Federal de Comercio

FTP [eftiː'piː] n COMPTR (abbr **File Transfer Protocol**) FTP m ❑ **~ server** servidor m FTP

FT-SE ['fʊtsɪ] n (Index) índice m (FTSE or FOOTSIE) de la bolsa de Londres

fuchsia ['fjuːʃə] n (plant, colour) fucsia f

fuck [fʌk] Vulg ◇ n **-1.** (intercourse) polvo m, Méx acostón m, Cuba palo m; **to have a ~** echar un polvo, Esp follar, Am coger, Méx chingar, RP,Ven clavar

-2. (person) **to be a good ~** Esp follar bien, Méx ser un buen acostón, RP coger como los dioses; **you stupid ~!** ¡tonto or Esp gilipollas or Méx pendejo de mierda!

-3. (expressing surprise, contempt, irritation) **~!** ¡carajo!, Esp ¡joder!; **what the ~...?** ¿qué Esp cojones or Col, Méx chingados or RP mierda...?; **who/why the ~...?** ¿quién/por qué Esp cojones or Col, Méx chingados or RP mierda...?; **can I borrow your bike? – can you ~** or **like ~ you can!** ¿me prestas tu

moto? – ¡y un huevo!; **for ~'s sake!** ¡me cago en la puta!; **~ knows why he came!** ¡para qué Esp cojones or Col, Méx chingados or RP mierda habrá venido!

-4. (for emphasis) **I don't give a ~** me importa un huevo; **who gives a ~!** ¡a quién carajo le importa!, Esp ¡a quién cojones le importa!; **I can't really afford it, but what the ~!** no me lo puedo permitir pero ¡qué Esp cojones or RP mierda!, Méx ¡me vale madre!

◇ vt **-1.** (have sex with) Esp follar, Am coger, Méx chingar

-2. (expressing surprise, contempt, irritation) **~ it!** ¡carajo!, Esp ¡joder!; **~ me!** ¡no me jodas!, Esp ¡coño!; **~ you!** Esp ¡que te den por culo!, Méx ¡chinga tu madre!, RP ¡andate a la puta que te parió!; **I'm fucked if I know!** ¡no tengo ni puta idea!

◇ vi Esp follar, Am coger, Méx chingar; **don't ~ with me!** ¡no me jodas!

◇ **fuck all** n (nothing) **he's done ~ all this week** se ha tocado los huevos or RP rascado las bolas toda la semana, Méx estuvo de huevón toda la semana; **to know ~ all about sth** no tener ni puta idea de algo

◆ **fuck about, fuck around** Vulg ◇ vt sep **to ~ sb about** or **around** (treat badly) joder or Méx chingar a alguien; (waste time of) andar jodiendo or RP hinchando a alguien

◇ vi (act foolishly) hacer el Esp gilipollas or Am pendejo (**with** con); (waste time) tocarse los cojones, RP rascarse las bolas; **to ~ about** or **around with sth** joder con algo

◆ **fuck off** Vulg ◇ vt sep **to ~ sb off** joder a alguien, Arg hincharle las pelotas a alguien; **to be fucked off (with sth/sb)** estar hasta los huevos (de algo/alguien)

◇ vi (go away) largarse, RP tomarse el raje; **~ off!** Esp ¡vete a tomar por (el) culo!, Méx ¡vete a la chingada!, RP ¡andate a la puta que te parió!

◆ **fuck up** Vulg ◇ vt sep **to ~ sth up** (bungle) joder bien algo; **he's really fucked up emotionally** emocionalmente está hecho una mierda

◇ vi (bungle) cagarla (bien cagada), Méx regarla

fucked [fʌkt] adj Vulg **to be ~** (exhausted) Esp estar hecho(a) una braga or Méx chingado(a) or RP hecho(a) una mierda; (broken) estar jodido(a); **my leg's ~** se me ha jodido una pierna; **if they don't win this game, they're ~** si no ganan este partido se van a tomar por culo or al carajo

fucker ['fʌkə(r)] n Vulg **-1.** (person) cabrón(ona) m,f, hijo(a) m,f de puta or Méx de la chingada; **stupid/lazy ~** tonto/vago de mierda or Esp de los cojones **-2.** (thing) **I can't get the ~ to start** este hijo (de) puta or Méx de la chingada no arranca

fucking ['fʌkɪŋ] Vulg ◇ adj **he's a ~ idiot!** ¡es un Esp gilipollas or Am pendejo or RP boludo!; **where's the ~ key?** ¿dónde está la puta llave?; **he's a ~ bastard!** ¡es un hijo de puta!; **you ~ idiot!** ¡imbécil de mierda!; US **~ A!** ¡de puta madre!, Méx ¡de poca madre!, RP ¡de (la) mierda!; **~ hell!** ¡joder!; **where the ~ hell have you been?** ¿dónde Esp cojones or Méx chingados or RP mierda te habías metido?

◇ adv **it's ~ brilliant!** ¡está de puta madre or Méx de la chingada!; **it's ~ cold!** ¡hace un frío Esp de cojones or Méx de la chingada or RP de mierda!; **I don't ~ know!** ¡no sé, carajo or Esp joder!

fuck-up ['fʌkʌp] n Vulg **-1.** (disaster) cagada f; **to make a ~ of sth** cagarla or Méx chingarla con algo **-2.** US (bungler) **he's a real ~** la caga siempre

fuckwit ['fʌkwɪt] n Vulg tonto(a) m,f del culo or RP de mierda, Am pendejo m

fuddle ['fʌdəl] ◇ n aturdimiento m; **in a ~** aturdido(a)

◇ vt aturdir; **to get fuddled** aturdirse

fuddy-duddy ['fʌdɪdʌdɪ] ◇ n Fam **an old ~** un carcamal or Am carcamán

◇ adj de Esp carcamal or Am carcamán

fudge [fʌdʒ] ◇ n -1. (sweet) = dulce blando de azúcar, leche y mantequilla -2. *Fam Pej (compromise)* apaño m or Am arreglo m (para salir del paso)

◇ vt *Fam Pej* -1. (avoid) **to ~ an issue** eludir un asunto, *Esp* echar balones fuera -2. (distort, obscure) **to ~ the figures** amañar las cifras

◇ vi *Fam* **stop fudging!** ¡déjate de evasivas!; **the President fudged on the budget issue** el Presidente eludió el tema del presupuesto

◇ exclam *Fam Euph* ¡caray!

fuel ['fjʊəl] ◇ n combustible m; **fossil/nuclear ~** combustible fósil/nuclear; IDIOM **to add ~ to the flames** (of situation, crisis) echar leña al fuego ❑ **~ bill** factura f de combustible; AUT **~ consumption** consumo m de combustible; AUT **~ gauge** indicador m del nivel de gasolina or *RP* nafta; AUT **~ injection** inyección f (de combustible); **~ oil** fuel m oil; **~ pipe** manguera f de combustible; **~ pump** bomba f de (la) gasolina or *RP* nafta; **~ rod** (for nuclear reactor) barra f de combustible; **~ tank** depósito m de combustible

◇ vt (*pt & pp* **fuelled**, *US* **fueled**) -1. (furnace) alimentar; **it is fuelled by...** (vehicle, plane) utiliza... -2. *Fig* (hatred, speculation) avivar, dar pábulo a; (argument) avivar

◆ **fuel up** vi *Br* echar gasolina, *Am* cargar gasolina, *RP* cargar nafta

fuel-air ['fjʊəl'eə(r)] adj aire-carburante inv ❑ **~ explosive bomb** bomba f explosiva de aire-combustible

fuel-injection ['fjʊəlɪn'dʒekʃən] adj **~ engine** motor m de inyección

fug [fʌg] n *Fam* ambiente m cargado, aire m viciado

fugitive ['fjuːdʒɪtɪv] ◇ n fugitivo(a) m,f; **she's a ~ from justice** huye de la justicia, es una fugitiva de la justicia

◇ adj -1. (debtor, slave) fugitivo(a) -2. *Literary* (temporary) fugaz, pasajero(a)

fugue [fjuːg] n -1. MUS fuga f -2. PSY fuga f

Führer ['fjʊərə(r)] n -1. HIST Führer m -2. *Fam* (dictator, boss) nazi mf, dictador(ora) m,f

Fuji ['fuːdʒi], **Fujiyama** [fuːdʒi:'ɑːmə] n (Mount) ~ el Fujiyama

Fulbright ['fʊlbraɪt] n **~ (Scholarship)** beca f Fulbright

fulcrum ['fʊlkrəm] n fulcro m, punto m de apoyo

fulfil, *US* **fulfill** [fʊl'fɪl] (*pt & pp* **fulfilled**) vt -1. (carry out) (plan, task) realizar, cumplir; (function, role) desempeñar; (promise) cumplir

-2. (satisfy) (condition, regulation) cumplir; (need, requirement) satisfacer; (obligation) cumplir con; **to feel fulfilled** (person) sentirse realizado(a); **she fulfilled herself both as an artist and as a mother** se realizó como artista y como madre

-3. (achieve) (ambition, dream) realizar, cumplir; **to ~ one's potential** desarrollar todo su potencial

-4. COM (order, contract) ejecutar

fulfilling [fʊl'fɪlɪŋ] adj (life, career, experience) pleno(a), satisfactorio(a); **I want a more ~ job** quiero un trabajo que me satisfaga más

fulfilment, *US* **fulfillment** [fʊl'fɪlmənt] n -1. (of plan, task) realización f, cumplimiento m; (of function, role) desempeño m; (of promise) cumplimiento m

-2. (of condition, regulation, obligation) cumplimiento m; (of need, requirement) satisfacción f; **to find** or **achieve ~** realizarse, hallar satisfacción; **to seek ~** buscar la realización personal; **she gets a sense** or **feeling of ~ from her work** su trabajo le hace sentir realizada

-3. (of ambition, dream) realización f, cumplimiento m

-4. COM (of order, contract) ejecución f

full [fʊl] ◇ adj -1. (container, room) lleno(a); (day, schedule) completo(a); **to be ~ (up)** (person, bus, container) estar lleno(a); (hotel) estar lleno(a) or completo(a); **to be half ~** estar a medio llenar or medio lleno(a); **don't speak with your mouth ~** no hables con la boca llena; *Fig* **my heart is ~** mi corazón rebosa de emociones; **to be ~ of** estar lleno(a) de; **~ of holes** lleno(a) de agujeros; **to be ~ of energy** rebosar energía; **to be ~ of praise for sb** no tener más que elogios para alguien; **to be ~ of oneself** or **of one's own importance** tenérselo muy creído, estar muy pagado(a) de sí (mismo(a)); *Fam* **he was ~ of the joys of spring** estaba que se salía de alegría; *Vulg* **you're ~ of shit** no dices más que *Esp* gilipolleces or *Am* pendejadas or *RP* boludeces; *Fam* **he's ~ of it** no dice más que bobadas; **~ to the brim** (lleno(a)) hasta el borde; *Br* **to be ~ to bursting** (person, bus) estar hasta arriba; **on a ~ stomach** con el estómago lleno

-2. (complete) (amount, support) total; (explanation, recovery, range) completo(a); **this is our last ~ day** es nuestro último día completo or entero; **I waited two ~ days for news** estuve esperando noticias (durante) dos días enteros; **the ~ extent of the damage** el alcance real del daño; **he drew himself up to his ~ height** se levantó cuan largo era; **the ~ horror** todo el horror; **the ~ implications** todas las implicaciones; **to take ~ responsibility for sth** asumir plena responsabilidad por algo; **she gave me the ~ story** me lo contó todo; **to lead a ~ life** llevar una vida plena; **I waited two ~ hours** or **a ~ two hours** esperé dos horas enteras; **to ask for fuller information about sth** pedir más información acerca de algo; **to be in ~ agreement** estar completamente de acuerdo; also *Fig* **to be in ~ bloom** estar en pleno florecimiento; **in ~ flow** (speaker) en pleno discurso; **to be in ~ swing** (party) estar en pleno apogeo; **in ~ view** completamente a la vista; **to come ~ circle** volver al punto de partida ❑ *Br* AUT **~ beam** luces fpl de carretera, (luces fpl) largas fpl; **~ board** pensión f completa; PHOT **in ~ colour** a todo color; **~ dress** traje m de gala; RAIL **~ fare** precio m or tarifa f normal; **~ house** (in theatre) lleno m; (in cards) full m; (in bingo) cartón m completo; COMPTR **~ Internet access** acceso m completo a Internet; **~ member** miembro mf de pleno derecho; **~ moon** luna f llena; **~ name** nombre m y apellidos, nombre m completo; **~ nelson** (in wrestling) doble nelson f; COMPTR **~ page display** monitor m de página completa; **~ point** (punctuation) punto m; **~ price** (of theatre ticket) precio m completo; **~ stop** (punctuation) punto m; **you can't go, ~ stop** no puedes ir, y punto; **the talks have come to a ~ stop** se han roto las negociaciones; **~ time** (in sports) final m del tiempo reglamentario

-3. (maximum) **at ~ blast** (heater, air conditioning) a plena potencia, *RP* a todo vapor; (radio, TV) a todo volumen; **at ~ pelt** or **tilt** a toda marcha or *Esp* pastilla; **(at) ~ speed** a toda velocidad; **at ~ steam** a toda marcha; **~ steam ahead!** ¡a toda máquina!, *RP* ¡a todo vapor!; **at ~ stretch** a pleno rendimiento; **to make ~ use of sth** aprovechar algo al máximo ❑ **~ employment** pleno empleo m; **~ marks** (in exam) nota f or puntuación f máxima; **~ marks for observation!** ¡qué observador eres!

-4. (skirt, sleeve) de vuelo

-5. (plump) (face) redondo(a); **a woman with a ~ figure** una mujer rellenita; **~ lips** labios carnosos

-6. (flavour, smell) rico(a)

◇ n **to pay in ~** pagar el total; **name in ~** nombre y apellidos; **to live life to the ~** disfrutar la vida al máximo

◇ adv -1. (entirely, completely) **I turned the heat ~ on** puse la calefacción al máximo; **I know it ~ well** lo sé perfectamente

-2. (directly, exactly) **it hit him ~ in the face** le dio en plena cara; **to look sb ~ in the face** mirar a alguien directamente a la cara

fullback ['fʊlbæk] n -1. (in soccer) (defensa mf) lateral mf -2. (in American football) fullback mf -3. (in rugby) zaguero m, defensa m de cierre -4. (in hockey) defensa mf, fullback mf

full-blooded ['fʊl'blʌdɪd] adj -1. (thoroughbred) de pura raza -2. (enthusiastic) (attempt) vigoroso(a), decidido(a); (argument) ardoroso(a); **a ~ Socialist** un socialista de pura cepa

full-blown ['fʊl'bloʊn] adj -1. (flower) florecido(a) -2. (war, scandal) declarado(a); (argument) verdadero(a); **to have ~ AIDS** haber desarrollado la enfermedad del sida (por completo)

full-bodied ['fʊl'bɒdɪd] adj (wine) con cuerpo

full-court press ['fʊlkɔːt'pres] n -1. (in basketball) presión f en toda la cancha -2. *US* (all-out effort) ofensiva f a gran escala

full-cream ['fʊl'kriːm] adj **~ milk** leche f entera

full-dress ['fʊl'dres] adj **~ uniform** uniforme m de gala; THEAT **~ rehearsal** ensayo m general

fuller's earth ['fʊləz'ɜːθ] n tierra f de batán

full-face(d) ['fʊl'feɪs(t)] ◇ adj de frente

◇ adv de frente

full-fashioned *US* = **fully-fashioned**

full-fat ['fʊl'fæt] adj (cheese, yoghurt) con toda su grasa ❑ **~ milk** leche f entera

full-fledged *US* = **fully-fledged**

full-frontal ['fʊl'frʌntəl] ◇ n desnudo m integral

◇ adj -1. (photograph) con desnudo integral; **~ nudity** desnudo integral -2. (unrestrained) directo(a), frontal

full-grown ['fʊl'groʊn] adj plenamente desarrollado(a); **to be ~** estar plenamente desarrollado(a)

full-length ['fʊl'leŋθ] ◇ adj (portrait, mirror) de cuerpo entero; (dress, skirt) largo(a); **~ film** largometraje m

◇ adv **he was lying ~ on the floor** estaba tendido en el suelo cuan largo era

fullness ['fʊlnɪs] n -1. (of container) **because of the ~ of the bucket** por lo lleno que estaba el balde; **I had an unpleasant feeling of ~** tenía una desagradable sensación de estar muy lleno

-2. (completeness) **I was amazed at the ~ of his recovery** me sorprendió su completa recuperación; **in the ~ of time** en su momento

-3. (of skirt, sleeve) amplitud f; (of person's figure) **he likes the ~ of my figure** le gusto rellenita

-4. (of flavour) intensidad f

full-on ['fʊl'ɒn] adj *Fam* en serio

full-page ['fʊl'peɪdʒ] adj (advert, illustration) a toda página ❑ COMPTR **~ display** pantalla f de página completa

full-scale ['fʊl'skeɪl] adj -1. (model) (de) tamaño natural -2. (search, reorganization) exhaustivo(a), a gran escala; **~ war** guerra a gran escala

full-screen ['fʊl'skriːn] adj COMPTR a pantalla completa

full-size(d) ['fʊl'saɪz(d)] adj -1. (life size) (drawing, model) de tamaño real or natural -2. (fully grown) (animal, plant) adulto(a) -3. (bed) de adulto

full-strength ['fʊl'streŋθ] adj (solution) puro(a), sin diluir; (team) completo(a)

full-throated ['fʊl'θroʊtɪd] adj (singing) a pleno pulmón

full-time ['fʊl'taɪm] ◇ adj -1. (job, employment, contract) a tiempo completo; (teacher, housewife) con dedicación exclusiva, de plena dedicación; *Fig* **looking after the children is a ~ job** or **occupation** cuidar de los niños es un trabajo de plena dedicación -2. SPORT **the ~ score** el resultado final

◇ adv (to work) a tiempo completo

full-timer ['fʊl'taɪmə(r)] n trabajador(ora) m,f or empleado(a) m,f a tiempo completo

fully ['fʊlɪ] *adv* **-1.** *(completely)* *(to agree)* totalmente; *(to understand)* perfectamente; *(aware, satisfied)* plenamente; **I ~ expected to be arrested** no esperaba otra cosa que ser arrestado; **I ~ intended to return the money** no tenía otra intención que devolver el dinero; **~ clothed** vestido(a) de arriba abajo; **~ grown** hecho(a) y derecho(a); **~ licensed** *(hotel, restaurant)* autorizado(a) a vender bebidas alcohólicas; **he is not yet ~ qualified as a doctor** todavía no tiene el título de médico
-2. *(thoroughly)* *(to answer, examine, explain)* detalladamente; **this topic is dealt with more ~ below** este tema se trata con más detalle abajo
-3. *(at least)* **it takes ~ two hours** lleva dos horas largas; **~ half of the planes were faulty** al menos la mitad de los aviones eran defectuosos
fully-fashioned ['fʊlɪˈfæʃənd], *US* **full-fashioned** ['fʊlˈfæʃənd] *adj (knitwear, hosiery)* ajustado(a)
fully-fledged ['fʊlɪˈfledʒd], *US* **full-fledged** ['fʊlˈfledʒd] *adj* **-1.** *(bird)* que ya puede volar, volandero(a) **-2.** *Fig (doctor)* titulado(a); *(member)* de pleno derecho; **a ~ atheist** un ateo puro y duro
fulmar ['fʊlmɑː(r)] *n* fulmar *m*
fulminate ['fʊlmɪneɪt] *vi* tronar, arremeter (**against** contra)
fulmination [fʌlmɪˈneɪʃən] *n* ataque *m*, crítica *f*, diatriba *f*
fulness = fullness
fulsome ['fʊlsəm] *adj* excesivo(a), exagerado(a); **to be ~ in one's praise of sth/sb** alabar algo/a alguien en exceso
fumarole ['fjuːmərəʊl] *n* fumarola *f*
fumble ['fʌmbəl] ◇ *vt* **he fumbled his lines** se confundió al decir sus líneas; **the goalkeeper fumbled the ball** al portero *or Am* arquero se le escapó la pelota de las manos; **she fumbled her way down the dark corridor** fue por el oscuro pasillo a tientas
◇ *vi* **she fumbled in her pocket for a tissue** revolvió en el bolsillo buscando un pañuelo; **to ~ for words** no encontrar las palabras adecuadas, titubear; **he fumbled with the controls** trató torpemente de accionar los mandos; **he fumbled (about** *or* **around) in the dark for the light switch** tanteó en la oscuridad buscando el interruptor de la luz
◇ *n (in American football)* = pérdida del balón al caérsele a un jugador de las manos
fumbling ['fʌmblɪŋ] *adj* torpe
fume [fjuːm] ◇ *n* **fumes** *(of factory, traffic)* gases; *(of tobacco)* humo ❑ **~ cupboard** campana *f* de laboratorio
◇ *vi* **-1.** *(give off fumes)* despedir gases **-2.** *(be angry)* **to be fuming** echar humo (por las orejas)
◇ *vt* "**this is your fault,**" **she fumed** "es culpa tuya", le espetó
fumigate ['fjuːmɪgeɪt] *vt* fumigar
fumigation [fjuːmɪˈgeɪʃən] *n* fumigación *f*
fun [fʌn] ◇ *n* diversión *f*; **to be ~** *(person, activity)* ser divertido(a); **it's not much ~** no es muy divertido; **it won't be half as much ~ without you** sin ti no será tan divertido; **to have ~** divertirse; **have ~!** ¡diviértete!; **they get a lot of ~ out of the bicycle** se divierten muchísimo con la bicicleta; **it was good** *or* **great ~** fue muy divertido(a); **to make ~ of, to poke ~ at** burlarse de; **to say sth in ~** decir algo en broma; **to do sth for ~, to do sth for the ~ of it** hacer algo por diversión; **to join in the ~** unirse a la diversión; **to take the ~ out of sth** quitar la gracia a algo; **what ~!** ¡qué divertido!; IDIOM **there'll be ~ and games** *(trouble)* se va a armar una buena
◇ *adj Fam* divertido(a) ❑ **~ fur** piel *f* sintética; **~ run** carrera *f* popular
function ['fʌŋkʃən] ◇ *n* **-1.** *(of machine, person, institution)* función *f*; **to carry out one's ~** llevar a cabo sus funciones; **my ~ in life is to...** mi papel consiste en... **-2.** *(celebration)* celebración *f*; *(official occasion)* acto *m* ❑ **~ room** salón *m* de fiestas **-3.** MATH función *f*; **X is a ~ of Y** X es función de Y **-4.** LING función *f* ❑ **~ word** palabra *f* funcional **-5.** COMPTR función *f* ❑ **~ key** tecla *f* de función
◇ *vi* funcionar; **to ~ as** *(room)* servir de, hacer de; **it can ~ as an adverb** puede funcionar como adverbio
functional ['fʌŋkʃənəl] *adj* **-1.** *(practical) (design, furniture, building)* funcional **-2.** *(operational)* operativo(a); **to be ~** estar en funcionamiento, funcionar; *Fam* **I'm barely ~ before ten o'clock** antes de las diez no sirvo para nada ❑ **~ illiterate** analfabeto(a) *m,f* funcional **-3.** MED *(disease)* funcional
functionalism ['fʌŋkʃənəlɪzəm] *n* funcionalismo *m*
functionality [fʌŋkʃəˈnælɪtɪ] *n* funcionalidad *f*
functionally ['fʌŋkʃənəlɪ] *adv* funcionalmente; **to be ~ equivalent to sth** tener la misma función que algo; **to be ~ illiterate** ser analfabeto(a) funcional
functionary ['fʌŋkʃənərɪ] *n* funcionario(a) *m,f*
functioning ['fʌŋkʃənɪŋ] ◇ *n* funcionamiento *m*
◇ *adj* en funcionamiento
fund [fʌnd] ◇ *n* **-1.** *(charitable, for investment)* fondo *m*; **they've set up a ~ for the earthquake victims** han creado un fondo para las víctimas del terremoto ❑ FIN **~ management** administración *f* de fondos; FIN **~ manager** gestor(ora) *m,f* de fondos
-2. *(available money)* **funds** fondos; **to be in/out of funds** tener/no tener fondos; **I'm a bit short of funds** estoy un poco escaso de fondos
-3. *(of information, jokes)* fuente *f*; **she has a large ~ of amusing anecdotes** tiene un amplio repertorio de divertidas anécdotas
◇ *vt* **-1.** *(project, company)* financiar **-2.** FIN *(debt)* financiar
fundamental [fʌndəˈmentəl] ◇ *adj* **-1.** *(basic)* fundamental; **a knowledge of economics is ~ to a proper understanding of the problem** para comprender de verdad el problema es fundamental poseer conocimientos de economía; **of ~ importance** de vital importancia ❑ PHYS **~ frequency** frecuencia *f* fundamental; PHYS **~ particle** partícula *f* elemental
-2. *(inherent)* **the ~ inequalities in society** las desigualdades básicas *or* estructurales de la sociedad; **her ~ honesty** su honradez inherente
◇ *n* **-1. fundamentals** principios básicos **-2.** MUS nota *f* fundamental
fundamentalism [fʌndəˈmentəlɪzəm] *n* integrismo *m*, fundamentalismo *m*
fundamentalist [fʌndəˈmentəlɪst] ◇ *n* integrista *mf*, fundamentalista *mf*
◇ *adj* integrista, fundamentalista
fundamentally [fʌndəˈmentəlɪ] *adv* fundamentalmente; **they are ~ different** tienen diferencias fundamentales; **it's ~ important** (de una importancia) fundamental; **we disagree ~** tenemos desacuerdos fundamentales; **she seems hard but ~ she's good-hearted** parece dura pero es, en esencia, una persona de buen corazón; **~, there's nothing wrong with the idea** la idea en sí no es mala
fundholder ['fʌndhəʊldə(r)] *n Br* = centro de salud o médico con autonomía en la gestión financiera
funding ['fʌndɪŋ] *n* **-1.** *(for project) (act of resourcing)* financiación *f*, financiamiento *m*; *(resources)* fondos *mpl*; **BP will put up half of the ~** BP financiará la mitad **-2.** FIN *(of debt)* financiación *f*, financiamiento *m*
fund-raiser ['fʌndreɪzə(r)] *n* **-1.** *(person)* recaudador(ora) *m,f* de fondos **-2.** *(event)* acto *m* para recaudar *or* captar fondos
fundraising ['fʌndreɪzɪŋ] *n* recaudación *f* de fondos, captación *f* de fondos
funeral ['fjuːnərəl] *n* entierro *m*; IDIOM *Fam* **that's your ~!** ¡eso es cosa tuya or tu problema! ❑ **~ chapel** capilla *f* ardiente; **~ cortège** cortejo *m* fúnebre; **~ director** encargado(a) *m,f* de la funeraria; *Am* **~ home** funeraria *f*; MUS **~ march** marcha *f* fúnebre; **~ oration** oración *f* fúnebre; *Br* **~ parlour** funeraria *f*; **~ procession** cortejo *m* fúnebre; **~ service** honras *fpl* fúnebres; **~ wreath** corona *f* fúnebre
funerary ['fjuːnərərɪ] *adj* funerario(a)
funereal [fjʊˈnɪərɪəl] *adj* fúnebre
funfair ['fʌnfeə(r)] *n* feria *f* (ambulante)
funfest ['fʌnfest] *n US* fiesta *f* (con actividades programadas)
fun-filled ['fʌnˈfɪld] *adj* divertido(a)
fungal ['fʌŋgəl] *adj* fúngico(a), de los hongos; **a ~ infection** una micosis
fungi *pl of* **fungus**
fungicidal [fʌŋgɪˈsaɪdəl] *adj* fungicida
fungicide ['fʌŋgɪsaɪd] *n* fungicida *m*
fungus ['fʌŋgəs] *(pl* **fungi** ['fʌŋgaɪ]*) n* **-1.** *(mushroom, toadstool)* hongo *m* **-2.** *(on walls, fruit)* moho *m* **-3.** *(on skin)* hongos *mpl*
funicular [fjʊˈnɪkjʊlə(r)] *n* **~ (railway)** funicular *m*
funk [fʌŋk] ◇ *n* **-1.** *Fam Old-fashioned (fright)* **to be in a (blue) ~** estar muerto(a) de miedo; **he got into a ~** le entró mieditis *or Méx* el mello *or RP* el cuiqui **-2.** *(music)* funk *m*, funky *m*
◇ *vt (out of fear)* **I funked telling him** no me atreví a contárselo
funkhole ['fʌŋkhəʊl] *n Fam* **-1.** MIL escondrijo *m*, agujero *m* **-2.** *(civilian job)* = trabajo que permite eludir el servicio militar
funky ['fʌŋkɪ] *adj* **-1.** *Fam (fashionable, excellent)* genial, *Esp* muy guapo(a), *Andes, CAm, Carib, Méx* muy chévere, *Méx* muy padre **-2.** MUS funky **-3.** *US Fam (smelly)* apestoso(a), maloliente
fun-loving ['fʌnlʌvɪŋ] *adj* amante de las diversiones
funnel ['fʌnəl] ◇ *n* **-1.** *(of locomotive, steamship)* chimenea *f* **-2.** *(for filling bottle)* embudo *m* **-3.** *(for ventilation)* conducto *m*, tubo *m*
◇ *vt (pt & pp* **funnelled**, *US* **funneled***)* **-1.** *(liquid)* echar con un embudo **-2.** *(direct) (crowd, funds)* canalizar
◇ *vi* **the crowd funnelled out of the gates** la multitud salía encauzada por las puertas
funnel-web ['fʌnəlweb] *n* **~ (spider)** = araña muy venenosa de Australia que teje una telaraña acanalada
funnily ['fʌnɪlɪ] *adv* **-1.** *(strangely)* de forma rara; **~ enough...** curiosamente..., por raro que parezca... **-2.** *(amusingly)* de una manera divertida
funny ['fʌnɪ] ◇ *adj* **-1.** *(amusing)* gracioso(a); **to be ~** tener gracia, ser gracioso(a); **to seem ~** parecer gracioso(a); **it didn't seem ~ to me** a mí no me hizo gracia; **she didn't see the ~ side of it** no le veía la gracia; **are you trying to be ~?** ¿te estás haciendo el gracioso?; *Ironic* **very ~!** ¡muy gracioso! ❑ **~ bone** hueso *m* de la risa; **~ man** *(comedian)* humorista *m*, cómico *m*; *Ironic* gracioso *m*; *US* **~ papers** *(in newspaper)* historietas *fpl*
-2. *(strange)* raro(a), curioso(a); **to look/sound ~** parecer/sonar raro; **this butter tastes/smells ~** esta mantequilla sabe/huele raro; *Fam* **to go all ~** *(person)* ponerse raro; *(machine)* ir mal; **(that's) ~, I thought I'd locked the door** qué curioso, creía que había cerrado la puerta con llave; **(it's) ~ you should say that** es curioso que digas eso; *Fam* **she's ~ that way** es bastante particular en ese sentido
-3. *(dubious, suspicious)* raro(a), extraño(a); **there's something ~ going on here** aquí pasa or sucede algo raro; *Fam* **I don't want any ~ business!** ¡nada de trucos!; *Fam* **there was some ~ business about the will** había gato encerrado en lo del testamento ❑ **~ money** *(fake)* dinero *m* falso; *(dishonest)* dinero *m* negro
-4. *(ill)* **I feel a bit ~** no me siento muy allá; **my stomach's a bit ~** tengo el estómago un poco revuelto
-5. *Fam (slightly crazy)* raro(a); **he went a bit ~ in his old age** *(eccentric)* se volvió un poco

funny-ha-ha ['fʌnihɑː'hɑː] adj Fam divertido(a), gracioso(a)

funny-peculiar ['fʌnɪpɪ'kjuːlɪə(r)] adj Fam curioso(a), raro(a)

fun-packed ['fʌn'pækt] adj de mucha diversión

fur [fɜː(r)] ◇ n **-1.** (on animal) pelo m; (animal skin) piel f; **her remark made the ~ fly** or **set the ~ flying** su comentario armó un revuelo ❏ **~ coat** abrigo m de piel; **~ farm** criadero m de animales para piel; **~ seal** lobo m marino; **~ trade** comercio m de pieles **-2.** (on tongue) sarro m **-3.** Br (in kettle, pipe) sarro m

◇ vt (pt & pp **furred**) Br **to ~ (up)** (kettle, pipe) cubrir de sarro (por dentro)

◆ **fur up** vi (kettle, pipe) cubrirse de sarro (por dentro)

furbish ['fɜːbɪʃ] vt **-1.** (polish) limpiar **-2.** (renovate) remozar, renovar

furious ['fjʊərɪəs] adj **-1.** (angry) furioso(a); **to be ~ (with sb)** estar furioso(a) (con alguien); **to be ~ with oneself** tirarse de los pelos; **to be in a ~ temper** estar de un humor de perros **-2.** (intense) (struggle) feroz; (sea, storm) violento(a); **at a ~ pace** a un ritmo frenético or vertiginoso; **at a ~ speed** a una velocidad de vértigo

furiously ['fjʊərɪəslɪ] adv **-1.** (to answer, look) con furia, furiosamente **-2.** (to fight, work) frenéticamente; **the fire was blazing ~** el fuego ardía con furia

furl [fɜːl] vt (flag, sail) enrollar, recoger; (umbrella) plegar

furlong ['fɜːlɒŋ] n = 201 metros (unidad utilizada en las carreras de caballos)

furlough ['fɜːləʊ] US ◇ n MIL permiso m; **to be on ~** estar de permiso or CSur, Méx franco

◇ vt **-1.** MIL (grant leave of absence) dar permiso or CSur, Méx franco a **-2.** (lay off) despedir temporalmente

furnace ['fɜːnɪs] n horno m; **it's like a ~ in here!** ¡esto es un horno!

furnish ['fɜːnɪʃ] vt **-1.** (house, flat) amueblar **-2.** Formal (provide) (supplies, food) proporcionar, suministrar; (information, reason, opportunity) proporcionar; **to ~ sb with sth** proporcionar algo a alguien; **they furnished the ship with provisions** aprovisionaron el barco; **they had furnished themselves with the necessary information** habían hecho acopio de la información necesaria

furnished ['fɜːnɪʃd] adj (flat, room) amueblado(a); **to be ~** estar amueblado(a) ❏ **~ accommodation** viviendas fpl amuebladas

furnishings ['fɜːnɪʃɪŋz] npl mobiliario m

furniture ['fɜːnɪtʃə(r)] n **-1.** (for house) muebles mpl, mobiliario m; **a piece of ~** un mueble; **office/garden ~** mobiliario de oficina/jardín; IDIOM **she treats me as if I were part of the ~** me trata como si fuera un mueble ❏ US **~ mover** empleado(a) m,f de una empresa de mudanzas; **~ polish** abrillantador m de muebles, CSur lustramuebles m inv; Br **~ remover** empleado(a) m,f de una empresa de mudanzas; **~ shop** tienda f de muebles; **~ showroom** salón m de exposición y venta de muebles; **~ van** camión m de mudanzas

-2. (accessories) **street ~** mobiliario urbano; **door ~** herrajes

furore [fʊ'rɔːrɪ], US **furor** ['fjʊrɔː(r)] n (uproar) revuelo m, escándalo m; **there's been a great ~ over the sex scenes** hubo un gran revuelo or escándalo con las escenas de sexo; **to cause a ~** levantar un gran revuelo

furred [fɜːd] adj **-1.** (animal) peludo(a) **-2.** (kettle, pipe, tongue) lleno(a) de sarro

furrier ['fʌrɪə(r)] n peletero(a) m,f

furrow ['fʌrəʊ] ◇ n **-1.** (in field) surco m **-2.** (on face) surco m

◇ vt **-1.** (field, soil) surcar **-2.** Literary **the lines which furrowed his brow** las arrugas que le surcaban la frente; **his brow was furrowed with worry** fruncía el ceño con preocupación

◇ vi **her brow furrowed** frunció el ceño

furry ['fɜːrɪ] adj **-1.** (animal) peludo(a); (toy) de peluche **-2.** (kettle, pipe) con sarro; **to have a ~ tongue** tener la lengua llena de sarro

further ['fɜːðə(r)], **farther** ['fɑːðə(r)] (comparative of **far**) ◇ adv **-1.** (in distance) más lejos; **~ along the beach** más adelante en la playa; **have you much ~ to go?** ¿te queda mucho camino?; **~ (to the) north/south** más al or hacia el norte/sur; **she's never been ~ north than Leicester** nunca ha estado más allá de Leicester; **how much ~ is it to the station?** ¿cuánto queda para la estación?; **~ away** más lejos; **he got ~ and ~ away from the shore** se alejaba cada vez más de la orilla; **~ back** (in space) más atrás; (in time) antes; **~ on** (in space, time) más adelante; **she's ~ on than the rest of the students** está más adelantada que el resto de los alumnos; **we got no ~ than the river** no pasamos del río; **that doesn't get us much ~** eso no nos ayuda mucho; **I've got no ~ with finding a job** no he avanzado mucho en la búsqueda de trabajo; **I can go no ~** (walking) no puedo seguir; (speaking) no puedo decir más; **this mustn't go any ~** (don't tell anyone else) esto no debe salir de aquí; **to go no ~ into the matter** no profundizar más en el asunto; **I would go (even) ~ and say he's a genius** yo iría aun más lejos y diría que es un genio; **by being careful he made his money go ~** siendo cuidadoso pudo sacar más partido a su dinero; **they fell ~ and ~ into debt** cada vez tenían más deudas; **if you want financial advice, look no ~ (than me)!** si necesitas un asesor financiero ¡ése soy yo or aquí me tienes!; **nothing could be ~ from the truth** nada más lejos de la realidad; **nothing could be ~ from my mind** ni se me había pasado por la cabeza

-2. (more) más; **I didn't question him any ~** no le pregunté más; **I want nothing ~ to do with him/it** no quiero tener nada más que ver con él/eso; **until you hear ~** hasta que tengas más noticias; **don't try my patience any ~** no agotes mi paciencia; **the police want to question him ~** la policía quiere interrogarlo nuevamente

-3. (to a greater degree) **the issue is ~ confused by...** el asunto se complica más si cabe por...; **her arrival only complicated things ~** su llegada sólo complicó aun más las cosas

-4. (additionally) además; Formal **I would ~ suggest that...** es más, yo sugeriría que...; Formal **~ to your recent letter...** en respuesta a su última carta...; **~ to our discussion/conversation** con relación a nuestra discusión/conversación

◇ adj **-1.** (more distant) más alejado(a)

-2. (additional) **do you have any ~ questions?** ¿tiene alguna otra pregunta?; **for ~ information** para mayor información; **I need a ~ £90** necesito 90 libras más; **I have nothing ~ to say** no tengo nada más que añadir or Am agregar; **I have no ~ use for it** ya no me sirve; **~ upon ~ consideration** tras considerarlo de nuevo; **until ~ notice** hasta nuevo aviso; **without ~ ado** sin más preámbulos; **without ~ delay** sin más demoras; **without ~ warning** sin más aviso ❏ Br **~ education** = enseñanza no universitaria para adultos, ≃ formación f continua; Br **~ education college** = centro de enseñanza donde se pueden cursar estudios de formación profesional y bachillerato

◇ vt (cause, one's interests, career) favorecer

furtherance ['fɜːðərəns] n Formal promoción f, fomento m; **in ~ of** para favorecer

furthermore [fɜːðə'mɔː(r)] adv Formal es más

furthermost ['fɜːðəməʊst] adj Literary último(a), más alejado(a)

furthest ['fɜːðɪst], **farthest** ['fɑːðɪst] (superlative of **far**) ◇ adj **the ~** el/la más alejado(a), el/la más distante; **her house is the ~ away** su casa es la que queda más lejos; **when it's ~ from the sun** cuando se encuentra a mayor distancia del sol; **this is the ~ north I've ever been** nunca he ido más al norte que esto

◇ adv más lejos; **it's 10 miles at the ~** a lo sumo queda a 10 millas

furtive ['fɜːtɪv] adj furtivo(a)

furtively ['fɜːtɪvlɪ] adv (to glance) furtivamente, con disimulo; (to creep) sigilosamente

fury ['fjʊərɪ] n **-1.** (anger) furia f, ira f; **to be in a ~** estar furioso(a); **he was beside himself with ~** estaba fuera de sí **-2.** (violence) (of storm, wind) furia f; (of struggle, battle) ferocidad f; Fam **to work/run like ~** trabajar/correr como loco(a) **-3.** (frenzy) frenesí m; **to be in a ~ of activity** tener una actividad frenética **-4.** MYTHOL **the Furies** las Furias

furze [fɜːz] n aliaga f, aulaga f

fuse [fjuːz] ◇ n **-1.** ELEC fusible m; IDIOM Fam **she blew a ~** (became angry) se puso como una fiera ❏ **~ box** cuadro m eléctrico, caja f de fusibles; **~ wire** fusible m **-2.** (for dynamite) mecha f; (in bomb) espoleta f; IDIOM Fam **to have a short ~** (be short-tempered) saltar a la mínima, RP ser muy calderita

◇ vt **-1.** (join, melt) fundir **-2.** (unite) fundir; **an attempt to ~ traditional and modern methods** un intento por fundir métodos modernos con tradicionales **-3.** Br ELEC **a surge of power fused the lights** se fundieron los plomos y se fue la luz por una subida de corriente

◇ vi **-1.** (metals) fundirse **-2.** (organizations, parties) fundirse **-3.** Br ELEC **the lights have fused** se han fundido los plomos y se ha ido la luz

fused [fjuːzd] adj ELEC (plug, appliance) provisto(a) de fusible

fuselage ['fjuːzəlɑːʒ] n fuselaje m

fusilier [fjuːzɪ'lɪə(r)] n fusilero m

fusillade [fjuːzɪ'leɪd] n (of bullets) descarga f cerrada; Fig (of criticism, questions) lluvia f

fusion ['fjuːʒən] n **-1.** (of metal) fundición f, fusión f **-2.** PHYS fusión f ❏ **~ bomb** bomba f de fusión; **~ reactor** reactor m de fusión **-3.** (of ideas, parties) fusión f **-4.** (in music, culture) fusión f, mestizaje m ❏ **~ cookery** cocina f de fusión

fuss [fʌs] ◇ n **-1.** (excitement, commotion) alboroto m, escándalo m; **a lot of ~ about** or **over nothing** mucho ruido y pocas nueces; **I don't see what all the ~ is about** no veo a qué viene tanto alboroto; **with as little ~ as possible** lo más discretamente posible; **to make** or Fam **kick up a ~ (about** or **over sth)** armar un alboroto or un escándalo (por algo); **I don't want any ~ made when I retire** para mi jubilación no quiero que hagan fiesta ni despedida

-2. to make a ~ of or **over sb** (show affection to) mimar a alguien; **he always makes a ~ of his grandchildren** se deshace en atenciones cada vez que está con sus nietos; **he likes to be made a ~ over** le gusta que lo mimen y le presten atención

◇ vt **-1.** Fam **I'm not fussed** (I don't mind) me da lo mismo **-2.** (make nervous, annoy) fastidiar; **don't ~ me!** ¡no me fastidies!

◇ vi **-1.** (be agitated) **to ~ (about** or **around)** estar inquieto(a); **don't ~, we'll be on time** no te preocupes, llegaremos a tiempo; **stop fussing!** ¡estate quieto! **-2.** (fiddle) **to ~ with sth** juguetear con algo, toquetear algo; **she kept fussing with her hair** no dejaba de juguetear con or toquetearse el pelo

◆ **fuss over** vt insep mimar, cuidar; **stop fussing over me!** ¡déjame!; **he fussed over his grandchildren** se deshacía en atenciones con sus nietos

fussbudget ['fʌsbʌdʒət] n US Fam quisquilloso(a) m,f

fussily ['fʌsɪlɪ] *adv* **-1.** *(to react, comment)* quisquillosamente **-2.** *(dressed, decorated)* recargadamente

fussiness ['fʌsɪnɪs] *n* **-1.** *(fastidiousness)* meticulosidad *f*, exigencia *f* **-2.** *(of dress, decoration)* lo recargado

fusspot ['fʌspɒt] *n Fam* quisquilloso(a) *m,f*, tiquismiquis *mf inv*

fussy ['fʌsɪ] *adj* **-1.** *(person)* quisquilloso(a), exigente; **I'm not ~** *(I don't mind)* me da lo mismo **-2.** *(dress, decor)* recargado(a)

fustian ['fʌstɪən] *n* **-1.** *(cloth)* fustán *m* **-2.** *(pompous language)* grandilocuencia *f*, prosopopeya *f*

fusty ['fʌstɪ] *adj* **-1.** *(furniture, carpets)* con olor a humedad; *(place)* con olor a cerrado **-2.** *(person, attitude)* rancio(a), anticuado(a)

futile ['fju:taɪl] *adj* *(attempt, protest)* inútil, vano(a); *(remark, suggestion)* fútil; **it's ~ trying to reason with him** es inútil intentar razonar con él

futility [fju:'tɪlɪtɪ] *n* *(of attempt, protest)* inutilidad; *(of remark, suggestion)* futilidad *f*

futon ['fu:tɒn] *n* futón *m*

future ['fju:tʃə(r)] ◇ *n* **-1.** *(time)* futuro *m*; **in the ~** en el futuro; **in ~** de ahora en adelante, en el futuro; **in the near/distant ~** en un futuro próximo/lejano; **who knows what the ~ holds** *or* **has in store?** ¿quién sabe qué traerá el futuro?; **to look into the ~** mirar al futuro **-2.** *(prospects)* futuro *m*, porvenir *m*; **the ~ of the company/country** el futuro de la empresa/del país; **he has a great ~ ahead of him as an actor** tiene un gran futuro como actor; **she has a job with a (good) ~** tiene un trabajo con (mucho) futuro; **the ~ looks bright** el futuro se presenta inmejorable; **there's no ~ in it** no tiene futuro **-3.** GRAM **~ (tense)** futuro *m*; **~ perfect (tense)** futuro perfecto **-4.** FIN **futures** futuros; **sugar/coffee futures** futuros de azúcar/café ❑ **futures market** mercado *m* de futuros
◇ *adj* futuro(a); **my ~ wife** mi futura esposa; **at some ~ date** en una fecha futura; **for ~ reference** por si pudiera ser de interés en el futuro

future-proof ['fju:tʃəpru:f] *adj (computer)* actualizable

futurism ['fju:tʃərɪzəm] *n* ART & LIT futurismo *m*

futurist ['fju:tʃərɪst] ART & LIT ◇ *n* futurista *mf*
◇ *adj* futurista

futuristic [fju:tʃə'rɪstɪk] *adj* futurista

futurologist [fju:tʃə'rɒlədʒɪst] *n* futurólogo(a) *m,f*

futurology [fju:tʃə'rɒlədʒɪ] *n* futurología *f*

fuze [fju:z] *n US (for dynamite)* mecha *f*; *(in bomb)* espoleta *f*

fuzz [fʌz] *n* **-1.** *(down)* *(on peach, skin)* pelusa *f* **-2.** *(frizzy hair)* pelo *m* crespo **-3.** *Fam* **the ~** *(the police)* la poli, *Esp* la pasma, *Méx* los pitufos, *RP* la cana **-4.** *US (lint)* pelusa *f*

fuzziness ['fʌzɪnɪs] *n* *(lack of definition)* *(of outline, image, sound)* falta *f* de nitidez; *(mental)* embotamiento *m*

fuzzy ['fʌzɪ] ◇ *adj* **-1.** *(hair)* crespo(a) **-2.** *(ill-defined)* *(outline, image, sound)* borroso(a); *(idea)* vago(a) ❑ COMPTR **~ logic** lógica difusa *or* borrosa
◇ *vt US* **to ~ (up) the issue** embrollar el tema

fwd *(abbr* **forward***)* reexpedir (al destinatario)

FWIW *(abbr* **for what it's worth***)* si sirve de algo

FX *(abbr* **special effects***)* efectos *mpl* especiales

fyi *(abbr* **for your information***)* para tu información

FYROM ['efwaɪɑːræʊ'em] *n (abbr* **Former Yugoslavian Republic of Macedonia***)* ARYM *f*

Gg

G, g [dʒiː] *n (letter)* G, g *f*
G [dʒiː] ◇ *n* **-1.** MUS sol *m* **-2.** PHYS (**gravity**) G
◇ *adj* US CIN ≃ (apta) para todos los públicos
g *(abbr* **gramme**) g
G7 ['dʒiː'sevən] *n (abbr* **Group of Seven**) G7 *m*; **the G7 countries** el grupo de los siete
G8 ['dʒiː'eɪt] *n (abbr* **Group of Eight**) G8 *m*
GA *(abbr* **Georgia**) Georgia
gab [gæb] *Fam* ◇ *n (chatter)* charla *f*; **we had a good ~ on the phone** estuvimos de charla *or Esp* palique *or Méx* plática por teléfono; IDIOM **to have the gift of the ~** tener un pico de oro
◇ *vi (pt & pp* **gabbed**) **-1.** *(talk, gossip)* darle al pico **-2.** *(to police, press)* dar el soplo, *Méx* soplar, *RP* pasar el dato
gabardine, gaberdine [gæbə'diːn] *n* **-1.** *(material)* gabardina *f* **-2.** *(coat)* gabardina *f*
gabble ['gæbl] ◇ *n* algarabía *f*; **a ~ of voices** una algarabía de voces; **to talk at a ~** parlotear
◇ *vt* farfullar; **she gabbled (out) her an apology** farfulló una disculpa
◇ *vi* **-1.** *(geese)* graznar **-2.** *(person)* farfullar; **they ~ (away) for hours** parlotean durante horas
gabby ['gæbɪ] *adj Fam* charlatán(ana)
gaberdine = **gabardine**
gabfest ['gæbfest] *n US Fam* charla *f*, tertulia *f*
gable ['geɪbl] *n (of house)* hastial *m*, gablete *m* ❑ **~ end** hastial *m*; **~ roof** tejado *m* a dos aguas
gabled ['geɪbld] *adj (house)* con el tejado a dos aguas; *(roof)* a dos aguas
Gabon [gæ'bɒn] *n* Gabón
Gabonese [gæbə'niːz] ◇ *n* gabonés(esa) *m,f*
◇ *adj* gabonés(esa)
Gad [gæd] *exclam Archaic or Hum* **(by) ~!** ¡Señor mío!
gad [gæd] *(pt & pp* **gadded**) *vi Fam* **to ~ (about** *or* **around)** pendonear, zascandilear
gadabout ['gædəbaʊt] *n Fam (person)* pendón *m*, zascandil *mf*
Gadarene [gædəriːn] *adj (in Bible)* **the miracle of the ~ swine** el milagro del endemoniado gadareno; *Fig* **the ~ rush to buy into the new technology** la avalancha ciega para adquirir las últimas tecnologías
gadfly ['gædflaɪ] *n* **-1.** *(insect)* tábano *m* **-2.** *(person)* provocador(ora) *m,f*
gadget ['gædʒɪt] *n* artilugio *m*, gadget *m*
gadgetry ['gædʒɪtrɪ] *n* artilugios *mpl*
gadwall ['gædwɔːl] *n* ánade *m* friso
gadzooks [gæd'zuːks] *exclam Archaic or Hum* ¡caray!, ¡caramba!
Gael [geɪl] *n* = persona de origen celta oriunda de Irlanda o Escocia
Gaelic ['geɪlɪk, 'gælɪk] ◇ *n (language)* gaélico *m*
◇ *adj* gaélico(a) ❑ *Br* **~ coffee** café *m* irlandés; SPORT **~ football** fútbol *m* gaélico, = deporte irlandés a medio camino entre el fútbol y el rugby

GAELIC

El gaélico, lengua original de los pueblos celtas de Irlanda y Escocia, se sigue hablando hoy en día en ciertas regiones del oeste de Irlanda y de Escocia. En la República de Irlanda el gaélico es la segunda lengua oficial junto con el inglés y se requiere su dominio para ciertos puestos en la administración pública. Los alumnos de enseñanza secundaria realizan a menudo durante el verano estancias lingüísticas en la región del "Gaeltacht", zona rural de Irlanda en la que se habla gaélico habitualmente. A pesar del papel predominante del inglés, debido a su importancia mundial, el gaélico continúa sobreviviendo. En Irlanda se creó una cadena de televisión gaélica en 1996 y en Escocia ha recibido un cierto impulso desde que se restableció el parlamento regional en 1999.

Gaeltacht ['geɪltæxt] *n* **the ~** = región de Irlanda donde se habla el gaélico
gaff [gæf] *n* **-1.** *(in fishing)* garfio *m* **-2.** NAUT *(spar)* pico *m* **-3.** *US Fam* **to stand the ~** aguantar
gaffe [gæf] *n (blunder)* desliz *m*, metedura *f or Am* metida *f* de pata; **to commit** *or* **make a ~** cometer un desliz
gaffer ['gæfə(r)] *n Br Fam* **-1.** *(boss)* mandamás *mf* **-2.** *(soccer manager)* míster *m* **-3.** *(old man)* an old ~ un vejete
gaffsail ['gæfseɪl] *n* vela *f* cangreja
gag [gæg] ◇ *n* **-1.** *(on mouth)* mordaza *f* **-2.** *(on press)* mordaza *f*; **they want to put a ~ on the press** quieren amordazar *or* silenciar a la prensa ❑ *US* **~ law** = ley que limita la libertad de expresión; *US* POL **~ resolution** *or* **rule** = norma que fija un tiempo límite a quienes toman la palabra en un debate parlamentario **-3.** *Fam (joke)* chiste *m*
◇ *vt (pt & pp* **gagged**) *(silence) (person, the press)* amordazar, silenciar; IDIOM *US Fam Hum* **~ me with a spoon!** ¡qué asco!, *Esp* ¡es como para echar hasta la primera papilla!
◇ *vi (retch)* tener arcadas; **to make sb ~** provocar arcadas a alguien; **I just ~ at the idea of eating raw fish** me dan arcadas sólo de pensar en comer pescado crudo; **he gagged on a fishbone** se atragantó con una espina
gaga ['gɑːgɑː] *adj Fam* **-1.** *Br (senile)* chocho(a), gagá; **to go ~** empezar a chochear, ponerse gagá **-2.** *(crazy)* chiflado(a) **-3.** *(besotted)* **to be ~ about** *or* **over sb** estar chiflado(a) por alguien
gage *US* = **gauge**
gagging ['gægɪŋ] *n (of person, press)* silenciamiento *m*, amordazamiento *m*; **~ order** *or* **writ** = prohibición del juez de publicar algo
gaggle ['gægl] *n (of geese)* bandada *f*; *Fig* **a ~ of journalists** una manada de periodistas
gagman ['gægmən] *n US (writer)* guionista *mf or Am* libretista *mf* cómico(a)
Gaia ['gaɪə] *n* Gaia *f*
gaiety ['geɪətɪ] *n* alegría *f*
gaily ['geɪlɪ] *adv* **-1.** *(happily)* alegremente, con alegría; **they went ~ on, as if nothing had happened** ellos siguieron tan felices *or* panchos, como si nada hubiera pasado **-2.** *(brightly)* alegremente; **~ coloured clothes** ropa de colores alegres *or* vivos
gain [geɪn] ◇ *n* **-1.** *(profit)* beneficio *m*, ganancia *f*; **gains and losses** ganancias y pérdidas; **my loss is your ~** uno pierde lo que el otro gana; **there have been major gains on the Stock Exchange** la bolsa ha generado fuertes ganancias; **for personal ~** en beneficio propio
-2. *(increase)* aumento *m* (**in** de); **a ~ in speed/weight** un aumento de velocidad/peso
-3. *(improvement, advance)* **the real gains of the revolution** los verdaderos beneficios *or* las verdaderas mejoras que ha aportado la revolución
-4. *(in election)* **a ~ for the Republicans/Liberals** una victoria *or* un escaño para los republicanos/liberales; **to make gains** ganar terreno
-5. ELEC ganancia *f*
◇ *vt* **-1.** *(win) (advantage, reputation)* cobrar, ganar; *(experience, popularity, prestige)* adquirir, ganar; *(victory)* obtener; *(sympathy)* granjearse, ganarse; **to ~ access** *or* **entry to** lograr acceder a; **to ~ control of sth** hacerse con el control de algo; **to ~ ground** ganar terreno; **to ~ ground on sb** ganarle *or* comerle terreno a alguien; **to ~ a share of the market** conseguir *or* ganar una cuota del mercado; **we have everything/nothing to ~ from this proposal** con esta propuesta podemos ganar mucho/no ganamos nada; **what would we (have to) ~ by joining?** ¿qué ganamos uniéndonos?; **we're not losing a daughter, but gaining a son** no perdemos una hija sino que ganamos un hijo; **he gained the impression that...** le dio la impresión de que...
-2. *(increase)* ganar; **the party has gained support** el partido ha ganado apoyo; **the share index gained two points** el índice de cotizaciones ha subido dos puntos; **to ~ weight** aumentar de *or* ganar peso; **to ~ speed** cobrar velocidad; **to ~ time** ganar tiempo
-3. *(in election)* **to ~ seats (for/from)** conseguir escaños (para/a costa de)
-4. *(of clock, watch)* adelantar; **my watch gains ten minutes a day** mi reloj adelanta diez minutos al día
-5. *Literary (reach)* alcanzar; **they finally gained the other shore** finalmente alcanzaron la otra orilla
◇ *vi* **-1.** *(benefit)* **to ~ by sth** beneficiarse de algo, ganar con algo; **who stands to ~ by this deal?** ¿quién se beneficia *or* quién gana con este acuerdo?
-2. *(increase)* **to ~ in confidence** adquirir *or* ganar confianza; **to ~ in popularity** hacerse cada vez más popular
-3. *(clock)* adelantar(se)

◆ **gain on** *vt insep* **to ~ on one's competitors** ganar terreno a los competidores; **they're gaining on us!** ¡los tenemos cada vez más cerca!

gainful ['geɪnfʊl] *adj (employment)* remunerado(a)
gainfully ['geɪnfʊlɪ] *adv* **to be ~ employed** tener un empleo remunerado
gainsay [geɪn'seɪ] *(pt & pp* **gainsaid** [geɪn'sed]) *vt Formal* negar; **there is no gainsaying her achievement** es innegable lo que ha conseguido
gait [geɪt] *n* paso *m*, manera *f* de caminar *or Esp* andar; **to walk with an unsteady ~** caminar de una manera insegura
gaiter ['geɪtə(r)] *n* polaina *f*
gal [gæl] *n Old-fashioned Fam* moza *f*

gal. (*abbr* **gallon**) galón *m* (GB = 4,546 litros; EE.UU. = 3,785 litros)

gala ['gɑːlə] *n* **-1.** (*festivity*) gala *f* ❑ **~ evening** noche *f* de gala; **~ performance** (actuación *f* de) gala *f* **-2.** *Br* **swimming ~** concurso de natación

galactic [gəˈlæktɪk] *adj* galáctico(a)

Galapagos [gəˈlæpəgɒs] *npl* **the ~ (Islands)** las (Islas) Galápagos

galaxy ['gæləksɪ] *n* **-1.** ASTRON galaxia *f* **-2.** (*gathering, array*) pléyade *f*; **a ~ of stars** un gran elenco de estrellas

gale [geɪl] *n* **-1.** (*wind*) vendaval *m*; **a force 9 ~** un viento de fuerza 9; **it's blowing a ~** hay un viento terrible ❑ **~ warning** aviso *m* de temporal **-2.** (*outburst*) **a ~ of laughter** un torrente de carcajadas

gale-force ['geɪlfɔːs] *adj* **~ winds** vientos huracanados

galena [gəˈliːnə] *n* galena *f*

Galicia [gəˈlɪsɪə] *n* **-1.** (*in Spain*) Galicia **-2.** (*in Eastern Europe*) Galitzia

Galician [gəˈlɪsɪən] ◇ *n* **-1.** (*from Spain*) gallego(a) *m,f* **-2.** (*language*) gallego *m* **-3.** (*from Eastern Europe*) galitzio(a) *m,f*
◇ *adj* **-1.** (*from Spain*) gallego(a) **-2.** (*from Eastern Europe*) galitzio(a)

Galilean[1] [gælɪˈliːən] ◇ *n* galileo(a) *m,f*; **the ~** el Galileo
◇ *adj* galileo(a)

Galilean[2] [gælɪˈleɪən] *adj* galileano(a)

Galilee ['gælɪliː] *n* Galilea ❑ **the Sea of ~** el lago Tiberíades

gall [gɔːl] ◇ *n* **-1.** MED bilis *f inv* ❑ **~ bladder** vesícula *f* biliar **-2.** (*bitterness*) rencor *m*, hiel *f* **-3.** (*impudence*) insolencia *f*; **she had the ~ to...** tuvo la insolencia de... **-4.** (*on tree*) agalla *f*
◇ *vt* (*annoy*) irritar, dar rabia a; **much though it galls me to admit it...** aunque me duela *or* reviente reconocerlo...

gallant ['gælənt] ◇ *adj* **-1.** (*brave*) valiente, gallardo(a) **-2.** (*dashing*) apuesto(a), gallardo(a) **-3.** (*attentive, courteous*) galante
◇ *n Literary* (*young man*) galán *m*

gallantly ['gæləntlɪ] *adv* **-1.** (*bravely*) valientemente, con gallardía **-2.** (*attentively, courteously*) galantemente

gallantry ['gæləntrɪ] *n* **-1.** (*bravery*) valentía *f*, gallardía *f*; **a medal for ~** una medalla al valor **-2.** (*attentiveness, courtesy*) galantería *f*

galleon ['gælɪən] *n* galeón *m*

galleria [gæləˈriːə] *n* (*in shopping centre*) galería *f* central

gallery ['gælərɪ] *n* **-1.** (**art**) **~** (*for sale*) galería *f* de arte; (*for exhibition*) museo *m* (de arte) **-2.** (*balcony*) galería *f* **-3.** (*walkway*) galería *f* **-4.** (*in theatre*) galería *f*; IDIOM **to play to the ~** (*of politician*) actuar para la galería **-5.** (*in mine, burrow*) galería *f* **-6.** SPORT (*spectators*) público *m*

galley ['gælɪ] *n* **-1.** (*ship*) galera *f*; **to be sent to the galleys** ser enviado a galeras ❑ **~ slave** galeote *m*; *Fam Hum* esclavo(a) *m,f* **-2.** (*kitchen on ship, plane*) cocina *f* **-3.** TYP **~ (proof)** galerada *f*

Gallic ['gælɪk] *adj* **-1.** (*French*) galo(a) **-2.** HIST (*of Gaul*) galo(a), gálico(a)

gallicism ['gælɪsɪzəm] *n* LING galicismo *m*

galling ['gɔːlɪŋ] *adj* mortificante; **a ~ admission** un reconocimiento mortificante

gallium ['gælɪəm] *n* CHEM galio *m*

gallivant ['gælɪvænt]
➧ **gallivant about, gallivant around** *vi* pendonear

gallon ['gælən] *n* galón *m* (GB = 4,546 litros; EE.UU. = 3,785 litros)

gallop ['gæləp] ◇ *n* galope *m*; **to go for a ~** ir a galopar; **the pony broke into a ~** el pony hechó a galopar; *also Fig* **at a ~** al galope
◇ *vt* (*horse*) hacer galopar a
◇ *vi* **-1.** (*horse, rider*) galopar; **to ~ off** *or* **away** salir galopando *or* al galope **-2.** *Fig* **he came galloping down the stairs** bajó las escaleras al galope; **the country has galloped ahead of its rivals** el país ha dejado descolgados a sus competidores; **she galloped through her work** despachó rápidamente su trabajo

galloping ['gæləpɪŋ] *adj* galopante

gallows ['gæləʊz] *npl* horca *f*, patíbulo *m*; **to be sent to the ~** ser enviado a la horca *or* al patíbulo ❑ **~ humour** humor *m* negro *or* macabro

gallstone ['gɔːlstəʊn] *n* cálculo *m* biliar; **to have gallstones** tener cálculos *or* piedras en la vesícula

Gallup Poll ['gæləpˈpəʊl] *n* sondeo *m* de opinión (*llevado a cabo por la empresa Gallup*)

galore [gəˈlɔː(r)] *adv Fam* a montones; **we've got food ~** tenemos comida a montones

galoshes, goloshes [gəˈlɒʃɪz] *npl* chanclos *mpl*

galumph [gəˈlʌmf] *vi Fam* (*walk clumsily*) caminar con torpeza; **he came galumphing down the stairs** bajó las escaleras con torpeza

galvanize ['gælvənaɪz] *vt* **-1.** TECH galvanizar **-2.** (*stimulate*) galvanizar; **to ~ sb into action** mover a alguien a la acción

galvanized ['gælvənaɪzd] *adj* galvanizado(a) ❑ **~ steel** acero *m* galvanizado

galvanizing ['gælvənaɪzɪŋ] *adj* **to have a ~ effect on sth/sb** hacer reaccionar a algo/alguien

galvanometer [gælvəˈnɒmɪtə(r)] *n* PHYS galvanómetro *m*

Gambia [ˈgæmbɪə] *n* **(the) ~** Gambia

Gambian ['gæmbɪən] ◇ *n* gambiano(a) *m,f*, gambio(a) *m,f*
◇ *adj* gambiano(a), gambio(a)

gambit ['gæmbɪt] *n* **-1.** (*in chess*) gambito *m* **-2.** (*in negotiation, diplomacy*) jugada *f*, maniobra *f*; **opening ~** primer envite

gamble ['gæmbəl] ◇ *n* **-1.** (*wager*) apuesta *f* **-2.** (*risk*) riesgo *m*; **to take a ~** arriesgarse; **it's a ~ we have to take** es un riesgo que debemos asumir *or* afrontar; **it's a bit of a ~ whether it'll work or not** es una lotería (saber) si funcionará o no; **I know it's a ~ but...** sé que es un riesgo pero...; **his ~ paid off** su jugada funcionó
◇ *vt* jugarse; **to ~ one's future/reputation on sth** jugarse el porvenir/la reputación en algo
◇ *vi* jugar, apostar dinero; **to ~ on sth** (*bet money on*) apostar a algo; **to ~ on the Stock Exchange** jugar a la Bolsa; **they're gambling on there not being an inspector on the train** confían en que no haya un inspector en el tren; *Fig* **Napoleon gambled and lost** Napoleón se arriesgó y perdió

➧ **gamble away** *vt sep* **to ~ sth away** perder algo en el juego

gambler ['gæmblə(r)] *n* jugador(ora) *m,f*

gambling ['gæmblɪŋ] *n* juego *m* ❑ **~ debts** deudas *fpl* de juego; **~ den** timba *f*, garito *m*

gambol ['gæmbəl] (*pt & pp* **gambolled**, *US* **gamboled**) *vi* retozar

game [geɪm] ◇ *n* **-1.** (*activity, sport*) juego *m*; (*of cards, chess*) partida *f*; (*of football, tennis, golf*) partido *m*; **games of chance/skill** juegos de azar/destreza; **the children were playing a ~ of hide-and-seek** los niños jugaban al escondite; **politics is just a ~ to them** la política no es más que un juego para ellos; **I'm off my ~ today** hoy no tengo un buen día; **it put me right off my ~** me descentró completamente ❑ **~ of chance** juego *m* de azar; **~ plan** plan *m* or estrategia *f* de juego; **~ point** (*in tennis*) punto *m* or pelota *f* de juego; **~ show** programa *m* concurso; **~ theory** teoría *f* de juegos
-2. (*division of match*) (*in tennis, bridge*) juego *m*; **~, set, and match** juego, set y partido; **(one) ~ all** iguales *or* empatados a uno
-3. games (*sporting event*) juegos; *Br* (*school subject*) deportes; **the Commonwealth Games** los Juegos de la Commonwealth; **the Olympic Games** los Juegos Olímpicos
-4. *Fam* (*undertaking, operation*) **at this stage in the ~** a estas alturas del juego; **to be ahead of the ~** ir por delante
-5. *Fam* (*activity*) **I'm new to this ~** soy nuevo en esto; **I've been in this ~ a long time** llevo mucho tiempo metido en esto
-6. (*in hunting*) caza *f*; **~ bird** ave *f* de caza; **~ fish** = pez que es pesca con deporte; *Fig* **to be easy ~** ser presa fácil ❑ **~ laws** reglamentos *mpl* de caza; **~ licence** permiso *m* de caza; **~ park** reserva *f* animal; **~ pie** pastel *m* de carne de caza; **~ preserve** coto *m or* reserva *f* de caza; **~ reserve** coto *m or* reserva *f* de caza; **~ warden** guarda *mf* de caza
-7. IDIOMS **to play the ~** jugar limpio; **to play games with sb** jugar con alguien; **to play (along with) sb's ~** seguir el juego a alguien; **let's stop playing games and come to the point** dejémonos de *Esp* juegos *or Am* vueltas y vayamos al grano; **two can play at that ~** donde las dan las toman; **to beat sb at his own ~** vencer a alguien con sus propias armas; **to give the ~ away** desvelar el secreto; **what's his ~?** ¿qué pretende?; **I know what your ~ is** sé a qué estás jugando; **the ~'s up for him** para él se acabó lo que se daba; *Br* **the ~ is not worth the candle** no vale la pena; *Br Fam* **to be on the ~** (*prostitute*) hacer la calle
◇ *adj* **-1.** (*brave*) valiente **-2.** (*willing*) **to be ~ (to do sth)** apuntarse (a hacer algo); **he's ~ for anything** se apunta a todo; **I'm ~ if you are!** si tú te animas, yo también **-3.** *Br Old-fashioned* (*lame*) **he's got a ~ leg** es cojo
◇ *vi* **-1.** *Formal* (*gamble*) jugar **-2.** (*play computer games*) jugar con juegos de *Esp* ordenador *or Am* computadora

gamebag ['geɪmbæg] *n* morral *m*

gamecock ['geɪmkɒk] *n* gallo *m* de pelea, *Andes, RP* gallo *m* de riña

gamekeeper ['geɪmkiːpə(r)] *n* guarda *mf* de caza

gamelan ['gæməlæn] *n* gamelán *m*

gamely ['geɪmlɪ] *adv* valientemente

gamer ['geɪmə(r)] *n* **-1.** (*of computer games*) aficionado(a) *m,f* a los juegos de *Esp* ordenador *or Am* computadora **-2.** *US* (*athlete, sportsperson*) jugador(ora) *m,f* competitivo(a)

gamesmanship ['geɪmzmənʃɪp] *n* estrategia *f* inteligente (*sin infringir las reglas del juego*)

gamester ['geɪmstə(r)] *n* (*gambler*) jugador(ora) *m,f*

gamete ['gæmiːt] *n* BIOL gameto *m*

gamey = **gamy**

gamine ['gæmiːn] *adj* con aspecto de muchacho; **a ~ haircut** un corte a lo garçon

gaming ['geɪmɪŋ] *n* **-1.** (*gambling*) juego *m*, juegos *mpl* de azar; **he lost everything on the ~ tables** perdió todo en la mesa de juego ❑ **~ laws** legislación que rige los juegos de azar **-2.** (*on computers*) juegos *mpl* de *Esp* ordenador *or Am* computadora

gamma ['gæmə] *n* **-1.** (*Greek letter*) gamma *f* **-2.** PHYS **~ radiation** radiación *f* gamma; **~ rays** rayos *mpl* gamma **-3.** BIOL **~ globulin** gammaglobulina *f*

gammon ['gæmən] *n* jamón *m* ❑ **~ steak** loncha de jamón a la plancha

gammy ['gæmɪ] *adj Fam* **a ~ leg** una pata coja *or Andes, RP* renga *or Esp* chula

gamut ['gæmət] *n* gama *f*; **to run the ~ of** pasar por toda la gama de

gamy, gamey ['geɪmɪ] *adj* **-1.** (*of flavour*) de *or* a caza **-2.** (*salacious, scandalous*) escabroso(a)

gander ['gændə(r)] *n* **-1.** (*male goose*) ganso *m* **-2.** *Fam* **to have** *or* **take a ~ (at)** (*look*) echar un ojo *or* un vistazo (a)

G and T ['dʒiːənˈtiː] *n Br* gin-tonic *m*

gang [gæŋ] *n* **-1.** (*of criminals*) banda *f*; (*of violent youths*) pandilla *f*, panda *f* ❑ **~ rape** violación *f* colectiva
-2. (*of children, friends*) pandilla *f*; *Fam* **the whole ~** (*of friends, colleagues*) toda la pandilla ❑ HIST **the Gang of Four** (*in China*) la Banda de los Cuatro; (*in Britain*) = los cuatro políticos que dejaron el partido laborista en 1981 para formar el social-demócrata SDP; **~ show** scout *m* show, = espectáculo de variedades organizado por los scouts
-3. (*of workers, convicts*) cuadrilla *f*

➧ **gang together** *vi* juntarse, formar una banda *or* panda

➧ **gang up** *vi* **to ~ up on sb/with sb** confabularse contra/con alguien

gang-bang ['gæŋ'bæŋ] *very Fam* ◇ *n* **-1.** *(group rape)* violación *f* colectiva **-2.** *(orgy)* orgía *f (de varios hombres con una mujer)*
◇ *vt* violar en grupo a
gangbuster ['gæŋbʌstə(r)] *n US Fam* = policía de la brigada especial contra bandas criminales; IDIOM **like gangbusters** a lo bestia
ganger ['gæŋə(r)] *n Br (foreman)* capataz *m*
Ganges ['gændʒi:z] *n* **the ~** el Ganges
gangland ['gæŋlænd] *n (underworld)* hampa *f*; **a ~ killing** un ajuste de cuentas entre bandas; **~ warfare** guerra entre bandas
ganglia *pl of* **ganglion**
gangling ['gæŋlɪŋ] *adj* larguirucho(a)
ganglion ['gæŋlɪən] *(pl* **ganglia** ['gæŋlɪə]) *n* ANAT ganglio *m*
gangplank ['gæŋplæŋk] *n* NAUT pasarela *f*, plancha *f*
gang-rape ['gæŋ'reɪp] *vt* violar en grupo a
gangrene ['gæŋgri:n] *n* gangrena *f*; **to have ~** tener gangrena
gangrenous ['gæŋgrɪnəs] *adj* gangrenoso(a); **to go** or **turn ~** gangrenarse
gangsta ['gæŋstə] *n* **-1.** *(music)* **~ (rap)** gangsta *m* **-2.** *(rapper)* gangsta *mf*
gangster ['gæŋstə(r)] *n* gángster *m* ❏ **~ movie** película *f* de gángsters
gangway ['gæŋweɪ] *n* **-1.** THEAT *(passage)* pasillo *m*; **~!** ¡paso! **-2.** NAUT *(gangplank)* pasarela *f*, plancha *f*
ganja ['gændʒə] *n Fam* maría *f*, hierba *f*
gannet ['gænət] *n* **-1.** *(bird)* alcatraz *m* **-2.** *Fam (greedy person)* glotón(ona) *m,f*
gantry ['gæntrɪ] *n* **-1.** *(for crane)* pórtico *m* **-2.** *(for rocket)* torre *f* de lanzamiento **-3.** *(for theatre lighting)* pasarela *f* de focos or luces, rejilla *f* de iluminación **-4.** *(for barrel)* combo *m* **-5.** *(in pub)* botellero *m*
GAO [dʒi:eɪ'əʊ] *n US (abbr* **General Accounting Office)** Oficina *f* General de Contabilidad
gaol [dʒeɪl] *Br* ◇ *n* cárcel *f*, prisión *f*; **to be in ~** estar en la cárcel; **to go to ~** ir a la cárcel
◇ *vt* encarcelar
gaolbird ['dʒeɪlbɜ:d] *n Br Fam* preso(a) *m,f* reincidente
gaolbreak ['dʒeɪlbreɪk] *n Br Fam* fuga *f*, evasión *f*
gaoler ['dʒeɪlə(r)] *n Br (in prison)* carcelero(a) *m,f*; *(of hostages)* captor(ora) *m,f*
gap [gæp] *n* **-1.** *(physical opening) (in wall, defences)* hueco *m*, *(in mountains)* desfiladero *m*, paso *m*; *(in spark plug)* separación *f*; **the sun shone through a ~ in the clouds** los rayos del sol se filtraban a través de un hueco en las nubes
-2. *(space between objects)* espacio *m*; **a ~ of 2 cm, a 2cm ~** un espacio de 2 cm; **there was a ~ of a few metres between each house** entre cada casa había un espacio de unos metros; **he has a ~ between his front teeth** tiene los dientes de adelante separados; **a ~ in the curtains** un resquicio or una abertura en las cortinas ❏ **~ site** solar *m (entre dos edificios)*
-3. *(interruption) (in time)* intervalo *m*; **after a ~ of some years/months** tras un lapso or intervalo de varios años/meses ❏ **~ year** = año que muchos jóvenes utilizan, una vez concluida la educación secundaria y antes de ingresar a la universidad, para viajar por el mundo o trabajar
-4. *(inequality, disparity) (in age, ability)* diferencia *f*, distancia *f*; **the ~ between rich and poor is huge** la distancia entre ricos y pobres es enorme; **a technology ~** una gran distancia tecnológica
-5. *(lack) (in knowledge, story)* laguna *f*; *(in text)* espacio *m* en blanco; **to fill in the gaps** *(in knowledge, story)* cubrir las lagunas, tapar los huecos; **his death leaves a ~ in all of our lives** su muerte deja un vacío en la vida de todos nosotros; COM **a ~ in the market** un hueco en el mercado
gape [geɪp] *vi* **-1.** *(stare)* **to ~ (at sth/sb)** mirar (algo/a alguien) boquiabierto(a); **to ~ (at sth/sb) in astonishment** mirar (algo/a alguien) estupefacto(a); **what are you gaping at?** ¿qué miras con esa cara de asombro? **-2.** *(open one's mouth wide)* quedarse boquiabierto(a) **-3.** *(open)* **to ~ (open)**

abrirse; **the cave/crater gaped in front of them** la caverna/el cráter se abría frente a ellos
gaping ['geɪpɪŋ] *adj* **-1.** *(onlookers)* boquiabierto(a) **-2.** *(hole, chasm)* enorme; *(wound)* abierto(a)
gappy ['gæpɪ] *adj* **-1.** *(account, knowledge)* disperso(a), con muchas lagunas **-2.** **to have ~ teeth** tener los dientes separados; **a ~ smile** una sonrisa desdentada
gap-toothed ['gæptu:θt] *adj (with noticeable spaces)* con los dientes separados; *(with missing teeth)* mellado(a), desdentado(a)
garage ['gæra:ʒ, 'gærɪdʒ, *US* gə'ra:ʒ] ◇ *n* **-1.** *(for storing cars)* garaje *m*, *Am* cochera *f*; **there is ~ space for two cars** en el garaje hay espacio para dos coches, *Am* en la cochera hay espacio para dos carros ❏ *US* **~ sale** = mercadillo en casa de un particular
-2. *Br (where fuel is sold)* gasolinera *f*, estación *f* de servicio
-3. *(for repairing cars)* taller *m* (de reparaciones), garaje *m* ❏ **~ mechanic** mecánico(a) *m,f*
-4. MUS **~ (music)** *(música f)* garaje *m* ❏ **~ band** grupo *m* de rock de aficionados
◇ *vt (vehicle)* meter en un garaje or *Am* una cochera
garam masala ['gærəmmə'sa:lə] *n* CULIN = mezcla de especias de la cocina india
garb [ga:b] *n Literary* atuendo *m*, atavío *m*
garbage ['ga:bɪdʒ] *n* **-1.** *US (household waste)* basura *f* ❏ **~ can** cubo *m* or *Am* bote *m* de la basura; **~ dump** basurero *m*, CSur basural *m*; **~ heap** montón *m* de basura; **~ truck** camión *m* de la basura
-2. *Fam (nonsense) Esp* chorradas *fpl*, *Am* pendejadas *fpl*; **he's talking ~** está diciendo *Esp* chorradas or *Am* pendejadas; **that's ~!** ¡(eso no son más que) *Esp* chorradas or *Am* pendejadas!
-3. *Fam (worthless, useless things)* porquería *f*; **their new album is (a load of) ~** su nuevo disco es una porquería
-4. COMPTR **~ in, ~ out** si se cargan datos erróneos, se obtienen resultados erróneos
-5. ~ time *(in basketball)* minutos *mpl* de la basura
garbageman ['ga:bɪdʒmæn] *n US* basurero *m*
garbanzo [ga:'ba:nzəʊ] *(pl* **garbanzos)** *n US* **~ (bean)** garbanzo *m*
garble ['ga:bəl] *vt* **-1.** *(involuntarily) (story, message)* embrollar **-2.** *(deliberately) (facts)* tergiversar
garbled ['ga:bəld] *adj (story, explanation, quotation)* embrollado(a), confuso(a); **the message had become ~ in transmission** con la transmisión el mensaje resultaba indescifrable
garda ['ga:də] *(pl* **gardai** ['ga:di:]) *n* policía *mf (de la república de Irlanda)*; *Irish* **the Gardai,** *Br* **the Garda** la policía *(de la república de Irlanda)*
garden ['ga:dən] ◇ *n* **-1.** *(with flowers)* jardín *m*; *(for vegetables)* huerta *f*, huerto *m*; **back/front ~** jardín trasero/delantero, IDIOM **everything in the ~ is rosy** todo es de color de rosa, todo marcha de maravilla; *Fam* **to lead sb up the ~ path** *(mislead)* engañar a alguien ❏ *US* **~ apartment** apartamento *m* or *Esp* piso *m* or *Arg* departamento *m* (en planta baja) con jardín; **~ centre** centro *m* de jardinería; **~ city** ciudad *f* jardín; **Garden of Eden** jardín *m* del Edén; *Br* **~ flat** apartamento *m* or *Esp* piso *m* or *Arg* departamento *m* (en planta baja) con jardín; **~ furniture** mobiliario *m* de jardín; **~ gnome** enanito *m* de jardín; **~ party** recepción *f* al aire libre; **~ shed** cobertizo *m*; *US* **the Garden State** = apelativo familiar referido al estado de Nueva Jersey; *Br* **~ suburb** = urbanización con grandes zonas ajardinadas; **~ tools** útiles *mpl* de jardinería; **~ warbler** curruca *f* mosquitera
-2. *(park)* **public garden(s)** jardines públicos ❏ **~ of remembrance** = jardín en memoria de los difuntos
-3. *(fertile region)* **the Garden of England** = apelativo referido a la región inglesa de

Kent, célebre por su producción agrícola
-4. *(in street names)* **Gardens** = nombre dado a ciertas calles en Gran Bretaña
◇ *vi* cuidar el jardín, trabajar en el jardín
gardener ['ga:dnə(r)] *n* jardinero(a) *m,f*
gardenia [ga:'di:nɪə] *n* gardenia *f*
gardening ['ga:dnɪŋ] *n* jardinería *f*; **~ book/gloves** libro/guantes de jardinería; **to do the ~** cuidar el jardín
garden-variety ['ga:dənvə'raɪətɪ] *adj US* común y corriente
garganey ['ga:gənɪ] *n* cerceta *f* carretona
gargantuan [ga:'gæntʃʊən] *adj (in general)* colosal; *(meal)* pantagruélico(a)
gargle ['ga:gəl] ◇ *n* **-1.** *(action)* gargarismo *m*; **to have a ~** hacer gárgaras **-2.** *(liquid)* gargarismo *m*
◇ *vi* hacer gárgaras
gargoyle ['ga:gɔɪl] *n* gárgola *f*
garish ['geərɪʃ] *adj (clothes, colour)* chillón(ona), estridente; *(light)* deslumbrante
garishly ['geərɪʃlɪ] *adv* con colores chillones
garland ['ga:lənd] ◇ *n* guirnalda *f*
◇ *vt* adornar con guirnaldas
garlic ['ga:lɪk] *n* ajo *m*; **a head/clove of ~** una cabeza/un diente de ajo ❏ **~ bread** pan *m* de ajo; **~ butter** mantequilla *f* or *RP* manteca *f* aromatizada con ajo; **~ press** triturador *m* de ajos, prensaajos *m inv*; **~ salt** sal *f* de ajo; **~ sausage** embutido *m* al ajo; **~ soup** sopa *f* de ajo
garlicky ['ga:lɪkɪ] *adj (food)* con mucho ajo; *(smell, taste, breath)* a ajo
garment ['ga:mənt] *n* prenda *f* (de vestir); *US* **the ~ industry** la industria de la confección; *US* **~ workers** obreros or trabajadores de la confección ❏ **~ bag** portatrajes *m inv*
garner ['ga:nə(r)] *vt* hacer acopio de
garnet ['ga:nɪt] *n* **-1.** *(stone)* granate *m* **-2.** *(colour)* granate *m*
garnish ['ga:nɪʃ] ◇ *n* CULIN guarnición *f*
◇ *vt* guarnecer, adornar **(with** con)
garnishee [ga:nɪ'ʃi:] *n* LAW **~ order** orden *f* de embargo
Garonne [gə'rɒn] *n* **the ~** el Garona
garret ['gærət] *n* buhardilla *f*
garrison ['gærɪsən] ◇ *n* guarnición *f* ❏ **~ duty** servicio *m* en una guarnición; **~ town** ciudad *f* con guarnición
◇ *vt (troops)* acuartelar; **the fort was garrisoned with regular troops** el fuerte tenía una guarnición de tropas regulares
garrotte, *US* **garrote** [gə'rɒt] ◇ *n* garrote *m* vil
◇ *vt* dar garrote vil a
garrulity = **garrulousness**
garrulous ['gærələs] *adj* gárrulo(a), parlanchín(ina)
garrulousness ['gærələsnɪs], **garrulity** [gə'ru:lɪtɪ] *n* garrulería *f*, charlatanería *f*
garter ['ga:tə(r)] *n* **-1.** *(circular) (for stockings)* liga *f*; *(for socks)* elástico *m*; *(for sleeves)* liga *f* ❏ **~ snake** culebra *f* de jarretes; **~ stitch** punto *m* del derecho **-2.** *US (strap)* liguero *m* ❏ *US* **~ belt** liguero *m* **-3.** *Br* **Knight of the (Order of the) Garter** Caballero de la Orden de la Jarretera
gas [gæs] ◇ *n* **-1.** *(for cooking, heating)* gas *m*; **to have ~** *(as anaesthetic)* recibir anestesia gaseosa ❏ **~ bill** factura *f* del gas; *Br Formerly* **the Gas Board** la Compañía de gas; **~ burner** mechero *m* de gas; **~ chamber** cámara *f* de gas; **~ chromatography** cromatografía *f* de gases; **~ cooker** cocina *f* or Col, Méx, Ven estufa *f* de gas; **~ cylinder** bombona *f* de gas; **~ fire** estufa *f* de gas; **~ fitter** técnico(a) *m,f* instalador(ora) de gas; **~ heater** *(for heating)* estufa *f* de gas; *(for hot water)* calentador *m* de gas; **~ holder** gasómetro *m*, tanque *m* de gas; **~ lamp** lámpara *f* de gas; **~ main** tubería *f* del gas, gasoducto *m*; **~ man** técnico *m* de la compañía del gas; **~ mask** máscara *f* antigás; **~ meter** contador *m* del gas; **~ oven** horno *m* de gas; **~ ring** quemador *m*
-2. *US (gasoline)* gasolina *f*, *RP* nafta *f*; *Fam* **to step on the ~** *(accelerate)* pisar el acelerador; **to be out of ~** quedarse sin gasolina or *RP* nafta; *Fam Fig (exhausted)* estar rendido(a),

haberse quedado sin fuelle ❏ **~ pedal** acelerador *m*; **~ station** gasolinera *f*, estación *f* de servicio; **~ tank** depósito *m* de la gasolina *or RP* nafta

-3. *Fam (amusing thing, situation)* **what a ~!** ¡qué divertido!; **the movie was a real ~!** ¡la película era divertidísima *or Esp* muy cachonda!

-4. *Br Fam (chatter)* cháchara *f*, *Esp* palique *m*; **they had a good ~ on the phone** estuvieron de palique *or* cháchara por teléfono

-5. *US (in stomach, intestines)* gases *mpl*

-6. MED **~ gangrene** gangrena *f* gaseosa

◇ *vt (pt & pp* **gassed***)* gasear; **to ~ oneself** suicidarse con gas

◇ *vi Fam (chat)* estar de cháchara *or Esp* palique

◆ **gas up** *US* ◇ *vt sep* llenar de gasolina *or RP* nafta

◇ *vi* echar gasolina, *Am* cargar gasolina, *RP* cargar nafta

gasbag ['gæsbæg] *n Fam* charlatán(ana) *m,f*, cotorra *f*

Gascon ['gæskən] ◇ *n* **-1.** *(person)* gascón(ona) *m,f* **-2.** *(language)* gascón *m*

◇ *adj* gascón(ona)

Gascony ['gæskənɪ] *n* Gascuña *f*

gas-cooled reactor ['gæskuːldn'æktə(r)] *n* reactor *m* nuclear refrigerado por gas

gaseous ['geɪsɪəs] *adj* gaseoso(a)

gasfield ['gæsfiːld] *n* yacimiento *m* de gas natural

gas-fired ['gæsfaɪəd] *adj Br* de gas

gas-guzzler ['gæsˌgʌzlə(r)] *n Fam* = vehículo que consume mucho combustible

gash [gæʃ] ◇ *n* **-1.** *(wound)* herida *f* (profunda), corte *m* (profundo) **-2.** *(in wood, metal)* brecha *f* **-3.** *Vulg (woman's genitals)* raja *f*

◇ *vt* **-1.** *(knee, hand, face)* hacerse una herida *o* un corte en **-2.** *(material)* cortar, hacer un corte en

gasket ['gæskɪt] *n* AUT junta *f* de culata; IDIOM *Fam* **he blew a ~** se salió de sus casillas

gaslight ['gæslaɪt] *n* **-1.** *(lamp)* lámpara *f* de gas **-2.** *(light)* luz *f* de gas

gaslit ['gæslɪt] *adj* iluminado(a) con lámparas de gas

gasohol ['gæsəhɒl] *n* carburol *m*, gasahol® *m*

gasoline ['gæsəliːn] *n US* gasolina *f*, *RP* nafta *f*

gasometer [gæ'sɒmɪtə(r)] *n* gasómetro *m*

gasp [gɑːsp] ◇ *n (breath)* jadeo *m*; *(of surprise)* grito *m* ahogado; **to be at one's last ~** estar en las últimas

◇ *vt* **-1.** *(short of breath)* **she gasped (out) an explanation** dio una explicación entrecortada **-2.** *(in shock, surprise)* **"what?" he gasped** "¿qué?", dijo con un grito ahogado

◇ *vi* **-1.** *(be short of breath)* jadear; **she gasped for breath** *or* **air** respiraba jadeando **-2.** *(in shock, surprise)* lanzar un grito ahogado (**with** *or* **in** de); **to make sb ~** dejar boquiabierto(a) a alguien **-3.** *Br Fam* **to be gasping for a cigarette/a drink** morirse por un cigarrillo/algo de beber *or Am* tomar

Gaspar ['gæspɑː(r)] *pr n* Gaspar

gas-permeable ['gæs'pɜːmɪəbəl] *adj* **~ (contact) lenses** lentes (de contacto) de gas permeable

gasser ['gæsə(r)] *n US Fam (amusing thing, situation)* **what a ~!** ¡qué divertido!; **the movie was a real ~!** ¡la película era divertidísima *or Esp* muy cachonda!

gassiness ['gæsɪnəs] *n (of beer, drink)* **it's the ~ I don't like** lo que no me gusta es que tiene mucho gas

gassy ['gæsɪ] *adj* **-1.** *(beer)* con mucho gas **-2.** *Fam (person)* charlatán(ana)

gastric ['gæstrɪk] *adj* gástrico(a) ❏ **~ flu** gripe *f* gastrointestinal; **~ juices** jugos *mpl* gástricos; **~ ulcer** úlcera *f* de estómago

gastritis [gæs'traɪtɪs] *n* gastritis *f inv*

gastroenteritis [ˌgæstrəʊentə'raɪtɪs] *n* gastroenteritis *f inv*

gastroenterologist [ˌgæstrəʊentə'rɒlədʒɪst] *n* MED gastroenterólogo(a) *m,f*

gastroenterology [ˌgæstrəʊentə'rɒlədʒɪ] *n* MED gastroenterología *f*

gastronome ['gæstrənəʊm] *n* gastrónomo(a) *m,f*

gastronomic [gæstrə'nɒmɪk] *adj* gastronómico(a)

gastronomy [gæs'trɒnəmɪ] *n* gastronomía *f*

gastropod ['gæstrəpɒd] *n* BIOL gasterópodo *m*

gasworks ['gæswɜːks] *n* fábrica *for Am* planta *f* de gas

gate [geɪt] ◇ *n* **-1.** *(into garden, field, city)* puerta *f*; *(with metal bars)* verja *f* **-2.** *(at station, stadium)* barrera *f* **-3.** *(at airport)* puerta *f* (de embarque); **~ (number) 15** puerta número 15 **-4.** *(on canal)* **lock gates** compuertas **-5.** SPORT *(spectators)* entrada *f*; *(takings)* recaudación *f* **-6.** ELEC puerta *f* **-7.** *(in skiing, canoeing)* puerta *f* **-8.** *(in horse racing)* **(starting) ~** cajón *m* de salida

◇ *vt Br* SCH **they were gated for a week** les castigaron a quedarse después de clase una semana

-GATE

El escándalo del Watergate que sacudió a los Estados Unidos en 1972 tuvo un gran efecto no sólo sobre la política americana, sino también sobre la lengua inglesa. De hecho, el término "Watergate" ha generado toda una serie de derivados donde el sufijo **-gate** se asocia a un nombre o incidente sinónimo de escándalo público. "Irangate" hace referencia a la venta ilegal de armas por parte del gobierno de Reagan al gobierno iraní a mediados de los ochenta, y "Contragate" al financiamiento de la campaña terrorista llevada a cabo contra el Estado nicaragüense gracias al dinero así obtenido. "Dianagate" remite a la aparición en la prensa británica de conversaciones telefónicas de un carácter muy íntimo entre la princesa Diana y un amigo. "Monicagate" evoca al proceso judicial del presidente americano Clinton en 1998 como consecuencia de su relación con la joven ayudante Monica Lewinsky. No cabe duda de que futuros escándalos continuarán dando lugar a expresiones de nuevo cuño con este sufijo.

gâteau ['gætəʊ] *(pl* **gâteaux** ['gætəʊz]*)* n pastel *m*, *Esp* tarta *f*, *Col, CSur* torta *f*

gatecrash ['geɪtkræʃ] *Fam* ◇ *vt (party, concert)* colarse en

◇ *vi* colarse

gatecrasher ['geɪtkræʃə(r)] *n Fam* intruso(a) *m,f*

gated ['geɪtɪd] *adj* **-1.** *Br (pupil)* alumno(a) *m,f* sin permiso para salir **-2. ~ community** = urbanización protegida con vigilantes

gatefold ['geɪtfəʊld] *n (in book, magazine)* (página *f*) desplegable *m*

gatehouse ['geɪthaʊs] *n (of park, castle)* casa *f* del guarda; *(of house, estate)* casa *f* del portero

gatekeeper ['geɪtkiːpə(r)] *n* **-1.** *(of park, castle)* guarda *mf*; *(of house, estate)* portero(a) *m,f* **-2.** *(who controls access)* guardián(ana) *m,f*

gateleg table ['geɪtleg'teɪbəl] *n* mesa *f* (plegable) de hojas

gatepost ['geɪtpəʊst] *n* poste *m* (de la verja); IDIOM *Fam* **between you, me and the ~** entre tú y yo, que quede entre nosotros

gateway ['geɪtweɪ] *n* **-1.** *(entrance)* entrada *f*; *Fig* **the ~ to the East** la vía de entrada a Oriente; *Fig* **the ~ to success** la clave del éxito ❏ *US* **~ drug** droga *f* de iniciación **-2.** COMPTR pasarela *f*

gather ['gæðə(r)] ◇ *vt* **-1.** *(collect)* reunir; *(fruit, flowers)* recoger; **to ~ the harvest** recoger la cosecha, cosechar; **we are gathered here today...** estamos hoy aquí reunidos...; **he gathered her in his arms** la tomó entre sus brazos; **he gathered the children to him** reunió a los niños en torno a él; **to ~ all one's strength to do sth** hacer acopio de fuerzas para hacer algo; IDIOM *Literary* **to be gathered to one's fathers** estar reunido(a) con sus antepasados

-2. *(put in order)* **to ~ one's wits** recobrarse; **he gathered his thoughts** puso en orden sus ideas

-3. *(accumulate) (dirt, dust)* acumular, llenarse de; *Fig* **to be gathering dust** *(plan, project)* estar arrinconado(a); **to ~ strength** cobrar fuerza; **to ~ speed** *or* **momentum** adquirir velocidad

-4. *(in sewing)* fruncir; **the dress is gathered at the waist** el vestido está fruncido en la cintura

-5. *(conclude, understand)* **to ~ that...** deducir que..., entender que...; **as far as I can ~** por lo que se ve; **as you may already have gathered...** como te habrás imaginado...; **I had (already) gathered as much** *(it was not news to me)* ya me lo había imaginado; **so I ~** eso parece

◇ *vi (people)* reunirse, congregarse; *(things)* acumularse; **tears were gathering in her eyes** se le llenaron los ojos de lágrimas; **a storm is gathering** se está formando una tormenta; **to ~ round the fire/the radio** reunirse en torno al fuego/a la radio

◇ *npl* **gathers** *(in sewing)* frunces

◆ **gather in** *vt sep* **-1.** *(harvest)* recoger; *(books, exam papers)* recoger **-2.** *(in sewing)* **gathered in at the waist** fruncido(a) en la cintura

◆ **gather round** *vi* formar corro, agruparse; **~ round, children!** ¡a ver, niños, acérquense!

◆ **gather together** ◇ *vt sep (belongings, evidence)* reunir

◇ *vi (people)* reunirse

◆ **gather up** *vt sep* **-1.** *(objects, belongings)* recoger; **he gathered her up in his arms** la tomó en sus brazos **-2.** *(skirts, hair)* recoger; **her hair was gathered up into a bun** tenía el pelo recogido en un moño

gathered ['gæðəd] *adj* fruncido(a) ❏ **~ skirt** falda *f or RP* pollera *f* fruncida

gathering ['gæðərɪŋ] ◇ *n (group)* grupo *m*; *(meeting)* reunión *f*

◇ *adj (darkness, speed)* creciente; *also Fig* **the ~ storm** la tormenta que se viene preparando

Gatling gun ['gætlɪŋ'gʌn] *n* MIL ametralladora *f* Gatling

gator ['geɪtə(r)] *n US Fam* caimán *m*

GATT [gæt] *n (abbr* **General Agreement on Tariffs and Trade***)* GATT *m*

gauche [gəʊʃ] *adj* torpe, desmañado(a)

gaucheness ['gəʊʃnɪs] *n* torpeza *f*

gaucho ['gaʊtʃəʊ] *(pl* **gauchos***)* n gaucho *m*

gaudily ['gɔːdɪlɪ] *adv* con colores chillones

gaudiness ['gɔːdɪnɪs] *n* estilo *m* chillón *or* llamativo

gaudy ['gɔːdɪ] *adj* chillón(ona), llamativo(a)

gauge, *US* **gage** [geɪdʒ] ◇ *n* **-1.** *(size) (of screw, wire, shotgun)* calibre *m*

-2. *(of railway track)* ancho *m* de vía; **narrow ~ railway** vía estrecha

-3. *(instrument)* calibrador *m*; **water/oil ~** indicador del nivel de agua/aceite; AUT **petrol** *or* **fuel ~** indicador del nivel de gasolina *or RP* nafta

-4. *(indicator)* indicador *m*; **the poll is a useful ~ of public opinion** los sondeos son un útil indicador de la opinión pública

◇ *vt* **-1.** *(assess, estimate) (amount, difficulty)* calcular, precisar; **to ~ the temperature of the political situation** medir la temperatura de la situación política; **it was difficult to ~ how interested they were** era difícil evaluar *or* juzgar lo interesados que estaban **-2.** *(predict)* preveer; **he tried to ~ what her reaction would be** intentó preveer su reacción

Gaul [gɔːl] *n* HIST **-1.** *(region)* Galia *f* **-2.** *(inhabitant)* galo(a) *m,f*

Gaulish ['gɔːlɪʃ] HIST ◇ *n (language)* galo *m*

◇ *adj* galo(a)

Gaullism ['gɔːlɪzəm] *n* POL gaullismo *m*

Gaullist ['gɔːlɪst] *n* POL gaullista *mf*

gaunt [gɔːnt] *adj* **-1.** *(emaciated) (person, features)* demacrado(a) **-2.** *(desolate) (landscape)* desolado(a)

gauntlet ['gɔːntlɪt] *n* **-1.** *(glove)* guante *m* (largo); HIST guantelete *m*, manopla *f*; IDIOM **to throw** *or* **fling down the ~** arrojar el

guante, *Am* desafiar a alguien; IDIOM **to take up the ~** recoger el guante, aceptar el reto *or* desafío
-2. HIST & MIL **to run the ~** recorrer el pasillo *(recibiendo golpes de los que lo forman)*; *Fig* **to run the ~ of sth** exponerse a algo; **to run the ~ of an angry mob** soportar el acoso de una multitud enojada

Gaussian ['gaʊsɪən] *adj* -1. PHYS gausiano(a) -2. MATH **~ *distribution*** distribución *f* gausiana

gauze [gɔːz] *n* gasa *f*

gave *pt of* **give**

gavel ['gævəl] *n* martillo *m*, maceta *f (de subastador, juez)*

gavel-to-gavel ['gævəltə'gævəl] *adj US* integral, completo(a)

gavotte [gə'vɒt] *n* gavota *f*

Gawd [gɔːd] *exclam Br Fam* ¡Dios!

gawk = **gawp**

gawky ['gɔːkɪ] *adj Fam* desgarbado(a)

gawp [gɔːp], **gawk** [gɔːk] *vi Fam* quedarse papando moscas; **to ~ at sth/sb** mirar boquiabierto(a) algo/a alguien; **what are you gawping at?** ¿qué miras?

gay [geɪ] ◇ *adj* -1. *(homosexual)* gay *inv* ❑ *Fam Old-fashioned* **~ *plague*** peste *f* gay; **~ *rights*** derechos *mpl* de los homosexuales
-2. *Old-fashioned (happy)* alegre; **he's a ~ (old) dog** está hecho un golfo; **to have a ~ old time** pasarlo estupendamente; **with ~ abandon** con alegre despreocupación
-3. *Old-fashioned (bright) (colours, lights)* alegre; **the streets were ~ with coloured flags/flowers** las banderas de colores/las flores alegraban las calles
◇ *n (man)* homosexual *m*, gay *m*; *(woman)* lesbiana *f*

gay-basher ['geɪbæʃə(r)] *n* = persona que ataca a los homosexuales

gay-bashing ['geɪbæʃɪŋ] *n* ataques *mpl* contra homosexuales

gayness ['geɪnɪs] *n (homosexuality)* homosexualidad *f*

Gaza ['gɑːzə] *n* Gaza ❑ **the ~ *Strip*** la Franja de Gaza

gaze [geɪz] ◇ *n* mirada *f* (fija); **to meet** *or* **return sb's ~** devolver la mirada a alguien; **exposed to the public ~** expuesto(a) a las miradas del público
◇ *vi* **to ~ at** mirar fijamente; **to ~ into space** *or* **the middle distance** mirar al vacío

gazebo [gə'ziːbəʊ] *(pl* **gazebos** *or* **gazeboes)** *n* belvedere *m*, mirador *m*

gazelle [gə'zel] *n* gacela *f*

gazette [gə'zet] ◇ *n (official journal)* boletín *m* oficial
◇ *vt Br* publicar en el boletín oficial

gazetteer [gæzɪ'tɪə(r)] *n (book)* diccionario *m* geográfico

gazillion [gə'zɪljən] *n US Fam* tropecientos(as) *m,fpl*

gazump [gə'zʌmp] *vt Br Fam* **we've been gazumped** le han vendido la casa que teníamos ya apalabrada a otros que pagan más

GB[1] [dʒiː'biː] *n (abbr* **Great Britain)** GB

GB[2] COMPTR *(abbr* **gigabyte)** GB

GBH [dʒiːbiː'eɪtʃ] *n Br* LAW *(abbr* **grievous bodily harm)** lesiones *fpl* graves

GC [dʒiː'siː] *n Br (abbr* **George Cross)** = condecoración civil concedida por actos de heroísmo

GCE [dʒiːsiː'iː] *n Br* SCH *Formerly (abbr* **General Certificate of Education)** = certificado de enseñanza secundaria

GCHQ [dʒiːsiːeɪtʃ'kjuː] *n Br (abbr* **Government Communications Headquarters)** = servicio británico de espionaje electrónico

G-clef ['dʒiːklef] *n* MUS clave *f* de sol

GCSE [dʒiːsiːes'iː] *n Br* SCH *(abbr* **General Certificate of Secondary Education)** = certificado de enseñanza secundaria

g'day [gə'deɪ] *exclam Austr Fam* ¡buenas!, ¡buenos días!

Gdns *(abbr* **Gardens)** = abreviatura utilizada en los nombres de algunas calles

GDP [dʒiːdiː'piː] *n* ECON *(abbr* **gross domestic product)** PIB *m*

GDR [dʒiːdiː'ɑː(r)] *n Formerly (abbr* **German Democratic Republic)** RDA *f*

gear [gɪə(r)] ◇ *n* -1. *(in car, on bicycle) (speed)* marcha *f*, velocidad *f*; *(mechanism)* engranaje *m*; **first/second ~** primera/segunda marcha *or* velocidad; **in/out of ~** *(car)* con una marcha puesta/en punto muerto; **put the car in ~** mete una marcha, **to get in ~** meter una marcha; *also Fig* **to** *Br* **change** *or US* **shift ~** cambiar de marcha; *US Fam Fig* **to get it in ~, to get into ~** moverse; *Fig* **to put sb's plans out of ~** desbaratar los planes de alguien; *Fig* **I'm back in ~ again now** estoy de nuevo en marcha; *Fig* **to step** *or* **move up a ~** superarse, ir a más ❑ AUT *Br* **~ *lever*** palanca *f* de cambios; **~ *ratio*** relación *f* de marchas *or* velocidades; AUT **~ *stick*** palanca *f* de cambios
-2. *(cogwheel)* engranaje *m*
-3. *Fam (equipment)* equipo *m*; *(in kitchen)* aparatos *mpl*; **climbing ~** equipo de alpinismo *or* montañismo; **fishing ~** aparejos de pesca
-4. *Fam (belongings)* cosas *fpl*
-5. *Fam (clothes)* ropa *f*; **jogging/swimming ~** ropa de jogging/de baño; **I like the ~** me gusta el equipo
-6. *Br Fam (drugs)* material *m*, mandanga *f*
◇ *vt (adapt, equip)* preparar; *(design)* diseñar; **the army was not geared for modern warfare** el ejército no estaba preparado para la guerra moderna; **the government's policies were not geared to cope with an economic recession** la política del gobierno no estaba pensada *or* diseñada para hacer frente a una recesión económica

◆ **gear down** ◇ *vt sep* -1. *(reduce)* reducir, disminuir -2. *(simplify)* simplificar
◇ *vi (factory, work force)* reducir *or* disminuir la marcha

◆ **gear to** *vt sep* -1. *(adapt)* **to ~ sth to sth** adaptar algo a algo -2. FIN *(link)* **salaries are geared to the cost of living** los salarios están asociados al costo de vida

◆ **gear towards** *vt sep* **to be geared towards sth/sb** estar dirigido(a) *or* orientado(a) a algo/alguien

◆ **gear up** ◇ *vt sep* -1. *(prepare)* **to ~ sb up** preparar a alguien; **to ~ oneself up** prepararse -2. *(increase)* aumentar; **we must ~ up production to meet the demand** debemos aumentar la producción para satisfacer la demanda
◇ *vi (prepare)* prepararse; **the sprinters were gearing up for the race** los velocistas se estaban preparando para la carrera

gearbox ['gɪəbɒks] *n* caja *f* de cambios

gearing ['gɪərɪŋ] *n Br* FIN apalancamiento *m*, nivel *m* de endeudamiento relativo al capital

gearshift ['gɪəʃɪft] *n US* palanca *f* de cambios

gearwheel ['gɪəwiːl] *n* piñón *m*, rueda *f* dentada

gecko ['gekəʊ] *(pl* **geckos** *or* **geckoes)** *n* geco *m*

GED [dʒiːiː'diː] *n US (abbr* **General Equivalency Diploma)** = diploma de estudios secundarios para aquellos que no siguieron la ruta tradicional del bachillerato

gee [dʒiː] *exclam* -1. *(to horse)* **~ up!** ¡arre! -2. *US ~* **(whizz)!** ¡anda!; **aw ~, you shouldn't have!** ¡anda! *or* ¡bueno! ¿para qué te has molestado?; **~ thanks!** gracias, ¿eh?

◆ **gee up** *vt sep Fam* **to ~ sb up** hacer espabilar a alguien, meter caña a alguien

gee-gee ['dʒiːdʒiː] *n Fam (in children's language)* caballito *m*

geek [giːk] *n US Fam* lelo(a) *m,f*, tontaina *mf*; **a computer ~** un monstruo de la informática

geeky ['giːkɪ] *adj US Fam* ridículo(a)

geese *pl of* **goose**

geezer ['giːzə(r)] *n Br Fam (man)* tipo *m*, *Esp* tío *m*; **an old ~** un vejestorio

Geiger counter ['gaɪgə'kaʊntə(r)] *n* contador *m* Geiger

geisha ['geɪʃə] *(pl* **geisha** *or* **geishas)** *n* **~ (girl)** geisha *f*, geisa *f*

gel[1] [dʒel] ◇ *n* -1. *(substance)* gel *m* -2. *(for hair)* gel *m* moldeador, gomina *f* -3. THEAT filtro *m*
◇ *vi (pt & pp* **gelled)** -1. *(liquid)* aglutinarse
-2. *(ideas, plans, team)* cuajar

gel[2] [gel] *n Br Hum* niña *f*

gelatin(e) ['dʒelətiːn] *n* gelatina *f*

gelatinous [dʒɪ'lætɪnəs] *adj* gelatinoso(a)

geld [geld] *vt* capar, castrar

gelding ['geldɪŋ] *n* caballo *m* castrado

gelignite ['dʒelɪgnaɪt] *n* gelignita *f* (explosiva)

gelt [gelt] *n US Fam* tela *f*, *Esp* pasta *f*, *Esp RP* guita *f*

gem [dʒem] *n* -1. *(precious stone)* gema *f* ❑ **the *Gem State*** = apelativo familiar referido al estado de Idaho -2. *(person)* **he's an absolute ~** es una verdadera joya, es un verdadero tesoro -3. *(prize specimen)* joya *f*; **the ~ of the collection** la joya de la colección

Gemini ['dʒemɪnaɪ] *n (sign of zodiac)* Géminis *m inv*; **to be (a) ~** ser Géminis

gemstone ['dʒemstəʊn] *n* piedra *f* preciosa, gema *f*

gen [dʒen] *n Br Fam (information)* información *f*, datos *mpl*

◆ **gen up** *(pt & pp* **genned)** *Br Fam* ◇ *vt sep* poner al tanto *or* al día a **(on** de)
◇ *vi* **to ~ up on sth** ponerse al día de algo, informarse bien sobre algo

Gen. *(abbr* **General)** Gral.

gen. -1. *(abbr* **general)** gral. -2. *(abbr* **generally)** gralte.

gendarme ['ʒɒndɑːm] *n* gendarme *m*

gender ['dʒendə(r)] *n* -1. GRAM género *m* -2. *(sex)* sexo *m* ❑ **~ *gap*** diferencia *f* entre los sexos; UNIV **~ *studies*** estudios *mpl* de género

gender-specific ['dʒendəspə'sɪfɪk] *adj* exclusivo(a) de un sexo

gene [dʒiːn] *n* BIOL gen *m*; **to have sth in one's genes** *(talent, trait)* llevar algo en los genes *or* en la sangre ❑ **~ *bank*** genoteca *f*, banco *m* de ADN; **~ *pool*** acervo *m* genético *or* génico; **~ *therapy*** terapia *f* génica

genealogical [dʒiːnɪə'lɒdʒɪkəl] *adj* genealógico(a)

genealogist [dʒiːnɪ'ælədʒɪst] *n* genealogista *mf*

genealogy [dʒiːnɪ'ælədʒɪ] *n* genealogía *f*

genera *pl of* **genus**

general ['dʒenərəl] ◇ *n* -1. MIL general *m* ❑ *US* **~ *of the army*** capitán(ana) *m,f* general; **~ *officer*** oficial *mf* general -2. *(not particular)* **to go from the ~ to the particular** ir de lo general a lo particular; **in ~** en general
◇ *adj* -1. *(universal, collective)* general; **there was a ~ movement to leave the room** todo el mundo se preparó como para abandonar la sala; **as a ~ rule** por norma *or* regla general ❑ ***General Agreement on Tariffs and Trade*** Acuerdo *m* General sobre Aranceles y Comercio; **~ *anaesthetic*** anestesia *f* general; **~ *election(s)*** elecciones *fpl* generales; LAW **~ *legatee*** legatario(a) *m,f* universal; COM **~ *and limited partnership*** sociedad *f* comanditaria *or* en comandita; **~ *meeting*** asamblea *f* general; **~ *partnership*** sociedad *f* colectiva; **~ *strike*** huelga *f* general; *Br* HIST **the *General Strike*** = huelga que tuvo lugar en Gran Bretaña en 1926 en la que participaron más de 3 millones de personas; PHYS **~ *theory of relativity*** teoría *f* de la relatividad general
-2. *(common, widespread)* general; **in ~ use** de uso general; **in the ~ interest** en interés de todos; **there is ~ agreement on the matter** existe consenso sobre esta cuestión
-3. *(overall) (outline, plan, impression)* general; **the ~ effect is quite pleasing** el efecto general es bastante agradable; **in ~ charge** a cargo de todo; **I get the ~ idea** me hago una idea general; **the ~ tone of her remarks was that...** lo que vino a decir más o menos fue que... ❑ *US **General Accounting Office*** Oficina *f* General de Contabilidad; ***General Assembly*** *(of United Nations)* Asamblea *f* General; *(of presbyterian church)* Asamblea *f* General; **~**

generalissimo / **gently**

manager director(ora) m,f general; Br **General Medical Council** ≃ colegio m de médicos; Br ~ **post office** (oficina f) central f de correos; **General Secretary** secretario(a) m,f general; MIL ~ **staff** estado m mayor; **General Synod** (of Church of England) Sínodo m General
-4. (non-specialist, non-specific) general; **the ~ reader** el lector no especializado; **in ~ terms** en términos generales ❑ ~ **hospital** hospital m general; ~ **knowledge** cultura f general; MED ~ **practice** medicina f general; MED ~ **practitioner** médico(a) m,f de cabecera or de familia; **the ~ public** el gran público, el público en general; US ~ **store** tienda f (que vende de todo); UNIV ~ **studies** = cursos de enseñanza no reglada
-5. (approximate) **their house is over in that ~ direction** su casa queda por aquella dirección; **there are lots of shops in the ~ area** hay muchas tiendas por la zona
-6. US ~ **delivery** lista f de correos

generalissimo [dʒenərə'lɪsɪməʊ] (pl **generalissimos**) n generalísimo m

generalist ['dʒenərəlɪst] n generalista mf

generality [dʒenə'rælɪtɪ] n -1. (abstractness) generalidad f -2. (general statement) generalidad f, generalización f -3. Formal (majority) **the ~ of men** la generalidad or la mayoría de los hombres

generalization [dʒenərəlaɪ'zeɪʃən] n generalización f

generalize ['dʒenərəlaɪz] ◇ vt **to become generalized** (practice, belief) generalizarse; (infection, cancer) generalizarse
◇ vi generalizar

generally ['dʒenrəlɪ] adv -1. (taken overall) en general; ~ **speaking** en términos generales
-2. (as a general rule) generalmente, por lo general; **he ~ comes in the afternoon** generalmente or por lo general viene por la tarde
-3. (by most people) en general; **it was ~ regarded as a success** se lo consideró en general como un éxito; **it is not ~ known that...** la gente en general no sabe que...; **his decision was ~ approved of** su decisión tuvo la aprobación general; **this information is not ~ available** esta información no se encuentra a disposición del público

general-purpose ['dʒenrəl'pɜːpəs] adj multiuso inv

generalship ['dʒenərəlʃɪp] n -1. (command) generalato m -2. (leadership qualities) don m de mando; (tactics) táctica f

generate ['dʒenəreɪt] vt -1. (electricity, noise, income) generar -2. (reaction, interest) provocar; (excitement) despertar -3. LING generar

generating station ['dʒenəreɪtɪŋ'steɪʃən] n central f eléctrica, Andes, RP usina f eléctrica

generation [dʒenə'reɪʃən] n -1. (of people) generación f; **the present ~** la generación actual; **our parents' ~** la generación de nuestros padres; **a new ~ of writers/footballers** una nueva generación de escritores/futbolistas; **the younger/older ~** la generación joven/vieja; **from ~ to ~** de generación en generación ❑ ~ **gap** conflicto m generacional; **Generation X** Generación f X
-2. (by birth) **she is second/third ~ Irish** es irlandesa de segunda/tercera generación
-3. (period of time) generación f; **the house has been in the family for three generations** la casa ha pertenecido a la familia durante tres generaciones
-4. (model) generación f; **a third/fourth ~ computer** un Esp ordenador or Am computador de tercera/cuarta generación
-5. (production) (of electricity, ideas) producción f

generative ['dʒenərətɪv] adj generativo(a) ❑ LING ~ **grammar** gramática f generativa

generator ['dʒenəreɪtə(r)] n -1. ELEC generador m -2. (of income) generador m

generic [dʒɪ'nerɪk] adj genérico(a); **it has become the ~ term for vacuum cleaners** se ha convertido en el término genérico para las aspiradoras ❑ ~ **drug** (medicamento m) genérico m; ~ **name** nombre m genérico

generically [dʒɪ'nerɪklɪ] adv genéricamente

generosity [dʒenə'rɒsɪtɪ] n generosidad f; ~ **of spirit** grandeza de espíritu

generous ['dʒenərəs] adj -1. (person) (with money, in spirit) generoso(a) (**to** or **towards** con); **she's always ~ with her time** siempre tiene tiempo para los demás; **he was very ~ in his praise** no se quedó corto en elogios
-2. (in value) (gift, sum, salary) generoso(a); **a ~ offer** una oferta generosa
-3. (in size) amplio(a); Euph **to have ~ curves** tener formas generosas
-4. (in quantity) generoso(a), abundante; **a ~ portion** una ración generosa or abundante; **be ~ with the parmesan/pepper** no escatimar el parmesano/la pimienta; **don't be over ~ with the salt** no te pases con la sal; **food and drink were in ~ supply** había comida y bebida en abundancia

generously ['dʒenərəslɪ] adv -1. (unsparingly) generosamente; **to give ~** ser generoso(a); **his family were ~ provided for** su familia quedó en una situación económica muy holgada
-2. (kindly) (to agree, offer) generosamente, con generosidad; **she ~ acknowledged our contribution** reconoció con generosidad nuestra aportación
-3. (in size) **the jacket is ~ cut** la chaqueta tiene un corte amplio; Euph **to be ~ built** or **proportioned** ser de formas generosas
-4. (copiously) **a plate of fish ~ sprinkled with salt** un plato de pescado con abundante sal; **the soup was rather ~ salted** (oversalted) la sopa estaba bastante salada

genesis ['dʒenɪsɪs] (pl **geneses** ['dʒenɪsiːz]) n -1. Formal (origin) génesis f inv, origen m -2. **(the Book of) Genesis** (el Libro del) Génesis m

genetic [dʒɪ'netɪk] adj genético(a); ~ **parents** padres biológicos ❑ ~ **code** código m genético; ~ **counselling** asesoramiento m genético; ~ **engineering** ingeniería f genética; ~ **fingerprinting** pruebas fpl de(l) ADN, pruebas fpl de identificación genética; ~ **screening** = pruebas para la detección precoz de enfermedades hereditarias en pacientes de alto riesgo

genetically [dʒɪ'netɪklɪ] adv genéticamente

genetically-modified [dʒɪ'netɪklɪ'mɒdɪfaɪd] adj (plant, food) transgénico(a), modificado(a) genéticamente

geneticist [dʒɪ'netɪsɪst] n genetista mf

genetics [dʒɪ'netɪks] n genética f

Geneva [dʒɪ'niːvə] n Ginebra; **Lake ~** el Lago Leman ❑ **the ~ Convention** la Convención de Ginebra

Genevan [dʒɪ'niːvən] ◇ n ginebrino(a) m,f, ginebrés(esa) m,f
◇ adj ginebrino(a), ginebrés(esa)

Genghis Khan ['geŋgɪs'kɑːn] pr n Gengis Kan; IDIOM **a little to the right of ~** más de derechas que Mussolini

genial ['dʒiːnɪəl] adj -1. (friendly) cordial, amable -2. Literary (clement) (weather, climate) benigno(a)

geniality [dʒiːnɪ'ælɪtɪ] n cordialidad f, amabilidad f

genially ['dʒiːnɪəlɪ] adv cordialmente, amablemente

genie ['dʒiːnɪ] (pl **genies** or **genii** ['dʒiːnɪaɪ]) n duende m, genio m; IDIOM **to let the ~ out of the bottle** abrir la caja de Pandora

genital ['dʒenɪtəl] ◇ adj genital ❑ ~ **herpes** herpes m genital
◇ npl **genitals** (órganos) genitales

genitalia [dʒenɪ'teɪlɪə] npl Formal (órganos mpl) genitales mpl

genitive ['dʒenɪtɪv] GRAM ◇ n genitivo m
◇ adj genitivo(a) ❑ ~ **case** (caso m) genitivo m

genito-urinary [dʒenɪtəʊ'jʊərɪnərɪ] adj MED genitourinario(a), urogenital

genius ['dʒiːnɪəs] n -1. (gifted person) genio m
-2. (special gift) don m; **to have a ~ for...** tener un don (natural) para...; **man/work of ~** hombre/obra genial; **her ~ lies in her power to evoke atmosphere** su don es la capacidad para crear determinados ambientes; Ironic **he has a ~ for putting his foot in it** tiene una habilidad especial para meter la pata; Fam **that goal was pure** or **sheer ~** ese gol fue una genialidad
-3. Literary (distinctive character) (of system, epoch, place) genio m
-4. (spirit, demon) genio m; **evil ~** genio maligno

Genoa ['dʒenəʊə] n Génova

genocidal [dʒenə'saɪdəl] adj genocida

genocide ['dʒenəsaɪd] n genocidio m

Genoese [dʒenəʊ'iːz] (pl **Genoese**) ◇ n genovés(esa) m,f
◇ adj genovés(esa)

genome ['dʒiːnəʊm] n BIOL genoma m

genotype ['dʒiːnəʊtaɪp] n BIOL genotipo m

genre ['ʒɒnrə] n (of film, novel) género m; ~ **cinema/painting** cine/pintura de género

gent [dʒent] n Br Fam -1. (gentleman) caballero m, señor m; **he's a (real) ~** es (todo) un caballero; **gents' footwear** calzado de caballero -2. **the gents** (toilets) el baño or Esp servicio or CSur la toilette de caballeros

genteel [dʒen'tiːl] adj -1. (delicate) fino(a); Pej afectado(a) -2. (respectable) respetable

gentian ['dʒenʃən] n genciana f ❑ Br ~ **violet** violeta f de genciana

Gentile ['dʒentaɪl] ◇ n gentil mf
◇ adj gentil

gentility [dʒen'tɪlɪtɪ] n -1. (good manners) refinamiento m, finura f -2. Pej (affected politeness) afectación f, cursilería f

gentle ['dʒentəl] adj -1. (kind, mild) (person, manner, voice) tierno(a); **the ~** or **gentler sex** el bello sexo; IDIOM **as ~ as a lamb** como un corderillo
-2. (not harsh, rough) (treatment, handling) cuidadoso(a); (shampoo, detergent) suave; **be ~ with that vase** trata el jarrón con cuidado
-3. (light) (push, breeze, slope) suave; (heat, friction) suave, ligero(a); (rain) ligero(a); (exercise) leve, moderado(a)
-4. (moderate, discreet) (hint) discreto(a); (reminder, rebuke) sutil; Hum **the ~ art of persuasion** el sutil arte de la persuasión
-5. (gradual) (rise, fall) suave; **a ~ transition** una suave transición; **to come to a ~ halt** detenerse suavemente
-6. Literary (noble) noble, de alcurnia; **of ~ birth** de noble linaje; ~ **reader** amable lector

gentlefolk ['dʒentəlfəʊk] npl Old-fashioned gente f de buena familia or de prosapia

gentleman ['dʒentəlmən] n -1. (man) caballero m; **show the ~ in** haga pasar al caballero; **come in, gentlemen!** ¡adelante, caballeros!; **Gentlemen** (sign) Caballeros
-2. (well-bred man) caballero m; **he's a real ~** es todo un caballero; **the word of a ~** la palabra de un caballero; **a ~'s agreement** un pacto de or entre caballeros
-3. (man of substance) hombre m de fortuna ❑ ~ **farmer** terrateniente m, latifundista m; Old-fashioned **a ~'s ~** un criado or sirviente

gentleman-at-arms ['dʒentəlmənət'ɑːmz] n Br miembro m de la comitiva real

gentlemanly ['dʒentəlmənlɪ] adj caballeroso(a), cortés

gentleness ['dʒentəlnɪs] n -1. (of person, nature, voice) ternura f, afectuosidad f -2. (of treatment, handling) cuidado m, delicadeza f; (of shampoo, detergent) suavidad f -3. (of push, breeze, slope) suavidad f -4. (of hint) discreción f; (of reminder, rebuke) sutileza f -5. (of rise, fall) suavidad f

gentlewoman ['dʒentəlwʊmən] n HIST dama f, señora f

gently ['dʒentlɪ] adv -1. (kindly, mildly) (to speak, smile) con ternura, afectuosamente
-2. (not harshly, roughly) (to treat, handle) con cuidado; ~ **does it!** ¡con cuidado!, ¡despacio!

-3. *(lightly)* ligeramente, suavemente **-4.** *(discreetly) (to hint, remind, rebuke)* discretamente, con tacto; **break it to him ~** díselo con delicadeza **-5.** *(gradually)* suavemente; **~ rolling hills** colinas suaves **-6.** *(slowly)* suavemente; **a ~ flowing river** un río que fluye suavemente

gentrification [ˌdʒɛntrɪfɪ'keɪʃən] *n (of area)* aburguesamiento *m (de barrio obrero)*

gentrified ['dʒɛntrɪfaɪd] *adj* **-1.** *(area, street)* aburguesado(a) **-2.** *(accent, manners)* aburguesado(a)

gentrify ['dʒɛntrɪfaɪ] *vt (area, street)* aburguesar

gentry ['dʒɛntrɪ] *npl* alta burguesía *f (terrateniente)*

genuflect ['dʒɛnjʊflɛkt] *vi* hacer una genuflexión

genuflection [ˌdʒɛnjʊ'flɛkʃən] *n* genuflexión *f*

genuine ['dʒɛnjʊɪn] *adj* **-1.** *(authentic) (manuscript, painting)* auténtico(a), genuino(a); **this isn't a fake Rolls, it's the ~ article** no es falso, es un Rolls auténtico *or* de verdad; **he's the ~ article, a real aristocrat** es un aristócrata auténtico *or* de verdad; **~ leather** cuero auténtico; **~ silver** plata auténtica **-2.** *(sincere)* sincero(a); **it is my ~ belief that he is innocent** estoy convencido de que es inocente; **a ~ mistake** un error no intencionado **-3.** *(serious) (application)* serio(a); **~ enquiries only** *(in advert)* abstenerse curiosos

genuinely ['dʒɛnjʊɪnlɪ] *adv (sincerely)* realmente; **he seemed ~ surprised** parecía sorprendido de verdad

genuineness ['dʒɛnjʊɪnnɪs] *n* **-1.** *(authenticity)* autenticidad *f* **-2.** *(sincerity)* sinceridad *f*

genus ['dʒiːnəs] *(pl* **genera** ['dʒɛnərə]*) n* BIOL género *m*

geo- ['dʒiːəʊ] *prefix* geo-

geocentric [ˌdʒiːəʊ'sɛntrɪk] *adj* geocéntrico(a)

geochemistry [ˌdʒiːəʊ'kɛmɪstrɪ] *n* geoquímica *f*

geode ['dʒiːəʊd] *n* GEOL geoda *f*

geodemographics [ˌdʒiːəʊdɛməˈɡræfɪks] *n* COM geodemografía *f*

geodesic dome [ˌdʒiːəʊ'diːsɪk'dəʊm] *n* cúpula *f* geodésica

geodesy [dʒiː'ɒdɪsɪ] *n* geodesia *f*

geodynamics [ˌdʒiːəʊdaɪ'næmɪks] *n* GEOL geodinámica *f*

geographer [dʒɪ'ɒɡrəfə(r)] *n* geógrafo(a) *m,f*

geographic(al) [ˌdʒɪə'ɡræfɪk(əl)] *adj* geográfico(a)

geographically [ˌdʒɪə'ɡræfɪklɪ] *adv* geográficamente

geography [dʒɪ'ɒɡrəfɪ] *n* **-1.** *(science)* geografía *f* **-2.** *(layout)* **I don't know the ~ of the building** no me oriento muy bien en el edificio

geological [ˌdʒɪə'lɒdʒɪkəl] *adj* geológico(a) ❏ **~ survey** estudio *m* geológico

geologist [dʒɪ'ɒlədʒɪst] *n* geólogo(a) *m,f*

geology [dʒɪ'ɒlədʒɪ] *n* geología *f*

geomagnetic [ˌdʒiːəʊmæɡ'nɛtɪk] *adj* geomagnético(a)

geomagnetism [ˌdʒiːəʊ'mæɡnɪtɪzəm] *n* geomagnetismo *m*, magnetismo *m* terrestre

geometric(al) [ˌdʒɪə'mɛtrɪk(əl)] *adj* geométrico(a) ❏ **~ progression** progresión *f* geométrica

geometry [dʒɪ'ɒmɪtrɪ] *n* geometría *f*

geomorphology [ˌdʒiːəʊmɔː'fɒlədʒɪ] *n* geomorfología *f*

geophysical [ˌdʒiːəʊ'fɪzɪkəl] *adj* geofísico(a)

geophysicist [ˌdʒiːəʊ'fɪzɪsɪst] *n* geofísico(a) *m,f*

geophysics [ˌdʒiːəʊ'fɪzɪks] *n* geofísica *f*

geopolitical [ˌdʒiːəʊpə'lɪtɪkəl] *adj* geopolítico(a)

Geordie ['dʒɔːdɪ] *Br Fam* ◇ *n* **-1.** *(person)* persona de la región de Tyneside *(Inglaterra)* **-2.** *(dialect)* geordie *m*, = dialecto hablado en la región inglesa de Tyneside *(Inglaterra)*
◇ *adj* de la región de Tyneside *(Inglaterra)*

George [dʒɔːdʒ] *n* **-1.** *Fam Old-fashioned* **by ~!** ¡cáspita!, ¡caramba! **-2.** *(in proper names)* **Saint ~** San Jorge; **~ I/II** Jorge I/II ❏ **~ Cross** = medalla al mérito civil del Reino Unido; **~ Medal** = medalla al mérito civil y militar del Reino Unido

georgette [dʒɔː'dʒɛt] *n* crepé *m* georgette

Georgia ['dʒɔːdʒə] *n* **-1.** *(country)* Georgia **-2.** *(US state)* Georgia

Georgian ['dʒɔːdʒən] ◇ *n* **-1.** *(person) (from country)* georgiano(a) *m,f*; *(from US state)* georgiano(a) *m,f* **-2.** *(language)* georgiano *m*
◇ *adj* **-1.** *(of country)* georgiano(a) **-2.** *(of US state)* georgiano(a) **-3.** *(architecture, furniture)* de estilo georgiano **-4.** *(in British poetry)* pre-modernista

geosphere ['dʒɪəsfɪə(r)] *n* geosfera *f*

geostationary [ˌdʒiːəʊ'steɪʃənərɪ] *adj* geoestacionario(a); **in ~ orbit** en órbita geoestacionaria

geothermal [ˌdʒiːəʊ'θɜːməl], **geothermic** [ˌdʒiːəʊ'θɜːmɪk] *adj* geotérmico(a) ❏ **~ energy** energía *f* geotérmica

geranium [dʒə'reɪnɪəm] *n* geranio *m*

gerbil ['dʒɜːbɪl] *n* jerbo *m*, gerbo *m*

geriatric [ˌdʒɛrɪ'ætrɪk] ◇ *n* **-1.** MED anciano(a) *m,f* **-2.** *Fam Pej* vejestorio *mf*
◇ *adj* geriátrico(a); **~ hospital** hospital geriátrico; **~ ward** servicio de geriatría

geriatrician [ˌdʒɛrɪə'trɪʃən] *n* MED geriatra *mf*

geriatrics [ˌdʒɛrɪ'ætrɪks] *n* MED geriatría *f*

germ [dʒɜːm] *n* **-1.** MED *(micro-organism)* germen *m*, microbio *m* ❏ **~ warfare** guerra *f* bacteriológica **-2.** BOT germen *m* **-3.** *(origin, beginning)* **the ~ of an idea** el germen de una idea

German ['dʒɜːmən] ◇ *n* **-1.** *(person)* alemán(ana) *m,f* **-2.** *(language)* alemán *m*; **~ class/teacher** clase/profesor(ora) de alemán
◇ *adj* alemán(ana) ❏ *Formerly* **~ Democratic Republic** República *f* Democrática Alemana; **~ measles** rubeola *f*; **~ shepherd** pastor *m* alemán

germane [dʒɜː'meɪn] *adj Formal* pertinente; **that's not entirely ~ to the matter** eso no concierne mucho al asunto

Germanic [dʒɜː'mænɪk] ◇ *n* LING germánico *m*
◇ *adj* germánico(a)

Germanist ['dʒɜːmənɪst] *n* germanista *mf*

germanium [dʒɜː'meɪnɪəm] *n* CHEM germanio *m*

germanize ['dʒɜːmənaɪz] *vt* germanizar

germanophile [dʒɜː'mænəfaɪl] *n* germanófilo(a) *m,f*

germanophilia [dʒɜː'mænəfɪlɪə] *n* germanofilia *f*

germanophobe [dʒɜː'mænəfəʊb] *n* germanófobo(a) *m,f*

germanophobia [dʒɜː'mænə'fəʊbɪə] *n* germanofobia *f*

Germany ['dʒɜːmənɪ] *n* Alemania *f*

germ-free ['dʒɜːm'friː] *adj* aséptico(a)

germicidal [ˌdʒɜːmɪ'saɪdəl] *adj* germicida

germicide ['dʒɜːmɪsaɪd] *n* germicida *m*

germinate ['dʒɜːmɪneɪt] ◇ *vt* hacer germinar
◇ *vi* germinar

germination [ˌdʒɜːmɪ'neɪʃən] *n* germinación *f*

Geronimo [dʒə'rɒnɪməʊ] *pr n (Native American)* Gerónimo, Jerónimo

gerontocracy [ˌdʒɛrɒn'tɒkrəsɪ] *n* gerontocracia *f*

gerontology [ˌdʒɛrɒn'tɒlədʒɪ] *n* MED gerontología *f*

gerrymander ['dʒɛrɪmændə(r)] *vt* POL **-1.** *(constituency)* = alterar los límites de un distrito electoral para que un partido obtenga mejores resultados **-2.** *(results)* manipular

gerrymandering ['dʒɛrɪmændərɪŋ] *n* POL = alteración de los límites de un distrito electoral para que un partido obtenga mejores resultados

gerund ['dʒɛrənd] *n* GRAM gerundio *m*

gesso ['dʒɛsəʊ] *(pl* **gessoes***) n* yeso *m*

gestalt [ɡə'ʃtælt] *n* PSY gestalt *f* ❏ **Gestalt psychology** *(escuela f de la)* Gestalt *f*, psicología *f* gestáltica

Gestapo [ɡe'stɑːpəʊ] *n* Gestapo *f*; *Fig* **~ tactics** tácticas al estilo de la Gestapo

gestate [dʒɛs'teɪt] *vi* **-1.** BIOL *(mother)* gestar, estar en estado de gestación; *(young)* gestarse, permanecer en el útero **-2.** *(idea, plan)* gestarse

gestation [dʒɛs'teɪʃən] *n* **-1.** BIOL gestación *f* ❏ **~ period** periodo *m* de gestación **-2.** *(of idea, plan)* gestación *f*

gesticulate [dʒɛs'tɪkjʊleɪt] *vi* gesticular

gesticulation [dʒɛsˌtɪkjʊ'leɪʃən] *n* gesticulación *f*

gestural ['dʒɛstʃərəl] *adj* gestual

gesture ['dʒɛstʃə(r)] ◇ *n* **-1.** *(expressive movement)* gesto *m*; **they communicated by gestures** se comunicaban por gestos; **to make a ~ of acknowledgement** saludar con un ademán, hacer un gesto de reconocimiento; **to make a ~ of dismissal** despedir a alguien con un ademán *or* gesto; **to make a ~ of assent** hacer un ademán *or* gesto de aprobación **-2.** *(sign, token)* gesto *m*; **as a ~ of friendship** en señal de amistad; **it was a nice ~** fue todo un detalle; **a hollow *or* empty ~** un gesto vacío ❏ **~ politics** política *f* efectista
◇ *vi (single action)* hacer un gesto; *(repeatedly)* gesticular, hacer gestos; **he gestured to me to stand up** me hizo un gesto para que me levantara; **to ~ towards sth** *(point)* señalar *or* indicar hacia algo

gesundheit [ɡə'zʊnthaɪt] *exclam US* ¡salud!, ¡Jesús!

get [ɡɛt] *(pt & pp* **got** [ɡɒt]*, US pp* **gotten** ['ɡɒtən]*)*

> En las expresiones que aparecen bajo **18** y **19**, **get** suele ser opcional. Cuando se omite **get**, **have** no se contrae. Para los casos en que se puede omitir, véase **have**.

◇ *vt* **-1.** *(obtain)* conseguir (**from** *or* **off** de); *(buy)* comprar (**from** *or* **off** a); *(mark)* sacar; **to ~ sth for sb, to ~ sb sth** *(present)* comprar algo a alguien; **could you ~ me some sweets from the supermarket?** ¿me traes unos caramelos del supermercado?; **shall we ~ a bite to eat?** ¿comemos algo?; **let me ~ this round** *(pay for)* deja que pague yo esta ronda *or RP* vuelta; **we usually ~ "The Sun"** normalmente compramos "The Sun"; **could you ~ me extension 340?** *(on phone)* ¿me podría comunicar *or Esp* poner con la extensión 340?, *RP* ¿me podría pasar con el interno 340?; **to ~ a job** encontrar trabajo; **I got the idea from a book** saqué la idea de un libro; **to ~ the right/wrong answer** dar la respuesta correcta/equivocada; **the food there is as good as you can ~** la comida de ahí es insuperable; **to ~ oneself a job/girlfriend** conseguir un trabajo/una novia; **I got myself a new suit** me compré un traje nuevo

-2. *(receive) (present, reply)* recibir; **I always ~ chocolates for Christmas** siempre me dan *or* regalan bombones para Navidad; **how did you ~ that scar?** ¿cómo te hiciste esa cicatriz?; **to ~ £18,000 a year** ganar 18.000 libras anuales; **we can't ~ Channel 9 here** aquí no recibimos *or* captamos no llega al Canal 9; **we got a lot of rain this summer** este verano llovió mucho; **I got $50 for my old fridge** me dieron 50 dólares por la nevera *or RP* heladera vieja; **he got ten years for rape** lo condenaron a diez años por violación; **she gets her figure from her mother** tiene el tipo de su madre; **I ~ the feeling *or* impression that...** me da *or* tengo la impresión de que..., *Chile, Perú* me tinca que..., *Méx, Ven* me late que...; **to ~ pleasure from doing sth** disfrutar haciendo algo; **to ~ promotion** ser ascendido(a); **she got a surprise/shock** se llevó una sorpresa/un susto

-3. *(catch) (person, disease) Esp* coger, *Am* agarrar; *(train, bus) Esp* coger, *Am* agarrar; **he got her by the throat** la agarró del cuello; **I got this cold off *or* from my sister** mi hermana me pegó *Esp, Méx* resfriado *or Andes, RP* resfrío; *Fam* **~ him!** *(look at him)* ¡mira éste!; *Fam* **~ you!**

(look at you) ¡míralo!; Fam **what's the capital of Somalia? – you've got me there!** ¿cuál es la capital de Somalia? – ¡ahí me has pillado!, RP ¡ahí me agarraste!; Fam **the bit where she dies always gets me** el momento en el que muere siempre me emociona

-4. (fetch) **to ~ sth for sb, to ~ sb sth** traerle algo a alguien; **~ me the hammer** tráeme el martillo; **go and ~ a doctor** ve a buscar a un médico; **I'm going to ~ my mother from the hospital** voy a recoger or buscar a mi madre al hospital

-5. (prepare, make) (meal, cocktail) preparar; **can I ~ you a glass of wine?** ¿te pongo or sirvo un vaso de vino?; **~ yourself a drink** ponte or sírvete algo de beber or Am tomar

-6. (reach) **put it where the children can't ~ it** ponlo donde los niños no lleguen or alcancen

-7. (answer) (phone, door) contestar a; **would you ~ that for me?** ¿te importaría contestar?

-8. Fam **to get it** (be reprimanded) cobrar; **I'll ~ you for that!** ¡me las pagarás!

-9. Fam (annoy) molestar, fastidiar; **what really gets me is his attitude** lo que de verdad me molesta or fastidia es su actitud

-10. Fam (understand) entender; (hear) (alcanzar a) oír; **now I ~ you!** ¡ahora te entiendo!; **I didn't quite ~ what you said** no oí bien lo que dijiste; **oh, I ~ it, you're trying to be funny** ah, ahora lo entiendo, estás haciéndote el gracioso; **you just don't ~ it, do you? I'm leaving** ¿es que no te quieres enterar? me marcho, RP no te das cuenta ¿no?, que me voy; **to ~ a joke** pescar or Esp coger or Am cachar un chiste; **I don't ~ your meaning** no entiendo or Esp cojo lo que quieres decir; **I ~ the message!** ¡entendido!; **don't ~ me wrong!** ¡no me malinterpretes!; **~ (a load of) that haircut!** ¡fíjate qué corte de pelo!

-11. (send) **to ~ sth to sb** mandar or enviar algo a alguien; **I got a message to them** les mandé or envié un mensaje

-12. (cause to be in a certain state) **to ~ sth dry/wet** secar/mojar algo; **I can't ~ it clean** no consigo limpiarlo; **to ~ sth dirty** ensuciar algo; **to ~ sth fixed** arreglar algo; **I like to ~ things done** me gusta acabar las cosas rápidamente; **I got my wallet stolen** me robaron la cartera; **she got her work finished** terminó su trabajo; **to ~ sb pregnant** dejar embarazada a alguien; **you've got him worried** lo has dejado preocupado; **the movie got everyone talking** la película dio que hablar a todo el mundo; **to ~ sb into trouble** meter a alguien en líos; **to ~ the children to bed** acostar a los niños; **arguing will ~ you nowhere** discutir no lleva a ninguna parte

-13. (move) **~ the washing inside, quick!** mete la ropa, ¡rápido!; **we got him past the guards** conseguimos pasarlo sin que lo vieran los guardias; **you'll never ~ that piano through the door** nunca conseguirás pasar el piano por la puerta

-14. (cause to do) **she got me to help her** me pidió que la ayudara (y la ayudé); **why don't you ~ your mother to do it?** ¿por qué no le pides a tu madre que lo haga ella?; **I finally got my mother to do it** por fin conseguí que lo hiciera mi madre; **you can ~ them to wrap it for you** puedes pedir que te lo envuelvan; **we ~ our paper delivered** nos traen el periódico; **can I ~ you to write your address here?** ¿te importaría escribir tu dirección aquí?; **I can't ~ the motorbike to start** no consigo que arranque la moto

-15. (do gradually) **to ~ to know sb** llegar a conocer a alguien; **you'll ~ to like him** con el tiempo te va a caer bien; **you're getting to be quite good at chess** juegas cada vez mejor al ajedrez; **she soon got to thinking that...** pronto empezó a pensar que...

-16. (have opportunity) **I'll do it when I ~ the time/chance** lo haré cuando tenga tiempo/la ocasión; **to ~ to do sth** llegar a hacer algo; **you ~ to travel a lot in this job** en este trabajo se viaja mucho; **I finally got to see her** por fin pude or conseguí verla

-17. (find) **you don't ~ many eagles round here** no se ven muchas águilas por aquí; **we don't ~ many visitors here** no viene mucha gente por aquí

-18. (possess) (with **have**) **they've got a big house** tienen una casa grande; **she hasn't got a boyfriend** no tiene novio; **he's got black hair** tiene el pelo negro; **she's got measles/AIDS** tiene (el) sarampión/SIDA; **we've got a choice** tenemos una alternativa; **I've got something to do** tengo algo que hacer; **what's that got to do with it?** ¿y eso qué tiene que ver?

-19. (must) (with **have**) **I've got to go** me tengo que ir; **have you got to work?** ¿tienes que trabajar?; **it's got to be done** hay que hacerlo

◇ vi **-1.** (arrive, progress) llegar (**to** a); **to ~ home** llegar a casa; **how do you ~ there?** ¿cómo se llega?; **how did this motorbike ~ here?** ¿cómo ha llegado hasta aquí esta moto?, ¿qué hace esta moto acá?; **he got as far as Chapter Five** llegó hasta el quinto capítulo; **when it got to Friday, I started to worry** cuando llegó el viernes, comencé a preocuparme; **I was about to ~ to that** estaba a punto de mencionar eso; **we're not getting anywhere** (así) no vamos a ninguna parte; **how's the project coming on? – we're getting there** ¿cómo va el proyecto? – vamos avanzando

-2. (move) **~ behind that bush!** ¡escóndete detrás de ese arbusto!; **to ~ in the way** ponerse en medio; **to ~ in the way of sb, to ~ in sb's way** ponerse delante de alguien; **he got onto the table** se subió a la mesa; **she got over the wall** sorteó or pasó el muro; **I got to my feet** me puse de pie, me levanté, Am me paré

-3. (become) **to ~ angry** esp Esp enfadarse, esp Am enojarse; **to ~ better** mejorar; **it's getting dark/chilly** está oscureciendo/empezando a hacer frío; **it's getting late** se está haciendo tarde; **to ~ drunk** emborracharse; **to ~ old** envejecer; **this is getting ridiculous** esto es cada vez más ridículo

-4. (in passive-type constructions) **to ~ broken** romperse; **to ~ captured** ser capturado(a); **I didn't ~ invited** no me invitaron; **to ~ lost** (person) perderse; (object) perderse, extraviarse; **to ~ stolen** ser robado(a)

-5. (in reflexive-type constructions) **to ~ dressed** vestirse; **to ~ married** casarse; **to ~ ready for sth** prepararse or Am alistarse or RP aprontarse para algo

-6. (start) **to ~ going** (leave) irse, marcharse; (start working) empezar a funcionar; **let's ~ moving** or **going!** ¡en marcha!; **to ~ talking with sb** empezar a hablar con alguien

◇ exclam (go away) ¡fuera!

◇ n **-1.** Br very Fam (person) Esp capullo(a) m,f, Am pendejo(a) m,f **-2.** Fam (in tennis) salvada f

● **get about** vi **-1.** (move around) moverse; **I don't ~ about much these days** no me muevo mucho últimamente; **you ~ about a lot!** (travel) ¡viajas mucho! **-2.** (news, rumour) difundirse, trascender

● **get above** vt insep **to ~ above oneself** darse muchos humos

● **get across** ◇ vt insep (cross) cruzar

◇ vt sep **-1.** (take across) **how are we going to ~ the van across the river?** ¿cómo vamos a cruzar la furgoneta a la otra orilla? **-2.** (convey) **to ~ an idea/a message across** hacer entender una idea/un mensaje; **to ~ sth across to sb** hacer que alguien entienda algo

◇ vi (cross) cruzar

● **get ahead** vi (in life) abrirse paso or camino

● **get along** vi **-1.** (leave) marcharse, irse; **we must be getting along** tenemos que marcharnos or irnos

-2. (progress) **how are you getting along in your new job?** ¿cómo te va en el nuevo trabajo?; **we can ~ along without them** podemos seguir sin ellos

-3. (have good relationship) llevarse bien; **she's easy to ~ along with** se lleva bien con el mundo

● **get around** ◇ vt insep **-1.** (avoid) (problem) evitar; **we got around the rule** conseguimos evitar tener que cumplir la norma **-2.** (persuade) **he knows how to ~ around his mother** sabe cómo ganarse a su madre

◇ vi = **get about**

● **get around to** vt insep **to ~ around to doing sth** sacar tiempo para hacer algo; **I haven't got around to telling her yet** no he sacado tiempo para decírselo

● **get at** vt insep **-1.** (gain access to) acceder a, llegar a; (reach) alcanzar; **to ~ at the truth** dar con la verdad

-2. (imply) **what are you getting at?** ¿qué (es lo que) quieres decir?

-3. Fam (criticize unfairly) (person) meterse con, chinchar

-4. Fam (influence) (witness, jury) atemorizar

● **get away** ◇ vt sep (move) **to ~ sth/sb away from sth/sb** apartar algo/a alguien de algo/de alguien

◇ vi (escape) irse, escaparse; (have a holiday) tomarse unas vacaciones; (leave work) salir de trabajar; **~ away from me!** ¡aléjate de mí!; Br Fam **~ away (with you)!** (expressing disbelief) Esp ¡anda or venga ya!, Méx ¡no me cuentes!, RP ¡dale!; **we need to ~ away from that way of thinking** tenemos que abandonar esa manera de ver las cosas; **you can't ~ away** or **there's no getting away from the fact that...** es imposible ignorar el hecho de que...; **to ~ away from it all** escaparse de todo

● **get away with** vt insep (crime) salir impune de; **I don't know how you ~ away with speaking to your mother like that** no entiendo cómo tu madre te permite que le hables así; **he got away with a small fine** sólo le han puesto una pequeña multa; [IDIOM] **that child gets away with murder!** ¡ese niño se sale siempre con la suya!

● **get back** ◇ vt sep **-1.** (recover) recuperar; **he got his job back** recuperó el trabajo; **we got our money back** nos devolvieron el dinero

-2. (return) **how are we going to ~ these packages back home?** ¿cómo vamos a llevar estos paquetes a casa?; **I'll ~ it back to you by Monday at the latest** te lo devolveré el lunes como muy tarde

-3. Fam (take revenge on) **I'll ~ you back for this!** ¡me las pagarás!

◇ vi **-1.** (move) echarse atrás, apartarse; **~ back!** ¡atrás!

-2. (return) volver, regresar; **to ~ back to normal** volver a la normalidad; **let's ~ back to the point** centrémonos de nuevo en el tema; **to ~ back to sleep** volverse a dormir

-3. (contact later) **can I ~ back to you?** (on phone) ¿te puedo llamar dentro de un rato?; **can I ~ back to you on that? I'm busy just now** ahora estoy ocupado, ¿te puedo contestar más tarde?

● **get back at** vt insep **to ~ back at sb (for sth)** vengarse de alguien (por algo)

● **get back together** vi (couple) volver a juntarse

● **get behind** ◇ vt insep (support) apoyar

◆ *vi (become delayed)* atrasarse, quedarse atrás

◆ **get by** *vi (manage)* arreglárselas; **we ~ by on just $150 a week** nos las arreglamos con sólo 150 dólares a la semana; **we can ~ by without him** podemos arreglarnos sin él; **I ~ by in Spanish** me defiendo en español

◆ **get down** ◇ *vt sep* **-1.** *(move)* bajar; **could you ~ that book down for me?** ¿me podrías bajar ese libro?
-2. *(reduce) (costs, temperature)* reducir; **to ~ one's weight down** perder peso
-3. *(write)* anotar
-4. *(depress)* **to ~ sb down** desanimar *or* deprimir a alguien
-5. *(swallow)* tragar; *Fam* **~ this whisky down you!** ¡métete este whisky en el cuerpo!
◇ *vi* **-1.** *(descend)* bajarse (**from** de); **~ down, he's going to shoot!** ¡agáchate, va a disparar!; **to ~ down on one's hands and knees** ponerse a cuatro patas
-2. *Fam (dance with abandon)* soltarse
-3. *US Fam (get to work, begin)* ponerse a trabajar
-4. *US Fam (have sex)* enrollarse

◆ **get down to** *vt insep* ponerse a; **to ~ down to doing sth** ponerse a hacer algo; **to ~ down to the facts** ir (directamente) a los hechos; **to ~ down to work** poner manos a la obra; **I just can't seem to ~ down to work today** no consigo centrarme en el trabajo hoy; **when you ~ down to it...** en el fondo...

◆ **get in** ◇ *vt sep* **-1.** *(bring inside) (washing)* meter; *(harvest)* recoger
-2. *(fit in)* meter; **I couldn't ~ a word in** *(in conversation)* no pude meter baza
-3. *(stock up with) (food, coal)* hacer acopio de
-4. *(call) (plumber, expert)* llamar
-5. *(submit)* entregar, presentar; **we have to ~ the application in by next week** tenemos que entregar *or* presentar la solicitud antes del final de la semana que viene
-6. *Br Fam (pay for)* invitar a; **he got the next round in** invitó a la siguiente ronda
◇ *vi* **-1.** *(arrive) (train, person)* llegar **-2.** *(enter)* entrar; **water is getting in through the roof** está entrando agua por el techo
-3. *(be elected)* salir elegido(a), ganar las elecciones

◆ **get in on** *vt insep Fam (take part in)* apuntarse a

◆ **get into** ◇ *vt insep* **-1.** *(enter) (house, car)* entrar en; **to ~ into the habit of doing sth** *Am* agarrar *or Esp* coger la costumbre de hacer algo; **to ~ into a temper** agarrar una pataleta, *Esp* coger una rabieta; **to ~ into trouble** meterse en un lío; *Fam* **I don't know what's got into her** no sé qué mosca le ha picado
-2. *(put on) (clothes, boots)* ponerse; **she got into her dress** se puso el vestido; **I can't ~ into this jacket** no me entra la chaqueta
-3. *(arrive at) (station, work)* llegar a
-4. *(be accepted)* **to ~ into Parliament** salir elegido(a) parlamentario(a); **to ~ into college** ser admitido(a) en la universidad
-5. *Fam* **I really got into it** *(book, activity)* me enganchó muchísimo
◇ *vt sep* **-1.** *(fit)* meter **-2.** *(involve in)* meter; **you're the one who got us into this** tú eres el que nos ha metido en esto **-3.** *(make interested in)* meter; **he got me into jazz** él me metió en el jazz

◆ **get in with** *vt insep (ingratiate oneself with)* congraciarse con

◆ **get off** ◇ *vt insep* **-1.** *(descend from)* bajar(se) de; **~ off that table!** ¡baja *or* bájate de esa mesa! **-2.** *(bus, train)* bajarse de
◇ *vt sep* **-1.** *(remove) (lid, wrapper)* quitar, *Andes, RP* sacar; **~ your feet off the table!** ¡quita *or Andes, RP* saca los pies de la mesa!; **~ your hands off me!** ¡quítame las manos de encima!
-2. *(save from punishment)* **to ~ sb off** librar *or* salvar a alguien
-3. *(avoid)* **to ~ off having to do sth** librarse de tener que hacer algo
-4. *(cause to be)* **to ~ the children off to school** mandar a los niños al colegio; **to ~ a baby off (to sleep)** dormir a un niño
-5. *(send)* enviar
-6. *(leave) (work)* salir de; **~ off my land!** ¡fuera de mis tierras!
◇ *vi* **-1.** *(descend from vehicle)* bajarse, apearse; *Fig* **I told him where to ~ off** *(rebuked him)* lo mandé a paseo
-2. *(go unpunished)* librarse; **he got off with a small fine** sólo le han puesto una pequeña multa; *Fig* **to ~ off lightly** salir bien librado(a)
-3. to ~ off (to sleep) dormirse, quedarse dormido(a); **to ~ off to a good/bad start** empezar con buen/mal pie
-4. *(start journey)* salir; **we'd best be getting off** deberíamos marcharnos *or* irnos
-5. *(leave work)* salir (del trabajo)
-6. *(leave alone)* **~ off!** ¡déjame en paz!
-7. *US very Fam (have orgasm) Esp* correrse, *Col, Méx* venirse, *RP* irse

◆ **get off on** *vt insep Fam (sexually)* **he gets off on blue movies** se pone a cien con las películas porno; *Fig* **he really gets off on ordering people about** eso de mandar le encanta

◆ **get off with** *vt insep Br Fam* **to ~ off with sb** enrollarse con alguien

◆ **get on** ◇ *vt insep* **-1.** *(move onto)* **~ on the table** súbete a la mesa **-2.** *(board) (train, bus, plane)* montar en, subir a
◇ *vt sep* **-1.** *(put on)* **to ~ one's clothes/trousers on** ponerse la ropa/los pantalones; **I can't ~ my trousers on** no me entran *or* caben los pantalones **-2.** *US Fam* **to ~ it on (with sb)** *(have sex) Esp* enrollarse (con alguien), *Am* coger (con alguien)
◇ *vi* **-1.** *(board)* montarse, subirse
-2. *(succeed, progress)* **how are you getting on?** ¿cómo te va?; **I'm getting on well/badly with him/her/mal**; **do you know how you got on in the exam?** ¿sabes qué te han puesto en el examen?; **we're getting on fine without you** nos va muy bien sin ti; **you'll never ~ on in life** *or* **in the world with that attitude!** ¡con esa actitud nunca llegarás a ninguna parte!
-3. *(have good relationship)* llevarse bien; **to ~ on well/badly with sb** llevarse bien/mal con alguien; **how do you ~ on with her?** ¿qué tal te llevas con ella?
-4. *(with time)* **it's getting on, we should go** se hace tarde, tenemos que irnos; **to be getting on (in years)** ser bastante mayor
-5. *(leave)* **I must be getting on** me tengo que ir

◆ **get on at** *vt insep Fam* **to ~ on at sb (about sth)** meterse con alguien (por algo)

◆ **get on for** *vt insep* **he must be getting on for fifty** debe de tener cerca de los cincuenta; **it was getting on for midnight** era cerca de medianoche; **there were getting on for 10,000 people there** debía haber allí cerca de 10.000 personas

◆ **get onto** *vt insep* **-1.** *(move)* **~ onto the table** súbete a la mesa
-2. *(board) (train, bus, plane)* montar en, subir a
-3. *(contact)* ponerse en contacto con
-4. *(move onto subject of)* pasar a (hablar de); **they eventually got onto (the subject of) money** finalmente pasaron a hablar de (asuntos de) dinero
-5. *(be elected to) (committee, board)* ser elegido(a) como miembro de
-6. *(start to deal with)* comenzar a tratar

◆ **get on with** *vt insep (continue with)* seguir, continuar; **~ on with it!** *(hurry up)* ¡date prisa!, *Am* ¡apúrate!; **here's $20 to be getting on with** aquí tienes 20 dólares para ir empezando; *Fam* **why can't you just let me ~ on with my work?** ¿por qué no me dejas trabajar en paz?

◆ **get out** ◇ *vt sep* **-1.** *(remove) (tools, books, money)* sacar; *(nail, splinter)* sacar, extraer; *(stain)* quitar, *Andes, RP* sacar; **he got his wallet out** sacó su cartera **-2.** *(publish)* publicar, sacar **-3.** *(manage to say)* **I couldn't ~ the words out** no me salían las palabras
◇ *vi* **-1.** *(leave)* salir; *(escape)* salir, escapar; **~ out!** ¡vete de aquí!; **~ out of here!** *(leave)* ¡vete de aquí!; *US Fam (I don't believe it)* ¡anda ya! **-2.** *(from car)* salir, bajarse **-3.** *(socialize)* salir; **we don't ~ out much** no salimos mucho **-4.** *(news)* filtrarse; **the secret got out** se descubrió el secreto

◆ **get out of** ◇ *vt insep* **-1.** *(car, bus, train)* salir de, bajar de; **to ~ out of the way** apartarse, quitarse de en medio; **he got out of bed** se levantó de la cama; **how are we going to ~ out of this mess?** ¿cómo vamos a salir de este lío? **-2.** *(avoid)* **to ~ out of sth/doing sth** librarse de algo/de hacer algo
◇ *vt sep* **-1.** *(benefit from)* **what do I ~ out of it?** ¿y yo qué saco (de ello)?; **to ~ a lot of enjoyment out of sth** disfrutar mucho con algo **-2.** *(help to avoid)* **to ~ sb out of doing sth** ayudar a alguien a librarse de tener que hacer algo; **to ~ sb out of trouble** sacar a alguien de un apuro **-3.** *(extract)* **to ~ the truth/a confession out of sb** extraer la verdad/una confesión de alguien

◆ **get over** ◇ *vt insep* **-1.** *(cross) (road, river)* cruzar; *(wall, fence)* franquear
-2. *(recover from) (illness, trauma)* recuperarse de; **you'll ~ over it** se te pasará; **I can't ~ over how stupidly he behaved** no me puedo creer lo estúpido que fue; **I'll never ~ over her** nunca la voy a olvidar
-3. *(overcome) (problem)* superar
◇ *vt sep (communicate)* hacer llegar, transmitir
◇ *vi* **-1.** *(cross) (over road, river)* cruzar; *(over wall, fence)* pasar al otro lado **-2.** *(come)* **~ over here as soon as possible** ven aquí tan pronto como puedas

◆ **get over with** *vt sep* **to ~ sth over with** terminar con algo

◆ **get round** ◇ *vt insep* = **get around**
◇ *vi* = **get about**

◆ **get round to** = **get around to**

◆ **get through** ◇ *vt insep* **-1.** *(pass through) (hole, roof)* entrar por
-2. *(survive) (test, interview)* pasar, superar; *(exam)* aprobar; *(period of time)* superar, aguantar; **the bill finally got through Parliament** el proyecto de ley fue finalmente aprobado por el parlamento
-3. *(finish) (work)* terminar, acabar; **I got through an enormous amount of work** terminé *or* acabé una cantidad de trabajo enorme
-4. *(consume) (food, drink)* consumir; *(money)* gastar; **I ~ through two packs of cigarettes a day** me fumo dos paquetes de cigarrillos al día
◇ *vt sep* **-1.** *(communicate)* **to ~ sth through to sb** hacer ver algo a alguien **-2.** *(help to overcome)* **to ~ sb through sth** ayudar a alguien a superar algo; **to ~ a bill through Parliament** conseguir que un proyecto de ley se apruebe en el parlamento
◇ *vi* **-1.** *(pass through)* pasar
-2. *(arrive) (news, messenger, supplies)* llegar
-3. to ~ through to sb *(on telephone)* (lograr) comunicarse con alguien; *Fig (communicate with)* conectar con alguien; **the idea had finally got through to him** la idea le entró por fin en la cabeza
-4. *(qualify)* clasificarse

get-at-able — **gigabyte**

-5. US (finish) terminar, acabar; **call me when you ~ through** llámame cuando termines or acabes

◆ **get to** ◇ vt insep Fam -1. (annoy) fastidiar, molestar; **don't let it ~ to you** no dejes que eso te afecte -2. US **they got to the witnesses** (bribed) compraron a los testigos; (killed) acabaron con los testigos
◇ vi **where has Alistair/my wallet got to?** ¿adónde ha ido a parar Alistair/mi cartera?

◆ **get together** ◇ vt sep (organize) (petition) organizar; (band, team) montar, juntar; **to ~ some money together** juntar algo de dinero; **we got our belongings together** juntamos or recogimos nuestros efectos personales; **let me ~ my thoughts together** déjame poner en claro mis ideas; **I've finally got it** or **myself together** finalmente he puesto mi vida en orden; Fam **they finally got it together last week** (became lovers) finalmente comenzaron a salir la semana pasada
◇ vi (meet) quedar, verse

◆ **get up** ◇ vt insep (hill, cliff, tree) subir a; **I couldn't ~ up the stairs** no podía subir las escaleras; IDIOM **to ~ up sb's nose** (annoy) fastidiar a alguien, Esp tocar a alguien las narices
◇ vt sep -1. (wake up) **to ~ sb up** levantar or despertar a alguien
-2. (cause to rise to feet) levantar
-3. (dress up) **he got himself up in his best clothes** se puso sus mejores ropas; **to ~ oneself up as sth/sb** disfrazarse de algo/alguien
-4. (arouse) (appetite, enthusiasm) despertar; **don't ~ your hopes up** no te hagas ilusiones; **to ~ up the courage to do sth** armarse de valor para hacer algo; **to ~ up speed** coger velocidad
-5. (organize) organizar, juntar
-6. very Fam **he couldn't ~ it up** (achieve erection) no se le Esp empinaba or Am paraba
◇ vi -1. (in morning) levantarse -2. (stand up) levantarse, ponerse de pie, Am pararse; **he got up from the table** se levantó or Am paró de la mesa -3. (wind, storm) levantarse

◆ **get up to** vt insep -1. (reach) **I've got up to Chapter Two** he llegado hasta el segundo capítulo -2. Fam (do) **what have you been getting up to recently?** ¿qué has estado haciendo últimamente?; **to ~ up to mischief** hacer de las suyas; **he's been getting up to his old tricks** ha vuelto a las andadas

get-at-able [get'ætəbəl] adj Fam (high shelf, person) accesible

getaway ['getəweɪ] n -1. (escape) fuga f, huida f; **to make one's ~** huir, escaparse ❑ **~ car** vehículo m utilizado en la fuga -2. AUT (start) arranque m; (in racing) salida f -3. US (short holiday) escapada f

get-go ['getgəʊ] n US Fam **from the ~** (from the beginning) desde el principio

Gethsemane [geθ'semənɪ] n (in bible) Getsemaní

get-out ['getaʊt] n (means of escape) salida f, escapatoria f ❑ **~ clause** cláusula f de salvaguardia

get-rich-quick [getrɪtʃ'kwɪk] adj Fam **a ~ scheme** un proyecto para enriquecerse rápidamente

get-there ['getðeə(r)] n US Fam empuje m, RP polenta f

get-together ['gettəgeðə(r)] n Fam reunión f; **we're having a ~ with some friends** nos vamos a juntar con unos cuantos amigos

Gettysburg ['getɪzbɜːg] n HIST **(the battle of) ~** la batalla de Gettysburgo

GETTYSBURG ADDRESS

Este famoso discurso, pronunciado por el presidente Abraham Lincoln en 1863 sobre el emplazamiento de la batalla del mismo nombre durante la Guerra de Secesión, hace un llamamiento a la voluntad de construir una nación libre, dirigida "para el pueblo, por el pueblo"("a government of the people, by the people, for the people"); esta fórmula se utiliza a menudo como definición de la democracia.

get-up ['getʌp] n Fam (clothes) indumentaria f; (fancy dress) disfraz m

get-up-and-go ['getʌpən'gəʊ] n Fam (energy) dinamismo m, iniciativa f; Hum **my ~ has got up and went** or **gone** se me acabaron las pilas

get-well card [get'welkɑːd] n = tarjeta con que se desea a un enfermo su mejoría

gewgaw ['gjuːgɔː] n Old-fashioned baratija f

geyser ['giːzə(r)] n -1. GEOG géiser m -2. Br Old-fashioned (water heater) calentador m (de agua)

G-force ['dʒiːfɔːs] n fuerza f de gravedad

Ghana ['gɑːnə] n Ghana

Ghanaian [gɑː'neɪən] ◇ n ghanés(esa) m,f
◇ adj ghanés(esa)

ghastliness ['gɑːstlɪnɪs] n -1. (of crime) lo horrendo, lo espantoso -2. (of place, sight, situation) lo horrible, lo horroroso

ghastly ['gɑːstlɪ] adj -1. (horrific) horroroso(a), horrible -2. Fam (very bad) horroroso(a), horrible; **he looked ~** tenía un aspecto horroroso or horrible; **how ~!** ¡qué horror!; **she wore the most ~ outfit** llevaba un vestido horroroso; **it was all a ~ mistake** todo fue un tremendo error -3. Fam (ill) **I feel ~** me siento horrible or Esp fatal

ghee [giː] n mantequilla f clarificada (empleada en la cocina india)

Ghent [gent] n Gante

gherkin ['gɜːkɪn] n pepinillo m

ghetto ['getəʊ] (pl **ghettos**) n gueto m

ghetto-blaster ['getəʊ'blɑːstə(r)] n Fam (cassette player) radiocasete m portátil (de gran tamaño)

ghettoize ['getəʊaɪz] vt marginar (como en un gueto)

ghillie = **gillie**

ghost [gəʊst] ◇ n -1. (spirit) fantasma m; **to believe in ghosts** creer en fantasmas; **you look as if you've just seen a ~!** ¡ni que hubieras visto un fantasma!; IDIOM **to give up the ~** pasar a mejor vida; IDIOM **to lay the ~ of sth to rest** enterrar el fantasma de algo ❑ **~ story** relato m de fantasmas; **~ town** pueblo m fantasma; **~ train** tren m fantasma
-2. (trace, hint) **the ~ of a smile** la sombra de una sonrisa; **she doesn't have the ~ of a chance** no tiene ni la más remota posibilidad
-3. **~ writer** negro(a) m,f, escritor(ora) f anónimo(a)
◇ vt **to ~ a book for sb** escribir anónimamente un libro para alguien

ghostly ['gəʊstlɪ] adj fantasmal, fantasmagórico(a)

ghostwrite ['gəʊstraɪt] vt **to ~ a book for sb** escribir anónimamente un libro para alguien

ghoul [guːl] n -1. (evil spirit) espíritu m maligno -2. (morbid person) morboso(a) m,f; **don't be such a ~!** ¡no seas morboso!

ghoulish ['guːlɪʃ] adj morboso(a)

ghoulishly ['guːlɪʃlɪ] adv morbosamente

GHQ [dʒiːeɪtʃ'kjuː] n MIL (abbr **General Headquarters**) cuartel m general

GHz ELEC (abbr **gigahertz**) GHz

GI [dʒiː'aɪ] n US Fam soldado m raso; **GI Joe** soldado estadounidense ❑ **GI bill** = ley por la que se facilitó la formación de los veteranos de guerra; **GI bride** = esposa extranjera de un soldado americano

giant ['dʒaɪənt] ◇ n -1. (in size) gigante(a) m,f; **a ~ of a man** un hombre enorme, un gigante ❑ **~ killer** (in sport) matagigantes mf inv -2. (in importance, achievement) **a literary ~** un gigante de la literatura; **an industrial ~** (company) un gigante industrial
◇ adj colosal, gigantesco(a); **with ~ strides** con enormes zancadas; **the campaign has made ~ strides (forward)** la campaña ha avanzado enormemente ❑ **~ panda** (oso m) panda m, panda m gigante; **~ redwood** secuoya f gigante; **~ slalom** (in skiing) eslalon m or slalom m gigante; **~ tortoise** tortuga f gigante

giantess ['dʒaɪəntes] n giganta f

giant-size(d) ['dʒaɪəntsaɪz(d)] adj (pack) de tamaño gigante

Gib [dʒɪb] n Fam el Peñón

gibber ['dʒɪbə(r)] vi -1. (monkey) parlotear -2. (talk incoherently) farfullar

gibbering ['dʒɪbərɪŋ] adj incoherente, desvariado(a); **I was a ~ wreck!** ¡no podía articular una sola frase!; Fam **a ~ idiot** un perfecto idiota

gibberish ['dʒɪbərɪʃ] n (unintelligible speech, writing) galimatías m inv; (nonsense) tonterías fpl, memeces fpl; **it's complete ~ to me** me resulta totalmente ininteligible; **to talk ~** decir tonterías or memeces

gibbet ['dʒɪbɪt] n horca f

gibbon ['gɪbən] n gibón m

gibe [dʒaɪb] ◇ n burla f
◇ vi **to ~ at sb** hacer burla de alguien

giblets ['dʒɪblɪts] npl menudillos mpl

Gibraltar [dʒɪ'brɔːltə(r)] n Gibraltar

Gibraltarian [dʒɪbrɔːl'teərɪən] n gibraltareño(a) m,f

giddily ['gɪdɪlɪ] adv -1. (dizzily) vertiginosamente -2. (frivolously) frívolamente, con frivolidad

giddiness ['gɪdɪnɪs] n -1. (dizziness) mareo m; (from height) vértigo m -2. (frivolity) frivolidad f

giddy ['gɪdɪ] adj -1. (dizzy) **to be ~** estar mareado(a); (from height) tener vértigo; **I feel ~ just watching them** me da vértigo sólo mirarlos; **a ~ round of parties** una racha frenética de fiestas
-2. (lofty) **~ heights** altas cotas or cumbres; Ironic **to reach the ~ heights of deputy assistant inspector** alcanzar el alto honor de ser ayudante del subinspector
-3. (frivolous) (person, behaviour) atolondrado(a)

◆ **giddy up** ◇ vt sep presionar, apurar
◇ exclam (to horse) ¡arre!

GIF [dʒɪf] n COMPTR (abbr **Graphics Interchange Format**) GIF m

gift [gɪft] ◇ n -1. (present) regalo m, obsequio m; **a ~ from the gods** or **from God** un regalo de Dios, una bendición divina; PROV **never look a ~ horse in the mouth** a caballo regalado no le mires el diente ❑ US **~ certificate** vale m de regalo; **~ shop** tienda f de artículos de regalo; Br **~ token** vale m de regalo; REL **the ~ of tongues** el don de lenguas; Br **~ voucher** vale m de regalo; **~ wrap** papel m de regalo; **~ wrapping** papel m de regalo
-2. (talent) don m; **to have a ~ for mathematics** tener un don especial para las matemáticas; **he has a great gift for telling jokes** tiene mucho talento para contar chistes; **she has a ~ for putting her foot in it** tiene un don especial para meter la pata, lo de meter la pata se le da como a nadie; IDIOM **to have the ~ of the gab** tener un pico de oro
-3. Fam (bargain) **at £5, it's a ~** a 5 libras está regalado
-4. Fam (easy thing) **that exam question was a ~** la pregunta del examen estaba tirada
-5. (power of donation) **to be in sb's ~** estar en manos de alguien
◇ vt -1. US Formal (present) donar; **gifted by Mr Evans** (on plaque) donado por el Sr. Evans, donación del Sr. Evans -2. (give away) entregar, regalar

gifted ['gɪftɪd] adj (talented) dotado(a); (unusually talented) superdotado(a)

giftwrap ['gɪftræp] vt envolver con papel de regalo; **would you like it giftwrapped?** ¿se lo envuelvo para regalo?

gig [gɪg] n -1. (carriage) calesa f -2. Fam (concert) actuación f, concierto m

gigabyte ['dʒɪgəbaɪt, 'gɪgəbaɪt] n COMPTR gigabyte m

gigahertz ['dʒɪgəhɜːts, 'gɪgəhɜːts] n ELEC gigahercio m

gigantic [dʒaɪ'gæntɪk] adj gigantesco(a)

gigantism [dʒaɪ'gæntɪzəm] n MED gigantismo m

giggle ['gɪgəl] ◇ n -1. (laugh) risita f, risa f floja; **to get the giggles, to have a fit of the giggles** tener un ataque de risa tonta -2. esp Br Fam (source of amusement) **the evening was a ~ from start to finish** la tarde fue superdivertida; **to do sth for a ~** hacer algo de broma
◇ vi soltar risitas

giggly ['gɪglɪ] adj **she goes all ~** le entra la risa tonta; **two ~ girls at the back of the class** dos niñas soltando risitas al fondo de la clase

GIGO ['gaɪgəʊ] COMPTR (abbr **garbage in garbage out**) = información errónea genera resultados erróneos

gigolo ['dʒɪgələʊ] (pl **gigolos**) n gigoló m

gigot ['dʒɪgət] n pierna f de cordero

Gila monster ['hiːləmɒnstə(r)] n monstruo m de Gila

gild [gɪld] (pt & pp **gilded** or **gilt** [gɪlt]) vt dorar; IDIOM **to ~ the lily** rizar el rizo

gilded ['gɪldɪd] adj dorado(a), IDIOM **to be like a bird in a ~ cage** estar en una jaula de oro
❏ **~ youth** dorada juventud f

gilding ['gɪldɪŋ] n dorado m

gill[1] [gɪl] n -1. **gills** (of fish) branquias; IDIOM **to be/go green about the gills** (look unwell) estar/ponerse blanco(a) como la cera -2. (of mushroom) lámina f

gill[2] [dʒɪl] n (liquid measure) cuarto m de pinta (= 0,142 litros)

gillie, ghillie ['gɪlɪ] n Scot (for hunting, fishing) ayudante m

gillyflower ['dʒɪlɪflaʊə(r)] n clavellina f, clavel m silvestre

gilt [gɪlt] ◇ n -1. (gilding) (baño m) dorado m; IDIOM **to take the ~ off the gingerbread** quitarle la gracia a algo -2. Br FIN **gilts** valores del Estado
◇ adj dorado(a)
◇ pt & pp of **gild**

gilt-edged ['gɪlt'edʒd] adj -1. FIN **~ securities** or **stock** Br títulos mpl de deuda pública, valores mpl del Estado; US títulos mpl or valores mpl de máxima garantía -2. (book, page) de bordes dorados -3. (opportunity) único(a), de oro

gimbals ['dʒɪmbəlz] npl TECH soporte m cardánico, suspensión f universal

gimcrack ['dʒɪmkræk] adj de pacotilla

gimlet ['gɪmlɪt] n -1. (tool) barrena f; **his ~ eyes** su mirada penetrante -2. (cocktail) = cóctel hecho con vodka o ginebra y lima

gimme ['gɪmiː] Fam ◇ = **give me**
◇ n -1. US IDIOM **she has the gimmes** la vuelven loca los regalos ❏ US **~ cap** or **hat** gorra f de béisbol con logo publicitario -2. (easy question) pregunta f facilona

gimmick ['gɪmɪk] n reclamo m, truco m; **an advertising ~** un reclamo publicitario; **it's just a sales ~** es sólo un reclamo para vender más; **the voters aren't fooled by election gimmicks** los votantes no se dejan engañar por reclamos electoralistas

gimmickry ['gɪmɪkrɪ] n reclamos mpl, trucos mpl

gimmicky ['gɪmɪkɪ] adj artificioso(a)

gimp [gɪmp] n US very Fam (person with limp) cojo(a) m,f, Esp cojitranco(a) m,f

gin [dʒɪn] n -1. (drink) ginebra f; **~ and tonic** gin-tonic; **~ and it** martini, = cóctel a base de ginebra y vermú italiano ❏ Br Fam **~ palace** pub m tradicional; **~ sling** gin sling m, = cóctel a base de ginebra con mucho hielo, limón y licor de cerezas -2. (trap) **~ trap** lazo m (trampa de caza) -3. (machine) limpiadora f de algodón -4. (card game) **~ (rummy)** gin rummy m

ginger ['dʒɪndʒə(r)] ◇ n -1. (spice) jengibre m; **root** or **fresh ~** jengibre fresco; **ground** or **powdered ~** jengibre en polvo ❏ **~ ale** ginger ale m; **~ beer** refresco m de jengibre; Br **~ nut** galleta f de jengibre; **~ snap** galleta f de jengibre; **~ wine** vino m de jengibre -2. (colour) rojo m anaranjado -3. (redhead) **oi ~!** ¡pelirrojo! -4. Br **~ group** grupo m de presión
◇ adj **she has ~ hair** es pelirroja; **a ~ cat** un gato rojizo

◆ **ginger up** vt sep Fam animar

gingerbread ['dʒɪndʒəbred] n -1. (cake) pan m de jengibre -2. (biscuit) galleta f de jengibre ❏ **~ man** galleta f de jengibre (con forma de figura humana)

gingerly ['dʒɪndʒəlɪ] ◇ adv con mucho tiento or cuidado
◇ adj delicado(a), suave; **to do sth in a ~ fashion** hacer algo con mucho tiento or cuidado

gingery ['dʒɪndʒərɪ] adj -1. (colour) bermejo(a); (hair) pelirrojo(a) -2. (taste) a jengibre

gingham ['gɪŋəm] n guinga f, = tela de algodón a cuadros

gingivitis [dʒɪndʒɪ'vaɪtɪs] n MED gingivitis f inv

gingko ['gɪŋkəʊ] n BOT ginkgo m

gink [gɪŋk] n US Fam bicho m raro

ginormous [dʒaɪ'nɔːməs] adj Fam requetegrande

ginseng ['dʒɪnseŋ] n ginseng m

gippo ['dʒɪpəʊ] (pl **gippoes**) n Br Fam Pej gitano(a) m,f

gippy tummy ['dʒɪpɪ'tʌmɪ] n Br Fam Esp descomposición f, Am descompostura f; **to have a ~** estar descompuesto(a)

gipsy = **gypsy**

giraffe [dʒɪ'rɑːf] n jirafa f

gird [gɜːd] (pt & pp **girded** or **girt** [gɜːt]) vt Literary IDIOM **to ~ (up) one's loins** armarse para la batalla; **a sea-girt country** un país rodeado de mar

girder ['gɜːdə(r)] n viga f

girdle ['gɜːdəl] ◇ n -1. (corset) faja f -2. Literary (belt) cinturón m -3. ANAT **pelvic/pectoral ~** anillo pélvico/pectoral
◇ vt Literary ceñir

girl [gɜːl] n -1. (child, baby) niña f; **I'd known him since we were girls** lo conocía desde que éramos niñas ❏ Br **Girl Guide,** US **Girl Scout** scout f, escultista f
-2. (young woman) chica f ❏ **~ band** grupo m musical de mujeres; **~ Friday** chica f para todo; **~ power** el poder m de las chicas, = eslogan asociado al grupo The Spice Girls
-3. (daughter) niña f, hija f; (older) hija f; **they have three girls** tienen tres niñas or hijas; **the Smiths' ~** la niña or hija de los Smith; **their little ~** su niña
-4. (female adult) chica f; **he's gone out with the girls from the office** ha salido con las chicas de la oficina
-5. Fam (term of address) **my dear ~** mi querida niña; **that's my ~!** (well done) ¡muy bien!; Br **how are you, old ~?** ¿cómo estás, cielo?
-6. Fam Old-fashioned (girlfriend) chica f
-7. (addressing dog, horse) **down, ~!** ¡échate, linda!

girlfriend ['gɜːlfrend] n -1. (in relationship) novia f -2. (friend) amiga f -3. US Fam (term of address) **~, you're way out of line** tú exageras, chica

girlhood ['gɜːlhʊd] n niñez f

girlie, girly ['gɜːlɪ] Fam ◇ n chica f, nena f, Arg piba f, Méx chava f
◇ adj -1. Pej (girlish) de chica or Arg piba or Méx chava; **~ things** cosas de chicas; **it looks a bit ~ on you** tienes pinta de chica con eso; Br **to have a ~ chat** charlar de cosas de chicas -2. **~ mag** revista f de chicas desnudas; **~ magazine** revista f de chicas desnudas

girlish ['gɜːlɪʃ] adj -1. (of girl, young woman) de niña -2. (man) afeminado(a)

giro ['dʒaɪrəʊ] (pl **giros**) n Br -1. FIN **to pay by bank ~** pagar con giro bancario ❏ **~ account** cuenta f de giros postales -2. Fam (unemployment cheque) cheque m del desempleo or Esp paro

girt pt & pp of **gird**

girth [gɜːθ] n -1. (of tree) contorno m -2. (stoutness) barriga f -3. (of saddle) cincha f

gism = **jism**

gismo, gizmo ['gɪzməʊ] (pl **gismos, gizmos**) n Fam chisme m, aparato m

gist [dʒɪst] n esencia f; **the ~ of what she was saying was...** la esencia de lo que decía era...; **give me the ~ of the discussion** cuéntame qué fue, en esencia, lo que se discutió; **to get the ~ (of sth)** entender la esencia or el sentido general (de algo)

git[1] [gɪt] n Br very Fam Esp capullo(a) m,f, Am pendejo(a) m,f

git[2] exclam US Fam ¡fuera!

give [gɪv] ◇ vt (pt **gave** [geɪv], pp **given** ['gɪvən])
-1. (in general) dar; (blood, sperm) dar, donar; (as present) regalar; **to ~ sth to sb, to ~ sb sth** dar algo a alguien; (as present) regalar algo a alguien; **~ it to me** dámelo; **~ the money to John** dale el dinero a John; **we were each given different orders** cada uno de nosotros recibió diferentes órdenes; **to ~ sb sth to eat** dar algo de comer a alguien; **to ~ sb a present** dar a alguien un regalo, regalar algo a alguien; **to ~ a child a name** ponerle nombre a un niño; **~ her my love** dale recuerdos or Am cariños de mi parte; **I'll ~ you $20 for it** te doy 20 dólares por él; **can you ~ me something for the pain?** ¿me podría dar algo para el dolor?; **I wouldn't ~ much for their chances** no creo que tengan muchas posibilidades; **~ me a good book any day** or **every time** prefiero un buen libro mil veces; Br Vulg **to ~ sb one** (have sex with) echar un polvo con alguien; **she gives as good as she gets** sabe defenderse
-2. (organize) (party, dinner, dance) dar, hacer
-3. (cause) dar; **to ~ sb trouble** molestar a alguien; **to ~ sb a fright** dar un susto a alguien; **to ~ sb a headache** dar dolor de cabeza a alguien; **to ~ sb an illness** contagiarle or pegarle una enfermedad a alguien; **he gives me the impression that he couldn't care less** me da la impresión de que no le importa nada
-4. (allow) dar; (rights, power) dar, conceder; **to ~ sb a choice** dar a alguien una elección; **given the chance (again)** si se presentara (de nuevo) la ocasión or oportunidad; **given the choice, I'd emigrate to Canada** si pudiera elegir, emigraría a Canadá; **she has been given six months to live** le han dado seis meses de vida
-5. (devote) **I'll ~ my full attention to the matter** pondré toda mi atención en el asunto; **to ~ a lot of thought to sth** considerar algo a fondo; **he gave his all, he gave it everything he'd got** dio todo de sí
-6. (lend) **it gives her an air of distinction** le da un aire de distinción; **his name gives authority to the study** su nombre (le) confiere autoridad al estudio
-7. (tell) **he gave his age as twenty** declaró que tenía veinte años; **the clock gave the time as midnight** el reloj marcaba la medianoche; Formal **she gave me to understand that...** me dio a entender que...; Formal **I was given to understand that...** se me dio a entender que...; **~ it to me straight!** (tell me the truth) ¡sé franco conmigo!; Fam **don't ~ me that (nonsense)!** ¡no me vengas con ésas!
-8. (sentence to) imponer, sentenciar a; **he was given ten years** le cayeron diez años; **she was given a fine** le pusieron una multa
-9. (concede) **he's intelligent, I'll ~ you that, but I still don't like him** es inteligente, de acuerdo, pero me sigue sin gustar
-10. SPORT (adjudge) **the referee gave a penalty** el árbitro señaló penalti or RP penal, CSur el juez cobró penal; **the umpire gave the ball out** el juez de silla decidió que la bola había salido
-11. (estimate the duration of) dar; **I ~ him one week at most** le echo or doy como mucho una semana
-12. Formal (present) **ladies and gentlemen, I ~ you the mayor of Boston!** ¡damas y caballeros, con ustedes el alcalde de Boston!

-13. *Old-fashioned* **to ~ oneself to sb** *(have sex with)* entregarse a alguien
-14. *(with noun, to form verbal expressions)* **to ~ evidence** testificar, prestar declaración, *RP* atestiguar; **to ~ sb a kick** dar una patada a alguien; **to ~ a laugh** soltar una carcajada; **she gave me a strange look** me lanzó una extraña mirada; **to ~ a sigh** dar *or* lanzar un suspiro; **to ~ sb a smile** sonreírle a alguien; **to ~ a speech** dar *or* pronunciar un discurso; **she gave the soup a stir** removió *or* revolvió la sopa; **he gave his face a wash** se lavó la cara
◇ *vi* **-1.** *(donate)* hacer donativos *or Am* donaciones; **please ~ generously** por favor, sea generoso en sus donativos *or Am* donaciones; **he gave of his free time to the cause** dedicó parte de su tiempo libre a la causa; **he gave of his best** dio lo mejor de sí mismo; **to ~ of oneself** entregarse a los demás
-2. *(bend, stretch)* dar de sí, ceder; *(break)* ceder, romperse; **she refused to ~ on the question of money** se negó a ceder en la cuestión del dinero; **we can't continue like this, something will have to ~** no podemos seguir así, algo va a tener que cambiar
-3. *US Fam* **what gives?** ¿qué pasa?
◇ *n* elasticidad *f*; **this fabric hasn't got much ~** este tejido no da mucho de sí *or* no cede demasiado
◇ **give or take** *prep* **~ or take a few minutes/pesos** minuto/peso arriba o abajo, minuto/peso más o menos
◆ **give away** *vt sep* **-1.** *(give for nothing)* regalar; **it was in such bad condition, I couldn't even ~ it away** estaba en tal malas condiciones que no lo podía dar ni regalado
-2. *(prize)* repartir
-3. *(by mistake, carelessness) (chance, opportunity)* regalar; **they gave away an easy goal** regalaron un gol fácil
-4. *(at wedding)* **to ~ the bride away** llevar a la novia al altar; **she was given away by her father** su padre la llevó hasta el altar
-5. *(reveal)* revelar; **to ~ away details/a secret** revelar detalles/un secreto; **he didn't ~ much away in the interview** no reveló mucho en la entrevista
-6. *(betray)* delatar; **his accomplices gave him away (to the police)** sus cómplices lo delataron (a la policía); **his accent gave him away** su acento lo delató; **to ~ oneself away** delatarse, descubrirse
◆ **give back** *vt sep* devolver; **to ~ sth back to sb, to ~ sb sth back** devolver algo a alguien
◆ **give in** ◇ *vt sep (hand over)* entregar
◇ *vi (surrender)* rendirse **(to** a); *(admit defeat)* rendirse, darse por vencido(a); **we will not ~ in to their demands** no cederemos ante sus demandas; **I gave in to the pressure** cedí ante la presión; **I nearly gave in to the urge to hit him** casi no me aguanto y le pego
◆ **give off** *vt sep (smell, heat)* despedir
◆ **give onto** *vt insep (of window, door)* dar a
◆ **give out** ◇ *vt sep* **-1.** *(money, food)* repartir; *(information)* divulgar **-2.** *(announce)* anunciar; **it was given out that he was leaving** anunciaron que se marchaba
-3. *(noise, heat)* emitir; *(cry)* dar, lanzar
◇ *vi (supplies, patience)* agotarse; *(luck)* acabarse; *(machine)* estropearse; *(heart)* pararse
◆ **give over** ◇ *vt sep* **-1.** *(hand over) (money, objects)* entregar **-2.** *(devote)* dedicar; **most of the land is given over to agriculture** la mayor parte de la tierra está dedicada a usos agrarios; **to ~ oneself over to sth** entregarse a algo
◇ *vi Br Fam* **-1.** *(stop)* **~ over, will you?** déjalo ya, ¿quieres?; **~ over criticizing!** ¡ya basta de criticar! **-2.** *(expressing disbelief)* **we're getting married – ~ over!** nos vamos a casar – ¡anda ya!

◆ **give up** ◇ *vt sep* **-1.** *(possessions, activity, hope)* abandonar, renunciar a; *(boyfriend, girlfriend)* abandonar; **to ~ up one's job** dejar el trabajo; **I'm giving up chocolate for Lent** voy a renunciar al chocolate durante la cuaresma; **she gave her seat up to an old man** cedió su asiento a un hombre mayor; **to ~ up smoking** dejar de fumar; **I've given up hoping** he perdido la esperanza; **to ~ sb up for adoption** dar a alguien en adopción; **to ~ sb up for dead** dar a alguien por muerto(a)
-2. *(denounce)* delatar; **he gave his accomplices up (to the police)** delató a sus cómplices (a la policía); **to ~ oneself up** *(to police)* entregarse
-3. *(devote) (time)* dedicar
-4. *Fam* **~ it up for sb: give it up for our next guest** un gran aplauso para nuestro próximo invitado
◇ *vi (stop trying)* rendirse, darse por vencido(a); **I ~ up, I don't know the answer** me rindo, no sé la respuesta; **I ~ up, there's clearly no point trying to convince you** me rindo *or* me doy por vencido, está claro que no vale la pena intentar convencerte; **to ~ up on sth/sb** *(lose faith, hope in)* dejar algo/a alguien por imposible; **the doctors have given up on her** los médicos la han desahuciado; **we had given up on ever finding them** habíamos perdido todas las esperanzas de encontrarlos; **we've been waiting since five – we'd almost given up on you** llevamos esperando desde las cinco – casi pensábamos que no venías
◆ **give up to** *vt sep* **they gave themselves up to a life of pleasure** se entregaron a una vida de placer; **he gave his life up to caring for the elderly** dedicó su vida a cuidar a los ancianos
◆ **give way** *vi* **-1.** *(collapse)* ceder, hundirse **-2.** *(yield) (in argument)* ceder **(to** ante); *(in car)* ceder el paso **(to** a); **~ way** *(sign)* ceda el paso **-3.** *(be superseded)* verse desbancado(a) **(to** por); **her tears gave way to laughter** las lágrimas dieron paso a la risa
give-and-take ['gɪvən'teɪk] *n* **-1.** *(compromise)* concesiones *fpl* mutuas, toma y daca *m* **-2.** *(in conversation)* intercambio *m*
giveaway ['gɪvəweɪ] *n Fam* **-1.** *(revelation)* señal *f* reveladora; **her guilty expression was a dead ~** la delató su cara de culpa **-2.** *(free gift)* obsequio *m*; **a ~ budget** un presupuesto que beneficia al contribuyente ❑ **~ price** precio *m* de saldo
giveback ['gɪvbæk] *n Fam* vuelta *f*
given ['gɪvən] ◇ *adj* **-1.** *(specific) (time, place)* dado(a), determinado(a); **at any ~ time** en todo momento, en cualquier momento; **at a ~ point** en un momento dado ❑ **~ name** nombre *m* (de pila)
-2. to be ~ to *(in the habit of)* ser dado(a) a; *(prone to)* ser propenso(a) a; **to be ~ to doing sth** ser dado(a) a hacer algo; **he's ~ to attacks of depression** es propenso a las depresiones
-3. *Formal (on official statement)* **~ in Melbourne on the sixth day of March** emitido(a) en Melbourne el seis de marzo
◇ *conj* **-1.** *(considering)* dado(a); **~ the nature of the case** dada la naturaleza del caso; **~ that we need a new carpet anyway...** dado que necesitamos una alfombra de todos modos... **-2.** MATH **~ the rectangle ABCD...** dado el rectángulo ABCD...
◇ *n (sure fact)* hecho *m*
◇ *pp of* **give**
giver ['gɪvə(r)] *n (of money, present)* **the ~ of the largest donation** quien haga la mayor donación
giving ['gɪvɪŋ] *adj* desprendido(a), generoso(a)
gizmo = **gismo**
gizzard ['gɪzəd] *n* molleja *f*; IDIOM **it sticks in my ~** se me atraganta

glacé ['glæseɪ] *adj* CULIN confitado(a), escarchado(a), *Col, Méx* cristalizado(a), *RP* abrillantado(a) ❑ **~ cherries** cerezas *fpl* confitadas; **~ icing** baño *m* de azúcar *Esp, Méx* glas *or Chile* flor *or Col* pulverizado *or RP* impalpable
glacial ['gleɪsɪəl, *US* 'gleɪʃəl] *adj* **-1.** GEOL *(erosion, valley)* glacial ❑ **~ period** glaciación *f*, periodo *m* glacial **-2.** *Fam (temperatures, wind)* glacial **-3.** *(manner, atmosphere)* glacial
glaciation [gleɪsɪ'eɪʃən] *n* glaciación *f*
glacier ['glæsɪə(r), *US* 'gleɪʃər] *n* glaciar *m*
glad [glæd] *adj* **-1.** *(happy)* **to be ~ (about sth)** alegrarse (de algo); **I'm feeling a lot better today – I am ~!** hoy me siento mucho mejor – ¡me alegro!; **I'm (so) ~ you came** me alegro (mucho) de que hayas venido; **I'm ~ about that** me alegro; **to be ~ to do sth** estar encantado(a) de hacer algo; **I'd be only too ~ to help** me encantaría poder ayudar; **could you do me a favour? – I'd be ~ to** ¿podrías hacerme un favor? – con mucho gusto *or* encantado; IDIOM **to give sb the ~ eye** mirar a alguien de forma insinuante *or* provocadora; IDIOM **to give sb the ~ hand** dar apretones de manos efusivos a alguien ❑ *Fam* **~ rags** ropa *f* elegante; **to put on one's ~ rags** acicalarse **-2.** *(grateful)* **to be ~ of sth** agradecer algo **-3.** *Literary (news, occasion)* feliz ❑ **~ tidings** buenas nuevas *fpl*
gladden ['glædən] *vt* alegrar, llenar de contento; **it gladdens my heart to see them** verlos me alegra el corazón
glade [gleɪd] *n Literary* calvero *m*, claro *m*
glad-hand ['glæd'hænd] *vt US Fam* dar apretones de manos efusivos a
gladiator ['glædɪeɪtə(r)] *n* HIST gladiador *m*
gladiatorial [glædɪə'tɔːrɪəl] *adj* **-1.** HIST *(combat, contest)* de gladiadores **-2.** *(combative)* combativo(a); **~ politics** política de confrontación
gladiolus [glædɪ'əʊləs] (*pl* **gladioli** [glædɪ'əʊlaɪ]) *n* gladiolo *m*
gladly ['glædlɪ] *adv* con mucho gusto
gladness ['glædnɪs] *n* alegría *f*, regocijo *m*
Gladstone bag ['glædstən'bæg] *n* maleta *f* de mano
glam [glæm] *n Fam* glamour *m* ❑ MUS **~ rock** (música *f*) glam *m*, glam rock *m*
◆ **glam up** *vt sep Fam* arreglar, acicalar; **to ~ oneself up** acicalarse
glamor *US* = **glamour**
glamorization [glæməraɪ'zeɪʃən] *n* idealización *f*
glamorize ['glæməraɪz] *vt* dar una visión idealizada de
glamorous ['glæmərəs] *adj* glamouroso(a), sofisticado(a); **working in the film industry is not always ~** trabajar en el cine no es siempre tan glamuroso como parece; **a ~ grandmother** *or Fam* **granny** una abuela que aún se conserva
glamorously ['glæmərəslɪ] *adv* con una elegancia deslumbrante
glamour, *US* **glamor** ['glæmə(r)] *n* glamour *m*, sofisticación *f*; **there isn't much ~ in this job** este trabajo no tiene nada de glamour ❑ *Fam* **~ boy** *Esp* guaperas *m inv, Am* guapetón *m*; **~ girl** bombón *m, Am* muñequita *f*
glance [glɑːns] ◇ *n* vistazo *m*, ojeada *f*; **to have** *or* **take a ~ at** echar un vistazo a; **he cast an affectionate/anxious ~ in her direction** le lanzó una mirada de afecto/preocupación; **to give sb a sidelong ~** mirar a alguien rápidamente de reojo; **at a ~** de un vistazo; **at first ~** a primera vista
◇ *vi* **-1.** *(look)* **to ~ at** echar un vistazo a; **he glanced away** miró a otro sitio; **he glanced back** miró hacia atrás; **he glanced up** miró hacia arriba; **he glanced down** miró hacia abajo, bajó los ojos; **she glanced round the room** echó un vistazo por la habitación; **I glanced towards the door** miré hacia la puerta
-2. *(read quickly)* **to ~ through** *(book, magazine)* dar un vistazo a, ojear; **she glanced**

glancing

through *or* **over the letter** le dio un vistazo a *or* ojeó la carta
-3. *(gleam)* destellar, fulgurar
◆ **glance off** ◇ *vt insep (of blow, missile)* rebotar en
◇ *vi (blow, missile)* desviarse

glancing ['glɑːnsɪŋ] *adj (blow)* de lado, de refilón

gland [glænd] *n* ANAT glándula *f*

glandes *pl of* **glans**

glandular ['glændjʊlə(r)] *adj* glandular ❑ ~ **fever** mononucleosis *f inv* infecciosa

glans [glænz] *(pl* **glandes** ['glændiːz]*) n* ANAT ~ **(penis)** glande *m*

glare [gleə(r)] ◇ *n* -1. *(angry stare)* mirada *f* feroz -2. *(bright light)* resplandor *m*; **he stood in the ~ of the headlights** se quedó parado ante la luz deslumbrante de los faros; *Fig* **in the full ~ of publicity** en el punto de mira de toda la gente ❑ COMPTR ~ **filter** filtro *m* de pantalla; COMPTR ~ **screen** filtro *m* de pantalla
◇ *vt* **to ~ hatred/defiance at sb** lanzar a alguien una mirada iracunda/desafiante
◇ *vi* -1. *(stare angrily)* **to ~ at sth/sb** mirar algo/a alguien con furia; **he glared angrily at me** me lanzó una mirada de furia -2. *(sun, light)* resplanceder, fulgurar; **the sun glared down on them** un sol de plomo les deslumbraba

glaring ['gleərɪŋ] *adj* -1. *(light)* deslumbrante -2. *(omission, mistake, injustice)* flagrante

glaringly ['gleərɪŋlɪ] *adv* ~ **obvious** clarísimo(a), de una claridad meridiana

Glasgow ['glɑːzgəʊ] *n* Glasgow

glasnost ['glæznɒst] *n* POL glásnost *f*, apertura *f* política

glass [glɑːs] *n* -1. *(material)* vidrio *m*, *Esp* cristal *m*; **to grow sth under** ~ cultivar algo en invernadero; **a ~ bottle** una botella de vidrio *or Esp* cristal ❑ ~ **case** vitrina *f*; *Fig* ~ **ceiling** *(in career)* barreras *fpl* laborales *or* profesionales; ~ **eye** ojo *m* de vidrio *or Esp* cristal; ~ **factory** fábrica *f* de vidrio; *US* ~ **fiber** fibra *f* de vidrio; *Br* ~ **fibre** fibra *f* de vidrio; *Fam* ~ **jaw: to have a ~ jaw** tener mandíbula de cristal; ~ **wool** lana *f* de vidrio
-2. *(vessel)* vaso *m*; *(with stem)* copa *f*; **a ~ of wine** un vaso de vino; **a champagne/wine ~** una copa de champán/vino; **to sell wine by the ~** vender copas de vino; **to raise one's ~ to sb** *(in toast)* alzar la copa *or* brindar por alguien
-3. *(glassware)* cristalería *f*
-4. *(mirror)* **(looking)** ~ espejo *m*
-5. *Old-fashioned (telescope)* anteojo *m*
-6. *Old-fashioned (barometer)* **the ~ is falling** la presión está bajando
-7. ~ **snake** lagarto *m* de cristal
◆ **glass in** *vt sep (bookcase, porch)* acristalar

glass-blower ['glɑːsbləʊə(r)] *n* soplador(ora) *m,f* de vidrio

glass-blowing ['glɑːsbləʊɪŋ] *n* soplado *m* de vidrio

glasscutter ['glɑːskʌtə(r)] *n (implement)* cortavidrios *m*

glasses ['glɑːsɪz] *npl (spectacles)* gafas *fpl*, *Am* anteojos *mpl*, *Am* lentes *mpl*; **he wears ~** lleva gafas ❑ ~ **case** funda *f* de (las) gafas

glassful ['glɑːsfʊl] *n* vaso *m*

glasshouse ['glɑːshaʊs] *n Br* -1. *(for plants)* invernadero *m* -2. MIL *Fam (military prison)* calabozo *m*, *Esp* trullo *m*

glassily ['glɑːsɪlɪ] *adv (to stare)* con ojos vidriosos

glasspaper ['glɑːspeɪpə(r)] *n Br* papel *m* de lija

glassware ['glɑːsweə(r)] *n* cristalería *f*

glassworks ['glɑːswɜːks] *n* fábrica *f* de vidrio

glasswort ['glɑːswɜːt] *n* barrilla *f*

glassy ['glɑːsɪ] *adj* -1. *(water, lake)* cristalino(a); *(surface)* vítreo(a), bruñido(a) -2. *(expression)* vidrioso(a); **a ~ look** una mirada vidriosa

glassy-eyed ['glɑːsɪ'aɪd] *adj* de mirada vidriosa; **he looked at me ~** me miraba con los ojos vidriosos

Glaswegian [glæz'wiːdʒən] ◇ *n* -1. *(person)* persona *f* de Glasgow *(Escocia)* -2. *(dialect)* = dialecto de Glasgow *(Escocia)*
◇ *adj* de Glasgow *(Escocia)*

glaucoma [glɔːˈkəʊmə] *n* MED glaucoma *m*

glaucous ['glɔːkəs] *adj* BOT de piel verdosa

glaze [gleɪz] ◇ *n* -1. *(on pottery)* vidriado *m* -2. *(on paper, photograph)* brillo *m* -3. ART glaseado *m* -4. *(on pastry)* glaseado *m* -5. *US (ice)* verglás *m* ❑ *Br* ~ **ice** verglás *m*
◇ *vt* -1. *(window)* acristalar -2. *(pottery)* vidriar -3. *(pastry)* glasear
◆ **glaze over** *vi (eyes)* velarse

glazed [gleɪzd] *adj* -1. *(roof, door)* acristalado(a) -2. *(pottery)* vidriado(a) -3. *(look)* vidrioso(a)

glazier ['gleɪzɪə(r)] *n* cristalero *m*, vidriero *m*

glazing ['gleɪzɪŋ] *n* -1. *(installation)* acristalamiento *m* -2. *(glass)* vidrios *mpl*, cristales *mpl*

GLC [dʒiːel'siː] *n Formerly (abbr* **Greater London Council)** Ayuntamiento *m* del Gran Londres

gleam [gliːm] ◇ *n (of light)* destello *m*; *Fig* **a ~ of hope** un destello de esperanza; **she had a strange ~ in her eye** tenía un brillo extraño en los ojos; IDIOM *Hum* **when you were just a ~ in your father's eye** cuando aún andabas por el éter
◇ *vi (metal, polished surface)* relucir; *Fig* **her eyes gleamed with anticipation/mischief** le brillaban los ojos de expectación/picardía

gleaming ['gliːmɪŋ] *adj* reluciente

glean [gliːn] *vt* -1. *(information)* averiguar; **to ~ information from sth** extraer información de algo; **I couldn't ~ much from the brochure** no pude sacar gran cosa del folleto -2. AGR espigar

gleaner ['gliːnə(r)] *n (at harvest)* espigador(ora) *m,f*

gleanings ['gliːnɪŋz] *npl* -1. *(information)* fragmentos *mpl* sueltos -2. AGR espigas *fpl* sueltas

glee [gliː] *n* -1. *(delight)* regocijo *m*, contento *m*; *(malicious pleasure)* regodeo *m* -2. MUS composición *f* coral a capella *(para tres o más voces)* ❑ ~ **club** coral *f*

gleeful ['gliːfʊl] *adj (happy)* regocijado(a); **to be ~** *(to be maliciously happy)* regodearse

gleefully ['gliːfʊlɪ] *adv (joyfully)* con regocijo; *(maliciously)* con malicia, regodeándose

glen [glen] *n Scot* cañada *f*

glengarry [glen'gærɪ] *n* = gorra militar escocesa

glib [glɪb] *adj (salesman, politician)* con mucha labia, *CAm, Ecuad, Méx* labioso(a); *(talk)* simplista; *(excuse, answer)* fácil; **he's rather too ~** tiene mucha labia

glibly ['glɪblɪ] *adv (fluently)* con labia; *(simplistically)* simplistamente

glibness ['glɪbnɪs] *n* labia *f*

glide [glaɪd] ◇ *vi* -1. *(slide)* deslizarse; **to ~ in/out** *(servant, waiter)* entrar/salir silenciosamente; *(imposing person)* entrar/salir con paso majestuoso; **the swans glided across the lake** los cisnes se deslizaban por el lago; **the motorcade glided past** la caravana pasó silenciosamente -2. *(aircraft, bird)* planear; *(pilot)* volar sin motor ❑ ~ **path** trayectoria *f* de descenso
◇ *n* -1. *(movement, dance)* deslizamiento *m* -2. *(of glider, aircraft)* planeo *m* -3. MUS *(for trombone)* bomba *f* -4. LING semivocal *f*

glider ['glaɪdə(r)] *n* -1. AV planeador *m* -2. *US (swing)* mecedora *f*

gliding ['glaɪdɪŋ] *n* AV vuelo *m* sin motor; **to go ~** hacer vuelo sin motor

glimmer ['glɪmə(r)] ◇ *n* brillo *m* tenue; *Fig* **a ~ of hope** un resquicio de esperanza; **not the slightest ~ of intelligence/sympathy** ni el más mínimo atisbo de inteligencia/compasión
◇ *vi (light)* lucir tenuemente; *(water, metal)* relucir

glimmering ['glɪmərɪŋ] *adj (light)* tenue

glimpse [glɪmps] ◇ *n* vistazo *m* fugaz, atisbo *m*; **to catch a ~ of** entrever, ver fugazmente; **a ~ of the future** un atisbo del futuro
◇ *vt* entrever, ver fugazmente

glint [glɪnt] ◇ *n* destello *m*, reflejo *m*; **with a ~ in her eye** con un brillo en los ojos
◇ *vi (metal, eyes)* destellar, lanzar destellos

glissade [glɪ'seɪd] *n* -1. *(in ballet)* deslizamiento *m* -2. *(in mountaineering)* deslizamiento *m*

glissando [glɪ'sændəʊ] *(pl* **glissandos** *or* **glissandi** [glɪ'sændiː]*) n* MUS glissando *m*

glisten ['glɪsən] *vi* brillar, relucir

glitch [glɪtʃ] *n Fam Esp* pequeño fallo *m*, *Am* pequeña falla *f*

glitter ['glɪtə(r)] ◇ *n* -1. *(sparkle)* brillo *m*, resplandor *m* -2. *(glamour) (of occasion)* esplendor *m*, brillantez *f* -3. *(decoration)* purpurina *f*
◇ *vi* lanzar destellos, relucir; **her eyes glittered with excitement** le brillaban los ojos de emoción; PROV **all that glitters is not gold** no es oro todo lo que reluce

glitterati [glɪtə'rɑːtɪ] *npl Fam* famosos *mpl*, *Esp* gente *f* guapa, *Méx* popis *mpl*, *RP* crema *f*

glittering ['glɪtərɪŋ] *adj* -1. *(jewels)* brillante, resplandeciente -2. *(occasion, career)* rutilante

glittery ['glɪtərɪ] *adj* llamativo(a), de relumbrón

glitz [glɪts] *n Fam* boato *m*, pompa *f*

glitzy ['glɪtsɪ] *adj Fam (party)* espectacular, despampanante

gloaming ['gləʊmɪŋ] *n Literary* crepúsculo *m*; **in the ~** en el crepúsculo

gloat [gləʊt] ◇ *vi* regodearse **(about** *or* **over de)**; **don't ~!** ¡no te regodees!
◇ *n* **to have a ~** regodearse

gloating ['gləʊtɪŋ] *adj (smile, look)* de regodeo

glob [glɒb] *n Fam* pegote *m*

global ['gləʊbəl] *adj* -1. *(worldwide)* mundial, global ❑ **the ~ village** la aldea global; ~ **warming** calentamiento *m* global -2. *(comprehensive) (solution, view)* global -3. COMPTR *(search, change)* global

globalism ['gləʊbəlɪzəm] *n* globalismo *m*

globalization [gləʊbəlaɪ'zeɪʃən] *n* mundialización *f*, globalización *f*

globally ['gləʊbəlɪ] *adv* -1. *(world-wide)* globalmente -2. *(comprehensively)* globalmente

globe [gləʊb] *n* -1. *(sphere)* esfera *f*, bola *f*; *(with map)* globo *m* terráqueo, bola *f* del mundo -2. **the ~** *(the Earth)* el globo, el planeta; **to travel the ~** viajar por todo el mundo -3. *Austr (lightbulb) Esp* bombilla *f*, *Andes, Méx* foco *m*, *CAm, Carib* bombillo *m*, *RP* lamparita *f* -4. ~ **artichoke** alcachofa *f*, *RP* alcaucil *m* -5. *Fam* **globes** *(breasts)* melones, *Méx* chichís, *RP* lolas

globefish ['gləʊbfɪʃ] *n* pez *m* globo

globeflower ['gləʊbflaʊə(r)] *n* ranúnculo *m*

globetrotter ['gləʊbtrɒtə(r)] *n Fam* trotamundos *mf inv*

globetrotting ['gləʊbtrɒtɪŋ] *n* viajes *mpl* por todo el mundo

globular ['glɒbjʊlə(r)] *adj* globular ❑ ASTRON ~ **cluster** grupo *m* globular

globule ['glɒbjuːl] *n* gota *f*

glockenspiel ['glɒkənʃpiːl] *n* carillón *m*

glom [glɒm] *vt (pt & pp* **glommed)** *US Fam (seize)* agarrar
◆ **glom onto** *vt insep US Fam (seize)* agarrar

gloom [gluːm] *n* -1. *(darkness)* oscuridad *f*, tinieblas *fpl* -2. *(melancholy)* abatimiento *m*, tristeza *f*; *(pessimism)* pesimismo *m*; **to cast** *or* **throw a ~ over sth** enturbiar algo; ~ **and doom** oscuros presagios; **the papers were full of ~ and doom about the economy** todos los periódicos auguraban un oscuro porvenir para la economía

gloomily ['gluːmɪlɪ] *adv (unhappily)* sombríamente, tenebrosamente

gloominess ['gluːmɪnɪs] *n* -1. *(darkness)* oscuridad *f* -2. *(melancholy)* abatimiento *m*, tristeza *f*

gloomy ['gluːmɪ] *adj* -1. *(dark)* oscuro(a); ~ **weather** tiempo gris; **to become ~** ponerse oscuro, oscurecer -2. *(melancholy)* abatido(a), decaído(a); ~ **thoughts** pensamientos sombríos -3. *(pessimistic)* pesimista; **the**

future looks ~ el futuro se presenta sombrío or RP pinta oscuro; **to paint a ~ picture of sth** pintar algo muy negro

glop [glɒp] n US Fam plomo m, Esp plasta mf

glorification [glɔːrɪfɪˈkeɪʃən] n glorificación f

glorified [ˈglɔːrɪfaɪd] adj Fam **it's just a ~ typewriter** no es más que una máquina de escribir con un nombre más pomposo

glorify [ˈglɔːrɪfaɪ] vt -1. (extol) glorificar, ensalzar; **his films ~ violence** sus películas ensalzan la violencia -2. REL glorificar; **to ~ God** glorificar a Dios

glorious [ˈglɔːrɪəs] adj -1. (reign, victory) glorioso(a); **our army's ~ deeds** las gloriosas hazañas de nuestro ejército ❏ HIST **the Glorious Revolution** la Revolución gloriosa, = acontecimientos ocurridos en Inglaterra en 1688, cuando el parlamento proclamó la abdicación del rey Jacobo II y nombró sucesor a Guillermo de Orange, instaurando así el poder del parlamento sobre la monarquía; Br **the Glorious Twelfth** = fecha en que da comienzo la temporada de caza del lagópodo escocés (12 de agosto)
-2. (view, weather) espléndido(a), magnífico(a)

gloriously [ˈglɔːrɪəslɪ] adv -1. (heroically) (to die) gloriosamente -2. (wonderfully) **three ~ sunny days** tres días con un sol espléndido; **~ fine weather** un tiempo espléndido; **it was ~ successful** tuvo un éxito maravilloso

glory [ˈglɔːrɪ] n -1. (honour, praise) gloria f; **to be covered in ~** estar cubierto(a) de gloria; **to get all the ~** recibir todos los elogios; **to live on past glories** vivir de glorias pasadas; **to have one's hour of ~** tener su hora de gloria
-2. (splendour, beauty) esplendor m; **the glories of the Irish countryside** el esplendor de la campiña irlandesa; **Hollywood in all its ~** Hollywood en todo su esplendor; **the ~ of it is that...** lo genial es que... ❏ **~ days** días mpl gloriosos; Fam **~ hole** (for junk) trastero m
-3. REL **~ be to God** gloria a Dios; **to the greater ~ of God** para mayor gloria de Dios; Fam **~ be!** ¡bendito sea!
-4. (heaven) gloria f; Euph **he has gone to ~** ha pasado a mejor vida
◆ **glory in** vt insep deleitarse; **to ~ in doing sth** deleitarse haciendo algo

Glos (abbr **Gloucestershire**) (condado m de) Gloucestershire

gloss¹ [glɒs] ◇ n (in text) glosa f
◇ vt (text) glosar, explicar

gloss² ◇ n -1. (shininess) (of paint) lustre m, brillo m ❏ **~ finish** (of paint) acabado m brillante; (of photograph) brillo m -2. **(paint)** pintura f al esmalte -3. (appearance) barniz m; **a ~ of politeness/respectability** un barniz de cortesía/decencia; IDIOM **to take the ~ off sth** deslucir algo
◇ vt (paint) pintar al esmalte
◆ **gloss over** vt insep (difficulty, mistake) mencionar muy de pasada

glossary [ˈglɒsərɪ] n glosario m

glossolalia [glɒsəʊˈleɪlɪə] n glosolalia f

glossy [ˈglɒsɪ] ◇ adj -1. (shiny) (fur, hair, surface) brillante, lustroso(a); (leather, satin, leaves) con brillo ❏ **~ ibis** morito m -2. (photo) con brillo; **a ~ brochure** un folleto en papel cuché ❏ **~ magazine** revista f de papel satinado or cuché; **~ paper** papel m satinado or cuché -3. (superficially attractive) **underneath the ~ surface** bajo el brillo de la superficie
◇ n Fam **the glossies** (magazines) las revistas de papel satinado or cuché

glottal stop [ˈglɒtəlˈstɒp] n LING oclusión f glotal

glottis [ˈglɒtɪs] n ANAT glotis f inv

glottochronology [glɒtəʊkrəˈnɒlədʒɪ] n LING glotocronología f

glove [glʌv] n guante m; **a pair of gloves** unos guantes, un par de guantes; IDIOM **to fit like a ~** quedar como un guante; IDIOM **the gloves are off** se terminaron los miramientos ❏ AUT **~ box** guantera f; **~ compartment** guantera f; **~ counter or department** (in large store) sección f de guantes; Br **~ puppet** títere m, marioneta f (de guiñol)

gloved [glʌvd] adj enguantado(a), con guante(s)

glover [ˈglʌvə(r)] n guantero(a) m,f

glow [gləʊ] ◇ n -1. (of light, fire) resplandor m; (of embers, heated metal) rojo m encendido; (of sky, sunset) resplandor m crepuscular; (of colours) luminosidad f -2. (on cheeks) rubor m; **to have a healthy ~** (person) tener buen color; **he had a ~ of pride/satisfaction** se le iluminaba la cara de orgullo/satisfacción; **it gives you a warm ~** (news, scene) te da una sensación de bienestar
◇ vi -1. (light, fire, sky, colour) resplandecer; (embers, heated metal) estar al rojo; **to ~ in the dark** brillar en la oscuridad -2. (person) resplandecer; **he was glowing with pride/pleasure** resplandecía de orgullo/placer; **to be glowing with health** rebosar salud

glower [ˈglaʊə(r)] ◇ n mirada f de cólera
◇ vi **to ~ at sb** mirar con furia a alguien; **she sat glowering in a corner** estaba sentada en un rincón, con una mirada de cólera

glowing [ˈgləʊɪŋ] adj -1. (cigarette, coal) encendido(a) -2. (flattering) (report) elogioso(a); **he spoke of you in ~ terms** habló de ti en términos elogiosos; IDIOM **to paint sth in ~ colours** pintar algo de color de rosa

glowingly [ˈgləʊɪŋlɪ] adv **to speak ~ of sth/sb** hablar elogiosamente de algo/alguien

glow-worm [ˈgləʊwɜːm] n luciérnaga f

glucose [ˈgluːkəʊs] n glucosa f

glue [gluː] ◇ n (in general) pegamento m; (thicker, for wood, metal) cola f; IDIOM **he stuck to them like ~** se les pegó como una lapa ❏ MED **~ ear** otitis f serosa
◇ vt -1. (in general) pegar; (wood, metal) encolar, pegar; **to ~ sth down/on** pegar algo; **to ~ sth (back) together** volver a pegar algo -2. Fig (fix) **he was glued to the spot** se había quedado pegado; **to be glued to the television** estar pegado(a) a la televisión; **he kept his eyes glued on or to the ball** mantuvo los ojos fijos en el balón

gluepot [ˈgluːpɒt] n bote m de cola

glue-sniffer [ˈgluːsnɪfə(r)] n persona f que inhala pegamento

glue-sniffing [ˈgluːsnɪfɪŋ] n inhalación f de pegamento

gluey [ˈgluːɪ] adj pegajoso(a)

glug [glʌg] ◇ n **~ ~** gluglú m
◇ vt tragar

glum [glʌm] adj abatido(a), triste; **to be or feel ~** estar abatido(a) or triste

glumly [ˈglʌmlɪ] adv con abatimiento, con aire sombrío

gluon [ˈgluːɒn] n PHYS gluón m

glut [glʌt] ◇ n COM saturación f; **there's a ~ of fruit on the market** el mercado está saturado de fruta
◇ vt (pt & pp **glutted**) -1. COM saturar -2. **to ~ oneself (with or on)** saturarse (de); **to be glutted with television** estar saturado(a) de televisión

glutamate [ˈgluːtəmeɪt] n CHEM glutamato m

glutamic acid [gluːˈtæmɪkˈæsɪd] n BIOCHEM ácido m glutámico

gluten [ˈgluːtən] n BIOCHEM gluten m

gluten-free [ˈgluːtənˈfriː] adj sin gluten

gluteus [ˈgluːtɪəs] n ANAT glúteo m ❏ **~ maximus** glúteo m mayor

glutinous [ˈgluːtɪnəs] adj (substance) viscoso(a), glutinoso(a); (rice) apelmazado(a)

glutton [ˈglʌtən] n (greedy person) glotón(ona) m,f; Fig **she's a ~ for work** nunca se harta de trabajar; IDIOM **you're a ~ for punishment** eres masoquista

gluttonous [ˈglʌtənəs] adj glotón(ona)

gluttonously [ˈglʌtənəslɪ] adv con gula

gluttony [ˈglʌtənɪ] n gula f, glotonería f

glyceride [ˈglɪsəraɪd] n CHEM glicérido m

glycerin [ˈglɪsərɪn], **glycerine** [ˈglɪsəriːn], **glycerol** [ˈglɪsərɒl] n CHEM glicerina f

glycogen [ˈglaɪkədʒən] n BIOCHEM glucógeno m

glycol [ˈglaɪkɒl] n CHEM glicol m

GM [dʒiːˈem] ◇ n COM (abbr **general manager**) director(a) m,f general
◇ adj -1. (abbr **genetically modified**) transgénico(a), modificado(a) genéticamente ❏ **GM food** (alimentos mpl) transgénicos mpl -2. (abbr **grant-maintained**) = subvencionado directamente por el Estado, no por las autoridades locales

gm (abbr **gram, gramme**) gr., g.

G-man [ˈdʒiːmæn] n Fam US agente m del FBI

GMAT [ˈdʒiːmæt] n US (abbr **Graduate Management AdmissionsTest**) = examen de ingreso a una escuela de administración

GMB [dʒiːemˈbiː] n (abbr **General and Municipal and Boilerworkers (Union)**) = importante sindicato británico que incluye trabajadores de varios sectores

GMC [dʒiːemˈsiː] n Br (abbr **General Medical Council**) ≃ colegio m de médicos

GMO [dʒiːemˈəʊ] n (abbr **genetically-modified organism**) OMG m, organismo m modificado genéticamente

GMT [dʒiːemˈtiː] n (abbr **Greenwich Mean Time**) hora f del meridiano de Greenwich

gnarled [nɑːld] adj (tree) retorcido(a) y nudoso(a); (hands, fingers) nudoso(a)

gnarly [ˈnɑːlɪ] adj US Fam -1. (excellent) alucinante -2. (terrible) muy mal, Esp fatal

gnash [næʃ] vt **he was gnashing his teeth (with rage)** le rechinaban los dientes (de rabia)

gnashers [ˈnæʃəz] npl Fam Hum dientes mpl, Esp piños mpl

gnat [næt] n mosquito m (muy pequeño)

gnaw [nɔː] ◇ vt -1. (of animal) roer -2. Fig **he was constantly gnawed by remorse** le remordía la conciencia
◇ vi -1. (animal) **to ~ through sth** roer algo -2. Fig (doubt) **to ~ (away) at sb** corroer a alguien; **hunger gnawed at him** el hambre lo consumía

gnawing [ˈnɔːɪŋ] adj -1. (pain, hunger) persistente -2. Fig **he suffered from a ~ sense of guilt** le corroía el sentimiento de culpa

gneiss [naɪs] n GEOL gneis m

gnocchi [ˈnjɒkɪ] npl CULIN ñoquis mpl

gnome [nəʊm] n gnomo m; **(garden) ~** enanito m de jardín; Fam **the gnomes of Zurich** los banqueros suizos

gnomic [ˈnəʊmɪk] adj enigmático(a)

gnomish [ˈnəʊmɪʃ] adj (appearance) de gnomo

gnostic [ˈnɒstɪk] ◇ n gnóstico(a) m,f
◇ adj gnóstico(a)

gnosticism [ˈnɒstɪsɪzəm] n gnosticismo m

GNP [dʒiːenˈpiː] n ECON (abbr **Gross National Product**) PNB m

gnu [nuː] n ñu m

GNVQ [dʒiːenviːˈkjuː] n Br EDUC (abbr **General National Vocational Qualification**) = curso de formación profesional de dos años para mayores de dieciséis años

go¹ [gəʊ] ◇ n (pl **goes**) -1. (energy) **to be full of go** estar lleno(a) de vitalidad
-2. (turn) turno m; **(it's) your go!** ¡te toca a ti!; **can I have a go on the swing?** ¿me dejas subirme al columpio?, RP ¿me prestás la hamaca?; **this ride is £1 a go** esta atracción es a una libra el viaje, RP en este juego sale una libra la vuelta
-3. (try) intento m; **I did it (at the) first go** lo hice al primer intento or a la primera; **at one go** de una vez; **to give sth a go** intentar or probar algo; **I've decided to give it a go as a musician** he decidido probar suerte como músico; **to have a go at doing sth** probar a or intentar hacer algo; **let's have a go!** ¡probemos!, ¡intentémoslo!; **let me have a go** déjame probar
-4. Fam (success) **to make a go of sth** sacar algo adelante; **they're going to make a go of their marriage** van a intentar sacar adelante su matrimonio
-5. IDIOMS **from the word "go"** desde el principio, desde el primer momento; **it's all go** hay mucha actividad; Fam **I asked her if she'd help, but it was no go** le

pregunté si ayudaría, pero me dijo que nones; *Fam* **she had a go at me** *(told me off)* me echó una reprimenda *or Esp* una bronca, *RP* me relajó todo; *Fam* **he was dying to have a go at me** *(attack)* se moría de ganas de meterse conmigo; **to make a go of sth** sacar algo adelante; **I've been on the go all day** *(active)* no he parado en todo el día; **she had three boyfriends on the go at the same time** tenía tres novios al mismo tiempo

◇ *vi* (3rd person singular **goes** [gəʊz], *pt* **went** [went], *pp* **gone** [gɒn]) **-1.** *(in general)* ir; **to go closer** acercarse; **to go home** irse a casa; **go right/left** tuerce *or* gira *or* dobla a la derecha/izquierda; **to go by bus/train** ir en autobús/en tren; **to go to Spain/the doctor** ir a España/al médico; **to go to prison** ir a la cárcel; **I had to go into hospital** tuve que ser ingresado (en el hospital), *RP* me tuvieron que internar; **to go to church/school** ir a la iglesia/al colegio; **to go to bed** ir a la cama; **to go hunting/skiing** ir de caza/a esquiar; **the glass went flying** el vaso salió volando; *Fam* **don't go wasting your money** no vayas por ahí derrochando el dinero; **I'd better go and tell them,** *US* **I'd better go tell them** será mejor que vaya y se lo diga, es mejor que vaya a decírselo; **go and play outside** sal a jugar fuera *or Am* afuera; *Fam* **now look what you've gone and done!** ¡mira la que has armado!; *Fam* **you've really gone and done it this time!** ¡esta vez la has hecho buena!; **to go for a swim/walk** ir a darse un baño/a dar un paseo; **to go on television** salir en televisión; MIL **who goes there?** ¿quién va?; **there goes Bob!** ¡ahí va Bob!; *Fam* **there** *or* **bang goes my chance of getting the job!** ¡adiós mis posibilidades de conseguir el trabajo!; *Fam* **there you go** *(when giving sth)* aquí tienes; *(I told you so)* ¿qué te dije?; *(there's nothing to be done about it)* ¿qué le vamos a hacer?; **where do we go from here?** *(what do we do next?)* y ahora, ¿qué hacemos?; **it's not bad, as fast-food restaurants go** como restaurante de comida rápida, no está mal; *US* **two white coffees to go** *(to take away)* dos cafés con leche para llevar

-2. *(leave)* *(person)* irse, marcharse; *(train, bus)* salir; **we'd better be going** deberíamos irnos *or* salir ya; **that dog will have to go!** ¡tenemos que librarnos de ese perro!; *Euph* **I'm afraid we're having to let you go** *(make redundant)* me temo que vamos a tener que prescindir de tus servicios; *Euph* **when I am gone** cuando yo falte

-3. *(move quickly)* **watch him go!** ¡mira cómo corre!; **this bike can really go** esta moto corre lo suyo

-4. *(start)* empezar; **we're ready to go** estamos listos para empezar; **you go now** *(have turn)* ahora tú; **go!** *(at start of race, contest)* ¡ya!; **let's get going** vámonos; **to go to sleep** dormirse; *Fam* **here goes!, here we go!** ¡vamos allá!, *RP* ¡dale!; **she went to pick the phone up...** *(was about to)* fue a contestar el teléfono...

-5. *(be sent)* **this letter must go by tonight/by courier** esta carta hay que enviarla esta noche/por mensajero

-6. *(extend)* **the garden goes down to the river** el jardín llega *or* se extiende hasta el río; **the path goes down to the beach** el camino lleva hasta la playa; **this road goes to Miami** esta carretera va *or* lleva a Miami; **the river goes from north to south** el río fluye de norte a sur

-7. *(function)* funcionar; *(bell)* sonar; **I can't get my car going** no consigo arrancar el coche; **to keep the conversation going** mantener viva la conversación; **to start** *or* **set** *or* **get things going** animar la cosa

-8. *(progress)* ir; **to go well/badly** ir bien/mal; **how did the exam go?** ¿qué tal fue el examen?; **to go wrong** ir mal, *Am* descomponerse, *Andes* malograrse; *Fam* **how's it going?, how are things going?** ¿qué tal?; **if all goes well** si todo va bien; **the way things are going...** tal y como van las cosas...; **how does the song/story go?** ¿cómo es la canción/historia?; **the legend goes that...** según la leyenda...

-9. *(time)* **the time went quickly** el tiempo pasó muy rápido; **it's just gone eight** acaban de dar las ocho; **there are only five minutes to go** sólo quedan cinco minutos; **I only have two days to go** sólo me quedan dos días

-10. *(disappear)* desaparecer; **the pain has gone** el dolor ha desaparecido; **where has my wallet gone?** ¿adónde ha ido a parar mi cartera *or RP* billetera?; **five hundred jobs are to go** se van a perder quinientos puestos de trabajo; **most of my money goes on food** la mayor parte del dinero se me va en comida

-11. *(deteriorate, be damaged)* **his nerve went** perdió la calma; **her sight/hearing is going** está perdiendo vista/oído; **my voice is going** me estoy quedando afónico; **the fuse has gone** se ha fundido *or RP* quemado el fusible; **the batteries are going** se están acabando las pilas; **my jumper is going at the elbows** se me está desgastando el suéter por *or* en los codos; **the jacket went at the seams** se descosió la chaqueta

-12. *(forming future)* **to be going to do sth** ir a hacer algo; **I was going to walk there** iba a ir caminando *or Esp* andando; **it's going to rain** va a llover; **I'm going to be a doctor** voy a ser médico; **are you going to be at home tonight?** ¿vas a estar en casa esta noche?

-13. *(match)* ir bien, pegar (**with** con); **these colours go/don't go** estos colores pegan/no pegan; **red wine goes well with cheese** el vino tinto va bien con el queso

-14. *(be available)* **there's a job going at the factory** hay una (plaza) vacante en la fábrica; **is there any wine going?** ¿hay vino?

-15. *(be sold)* venderse; **has the sofa you advertised gone yet?** ¿ha vendido el sofá que anunciaba?; **laptops are going cheap at the moment** los portátiles están muy baratos ahora; **it went for $12** se vendió por 12 dólares; **20,000, going (once), going (twice), gone!** *(at auction)* ¡20.000 a la de una, 20.000 a la de dos, 20.000 a la de tres!, ¡adjudicado!

-16. *(be given)* **the job went to a woman** le dieron el trabajo a una mujer; **first prize went to a sculpture** el primer premio fue para una escultura; **the proceeds will go to charity** las ganancias se destinarán a obras de beneficencia; **a lot of praise went to him for his performance** recibió muchos elogios por su actuación

-17. *(belong)* ir; **the plates go in the cupboard** los platos van en el armario; **this strap goes around your arm** esta correa se pone alrededor del brazo

-18. *(fit)* caber; **the piano won't go through the door** el piano no cabe por la puerta

-19. MATH **four into three won't go** tres no es divisible entre cuatro, tres entre cuatro no cabe; **two goes into six three times** seis entre dos, tres

-20. *(become)* **to go bad** echarse a perder; **to go bankrupt** quebrar, ir a la quiebra; **to go blind** quedarse ciego(a); **to go cold** enfriarse; **to go crazy** volverse loco(a); **he's going grey** le están saliendo canas; **to go red** enrojecer, ponerse rojo(a); **to go wild with excitement** enloquecer, *RP* enloquecerse

-21. *(be)* **her protests went unheard** nadie escuchó sus protestas; **to go topless** ir *or Am* andar en topless; **I don't want the children to go hungry** no quiero que los niños pasen hambre; **I go in fear of my life** temo por mi vida

-22. *(be the rule)* **what she says goes** ella es la que manda; **anything goes** todo vale;

that rule goes for everyone esa norma vale para todos

-23. *(gesture)* **he went like this with his tongue** hizo esto con su lengua

-24. *(undergo)* **to go to a lot of trouble** tomarse muchas molestias; **to go to a lot of expense** gastar mucho dinero

-25. *Fam* *(urinate)* **I really need to go** ya no me aguanto

-26. *Fam* *(believe)* **I had you going for a while there!** ¡casi caes!

◇ *vt* **-1.** *(travel)* hacer; **we went 20 miles in a day** hicimos 20 millas en un día; **to ~ one's own way** ir a lo suyo

-2. *Fam* *(say)* decir; **"get lost!" he went** "¡piérdete! *or RP* ¡borrate!", dijo; **so she goes "you're lying!" and I go "no, I'm not!"** y entonces ella va y me dice "¡estás mintiendo!" y yo "que no"

-3. *(make sound)* **dogs go "woof"** los perros hacen "guau"; **it went bang** estalló

-4. IDIOMS **to go it alone** ir por libre, montárselo por su cuenta, *RP* estar por cuenta propia; **to go one better than sb** superar a alguien; **last year they finished third, this year they went one better** el año pasado acabaron terceros, este año han mejorado un puesto; *Fam* **I could really go a beer!** ¡me tomaría una cerveza ahora mismo!

◆ **go about** ◇ *vt insep* **-1.** *(travel) (country)* viajar por **-2.** *(tackle) (task)* abordar; **I went about my business calmly** me ocupé tranquilamente de mis asuntos; **to go about doing sth** *(start)* ponerse a hacer algo; **how do I go about getting a licence?** ¿qué hay que hacer para conseguir un permiso?

◇ *vi* **-1.** *(circulate) (person)* ir por ahí; *(rumour)* circular, correr; **he goes about wearing nothing but a hat** va por ahí sin llevar otra cosa que un sombrero; **there's a virus going about** hay un virus suelto por ahí; **she goes about with some strange people** sale por ahí con unos tipos raros; **you can't just go about lying to everyone** no puedes ir por ahí mintiendo a todo el mundo

-2. NAUT virar

◆ **go across** ◇ *vt insep* cruzar, atravesar ◇ *vi* **to go across to the States** ir a los Estados Unidos

◆ **go after** *vt insep (pursue)* ir tras, *Fig (job, prize, person)* estar detrás de, *Esp* ir a por

◆ **go against** *vt insep* **-1.** *(conflict with) (principles, instincts)* ir (en) contra de **-2.** *(disregard)* **he went against my advice** no siguió mis consejos; **he went against my wishes** actuó en contra de mis deseos **-3.** *(be unfavourable to)* **the decision went against him** la decisión le fue desfavorable

◆ **go ahead** *vi* **-1.** *(proceed)* seguir adelante; **we've decided to go ahead and buy the tickets anyway** a pesar de todo hemos decidido comprar las entradas *or Am* los boletos; **to go ahead with sth** seguir (adelante) con algo; **may I say something? – go ahead** ¿puedo hablar? – adelante; **can I smoke? – go ahead** ¿puedo fumar? – adelante

-2. *(go in front)* ir delante

-3. *(take the lead)* **Paraguay went ahead after five minutes** Paraguay se puso por delante a los cinco minutos

◆ **go along** *vi* **-1.** *(proceed)* avanzar; **she went along with them to the fair** fue con ellos a la feria; **to do sth as one goes along** hacer algo sobre la marcha **-2.** *(attend)* acudir (**to** a)

◆ **go along with** *vt insep* estar de acuerdo con, aceptar; **she wouldn't go along with it** no quiso tomar parte en ello

◆ **go around** = **go round**

◆ **go at** *vt insep (person, food)* atacar; *(task)* emprender; *(problem)* enfrentarse con decisión a; *Fam* **to go at it** *(fight)* darse de bofetadas *or Esp* de hostias *or Méx* de machazos *or RP* a los golpes

◆ **go away** *vi (leave)* irse; *(disappear)* desaparecer; **go away!** ¡vete!; **this should make the pain go away** esto hará que desaparezca el dolor; **to go away on business** irse en viaje de negocios; **to go away for the weekend** irse a pasar el fin de semana fuera

◆ **go back** *vi* **-1.** *(return)* volver; **she's gone back to her husband** ha vuelto con su marido; **to go back to sleep** volver a dormirse; **going back to what you said earlier...** volviendo a lo que dijiste antes...; **to go back to one's old ways** volver a las andadas; **to go back to doing sth** volver a hacer algo; **once you've signed, there's no going back** una vez que has firmado, ya no te puedes echar atrás
-2. *(retreat)* ir para atrás; **go back!** ¡vete para atrás!
-3. *(be put back)* **the clocks go back tonight** hay que retrasar los relojes esta madrugada
-4. *(date back)* **to go back to** remontarse a, datar de; **this building goes back to the Revolution** este edificio se remonta a *or* data de la Revolución; *Fam* **we go back a long way** nos conocemos desde hace mucho

◆ **go back on** *vt insep (promise, one's word)* faltar a

◆ **go before** ◇ *vt insep* **to go before the court** *(defendant)* comparecer ante el juez, ir a juicio; *(case)* verse
◇ *vi (precede)* **we can't ignore what has gone before** no podemos ignorar lo que ha pasado antes

◆ **go below** *vi* NAUT bajar

◆ **go by** ◇ *vt insep* **-1.** *(be guided by)* guiarse por; **if their last performance is anything to go by, they'll lose** si nos guiamos por su última actuación, perderán; **to go by appearances** fiarse de las apariencias; **to go by the rules** seguir las reglas; **going by her accent, I'd say she's from New York** por su acento yo diría que es de Nueva York
-2. *(be known by)* **to go by the name of...** ser conocido(a) con el nombre de...
◇ *vi* **-1.** *(pass)* pasar; **to watch people going by** mirar a la gente que pasa; **we can't let this chance go by** no podemos dejar pasar esta oportunidad **-2.** *(elapse) (time)* pasar, transcurrir; **hardly a day goes by that I don't think of him** no pasa un día en el que no piense en él; *Literary* **in days gone by** antaño

◆ **go down** ◇ *vt insep (descend) (hill, ladder)* bajar por; **I was going down the road, when...** iba por la carretera, cuando...
◇ *vi* **-1.** *(descend)* bajar; *(sun)* ponerse; *(theatre curtain)* caer; *(ship)* hundirse; *(plane)* caer; **to go down on one's knees** arrodillarse, ponerse de rodillas; **we're going down to Florida/the park** vamos a ir a Florida/al parque
-2. *(fall down) (in soccer, boxing)* caer
-3. *(be defeated)* perder **(to** contra), caer **(to** ante); *(be relegated)* descender; **they went down to the second division** descendieron a segunda división; **I'm not going to go down without a fight** no voy a rendirme sin luchar
-4. *(decrease) (flood, temperature, prices)* bajar, caer, descender; *(swelling)* bajar; *(tyre, balloon)* desinflarse; **to go down in price** bajar de precio; **he's gone down in my estimation** ahora lo tengo en menos estima
-5. *(stop working) (computer network)* caerse
-6. *(become dimmer) (lights)* atenuarse
-7. *(be received)* **to go down well/badly (with sb)** ser bien/mal acogido(a) (por alguien); IDIOM *Br Fam* **to go down like a ton of bricks** *or* **a lead balloon** sentar como una patada en el estómago, *Méx* caer como una bomba
-8. *(be remembered, recorded)* **this must go down as one of the worst days of my life!** ¡éste pasará a la historia como uno de los peores días de mi vida!; **he went down in history as a tyrant** pasó a la historia como un tirano
-9. *(food, drink)* **the pill won't go down** no consigo tragar la píldora; *Fam* **that beer went down a treat!** ¡la cerveza me sentó de maravilla!; **to go down the wrong way** *(food)* irse por otro lado *(la comida al tragar)*
-10. *Fam (be sent to prison)* **he went down for ten years** le cayeron diez años en la cárcel *or Esp* en chirona *or Méx* en el bote *or Andes, RP* en la cana
-11. *Fam (happen)* **what's going down?** ¿qué te cuentas?, *CAm, Col, Méx* ¡qué hubo!; **when's the robbery going down?** ¿cuándo va a ser el robo?
-12. *Br (leave university) (after graduating)* licenciarse; *(at end of term)* = dejar la universidad al acabar el trimestre

◆ **go down on** *vt insep Vulg (man)* mamársela *or* chupársela a; *(woman)* darle una chupadita a, *Esp* comer el conejo a

◆ **go down with** *vt insep Fam (illness)* agarrar, *Esp* coger

◆ **go for** *vt insep* **-1.** *(attack)* lanzarse contra, atacar
-2. *(try to get) (job, title)* intentar conseguir, *Esp* ir a por; **he went for the ball** se lanzó a por *or Esp* fue a por la pelota; *Fam* **if you really want the job, go for it!** si realmente te interesa el trabajo, ¡lánzate *or Esp* a por él!
-3. *(like)* **I don't really go for that idea** no estoy por esa idea; **she goes for strong types** le van los tipos fuertes
-4. *(choose)* escoger, elegir
-5. *(favour)* **he has got a lot going for him** tiene mucho a su favor; **the play didn't have a lot going for it** la obra no valía demasiado la pena
-6. *(apply to)* valer para; **the same goes for you** lo mismo te digo a ti *or* vale para ti
-7. *(continue for)* **we went for three days without any food** pasamos tres días sin comer

◆ **go forward** *vi* **-1.** *(progress)* pasar; **the two top teams go forward to the next round** los primeros dos equipos pasan a la siguiente ronda **-2.** *(be put forward)* **the clocks go forward tomorrow** hay que adelantar los relojes esta madrugada

◆ **go in** *vi* **-1.** *(enter)* entrar; *Fig* **do you want to go in with us on this project?** ¿quieres unirte a nosotros en este proyecto? **-2.** *(fit)* caber; **this rod goes in here** esta barra entra *or* se mete aquí **-3.** *(disappear)* **the sun has gone in** se ha nublado

◆ **go in for** *vt insep* **-1.** *(competition)* tomar parte en; *(exam)* presentarse a **-2.** *(hobby, sport)* practicar; *(profession)* dedicarse a; **have you ever thought about going in for teaching?** ¿has pensado alguna vez dedicarte a la enseñanza? **-3.** *(like)* **she doesn't go in for cooking/sports** no le atrae la cocina/el deporte

◆ **go into** *vt insep* **-1.** *(enter) (place, program)* entrar en; *(hospital)* ingresar en; *(career)* entrar en, meterse en; *(trade, market)* introducirse en; **to go into business with sb** montar un negocio con alguien
-2. *(hit)* chocar con; **I went into the car in front of me** choqué con el coche *or Am* carro *or RP* auto de delante
-3. *(begin) (speech, description)* comenzar, empezar; **to go into production** comenzar *or* empezar a ser fabricado; **to go into a spin** *(car)* comenzar a dar vueltas; *(plane)* entrar en barrena; **to go into a sulk** enfurruñarse; **to go into a trance** entrar en trance
-4. *(be devoted to)* dedicarse a; **a lot of time and effort has gone into this manual** se ha dedicado mucho tiempo y esfuerzo a este manual
-5. *(examine) (question, matter)* tratar; **to go into detail** entrar en detalle

◆ **go off** ◇ *vt insep (lose liking for)* **I've gone off wine** ya no me gusta el vino; **I've gone off the idea** me ha dejado de gustar la idea
◇ *vi* **-1.** *(leave)* marcharse, irse; THEAT salir; *(from sports field)* retirarse; **to go off with sb** *(elope)* escaparse con alguien; **to go off with sth** *(steal)* irse con algo, llevarse algo
-2. *(milk, meat, fish)* echarse a perder
-3. *Br (get worse)* empeorar
-4. *(gun)* dispararse; *(bomb)* explotar; *(alarm)* saltar, sonar
-5. *(event)* transcurrir; **to go off well** *or* **smoothly** salir bien
-6. *(electricity, heating)* apagarse; **the lights went off** *(because of fault)* se fue la luz
-7. *(go to sleep)* dormirse, quedarse dormido(a)

◆ **go on** ◇ *vt insep* **-1.** *(enter) (boat, train)* subir a
-2. *(start)* **to go on a course** hacer un curso; **to go on a diet** ponerse a dieta; **to go on the pill** empezar a tomar la píldora
-3. *(be guided by)* guiarse por; **the police have nothing to go on** la policía carece de pistas
-4. *(approach)* **she's two, going on three** tiene dos años, casi tres; **it's going on eight years that I've worked here** llevo casi ocho años trabajando aquí
◇ *vi* **-1.** *(continue)* seguir, continuar **(with** con); **you go on (ahead)** tú sigue adelante; **the weather will improve as the day goes on** el tiempo mejorará conforme avanza el día; **the contest went on for two days** la competición *or Am* competencia duró dos días; **as time went on...** a medida que pasaba el tiempo...; **the movie went on and on** parecía que la película no se iba a acabar nunca; **the way he's going on, he'll kill himself soon** tal y como va, acabará matándose pronto; *Br Fam* **here's £10 to be going on with** aquí tienes diez libras para ir empezando; *Br Fam* **go on with you!** *(expressing disbelief)* ¡anda ya!, *Méx* ¡no me cuentes!, *RP* ¡dale!
-2. *(proceed)* **to go on to (do) sth** pasar a (hacer) algo; **we had a meal and went on to a bar afterwards** cenamos y después fuimos a un bar
-3. *(talk excessively)* hablar sin parar, enrollarse; **to go on (and on) about sth** no parar de hablar de algo, enrollarse con algo
-4. *(happen)* pasar, ocurrir; **what's going on here?** ¿qué pasa aquí?; **do you think there's anything going on between them?** ¿crees que hay algo entre ellos?
-5. *(progress)* **how's the project going on?** ¿cómo va el proyecto?
-6. *(appear) (on stage)* salir
-7. *(electricity, lights, heating)* encenderse, *Am* prenderse
-8. *(as encouragement)* **go on, try it!** ¡vamos *or Esp* venga *or Méx* ándale *or RP* dale, pruébalo!; **no, you can't have a go – oh, go on!** no, no puedes – ¡*Esp* hala *or Méx* ándale *or RP* dale, por favor!; **I bet I can do it – go on, then** ¿a que puedo hacerlo? – adelante pues; **more cake? – go on then, just a small slice** ¿más tarta? – bueno, pero sólo un trocito

◆ **go on at** *vt insep Fam* **to go on at sb** dar la paliza a alguien; **he's always going on at his wife about money** siempre está dando la paliza a su mujer con el dinero; **I went on at my mother to go and see the doctor** estuve dando la paliza a mi madre para que fuera a ver al médico

◆ **go out** *vi* **-1.** *(leave)* salir; **to go out of**

the room salir de la habitación; **to go out for a breath of fresh air** salir a tomar el aire; **he's going out to China** se va a China; **to go out (on strike)** ponerse *or* declararse en huelga; *Fig* **all the fight went out of her** se quedó sin fuerzas para seguir luchando
-2. *(for entertainment)* salir; **are you going out tonight?** ¿vas a salir esta noche?; **to go out for a meal** salir a comer fuera
-3. *(date)* **to go out with sb** salir con alguien; **they are going out together** salen juntos
-4. *(tide)* bajar
-5. *(fire, light)* apagarse
-6. *(become unfashionable)* pasar de moda
-7. SPORT *(be eliminated)* quedar eliminado(a); **Italy went out to England** Italia fue eliminada por Inglaterra
-8. TV & RAD *(be transmitted)* emitirse
-9. *(be sent)* **the forms went out yesterday** los impresos salieron ayer
-10. *(intend)* **I didn't go out to hurt him** no pretendía hacerle daño
-11. *(feel sympathy)* **my heart goes out to them** comparto su sufrimiento; *(on death)* los acompaño en el sentimiento; **our sympathy goes out to the relatives of the victim** expresamos nuestras condolencias a los familiares de la víctima
-12. *(in card games)* cerrar

◆ **go over** ◇ *vt insep* -1. *(road, bridge)* cruzar
-2. *(examine) (accounts, report)* estudiar, examinar; **the police went over the apartment** la policía registró el apartamento; **to go over sth in one's mind** repasar algo mentalmente
-3. *(practise, revise)* repasar; **let's go over it one more time** repasémoslo una vez más
-4. *(explain)* explicar; **could you go over the first bit again?** ¿podrías explicar la primera parte otra vez?
-5. *(clean)* **she went over the mantelpiece with a cloth** pasó un trapo *or RP* repasador por la repisa
◇ *vi* -1. *(cross)* **to go over to sb** aproximarse a alguien, acercarse hasta alguien; **I'm going over to Europe** voy a ir a Europa
-2. *(switch)* **to go over to a different system** cambiar de sistema; **to go over to the enemy** pasarse a las filas del enemigo; **we now go over to our correspondent in Chicago** y pasamos ahora a nuestro corresponsal en Chicago; **I've gone over to smoking cigars** he pasado a fumar puros
-3. *(be received)* **to go over well/badly** tener buena/mala acogida; IDIOM *US Fam* **to go over like a lead balloon** sentar como una patada en el estómago, *Méx* caer como una bomba
-4. TV & RAD **let's go over now to our Birmingham studios** vamos ahora a nuestros estudios de Birmingham

◆ **go past** ◇ *vt insep* **we went past a castle on the way** pasamos un castillo de camino; **he went right past me without saying hello** pasó a mi lado sin saludarme
◇ *vi* pasar

◆ **go round** ◇ *vt insep* -1. *(of person)* **to go round town/the shops** recorrer la ciudad/las tiendas; **to go round the world** dar la vuelta al mundo -2. *(of rumour)* circular por, correr por
◇ *vi* -1. *(move in circle)* dar vueltas
-2. *(visit)* **I said I'd go round (and see her)** dije que me pasaría (a visitarla); **she's gone round to a friend's** ha ido a casa de un amigo
-3. *(circulate) (rumour)* circular, correr; **there's a virus going round** hay un virus suelto por ahí; **she goes round with some strange people** sale por ahí con unos tipos raros; **you can't just go round lying to everyone** no puedes ir por ahí mintiendo a todo el mundo

-4. *(suffice) (food, drink)* llegar, alcanzar; **are there enough plates to go round?** ¿tenemos suficientes platos?; **there should be enough money to go round** debería llegarnos el dinero

◆ **go through** ◇ *vt insep* -1. *(penetrate)* atravesar
-2. *(experience, suffer)* pasar (por), atravesar; **I can't face going through all that again** no puedo pasar por eso otra vez; **in spite of all she had gone through** a pesar de todo lo que le había pasado
-3. *(complete) (formalities)* cumplir con
-4. *(be dealt with via)* **your application must go through the proper channels** su solicitud debe seguir los trámites *or* cauces apropiados
-5. *(examine) (document, accounts)* estudiar, examinar; *(suitcase, house)* registrar; **he went through his pockets looking for the letter** rebuscó en los bolsillos buscando la carta
-6. *(practise)* repasar; **let's go through it one more time** repasémoslo una vez más
-7. *(explain)* explicar; **could you go through the first bit again?** ¿podrías explicar la primera parte otra vez?
-8. *(use up) (money, food)* acabar con, gastar; **we've gone through six bottles of milk** hemos gastado seis botellas de leche
◇ *vi* -1. *(enter)* pasar, entrar; **you can go through to the interview room** puede pasar a la oficina de entrevistas -2. *(be approved) (proposal, bill)* aprobarse; *(deal, divorce)* consumarse -3. *(qualify)* clasificarse

◆ **go through with** *vt insep (carry out)* llevar a término

◆ **go together** *vi* -1. *(harmonize)* pegar, ir bien; **red wine and fish don't go together** el vino tinto y el pescado no combinan bien; **youth and innocence don't always go together** la juventud y la inocencia no siempre van unidas -2. *Fam (have relationship)* salir juntos

◆ **go towards** *vt insep (contribute to)* **this money can go towards your new bicycle** aquí tienes una contribución para tu nueva bicicleta

◆ **go under** ◇ *vt insep* **this product goes under the name of...** este producto se comercializa con el nombre de...
◇ *vi* -1. *(drowning person)* hundirse; *(ship)* naufragar -2. *(go bankrupt)* quebrar, ir a la quiebra

◆ **go up** ◇ *vt insep (ascend) (hill, ladder)* subir; **I'm just going up the road to the shop** voy un momento a la tienda
◇ *vi* -1. *(climb, rise)* subir; THEAT *(curtain)* levantarse; *(building)* subir; **a notice went up saying...** pusieron un aviso que decía...; **the wall went up overnight** construyeron el muro de un día a otro; **to go up to bed** subir a acostarse; **we're going up to Canada** vamos a subir a Canadá; *Fig* **he's gone up in my opinion** ahora lo tengo en más estima; IDIOM **to go up in the world** prosperar
-2. *(prices, temperature, standard)* subir; **to go up in price** subir de precio
-3. *(be promoted)* subir; **to go up to the first division** subir a primera (división)
-4. *(explode)* estallar; **to go up (in flames)** ser pasto de las llamas
-5. *(be heard)* **a shout went up from the crowd** se elevó un grito desde la multitud

◆ **go up to** *vt insep* -1. *(approach)* acercarse a, aproximarse a -2. *(reach)* **the book only goes up to the end of the war** el libro sólo llega hasta el final de la guerra -3. *Br (university)* ir a

◆ **go with** *vt insep* -1. *(accompany)* ir con; **private health insurance goes with the job** el puesto lleva aparejado un seguro privado de salud; **the consequences that go with heavy drinking** las consecuencias de beber *or Am* tomar en exceso; IDIOM *Fam*

to go with the flow dejarse llevar por la corriente
-2. *(harmonize with)* pegar con; **red wine doesn't go with fish** el vino tinto no combina con el pescado
-3. *(agree with, accept) (decision)* aceptar; **we've decided to go with the original plan** hemos decidido seguir el plan original
-4. *Fam (have sexual relationship with)* acostarse con

◆ **go without** ◇ *vt insep (not have)* prescindir de, quedarse sin; **it goes without saying that...** no hace falta decir que...
◇ *vi* pasar privaciones; **they haven't got any, so we'll just have to go without** no les quedan, así que habrá que apañárselas (sin ellos)

go² *n (game)* go *m*

goad [gəʊd] ◇ *n* -1. *(prod)* aguijada *f*, *Am* picana *f* -2. *(remark, criticism)* acicate *m*
◇ *vt* -1. *(animal)* aguijonear -2. *(sb's curiosity, interest)* suscitar; **to ~ sb into doing sth** pinchar a alguien para que haga algo; **he goaded me into losing my temper** tanto me provocó *or* pinchó que perdí los estribos; **it goaded them into action** les incitó a la acción; **he was goaded by these remarks** estos comentarios le sirvieron de acicate

◆ **goad on** *vt sep* **to ~ sb on** *(motivate)* espolear *or* acicatear a alguien

go-ahead ['gəʊəhed] ◇ *n* visto *m* bueno; **to give sth/sb the ~** dar luz verde a algo/alguien
◇ *adj (enterprising)* dinámico(a), emprendedor(ora)

goal [gəʊl] *n* -1. *(aim)* objetivo *m*, meta *f*; **what's your ~ in life?** ¿cuál es tu objetivo *or* meta en la vida?; **to achieve** *or* **attain a ~** alcanzar un objetivo *or* una meta; **to define one's goals** concretar *or* definir los objetivos; **to set oneself a ~** marcarse un objetivo *or* una meta
-2. SPORT *(point)* gol *m*; *(goalmouth)* portería *f*, *Am* arco *m*; **to score a ~** marcar *or* meter un gol; **to be in** *or* **play in** *or* **keep ~ (for)** jugar de guardameta *or* portero *or Am* arquero ❑ **~ area** área *f* (de meta); **~ average** promedio *m* de goles; **~ difference** gol *m* average; **~ kick** saque *m* de puerta; **~ kicker** *(in American football)* goal kicker *m*; **~ line** *(at end of field)* línea *f* de fondo; *(between goalposts)* línea *f* de gol *or* meta; *(in rugby)* línea *f* de marca, *RP* ingoal *m*; **~ scorer** goleador(ora) *m,f*

goalkeeper ['gəʊlki:pə(r)], *Fam* **goalie** ['gəʊlɪ] *n* portero(a) *m,f*, guardameta *mf*, *Am* arquero(a) *m,f*, *Am* guardavallas *mf inv*, *RP* golero(a) *m,f*

goalkeeping ['gəʊlki:pɪŋ] *n* defensa *f* de la portería *or Am* del arco; **that was an excellent piece of ~** ha sido una sensacional parada ❑ **~ gloves** guantes *mpl* de portero *or Am* arquero

goalless ['gəʊlɪs] *adj* SPORT **~ draw** empate *m* a cero

goalminder ['gəʊlmaɪndə(r)] *n Br (in hockey, ice hockey)* portero(a) *m,f*, *Am* arquero(a) *m,f*

goalmouth ['gəʊlmaʊθ] *n (in soccer)* portería *f*, *Am* arco *m* ❑ **~ scramble** melé *f* en el área pequeña

goalpost ['gəʊlpəʊst] *n* poste *m*; **the goalposts** la portería, la meta, *Am* el arco; IDIOM **to move** *or* **shift the goalposts** cambiar las reglas del juego

goaltender ['gəʊltendə(r)] *n* portero(a) *m,f*, *Am* arquero(a) *m,f*

Goan ['gəʊən], **Goanese** [gəʊə'ni:z] ◇ *n* goanés(esa) *m,f*
◇ *adj* goanés(esa)

go-as-you-please ['gəʊəzju:'pli:z] *adj (informal)* informal

goat [gəʊt] *n* -1. *(animal)* cabra *f* ❑ **~'s milk** leche *f* de cabra -2. *Fam* **(old) ~** *(lecherous man)* viejo *m* verde; **you silly ~!** ¡melón! -3. IDIOMS *Br* **to act** *or* **play the ~** hacer el indio, hacer el ganso; *Fam* **it really gets my ~!** ¡me pone negro(a) *or* a cien *or RP* de la nuca!

goatee ['gəʊti:] n perilla f

goatherd ['gəʊthɜːd] n cabrero(a) m,f

goatskin ['gəʊtskɪn] n -1. (hide) piel f de cabra -2. (container) odre m

goatsucker ['gəʊtsʌkə(r)] n chotacabras m inv (gris)

gob [gɒb] ◇ n -1. esp Br very Fam (mouth) pico m; **shut your ~!** ¡cierra el pico!; **he's got a bit of a ~ on him** es un bocazas -2. Br Fam (spittle) escupitajo m, gargajo m -3. US Fam **gobs of** montones de; **gobs of money** dinero a patadas, montones de dinero
◇ vi (pt & pp **gobbed**) Br Fam (spit) escupir, echar lapos

gobbet ['gɒbɪt] n -1. (of food, substance) trozo m, cacho m; **a ~ of information** un dato, una información -2. Fam (extract from text) trozo m, cacho m

gobble ['gɒbəl] ◇ vt (eat) engullir
◇ vi (turkey) gluglutear
◆ **gobble up** vt sep engullir; **to ~ up one's food** engullir la comida; **to ~ up money/resources** (of project) consumir mucho dinero/muchos recursos

gobbledygook, gobbledegook ['gɒbəldɪguːk] n Fam (jargon) jerga f incomprensible; (nonsense) galimatías m inv

gobbler ['gɒblə(r)] n US (turkey) pavo m, Méx guajolote m

go-between ['gəʊbɪtwiːn] n mediador(ora) m,f; **to act** or **serve as a ~** actuar como mediador, mediar

Gobi ['gəʊbɪ] n **the ~ (Desert)** el desierto de Gobi

goblet ['gɒblɪt] n copa f

goblin ['gɒblɪn] n duende m

gobshite ['gɒbʃaɪt] n Br Vulg Esp gilipollas mf inv, Am pendejo(a) m,f

gobsmacked ['gɒbsmækt] adj Br Fam **I was ~** me quedé atónito or Esp flipado

gobstopper ['gɒbstɒpə(r)] n Br = caramelo grande y redondo

goby ['gəʊbɪ] n ZOOL gobio m (de mar)

go-by ['gəʊbaɪ] n Fam **to give sb the ~** no hacer caso de alguien, ignorar a alguien

GOC [dʒiːəʊˈsiː] n MIL (abbr **General Officer Commanding**) oficial mf general al mando

go-cart ['gəʊkɑːt] n -1. (motorized) kart m □ **~ racing** carreras fpl de karts -2. (homemade) carro m de juguete -3. US (pushchair) cochecito m (de bebé) -4. US (babywalker) andador m

God [gɒd] n -1. (supreme being) Dios m; **~ the Father, the Son and the Holy Ghost** el Padre, el Hijo y el Espíritu Santo; **~ bless you!** ¡que Dios te bendiga!; **~ help us** que Dios nos agarre or Esp coja confesados; **please ~** te lo ruego, Señor; **~ willing** si Dios quiere □ **~ mode** (in computer game) modo m Dios; Fam **~ slot** la hora del Señor, el programa de la misa; Fam **the ~ squad** los beatos (que intentan convertir a los demás)
-2. (deity) dios m; **the ~ of War/Fire** el dios de la Guerra/del Fuego; **profit is their only god** las ganancias son lo único que les interesa; Hum **ye gods!** ¡cielo santo!
-3. Fam (in interjections and expressions) **oh ~!, my ~!** ¡Dios mío!; **~ Almighty!** ¡Santo Dios!; **~ forbid!** ¡Dios no lo quiera!; **for ~'s sake!, for the love of ~!** ¡por (el amor de) Dios!; **for ~'s sake, don't tell him!** por Dios ¡no se lo digas!; **thank ~** menos mal, gracias a Dios; **thank ~ for that** menos mal; **I wish to ~...** ojalá...; Fam (in warning, in sympathy) **¡pobre de tí!**; **~ (only) knows** sabe Dios; **in ~'s name, in the name of ~** por el amor de Dios; **what in ~'s name are you doing?** pero por el amor de Dios, ¿qué haces?; **~'s truth!** lo juro por Dios, es la pura verdad
-4. Fam THEAT **the gods** (gallery) el gallinero
-5. IDIOMS **to play ~** jugar a ser Dios; Fam **he thinks he's ~'s gift** se cree que es lo mejor que hay; Fam **he thinks he's ~'s gift to women** se cree que las mujeres se vuelven locas por él

god-awful ['gɒdɔːfəl] adj Fam horroroso(a)

god-botherer ['gɒdbɒðərə(r)] n Fam beato(a) m,f (que intenta convertir a los demás)

godchild ['gɒdtʃaɪld] n ahijado(a) m,f

goddam(n) ['gɒdæm] Fam ◇ adj maldito(a), Esp dichoso(a), Méx pinche; **he's a ~ fool!** ¡es un maldito imbécil!
◇ adv **that was ~ stupid!** ¡eso fue una auténtica estupidez!
◇ exclam **~ (it)!** ¡maldita sea!, Méx ¡híjole!, RP ¡miércoles!

goddaughter ['gɒddɔːtə(r)] n ahijada f

goddess ['gɒdɪs] n diosa f; Fig **a ~ of the (silver) screen, a screen ~** una diosa del cine

godfather ['gɒdfɑːðə(r)] n -1. (godparent) padrino m -2. (criminal) padrino m

god-fearing ['gɒdfɪərɪŋ] adj temeroso(a) de Dios

godforsaken ['gɒdfəseɪkən] adj dejado(a) de la mano de Dios; **what a ~ place!** ¡qué lugar de mala muerte!

god-given ['gɒdgɪvən] adj divino(a); **she sees it as her ~ right** lo ve como un derecho otorgado por la gracia divina

Godhead ['gɒdhed] n Formal **the ~** Dios m, el Señor

godless ['gɒdlɪs] adj impío(a)

godlessness ['gɒdlɪsnɪs] n impiedad f

godlike ['gɒdlaɪk] adj divino(a)

godliness ['gɒdlɪnɪs] n piedad f, devoción f

godly ['gɒdlɪ] adj pío(a), piadoso(a); **to lead a ~ life** llevar una vida piadosa

godmother ['gɒdmʌðə(r)] n madrina f

godparent ['gɒdpeərənt] n padrino m, madrina f; **my godparents** mis padrinos

godsend ['gɒdsend] n regalo m del cielo; **this money is a ~ to him** este dinero le viene como llovido del cielo

godson ['gɒdsʌn] n ahijado m

Godspeed ['gɒdspiːd] exclam Archaic ¡vaya con Dios!; **we wished them ~ on their journey** les deseamos feliz viaje

godwit ['gɒdwɪt] n aguja f; **bar-tailed ~** aguja colipinta; **black-tailed ~** aguja colinegra

goer ['gəʊə(r)] n Br Fam -1. (fast person, vehicle, animal) bala f; **this horse is a real ~** este caballo es una bala -2. (woman) **she's quite a ~** es una calentona, Esp le va la marcha

-goer ['gəʊə(r)] suffix **concert/opera~** aficionado(a) a los conciertos/a la ópera

gofer ['gəʊfə(r)] n Fam recadero(a) m,f, chico(a) m,f de los recados or RP mandados

go-getter ['gəʊˈgetə(r)] n Fam **he's a real ~** es ambicioso y decidido

go-getting ['gəʊˈgetɪŋ] adj Fam (person, approach) audaz, osado(a)

goggle ['gɒgəl] vi mirar con ojos desorbitados; **to ~ at sth/sb** mirar algo/a alguien con los ojos como platos

goggle-box ['gɒgəlbɒks] n Br Fam caja f tonta, tele f

goggle-eyed ['gɒgəlaɪd] adv Fam con ojos como platos or RP como dos huevos fritos

goggles ['gɒgəlz] npl (for swimmer, skier, motorcyclist) gafas fpl, CSur antiparras fpl; (for diver) gafas fpl de buceo, RP lentes mpl de natación; **safety ~** gafas protectoras, CSur antiparras protectoras

go-go ['gəʊgəʊ] n **~ dancer** gogó f; **~ dancing** baile m de gogós

going ['gəʊɪŋ] ◇ n -1. (leaving) partida f
-2. (progress) **we made good ~ on the return journey** fuimos a buena marcha en el viaje de vuelta; **that's very good ~!** ¡es un buen ritmo!; **it's slow ~** se avanza lentamente
-3. (condition of path) camino m; (in horseracing) terreno m; **the ~ is good** el terreno está en buen estado; Fig **to get out while the ~ is good** retirarse mientras las cosas van bien; **heavy ~** (film, book) pesado(a); **it's hard ~ on these mountain roads** es difícil avanzar por estas rutas de montaña; Fig **it's heavy ~ getting him to talk** cuesta mucho hacerlo hablar; PROV **when the ~ gets tough, the tough get ~** al mal tiempo buena cara
◇ adj -1. (functioning) **a ~ concern** (successful business) un negocio en marcha y rentable -2. (current) **the ~ price** or **rate** (for purchase) la tasa or el precio vigente; **the ~ rate** (for job) la tarifa vigente; **the best novelist ~** el mejor novelista de la actualidad

going-away ['gəʊɪŋəˈweɪ] adj **dress/outfit** vestido/conjunto de luna de miel; **a ~ party/present** una fiesta/un regalo de despedida

going-over ['gəʊɪŋˈəʊvə(r)] n Fam -1. (check-up) revisión f; **the auditors gave the accounts a thorough ~** los auditores miraron las cuentas de arriba abajo or con lupa
-2. (clean-up) limpieza f; **the house needs a good ~** la casa necesita una buena pasada
-3. **to give sb a ~** (beating) dar una paliza a alguien; (criticism) echar una reprimenda or Esp bronca a alguien, RP dar a alguien un buen rezongo; **the burglars had given the house a real ~** los ladrones habían dejado la casa manga por hombro

goings-on ['gəʊɪŋzˈɒn] npl Fam -1. Pej (behaviour) tejemanejes mpl; **there are some funny ~ in that house** en aquella casa pasan cosas raras -2. (events) acontecimientos mpl

goitre, US **goiter** ['gɔɪtə(r)] n bocio m

go-kart ['gəʊkɑːt] n -1. (motorized) kart m □ **~ racing** carreras fpl de karts -2. (homemade) carro m de juguete

Golan Heights ['gəʊlænˈhaɪts] npl **the ~** los Altos del Golán

gold [gəʊld] ◇ n -1. (metal) oro m □ **~ bullion** lingotes mpl de oro; **~ dust** oro m en polvo; IDIOM **tickets are like ~ dust** es casi imposible conseguir una entrada or Méx un boleto; **~ fever** fiebre f del oro; **~ filling** (in tooth) empaste m de oro; **~ foil** pan m de oro, oro m batido; **~ leaf** pan m de oro, oro m batido; SPORT **~ medal** medalla f de oro; **~ mine** mina f de oro; Fig mina f (de oro); **~ plate** (decoration) baño m de oro; (dishes) vajilla f de oro; FIN **~ reserves** reservas fpl de oro; **~ rush** fiebre f del oro; **~ standard** patrón m oro
-2. (gold medal) medalla f de oro; **to go for ~** Esp ir a por or Am ir en procura de la medalla de oro
-3. (colour) dorado m
◇ adj -1. (of gold) de oro -2. (colour) dorado(a) □ **~ braid** galón m de oro; **~ card** tarjeta f oro; **~ disc** disco m de oro; **~ lamé** lamé m dorado; **~ star** (given to schoolchildren) = estrella dorada de papel, símbolo de buenas notas o de buena conducta
◇ adv **to go ~** (record) convertirse en disco de oro

goldbrick ['gəʊldbrɪk] US Fam ◇ n -1. (shirker) **to be a ~** esquivar, Esp escaquearse, RP zafarse -2. IDIOM **to sell sb a ~** vender a alguien gato por liebre
◇ vt (swindle) vender gato por liebre a
◇ vi (not work) esquivar, Esp escaquearse, RP zafarse

gold-coloured ['gəʊldkʌləd] adj dorado(a), de color oro

goldcrest ['gəʊldkrest] n reyezuelo m sencillo

gold-digger ['gəʊldˈdɪgə(r)] n Fam Pej (mercenary woman) cazafortunas f inv

golden ['gəʊldən] adj -1. (made of gold) de oro □ **the ~ calf** el becerro de oro; **the ~ goose** la gallina de los huevos de oro
-2. (gold-coloured) dorado(a); **~ brown** tostado(a) □ **~ eagle** águila f real; **~ oriole** oropéndola f; **~ pheasant** faisán m dorado; **~ pipit** bisbita m dorado; **~ plover** chorlito m dorado común; **~ retriever** retriever m dorado, = raza de perro cobrador; Br **~ syrup** melaza f de caña
-3. (excellent) **a ~ opportunity** una oportunidad de oro; **the ~ boy/girl of...** el chico/la chica de oro de...; **his last book won him ~ opinions from the critics** su último libro recibió excelentes críticas □ **the Golden Age** MYTHOL la edad de oro; (of Spanish literature) el Siglo de Oro; **~ goal** (in soccer) gol m de oro; **the ~ mean** el punto medio; **~ oldie** clásico m, viejo éxito m; **~ rule** regla f de oro; **~ section** sección f áurea; FIN **~ share** acción f de oro, participación f de

goldeneye

control; **the ~ triangle** el triángulo dorado or de oro
-**4.** *(marking 50 years)* **~ jubilee** quincuagésimo aniversario *m*, cincuentenario *m*; **~ wedding** bodas *fpl* de oro
-**5.** COM **~ handcuffs** contrato *m* blindado; **~ handshake** *(retirement bonus)* gratificación *f* voluntaria por jubilación; **~ hello** = cuantiosa gratificación ofrecida como incentivo para ingresar en una empresa; **~ parachute** contrato *m* blindado
-**6.** *(in proper names)* **Golden Delicious** (manzana *f*) golden *f*; **the Golden Fleece** el Vellocino de Oro; **the Golden Gate (Bridge)** el (puente) Golden Gate; HIST **the Golden Horde** la Horda de Oro; *US* **the Golden State** = apelativo familiar referido al estado de California

goldeneye ['gəʊldənaɪ] *n* porrón *m* osculado
goldenrod ['gəʊldənrɒd] *n* BOT vara *f* de oro *(planta)*
goldfield ['gəʊldfi:ld] *n* yacimiento *m* de oro
goldfinch ['gəʊldfɪntʃ] *n* jilguero *m*
goldfish ['gəʊldfɪʃ] *n* pez *m* de colores ❑ **~ bowl** pecera *f*; IDIOM **it's like living in a ~ bowl** es como estar expuesto(a) en una vitrina
goldilocks ['gəʊldɪlɒks] *n Fam* ricitos *mpl* de oro, rubiales *mf inv*
gold-plated ['gəʊld'pleɪtɪd] *adj* bañado(a) en oro
gold-rimmed ['gəʊld'rɪmd] *adj (spectacles)* con montura de oro
goldsmith ['gəʊldsmɪθ] *n* orfebre *mf*
golf [gɒlf] ◇ *n* golf *m* ❑ **~ bag** bolsa *f* de golf; **~ ball** pelota *f* de golf; *(on typewriter, printer)* esfera *f* or bola *f* de impresión; *Br* **~ buggy** carrito *m* de golf (eléctrico); **~ cart** carrito *m* de golf (eléctrico); **~ club** *(stick)* palo *m* de golf; *(association)* club *m* de golf; **~ course** campo *m* de golf; **~ glove** guante *m* de golf; **~ links** campo *m* de golf; **~ shoes** zapatos *mpl* de golf; *Br* **~ trolley** carrito *m* de golf; **~ umbrella** sombrilla *f* de golf; *Hum* **~ widow** = esposa de un golfista que pasa todo su tiempo libre jugando al golf
◇ *vi* jugar al golf
golfer ['gɒlfə(r)] *n* jugador(ora) *m,f* de golf, golfista *mf*; **to be a good ~** jugar bien al golf
golfing ['gɒlfɪŋ] *n* el golf; **~ holiday** = vacaciones dedicadas a jugar al golf
Golgotha [gɒl'gɒθə] *n* el Gólgota
Goliath [gə'laɪəθ] *n* -**1.** *(in the Bible)* Goliat -**2.** *(powerful person, company)* gigante *m*
golliwog, gollywog, ['gɒlɪwɒg], *Fam* **golly** ['gɒlɪ] *n (doll)* muñeca *f* negra de trapo *(hoy día considerada racista)*
golly ['gɒlɪ] *exclam Fam Old-fashioned* ¡caramba!; **he said he'd buy it, and by ~, so he did!** dijo que lo compraría y ¡vaya si lo hizo!
gollywog = golliwog
goloshes = galoshes
GOM [dʒi:əʊ'em] *n (abbr* **Grand Old Man***)* gran mito *m* viviente, leyenda *f* viva
gonad ['gəʊnæd] *n* -**1.** BIOL gónada *f* -**2.** *very Fam Hum* **gonads** pelotas, huevos
gondola ['gɒndələ] *n* -**1.** *(boat)* góndola *f* -**2.** *(of cable car)* cabina *f* -**3.** *(on airship, balloon)* góndola *f* -**4.** MKTG góndola *f* ❑ **~ end** cabecera *f* de góndola -**5.** *US* RAIL **~ (car)** batea *f*
gondolier [gɒndə'lɪə(r)] *n* gondolero *m*
Gondwanaland [gɒnd'wɑːnəlænd] *n* Gondwanalandia
gone [gɒn] ◇ -**1.** *(past)* **those days are ~ now** eso ya se acabó; **~ is the time when you could...** se acabó aquello de poder...
-**2.** *Literary or Hum (away)* **be ~ with you!** ¡desaparece de mi vista!
-**3.** *Fam (on drugs, drink)* puesto(a); **to be far** *or* **well ~** *Esp* estar muy puesto(a), llevar un buen colocón
-**4.** *Fam (pregnant)* **to be six months ~** estar de seis meses; **how far ~ is she?** ¿de cuánto está?
-**5.** *Fam (infatuated)* **to be ~ on sth/sb** estar colado(a) por algo/alguien

◇ *prep (past)* **it's ~ ten o'clock** son las diez pasadas
◇ *pp of* **go**
goner ['gɒnə(r)] *n Fam* **I thought she was a ~** *(thought she would die)* creí que la palmaba; **I'm a ~ if she finds out** *(will be in trouble)* si se entera, me mata
gong [gɒŋ] *n* -**1.** *(for striking)* gong *m* -**2.** *Br Fam (medal)* medalla *f*
gonna ['gɒnə] *Fam* = **going to**
go-no-go [gəʊ'nəʊgəʊ] *adj US Fam* definitivo(a)
gonorrhoea, *US* **gonorrhea** [gɒnə'rɪə] *n* gonorrea *f*
gonzo ['gɒnzəʊ] *adj US Fam* extravagante ❑ **~ journalism** = estilo de periodismo extravagante y muy subjetivo
goo [guː] *n Fam* -**1.** *(sticky substance)* porquería *f* pringosa -**2.** *(sentimentality)* cursilería *f*, *Esp* cursiladas *fpl*
goober ['guːbə(r)] *n US* -**1.** *(peanut)* **~ (pea)** cacahuete *m*, *Andes, Carib, RP* maní *m*, *CAm, Méx* cacahuate *m* -**2.** *Fam (idiot)* melón *m*, zoquete *m*
good [gʊd] ◇ *n* -**1.** *(in general)* bien *m*; **~ and evil** el bien y el mal; **he's up to no ~** está tramando algo malo; **to do ~** hacer el bien; **to see the ~ in sth/sb** ver el lado bueno de algo/alguien
-**2.** *(benefit)* bien *m*; **what's the ~ of that?**, **what ~ is that?** ¿para qué sirve eso?; **I did it for your own ~** lo hice por tu bien; **for the ~ of his health** por motivos de salud; *Hum* **I'm not doing this (just) for the ~ of my health!** ¡no lo hago por amor al arte!; **for the common ~** por el bien de todos; **it was all to the ~** todo fue para bien; **I'm £50 to the ~** tengo 50 libras más; **it will do you ~** te sentará bien, te vendrá bien, *RP* te va a hacer bien; **the measures will do a lot of ~** las medidas harán mucho bien; **is his new book any ~?** ¿es bueno su nuevo libro?; **it won't do any ~** *(make any difference)* no cambiará nada; **it's no ~ complaining** quejarse no sirve de nada; **he's no ~** *(incompetent)* no sirve para nada; *(morally bad)* no es bueno; **the food there's no ~ or not much ~** la comida de allí no es muy buena; **no ~ will come of it** no puede acabar *or RP* terminar bien; PROV **you have to take the ~ with the bad** hay que estar a las duras y a las maduras, *RP* hay que estar en las buenas y en las malas
◇ *npl* **the ~** los buenos
◇ *adj (comparative* **better** ['betə(r)], *superlative* **best** [best]*)* -**1.** *(of positive quality)* bueno(a), buen *(before singular masculine noun)*; **to be ~** *(person, movie, book)* ser bueno(a); *(food, drink)* estar bueno(a); **~ to eat** comestible; **he's a ~ friend** es un buen amigo; **he used his ~ arm** utilizó el brazo bueno; **did you have a ~ trip?** ¿tuviste un buen viaje?; SCH **"~"** "bien"; **~ luck!** ¡buena suerte!; **we had ~ luck** tuvimos buena suerte; **~ luck to her!** ¡me alegro por ella!; *Br Old-fashioned* **~ show!** ¡bien hecho!; **you're late again, it's just not ~ enough!** has vuelto a llegar tarde, ¡esto es inaceptable!; **it's ~ to see you** me alegro de verte; **I don't feel too ~** no me encuentro *or* siento muy bien; **that feels ~!** ¡así!, ¡así!; **I feel ~ about my decision** me siento bien tras haber tomado la decisión; **that cake looks ~** ese pastel tiene buen aspecto; **it looks ~ on you** te queda bien; **she looks ~ in that hat** le queda muy bien ese sombrero; **to sound/taste ~** sonar/saber bien; **I told him to get lost – ~ for you!** lo mandé a paseo – ¡bien hecho!; **if it's ~ enough for you, it's ~ enough for me** si a ti te sirve *or Esp* vale, a mí también; **to have ~ cause** *or* **reason to do sth** tener buenos motivos para hacer algo; **in ~ faith** de buena fe; **it was ~ fun** fue muy divertido(a); **to have a ~ nature** ser bueno(a) por naturaleza; *Br Fam* **Anne's a ~ laugh** Anne es muy divertida; *Br Fam* **the party was a ~ laugh** lo pasamos genial en la fiesta; **to earn ~ money** ganar

un buen sueldo; **the ~ old days** los viejos tiempos; *Fam* **have a ~ one!** ¡que lo pases bien!; *Fam* **that's a ~ one!** *(I don't believe you)* ¡no me digas!, *Esp* ¡venga ya!; **she had the ~ sense to keep quiet** fue lo suficientemente sensata como para callarse; **to have a ~ time** pasarlo bien; **to show sb a ~ time** *(entertain)* sacar a alguien a divertirse por ahí; *Fam* **I'll show you a ~ time** *(said by prostitute)* te lo voy a hacer pasar de maravilla; **all in ~ time** todo llegará; **to arrive in ~ time** llegar a tiempo; **I'll do it in my own ~ time** lo haré cuando lo considere oportuno; **she was as ~ as her word** cumplió lo prometido; **too ~ to be true** demasiado bueno para ser verdad; **he's been really nice to me recently, it's too ~ to last** se ha portado muy bien conmigo últimamente, esto no puede durar mucho; **I suppose he thinks he's too ~ for us** debe pensar que es más que nosotros; **she's too ~ for him** es demasiado buena para él; PROV **all ~ things come to an end** todo lo bueno se acaba ❑ **the Good Book** la Biblia; IDIOM **to be in sb's ~ books** estar a buenas con alguien, *RP* estar en buenos términos con alguien; **a ~ cause** una buena causa; **Good Friday** Viernes *m inv* Santo; *Fam* **the ~ guys** los buenos; **the ~ life** la buena vida; **~ looks** atractivo *m*; **~ news** buenas noticias *fpl*; *US Fam* **~ old** *or* **ole** *or* **ol' boy** = blanco sureño tradicionalista; REL & *Fig* **Good Samaritan** buen samaritano *m*; REL **the Good Shepherd** el Buen Pastor
-**2.** *(advantageous, beneficial)* bueno(a); **a ~ opportunity** una buena ocasión; **to be ~ for business** ser bueno(a) para los negocios; **I got a ~ deal on this holiday** las vacaciones me salieron muy baratas; **he doesn't know what's ~ for him** no sabe lo que le conviene; **to be in a ~ position to do sth** estar en una buena posición para hacer algo; **to use sth to ~ purpose** hacer buen uso de algo; **things are looking ~** la cosa tiene buena pinta; **to be on to a ~ thing** tener entre manos algo bueno; **she never has a ~ word for anyone** nunca habla bien de nadie; **to put in a ~ word for sb** decir unas palabras en favor de alguien; PROV **you can have too much of a ~ thing** lo bueno, si breve, dos veces bueno
-**3.** *(appropriate, suitable)* **it's a ~ day for mowing the lawn** es un buen día para cortar el césped; **is now a ~ moment?** ¿es éste un buen momento?; **now's as ~ a time as any** ahora, ¿por qué no?; **tomorrow is ~ for me** mañana me *Esp* va *or Am* viene bien; **it's a ~ job** *or* **thing we were here** menos mal que estábamos aquí; **~ riddance!** ¡ya era hora de que desapareciera!
-**4.** *(healthy)* bueno(a); **this medicine is very ~ for coughs** este medicamento es muy bueno para la tos; **exercise is ~ for you** el ejercicio es bueno para la salud, el ejercicio hace bien
-**5.** *(useful)* **that's a ~ thing to know** es bueno saber eso; **this sofa is ~ for a few years yet** este sofá durará unos cuantos años más; **he's ~ for nothing** no sirve para nada, es un inútil; **he's ~ for $25,000** *(has in credit)* tiene un activo de 25.000 dólares; *(will contribute)* aportará 25.000 dólares; *Fam* **she's always ~ for a laugh** *(entertaining)* con ella siempre nos lo pasamos bien; **that should be ~ for a laugh** ya verás como nos reímos
-**6.** *(skilful)* bueno(a); **he is a ~ swimmer** es un buen nadador, nada muy bien; **she is ~ at chemistry** tiene facilidad para la química, se le da bien la química, *Am* es buena en química; **he is ~ at languages** tiene facilidad para los idiomas, se le dan bien los idiomas, *Am* es bueno para los idiomas; **to be ~ with one's hands** ser habilidoso(a) con las manos *or RP* muy manitas; **she is ~ with children** se lleva bien con los niños, se le dan bien los niños; **he's ~ with people** tiene don de gentes; **to**

be ~ in bed ser bueno(a) en la cama
-**7.** *(well-behaved)* bueno(a); **be ~!** *(to child)* ¡sé bueno!, ¡pórtate bien!; **~ boy/girl!** ¡qué bueno/buena eres!; **~ dog!** ¡buen chico!; **~ behaviour** *or* **conduct** buena conducta, buen comportamiento; **to lead a ~ life** llevar una vida ejemplar; IDIOM **to be as ~ as gold** ser más bueno(a) que el pan
-**8.** *(kind)* amable; **she's a ~ person** es una buena persona; **to be ~ to sb** ser amable *or* bueno con alguien; *Formal* **would you be so ~ as to** *or* **~ enough to...?** ¿serías tan amable de...?; **he was very ~ about it** fue muy comprensivo al respecto; **that's very ~ of you** es muy amable de tu parte; **~ old Bob's got dinner for us!** ¡el bueno de Bob nos ha preparado la cena!; **~ deed** buena obra; **to do sb a ~ turn** hacer un favor a alguien
-**9.** *(valid)* **the ticket is ~ for two weeks** el *Esp* billete *or Am* boleto *or Am* pasaje es válido durante dos semanas; **(that's a) ~ point** es verdad; **(that's a) ~ question** buena pregunta; **a ~ reason** una buena razón; **I have ~ reason to believe that...** tengo buenas razones para creer que...; **there is no ~ reason why...** no hay razón alguna por la que...
-**10.** SPORT *(goal, try, touchdown)* válido(a); **the ball was ~** *(in tennis)* la bola ha entrado
-**11.** *(thorough)* bueno(a); **to have a ~ cry (about)** llorar a gusto (por), *Esp* echarse una buena llantina (por); **to have a ~ look (at sth/sb)** mirar bien (algo/a alguien); **have a ~ think about it** piénsalo bien
-**12. to make ~** *(person)* prosperar; **he was ordered to make ~ the company's losses** fue condenado a indemnizar a la empresa por las pérdidas; **they made ~ their promise/threat** cumplieron su promesa/amenaza; **he made ~ his escape** consiguió escapar
-**13.** *(at least)* **a ~ ten hours/miles** por lo menos diez horas/millas
-**14.** *(large)* **the room is a ~ size** la habitación es bastante grande; **you've got a ~ chance** tienes bastantes posibilidades; **there's a ~ chance the game will be postponed** es muy probable que se aplace *or Am* postergue el partido; **a ~ deal better** mucho mejor; **a ~ deal of** mucho(s), mucha(s); **a ~ few** bastantes; **a ~ many** muchos(as); **we've come a ~ way** hemos progresado mucho; **it took a ~ while** llevó un buen rato
-**15.** *(in greetings)* **~ afternoon!** ¡buenas tardes!; **~ day!** *Austr, US (hello)* ¡hola!; *Br Old-fashioned (hello)* ¡buenas!; *(goodbye)* ¡adiós!; **~ evening!** ¡buenas tardes/noches!; **~ morning!** ¡buenos días!; **~ night!** ¡buenas noches!, ¡hasta mañana!; **to say ~ night (to sb)** dar las buenas noches (a alguien); **a ~ night kiss** un beso de buenas noches
-**16.** *Fam (in exclamations)* **~ God!**, **~ grief!**, **~ heavens!**, **~ Lord!**, **~ gracious!** ¡santo cielo!, ¡dios mío!, *Esp* ¡madre mía!
-**17.** *(in horse-racing) (ground)* en buen estado
◇ *adv* -**1.** *(for emphasis)* bien, muy; **a ~ hard bed** una cama bien dura; **a ~ long time** un rato bien largo, mucho tiempo; *Fam* **her soup is always ~ and hot** su sopa siempre está bien calentita; *Fam* **I'll do it when I'm ~ and ready** lo haré cuando crea conveniente; *Fam* **they beat us ~ and proper** nos dieron una buena paliza
-**2.** *(as comment, answer)* bien, estupendo, *Andes, CAm, Carib, Méx* chévere, *Méx* padre, *RP* bárbaro; **I feel better today – ~** hoy me encuentro mejor – estupendo *or Andes, CAm, Carib, Méx* chévere *or Méx* padre *or RP* bárbaro; **~, it's a relief to know you're all right** me alegro mucho de saber que estás bien; **I've finished that piece of work – ~!** he acabado ese trabajo – ¡muy bien!; **~, so we'll meet at eight, then** de acuerdo, nos veremos a las ocho; *Br* **very ~, sir!** *(yes)* sí, señor
-**3.** *US Fam (well)* bien; **I played real ~** jugué

muy bien; **listen and listen ~!** ¡escucha bien!
◇ **for good** *adv (permanently)* para siempre; *US* **for ~ and all** por siempre jamás
◇ **as good as** *adv (almost)* **it's as ~ as new** está como nuevo; **if she hears about it, I'm as ~ as dead** si se entera, me puedo dar por muerto; **he as ~ as called me a liar** prácticamente me llamó mentiroso

GOOD FRIDAY AGREEMENT

El proceso de paz en Irlanda del Norte, iniciado por el alto el fuego que decretaron los grupos paramilitares republicanos y unionistas en 1994, desembocó en el **Good Friday Agreement** (Acuerdo del Viernes Santo), firmado en Belfast en Abril de 1998. Este acuerdo de paz, apadrinado por los primeros ministros británico e irlandés y finalmente aprobado por los dos principales partidos republicanos y la mayoría de los partidos unionistas, prevé la puesta en funcionamiento de un parlamento autónomo en Irlanda del Norte donde el poder se repartiría democráticamente entre las comunidades protestante y católica, ayudando así a una posible solución de un conflicto que dura más de treinta años. Dos de los interlocutores clave en las negociaciones que precedieron a este acuerdo, el nacionalista John Hume y el unionista David Trimble, recibieron el Premio Nobel de la paz en Octubre 1998.

goodbye ['gʊd'baɪ] *n* despedida *f*, adiós *m*; **~!** ¡adiós!; **to say ~** despedirse; **to say ~ to sb** decir adiós a alguien, despedir a alguien; **to give sb a ~ kiss/hug** dar a alguien un beso/un abrazo de despedida; **they said their goodbyes** dijeron adiós, se despidieron; **he can say ~ to his chances of winning** puede despedirse del triunfo

good-for-nothing ['gʊdfə'nʌθɪŋ] ◇ *n* inútil *mf*, bala *m* perdida
◇ *adj* inútil

good-hearted [gʊd'hɑːtɪd] *adj (person)* de buen corazón; *(action)* bien intencionado(a)

good-humoured, *US* **good-humored** ['gʊd'hjuːməd] *adj (discussion)* afable; *(joke, remark)* sin mala intención; **a ~ fellow** un tipo de buen carácter; **he's always ~** siempre está de buen humor

good-humouredly, *US* **good-humoredly** ['gʊd'hjuːmədlɪ] *adv* con buen humor

goodie = goody

goodish ['gʊdɪʃ] *adj Fam* -**1.** *(quite good)* bastante bueno(a) -**2.** *(number, size)* bastante grande; **add a ~ pinch of salt** agrega una buena pizca de sal

good-looker ['gʊd'lʊkə(r)] *n Fam* **to be a ~** estar bueno(a)

good-looking ['gʊd'lʊkɪŋ] *adj Esp* guapo(a), *Am* lindo(a); **hey, ~!** *(to woman)* ¡oye, preciosa *or Esp* guapa!; *(to man) Esp* ¡oye, guapo!, *Am* ¡ey, buen mozo!

goodly ['gʊdlɪ] *adj Literary (amount, size)* considerable, importante; **a ~ sum of money** una importante suma de dinero

good-natured ['gʊd'neɪtʃəd] *adj (person)* bondadoso(a); *(discussion, disagreement)* amigable

goodness ['gʊdnɪs] *n* -**1.** *(of person)* bondad *f*; **out of the ~ of my heart** por lo bueno que soy
-**2.** *(of food)* valor *m* nutritivo; **if you boil it, you lose all the ~** si lo hierves, pierde todas sus propiedades *or* todo su valor nutritivo
-**3.** *(in exclamations)* **~ (me)!** ¡santo cielo!; **(my) ~!** ¡madre mía!; **thank ~!** ¡gracias a Dios!; **for ~ sake, be quiet!** ¡por el amor de Dios, cállate!; **~ knows** sabe Dios; **I wish to ~ he would shut up!** ¡quiera Dios que se calle la boca!

good-oh ['gʊdəʊ] *exclam Fam* ¡bien!, ¡qué bueno!

goods [gʊdz] *npl* -**1.** *(possessions)* bienes *mpl*; **he gave up all his worldly ~** abandonó todas sus posesiones ❑ *Br* **~ and chattels** enseres *mpl*

-**2.** *(articles, merchandise)* artículos *mpl*, productos *mpl*; **leather ~** artículos *or* productos de cuero
-**3.** *Br (freight)* **~ depot** almacén *m* de mercancías; **~ train** tren *m* de mercancías; **~ van** vagón *m* de mercancías; **~ wagon** vagón *m* de mercancías; **~ yard** almacén *m* de mercancías
-**4.** IDIOMS **to come up with the ~** cumplir; **to deliver the ~** estar a la altura de las circunstancias; *US Fam* **to have the ~ on sb** tener pruebas contra alguien

good-sized ['gʊd'saɪzd] *adj* grande, de buen tamaño

good-tempered ['gʊd'tempəd] *adj (person)* afable

good-time girl ['gʊdtaɪm'gɜːl] *n Fam* chica *f* de vida alegre

goodwill ['gʊd'wɪl] *n* -**1.** *(benevolence, willingness)* buena voluntad *f*; **a gesture of ~**, **a ~ gesture** un gesto de buena voluntad; **to retain sb's ~** conservar el favor de alguien ❑ **~ ambassador** embajador *m* en misión de buena voluntad; **~ visit** visita *f* de buena voluntad
-**2.** COM fondo *m* de comercio
-**3.** *US* **Goodwill shop** = tienda perteneciente a una entidad benéfica en la que normalmente se venden artículos de segunda mano

goody, goodie ['gʊdɪ] *Fam* ◇ *n* -**1.** *(person)* buenazo(a) *m,f*; **the goodies and the baddies** los buenos y los malos -**2. goodies** *(food)* golosinas; *(presents, prizes)* regalos -**3.** *US Fam* **goodies** *(genitals) Esp* paquete, *RP* mercadería -**4.** *US Fam* **goodies** *(breasts)* melones, *Esp* peras, *Méx* chichís, *RP* lolas
◇ *exclam* ¡viva!, *Esp* ¡qué chupi!

goody-goody ['gʊdɪgʊdɪ] *Fam Pej* ◇ *n* niño(a) *m,f* modelo
◇ *adj* modélico(a)

gooey ['guːɪ] *adj Fam* -**1.** *(sticky)* pegajoso(a) -**2.** *(sentimental)* empalagoso(a), sentimentaloide; **she goes all ~ over babies** los bebés la ponen tonta

goof [guːf] *US Fam* ◇ *n* -**1.** *(blunder)* metedura *f or Am* metida *f* de pata; *(in movie)* gazapo *m* -**2.** *(idiot)* bobo(a) *m,f*
◇ *vi* -**1.** *(make mistake)* meter la pata -**2.** *(joke)* hacer el bobo; **to ~ (with) sb** *(tease)* tomar el pelo a alguien -**3.** *(stare)* **to ~ at** mirar como un(a) bobo(a)
➤ **goof about, goof around** *vi US Fam (mess around)* hacer el bobo
➤ **goof off** *US Fam* ◇ *vt insep* **to ~ off work** no ir a trabajar *or Esp* currar
◇ *vi (waste time)* holgazanear, gandulear
➤ **goof up** *US Fam* ◇ *vt sep* **to ~ sth up** meter la pata con algo
◇ *vi* meter la pata

goofball ['guːfbɔːl] *n US Fam* -**1.** *(person)* bobalicón(ona) *m,f*, *Esp* zampabollos *mf inv* -**2.** *(barbiturate)* barbitúrico *m*, somnífero *m*

goofy ['guːfɪ] *adj Fam* -**1.** *(stupid)* bobalicón(ona), *Esp* zampabollos *inv* -**2.** *Br (bucktoothed)* dentón(ona), dentudo(a)

googly ['guːglɪ] *n (in cricket)* = pelota lanzada con efecto que sorprende al bateador; IDIOM *Br* **to bowl sb a ~** salirle a alguien con una pregunta inesperada

goo-goo ['guː'guː] ◇ *adj US (loving)* **to make ~ eyes at sb** hacer ojitos a alguien
◇ *adv Fam* **to go ~** *(baby)* hacer ojitos

gook [guːk] *n US* -**1.** *very Fam (oriental)* = término ofensivo para referirse a una persona de China, Vietnam, Corea, etc.
-**2.** *Fam (muck)* porquería *f* pringosa

goolies ['guːlɪz] *npl Br very Fam (testicles)* pelotas *fpl*, huevos *mpl*

goon [guːn] *n Fam* -**1.** *(stupid person)* bobo(a) *m,f*, lerdo(a) *m,f* -**2.** *US (thug)* matón *m* ❑ **~ squad** banda *f* de matones

goosander [guː'sændə(r)] *n* serreta *f* grande

goose [guːs] ◇ *n (pl* **geese** [giːs]*)* -**1.** *(bird)* ganso *m*, oca *f* ❑ **~ egg** huevo *m* de ganso; *US (bump on head)* chichón *m*; *US (zero)* cero *m*; **pink-footed ~** ánsar *m* piquicorto; **red-breasted ~** barnacla *f* cuelliroja; **white-fronted ~** ánsar *m* careto

-2. *Old-fashioned Fam (fool)* ganso(a); **don't be such a ~!** ¡no seas ganso!
-3. [IDIOM] **his ~ is cooked** se va a caer con todo el equipo; **to kill the ~ that lays the golden eggs** matar la gallina de los huevos de oro ❑ *US* **~ bumps** carne *f* de gallina; **~ pimples** carne *f* de gallina; **I came out in** *or* **got ~ pimples** se me puso la carne de gallina
◇ *vt Fam* **to ~ sb** dar un pellizco en el trasero a alguien
gooseberry ['gʊzbərɪ] *n* grosella *f* silvestre; [IDIOM] *Br Fam* **to play ~** *Esp* hacer de carabina *or* de sujetavelas, *Méx* hacer mal tercio, *RP* estar de paleta ❑ **~ bush** grosellero *m* silvestre; [IDIOM] *Hum* **we found you under a ~ bush** te trajo la cigüeña
gooseflesh ['guːsfleʃ] *n* carne *f* de gallina
gooseneck ['guːsnek] *n US* cuello *m* de cisne ❑ **~ lamp** lámpara *f* de cuello flexible, flexo *m*
goose-step ['guːsstep] ◇ *n* paso *m* de la oca
◇ *vi (pt & pp* **goose-stepped***)* marchar al paso de la oca
GOP [dʒiːəʊˈpiː] *n Fam (abbr* **Grand Old Party***)* Partido *m* Republicano *(de Estados Unidos)*
gopher ['gəʊfə(r)] *n* **-1.** *(pocket gopher)* tuza *f* **-2.** *(ground squirrel)* ardilla *f* de tierra **-3.** *(tortoise)* tortuga *f* de tierra **-4.** *Fam (messenger)* recadero(a) *m,f*, chico(a) *m,f* de los recados *or RP* mandados **-5.** COMPTR gopher *m*
gorblim(e)y [gɔːˈblaɪmɪ] *exclam Br Fam* ¡demonios!, ¡caramba!
Gordian knot ['gɔːdɪənˈnɒt] *n* [IDIOM] **to cut the ~** cortar el nudo gordiano, resolver el asunto de un plumazo
Gordon Bennett ['gɔːdənˈbenɪt] *exclam Br Fam* ¡caray!, *Esp* ¡jolín!
gore [gɔː(r)] ◇ *n (blood)* sangre *f* (derramada); **there's plenty of ~ in this movie** en esta película hay sangre por doquier
◇ *vt (of bull)* cornear; **the matador was gored by the bull** el matador recibió una cornada
gorge [gɔːdʒ] ◇ *n* **-1.** *(valley)* garganta *f*, desfiladero *m* **-2.** *(throat)* [IDIOM] **it makes my ~ rise** me revuelve el estómago
◇ *vt* **to ~ oneself (on sth)** atiborrarse (de algo); **don't ~ yourself with** *or* **on sweets** no te atiborres de caramelos
◇ *vi* atiborrarse **(on** de)
gorgeous ['gɔːdʒəs] *adj* **-1.** *(wonderful) (meal, weather)* estupendo(a), magnífico(a); *(baby, dress)* precioso(a) **-2.** *(attractive) (woman, man) Esp* guapísimo(a), *Am* lindísimo(a) **-3.** *(sumptuous) (fabric, clothing)* magnífico(a)
gorgeously ['gɔːdʒəslɪ] *adv* magníficamente; **~ decorated** con una decoración magnífica
gorgon ['gɔːgən] *n* **-1.** *(in mythology)* gorgona *f* **-2.** *Fam (fierce woman)* bruja *f*, arpía *f*
Gorgonzola [gɔːgənˈzəʊlə] *n* (queso *m*) gorgonzola *m*
gorilla [gəˈrɪlə] *n* **-1.** *(animal)* gorila *m* **-2.** *Fam (thug)* gorila *m*
gormless ['gɔːmlɪs] *adj Br Fam (person, expression)* idiota, *Esp* memo(a); **a ~ idiot** un completo idiota
gorp [gɔːp] *n US* mezcla *f* de frutos secos
gorse [gɔːs] *n* tojo *m*, aulaga *f*; **a ~ bush** un arbusto *or* una mata de tojo
gory ['gɔːrɪ] *adj* **-1.** *(film, crime)* sangriento(a); *Fig & Hum* **in ~ detail** con pelos y señales **-2.** *(covered in blood)* ensangrentado(a)
gosh [gɒʃ] *exclam Fam* ¡vaya!, *Esp* ¡jolines!, *Méx* ¡híjole!
goshawk ['gɒshɔːk] *n* azor *m*
gosling ['gɒzlɪŋ] *n* ansarón *m*
go-slow ['gəʊˈsləʊ] *n Br* huelga *f* de celo
gospel ['gɒspəl] *n* **-1.** *(in Bible)* evangelio *m*; **St Mark's Gospel, the Gospel according to St Mark** el evangelio según San Marcos; *Fig* **the ~ of monetarism** el evangelio del monetarismo; [IDIOM] **to take sth as ~:** **he takes what she says as ~** para él lo que ella dice va a misa; [IDIOM] **it's the ~ truth** es la pura verdad
-2. *(music)* **~ (music)** (música *f*) gospel *m* ❑ **~ singer** cantante *mf* de gospel

gossamer ['gɒsəmə(r)] *n* **-1.** *(spider's thread)* (hilos *mpl* de) telaraña *f* **-2.** *(fabric)* gasa *f*
gossip ['gɒsɪp] ◇ *n* **-1.** *(person)* chismoso(a) *m,f*, *Esp* cotilla *mf*
-2. *(talk)* chismorreo *m*, *Esp* cotilleo *m*; **to have a ~ (about)** chismorrear *or Esp* cotillear (sobre)
-3. *(rumour)* chismorreo *m*, *Esp* cotilleo *m*; **have you heard the latest (bit of) ~?** ¿has oído el último chismorreo *or Esp* cotilleo?; **that's just (idle) ~** son sólo habladurías *or Esp* cotilleos ❑ **~ column** ecos *mpl* de sociedad; **~ columnist** cronista *mf* de sociedad
◇ *vi* chismorrear, *Esp* cotillear
gossiping ['gɒsɪpɪŋ] ◇ *n* chismorreo *m*, *Esp* cotilleo *m*
◇ *adj* chismoso(a), *Esp* cotilla
gossipmonger ['gɒsɪpmʌŋgə(r)] *n* chismoso(a) *m,f*, *Esp* cotilla *mf*
gossipy ['gɒsɪpɪ] *adj* **he's very ~** es muy chismoso *or Esp* cotilla; **a ~ letter** una carta llena de chismorreos *or Esp* cotilleos
got *pt & pp of* **get**
gotcha ['gɒtʃə] *exclam Br Fam (=* **I got you***) (I understand) Esp* ¡ya!, *Am* ¡entiendo!; *(on catching someone)* ¡te agarré *or Esp* pillé!; *(in triumph)* ¡toma ya!, ¡chúpate esa!
Goth [gɒθ] *n* **-1.** HIST godo(a) *m,f* **-2.** *(music fan)* siniestro(a) *m,f*
Gotham ['gɒθəm] *n US Fam* Nueva York
Gothic ['gɒθɪk] ◇ *n* **-1.** *(artistic style)* gótico *m* **-2.** *(language)* gótico *m* **-3.** TYP letra *f* gótica
◇ *adj* gótico(a) ❑ **~ arch** arco *m* apuntado; **~ novel** novela *f* gótica
gotta ['gɒtə] *Fam =* **got to**
gotten *US pp of* **get**
gouache [gʊˈɑːʃ] *n* **-1.** *(paint)* guache *m*, aguada *f* **-2.** *(painting)* guache *m*, aguada *f*
Gouda ['gaʊdə] *n* queso *m* Gouda
gouge¹ [gaʊdʒ] ◇ *n (tool)* gubia *f*
◇ *vt (hole)* hacer, abrir
➤ **gouge out** *vt sep (hole)* cavar; *(eye)* arrancar
gouge² *vt US Fam* clavar, *RP* afanar
goujons ['guːʒɒnz] *npl* CULIN escalopines *mpl*
goulash ['guːlæʃ] *n* gulach *m*
gourd ['gʊəd] *n* **-1.** *(vegetable)* calabaza *f*, *Bol, CSur* zapallo *m*, *Col, Ven* ahuyama *f* **-2.** *(container)* calabaza *f*; [IDIOM] *US Fam* **to be out of one's ~** estar mal de la azotea
gourmand ['gʊəmənd] *n* gourmand *mf*
gourmet ['gʊəmeɪ] *n* gastrónomo(a) *m,f*, gourmet *mf* ❑ **~ cooking** alta *or* buena cocina *f*
gout [gaʊt] *n (illness)* gota *f*
gouty ['gaʊtɪ] *adj (leg, person)* gotoso(a)
Gov -1. *(abbr* **government***)* gobierno *m* **-2.** *(abbr* **governor***)* gobernador(ora) *m,f*
govern ['gʌvən] ◇ *vt* **-1.** *(state, country)* gobernar **-2.** *(determine) (behaviour, actions)* regir, regular; *(of scientific laws)* regir; **her behaviour was governed by a desire for revenge** le movía el deseo de venganza **-3.** *(control) (emotions)* dominar **-4.** GRAM regir
◇ *vi* gobernar
governable ['gʌvənəbəl] *adj* gobernable
governance ['gʌvənəns] *n Formal* gobernanza *f*
governess ['gʌvənɪs] *n* institutriz *f*
governing ['gʌvənɪŋ] *adj* **-1.** *(ruling) (party, coalition)* gobernante ❑ **~ body** órgano *m* rector **-2.** *(determining) (concept, principle)* rector(ora)
government ['gʌvənmənt] *n* **-1.** *(governing body)* gobierno *m*; **to form a ~** formar gobierno; **the ~ has fallen** ha caído el gobierno ❑ **~ bonds** bonos *mpl* del Estado, papel *m* del Estado; **~ health warning** advertencia *f* del gobierno sobre los riesgos para la salud; **Government House** *(in Australia)* = residencia del Gobernador General; HIST *(in colony)* = residencia del gobernador; **~ issue** propiedad *f* del Estado; **~ policy** política *f* gubernamental; **~ securities** efectos *mpl* públicos; **~ spending** gasto *m* público
-2. *(system)* gobierno *m*, régimen *m*; **democratic/civilian ~** gobierno *or* régimen democrático/civil; **the demonstrators are calling for a return to democratic ~** los manifestantes reclaman el regreso a la democracia
-3. *(process of governing)* gobierno *m*; **good ~** buen gobierno; **strong ~** gobierno fuerte
governmental [gʌvənˈmentəl] *adj* gubernamental
governor ['gʌvənə(r)] *n* **-1.** *(head) (of colony, central bank)* gobernador(ora) *m,f*; *Br (of prison)* director(ora) *m,f* **-2.** *US* **(state)** = gobernador(ora) *m,f* **-3.** *Br (of school)* miembro *mf* del consejo escolar **-4.** *Br Fam* **the ~** *(boss)* el/la mandamás **-5.** *Br Fam (form of address)* **where to, ~?** ¿adónde vamos, jefe? **-6.** *(of engine)* regulador *m*
governor-general ['gʌvənəˈdʒenərəl] *n* gobernador(ora) *m,f* general
governorship ['gʌvənəʃɪp] *n* gobernación *f*
Govt *(abbr* **government***)* gobierno *m*
gown [gaʊn] *n* **-1.** *(of woman)* vestido *m* (largo) **-2.** *(of magistrate, academic, teacher)* toga *f* **-3.** *(of surgeon)* bata *f*
goy [gɔɪ] *(pl* **goys** *or* **goyim** ['gɔɪm]*) n Fam =* para los judíos, un no creyente, un gentil
GP [dʒiːˈpiː] *n (abbr* **general practitioner***)* médico(a) *m,f* de familia *or* de cabecera
GPO [dʒiːpiːˈəʊ] *n Formerly (abbr* **General Post Office***)* ≃ (Administración *f* Central de) Correos *mpl* **-2.** *US (abbr* **Government Printing Office***)* = imprenta (oficial) del Estado
GPS [dʒiːpiːˈes] *n (abbr* **global positioning system***)* GPS
gr *(abbr* **gramme(s)***)* g
grab [græb] ◇ *n* **-1.** *(movement)* **to make a ~ at** *or* **for sth** tratar de agarrar algo; [IDIOM] *Fam* **to be up for grabs** ser para quien lo quiera; **is that last chocolate up for grabs?** ¿me puedo comer esa última chocolatina? ❑ **~ bag** *(at party, fair)* bolsa *f* sorpresa; *(assortment)* colección *f* **-2.** *esp Br (for excavating)* pala *f*
◇ *vt (pt & pp* **grabbed***)* **-1.** *(snatch)* **to (hold of) sth/sb** agarrar algo/a alguien; **to ~ sth off sb** arrebatar algo a alguien; **he grabbed the book out of my hand** me quitó el libro de las manos
-2. *(seize) (opportunity)* aprovechar; *(land)* apropiarse de; *(attention)* llamar; *(power)* tomar, hacerse con; **they grabbed power from their opponents** le quitaron el poder a sus oponentes
-3. *Fam (take hurriedly)* **~ a chair** agarra *or* pilla una silla; **to ~ a bite to eat** comer algo en cualquier parte
-4. *Fam (attract, interest)* **how does that ~ you?** ¿qué te parece?; **the idea doesn't ~ me** no me entusiasma la idea
◇ *vi* **to ~ at sth/sb** tratar de agarrar algo/a alguien; **don't ~!** ¡sin agarrar!
grace [greɪs] ◇ *n* **-1.** *(of movement, dancer, language)* gracia *f*, elegancia *f*
-2. *(of manners)* **he lacks the social graces, he has no social graces** carece de modales; **to do sth with (a) good/bad ~** hacer algo de buena/mala gana; **to have the (good) ~ to do sth** tener la delicadeza de hacer algo
-3. *(favour)* **to be in/get into sb's good graces** gozar del/ganarse el favor de alguien
-4. *(for payment of a bill)* **to give a debtor seven days' ~** conceder a un moroso una prórroga de siete días
-5. REL **in a state of ~** en estado de gracia; **to fall from ~** caer en desgracia; **the ~ of God** la gracia de Dios; **there, but for the ~ of God, go I** nos podría haber pasado a cualquiera; *Old-fashioned* **in the year of ~ 1066** en el año de gracia de 1066
-6. *(prayer before meal)* **to say ~** bendecir la mesa
-7. *(form of address)* **Your Grace** *(bishop)* (Su) Ilustrísima; *(duke, duchess)* (Su) Excelencia
-8. MUS **~ note** (nota *f* de) adorno *m*, floritura *f*
-9. MYTHOL **the three Graces** las Tres Gracias
◇ *vt* **-1.** *(honour)* honrar; *Ironic* **she rarely**

grace-and-favour

graces us with her presence raras veces nos honra con su presencia *or* se digna a acompañarnos **-2.** *(ornament)* adornar

grace-and-favour ['greɪsən'feɪvə(r)] *adj Br* **~ residence** = vivienda cedida por la corona

graceful ['greɪsfʊl] *adj* **-1.** *(person, movement)* elegante, airoso(a); *(speech, style)* elegante **-2.** *(apology)* cortés

gracefully ['greɪsfʊlɪ] *adv* **-1.** *(to dance, move)* con elegancia **-2.** *(to apologize)* cortésmente; **to accept/decline ~** aceptar/declinar cortésmente

gracefulness ['greɪsfʊlnɪs] *n* **-1.** *(of movement)* elegancia *f*, gracia *f* **-2.** *(of apology, acceptance)* cortesía *f*

graceless ['greɪslɪs] *adj* **-1.** *(inelegant) (person, movement)* falto(a) de elegancia *or* gracia **-2.** *(apology, behaviour)* descortés

gracious ['greɪʃəs] *adj* **-1.** *(generous, kind)* magnánimo(a); **to be ~ to** *or* **towards sb** portarse con magnanimidad con alguien; **God has been ~ to us** Dios ha sido misericordioso con nosotros **-2.** *(elegant)* elegante, refinado(a); **~ living** la vida refinada **-3.** *Old-fashioned (exclamation)* **~ (me)!, good(ness) ~!** ¡santo cielo!, ¡Dios bendito!; **good ~ no!** ¡por Dios, no!

graciously ['greɪʃəslɪ] *adv* con magnanimidad; **to ~ accept** dignarse a aceptar

graciousness ['greɪʃəsnɪs] *n* **-1.** *(kindness, politeness)* magnanimidad *f* **-2.** *(elegance)* elegancia *f*

grad [græd] *n Fam* estudiante *mf* de posgrado ❏ *US* **~ school** escuela *f* de posgrado

gradation [grə'deɪʃən] *n* gradación *f*; **subtle gradations of meaning** matices sutiles del significado

grade [greɪd] ◇ *n* **-1.** *(rank)* grado *m*, rango *m*; **the top grades of the civil service** los escalafones superiores de la administración pública **-2.** *(quality)* clase *f*, calidad *f*; **a high ~ of coal** un carbón de alta calidad; IDIOM **to make the ~** dar la talla; *US* **to be up to ~** ser de suficiente calidad **-3.** *US SCH (mark)* nota *f* ❏ **~ point average** nota *f* media **-4.** *US (year at school)* curso *m* ❏ **~ school** escuela *f* primaria **-5.** *US RAIL* **~ crossing** paso *m* a nivel
◇ *vt* **-1.** *(classify)* clasificar **-2.** *US EDUC* **to ~ essays** calificar los trabajos **-3.** *US (level)* nivelar

graded ['greɪdɪd] *adj* graduado(a), escalonado(a); **~ exercises** ejercicios escalonados según su dificultad

grader ['greɪdə(r)] *n* **-1.** *US (pupil)* **a first/second ~** un alumno de primero/segundo **-2.** *(machine)* niveladora *f*

gradient ['greɪdɪənt] *n* **-1.** *(of slope)* pendiente *f*; **a ~ of one in four, a one in four ~** una pendiente del 25 por ciento **-2.** *(of temperature)* gradiente *m*, curva *f* de temperaturas **-3.** COMPTR **~ fill** degradado *m* lineal

gradual ['grædjʊəl] *adj* gradual

gradualism ['grædjʊəlɪzəm] *n* transformación *f* gradual

gradually ['grædjʊəlɪ] *adv* gradualmente

graduate ['grædjʊət] ◇ *n* **-1.** UNIV licenciado(a) *m,f*; **biology/history ~** licenciado(a) en biología/historia; **she's an Oxford ~** *or* **a ~ of Oxford** es licenciada por la Universidad de Oxford ❏ *US* **Graduate Record Exam** = examen previo a un curso de posgrado **-2.** *US (from high school)* ≃ bachiller *mf*
◇ *adj US (postgraduate)* **~ studies** estudios *mpl* de posgrado
◇ *vt* ['grædjʊeɪt] **-1.** *US (student)* conferir *or* dar el título a; **I graduated college last May** terminé la carrera en mayo pasado **-2.** *(thermometer, measuring vessel)* graduar
◇ *vi* **-1.** UNIV obtener la licenciatura, licenciarse; **he graduated in linguistics** obtuvo la licenciatura en lingüística **-2.** *US (from high school)* ≃ sacar el bachillerato **-3.** *(progress)* **to ~ to** pasar a; **she learnt on a cheap violin before graduating to a better instrument** aprendió con un violín corriente antes de pasar a tocar con uno mejor; **he soon graduated from marijuana to cocaine** pronto pasó *or* dio el paso de la marihuana a la cocaína

graduated ['grædjʊeɪtɪd] *adj (thermometer)* graduado(a) ❏ COMPTR **~ fill** degradado *m* lineal; **~ income tax** impuesto *m* sobre la renta progresivo

graduation [grædjʊ'eɪʃən] *n* **-1.** *(from school, university)* graduación *f* ❏ **~ ceremony** ceremonia *f* de graduación **-2.** *(progression)* paso *m*

Graeco-Roman, *US* **Greco-Roman** [gri:kəʊ-'rəʊmən] *adj* grecorromano(a) ❏ **~ wrestling** lucha *f* grecorromana

graffiti [græ'fi:ti:] *n* graffiti *mpl*; **a piece of ~** un graffiti; **there's some ~ on the wall** hay graffiti en la pared ❏ **~ artist** artista *mf* de graffiti

graft[1] [grɑ:ft] ◇ *n (of skin, plant)* injerto *m*; **bone/skin ~** injerto óseo/de piel
◇ *vt. (skin, plant)* injertar (**onto** en) **-2.** *Fig (idea, method)* insertar (**onto** en)

graft[2] *Fam* ◇ *n* **-1.** *Br (work)* **the job involves a lot of hard ~** en ese trabajo hay que trabajar mucho *or Esp* currar a tope *or Méx* chambear duro *or RP* laburar como loco **-2.** *US (bribery, corruption)* corruptelas *fpl*
◇ *vi Br (work hard)* trabajar mucho, *Esp* currar a tope, *Méx* chambear duro, *RP* laburar como loco

grafter ['grɑ:ftə(r)] *n Fam* **-1.** *Br (hard worker)* trabajador(ora) *m,f*, *Esp* currante *mf*, *Col* camellador(ora) *m,f*, *RP* laburador(ora) *m,f* **-2.** *US (corrupt person, official)* corrupto(a) *m,f*, Andes, *RP* coimero(a) *m,f*

graham ['greɪəm] *adj US* **~ cracker** galleta *f* integral; **~ flour** harina *f* integral

Grail [greɪl] *n* **-1.** MYTHOL **the (Holy) ~** el (Santo) Grial **-2.** *Fig (tantalising goal)* ideal *m*; **the ~ of full employment/world peace** el ideal del pleno empleo/de la paz mundial

grain [greɪn] *n* **-1.** *(particle) (of wheat, salt, sand)* grano *m*; **a ~ of truth** una pizca de verdad **-2.** *(cereal)* cereal *m*, grano *m*; **~ market** mercado de cereal ❏ **~ alcohol** alcohol *m* de grano; **~ elevator** silo *m* **-3.** *(of photo)* grano *m* **-4.** *(of leather, stone)* grano *m*; *(of wood) (fibre)* grano *m*; *(pattern)* veta *f*; **to cut wood against the ~** cortar la madera a contrahilo; IDIOM **it goes against the ~ for me to do it** me cuesta mucho hacer eso **-5.** *(unit of weight)* grano *m* (= 0,065 gramos)

grainy ['greɪnɪ] *adj (photo, TV or cinema image)* granuloso(a), con mucho grano

gram[1] [græm] *n* gramo *m* ❏ CHEM **~ atom** átomo-gramo *m*

gram[2] *n* **~ flour** harina *f* de garbanzo

graminivorous [græmɪ'nɪvərəs] *adj* granívoro(a)

grammar ['græmə(r)] *n* **-1.** *(rules, discipline, knowledge)* gramática *f*; **English/Spanish ~** gramática inglesa/española; **it's bad ~ to say that** eso está mal dicho; **her ~ is terrible** comete muchos errores gramaticales ❏ COMPTR **~ checker** corrector *m* de gramática **-2.** *(text)* **~ (book)** gramática *f* **-3.** *Br* **~ school** centro *m* de enseñanza secundaria *(al que sólo se accede tras superar un examen de ingreso)*

grammarian [grə'meərɪən] *n* gramático(a) *m,f*

grammatical [grə'mætɪkəl] *adj (mistake, rule)* gramatical; **a ~ sentence** una oración gramaticalmente correcta

grammaticality [grəmætɪ'kælɪtɪ] *n* gramaticalidad *f*

grammatically [grə'mætɪklɪ] *adv* gramaticalmente; **to speak/write ~** hablar/escribir con una gramática correcta

gramme [græm] *n Br* gramo *m*

Grammy ['græmɪ] *n US* **~ (award)** (premio *m*) Grammy *m*

gramophone ['græməfəʊn] *n Old-fashioned* gramófono *m* ❏ **~ record** disco *m* de gramófono

gramps [græmps] *n US Fam* abuelo *m*, yayo *m*

grampus ['græmpəs] *n* **-1.** *(dolphin)* delfín *m* gris **-2.** *(whale)* orca *f*

gran [græn] *n Fam (grandmother)* abuela *f*, *Esp* yaya *f*

granary ['grænərɪ] *n* **-1.** *(store)* granero *m* **-2.** *Br* **~ bread** pan *m* de semillas; *Br* **~ loaf** pan *m* de semillas

grand [grænd] ◇ *adj* **-1.** *(imposing, impressive)* grandioso(a); *(plan, scheme)* ambicioso(a); **on a ~ scale** a gran escala; **to entertain on a ~ scale** agasajar a lo grande; **in (a) ~ style** a lo grande; **this dress is a bit too ~ for me** este vestido me resulta demasiado ostentoso ❏ **the Grand Canyon** el Gran Cañón (del Colorado); **the Grand Canyon State** = apelativo familiar referido al estado de Arizona; **~ finale** final *m* apoteósico, apoteosis *f inv* final; *US* LAW **~ jury** jurado *m* de acusación; *Br* **the Grand National** el Grand National = carrera hípica de obstáculos que se celebra anualmente en Aintree, Gran Bretaña; **~ opera** gran ópera *f*; **~ piano** piano *m* de cola; **~ prix** *(motor race)* gran premio *m*; **~ slam** *(in tennis, bridge, rugby)* gran slam *m*; **a ~ slam tournament** *(in tennis)* un torneo de(l) gran slam; HIST **the Grand Tour** = gira por Europa que se consideraba parte de la educación de los jóvenes de la alta sociedad británica
-2. *(of highest rank)* **~ duchess** gran duquesa *f*; **~ duchy** gran ducado *m*; **~ duke** gran duque *m*; **Grand Master** *(in Freemasonry)* Gran Maestro *m*
-3. *(overall)* global; **it was all part of his ~ design** todo era parte de su plan maestro ❏ **~ total** total *m*; **a ~ total of £35,000** un total de 35.000 libras; PHYS **~ unified theory** teoría *f* de la gran unificación
-4. *(revered)* **the ~ old man of car racing** el gran mito viviente *or* la leyenda viva del automovilismo ❏ **the Grand Old Party** = el Partido Republicano *(de Estados Unidos)*
-5. *Fam (excellent)* genial, Andes, CAm, Carib, *Méx* chévere, *Méx* padre, *RP* bárbaro; **we had a ~ time** lo pasamos genial; *Ironic* **we had a ~ old time trying to find the house!** ¡lo pasamos genial buscando la casa!; **I'm not feeling too ~** no me siento muy bien
◇ *n Fam* **-1.** *(thousand pounds)* mil libras *fpl*; *(thousand dollars)* mil dólares *mpl*; **ten ~** diez mil **-2.** *(piano)* piano *m* de cola

GRAND JURY

En el sistema judicial de Estados Unidos el llamado **grand jury** es el jurado que decide si hay suficientes pruebas para llevar a juicio al acusado de un delito. Pueden ser federales y estatales. La composición de los federales es de 16 a 23 personas. El número de miembros de los jurados estatales varía de forma considerable de estado a estado, pero nunca es más de 23 y muy pocos estados tienen menos de 10. Tienen potestad para llamar a declarar a testigos y reunir pruebas y la mayoría de ellos puede además investigar asuntos civiles y criminales. Sus deliberaciones se celebran a puerta cerrada y los testigos no tienen derecho normalmente a la presencia de su abogado.

grandad ['grændæd] *n Fam* abuelito *m*, yayo *m* ❏ **~ collar** cuello *m* alto *(de camisa)*; **~ shirt** camisa *f* de cuello alto

grandaddy ['grændædɪ] *n Fam* **-1.** *(grandfather)* abuelo *m*, yayo *m* **-2.** *(first, best example)* **the ~ of them all** el padre de todos ellos

grand-aunt ['grænd'ɑ:nt] *n* tía *f* abuela

grandchild ['græntʃaɪld] *n* nieto(a) *m,f*

granddaughter ['grændɔ:tə(r)] *n* nieta *f*

grandee [græn'di:] *n* **-1.** *(nobleman)* grande *m* **-2.** *Fam (important person)* pez *m* gordo

grandeur ['grændjə(r)] *n (of place, building)* grandiosidad *f*; *(personal status)* grandeza *f*

grandfather ['grænfɑ:ðə(r)] *n* abuelo *m* ❏ **~ clock** reloj *m* de pie *or* de pared

grandfatherly ['grænfɑ:ðəlɪ] *adj* de abuelo; **in a ~ way** como un abuelo

grandiloquence [græn'dɪləkwəns] *n Formal* grandilocuencia *f*

grandiloquent [græn'dıləkwənt] *adj Formal* grandilocuente

grandiloquently [græn'dıləkwəntlı] *adv Formal* con grandilocuencia

grandiose ['grændıəʊs] *adj* grandioso(a); **on a ~ scale** en plan grandioso

grandly ['grændlı] *adv* grandiosamente; **a book ~ entitled "A History of the Universe"** un libro con el grandioso título de "Una historia del universo"

grandma ['grænmɑː] *n Fam* abuela *f*, *Esp* yaya *f*

grandmamma ['grænməmɑː] *n Old-fashioned* abuela *f*, *Esp* yaya *f*

grandmaster ['grænd'mɑːstə(r)] *n (in chess)* gran maestro(a) *m,f*

grandmother ['grænmʌðə(r)] *n* abuela *f*

grandmotherly ['grænmʌðəlı] *adj* de abuela; **in a ~ way** como una abuela

grand-nephew ['græn'nefjuː] *n* sobrino *m* nieto

grandness ['grændnıs] *n (of behaviour, gesture)* grandilocuencia *f*; *(of lifestyle)* opulencia *f*; *(of appearance)* ostentosidad *f*

grand-niece ['græn'niːs] *n* sobrina *f* nieta

grandpa ['grænpɑː] *n Fam* abuelito *m*, yayo *m*

grandpapa ['grænpəpɑː] *n Old-fashioned* abuelo *m*, yayo *m*

grandparent ['grænpeərənt] *n* abuelo(a) *m,f*; **grandparents** abuelos

grandson ['grænsʌn] *n* nieto *m*

grandstand ['grænstænd] ◇ *n (in stadium)* tribuna *f*; **to have a ~ view of sth** presenciar algo desde una posición privilegiada
◇ *vi US Fam* figurar, pavonearse, *Esp* darse pisto

grand-uncle ['grænd'ʌŋkəl] *n* tío *m* abuelo

grange [greındʒ] *n* **-1.** *Br (house)* casa *f* solariega **-2.** *US (farm)* granja *f*

granite ['grænıt] *n* granito *m* ❑ *Br* **the Granite City** = apelativo referido a la ciudad de Aberdeen; **the Granite State** = apelativo familiar referido al estado de New Hampshire

grannie, granny ['grænı] *n Fam* abuelita *f*, *Esp* yaya *f* ❑ *US* **~ dumping** = abandono de un familiar anciano en la recepción de un hospital; **~ flat** = apartamento anexo a una casa o en su interior dedicado al alojamiento de un familiar anciano; **~ glasses** gafas *fpl* de aro; **~ knot** nudo *m* mal hecho; **Granny Smith** manzana *f* Granny Smith

granola [grə'nəʊlə] *n US* muesli *m* de avena

grant [grɑːnt] ◇ *n* **-1.** *(financial aid)* subvención *f*; *(for student)* beca *f* **-2.** *(transfer) (of property, land)* cesión *f*, concesión *f*
◇ *vt* **-1.** *(allow) (permission, request)* conceder; *(favour, privilege)* otorgar, conceder; **to ~ sb an interview** conceder una entrevista a alguien; *Literary* **God ~ you good fortune** que Dios le proteja; [IDIOM] **to take sth for granted** dar algo por supuesto *or* por sentado; **she felt that she was being taken for granted** sentía que no la apreciaban debidamente
-2. *(award) (credit, loan, money, subsidy)* conceder
-3. *(admit)* reconocer, admitir; **I ~ that he's talented, but...** reconozco *or* admito que tiene talento, pero...; **I ~ (you) he was mistaken, but he meant well** de acuerdo, estaba equivocado, pero lo hizo con buena intención; **granted, he's not very intelligent, but...** de acuerdo, no es muy inteligente pero...

grantee [grɑːn'tiː] *n LAW* cesionario(a) *m,f*

grant-in-aid ['grɑːntın'eıd] *n* subvención *f*, subsidio *m*

grant-maintained ['grɑːntmeın'teınd] *adj Br* **~ school** = escuela subvencionada directamente por el Estado, no por las autoridades locales

grantor [grɑːn'tɔː(r)] *n LAW* cesionista *mf*

granular ['grænjʊlə(r)] *adj (surface, texture)* granuloso(a)

granulated ['grænjʊleıtıd] *adj* granulado(a), en gránulos; **~ sugar** azúcar granulado *f*

granule ['grænjʊl] *n* gránulo *m*; **coffee/tea granules** gránulos de café/té

grape [greıp] *n* uva *f* ❑ **~ harvest** vendimia *f*; **~ juice** mosto *m*, *Esp* zumo *m* or *Am* jugo *m* de uva; **~ picker** vendimiador(ora) *m,f*; **~ sugar** azúcar *f* de uva, dextrosa *f*

grapefruit ['greıpfruːt] *n* pomelo *m*, *Am* toronja *f* ❑ **~ juice** *Esp* zumo *m* or *Am* jugo *m* de pomelo

grapeshot ['greıpʃɒt] *n* metralla *f*

grapevine ['greıpvaın] *n* **-1.** *(plant) (on ground)* vid *f*; *(climbing)* parra *f* **-2.** [IDIOM] *Fam* **I heard on the ~ that...** me ha dicho un pajarito que...

graph [grɑːf] ◇ *n* gráfico *m*, gráfica *f* ❑ **~ paper** papel *m* milimetrado
◇ *vt* hacer un gráfico *or* una gráfica de

grapheme ['græfiːm] *n LING* grafema *m*

graphic ['græfık] *adj* **-1.** MATH *(in graph form)* gráfico(a)
-2. *(stark, explicit) (description, language)* gráfico(a); **in ~ detail** sin escatimar detalle, con todo lujo de detalles
-3. ART gráfico(a) ❑ **~ artist** artista *mf* gráfico(a); **~ arts** artes *fpl* gráficas; **~ design** diseño *m* gráfico; **~ designer** diseñador(ora) *m,f* gráfico(a), grafista *mf*; **~ novel** novela *f* ilustrada
-4. ELEC **~ equalizer** ecualizador *m* gráfico
-5. COMPTR **~ accelerator** acelerador *m* gráfico; **~ display** representación *f* gráfica; **~ mode** modo *m* gráfico

graphical ['græfıkəl] *adj* COMPTR **~ (user) interface** interfaz *f* gráfica

graphically ['græfıklı] *adv (to describe, portray)* gráficamente

graphics ['græfıks] ◇ *n* ART diseño *m* gráfico, grafismo *m*
◇ *npl* **-1.** *(illustrations)* diseño *m* gráfico **-2.** COMPTR gráficos *mpl* ❑ **~ accelerator** acelerador *m* gráfico; **~ card** tarjeta *f* gráfica; **~ mode** modo *m* gráfico; **~ tablet** tableta *f* gráfica

graphite ['græfaıt] *n* grafito *m*

graphologist [græ'fɒlədʒıst] *n* grafólogo(a) *m,f*

graphology [græ'fɒlədʒı] *n* grafología *f*

grapnel ['græpnəl] *n* rezón *m*

grapple ['græpəl] ◇ *vt US (person)* **to ~ sb to the floor** forcejear con alguien para tirarlo al suelo
◇ *vi (fight)* forcejear (**with** con); **to ~ with a problem** debatirse *or* batallar con un problema; **to ~ with inflation** luchar contra la inflación

grappling hook ['græplıŋ'hʊk], **grappling iron** ['græplıŋ'aıən] *n* rezón *m*

GRAS [dʒiːɑːreı'es] *adj US (abbr* **generally recognized as safe)** = declarado no perjudicial por las autoridades sanitarias estadounidenses

grasp [grɑːsp] ◇ *n* **-1.** *(hold)* asimiento *m*; **to have a strong ~** tener mucha fuerza en las manos; **to wrest sth from sb's ~** arrancar algo de las manos de alguien
-2. *Fig (reach)* **within one's ~** al alcance de uno; **beyond one's ~** fuera del alcance de uno; **success is now within her grasp** el éxito está ahora a su alcance; **the opportunity had slipped from her ~** la oportunidad se le había ido de las manos
-3. *(understanding)* comprensión *f*; **his ~ of the problem was poor** no comprendía bien el problema; **to have a good ~ of modern history** conocer bien la historia moderna
◇ *vt* **-1.** *(hold firmly)* agarrar, asir; **to ~ (hold of) sb's hand** agarrar *or* asir con fuerza la mano de alguien; **he grasped the book to his chest** apretó el libro contra el pecho; *Fig* **to ~ the opportunity** aprovechar la oportunidad; [IDIOM] **to ~ the nettle** agarrar al toro por los cuernos
-2. *(understand)* comprender; **to ~ the importance of sth** comprender bien la importancia de algo

◆ **grasp at** *vt insep (attempt to seize)* intentar agarrar; *(accept eagerly)* aprovechar; **to ~ at an opportunity** no dejar escapar una oportunidad, aprovechar una oportunidad

grasping ['grɑːspıŋ] *adj* avaricioso(a)

grass [grɑːs] ◇ *n* **-1.** *(plant)* hierba *f*; [IDIOM] **she doesn't let the ~ grow under her feet** *(is very decisive)* no pierde el tiempo; [PROV] **the ~ is always greener (on the other side of the fence)** siempre anhelamos lo que no tenemos ❑ *Fig* **the ~ roots** *(of organization)* las bases; **~ skirt** borde *m* de césped; **~ snake** culebra *f* de agua; **~ widow** = mujer cuyo marido está siempre fuera; **~ widower** = hombre cuya mujer está siempre fuera
-2. *(lawn)* césped *m*, hierba *f*; **to cut** *or* **mow the ~** cortar el césped *or* la hierba; **keep off the ~** *(sign)* prohibido pisar el césped ❑ **~ box** *(of lawnmower)* recogecésped *m*; **~ court** *(in tennis)* pista *f* de hierba
-3. *(pasture)* pasto *m*; **to put a horse out to ~** sacar un caballo a pastar; *Fig* **to put sb out to ~** jubilar a alguien
-4. *Fam (marijuana)* maría *f*, hierba *f*
-5. *Br Fam (informer)* soplón(ona) *m,f*, *Esp* chivato(a) *m,f*
◇ *vt* **to ~ (over)** *(field)* plantar hierba en
◇ *vi Br Fam (inform)* cantar; **to ~ on sb** delatar a alguien, dar el soplo sobre alguien

grass-cutter ['grɑːskʌtə(r)] *n* cortacésped *m* or *f*

grasshopper ['grɑːshɒpə(r)] *n* **-1.** *(insect)* saltamontes *m inv* ❑ **~ warbler** buscarla *f* pintoja **-2.** [IDIOM] **he's got a ~ mind** mariposea de un tema a otro constantemente

grassland ['grɑːslænd] *n* pradera *f*, pastizal *m*

grass-roots ['grɑːs'ruːts] *adj* **at ~ level** al nivel de las bases; **~ opinion** la opinión de las bases; **~ support/opposition** apoyo/oposición de las bases

grassy ['grɑːsı] *adj* poblado(a) de hierba

grate¹ [greıt] *n (of hearth)* parrilla *f*, rejilla *f*

grate² ◇ *vt (cheese, nutmeg)* rallar; **grated cheese** queso rallado; **grated lemon rind** ralladura de limón
◇ *vi* **-1.** *(machinery)* chirriar, rechinar; **the bones grated against each other** los huesos rechinaban entre sí **-2.** *Fig* **his cheerfulness starts to ~ after a while** al cabo de un rato, su jovialidad comienza a crispar; **to ~ on the ear** *(voice, sound)* hacer daño al oído; **it really grates on my nerves** me ataca los nervios

G-rated ['dʒiːreıtıd] *adj US (movie)* apto(a) para todos los públicos

grateful ['greıtfʊl] *adj* agradecido(a); **to be ~ (to sb/for sth)** estar agradecido(a) (a alguien/por algo); **I am extremely ~ to you** te estoy sumamente agradecido; **I'm ~ for all you've done** te agradezco todo lo que has hecho; **be ~ for what you've got** agradece lo que tienes; **I would be ~ if you could let me know as soon as possible** le agradecería que me lo comunicara lo antes posible

gratefully ['greıtfʊlı] *adv* agradecidamente, con gratitud; **to smile ~** sonreír con gratitud; **all donations ~ accepted** se agradece cualquier donación

grater ['greıtə(r)] *n (for cheese, nutmeg)* rallador *m*

graticule ['grætıkjuːl] *n* **-1.** *(in microscope, telescope)* retícula *f* **-2.** *(on map)* coordenadas *fpl* geográficas, cuadrícula *f*

gratification [grætıfı'keıʃən] *n* satisfacción *f*; **I noticed to my ~ that...** para mi satisfacción, noté que...

gratified ['grætıfaıd] *adj* **to be ~ (by)** estar satisfecho(a) (con); **I was ~ by the news** las noticias me produjeron gran satisfacción

gratify ['grætıfaı] *vt* **-1.** *(person)* satisfacer; **it gratified him to learn/know that...** le produjo gran satisfacción *or* le fue muy grato enterarse de/saber que... **-2.** *(whim, wish)* satisfacer

gratifying ['grætıfaıŋ] *adj* satisfactorio(a), gratificante; **it's ~ to know that...** es grato saber que...

grating¹ ['greıtıŋ] *adj* **-1.** *(noise)* chirriante; *(voice)* chillón(ona) **-2.** *(irritating)* crispante

grating² *n (grille)* reja *f*

gratis ['grætɪs] *adv* gratis

gratitude ['grætɪtjuːd] *n* gratitud *f*; **to show one's ~ (to** *or* **towards sb)** demostrar su gratitud (a alguien); **to express one's ~ (for sth)** expresar su gratitud (por algo); **this is how they show their ~ for all our help!** ¡así es como nos demuestran su gratitud por la ayuda que les dimos!

gratuitous [grə'tjuːɪtəs] *adj (unjustified)* gratuito(a); **~ violence** violencia gratuita

gratuitously [grə'tjuːɪtəslɪ] *adv (without good reason)* gratuitamente

gratuitousness [grə'tjuːɪtəsnɪs] *n* gratuidad *f*

gratuity [grə'tjuːɪtɪ] *n Formal (tip)* propina *f*, gratificación *f*

gravadlax = gravlax

grave¹ [greɪv] ◇ *n* **-1.** *(for burial)* tumba *f*; **to be in one's ~** estar en la tumba ❑ **~ clothes** mortaja *f*; **~ robber** ladrón(ona) *m,f* de tumbas
-2. IDIOM **he took his secret with him to the ~** se llevó el secreto a la tumba; **from beyond the ~** del más allá, de ultratumba; **he drank himself into an early grave** la bebida se lo llevó a la tumba prematuramente; **to make sb turn in his ~** hacer que alguien se revuelva en su sepultura; **to have one foot in the ~** estar con un pie en la tumba
◇ *adj* **-1.** *(matter, mistake, accusation)* grave **-2.** *(manner, voice)* grave

grave² [grɑːv] LING ◇ *n* acento *m* grave
◇ *adj* grave

gravedigger ['greɪvdɪɡə(r)] *n* sepulturero(a) *m,f*

gravel ['grævəl] ◇ *n* **-1.** *(small stones)* grava *f*, gravilla *f* ❑ **~ path** camino *m* de grava; **~ pit** yacimiento *m* de grava, gravera *f* **-2.** MED arenilla *f*
◇ *vt (pt & pp* **gravelled**, *US* **graveled)** cubrir de grava

gravelled, *US* **graveled** ['grævəld] *adj* de grava

gravelly ['grævəlɪ] *adj* **-1.** *(sand, soil)* pedregoso(a) **-2. a ~ voice** una voz áspera

gravely ['greɪvlɪ] *adv* **-1.** *(seriously)* gravemente; **~ wounded** gravemente herido(a); **~ ill** muy grave; **to be ~ mistaken** estar sumamente equivocado(a) **-2.** *(solemnly)* con gravedad

graven ['greɪvən] *adj (in the Bible)* **~ image** ídolo *m*

graveside ['greɪvsaɪd] *n* **at sb's ~** al pie de la *or* junto a la tumba de alguien

gravestone ['greɪvstəʊn] *n* lápida *f*

graveyard ['greɪvjɑːd] *n* **-1.** *(burial place)* cementerio *m* **-2.** *Fig* **this town is a ~** este pueblo es como un cementerio; **the battle was the ~ of Napoleon's hopes** la batalla sepultó las esperanzas de Napoleón ❑ **~ shift** *(in factory)* turno *m* de noche; **~ slot** *(on radio, TV)* horario *m* de menor audiencia

gravid ['grævɪd] *adj* MED grávida

graving dock ['greɪvɪŋ'dɒk] *n* dique *m* seco

gravitate ['grævɪteɪt] *vi* **to ~ towards** verse atraído(a) por; **many young people ~ towards the big cities** muchos jóvenes se ven atraídos por las grandes ciudades; **most of the guests had gravitated towards the bar** casi todos los invitados se habían ido desplazando hacia el bar

gravitation [grævɪ'teɪʃən] *n* **-1.** PHYS gravitación *f* **-2.** *(gradual movement)* desplazamiento *m*; **his slow ~ towards the right of the party** su desplazamiento gradual hacia la derecha del partido

gravitational [grævɪ'teɪʃənəl] *adj (force, field)* gravitatorio(a) ❑ **~ pull** atracción *f* gravitatoria

gravity ['grævɪtɪ] *n* **-1.** *(force)* gravedad *f* ❑ TECH **~ feed** alimentación *f* por gravedad **-2.** *(of matter, mistake, accusation)* gravedad *f* **-3.** *(of person, manner)* gravedad *f*

gravlax ['grævlæks], **gravadlax** ['grævədlæks] *n* gravlax *m*, salmón *m* marinado

gravy ['greɪvɪ] *n* **-1.** *(for meat)* salsa *f* (hecha con el jugo de la carne) ❑ **~ boat** salsera *f* **-2.** *Fam* **~ train**: **to be on the ~ train** estar apuntado(a) al *Esp* chollo *or* *Am* chance de la temporada **-3.** *US Fam (easy money, bonus)* **it's ~** es dinero regalado

gray, gray-haired *etc US* = **grey, grey-haired** *etc*

grayling ['greɪlɪŋ] *n (fish)* tímalo *m*, timo *m*

graze¹ [greɪz] ◇ *vt* **-1.** *(of farmer) (cattle, herd)* apacentar **-2.** *(of cattle) (grass)* pastar; *(field)* pastar en
◇ *vi* **-1.** *(cattle)* pastar, pacer **-2.** *(person)* picar

graze² ◇ *n* rasguño *m*
◇ *vt (scrape)* rasguñar; *(touch lightly)* rozar; **to ~ one's knee** hacerse un rasguño en la rodilla; **she grazed her elbow on the wall** se raspó el codo contra la pared; **the bullet grazed his cheek** la bala le rozó la mejilla

grazing ['greɪzɪŋ] *n (pasture)* pastos *mpl*, pastizales *mpl*

grease [griːs] ◇ *n* **-1.** *(in cooking)* grasa *f*, *RP* grasitud *f* **-2.** *(for machine)* grasa *f* ❑ **~ gun** *(pump)* pistola *f* de engrase; *US Fam (submachine gun)* subfusil *m*; *Fam* **~ monkey** mecánico(a) *m,f*
◇ *vt* **-1.** *(cake tin)* engrasar **-2.** *(machine)* engrasar, lubricar **-3. to ~ back one's hair** engominarse el pelo **-4.** IDIOMS *Fam* **to ~ sb's palm** *(bribe)* untar a alguien, *Andes, RP* coimear a alguien, *CAm, Méx* dar una mordida a alguien; **to ~ the wheels** engrasar el mecanismo; *Fam* **to move like greased lightning** moverse con la velocidad del rayo

greasepaint ['griːspeɪnt] *n* THEAT maquillaje *m* de teatro; IDIOM **the smell of ~** el ambiente teatral

greaseproof ['griːspruːf] *adj Br* **~ paper** papel *m* de cera *or* parafinado

greaser ['griːsə(r)] *n Fam* **-1.** *(biker)* motero(a) *m,f* **-2.** *US Pej (Latin American)* latino(a) *m,f*, sudaca *mf*

grease-stained ['griːsteɪnd] *adj* con manchas de grasa

greasiness ['griːsɪnɪs] *n* **-1.** *(of food, hair, skin)* grasa *f*, *RP* grasitud *f* **-2.** *(of hands, clothes)* grasa *f*, *RP* grasitud *f* **-3.** *(of manner)* adulación *f*, lisonja *f*

greasy ['griːsɪ] *adj* **-1.** *(containing, covered in grease) (food)* grasiento(a); *(hair, skin)* graso(a) ❑ *Fam* **~ spoon** *(cheap restaurant)* restaurante *m* barato **-2.** *(grease-stained)* manchado(a) de grasa **-3.** *Fam (manner)* adulador(ora), *Méx, RP* arrastrado(a)

great [greɪt] ◇ *adj* **-1.** *(large, considerable)* grande, gran *(before singular noun)*; **this is a ~ improvement over her previous novel** ha mejorado mucho respecto a su anterior novela; **to reach a ~ age** llegar a una edad avanzada; **to take ~ care** poner *or* tener mucho cuidado; **in ~ detail** en *or* con gran detalle; **with the greatest of ease/pleasure** con suma facilidad/sumo placer; **it gives me ~ pleasure to announce that...** es un auténtico placer para mí anunciar que...; **I have ~ respect for them** siento enorme respeto por ellos; **he slept for the greater part of the afternoon** durmió la mayor parte de la tarde; **a ~ deal better** muchísimo mejor; **a ~ deal of...** muchísimo(a)...; **a ~ many** muchos(as) ❑ **~ ape** gran simio *m* antropoide; **~ cormorant** cormorán *m* grande; **~ crested grebe** somormujo *m* lavanco; **~ grey shrike** alcaudón *m* real; **~ reed warbler** carricero *m* tordal; **~ skua** págalo *m* grande; **~ tit** carbonero *m* común
-2. *(important)* grande, gran *(before singular noun)*; **a ~ artist** un(a) gran artista; **the ~ Jesse Owens** el gran Jesse Owens; **to be the greatest** ser el mejor; **~ deeds** grandes hazañas; **he seems destined for ~ things** parece destinado a hacer grandes cosas; *Hum* **~ minds think alike** los genios siempre tenemos las mismas ideas
-3. *(accomplished)* grande, gran *(before singular noun)*; **a ~ player/painting** un gran jugador/cuadro; **he's ~ at cooking** cocina de maravilla; **to have a ~ eye for detail** tener un ojo excelente para los detalles
-4. *Fam (very good)* genial, *Andes, CAm, Carib, Méx* chévere, *Méx* padre, *RP* bárbaro; **this knife is ~ for chopping carrots** este cuchillo es genial *or Andes, CAm, Carib, Méx* chévere *or Méx* padre *or RP* bárbaro(a) para picar zanahorias; **it's ~ that you'll be living so near us!** *Esp* ¡qué genial que vayáis a vivir tan cerca de nosotros!, ¡qué *Andes, CAm, Carib, Méx* chévere *or Méx* padre *or RP* bárbaro que vengan a vivir tan cerca de nosotros!; **it's ~ to see you again!** ¡qué alegría verte de nuevo!; **to have a ~ time** pasarlo muy bien; **he's a ~ guy** es un tipo excelente; **the ~ thing about this printer is...** y lo mejor de esta impresora es que...; **(that's) ~!** ¡genial!, *Andes, CAm, Carib, Méx* ¡chévere!, *Méx* ¡padre!, *RP* ¡bárbaro!; *Ironic* **oh, (that's) ~, now what are we going to do?** oh, fantástico, ¿y ahora qué hacemos?
-5. *(enthusiastic, committed)* **I'm a ~ fan of hers** soy un gran admirador suyo; **they are ~ friends** son muy buenos amigos; **she's a ~ hillwalker** es muy aficionada al montañismo; **he's a ~ one for having everything planned in advance** nadie como él para tener todo planeado de antemano
-6. *(in proper names)* **Alexander the Great** Alejandro Magno ❑ **the Great Barrier Reef** la Gran Barrera de Coral; ASTRON **the Great Bear** la Osa Mayor; **Great Britain** Gran Bretaña; **Great Dane** gran danés *m*; HIST **the Great Depression** la Gran Depresión; **the Great Divide** la División Continental; **the Great Lake State** = apelativo familiar referido al estado de Michigan; **the Great Lakes** los Grandes Lagos; HIST **the Great Leap Forward** el gran salto adelante; **Greater London** el Gran Londres, el área metropolitana de Londres; **the Great Plains** las Grandes Llanuras (de Norteamérica); **the Great Salt Lake** el Gran Lago Salado; **the Great Wall of China** la Gran Muralla China; HIST **the Great War** la Gran Guerra, la Primera Guerra Mundial
◇ *n (person)* grande *mf*
◇ *npl* **the ~ and the good** las personalidades más importantes de la vida pública
◇ *adv Fam* **-1.** *(well)* estupendamente; **I feel ~!** ¡me siento estupendamente!; **he's doing ~** *(in health)* se está recuperando muy bien
-2. *(for emphasis)* **a ~ big dog** un perrazo enorme; **you ~ fat slob!** ¡so vago *or Esp* gandulazo!, ¡pedazo de *Andes, Méx* flojo *or RP* haragán!; **you ~ big idiot!** ¡pero qué tontorrón *or Am* papanatas eres!; **a huge ~ mountain** una montaña gigantesca

great-aunt ['greɪt'ɑːnt] *n* tía *f* abuela

greatcoat ['greɪtkəʊt] *n* abrigo *m*, gabán *m*

great-grandchild ['greɪt'græntʃaɪld] *n* bisnieto(a) *m,f*

great-granddaughter ['greɪt'grændɔːtə(r)] *n* bisnieta *f*

great-grandfather ['greɪt'grænfɑːðə(r)] *n* bisabuelo *m*

great-grandmother ['greɪt'grænmʌðə(r)] *n* bisabuela *f*

great-grandparents ['greɪt'grænpeərənts] *npl* bisabuelos *mpl*

great-grandson ['greɪt'grænsʌn] *n* bisnieto *m*

great-great-grandchild ['greɪt'greɪt'græntʃaɪld] *n* tataranieto(a) *m,f*

great-great-granddaughter ['greɪt'greɪt'grændɔːtə(r)] *n* tataranieta *f*

great-great-grandfather ['greɪt'greɪt'grænfɑːðə(r)] *n* tatarabuelo *m*

great-great-grandmother ['greɪt'greɪt'grænmʌðə(r)] *n* tatarabuela *f*

great-great-grandparents ['greɪt'greɪt'grænpeərənts] *npl* tatarabuelos *mpl*

great-great-grandson ['greɪt'greɪt'grænsʌn] *n* tataranieto *m*

greatly ['greɪtlɪ] *adv* **~ changed** muy cambiado(a); **he was ~ influenced by his father** estaba muy influido por su padre; **it's ~ improved** ha mejorado mucho; **you'll be ~**

missed tu ausencia se va a sentir mucho; **~ though I admired/respected him...** aunque lo admiraba/respetaba enormemente...

great-nephew ['greɪt'nefjuː] n sobrino m nieto

greatness ['greɪtnɪs] n (of person) talla f, grandeza f; (of action) grandeza f; **to achieve ~** (writer, politician) convertirse en uno de los grandes

great-niece ['greɪt'niːs] n sobrina f nieta

great-uncle ['greɪt'ʌŋkəl] n tío m abuelo

grebe [griːb] n somormujo m; **black-necked ~** zampullín cuellinegro

Grecian ['griːʃən] adj helénico(a), griego(a) ❑ **~ nose** nariz f griega

Greece [griːs] n Grecia

greed [griːd], **greediness** ['griːdɪnɪs] n -1. (for food) glotonería f; (for material things) codicia f (**for** de) -2. (for fame, power, knowledge, success) avidez f (**for** de)

greedily ['griːdɪlɪ] adv -1. (to eat) con glotonería -2. (to look, behave) codiciosamente

greediness = greed

greedy ['griːdɪ] adj -1. (for food) glotón(ona); (for material things) codicioso(a) -2. **to be ~ for sth** (fame, power, knowledge, success) estar ávido(a) de algo

greedy-guts ['griːdɪgʌts] n Fam tragón(ona) m,f

Greek [griːk] ◊ n -1. (person) griego(a) m,f; PROV **beware of Greeks bearing gifts** no te fíes de las apariencias -2. (language) griego m; **ancient/modern ~** griego clásico/moderno; IDIOM Fam **it's all ~ to me** me suena a chino
◊ adj griego(a) ❑ **~ god** dios m griego; **~ goddess** diosa f griega; **~ Orthodox Church** iglesia f ortodoxa griega; COMPTR **~ text** texto m simulado

green [griːn] ◊ n -1. (colour) verde m -2. **greens** (vegetables) verdura f -3. (village) **~** = en los pueblos, parque o zona verde céntricos de uso público -4. (in golf) green m; **to hit/miss the ~** alcanzar/no alcanzar el green ❑ -5. POL **the Greens** los verdes, los ecologistas -6. US (money) Esp pasta f, Am plata f
◊ adj -1. (colour) verde m; **to go** or **turn ~** (traffic lights) cambiar a or ponerse (en) verde; (tree) echar las hojas; Fam (person) ponerse blanco(a) or pálido(a) ❑ **~ bean** Esp judía f verde, Bol, RP chaucha f, Carib, Col habichuela f, Chile poroto m verde, Méx ejote m; **~ belt** (around city) cinturón m verde; US **Green Beret** boina verde mf; **~ card** US (work permit) permiso m de trabajo, carta f verde; (car insurance) carta f verde; **the ~ channel** (at customs) el canal verde, la puerta verde; **Green Cross Code** = código británico de seguridad vial infantil; SPORT **the ~ jersey** el maillot verde; Br **the ~ man** (at pedestrian crossing) la señal de paso para peatones; **wait for the green man** espera que se ponga (en) verde; Hum **little ~ men** hombrecitos verdes; US **the Green Mountain State** = apelativo familiar referido al estado de Vermont; US **~ onion** cebolleta f, RP cebolla f de verdeo; Br PARL **~ paper** libro m verde; **~ pepper** pimiento m verde; Br **the ~ pound** el valor de la libra en el mercado agrícola europeo; **the ~ revolution** la revolución verde; **~ salad** ensalada f verde; **~ sandpiper** andarríos m inv grande; **~ tea** té m verde; **~ woodpecker** pito m real
-2. (undried) (timber) verde
-3. (unripe) verde; **these tomatoes are still ~** estos tomates aún están verdes
-4. Fam (young, inexperienced) inexperto(a), novato(a); (naive) ingenuo(a)
-5. (environmentalist) ecologista, verde ❑ **~ audit** auditoría f ambiental; **the Green Party** el partido ecologista o de los verdes; **~ tourism** turismo m verde
-6. IDIOMS **to be ~ with envy** estar muerto(a) de envidia; **to have ~ fingers** or **US a ~ thumb** tener buena mano para or Esp con las plantas; **to give sb the ~ light (to do sth)** dar a alguien luz verde (para hacer algo); **to keep sb's memory ~** mantener viva la memoria de alguien

greenback ['griːnbæk] n US Fam billete m (dólar estadounidense), RP verde m

greenery ['griːnərɪ] n (plants, trees) vegetación f; (as decoration for cut flowers) verde m

green-eyed ['griːnaɪd] adj de ojos verdes; Literary **the ~ monster** (jealousy) los celos

greenfield site ['griːnfiːld'saɪt] n (for factory, houses) terreno m edificable (fuera del casco urbano)

greenfinch ['griːnfɪntʃ] n verderón m común

green-fingered ['griːn'fɪŋɡəd] adj Br con buena mano para las plantas

greenfly ['griːnflaɪ] n pulgón m

greengage ['griːnɡeɪdʒ] n (fruit) ciruela f claudia

greengrocer ['griːnɡrəʊsə(r)] n Br verdulero(a) m,f; **~'s (shop)** verdulería f

greenhorn ['griːnhɔːn] n Fam novato(a) m,f

greenhouse ['griːnhaʊs] n invernadero m ❑ **the ~ effect** el efecto invernadero; **~ gas** gas m productor del efecto invernadero

greening ['griːnɪŋ] n ecologización f, concienciación f ecológica

greenish ['griːnɪʃ] adj verdoso(a)

greenkeeper ['griːnkiːpə(r)] n técnico(a) m,f de mantenimiento or cuidador(ora) m,f de campo de golf

Greenland ['griːnlənd] n Groenlandia ❑ **~ halibut** fletán m negro

Greenlander ['griːnləndə(r)] n groenlandés(esa) m,f

Greenlandic [griːn'lændɪk] ◊ n (language) groenlandés m
◊ adj groenlandés(esa)

greenlight ['griːnlaɪt] vt US (approve) dar luz verde a

greenmail ['griːnmeɪl] n US COM órdago m, = compra de acciones para su posterior reventa a la misma entidad emisora

greenness ['griːnnɪs] n -1. (colour) verdor m, verde m; (of field, landscape) verdor m, verde m -2. (of fruit) falta f de madurez -3. (of person) (inexperience) inexperiencia f; (naivety) ingenuidad f -4. (environmental awareness) concienciación f ambiental

Greenpeace ['griːnpiːs] n Greenpeace

greenroom ['griːnruːm] n THEAT sala f de descanso (para actores)

greenshank ['griːnʃæŋk] n archibebe m claro

greenstick fracture ['griːnstɪk'fræktʃə(r)] n MED fractura f de tallo verde

greenstuff ['griːnstʌf] n -1. (vegetables) verdura f -2. US Fam (money) Esp pasta f, Am plata f, Méx lana f, RP guita f

Greenwich ['grenɪtʃ] n **~ Mean Time** hora f del meridiano cero or de Greenwich; **the ~ meridian** el meridiano de Greenwich; **~ Village** Greenwich Village, = zona residencial de Manhattan, en Nueva York, conocida como el enclave de artistas y escritores

greenwood ['griːnwʊd] n Archaic or Literary floresta f

greeny ['griːnɪ] adj verdoso(a)

greet [griːt] vt -1. (say hello to) saludar
-2. (welcome) (person, idea) recibir, acoger; **to ~ sth/sb with open arms** recibir or acoger algo/a alguien con los brazos abiertos
-3. (receive, respond to) recibir, acoger; **her speech was greeted with wild applause** su discurso fue recibido or acogido con una enardecida ovación
-4. (be immediately apparent to) **a strange sound greeted our ears** nos llegó a los oídos un extraño sonido; **an awful sight greeted their eyes** un horrendo espectáculo se ofrecía ante sus ojos

greeter ['griːtə(r)] n (in restaurant) relaciones mf inv públicas

greeting ['griːtɪŋ] n saludo m; **to send greetings to sb** enviar saludos or CAm, Col, Ecuad saludes a alguien; **New Year/birthday greetings** felicitaciones de Año Nuevo/cumpleaños ❑ US **~** or Br **greetings card** tarjeta f de felicitación

gregarious [grɪ'ɡeərɪəs] adj (animal) gregario(a); (person) sociable

gregariousness [grɪ'ɡeərɪəsnɪs] n (of animal) gregarismo m; (of person) sociabilidad f

Gregorian [grɪ'ɡɔːrɪən] adj **~ calendar** calendario m gregoriano; **~ chant** canto m gregoriano

Gregory ['ɡreɡərɪ] pr n **Saint ~** San Gregorio; **~ I/II** Gregorio I/II

gremlin ['ɡremlɪn] n Fam duende m

Grenada [ɡrə'neɪdə] n Granada (país)

grenade [ɡrə'neɪd] n granada f; **~ attack** ataque con granadas ❑ **~ launcher** lanzagranadas m inv

Grenadian [ɡrə'neɪdɪən] ◊ n granadino(a) m,f
◊ adj granadino(a)

grenadier [ɡrenə'dɪə(r)] n granadero m

grenadine ['ɡrenədiːn] n (drink) granadina f

grew pt of grow

grey, US **gray** [ɡreɪ] ◊ n -1. (colour) gris m -2. (horse) rucio(a) m,f
◊ adj -1. (in colour) gris ❑ **Grey Friar** fraile m franciscano; **~ heron** garza f real; ST EXCH **~ knight** = agente de bolsa que opera en el mercado gris; COMPTR **~ levels** niveles mpl de gris; ST EXCH **~ market** mercado m gris, preapertura f; **~ matter** (brain) materia f gris; Fam **to exercise the ~ matter** hacer trabajar la materia gris; **~ mullet** mújol m; **~ partridge** perdiz f pardilla; **~ plover** chorlito m gris; **~ seal** foca f gris; **~ squirrel** ardilla f gris; **~ wagtail** lavandera f cascadeña; **~ wolf** lobo m gris
-2. (hair) cano(a), gris; **he's going** or **turning ~** le están saliendo canas; **~ hairs** canas fpl
-3. (overcast) gris
-4. (boring) gris
-5. (unclear) **a ~ area** una zona gris, una zona poco definida
◊ vi (hair) encanecer

greybeard, US **graybeard** ['ɡreɪbɪəd] n Literary anciano m

grey-haired, US **gray-haired** ['ɡreɪ'heəd] adj canoso(a)

Greyhound® ['ɡreɪhaʊnd] n US **~ (bus)** = autobús de largo recorrido

greyhound ['ɡreɪhaʊnd] n (dog) galgo m ❑ **~ race** carrera f de galgos; **~ racing** carreras fpl de galgos; **~ stadium** canódromo m

greying, US **graying** ['ɡreɪɪŋ] adj (hair) encanecido(a); (population) envejecido(a)

greyish, US **grayish** ['ɡreɪɪʃ] adj grisáceo(a)

greylag ['ɡreɪlæɡ] n **~ (goose)** ánsar m (común)

greyness, US **grayness** ['ɡreɪnɪs] n -1. (of paint, skin, sky) color m gris; **the ~ of the weather** el tiempo gris -2. (dullness) **the ~ of London when I was a child** lo gris que era la vida en Londres cuando yo era niño

greyscale, US **grayscale** ['ɡreɪskeɪl] n COMPTR & TYP escala f de grises

grid [ɡrɪd] n -1. (bars) reja f -2. (on map, chart) cuadrícula f ❑ **~ layout** (of town) trazado m cuadricular, planta f cuadriculada; **~ reference** coordenadas fpl -3. (for electricity) red f eléctrica -4. (electrode) electrodo m -5. (on motor racing track) parrilla f de salida; **he was second on the ~** ocupaba el segundo lugar en la parrilla de salida

griddle ['ɡrɪdəl] n plancha f ❑ US **~ cake** crepe m, Am panqueque m

gridiron ['ɡrɪdaɪən] n -1. (for cooking) parrilla f -2. US (field) campo m de fútbol americano

gridline ['ɡrɪdlaɪn] n COMPTR cuadrícula f

gridlock ['ɡrɪdlɒk] n -1. (traffic jam) paralización f del tráfico -2. (in negotiations) estancamiento m

gridlocked ['ɡrɪdlɒkt] adj -1. (roads) **the town centre is ~** el tráfico está paralizado; **I was ~ for an hour** estuve una hora metido en un atasco -2. (negotiations) estancado(a)

grief [ɡriːf] n -1. (sorrow) dolor m, aflicción f; IDIOM **to come to ~** venirse abajo -2. Fam (hassle) **to give sb ~ (about sth)** dar la vara or la lata a alguien (con algo), RP hinchar a alguien (con algo); **I'm getting a lot of ~ from my parents** mis padres no paran de darme la vara or la lata -3. (as exclamation) Fam **good ~!** ¡santo Dios!

grief-stricken ['gri:fstrɪkən] *adj* afligido(a); **to be ~** estar afligido(a)

grievance ['gri:vəns] *n* **-1.** *(resentment)* (sentimiento *m* de) agravio *m*; **to harbour** *or* **nurse a ~** sentirse agraviado(a) **-2.** *(complaint)* motivo *m* de queja; **they voiced** *or* **aired their grievances** expresaron sus quejas ❑ IND **~ procedure** procedimiento *m* de resolución de conflictos

grieve [gri:v] ◇ *vt* apenar, afligir; **it grieves me to have to tell you that...** me apena tener que decirte que...; **I was grieved to discover that...** me apenó mucho descubrir que...
◇ *vi* **-1.** *(feel grief)* **her husband died five years ago and she is still grieving** su marido murió hace cinco años y sigue sufriendo por su muerte *or* PSY aún está en proceso de duelo; **to ~ for** *or* **over sb** sufrir por la muerte de alguien, llorar la muerte de alguien; **he is grieving for his lost dominions** llora la pérdida de sus dominios
-2. *(express grief)* **to ~ for the dead** llorar a los muertos

grieving ['gri:vɪŋ] ◇ *n* duelo *m*; **the ~ process** el proceso de duelo
◇ *adj* desconsolado(a)

grievous ['gri:vəs] *adj* Formal *(serious)* *(loss, injury, error)* grave; **you have done me ~ wrong** me has hecho mucho mal **-2.** Br LAW **~ bodily harm** lesiones *fpl* graves

grievously ['gri:vəslɪ] *adv* Formal *(seriously)* seriamente; **to be ~ wounded** estar gravemente herido(a); **you are ~ mistaken** estás en un grave error

griffin ['grɪfɪn] *n (mythological creature)* grifo *m*

griffon ['grɪfən] *n* **-1.** *(dog)* grifón *m* **-2. ~ vulture** buitre *m* leonado

grift [grɪft] *vi US Fam* vivir del timo

grifter ['grɪftə(r)] *n US Fam* timador(ora) *m,f*

grill [grɪl] ◇ *n* **-1.** *Br (on cooker)* grill *m* **-2.** *(for open fire)* parrilla *f* **-3.** *(food)* parrillada *f*; **a mixed ~** una parrillada de carne **-4.** *(room in restaurant, hotel)* asador *m*, parrilla *f*; *(restaurante)* asador *m*, parrilla *f*
◇ *vt* **-1.** *(cook)* asar (a la parrilla); **grilled meat** carne a la parrilla **-2.** *Fam (interrogate)* acribillar a preguntas

grille [grɪl] *n* **-1.** *(bars, grating)* reja *f*; *(made of wire)* alambrada *f*, *Am* alambrado *m* **-2.** AUT **(radiator) ~** rejilla *f* del radiador

grilling ['grɪlɪŋ] *n Fam (interrogation)* **to give sb a ~** acribillar a alguien a preguntas

grillroom ['grɪlru:m] *n* asador *m*, parrilla *f (restaurante)*

grilse [grɪls] *n* = salmón joven que remonta por primera vez para el desove

grim [grɪm] *adj* **-1.** *(depressing, gloomy)* *(account, news, prospects)* desalentador(ora), sombrío(a); *(mood)* sombrío(a); *(landscape)* desolado(a); **the situation looks ~** el panorama es desalentador
-2. *(unpleasant, gruesome)* *(reality)* duro(a); **it was a ~ reminder of his years in prison** era un sombrío recuerdo de los años que pasó en la cárcel
-3. *(stern)* *(expression, smile)* adusto(a); **to look ~** *(person)* tener la cara larga ❑ **the ~ reaper** la muerte, = la figura con guadaña que simboliza la muerte, *Andes, Cuba, RP* la Pelada
-4. *(relentless)* **he showed ~ determination** demostró una determinación implacable; **I hung on** *or* **held on like ~ death** me agarré como si me fuera la vida en ello
-5. *Fam (bad)* **his new film is pretty ~** su nueva película es bastante mala; **I've had a ~ day** tuve un día pésimo
-6. *Fam (unwell, depressed) Esp* fatal, *Am* pésimo(a); **how do you feel? — pretty ~!** ¿cómo te sientes? — *Esp* ¡fatal! *or Am* ¡pésimo!

grimace [grɪ'meɪs] ◇ *n* mueca *f*
◇ *vi (once)* hacer una mueca; *(more than once)* hacer muecas

grime [graɪm] *n* mugre *f*, porquería *f*

griminess ['graɪmɪnɪs] *n* apariencia *f* sombría

grimly ['grɪmlɪ] *adv* **-1.** *(gravely)* *(to speak, smile)* sombríamente (;) *(relentlessly)* *(to fight, hold on)* con determinación

grimness ['grɪmnɪs] *n* **-1.** *(gloominess)* *(of news, report)* lo desalentador, lo sombrío; *(mood)* lo sombrío; *(of landscape)* desolación *f*; **the ~ of his situation** lo deprimente de su situación **-2.** *(sternness)* adustez *f*

grimy ['graɪmɪ] *adj* mugriento(a)

grin [grɪn] ◇ *n (smile)* (amplia) sonrisa *f*; **take** *or* **wipe that stupid ~ off your face!** ¡deja ya de sonreír como un imbécil!
◇ *vi (smile)* sonreír ampliamente; **what are you grinning at?** ¿de qué te sonríes?; **to ~ from ear to ear** sonreír de oreja a oreja; IDIOM **to ~ and bear it** poner al mal tiempo buena cara

grind [graɪnd] ◇ *n* **-1.** *(texture)* **a fine/coarse ~** un molido fino/grueso **-2.** *Fam (work)* **the daily ~** la rutina diaria; **what a ~!** ¡qué rollo de trabajo! **-3.** *US Fam (hard worker)* esclavo(a) *m,f*; *(student) Esp* empollón(ona) *m,f*, *Méx* matado(a) *m,f*, *RP* traga *mf*
◇ *vt (pt & pp* **ground** [graʊnd]) **-1.** *(grain, coffee, pepper)* moler; *US (meat)* picar
-2. *(crush)* aplastar; **he ground his feet into the sand** hundió sus pies en la arena; **he ground the cigarette under his heel** aplastó el cigarrillo con el talón; *Fig* **to ~ the faces of the poor** oprimir a los pobres
-3. *(rub together)* **to ~ one's teeth** *(in frustration)* apretar los dientes; *(in one's sleep)* hacer rechinar los dientes; **to ~ the gears** *(driver)* hacer rascar las marchas
-4. *(polish) (glass)* esmerilar
-5. *(sharpen) (knife, axe)* afilar
-6. *(turn handle)* moler; **to ~ a pepper mill** moler pimienta en el molinillo; **to ~ a barrel-organ** dar cuerda a un organillo
-7. *US Fam (irritate)* cabrear
◇ *vi* **-1.** *(move noisily) (wheels, gears)* chirriar; **to ~ to a halt** *or* **standstill** *(vehicle, machine)* detenerse con estrépito; *(project)* acabar estancado(a) **-2.** *(study hard) Esp* empollar, *Méx* matarse *(estudiando)*, *RP* tragar

◆ **grind away** *vi Fam (work hard)* trabajar sin parar **(at** en); *(study hard)* darle como un loco **(at** a)

◆ **grind down** *vt sep* **-1.** *(reduce)* pulverizar, moler **-2.** *Fig (opposition, resistance)* desgastar, minar; *Fam* **don't let them ~ you down!** ¡no te dejes avasallar por ellos!

◆ **grind on** *vi (proceed relentlessly)* proseguir machaconamente; **he was still grinding on about taxes when I left** cuando me fui todavía seguía dándole al tema de los impuestos

◆ **grind out** *vt sep (music)* interpretar trabajosamente; *(novel, essay)* escribir trabajosamente

grinder ['graɪndə(r)] *n* **-1.** *(for coffee, pepper)* molinillo *m* **-2.** *(industrial) (crusher)* trituradora *f* **-3.** *(for polishing)* pulidora *f* **-4.** *(tooth)* muela *f* **-5.** *US Fam (sandwich) Esp* bocadillo *m*, *Am* sándwich *m (hecho con una barra estrecha y larga)*

grinding ['graɪndɪŋ] *adj* **-1.** *(sound)* **a ~ noise** un chirrido; **to come to a ~ halt** *(of car, machine)* pararse en seco; *(of project)* acabar estancado(a); **to bring sth to a ~ halt** *(production)* detener algo completamente; *(country, rail network)* paralizar algo **-2.** *(oppressive) (boredom, worry)* insufrible, insoportable; **~ poverty** pobreza absoluta

grindstone ['graɪndstəʊn] *n* **-1.** *(for sharpening)* muela *f*, piedra *f* de afilar; IDIOM **to keep** *or* **have one's nose to the ~** trabajar como un negro **-2.** *(for milling)* rueda *f* de molino

gringo ['grɪŋɡəʊ] *(pl* **gringos**) *n US Fam* gringo(a) *m,f*

grinning ['grɪnɪŋ] *adj (face, person)* risueño(a); **I was surrounded by ~ idiots** me rodeaban imbéciles de sonrisa tonta

grip [grɪp] ◇ *n* **-1.** *(hold, grasp)* sujeción *f*; *(in tennis, golf)* sujeción *f*, forma *f* de agarrar; *(of tyres on road)* adherencia *f*, agarre *m*; **your ~ is wrong** *(in tennis)* agarras mal la raqueta; *(in golf)* agarras mal el palo; **to get a ~ on** *or* **of sth** *(rope, handle)* agarrar algo; **to tighten/loosen one's ~ on sth** agarrar algo con más fuerza/menos fuerza; **to lose one's ~** soltarse; **to lose one's ~ on sth** soltar algo; *Fig* **to be in the ~ of a disease/a crisis/despair** ser presa de una enfermedad/una crisis/la desesperación; *Fig* **the country was in the ~ of the worst winter for years** el país estaba asolado por el peor invierno desde hacía años
-2. *(handclasp)* **to have a strong ~** agarrar con fuerza; **she held his hand in a vice-like ~** le agarraba la mano una fuerza bruta
-3. *(control)* **he's losing his ~** está perdiendo el control; **to lose one's ~ on reality** perder el contacto con la realidad; **to get** *or* **come to grips with** *(new situation)* asimilar, asumir; *(subject, method, problem)* conseguir entender; *Fam* **to get a ~ on oneself** dominarse, contenerse; *Fam* **get a ~!** *(control yourself)* ¡no desvaríes!; *(don't be ridiculous)* pero, ¡por favor!; **to have a firm ~ on a situation** dominar una situación
-4. *(handle)* *(of oar, handlebars, racket)* empuñadura *f*
-5. *(pin)* **(hair) ~** horquilla *f*
-6. *US (bag)* bolsa *f* de viaje
-7. THEAT ayudante *mf* de puesta en escena
-8. CIN & TV maquinista *mf*
◇ *vt (pt & pp* **gripped**) **-1.** *(seize)* agarrar
-2. *(hold)* sujetar; **tyres that ~ the road** neumáticos *or Col, Méx* llantas *or RP* gomas que se adhieren (bien) a la carretera; *Fig* **to be gripped by panic/fear** ser presa del pánico/miedo
-3. *(hold interest of)* **the play gripped the audience** la obra tuvo en vilo al público; **go on, I'm gripped!** ¡sigue, que me tienes en vilo!; **the trial gripped the nation** todo el país estaba pendiente del juicio
◇ *vi (tyre)* adherirse

gripe [graɪp] ◇ *n* **-1.** *Fam (complaint)* queja *f*; **what's your ~?** ¿qué tripa se te ha roto? **-2.** *Br* **~ water** *(medicamento m)* carminativo *m*, agua *f* de anís
◇ *vi Fam (complain)* quejarse **(about** de)

gripping ['grɪpɪŋ] *adj (book, story)* apasionante

grisly ['grɪzlɪ] *adj* espeluznante, horripilante

grist [grɪst] *n* IDIOM **it's all ~ to his mill** todo lo aprovecha

gristle ['grɪsəl] *n* ternilla *f*

gristly ['grɪslɪ] *adj (meat)* lleno(a) de ternilla

grit [grɪt] ◇ *n* **-1.** *(gravel)* gravilla *f* **-2.** *(dust)* **I have a piece of ~ in my eye** tengo una mota en el ojo **-3.** *Fam (courage, determination)* coraje *m*; **to have a lot of ~** tener mucho coraje
◇ *vt (pt & pp* **gritted**) **-1.** *Br (put grit on)* **to ~ a road** echar gravilla en una carretera **-2.** *(clench)* **to ~ one's teeth** apretar los dientes

grits [grɪts] *npl US* gachas *fpl* de sémola de maíz *or Andes, RP* choclo

gritter ['grɪtə(r)] *n Br (lorry)* = camión que va esparciendo gravilla por la carretera cuando está resbaladiza por el hielo o la nieve

gritty ['grɪtɪ] *adj* **-1.** *(sandy)* arenoso(a); **it tastes ~** sabe a arenilla **-2.** *Fam (determined)* resuelto(a); **~ determination** una determinación implacable **-3.** *(grim)* **~ realism** realismo descarnado

grizzle ['grɪzəl] *vi (complain)* lloriquear

grizzled ['grɪzəld] *adj (hair, person) (grey)* canoso(a); *(greyish)* entrecano(a)

grizzly ['grɪzlɪ] ◇ *n* **~ (bear)** oso *m* pardo *(norteamericano)*
◇ *adj (hair, person)* canoso(a)

groan [grəʊn] ◇ *n* **-1.** *(of pain)* gemido *m*; **to let out a ~** dejar escapar un gemido **-2.** *(of dismay)* gemido *m* **-3.** *(creak)* crujido *m*
◇ *vt* **"oh no!" he groaned** "¡oh no!", gimió
◇ *vi* **-1.** *(in pain)* gemir **-2.** *(in dismay)* gemir; **to ~ inwardly** ahogar un gemido **-3.** *(creak)* crujir **-4.** *(be weighed down by)* **the shelves groaned under the weight of books** la estantería cedía con el peso de los libros **-5.** *(complain)* quejarse

groaning ['grəʊnɪŋ] *n* gemidos *mpl*
groat [grəʊt] *n* moneda *f* de cuatro peniques
groats [grəʊts] *npl* = cereal descascarado y molido grueso
grocer ['grəʊsə(r)] *n* tendero(a) *m,f*; *Br* ~'s **(shop)** *Esp* tienda *f* de comestibles, *CSur* almacén *m*, *Col, Méx* tienda *f* de abarrotes
groceries ['grəʊsərɪz] *npl (shopping)* comestibles *mpl*
grocery ['grəʊsərɪ] *n esp US* ~ **(store)** *Esp* tienda *f* de comestibles, *CSur* almacén *m*, *Col, Méx* tienda *f* de abarrotes
grody ['grəʊdɪ] *adj US Fam* asqueroso(a); ~ **to the max** *Esp* más asqueroso(a) que la leche, *Méx* putrefacto(a), *RP* más asqueroso(a) que la miércoles
grog [grɒg] *n Fam* -1. *(drink)* grog *m*, ponche *m* -2. *Austr (any alcoholic drink)* bebida *f*, *Am* trago *m*
groggily ['grɒgɪlɪ] *adv Fam* con aire aturdido
groggy ['grɒgɪ] *adj Fam* atontado(a), grogui; **to be** ~ estar atontado(a) *or* grogui
grogshop ['grɒgʃɒp] *n Austr Fam* = tienda de bebidas alcohólicas
groin[1] [grɔɪn] *n* -1. ANAT ingle *f* ▫ ~ **strain** lesión *f* en la ingle -2. *Br Euph (testicles)* entrepierna *f* -3. ARCHIT arista *f*
groin[2] *US* = **groyne**
grommet ['grɒmɪt] *n* -1. *(eyelet)* arandela *f* -2. MED *(in ear)* diábolo *m* -3. *Fam (in surfing, skateboarding)* principiante *mf*
groom [gru:m] ◇ *n* -1. *(of horse)* mozo *m* de cuadra -2. *(at wedding)* novio *m* -3. *(in royal household)* ayudante *m* de cámara
◇ *vt* -1. *(keep clean) (horse)* almohazar, cepillar; **cats** ~ **themselves** los gatos se asean a sí mismos -2. *(keep smart, neat) (person)* **to** ~ **oneself** asearse -3. *(prepare) (candidate)* preparar
grooming ['gru:mɪŋ] *n (smart, neat appearance)* buena presencia *f*
groove [gru:v] ◇ *n* -1. *(slot)* ranura *f* -2. *(of record)* surco *m* -3. MUS *(in dance music)* ritmo *m* -4. *Fam (rut)* **to get into a** ~ estancarse; **to be stuck in a** ~ estar estancado(a) -5. IDIOM *Fam* **to be in the** ~ estar metido(a) en ello
◇ *vi US Fam* **I really** ~ **on it** me gusta un montón, *Esp* me mola cantidad, *RP* me copa pila
groovy ['gru:vɪ] *Fam* ◇ *adj Esp* chachi, *Méx* padre, *RP* bárbaro(a)
◇ *exclam Esp* ¡chachi!, ¡qué *Méx* padre *or RP* bárbaro!
grope [grəʊp] ◇ *n Fam (sexual)* **to give sb a** ~ meter mano a alguien; **they were having a** ~ se estaban metiendo mano
◇ *vt* -1. *(move in the dark)* **to** ~ **one's way in the dark** ir a tientas en la oscuridad; **to** ~ **one's way forward** avanzar a tientas -2. *Fam (sexually)* meter mano a
◇ *vi* **to** ~ **(about** *or* **around) for sth** buscar algo a tientas; **to** ~ **for words** buscar torpemente las palabras adecuadas
grosbeak ['grəʊsbi:k] *n pine* ~ camachuelo *m* picogrueso
gross [grəʊs] ◇ *n* -1. *(whole amount)* **the** ~ los ingresos brutos -2. *(twelve dozen)* gruesa *f*, doce docenas *fpl*; **two** ~ dos gruesas
◇ *adj* -1. *(blatant) (error, ignorance)* craso(a); *(stupidity, incompetence, injustice)* flagrante ▫ ~ **misconduct** *(at work)* falta *f* grave; LAW ~ **negligence** negligencia *f* grave
-2. *(profit, income, interest)* bruto(a) ▫ ECON ~ **domestic product** producto *m Esp* interior *or Am* interno bruto; ~ **margin** beneficio *m* or margen *m* bruto; ECON ~ **national product** producto *m* nacional bruto; ~ **weight** peso *m* bruto; ~ **yield** rendimiento *m* bruto
-3. *(vulgar) (joke, person)* basto(a), grosero(a)
-4. *Fam (disgusting)* asqueroso(a)
-5. *(fat)* gordo(a)
◇ *vt (earn) (of firm)* tener una ganancia bruta de; **she grosses £40,000 a year** gana 40.000 libras brutas al año
◆ **gross out** *vt sep US Fam* **to** ~ **sb out** revolver las tripas a alguien
◆ **gross up** *vt sep* FIN **to** ~ **sth up** expresar algo en bruto

grossly ['grəʊslɪ] *adv* -1. *(coarsely)* groseramente, crudamente -2. *(as intensifier) (exaggerated, negligent)* tremendamente, enormemente; ~ **unfair** sumamente injusto(a)
grossness ['grəʊsnɪs] *n* -1. *(of abuse, error)* gravedad *f* -2. *(vulgarity)* vulgaridad *f* -3. *(obesity)* obesidad *f*
gross-out ['grəʊsaʊt] *n US Fam* asco *m*; **a** ~ **scene** una escena que revuelve las tripas
grot [grɒt] *n Br Fam* porquería *f*, cochambre *f*
grotesque [grəʊ'tesk] ◇ *n* -1. ART **the** ~ lo grotesco -2. *(caricature)* personaje *m* grotesco
◇ *adj* -1. *(hideous, bizarre)* grotesco(a) -2. *(outrageous) (injustice, waste)* de escándalo; *(distortion)* burdo(a)
grotesquely [grəʊ'tesklɪ] *adv* grotescamente; **he was** ~ **fat** era de una gordura grotesca; **it's** ~ **unfair** es una injusticia de escándalo
grotto ['grɒtəʊ] (*pl* **grottoes** *or* **grottos**) *n* gruta *f*
grotty ['grɒtɪ] *adj esp Br Fam (house, job)* malo(a), *Esp* cutre, *Méx* gacho(a), *RP* roñoso(a); **to feel** ~ sentirse *Esp* fatal *or Am* pésimo(a)
grouch [graʊtʃ] *Fam* ◇ *n* -1. *(person)* gruñón(ona) *m,f* -2. *(complaint)* queja *f*
◇ *vi* refunfuñar
grouchiness ['graʊtʃɪnɪs] *n Fam* mal genio *m*, malas pulgas *fpl*
grouchy ['graʊtʃɪ] *adj Fam* **(to be)** ~ *(inherent quality)* (ser) refunfuñón(ona); *(temporary mood)* (estar) enfurruñado(a) *or Am* enojado(a)
ground [graʊnd] ◇ *n* -1. *(earth, soil)* tierra *f*; *(surface of earth)* suelo *m*; **to fall to the** ~ caer al suelo; **to sit on the** ~ sentarse en el suelo; *Fig* **on the** ~ *(in the field)* sobre el terreno; **opinion on the** ~ **seems to be in favour** la opinión pública parece estar a favor; **above** ~ sobre la tierra; **to come above** ~ salir a la superficie; **below** ~ bajo tierra; **burnt to the** ~ completamente destruido(a) por el fuego; IDIOM **to be on dangerous/safe** ~ estar en terreno peligroso/seguro; IDIOM **to get off the** ~ *(project)* ponerse en marcha; IDIOM **to go to** ~ ocultarse, desaparecer de la circulación; IDIOM **to run sb to** ~ dar por fin con alguien; IDIOM **it suits you down to the** ~ te sienta de maravilla; IDIOM **to work** *or* **drive oneself into the** ~ matarse *Esp* a trabajar *or Am* trabajando ▫ ~ **bait** carnada *f*; ~ **ball** *(in baseball)* = bola bateada a ras de suelo; AV ~ **control** control *m* de tierra; ~ **cover** maleza *f*; AV ~ **crew** personal *m* de tierra; ~ **floor** planta *f* baja; *Fig* **to get in on the** ~ **floor** estar metido(a) desde el principio; MIL ~ **forces** ejército *m* de tierra; ~ **frost** escarcha *f*; **at** ~ **level** a nivel del suelo; ~ **plan** ARCHIT planta *f*; *Fig* plan *m* básico; ~ **rules: to establish the** ~ **rules** establecer las normas básicas; AV ~ **speed** velocidad *f* en tierra; ~ **squirrel** ardilla *f* terrestre; AV ~ **staff** personal *m* de tierra; ~ **stroke** *(in tennis)* golpe *m* (tras el bote); ~ **war** guerra *f* terrestre; ~ **zero** zona *f* cero
-2. *(area of land)* terreno *m*; **high** ~ terreno elevado; **he's on home** ~ *or* **on his own** ~ está en su terreno; *also Fig* **to gain** ~ **on sb** *(catch up on)* ganarle terreno a alguien; *also Fig* **to lose** *or* **give** ~ **to sb** perder *or* ceder terreno ante alguien; **to cover a lot of** ~ *(book, lecture)* abarcar mucho; IDIOM **the idea is gaining** ~ la idea está ganando terreno; IDIOM **to go over the same** ~ volver a abordar la misma temática; POL **the middle** ~ el centro; IDIOM **to prepare the** ~ **for sth** preparar el terreno para algo; IDIOM **to stand** *or* **hold one's** ~ mantenerse firme ▫ ~ **rent** = alquiler *or Méx* renta que se paga al dueño del solar donde está edificada una vivienda
-3. *(stadium)* campo *m*, estadio *m* ▫ ~ **staff** personal *m* de mantenimiento (del campo de juego)
-4. *(area used for specific purpose)* **fishing**

grounds caladero; **training** ~ campo de entrenamiento
-5. *(area of knowledge)* **to find common** ~ **for negotiations** hallar un terreno común para las negociaciones; **to be on familiar/firm** ~ pisar terreno conocido/firme; **to be on shaky** ~ pisar un terreno resbaladizo; **he's very sure of his** ~ está muy seguro de lo que hace/dice; **to break new** *or* **fresh** ~ abrir nuevas vías *or* nuevos caminos; **to change** *or* **shift one's** ~ cambiar la línea de argumentación
-6. **grounds** *(of school, hospital)* terrenos *mpl*; *(of country house)* jardines *mpl*
-7. *(reason)* **grounds** motivo, razón; **to have (good)** ~ *or* **grounds for doing sth** tener (buenos) motivos para hacer algo; ~ *or* **grounds for complaint** motivo de queja; **on grounds of ill health** por motivos de salud; LAW **grounds for divorce** motivo de divorcio
-8. **grounds** *(of coffee)* posos *mpl*
-9. *US* ELEC toma *f* de tierra
-10. *(background)* fondo *m*; **on a green** ~ *(painting)* sobre fondo verde
◇ *adj (coffee, pepper)* molido(a) ▫ ~ **glass** *(powder)* vidrio *m* pulverizado; *(opaque)* vidrio *m* esmerilado; *US* ~ **meat** *Esp, RP* carne *f* picada, *Am* carne *f* molida
◇ *vt* -1. *(base)* fundamentar, basar; **their argument is not grounded in fact** su argumento no se basa en hechos reales
-2. *(educate)* **to** ~ **sb in a subject** enseñar a alguien los principios de una materia; **to be well grounded in sth** tener buenos conocimientos de algo
-3. *US* ELEC *(current)* conectar a tierra
-4. *(prevent from moving)* **the plane was grounded by bad weather** el avión no salió a causa del mal tiempo; **the ship was grounded on a sandbank** el barco encalló en un banco de arena; *US Fig* **her parents grounded her** sus padres la castigaron con no salir, como castigo, sus padres no la dejaron salir; *US Fig* **you're grounded for a week!** ¡te quedas sin salir una semana!
-5. SPORT *(ball)* poner en tierra
◇ *vi (ship)* encallar
◇ *pt & pp of* **grind**

groundbreaking ['graʊndbreɪkɪŋ] *adj* innovador(ora)
groundcloth ['graʊndklɒθ] *n US (of tent)* suelo *m*
grounded ['graʊndɪd] *n Fam* **he's very** ~ tiene muy claro lo que es importante en la vida
groundhog ['graʊndhɒg] *n* marmota *f* ▫ **Groundhog Day** = 2 de febrero, fecha en la que la marmota sale de su hibernación, según una tradición estadounidense
grounding ['graʊndɪŋ] *n* base *f*; **a thorough** ~ **in Economics** una base sólida de economía
groundless ['graʊndlɪs] *adj (suspicion, fear)* infundado(a); **her fears proved** ~ sus temores resultaron ser infundados
groundling ['graʊndlɪŋ] *n* -1. *(fish)* pez *m* de fondo -2. *(plant)* planta *f* de fondo -3. HIST *(in Elizabethan theatre)* = espectador de patio
groundnut ['graʊndnʌt] *n* cacahuete *m*, *Am* maní *m*, *CAm, Méx* cacahuate *m* ▫ ~ **oil** aceite *m* de cacahuete *or Am* maní *or CAm, Méx* cacahuate
groundsel ['graʊnsəl] *n* hierba *f* cana, zuzón *m*
groundsheet ['graʊndʃi:t] *n (of tent)* suelo *m*
groundsman ['graʊndzmən] *n Br* encargado(a) *m,f* del mantenimiento del campo de juego
groundspeed ['graʊndspi:d] *n* AV velocidad *f* en tierra
groundswell ['graʊndswel] *n* -1. *(at sea)* oleada *f*, mar *m* de fondo -2. *Fig* **there has been a** ~ **of support for the proposal** ha habido un apoyo masivo de la propuesta
groundwater ['graʊndwɔ:tə(r)] *n* GEOL aguas *fpl* subterráneas
groundwork ['graʊndwɜ:k] *n* **to do** *or* **lay the** ~ preparar el terreno

group [gruːp] ⋄ n **-1.** (of people) grupo m ❑ ~ **decision** decisión f colectiva; ~ **dynamics** dinámica f de grupo; ~ **photograph** fotografía f de grupo; ~ **sex** cama f redonda; ~ **therapy** terapia f de grupo; ~ **work** (in school, at seminar) trabajo m en grupo
-2. (of objects,) grupo m ❑ ~ **dialling** (on fax machine) marcado m múltiple, Andes, RP discado m múltiple; ECON **Group of Eight** Grupo m de los Ocho; ECON **Group of Seven** Grupo m de los Siete; MATH ~ **theory** teoría f de grupos
-3. (in business) grupo m; **they're in the Thistle** ~ están en el grupo Thistle ❑ ~ **turnover** facturación f del grupo
-4. (band) grupo m; **a pop/rock** ~ un grupo música pop/rock
-5. (in air force) grupo m ❑ Br ~ **captain** coronel mf de aviación
-6. US MIL = unidad compuesta por dos o más batallones
⋄ vt **-1.** (bring together) agrupar **-2.** (put in groups) agrupar; **the teacher grouped all the eight-year-olds together** el maestro colocó juntos or agrupó a todos los niños de ocho años
⋄ vi agruparse; **they grouped round their leader** se agruparon en torno al líder
grouper ['gruːpə(r)] n (fish) mero m
groupie ['gruːpɪ] n Fam groupie mf, grupi mf
grouping ['gruːpɪŋ] n **-1.** (combination) agrupación f **-2.** (group) agrupación n
grouse¹ [graʊs] (pl grouse) n (bird) lagópodo m escocés ❑ ~ **moor** coto m de caza de lagópodos
grouse² Fam ⋄ n (complaint) queja f; **to have a** ~ **about sth** tener una queja sobre algo
⋄ vi quejarse (**about** de)
grouser ['graʊsə(r)] n Fam (complainer) quejica mf
grout [graʊt] ⋄ n (for tiles) lechada f
⋄ vt (tiles) enlechar
grouting ['graʊtɪŋ] n cemento m blanco
grove [grəʊv] n (of trees) arboleda f; **a beech** ~ un bosquecillo de hayas; **an olive** ~ un olivar; IDIOM **the groves of academe** el mundo académico
grovel ['grɒvəl] (pt & pp **grovelled**, US **groveled**) vi **-1.** (act humbly) arrastrarse; **to** ~ **to sb** arrastrarse ante alguien **-2.** (crawl on floor) arrastrarse
groveller, US **groveler** ['grɒvələ(r)] n persona f servil
grovelling, US **groveling** ['grɒvəlɪŋ] ⋄ n servilismo m
⋄ adj (tone, remark) servil; **a** ~ **apology** una disculpa servil
grow [grəʊ] (pt **grew** [gruː], pp **grown** [grəʊn])
⋄ vt **-1.** (vegetables) cultivar; **I** ~ **roses in my garden** tengo rosas en mi jardín ❑ ~ **bag** = bolsa de compost en la que crecen plantas
-2. to ~ **a beard** dejarse (crecer la) barba; **I've decided to** ~ **my hair long** he decidido dejarme el pelo largo; **I'm growing my nails** me estoy dejando crecer las uñas
-3. (increase in size by) **it has grown 5 centimetres** ha crecido 5 centímetros
-4. COM (profits, business) incrementar
⋄ vi **-1.** (increase in size) crecer; **you've grown since I last saw you!** ¡cuánto has crecido desde la última vez que te vi!; **our profits have grown by 5 percent** nuestros beneficios han crecido or aumentado un 5 por ciento; **fears are growing for their safety** se teme cada vez más por su seguridad; **his influence grew** su influencia se acrecentó; **a growing number of people think that...** cada vez más gente piensa que...; **to** ~ **as a person** madurar como persona; **to** ~ **in wisdom/beauty** ganar en sabiduría/belleza
-2. (become) hacerse; **to** ~ **accustomed to sth** ir acostumbrándose a algo; **to** ~ **angry** esp Esp enfadarse, esp Am enojarse; **to** ~ **big** or **bigger** crecer; **to** ~ **dark** oscurecer; **to** ~ **old** envejecer; **she grew more and more suspicious of him** cada vez sospechaba más de él; **to** ~ **worse** empeorar

-3. (come eventually) **he grew to respect her** la llegó a respetar; **they grew to like the house** les llegó a gustar la casa
◆ **grow apart** vi (people) distanciarse (**from** de); **they have grown apart from each other** se han distanciado
◆ **grow back** vi (hair, nail, plant) volver a crecer
◆ **grow from** vt insep (result from) resultar de
◆ **grow into** vt insep **-1.** (clothes) **this T-shirt's too big for him, but he'll** ~ **into it** ahora le queda grande la camiseta, pero cuando crezca podrá llevarlo; **to** ~ **into a role/job** hacerse con un papel/trabajo **-2.** (become) convertirse en; **he had grown into a handsome young man** se había convertido en un joven muy Esp guapo or Am lindo
◆ **grow on** vt insep Fam **it'll** ~ **on you** (music, book) te va a gustar or enganchar con el tiempo
◆ **grow out** vi (dye, perm) irse, desaparecer
◆ **grow out of** vt insep **-1.** (become too large for) **he's grown out of his shoes** se le han quedado pequeños los zapatos **-2.** (become too old for) **she grew out of her dolls** dejó de jugar con muñecas al hacerse mayor; **he's obsessed with Madonna – don't worry, he'll** ~ **out of it** está obsesionado con Madonna – no te preocupes, ya se le pasará **-3.** (result from) resultar de
◆ **grow together** vi ir intimando
◆ **grow up** vi **-1.** (become adult) crecer; **I want to be a doctor when I** ~ **up** de mayor quiero ser médico; **we didn't have television when I was growing up** cuando era pequeño no teníamos televisión; **I grew up in the countryside** me crié en el campo; Fam ~ **up!** ¡no seas niño or crío!
-2. (develop) (town, village) surgir; **the industry has grown up out of nothing** la industria ha surgido de la nada
grower ['grəʊə(r)] n **-1.** (person) cultivador(ora) m,f; **a vegetable** ~ un(a) horticultor(ora); **a rose** ~ un cultivador de rosas **-2.** (plant, tree) **a fast/slow** ~ una planta de crecimiento rápido/lento
growing ['grəʊɪŋ] ⋄ adj **-1.** (child) en edad de crecer **-2.** (increasing, developing) (town, population) en aumento, en crecimiento; (debt, discontent, friendship) creciente; ~ **numbers of people** un número de personas que va en aumento; **there was a** ~ **fear that...** aumentaba el temor de que...
⋄ n ~ **pains** (of person) dolores mpl del crecimiento; (of firm, country) dificultades fpl del desarrollo; **the** ~ **season** la época de crecimiento
growl [graʊl] ⋄ n (of dog, person) gruñido m; (from stomach) gruñido m
⋄ vt (answer, instructions) mascullar, farfullar
⋄ vi (dog, person) gruñir (**at** a); **his stomach was growling again** le sonaban otra vez las tripas
growling ['graʊlɪŋ] n (of dog, person) gruñidos mpl; (from stomach) ruidos mpl
grown [grəʊn] ⋄ adj adulto(a); **a** ~ **woman** una mujer adulta; **fully** ~ completamente desarrollado(a); **their children are all** ~ **up now** todos sus hijos son ya mayores
⋄ pp of **grow**
grown-up ⋄ n ['grəʊnʌp] adulto(a) m,f; **the grown-ups** los adultos, los mayores
⋄ adj [grəʊn'ʌp] (person, attitude) maduro(a); **he's very** ~ **for his age** es muy maduro para su edad; **he was very** ~ **about it** reaccionó con mucha madurez
growth [grəʊθ] n **-1.** (development) (of child, animal, plant) crecimiento m; (of friendship) desarrollo m, crecimiento m; (of organization) expansión f, crecimiento m; **intellectual/spiritual** ~ desarrollo intelectual/espiritual ❑ PHYSIOL ~ **hormone** hormona f del crecimiento; ~ **ring** (in tree) anillo m de crecimiento

-2. (increase) (in numbers, amount) aumento m; (of influence, knowledge) aumento m; (of market, industry) aumento m, crecimiento m ❑ **a** ~ **area** un área de crecimiento; ~ **industry** industria f en expansión; ECON ~ **market** mercado m en expansión; ~ **rate** tasa f de crecimiento; FIN ~ **stock** valores mpl or títulos mpl de crecimiento
-3. (of hair, weeds) mata f; **a week's** ~ **of beard** una barba de una semana
-4. (lump) bulto m; **benign/malignant** ~ tumor benigno/maligno
groyne, US **groin** [grɔɪn] n escollera f
grub [grʌb] n **-1.** (larva) larva f, gusano m **-2.** Fam (food) comida f, Esp manduca f, RP morfi m; ~**'s up!** ¡a comer! **-3.** TECH ~ **screw** tornillo m de cabeza hendida
◆ **grub about, grub around** vi (pt & pp **grubbed**) rebuscar (**for sth** algo)
◆ **grub up** vt sep arrancar
grubbiness ['grʌbɪnɪs] n falta f de aseo, suciedad f
grubby ['grʌbɪ] adj **-1.** (dirty) sucio(a), mugriento(a); **I don't want him getting his** ~ **hands on these documents** no quiero que meta mano a estos documentos **-2.** (immoral, dishonest) sucio(a), inmoral
grubstake ['grʌbsteɪk] n US = préstamo concedido a un buscador de oro o a un empresario a cambio de una participación en los beneficios
Grub Street ['grʌbstriːt] n Br Fam = el mundillo de los que escriben por dinero; **a** ~ **hack** un escritor de pacotilla
grudge [grʌdʒ] ⋄ n rencor m; **to bear sb a** ~, **to have** or **hold a** ~ **against sb** guardar rencor a alguien; **he's not one to bear grudges** no es rencoroso ❑ **a** ~ **fight** un ajuste de cuentas; **a** ~ **match** un ajuste de cuentas
⋄ vt **-1.** (give unwillingly) **to** ~ **sb sth** dar algo a regañadientes a alguien; **he paid, but he grudged them every penny** les pagó, pero escatimándoles cada penique **-2.** (resent) **she grudges him his success** le tiene rencor por su éxito; **I don't** ~ **spending the money but...** no me duele gastar el dinero pero...
grudging ['grʌdʒɪŋ] adj **he felt** ~ **respect for her** sentía respeto por ella a pesar de sí mismo; **to be** ~ **in one's praise** ser reacio(a) a alabar; **they helped, but they were very** ~ **about it** ayudaron, pero muy a regañadientes or de muy mala gana
grudgingly ['grʌdʒɪŋlɪ] adv de mala gana, a regañadientes
gruel ['gruːəl] n gachas fpl (de avena)
gruelling, US **grueling** ['gruːəlɪŋ] adj agotador(ora)
gruesome ['gruːsəm] adj horripilante, espantoso(a); **in** ~ **detail** sin ahorrar detalles truculentos
gruff [grʌf] adj (tone, manner) seco(a), hosco(a); (voice) áspero(a)
gruffly ['grʌflɪ] adv secamente, bruscamente
grumble ['grʌmbəl] ⋄ n queja f; **she obeyed without so much as a** ~ obedeció sin rechistar
⋄ vt **"I do all the work here," he grumbled** "soy yo el que hace todo el trabajo", se quejó
⋄ vi **-1.** (person) quejarse (**about** de); Fam **how are things? – mustn't** ~! ¿cómo te va? – ¡no me puedo quejar! **-2.** (stomach) gruñir
grumbler ['grʌmblə(r)] n quejica mf, gruñón(ona) m,f
grumbling ['grʌmblɪŋ] ⋄ n quejas fpl
⋄ adj **-1.** (person) quejumbroso(a) **-2.** MED ~ **appendix** dolores mpl intermitentes de apéndice
grump [grʌmp] n Fam (person) gruñón(ona) m,f; IDIOM **to have the grumps** estar de mal humor, RP estar cruzado(a)
grumpily ['grʌmpɪlɪ] adv de mal humor
grumpiness ['grʌmpɪnɪs] n mal genio m, malas pulgas fpl
grumpy ['grʌmpɪ] adj gruñón(ona); **don't be so** ~! ¡no seas tan gruñón!

grunge [grʌndʒ] n (music) (música f) grunge m

grungy ['grʌndʒɪ] adj US Fam asqueroso(a), Esp cutre, Méx gacho(a), RP roñoso(a)

grunt [grʌnt] ◇ n **-1.** (of pig, person) gruñido m; **to give a ~** dar un gruñido **-2.** US Fam (foot soldier) soldado mf de infantería
◇ vt **"what?" he grunted** "¿qué?", gruñó
◇ vi (pig, person) gruñir

grunting ['grʌntɪŋ] n gruñidos mpl

Gruyère [gruː'jeə(r)] n (queso m de) gruyère m

gryphon ['grɪfən] n grifo m

GSM [dʒiːes'em] n TEL (abbr **global system for mobile communication**) GSM m

g-spot ['dʒiːspɒt] n punto m G

GST [dʒiːes'tiː] n (abbr **goods and services tax**) = impuesto del estado en Canadá y Australia

G-string ['dʒiːstrɪŋ] n **-1.** (garment) tanga m **-2.** MUS cuerda f de sol

g-suit ['dʒiːsuːt] n AV & ASTRON traje m espacial presurizado

gt (abbr **great**) gran

GTi [dʒiːtiː'aɪ] n (car) GTi m

Guadeloupe [gwɑːdə'luːp] n Guadalupe

guano ['gwɑːnəʊ] n guano m

guarantee [gærən'tiː] ◇ n **-1.** (assurance) garantía f; **we have no ~ that she was telling the truth** nada nos garantiza que dice la verdad; **she gave me her ~ that it wouldn't happen again** me aseguró que no volvería a pasar
-2. (for goods, services) (warranty, document) garantía f; **this printer has a five-year ~** esta impresora tiene cinco años de garantía; **under ~** en garantía ❑ **~ certificate** certificado m de garantía
-3. LAW (for debt) (agreement) aval m; (person) avalista mf, garante mf; **to act as ~ (for sb)** ser el or salir de garante (de alguien)
◇ vt **-1.** (assure) garantizar; **I can't ~ that everything will go to plan** no puedo garantizar que todo salga según lo previsto; **our success is guaranteed** nuestro éxito está asegurado or garantizado
-2. (goods) garantizar; **the watch is guaranteed for two years** el reloj tiene una garantía de dos años
-3. (loan, cheque) avalar; FIN **to ~ sb against loss** ofrecer a alguien una garantía contra posibles pérdidas

guaranteed [gærən'tiːd] adj garantizado(a)

guarantor [gærən'tɔː(r)] n avalista mf, garante mf

guard [gɑːd] ◇ n **-1.** (sentry) guardia mf; US (in prison) funcionario(a) m,f de prisiones, guardián(ana) m,f
-2. MIL (body of sentries) guardia f; **call out the ~!** ¡llamen a la guardia!; **the changing of the ~** el cambio de guardia ❑ **~ of honour** guardia de honor
-3. (watch, supervision) **under ~** bajo custodia; **to put a ~ on sth/sb** hacer vigilar a algo/alguien; **to keep ~** montar guardia; **to keep ~ over** custodiar, vigilar; **to be on ~ duty** estar de guardia ❑ **~ dog** perro m guardián
-4. (readiness) **to be on one's ~** estar en guardia; **on ~!** (in fencing) ¡en guardia!; **you should be on ~ against pickpockets** debes estar en guardia con los carteristas; **to put sb on his ~** poner en guardia a alguien; **to put sb off his ~** desarmar a alguien; **to catch sb off his ~** agarrar or Esp coger a alguien desprevenido
-5. (in boxing) guardia f; **to keep one's ~ up** (in boxing) mantener la guardia alta; Fig (be alert) mantenerse en guardia; also Fig **to drop** or **lower one's ~** bajar la guardia
-6. (protective shield, screen) (on machine) protección f; (for fire) guardallamas m inv; **as a ~ against...** como protección contra...
-7. Br (on train) jefe m de tren ❑ **~'s van** furgón m de equipajes
-8. (in basketball) base mf
-9. (in American football) defensa mf
-10. Br MIL **the Guards** la Guardia real; **a Guards regiment** un regimiento de la Guardia real
◇ vt **-1.** (protect, watch over) vigilar; **the house was heavily guarded** la casa estaba muy vigilada; **a closely guarded secret** un secreto muy bien guardado; **~ this letter with your life** cuida de esta carta con tu vida **-2.** (control) **~ your tongue!** ¡cuidado con lo que dices!

◆ **guard against** vt insep (frost, flooding) protegerse contra; **to ~ against a repetition of this scandal** tomar precauciones para evitar que se repita el escándalo; **to ~ against doing sth** evitar hacer algo; **to ~ against sth happening** evitar que suceda algo

guarded ['gɑːdɪd] adj (cautious) cauteloso(a), cauto(a)

guardedly ['gɑːdɪdlɪ] adv con cautela, cautamente

guardhouse ['gɑːdhaʊs] n **-1.** (for guards) cuartel m **-2.** (prison) edificio m con calabozos

guardian ['gɑːdɪən] n **-1.** (of standards) guardián(ana) m,f ❑ **~ angel** ángel m custodio or de la guarda **-2.** LAW (of minor) tutor(ora) m,f

guardianship ['gɑːdɪənʃɪp] n LAW tutela f

guardrail ['gɑːdreɪl] n **-1.** (on ship, staircase, train) pasamanos m inv, Esp barandilla f **-2.** US (on road) barrera f de protección, RP guardarraíl m

guardroom ['gɑːdruːm] n MIL cuartel m del cuerpo de guardia; (for prisoners) celda f

guardsman ['gɑːdzmən] n **-1.** Br MIL miembro m de la Guardia real **-2.** US soldado m de la Guardia Nacional

Guatemala [gwætɪ'mɑːlə] n Guatemala

Guatemalan [gwætɪ'mɑːlən] ◇ n guatemalteco(a) m,f
◇ adj guatemalteco(a)

guava ['gwɑːvə] n (fruit) guayaba f ❑ **~ jelly** jalea f de guayaba; **~ tree** guayabo m

gubbins ['gʌbɪnz] n Br Fam **-1.** (person) bobo(a) m,f, Esp memo(a) m,f **-2.** (worthless object) chisme m

gubernatorial [guːbənə'tɔːrɪəl] adj Formal del/de la gobernador(ora); **a ~ candidate/election** un candidato/unas elecciones a gobernador

guck [gʌk] n US Fam porquería f pringosa

gudgeon ['gʌdʒən] n (fish) gobio m (de agua dulce)

Guernsey ['gɜːnzɪ] n **-1.** (island) (la isla de) Guernesey **-2.** (breed of cattle) vaca f de Guernesey **-3.** (sweater) suéter m or Esp jersey m or Col saco m or RP pulóver m tipo chaleco

guerrilla [gə'rɪlə] n guerrillero(a) m,f ❑ **~ tactics** tácticas fpl de guerrilla; **~ war** guerra f de guerrillas; **~ warfare** guerra f de guerrillas

guess [ges] ◇ n conjetura f, suposición f; **to have** or **make** or **take a ~** intentar adivinar; **have a ~** a ver si lo adivinas; **he made a good ~** lo adivinó; **he made a wild ~** dijo lo primero que se le ocurrió; **it was a lucky ~** lo adivinó por casualidad; **I'll give you three guesses** te doy tres oportunidades (para intentar adivinarlo); **at a ~** a ojo (de buen cubero); **my ~ is that he won't come** me parece que no va a venir; **it's anybody's ~** ¿quién sabe?; **your ~ is as good as mine** vete a saber
◇ vt **-1.** (estimate) adivinar; **you've guessed it!** ¡lo adivinaste!; **I guessed as much** me lo imaginaba; **I guessed him to be twenty-five** calculé que tendría veinticinco años; Fam **~ what!** ¿a que no sabes qué?; Fam **~ who!** ¿a que no sabes quién?; **~ who I saw!** ¿a que no sabes a quién he visto?
-2. (suppose) suponer; **I ~ you're right** supongo que tienes razón; **I ~ so/not** supongo que sí/no
◇ vi adivinar; **(try to) ~!** ¡adivina!, ¡a ver si lo adivinas!; Ironic **I would never have guessed** nunca me lo hubiera imaginado; **to ~ right** acertar, adivinar; **to ~ wrong** no acertar, no adivinar; **you'll never ~ (who/what/why...)** no te imaginas (quién/qué/porqué...); **to keep sb guessing** tener a alguien en vilo; **to ~ at sth** hacer suposiciones or conjeturas acerca de algo; **we can only ~ as to the real reason** los verdaderos motivos no podemos más que suponerlos

guessable ['gesəbəl] adj **it's ~** se puede acertar or adivinar

guessing game ['gesɪŋ'ɡeɪm] n (juego m de las) adivinanzas fpl

guesstimate Fam ◇ n ['gestɪmət] (mental) cálculo m aproximado; (by eye) cálculo m a ojo
◇ vt ['gestɪmeɪt] (mentally) hacer un cálculo aproximado de; (by eye) calcular a ojo

guesswork ['geswɜːk] n conjeturas fpl; **it's pure** or **sheer ~** son sólo conjeturas

guest [gest] ◇ n **-1.** (person invited) (to home, party, by club member) invitado(a) m,f; **be my ~!** ¡por favor!, ¡no faltaba más!; **~ of honour** invitado(a) de honor ❑ Br **~ beer** = cerveza de barril que se vende por una temporada en un pub, junto a las cervezas habituales; **~ list** lista f de invitados; **~ night** (in club) noche en la que los socios pueden llevar invitados; **~ room** habitación f de los invitados, cuarto m de los huéspedes; **~ speaker** orador(ora) m,f invitado(a); **~ worker** = extranjero con permiso de trabajo
-2. (at hotel) huésped mf
-3. (on TV programme) invitado(a) m,f; **a ~ appearance by...** una aparición como artista invitado(a) de... ❑ **~ artist** artista mf invitado(a); **~ star** estrella f invitada
-4. COMPTR invitado(a) m,f
◇ vi **-1.** TV & RAD **to ~ on sb's show** aparecer como invitado en el programa de alguien **-2.** MUS **another guitarist guested on one of the numbers** otro guitarrista tocó como invitado en uno de los temas

guestbook ['gestbʊk] n **-1.** (in hotel, B & B) libro m de huéspedes **-2.** COMPTR (on Web page) libro m de visitas

guesthouse ['gesthaʊs] n Br (hotel) casa f de huéspedes

guff [gʌf] n Fam paparruchas fpl, Esp chorradas fpl, Am pendejadas fpl; **the movie was a load of ~** la película era una Esp chorrada or Am pendejada

guffaw [gʌ'fɔː] ◇ n carcajada f
◇ vt **"of course!" he guffawed** "¡por supuesto!", dijo con una carcajada
◇ vi carcajearse

GUI ['guːɪ] n COMPTR (abbr **Graphical User Interface**) interfaz f gráfica

Guiana [gaɪ'ɑːnə] n **~, the Guianas** (la) Guayana, las Guayanas

Guianan [gaɪ'ɑːnən], **Guianese** [gaɪə'niːz] ◇ n guayanés(esa) m,f
◇ adj guayanés(esa)

guidance ['gaɪdəns] n **-1.** (advice, supervision) orientación f; **to ask for/seek ~** pedir/buscar orientación; **under the ~ of...** bajo la dirección de...
-2. (information) información f; **diagrams are given for your ~** aparecen diagramas a título informativo
-3. (for missile) dirección f, teledirección f ❑ **~ system** sistema m de guiado
-4. SCH US **~ counsellor** asesor(ora) m,f de orientación profesional; Br **~ teacher** tutor(ora) m,f (de curso)

guide [gaɪd] ◇ n **-1.** (person) guía mf; IDIOM **let your conscience be your ~** haz lo que te dicte la conciencia ❑ **~ dog** (perro m) lazarillo m
-2. (book) guía f (**to** de); **a ~ to France** una guía de Francia
-3. (indication) guía f; **as a (rough) ~** como guía (aproximada); **to take sth as a ~** guiarse por algo; **are these tests a good ~ to future performance?** ¿dan estas pruebas una idea real de cómo va a ser su rendimiento en el futuro?
-4. Br **(Girl) Guide** scout f, exploradora f
-5. (machine part) guía f, riel m
◇ vt **-1.** (show, lead) (person) guiar; **the children guided us through the old city** los chicos nos guiaron por la ciudad antigua; **I'll drive and you ~ me** yo Esp conduzco or Am manejo y tú me guías; **to ~ sb in/out**

acompañar a alguien a la entrada/salida
-2. *(control, steer) (investigation, conversation)* conducir, dirigir; *(vehicle) Esp* conducir, *Am* manejar; **he guided the country through some difficult times** condujo al país en momentos difíciles
-3. *(advise)* **I will be guided by your advice** me guiaré por tus consejos; **he simply won't be guided** es que no atiende a razones
-4. *(machine part)* dirigir

guidebook ['gaɪdbʊk] *n* guía *f*

guided ['gaɪdɪd] *adj* ~ **missile** misil *m* teledirigido; ~ **tour** visita *f* guiada

guideline ['gaɪdlaɪn] *n (indication)* directriz *f*, línea *f* general; **guidelines** directrices; **as a general** ~ como orientación general

guiding ['gaɪdɪŋ] *adj (controlling, directing)* **the ~ principle of his life** el principio que rige su vida ❏ ~ **hand** mano *f* que guía; *Fig* ~ **light** guía *mf*; **he's been the ~ light of my career** ha sido el norte por el que me ha guiado en mi trayectoria profesional; ~ **star** guía *mf*

guild [gɪld] *n* -1. HIST *(professional)* gremio *m* -2. *(association)* agrupación *f*, asociación *f*; **women's** ~ agrupación de mujeres; **church** ~ agrupación eclesiástica

guilder ['gɪldə(r)] *n* florín *m*

guildhall ['gɪldhɔːl] *n* sede *f* or casa *f* gremial

guile [gaɪl] *n* astucia *f*; **he was totally without** ~ carecía de malicia

guileless ['gaɪlɪs] *adj* ingenuo(a), cándido(a)

guilelessly ['gaɪllɪslɪ] *adv* ingenuamente, cándidamente

guillemot ['gɪlɪmɒt] *n* arao *m* (común)

guillotine ['gɪlətiːn] ◇ *n* -1. *(for executions)* guillotina *f*; **he was sent to the ~** lo llevaron a la guillotina -2. *(for cutting paper)* guillotina *f* -3. *Br* PARL **to put a ~ on a bill** = limitar el plazo de discusión de un proyecto de ley
◇ *vt (person, paper)* guillotinar

guilt [gɪlt] *n* -1. *(blame)* culpa *f*; **an admission of ~** una declaración de culpabilidad; **the ~ does not lie with him alone** él no es el único culpable -2. *(emotion)* culpabilidad *f*, culpa *f*; **to feel ~** tener un sentimiento de culpabilidad *or* culpa; *Fam* **to be on a ~ trip** culpabilizarse ❏ ~ **complex** complejo *m* de culpa *or* culpabilidad

guiltily ['gɪltɪlɪ] *adv* con aire culpable

guiltless ['gɪltlɪs] *adj* inocente

guilty ['gɪltɪ] *adj* -1. *(of crime)* culpable; **to find sb ~/not ~** declarar a alguien culpable/inocente; ~ **of murder/theft** culpable de asesinato/robo; **the ~ party** la parte culpable; **a ~ verdict** una sentencia condenatoria; **he's ~ of a terrible lack of sensitivity** ha dado pruebas de una terrible falta de sensibilidad
-2. *(emotionally)* **to feel ~** sentirse culpable; **to have a ~ conscience** tener remordimientos; **he gave me a ~ look** me lanzó una mirada culpable
-3. *(shameful)* **a ~ secret** un secreto vergonzante

Guinea ['gɪnɪ] *n* Guinea

guinea ['gɪnɪ] *n* -1. *Br (coin)* guinea *f (moneda equivalente a 21 chelines)* -2. ~ **fowl** pintada *f*, gallina *f* de Guinea -3. ~ **pig** cobaya *m*, conejillo *m* de Indias, *Fig* **to be a ~ pig** hacer de conejillo de Indias -4. *US Fam (Italian)* = término ofensivo para referirse a un italiano

Guinea-Bissau [ˌgɪnɪbɪ'saʊ] *n* Guinea-Bissau

Guinean [gɪ'neɪən] ◇ *n* guineano(a) *m,f*
◇ *adj* guineano(a)

guise [gaɪz] *n* -1. *(appearance)* apariencia *f*, aspecto *m*; **in** *or* **under the ~ of...** bajo la apariencia de...; **in a different ~** con un aspecto distinto; **the same old policies in a new ~** la misma política de siempre pero con otro nombre -2. *Archaic (costume)* vestimenta *f*

guitar [gɪ'tɑː(r)] *n* guitarra *f*

guitarist [gɪ'tɑːrɪst] *n* guitarrista *mf*

Gujarati [ˌgʊdʒə'rɑːtɪ] *n (language)* gujaratí *m*

gulag ['guːlæg] *n* gulag *m*

gulch [gʌltʃ] *n US (valley)* garganta *f*, hoz *f*

gulf [gʌlf] *n* -1. *(bay)* golfo *m*; **the (Persian) Gulf** el Golfo (Pérsico) ❏ *the Gulf of California* el golfo de California, *Méx* el mar de Cortés; *the Gulf of Mexico* el Golfo de México; *the Gulf States* los países del Golfo; *the Gulf Stream* la Corriente del Golfo; *the Gulf of Tonkin* el Golfo de Tonkín; *the Gulf of Venezuela* el golfo de Venezuela; *the Gulf War* la guerra del Golfo; *Gulf War syndrome* síndrome *m* de la guerra del Golfo
-2. *(between people, ideas)* abismo *m*

gull¹ [gʌl] *n* gaviota *f* (cana); **black-headed ~** gaviota reidora; **lesser black-backed ~** gaviota sombría

gull² *Archaic or Literary* ◇ *n (dupe)* papanatas *mf*
◇ *vt* embaucar

gullet ['gʌlɪt] *n* esófago *m*; IDIOM *Fam* **it really sticks in my ~** lo tengo atravesado (en la garganta)

gulley = **gully**

gullibility [ˌgʌlɪ'bɪlɪtɪ] *n* credulidad *f*, ingenuidad *f*

gullible ['gʌlɪbəl] *adj* crédulo(a), ingenuo(a)

gully, gulley ['gʌlɪ] *n* barranco *m*

gulp [gʌlp] ◇ *n* -1. *(act of gulping)* trago *m*; **in *or* at one ~** de un trago; **"what money?" he said, with a ~** "¿qué dinero?" dijo, tragando saliva -2. *(mouthful)* trago *m*
◇ *vt (swallow)* tragar, engullir
◇ *vi (with surprise)* tragar saliva
● **gulp back** *vt sep* **she gulped back her tears** se tragó las lágrimas
● **gulp down** *vt sep (swallow)* tragar, engullir

gum [gʌm] ◇ *n* -1. *(in mouth)* encía *f* ❏ ~ **disease** gingivitis *f inv* -2. *(adhesive)* pegamento *m*, goma *f* -3. **(chewing)** ~ chicle *m* -4. *Br (sweet)* chicle *m*, goma *f* de mascar -5. *(resin)* ~ **arabic** goma *f* arábiga; ~ **tree** eucalipto *m*; IDIOM *Br Fam* **to be up a ~ tree** estar metido(a) en un buen lío
◇ *vt (pt & pp gummed) (stick)* pegar
◇ *exclam Br Fam Old-fashioned* **by ~!** ¡caray!
● **gum up** *vt sep (mechanism)* pegar; **the kitten's eyes were all gummed up** el gatito tenía los ojos pegados

gumball ['gʌmbɔːl] *n US* chicle *m (en forma de bola)*

gumbo ['gʌmbəʊ] *(pl gumbos) n US* -1. *(soup)* = sopa de verduras con carne o pescado y espesada con quingombó -2. *(okra)* quingombó *m*

gumboil ['gʌmbɔɪl] *n* flemón *m*

gumboot ['gʌmbuːt] *n* bota *f* de agua *or* goma

gumdrop ['gʌmdrɒp] *n* pastilla *f* de goma, *Esp* ≃ gominola *f*

gummed [gʌmd] *adj (label)* engomado(a)

gummy ['gʌmɪ] *adj* -1. *(toothless)* desdentado(a), mellado(a) -2. *(sticky)* pegajoso(a)

gumption ['gʌmpʃən] *n Fam* -1. *(common sense)* sensatez *f*, sentido *m* común -2. *(courage)* agallas *fpl*

gumshield ['gʌmʃiːld] *n* SPORT protector *m* bucal

gumshoe ['gʌmʃuː] *n US Fam (detective)* sabueso *m*, detective *m*

gun [gʌn] ◇ *n* -1. *(pistol)* pistola *f*; *(rifle)* rifle *m*; *(shotgun)* escopeta *f*; *(any portable firearm)* arma *f* (de fuego); **the burglar had a ~** el ladrón iba armado; **to draw** *or* **pull a ~ on sb** apuntar a alguien con un arma ❏ ~ **barrel** cañón *m*; ~ **battle** tiroteo *m*, *Am* balacera *f*; ~ **cotton** algodón *m* pólvora; ~ **dog** perro *m* de caza; ~ **laws** legislación *f* sobre armas de fuego; ~ **licence** licencia *f* de armas; *US* **the ~ lobby** = los que están en contra del control sobre las armas de fuego
-2. *(artillery piece)* cañón *m*; **a 21-~ salute** una salva de 21 cañonazos ❏ ~ **carriage** cureña *f*; ~ **crew** personal *m* de artillería
-3. *(hunter)* = miembro de una partida de caza
-4. *Fam (gunman)* pistolero *m*, matón *m*; **hired ~** pistolero a sueldo
-5. *(dispenser)* pistola *f*; **grease ~** pistola de engrase; **paint ~** pistola *(para pintar)*
-6. IDIOMS *Fam* **big ~** *(important person)* pez gordo; *Fam* **to bring out the** *or* **one's big guns** recurrir a la artillería pesada; **to be going great guns** *(enterprise)* ir a pedir de boca; **she was going great guns** le estaba yendo a pedir de boca; *US* **to be under the ~** sentirse presionado(a); **to stick to one's guns** no dar el brazo a torcer; **to jump the ~** *(in race)* salir antes de tiempo; *Fig* precipitarse
◇ *vt (pt & pp gunned)* **to ~ the engine** dar acelerones
● **gun down** *vt sep (kill)* matar a tiros
● **gun for** *vt insep* **he's gunning for us** la tiene tomada con nosotros; **he's gunning for the heavyweight title** aspira al título de los pesos pesados; **she's gunning for my job** tiene las miras puestas en mi trabajo

---

GUN CONTROL

En Estados Unidos se estima que un 45% de los hogares estadounidenses posee un fusil o un revólver y son frecuentes los delitos relacionados con la posesión de armas de fuego. Pero en la década de los 90 varios tiroteos mortales en centros de enseñanza dieron lugar a un movimiento que pedía un control más estricto de la posesión de las armas de fuego. A pesar de esto, la "National Rifle Association" (o Asociación Nacional del Rifle) continúa invocando "the right to bear arms" (el derecho a poseer armas de fuego), inscrito en la constitución, así como su defensa del tiro como deporte legal.

---

gunboat ['gʌnbəʊt] *n* cañonera *f* ❏ ~ **diplomacy** la diplomacia de los cañones

gundeck ['gʌndek] *n* cubierta *f* de batería

gunfight ['gʌnfaɪt] *n* tiroteo *m*

gunfighter ['gʌnfaɪtə(r)] *n* pistolero(a) *m,f*

gunfire ['gʌnfaɪə(r)] *n* -1. *(from pistols, rifles)* disparos *mpl*, tiros *mpl* -2. *(from artillery)* cañonazos *mpl*

gunge [gʌndʒ] *n Br Fam* porquería *f*, pringue *f*

gung-ho [ˌgʌŋ'həʊ] *adj (enthusiastic)* exaltado(a), *(eager for war)* belicoso(a); **to be ~ about sth** lanzar las campanas al vuelo con relación a algo

gungy ['gʌndʒɪ] *adj Fam* pringoso(a), asqueroso(a)

gunk [gʌŋk] *n Fam* porquería *f*, pringue *f*

gunman ['gʌnmən] *n (armed criminal)* hombre *m* armado; *(assassin, terrorist)* pistolero *m*

gunmetal ['gʌnmetəl] ◇ *n* -1. *(alloy)* bronce *m* para cañones -2. *(colour)* gris *m* plomo
◇ *adj* gris oscuro(a)

gunnel ['gʌnəl] *n* -1. *(eel)* blenio *m* -2. = **gunwale**

gunner ['gʌnə(r)] *n* artillero *m*

gunnery ['gʌnərɪ] *n* artillería *f* ❏ ~ **officer** oficial *mf* de artillería

gunny ['gʌnɪ] *n* arpillera *f*, tela *f* de saco; ~ **(sack)** saco *m* de arpillera

gunplay ['gʌnpleɪ] *n* tiroteo *m*

gunpoint ['gʌnpɔɪnt] *n* **at ~** a punta de pistola

gunpowder ['gʌnpaʊdə(r)] *n* pólvora *f* ❏ *the Gunpowder Plot* = conspiración encabezada por Guy Fawkes en 1605 para volar el parlamento inglés

gunroom ['gʌnruːm] *n* -1. *(in house)* sala *f* de armas -2. *(on ship)* sala *f* de suboficiales

gunrunner ['gʌnrʌnə(r)] *n* contrabandista *mf* de armas

gunrunning ['gʌnrʌnɪŋ] *n* contrabando *m* de armas

gunship ['gʌnʃɪp] *n* avión *m* equipado con armamento; **a helicopter ~** un helicóptero artillado

gunshot ['gʌnʃɒt] *n* -1. *(shot)* disparo *m*, tiro *m* ❏ ~ **wound** herida *f* de bala -2. *(range)* **to be out of ~** estar fuera de tiro; **to be within ~** estar a tiro

gun-shy ['gʌnʃaɪ] *adj* **to be ~** asustarse con el ruido de las armas

gunslinger ['gʌnslɪŋə(r)] *n Fam* pistolero(a) *m,f*

gunsmith ['gʌnsmɪθ] *n* armero *m*

gunstock ['gʌnstɒk] *n* culata *f*

gunwale, gunnel ['gʌnəl] *n* NAUT borda *f*, regala *f*

guppy ['gʌpɪ] *n* guppy *m*, lebistes *m inv*

gurgle ['gɜːgəl] ◇ *n* **-1.** *(of liquid)* borboteo *m*, gorgoteo *m* **-2.** *(of baby)* gorjeo *m*; **a ~ of delight** un gorjeo de placer
◇ *vi* **-1.** *(liquid)* borbotear, gorgotear **-2.** *(baby)* gorjear; **to ~ with delight** gorjear de placer

Gurkha ['gɜːkə] *n* gurja *mf*, gurka *mf*

gurnard ['gɜːnəd], **gurnet** ['gɜːnɪt] *n* bejel *m*

guru ['goruː] *n also Fig* gurú *m*

gush [gʌʃ] ◇ *n (of spring, fountain)* chorro *m*; **a ~ of words** un torrente de palabras **-2.** *(of emotion)* efusión *f*; **a sudden ~ of enthusiasm** un repentino ataque de entusiasmo
◇ *vt* **-1.** *(emit)* **to ~ water/oil** chorrear agua/aceite **-2.** *Pej (say effusively)* **"how wonderful to see you!" she gushed** "¡qué estupendo verte!", dijo con excesivo entusiasmo
◇ *vi* **-1.** *(spurt, pour)* manar; **blood was gushing from his arm** le manaba sangre del brazo **-2.** *Pej (talk effusively)* **to ~ about sth** hablar con excesivo entusiasmo de algo; **everyone was gushing over the baby** todos se deshacían en halagos con el bebé

gusher ['gʌʃə(r)] *n (oil well)* pozo *m* (petrolífero) surgente

gushing ['gʌʃɪŋ], **gushy** ['gʌʃɪ] *adj Pej (person, praise)* excesivamente efusivo(a)

gusset ['gʌsɪt] *n (in clothing)* escudete *m*

gust [gʌst] ◇ *n (of wind, rain, air)* ráfaga *f*
◇ *vi (wind)* soplar racheado or en ráfagas; **winds gusting up to 50 mph were recorded** se registraron ráfagas de hasta 50 millas por hora

gusto ['gʌstəʊ] *n* entusiasmo *m*; **with ~** con entusiasmo

gusty ['gʌstɪ] *adj (wind)* racheado(a); **it's a bit ~** hay mucho viento, hay fuertes rachas de viento; **a ~ day** un día de mucho viento; **~ weather** tiempo con viento racheado

gut [gʌt] ◇ *n* **-1.** *(intestine)* intestino *m*
-2. *Fam (stomach)* panza *f*, barriga *f*, tripa *f*; **a ~ feeling** *(intuition)* una intuición, una corazonada; **I have a ~ feeling that...** tengo la intuición or corazonada de que...; *Fam* **to bust a ~** *(make big effort)* herniarse; *(laugh uncontrollably)* morirse or troncharse de risa ❑ **~ reaction** *(intuitive)* reacción *f* instintiva
-3. *Fam* **guts** *(of person, machine)* tripas; IDIOM **to work** or **sweat one's guts out** dejarse la piel; IDIOM **she hates my guts** no me puede ver ni en pintura; IDIOM **I'll have his guts for garters** lo haré picadillo
-4. *Fam* **guts** *(courage)* agallas, arrestos; **I didn't have the guts to tell them** no tuve agallas para decírselo
-5. *(catgut) (for racquets, violins)* cuerda *f* de tripa; *(in surgery)* catgut *m*, hilo *m* de sutura
◇ *vt (pt & pp* **gutted***)* **-1.** *(fish, poultry)* limpiar **-2.** *(building)* **the house had been gutted by the fire** el fuego destruyó por completo el interior de la casa; **she gutted the house and completely redecorated it** despojó la casa de todos sus enseres y la decoró de nuevo por completo **-3.** *(book)* sacar los puntos principales de

gutless ['gʌtlɪs] *adj Fam* cobarde

gutrot ['gʌtrɒt] *n Br Fam* **-1.** *(drink)* matarratas *m inv* **-2.** *(stomach upset)* dolor *m* de tripa

gutsy ['gʌtsɪ] *adj Fam* **-1.** *(brave)* con agallas, corajudo(a) **-2.** *(spirited) (performance, singer)* con garra **-3.** *(greedy)* glotón(ona)

gutta-percha ['gʌtə'pɜːtʃə] *n* gutapercha *f*

gutter ['gʌtə(r)] ◇ *n* **-1.** *(in street)* cuneta *f*
-2. *(on roof)* canalón *m*
-3. TYP margen *m* interior
-4. *(in ten-pin bowling)* canalón *m*, *Bol, CSur* canaleta *f*
-5. IDIOMS **to end up in the ~** terminar en el arroyo; **to drag oneself out of the ~** salir del arroyo; **the language of the ~** el lenguaje barriobajero ❑ *Fam Pej* **~ *journalism*** periodismo *m* amarillo or sensacionalista; *Fam Pej* **~ *press*** prensa *f* amarilla or sensacionalista
◇ *vi (flame)* parpadear

guttering ['gʌtərɪŋ] *n* canalones *mpl*

guttersnipe ['gʌtəsnaɪp] *n Fam Old-fashioned* pillo(a) *m,f*, golfillo(a) *m,f*

guttural ['gʌtərəl] *adj* gutural

gut-wrenching ['gʌtrentʃɪŋ] *adj Fam* desgarrador(ora)

guv [gʌv], **guv'nor, guvnor** ['gʌvnə(r)] *n Br Fam (boss)* patrón *m*, jefe *m*; *(form of address)* jefe *m*, amigo *m*

guy¹ [gaɪ] ◇ *n* **-1.** *Fam (man)* tipo *m*, *Esp* tío *m*; **a great ~** un gran tipo; **a tough ~** un tipo duro **-2.** *esp US Fam* **hi guys!** ¡hola, amigos(as) or *Esp* tíos(as)!; **what are you guys doing tonight?** ¿qué *Esp* vais or *Am* van a hacer esta noche? **-3.** *Fam (boyfriend)* novio *m* **-4.** *Br (effigy)* = muñeco que representa a Guy Fawkes y que se quema en las hogueras la noche del 5 de noviembre
◇ *vt (make fun of)* burlarse de

guy² *n* **~ (rope)** *(for tent)* viento *m*

Guyana [gaɪ'ænə] *n* Guyana

Guyanese [gaɪə'niːz] ◇ *n* guyanés(esa) *m,f*
◇ *adj* guyanés(esa)

Guy Fawkes Night ['gaɪ'fɔːks'naɪt] *n Br =* fiesta del 5 de noviembre, en la que se conmemora el fracaso del atentado de Guy Fawkes contra el parlamento en 1605

guzzle ['gʌzəl] ◇ *vt Fam (food)* engullir, tragar; *(drink)* tragar; **this car really guzzles gas** este auto sí que traga gasolina or *RP* nafta
◇ *vi (eat)* engullir, tragar; *(drink)* tragar

gym [dʒɪm] *n* **-1.** *(gymnasium)* gimnasio *m* **-2.** *(activity, school subject)* gimnasia *f* ❑ **~ *shoes*** zapatillas *fpl* de gimnasia or de deporte; *Br* **~ *slip*** bata *f*; *Br Fam* **~*-slip mum*** mamá *f* colegiala

gymkhana [dʒɪm'kɑːnə] *n* gincana *f* hípica

gymnasium [dʒɪm'neɪzɪəm] *(pl* **gymnasiums** or **gymnasia** [dʒɪm'neɪzɪə]*)* *n* gimnasio *m*

gymnast ['dʒɪmnæst] *n* gimnasta *mf*

gymnastic [dʒɪm'næstɪk] *adj* gimnástico(a)

gymnastics [dʒɪm'næstɪks] ◇ *n* gimnasia *f*
◇ *npl Fig* **mental ~** gimnasia mental

gynaecological, *US* **gynecological** [gaɪnɪkə'lɒdʒɪkəl] *adj* ginecológico(a)

gynaecologist, *US* **gynecologist** [gaɪnɪ'kɒlədʒɪst] *n* ginecólogo(a) *m,f*

gynaecology, *US* **gynecology** [gaɪnɪ'kɒlədʒɪ] *n* ginecología *f*

gyp [dʒɪp] ◇ *n Br Fam* **my tooth/leg is giving me ~** la muela/pierna me está matando; **he's been giving me ~ about my decision** no para de darme la barrila por mi decisión
◇ *vt (cheat)* estafar, timar

gyppo ['dʒɪpəʊ] *(pl* **gyppos***) n Br Fam =* término ofensivo para referirse a una persona de Egipto

gypsum ['dʒɪpsəm] *n* yeso *m*

gypsy, gipsy ['dʒɪpsɪ] *n* gitano(a) *m,f*; **she's a ~ at heart** tiene alma de gitana ❑ **~ *caravan*** carromato *m* de gitanos; **~ *moth*** lagarta *f*

gyrate [dʒaɪ'reɪt] *vi* rotar, girar

gyration [dʒaɪ'reɪʃən] *n* rotación *f*, giro *m*

gyratory [dʒaɪ'reɪtərɪ] *adj* giratorio(a)

gyrfalcon ['dʒɜːfɔːlkən] *n* halcón *m* gerifalte

gyrocompass ['dʒaɪrəʊkʌmpəs] *n* brújula *f* giroscópica

gyroplane ['dʒaɪrəpleɪn] *n* autogiro *m*

gyroscope ['dʒaɪrəskəʊp] *n* giróscopo *m*, giroscopio *m*

gyrostabilizer ['dʒaɪrəʊ'steɪbɪlaɪzə(r)] *n* giroestabilizador *m*

gyrus ['dʒaɪrəs] *(pl* **gyri** ['dʒaɪraɪ]*) n* ANAT circunvolución *f* cerebral

Hh

H, h [eɪtʃ] *n (letter)* H, h *f*
H [eɪtʃ] *n* **-1. H bomb** bomba *f* H **-2.** *Fam (abbr* **heroin)** heroína *f*, *Esp* caballo *m*
ha, hah [hɑː] *exclam* **-1.** *(in triumph, sudden comprehension)* ¡ajá!; **ha, that's where it was!** ¡ajá!¡conque allí estaba! **-2.** *(in contempt)* ¡ja!; **ha! is that all you were worried about?** ¡ja! ¿es eso lo que te preocupaba?
habeas corpus [ˈheɪbɪəsˈkɔːpəs] *n* LAW habeas corpus *m*
haberdasher [ˈhæbədæʃə(r)] *n* **-1.** *Br (draper)* propietario(a) *m,f* de una mercería, mercero(a) *m,f* **-2.** *US (men's outfitter)* propietario(a) *m,f* de una tienda de confección de caballero
haberdashery [ˈhæbədæʃərɪ] *n* **-1.** *Br (sewing items, shop)* mercería *f* **-2.** *US (men's clothes)* ropa *f* de caballero; *(shop)* tienda *f* de confección de caballero
habit [ˈhæbɪt] *n* **-1.** *(custom, practice)* costumbre *f*, hábito *m*; **good/bad habits** buenas costumbres/malos hábitos; **get rid of those bad habits** abandona esos malos hábitos; **to be in the ~ of doing sth** tener la costumbre de hacer algo; **to get into the ~ of doing sth** adquirir la costumbre o el hábito de hacer algo; **to get out of the ~ of doing sth** quitarse la costumbre de hacer algo; **you must get out of the ~ of always blaming other people** tienes que dejar de echar siempre la culpa a los demás; **to get sb into/out of the ~ of doing sth** acostumbrar a alguien a hacer algo/quitar a alguien la costumbre de hacer algo; **to make a ~ of doing sth** *Esp* coger la costumbre de hacer algo, *Am* hacerse a la costumbre de hacer algo; **don't make a ~ of it** que no se convierta en una costumbre; **from force of ~, out of ~** por la fuerza de la costumbre
-2. *Fam (addiction)* vicio *m*; **he steals to pay for his ~** roba para pagarse el vicio; **to have a drug ~** ser drogadicto(a), tener adicción a las drogas
-3. *(costume) (for monk, nun)* hábito *m*; **(riding) ~** ropa *f* de montar *or* de equitación
habitable [ˈhæbɪtəbəl] *adj* habitable
habitat [ˈhæbɪtæt] *n* hábitat *m*
habitation [hæbɪˈteɪʃən] *n* **-1.** *(occupation)* habitación *f*; **there were few signs of ~** había pocos rastros de habitantes; **fit/unfit for ~** apto/no apto para su uso como vivienda **-2.** *Formal (dwelling place)* vivienda *f*
habit-forming [ˈhæbɪtfɔːmɪŋ] *adj (drug)* adictivo(a); *Hum* **surfing the Web can be ~** navegar por Internet puede ser adictivo *or* puede crear adicción
habitual [həˈbɪtjʊəl] *adj* **-1.** *(customary) (generosity, rudeness)* habitual, acostumbrado(a) **-2.** *(persistent) (liar, drunk)* empedernido(a); **~ offenders** reincidentes, delincuentes habituales
habitually [həˈbɪtjʊəlɪ] *adv* habitualmente; **he would ~ insult his customers** solía insultar a sus clientes
habituate [həˈbɪtjʊeɪt] *vt* habituar **(to** a); **to become habituated to sth** habituarse a algo
habituation [həbɪtjʊˈeɪʃən] *n* acostumbramiento *m*, habituación *f*
habitué [həˈbɪtjʊeɪ] *n* asiduo(a) *m,f*

Habsburg = Hapsburg
hacienda [hæsɪˈendə] *n* hacienda *f*
hack[1] [hæk] *n* **-1.** *Fam Pej (journalist)* gacetillero(a) *m,f*; **~ (writer)** escritor(ora) *m,f* mercenario(a)
-2. *Fam Pej (political activist)* político(a) *m,f* de carrera
-3. *(horse) (for riding)* caballo *m* de silla *or* paseo; *(for hire)* caballo *m* de alquiler; *(old horse, nag)* jamelgo *m*, *RP* matungo *m*
-4. *(horseride)* **to go for a ~** ir a dar un paseo a caballo
-5. *(cough)* tos *f* seca *or* perruna
-6. *US Fam (taxi)* taxi *m*, *Esp* pelas *m inv*, *RP* tacho *m*
-7. *US Fam (taxi driver)* taxista *mf*, *RP* tachero(a) *m,f*
hack[2] ⋄ *n* **-1.** *(cut)* tajo *m*; **to take a ~ at sth/sb** dar un tajo a algo/alguien **-2.** *(kick)* patada *f*; **to take a ~ at sb** darle una patada a alguien
⋄ *vt* **-1.** *(cut)* cortar; **to ~ sth to pieces** hacer algo trizas; **to ~ sb to pieces** descuartizar a alguien; *Fig (criticize)* destrozar a alguien; **to ~ sb to death with a machete/an axe** matar a alguien a machetazos/hachazos; **to ~ one's way through the jungle** abrirse paso a machetazos por la jungla
-2. *(in soccer)* dar un hachazo a
-3. *Fam (cope with)* **he can't ~ it** no puede con ello
-4. COMPTR **they hacked their way into the system** accedieron al sistema burlando los códigos de seguridad
⋄ *vi* **-1.** *(cut)* **to ~ (away) at sth** dar tajos (sin parar) a algo **-2.** *(cough)* toser con fuerza **-3.** *(on horseback)* pasear a caballo; **to go hacking** salir a pasear a caballo **-4.** COMPTR **to ~ into a computer system** introducirse ilegalmente en un sistema informático

◆ **hack down** *vt sep* **-1.** *(tree)* talar, cortar; *(person)* destrozar **-2.** *(soccer player)* derribar, entrar en falta a

◆ **hack off** *vt sep* **-1.** *(chop off) (branch, limb)* cortar **-2.** *Fam* **to ~ sb off** enfurecer *or* mosquear a alguien; **to be hacked off (with sth/sb)** estar furioso(a) *or* mosqueado(a) (con algo/alguien)

hacker [ˈhækə(r)] *n* COMPTR *Fam* **-1.** *(illegal user)* pirata *mf* informático(a) **-2.** *(expert)* usuario(a) *m,f* experto(a), hacker *mf*
hackie [ˈhækɪ] *n* US Fam taxista *mf*, *RP* tachero(a) *m,f*
hacking [ˈhækɪŋ] ⋄ *n* **-1.** COMPTR *Fam (illegal use)* pirateo *m* informático, piratería *f* informática **-2. ~ jacket** chaqueta *f* de montar
⋄ *adj* **a ~ cough** una tos seca *or* perruna
hackle [ˈhækəl] *n (of bird)* pluma *f* de cuello, collar *m*
hackles [ˈhækəlz] *npl (of dog)* pelo *m* del cuello; **the dog's ~ were up** al perro se le erizaron los pelos del cuello; IDIOM **my ~ rose** me indigné; IDIOM **to make sb's ~ rise** *(make sb angry)* enfurecer a alguien
hackney cab [ˈhæknɪˈkæb], **hackney carriage** [ˈhæknɪˈkærɪdʒ] *n* **-1.** *Formal (taxi)* taxi *m* **-2.** *(horse-drawn)* coche *m* de alquiler

hackneyed [ˈhæknɪd] *adj* manido(a), trillado(a)
hacksaw [ˈhæksɔː] *n* sierra *f* para metales
hackwork [ˈhækwɜːk] *n* Fam trabajo *m* de pacotilla; **she dismissed her article as mere ~** descartó su artículo por considerarlo una chapucería
had *pt & pp of* **have**
haddock [ˈhædək] *n* abadejo *m*
hadn't [ˈhædənt] = **had not**
Hades [ˈheɪdiːz] *n* el Hades
hadj = hajj
Hadrian [ˈheɪdrɪən] *pr n* Adriano ❑ **~'s Wall** la Muralla de Adriano
hadron [ˈhædrɒn] *n* PHYS hadrón *m*
haematite, *US* **hematite** [ˈhiːmətaɪt] *n* GEOL hematites *m inv*
haematologist, *US* **hematologist** [hiːməˈtɒlədʒɪst] *n* hematólogo(a) *m,f*
haematology, *US* **hematology** [hiːməˈtɒlədʒɪ] *n* hematología *f*
haematoma, *US* **hematoma** [hiːməˈtəʊmə] *(pl* **haematomas** *or* **haematomata** [hiːməˈtəʊmətə]) *n* hematoma *m*
haemoglobin, *US* **hemoglobin** [hiːməʊˈɡləʊbɪn] *n* hemoglobina *f*
haemophilia, *US* **hemophilia** [hiːməʊˈfɪlɪə] *n* hemofilia *f*
haemophiliac, *US* **hemophiliac** [hiːməʊˈfɪlɪæk] *n* hemofílico(a) *m,f*
haemophilic, *US* **hemophilic** [hiːməˈfɪlɪk] *adj* hemofílico(a)
haemorrhage, *US* **hemorrhage** [ˈhemərɪdʒ]
⋄ *n* **-1.** *(bleeding)* hemorragia *f* **-2.** *Fig (of people, resources)* fuerte pérdida *f*
⋄ *vi* **-1.** MED sangrar, sufrir una hemorragia **-2.** *Fig (support, funds)* decrecer por momentos; **party membership was haemorrhaging badly** el partido padecía la deserción masiva de sus afiliados
haemorrhoids, *US* **hemorrhoids** [ˈhemərɔɪdz] *npl* MED hemorroides *fpl*; **to have ~** tener hemorroides
hafnium [ˈhæfnɪəm] *n* CHEM hafnio *m*
haft [hɑːft] *n (of axe)* astil *m*; *(of knife)* mango *m*; *(of sword)* empuñadura *f*
hag [hæɡ] *n* **-1.** *Pej (old woman)* bruja *f*, arpía *f* **-2.** *(witch)* bruja *f*, arpía *f*
hagfish [ˈhæɡfɪʃ] *n* lamprea *f* glutinosa
haggard [ˈhæɡəd] *adj* demacrado(a)
haggis [ˈhæɡɪs] *n* = plato típico escocés a base de asaduras de cordero mezcladas con harina de avena y embutidas en una tripa
haggle [ˈhæɡəl] *vi* **-1.** *(over price)* regatear; **to ~ about** *or* **over the price of sth** regatear el precio de algo **-2.** *(argue)* negociar; **they haggled about who should be on the committee** negociaron la composición de la junta
haggling [ˈhæɡlɪŋ] *n* **-1.** *(over price)* regateo *m* **-2.** *(arguing)* tira y afloja *m*
hagiographic(al) [hæɡɪəˈɡræfɪk(əl)] *adj* hagiográfico(a)
hagiography [hæɡɪˈɒɡrəfɪ] *n* hagiografía *f*
hag-ridden [ˈhæɡrɪdən] *adj* Literary *(tormented)* atormentado(a)
Hague [heɪɡ] *n* **the ~** La Haya
hah = ha

ha-ha¹ ['hɑː'hɑː], **haw-haw** ['hɔː'hɔː] *exclam (laughter, mockery)* ¡ja, ja!; *Ironic* **~, very funny!** ¡ja, ja, muy gracioso!

ha-ha² *n (fence in ditch)* valla *f* (en zanja)

hahnium ['hɑːnɪəm] *n* CHEM hahnio *m*

haiku ['haɪkuː] *n* hai kai *m*, haiku *m*

hail¹ [heɪl] ◇ *n* **-1.** *(hailstones)* granizo *m* **-2.** *(of blows, bullets, insults)* lluvia *f*; **he died in a ~ of bullets** murió bajo una lluvia de balas, *Am* murió en una balacera

◇ *vi* **it's hailing** está granizando

◆ **hail down** *vi (blows, stones)* llover; **blows/rocks hailed down on us** nos cayó encima una lluvia de golpes/piedras; **criticism hailed down on him** le llovieron las críticas

hail² *exclam* **~ Caesar!** ¡ave, César!; **~ Mary** avemaría □ *US* SPORT **Hail Mary pass** pase *m* forzado

◇ *vt* **-1.** *(attract attention of) (person)* llamar; *(ship)* saludar; *(taxi)* parar, hacer señas a; **to be within hailing distance of sth/sb** estar a suficiente distancia de algo/alguien como para llamarle *or* hacerle señas **-2.** *(acclaim)* aclamar **(as** como**); she has been hailed as the greatest novelist of the century** fue aclamada como la mejor novelista del siglo

◇ *n Literary (call)* llamada *f*, saludo *m*; **within ~** al alcance de la voz

◆ **hail from** *vt insep* proceder de; **where does he ~ from?** ¿de dónde es?, ¿cuál es su procedencia?

hail-fellow-well-met [heɪlfeləʊwel'met] *adj* demasiado campechano(a); **he greeted his boss with a ~ slap on the shoulder** saludó a su jefe con una informal y campechana palmada en el hombro

hailstone ['heɪlstəʊn] *n* (piedra *f* de) granizo *m*

hailstorm ['heɪlstɔːm] *n* granizada *f*

hair [heə(r)] *n* **-1.** *(on head)* pelo *m*, cabello *m*; *(on body)* vello *m*; *(of animal)* pelo *m*; **my ~ is a mess** mi pelo es un desastre; **to have long/short ~** tener el pelo largo/corto; **to do one's ~** peinarse; **to get one's ~ done** peinarse (en la peluquería); **who does your ~?** ¿quién es tu peluquero?, ¿quién te peina?; **I like the way you've done your ~** me gusta como te peinaste; **to brush/comb/wash one's ~** cepillarse/peinarse/lavarse el pelo; **to have** *or* **get one's ~ cut** cortarse el pelo; **she put her ~ up** se sujetó el pelo; **she let her ~ down** se soltó el pelo □ **~ colorant** tinte *m* *or RP* tinta *f* para el pelo; **~ clippers** maquinilla *f*; *Br* **~ curlers** rulos *mpl*, ruleros *mpl*; **~ gel** gel *m* moldeador, gomina *f*; **~ implants** implantes *mpl* capilares; **~ lacquer** fijador *m* para el pelo; **~ lotion** loción *f* capilar; **~ remover** crema *f* depilatoria; **~ restoration clinic** clínica *f* capilar; **~ restorer** producto *m* contra la calvicie, crecepelo *m*; **~ shirt** cilicio *m*; **~ transplant** trasplante *m* capilar

-2. *(single hair)* pelo *m*; **she never has a ~ out of place** va siempre muy arreglada □ **~ follicle** folículo *f* piloso

-3. **~ trigger** *(on gun)* gatillo *m* muy sensible; *Fig* **to be on a ~ trigger** *(temper)* estar a punto de estallar; *(situation)* pender de un hilo

-4. IDIOMS **she never has a ~ out of place** *(is immaculate)* siempre está perfecta; **if you harm one single ~ of** *or* **on his head...** si le tocas un pelo...; **to make sb's ~ stand on end** ponerle a alguien los pelos de punta; *Fam* **keep your ~ on!** ¡no te sulfures!; *Fam* **to get in sb's ~** fastidiar a alguien, dar la lata a alguien; *Fam* **keep him out of my ~** quítamelo de encima; **I'll keep out of your ~** te dejo tranquilo, no te molestaré; **to let one's ~ down** *(lose inhibitions)* soltarse el pelo *or* la melena; **to win/lose by a ~** ganar/perder por un pelo; **to a ~** *(perfectly)* a la perfección; **without turning a ~** sin pestañear; **she didn't turn a ~ when I told her about the accident/that I had won** no se le movió un pelo cuando le conté acerca del accidente/que había ganado; *Fam Hum* **that'll put hairs on your chest!** esto levanta a un muerto; *Fam* **to have sb by the short hairs** tener a alguien en un puño; **to make one's ~ curl** poner a uno los pelos de punta; *Fam* **do you fancy a ~ of the dog (that bit you)?** *(for hangover)* ¿quieres algo de alcohol para quitarte la resaca *or Méx* cruda?

hairball ['heəbɔːl] *n* bola *f* de pelo

hairband ['heəbænd] *n* cinta *f* (para el pelo)

hairbreadth = hair's-breadth

hairbrush ['heəbrʌʃ] *n* cepillo *m*

haircare ['heəkeə(r)] ◇ *n* cuidado *m* del cabello *or* pelo

◇ *adj* para el cuidado del cabello *or* pelo; **~ products** productos capilares

hairclip ['heəklɪp] *n* clip *m* para el pelo, horquilla *f*

haircut ['heəkʌt] *n* corte *m* de pelo; **to have a ~** cortarse el pelo; **to give sb a ~** cortar el pelo a alguien

hairdo ['heəduː] *n* (*pl* **hairdos**) *n Fam* peinado *m*

hairdresser ['heədresə(r)] *n* peluquero(a) *m,f*; **~'s** peluquería *f*

hairdressing ['heədresɪŋ] *n* peluquería *f* □ **~ salon** salón *m* de peluquería

hairdryer ['heədraɪə(r)] *n* secador *m* (de pelo)

-haired [heəd] *suffix* **long/short/curly~** de pelo largo/corto/rizado; **white/grey~** canoso(a), entrecano(a)

hairgrip ['heəɡrɪp] *n Br* horquilla *f*, *Chile* pinche *m*, *Col, Méx, Perú, Ven* gancho *m*, *Cuba* presilla *f*, *Méx* pasador *m*

hairless ['heəlɪs] *adj (head, body)* sin pelo; *(face)* lampiño(a); *(infant, puppy)* pelón(ona)

hairline ['heəlaɪn] *n* **-1.** *(of person)* nacimiento *m* del pelo; **to have a receding ~** tener entradas; IDIOM *US* **to a ~** *(perfectly)* a la perfección **-2.** **~ crack** *(in pipe, wall)* fisura *f* muy pequeña; **~ fracture** *(of bone)* fisura *f* (de hueso)

hairnet ['heənet] *n* redecilla *f* para el pelo

hairpiece ['heəpiːs] *n (for man)* peluquín *m*; *(for woman)* postizo *m*, *RP* aplique *m*

hairpin ['heəpɪn] *n* horquilla *f*, *Chile* pinche *m*, *Col, Méx, Perú, Ven* gancho *m*, *Cuba* presilla *f*, *Méx* pasador *m* □ **~ bend** *(on road)* curva *f* muy cerrada; *US* **~ turn** *(on road)* curva *f* muy cerrada

hair-raising ['heəreɪzɪŋ] *adj* espeluznante

hair's-breadth ['heəzbredθ], **hairbreadth** ['heəbredθ] *n* **by a ~** por un pelo; **to be within a ~ of** estar al borde de

hairslide ['heəslaɪd] *n Br* pasador *m* (para el pelo)

hair-splitting ['heəsplɪtɪŋ] ◇ *n* sutilezas *fpl*

◇ *adj* **that's a ~ argument** es un argumento muy rebuscado; **that's a ~ distinction** es una distinción muy sutil

hairspray ['heəspreɪ] *n* laca *f* (de pelo)

hairspring ['heəsprɪŋ] *n* espiral *f* (de reloj)

hairstyle ['heəstaɪl] *n* peinado *m*

hairstylist ['heəstaɪlɪst] *n* estilista *mf*

hairy ['heərɪ] *adj* **-1.** *(hair-covered)* velludo(a), peludo(a) **-2.** *Fam (scary)* **there were a few hairy moments when the car broke down** hubo algunos momentos que nos pusieron los pelos de punta como cuando se rompió el auto **-3.** *Fam (uncomfortable, tricky)* peliagudo(a)

Haiti ['heɪtɪ] *n* Haití

Haitian ['heɪʃən] ◇ *n* haitiano(a) *m,f*

◇ *adj* haitiano(a)

hajj, hadj [hɑːdʒ] *n* peregrinación *f* a la Meca

haka ['hɑːkə] *n* haka *m*, danza *f* guerrera maorí

hake [heɪk] *n* merluza *f*

halal [hə'lɑːl] ◇ *n* carne *f* halal, = carne sacrificada según la ley musulmana

◇ *adj* **~ butcher** = carnicero que vende carne halal; **~ meat** carne halal, = carne sacrificada según la ley musulmana

halation [hə'leɪʃən] *n* PHOT halo *m*, *Spec* halación *f*

halberd ['hælbəd] *n* HIST alabarda *f*

halberdier [hælbə'dɪə(r)] *n* HIST alabardero *m*

halcyon days ['hælsɪən'deɪz] *npl Literary* días *mpl* felices

hale [heɪl] ◇ *adj* sano(a); **to be ~ and hearty** estar como una rosa

◇ *vt US (haul)* arrastrar; **to ~ sb in/out** meter/sacar a alguien a rastras, arrastrar a alguien para adentro/afuera

half [hɑːf] ◇ *n (pl* **halves** [hɑːvz]) **-1.** *(in general)* mitad *f*; *(six months)* semestre *m*; **the lower ~ of the page** la mitad inferior de la página; **~ of it** la mitad; **~ of them** la mitad (de ellos); **~ of the time you can't understand her** la mitad del tiempo no se le entiende; *Fam* **I haven't told you the ~ of it** y todavía no te he contado lo mejor; **to increase sth by ~** aumentar algo en un 50 por ciento; **to reduce sth by ~** reducir algo a la mitad; **she is too clever/arrogant by ~** se pasa de lista *or RP* viva/arrogante; **she doesn't do things by halves** no le gusta hacer las cosas a medias; **to fold/cut sth in ~** doblar/cortar algo por la mitad; *Hum* **my better** *or* **other ~** mi media naranja; **the king wanted to see how the other ~ lives** el rey quería enterarse de cómo viven los pobres; **to go halves with sb (on sth)** ir a medias con alguien (en algo)

-2. *(fraction)* medio *m*; **three and a ~** tres y medio; **an hour and a ~** una hora y media; **three and a ~ thousand** tres mil quinientos(as); *Fam Fig* **that was a goal and a ~!** ¡menudo gol!; *Fam Fig* **a party/hangover and a ~** un (buen) fiestón/resacón, *Esp* una fiesta/resaca de aúpa, *CSur* flor de fiesta/resaca

-3. *(period of sports match)* parte *f*; **first/second ~** primera/segunda parte, primer/segundo tiempo; **France was in the lead in the first ~** Francia fue por delante durante la primera parte

-4. *(area of sports pitch)* medio campo *m*; **almost the entire game took place in the opposition's ~** casi todo el juego se desarrolló en el medio campo del contrario

-5. *Br (ticket) (for child) Esp* billete *m or Am* boleto *m or Am* pasaje *m* infantil

-6. *Br (half pint)* media pinta *f*

-7. *(in golf)* hoyo *m* empatado

◇ *adj* medio(a); **at ~ speed** a medio gas; **~ an hour** media hora; **~ past twelve**, *US* **~ after twelve**, *Fam* **~ twelve** las doce y media; **it's ~ past** son y media; **~ a dozen** media docena; **~ the students failed** suspendió *or Am* reprobó *or RP* perdió la mitad de los alumnos; **getting started is ~ the battle** lo más difícil es empezar; **given ~ a chance** a la mínima oportunidad; **that's ~ the problem** eso es parte del problema, **but that's only ~ the story** pero aún hay más; **she's ~ the writer she used to be** es una sombra de la escritora que era antes; **to have ~ a mind to do sth** estar tentado(a) de hacer algo; **the plan went off at ~ cock** el plan salió mal por falta de preparación □ **~ board** media pensión *f*; *Fam* **~ buck** medio dólar *m*; **~ dollar** medio dólar *m*; **~ hour** media hora *f*; **every ~ hour** cada media hora; **~ mast: at ~ mast** *(flag)* a media asta; *Br Hum (trousers, socks)* medio caídos, medio bajados; **~ nelson** *(in wrestling)* media nelson *f*; *US* MUS **~ note** blanca *f*; **~ pay: to be on ~ pay** tener el sueldo reducido a la mitad, cobrar medio sueldo; **at ~ price** a mitad de precio; **~ shell: on the ~ shell** con el marisco abierto(a) y en su concha, *US* **~ staff: at ~ staff** *(flag)* a media asta; *US* MUS **~ step** semitono *m*; **~ volley** media volea *f*

◇ *adv* **-1.** *(with verb)* a medias; *(before adjective)* medio; **to ~ do sth** hacer algo a medias; **you're ~ my age** tienes la mitad de años que yo, te doblo la edad; **the bottle was ~ full/empty** la botella estaba medio llena/vacía; **the painting is only ~ finished** el cuadro está por la mitad; **I'm ~ Canadian** soy medio canadiense; **she was ~ naked** estaba medio desnuda; **you're ~ right** tienes razón a medias; **you look ~ starved** pareces un muerto de hambre; **he was**

only ~ joking estaba medio bromeando; **I was ~ expecting him to say no** medio me esperaba que me dijera que no; **she was ~ laughing, ~ crying** reía y lloraba al mismo tiempo; **the novel is ~ as long as her last one** la novela es la mitad de larga que la anterior; **this movie isn't ~ as good as his last one** esta película no es ni la mitad de buena que la anterior; **I earn ~ as much as him** gano la mitad que él; **you need ~ as much again** necesitas la mitad más
-2. *Br Fam (for emphasis)* **not ~!** ¡y que lo digas!; **it isn't ~ cold!** ¡menudo frío (que) hace!, ¡no hace frío ni nada!, *RP* ¡hace un frío de novela!; ; **he didn't ~ get angry** ¡no se *esp Esp* enfadó *or esp Am* enojó ni nada!, ¡menudo *esp Esp* enfado *or esp Am* enojo se agarró!; **you don't ~ talk rubbish** ¡anda, que no dices tonterías!

half- [hɑːf] *prefix* **~naked/asleep/dead** medio desnudo(a)/dormido(a)/muerto(a)

half-(a-)crown [ˈhɑːf(ə)kraʊn] *n Br Formerly* media corona *f*

half-and-half [ˈhɑːfənˈhɑːf] *n* **-1.** *esp Br (beer)* = combinado de dos tipos de cerveza a partes iguales **-2.** *US (for coffee)* leche *f* con *Esp* nata *or Am* crema

half-arsed [ˈhɑːfˈɑːst], *US* **half-assed** [ˈhɑːfˈæst] *adj very Fam (attempt, plan)* penoso(a), chapucero(a)

halfback [ˈhɑːfbæk] *n* **-1.** *(in rugby)* **the halfbacks** el medio de melé y el medio de apertura **-2.** *(in American football)* corredor *m*

half-baked [ˈhɑːfˈbeɪkt] *adj Fam (theory, plan)* mal concebido(a)

half-binding [ˈhɑːfˈbaɪndɪŋ] *n TYP* (encuadernación *f* de) media pasta *f*, encuadernación a la holandesa

halfbreed [ˈhɑːfbriːd] *n Pej* mestizo(a) *m,f*

half-brother [ˈhɑːfbrʌðə(r)] *n (on father's side)* hermano *m* por parte de padre, hermanastro *m*; *(on mother's side)* hermano *m* por parte de madre, hermanastro *m*

half-caste [ˈhɑːfkɑːst] *Pej* ◇ *n* mestizo(a) *m,f*
◇ *adj* mestizo(a)

half-close [ˈhɑːfˈkləʊz] *vt* entornar

half-closed [ˈhɑːfˈkləʊzd] *adj* entornado(a)

half-cock [ˈhɑːfˈkɒk] *n* posición *f* de disparo con el seguro echado; IDIOM *Br* **to go off at ~** *(plan)* irse a pique or al garete; **we don't want to go off at ~ on this one** hay que procurar no precipitarse esta vez

half-cocked [ˈhɑːfˈkɒkt] *adj (gun, pistol)* con el seguro echado; **to go off ~** *(plan)* irse a pique *or* al garete; **we don't want to go off ~ on this one** hay que procurar no precipitarse esta vez

half-crown = **half-a-crown**

half-cut [ˈhɑːfˈkʌt] *adj Br Fam (drunk) Esp, Méx* pedo *inv*, *Col* caído(a), *RP* en pedo

half-day [ˈhɑːfˈdeɪ] ◇ *n* media jornada *f*
◇ *adj* **a ~ holiday** medio día festivo

half-dozen [ˈhɑːfˈdʌzən] *n* media docena *f*; **a ~ eggs** media docena de huevos

half-full [ˈhɑːfˈfʊl] *adj* medio lleno(a)

half-hardy [ˈhɑːfˈhɑːdɪ] *adj (plant)* resistente *(salvo a fuertes heladas)*

half-hearted [ˈhɑːfˈhɑːtɪd] *adj (effort, performance)* desganado(a); *(belief, support)* tibio(a); **he was very ~ about it** no le entusiasmaba la idea, no se le veía muy entusiasmado *or* con muchas ganas; **they were very ~ about accepting** les costaba mucho aceptarlo; **a ~ apology** una disculpa de compromiso

half-heartedly [ˈhɑːfˈhɑːtɪdlɪ] *adv* sin (muchas) ganas

half-hitch [ˈhɑːfˈhɪtʃ] *n* nudo *m* sencillo *(de una vuelta)*

half-holiday [ˈhɑːfˈhɒlɪdeɪ] *n Br* medio día *m* festivo

half-hourly [ˈhɑːfˈaʊəlɪ] ◇ *adj* cada media hora, **at ~ intervals** cada media hora
◇ *adv* cada media hora

half-jokingly [ˈhɑːfˈdʒəʊkɪŋlɪ] *adv (to say, suggest)* medio en broma

half-length [ˈhɑːfˈlenθ] *adj (portrait)* de medio cuerpo

half-life [ˈhɑːfˈlaɪf] *n PHYS* media vida *f*

half-light [ˈhɑːfˈlaɪt] *n* penumbra *f*, media luz *f*

half-marathon [ˈhɑːfˈmærəθən] *n* media maratón *f*

half-measures [ˈhɑːfˈmeʒəz] *npl* **we won't be satisfied with ~** no nos conformaremos con soluciones que se queden a medio camino

half-moon [ˈhɑːfˈmuːn] *n* **-1.** *(in sky)* media luna *f* **-2.** *(on fingernail)* blanco *m* de la uña, *Spec* lúnula *f* **-3.** **~ glasses** gafas *fpl* de media luna

half-open [ˈhɑːfˈəʊpən] *adj (eyes, window)* entreabierto(a), entornado(a)

halfpenny, ha'penny [ˈheɪpnɪ] *n Br Formerly* medio penique *m*; **he didn't have two ha'pennies to rub together** no tenía ni un real *or* un chavo

halfpennyworth, hap'orth [ˈheɪpəθ] *n Br* **-1.** *Formerly (amount)* medio penique *m* **-2.** *Fam (trifling amount)* miaja *f*, chispa *f*; **it doesn't make a ~ of difference** se mire por donde se mire, da igual

half-pint [ˈhɑːfˈpaɪnt] ◇ *n Fam (small person)* retaco *m*, tapón *m*
◇ *adj* **a ~ glass** un vaso de media pinta

half-price [ˈhɑːfˈpraɪs] ◇ *adj (goods, ticket)* a mitad de precio
◇ *adv* a mitad de precio; **children get in ~** los niños sólo pagan la mitad

half-seas-over [ˈhɑːfsiːzˈəʊvə(r)] *adj Br Fam (drunk)* borracho(a) como una cuba

half-sister [ˈhɑːfˈsɪstə(r)] *n (on father's side)* hermana *f* por parte de padre, hermanastra *f*; *(on mother's side)* hermana *f* por parte de madre, hermanastra *f*

half-size [ˈhɑːfˈsaɪz] *n* **-1.** *(for clothing)* talla *f* intermedia **-2.** *(for shoes)* número *m* intermedio

half-term [ˈhɑːfˈtɜːm] *n Br* **~ (holiday)** vacaciones *fpl* de mitad de trimestre

half-timbered [ˈhɑːfˈtɪmbəd] *adj* con entramado de madera

half-time [ˈhɑːfˈtaɪm] *n* **-1.** *(of game)* descanso *m*; **the ~ score** el resultado al descanso **-2.** *(in work)* media jornada *f*; **to be on ~** trabajar media jornada, tener un trabajo de media jornada

half-title [ˈhɑːfˈtaɪtəl] *n TYP* portadilla *f*

halftone [ˈhɑːftəʊn] *n* **-1.** PHOT grabado *m* reticulado **-2.** COMPTR medio tono *m*

half-track [ˈhɑːftræk] *n (vehicle)* (vehículo *m*) semioruga *m or f*, autooruga *m*

half-truth [ˈhɑːftruːθ] *n* verdad *f* a medias

halfway [ˈhɑːfˈweɪ] ◇ *adj (point, stage)* intermedio(a); **work has reached the ~ stage** el trabajo ha llegado a su fase intermedia; **at the ~ point of his career** a mitad *or* intermedio de su carrera; **they're at the ~ mark** *(in race)* están en el punto intermedio *or* a mitad de la carrera ❏ **~ house** *(for former prisoners, addicts)* centro *m* de reinserción; *Fig (compromise)* término *m* medio; **~ line** *(on soccer pitch)* línea *f* divisoria *or* de medio campo
◇ *adv* **-1.** *(on route)* a mitad de camino; **it's ~ between New York and Washington** está a mitad de camino entre Nueva York y Washington; **we're ~ there (already)** ya llevamos la mitad del camino, ya estamos a mitad de camino; **we had got ~ to Manchester** nos quedaba la mitad del camino para llegar a Manchester; **they have now travelled ~ to the Moon** llevan hecha la mitad del trayecto a la Luna; **~ through the programme/film/year** a mitad de programa/película/año; **I'm ~ through chapter six** voy por la mitad del capítulo seis; **the path stops ~ up/down** el sendero se termina en mitad de la cuesta; **we had climbed ~ up the mountain** habíamos escalado media montaña *or* hasta la mitad de la montaña; **this will go ~ towards covering the costs** con esto cubriremos (una) parte de los gastos; **to meet sb ~** *(on journey)* encontrarse con alguien a mitad de camino; *(compromise)* llegar a una solución de compromiso con alguien
-2. *Fam (adequately)* mínimamente, medio;

some **~ decent food/accommodation** una comida/un alojamiento mínimamente *or* medio decente

halfwit [ˈhɑːfwɪt] *n Fam* bobo(a) *m,f*, *Esp* memo(a) *m,f*

halfwitted [ˈhɑːfˈwɪtɪd] *adj Fam (person)* bobo(a), *Esp* memo(a); **a ~ idea** una bobada, *Esp* una memez

half-yearly [ˈhɑːfˈjɜːlɪ] ◇ *adj* semestral, bianual
◇ *adv* semestralmente, cada seis meses

halibut [ˈhælɪbət] *n* fletán *m*

halide [ˈheɪlaɪd] *n* CHEM haluro *m*, halogenuro *m*

halite [ˈheɪlaɪt] *n* sal *f* gema, *Spec* halita *f*

halitosis [hælɪˈtəʊsɪs] *n* MED halitosis *f inv*

hall [hɔːl] *n* **-1.** *(entrance room) (gen)* vestíbulo *m*; *(of house, flat)* recibidor *m*, vestíbulo *m*; *(of hotel)* vestíbulo *m*, hall *m* ❏ **~ porter** conserje *mf*; **~ stand** perchero *m*; *US* **~ tree** perchero *m*
-2. *(corridor)* pasillo *m*
-3. *(for concerts, meetings) (large room)* salón *m* de actos; *(building)* auditorio *m*
-4. *Br* UNIV **~ of residence** residencia *f* de estudiantes, *Esp* colegio *m* mayor; **to live in ~** vivir en una residencia de estudiantes *or Esp* un colegio mayor
-5. *Br* SCH & UNIV **(dining) ~** comedor *m*; **(banqueting *or* great) ~** *(of castle, stately home)* salón *m* principal, gran sala *f*
-6. *US* SPORT **Hall of fame** panteón *m* de celebridades del deporte; **Hall of famer** = deportista que ha entrado en el panteón de celebridades
-7. *(mansion, large country house)* mansión *f*, casa *f* solariega

hallelujah, halleluia [hælɪˈluːjə] *exclam* ¡aleluya!

Halley's comet [ˈhælɪzˈkɒmɪt] *n* el cometa Halley

hallmark [ˈhɔːlmɑːk] *n* **-1.** *(on silver)* contraste *m* **-2.** *(of idea, plan)* sello *m* característico; **to have all the hallmarks of sth/sb** llevar el sello característico de algo/alguien
◇ *vt (precious metals)* contrastar, grabar el contraste a

hallo = **hello**

halloo [həˈluː] ◇ *exclam* ¡hala, tuso!, ¡tus!
◇ *n (pl* **halloos***)* grito *m (para azuzar a los perros)*
◇ *vi (pt & pp* **hallooed***)* gritar *(para azuzar a los perros)*

hallowed [ˈhæləʊd] *adj* sagrado(a); **~ be thy name** santificado sea tu nombre; *also Fig* **~ ground** terreno sagrado

Hallowe'en [hæləʊˈiːn] *n* = víspera de Todos los Santos en la que los niños se disfrazan de brujas y fantasmas

---

HALLOWE'EN

Esta fiesta de origen pagano se celebra en los países anglosajones la víspera del Día de Todos los Santos, ocasión en que se suponía que los muertos visitaban a los vivos. La tradición continúa hoy en día: se vacían calabazas para convertirlas en farolillos con forma de calavera y los niños van de casa en casa disfrazados de brujas o fantasmas. Actualmente, en el Reino Unido se está adoptando la costumbre americana del "treat or trick" (golosina o broma) por la que los niños piden un regalito a los residentes de las casas que visitan y les amenazan con gastarles una broma si no acceden a ello.

---

hallucinate [həˈluːsɪneɪt] *vi* alucinar; **I must be hallucinating!** debo de estar alucinando, debo de estar viendo visiones

hallucination [həluːsɪˈneɪʃən] *n* alucinación *f*; **to have hallucinations** sufrir *or* tener alucinaciones

hallucinatory [həˈluːsɪnətərɪ] *adj* alucinatorio(a)

hallucinogen [həˈluːsɪnədʒən] *n* alucinógeno *m*

hallucinogenic [həluːsɪnəˈdʒenɪk] *adj* alucinógeno(a)

hallway ['hɔːlweɪ] n -1. *(entrance room)* vestíbulo m -2. *(corridor)* pasillo m

halo ['heɪləʊ] *(pl* **halos** *or* **haloes)** n -1. *(of saint, angel)* halo m, aureola f -2. *(round sun, moon)* halo m

halogen ['hælədʒən] n halógeno m ❑ **~ lamp** lámpara f halógena

halt [hɒlt] ◇ n -1. *(stop)* alto m, parada f; **to come to a ~** detenerse, parar(se); **until the aircraft comes to a complete ~** hasta que el aparato se detenga por completo; **the project has come to a ~** el proyecto se ha parado; **to bring sth to a ~** detener *or* interrumpir algo; **to call a ~ to sth** interrumpir algo; **let's call a ~ for today** vamos a dejarlo por hoy -2. *Br (small railway station)* apeadero m
◇ npl Literary **the ~ and the lame** los tullidos y los lisiados
◇ vt *(gen)* detener; *(production)* detener, interrumpir
◇ vi detenerse; MIL **~!** **(who goes there?)** ¡alto! ¿quién va?)

halter ['hɔːltə(r)] n -1. *(for horse)* ronzal m -2. *(on women's clothing)* tira f, tirante m *(que se ata al cuello)* -3. *(noose)* soga f, dogal m

halterneck ['hɔːltənek] ◇ n top m con tiras *or* tirantes que se atan al cuello
◇ adj *(dress, top)* con tiras *or* tirantes que se atan al cuello

halting ['hɔːltɪŋ] adj *(voice, progress)* vacilante, titubeante; **he spoke in ~ French** hablaba francés con dificultad

haltingly ['hɔːltɪŋlɪ] adv *(to walk)* con paso vacilante; *(to speak)* con la voz entrecortada

halva ['hælvə] n halva f, = dulce hecho con frutos secos, miel, azafrán y semillas de sésamo

halve [hɑːv] vt -1. *(divide in two)* dividir (en dos); *(number)* dividir por *or* entre dos; *(cake, fruit)* partir por la mitad -2. *(reduce by half)* reducir a la mitad -3. *(in golf)* **to ~ a hole** empatar (en) un hoyo

halves pl of **half**

halyard ['hæljəd] n NAUT driza f

ham [hæm] ◇ n -1. *(meat)* jamón m *(cocido or Esp de York);* **cured ~** jamón *(serrano)* -2. *Fam (actor)* actor m exagerado, actriz f exagerada ❑ **~ acting** sobreactuación f, histrionismo m -3. **(radio) ~** radioaficionado(a) m,f -4. *Fam (of leg)* jamón m
◇ vt *(pt & pp* **hammed)** *Fam (of actor)* **to ~ it up** sobreactuar
◇ vi sobreactuar

Hamburg ['hæmbɜːg] n Hamburgo

hamburger ['hæmbɜːgə(r)] n -1. *(in bun)* hamburguesa f -2. *US (minced beef)* carne f picada

ham-fisted ['hæm'fɪstɪd], **ham-handed** ['hæm'hændɪd] adj *Fam (person)* torpe, manazas inv; *(workmanship, attempt)* torpe

hamlet ['hæmlɪt] n aldea f

hammer ['hæmə(r)] ◇ n -1. *(tool)* martillo m; **the ~ and sickle** la hoz y el martillo ❑ ARCHIT **~ beam** imposta f; *Br* **~ drill** taladro m *or* taladradora f de percusión
-2. *(of auctioneer)* mazo m; **to come** *or* **go under the ~** salir a subasta
-3. *(of piano)* macillo m
-4. *(of firearm)* percutor m
-5. *(in ear)* martillo m
-6. SPORT *(ball on wire)* martillo m; *(event)* lanzamiento m de martillo
-7. IDIOMS **to go at it ~ and tongs** *(argue)* tener una acalorada discusión; *(try hard)* poner mucho empeño *or* esfuerzo; *US* **to let the ~ down** pisar a fondo (el acelerador), pisar el acelerador
◇ vt -1. *(hit with hammer)* martillear; *(hit with fist)* dar puñetazos a; **to ~ a nail into sth** clavar un clavo en algo; **to ~ sth flat/straight** aplanar/enderezar algo a martillazos; **to ~ home** *(nail, argument)* remachar; **she hammered home her advantage** se aseguró su ventaja; IDIOM **to ~ sth into sb** meter algo a alguien en la cabeza, inculcar algo a alguien; **I had it hammered into me that I mustn't do that type of thing** a mí me inculcaron que esas cosas no se hacen; **they're always hammering it into us that...** andan siempre recordándonos que...
-2. *Fam (defeat)* vapulear, *Esp* machacar
-3. *Br Fam (criticize)* poner por los suelos a
◇ vi -1. *(pound)* *(person)* martillear, dar martillazos; *(rain, hail)* martillear, golpetear; *(heart)* latir con fuerza; **to ~ on the table/door** *(with fist)* aporrear la mesa/puerta
-2. *Fam (go fast, drive fast)* ir a toda mecha *or* a todo tren *or* a todo trapo; **he came hammering round the final bend** enfiló a todo tren la última curva

◆ **hammer away at** vt insep Fig **to ~ away at a problem** ponerse en serio con un problema

◆ **hammer out** vt sep -1. *(dent)* quitar a martillazos -2. *(tune, rhythm)* tocar aporreando el piano -3. *(agreement)* alcanzar, llegar a

hammered ['hæməd] adj Fam *(drunk)* *Esp* ciego(a), *Méx* cuete, *RP* en pedo

hammerhead ['hæməhed] n **(shark)** pez m martillo

hammering ['hæmərɪŋ] n -1. *(noise)* martilleo m -2. *Fam (defeat)* paliza f; **to give sb a ~** dar una paliza a alguien, machacar a alguien; **we got a real ~** nos dieron un palizón -3. *Fam (criticism)* **to give sth/sb a ~** poner por los suelos algo/a alguien; **the new policy got a ~ in the press** la prensa puso por los suelos las nuevas medidas

hammer-toe ['hæmətəʊ] n dedo m en martillo

hammock ['hæmək] n hamaca f

hammy ['hæmɪ] adj *(actor, performance)* sobreactuado(a), histriónico(a)

hamper[1] ['hæmpə(r)] n -1. *(for food)* cesta f, cesto m; **(Christmas) ~** cesta de Navidad -2. *(for laundry)* cesta f *or* cesto m de la ropa

hamper[2] vt *(hinder)* dificultar, entorpecer

hamster ['hæmstə(r)] n hámster m

hamstring ['hæmstrɪŋ] ◇ n tendón m de la corva; **to pull a ~** sufrir un tirón en el tendón de la corva ❑ **~ injury** rotura f de ligamentos (de la rodilla)
◇ vt *(pt & pp* **hamstrung** ['hæmstrʌŋ]) -1. *(cripple)* *(animal)* desjarretar; *(person)* lisiar de una pierna -2. *(incapacitate)* incapacitar, paralizar; **we are hamstrung by these regulations** no vemos incapacitados por culpa de la normativa; **the project is hamstrung (by lack of money)** el proyecto está paralizado (por falta de dinero)

hand [hænd] ◇ n -1. *(part of body)* mano f; **to be good with one's hands** tener habilidad manual; **to hold hands** cogerse de las manos; **to hold sth in one's ~** sostener algo en la mano; **to take sb by the ~** coger a alguien de la mano; **by ~** *(make, wash, write)* a mano; *(on envelope)* en propia mano; **to deliver sth by ~** entregar algo en mano *or* personalmente; **~ in ~** *(cogidos)* de la mano; **autograph book in ~, he approached the star** con el libro de autógrafos en mano *or* en ristre, se acercó a la estrella; **on one's hands and knees** a cuatro patas; **hands off!** ¡las manos fuera!; **get your hands off me!** ¡quítame las manos de encima!; **hands up!** *(in robbery)* ¡manos arriba!, *Esp* ¡saca las manos!; **hands up anyone who knows the answer** que levante la mano quien sepa la respuesta ❑ **~ baggage** equipaje m de mano; *Br* **~ basin** lavabo m, *Am* lavamanos m; **~ cream** crema f de manos; **~ drill** taladro m manual; **~ grenade** granada f de mano; **~ grip** *(on racket)* empuñadura f; *(on bicycle)* mango m *(del manillar);* **~ lotion** loción f para las manos; **~ luggage** equipaje m de mano; **~ mirror** espejo m de mano; **~ puppet** títere m *or* marioneta f (de guiñol); **~ saw** serrucho m; **~ towel** toalla f (de manos)
-2. *(of clock, watch)* manecilla f
-3. *(worker)* brazo m; **all hands on deck!** ¡todos a cubierta!; **to be an old ~ at sth** ser veterano(a) en algo
-4. *(handwriting)* letra f; **in his own ~** de su puño y letra
-5. *(in cards)* mano f; **to play a ~ of poker** jugar *or* echar una mano de poker *Fig* **to show one's ~** poner las cartas boca arriba *or* sobre la mesa, *RP* mostrar el juego; *Fig* **to strengthen/weaken sb's ~** reforzar/debilitar la posición de alguien
-6. *(influence)* mano f; **you can see the ~ of the CIA in this decision** se nota la mano de la CIA en esta decisión; **I had a ~ in designing the course** tuve que ver *or* puse de mi parte en el diseño del curso; **the government is suspected of having had a ~ in the decision** se sospecha que el gobierno ha tenido *or* metido mano en esta decisión
-7. *(help)* **to give** *or* **lend sb a ~** echar *or* dar una mano a alguien; **do you need a ~ with that box?** ¿necesitas que te eche *or* dé una mano con esa caja?
-8. *(unit of measurement)* = unidad para medir la altura de los caballos, de aproximadamente 10 cm
-9. *(of bananas)* cacho m
-10. IDIOMS **at ~, close at ~** a mano; **luckily, help was at ~** por suerte, teníamos quien nos ayudara; **the day is almost at ~ when...** no está lejano el día en que...; **to suffer/die at sb's hands** sufrir/morir a manos de alguien; **to ask for sb's ~ (in marriage)** pedir la mano de alguien; **to change hands** *(money, car)* cambiar de mano; **it came into my hands via an acquaintance** llegó a mis manos por medio de un conocido; **we'll use whatever comes to ~** utilizaremos lo que haya por ahí; **to fall into the wrong hands** caer en malas manos *or* manos equivocadas; **just wait till I get** *or* **lay my hands on him!** espera a que le ponga la mano encima; **the situation has got out of ~** la situación se nos ha escapado de las manos; **the children got out of ~** los niños se desmandaron; **to give sb a big ~** *(applaud)* dar un gran aplauso a alguien; **she gave me her ~ on the deal** sellamos el trato con un apretón de manos; **to be ~ in glove with sb** colaborar estrechamente con alguien; **to go from ~ to ~** ir *or* pasar de mano en mano; **success and fame go ~ in ~** el éxito y la fama van juntos; **to have one's hands full** estar ocupadísimo(a); **I have my hands tied, my hands are tied** tengo las manos atadas; **I don't need you to hold my ~ any more** no te necesito, ya puedo hacerlo solo; **we still have a few days in ~** todavía tenemos unos días; **they have a game in ~** han jugado un partido menos; **concentrate on the job in ~** concentrarse en lo que se está haciendo; **to have a situation in ~** tener una situación bajo control; **to take sb in ~** hacerse cargo de alguien; **to be in good** *or* **safe hands** estar en buenas manos; **the city is in enemy hands** la ciudad está en manos enemigas; **we are putting the matter in the hands of our lawyer** vamos a poner el asunto en manos de nuestro abogado; **her fate is in her own hands** su destino está en sus manos; **to keep one's ~ in** no perder la práctica; *Fam* **they can't keep their hands off each other** están todo el día uno encima del otro; **to keep a firm ~ on sth** controlar algo con mano dura; **the left ~ doesn't know what the right ~ is doing** no se aclaran *or* entienden; **to live from ~ to mouth** vivir de forma precaria; **to lose money ~ over fist** perder dinero a raudales; **to make money ~ over fist** ganar dinero a espuertas *or* a lo loco; **a doctor is always on ~** siempre hay un médico disponible; **on the one ~** por una parte; **on the other ~** por otra parte; **to have time on one's hands** tener tiempo libre; **we've got a real problem on our hands here** nos enfrentamos a un problema serio; **it's out of my hands** no está en mi mano; **to dismiss a suggestion out of ~** rechazar una sugerencia sin más ni más; **to put one's ~ in one's pocket**

(pay) echar mano al bolsillo; **I can put my ~ on my heart and say...** puedo decir con la mano en el corazón que...; **I've never raised a ~ to her** nunca le he levantado la mano; **we need a safe pair of hands for this job** necesitamos a alguien fiable or Am confiable para hacer este trabajo; **to have sth to ~** tener algo a mano; **to try one's ~ at sth** intentar algo alguna vez; **he turned his ~ to painting** se puso a pintar, empezó a dedicarse a la pintura; **to win hands down** ganar con comodidad; PROV **many hands make light work** compartir el trabajo aligera la carga

◇ vt dar, pasar; **to ~ sth to sb, to ~ sb sth** dar or pasar algo a alguien; Fig **to ~ sth to sb (on a plate)** ponerle algo a alguien en bandeja; Fig **you've got to ~ it to him** tienes que reconocérselo

◆ **hand around** vt sep = hand round
◆ **hand back** vt sep (return) devolver
◆ **hand down** vt sep -1. (pass) pasar -2. (bequeath) dejar en herencia; **the story had been handed down from one generation to the next** la historia había pasado de generación en generación; **these trousers were handed down from my sister** heredé estos pantalones de mi hermana -3. (sentence, verdict) dictar
◆ **hand in** vt sep (give) entregar; (resignation) presentar
◆ **hand on** vt sep pasar
◆ **hand out** vt sep (money, food) repartir; (advice) dar; (justice) administrar
◆ **hand over** ◇ vt sep -1. (give) dar, entregar; (hostages, ransom) entregar -2. (control, responsibility) ceder -3. (on phone) **I'll ~ you over to my boss** te paso con mi jefe
◇ vi **to ~ over to sb** dar paso a alguien
◆ **hand round** vt sep (circulate) pasar

hand- [hænd] prefix a mano; **~stitched** cosido(a) a mano; **~knitted** tejido(a) a mano

handbag ['hændbæg] n -1. Br (woman's) Esp bolso m, Col, CSur cartera f, Méx bolsa f -2. (small travelling bag) bolso m de mano

handball n ['hændbɔːl] -1. (team game) balonmano m, Am handball m -2. (individual sport) pelota f (vasca), frontón m -3. (in soccer) (falta f de) mano f

handbell ['hændbel] n campanilla f

handbill ['hændbɪl] n panfleto m (de propaganda)

handbook ['hændbʊk] n manual m

handbrake ['hændbreɪk] n Br (of car) freno m de mano ❏ **~ turn** trompo m (al poner el freno de mano)

h and c, h & c (abbr **hot and cold**) que dispone de agua caliente

handcar ['hændkɑː(r)] n US vagón m plataforma de tracción manual (con balancín)

handcart ['hændkɑːt] n carretilla f

handclap ['hændklæp] n Br **a slow ~** = palmas lentas del público en señal de desaprobación

handclasp ['hændklɑːsp] n US apretón m de manos

handcraft ['hændkrɑːft] vt realizar a mano; **all items are lovingly handcrafted** todos los artículos están elaborados artesanalmente con el mayor esmero

handcrafted ['hændkrɑːftɪd] adj artesanal, de artesanía

handcuff ['hændkʌf] vt esposar; **he was handcuffed to the radiator** estaba esposado al radiador

handcuffs ['hændkʌfs] npl esposas fpl; **to be in ~** estar or ir esposado(a)

hand-drier ['hænddraɪə(r)] n secador m de manos, secamanos m inv

-hander ['hændə(r)] suffix **two/three~** (play) obra (de teatro) para dos/tres personajes

hand-feed ['hændfiːd] vt -1. (animal) dar de comer manualmente a -2. (machine, printer) alimentar manualmente -3. (paper, blanks) cargar manualmente

handful ['hændfʊl] n -1. (of sand, rice) puñado m -2. (of people) puñado m (de gente) -3. IDIOM **to be a real ~: that child is a real ~** ese niño es un terremoto or una buena pieza; **my grandfather is a real ~** con mi abuelo hay que andarse con cien ojos

handgun ['hændgʌn] n pistola f

hand-held ['hænd'held] adj (camera) de mano, portátil ❏ **~ computer** Esp ordenador m or Am computadora f de bolsillo; **~ scanner** escáner m de mano

handhold ['hændhəʊld] n punto m de agarre or sujeción, asidero m

handicap ['hændɪkæp] ◇ n -1. (disadvantage) desventaja f; (impediment) obstáculo m, hándicap m -2. (disability) discapacidad f, minusvalía f; **physical/mental ~** discapacidad or minusvalía física/mental -3. (in golf) hándicap m -4. (in horse racing) (race) hándicap m; (extra weight) hándicap m, (compensación f de) peso m, Arg, Perú plomo m
◇ vt (pt & pp **handicapped**) -1. (disadvantage) suponer una desventaja para; (impede) suponer un obstáculo para; **to be handicapped by...** verse perjudicado(a) por... -2. (player) asignar un hándicap a

handicapped ['hændɪkæpt] ◇ adj discapacitado(a), minusválido(a); **mentally/physically ~** discapacitado(a) psíquico(a)/físico(a)
◇ npl **the ~** los discapacitados or minusválidos

handicapper ['hændɪkæpə(r)] n -1. (in horse racing) handicapper mf, = encargado de asignar el hándicap o compensación de peso a un caballo -2. (in golf) jugador(ora) m,f con hándicap; **I'm a 10 ~** tengo un hándicap 10

handicraft ['hændɪkrɑːft] n -1. (skill) artesanía f -2. (object) objeto m de artesanía; **local handicrafts** (objetos de) artesanía local

handily ['hændɪlɪ] adv -1. (conveniently) cómodamente, convenientemente -2. (within reach) a mano; **the switch is ~ placed next to the steering wheel** el interruptor se halla muy a mano junto al volante -3. US (easily) con facilidad

handiness ['hændɪnɪs] n -1. (convenience) comodidad f, conveniencia f -2. (skill) habilidad f, destreza f; **his ~ about the home** lo habilidoso or Esp manitas que es para las cosas de la casa

handiwork ['hændɪwɜːk] n -1. (craftwork) trabajos mpl manuales, manualidades fpl -2. (product of work) obra f, trabajo m; **she stood back to admire her ~** retrocedió para admirar su obra or trabajo -3. Ironic **this mess looks like Clara's ~!** este desorden parece obra de Clara

handkerchief ['hæŋkətʃɪf] n pañuelo m; **(paper) ~** pañuelo m de papel

hand-knit ['hænd'nɪt] ◇ n prenda f (de punto) tejida a mano
◇ vt tejer a mano

handle ['hændəl] ◇ n -1. (of screwdriver, saucepan) mango m; (of broom) palo m; (of gun, knife) empuñadura f, mango m; (of racket, bat) empuñadura f; (of suitcase, cup) asa f -2. (of door, drawer) (lever-like) picaporte m, manija f, manilla f; (round) pomo m -3. Fam (name) nombre m; (of citizens' band user) código m -4. COMPTR manejador m -5. IDIOMS **to fly off the ~** (lose one's temper) perder los estribos; Fam **I can't get a ~ on it** (understand) no sé por dónde agarrarlo; (manage, control) se me va or escapa de las manos; **I'll get back to you once I've got a ~ on the situation** te vuelvo a llamar cuando sepa qué hacer con este asunto; **the first thing to do is to get a ~ on the export market** lo primero es aprender a manejarse en el mercado de las exportaciones
◇ vt -1. (touch, hold) manipular, tocar; **wash your hands before you ~ food** lávese las manos antes de manipular or tocar alimentos; **pesticides should be handled with caution** los pesticidas deben manipularse con precaución; **~ with care** (sign) frágil; **to ~ the ball** (in soccer) hacer falta con la) mano -2. (cope with, control) (situation, crisis) manejar; (people) tratar; **you handled that very well** lo has hecho muy bien, saliste adelante muy bien; **the situation was badly handled** no se manejó bien la situación; **I don't know how to ~ her when she's in this state** cuando se pone así, no sé cómo tratarla; **he's good at handling people** sabe cómo tratar or manejar a la gente; **he knows how to ~ himself in a crisis** sabe manejarse bien en medio de una crisis; **four babies are a lot for one person to ~** cuatro bebés son muchos bebés para una sola persona; **now he knows the truth he can't ~ it** ahora que sabe lo que pasó no puede soportarlo; **how is she handling it?** ¿qué tal lo lleva?; **I'll ~ this** déjame a mí, yo me encargo de esto; **it's nothing I can't ~** me las puedo apañar solo -3. (operate) (ship, car) manejar; (gun) manejar; **have you any experience of handling horses?** ¿tiene experiencia en el manejo de caballos? -4. (deal with, process) (business, contract, client) encargarse de; **we ~ all the large orders** nosotros llevamos todos los pedidos grandes; **she handles my tax for me** ella me lleva los asuntos fiscales; **the airport handles two hundred planes a day** el aeropuerto tiene un tráfico diario de doscientos aviones; **to ~ stolen goods** traficar or comerciar con mercancía robada
◇ vi (car, boat) responder

handlebar moustache ['hændəlbɑːməˈstɑːʃ] n bigote m retorcido

handlebars ['hændəlbɑːz] npl (of bicycle, motorbike) manillar m, Am manubrio m; **she went right over the ~** salió despedida de la bicicleta hacia delante

handler ['hændlə(r)] n -1. (of animals) adiestrador(ora) m,f -2. (of spy, agent) contacto m -3. (of boxer) (trainer) preparador(ora) m,f; (second) cuidador(ora) m,f

handling ['hændlɪŋ] n -1. (touching, holding) manipulación f; **it's not designed to be subjected to so much ~** no está diseñado para ser objeto de tanta manipulación; **the animals react badly to too much ~** los animales reaccionan mal si se les toca mucho -2. (of situation, problem) manejo m; **her ~ of the enquiry has been seriously questioned** la manera en la que ha llevado a cabo la investigación ha sido puesta en tela de juicio; **her ~ of the interview was very professional** manejó or llevó la entrevista con mucha profesionalidad -3. (of car, aircraft, boat) manejo m -4. (of order, contract) gestión f, tramitación f; (of goods, baggage) porte m; (of stolen goods) tráfico m, comercio m ❏ FIN **~ charges** gastos mpl de gestión or tramitación

handloom ['hændluːm] n telar m de mano

handmade ['hænd'meɪd] adj hecho(a) a mano; **to be ~** estar hecho(a) a mano

handmaid(en) ['hændmeɪd(ən)] n -1. Old-fashioned (female servant) doncella f -2. Fig **logic is the ~ of mathematics** la lógica es un valioso instrumento or una valiosa herramienta para las matemáticas

hand-me-down ['hændmɪdaʊn] n Fam **this suit is a ~ from my father** este traje lo heredé de mi padre; **he wore his brother's hand-me-downs** llevaba ropa heredada de su hermano

hand-operated ['hænd'ɒpəreɪtɪd] adj manual

handout ['hændaʊt] n -1. (donation) donativo m, limosna f; **we don't want to live off handouts** no queremos vivir de (las) limosnas -2. (printed sheet or sheets) (at lecture) hoja(s) f(pl) informativa(s) (para distribuir entre los asistentes); **press ~** nota de prensa -3. (publicity leaflet) (small brochure) folleto m; (piece of paper) octavilla f

handover ['hændəʊvə(r)] n entrega f

handpick ['hænd'pɪk] vt -1. (fruit, vegetables) escoger -2. (people, team) seleccionar cuidadosamente

hand-picked ['hænd'pɪkt] *adj* **-1.** *(fruit, vegetables)* escogido(a) **-2.** *(person, team)* cuidadosamente seleccionado(a)

handrail ['hændreɪl] *n (on stairway)* pasamanos *m inv*, baranda *f*, *Esp* barandilla *f*; *(on footbridge, ship)* baranda *f*, *Esp* barandilla *f*

hands-down ['hænz'daʊn] *adj US (winner, favourite)* indiscutible

handset ['hændset] *n (of telephone)* auricular *m*

handsewn ['hænd'soʊn] *adj* cosido(a) a mano

hands-free ['hænz'fri:] *adj (phone, dialling)* de manos libres; **phone with ~ facility** teléfono con (opción de) manos libres

handshake ['hændʃeɪk] *n* **-1.** *(greeting)* apretón *m* de manos **-2.** COMPTR diálogo *m* de establecimiento de comunicación

handshaking ['hændʃeɪkɪŋ] *n* COMPTR establecimiento *m* de comunicación *or* diálogo

hands-off ['hænz'ɒf] *adj* **-1.** *(approach, style)* no intervencionista **-2.** *(machine, device)* de funcionamiento automático

handsome ['hænsəm] *adj* **-1.** *(man)* atractivo, *Esp* guapo, *Am* lindo; *(woman)* distinguida; *(animal)* hermoso(a), bello(a); *(building)* elegante, bello(a); PROV **~ is as ~ does** = a la gente hay que juzgarla por sus obras, no por su aspecto, ≃ el hábito no hace al monje
-2. *(generous) (reward, compliment)* generoso(a), bonito(a); *(praise, apology)* generoso(a); **a ~ gesture** un bonito *or* noble gesto
-3. *(substantial) (price, profit)* considerable

handsomely ['hænsəmlɪ] *adv* **-1.** *(dressed, furnished)* elegantemente **-2.** *(to reward, compliment)* generosamente; *(to praise, apologize, pay)* generosamente **-3.** *(substantially) (to profit)* considerablemente; **to win ~** vencer ampliamente *or* holgadamente

hands-on ['hæn'zɒn] *adj* **-1.** *(practical, involved) (approach)* práctico(a); **he has a ~ management style** le gusta implicarse en todos los aspectos del negocio ❏ **~ training** formación *f* práctica **-2.** *(exhibition)* = que ofrece la posibilidad de tocar lo expuesto

handspan ['hændspæn] *n* anchura *f* de la mano

handspring ['hændsprɪŋ] *n* voltereta *f*

handstand ['hændstænd] *n* **to do a ~** hacer el pino

hand-to-hand ['hæntə'hænd] ◇ *adj* **~ combat** combate cuerpo a cuerpo
◇ *adv* **to fight ~** luchar cuerpo a cuerpo

hand-to-mouth ['hæntə'maʊθ] ◇ *adj* **a ~ existence** una existencia precaria
◇ *adv* **to live ~** vivir de forma precaria

hand-tool ['hæntu:l] *vt* trabajar a mano

hand-tooled ['hæntu:ld] *adj* trabajado(a) a mano

handwash ['hændwɒʃ] ◇ *vt* lavar a mano
◇ *n* **I'm doing a ~** voy a lavar unas cosas a mano

handwork ['hændwɜːk] *n* trabajo *m* manual

handwriting ['hændraɪtɪŋ] *n* letra *f*, caligrafía *f*; **her ~ is terrible** tiene una letra horrible; **a ~ expert** un calígrafo, un perito caligráfico

handwritten ['hændrɪtən] *adj* manuscrito(a), escrito(a) a mano

handy ['hændɪ] *adj* **-1.** *(useful)* práctico(a), útil; **that's ~!** ¡mira qué bien!; **to come in ~** venir bien; **don't throw it away, it might come in ~ one day** no lo tires, algún día podría venirnos bien
-2. *(conveniently situated)* bien situado(a); **the house is very ~ for the shops** la casa queda muy cerca de las tiendas; **living in the centre is ~ for work** viviendo en el centro el trabajo queda cerca
-3. *(within reach)* a mano; **have you got a pencil ~?** ¿tienes un lápiz a mano?
-4. *(skilful)* habilidoso(a), *Esp* mañoso(a); **to be ~ at doing sth** tener maña *or* habilidad para hacer algo; **he's very ~ in the kitchen** se le da muy bien la cocina *or* cocinar; **he's ~ about the house** es muy habilidoso *or Esp* mañoso para las cosas de la casa; **he's ~ with his fists** tiene la mano muy larga, enseguida se lía a puñetazos; **she's very ~ with a paintbrush** es muy hábil con la brocha

handyman ['hændɪmæn] *n (person good at odd jobs)* persona *f* habilidosa, *Esp* manitas *mf inv*; **get the ~ to have a look at it** llama a un técnico para que le eche un vistazo

hang [hæŋ] ◇ *n* **-1.** *(of garment, fabric)* caída *f*
-2. IDIOMS *Fam* **to get the ~ of sth** pillar el truco *or Esp* el tranquillo a algo, *Méx* pescar algo, *RP* agarrar la mano a algo; *Br Fam* **he doesn't give a ~** *(couldn't care less)* le importa un bledo

◇ *vt (pt & pp* **hung** [hʌŋ]*)* **-1.** *(suspend) (wallpaper, door)* poner, colocar; *(meat, painting)* colgar
-2. *(lower)* **to ~ one's head** bajar la cabeza; **he hung his head in shame** bajó la cabeza avergonzado
-3. *(decorate)* decorar; **the walls were hung with rugs** había tapices colgados de las paredes, las paredes estaban decoradas con tapices
-4. IDIOM **to ~ fire** *(delay)* esperar, no hacer nada por el momento
-5. *Fam (damn)* **~ it (all)!** ¡al diablo *or* a la porra con todo!; **~ the cost!** ¡al diablo *or* a la porra el precio!
-6. *US Fam (take turning)* **~ a left/right!** ¡tuerce *or* dobla a la izquierda/derecha!
-7. *(pt & pp* **hanged***) (execute)* ahorcar, colgar **(for** por**)**; **to ~ oneself** ahorcarse, colgarse; **he was hanged, drawn and quartered** lo colgaron, lo destriparon y lo descuartizaron; **I'll be hanged if I'm going to let her do that!** ¡no la pienso dejar hacer eso ni de broma!

◇ *vi* **-1.** *(be suspended)* colgar; **the painting hangs in the Metropolitan museum/on the wall** el cuadro está en el Metropolitan/en la pared; **a string of pearls hung around her neck** llevaba un collar de perlas al cuello; **her hair hung loose around her shoulders** los cabellos sueltos caían sobre sus hombros; **their future is hanging by a thread** su futuro pende *or* está pendiente de un hilo; **their future is hanging in the balance** su futuro es incierto *or* está en el aire
-2. *(hover)* **the bird hung in the air for a moment, then dived** el ave permaneció inmóvil en el aire unos instantes y se lanzó *Esp* en picado *or Am* en picada; **the smoke hung in the air for some time** el humo permaneció en el aire durante un rato
-3. *(be executed)* ser ahorcado(a) *or* colgado(a) **(for** por**)**; *Fam* **he can go ~ for all I care!** ¡por mí, como si se muere *or* que se muera!
-4. *(material, clothes)* caer, colgar; **the suit hangs well on you** el traje te cae *or* sienta *or* queda bien
-5. *US Fam (hang out)* **what are you doing? – nothing, just hanging** ¿qué haces? – ya ves *or* nada; **to ~ loose** estar tranqui, no perder los nervios; **~ loose!** ¡tranqui!; **to ~ tough** aguantar (bien) el tipo
-6. *Fam* **how's it hanging?** *(how are you?)* ¿qué tal?, *Esp* ¿qué pasa?, *Carib, Col, Méx* ¿quihu?, *RP* ¿qué talco?

◆ **hang about, hang around** *Fam* ◇ *vt insep* **we used to ~ about** *or* **around the mall after school** solíamos rondar por el centro comercial después de clase
◇ *vi* **-1.** *(wait)* esperar; **he kept me hanging about** *or* **around for hours** me tuvo esperando horas; *Br* **~ about, there's something odd going on here** un momento, aquí pasa algo raro
-2. *(be slow)* **stop hanging about** *or* **around and get a move on!** ¡deja de perder el tiempo y ponte en marcha!; **she didn't ~ about!** ¡no perdió ni un segundo!
-3. *(spend time)* **to ~ about** *or* **around with one's friends** andar por ahí con los amigos; **I don't ~ about** *or* **around with them any more** ya no voy *or* salgo con ellos

◆ **hang back** *vi* **-1.** *(stay behind)* quedarse atrás **-2.** *(hesitate)* dudar, titubear

◆ **hang down** *vi* colgar **(from** de**)**

◆ **hang in** *vi Fam (persevere)* aguantar; **~ in there!** ¡aguanta!

◆ **hang on** ◇ *vi* **-1.** *(hold)* agarrarse; **~ on tight!** ¡agárrate bien!
-2. *Fam (wait)* esperar; **~ on (a minute)!** ¡espérate (un minuto)!
-3. *(survive)* resistir, aguantar; **Germany hung on for a draw** Alemania aguantó y consiguió un empate; *Fam* **~ on in there!** *(don't give up)* ¡aguanta!

◇ *vt insep (depend on)* depender de; **everything hangs on his answer** todo depende de su respuesta; **she hung on his every word** estaba totalmente pendiente de sus palabras

◇ *vt sep* **-1.** *(put blame on)* **he hung it on me** me colgó el muerto a mí
-2. *US Fam* **to ~ one on** *(get drunk)* agarrarla, agarrarse una buena cogorza
-3. *US Fam* **to ~ one on sb** *(hit)* cascar *or Esp* atizar a alguien

◆ **hang on to** *vt insep* **-1.** *(hold)* agarrarse a **-2.** *(keep)* conservar; **I'd ~ on to those documents if I were you** yo, en tu lugar, me quedaría con esos documentos

◆ **hang open** *vi* **her mouth hung open in dismay** se le quedó la boca abierta de consternación

◆ **hang out** ◇ *vt sep (washing)* tender; *(flags)* colgar
◇ *vi* **-1.** *(protrude)* **his tongue/shirt was hanging out** tenía la lengua/camisa fuera; **she always has a cigarette hanging out of her mouth** siempre tiene un cigarrillo en la boca; *Fam* **just let it all ~ out** ¡tranqui!
-2. *Fam (spend time)* **to ~ out with one's friends** andar por ahí con los amigos; **he usually hangs out in the Bronx Café** normalmente va por el Café Bronx; **what are you doing? – nothing, just hanging out** ¿qué haces? – ya ves
-3. *(survive, resist)* **they won't be able to ~ out for more than another two days** no podrán sobrevivir más de otros dos días; **they're hanging out for 10 percent** no pactarán hasta conseguir el 10 por ciento

◆ **hang over** *vt insep* **the threat of relegation has been hanging over them all season** la amenaza del descenso se ha cernido sobre ellos durante toda la temporada; **a question mark hangs over his reliability** su fiabilidad se encuentra en entredicho

◆ **hang together** *vi* **-1.** *(argument, statements)* encajar, concordar **-2.** *(help each other)* cooperar

◆ **hang up** ◇ *vt sep* **-1.** *(suspend) (hat, picture)* colgar; IDIOM **to ~ up one's hat** retirarse, colgar los hábitos; IDIOM **to ~ up one's boots** *(soccer, rugby player)* colgar las botas
-2. *Fam* **to be hung up on** *(obsessed)* estar obsesionado(a) *or* paranoico(a) con; **he's really hung up on her** está obsesionado con ella
-3. *US Fam* **to ~ it up** *(stop)* dejarlo, abandonar

◇ *vi (on telephone)* colgar; **to ~ up on sb** colgarle (el teléfono) a alguien

hangar ['hæŋə(r)] *n* AV hangar *m*

hangdog ['hæŋdɒg] *adj* **a ~ look** *or* **expression** una expresión avergonzada *or Andes, CAm, Carib, Méx* apenada

hanger ['hæŋə(r)] *n (for clothes)* percha *f*

hanger-on [hæŋə'rɒn] *(pl* **hangers-on***) n Fam Pej* parásito(a) *m,f*; **the mayor and his hangers-on** el alcalde y su cohorte

hang-glide ['hæŋglaɪd] *vi* volar en ala delta, hacer ala delta

hang-glider ['hæŋglaɪdə(r)] *n* ala *f* delta

hang-gliding ['hæŋglaɪdɪŋ] *n* vuelo *m* libre; **to go ~** hacer ala delta

hanging ['hæŋɪŋ] ◇ *n* **-1.** *(execution)* ahorcamiento *m*, ejecución *f* en la horca; **a ~ offence** un delito castigado con la horca; *Fam*

hangman / **hard**

a ~ **judge** un juez muy duro -**2. hangings** (curtains, drapes) colgaduras fpl; (tapestries) tapices mpl -**3.** ART ~ **committee** comité m seleccionador

◇ adj ~ **garden** jardín m colgante; TYP ~ **indent** sangría f francesa; GEOG ~ **valley** valle m suspendido or colgado

hangman ['hæŋmən] n -**1.** (person) verdugo m -**2.** (game) (juego m del) ahorcado m

hangnail ['hæŋneɪl] n padrastro m

hang-out ['hæŋaʊt] n Fam guarida f, sitio m predilecto; **it's a real student** ~ es un garito donde se suelen juntar los estudiantes

hangover ['hæŋəʊvə(r)] n -**1.** (from drinking) resaca f; **to have a** ~ tener resaca -**2.** (practice, belief) vestigio m; **a** ~ **from the past** un vestigio del pasado

hang-up ['hæŋʌp] n Fam (complex) complejo m, paranoia f; **to have a** ~ **about sth** estar acomplejado(a) por algo

hank [hæŋk] n (of wool) madeja f; (of rope) rollo m

hanker ['hæŋkə(r)] vi **to** ~ **after** or **for sth** anhelar algo

hankering ['hæŋkərɪŋ] n **to have a** ~ **after** or **for sth** sentir anhelo de algo

hankie, hanky ['hæŋkɪ] n Fam pañuelo m

hanky-panky ['hæŋkɪ'pæŋkɪ] n Fam -**1.** (sexual activity) Esp ñacañaca m, Méx cuchi-cuchi m -**2.** (underhand behaviour) chanchullos mpl, tejemanejes mpl

Hannibal ['hænɪbəl] pr n Aníbal

Hanoi [hæ'nɔɪ] n Hanoi

Hanoverian [hænə'vɪərɪən] ◇ n hannoveriano(a) m,f, miembro m de la casa de Hannover (dinastía real británica, 1714-1901)

◇ adj hannoveriano(a), de la casa de Hannover

Hansard ['hænsɑːd] n Br POL = actas oficiales y diario de sesiones del parlamento británico

Hanseatic [hænsɪ'ætɪk] adj HIST **the** ~ **League** la Hansa, la Liga Hanseática

hansom ['hænsəm] n ~ **(cab)** cabriolé m, cab m inglés

Hants [hænts] (abbr **Hampshire**) Hampshire

Hanukkah ['hɑːnəkə] n REL Januká f, = fiesta judía de ocho días celebrada en diciembre para conmemorar la dedicación del templo

ha'penny = halfpenny

haphazard [hæp'hæzəd] adj (choice, decision) arbitrario(a), incoherente; (attempt) desorganizado(a); **the whole thing was a bit** ~ todo estaba bastante mal organizado; **in a** ~ **fashion** de cualquier manera, al azar

haphazardly [hæp'hæzədlɪ] adv descuidadamente; **everything was lying** ~ **on the floor** todo estaba tirado de cualquier manera por el suelo

hapless ['hæplɪs] adj infortunado(a)

haploid ['hæplɔɪd] adj BIOL haploide

hap'orth = halfpennyworth

happen ['hæpən] vi -**1.** (take place) pasar, ocurrir, suceder; **what's happened?** ¿qué ha pasado or ocurrido or sucedido?; **where did the accident** ~? ¿dónde ocurrió or sucedió el accidente?; **it happened ten years ago** pasó hace diez años; **it all happened so quickly** todo ocurrió tan deprisa; **he acted as if nothing had happened** él actuó como si no hubiera pasado or ocurrido nada; **what has happened to him?** ¿qué le ha pasado?; **whatever happened to him?** ¿qué fue de él?; **what's happening to us?** ¿qué nos está pasando?; **what has happened to my keys?** (where are they?) ¿dónde estarán mis llaves?; **it couldn't** ~/ **have happened to a nicer person** no podía pasarle/haberle pasado a nadie mejor; **a funny thing happened to me last night** anoche me pasó algo muy raro; **what happened next?** ¿qué pasó después?, ¿cómo sigue la historia?; **whatever happens, stay calm** pase lo que pase, no te pongas nervioso; **don't let it** ~ **again** que no vuelva a ocurrir, que no se vuelva a repetir; **these things** ~ son cosas que pasan; Euph **if anything happens** or **should** ~ **to me** si me

pasara algo, si algo me ocurriera; **as (so) often happens** como suele ocurrir, como es habitual; **don't worry, it'll never** ~ no te preocupes, que no va a pasar; **it's all been happening this morning** esta mañana ha pasado de todo; Fam **it's all happening!** ¡qué movida!; US Fam **what's happening?** (greeting) Esp ¿qué pasa?, Carib, Col, Méx ¿quihú?, RP ¿qué talco?

-**2.** (occur by chance) **to** ~ **to meet sb** encontrarse con alguien por casualidad; **I happened to mention it to the boss** dio la casualidad de que se lo comenté al jefe; **I** ~ **to know that...** resulta que sé que...; **I** ~ **to know her** da la casualidad de que la conozco; **he happens to be my father** resulta que es mi padre; **do you** ~ **to know when she's coming?** ¿no sabrás por casualidad cuándo viene?; **you wouldn't** ~ **to have a pencil I could borrow, would you?** ¿no tendrías por ahí un lápiz para dejarme?; **you wouldn't happen to know where I could find him, would you?** ¿no sabría usted por casualidad dónde puedo encontrarlo?; **if you** ~ **to see him, could you give him this?** si por casualidad or si acaso lo ves, ¿podrías darle esto?; **it just so happens that I DO know the answer** pues mira por dónde sí que sé la respuesta; **as it happens...** precisamente..., casualmente...; **as it happened, we were going there anyway** casualmente, nosotros íbamos para allí de todas maneras

► **happen along, happen by** vi aparecer

► **happen on, happen upon** vt insep (person) encontrarse con; (object, place) dar con, encontrar

happening ['hæpənɪŋ] ◇ n -**1.** (occurrence) suceso m -**2.** THEAT happening m, performance f

◇ adj Fam **this club is a really** ~ **place** esta discoteca está de moda or a la última

happenstance ['hæpənstæns] n US casualidad f; **by** ~ por casualidad

happily ['hæpɪlɪ] adv -**1.** (with pleasure, contentedly) alegremente; **we were sitting there quite** ~ **watching television** estábamos allí sentados viendo tranquilamente la televisión; **she's** ~ **married** ella es feliz en su matrimonio; **Jane and Paul are** ~ **married** Jane y Paul son un matrimonio feliz; **they lived** ~ **ever after** fueron felices y comieron perdices

-**2.** (gladly, willingly) de buena gana, con mucho gusto; **I could quite** ~ **live here** de buena gana viviría aquí, no me importaría (nada) vivir aquí; **she said she would** ~ **give her consent** dijo que con mucho gusto daría su consentimiento; **I'd quite** ~ **do it** no me importaría para nada hacerlo, lo haría con mucho gusto; **I could quite** ~ **strangle him** de buena gana or con gusto lo estrangularía; **he'll quite** ~ **say one thing and do the opposite** te dice una cosa, luego hace lo contrario y se queda tan tranquilo

-**3.** (fortunately) afortunadamente, por suerte; **~, no-one was hurt** afortunadamente or por suerte, nadie resultó herido

-**4.** (appropriately) acertadamente; **a** ~ **chosen turn of phrase** una expresión muy afortunada or acertada

happiness ['hæpɪnɪs] n felicidad f; **we wish you every** ~ or **all the** ~ **in the world** (os deseamos) que seáis muy felices

happy ['hæpɪ] adj -**1.** (in a state of contentment) feliz; (pleased) contento(a); (cheerful) alegre, feliz; **I'm so** ~ **they've come** estoy muy contento de que hayan venido; **I want you to be** ~ quiero que seas feliz; **their** ~ **smiling faces** sus rostros alegres or felices y sonrientes; ~ **birthday/Christmas/New Year!** ¡feliz cumpleaños/Navidad/Año Nuevo!; **those were** ~ **days** (aquellos) eran tiempos felices; **to be** ~ **with** or **about sth** estar contento(a) con algo; **I'm not at all** ~ **about your decision** no estoy nada contento con tu decisión; **to be** ~ **for sb** alegrarse

por alguien; **I'm very** ~ **for you** me alegro mucho por ti; **to make sb** ~ hacer feliz a alguien; **to keep sb** ~ tener contento(a) a alguien; **that should keep the kids** ~ con esto tendremos contentos a los niños; Ironic **there, are you** ~ **now?** ¿qué? estarás contento, ¿no?; IDIOM **as** ~ **as a lark** or **a sandboy** or Br & Austr **Larry** or US **a clam** más contento(a) que un niño con zapatos nuevos or que unas castañuelas; IDIOM Fam **Hum he's not a** ~ **camper** or Br **chappy** Esp tiene un mosqueo de narices, Méx está como agua para chocolate, RP está más furioso que la miércoles ❑ **the** ~ **couple** la feliz pareja; **a** ~ **ending** (of book, film, true story) un final feliz; Fam **the** ~ **event** el feliz acontecimiento, el nacimiento del niño; ~ **families** (card game) juego m de las familias; Fig **to play** ~ **families** hacer que se tiene la familia ideal; ~ **hour** = periodo del día en que las bebidas son más baratas en el bar; ~ **hunting ground** REL = paraíso de los indios de Norteamérica; Fig paraíso m

-**2.** (willing) encantado(a); **to be** ~ **to do sth** hacer algo con mucho gusto or encantado(a); **I'd be only too** ~ **to help** me encantaría poder ayudar, yo ayudaría con mucho gusto or encantado; ~ **to oblige** no hay de qué

-**3.** (fortunate) (coincidence) feliz; **the** ~ **few** los pocos afortunados; **in happier times** en otros tiempos mejores; **in happier circumstances** en mejores circunstancias

-**4.** (appropriate) (choice, phrase) afortunado(a), acertado(a); **it wasn't a** ~ **choice of words** no eligió las palabras más acertadas; **(to strike) a** ~ **medium** (llegar a) un satisfactorio término medio

-**5.** Fam (drunk) alegre, achispado(a)

happy-clappy ['hæpɪ'klæpɪ] Br Fam ◇ n = evangélico de los que cantan y dan palmas con gran fervor

◇ adj = de los evangélicos que cantan y dan palmas con gran fervor

happy-go-lucky ['hæpɪgəʊ'lʌkɪ] adj despreocupado(a)

Hapsburg, Habsburg ['hæpsbɜːg] n **the Hapsburgs** (in general) los Habsburgo; (Spanish royal house) los Austrias, la casa de Austria

hara-kiri [hærə'kɪrɪ] n also Fig haraquiri m; **to commit** ~ hacerse el haraquiri

harangue [hə'ræŋ] ◇ n arenga f

◇ vt arengar, soltar una arenga a (**about** sobre); **to** ~ **sb into doing sth** arengar or soltar una arenga a alguien para convencerle de algo

harass [hə'ræs, 'hærəs] vt -**1.** (pester) acosar, hostigar; **he was harassing me for money** me perseguía para pedirme dinero; **to** ~ **sb into doing sth** acosar a alguien para que haga algo; **to** ~ **sexually** ~ **sb** acosar sexualmente a alguien -**2.** (attack) asediar

harassed [hə'ræst, 'hærəst] adj acelerado(a)

harassment [hə'ræsmənt, 'hærəsmənt] n acoso m; **police** ~ acoso por parte de la policía; **sexual** ~ acoso sexual

harbinger ['hɑːbɪndʒə(r)] n Literary heraldo m, precursor m; **the announcement was viewed as a** ~ **of doom** recibieron el anuncio como un mal presagio

harbour, US **harbor** ['hɑːbə(r)] ◇ n puerto m ❑ ~ **dues** derechos mpl portuarios or de puerto; ~ **master** capitán(ana) m,f de puerto

◇ vt -**1.** (fugitive) acoger, proteger -**2.** (contain) (dirt, germs) albergar, contener -**3.** (hope, suspicion) albergar; **to** ~ **a grudge against sb** guardar rencor a alguien

hard [hɑːd] ◇ adj -**1.** (substance) duro(a); **to become** ~ endurecerse; **as** ~ **as iron** or **stone** or **a rock** (duro) como una piedra ❑ ~ **cash** dinero m contante y sonante; **in** ~ **cash** en metálico; ~ **core** (of supporters, movement) núcleo m duro; ~ **court** (for tennis) pista f de cemento; ~ **currency** divisa f fuerte; US ~ **goods** bienes mpl de consumo duraderos; ~ **hat** casco m; US Fam (worker) albañil mf, obrero(a) m,f de la

hard

construcción; *US Fam (reactionary)* retrógrado(a) *m,f*; ~ **lenses** *Esp* lentillas *fpl* duras, *Am* lentes *mpl* de contacto duros; ANAT ~ **palate** paladar *m* (duro); *Br* AUT ~ **shoulder** *Esp* arcén *m*, *Méx* acotamiento *m*, *RP* banquina *f*, *Ven* hombrillo *m*

-2. *(fact, evidence)* concreto(a), real; ~ **science** ciencia (pura)

-3. *(difficult)* difícil; **it's ~ to read** es difícil de leer; **it's ~ to say...** no es fácil decir...; **to be ~ to come by** ser difícil de conseguir; **to be ~ to please** ser muy exigente; **I find it ~ to believe that...** me cuesta creer que...; **it's ~ to beat** *(value for money)* es difícil de superar; **it's ~ to beat a good cigar** hay pocas cosas como un buen puro, no hay nada como un buen puro; **the book/job is ~ going** es un libro/trabajo difícil *or* duro; **why do you always have to do things the ~ way?** ¿por qué tienes que hacerlo todo tan difícil?; **to learn the ~ way** aprender por las malas; ~ **of hearing** duro(a) de oído

-4. *(harsh, tough) (person, conditions, life)* duro(a); **a ~ frost** una helada muy fuerte; **a ~ winter** un invierno muy duro; *Fam* **a ~ case** *(man)* un tipo duro; *(woman)* una tipa dura; *Fam* **a ~ man** un hombre duro; *Fam* **a ~ nut** *(person)* un desgraciado, *Esp* un macarra; **to be ~ on sb** ser (muy) duro(a) con alguien; **this type of work is ~ on the eyes** este tipo de trabajo cansa la vista *or* los ojos; **it was ~ on them losing both parents** fue muy duro para ellos perder a sus padres; **to give sb a ~ time** hacérselo pasar mal a alguien; **he's been having a ~ time of it recently** está pasando por una mala racha; **I had a ~ time convincing them** me costó mucho convencerlos; **to fall on ~ times** pasar apuros; *Fam* **no ~ feelings?** ¿no me guardas rencor?; **to take a ~ line on sth** ponerse duro(a) con (respecto a) algo; *Fam* **~ luck!**, **~ cheese!**, *Br* **~ lines!** ¡mala pata *or* suerte!; IDIOM **to be as ~ as nails** *(unfeeling)* ser insensible, *Esp* ser un hueso, *RP* ser de terror; *(tough)* ser duro(a) de pelar

-5. *(forceful)* **to give sth a ~ kick/push** darle una buena patada/un buen empujón a algo ❏ COM ~ **sell** venta *f* agresiva; *Fig* **to give sth the ~ sell** montar una campaña para vender algo

-6. *(intense) (work, climb, run)* duro(a); **I've had a ~ day** he tenido un día muy duro; **to be a ~ worker** ser muy trabajador(ora); **we need to take a long ~ look at our strategy** tenemos que examinar con ojo muy crítico nuestra estrategia; **she's ~ work** *(difficult to get on with)* cuesta tratar con ella; *(difficult to make conversation with)* cuesta hablar con ella; **you're making ~ work of that job** te estás complicando demasiado la vida para hacer ese trabajo ❏ ~ **drinker** alcohólico(a) *m,f*; LAW ~ **labour** trabajos *mpl* forzados

-7. *(extreme)* POL ~ **left/right** izquierda/derecha radical

-8. *(strong, powerful)* ~ **drink** bebida *f* fuerte; ~ **drugs** drogas *fpl* duras; *US* ~ **liquor** bebida *f* fuerte; *Fam* ~ **porn** porno *m* duro; MUS ~ **rock** rock *m* duro; *Fam* **the ~ stuff** *(spirits)* el alcohol, las bebidas fuertes

-9. COMPTR ~ **copy** copia *f* impresa; ~ **disk** disco *m* duro; ~ **drive** unidad *f* de disco duro; ~ **return** retorno *m* manual; ~ **space** espacio *m* indivisible

-10. *(water)* duro(a)

-11. GRAM fuerte

◇ *adv* **-1.** *(work)* duro, duramente; *(think, consider)* detenidamente; *(push, hit)* fuerte; *(laugh, cry)* ruidosamente, *Am* fuerte; **I work ~ and play ~** yo trabajo duro y vivo la vida al máximo; **to be ~ at work** estar muy metido(a) en el trabajo; **we have been ~ hit by the cutbacks** nos han afectado mucho los recortes; **I'd be ~ pushed** *or* **put** *or* **pressed to finish any earlier** me va a ser muy difícil terminar antes; **to feel ~ done by** sentirse injustamente tratado(a); **to listen ~** escuchar bien; **to look ~ at sb** mirar fijamente a alguien; **it's raining ~** está lloviendo mucho; **to take sth ~** tomarse algo (a) mal; **to try ~** esforzarse

-2. *(sharply)* **turn ~ left/right** gira *or* dobla *or* tuerce totalmente a la izquierda/derecha; NAUT ~ **a port!** ¡todo a babor!

-3. *(solid)* **the ground was frozen ~** se había congelado la tierra; **the ice-cream's frozen ~** el helado está hecho un bloque de hielo *or* una piedra

-4. *(close)* ~ **by** muy cerca de; **to follow ~ upon** *or* **behind sb** seguir a alguien muy de cerca

◇ **hard up** *adj Fam* **to be ~ up** estar en apuros *or Am* problemas; **I'm a bit ~ up for cash** ando mal de dinero

hard-and-fast ['hɑːdən'fɑːst] *adj* **there are no ~ rules** no hay reglas fijas

hard-ass ['hɑːdæs] *n US very Fam (person)* hueso *m* duro de roer

hard-assed ['hɑːdæst] *adj US very Fam* cabrón(ona), *Esp* borde, *RP* de terror

hardback ['hɑːdbæk], **hardcover** ['hɑːdkʌvə(r)]
◇ *n (book)* edición *f* de pasta dura; **available in ~** disponible en (edición de) pasta dura
◇ *adj* de pasta dura

hardball ['hɑːdbɔːl] *n -1. US (baseball)* béisbol *m*; IDIOM **to play ~ (with sb)** ponerse duro(a) (con alguien), adoptar una línea dura (con alguien)

hard-bitten ['hɑːd'bɪtən] *adj* curtido(a)

hardboard ['hɑːdbɔːd] *n* cartón *m* madera

hard-boiled [hɑːd'bɔɪld] *adj* **-1.** *(egg)* duro(a), cocido(a) **-2.** *(person) (tough)* duro(a), curtido(a)

hardcore ['hɑːdkɔː(r)] ◇ *n* **-1.** CONSTR balasto *m*, capa *f or* lecho *m* de grava **-2.** MUS hard core *m*
◇ *adj* **-1.** *(support)* incondicional, acérrimo(a) **-2.** ~ **porn(ography)** porno *m* duro

hardcover = **hardback**

hard-drinking ['hɑːd'drɪŋkɪŋ] *adj* muy bebedor(ora)

hard-earned [hɑːd'ɜːnd] *adj (money, reputation)* ganado(a) con mucho esfuerzo; *(victory, holiday, reward)* merecido(a)

harden ['hɑːdən] ◇ *vt* **-1.** *(substance)* endurecer; *(steel, glass)* templar; *(skin)* curtir **-2.** *(person) (physically, emotionally)* endurecer; **to ~ oneself to sth** insensibilizarse a algo; **to ~ one's heart** endurecerse; **the bombing only hardened their resolve** el bombardeo reforzó aún más si cabe su determinación
◇ *vi* **-1.** *(snow, concrete, mortar, clay)* endurecerse; *(skin)* curtirse; *(steel)* templarse **-2.** *(person, attitude)* endurecerse **-3.** MED *(arteries)* endurecerse **-4.** FIN *(prices, market)* consolidarse, estabilizarse

▸ **harden off** *vt sep (plant)* aclimatar

hardened ['hɑːdənd] *adj* **-1.** *(emotionally)* **to become ~ to sth** hacerse *or* acostumbrarse a algo **-2.** *(steel)* endurecido(a), templado(a) **-3.** *(unrepentant) (drinker)* empedernido(a); *(sinner)* impenitente; **a ~ criminal** un delincuente habitual

hardener ['hɑːdnə(r)] *n (for glue, fingernails)* endurecedor *m*

hardening ['hɑːdənɪŋ] *n* **-1.** *(of substance)* endurecimiento *m*; *(of steel, glass)* temple *m* **-2.** *(of person, attitude)* endurecimiento *m* **-3.** ~ **of the arteries** arteriosclerosis *f inv* **-4.** FIN *(of prices)* consolidación *f*, estabilización *f*

hard-faced ['hɑːd'feɪst] *adj Fam* duro(a), *Esp* borde, *RP* de terror

hard-fought ['hɑːd'fɔːt] *adj (election, contest)* (muy) reñido(a), (muy) disputado(a)

hard-hat ['hɑːd'hæt] *adj US Fam (attitude)* retrógrado(a)

hard-headed [hɑːd'hedɪd] *adj* **-1.** *(tough, shrewd) (person, decision)* pragmático(a); *(realism)* a ultranza **-2.** *US (stubborn) (person, attitude)* tozudo(a), testarudo(a)

hard-hearted ['hɑːd'hɑːtɪd] *adj* duro(a), insensible

hard-hit ['hɑːd'hɪt] *adj* castigado(a), seriamente afectado(a)

hard-hitting ['hɑːd'hɪtɪŋ] *adj (criticism, report)* contundente

hardiness ['hɑːdɪnɪs] *n* fortaleza *f*, reciedumbre *f*

hard-line ['hɑːdlaɪn] *adj (policy, doctrine)* inflexible, intransigente; *(politician)* intransigente, de línea dura

hardliner [hɑːd'laɪnə(r)] *n (politician, activist)* intransigente *mf*, partidario(a) *m,f* de la línea dura

hardly ['hɑːdlɪ] *adv* **-1.** *(scarcely)* apenas; **he can ~ read** apenas sabe leer; **there are ~ any left** no queda apenas ninguno(a); **I could ~ hear myself think** no había quien oyera nada; **you can ~ move in here for furniture** aquí hay tantos muebles que uno apenas puede moverse *or* que uno no puede ni moverse; ~ **anyone/anything** casi nadie/nada; ~ **ever** casi nunca; **I ~ ever see you these days** últimamente no te veo casi nunca, últimamente apenas te veo; **I can ~ believe it** me cuesta creerlo; **I can ~ wait till the holidays** tengo unas ganas enormes de que lleguen las vacaciones; *Ironic* **a new Woody Allen movie? I can ~ wait!** ¿otra de Woody Allen? ¡qué ganas de verla!; **I need ~ say that...** ni que decir tiene que...; ~ **had we begun when...** no habíamos hecho más que empezar cuando...; ~ **a week goes by without a letter from her** no hay semana que no mande una carta

-2. *(not at all)* **she's ~ likely to agree** raro sería que dijera que sí; **I could ~ have refused** no podía negarme; **it's ~ surprising** no tiene nada de extraño, no es en absoluto de extrañar; **it's ~ MY fault!** ¡desde luego yo no tengo la culpa!; **this is ~ the time to ask him** éste no es momento para preguntárselo; **did she invite you to her party? – ~!** ¿te invitó a su fiesta? – ¡qué va!

hardness ['hɑːdnɪs] *n* **-1.** *(of substance)* dureza *f* **-2.** *(of problem)* dificultad *f* **-3.** *(of person) (severity)* dureza *f*; ~ **of heart** dureza, insensibilidad **-4.** ~ **of hearing** sordera *(en mayor o menor grado)*, discapacidad auditiva

hard-nosed ['hɑːdnəʊzd] *adj Fam* duro(a), contundente

hard-on ['hɑːdɒn] *n Vulg* **-1.** *(erection)* **to have a ~** *Esp* estar empalmado, *Am* tenerla parada; **he got a ~** se le puso dura, *Esp* se empalmó, *Am* se le paró **-2.** *US* **to have a ~ for sth/sb** *(be enthusiastic about)* estar (uno) que no mea por algo/alguien, estar loquito(a) con algo/alguien; *(dislike)* tenerla tomada con algo/alguien

hard-pressed [hɑːd'prest], **hard-pushed** [hɑːd'pʊʃt] *adj* **to be ~ to do sth** tenerlo difícil para hacer algo; **to be ~ for time/money** estar (muy) apurado(a) de tiempo/dinero

hard-shell(ed) [hɑːd'ʃel(d)] *adj* **-1.** *(crab)* crustáceo(a) **-2.** *US (fundamentalist)* integrista

hardship ['hɑːdʃɪp] *n (suffering)* sufrimiento *m*, penalidades *fpl*; *(deprivation)* privación *f*; **to suffer** *or* **undergo great ~** pasar muchas penalidades *or* privaciones; **the hardships of life at sea** la dureza *or* las penalidades de la vida en alta mar; **to live in ~** vivir en la miseria; **that would be no great ~** eso no supondría un tremendo sacrificio ❏ ~ **fund** = fondo de solidaridad para ayudar en casos de necesidad

hardtack ['hɑːdtæk] *n* HIST galleta *f*

hardtop ['hɑːdtɒp] *n (car)* automóvil *m* no descapotable

hardware ['hɑːdweə(r)] *n* **-1.** *(tools)* ferretería *f*; *(military)* ~ *(weapons)* armamento *m* ❏ *US* ~ **store** ferretería *f* **-2.** *Fam (guns)* armas *fpl* **-3.** COMPTR hardware *m*, soporte *m* físico ❏ ~ **problem** problema *m* de hardware

hard-wearing [hɑːd'weərɪŋ] *adj* resistente

hard-wired ['hɑːd'waɪəd] *adj* COMPTR integrado(a)

hard-won ['hɑːd'wʌn] *adj* ganado(a) a pulso

hardwood ['hɑːdwʊd] *n* **-1.** *(timber)* madera *f* noble **-2.** *(tree)* árbol *m* caducifolio de madera dura

hard-working ['hɑːd'wɜːkɪŋ] *adj* trabajador(ora)

hardy ['hɑːdɪ] *adj* **-1.** *(strong) (person)* recio(a); *(plant)* resistente (al frío) ❏ **~ annual** planta *f* anual (de jardín); **~ perennial** planta *f* resistente a las heladas; *Fig (conversation topic)* eterna cuestión *f*, tema *m* clásico **-2.** *(intrepid) (explorer, pioneer)* esforzado(a), valeroso(a)

hardy har har ['hɑːdɪ'hɑː'hɑː] *exclam Fam* ¡me parto de risa!, ¡no sé si reír o echar a llorar!

hare [heə(r)] ◇ *n* **-1.** *(animal)* liebre *f* ❏ **~ coursing** caza *f* de liebres con perros **-2.** IDIOMS *Br* **to raise** *or* **start a ~** levantar la liebre, sacar un tema; **to run with the hares and hunt with the hounds** nadar entre dos aguas

◇ *vi Br* **to ~ across/down/out** cruzar/bajar/salir disparado(a); **to ~ off** salir disparado(a)

harebell ['heəbel] *n* campanilla *f*
harebrained ['heəbreɪnd] *adj* disparatado(a)
harelip ['heəlɪp] *n* labio *m* leporino
harem [hɑː'riːm] *n* harén *m*
haricot ['hærɪkəʊ] *n* **~ (bean)** alubia *f*, *Esp* judía *f* blanca, *Andes, CAm, Carib, Méx* frijol *m* blanco, *Andes, RP* poroto *m* blanco

hark [hɑːk] *exclam* **-1.** *Literary* ¡escucha!, ¡atención! **-2.** *Br Fam* **~ at him!** ¿has oído lo que dice?

◆ **hark back** *vi* **to ~ back to sth** recordar algo; **he's always harking back to his youth** siempre está recordando su juventud; **the style harks back to the 1940s** el estilo recuerda a *or* tiene el sabor de los años cuarenta

harken = **hearken**
harlequin ['hɑːləkwɪn] *n* **-1.** THEAT arlequín *m* **-2. ~ duck** pato *m* harlequín

Harley Street ['hɑːlɪstriːt] *n* = calle de Londres en la que abundan clínicas y consultorios médicos privados de gran prestigio

harlot ['hɑːlət] *n Literary* ramera *f*, meretriz *f*

harm [hɑːm] ◇ *n* daño *m*; **to do sb ~** hacer daño a alguien; **adverse publicity will do their cause a great deal of ~** la publicidad adversa perjudicará enormemente su causa; **to do oneself ~** hacerse daño; **it will do more ~ than good** hará más mal que bien; **you will come to no ~** no sufrirás ningún daño; **no ~ will come of it** no pasará nada; **I see no ~ in it** no veo que tenga nada de malo; **where's the ~ in that?** ¿qué tiene eso de malo?; **(there's) no ~ done** no ha pasado nada, no ha sido nada; **there's no ~ in trying** no se pierde nada por intentarlo, por intentarlo que no quede; **they didn't mean any ~** no lo hicieron *or* dijeron con mala intención, no tenían mala intención; **out of ~'s way** en lugar seguro

◇ *vt* **-1.** *(person, animal)* hacer daño a; *(crops)* dañar; *(environment)* perjudicar, dañar **-2.** *(reputation, image, quality)* dañar; *(chances, interests, business)* perjudicar

harmful ['hɑːmfʊl] *adj* **-1.** *(effect)* perjudicial, dañino(a); *(influence)* pernicioso(a), perjudicial **-2.** *(substance)* nocivo(a), perjudicial **(to para)**

harmless ['hɑːmlɪs] *adj* **-1.** *(animal, person)* inofensivo(a); *(substance)* inocuo(a), inofensivo(a); **he's ~** no hace daño a nadie, es inofensivo **-2.** *(fun, amusement, comment)* inocente, sin malicia

harmlessly ['hɑːmlɪslɪ] *adv* **-1.** *(not harming)* sin causar daños **-2.** *(innocently)* sin malicia

harmlessness ['hɑːmlɪsnɪs] *n* **-1.** *(of animal, person)* carácter *m* inofensivo; *(of substance)* inocuidad *f* **-2.** *(innocence)* inocencia *f*, ausencia *f* de malicia

harmonic [hɑːˈmɒnɪk] ◇ *n* **-1.** PHYS armónico *m* **-2.** MUS armónico *m*

◇ *adj* **-1.** PHYS & MATH armónico(a) ❏ **~ motion** movimiento *m* armónico, oscilación *f* armónica; **~ progression** progresión *f* armónica **-2.** MUS armónico(a)

harmonica [hɑːˈmɒnɪkə] *n* armónica *f*
harmonics [hɑːˈmɒnɪks] *n* armonía *f*
harmonious [hɑːˈməʊnɪəs] *adj* armonioso(a)
harmoniously [hɑːˈməʊnɪəslɪ] *adv (to live)* en armonía, *(to blend)* armoniosamente

harmonium [hɑːˈməʊnɪəm] *n* armonio *m*

harmonization [hɑːmənaɪˈzeɪʃən] *n* **-1.** MUS armonización *f* **-2.** *(of norms, practices, standards)* armonización *f*

harmonize ['hɑːmənaɪz] ◇ *vt* **-1.** MUS armonizar, dar armonía a **-2.** *(blend together)* armonizar

◇ *vi* **-1.** MUS cantar en armonía **-2.** *(blend together)* armonizar, estar en armonía

harmony ['hɑːmənɪ] *n* **-1.** MUS armonía *f*; **to sing in ~** cantar en armonía; **a three-part ~** una armonía para tres voces **-2.** *(agreement) (of colours)* armonía *f*; *(of temperaments, people, ideas)* armonía *f*; **in ~ with** en armonía con; **to live in ~ (with)** vivir en armonía *or* en paz (con)

harness ['hɑːnɪs] ◇ *n* **-1.** *(of horse)* arreos *mpl* **-2.** *(for safety, of parachute)* arnés *m* **-3.** IDIOMS **to work in ~ with sb** trabajar hombro con hombro con alguien; **to be back in ~** volver al tajo; **to die in ~** morir antes de jubilarse

◇ *vt* **-1.** *(horse)* arrear, aparejar; **the pony was harnessed to the cart** el poni iba enganchado al carro **-2.** *(resources, energy)* emplear, hacer uso de

harp [hɑːp] *n* arpa *f*

◆ **harp on** ◇ *vt insep* dar vueltas a, insistir sobre

◇ *vi Fam* **to ~ on (at sb) about sth** dar la lata (a alguien) con algo, *RP* hinchar (a alguien) con algo; **don't keep harping on!** ¡deja ya de darle vueltas!, ¡deja ya de dar la lata con el tema!

harpist ['hɑːpɪst] *n* arpista *mf*
harpoon [hɑːˈpuːn] ◇ *n* arpón *m*

◇ *vt* arponear

harpsichord ['hɑːpsɪkɔːd] *n* clave *m*, clavicémbalo *m*

harpy ['hɑːpɪ] *n* **-1.** MYTHOL arpía *f* **-2.** *(woman)* arpía *f* **-3. ~ eagle** harpía *f*

harridan ['hærɪdən] *n Literary* vieja *f* gruñona, arpía *f*

harrier ['hærɪə(r)] *n* **-1.** SPORT *(runner)* corredor(ora) *m,f* de cross **-2.** *(hunting dog)* lebrel *m* **-3.** *(bird)* aguilucho *m*

Harris ['hærɪs] *n* **-1.** POL **~ poll** sondeo *m* de opinión *(llevado a cabo por la empresa Harris)* **-2. ~ Tweed**® tweed *m* de la isla de Harris

Harrods ['hærədz] *n* los almacenes Harrods de Londres

Harrovian [həˈrəʊvɪən] *n Br* **(Old) ~** = alumno de la escuela de Harrow, colegio privado al norte de Londres

harrow ['hærəʊ] ◇ *n (farm equipment)* grada *f*

◇ *vt* **-1.** AGR gradar, pasar la grada por **-2.** *(distress) (person)* angustiar

harrowing ['hærəʊɪŋ] ◇ *adj (experience, sight)* angustioso(a); **the report makes ~ reading** la lectura del informe resulta espeluznante

◇ *n* REL **the Harrowing of Hell** el descenso al Infierno

harry ['hærɪ] *vt* **-1.** *(enemy)* hostigar **-2.** *(pester, harass)* hostigar, agobiar

harsh [hɑːʃ] *adj* **-1.** *(voice, sound)* áspero(a); *(climate, environment)* duro(a), riguroso(a); *(light)* cegador(ora); *(colour)* chillón(ona); *(landscape)* inhóspito(a) **-2.** *(punishment, treatment, sentence, person)* duro(a), severo(a); **to be ~ with** *or* **on sb** ser duro(a) *or* severo(a) con alguien; **to use ~ words** expresarse en *or* con términos muy duros

harshly ['hɑːʃlɪ] *adv (to punish, treat, judge)* con dureza *or* severidad; **don't speak so ~ of him** no hables de él con tanta severidad, no seas tan duro *or* severo al hablar de él

harshness ['hɑːʃnɪs] *n* **-1.** *(of voice, sound)* aspereza *f*; *(of climate, environment)* dureza *f*, rigurosidad *f*; *(of light)* aspereza *f*, crudeza *f*; *(of colour)* tono *m* chillón; *(of landscape)* carácter *m* inhóspito **-2.** *(of punishment, treatment, sentence, person)* dureza *f*, severidad *f*

hart [hɑːt] *n* venado *m*, ciervo *m*

harum-scarum ['heərəm'skeərəm] *Fam adj* alocado(a)

◇ *adv* alocadamente

harvest ['hɑːvɪst] ◇ *n* **-1.** *(gathering) (of cereal, crops)* cosecha *f*, siega *f*; *(of fruit, vegetables)* cosecha, recolección *f*; *(of grapes)* vendimia *f*; **at ~ (time)** en la cosecha, en época de cosecha ❏ *Br* **~ festival** = fiesta con que se celebra la recogida de la cosecha; **~ moon** luna *f* llena del (equinoccio de) otoño; **~ mouse** ratón *m* de las mieses

-2. *(yield) (of cereal, fruit, vegetables, grapes)* cosecha *f*; **a good/poor ~** una buena/mala cosecha

-3. *Fig (from experience, research)* resultados *mpl*, fruto *m*; **it yielded a rich ~ of information** produjo un amplio caudal de información

◇ *vt* **-1.** *(cereal, crops)* cosechar, segar; *(fruit, vegetables)* cosechar, recolectar; *(grapes)* vendimiar **-2.** MED **to ~ organs** = extraer órganos de un animal o una persona para su transplante o investigación

◇ *vi* cosechar, hacer la cosecha

harvester ['hɑːvɪstə(r)] *n* **-1.** *(machine)* cosechadora *f* **-2.** *(person) (of cereals)* segador(ora) *m,f*; *(of fruit)* recolector(ora) *m,f*

harvestman ['hɑːvɪstmən] *n (insect)* segador *m*, falangio *m*

has [hæz] 3rd person singular of **have**

has-been ['hæzbiːn] *n Fam Pej* vieja gloria *f*

hash [hæʃ] ◇ *n* **-1.** *(stew)* guiso *m* de carne con *Esp* patatas *or Am* papas, *Andes, Méx* ahogado *m* de carne con papas; IDIOM **to fix** *or* **settle sb's ~** poner a alguien en su sitio ❏ *US* **~ browns** = fritura de *Esp* patata *or Am* papa y cebolla; *US Fam* **~ house** ≃ casa *f* de comidas; *US Fam* **~ slinger** cocinero(a) *m,f* de poca monta *or* de tres al cuarto

-2. *Fam (mess)* **to make a ~ of sth** pifiarla con algo, *Esp* hacer algo fatal *or* de pena; **he certainly made a ~ of putting that shelf up!** ¡la pifió pero bien *or* menuda chapuza hizo al poner esa estantería!; **I made a real ~ of the interview** la entrevista me salió fatal *or* de pena, la pifié en la entrevista

-3. *(symbol)* **~ mark** COMPTR & TYP = el símbolo '#'; *(on telephone)* almohadilla *f*, numeral *m*; *(in music)* sostenido *m*

-4. *US* **~ mark** *(on uniform)* = galón del uniforme militar, que indica 3 ó 4 años de servicio

-5. *Fam (hashish)* chocolate *m*, *Esp* costo *m* ❏ *US* **~ head** porrero(a) *m,f*

◇ *vt* CULIN trocear

◆ **hash out, hash over** *vt sep US Fam (discuss)* hablar largo y tendido de

◆ **hash up** *vt sep Br Fam (mess up)* echar a perder; **I'm afraid I completely hashed up the interview** me temo que eché a perder la entrevista *or* que la pifié en la entrevista *or Esp* que la entrevista me salió fatal

hashish ['hæʃiːʃ] *n* hachís *m*
Hasidic [hæ'sɪdɪk] *adj* REL hasídico(a)
haslet ['hæzlɪt] *n* = fiambre de asaduras de cerdo, ≃ chicharrones *mpl*

hasn't ['hæznt] = **has not**

hasp [hɑːsp] *n (for door)* pestillo *m*; *(for box, book)* aldabilla *f*, cierre *m*

hassle ['hæsəl] *Fam* ◇ *n* **-1.** *(trouble, inconvenience)* lío *m*, *Esp* follón *m*; **it's too much ~** es demasiado lío; **it's a real ~ buying a house** comprarse una casa es un lío tremendo; **to give sb ~** dar la lata a alguien; **no ~** no es ninguna molestia, no hay problema **-2.** *(quarrel)* trifulca *f*, pelotera *f*

◇ *vt (annoy, nag)* dar la lata a; **don't ~ me about it** no me des la lata con eso; **he keeps hassling me for money** anda siempre detrás de mí para que le deje dinero; **Yvonne's always hassling him to stop smoking** Yvonne no para de darle la lata para que deje de fumar; **to ~ sb into doing sth** dar la lata a alguien para que haga algo

hassle-free ['hæsəl'friː] *adj Fam* sin líos, *Esp* sin follones, *Am* sin relajo, *Méx* sin argüende

hassock ['hæsək] *n* **-1.** *(cushion in church)* cojín *m*, almohadón *m (para arrodillarse)* **-2.** *(tuft of grass)* mata *f* de hierba

hast [hæst] *v aux Literary* & REL = **have**

haste [heɪst] *n* prisa *f*, *Am* apuro *m*; **in ~** a toda prisa, *Am* con apuro; **in my ~, I forgot my hat** con las prisas olvidé el sombrero; **in my ~ to get away I forgot my passport** tenía tanta prisa por irme que olvidé el pasaporte; **to make ~** apresurarse, *Am* apurarse; PROV **more ~ less speed** vísteme despacio que tengo prisa

hasten ['heɪsən] ◇ *vt* -1. *(speed up) (process, decline)* acelerar; *(event, death)* precipitar, adelantar -2. *(urge on) (person)* meter prisa a, apresurar, *Am* apurar; **we were hastened along a corridor** nos condujeron a toda prisa por un pasillo -3. *(say quickly)* **she hastened to assure us that all would be well** se apresuró a garantizarnos que todo iría bien; **it wasn't me, I ~ to add** que conste que no fui yo

◇ *vi* apresurarse, *Am* apurarse; **to ~ away** alejarse a toda prisa; **to ~ back** volver a toda prisa

hastily ['heɪstɪlɪ] *adv* -1. *(quickly)* deprisa, apresuradamente -2. *(rashly)* precipitadamente, apresuradamente; **to judge sth ~** juzgar algo a la ligera

hastiness ['heɪstɪnɪs] *n* -1. *(speed)* celeridad *f*; **in his ~ to leave he knocked over a table** tenía tanta prisa por marcharse que tiró una mesa -2. *(rashness)* precipitación *f*

hasty ['heɪstɪ] *adj* -1. *(quick, hurried)* apresurado(a), rápido(a); **I sent him a ~ note** le mandé una nota rápida *or* escrita a toda prisa; **to make a ~ exit** marcharse apresuradamente *or* a toda prisa
-2. *(rash)* precipitado(a); **a ~ decision** una decisión precipitada; **don't be too ~** no te precipites; **to jump to a ~ conclusion** sacar conclusiones apresuradas
-3. *(angry, irritated)* **~ words** palabras fuera de tono
-4. CULIN **~ pudding** *Br* = budín hecho a base de leche endulzada y espesada con sémola o tapioca; *US* = papilla a base harina de maíz y melaza

hat [hæt] *n* -1. *(headgear)* sombrero *m*; *also Fig* **to take one's ~ off to sb** descubrirse ante alguien, quitarse el sombrero ante alguien □ *US* **~ tree** perchero *m*; **~ trick** *(of goals)* tres goles *mpl* (en el mismo partido); *(of victories)* tres victorias *fpl* consecutivas
-2. *Fam (role)* **I'm wearing three different hats at the moment** ahora estoy haciendo tres cosas distintas; **I'm saying that with my lawyer's ~ on** digo esto como abogado que soy *or* desde mi posición de abogado
-3. IDIOMS **to pass the ~ round** *(collect money)* pasar la gorra; **to throw one's ~ in the ring** *(enter contest)* echarse al ruedo; **to go ~ in hand to sb** ir a mendigarle a alguien; *Fam* **to keep sth under one's ~** no decir ni media de algo a nadie; *Fam* **to talk through one's ~** no decir más que bobadas *or* tonterías

hatband ['hætbænd] *n* cinta *f* del sombrero
hatbox ['hætbɒks] *n* sombrerera *f*
hatch[1] [hætʃ] *n* -1. *(in wall, floor)* trampilla *f* -2. *(in aircraft)* portezuela *f*; *(in spaceship)* escotilla *f*, compuerta *f* -3. NAUT escotilla *f* -4. **(serving) ~** ventanilla *f* -5. *Fam* **down the ~!** ¡salud!

hatch[2] ◇ *vt* -1. *(eggs)* incubar; *(chickens)* empollar -2. *(scheme, plan)* tramar, urdir; **to ~ (up) a plot** tramar *or* urdir un plan
◇ *vi* **the egg** *or* **chicken hatched (out)** el pollo salió del cascarón

hatch[3] *vt (drawing)* sombrear

hatchback ['hætʃbæk] *n* -1. *(car)* (3-door) tres puertas *m inv*; (5-door) cinco puertas *m inv* -2. *(door)* puerta *f* trasera, portón *m* (trasero)

hatcheck ['hættʃek] *adj US* **~ clerk/girl** empleado(a)/chica del guardarropa

hatchery ['hætʃərɪ] *n* criadero *m*

hatchet ['hætʃɪt] *n* hacha *f* (pequeña); IDIOM *Fam* **to do a ~ job on sth/sb** *(critic, reviewer)* ensañarse con algo/alguien □ *Fam* **~ man** *(person who does sb's dirty work)* = encargado del trabajo sucio; *(killer)* asesino *m* a sueldo, sicario *m*

hatchet-faced [ˌhætʃɪtˈfeɪst] *adj* de rostro enjuto y anguloso

hatching ['hætʃɪŋ] *n (in drawing)* sombreado *m*

hatchway ['hætʃweɪ] *n* -1. *(in wall, floor)* trampilla *f* -2. *(in aircraft)* portezuela *f*; *(in spaceship)* escotilla *f*, compuerta *f* -3. NAUT escotilla *f*

hate [heɪt] ◇ *n* -1. *(hatred)* odio *m* □ *US* **~ crime** = delito de carácter xenófobo, racista, antihomosexual, etc.; **~ mail** = cartas que contienen amenazas o fuertes críticas; *US Fam* **~ sheet** = publicación de carácter xenófobo, racista, antihomosexual, etc. -2. *(thing detested)* fobia *f*; **one of my pet hates is...** una de las cosas que más odio es...

◇ *vt* -1. *(detest)* odiar, detestar; **I ~ her for what she has done** la odio *or* detesto por lo que ha hecho; **I ~ getting up early** odio *or* detesto tener que madrugar; **me sienta muy mal tener que madrugar**; **he hates to be contradicted** no soporta que le contradigan; **she hates having her hair washed** no le gusta nada *or* no soporta que le laven la cabeza; **I ~ it when you do that** detesto *or* me enferma que hagas eso; **I ~ it when he's in a bad mood** cuando está de mal humor, no lo soporto; **to ~ oneself** odiarse a sí mismo(a); **I ~ myself for letting them down** me sabe muy mal *or* siento en el alma haberles fallado
-2. *(not want)* **I ~ to admit it but I think he's right** me cuesta admitirlo, pero creo que tiene razón; **I'd ~ to see anything go wrong** no me haría ninguna gracia que fallara algo; **I ~ to think what might have happened otherwise** no quiero ni pensar qué hubiera ocurrido de no ser así; **I ~ to bother you, but could I use your phone?** perdone la molestia *or* perdone que le moleste, pero ¿podría usar su teléfono?; *Fam* **~ to tell you, but I think you've missed your train** lo siento mucho, pero me parece que has perdido el tren

hated ['heɪtɪd] *adj* odiado(a)

hateful ['heɪtfʊl] *adj* odioso(a), detestable; **the very idea is ~ to him** la sola idea le resulta odiosa *or* repugnante

hater ['heɪtə(r)] *n* enemigo(a) *m,f*

hath [hæθ] *v aux Literary* = **has**

hatmaker ['hætmeɪkə(r)] *n* sombrerero(a) *m,f*

hatpin ['hætpɪn] *n* alfiler *m* (de sombrero)

hatred ['heɪtrɪd] *n* odio *m*; **he had an intense ~ of the police** odiaba a la policía, le tenía odio a la policía; **to feel ~ for sb** sentir odio por *or* hacia alguien

hatstand ['hætstænd] *n* perchero *m*

hatter ['hætə(r)] *n* sombrerero(a) *m,f*

haughtily ['hɔːtɪlɪ] *adv* con altanería

haughtiness ['hɔːtɪnɪs] *n* altanería *f*

haughty ['hɔːtɪ] *adj* altanero(a)

haul [hɔːl] ◇ *n* -1. *(money, of stolen goods)* botín *m*; *(of drugs)* alijo *m*; *(fish caught)* captura *f*
-2. *(pull)* tirón *m*, *Andes, CAm, Carib, Méx* jalón *m*; **to give a ~ on a rope** dar un tirón *or Andes, CAm, Carib, Méx* jalón a una cuerda, tirar *or Andes, CAm, Carib, Méx* jalar de una cuerda
-3. **to be a long ~: it was a long ~ from Austin to Detroit** de Austin a Detroit había un largo trecho *or* camino *or* trayecto; **training to be a doctor is a long ~** lleva mucho tiempo formarse para ser médico

◇ *vt* -1. *(pull)* arrastrar; **they hauled the boat out of the water** sacaron la barca del agua arrastrándola; **to ~ up/down a flag/sail** izar/arriar una bandera/vela
-2. *Fam (bring by force)* **he was hauled in for questioning** se lo llevaron para interrogarlo; **they were hauled in front of** *or* **before a judge** les hicieron comparecer ante un juez
-3. *(move with effort)* **he hauled himself into a sitting position** se incorporó (hasta quedar sentado); **he hauled himself out of bed** con gran esfuerzo salió de la cama
-4. IDIOMS *US Vulg* **to ~ ass** *Esp* ir a toda hostia, *Méx* ir hecho(a) la raya, *RP* ir a los santos pedos; *Fam* **to ~ sb over the coals** *(reprimand)* echar una reprimenda *or Esp* una bronca a alguien, dar *Méx* una jalada *or RP* un rezongo a alguien
-5. *(transport)* transportar
◇ *vi (pull)* **to ~ on sth** tirar de algo, *Andes, CAm, Carib, Méx* jalar de algo

◆ **haul off** ◇ *vt sep (take away)* llevar(se); **he was hauled off to prison** lo metieron en la cárcel
◇ *vi US Fam* prepararse, *Esp* atarse *or* apretarse los machos; **she hauled off and slugged him** le agarró *or* le dio un tortazo

◆ **haul up** *vt sep* llamar al orden a; **she was hauled up before the headmaster** la llevaron al despacho del director; **he was hauled up before the court** tuvo que ir a juicio

haulage ['hɔːlɪdʒ] *n* -1. *(transportation)* transporte *m* (de mercancías) □ **~ firm** empresa *f* de transportes, transportista *m* -2. *(costs)* portes *mpl*

haulier ['hɔːlɪə(r)], *US* **hauler** ['hɔːlə(r)] *n* -1. *(company)* empresa *f* de transportes, transportista *m* -2. *(person)* transportista *mf*

haunch [hɔːntʃ] *n* -1. *(of person)* cadera *f*; **to sit** *or* **squat on one's haunches** ponerse en cuclillas -2. *(of meat)* pierna *f*

haunt [hɔːnt] ◇ *n (favourite place)* lugar *m* predilecto; **it's one of his favourite haunts** es uno de sus lugares predilectos; **we couldn't find her in any of her usual haunts** no la encontramos en los sitios por donde solía parar *or* que solía frecuentar

◇ *vt* -1. *(of ghost) (house)* aparecerse en; *(person)* aparecerse a
-2. *(of thought, memory)* asaltar; **he was haunted by the fear that...** le asaltaba el temor de que...; **these problems have returned to ~ us** estos problemas vuelven a ser un quebradero de cabeza para nosotros; **she is haunted by her unhappy childhood** vive obsesionada por su infeliz infancia; **his past continues to ~ him** el fantasma de su pasado le acompaña *or* persigue a todas partes
-3. *(frequent)* frecuentar

haunted ['hɔːntɪd] *adj* -1. *(by ghost)* **they say the castle is ~** dicen que hay fantasmas *or* un fantasma en el castillo -2. *(worried)* **he has a ~ look** tiene una mirada atormentada

haunting ['hɔːntɪŋ] *adj* fascinante, hechizante

hauntingly ['hɔːntɪŋlɪ] *adv* **~ beautiful** de una belleza fascinante *or* hechizante

haute couture [ˌəʊtkuːˈtjʊə(r)] *n* alta costura *f*

haute cuisine [ˌəʊtkwɪˈziːn] *n* alta cocina *f*

hauteur [əʊˈtɜː(r)] *n Formal* altivez *f*, soberbia *f*

Havana [həˈvænə] *n* La Habana □ **~ cigar** (puro *m*) habano *m*

have [hæv] ◇ *n* **the haves and the have-nots** los ricos y los pobres

◇ *vt* (3rd person singular **has** [hæz], *pt & pp* **had** [hæd]) -1. *(possess, own)* tener; **they've got** *or* **they ~ a big house** tienen una casa grande; **she hasn't got** *or* **doesn't ~ a cat** no tiene gato; **she's got** *or* **she has blue eyes** tiene los ojos azules; **I've got** *or* **I ~ something to do** tengo algo que hacer; **we've got** *or* **we ~ a choice** tenemos una alternativa; **I don't ~ time** no tengo tiempo; **I've got no sympathy for them** no me dan ninguna pena; **he had them in his power** los tenía en su poder; **now I ~ the house all to myself** ahora tengo toda la casa para mí solo; **she had her eyes closed** tenía los ojos cerrados; **I haven't got** *or* **don't ~ the document with me** no tengo el documento aquí; **what's that got to do with it?** ¿qué tiene que ver eso?; *Fam* **well done, I didn't know you had it in you!** ¡muy bien, no pensé que fueras a ser capaz de hacerlo!
-2. *(suffer from) (disease)* tener; **she's got** *or* **she has measles/AIDS** tiene (el) sarampión/el sida; **I've got** *or* **I ~ a bad knee** tengo una rodilla mal
-3. *(take, receive, accept)* **can I ~ a beer and a brandy, please?** me daría *or Esp* pone una cerveza y un coñac, (por favor)?; **can I ~ some more bread?** ¿puedo comer *or Esp*

tomar más pan?; **I'll ~ the soup** yo tomaré una sopa; **which one will you ~?** ¿cuál prefieres?; **here, ~ my pen** toma mi bolígrafo; **I haven't had any more news** no he tenido más noticias; **we're having friends to stay** tenemos amigos durmiendo or quedándose en casa

-4. *(eat)* comer, *Esp* tomar; *(drink)* tomar; **to ~ something to eat/drink** comer/beber algo; **what are we having for lunch?** ¿qué vamos a comer or almorzar?; **~ some more cheese** come or *Esp* toma más queso; **~ some more wine** toma más vino; **to ~ breakfast** desayunar; **to ~ dinner** cenar; **to ~ lunch** comer, almorzar

-5. *(with noun, to denote activity)* **to ~ a bath** darse un baño; **to ~ a meeting** tener una reunión; **to ~ a nap** echarse una siesta; **to ~ sex** tener relaciones sexuales; **to ~ a shave** afeitarse; **to ~ a swim** darse un baño; **to ~ a walk** dar un paseo; **to ~ a wash** lavarse

-6. *(give birth to)* tener; **she has had a baby girl** ha tenido una niña

-7. *(experience)* pasar; **to ~ an accident** tener or sufrir un accidente; **I'm having the operation next week** me operan la semana que viene; **I had a pleasant evening** pasé una agradable velada; **to ~ a good/bad time** pasarlo bien/mal; **to ~ a surprise** llevarse una sorpresa; **we didn't ~ any trouble** no tuvimos ningún problema

-8. *(causative)* **I had him do it again** le hice repetirlo; **~ her call me as soon as she knows** que me llame en cuanto lo sepa; **he had them killed** los mandó or hizo matar; **I'll ~ it ready by Friday** lo tendré listo para el viernes; **he had us in fits of laughter** nos reímos muchísimo con él; **some people would ~ you believe she's a saint** algunos te harían creer que es una santa; **I'll ~ you know that...!** ¡has de saber que...!, *RP* ¡te diré que...!

-9. *(in passive-type constructions)* **to ~ one's hair cut** cortarse el pelo; **I'm having my television repaired** me están arreglando el televisor; **I had my watch stolen** me robaron el reloj; **the house had all its windows blown out** estallaron todas las ventanas de la casa

-10. *(allow)* **I will not ~ such conduct!** ¡no toleraré ese comportamiento!; **I won't ~ you causing trouble!** ¡no permitiré que crees problemas!; **as luck would ~ it...** mira qué casualidad..., mira por dónde...; *Fam* **I asked her for some money, but she wasn't having any of it** le pedí dinero, pero pasó de mí or *RP* no me dio bola

-11. *(be compelled)* **to ~ to do sth** tener que hacer algo; **I ~** or **I've got to go** me tengo que ir; **do you ~ to work?, ~ you got to work?** ¿tienes que trabajar?; **it's got** or **it has to be done** hay que hacerlo; **I ~ to admit that...** he de or tengo que admitir que...; **I'm not going unless I ~ to** no voy a ir a no ser que me obliguen; **do you ~ to keep singing that song?** ¿tienes que cantar esa canción todo el rato?; **that has to be the best wine I've ever had** debe de ser el mejor vino que he tomado nunca

-12. *(grip)* **he had me by the throat** me tenía sujeto or agarrado del cuello; *Fam* **you've got** or **you ~ me there!** *(I don't know)* ¡ahí me has *Esp* pillado or *Am* agarrado or *Méx* cachado!

-13. *(obtain)* **there were no tickets to be had** no quedaban entradas or *Col, Méx* boletos; **can I ~ your address?** ¿me puedes dar tu dirección?; **could I ~ extension 238?** *(on phone)* ¿me pasa or *Esp* pone con la extensión 238?, *RP* ¿me pasa con el interno 238?; **I ~ it on good authority that...** sé por fuentes fidedignas que...

-14. *(assert, state)* **some people would ~ it that there's nothing wrong with drugs** para algunas personas las drogas no son malas; **tradition has it that...** según or de acuerdo con la tradición...

-15. *Fam (cheat)* **you've been had!** ¡te han timado!, *Méx* ¡te chingaron!, *RP* ¡te embromaron!

-16. *Fam* **I've had it if she finds out!** ¡si se entera, me la cargo or *RP* la quedo!; **this coat has had it** este abrigo está para el arrastre, *RP* este saco ya cumplió; *US* **to ~ had it** *(be exhausted)* estar hecho(a) polvo; **I've had it (up to here) with your sarcastic comments!** ¡ya estoy harto or hasta aquí de tus comentarios sarcásticos!; *Fam* **she really let him ~ it when she found out what he'd done** *(told him off)* le echó una buena reprimenda or *Esp* bronca or *RP* le dio un buen rezongo cuando se enteró de lo que había hecho; *(hit him)* le dio una buena paliza cuando se enteró de lo que había hecho

-17. *very Fam (have sex with) Esp* tirarse a, *Am* cogerse a, *Méx* chingarse a

-18. *Fam (beat up)* **I could ~ him** *Esp* a ese le puedo, *Am* a ese le gano

◇ *v aux* haber; **I/we/they ~ seen it** lo he/hemos/han visto; **you ~ seen it** *(singular)* lo has visto; *(plural) Esp* lo habéis visto, *Am* lo vieron; **he/she/it has seen it** lo ha visto; **I ~ worked here for three years** llevo or *Am* tengo tres años trabajando aquí; **I would ~ left immediately** yo me habría ido or marchado inmediatamente; **they had already gone** ya se habían ido or marchado; **had I known earlier...** si lo hubiera sabido antes..., de haberlo sabido antes...; **having reached the border, our next problem was how to get across** una vez llegados a la frontera, nuestro siguiente problema fue cómo cruzarla; **you HAVE been working hard!** ¡sí que has trabajado!, *RP* ¡trabajaste como loco!; **he has been in prison before — no he hasn't!** ha estado ya antes en la cárcel — ¡no!; **~ you been to Paris? — yes I ~** ¿has estado en París? — sí; **I've bought a new car — ~ you?** me he comprado un coche or *Am* carro or *RP* auto — ¿ah sí?; **you haven't forgotten, have you?** no te habrás olvidado, ¿no? or ¿verdad?; **they've split up, haven't they?** han roto, ¿no?, cortaron, ¿no?; **you've gone and told him, haven't you?** ya se lo has tenido que decir, ¿no?; **I've resigned from my job — you haven't (have you)?** he dejado el trabajo — ¿de verdad? or ¿en serio?

◆ **have around** *vt sep* **he's a useful person to ~ around** conviene tenerlo cerca

◆ **have away** *vt sep Br very Fam (have sex)* **to ~ it away (with sb)** echar un polvo or *Cuba* palo (con alguien), *Am* cogerse (a alguien)

◆ **have back** *vt sep* **you shall ~ it back tomorrow** te lo devolveré mañana; **will you ~ him back?** ¿vas a volver con él?

◆ **have in** *vt sep* **-1.** *(have supply of)* tener; **do we ~ any coffee in?** ¿tenemos café?

-2. *(invite)* **I'm having some friends in for a drink this evening** esta noche vienen unos amigos a casa a tomar una copa; **the boss had him in for a chat** el jefe lo llamó a su despacho para hablar con él

-3. *(workman)* **we had the plumber in to fix the pipes** vino el fontanero or *RP* plomero para arreglar las tuberías

-4. *Fam* **to ~ it in for sb** tenerla tomada con alguien

◆ **have off** *vt sep* **-1.** *(time)* **I had a week off work with a cold** estuve una semana sin ir a trabajar porque tenía un resfriado; **we've got next Monday off** el lunes que viene libramos, tenemos el lunes que viene libre

-2. *Br very Fam (have sex)* **to ~ it off (with sb)** echar un polvo or *Cuba* palo (con alguien), *Am* cogerse (a alguien)

◆ **have on** *vt sep* **-1.** *(wear)* llevar puesto; **they had nothing on** estaban desnudos

-2. *(be carrying)* **I haven't got any money on me** no llevo dinero encima; **do you ~ a pen on you?** ¿tienes un bolígrafo?

-3. *(have switched on)* tener encendido(a) or *Am* prendido(a)

-4. *Fam (fool)* **to ~ sb on** tomarle el pelo or *Esp, Carib, Méx* vacilar a alguien; **you're having me on!** ¡me estás tomando el pelo or *Esp, Carib, Méx* vacilando!

-5. *(have arranged)* **he has a lot on this week** esta semana tiene mucho que hacer; **I haven't got anything on on Tuesday** el martes lo tengo libre

◆ **have out** *vt sep* **-1.** *(have extracted)* **I had my tonsils out** me operaron de amígdalas, me sacaron las amígdalas; **I had a tooth out** me sacaron una muela

-2. to ~ it out (with sb) *(resolve)* poner las cosas en claro (con alguien)

◆ **have over** *vt sep* = **have round**

◆ **have round** *vt sep (friends, guests)* invitar; **I'm having some friends round this evening** he invitado a unos amigos esta noche

◆ **have up** *vt sep Br Fam* **to be had up (for sth)** tener que ir a juicio (por algo)

have-a-go hero ['hævəgəʊ'hɪərəʊ] *n Br Fam* héroe *m* espontáneo

haven ['heɪvn] *n* **-1.** *(refuge)* refugio *m*; *Literary* **the garden was a ~ of peace and tranquillity** el jardín era un remanso de paz y tranquilidad **-2.** *Literary (harbour)* puerto *m*

have-nots ['hæv'nɒts] *npl* **the ~** los pobres

haven't ['hævnt] = **have not**

haver ['heɪvə(r)] *vi Br* **-1.** *(dither)* titubear, vacilar; **stop havering and make up your mind** no le des más vueltas y decídete **-2.** *Scot (talk nonsense)* decir disparates

haversack ['hævəsæk] *n* mochila *f*

havoc ['hævək] *n* estragos *mpl*; **to cause** or **wreak ~** hacer estragos; **to play ~ with** hacer estragos en; **this will play ~ with our plans** esto desbaratará or trastocará todos nuestros planes; **it played ~ with the timetable** causó graves trastornos en los horarios; **the meal played ~ with my digestion** la comida me sentó muy mal (al estómago)

haw [hɔː] *n* **-1.** *(berry)* baya *f* del espino **-2.** *(shrub)* espino *m* (albar)

Hawaii [hə'waɪiː] *n* Hawai

Hawaiian [hə'waɪən] ◇ *n* hawaiano(a) *m,f*
◇ *adj* hawaiano(a) *m,f* □ **~ guitar** guitarra *f* hawaiana; **~ shirt** camisa *f* hawaiana

hawfinch ['hɔːfɪntʃ] *n* picogordo *m*

haw-haw = **ha-ha**

hawk[1] [hɔːk] ◇ *n* **-1.** *(bird)* halcón *m*; IDIOM **to watch sth/sb like a ~** mirar algo/a alguien con ojos de lince; IDIOM **he has eyes like a ~** tiene (una) vista de lince or águila □ **~ owl** lechuza *f* gavilana **-2. ~ moth** esfinge *f* *(mariposa)* **-3.** POL halcón *m*, partidario(a) *m,f* de la línea dura *(en política exterior)*
◇ *vi (hunt)* cazar con aves rapaces, hacer cetrería

hawk[2] *vt* **to ~ one's wares** hacer venta ambulante

hawk[3] *vi (clear throat)* carraspear; *(spit)* escupir

◆ **hawk up** *vt sep* esputar carraspeando

hawker ['hɔːkə(r)] *n* vendedor(ora) *m,f* ambulante

hawkeye ['hɔːkaɪ] *n Fam* (persona *f* con vista de) lince *m* □ **the Hawkeye State** = apelativo familiar referido al estado de Iowa

hawk-eyed ['hɔːkaɪd] *adj* con vista or ojos de lince

hawking ['hɔːkɪŋ] *n* **-1.** *(hunting)* cetrería *f* **-2.** *(of goods)* venta *f* ambulante

hawkish ['hɔːkɪʃ] *adj* POL partidario(a) de la línea dura *(en política exterior)*

hawknosed ['hɔːknəʊzd] *adj (person)* de nariz aguileña

hawksbill ['hɔːksbɪl] *n* **~ (turtle)** (tortuga *f*) carey *m*

hawser ['hɔːzə(r)] *n* cable *m*, estacha *f*

hawthorn ['hɔːθɔːn] *n* espino *m* (albar)

hay [heɪ] *n* heno *m*; **to make ~** dejar secar la paja; *Fig (use to advantage)* aprovechar(se), sacar partido; *Fam* **to hit the ~** *(go to bed)*

haycock irse al sobre; [PROV] **make ~ while the sun shines** aprovecha mientras puedas ❑ **~ fever** fiebre f del heno, alergia f al polen

haycock ['heɪkɒk] n almiar m

hayfork ['heɪfɔːk] n horca f

hayloft ['heɪlɒft] n henal m, henil m

haymaker ['heɪmeɪkə(r)] n **-1.** (person) segador(ora) m,f; (machine) segadora f **-2.** Fam (punch) directo m

hayrick ['heɪrɪk] n almiar m

hayseed ['heɪsiːd] n **-1.** AGR granzas fpl **-2.** US Fam Esp paleto(a) m,f, Méx paisa mf, RP pajuerano(a) m,f

haystack ['heɪstæk] n almiar m

haywire ['heɪwaɪə(r)] adv Fam **to go ~** (of plan) desbaratarse; (of mechanism) volverse loco(a)

hazard ['hæzəd] ⬦ n **-1.** (danger) peligro m, riesgo m; **the hazards of smoking** el peligro or riesgo que conlleva fumar; **a health ~** un peligro para la salud; **a fire ~** una causa potencial de incendio ❑ AUT **~ (warning) lights** luces fpl de emergencia; US **~ pay** prima f or plus m de peligrosidad **-2.** (in golf) trampa f
⬦ vt **-1.** (one's life, fortune) arriesgar, poner en peligro **-2.** (opinion, guess) aventurar; **would you care to ~ a guess as to the weight?** ¿podría aventurar or tratar de adivinar cuál es su peso?

hazardous ['hæzədəs] adj peligroso(a) ❑ **~ waste** residuos mpl peligrosos

haze¹ [heɪz] n **-1.** (of mist) neblina f; (shimmer) calima f, calina f **-2.** (of doubt, confusion) nube f; **my mind was in a ~** tenía la mente nublada

haze² vt US Fam (students, new recruits) hacer novatadas a

hazel ['heɪzəl] n **-1.** (colour) color m avellana **-2. ~ (tree)** avellano m **-3.** (nut) avellana f

hazelnut ['heɪzəlnʌt] n avellana f; **~ (tree)** avellano m

hazily ['heɪzɪlɪ] adv (remember) vagamente

haziness ['heɪzɪnɪs] n **-1.** (of weather) (mistiness) ambiente m neblinoso; (shimmer) calima f, calina f **-2.** (of memory) vaguedad f

hazing ['heɪzɪŋ] n US Fam (of students, new recruits) novatadas fpl

hazy ['heɪzɪ] adj **-1.** (weather) (misty) neblinoso(a); (shimmery) calinoso(a), con calima **-2.** (image, memory) vago(a), confuso(a); **to be ~ about sth** no tener algo nada claro; **things get a bit ~ after that** no recuerdo con claridad nada de lo que pasó después

h & c = h and c

HD COMPTR **-1.** (abbr **hard drive**) disco m duro **-2.** (abbr **high density**) alta densidad f

HDTV [eɪtʃdiːtiː'viː] n (abbr **high-definition television**) televisión f de alta definición

HE (abbr **His/Her Excellency**) S. E., Su Excelencia

he [hiː] ⬦ pron él (usually omitted in Spanish, except for contrast); **he's Scottish** es escocés; **he likes red wine** le gusta el vino tinto; **who's he?** (pointing at sb) ¿quién es ése?; **HE hasn't got it!** ¡él no lo tiene!; Formal **he who believes this...** quien se crea or aquel que se crea esto...
⬦ n **it's a he** (of animal) es macho

head [hed] ⬦ n **-1.** (of person) cabeza f; **my ~ hurts** me duele la cabeza; **a fine ~ of hair** una buena cabellera; **to be a ~ taller than sb** sacar or RP llevar una cabeza a alguien; **from ~ to foot** or **toe** de la cabeza a los pies; **to stand on one's ~** hacer el pino (con la cabeza sobre el suelo), RP hacer un paro de cabeza; Fig **to stand** or **turn the situation on its ~** trastornar completamente la situación; **to win by a ~** (horse) ganar por una cabeza ❑ MED **~ cold** catarro m; **~ count** recuento m (de personas), RP conteo m; MED **~ injuries** lesiones fpl craneales; **~ louse** piojo m; **~ restraint** reposacabezas m inv; CIN & TV **~ shot** primer plano m; **~ start** (advantage) ventaja f; **to give sb a ~ start** dar ventaja a alguien; **to have a ~ start on** or **over sb** tener ventaja sobre alguien; **~ torch** lámpara f frontal

-2. (intellect, mind) cabeza f; **you need a clear ~ for this sort of work** hay que tener la mente despejada para hacer este tipo de trabajo; **to clear one's ~** despejarse la cabeza; **say the first thing that comes into your ~** decir lo primero que te viene a la cabeza or mente; **to do sums in one's ~** sumar mentalmente; **it never entered my ~ that...** nunca se me pasó por la cabeza que...; **I can't get that song/Susan out of my ~** no puedo quitarme or Am sacarme esa canción/a Susan de la cabeza; **to have a good ~ on one's shoulders** tener la cabeza sobre los hombros or RP bien puesta; **to have a (good) ~ for business/figures** tener (buena) cabeza para los negocios/los números; **to have a (good) ~ for heights** no tener vértigo; **to put ideas into sb's ~** meter ideas a alguien en la cabeza; **he has taken** or **got it into his ~ that...** se le ha metido en la cabeza que...; **use your ~!** ¡usa la cabeza!

-3. (of pin, hammer, golf club, list, pimple) cabeza f; (of arrow) punta f; (of plant, flower) flor f; (of page, stairs) parte f superior; (of bed, table, river) cabecera f; (of spot) cabeza f; (on beer) espuma f; **to be at the ~ of a list / queue** encabezar una lista/cola

-4. (person in charge) (of family, the Church) cabeza mf; (of business, department) jefe(a) m,f; Br SCH **~ (teacher)** director(ora) m,f ❑ Br SCH **~ boy** delegado m de toda la escuela; **~ chef** primer chef m; **~ gardener** jardinero m jefe; Br SCH **~ girl** delegada f de toda la escuela; **~ of government** jefe(a) m,f de gobierno; **~ office** sede f, central f; **~ of state** jefe m de Estado; **~ waiter** maître m

-5. heads or tails? (when tossing coin) ¿cara o cruz?; Chile,Col ¿cara o sello?, Méx ¿águila o sol?, RP ¿cara o ceca?; Hum **heads I win, tails you lose** cara, gano yo, cruz, pierdes tú

-6. (on tape recorder, VCR) cabeza f (magnética), cabezal m ❑ **~ cleaner** limpiacabezales m inv

-7. (unit) **to pay £10 per** or **a ~** pagar 10 libras por cabeza; **six ~ of cattle** seis cabezas de ganado, seis reses

-8. a ~ of cabbage un repollo; **a ~ of lettuce** una lechuga

-9. GEOG (of land) promontorio m

-10. (pressure of water) presión f (del agua)

-11. NAUT (toilet on ship) baño m, váter m

-12. US Fam (toilet) baño m, váter m

-13. (in rugby) **to win a scrum against the ~** robar la posesión del balón en una melé

-14. Vulg **to give sb ~** (oral sex) chupársela or Esp hacerle una mamada a alguien

-15. [IDIOMS] **she's ~ and shoulders above the other candidates** está muy por encima de los demás candidatos; **to be ~ over heels in love (with sb)** estar locamente enamorado(a) (de alguien); **to bite** or **snap sb's ~ off** saltarle a alguien, Esp ponerse borde con alguien; Fam **don't bother your ~ about it** no te comas la cabeza con eso; **to bring sth to a ~** (conflict, situation) llevar algo a un punto crítico; **to build up a ~ of steam** (person, campaign) tomar ímpetu; **to bury** or **have one's ~ in the sand** adoptar la estrategia del avestruz; **to come to a ~** (conflict, situation) alcanzar un punto crítico; Br Fam **to do sb's ~ in** fastidiar or mosquear a alguien; Fam **he's funny** or **not right in the ~** no está bien de la cabeza; **we need to get our heads down** (start working hard) tenemos que ponernos a trabajar en serio; **when will you get it into your ~ that I refuse to lend you any more money?** ¿cuándo te va a entrar en la cabeza que no te voy a prestar más dinero?; Fam **I can't get my ~ round the idea of him leaving** no puedo hacerme a la idea de que se haya ido; **to give sb his ~** (allow to take decisions) dar libertad a alguien; **to go over sb's ~** (appeal to higher authority) pasar por encima de alguien; **it went** or **was over my ~** (I didn't understand it) Esp no me enteré de nada, Am no me di cuenta de nada; **the wine/praise went to his ~** se le subió a la cabeza el vino/tanto halago; **to have one's ~ in the clouds** tener la cabeza en las nubes; **they'll have your ~ (on a plate) for this** vas a pagar con el pellejo por esto; **she has her ~ screwed on** tiene la cabeza sobre los hombros or RP bien puesta, es una mujer sensata; **she has a good ~ on her shoulders** tiene la cabeza sobre los hombros or RP bien puesta; **he has an old ~ on young shoulders** es muy maduro para su edad; **you can hold your ~ (up) high** puedes andar con la cabeza bien alta; **he's in over his ~** no puede con la situación; Fam **to keep one's ~** mantener la cabeza fría; **to keep one's ~ above water** mantenerse a flote; **to keep one's ~ down** mantenerse en segundo plano; Fam **to laugh one's ~ off** morirse or desternillarse de risa; Fam **to lose one's ~** perder la cabeza; **I can't make ~ or tail of this** no le encuentro ni pies ni cabeza a esto; Fam **she needs her ~ examined** está como una cabra, está para que la encierren; Fam **to be off one's ~** estar mal de la cabeza; **off the top of one's ~** sin pararse a pensar; **on your own ~ be it** allá tú con lo que haces; Fam **he was out of his ~** (drunk, stoned) tenía un colocón tremendo, Col, Méx estaba zafadísimo, RP estaba voladísimo; **to put** or **get one's ~ down** (sleep) echarse a dormir; Fam **to get one's ~ together** ponerse las pilas, organizarse; **we put our heads together** entre todos nos pusimos a pensar; **when the report is published, heads will roll** cuando se publique el informe or CAm, Méx reporte van a rodar muchas cabezas; Fam **to shout one's ~ off** desgañitarse, vociferar; [PROV] **two heads are better than one** dos cabezas piensan mejor que una, dos mentes discurren más que una sola

⬦ vt **-1.** (lead) (organization, campaign) estar a la cabeza de; (list, procession) encabezar; **the organization is headed by a famous businessman** la organización está dirigida por un famoso hombre de negocios

-2. (direct) conducir; **one of the locals headed me in the right direction** un lugareño me indicó el camino; **which way are you headed?** ¿hacia dónde vas?

-3. (put a title on) (page, chapter) encabezar, titular; **the first chapter is headed "Introduction"** el primer capítulo se titula "Introducción"

-4. (in soccer) **to ~ the ball** cabecear el balón or la pelota, darle al balón or a la pelota de cabeza; **to ~ a goal** meter un gol de cabeza

⬦ vi (move) dirigirse; **where are you heading?** ¿hacia dónde vas?; **we should be heading home** deberíamos irnos ya a casa; **they were heading out of town** salían de la ciudad; **they headed north/south** se dirigieron hacia el norte/sur

➤ **head back** vi volver, regresar

➤ **head for** vt insep dirigirse a; **when I saw him, I headed for the exit** cuando lo vi, me fui hacia la salida; **to be heading** or **headed for disaster** ir camino de la ruina; **you're heading** or **headed for trouble** vas a tener problemas

➤ **head off** ⬦ vt sep **-1.** (intercept) interceptar **-2.** (prevent) evitar
⬦ vi (depart) marcharse

➤ **head up** vt sep (lead) (organization, campaign) estar a la cabeza de

-head [hed] suffix Fam **she's a bit of a jazzhead** es una enamorada del jazz, la vuelve loca el jazz; **he's a real teahead** bebe té a todas horas, es un bebedor de té empedernido

headache ['hedeɪk] n **-1.** (pain) dolor m de cabeza; **I have a terrible ~** me duele muchísimo la cabeza **-2.** Fam (problem) quebradero m de cabeza; **it can be a ~ finding somewhere to park** lo de estacionar se puede convertir en una pesadilla

headachy ['hedeɪkɪ] *adj Fam* **I'm feeling a bit ~** me duele un poquillo la cabeza

headband ['hedbænd] *n* cinta *f* para la cabeza

headbanger ['hedbæŋə(r)] *n Fam* **-1.** *(heavy metal fan)* (fan *mf* del) heavy *mf* **-2.** *Br (crazy person)* descerebrado(a) *m,f*, bruto(a) *m,f*

headboard ['hedbɔːd] *n (of bed)* cabecero *m*

head-butt ['hedbʌt] ◇ *n* cabezazo *m*
◇ *vt* dar un cabezazo a

headcase ['hedkeɪs] *n Fam (lunatic)* chiflado(a) *m,f*

headcheese ['hedtʃiːz] *n US* queso *m* de cerdo, *Esp* cabeza *f* de jabalí

headdress ['heddres] *n* tocado *m*

headed ['hedɪd] *adj* **~ (note)paper** papel *m* con membrete

-headed ['hedɪd] *suffix* **a silver-h. cane** un bastón de punta *or* contera plateada; **a three-h. dragon** un dragón tricéfalo *or* de tres cabezas

header ['hedə(r)] *n* **-1.** TYP encabezamiento *m* **-2.** *(in soccer)* cabezazo *m* **-3.** *Fam (fall)* caída *f* de cabeza; *(dive)* salto *m* de cabeza; **he took a ~ into the ditch** se tiró de cabeza a la zanja **-4.** *Br* AUT **~ (tank)** depósito *m* de igualación *or* de compensación **-5.** *(brick)* (ladrillo *m* colocado a) tizón *m*

headfirst ['hed'fɜːst] *adv* **-1.** *(dive, fall, jump)* de cabeza; **he dived ~ into the pool** se tiró de cabeza a la piscina **-2.** *(rashly)* sin pensarlo, de forma precipitada; **to jump ~ into sth** meterse sin pensarlo *or* de forma precipitada en algo

headgear ['hedgɪə(r)] *n* tocado *m*

headguard ['hedgɑːd] *n* protector *m* para la cabeza

head-hunt ['hed'hʌnt] *vt* COM captar, cazar *(altos ejecutivos)*

head-hunter ['hedhʌntə(r)] *n* **-1.** *(member of tribe)* cazador(ora) *m,f* de cabezas **-2.** COM cazatalentos *mf inv*

headiness ['hedɪnɪs] *n* **-1.** *(of wine)* efecto *m* embriagador; *(of perfume)* aroma *m* embriagador **-2.** *(excitement)* emoción *f*, excitación *f*; **the ~ of the early sixties** la excitante efervescencia de los primeros años sesenta

heading ['hedɪŋ] *n* **-1.** *(of chapter, article)* encabezamiento *m* **-2.** *(topic)* tema *m*; **it comes** *or* **falls under the ~ of...** entra dentro de la categoría de... **-3.** *(letterhead)* membrete *m* **-4.** *(compass direction)* rumbo *m*

headlamp ['hedlæmp] *n (on car, train)* faro *m*

headland ['hedlənd] *n* promontorio *m*

headless ['hedlɪs] *adj* **-1.** *(creature, figure)* sin cabeza; *(corpse)* decapitado(a); IDIOM *Fam* **to run about like a ~ chicken** ir *or* andar de aquí para allá sin parar **-2.** *(company, organization)* sin dirección, acéfalo(a)

headlight ['hedlaɪt] *n (on car, train)* faro *m*

headline ['hedlaɪn] ◇ *n* **-1.** *(of newspaper, TV news)* titular *m*, *Méx, RP* encabezado *m*; **pollution has been in the headlines a lot recently** la contaminación ha ocupado muchos titulares últimamente; **to hit the headlines** saltar a los titulares; **to be** *or* **make ~ news** ser noticia de portada; **the hijacking made the headlines** el secuestro fue noticia (de portada)
-2. RAD & TV **headlines** *(news summary)* resumen *m* or sumario *m* de las principales noticias, titulares *mpl*, *Méx, RP* encabezados *mpl*; **here are today's news headlines** les ofrecemos el resumen *or* sumario de las principales noticias
◇ *vt* **-1.** *(article, story)* titular; **the article was headlined "The New Poor"** el artículo se titulaba "Los nuevos pobres" **-2.** *(have top billing in)* encabezar el cartel de; **he is to ~ the channel's flagship news programme** él se hallará al frente del principal programa informativo de la cadena

headliner ['hedlaɪnə(r)] *n US* actuación *f* estelar, cabeza *mf* de cartel

headlock ['hedlɒk] *n* presa *f* or llave *f* de cabeza

headlong ['hedlɒŋ] ◇ *adv* **-1.** *(dive, fall)* de bruces; **she tripped and fell ~ on the floor** tropezó y cayó de bruces al suelo **-2.** *(rashly)* precipitadamente; **they rushed ~ into marriage** se casaron precipitadamente
◇ *adj* **there was a ~ rush for the bar** se produjo una estampida hacia el bar; **the crowd made a ~ dash for the exit** la multitud se precipitó hacia la salida

headman ['hedmən] *n (of a tribe)* jefe *m*

headmaster [hed'mɑːstə(r)] *n* SCH director *m*

headmistress [hed'mɪstrɪs] *n* SCH directora *f*

head-on ['he'dɒn] ◇ *adj* **-1.** *(crash, collision)* frontal, de frente **-2.** *(confrontation)* directo(a), frontal
◇ *adv* **-1.** *(collide, hit)* de frente, frontalmente **-2.** *(confront)* directamente, frontalmente; **to meet sb ~** encontrarse de frente con alguien; **to meet a problem ~** afrontar directamente un problema

headphones ['hedfəʊnz] *npl* auriculares *mpl*

headpin ['hedpɪn] *n* primer bolo *m*, (bolo de) cabecera *f*

headquarter ['hedkwɔːtə(r)] *US* ◇ *vt* **to be headquartered in Houston** tener su sede *or* central en Houston
◇ *vi (company)* **to ~ in Houston** tener su sede *or* central en Houston

headquarters ['hedkwɔːtəz] *npl* **-1.** *(of organization)* sede *f*, central *f* **-2.** MIL cuartel *m* general

headrest ['hedrest] *n* reposacabezas *m inv*

headroom ['hedruːm] *n* **-1.** *(under bridge)* gálibo *m*; **max ~ 10 metres** *(sign)* altura máxima permitida: 10 metros, prohibido el paso a vehículos de altura superior a 10 metros **-2.** *(inside car)* altura *f* de la cabeza al techo **-3.** *(inside room)* **there's not much ~ in the attic** el ático tiene el techo muy bajo

headscarf ['hedskɑːf] *n* pañuelo *m (para la cabeza)*

headset ['hedset] *n (earphones)* auriculares *mpl*, cascos *mpl*

headship ['hedʃɪp] *n Br (of school)* dirección *f*

headshrinker ['hedʃrɪŋkə(r)] *n* **-1.** *Fam (psychiatrist)* psiquiatra *mf* **-2.** *(member of tribe)* reductor(ora) *m,f* de cabezas

headsman ['hedzmən] *n* HIST *(executioner)* verdugo *m*

headsquare ['hedskweə(r)] *n* pañuelo *m (para la cabeza)*

headstall ['hedstɔːl] *n (for horse)* cabezada *f*

headstand ['hedstænd] *n* **to do a ~** hacer el pino

headstone ['hedstəʊn] *n* **-1.** *(on grave)* lápida *f* **-2.** *(in arch)* clave *f*

headstrong ['hedstrɒŋ] *adj (person)* testarudo(a), tozudo(a); *(action, insistence)* tenaz

head-to-head ['hedtə'hed] ◇ *n (confrontation)* enfrentamiento *m* cara a cara
◇ *adv* **to meet** *or* **clash ~** tener un enfrentamiento cara a cara

head-up display ['hedʌpdɪs'pleɪ] *n (in aircraft, car)* pantalla *f* virtual a la altura de la vista

headwaters ['hedwɔːtəz] *npl* cabecera *f* (del río)

headway ['hedweɪ] *n* **to make ~** avanzar

headwind ['hedwɪnd] *n* viento *m* contrario *or* de cara

headword ['hedwɜːd] *n (in dictionary)* lema *m*

heady ['hedɪ] *adj* **-1.** *(drink, perfume)* embriagador(ora) **-2.** *(exciting) (atmosphere, experience, days)* emocionante, excitante; *(feeling)* excitante, embriagador(ora)

heal [hiːl] ◇ *vt* **-1.** *(wound)* curar; *Fig* **wounds which only time would ~** heridas que sólo el tiempo podría cerrar **-2.** *(differences)* subsanar; **I'd do anything to ~ the breach between them** haría lo que fuera por cerrar esa brecha que los separa
◇ *vi (wound)* **to ~ (up** *or* **over)** curarse, sanar

healer ['hiːlə(r)] *n* curandero(a) *m,f*; PROV **time is a great ~** el tiempo todo lo cura

healing ['hiːlɪŋ] *n* curación *f*
◇ *adj* **-1.** *(treatment, ointment)* curativo(a); **~ hands** manos que curan **-2.** *(soothing) (words, influence)* benéfico(a), beneficioso(a)

health [helθ] *n* **-1.** *(general condition)* salud *f*; **his ~ has never been good** nunca ha estado bien de salud, su salud siempre ha sido frágil; **to be in good/poor ~** estar bien/mal de salud; **the economy is in good ~** la economía goza de buena salud; **the Department of Health** el Ministerio de Sanidad ❑ **~ care** atención *f* sanitaria; *Br* **~ centre** centro *m* de salud, ambulatorio *m*; **~ club** gimnasio *m*; FIN **~ cover** cobertura *f* sanitaria; **~ education** educación *f* sanitaria *or* para la salud; **~ farm** clínica *f* de adelgazamiento; **~ food** comida *f* integral; **~ food shop** tienda *f* de alimentos integrales, ≃ herbolario *m*; **~ hazard** peligro *m* para la salud; FIN **~ insurance** seguro *m* de enfermedad; **~ resort** centro *m* de reposo; **~ risk** peligro *m* para la salud; *Br* IND **~ and safety** seguridad *f* e higiene en el trabajo, prevención *f* de riesgos laborales; *Br* **the Health Service** el sistema de sanidad pública británico; **~ visitor** enfermero(a) *m,f* visitante
-2. *(good condition)* (buena) salud *f*; **has he regained his ~?** ¿vuelve a estar bien de salud?; **to nurse sb back to ~** cuidar a alguien hasta devolverle la salud *or* hasta su restablecimiento; **she's the picture of ~** es la viva imagen de la salud *or* de una persona sana
-3. *(in toast)* **to drink (to) sb's ~** brindar a la salud de alguien, brindar por alguien; **(your) good ~!** ¡a tu/su/*etc.* salud!, ¡salud!

healthily ['helθɪlɪ] *adv (to eat, live)* de un modo sano, saludablemente

healthy ['helθɪ] *adj* **-1.** *(in good health) (person)* sano(a), saludable; *(animal, plant)* sano(a); **he's always been very ~** siempre ha estado muy sano *or* ha tenido buena salud **-2.** *(showing good health) (colour, skin)* saludable, sano(a); **to have a ~ appetite** comer bien; **it is a ~ sign that...** es un buen síntoma que... **-3.** *(beneficial) (climate, diet, lifestyle)* sano(a), saludable; *(exercise)* sano(a), saludable **-4.** *(thriving) (economy, business)* boyante, próspero(a) **-5.** *(substantial) (profits, sum)* sustancioso(a), pingüe **-6.** *(sensible) (attitude, respect)* saludable; **he has a ~ disrespect for authority** demuestra una saludable falta de respeto ante la autoridad; **she had developed a ~ respect for guard dogs** le tenía un respeto más que razonable a los perros guardianes

heap [hiːp] ◇ *n* **-1.** *(pile)* montón *m*; **her things were piled in a ~** sus cosas estaban amontonadas *or* apiladas; **he collapsed in a ~ on the floor** se desplomó sobre el suelo; *Fig* **people at the top/bottom of the ~** los de arriba/abajo; **he started at the bottom of the ~ and worked his way up** empezó desde abajo *or* desde lo más bajo y fue ascendiendo; *Fam* **to be struck** *or* **knocked all of a ~** quedarse de una pieza
-2. *Fam* **heaps,** *US* **a (whole) ~** *(large amount)* un montón, montones *mpl*; **we've got heaps** *or US* **a ~ of time** tenemos un montón de tiempo; **she had heaps** *or US* **a ~ of children** tenía montones *or* un montón *or* una pila de hijos; **it's heaps** *or US* **a ~ better** es muchísimo *or* infinitamente mejor; **it's heaps** *or US* **a ~ faster to go by train** se va muchísimo más rápido en tren
-3. *Fam (car)* cacharro *m*, *Esp* carraca *f*
-4. COMPTR zona *f*
◇ *vt* **-1.** *(pile)* amontonar; **she heaped roast beef onto his plate** le echó un montón de rosbif en el plato; **the table was heaped with food** había montones *or* un montón de comida en la mesa **-2.** *(lavish)* **to ~ riches/praise/insults on sb** colmar a alguien de riquezas/alabanzas/insultos

◆ **heap up** *vt sep* **-1.** *(pile) (books, furniture)* amontonar, apilar **-2.** *(collect) (money, riches)* amasar, acumular; *Fig* **she's heaping up trouble for herself** no hace más que buscarse problemas

heaped [hiːpt], *US* **heaping** ['hiːpɪŋ] *adj (spoonful)* colmado(a)

hear [hɪə(r)] (pt & pp **heard** [hɜːd]) ◇ vt **-1.** (perceive) oír; **can you ~ me?** ¿me oyes?; **to ~ sb speak** or **speaking** oír hablar a alguien; **I could hardly ~ myself speak** apenas se oía; Fam **I could hardly ~ myself think** había un ruido increíble; **she was struggling to make herself heard over the noise** se esforzaba por hacerse oír en medio del ruido; **he was heard to say that he didn't care** parece que dijo que le daba igual; **I've heard it said that...** lo he oído que...; **to ~ her talk you'd think she was some sort of expert** oyéndola hablar cualquiera diría que es una experta; **let's ~ it for...** aplaudamos a...; Fam **I ~ you, I ~ what you're saying** bueno or Esp vale, tienes razón; **have you heard the one about...?** (introducing a joke) ¿sabes el de...?; Fam **I've heard that one before!** ¡no me vengas con ésas!, Esp ¡a otro perro con ese hueso!; Fam Hum **he said he'd do the dusting – I must be hearing things!** dijo que él limpiaría el polvo – ¡ha ocurrido un milagro!
 -2. (listen to) escuchar; **~!, ~!** (at meeting) ¡sí señor!, ¡eso es!; **OK, let's ~ it then** (tell me the news) vamos, suéltalo; **the priest hears confession on Saturdays** el sacerdote confiesa los sábados; LAW **to ~ a case** ver un caso
 -3. (find out) oír; **I heard (that) she was in Spain** he oído (decir) que estaba en España; **I ~ (that) you're getting married** me han dicho que te vas a casar; **I'm glad to ~ (that) you're better** me alegra saber que estás mejor; **have you heard the news?** ¿has oído la noticia?; **from what I've heard it was a bit of a disaster** por lo que he oído, fue más bien un desastre; **she had a baby – so I heard** ha tenido un niño – sí, ya lo sabía
 ◇ vi oír; **I can't ~ properly** no oigo bien; **that's quite enough, do you ~?** basta ya, ¿me oyes?

▸ **hear about** vt insep **to ~ about sth** saber de algo; **have you heard about the job yet?** ¿sabes algo del trabajo ya?; **did you ~ about the train crash yesterday?** ¿te has enterado del accidente de tren que hubo ayer?; **I've heard a lot about you** he oído hablar mucho de ti

▸ **hear from** vt insep **to ~ from sb** tener noticias de alguien, saber de alguien; **I look forward to hearing from you** (in letter) quedo a la espera de recibir noticias suyas; **you'll be hearing from my lawyer!** ¡mi abogado se pondrá en contacto con usted!

▸ **hear of** vt insep **I've never heard of her** nunca he oído hablar de ella; **they were never heard of again** nunca se supo nada más de ellos; **that's the first I've heard of it!** es la primera noticia que tengo; **I've never heard of such a thing!** ¡nunca he oído hablar de nada semejante!; **I won't ~ of it!** ¡no quiero ni oír hablar de ello!

▸ **hear out** vt sep **~ me out** escúchame antes

hearer ['hɪərə(r)] n oyente mf

hearing ['hɪərɪŋ] n **-1.** (sense) oído m; **cats have better ~ than humans** los gatos tienen el (sentido del) oído más desarrollado que los humanos; **my ~ is getting worse** cada vez oigo menos or peor; **his ~ gradually deteriorated** se fue quedando sordo, cada vez oía peor; **he has very little ~ left** ya apenas oye nada; **the ~ impaired** las personas con discapacidad auditiva □ **~ aid** audífono m; **~ loss** pérdida f de audición; **~ threshold** umbral m de audición
 -2. (earshot) **to be within/out of ~** estar/no estar lo suficientemente cerca como para oír; **he's never said it in my ~** nunca lo ha dicho en mi presencia, yo nunca le he oído decirlo
 -3. (chance to explain) **to give sb a fair ~** dejar a alguien que se explique; **to condemn sb without a ~** condenar a alguien sin haberlo escuchado antes
 -4. LAW (enquiry) vista f

hearken, harken ['hɑːkən] vi Archaic or Literary **to ~ to** or **unto sth/sb** escuchar algo/a alguien

hearsay ['hɪəseɪ] n rumores mpl; **I only know (it) by** or **from ~** sólo lo sé de oídas □ LAW **~ evidence** pruebas fpl basadas en rumores

hearse [hɜːs] n coche m fúnebre

heart [hɑːt] ◇ n **-1.** (organ) corazón m; **to have ~ trouble, to have a weak** or **bad ~, to have a ~ condition** tener problemas cardíacos or de corazón; Fam **just look at her tap dancing, eat your ~ out, Fred Astaire!** mira como baila el claqué, ¡chúpate esa or toma del frasco, Fred Astaire!; Fig **my ~ skipped** or **missed a beat** me dio un vuelco el corazón; Fig **my ~ stood still** tenía el corazón en un puño □ **~ attack** ataque m al corazón, infarto m; Fig **you nearly gave me a ~ attack!** ¡casi me matas del susto!; **~ disease** cardiopatía f; **~ failure** (condition) insuficiencia f cardíaca; (cessation of heartbeat) paro m cardíaco; Fig **I nearly had ~ failure when they told me I'd won** casi me da un ataque (al corazón) cuando me dijeron que había ganado; **~ murmur** soplo m cardíaco, soplo m en el corazón; **~ surgery** cirugía f cardíaca; **~ transplant** trasplante m de corazón
 -2. (seat of the emotions) corazón m; **a ~ of gold** un corazón de oro; **a ~ of stone** un corazón duro or de piedra; **affairs** or **matters of the ~** asuntos or cosas del corazón; **he's a man after my own ~** es uno de los míos; Ironic **my ~ bleeds for you** ¡qué pena me das!; **to break sb's ~** (of lover) romperle el corazón a alguien; **it breaks my ~ to see them suffer** me rompe el corazón verlos sufrir; **the subject is very close** or **dear to my ~** este tema es muy importante para mí; **I can't find it in my ~ to feel sorry for them** aunque lo intento, la verdad es que no los compadezco; **I speak from the ~** estoy hablando con el corazón en la mano; **from the bottom of one's ~** (thank, congratulate) de todo corazón; **my ~ goes out to them** comparto su sufrimiento; (on death) los acompaño en el sentimiento; **have a ~!** ¡no seas cruel!; **to have a big ~** tener un gran corazón; **she has a kind** or **good ~** tiene muy buen corazón; **to have one's ~ in one's mouth** tener el corazón en un puño or Am en la boca; **her ~ is in the right place** tiene un gran corazón; **in my ~ (of hearts)** en el fondo (de mi corazón); **my ~ leapt at the news** el corazón me dio un vuelco al oír la noticia; Literary **to lose one's ~ to sb** caer perdidamente enamorado(a) de alguien; **he loved her ~ and soul** or **with all his ~** la amaba con toda su alma; **to pour one's ~ out to sb** abrirle el corazón a alguien; **my ~ sank at the news** la noticia me dejó hundido; **he had set his ~ on it** lo deseaba con toda el alma; **to take sth to ~** tomarse algo a pecho; **to one's ~'s content** hasta saciarse; **to wear one's ~ on one's sleeve** no ocultar los sentimientos; Literary **to win sb's ~** ganarse el corazón or amor de alguien; **with a heavy ~** con aflicción
 -3. (enthusiasm, courage) **to be in good ~** tener la moral alta; **it gives me ~ to know that me anima saberlo; to take/lose ~** animarse/desanimarse; **they can take ~ from these results** estos resultados son alentadores para ellos; **he tried to convince them but his ~ wasn't in it** trató de convencerlos, pero sin mucho empeño; **I didn't have the ~ to tell him** no tuve coraje para decírselo; **she put her ~ and soul into it** puso todo su empeño en ello
 -4. (centre) **the ~ of the city** el corazón de la ciudad; **the ~ of the matter** el meollo del asunto; **in the ~ of the forest** en el corazón del bosque; **in the ~ of winter** en pleno invierno □ **the Heart of Dixie** = apelativo familiar referido al estado de Alabama
 -5. (of lettuce, cabbage) corazón m; (of artichoke) corazón m, fondo m
 -6. (in cards) corazón m; **hearts** (suit) corazones mpl; **ace/nine of hearts** as/nueve de corazones

 ◇ **at heart** adv en el fondo; **to have sb's welfare/interests at ~** preocuparse de veras por el bienestar/los intereses de alguien

 ◇ **by heart** adv de memoria

heartache ['hɑːteɪk] n dolor m, tristeza f; **he caused her a lot of ~** la hizo sufrir mucho, le hizo mucho daño

heartbeat ['hɑːtbiːt] n latido m (del corazón); **she could hear his ~** oía los latidos de su corazón; **the doctor checked his ~** el médico le comprobó el ritmo cardiaco; **to be a ~ away from sth** estar a un paso de algo; US **in a ~** (at once) al momento, enseguida; (willingly) sin pensarlo dos veces

heartbreak ['hɑːtbreɪk] n (sorrow) congoja f, pena f; (in love) desengaño m amoroso; **I've had my share of heartbreak(s)** yo he sufrido lo mío

heartbreaker ['hɑːtbreɪkə(r)] n rompecorazones mf inv

heartbreaking ['hɑːtbreɪkɪŋ] adj desolador(ora), desgarrador(ora)

heartbroken ['hɑːtbrəʊkən] adj abatido(a), descorazonado(a); **he was left ~ by the news** la noticia lo dejó abatido or destrozado

heartburn ['hɑːtbɜːn] n (indigestion) acidez f (de estómago), ardor m de estómago

hearten ['hɑːtən] vt alentar, animar; **we were heartened by the news** la noticia nos alentó or animó mucho

heartening ['hɑːtənɪŋ] adj alentador(ora)

heartfelt ['hɑːtfelt] adj (apology, thanks) sincero(a); **with our ~ wishes for a speedy recovery** (on card) con nuestros más sentidos or sinceros deseos de una pronta recuperación

hearth [hɑːθ] n **-1.** (fireplace) chimenea f □ **~ rug** alfombrilla f de chimenea **-2.** (home) hogar m; **~ and home** el hogar

heartily ['hɑːtɪlɪ] adv **-1.** (enthusiastically, warmly) (to say, thank, congratulate, welcome) de todo corazón; (to laugh) campechanamente; (to eat) con ganas; **I can ~ recommend it** lo recomiendo encarecidamente
 -2. (wholeheartedly) totalmente, completamente; **I ~ agree** yo estoy totalmente or completamente de acuerdo, yo pienso exactamente lo mismo; **to be ~ sick of sth** estar totalmente or completamente harto de algo

heartiness ['hɑːtɪnɪs] n (of thanks, congratulations, welcome) efusividad f, cordialidad f; (of laughter) campechanía f, jovialidad f; (of appetite) voracidad f

heartland ['hɑːtlænd] n núcleo m; **the ~ of North America** el corazón de Norteamérica; **Mexico's industrial ~ was devastated by the depression** la recesión asoló el núcleo or el corazón industrial de México

heartless ['hɑːtlɪs] adj inhumano(a), despiadado(a)

heartlessly ['hɑːtlɪslɪ] adv despiadadamente

heartlessness ['hɑːtlɪsnɪs] n crueldad f

heart-lung ['hɑːt'lʌŋ] adj MED **~ machine** corazón-pulmón artificial; **~ transplant** transplante cardiopulmonar

heart-rending ['hɑːtrendɪŋ] adj desgarrador(ora)

heart-searching ['hɑːtsɜːtʃɪŋ] n **after much ~** tras un profundo examen de conciencia

heartsease ['hɑːtsiːz] n trinitaria f

heart-shaped ['hɑːtʃeɪpt] adj con forma de corazón, en forma de corazón, Spec acorazonado(a)

heartsick ['hɑːtsɪk] adj desconsolado(a)

heart-stopping ['hɑːtstɒpɪŋ] adj emocionantísimo(a)

heartstrings ['hɑːtstrɪŋz] npl **to tug** or **pull at sb's ~** tocar la fibra sensible de alguien

heart-throb ['hɑːtθrɒb] *n Fam* ídolo *m*; **he's the office ~** en la oficina arrasa, *Esp* es el guaperas de la oficina

heart-to-heart ['hɑːtəˈhɑːt] ◇ *n* **to have a ~ with sb** tener una charla íntima con alguien
◇ *adj* íntimo(a)

heart-warming ['hɑːtwɔːmɪŋ] *adj* conmovedor(ora)

heartwood ['hɑːtwʊd] *n Spec* duramen *m*

hearty ['hɑːtɪ] ◇ *adj* **-1.** *(jovial, warm) (person, laugh)* campechano(a), jovial; *(welcome)* cordial, efusivo(a); **my heartiest congratulations** felicidades de todo corazón **-2.** *(wholehearted) (approval)* caluroso(a); *(dislike)* profundo(a) **-3.** *(substantial) (meal)* copioso(a); *(appetite)* voraz
◇ *n Archaic or Hum* **me hearties!** ¡camaradas!, ¡mis valientes!

heat [hiːt] ◇ *n* **-1.** *(high temperature)* calor *m*; **the radiator gives off a lot of ~** el radiador calienta mucho *or* da mucho calor; **you shouldn't go out in this ~** no deberías salir con este calor *or* con el calor que hace; **in the ~ of the day** con todo el calor del día; PROV **if you can't stand** *or* **take the ~, get out of the kitchen** si no puedes con ello, ya sabes dónde está la puerta ❑ PHYS **~ exchanger** cambiador *m* de calor; **~ exhaustion** colapso *m* por exceso de calor; **~ haze** calima *f*; **~ loss** pérdida *f* de calor; **~ pump** bomba *f* de calor; **~ rash** sarpullido *m* (por el calor); **~ shield** pantalla *f* térmica, escudo *m* térmico; COMPTR **~ sink** disipador *m or* sumidero *m* térmico; **~ treatment** MED termoterapia *f*; TECH tratamiento *m* térmico
-2. *(on cooker)* **to cook at a high/moderate/low ~** cocinar a fuego vivo/moderado/lento; **to turn up/down the ~** subir/bajar el fuego
-3. *(heating)* calefacción *f*; **to turn the ~ off/on/up** apagar/encender/subir la calefacción
-4. *(passion)* calor *m*; **she replied with (some) ~** contestó (un tanto) acalorada; **in the ~ of the moment/of the argument** con el acaloramiento del momento/de la pelea; **in the ~ of battle** con el calor *or* ardor de la batalla
-5. *Fam (pressure)* **to turn up the ~ on sb** presionar a alguien; **the ~ is on** ha llegado la hora de la verdad; **lie low until the ~ is off** procura pasar desapercibido hasta que la cosa se calme; **this decision took the ~ off us** esta decisión supuso un respiro para nosotros
-6. *(of female animal)* **in** *or Br* **on ~** en celo
-7. *(in sport)* serie *f*, eliminatoria *f*
-8. *very Fam US (police)* **the ~** la poli, *Esp* la pasma, *Méx* los pitufos, *RP* la cana
◇ *vt (food)* calentar; *(air, room)* calentar, caldear
◇ *vi* calentarse

◆ **heat through** ◇ *vt sep (food)* calentar bien
◇ *vi (food)* calentarse bien

◆ **heat up** ◇ *vt sep (air, room)* calentar, caldear; *(food)* calentar, recalentar
◇ *vi* **-1.** *(food, air, room)* calentarse, caldearse; *(food)* calentarse **-2.** *(argument, contest)* subir de tono, acalorarse

heated ['hiːtɪd] *adj* **-1.** *(room, building)* caldeado(a); *(swimming pool)* climatizado(a); *(towel rail)* caliente; **~ rear window** luneta térmica
-2. *(argument, words)* acalorado(a); **~ words were exchanged** se dijeron cosas muy fuertes *or* muy subidas de tono; **to become ~** *(of person)* acalorarse; *(of argument, discussion)* subir de tono, acalorarse; **he became quite ~ about it** se acaloró mucho con *or* por esto; **things got a bit ~** los ánimos se caldearon bastante

heatedly ['hiːtɪdlɪ] *adv (to debate, argue)* acaloradamente; *(to deny, refuse)* con indignación

heater ['hiːtə(r)] *n* **-1.** *(radiator)* radiador *m*; *(electric, gas)* estufa *f* **-2.** *US Fam (pistol)* pipa *m*

heath [hiːθ] *n* **-1.** *(moor)* brezal *m*, páramo *m* **-2.** *(plant)* brezo *m*

heathen ['hiːðən] ◇ *n* pagano(a) *m,f*
◇ *npl* **the ~** los paganos
◇ *adj* pagano(a)

heather ['heðə(r)] *n* brezo *m*

Heath Robinson [hiːθˈrɒbɪnsən] *adj Br* complicadísimo(a)

heating ['hiːtɪŋ] *n* calefacción *f*; **to put the ~ on** poner *or* encender la calefacción ❑ **~ engineer** (técnico(a) *m,f)* calefactor(ora) *m,f*

heatproof ['hiːtpruːf] *adj* termorresistente, refractario(a)

heat-resistant ['hiːtrɪzɪstənt] *adj* resistente al calor, refractario(a)

heat-seeking ['hiːtsiːkɪŋ] *adj (missile)* de guiado térmico, termodirigido(a)

heatstroke ['hiːtstrəʊk] *n* MED insolación *f*

heatwave ['hiːtweɪv] *n* ola *f* de calor

heave [hiːv] ◇ *vt* **-1.** *(pull)* tirar de; *(push)* empujar; *(lift)* subir; **she heaved herself out of her chair** se levantó de la silla con dificultad **-2.** *(throw)* arrojar, lanzar; **he heaved a rock at the bear** le arrojó *or* lanzó una piedra al oso **-3.** *(sigh)* dar, exhalar; **to ~ a sigh of relief** dar *or* exhalar un (profundo) suspiro de alivio, suspirar aliviado(a)

◇ *vi* **-1.** *(pull)* **they heaved on the rope** tiraron *or* Andes, CAm, Carib, Méx jalaron de la cuerda; **~!** ¡tira!, Andes, CAm, Carib, Méx ¡jala!
-2. *(deck, ground)* subir y bajar; *(bosom)* palpitar; **his shoulders heaved with suppressed laughter** de tanto contener la risa, le temblaban *or* se agitaban los hombros
-3. *Fam (retch)* tener arcadas; *(vomit)* devolver, vomitar *(not Fam)*; **the sight made my stomach** *or* **me ~** al verlo tuve *or* me dieron arcadas
-4. NAUT *(pt* **hove** [həʊv]*)* **to ~ into view** *(ship)* aparecer; *Fig Hum (person)* aparecer por el horizonte
-5. *Br Fam* **to be heaving** *(extremely busy)* estar hasta los topes, *Esp* estar hasta la bandera, *RP* estar repleto(a)

◇ *n* **-1.** *(pull)* tirón *m*; *(push)* empujón *m*; **one more ~ and we're there** un último esfuerzo y ya está **-2.** *Fam (dismissal)* **to give sb the ~** *(employee)* poner a alguien en la calle; *(boyfriend, girlfriend)* dar calabazas a alguien; **to get the ~** *(employee)* irse a la calle; *(boyfriend, girlfriend)* quedarse compuesto(a) y sin novio(a)

◆ **heave to** *(pp* **hove** [həʊv]*) vi* NAUT *(ship)* ponerse al pairo

heave-ho [hiːvˈhəʊ] ◇ *exclam* NAUT ¡tira!
◇ *n Fam Hum* **to give sb the (old) ~** *(employee)* poner a alguien de patitas en la calle; *(boyfriend, girlfriend)* dar calabazas a alguien; **to get the (old) ~** *(employee)* irse a la calle; *(boyfriend, girlfriend)* quedarse compuesto(a) y sin novio(a)

heaven ['hevən] *n* **-1.** *(place)* cielo *m*; *(state)* gloria *f*, paraíso *m*; **in ~** en el cielo; *Fig (overjoyed)* en la gloria; **to go to ~** ir al cielo; **this is ~!** ¡esto es gloria *or* el paraíso!; IDIOM **it was like ~ on earth** era idílico, era un paraíso; IDIOM **to move ~ and earth to do sth** mover *or* remover Roma con Santiago para hacer algo
-2. the heavens *(sky)* el cielo; **the heavens opened** cayó un aguacero; IDIOM *Fam* **it stinks to high ~** ¡huele que apesta!
-3. *(in exclamations)* **(good) heavens!, heavens above!** ¡madre mía!, ¡Dios mío!; **thank ~ (for that)!** ¡gracias a Dios!; **~ forbid!** ¡Dios no lo quiera!; **~ help you** *(warning)* que Dios te ayude; *(in sympathy)* que Dios lo bendiga; **~ help us** que Dios nos ayude, *Esp* que Dios nos coja confesados; **~ knows!** ¡sabe Dios!; **~ knows we've tried to help!** ¡sabe Dios que hemos hecho todo lo que hemos podido!; **she bought books, magazines and ~ knows what (else)** compró libros, revistas and *or* qué sé yo cuántas cosas más; **in ~'s name** por el amor de Dios; **why in ~'s name are you dressed up like that?** por el amor de Dios ¿por qué vas vestido así?; **who in ~'s name told you that?** ¿a ti quién demonios te ha dicho eso?; **for ~'s sake!** ¡por el amor de Dios!

heavenly ['hevənlɪ] *adj* **-1.** *(of heaven)* celestial; **Our Heavenly Father** Dios Padre **-2.** *Fam (weather, food)* divino(a); **to have a ~ evening** pasar una noche divina *or* de ensueño; **what ~ peaches!** ¡qué maravilla de melocotones! **-3.** ASTRON **~ body** cuerpo *m* celeste

heaven-sent ['hevənsent] *adj* como caído(a) del cielo; **a ~ opportunity** una ocasión de oro

heavenward ['hevənwəd] ◇ *adv (ascend, point, look)* al cielo
◇ *adj* dirigido(a) al cielo; **with a ~ glance** mirando al cielo

heavenwards ['hevənwədz] *adv (ascend, point, look)* al cielo

heavily ['hevɪlɪ] *adv* **-1.** *(to fall, walk, sleep)* pesadamente; *(to breathe)* profundamente; IDIOM **to come down ~ on sth/sb** *(to penalize, criticize)* pegarle duro a algo/alguien; **~ built** corpulento(a); **~ laden** muy cargado(a), cargado(a) hasta arriba
-2. *(densely)* **~ populated** densamente poblado; **~ wooded** muy boscoso
-3. *(a lot)* **it was raining ~** llovía a cántaros, llovía con fuerza; **it was snowing ~** nevaba intensamente *or* con fuerza; **to drink/smoke ~** beber *or Am* tomar/fumar mucho; **to gamble ~** darle mucho al juego, jugar mucho; **to rely** *or* **depend ~ on sth** depender mucho de algo; **to criticize sth/sb ~** criticar duramente algo/a alguien; **to be ~ defeated** perder estrepitosamente; **they lost ~** *(team)* perdieron estrepitosamente; *(gamblers, investors)* tuvieron enormes pérdidas; **to be ~ taxed** estar sometido(a) a fuertes impuestos; **they were ~ involved in training guerillas** estaban metidos de lleno en el adiestramiento de guerrilleros; *Fam* **to be ~ into sth** estar metido(a) a tope en algo

heaviness ['hevɪnɪs] *n* **-1.** *(of load)* peso *m* **-2.** *(of features)* tosquedad *f*; *(of build)* robustez *f* **-3.** *(of food)* pesadez *f* **-4.** *(of rain)* fuerza *f*; *(of responsibilities)* envergadura *f*; *(of defeat, fine, sentence)* dureza *f*

heavy ['hevɪ] ◇ *adj* **-1.** *(in weight)* pesado(a); **how ~ is it?** ¿cuánto pesa?; **he's twice as ~ as I am** pesa el doble que yo; **the branches were ~ with apples** las ramas se doblaban bajo el peso de las manzanas; **her eyes were ~ with sleep** se le caían los ojos de sueño; *Literary* **she was ~ with child** estaba grávida *or* embarazada ❑ MIL **~ artillery** artillería *f* pesada; *US* **~ cream** *Esp* nata *f* para montar, *Am* crema *f* líquida enriquecida, *RP* crema *f* doble; *Br* **~ goods vehicle** vehículo *m* pesado *or* de gran tonelaje; **~ industry** industria *f* pesada; **~ machinery** maquinaria *f* pesada; **~ metal** CHEM metal *m* pesado; *(music)* rock *m* duro, heavy metal *m*; *Br* **~ plant crossing** *(on sign)* peligro, maquinaria pesada; CHEM **~ water** agua pesada
-2. *(large, thick) (coat, shoes)* grueso(a); *(features)* tosco(a); *(build)* robusto(a), fornido(a)
-3. *(food)* pesado(a)
-4. *(clumsy)* **to be ~ on one's feet** ser torpe, ser de movimientos torpes; **a ~ hint** una indirecta obvia *or* clara
-5. *(intense) (fighting)* enconado(a); *(rain, showers, blow, thud, spending)* fuerte; *(snowfall)* intenso(a), fuerte; *(defeat, fine, sentence)* duro(a); *(period)* abundante; *(drinker, smoker)* empedernido(a); *(sarcasm)* duro(a); **we place ~ emphasis on this** hacemos mucho hincapié en esto; **the traffic was very ~** había mucho tráfico *or Am* tránsito; **a ~ cold** *(illness)* un fuerte resfriado *or RP* resfrío; **to make ~ demands on sb** exigir mucho a alguien; **the project is placing ~ demands on our**

heavy-duty / **height**

company's resources el proyecto supone una gran carga financiera para nuestra empresa; **he's a ~ drinker** bebe mucho, es un alcohólico; **~ losses** grandes pérdidas; **they hadn't gone further than ~ petting** se pegaron un buen lote pero no llegaron a más, *RP* se amasijaron un poco, pero no fueron más lejos; **~ responsibility** gran responsabilidad; **to be a ~ sleeper** dormir profundamente; **for ~ use** para uso continuado; **we came under ~ fire** MIL no dejaron de dispararnos; *Fig* recibimos una lluvia de críticas
-6. *(oppressive)* *(smell)* fuerte; *(sky)* cargado(a), plomizo(a); *(clouds)* plomizo(a); *(air, atmosphere)* cargado(a), pesado(a); **you're making ~ weather of that job** te estás complicando demasiado la vida para hacer ese trabajo
-7. *(hard)* *(work, day, schedule)* duro(a); *(breathing)* jadeante; **~ breathing** *(on phone)* jadeos; **~ seas** mar gruesa
-8. *(soil)* **it was ~ underfoot** el suelo estaba embarrado *or* enfangado; **the going is ~** *(in horseracing)* el suelo está embarrado *or* enfangado; *Fig* **the book was ~ going** el libro era muy denso
-9. *(boring)* *(book, lecture)* pesado(a), aburrido(a)
-10. *Fam (serious, threatening) (situation)* complicado(a), *Esp* chungo(a), *Méx* gocho(a), *RP* fulero(a); **things started to get a bit ~** las cosas empezaron a ponerse complicadas *or Esp* chungas *or Méx* gochas *or RP* fuleras; **to get ~ with sb** emplear la mano dura con alguien; **I don't want things to get too ~ in our relationship** no quiero una relación demasiado seria
◇ *adv* **the lie weighed ~ on her conscience** la mentira le pesaba en la conciencia, la mentira le remordía la conciencia; **now he's retired, time hangs ~ on his hands** ahora que está jubilado, las horas se le hacen eternas
◇ *n* **-1.** *Fam (person)* gorila *m*, matón *m*
-2. *Scot (beer)* = cerveza tostada de gusto amargo con poco gas
heavy-duty ['hevɪ'djuːtɪ] *adj (clothing, furniture, boots)* resistente; *(cleaning product)* fuerte, potente; *(equipment)* de gran potencia
heavy-handed ['hevɪ'hændɪd] *adj* **-1.** *(clumsy)* torpe; *(tactless, unsubtle)* *(compliment)* poco sutil; **a ~ attempt at humour** un burdo *or* torpe intento de parecer gracioso(a) **-2.** *(harsh) (person)* severo(a), con mano dura; *(policy)* de mano dura; *(action)* duro(a)
heavy-handedness ['hevɪ'hændɪdnɪs] *n* **-1.** *(clumsiness)* torpeza *f*; *(of compliment)* falta de sutileza; *(of humour)* ordinariez *f*, vulgaridad *f* **-2.** *(harshness) (of person)* severidad *f*, mano *f* dura; *(of policy, action)* dureza *f*
heavy-hearted ['hevɪ'hɑːtɪd] *adj* afligido(a), desconsolado(a)
heavy-set ['hevɪ'set] *adj (solidly built)* fornido(a), corpulento(a)
heavyweight ['hevɪweɪt] ◇ *n* **-1.** *(in boxing)* peso *m* pesado **-2.** *Fam (important person)* peso *m* pesado; **a literary ~** un peso pesado de las letras *or* de la literatura
◇ *adj* **-1.** *(cloth, coat, sweater)* grueso(a) **-2.** *Fam (important)* de peso; **a ~ newspaper** un periódico serio *or* de peso **-3.** *(championship, fight)* de los pesos pesados; *(boxer)* de la categoría de los pesos pesados; **the ~ title** el título de los pesos pesados
hebe [hiːb] *n US Fam Pej* = término ofensivo para referirse a un judío, *RP* ruso(a) *m,f*
Hebraic [hɪ'breɪɪk] *adj* hebraico(a), hebreo(a)
Hebrew ['hiːbruː] ◇ *n* **-1.** *(person)* hebreo(a) *m,f*; **the Hebrews** los hebreos; **the Epistle of Paul to the Hebrews** la epístola de Pablo a los hebreos **-2.** *(language)* hebreo *m*
◇ *adj* hebreo(a); **~ script** escritura *f* hebrea
Hebridean [hebrɪ'diːən] *adj* de las Hébridas
Hebrides ['hebrɪdiːz] *npl* **the (Outer/Inner) ~** las Hébridas (Exteriores/Interiores)
Hebron ['hebrɒn] *n* Hebrón

heck [hek] *Fam* ◇ *n* **what/who/why the ~...?** ¿qué/quién/por qué demonios *or* diablos...?; **what the ~ are you doing here?** ¿qué demonios *or* diablos *or Esp* narices haces aquí?; **what the ~!** *(when taking risk)* ¡qué demonios!; **to do sth just for the ~ of it** hacer algo porque sí; **we saw a ~ of a good movie** vimos una película súper buena *or Esp* tela de buena; **you've got a ~ of a cheek coming here** menuda cara le echas viniendo aquí; **a ~ of a lot** un montón; **not a ~ of a lot** no mucho
◇ *exclam* **~, if you don't like it don't buy it!** ¡vaya, hombre!, si no te gusta no lo compres
heckle ['hekəl] ◇ *vt* interrumpir (con comentarios impertinentes)
◇ *vi* interrumpir (con comentarios impertinentes)
heckler ['heklə(r)] *n* espectador *m* molesto
heckling ['heklɪŋ] *n* interrupciones *fpl* impertinentes
hectare ['hektɑː(r)] *n* hectárea *f*
hectic ['hektɪk] *adj* **-1.** *(eventful, rushed) (lifestyle)* ajetreado(a); *(pace)* vertiginoso(a), frenético(a); *(day, week)* ajetreado(a), agitado(a); **I've had a ~ day** no he parado en todo el día, he tenido un día de lo más ajetreado *or* agitado; **things are getting pretty ~** esto ya es no parar **-2.** MED *(fever, flush)* hético(a)
hectogram ['hektəgræm] *n* hectogramo *m*
hectolitre, *US* **hectoliter** ['hektəliːtə(r)] *n* hectolitro *m*
hectometre, *US* **hectometer** ['hektəmiːtə(r)] *n* hectómetro *m*
Hector ['hektə(r)] *pr n* Héctor
hector ['hektə(r)] *vt* intimidar; **she tried to ~ me into agreeing** trató de intimidarme para que accediera
hectoring ['hektərɪŋ] *adj* intimidante, intimidatorio(a)
he'd [hiːd] = **he had, he would**
hedge [hedʒ] ◇ *n* **-1.** *(in field, garden)* seto *m* ❏ **~ sparrow** acentor *m*; **~ trimmer** cortasetos *m or f inv* **-2.** *(protection)* **a ~ against inflation** una protección contra la inflación **-3.** *(statement)* excusa *f*, evasiva *f*
◇ *vt* **-1.** *(field)* cercar con un seto; **the field was hedged with beech** el campo estaba rodeado de hayas **-2. to ~ one's bets** *(in betting)* jugar seguro diversificando apuestas; *Fig* cubrirse las espaldas
◇ *vi* **-1.** *(in discussion)* responder con evasivas **-2.** FIN compensar riesgos *(con operaciones en el mercado de futuros)*
◆ **hedge about, hedge around** *vt sep* constreñir; **the offer was hedged about with conditions** la oferta estaba plagada de condiciones
◆ **hedge in** *vt sep* **-1.** *(surround with hedge)* cercar con un seto **-2.** *(person)* **hedged in by restrictions** constreñido(a) *or* limitado(a) por las restricciones; **I'm feeling hedged in** me siento atado
◆ **hedge off** *vt sep (area)* limitar con un seto; *(part of area)* separar con un seto
hedgehog ['hedʒhɒg] *n* erizo *m*; **to curl up like a ~** hacerse un ovillo *or* una bola como los erizos
hedge-hop ['hedʒhɒp] *vi* volar a ras de tierra
hedgerow ['hedʒrəʊ] *n* seto *m*
hedonism ['hedənɪzəm] *n* hedonismo *m*
hedonist ['hedənɪst] *n* hedonista *mf*
hedonistic [hedə'nɪstɪk] *adj* hedonista
heebie-jeebies [hiːbɪ'dʒiːbɪz] *npl Fam* **it gives me the ~** me da canguelo *or Méx* mello *or RP* cuiqui
heed [hiːd] ◇ *vt* **-1.** *(warning, advice)* prestar atención a, hacer caso de **-2.** *(person)* hacer caso a
◇ *n* **to pay** *or* **give ~ to, to take ~ of** hacer caso de *or* a; **to pay no ~ to, to take no ~ of** hacer caso omiso de; **to pay little ~ to criticism** no hace mucho *or* gran caso de *or* a las críticas; **take ~!** ¡ten cuidado!

heedful ['hiːdfʊl] *adj* consciente; **she's ~ of the importance of secrecy** es consciente de la importancia que tiene mantener el secreto
heedless ['hiːdlɪs] *adj* **to be ~ of** hacer caso omiso de; **~ of my warning, he drove on** haciendo caso omiso de mi advertencia, siguió conduciendo
heedlessly ['hiːdlɪslɪ] *adv* **-1.** *(without thinking or noticing)* despreocupadamente, sin preocuparse **-2.** *(inconsiderately)* con gran irresponsabilidad
hee-haw ['hiːhɔː] ◇ *n* **-1.** *(noise of donkey)* rebuzno *m* **-2.** *(guffaw)* risotadas *fpl*, carcajada *f*
◇ *vi* **-1.** *(donkey)* rebuznar **-2.** *(person)* soltar risotadas, carcajearse
heel [hiːl] ◇ *n* **-1.** *(of foot)* talón *m*; **to turn on one's ~** dar media vuelta; **he had the police at his heels** la policía le venía pisando los talones; **to be close** *or* **hard** *or* **hot on sb's heels** ir pisándole los talones a alguien; **famine followed hard on the heels of drought** a la sequía le siguió la hambruna sin solución de continuidad; IDIOM **to take to one's heels** poner pies en polvorosa; IDIOM **to come to ~** *(dog)* someterse, obedecer; *Fam (person, party)* doblegarse, doblar la rodilla; IDIOM *Fam* **to cool** *or* **kick one's heels** *(wait)* quedarse esperando un largo rato; IDIOM **to bring sb to ~** meter a alguien en cintura ❏ *Br* **~ bar** tienda *f* de reparaciones de calzado en el acto
-2. *(of sock)* talón *m*; *(of shoe)* tacón *m*, *Am* taco *m*; **high heels** *(shoes)* zapatos *mpl* de tacón *or Am* taco alto; *Fig* **under the ~ of fascism** bajo el yugo del fascismo
-3. *(of hand)* **the ~ of the hand** la parte inferior de la palma de la mano
-4. *Fam (contemptible person)* canalla *mf*, desgraciado(a) *m,f*
-5. *(of golf club)* talón *m*
-6. *(of bread)* cuscurro *m*, punta *f*
◇ *vt* **-1.** *(shoe)* poner un tacón *or Am* taco nuevo a **-2.** *(in rugby)* talonar
◇ *vi* **~!** *(to dog)* ¡ven aquí!
◆ **heel over** *vi (ship)* escorar(se)
heft [heft] *Fam* ◇ *n* **-1.** *(weight)* peso *m* **-2.** *US (importance, influence)* peso *m*, entidad *f*
◇ *vt* **-1.** *(hoist)* subir, levantar **-2.** *(test weight of)* calcular el peso de
hefty ['heftɪ] *adj Fam* **-1.** *(strong) (person)* robusto(a), fornido(a) **-2.** *(heavy) (person)* grueso(a), gordinflón(ona); *(suitcase, box)* pesado(a) **-3.** *(bill, fine, salary)* morrocotudo(a) **-4.** *(blow, slap)* fuerte
Hegelian [hɪ'geɪlɪən] *adj* hegeliano(a)
hegemony [hɪ'gemənɪ] *n* hegemonía *f*
heifer ['hefə(r)] *n* **-1.** *(young cow)* novilla *f*, vaquilla *f* **-2.** *Fam Pej (fat woman)* vaca *f*, foca *f*
heigh-ho ['heɪhəʊ] *exclam* ¡vaya!, ¡qué se le va a hacer!
height [haɪt] *n* **-1.** *(of person)* estatura *f*, altura *f*; **~: 1 m 80** *(on form)* estatura: 1,80 m; **of medium** *or* **average ~** de mediana estatura, de estatura media; **what ~ are you?** ¿cuánto mides?
-2. *(of building, mountain, tree)* altura *f*; **(at/from) a ~ of 20,000 metres** (a/desde) una altura de 20.000 metros; **to gain/lose ~** *(of plane)* ganar/perder altura
-3. *(high position)* altura *f*; **to fall from a great ~** caer desde gran altura; **the heights above the city** los altos *or* las cumbres que dominan la ciudad; **to be afraid of heights** tener vértigo
-4. *(peak)* **the tourist season is at its ~** la temporada turística está en pleno auge; **at the ~ of summer** en pleno verano; **at its ~ the organization had nearly a million members** en sus mejores momentos *or* su momento cumbre la organización tenía casi un millón de miembros; **at the ~ of the battle** en el momento álgido *or* punto culminante de la batalla; **at the ~ of the storm** en plena tormenta; **she's at the ~ of her powers** está en plenas facultades; **she's at the ~ of her career** está en la cumbre de su carrera; **to reach new**

heights *(of talent, career)* alcanzar nuevas cotas; **the ~ of fashion** el último grito, la última moda; **to dress in the ~ of fashion** vestir a la última (moda); **it's the ~ of fashion** es el último grito; **the ~ of ignorance/stupidity** el colmo *or* el súmmum de la ignorancia/estupidez; **it's the ~ of madness/bad manners!** ¡es el colmo de la locura/mala educación!

heighten ['haɪtən] ◇ *vt (fear, pleasure)* intensificar, aumentar; *(effect, contrast, impression)* realzar, acentuar; *(speculation)* alimentar, aumentar; **to ~ sb's awareness (of sth)** elevar el grado de concienciación de alguien (sobre algo), concienciar bien a alguien (de algo)
◇ *vi (fear, pleasure, tension)* aumentar

heightened ['haɪtənd] *adj (fear, pleasure, tension)* mayor; **a ~ sense of injustice** una mayor conciencia de la injusticia

heightening ['haɪtənɪŋ] *adj (fear, expectation, tension)* creciente, cada vez mayor

Heimlich manoeuvre ['haɪmlɪkməˈnuːvə(r)] *n* maniobra *f* de Heimlich, abrazo *m* de oso *(para desobstruir tráquea)*

heinous ['heɪnəs] *adj Formal (crime)* execrable, infame

heir [eə(r)] *n* heredero *m*; **to be ~ to sth** ser heredero de algo; **the ~ to the throne** el heredero al trono ❑ LAW **~ apparent** heredero *m* forzoso; *Fig* heredero *m* natural; LAW **~ presumptive** heredero *m* presunto

heiress ['eərɪs] *n* heredera *f*

heirless ['eəlɪs] *adj* sin herederos

heirloom ['eəluːm] *n* reliquia *f* familiar

heist [haɪst] *US Fam* ◇ *n* golpe *m*, atraco *m*; **to pull a ~** dar un golpe
◇ *vt* **-1.** *(money)* afanar, robar **-2.** *(bank)* dar un golpe en, atracar

held *pt & pp of* **hold**

helical ['helɪkəl] *adj* helicoidal

helices *pl of* **helix**

helicopter ['helɪkɒptə(r)] ◇ *n* helicóptero *m*
❑ **~ gunship** helicóptero *m* de guerra
◇ *vt* trasladar en helicóptero; **they managed to ~ in provisions** lograron llevar provisiones en *or* por helicóptero

helideck ['helɪdek] *n* helipuerto *m* en cubierta

heliocentric [ˌhiːlɪəʊˈsentrɪk] *adj* ASTRON heliocéntrico(a)

heliograph ['hiːlɪəgrɑːf] *n* heliógrafo *m*

heliotrope ['hiːlɪətrəʊp] *n* **-1.** *(plant)* heliotropo *m* **-2.** *(colour)* azul *m* heliotropo *or* lila

helipad ['helɪpæd] *n* helipuerto *m*

heliport ['helɪpɔːt] *n* helipuerto *m*

helium ['hiːlɪəm] *n* CHEM helio *m*

helix ['hiːlɪks] *(pl* **helices** [ˈhiːlɪsiːz] *or* **helixes)** *n* **-1.** hélice *f* **-2.** ANAT hélix *m*

hell [hel] *n* **-1.** REL infierno *m*; **to go to ~** *(be damned)* ir al infierno
-2. Hell's Angels *(bikers)* los ángeles del infierno
-3. *Fam (expressing annoyance)* **~!** ¡mierda!; **go to ~!** ¡vete a la mierda!; **what the ~ do you think you're doing?** ¿me quieres decir qué demonios estás haciendo?; **who the ~ are you?** ¿y tú quién diablos *or Esp* leches eres?; **why the ~** *or* **in ~'s name...?** ¿por qué demonios *or* diablos...?; **how the ~ should I know?** ¿y yo cómo demonios voy a saberlo?; **are you going? – like** *or* **the ~ I am!, am I ~!** ¿vas a ir? – *Esp* ¡y un cuerno voy a ir! *or Méx* ¡ni yendo a bailar a Chalma voy a ir! *or RP* ¡ni en joda voy a ir!; **I'm leaving – like ~ you are!** me marcho – ¡ni hablar! *or Esp* ¡de eso nada, monada!; **to ~ with it!** ¡que se vaya al infierno!, *Esp* ¡que le den por saco!; **to ~ with what they think!** ¡me importa un carajo lo que piensen!; **~'s bells** *or Br* **teeth!** ¡madre de Dios *or* del amor hermoso!
-4. *Fam (as intensifier)* **a ~ of a lot of...** una porrada de..., *Méx* un chorro de..., *RP* un toco de...; **it could have been a ~ of a lot worse** podría haber sido muchísimo peor; **to have a ~ of a time** *(good)* pasárselo como Dios *or RP* como los dioses; *(bad)* pasarlas negras *or Esp* moradas; **we had a ~ of a time convincing her** nos costó muchísimo trabajo *or Esp* Dios y ayuda convencerla; **he put up a ~ of a fight** opuso muchísima resistencia; **he's one** *or* **a ~ of a guy** *Esp* es una pasada de tío, *Am* es un tipo de primera; **she is in a ~ of a mess** está metida en un lío de mil demonios *or Esp* de aquí te espero; **a ~ of a price** un precio altísimo; **to hurt like ~** doler un montón; **to run like ~** correr como alma que lleva el diablo; **get the ~ out of here!** ¡largo de aquí!; **get the ~ out of there!** ¡lárgate de allí!; **I wish to ~ I knew** ojalá yo lo supiera!; **I just hope to ~ he leaves** a ver si se marcha de una maldita vez, que se marche ya por Dios; **did you agree? – ~, no!** ¿dijiste que sí? – ¡claro que no! *or Esp* ¡qué va, hombre!
-5. *Fam* IDIOMS **it was ~ (on earth)** fue un infierno *or* una pesadilla; *US* **he's ~ on wheels** se las camorrista; **it's colder/hotter than ~** hace un frío/calor de mil demonios; **to be ~ on sth** ser criminal *or Esp* fatal para algo; **to go to ~ and back** pasarlas negras *or Esp* moradas; **I'll see him in ~ before I speak to him again** antes muerta que volver a dirigirle la palabra; **you can wait till ~ freezes over** puedes esperar hasta que las ranas críen pelo; **it'll be a cold day in ~ before I apologize** no pienso disculparme por nada en el mundo; **the boyfriend/neighbours from ~** una pesadilla de novio/vecinos; **to feel like ~** sentirse muy mal *or Esp* fatal; **to give sb ~** *Esp* hacérselas pasar canutas *or Am* negras a alguien; **give them ~!** *Esp* ¡dales caña!, *Am* ¡reviéntalos!; **these shoes are giving me ~** estos zapatos me están matando; **to knock ~ out of sb** pegarle una paliza de muerte a alguien; **to make sb's life ~** amargarle a alguien la vida; **to play (merry) ~ with sb** traer a alguien por la calle de la amargura; **to play (merry) ~ with sth** hacer estragos en algo; **to go ~ for leather** ir a toda mecha; **come ~ or high water** pase lo que pase; **all ~ broke loose** se armó la gorda *or* la marimorena; **there'll be ~ to pay if...** alguien lo va a pasar muy mal si...; **to do sth for the ~ of it** hacer algo porque sí; **what the ~, you only live once!** ¡qué demonios! ¡sólo se vive una vez! ❑ *US* **~ week** semana *f* de novatadas *(entre estudiantes)*

he'll [hiːl] = **he will, he shall**

hellbent ['helbent] *adj Fam* **to be ~ on doing sth** tener entre ceja y ceja hacer algo, estar empeñado(a) en hacer algo; **he's ~ on going** se le ha metido entre ceja y ceja que tiene que ir

hellcat ['helkæt] *n* bruja *f*, arpía *f*

hellebore ['helɪbɔː(r)] *n (black)* eléboro *m* (negro); *(white)* eléboro *m* blanco, vedegambre *m*

Hellene ['heliːn] *n Literary* heleno(a) *m,f*

Hellenic [heˈliːnɪk] *adj* helénico(a)

Hellenism ['helənɪzəm] *n* helenismo *m*

Hellenize ['helənaɪz] *vt* helenizar

hellfire ['helfaɪə(r)] *n* el fuego del infierno; **a ~ preacher/sermon** un predicador/sermón incendiario

hellhole ['helhəʊl] *n Fam (place)* infierno *m*, agujero *m* infecto

hellhound ['helhaʊnd] *n Literary (cruel person)* canalla *mf*, desalmado(a) *m,f*

hellion ['helɪən] *n US Fam* demonio *m*

hellish ['helɪʃ] *adj Fam* infernal, horroroso(a); **I feel ~** me siento horrible *or Esp* fatal *or Esp* de pena

hellishly ['helɪʃlɪ] *adv Fam* endiabladamente, horrorosamente; **it was ~ hot** hacía un calor de mil demonios

hellishness ['helɪʃnɪs] *n* atrocidad *f*; **the ~ of war** las atrocidades de la guerra

hello [heˈləʊ] ◇ *exclam* **-1.** *(as greeting)* ¡hola!; **to say ~ to sb** saludar a alguien; **say ~ to him for me** salúdalo de mi parte, dale recuerdos de mi parte; **say ~ to the lady** dile hola a la señora
-2. *(to attract attention)* ¡eh!, ¡oye!, *Am* ¡ey!; **~ there, wake up!** ¡eh, despierta!
-3. *(on phone) (when answering)* ¿sí?, *Esp* ¿diga?, *Esp* ¿dígame?, *Am* ¿aló?, *Carib, RP* ¿oigo?, *Méx* ¿bueno?, *RP* ¿hola?; *(when calling)* ¡hola!
-4. *(indicating surprise)* **~, what's this?** caramba, ¿qué es esto?
◇ *n (greeting)* hola *m*

hell-raiser ['helreɪzə(r)] *n Fam* camorrista *mf*

hell-raising ['helreɪzɪŋ] *n Fam* camorras *fpl*, broncas *fpl*

helluva ['helədʒə] *Fam* = **hell of a**

helm [helm] *n* **-1.** *(of ship)* timón *m*; **to be at the ~** *(of ship)* estar al (mando del) timón; *(of party, country)* estar al frente; **to take the ~** *(of ship)* hacerse cargo del timón; *(of party, country)* ponerse al frente, tomar las riendas **-2.** *Archaic (helmet)* yelmo *m*

helmet ['helmɪt] *n* **-1.** *(for policeman, bike rider, soldier)* casco *m* **-2.** *(for knight)* yelmo *m*

helmsman ['helmzmən] *n (on ship)* timonel *m*

helot ['helət] *n* HIST ilota *mf*

help [help] ◇ *n* **-1.** *(aid)* ayuda *f*; **do you need any ~ with that box?** ¿necesitas ayuda para llevar esa caja?; **his directions weren't much ~** sus indicaciones no fueron de mucha ayuda; **to be of ~ to sb** ser de ayuda para alguien; **shall I carry this box? – thanks, that would be a ~** ¿llevo esta caja? – sí, sería de gran ayuda; **thank you, you've been a great ~** gracias, has sido de gran ayuda; *Ironic* **you've been a great ~!** ¡gracias por tu ayuda!; **with the ~ of sb, with sb's ~** con la ayuda de alguien; **to be beyond ~** no tener remedio; **go and get ~** ve a buscar ayuda ❑ **~ desk** *(for queries)* servicio *m* de asistencia
-2. COMPTR ayuda *f* ❑ **~ button** botón *m* de ayuda; **~ menu** menú *m* de ayuda; **~ screen** pantalla *f or* ventana *f* de ayuda
-3. *(cleaning woman)* asistenta *f*
-4. *Br Fam (alternative)* **there's no ~ for it but to...** no hay más remedio que...
◇ *vt* **-1.** *(aid)* ayudar; **to ~ sb (to) do sth** ayudar a alguien a hacer algo; **can I ~ you?** *(in shop)* ¿en qué puedo servirle?; **this tablet will ~ the pain** esta pastilla aliviará el dolor; **the measures should ~ growth** estas medidas deberían fomentar el crecimiento; **his comments did little to ~ the situation** sus comentarios no fueron una gran ayuda para resolver la situación; **to ~ sb across the road** ayudar a alguien a cruzar; **to ~ sb on/off with their coat** ayudar a alguien a ponerse/quitarse *or Am* sacarse el abrigo; **~ me up!** ¡ayúdame a subir!; **a man is helping police with their enquiries** la policía esta llevando a cabo el interrogatorio de un sospechoso; **to ~ one another** ayudarse mutuamente, ayudarse el uno al otro; **we must ~ the poor to ~ themselves** debemos ayudar a los pobres a ser autosuficientes; **God** *or* **heaven ~ us if they ever find out!** ¡que Dios nos proteja si se enteran!
-2. *(prevent)* **I can't ~ it** no lo puedo evitar; **I can't ~ it if he won't listen** ¡si él no escucha yo no puedo hacer nada!; **it can't be helped** no tiene remedio; **I can't ~ being short** no puedo remediar ser bajito; **I can't ~ laughing** no puedo evitar reírme; **don't move more than you can ~** muévete lo menos posible; **she couldn't ~ overhearing** *or* **but overhear** no pudo evitar oír (la conversación); **I can't ~ thinking it's a bit unfair** no puedo evitar pensar que es un poco injusto; **I didn't mean to laugh, but I couldn't ~ myself** no quería reírme, pero no lo pude evitar; **not if I can ~ it!** ¡no, si lo puedo evitar!
-3. *(take)* **to ~ oneself to sth** agarrar *or Esp* coger algo
-4. *(serve)* **can I ~ you to some more carrots?** ¿te sirvo más zanahorias?; **~ yourself!** ¡sírvete!
◇ *vi* ayudar; **can I ~?** ¿puedo ayudar?; **would it ~ if I closed the door?** ¿sirve de algo que cierre la puerta?; **every little helps** toda contribución (ya sea grande o pequeña) es importante; **these measures**

helper

will ~ to reduce unemployment estas medidas contribuirán a reducir el desempleo *or Am* la desocupación
◇ *exclam* ~! ¡socorro!
◆ **help out** ◇ *vt sep* ayudar; **they ~ each other out** se ayudan mutuamente
◇ *vi* ayudar

helper ['helpə(r)] *n* **-1.** *(assistant)* ayudante *mf* **-2.** *US (apprentice)* aprendiz(iza) *m,f* **-3.** COMPTR ~ ***application*** aplicación *f* auxiliar

helpful ['helpfʊl] *adj* **-1.** *(person) (willing to help)* servicial; **you've been very** ~ nos has sido de gran ayuda; **I was only trying to be ~!** ¡sólo trataba de ayudar! **-2.** *(advice, book)* útil; **this book isn't very** ~ este libro no es muy útil *or* no es de gran ayuda; **it's often ~ to talk to your doctor about it** suele servir de ayuda hablar de ello con el médico

helpfully ['helpfʊlɪ] *adv* **"have you tried asking Sue?" he suggested** ~ "¿has probado a preguntar a Sue?" sugirió, tratando de ser útil; **a translation is ~ provided** como ayuda se incluye una traducción

helping ['helpɪŋ] ◇ *n (portion)* ración *f*; **I had a second ~ of spaghetti** repetí (de) espagueti
◇ *adj* **to give** *or* **lend a ~ hand** echar una mano

helpless ['helplɪs] *adj* **-1.** *(powerless)* impotente; **he gave me a ~ look** me lanzó una mirada de impotencia; **we were ~ to prevent it** no pudimos evitarlo; **to be ~ with laughter** no poder dejar de reír **-2.** *(incapacitated)* incapacitado(a); **he lay ~ on the ground** yacía en el suelo incapaz de moverse **-3.** *(defenceless)* indefenso(a)

helplessly ['helplɪslɪ] *adv (powerlessly)* impotentemente, sin poder hacer nada; **he looked on ~** él observaba impotente; **"what can I do?" he said ~** "¿qué puedo hacer?" dijo él, presa de la impotencia; **they giggled ~** no podían parar de reír

helplessness ['helplɪsnɪs] *n* **-1.** *(powerlessness)* impotencia *f* **-2.** *(incapacity)* incapacidad *f* **-3.** *(defencelessness)* indefensión *f*

helpline ['helplaɪn] *n (for people in distress)* teléfono *m* de asistencia *or* ayuda; *(for customers)* servicio *m* de atención *or* asistencia telefónica

helpmate ['helpmeɪt] *n (companion)* compañero(a) *m,f; (helper)* ayudante *mf; (spouse)* esposo(a) *m,f*

helpmeet ['helpmiːt] *Archaic (companion)* compañero(a) *m,f; (helper)* ayudante *mf; (spouse)* esposo(a) *m,f*

Helsinki [hel'sɪŋkɪ] *n* Helsinki

helter-skelter ['heltə'skeltə(r)] ◇ *n Br (at fairground)* tobogán *m*
◇ *adj (rush, account)* atropellado(a)
◇ *adv (in disorder)* atropelladamente, a lo loco

hem[1] [hem] ◇ *n* dobladillo *m*; **to take up/let down a ~** meter *or* subir/sacar *or* bajar el dobladillo; **she let the ~ down on her skirt** le sacó *or* bajó el dobladillo a la falda; **your ~'s coming down** llevas el dobladillo suelto
◇ *vt (pt & pp* **hemmed***)* hacer el dobladillo a
◆ **hem in** *vt sep (surround)* cercar, rodear; **he felt hemmed in** *(in relationship)* se sentía atado; *Fig* **hemmed in by rules** constreñido(a) por las normas

hem[2] [həm] ◇ *exclam* ¡ejem!
◇ *vi* [IDIOM] **to ~ and haw** titubear, vacilar; **he hemmed and hawed before getting to the point** carraspeó y titubeó un rato antes de abordar el asunto

he-man ['hiːmæn] *n Fam* machote *m, Esp* hombretón *m*

hematite, hematologist etc *US* = **haematite, haematologist** etc

hemidemisemiquaver ['hemɪ'demɪ'semɪ'kweɪvə(r)] *n* MUS semifusa *f*

hemiplegia [hemɪ'pliːdʒɪə] *n* MED hemiplejia *f*, hemiplejía *f*

hemisphere ['hemɪsfɪə(r)] *n* **-1.** GEOG & ANAT hemisferio *m* **-2.** GEOM semiesfera *f*

hemispheric [hemɪs'ferɪk], **hemispherical** [hemɪs'ferɪkəl] *adj* GEOM semiesférico(a)

hemline ['hemlaɪn] *n* bajo *m*; **hemlines are going up this year** este año se van a llevar las faldas y los vestidos más cortos

hemlock ['hemlɒk] *n* cicuta *f*

hemoglobin, hemophilia etc *US* = **haemoglobin, haemophilia** etc

hemp [hemp] *n* **-1.** *(fibre, plant)* cáñamo *m* **-2.** *(drug)* cannabis *m inv*

hemstitch ['hemstɪtʃ] *n* vainica *f*

hen [hen] *n* gallina *f* ❑ ~ ***coop*** gallinero *m*; ~ ***harrier*** aguilucho *m* pálido; *Fam* ~ ***party*** *or Br* ***night*** *(before wedding)* despedida *f* de soltera; *(women only)* juerga *f* solo para chicas; ~ ***run*** gallinero *m*

henbane ['henbeɪn] *n* beleño *m* negro

hence [hens] *adv* **-1.** *(thus)* de ahí; **he was born on Christmas Day, ~ the name Noel** nació el día de Navidad, de ahí el nombre Noel; **they are cheaper and ~ more popular** son más baratos y por tanto más populares **-2.** *(from now)* **five years ~** de aquí a cinco años **-3.** *Archaic or Hum (from here)* **(get thee) ~!** ¡atrás!, ¡fuera!

henceforth [hens'fɔːθ], **henceforward** [hens'fɔːwəd] *adv Formal* en lo sucesivo, de ahora/ahí en adelante

henchman ['hentʃmən] *n Pej* sicario *m*, secuaz *m*

hencoop ['henkuːp] *n* gallinero *m*

henhouse ['henhaʊs] *n* gallinero *m*

henna ['henə] ◇ *n* henna *f*
◇ *vt (hair)* darse henna en

henpecked ['henpekt] *adj* **a ~ husband** un calzonazos

Henry ['henrɪ] *pr n* ~ **I/II** Enrique I/II

hep [hep] *adj Fam Old-fashioned* in, moderno(a)

hepatitis [hepə'taɪtɪs] *n* MED hepatitis *f inv*; ~ **A/B** hepatitis A/B

hepatologist [hepə'tɒlədʒɪst] *n* MED hepatólogo(a) *m,f*

hepatology [hepə'tɒlədʒɪ] *n* MED hepatología *f*

heptagon ['heptəgɒn] *n* heptágono *m*

heptagonal [hep'tægənəl] *adj* heptagonal

heptathlete [hep'tæθliːt] *n* heptatleta *mf*

heptathlon [hep'tæθlɒn] *n* heptatlón *m*

her [hɜː(r), *unstressed* hə(r)] ◇ *possessive adj* **-1.** *(singular)* su; *(plural)* sus; ~ **dog** su perro; ~ **parents** sus padres; **I took ~ motorbike** tomé su moto; *(contrasting with his or theirs)* tomé el moto de ella; **what's ~ name?** ¿cómo se llama?; **it wasn't HER idea!** ¡no fue idea suya!; **they were upset at ~ mentioning it** les sentó *or* cayó mal que lo mencionara; **that wasn't ~ understanding** no lo entendió así; ~ **sails billowed in the wind** *(of ship)* sus velas ondeaban al viento **-2.** *(for parts of body, clothes)* ~ **eyes are blue** tiene los ojos azules; **she hit ~ head** se dio un golpe en la cabeza; **she washed ~ face** se lavó la cara; **she put ~ hands in ~ pockets** se metió las manos en los bolsillos
◇ *pron* **-1.** *(direct object)* la; **I hate** ~ la odio; **I like** ~ me gusta; **kill** ~! ¡mátala!; **I can forgive ~ son but not HER** puedo perdonar a su hijo, pero no a ella; **fill ~ up!** *(of car)* lleno, por favor
-2. *(indirect object)* le; **I gave ~ the book** le di el libro; **I gave it to ~** se lo di; **give it to ~** dáselo (a ella)
-3. *(after preposition)* ella; **I talked to ~** hablé con ella; **her mother lives near ~** su madre vive cerca de su casa; **it was meant for you, not for HER** iba dirigido a ti, no a ella
-4. *(as complement of verb* **to be***)* ella; **it's ~!** ¡es ella!; **it was ~ who did it** lo hizo ella; **the coat isn't really ~** el abrigo no va mucho con ella
-5. *Br Fam Hum* ~ **indoors** *Esp* la parienta, *Méx* la prenda *or* cobija, *RP* la patrona

herald ['herəld] ◇ *n* **-1.** HIST *(messenger)* heraldo *m* **-2.** *Literary (forerunner)* heraldo *m*; **a ~ of spring** un anuncio *or* presagio de la primavera **-3.** *(record keeper)* heraldo *m*
◇ *vt* **-1.** *(announce)* presagiar, anunciar; **the dark sky heralded a storm** el oscuro cielo presagiaba *or* anunciaba tormenta;

here

his rise to power heralded a new era su acceso al poder presagiaba la llegada de una nueva era **-2.** *(hail)* anunciar

heraldic [hə'rældɪk] *adj* heráldico(a)

heraldry ['herəldrɪ] *n* heráldica *f*

herb [hɜːb, *US* ɜːrb] *n* hierba *f* ❑ ~ ***garden*** jardín *m* de hierbas; ~ ***tea*** infusión *f*

herbaceous [hɜːˈbeɪʃəs, *US* ɜːˈbeɪʃəs] *adj* herbáceo(a) ❑ ~ ***border*** arriate *m* de plantas y flores

herbal ['hɜːbəl, *US* 'ɜːrbəl] *adj* de hierbas ❑ ~ ***cigarettes*** cigarrillos *mpl* de hierbas; ~ ***medicine*** medicina *f* a base de hierbas; ~ ***remedies*** = remedios a base de hierbas medicinales; ~ ***tea*** infusión *f*

herbalist ['hɜːbəlɪst, *US* 'ɜːrbəlɪst] *n* herbolario(a) *m,f*; ~'***s (shop)*** herbolario *m*, herboristería *f*

herbarium [hɜːˈbeərɪəm, *US* ɜːˈbeərɪəm] *n* herbario *m*

herbicide ['hɜːbɪsaɪd, *US* 'ɜːrbɪsaɪd] *n* herbicida *m*

herbivore ['hɜːbɪvɔː(r), *US* 'ɜːrbɪvɔː(r)] *n* herbívoro *m*

herbivorous [hɜːˈbɪvərəs, *US* ɜːrˈbɪvərəs] *adj* herbívoro(a)

herculean [hɜːˈkjʊlɪən] *adj (strength)* hercúleo(a), titánico(a); *(struggle, effort)* titánico(a); *(task)* ingente, titánico(a)

Hercules ['hɜːkjʊliːz] *n* MYTHOL Hércules

herd [hɜːd] ◇ *n* **-1.** *(of cattle, sheep)* rebaño *m*; *(of horses, elephants)* manada *f* **-2.** *(of people)* rebaño *m*, manada *f*; **to follow the ~** dejarse llevar por la masa ❑ **the ~ instinct** el instinto gregario
◇ *vt* **-1.** *(bring together)* juntar, reunir; *(look after)* criar **-2.** *(drive) (cattle, people)* conducir; **the cattle were herded into the barn** metieron al ganado en el pajar, condujeron el ganado hasta el pajar; **the prisoners were herded onto trucks** los prisioneros fueron hacinados en camiones
◇ *vi* **to ~ (together)** juntarse, apiñarse

herder ['hɜːdə(r)] *n esp US (of cattle)* vaquero(a) *m,f; (of sheep)* pastor(ora) *m,f; (of goats)* cabrero(a) *m,f*

herdsman ['hɜːdzmən] *n (of cattle)* vaquero *m*; *(of sheep)* pastor *m; (of goats)* cabrero *m*

here [hɪə(r)] ◇ *n* **the ~ and now** el aquí y ahora
◇ *adv* **-1.** *(referring to position)* aquí; **come ~!** ¡ven aquí!; ~ **she comes** aquí viene; **she's not ~** no está aquí; **they're still not ~** todavía no están aquí, todavía no llegaron; ~ **it/he is** aquí está; ~ **you are, we couldn't find you!** ¡estás aquí, no te encontrábamos por ninguna parte!; ~ **we are in San Francisco** estamos en San Francisco; ~'**s Nick** aquí está *or* llega Nick; **my friend ~** mi amigo(a), este(a) amigo(a) mío(a); ~'**s what you have to do** esto es lo que tienes que hacer; **in/out** ~ aquí dentro/fuera; **over** ~ aquí; **round** ~ por aquí; **up/down ~** aquí arriba/abajo; **what have we ~?** ¿qué es esto?, ¿qué tenemos aquí?; *Fam* **give it ~!** trae, dámelo; ~! *(at roll call)* ¡presente!; ~!, **come and look at this** ¡ven!, echa un vistazo a esto; ~, **let me try** ¿a ver?, déjame que pruebe, *RP* ¡che!, ¿qué hacés?; ~ **boy!** ¡ven aquí!; *Br* ~, **you, what are you doing?** ¡oye, tú!, ¿qué haces?; ~ **and now** aquí y ahora; ~ **and there** aquí y allá; *Fig* **that's neither ~ nor there** eso es irrelevante; ~, **there and everywhere** por *or* en todas partes; ~ **goes!** ¡vamos allá!; ~ **we go again!** ¡ya estamos otra vez con lo mismo!; **it looks like mobile phones are ~ to stay** parece que los teléfonos móviles no son una moda pasajera; **now where's her address? ah, ~ we are!** a ver... ¿dónde está su dirección? ¡ah, aquí está!
-2. *(referring to time)* ahora; **what you need to remember ~ is...** ahora *or* aquí lo que tienes que recordar es...; **the moment we've all been waiting for is finally ~** por fin ha llegado el momento que todos estábamos esperando; **where do we go from ~?** ¿y ahora qué hacemos?
-3. *(when giving)* ~'**s that tape I promised**

hereabout(s)

you aquí tienes la cinta que te prometí; **~ you are!** (when giving something) aquí tienes, toma; **~ (you are), have some of this whisky** toma un poco de este whisky **-4.** (in toasts) **~'s to the future!** ¡por el futuro!; **~'s to you!** ¡por ti!, ¡(a tu) salud!

hereabout(s) ['hɪərəbaʊt(s)] adv por aquí

hereafter [hɪər'ɑːftə(r)] ◇ adv Formal de aquí or de hoy en adelante; (in document) en adelante, en lo sucesivo
◇ n Literary **the ~** el más allá

hereby [hɪə'baɪ] adv Formal (in writing) por la presente; (in speech) por el presente acto; **I ~ declare my intention to...** y quiero anunciar mi intención de...; **I ~ pronounce you man and wife** desde ahora os declaro marido y mujer

hereditary [hɪ'redɪtərɪ] adj hereditario(a) ❑ Br PARL **~ peer** noble m hereditario; Br PARL **~ peerage** título m de nobleza hereditaria

heredity [hɪ'redɪtɪ] n herencia f

herein [hɪə'rɪn] adv **-1.** LAW (in this document) aquí, en este documento; **the letter ~ enclosed** la carta que aquí se adjunta **-2.** Formal (in this respect) **~ lies the difference between them** aquí radica la diferencia entre ellos

hereinafter ['hɪərɪn'ɑːftə(r)] adv Formal or LAW (de aquí) en adelante, en lo sucesivo

hereof [hɪə'rɒv] adv Formal or LAW al respecto

hereon [hɪə'rɒn] adv Formal or LAW al respecto

heresiarch [he'riːzɪɑːk] n heresiarca mf

heresy ['herəsɪ] n herejía f

heretic ['herətɪk] n hereje mf

heretical [hɪ'retɪkəl] adj herético(a)

hereto [hɪə'tuː] adv LAW (to this document) con este documento

heretofore [hɪətə'fɔː(r)] adv Formal or LAW hasta ahora

hereunder [hɪə'rʌndə(r)] adv Formal or LAW **-1.** (below) a continuación **-2.** (by this document) por el presente documento

hereupon [hɪərə'pɒn] adv Formal or LAW **-1.** (immediately after this) a partir de aquí **-2.** (upon this subject) al respecto

herewith [hɪə'wɪð] adv Formal or LAW con este documento; **enclosed ~ is the information you requested** le enviamos adjunta la información que solicitó

heritable ['herɪtəbəl] adj **-1.** (property) heredable **-2.** (characteristic) hereditario(a)

heritage ['herɪtɪdʒ] n **-1.** (of nation, people) patrimonio m; **their rich cultural ~** su rico patrimonio cultural ❑ **~ centre** = edificio con museo en un lugar de interés histórico o cultural; **~ site** lugar m declarado de interés histórico-artístico **-2.** (of person) herencia f, patrimonio m

hermaphrodite [hɜː'mæfrədaɪt] ◇ n hermafrodita mf
◇ adj hermafrodita

hermeneutic(al) [hɜːmə'njuːtɪk(əl)] adj hermenéutico(a)

hermeneutics [hɜːmə'njuːtɪks] n hermenéutica f

hermetic [hɜː'metɪk] adj hermético(a)

hermetically [hɜː'metɪklɪ] adv herméticamente; **~ sealed** herméticamente cerrado(a)

hermit ['hɜːmɪt] n ermitaño(a) m,f ❑ **~ crab** cangrejo m ermitaño

hermitage ['hɜːmɪtɪdʒ] n ermita f

hernia ['hɜːnɪə] n MED hernia f

herniated ['hɜːnɪeɪtɪd] adj MED **~ disc** hernia f discal

hero ['hɪərəʊ] (pl **heroes**) n **-1.** (brave man) héroe m; (in fiction) protagonista m; **they gave him a ~'s welcome** lo recibieron como a un héroe **-2.** (idol) ídolo m; Fam **my ~!** ¡mi ídolo or héroe! ❑ **~ worship** idolatría f **-3.** US Fam (sandwich) Esp flauta f, = sándwich hecho con una barra de pan larga y estrecha, rellena de varios ingredientes

Herod ['herəd] pr n Herodes

Herodotus [hə'rɒdətəs] pr n Heródoto, Herodoto

heroic [hɪ'rəʊɪk] adj **-1.** (person, effort, sacrifice) heroico(a) **-2.** LIT **~ couplets** pareados mpl en verso heroico

heroically [hɪ'rəʊɪklɪ] adv heroicamente

heroics [hɪ'rəʊɪks] npl **-1.** (behaviour) heroicidades fpl; **we don't want any ~** nada de heroicidades, que nadie intente hacerse el héroe **-2.** (language) palabras fpl huecas

heroin ['herəʊɪn] n (drug) heroína f ❑ **~ addict** heroinómano(a) m,f

heroine ['herəʊɪn] n (female hero) heroína f

heroism ['herəʊɪzəm] n heroísmo m

heron ['herən] n garza f

hero-worship ['hɪərəʊwɜːʃɪp] (pt & pp **hero-worshipped**) vt idolatrar

herpes ['hɜːpiːz] n herpes m inv ❑ MED **~ simplex** herpes m simple; MED **~ zoster** herpes m zóster

herring ['herɪŋ] (pl **herring** or **herrings**) n arenque m ❑ **~ gull** gaviota f argéntea

herringbone ['herɪŋbəʊn] n **-1.** (on cloth) espiguilla f, espiga f ❑ **~ stitch** punto m de espiga **-2.** (in skiing) tijera f

hers [hɜːz] possessive pron **-1.** (singular) el suyo m, la suya f; (plural) los suyos mpl, las suyas fpl; (to distinguish) el/la/los/las de ella; **my house is big but ~ is bigger** mi casa es grande, pero la suya es mayor; **he didn't have a book so she gave him ~** no tenía libro así que ella le dio el suyo; **it must be one of ~** debe de ser uno de los suyos/una de las suyas; **it wasn't his fault, it was HERS** no fue culpa de él, sino de ella; **~ is the work I admire most** su obra es la que más admiro
-2. (used attributively) (singular) suyo(a); (plural) suyos(as); **this book is ~** este libro es suyo; **a friend of ~** un amigo suyo; **I can't stand that boyfriend/dog of ~** no soporto a ese novio/perro que tiene
-3. Fam (her house, flat) su casa

herself [hɜː'self] pron **-1.** (reflexive) se; **she hurt ~** se hizo daño; **she introduced ~** se presentó; **she bought ~ a coat** se compró un abrigo; **she could see ~ reflected in the water** vio su imagen reflejada or se vio reflejada en el agua
-2. (unaided, alone) ella sola; **she can do it ~** (ella) puede hacerlo sola; **she made the pattern ~** ella sola hizo el diseño
-3. (emphatic) ella misma; **she told me ~** me lo dijo ella misma; **she ~ did not believe it** ella misma no se lo creía; **she ~ saw them leave** ella (misma) los vio salir con sus propios ojos
-4. (her usual self) **she's not ~ today** hoy está un poco rara; **she's feeling ~ again** vuelve a sentirse la de siempre
-5. (after preposition) ella; **she talks about ~ a lot** habla mucho de sí misma; **she did it all by ~** lo hizo ella misma or ella sola; **she lives by ~** vive sola; **she was all by ~** estaba (completamente) sola; **she bought it for ~** se lo compró para ella; **she talks to ~** habla sola; **"how unfair!" she thought to ~** "¡qué injusto!" pensó para sus adentros
-6. (replacing 'her') **it is meant for people like ~** está pensado para gente como ella

Herts [hɑːts] (abbr **Hertfordshire**) Hertfordshire

hertz [hɜːts] (pl **hertz**) n PHYS hercio m

he's [hiːz] = **he is, he has**

hesitancy ['hezɪtənsɪ] n duda f, vacilación f

hesitant ['hezɪtənt] adj (speaker, smile, gesture) vacilante, dubitativo(a); (speech, voice) vacilante, titubeante; **to be/seem ~** estar/parecer indeciso(a); **to be ~ about doing sth** tener dudas a la hora de hacer algo; **I'm ~ about sending her to a new school** no me decido a cambiarla de colegio; **I would be ~ to...** no me atrevería a...

hesitantly ['hezɪtəntlɪ] adv (to act, try) con indecisión, sin demasiada convicción; (to answer, speak) con vacilación, de modo vacilante

hesitate ['hezɪteɪt] vi dudar, vacilar; **she wrote to them after hesitating for some time** tras dudarlo un tiempo, se decidió a escribirles; **he will ~ at nothing** no duda or vacila ante nada; **he wouldn't ~ to have you shot** no dudaría un momento en ordenar que te fusilaran; **I ~ to say this,** **but...** no sé si debería decir esto, pero...; **don't ~ to ask for advice** no dude en pedir ayuda; **don't ~ to call me** llámame, no dudes en llamarme; PROV **he who hesitates is lost** camarón que se duerme, se lo lleva la corriente

hesitatingly ['hezɪteɪtɪŋlɪ] adv con vacilación, de modo vacilante

hesitation [hezɪ'teɪʃən] n vacilación f, titubeo m; **after much ~** tras dudarlo mucho; **she answered with some ~** dudó or vaciló or titubeó un poco al contestar; **I would have no ~ in recommending her** no dudaría en recomendarla, la recomendaría sin dudarlo un momento; **without (a moment's) ~** sin vacilar

hessian ['hesɪən] ◇ n arpillera f
◇ adj de arpillera

hetero ['hetərəʊ] Fam ◇ n (pl **heteros**) hetero mf, heterosexual mf
◇ adj hetero, heterosexual

heterodox ['hetərədɒks] adj heterodoxo(a)

heterodoxy ['hetərədɒksɪ] n heterodoxia f

heterogeneity [hetərəʊdʒɪ'niːɪtɪ] n heterogeneidad f

heterogeneous [hetərə'dʒiːnɪəs] adj heterogéneo(a)

heteronym ['hetərənɪm] n GRAM heterónimo m

heterosexual [hetərəʊ'seksjʊəl] ◇ n heterosexual mf
◇ adj heterosexual

heterosexuality [hetərəʊsekʃʊ'ælɪtɪ] n heterosexualidad f

het up ['hetʌp] adj Fam (angry) furioso(a), Esp mosqueado(a); (tense) nervioso(a); **to get (all) ~ (about sth)** (angry) enfurecerse or Esp mosquearse (por algo); (tense) ponerse nervioso (por algo)

heuristic [hjʊə'rɪstɪk] ◇ n (program, method) método m heurístico
◇ adj heurístico(a)

heuristics [hjʊ'rɪstɪks] npl heurística f

hevea ['hiːvɪə] n hevea m

HEW [eɪtfiː'dʌbəljuː] n US Formerly (abbr **(Department of) Health, Education and Welfare**) = ministerio estadounidense de educación, sanidad y seguridad social

hew [hjuː] (pp **hewn** [hjuːn] or **hewed**) ◇ vt (cut down) cortar; (shape) tallar; (coal) picar; **they hewed a path through the jungle** abrieron un sendero por la selva; **it was hewn from a single block of stone** fue tallado de una sola pieza de piedra; **the cavern had been hewn out of the rock** la caverna había sido excavada en la roca
◇ vi US (conform) **they hewed to the company line** se ajustaron a or siguieron la política de la empresa

hex¹ [heks] US ◇ n **-1.** (spell) hechizo m, maldición f; **to put a ~ on sb** hechizar a alguien, echar una maldición a alguien **-2.** (witch) bruja f
◇ vt hechizar, echar una maldición a

hex² n COMPTR Fam (sistema m) hexadecimal m

hexadecimal [heksə'desɪməl] adj COMPTR hexadecimal ❑ **~ system** sistema m hexadecimal

hexagon ['heksəgən] n hexágono m

hexagonal [hek'sægənəl] adj hexagonal

hexahedron [heksə'hiːdrən] n hexaedro m

hexameter [hek'sæmɪtə(r)] n hexámetro m

hexasyllabic [heksəsɪ'læbɪk] adj hexasílabo(a)

hey [heɪ] exclam (to draw attention) ¡eh!, ¡oye!, ¡oiga!; (to show surprise, protest) ¡eh!, ¡oye!; Br **~ presto!** ¡ale-hop!

heyday ['heɪdeɪ] n apogeo m, auge m; **in his/its ~** en pleno apogeo, en su mejor época; **the ~ of British theatre** el apogeo or auge del teatro británico

HF (abbr **high frequency**) frecuencia f alta, HF

HGV [eɪtʃdʒiː'viː] n Br (abbr **heavy goods vehicle**) vehículo m pesado or de gran tonelaje; **an ~ licence** un permiso para conducir vehículos pesados or de gran tonelaje, Esp ≃ un permiso de conducir del tipo C

HHS [eɪtʃeɪtʃ'es] n US (abbr **(Department of) Health and Human Services)** = ministerio estadounidense de sanidad y seguridad social
HI (abbr **Hawaii**) Hawai
hi [haɪ] exclam Fam ¡hola!
hiatus [haɪ'eɪtəs] n -1. (interruption) interrupción f, paréntesis m inv -2. (blank space) laguna f -3. MED ~ **hernia** hernia f de hiato
hibernate ['haɪbəneɪt] vi hibernar
hibernation [haɪbə'neɪʃən] n hibernación f; **to go into ~** hibernar, entrar en estado de hibernación
Hibernian [haɪ'bɜ:nɪən] ◇ n hibernés(esa) m,f, irlandés(esa) m,f
◇ adj hibernés(esa), irlandés(esa)
hibiscus [hɪ'bɪskəs] n hibisco m
hiccup, hiccough ['hɪkʌp] ◇ n -1. (sound) hipo m; **to have (the) hiccups** tener hipo; **it gave me the hiccups** me dio hipo -2. Fam (minor problem) traspié m, desliz m; **there's been some sort of ~ with the delivery** parece que ha habido algún problemilla con la entrega
◇ vi (pt & pp **hiccupped**) (repeatedly) tener hipo; (once) hipar
hick [hɪk] US Fam ◇ n pueblerino(a) m,f, Esp paleto(a) m,f, Méx paisa mf, RP pajuerano(a) m,f
◇ adj de pueblo, Esp paleto(a), Méx paisa, RP de afuera; **a ~ town** una aldeúcha
hickey [hɪkɪ] n US Fam -1. (lovebite) marca f (de un beso), Esp chupetón m, Am chupón m -2. (gadget) cacharro m, chisme m, CAm, Carib, Col vaina f, RP coso m
hickory ['hɪkərɪ] n (tree, wood) nogal m americano
hickory-smoked ['hɪkərɪ'sməʊkt] adj (ham, cheese) ahumado(a) con leña de nogal americano
hid pt of **hide**
hidden ['hɪdən] ◇ adj oculto(a); **to be ~** estar oculto(a); **she has ~ talents** tiene algunos talentos ocultos ❑ **~ agenda** objetivo m secreto; **~ extras** gastos mpl extras; COMPTR **~ file** archivo m or fichero m oculto; **~ hand** mano f oculta or negra; COMPTR **~ text** texto m oculto; **~ unemployment** desempleo m or Esp paro m encubierto
◇ pp of **hide**
hide¹ [haɪd] ◇ vt (pt **hid** [hɪd], pp **hidden** ['hɪdən]) -1. (conceal) esconder (**from** de); **they hid him from the police** lo escondieron de la policía or para que no lo encontrara la policía; **the town was hidden from view** no se podía ver el pueblo; **to ~ oneself** esconderse; **where have you been hiding yourself recently?** ¿dónde te metes últimamente?; **to ~ one's face in one's hands** taparse la cara con las manos; IDIOM **to ~ one's light under a bushel** no hacer alardes de las propias cualidades -2. (not reveal) (emotions, truth) ocultar; **to ~ the truth from sb** ocultarle la verdad a alguien; **to have nothing to ~** no tener nada que ocultar
◇ vi esconderse (**from** de); **to ~ behind an excuse/statistics** parapetarse tras or ampararse en alguna excusa/las estadísticas
◇ n Br (for birdwatching) puesto m de observación
◆ **hide away** ◇ vt esconder; **to ~ oneself away** esconderse
◇ vi esconderse
◆ **hide out** vi esconderse
hide² n -1. (skin) piel f -2. IDIOMS **to save one's ~** salvar el pellejo; Fam **to tan sb's ~** dar una buena paliza or tunda a alguien; **I'll have your ~ for that** como te agarre, te despellejo; **I haven't seen ~ nor hair of her** no le he visto el pelo
hide-and-seek ['haɪdən'si:k], US **hide-and-go-seek** ['haɪdəngəʊ'si:k] n escondite m, Am escondidas fpl; **to play ~** jugar al escondite
hideaway ['haɪdəweɪ] n escondite m, escondrijo m
hidebound ['haɪdbaʊnd] adj (person, attitude) retrógrado(a), encorsetado(a)

hideous ['hɪdɪəs] adj -1. (physically ugly) horrendo(a), horroroso(a) -2. (horrific) (conditions, situation) terrible, espantoso(a); (cruelty, crime) atroz, espantoso(a)
hideously ['hɪdɪəslɪ] adv -1. (deformed, wounded) horrorosamente, espantosamente -2. (cruel) horrorosamente, espantosamente -3. (as intensifier) **~ expensive** terriblemente or tremendamente caro, carísimo; **~ embarrassing** terriblemente or tremendamente embarazoso
hide-out ['haɪdaʊt] n guarida f, escondite m
hidey-hole ['haɪdɪhəʊl] n Fam escondite m, escondrijo m
hiding¹ ['haɪdɪŋ] n **to be in ~** (criminal, celebrity) estar escondido(a); (for political reasons) estar en la clandestinidad; **to go into ~** (criminal, celebrity) esconderse; (for political reasons) pasar a la clandestinidad; **to come out of ~** (criminal, celebrity) salir del escondite; (for political reasons) salir de la clandestinidad ❑ **~ place** escondite m
hiding² n Fam (beating, defeat) paliza f; **to give sb a ~** dar una paliza a alguien; IDIOM Br **to be on a ~ to nothing** no tener nada que hacer, estar perdiendo el tiempo
hie [haɪ] Archaic or Hum ◇ vt **~ thee hence!** ¡id presto!
◇ vi apresurarse, ir presto
hierarchic [haɪə'rɑ:kɪk], **hierarchical** [haɪə'rɑ:kɪkəl] adj jerárquico(a) ❑ COMPTR **~ file system** sistema m de archivos jerárquicos; COMPTR **~ menu** menú m jerárquico
hierarchically [haɪə'rɑ:kɪkəlɪ] adv jerárquicamente
hierarchy ['haɪərɑ:kɪ] n jerarquía f
hieroglyph ['haɪərəglɪf] n jeroglífico m
hieroglyphics [haɪərə'glɪfɪks] npl jeroglíficos mpl; Fam Fig (handwriting) garabatos mpl
hi-fi ['haɪfaɪ] ◇ n -1. (stereo system) equipo m de alta fidelidad -2. (reproduction) alta fidelidad f
◇ adj de alta fidelidad; **~ set** or **system** equipo m de alta fidelidad
higgledy-piggledy ['hɪgəldɪ'pɪgəldɪ] Fam ◇ adj embarullado(a)
◇ adv de cualquier manera, a la buena de Dios
high [haɪ] ◇ n -1. (peak) punto m álgido; Fam (from drugs) colocón m; **to reach a new ~** (in career, performance) alcanzar nuevas cotas de éxito; (unemployment, inflation) alcanzar un nuevo máximo or récord; **prices are at an all-time ~** los precios han alcanzado un máximo histórico; **to be on a ~** (from drugs) estar colocado(a); (from success) estar ebrio(a) de triunfo; **highs and lows** altibajos; **there have been more highs than lows** ha habido más momentos buenos que malos
-2. (setting) **I put the oven/iron on ~** puse la temperatura del horno/de la plancha en el máximo
-3. MET (area of high pressure) anticiclón m; (highest temperature) máxima f
-4. REL **on ~** en el cielo; **the Most High** el Altísimo; Fig **an order from on ~** una orden de arriba
◇ adj -1. (mountain, building) alto(a); **how ~ is it?** ¿qué altura tiene?; **it's 2 metres ~** tiene 2 metros de altura; **at ~ altitude** a mucha altitud; **the sun was ~ in the sky** el sol estaba alto; Fig **this reform is ~ on the agenda** or **list** esta reforma es prioritaria; Fig **to get on one's ~ horse about sth** echar un sermón sobre algo; **on the ~ seas** en alta mar ❑ **~ board** (in diving) palanca f; **~ diving** salto m de trampolín; **~ ground** terreno m elevado; **to gain the moral ~ ground** erigirse como autoridad moral; **~ heels** tacones mpl or Am tacos mpl altos; **~ jump** salto m de altura, Am salto m alto; IDIOM Br Fam **you'll be for the ~ jump** (will be punished) vas a cobrar, Esp te vas a enterar de lo que vale un peine; **~ jumper** saltador(ora) m,f de altura; **~ tide** marea f alta; **~ wire** cuerda f floja
-2. (price, speed, number, score, standards) alto(a), elevado(a); (frequency, temperature,

voltage) alto(a); (risk, danger) grande; (reputation) bueno(a), excelente; **the ~ quality of our products** la gran calidad de nuestros productos; **to be ~ in calories/fibre** tener alto contenido calórico/en fibra; **our chances of success remain ~** aún tenemos muchas posibilidades de éxito; **we had ~ hopes of winning** teníamos muchas esperanzas de ganar; **to have a ~ opinion of sb** tener una buena opinión de alguien; Pej **to have a ~ opinion of oneself** tener una alta opinión de sí mismo(a); **to hold sb in ~ esteem** or **regard** tener a alguien en gran estima; **the total could be as ~ as 150** el total podría alcanzar los 150; **at ~ speed** a gran velocidad; **the figure is in the ~ sixties** la cifra se acerca a setenta ❑ US AUT **~ beam** luces fpl largas or Am altas, luces fpl de carretera; **~ explosive** explosivo m de gran potencia; **~ fidelity** alta fidelidad f; AUT **~ gear** directa f, marcha f alta; Fig **they moved into ~ gear** comenzaron a dar todo de sí; Fam **~ jinks** juerga f, jarana f; Ironic **there'll be ~ jinks if my parents find out** como se enteren mis padres, se arma la gorda or les da un patatús; **~ point** punto m or momento m culminante; US Fam **~ roller** (gambler) jugador(ora) m,f; **the ~ season** la temporada alta; **~ spot** punto m or momento m culminante; **~ technology** alta tecnología f; LAW **~ treason** alta traición f; **~ winds** viento m fuerte
-3. (rank, position) elevado(a), alto(a); (honour, award, priority) alto(a); **to have a ~ profile** ser muy prominente or destacado(a); **to act all ~ and mighty** comportarse de forma arrogante; **he took a very ~ moral tone** adoptó un tono moral elevado; **to lead** or **live the ~ life** darse or pegarse la gran vida ❑ REL **~ altar** altar m mayor; **~ camp:** **in a style of ~ camp** con mucha pluma; REL **High Church** = sección de la iglesia anglicana más próxima al catolicismo; MIL **~ command** alto mando m; **High Commission** = embajada de un país de la Commonwealth en otro; **High Commissioner** = embajador de un país de la Commonwealth en otro; **High Court** Tribunal m Supremo; **~ fashion** alta costura f; **~ finance** altas finanzas fpl; **High German** alto alemán m; **High Mass** misa f solemne; **the High Middle Ages** la Alta Edad Media; **~ office:** **the pressures of ~ office** las presiones de ocupar un alto cargo; **~ priest** sumo sacerdote m; Fig **the ~ priests of fashion** los reyes de la alta costura; **~ priestess** suma sacerdotisa f; Fig **the ~ priestess of rock** la reina del rock; Old-fashioned **~ road** carretera f principal; Fig **the ~ road to success** la vía directa hacia el éxito; **~ school** (in US) instituto m de enseñanza secundaria (de 14 a 18 años); (in UK) instituto m de enseñanza secundaria (de 11 a 18 años); **~ society** alta sociedad f; Br **~ street** calle f principal; Br **the ~ street has been badly hit by the recession** el pequeño comercio se ha visto gravemente afectado por la recesión; Br **~ table** = mesa reservada para los profesores en los comedores de las universidades británicas, especialmente en Oxford y Cambridge
-4. (forehead) amplio(a), ancho(a); **to have ~ cheekbones** tener los pómulos salientes
-5. (river) crecido(a), alto(a)
-6. (in tone, pitch) agudo(a); Fig **~ note** (of career, performance) punto culminante
-7. (excited, cheerful) **in ~ spirits** muy animado(a); **spirits are ~ amongst the staff** el personal está muy animado; **we had a ~ old time** nos lo pasamos estupendamente
-8. (intensely emotional) **moments of ~ drama** momentos de gran dramatismo; **a tale of ~ adventure** una historia de emocionantes aventuras
-9. Br (complexion) **to have a ~ colour** tener los colores subidos

-10. (of time) it's ~ time you got yourself a job ya es hora de que te busques un trabajo ❑ **~ noon** (midday) mediodía m; **~ summer** pleno verano m; Br **~ tea** merienda f cena
-11. (in cards) aces are ~ el as es el más alto
-12. COMPTR **~ memory** memoria f alta; **~ resolution** alta resolución f
-13. (meat) pasado(a)
-14. GEOG (latitude) alto(a)
-15. LING (vowel) alto(a)
-16. (traditional) **a ~ Tory** un conservador de los de la vieja escuela; **~ Anglicans** = miembros de la iglesia anglicana más próximos al catolicismo en sus creencias y ceremonias
-17. Fam **to be ~** (on drugs) estar colocado(a) or RP entregado(a); Fig (on success, excitement) estar eufórico(a) (**on** de); US **to be ~ on sth** (keen, enthusiastic) estar muy metido(a) en; **to be as ~ as a kite** (from drugs) estar totalmente colocado(a), tener un colocón tremendo; Br (very excited) estar loco(a) de contento, Esp estar como una moto, Am estar saltando en una pata; **to get ~ (on sth)** (on drugs) colocarse (de algo), agarrar un colocón (de algo); Fig (on success) ponerse como una moto (con algo)
◇ adv **-1.** (with position) (to jump) alto; **the plate was piled ~ with cakes** el plato estaba lleno a rebosar de pasteles; **the building rose ~ above them** el edificio se elevaba hasta el cielo ante ellos; **prices have risen higher than ever before** los precios han subido más que nunca; Fig **to aim ~** apuntar alto, ponerse metas altas; **to be ~ up** (above ground) estar muy alto(a); (in organization) ocupar un puesto importante; **to hunt ~ and low for sth** buscar algo por todas partes
-2. (at or to a greater degree than normal) **they set the price/standards too ~** han puesto el precio/nivel demasiado alto; **I turned the heating up ~** puse la temperatura de la calefacción alta; **he rose higher in my esteem** mi admiración por él aumentó mucho; **feelings were running ~** los ánimos estaban exaltados or caldeados
-3. MUS **to sing ~** cantar en tono agudo
-4. IDIOMS Fam **to be left ~ and dry** quedarse en la estacada; US Fam **to live ~ on** or **off the hog** vivir a todo lujo or tren, Esp pegarse la vida padre

-high [haɪ] suffix **shoulder~** por los hombros, hasta los hombros, a la altura de los hombros; **waist~** por la cintura, hasta la cintura, a la altura de la cintura

high-angle [ˈhaɪˈæŋɡəl] adj CIN **~ shot** toma desde un ángulo alto

highball [ˈhaɪbɔːl] US ◇ n (drink) highball m ❑ **~ glass** vaso m alto or Esp de tubo
◇ vi avanzar a toda marcha

highbinder [ˈhaɪbaɪndə(r)] n US (politician) político(a) m,f corrupto(a)

high-born [ˈhaɪbɔːn] adj de alta alcurnia

highboy [ˈhaɪbɔɪ] n US cómoda f alta

highbrow [ˈhaɪbraʊ] ◇ n intelectual mf
◇ adj (tastes, movie, novel) intelectual, culto(a)

high-chair [ˈhaɪtʃeə(r)] n trona f

high-class [haɪˈklɑːs] adj (of high quality) de (alta) categoría; (person) de clase alta; **a ~ prostitute** una prostituta de lujo

high-coloured [haɪˈkʌləd] adj colorado(a), rubicundo(a)

high-definition [haɪdefɪˈnɪʃən] adj de alta definición ❑ **~ graphics** gráficos mpl de alta definición; **~ screen** pantalla f de alta definición; **~ television** televisión f de alta definición

high-density [haɪˈdensɪtɪ] adj **-1.** (housing) con muchos vecinos **-2.** COMPTR de alta densidad

high-end [ˈhaɪend] adj COMPTR de gama alta

high-energy [haɪˈenədʒɪ] adj (food, diet) con alto contenido energético

Higher [ˈhaɪə(r)] n **-1.** Scot SCH = examen final de estudios preuniversitarios ❑ **~ Still** = examen final de estudios superiores preuniversitarios **-2.** Br EDUC **~ National Certificate** = título de escuela técnica de grado medio (un año); **~ National Diploma** = título de escuela técnica de grado superior (dos años)

higher [ˈhaɪə(r)] adj **-1.** (at greater height) más alto(a) **-2.** (advanced) superior; **at a ~ level** a un nivel superior or más alto; **~ animals** animales superiores; **institute of ~ learning** instituto de estudios superiores ❑ **~ degree** título m de pos(t)grado; **~ education** educación f superior, estudios mpl superiores

higher-up [haɪəˈrʌp] n Fam **the higher-ups** los de arriba, los mandamases

highest [ˈhaɪəst] ◇ n máximo m
◇ adj **I have it on the ~ authority that...** lo sé de muy buena fuente que...; **this is the ~ temperature ever recorded** esta es la máxima temperatura jamás registrada; **she speaks of you in the ~ terms** te pone por todo lo alto ❑ MATH **~ common denominator** máximo común denominador m; MATH **~ common factor** máximo común divisor m

highfalutin [haɪfəˈluːtɪn] adj Fam pretencioso(a), petulante

high-fibre, US **high-fiber** [ˈhaɪfaɪbə(r)] adj (food, diet) rico(a) en fibra

high-five [ˈhaɪˈfaɪv] n US Fam palmada f en el aire (saludo entre dos)

high-flier, high-flyer [ˈhaɪˈflaɪə(r)] n (ambitious, successful person) persona f brillante y ambiciosa; **he's one of the company's high-fliers** es uno de los que más futuro tiene or que más promete en la empresa

high-flown [ˈhaɪˈfləʊn] adj **-1.** (language) altisonante, pomposo(a) **-2.** (ideas) vano(a)

high-flyer = **high-flier**

high-flying [ˈhaɪˈflaɪɪŋ] adj **-1.** (aircraft, bird) apto(a) para el vuelo de altura **-2.** (person) brillante y ambicioso(a), con un futuro prometedor

high-frequency [haɪˈfriːkwənsɪ] adj de alta frecuencia

high-grade [ˈhaɪɡreɪd] adj (beef, fruit) de primera calidad; (minerals, coal) de alto grado (de pureza)

high-handed [ˈhaɪˈhændɪd] adj despótico(a)

high-handedly [ˈhaɪˈhændɪdlɪ] adv despóticamente, de modo despótico

high-handedness [ˈhaɪˈhændɪdnɪs] n despotismo m

high-hat, hi-hat [ˈhaɪhæt] ◇ n **-1.** MUS charles m inv, chaston m **-2.** Fam (snob) engreído(a) m,f; **to give sb the ~** mirar a alguien por encima del hombro, darse aires con alguien
◇ adj Fam engreído(a)

high-heeled [ˈhaɪˈhiːld] adj de tacón, Am de taco alto

high-income [ˈhaɪˈɪŋkəm] adj de altos ingresos

highjack, highjacker etc = **hijack, hijacker** etc

highland [ˈhaɪlənd] adj de montaña ❑ **Highland cattle** = raza de ganado vacuno escocés de pelo largo rojizo y largos cuernos; **Highland dress** = traje regional típico de las Tierras Altas de Escocia; **Highland fling** = danza individual de ritmo vivo originaria de las Tierras Altas escocesas; **Highland games** = fiesta al aire libre con concursos de música tradicional, deportes rurales, etc., que se celebra en distintas localidades escocesas

highlander [ˈhaɪləndə(r)] n **-1.** (mountain dweller) montañés(esa) m,f **-2.** (Scottish) **Highlander** habitante mf de las Tierras Altas de Escocia

Highlands [ˈhaɪləndz] npl **the ~** (of Scotland) las Tierras Altas de Escocia; **the Kenyan/Guatemalan ~** las zonas montañosas or tierras altas de Kenia/Guatemala

high-level [ˈhaɪlevəl] adj **-1.** (talks, delegation, contacts) de alto nivel **-2.** COMPTR **~ format** formateado m de alto nivel; **~ language** lenguaje m de alto nivel

highlight [ˈhaɪlaɪt] ◇ n **-1.** (of performance, career) momento m cumbre; **the ~ of the party** el punto or momento culminante de la fiesta; **the news highlights** las noticias más destacadas; **highlights** (of game) (repetición f de las) jugadas fpl más interesantes, mejores momentos mpl
-2. (in hair) **highlights** (individual hairs) reflejos mpl; (thicker streaks) mechas fpl; **she has had highlights (put in her hair)** se ha dado reflejos/mechas (en el pelo)
◇ vt **-1.** (problem, difference) poner de relieve, destacar **-2.** (with pen) resaltar (con rotulador fluorescente) **-3.** (hair) dar reflejos/mechas en **-4.** COMPTR (text) resaltar

highlighter [ˈhaɪlaɪtə(r)] n (pen) rotulador m fluorescente, Col, RP resaltador m, Méx marcador m

highly [ˈhaɪlɪ] adv **-1.** (very) muy; **~ dangerous** muy peligroso(a), tremendamente peligroso(a); **~ intelligent** muy inteligente, enormemente inteligente; **~ paid** (muy) bien pagado(a); **it is ~ recommended** es altamente recomendable; **~ seasoned** muy condimentado(a) **-2.** (well) **to think ~ of sb** tener buena opinión de alguien; **to speak ~ of sth/sb** hablar bien de algo/alguien

highly-strung [ˈhaɪlɪˈstrʌŋ] adj **to be ~** ser muy nervioso(a)

high-minded [ˈhaɪˈmaɪndɪd] adj noble, elevado(a)

high-mindedness [ˈhaɪˈmaɪndɪdnɪs] n nobleza f, espíritu m elevado

high-necked [ˈhaɪˈnekt] adj de cuello alto

Highness [ˈhaɪnɪs] n **His/Her Royal ~** Su Alteza Real

high-octane [haɪˈɒkteɪn] adj de alto octanaje

high-performance [ˈhaɪpəˈfɔːməns] adj de alto rendimiento

high-pitched [ˈhaɪpɪtʃt] adj **-1.** (sound, voice) agudo(a) **-2.** (roof) empinado(a)

high-powered [ˈhaɪˈpaʊəd] adj **-1.** (engine, car, telescope, rifle) potente, de gran potencia **-2.** (person, job) de gran importancia, de altos vuelos

high-pressure [ˈhaɪˈpreʃə(r)] ◇ adj **-1.** (substance, container) a gran presión **-2.** MET **~ area** área de altas presiones **-3.** (methods, sales campaign) agresivo(a); (job, profession) de mucha responsabilidad
◇ vt US Fam apretar las tuercas or las clavijas a, presionar

high-profile [ˈhaɪˈprəʊfaɪl] adj **-1.** (person) prominente, destacado(a) **-2.** (campaign) de gran alcance

high-ranking [ˈhaɪˈræŋkɪŋ] adj de alto rango; **a ~ officer/official** un alto mando/funcionario

high-resolution [ˈhaɪrezəˈluːʃən] adj (screen, graphics) de alta resolución

high-rise [ˈhaɪˈraɪz] ◇ n (block of flats) bloque m, torre f
◇ adj **~ building** bloque m, torre f

high-risk [ˈhaɪrɪsk] adj **-1.** (dangerous) (strategy, investment) de alto riesgo; (sport) de riesgo **-2.** (at risk) de riesgo

high-roast [ˈhaɪˈrəʊst] adj (coffee) torrefacto(a)

high-season [ˈhaɪsiːzən] adj (prices) de temporada alta

high-sounding [ˈhaɪsaʊndɪŋ] adj altisonante

high-speed [ˈhaɪˈspiːd] adj de alta velocidad

high-spirited [ˈhaɪˈspɪrɪtɪd] adj (person) muy animado(a), exultante; (horse) brioso(a)

high-street [ˈhaɪstriːt] adj Br **~ banks** bancos comerciales; **~ shops** las tiendas principales del centro de la ciudad

high-strung [ˈhaɪˈstrʌŋ] adj US **to be ~** ser muy nervioso(a)

hightail [ˈhaɪteɪl] vt US Fam **to ~ it** largarse corriendo, Esp, RP pirarse, pirárselas; **he hightailed it home/out of there** se largó a su casa/de allí corriendo

high-tech, hi-tech ['haɪ'tek] *adj* **-1.** *(industry, equipment)* de alta tecnología **-2.** *(furniture)* de estilo high tech *or* industrial; *(style)* high tech, industrial
high-tension ['haɪ'tenʃən] *adj* de alta tensión
high-toned ['haɪ'təʊnd] *adj* **-1.** *(elevated) (discussion)* de tono elevado, de mucho nivel **-2.** *(superior) (person)* con aires de superioridad; *(attitude)* de superioridad
high-up ['haɪʌp] *adj Fam* importante
high-voltage ['haɪ'vɒltɪdʒ] *adj* de alta tensión, de alto voltaje
high-water ['haɪ'wɔːtə(r)] *n* marea *f* alta ❏ **~ mark** *(of tide)* nivel *m* de pleamar; *(of river)* nivel *m* de crecida; *Fig (of career)* cumbre *f*, cima *f*
highway ['haɪweɪ] *n* **-1.** *US (main road)* carretera *f*; *(freeway)* autopista *f*; IDIOM **it's ~ robbery!** ¡es un atraco a mano armada! ❏ **~ patrol** *(organization)* policía *f* de carreteras, *RP* policía *f* caminera; *(unit)* patrulla *f* de carreteras; **~ patrolman** policía *m* de carreteras, *RP* policía *m* caminero
-2. *Br Formal (road)* carretera *f*; *Fig* **to travel the highways and byways** recorrer hasta el último camino; *Fig* **he knows all the highways and byways of the subject/law** conoce todos los intríngulis *or* vericuetos de la materia/ley ❏ **Highway Code** código *m* de (la) circulación
highwayman ['haɪweɪmən] *n* bandolero *m*, salteador *m* de caminos
hi-hat = high-hat
hijack ['haɪdʒæk] ◇ *n* secuestro *m*
◇ *vt* **-1.** *(plane, car, train)* secuestrar; *(goods)* robar *or* interceptar en un asalto **-2.** *(campaign, public meeting)* apropiarse de
hijacker ['haɪdʒækə(r)] *n (of plane)* secuestrador(ora) *m,f*, pirata *mf* aéreo(a) *or* del aire; *(of car, train)* secuestrador(ora) *m,f*
hijacking ['haɪdʒækɪŋ] *n (of plane, car, train)* secuestro *m*; *(of goods)* robo *m* mediante asalto
hike [haɪk] ◇ *n* **-1.** *(walk)* excursión *f*, caminata *f*; **to go on** *or* **for a ~** darse una caminata; *Fam* **it's a bit of a ~ into town** de aquí al centro hay un buen paseo *or* una buena caminata; *US Fam* **(go) take a ~!** ¡vete a paseo *or* al diablo! **-2.** *(increase)* subida *f*; **price/tax ~** subida de precios/impuestos
◇ *vt (price, tax, interest rate)* subir
◇ *vi (walk)* caminar
● **hike up** *vt sep* **-1.** *(hitch up) (one's skirt, trousers)* subirse, remangarse **-2.** *(price, tax, interest rate)* subir
hiker ['haɪkə(r)] *n* excursionista *mf*, senderista *mf*
hiking ['haɪkɪŋ] *n* senderismo *m*, excursionismo *m*; **to go ~** hacer senderismo *or* excursionismo ❏ **~ boots** botas *fpl* de senderismo *or* excursionismo
hilarious [hɪ'leərɪəs] *adj* divertidísimo(a), graciosísimo; **we had a ~ time last night** ¡lo que nos pudimos reír anoche!
hilariously [hɪ'leərɪəslɪ] *adv* **~ funny** divertidísimo(a), graciosísimo; **a ~ inappropriate comment/dress** un comentario/vestido tan fuera de tono que resulta risible
hilarity [hɪ'lærɪtɪ] *n* hilaridad *f*
hill [hɪl] *n* **-1.** *(small mountain)* colina *f*, monte *m* ❏ **~ country** montes *mpl*, sierra *f*; **~ farm** granja *f* de montaña; **~ farmer** granjero(a) *m,f* montañés(esa)
-2. *(slope)* cuesta *f*; **to go down/up the ~** ir cuesta abajo/arriba ❏ **~ start** *(for car)* arranque *m* en cuesta
-3. *US POL* **on the Hill** en el Capitolio, en el Congreso
-4. IDIOMS **to be over the ~** *(past one's best)* no estar ya para muchos trotes; *US* **to go over the ~** *(go AWOL)* ausentarse sin permiso; *(disappear)* esfumarse; **up ~ and down dale, over ~ and dale** *(everywhere)* por todas partes; *US Fam* **it isn't worth a ~ of beans** no vale para nada
hillbilly ['hɪlbɪlɪ] *n US Pej* palurdo(a) *m,f* de la montaña ❏ **~ music** música *f* country

hillfort ['hɪlfɔːt] *n (Roman)* atalaya *f*; *(pre-Roman)* castro *m*
hilliness ['hɪlɪnɪs] *n* carácter *m* accidentado *or* montañoso
hillock ['hɪlək] *n* cerro *m*, collado *m*
hillside ['hɪlsaɪd] *n* ladera *f*
hilltop ['hɪltɒp] ◇ *n* cima *f*, cumbre *f*
◇ *adj (village)* en la cima de un monte
hillwalker ['hɪlwɔːkə(r)] *n Br* senderista *mf*
hillwalking ['hɪlwɔːkɪŋ] *n Br* senderismo *m*
hilly ['hɪlɪ] *adj (with hills)* con muchas colinas; *(with mountains)* accidentado(a), montañoso(a)
hilt [hɪlt] *n (of sword, dagger)* puño *m*, empuñadura *f*; IDIOM **to back sb to the ~** *(support)* apoyar sin reservas a alguien; **to be mortgaged (up) to the ~** *(person)* estar hipotecado(a) hasta el cuello; *(property)* estar todo hipotecado
him [hɪm] *pron* **-1.** *(direct object)* lo; **I hate ~** lo odio; **I like ~** me gusta; **kill ~!** ¡mátalo!; **I can forgive his son but not HIM** puedo perdonar a su hijo, pero no a él
-2. *(indirect object)* le; **I gave ~ the book** le di el libro; **I gave it to ~** se lo di; **give it to ~** dáselo (a él)
-3. *(after preposition)* él; **I talked to ~** hablé con él; **his mother lives near ~** su madre vive cerca de su casa; **it was meant for you, not for HIM** iba dirigido a ti, no a él
-4. *(as complement of verb* **to be***)* él; **it's ~!** ¡es él!; **it was ~ who did it** lo hizo él; *Fam* **the coat isn't really ~** el abrigo no va mucho con él
Himalayan [hɪmə'leɪən] *adj* himalayo(a)
Himalayas [hɪmə'leɪəz] *npl* **the ~** el Himalaya
himself [hɪm'self] *pron* **-1.** *(reflexive)* se; **he hurt ~** se hizo daño; **he introduced ~** se presentó; **he bought ~ a coat** se compró un abrigo; **he could see ~ reflected in the water** vio su imagen reflejada *or* se vio reflejado en el agua
-2. *(unaided, alone)* él solo; **he can do it ~** (él) puede hacerlo solo; **he made the pattern ~** él solo hizo el diseño
-3. *(emphatic)* él mismo; **he told me ~** me lo dijo él mismo; **he ~ did not believe it** él mismo no se lo creía; **he ~ saw them leave** él (mismo) los vio salir con sus propios ojos
-4. *(his usual self)* **he's not ~ today** hoy está un poco raro; **he's feeling ~ again** vuelve a sentirse el de siempre
-5. *(after preposition)* él; **he talks about ~ a lot** habla mucho de sí mismo; **he did it all by ~** lo hizo él mismo *or* él solo; **he lives by ~** vive solo; **he was all by ~** estaba (completamente) solo; **he bought it for ~** se lo compró para él; **he talks to ~** habla solo; **"how unfair!" he thought to ~** "¡qué injusto!" pensó para sus adentros
-6. *(replacing him')* **it is meant for people like ~** está pensado para gente como él
hind[1] [haɪnd] *adj* trasero(a), de atrás; **~ legs** patas traseras; IDIOM *Fam* **she could talk the ~ legs off a donkey** habla como una cotorra, habla por los codos
hind[2] *n (female deer)* cierva *f*
hinder ['hɪndə(r)] *vt (person)* estorbar; *(movements, operation, negotiations)* entorpecer; **progress was hindered by the weather** el avance se vio entorpecido por el mal tiempo; **to ~ sb in his/her work** suponer un obstáculo para el trabajo de alguien; **his shyness hindered him from making friends** su timidez le impedía hacer amigos
Hindi ['hɪndɪ] ◇ *n* hindi *m*
◇ *adj* hindi, del hindi
hindmost ['haɪndməʊst] *adj* posterior, postrero(a)
hindquarters ['haɪndkwɔːtəz] *npl* cuartos *mpl* traseros
hindrance ['hɪndrəns] *n* **-1.** *(person)* estorbo *m*; *(thing)* impedimento *m*, traba *f*; **you'll be more of a ~ than a help** vas a estorbar, más que ayudar **-2.** *(action)* **without any ~ from the authorities** sin que las autoridades pusieran ningún impedimento

hindsight ['haɪndsaɪt] *n* retrospección *f*; **with the benefit** *or* **wisdom of ~** con la perspectiva que da el tiempo
Hindu ['hɪnduː] ◇ *n* hindú *mf*
◇ *adj* hindú *mf*
Hinduism ['hɪnduːɪzəm] *n* hinduismo *m*
Hindustan [hɪndʊ'stɑːn] *n* el Indostán
Hindustani [hɪndʊ'stɑːnɪ] ◇ *n (language)* indostaní *m*
◇ *adj* indostánico(a), indostaní
hinge [hɪndʒ] ◇ *n* **-1.** *(of door, lid, box)* bisagra *f*; **to take a door off its hinges** sacar una puerta del quicio ❏ **~ joint** (articulación *f* de) charnela *f* **-2. (stamp)** **~ charnela** *f*
◇ *vt (door, box)* poner bisagras a
● **hinge on, hinge upon** *vt insep (depend on)* depender de
hinged [hɪndʒd] *adj* con bisagras, de bisagra
hint [hɪnt] ◇ *n* **-1.** *(allusion)* indirecta *f*, insinuación *f*; **to give** *or* **drop sb a ~** lanzar a alguien una indirecta; **to be able to take a ~** saber pillar *or Esp* coger *or Am* agarrar una indirecta; **OK, I can take a ~** eso va por mí ¿no?, vale, ya entiendo; *Hum* **I just love plain chocolate, ~, ~** me encanta el chocolate: a buen entendedor... (pocas palabras bastan)
-2. *(clue)* pista *f*; **give me a ~** dame una pista
-3. *(sign, trace)* atisbo *m*, rastro *m*; **a ~ of irony/anger** un atisbo de ironía/enojo; **not a ~ of surprise** ni un asomo de sorpresa; **a ~ of garlic** un ligero gusto a ajo; **a ~ of green/red** un toque de verde/rojo; **there's a ~ of spring in the air** ya se notan atisbos de la primavera
-4. *(piece of advice)* consejo *m*; **I gave her a few helpful hints** le di algunos consejos útiles
◇ *vt* **to ~ that...** insinuar que...
◇ *vi (give clues)* dar pistas
● **hint at** *vt insep* insinuar, hacer alusión a; **what are you hinting at?** ¿qué insinúas *or* estás insinuando?
hinterland ['hɪntəlænd] *n* región *f* interior
hip[1] [hɪp] *n* **-1.** *(part of body)* cadera *f*; **with one's hands on one's hips** con los brazos en jarras; **to be broad/narrow in the hips** ser ancho(a)/estrecho(a) de caderas; IDIOM **to shoot from the ~** *(speak bluntly)* llamar a las cosas por su nombre, no andar mordiéndose la lengua; *(speak rashly)* hablar a la ligera ❏ *Br* **~ bath** baño *m* de asiento; **~ bone** hueso *m* de la cadera; **~ flask** petaca *f*; **~ joint** articulación *f* de la cadera; **~ operation** (operación *f* de) trasplante *m* de cadera; **~ pocket** bolsillo *m* trasero; MED **~ replacement** (operación *f* de) trasplante *m* de cadera
-2. CONSTR *(part of roof)* lima *f* tesa
hip[2] *n (berry)* escaramujo *m*
hip[3] *Fam* ◇ *adj (trendy)* moderno(a), a la última, *Am* de onda; **she's ~ to all the latest trends** está al tanto de todas las nuevas tendencias
◇ *vt US* **to ~ sb to sth** poner a alguien al tanto de algo
hip-hop ['hɪphɒp] *n* MUS hip-hop *m*
hip-huggers ['hɪphʌɡəz] *npl US* pantalones *mpl* de cintura baja, pantalones *mpl* por la cadera
-hipped [hɪpt] *suffix* **broad/narrow~** ancho/estrecho de caderas
hippie = hippy[1]
hippo ['hɪpəʊ] *(pl* **hippos***) n Fam* hipopótamo *m*
hippocampus [hɪpəʊ'kæmpəs] *(pl* **hippocampi** [hɪpəʊ'kæmpaɪ]*) n* ANAT hipocampo *m*
Hippocrates [hɪ'pɒkrətiːz] *pr n* Hipócrates
Hippocratic oath [hɪpə'krætɪk'əʊθ] *n* juramento *m* hipocrático
hippodrome ['hɪpədrəʊm] *n* **-1.** *(theatre)* teatro *m* de variedades **-2.** HIST *(racecourse)* circo *m*, hipódromo *m*
hippopotamus [hɪpə'pɒtəməs] *(pl* **hippopotami** [hɪpə'pɒtəmaɪ]*) n* hipopótamo *m*
hippy[1]**, hippie** ['hɪpɪ] *n* hippy *mf*
hippy[2] *adj* ancho(a) de caderas

hipsters ['hɪpstəz] *npl* pantalones *mpl* de cintura baja, pantalones *mpl* por la cadera

hire ['haɪə(r)] ◇ *n* **-1.** *Br (of car, room, suit)* alquiler *m*, *Méx* renta *f*; **for ~** *(taxi)* libre; **bicycles for ~** *(sign)* se alquilan *or Méx* rentan bicicletas; **it's out on ~** está alquilado(a) ▫ **~ car** coche *m or Am* carro *m or CSur* auto *m* de alquiler, *Méx* carro *m* rentado **-2.** *(cost) (of car, boat)* alquiler *m*; *(of worker)* salario *m*
◇ *vt* **-1.** *Br (car, room, suit)* alquilar, *Méx* rentar **-2.** *(lawyer, worker)* contratar
◇ *vi (recruit staff)* contratar personal; **with authority to ~ and fire** con libertad para contratar o y despedir a la gente

➤ **hire on** *vi US (take a job)* conseguir trabajo, colocarse

➤ **hire out** ◇ *vt sep Br (boat, bicycle)* alquilar, *Méx* rentar; *(one's services)* ofrecer
◇ *vi US* **to ~ out as** *(offer one's services)* ofrecerse como, trabajar de

hired ['haɪəd] *adj (car, suit)* alquilado(a) ▫ **~ gun** *(killer)* pistolero *m* a sueldo; *Pej (expert)* mercenario(a) *m,f*; **~ gunman** pistolero *m* a sueldo; **~ hand** *(on farm)* jornalero(a) *m,f*; **~ killer** asesino(a) *m,f* a sueldo

hireling ['haɪəlɪŋ] *n Pej* mercenario(a) *m,f*

hire-purchase ['haɪə'pɜːtʃɪs] *n Br* COM compra *f* a plazos; **to buy sth on ~** comprar algo a plazos ▫ **~ agreement** contrato *m* de compra a plazos

hi-res ['haɪ'rez] *adj Fam (abbr* **high-resolution)** de alta resolución

hirsute ['hɜːsjuːt] *adj Literary* hirsuto(a)

his [hɪz] ◇ *possessive adj* **-1.** *(singular)* su; *(plural)* sus; **~ dog** su perro; **~ parents** sus padres; **I took ~ motorbike** tomé su moto; *(contrasting with hers or theirs)* tomé el moto de él; **what's ~ name?** ¿cómo se llama?; **it wasn't HIS idea!** ¡no fue idea suya!; **they were upset at ~ mentioning it** les sentó mal que lo mencionara; **that wasn't ~ understanding** no lo entendió así
-2. *(for parts of body, clothes)* **~ eyes are blue** tiene los ojos azules; **he hit ~ head** se dio un golpe en la cabeza; **he washed ~ face** se lavó la cara; **he put ~ hands in ~ pockets** se metió las manos en los bolsillos
◇ *possessive pron* **-1.** *(singular)* el suyo *m*, la suya *f*; *(plural)* los suyos *mpl*, las suyas *fpl*; *(to distinguish)* el/la/los/las de él; **my house is big but ~ is bigger** mi casa es grande, pero la suya es mayor; **she didn't have a book so I gave her ~** ella no tenía libro, así que le di el de él; **it must be one of ~** debe de ser uno de los suyos; **it wasn't her fault, it was HIS** no fue culpa de ella, sino de él; **~ is the work I admire most** su obra es la que más admiro; **a set of ~ and hers towels** juego de toallas para él y para ella
-2. *(used attributively) (singular)* suyo(a); *(plural)* suyos(as); **this book is ~** este libro es suyo; **a friend of ~** un amigo suyo; **I can't stand that girlfriend/dog of ~** no soporto a su novia/perro, no soporto a esa novia/ese perro que tiene
-3. *Fam (his house, flat)* su casa; **we all went back to ~** volvimos todos a su casa

Hispanic [hɪs'pænɪk] ◇ *n US* hispano(a) *m,f*
◇ *adj* hispánico(a), hispano(a)

Hispanic-American [hɪs'pænɪkə'merɪkən] ◇ *n* hispano(a) *m,f*
◇ *adj* hispano(a)

Hispanicist = Hispanist

hispanicize [hɪs'pænɪsaɪz] *vt* hispanizar

Hispanist ['hɪspənɪst], **Hispanicist** [hɪs'pænɪsɪst] *n* hispanista *mf*

Hispanophile [hɪs'pænəfaɪl] *n* hispanófilo(a) *m,f*

hiss [hɪs] ◇ *n* **-1.** *(sound) (of gas, snake)* silbido *m*; *(of goose)* graznido *m* **-2.** *(of person) (to attract sb's attention)* siseo *m*, *Andes, RP* chistido *m*; *(to express disapproval)* silbido *m*
◇ *vt* **-1.** *(say quietly)* susurrar, musitar; **"come here!" he hissed** "¡ven aquí!" susurró **-2.** *(express disapproval of) (bad performer, speaker)* silbar, abuchear; **the audience hissed its disapproval** el público silbó en señal de desaprobación
◇ *vi* **-1.** *(gas, snake)* silbar; *(goose)* graznar
-2. *(expressing disapproval)* silbar

hissy ['hɪsɪ] *US Fam* ◇ *n* rabieta *f*
◇ *adj* **to have a ~ fit** agarrar *or Esp* coger una rabieta

hist [hɪst] *exclam* ¡chsss!, ¡chist!, ¡chis!

histamine ['hɪstəmiːn] *n* BIOCHEM histamina *f*

histogram ['hɪstəgræm] *n* histograma *m*

histological [hɪstə'lɒdʒɪkəl] *adj* histológico(a)

histologist [hɪs'tɒlədʒɪst] *n* histólogo(a) *m,f*

histology [hɪ'stɒlədʒɪ] *n* histología *f*

histopathological ['hɪstəʊpæθə'lɒdʒɪkəl] *adj* histopatológico(a)

histopathology ['hɪstəʊpə'θɒlədʒɪ] *n* histopatología *f*

historian [hɪs'tɔːrɪən] *n* historiador(ora) *m,f*

historic [hɪs'tɒrɪk] *adj* **-1.** *(memorable, significant)* memorable, histórico(a); **a ~ an ~ event** un acontecimiento *or* hecho histórico **-2.** *(of time past)* histórico(a); **~ buildings/monuments** edificios/monumentos históricos

historical [hɪs'tɒrɪkəl] *adj* **-1.** *(relating to history, the past)* histórico(a); **it's a ~ an ~ fact** es un hecho histórico; **to be of (merely) ~ interest** ser de interés (meramente *or* puramente) histórico ▫ **linguistics** lingüística *f* histórica; **~ method** método *m* histórico; **~ novel** novela *f* histórica **-2.** PHIL **~ materialism** materialismo *m* histórico **-3.** GRAM **~ present** presente *m* histórico

historically [hɪs'tɒrɪklɪ] *adv* históricamente; **~, such attempts have usually failed** a lo largo de la historia *or* tradicionalmente, ha sido habitual el fracaso de intentos de este tipo

historicism [hɪ'stɒrɪsɪzəm] *n* historicismo *m*

historicity [hɪstə'rɪsɪtɪ] *n* veracidad *f* (histórica), carácter *m* verídico

historiography [hɪstɒrɪ'ɒgrəfɪ] *n* historiografía *f*

history ['hɪstərɪ] *n* **-1.** *(the past, subject)* historia *f*; **the ~ of Spain, Spanish ~** la historia de España, la historia española; **ancient/modern ~** historia antigua/moderna; **~ book/teacher** libro *m*/profesor(ora) *m,f* de historia; **throughout ~** a través de *or* a lo largo de (toda) la historia; **the worst crash in aviation ~** *or* **the ~ of aviation** el peor accidente de la historia de la aviación; **to go down in ~ as...** pasar a (los anales de) la historia como...; **to make ~** hacer historia; **the rest is ~...** el resto *or* lo demás ya es historia, el resto es ya algo sabido
-2. *(account)* historia *f*; **Shakespeare's histories** *or* **plays** las obras históricas de Shakespeare
-3. *(record)* **employment ~** trayectoria *or* historial profesional; **medical ~** historia clínica, historial médico *or* clínico; **to have a ~ of...** MED tener antecedentes en el historial clínico de...; *(by reputation)* tener un largo historial de...; **the entire family has a ~ of political activity** toda la familia cuenta con una larga trayectoria política; *Fam* **there's a lot of ~ between them** han ocurrido muchas cosas entre ellos, *Am* ha pasado mucha agua bajo ese puente
-4. *Fam Fig (finished, irrelevant)* **that's ~** eso pasó a la historia; **they used to date but they're ~ now** solían salir *or Esp* quedar juntos, pero eso ya pasó a la historia; **you're ~!** ¡de ésta no te salva nadie!, ¡estás perdido, amigo!

histrionic [hɪstrɪ'ɒnɪk] *adj Pej* histriónico(a), teatral

histrionically [hɪstrɪ'ɒnɪk(ə)lɪ] *adv (to say, behave)* histriónicamente

histrionics [hɪstrɪ'ɒnɪks] *npl Pej* histrionismo *m*, teatralidad *f*

hit [hɪt] ◇ *n* **-1.** *(blow)* golpe *m*; *(in American football, rugby)* placaje *m*; *(in fencing)* tocado *m*; *(in shooting)* impacto *m*; **to score a direct ~** dar de lleno en el blanco; **the air base took a direct ~** la bomba alcanzó directamente a la base aérea
-2. *(critical remark)* pulla *f*; **that was a ~ at me** la pulla iba dirigida a mí
-3. *(in baseball)* hit *m*, batazo *m* de base
-4. *(success)* éxito *m*; *(record)* (disco *m* de) éxito *m*; **she had two top-ten hits** dos de sus discos estuvieron entre los diez más vendidos; **The Rolling Stones' Greatest Hits** los grandes éxitos de los Rolling Stones; **the canapés were a real ~** los canapés fueron todo un éxito; **you were a real ~ with my friends** le caíste fenomenal a mis amigos ▫ *Old-fashioned* **~ parade** lista *f* de éxitos
-5. COMPTR *(visit to web site)* acceso *m*, visita *f*; *(in search)* aparición *f*; **this website counted 20,000 hits last week** 20.000 personas han visitado esta página web durante la semana pasada
-6. *Fam (murder)* asesinato *m* ▫ **~ list** lista *f* negra; **~ man** asesino *m* a sueldo; **~ squad** banda *f* de asesinos
-7. *Fam (of drug) (puff)* tiro *m*, *Méx* fumada *f*, *RP* pitada *f*; *(injection)* pico *m*, *RP* pichicata *f*
◇ *adj (successful)* de mucho éxito; **~ record** (disco *m* de) éxito
◇ *vt (pt & pp* **hit)** **-1.** *(of person)* golpear; **he hits his wife** pega a su mujer; **to ~ one's hand/knee (on** *or* **against sth)** darse un golpe en la mano/rodilla (con algo); **he ~ me in the face/on the head** me pegó en la cara/cabeza; **to ~ a ball** golpear una pelota *or* bola; *Fig* **he didn't know what had ~ him** no sabía lo que le pasaba; *Fig* **to ~ sb when they are down** ensañarse con alguien; *Fig* **to ~ sb where it hurts** dar a alguien donde más le duele
-2. *(of vehicle) (tree, bus)* chocar contra; *(person)* atropellar; **the boat ~ a reef** el barco chocó contra un arrecife
-3. *(attack) (enemy)* atacar
-4. *(reach) (target)* alcanzar; **his shot ~ the post** su disparo dio en el poste; **the bullet ~ him in the leg** la bala le dio en *or* le alcanzó la pierna; **the air base was ~ by the bomb** la bomba alcanzó la base aérea; **to ~ a note** llegar a *or* dar una nota; **to ~ the jackpot** ganar el premio gordo; **his insult ~ the mark** su insulto dio en el blanco; *Fam* **that whisky really ~ the spot!** este whisky es justo lo que necesitaba
-5. *(arrive at) (barrier, difficulty)* toparse *or* encontrarse con; **we ~ the outskirts of Paris just after dawn** llegamos a las afueras de París justo después del amanecer; **the typhoon ~ the capital at midday** el tifón alcanzó la ciudad a mediodía; **the circus hits town tomorrow** el circo llega mañana a la ciudad; **it hits the shops next week** estará a la venta la próxima semana; **to ~ 90 (miles an hour)** alcanzar las 90 millas por hora; **to have ~ an all-time low** *(investment)* haber alcanzado un mínimo histórico; *Fig (relationship)* estar por los suelos; **to ~ the headlines** salir en los titulares
-6. *(affect)* afectar; **the company has been badly ~ by the recession** la empresa se ha visto muy afectada por la recesión; **to be hard ~ by...** verse muy afectado(a) por...; **the worst ~ areas** las áreas más afectadas
-7. *(operate) (button, switch)* darle a; COMPTR *(key)* pulsar; **to ~ the brakes** pisar el freno
-8. *(score)* **to ~ a home run** *(in baseball)* hacer un home-run, *Am* jonronear
-9. *(occur to)* **it suddenly ~ me that...** de repente me di cuenta de que...; **the solution suddenly ~ me** de repente se me ocurrió la solución, de repente di con la solución
-10. *Fam* **to ~ sb for sth** *(ask favour from)* sacar algo a alguien
-11. *Fam (murder)* cargarse a, *Méx* echarse a, *RP* amasijar a
-12. IDIOMS *Fam* **to ~ the big time** alcanzar la fama; *US* **to ~ the bricks** *(go on strike)* ir a la huelga; **to ~ the ceiling** *or* **the roof** *(lose one's temper)* ponerse hecho(a) una furia; *Fig* **to ~ the ground running** empezar con brío; *US Fam* **to ~ the books** hacer codos; *Fam* **to ~ the bottle** empinar el codo; *US*

Fam **to ~ the gas** pisar el acelerador, darle al acelerador; *Fam* **to ~ the hay** irse al sobre; **to ~ the nail on the head** dar en el clavo; *Fam* **to ~ the road** *(leave)* ponerse en marcha, largarse; *Fam* **to ~ the sack** irse al sobre
◇ *vi* **-1.** *(strike)* golpear
-2. *(collide)* estrellarse, chocar
-3. *(reach target) (bullet, bomb)* dar en el blanco
-4. *(arrive)* llegar; **the hurricane ~ at midday** el huracán llegó a mediodía; **the full implications only ~ home later** no nos dimos cuenta de todas las consecuencias hasta más tarde
➤ **hit back** ◇ *vt sep* **to ~ sb back** devolver el golpe a alguien; **to ~ the ball back** devolver la pelota
◇ *vi (return blow)* devolver el golpe; *Fig (with answer, accusation, criticism)* responder (**at** a); **to ~ back at the enemy** responder al enemigo
➤ **hit off** *vt sep* **-1.** *Fam* **to ~ it off** *(get on well)* caerse bien; **I didn't ~ it off with them** no nos caímos bien **-2.** *(depict) (in impersonation)* imitar; *(in painting, drawing)* retratar; *(in prose description)* describir
➤ **hit on** *vt insep* **-1.** *(idea, solution)* dar con
-2. *US Fam (flirt with)* intentar seducir a, *Esp* tirar los tejos a, *Méx* echarle los perros a, *RP* cargar a
➤ **hit out** *vi (physically)* lanzar golpes (**at** contra); *(verbally)* lanzar ataques (**at** or **against** contra)
➤ **hit up** *vt sep* **-1.** *US Fam* **she ~ me up for $10** me sacó 10 dólares **-2.** *Fam* **to ~ it up** *(inject drugs)* inyectarse, *Esp* chutarse, *RP* picarse
➤ **hit upon** *vt insep (idea, solution)* dar con
hit-and-miss = **hit-or-miss**
hit-and-run ['hɪtən'rʌn] *adj* **he was knocked down in a ~ accident** lo atropelló un coche que se dio a la fuga; MIL **a ~ attack** un ataque relámpago ❏ **~ driver** = conductor que huye tras atropellar a alguien
hitch [hɪtʃ] ◇ *n* **-1.** *(difficulty)* contratiempo *m*; **there's been a ~** ha surgido un contratiempo *or* una contrariedad *or* un problema; **without a ~** sin ningún contratiempo
-2. *(knot)* nudo *m*
-3. *(pull, lift)* **to give sth a ~ (up)** subir algo de un tirón
-4. *(ride)* viaje *m* en coche, *CAm, Méx* aventón *m*, *Col* chance *m*, *Cuba* botella *f*, *Perú* jalada *f*, *Ven* cola *f*
-5. ~ kick *(in long jump)* movimiento *m* de pedaleo
-6. *US (limp)* cojera *f*, renquera *f*
-7. *US (towbar)* barra *f* de remolque *or* tracción
-8. *US Fam (length of time)* período *m*; **he did a three-year ~ in prison/the army** pasó un período de tres años en la cárcel/el ejército (de tierra)
◇ *vt* **-1.** *(attach)* enganchar (**to** a); *Fig* **the opportunists who have hitched themselves to her campaign** los oportunistas que se han subido al carro de su campaña
-2. *Fam* **to get hitched** *(marry)* casarse
-3. *Fam* **to ~ a lift to...** ir en autostop *or* a dedo a..., *CAm, Méx* irse de aventón a..., *Ven* conseguir cola hasta...; **she has hitched her way round Europe** ha recorrido Europa a dedo *or CAm, Méx* de aventón
◇ *vi Fam* hacer autostop *or* dedo, pedir *CAm, Méx* aventón *or Col* chance *or Cuba* botella *or Perú* una jalada *or Ven* cola
➤ **hitch up** *vt sep* **-1.** *(trousers, skirt)* subirse
-2. *(horse, oxen)* enganchar; *(caravan, trailer)* enganchar
hitcher ['hɪtʃə(r)] *n* autoestopista *mf*, *Ven* colero(a) *m,f*
hitchhike ['hɪtʃhaɪk] ◇ *vt* **to ~ one's way round Europe** recorrer(se) Europa a dedo *or CAm, Méx* de aventón, viajar por Europa en *or* haciendo autostop *or CAm, Méx* de aventón
◇ *vi* hacer autostop *or* dedo, pedir *CAm,*

Méx aventón *or Col* chance *or Cuba* botella *or Perú* una jalada *or Ven* cola; **to ~ to London** ir a Londres a dedo, *CAm, Méx* ir hasta Londres de aventón
hitchhiker ['hɪtʃhaɪkə(r)] *n* autoestopista *mf*, *Ven* colero(a) *m,f*
hi-tech = **high-tech**
hither ['hɪðə(r)] *adv Literary* acá; **~ and thither** de acá para allá
hitherto ['hɪðə'tu:] *adv Formal* hasta la fecha
Hitlerism ['hɪtlərɪzəm] *n* hitlerismo *m*
Hitlerite ['hɪtləraɪt] ◇ *n* hitleriano(a) *m,f*
◇ *adj* hitleriano(a)
Hitler Youth ['hɪtlə'ju:θ] *n* Juventudes *fpl* Hitlerianas
hit-or-miss ['hɪtɔ:'mɪs], **hit-and-miss** [hɪtən'mɪs] *adj (method, approach)* al azar, al tuntún, *RP* a la que te criaste; **it's all a bit ~** todo sale un poco a la buena de Dios; **the service here is a bit ~** el servicio aquí nunca se sabe cómo va a ser
Hittite ['hɪtaɪt] ◇ *n* **-1.** *(person)* hitita *mf* **-2.** *(language)* hitita *m*
◇ *adj* hitita
HIV [eɪtʃaɪ'vi:] *n (abbr* **human immuno-deficiency virus)** VIH *m*, virus *m inv* de la inmunodeficiencia humana; **to be ~ positive/negative** ser/no ser seropositivo/a
hive [haɪv] *n (for bees)* colmena *f*; *(group of bees)* enjambre *m*; *Fig* **a ~ of activity** un hervidero de actividad
➤ **hive off** *vt sep (sell)* desprenderse de; **they intended to ~ off the profitable parts of the company then shut the remainder down** tenían la intención de vender por separado el sector más rentable de la empresa y liquidar el resto
hives [haɪvz] *npl* MED urticaria *f*
hiya ['haɪjə] *exclam Fam* ¡hola!, ¿qué hay?
HM [eɪtʃ'em] *(abbr* **Her/His Majesty)** S. M.
HMG [eɪtʃem'dʒi:] *n Br (abbr* **Her/His Majesty's Government)** el Gobierno de Su Majestad
HMI [eɪtʃem'aɪ] *n* EDUC *Formerly* **-1.** *(abbr* **Her/His Majesty's Inspectorate)** = organismo británico de inspección de enseñanza **-2.** *(abbr* **Her/His Majesty's Inspector)** inspector(ora) *m,f* de enseñanza
HMMV ['hʌmvi:] *n US (abbr* **high-mobility multipurpose vehicle)** vehículo *m* polivalente de alta movilidad, *Esp* ≃ VAMTAC
HMO [eɪtʃem'eʊ] *n US (abbr* **Health Maintenance Organization)** = Organización para el Mantenimiento de la Salud
HMS [eɪtʃem'es] *n* NAUT *(abbr* **Her/His Majesty's Ship)** = título que precede a los nombres de buques de la marina británica
HMSO [eɪtʃemes'əʊ] *n Br Formerly (abbr* **Her/His Majesty's Stationery Office)** = imprenta (oficial) del Estado
HNC [eɪtʃen'si:] *n Br* EDUC *(abbr* **Higher National Certificate)** = título de escuela técnica de grado medio (un año)
HND [eɪtʃen'di:] *n Br* EDUC *(abbr* **Higher National Diploma)** = título de escuela técnica de grado superior (dos años)
HO [eɪtʃ'əʊ] *n US (abbr* **habitual offender)** delicuente *mf* habitual, reincidente *mf*
ho [həʊ] *exclam* **-1.** *(attracting attention)* ¡eh!, ¡oye!, *RP* ¡ey! **-2.** *(imitating laughter)* **ho ho!** ¡jo, jo!
hoagie ['həʊgɪ] *n US Fam (sandwich) Esp* bocadillo *m or Am* sándwich *m or Méx* torta *f or RP* refuerzo *m* en una barra entera de pan
hoar [hɔ:(r)] *Literary* ◇ *n (hoarfrost)* escarcha *f*
◇ *adj (white)* canoso *m*
hoard [hɔ:d] *n* ◇ *(of food)* provisión *f*; *(of money)* reserva *f* (secreta); **he has a whole ~ of stories** tiene todo un repertorio *or* toda una colección de historias; **a squirrel's ~ of nuts** la provisión de frutos secos de una ardilla
◇ *vt (food)* hacer acopio de; *(money)* atesorar
◇ *vi* acopiar *or* acaparar provisiones
hoarder ['hɔ:də(r)] *n* acaparador(ora) *m,f*

hoarding ['hɔ:dɪŋ] *n* **-1.** *(of food, money)* acaparamiento *m*, acopio *m* **-2.** *Br (display board)* valla *f* publicitaria **-3.** *(temporary fence)* valla *f* (provisional)
hoarfrost ['hɔ:frɒst] *n* escarcha *f*
hoarse [hɔ:s] *adj* ronco(a); **to be** *or* **sound ~** estar ronco(a); **to shout oneself ~** desgañitarse, gritar hasta ponerse ronco(a)
hoarsely ['hɔ:slɪ] *adv* con la voz ronca
hoarseness ['hɔ:snɪs] *n* ronquera *f*, ronquedad *f*
hoary ['hɔ:rɪ] *adj* **-1.** *(white)* canoso(a) **-2.** *(old)* viejo(a); **a ~ old joke** un chiste muy antiguo *or* antediluviano
hoatzin [həʊ'ætsɪn] *n* hoatzin *m*, chenchena *f*
hoax [həʊks] ◇ *n* engaño *m*; **the story turned out to be a ~** la historia resultó ser falsa *or Esp* un bulo; **to play a ~ on sb** engañar a alguien; **bomb ~** falso aviso de bomba ❏ **~ caller** = persona que da falsas alarmas por teléfono
◇ *vt* engañar
hoaxer ['həʊksə(r)] *n* bromista *mf*
hob [hɒb] *n* **-1.** *(on cooker)* fuego *m*, *Andes, Esp, Méx* hornilla *f*, *RP* hornalla *f* **-2.** *(on hearth)* plancha *f*
hobble ['hɒbəl] *vi* cojear
hobble ['hɒbəl] ◇ *vi* cojear, *Andes, RP* renguear; **she hobbled across the street** atravesó la calle cojeando
◇ *vt (horse)* apear, maniatar
◇ *n* **-1.** *(limp)* cojera *f*, *Andes, RP* renguera *f*; **to walk with a ~** cojear, *Andes, RP* renguear **-2.** *(for horse)* maniota *f*, manea *f* **-3. ~ skirt** falda *f* larga de tubo
hobbledehoy ['hɒbəldɪhɔɪ] *n* zangolotino *m*
hobby ['hɒbɪ] *n* **-1.** *(pastime)* afición *f*, hobby *m* **-2.** *(bird)* alcotán *m*
hobbyhorse ['hɒbɪhɔ:s] *n* **-1.** *(toy)* caballito *m* de juguete **-2.** *(favourite subject)* tema *m* favorito; **he's off on his ~ again** ya está con la misma cantinela *or* canción de siempre
hobbyist ['hɒbɪɪst] *n* aficionado(a) *m,f*
hobgoblin [hɒb'gɒblɪn] *n* diablillo *m*, duende *m*
hobnail ['hɒbneɪl] *n* tachuela *f*
hobnail(ed) boot ['hɒbneɪl(d)'bu:t] *n* bota *f* de suela claveteada
hobnob ['hɒbnɒb] *(pt & pp* hobnobbed*) vi Fam* **to ~ with sb** codearse con alguien
hobo ['həʊbəʊ] *(pl* **hoboes** *or* **hobos***) n US* **-1.** *(tramp)* vagabundo(a) *m,f*, indigente *mf* **-2.** *(itinerant worker)* peón *m*, jornalero(a) *m,f*
Hobson's choice ['hɒbsənz'tʃɔɪs] *n* **it's ~** no hay otra elección, *Esp* esto son lentejas, si quieres las tomas y si no, las dejas
hock¹ [hɒk] *n (wine)* = vino blanco alemán del valle del Rin
hock² *n* **-1.** *(joint)* corvejón *m*, jarrete *m* **-2.** *(piece of meat)* codillo *m*
hock³ *Fam* ◇ *n* **in ~** *(in pawn)* empeñado(a); *(in debt)* endeudado(a), entrampado(a); **to get sth out of ~** desempeñar algo; **to be in ~ to the bank** tener una deuda con el banco
◇ *vt (pawn)* empeñar
hockey ['hɒkɪ] *n* **-1.** *(on grass)* hockey *m* (sobre hierba *or Am* césped) ❏ **~ pitch** campo *m* de hockey; **~ stick** stick *m*, palo *m* de hockey **-2.** *US (on ice)* hockey *m* (sobre hielo) ❏ **~ rink** pista *f* de hockey sobre hielo; **~ stick** stick *m*, palo *m* de hockey
hockshop ['hɒkʃɒp] *n US Fam* casa *f* de empeños *or* préstamos, monte *m* de piedad
hocus-pocus ['həʊkəs'pəʊkəs] *n* **-1.** *(trickery)* camelo *m*, embaucamiento *m*; **all that religion stuff is just ~** todo eso de la religión no es más que un engañabobos; **they think a bit of ~ with interest rates will turn round the economy** creen que algunos pases mágicos con las tasas de interés modificarán drásticamente la economía
-2. *(magician's chant)* abracadabra *m*
hod [hɒd] *n* = artesa abierta por los lados utilizada para acarrear ladrillos ❏ **~ carrier** peón *m* de albañil *or* de albañilería
hodgepodge = **hotchpotch**

Hodgkin's disease ['hɒdʒkɪnzdɪziːz], **Hodgkin's lymphoma** ['hɒdʒkɪnzlɪm'fəʊmə] *n* linfoma *m* de Hodgkin

hoe [həʊ] ◇ *n* azada *f*, azadón *m*
◇ *vt* remover con la azada

hoedown ['həʊdaʊn] *n US* contradanza *f*

hog [hɒg] ◇ *n* **-1.** *Br (castrated pig)* cerdo *m* castrado **-2.** *US (pig)* cerdo *m*, puerco *m*, *Am* chancho *m* ❏ ~ **cholera** peste *f* porcina **-3.** *(glutton)* glotón(ona) *m,f* **-4.** IDIOMS **to go the whole ~** *(be extravagant)* tirar *or Andes, CAm, Carib, Méx* botar la casa por la ventana; **why don't we go the whole ~ and order champagne?** ya puestos (a despilfarrar)... ¿por qué no pedimos champán?; *US Fam* **to be in ~ heaven** estar más contento que un chico con zapatos nuevos *or* que unas castañuelas
◇ *vt (pt & pp* **hogged**) *Fam* acaparar; **she hogs all the best bits for herself** ella siempre se queda con la mejor parte; **to ~ the limelight** acaparar *or* monopolizar la atención; **to ~ the middle of the road** estar en medio del paso, ocupar el paso

hogback ['hɒgbæk], **hog's-back** ['hɒgzbæk] *n (hill)* risco *m*, montaña *f* escarpada

Hogmanay [hɒgmə'neɪ] *n Scot* Nochevieja *f*

HOGMANAY

La palabra **Hogmanay** proviene o bien del francés antiguo o bien del gaélico. Designa la fiesta que se celebra en Escocia en Nochevieja. Tradicionalmente, los escoceses prefieren celebrar el Año Nuevo a la Navidad y hasta el siglo XVIII lo habitual era entregar los regalos el día de Fin de Año. Las costumbres escocesas son tan antiguas como diversas: se disparan salvas a medianoche, momento en que se visita a los vecinos con un trozo de carbón a modo de regalo y se bebe un trago de whisky para celebrar el Año Nuevo.

---

hog's-back = hogback

hogshead ['hɒgzhed] *n* tonel *m*

hogtie ['hɒgtaɪ] *vt US (person)* atar de pies y manos a; *(animal)* atar las cuatro patas a; *Fig* **this new legislation has hogtied us** esta nueva legislación nos ha dejado atados de pies y manos *or* nos impide (por completo) actuar

hogwash ['hɒgwɒʃ] *n* **-1.** *Fam (nonsense)* sandeces *fpl*, tonterías *fpl*; **that's a load of ~!** ¡eso es una sandez!, ¡eso no son más que tonterías! **-2.** *(pigswill)* bazofia *f*, desperdicios *mpl*

hog-wild ['hɒg'waɪld] *adj US Fam* descontrolado(a), desenfrenado(a); **to go ~** descontrolarse, desenfrenarse, *Esp* desmadrarse; **she won the lottery and went ~** le tocó la lotería y se desmeleñó

hoik, hoick [hɔɪk] *vt Br Fam* levantar de golpe

hoi polloi [hɔɪpə'lɔɪ] *n* **the ~** el populacho, la plebe

hoist [hɔɪst] ◇ *n* **-1.** *(device) (pulley system)* aparejo *m* para izar; *(elevator)* elevador *m*, montacargas *m* **-2. to give sb a ~ up** *(lift)* aupar *or Am* alzar a alguien
◇ *vt (equipment, person)* subir, elevar; *(flag, sail)* izar; **he hoisted herself on to the wall** se subió *or Esp* aupó a la tapia; IDIOM **she was ~ with her own petard** le salió el tiro por la culata

hoity-toity ['hɔɪtɪ'tɔɪtɪ] *adj Fam* creído(a), presumido(a); **to go all ~** ufanarse, hincharse como un pavo, *Esp* ponerse ancho(a)

hokey ['həʊkɪ] *adj US Fam* **-1.** *(nonsensical)* majadero(a), necio(a) **-2.** *(sentimental)* sensiblero(a)

hokey cokey ['həʊkɪ'kəʊkɪ] *n Br* = canción y danza que se baila en corro a su ritmo; **to do the ~** bailar el hokey cokey

hokum ['həʊkəm] *n esp US Fam* **-1.** *(nonsense) Esp* majaderías *fpl*, *Am* pendejadas *fpl* **-2.** *(sentimental or unreal play, movie)* cursilería *f*, *Esp* ñoñez *f*

hold [həʊld] ◇ *n* **-1.** *(grip)* **to catch** *or* **take ~ of** agarrarse a; **get ~ of the other end of the table** sujeta *or Esp* coge *or RP* agarrá el otro extremo de la mesa; **to have ~ of sth** tener algo *Esp* cogido *or Am* agarrado; **to keep ~ of sth** no soltar algo; **you'd better keep ~ of the money** mejor que guardes tú el dinero; **to let go one's ~ on sth** soltar algo; **he lost ~ of the rope** se le escapó la cuerda; **to loosen one's ~ on sth** aflojar la presión sobre algo; **to tighten one's ~ on sth** apretar más algo; *Fig* **to get ~ of sb** *(make contact with)* localizar a alguien; *Fig* **to get ~ of sth** *(obtain)* hacerse con algo; **where did you get ~ of that idea?** ¿de dónde has sacado esa idea?; **just wait till the newspapers get ~ of the story!** ¡ya verás cuando se enteren los periódicos!; **to lose one's ~ on reality** perder el contacto con la realidad **-2.** *(place to grip) (when climbing)* agarre *m*, apoyo *m* **-3.** *(in wrestling)* llave *f*; *Fig* **there were no holds barred in the election campaign** la campaña electoral fue una batalla campal **-4.** *(control)* control *m* (**on** sobre); **to have a ~ on** *or* **over sb** tener poder sobre alguien; **to keep a ~ on sth** contener algo; **get a ~ on yourself!, keep a ~ of yourself!** ¡mantén la compostura!; *US* **they put a ~ on all the rooms in the hotel** reservaron todas las habitaciones del hotel; **the fire was beginning to take ~** el incendio estaba empezando a extenderse; **all sorts of wild ideas had begun to take ~ of the populace** toda clase de ideas descabelladas se habían apoderado de la población **-5.** *(of ship, plane)* bodega *f*
◇ *vt (pt & pp* **held** [held]) **-1.** *(grip)* coger, sujetar, *Am* agarrar; *(embrace)* abrazar; **~ this!** ¡sujeta esto!; **he held the child in his arms** sostuvo al niño en brazos; **she held her lover in her arms** sostuvo a su amante en brazos; **she held a knife (in her hand)** tenía un cuchillo en la mano; **will you ~ my coat a second?** ¿me aguantas *or* sostienes el abrigo un momento?; **they held hands** estaban agarrados de la mano; **to ~ one's head in dismay** hundir la cara entre las manos consternado(a); **to ~ one's nose** taparse la nariz; **to ~ sth in position** *or* **place** sujetar algo sin que se mueva; **he held the door open for her** le sujetó la puerta para que pasara; **to ~ sth/sb tight** sujetar *or Esp* coger *or Am* agarrar algo/a alguien fuerte **-2.** *(carry, support)* **the chair couldn't ~ his weight** la silla no resistió su peso; **to ~ one's head high** llevar la cabeza bien alta; **to ~ oneself well** mantenerse erguido(a) **-3.** *(contain)* contener; **this bottle holds two litres** en esta botella caben dos litros; **the stadium holds over 50,000** el estadio tiene capacidad *or* cabida para más de 50.000 espectadores; **will this box ~ all our things?** ¿nos cabrá todo en esta caja?; **nobody knows what the future holds** nadie sabe lo que deparará el futuro; **this letter holds the key to the murder** esta carta contiene la clave del asesinato; **it holds no interest for me** no tiene ningún interés para mí; **this photo holds fond memories for me** esta foto me trae gratos recuerdos; **he can't ~ his drink** *or US* **liquor** el alcohol se le sube a la cabeza muy rápido; IDIOM **to ~ water** *(theory, story)* no hacer agua; **it doesn't ~ water** hace agua **-4.** *(possess) (shares, passport, account, degree, ticket)* tener; *(title, rank)* poseer; *(job, position)* ocupar; *(record)* ostentar; **she had held office before** ya antes había ocupado un cargo; *Fig* **to ~ all the cards** tener las mejores cartas; **she holds the world record for the javelin** posee el récord mundial de (lanzamiento de) jabalina **-5.** *(keep)* mantener; **we ~ details of all our customers** tenemos detalles de todos nuestros clientes; **she held her seat at the last election** mantuvo su escaño en las últimas elecciones; **to ~ sb's interest/attention** mantener el interés/la atención de alguien; **to ~ an audience** mantener la atención del público; **to ~ the floor** *(in debate)* tener la palabra; **to ~ one's own** defenderse (bien); **to ~ one's own against sb** no desmerecer frente a alguien; **to ~ one's ground** mantenerse en sus trece **-6.** *(keep against will)* retener, tener; **to ~ sb prisoner/hostage** tener a alguien prisionero/como rehén; **the police are holding him for questioning** la policía lo tiene retenido para interrogarlo; MIL **to ~ a town** tener tomada una ciudad **-7.** *(maintain without change)* **to ~ one's position/course** mantener la posición/el rumbo; MUS **to ~ a note** sostener una nota **-8.** *(reserve, set aside) (room, table)* reservar **-9.** *(retain)* **she held her arms by** *or* **at her sides** tenía los brazos pegados al cuerpo; **her hair was held in place with hairpins** tenía el pelo sujeto con horquillas **-10.** *(restrain)* sujetar; **to ~ one's breath** contener la respiración; *Fig* **don't ~ your breath!** puedes esperar sentado; **there's no holding him** no hay quien lo pare; *Fig* **~ your tongue!** ¡cierra la boca!; *US* **one burger, ~ the mustard!** *(in restaurant order)* una hamburguesa sin mostaza **-11.** *(keep in check)* **we held them to a draw** les sacamos un empate; **we have held costs to a minimum** hemos contenido los costos *or Esp* costes en el mínimo **-12.** *(delay) (start)* retrasar; **they held the plane for him** retrasaron el avión por él; **~ everything until further notice** paraliza todo hasta nueva orden; *Fam* **~ it!, ~ your horses!** ¡para el carro!; TEL **~ all my calls for the next hour** no me pases llamadas durante la próxima hora; **to ~ one's fire** *(not shoot)* no disparar; *(not criticize)* no empezar a criticar; JOURN **~ the front page!** ¡para la portada! **-13.** *(conduct) (negotiations, meeting)* celebrar; *(inquiry)* realizar; *(conversation)* mantener; *(interview)* hacer; *(party)* dar; *(protest, demonstration)* hacer, celebrar; **to ~ an election/elections** celebrar una elección/elecciones; **the classes are held in the evening** las clases se imparten por la tarde; **to ~ talks** mantener conversaciones **-14.** *(assert, believe)* sostener; **the Constitution holds that we all have equal rights** la Constitución dice *or* sostiene que todos tenemos los mismos derechos; **she holds strong views on the subject** sostiene opiniones firmes sobre el asunto; **I ~ the opinion that...** soy de la opinión de que... **-15.** *(consider)* **to ~ sb responsible** hacer responsable a alguien; **to be held in respect** ser respetado(a); **to ~ sb in contempt** sentir desdén por alguien; **to ~ that...** *(person)* sostener que...; **the appeal court held the evidence to be insufficient** el tribunal de apelación consideró que las pruebas no eran determinantes **-16.** COMPTR almacenar; **the information is held in a temporary buffer** la información se almacena en un búffer temporal **-17.** AUT **to ~ the road well** tener buen agarre, agarrarse a la carretera **-18.** TEL **~ the line** espere un momento, no cuelgue

◇ *vi* **-1.** *(person)* **~ fast** *or* **tight!** ¡agárrate bien!; **~ still!** ¡quieto!; **to ~ fast to a belief** aferrarse a una idea **-2.** *(remain secure) (rope, shelf, branch)* resistir, aguantar; **their resolve held fast** *or* **firm despite fierce opposition** se mantuvieron firmes en su empeño a pesar de la encarnizada oposición; **the pound held firm against the dollar** la libra se mantuvo sólida frente al dólar **-3.** *(remain valid) (agreement)* mantenerse; **my offer/invitation still holds** mi oferta/invitación sigue en pie; **the same holds (true) for everyone** lo mismo es válido para todos **-4.** *(last) (good weather)* mantenerse; **if your**

hold 　　　　　　　　　　　　　　　351　　　　　　　　　　　　　　　**Holland**

luck holds si sigues teniendo suerte -**5.** TEL esperar; **the line's busy just now – I'll ~** la línea está ocupada en estos momentos – me espero -**6.** AV esperar para aterrizar
◇ **on hold** *adv* **to put sth on ~** suspender algo temporalmente; TEL **to put sb on ~** poner a alguien a la espera
◆ **hold against** *vt sep* **to ~ sth against sb** tener algo contra alguien; **he never held it against me** nunca me lo reprochó
◆ **hold back** ◇ *vt sep* -**1.** *(restrain)* *(person, animal)* frenar, contener; *(army, crowd, flood)* contener; *(progress, project)* impedir el avance de; **she held back her tears/laughter** contuvo las lágrimas/la risa; **his difficulties with maths are holding him back** sus dificultades con las matemáticas lo están dejando atrás -**2.** *(not tell)* **he's holding something back** se está guardando algo -**3.** *(keep in reserve)* reservar, guardar -**4.** *US* SCH **they held him back a year** le hicieron repetir curso
◇ *vi* -**1.** *(stay back)* quedarse atrás -**2.** *(refrain)* contenerse; **to ~ back from doing sth** abstenerse de hacer algo; **don't ~ back, express yourself!** ¡no te cortes, expresa lo que sientes!
◆ **hold down** *vt sep* -**1.** *(restrain)* *(person)* sujetar; *(carpet)* sujetar, fijar; *(taxes, prices)* mantener en un nivel bajo -**2.** **to ~ down a job** *(keep)* conservar un trabajo -**3.** COMPTR *(key, mouse button)* mantener apretado(a)
◆ **hold forth** *vi* explayarse **(on** acerca de**)**
◆ **hold in** *vt sep* **to ~ one's stomach in** meter el estómago; **he held his emotions in** no exteriorizaba sus emociones
◆ **hold off** ◇ *vt sep* -**1.** *(keep at bay)* rechazar; **the troops held off the enemy/the attack** las tropas repelieron al enemigo/el ataque; **I can't ~ the reporters off any longer** no puedo darles más largas a los periodistas -**2.** *(delay, put off)* posponer; **she held off making a decision until she had more information** pospuso su decisión hasta disponer de más datos
◇ *vi (delay)* **the rain is holding off** no se decide a llover; **he ordered the mob to ~ off** ordenó a la multitud que se contuviera
◆ **hold on** ◇ *vt sep (attach)* **it was held on with glue** estaba pegado con pegamento
◇ *vi* -**1.** *(continue, persevere)* resistir, aguantar -**2.** *(wait)* esperar; **~ on (a minute)!** ¡espera (un momento)!; **~ on (a minute), there's something funny going on here** espera (un momento), aquí pasa algo raro -**3.** *(brace oneself)* **~ on (tight)!** ¡agárrate (fuerte)!
◆ **hold on to** *vt insep* -**1.** *(grip tightly)* *(to stop oneself from falling)* agarrarse a; *(to stop something from falling)* agarrar; *Fig (idea, hope, power)* aferrarse a; IDIOM **~ on to your hat!** ¡agárrate (a la silla)! -**2.** *(keep) (property)* guardar; *(memories)* conservar
◆ **hold out** ◇ *vt sep (one's hand, object)* tender; **~ your arms out in front of you** extiende los brazos hacia delante
◇ *vt insep (hope, opportunity)* ofrecer; **I don't ~ out much hope of...** tengo pocas esperanzas de que...
◇ *vi* -**1.** *(resist)* resistirse; **they held out against the changes** se resistieron a los cambios; **to ~ out for a better offer** aguantar a la espera de una oferta mejor -**2.** *(last) (supplies)* durar; **will the engine ~ out till we get home?** ¿aguantará el motor hasta llegar a casa?
◆ **hold out on** *vt insep Fam* resistirse a; **you're holding out on me!** *(not telling truth)* ¡me estás escondiendo algo!

◆ **hold over** *vt sep* -**1.** *(postpone)* diferir, posponer -**2.** *US (keep on)* **the play was held over for another three weeks** mantuvieron la obra en cartel tres semanas más -**3.** *(use to blackmail)* **to ~ sth over sb** sobornar a alguien con algo
◆ **hold to** ◇ *vt insep (belief, opinion)* aferrarse a; **you must ~ to your principles** tienes que ser fiel a tus principios
◇ *vt sep* **to ~ sb to his promise** hacer que alguien cumpla su promesa; **I'll ~ you to that!** ¡lo prometido es deuda!, ¡te lo recordaré!
◆ **hold together** ◇ *vt sep (party, marriage, alliance)* mantener unido(a); *(with glue, string, rope)* sujetar
◇ *vi (party, marriage, alliance)* mantenerse unido(a)
◆ **hold up** ◇ *vt sep* -**1.** *(support)* soportar, aguantar; **my trousers were held up with safety pins** me aguantaba los pantalones con alfileres -**2.** *(raise)* levantar, alzar; **~ your head up above the water** mantén la cabeza fuera del agua; *Fig* **she would never be able to ~ her head up again** no podría mirar más a la gente a la cara; **to ~ sth up to the light** poner algo a contraluz -**3.** *(present)* **to ~ sb up as an example** poner a alguien como ejemplo; **to ~ sb up to ridicule** dejar a alguien en ridículo -**4.** *(delay)* retrasar; **I was held up in the traffic** me retrasé por culpa del tráfico; **the project was held up for lack of funds** el proyecto se retrasó por falta de fondos -**5.** *(rob)* atracar
◇ *vi (theory, alibi)* tenerse en pie; *(good weather)* aguantar; **she's holding up well under the pressure** está aguantando bien las presiones
◆ **hold with** *vt insep* **I don't ~ with swearing** soy enemigo de que la gente use palabrotas; **I don't ~ with his opinions** no estoy de acuerdo con sus opiniones

holdall ['həʊldɔːl] *n esp Br* bolsa *f (de viaje o de deporte)*

holder ['həʊldə(r)] *n* -**1.** *(of record, trophy)* poseedor(ora) *m,f*; **the current ~ of the record** el actual poseedor del récord *or Am* recordista -**2.** *(of ticket)* poseedor(ora) *m,f*; *(of passport, licence, permit)* titular *mf*; *(of stock, shares)* accionista *mf*, titular *mf*; *(of belief, opinion)* defensor(ora) *m,f* -**3.** *(device)* soporte *m*

holding ['həʊldɪŋ] *n* -**1.** *(property)* propiedad *f*; *(of shares)* participación *f* ❑ COM **~ company** holding *m* -**2.** MIL **~ operation** maniobra *f* de contención -**3.** AV **~ pattern** vuelo *m* de espera para el aterrizaje

holdover ['həʊldəʊvə(r)] *n US* -**1.** CIN & THEAT obra *f or* película *f* que permanece en cartel -**2.** *(relic)* reliquia *f*, vestigio *m*

hold-up ['həʊldʌp] *n* -**1.** *(delay) (in plan)* retraso *m*, *Am* demora *f*; *(of traffic)* retención *f*, embotellamiento *m* -**2.** *(armed robbery)* atraco *m*

hole [həʊl] ◇ *n* -**1.** *(in roof, clothing)* agujero *m*; *(in ground)* hoyo *m*, agujero *m*; **his sock/shoe has a ~ in it** tiene un agujero en el calcetín/zapato; **to make a ~ in sth** hacer un agujero en algo, agujerear algo; **to wear a ~ in sth** hacerle *or* hacérsele un agujero a algo (como consecuencia del uso), agujerear *or* agujerearse algo; **the holiday made a ~ in their savings** las vacaciones dejaron maltrecha su economía; *Fig* **to pick holes in sth** *(in argument, theory)* encontrar defectos en *or* a algo; **his argument's full of holes** su argumento *or* razonamiento está lleno de lagunas, *Andes, RP* su argumento hace agua por todos lados; IDIOM *Fam* **I need this like a ~ in the head** ¡es lo que me faltaba!; IDIOM *Fam* **you're talking through a ~ in your head** hablas a tontas y a locas, estás diciendo bobadas, no sabes lo que dices ❑ MED **~ in the heart** comunicación *f* interventricular

congénita; *Fam* **~ in the wall** *(place)* lugar *m* insignificante, rincón *m* de mala muerte; *Br (cash machine)* cajero *m* automático; **~ punch** perforadora *f* -**2.** *(animal's burrow)* madriguera *f* -**3.** *(in golf)* hoyo *m*; **a ~ in one** un hoyo en uno; *Hum* **the nineteenth ~** = el bar del club de golf -**4.** *Fam (awkward situation)* **to be in a ~** *(in difficulty)* estar en un apuro *or* brete; **to get sb out of a ~** sacar a alguien de un aprieto -**5.** *Fam (room, house)* cuchitril *m*; *(town)* lugar *m* de mala muerte; **what a ~!** *(town)* ¡qué mísero rincón!, ¡qué miserable publucho!, *Am* ¡qué agujero!; **this is an awful ~!** *(house, bar, disco)* ¡esto es un bohío *or* bujío *or* tugurio de mala muerte! -**6.** *Vulg (vagina)* coño *m*, *Andes, RP* concha *f*; *Br* **to get one's ~** echar un polvo, *Esp* follar, *Am* coger, *Méx* chingar
◇ *vt* -**1.** *(make a hole in)* agujerear; **the ship was holed below the waterline** el buque tenía una vía de agua por debajo de la línea de flotación -**2.** *(in golf)* **to ~ a shot/putt** embocar un golpe/putt; **he holed the fourteenth in four** hizo el hoyo 14 en cuatro golpes
◇ *vi (in golf)* embocar, hacer un hoyo; **to ~ in four** embocar *or* hacer un hoyo en cuatro golpes
◆ **hole out** *vi (in golf)* embocar (la bola)
◆ **hole up** *Fam* ◇ *vt sep* **they're holed up in a hotel** están refugiados *or* escondidos en un hotel
◇ *vi (hide)* esconderse

hole-and-corner ['həʊlən'kɔːnə(r)] *adj* clandestino(a)

hole-in-the-wall ['həʊlɪnðəwɔːl] *adj* insignificante, de mala muerte

holey ['həʊlɪ] *adj Fam (socks)* con tomates, *Andes, RP* con papas; *(jumper)* lleno(a) de agujeros

holiday ['hɒlɪdeɪ] ◇ *n* -**1.** *esp Br (vacation)* vacaciones *fpl*; **summer/Christmas ~** *or* **holidays** vacaciones de verano/Navidad; **to be/go on ~** estar/irse de vacaciones; **to take a ~/two months' ~** tomarse *or Esp* cogerse (unas) vacaciones/dos meses de vacaciones; **the Krügers could do with** *or* **need a ~** a los Krüger les irían bien unas vacaciones; **I wish I could take a ~ from the kids for a few days** ojalá pudiera alejarme de los niños por unos días; **there was a ~ mood in the office** se respiraba un ambiente festivo en la oficina; **the ~ rush has started** ha comenzado la desbandada del período vacacional; **~ with pay, paid holidays** vacaciones retribuidas; **we had the ~ of a lifetime** fueron unas vacaciones inolvidables ❑ **~ brochure** folleto *m* turístico; **~ camp** centro *m* turístico, colonia *f* turística *or Am* de vacaciones; **~ entitlement** derecho *m* a vacaciones; **~ home** segunda residencia *f*, casa *f* para las vacaciones; **~ resort** centro *m* turístico, lugar *m* de veraneo, *RP* balneario *m*; **~ season** temporada *f* de vacaciones -**2.** *(day off) Esp* día *m* de) fiesta *f*, *Am* feriado *m*; **tomorrow is a ~** mañana es fiesta *or Am* feriado ❑ REL **~ of obligation** fiesta *f* de guardar *or* de prefecto -**3.** *US* **the holidays** *(Christmas)* las fiestas *or* vacaciones (de Navidad); **happy holidays!** ¡felices fiestas!
◇ *vi* pasar las vacaciones; *(in summer)* veranear

holidaymaker ['hɒlɪdeɪmeɪkə(r)] *n esp Br* turista *mf*; *(in summer)* veraneante *mf*

holier-than-thou ['həʊlɪəðən'ðaʊ] *adj (religiously)* santurrón(ona); *(morally in general)* con aires de superioridad moral; **he always sounds so ~** habla siempre como si él estuviera más allá del bien y del mal

holiness ['həʊlɪnɪs] *n* santidad *f*; **Your Holiness** Su Santidad

holistic [həʊ'lɪstɪk] *adj* holístico(a) ❑ **~ medicine** medicina *f* holística

Holland ['hɒlənd] *n* Holanda

hollandaise sauce ['hɒləndeɪz'sɔːs] n salsa f holandesa

holler ['hɒlə(r)] Fam ◇ vi gritar, dar voces; **if you need anything, just ~** si necesitas algo, dame una voz or pégame un grito
◇ vt gritar, chillar
◇ n grito m, chillido m

hollow ['hɒləʊ] ◇ n **-1.** (in wall, tree) hueco m **-2.** (in ground) depresión f **-3.** (in hand, back) hueco m
◇ adj **-1.** (container, log) hueco(a); (cheek, eyes) hundido(a); Fig **to have a ~ feeling in one's stomach** (be hungry) tener un vacío or RP un agujero en el estómago; Fig **to feel ~** (emotionally) sentirse vacío(a); [IDIOM] Fam **you must have ~ legs** or **a ~ leg!** (can eat a lot) debes de tener una solitaria, (can drink a lot) eres una esponja
-2. (sound) hueco(a), resonante; **in a ~ voice** con voz hueca; **a ~ laugh** una risa sardónica
-3. (promise, guarantee) vacío(a); **~ victory** victoria deslucida; **~ promises** promesas vanas
◇ adv **-1.** (empty) **to sound ~** (tree, wall) sonar a hueco(a); (laughter, excuse, promise) sonar a falso(a) **-2.** Fam **to beat sb ~** or US **all ~** dar una (buena) paliza a alguien
◇ vt **to ~ sth (out)** ahuecar or vaciar algo

hollow-cheeked ['hɒləʊ'tʃiːkt] adj de mejillas hundidas

hollow-eyed ['hɒləʊwaɪd] adj de ojos hundidos

hollowly ['hɒləʊli] adv (to laugh) sardónicamente

hollowness ['hɒləʊnɪs] n **-1.** (of tree, container) oquedad f; **the ~ of his eyes/cheeks** lo hundido de sus ojos/mejillas **-2.** (of laughter, excuse, promise) falsedad; **the ~ of their victory** lo insustancial de su victoria

holly ['hɒli] n (leaves) hojas fpl de acebo ❏ **~ berry** fruto m del acebo; **~ tree** acebo m

hollyhock ['hɒlihɒk] n malvarrosa f

holly-oak ['hɒliəʊk] n encina f

holmium ['hɒlmɪəm] n CHEM holmio m

holm-oak ['həʊməʊk] n encina f

holocaust ['hɒləkɔːst] n holocausto m; **nuclear ~** holocausto nuclear; HIST **the Holocaust** el holocausto judío

Holocene ['hɒləsiːn] GEOL ◇ n **the ~** el holoceno
◇ adj (era) holoceno(a)

hologram ['hɒləɡræm] n holograma m

holograph ['hɒləɡrɑːf] ◇ n (h)ológrafo m
◇ adj (h)ológrafo(a)

holographic [hɒlə'ɡræfɪk] adj holográfico(a)

holography [hə'lɒɡrəfi] n holografía f

hols [hɒlz] npl Br Fam vacaciones fpl

Holstein ['hɒlstaɪn] n US (cow) vaca f (de la raza) Holstein

holster ['həʊlstə(r)] n pistolera f

holt [hɒlt] n guarida f, madriguera f

holy ['həʊli] adj **-1.** (sacred) santo(a) ❏ **the Holy Bible** la Sagrada Biblia; **the Holy City** la Ciudad Santa; **Holy Communion** la comunión; **to take Holy Communion** comulgar, recibir la Eucaristía or a Dios, Am tomar la comunión; **~ day** fiesta f de guardar; **the Holy Family** la Sagrada Familia; **the Holy Father** el Santo Padre; **the Holy Ghost** el Espíritu Santo; **Holy Grail** el Santo Grial; **~ of holies** (place) santuario m, sanctasanctórum m; (thing) cosa f sacrosanta; **the Holy Land** Tierra Santa; Fam Pej **Holy Joe** (religious person) santurrón(ona) m,f, meapilas mf inv, RP chupacirios mf; (chaplain, parson) cura m; **Holy Mother Church** la Santa Madre Iglesia; **~ matrimony** el santo or Am sagrado matrimonio m; **to be joined in ~ matrimony** unirse en santo or Am sagrado matrimonio; **the Holy Office** el santo Oficio; **the ~ oils** los santos óleos; **~ orders** sagradas órdenes fpl; **to take ~ orders** ordenarse sacerdote; US Pej **Holy Roller** = miembro de algunas sectas religiosas en las que el fervor espiritual se expresa mediante gritos y movimientos violentos del cuerpo; HIST **Holy Roman Empire** Sacro m Imperio Romano Germánico; **the Holy See** la Santa Sede; **the Holy Spirit** el Espíritu Santo; **~ war** guerra f santa; **~ water** agua f bendita; **Holy Week** Semana f Santa; **Holy Writ** las Sagradas Escrituras; **it's not Holy Writ!** ¡eso no es el Evangelio!; **Holy Year** año m de jubileo or Am jubilar, año m santo
-2. (devout) santo(a)
-3. Fam (as intensifier) **that child is a ~ terror** (mischievous) ese niño es un verdadero diablillo; **to have a ~ fear** or **dread of sth** tenerle verdadero miedo or Am pavor a algo; **~ cow** or **smoke** or **mackerel!** ¡madre de Dios o del amor hermoso!; Vulg **~ shit!** Esp ¡hostias!, Méx ¡chingado!, RP ¡carajo!

homage ['hɒmɪdʒ] n homenaje m; **to pay** or **do ~ to sth/sb** rendir homenaje a algo/alguien

hombre ['ɒmbreɪ] n US Fam tipo m, individuo m, fulano m

homburg ['hɒmbɜːɡ] n sombrero m de fieltro

home [həʊm] ◇ n **-1.** (house) casa f; **my ~ phone number** mi número de teléfono particular; **at ~** en casa; Formal **Mrs Carr is not at ~ on Mondays** los lunes Mrs Carr no recibe visitas; **to be away from ~** (not in house) estar fuera (de casa); **to feel at ~** sentirse como en casa; **I am** or **feel very much at ~ with modern technology** me siento cómodo utilizando las nuevas tecnologías; **he doesn't yet feel at ~ with the machine** todavía no domina el manejo del aparato; Fam **we'll have to find a ~ for this new vase** tendremos que encontrar un sitio para este jarrón nuevo; **to give a ~ to an orphan** acoger a un huérfano; **to have a ~ of one's own** tener casa propia; **to leave ~** (in the morning) salir de casa; (one's parents' home) independizarse, irse de casa; **to make sb feel at ~** hacer que alguien se sienta cómodo(a); **make yourself at ~** estás en tu casa, ponte cómodo; **to make one's ~ in...** asentarse en...; **to work from ~** trabajar en casa; Br Fam **what's a "cotyledon" when it's at ~?** ¿qué diablos es un cotiledón?, ¿qué es un cotiledón en cristiano?; Br **it's a ~ from ~**, US **it's a ~ away from ~** es como estar en casa; **to be ~ and dry** estar sano(a) y salvo(a); US **to be ~ free** haber pasado lo peor; [IDIOM] **to tell sb a few ~ truths** decirle a alguien cuatro verdades ❏ **~ address** domicilio m; **~ banking** telebanco m; **~ birth** parto m en casa; **~ computer** Esp ordenador m doméstico, Am computadora f doméstica; **~ cooking** comida f casera; **~ delivery** entrega f or reparto m a domicilio; **~ delivery service** servicio m a domicilio; **~ economics** (school subject) economía f doméstica; Br **~ help** ayuda f doméstica; **~ improvements** reformas fpl del hogar; FIN **~ loan** crédito m hipotecario, hipoteca f; **~ movie** vídeo m or Am video m casero or doméstico, película f casera; **~ owner** propietario(a) m,f de vivienda; **~ remedy** remedio m casero; US SCH **~ room** = aula donde cada alumno debe presentarse todas las mañanas; **~ run** (last leg of trip) trayecto m final; **~ schooling** enseñanza f doméstica or en el hogar; **~ shopping** telecompra f; **~ shopping channel** teletienda f; **~ town** ciudad f/pueblo m natal; **~ video** vídeo m doméstico; **~ visits** (by nurse, doctor) asistencia f a domicilio, atención f domiciliaria; **~ worker** teletrabajador(ora) m,f
-2. (family abode) home; **to come from a good ~** ser de buena familia; [PROV] **~ is where the heart is** = el hogar se encuentra donde uno tiene a los seres queridos; [PROV] **there's no place like ~** no hay nada como el hogar ❏ **~ comforts** comodidades fpl hogareñas; **~ life** vida f doméstica
-3. (country, region) tierra f; **people at ~ are very different** en mi país la gente es muy diferente; **at ~ and abroad** nacional e internacionalmente; **Mexico has been her ~ for twenty years** vivió veinte años en México; **an example nearer ~** un ejemplo más cercano; **Milan, the ~ of fashion** Milán, la meca or la cuna de la moda; **the region is ~ to thousands of refugees** en la región habitan miles de refugiados ❏ **~ front** frente m civil; Br HIST **the Home Guard** = fuerza de reservistas que se quedó para defender Gran Bretaña durante la segunda Guerra Mundial; Br POL **Home Office** Ministerio m del Interior; POL **~ rule** autonomía f, autogobierno m; Br POL **the Home Secretary** el ministro del Interior; **~ waters** aguas fpl nacionales
-4. (of animal, plant) hábitat m; **it's another species which has made its ~ in this country** es otra de las especies que se han instalado en este país
-5. (institution) **(children's) ~** residencia f infantil; **(mental) ~** hospital m psiquiátrico; **(old people's) ~** residencia f de ancianos; **dog's/cat's ~** residencia canina/para gatos; **they put the child in a ~** metieron al niño en un centro de acogida
-6. Br **the Home Counties** = los condados de alrededor de Londres
-7. COMPTR **~ key** tecla f de inicio; **~ page** (initial page) portada f, página f inicial or de inicio; (personal page) página f personal
-8. SPORT **to be** or **play at ~** jugar en casa; **to be** or **play away from ~** jugar fuera de casa; **they're at ~ to Sweden next week** la semana que viene juegan en casa contra Suecia ❏ also Fig **the ~ straight** or esp US **stretch** la recta final
-9. (in baseball) home m ❏ **~ base** home m, base f meta; **~ plate** home m, base f meta; **~ run** carrera f completa, home-run m, Am jonrón m
◇ adj **-1.** SPORT (team, game, ground, supporters) local, de casa; **to have ~ advantage** (tener la ventaja de) jugar en casa; Fig **to be on ~ ground** (familiar place) conocer el terreno; (familiar subject) conocer el tema; **a ~ win** una victoria local; **the ~ strip** el equipaje or indumentaria habitual
-2. (national) (market) nacional, doméstico(a) ❏ TV & JOURN **~ news** noticias fpl nacionales
◇ adv **-1.** (in general) a casa; **to be ~** estar en casa; **to go/come ~** ir/venir a casa; **to send sb ~** mandar a alguien a casa; **to see sb ~** acompañar a alguien a casa; **my friends back ~** los amigos que dejé en mi ciudad/pueblo/país; **to be ~ alone** estar solo(a) en casa; **how much do you take ~?** ¿cuánto ganas?; **Fido, ~!** ¡Fido, a casa!
-2. (all the way) **he drove the knife ~** hundió el cuchillo hasta el fondo; **she really drove the message ~** dejó bien claro su mensaje; **to bring sth ~ to sb** dejar bien claro algo a alguien; **the danger really came ~ to me when...** verdaderamente me di cuenta del peligro cuando...

◆ **home in on** vt insep (on target) dirigirse a; (on mistake, evidence) señalar, concentrarse en

home-baked ['həʊm'beɪkt] adj (bread, cakes) casero(a), hecho(a) en casa

homebody ['həʊmbɒdi] n Fam persona f hogareña or amante del hogar

homebound ['həʊmbaʊnd] adj **-1.** (going home) de vuelta or en viaje de vuelta (a casa), camino del hogar **-2.** (confined to home) (metido(a)) entre cuatro paredes, metido(a) or encerrado(a) en casa; (of sick people) recluido(a) en casa

homeboy ['həʊmbɔɪ] n US Fam **-1.** (man from one's home town, district) paisano m **-2.** (friend) amiguete m, Esp colega m, Méx & CAm cuate m **-3.** (fellow gang member) compinche m, Méx & CAm cuate m

home-brew ['həʊm'bruː] n cerveza f casera

homebuyer ['həʊmbaɪə(r)] n comprador(ora) m,f de vivienda

homecoming ['həʊmkʌmɪŋ] n **-1.** (to family, country) regreso m or vuelta f a casa **-2.** US SCH & UNIV fiesta f anual de antiguos alumnos

homegirl ['həʊmgɜːl] n US Fam **-1.** (woman from one's home town, district) paisana f **-2.** (friend) amigueta f, Esp colega f, CAm, Méx cuata f **-3.** (fellow gang member) compinche f, CAm, Méx cuata f

home-grown ['həʊm'grəʊn] adj (from own garden) de cosecha propia; (not imported) (food) del país; Fig (singer, sportsperson) de la tierra, nacional

homeland ['həʊmlænd] n **-1.** (native country) tierra f or país m natal **-2.** Formerly (in South Africa) homeland m, = territorio donde se confinaba a la población negra

homeless ['həʊmlɪs] ◇ adj sin techo, sin hogar
◇ npl **the ~** las personas sin techo, los sin techo

homelessness ['həʊmlɪsnɪs] n carencia f de hogar; **~ is becoming a huge problem** el problema de la gente sin techo or sin hogar está alcanzando proporciones enormes

homely ['həʊmlɪ] adj **-1.** (welcoming) (person) afable; (atmosphere) acogedor(ora), cálido(a) **-2.** (unpretentious) llano(a), sencillo(a); **the food is good if a little ~** sirven buenos platos aunque es comida sencilla or casera **-3.** US (ugly) feúcho(a)

home-made ['həʊm'meɪd] adj casero(a); **a ~ bomb** una bomba (de fabricación) casera; **it's hard to believe your dress is ~** es increíble que ese vestido lo hayas hecho tú sola en casa

homemaker ['həʊmmeɪkə(r)] n ama f de casa
homeopath ['həʊmɪəʊpæθ] n homeópata mf
homeopathic ['həʊmɪəʊ'pæθɪk] adj homeopático(a)
homeopathy ['həʊmɪ'ɒpəθɪ] n homeopatía f
Homer ['həʊmə(r)] pr n Homero; PROV **even ~ nods, ~ sometimes nods** el mejor escribano echa un borrón, nadie es perfecto

homer ['həʊmə(r)] US Fam ◇ n (in baseball) carrera f completa, home-run m, Am jonrón m
◇ vi hacer una carrera completa or un home run or Am un jonrón

Homeric [həʊ'merɪk] adj homérico(a)
homesick ['həʊmsɪk] adj nostálgico(a); **to be** or **feel ~** tener nostalgia or Esp morriña or Ven guayabo, RP extrañar; **he's ~ for his family** echa de menos a or esp Am extraña a su familia

homesickness ['həʊmsɪknɪs] n nostalgia f, Esp morriña f, Ven guayabo m

homespun ['həʊmspʌn] ◇ adj **-1.** (cloth) hilado or tejido en casa, hilado or tejido de manera artesanal or a mano **-2.** (wisdom, advice) de andar por casa, Am de entrecasa
◇ n (cloth) tela f tejida en casa, tejido m de fabricación casera or artesanal

homestead ['həʊmsted] n finca f, hacienda f
□ US HIST **the Homestead Act** la ley de garantía de la propiedad, = ley sobre la cesión de tierras a los colonos por parte del Estado a cambio del cultivo de las mismas

homesteader ['həʊmstedə(r)] n US colono m
homeward ['həʊmwəd] ◇ adj de vuelta a casa
◇ adv a casa; **to be ~ bound** estar de regreso a casa

homewards ['həʊmwədz] adv a casa
homework ['həʊmwɜːk] n **-1.** SCH deberes mpl; also Fig **to do one's ~** hacer los deberes; **the minister hadn't done his ~** el ministro no se había preparado para la ocasión **-2.** (paid work) teletrabajo m, trabajo m que se hace desde su propio domicilio

homeworker ['həʊmwɜːkə(r)] n teletrabajador(ora) m,f, persona f que trabaja desde su propio domicilio

homey ['həʊmɪ] US ◇ n Fam = **homeboy, homegirl**
◇ adj acogedor(ora), afable

homicidal [hɒmɪ'saɪdəl] adj homicida; **a ~ maniac** un(a) maníaco(a) homicida

homicide ['hɒmɪsaɪd] n **-1.** (act) homicidio m; **accidental ~** homicidio involuntario or accidental; **justifiable ~** homicidio inculpable **-2.** (person) homicida mf **-3.** US Fam (police department) departamento m de homicidios, Esp policía f criminal

homily ['hɒmɪlɪ] n **-1.** REL homilía f **-2.** Fig (speech) sermón m

homing ['həʊmɪŋ] adj **~ instinct** instinto m de volver al hogar, querencia f; **~ missile** misil m autodirigido; **~ pigeon** paloma f mensajera

hominid ['hɒmɪnɪd] n homínido m
hominoid ['hɒmɪnɔɪd] ◇ n primate m
◇ adj antropomorfo(a), Spec hominoideo(a)

hominy ['hɒmɪnɪ] n US sémola f de maíz □ **~ grits** copos mpl or Esp gachas fpl de sémola de maíz

homo ['həʊməʊ] n Fam Pej (homosexual) marica m

homogeneity [hɒmədʒə'neɪtɪ] n homogeneidad f

homogeneous [hɒmə'dʒiːnɪəs, hə'mɒdʒɪnəs] adj homogéneo(a)

homogenize [hə'mɒdʒənaɪz] vt homogeneizar; **homogenized milk** leche homogeneizada

homograph ['hɒməgrɑːf] n homógrafo m
homologous [hə'mɒləgəs] adj BIOL & CHEM homólogo(a)

homonym ['hɒmənɪm] n homónimo m
homophobe ['həʊməfəʊb] n homófobo(a) m,f
homophobia [hɒmə'fəʊbɪə] n homofobia f
homophobic [hɒmə'fəʊbɪk] adj homófobo(a)
homophone ['hɒməfəʊn] n LING homófono m
Homo sapiens ['həʊməʊ'sæpɪenz] n homo sapiens m inv

homosexual [hɒmə'seksjʊəl] ◇ n homosexual mf
◇ adj homosexual

homosexuality [hɒməseksjʊ'ælɪtɪ] n homosexualidad f

homunculus [hə'mʌŋkjʊləs] (pl **homunculi** [hə'mʌŋkjʊlaɪ]) n homúnculo m

Hon Br PARL (abbr **Honourable**) **the ~ member (for...)** el/la señor(ora) diputado(a) (por...)

hon [hʌn] n US Fam (abbr **honey**) (term of address) cielo m, cariño m

honcho ['hɒntʃəʊ] n esp US Fam **the head ~** el/la mandamás

Honduran [hɒn'djʊərən] ◇ n hondureño(a) m,f
◇ adj hondureño(a)

Honduras [hɒn'djʊərəs] n Honduras
hone [həʊn] ◇ n (stone) piedra f de afilar or amolar
◇ vt **-1.** (knife, blade) afilar **-2.** (skill) pulir; **finely honed arguments** argumentos muy afinados; **practice will ~ your reflexes** la práctica agudizará tus reflejos
◇ vi US Fam (yearn) **to ~ after sth** ansiar algo, anhelar algo

◆ **hone in on** vt insep US (on target) dirigirse a; (on mistake, evidence) señalar, concentrarse en

honest ['ɒnɪst] ◇ adj **-1.** (trustworthy) honrado(a); **he has an ~ face** tiene aspecto de honrado; IDIOM **he's as ~ as the day is long** es todo honradez, es la honradez en persona □ **~ broker** mediador(ora) m,f imparcial
-2. (truthful) sincero(a); **the ~ truth** la pura verdad; **give me your ~ opinion** dame tu sincera opinión; **I don't think he was being ~ with me** creo que no me estaba diciendo la verdad; **to be ~, I don't know** la verdad es que no lo sé; **let's be ~, it's not working, is it?** seamos sinceros, la cosa no marcha, ¿verdad?
-3. (legitimate) **to earn an ~ living** ganarse la vida honradamente; **to make an ~ profit** obtener beneficios legítimos; **an ~ day's work** una digna jornada laboral; IDIOM **to earn** or **turn an ~ penny** ganarse la vida honradamente; IDIOM Hum **to make an ~ woman of sb** (marry) llevar a alguien al altar
◇ adv Fam **I didn't mean it, ~!** no fue mi intención, de verdad or en serio; **~ to goodness** or **God!** ¡palabra (de honor)! ¡te lo juro (por Dios or por mi honor)!

honestly ['ɒnɪstlɪ] adv **-1.** (legitimately) honradamente; **to obtain sth ~** conseguir algo honradamente
-2. (sincerely) sinceramente; **~!** ¡palabra (de honor)!; **I can ~ say that...** puedo decir sin faltar a la verdad que...; **~, I'm fine/it doesn't matter** en serio que estoy bien/no importa; **quite ~, I don't see the problem** francamente, no veo qué problema hay, la verdad, no veo dónde está el problema; **I can't ~ remember** la verdad es que no me acuerdo
-3. (expressing indignation) **well ~!** ¡desde luego!, ¡hay que ver!; **~! some people!** ¡desde luego, hay cada uno por ahí!

honest-to-goodness ['ɒnɪstə'gʊdnɪs] adj genuino(a), auténtico(a)

honesty ['ɒnɪstɪ] n **-1.** (trustworthiness) honradez f, honestidad f; **a man of irreproachable ~** un hombre de una honradez or rectitud intachable **-2.** (truthfulness) sinceridad f; **in all ~** para ser francos; PROV **~ is the best policy** lo mejor es decir la verdad

honey ['hʌnɪ] n **-1.** (food) miel f □ **~ bear** (Asian) oso m malayo; (South American) oso m melero, tamandua m, kinkajú m; **~ bee** abeja f; **~ buzzard** halcón m abejero **-2.** esp US Fam (term of endearment) cariño m, cielo m **-3.** Fam **he's a ~** (good-looking) es un bombón, está como un tren; (nice) es un cielo, Esp es majísimo; **a ~ of a motorbike/dress** una maravilla de moto/vestido

honeybun ['hʌnɪbʌn], **honeybunch** ['hʌnɪbʌntʃ] n esp US Fam cariño m, cielo m

honeycomb ['hʌnɪkəʊm] ◇ n panal m
◇ vt **the mountain is honeycombed with tunnels** el interior de la montaña es un entramado de túneles

honeydew ['hʌnɪdjuː] n **-1. ~ melon** melón m francés, = variedad muy dulce de melón **-2.** (from aphids) miel f

honeyed ['hʌnɪd] adj (voice, words) meloso(a)
honeymoon ['hʌnɪmuːn] ◇ n **-1.** (period, trip) luna f de miel, viaje m de novios; **they're on (their) ~** están de luna de miel, están en viaje de luna de miel or en viaje de novios **-2.** Fig (for new leader, boss) **a ~ period** una luna de miel, un período idílico; **the ~ is over** se acabó el periodo de gracia
◇ vi pasar la luna de miel, estar de viaje de novios

honeymooner ['hʌnɪmuːnə(r)] n recién casado(a) m,f (en viaje de novios); **honeymooners** parejas de recién casados (en viaje de novios)

honeysuckle ['hʌnɪsʌkəl] n madreselva f
honeytrap ['hʌnɪtræp] n trampa f de amor
Hong Kong ['hɒŋ'kɒŋ] n Hong Kong
honk¹ [hɒŋk] ◇ n **-1.** (of goose) graznido m **-2.** (of car horn) bocinazo m
◇ vi **-1.** (goose) graznar **-2.** (car driver) tocar la bocina or el claxon, dar bocinazos

honk² vi Br Fam **-1.** (smell bad) apestar, Esp cantar **-2.** (vomit) devolver, echar la papilla

honky, honkie ['hɒŋkɪ] n US very Fam = término ofensivo para referirse a un blanco

honky-tonk ['hɒŋkɪtɒŋk] Fam ◇ n **-1.** (music) = variedad del ragtime tocada en piano vertical **-2.** US (nightclub) cafetucho m, cabaretucho m, RP cafetín m
◇ adj = típico de o relacionado con la música "honky-tonk"

Honolulu [hɒnə'luːluː] n Honolulú
honor, honorable etc US = **honour, honourable** etc

honorarium [ɒnə'reərɪəm] (pl **honorariums** or **honoraria** [ɒnə'reərɪə]) n honorarios mpl

honorary ['ɒnərərɪ] adj (title, member) honorífico(a), honorario(a); **~ president** or **chairman** presidente de honor □ UNIV **~ degree** título m honoris causa; **~ secretary** secretario(a) m,f honorario(a)

honorific [ɒnə'rɪfɪk] ◇ n título m honorífico
◇ adj honorífico(a)

honour, US **honor** ['ɒnə(r)] ⋄ n -1. (self-respect, good name) honor m, honra f; **the affair cost him his ~** el asunto le costó la honra; **peace with ~!** ¡paz y honor!; **on my (word of) ~!** ¡palabra de honor!; **to be on one's ~ to do sth** estar moralmente obligado a hacer algo; PROV **(there is) ~ among thieves** hasta los ladrones tienen sus reglas ❑ US **~ system** sistema m de honor
-2. (pleasure) **this is a great ~** es un gran honor; **to have the ~ of doing sth** tener el honor de hacer algo; Hum **to what do I owe this ~?** ¿a qué debo semejante honor or privilegio?; **may I have the ~ of your company/the next dance?** ¿me concede el honor de acompañarla/de bailar conmigo?; Hum **to do the honours** (serve food or drink) hacer los honores; (make introductions) hacer las presentaciones
-3. (credit) honra f, orgullo m; **your children do you great ~** puedes estar muy orgulloso(a) de tus hijos; **she's an ~ to her profession** es un orgullo para su profesión
-4. (respect, mark of respect) honor m; **in ~ of** en honor de; **he was buried with full military honours** fue enterrado con todos los honores militares; **to do sb the ~ of doing sth** hacerle or concederle a alguien el honor de hacer algo; **all ~ to him!** ¡bendita sea su alma!; **he may be our enemy, but all ~ to him for his generalship** puede que sea nuestro enemigo, pero sus dotes de mando son dignas de admiración ❑ US **~ guard** guardia f de honor
-5. **Your Honour,** (judge) Señoría
-6. (award) honor m, distinción f; **honours degree** licenciatura f ❑ Br **honours list** = relación de los ciudadanos condecorados por el monarca británico por los servicios aportados a la sociedad; US **~ roll** lista f de honor académica
-7. (in golf) **to have the ~** abrir el par, dar el primer golpe de salida
⋄ vt -1. (person) honrar; **I felt honoured that they had invited me** me honró mucho su invitación; Formal **I'm most honoured to be here tonight** me siento muy honrado(a) de estar aquí esta noche, es un honor para mí estar aquí esta noche; Ironic **the manager honoured us with his presence today** el director nos ha honrado hoy con su presencia -2. (fulfil) (commitment, obligation) cumplir; (contract, agreement) cumplir -3. (debt, cheque) pagar

---

HONOURS LIST

Dos veces al año el monarca británico confiere honores a ciudadanos que se hayan distinguido por realizar alguna proeza o servir a la sociedad. La **Honours List** se hace pública en el día de Año Nuevo ("New Year's Honours") y en el día del cumpleaños de la reina ("the Birthday Honours"). Las distinciones van desde el ser nombrado miembro vitalicio de la Cámara de los Lores a títulos de menor importancia; muchas de las condecoraciones que se confieren son rangos dentro de las órdenes de caballería, como, por ejemplo, el de la Orden del Imperio Británico. El primer ministro británico debe dar su consentimiento a la relación definitiva de los candidatos a las distinciones.

---

honourable, US **honorable** ['ɒnərəbəl] adj -1. (worthy of honour) honorable; **he's an ~ man** es un hombre honorable; **to do the ~ thing** (marry) hacer lo que Dios manda y casarse; (resign) tomar la salida más honrosa y dimitir or Am renunciar; **he got an ~ discharge** (from army) lo licenciaron or fue dado de baja con honores; Hum **are his intentions ~?** ¿viene con buenas intenciones?; **~ mention** mención honorífica
-2. Br (aristocratic title) = título honorífico aplicado a los hijos de condes, vizcondes y barones
-3. Br PARL **the Honourable, member for Caithness** el señor diputado por Caithness

honourably, US **honorably** ['ɒnərəblɪ] adv honorablemente

honour-bound ['ɒnə'baʊnd] adj obligado(a) moralmente; **to be/feel ~ to do sth** estar/sentirse obligado(a) moralmente a hacer algo, tener/sentir la obligación moral de hacer algo

Hons (abbr **honours degree**) licenciatura f

Hon Sec (abbr **honorary secretary**) Secretario(a) m,f honorario(a)

hooch, hootch [huːtʃ] n US Fam (liquor) alcohol m (destilado clandestinamente)

hood [hʊd] ⋄ n -1. (of coat, cloak) capucha f; (on academic gown) capirote m; (enclosing head) (with eyeholes) pasamontaña m, pasamontañas m inv; (without eyeholes) capucha f; (for falcons) capirote m, capillo m
-2. Br (of car, pram) capota f
-3. US (car bonnet) capó m, CAm, Méx cofre m
-4. (over cooker, fireplace) campana f (extractora); (on machine) cubierta f; (of hairdryer) casco m
-5. US Fam (gangster) matón(ona) m,f
-6. US Fam **the ~** (neighbourhood) el barrio
⋄ vt (prisoner) encapuchar; (falcon) encapirotar, encapillar

hooded ['hʊdɪd] adj (item of clothing) con capucha; (person) encapuchado(a) ❑ **~ crow** corneja f ceniciento

hoodlum ['huːdləm] n Fam matón(ona) m,f

hoodoo ['huːduː] n US Fam cenizo m, Esp gafe m

hoodwink ['hʊdwɪŋk] vt Fam engañar, timar; **I was hoodwinked into signing** me embaucaron para que firmara; **he hoodwinked me into coming** me engatusó para que viniera

hooey ['huːɪ] n Fam tonterías fpl, Esp majaderías fpl

hoof [huːf] ⋄ n (pl **hooves** [huːvz]) (of horse) casco m; (of cattle, deer, sheep) pezuña f, pata f; **on the ~** (alive) en pie; Fig (on ad hoc basis) sobre la marcha; **I had lunch on the ~** comí deprisa y corriendo
⋄ vt Fam **~ it** ir a pata, ir en el coche de San Fernando

hoofbeat ['huːfbiːt] n **the (horse's) hoofbeats came closer** el repicar de los cascos se oía cada vez más cerca

hoofer ['huːfə(r)] n Fam bailarín(ina) m, f

hoofprint ['huːfprɪnt] n huella f de herradura

hoo-ha ['huːhɑː] n Fam (fuss) alboroto m, jaleo m; **there was a lot of ~ about it at the time** se armó un gran revuelo entonces

hook [hʊk] ⋄ n -1. (in general) gancho m; (for coats) colgador m; (for hanging pictures) escarpia f, alcayata f; IDIOM Fam **to get one's hooks into sb** poner a alguien las garras encima; IDIOM Fam **to get sb off the ~** sacar a alguien del apuro; IDIOM Fam **that lets you off the ~** eso te libra, Esp eso te salva de la quema; IDIOM Fam **by ~ or by crook** sea como sea
-2. (for fishing) anzuelo m; IDIOM Fam **he swallowed it ~, line and sinker** (believed it) se tragó el anzuelo
-3. (on dress) corchete m ❑ **~ and eye** corchete m
-4. (of telephone) **to leave the phone off the ~** dejar el teléfono descolgado; **to put the phone back on the ~** colgar el teléfono
-5. (in boxing) gancho m, crochet m; **left/right ~** gancho de izquierda/derecha
-6. (in basketball) gancho m
-7. (in golf) hook m
-8. (of song) gancho m
-9. (for advertising campaign) gancho m (publicitario)
⋄ vt -1. (catch) enganchar; **to ~ a fish** enganchar un pez; **to ~ one's legs around sth** enroscar las piernas en algo; **~ the rope around the tree** ata la cuerda alrededor del árbol -2. Fam Hum **she'll never manage to ~ a man** nunca conseguirá enganchar or cazar or pescar a un hombre
-3. (in golf) **to ~ the ball** golpear la bola de hook -4. (in rugby) talonar
⋄ vi -1. (fasten) abrocharse (con corchetes or RP ganchitos), cerrarse con corchetes or RP ganchitos; **the dress hooks at the back/side** el vestido se abrocha (con corchetes or RP ganchitos) por la espalda/en el costado -2. US (work as prostitute) hacer la calle or la carrera
◆ **hook on** ⋄ vt sep enganchar, abrochar, encorchar
⋄ vi engancharse, abrocharse
◆ **hook up** ⋄ vt sep -1. (trailer) enganchar; (horse, oxen) enganchar, uncir; **they hooked up an extra coach to the train** engancharon un vagón adicional al tren -2. (dress) abrochar; **could you ~ me up, please?** ¿me puedes abrochar, por favor? -3. Fam (install) TV & COMPTR conectar
⋄ vi -1. (dress) abrocharse -2. US Fam **to ~ up with sb** (meet) unirse a alguien, reunirse or juntarse con alguien, RP engancharse; (be in relationship) iniciar una relación con alguien, RP engancharse con alguien -3. RAD, TV & COMPTR conectar (**with** con or a); **they ~ up on the network to play Quake** se conectan con or a la red para jugar a Quake

hookah ['hʊkə] n narguile m

hooked [hʊkt] adj -1. (hook-shaped) en forma de gancho, curvado(a); **a ~ nose** una nariz aguileña -2. Fam **to be/get ~ on sth** estar enganchado(a)/engancharse a algo; **he got ~ on hard drugs** se quedó enganchado a las drogas duras; **to get ~ on chess** engancharse al ajedrez; **one bite and I was ~** me envicié con un solo bocado

hooker ['hʊkə(r)] n -1. Br (in rugby) talon(e)ador m -2. US Fam (prostitute) fulana f, puta f

hookey, hooky ['hʊkɪ] n US Fam **to play ~** Esp hacer novillos, Col capar clase, Méx irse de pinta, RP hacerse la rabona

hook-nosed ['hʊknəʊzd] adj de nariz aguileña

Hook of Holland ['hʊkəv'hɒlənd] n Hoek van Holland

hook-up ['hʊkʌp] n -1. RAD & TV conexión f; **a satellite ~** una conexión vía satélite; **a live ~ with Hollywood** una conexión en directo con Hollywood -2. US Fam (alliance) alianza f

hookworm ['hʊkwɜːm] n anquilostoma m ❑ **~ disease** anquilostomiasis f inv

hooky = **hookey**

hooligan ['huːlɪɡən] n vándalo(a) m,f, Esp gamberro m,f

hooliganism ['huːlɪɡənɪzəm] n vandalismo m, Esp gamberrismo m

hoop [huːp] n -1. (ring) aro m; (on sports strip) raya f (horizontal) ❑ **~ earrings** aretes mpl, aros mpl -2. Fam **hoops** (basketball) básquet m; **to shoot hoops** echar unos tiros -3. IDIOMS **to put sb through the hoops** (test thoroughly) poner a alguien a prueba; **I had to jump through hoops to get the job** Esp me las vi y me las deseé or Am me las vi negras para conseguir el trabajo

hoop-la ['huːplɑː] n -1. Br (game) = juego de feria en el que se intentan colar aros en los premios -2. US (noise, bustle) alboroto m; **there was a lot of ~ about the new design** hubo mucho revuelo en torno al nuevo diseño -3. US (nonsense) bobadas fpl

hoopoe ['huːpuː] n abubilla f

hoorah [hʊ'rɑː] exclam ¡hurra!

hooray [hʊ'reɪ] ⋄ exclam ¡hurra!; **~ for Simon!** ¡un hurra por Simón!
⋄ n -1. (shout) hurra m -2. Br **Hooray Henry** niño m bien or Esp pijo

hoosegow ['huːsɡaʊ] n US Fam Esp chirona f, Andes, RP cana f, Méx bote m; **in the ~** Esp chirona or Andes, RP la cana or Méx el bote

Hoosier ['huːzɪə(r)] n persona de Indiana ❑ **the ~ State** = apelativo familiar referido al estado de Indiana

hoot [huːt] ⋄ n -1. (of owl) ululato m
-2. (of car horn) bocinazo m, pitido m; (of factory whistle) sirena f; (of train) pitido m, silbido m
-3. (shout) grito m, chillido m, alarido m; (jeer) abucheo m, silba f, pitada f; **there were hoots from the audience when he**

hootch finished the speech el público lo silbó *or* lo abucheó al terminar el discurso; **hoots of laughter** risotadas; IDIOM *Fam* **I don't give or care a ~** *or* **two hoots** me importa un pepino *or* bledo
-4. *Fam (amusing person, situation)* **he's a ~!** ¡es divertidísimo!, *Esp* ¡es un cachondo!; **it was a ~!** ¡fue divertidísimo!, *Esp* ¡fue un cachondeo!
◇ *vt* -1. *(car horn)* tocar, hacer sonar -2. *(jeer) (actor, speaker)* abuchear, silbar, pitar; *(play)* silbar, pitar; **they hooted him down** los abucheos le impidieron continuar
◇ *vi* -1. *(owl)* ulular -2. *(car, driver)* dar bocinazos; *(train)* pitar, silbar -3. *(shout)* chillar, gritar; *(jeer)* silbar; **to ~ with laughter** reírse a carcajadas

hootch = hooch

hooter ['hu:tə(r)] *n Br* -1. *(of ship, factory)* sirena *f*; *(of car)* bocina *f*, claxon *m* -2. *Fam (nose)* napias *fpl*

hoover® ['hu:və(r)] *Br* ◇ *n* -1. *(machine)* aspiradora *f*, aspirador *m* -2. *(clean)* **I'll give the room a ~** pasaré la aspiradora por la habitación
◇ *vt (room, carpet)* aspirar, pasar la aspiradora por

◆ **hoover up** *vt sep Br (dirt, dust)* aspirar; *Fam* **he hoovered up the bar snacks** se ventiló los aperitivos en un santiamén

hooves *pl of* hoof

hop [hɒp] ◇ *n* -1. *(jump)* salto *m*, brinco *m*; IDIOM *Fam* **to catch sb on the ~** agarrar *or Esp* coger desprevenido *a* a alguien; IDIOM *Fam* **to keep sb on the ~** mantener a alguien ocupado(a) -2. *Fam (on plane)* vuelo *m* corto -3. *Fam (dance)* baile *m*, bailongo *m*
◇ *vt (pt & pp* **hopped**) *Fam* -1. **to ~ it** *(clear off)* largarse, tomar las de Villadiego, *RP* tomárselas; **~ it!** ¡lárgate! -2. *US (bus, subway) (legally)* subir a, *Esp* coger, *Am* tomar; *(illegally)* subirse sin pagar a, colarse en
◇ *vi* -1. *(jump)* saltar, brincar; *(on one leg)* saltar con *or Am* en un pie, saltar a la pata coja
-2. *Fam (move quickly, lightly)* **to ~ out of bed** salir de la cama de un salto; **to ~ into bed with sb** acostarse con alguien, meterse con alguien en la cama; **to ~ on/off the bus** subirse al/bajarse del autobús (de un salto); **~ in!** *(into car)* ¡sube!
-3. *Fam (travel by plane)* **we hopped across to Paris for the weekend** hicimos una escapada (en avión) a París durante el fin de semana

◆ **hop off** *vi Fam* largarse

hope [həʊp] ◇ *n* -1. *(desire, expectation)* esperanza *f*; **he's one of his country's young hopes** es una de las jóvenes promesas de su país; **in the ~ of (doing) sth** con la esperanza de (hacer) algo; **in the ~ that...** con la esperanza de que...; **there's ~ for him yet** aún tiene posibilidades de salvarse; **the situation is beyond ~** la situación es desesperada; **hopes are fading of a settlement to the dispute** cada vez hay menos esperanzas de que se resuelva la situación; **to get one's hopes up** hacerse ilusiones; **to give up** *or* **lose ~** perder la esperanza *or* las esperanzas; *Hum* **we live in ~!**, **springs eternal!** la esperanza es lo último que se pierde; **to raise (sb's) hopes** dar esperanzas (a alguien)
-2. *(chance)* esperanza *f*; **there is little ~ (of)** hay pocas esperanzas (de); **there is no ~ (of)** no hay esperanza(s) (de); *Fam* **do you think they'll agree? – not a ~!** ¿tú crees que aceptarán? – ni de casualidad; **she hasn't got a ~ of winning** no tiene posibilidad alguna de ganar; *Fam* **they haven't got a ~ in hell of winning** no van a ganar ni de casualidad; **her best ~ is if her opponent doesn't turn up** su mayor esperanza es que su adversario no se presente; **my only** *or* **last ~ is to ask for a second opinion** mi única *or* última esperanza es pedir una segunda opinión; *Ironic* **what a ~!**, **some ~!** ¡no caerá esa

breva!
-3. REL esperanza *f*
-4. *US* **~ chest** ajuar *m*
◇ *vt* **to ~ to do sth** esperar hacer algo; **I ~ to see you again** espero volverte a ver; **I ~ you're feeling better**, **I ~** te encuentras mejor, ¿no?, espero que ya te encuentres mejor; **I ~ (that) your brother is better** espero que tu hermano esté mejor; **I ~ (to God that) you are right** ojalá tengas razón; **I ~ you don't mind me calling** espero que no te moleste que te llame; **let's ~ we're not too late** esperemos que no sea demasiado tarde; **I'm hoping they won't notice** espero que no se den cuenta; **we ~ and pray that...** ojalá que...
◇ *vi* esperar; **don't ~ for too much** no esperes demasiado; **a victory was always going to be too much to ~ for** esperar la victoria hubiera sido demasiado optimista; **I'm hoping for promotion** espero conseguir un ascenso; **we're hoping for a nice day** esperamos que haga buen día; **to ~ for the best** confiar en la suerte; **we must ~ against ~ that...** no debemos perder la esperanza de que...; *Fam* **wouldn't it be nice if she got the job? – here's hoping** estaría bien que consiguiera el trabajo – sí, ojalá; **I ~ so** eso espero; **I ~ not** espero que no; *Br* **he got sacked as a result – I should ~ so too!** como resultado, lo echaron – ¡y con razón!

hopeful ['həʊpfʊl] ◇ *n Fam* **a young ~** una joven promesa
◇ *adj* -1. *(full of hope)* esperanzado(a), optimista; **we are ~ that...** esperamos que...; **he says he'll come, but I'm not that ~** dice que vendrá, pero no creo que lo haga; **he didn't seem very ~ that he would win** no parecía tener grandes *or* muchas esperanzas en su victoria
-2. *(inspiring hope) (situation, sign)* prometedor(ora), alentador(ora); **the signs are ~ that he will recover** hay indicios que alimentan la esperanza de una recuperación

hopefully ['həʊpfʊlɪ] *adv* -1. *(in a hopeful manner)* esperanzadamente, confiadamente; **it is better to travel ~ than to arrive** caminar con esperanza *or* optimismo es mejor que llegar
-2. *Fam (it is to be hoped)* **~ not** esperemos que no, *Am* ojalá que no; **will you get it finished today? – ~!** ¿lo tendrás listo hoy? – ¡eso espero!, *Am* ¡ojalá (que sí)!; **we will have found him by then** con un poco de suerte, para entonces ya le habremos encontrado

hopeless ['həʊplɪs] *adj* -1. *(without hope) (person)* desesperanzado(a), sin esperanza; *(situation)* desesperado(a); **it's ~!** ¡es inútil!; **it's ~ trying to explain to him** es inútil intentar explicárselo; **a ~ cause** una causa perdida; **a ~ case** *(incompetent person)* un caso perdido; *(in court)* una causa perdida; *(patient)* un caso (de enfermedad) incurable; **to be in a ~ condition** encontrarse *or* estar en una situación desesperada
-2. *(inveterate) (drunk, liar)* empedernido(a), contumaz
-3. *Fam (incompetent)* malísimo(a), negado(a); **to be ~ at maths/cooking** ser nulo(a) *or* un(a) negado(a) para las matemáticas/la cocina; **he's ~!** ¡es un inútil!; **I'm ~ at this** yo, para esto, soy un desastre

hopelessly ['həʊplɪslɪ] *adv* -1. *(inconsolably)* desesperanzadamente, sin esperanza -2. *(completely)* totalmente, completamente; **he was ~ in love with her** estaba desesperadamente enamorado de ella; **by this time we were ~ late/lost** para entonces nuestro retraso era irremediable/estábamos completamente perdidos

hopelessness ['həʊplɪsnɪs] *n* -1. *(despair)* desesperanza *f* -2. *(irremediable nature)* **the ~ of the situation** lo desesperado de la situación, el carácter irremediable de la situación

hopper ['hɒpə(r)] *n (for storage, loading)* tolva *f*

hopping ['hɒpɪŋ] *adv Fam* **to be ~ mad** estar hecho(a) una furia, *Méx* estar como agua para chocolate

hops [hɒps] *npl* lúpulo *m*

hopscotch ['hɒpskɒtʃ] *n* tejo *m*, rayuela *f*; **to play (at) ~** jugar al tejo

Horace ['hɒrɪs] *pr n* Horacio

horde [hɔːd] *n* -1. *(crowd)* multitud *f*, *Am* horda *f*; **hordes of tourists** legiones *or Am* hordas de turistas -2. *(nomadic)* horda *f*

horizon [hə'raɪzn] *n* -1. *(between sky and earth or sea)* horizonte *m*; **there is a general election on the ~** hay elecciones generales a la vista -2. **horizons** *(perspectives)* horizontes *mpl*; **to broaden one's horizons** ampliar (uno sus) horizontes

horizontal [hɒrɪ'zɒntəl] ◇ *n* horizontal *f*
◇ *adj* -1. *(position)* horizontal; *Fam* **I was ~ for a few days with the flu** pasé varios días en la cama con gripe ❑ SPORT **~ bar** barra *f* fija; COMPTR **~ *justification*** justificación *f* horizontal; COMPTR **~ *orientation*** orientación *f* horizontal -2. COM *(communication, integration)* horizontal, al mismo nivel; **he asked for a ~ move** solicitó un cambio de puesto de trabajo dentro de su misma categoría

horizontally [hɒrɪ'zɒntəlɪ] *adv* horizontalmente

hormonal [hɔː'məʊnəl] *adj* hormonal

hormone ['hɔːməʊn] *n* hormona *f* ❑ MED **~ replacement therapy** terapia *f* hormonal sustitutiva

horn [hɔːn] *n* -1. *(of mammal, snail)* cuerno *m*; **the ~ of plenty** el cuerno de la abundancia; IDIOM **to be on the horns of a dilemma** estar entre la espada y la pared; IDIOM **to draw** *or* **pull in one's horns** *(back off)* echarse para atrás, bajar el tono, *Am* bajarse del caballo; *(spend less)* apretarse el cinturón
-2. *(material)* cuerno *m*, *Am* asta *m*
-3. *(musical instrument)* trompa *f* ❑ **~ *player*** trompa *mf*; **~ *section*** sección *f* de trompetas
-4. *(on car)* bocina *f*, claxon *m*; **to sound one's ~** *(in car)* tocar la bocina *or* el claxon
-5. GEOG **the Horn of Africa** el Cuerno de África
-6. *Br very Fam (erection)* **to have the ~** tenerla dura *or* empinada *or Am* parada; **to give sb the ~** *(arouse) Esp, Méx* poner a alguien cachondo(a) *or RP* caliente, *Am* calentar a alguien
-7. *US Fam (telephone)* teléfono *m*; **to get on the ~ to sb** dar un telefonazo a alguien

◆ **horn in** *vi Fam (on conversation)* entrometerse, meterse (donde no lo llaman); *(on a deal)* meter (mi, tu *etc*.) cuchara, meter la mano *or* las manos, sacar tajada

hornbeam ['hɔːnbiːm] *n* carpe *m*

hornbill ['hɔːnbɪl] *n* cálao *m*

horned [hɔːnd] *adj* con cuernos ❑ **~ *toad*** lagarto *m* cornudo, frinosoma *m*

hornet ['hɔːnɪt] *n* avispón *m*; *Fig* **to stir up a ~'s nest** remover un avispero

hornpipe ['hɔːnpaɪp] *n (dance, music)* aire *m* marinero

horn-rimmed ['hɔːnrɪmd] *adj* **~ *spectacles*** *or* **glasses** gafas *fpl* (de montura) de concha *or RP* carey

hornswoggle ['hɔːnswɒgəl] *vt Fam* embaucar, camelar

horny ['hɔːnɪ] *adj* -1. *(hands)* calloso(a), encallecido(a) -2. *very Fam (sexually aroused) Esp, Méx* cachondo(a), *Esp* calentorro(a), *CAm, Col, Méx, Ven* arrecho(a), *RP* caliente -3. *Br very Fam (sexually attractive) Esp* buenorro(a), *Carib, Col, Méx* buenón(ona), *RP* fuerte

horoscope ['hɒrəskəʊp] *n* horóscopo *m*

horrendous [hɒ'rendəs] *adj* -1. *(horrifying)* horrendo(a), espantoso(a) -2. *Fam (very bad)* espantoso(a), horrible, tremendo(a)

horrendously [hɒ'rendəslɪ] *adv Fam (expensive, complicated)* terriblemente

horrible ['hɒrɪbəl] *adj* -1. *(horrific)* horroroso(a), espantoso(a), terrorífico(a); **a ~ tragedy/scream** una espantosa tragedia/un grito terrorífico

horribly

-2. *(unpleasant)* horrible; **to say ~ things about sb** hablar muy mal de alguien; **I have a ~ feeling she's right** me da la desagradable sensación de que tiene razón; **the room was in a ~ mess** la habitación era un tremendo caos; **how ~!** ¡qué horror!
-3. *(unkind)* antipático(a); **to be ~ to sb** ser muy antipático(a) con alguien

horribly ['hɒrɪblɪ] *adv* **-1.** *(nastily)* horriblemente, de una manera horrible o espantosa; **she was ~ murdered** fue asesinada de una forma horrible **-2.** *(as intensifier)* espantosamente, horriblemente; **it all went ~ wrong** todo salió rematadamente mal

horrid ['hɒrɪd] *adj* **-1.** *(unpleasant)* horrendo(a), repelente **-2.** *(unkind)* antipático(a); **to be ~ to sb** ser muy antipático(a) con alguien; **to say ~ things about sb** decir cosas muy desagradables de alguien

horrific [hɒ'rɪfɪk] *adj* horrible, espantoso(a)

horrifically [hɒ'rɪfɪklɪ] *adv* **-1.** *(gruesomely)* de un modo horrible, espantosamente **-2.** *(as intensifier)* **~ expensive** tremendamente o terriblemente caro(a), carísimo(a)

horrified ['hɒrɪfaɪd] *adj* horrorizado(a); **a ~ expression** una expresión de horror

horrify ['hɒrɪfaɪ] *vt* horrorizar

horrifying ['hɒrɪfaɪɪŋ] *adj* horroroso(a), *Am* aterrorizante

horror ['hɒrə(r)] *n* **-1.** *(feeling)* horror *m*; **to my ~ I saw that...** me horroricé al ver que...; **to have a ~ of sth** tener pánico o horror a algo; **to have the horrors** sentir pavor o espanto; *Fam* **to give sb the horrors** dar pavor o espantar a alguien, poner la carne de gallina o los pelos de punta a alguien □ **~ film** película *f* de terror o miedo; **~ movie** película *f* de terror o miedo; **~ story** cuento *m* de terror; *Fam Fig* **they had some real ~ stories about their holiday** habían vivido auténticas pesadillas durante las vacaciones
-2. *(person, thing)* horror *m*, espanto *m*; **I began to see the ~ of it all** comencé a ver lo espantoso o terrible de todo el asunto; **the horrors of war** los horrores de la guerra; *Fam* **that child's a little ~** ese niño es un monstruito; *Fam Hum* **~ of horrors,...** ¡qué horror!; *Br Fam* **oh, horrors!** ¡válgame Dios, qué horror!

horror-stricken ['hɒrəstrɪkən], **horror-struck** ['hɒrəstrʌk] *adj* horrorizado(a)

hors d'oeuvre [ɔː'dɜːvr] *(pl* **hors d'oeuvres** [ɔː'dɜːvr]) *n* entremeses *mpl*

horse [hɔːs] *n* **-1.** *(animal)* caballo *m*; *Fam* **the horses** *(horse racing)* los caballos, las carreras de caballos; **I like ~ riding** me gusta montar o *RP* andar a caballo □ **~ apple** *(dung)* boñigo *m*; **~ blanket** manta *f* para caballería; **~ brass** jaez *m* de latón; **~ chestnut** *(tree)* castaño *m* de Indias; *US Fam Hum* **~ opera** película *f* del Oeste; **~ race** carrera *f* hípica o de caballos; **~ racing** carreras *fpl* de caballos; **~ riding** equitación *f*, *Esp* monta *f* de caballos; **~ show** concurso *m* hípico, *Esp* exhibición *f* de monta de caballos; **~ trials** concurso *m* hípico
-2. *(gym apparatus)* caballo *m*
-3. MIL & HIST *(cavalry)* caballería *f*, soldado *m* de caballería; **a regiment of ~** un regimiento de caballería; **~ artillery** artillería montada o a caballo
-4. IDIOMS **to eat like a ~** comer muchísimo o *Esp* como una lima; **(I'm so hungry) I could eat a ~** tengo un hambre que no veo, tengo un hambre canina; **that's a ~ of a different colour** eso es harina de otro costal; **to change horses in midstream** cambiar de idea *(or de táctica/bando etc)* a mitad de camino; **to get (up) on one's high ~** darse ínfulas; **to hear sth (straight) from the ~'s mouth** haber oído algo de boca del propio interesado □ **~ laugh** risotada *f*; **~ sense** sentido *m* común

➔ **horse about, horse around** *vi* hacer el indio

horseback ['hɔːsbæk] *n* **on ~** a caballo; *US* **~ riding** equitación *f*; *US* **to go ~ riding** montar o *RP* andar a caballo

horsebox ['hɔːsbɒks] *n Br* remolque *m* para caballos

horsecar ['hɔːskɑː(r)] *n US (trailer)* remolque *m* para caballos

horse-drawn ['hɔːsdrɔːn] *adj* de tiro, de caballos

horseflesh ['hɔːsfleʃ] *n* **-1.** *(horse meat)* carne *f* de caballo **-2.** *(horses collectively)* caballos *mpl*; **he's a good judge of ~** es un entendido en caballos

horsefly ['hɔːsflaɪ] *n* tábano *m*

horsehair ['hɔːsheə(r)] *n* crin *f*, crines *fpl* □ **~ mattress** colchón *m* de crin

horseman ['hɔːsmən] *n* jinete *m*

horsemanship ['hɔːsmənʃɪp] *n* equitación *f*, manejo *m* del caballo

horsemeat ['hɔːsmiːt] *n* carne *f* de caballo

horseplay ['hɔːspleɪ] *n* retozo *m*, jugueteo *m*

horsepower ['hɔːspaʊə(r)] *n* TECH caballos *mpl* *(de vapor)*; **a 10-~ motor** un motor de diez caballos

horseradish ['hɔːsrædɪʃ] *n* rábano *m* silvestre □ **~ sauce** salsa *f* de rábano picante

horseshit ['hɔːsʃɪt] *n US Vulg (nonsense) Esp* gilipolleces *fpl*, *Am* pendejadas *fpl*

horseshoe ['hɔːsʃuː] *n* herradura *f* □ **~ arch** arco *m* de herradura; **~ crab** cacerola *f* o cangrejo *m* de las Molucas, límulo *m*

horsetail ['hɔːsteɪl] *n* **-1.** *(tail of horse)* cola *f* de caballo **-2.** *(plant)* cola *f* de caballo, equiseto *m*

horse-trading ['hɔːstreɪdɪŋ] *n Fam* negociaciones *fpl* entre bastidores, tira y afloja *m*, *Esp* chalaneo *m*

horsewhip ['hɔːswɪp] ◇ *n* fusta *f*
◇ *vt (pt & pp* **horsewhipped)** azotar

horsewoman ['hɔːswʊmən] *n* amazona *f*

horsey, horsy ['hɔːsɪ] *adj* **-1.** *(horse-like)* caballuno(a) **-2.** *(keen on horses)* aficionado(a) a los caballos **-3.** *Br Fam (upper class) Esp* pijo(a), *Am* de la hípica; **he mixes with a very ~ crowd** *Esp* alterna con gente pija aficionada a los caballos, *Am* alterna con gente de la hípica

horticultural [hɔːtɪ'kʌltʃərəl] *adj* hortícola; **~ show** exposición hortícola

horticulturalist [hɔːtɪ'kʌltʃərəlɪst] *n* horticultor(ora) *m,f*

horticulture ['hɔːtɪkʌltʃə(r)] *n* horticultura *f*

hosanna [həʊ'zænə] ◇ *n* hosanna *m*
◇ *exclam* ¡hosanna!

hose [həʊz] ◇ *n* **-1.** *(pipe)* manguera *f* **-2.** *Old-fashioned (stockings)* calcetas *fpl*, medias *fpl* **-3.** HIST **doublet and ~** calzas y jubón
◇ *vt* regar con manguera

➔ **hose down** *vt sep* limpiar con manguera

hosepipe ['həʊzpaɪp] *n* manguera *f* □ **~ ban** restricciones *fpl* de agua *(para usos no básicos)*

hosiery ['həʊzɪərɪ] *n* calcetines *mpl* y medias *fpl*; **the (men's/women's) ~ department** la sección de medias o calcetines (de señoras/caballeros) *(en una gran tienda)*

hospice ['hɒspɪs] *n (for the terminally ill)* hospital *m* para enfermos terminales

hospitable [hɒs'pɪtəbəl] *adj* hospitalario(a) **(to con)**

hospitably [hɒs'pɪtəblɪ] *adv* hospitalariamente

hospital ['hɒspɪtəl] *n* hospital *m*; **to go into ~** o *US* **the ~** ingresar en el hospital, ser hospitalizado(a); **~ ship/train** barco o buque/tren hospital □ **~ bed** cama *f* de hospital; **~ care** atención *f* hospitalaria; **~ treatment** tratamiento *m* hospitalario

hospitality [hɒspɪ'tælɪtɪ] *n* hospitalidad *f* □ **~ room** sala *f* de recepción; **~ suite** sala *f* de recepción

hospitalization [hɒspɪtəlaɪ'zeɪʃən] *n* hospitalización *f*

hospitalize ['hɒspɪtəlaɪz] *vt* **-1.** *(admit to hospital)* hospitalizar **-2.** *(injure severely)* **a couple of thugs hospitalized him** acabó *Esp* ingresado o *Am* internado por la paliza que le dieron un par de matones

host[1] [həʊst] ◇ *n* **-1.** *(at home, party)* anfitrión *m*; **~ country** país anfitrión o organizador; **the ~ city for the Olympic Games** la sede de los Juegos Olímpicos **-2.** *(on TV)* presentador(ora) *m,f* **-3.** BIOL *(of parasite)* huésped *m* □ **~ cell** célula *f* huésped **-4.** COMPTR **~ (computer)** host *m*, sistema *m* central □ **~ system** sistema *m* host
◇ *vt* **-1.** *(party)* dar; **the city will ~ the next Olympics** la ciudad albergará las próximas olimpiadas **-2.** *(TV show)* presentar **-3.** COMPTR *(website)* hospedar

host[2] *n* **-1.** *(great number)* **a whole ~ of** un sinfín de, (una) infinidad de **-2.** REL **the Lord of Hosts** el Señor o Dios de los ejércitos

host[3] *n* REL *(consecrated bread)* hostia *f*

hostage ['hɒstɪdʒ] *n* rehén *m*; **to take/hold sb ~** tomar/tener a alguien como rehén; IDIOM **that's offering a ~ to fortune** eso supone hipotecar el futuro

hostel ['hɒstəl] *n* **-1. (youth) ~** albergue *m* juvenil **-2.** *esp Br (for students, nurses)* residencia *f*; *(for the homeless)* albergue *m*, hogar *m*

hostelling, *US* **hosteling** ['hɒstəlɪŋ] *n* **to go (youth) ~** ir de albergues

hosteller, *US* **hosteler** ['hɒstələ(r)] *n* **(youth) ~** alberguista *mf*

hostelry ['hɒstəlrɪ] *n Old-fashioned* o *Hum (pub)* bar *m*

hostess ['həʊstɪs] *n* **-1.** *(in private house)* anfitriona *f*
-2. *(on TV)* azafata *f*
-3. *(at exhibition, conference)* azafata *f*, *Méx* edecán *f*, *RP* recepcionista *f* *(de exposiciones y congresos* o *de ferias y congresos)*
-4. *(in nightclub)* chica *f* de alterne, *RP* copera *f*; **a ~ agency** una agencia de acompañantes o de señoritas de compañía
-5. (air) ~ azafata *f* □ **~ trolley** carro *m* caliente, = carrito con compartimentos para mantener la comida caliente

hostile ['hɒstaɪl, *US* 'hɒstəl] *adj* **-1.** *(aggressive)* hostil **(to** o **towards** a o con)**; why are you always so ~ to me?** ¿por qué eres tan arisco conmigo? **-2.** *(opposed)* hostil **(to** o **towards** a o con); **to be ~** to ser hostil a, mostrarse hostil ante; **people who are ~ to change** gente contraria o opuesta al cambio **-3.** MIL **~ forces** fuerzas hostiles **-4.** COM **~ takeover bid** OPA *f* hostil

hostility [hɒs'tɪlɪtɪ] *n* **-1.** *(aggression, opposition)* hostilidad *f* **(to** hacia) **-2.** *Formal* **hostilities** *(war)* hostilidades *fpl*

hosting ['həʊstɪŋ] *n* COMPTR hospedaje *m*

hot [hɒt] *adj* **-1.** *(in temperature)* *(food, plate, stove, water)* caliente; *(day, summer, climate)* caluroso(a); **we sat in the ~ sun** nos sentamos al calor del sol; **I'd like a ~ bath** me apetece un baño caliente; **to be ~** *(of person)* tener calor; *(of thing)* estar caliente; **this jacket's too ~** esta chaqueta abriga demasiado; **it's ~** *(of weather)* hace calor; **this is ~ work** aquí se suda la gota gorda □ **~ chocolate** batido *m* de cacao (caliente); **~ cross bun** = bollo con pasas y una cruz dibujada encima que se suele comer el día de Viernes Santo; **~ dog** perrito *m* caliente, *Col, Méx* perro *m* caliente, *RP* pancho *m*; *US* MED **~ flashes** sofocos *mpl*; MED **~ flushes** sofocos *mpl*; **~ spring** manantial *m* de aguas termales; *US* **~ tub** jacuzzi® *m*
-2. *(spicy)* picante □ **~ pepper** guindilla *f*, *Méx* chile *m*, *Andes, RP* ají *m*
-3. *(close)* **you're getting ~** *(in guessing game)* caliente, caliente; **to be on sb's/sth's trail** estar pisando los talones a alguien/algo
-4. *Fam (good)* cosa fina; **that's one ~ bike** esa moto es cosa fina; **to be ~ on sth** *(be knowledgeable about)* estar muy puesto(a)

hot-air balloon

en algo, *RP* estar muy por dentro de algo; *(attach importance to)* ser muy quisquilloso(a) con algo; **it wasn't such a ~ idea** no fue una idea tan buena; **how are you? – not so ~** ¿qué tal? – regular; *very Fam* **shit** de puta madre, *Andes, CAm, Carib, Méx* chévere, *Méx* padrísimo(a), *RP* de la puta; *very Fam* **she's pretty ~ shit when it comes to statistics** es un genio de las estadísticas, es una *Méx* chingona *or RP* bestia para las estadísticas, *Esp* se le dan genial *or* de puta madre las estadísticas; *Fam* **to be ~ stuff** *(excellent) Esp* ser cosa fina, ser *CAm, Carib, Col, Méx* chévere *or Méx* padrísimo(a) *or RP* bárbaro(a); *(person)* estar buenísimo(a), estar como un tren ❑ *Fam* ~ **date** cita *f* íntima; **a ~ favourite** *(in race)* un/una gran favorito(a); ~ **gossip** chismorreo *m or Esp* cotilleo *m or RP* chusmerío *m* jugoso; ~ **news** noticias *fpl* frescas
  -5. *Fam (in demand, popular)* popular; **this hairstyle is really ~ just now** este peinado está *or* se ha puesto muy de moda; **he's really ~ property** se lo rifa todo el mundo
  -6. *Fam (sexually attractive)* sexy; *(sexually aroused) Esp, Méx* cachondo(a), *CAm, Col, Méx, Ven* arrecho(a), *RP* alzado(a); **to be ~ to trot** estar *Esp, Méx* cachondo(a) *or CAm, Col, Méx, Ven* arrecho(a) *or RP* alzado(a)
  -7. *Fam (dangerous)* **things were getting too ~ for us** las cosas se estaban poniendo feas; **too ~ to handle** *(issue)* demasiado comprometido(a) *or* comprometedor(ora) ❑ *Fam* ~ **potato** *(controversial issue)* asunto *m* espinoso, *Esp* patata *f* caliente; *US Fam* **the ~ seat** *(electric chair)* la silla eléctrica, *Fig* **to be in the ~ seat** ser el responsable; ~ **spot** *(trouble spot)* zona *f* conflictiva
  -8. *Fam (stolen)* afanado(a), *Esp* chorizado(a), *RP* choreado(a).
  -9. *Fam* ~ **air** *(meaningless talk)* palabras *fpl* vanas, música *f* celestial, *Esp* rollo *m* patatero; *Fam* **it's all ~ air** no son más que fanfarronadas
  -10. *Fam* ~ **jazz** hot jazz *m*
  -11. ~ **pants** minishorts *mpl*
  -12. ~ **rod** *(car)* coche *m* trucado
  -13. ~ **spot sprint** *(in cycling)* sprint *m* especial, meta *f* volante
  -14. COM ~ **desking** sistema *m* de mesa compartida, = sistema de trabajo en el que los trabajadores carecen de un escritorio propio y ocupan el que se encuentre libre
  -15. COMPTR ~ **key** tecla *f* personalizada; ~ **swap** *(of devices)* reemplazo *m* en caliente
  -16. TEL ~ **line** línea *f* directa, teléfono *m* rojo; ~ **line support** asistencia *f* por línea directa
  -17. IDIOMS ~ **from** *or* **off the press** *(of news)* caliente; *(of book)* recién salido(a) (de la imprenta); **they're selling like ~ cakes** se venden como pan caliente *or Esp* churros *or Esp* rosquillas; **to have a ~ temper** tener mal genio; **to get ~ under the collar** *(become indignant)* acalorarse; ~ **and bothered** agobiado(a); *Fam* **to be in ~ water** *(in difficult situation)* estar en un lío *or* en apuros; *Fam* **to get into ~ water** meterse en un lío *or* en apuros

◆ **hot up** *(pt & pp* **hotted***) vi Fam (situation, contest) Esp* calentarse, *Am* ponerse bravo(a)

hot-air balloon ['hɒteəbə'lu:n] *n* globo *m* de aerostático, aerostato *m*

hotbed ['hɒtbed] *n* **a ~ of rebellion/intrigue** un foco de rebelión/intrigas

hot-blooded ['hɒt'blʌdɪd] *adj* **-1.** *(passionate)* ardiente **-2.** *(excitable)* irascible

hotcake ['hɒtkeɪk] *n US* crepe *f*, panqueque *m*, *Esp* tortita *f*

hotchpotch ['hɒtʃpɒtʃ], **hodgepodge** ['hɒdʒpɒdʒ] *n Fam* revoltijo *m*, *Esp* batiburrillo *m*

hot-dog ['hɒtdɒg] *vi (pt & pp* **hotdogged***)* **-1.** *US Fam (show off)* alardear, fanfarronear **-2.** *(in skiing)* hacer acrobacias

hotel [həʊ'tel] *n* hotel *m*; **the ~ industry** el sector hotelero, la industria hotelera ❑ ~ **manager** director(ora) *m,f* de hotel; ~ **reception** recepción *f*, la recepción de un *or* el hotel; ~ **room** habitación *f (de hotel)*

hotelier [həʊ'telɪeɪ] *n* hotelero(a) *m,f*

hotfoot ['hɒtfʊt] *Fam* ⋄ *adv* a la carrera, zumbando, *Esp* escopetado(a)
  ⋄ *vt* **to ~ it** ir a la carrera, ir zumbando, *Esp* ir escopetado(a)

hothead ['hɒthed] *n* impulsivo(a) *m,f*, impetuoso(a) *m,f*

hot-headed ['hɒt'hedɪd] *adj* impulsivo(a), impetuoso(a)

hothouse ['hɒthaʊs] *n* **-1.** *(glasshouse)* invernadero *m* **-2.** *(place with intense atmosphere)* hervidero *m*

hotly ['hɒtlɪ] *adv (to reply, protest)* acaloradamente; *(to deny)* enérgicamente; **~ contested** ferozmente disputado(a)

hotplate ['hɒtpleɪt] *n* **-1.** *(on cooker)* placa *f* **-2.** *(for keeping food warm)* = placa para mantener la comida caliente

hotpot ['hɒtpɒt] *n (stew)* estofado *m*, *Am* ahogado *m*

hots [hɒts] *npl very Fam* **she had the ~ for Fred** Fred la ponía a cien *or* muy caliente, *RP* estaba recaliente con Fred

hotshot ['hɒtʃɒt] *n Fam* ⋄ *n (expert)* as *m*, *Esp* hacha *m*
  ⋄ *adj* **a ~ lawyer** un abogado estrella

hot-tempered ['hɒt'tempəd] *adj esp Esp* enfadadizo(a) *or esp Am* enojadizo(a), con mal genio

Hottentot ['hɒtəntɒt] ⋄ *n* **-1.** *(person)* hotentote *mf* **-2.** *(language)* lengua *f* hotentote
  ⋄ *adj* hotentote

hottie, hotty ['hɒtɪ] *n US Fam* **to be a ~** estar muy bueno(a)

hot-water [hɒt'wɔ:tə(r)] *adj* de agua caliente ❑ ~ **bottle** bolsa *f* de agua caliente

hot-wire ['hɒtwaɪə(r)] *vt Fam* hacer un puente a

hound [haʊnd] ⋄ *n* **-1.** *(hunting dog)* perro *m* de caza **-2.** *Fam (dog)* chucho *m*, *RP* pichicho *m*
  ⋄ *vt (persecute)* acosar; **she was hounded by the press** la prensa la acosaba; **he was hounded out of town** lo echaron de la ciudad

hound's-tooth ['haʊndztu:θ] *n (fabric)* pata *f* de gallo

hour ['aʊə(r)] *n* **-1.** *(period of time)* hora *f*; **an ~ and a half** una hora y media; **half an ~, a half ~** media hora; **it's an ~ long** dura una hora; **at 60 km an** *or* **per ~** a 60 kilómetros por hora; **he gets £10 an ~** le pagan *or* gana diez libras por hora; **it's a two-~ walk from here** está a dos horas a pie; **we're three hours ahead of Fresno** estamos a tres horas de Fresno; **to pay sb by the ~** pagar a alguien por horas; **to take hours over sth** tardar *or Am* demorar horas en algo; **we've been waiting for hours** llevamos horas esperando; **to work long hours** trabajar muchas horas; **what are your hours?, what hours do you work?** ¿cuál es tu horario de trabajo?, ¿qué horario de trabajo tienes?; **the situation is deteriorating by the ~** la situación se deteriora (a) cada hora que pasa ❑ ~ **hand** *(of watch, clock)* manecilla *f* de las horas
  -2. *(time of day)* **at this ~!** ¡a estas horas!; **after hours** fuera de horas, a deshora; **every ~ (on the ~)** cada hora (en punto); **till all hours** hasta las tantas; **people come and go at all hours** hay gente yendo y viniendo a toda(s) hora(s); **to keep late hours** acostarse muy tarde, *Andes* trasnocharse
  -3. *(decisive moment)* **where were you in my ~ of need?** ¿dónde estabas cuando te necesitaba *or* te precisé?; **his ~ has come** ha llegado su hora; **the man of the ~** el hombre *or* la figura del momento

hourglass ['aʊəglɑ:s] *n* reloj *m* de arena; **an ~ figure** una cintura de avispa

hourly ['aʊəlɪ] ⋄ *adj* **-1.** *(each hour)* **at ~ intervals** con intervalos de una hora; **hourly departures** salidas cada hora **-2.** *(per hour) (earnings, rate)* por hora
  ⋄ *adv* **-1.** *(every hour)* cada hora **-2.** *(at any time)* en cualquier momento; **we expect them hourly** los esperamos en cualquier instante *or* de un momento a otro

house ⋄ *n* [haʊs] **-1.** *(dwelling)* casa *f*; **to move ~** mudarse de casa; **to set up ~ (together)** irse a vivir juntos; **to keep ~ (for sb)** encargarse de (las cosas de) la casa (de alguien), llevarle (a alguien) (las cosas de) la casa; **~ for sale** *(sign)* se vende; *also Fig* **a ~ of cards** un castillo de naipes; **~ of ill fame** *or* **repute** casa de lenocinio, prostíbulo; **the ~ of God** la casa del Señor; IDIOM **to set** *or* **put one's ~ in order** poner sus cosas *or* asuntos en orden, *Am* poner la casa en orden; IDIOM **to get on like a ~ on fire** llevarse estupendamente; IDIOM *Br Fam* **all round the houses: the bus goes all round the houses** el autobús va dando un rodeo, ese *Arg* micro *or Urug* ómnibus es un carro lechero; *Fam* **to go all round the houses** *(not get to the point)* dar un rodeo, divagar, irse por las ramas *or Esp* los cerros de Úbeda ❑ LAW ~ **arrest** arresto *m* domiciliario; ~ **call** visita *f* a domicilio; ~ **guest** huésped *mf*, invitado(a) *m,f*; ~ **husband** amo *m* de casa; ~ **martin** avión *m* (común); ~ **painter** pintor(ora) *m,f* de brocha gorda; ~ **party** fiesta *f (en una casa de campo)*; ~ **surgeon** *(in hospital)* cirujano(a) *m,f* residente; ~ **sparrow** gorrión *m*; *US* ~ **trailer** caravana *f*, roulotte *f*, *RP* casa *f* rodante; ~ **wren** chochín *m* casero
  -2. COM *(company)* casa *f*, empresa *f*; **banking ~** banco; **publishing ~** (casa) editorial ❑ *US* ~ **detective** = guardia sin uniforme contratado por un hotel; ~ **journal** boletín *m* interno (de una empresa); ~ **style** política *f* (de estilo) de la casa
  -3. POL **the House of Commons/Lords** la Cámara de los Comunes/Lores; **the Houses of Parliament** el Parlamento británico; **the House of Representatives** la Cámara de Representantes
  -4. *(household)* casa *f*, familia *f*; **the whole ~ was down with flu** toda la familia tenía gripe; **don't wake up the whole ~!** ¡no despiertes a toda la casa!
  -5. *(royal family) Esp* **the House of Stuart** la casa de los Estuardo, los Estuardo
  -6. *(restaurant)* **on the ~** por cuenta de la casa ❑ ~ **wine** vino *m* de la casa
  -7. THEAT **an empty/a good ~** un público escaso/numeroso; **to bring the ~ down** hacer que el teatro se venga abajo, meterse al público en el bolsillo; ~ **full** *(sign)* no hay localidades *or* entradas, *Am* entradas agotadas; **the first/second ~** la primera/segunda función ❑ ~ **lights** luces *fpl* de sala
  -8. *(music)* ~ **(music)** (música *f*) house *m*
  -9. *Br* SCH = división que se hace de los alumnos de cada curso para la realización de actividades no académicas
  -10. *(in debate)* **this ~ believes that...** somos de la opinión que...
  ⋄ *exclam (in bingo)* ¡bingo!
  ⋄ *vt* [haʊz] **-1.** *(person)* alojar; **many families are still badly housed** muchas familias permanecen alojadas en hogares inadecuados
  -2. *(store) (collection, library)* alojar; **the library cannot ~ any more books** la biblioteca ya no puede albergar más libros; **the archives are housed in the basement** el archivo se encuentra *or* está ubicado en el sótano
  -3. *(mechanism)* alojar; **this section houses the main engines** en esta sección se encuentran las principales máquinas

---

HOUSE OF COMMONS

La Cámara de los Comunes o cámara baja británica está compuesta por 650 diputados ("MPs") elegidos por un periodo de cinco años y que ocupan un escaño unos 175 días al año.

houseboat / however

HOUSE OF LORDS

Tradicionalmente la Cámara de los Lores o cámara alta británica estaba compuesta por nobles hereditarios, obispos y magistrados, y desde 1958 el primer ministro tiene la potestad de nombrar a miembros vitalicios. Aparte de su cometido senatorial, también ejerce las funciones de tribunal supremo en todo el país (excepto en Escocia). En 1998 se abolió el derecho de los nobles hereditarios a formar parte de esta cámara, aunque todavía tienen la capacidad de elegir por votación a 90 nuevos miembros entre sus pares. En la actualidad el gobierno británico está estudiando la introducción de nuevas reformas. Entre ellas, que los componentes de esta cámara sean elegidos por sufragio.

HOUSE OF REPRESENTATIVES

Es la cámara baja del Congreso de EE. UU. Junto con el Senado, forma el poder legislativo del gobierno federal estadounidense. La **House of Representatives** está compuesta por 435 diputados o representantes; el número de diputados asignado a cada estado guarda relación proporcional con su población. También hay un diputado por Puerto Rico y delegados que representan a los territorios que, aunque fuera de sus fronteras, están administrados por EE. UU.

houseboat ['haʊsbəʊt] n barco-vivienda m

housebound ['haʊsbaʊnd] adj **to be ~** estar confinado(a) en casa

houseboy ['haʊsbɔɪ] n mozo m, sirviente m, criado m

housebreaker ['haʊsbreɪkə(r)] n ladrón(ona) m,f

housebreaking ['haʊsbreɪkɪŋ] n robos mpl de casas, RP escruche m

housebroken ['haʊsbrəʊkən] adj US (pet) = que ya ha aprendido a no hacer sus necesidades en casa

houseclean ['haʊskliːn] vi US hacer la limpieza de la casa, limpiar la casa

housecoat ['haʊskəʊt] n bata f de (estar en) casa

housefather ['haʊsfɑːðə(r)] n = hombre responsable del bienestar de los internos en un orfanato o en un reformatorio

housefly ['haʊsflaɪ] n mosca f (doméstica)

household ['haʊshəʊld] n hogar m, Esp unidad f familiar; **the head of the ~** Esp el/la cabeza de familia, Am el jefe/la jefa del hogar; **households with more than two children** Esp familias con más de dos hijos, Am hogares con más de dos niños; **to be a ~ name** (of famous person) ser un nombre conocidísimo; (of brand name) ser una marca famosa or muy conocida ❑ **~ appliance** electrodoméstico m; **~ chores** tareas fpl domésticas or del hogar

householder ['haʊshəʊldə(r)] n ocupante mf de vivienda

house-hunting ['haʊshʌntɪŋ] n búsqueda f de vivienda

housekeeper ['haʊskiːpə(r)] n **-1.** (employee) ama f de llaves or Esp de gobierno, Am encargado(a) m,f, Am casero(a) m,f **-2.** (housewife) **she's a good/bad ~** es una buena/mala ama de casa

housekeeping ['haʊskiːpɪŋ] n **-1.** (work) tareas fpl domésticas, economía f doméstica **-2. ~ (money)** dinero m para los gastos domésticos **-3.** COMPTR mantenimiento m

housemaid ['haʊsmeɪd] n doncella f, sirvienta f, criada f ❑ **~'s knee** (inflammation) bursitis f inv de rodilla

houseman ['haʊsmən] n Br MED médico(a) m,f interno(a) residente

housemaster ['haʊsmɑːstə(r)] n Br SCH = profesor a cargo de una "house" (división para actividades no académicas)

housemistress ['haʊsmɪstrɪs] n Br SCH = profesora a cargo de una "house" (división para actividades no académicas)

housemother ['haʊsmʌðə(r)] n = mujer responsable del bienestar de los internos en un orfanato o en un reformatorio

house-owner ['haʊsəʊnə(r)] n propietario(a) m,f

houseparent ['haʊspeərənt] n = persona responsable del bienestar de los internos en un orfanato o en un reformatorio

houseplant ['haʊsplɑːnt] n planta f de interior

house-proud ['haʊspraʊd] adj **she's very ~** es una mujer muy de su casa

houseroom ['haʊsruːm] n **I wouldn't give it ~** (piece of furniture) yo no lo pondría en mi casa; (theory, suggestion) yo no lo aceptaría

house-shopping ['haʊsʃɒpɪŋ] n US búsqueda f de vivienda

house-sit ['haʊssɪt] vi quedarse cuidando la casa (**for** de)

house-to-house ['haʊstə'haʊs] adj (search, enquiries) de casa en casa, casa por casa

housetop ['haʊstɒp] n IDIOM **to shout** or **proclaim sth from the housetops** proclamar algo a los cuatro vientos

house-train ['haʊstreɪn] vt Br **-1.** (pet) amaestrar, educar, enseñar; **has the dog been house-trained?** ¿el perro está educado? **-2.** Hum (husband, children) acostumbrar or enseñar (a hacer las cosas de la casa), domesticar

house-trained ['haʊstreɪnd] adj Br **-1.** (dog) = que ya ha aprendido a no hacer sus necesidades en casa **-2.** Hum (husband, children) bien enseñado(a), domesticado(a)

house-warming ['haʊswɔːmɪŋ] n **~ (party)** fiesta f de inauguración (de apartamento, piso, casa)

housewife ['haʊswaɪf] n ama f de casa

housework ['haʊswɜːk] n tareas fpl domésticas; **to do the ~** realizar or hacer las faenas del hogar or domésticas; **we share the ~** compartimos las labores domésticas

housing ['haʊzɪŋ] n **-1.** (accommodation) vivienda f; **the government has no long-term ~ strategy** el gobierno no cuenta con una estrategia de creación de viviendas a largo plazo; **thousands still live in substandard ~** miles de personas residen aún en viviendas que no cumplen los niveles exigidos de habitabilidad; **there's a lot of new ~ being built in the area** se están construyendo muchas viviendas nuevas en la zona ❑ Br **~ association** cooperativa f de viviendas; Br **~ benefit** = subsidio para el pago del alquiler or Méx de la renta; **~ cooperative** cooperativa f de viviendas; Br **~ estate** (public housing) = urbanización con viviendas de protección oficial; (private housing) urbanización f, Am condominio m; **~ market** mercado m inmobiliario; US **~ project** = urbanización con viviendas de protección oficial; US **~ scheme** plan m de vivienda; US **~ starts** índices mpl de construcción de nuevas viviendas **-2.** (of machinery) cubierta f protectora

HOV [eɪtʃəʊ'viː] n (abbr **High Occupancy Vehicle**) US **~ lane** carril VAO, carril para vehículos de alta ocupación

hove NAUT pp of **heave**

hovel ['hɒvəl] n Pej Esp chabola f, Méx jacal m, CSur, Ven rancho m

hover ['hɒvə(r)] vi **-1.** (bird) cernerse, cernirse; (insects) revolotear; (helicopter) permanecer inmóvil en el aire **-2.** (linger) (person) rondar; (smile) asomarse, dibujarse; **it's no use hovering over the phone like that** de nada sirve que estés tan pendiente del teléfono; **a smile hovered round his lips** sus labios esbozaron una sonrisa; **a waitress was hovering near our table** una camarera andaba dando vueltas cerca de nuestra mesa; **she hovered between life and death** se debatía entre la vida y la muerte **-3.** (hesitate) dudar, titubear; **I'm hovering between the two possible options** estoy indeciso or dudando entre las dos posibilidades; **he seemed to be hovering on the brink of saying something** parecía estar a punto de decir algo

hovercraft ['hɒvəkrɑːft] n aerodeslizador m, hovercraft m

hoverport ['hɒvəpɔːt] n puerto m de aerodeslizadores

how [haʊ] ◊ adv **-1.** (in what way, by what means) cómo; **~ did they find out?** ¿cómo se enteraron?; **~ do you pronounce this word?** ¿cómo se pronuncia esta palabra?; **~ can you be so insensitive?** ¿cómo puedes ser tan insensible?; **tell me ~ he did it** dime cómo lo hizo; Fam **I can behave ~ I like** me porto como me da la gana; **it's incredible ~ they stay so calm** es increíble lo tranquilos que están; **do you remember ~ we used to hide behind the shed?** ¿te acuerdas de cuando nos escondíamos detrás del cobertizo?; Fam **~ come, ~ so?** ¿cómo es eso?; Fam **~ come they told you and not me?** ¿por qué te lo dijeron a ti y a mí no?; Fam **~ do you mean?** (I don't understand) ¿cómo?; Fam **and ~!** ¡y cómo!
-2. (to what extent) **~ big is it?** ¿cómo es de grande?; **~ far is it to Houston?** ¿a cuánto está Houston de aquí?; **~ fast is the train?** ¿qué velocidad alcanza el tren?; **~ heavy is it?** ¿cuánto pesa?; **~ high is the mountain?** ¿qué altura tiene la montaña?; **~ interested are you in politics?** ¿hasta qué punto te interesa la política?; **~ long have you been here?** ¿cuánto tiempo llevas or Méx, Ven tienes aquí?; **~ many** cuántos(as); **~ many times?** ¿cuántas veces?; **~ much** cuánto; **~ much time is left?** ¿cuánto tiempo queda?; **~ much (is it)?** ¿cuánto es?, ¿cuánto cuesta?; **~ much longer will you be?** ¿cuánto te queda para terminar?; **~ often?** ¿con qué frecuencia?; **~ often do you go swimming?** ¿cada cuánto vas a la piscina?; **~ old are you?** ¿cuántos años tienes?; **~ soon will it be ready?** ¿(para) cuándo estará listo?; **~ tall are you?** ¿cuánto mides?; **I was surprised by ~ easy it was** me sorprendió lo fácil que era; **you know ~ useful he is to me** sabes lo útil que me resulta; **~ stupid can you get?** ¡qué tonto(a)!
-3. (greetings, enquiries after health, quality, success) **~ are you?** ¿cómo estás?, ¿qué tal estás?; **~ was the movie?** ¿qué tal fue la película?; **~ was it for you?** ¿y tú qué tal?; **~ did you like the meal?** ¿te gustó la comida?; **~ did the interview go?** ¿qué tal fue la entrevista?; Fam **~ are things?, how's everything?, how's it going?** ¿qué tal?; **~'s business?** ¿qué tal el negocio?; Formal **~ do you do?** encantado de conocerlo; Fam **~ goes it?** ¿qué tal?, ¿cómo te va?
-4. (in exclamations) qué; **~ brave she is!** ¡qué valiente es!; **~ disgusting!** ¡qué asco!; **~ silly of me!** ¡qué tonto!; **~ she has changed!** ¡cómo ha cambiado!; **~ nice to see you again!** ¡cuánto me alegro de verte otra vez!; **~ I miss them!** ¡cuánto los echo de menos!, Am ¡cuánto los extraño!; **well ~ about that!** ¡caramba!, ¡fíjate!; **well ~ do you like that, she left without even saying thank you!** ¿qué te parece?, se fue sin ni siquiera dar las gracias!
-5. (in suggestions) **~ about a game of cards?, ~ would you like a game of cards?** ¿quieres jugar a las cartas?, ¿te Esp apetece or Carib, Col, Méx provoca jugar a las cartas?; **~ about going out for a meal?, ~ would you like to go out for a meal?** ¿quieres salir a comer?, ¿te Esp apetece or Carib, Col, Méx provoca salir a comer?; **~ about it?** ¿qué te parece?; **~ about next week?** ¿qué te parece la semana que viene?; **~ about painting it blue?** ¿y si lo pintamos de azul?; **~ about you/Mike?** ¿y tú/Mike?

◊ n **the ~ and the why of sth** el cómo y el por qué de algo

◊ exclam Hum ¡au!

howdah ['haʊdə] n = silla para montar en elefante

howdy ['haʊdɪ] exclam US Fam ¡hola!, ¿qué hay?, CAm, Col, Méx ¡quihubo!

however [haʊ'evə(r)] ◊ adv **-1.** (to whatever degree) **~ clever she is** por muy lista que sea; **~ hard she tried, she couldn't do it** por

howitzer ['haʊɪtsə(r)] *n* obús *m*

howl [haʊl] ◇ *n* (*of animal, person*) aullido *m*; **to let out a ~ of pain** lanzar un fuerte grito *or* un alarido de dolor; **howls of derision** gritos de burla, abucheos
◇ *vt* gritar; **they howled their defiance at the guards** desafiaron a los guardias a gritos
◇ *vi* **-1.** (*animal, person*) aullar; **to ~ with laughter** desternillarse de risa; **to ~ with rage** montar en cólera, gritar de furia **-2.** *Fam* (*cry*) berrear
◆ **howl down** *vt sep* (*silence by shouting*) acallar con gritos

howler ['haʊlə(r)] *n* **-1.** *Fam* (*mistake*) error *m* grave *or Esp* de bulto **-2. ~ monkey** mono *m* aullador

howling ['haʊlɪŋ] ◇ *n* aullidos *mpl*
◇ *adj* **-1.** (*wolf*) aullador(ora); (*gale, wind*) violento(a), salvaje **-2.** *Fam* **it wasn't exactly a ~ success** no fue un éxito clamoroso, que digamos

howsoever [haʊsəʊ'evə(r)] *adv Formal* comoquiera que

how's-your-father ['haʊzjə'fɑ:ðə(r)] *n Br Fam Hum* (*sexual intercourse*) **he fancied a bit of ~** tenía ganas de hacer ñacañaca *or Méx* el cuchi-cuchi

how-to ['haʊ'tu:] *adj US* sobre cómo (hacer algo), para aprender a (hacer algo); **a ~ book** un libro de aprendizaje, un manual (de instrucción *or* de instrucciones); **he loves those ~ cookery programmes** le encantan los programas de cocina

hoy [hɔɪ] *exclam* ¡eh!

hoyden ['hɔɪdən] *n* niña *f* revoltosa

HP, hp [eɪt∫'pi:] *n* **-1.** TECH (*abbr* **horsepower**) C.V. **-2.** *Br* COM (*abbr* **hire-purchase**) compra *f* a plazos

HQ [eɪt∫'kju:] *n* (*abbr* **headquarters**) sede *f*, central *f*

hr (*abbr* **hour**) h.

HRH [eɪt∫ɑ:'reɪt∫] *n Br* (*abbr* **Her/His Royal Highness**) S.A.R.

HRT [eɪt∫ɑ:'ti:] *n* MED (*abbr* **hormone replacement therapy**) terapia *f* hormonal sustitutiva

HS (*abbr* **High School**) instituto *m* de enseñanza secundaria

HSE [eɪt∫'es'i:] *n* (*abbr* **Health and Safety Executive**) inspección *f* de trabajo

HT (*abbr* **high tension**) AT

HTH COMPTR (*abbr* **hope this helps**) espero que (esto) te sirva

HTML [eɪt∫ti:em'el] *n* COMPTR (*abbr* **Hyper Text Markup Language**) HTML *m* ❏ **~ editor** editor *m* de HTML

HTTP [eɪt∫ti:ti:'pi:] *n* COMPTR (*abbr* **Hyper Text Transfer Protocol**) HTTP *m*

HUAC ['hju:æk] *n* HIST (*abbr* **House Un-American Activities Committee**) Comité *m* de Actividades Antiamericanas

hub [hʌb] *n* **-1.** (*of wheel*) cubo *m* **-2.** (*of community*) centro *m* **-3. ~ (airport)** aeropuerto *m* principal (*con múltiples conexiones*) **-4.** COMPTR hub *m*

hub-and-spoke ['hʌbənd'spəʊk] *adj* **-1.** AV (*network, system*) hub and spoke, = en el que el tráfico se concentra en un aeropuerto principal y desde allí continúa a su destino final **-2.** *US* (*holiday tour*) con excursiones de un día desde el lugar de *Esp* estancia *or Am* estadía

hubba-hubba ['hʌbə'hʌbə] *exclam US Fam* ¡guau!, *Am* ¡uau!

hubbub ['hʌbʌb] *n* griterío *m*, algarabía *f*

hubby ['hʌbɪ] *n Fam* (*husband*) maridito *m*

hubcap ['hʌbkæp] *n* (*of wheel*) tapacubos *m inv*, *RP* taza *f*

hubris ['hju:brɪs] *n Literary* orgullo *m* desmedido, ensoberbecimiento *m*

huckleberry ['hʌkəlbərɪ] *n* = especie de arándano norteamericano

huckster ['hʌkstə(r)] *n* **-1.** *Old-fashioned* (*pedlar*) buhonero(a) *m,f* **-2.** *Fam US* (*swindler*) charlatán(ana) *m,f* **-3.** *US Fam Pej* (*advertising copywriter*) agente *mf* de publicidad *or* publicitario(a), publicitario(a) *m,f*, publicista *mf*

HUD [hʌd] *n* (*abbr* **Department of Housing and Urban Development**) = departamento para el desarrollo urbano y de la vivienda

huddle ['hʌdəl] ◇ *n* **-1.** (*of people, houses*) piña *f*, *RP* montonera *f*; **to go into a ~** hacer un grupo aparte, reunirse en petit comité **-2.** (*in American football*) reunión *f* en corro *or RP* ronda
◇ *vi* **-1.** (*crowd together*) amontonarse, apiñarse; **to ~ round sth** apiñarse en torno a algo **-2.** (*crouch*) acurrucarse; **she was huddling under a blanket** estaba bajo una manta, hecha un ovillo
◆ **huddle together, huddle up** *vi* apiñarse

Hudson Bay ['hʌdsən'beɪ] *n* bahía *f* de Hudson

hue[1] [hju:] *n* (*colour*) tonalidad *f*; *Fig* **political opinions of every ~** opiniones políticas de todo signo

hue[2] *n* **~ and cry** revuelo tremendo; **to raise a ~ and cry about sth** poner el grito en el cielo por algo

-hued [hju:d] *suffix* **dark/light~** de tonalidad oscura/clara, de un tono oscuro/claro

huff [hʌf] ◇ *n Fam* **to be in a ~** estar mosqueado(a) *o* enfurruñado(a); **to go (off) in a ~, to take the ~** mosquearse, enfurruñarse
◇ *vi* **to ~ and puff** (*blow*) resoplar; *Fig* (*show annoyance*) refunfuñar

huffily ['hʌfɪlɪ] *adv Fam* (*sulkily*) enfurruñadamente, con tono ofendido *or Esp* de mosqueo

huffy ['hʌfɪ] *adj Fam* **to be ~** (*in bad mood*) estar mosqueado(a) *or* enfurruñado(a); (*by nature*) ser un(a) refunfuñón(ona), ser muy picajoso(a)

hug [hʌg] ◇ *n* abrazo *m*; **to give sb a ~** dar un abrazo a alguien
◇ *vt* (*pt* & *pp* **hugged**) **-1.** (*embrace*) abrazar; **she hugged the child to her** abrazó al niño; **she hugged herself with delight** no cabía en sí de alegría, se volvió loca de alegría; **her dress hugged her figure** el vestido se ceñía a su cuerpo **-2.** *Fig* (*ground, shore*) no alejarse de

huge [hju:dʒ] *adj* enorme

hugely ['hju:dʒlɪ] *adv* enormemente; **I enjoyed myself ~** me divertí a lo grande, (me) lo pasé en grande

hugger-mugger ['hʌgəmʌgə(r)] *adv* (*in disorder*) al tuntún, manga por hombro; (*in secrecy*) en secreto, bajo cuerda; **piled together ~** apilados(as) de cualquier manera

Huguenot ['hju:gənəʊ] ◇ *n* hugonote *mf*
◇ *adj* hugonote

huh [hʌh] *exclam* **-1.** (*expressing disbelief, inquiry*) ¿eh?, ¿qué? **-2.** (*expressing disgust, scorn*) ¡ja!

hula ['hu:lə] *n* **~ hoop** hula-hoop *m*; **~ skirt** falda *f or RP* pollera *f* de paja (*para bailar el hula-hula*)

hulk [hʌlk] *n* **-1.** (*of ship*) casco *m*, carcasa *f* **-2.** (*large thing*) armatoste *m*; (*large person*) mole *f*, mastodonte *m* **-3.** HIST (*used as prison*) buque *m* prisión

hulking ['hʌlkɪŋ] *adj* descomunal, mastodóntico(a); **you ~ great oaf!** ¡pedazo de zoquete!

hull [hʌl] ◇ *n* **-1.** (*of ship, tank, aircraft*) casco *m* **-2.** (*of peas, beans*) vaina *f* **-3.** (*of strawberry, raspberry*) rabillo *m*
◇ *vt* **-1.** (*peas, beans*) desgranar **-2.** (*strawberries, raspberries*) quitar el rabillo a

hullabaloo [hʌləbə'lu:] *n Fam* alboroto *m*, jaleo *m*; **the press made a real ~ about it** la prensa *Esp* montó *or Am* armó un verdadero escándalo en torno al asunto

hullo = **hello**

hum [hʌm] ◇ *n* **-1.** (*noise*) zumbido *m*, murmullo *m*; **the distant ~ of traffic** el lejano rumor del tráfico **-2.** *Br Fam* (*bad smell*) pestilencia *f*, tufo *m*, *Esp* olor *m* a chotuno
◇ *vt* (*pt* & *pp* **hummed**) (*tune*) tararear, canturrear
◇ *vi* **-1.** (*make noise*) (*person*) tararear; (*insect, engine*) zumbar; (*spinning top*) zumbar; **to ~ and haw** (*mumble*) mascullar; (*hesitate*) titubear, vacilar; *Fig* **everything was humming along nicely** todo iba viento en popa, todo marchaba bien; **to ~ with activity** bullir de actividad **-2.** *Br Fam* (*smell*) apestar

human ['hju:mən] ◇ *n* ser *m* humano
◇ *adj* humano(a); **to have the ~ touch** tener calor humano, tener un toque de humanidad; **he's only ~** es sólo un ser humano; **I can't do all that work alone, I'm only ~!** no puedo hacer sola todo ese trabajo, ¡no soy sobrehumana! ❏ **~ being** ser *m* humano; **~ error** error *m* humano; **the Human Genome Project** el Proyecto Genoma Humano; **~ geography** geografía *f* humana; MED **~ immunodeficiency virus** virus *m inv* de la inmunodeficiencia humana; **~ interest** interés *m* humano; **a ~ interest story** una historia de interés humano; **~ nature** la naturaleza humana; **the ~ race** la raza humana; **~ resources** recursos *mpl* humanos; **~ rights** derechos *mpl* humanos; **~ shield** escudo *m* humano

humane [hju'meɪn] *adj* **-1.** (*compassionate*) humano(a); **a ~ method of killing animals** un método humanitario de matar animales ❏ **~ society** (*for animals*) sociedad *f* protectora de animales, asociación *f* para la protección de los animales; (*for good works*) asociación *f* humanitaria **-2.** *Literary* (*education*) humanístico(a)

humanely [hju'meɪnlɪ] *adv* humanamente

humanism ['hju:mənɪzəm] *n* humanismo *m*

humanist ['hju:mənɪst] ◇ *n* humanista *mf*
◇ *adj* humanista

humanistic [hju:mə'nɪstɪk] *adj* humanístico(a)

humanitarian [hju:mænɪ'teərɪən] ◇ *n* persona *f* humanitaria
◇ *adj* humanitario(a)

humanity [hju'mænɪtɪ] *n* **-1.** (*the human race*) la humanidad **-2.** (*compassion*) humanidad *f*; **to lack ~** no tener humanidad **-3.** UNIV **the humanities** humanidades *fpl*, letras *fpl*

humanize ['hju:mənaɪz] *vt* humanizar

humankind [hju:mən'kaɪnd] *n* la humanidad, la raza humana

humanly ['hju:mənlɪ] *adv* humanamente; **to do everything ~ possible** hacer todo lo humanamente posible

humanoid ['hju:mənɔɪd] ◇ *n* humanoide *mf*
◇ *adj* humanoide

humble ['hʌmbəl] ◇ *adj* **-1.** (*meek*) humilde; **in my ~ opinion** en mi humilde opinión; *Formal* **please accept my ~ apologies** le ruego que acepte mis humildes disculpas [IDIOM] **to eat ~ pie** (*admit one was wrong*) tragarse (uno) sus palabras **-2.** (*modest, unpretentious*) humilde; **to come from ~ origins** *or* **a ~ background** proceder de familia humilde; *Hum* **welcome to my ~ abode** bienvenido(a) a mi humble morada
◇ *vt* (*defeat*) humillar, poner en su sitio a; **to ~ oneself before sth/sb** humillarse *or* arrodillarse ante algo/alguien; **to be humbled (by sth)** sacar una lección de humildad (de algo)

humbling ['hʌmblɪŋ] *adj* **a ~ experience** una lección de humildad

humbly ['hʌmblɪ] *adv* **-1.** (*speak, ask*) humildemente, con modestia; **most ~** con la mayor humildad **-2.** (*live*) humildemente, modestamente; **~ born** de origen humilde

Humboldt ['hʌmbəʊlt] *n* **the ~ Current** la Corriente de Humboldt

humbug ['hʌmbʌg] *n* **-1.** (*nonsense*) embustes *mpl*, patrañas *fpl* **-2.** (*hypocrite*) embaucador(ora) *m,f* **-3.** *Br* (*sweet*) caramelo *m* de menta

humdinger ['hʌmdɪŋə(r)] *n Fam* **a ~ of a movie** una película bestial *or* genial *or Méx* padrísima; **they had a real ~ of a row!** tuvieron una pelotera colosal *or* bárbara

humdrum ['hʌmdrʌm] *adj* anodino(a), monótono(a); **the ~ tasks of everyday life** la rutina (de la vida) diaria

humerus ['hju:mərəs] *n* ANAT húmero *m*

humid ['hju:mɪd] *adj* húmedo(a)

humidifier [hjʊ'mɪdɪfaɪə(r)] *n* humidificador *m*

humidify [hjʊ'mɪdɪfaɪ] *vt* humidificar

humidity [hjʊ'mɪdɪtɪ] *n* humedad *f*

humidor ['hju:mɪdɔ:(r)] *n* humidificador *m*

humiliate [hjʊ'mɪlɪeɪt] *vt* humillar; **he refused to ~ himself by apologizing to them** se negó a rebajarse a pedirles perdón; **to feel humiliated** sentirse humillado(a)

humiliating [hjʊ'mɪlɪeɪtɪŋ] *adj* humillante

humiliatingly [hjʊ'mɪlɪeɪtɪŋlɪ] *adv* de manera humillante, humillantemente

humiliation [hjʊmɪlɪ'eɪʃən] *n* humillación *f*

humility [hjʊ'mɪlɪtɪ] *n* humildad *f*

hummingbird ['hʌmɪŋbɜːd] *n* colibrí *m*

humming-top ['hʌmɪŋtɒp] *n* peonza *f*, trompo *m*

hummock ['hʌmək] *n (knoll)* montículo *m, Esp* mogote *m*

hummus ['hʊməs] *n* hum(m)us *m inv*, puré *m* de garbanzos

humongous, humungous [hjʊ'mʌŋgəs] *adj Fam* grandísimo(a), *Esp* gansísimo(a)

humor, humorless *US* = humour, humourless

humorist ['hju:mərɪst] *n* humorista *mf*

humorous ['hju:mərəs] *adj (person, remark)* gracioso(a), cómico(a); *(play, magazine)* humorístico(a); **there's nothing ~ about cancer/losing your job** el cáncer/quedarse sin trabajo es algo que no tiene ninguna gracia; **she had a ~ twinkle in her eye** tenía un brillo divertido en la mirada

humorously ['hju:mərəslɪ] *adv* con humor, con gracia

humour, *US* **humor** ['hju:mə(r)] ◇ *n* -1. *(wit, fun)* (in general) humor *m*; *(of a situation, a story)* gracia *f*; **the ~ of the situation** lo cómico *or* gracioso de la situación; **sense of ~** sentido del humor; **to see the ~ in sth** verle la gracia a algo
-2. *Formal (mood)* humor *m*, talante *m*; **to be in good/bad ~** estar de buen/mal humor; **he's in no ~ to talk to anybody** no está de humor para hablar con nadie; **to be out of ~** no estar de (buen) humor, estar de mal humor
-3. *Archaic (bodily fluid)* **the four humours** los cuatro humores
◇ *vt (indulge)* **to ~ sb** seguir la corriente a alguien; **don't try to ~ me** no me digas que sí como a los tontos *or* locos

humourless, *US* **humorless** ['hju:mələs] *adj (person)* sin sentido del humor; *(book, situation)* sin gracia; **a ~ smile** una sonrisa forzada *or* fingida

hump [hʌmp] ◇ *n* -1. *(lump, bump) (on back)* joroba *f*; *(of camel)* joroba *f*; *(on road)* bache *m (convexo)*; IDIOM **we're over the ~ now** ya hemos pasado lo peor -2. *Br Fam* **to have** *or* **get** *or* **take the ~** *(be annoyed)* enfurecerse, mosquearse; **to give sb the ~** poner de mal humor a alguien, mosquear a alguien
◇ *vt* -1. *esp Br Fam (carry)* acarrear -2. *Vulg (have sex with)* tirarse a
◇ *vi Vulg (have sex) Esp* joder, *Am* coger, *Méx* chingar

humpback ['hʌmpbæk] *n* -1. *Br* ~ **bridge** puente *m* peraltado -2. ~ **whale** rorcual *m* jiboso, yubarta *f*

humpbacked ['hʌmpbækt] *adj* -1. *(person)* jorobado(a) -2. ~ **bridge** puente *m* peraltado

humungous = humongous

humus ['hju:məs] *n (in soil)* humus *m inv*

humvee ['hʌmvi:] *n US Fam* vehículo *m* polivalente de alta movilidad, *Esp* ≃ Vehículo de Alta Movilidad Táctico

Hun [hʌn] *(pl* **Huns** *or* **Hun)** *n* -1. HIST huno(a) *m,f*
-2. *Fam Pej* **the ~** los cabezas cuadradas, = término ofensivo para referirse a los alemanes

hunch [hʌntʃ] ◇ *n (intuition)* presentimiento *m*, corazonada *f*; **to act on a ~** actuar por instinto; **to have a ~ that...** tener el presentimiento *or* la corazonada de que...; **to play** *or* **follow one's ~** dejarse llevar por la intuición, seguir (uno) su propia intuición; **my ~ paid off...** he was there mi corazonada *or* intuición resultó ser cierta... él estaba allí; **it's only a ~, but...** es sólo una corazonada, pero...; **my ~ is that...** a mí me da en la nariz que..., *Méx, Ven* a mí me late que ...
◇ *vt* **to ~ one's back** encorvar la espalda, encorvarse; **to ~ one's shoulders** encorvar los hombros, encorvarse
◇ *vi* **to ~ over sth** inclinarse sobre algo encorvándose

hunchback ['hʌntʃbæk] *n* -1. *(person)* jorobado(a) *m,f* -2. *(hump)* joroba *f*

hunchbacked ['hʌntʃbækt] *adj* jorobado(a)

hunched [hʌntʃt] *adj* encorvado(a); **he sat ~ in a corner** se sentó encorvado en un rincón

hundred ['hʌndrəd] ◇ *n* -1. *(in general and before "thousand", "million", etc)* cien *m*; *(before other numbers)* ciento *m*; **one** *or* **a ~** cien; **one** *or* **a ~ and one** ciento uno; **two ~** doscientos; **two hundred and one** doscientos uno; **about a ~,** *Fam* **a ~ odd** unos(as) cien; **one** *or* **a ~ thousand/million** cien mil/millones; **a ~ and twenty-five books** ciento veinticinco libros; **two ~ books** doscientos libros; **they were dying in their hundreds** *or* **by the ~** morían a centenares, *Am* morían a cientos; **to live to be a ~** vivir hasta los cien años
-2. *(in dates)* **in nineteen ~** en mil novecientos; **in nineteen ~ and ten** en mil novecientos diez
-3. *Fam Fig (lots)* **a ~ and one details** mil y un detalles; **I've told you hundreds of times** te lo he dicho cientos de veces
-4. CULIN **hundreds and thousands** gragea *f or* anises *mpl* de colores
◇ *adj* cien; **a ~ kilometres an hour** cien kilómetros por hora; **one** *or* **a ~ per cent** cien por cien, ciento por ciento, *Am* cien por ciento; **to be a ~ per cent certain** estar seguro(a) al cien por cien *or Am* cien por ciento; **I'm not feeling a ~ per cent** no me encuentro del todo bien; **to give a** *or* **one ~ per cent** rendir el *or* al ciento por ciento, rendir el *or* al cien por cien, *Am* rendir al cien por ciento ❑ **the ~ metres** *(in athletics)* los cien metros (lisos); HIST **the Hundred Years' War** la guerra de los Cien Años

hundredfold ['hʌndrədfəʊld] ◇ *adj* centuplicado(a)
◇ *adv* **to increase a ~** multiplicar por cien

hundredth ['hʌndrədθ] ◇ *n* -1. *(fraction)* centésimo *m*, centésima parte *f* -2. *(in series)* centésimo(a) *m,f*
◇ *adj* centésimo(a); *Fam* **for the ~ time, no!** por enésima vez, ¡no!

hundredweight ['hʌndrədweɪt] *n* -1. *(metric)* 50 kg -2. *(imperial) Br* = 50,8 kg; *US* = 45,36 kg

hundred-year-old ['hʌndrəd'jɪər'əʊld] *adj* centenario(a)

hung [hʌŋ] ◇ *adj* -1. *(without a clear majority)* ~ **jury** jurado dividido; ~ **parliament** parlamento sin mayoría -2. *very Fam* **to be ~ like a horse** *Esp* tener un buen paquete, estar bien *Méx* dado *or RP* armado
◇ *pt & pp of* **hang**

Hungarian [hʌŋ'geərɪən] ◇ *n* -1. *(person)* húngaro(a) *m,f* -2. *(language)* húngaro *m*
◇ *adj* húngaro(a)

Hungary ['hʌŋgərɪ] *n* Hungría

hunger ['hʌŋgə(r)] *n* hambre *f*; **to have ~ pains** *or* **pangs** sentir los dolores del hambre; *Fig* **to have a ~ for truth/knowledge** tener ansias de verdad/conocimiento; **he was driven by a ~ for truth/knowledge** lo impulsaba la sed de verdad/de conocimientos ❑ **~ march** marcha de protesta de desempleados *o* necesitados; **~ strike** huelga *f* de hambre; **to go on (a) ~ strike** ponerse en huelga de hambre; **~ striker** persona *f* en huelga de hambre

◆ **hunger after, hunger for** *vt insep* ansiar; **he hungered for revenge** tenía sed de venganza

hungrily ['hʌŋgrɪlɪ] *adv* -1. *(eat)* vorazmente -2. *(stare)* con avidez; **they stared ~ at the women** devoraban a las mujeres con la mirada

hungry ['hʌŋgrɪ] *adj* -1. *(for food)* hambriento(a); **a ~ look** una mirada de hambre; **to be ~** tener hambre; **to be as ~ as a wolf** tener un hambre canina; **he still felt ~** seguía con *or* teniendo hambre; **to go ~** pasar hambre; **that night he went ~** esa noche se quedó sin comer; **this is ~ work!** ¡este trabajo te abre el apetito *or* las ganas de comer!
-2. *Fig* **to be ~ for knowledge** tener ansias de conocimiento; **she was ~ for news of her family** estaba ansiosa por tener noticias de su familia; *Fam* **you have to be ~ to make it to the top** hay que tener ganas de comerse el mundo para llegar a la cumbre

hung-up ['hʌŋ'ʌp] *adj Fam* -1. *(anxious, disturbed)* acomplejado(a) (**about** con) -2. *(obsessed)* obsesionado(a) (**on** con)

hunk [hʌŋk] *n* -1. *(large piece of bread, meat, cheese)* pedazo *m*, trozo *m* -2. *Fam (attractive man)* tipo *m or Esp* tío *m* bueno; **he's a real ~** está buenísimo, *Esp* es un auténtico cachas

hunker ['hʌŋkə(r)]

◆ **hunker down** *vi (crouch)* agacharse; *Fig* **I have to ~ down and work this semester** debo ponerme a trabajar en serio este semestre

hunkers ['hʌŋkəz] *npl Fam* jamones *mpl, Esp* cachas *fpl*; **he was sitting on his ~** estaba en cuclillas

hunky ['hʌŋkɪ] *adj Fam (man)* fortachón, *Esp* cachas *inv*

hunky-dory [hʌŋkɪ'dɔ:rɪ] *adj Fam* **everything's ~** todo es de color de rosa, todo va de perlas

hunt [hʌnt] ◇ *n* -1. *(for animals)* caza *f*; **a tiger/bear ~** la caza del tigre/oso
-2. *(search) (for person, work)* búsqueda *f*, caza *f*; **to be on the ~ for sth** ir *or* andar a la caza de algo, ir en busca de algo; **the ~ is on (for)** ha comenzado la búsqueda (de); **I've had a ~ for your scarf** he buscado tu bufanda por todas partes
-3. *Br (fox-hunting group)* partida *f* de caza ❑ **~ ball** baile *m* de cazadores; **~ saboteur** saboteador(ora) *m,f* de cacerías
◇ *vt* -1. *(for food, sport) (fox, deer)* cazar; **they were hunted to extinction** su caza indiscriminada provocó la extinción de la especie -2. *(pursue)* **to ~ a criminal** ir tras la pista de un delincuente -3. *(drive out)* expulsar, echar; **people were hunted from their homes** la gente se vio forzada a abandonar sus hogares -4. *(area)* recorrer
◇ *vi* -1. *(search)* **to ~ for** ir en busca de; **I've hunted for it high and low** lo he buscado por todas partes; **I hunted all over town for a linen jacket** me he recorrido toda la ciudad en busca de una chaqueta de lino -2. *(kill animals)* cazar; **they ~ by night/in packs** salen a cazar de noche/en grupos

◆ **hunt about for, hunt around for** *vt insep* buscar

◆ **hunt down** *vt sep (animal)* cazar; *(person)* atrapar, capturar; *(information, book)* conseguir; **I finally managed to ~ down the book in Zurich** por fin me hice con el libro en Zurich

◆ **hunt out, hunt up** *vt sep* -1. *(find) (person)* dar con, lograr encontrar -2. *(look for) (thing)* buscar

hunted ['hʌntɪd] *adj (look, appearance)* angustiado(a)

hunter ['hʌntə(r)] *n* **-1.** *(person)* cazador(ora) *m,f* **-2.** *(horse)* caballo *m* especialmente adiestrado para la caza **-3.** *(watch)* saboneta *f*, reloj *m* de bolsillo (con tapa)

hunter-gatherer [hʌntə'gæðərə(r)] *n* cazador-recolector *m*

hunter-killer [hʌntə'kılə(r)] *n (submarine)* submarino *m* de ataque

hunting ['hʌntıŋ] *n* caza *f*; **to go ~** ir a cazar, ir de caza *or* de cacería ❑ **~ *dog*** perro *m* de caza; **~ *ground*** terreno *m* de caza; *Fig* **the bazaar is a (happy) ~ ground for tourists** el bazar es un buen sitio donde los turistas pueden encontrar todo tipo de curiosidades; **~ *knife*** navaja *f* de caza; **~ *licence*** licencia *f* de caza; **~ *lodge*** pabellón *m* de caza; **~ *season*** temporada *f* de caza

hunting-horn ['hʌntıŋhɔ:n] *n* cuerno *m* de caza

Huntington's chorea ['hʌntıŋtənzkə'rıə] *n* MED corea *f* de Huntington

huntress ['hʌntrıs] *n* cazadora *f*

huntsman ['hʌntsmən] *n* cazador *m*

hurdle ['hɜ:dəl] ◇ *n* **-1.** *(in race)* valla *f*, *Am* obstáculo *m*; **hurdles** *(event)* (prueba *f* de) vallas *fpl or Am* obstáculos *mpl*; **the 400-metre hurdles** los 400 metros valla *or Am* obstáculo **-2.** *(obstacle)* obstáculo *m*; **to overcome a ~** vencer un obstáculo; **she took that ~ in her stride** salvó ese obstáculo sin dificultad **-3.** *(for fences)* zarzo *m*
◇ *vt (obstacle)* saltar
◇ *vi* saltar obstáculos

hurdler ['hɜ:dlə(r)] *n* SPORT vallista *mf*

hurdling ['hɜ:dlıŋ] *n* SPORT carreras *fpl* de vallas

hurdy-gurdy ['hɜ:dı'gɜ:dı] *n* **-1.** *(barrel organ)* organillo *m* **-2.** *(medieval instrument)* zanfoña *f*

hurl [hɜ:l] ◇ *vt* **-1.** *(throw)* lanzar, arrojar; **he hurled a vase at him** le tiró *or Andes, CAm, Méx* aventó un jarrón; **they were hurled to the ground by the explosion** salieron despedidos contra el suelo por la explosión; **the boat was hurled onto the rocks** el barco fue lanzado contra las rocas; **to ~ oneself at sb** abalanzarse sobre alguien; **to ~ oneself into the fray/one's work** lanzarse a combatir/trabajar, meterse de lleno en el combate/trabajo; **she hurled herself off the bridge** se tiró desde el puente
-2. *(insults)* proferir
◇ *vi Fam (vomit)* devolver, echar la papilla, *RP* arrojar

hurling ['hɜ:lıŋ], **hurley** ['hɜ:lı] *n (Irish game)* = deporte irlandés a medio camino entre el hockey y el rugby

hurly-burly ['hɜ:lı'bɜ:lı] *n Fam* tumulto *m*, barullo *m*

hurrah [hʊ'rɑ:], **hurray** [hʊ'reı] *exclam* ¡hurra!

hurricane ['hʌrıkən, *US* 'hʌrıkeın] *n* huracán *m*; **~ *force winds*** vientos de fuerza huracanada ❑ **~ *lamp*** farol *m*

hurried ['hʌrıd] *adj (meeting, reply)* precipitado(a), apresurado(a); *(departure, footsteps)* apresurado(a); *(work)* hecho(a) a la carrera *or RP* a las corridas; **to be ~** tener prisa, *Am* estar apurado(a); **to have a ~ meal** comer deprisa y corriendo *or* a la carrera, *RP* comer a las corridas; **I wrote a ~ note to reassure her** le escribí una breve nota para tranquilizarla

hurriedly ['hʌrıdlı] *adv* apresuradamente; **she passed ~ over the unpleasant details** mencionó de pasada *or* superficialmente los detalles desagradables; **he ~ excused himself and left** se disculpó precipitadamente y se marchó

hurry ['hʌrı] ◇ *n* prisa *f*, *Am* apuro *m*; **to be in a ~ (to do sth)** tener prisa *or Am* apuro (por hacer algo); **to be in a tearing *or* an awful ~** tener muchísima prisa, *Am* estar apuradísimo; **he was in no ~ to finish** no tenía ninguna prisa *or Am* ningún apuro por terminar; **to do sth in a ~** hacer algo deprisa *or Am* rápido; **it was obviously written in a ~** sin duda fue escrito a la carrera *or RP* a las corridas; **to leave in a ~** marcharse apresuradamente; **in his *or* the ~ to leave he forgot his umbrella** con las prisas *or Am* con *or* en el apuro, se dejó olvidado el paraguas; **I won't do that again in a ~** no lo volveré a hacer con prisas, *Am* no voy a volver a hacerlo a los apurones; IDIOM *Br* **a young man in a ~** un joven con grandes ambiciones *or* que quiere llegar lejos; **there's no ~** no hay prisa *or Am* apuro, no corre prisa; **what's the *or* your ~?** ¿a qué tanta prisa *or Am* tanto apuro?
◇ *vt* **-1.** *(person)* meter prisa a, apremiar, *Am* apurar; **she won't be hurried, you can't ~ her** a ella no hay quien le meta prisa *or Am* la apure, no hay forma de meterle prisa *or Am* apurarla; **they hurried him through customs** lo hicieron pasar rápidamente por la aduana; **he was hurried into making a choice** lo hicieron elegir precipitadamente
-2. *(work, decision)* apresurar, realizar con prisas; **this decision/work can't be hurried** esta decisión no puede tomarse/este trabajo no puede hacerse a la ligera *or* precipitadamente
-3. *(send hastily)* enviar rápidamente; *(transport hastily)* llevar rápidamente; **aid was hurried to the stricken town** se envió urgentemente ayuda a la ciudad afectada; **she was hurried to hospital** la llevaron apresuradamente al hospital
◇ *vi* **-1.** *(make haste)* **to ~ (to do sth)** apresurarse *or Am* apurarse (a hacer algo); **he's hurrying to finish some work** está dándose prisa *or Am* se está apurando para terminar un trabajo; **I must *or* I'd better ~** será mejor que me dé prisa *or Am* me apure; **you don't have to ~ over that report** ese informe no corre prisa *or Am* no tiene apuro; **~! it's already started** ¡date prisa *or Am* apúrate, que ya ha empezado!
-2. *(move quickly)* **to ~ into a room** entrar apresuradamente en una habitación; **to ~ out of a room** salir apresuradamente de una habitación; **he hurried down the stairs** corrió escaleras abajo, bajó las escaleras a toda prisa; **he hurried (over) to the bank** se fue corriendo al banco

➤ **hurry along** ◇ *vt sep* **-1.** *(person)* meter prisa a, *Am* apurar **-2.** *(work)* acelerar
◇ *vi* irse rápido; **to ~ along towards** precipitarse hacia; **we'd better be hurrying along** será mejor que nos vayamos rápido

➤ **hurry away** *vi* marcharse a toda prisa *or Am* con apuro

➤ **hurry back** *vi* volver corriendo

➤ **hurry on** ◇ *vt sep* **-1.** *(person)* meter prisa a, *Am* apurar **-2.** *(work)* acelerar
◇ *vi (proceed quickly) (person)* seguir sin pararse; **he hurried on to the next shelter** se apresuró a cobijarse en el siguiente refugio; **can we ~ on to the next item on the agenda?** ¿podemos pasar rápidamente al próximo punto del orden del día?; **to ~ on with sth** continuar algo deprisa *or Am* rápido

➤ **hurry up** ◇ *vt sep* **-1.** *(person)* meter prisa a, *Am* apurar **-2.** *(work)* acelerar
◇ *vi* apresurarse, darse prisa, *Am* apurarse; **~ up!** ¡date prisa!, *Am* ¡apúrate!

hurry-up ['hʌrıʌp] *adj US Fam (meal)* a la carrera, *RP* a las corridas; *(manner, procedure)* precipitado(a); **everyone was in a ~ mode** todo el mundo iba acelerado

hurt [hɜ:t] ◇ *n* **-1.** *(physical pain)* dolor *m*
-2. *(emotional)* dolor *m*; **he wanted to make up for the ~ he had caused her** quería resarcirla por el dolor que le había causado
◇ *adj* **-1.** *(physically)* **are you ~?** *(after falling)* ¿te has hecho daño?; *(wounded)* ¿estás herido?
-2. *(emotionally) (person)* dolido(a); *(look)* dolorido(a); *(feelings)* herido(a)
-3. *US (damaged)* **~ books** libros defectuosos
◇ *vt (pt & pp* **hurt)** **-1.** *(physically)* hacer daño a; *Fig (chances, prospects)* perjudicar; **my leg is hurting me** me duele la pierna; **to ~ one's foot** hacerse daño en un pie; **nobody was ~ in the accident** nadie resultó herido en el accidente; **the measures really ~ small businesses** las medidas perjudicaron mucho a las pequeñas empresas; **to get ~** hacerse daño; *Fam* **do as I say and no one gets ~!** ¡haced lo que os digo y nadie saldrá herido!; **to ~ oneself** hacerse daño; *Fig* **it wouldn't ~ him to do the dishes once in a while** no le se van a caer los anillos por lavar los platos de vez en cuando; **a bit of exercise never ~ anyone** un poco de ejercicio nunca le hizo mal a nadie
-2. *(emotionally)* herir; **I'm very ~ by what you said** me duele mucho lo que me dijiste; **I don't want to get ~ again** no quiero que me vuelvan a hacer daño; **to ~ sb's feelings** herir los sentimientos de alguien; **you're only hurting yourself** te estás haciendo daño a ti mismo
◇ *vi* **-1.** *(cause pain)* doler; **it hurts me** duele; **where does it ~?** ¿dónde te duele?; **my foot hurts** me duele el pie; *Fig* **it hurts to admit it, but...** me da rabia admitirlo, pero...; *Fam* **one more chocolate won't ~** por un bombón más no va a pasar nada; *Fam* **it wouldn't ~ to say sorry** no pasaría nada por que pidieras perdón, no estaría mal que pidieras perdón; *Fam* **it won't ~ to check first** no estará de más que lo comprobemos antes
-2. *(feel pain)* **the athlete is really hurting now** el atleta está pasándolo mal ahora
-3. *(emotionally)* resultar doloroso(a), doler; **it hurts that you didn't come** me dolió que no vinieras; *esp US* **he's still hurting from not getting the job** todavía le pesa no haber conseguido el empleo

hurtful ['hɜ:tfʊl] *adj (remark)* hiriente; **that was a ~ thing to say** ese fue un comentario de los que hacen daño *or* de lo más hiriente

hurtle ['hɜ:təl] *vi* **to ~ along** pasar zumbando; **the cars hurtled round the track** los coches recorrían el circuito a toda velocidad; **to ~ down the street** bajar por la calle a todo correr; **he went hurtling down the stairs** bajó las escaleras volando; **a rock hurtled through the air** una piedra *or* un peñasco surcó velozmente el aire; **to ~ towards** precipitarse hacia; **the motorbike came hurtling towards him** la moto se abalanzó *or* se precipitó sobre él, la moto se le echó encima

husband ['hʌzbənd] ◇ *n* marido *m*; **~ and wife** marido y mujer
◇ *vt Formal (one's resources)* economizar; *(one's strength)* guardar, reservar

husbandry ['hʌzbəndrı] *n* **-1.** AGR agricultura *f*; **animal ~** ganadería *f* **-2.** *Formal (management)* gestión *f*, administración *f*; **good ~** buena administración

hush [hʌʃ] ◇ *n (quiet)* silencio *m*; **a ~ fell over the room** se hizo el silencio en la sala; **~!** ¡silencio! ❑ *Fam* **~ *money*** soborno *m*, *RP* coima *f*
◇ *vt* acallar; *Fam* **(well) ~ my mouth!** ¡no he dicho nada!, ¡me callo, entonces!

➤ **hush up** *vt sep* **-1.** *(scandal)* echar tierra a **-2.** *(noisy person)* callar, hacer callar

hushed [hʌʃt] *adj* susurrado(a); **to speak in ~ tones** hablar susurrando *or* en voz muy baja *or Am* despacio

hush-hush ['hʌʃhʌʃ] *adj Fam* secreto(a); **it's all very ~** es todo muy secreto *or* supersecreto

hush-puppy ['hʌʃpʌpı] *n US* = masa de harina de maíz frita con forma de bolita

husk [hʌsk] ◇ *n (of seed)* cáscara *f*, cascarilla *f*; *(of corn)* farfolla *f*, *Andes, RP* chala *f*
◇ *vt (grain)* pelar

huskily ['hʌskılı] *adv (hoarsely)* con voz ronca, con tono ronco; *(attractively)* con voz grave

huskiness ['hʌskɪnɪs] *n* (*of voice, sound*) (*hoarseness*) aspereza *f*; (*attractive*) tonalidad *f* grave

husky¹ ['hʌskɪ] *adj* **-1.** (*voice*) áspero(a); (*attractive*) grave **-2.** *Fam* (*robust*) fornido(a), robusto(a)

husky² *n* (*dog*) husky *m*

hussar [hʊ'zɑː(r)] *n* MIL húsar *m*

hussy ['hʌsɪ] *n* Old-fashioned or Hum pelandusca *f*; **you shameless** or **brazen ~!** ¡desvergonzada!, *Esp* ¡pendón, que eres un pendón!

hustings ['hʌstɪŋz] *npl* mítines *mpl* electorales; **on the ~** en campaña electoral

hustle ['hʌsəl] ◇ *n* **-1.** (*commotion*) agitación *f*, bullicio *m*; **~ and bustle** ajetreo, bullicio **-2.** *US Fam* (*swindle*) lío *m*, chanchullo *m*, tejemaneje *m*
◇ *vt* **-1.** (*shove, push*) empujar; **I was hustled into a small room** me metieron a empujones en un cuartito; **the doctor was hustled through the crowd** llevaron al médico a empujones a través del gentío; **he was hustled away** or **off by two men** se lo llevaron apresuradamente entre dos **-2.** (*persuade quickly*) **to ~ sb into (doing) sth** meter prisa or presionar a alguien para que haga algo, *Am* apurar a alguien para que haga algo
-3. *Fam* (*obtain dishonestly*) quedarse con
-4. *US Fam* (*swindle*) estafar; **to ~ sb out of sth** birlarle algo a alguien; **he hustled the old lady for her savings** con artimañas, le sacó a la anciana sus ahorros; **to ~ some pool** jugar al billar por dinero
-5. *US Fam* (*sell*) vender; **he made a living hustling used bottles for dimes** vivía de vender botellas usadas por unos centavos
◇ *vi Fam* **-1.** (*shove, jostle*) empujar **-2.** (*hurry*) darse prisa, *Esp* aligerar(se), *Am* apurar(se) **-3.** *US* (*work as prostitute*) hacer la calle or *Méx* la esquina **-4.** (*promote oneself aggressively*) venderse, hacerse or dejarse notar, *RP* batirse el parche

hustler ['hʌslə(r)] *n US Fam* **-1.** (*energetic person*) persona *f* dinámica, trabajador(ora) *m,f* incansable, *RP* laburador(ora) *m,f* **-2.** (*swindler*) estafador(ora) *m,f*, timador(ora) *m,f* **-3.** (*prostitute*) puto(a) *m,f*

hut [hʌt] *n* **-1.** (*shed*) cobertizo *m* **-2.** (*dwelling*) cabaña *f*, choza *f*

hutch [hʌtʃ] *n* (*for rabbit*) jaula *f* para conejos

HV (*abbr* **high voltage**) AV

hyacinth ['haɪəsɪnθ] *n* jacinto *m*

hybrid ['haɪbrɪd] ◇ *n* híbrido *m*
◇ *adj* híbrido(a)

hybridize ['haɪbrɪdaɪz] ◇ *vt* hibridar, hibridizar
◇ *vi* hibridarse, hibridizarse

hydra ['haɪdrə] *n* **-1.** ZOOL hidra *f* **-2.** (*in Greek mythology*) **the Hydra** la Hidra

hydrangea [haɪ'dreɪndʒə] *n* hortensia *f*

hydrant ['haɪdrənt] *n* boca *f* de incendios

hydrate ◇ *n* ['haɪdreɪt] CHEM hidrato *m*; **chloral ~** hidrato de cloral
◇ *vt* [haɪ'dreɪt] hidratar

hydration [haɪ'dreɪʃən] *n* CHEM hidratación *f*

hydraulic [haɪ'drɔːlɪk] *adj* hidráulico(a) ❑ **~ brake** freno *m* hidráulico; **~ press** prensa *f* hidráulica; **~ suspension** suspensión *f* hidráulica

hydraulics [haɪ'drɔːlɪks] *npl* hidráulica *f*

hydride ['haɪdraɪd] *n* CHEM hidruro *m*

hydro ['haɪdrəʊ] *n* **-1.** *Br* (*spa*) *Esp* balneario *m*, *Am* termas *fpl* **-2.** (*power*) energía *f* hidroeléctrica

hydrocarbon [haɪdrəʊ'kɑːbən] *n* hidrocarburo *m*

hydrocephalic [haɪdrəʊsɪ'fælɪk] *adj* MED hidrocefálico(a), hidrocéfalo(a)

hydrocephalus [haɪdrəʊ'sefələs] *n* MED hidrocefalia *f*

hydrochloric acid [haɪdrə'klɒrɪk'æsɪd] *n* ácido *m* clorhídrico

hydrocortisone [haɪdrəʊ'kɔːtɪzəʊn] *n* hidrocortisona *f*

hydrodynamic [haɪdrəʊdaɪ'næmɪk] *adj* hidrodinámico(a)

hydrodynamics [haɪdrəʊdaɪ'næmɪks] *n* hidrodinámica *f*

hydroelectric [haɪdrəʊɪ'lektrɪk] *adj* hidroeléctrico(a) ❑ **~ power** energía *f* hidroeléctrica; **~ power station** central *f* hidroeléctrica

hydroelectricity [haɪdrəʊelɪk'trɪsɪtɪ] *n* hidroelectricidad *f*

hydrofoil ['haɪdrəfɔɪl] *n* **-1.** (*device*) hidroaleta *f* **-2.** (*boat*) hidroala *m*, *RP* alíscafo *m*

hydrogen ['haɪdrədʒən] *n* CHEM hidrógeno *m* ❑ **~ bomb** bomba *f* de hidrógeno; **~ bond** enlace *m* or puente *m* de hidrógeno; **~ chloride** cloruro *m* de hidrógeno; **~ ion** ion *m* hidrógeno, protón *m*; **~ peroxide** agua *f* oxigenada, *Spec* peróxido *m* de hidrógeno; **~ sulphide** ácido *m* sulfhídrico, sulfuro *m* de hidrógeno

hydrogenate [haɪ'drɒdʒɪneɪt] *vt* CHEM hidrogenar

hydrogenated [haɪ'drɒdʒɪneɪtɪd] *adj* CHEM hidrogenado(a) ❑ **~ vegetable oil** aceite *m* vegetal hidrogenado

hydrogenation [haɪ'drɒdʒɪneɪʃən] *n* CHEM hidrogenación *f*

hydrogenous [haɪ'drɒdʒɪnəs] *adj* de hidrógeno

hydrographic [haɪdrə'græfɪk], **hydrographical** [haɪdrə'græfɪkəl] *adj* hidrográfico(a)

hydrography [haɪ'drɒgrəfɪ] *n* hidrografía *f*

hydrologic ['haɪdrə'lɒdʒɪk], **hydrological** ['haɪdrə'lɒdʒɪkəl] *adj* hidrológico(a)

hydrology [haɪ'drɒlədʒɪ] *n* hidrología *f*

hydrolyse ['haɪdrəlaɪz] *vt* CHEM hidrolizar ❑ **hydrolysed vegetable protein** proteína *f* vegetal hidrolizada

hydrolysis [haɪ'drɒlɪsɪs] *n* CHEM hidrólisis *f inv*

hydrolyte ['haɪdrəlaɪt] *n* CHEM hidrólito *m*

hydrometer [haɪ'drɒmɪtə(r)] *n* PHYS hidrómetro *m*

hydrometry [haɪ'drɒmɪtrɪ] *n* hidrometría *f*

hydronaut ['haɪdrənɔːt] *n US* hidronauta *m*

hydrophobia [haɪdrə'fəʊbɪə] *n* MED (*rabies*) hidrofobia *f*

hydrophobic [haɪdrə'fəʊbɪk] *adj* **-1.** CHEM hidrófobo(a) **-2.** MED (*with rabies*) hidrófobo(a)

hydroplane ['haɪdrəpleɪn] ◇ *n* **-1.** (*boat*) hidroala *m*, *RP* alíscafo *m* **-2.** *US* (*seaplane*) hidroavión *m* **-3.** (*on submarine*) timón *m* de inmersión
◇ *vi US* (*car*) hacer aquaplaning, patinar

hydroponics [haɪdrə'pɒnɪks] *n* BOT cultivo *m* hidropónico, hidroponía *f*

hydrosphere [haɪdrəʊsfɪə(r)] *n* hidrosfera *f*

hydrostatic ['haɪdrəʊ'stætɪk] *adj* hidrostático(a)

hydrostatics ['haɪdrəʊ'stætɪks] *n* hidrostática *f*

hydrotherapy [haɪdrəʊ'θerəpɪ] *n* hidroterapia *f*

hydrothermal [haɪdrəʊ'θɜːməl] *adj* hidrotermal

hydrous ['haɪdrəs] *adj* CHEM hidratado(a)

hydroxide [haɪ'drɒksaɪd] *n* CHEM hidróxido *m*; **sodium ~** hidróxido sódico

hydroxyl [haɪ'drɒksɪl] *n* CHEM hidroxilo *m*

hyena [haɪ'iːnə] *n* hiena *f*

hygiene [haɪdʒiːn] *n* higiene *f*

hygienic [haɪ'dʒiːnɪk] *adj* higiénico(a)

hygienically [haɪ'dʒiːnɪklɪ] *adv* con higiene, de un modo higiénico

hygienist ['haɪdʒiːnɪst] *n* higienista *mf*

hygrometer [haɪ'grɒmətə(r)] *n* higrómetro *m*

hygrometry [haɪ'grɒmətrɪ] *n* higrometría *f*

hygroscopic [haɪgrə'skɒpɪk] *adj* higroscópico(a)

hymen ['haɪmen] *n* ANAT himen *m*

hymn [hɪm] ◇ *n* himno *m*; **a ~ to nature** un himno or canto a la naturaleza ❑ **~ book** libro *m* de himnos, himnario *m*
◇ *vt Literary* loar, alabar

hymnal ['hɪmnəl] *n* REL himnario *m*, libro *m* de himnos

hype [haɪp] *Fam* ◇ *n* (*publicity*) bombo *m*, revuelo *m* publicitario; **I was put off by all the ~** se me quitaron or *Am* fueron las ganas con tanta propaganda publicitaria
◇ *vt* (*publicize*) dar mucho bombo a; **her latest novel has been heavily hyped** han publicitado exageradamente su última novela
◆ **hype up** *vt sep* **-1.** (*publicize*) dar mucho bombo a; **it's been so hyped up in the media** lo han publicitado muchísimo en los medios de comunicación **-2. to be hyped up** (*excited*) estar hecho(a) un manojo de nervios

hyper ['haɪpə(r)] *adj Fam* (*overexcited*) acelerado(a)

hyperactive [haɪpə'ræktɪv] *adj* **-1.** (*thyroid*) hiperactivo(a) **-2.** (*child, person*) hiperactivo(a)

hyperactivity [haɪpə'ræktɪvɪtɪ] *n* hiperactividad *f*

hyperbaton [haɪ'pɜːbətən] *n* LIT hipérbaton *m*

hyperbola [haɪ'pɜːbələ] *n* MATH hipérbola *f*

hyperbole [haɪ'pɜːbəlɪ] *n* hipérbole *f*

hyperbolic [haɪpə'bɒlɪk] *adj* **-1.** MATH hiperbólico(a) **-2.** LIT hiperbólico(a)

hyperbolically [haɪpə'bɒlɪk(ə)lɪ] *adv* hiperbólicamente

hypercorrection [haɪpəkə'rekʃən] *n* hipercorrección *f*

hypercritical [haɪpə'krɪtɪkəl] *adj* criticón(ona), hipercrítico(a)

hyperglycaemia, *US* **hyperglycemia** [haɪpəglaɪ'siːmɪə] *n* MED hiperglucemia *f*, *Am* hiperglicemia *f*

hyperglycaemic, *US* **hyperglycemic** [haɪpəglaɪ'siːmɪk] *adj* MED hiperglucémico(a), *Am* hiperglicémico(a)

hyperinflation [haɪpərɪn'fleɪʃən] *n* ECON hiperinflación *f*

hyperlink ['haɪpəlɪŋk] *n* COMPTR hiperenlace *f*

hypermarket ['haɪpəmɑːkɪt] *n* hipermercado *m*

hypermedia ['haɪpəmiːdɪə] *n* COMPTR hipermedia *f*

hyperon ['haɪpərɒn] *n* PHYS hiperón *m*

hyperplasia [haɪpə'pleɪʒə] *n* MED hiperplasia *f*

hyperrealism [haɪpə'rɪəlɪzəm] *n* ART hiperrealismo *m*

hyperrealist [haɪpə'rɪəlɪst] ART ◇ *n* hiperrealista *mf*
◇ *adj* hiperrealista

hypersensitive [haɪpə'sensɪtɪv] *adj* hipersensible, muy susceptible

hypersensitivity ['haɪpəsensɪ'tɪvɪtɪ] *n* hipersensibilidad *f*

hypersonic [haɪpə'sɒnɪk] *adj* hipersónico(a)

hyperspace ['haɪpəspeɪs] *n* **-1.** MATH hiperespacio *m* **-2.** (*in science fiction*) hiperespacio *m*

hypertension [haɪpə'tenʃən] *n* MED hipertensión *f*

hypertensive [haɪpə'tensɪv] MED ◇ *adj* hipertenso(a)
◇ *n* hipertenso(a) *m,f*

hypertext ['haɪpətekst] *n* COMPTR hipertexto *m* ❑ **~ link** enlace *m* hipertextual

hyperthermia [haɪpə'θɜːmɪə] *n* MED hipertermia *f*

hyperthyroidism [haɪpə'θaɪrɔɪdɪzəm] *n* MED hipertiroidismo *m*

hypertrophy [haɪ'pɜːtrəfɪ] *n* MED hipertrofia *f*

hyperventilate [haɪpə'ventɪleɪt] *vi* hiperventilar

hyperventilation ['haɪpəventɪ'leɪʃən] *n* hiperventilación *f*

hypervitaminosis ['haɪpəvɪtəmɪ'nəʊsɪs] *n* MED hipervitaminosis *f*

hyphen ['haɪfən] *n* guión *m*

hyphenate ['haɪfəneɪt] *vt* (*word*) escribir con guión

hyphenated ['haɪfəneɪtɪd] *adj* **-1.** (*word*) con guión **-2.** *US* **~ American** medio americano(a)

hyphenation [haɪfə'neɪʃən] *n* partición *f* de palabras or silábica

hypnosis [hɪp'nəʊsɪs] *n* hipnosis *f inv*; **under ~** hipnotizado(a), en estado de hipnosis; **to put sb under ~** hipnotizar a alguien

hypnotherapy [hɪpnə'θerəpɪ] *n* terapia *f* hipnótica, hipnoterapia *f*

hypnotic [hɪp'nɒtɪk] ◇ *adj* hipnótico(a); **in a ~ trance** en trance hipnótico; *Fig* **to have a ~ effect on sb** tener un efecto hipnotizante sobre alguien
◇ *n (drug)* hipnótico *m*
hypnotism ['hɪpnətɪzəm] *n* hipnotismo *m*
hypnotist ['hɪpnətɪst] *n* hipnotizador(ora) *m,f*
hypnotize ['hɪpnətaɪz] *vt* hipnotizar
hypo ['haɪpəʊ] *n Fam* jeringuilla *f*
hypoallergenic [haɪpəʊælə'dʒenɪk] *adj* hipoalergénico(a), hipoalérgico(a)
hypocentre, *US* **hypocenter** ['haɪpəʊsentə(r)] *n* hipocentro *m*
hypochondria [haɪpə'kɒndrɪə] *n* MED hipocondría *f*
hypochondriac [haɪpə'kɒndrɪæk] ◇ *n* hipocondríaco(a) *m,f*
◇ *adj* hipocondríaco(a)
hypocrisy [hɪ'pɒkrɪsɪ] *n* hipocresía *f*
hypocrite ['hɪpəkrɪt] *n* hipócrita *mf*
hypocritical [hɪpə'krɪtɪkəl] *adj* hipócrita
hypocritically [hɪpə'krɪtɪklɪ] *adv* hipócritamente, con hipocresía
hypodermic [haɪpə'dɜːmɪk] ◇ *n* ~ **(syringe)** (jeringuilla *f*) hipodérmica *f*
◇ *adj* hipodérmico(a)
hypoglycaemia, *US* **hypoglycemia** ['haɪpəʊglaɪ'siːmɪə] *n* MED hipoglucemia *f*, *Am* hipoglicemia *f*

hypoglycaemic, *US* **hypoglycemic** ['haɪpəʊglaɪ'siːmɪk] *adj* MED hipoglucémico(a), *Am* hipoglicémico(a)
hyponym ['haɪpənɪm] *n* LING hipónimo *m*
hypostasis [haɪpəʊ'steɪsɪs] *n* hipóstasis *f*
hypotaxis [haɪpə'tæksɪs] *n* GRAM hipotaxis *f*
hypotension [haɪpəʊ'tenʃən] *n* MED hipotensión *f*
hypotensive [haɪpəʊ'tensɪv] MED ◇ *adj* hipotenso(a)
◇ *n* hipotenso(a) *m,f*
hypotenuse [haɪ'pɒtənjuːz] *n* GEOM hipotenusa *f*
hypothalamus [haɪpəʊ'θæləməs] *n* ANAT hipotálamo *m*
hypothermia [haɪpəʊ'θɜːmɪə] *n* MED hipotermia *f*
hypothesis [haɪ'pɒθəsɪs] (*pl* **hypotheses** [haɪ'pɒθəsiːz]) *n* hipótesis *f inv*; **to put forward** *or* **advance a ~** formular *or* plantear una hipótesis
hypothesize [haɪ'pɒθəsaɪz] ◇ *vt* plantear como hipótesis, conjeturar
◇ *vi* plantear hipótesis, conjeturar
hypothetic [haɪpə'θetɪk], **hypothetical** [haɪpə'θetɪkəl] *adj* hipotético(a)
hypothetically [haɪpə'θetɪklɪ] *adv* en teoría, hipotéticamente
hypothyroidism [haɪpəʊ'θaɪrɔɪdɪzəm] *n* MED hipotiroidismo *m*
hypotonia [haɪpəʊ'təʊnɪə] *n* MED hipotonía *f*

hysterectomy [hɪstə'rektəmɪ] *n* MED histerectomía *f*; **she has had a ~** le han hecho una histerectomía
hysteresis [hɪstə'riːsɪs] *n* PHYS histéresis *f inv*
hysteria [hɪs'tɪərɪə] *n* **-1.** PSY histeria *f* **-2.** *(panic)* histeria *f*, histerismo *m*; **an atmosphere of barely controlled ~ reigned in the office** en la oficina reinaba un clima de histeria apenas controlado; **a country in the grip of war ~** un país dominado por la psicosis de la guerra **-3.** *(laughter)* grandes carcajadas *fpl*, hilaridad *f*
hysteric [hɪs'terɪk] *n* histérico(a) *m,f*
hysterical [hɪs'terɪkəl] *adj* **-1.** PSY histérico(a) **-2.** *(uncontrolled)* histérico(a); **he's the ~ type** es el típico histérico; **he was ~ with grief** estaba histérico de dolor; **~ laughter** carcajadas histéricas **-3.** *Fam (very funny)* graciosísimo(a), divertidísimo(a), *Esp* la monda
hysterically [hɪs'terɪklɪ] *adv* **-1.** *(uncontrolledly)* histéricamente; **he was waving his arms ~** agitaba los brazos como un histérico **-2.** *(hilariously)* **~ funny** para morirse de risa
hysterics [hɪs'terɪks] *npl* **-1.** *(panic)* ataque *m* de histeria; **to go into** *or* **have (a fit of) ~** tener un ataque de histeria **-2.** *(laughter)* **we were in ~** nos desternillábamos de risa; **he had me in ~** me tenía muerto(a) *or* partido(a) *or Esp* tronchado(a) *or Esp* mondado(a) de risa
Hz ELEC *(abbr* **Hertz)** Hz

I i

I, i [aɪ] n (letter) I, i f

I [aɪ] pron yo (usually omitted in Spanish, except for contrast); **I'm Canadian** soy canadiense; **I like red wine** me gusta el vino tinto; **I haven't got it!** ¡yo no lo tengo!; **my friend and I** mi amigo y yo; **I, for one, am in favour** yo, desde luego, estoy a favor; Formal **it is I** soy yo; Formal **it was I who did it** yo fui el que lo hizo

IA (abbr **Iowa**) Iowa

IAAF [aɪdʌbəleɪ'ef] n (abbr **International Amateur Athletics Federation**) IAAF f

IAEA [aɪeɪi:'eɪ] n (abbr **International Atomic Energy Agency**) AIEA f

iamb ['aɪæmb] n yambo m

iambic [aɪ'æmbɪk] adj yámbico(a) ◻ ~ **pentameter** pentámetro m yámbico

IAP [aɪeɪ'pi:] n COMPTR (abbr **Internet Access Provider**) PSI m, proveedor m de servicios Internet

IATA [aɪ'ɑ:tə] n (abbr **International Air Transport Association**) IATA f

IBA [aɪbi:'eɪ] n (abbr **Independent Broadcasting Authority**) = organismo regulador de las cadenas privadas de radio y televisión británicas

I-beam ['aɪbi:m] n **-1.** CONSTR viga f de doble T **-2.** COMPTR ~ **pointer** puntero m en forma de I

Iberia [aɪ'bɪərɪə] n Iberia f

Iberian [aɪ'bɪ:rɪən] ◇ n ibero(a) m,f, íbero(a) m,f
◇ adj ibérico(a); **the ~ peninsula** la península Ibérica

ibex ['aɪbeks] (pl **ibex** or **ibexes**) n íbice m, cabra f montés

IBF [aɪbi:'ef] n (abbr **International Boxing Federation**) IBF f, Federación f Internacional de Boxeo

ibid ['ɪbɪd] adv (abbr **ibidem**) ibíd., ib.

ibidem ['ɪbɪdem] adv ibídem

ibis ['aɪbɪs] (pl **ibis** or **ibises**) n ibis m inv

IBM [aɪbi:'em] n MIL (abbr **intercontinental ballistic missile**) misil m balístico intercontinental

IBRD [aɪbi:ɑ:'di:] n (abbr **International Bank for Reconstruction and Development**) BIRD m, Banco m Mundial

IBS [aɪbi:'es] n MED (abbr **irritable bowel syndrome**) colon m irritable

ibuprofen [aɪbju:'prəʊfən] n PHARM ibuprofén m

i/c (abbr **in charge, in command**) al mando

ICA [aɪsi:'eɪ] (abbr **Institute of Contemporary Arts**) = centro de arte moderno de Londres

Icarus ['ɪkərəs] n MYTHOL Ícaro

ICBM [aɪsi:bi:'em] n (abbr **intercontinental ballistic missile**) misil m balístico intercontinental

ice [aɪs] ◇ n **-1.** (frozen water) hielo m; **to turn to ~** helarse, congelarse; **her feet were like ~** tenía los pies helados or como témpanos ◻ ~ **age** glaciación f; ~ **axe** piolet m; ~ **climbing** cascadismo m; ~ **dance** or **dancing** patinaje m artístico por parejas en la modalidad de danza; ~ **field** campo m de hielo; ~ **floe** témpano m (de hielo); ~ **hockey** hockey m sobre hielo; ~ **pack** (pack ice) banco m de hielo; (ice bag) bolsa f de hielo; ~ **rink** pista f de hielo; ~ **scraper** rascador m de hielo; ~ **sheet** capa f de hielo; ~ **skate** patín m (de hielo); ~ **storm** tormenta f de hielo; ~ **yacht** rompehielos m inv

-2. (ice cubes) hielo m; **with ~?** (in drink) ¿con hielo? ◻ ~ **bucket** cubitera f, Am cubetera f; ~ **cube** cubito m de hielo; ~ **pick** pico m para el hielo; ~ **tray** bandeja f de los cubitos de hielo, Am cubetera f; ~ **water** (for drinking) agua f con hielo

-3. (edible) **(chocolate/strawberry) ~ cream** helado (de chocolate/de fresa); Br **an ~** un helado ◻ Br ~ **lolly** polo m, Bol, Col, Perú paleta f, RP palito m

-4. Fam (diamonds) brillantes mpl

-5. IDIOMS **to put a project on ~** suspender or Esp aparcar un proyecto; **to break the ~** (socially) romper el hielo; **to be skating** or **treading on thin ~** estar jugándosela; **that cuts no ~ with me** eso no me deja frío or RP no me mueve un pelo

◇ vt **-1.** (chill) (drink) poner or echar hielo en or a **-2.** (cake) glasear, RP cubrir con fondant **-3.** Fam (kill) dejar tieso, eliminar, liquidar

◆ **ice over** ◇ vt sep **to be iced over** (pond, river) estar helado(a) or congelado(a); (window) estar cubierto(a) de hielo or helado(a)

◇ vi (pond, river) cubrirse de hielo, helarse; (window) cubrirse de hielo, helarse

◆ **ice up** ◇ vt sep **to be iced up** (lock, windscreen) estar cubierto(a) de hielo or helado(a); (road) estar cubierto(a) de hielo or helado(a)

◇ vi (lock, windscreen) cubrirse de hielo, helarse; (road) cubrirse de hielo, helarse

iceberg ['aɪsbɜ:g] n iceberg m; IDIOM **that's just the tip of the ~** eso es sólo la punta del iceberg ◻ ~ **lettuce** lechuga f iceberg or repolluda

icebound ['aɪsbaʊnd] adj (ship, port) bloqueado(a) por el hielo

icebox ['aɪsbɒks] n **-1.** Br (in fridge) congelador m **-2.** US (fridge) nevera f, RP heladera f, Méx refrigerador m

icebreaker ['aɪsbreɪkə(r)] n **-1.** (ship) rompehielos m inv **-2.** (at social occasion) **this game's a good ~** este juego viene muy bien para romper el hielo

icecap ['aɪskæp] n (on mountain) nieves fpl perpetuas; (at poles) casquete m polar or glaciar

ice-cold ['aɪs'kəʊld] adj helado(a)

ice-cream ['aɪskri:m] adj ~ **cone** helado m de cucurucho; Br ~ **cornet** helado m de cucurucho; US ~ **parlor** heladería f; US ~ **soda** helado m con soda, Esp = helado de mantecado mezclado con agua con gas y algún sabor; Br ~ **van** furgoneta f de helados

iced [aɪst] adj **-1.** (containing ice) ~ **tea** té m frío or helado; ~ **water** agua f con hielo **-2.** (cake) glaseado(a)

Iceland ['aɪslənd] n Islandia ◻ ~ **spar** espato m de Islandia

Icelander ['aɪsləndə(r)] n islandés(esa) m,f

Icelandic [aɪs'lændɪk] ◇ n (language) islandés m
◇ adj islandés(esa)

iceman ['aɪsmæn] n US vendedor m or repartidor m de hielo

ice-skate ['aɪs'skeɪt] ◇ n patín m (de hielo)
◇ vi patinar sobre hielo

ice-skater ['aɪsskeɪtə(r)] n patinador(ora) m,f (sobre hielo)

ice-skating ['aɪs'skeɪtɪŋ] n patinaje m sobre hielo

I Ching [aɪ'tʃɪŋ] n I Ching m

ichthyologist [ɪkθɪ'ɒlədʒɪst] n ictiólogo(a) m,f

ichthyology [ɪkθɪ'ɒlədʒɪ] n ictiología f

ichthyosaur ['ɪkθɪəsɔ:(r)], **ichthyosaurus** [ɪkθɪə'sɔ:rəs] n ictiosauro m

icicle ['aɪsɪkəl] n carámbano m

icily ['aɪsɪlɪ] adv (to look, say) con gran frialdad; **to answer ~** contestar muy fríamente

iciness ['aɪsɪnɪs] n **-1.** (of wind, water) **I was surprised by the ~ of the wind** me sorprendió lo gélido del viento **-2.** (of voice, stare) frialdad f

icing ['aɪsɪŋ] n **-1.** (on cake) glaseado m; IDIOM **the ~ on the cake** la guinda ◻ Br ~ **sugar** azúcar m Esp, Méx glas or Esp de lustre or Chile flor or Col pulverizado or RP impalpable **-2.** (formation of ice) formación f de hielo **-3.** (in ice hockey) icing m

icky ['ɪkɪ] adj Fam **-1.** (repulsive) asqueroso(a) **-2.** (sentimental) sentimentaloide, Esp ñoño(a)

icon ['aɪkɒn] n **-1.** ART & REL icono m **-2.** (symbol) símbolo m, icono m; **a 60's ~** un símbolo or icono de los sesenta; **a gay ~** un icono gay **-3.** COMPTR icono m

iconic [aɪ'kɒnɪk] adj icónico(a)

iconoclasm [aɪ'kɒnəklæzəm] n iconoclasia f, iconoclastia f

iconoclast [aɪ'kɒnəklæst] n iconoclasta mf

iconoclastic [aɪkɒnəʊ'klæstɪk] adj iconoclasta

iconographic(al) [aɪkɒnə'græfɪk(əl)] adj iconográfico(a)

iconography [aɪkə'nɒgrəfɪ] n iconografía f

iconology [aɪkə'nɒlədʒɪ] n iconología f

icosahedron [aɪkɒzə'hi:drən] n GEOM icosaedro m

ICRC [aɪsi:ɑ:'si:] n (abbr **International Committee of the Red Cross**) CICR m

ICU [aɪsi:'ju:] n (abbr **intensive-care unit**) UCI f, UVI f

icy ['aɪsɪ] adj **-1.** (road) con hielo; (weather, water, wind) helado(a), glacial; (hands) helado(a), congelado(a); **there are ~ patches on some roads** hay placas de hielo en algunas carreteras **-2.** (reception, stare, reply) muy frío(a), gélido(a)

ID¹ ['aɪ'di:] ◇ n documentación f ◻ **ID card** carné m de identidad, Esp ≃ DNI m
◇ vt Fam **to ID sb** identificar a alguien; **to be** or **to get ID'd** ser identificado(a)

ID² (abbr **Idaho**) Idaho

I'd [aɪd] = **I had, I would**

id [ɪd] n PSY id m

IDA [aɪdi:'eɪ] n (abbr **International Development Association**) Esp AID f, Am AIF f

IDE [aɪdi:'i:] n COMPTR (abbr **integrated drive electronics**) IDE m

idea [aɪ'dɪə] n **-1.** (individual notion, suggestion) idea f; **I've had an ~** se me ha ocurrido una idea; **the ~ of leaving you never entered my head** jamás se me pasó por la cabeza la idea de dejarte; **that's** or **there's an ~!** ¡ésa es una buena idea!; **what a good ~!** ¡qué buena idea!; **it seemed like a good**

ideal

~ **at the time** entonces no parecía una mala idea; **it's a good ~ to check first** no sería mala idea o no estaría mal comprobarlo antes; **it's a bad ~ to do this alone** no es buena idea hacer esto solo; **it was a nice ~ to phone** fue buena idea llamar; **he's an ideas man** es un hombre de ideas; **what gave you that ~?, what put that ~ into your head?** ¿qué te hizo pensar eso?; **it wasn't MY ~!** ¡no fue idea mía!; **the very ~!** ¡es el colmo!, ¡vaya ideas!; *Fam* **what's the big ~?** ¿a qué viene esto?
 -2. *(concept)* idea *f*, concepto *m*; **our ideas about the universe** nuestra idea o nuestro concepto del universo; **to get the ~** captar la idea, *Esp* enterarse; **to get ideas** hacerse ilusiones; **to give sb ideas, to put ideas into sb's head** meter ideas en la cabeza a alguien; **is this is your ~ of a joke?** ¡pues vaya lo que entiendes tú por broma!; **you've got a funny ~ of loyalty** tienes un curioso concepto de la lealtad; **sorry, but this is not my ~ of fun** lo siento, pero no es esto lo que yo entiendo por diversión; **(I've) no ~** (no tengo) ni idea; **she had no ~ what the time was** no tenía ni idea de la hora que era; **I had no ~ that...** no tenía ni idea de que...; **I have a rough ~ of what happened** tengo una vaga idea de lo que ocurrió; **I haven't the faintest** o **foggiest** o **slightest** o **remotest ~** no tengo (ni) la menor o (ni) la más remota idea
 -3. *(plan)* **I thought the ~ was for them to come here** creí que la idea era que ellos vinieran aquí; **the general ~ is to...** la idea general es...
 -4. *(objective, intention)* idea *f*, finalidad *f*; **the ~ of the game** la finalidad del juego; **that's the whole ~!** ¡de eso se trata, precisamente!
 -5. *(suspicion)* **to have an ~ that...** tener la sensación de que...; **she had an ~ that something was going to happen** tenía la sensación de que algo iba a suceder; **I've an idea that he'll succeed** me da la impresión de que lo va a conseguir
 -6. *(estimate)* idea *f*; **can you give me an ~ of how much it will cost?** ¿puede darme una idea de cuánto va a costar?

ideal [aɪˈdiːəl] <> *n* -1. *(perfect example)* ideal *m*; **the Greek ~ of beauty** el ideal de belleza griego -2. *(principle)* ideal *m*
 <> *adj* ideal *m*; **it's not ~, but it'll have to do** no es lo ideal, pero ya nos arreglaremos; **in an ~ world** en un mundo ideal ❑ PHYS **~ gas** gas *m* ideal o perfecto

idealism [aɪˈdiːəlɪzm] *n* idealismo *m*
idealist [aɪˈdiːəlɪst] *n* idealista *mf*
idealistic [aɪdɪəˈlɪstɪk] *adj* idealista
idealization [aɪdɪəlaɪˈzeɪʃn] *n* idealización *f*
idealize [aɪˈdiːəlaɪz] *vt* idealizar
ideally [aɪˈdiːəlɪ] *adv* -1. *(perfectly)* **they're ~ matched** están hechos el uno para el otro; **~ situated** en una posición ideal -2. *(in a perfect world)* **~, we should all be there** lo ideal sería que estuviéramos todos
idée fixe [iːdeɪˈfiːks] *(pl* **idées fixes)** *n* idea *f* fija
idem [ˈaɪdem] *adv* en el lugar ya mencionado
ident [ˈaɪdent] *n* TV logo *m*
identical [aɪˈdentɪkəl] *adj* -1. *(exactly similar)* idéntico(a) **(to** o **with** a**)**; **they were wearing ~ dresses** llevaban el mismo modelo (de vestido) -2. *(one and the same)* mismísimo(a), exactamente el (la) mismo(a); **it was the ~ one I'd seen before** era exactamente el mismo que yo había visto antes -3. **~ twins** gemelos(as) *mpl, fpl*
identically [aɪˈdentɪklɪ] *adv* exactamente igual, de manera idéntica
identifiable [aɪdentɪˈfaɪəbəl] *adj* identificable; **it was not easily ~** no se podía identificar fácilmente
identification [aɪdentɪfɪˈkeɪʃn] *n* -1. *(of body, criminal)* identificación *f* ❑ *Br* **~ parade** rueda *f* de reconocimiento -2. *(documents)* documentación *f*; **the police asked me for ~** la policía me pidió los documentos -3. *(association)* identificación *f*

identifier [aɪˈdentɪfaɪə(r)] *n* COMPTR identificador *m*
identify [aɪˈdentɪfaɪ] <> *vt* -1. *(recognize, name)* identificar; **to ~ oneself** identificarse; **the winner has asked not to be identified** el ganador ha pedido que no se revele su identidad
 -2. *(distinguish)* *(of physical feature, badge)* identificar; **she wore a red rose to identify herself** llevaba una rosa roja para que se la pudiera identificar; **his accent immediately identified him as an outsider** su acento en seguida lo identificó como alguien de fuera
 -3. *(acknowledge)* *(difficulty, issue)* identificar; **the report identifies two major problems** el informe identifica dos problemas fundamentales
 -4. *(associate)* **to ~ sth with sth** identificar algo con algo; **to ~ oneself with a cause** sentirse identificado(a) o identificarse con una causa; **he has long been identified with right-wing groups** hace tiempo que se lo identifica o asocia con grupos de la derecha
 <> *vi* **to ~ with sth/sb** identificarse con algo/alguien; **I can ~ with the way she feels** me imagino cómo se siente
identifying mark [aɪˈdentɪfaɪɪŋˈmɑːk] *n* seña *f* de identidad
Identikit® [aɪˈdentɪkɪt] *n* **~ (picture)** retrato *m* robot
identity [aɪˈdentɪtɪ] *n* -1. *(name, set of characteristics)* identidad *f*; **to reveal/conceal sb's ~** revelar/ocultar la identidad de alguien; **a case of mistaken ~** un caso de identificación errónea ❑ **~ badge** tarjeta *f* identificativa; **~ bracelet** pulsera *f* de identificación; **~ card** carné *m* de identidad, *Esp* ≃ DNI *m*; *Br* MIL **~ disc** placa *f* de identificación; *Br* **~ parade** rueda *f* de reconocimiento o identificación; MIL **~ tag** placa *f* de identificación
 -2. *(sense of self)* identidad *f* ❑ **~ crisis** crisis *f inv* de identidad
ideogram [ˈɪdɪəɡræm], **ideograph** [ˈɪdɪəɡrɑːf] *n* ideograma *m*
ideographical [ɪdɪəˈɡræfɪkəl] *adj* ideográfico(a)
ideography [ɪdɪˈɒɡrəfɪ] *n* ideografía *f*
ideological [aɪdɪəˈlɒdʒɪkəl] *adj* ideológico(a)
ideologically [aɪdɪəˈlɒdʒɪklɪ] *adv* ideológicamente
ideologist [aɪdɪˈɒlədʒɪst] *n* ideólogo(a) *m,f*
ideologue [ˈaɪdɪəlɒɡ] *adj Pej* ideólogo(a) *m,f*
ideology [aɪdɪˈɒlədʒɪ] *n* ideología *f*
ides [aɪdz] *n* HIST idus *mpl*; **the Ides of March** los idus de marzo, = los días 15 de marzo
idiocy [ˈɪdɪəsɪ] *n* idiotez *f*, estupidez *f*
idiolect [ˈɪdɪəlekt] *n* LING idiolecto *m*
idiom [ˈɪdɪəm] *n* -1. *(expression)* modismo *m*, giro *m* -2. *(dialect)* lenguaje *m* -3. *(style)* *(of music, writing)* lenguaje *m*, estilo *m*, corte *m*, aire *m*
idiomatic [ɪdɪəˈmætɪk] *adj* **his English isn't very ~** su inglés no suena muy natural ❑ **~ expression** modismo *m*, giro *m*
idiomatically [ɪdɪəˈmætɪklɪ] *adv* con modismos o giros idiomáticos
idiosyncrasy [ɪdɪəˈsɪŋkrəsɪ] *n* peculiaridad *f*, particularidad *f*
idiosyncratic [ɪdɪəsɪŋˈkrætɪk] *adj* peculiar, particular
idiot [ˈɪdɪət] *n* -1. *(fool)* idiota *mf*, estúpido(a) *m,f*; **you ~!** ¡idiota!, ¡imbécil!; **don't be an ~!** ¡no seas bobo o *Esp* memo(a)!; **that ~ Harry** el idiota de Harry ❑ *Fam* **~ board** teleapuntador *m*; *US* **~ light** chivato *m* -2. *(retarded person)* idiota *mf* ❑ PSY **~ savant** idiot *m* savant, idiota *m* sabio
idiotic [ɪdɪˈɒtɪk] *adj* idiota, estúpido(a)
idiotically [ɪdɪˈɒtɪklɪ] *adv* estúpidamente; **he behaved ~** se comportó como un idiota; **he smiled ~** sonrió de un modo estúpido
idiot-proof [ˈɪdɪətpruːf] *Fam adj (system, machine)* a prueba de idiotas
 <> *vt* garantizar a prueba de idiotas

idle [ˈaɪdəl] <> *adj* -1. *(unoccupied, unused)* *(person)* ocioso(a), desocupado(a); *(factory, machine)* inactivo(a); **an ~ moment** un momento libre; **to lie ~** *(factory)* permanecer parado(a); *(money)* permanecer improductivo(a); **1,500 men have been made ~** 1.500 hombres se han quedado sin trabajo
 -2. *(lazy)* vago(a); **he's an ~ good-for-nothing** es un holgazán o *Esp* penco que no sirve para nada; **the ~ rich** los rentistas o ricos ociosos
 -3. *(futile)* *(threat, boast)* vano(a); *(gossip, rumour)* frívolo(a); **it would be ~ to speculate** sería ocioso hacer conjeturas
 -4. *(casual)* **an ~ glance** una mirada ocasional o casual; **~ curiosity** mera curiosidad
 <> *vt US (make unemployed)* dejar sin empleo o *Esp* en el paro o *Am* desocupado
 <> *vi (engine)* estar en punto muerto
 ◆ **idle away** *vt sep* pasar ociosamente
idleness [ˈaɪdəlnɪs] *n* -1. *(inaction)* ociosidad *f*, inactividad *f* -2. *(laziness)* vagancia *f* -3. *(futility)* banalidad *f*; **the ~ of the threats** la banalidad de las amenazas
idler [ˈaɪdlə(r)] *n (lazy person)* vago(a) *m,f*
idly [ˈaɪdlɪ] *adv* -1. *(inactively)* ociosamente; **to stand ~ by** estar sin hacer nada -2. *(lazily)* indolentemente -3. *(casually)* despreocupadamente
idol [ˈaɪdəl] *n* ídolo *m*; **a 1970s pop ~** un ídolo del pop de los setenta
idolater [aɪˈdɒlətə(r)] *n* idólatra *mf*
idolatress [aɪˈdɒlətrɪs] *n* idólatra *f*
idolatrous [aɪˈdɒlətrəs] *adj* idólatra
idolatry [aɪˈdɒlətrɪ] *n* idolatría *f*
idolize [ˈaɪdəlaɪz] *vt* idolatrar
idyll [ˈɪdɪl] *n* idilio *m*
idyllic [ɪˈdɪlɪk] *adj* idílico(a)
idyllically [ɪˈdɪlɪklɪ] *adv* idílicamente
i.e. [ˈaɪˈiː] *(abbr* **id est)** i.e., es decir
if [ɪf] <> *n* **ifs and buts** *Esp* pegas *fpl*, *Am* peros *mpl*; **no ifs(, ands) or buts** no hay pero que valga; **if we win, and it's a big if,...** en el caso hipotético de que ganáramos,...
 <> *conj* -1. *(conditional)* si; **if the weather's good** si hace buen tiempo; **if you hadn't arrived right then...** si no hubieras llegado en ese momento...; **if I were rich** si fuese rico; **if I were you** yo en tu lugar, yo de ti; **would you mind if I smoked?** ¿te importa que fume?; **sorry if I've upset you** perdona si te he disgustado
 -2. *(whenever)* si, cuando; **if you click here, a help menu appears** si o cuando haces clic aquí, aparece un menú de ayuda
 -3. *(whether)* si; **I asked if it was true** pregunté si era verdad
 -4. *(conceding)* si bien; **the movie was good, if rather long** la película fue buena, si bien un poco larga
 -5. *(qualifying)* **we get little, if any snow** nieva muy poco, a veces nada; **which, if any, do you prefer?** ¿cuál prefieres, si es que te gusta alguno?; **if anything it's better** en todo caso, es mejor, si acaso, es mejor; **he sees them rarely, if at all** o **if ever** apenas los ve; **I'll be finished by Monday, if not earlier** habré terminado el lunes, si no antes
 -6. *(in polite requests)* **if I could just interrupt for a second...** ¿me permites una pequeña interrupción?; **would you like me to wrap it for you? - if you would, please** ¿quiere que se lo envuelva? -- si me hace el favor
 -7. *(in phrases)* **if and when...** en caso de que...; **I'll talk to her if and when the occasion arises** hablaré con ella sólo si se presenta la ocasión; **if ever someone deserved the award it's her** si hay alguien que de verdad se merezca o *Am* amerite ese premio, es ella; **that's a pathetic excuse if ever there was one!** ¡es la peor excusa que he oído en mi vida!; **if it isn't my old friend James!** ¡caramba, pero si es mi amigo James!; **if necessary** si es preciso o necesario; **if not** si no; **it's colourful, if nothing else** por lo menos no se puede decir que no sea colorido; **if so** en ese

caso; **if you ask me** si quieres saber mi opinión

◇ **if only** *conj* **-1.** *(providing a reason)* I'll let you go, **if only to keep you quiet** te dejaré ir, aunque sólo sea para que te calles **-2.** *(expressing a wish)* ¡ojalá!; **if only I had more money!** ¡ojalá tuviera más dinero!; **if only they knew!, if they only knew!** ¡si ellos supieran!; **if only we'd known** si lo hubiéramos sabido

IFA [aɪefˈeɪ] *n Br (abbr* **independent financial adviser)** asesor(ora) *m,f* financiero(a) independiente

iffy [ˈɪfɪ] *adj Fam* **-1.** *(doubtful, unreliable)* dudoso(a); *Br* **my stomach's been a bit ~ lately** estoy un poco pachucho del estómago últimamente; **the brakes are a bit ~** los frenos no van *or* andan demasiado bien **-2.** *(suspicious)* sospechoso(a); **it all sounded rather ~** todo aquello daba muy mala espina

igloo [ˈɪɡluː] *(pl* **igloos)** *n* iglú *m*

Ignatius [ɪɡˈneɪʃəs] *pr n* **Saint ~ of Loyola** san Ignacio de Loyola

igneous [ˈɪɡnɪəs] *adj* GEOL *(rock)* ígneo(a)

ignite [ɪɡˈnaɪt] ◇ *vt (fire, conflict)* prender, encender

◇ *vi (fire, conflict)* prender, encenderse

ignition [ɪɡˈnɪʃən] *n* **-1.** AUT encendido *m*, contacto *m*; **to turn on the ~** arrancar, dar al contacto; **the key was still in the ~** la llave aún estaba en el contacto ❑ **~ coil** bobina *f* de encendido; **~ key** llave *f* de contacto **-2.** CHEM **~ temperature** temperatura *f* de combustión *or* ignición

ignoble [ɪɡˈnəʊbəl] *adj* innoble, indigno(a)

ignominious [ɪɡnəˈmɪnɪəs] *adj* ignominioso(a)

ignominiously [ɪɡnəˈmɪnɪəslɪ] *adv* de forma ignominiosa, ignominiosamente

ignominy [ˈɪɡnəmɪnɪ] *n* ignominia *f*

ignoramus [ɪɡnəˈreɪməs] *n* ignorante *mf*

ignorance [ˈɪɡnərəns] *n* ignorancia *f*; **out of *or* through ~** por ignorancia; **to keep sb in ~ (of)** mantener a alguien en la ignorancia (acerca de); **forgive my ~, but...** disculpa mi ignorancia, pero...; **~ of the law is no excuse** el desconocimiento de la ley no exime de su cumplimiento; PROV **~ is bliss** es mejor no saber

ignorant [ˈɪɡnərənt] *adj* **-1.** *(uneducated)* inculto(a); **I'm really ~ about classical music/politics** soy un perfecto ignorante en materia de música clásica/política **-2.** *(lacking knowledge)* ignorante; **to be ~ of sth** ignorar algo; **I was ~ as to his whereabouts** desconocía su paradero; **he was ~ of the facts** ignoraba los hechos **-3.** *Fam (bad-mannered)* grosero(a), maleducado(a)

ignore [ɪɡˈnɔː(r)] *vt* **-1.** *(pay no attention to) (person)* no hacer caso a; *(remark)* no prestar atención a; *(letter, signal)* hacer caso omiso de; **she completely ignored me all evening** me hizo el vacío toda la tarde, *Esp* pasó de mí por completo toda la tarde; **I'll ~ that!** *(what you said)* ¡yo no he oído nada!; **just ~ him!** ¡no le hagas caso!

-2. *(take no account of) (warning, advice, order)* no hacer caso de, no tomar en cuenta; **he ignored the doctor's advice and continued smoking** hizo oídos sordos del consejo del médico y siguió fumando

-3. *(overlook)* **we can't ~ it this time!** ¡esta vez debemos tenerlo en cuenta!; **the report ignores certain crucial facts** el informe pasa por alto determinados hechos decisivos

iguana [ɪɡˈwɑːnə] *n* iguana *f*

iguanodon [ɪˈɡwɑːnədɒn] *n* iguanodonte *m*

IIRC COMPTR *(abbr* **if I remember correctly)** si mal no recuerdo

ikon = **icon**

IL *(abbr* **Illinois)** Illinois

ILEA [ˈɪlɪə] *n Formerly (abbr* **Inner London Education Authority)** = institución que hasta 1990 se encargaba de gestionar los servicios de educación londineneses

ileum [ˈɪlɪəm] *(pl* **ilea** [ˈɪlɪə] *) n* ANAT íleon *m*

ilex [ˈaɪleks] *n* BOT **-1.** *(shrub)* ilicínea *f* **-2.** *(holm oak)* encina *f*

ilium [ˈɪlɪəm] *(pl* **ilia** [ˈɪlɪə] *) n* ANAT ilion *m*, íleon *m*

ilk [ɪlk] *n* **of that ~** por el estilo

I'll [aɪl] = **I will, I shall**

ill [ɪl]

◇ *n* **-1.** *Literary (evil)* mal *m*; **for good or ~** *(whatever happens)* para bien o para mal **-2.** *(difficulty, trouble)* mal *m*; **the nation's ills** los males que aquejan a la nación

◇ *adj* **-1.** *(unwell)* enfermo(a); **to be ~** estar enfermo(a) *or* malo(a); **to fall *or* be taken ~** caer enfermo(a) *or* malo(a); **that smell is making me ~** ese olor me está *Esp* poniendo enfermo(a) *or Am* enfermando; **I feel ~ just thinking about it** *Esp* me pongo malo(a) *or Am* me enfermo sólo de pensarlo

-2. *(bad, poor)* **~ effects** efectos indeseables; **~ feeling** rencor; **~ fortune** *or* **luck** mala suerte *or* fortuna; **to be in ~ health** tener mala salud; **to be *or* feel ~ at ease** no sentirse a gusto, sentirse incómodo(a); **~ will** rencor; PROV **it's an ~ wind (that blows nobody any good)** no hay mal que por bien no venga

◇ *adv* **-1.** *(badly)* mal; **to speak/think ~ of sb** hablar/pensar mal de alguien; **it ~ becomes *or* befits you to criticize** ¡mira quién habla!; **to augur *or* bode ~ (for)** no augurar nada bueno (para) **-2.** *(hardly)* **I can ~ afford it** apenas me lo puedo permitir; **we can ~ afford to wait** prácticamente no podemos esperar

ill. *(abbr* **illustration)** ilustración *f*

ill-advised [ˈɪlədˈvaɪzd] *adj* imprudente, desacertado(a); **you'd be ~ to complain** harías mal en quejarte

ill-advisedly [ˈɪlədˈvaɪzɪdlɪ] *adv* de manera imprudente

ill-assorted [ˈɪləˈsɔːtɪd] *adj (group, collection)* dispar, variopinto(a); *(couple)* incompatible

ill-bred [ˈɪlˈbred] *adj* maleducado(a)

ill-concealed [ˈɪlkənˈsiːld] *adj (disappointment, disgust)* mal disimulado(a)

ill-considered [ˈɪlkənˈsɪdəd] *adj (remark, decision)* irreflexivo(a), precipitado(a)

ill-defined [ˈɪldɪˈfaɪnd] *adj* difuso(a)

ill-disposed [ˈɪldɪsˈpəʊzd] *adj (unfriendly, unhelpful)* **to be ~ towards sb** tener mala disposición hacia alguien; **to be ~ towards an idea/a proposal** ser contrario(a) *or* refractario(a) a una idea/propuesta

illegal [ɪˈliːɡəl] *adj* **-1.** *(unlawful)* ilegal, ilícito(a); **~ immigrant** *or* US **alien** inmigrante ilegal **-2.** COMPTR *(character, instruction)* ilegal

illegality [ɪlɪˈɡælɪtɪ] *n* ilegalidad *f*

illegally [ɪˈliːɡəlɪ] *adv* ilegalmente, de forma ilegal; **to be ~ parked** estar estacionado(a) *or Esp* aparcado(a) en lugar prohibido

illegibility [ɪledʒɪˈbɪlɪtɪ] *n* ilegibilidad *f*

illegible [ɪˈledʒɪbəl] *adj* ilegible

illegibly [ɪˈledʒəblɪ] *adv* de manera ilegible

illegitimacy [ɪlɪˈdʒɪtɪməsɪ] *n* **-1.** *(of child)* ilegitimidad *f* **-2.** *(of activity, claim)* ilicitud *f*, ilegalidad *f* **-3.** *(of argument)* falta *f* de validez

illegitimate [ɪlɪˈdʒɪtɪmət] *adj* **-1.** *(child)* ilegítimo(a) **-2.** *(activity, claim)* ilícito(a), ilegal **-3.** *(argument)* inválido(a)

ill-equipped [ˈɪlɪˈkwɪpt] *adj* **-1.** *(lacking equipment)* mal equipado(a) **-2.** *(lacking skill, experience)* **to be ~ to do sth** no estar preparado(a) para hacer algo; **he is ~ to handle the situation** no está capacitado para hacer frente a la situación

ill-fated [ˈɪlˈfeɪtɪd] *adj (day, occasion)* aciago(a); *(enterprise)* infausto(a), desdichado(a)

ill-favoured, US **ill-favored** [ˈɪlˈfeɪvəd] *adj (unattractive)* poco agraciado(a)

ill-fitting [ˈɪlˈfɪtɪŋ] *adj* **an ~ dress** un vestido que no queda bien; **an ~ fitting lid** una tapa que no ajusta bien

ill-founded [ˈɪlˈfaʊndɪd] *adj* infundado(a)

ill-gotten gains [ˈɪlɡɒtənˈɡeɪnz] *npl* ganancias *fpl* obtenidas por medios ilícitos

ill-humoured, US **ill-humored** [ˈɪlˈhjuːməd] *adj* malhumorado(a); **to be ~** estar de mal humor; **an ~ comment** un comentario destemplado

illiberal [ɪˈlɪbərəl] *adj Formal* **-1.** *(narrow-minded)* intolerante **-2.** *(ungenerous)* cicatero(a), mezquino(a)

illicit [ɪˈlɪsɪt] *adj* ilícito(a); **an ~ still** una destilería ilegal

illicitly [ɪˈlɪsɪtlɪ] *adv* de manera ilícita, ilícitamente

ill-informed [ˈɪlɪnˈfɔːmd] *adj* **-1.** *(having the wrong information) (person)* mal informado(a) **-2.** *(having insufficient information)* poco informado(a); **an ~ decision** una decisión basada en datos incompletos; **we continue to be ~ about their intentions** seguimos sin saber bien cuáles son sus intenciones

ill-intentioned [ˈɪlɪnˈtenʃənd] *adj* malintencionado(a)

illiteracy [ɪˈlɪtərəsɪ] *n* analfabetismo *m*

illiterate [ɪˈlɪtərət] ◇ *adj* **-1.** *(unable to read or write)* analfabeto(a) **-2.** *(ignorant)* **to be scientifically ~** no tener conocimientos científicos **-3.** *(usage, style)* analfabeto(a), ignorante

◇ *n* analfabeto(a) *m,f*

ill-judged [ˈɪldʒʌdʒd] *adj* imprudente; **an ~ move** un error de cálculo

ill-kempt [ˈɪlˈkempt] *adj* **-1.** *(hair)* desordenado(a), despeinado(a); *(personal appearance)* descuidado(a), *RP* desprolijo(a) **-2.** *(garden)* abandonado(a), descuidado(a)

ill-mannered [ˈɪlˈmænəd] *adj* maleducado(a); **an ~ reply** una respuesta grosera *or* descortés

ill-natured [ˈɪlˈneɪtʃəd] *adj* malévolo(a)

illness [ˈɪlnɪs] *n* enfermedad *f*

illocutionary [ɪləˈkjuːʃənərɪ] *adj* LING ilocutivo(a), ilocucionario(a); **~ force** fuerza ilocutiva *or* ilocucionaria

illogical [ɪˈlɒdʒɪkəl] *adj* ilógico(a)

illogicality [ɪlɒdʒɪˈkælɪtɪ] *n* falta *f* de lógica, incongruencia *f*

illogically [ɪˈlɒdʒɪklɪ] *adv* de forma ilógica, de manera incongruente

ill-prepared [ˈɪlprɪˈpeəd] *adj* poco preparado(a)

ill-qualified [ˈɪlˈkwɒlɪfaɪd] *adj (lacking knowledge)* poco capacitado(a) *or* cualificado(a); *(lacking experience)* poco capacitado(a)

ill-spoken [ˈɪlˈspəʊkən] *adj* malhablado(a)

ill-starred [ˈɪlˈstɑːd] *adj Literary (person)* desventurado(a), malaventurado(a); *(plan, attempt)* malhadado(a), desafortunado(a)

ill-suited [ˈɪlˈsuːtɪd] *adj (not appropriate)* inadecuado(a) **(to** para); **arts graduates are ~ to this job** los licenciados en letras no se adecuan bien a este trabajo

ill-tempered [ˈɪlˈtempəd] *adj (person)* malhumorado(a); *(meeting, exchange)* agrio(a); *(match, occasion)* brusco(a), áspero(a)

ill-timed [ˈɪlˈtaɪmd] *adj* inoportuno(a)

ill-treat [ˈɪlˈtriːt] *vt* maltratar

ill-treatment [ɪlˈtriːtmənt] *n* malos tratos *mpl*; **to be subjected to ~** ser objeto de *or* recibir malos tratos

illuminate [ɪˈluːmɪneɪt] *vt* **-1.** *(light up)* iluminar **-2.** *(clarify)* ilustrar **-3.** *(manuscript)* iluminar

illuminated [ɪˈluːmɪneɪtɪd] *adj (manuscript)* iluminado(a) ❑ **~ sign** anuncio *m or* letrero *m* luminoso

illuminating [ɪˈluːmɪneɪtɪŋ] *adj* ilustrativo(a), iluminador(ora)

illumination [ɪluːmɪˈneɪʃən] *n* **-1.** *(lighting)* iluminación *f*; **a candle was the only means of ~** la única fuente de luz era una vela **-2.** *(clarification)* explicación *f*, aclaración *f*; **his answer provided little ~** su respuesta no resultó muy ilustrativa **-3. illuminations** *(decorative lights)* iluminación *f*

illumine [ɪˈljuːmɪn] *vt Literary* iluminar

ill-use ◇ *n* [ˈɪlˈjuːs] maltrato *m*

◇ *vt* [ˈɪlˈjuːz] maltratar; **to feel ill-used** sentirse maltratado(a)

illusion [ɪˈluːʒən] *n* **-1.** *(false impression)* ilusión *f*; **mirrors give an ~ of space** los espejos crean *or* dan sensación de espacio **-2.** *(false belief)* ilusión *f*; **to be under the ~ that...** hacerse la ilusión de que...; **I was under no illusions about the risk** no me engañaba respecto al peligro; **she has no illusions**

illusionist

about her chances of success no se hace ilusiones acerca de las posibilidades de éxito

illusionist [ɪˈluːʒənɪst] *n* ilusionista *mf*

illusory [ɪˈluːsərɪ] *adj Formal* ilusorio(a)

illustrate [ˈɪləstreɪt] *vt* **-1.** *(with pictures)* ilustrar; **the lecture will be illustrated by slides** la conferencia irá acompañada de una proyección de diapositivas **-2.** *(demonstrate)* evidenciar, manifestar; **this clearly illustrates the danger** esto evidencia claramente el peligro existente

illustrated [ˈɪləstreɪtɪd] *adj* ilustrado(a) ❏ **~ feature** *(in magazine)* reportaje *m* gráfico

illustration [ɪləsˈtreɪʃən] *n* **-1.** *(picture)* ilustración *f* **-2.** *(example)* ejemplo *m*; **by way of ~** a modo de ejemplo **-3.** COMPTR **~ software** software *m* de diseño gráfico

illustrative [ˈɪlʌstrətɪv] *adj* ilustrativo(a); **to be ~ of sth** ilustrar algo; **this crisis is ~ of the problems in the economy** esta crisis ilustra bien a las claras *or* pone de manifiesto los problemas de la economía; **~ examples** ejemplos ilustrativos

illustrator [ˈɪləstreɪtə(r)] *n* ilustrador(ora) *m,f*

illustrious [ɪˈlʌstrɪəs] *adj* ilustre, insigne

ILO [aɪeˈləʊ] *n* (*abbr* **International Labour Organization**) OIT *f*

I'm [aɪm] = **I am**

image [ˈɪmɪdʒ] *n* **-1.** *(mental picture)* imagen *f*; **you have the wrong ~ of life in New York** tienes una falsa imagen de lo que es vivir en Nueva York
 -2. *(public appearance)* imagen *f*; **to improve one's ~** mejorar la imagen; **the party wants to change its ~** el partido quiere cambiar de imagen; **they have an ~ problem** tienen un problema de imagen ❏ **~ consultant** asesor(a) *m,f* de imagen; **~ maker** creador(ora) *m,f* de imagen
 -3. *(likeness)* imagen *f*; **man was made in God's ~** Dios hizo al hombre a su imagen (y semejanza); **he's the ~ of his father** es la viva imagen *or* el vivo retrato de su padre
 -4. *(in art, literature)* imagen *f*
 -5. COMPTR & PHOT imagen *f* ❏ **~ bank** banco *m* de imágenes; **~ enhancement** realce *m or* mejora *f* de imagen; **~ format** formato *m* de imagen; **~ intensifier** *(in radiology)* intensificador *m* de imagen; **~ processing** tratamiento *m* de imagen

image-conscious [ˈɪmɪdʒˈkɒnʃəs] *adj* preocupado(a) por la propia imagen; **film stars are very ~** a las estrellas de cine les preocupa mucho su imagen

imagery [ˈɪmɪdʒərɪ] *n* **-1.** *(pictures)* imágenes *fpl* **-2.** *(in literature)* imaginería *f*

imagesetter [ˈɪmɪdʒsetə(r)] *n* filmadora *f*

imaginable [ɪˈmædʒɪnəbəl] *adj* imaginable; **the best/worst thing ~** lo mejor/peor que se pueda imaginar

imaginary [ɪˈmædʒɪnərɪ] *adj* **-1.** *(danger, being)* imaginario(a), ficticio(a); **~ being** ente de razón **-2.** MATH **~ number** número *m* imaginario

imagination [ɪmædʒɪˈneɪʃən] *n* imaginación *f*; **to have no ~** no tener imaginación; **to capture sb's ~** atraer *or* despertar el interés de alguien; **she tends to let her ~ run away with her** tiende a dar rienda suelta a la imaginación; **it's all in your ~** son imaginaciones *or Am* fantasías tuyas; **is it just my ~, or...** son imaginaciones *or Am* fantasías mías o...; **use your ~!** ¡usa la imaginación!

imaginative [ɪˈmædʒɪnətɪv] *adj* imaginativo(a)

imaginatively [ɪˈmædʒɪnətɪvlɪ] *adv* imaginativamente, con imaginación; **an ~ designed collection** una colección de imaginativos *or* originales diseños

imagine [ɪˈmædʒɪn] ◇ *vt* **-1.** *(mentally picture)* imaginar, imaginarse; **~ (that) you're on a beach** imagínate que estás en una playa; **to ~ sb doing sth** imaginarse a alguien haciendo algo; **~ winning all that money!** ¡imagínate ganar todo ese dinero!; **~ meeting you here!** ¡qué sorpresa verte aquí!; **I had imagined it to be very different** me lo había imaginado de otra forma; **I can't ~ what he wants** no tengo ni idea de qué es lo que quiere; **you can't ~ how awful it was!** ¡no te imaginas lo espantoso que fue!; **~ my disgust/surprise** imagínate *or* figúrate mi indignación/sorpresa
 -2. *(mistakenly see, hear, remember)* imaginar, imaginarse; **you must have imagined it** te lo habrás imaginado; **you're imagining things** son imaginaciones *or Am* fantasías tuyas
 -3. *(suppose, think)* imaginar, imaginarse; **I ~ that you must be very tired** (me) imagino que debes de estar muy cansado; **as you can ~, I was most annoyed** como te puedes figurar *or* imaginar, estaba muy enojado; **I ~ so** me lo imaginaba *or* figuraba; **don't ~ I'll help you again** no creas que voy a volver a ayudarte
 ◇ *vi* **just ~** imagínate; **what could he want with a barrel organ? – I can't ~** ¿para qué querrá un organillo? – no me lo puedo imaginar; **it was hilarious – I can ~!** fue divertidísimo – ¡(ya) me (lo) imagino!

imagines = **imago**

imaginings [ɪˈmædʒɪnɪŋz] *npl* imaginaciones *fpl*, figuraciones *fpl*, *Am* fantasías *fpl*; **never in my worst ~ did I think it would come to this** jamás en la vida imaginé que podría acabar así

imagism [ˈɪmədʒɪzəm] *n* LIT imaginismo *m*, imagismo *m*

imagist [ˈɪmədʒɪst] LIT ◇ *n* imaginista *mf*, imagista *mf*
 ◇ *adj* imaginista, imagista; **~ poetry** poesía imaginista *or* imagista

imago [ɪˈmeɪgəʊ] (*pl* **imagos** *or* **imagines** [ɪˈmeɪdʒɪniːz]) *n* **-1.** ZOOL imago *f* **-2.** PSY imago *f*

imam [ɪˈmɑːm] *n* REL imán *m*, imam *m*

IMAX® [ˈaɪmæks] *n* CIN Imax® *m*

imbalance [ɪmˈbæləns] *n* desequilibrio *m*

imbecile [ˈɪmbɪsiːl] *n* **-1.** *(idiot)* imbécil *mf*, idiota *mf* **-2.** *Old-fashioned* PSY imbécil *mf*

imbecility [ɪmbɪˈsɪlɪtɪ] *n Formal (stupidity)* imbecilidad *f*, idiotez *f*

imbibe [ɪmˈbaɪb] ◇ *vt* **-1.** *Formal or Hum (drink)* ingerir **-2.** *(knowledge, ideas)* absorber, embeber
 ◇ *vi Hum* libar

imbroglio [ɪmˈbrəʊlɪəʊ] *n* embrollo *m*

imbue [ɪmˈbjuː] *vt Formal* **to ~ sb with sth** inculcar algo a alguien; **to be imbued with sth** estar imbuido(a) de algo; **his words were imbued with resentment** sus palabras rezumaban resentimiento

IMF [aɪeˈmef] *n* (*abbr* **International Monetary Fund**) FMI *m*

IMHO COMPTR (*abbr* **in my humble opinion**) IMHO, = en mi humilde opinión

imitable [ˈɪmɪtəbəl] *adj* imitable

imitate [ˈɪmɪteɪt] *vt* **-1.** *(copy) (person)* imitar; **to ~ sb's style** imitar el estilo de alguien **-2.** *(mimic) (person, bird)* imitar; **to ~ its surroundings** *(of insect)* confundirse con su entorno

imitation [ɪmɪˈteɪʃən] ◇ *n* **-1.** *(action)* imitación *f*; **to learn by ~** aprender por imitación; **in ~ of** a imitación de, imitando a; PROV **is the sincerest form of flattery** no hay halago mejor que el ser objeto de imitación **-2.** *(copy)* imitación *f*; **beware of imitations** *(sign)* rechace imitaciones, *Am* cuidado con las imitaciones
 ◇ *adj* **~ fur** piel *f* sintética; **~ jewellery** bisutería *f*, *RP* bijouterie *f*; **~ leather** *Esp*, *Méx* piel *f* sintética, *Andes*, *CAm*, *Carib*, *RP* cuero *m* sintético

imitative [ˈɪmɪtətɪv] *adj* imitativo(a); **its colouring is ~ of a poisonous butterfly** su color imita el de una mariposa venenosa

imitator [ˈɪmɪteɪtə(r)] *n* imitador(ora) *m,f*

immaculate [ɪˈmækjʊlət] *adj* **-1.** *(very clean, tidy)* inmaculado(a) **-2.** *(performance, rendition, taste)* impecable **-3.** REL **the Immaculate Conception** la Inmaculada Concepción

immaculately [ɪˈmækjʊlətlɪ] *adv* **-1.** *(clean, tidy)* inmaculadamente; **~ turned out/dressed** impecablemente arreglado(a)/vestido(a) **-2.** *(performed, played)* impecablemente

immanence [ˈɪmənəns], **immanency** [ˈɪmənsɪ] *n* inmanencia *f*

immanent [ˈɪmənənt] *adj* inmanente

immaterial [ɪməˈtɪərɪəl] *adj* **-1.** *(unimportant)* irrelevante; **that's quite ~** eso no tiene ninguna importancia; **whether I was there or not is ~** si estuve o no allí es totalmente irrelevante **-2.** *(incorporeal)* inmaterial

immature [ɪməˈtjʊə(r)] *adj* **-1.** *(childish)* inmaduro(a); **stop being so ~!** ¡deja de actuar como un(una) niño(a), ¡no seas inmaduro(a)! **-2.** *(animal, fruit)* inmaduro(a)

immaturely [ɪməˈtjʊəlɪ] *adv* con poca madurez, de forma inmadura

immaturity [ɪməˈtjʊərɪtɪ] *n* **-1.** *(childishness)* inmadurez *f* **-2.** *(of animal, fruit)* inmadurez *f*

immeasurable [ɪˈmeʒərəbəl] *adj* **-1.** *(size, distance)* inconmensurable **-2.** *Fig* incalculable, inmenso(a); **to have an ~ influence on sth** tener una enorme influencia en algo

immeasurably [ɪˈmeʒərəblɪ] *adv* **-1.** *(long, high)* inmensamente, infinitamente **-2.** *(better, improved)* infinitamente, sumamente

immediacy [ɪˈmiːdɪəsɪ] *n* inmediatez *f*, proximidad *f*; **the ~ of the danger** la inminencia *or* proximidad del peligro

immediate [ɪˈmiːdɪət] *adj* **-1.** *(instant)* inmediato(a); **the problem needs ~ attention** el problema requiere atención inmediata; **to come into** *or* **have ~ effect** entrar en vigor de manera inmediata
 -2. *(close in time)* inmediato(a); **in the ~ future** en un futuro inmediato; **enough to satisfy ~ needs** suficiente para cubrir las necesidades más inmediatas *or* perentorias; **my ~ objective** mi objetivo inmediato; **I have no ~ plans to retire** la jubilación no figura entre mis planes inmediatos
 -3. *(nearest)* inmediato(a), cercano(a); **the ~ family** la familia más cercana; **my ~ superior** mi superior más inmediato *or* directo; **in the ~ vicinity** en las inmediaciones
 -4. *(direct) (cause, influence)* directo(a)

immediately [ɪˈmiːdɪətlɪ] ◇ *adv* **-1.** *(at once)* inmediatamente; **it was not ~ apparent** no era algo que saltara a la vista **-2.** *(directly)* directamente; **it does not affect me ~** no me afecta directamente **-3.** *(just)* justamente, justo; **~ above the window** justo encima de la ventana
 ◇ *conj* **I saw her I knew...** en cuanto la vi supe...; **phone me ~ she arrives** llámame en cuanto llegue

immemorial [ɪmɪˈmɔːrɪəl] *adj Literary* inmemorial, ancestral; **from time ~** desde tiempo(s) inmemorial(es)

immense [ɪˈmens] *adj* inmenso(a)

immensely [ɪˈmenslɪ] *adv* *(interesting, enjoyable, difficult)* enormemente; *(problematic, rich, powerful)* inmensamente; **to enjoy sth ~** disfrutar enormemente de algo; **I'm ~ grateful to you** te estoy inmensamente agradecido(a)

immensity [ɪˈmensɪtɪ] *n* inmensidad *f*

immerse [ɪˈmɜːs] *vt* **-1.** *(in liquid)* sumergir (**in** en) **-2.** *(in activity)* sumergir (**in** en); **to ~ oneself in sth** sumergirse en algo; **I immersed myself in my work** me enfrasqué en mi trabajo; **she went to London to ~ herself in the English language** fue a Londres para sumergirse una temporada en la lengua inglesa

immersion [ɪˈmɜːʃən] *n* **-1.** *(in liquid)* inmersión *f* ❏ **~ heater** calentador *m* de agua eléctrico **-2.** *(in activity)* enfrascamiento *m* ❏ **~ course** curso *m* de inmersión (lingüística)

immigrant [ˈɪmɪgrənt] ◇ *n* inmigrante *mf*
 ◇ *adj* inmigrante

immigrate [ˈɪmɪgreɪt] *vi* inmigrar

immigration [ɪmɪˈgreɪʃən] *n* **-1.** *(act of immigrating)* inmigración *f*; **the government wants to reduce ~** el Gobierno quiere reducir la inmigración **-2.** *(control section)* **~ (control)** control *m* de inmigración; **to go through ~** pasar por el control de pasaportes ❏ **~ officer** agente *mf* de inmigración

imminence [ˈɪmɪnəns] *n* inminencia *f*

imminent ['ɪmɪnənt] *adj* inminente
immobile [ɪ'məʊbaɪl] *adj* inmóvil
immobility [ɪmə'bɪlɪtɪ] *n* inmovilidad *f*
immobilization [ɪməʊbɪlaɪ'zeɪʃən] *n* inmovilización *f*
immobilize [ɪ'məʊbɪlaɪz] *vt* inmovilizar
immobilizer [ɪ'məʊbɪlaɪzə(r)] *n (for vehicle)* inmovilizador *m* (antirrobo)
immoderate [ɪ'mɒdərət] *adj* desmedido(a), inmoderado(a); **to an ~ degree** en sumo grado, en demasía; **~ behaviour** comportamiento desmedido; **~ drinking** ingestión excesiva de alcohol; **to be ~ in one's habits/views** ser (uno) extremado en sus hábitos/puntos de vista
immoderately [ɪ'mɒdərətlɪ] *adv* de forma desmedida
immodest [ɪ'mɒdɪst] *adj* -1. *(vain)* inmodesto(a), vanidoso(a) -2. *(indecent)* deshonesto(a), impúdico(a)
immodestly [ɪ'mɒdɪstlɪ] *adv* -1. *(vainly)* sin ninguna modestia -2. *(indecently)* impúdicamente
immodesty [ɪ'mɒdɪstɪ] *n* -1. *(vanity)* inmodestia *f*, vanidad *f* -2. *(indecency)* impudicia *f*
immolate ['ɪmələɪt] *vt Literary* inmolar
immolation [ɪmə'leɪʃən] *n Literary* inmolación *f*
immoral [ɪ'mɒrəl] *adj* inmoral ❑ LAW **~ earnings** ganancias *fpl* procedentes del proxenetismo
immorality [ɪmə'rælɪtɪ] *n* inmoralidad *f*
immorally [ɪ'mɒrəlɪ] *adv* de forma inmoral
immortal [ɪ'mɔːtəl] ◇ *n* inmortal *mf*
◇ *adj* inmortal; **in the ~ words of Churchill...** citando las inmortales palabras de Churchill...
immortality [ɪmɔː'tælɪtɪ] *n* inmortalidad *f*
immortalize [ɪ'mɔːtəlaɪz] *vt* inmortalizar
immovable [ɪ'muːvəbəl] *adj* -1. *(object)* inamovible, fijo(a) -2. *(opposition)* inflexible; **on this point she is quite ~** a este respecto es muy inflexible -3. LAW **property** propiedad inmobiliaria
immune [ɪ'mjuːn] *adj* -1. *(invulnerable)* inmune; **to be ~ to a disease** ser inmune a una enfermedad ❑ MED **~ response** respuesta *f* inmunitaria *o* inmunológica; MED **~ system** sistema *m* inmunológico -2. *(unaffected)* **~ to criticism** inmune a la crítica; **to be ~ to temptation/flattery** ser inmune a la tentación/los halagos -3. *(exempt)* **~ from taxation** exento(a) de impuestos, con inmunidad tributaria *or* fiscal; LAW **~ from prosecution** con inmunidad procesal, que goza de inmunidad procesal
immunity [ɪ'mjuːnɪtɪ] *n* -1. MED inmunidad *f* (**to** contra) -2. LAW **~ (from prosecution)** inmunidad *f* (procesal) -3. *(exemption)* **~ from taxation** inmunidad tributaria; **diplomatic/parliamentary ~** inmunidad diplomática/parlamentaria
immunization [ɪmjʊnaɪ'zeɪʃən] *n* MED inmunización *f* (**against** contra)
immunize ['ɪmjʊnaɪz] *vt* MED inmunizar (**against** contra)
immunoassay [ɪmjʊnəʊ'æseɪ] *n* BIOL inmunoensayo *m*, ensayo *m* inmunológico
immunodeficiency [ɪmjʊnəʊdə'fɪʃənsɪ] *n* inmunodeficiencia *f*
immunodeficient [ɪmjʊnəʊdɪ'fɪʃənt] *adj* inmunodeficiente
immunodepressant [ɪmjʊnəʊdɪ'presənt] *n* inmunodepresor *m*
immunoglobulin [ɪmjʊnəʊ'glɒbjʊlɪn] *n* inmunoglobulina *f*
immunological [ɪmjʊnə'lɒdʒɪkəl] *adj* inmunológico(a)
immunologist [ɪmjʊ'nɒlədʒɪst] *n* inmunólogo(a) *m,f*
immunology [ɪmjʊ'nɒlədʒɪ] *n* inmunología *f*
immunosuppressant [ɪmjʊnəʊsə'presənt] *n* MED inmunosupresor *m*
immunosuppression [ɪmjʊnəʊsə'preʃən] *n* MED inmunosupresión *f*
immunosuppressive [ɪmjʊnəʊsə'presɪv] *adj* MED inmunosupresor(ora)

immunotherapy ['ɪmjʊnəʊ'θerəpɪ] *n* inmunoterapia *f*
immure [ɪ'mjʊə(r)] *vt Formal* confinar (entre cuatro paredes); **he had immured himself in the library** se había enclaustrado en la biblioteca
immutability [ɪmjuːtə'bɪlɪtɪ] *n Formal* inmutabilidad *f*
immutable [ɪ'mjuːtəbəl] *adj Formal* inmutable
immutably [ɪ'mjuːtəblɪ] *adv Formal* de forma inmutable
imp [ɪmp] *n* -1. *(devil)* diablillo *m* -2. *(child)* diablillo *m*; **she's a little imp!** ¡es un (pequeño) diablillo!
impact ◇ *n* ['ɪmpækt] -1. *(collision)* impacto *m*; **on ~** en el momento del impacto ❑ **~ adhesive** cola *f* de impacto; **~ printer** impresora *f* de impacto -2. *(impression)* impresión *f*; *(result)* impacto *m*; **you made** *or* **had quite an ~ on him** lo dejaste impresionado; **the scandal had little ~ on the election results** el escándalo tuvo escasa repercusión en el resultado de las elecciones
◇ *vt* [ɪm'pækt] -1. *(collide with)* impactar en, chocar con -2. *(influence)* repercutir en
◇ *vi (affect)* **to ~ on** repercutir en
impacted [ɪm'pæktɪd] *adj* -1. *(tooth)* **to have ~ wisdom teeth** tener las muelas del juicio impactadas *or* incluidas ❑ MED **~ fracture** fractura *f* impactada -2. *US (affected)* afectado(a); **the area ~ by the floods** la zona afectada por las inundaciones
impair [ɪm'peə(r)] *vt* -1. *(sight, hearing)* dañar; **performance is impaired in wet conditions** la humedad afecta negativamente el rendimiento -2. *(relations, chances)* perjudicar
impaired [ɪm'peəd] *adj* **~ hearing** problemas de audición, *Esp* oído dañado; **~ vision** problemas de visión, vista dañada
impairment [ɪm'peəmənt] *n (in sight, hearing)* deterioro *m*, pérdida *f*; **to have a hearing ~** tener una deficiencia auditiva; **~ in hearing is one side effect of the drug** la pérdida de la audición es uno de los efectos colaterales de la droga; **the progressive ~ of his mental faculties by these conditions** el deterioro progresivo de sus facultades mentales originado por estas circunstancias
impala [ɪm'pɑːlə] *(pl* **impalas** *or* **impala)** *n* impala *m*
impale [ɪm'peɪl] *vt* empalar (**on** en); **he impaled himself on the railings when he fell** la reja le atravesó el cuerpo al caer
impalpable [ɪm'pælpəbəl] *adj* -1. *(by touch)* intangible, inmaterial -2. *(difficult to grasp, understand)* inaprehensible
impanel [ɪm'pænəl] *(pt & pp* **impaneled**) *vt US* LAW *(jury)* constituir
impart [ɪm'pɑːt] *vt Formal* -1. *(heat, light)* desprender -2. *(quality, flavour)* conferir -3. *(knowledge)* impartir; *(news)* revelar
impartial [ɪm'pɑːʃəl] *adj* imparcial
impartiality [ɪmpɑːʃɪ'ælɪtɪ] *n* imparcialidad *f*
impartially [ɪm'pɑːʃəlɪ] *adv* imparcialmente, de manera imparcial
impassable [ɪm'pɑːsəbəl] *adj (river, barrier)* infranqueable; *(road)* intransitable
impasse [æm'pæs] *n* punto *m* muerto, callejón *m* sin salida; **there's no way out of this ~** no hay ninguna posibilidad de salir de esta crisis; **the talks have reached an ~** las conversaciones *or* negociaciones han llegado a un punto muerto
impassioned [ɪm'pæʃənd] *adj* apasionado(a)
impassive [ɪm'pæsɪv] *adj* impasible, imperté-rrito(a)
impassively [ɪm'pæsɪvlɪ] *adv* impasiblemente
impassivity [ɪmpæ'sɪvɪtɪ] *n* impasibilidad *f*
impasto [ɪm'pæstəʊ] *n* ART empaste *m*
impatience [ɪm'peɪʃəns] *n* -1. *(lack of patience)* impaciencia *f*; **with ~** con impaciencia -2. *(eagerness)* impaciencia *f* -3. *(irritation)* impaciencia *f*, fastidio *m*; **I fully understand your ~ at the delay** comprendo perfectamente tu fastidio por el retraso -4.

(intolerance) **he was known for his ~ of sloppy work** tenía fama de impacientarse con el trabajo mal hecho
impatient [ɪm'peɪʃənt] *adj* -1. *(lacking patience)* impaciente; **she's terribly ~ with her children** no tiene ninguna paciencia con sus hijos
-2. *(anxious, eager)* impaciente, ansioso(a); **to be ~ (to do sth)** estar impaciente (por hacer algo); **to be ~ for change** esperar con impaciencia el cambio
-3. *(irritated)* impaciente, fastidiado(a); **to get ~ (with sb)** impacientarse (con alguien)
-4. *(intolerant)* **he's ~ with people who always ask the same questions** se impacienta con la gente que hace siempre las mismas preguntas
impatiently [ɪm'peɪʃəntlɪ] *adv* impacientemente, con impaciencia
impeach [ɪm'piːtʃ] *vt* -1. *Br* LAW = acusar de traición u otro delito grave contra el Estado (a un alto cargo público) -2. *US* LAW iniciar un proceso de destitución *or* un impeachment contra -3. *Formal (cast doubt on)* poner en entredicho *or* en tela de juicio
impeachment [ɪm'piːtʃmənt] *n* -1. *Br* LAW formulación *f* de cargos *(contra un alto funcionario)* -2. *US* LAW proceso *m* de incapacitación, impeachment *m*

IMPEACHMENT

Recogido en la constitución estadounidense, el **impeachment** designa el proceso de incapacitación, instruido por el Congreso, de altos funcionarios del gobierno, incluido el presidente, por haber cometido delitos penales. La potestad para presentar cargos reside exclusivamente en la Cámara de Representantes, mientras sólo al Senado le corresponde la función de juzgar un caso de **impeachment**. Andrew Johnson en 1868 y Bill Clinton en 1998 son los únicos presidentes estadounidenses que han sido sometidos a un **impeachment**, sin embargo, ambos fueron absueltos. Richard Nixon dimitió al verse al borde del **impeachment** tras el escándalo Watergate en 1974.

---

impeccable [ɪm'pekəbəl] *adj* impecable
impeccably [ɪm'pekəblɪ] *adv* impecablemente; **he was ~ well behaved** tenía un comportamiento exquisito
impecunious [ɪmpɪ'kjuːnɪəs] *adj Literary* menesteroso(a)
impedance [ɪm'piːdəns] *n* PHYS impedancia *f*
impede [ɪm'piːd] *vt* entorpecer, dificultar
impediment [ɪm'pedɪmənt] *n* -1. *(barrier, obstacle)* impedimento *m* (**to** para); **an ~ to marriage** un impedimento para el matrimonio -2. *(speech)* **~** defecto *m* del habla, trastorno *m* del lenguaje
impedimenta [ɪmpedɪ'mentə] *npl Formal or Hum (baggage, equipment)* impedimenta *f*
impel [ɪm'pel] *(pt & pp* **impelled**) *vt* -1. *(urge, incite)* impeler; **to feel impelled to do sth** sentirse *or* verse impelido(a) a hacer algo -2. *(propel)* impeler
impending [ɪm'pendɪŋ] *adj* inminente; **an atmosphere of ~ doom** una atmósfera de fatalidad inminente
impenetrability [ɪmpenɪtrə'bɪlɪtɪ] *n* -1. *(of forest, fog, defences, mystery)* impenetrabilidad *f* -2. *(of jargon, system, motives)* impenetrabilidad *f*, incomprensibilidad *f*
impenetrable [ɪm'penɪtrəbəl] *adj* -1. *(forest, fog, defences, mystery)* impenetrable -2. *(jargon, system, motives)* impenetrable, indescifrable
impenitence [ɪm'penɪtəns] *n* impenitencia *f*
impenitent [ɪm'penɪtənt] *adj* impenitente; **to be ~ about sth** no arrepentirse de algo
imperative [ɪm'perətɪv] ◇ *n* -1. GRAM imperativo *m* -2. *(absolute need)* imperativo *m*
◇ *adj* -1. *(need)* imperioso(a), acuciante; **it is ~ that he should come** es imprescindible que venga -2. *(categorical) (orders, voice, tone)* imperioso(a), categórico(a) -3. GRAM imperativo(a)

imperceptible [ˌɪmpəˈseptəbl] *adj* imperceptible

imperceptibly [ˌɪmpəˈseptəblɪ] *adv* imperceptiblemente, de forma imperceptible

imperceptive [ˌɪmpəˈseptɪv] *adj* obtuso(a), insensible

imperfect [ɪmˈpɜːfɪkt] ◇ *n* GRAM imperfecto *m*
◇ *adj* -1. *(not perfect)* imperfecto(a); **she has an ~ grasp of the facts** tiene una visión inexacta de los hechos; **her ~ command of English** su deficiente dominio del inglés; **it's slightly ~** *(of item for sale)* tiene imperfecciones -2. GRAM imperfecto(a)

imperfection [ˌɪmpəˈfekʃən] *n* -1. *(imperfect state)* imperfección *f*; **he had a vast tolerance for human ~** era muy tolerante con los defectos del ser humano -2. *(fault)* imperfección *f*

imperfectly [ɪmˈpɜːfɪktlɪ] *adv* de un modo imperfecto

imperial [ɪmˈpɪərɪəl] *adj* -1. *(of empire)* imperial; **His/Her Imperial Majesty** Su Majestad Imperial -2. *(majestic)* majestuoso(a), solemne -3. *(weights and measures)* británico(a), imperial *(que utiliza pesos y medidas anglosajones: la pulgada, la libra, el galón, etc)* □ **~ gallon** galón *m* británico (= 4,546 litros)

imperialism [ɪmˈpɪərɪəlɪzəm] *n* imperialismo *m*

imperialist [ɪmˈpɪərɪəlɪst] ◇ *n* imperialista *mf*
◇ *adj* imperialista *mf*

imperialistic [ɪmˌpɪərɪəˈlɪstɪk] *adj* imperialista

imperially [ɪmˈpɪərɪəlɪ] *adv* de forma suprema *or* absoluta

imperil [ɪmˈperɪl] *(pt & pp* **imperilled**, *US* **imperiled)** *vt* poner en peligro

imperious [ɪmˈpɪərɪəs] *adj* imperioso(a), autoritario(a)

imperiously [ɪmˈpɪərɪəslɪ] *adv* imperiosamente

imperishable [ɪmˈperɪʃəbl] *adj* -1. *(goods)* no perecedero(a) -2. *(quality, truth)* imperecedero(a)

impermanence [ɪmˈpɜːmənəns] *n* provisionalidad *f*, temporalidad *f*

impermanent [ɪmˈpɜːmənənt] *adj* provisional, pasajero(a)

impermeability [ɪmˌpɜːmɪəˈbɪlɪtɪ] *n* impermeabilidad *f*

impermeable [ɪmˈpɜːmɪəbl] *adj* impermeable

impermissible [ˌɪmpəˈmɪsəbl] *adj* inadmisible

impersonal [ɪmˈpɜːsənl] *adj* -1. *(objective)* imparcial, desapasionado(a) -2. *(cold, anonymous)* impersonal -3. GRAM impersonal

impersonally [ɪmˈpɜːsənlɪ] *adv* de forma impersonal

impersonate [ɪmˈpɜːsəneɪt] *vt* -1. *(pretend to be)* hacerse pasar por -2. *(do impression of)* imitar, hacer una imitación de

impersonation [ɪmˌpɜːsəˈneɪʃən] *n* -1. *(illegal)* suplantación *f* de personalidad; **he was sent to prison for ~ of a diplomat** fue encarcelado por hacerse pasar por un diplomático -2. *(impression)* imitación *f*

impersonator [ɪmˈpɜːsəneɪtə(r)] *n* -1. *(impostor)* impostor(ora) *m,f* -2. *(impressionist)* imitador(ora) *m,f*

impertinence [ɪmˈpɜːtɪnəns] *n* impertinencia *f*

impertinent [ɪmˈpɜːtɪnənt] *adj* -1. *(rude)* impertinente; **to be ~ to sb** ser impertinente con alguien -2. *Formal (irrelevant)* improcedente

impertinently [ɪmˈpɜːtɪnəntlɪ] *adv* de un modo impertinente, impertinentemente

imperturbable [ˌɪmpəˈtɜːbəbl] *adj* imperturbable

imperturbably [ˌɪmpəˈtɜːbəblɪ] *adv* de un modo imperturbable

impervious [ɪmˈpɜːvɪəs] *adj* -1. *(to water)* impermeable -2. *(to threats, persuasion)* insensible; **she is ~ to reason** es imposible que razone; **~ to criticism** inmune a las críticas; **he was ~ to her charm** era insensible a sus encantos; **he remained ~ to our suggestions** no se dejó convencer por nuestras sugerencias

imperviousness [ɪmˈpɜːvɪəsnɪs] *n (to threats, persuasion, reason)* insensibilidad *f*, impasibilidad *f*

impetigo [ˌɪmpɪˈtaɪɡəʊ] *n* MED impétigo *m*

impetuosity [ɪmˌpetjʊˈɒsɪtɪ] *n* impetuosidad *f*

impetuous [ɪmˈpetjʊəs] *adj* impetuoso(a)

impetuously [ɪmˈpetjʊəslɪ] *adv* impetuosamente, de manera impetuosa

impetuousness [ɪmˈpetjʊəsnɪs] *n* impetuosidad *f*

impetus [ˈɪmpɪtəs] *n* -1. *(momentum)* ímpetu *m* -2. *(incentive, drive)* ímpetu *m*, impulso *m*; **to gain/lose ~** ganar/perder impulso; **to be carried by** *or* **under one's own ~** dejarse llevar por el propio impulso; **the news gave an added ~ to the campaign** la noticia le proporcionó mayor ímpetu a la campaña

impiety [ɪmˈpaɪətɪ] *n* -1. *(lack of piety)* impiedad *f* -2. *(act)* acto *m* impío; *(remark)* frase *f* irreverente, blasfemia *f*

impinge [ɪmˈpɪndʒ]
◆ **impinge on** *vt insep* -1. *(affect)* incidir en, influir en; **it impinges in a big way on all our lives** incide de manera notable en nuestra vida; **to ~ on sb's conscious mind** influir en la consciencia de alguien; **in so far as it impinges on our department** en la medida en que afecta a nuestro departamento -2. *(infringe on)* vulnerar

impious [ˈɪmpɪəs] *adj* impío(a)

impiously [ˈɪmpɪəslɪ] *adv* de un modo impío

impish [ˈɪmpɪʃ] *adj* travieso(a)

impishly [ˈɪmpɪʃlɪ] *adv* malévolamente, con picardía

impishness [ˈɪmpɪʃnɪs] *n* picardía *f*

implacable [ɪmˈplækəbl] *adj* implacable

implacably [ɪmˈplækəblɪ] *adv* implacablemente

implant ◇ *n* [ˈɪmplɑːnt] MED implante *m*; **breast/hair ~** implante mamario/capilar
◇ *vt* [ɪmˈplɑːnt] -1. MED implantar -2. *(opinion, belief)* inculcar

implantation [ˌɪmplɑːnˈteɪʃən] *n* -1. MED implantación *f* -2. *(of opinion, belief)* inculcación *f*

implausibility [ɪmˌplɔːzɪˈbɪlɪtɪ] *n* inverosimilitud *f*

implausible [ɪmˈplɔːzɪbl] *adj* inverosímil, poco convincente

implausibly [ɪmˈplɔːzɪblɪ] *adv* de forma inverosímil

implement ◇ *n* [ˈɪmplɪmənt] utensilio *m*; **gardening implements** herramientas *or* útiles de jardinería; **kitchen implements** utensilios de cocina
◇ *vt* [ˈɪmplɪment] *(plan, agreement, proposal)* poner en práctica, llevar a cabo

implementation [ˌɪmplɪmenˈteɪʃən] *n (of plan, agreement, proposal)* puesta *f* en práctica

implicate [ˈɪmplɪkeɪt] *vt* -1. *(show involvement of)* implicar, involucrar; **they are all implicated in the crime** todos están implicados *or* involucrados en el delito -2. *Formal (imply)* implicar, significar, suponer

implication [ˌɪmplɪˈkeɪʃən] *n* -1. *(effect)* consecuencia *f*, *Esp* implicación *f*, *Am* implicancia *f*; **I don't think you understand the implications of what you are saying** no creo que seas consciente del alcance de tus palabras; **the full implications are not yet clear** aún no se puede determinar claramente cuál va a ser la repercusión final -2. *(inference)* insinuación *f*; **the ~ was that we would be punished** se daba a entender que seríamos castigados; **by ~** indirectamente, implícitamente

implicit [ɪmˈplɪsɪt] *adj* -1. *(implied)* implícito(a); **his feelings were ~ in his words** sus palabras revelaban sus sentimientos; **it was ~ in his remarks** estaba implícito en sus comentarios -2. *(total)* *(confidence, obedience)* absoluto(a), sin reservas; **~ faith** fe inquebrantable

implicitly [ɪmˈplɪsɪtlɪ] *adv* -1. *(by implication)* de manera implícita, implícitamente -2. *(believe, trust)* ciegamente, de manera inquebrantable

implied [ɪmˈplaɪd] *adj* implícito(a)

implode [ɪmˈpləʊd] *vi* -1. *(collapse inward)* sufrir una implosión, implosionar -2. *(organization, economy)* destruirse, desmoronarse

implore [ɪmˈplɔː(r)] *vt* implorar; **to ~ sb to do sth** implorar a alguien que haga algo; **I ~ you!** ¡te lo imploro!

imploring [ɪmˈplɔːrɪŋ] *adj* implorante

imploringly [ɪmˈplɔːrɪŋlɪ] *adv* con aire implorante, con aire de súplica; **to look at sb ~** mirar implorante a alguien

implosion [ɪmˈpləʊʒən] *n* PHYS implosión *f*

imply [ɪmˈplaɪ] *vt* -1. *(insinuate)* insinuar; **what are you implying?** ¿qué insinúas?; **your silence implies that you are guilty** el que calla otorga -2. *(involve)* implicar; **it implies a lot of hard work** implica *or* supone muchísimo trabajo

impolite [ˌɪmpəˈlaɪt] *adj* maleducado(a); **to be ~ to sb** ser descortés con alguien

impolitely [ˌɪmpəˈlaɪtlɪ] *adv* maleducadamente, con mala educación

impoliteness [ˌɪmpəˈlaɪtnɪs] *n* mala educación *f*

impolitic [ɪmˈpɒlɪtɪk] *adj Formal* inoportuno(a), imprudente; **it would have been ~ to invite both of them** hubiera sido una ligereza *or* una imprudencia invitarlos a ambos

imponderable [ɪmˈpɒndərəbl] ◇ *n* (factor *m*) imponderable *m*
◇ *adj* imponderable

import ◇ *n* [ˈɪmpɔːt] -1. *(item)* artículo *m* de importación; *Fig (activity)* importación *f* □ **~ controls** control *m* de importaciones; **~ duty** derechos *mpl* de importación *or* de aduana; **~ licence** licencia *f* de importación; **~ surcharge** recargo *m* a la importación
-2. *Formal (importance, significance)* significación *f*, importancia *f*; **a matter of some/great ~** un asunto de cierta/gran importancia *or* consideración; **the full ~ of these changes** el alcance *or* la trascendencia total de estos cambios
-3. *Formal (meaning)* significado *m*
◇ *vt* [ɪmˈpɔːt] -1. *(goods)* importar (**from** de) -2. COMPTR importar (**from** de)

importance [ɪmˈpɔːtəns] *n* importancia *f*; **it is of no great ~** no tiene mucha importancia; **to be of ~ (to sth/sb)** ser de importancia *or* importante (para algo/alguien); **to attach** *or* **give ~ to sth** dar importancia a algo; **a position of ~** un puesto importante *or* de relevancia; **to be full of one's own ~** darse aires, estar pagado(a) de sí mismo(a)

important [ɪmˈpɔːtənt] *adj* importante; **my job is ~ to me** mi empleo es importante para mí; **it's not ~** no tiene importancia; **it is ~ to send regular reports** es importante que se envíen informes con regularidad; **an ~ book/writer** *(influential, significant)* un libro/escritor importante; **stop trying to look ~** deja de dártelas de importante, *Esp* deja de darte pisto

importantly [ɪmˈpɔːtəntlɪ] *adv (speak)* dándose importancia; **but, more ~...** pero, lo que es más importante...

importation [ˌɪmpɔːˈteɪʃən] *n (of goods)* importación *f*

importer [ɪmˈpɔːtə(r)] *n* -1. *(person, company)* importador(ora) *m,f* -2. *(country)* país *m* importador, importador *m*; **we are a net ~ of technology** somos un país netamente importador de tecnología

import-export [ˈɪmpɔːtˈekspɔːt] *n* **~ (trade)** importación-exportación *f*, comercio *m* exterior

importunate [ɪmˈpɔːtjʊnət] *adj (beggar, demands, questions)* importuno(a), pertinaz

importune [ɪmˈpɔːtjuːn] ◇ *vt* -1. *Formal (pester)* importunar; **to ~ sb with questions** importunar a alguien con preguntas -2. *Br (of prostitute)* abordar
◇ *vi Br (prostitute)* ejercer la prostitución

importunity [ˌɪmpɔːˈtjuːnətɪ] *n Formal (harassment)* importunidad *f*

impose [ɪmˈpəʊz] ◇ vt (silence, one's will, restrictions) imponer (**on** a); **to ~ a tax on sth** gravar algo con un impuesto; **to ~ a fine on sb** poner or imponer a alguien una multa; **he tried to ~ his opinions on us** intentó imponernos sus puntos de vista; **to impose oneself on sb** imponérsele a alguien, imponerle (uno) su voluntad a alguien
◇ vi molestar, resultar molesto(a); **I don't want to ~, but...** no quisiera molestar, pero...
◆ **impose on, impose upon** vt insep (take advantage of, inconvenience) abusar de; **to ~ on sb's generosity/hospitality** abusar de la generosidad/hospitalidad de alguien

imposing [ɪmˈpəʊzɪŋ] adj imponente

imposition [ɪmpəˈzɪʃən] n **-1.** (of tax, fine) imposición f **-2.** (unfair demand) abuso m; **it was a bit of an ~** fue un poco abusivo or de abuso **-3.** TYP imposición f

impossibility [ɪmpɒsɪˈbɪlɪtɪ] n imposibilidad f; **it's a physical ~** es físicamente imposible

impossible [ɪmˈpɒsɪbəl] ◇ n **the ~** lo imposible; **to ask the ~** pedir lo imposible; **to attempt the ~** intentar lo imposible
◇ adj **-1.** (not possible) imposible; **it's ~ for me to leave before 6 p.m.** me es imposible salir antes de las 6 de la tarde; **to make it ~ for sb to do sth** imposibilitar a alguien hacer algo; **you make it ~ for me to be civil to you** no hay forma de poder ser amable contigo; **it's ~ to say when we'll finish** es imposible saber cuándo terminaremos; **it's not ~ that...** no es imposible que...; **but that's ~!** (it can't be true) ¡(eso es) imposible!
-2. (unbearable) imposible, insufrible; **you're ~!** ¡eres imposible!; **an ~ position/situation** una posición/situación insostenible

impossibly [ɪmˈpɒsɪblɪ] adv increíblemente; **~ difficult** sumamente or extremadamente difícil; **the film is ~ long** la película es exageradamente larga; **he's ~ stupid** es increíblemente estúpido; **to behave ~** portarse de forma insoportable, portarse tremendamente mal

impostor, imposter [ɪmˈpɒstə(r)] n impostor(ora) m,f

imposture [ɪmˈpɒstʃə(r)] n Formal impostura f

impotence [ˈɪmpətəns] n **-1.** (sexual) impotencia f **-2.** (powerlessness) impotencia f

impotent [ˈɪmpətənt] adj **-1.** (sexually) impotente **-2.** (powerless) impotente

impound [ɪmˈpaʊnd] vt **-1.** LAW embargar **-2.** (car) llevar al depósito municipal (por infracción) **-3.** (dog) llevar a la perrera (municipal)

impoverish [ɪmˈpɒvərɪʃ] vt **-1.** (person, country) empobrecer; **we are all impoverished by his death** su muerte significa una pérdida para todos; **the arts have been impoverished** las artes se han venido a menos **-2.** (soil) empobrecer

impoverished [ɪmˈpɒvərɪʃd] adj **-1.** (person, country) empobrecido(a); **to be ~** estar empobrecido(a) **-2.** (soil) empobrecido(a)

impoverishment [ɪmˈpɒvərɪʃmənt] n **-1.** (of person, country) empobrecimiento m **-2.** (of soil) empobrecimiento m

impracticability [ɪmpræktɪkəˈbɪlɪtɪ] n inviabilidad f, imposibilidad f de realizarse

impracticable [ɪmˈpræktɪkəbəl] adj irrealizable, impracticable

impractical [ɪmˈpræktɪkəl] adj **-1.** (person) poco práctico(a); **he's completely ~** no es nada práctico **-2.** (plan, suggestion) poco práctico(a)

impracticality [ɪmpræktɪˈkælɪtɪ] n **-1.** (of person) falta f de pragmatismo **-2.** (of plan, suggestion) falta f de sentido práctico

imprecation [ɪmprɪˈkeɪʃən] n Formal imprecación f

imprecise [ɪmprɪˈsaɪs] adj impreciso(a)

imprecisely [ɪmprɪˈsaɪslɪ] adv de forma imprecisa

imprecision [ɪmprɪˈsɪʒən] n imprecisión f

impregnable [ɪmˈpregnəbəl] adj **-1.** (fortress, defences) inexpugnable **-2.** (argument) incontestable; **to have an ~ lead** llevar una ventaja inalcanzable, ser el/la líder indiscutible; **his position is ~** su posición es invencible

impregnate [ˈɪmpregneɪt] vt **-1.** Formal (fertilize) fecundar **-2.** (soak) impregnar (**with** de)

impregnation [ɪmpregˈneɪʃən] n **-1.** Formal (fertilization) fecundación f **-2.** (soaking) impregnación f

impresario [ɪmpreˈsɑːrɪəʊ] (pl **impresarios**) n empresario(a) m,f, organizador(ora) m,f de espectáculos

impress [ɪmˈpres] ◇ vt **-1.** (make an impression on) impresionar; **she was impressed with** or **by it** aquello la impresionó; **to ~ sb favourably/unfavourably** causar buena/mala impresión a alguien; **the witness impressed the jury** el testigo dejó impresionado al jurado; **I'm not impressed** no me parece gran cosa
-2. (emphasize to sb) **to ~ sth on sb** recalcarle a alguien la importancia de algo
-3. (imprint) **to ~ sth on(to) sth** imprimir algo en algo; **to ~ sth on sb's mind** imprimir algo en la mente de alguien; **her words are impressed on my memory** sus palabras están grabadas en mi memoria
◇ vi (make a favourable impression) causar buena impresión; (stronger) impresionar; **he was eager to ~** tenía muchas ganas de dejar una buena impresión; **he was dressed to ~** se había vestido con la idea de impresionar

impression [ɪmˈpreʃən] n **-1.** (effect) impresión f; **to make a good/bad ~ (on sb)** dar or causar buena/mala impresión; **he made a strong ~ on them** les causó una notable impresión; **he always tries to make an ~** siempre trata de impresionar or de causar sensación; **my words made no ~ on him whatsoever** mis palabras no le causaron la más mínima impresión; **our artillery made little ~ on their defences** nuestra artillería causó pocos estragos en su defensa
-2. (idea, thought) impresión f; **what were your impressions of Tokyo?** ¿qué impresión te causó Tokio?; **I was under the ~ that you were unable to come** tenía la impresión de que no podías venir; **to give the ~ that...** dar la impresión de que...; **I don't know where she got that ~ (from)** no sé qué le ha hecho pensar eso, no sé de dónde ha sacado esa idea; **to create** or **give the ~ that...** dar la impresión de que...; **to create a false ~** dar una impresión falsa; **it's my ~** or **I have the ~ that she's rather annoyed with us** tengo or me da la impresión de que está algo enojada con nosotros; **to be under the ~ that...** tener la impresión de que...
-3. (imprint) (in wax, snow) marca f, impresión f; **to take an ~ of sth** sacar el molde de algo
-4. (of book) impresión f, tirada f
-5. (imitation) imitación f; **to do impressions** hacer imitaciones

impressionable [ɪmˈpreʃənəbəl] adj **-1.** (easily influenced) influenciable; **an ~ age** una edad en la que todo te influye **-2.** (easily shocked) impresionable

impressionism [ɪmˈpreʃənɪzəm] n ART impresionismo m

impressionist [ɪmˈpreʃənɪst] ◇ n **-1.** ART impresionista mf **-2.** (impersonator) imitador(ora) m,f
◇ adj ART impresionista

impressionistic [ɪmpreʃəˈnɪstɪk] adj impresionista

impressive [ɪmˈpresɪv] adj impresionante; **his appearance was very ~** su aspecto era bastante imponente; **the report was most ~** el informe era excepcional

impressively [ɪmˈpresɪvlɪ] adv de un modo impresionante; **I thought you dealt with that guy very ~** a mí me pareció que lidiaste con aquel tipo de forma admirable; **an ~ big room** una habitación inmensa

imprest [ˈɪmprest] n FIN crédito m oficial ❑ COM **~ system** sistema m de fondo fijo (de caja)

imprimatur [ɪmprɪˈmeɪtə(r)] n **-1.** REL imprimátur m **-2.** Formal (permission) visto m bueno

imprint ◇ n [ˈɪmprɪnt] **-1.** (of seal) marca f; (of hand, feet) huella f **-2.** (of experience) huella f, impronta f; **the ~ of suffering on her face** la huella del sufrimiento en su cara; **the war had left its ~ on all of us** la guerra había dejado su impronta en todos nosotros **-3.** (of publisher) (name and address) pie m de imprenta; (series name) sello m (editorial)
◇ vt [ɪmˈprɪnt] **-1.** (on paper) imprimir (**on** en); (in sand, mud) marcar (**on** en) **-2.** (fix) **her words were imprinted on my memory** sus palabras se me quedaron grabadas en la memoria

imprison [ɪmˈprɪzən] vt **-1.** (put in prison) encarcelar **-2.** (confine, restrain) confinar, aprisionar; **he felt imprisoned** se sentía aprisionado

imprisonment [ɪmˈprɪzənmənt] n encarcelamiento m; **to be sentenced to six months' ~** ser condenado a seis meses de prisión

improbability [ɪmprɒbəˈbɪlɪtɪ] n **-1.** (unlikelihood) improbabilidad f **-2.** (strangeness) inverosimilitud f

improbable [ɪmˈprɒbəbəl] adj **-1.** (unlikely) improbable; **I think it highly ~ that they ever met** me parece muy improbable que hayan podido conocerse **-2.** (strange, unusual) inverosímil

improbably [ɪmˈprɒbəblɪ] adv increíblemente; **~ enough, they turned out to be twin brothers** por inverosímil que parezca, resultó que eran hermanos gemelos

impromptu [ɪmˈprɒmptjuː] ◇ adj (speech, party) improvisado(a)
◇ adv (unexpectedly) de improviso; (ad lib) improvisadamente
◇ n improvisación f

improper [ɪmˈprɒpə(r)] adj **-1.** (incorrect) (use, purpose) indebido(a) **-2.** (inappropriate) (dress) inadecuado(a) **-3.** (indecent) (words, action) inadecuado(a); (suggestion, behaviour) indecoroso(a) ❑ **~ suggestion** proposición f deshonesta **-4.** (dishonest) impropio(a), irregular ❑ LAW **~ practices** actuaciones fpl irregulares **-5.** MATH **~ fraction** fracción f impropia

improperly [ɪmˈprɒpəlɪ] adv **-1.** (incorrectly) incorrectamente **-2.** (inappropriately) inadecuadamente; **he was ~ dressed** iba inadecuadamente vestido **-3.** (indecently) indecorosamente; **he behaved most ~** su comportamiento fue de lo más indecoroso **-4.** (dishonestly) deshonestamente

impropriety [ɪmprəˈpraɪətɪ] n **-1.** (unlawfulness) irregularidad f **-2.** (inappropriateness) impropiedad f, incorrección f **-3.** (indecency) falta f de decoro

improve [ɪmˈpruːv] ◇ vt **-1.** (make better) (work, facilities, result) mejorar; **to ~ one's chances** ampliar or multiplicar (uno) sus posibilidades; **if you cut your hair it would ~ your looks** un corte de pelo realzaría tu imagen; **a little basil will greatly ~ the flavour** un poco de albahaca le dará mucho mejor gusto; **she's gone to Madrid to ~ her Spanish** se ha ido a Madrid a perfeccionar su español
-2. (cultivate) **to ~ oneself** cultivarse; **she was eager to ~ her mind** estaba ansiosa por ampliar sus conocimientos; **reading improves the mind** la lectura cultiva la mente or inteligencia
-3. **to ~ a property** hacer mejoras en un inmueble
◇ vi mejorar; **to ~ with time/age/use** mejorar con el tiempo/la edad/el uso; **he improves on acquaintance** gana mucho cuando se lo conoce, gana con el trato; **things are improving at work** las cosas van mejor en el trabajo
◆ **improve on, improve upon** vt insep **-1.** (result, work) mejorar; **it's difficult to see how her performance can be improved on**

improved

sería difícil mejorar sus resultados -2. *(offer)* mejorar, superar

improved [ɪmˈpruːvd] *adj (system, design)* mejorado(a); **he is much ~** ha mejorado mucho

improvement [ɪmˈpruːvmənt] *n* -1. *(in situation, quality, behaviour)* mejora *f*; *(in health)* mejoría *f*; **there has been a slight/some/a considerable ~ in his work** su trabajo presenta ligeras/algunas/considerables mejoras; **to be an ~ on** ser mejor que; **her new boyfriend's a bit of an ~** ha salido ganando con su nuevo novio; **there's room for ~** se puede mejorar -2. *(in building, road)* mejora *f*; **(home) improvements** mejoras (domésticas); **to make improvements (to)** *(home)* hacer mejoras (en)

improvidence [ɪmˈprɒvɪdəns] *n Formal* imprevisión *f*

improvident [ɪmˈprɒvɪdənt] *adj Formal* poco previsor(ora), imprudente

improving [ɪmˈpruːvɪŋ] *adj (book)* instructivo(a), educativo(a); *(influence, environment)* formativo(a)

improvisation [ɪmprəvaɪˈzeɪʃən] *n* improvisación *f*

improvise [ˈɪmprəvaɪz] ◇ *vt* improvisar ◇ *vi* improvisar; **you will have to ~** *(make do)* tendrás que improvisar

imprudence [ɪmˈpruːdəns] *n Formal* imprudencia *f*

imprudent [ɪmˈpruːdənt] *adj Formal* imprudente; **an ~ investment** una inversión desaconsejable; **she's rather ~ in her choice of friends** es algo desatinada eligiendo a sus amigos

imprudently [ɪmˈpruːdəntlɪ] *adv Formal* imprudentemente

impudence [ˈɪmpjʊdəns] *n* desvergüenza *f*, insolencia *f*

impudent [ˈɪmpjʊdənt] *adj* desvergonzado(a), insolente

impudently [ˈɪmpjʊdəntlɪ] *adv* con insolencia, con descaro

impugn [ɪmˈpjuːn] *vt Formal* poner en tela de juicio, cuestionar

impulse [ˈɪmpʌls] *n* -1. *(desire, instinct)* impulso *m*; **to do sth on ~** hacer algo guiado(a) por un impulso; **to act on ~** actuar por impulso *or* instinto; **I'm sorry, I did it on ~** lo siento, lo hice sin pensar; **on a sudden ~, he kissed her** en un arranque inesperado la besó; **I felt an irresistible ~ to hit him** me entraron unas ganas irresistibles de pegarle; **a sudden ~ made me start running** un repentino impulso me hizo echar a correr; **it was an ~ buy** me dio por comprarlo, lo compré por impulso ❑ **~ buying** compra *f* impulsiva -2. *Formal (impetus)* impulso *m*; **government grants have given an ~ to trade** las subvenciones del Gobierno han dado un impulso al comercio -3. ELEC & PHYSIOL impulso *m*

impulsive [ɪmˈpʌlsɪv] *adj* impulsivo(a); **try to be less ~** intenta ser menos impulsivo(a)

impulsively [ɪmˈpʌlsɪvlɪ] *adv (to buy, act)* por un impulso; **he ~ grabbed her and kissed her** la agarró y la besó de forma impulsiva

impulsiveness [ɪmˈpʌlsɪvnɪs] *n* impulsividad *f*

impunity [ɪmˈpjuːnɪtɪ] *n* impunidad *f*; **with ~** impunemente

impure [ɪmˈpjʊə(r)] *adj* -1. *(unclean) (air, milk)* impuro(a) -2. *(adulterated) (drug)* adulterado(a) -3. *Literary (sinful) (thought, deed)* impuro(a); *(motive)* deshonesto(a)

impurity [ɪmˈpjʊərɪtɪ] *n* -1. *(in air, milk)* impureza *f* -2. *(in drug)* adulteración *f* -3. *Literary (of thought, deed)* impureza *f*; *(of motive)* carácter *m* deshonesto

imputation [ɪmpjʊˈteɪʃən] *n Formal* -1. *(accusation)* imputación *f* -2. *(attribution)* imputación *f*; **no ~ of guilt is intended** no se pretende hacer una imputación de culpa

impute [ɪmˈpjuːt] *vt Formal* **to ~ sth to sb** imputar algo a alguien

IN *(abbr* **Indiana***)* Indiana

in¹ *(abbr* **inch** *or* **inches***)* pulgada *f* (= 2,54 cm)

in² [ɪn] ◇ *prep* -1. *(with place)* en; **in Spain** en España; **to arrive in Spain** llegar a España; **somewhere in Argentina** en algún lugar de Argentina; **it was cold in the bar** dentro del bar *or* en el bar hacía frío; **those records in the corner are mine** los discos del rincón son míos; **I'd like the hat in the window** quiero el sombrero de la ventana; **get in the bath!** ¡a la bañera!; **to be deaf in one ear** estar sordo(a) de un oído; **she was shot in the chest** le dispararon en el pecho; **in bed** en la cama; **in hospital** en el hospital; **in prison** en la cárcel; **in the rain** bajo la lluvia; **in the sun** al sol; **in here** aquí dentro; **in there** allí dentro -2. *(forming part of)* **are you in this** *Br* **queue** *or US* **line?** ¿estás en esta cola?; **do you take milk in your tea?** ¿tomas el té con leche?; **I'm in a jazz band** toco en un grupo de jazz; **she's the best player in the team** es la mejor jugadora del equipo; **what do you look for in a manager?** ¿qué esperas de un buen jefe?; **in Graham, we have an excellent leader** con Graham tenemos un excelente líder -3. *(with expressions of time)* en; **in 1927/April/spring** en 1927/abril/primavera; **in the eighties** en los ochenta; **he did it in three hours/record time** lo hizo en tres horas/en un tiempo récord; **he'll be here in three hours** llegará dentro de tres horas; **in the morning/afternoon** por la mañana/tarde; **at three o'clock in the afternoon** a las tres de la tarde; **it rained in the night** llovió por la noche; **for the first time in years** por primera vez en años *or* desde hace años; **I haven't seen her in years** hace años que no la veo -4. *(expressing manner)* **in Spanish** en español; **to write in pen/pencil/ink** escribir con bolígrafo/a lápiz/a tinta; **in a loud/quiet voice** en voz alta/baja; **to stand in a circle** formar un corro; **arranged in groups of six** distribuidos(as) en grupos de seis; **a programme in three parts** un programa en *or* de *or* con tres partes; **this model comes in pink or blue** este modelo viene en rosa y en azul; **piano concerto in C major** concierto de piano en do mayor; **covered in snow** cubierto(a) de nieve; **she was dressed in white** iba vestida de blanco; **in full colour** a todo color; **in horror/surprise** con horror/sorpresa; **she left in a hurry** se fue rápidamente; **to live in luxury** vivir a todo lujo; **to speak to sb in private/secret** hablar con alguien en privado/secreto; **in this way** de este modo, de esta manera -5. *(expressing quantities, denominations, ratios)* **in twos** de dos en dos; **one in ten** uno de cada diez; **she has a one in ten chance of getting the disease** tiene un diez por ciento de posibilidades de contraer *or Esp* coger *or Am* agarrarse la enfermedad; **2 metres in length/height** 2 metros de longitud/altura; **in small/large quantities** en pequeñas/grandes cantidades; **in dollars** en dólares; **he's in his forties** anda por los cuarenta; **the temperature was in the nineties** ≃ hacía (una temperatura de) treinta y tantos grados; **they are dying in (their) thousands** están muriendo a millares -6. *(expressing state)* en; **in good condition** en buenas condiciones; **I'm not going for a walk in this rain** no pienso salir a dar un paseo con esta lluvia; **in danger** en peligro -7. *(with gerund)* **he had no difficulty in doing it** no tuvo dificultad en hacerlo; **in taking this decision, we considered several factors** al tomar esta decisión, tuvimos en cuenta varios factores; **in saying this, I don't mean to imply that...** no quiero dar a entender con esto que... -8. *(regarding)* **a rise/fall in inflation** una subida/bajada de la inflación; **a diet lacking in vitamins** una dieta pobre en vitaminas;

better in every sense mejor en todos los sentidos; **in such cases** en esos casos -9. *(wearing)* **the man in the suit** el hombre del traje; **you look lovely in pink** estás preciosa vestida de rosa; **the soldiers were in uniform** los soldados iban de uniforme -10. *(as)* **in answer to** en respuesta a; **in return** a cambio -11. *(with field of activity)* **to be in insurance/marketing** dedicarse a los seguros/al marketing; **a degree in biology** una licenciatura en biología -12. *(in phrases) Fam* **I didn't think she had it in her (to...)** no la creía capaz (de...); **there's not much in it** *(not much difference)* no hay mucha diferencia; **there's nothing in it for me** *(no advantage)* no tiene ninguna ventaja para mí

◇ *adv* -1. *(inside)* dentro; **shall I bring the clothes in?** ¿meto la ropa?; **come in!** ¡adelante!; **come in, the water's lovely!** ¡métete, el agua está estupenda!; **to go in** entrar -2. *(at home, office)* **is your mother in?** ¿está tu madre (en casa)?; **will you be in (at the office) next week?** ¿estarás en la oficina la semana que viene?; **to have an evening in** pasar una tarde en casa; **to stay in** quedarse en casa, no salir -3. *(arrived, returned)* **is the train in yet?** ¿ha llegado ya el tren?; **when's the flight due in?** ¿a qué hora está previsto que llegue el vuelo?; **applications should be in by next week** las solicitudes deberán llegar antes de la semana que viene; **we should get some more in next week** la semana que viene recibiremos más -4. *(tide)* **to be in** estar alto(a) -5. *(inwards)* hacia dentro; **the photo was curling in at the edges** la foto tenía los bordes curvados hacia dentro -6. *(fashionable)* **to be in** estar de moda; **mini-skirts are in** se llevan *or RP* se usan las minifaldas -7. SPORT *(within field of play)* **the ball was in!** ¡la bola entró!; **the umpire called the shot in** el juez de silla dijo que la bola había entrado -8. SPORT *(in baseball, cricket)* **he's been in for an hour** lleva bateando una hora; **the umpire gave him in** el árbitro decidió que no quedaba eliminado -9. *(participating)* **are you in or not?** ¿te apuntas o no? -10. IDIOMS **she is in for a surprise** le espera una sorpresa; **we're in for some heavy showers** nos esperan unos buenos chaparrones; *Fam* **he's in for it** se va a enterar de lo que es bueno *or Esp* de lo que vale un peine; *Fam* **he's got it in for me** la *Esp* tiene tomada *or Méx* trae conmigo, *RP* se la agarró conmigo; **to be in on a plan** estar al corriente de un plan; *Fam* **to be in with sb** tener amistad *or Esp* mano con alguien; *Br Fam* **she's well in there!** *Esp* ¡menudo chollo ha encontrado!, *Méx* ¡qué churro ha encontrado!, *RP* ¡qué curro se consiguió!

◇ *adj* -1. *(fashionable)* **it's the in place to go** es el lugar de moda; **the in crowd** la gente selecta; **roller-blading was the in thing last year** el patinaje en línea fue la moda del año pasado ❑ COMPTR ***in box*** *(for e-mail)* buzón *m* de entrada -2. *(understood by the few)* **an in joke** un chiste privado

◇ *n* **the ins and outs** los pormenores

◇ **in all, in total** *adv* en total

◇ **in that** *conj* en el sentido de que; **it's rather complicated in that...** es bastante complicado en el sentido de que...

inability [ɪnəˈbɪlɪtɪ] *n* incapacidad *f* (**to do sth** para hacer algo); **our ~ to help them** nuestra incapacidad para ayudarlos

in absentia [ɪnæbˈsentɪə] *adv Formal* en su ausencia

inaccessibility [ɪnæksesɪˈbɪlɪtɪ] *n* inaccesibilidad *f*

inaccessible [ˌɪnækˈsesɪbəl] *adj* **-1.** *(impossible to reach)* inaccesible; **the village is ~ by car** no se puede llegar al pueblo en coche *or Am* carro *or RP* auto **-2.** *(unavailable) (person)* inaccesible; **he's been ~ all morning** ha estado ilocalizable toda la mañana **-3.** *(obscure) (film, book, subject)* incomprensible

inaccuracy [ɪnˈækjʊrəsɪ] *n* **-1.** *(imprecision) (of information)* inexactitud *f*; *(of calculation, report, measurement)* inexactitud *f*; *(of translation, portrayal)* falta *f* de fidelidad, inexactitud *f* **-2.** *(mistake)* imprecisión *f*, error *m*; **the report was full of inaccuracies** el informe estaba lleno de imprecisiones **-3.** *(of firearm, shot)* imprecisión *f*

inaccurate [ɪnˈækjʊrət] *adj* **-1.** *(information)* inexacto(a); *(calculation, report, measurement)* inexacto(a); *(translation, portrayal)* poco fiel, inexacto(a) **-2.** *(firearm, shot)* impreciso(a), poco certero(a)

inaccurately [ɪnˈækjʊrətlɪ] *adv* **-1.** *(to calculate, measure, report)* sin exactitud, sin precisión; *(to translate, portray)* de forma inexacta **-2.** *(shoot)* sin precisión, de forma poco certera

inaction [ɪnˈækʃən] *n* pasividad *f*, inactividad *f*

inactive [ɪnˈæktɪv] *adj* **-1.** *(person, animal)* inactivo(a), en reposo **-2.** *(lazy)* inactivo(a), pasivo(a) **-3.** *(inoperative) (machine)* inactivo(a), parado(a) **-4.** *(dormant) (volcano)* inactivo(a); *(virus)* inactivo(a) **-5.** CHEM inactivo(a)

inactivity [ˌɪnækˈtɪvɪtɪ] *n* inactividad *f*

inadequacy [ɪnˈædɪkwəsɪ] *n* **-1.** *(of explanation, measures)* insuficiencia *f* **-2.** *(of person)* incapacidad *f*; **feelings of ~** sensación de incompetencia *or* de no dar la talla

inadequate [ɪnˈædɪkwət] *adj* **-1.** *(explanation, measures)* insuficiente; **we were given ~ resources for the task** los recursos que nos facilitaron para realizar la labor eran insuficientes **-2.** *(person)* inepto(a), incompetente; **I feel ~** *Esp* siento que no doy la talla; **to feel ~ to the task** no sentirse capacitado(a) para la tarea; **he's socially ~** es un inadaptado social

inadequately [ɪnˈædɪkwətlɪ] *adv* insuficientemente; **~ trained/equipped** mal *or* insuficientemente preparado(a)/equipado(a); **the vehicle performed ~ on rough terrain** el vehículo funcionaba deficientemente en terrenos escabrosos

inadmissible [ˌɪnədˈmɪsɪbəl] *adj* LAW *(evidence)* inadmisible

inadvertent [ˌɪnədˈvɜːtənt] *adj* fortuito(a), intencionado(a); **an ~ error** un error involuntario

inadvertently [ˌɪnədˈvɜːtəntlɪ] *adv* sin darse cuenta, inadvertidamente

inadvisability [ˌɪnədvaɪzəˈbɪlɪtɪ] *n* **she pointed out the ~ of such a move** señaló lo poco aconsejable que era tal paso

inadvisable [ˌɪnədˈvaɪzəbəl] *adj* poco aconsejable, desaconsejable

inalienable [ɪnˈeɪlɪənəbəl] *adj Formal* inalienable; **an ~ right** un derecho inalienable

inane [ɪˈneɪn] *adj (person, behaviour)* estúpido(a), necio(a); *(remark, laugh)* estúpido(a)

inanely [ɪˈneɪnlɪ] *adv* **to grin ~** esbozar una sonrisa estúpida

inanimate [ɪnˈænɪmət] *adj* inanimado(a); **an ~ object** un objeto inanimado

inanition [ˌɪnəˈnɪʃən] *n Formal (lethargy)* letargo *m*

inanity [ɪˈnænɪtɪ] *n* **-1.** *(stupidity)* estupidez *f*, necedad *f* **-2.** *(stupid remark)* sandez *f*, estupidez *f*

inapplicable [ɪnˈæplɪkəbəl] *adj* inaplicable (**to** a); **delete where ~** táchese lo que no proceda

inapposite [ɪnˈæpəzɪt] *adj Formal* inapropiado(a), inoportuno(a)

inappropriate [ˌɪnəˈprəʊprɪət] *adj (behaviour, remark)* inadecuado(a), improcedente; *(dress)* inadecuado(a), impropio(a); *(present, choice)* inapropiado(a); *(time, moment)* inoportuno(a); **it would be ~ for me to comment** no estaría bien que yo me pronunciara

inappropriately [ˌɪnəˈprəʊprɪətlɪ] *adv* de modo inadecuado; **to be ~ dressed** no ir vestido de un modo adecuado; **~ timed** inoportuno(a)

inappropriateness [ˌɪnəˈprəʊprɪətnɪs] *n (of remark, behaviour)* lo inadecuado, lo improcedente; *(of dress)* lo inadecuado, lo impropio; *(of present, choice)* lo inapropiado

inapt [ɪnˈæpt] *adj* inapropiado(a)

inaptly [ɪnˈæptlɪ] *adv* inapropiadamente

inarticulate [ˌɪnɑːˈtɪkjʊlɪt] *adj* **-1.** *(sound)* inarticulado(a) **-2. to be ~** *(of person)* expresarse mal; **she was ~ with rage** estaba tan *esp Esp* enfadada *or esp Am* enojada que no podía ni hablar **-3.** BIOL inarticulado(a)

inarticulately [ˌɪnɑːˈtɪkjʊlɪtlɪ] *adv* **-1.** *(to mumble)* de forma ininteligible **-2.** *(to express oneself)* mal, con dificultad

inartistic [ˌɪnɑːˈtɪstɪk] *adj* **-1.** *(lacking artistic taste)* sin sensibilidad artística **-2.** *(lacking artistic talent)* sin talento artístico

inasmuch as [ɪnəzˈmʌtʃəz], **insomuch as** [ɪnsəʊˈmʌtʃəz] *conj Formal* **-1.** *(given that)* dado que, puesto que **-2.** *(insofar as)* en la medida en que, en tanto en cuanto

inattention [ˌɪnəˈtenʃən] *n* falta *f* de atención; **a moment's ~ can lead to an accident** un momento de descuido *or* distracción puede dar lugar a un accidente; **your essay shows ~ to detail** tu redacción muestra una falta de atención a los detalles

inattentive [ˌɪnəˈtentɪv] *adj* **-1.** *(paying no attention)* distraído(a), desatento(a); **most of the students seemed ~ until I mentioned her sex life** la mayoría de los alumnos parecían estar desatentos hasta el momento en que mencioné su vida sexual; **to be ~ to** no poner suficiente atención a *or* en **-2.** *(neglectful)* negligente, descuidado(a); **to be ~ to** *or* **towards sb** descuidar a alguien, no prestar la debida atención a alguien

inattentively [ˌɪnəˈtentɪvlɪ] *adv* distraídamente, sin prestar atención

inattentiveness [ˌɪnəˈtentɪvnɪs] *n* falta *f* de atención

inaudibility [ɪnˌɔːdɪˈbɪlɪtɪ] *n* falta *f* de audibilidad

inaudible [ɪnˈɔːdɪbəl] *adj* inaudible

inaudibly [ɪnˈɔːdɪblɪ] *adv* de forma inaudible

inaugural [ɪˈnɔːgjʊrəl] ◇ *n US (speech)* discurso *m* inaugural; *(ceremony)* acto *m* inaugural; **the President's ~** *(speech)* el discurso de investidura del presidente; *(ceremony)* el acto de investidura del presidente, la toma de posesión del presidente
◇ *adj* inaugural; *(ceremony)* de investidura

inaugurate [ɪˈnɔːgjʊreɪt] *vt* **-1.** *(event, scheme)* inaugurar; **this inaugurates a new era in global politics** esto da comienzo a una nueva era en materia de política global **-2.** POL **the President will be inaugurated in January** el presidente tomará posesión de su cargo en enero

inauguration [ɪˌnɔːgjʊˈreɪʃən] *n* **-1.** *(of event, scheme)* inauguración *f*; **the ~ of a new era in global politics** el comienzo de una nueva era en materia de política global **-2.** *(of president)* toma *f* de posesión ❑ **Inauguration Day** = día de la toma de posesión del presidente de los Estados Unidos

inauspicious [ˌɪnɔːˈspɪʃəs] *adj (circumstances)* desafortunado(a); *(start, moment)* aciago(a)

inauspiciously [ˌɪnɔːˈspɪʃəslɪ] *adv* de forma poco propicia; **to start ~** tener un comienzo aciago

inauthentic [ˌɪnɔːˈθentɪk] *adj* no auténtico(a), falso(a)

in-between [ɪnbɪˈtwiːn] *adj* intermedio(a)

inborn [ˈɪnbɔːn] *adj* innato(a)

inbound [ˈɪnbaʊnd] *adj (flight, passenger)* de llegada

inbred [ˈɪnbred] *adj* **-1.** *(animals, people)* endogámico(a) **-2.** *(innate)* innato(a)

inbreeding [ˈɪnbriːdɪŋ] *n* endogamia *f*

in-built [ˈɪnbɪlt] *adj (tendency, weakness)* inherente; *(feature)* incorporado(a); **his height gives him an ~ advantage** su altura le proporciona una ventaja de entrada

Inc [ɪŋk] *adj US* COM *(abbr* **Incorporated***)* ≃ S.A.

inc -1. *(abbr* **including***)* incl. **-2.** *(abbr* **inclusive***)* incl.

Inca [ˈɪŋkə] ◇ *n* inca *mf*
◇ *adj* incaico(a), inca

incalculable [ɪnˈkælkjʊləbəl] *adj* incalculable

incalculably [ɪnˈkælkjʊləblɪ] *adv* inmensamente

in camera [ɪnˈkæmərə] *adv* LAW a puerta cerrada

incandescence [ˌɪnkænˈdesəns] *n* incandescencia *f*

incandescent [ˌɪnkænˈdesənt] *adj* incandescente; *Fig* **to be ~ with rage** estar rojo(a) de ira ❑ **~ lamp** lámpara *f* de incandescencia

incantation [ˌɪnkænˈteɪʃən] *n* conjuro *m*

incantatory [ɪnˈkæntətərɪ] *adj* mágico(a), fascinante

incapability [ɪnˌkeɪpəˈbɪlɪtɪ] *n* incapacidad *f*

incapable [ɪnˈkeɪpəbəl] *adj* **-1.** *(not able)* incapaz (**of doing sth** de hacer algo); **she would be ~ of such an act** sería incapaz de hacer algo así; **she is ~ of kindness/deceit** es incapaz de ser amable/engañar a nadie; **the stroke left him ~ of speech** el derrame le dañó totalmente el habla
-2. *(helpless)* inepto(a), inútil
-3. *Formal (not allowing)* que no admite, que no se presta a; **feelings ~ of expression** sentimientos imposibles de expresar; **the problem is ~ of a simple solution** el problema no admite una solución sencilla
-4. LAW **to be declared ~** ser declarado(a) incapaz, obtener la declaración de incapacidad

incapacitate [ˌɪnkəˈpæsɪteɪt] *vt* **-1.** *(deprive of strength, power)* incapacitar; **to be incapacitated** quedar incapacitado(a) *or* impedido(a) **-2.** LAW incapacitar

incapacity [ˌɪnkəˈpæsɪtɪ] *n* **-1.** *(inability)* incapacidad *f* **-2.** LAW incapacidad *f*

in-car [ˈɪnkɑː(r)] *adj* de automóvil; **an ~ stereo** un autorradio

incarcerate [ɪnˈkɑːsəreɪt] *vt Formal* encarcelar, recluir

incarceration [ɪnˌkɑːsəˈreɪʃən] *n Formal* encarcelamiento *m*, reclusión *f*

incarnate [ɪnˈkɑːneɪt] ◇ *adj* personificado(a); **beauty ~** la belleza personificada; **the devil ~** el diablo en persona
◇ *vt* encarnar

incarnation [ˌɪnkɑːˈneɪʃən] *n* **-1.** *(personification)* encarnación *f*; **he's the very ~ of humility** es la humildad personificada; **in a previous ~** en una encarnación anterior, en otra vida **-2.** REL **the Incarnation** la Encarnación

incautious [ɪnˈkɔːʃəs] *adj* incauto(a), imprudente

incautiously [ɪnˈkɔːʃəslɪ] *adv* incautamente, imprudentemente

incendiary [ɪnˈsendɪərɪ] ◇ *n* **-1.** *(bomb)* bomba *f* incendiaria **-2.** *(arsonist)* incendiario(a) *m,f*, pirómano(a) *m,f*
◇ *adj (bomb, device, remarks)* incendiario(a)

incense¹ [ˈɪnsens] *n* incienso *m* ❑ **~ burner** incensario *m*

incense² [ɪnˈsens] *vt (anger)* encolerizar, enfurecer; **he was incensed by** *or* **at her indifference** lo exacerbaba su indiferencia; **I was absolutely incensed** estaba indignadísimo(a)

incensed [ɪnˈsenst] *adj* enfurecido(a); **to get** *or* **become ~** enfurecerse

incentive [ɪnˈsentɪv] *n* **-1.** *(stimulus, motivation)* incentivo *m*; **they have lost their ~** han perdido el estímulo; **he has no ~ to work harder** no tiene ningún incentivo para empeñarse más en su trabajo; **to offer an ~** suponer un aliciente **-2.** *(payment)* incentivo *m*; **tax incentives** incentivos fiscales ❑ *US* **~ plan** plan *m* de incentivos; *Br* **~ scheme** plan *m* de incentivos

incentivize [ɪnˈsentɪvaɪz] *vt US* incentivar

inception [ɪnˈsepʃən] *n Formal* comienzo *m*, inicio *m*

incessant [ɪnˈsesənt] *adj* incesante, continuo(a)

incessantly [ɪnˈsesəntlɪ] *adv* incesantemente, sin parar

incest [ˈɪnsest] *n* incesto *m*

incestuous [ɪnˈsestjʊəs] *adj* **-1.** *(sexually)* incestuoso(a) **-2.** *Fig (environment, group)* endogámico(a)

inch [ɪntʃ] ◇ *n* **-1.** *(measurement)* pulgada *f* (= 2,54 cm); **it's about 6 inches wide** mide unas 6 pulgadas de ancho; **it's a few inches shorter** es unas pulgadas más corto; **~ by ~** palmo a palmo; **the car missed me by inches** no me atropelló el coche por cuestión de centímetros
-2. IDIOMS **I know every ~ of the town** me conozco la ciudad como la palma de la mano; **we'll have to fight every ~ of the way** tendremos que luchar palmo a palmo; **he's every ~ the gentleman** es todo un caballero; **to be within an ~ of doing sth** estar en un tris de hacer algo; **to beat sb to within an ~ of their life** estar en un tris de matar a alguien; **she won't give an ~** no cederá ni un ápice; **the government won't budge** *or* **give an ~** el Gobierno no cederá (en) lo más mínimo; **give her an ~ and she'll take a mile** dale la mano y se tomará el brazo

◇ *vt* **to ~ one's way across/forward/up** ir cruzando/avanzando/subiendo poco a poco

◇ *vi* **to ~ in/out** entrar/salir muy despacio *or* poco a poco; **he inched towards the door** se acercó poco a poco a la puerta

◆ **inch along** *vi* avanzar poco a poco; **he inched along the ledge** avanzó lentamente por la cornisa

◆ **inch forward** *vi* avanzar poco a poco; **he inched forward on his hands and knees until he could see out of the window** gateó muy despacio hasta alcanzar a ver por la ventana

inchoate [ɪnˈkəʊeɪt] *adj Formal* incipiente

inchoative [ɪnˈkəʊətɪv] *adj* GRAM incoativo(a)

inchworm [ˈɪntʃwɜːm] *n* oruga *f* geómetra

incidence [ˈɪnsɪdəns] *n* **-1.** *(frequency)* índice *m* (**of** de); *(of disease)* incidencia *f* (**of** de); **there is a higher/lower ~ of crime** hay un mayor/menor índice de delincuencia **-2.** PHYS incidencia *f*; **angle of ~** ángulo de incidencia

incident [ˈɪnsɪdənt] *n* incidente *m*; **the demonstration passed off without ~** la manifestación se desarrolló sin incidentes ❏ **~ room** *(in police investigation)* centro *m* de investigaciones policiales

incidental [ɪnsɪˈdentəl] *adj* incidental, accesorio(a); **the project will have other ~ benefits** el proyecto traerá aparejados otros beneficios adicionales; **the risks ~ to such an enterprise** los riesgos propios de semejante iniciativa; **the fatigue ~ to such work** el cansancio inherente a ese tipo de trabajo ❏ **~ expenses** gastos *mpl* imprevistos; CIN THEAT **~ music** música *f* de acompañamiento

incidentally [ɪnsɪˈdentəlɪ] *adv* **-1.** *(by the way)* por cierto; **~, have you seen Mark?** por cierto, ¿has visto a Mark? **-2.** *(to mention, deal with)* de pasada

incinerate [ɪnˈsɪnəreɪt] *vt* incinerar

incineration [ɪnsɪnəˈreɪʃən] *n* incineración *f*

incinerator [ɪnˈsɪnəreɪtə(r)] *n* incineradora *f*

incipient [ɪnˈsɪpɪənt] *adj Formal* incipiente

incise [ɪnˈsaɪz] *vt (engrave, carve)* burilar, grabar

incision [ɪnˈsɪʒən] *n* incisión *f*; **to make an ~ in sth** hacer una incisión en algo

incisive [ɪnˈsaɪsɪv] *adj (comment, analysis)* agudo(a), incisivo(a); *(mind)* sagaz, incisivo(a)

incisively [ɪnˈsaɪsɪvlɪ] *adv (to comment)* con agudeza; *(to think)* con sagacidad

incisiveness [ɪnˈsaɪsɪvnɪs] *n (of comment)* mordacidad *f*; *(of thought)* agudeza *f*

incisor [ɪnˈsaɪzə(r)] *n* incisivo *m*

incite [ɪnˈsaɪt] *vt* incitar, instigar; **to ~ sb to do sth** incitar a alguien a que haga algo; **to ~ sb to violence** incitar a alguien a la violencia; **they were accused of inciting racial hatred** se los acusó de instigar el odio racial

incitement [ɪnˈsaɪtmənt] *n* incitación *f*; **~ to riot/violence** incitación al amotinamiento/a la violencia

incivility [ɪnsɪˈvɪlɪtɪ] *n Formal* descortesía *f*

incl -1. *(abbr* **including)** incl. **-2.** *(abbr* **inclusive)** incl.

inclemency [ɪnˈklemənsɪ] *n Formal (of weather)* inclemencia *f*

inclement [ɪnˈklemənt] *adj Formal (weather)* inclemente

inclination [ɪnklɪˈneɪʃən] *n* **-1.** *(tendency)* inclinación *f*, tendencia *f*, propensión *f*; **a decided ~ towards laziness** una clara tendencia a la vagancia; **by ~ por naturaleza**; **he was by ~ a loner** era un solitario por naturaleza; **I have an ~ to put on weight easily** tiene propensión a engordar
-2. *(liking, wish)* inclinación *f*; **to have lost all ~ for sth** haber perdido el gusto *or* la afición por algo; **to have no ~ to do sth** no sentir ninguna inclinación por *or* a hacer algo; **my own ~ would be to say yes** instintivamente diría que sí; **you should follow your own ~ in the matter** deberías dejarte llevar por tu instinto en este asunto; **I do it from necessity, not from ~** lo hago por necesidad, no por inclinación natural
-3. *(slant, lean)* inclinación *f*, pendiente *f*
-4. *(action)* inclinación *f*; **a slight ~ of the head** una ligera inclinación de la cabeza

incline ◇ *n* [ˈɪnklaɪn] *(slope)* cuesta *f*, pendiente *f*

◇ *vt* [ɪnˈklaɪn] **-1.** *(motivate, cause)* inclinar; **her remarks don't ~ me to be sympathetic** sus comentarios no me mueven a ser comprensivo **-2.** *(lean)* inclinar; **she inclined her head towards him** inclinó la cabeza hacia él

◇ *vi* **-1.** *(tend)* **to ~ to** *or* **towards** inclinarse a; **to ~ to the belief that...** inclinarse a pensar que... **-2.** *(lean)* inclinarse

inclined [ɪnˈklaɪnd] *adj* **-1.** *(having a tendency)* **he's ~ to exaggeration** tiene tendencia a exagerar; **he's ~ to put on weight** es propenso a engordar; **these drawers are ~ to stick** estos cajones se atascan fácilmente; **I'm not musically ~** *(don't like music)* no siento inclinación *or* no tengo afición por la música; *(have no talent)* no tengo talento *or* aptitudes para la música
-2. *(disposed)* **to be ~ to do sth** tener tendencia *or* tender a hacer algo; **I'm ~ to agree with you** soy de tu misma opinión; **to be well ~ towards sth/sb** inclinarse a favor de algo/alguien; **if you are so ~** *(if you want to)* si así lo deseas, si eso es lo que quieres
-3. *(sloping)* inclinado(a) ❏ **~ plane** plano *m* inclinado

inclose = enclose

inclosure = enclosure

include [ɪnˈkluːd] *vt* incluir; *(in letter)* adjuntar; **my duties ~ sorting the mail** una de mis obligaciones es clasificar la correspondencia; **my name was not included on the list** mi nombre no figuraba en la lista; **does that ~ me?** ¿yo también?, ¿eso me incluye a mí también?; **if you ~ Christmas Day** contando con el día de Navidad; **to ~ sb among one's friends** incluir a alguien en el círculo de amistades personales; **the price does not ~ accommodation** el alojamiento no está incluido en el precio; **included in the price are two excursions** el precio incluye dos excursiones; **everyone, myself included, was surprised** todos nos sorprendimos, incluido yo; **all his property was sold, his house included** se vendieron todas sus propiedades, incluida la casa

◆ **include in** *vt sep Br Fam* **~ me in!** ¡cuenta conmigo!, *RP* ¡contáme!

◆ **include out** *vt sep Br Fam Hum* **you can ~ me out!** ¡no cuentes conmigo!, ¡de mí olvídate!

including [ɪnˈkluːdɪŋ] *prep* **$4.99 ~ postage and packing** 4,99 dólares incluyendo gastos de envío; **five books, ~ one I hadn't read** cinco libros, incluyendo uno que no había leído; **up to and ~ page 40/next Friday** hasta la página 40/el viernes próximo inclusive; **not ~** sin contar, sin incluir

inclusion [ɪnˈkluːʒən] *n* inclusión *f*

inclusive [ɪnˈkluːsɪv] *adj* **-1. ~ of** *(including)* incluido(a), incluyendo; **~ of VAT** IVA incluido; **an ~ price/sum** un precio/una cifra con todo incluido **-2.** *(with dates)* **from the 4th to the 12th February** del 4 al 12 de febrero, ambos inclusive; **from July to September ~** desde principios de julio hasta finales de septiembre **-3.** *(comprehensive)* completo(a), integral

incognito [ɪnkɒɡˈniːtəʊ] *adv* de incógnito; **to remain ~** mantener el anonimato

incoherence [ɪnkəʊˈhɪərəns] *n* incoherencia *f*

incoherent [ɪnkəʊˈhɪərənt] *adj* incoherente; **he was ~ with rage** estaba tan furioso que le fallaban las palabras

incoherently [ɪnkəʊˈhɪərəntlɪ] *adv* incoherentemente; **to mutter ~** murmurar de un modo incoherente

incombustible [ɪnkəmˈbʌstɪbəl] *adj* incombustible

income [ˈɪnkʌm] *n (of person) (from work)* ingresos *mpl*; *(from shares, investment)* rendimientos *mpl*, réditos *mpl*; *(from property)* renta *f*; *(in accounts)* ingresos *mpl*; **a high/low ~** un elevado/bajo nivel de ingresos; **to live within/beyond one's ~** vivir (uno) dentro de/por encima de sus posibilidades ❏ **~ bracket** tramo *m* de renta; **incomes policy** política *f* de rentas; *Br* **~ support** = ayuda gubernamental a personas con muy bajos ingresos o desempleadas pero sin derecho al subsidio de desempleo; **~ tax** impuesto *m* sobre la renta; **~ tax return** declaración *f* de la renta *or* del impuesto sobre la renta

incomer [ˈɪnkʌmə(r)] *n Br* forastero(a) *m,f* recién llegado(a)

incoming [ˈɪnkʌmɪŋ] *adj* **-1.** *(from outside)* **~ calls** llamadas *or Am* llamados de fuera; **~ flights** vuelos de llegada; **~ mail** correo recibido **-2.** *(tide)* ascendente **-3.** MIL *(fire)* (procedente del) enemigo; **the ~ missile** el misil que se aproximaba **-4.** *(government, president)* entrante

incommensurable [ɪnkəˈmenʃərəbəl] *adj Formal* incompatible (**with** con)

incommensurate [ɪnkəˈmenʃərət] *adj Formal* desproporcionado(a) (**with** con relación a, en relación con)

incommodious [ɪnkəˈməʊdɪəs] *adj Formal (uncomfortable)* incómodo(a)

incommunicable [ɪnkəˈmjuːnɪkəbəl] *adj* incomunicable, inexpresable

incommunicado [ɪnkəmjuːnɪˈkɑːdəʊ] *adv* **to hold** *or* **keep sb ~** dejar incomunicado(a) a alguien; *Fig* **I'll be ~ for a month while I'm on holiday** estaré ilocalizable durante mis vacaciones

in-company [ˈɪnkʌmpənɪ] *adj esp Br* **~ training** formación *f* en el lugar de trabajo

incomparable [ɪnˈkɒmpərəbəl] *adj* **-1.** *(without equal)* incomparable; **her ~ beauty** su belleza sin igual; **with ~ ease/skill** con incomparable soltura/maestría **-2.** *(cannot be compared)* **the two cases are quite ~** no hay comparación entre ambos casos

incomparably [ɪnˈkɒmpərəblɪ] *adv* incomparablemente, infinitamente

incompatibility [ɪnkəmpætɪˈbɪlɪtɪ] *n* **-1.** *(of people, statements)* incompatibilidad *f* (**with** con) **-2.** *(as grounds for divorce)* incompatibilidad *f* de caracteres **-3.** COMPTR incompatibilidad *f* (**with** con)

incompatible [ɪnkəmˈpætɪbəl] *adj* **-1.** *(people, statements)* incompatible (**with** con) **-2.** COMPTR incompatible (**with** con)

incompetence [ɪnˈkɒmpɪtəns] *n* **-1.** *(lack of skill, ability)* incompetencia *f* **-2.** LAW incapacidad *f*

incompetent [ɪn'kɒmpɪtənt] ◇ adj **-1.** (lacking skill, ability) incompetente **-2.** LAW (judge, court) incompetente
◇ n incompetente mf

incompetently [ɪn'kɒmpɪtəntlɪ] adv incompetentemente, de modo incompetente

incomplete [ɪnkəm'pliːt] adj **-1.** (unfinished) inconcluso(a), inacabado(a); **the building remained ~** el edificio quedó sin terminar **-2.** (lacking something) incompleto(a); **his ~ understanding of what was involved** su comprensión parcial del alcance de los hechos

incompletely [ɪnkəm'pliːtlɪ] adv de forma incompleta

incompleteness [ɪnkəm'pliːtnɪs] n **-1.** (unfinished nature) **there's a feeling of ~ about his paintings** sus pinturas producen la sensación de estar incompletas or inacabadas **-2.** (in logic) incompletud f

incomprehensibility [ɪnkɒmprɪhensɪ'bɪlɪtɪ] n incomprensibilidad f

incomprehensible [ɪnkɒmprɪ'hensɪbəl] adj incomprensible

incomprehensibly [ɪnkɒmprɪ'hensɪblɪ] adv incomprensiblemente

incomprehension [ɪnkɒmprɪ'henʃən] n incomprensión f; **to the utter ~ of those present...** ante la total perplejidad or el total asombro de los presentes...

inconceivable [ɪnkən'siːvəbəl] adj inconcebible

inconceivably [ɪnkən'siːvəblɪ] adv inconcebiblemente

inconclusive [ɪnkən'kluːsɪv] adj (evidence, investigation) no concluyente; **the results are ~** los resultados no son concluyentes; **the meeting was ~** la reunión no sirvió para aclarar las cosas

inconclusively [ɪnkən'kluːsɪvlɪ] adv sin una conclusión clara; **the meeting ended ~** la reunión terminó sin que se llegase a una conclusión clara

inconclusiveness [ɪnkən'kluːsɪvnɪs] n carácter m no concluyente or no decisivo

incongruity [ɪnkɒŋ'gruːɪtɪ] n incongruencia f; **there were many startling incongruities to be found in his account** su informe estaba lleno de incongruencias sorprendentes

incongruous [ɪn'kɒŋgrʊəs] adj incongruente; **he was an ~ figure among the factory workers** era un personaje singular entre los obreros de la fábrica

incongruously [ɪn'kɒŋgrʊəslɪ] adv de forma incongruente

inconsequential [ɪnkɒnsɪ'kwenʃəl] adj **-1.** (unimportant, trivial) (matter, remarks) trivial, intrascendente; **an ~ little man** un hombrecillo insignificante **-2.** Formal (not following) inconsecuente, ilógico(a)

inconsequentiality ['ɪnkɒnsɪkwenʃɪ'ælɪtɪ] n **-1.** (of matter, remarks) trivialidad f, intrascendencia f **-2.** Formal (illogicality) falta f de lógica

inconsiderable [ɪnkən'sɪdərəbəl] adj **it is not an ~ sum of money** es una suma de dinero nada despreciable; **he had difficulty moving his not ~ bulk** tenía dificultad en desplazar de acá para allá su considerable corpulencia

inconsiderate [ɪnkən'sɪdərɪt] adj (person, action, remark) desconsiderado(a); **that was very ~ of you** fue una falta de consideración por tu parte; **to be ~ towards sb** no tener consideración con alguien; **don't be so ~** no seas desconsiderado(a), ten un poco de consideración

inconsiderately [ɪnkən'sɪdərɪtlɪ] adv desconsideradamente

inconsistency [ɪnkən'sɪstənsɪ] n **-1.** (lack of logic, illogical statement) incoherencia f, incongruencia f; **there are several inconsistencies in your argument** hay varias contradicciones en tu razonamiento **-2.** (uneven quality) irregularidad f

inconsistent [ɪnkən'sɪstənt] adj **-1.** (contradictory) (statement) incongruente, incoherente; **you're being ~** (in saying that) te estás contradiciendo; (in doing that) estás siendo inconsecuente or incoherente; **his words are ~ with his conduct** sus palabras no están en consonancia con sus actos **-2.** (uneven) irregular

inconsistently [ɪnkən'sɪstəntlɪ] adv **-1.** (to behave) de manera inconsecuente or ilógica; (to argue) sin coherencia, de forma incongruente **-2.** (unevenly) irregularmente, de forma irregular

inconsolable [ɪnkən'səʊləbəl] adj inconsolable, desconsolado(a)

inconsolably [ɪnkən'səʊləblɪ] adv desconsoladamente

inconspicuous [ɪnkən'spɪkjʊəs] adj discreto(a); **to be ~** pasar desapercibido(a) or inadvertido(a); **she tried to make herself as ~ as possible** trató de pasar lo más inadvertida posible

inconspicuously [ɪnkən'spɪkjʊəslɪ] adv con discreción

inconstancy [ɪn'kɒnstənsɪ] n Formal **-1.** (fickleness) inconstancia f, volubilidad f **-2.** (instability, impermanence) variabilidad f, inestabilidad f

inconstant [ɪn'kɒnstənt] adj Formal **-1.** (fickle) inconstante, voluble **-2.** (unstable, impermanent) variable, inestable; **the ~ nature of this world** la naturaleza inestable or cambiante de este mundo

incontestable [ɪnkən'testəbəl] adj incontestable, indiscutible

incontestably [ɪnkən'testəblɪ] adv indiscutiblemente, de manera incontestable

incontinence [ɪn'kɒntɪnəns] n **-1.** MED incontinencia f ▫ **~ pants** pañales mpl (para adultos) **-2.** Formal (in one's passions) incontinencia f

incontinent [ɪn'kɒntɪnənt] adj **-1.** MED incontinente **-2.** Formal (in one's passions) incontinente

incontrovertible [ɪnkɒntrə'vɜːtɪbəl] adj incontrovertible, indiscutible; **~ evidence** pruebas irrefutables

incontrovertibly ['ɪnkɒntrə'vɜːtəblɪ] adv indiscutiblemente, de manera incontrovertible

inconvenience [ɪnkən'viːnjəns] ◇ n **-1.** (unsuitability, awkwardness) (of time, place) inconveniencia f, inoportunidad f; **the ~ of a small house** los inconvenientes or las desventajas de una casa pequeña
-2. (trouble, difficulty) molestia f; **we apologize for any ~** disculpen las molestias; **to be an ~ to sb** suponer una molestia para alguien; **I don't want to put you to any ~** no quiero ocasionarles or causarles ninguna molestia
-3. (problem, drawback) inconveniente m
◇ vt causar molestias a; **please don't ~ yourselves on my account!** ¡por mí no se molesten, se lo ruego!

inconvenient [ɪnkən'viːnjənt] adj **-1.** (unsuitable, awkward) (time, request) inoportuno(a); (place) mal situado(a); **if it's not ~** si no es molestia, si no hay inconveniente; **I'm afraid four thirty would be ~** (me temo que) las cuatro y media no me viene bien or no es buena hora; **he has chosen to ignore any ~ facts** ha decidido pasar por alto los datos que no le convienen
-2. (impractical) **it's very ~ living so far from town** resulta muy incómodo vivir tan lejos de la ciudad; **this house is very ~ for the shops** esta casa es muy poco práctica a la hora de ir de compras

inconveniently [ɪnkən'viːnjəntlɪ] adv inoportunamente; **the announcement was ~ timed** el anuncio se produjo en un momento inadecuado or inoportuno; **the shop is ~ situated** la tienda no está en buen sitio or no queda muy a mano

inconvertible [ɪnkən'vɜːtəbəl] adj (currency) inconvertible

incorporate [ɪn'kɔːpəreɪt] vt **-1.** (integrate) incorporar (**into** a) **-2.** (include) incluir, comprender; **to ~ amendments into a text** introducir modificaciones en un texto; **the report incorporates the latest research** el informe or CAm, Méx reporte incorpora las investigaciones más recientes **-3.** COM **to ~ a company** constituir (en sociedad) una empresa

incorporated [ɪn'kɔːpəreɪtɪd] adj US (company) legalmente constituido(a) en sociedad anónima; **Bradley, Wells & Jones Incorporated** Bradley, Wells & Jones S.A.

incorporation [ɪnkɔːpə'reɪʃən] n **-1.** (integration) incorporación f **-2.** (inclusion) incorporación f **-3.** COM constitución f en sociedad anónima

incorporeal [ɪnkɔː'pɔːrɪəl] adj Literary incorpóreo(a)

incorrect [ɪnkə'rekt] adj **-1.** (wrong) (amount, figure) incorrecto(a); (information, use, spelling) incorrecto(a); **it would be ~ to say that...** sería incorrecto decir que...; **to prove ~** resultar ser incorrecto(a) **-2.** (person, behaviour) incorrecto(a), inapropiado(a)

incorrectly [ɪnkə'rektlɪ] adv **-1.** (wrongly) incorrectamente; **the letter was ~ addressed** la dirección a la que iba dirigida la carta era incorrecta; **he was ~ diagnosed with cancer** se equivocaron al diagnosticarle que tenía cáncer **-2.** (improperly) incorrectamente, inapropiadamente; **he behaved most ~** se comportó muy inadecuadamente, su comportamiento fue de lo más inadecuado

incorrigible [ɪn'kɒrɪdʒɪbəl] adj incorregible; **he is quite ~** es incorregible, no tiene remedio

incorruptibility [ɪnkərʌptɪ'bɪlɪtɪ] n **-1.** (of person) incorruptibilidad f **-2.** (of material) incorruptibilidad f

incorruptible [ɪnkə'rʌptəbəl] adj **-1.** (person) incorruptible **-2.** (material) incorruptible

increase ◇ n ['ɪnkriːs] aumento m (**in** de); (in price, temperature) aumento m, subida f (**in** de); **an ~ in productivity/the cost of living** un incremento or aumento de (la) productividad/del costo or Esp coste de (la) vida; **to be on the ~** ir en aumento
◇ vt [ɪn'kriːs] aumentar; (price, temperature) aumentar, subir; **to ~ productivity** aumentar or incrementar la productividad; **recent events have increased speculation** los últimos acontecimientos han acrecentado la especulación; **to ~ one's efforts** esforzarse más; **to ~ one's speed** acelerar, aumentar la velocidad
◇ vi aumentar; (price, temperature) aumentar, subir; **to ~ in size/length** aumentar de tamaño/longitud; **to ~ in intensity/frequency** aumentar de or en intensidad/frecuencia; **to ~ in price** subir de precio; **to ~ in value** aumentar de valor

increasing [ɪn'kriːsɪŋ] adj creciente; **an ~ number of complaints/cases** un creciente número de quejas/casos, un número de quejas/casos cada vez más elevado; **to make ~ use of sth** hacer un uso cada vez mayor de algo

increasingly [ɪn'kriːsɪŋlɪ] adv cada vez más; **it's ~ difficult...** cada vez es más difícil...; **~, people are saying that...** cada vez más la gente dice que...

incredible [ɪn'kredɪbəl] adj **-1.** (unbelievable) increíble; **I find it ~ that she didn't know** me resulta increíble que no lo supiera; Fam **the really ~ thing is....** lo increíble (del caso) es que... **-2.** Fam (excellent) increíble, extraordinario(a)

incredibly [ɪn'kredɪblɪ] adv **-1.** (unbelievably) increíblemente; **~, no one was killed** aunque parezca increíble, no murió nadie **-2.** Fam (very) increíblemente; **~ good** increíblemente bueno(a)

incredulity [ɪnkrɪ'djuːlɪtɪ] n incredulidad f

incredulous [ɪn'kredjʊləs] adj incrédulo(a); **an ~ look** una mirada incrédula or de incredulidad

incredulously [ɪn'kredjʊləslɪ] adv con incredulidad

increment ['ɪnkrɪmənt] n **-1.** (increase) incremento m; **a salary with yearly increments of £500** un sueldo con incremento anual de 500 libras **-2.** MATH incremento m

incremental [ɪnkrə'mentəl] *adj* progresivo(a) ❑ COMPTR ~ **plotter** plotter *m* incremental
incriminate [ɪn'krɪmɪneɪt] *vt* incriminar; **to ~ sb in sth** incriminar a alguien en algo; **to incriminate oneself** incriminarse
incriminating [ɪn'krɪmɪneɪtɪŋ], **incriminatory** [ɪnkrɪmɪ'neɪtərɪ] *adj* incriminador(ora)
incubate ['ɪŋkjʊbeɪt] *vt* ◇ *vt* **-1.** *(eggs)* incubar **-2.** *(plot, idea)* incubar, madurar
  ◇ *vi* **-1.** *(egg)* incubarse **-2.** MED *(virus)* incubarse **-3.** *(plan, idea)* incubarse, madurar
incubation [ɪŋkjʊ'beɪʃən] *n* **-1.** *(of egg)* incubación *f* **-2.** MED *(of disease)* incubación *f* ❑ ~ **period** período *m* de incubación
incubator ['ɪŋkjʊbeɪtə(r)] *n* *(for eggs, babies)* incubadora *f*
inculcate ['ɪŋkʌlkeɪt] *vt Formal* **to ~ sth in sb, to ~ sb with sth** inculcar algo en alguien
inculcation [ɪnkʌl'keɪʃən] *n* inculcación *f*
incumbency [ɪn'kʌmbənsɪ] *n (office)* mandato *m*; **during the ~ of my predecessor** durante el mandato de mi predecesor(ora)
incumbent [ɪn'kʌmbənt] ◇ *n* titular *mf*
  ◇ *adj Formal* **-1.** *(obligatory)* **to be ~ on sb to do sth** incumbir *or* atañer a alguien hacer algo **-2.** *(in office)* en ejercicio; **the ~ mayor** el alcalde en ejercicio, el titular de la alcaldía
incur [ɪn'kɜː(r)] *(pt & pp* **incurred**) *vt (blame, expense, penalty)* incurrir en; *(sb's anger)* provocar, incurrir en; *(debt)* contraer; *(losses)* experimentar, sufrir
incurable [ɪn'kjʊərəbəl] *adj* **-1.** *(disease)* incurable **-2.** *(optimist, romantic)* incorregible
incurably [ɪn'kjʊərəblɪ] *adv* **-1.** *(ill)* **to be ~ ill** padecer una enfermedad incurable **-2.** *(incorrigibly)* **he's ~ romantic/optimistic** es un romántico/optimista incorregible; **to be ~ lazy** ser un vago sin remedio
incurious [ɪn'kjʊərɪəs] *adj* poco curioso(a)
incursion [ɪn'kɜːʃən] *n Formal* incursión *f* **(into** en)
Ind -1. POL *(abbr* **Independent)** independiente **-2.** *(abbr* **Indiana)** Indiana
indebted [ɪn'detɪd] *adj* **-1.** *(financially)* endeudado(a); **to be ~ to sb** estar endeudado(a) con alguien **-2. to be ~ to sb** *(for help, advice)* estar en deuda con alguien; **I am ~ to you for your loyal support** te estoy muy agradecido(a) por tu fiel apoyo; **his style is heavily ~ to Joyce** mucho es lo que su estilo le debe a Joyce
indebtedness [ɪn'detɪdnɪs] *n* **-1.** *(financial)* endeudamiento *m* **-2.** *(for help, advice)* deuda *f* **(to** con), agradecimiento *m* **(to** a); **his ~ to the Surrealists** su deuda (para) con los surrealistas
indecency [ɪn'diːsənsɪ] *n* indecencia *f*
indecent [ɪn'diːsənt] *adj* **-1.** *(improper)* indecente ❑ LAW ~ **assault** abusos *mpl* deshonestos; LAW ~ **exposure** exhibicionismo *m* **-2.** *(unreasonable, excessive)* indecoroso(a); **to do sth with ~ haste** apresurarse descaradamente a hacer algo
indecently [ɪn'diːsəntlɪ] *adv* indecentemente; **to be ~ assaulted** ser víctima de abusos deshonestos; **to expose oneself ~** realizar exhibicionismo
indecipherable [ɪndɪ'saɪfərəbəl] *adj* indescifrable
indecision [ɪndɪ'sɪʒən] *n* indecisión *f*
indecisive [ɪndɪ'saɪsɪv] *adj* **-1.** *(person)* indeciso(a) **-2.** *(battle, election)* no concluyente
indecisively [ɪndɪ'saɪsɪvlɪ] *adv* **-1.** *(showing indecision)* con indecisión **-2.** *(inconclusively)* sin una conclusión clara; **the argument/battle ended ~** la discusión/batalla no fue conclusiva
indecisiveness [ɪndɪ'saɪsɪvnɪs] *n* indecisión *f*, falta *f* de decisión
indecorous [ɪn'dekərəs] *adj Formal* indigno(a), indecoroso(a)
indecorously [ɪn'dekərəslɪ] *adv Formal* indecorosamente
indecorum [ɪndɪ'kɔːrəm] *n Formal* falta *f* de decoro

indeed [ɪn'diːd] *adv* **-1.** *(confirming)* efectivamente, ciertamente; **this is ~ the case** de hecho, es así; **she confessed that she had ~ stolen the money** confesó que, efectivamente, había robado el dinero; **(yes) ~!** ¡ciertamente!; **did you see the movie? – ~ I did!** ¿viste la película? – ¡ya lo creo (que la vi)!; **you've been to Venice, haven't you? – ~ I have!** has estado en Venecia, ¿verdad? – ¡ya lo creo!
  -2. *(qualifying)* **few, if ~ any, remain** quedan pocos, si es que queda alguno; **it is difficult, ~ virtually impossible, to get in** es difícil, si no imposible, entrar
  -3. *(for emphasis)* **this is a sad day ~** hoy es un día tristísimo; **that is praise ~** es un gran elogio; **very happy ~** contentísimo(a); **it was a very pleasant journey ~** fue un viaje muy agradable; **I am very glad ~** me alegro muchísimo; **thank you very much ~** muchísimas gracias; **did you join in? – ~ not!** ¿te apuntaste? – ¡por supuesto que no!
  -4. *(what is more)* es más; **it is a serious problem, ~ it could mean the end of the project** es un problema grave, de hecho podría suponer el fin del proyecto; **I think so, ~ I am sure of it** creo que sí, es más, estoy seguro
  -5. *(expressing ironic surprise)* **have you ~?** ¿ah, sí?, ¿no me digas?; **why would he do that? – why ~?** ¿por qué haría una cosa así? – ¡desde luego! *or* exactamente, ¿por qué?
  -6. *(expressing scorn)* **"marketing manager" ~! he's just a glorified salesman** mucho "director *or Am* gerente de márketing" pero no deja de ser un mero vendedor
indefatigable [ɪndɪ'fætɪgəbəl] *adj Formal* infatigable, incansable
indefatigably [ɪndɪ'fætɪgəblɪ] *adv Formal* infatigablemente, incansablemente
indefensible [ɪndɪ'fensɪbəl] *adj (remark, conduct, opinion)* indefendible, injustificable
indefensibly [ɪndɪ'fensɪblɪ] *adv* de manera injustificable, inexcusablemente
indefinable [ɪndɪ'faɪnəbəl] *adj* indefinible
indefinite [ɪn'defɪnɪt] *adj* **-1.** *(period of time, number)* indefinido(a); **for an ~ period** por un período indefinido; **an ~ strike** una huelga indefinida **-2.** *(ideas, promises)* indefinido(a), vago(a) **-3.** GRAM indeterminado(a), indefinido(a) ❑ ~ **article** artículo *m* indeterminado *or* indefinido
indefinitely [ɪn'defɪnɪtlɪ] *adv* indefinidamente; **we can't go on like this ~** no podemos continuar así indefinidamente
indelible [ɪn'delɪbəl] *adj (ink)* indeleble; *(marker)* de tinta indeleble; *Fig (impression)* indeleble, imborrable
indelibly [ɪn'delɪblɪ] *adv (to print, mark)* de forma indeleble; *Fig* **the incident was ~ imprinted on my memory** el incidente quedó grabado indeleblemente en mi memoria
indelicacy [ɪn'delɪkəsɪ] *n* falta *f* de delicadeza
indelicate [ɪn'delɪkət] *adj* grosero(a)
indemnify [ɪn'demnɪfaɪ] *vt* **-1.** *(compensate)* **to ~ sb for sth** indemnizar a alguien por algo **-2.** *(insure)* **to ~ sb against sth** asegurar a alguien contra algo
indemnity [ɪn'demnɪtɪ] *n* **-1.** *(guarantee)* indemnidad *f* **-2.** *(money)* indemnización *f* **-3.** *(exemption) (from prosecution)* inmunidad *f*
indent ◇ *n* ['ɪndent] **-1.** *(in paragraph)* sangría *f*, sangrado *m* **-2.** *(in surface)* hendidura *f*
  ◇ *vt* [ɪn'dent] **-1.** *(paragraph)* sangrar **-2.** *(in surface)* grabar
indentation [ɪnden'teɪʃən] *n* **-1.** *(on edge)* muesca *f* **-2.** *(dent)* abolladura *f* **-3.** *(in paragraph)* sangría *f*, sangrado *m*
indented [ɪn'dentɪd] *adj* **-1.** *(edge)* dentado(a) **-2.** *(coastline)* recortado(a); **a heavily ~ coastline** un litoral muy recortado **-3.** *(line, paragraph)* sangrado(a)
indenture [ɪn'dentʃə(r)] ◇ *n* **indenture(s)** contrato *m* de aprendizaje
  ◇ *vt Old-fashioned* contratar como aprendiz; **he was indentured to a carpenter** lo contrataron como aprendiz de carpintero

independence [ɪndɪ'pendəns] *n* independencia *f*; **the country has recently gained its ~** el país conquistó la independencia recientemente ❑ **Independence Day** el Día de la Independencia

AMERICAN WAR OF INDEPENDENCE

Las trece colonias de Nueva Inglaterra, en reacción a la dureza demostrada por la administración británica en su política tributaria, emprendieron esta guerra para conseguir la independencia. Su inicio estuvo marcado por la Declaración de Independencia el 4 de julio de 1776; el conflicto bélico duró cinco años y el nuevo estado fue finalmente reconocido en 1783.

independent [ɪndɪ'pendənt] ◇ *adj* **-1.** *(free, autonomous) (person, country, inquiry)* independiente; **to be ~ of** ser independiente de; **to become ~** *(person)* independizarse; *(country)* conseguir la independencia, independizarse; **he is incapable of ~ thought/action** es incapaz de pensar/actuar por sí mismo
  -2. *(separate, unrelated)* independiente, diferente; **the rumour has been confirmed by two ~ sources** el rumor ha sido confirmado por dos fuentes diferentes
  -3. *(financially)* **she is ~ of her parents** es (económicamente) independiente de sus padres; **a woman of ~ means** una mujer que vive de sus rentas
  -4. *Br (not state-run)* ~ **school** colegio *m* privado; ~ **television** televisión *f* privada
  -5. GRAM ~ **clause** oración *f* independiente
  ◇ *n* POL independiente *mf*
independently [ɪndɪ'pendəntlɪ] *adv* **-1.** *(on one's own)* (work, live) independientemente; **he left the company to set up ~** abandonó la empresa para establecerse como por su cuenta; **to be ~ wealthy** vivir de las rentas; **she's very ~ minded** es muy independiente en su forma de pensar
  -2. *(separately)* por separado; **she was warned by three people ~** la avisaron tres personas por separado, tres personas distintas la avisaron; **~ of other considerations...** al margen de otras consideraciones...
in-depth ['ɪn depθ] *adj* a fondo, exhaustivo(a)
indescribable [ɪndɪs'kraɪbəbəl] *adj (pain, beauty)* indescriptible; **~ boredom** un aburrimiento indecible *or* inenarrable
indescribably [ɪndɪs'kraɪbəblɪ] *adv* indescriptiblemente; **~ tedious/boring** increíblemente tedioso(a)/aburrido(a); **he was ~ handsome** con palabras no se puede describir lo atractivo que era
indestructible [ɪndɪs'trʌktəbəl] *adj* indestructible
indestructibility [ɪndɪstrʌktɪ'bɪlɪtɪ] *n* indestructibilidad *f*
indeterminable [ɪndɪ'tɜːmɪnəbəl] *adj (unmeasurable)* indeterminable
indeterminacy [ɪndɪ'tɜːmɪnəsɪ] *n* indeterminación *f*
indeterminate [ɪndɪ'tɜːmɪnət] *adj* **-1.** *(unspecified)* indeterminado(a); **for an ~ period** por un período indeterminado **-2.** MATH indeterminado(a)
index ['ɪndeks] ◇ *n (pl* **indexes** *or* **indices** ['ɪndɪsiːz]) **-1.** *(of book, database)* índice *m* **-2.** *(in library)* índice *m* ❑ ~ **card** ficha *f* **-3.** ~ **finger** (dedo *m*) índice *m* **-4.** *(scale) (financial)* índice *m* ❑ FIN ~ **fund** fondo *m* indexado; ~ **number** índice *m* **-5.** *(indication)* índice *m*; **it is a good ~ of the current political mood** es un buen índice del actual talante político
  ◇ *vt* **-1.** *(book)* indizar; *(database)* indizar, indexar; *(word, name)* incluir en un índice; **you'll find it indexed under "science"** figura en el índice bajo el epígrafe "ciencia" **-2.** FIN *(wages)* indexar; **pensions are indexed to inflation** las pensiones están indexadas a la tasa de inflación
indexation [ɪndek'seɪʃən] *n* FIN indexación *f*

index-linked [ˌɪndeksˈlɪŋkt] *adj* FIN *(wages, pension)* indexado(a)

India [ˈɪndɪə] *n* **-1.** *(country)* (la) India **-2. ~ rubber** *(material)* caucho *m*; *(eraser)* goma *f* (de borrar) **-3.** *US* **~ ink** tinta *f* china

Indiaman [ˈɪndɪəmən] *n Br* HIST = barco destinado al comercio con la India/las Indias Orientales

Indian [ˈɪndɪən] ◇ *n* **-1.** *(native of India)* indio(a) *m,f*, hindú *mf* **-2.** *(Native American)* indio(a) *m,f*, indígena *mf* **-3.** *Br Fam (meal)* comida *f* india *or* hindú

◇ *adj* **-1.** *(from India)* indio(a), hindú ❑ **~ club** maza *f*; **~ elephant** elefante *m* asiático; *Br* **~ ink** tinta *f* china; HIST **the ~ Mutiny** la sublevación de los cipayos; **the ~ Ocean** el Océano Índico; **~ rope-trick** = truco atribuido a los indios de trepar por una soga suspendida en el aire

-2. *(Native American)* indio(a), *Am* indígena ❑ *US* **~ agent** = representante del gobierno federal en las reservas de los indios americanos; **~ corn** maíz *m*, *Andes, RP* choclo *m*; **~ file** fila *f* india; *US* **~ giver: don't be an ~ giver, Tommy!** ¡santa Rita, santa Rita, lo que se da no se quita, Tommy!; **~ hemp** cáñamo *m* indio; **~ summer** *(in northern hemisphere)* veranillo *m* de San Martín; *(in southern hemisphere)* veranillo *m* de San Juan

indicate [ˈɪndɪkeɪt] ◇ *vt* **-1.** *(point to, signpost)* señalar, indicar; **to ~ the way** indicar el camino; **the exits are clearly indicated** las salidas están claramente señalizadas

-2. *(of dial, instrument)* indicar, señalar

-3. *(show, suggest)* indicar, apuntar a; **all the pointers ~ a rise in unemployment later in the year** todos los indicadores apuntan a un aumento de la tasa de desempleo antes de que acabe el año

-4. *(state, make clear)* manifestar, indicar; **he indicated his willingness to help** manifestó su disposición a ayudar; **she indicated that the interview was over** indicó que la entrevista había terminado; **as I have already indicated** como ya he señalado

-5. *(require)* convenir, ser lo indicado; **surgery is indicated** conviene operar, lo (más) indicado es operar

◇ *vi Br (car-driver)* poner el intermitente

indication [ˌɪndɪˈkeɪʃən] *n* **-1.** *(sign)* indicio *m*; **she gave no ~ of her feelings** no dio ningún indicio de cuáles eran sus sentimientos; **he gave early indications of his talent** pronto dio muestras de su talento; **he gave us a clear ~ of his intentions** nos dejó ver claramente sus intenciones, nos dio claros indicios de cuáles eran sus intenciones; **there is every ~ that he was speaking the truth** todo parece indicar que dijo la verdad; **all the indications are that..., there is every ~ that...** todo indica que..., todo apunta a que...

-2. MED indicación *f*

indicative [ɪnˈdɪkətɪv] ◇ *n* GRAM indicativo *m*

◇ *adj* **-1.** *(symptomatic)* indicativo(a) (**of** de); **this behaviour is ~ of a strong personality** ese comportamiento denota una personalidad fuerte **-2.** GRAM **~ mood** modo *m* indicativo

indicator [ˈɪndɪkeɪtə(r)] *n* **-1.** *(instrument)* indicador *m* **-2.** *(sign)* indicador *m*; **it's a good ~ of future performance** es un buen indicador del desempeño futuro; **economic indicators** indicadores económicos **-3. ~ board** *(at station, in airport)* panel *m* de información **-4.** *Br* AUT intermitente *m*, *Bol* guiñador *m*, *Chile* señalizador *m*, *Col, Ecuad, Méx* direccional *m*, *Urug* señalero *m*

indices *pl of* **index**

indict [ɪnˈdaɪt] *vt* LAW acusar (formalmente) (**for** de)

indictable [ɪnˈdaɪtəbəl] *adj* LAW **~ offence** delito *m* procesable *or* grave

indictment [ɪnˈdaɪtmənt] *n* **-1.** LAW *(document)* acta *f or* escrito *m* de acusación formal; *(act)* acusación *f* formal **-2.** *(condemnation)* **it is an ~ of our society** pone en tela de juicio a nuestra sociedad

indie [ˈɪndɪ] *Fam* ◇ *n* productor(a) *m,f* independiente

◇ *adj (music, movie)* independiente

indifference [ɪnˈdɪfərəns] *n* **-1.** *(lack of interest)* indiferencia *f* (**to** *or* **towards** a); **with total ~ con total indiferencia -2.** *(unimportance)* **it's a matter of complete ~ to me** es un asunto que me trae sin cuidado **-3.** *(mediocrity)* mediocridad *f*

indifferent [ɪnˈdɪfərənt] *adj* **-1.** *(not interested)* indiferente (**to** a); **he was ~ to her pleas** fue indiferente a sus súplicas; **~ to the danger** indiferente al peligro **-2.** *(unimportant)* **it's entirely ~ to me whether they go or stay** me es totalmente indiferente si se van o se quedan **-3.** *(mediocre)* mediocre, regular; **good, bad or ~** bueno(a), malo(a) *o* regular

indifferently [ɪnˈdɪfərəntlɪ] *adv* **-1.** *(uninterestedly)* con indiferencia **-2.** *(mediocrely)* de forma mediocre

indigence [ˈɪndɪdʒəns] *n Formal* indigencia *f*

indigenous [ɪnˈdɪdʒɪnəs] *adj* indígena (**to** de), autóctono(a); **rabbits are not ~ to Australia** los conejos no son autóctonos de Australia

indigent [ˈɪndɪdʒənt] *adj Formal* indigente

indigestible [ˌɪndɪˈdʒestəbəl] *adj* **-1.** *(food)* indigesto(a), indigerible **-2.** *(writing)* intragable, indigesto(a)

indigestion [ˌɪndɪˈdʒestʃən] *n* indigestión *f*; **to have ~** tener una indigestión; **spicy food gives me ~** la comida muy condimentada me produce indigestión

indignant [ɪnˈdɪgnənt] *adj* indignado(a); **he was ~ at her attitude** lo indignaba su actitud; **to get ~ about sth** indignarse por algo

indignantly [ɪnˈdɪgnəntlɪ] *adv* indignadamente, con indignación

indignation [ˌɪndɪgˈneɪʃən] *n* indignación *f*

indignity [ɪnˈdɪgnɪtɪ] *n* indignidad *f*, humillación *f*; **the ~ of it!** ¡lo humillante que resulta!, ¡la humillación que supone!

indigo [ˈɪndɪgəʊ] ◇ *n* añil *m*

◇ *adj* añil

indirect [ˌɪndɪˈrekt] *adj* **-1.** *(not direct)* indirecto(a); **by an ~ route** por *or* siguiendo un camino indirecto ❑ COM **~ costs** costos *or Esp* costes *mpl* indirectos; **~ free kick** tiro *m* libre indirecto; **~ lighting** iluminación *f* indirecta; FIN **~ taxation** impuestos *mpl* indirectos **-2.** GRAM **~ object** complemento *m or* objeto *m* indirecto; **~ question** oración *f* interrogativa indirecta; **~ speech** estilo *m* indirecto

indirectly [ˌɪndɪˈrektlɪ] *adv* indirectamente; **I heard about it ~** me he enterado indirectamente; **she felt ~ responsible** se sentía indirectamente responsable

indirectness [ˌɪndɪˈrektnɪs] *n* tortuosidad *f*, sinuosidad *f*

indiscernible [ˌɪndɪˈsɜːnɪbəl] *adj* indiscernible

indiscipline [ɪnˈdɪsɪplɪn] *n* indisciplina *f*

indiscreet [ˌɪndɪsˈkriːt] *adj* indiscreto(a)

indiscreetly [ˌɪndɪsˈkriːtlɪ] *adv* con indiscreción

indiscretion [ˌɪndɪsˈkreʃən] *n* **-1.** *(lack of discretion)* indiscreción *f* **-2.** *(unwise act)* imprudencia *f*, falta *f*; *(unwise remark)* indiscreción *f*

indiscriminate [ˌɪndɪsˈkrɪmɪnət] *adj* indiscriminado(a); **it was ~ slaughter** fue una masacre indiscriminada; **to distribute punishment/praise** repartir castigos/elogios de manera indiscriminada; **to be ~ in one's praise** hacer elogios indiscriminadamente; **children are ~ in their television viewing** los niños no son selectivos a a la hora de mirar la televisión

indiscriminately [ˌɪndɪsˈkrɪmɪnətlɪ] *adv* indiscriminadamente; **he reads ~** no tiene criterio en cuestión de lectura; **they fired ~ into the crowd** dispararon de forma indiscriminada contra la multitud; **the plague struck rich and poor ~** la epidemia atacó por igual a ricos y pobres

indispensable [ˌɪndɪsˈpensəbəl] *adj* indispensable, imprescindible; **to make oneself ~** hacerse indispensable *or* imprescindible

indisposed [ˌɪndɪsˈpəʊzd] *adj Formal* **-1.** *(ill)* indispuesto(a); **to be ~** hallarse indispuesto(a) **-2.** *(unwilling)* **to be ~ to do sth** no estar dispuesto(a) a hacer algo

indisposition [ˌɪndɪspəˈzɪʃən] *n Formal (illness)* indisposición *f*

indisputable [ˌɪndɪsˈpjuːtəbəl] *adj* indiscutible; **it is ~ that...** es indiscutible que..., no cabe duda de que...; **she has built up an ~ lead over the others** ha ido ganando una indiscutible supremacía sobre los demás

indisputably [ˌɪndɪsˈpjuːtəblɪ] *adv* indiscutiblemente; **he is ~ the best in his field** indiscutiblemente *or* sin lugar a dudas, es el mejor en su especialidad

indissoluble [ˌɪndɪˈsɒljʊbəl] *adj Formal* indisoluble

indissolubly [ˌɪndɪˈsɒljʊblɪ] *adv Formal* indisolublemente

indistinct [ˌɪndɪsˈtɪŋkt] *adj* indistinto(a), impreciso(a); **it was just an ~ blur on the horizon** tan sólo era un perfil borroso en el horizonte

indistinctly [ˌɪndɪsˈtɪŋktlɪ] *adv (to speak)* ininteligiblemente; *(to see, remember)* de forma imprecisa *or* confusa

indistinguishable [ˌɪndɪsˈtɪŋgwɪʃəbəl] *adj* indistinguible (**from** de); **the twins are ~** los gemelos son indistinguibles entre sí

indium [ˈɪndɪəm] *n* CHEM indio *m*

individual [ˌɪndɪˈvɪdjʊəl] ◇ *n* **-1.** *(not member of a group)* individuo *m*; **no one ~ is responsible for the accident** nadie en particular es responsable del accidente; **as a private ~** a título personal **-2.** *Fam (person)* individuo *m*, sujeto *m*; **a bizarre ~** un individuo *or* tipo extrañísimo

◇ *adj* **-1.** *(of or for one person, thing)* individual; **~ portions** porciones individuales; **his pupils get ~ attention** sus alumnos reciben atención personalizada ❑ SPORT **~ medley** *(in swimming)* prueba *f* de estilos individual; **~ pursuit** *(in cycling)* persecución *f* individual; **~ time trial** *(in cycling)* contrarreloj *f* individual

-2. *(characteristic)* personal; **she has a very ~ way of working** tiene un forma de trabajar muy personal

-3. *(single)* individual; **the ~ hospitals are responsible for running their own affairs** cada hospital lleva sus propios asuntos; **no ~ person is responsible, but...** individualmente ninguna persona es responsable, pero...; **each ~ incident** cada uno de los hechos

individualism [ˌɪndɪˈvɪdjʊəlɪzəm] *n* individualismo *m*

individualist [ˌɪndɪˈvɪdjʊəlɪst] *n* individualista *mf*

individualistic [ˌɪndɪvɪdjʊəˈlɪstɪk] *adj* individualista

individuality [ˌɪndɪvɪdjʊˈælɪtɪ] *n* individualidad *f*

individualize [ˌɪndɪˈvɪdjʊəlaɪz] *vt* individualizar

individually [ˌɪndɪˈvɪdjʊəlɪ] *adv (separately)* individualmente; **he spoke to us all ~** nos habló a todos uno por uno *or* por separado; **~ wrapped** envuelto(a) por separado *or* individualmente

indivisibility [ˌɪndɪvɪzɪˈbɪlɪtɪ] *n* indivisibilidad *f*

indivisible [ˌɪndɪˈvɪzɪbəl] *adj* indivisible

Indo- [ˈɪndəʊ] *prefix* indo-; **an ~Pakistani agreement** un acuerdo indopaquistaní

Indochina [ˌɪndəʊˈtʃaɪnə] *n Formerly* Indochina

Indochinese [ˌɪndəʊtʃaɪˈniːz] *Formerly* ◇ *n* indochino(a) *m,f*

◇ *adj* indochino(a)

indoctrinate [ɪnˈdɒktrɪneɪt] *vt* adoctrinar; **he indoctrinated his pupils with his prejudices** inculcó sus prejuicios a sus alumnos

indoctrination [ɪnˌdɒktrɪˈneɪʃən] *n* adoctrinamiento *m*

Indo-European [ˌɪndəʊjʊərəˈpɪən] ◇ *n* indoeuropeo(a) *m,f*

◇ *adj* indoeuropeo(a)

indolence [ˈɪndələns] *n Formal* indolencia *f*

indolent [ˈɪndələnt] *adj Formal* indolente

indomitable [ɪn'dɒmɪtəbəl] *adj Formal* indómito(a)

Indonesia [ɪndə'niːzɪə] *n* Indonesia

Indonesian [ɪndə'niːʒən] ◇ *n* **-1.** *(person)* indonesio(a) *m,f* **-2.** *(language)* indonesio *m*
◇ *adj* indonesio(a)

indoor ['ɪndɔː(r)] *adj (plant, photography)* de interior; *(toilet)* interior; *(clothing)* de estar en *or* por casa, *Esp* de andar por casa, *RP* de entre casa; *(tennis court, swimming pool)* cubierto(a) ❑ **~ athletics** atletismo *m* en pista cubierta; **~ five-a-side** fútbol *m* sala; **~ games** *(sports)* juegos *mpl* en pista cubierta *or* instalaciones cerradas; *(board games, charades)* juegos *mpl* de mesa *or* interior; **~ track** pista *f* cubierta; **~ trial** trial *m* indoor

indoors [ɪn'dɔːz] *adv* dentro (de casa); **to go ~** entrar en casa; **it's much cooler ~** hace mucho más fresco dentro (de la casa)

Indo-Pakistan ['ɪndəʊpɑːkɪ'stɑːn] *adj (war, relations)* indopaquistaní

indorse, indorsee *etc* = endorse, endorsee *etc*

indraught, *US* **indraft** ['ɪndrɑːft] *n (of liquid, air)* absorción *f*, succión *f*

indrawn [ɪn'drɔːn] *adj* **~ breath** inspiración *f*, aspiración *f*

indubitable [ɪn'djuːbɪtəbəl] *adj Formal* indudable

indubitably [ɪn'djuːbɪtəblɪ] *adv Formal* indudablemente, sin (lugar a) duda

induce [ɪn'djuːs] *vt* **-1.** *(persuade)* inducir; **to ~ sb to do sth** inducir a alguien a hacer algo; **nothing would ~ me to change my mind** nada me llevaría *or* induciría a cambiar de opinión **-2.** *(cause)* provocar, producir **-3.** MED **to ~ labour** provocar *or* inducir el parto; **she had to be induced** tuvieron que provocarle el parto **-4.** ELEC inducir

inducement [ɪn'djuːsmənt] *n (incentive)* aliciente *m*, incentivo *m*; **he was offered considerable financial inducements to leave his company** le ofrecieron jugosos incentivos para que abandonara la empresa

induct [ɪn'dʌkt] *vt* **-1.** *(to job, rank)* investir **-2.** *US* MIL reclutar

inductance [ɪn'dʌktəns] *n* PHYS inductancia *f*

inductee ['ɪndʌk'tiː] *n US* MIL recluta *mf*

induction [ɪn'dʌkʃən] *n* **-1.** *(into new job, group)* iniciación *f* ❑ *esp Br* **~ course** cursillo *m* introductorio
-2. PHYS ELEC inducción *f* ❑ **~ coil** bobina *f* de inducción; **~ heating** calefacción *f* por inducción; **~ loop system** = sistema de transmisión inductivo para audífonos; **~ motor** motor *m* de inducción
-3. *(logical reasoning)* inducción *f*
-4. MED *(of labour)* inducción *f*
-5. *US* MIL incorporación *f* a filas

inductive [ɪn'dʌktɪv] *adj (reasoning)* inductivo(a)

inductively [ɪn'dʌktɪvlɪ] *adv* inductivamente, de manera inductiva

indulge [ɪn'dʌldʒ] ◇ *vt* consentir; **they indulged his every whim** le consentían todos los caprichos; **to ~ oneself** darse un capricho *or* un gusto
◇ *vi* **to ~ in alcohol** darse a la bebida; **to ~ in idle speculation** entregarse a especulaciones vanas; **no thank you, I don't ~** *(drink, smoke)* no gracias, no tengo la costumbre

indulgence [ɪn'dʌldʒəns] *n* **-1.** *(tolerance, generosity)* indulgencia *f*; **he watched their antics with ~** observaba complacido sus travesuras
-2. *(gratification)* **the ~ of his every desire** la satisfacción de todos sus deseos; **he criticized their excessive ~ in alcohol** criticó su abuso del alcohol
-3. *(pleasure, treat)* **I allow myself the occasional ~** de vez en cuando me permito algún capricho; **smoking is my only ~** el tabaco es mi único vicio
-4. REL indulgencia *f*

indulgent [ɪn'dʌldʒənt] *adj* indulgente (**to** con); **you shouldn't be so ~ with your children** no deberías ser tan indulgente con tus hijos

indulgently [ɪn'dʌldʒəntlɪ] *adv* con indulgencia

Indus ['ɪndəs] *n* **the ~** el (río) Indo

industrial [ɪn'dʌstrɪəl] *adj* industrial; **for ~ use only** sólo para uso industrial; **in ~ quantities** en cantidades industriales ❑ **~ accident** accidente *m* laboral; **~ action** movilizaciones *fpl* (obreras); **to take ~ action** movilizarse; **~ archaeology** arqueología *f* industrial; **~ belt** cinturón *m* industrial; **~ democracy** democracia *f* económica *or* empresarial; **~ design** diseño *m* industrial; **~ designer** diseñador(ora) *m,f* industrial; **~ diamond** diamante *m* industrial; **~ disability** incapacidad *f* laboral; *Br* **~ disablement** incapacidad *f* laboral; **~ disease** enfermedad *f* laboral; *Br* **~ dispute** conflicto *m* laboral; **~ engineer** ingeniero(a) *m,f* industrial; **~ espionage** espionaje *m* industrial; *Br* **~ estate** polígono *m* industrial; **~ goods** bienes *mpl* de producción; **~ injury** lesión *f* laboral; *US* **~ park** polígono *m* industrial; **~ relations** relaciones *fpl* laborales; HIST **the Industrial Revolution** la Revolución Industrial; *Br* LAW **~ tribunal** tribunal *m* laboral, *Esp* magistratura *f* de trabajo; **~ unrest** conflictividad *f* laboral; **~ waste** residuos *mpl* industriales

industrialism [ɪn'dʌstrɪəlɪzəm] *n* ECON industrialismo *m*

industrialist [ɪn'dʌstrɪəlɪst] *n* industrial *mf*

industrialization [ɪndʌstrɪəlaɪ'zeɪʃən] *n* industrialización *f*

industrialize [ɪn'dʌstrɪəlaɪz] ◇ *vt* industrializar
◇ *vi* industrializarse

industrialized [ɪn'dʌstrɪəlaɪzd] *adj* industrializado(a)

industrial-strength [ɪn'dʌstrɪəlstreŋθ] *adj (glue, material)* de uso industrial; *Hum (coffee)* muy fuerte

industrious [ɪn'dʌstrɪəs] *adj (pupil, worker)* aplicado(a), afanoso(a); *(research)* laborioso(a)

industriously [ɪn'dʌstrɪəslɪ] *adv* afanosamente, con afán *or* ahínco

industriousness [ɪn'dʌstrɪəsnɪs] *n* afán *m*, aplicación *f*

industry ['ɪndʌstrɪ] *n* **-1.** *(in general)* industria *f*; **heavy/light ~** industria pesada/ligera; **both sides of ~** la patronal y los sindicatos; **European ~ is facing recession** la industria europea se enfrenta a una recesión
-2. *(particular sector)* sector *m*, industria *f*; **the aircraft/mining/shipping ~** el sector aeronáutico/minero/naviero, la industria aeronáutica/minera/naviera; **the tourist ~** el sector turístico; **the entertainment ~** la industria *or* el sector del espectáculo
-3. *Formal (hard work)* aplicación *f*

inebriate *Formal* ◇ *n* [ɪ'niːbrɪət] bebedor(ora) *m,f*
◇ *adj* ebrio(a), embriagado(a)
◇ *vt* [ɪ'niːbrɪeɪt] embriagar

inebriated [ɪn'iːbrɪeɪtɪd] *adj Formal* ebrio(a); **to be ~** estar ebrio(a)

inebriation [ɪniːbrɪ'eɪʃən] *n Formal* ebriedad *f*, embriaguez *f*

inedible [ɪn'edɪbəl] *adj* **-1.** *(not edible)* incomestible **-2.** *(unpalatable)* incomible

ineducable [ɪn'edjʊkəbəl] *adj* imposible de educar, incapacitado(a) para el aprendizaje

ineffable [ɪn'efəbəl] *adj Formal* inefable, indescriptible

ineffably [ɪn'efəblɪ] *adv Formal* inefablemente, indescriptiblemente

ineffective [ɪnɪ'fektɪv] *adj (measure, drug)* ineficaz; *(attempt)* inútil; *(teacher, chairman)* incompetente; **to render sth ~** inutilizar algo

ineffectiveness ['ɪnɪ'fektɪvnɪs] *n (of measure, drug)* ineficacia *f*; *(of attempt)* infructuosidad *f*, improductividad *f*; *(of teacher, chairman)* ineptitud *f*, incompetencia *f*

ineffectual [ɪnɪ'fektjʊəl] *adj* **-1.** *(person)* inepto(a) **-2.** *(measure)* ineficaz

ineffectually [ɪnɪ'fektjʊəlɪ] *adv* de forma ineficaz

inefficacious [ɪnefɪ'keɪʃəs] *adj Formal* ineficaz

inefficiency [ɪnɪ'fɪʃənsɪ] *n* ineficiencia *f*; **he was sacked for ~** lo echaron del trabajo por ineficiente *or* incompetente

inefficient [ɪnɪ'fɪʃənt] *adj* ineficiente; **an ~ use of resources** un empleo *or* uso ineficiente de los recursos

inefficiently [ɪnɪ'fɪʃəntlɪ] *adv* de forma ineficiente

inelastic [ɪnɪ'læstɪk] *adj* **-1.** *(material)* rígido(a) **-2.** *(principles)* rígido(a) **-3.** PHYS *(collision)* inelástico(a)

inelegant [ɪn'elɪgənt] *adj* vulgar, poco elegante

inelegantly [ɪn'elɪgəntlɪ] *adv* sin elegancia, con poca elegancia

ineligibility [ɪnelɪdʒə'bɪlɪtɪ] *n* ausencia *f* del derecho (**for** a)

ineligible [ɪn'elɪdʒɪbəl] *adj* **-1.** *(unqualified)* **to be ~ for sth** no tener derecho a algo; **he is ~ for the post** no reúne las condiciones *or* requisitos necesarias para ocupar el puesto; **to be ~ for military service** no ser apto para (hacer) el servicio militar; **they are ~ for unemployment benefit** no tienen derecho al subsidio por desempleo; **they are ~ to vote** no pueden votar, no tienen derecho al voto
-2. *(for election)* inelegible

ineluctable [ɪnɪ'lʌktəbəl] *adj Literary* ineluctable, insoslayable

ineluctably [ɪnɪ'lʌktəblɪ] *adv Literary* ineluctablemente, inevitablemente

inept [ɪn'ept] *adj* **-1.** *(clumsy)* inhábil, torpe (**at** para) **-2.** *(inappropriate)* inapropiado(a)

ineptitude [ɪn'eptɪtjuːd], **ineptness** [ɪ'neptnɪs] *n* ineptitud *f*

ineptly [ɪn'eptlɪ] *adv* con bastante ineptitud

inequality [ɪnɪ'kwɒlɪtɪ] *n* desigualdad *f*

inequitable [ɪn'ekwɪtəbəl] *adj Formal* injusto(a), no equitativo(a)

inequity [ɪn'ekwɪtɪ] *n Formal* injusticia *f*

ineradicable [ɪnɪ'rædɪkəbəl] *adj* indeleble, imposible de borrar; **being jilted at the altar left an ~ scar in his mind** el que lo dejaran plantado en el altar lo marcó para siempre

inert [ɪ'nɜːt] *adj (motionless)* inmóvil ❑ CHEM **~ gas** gas *m* noble *or* inerte

inertia [ɪ'nɜːʃɪə] *n* inercia *f* ❑ *Br* **~ selling** venta *f* por inercia

inertia-reel [ɪn'ɜːʃəriːl] *adj* AUT **~ seat belt** cinturón *m* de seguridad autotensable *or* con pretensor

inescapable [ɪnɪ'skeɪpəbəl] *adj (conclusion)* inevitable, ineludible; *(consequence, result)* inevitable, ineluctable; **it is an ~ fact that...** no se puede ignorar que...

inescapably [ɪnɪ'skeɪpəblɪ] *adv* inevitablemente, ineluctablemente

inessential [ɪnɪ'senʃəl] ◇ *n* cosa *f* superflua *or* innecesaria; **to do without inessentials** prescindir de todo lo que sea superfluo *or* innecesario
◇ *adj* superfluo(a), innecesario(a)

inestimable [ɪn'estɪməbəl] *adj Formal* inestimable, inapreciable; **of ~ value** de incalculable *or* inestimable valor

inevitability [ɪnevɪtə'bɪlɪtɪ] *n* inevitabilidad *f*

inevitable [ɪn'evɪtəbəl] ◇ *n* **we resigned ourselves to the ~** nos resignamos a *or* ante lo inevitable
◇ *adj* inevitable; **war seems ~** la guerra parece inevitable; **it's ~ that someone will feel left out** es inevitable que alguien se sienta excluido

inevitably [ɪn'evɪtəblɪ] *adv* inevitablemente; **~, some will feel disappointed** inevitablemente, habrá quien se sienta decepcionado(a)

inexact [ɪnɪg'zækt] *adj* inexacto(a); **it's an ~ science** es una ciencia inexacta

inexactly [ɪnɪg'zæktlɪ] *adv* inexactamente, con inexactitud

inexcusable [ɪnɪks'kjuːzəbəl] *adj* inexcusable, injustificable

inexcusably [ɪnɪks'kjuːzəblɪ] *adv* injustificablemente; **an ~ violent attack** un ataque de una virulencia inexcusable *or* fuera de

inexhaustible   378   **inflect**

lugar; **quite ~, I had left the papers at home** había olvidado los papeles en casa, lo cual era del todo imperdonable

inexhaustible [ˌɪneɡˈzɔːstəbəl] *adj* **-1.** *(source, energy, patience)* inagotable; **she had an ~ supply of jokes** tenía un repertorio de chistes inagotable **-2.** *(person)* infatigable, incansable

inexorability [ɪnˌeksərəˈbɪlɪtɪ] *n* inexorabilidad *f*

inexorable [ɪnˈeksərəbəl] *adj* inexorable

inexorably [ɪnˈeksərəblɪ] *adv* inexorablemente

inexpedient [ˌɪnɪkˈspiːdɪənt] *adj Formal* desacertado(a)

inexpensive [ˌɪnɪksˈpensɪv] *adj* económico(a), barato(a)

inexpensively [ˌɪnɪksˈpensɪvlɪ] *adv (to live)* con pocos gastos; *(to buy, sell)* a bajo precio; *(to eat)* barato

inexperience [ˌɪnɪksˈpɪərɪəns] *n* inexperiencia *f*

inexperienced [ˌɪnɪksˈpɪərɪənst] *adj* inexperto(a); **to the ~ eye/ear** para el ojo/oído inexperto; **he's ~ in handling staff** no tiene experiencia en cuestiones de personal

inexpert [ɪnˈekspɜːt] *adj* inexperto(a); **an ~ attempt** un torpe intento

inexpertly [ɪnˈekspɜːtlɪ] *adv* con torpeza

inexplicable [ˌɪnɪksˈplɪkəbəl] *adj* inexplicable

inexplicably [ˌɪnɪksˈplɪkəblɪ] *adv* inexplicablemente

inexpressible [ˌɪnɪksˈpresɪbəl] *adj* indescriptible, indecible

inexpressive [ˌɪnɪksˈpresɪv] *adj* inexpresivo(a)

inextinguishable [ˌɪnɪksˈtɪŋgwɪʃəbəl] *adj* inextinguible; *Fig* **an ~ thirst for liberty** una sed insaciable de libertad

in extremis [ˌɪneksˈtriːmɪs] *adv Formal* **-1.** *(in extreme situation)* en un caso extremo **-2.** *(about to die)* in extremis

inextricable [ˌɪnɪkˈstrɪkəbəl] *adj* inextricable

inextricably [ˌɪneksˈtrɪkəblɪ] *adv* inseparablemente

infallibility [ɪnˌfælɪˈbɪlɪtɪ] *n* infalibilidad *f*

infallible [ɪnˈfælɪbəl] *adj* infalible

infallibly [ɪnˈfælɪblɪ] *adv* **-1.** *(without mistakes)* de forma infalible, sin un sólo error **-2.** *(inevitably, as usual)* indefectiblemente

infamous [ˈɪnfəməs] *adj* **-1.** *(notorious)* infame, despreciable; **to be ~ for sth** ser tristemente famoso(a) por algo **-2.** *(shocking) (conduct)* infame, innoble

infamy [ˈɪnfəmɪ] *n Formal* infamia *f*

infancy [ˈɪnfənsɪ] *n* **-1.** *(childhood)* infancia *f*; *Fig* **when medicine was still in its ~** cuando la medicina daba sus primeros pasos **-2.** LAW minoría *f* de edad

infant [ˈɪnfənt] *n* **-1.** *(baby)* bebé *m, Andes* guagua *f, RP* bebe(a) *m,f; (small child)* niño(a) *m,f* pequeño(a), *Andes* pelado(a) *m,f, RP* nene(a) *m,f* ❏ MED **~ mortality** mortalidad *f* infantil
  -2. *Br* EDUC niño(a) *m,f* (de unos 5 a 7 años), párvulo(a) *m,f* ❏ **~ class** clase *f* de párvulos; **~ school** colegio *m* de párvulos, escuela *f* infantil
  -3. LAW menor *mf* de edad
  ◇ *adj (organization)* naciente, nuevo(a); **the ~ Church** la Iglesia naciente

infanticide [ɪnˈfæntɪsaɪd] *n* **-1.** *(act)* infanticidio *m* **-2.** *(person)* infanticida *mf*

infantile [ˈɪnfəntaɪl] *adj* **-1.** *Pej (childish)* pueril, infantil **-2.** MED infantil

infantilism [ɪnˈfæntɪlɪzəm] *n* PSY infantilismo *m*

infantry [ˈɪnfəntrɪ] *n* infantería *f*

infantryman [ˈɪnfəntrɪmən] *n* soldado *m* de infantería, infante *m*

infatuated [ɪnˈfætjʊeɪtɪd] *adj* **to be/become ~ with** estar/quedarse prendado(a) de, estar encaprichado(a) con

infatuation [ɪnˌfætjʊˈeɪʃən] *n* encaprichamiento *m (amoroso)*

infect [ɪnˈfekt] *vt* **-1.** *(with disease)* infectar; **to become or get infected** *(of wound)* infectarse; **to ~ sb with sth** contagiar algo a alguien; **he infected all his friends with the flu** le pegó *or* contagió la gripe a todos sus amigos **-2.** *(food, water, area)* contaminar, infectar **-3.** *Fig (with prejudice)* emponzoñar; **her enthusiasm infected us all** nos contagió a todos su entusiasmo **-4.** COMPTR *(with virus)* infectar

infection [ɪnˈfekʃən] *n* **-1.** *(of person)* contagio *m; (of wound)* infección *f*; **to guard against ~ by bacteria** proteger contra una infección bacteriana; **a throat ~** una infección de garganta **-2.** *(of food, water, area)* contaminación *f*, infección *f*

infectious [ɪnˈfekʃəs] *adj* **-1.** *(disease)* infeccioso(a) **-2.** *(person)* **is he still ~?** ¿puede contagiar todavía su enfermedad?, ¿todavía contagia? **-3.** *(laughter, enthusiasm)* contagioso(a)

infectiousness [ɪnˈfekʃəslɪ] *adv* **-1.** *(of disease)* naturaleza *f* infecciosa **-2.** *(of laughter, enthusiasm)* contagiosidad *f*

infelicitous [ˌɪnfɪˈlɪsɪtəs] *adj Formal (comment)* desafortunado(a)

infer [ɪnˈfɜː(r)] *(pt & pp* **inferred***) vt* **-1.** *(deduce)* inferir, deducir **(from** de**)**; **what are we to ~ from their silence?** ¿cómo debemos interpretar su silencio? **-2.** *(considered incorrect) (imply)* insinuar; **what are you inferring?** ¿qué insinúas?

inferable = **inferrable**

inference [ˈɪnfərəns] *n* inferencia *f*, deducción *f*; **what ~ can we draw from this?** ¿qué conclusión podemos sacar de esto?; **by ~** por deducción

inferential [ˌɪnfəˈrenʃəl] *adj* deductivo(a)

inferior [ɪnˈfɪərɪə(r)] ◇ *n* inferior *mf*; **to be sb's ~** ser inferior a alguien
  ◇ *adj* **-1.** *(more junior)* inferior; **an ~ officer** un (oficial) inferior **-2.** *(in quality, worth, status)* inferior **(to** a**)**; **to make sb feel ~** hacer sentir inferior a alguien

inferiority [ɪnˌfɪərɪˈɒrɪtɪ] *n* inferioridad *f* **(to** respecto de, con respecto a**)** ❏ **~ complex** complejo *m* de inferioridad

infernal [ɪnˈfɜːnəl] *adj* **-1.** *(diabolical)* infernal, diabólico(a); **the ~ flames** las llamas del infierno **-2.** *Fam (awful)* infernal, de mil *or* de todos los demonios; **stop that ~ racket** *or* **din! ¡para con ese ruido del demonio!; that ~ little man! ¡esa peste de hombre!**

infernally [ɪnˈfɜːnəlɪ] *adv Fam* **I have ~ noisy neighbours** tengo unos vecinos que arman un ruido infernal *or* de mil demonios; **she takes an ~ long time getting ready to go out** el tiempo que tarda *or Am* demora en arreglarse para salir es como para desesperar al más pintado

inferno [ɪnˈfɜːnəʊ] *(pl* **infernos***) n* **-1.** *(fire)* incendio *m* devastador *or* pavoroso; **the building was soon an ~** rápidamente se desató un pavoroso *or* devastador incendio en el edificio **-2.** *(hell)* infierno *m*

inferable, inferrable [ɪnˈfɜːrəbəl] *adj* deducible **(from** de**)**

infertile [ɪnˈfɜːtaɪl] *adj (land)* estéril, yermo(a); *(person)* estéril

infertility [ˌɪnfɜːˈtɪlɪtɪ] *n* esterilidad *f*, infertilidad *f*; **~ clinic/treatment** clínica/tratamiento de fertilidad

infest [ɪnˈfest] *vt* infestar; **to be infested with** *or* **by sth** estar infestado(a) de algo

infestation [ˌɪnfesˈteɪʃən] *n (of insects, weeds)* plaga *f; (of lice)* infección *f*

infibulation [ɪnˌfɪbjʊˈleɪʃən] *n* infibulación *f*

infidel [ˈɪnfɪdel] ◇ *n* REL infiel *mf*
  ◇ *adj* infiel, irreligioso(a)

infidelity [ˌɪnfɪˈdelɪtɪ] *n* **-1.** *(betrayal)* deslealtad *f*, traición *f; (sexual)* infidelidad *f* **-2.** *(lack of faith)* infidelidad *f*, falta *f* de fe

infield [ˈɪnfiːld] *n (in baseball)* diamante *m* (interior)

infielder [ˈɪnfiːldə(r)] *n (in baseball)* jugador *m* (del diamante) interior

infighting [ˈɪnfaɪtɪŋ] *n* **-1.** *(within group)* lucha *f* interna **-2.** *(in boxing)* lucha *f* cuerpo a cuerpo

infill [ˈɪnfɪl] *n* relleno *m*, material *m* de relleno

infiltrate [ˈɪnfɪltreɪt] ◇ *vt* infiltrar; **the organization had been infiltrated by spies** se habían infiltrado espías en la organización; **they infiltrated an informer into the central committee** infiltraron a un informante en el comité central
  ◇ *vi (liquid, gas)* infiltrarse

infiltration [ˌɪnfɪlˈtreɪʃən] *n* **-1.** *(of group)* infiltración *f* **-2.** *(by liquid)* infiltración *f* **(into/through** en/por**)**

infiltrator [ˈɪnfɪltreɪtə(r)] *n* infiltrado(a) *m,f*

infinite [ˈɪnfɪnɪt] ◇ *n* **the ~** el infinito
  ◇ *adj* **-1.** *(not finite)* infinito(a) **-2.** *(very great)* infinito(a); **he showed ~ patience** demostró una paciencia infinita; **to take ~ pains over something** esmerarse muchísimo en algo **-3.** REL *or Hum* **in his ~ wisdom** en su infinita sabiduría

infinitely [ˈɪnfɪnɪtlɪ] *adv* infinitamente; **that would be ~ preferable** eso sería infinitamente mejor *or* preferible

infinitesimal [ˌɪnfɪnɪˈtesɪməl] *adj* **-1.** MATH infinitesimal ❏ **~ calculus** cálculo *m* infinitesimal **-2.** *(tiny)* infinitesimal, minúsculo(a)

infinitesimally [ˌɪnfɪnɪˈtesɪməlɪ] *adv* mínimamente, microscópicamente

infinitive [ɪnˈfɪnɪtɪv] GRAM ◇ *n* infinitivo *m*; **in the ~** en infinitivo
  ◇ *adj* de infinitivo

infinitude [ɪnˈfɪnɪtjuːd] *n Literary* infinitud *f*, inmensidad *f*

infinity [ɪnˈfɪnɪtɪ] *n* **-1.** *(of space)* infinito *m*; **it stretches to ~** se prolonga *or* extiende hasta el infinito **-2.** *Fig (vast number)* infinidad *f*, multitud *f*; **there is an ~ of names to choose from** hay un sinfín de nombres entre los que elegir **-3.** MATH infinito *m*

infirm [ɪnˈfɜːm] ◇ *npl* **the ~** los enfermos
  ◇ *adj* **-1.** *(weak, sickly)* enfermizo(a), achacoso(a) **-2.** *Literary (in moral resolution)* **to be ~ of purpose** ser irresoluto(a), carecer de determinación

infirmary [ɪnˈfɜːmərɪ] *n* **-1.** *(hospital)* hospital *m*, clínica *f* **-2.** *(in school, prison)* enfermería *f*

infirmity [ɪnˈfɜːmɪtɪ] *n (weakness)* debilidad *f*; **the infirmities of old age** los achaques de la edad

infix [ˈɪnfɪks] *n* LING infijo *m*

in flagrante (delicto) [ˌɪnfləˈgræntɪ(dɪˈlɪktəʊ)] *adv* in fraganti

inflame [ɪnˈfleɪm] *vt* **-1.** *(desire, curiosity)* despertar; *(crowd)* enardecer **-2.** *(of wound, part of body)* **to become inflamed** inflamarse

inflammable [ɪnˈflæməbəl] *adj* **-1.** *(substance)* inflamable **-2.** *(situation)* explosivo(a)

inflammation [ˌɪnfləˈmeɪʃən] *n* inflamación *f*

inflammatory [ɪnˈflæmətrɪ] *adj* **-1.** *(speech)* incendiario(a); **his words had an ~ effect on the crowd** sus palabras inflamaron a la multitud **-2.** MED inflamatorio(a)

inflatable [ɪnˈfleɪtəbəl] ◇ *n (rubber dinghy)* barca *f* hinchable
  ◇ *adj* hinchable

inflate [ɪnˈfleɪt] ◇ *vt* **-1.** *(tyre, balloon)* inflar, hinchar; *(sail)* hinchar; *(lungs, chest)* llenar (de aire), hinchar **-2.** *(exaggerate)* inflar, exagerar **-3.** *(prices, economy)* inflar
  ◇ *vi (tyre, balloon)* hincharse, inflarse; *(sail)* hincharse; *(lungs, chest)* llenarse (de aire), hincharse

inflated [ɪnˈfleɪtɪd] *adj* **-1.** *(balloon, tyre)* inflado(a), hinchado(a) **-2.** *(exaggerated)* **she has an ~ opinion of herself** se cree mejor de lo que es **-3.** *(prices, salary)* desorbitado(a) **-4.** *(pompous)* pomposo(a), grandilocuente

inflation [ɪnˈfleɪʃən] *n* ECON inflación *f*; **~ is down/up on last year** la inflación ha disminuido/aumentado respecto del año pasado; **~ now stands at 5 percent** la inflación se sitúa actualmente en el 5 por ciento

inflationary [ɪnˈfleɪʃənrɪ] *adj* ECON inflacionista; **~ spiral** espiral inflacionaria *or Esp* inflacionista

inflation-proof [ɪnˈfleɪʃənpruːf] *adj* ECON protegido(a) contra la inflación; **~ pension** pensión revisable de acuerdo con la inflación

inflect [ɪnˈflekt] ◇ *vt* **-1.** GRAM *(verb)* conjugar; *(noun, pronoun, adjective)* declinar **-2.** *(voice)* modular
  ◇ *vi* GRAM *(verb)* conjugarse; *(noun, pronoun, adjective)* declinarse; **adjectives do**

inflected

not ~ in English en inglés no se declinan los adjetivos, el adjetivo inglés no es declinable

inflected [ɪnˈflektɪd] *adj* GRAM *(language)* flexivo(a); *(word, form)* flexivo(a)

inflection [ɪnˈflekʃən] *n* **-1.** *(of word) (change)* flexión *f*; *(suffix)* desinencia *f*, terminación *f* **-2.** *(in voice)* inflexión *f*

inflectional [ɪnˈflekʃənəl] *adj* LING flexivo(a)

inflexibility [ɪnˌfleksɪˈbɪlɪtɪ] *n* rigidez *f*, inflexibilidad *f*

inflexible [ɪnˈfleksɪbəl] *adj* **-1.** *(material)* rígido(a), inflexible **-2.** *(person, principles)* rígido(a), inflexible

inflexibly [ɪnˈfleksɪblɪ] *adv* inflexiblemente, de manera inflexible

inflict [ɪnˈflɪkt] *vt (suffering, punishment, defeat)* infligir (**on** a); **he was inflicting himself on us** teníamos que estar aguantando su presencia; **I won't ~ myself** *or* **my company on you any longer** no os voy a seguir molestando con mi presencia

infliction [ɪnˈflɪkʃən] *n (action)* imposición *f*; **to take pleasure in the ~ of pain** disfrutar causando *or* infligiendo dolor

in-flight [ˈɪnˈflaɪt] *adj* **~ entertainment** distracciones *fpl* ofrecidas durante el vuelo; **~ meal** comida *f* (servida) a bordo; **~ refuelling** reabastecimiento *or* Esp repostaje *m* en vuelo

inflow [ˈɪnfləʊ] *n* **-1.** *(of water, gas)* entrada *f* **-2.** *(of people, goods)* afluencia *f*, entrada *f*; **the ~ of capital** entrada *or* afluencia de capital

influence [ˈɪnflʊəns] ⋄ *n* **-1.** *(power)* influencia *f*; **to have ~ over/with sb** tener influencia sobre/con alguien; **to bring one's ~ to bear on sth/sb** valerse (uno) de su poder para influir en algo/alguien; **a man of ~** un hombre influyente; **under the ~ (of drink)** bajo los efectos del alcohol **-2.** *(person, thing exercising power)* **to be a good/bad ~ on sb** tener buena/mala influencia en alguien; **she is a disruptive ~** su influencia es negativa; **you can see the ~ of Caravaggio in his paintings** se puede apreciar la influencia de Caravaggio en su pintura
⋄ *vt* influir en, influenciar; **her style was strongly influenced by cubism** su estilo estuvo muy influenciado por el cubismo; **don't let yourself be influenced by them** no dejes que te influyan *or* que influyan en ti; **he is easily influenced** se deja influir fácilmente

influential [ˌɪnflʊˈenʃəl] *adj* influyente; **to be very ~** ser muy influyente, tener mucha influencia; **he was ~ in persuading them to accept the treaty** fue fundamental a la hora de convencerlos de que aceptaran el tratado

influenza [ˌɪnflʊˈenzə] *n* gripe *f*, Col, Méx gripa *f*; **to have ~** tener gripe

influx [ˈɪnflʌks] *n (of people, goods, cash)* afluencia *f* (masiva); **an ~ of capital** una entrada *or* afluencia de capital

info [ˈɪnfəʊ] *n Fam* información *f*

infoaddict [ˈɪnfəʊædɪkt] *n* COMPTR infoadicto(a) *m,f*

infobahn [ˈɪnfəʊbɑːn] *n* COMPTR infopista *f*, autopista *f* de la información

infold = **enfold**

infomercial [ˈɪnfəʊmɜːʃəl] *n* TV publirreportaje *m*

inform [ɪnˈfɔːm] ⋄ *vt* **-1.** *(give information to)* informar *or* CAm, Méx reportar (**of/about** de/sobre); **keep me informed of what is happening** manténme informado de lo que pase; **why was I not informed (of this)?** ¿por qué no se me informó (de esto *or* al respecto)?; **I regret to have to ~ you that...** siento tener que comunicarle *or* informarle que...; **we are writing to ~ you of the dispatch of...** nos dirigimos a usted(es) para informarle(s) del envío de...
-2. *Formal (pervade)* impregnar, informar
⋄ *vi* **to ~ on** *or* **against sb** delatar a alguien

informal [ɪnˈfɔːməl] *adj* **-1.** *(dress, manner)* informal; **British offices tend to be more ~ than German ones** las oficinas británicas tienden a ser más informales que las alemanas **-2.** *(word, language)* coloquial, informal **-3.** *(meeting, talks)* informal; **I had an ~ chat with the boss** tuve una charla informal con el jefe

informality [ˌɪnfɔːˈmælɪtɪ] *n* **-1.** *(of dress, manner)* informalidad *f* **-2.** *(of word, language)* coloquialismo *m*, informalidad *f*; **-3.** *(of meeting, talks)* informalidad *f*

informally [ɪnˈfɔːməlɪ] *adv* **-1.** *(to dress, behave)* informalmente, de manera informal **-2.** *(to speak, address sb)* coloquialmente, informalmente **-3.** *(to hold talks, inform)* informalmente

informant [ɪnˈfɔːmənt] *n* **-1.** *(for police)* confidente *mf* **-2.** *(for research study)* informante *mf*

informatics [ˌɪnfəˈmætɪks] *n* COMPTR informática *f*

information [ˌɪnfəˈmeɪʃən] *n* **-1.** *(news, facts)* información *f*; **a piece** *or* **bit of ~** una información, un dato; **according to my ~,...** según la información de que dispongo..., según los datos con los que cuento...; **an ~ gathering exercise** una operación de recopilación de datos; **for your ~** para tu información; **for your ~, I'm not stupid** para que te enteres, no soy estúpido; **for your ~, I've done the dishes for the past week!** para que lo sepas, he sido yo quien ha estado haciendo el fregado toda la semana ❑ **~ blackout**: **the government is operating an ~ blackout** el Gobierno está llevando a cabo un bloqueo informativo; **~ bureau** oficina *f* de información; **~ desk** mostrador *m* de información; **~ office** oficina *f* de información; **~ officer** documentalista *mf*; **~ overload** sobrecarga *f* de información
-2. COMPTR **~ highway** autopista *f* de la información; **~ processing** proceso *m* de datos; **~ retrieval** recuperación *f* de la información; **~ science** informática *f*; **~ society** sociedad *f* de la información; **~ superhighway** autopista *f* de la información; **~ technology** tecnologías *f* de la información, informática *f*; **~ theory** teoría *f* de la información
-3. US TEL información *f*, Am informaciones *fpl*; **to call ~** llamar a información *or* al servicio de información

informative [ɪnˈfɔːmətɪv] *adj* informativo(a); **he wasn't very ~ about his future plans** no dio muchos datos sobre sus planes futuros

informed [ɪnˈfɔːmd] *adj* **-1.** *(having information)* informado(a); **according to ~ sources** según fuentes bien informadas; **she's very well ~** está muy bien informada ❑ MED **~ consent** consentimiento *m* informado
-2. *(based on information)* **an ~ choice** una elección informada; **it will allow us to make an ~ choice** nos permitirá tomar una decisión informada; **an ~ guess/decision** una conjetura/decisión bien fundada

informer [ɪnˈfɔːmə(r)] *n* confidente *mf*; **a police ~** un informante *or* confidente de la policía

infotainment [ˌɪnfəʊˈteɪnmənt] *n* TV programas *mpl* informativos de entretenimiento

infraction [ɪnˈfrækʃən] *n Formal* infracción *f*

infra dig [ˈɪnfrəˈdɪg] *adj Fam Old-fashioned* ordinario(a), *Esp* cutre, *Méx* gacho(a), *RP* roñoso(a)

infrared [ˌɪnfrəˈred] *adj* PHYS infrarrojo(a); **~ radiation** *or* **rays** rayos infrarrojos ❑ **~ photography** fotografía *f* infrarroja

infrasonic [ˌɪnfrəˈsɒnɪk] *adj* PHYS infrasónico(a)

infrasound [ˈɪnfrəsaʊnd] *n* PHYS infrasonido *m*

infrastructure [ˈɪnfrəstrʌktʃə(r)] *n* infraestructura *f*

infrequency [ɪnˈfriːkwənsɪ] *n* infrecuencia *f*, escasa frecuencia *f*

infrequent [ɪnˈfriːkwənt] *adj* poco frecuente, infrecuente; **an ~ visitor to our shores** un visitante poco habitual de nuestras costas; **a not ~ occurence** un acontecimiento nada infrecuente

infrequently [ɪnˈfriːkwəntlɪ] *adv* con poca frecuencia, raras veces

infringe [ɪnˈfrɪndʒ] *vt* **-1.** *(rule)* infringir **-2.** *(right)* violar, vulnerar; **to ~ copyright** violar los derechos *or* el derecho de autor
➤ **infringe on, infringe upon** *vt insep* infringir

infringement [ɪnˈfrɪndʒmənt] *n* **-1.** *(of rule, law)* infracción *f* **-2.** *(of right)* violación *f*, vulneración *f*; **~ of copyright** violación de los derechos *or* del derecho de autor

infuriate [ɪnˈfjʊərɪeɪt] *vt* exasperar, enfurecer

infuriating [ɪnˈfjʊərɪeɪtɪŋ] *adj* exasperante; **it's ~ the way she's always right** es exasperante *or* lo saca a uno de sus casillas que siempre tenga razón

infuriatingly [ɪnˈfjʊərɪeɪtɪŋlɪ] *adv* **she's an ~ nice person** de tan buena persona que es resulta exasperante; **she remained ~ polite/reasonable throughout** se mantuvo irritantemente correcta/razonable todo el tiempo; **the movie was ~ boring** la película era desesperantemente aburrida

infuse [ɪnˈfjuːz] ⋄ *vt* **-1.** *(instil)* infundir (**into** en); **to ~ sb with sth** infundir algo a *or* en alguien; **her speech infused them with courage** su discurso les infundió valor **-2.** *(tea)* infundir
⋄ *vi* reposar *(una infusión)*

infusion [ɪnˈfjuːʒən] *n* **-1.** *(drink)* infusión *f* **-2.** *(of money, high spirits)* inyección *f* **-3.** MED infusión *f*

ingenious [ɪnˈdʒiːnɪəs] *adj* ingenioso(a); **she was ~ at making economies** se le ocurrían muy buenas ideas para ahorrarse dinero

ingeniously [ɪnˈdʒiːnɪəslɪ] *adv* ingeniosamente

ingénue [ˈænʒeɪnuː] *n* joven *f* ingenua

ingenuity [ˌɪndʒɪˈnjuːɪtɪ] *n* ingenio *m*

ingenuous [ɪnˈdʒenjʊəs] *adj* **-1.** *(naive)* ingenuo(a) **-2.** *(frank)* franco(a), natural

ingenuously [ɪnˈdʒenjʊəslɪ] *adv* **-1.** *(naively)* ingenuamente **-2.** *(frankly)* francamente, con naturalidad

ingenuousness [ɪnˈdʒenjʊəsnɪs] *n* **-1.** *(naivety)* ingenuidad *f* **-2.** *(frankness)* franqueza *f*, naturalidad *f*

ingest [ɪnˈdʒest] *vt Formal (food, liquid)* ingerir

ingestion [ɪnˈdʒestʃən] *n Formal* ingestión *f*, ingesta *f*

inglenook [ˈɪŋgəlnʊk] *n* rincón *m* de la chimenea

inglorious [ɪnˈglɔːrɪəs] *adj Formal* deshonroso(a), vergonzoso(a)

ingloriously [ɪnˈglɔːrɪəslɪ] *adv Formal* ignominiosamente, deshonrosamente

in-goal area [ˈɪŋgəʊlˈeərɪə] *n (in rugby)* zona *f* de marca

ingot [ˈɪŋgət] *n* lingote *m*

ingrain, engrain [ɪnˈgreɪn] *vt* inculcar

ingrained, engrained [ɪnˈgreɪnd] *adj* **-1.** *(dirt)* incrustado(a) **-2.** *(prejudice, habit)* arraigado(a)

ingrate [ˈɪŋgreɪt] *n Formal* ingrato(a) *m,f*

ingratiate [ɪnˈgreɪʃɪeɪt] *vt* **to ~ oneself (with sb)** congraciarse (con alguien)

ingratiating [ɪnˈgreɪʃɪeɪtɪŋ] *adj* obsequioso(a); **an ~ smile** una sonrisa zalamera; **an ~ manner** un talante obsequioso *or* lisonjero

ingratiatingly [ɪnˈgreɪʃɪeɪtɪŋlɪ] *adv* de manera obsequiosa

ingratitude [ɪnˈgrætɪtjuːd] *n* ingratitud *f*

ingredient [ɪnˈgriːdɪənt] *n* **-1.** *(of food)* ingrediente *m*; **ingredients: sugar, water...** ingredientes: azúcar, agua... **-2.** *(component)* ingrediente *m*, elemento *m*; **rapport is an essential ~ in a good comedian** la capacidad de comunicación es un elemento fundamental en un buen comediante; **the missing ~** lo que falta

ingress [ˈɪŋgres] *n Formal* acceso *m*

in-group [ˈɪŋgruːp] *n* camarilla *f*, pandilla *f*

ingrowing toenail ['ɪŋgrəʊɪŋ'təʊneɪl], **ingrown toenail** ['ɪŋgrəʊn'təʊneɪl] n MED uña f encarnada
inguinal ['ɪŋgwɪnəl] adj ANAT inguinal
inhabit [ɪn'hæbɪt] vt habitar
inhabitable [ɪn'hæbɪtəbəl] adj habitable
inhabitant [ɪn'hæbɪtənt] n habitante mf
inhabited [ɪn'hæbɪtɪd] adj habitado(a); **the island is no longer ~** la isla ya no está habitada
inhalant [ɪn'heɪlənt] n (sustancia f) inhalante m
inhalation [ɪnhə'leɪʃən] n inhalación f
inhale [ɪn'heɪl] ◇ vt (gas, fumes) inhalar; (cigarette smoke) aspirar
  ◇ vi inspirar; (when smoking) tragarse el humo
inhaler [ɪn'heɪlə(r)] n (for asthmatics) inhalador m
inharmonious [ɪnhɑː'məʊnɪəs] adj Formal (colours) poco armónico(a), sin armonía; (sounds, music) inarmónico(a)
inhere [ɪn'hɪə(r)] vi Formal ser inherente a, ser propio de; **the powers which ~ in the state** los poderes propios del Estado
inherent [ɪn'herənt] adj inherente (**in** a); **an ~ fault in the design** Esp un fallo or Am una falla inherente al diseño
inherently [ɪn'herəntlɪ] adv intrínsecamente; **the theory is ~ flawed** la teoría es intrínsecamente errónea
inherit [ɪn'herɪt] ◇ vt heredar (**from** de); **the problems inherited from the previous government** los problemas heredados del Gobierno anterior; Fam **I inherited this jacket from my older brother** heredé esta chaqueta de mi hermano mayor
  ◇ vi heredar
inheritable [ɪn'herɪtəbəl] adj (title, property) heredable, transmisible por herencia; (trait) heredable
inheritance [ɪn'herɪtəns] n **-1.** (legacy) herencia f; **to come into an ~** heredar, recibir una herencia ❑ **~ tax** impuesto m sobre sucesiones **-2.** (process) herencia f, sucesión f; **it came into the family by ~** la familia lo obtuvo por herencia; **to claim sth by right of ~** reclamar algo haciendo uso del derecho de sucesión **-3.** (heritage) **cultural/artistic ~** patrimonio or legado cultural/artístico
inherited [ɪn'herɪtɪd] adj heredado(a)
inheritor [ɪn'herɪtə(r)] n heredero(a) m,f
inhibit [ɪn'hɪbɪt] vt **-1.** (feeling, person) cohibir, inhibir; **to ~ sb from doing sth** impedir a alguien hacer algo; **a law which inhibits free speech** una ley que limita la libertad de expresión **-2.** (progress, growth) impedir, coartar; (breathing) inhibir **-3.** CHEM inhibir
inhibited [ɪn'hɪbɪtɪd] adj cohibido(a)
inhibiter = inhibitor
inhibition [ɪnɪ'bɪʃən] n **-1.** (feeling) inhibición f; **to lose one's inhibitions** dejar de sentirse cohibido(a); **to have no inhibitions about doing sth** no sentir ninguna vergüenza or CAm, Col, Ven pena a la hora de hacer algo **-2.** CHEM inhibición f
inhibitor, inhibiter [ɪn'hɪbɪtə(r)] n CHEM inhibidor m
inhibitory [ɪn'hɪbɪtərɪ] adj inhibidor(ora)
inhospitable [ɪnhɒ'spɪtəbəl] adj **-1.** (person) inhospitalario(a), poco hospitalario(a) **-2.** (town, climate) inhóspito(a)
inhospitably [ɪnhɒ'spɪtəblɪ] adv de forma poco hospitalaria
in-house ['ɪn'haʊs] ◇ adj **~ journal** boletín m interno (de una empresa); **~ staff** personal m en plantilla; **~ training** formación f en el lugar de trabajo
  ◇ adv **the work was done ~** el trabajo se hizo en la misma empresa
inhuman [ɪn'hjuːmən] adj inhumano(a); **~ cruelty** crueldad inhumana; Fam **a six o'clock start? that's ~!** ¿empezar a las seis? ¡eso es inhumano!
inhumane [ɪnhju:'meɪn] adj inhumano(a)
inhumanely [ɪnhju:'meɪnlɪ] adv de forma inhumana; **the hostages were treated ~** los rehenes recibieron un trato inhumano

inhumanity [ɪnhju:'mænɪtɪ] n **-1.** (quality) falta f de humanidad; IDIOM **man's ~ to man** la crueldad del hombre hacia el propio hombre **-2.** (act) atrocidad f, brutalidad f
inimical [ɪ'nɪmɪkəl] adj Formal **-1.** (unfavourable) adverso(a) (**to** a) **-2.** (unfriendly) hostil, poco amigable
inimitable [ɪ'nɪmɪtəbəl] adj inimitable
iniquitous [ɪ'nɪkwɪtəs] adj Formal inicuo(a)
iniquitously [ɪ'nɪkwɪtəslɪ] adv Formal injustamente, sin justificación
iniquity [ɪ'nɪkwɪtɪ] n Formal iniquidad f
initial [ɪ'nɪʃəl] ◇ n inicial f; **initials** iniciales fpl
  ◇ adj **-1.** (payment, impression) inicial; **my ~ reaction** mi primera reacción; **the ~ stages** la fase o etapa inicial; **we expect a few problems in the ~ stages** contamos con que habrá algunos problemas en la etapa inicial or al principio; **the project is still in its ~ stages** el proyecto está aún en fase inicial; **the ~ letter** la letra inicial **-2.** LING **in ~ position** en posición inicial
  ◇ vt (pt & pp **initialled**, US **initialed**) (document) poner las iniciales en
initialization [ɪnɪʃəlaɪ'zeɪʃən] n COMPTR inicialización f
initialize [ɪ'nɪʃəlaɪz] vt COMPTR inicializar
initially [ɪ'nɪʃəlɪ] adv inicialmente; **an ~ favourable response** una respuesta de entrada favorable; **~ she was against the idea** en un principio no aprobaba la idea or estaba en contra de la idea
initiate ◇ vt [ɪ'nɪʃɪeɪt] **-1.** Formal (begin) (talks, debate) iniciar; (policy, measures) emprender, poner en marcha; **I find it hard to ~ a conversation with him** me resulta difícil entablar (una) conversación con él **-2.** LAW **to ~ proceedings (against sb)** emprender una acción legal (contra alguien) **-3.** (into secret society, gang) iniciar (**into** en)
  ◇ n [ɪ'nɪʃɪət] iniciado(a) m,f
initiation [ɪnɪʃɪ'eɪʃən] n **-1.** Formal (beginning) (of talks, debate) iniciación f; (of policy, measure) puesta f en marcha; **he fought for the ~ of new policies** luchó por la puesta en marcha de nuevas políticas **-2.** (into secret society, gang) iniciación f (**into** en) ❑ **~ ceremony** ceremonia f iniciática or de iniciación; **~ rites** rito m iniciático
initiative [ɪ'nɪʃətɪv] n **-1.** (drive) iniciativa f; **she's certainly got ~** no cabe duda de que tiene iniciativa; **to act on one's own ~** actuar por propia iniciativa, obrar motu proprio; **she lacks ~** le falta iniciativa; **you'll have to use your ~** tendrás que actuar por ti mismo(a)
-2. (first step) iniciativa f; **to take the ~** tomar la iniciativa
-3. (lead) iniciativa f; **to have the ~** tener la iniciativa; **they lost the ~ to foreign competition** la competencia extranjera les sobrepasó
-4. (scheme) iniciativa f
initiator [ɪ'nɪʃɪeɪtə(r)] n **-1.** (of scheme, process) iniciador(ora) m,f **-2.** CHEM iniciador m
inject [ɪn'dʒekt] vt **-1.** (substance) inyectar (**into** en); **to ~ sb with a drug** inyectar un medicamento a alguien; **have you been injected against tetanus?** ¿te has puesto la inyección or vacuna del tétanos?
-2. (money) inyectar (**into** en); **they've injected billions of dollars into the economy** le han inyectado a la economía miles de millones de dólares
-3. (quality) infundir; **to ~ sb with enthusiasm** infundir entusiasmo a alguien; **to ~ new life into sth** infundir nueva vida a algo; **he tried to ~ some humour into the situation** trató de inyectarle un poco de humor a la situación
injectable [ɪn'dʒektəbəl] adj inyectable
injection [ɪn'dʒekʃən] n **-1.** (of substance) inyección f; **to give sb an ~** poner una inyección a alguien ❑ **~ moulding** moldeo m por inyección; **~ pump** bomba f de inyección **-2.** (of money) inyección f **-3.** (of quality) inyección f

injudicious [ɪndʒʊ'dɪʃəs] adj Formal imprudente, poco juicioso(a)
injudiciously [ɪndʒʊ'dɪʃəslɪ] adv Formal imprudentemente
injunction [ɪn'dʒʌŋkʃən] n **-1.** LAW requerimiento m judicial **-2.** Formal (order, warning) orden f; **she smokes despite his injunctions against it** fuma en contra de las órdenes de su padre
injure ['ɪndʒə(r)] vt **-1.** (physically) herir, lesionar; **to ~ oneself** lesionarse; **to ~ one's leg** lesionarse una pierna **-2.** (feelings) herir; **only his pride was injured** sólo vio herido su orgullo, sólo le hirieron el orgullo **-3.** (reputation, interests) dañar, perjudicar
injured ['ɪndʒəd] ◇ npl **the ~** los heridos
  ◇ adj **-1.** (physically) herido(a), lesionado(a) **-2.** (offended) (tone, voice) resentido(a); **to feel ~** sentirse ofendido(a), sentirse dolido(a) **-3.** LAW **the ~ party** la parte perjudicada
injurious [ɪn'dʒʊərɪəs] adj Formal perjudicial (**to** para); **actions ~ to the public good** actuaciones perniciosas para el bien público
injury ['ɪndʒərɪ] n **-1.** (open wound) herida f; (broken bone, damaged muscle) lesión f; **to do oneself an ~** esp Esp hacerse daño, esp Am lastimarse **-2.** (harm) (physical) lesiones fpl; **he escaped without ~** escapó ileso; **~ to sb's feelings** ofensa a or contra los sentimientos de alguien ❑ Br SPORT **~ time** tiempo m de descuento **-3.** (injustice, wrong) daño m, ofensa f
injustice [ɪn'dʒʌstɪs] n injusticia f; **you do her an ~** estás siendo injusto con ella
ink [ɪŋk] ◇ n **-1.** (for writing, printing) tinta f; **in ~** con tinta; **an ~ drawing** un dibujo (hecho) a plumilla ❑ **~ blotter** tampón m; **~ bottle** bote m or frasco m de tinta; **~ cartridge** (for pen, printer) cartucho m de tinta; **~ eraser** goma f de tinta **-2.** (of squid, octopus etc) tinta f ❑ **~ sac** bolsa f de tinta
  ◇ vt **-1.** (surface) entintar **-2.** US (sign) firmar, aprobar
  ✦ **ink in** vt sep marcar or repasar con tinta
inkblot ['ɪŋkblɒt] n (on clothes, table) mancha f de tinta; (on paper) borrón m de tinta ❑ **~ test** prueba f or test m de Rorschach
inkjet printer ['ɪŋkdʒet'prɪntə(r)] n COMPTR impresora f de chorro de tinta
inkling ['ɪŋklɪŋ] n **to have an ~ of sth** tener una vaga or ligera idea de algo; **I had some ~ of the ~** or **as to the real reason** tenía una ligera sospecha de cuáles eran los verdaderos motivos; **she had no ~ of what they were up to** no tenía ni idea de lo que estaban tramando
inkpad ['ɪŋkpæd] n tampón m
inkpot ['ɪŋkpɒt] n tintero m
inkstand ['ɪŋkstænd] n escribanía f
inkwell ['ɪŋkwel] n tintero m
inky ['ɪŋkɪ] adj **-1.** (stained with ink) manchado(a) de tinta **-2.** (in colour) **~ (black)** negro(a) (como el carbón)
INLA [aɪenel'eɪ] n (abbr **Irish National Liberation Army**) INLA n, Ejército m de Liberación Nacional Irlandés
inlaid [ɪn'leɪd] ◇ adj (with wood) taraceado(a); (with jewels) incrustado(a) ◇ pp of **inlay**
inland ◇ adj ['ɪnlænd] **-1.** (not coastal) (town, sea) interior, del interior **-2.** Br (not foreign) interior, nacional; **~ mail** correo interior ❑ Br **the Inland Revenue** Esp ≃ la Agencia Tributaria, Am ≃ la Dirección General Impositiva
  ◇ adv [ɪn'lænd] (to travel) al interior; (to live) en el interior; **the town is several miles ~** la ciudad está varias millas hacia el interior or tierra adentro, la ciudad está a varias millas de la costa
in-laws ['ɪnlɔːz] npl familia f política
inlay ◇ n ['ɪnleɪ] **-1.** (in wood) taracea f, incrustación f; (in metal) incrustación f **-2.** (in dentistry) empaste m, Am emplomadura f, Chile tapadura f, Col calza f
  ◇ vt [ɪn'leɪ] (pt & pp **inlaid**) (in wood) taracear, hacer una taracea en (**with** con); (in metal) hacer incrustaciones en (**with** de)

inlet ['mlet] n **-1.** (of sea) ensenada f **-2.** (of pipe, machine) entrada f; **air/fuel ~** entrada or toma de aire/combustible

inline ['mlaɪn] adj **-1.** COMPTR **~ image** imagen f integrada **-2.** AUT **~ engine** motor m de cilindros en línea **-3. ~ skates** patines mpl en línea

in loco parentis [ɪn'ləʊkəʊpə'rentɪs] adv Formal en nombre de los padres

inmate ['mmeɪt] n **-1.** (in prison) recluso(a) m,f **-2.** (in mental hospital) paciente mf

in medias res [ɪn'miːdiæs'reɪz] adv Formal in media res

in memoriam ['ɪnme'mɔːriæm] adv in memóriam

inmost = innermost

inn [ɪn] n **-1.** (pub) bar m, tasca f; (small hotel) posada f, mesón m **-2.** LAW **Inn of Court** = cada una de las asociaciones privadas de abogados británicos

innards ['ɪnədz] npl also Fig tripas fpl

innate [ɪ'neɪt] adj innato(a)

innately [ɪ'neɪtlɪ] adv por naturaleza; **an ~ kind person** una persona amable por naturaleza

inner ['ɪnə(r)] adj **-1.** (chamber, lining) interior ❏ **~ city** = área céntrica y degradada de una ciudad; ANAT **~ ear** oído m interno; **Inner London** el casco céntrico de Londres; ASTRON **~ planets** planetas mpl interiores; **~ tube** cámara f (de aire) **-2.** (thought, feeling) íntimo(a) ❏ **~ circle** (of friends) círculo m restringido or privado; **her ~ circle of advisers** el círculo de sus asesores más allegados or de mayor confianza; **the ~ circles of power** los círculos próximos al poder; **the ~ man** (soul) el espíritu del hombre; **~ peace** paz f interior **the ~ woman** (soul) el espíritu de la mujer

inner-city ['ɪnə'sɪtɪ] adj **~ crime** delincuencia en los barrios céntricos deprimidos; **~ housing** viviendas de los barrios céntricos deprimidos

innermost ['ɪnəməʊst], **inmost** ['ɪnməʊst] adj **-1.** (most intimate, secret) **~ thoughts** pensamientos más íntimos; **in her ~ being** en lo más profundo or recóndito de su ser **-2.** (central) **~ part** parte más interior; **in the ~ depths of the cave** en lo más recóndito de la cueva

inning ['ɪnɪŋ] n (in baseball) turno m para batear, Am inning m

innings ['ɪnɪŋz] n (in cricket) turno m para batear; Br Fig **she had a good ~** (a long life) tuvo una vida larga y plena

innkeeper ['ɪnkiːpə(r)] n mesonero(a) m,f, posadero(a) m,f

innocence ['ɪnəsəns] n **-1.** (lack of guilt) inocencia f; **to protest one's ~** declararse inocente; **to prove one's ~** demostrar (uno) su inocencia **-2.** (naivety, lack of guile) inocencia f, ingenuidad f; **in all ~** con toda or la mayor inocencia

innocent ['ɪnəsənt] ◇ adj **-1.** (not guilty) inocente (**of** de); **the bomb killed several ~ bystanders** la bomba mató a varias personas inocentes que se encontraban en la zona; Fam **to act all ~** hacerse el inocente **-2.** (naive, guileless) inocente; **an ~ remark** un comentario inocente or sin malicia **-3.** Formal (devoid) **~ of** desprovisto(a) de, libre de ◇ n inocente mf; **what an ~ you are!** ¡qué inocente eres!; **don't play the ~!** ¡no te hagas el inocente!

innocently ['ɪnəsəntlɪ] adv inocentemente, con inocencia

innocuous [ɪ'nɒkjʊəs] adj inocuo(a)

innocuously [ɪ'nɒkjʊəslɪ] adv de forma inocua

innovate ['ɪnəveɪt] vi innovar

innovation [ɪnə'veɪʃən] n innovación f

innovative ['ɪnəveɪtɪv], **innovatory** ['ɪnəveɪtərɪ] adj innovador(ora)

innovator ['ɪnəveɪtə(r)] n innovador(ora) m,f

innuendo [ɪnjʊ'endəʊ] (pl **innuendos** n) n **-1.** Pej (in remarks) indirecta f, insinuación f; **to discredit sb by ~** desacreditar a alguien mediante insinuaciones **-2.** (in jokes) doble sentido m, juegos mpl de palabras (sobre sexo)

Innuit = Inuit

innumerable [ɪ'njuːmərəbəl] adj innumerable; **on ~ occasions** en innumerables ocasiones

innumeracy [ɪ'njuːmərəsɪ] n falta f de conocimientos de aritmética

innumerate [ɪ'njuːmərət] adj falto(a) de conocimientos de aritmética

inoculate [ɪ'nɒkjʊleɪt] vt inocular; **to ~ sb with sth** inocular algo a alguien; **to ~ sb against sth** vacunar a alguien de algo

inoculation [ɪnɒkjʊ'leɪʃən] n inoculation f

inoffensive [ɪnə'fensɪv] adj inofensivo(a)

inoffensively [ɪnə'fensɪvlɪ] adv inofensivamente; **she was sitting there quite ~, when...** estaba allí sentada sin hacerle daño a nadie, cuando...

inoperable [ɪn'ɒpərəbəl] adj **-1.** MED **to be ~** no ser operable **-2.** (unworkable) impracticable, inviable

inoperative [ɪn'ɒpərətɪv] adj **-1.** (rule) inoperante **-2. to be ~** (of machine) no funcionar

inopportune [ɪn'ɒpətjuːn] adj inoportuno(a)

inordinate [ɪn'ɔːdɪnət] adj Formal desmesurado(a); **it cost an ~ amount of money** costó una cantidad desorbitada de dinero; **they spent an ~ amount of time on it** emplearon or le dedicaron una cantidad excesiva de tiempo

inordinately [ɪn'ɔːdɪnətlɪ] adv Formal desmesuradamente

inorganic [ɪnɔː'gænɪk] adj inorgánico(a) ❏ CHEM **~ chemistry** química f inorgánica; **~ fertilizer** abono m químico

in-patient ['ɪnpeɪʃənt] n paciente mf interno(a)

input ['ɪnpʊt] ◇ n **-1.** (contribution) (**to** project) aportación f, aporte m; **we'd like some ~ from the marketing department on this issue** queremos consultar al departamento de marketing en este tema **-2.** (to manufacturing process) materias fpl primas **-3.** ELEC entrada f **-4.** COMPTR input m, entrada f (de información) ❏ **~ device** dispositivo m de entrada
◇ vt COMPTR **to ~ data** introducir datos

input/output ['ɪnpʊt'aʊtpʊt] adj COMPTR **~ device** dispositivo m de entrada y salida; **~ system** sistema m de entrada y salida

inquest ['ɪnkwest] n investigación f (**into** sobre); LAW **to hold an ~** (of coroner) determinar las causas de la muerte; (in politics, business) investigar

inquire, enquire [ɪn'kwaɪə(r)] ◇ vt (ask) preguntar; **he inquired why I was there** me preguntó por qué estaba allí; **why, might I ~, are you here?** ¿y tú qué haces aquí, si es que puede saberse?
◇ vi preguntar; **to ~ as to** or **about...** informarse sobre...; **I'm inquiring about the post advertised in "The Guardian"** quisiera información sobre la oferta de empleo publicada en "The Guardian"; **~ within** (sign) razón aquí

➤ **inquire after, enquire after** vt insep preguntar por; **she inquired after your health** ha preguntado or se ha interesado por tu salud

➤ **inquire into, enquire into** vt insep investigar, indagar; **it doesn't do to ~ into these things too deeply** no hay que ahondar demasiado en estos asuntos; **they should ~ into how the money was spent** deberían averiguar en qué se empleó el dinero

inquirer, enquirer [ɪn'kwaɪərə(r)] n investigador(ora) m,f

inquiring, enquiring [ɪn'kwaɪrɪŋ] adj (mind) inquisitivo(a); (look) de interrogación

inquiringly, enquiringly [ɪn'kwaɪrɪŋlɪ] adv de un modo inquisitivo; **she looked at him ~** lo miró con ojos inquisidores

inquiry, enquiry [ɪn'kwaɪrɪ, US 'ɪnkwərɪ] n **-1.** (official investigation) investigación f (oficial); **to hold** or **conduct an ~ (into sth)** realizar una investigación (sobre algo); **the police are making inquiries** la policía está haciendo indagaciones or averiguaciones; **a man is helping police with their inquiries** la policía está interrogando a una persona sospechosa or a un presunto implicado **-2.** (request for information) consulta f; **to make inquiries (about sth/sb)** consultar or informarse (sobre algo/alguien); **to make inquiries into sth** hacer averiguaciones or indagaciones sobre algo; **a look of ~** una mirada inquisitiva or inquisitoria; **a tone of ~** un tono inquisitivo or inquisitorio; **on further ~** indagando un poco más ❏ **~ desk, inquiries** (mostrador m de) información f

inquisition [ɪnkwɪ'zɪʃən] n **-1.** (interrogation) interrogatorio m; **the interview turned into an ~** la entrevista se convirtió en un interrogatorio **-2.** HIST **the Inquisition** la Inquisición

inquisitive [ɪn'kwɪzɪtɪv] adj curioso(a)

inquisitively [ɪn'kwɪzɪtɪvlɪ] adv con curiosidad

inquisitiveness [ɪn'kwɪzɪtɪvnɪs] n curiosidad f

inquisitor [ɪn'kwɪzɪtə(r)] n **-1.** HIST inquisidor m **-2.** (questioner) interrogador(ora) m,f

inquisitorial [ɪnkwɪzɪ'tɔːrɪəl] adj inquisitorial

inquorate [ɪn'kwɔːrət] adj Br Formal (meeting) sin quórum

inroads ['ɪnrəʊdz] npl **to make ~ into enemy territory** adentrarse en territorio enemigo; **I had to make ~ into my savings** tuve que recurrir a mis propios ahorros; **to make ~ into the market** penetrar en el mercado; **the Nationalists had made ~ into the Socialist vote** los nacionalistas se habían hecho con parte del voto socialista

inrush ['ɪnrʌʃ] n **-1.** (of people) aluvión m **-2.** (of air) ráfaga f

INS [aɪen'es] n (abbr **Immigration and Naturalization Service**) = departamento estadounidense de inmigración y naturalización

ins. -1. (abbr **inches**) pulgadas fpl **-2.** (abbr **insurance**) seguro m

insalubrious [ɪnsə'luːbrɪəs] adj Formal (climate, atmosphere) insalubre; (district, surroundings) sórdido(a)

insane [ɪn'seɪn] ◇ adj **-1.** (person) demente, loco(a); **to be ~** (of person) estar loco(a); **to go ~** trastornarse, volverse loco(a); **to drive sb ~** volver loco(a) a alguien; **to be ~ with grief/jealousy** enloquecer de dolor/celos ❏ US **~ asylum** manicomio m **-2.** (desire, scheme) demencial, descabellado(a)
◇ npl **the ~** los enfermos mentales, los locos

insanely [ɪn'seɪnlɪ] adv disparatadamente; **~ jealous** loco(a) de celos

insanitary [ɪn'sænɪtrɪ] adj antihigiénico(a)

insanity [ɪn'sænɪtɪ] n **-1.** (of person) demencia f, locura f **-2.** (of desire, scheme) demencialidad f, locura f; **it would be sheer ~ to do that** sería una auténtica locura hacer eso

insatiability [ɪnseɪʃɪə'bɪlɪtɪ] n insaciabilidad f

insatiable [ɪn'seɪʃəbəl] adj insaciable

insatiably [ɪn'seɪʃəblɪ] adv insaciablemente; **~ curious** de una curiosidad insaciable

inscribe [ɪn'skraɪb] vt **-1.** (write, engrave) inscribir; **he had the ring inscribed with her name** or **her name inscribed on the ring** tenía grabado or inscrito su nombre en el anillo; Fig **it's inscribed on my memory** está grabado en mi memoria **-2.** (dedicate) dedicar; **an inscribed copy of the book** un ejemplar dedicado del libro **-3.** GEOM inscribir

inscription [ɪn'skrɪpʃən] n **-1.** (on stone, coin) inscripción f **-2.** (in book) dedicatoria f

inscrutability [ɪnskruːtə'bɪlɪtɪ] n impenetrabilidad f, inescrutabilidad f

inscrutable [ɪn'skruːtəbəl] adj inescrutable

insect ['ɪnsekt] n insecto m ❏ **~ bite** picadura f de insecto; **~ repellent** repelente m contra insectos

insecticide [ɪn'sektɪsaɪd] n insecticida m

insectivore [ɪn'sektɪvɔː(r)] n insectívoro m

insectivorous [ɪnsek'tɪvərəs] adj insectívoro(a)

insecure [ɪnsɪˈkjʊə(r)] *adj* **-1.** *(person)* inseguro(a); **he's terribly ~** tiene mucha inseguridad **-2.** *(nail, scaffolding)* poco seguro(a) **-3.** *(position, situation)* poco seguro(a); **an ~ position within the company** una posición inestable dentro de la empresa

insecurely [ɪnsɪˈkjʊəlɪ] *adv* **-1.** *(not confidently)* de forma insegura, con inseguridad **-2.** *(not safely)* de forma poco segura; **~ fastened** mal sujeto(a); **~ tied** mal atado(a)

insecurity [ɪnsɪˈkjʊərɪtɪ] *n* inseguridad *f*; **job ~** precariedad laboral

inseminate [ɪnˈsemɪneɪt] *vt* inseminar

insemination [ɪnsemɪˈneɪʃən] *n* inseminación *f*

insensate [ɪnˈsenseɪt] *adj Formal (crazed)* insensato(a), vesánico(a), *(fury)* desbocado(a); **he was driven ~ with rage** se puso fuera de sí de rabia

insensible [ɪnˈsensɪbəl] *adj Formal* **-1.** *(unconscious)* inconsciente; **to be ~** estar inconsciente; **she was knocked ~ by her fall** perdió el conocimiento a consecuencia de la caída -**2.** *(cold, indifferent)* **~ to the suffering of others** insensible al sufrimiento ajeno -**3.** *(unaware)* **to be ~ of** or **to sth** no ser consciente de algo; **I am not ~ of the great honour you do me with this award, but...** reconozco el gran honor que representa recibir este galardón, pero...; **I am not ~ of the risks involved** soy consciente de los riesgos que entraña -**4.** *(imperceptible)* imperceptible

insensitive [ɪnˈsensɪtɪv] *adj* **-1.** *(emotionally)* insensible; **what an ~ person!** ¡qué poca sensibilidad!, ¡qué falta de sensibilidad!; **that was an ~ thing to say** qué poco tacto has tenido al decir eso; **the government's reaction was highly ~** la reacción del Gobierno reflejó una enorme falta de sensibilidad **-2.** *(physically)* insensible; **my fingers/gums had been rendered ~** no sentía nada en los dedos/las encías

insensitively [ɪnˈsensɪtɪvlɪ] *adv (tactlessly)* con muy poca sensibilidad

insensitivity [ɪnsensɪˈtɪvɪtɪ] *n* **-1.** *(lack of tact)* insensibilidad *f* **-2.** *(lack of sensation)* insensibilidad *f*, falta *f* de sensibilidad

inseparable [ɪnˈsepərəbəl] *adj* inseparable **(from** de); **they were ~** eran inseparables

inseparably [ɪnˈsepərəblɪ] *adv* inseparablemente

insert ◇ *n* [ˈɪnsɜːt] **-1.** *(in magazine)* encarte *m* -**2.** COMPTR **~ key** tecla *f* de inserción; **~ mode** modo *m* de inserción
◇ *vt* [ɪnˈsɜːt] *(key, finger, coin)* introducir **(into** en); *(clause, advertisement)* insertar **(in** en); *(contact lenses)* colocar, poner; **to ~ a name on a list** incluir un nombre en una lista

insertion [ɪnˈsɜːʃən] *n* **-1.** *(act)* inserción *f* **-2.** COMPTR **~ point** punto *m* de inserción

in-service [ˈɪnsɜːvɪs] *adj* **~ training** formación *f* en el lugar de trabajo

INSET [ˈɪnset] *n Br* SCH *(abbr* **in-service training)** formación *f* en el lugar de trabajo

inset [ˈɪnset] ◇ *n* **-1.** *(in map, picture)* recuadro *m* -**2.** *(in clothing)* añadido *m*, entredós *m*
◇ *vt (pt & pp* **inset)** **-1.** *(in map, picture)* insertar (en recuadro) -**2.** *(cloth)* añadir; *(jewel, wood, metal)* incrustar; **~ with** incrustado(a) de

inshore [ɪnˈʃɔː(r)] ◇ *adj (navigation)* costero(a); *(fishing)* de bajura; **~ waters** aguas costeras
◇ *adv (to sail, blow)* hacia la costa; **the boat kept close ~** el barco se mantenía cerca de la costa

inside ◇ *n* [ˈɪnˈsaɪd] **-1.** *(interior) (of house, vehicle, container)* interior *m*; **on/from the ~** en/desde el interior; **a chocolate which is hard on the outside, but soft on the ~** un bombón que es duro por fuera y blando por dentro; *Fig* **we need someone on the ~** necesitamos un infiltrado -**2.** *(part facing towards one)* **the ~ of one's wrist/leg** la parte interior de la muñeca/pierna -**3.** *(of pavement, road)* **to overtake on the ~** *(in Britain)* adelantar por la izquierda; *(in Europe, USA)* adelantar por la derecha; **the athlete went past her on the ~** la atleta la adelantó por dentro *or* por el interior -**4.** *Fam* **insides** *(internal organs)* tripas *fpl*
◇ *adj* [ˈɪnsaɪd] interior; **the ~ pages of a newspaper** las páginas interiores; **to have ~ information/help** tener información/ayuda confidencial; *Fam* **it must have been an ~ job** *(robbery, fraud)* debe de haber sido un trabajo realizado desde dentro *or Am* adentro, *RP* debe haber sido un trabajo entregado; **to know the ~ story** conocer la historia de cerca *or* de primera mano ❑ **~ lane** AUT *(in Britain)* carril *m* de la izquierda; *(in Europe, USA)* carril *m* de la derecha; SPORT *Esp* calle *f* de dentro, *Am* carril *m* de adentro; **~ left** *(in soccer)* interior *m* izquierdo; *Br* **~ leg** *(measurement)* (medida *f* interior de la) pernera *f*; **~ pocket** bolsillo *m* interior; **~ right** *(in soccer)* interior *m* derecho; **~ track** SPORT *Esp* calle *f* de dentro, *Am* carril *m* de adentro; IDIOM *esp US* **to have the ~ track** estar en una posición ventajosa
◇ *adv* **-1.** *(to be, stay)* dentro, *Am* adentro; *(to look, run)* adentro; **come ~!** *(to guest)* ¡pasa!; *(to children playing outside)* ¡vamos para dentro!; **shall we go ~?** *(into house)* ¿entramos?, ¿pasamos dentro *or Am* adentro?; **they painted the house ~ and out** pintaron la casa por dentro y por fuera -**2.** *(within oneself)* **~ she was angry** por dentro estaba *esp Esp* enfadada *or esp Am* enojada -**3.** *Fam (in prison) Esp* en chirona, *Méx* en bote, *RP* en cana
◇ *prep* [ɪnˈsaɪd] **-1.** *(with position)* dentro de; **he ran ~ the house** corrió al interior de la casa, *RP* corrió para adentro; *Fam* **get this whisky ~ you and you'll feel better** métete este whisky en el cuerpo y te sentirás mejor -**2.** *(with time)* **~ a week/an hour** en menos de una semana/hora; **his time was just ~ the world record** su marca batió el récord mundial por muy poco -**3.** *(with emotions)* **~ herself she was angry** por dentro estaba *esp Esp* enfadada *or esp Am* enojada; **something ~ me made me feel she was lying** algo me dijo que estaba mintiendo
◇ **inside of** *prep (be, stay)* dentro de; *(look, run)* adentro de; **~ of a week/an hour** en menos de una semana/hora
◇ **inside out** *adv* **his shirt is ~ out** lleva la camisa del revés, *Am* dio vuelta la camiseta; *Fig* **to know sth ~ out** saberse algo al dedillo; **she turned her T-shirt ~ out** dio la vuelta a la camiseta *(de adentro a afuera)*; *Fig* **they turned the room ~ out** pusieron la habitación patas arriba; *Fig* **this news has turned our plans ~ out** esta noticia ha trastornado por completo nuestros planes

insider [ɪnˈsaɪdə(r)] *n* = persona que cuenta con información confidencial ❑ FIN **~ dealing** uso *m* de información privilegiada; **~ trading** uso *m* de información privilegiada

insidious [ɪnˈsɪdɪəs] *adj Formal* insidioso(a), larvado(a)

insidiously [ɪnˈsɪdɪəslɪ] *adv Formal* de manera larvada

insight [ˈɪnsaɪt] *n* **-1.** *(perspicacity)* perspicacia *f*, penetración *f*; **she has great ~** es muy perspicaz -**2.** *(understanding)* idea *f* **(into** de); *(revealing comment)* revelación *f*, aclaración *f* **(into** sobre); **to get** *or* **gain an ~ into sth** hacerse una idea de algo; **the article gives us an ~ into the causes of the conflict** el artículo nos permite entender las causas del conflicto

insightful [ˈɪnsaɪtfəl] *adj* penetrante, revelador(ora)

insignia [ɪnˈsɪɡnɪə] *n* insignia *f*

insignificance [ɪnsɪɡˈnɪfɪkəns] *n* insignificancia *f*; **my problems pale** *or* **fade into ~ beside yours** mis problemas son insignificantes comparados con los tuyos

insignificant [ɪnsɪɡˈnɪfɪkənt] *adj* insignificante; **a not ~ sum of money** una considerable suma de dinero, una suma nada despreciable de dinero

insincere [ɪnsɪnˈsɪə(r)] *adj* falso(a); **did you think I was being ~?** ¿creíste que mentía?

insincerely [ɪnsɪnˈsɪəlɪ] *adv* de un modo poco sincero

insincerity [ɪnsɪnˈserɪtɪ] *n* falsedad *f*, insinceridad *f*

insinuate [ɪnˈsɪnjʊeɪt] *vt* **-1.** *(hint)* insinuar; **he insinuated that you were lying** insinuó que mentías -**2.** *Formal (introduce)* **to ~ oneself into sb's favour** ganarse arteramente el favor de alguien; **she managed to ~ his name into the conversation at several points** logró introducir su nombre en varios momentos de la conversación

insinuating [ɪnˈsɪnjʊeɪtɪŋ] *adj* insinuante

insinuation [ɪnsɪnjʊˈeɪʃən] *n* **-1.** *(hint)* insinuación *f*, indirecta *f* -**2.** *(practice)* insinuación *f*

insipid [ɪnˈsɪpɪd] *adj (food)* insípido(a), soso(a); *(character)* soso(a)

insipidity [ɪnsɪˈpɪdɪtɪ], **insipidness** [ɪnˈsɪpɪdnɪs] *n (of taste)* insipidez *f*; *(of person)* sosería *f*

insist [ɪnˈsɪst] ◇ *vt* **-1.** *(demand)* **I ~ that you tell no-one** no le permito que se lo diga a nadie; **you should ~ that you be paid** debes exigir que te paguen -**2.** *(maintain)* **to ~ that...** insistir en que...; **she insists that she locked the door** insiste en que cerró la puerta con llave
◇ *vi* **-1.** *(demand)* **she insists on absolute punctuality/real champagne** exige absoluta puntualidad/champán de verdad; **very well, if you ~** bueno, si insistes; **you must stay for dinner, I ~ (on it)!** te tienes que quedar a cenar, ¡faltaría más! -**2.** *(persist)* **to ~ on doing sth** empeñarse en hacer algo; **he insists on doing everything himself** se empeña en hacerlo todo él; **if you ~ on doing that, I'm leaving** como sigas haciendo eso, yo me marcho; **he insisted on his innocence** insistió en que era inocente -**3.** *(emphasize)* **to ~ on sth** hacer hincapié en algo; **I must ~ on this point** debo hacer hincapié en este punto

insistence [ɪnˈsɪstəns] *n* **-1.** *(demand)* exigencia *f*; **their ~ on secrecy has hindered negotiations** sus exigencias de la confidencialidad han entorpecido las negociaciones; **I came here at her ~** vine porque ella insistió -**2.** *(persistence, assertion)* **because of his ~ on paying for us** por su empeño en invitarnos; **in spite of her ~ that she locked the door** a pesar de que insistió en que había cerrado la puerta con llave -**3.** *(emphasis)* hincapié *m*; **his ~ on the role of the economy** el hincapié que hace en el papel de la economía

insistent [ɪnˈsɪstənt] *adj* **-1.** *(demand)* insistente; **to be ~ about sth** insistir sobre *or* en algo; -**2.** *(rhythm, noise)* insistente

insistently [ɪnˈsɪstəntlɪ] *adv* insistentemente, con insistencia

in situ [ɪnˈsɪtjuː] *adv Formal* en su lugar original, in situ

insofar as [ˈɪnsəʊˈfɑːrəz] *adv* en la medida en que; **I'll help her ~ I can** la ayudaré en la medida de mis posibilidades; **~ it's possible** en la medida de lo posible

insole [ˈɪnsəʊl] *n (of shoe)* plantilla *f*

insolence [ˈɪnsələns] *n* insolencia *f*

insolent [ˈɪnsələnt] *adj* insolente; **he's ~ to his teachers** es insolente con sus profesores(as) *or* maestros(as)

insolently [ˈɪnsələntlɪ] *adv* insolentemente, de un modo insolente

insolubility [ɪnsɒljəˈbɪlɪtɪ] *n* **-1.** *(of substance)* insolubilidad *f* -**2.** *(of problem)* insolubilidad *f*

insoluble [ɪnˈsɒljʊbəl] *adj* **-1.** *(substance)* insoluble, indisoluble -**2.** *(problem)* irresoluble

insolvency [ɪnˈsɒlvənsɪ] *n* FIN insolvencia *f*

insolvent [ɪnˈsɒlvənt] *adj* FIN insolvente; **to be declared ~** *(person, firm)* ser declarado insolvente

insomnia [ɪnˈsɒmnɪə] *n* insomnio *m*

insomniac [ɪnˈsɒmnɪæk] *n* insomne *mf*

insomuch as = **inasmuch as**

insouciance [ɪnˈsuːsɪəns] *n Formal* despreocupación *f*

insouciant [ɪnˈsuːsɪənt] *adj Formal* despreocupado(a)

inspect [ɪnˈspekt] *vt* **-1.** *(examine)* examinar, inspeccionar; **she inspected his body for bruises** le examinó *or* revisó el cuerpo en busca de moretones *or* magulladuras **-2.** *(check officially) (school, factory)* inspeccionar; *(accounts)* revisar; *(machinery, vehicle)* revisar; *(passport, luggage)* examinar, inspeccionar **-3.** *(troops)* pasar revista a

inspection [ɪnˈspekʃən] *n* **-1.** *(examination)* examen *m*, inspección *f*; **on closer ~** tras un examen más detallado **~ copy** *(of book)* ejemplar *m* de muestra **-2.** *(official check) (of school, factory)* inspección *f*; *(of accounts)* revisión *f*, *Am* revisión *f*; *(of machinery, vehicle)* revisación *f*, *Am* revisión *f*; *(of passport, luggage)* examen *m*, inspección *f* **-3.** *(of troops)* revista *f*

inspector [ɪnˈspektə(r)] *n* **-1.** *(of schools, factories)* inspector(ora) *m,f*; *Br* **~ of taxes, tax ~** inspector(ora) de Hacienda **-2.** *Br (on train, bus)* revisor(ora) *m,f* **-3.** *Br* **(police) ~** inspector(ora) de policía

inspectorate [ɪnˈspektərət] *n* (departamento *m* de) inspección *f*

inspiration [ɪnspɪˈreɪʃən] *n* **-1.** *(source of ideas)* inspiración *f*; **to draw ~ from sth** inspirarse en algo; **to be an ~ to sb** ser una fuente de inspiración para alguien; **your enthusiasm and dedication have been an ~ to us all** tu entusiasmo y dedicación han sido una fuente de inspiración para todos nosotros
-2. *(bright idea)* idea *f* brillante *or* genial; **hey, I've had an ~!** ¡he tenido una idea brillante!
-3. *Formal (inhalation)* inspiración *f*

inspirational [ɪnspɪˈreɪʃənəl] *adj* inspirador(ora)

inspire [ɪnˈspaɪə(r)] ◇ *vt* **-1.** *(person, work of art)* inspirar; **the poem was inspired by a visit to Italy** el poema estaba inspirado en una visita a Italia; **to be divinely inspired** ser fruto de una inspiración divina; **to ~ sb to do sth: what inspired me to do it was...** lo que me dio la idea de hacerlo fue...; **what inspired you to choose that name?** ¿qué te llevó a elegir ese nombre?
-2. *(arouse) (feeling)* inspirar, suscitar; **a name which inspires respect/fear** un nombre que inspira respeto/miedo; **to ~ confidence in sb, to ~ sb with confidence** inspirar confianza a alguien; **to ~ courage in sb** infundir coraje a alguien
-3. *Formal (inhale)* inspirar
◇ *vi Formal (inhale)* inspirar

inspired [ɪnˈspaɪəd] *adj* inspirado(a); **I'm not feeling very ~ today** hoy no estoy muy inspirado; **it was an ~ choice/decision** fue una elección/decisión inspirada; **their performance was nothing short of ~** su actuación fue más que *or* muy inspirada; **to make an ~ guess** acertar por casualidad

inspiring [ɪnˈspaɪərɪŋ] *adj* estimulante; **the menu wasn't very ~** el menú no era muy interesante

inst. *(abbr* **instant)** COM *Old-fashioned* **your letter of the 9th ~** su carta del 9 del corriente *or* del mes en curso

instability [ɪnstəˈbɪlɪtɪ] *n* inestabilidad *f*; **emotional/political ~** inestabilidad emocional/política

install, *US* **instal** [ɪnˈstɔːl] *vt* **-1.** *(machinery, equipment, software)* instalar; **we're having central heating installed** nos están instalando la calefacción central ❑ COMPTR **~ program** programa *m* de instalación
-2. *(settle) (person)* instalar; **to ~ oneself in an armchair** instalarse en una butaca
-3. *(manager, president)* investir; **to ~ sb in a post** colocar a alguien en un puesto; **the Tories were installed with a huge majority** los conservadores asumieron el poder con una amplia mayoría

installation [ɪnstəˈleɪʃən] *n* **-1.** *(of machinery, equipment, software)* instalación *f* ❑ COMPTR **~ disk** disco *m* de instalación **~ manual** manual *m* de instalación; **~ program** programa *m* de instalación **-2.** *(in post)* investidura *f* **-3.** ART instalación *f* **-4.** *(military base)* instalación *f* militar

installer [ɪnˈstɔːlə(r)] *n* COMPTR instalador *m*

installment, *US* **installment** [ɪnˈstɔːlmənt] *n* **-1.** *(part payment)* plazo *m*; **monthly installments** cuotas mensuales; **to pay in** *or* **by installments** pagar a plazos ❑ *US* COM **~ plan** compra *f* a plazos *or Am* en cuotas; **to buy sth on an ~ plan** comprar algo a plazos *or RP* en cuotas
-2. *(of radio, TV programme)* episodio *m*; **the last ~ of our special report on Brazil** *(on TV)* la última entrega de nuestro informe *or Andes, CAm, Méx, Ven* reporte especial sobre Brasil; **to publish sth in instalments** publicar algo por entregas

instance [ˈɪnstəns] ◇ *n* **-1.** *(case)* caso *m*; *(example)* ejemplo *m*; **for ~** por ejemplo; **in this ~** en este caso; **in the first ~** en primer lugar **-2.** *Formal (request)* **at the ~ of** a instancias de
◇ *vt Formal* **-1.** *(cite)* citar, dar como ejemplo **-2.** *(exemplify)* demostrar, ejemplificar

instant [ˈɪnstənt] ◇ *n (moment)* instante *m*; **at that ~** en ese momento; **the next ~ he had disappeared** un instante después había desaparecido; **do it this ~!** ¡hazlo ahora mismo!; **let me know the ~ he gets here** avísame en cuanto llegue; **the ~ I saw him** en cuanto lo vi; **not an ~ too soon** justo a tiempo; **in an ~** en un instante; **he left on the ~** se fue de inmediato; **I don't believe it for one ~** no lo creo ni por casualidad
◇ *adj* **-1.** *(immediate)* instantáneo(a), inmediato(a); **I took an ~ dislike to him** me cayó mal instantáneamente; **there's are no ~ solutions** no hay soluciones inmediatas ❑ **~ access** *(to money)* acceso *m* inmediato; **~ access account** cuenta *f* a la vista; COMPTR **~ message** mensaje *m* instantáneo; COMPTR **~ messaging** mensajería *f* instantánea; *US* TV **~ replay** repetición *f*
-2. *(coffee, soup, mashed potato)* instantáneo(a)
-3. COM *Old-fashioned* **your letter of the 9th ~** su carta del 9 del corriente *or* del mes en curso

instantaneous [ɪnstənˈteɪnɪəs] *adj* instantáneo(a)

instantaneously [ɪnstənˈteɪnɪəslɪ] *adv* instantáneamente, al instante

instantly [ˈɪnstəntlɪ] *adv* al instante; **he was killed ~** murió en el acto; **~ forgettable** muy fácil de olvidar; **~ recognizable** reconocible al instante

instate [ɪnˈsteɪt] *vt* instalar

in-state [ˈɪnsteɪt] *adj US* del (propio) estado

instead [ɪnˈsted] *adv* **she couldn't come so he came ~** como ella no podía venir, vino él en su lugar; **we haven't got any green ones, would you like a blue one ~?** no tenemos verdes, ¿quiere uno azul?; **I was going to buy the green one but I bought the blue one ~** iba a comprar el verde, pero al final compré el azul; **I decided against going to Spain, ~, I spent the money on a motorbike** decidí que, en lugar de gastarme el dinero en ir a España, me compraría una moto; **I should have kept quiet, but ~ I spoke up** en vez de callarme, que es lo que tendría que haber hecho, dije lo que pensaba; **~ of** en vez de, en lugar de; **he came ~ of me** vino en mi lugar; **~ of doing sth** en lugar *or* vez de hacer algo

instep [ˈɪnstep] *n* **-1.** *(of foot)* empeine *m* **-2.** *(of shoe)* empeine *m*

instigate [ˈɪnstɪgeɪt] *vt* **-1.** *(strike, unrest, violence)* instigar **-2.** *(inquiry, search, changes)* iniciar

instigation [ɪnstɪˈgeɪʃən] *n* **-1.** *(of strike, unrest, violence)* instigación *f*; **at sb's ~** a instancias de alguien **-2.** *(of inquiry, search, changes)* instigación *f*

instigator [ˈɪnstɪgeɪtə(r)] *n* **-1.** *(of strike, unrest, violence)* instigador(ora) *m,f* **-2.** *(of inquiry, search, changes)* iniciador(ora) *m,f*

instil, *US* **instill** [ɪnˈstɪl] *(pt & pp* **instilled)** *vt* inculcar **(in** *or* **into** en**)**; **to ~ certain principles/ideals into sb** inculcar a alguien ciertos principios/ideales; **to ~ fear into sb** amedrentar a alguien

instinct [ˈɪnstɪŋkt] *n* instinto *m*; **to have an ~ for sth** tener buen olfato para algo; **to follow one's instincts** dejarse guiar por la intuición; **(all) my instincts told me to say no** el *or* mi instinto me decía que dijera que no; **my first ~ was to run away** mi primer impulso fue irme *or* salir corriendo; **he is by ~ a rebel** es rebelde por instinto; **to work by ~** trabajar por instinto

instinctive [ɪnˈstɪŋktɪv] *adj* instintivo(a); **to take an ~ dislike to sb** sentir una antipatía instintiva por alguien

instinctively [ɪnˈstɪŋktɪvlɪ] *adv* instintivamente, por instinto

instinctual [ɪnˈstɪŋktjʊəl] *adj* instintivo

institute [ˈɪnstɪtjuːt] ◇ *n* instituto *m*
◇ *vt* **-1.** *(set up) (system, procedure)* instaurar **-2.** *(start) (search)* emprender; LAW *(enquiry)* emprender; LAW **to ~ proceedings (against sb)** emprender una acción legal (contra alguien)

institution [ɪnstɪˈtjuːʃən] *n* **-1.** *(organization)* institución *f*; **the institutions of the state** las instituciones del estado
-2. *(mental hospital)* (hospital *m*) psiquiátrico *m*; *(old people's home)* residencia *f* de ancianos, asilo *m*; *(children's home)* centro *m* de menores; **he had lived most of his life in institutions** había vivido la mayor parte de su vida en instituciones de distinto tipo
-3. *(custom, political or social structure)* institución *f*; **the ~ of marriage** la institución del matrimonio; *Fig* **to become a national ~** *(event, TV programme, person)* convertirse en una institución (nacional); **our Friday lunches have become an office ~** en la oficina, nuestros almuerzos de los viernes se han convertido en una institución
-4. *Formal (of system, procedure)* institución *f*, instauración *f*
-5. *Formal (of search)* inicio *m*; LAW *(of enquiry)* instrucción *f*; LAW **the ~ of proceedings (against sb)** la instrucción de un proceso (contra alguien)

institutional [ɪnstɪˈtjuːʃənəl] *adj* **-1.** *(of hospital, prison, school)* institucional; **after years of ~ life** después de años de vida institucional; **~ care** cuidado *or* atención institucional **-2.** COM institucional; **~ investors** instituciones inversionistas *or* inversoras

institutionalize [ɪnstɪˈtjuːʃənəlaɪz] *vt* **-1.** *(put in a mental hospital)* internar en un psiquiátrico; *(put in an old people's home)* internar en un asilo **-2.** *(turn into an institution)* institucionalizar

institutionalized [ɪnstɪˈtjuːʃənəlaɪzd] *adj* **-1.** *(person)* **to become ~** desarrollar una fuerte dependencia institucional *(de la vida carcelaria, hospitalaria, etc)* **-2.** *(practice)* **this practice had become ~** esta práctica se había institucionalizado ❑ **~ racism** racismo *m* institucionalizado

in-store [ˈɪnstɔː(r)] *adj* de la tienda, dentro de la tienda; **~ advertising/promotion** publicidad/promoción en la tienda *or RP* el local

instruct [ɪnˈstrʌkt] *vt* **-1.** *(teach)* instruir **(in** en**)** **-2.** *(command)* dar instrucciones a; **to ~ sb to do sth** ordenar a alguien que haga algo; **I have been instructed to say nothing** se me ha ordenado no decir nada, tengo instrucciones de no decir nada
-3. *(inform)* informar; **I have been instructed that the meeting has been cancelled** me han informado que se ha cancelado la reunión

instruction

-4. *(lawyer) (engage)* contratar los servicios de; *(inform)* dar instrucciones a; *(jury)* instruir

◆ **instruct in** *vt sep* **to ~ sb in sth** dar clases a alguien de algo; **she instructed everyone in how to use the machine** enseñó a todos a usar la máquina

instruction [ɪnˈstrʌkʃən] *n* **-1.** *(training)* instrucción *f*, adiestramiento *m*; **we received ~ in using the machines** nos enseñaron cómo utilizar las máquinas

-2. *(order)* instrucción *f*; **to give sb instructions to do sth** dar a alguien instrucciones de hacer algo; **they were given instructions not to let him out of their sight** recibieron instrucciones de no perderlo de vista; **she gave instructions for the papers to be destroyed** dio instrucciones de que se destruyeran los documentos; **to act in accordance with/contrary to instructions** actuar/no actuar según las instrucciones; **our instructions are to arrest him** recibimos instrucciones de arrestarlo

-3. COMPTR instrucción *f*

-4. instructions *(directions)* instrucciones *fpl*; **instructions for use** instrucciones de uso, modo de empleo ❑ **~ manual** manual *m* de instrucciones

instructional [ɪnˈstrʌkʃənəl] *adj* de instrucción, de adiestramiento

instructive [ɪnˈstrʌktɪv] *adj* instructivo(a)

instructor [ɪnˈstrʌktə(r)] *n* **-1.** *(teacher)* instructor(ora) *m,f*; **driving ~** profesor(ora) de autoescuela; **ski ~** monitor(ora) de esquí **-2.** *US (university lecturer)* profesor(ora) *m,f* de universidad

instructress [ɪnˈstrʌktrɪs] *n (teacher)* instructora *f*, profesora *f*

instrument [ˈɪnstrəmənt] *n* **-1. (musical) ~** instrumento *m*

-2. *(implement)* instrumento *m*; **scientific instruments** instrumentos científicos; **surgical instruments** el instrumental quirúrgico

-3. AV **instruments** instrumentos *mpl*; **to fly by** *or* **on instruments** volar por instrumentos ❑ **~ board** tablero *m* de mandos, panel *m* de instrumentos; **~ panel** tablero *m* de mandos, panel *m* de instrumentos

-4. *(means)* instrumento *m*; **to serve as the ~ of sb's vengeance** ser el instrumento de la venganza de alguien

-5. FIN documento *m*, instrumento *m*; **an ~ of payment** un instrumento de pago

instrumental [ˌɪnstrʊˈmentəl] ◇ *n* MUS (pieza *f*) instrumental *m*

◇ *adj* **-1.** *(involved)* fundamental; **she was ~ in negotiating the agreement** desempeñó un papel fundamental en la negociación del acuerdo **-2.** MUS instrumental

instrumentalist [ˌɪnstrʊˈmentəlɪst] *n* MUS instrumentista *mf*

instrumentation [ˌɪnstrʊmenˈteɪʃən] *n* **-1.** MUS instrumentación *f* **-2.** TECH instrumentos *mpl*

insubordinate [ˌɪnsəˈbɔːdɪnət] *adj* insubordinado(a)

insubordination [ˌɪnsəbɔːdɪˈneɪʃən] *n* insubordinación *f*

insubstantial [ˌɪnsəbˈstænʃəl] *adj* **-1.** *(flimsy) (structure, garment)* endeble, frágil; *(argument, reasoning)* frágil **-2.** *(not satisfying) (meal)* poco sustancioso(a); *(book)* intrascendente, insustancial **-3.** *(imaginary)* imaginario(a)

insufferable [ɪnˈsʌfrəbəl] *adj* insufrible, insoportable; **she was being quite ~** estaba bastante insoportable

insufferably [ɪnˈsʌfrəblɪ] *adv* insoportablemente; **he's ~ arrogant** es insoportablemente arrogante

insufficiency [ˌɪnsəˈfɪʃənsɪ] *n* **-1.** *(inadequacy)* insuficiencia *f*; **the ~ of our equipment** lo inadecuado de nuestro equipamiento **-2.** MED **cardiac/renal ~** insuficiencia cardíaca/renal

insufficient [ˌɪnsəˈfɪʃənt] *adj* insuficiente; **~ evidence** pruebas insuficientes; **~ funds** fondos insuficientes

insufficiently [ˌɪnsəˈfɪʃəntlɪ] *adv* insuficientemente; **he was ~ cautious** no fue lo suficientemente cauto

insular [ˈɪnsjʊlə(r)] *adj* **-1.** *(people, views)* provinciano(a); **he leads a very ~ existence** lleva una vida muy aislada del mundo exterior **-2.** *(of an island)* insular

insularity [ˌɪnsjʊˈlærɪtɪ] *n* provincianismo *m*; **the ~ of the press** lo provinciana que es la prensa

insulate [ˈɪnsjʊleɪt] *vt* **-1.** *(against cold, heat, radiation)* aislar; **insulated sleeping bag** saco *or* bolsa de dormir térmica **-2.** *(electrically)* aislar; **insulated screwdriver** destornillador con aislante **-3.** *(protect)* proteger; **insulated from the outside world** aislado del mundo exterior

insulating tape [ˈɪnsjʊleɪtɪŋˈteɪp] *n Br* cinta *f* aislante

insulation [ˌɪnsjʊˈleɪʃən] *n* **-1.** *(against heat loss)* aislamiento *m* térmico **-2.** *(electrical)* aislamiento *m* **-3.** *(material)* aislante *m* **-4.** *(protection)* protección *f*

insulator [ˈɪnsjʊleɪtə(r)] *n* **-1.** *(material)* aislante *m* **-2.** *(device)* aislador *m*

insulin [ˈɪnsjʊlɪn] *n* insulina *f*

insult ◇ *n* [ˈɪnsʌlt] *(words, action)* insulto *m*; **it's an ~ to our intelligence** es un insulto a nuestra inteligencia; **their adverts are an ~ to women** sus anuncios son un insulto a la mujer; **to add ~ to injury...** para colmo...

◇ *vt* [ɪnˈsʌlt] insultar; **don't be insulted if I don't tell you everything** no te ofendas si no te lo cuento todo

insulting [ɪnˈsʌltɪŋ] *adj* insultante; **it is ~ to suggest that...** es insultante sugerir que...

insultingly [ɪnˈsʌltɪŋlɪ] *adv (to speak, act)* de un modo insultante; **they made me an ~ low offer** me hicieron una oferta tan baja que resultaba insultante

insuperable [ɪnˈsuːpərəbəl] *adj* insuperable, infranqueable

insuperably [ɪnˈsuːpərəblɪ] *adv* insuperablemente; **~ difficult** extremadamente difícil

insupportable [ˌɪnsəˈpɔːtəbəl] *adj Formal* **-1.** *(intolerable)* insoportable **-2.** *(indefensible)* indefendible, insustentable

insurable [ɪnˈʃʊərəbəl] *adj* asegurable

insurance [ɪnˈʃʊərəns] *n* **-1.** *(against fire, theft, accident)* seguro *m*; **to take out/have ~ (against sth)** hacerse/tener un seguro (contra algo), asegurarse (contra algo); **he's in ~** trabaja en *Am* con seguros; **he bought himself a stereo out of the ~** con lo del seguro se compró un equipo de música ❑ **~ broker** agente *mf* (libre) *or Am* corredor(ora) *m,f* de seguros; **~ claim** reclamación *f or Col, CSur* reclamo *m* al seguro; **~ company** aseguradora *f*, compañía *f* de seguros; **~ cover** cobertura *f*; **~ policy** FIN *also Fig* póliza *f* de seguros; **~ premium** prima *f* (del seguro); **~ salesman** agente *m* de seguros; **~ saleswoman** agente *f* de seguros

-2. *(safeguard)* protección *f*; **an alarm is a good ~ against theft** una alarma es una buena protección contra los robos; **I took Sam with me, just as (an) ~** me llevé a Sam, por si acaso

insure [ɪnˈʃʊə(r)] *vt* **-1.** *(car, building, person)* asegurar **(against** contra); **to ~ one's life** hacerse un seguro de vida **-2.** *(protect)* proteger; **what strategy can ~ (us) against failure?** ¿qué estrategia podría garantizar(nos) el éxito?

insured [ɪnˈʃʊəd] ◇ *n* FIN **the ~** el asegurado

◇ *adj* asegurado(a); **to be ~** estar asegurado(a) ❑ FIN **~ value** valor *m* asegurado

insurer [ɪnˈʃʊərə(r)] *n* asegurador(ora) *m,f*

insurgency [ɪnˈsɜːdʒənsɪ] *n* insurgencia *f*

insurgent [ɪnˈsɜːdʒənt] ◇ *n* insurgente *mf*, insurrecto(a) *m,f*

◇ *adj* insurgente, insurrecto(a)

insurmountable [ˌɪnsəˈmaʊntəbəl] *adj Formal* insuperable, insalvable

insurrection [ˌɪnsəˈrekʃən] *n* insurrección *f*

insurrectionary [ˌɪnsəˈrekʃənərɪ] *adj* insurrecto(a), sedicioso(a)

insurrectionist [ˌɪnsəˈrekʃənɪst] *n* insurrecto(a) *m,f*, sedicioso(a) *m,f*

intact [ɪnˈtækt] *adj* intacto(a); **to be ~** estar intacto(a); **to remain ~** permanecer intacto(a)

intaglio [ɪnˈtɑːlɪəʊ] *n* **-1.** *(in jewellery)* entalle *m* **-2.** *(in printing)* intaglio *m*

intake [ˈɪnteɪk] *n* **-1.** *(of alcohol, calories)* consumo *m*, ingesta *f*; **a sharp ~ of breath** una brusca inspiración **-2.** *(of pupils, recruits)* **this year's ~ of pupils** la matrícula de este año; **our ~ of refugees** la cantidad de refugiados admitidos en nuestro país **-3.** *(pipe, vent)* toma *f*; **~ valve** válvula de admisión

intangibility [ɪnˌtændʒɪˈbɪlɪtɪ] *n* intangibilidad *f*

intangible [ɪnˈtændʒɪbəl] ◇ *n* valor *m* intangible

◇ *adj* intangible ❑ FIN **~ assets** bienes *mpl* inmateriales

integer [ˈɪntɪdʒə(r)] *n* MATH (número *m*) entero *m*

integral [ˈɪntɪɡrəl] ◇ *n* MATH integral *f*

◇ *adj* **-1.** *(essential)* esencial; **to be** *or* **form an ~ part of sth** formar parte integrante de algo **-2.** *(built-in)* incorporado(a) **-3.** MATH **an ~ number** un número entero ❑ **~ calculus** cálculo *m* integral

integrate [ˈɪntɪɡreɪt] ◇ *vt* **-1.** *(combine in a larger unit)* integrar **(into** en); **the two systems have been integrated** los dos sistemas han sido integrados; **to ~ sb into a group** integrar a alguien en un *or* al grupo; **his brief was to ~ the new building into the historic old quarter** su tarea era integrar el nuevo edificio al viejo barrio histórico **-2.** *(end segregation of)* integrar, eliminar la segregación de **-3.** MATH integrar

◇ *vi* **-1.** *(fit in)* integrarse **(into** en) **-2.** *(desegregate)* integrarse, eliminar la segregación

integrated [ˈɪntɪɡreɪtɪd] *adj* **-1.** *(combined in a larger unit)* integrado(a) **-2.** *(desegregated)* integrado(a), no segregacionista **-3.** ELEC **~ circuit** circuito *m* integrado **-4.** COMPTR **~ package** paquete *m* integrado; **~ services digital network** red *f* digital de servicios integrados; **~ software** software *m* integrado

integration [ˌɪntɪˈɡreɪʃən] *n* **-1.** *(process of integrating)* integración *f* **-2.** *(desegregation)* integración *f*, no segregación *f* **-3.** MATH integración *f*

integrity [ɪnˈteɡrɪtɪ] *n* **-1.** *(uprightness)* integridad *f*; **she's a woman of great ~** es una mujer muy íntegra **-2.** *(wholeness)* integridad *f*; **cultural ~** integridad cultural

integument [ɪnˈteɡjʊmənt] *n* BIOL & ZOOL tegumento *m*

intellect [ˈɪntɪlekt] *n* **-1.** *(intelligence)* intelecto *m*; **a man of ~** un hombre muy inteligente **-2.** *(person)* cerebro *m*, inteligencia *f*

intellectual [ˌɪntɪˈlektjʊəl] ◇ *n* intelectual *mf*

◇ *adj* intelectual; **interests of an ~ nature** intereses de carácter intelectual ❑ LAW **~ property** propiedad *f* intelectual

intellectualize [ˌɪntɪˈlektjʊəlaɪz] ◇ *vt* intelectualizar, dar un tono intelectual a

◇ *vi* filosofar

intellectually [ˌɪntɪˈlektjʊəlɪ] *adv* intelectualmente, desde el punto de vista intelectual

intelligence [ɪnˈtelɪdʒəns] *n* **-1.** *(faculty)* inteligencia *f*; **to have the ~ to do sth** tener la inteligencia de hacer algo; **her decision shows real ~** la suya es una decisión sumamente inteligente; **use your ~!** ¡piensa! ❑ PSY **~ quotient** cociente *m* intelectual; **~ test** test *m* de inteligencia

-2. *(information)* información *f*; **we received the ~ that...** hemos recibido la información de que...

-3. Mil & Pol inteligencia *f*, información *f*; **he used to work in ~** trabajaba en inteligencia *or* información ❑ **~ agency** servicio *m* de inteligencia *or* información; **~ officer** agente *mf* de inteligencia *or* información; **~ service** servicio *m* de inteligencia *or* información

intelligent [ɪnˈtelɪdʒənt] *adj* inteligente; **is there ~ life on other planets?** ¿hay vida inteligente en otros planetas? ❑ COMPTR **~ terminal** terminal *m* inteligente

intelligently [ɪnˈtelɪdʒəntlɪ] *adv* con inteligencia, inteligentemente

intelligentsia [ɪntelɪˈdʒensɪə] *n* **the ~** la intelectualidad

intelligibility [ɪntelɪdʒəˈbɪlɪtɪ] *n* inteligibilidad *f*

intelligible [ɪnˈtelɪdʒɪbəl] *adj* inteligible

intelligibly [ɪnˈtelɪdʒɪblɪ] *adv* de manera inteligible

intemperance [ɪnˈtempərəns] *n Formal* **-1.** *(lack of restraint)* intemperancia *f* **-2.** *(overindulgence in alcohol)* exceso *m* en la bebida, intemperancia *f*

intemperate [ɪnˈtempərət] *adj* **-1.** *(unrestrained) (person, behaviour)* inmoderado(a), intemperante; **her statements became increasingly ~** sus comentarios se fueron volviendo cada vez más intemperantes **-2.** *(drunken)* descontrolado(a) **-3.** *(climate)* riguroso(a)

intend [ɪnˈtend] *vt* **-1.** *(plan, have in mind)* **to ~ to do sth, to ~ doing** *or US* **on doing sth** tener la intención de hacer algo; **to ~ sth for sb** *(plan to give to)* tener pensado dar algo a alguien; **I didn't ~ her to see it yet** no quería que ella lo viera todavía; **those comments were intended for you** esos comentarios iban por ti *or* destinados a ti; **I told her to do it, and I ~ to be obeyed** le dije que lo hiciera, y vaya si lo hará
-2. *(mean)* **was that intended?** ¿ha sido a propósito?; **it was intended as a joke/a compliment** pretendía ser una broma/un cumplido; **his statement was intended to mislead** el objetivo de su comentario era confundir; **no pun intended!** no es un juego de palabras, ¿eh?
-3. *(destine)* **a movie intended for children** una película para niños *or* dirigida a los niños; **the device is intended to reduce pollution** la función del dispositivo es reducir la contaminación; **the reform is intended to limit the dumping of toxic waste** la reforma busca limitar el vertido de desechos tóxicos

intended [ɪnˈtendɪd] ◇ *n Old-fashioned or Hum (future spouse)* prometido(a) *m,f*
◇ *adj* **-1.** *(planned) (outcome, reaction)* esperado(a), deseado(a); **I had to cancel our ~ trip** tuve que cancelar el viaje que habíamos planeado; **as ~** como estaba calculado **-2.** *(insult, mistake)* intencionado(a)

intense [ɪnˈtens] *adj* **-1.** *(great, heavy)* intenso(a); **to my ~ satisfaction/annoyance** para mi gran satisfacción/tremendo fastidio **-2.** *(person)* muy serio(a); **he gets terribly ~** se toma las cosas muy a pecho

intensely [ɪnˈtenslɪ] *adv* **-1.** *(highly, extremely)* enormemente; **~ painful** sumamente doloroso; **~ annoyed** extremadamente *Esp* enfadado *or Am* enojado; **to dislike sb ~** sentir un profundo rechazo por alguien **-2.** *(strongly, deeply)* intensamente; **~ moving/emotional** profundamente conmovedor/emotivo

intensification [ɪntensɪfɪˈkeɪʃən] *n* intensificación *f*

intensifier [ɪnˈtensɪfaɪə(r)] *n* GRAM intensivo *m*, intensificador *m*

intensify [ɪnˈtensɪfaɪ] ◇ *vt* intensificar; **to ~ one's efforts (to do sth)** redoblar los esfuerzos (por hacer algo); **the police have intensified their search for the child** la policía ha intensificado la búsqueda del niño
◇ *vi* intensificarse

intensity [ɪnˈtensɪtɪ] *n* **-1.** *(of emotion, colour)* intensidad *f*; **the ~ of the debate** la intensidad del debate **-2.** PHYS intensidad *f*

intensive [ɪnˈtensɪv] *adj* intensivo(a); **despite an ~ search, nothing was found** a pesar de la intensa búsqueda, no se encontró nada ❑ MED **~ care** cuidados *mpl* intensivos, *Méx, RP* terapia *f* intensiva; MED **~ care unit** unidad *f* de cuidados intensivos *or* de vigilancia intensiva *or Méx, RP* de terapia intensiva; EDUC **~ course** curso *m* intensivo; AGR **~ farming** agricultura *f* intensiva

intensively [ɪnˈtensɪvlɪ] *adv (to farm)* intensivamente; *(to study)* profundamente, exhaustivamente

intent [ɪnˈtent] ◇ *n* intención *f*; **to do sth with ~** hacer algo con premeditación; **with good/evil ~** con buena/mala intención; **to all intents and purposes** a todos los efectos
◇ *adj* **-1.** *(concentrated) (look, expression)* intenso(a), concentrado(a); **he was silent, ~ on the meal** estaba en silencio, concentrado en la comida **-2.** *(determined)* **to be ~ on doing sth** estar empeñado(a) en hacer algo; **they were ~ on murder** estaban decididos a llevar a cabo el asesinato; **a woman ~ on success** una mujer decidida a triunfar

intention [ɪnˈtenʃən] *n* intención *f*; **good/bad intentions** buenas/malas intenciones; **he went to Australia with the ~ of making his fortune** fue a Australia con la intención de hacer fortuna; **it was with this ~ that I wrote to him** le escribí con esa intención, fue esa mi intención al escribirle; **to have no ~ of doing sth** no tener ninguna intención de hacer algo; **to have every ~ of doing sth** tener toda la intención de hacer algo; *Old-fashioned or Hum* **my intentions are entirely honourable** tengo la mejor de las intenciones

intentional [ɪnˈtenʃənəl] *adj* intencionado(a); **it wasn't ~** no fue adrede *or* a propósito

intentionally [ɪnˈtenʃənəlɪ] *adv* adrede, a propósito; **he didn't do it ~** no lo hizo adrede; **I ~ didn't invite her** no la invité a propósito

intently [ɪnˈtentlɪ] *adv (to listen)* atentamente; *(to look at)* intensamente

inter [ɪnˈtɜː(r)] *(pt & pp* **interred***) vt Formal* inhumar, sepultar

interact [ɪntəˈrækt] *vi* **-1.** *(people)* interrelacionarse **(with** con); **a person who doesn't ~ well with others** una persona que no se relaciona bien con los demás **-2.** *(factors, events)* combinarse **(with** con); **the cold air interacts with the warm** se produce una reacción entre el aire frío y caliente **-3.** COMPTR interactuar **(with** con)

interaction [ɪntəˈrækʃən] *n* interacción *f*

interactive [ɪntəˈræktɪv] *adj* interactivo(a) ❑ COMPTR **~ CD** CD *m* interactivo; COMPTR **~ video** vídeo *m or Am* video *m* interactivo

interactively [ɪntərˈæktɪvlɪ] *adv* COMPTR interactivamente

inter alia [ɪntəˈreɪlɪə] *adv Formal* entre otras cosas

interbank [ɪntəˈbæŋk] *adj* interbancario(a) ❑ **~ deposit rate** interés *m* interbancario; **~ market** mercado *m* interbancario

interbreed [ɪntəˈbriːd] ◇ *vt* cruzar
◇ *vi* **-1.** *(crossbreed)* cruzarse **-2.** *(within family, community)* reproducirse entre sí

intercede [ɪntəˈsiːd] *vi* interceder **(with/for** ante/por**)**; **to ~ on sb's behalf** interceder por alguien

intercept [ɪntəˈsept] ◇ *vt* **-1.** *(letter, blow, missile)* interceptar **-2.** *(in football)* interceptar **-3.** MATH cortar, intersectar
◇ *n* **-1. radio intercepts** mensajes *mpl* de radio interceptados **-2.** MATH intersección *f*

interception [ɪntəˈsepʃən] *n* **-1.** *(of letter, blow, missile)* interceptación *f*, intercepción *f* **-2.** *(in football)* intercepción *f*

interceptor [ɪntəˈseptə(r)] *n (aircraft)* interceptor *m*

intercession [ɪntəˈseʃən] *n Formal* intercesión *f*

interchange ◇ *n* [ˈɪntətʃeɪndʒ] **-1.** *(exchange)* intercambio *m* **-2.** *(of roads)* enlace *m*, nudo *m* de carreteras
◇ *vt* [ɪntəˈtʃeɪndʒ] intercambiar

interchangeable [ɪntəˈtʃeɪndʒəbəl] *adj* intercambiable **(with** con**)**

interchangeably [ɪntəˈtʃeɪndʒəblɪ] *adv* de forma intercambiable, indistintamente

intercity [ˈɪntəˈsɪtɪ] ◇ *n (train) Esp* intercity *m*, *Am* interurbano *m*
◇ *adj* intercity ❑ **~ bus** *Esp* autobús *m* de línea, *Am* bus *m* interurbano

intercollegiate [ɪntəkəˈliːdʒɪət] *adj US (between universities)* interuniversitario(a)

intercom [ˈɪntəkɒm] *n* interfono *m*

intercommunicate [ɪntəkəˈmjuːnɪkeɪt] *vi* **-1.** *(people)* comunicarse **-2.** *(rooms)* comunicarse

intercommunication [ɪntəkəmjuːnɪˈkeɪʃən] *n* intercomunicación *f*

intercommunion [ɪntəkəˈmjuːnjən] *n* REL intercomunión *f*

intercompany [ɪntəˈkʌmpənɪ] *adj* entre empresas

interconnect [ɪntəkəˈnekt] ◇ *vt* interconectar **(with** con**)**; **interconnected corridors** pasillos comunicados; **the buildings are interconnected by underground walkways** los edificios están comunicados por pasajes subterráneos
◇ *vi (ideas, lives)* interrelacionarse **(with** con**)**; *(rooms, buildings)* comunicarse **(with** con**)**; *(computers, circuits)* interconectarse **(with** con**)**

interconnecting [ɪntəkəˈnektɪŋ] *adj (rooms)* comunicado(a)

interconnection [ɪntəkəˈnekʃən] *n* interconexión *f*; **there are lots of interconnections between the two fields of study** hay muchos puntos de contacto entre los dos campos de estudio

intercontinental [ɪntəkɒntɪˈnentəl] *adj* intercontinental ❑ MIL **~ ballistic missile** misil *m* balístico intercontinental

intercostal [ɪntəˈkɒstəl] *adj* ANAT intercostal ❑ **~ muscle** músculo *m* intercostal

intercourse [ˈɪntəkɔːs] *n* **-1.** *(sexual)* coito *m*, cópula *f*; **to have ~ (with sb)** realizar el coito *or* el acto sexual (con alguien) **-2.** *Formal (dealings)* trato *m*; **social ~** relaciones sociales

intercut [ɪntəˈkʌt] *vt* CIN intercalar

interdenominational [ˈɪntədɪnɒmɪˈneɪʃənəl] *adj* interconfesional, entre religiones

interdepartmental [ˈɪntədiːpɑːtˈmentəl] *adj* interdepartamental

interdependence [ˈɪntədɪˈpendəns] *n* interdependencia *f*

interdependent [ˈɪntədɪˈpendənt] *adj* interdependiente

interdict ◇ *n* [ˈɪntədɪkt] **-1.** LAW interdicción *f*, prohibición *f* por orden judicial **-2.** REL entredicho *m*
◇ *vt* [ɪntəˈdɪkt] **-1.** LAW someter a interdicción a **-2.** REL poner en entredicho a **-3.** MIL destruir

interdiction [ɪntəˈdɪkʃən] *n* MIL destrucción *f*

interdisciplinary [ˈɪntədɪsəˈplɪnərɪ] *adj* interdisciplinar

interest [ˈɪntrest] ◇ *n* **-1.** *(curiosity)* interés *m*; **of ~** de interés; **with ~** *(watch, say)* con interés, interesado(a); **to have no ~ in (doing) sth** no tener ningún interés en (hacer) algo *or* por (hacer) algo; **to lose ~ (in sth)** perder el interés (por algo); **to hold sb's ~** mantener a alguien interesado; **to show/express an ~ (in sth)** mostrar/expresar interés (en *or* por algo); **to take an ~ (in sth)** interesarse (por algo); **the book created** *or* **aroused a great deal of ~** el libro suscitó un gran interés
-2. *(appeal)* **to be of ~/of no ~ to sb** interesar/no interesar a alguien; **politics has** *or* **holds no ~ for me** la política no me interesa
-3. *(hobby)* interés *m*, afición *f*; **we share the same interests** compartimos los mismos intereses *or* las mismas aficiones; **to have outside interests** tener otros intereses, tener otras aficiones
-4. *(stake)* interés *m*; **to declare an ~** *or* **one's interests** declararse parte interesada; **to have an ~ in sth** *(in general)* tener interés en *or* por algo; FIN tener intereses *or* participación en algo ❑ **~ group** grupo *m* con intereses comunes
-5. *(benefit)* **to act in sb's interests** obrar en

interés de alguien; **to act against one's own interests** obrar en contra de los propios intereses; **the public ~** el interés general *or* público; **it's in my ~ to do it** hacerlo va en mi propio interés, me interesa hacerlo; **it's in all our interests to cut costs** reducir costos va en interés de todos, reducir costos nos interesa a todos; **I have your (best) interests at heart** estoy considerando lo que es mejor para ti; **in the interests of accuracy/hygiene** en pro de la precisión/higiene

-6. *(group)* **foreign interests** grupos *mpl* de poder extranjeros; **big business interests** intereses *mpl* corporativos

-7. FIN *(on investment)* interés *m*; **to pay ~ on a loan** pagar interés sobre un préstamo; **the investment will bear 6 percent ~** la inversión dará un interés del 6 por ciento; **to pay sb back with ~** devolver el dinero a alguien con intereses; *Fig (exact revenge)* vengarse con creces de alguien ❑ **~ charges** intereses *mpl* (devengados); **~ due** intereses *mpl* vencidos; **~ rate** tipo *m or* tasa *f* de interés

◇ *vt* interesar; **it may ~ you to know that...** tal vez te interese saber que...; **to ~ sb in sth** interesar a alguien en algo

interest-bearing ['ɪntrest'beərɪŋ] *adj (account)* que da *or* devenga interés

interested ['ɪntrestɪd] *adj* **-1.** *(look, audience)* interesado(a); **to be ~ in sth** estar interesado(a) en algo, interesarse por algo; **would you be ~ in meeting him?** ¿te interesaría conocerlo?; **they seem ~ in the offer** parecen interesados en el ofrecimiento; **I've got a free ticket for the opera here... anyone ~?** tengo una entrada gratis para la ópera...¿le interesa a alguien?; **I'd be ~ to know what you think** me gustaría saber qué opinas

-2. *(concerned)* interesado(a); **the ~ party** la parte interesada

interest-free ['ɪntrest'friː] *adj (loan)* sin intereses

interesting ['ɪntrestɪŋ] *adj* interesante

interestingly ['ɪntrestɪŋlɪ] *adv (to speak)* de manera *or* forma interesante; **~, she said she couldn't remember anything** es interesante recalcar que ella dijo que no podía acordarse de nada; **~ enough** curiosamente

interface ['ɪntəfeɪs] ◇ *n* **-1.** *(interaction)* interacción *f* **(with/between** con/entre**); the patient-doctor ~** la interacción médico-paciente **-2.** COMPTR interface *m*, interfaz *f*

◇ *vi* **-1.** *(interact)* relacionarse **(with** con**) -2.** COMPTR **to ~ with** comunicarse con

interfere [ɪntə'fɪə(r)] *vi* **-1.** *(meddle)* interferir, entrometerse **(in** en**); he's always interfering** siempre se está entrometiendo

-2. *(tamper)* **to ~ with sth** andar con *or* tocar algo; **the safety lock had been interfered with** alguien había andado con *or* tocado la cerradura de seguridad; **don't ~ with my papers** no enredes en *or* no toques mis papeles

-3. *(clash, conflict)* **to ~ with sth** interferir en *or* afectar a algo; **he lets his pride/personal feelings ~ with his judgment** suele dejar que su orgullo/sus sentimientos personales influyan en sus opiniones; **not if it interferes with my work** no si afecta mi trabajo

-4. RAD & TV **to ~ with sth** interferir con algo

-5. PHYS *(waves)* causar *or* provocar interferencia

-6. *Euph* **to ~ with a child** *(sexually)* abusar de un niño

interference [ɪntə'fɪərəns] *n* **-1.** *(meddling)* intromisión *f*; **she won't tolerate ~ in** *or* **with her plans** no va a tolerar ninguna injerencia *or* interferencias en sus planes **-2.** RAD & TV interferencia *f* **-3.** PHYS *(waves)* interferencia *f*

interfering [ɪntə'fɪərɪŋ] *adj* entrometido(a)

interferon [ɪntə'fɪərɒn] *n* BIOCHEM interferón *m*

intergalactic [ɪntəɡə'læktɪk] *adj* intergaláctico(a)

interglacial [ɪntə'ɡleɪʃəl] *adj* GEOL interglacial ❑ **~ stage** período *m* interglacial

intergovernmental ['ɪntəɡʌvən'mentəl] *adj* intergubernamental

interim ['ɪntərɪm] ◇ *n* **in the ~** entre tanto, en el ínterin

◇ *adj (agreement, report, appointment)* provisional, *Am* provisorio; **as an ~ measure** como medida provisional *or Am* provisoria ❑ FIN **~ dividend** dividendo *m* a cuenta; **~ government** gobierno *m* de transición; **~ payment** pago *m* a cuenta

interior [ɪn'tɪərɪə(r)] ◇ *n* **-1.** *(of building, country)* interior *m*; **the French Minister of the Interior** el Ministro de Interior de Francia; **Secretary/Department of the Interior** Ministro(a)/Ministerio del Interior **-2.** ART interior *m* **-3.** CIN &TV interior *m*; **the interiors were all shot in London** todos los interiores se rodaron en Londres

◇ *adj* **-1.** *(inside) (wall, room)* interior ❑ **~ decoration** interiorismo *m*; **~ decorator** interiorista *mf*, *Am* decorador(ora) *m,f* de interiores; **~ design** interiorismo *m*, decoración *f* de interiores; **~ designer** interiorista *mf*; AUT **~ trim** revestimientos *mpl* interiores **-2.** CIN &TV interior *m* **-3.** LIT **~ monologue** monólogo *m* interior **-4.** GEOM **~ angle** ángulo *m* interno

interiority [ɪntɪərɪ'ɒrɪtɪ] *n* interioridad *f*

interior-sprung [ɪntɪərɪə'sprʌŋ] *adj Br (mattress)* de muelles *or* resortes

interject [ɪntə'dʒekt] *vt (question, comment)* interponer; **"not like that," he interjected** "así no", interrumpió

interjection [ɪntə'dʒekʃən] *n* **-1.** GRAM interjección *f* **-2.** *(interruption)* interrupción *f*

interlace [ɪntə'leɪs] ◇ *vt* **-1.** *(entwine)* entrelazar **-2.** *(mix, intersperse)* intercalar

◇ *vi* entrelazarse

interlaced [ɪntə'leɪst] *adj* COMPTR *(monitor)* entrelazado(a)

interlard [ɪntə'lɑːd] *vt Pej* entreverar *or* salpicar **(with** de**)**

interleaf ['ɪntəliːf] *n* hoja *f* interfoliada

interleave [ɪntə'liːv] *vt* **-1.** *(book)* intercalar, interfoliar **-2.** COMPTR intercalar

interlibrary ['ɪntə'laɪbrərɪ] *adj* **~ loan** préstamo interbibliotecario

interline [ɪntə'laɪn] *vt* **-1.** *(text)* interlinear, intercalar comentarios *or* notas en un texto **-2.** *(garment)* entretela *f*

interlinear ['ɪntə'lɪnɪə(r)] *adj (word, gloss)* interlineal, entre líneas

interlining [ɪntə'laɪnɪŋ] *n (fabric)* entretela *f*

interlink ['ɪntəlɪŋk] *vt* enlazar; **the problems are interlinked** los problemas están interrelacionados

interlock [ɪntə'lɒk] ◇ *vt (entwine)* trabar, entrelazar

◇ *vi* **-1.** *(parts)* trabarse, entrelazarse; *(cogs)* engranarse **-2.** *(groups, issues)* imbricarse

◇ *n* ['ɪntəlɒk] TEX interlock *m*

◇ *adj (garment)* de interlock

interlocking [ɪntə'lɒkɪŋ] *adj* interconectado(a)

interlocutor [ɪntə'lɒkjuːtə(r)] *n Formal* interlocutor(ora) *m,f*

interloper ['ɪntələupə(r)] *n* intruso(a) *m,f*

interlude ['ɪntəluːd] *n* **-1.** *(period)* intervalo *m* **-2.** *(intermission) (at cinema)* intermedio *m*, descanso *m*; *(in theatre)* entreacto *m*, intermedio *m* **-3.** LIT *(short play)* sainete *m* corto, entremés *m* **-4.** MUS interludio *m*

intermarriage [ɪntə'mærɪdʒ] *n* **-1.** *(within family, clan)* matrimonio *m* endogámico **-2.** *(between different groups)* matrimonio *m* mixto *(entre personas de distintas razas, religiones o comunidades)*

intermarry [ɪntə'mærɪ] *vi* **-1.** *(within family, clan)* casarse con personas de la misma familia o grupo; **the tribe no longer intermarries** los miembros de la tribu ya no se casan entre sí **-2.** *(between different groups)* casarse *(personas de diferente raza, religión o comunidad)*;

Catholics and Protestants rarely intermarried católicos y protestantes raras veces se casaban entre sí

intermediary [ɪntə'miːdɪərɪ] ◇ *n (mediator)* intermediario(a) *m,f*, mediador(ora) *m,f*

◇ *adj* **-1.** *(mediating)* intermediario(a) **-2.** *(intermediate)* intermedio(a)

intermediate [ɪntə'miːdɪət] *adj* intermedio(a); **an ~ course** un curso de nivel medio ❑ **~ technology** tecnología *f* de nivel medio

interment [ɪn'tɜːmənt] *n Formal* sepelio *m*

intermezzo [ɪntə'metsəʊ] *(pl* **intermezzos** *or* **intermezzi** [ɪntə'metsiː]*) n* MUS intermezzo *m*

interminable [ɪn'tɜːmɪnəbəl] *adj* interminable

interminably [ɪn'tɜːmɪnəblɪ] *adv* interminablemente; **his talk was ~ long** su conferencia se hizo interminable; **the discussions dragged on ~** las conversaciones se extendieron interminablemente

intermingle [ɪntə'mɪŋɡəl] ◇ *vt* mezclar **(with** con**)**

◇ *vi* mezclarse **(with** con**)**

intermission [ɪntə'mɪʃən] *n (at cinema)* intermedio *m*, descanso *m*; *(in theatre)* entreacto *m*, intermedio *m*

intermittent [ɪntə'mɪtənt] *adj* intermitente; **sunny weather with ~ showers** tiempo soleado con chaparrones aislados

intermittently [ɪntə'mɪtəntlɪ] *adv* de forma intermitente, a intervalos; **she interrupted ~** cada cierto rato decía algo

intermodal [ɪntə'məʊdəl] *adj (transport)* intermodal; **~ transport system** sistema de transporte intermodal

intermolecular [ɪntəmə'lekjʊlə(r)] *adj* intermolecular

intern ◇ *n* ['ɪntɜːn] *US* **-1.** *(doctor)* médico(a) *m,f* interno(a) residente **-2.** *(teacher)* practicante *mf*

◇ *vt* [ɪn'tɜːn] recluir

◇ *vi US* **-1.** *(in hospital)* internarse **-2.** *(in school)* hacer prácticas

internal [ɪn'tɜːnəl] *adj* **-1.** *(inside object)* interno(a) ❑ COMPTR **~ clock** reloj *m* interno; TECH **~ combustion engine** motor *m* de combustión interna; COMPTR **~ command** comando *m* interno; COMPTR **~ drive** unidad *f* de disco interna

-2. *(inside body) (bleeding, injuries)* interno(a) ❑ **~ examination** examen *m* interno; *US* **~ medicine** medicina *f* interna

-3. *(inside text)* **~ evidence suggests it was written between 1609 and 1612** la información que se desprende del texto sugiere que fue escrito entre 1609 y 1612 ❑ LIT **~ rhyme** rima *f* interna

-4. *(inside country)* interno(a); **to interfere in another country's ~ affairs** interferir en los asuntos internos de otro país ❑ ECON **~ debt** deuda *f* interior *or* interna; **~ flight** vuelo *m* doméstico

-5. *(inside organization, institution)* interno(a) ❑ *US (Department of) Internal Affairs* (Secretaría *f or* Ministerio *m* de) Asuntos Internos *mpl*; FIN **~ audit** auditoría *f* interna; UNIV **~ examiner** examinador(ora) *m,f* interno(a); **~ mail** correo *m* interno; *US* **the Internal Revenue Service** *Esp* ≃ la Agencia Tributaria, *Am* ≃ la Dirección General Impositiva

internalization [ɪntɜːnəlaɪ'zeɪʃən] *n (of values, behaviour)* incorporación *f*, *Am* internalización *f*

internalize [ɪn'tɜːnəlaɪz] *vt* interiorizar, *Am* internalizar

internally [ɪn'tɜːnəlɪ] *adv* **-1.** *(within body)* internamente; **he was bleeding ~** tenía una hemorragia interna; **not to be taken ~** *(on medicine container)* para uso externo **-2.** *(within organization, institution)* internamente

international [ɪntə'næʃənəl] ◇ *adj* internacional ❑ HIST **the International Brigade** las Brigadas Internacionales; **~ call** llamada *f or Am* llamado *m* internacional; **International Court of Justice** Tribunal *m* Internacional de Justicia; **International Date Line** línea *f* de cambio de fecha; *US* **~ dial code** indicativo *m* internacional; *Br* **~ dialling code** indicativo *m* internacional;

ART **International Gothic** gótico *m* flamígero *or* florido; **an ~ incident** un incidente internacional; **International Labour Organization** Organización *f* Internacional del Trabajo; **~ law** derecho *m* internacional; FIN **International Monetary Fund** Fondo *m* Monetario Internacional; **International Phonetic Alphabet** Alfabeto *m* Fonético Internacional; **~ relations** relaciones *fpl* internacionales; **International Standards Organization** Organización *f* Internacional de Normalización; **~ waters** aguas *fpl* internacionales
◇ *n* **-1.** SPORT *(player)* (jugador(ora) *m,f*) internacional *mf*; *(game)* partido *m* internacional **-2.** POL **the Second/Third International** la segunda/tercera Internacional; **the Socialist International** la Internacional Socialista

Internationale [ɪntənæʃəˈnɑːl] *n* **the ~** la Internacional

internationalism [ɪntəˈnæʃənəlɪzəm] *n* internacionalismo *m*

internationalist [ɪntəˈnæʃənəlɪst] ◇ *n* internacionalista *mf*
◇ *adj* internacionalista

internationalization [ɪntənæʃənəlaɪˈzeɪʃən] *n* internacionalización *f*

internationalize [ɪntəˈnæʃənəlaɪz] *vt* internacionalizar; **to become internationalized** internacionalizarse

internationally [ɪntəˈnæʃənəlɪ] *adv* internacionalmente; **~ acclaimed** de fama internacional; **she is well known ~, but comparatively ignored at home** es conocida a nivel internacional pero, comparativamente, en su país se la ignora

internaut [ˈɪntənɔːt] *n* COMPTR internauta *mf*

internecine [ɪntəˈniːsaɪn] *adj Formal* intestino(a), interno(a); **~ struggles** luchas intestinas; **~ rivalry/feuding** rivalidad/ contienda interna

internee [ɪntɜːˈniː] *n* recluso(a) *m,f*

Internet [ˈɪntənet] *n* COMPTR **the ~** Internet *f*; **to surf the ~** navegar por Internet ❑ **~ access** acceso *m* a Internet; **~ access provider** proveedor *m* de acceso a Internet; **~ account** cuenta *f* de Internet; **~ address** dirección *f* de Internet; **~ banking** banca *f* por Internet, banca *f* electrónica; **~ café** cibercafé *m*; **~ connection** conexión *f* a Internet; **~ number** número *m* de Internet; **~ phone** teléfono *m* por Internet; **~ protocol** protocolo *m* de Internet; **~ Relay Chat** charla *f* interactiva por Internet; **~ service provider** proveedor *m* de (acceso a) Internet; **~ surfer** internauta *mf*; **~ surfing** navegación *f* por Internet; **~ user** internauta *mf*

internist [ɪnˈtɜːnɪst] *n US* MED internista *mf*, especialista *mf* en medicina interna

internment [ɪnˈtɜːnmənt] *n* reclusión *f*; **~ without trial** reclusión sin juicio ❑ **~ camp** campo *m* de reclusión

internship [ˈɪntɜːnʃɪp] *n US* **-1.** *(in hospital) Esp* ≃ MIR *m*, *Am* internado *m* **-2.** *(in school)* prácticas *fpl*

interparty [ɪntəˈpɑːtɪ] *adj (talks, negotiations)* interpartidario(a)

interpellate [ɪnˈtɜːpeleɪt] *vt* POL interpelar

interpenetrate [ɪntəˈpenɪtreɪt] *vt* imbuir

interpersonal [ɪntəˈpɜːsənəl] *adj* interpersonal ❑ **~ skills** habilidades *fpl* interpersonales

interplanetary [ɪntəˈplænɪtrɪ] *adj* ASTRON interplanetario(a) ❑ **~ travel** viaje *m* interplanetario

interplay [ˈɪntəpleɪ] *n* interacción *f* (**of** de)

Interpol [ˈɪntəpɒl] *n* Interpol *f*

interpolate [ɪnˈtɜːpəleɪt] *vt* **-1.** *Formal (in text, conversation)* interpolar (**into** en) **-2.** MATH interpolar

interpolation [ɪntɜːpəˈleɪʃən] *n* **-1.** *Formal (in text, conversation)* interpolación *f* **-2.** MATH interpolación *f*

interpose [ɪntəˈpəʊz] ◇ *vt* **-1.** *(between objects)* interponer (**between** entre) **-2.** *(interject)* interponer; **"that simply isn't true!" he interposed** "¡eso no es verdad!", exclamó
◇ *vi* interponerse

interpret [ɪnˈtɜːprɪt] ◇ *vt* interpretar
◇ *vi* interpretar; **can you ~ for me?** ¿puedes hacerme de intérprete?

interpretation [ɪntɜːprɪˈteɪʃən] *n* **-1.** *(understanding, analysis)* interpretación *f*; **she puts quite a different ~ on the facts** ella hace una interpretación muy diferente de los hechos; **she wasn't sure what ~ to put on the remarks** no estaba segura de cómo interpretar los comentarios; **it's open to several** *or* **various** *or* **different interpretations** se puede interpretar de diversas formas ❑ **~ centre** *(at historic site, country park)* centro *m* de interpretación
-2. *(translation)* interpretación *f*
-3. *(artistic expression)* interpretación *f*

interpretative [ɪnˈtɜːprɪtətɪv], **interpretive** [ɪnˈtɜːprɪtɪv] *adj* interpretativo(a) ❑ **~ centre** centro *m* de interpretación

interpreter [ɪnˈtɜːprɪtə(r)] *n* **-1.** *(person)* intérprete *mf* ❑ **~'s booth** cabina *f* de interpretación *or* traducción **-2.** COMPTR intérprete *mf*

interpreting [ɪnˈtɜːprɪtɪŋ] *n (occupation)* interpretación *f*

interpretive = **interpretative**

interracial [ɪntəˈreɪʃəl] *adj* interracial

Inter-Rail [ˈɪntəreɪl] *Br* ◇ *n* Inter-Rail *m*, Inter-Raíl *m*
◇ *vi* hacer Inter-Rail

interregnum [ɪntəˈregnəm] *(pl* **interregnums** *or* **interregna** [ɪntəˈregnə]*) n* **-1.** *(between monarchs, governments)* interregno *m* **-2.** *Br* HIST **the Interregnum** el Interregno

interrelate [ɪntərɪˈleɪt] *vi* interrelacionarse

interrelated [ɪntərɪˈleɪtɪd] *adj* interrelacionado(a)

interrelation [ɪntərɪˈleɪʃən], **interrelationship** [ɪntərɪˈleɪʃənʃɪp] *n* interrelación *f*; **the ~ between poverty levels and inflation** la interrelación entre niveles de pobreza e inflación

interrogate [ɪnˈterəgeɪt] *vt* **-1.** *(suspect)* interrogar **-2.** COMPTR *(database)* interrogar

interrogation [ɪntərəˈgeɪʃən] *n* **-1.** *(of suspect)* interrogatorio *m*; **to undergo (an) ~** pasar por un interrogatorio **-2.** COMPTR *(of database)* interrogatorio *m* **-3.** GRAM **~ mark** signo *m* de interrogación; *US* GRAM **~ point** signo *m* de interrogación

interrogative [ɪnteˈrɒgətɪv] ◇ *n* GRAM *(voice)* forma *f* interrogativa; *(word)* interrogativo *m*
◇ *adj* **-1.** *(look, tone)* interrogativo(a) **-2.** GRAM interrogativo(a)

interrogatively [ɪntəˈrɒgətɪvlɪ] *adv (questioningly)* con aire interrogativo, interrogativamente

interrogator [ɪnˈterəgeɪtə(r)] *n* interrogador(ora) *m,f*

interrogatory [ɪntəˈrɒgətərɪ] *adj* interrogativo(a)

interrupt [ɪntəˈrʌpt] ◇ *vt* **-1.** *(person, lecture, conversation)* interrumpir; **don't ~ me when I'm speaking to you!** ¡no me interrumpas cuando te hablo!
-2. *(process, activity)* interrumpir; **we ~ this programme for a news flash** interrumpimos este programa para brindar *or* poner en el aire un flash informativo
-3. *(uniformity)* interrumpir; **only an occasional tree interrupted the monotony of the landscape** sólo algún árbol ocasional interrumpía la monotonía del paisaje
◇ *vi* interrumpir; **sorry to ~ but...** perdón por interrumpir pero...

interrupter, interruptor [ɪntəˈrʌptə(r)] *n* ELEC interruptor *m*

interruption [ɪntəˈrʌpʃən] *n* interrupción *f*; **without ~** sin interrupción

interruptor = **interrupter**

interscholastic [ɪntəskɒˈlæstɪk] *adj US* interescolar; **the ~ championship/tournament** el campeonato/torneo interescolar

intersect [ɪntəˈsekt] ◇ *vt (of line, street)* cruzar, atravesar
◇ *vi* cruzarse

intersection [ɪntəˈsekʃən] *n* **-1.** *(of lines)* cruce *m*, intersección *f* **-2.** *US (of roads)* cruce *m*, intersección *f*

interservice [ˈɪntəsɜːvɪs] *adj* entre armas; **~ rivalry is strongest between the army and the navy** la rivalidad entre armas es mayor en el caso del ejército y la marina

intersperse [ɪntəˈspɜːs] *vt* **our conversation was interspersed with long silences** largos silencios se fueron intercalando en nuestra conversación; **plain-clothes officers were interspersed throughout the crowd** oficiales de civil estaban desperdigados entre la multitud; **sunny weather interspersed with the odd shower** tiempo soleado con ocasionales chaparrones

interstate [ˈɪntəsteɪt] *US* ◇ *n* autopista *f* interestatal
◇ *adj* entre estados

interstellar [ɪntəˈstelə(r)] *adj* interestelar

interstice [ɪnˈtɜːstɪs] *n Formal* intersticio *m*

interterritorial [ˈɪntəterɪˈtɔːrɪəl] *adj* interterritorial

intertextual [ɪntəˈtekstjʊəl] *adj* LIT intertextual

intertextuality [ɪntətekstjʊˈælɪtɪ] *n* LIT intertextualidad *f*

intertidal [ɪntəˈtaɪdəl] *adj* intermareal

intertwine [ɪntəˈtwaɪn] ◇ *vt* entrelazar, entretejer (**with** con); **his fate seemed to be intertwined with hers** sus destinos parecían estar entrelazados
◇ *vi* entrelazarse

interurban [ˈɪntəˈɜːbən] *adj* interurbano(a)

interval [ˈɪntəvəl] *n* **-1.** *(of time)* intervalo *m*, lapso *m*; **I saw him again after an ~ of six months** volví a verlo después de un intervalo de seis meses; **at regular intervals** a intervalos regulares; **at weekly/monthly intervals** a intervalos semanales/mensuales; **rainy weather with sunny intervals** tiempo lluvioso con intervalos soleados
-2. *(of space)* intervalo *m*; **at two-metre intervals** cada dos metros; **trees planted at regular intervals** árboles plantados a intervalos regulares
-3. *Br (at cinema)* intermedio *m*, descanso *m*; *(in theatre)* entreacto *m*, intermedio *m*
-4. MUS intervalo *m*
-5. MATH **~ scale** escala *f* de intervalos

inter-varsity [ˈɪntəˈvɑːsɪtɪ] *adj* interuniversitario(a); **~ match/championship** un encuentro/campeonato interuniversitario

intervene [ɪntəˈviːn] *vi* **-1.** *(person, government)* intervenir (**in** en); **the government intervened to save the dollar from falling** el gobierno intervino para evitar que cayera el dólar; **if I might just ~ here...** si me permiten una intervención
-2. *(event)* sobrevenir; **he was about to go to college when war intervened** estaba por empezar la universidad cuando sobrevino la guerra
-3. *(time)* transcurrir, pasar; **three months intervened between the agreement and actually signing the contract** transcurrieron tres meses entre el acuerdo y la firma del contracto

intervening [ɪntəˈviːnɪŋ] *adj (years, months)* mediante, transcurrido(a); *(miles)* intermedio(a); **in the ~ period** en el ínterin

intervention [ɪntəˈvenʃən] *n (by person, government)* intervención *f*; **local people have called for government ~ to avoid closure** los habitantes del lugar han solicitado la intervención del gobierno para evitar el cierre; **armed ~** intervención armada ❑ EU **~ price** precio *m* mínimo garantizado

interventionism [ɪntəˈvenʃənɪzəm] *n* intervencionismo *m*

interventionist [ɪntəˈvenʃənɪst] ◇ *n* intervencionista *mf*
◇ *adj* intervencionista

interview [ˈɪntəvjuː] ◇ *n* **-1.** *(for job, university place)* entrevista *f*; **to invite** *or* **call sb for ~** invitar a alguien a *or* llamar a alguien para una entrevista **-2.** *(for newspaper, on TV)*

interviewee entrevista f; **she gave him an exclusive ~** le concedió una entrevista exclusiva **-3.** (with police) interrogatorio m, toma f de declaración **-4.** (in survey, for research) entrevista f
◇ vt **-1.** (for job, university place) entrevistar; **we have interviewed ten people for the post** hemos entrevistado a diez personas para el puesto **-2.** (for newspaper, on TV) entrevistar **-3.** (of police) interrogar, tomar declaración a **-4.** (in survey, for research) encuestar
◇ vi entrevistar; **they're interviewing for the new post** están entrevistando para el nuevo puesto; **I'm interviewing all day** voy a estar todo el día haciendo entrevistas; **he interviews well/badly** (candidate) sale bien parado/mal parado de sus entrevistas; (celebrity) da buenas/malas entrevistas

interviewee [ɪntəvjuːˈiː] n **-1.** (for job, university place) entrevistado(a) m,f **-2.** (celebrity) entrevistado(a) m,f **-3.** (by police) interrogado(a) m,f

interviewer [ˈɪntəvjuːə(r)] n **-1.** (for job, university place) entrevistador(ora) m,f **-2.** (of celebrity) entrevistador(ora) m,f **-3.** (police officer) interrogador(ora) m,f

intervocalic [ɪntəvəˈkælɪk] adj LING intervocálico(a)

interwar [ˈɪntəwɔː(r)] adj **the ~ period** or **years** el período or los años de entre guerras

interweave [ɪntəˈwiːv] (pt **interwove** [ɪntəˈwəʊv], pp **interwoven** [ɪntəˈwəʊvən]) ◇ vt entretejer; Fig **our lives have become closely interwoven** nuestras vidas están ahora íntimamente entrelazadas
◇ vi entretejerse

intestate [ɪnˈtesteɪt] adv LAW **to die ~** morir intestado(a)

intestinal [ɪntesˈtaɪnəl] adj intestinal ❑ **~ flora** flora f (gastro)intestinal; Hum **~ fortitude** agallas fpl

intestine [ɪnˈtestaɪn] n ANAT intestino m; **large/small ~** intestino grueso/delgado

intimacy [ˈɪntɪməsɪ] n **-1.** (of relationship, atmosphere) intimidad f **-2.** (intimate remark) comentario m íntimo **-3.** Euph (sexual) relaciones fpl (sexuales); **~ took place on more than one occasion** hubo relaciones íntimas en más de una oportunidad

intimate [ˈɪntɪmət] ◇ n (close friend, associate) íntimo(a) m,f, allegado(a) m,f
◇ adj **-1.** (friend, relationship) íntimo(a); **to be ~ with sb, to be on ~ terms with sb** (friendly) ser amigo(a) íntimo(a) de alguien
-2. (restaurant) íntimo(a); **an ~ dinner party** una cena íntima
-3. (personal, private) íntimo(a); **he revealed the ~ details of their friendship** desveló los detalles más íntimos de su amistad; Hum **spare me the ~ details!** ¡ahórrate los detalles más íntimos!
-4. Euph **to be ~ with sb** (sexually) tener relaciones (sexuales) con alguien
-5. (close, detailed) profundo(a); **to have an ~ knowledge of sth** conocer algo a fondo; **an ~ link** un profundo nexo
◇ vt [ˈɪntɪmeɪt] Formal **-1.** (hint, imply) dar a entender, sugerir; **her speech intimated strong disapproval** con lo que dijo dio a entender que estaba en total desacuerdo **-2.** (make known) comunicar, hacer saber

intimately [ˈɪntɪmətlɪ] adv **-1.** (in a friendly way) íntimamente
-2. Euph **to know sb ~** (sexually) haber tenido relaciones (sexuales) con alguien
-3. (closely) a fondo; **the two questions are ~ related** las dos preguntas están íntimamente relacionadas; **to be ~ acquainted with sth** conocer algo a fondo; **to be ~ acquainted with sb** conocer bien a alguien, conocer a alguien en la intimidad; **to be ~ involved in sth** estar metido(a) de lleno en algo

intimation [ɪntɪˈmeɪʃən] n (clue, sign) indicio m; **we had no ~ that disaster was imminent** nada nos hacía suponer que el desastre era inminente

intimidate [ɪnˈtɪmɪdeɪt] vt intimidar; **to ~ sb into doing sth** intimidar a alguien para que haga algo; **don't let him ~ you** no te dejes que te intimide, no te dejes intimidar por él

intimidating [ɪnˈtɪmɪdeɪtɪŋ] adj (experience) imponente, aterrador(ora); (person) avasallador(ora)

intimidation [ɪntɪmɪˈdeɪʃən] n intimidación f

intimidatory [ɪntɪmɪˈdeɪtərɪ] adj intimidatorio(a)

into [ˈɪntʊ] prep **-1.** (with motion, direction) en; **to go ~ a house** entrar en una casa or Am a una casa; **she went out ~ the garden** salió al jardín; **to get ~ a car** subirse a or montarse en un automóvil; **to get ~ bed** meterse en la cama; **to get ~ one's trousers** ponerse los pantalones; **she fell ~ the water** cayó al agua; **the car crashed ~ a tree** el automóvil chocó contra un árbol; **speak ~ the microphone** habla frente al micrófono
-2. (with change) en; **to change ~ sth** convertirse en algo; **to grow ~ a man** hacerse (un hombre); **to translate sth ~ English** traducir algo al inglés; **to break sth ~ pieces** romper algo en pedazos; **mix the ingredients ~ a paste** se mezclan los ingredientes hasta formar una pasta
-3. (regarding) de; **an inquiry ~ the accident** una investigación del accidente
-4. (with time) **three days ~ the term** a los tres días del comienzo del trimestre; **rain continued to fall well ~ the summer** siguió lloviendo hasta bien entrado el verano; **I was reading late ~ the night** estuve leyendo hasta bien entrada la noche; **he must be well ~ his forties** debe de tener ya sus cuarenta años largos, debe de estar ya bien metido en la cuarentena
-5. (with career) **to go ~ politics** meterse en política
-6. (indicating result) **to fool sb ~ believing that...** hacer creer a alguien que...; **to talk sb ~ doing sth** convencer a alguien de que haga algo
-7. (indicating division) **cut it ~ three** córtalo en tres partes; **divide the cake ~ three** divide el pastel en tres partes; **three ~ six goes twice** entre tres cabe a dos; **three ~ five doesn't** or **won't go** cinco entre tres, no cabe
-8. Fam (keen on) **she's really ~ folk music** le gusta or Esp va mucho la música folk; **I'm not ~ Mexican food** no me gusta or Esp va mucho la comida mexicana; **they're really ~ the idea of getting married** se les ve muy entusiasmados con la idea de casarse; **he's really ~ my sister** le gusta un montón or Esp mogollón or Méx un chingo or RP pila mi hermana, RP le copa mi hermana; **he's ~ drugs** toma drogas, anda en drogas
-9. US Fam (indebted) **to be ~ sb for sth** estar endeudado con alguien

intolerable [ɪnˈtɒlərəbəl] adj (heat, conditions) insoportable; (price, behaviour) intolerable; **I find it ~ that...** me parece intolerable que...

intolerably [ɪnˈtɒlərəblɪ] adv (to behave) de un modo intolerable, muy mal; **unemployment figures are still ~ high** las cifras de desempleo or Am desocupación continúan en unos niveles intolerables; **he had been ~ rude** había sido insoportablemente grosero

intolerance [ɪnˈtɒlərəns] n **-1.** (to people, beliefs) intolerancia f **-2.** (to drug) intolerancia f

intolerant [ɪnˈtɒlərənt] adj **-1.** (to people, beliefs) intolerante (**of** con) **-2.** (to drug) intolerante

intolerantly [ɪnˈtɒlərəntlɪ] adv con intolerancia

intonation [ɪntəˈneɪʃən] n entonación f

intone [ɪnˈtəʊn] vt **-1.** (say) decir solemnemente **-2.** (chant) entonar

in toto [ɪnˈtəʊtəʊ] adv por completo, íntegramente

intoxicant [ɪnˈtɒksɪkənt] n Formal (alcohol) bebida f alcohólica; (drug) estupefaciente m

intoxicate [ɪnˈtɒksɪkeɪt] vt **-1.** (make drunk) embriagar, emborrachar **-2.** (excite) embriagar, embargar

intoxicated [ɪnˈtɒksɪkeɪtɪd] adj **-1.** (drunk) **to be ~** estar embriagado(a) or ebrio(a) **-2.** (excited) ebrio(a); **~ with power** ebrio de poder; **~ by success** embriagado por el éxito

intoxicating [ɪnˈtɒksɪkeɪtɪŋ] adj also Fig embriagador(ora), embriagante; **~ liquor** bebida alcohólica

intoxication [ɪntɒksɪˈkeɪʃən] n **-1.** (drunkenness) embriaguez f, ebriedad f **-2.** (excitement) embriaguez f **-3.** MED (poisoning) intoxicación f

intractability [ɪntræktəˈbɪlɪtɪ] n Formal **-1.** (of person) intransigencia f, obstinación f **-2.** (of problem) la inextricabilidad

intractable [ɪnˈtræktəbəl] adj Formal **-1.** (person) intratable **-2.** (problem) arduo(a)

intramural [ɪntrəˈmjʊərəl] adj (at school, college) del propio centro, interno(a)

intramuscular [ɪntrəˈmʌskjʊlə(r)] adj MED intramuscular

intranet [ˈɪntrənet] n COMPTR intranet f

intransigence [ɪnˈtrænzɪdʒəns] n Formal intransigencia f

intransigent [ɪnˈtrænzɪdʒənt] Formal ◇ n intransigente mf
◇ adj intransigente

intransitive [ɪnˈtrænzɪtɪv] GRAM ◇ n verbo m intransitivo
◇ adj intransitivo(a)

intransitively [ɪnˈtrænzɪtɪvlɪ] adv GRAM intransitivamente

intrapreneur [ɪntrəprəˈnɜː(r)] n = empresario que realiza sus negocios dentro de una gran organización

intrastate [ˈɪntrəsteɪt] adj US intraestatal

intrauterine [ˈɪntrəˈjuːtəraɪn] adj MED intrauterino(a) ❑ **~ device** dispositivo m intrauterino, DIU m

intravenous [ˈɪntrəˈviːnəs] adj MED **~ drip** gota a gota m; **~ injection** inyección f intravenosa

intravenously [ˈɪntrəˈviːnəslɪ] adv MED por vía intravenosa

in-tray [ˈɪntreɪ] n bandeja f de trabajos pendientes

intrepid [ɪnˈtrepɪd] adj intrépido(a)

intrepidity [ɪntreˈpɪdɪtɪ] n intrepidez f

intrepidly [ɪnˈtrepɪdlɪ] adv intrépidamente

intricacy [ˈɪntrɪkəsɪ] n **-1.** (complicated detail) complejidad f, complicación f; **the intricacies of...** los entresijos de...; **he knows all the legal intricacies** él conoce todas las complejidades legales **-2.** (complexity) complejidad f

intricate [ˈɪntrɪkət] adj intrincado(a), complicado(a)

intricately [ˈɪntrɪkətlɪ] adv intrincadamente, con gran complejidad

intrigue ◇ n [ˈɪntriːg] **-1.** (plotting) intriga f **-2.** (plot, treason) conspiración f, intriga f **-3.** (love affair) aventura f
◇ vt [ɪnˈtriːg] (interest) intrigar; **I was intrigued to hear of your plan** tenía curiosidad por conocer tu plan, me intrigaba mucho tu plan; **I'd be intrigued to know where they met** tengo cierta intriga por saber dónde se conocieron
◇ vi (conspire) intrigar, conspirar (**against** contra)

intriguing [ɪnˈtriːgɪŋ] adj intrigante; **it's an ~ idea!** ¡es una idea fascinante!

intriguingly [ɪnˈtriːgɪŋlɪ] adv curiosamente; **did he turn up on time? – ~ enough, he did** ¿llegó a tiempo? – curiosamente, sí

intrinsic [ɪnˈtrɪnsɪk] adj intrínseco(a); **the object has little ~ value** el objeto en sí (mismo) tiene poco valor; **such ideas are ~ to my argument** dichas ideas son parte esencial de mi razonamiento

intrinsically [ɪnˈtrɪnsɪklɪ] adv intrínsecamente; **the story is not ~ interesting** la historia en sí or de por sí tiene poco interés

intro [ˈɪntrəʊ] n Fam **-1.** (to song) entrada f **-2.** (to person) presentación f

introduce [ˌɪntrəˈdjuːs] vt **-1.** *(person)* presentar; **may I ~ you?** ¿me permites que te presente?; **let me ~ myself, I'm John** permíteme que me presente, soy John; **has everyone been introduced?** ¿se han hecho todas las presentaciones?; **to ~ oneself** presentarse; **allow me to ~ you to Mr Black** permítame presentarle al Sr. Black; **we haven't been introduced, have we?** creo que no nos han presentado, ¿verdad?; **to be introduced to society** *(débutante)* ser presentada en sociedad
-2. *(present) (radio or TV programme)* presentar; **to ~ a speaker** presentar a un(a) orador(ora)
-3. *(initiate)* **to ~ sb to sth** introducir *or* iniciar a alguien en algo
-4. *(bring in) (reform, practice)* introducir; **this custom was introduced by missionaries** esta costumbre la trajeron los misioneros; **when were rabbits introduced into Australia?** ¿cuándo se introdujeron los conejos en Australia?; **he introduced a note of humour into proceedings** introdujo una nota de color *or* humor en la reunión; **her arrival introduced a note of sadness into the festivities** su llegada trajo una nota de tristeza a la celebración
-5. *(laws, legislation)* presentar, introducir; **the government hopes to ~ the new bill next week** el gobierno planea presentar el nuevo proyecto de ley la semana próxima
-6. CIN *(in credits)* **introducing Simon McLean** con la actuación por primera vez en pantalla de Simon McLean
-7. *(insert)* introducir; **to ~ one thing into another** meter una cosa dentro de otra, introducir una cosa en otra

introduction [ˌɪntrəˈdʌkʃən] n **-1.** *(of person)* presentación f; **to make** *or* **do the introductions** hacer las presentaciones; **the next speaker needs no ~** nuestro siguiente invitado a la tribuna de oradores no necesita presentación
-2. *(to experience)* **that was my ~ to life in Mexico** aquella fue mi primera experiencia de lo que era la vida en México; **this was my ~ to Shakespeare** ese fue mi primer contacto con Shakespeare; **this record is a good ~ to her work** este disco es una buena introducción a su trabajo
-3. *(to book, piece of music)* introducción f; **a short ~ to linguistics** *(book title)* una breve introducción a la lingüística
-4. *(bringing in) (of reform, practice)* introducción f; **the ~ of computer technology into schools** la introducción de la informática en las escuelas
-5. *(of law, legislation)* presentación f, introducción f
-6. *(insertion)* introducción f; **the ~ of a new species** la introducción de una nueva especie

introductory [ˌɪntrəˈdʌktəri] adj introductorio(a); **an ~ course** un curso introductorio *or* de introducción; **~ remarks** comentarios preliminares ❑ COM **~ offer** oferta f de lanzamiento; COM **~ price** precio m de lanzamiento

introit [ˈɪntrɔɪt] n MUS & REL introito m
introspection [ˌɪntrəˈspekʃən] n introspección f
introspective [ˌɪntrəˈspektɪv] adj introspectivo(a)
introversion [ˌɪntrəˈvɜːʃən] n PSY introversión f
introvert [ˈɪntrəvɜːt] n introvertido(a) m,f
introverted [ˌɪntrəˈvɜːtɪd] adj introvertido(a)
intrude [ɪnˈtruːd] vi **-1.** *(impose oneself)* **to ~ on sb** molestar *or* importunar a alguien; **I hope I'm not intruding** espero no molestar
-2. *(interfere)* **her work intrudes on her family life** el trabajo invade su vida familiar; **to ~ on sb's privacy** perturbar *or* invadir la intimidad de alguien; **I felt I was intruding on their grief** tenía la sensación de que estaba invadiendo su intimidad en momentos de dolor
-3. GEOL penetrar

◇ vt Formal introducir; **a doubt intruded itself into my mind** una duda se filtró en mi mente

intruder [ɪnˈtruːdə(r)] n intruso(a) m,f
intrusion [ɪnˈtruːʒən] n **-1.** *(imposition)* intromisión f; **pardon the ~** disculpen la molestia
-2. *(interference)* **it's an ~ into our privacy** es una intromisión en nuestra privacidad **-3.** GEOL intrusión f

intrusive [ɪnˈtruːsɪv] adj **-1.** *(person, question)* molesto(a), importuno(a); **he was an ~ presence in the house** su presencia en la casa importunaba; **far away from the ~ sounds of the city** lejos de los molestos ruidos de la ciudad; **the police presence was rather ~** la presencia policial fue bastante invasiva
-2. GEOL **~ rock** roca f intrusiva **-3.** LING **~ consonant** consonante f de apoyo *or* intrusiva

intrusiveness [ɪnˈtruːsɪvnɪs] n impertinencia f, indiscreción f
intubate [ˈɪntjʊbeɪt] vt MED intubar, entubar
intuit [ɪnˈtjuːɪt] vt Formal intuir
intuition [ˌɪntjuːˈɪʃən] n intuición f; **(my) ~ tells me he won't be coming** mi intuición me dice que no vendrá; **I had an ~ something was wrong** tenía la intuición de que algo andaba mal

intuitive [ɪnˈtjuːɪtɪv] adj intuitivo(a); **an ~ understanding** una comprensión intuitiva; **he's very ~** es muy intuitivo
intuitively [ɪnˈtjuːɪtɪvlɪ] adv de manera intuitiva, por intuición; **I knew ~ that she was lying** intuitivamente supe que estaba mintiendo

Inuit, Innuit [ˈɪnʊɪt] ◇ n inuit mf
◇ adj inuit

inundate [ˈɪnʌndeɪt] vt **-1.** Formal *(flood)* inundar **-2.** *(overwhelm)* inundar (**with** de); **we've been inundated with phone calls/letters** nos han inundado de llamadas/cartas; **I'm inundated with work just now** en este momento estoy inundado de trabajo

inundation [ˌɪnʌnˈdeɪʃən] n Formal *(flood)* inundación f

inure [ɪnˈjʊə(r)]
▸ **inure to** vt Formal inmunizar ante, habituar a; **to become inured to sth** habituarse a algo; **he became inured to the pain** se inmunizó contra el dolor

in utero [ɪnˈjuːtərəʊ] ◇ adj intrauterino(a)
◇ adv intrauterinamente

invade [ɪnˈveɪd] ◇ vt **-1.** *(with army)* invadir **-2.** *(overwhelm)* **the village was invaded by reporters** el pueblo fue invadido por periodistas; **her mind was invaded by sudden doubts** súbitas dudas la asaltaron; **to ~ sb's privacy** perturbar *or* invadir la intimidad de alguien
◇ vi invadir

invader [ɪnˈveɪdə(r)] n invasor(ora) m,f
invading [ɪnˈveɪdɪŋ] adj invasor(ora)
invalid[1] [ɪnˈvælɪd] adj **-1.** *(document, argument)* nulo(a); **to declare sth ~** declarar nulo(a) algo **-2.** COMPTR *(file name)* inválido(a)

invalid[2] [ˈɪnvəlɪd] ◇ n *(disabled person)* inválido(a) m,f; **I'm not an ~!** ¡no soy ningún inválido! ❑ **~ car** automóvil m para discapacitados
◇ adj **his ~ mother** su madre inválida
◇ vt **to ~ sb home** mandar a alguien a casa con un parte de baja
▸ **invalid out** vt sep **to ~ sb out** dar de baja a alguien por invalidez

invalidate [ɪnˈvælɪdeɪt] vt **-1.** *(theory, argument)* invalidar **-2.** *(document, contract)* anular, invalidar

invalidation [ɪnˌvælɪˈdeɪʃən] n **-1.** *(of theory, argument)* invalidación f **-2.** *(of document, agreement)* invalidación f

invalidity [ˌɪnvəˈlɪdɪtɪ] n **-1.** *(of theory, argument)* invalidez f, falta f de validez **-2.** *(of document, agreement)* invalidez f **-3.** *(of person)* invalidez f ❑ Br **~ benefit** pensión f por invalidez transitoria

invaluable [ɪnˈvæljʊəbəl] adj inestimable, inapreciable; **to be ~ for sth/to sb** ser de gran valor para algo/alguien; **your help has been ~ (to me)** tu ayuda ha sido invalorable (para mí); **she's an ~ asset (to the company)** es sumamente importante (para la compañía)

invariable [ɪnˈveərɪəbəl] adj invariable
invariably [ɪnˈveərɪəblɪ] adv invariablemente; **she was ~ dressed in black** estaba, como siempre, vestida de negro
invariance [ɪnˈveərɪəns] n MATH invariancia f
invariant [ɪnˈveərɪənt] adj MATH invariante
invasion [ɪnˈveɪʒən] n **-1.** *(with army)* invasión f; **the Roman ~ of England** la invasión romana de Inglaterra ❑ **~ force** fuerzas fpl de invasión **-2.** Fig invasión f; **a pitch ~** una invasión del campo de juego; **we expect the usual ~ of tourists this summer** este verano esperamos la usual invasión de turistas; **it's an ~ of my privacy** es una intromisión en mi vida privada

invasive [ɪnˈveɪsɪv] adj MED *(cancer)* con metástasis, invasivo(a) ❑ **~ surgery** cirugía f invasiva

invective [ɪnˈvektɪv] n invectivas fpl; **a stream of ~** una catarata de improperios
inveigh [ɪnˈveɪ] vi Formal **to ~ against** lanzar invectivas contra
inveigle [ɪnˈveɪgəl] vt **to ~ sb into doing sth** engatusar a alguien para que haga algo
invent [ɪnˈvent] vt **-1.** *(new machine, process)* inventar **-2.** *(lie, excuse)* inventar; **she had invented the whole thing** se lo había inventado todo

invention [ɪnˈvenʃən] n **-1.** *(action)* invención f; *(thing invented)* invento m, invención f; **a device/method of his own ~** un dispositivo/método de su propia invención; **television is a wonderful ~** la televisión es un invento maravilloso **-2.** *(lie)* invención f; **it was pure ~** fue pura invención **-3.** *(creativity)* inventiva f; **she has great powers of ~** tiene mucha inventiva

inventive [ɪnˈventɪv] adj **-1.** *(creative) (person, mind)* inventivo(a), imaginativo(a) **-2.** *(ingenious) (plan, solution)* ingenioso(a)
inventiveness [ɪnˈventɪvnəs] n inventiva f
inventor [ɪnˈventə(r)] n inventor(ora) m,f
inventory [ˈɪnvəntərɪ, ˈɪnvəntrɪ] ◇ n **-1.** *(list)* inventario m; **to draw up** *or* **make an ~ (of sth)** hacer un inventario (de algo) **-2.** COM *(stock)* existencias fpl ❑ **~ replenishment cost** costo m de reaprovisionamiento
◇ vt inventariar, hacer un inventario de

inverse [ɪnˈvɜːs] ◇ **the ~** lo contrario
◇ adj [ɪnˈvɜːs] inverso(a); **in ~ proportion to** inversamente proporcional a, en proporción inversa a ❑ COMPTR **~ video** vídeo m or Am video m inverso

inversely [ɪnˈvɜːslɪ] adv a la inversa, inversamente; **~ proportional** inversamente proporcional

inversion [ɪnˈvɜːʃən] n **-1.** *(reversal)* inversión f **-2.** MUS inversión f **-3.** *Old-fashioned* PSY **(sexual) ~** inversión f (sexual)

invert ◇ vt [ɪnˈvɜːt] invertir
◇ n [ˈɪnvɜːt] *Old-fashioned* PSY invertido(a) m,f
◇ adj BIOCHEM **~ sugar** azúcar m invertido

invertebrate [ɪnˈvɜːtɪbrɪt] ◇ n invertebrado m
◇ adj invertebrado(a)

inverted [ɪnˈvɜːtɪd] adj invertido(a) ❑ **~ commas** comillas fpl; **in ~ commas** entre comillas; **her "best friend", in ~ commas, ran off with her husband** su "mejor amiga", entre comillas, se escapó con su marido; **~ snob** = persona que busca identificarse con una clase social inferior a la suya

invest [ɪnˈvest] ◇ vt **-1.** *(money)* invertir (**in** en) **-2.** *(time, effort)* invertir (**in** en); **I've invested a lot in this relationship** yo he puesto mucho de mi parte en esta relación; **we've invested a lot of time and energy in this project** hemos invertido mucho dinero y energía en este proyecto
-3. Formal *(confer on)* **to ~ sb with sth** investir a alguien con algo; **by the authority vested in me...** por la autoridad que me ha sido conferida; **his novels ~ criminality**

investigate

with too much glamour en sus novelas, el crimen aparece como algo demasiado glamoroso -**4.** *(install)* investir -**5.** *Archaic (besiege)* sitiar
◇ *vi* invertir (**in** en); *Fam* **you ought to ~ in a new coat** te tendrías que comprar un abrigo

investigate [ɪnˈvestɪgeɪt] ◇ *vt (allegation, crime, accident)* investigar; *(complaint, problem, situation)* examinar, estudiar; **we must ~ what happened to those supplies** hay que averiguar qué ha pasado con esos suministros
◇ *vi (police)* realizar una investigación; **what's that noise? – I'll just go and ~** ¿qué ha sido ese ruido? – iré a echar un vistazo

investigation [ɪnˌvestɪˈgeɪʃən] *n* investigación *f*; **to make investigations** hacer investigaciones; **to be under ~** estar siendo investigado(a), ser objeto de una investigación; **your case is currently under ~** tu caso está siendo estudiado en este momento; **on further ~, the ruins turned out to be much more recent** nuevas investigaciones revelaron que las ruinas eran mucho más recientes

investigative [ɪnˈvestɪgətɪv] *adj* de investigación, investigador(ora) ❏ **~ journalism** periodismo *m* de investigación

investigator [ɪnˈvestɪgeɪtə(r)] *n* investigador(ora) *m,f*

investigatory [ɪnvestɪˈgeɪtərɪ] *adj* de investigación

investiture [ɪnˈvestɪtʃə(r)] *n* investidura *f*

investment [ɪnˈvestmənt] *n* -**1.** *(of money)* inversión *f*; **property is no longer such a safe ~** los inmuebles *or* las propiedades ya no son una inversión tan segura ❏ **~ account** cuenta *f* de inversiones; **~ analyst** analista *mf* financiero(a) *or* de inversiones; **~ bank** banco *m* de inversiones; **~ company** sociedad *f* de inversión; **~ fund** fondo *m* de inversión; **~ income** rendimientos *mpl (de una inversión)*; **~ portfolio** cartera *f* de valores, valores *mpl* en cartera; **~ trust** sociedad *f* de inversión -**2.** *(of time, effort)* inversión *f*

investor [ɪnˈvestə(r)] *n* inversor(ora) *m,f*

inveterate [ɪnˈvetərɪt] *adj (gambler, smoker, reader)* empedernido(a); *(liar)* redomado(a)

invidious [ɪnˈvɪdɪəs] *adj (choice, comparison)* odioso(a); **to be in an ~ position** estar en una posición ingrata

invigilate [ɪnˈvɪdʒɪleɪt] *Br* ◇ *vt (exam)* vigilar
◇ *vi* vigilar

invigilation [ɪnvɪdʒɪˈleɪʃən] *n Br (in exam)* vigilancia *f* de un examen

invigilator [ɪnˈvɪdʒɪleɪtə(r)] *n Br (in exam)* vigilante *mf*

invigorate [ɪnˈvɪgəreɪt] *vt* tonificar, vigorizar; **she felt invigorated by the cold wind** se sintió vigorizada por el viento frío

invigorating [ɪnˈvɪgəreɪtɪŋ] *adj (bath, air)* tonificante; *(walk)* vigorizante; **it's ~ just talking to her** el mero hecho de hablar con ella es estimulante

invincibility [ɪnvɪnsɪˈbɪlɪtɪ] *n* invencibilidad *f*

invincible [ɪnˈvɪnsɪbəl] *adj (army, enemy)* invencible; *(belief, faith)* inquebrantable; **an ~ argument** un argumento irrefutable

inviolable [ɪnˈvaɪələbəl] *adj Formal* inviolable

inviolate [ɪnˈvaɪəlɪt] *adj Formal* inviolado(a); **to remain ~** permanecer inmaculado(a)

invisibility [ɪnvɪzɪˈbɪlɪtɪ] *n* invisibilidad *f*

invisible [ɪnˈvɪzɪbəl] *adj* -**1.** *(not seen)* invisible; **~ to the naked eye** invisible a simple vista ❏ COMPTR **~ file** archivo *m* invisible; **~ ink** tinta *f* simpática *or* invisible; **~ mending** zurcido *m* invisible -**2.** FIN **~ assets** activos *mpl* invisibles *or* intangibles; **~ earnings** (ganancias *fpl*) invisibles *mpl*; **~ exports** exportaciones *fpl* invisibles

invisibly [ɪnˈvɪzɪblɪ] *adv* sin ser visto(a)

invitation [ɪnvɪˈteɪʃən] *n* -**1.** *(request to attend)* invitación *f*; **we have an open** *or* **a standing ~ (to house)** estamos invitados a ir siempre que queramos; **she's here at my ~** está aquí porque yo la invité; **by ~ (only)** sólo con invitación -**2.** *(card, letter)* invitación *f*; **have you sent out the wedding invitations?** ¿has enviado las invitaciones de la boda? -**3.** *(encouragement, enticement)* invitación *f*, incitación *f*; **it's an open ~ to burglars** es pedir a gritos que entren a robar en tu casa

invite ◇ *vt* [ɪnˈvaɪt] -**1.** *(guest)* invitar; **the Thomsons have invited us over** los Thomson nos han invitado a su casa; **to ~ sb in/up** invitar a alguien a entrar/subir; **to ~ sb to dinner** invitar a alguien a cenar; **an invited audience** un público invitado
-**2.** *(request)* **to ~ sb to do sth** invitar a alguien a que haga algo; **several leading writers were invited to contribute to the magazine** varios escritores de prestigio fueron invitados a escribir en la revista; **I've been invited for interview** me han citado para una entrevista; **applications are invited for the post of...** se admiten candidaturas para el puesto de...; **we ~ suggestions from readers** las sugerencias de nuestros lectores serán tomadas en cuenta
-**3.** *(trouble, criticism)* buscarse, provocar; **they're inviting disaster by building it so quickly** construirlo tan rápido es una invitación al desastre; **his garbled answers simply invited disbelief** sus confusas respuestas sólo provocaron incredulidad
◇ *n* [ˈɪnvaɪt] *Fam* invitación *f*

▶ **invite out** *vt sep* invitar a salir (a alguien)

inviting [ɪnˈvaɪtɪŋ] *adj (offer, prospect)* atractivo(a); *(eyes, smile)* provocativo(a), seductor(a); *(meal)* apetecible, apetitoso(a); **the water looks ~** el agua está tentadora; **the prospect was far from ~** el panorama no era nada alentador

invitingly [ɪnˈvaɪtɪŋlɪ] *adv* de forma incitante; **he gestured ~** hacía gestos incitantes; **the door stood ~ ajar** la puerta estaba tentadoramente entreabierta

in vitro fertilization [ɪnˈviːtrəʊfɜːtɪlaɪˈzeɪʃən] *n* fertilización *f or* fecundación *f* in vitro

invocation [ɪnvəˈkeɪʃən] *n Formal* invocación *f*

invoice [ˈɪnvɔɪs] COM ◇ *n* factura *f*; **to make out an ~** extender *or* hacer una factura; **as per ~** según factura; **within 30 days of ~** dentro de los 30 días de la fecha de factura
◇ *vt (goods)* facturar; *(person, company)* mandar la factura a; **to ~ sb for sth** hacerle una factura a alguien por algo

invoicing [ˈɪnvɔɪsɪŋ] *n (of goods)* facturación *f*; **~ address/instructions** instrucciones/domicilio de facturación ❏ COMPTR **~ software** programas *mpl or* software *m* para facturación

invoke [ɪnˈvəʊk] *vt Formal* -**1.** *(cite)* acogerse a, invocar; **she invoked the principle of free speech** se acogió al principio de libre expresión -**2.** *(call upon)* invocar; **they invoked the help of the gods** invocaron la ayuda de los dioses -**3.** *(summon up)* invocar, conjurar; **to ~ evil spirits** conjurar espíritus malignos

involuntarily [ɪnˈvɒləntərəlɪ, ˌɪnvɒlənˈteərəlɪ] *adv* involuntariamente; **she smiled ~** sonrió sin querer

involuntary [ɪnˈvɒləntərɪ] *adj* involuntario(a) ❏ ANAT **~ muscle** músculo *m* liso

involuted [ˈɪnvəluːtɪd] *adj* -**1.** *Formal (intricate)* intrincado(a), complicado(a) -**2.** BOT involuto(a)

involve [ɪnˈvɒlv] *vt* -**1.** *(implicate, concern)* **to ~ sb in sth** implicar *or* involucrar a alguien en algo; **we try to ~ the parents in the running of the school** intentamos que los padres participen en el manejo de la escuela; **to ~ oneself in sth** meterse en algo, tomar parte activa en algo; **I'm not going to ~ myself in their private affairs** no me pienso inmiscuir en sus asuntos privados; **this doesn't ~ you** esto no tiene nada que ver contigo; **the matter involves your family** el asunto afecta a tu familia; **over 200 people were involved in planning the event** más de 200 personas participaron en la planificación del evento; **there are too many accidents involving children** hay demasiados accidentes que involucran a niños -**2.** *(entail) (work, expense)* implicar, suponer; **there's a lot of work involved in launching a new product** el lanzamiento de un nuevo producto implica *or* supone mucho trabajo; **it won't ~ you in much expense** no va a implicar mucho gasto para ti; **my job involves a lot of travel** mi trabajo requiere que viaje mucho; **what does the job ~?** ¿en qué consiste el trabajo? -**3.** *(absorb, engage)* **the novel doesn't really ~ the reader** el lector no se llega a sentir implicado en la novela

involved [ɪnˈvɒlvd] *adj* -**1.** *(implicated)* **to be ~ in sth** *(crime, affair)* estar implicado(a) *or* involucrado(a) en algo; **to be ~ in an accident** verse envuelto(a) en un accidente; **to be ~ in teaching/banking** dedicarse a la enseñanza/la banca; **to get** *or* **become ~ in sth** involucrarse en algo; **I don't want to get ~** no quiero tener nada que ver -**2.** *(emotionally)* **to be ~ with sb** tener una relación (sentimental) con alguien; **he doesn't want to get ~ with anyone just now** en este momento no quiere ninguna relación seria *or* nada serio por ahora -**3.** *(entailed)* **he had no idea of the problems ~** no tenía idea de los problemas que implicaba; **the amount of work ~ is enormous** el trabajo que implica es descomunal -**4.** *(engrossed)* **to get ~ in a book/a movie** enfrascarse en un libro/una película; **she's too ~ in her work to notice** está tan metida en su trabajo que no se dio cuenta -**5.** *(complicated)* complicado(a), embrollado(a); **the highly ~ plots of his novels** los argumentos sumamente intrincados de sus novelas

involvement [ɪnˈvɒlvmənt] *n* -**1.** *(participation)* participación *f* (**in** en); *(role)* relación *f* (**in** con); **they were against American ~ in the war** se oponían a la participación de los Estados Unidos en la guerra -**2.** *(commitment)* implicación *f*, compromiso *m* -**3.** *(relationship)* relación *f* sentimental; **her ~ with him was short-lived** su relación con él duró poco

invulnerability [ɪnvʌlnərəˈbɪlɪtɪ] *n* invulnerabilidad *f*

invulnerable [ɪnˈvʌlnərəbəl] *adj* invulnerable

inward [ˈɪnwəd] ◇ *adj* -**1.** *(motion)* hacia dentro -**2.** *(thoughts)* interno(a), interior -**3.** ECON **~ investment** inversión *f* del exterior
◇ *adv* = **inwards**

inward-bound [ˈɪnwədbaʊnd] *adj* **~ flight** vuelo de llegada

inward-looking [ˈɪnwədlʊkɪŋ] *adj (person)* introvertido(a); *(community)* cerrado(a)

inwardly [ˈɪnwədlɪ] *adv* por dentro; **she said nothing but went home ~ rejoicing** no dijo nada pero se fue a casa con una gran satisfacción interna; **he smiled ~** sonrió para sus adentros; **~ he knew that she was right** en su fuero interno sabía que ella tenía razón

inward(s) [ˈɪnwəd(z)] *adv* -**1.** *(to turn, face)* hacia dentro; **the doors open ~** las puertas se abren hacia adentro -**2.** *(into one's own heart, soul)* interiormente, en el interior; **my thoughts turned ~** me puse más introspectivo; **he said we should look ~ to find our true selves** dijo que para encontrar nuestra verdadera esencia debíamos buscar en nuestro interior

in-your-face, [ˈɪnjɔːˈfeɪs], **in-yer-face** [ˈɪnjəˈfeɪs] *adj Fam (style)* descarado(a); *(movie, advert)* impactante, fuerte; **his act is pure ~ aggression** su número es pura agresión gratuita

I/O COMPTR *(abbr* **input/output)** E/S, entrada/salida

IOC [aɪəʊˈsiː] *n (abbr* **International Olympic Committee)** COI *m*, Comité *m* Olímpico Internacional

iodide [ˈaɪədaɪd] *n* CHEM yoduro *m*

iodine [ˈaɪədiːn] *n* CHEM yodo *m*

iodize ['aɪədaɪz] vt CHEM yodar
IOM (abbr **Isle of Man**) isla f de Man
ion ['aɪən] n ion m ❑ ~ **engine** motor m iónico; CHEM ~ **exchange** cambio m or intercambio m iónico
Ionian [aɪ'əʊnɪən] ❑ **the ~ (Sea)** el mar Jónico; **the ~ Islands** las Islas Jónicas
Ionic [aɪ'ɒnɪk] adj ARCHIT jónico(a)
ionic [aɪ'ɒnɪk] adj PHYS & CHEM iónico(a) ❑ CHEM **~ bond** enlace m iónico
ionization [aɪənaɪ'zeɪʃən] n PHYS & CHEM ionización f
ionize ['aɪənaɪz] vt PHYS & CHEM ionizar
ionizer ['aɪənaɪzə(r)] n ionizador m
ionosphere [aɪ'ɒnəsfɪə(r)] n MET ionosfera f
iota [aɪ'əʊtə] n ápice m; **not an ~ of truth** ni un ápice de verdad
IOU [aɪəʊ'juː] n (= I owe you) pagaré m
IOW (abbr **Isle of Wight**) isla f de Wight
Iowan ['aɪəwən] ❖ n = persona de Iowa
❖ adj de Iowa
IP [aɪ'piː] n COMPTR (abbr **Internet Protocol**) **IP address** dirección f IP; **IP number** número m IP
IPA [aɪpiː'eɪ] n LING (abbr **International Phonetic Alphabet**) AFI m, Alfabeto m Fonético Internacional
ipso facto ['ɪpsəʊ'fæktəʊ] adv por esto, por este mismo hecho
IQ [aɪ'kjuː] n PSY (abbr **intelligence quotient**) coeficiente m intelectual ❑ **IQ test** prueba f or test m de inteligencia
IR [aɪ'ɑː(r)] n Br (abbr **Inland Revenue**) Esp ≃ la Agencia Tributaria, Am ≃ la Dirección General Impositiva
IRA [aɪə'reɪ] n **-1.** (abbr **Irish Republican Army**) IRA m **-2.** US (abbr **individual retirement account**) cuenta de retiro or jubilación individual

---
IRA

El **IRA** es una organización que lucha por la reunificación de Irlanda. En 1969 se escindió en dos grupos: "Provisional **IRA**" (IRA Provisional), que empleaba la violencia, y "Official **IRA**" (IRA Oficial), que abogaba por una solución política para conflicto en Irlanda del Norte. En 1995, al principio del proceso de paz que desembocó en el "Good Friday Agreement" (Acuerdo del Viernes Santo), el "Provisional **IRA**" declaró el alto el fuego. Sin embargo, algunos grupos disidentes, en especial el "Continuity **IRA**" (IRA de la Continuidad) y el "Real **IRA**" (IRA auténtico) continuaron con los atentados terroristas.

Iran [ɪ'rɑːn] n Irán
Iranian [ɪ'reɪnɪən] ❖ n **-1.** (person) iraní mf **-2.** (language) iraní m
❖ adj iraní
Iraq [ɪ'rɑːk] n Iraq, Irak
Iraqi [ɪ'rɑːkɪ] ❖ n iraquí mf, iraquí mf
❖ adj iraquí, iraquí
irascibility [ɪræsɪ'bɪlɪtɪ] n Formal irascibilidad f
irascible [ɪ'ræsɪbəl] adj Formal irascible
irascibly [ɪ'ræsɪblɪ] adv Formal de manera irascible
irate [aɪ'reɪt] adj airado(a), furioso(a); **she got most ~ about it** se puso furiosa por eso; **an ~ letter** una carta furibunda
irately [aɪ'reɪtlɪ] adv airadamente
IRBM [aɪɑːbiː'em] n (abbr **intermediate range ballistic missile**) misil m balístico de alcance intermedio
IRC [aɪɑː'siː] n COMPTR (abbr **Internet Relay Chat**) IRC m ❑ **~ channel** canal m IRC
ire ['aɪə(r)] n Literary ira f
Ireland ['aɪələnd] n Irlanda; **the Republic of ~** la República de Irlanda
iridescence [ɪrɪ'desəns] n iridiscencia f
iridescent [ɪrɪ'desənt] adj iridiscente, irisado(a)
iridium [ɪ'rɪdɪəm] n CHEM iridio m
iridology [ɪrɪ'dɒlədʒɪ] n iridología f
iris ['aɪrɪs] n **-1.** (of eye) iris m inv **-2.** (flower) lirio m
Irish ['aɪrɪʃ] ❖ npl (people) **the ~** los irlandeses
❖ n (language) irlandés m

❖ adj **-1.** (gen) irlandés(esa) ❑ **~ coffee** café m irlandés; HIST **the ~ Free State** el Estado Libre de Irlanda; **~ gaelic** (gaélico m) irlandés m; **the ~ Republic** la República Irlandesa; **the ~ Sea** el Mar de Irlanda; **~ setter** setter m irlandés; **~ stew** guiso m de carne con Esp patatas or Am papas; **~ wolfhound** lebrel m irlandés
-2. Fam (nonsensical) **that's a bit ~!** ¡qué tontería! ❑ Br **~ joke** ≃ chiste m de Lepe

---
THE IRISH POTATO FAMINE

Hambruna que hizo estragos en Irlanda en los años 1845-9, época durante la cual este país todavía pertenecía al Imperio británico. Fue provocada por la enfermedad de la patata, alimento básico de la población campesina. Denominada "the Great Hunger" (la Gran Hambruna), esta catástrofe sumió al país en la miseria: provocó un millón de muertos y obligó a más de un millón de personas a emigrar, principalmente a Estados Unidos.

Irishman ['aɪrɪʃmən] n irlandés m
Irishwoman ['aɪrɪʃwʊmən] n irlandesa f
irk [ɜːk] vt fastidiar, irritar; **I was irked by his attitude** me fastidiaba or irritaba su actitud
irksome ['ɜːksəm] adj molesto(a), irritante
iron ['aɪən] ❖ n **-1.** (metal) hierro m; **made of ~** de hierro; **the ~ and steel industry** la industria siderúrgica; Fig **a will of ~** una voluntad de hierro ❑ **the Iron Age** la Edad del Hierro; **the Iron Curtain** el telón de acero, Am la cortina de hierro; **~ filings** limaduras fpl de hierro; **~ foundry** fundición f de hierro; US HIST **the ~ horse** el caballo de hierro; Br **the Iron Lady** la Dama de Hierro; MED **~ lung** pulmón m de acero; HIST **~ maiden** dama f de hierro, caja f de pinchos; **~ ore** mineral m or mena f de hierro; **~ oxide** óxido m de hierro; **~ pyrites** pirita f
-2. (nutrient) hierro m ❑ **~ deficiency** deficiencia f de hierro; Br **~ rations** raciones fpl de campaña; **~ tablet** comprimido m de hierro
-3. (for clothes) (tool) plancha f; (action) Esp plancha f, Am planchada f; **your shirt needs an ~** a tu camisa le hace falta una plancha or Am planchada; IDIOM **to have several irons in the fire** estar or andar metido(a) en muchos asuntos
-4. (in golf) hierro m; **a six ~** un hierro del seis
-5. irons (chains) grilletes mpl; **clap them in irons!** ¡pónganles grilletes!
❖ adj **-1.** (made of iron) de hierro **-2.** (strong, unyielding) de hierro; **he has an ~ constitution** está hecho un roble; **~ discipline** disciplina férrea; **with an ~ hand** or **fist** con mano dura or de hierro; **an ~ hand** or **fist in a velvet glove** mano dura en guantes de seda; **an ~ resolve** una férrea determinación; **an ~ will** una voluntad de hierro, una férrea voluntad
❖ vt (clothes) planchar
❖ vi (clothes) planchar

➤ **iron out** vt sep **-1.** (crease) planchar **-2.** (problem, difficulty) allanar, solventar; **have you ironed out your differences?** ¿habéis limado asperezas?

ironbound ['aɪənbaʊnd] adj **-1.** (cask) revestido(a) en hierro **-2.** (rule, tradition) inflexible, rígido(a)
ironclad ['aɪənklæd] ❖ n HIST (ship) acorazado m
❖ adj **-1.** (ship) acorazado(a) **-2.** (rule) rígido(a), inflexible
iron-grey, US **iron-gray** ['aɪən'greɪ] adj gris plomo inv; **~ hair** pelo entrecano
ironic(al) [aɪ'rɒnɪk(əl)] adj irónico(a); **isn't it ~ that...?** ¿no es irónico que...?
ironically [aɪ'rɒnɪklɪ] adv **-1.** (humorously) irónicamente; **I meant it ~** lo decía en el sentido irónico **-2.** (paradoxically) irónicamente,

paradójicamente; **~ enough, he was the only one to remember** paradójicamente, él fue el único que lo recordó
ironing ['aɪənɪŋ] n **-1.** (action) planchado m, Am planchada f; **I've got a lot of ~ to do** tengo mucho que planchar; **to do the ~** planchar ❑ **~ board** tabla f de planchar **-2.** (clothes) (to be ironed) ropa f para planchar; (recently ironed) ropa f planchada
ironist ['aɪrənɪst] n ironista mf
ironmaster ['aɪənmɑːstə(r)] n Br = dueño de una fundición
ironmonger ['aɪənmʌŋgə(r)] n Br ferretero(a) m,f; **~'s (shop)** ferretería f
ironmongery ['aɪənmʌŋgərɪ] n Br artículos mpl de ferretería
iron-on ['aɪən'ɒn] adj (patch, transfer) para fijar con plancha
ironstone ['aɪənstəʊn] n mineral m de hierro
ironware ['aɪənweə(r)] n utensilios mpl de hierro
iron-willed ['aɪən'wɪld] adj muy tenaz, de voluntad férrea
ironwork ['aɪənwɜːk] n (articles) herrajes mpl
ironworks ['aɪənwɜːks] n (where iron is smelted) fundición f; (where iron is made into goods) herrería f, forja f
irony ['aɪrənɪ] n ironía f; **the ~ is that...** lo paradójico del asunto es que...; **one of life's little ironies** una de las pequeñas ironías de la vida; **and, ~ of ironies, his prediction turned out to be true** y el colmo de la ironía es que su pronóstico resultó acertado
irradiate [ɪ'reɪdɪeɪt] vt **-1.** (tumour) someter a radiación, irradiar **-2.** (food) irradiar
irradiation [ɪreɪdɪ'eɪʃən] n **-1.** (of tumour) irradiación f, radiación f **-2.** (of food) irradiación f
irrational [ɪ'ræʃənəl] adj **-1.** (person, behaviour, fear) irracional **-2.** MATH **~ number** número m irracional
irrationality [ɪræʃə'nælɪtɪ] n irracionalidad f
irrationally [ɪ'ræʃənəlɪ] adv irracionalmente
irreconcilable [ɪrekən'saɪləbəl] adj **-1.** (aims, views, beliefs) irreconciliable; **his religious beliefs are ~ with his work** sus creencias religiosas son incompatibles con su trabajo **-2.** (conflict, disagreement) irreconciliable; **to be ~ enemies** ser enemigos irreconciliables
irreconcilably [ɪrekən'saɪləblɪ] adv irreconciliablemente
irrecoverable [ɪrɪ'kʌvərəbəl] adj irrecuperable
irrecoverably [ɪrɪ'kʌvərəblɪ] adv irrecuperablemente, de forma irrecuperable
irredeemable [ɪrɪ'diːməbəl] adj **-1.** (loss, damage, wrong) irremediable; (person) irredimible **-2.** FIN (share) no amortizable
irredeemably [ɪrɪ'diːməblɪ] adv irremediablemente; **he is ~ lazy** es un vago incorregible
irredentism [ɪrɪ'dentɪzəm] n POL irredentismo m
irredentist [ɪrɪ'dentɪst] POL ❖ n irredentista mf
❖ adj irredentista
irreducible [ɪrɪ'djuːsɪbəl] adj irreductible
irrefutable [ɪrɪ'fjuːtəbəl] adj irrefutable
irrefutably [ɪrɪ'fjuːtəblɪ] adv irrefutablemente
irregular [ɪ'regjʊlə(r)] ❖ n (soldier) irregular m, no regular m; **~ forces** fuerzas irregulares or no regulares
❖ adj **-1.** (shape, surface) irregular **-2.** (in frequency) irregular; **she works ~ hours** tiene un horario irregular; **~ breathing** respiración irregular **-3.** (against rule) irregular; **this is highly ~** esto va totalmente en contra de las normas **-4.** GRAM **~ verb** verbo m irregular
irregularity [ɪregjʊ'lærɪtɪ] n **-1.** (in shape, surface) irregularidad f **-2.** (in frequency) irregularidad f **-3.** (nonconformity with rule) irregularidad f; **there were some irregularities in the paperwork** había algunas irregularidades en los papeles **-4.** GRAM irregularidad f

irregularly [ɪˈregjʊləlɪ] *adv* **-1.** *(in shape)* irregularmente, de forma irregular **-2.** *(in frequency)* sin regularidad, irregularmente

irrelevance [ɪˈreləvəns], **irrelevancy** [ɪˈreləvənsɪ] *n* falta *f* de pertinencia; **whether he did it or not is really an ~** que lo hiciera o no realmente no viene al caso; **the monarchy has become an ~** la monarquía ya no tiene sentido

irrelevant [ɪˈreləvənt] *adj* carente de pertinencia (**to** a); **an ~ objection/remark** una objeción/un comentario que no viene al caso; **age is ~** la edad no importa; **that's ~** eso no viene al caso

irreligion [ɪrɪˈlɪdʒən] *n* irreligiosidad *f*

irreligious [ɪrɪˈlɪdʒəs] *adj* irreligioso(a), impío(a)

irremediable [ɪrɪˈmiːdɪəbəl] *adj Formal* irreparable, irremediable

irremediably [ɪrɪˈmiːdɪəblɪ] *adv Formal* irreparablemente, irremediablemente

irreparable [ɪˈrepərəbəl] *adj* irreparable

irreparably [ɪˈrepərəblɪ] *adv* de forma irreparable, irreparablemente

irreplaceable [ɪrɪˈpleɪsəbəl] *adj* irreemplazable

irrepressible [ɪrɪˈpresɪbəl] *adj (need, desire, urge)* irreprimible; *(optimism)* incontenible; *(good humour)* incontenible, irrefrenable; **she is quite ~** no hay quien la pare

irrepressibly [ɪrɪˈpresɪblɪ] *adv* **~ optimistic/enthusiastic** irreprimiblemente optimista/entusiasta; **~ good humoured** de irrefrenable buen humor

irreproachable [ɪrɪˈprəʊtʃəbəl] *adj* irreprochable, intachable

irreproachably [ɪrɪˈprəʊtʃəblɪ] *adv* de manera irreprochable, irreprochablemente

irresistible [ɪrɪˈzɪstɪbəl] *adj* irresistible

irresistibly [ɪrɪˈzɪstɪblɪ] *adv* irresistiblemente; **~ beautiful** de una belleza irresistible; **I was being ~ drawn to the conclusion that...** cada vez estaba más seguro de que...

irresolute [ɪˈrezəluːt] *adj Formal* irresoluto(a)

irresolutely [ɪˈrezəluːtlɪ] *adv Formal* de manera indecisa, con indecisión

irresoluteness [ɪˈrezəluːtnɪs], **irresolution** [ɪrezəˈluːʃən] *n Formal* irresolución *f*

irrespective [ɪrɪˈspektɪv] ◇ *adj* **~ of** independientemente de
◇ *adv Fam* igualmente; **we'll help you ~** te ayudaremos igualmente

irresponsibility [ɪrɪspɒnsɪˈbɪlɪtɪ] *n* irresponsabilidad *f*, falta *f* de responsabilidad

irresponsible [ɪrɪˈspɒnsəbəl] *adj* irresponsable

irresponsibly [ɪrɪˈspɒnsəblɪ] *adv* irresponsablemente, de forma irresponsable

irretrievable [ɪrɪˈtriːvəbəl] *adj Formal (loss, money)* irrecuperable; *(mistake, situation, damage)* irreparable, irremediable

irretrievably [ɪrɪˈtriːvəblɪ] *adv Formal* irremediablemente, de forma irremediable; **to break down ~** *(marriage)* fracasar irremediablemente

irreverence [ɪˈrevərəns] *n* irreverencia *f*, falta *f* de respeto

irreverent [ɪˈrevərənt] *adj* irreverente; **an ~ sense of humour** un sentido del humor irreverente

irreverently [ɪˈrevərəntlɪ] *adv* con falta de respeto, irrespetuosamente

irreversible [ɪrɪˈvɜːsɪbəl] *adj (decision, process)* irreversible

irreversibly [ɪrɪˈvɜːsɪblɪ] *adv* de manera irreversible, irreversiblemente

irrevocable [ɪˈrevəkəbəl] *adj Formal* irrevocable

irrevocably [ɪˈrevəkəblɪ] *adv Formal* de forma irrevocable, irrevocablemente

irrigable [ˈɪrɪgəbəl] *adj* irrigable; **that is an ~ plot** aquélla es una parcela *or* un terreno de regadío

irrigate [ˈɪrɪgeɪt] *vt* **-1.** *(land)* regar **-2.** MED *(wound, cavity)* irrigar

irrigation [ɪrɪˈgeɪʃən] *n* **-1.** *(of land)* riego *m*, irrigación *f* □ **~ canal** acequia *f*; **~ channel** acequia *f*; **~ ditch** acequia *f* **-2.** MED *(of wound, cavity)* irrigación *f*

irritability [ɪrɪtəˈbɪlɪtɪ] *n* irritabilidad *f*

irritable [ˈɪrɪtəbəl] *adj* **-1.** *(person, mood)* irritable; *(tone, response)* irritado(a); **to be ~** *(by nature)* ser irritable; *(by circumstances)* estar irritado(a); **to get ~** irritarse **-2.** MED **~ bowel syndrome** colon *m* irritable

irritably [ˈɪrɪtəblɪ] *adv* con irritación, irritadamente

irritant [ˈɪrɪtənt] *n* **-1.** *(to eyes, skin)* agente *m* irritante **-2.** *(to person, government)* molestia *f*

irritate [ˈɪrɪteɪt] *vt* **-1.** *(annoy)* irritar, fastidiar **-2.** MED irritar

irritated [ˈɪrɪteɪtɪd] *adj* **-1.** *(annoyed)* irritado(a); **don't get ~!** *Esp* ¡no te enfades!, *Am* ¡no te enojes! **-2.** MED *(eyes, skin)* irritado(a)

irritating [ˈɪrɪteɪtɪŋ] *adj* **-1.** *(annoying)* irritante, exasperante; **how ~!** ¡qué exasperante! **-2.** MED irritante

irritatingly [ˈɪrɪteɪtɪŋlɪ] *adv* de un modo irritante; **~ slow** de una lentitud exasperante

irritation [ɪrɪˈteɪʃən] *n* **-1.** *(annoyance)* irritación *f*; **I discovered, to my intense ~, that...** me irritó profundamente descubrir que...; **she tried to hide her ~** procuró ocultar lo irritada que estaba; **it's just one of life's little irritations** es tan sólo una de las pequeñas vicisitudes de la vida **-2.** MED irritación *f*

irrupt [ɪˈrʌpt] *vi Formal* irrumpir

irruption [ɪˈrʌpʃən] *n Formal* irrupción *f* (**into** en)

IRS [aɪɑːˈres] *n US (abbr* **Internal Revenue Service)** **the ~** *Esp* ≃ la Agencia Tributaria, *Am* ≃ la Dirección General Impositiva

is [ɪz] *3rd person singular of* **be**

ISA [ˈaɪsə] *n Br (abbr* **individual savings account)** ≃ cuenta *f* de ahorro personal

Isaac [ˈaɪzək] *pr n* Isaac

Isaiah [aɪˈzaɪə] *pr n* Isaías

ISBN [aɪesbiːˈen] *n (abbr* **International Standard Book Number)** ISBN *m*

ischaemia [ɪsˈkiːmɪə] *n* MED isquemia *f*

ischium [ˈɪskɪəm] *n* ANAT isquion *m*

ISDN [aɪesdiːˈen] *n* COMPTR *(abbr* **Integrated Services Delivery Network)** ◇ *n* RDSI *f* □ **~ line** línea *f* RDSI; **~ modem** módem *m* RDSI
◇ *vt* enviar por RDSI

-ish [ɪʃ] *suffix* **-1.** *(with adjective)* **shortish** más bien corto(a), tirando a corto(a); **blueish** azulado(a) **-2.** *(with time, numbers etc)* **around eightish** cerca de las ocho; **he's fortyish** anda en los cuarenta

isinglass [ˈaɪzɪŋglɑːs] *n* cola *f* de pescado, mica *f*

Islam [ˈɪzlɑːm] *n* (el) islam *m*

Islamic [ɪzˈlæmɪk] *adj* islámico(a)

Islamicist [ɪzˈlæmɪsɪst] ◇ *n (scholar)* islamista *mf*
◇ *adj* islamista

Islamist [ɪzˈlæmɪst] ◇ *n* **-1.** *(scholar)* islamista *mf* **-2.** *(fundamentalist)* islamista *mf*
◇ *adj* **-1.** *(studies)* islámico(a), islamista **-2.** *(fundamentalist)* islamista

island [ˈaɪlənd] *n* **-1.** *(in sea, river)* isla *f*; **~ customs** costumbres isleñas *or* de la isla; **an ~ nation** una isla-nación; *Fig* **an ~ of calm** un remanso **-2.** *(in road)* isleta *f* **-3.** *(for displaying goods)* isla *f*

islander [ˈaɪləndə(r)] *n* isleño(a) *m,f*

island-hop [ˈaɪləndhɒp] *vi* ir de isla en isla

isle [aɪl] *n* isla *f* □ **the Isle of Dogs** la Isla de los Perros; **the Isle of Man** la isla de Man; **the Isle of Wight** la isla de Wight

islet [ˈaɪlət] *n* islote *m*

ism [ɪzəm] *n Fam Pej* ismo *m*

isn't [ˈɪzənt] = **is not**

ISO [aɪesˈəʊ] *n (abbr* **International Standards Organization)** ISO *f*, Organización *f* Internacional de Normalización

isobar [ˈaɪsəbɑː(r)] *n* isobara *f*

isobaric [aɪsəˈbærɪk] *adj* isobárico(a)

isogloss [ˈaɪsəglɒs] *n* isoglosa *f*

isolate [ˈaɪsəleɪt] *vt* **-1.** *(separate)* aislar (**from** de); **she isolated herself from other people** se aisló de los demás **-2.** *(identify)* aislar **-3.** *(quarantine)* aislar

isolated [ˈaɪsəleɪtɪd] *adj* **-1.** *(alone, remote)* aislado(a); **to be ~ (from)** estar aislado (de) **-2.** *(single)* aislado(a)

isolation [aɪsəˈleɪʃən] *n* **-1.** *(separation)* aislamiento *m*; **to deal with sth in ~** tratar algo aisladamente **-2.** *(identification)* identificación *f* **-3.** MED **~ ward** pabellón *m* de enfermedades infecciosas

isolationism [aɪsəˈleɪʃənɪzəm] *n* POL aislacionismo *m*

isolationist [aɪsəˈleɪʃənɪst] POL ◇ *n* aislacionista *mf*
◇ *adj* aislacionista

isomer [ˈaɪsəmə(r)] *n* CHEM isómero *m*

isometric [aɪsəˈmetrɪk] *adj* **-1.** *(paper)* isométrico(a) **-2.** *(exercise)* isométrico(a)

isometrics [aɪsəˈmetrɪks] *n* isometría *f*

isomorph [ˈaɪsəmɔːf] *n* CHEM isomorfo *m*

isomorphic [aɪsəˈmɔːfɪk] *adj* CHEM isomorfo(a)

isosceles [aɪˈsɒsɪliːz] *adj* isósceles *inv* □ **~ triangle** triángulo *m* isósceles

isotherm [ˈaɪsəθɜːm] *n* isoterma *f*

isothermal [aɪsəʊˈθɜːməl] *adj* isotérmico(a), isotermo(a)

isotonic [aɪsəˈtɒnɪk] *adj (drink)* isotónico(a)

isotope [ˈaɪsətəʊp] *n* PHYS isótopo *m*

isotopic [aɪsəˈtɒpɪk] *adj* PHYS isótopo(a)

ISP [aɪesˈpiː] *n* COMPTR *(abbr* **Internet Service Provider)** PSI *m*, proveedor *m* de servicios Internet, proveedor *m* de (acceso a) Internet

I-spy [ˈaɪspaɪ] *n Br* veo-veo *m*; *Hum* **~ with my little eye...** veo-veo...

Israel [ˈɪzreɪəl] *n* Israel

Israeli [ɪzˈreɪlɪ] ◇ *n* israelí *mf*
◇ *adj* israelí *mf*

Israelite [ˈɪzrəlaɪt] *n* HIST israelita *mf*

issue [ˈɪʃuː] ◇ *n* **-1.** *(matter, topic)* tema *m*, cuestión *f*; **where do you stand on the abortion ~?** ¿cuál es tu posición acerca del aborto?; **the ~ was raised at the meeting** sacaron *or* plantearon el tema en la reunión; **the issues of the day** los temas de actualidad; **it has become an international ~** se ha convertido en un tema de repercusión internacional; **that's not the ~** no se trata de eso; **to avoid** *or* **duck** *or* **evade the ~** evitar el tema; **to cloud** *or* **confuse the ~** complicar el asunto
-2. *(cause of disagreement)* tema *m or* punto *m* de desacuerdo; **to make an ~ of sth** hacer de algo un problema; **to take ~ with sb** discrepar de alguien; **I take ~ with him on only one point** hay sólo un tema en el que no estoy de acuerdo con él; **at ~** en cuestión; **the point at ~ is not the coming election** no es de la próxima elección que se habla; **her competence is not at ~** su capacidad no está en cuestión; **to be at ~ with sb (over sth)** estar en conflicto con alguien (acerca de algo)
-3. *(result)* **to await the ~** esperar el resultado
-4. *(giving out) (of clothes, rations)* entrega *f*, reparto *m*; *(permit, visa)* entrega *f*, expedición *f*
-5. *(of banknotes, stamps)* emisión *f*; FIN *(of shares, bonds)* emisión *f*; **Navy ~ boots** botas de la Armada; **jackets were standard ~ to prisoners** a todos los presos se les entregaban chaquetas
-6. *(of magazine, newspaper)* número *m*; **the latest ~ of the magazine** el último número de la revista
-7. *(discharge) (of blood, pus)* flujo *m*
-8. *Formal (offspring)* descendencia *f*; LAW **to die without ~** morir sin dejar descendencia
◇ *vt* **-1.** *(give out) (banknote, stamp)* emitir, poner en circulación; *(permit, visa)* expedir, entregar; **to ~ sb with sth** *(ticket, pass)* proporcionar algo a alguien; *(permit, visa)* expedir *or* entregar algo a alguien; **we were all issued with rations** a todos se nos

issuing dieron raciones; **the Bank of Scotland issues its own notes** el Banco de Escocia emite sus propios billetes
-2. *(order, instructions)* dar; **to ~ a statement** emitir un comunicado; **the government has issued a denial** el gobierno ha emitido un desmentido
-3. LAW *(warrant, writ)* expedir, dictar; **to ~ a summons** enviar una citación judicial
◇ *vi Formal* -1. *(come or go out) (blood)* manar (**from** de); *(noise)* surgir (**from** de); *(smoke)* brotar (**from** de); **delicious smells issued from the kitchen** deliciosos aromas emanaban de la cocina -2. *(result, originate)* **to ~ from** originarse en, surgir de
◆ **issue forth** *vi Literary* surgir
issuing ['ɪʃuːɪŋ] *adj* emisor(ora) ❑ FIN **~ house** entidad *f* emisora de acciones en bolsa
Istanbul [ɪstæn'bʊl] *n* Estambul
isthmus ['ɪsməs] *n* istmo *m*
IT [aɪ'tiː] *n* COMPTR *(abbr* **information technology)** tecnologías *fpl* de la información, informática *f*
it [ɪt] *pron* -1. *(subject) (usually omitted in Spanish)* **it is red** es rojo(a); **it escaped** se escapó
-2. *(direct object)* lo *m*, la *f*; **I don't want it** no lo/la quiero; **I like it** me gusta; **give it to him** dáselo
-3. *(indirect object)* le; **give it something to eat** dale algo de comer
-4. *(prepositional object) (masculine)* él; *(feminine)* ella; *(referring to uncountable nouns)* ello; **from it** de él/ella/ello; **with it** con él/ella/ello; **I don't want to talk about it** no quiero hablar de ello; **is there any meat in it?** ¿tiene carne?; **a table with a bowl of fruit on it** una mesa con un frutero encima; **put some newspaper under it** pon papel de periódico debajo
-5. *(impersonal uses)* **it's Friday** es viernes; **it's raining** está lloviendo, llueve; **it's ten o'clock** son las diez (en punto); **it's cold today** hoy hace frío; **it's twenty miles to New York** de aquí a Nueva York hay veinte millas; **it says on the packet that...** en el paquete dice que...; **it should be remembered that...** hay que recordar que...; **it seems unlikely** no parece probable; **it is rumoured that...** se rumorea que..., corre el rumor de que...; **it's not that I don't like her** no es que no me caiga bien; **it's his constant complaining I can't stand** lo que no aguanto son sus continuas quejas; **I'll stay in London for a while, because I like it here** me voy a quedar en Londres una temporada, porque me gusta esta ciudad; **I find it easier to use a credit card** me parece más sencillo usar una tarjeta de crédito; **I love it when we go on a picnic** me encanta ir de picnic; **I couldn't bear it if she left** si me dejara no lo podría soportar
-6. *(as complement of verb* **to be)** **who is it?** ¿quién es?; **it's me** soy yo; **who's that? – it's Jack** ¿quién es? – Jack; **it was she who told me** fue ella la que me lo dijo; **that's it for today** eso es todo por hoy
-7. *(referring to baby)* **is it a boy or a girl?** ¿es (un) niño o (una) niña?, *RP* ¿es (una) nena o (un) varón?
-8. *(certain quality)* **you've either got it or you haven't** se tiene o no se tiene
-9. *Fam (in children's games)* **you're it!** ¡tú la llevas!
-10. *Fam (sexual intercourse)* **did you do it?** ¿lo hicisteis?
-11. **that's it!** *(expressing annoyance)* ¡se acabó!; *(after finishing sth)* ¡esto es todo!;

(expressing approval) ¡así!, ¡muy bien!
-12. *Fam (most important person)* **she thinks she's IT** es muy creída ❑ *Br* **it girl** = famosa joven y adinerada
Italian [ɪ'tæljən] ◇ *n* -1. *(person)* italiano(a) *m,f*
-2. *(language)* italiano *m*; **~ class/teacher** clase/profesor(ora) de italiano
◇ *adj* italiano(a)
Italianate [ɪ'tæljəneɪt] *adj* de estilo italiano, italianizante
Italianize [ɪ'tæljənaɪz] *vt* italianizar
italic [ɪ'tælɪk] ◇ *n* TYP **italic(s)** cursiva *f*; **in italics** en cursiva; **the italics are mine** *(footnote to quotation)* la cursiva es mía
◇ *adj* cursiva
italicize [ɪ'tælɪsaɪz] *vt* poner en cursiva; **the italicized words** las palabras en cursiva *or* bastardilla
Italy ['ɪtəlɪ] *n* Italia
ITC [aɪtiː'siː] *n (abbr* **Independent Television Commission)** = organismo regulador de las televisiones privadas británicas
itch [ɪtʃ] ◇ *n* -1. *(on skin)* picor *m* -2. *Fam (desire)* **to have an ~ to do sth** tener muchas ganas de hacer algo; IDIOM **if you can't ~, scratch it** si deseas hacer algo, hazlo
◇ *vi* -1. *(be itchy)* picar; **my leg is itching** me pica la pierna; **I'm itching all over** me pica todo el cuerpo; **this sweater itches terribly** este pulóver pica muchísimo -2. *(be eager)* **to be itching to do sth** tener muchas ganas de hacer algo; **to be itching for trouble/a fight** estar deseando meterse en líos/buscar pelea
itchiness ['ɪtʃɪnɪs] *n* -1. *(of skin)* picor *m* -2. *(of material)* **I don't wear wool because of its ~** no suelo usar lana porque pica
itching ['ɪtʃɪŋ] *n* picor *m* ❑ **~ powder** polvos *mpl* (de) picapica
itchy ['ɪtʃɪ] *adj* **to be ~** picar; **I've got an ~ hand, my hand's ~** me pica la mano; **this material is very ~** esta tela pica mucho; IDIOM **to have ~ feet: he has always had ~ feet** nunca le ha gustado estar mucho tiempo en un sitio; **I'm beginning to get ~ feet** ya me están entrando ganas de irme a otro sitio
it'd ['ɪtəd] -1. = **it had** -2. = **it would**
item ['aɪtəm] ◇ *n* -1. *(object) (in collection, on display)* artículo *m*; **the items in the shop window** los artículos de la vidriera; **an ~ of clothing** una prenda de vestir; **personal items** objetos personales
-2. *(on list, agenda)* punto *m*; **there are two important items on the agenda** hay dos puntos importantes en la agenda; **I've several items of business to attend to** me tengo que ocupar de varias cosas de trabajo
-3. JOURN, TV & RAD noticia *f*; **there was an ~ on the news about it yesterday** ayer salió una noticia acerca de eso; **and here are today's main news items** y a continuación las principales noticias *or* los principales titulares del día
-4. COMPTR *(on menu)* ítem *m*
-5. *Fam* **they're an ~** salen juntos; **they're no longer an ~** ya no salen (juntos)
◇ *adv Old-fashioned (when listing)* ítem
itemize ['aɪtəmaɪz] *vt* -1. *(contents)* hacer una lista de -2. *(bill, list)* detallar
iterate ['ɪtəreɪt] *vt* COMPTR & MATH iterar, repetir
iterative ['ɪtərətɪv] *adj* COMPTR & MATH iterativo(a)
Ithaca ['ɪθəkə] *n* Ítaca
itinerant [ɪ'tɪnərənt] *adj* itinerante

itinerary [aɪ'tɪnərərɪ] *n* itinerario *m*
it'll ['ɪtəl] = **it will**
ITN [aɪtiː'en] *n Br (abbr* **Independent Television News)** = servicio de noticias del canal privado de televisión ITV
ITO [aɪtiː'əʊ] *n (abbr* **International Trade Organization)** OIC *f*
its [ɪts] ◇ *possessive adj (singular)* su; *(plural)* sus; **the lion returned to ~ den** el león volvió a su guarida; **the bear hurt ~ paw** el oso se hizo daño en la zarpa; **the plane lost one of ~ engines** el avión perdió uno de los motores
◇ *possessive pron* el suyo, la suya; **the dog can't eat chocolate so I'll have ~** el perro no puede comer chocolate así que me comeré el suyo *or* que le toca a él
it's [ɪts] -1. = **it is** -2. = **it has**
itself [ɪt'self] *pron* -1. *(reflexive)* se; **the dog hurt ~** el perro se hizo daño; **the company has got ~ into debt** la empresa se ha endeudado; **the dog saw ~ reflected in the water** el perro se vio reflejado en el agua
-2. *(emphatic)* **this method is simplicity ~** este método es la sencillez misma; **she was politeness ~** era la educación personificada; **the town ~ isn't very interesting** la ciudad en sí (misma) no es muy interesante
-3. *(after preposition)* **by/in ~** por/en sí mismo(a); **the house stands by ~ at the end of the street** es la única casa al final de la calle; **the delay in ~ isn't a problem, but...** el retraso *or Am* la demora en sí no supone un problema, pero...
itsy-bitsy ['ɪtsɪ'bɪtsɪ], *US* **itty-bitty** ['ɪtɪ'bɪtɪ] *adj Fam* chiquitito(a), pequeñito(a)
ITU [aɪtiː'juː] *n (abbr* **International Telecommunication Union)** UIC *f*
ITV [aɪtiː'viː] *n (abbr* **Independent Television)** = canal privado de televisión británico
IUD [aɪjuː'diː] *n* MED *(abbr* **intra-uterine device)** DIU *m*
IV [aɪ'viː] MED *(abbr* **intravenous)** ◇ *adj* intravenoso(a) ❑ **IV drip** gota a gota *m*
◇ *n Fam (IV drip)* gota a gota *m*
Ivan ['aɪvən] *pr n* **~ the Terrible** Iván el Terrible
I've [aɪv] = **I have**
IVF [aɪviː'ef] *n* MED *(abbr* **in vitro fertilization)** fertilización *f* in vitro
ivied ['aɪvɪd] *adj* cubierto(a) de hiedra
ivory ['aɪvərɪ] ◇ *n* -1. *(substance)* marfil *m* ❑ **the Ivory Coast** la Costa de Marfil; **~ nut** marfil *m* vegetal; *Fig* **~ tower** torre *f* de marfil -2. *(colour)* color *m* marfil
◇ *adj* -1. *(made of ivory)* de marfil -2. *(ivory-coloured)* color marfil, marfil
ivy ['aɪvɪ] *n (plant)* hiedra *f*; *US* **the halls of ~** el mundo académico ❑ *US* **Ivy League** = grupo de ocho universidades de gran prestigio del nordeste de Estados Unidos

---

IVY LEAGUE

Así se denomina a un grupo de ocho universidades del nordeste de los Estados Unidos: Brown, Columbia, Cornell, Dartmouth, Harvard, la Universidad de Pensilvania, Princeton y Yale; universidades que se encuentran entre las más prestigiosas de EE.UU. Aunque originalmente el cometido de la Ivy League era el de promover encuentros deportivos entre las universidades que la componen, ha acabado por convertirse en sinónimo de una educación de prestigio, altamente competitiva y reservada a la élite.

J j

J, j [dʒeɪ] n (letter) J, j f
J ELEC (abbr **Joule(s)**) J
jab [dʒæb] ⋄ n **-1.** (with elbow) codazo m; (with finger) movimiento m seco **-2.** (in boxing) golpe m corto, directo m **-3.** Br Fam (injection) inyección f, pinchazo m; **I've got to get a tetanus ~** me tengo que vacunar contra el tétano
⋄ vt (pt & pp **jabbed**) **-1.** (poke, prick) **he jabbed her in the leg with a pencil** le clavó un lápiz en la pierna; **he nearly jabbed my eye out!** ¡casi me saca un ojo! **-2.** (thrust) **to ~ a finger at sb** señalar a alguien con el dedo
⋄ vi **-1.** (poke, prick) **he jabbed at me with a stick** me pinchó con un palo; **to ~ at sb with a knife** herir a alguien con un cuchillo; **to ~ at sb with an umbrella** clavarle el paraguas a alguien **-2.** (in boxing) tirar or echar un jab (at a); **he feinted with his right then jabbed with his left** amagaba con la derecha y luego tiraba un jab de izquierda
jabber ['dʒæbə(r)] Fam ⋄ vi parlotear; **they were all jabbering away in different languages** estaban todos parloteando en distintos idiomas
⋄ vt **to ~ (out)** mascullar
⋄ n (noise) ruido m, barullo m
jacana [dʒə'kɑːnə] n jacana f
jacaranda [dʒækə'rændə] n BOT jacarandá m
Jack [dʒæk] n IDIOM **before you could say ~ Robinson** en menos que canta un gallo, antes de que puedas decir esta boca es mía; IDIOM Br Fam **he's a real ~ the Lad** es un mujeriego ⋄ **~ Frost** la escarcha, la helada; **~ the Ripper** Jack el Destripador; **~ Russell (terrier)** Jack Russell (terrier) m; Br Old-fashioned **~ Tar** lobo m de mar
jack [dʒæk] n **-1.** (person) **every man ~ of them** todo quisque
-2. (for car) gato m
-3. (in cards) jota f; (in Spanish cards) sota f
-4. ELEC (plug) clavija f, ficha f; (socket) clavijero m ⋄ **~ plug** enchufe m macho, enchufe m de clavija
-5. (in bowls) boliche m
-6. jacks (game) tabas fpl
-7. ~ rabbit (North American hare) liebre f americana
-8. Vulg **~ shit** un carajo; **he knows ~ shit about it** no tiene ni puta idea del tema
◆ **jack around** US Fam ⋄ vt sep **to ~ sb around** (treat badly) maltratar, Urug botijear; (waste time of) hacer perder el tiempo a alguien, enrollar a alguien; **stop jacking me around — just tell me what I want to know** no me hagas perder más el tiempo — sólo dime lo que quiero saber
⋄ vi (waste time) perder el tiempo, RP boludear
◆ **jack in** vt sep Br Fam (job) dejar, largar
◆ **jack off** Vulg ⋄ vt sep **to ~ sb off** hacer una paja a alguien
⋄ vi hacerse una paja
◆ **jack up** ⋄ vt sep **-1.** (car) levantar (con el gato) **-2.** Fam (price, salaries) subir
⋄ vi Br Fam (inject oneself) inyectarse
jackal ['dʒækəl] n **-1.** (animal) chacal m **-2.** (henchman) secuaz m

jackass ['dʒækæs] n **-1.** (male donkey) burro m, asno m **-2.** Fam (person) burro(a) m,f, animal mf
jackboot ['dʒækbuːt] n bota f militar; Fig **under the ~ of a military dictatorship** bajo el yugo de una dictadura militar; **~ tactics** tácticas dictatoriales
jackbooted ['dʒækbuːtɪd] adj con botas hasta la rodilla
jackdaw ['dʒækdɔː] n grajilla f
jacket ['dʒækɪt] n **-1.** (coat) (formal) chaqueta f, americana f, Am saco m; (casual) cazadora f, CSur campera f, Méx chamarra f
-2. CULIN **~ potatoes, potatoes (cooked) in their jackets** = Esp patatas or Am papas asadas hueca y una vela dentro
-3. (of book) sobrecubierta f
-4. US (of record) funda f
-5. (of boiler) funda f
-6. (of bullet) camisa f
jackfruit ['dʒækfruːt] n nanjea f, jaca f
jackhammer ['dʒækhæmə(r)] n martillo m neumático
jack-in-office [dʒækɪn'ɒfɪs] n Br Pej funcionario(a) m,f de tres al cuarto
jack-in-the-box [dʒækɪnðəbɒks] n caja f sorpresa; IDIOM Fam **to jump up and down like a ~** ir para arriba y para abajo como un muñeco de resortes
jackknife ⋄ ['dʒæknaɪf] n **-1.** (knife) navaja f **-2. ~ (dive)** salto m de carpa
⋄ vi (articulated lorry) hacer la tijera, derrapar por el remolque
jack-of-all-trades [dʒækəv'ɔːltreɪdz] n **he's a ~** hace or sabe hacer un poco de todo; IDIOM **to be a ~, and master of none** saber un poco de todo (y mucho de nada)
jack-o'-lantern ['dʒækə'læntən] n US (Hallowe'en lantern) = farolillo hecho con una calabaza hueca y una vela dentro
jackpot ['dʒækpɒt] n (in lottery, card games) (premio m) gordo m; **he hit** or **won the ~** le tocó el gordo; **she hit the ~ with her latest book/film** con su último libro/última película se sacó la lotería
jacksie, jacksy ['dʒæksɪ] n Br Fam **-1.** (buttocks) Esp culo m, Am cola f **-2.** (anus) ojete m, ojo m del culo
jackstraws ['dʒækstrɔːz] n palitos mpl chinos, mikado m
Jacob ['dʒeɪkəb] n (in Bible) Jacob ⋄ **~'s ladder** (plant) valeriana f griega
Jacobean [dʒækə'bɪən] adj jacobino(a), relativo al periodo del reinado de Jacobo I de Inglaterra (1603-1625)
Jacobin ['dʒækəbɪn] HIST ⋄ n jacobino(a) m,f
⋄ adj jacobino(a)
Jacobite ['dʒækəbaɪt] ⋄ n jacobita mf
⋄ adj jacobita
Jacuzzi® [dʒə'kuːzɪ] n jacuzzi® m
jade¹ [dʒeɪd] ⋄ n (stone) jade m; (colour) verde m jade
⋄ adj (colour) verde jade
jade² n Archaic **-1.** (horse) jamelgo m **-2.** (woman) mujerzuela f
jaded ['dʒeɪdɪd] adj hastiado(a); **this is something to tempt even the most ~ of palates** esto tentará incluso a aquellos que ya lo han probado todo

Jaffa ['dʒæfə] n = variedad de naranja de forma ovalada y piel muy gruesa
Jag [dʒæg] n Fam (car) Jaguar m
jag [dʒæg] Fam ⋄ n **-1.** (bout) **to go on a (drinking) ~** ir de borrachera; **he had a crying ~** le dio la llorera **-2.** Scot (injection) pinchazo m
⋄ vt (pt & pp **jagged**) (prick) pinchar
jagged ['dʒægɪd] adj (coastline) accidentado(a); (rock) irregular; (crest) escarpado(a); (blade) dentado(a)
jaguar [Br 'dʒægjʊə(r), US 'dʒægwɑː(r)] n jaguar m
jai alai [dʒaɪə'laɪ] n US pelota f vasca, cesta f punta
jail [dʒeɪl] ⋄ n cárcel f; **to be in ~** estar en la cárcel; **to go to ~** ir a la cárcel
⋄ vt encarcelar; **he was jailed for ten years** le condenaron a diez años de cárcel
jailbait ['dʒeɪlbeɪt] n very Fam **she's ~** es menor y puede meterte en líos
jailbird ['dʒeɪlbɜːd] n Fam preso(a) m,f reincidente
jailbreak ['dʒeɪlbreɪk] n fuga f, evasión f
jailer, jailor ['dʒeɪlə(r)] n (in prison) carcelero(a) m,f; (of hostages) captor(ora) m,f
jailhouse ['dʒeɪlhaʊs] n US cárcel f
jailor = **jailer**
Jakarta, Djakarta [dʒə'kɑːtə] n Yakarta
jalop(p)y [dʒə'lɒpɪ] n Fam cacharro m, cafetera f
jam¹ [dʒæm] n **-1.** (crowd) (of people) muchedumbre f, multitud f; **traffic ~** atasco, embotellamiento **-2.** Fam (difficult situation) **to be in/get into a ~** estar/meterse en un aprieto **-3.** (improvised performance) **~ (session)** jam-session f, = sesión improvisada de jazz o rock
⋄ vt (pt & pp **jammed**) **-1.** (pack tightly) (objects) embutir (into en); (container) atestar (with de); **we were jammed in like sardines** estábamos (apretados) como sardinas en lata; **I was jammed (up) against the wall** (yo) estaba aplastado contra la pared
-2. (ram) encajar, clavar; **she jammed her hat on** se encasquetó el sombrero; **to ~ one's foot on the brake(s)** pisar fuerte el freno
-3. (block) (radio broadcast, station) provocar interferencias en; (switchboard) bloquear; **traffic jammed the streets** el tráfico colapsaba las calles
-4. (make stick) (gun, mechanism) atascar, trabar; **something has jammed the mechanism** algo ha trabado el mecanismo; **the drawer is jammed** el cajón se ha atascado; **he jammed the window open** enganchó or trabó la ventana para que quedara abierta
⋄ vi **-1.** (crowd) apiñarse; **people jammed into the hall** la gente se apiñaba en la sala
-2. (stick) (drawer, window, machine) atascarse, Am trancarse; (gun) encasquillarse; (brakes, paper in printer) atascarse, Am trancarse **-3.** MUS improvisar (con un grupo)
◆ **jam in** ⋄ vt sep **-1.** (wedge in) meter; **the crowd were jamming him in** la multitud lo empujaba hacia adentro; **her car was jammed in by a large truck** un camión enorme se le incrustó en el auto **-2.** (pack or press tightly in) meter; **I only had one bag**

and managed to ~ in all my clothes sólo tenía un bolso y me las arreglé para meter toda la ropa

◇ vi (crowd in) apretujarse; **we all managed to ~ in somehow** de alguna manera todos logramos apretujarnos adentro

◆ **jam on** vt sep **to ~ on the brakes** frenar en seco

jam² n -1. (fruit preserve) mermelada f; **strawberry ~** mermelada de fresas or Bol, CSur, Ecuad frutillas; **raspberry ~** mermelada de frambuesa ❑ **~ jar** tarro m de mermelada; **~ tart** pastel m or Col, CSur torta f de mermelada -2. IDIOMS Br **it's a case of ~ tomorrow** no son más que vanas promesas; Br **to want ~ on it** quererlo todo

Jamaica [dʒəˈmeɪkə] n Jamaica

Jamaican [dʒəˈmeɪkən] ◇ n jamaicano(a) m,f
◇ adj jamaicano(a)

jamb [dʒæm] n jamba f

jambalaya [dʒæmbəˈlaɪə] n = plato criollo a base de arroz, pollo o marisco, especias, etc.

jamboree [dʒæmbəˈriː] n -1. (scouts'meeting) encuentro m de boy-scouts -2. Fam (celebration) jolgorio m, fiesta f

James [dʒeɪmz] pr n **~ I/II** Jacobo I/II (of England)

jamming [ˈdʒæmɪŋ] n RAD interferencias fpl

jammy [ˈdʒæmɪ] adj -1. (covered with jam) cubierto(a) de mermelada -2. Br Fam (lucky) suertudo(a); **you ~ thing!** ¡qué potra or Méx chance or RP tarro tienes!

jam-packed [ˈdʒæmˈpækd] adj **to be ~ (with)** estar atestado(a) or abarrotado(a) (de); **this magazine is ~ with interesting articles** esta revista está repleta de artículos interesantes

Jan (abbr **January**) ene.

Jane Doe [ˈdʒeɪnˈdəʊ] n US -1. (average person) la estadounidense media -2. (unidentified woman) = nombre con el que se hace referencia a una desconocida

JANET [ˈdʒænɪt] n COMPTR (abbr **Joint Academic Network**) = red informática británica que enlaza universidades, centros de investigación, etc., y que forma parte de Internet

jangle [ˈdʒæŋɡəl] ◇ n (of keys, chain) tintineo m
◇ vt (keys, chain) hacer tintinear
◇ vi (keys, chain) tintinear; Fig **her voice made his nerves ~** su voz le ponía los nervios de punta

jangly [ˈdʒæŋɡlɪ] adj (keys, chain) tintineante

janitor [ˈdʒænɪtə(r)] n -1. US & Scot (caretaker) conserje m, bedel m -2. (doorkeeper) portero(a) m,f

Jansenism [ˈdʒænsənɪzəm] n REL jansenismo m

Jansenist [ˈdʒænsənɪst] REL ◇ adj jansenista
◇ n jansenista mf

January [ˈdʒænjʊərɪ] n enero m; see also **May**

Janus [ˈdʒeɪnəs] n Jano m

Jap [dʒæp] Fam ◇ n = término ofensivo para referirse a los japoneses, RP ponja mf
◇ adj japonés(esa), RP ponja

Japan [dʒəˈpæn] n Japón m

Japanese [dʒæpəˈniːz] ◇ n -1. (person) japonés(esa) m,f -2. (language) japonés m; **~ class/teacher** clase/profesor(ora) de japonés
◇ npl **the ~** los japoneses
◇ adj japonés(esa)

japanned [dʒəˈpænd] adj lacado(a)

jape [dʒeɪp] n broma f

japonica [dʒəˈpɒnɪkə] n BOT membrillo m japonés

jar¹ [dʒɑː(r)] ◇ n (jolt, shock) sacudida f; **the news gave him a nasty ~** la noticia supuso una desagradable sorpresa para él
◇ vt (pt & pp **jarred**) (knock) sacudir, golpear; Fig (surprise) alterar, sacudir
◇ vi -1. (make unpleasant sound) rechinar; **to ~ on the ears** rechinar en los oídos; **to ~ on the nerves** crispar los nervios -2. (clash) **to ~ (with each other)** (colours) desentonar; (ideas) chocar (entre sí)

jar² n -1. (container) tarro m -2. Br Fam (beer) **to have a ~** tomarse una birra

jardinière [ʒɑːdɪˈnjeə(r)] n -1. (ornamental plant pot) jardinera f -2. CULIN (mixed vegetables) jardinera f

jargon [ˈdʒɑːɡən] n Pej jerga f; **to talk (in) ~** hablar en jerga

jarring [ˈdʒɑːrɪŋ] adj (noise, voice) estridente; (blow) contundente

jasmine [ˈdʒæsmɪn] n (plant) jazmín m

jasper [ˈdʒæspə(r)] n (stone) jaspe m

jaundice [ˈdʒɔːndɪs] n MED ictericia f

jaundiced [ˈdʒɔːndɪst] adj (attitude, opinion) negativo(a), resentido(a); **to look on things with a ~ eye** ver las cosas desde una posición muy negativa

jaunt [dʒɔːnt] n excursión f, paseo m; **to go on** or **for a ~** ir de excursión or paseo

jauntily [ˈdʒɔːntɪlɪ] adv desenfadadamente

jauntiness [ˈdʒɔːntɪnɪs] n desenfado m

jaunty [ˈdʒɔːntɪ] adj desenfadado(a); **he wore his cap at a ~ angle** llevaba la gorra torcida, con desenfado

Java¹ [ˈdʒɑːvə] n (island) Java

Java²® n COMPTR Java®; **~ script** lenguaje Java

java [ˈdʒɑːvə] n US Fam (coffee) café m

Javanese [dʒɑːvəˈniːz] ◇ n -1. (person) javanés(esa) m,f -2. (language) javanés m
◇ npl **the ~** los javaneses
◇ adj javanés(esa)

javelin [ˈdʒævlɪn] n -1. (weapon, in sport) jabalina f -2. (sporting event) lanzamiento m de jabalina

jaw [dʒɔː] ◇ n -1. (of person, animal) mandíbula f; **jaws** fauces fpl; **his ~ dropped** se quedó boquiabierto; IDIOM **the jaws of death** las garras de la muerte; IDIOM **to snatch victory from the jaws of defeat** dar vuelta un resultado -2. **jaws** (of tool) mordaza f -3. Fam (chat) **to have a good old ~** tener una buena charla -4. (of snooker, pool pocket) borde m del agujero
◇ vi Fam (chat) charlar, CAm, Méx platicar

jawbone [ˈdʒɔːbəʊn] ◇ n maxilar m inferior
◇ vt US Fam presionar

jawbreaker [ˈdʒɔːbreɪkə(r)] n Fam -1. (unpronounceable word) trabalenguas m inv -2. (sweet) caramelo m duro

jawline [ˈdʒɔːlaɪn] n mentón m

jay [dʒeɪ] n arrendajo m

jaywalk [ˈdʒeɪwɔːk] vi cruzar la calle sin prudencia

jaywalker [ˈdʒeɪwɔːkə(r)] n peatón(ona) m,f imprudente

jaywalking [ˈdʒeɪwɔːkɪŋ] n imprudencia f peatonal

jazz [dʒæz] n -1. (music) jazz m; **~ band** banda de jazz; **~ trumpeter** trompetista de jazz -2. Fam (rigmarole) lío m, Esp follón m, RP historia f; **and all that ~** y otras cosas por el estilo, Esp y todo el rollo, RP y toda esa historia

◆ **jazz up** vt sep Fam -1. (music, song) sincopar, jazzear; **to ~ up a song** jazzear una canción or un tema; **it's jazzed up Beethoven** es una versión popular de Beethoven -2. (enliven) animar

jazzy [ˈdʒæzɪ] adj -1. (tune) jazzístico(a) -2. (clothes, pattern) llamativo(a)

JCB® [dʒeɪsiːˈbiː] n Br pala f excavadora

JCR [dʒeɪsiːˈɑː(r)] n Br UNIV (abbr **junior common room**) sala f de estudiantes

jealous [ˈdʒeləs] adj -1. (envious) envidioso(a); **to be ~ of sb** tener envidia de alguien; **he just wants to make you ~** sólo quiere darte envidia
-2. (possessive) (lover, husband) celoso(a); **to make sb ~** hacer poner celoso(a) a alguien; **he gets terribly ~** le entran unos celos terribles; **a ~ God** un Dios celoso
-3. (protective) **she is ~ of her reputation** es celosa de su reputación, vela por su reputación

jealously [ˈdʒeləslɪ] adv -1. (enviously) con envidia -2. (possessively) celosamente -3. (protectively) **a ~ guarded secret** un secreto celosamente guardado

jealousy [ˈdʒeləsɪ] n -1. (envy) envidia f -2. (possessiveness) celos mpl; **a fit of ~** un ataque de celos

jeans [dʒiːnz] npl (pantalones mpl) vaqueros mpl, Col bluejeans mpl, Méx pantalones mpl de mezclilla, Ven bluyín m; **a pair of ~** unos (pantalones) vaqueros

Jeep® [dʒiːp] n todoterreno m, jeep m

jeepers [ˈdʒiːpəz] exclam US Fam **~ (creepers)** ¡caramba!, Esp ¡jolín!

jeer [dʒɪə(r)] ◇ n (boo) abucheo m; (derision) burla f
◇ vt (boo) abuchear; (mock) burlarse de
◇ vi (boo) abuchear (**at** a); (mock) burlarse (**at** de)

jeering [ˈdʒɪərɪŋ] ◇ n (booing) abucheo m; (mocking) burlas fpl
◇ adj burlón(ona)

Jeez, Jeeze [dʒiːz] exclam Fam ¡caray!

Jehovah [dʒɪˈhəʊvə] n Jehová ❑ **~'s Witness** testigo mf de Jehová

jejune [dʒɪˈdʒuːn] adj Formal -1. (dull, banal) tedioso(a), vacuo(a) -2. (naive) pueril

jejunum [dʒɪˈdʒuːnəm] n ANAT yeyuno m

Jekyll and Hyde [ˈdʒekɪləndˈhaɪd] adj esquizoide; **to have a ~ personality** tener doble personalidad

jell [dʒel] vi -1. (liquid) aglutinarse -2. Fig (ideas, plans, team) cuajar

jellied [ˈdʒelɪd] adj CULIN en gelatina; **~ eels** anguilas en gelatina

Jell-O®, jello [ˈdʒeləʊ] n US gelatina f, jalea f

jelly [ˈdʒelɪ] n -1. Br (dessert) gelatina f, jalea f; **to turn to ~** volverse de mantequilla; **my legs just turned to ~** se me aflojaron las piernas -2. esp US (jam) mermelada f, confitura f ❑ US **~ roll** brazo m de gitano -3. Br **~ baby** (sweet) = pastilla de goma en forma de niño; **~ bean** pastilla f de goma, Esp gominola f -4. Fam (gelignite) gelignita f (explosiva) -5. Br (drug) = pastilla de temazepam

jellyfish [ˈdʒelɪfɪʃ] (pl **jellyfish** or **jellyfishes**) n medusa f, Col, Méx aguamala f, RP aguaviva f

jemmy, US **jimmy** [ˈdʒemɪ] ◇ n palanqueta f
◇ vt **to ~ a door (open)** forzar la puerta con una palanqueta (para abrirla)

je ne sais quoi [ʒənəseˈkwɑː] n **to have a certain ~** tener un no sé qué

jeopardize [ˈdʒepədaɪz] vt poner en peligro

jeopardy [ˈdʒepədɪ] n **in ~** en peligro; **to put sth/sb in ~** poner en peligro algo/a alguien

jerboa [dʒɜːˈbəʊə] n jerbo m, gerbo m

jeremiad [dʒerəˈmaɪəd] n Literary jeremiada f

Jeremiah [dʒerəˈmaɪə] pr n also Fig Jeremías m

Jericho [ˈdʒerɪkəʊ] n Jericó

jerk¹ [dʒɜːk] ◇ n -1. (sudden movement) sacudida f; **with a ~ of his head he indicated that I should leave** con un brusco movimiento de la cabeza indicó que me tenía que ir; **the train came to a halt with a ~** el tren se detuvo con una sacudida; **to wake up with a ~** despertarse con un sobresalto -2. (pull) tirón m; **to give sth a ~** sacudir algo -3. (in weightlifting) envión m, segundo tiempo m
◇ vt -1. (move suddenly) sacudir -2. (pull) (once) dar un tirón a; (in order to move) mover a tirones; **he jerked the door open** abrió la puerta de un tirón
◇ vi **to ~ awake** despertarse con un sobresalto; **to ~ forward** (car) dar una sacudida hacia delante; (head) caer hacia delante; **to ~ to a halt** detenerse con una sacudida; **the train jerked violently from side to side** el tren se sacudía violentamente de un lado a otro

◆ **jerk around** vt sep US Fam **to ~ sb around** tomar a alguien Esp por el pito del sereno or Méx de botana, RP tomar a alguien para la joda

◆ **jerk off** Vulg ◇ vt sep (masturbate) **to ~ sb off** hacer una or Am la paja a alguien
◇ vi hacerse una or Am la paja

jerk² n Fam (person) imbécil mf, majadero(a) m,f

jerkily ['dʒɜːkɪlɪ] *adv (to move)* a sacudidas; *(to speak)* entrecortadamente

jerkin ['dʒɜːkɪn] *n (sleeveless jacket)* chaqueta *f* sin mangas; HIST jubón *m*

jerk-off ['dʒɜːkɒf] *n US Vulg* cabrón(ona) *m,f*

jerkwater ['dʒɜːkwɔːtə(r)] *adj US Fam* de mala muerte; **a ~ town** un pueblo de mala muerte

jerky¹ ['dʒɜːkɪ] *adj* **-1.** *(movement)* brusco(a); *(speech)* entrecortado(a); **a ~ ride** un viaje a los saltos; IDIOM **things got off to a ~ start** las cosas empezaron a andar a los tumbos **-2.** *US Fam (contemptible)* estúpido(a), imbécil; **what a ~ thing to do/say** qué estupidez hacer/decir eso

jerky² *n US* tasajo *m*, cecina *f*

Jerome [dʒə'rəʊm] *pr n* **Saint ~** San Jerónimo

jerrican, jerry can ['dʒerɪkæn] *n* bidón *m*

Jerry ['dʒerɪ] *n Br Fam* cabeza cuadrada *mf*, = término a veces ofensivo para referirse a los alemanes

jerry-built ['dʒerɪbɪlt] *adj* chapucero(a)

jerry can = **jerrican**

Jersey ['dʒɜːzɪ] *n* **-1.** *(island)* Jersey **-2. ~ (cow)** vaca *f* de Jersey **-3.** *US Fam (New Jersey)* Nueva Jersey

jersey ['dʒɜːzɪ] *n* **-1.** *(garment)* suéter *m*, *Esp* jersey *m*, *Col* saco *m*, *RP* pulóver *m* **-2.** *(in sport)* camiseta *f* **-3.** *(in cycling)* maillot *m*; **the green/yellow ~** el maillot verde/amarillo; **the polka-dot ~** el maillot de lunares **-4.** *(fabric)* tejido *m* de punto, *Am* jersey *m*

Jerusalem [dʒə'ruːsələm] *n* Jerusalén ❏ **~ artichoke** aguaturma *f*, cotufa *f*

jest [dʒest] ◇ *n* broma *f*; **in ~** en broma, de broma; **half in ~** medio en broma medio en serio
◇ *vi* bromear

jester ['dʒestə(r)] *n* bufón *m*

jesting ['dʒestɪŋ] *adj (remark, tone)* de broma

Jesuit ['dʒezjʊɪt] *n* jesuita *m*
◇ *adj (church, priest)* jesuita; *(education)* jesuítica

Jesuitical [dʒezjʊ'ɪtɪkəl] *adj Pej (argument, reasoning)* retorcido(a), jesuítico(a)

Jesus ['dʒiːzəs] *n* **-1.** REL Jesús *m* ❏ **~ Christ** Jesucristo *m*; *Fam Pej* **~ freak** hippy *mf* cristiano(a); *Br Fam* **~ sandals** sandalias *fpl* **-2.** *Fam (in exclamations)* **~ (Christ)!** ¡Santo Dios!, **~ wept!** *Esp* ¡(la) leche!, *Col, RP* ¡miércoles!, *Méx* ¡híjole!; *US* **~ H. Christ!** ¡Dios Santo!

jet¹ [dʒet] ◇ *n* **-1.** *(plane)* reactor *m*, avión *m* a reacción ❏ **~ engine** motor *m* de reacción, reactor *m*; **~ fighter** caza *m*; **~ lag** desfase *m* horario, jet-lag *m*; **~ propulsion** propulsión *f* a reacción or a chorro; **the ~ set** *Esp* la jet(-set), *Am* el jet-set; **~ ski** moto *f* náutica or acuática; **~ stream** corriente *f* en chorro **-2.** *(of liquid, steam, gas)* chorro *m* **-3.** *(nozzle)* boquilla *f*
◇ *vt Fam (pt & pp* **jetted***) (transport by jet)* llevar en avión; **supplies are being jetted into** or **to the disaster area** las provisiones se están mandando por avión a la zona del desastre
◇ *vi* **-1.** *Fam (travel by plane)* **to ~ in/off** llegar/salir en avión **-2.** *(liquid)* salir a chorros or en un chorro; **the fuel jetted across the room before catching fire** un chorro de combustible atravesó la sala antes de encenderse

jet² ◇ *n (stone)* azabache *m*
◇ *adj* **~ (black)** (negro) azabache

jet-black ['dʒet'blæk] *adj* negro azabache

jetfoil ['dʒetfɔɪl] *n* alíscafo *m* de pasajeros con motor a reacción

jet-lagged ['dʒetlægd] *adj* afectado(a) por el desfase horario, con jet-lag; **I'm still a bit ~** todavía tengo un poco de jet-lag

jetliner ['dʒetlaɪnə(r)] *n* jet *m* comercial

jet-powered [dʒet'paʊəd], **jet-propelled** [dʒetprə'peld] *adj* a reacción

jetsam ['dʒetsəm] *n* restos *mpl* del naufragio *(sobre la arena)*

jet-setter ['dʒetsetə(r)] *n* integrante *mf* de la jet (set)

jettison ['dʒetɪsən] *vt* **-1.** *(bombs, cargo, fuel) (from ship)* tirar or echar or *Andes, CAm, Carib, Méx* botar por la borda; *(from plane)* lanzar **-2.** *(unwanted possession)* tirar or echar or *Am* botar por la borda; *(theory, belief, principle)* deshacerse de, liberarse de

jetty ['dʒetɪ] *n* **-1.** *(landing stage)* malecón *m*; *(breakwater)* espigón *m* **-2.** *(for boarding aircraft)* pasarela *f* or manga *f* telescópica

Jew [dʒuː] *n* **-1.** *(Hebrew)* judío(a) *m,f* ❏ **~'s harp** birimbao *m*, guimbarda *f* **-2.** *Old-fashioned Pej (miser)* judío(a) *m,f*

Jew-baiter ['dʒuːbeɪtə(r)] *n* = persona que persigue a los judíos

Jew-baiting ['dʒuːbeɪtɪŋ] *n* persecución *f* de judíos

jewel ['dʒuːəl] *n* **-1.** *(gem, piece of jewellery)* joya *f*, alhaja *f*; *(in watch)* rubí *m*; **~ box** or **case** alhajero; *Fig* **the ~ in the crown** la joya de la corona **-2.** *(person, thing)* joya *f*

jeweller, *US* **jeweler** ['dʒuːələ(r)] *n* joyero(a) *m,f*; **~'s (shop)** joyería *f*

jewellery, *US* **jewelry** ['dʒuːəlrɪ] *n* joyas *fpl*, alhajas *fpl*; **a piece of ~** una joya or alhaja ❏ **~ box** joyero *m*

Jewess [dʒuː'es] *n Old-fashioned* judía *f*

Jewish ['dʒuːɪʃ] *adj* judío(a)

Jewry ['dʒuːərɪ] *n* **-1.** *(community)* los judíos; **British ~** la comunidad judía británica **-2.** HIST *(part of town)* judería *f*

Jezebel ['dʒezəbel] *n* **-1.** *(in the Bible)* Jezabel **-2.** *(scheming woman)* mala pécora *f*

jib¹ [dʒɪb] *n* **-1.** *(sail)* foque *m*; IDIOM **I don't like the cut of his ~** me da muy mala espina, no me gusta nada la pinta que tiene **-2.** *(of crane)* aguilón *m*

jib² *(pt & pp* **jibbed***) vi* **to ~ at doing sth** resistirse a hacer algo

jibe [dʒaɪb] ◇ *n* burla *f*
◇ *vi* **-1.** *(mock)* **to ~ at sb** burlarse de alguien **-2.** *US Fam (agree)* encajar, cuadrar, *RP* cerrar

jiff [dʒɪf], **jiffy** ['dʒɪfɪ] *n Fam* **in a ~** en un segundo; **to do sth in a ~** hacer algo en un periquete

Jiffy bag® ['dʒɪfɪbæɡ] *n* sobre *m* acolchado

jig [dʒɪɡ] ◇ *n (dance, music)* giga *f*, jiga *f*; *US* **the ~ is up** se acabó la fiesta, *RP* se pudrió todo
◇ *vi (pt & pp* **jigged***)* **-1.** *(dance)* bailar una giga or jiga **-2. to ~ (around** or **about)** *(move)* brincar; **stop jigging around** or **about** deja de brincar

jigger¹ ['dʒɪɡə(r)] *n* **-1.** *(measure of alcohol)* dedal *m*, medida *f* de licor *(= 42 ml)* **-2.** *US Fam (thingumy)* chisme *m* **-3.** *(insect)* nigua *f*

jigger² *vt Fam (damage)* descuajeringar

jiggered ['dʒɪɡəd] *adj Fam* **-1.** *(TV, microwave)* descuajeringado(a); *(back, knee) Esp* descoyuntado(a), *Am* reventado(a) **-2.** *(as expletive)* **well, I'll be ~!** ¡atiza!; **I'm ~ if I'll do it!** ¡ni muerto lo hago! **-3.** *Br (exhausted)* rendido(a), molido(a)

jiggery-pokery ['dʒɪɡərɪ'pəʊkərɪ] *n Br Fam*

jiggle ['dʒɪɡəl] ◇ *vt* mover, menear
◇ *vi* moverse, menearse
▶ **jiggle about, jiggle around** ◇ *vt sep* = **jiggle**
◇ *vi* = **jiggle**

jigsaw ['dʒɪɡsɔː] *n* **-1.** *(saw)* sierra *f* de calar or de vaivén, caladora *f* **-2.** *(game)* **~ (puzzle)** rompecabezas *m inv*, puzzle *m*; IDIOM **the pieces of the ~ were beginning to fall into place** las piezas del rompecabezas comenzaban a caer en su lugar

jihad [dʒɪ'hæd] *n* guerra *f* santa, yihad *f* (islámica)

jilt [dʒɪlt] *vt* dejar plantado(a)

Jim Crow ['dʒɪm'krəʊ] *n US Fam* **-1.** *(black person)* = término generalmente ofensivo para referirse a un negro **-2.** *(racist policies)* segregacionismo *m*, racismo *m* ❏ **~ laws** leyes *fpl* segregacionistas or racistas

jim-dandy ['dʒɪm'dændɪ] *adj US Fam* fabuloso(a), sensacional

jimjams ['dʒɪmdʒæmz] *npl Fam* **-1.** *(nervous excitement)* nerviosismo *m*, nervios *mpl*; **I've really got the ~** estoy hecho un manojo de nervios **-2.** *Br (pyjamas)* pijama *m*, *Am* piyama *m* or *f*

jimmy *US* = **jemmy**

jingle ['dʒɪŋɡəl] ◇ *n* **-1.** *(of bells, keys)* tintineo *m* **-2.** RAD & TV melodía *f* (de un anuncio), sintonía *f*
◇ *vt (bells, keys)* hacer tintinear
◇ *vi* tintinear

jingo ['dʒɪŋɡəʊ] *n Fam Old-fashioned* patriotero(a) *m,f*; **by ~** ¡demontre!, ¡diablos!

jingoism ['dʒɪŋɡəʊɪzəm] *n Pej* patrioterismo *m*

jingoistic ['dʒɪŋɡəʊ'ɪstɪk] *adj Pej* patriotero(a)

jink [dʒɪŋk] ◇ *n (movement)* amago *m*
◇ *vi* amagar; **he jinked to the left** amagó hacia la izquierda; **he jinked through the defence** esquivó a la defensa dando bandazos

jinx [dʒɪŋks] *Fam* ◇ *n (spell, curse)* **to put a ~ on sth/sb** embrujar algo/a alguien, *Esp* gafar algo/a alguien, *Méx* echarle la sal a algo/a alguien, *RP* enyetar algo/a alguien; **there's a ~ on this team** este equipo está embrujado or *Esp* gafado or *Méx* salado, *RP* este equipo tiene yeta
◇ *vt* **to be jinxed** estar embrujado(a) or *Esp* gafado(a) or *Méx* salado(a), *RP* tener yeta

jism, gism ['dʒɪzəm] *n* **-1.** *Vulg (semen)* leche *f*, *Esp* lefa *f* **-2.** *US (energy)* brío *m*, empuje *m*

JIT [dʒeɪaɪ'tiː] IND *(abbr* **just in time)** = **production** producción *f* "justo a tiempo" *(con minimización de stocks)*

jitterbug ['dʒɪtəbʌɡ] ◇ *n* jitterbug *m*, = baile de movimientos enérgicos de los años cuarenta
◇ *vi* bailar el jitterbug

jitters ['dʒɪtəz] *npl Fam* **the ~** *(anxiety)* canguelo, *Méx* mello, *RP* cuiqui; **I got the ~** me entró canguelo or *Méx* mello or *RP* cuiqui; **to give sb the ~** poner nervioso a alguien

jittery ['dʒɪtərɪ] *adj Fam (anxious)* histérico(a); **to be/get ~** estar/ponerse histérico

jiu-jitsu = **ju-jitsu**

jive [dʒaɪv] ◇ *n* **-1.** *(music, dance)* swing *m* **-2.** *(slang)* **~ (talk)** ≃ jerga de los negros norteamericanos, en especial usada por músicos de jazz **-3.** *US Fam (lies, nonsense)* bobadas *fpl*, *Esp* chorradas *fpl*, *RP* boludeces *fpl*; **don't give me all that ~** no me vengas con bobadas or *Esp* chorradas or *RP* boludeces
◇ *vt US Fam (tease)* tomar el pelo a
◇ *vi (dance)* bailar el swing

Jnr *(abbr* **Junior***)* Nigel Molesworth, **~** Nigel Molesworth, hijo

Joan [dʒəʊn] *pr n* **~ of Arc** Juana de Arco

Job [dʒəʊb] *n* Job; **~'s comforter** = persona que intenta dar ánimos pero sólo consigue empeorar las cosas; IDIOM **to have the patience of ~** tener la paciencia de un santo

job [dʒɒb] ◇ *n* **-1.** *(post)* (puesto *m* de) trabajo *m*, empleo *m*; **to change jobs** cambiar de trabajo; **to give up** or **leave one's ~** dejar el trabajo; **she's got a ~ as a cleaner** trabaja de limpiadora; **I've lost my ~** he perdido mi trabajo; *Euph* **I'm between jobs at the moment** ahora mismo no estoy haciendo nada; **we learned on the ~** aprendimos con la práctica, aprendimos sobre el terreno; **he was accused of drinking on the ~** le acusaron de beber en horas de trabajo; **I've been on the ~ for ten years** llevo or *Am* tengo diez años en el trabajo; **to be out of a ~** estar sin trabajo or empleo; *Br Fam* **it's more than my job's worth to let you in** me juego el puesto si te dejo entrar; IDIOM *Br Fam* **jobs for the boys: it's a clear case of jobs for the boys** es un caso claro de amiguismo or *Esp* enchufismo or *Col, Méx, RP* palanca ❏ *US* **~ action** huelga *f* de celo; **~ applicant** demandante *mf* de empleo; **~ application** demanda *f* de empleo; *Br* **~ club** = centro de apoyo y formación para los desempleados; **~ creation** creación *f* de empleo; **~ cuts** recortes *mpl* de personal, despidos *mpl*; **~**

jobber | 397 | **join**

description responsabilidades *fpl* del puesto; ~ **hunting: to go** ~ **hunting** buscar trabajo; ~ **interview** entrevista *f* de trabajo; ~ **losses** despidos *mpl*; ~ **market** mercado *m* de trabajo; ~ **offer** oferta *f* de empleo; ~ **opportunities** ofertas *fpl* de empleo; ~ **satisfaction** satisfacción *f* laboral; ~ **security** seguridad *f* en el trabajo; ~ **seeker** persona *f* en busca de empleo; *Br* ~ **seeker's allowance** subsidio *m* de desempleo *or Am* desocupación; ~ **share** empleo *m* compartido; ~ **sharing** el empleo compartido; ~ **title** cargo *m*, nombre *m* del puesto
-2. *(piece of work, task, responsibility)* tarea *f*; **I have a few jobs around the house to do** tengo algunas cosas que hacer en la casa; **I have (been given) the ~ of writing the report** me han encargado redactar el informe; **it's not my ~ to tell you what to do** no creo que me corresponda a mí decirte lo que tienes que hacer; **a (good) ~ well done** un trabajo bien hecho; **to do a good ~** hacerlo bien; **you've made a really good ~ of this report** has hecho un informe excelente; **he made a good ~ of cleaning the kitchen** dejó la cocina impecable; *US* **good ~!** *(well done)* ¡muy bien!, ¡estupendo!, *CAm, Carib, Col, Méx* ¡chévere!, *Méx* ¡padre!, *RP* ¡bárbaro!; *Fam Fig* **to do the ~** *(serve purpose)* servir, funcionar; *Fig* **to fall down on the ~** no cumplir; **he's (just) the man for the ~** es el hombre indicado ❑ **lot** lote *m*
-3. *(difficulty, trouble)* **it was quite a ~** *or* **I had a ~ getting her to come** me costó mucho convencerla para que viniera; *Fam* **they've got a real ~ on their hands with that baby** ese niño les da muchísimo trabajo; **it's a ~ and a half** es una paliza
-4. COMPTR tarea *f*
-5. *Fam (referring to activity)* **to give sth a paint ~** pintar algo, darle una manita de pintura a algo; **it looks like it's going to be a crowbar ~** parece que vamos a tener que usar una palanqueta; *Fig* **to do a demolition ~ on sth/sb** poner a algo/alguien de vuelta y media, *Méx* barrer *or RP* dar vuelta a alguien/algo
-6. *Fam (thing, object)* cacharro *m*, chisme *m*, *CAm, Col, Ven* vaina *f*; **what do you call those little plastic jobs?** ¿cómo se llaman esos cacharros de plástico?; **her new car is one of those sporty jobs** su nuevo coche *or Am* carro *or RP* auto es uno de esos modelos deportivos
-7. *Fam (crime)* **to do** *or* **pull a ~** dar un golpe
-8. *Br Fam Hum (excrement)* mierda *f*, caca *f*; **to do a ~** cagar, *Méx* chingar
-9. *Br very Fam* **to be on the ~** *(having sex)* estar dale que te pego
-10. ⟦IDIOMS⟧ *Br Fam* **it's a good ~ (that)...!** ¡menos mal que...!; *Br Fam* **she never saw him when he was ill, and a good ~ too.** nunca lo vio mientras estuvo enfermo, y menos mal; *Br Fam* **that's just the ~!** eso me viene que ni pintado; **to do a ~ on sth** *(ruin, damage)* cargarse algo; *Fam* **to do a ~ on sb** *(beat up)* dar una paliza a alguien; **that journalist did a real ~ on him** ese periodista lo puso por los suelos; *Br* **to give sth up as a bad ~** dejar algo por imposible; **to make the best of a bad ~** poner al mal tiempo buena cara
◇ *vi (pt & pp* **jobbed***)* hacer trabajos eventuales

jobber ['dʒɒbə(r)] *n* ST EXCH corredor(ora) *m,f or* agente *mf* de bolsa

jobbery ['dʒɒbəri] *n Fam (corruption)* corrupción *f*, trapicheos *mpl*

jobbing ['dʒɒbɪŋ] *adj Br (carpenter, electrician)* eventual

Jobcentre ['dʒɒbsentə(r)] *n Br* oficina *f* de empleo

jobholder ['dʒɒbhəʊldə(r)] *n* empleado(a) *m,f*

job-hop ['dʒɒbhɒp] *vi US* ir de un trabajo en otro

jobless ['dʒɒblɪs] ◇ *npl* **the ~** los desempleados, *Esp* los parados, *Am* los desocupados
◇ *adj* desempleado(a), *Esp* parado(a), *Am* desocupado(a)

job-share ['dʒɒbʃeə(r)] *vi* compartir un empleo

jobsworth ['dʒɒbzwɜːθ] *n Fam* = persona que trabaja de cara al público y que rehúye a modificar las normas para facilitar las cosas

Joburg, Jo'burg ['dʒɒbɜːg] *n Fam* Johannesburgo, Johanesburgo

Jock [dʒɒk] *n Br Fam (Scottish person)* = término a veces ofensivo para referirse a los escoceses

jock [dʒɒk] *n US Fam* **-1.** *(athlete)* deportista *m* **-2.** *(disc jockey)* DJ *mf*

jockey ['dʒɒki] ◇ *n* jockey *m*, jinete *m*
◇ *vt* **-1.** *(horse)* montar **-2.** *(trick)* **they jockeyed him into lending them money** lo embaucaron para que les prestara dinero; **to ~ sb out of a job** quitar el puesto a alguien a base de engaños y manejos
◇ *vi* **to ~ for position** luchar por tomar posiciones

Jockey® shorts ['dʒɒkiʃɔːts] *npl US* calzoncillos *mpl*, *Chile* fundillos *mpl*, *Col* pantaloncillos *mpl*, *Méx* calzones *mpl*, *Méx* chones *mpl*

jockstrap ['dʒɒkstræp] *n* suspensorio *m*

jocose [dʒəˈkəʊs] *adj Literary* jocoso(a)

jocular ['dʒɒkjʊlə(r)] *adj* jocoso(a)

jocularity [dʒɒkjʊˈlærɪtɪ] *n* jocosidad *f*

jocularly ['dʒɒkjʊləlɪ] *adv* jocosamente, en tono jocoso; **he was ~ known as "the Walrus"** se lo conocía, en tono jocoso, como "la morsa"

jocund ['dʒɒkənd] *adj Literary* jocundo(a)

jodhpurs ['dʒɒdpəz] *npl* pantalones *mpl* de montar

Joe [dʒəʊ] *n Fam* hombre *m* cualquiera; *US* **he's an ordinary ~** es un tipo del montón ❑ *Br* ~ **Bloggs** or **Public**, *US* ~ **Blow** or **Schmo** el ciudadano de a pie *or RP* común y silvestre; *US* ~ **Six-pack** el típico obrero *or Esp* currito *or RP* laburante

joey ['dʒəʊɪ] *n Austr Fam (kangaroo)* cría *f* de canguro

jog [dʒɒg] ◇ *n* **-1.** *(push)* empujoncito *m*; **to give sb's memory a ~** refrescar la memoria de alguien **-2.** *(run)* trote *m*; **to break into a ~** echar a correr lentamente; **to go for a ~** ir a hacer footing *or* jogging, ir a correr
◇ *vt (pt & pp* **jogged***) (push)* **don't ~ my arm!** ¡no me des en el brazo!; **ok, try jogging the machine** a ver, dale un empujoncito a la máquina; **to ~ sb's memory** refrescar la memoria a alguien; **to ~ sb into action** poner a alguien en acción *or* movimiento
◇ *vi* **-1.** *(run)* hacer footing *or* jogging, correr **-2.** *(bump)* dar golpes; **his rifle jogged against his back** el rifle golpeaba contra su espalda

◆ **jog along** *vi* **-1.** *(run)* correr lentamente **-2.** *(in job)* **it's jogging along quite happily** avanza poco a poco, pero va bien; **I'm tired of just jogging along** estoy harto de no hacer más progresos

jogger ['dʒɒgə(r)] *n* corredor(ora) *m,f* de footing *or* jogging ❑ *Fam* **~'s nipple** = irritación de los pezones de una persona que practica footing o realiza carreras de fondo debido al roce con la ropa

jogging ['dʒɒgɪŋ] *n* footing *m*, jogging *m*; **to go ~** ir a hacer footing *or* jogging ❑ *Br* ~ **bottoms** pantalones *mpl* de *Esp* chándal *or Ven* mono *or Arg* buzo *or Urug* jogging, *Méx* pants; *US* ~ **pants** pantalones *mpl* de *Esp* chándal *or Ven* mono *or Arg* buzo *or Urug* jogging, *Méx* pants

joggle ['dʒɒgəl] ◇ *vt* menear
◇ *vi* sacudirse, traquetear; **the truck joggled along the track** el camión iba traqueteando por el camino

jog-trot ['dʒɒgtrɒt] *n* paseo *m* a caballo (a medio trote)

Johannesburg [dʒəʊˈhænɪzbɜːg] *n* Johannesburgo, Johanesburgo

John [dʒɒn] *pr n* **King ~** *(of England)* Juan sin Tierra; **(Saint) ~ the Baptist** san Juan Bautista; **(Pope) ~ Paul I/II** Juan Pablo I/II

JOHN BIRCH SOCIETY

Es el nombre de la organización ultraconservadora fundada en la década de los cincuenta, en la cúspide de la era McCarthy, para combatir el comunismo. En la actualidad es el más activo de los grupos de extrema derecha en EE.UU. y conserva estrechos vínculos con organizaciones religiosas. Entre sus objetivos cuenta con la supresión del impuesto sobre la renta, los programas de bienestar y seguridad social y la salida de EE.UU. de la ONU. La **John Birch Society** consiguió mucha publicidad, pero poca credibilidad, al sostener que un gran número de personalidades de la clase dirigente estadounidense (incluido el presidente Eisenhower) eran comunistas.

john [dʒɒn] *n US Fam* **-1. the ~** *(lavatory)* el váter **-2.** *(prostitute's client)* cliente *m*

John Bull ['dʒɒn'bʊl] *n* **-1.** *(Englishman)* el inglés de a pie *or RP* común y silvestre **-2.** *(England)* = la personificación de Inglaterra

John Doe ['dʒɒn'dəʊ] *n US* **-1.** *(average person)* el estadounidense medio **-2.** *(unidentified man)* = nombre con el que se hace referencia a un desconocido

John Dory ['dʒɒn'dɔːrɪ] *n (fish)* gallo *m*, pez *m* de San Pedro

John Hancock ['dʒɒn'hænkɒk] *n US Fam (signature)* firma *f*

johnny ['dʒɒnɪ] *n Br Fam* **-1.** *(condom)* goma *f*, condón *m* **-2.** *Old-fashioned (chap)* tipo *m*, *Esp* gachó *m*

johnny-come-lately [dʒɒnɪkʌmˈleɪtlɪ] *(pl* **johnny-come-latelys***) n Fam* novato(a) *m,f*, recién llegado(a) *m,f*

John Q. Public ['dʒɒnkjuːˈpʌblɪk] *n US* el ciudadano de a pie *or RP* común y silvestre

johnson ['dʒɒnsən] *n US Fam* pito *m*, cola *f*

John Thomas ['dʒɒn'tɒməs] *n Fam (penis)* pito *m*

joie de vivre ['ʒwɑːdə'viːvrə] *n* alegría *f* de vivir

join [dʒɔɪn] ◇ *n* juntura *f*, unión *f*; *(in sewing)* costura *f*
◇ *vt* **-1.** *(unite, connect)* unir; **to ~ two things/places together** unir dos cosas/lugares; **to be joined in marriage** *or* **matrimony** estar unidos en matrimonio; **to ~ battle** entablar batalla; **to ~ the dots** unir los puntos con una línea; **to ~ hands** *(in prayer)* unir las manos; *(link hands)* tomarse de las manos; **we joined forces with them** unimos nuestras fuerzas con ellos *or* a las de ellos; **she joined forces with her brother** se alió a su hermano
-2. *(become a member of) (club)* ingresar en; *(political party, union)* afiliarse a; *(army)* alistarse en; *(discussion, game)* unirse a; **to ~ the queue** ponerse a la cola; **to ~ the ranks of sth** incorporarse a las filas de algo; **to ~ the ranks of the unemployed** pasar a engrosar las listas del desempleo *or Esp* paro; ⟦IDIOM⟧ **so you've been burgled too? ~ the club!** ¡así que te han robado? ¡bienvenido al club!
-3. *(join company with, meet)* encontrarse con, juntarse con; **I'll ~ you later** los encuentro más tarde; **may I ~ you?** *(to sb at table)* ¿puedo sentarme contigo?; **they joined/will be joining us for lunch** almorzaron/almorzarán con nosotros; **to ~ sb for a drink** tomarse una copa con alguien; **my wife joins me in offering our sincere condolences** en nombre mío y en el de mi esposa, reciban nuestras sinceras condolencias; NAUT **to ~ one's ship** embarcarse; MIL **to ~ one's regiment** unirse a su regimiento
-4. *(of river, road)* desembocar en; **does this path ~ the main road?** ¿este sendero desemboca en la carretera principal?; **where the path joins the road** donde el camino empalma con la carretera

joined-up 398 **joy**

◇ vi **-1.** (pipes, roads, rivers) juntarse, unirse **-2.** (enrol) (in club) ingresar; (in political party, union) afiliarse **-3.** (unite) unirse; **they joined together to fight drug trafficking** se unieron para combatir el tráfico de drogas; **they joined with us in condemning the attack** suscribieron nuestra condena del ataque

◆ **join in** ◇ vt insep (game, discussion) participar en

◇ vi participar; **she started singing and the others joined in** comenzó a cantar y los demás se le unieron

◆ **join on** ◇ vt sep enganchar

◇ vi engancharse; **where does this part ~ on?** ¿dónde se engancha esta pieza?

◆ **join up** ◇ vt sep (pipes, electric cables, vehicles) empalmar, unir; (letters) unir, juntar

◇ vi **-1.** MIL alistarse **-2. to ~ up with sb** unirse a alguien

joined-up ['dʒɔɪnd'ʌp] adj **-1.** SCH **can you do ~ writing yet?** ¿ya sabes unir las letras al escribir? **-2.** Br POL **government: we must strive for ~ government** debemos esforzarnos para que todas las áreas del gobierno trabajen de una forma integrada

joiner ['dʒɔɪnə(r)] n **-1.** (carpenter) carpintero(a) m,f (de obra) **-2.** Fam **I'm not a great ~** no me gusta or Esp va mucho unirme a grupos

joinery ['dʒɔɪnərɪ] n carpintería f (de obra); **piece of ~** un trabajo de carpintería

joining ['dʒɔɪnɪŋ] n **~ fee** tarifa f de alta

joint [dʒɔɪnt] ◇ n **-1.** ANAT articulación f; **out of ~** dislocado(a); **to put one's shoulder out of ~** dislocarse el hombro; Fig **these changes have put or thrown everything out of ~** estos cambios han desacomodado todo; IDIOM Br **to put sb's nose out of ~** (upset) desairar a alguien

-2. (in woodwork) junta f, juntura f

-3. (of meat) (raw) pieza f; (roasted) asado m

-4. Fam (nightclub, restaurant) garito m, local m

-5. US Fam (house) casa f, Arg cueva f; **nice ~ you have here!** tu casa no está mal, ¿eh?

-6. Fam (cannabis cigarette) porro m, canuto m

-7. US Fam (prison) Esp chirona f, Andes, RP cana f, Méx bote m; **in the ~** Esp en chirona, Andes, RP en cana, Méx en el bote

-8. US very Fam (penis) Esp polla f, Esp picha f, Am verga f, Chile pico m, Chile penca f, Méx pito m, RP pija f, Ven pinga f

◇ adj **-1.** (united, combined) conjunto(a); **to take ~ action** iniciar una acción conjunta; **thanks to their ~ efforts...** gracias a su esfuerzo conjunto... **-2.** (shared, collective) conjunto(a) ❑ **~ author** co-autor(ora) m,f; FIN **~ account** cuenta f indistinta or conjunta; US MIL **the Joint Chiefs of Staff** los Jefes del Estado Mayor Conjunto; **~ committee** comisión f mixta; **a ~ communiqué** un comunicado conjunto; LAW **~ custody** custodia f compartida; **~ heir** coheredero(a) m,f; Br UNIV **~ honours =** licenciatura en dos áreas distintas; **~ leader** colíder mf; **~ owner** copropietario(a) m,f; **~ ownership** copropiedad f; US POL **~ resolution** resolución f conjunta; LAW **~ and several liability** responsabilidad f solidaria; **~ venture** empresa f conjunta

◇ vt **-1.** (chicken) trinchar **-2.** (connect with a joint) articular

jointly ['dʒɔɪntlɪ] adv conjuntamente; **to be ~ responsible for sth** ser corresponsable de algo

joint-stock company ['dʒɔɪnt'stɒk'kʌmpənɪ] n sociedad f anónima

jointure ['dʒɔɪntʃə(r)] n LAW (widow's property) bienes mpl gananciales (de la esposa)

joist [dʒɔɪst] n (in beam) viga f, vigueta f

jojoba [həʊ'həʊbə] n jojoba f, yoyoba f

joke [dʒəʊk] ◇ n **-1.** (witty remark) broma f; (funny story) chiste m; **to tell** or **crack a ~** contar un chiste; **to make a ~ about sth** hacer una broma or bromear sobre algo; **to make a ~ of sth** quitar importancia a algo bromeando; **to see the ~** verle la gracia (a la cosa);

to say/do sth for or **as a ~** decir/hacer algo en or de broma; **she can't take a ~** no sabe aguantar una broma; **that's** or **it's no ~!** (serious, not easy) ¡no es cosa de broma!; **it's getting beyond a ~** esto ya pasa de castaño oscuro

-2. (prank, trick) broma; **to play a ~ on sb** gastar una broma a alguien; **the ~ is on you this time** esta vez te ha salido el tiro por la culata

-3. Fam (object of derision) **to be a ~** (of person) ser un(a) inútil, no valer Esp un duro or Am ni cinco; (of thing) ser de chiste, RP ser joda; **the security precautions were a ~** las medidas de seguridad eran un chiste or RP una joda; **his staff regard him as a ~** los empleados lo consideran un gilipollas, RP para los empleados es un boludo; **what a ~!** (how ridiculous) ¡qué ridículo!

◇ vi bromear; **to ~ about sth** bromear acerca de algo; **it's not something to ~ about** con eso no se bromea; **to ~ with sb** bromear con alguien; **I'm not joking** (hablo) en serio; **I was only joking** estaba de broma; **you're joking!, you must be joking!** (expressing surprise) ¡no hablarás en serio!; (expressing refusal) ¡ni hablar!

joker ['dʒəʊkə(r)] n **-1.** (clown) bromista mf, gracioso(a) m,f; (incompetent person) inútil mf; **some ~ has stolen my umbrella** algún gracioso me ha robado el paraguas **-2.** (in cards) comodín m; IDIOM **the ~ in the** Br **pack** or US **deck** la gran incógnita **-3.** US (clause) cláusula f escondida

jokey, joky ['dʒəʊkɪ] adj jocoso(a)

jokily ['dʒəʊkɪlɪ] adv en tono de broma

jokiness ['dʒəʊkɪnɪs] n jocosidad f, humor m

joking ['dʒəʊkɪŋ] ◇ adj jocoso(a); **I'm not in a ~ mood** no estoy para bromas

◇ n **the ~ must stop** basta de bromas; **~ apart** or **aside...** bromas aparte..., fuera de broma...

jokingly ['dʒəʊkɪŋlɪ] adv en broma

joky = **jokey**

joliotium [dʒɒlɪ'əʊtɪəm] n CHEM jolita f

jollies ['dʒɒlɪz] npl US Fam **to get one's ~** (doing sth) divertirse (haciendo algo)

jollification [dʒɒlɪfɪ'keɪʃən] n Fam jolgorio m, jarana f; **jollifications** festejos mpl, fastos mpl

jolliness ['dʒɒlɪnɪs], **jollity** ['dʒɒlɪtɪ] n regocijo m, alegría f

jolly ['dʒɒlɪ] ◇ adj **-1.** (cheerful) alegre; IDIOM Br **she's very ~ hockey sticks** tiene la típica jovialidad y entusiasmo de las niñas bien ❑ **the Jolly Roger** la bandera pirata **-2.** Br (enjoyable) agradable; **we had a very ~ time** nos divertimos mucho, lo pasamos muy bien

◇ adv Br Fam (very) bien; **~ good!** ¡estupendo!, CAm, Carib, Col, Méx ¡chévere!, Méx ¡padre!, RP ¡bárbaro!; **a ~ good fellow** un tío muy majo, RP un flaco genial; **and a ~ good thing too!** ¡por suerte fue así!, RP ¡y menos mal!; **it serves him ~ well right!** ¡se lo tiene bien merecido!; **you'll ~ well do what you're told!** ¡haz lo que se te diga y se acabó or RP punto!; **yes, I ~ well** DID **do it!** sí, fui yo ¿qué pasa?

◇ vt **to ~ sb into doing sth** animar a alguien a hacer algo; **to ~ sb along** animar a alguien

◆ **jolly up** vt sep **to ~ sb up** dar ánimos or animar a alguien

jolt [dʒəʊlt] ◇ n **-1.** (jar) sacudida f; **to wake up with a ~** despertarse con un sobresalto **-2.** (shock, surprise) susto m; **it gave me a bit of a ~** me dio un buen susto

◇ vt **-1.** (shake) sacudir; **the passengers were jolted about in the bus** los pasajeros iban sacudiéndose en el autobús **-2.** (shock, surprise) sacudir, alterar; **to ~ sb into action** empujar a alguien a actuar; **to ~ sb out of a depression** hacer salir a alguien de una depresión

◇ vi (shake) dar sacudidas; **to ~ along** avanzar dando sacudidas; **to ~ forward** dar una sacudida hacia adelante; **his head jolted forward/back** (on impact) la cabeza le dio una sacudida hacia adelante/atrás; **to ~ to a stop** (vehicle) pararse en seco

Jonah ['dʒəʊnə] n **-1.** (in the Bible) Jonás **-2.** (person bringing bad luck) cenizo m, Esp gafe mf

Joneses ['dʒəʊnzɪz] npl IDIOM **to keep up with the ~** no ser menos que el vecino

jonquil ['dʒɒŋkwɪl] n junquillo m

Jordan ['dʒɔ:dən] n **-1.** (country) Jordania **-2. the (River) ~** el Jordán

Jordanian [dʒɔ:'deɪnɪən] ◇ n jordano(a) m,f
◇ adj jordano(a)

Joseph ['dʒəʊzɪf] pr n **Saint ~** san José; **~ of Arimathea** José de Arimatea

Josephine ['dʒəʊzɪfi:n] pr n **the Empress ~** la emperatriz Josefina

josh [dʒɒʃ] Fam ◇ vt (tease) tomar el pelo a
◇ vi **I was only joshing** sólo te estaba tomando el pelo

Joshua ['dʒɒʃʊə] pr n Josué

joss-stick ['dʒɒsstɪk] n pebete m, varilla f aromática

jostle ['dʒɒsəl] ◇ vt empujar; **she was jostled by the demonstrators** los manifestantes la empujaron; **to ~ sb out of the way** quitar or Am sacar a alguien de en medio a empujones; **to ~ one's way through** abrirse paso a empellones, **to ~ one's way out** salir a empellones

◇ vi (push) empujarse; **to ~ for position** (in contest, job) luchar por tomar posiciones

jot [dʒɒt] n Fam **not a ~** ni pizca; **he doesn't care a ~** le importa un comino; **there isn't a ~ of truth in what you say** no hay ni un ápice de verdad en lo que dices; Literary **not one ~ or tittle** ni un ápice

◆ **jot down** vt sep apuntar, anotar

jotter ['dʒɒtə(r)] n Br libreta f

jottings ['dʒɒtɪŋz] npl anotaciones fpl

joule [dʒu:l] n PHYS julio m

journal ['dʒɜ:nəl] n **-1.** (publication) revista f (especializada), boletín m **-2.** (diary) diario m; **to keep a ~** llevar or escribir un diario **-3.** NAUT (logbook) diario m or cuaderno m de navegación **-4.** FIN (for transactions) libro m diario

journalese [dʒɜ:nə'li:z] n Fam Pej jerga f periodística

journalism ['dʒɜ:nəlɪzəm] n periodismo m

journalist ['dʒɜ:nəlɪst] n periodista mf

journalistic [dʒɜ:nə'lɪstɪk] adj periodístico(a)

journey ['dʒɜ:nɪ] ◇ n viaje m; **a train/plane/boat ~** un viaje en tren/avión/barco; **it is a two-day ~ on foot** es un viaje de dos días a pie, son dos días de marcha; **my ~ to work takes me thirty-five minutes** ir al trabajo me lleva treinta y cinco minutos; **have a good ~!** ¡buen viaje!; **it was quite a ~ to get here** fue todo un viaje llegar hasta aquí; **to make a ~** hacer un viaje; **to set off** or **out on a ~** salir de viaje; **to go (away) on a ~** ir(se) de viaje; **to get to** or **reach the end of one's ~** llegar al final del viaje

◇ vi viajar

journeyman ['dʒɜ:nɪmən] n (qualified craftsman) oficial m

journo ['dʒɜ:nəʊ] (pl **journos** or **journoes**) n Br Fam periodista mf

joust [dʒaʊst] ◇ n HIST justa f

◇ vi **-1.** HIST justar **-2.** (compete) pugnar, estar en liza (**with** con)

jousting ['dʒaʊstɪŋ] n **-1.** HIST justas fpl; **a ~ match** un torneo de justas **-2.** (competition) competencia f

Jove [dʒəʊv] n Júpiter; Br Fam Old-fashioned **by ~!** ¡cáspita!

jovial ['dʒəʊvɪəl] adj jovial

joviality [dʒəʊvɪ'ælɪtɪ] n jovialidad f

jovially ['dʒəʊvɪəlɪ] adv jovialmente

jowl [dʒaʊl] n **-1.** (jaw) mandíbula f **-2.** (cheek) carrillo m, mejilla f; **he had heavy jowls** tenía mucha papada

jowly ['dʒaʊlɪ] adj con los carrillos fofos, Am mofletudo(a), RP cachetón(ona)

joy [dʒɔɪ] n **-1.** (happiness) alegría f, gozo m; **to wish sb ~** desear a alguien lo mejor; **to shout with** or **for ~** dar un grito de alegría; **she moved out, to the great ~ of her neigh-**

bours se mudó, para alegría de sus vecinos; *Ironic* **oh ~!** ¡qué alegría!
-**2.** *(pleasure)* placer *m*, maravilla *f*; **the joys of gardening/having a car** los placeres de la jardinería/tener un auto; **it was a ~ to see him laughing again** fue un placer verlo reír de nuevo; **she's a ~ to be with, it's a ~ to be with her** su compañía es muy placentera; **he's a ~ to work for** es una maravilla de jefe; **her style is a ~ to watch** es una delicia observar su estilo
-**3.** *Br Fam (success)* **(did you have** *or* **get) any ~?** ¿hubo suerte?; **I didn't get** *or* **have any ~** no conseguí nada; **I had no ~ finding a hotel** no conseguí encontrar un hotel; **you won't get any ~ from him** no vas a conseguir nada de él

Joycean ['dʒɔɪsɪən] *adj* joyceano(a)
joyful ['dʒɔɪfʊl] *adj* alegre
joyfully ['dʒɔɪfʊlɪ] *adv* alegremente
joyless ['dʒɔɪlɪs] *adj* triste
joyous ['dʒɔɪəs] *adj* jubiloso(a); **on this ~ day** en este día de júbilo
joyously ['dʒɔɪəslɪ] *adv* con júbilo
joypad ['dʒɔɪpæd] *n* COMPTR joypad *m*, control *m* (para juegos)
joyride ['dʒɔɪraɪd] ◇ *n (in stolen car)* **to go for a ~** ir a dar una vuelta en un coche *or Am* carro *or RP* auto robado
◇ *vi* **to go joyriding** robar un coche *or Am* carro *or RP* auto para hacer locuras y divertirse; **they were arrested for joyriding** los arrestaron por robar coches *or Am* carros *or RP* autos para divertirse
joyrider ['dʒɔɪraɪdə(r)] *n* = persona que roba coches para darse una vuelta por diversión
joyriding ['dʒɔɪraɪdɪŋ] *n* = robo de coches para darse una vuelta por diversión
joystick ['dʒɔɪstɪk] *n* **-1.** AV palanca *f* de mando **-2.** COMPTR joystick *m*
JP [dʒeɪ'piː] *n Br* LAW *(abbr* **justice of the peace)** juez *mf* de paz
JPEG ['dʒeɪpeg] *n* COMPTR *(abbr* **Joint Photographic Experts Group)** JPEG *m*
Jr *(abbr* **Junior) Nigel Molesworth, Jr** Nigel Molesworth, hijo
jubilant ['dʒuːbɪlənt] *adj (shouts, expression on)* de júbilo; *(person, celebration)* jubiloso(a); *(crowd)* exultante; **to be ~ (at** *or* **about** *or* **over sth)** estar encantado(a) (con algo)
jubilation [dʒuːbɪ'leɪʃən] *n* júbilo *m*
jubilee ['dʒuːbɪliː] *n* aniversario *m*; **silver/golden ~** vigésimo quinto/quincuagésimo aniversario
Judaea [dʒuː'dɪə] *n* Judea
Judaeo-, Judeo- [dʒuː'diːəʊ] *prefix* judeo-
Judaeo-Christian, Judeo-Christian [dʒuː'diːəʊ'krɪstʃən] *adj* judeocristiano(a)
Judaic [dʒuː'deɪɪk] *adj* judaico(a)
Judaism ['dʒuːdeɪɪzəm] *n* judaísmo *m*
Judas ['dʒuːdəs] *n* **-1.** *(in Bible)* **~ (Iscariot)** Judas (Iscariote) **-2.** *(traitor)* judas *mf* ❏ **~ kiss** beso *m* de Judas
judder ['dʒʌdə(r)] *Br* ◇ *n* sacudida *f*, temblor *m*; **a ~ went through the whole building** todo el edificio se sacudió
◇ *vi* dar sacudidas; **to ~ to a halt** pararse en seco
Judeo- = Judaeo-
Judeo-Christian = Judaeo-Christian
judge [dʒʌdʒ] ◇ *n* **-1.** LAW juez *mf*, juez(a) *m,f*; IDIOM **to appoint oneself ~, jury and executioner** nombrarse juez y verdugo ❏ MIL **~ advocate** juez *mf* togado(a) militar
-**2.** *(in competition)* jurado *m*, juez *m*; **the judges were divided** la opinión de los jueces estaba dividida, el jurado estaba dividido; **the judges' decision is final** la decisión del jurado es inapelable
-**3.** *(assessor)* **to be a good/poor ~ of sth** tener buen/mal ojo para (juzgar) algo; **to be a good ~ of character** tener buen ojo para la gente; **I'm not sure he's the best ~ of such things** no estoy seguro de que él sea la persona indicada para evaluar estas cosas; **I will be the ~ of that** lo juzgaré por mí mismo; **I'll let you be the ~ of that** evalúalo tú mismo

◇ *vt* -**1.** *(in court)* juzgar; **to ~ a case** juzgar un caso
-**2.** *(be adjudicator at)* **the contest was judged by a panel of critics** el jurado del concurso estaba formado por varios críticos
-**3.** *(deem)* considerar; **to ~ sth/sb a success/failure** considerar algo/a alguien un éxito/fracaso; **her latest novel has been judged a failure by the critics** los críticos consideran que su última novela es un fracaso; **to ~ it necessary to do sth** juzgar *or* considerar necesario hacer algo; **I'd ~ him to be about thirty** yo diría que anda por los treinta *or* que tiene unos treinta
-**4.** *(pass judgement on)* juzgar; **don't ~ him too harshly** no lo juzgues muy duramente
-**5.** *(assess)* **can you ~ the distance?** ¿puedes calcular la distancia?; **I find it hard to ~ which is heavier** no sabría decir cuál pesa más; **to ~ sb by** *or* **on sth** juzgar a alguien por algo
◇ *vi* **it's wrong to ~ by appearances** no hay que juzgar por las apariencias; **as far as I can ~** en mi opinión; **~ for yourself** júzgalo tú mismo, juzga por ti mismo; **judging by** *or* **from...** a juzgar por...

judgement, judgment ['dʒʌdʒmənt] *n* **-1.** *(decision)* juicio *m*; *(of judge, in court)* fallo *m*; LAW **to sit in ~** deliberar; LAW **to pass ~** pronuciar *or* emitir el veredicto; *Fig* **to sit in** *or* **pass ~ on sb** emitir juicios sobre alguien, juzgar a alguien ❏ REL **Judg(e)ment Day** el día del Juicio Final
-**2.** *(opinion)* juicio *m*, parecer *m*; **she gave her ~ on the performance** dio su parecer acerca de la actuación; **to form a ~** formarse un juicio; **in my ~** a mi juicio
-**3.** *(discernment)* juicio *m*; **he is a man of ~** es una persona con criterio *or* criteriosa; **political/financial ~** opinión política/financiera; **good ~** buen juicio; **to lack (good** *or* **sound) ~** carecer de criterio, no tener criterio; **to show poor ~** demostrar tener poco juicio; **to trust sb's ~** fiarse (del juicio) de alguien; **against my better ~** a pesar de no estar plenamente convencido

judgemental, judgmental [dʒʌdʒ'mentəl] *adj (attitude, remarks)* sentencioso(a); **to be ~** erigirse en juez; **I don't want to seem ~ but...** no quiero parecer sentencioso pero...
judicial [dʒuː'dɪʃəl] *adj* judicial ❏ LAW **~ review** = revisión de un fallo judicial o de una ley ante su posible inconstitucionalidad; *Br* LAW **~ separation** separación *f* judicial
judicially [dʒuː'dɪʃəlɪ] *adv* judicialmente
judiciary [dʒuː'dɪʃərɪ] *n* **-1.** *(judges)* judicatura *f*, magistratura *f* **-2.** *(branch of authority)* poder *m* judicial
judicious [dʒuː'dɪʃəs] *adj* sensato(a), acertado(a); **he was most ~ in his remarks** sus observaciones fueron sumamente acertadas
judiciously [dʒuː'dɪʃəslɪ] *adv* juiciosamente
judiciousness [dʒuː'dɪʃəsnɪs] *n* buen juicio *m*
judo ['dʒuːdəʊ] *n* judo *m* ❏ **~ expert** judoka *mf*, yudoka *mf*; **~ player** judoka *mf*, yudoka *mf*
judogi [dʒuː'dəʊgɪ] *n* judogui *m*
judoka [dʒuː'dəʊkə] *n* judoka *mf*, yudoka *mf*
jug [dʒʌg] ◇ *n* **-1.** *(for wine, water, milk)* jarra *f* ❏ **~ kettle** tetera *f*, *Arg* pava *f*, *Urug* caldera *f* eléctrica **-2.** *Fam (prison)* **in the ~** en la cárcel *or Esp* chirona *or Andes, RP* la cana *or Méx* el bote **-3.** *very Fam* **jugs** *(breasts)* tetas *fpl*, *Esp* melones *mpl*, *Méx* chichís *fpl*, *RP* lolas *fpl*
◇ *vt* CULIN hervir
jug-eared ['dʒʌgɪəd] *adj Fam* con orejas tipo Dumbo
jugful ['dʒʌgfʊl] *n* jarra *f* (llena)
jugged hare ['dʒʌgd'heə(r)] *n* CULIN estofado *m* *or* caldereta *f* de liebre
juggernaut ['dʒʌgənɔːt] *n* **-1.** *Br (large lorry)* camión *m* grande, tráiler *m* **-2.** *(force)* gigante(a) *m,f*, coloso *m,f*; **the ~ of history/war** el coloso de la historia/guerra

juggins ['dʒʌgɪnz] *n Br Fam Old-fashioned (simpleton)* simplón(ona) *m,f*
juggle ['dʒʌgəl] ◇ *vt (balls, figures)* hacer malabarismos *or* juegos malabares con; **I think it'll be OK if I ~ the dates around** si juego un poco con las fechas creo que es posible; **she juggles her home life and her career** hace malabarismos para poder compatibilizar su vida doméstica con su carrera
◇ *vi* hacer malabarismos, hacer juegos malabares; **to ~ with sth** *(balls)* hacer malabarismos *or* juegos malabares con algo; *(figures, dates)* hacer malabarismos con algo, jugar con algo
juggler ['dʒʌglə(r)] *n* malabarista *mf*
juggling ['dʒʌglɪŋ] *n* juegos *mpl* malabares, malabarismo *m*
jugular ['dʒʌgjʊlə(r)] ◇ *n* yugular *f*; *Fig* **to go for the ~** *(in argument)* entrar a degüello
◇ *adj* yugular
juice [dʒuːs] ◇ *n*
-**1.** *(of fruit) Esp* zumo *m*, *Am* jugo *m*; *(of meat)* jugo *m* ❏ **~ extractor** exprimidor *m* eléctrico
-**2.** PHYSIOL **gastric/digestive juices** jugos *mpl* gástricos/digestivos
-**3.** *Fam (petrol)* gasolina *f*, *Esp* gasofa *f*, *RP* nafta *f*; *(electricity)* electricidad *f*, corriente *f*
-**4.** *US Fam (alcoholic drink)* bebida *f*, *Méx, RP* chupe *m*; **he's on the ~ again** le está dando a la bebida *or Méx, RP* al chupe otra vez
◇ *vt (fruit)* exprimir
◆ **juice up** *vt sep US Fam (enliven)* animar, alegrar
juiced [dʒuːst] *adj US Fam* **~ (up)** *(drunk)* pedo, *Esp* mamado(a)
juicehead ['dʒuːʃed] *n US Fam (alcoholic)* borracho(a) *m,f*, *Esp* bolinga *mf*, *RP* curda *mf*
juicer ['dʒuːsə(r)] *n* **-1.** *(utensil)* exprimidor *m* -**2.** *US Fam (alcoholic)* borracho(a) *m,f*, *Esp* bolinga *mf*, *RP* curda *mf*
juiciness ['dʒuːsɪnɪs] *n* **-1.** *(of fruit)* jugosidad *f*; **the ~ of the orange** lo jugosa que es la naranja **-2.** *(of gossip)* **the ~ of the gossip** lo picante *or* jugoso del chisme
juicy ['dʒuːsɪ] *adj* **-1.** *(fruit, steak)* jugoso(a) **-2.** *Fam (profitable, attractive)* jugoso(a); **a ~ contract** un contrato jugoso; **a ~ proposal** una propuesta jugosa -**3.** *Fam (gossip)* jugoso(a), sabroso(a); **let's hear all the ~ details** escuchemos los detalles jugosos
ju-jitsu, jiu-jitsu [dʒuː'dʒɪtsuː] *n* jiu-jitsu *m*
juju ['dʒuːdʒuː] *n (charm)* amuleto *m*, hechizo *m*
jukebox ['dʒuːkbɒks] *n* máquina *f* de discos
Jul *(abbr* **July)** jul.
julep ['dʒuːlɪp] *n* **-1.** *US (alcoholic drink)* julep *m*, julepe *m*; **(mint) ~** mint julep *m*, julepe *m* de menta **-2.** *(medicated drink)* julepe *m*
Julian ['dʒuːlɪən] *adj* **~ calendar** calendario *m* juliano
julienne [dʒuːlɪ'en] CULIN ◇ *n* sopa *f* juliana
◇ *adj* en juliana, cortado(a) en juliana
Julius ['dʒuːlɪəs] *pr n* **~ Caesar** Julio César
July [dʒuː'laɪ] *n* julio *m*; *see also* **May**
jumble ['dʒʌmbəl] ◇ *n* **-1.** *(disordered mass) (of things, ideas, words)* revoltijo *m*, batiburrillo *m*; **in a ~** *(papers)* revueltos; *(ideas)* confusas -**2.** *Br (articles for sale)* objetos *mpl* usados ❏ **~ sale** rastrillo *m* benéfico
◇ *vt (things, ideas, words)* revolver; **the pages got all jumbled** las páginas se mezclaron todas; **her clothes were all jumbled (up** *or* **together) in a suitcase** sus ropas estaban todas revueltas en una maleta; **his essay was just a collection of jumbled ideas** su ensayo no era más que una cantidad de ideas desordenadas
◆ **jumble up** *vt sep* **to ~ things up** revolver las cosas, revolverlo todo
jumbo ['dʒʌmbəʊ] ◇ *adj* gigante ❏ **~ jet** jumbo *m*
◇ *n (plane)* jumbo *m*
jumbo-size(d) ['dʒʌmbəʊ'saɪz(d)] *adj* (de tamaño) gigante
jump [dʒʌmp] ◇ *n* **-1.** *(leap)* salto *m*; **parachute ~** salto en paracaídas; *Fam Fig* **go take a ~!** ¡vete a freír espárragos!, *RP*

jump

¡andá a freír churros!; *Fig* **to be one ~ ahead** ir (un paso) por delante; *Fam* **to get a ~ on one's competitors** adelantar a la competencia ❑ **~ ball** *(in basketball)* salto *m* entre dos, lucha *f*; CIN **~ cut** corte *m* con discontinuidad; AV **~ jet** reactor *m* de despegue vertical; *Br* AUT **~ leads** pinzas *fpl or* cables *mpl* (de arranque) de batería; *US* **~ rope** *Esp* comba *f*, *Am* cuerda *f* de saltar; **~ seat** asiento *m* plegable *or RP* rebatible; **~ shot** *(in basketball)* tiro *m* en suspensión

-2. *(in surprise)* sobresalto *m*; **I woke up with a ~** desperté sobresaltado

-3. *(rise)* salto *m* (**in** en)

-4. *(fence on racecourse)* obstáculo *m* ❑ *Br* **~ jockey** jockey *m* de carreras de obstáculos

◇ *vt* -1. *(hedge, ditch)* saltar; **she jumped seven metres** saltó (una distancia de) siete metros; **to ~ the gun** *(in race)* hacer una salida en falso; *Fig* precipitarse; *US* **to ~ rope** saltar a la cuerda *or Esp* comba; *US Fam* **to ~ sb's bones** tirarse a alguien, *Esp* pasarse a alguien por la piedra, *RP* darle a alguien

-2. *(horse)* hacer saltar; **she jumped her horse over the stream** saltó el riachuelo con el caballo

-3. *(miss out) (word, paragraph, page)* saltarse; **to ~ the lights** *(in car)* saltarse un semáforo, *RP* comerse la luz roja; **to ~** *Br* **the queue** *or US* **the line** colarse

-4. *(leave)* **to ~ bail** huir durante la libertad bajo fianza; **to ~ town** abandonar la ciudad; **to ~ ship** desertar, abandonar el barco

-5. *(attack)* asaltar

-6. *(in board games)* adelantar

-7. *US (train, bus) (get on quickly)* montarse en, *RP* saltar al; *(get on without paying)* colarse en

◇ *vi* -1. *(leap) (person, animal)* saltar; **they jumped across the stream** cruzaron el arroyo de un salto; **to ~ (down) from a wall/tree** saltar de *or* desde un muro/árbol; **to ~ from a train** tirarse de un tren; **he jumped into the pool** se tiró a la piscina; **she jumped out of the window** se tiró por la ventana; **he jumped up onto the table** se subió a la mesa de un salto; **to ~ up and down** *(to keep warm etc)* pegar saltos; *(with excitement)* pegar brincos *or* saltos; *(be annoyed)* estar hecho(a) una furia; *Fig* **let's wait and see which way she jumps** esperemos a ver por dónde sale *or RP* para dónde salta; **to ~ for joy** saltar de alegría; *Fig* **to ~ out at sb** *(mistake, surprising detail)* saltarle a alguien a la vista; IDIOM *Fam* **to ~ down sb's throat** ponerse hecho(a) una furia con alguien; IDIOM *Fam* **go ~ in the lake!** ¡vete a freír espárragos!, *RP* ¡andá a freír churros *or* bañarte!; IDIOM **to ~ in with both feet** lanzarse con los ojos cerrados, *RP* tirarse al agua (de traje)

-2. *(move quickly)* **she jumped from her seat** se levantó de un salto *or* brinco; **to ~ out of bed** levantarse (de la cama) de un salto, saltar de la cama; **to ~ to one's feet** ponerse en pie de un salto, *Am* pararse de un salto; **we jumped up and started running** nos pusimos en pie de un brinco y salimos corriendo, *Am* nos paramos de un salto y salimos corriendo; *Fam Fig* **I wouldn't ~ into bed with just anyone** yo no me metería en la cama con cualquiera; **to ~ to conclusions** sacar conclusiones precipitadas; **to ~ to sb's defence** saltar en defensa de alguien; **~ to it!** ¡manos a la obra!

-3. *(go directly)* **to ~ from one subject to another** saltar de un tema a otro; **the movie then jumps to the present/jumps back to his childhood** luego la película da un salto hasta el presente/da un salto atrás hasta su infancia

-4. *(rise rapidly) (unemployment, prices)* dispararse, aumentar rápidamente; **inflation has jumped from 5 to 10 percent** la inflación se ha disparado de un 5 a un 10 por ciento

-5. *(make sudden movement) (person)* dar un salto, saltar; *(TV picture, CD, record)* saltar; **you made me ~!** ¡qué susto me has dado!; **my heart jumped** me dio un vuelco el corazón; **we nearly jumped out of our skins** nos dimos un susto de muerte; *Fam* **to be jumping** *(club, party)* estar muy animado, *Esp* estar a tope de marcha, *RP* estar de lo más

➤ **jump about, jump around** *vi* dar saltos

➤ **jump aboard** ◇ *vt insep (boat)* saltar a bordo de; *(train, bus)* subir de un salto a; **to ~ the environmental bandwagon** subirse al carro de la ecología

◇ *vi (on boat)* saltar a bordo; *(on train, bus)* subir de un salto

➤ **jump at** *vt insep* **to ~ at an offer/a chance** no dejar escapar una oferta/una oportunidad

➤ **jump in** ◇ *vt insep* **~ in the back!** ¡móntate (en la parte de) atrás!

◇ *vi* -1. *(get in car)* **~ in!** ¡monta!, ¡sube! -2. *(interrupt)* interrumpir -3. *(intervene)* intervenir

➤ **jump into** *vt insep (taxi, car)* montar en

➤ **jump on** *vt insep* -1. *(train, bus)* tomar, *Esp* coger -2. *(attack)* asaltar -3. *Fam (reprimand)* **to ~ on sb (for doing sth)** echarse encima de alguien (por haber hecho algo)

jumped-up ['dʒʌmpt'ʌp] *adj Br Fam Pej* presuntuoso(a), con muchos humos; **she's just a ~ shop assistant** no es más que una empleada cualquiera con humos

jumper ['dʒʌmpə(r)] *n* -1. *Br (sweater)* suéter *m*, *Esp* jersey *m*, *Col* saco *m*, *RP* pulóver *m* -2. *US (sleeveless dress) Esp* pichi *m*, *CSur*, *Méx* jumper *m* -3. COMPTR jumper *m*, puente *m* -4. *Fam (in basketball) (jump shot)* tiro *m* en suspensión -5. *US* AUT **~ cables** pinzas *fpl or* cables *mpl* (de arranque) de batería

jumpiness ['dʒʌmpɪnɪs] *n* nerviosismo *m*

jumping-bean ['dʒʌmpɪŋbi:n] *n Esp* judía *f* saltarina, *Am* fríjol *m* brincador

jumping-jack ['dʒʌmpɪŋ'dʒæk] *n* -1. *(toy)* títere *m* -2. *(firework)* buscapiés *m inv*

jumping-off place ['dʒʌmpɪŋ'ɒf'pleɪs], **jumping-off point** ['dʒʌmpɪŋ'ɒf'pɔɪnt] *n* punto *m* de partida

jump-off ['dʒʌmpɒf] *n (in showjumping)* recorrido *m* de desempate

jump-start ['dʒʌmpstɑ:t] *vt (car) (with leads)* arrancar utilizando pinzas de batería; *(by pushing)* arrancar (un vehículo) empujándolo; *Fig* **to ~ the economy** hacer arrancar la economía

jumpsuit ['dʒʌmpsu:t] *n* mono *m* (de vestir)

jumpy ['dʒʌmpɪ] *adj* -1. *Fam (edgy)* nervioso(a); **to be ~** estar nervioso(a) -2. *(jerky)* **the picture is a bit ~** la imagen se mueve un poco

Jun *(abbr* **June)** jun.

junction ['dʒʌŋkʃən] *n* -1. *(of roads, railway lines)* cruce *m*, nudo *m*; *Br* **~ 20** *(on motorway)* salida 20 -2. ELEC **~ box** caja *f* de empalmes

juncture ['dʒʌŋktʃə(r)] *n* -1. *Formal (moment)* coyuntura *f*; **at this ~** en esta coyuntura -2. *Formal (joining point)* unión *f*, juntura *f* -3. LING juntura *f*

June [dʒu:n] *n* junio *m*; *see also* **May**

Jungian ['jɒŋɪən] ◇ *n* junguiano(a) *m,f*

◇ *adj* junguiano(a)

jungle ['dʒʌŋɡəl] *n* -1. *(forest)* selva *f*, jungla *f* ❑ *very Fam* **~ bunny** = término ofensivo para referirse a un negro; MED **~ fever** paludismo *m*; *Br Fam* **~ juice** alcohol *m* duro *or* fuerte

-2. *(dangerous place)* jungla *f*; **the world of business is a real ~** el mundo de los negocios es una verdadera jungla; **it's a ~ out there** la calle está hecha una jungla

-3. *(confusion)* maraña *f*, confusión *f*; **the ~ of tax laws** la maraña de las leyes tributarias

-4. *US* **~ gym** = en los parques, estructura de hierro o madera para que trepen los niños

junior ['dʒu:njə(r)] ◇ *adj* -1. *(in age)* **to be ~ to sb** ser más joven que alguien; **Nigel Molesworth Junior** Nigel Molesworth hijo ❑ *US* **~ high (school)** *(between 11 and 15)* escuela *f* secundaria; *Br* **~ school** *(between 7 and 11)* escuela *f* primaria; *US* **~ year** tercer año *m* de secundaria

-2. *(in rank)* de rango inferior; **to be ~ to sb** tener un rango inferior al de alguien ❑ *US* UNIV **~ college** = centro educativo en el que se hacen cursos de dos años, normalmente equivalentes a los dos primeros años de la universidad; *Br* UNIV **~ common room** sala *f* de estudiantes; *Br* PARL **~ minister** ≃ secretario(a) *m,f* de Estado; **~ partner** socio(a) *m,f* menor *or* subalterno(a)

-3. *(small)* pequeño(a), *Am* chico(a); **~ portions available** *(in restaurant)* hay raciones para niños

◇ *n* -1. *(in age)* **to be sb's ~** ser más joven que alguien; **he's three years my ~** es tres años menor que yo -2. *(in rank)* subalterno(a) *m,f* -3. *Br (pupil)* alumno(a) *m,f* de primaria; **she teaches juniors** da clase en primaria -4. *US* SCH & UNIV alumno(a) *m,f* de tercero; **she's a ~** está en tercero -5. *US Fam* **hi, ~!** ¡hola, hijo!; **bring Junior with you next time** la próxima vez trae a tu hijo

juniper ['dʒu:nɪpə(r)] *n* **(tree)** enebro *m* ❑ **~ berry** enebrina *f*, baya *f* de enebro

junk¹ [dʒʌŋk] ◇ *n* -1. *(worthless things)* trastos *mpl*; *Fam* **his new book is a pile of ~** su nuevo libro es una mierda *or RP* cagada ❑ FIN **~ bond** bono *m* basura; COMPTR **~ e-mail** correo *m* basura; **~ fax** propaganda *f* por fax; *Pej* **~ food** comida *f* basura; **~ mail** propaganda *f* (postal); **~ room** (cuarto *m*) trastero *m*

-2. *(second-hand or unwanted goods)* cosas *fpl* usadas, cachivaches *mpl* ❑ **~ shop** cacharrería *f*, baratillo *m*

-3. *Fam (stuff)* cosas *fpl*; **move all that ~ of yours off the bed** saca todas tus cosas de encima de la cama; **what's/whose is all that ~ in the hall?** ¿qué/de quién son todas esas cosas que están en la entrada?

-4. *Fam (drug)* caballo *m*, heroína *f*

◇ *vt Fam (discard)* deshacerse de; **the last batch of parts from them had so many faults it had to be junked** el último lote de piezas que recibimos de ellos tenía tantas fallas que tuvimos que tirarlo

junk² *n (boat)* junco *m*

junket ['dʒʌŋkɪt] ◇ *n* -1. *(food)* cuajada *f* -2. *Fam (festive occasion)* fiesta *f*, juerga *f* -3. *Fam Pej (trip)* viaje *m* pagado

◇ *vi* -1. *Fam (feast)* festejar -2. *Fam Pej (go on trip)* viajar gratis; **councillors go junketing off to Canada on a fact-finding trip** los concejales se hacen un viajecito gratis a Canadá en "misión investigadora"

junkie, junky ['dʒʌŋkɪ] *n Fam (drug addict in general)* drogadicto(a) *m,f*, *Esp* drogata *mf*; *(heroin addict)* yonqui *mf*; **a game-show ~** un adicto a los concursos; **a chocolate ~** un devorador de chocolate

junkman ['dʒʌŋkmæn] *n US* trapero(a) *m,f*

junky = **junkie**

junkyard ['dʒʌŋkjɑ:d] *n (for metal)* chatarrería *f*, depósito *m* de chatarra

Juno ['dʒu:nəʊ] *n* Juno *m*

junoesque [dʒu:nəʊ'esk] *adj (woman)* escultural

junta ['dʒʌntə, *US* 'hʊntə] *n Pej* junta *f* militar

Jupiter ['dʒu:pɪtə(r)] *n* Júpiter *m*

Jurassic [dʒʊ'ræsɪk] GEOL ◇ *n* **the ~** el jurásico *m*

◇ *adj (era)* jurásico(a)

juridical [dʒʊ'rɪdɪkəl] *adj* jurídico(a)

jurisdiction [dʒʊərɪs'dɪkʃən] *n* -1. LAW jurisdicción *f*; **to have ~ over** tener jurisdicción sobre; **within** *or* **under the ~ of...** bajo la jurisdicción de...; **to come** *or* **fall within the jurisdiction of** estar dentro de la jurisdicción de -2. *(field of activity)* competencia *f*; **this matter does not come within** *or* **is not in** *or* **falls outside our ~** esta cuestión está fuera de nuestra competencia

jurisdictional ['dʒʊərɪs'dɪkʃənəl] *adj* jurisdiccional; *US* **a ~ dispute** una disputa jurisdiccional

jurisprudence [dʒʊərɪs'pruːdəns] *n* jurisprudencia *f*

jurist ['dʒʊərɪst] *n* **-1.** *Formal (legal expert)* jurista *mf* **-2.** *US (judge)* magistrado(a) *m,f*

juror ['dʒʊərə(r)] *n* LAW (miembro *m* del) jurado *m*

jury ['dʒʊəri] *n* **-1.** LAW jurado *m*; **to be** *or* **serve on the ~** ser miembro del jurado; **members of the ~** *(term of address)* miembros del jurado; **the ~ is out** el jurado está deliberando; IDIOM **the ~ is still out on the reforms** aún está por ver la conveniencia de las reformas ❏ **~ box** tribuna *f* del jurado; **~ service** *or* **duty: to do ~ service** *or* **duty** formar parte de un jurado (popular) **-2.** *(in contest)* jurado *m*

juryman ['dʒʊərɪmən] *n* miembro *m* del jurado

jury-rig ['dʒʊərɪ'rɪg] *(pt & pp* **jury-rigged***) vt US (improvise)* improvisar

jury-rigging ['dʒʊərɪ'rɪgɪŋ] *n* manipulación *f* del jurado

jurywoman ['dʒʊərɪwʊmən] *n* miembro *m* del jurado

just¹ [dʒʌst] *adj (fair)* justo(a); **it's only ~ that...** es justo que...; **to have ~ cause to do sth** estar plenamente justificado(a) para hacer algo; **he got his ~ deserts** recibió su merecido; **her promotion is ~ reward for her hard work** su ascenso es una justa recompensa por haber trabajado duro

just² ⬦ *adv* **-1.** *(exactly)* justamente, justo; **that's ~ what I told her** eso es exactamente *or* justo lo que le dije; **you look ~ like your brother** eres idéntico a tu hermano; **that's ~ the point!** ¡de eso se trata, precisamente!; **that's ~ it!** *(said in agreement)* ¡justamente!, ¡exactamente!; **I can ~ see her as a doctor** me la imagino perfectamente como médica; **I can ~ smell the sea air!** ¡casi puedo oler el aire del mar!; **he told her to get lost ~ like that** le dijo que se largara así sin más; **~ as I was leaving...** justo en el momento en que me iba...; **it's ~ as good/difficult as...** es igual de bueno/difícil que...; **I've got ~ as much as you** tengo justo lo mismo que tú; **he's busy ~ now** está ocupado en este (preciso) momento; *Br* **on ten o'clock a las diez en punto justas; this soufflé is ~ right** este suflé está justo en su punto; **~ so** *(neat and tidy)* en orden, en su sitio *or* lugar; *Old-fashioned (said in agreement)* exacto, eso es; **~ then** justo entonces; **this liquidizer is ~ the thing for making soups** esta batidora viene de maravilla para hacer sopas; **I can't tell you ~ yet** todavía no te lo puedo decir; **that dress is ~ you** ese vestido te va de maravilla

-2. *(only)* sólo, solamente; **it costs ~ £10** sólo cuesta 10 libras; **I'll ~ have a sandwich, thanks** comeré sólo un sándwich, gracias; **she's ~ a baby** no es más que una niña; **I was ~ wondering whether you could help** estaba pensando si podrías echar *or* dar una mano; **I knew ~ by looking at her that she was upset** sólo con mirarla supe que estaba mal; **could you move ~ a little to the right?** ¿te podrías mover *or* correr un poquito hacia la derecha?; **I'd love to help, it's ~ that I'm too busy** me encantaría ayudar, pero (es que) estoy demasiado ocupado; **~ a minute** *or* **moment** *or* **second!** ¡un momento!; **~ for once** por una vez; **~ in case** por si acaso; **~ this once** sólo (por) esta vez

-3. *(simply)* **~ add water** simplemente añade *or* agrega agua; **~ ask if you need money** si necesitas dinero, no tienes más que pedirlo; **~ put it on the table** déjalo (ahí mismo) en la mesa; **we did it ~ for fun** lo hicimos sólo por diversión *or* para divertirnos; **I wouldn't lend it to ~ anybody** no se lo prestaría a cualquiera; **you'll ~ have to put up with it** ¡pues te aguantas!; **don't ~ sit there!** ¡no te quedes ahí sin hacer nada!; **it's ~ not fair!** ¡es que no es justo!; **~ listen to this!** ¡escucha esto!; **it was ~ wonderful/dreadful!** ¡fue sencillamente maravilloso/horroroso!; **he ~ refuses to listen!** ¡es que se niega a escuchar!; **~ because you're older than me doesn't mean I have to do what you say** ¡no tengo que hacer lo que tú digas sólo porque seas mayor que yo!

-4. *(barely)* justo; **you could ~ see the top of the mountain** se veía apenas la cumbre de la montaña; **~ before/after** justo antes/después; **~ over/under $50** poco más/menos de 50 dólares; *also* IND **~ in time** justo a tiempo; **it's only ~ big enough** tiene el tamaño justo; **we only ~ got there on time** llegamos muy justos de tiempo; **it's ~ enough to live on** llega *or* alcanza justo para vivir; **they ~ caught/missed the train** *Esp* cogieron/perdieron el tren por los pelos, *Am* no perdieron/perdieron el tren por un pelo; **they live ~ round the corner** viven a la vuelta de la esquina

-5. *(recently)* **they have ~ arrived** acaban de llegar; **I had ~ arrived when...** acababa de llegar cuando...; **I was ~ telling Jim about your accident** justamente le estaba contando a Jim lo de tu accidente; **I'm only ~ beginning to come to terms with it** sólo ahora empiezo a aceptarlo; **~ last year** tan sólo *or RP* recién el año pasado; **I saw him ~ now** lo acabo de ver; **~ recently** hace muy poco; **~ yesterday** ayer mismo

-6. *(now)* **I'm ~ coming** ¡ya voy!; **I was ~ leaving, actually** ya me iba; **I'll ~ finish my coffee, then we can go** me termino el café y nos vamos

-7. *(in exclamations)* **~ (you) try/wait!** ¡inténtalo/espera y verás *or* vas a ver!; **~ shut up, will you?** ¡cállate ya, ¿quieres?; **(that's) ~ as well!** ¡menos mal!; **isn't that ~ my luck!** ¡vaya mala suerte que tengo!, ¡qué mala suerte la mía!; **~ imagine, never having to work again!** ¡imagínate no tener que trabajar nunca más!

-8. *Fam (for emphasis)* **it's rather cold in here – isn't it ~?** hace mucho frío aquí – ¿verdad que sí?

-9. *(expressing preference)* **I'd ~ as soon you didn't tell her** preferiría que no se lo dijeras

⬦ **just about** *adv (almost)* casi; **they're ~ about the same** son casi iguales; **I can ~ about manage** me las puedo arreglar más o menos; **to be ~ about to do sth** estar a punto de hacer algo

justice ['dʒʌstɪs] *n* **-1.** *(power of law)* justicia *f*; **to bring sb to ~** llevar a alguien a juicio; **~ was done** se hizo justicia; PROV **~ must be done, and be seen to be done** no sólo hay que ser justo, hay que parecerlo ❏ *US* **the Justice Department, the Department of Justice** Ministerio *m* de Justicia

-2. *(fairness)* justicia *f*; **they believe in the ~ of their cause** creen en lo justo de su causa; **there's simply no ~** no es justo; **this photograph doesn't do him ~** esta fotografía no le hace justicia; **to do him ~, he wasn't told beforehand** para ser justos, hay que tener en cuenta que no le avisaron antes; **he didn't do himself ~ in the exam/interview** no dio lo mejor de sí en el examen/la entrevista; **to do ~ to a meal** hacerle honor a una comida **-3.** LAW *(judge)* juez *mf*, juez(a) *m,f*; *Br* **Mr Justice Ramsbottom** *(title)* el Sr. Juez Ramsbottom ❏ **Justice of the Peace** juez *mf* de paz

justifiable ['dʒʌstɪfaɪəbəl] *adj* justificable ❏ LAW **~ homicide** homicidio *m* justificado

justifiably ['dʒʌstɪfaɪəblɪ] *adv* justificadamente; **she was ~ angry** estaba enojada con toda razón

justification [dʒʌstɪfɪ'keɪʃən] *n* **-1.** *(gen)* justificación *f*; **in ~ of** para justificar; **there is no ~ for such behaviour** ese comportamiento es injustificable *or* no tiene justificación; **poverty is no ~ for theft** la pobreza no justifica el robo; **he was accused of carelessness, with some ~** se lo acusó de descuido, con cierta razón
-2. *(of text)* justificación *f*
-3. REL **~ by faith** (dogma de la) redención por la fe

justified ['dʒʌstɪfaɪd] *adj* **-1.** *(right, fair) (action, belief)* justificado(a); **to be ~ in doing sth** tener justificación para hacer algo **-2.** *(text)* justificado(a)

justify ['dʒʌstɪfaɪ] *vt* **-1.** *(show to be reasonable)* justificar; **nothing can ~ such cruelty** no hay justificativos para semejante crueldad; **to ~ oneself** justificarse **-2.** *(text)* justificar

just-in-time ['dʒʌstɪntaɪm] *adj* COM **~ production** producción *f* "justo a tiempo" *(con minimización de stocks)*

justly ['dʒʌstlɪ] *adv (fairly, rightly)* justamente, con justicia; **~ famous** justamente *or* merecidamente famoso(a)

justness ['dʒʌstnɪs] *n* **the ~ of their cause/demand** lo justificado de su causa/reivindicación

jut [dʒʌt] *(pt & pp* **jutted***) vi* sobresalir, proyectarse
⬦ **jut out** ⬦ *vt sep (chin)* sacar
⬦ *vi (balcony, rock)* sobresalir

Jute [dʒuːt] *n* HIST juto(a) *m,f*

jute [dʒuːt] *n (plant, fibre)* yute *m*

Jutland ['dʒʌtlənd] *n* Jutlandia

juvenile ['dʒuːvɪnaɪl] ⬦ *adj* **-1.** *(for young people)* juvenil ❏ LAW **~ court** tribunal *m* (tutelar) de menores; **~ delinquency** delincuencia *f* juvenil; **~ delinquent** delincuente *mf* juvenil; **~ offender** delincuente *mf* juvenil **-2.** *Pej (childish)* infantil, pueril
⬦ *n* **-1.** LAW menor *mf* **-2.** THEAT galán *m*

juvenilia [dʒuːvə'nɪlɪə] *n* obras *fpl* de juventud

juxtapose [dʒʌkstə'pəʊz] *vt* yuxtaponer

juxtaposition [dʒʌkstəpə'zɪʃən] *n* yuxtaposición *f*

K k

K, k [keɪ] n (letter) K, k f
K [keɪ] n **-1.** (thousand) mil; **he earns 30K** gana treinta mil **-2.** COMPTR (abbr **kilobyte**) K m
K2 [ˈkeɪˈtuː] n el K2
Kabul [ˈkɑːbʊl] n Kabul
kaffeeklatsch [ˈkæfeɪklætʃ] n US tertulia f (en la que se reúnen las mujeres y toman café)
Kaffir [ˈkæfə(r)] n SAfr very Fam negraco(a) m,f, = término ofensivo para referirse a los negros
Kafkaesque [kæfkəˈesk] adj kafkiano(a)
kaftan [ˈkæftæn] n caftán m
kagoule [kəˈguːl] n Br chubasquero m
Kaiser [ˈkaɪzə(r)] n káiser m
kala-azar [kɑːləəˈzɑː(r)] n MED kala-azar m
Kalahari [kæləˈhɑːrɪ] n **the ~ (Desert)** el (desierto de) Kalahari
kalashnikov [kəˈlæʃnɪkɒv] n (rifle m) Kaláshnikov m
kale [keɪl] n col f rizada, CSur repollo m rizado
kaleidoscope [kəˈlaɪdəskəʊp] n caleidoscopio m, calidoscopio m
kaleidoscopic [kəlaɪdəˈskɒpɪk] adj caleidoscópico(a), calidoscópico(a)
kamikaze [kæmɪˈkɑːzɪ] ◇ n kamikaze mf
◇ adj **-1.** (pilot, plane) kamikaze **-2.** Fam (tactics) kamikaze
Kampala [kæmˈpɑːlə] n Kampala
Kampuchea [kæmpuːˈtʃɪə] n Formerly Kampuchea
kangaroo [kæŋgəˈruː] (pl **kangaroos**) n canguro m ❑ Pej **~ court** tribunal m irregular; ZOOL **~ rat** rata f canguro
Kantian [ˈkæntɪən] ◇ adj kantiano(a)
◇ n kantiano(a) m,f
kaoline, kaolin [ˈkeɪəlɪn] n caolín m
kaon [ˈkeɪɒn] n PHYS kaón m
kapok [ˈkeɪpɒk] n capoc m; **~ tree** capoquero m
Kaposi's sarcoma [kəˈpəʊzɪːzsɑːˈkəʊmə] n MED sarcoma m de Kaposi
kaput [kəˈpʊt] adj Fam **to be ~** Esp estar cascado(a), esp Am estar roto(a) or estropeado(a), Andes estar malogrado(a), RP haber sonado; **to go ~** (machine, car) Esp cascarse, esp Am romperse, esp Am descomponerse, Andes malograrse, RP sonar; (business, plan) irse al garete
karabiner [kærəˈbiːnə(r)] n (in mountaineering) mosquetón m
karaoke [kærɪˈəʊkɪ] n karaoke m ❑ **~ bar** (bar m con) karaoke m; **~ machine** (aparato m de) karaoke m
karat [ˈkærət] n US (of gold) quilate m; **18-~ gold** oro m de 18 quilates
karate [kəˈrɑːtɪ] n kárate m ❑ **~ chop** golpe m de kárate; **~ expert** karateka m
karateka [kærəˈtekə] n karateka mf
karma [ˈkɑːmə] n **-1.** REL karma m **-2.** Fam Fig **good/bad ~** buenas/malas vibraciones or Am ondas, Esp buen/mal rollo
karst [kɑːst] n GEOL karst m
karstic [ˈkɑːstɪk] adj GEOL kárstico(a)
kart [kɑːt] n kart m
karting [ˈkɑːtɪŋ] n SPORT carreras fpl de karts, karting m; **to go ~** ir a correr en karts
karzey, karzy, kazi [ˈkɑːzɪ] n Br Fam váter m, Esp meódromo m
kasbah [ˈkæzbɑː] n kasbah f
Kashmir [kæʃˈmɪə(r)] n Cachemira

Kashmiri [kæʃˈmɪərɪ] ◇ n persona de Cachemira
◇ adj de Cachemira
kata [ˈkætə] n kata m
Katmandu [kætmænˈduː] n Katmandú
katydid [ˈkeɪtɪdɪd] n US chicharra f
kayak [ˈkaɪæk] n canoa f, kayak m
Kazak, Kazakh [kəˈzæk] n kazaco(a) m,f, kazajo(a) m,f
Kazakhstan, Kazakstan [kæzækˈstɑːn] n Kazajistán
kazi = **karz(e)y**
kazoo [kəˈzuː] n chifla f, trompetilla f
KB COMPTR (abbr **kilobyte**) KB
Kb COMPTR (abbr **kilobit**) Kb
kbps [keɪbiːpiːˈes] COMPTR (abbr **kilobytes per second**) kbps
KC [keɪˈsiː] n LAW (abbr **King's Counsel**) = abogado británico de alto rango
kcal (abbr **kilocalorie**) kcal, kilocaloría f
KCB [keɪsiːˈbiː] n Br (abbr **Knight Commander (of the Order) of the Bath**) Caballero m (de la Orden) de Bath
Keatsian [ˈkiːtsɪən] adj keatsiano(a)
kebab [kəˈbæb] n **-1.** (on skewer) brocheta f, pincho m moruno **-2. (doner) ~** = pan de pitta relleno de carne de cordero asada
kedgeree [kedʒəˈriː] n = plato especiado de arroz, pescado y huevo duro
keel [kiːl] n NAUT quilla f; IDIOM **to keep things on an even ~** mantener las cosas en calma, hacer que las cosas sigan su curso normal; **to be back on an even ~** (of situation) volver a la normalidad; **to put a company/the economy back on an even ~** reestabilizar una empresa/la economía
◆ **keel over** vi **-1.** (boat) volcar **-2.** Fam (person) derrumbarse
keelhaul [ˈkiːlhɔːl] vt **-1.** NAUT pasar por la quilla **-2.** Fam Fig (rebuke severely) reprender, Esp echar una bronca, RP reventar
keen[1] [kiːn] adj **-1.** (enthusiastic) entusiasta; **she's a ~ gardener** le encanta la jardinería; **she's a ~ swimmer** es una nadadora entusiasta; **to be ~ to do sth** tener muchas ganas de hacer algo; **to be ~ for sth to happen** tener muchas ganas de que ocurra algo; **I'm ~ that they should get a second chance** me interesa mucho que les den una segunda oportunidad; **she's ~ on Mike** le gusta Mike; **he wasn't ~ on the idea** no le entusiasmaba la idea; **they aren't so ~ on going out tonight** no tienen muchas ganas de salir esta noche; **to take a ~ interest in sth** mostrar gran interés por algo; IDIOM Fam **to be as ~ as mustard** (enthusiastic) estar entusiasmadísimo(a)
-2. (acute, perceptive) (mind) penetrante; (eyesight) agudo(a); (sense of smell) fino(a); **to have a ~ eye for detail** tener buen ojo para el detalle; **to have a ~ awareness of sth** ser profundamente consciente de algo
-3. (sharp) **a ~ blade** una hoja afilada; **a ~ wind** un viento cortante
-4. (intense) (sorrow, regret) profundo(a); **a ~ appetite** un apetito voraz; **to have a ~ appetite for success/power** tener sed de éxito/poder; **~ competition** competencia feroz

-5. Br (competitive) **~ prices** precios competitivos
-6. US Fam (very good) genial, Andes, CAm, Carib, Méx chévere, Méx padre, RP bárbaro(a)
keen[2] vi penar
keen-eyed [ˈkiːnˈaɪd] adj observador(ora)
keening [ˈkiːnɪŋ] n (wailing) llanto m fúnebre, lamento m fúnebre
keenly [ˈkiːnlɪ] adv **-1.** (enthusiastically) con entusiasmo **-2.** (intensely) profundamente; **a ~ contested election** unas elecciones muy reñidas; **he felt her death ~** su muerte lo afectó profundamente
keenness [ˈkiːnnɪs] n **-1.** (enthusiasm) entusiasmo m; **there's no doubting her ~ to help** no hay dudas de que estaba deseosa de ayudar **-2.** (acuteness) (of vision, insight) agudeza f; **~ of mind** agudeza intelectual **-3.** (sharpness) (of blade, knife) filo m **-4.** (intensity) (of competition, rivalry) ferocidad f
keen-sighted [ˈkiːnˈsaɪtɪd] adj con buena vista
keep [kiːp] ◇ n **-1.** (maintenance) **he gives his mother £50 a week for his ~** le da 50 libras a su madre por la comida y el alojamiento; **to earn one's ~** ganarse el sustento; **to pay for one's ~** pagarse la manutención
-2. (of castle) torre f del homenaje
◇ vt (pt & pp **kept** [kept]) **-1.** (retain) quedarse con, guardar; **~ the change** quédese con el cambio; **you can ~ it** te puedes quedar con él, te lo puedes quedar; Fam **if that's your idea of a holiday, you can ~ it!** si esa es tu idea de unas vacaciones, quédatela tú; Fam **tell him he can ~ his rotten job!** ¡que se quede con or que se guarde su maldito trabajo!; **to ~ sb's attention** mantener la atención de alguien; **to ~ its colour** (garment) no desteñir; **to ~ one's job** conservar el trabajo; **she kept her sense of humour** no perdió el sentido del humor; **to ~ its shape** (garment) no deformarse
-2. (save) guardar; **to ~ sth for sb** guardar algo para alguien; **can you ~ my seat?** me puedes guardar el sitio?; **we'll ~ the tickets for you until Wednesday** te guardaremos las entradas hasta el miércoles
-3. (store) guardar; **where do you ~ the playing cards?** ¿dónde guardas las cartas?; **I always ~ my comb in my pocket** siempre tengo el peine en el bolsillo; **how long can you ~ fish in the freezer?** ¿cuánto tiempo se puede dejar el pescado en el congelador?
-4. (maintain) **to ~ count of sth** llevar la cuenta de algo; **to ~ a diary** llevar un diario; **to ~ a note of sth** anotar algo; **to ~ order** mantener el orden; LAW **to ~ the peace** mantener el orden (público); **to ~ a record of sth** registrar algo, llevar un registro de algo; **to ~ a secret** guardar un secreto; **to ~ good time** (clock, watch) ir a la hora, funcionar bien; (person) ser puntual, no llegar nunca tarde; **to ~ watch (over sth/sb)** vigilar (algo/a alguien)
-5. (maintain in a certain condition) mantener; **I think I'll ~ this picture where it is** creo que dejaré este cuadro donde está; **they kept**

keep

the prisoner in a tiny cell tenían al prisionero en una celda diminuta; **they kept her in hospital overnight** la dejaron ingresada hasta el día siguiente; **a well-/badly-kept garden** un jardín bien/mal cuidado; **to ~ sb awake** mantener *or* tener despierto(a) a alguien; **to ~ sth clean/secret** mantener algo limpio/en secreto; **the doors are kept locked** las puertas siempre están cerradas con llave; **the weather kept us indoors** el mal tiempo nos impidió salir; **this sandwich should ~ you going until dinnertime** con este sándwich aguantarás hasta la cena; **I don't know how long I'll manage to ~ the business going** no sé cuánto tiempo voy a poder seguir con el negocio; **it wasn't easy to ~ the conversation going** costaba trabajo mantener la conversación; **to ~ sb in order** tener a alguien controlado(a) *or* bajo control; **you ~ her talking while I sneak out of the room** tú dale conversación mientras yo salgo subrepticiamente de la habitación; **to ~ sb waiting** tener a alguien esperando; **we like to ~ the house warm** nos gusta mantener la casa caliente

-6. *(look after)* *(animals, shop)* tener; SPORT **to ~ goal** defender la portería *or Am* el arco

-7. *(support)* *(mistress)* mantener; **I've got a family to ~** tengo una familia que mantener; **to ~ oneself** mantenerse; **they ~ a maid and a gardener** tienen una criada y un jardinero; **it keeps me in cigarette money** me da para el tabaco

-8. *(detain)* entretener; **I hope I haven't kept you** espero no haberte entretenido; **what kept you?** ¿por qué llegas tan tarde?

-9. *(observe)* *(promise)* cumplir; *(appointment)* acudir a; *(law)* respetar; *Formal (festival, holiday)* observar; **she kept her word** mantuvo su palabra; **to ~ late hours** trasnochar

-10. COM *(have in stock)* tener; **I'm afraid we don't ~ this item** pues no tenemos ese producto

◇ *vi* -1. *(remain, stay)* mantenerse; **I'm keeping busy** hago unas cosas y otras, me mantengo ocupado; **to ~ quiet** estar callado(a); **~ quiet!** ¡cállate!; **to ~ still** estarse quieto(a); **~ still!** ¡estate quieto!; **we kept warm by huddling up together** nos abrazábamos para darnos calor

-2. *(continue)* **to ~ straight on** seguir todo recto *or* derecho; **to ~ (to the) left/right** ir *or* circular por la izquierda/derecha; **to ~ doing sth** *(continue doing)* seguir haciendo algo; **to ~ going** *(not give up)* seguir adelante; **he kept getting into trouble** siempre se estaba metiendo en líos; **she keeps nagging me** no hace más que fastidiarme *or* darme la lata; **the bunches of flowers just kept coming** no paraban de llegar ramos de flores; **I ~ forgetting to call her** nunca me acuerdo de llamarla; **I wish you wouldn't ~ saying that** me gustaría que no dijeras eso todo el tiempo

-3. *(referring to health)* **how are you keeping?** ¿qué tal estás?; **I hope you're keeping well** espero que estés bien

-4. *(food)* conservarse; *Fig* **it will ~** *(problem)* puede esperar

-5. SPORT **he kept very well** defendió muy bien su portería *or Am* arco

◇ **for keeps** *adv Fam* para siempre

● **keep at** ◇ *vt insep* **to ~ at it** seguir adelante *or* con ello; **~ at him until he listens to you** insiste hasta que te haga caso

◇ *vt sep* **to ~ sb at it: the sergeant kept us hard at it all morning** el sargento nos hizo trabajar toda la mañana

● **keep away** ◇ *vt sep* **the fire kept the wolves away** el fuego mantenía alejados a los lobos; **to ~ sb away from sth** mantener a alguien alejado(a) de algo; **~ that dog away from me!** ¡no me acerques ese perro!

◇ *vi* mantenerse alejado(a) **(from** de); I felt my visits were unwelcome and so I kept away me daba la impresión de que no era bienvenido, así que no volví por allí

● **keep back** ◇ *vt sep* -1. *(crowd, tears)* contener

-2. *(delay)* entretener; **he was kept back by his lack of qualifications** su falta de titulación le impidió progresar

-3. *(hold in reserve)* *(wages, funds)* retener

-4. *(not reveal)* *(names, facts)* ocultar; **to ~ sth back from sb** *(information)* ocultar algo a alguien

-5. *(detain)* **to be kept back after school** quedarse castigado(a) después de clase

◇ *vi (not approach)* no acercarse **(from** a); **~ back!** ¡no te acerques!

● **keep behind** ◇ *vt sep* -1. *(detain)* *(as punishment)* dejar castigado(a); **he kept me behind after the meeting** me pidió que me quedara un momento después de la reunión -2. *(delay)* retrasar

● **keep down** ◇ *vt sep* -1. *(not raise)* **to ~ one's voice down** hablar bajo, hablar en voz baja; **to ~ one's head down** *(physically)* mantener la cabeza agachada; *Fig* esconder la cabeza; *Fam* **~ it down!** *(be quiet)* ¡baja la voz!

-2. *(not vomit)* **I can't ~ my food down** vomito todo lo que como

-3. *(repress)* reprimir; IDIOM **you can't ~ a good man down** una persona que vale siempre sale adelante

-4. *(control)* *(vermin, weeds)* contener

-5. *(prices, number, inflation)* mantener bajo(a); **I'm trying to ~ my weight down** estoy tratando de no engordar

-6. SCH **to be kept down a year** tener que repetir un año

◇ *vi (not stand up)* mantenerse cuerpo a tierra; **~ down!** ¡no te levantes!

● **keep from** ◇ *vt sep* -1. *(prevent)* **to ~ sth/sb from doing sth** impedir que algo/alguien haga algo; **I could hardly ~ myself from laughing** casi no podía contener la risa; **to ~ sb from their work** no dejar trabajar a alguien

-2. *(protect)* **to ~ sb from harm** proteger a alguien

-3. *(hide)* **to ~ sth from sb** ocultar algo a alguien

◇ *vt insep (avoid)* **I couldn't ~ from laughing** no podía contener la risa

● **keep in** ◇ *vt sep* -1. *(not allow out)* *(pupil)* castigar sin salir; **the bad weather kept us in** el mal tiempo nos impidió salir; **they decided to ~ her in overnight** *(in hospital)* decidieron dejarla ingresada hasta el día siguiente

-2. *(stomach)* meter

◇ *vi (not go out)* quedarse en casa, no salir

● **keep in with** *vt insep Fam* **to ~ in with sb** cultivar la amistad de alguien

● **keep off** ◇ *vt sep* **~ your hands off that!** ¡no toques eso!; **~ your hands off me!** ¡no me toques!; **wear a hat to ~ the sun off** ponte un sombrero para protegerte del sol; **this cream will ~ the mosquitoes off** esta crema te protegerá contra los mosquitos; **it's best to ~ her off the subject of politics** lo mejor es evitar que empiece a hablar de política

◇ *vt insep* **~ off the grass** *(sign)* prohibido pisar el césped; **I've been told to ~ off alcohol** me han dicho que no beba alcohol; **to ~ off a subject** evitar un tema

◇ *vi (stay away)* *(person)* mantenerse al margen; **the rain kept off** no llovió

● **keep on** ◇ *vt sep* -1. *(not take off)* dejarse puesto(a)

-2. *(not switch off)* dejar encendido(a) *or Am* prendido(a) -3. *(continue to employ)* mantener en el puesto

◇ *vi* -1. *(continue)* continuar, seguir; **to ~ on doing sth** *(continue doing)* seguir haciendo algo; **he kept on nagging me** no paraba de darme la lata; **she kept on getting into trouble** siempre se estaba metiendo en líos

-2. *Fam (talk continually)* **to ~ on about sth** dar la lata con algo

● **keep on at** *vt insep Fam* **to ~ on at sb (to do sth)** dar la lata a alguien (para que haga algo)

● **keep out** ◇ *vt sep (wind, sun, rain)* proteger de; *(intruders, foreign imports)* impedir el paso a; *(shot)* parar; **she used her hand to ~ the sun out of her eyes** se protegía los ojos del sol con la mano; **I want my name kept out of this** quiero que mi nombre se mantenga fuera de todo esto; **he's in such good form, he's keeping me out of the team** está jugando tan bien que me ha quitado la titularidad

◇ *vi (avoid, stay away from)* **to ~ out of sth** no meterse en algo; **~ out of the water** no te metas en el agua; **to ~ out of trouble** no meterse en líos; **to ~ out of an argument** mantenerse al margen de una discusión; **~ out** *(sign)* prohibida la entrada, prohibido el paso

● **keep to** ◇ *vt sep (hold)* **to ~ sb to a promise** hacer que alguien cumpla una promesa; **to ~ delays to a minimum** reducir al mínimo *or* minimizar los retrasos

-2. *(not reveal)* **to ~ sth to oneself** no contar algo; **I ~ myself to myself** yo voy a lo mío; **you can ~ your remarks to yourself!** ¡guárdate los comentarios!

◇ *vt insep* -1. *(promise, agreement, schedule)* cumplir

-2. *(not leave)* **~ to the path** no salirse del camino; **she kept to her room** no salió de su habitación; **to ~ to the point** no divagar; **to ~ a subject** ceñirse a un tema

● **keep together** ◇ *vt sep (family, country)* mantener unido(a); **I ~ all the papers together in this folder** guardo todos los papeles juntos en esta carpeta

◇ *vi* no separarse

● **keep under** *vt sep* -1. *(repress)* someter

-2. *(with drug)* **he's being kept under with ether** lo tienen inconsciente con éter

● **keep up** ◇ *vt sep* -1. *(prevent from falling)* *(shelf, roof)* sostener; *(prices, interest rates, standards)* mantener; **I need a belt to ~ my trousers up** necesito un cinturón para que no se me caigan los pantalones; **to ~ the troops' morale up** mantener la moral de la tropa; **to ~ one's spirits up** mantener los ánimos

-2. *(maintain)* *(custom)* mantener; **I can't ~ up this pace much longer** no puedo mantener este ritmo mucho tiempo; **to ~ up the payments** llevar al día los pagos; **to ~ up the pressure (on sb)** no dar tregua (a alguien); **~ it up!, ~ up the good work!** ¡sigue así!; **to ~ up appearances** guardar las apariencias

-3. *(not allow to deteriorate)* *(house, garden)* cuidar; **I want to ~ my French up** quiero mantener mi (nivel de) francés; **to ~ one's strength up** mantenerse fuerte

-4. *(keep awake)* tener en vela; **I don't mean to ~ you up past your bedtime** no quiero que te acuestes tarde por mí

◇ *vi* -1. *(rain, snow)* continuar; **if this noise keeps up much longer, I'll scream** como continúe mucho tiempo este ruido me voy a poner a gritar

-2. *(not fall)* *(prices)* mantenerse; **how are their spirits keeping up?** ¿cómo anda su moral?

-3. *(remain level, go at same speed)* no quedarse atrás; **things change so quickly I can't ~ up** las cosas cambian tan rápido que no consigo mantenerme al tanto

● **keep up with** *vt insep* -1. *(stay abreast of)* **to ~ up with sb** seguir el ritmo de alguien; **we need to do this to ~ up with the competition** tenemos que hacer esto para

keeper

no ser menos que la competencia; *Fig* **to ~ up with the latest developments** mantenerse informado(a) *or* estar al corriente de los últimos acontecimientos; **to ~ up with the news** estar al corriente de las noticias; **to ~ up with the times** adaptarse a los tiempos; [IDIOM] **to ~ up with the Joneses** no ser menos que el vecino

-2. *(keep in touch with)* seguir en contacto con; **have you kept up with your cousins in Australia?** ¿sigues en contacto con tus primos de Australia?

keeper ['ki:pə(r)] *n* **-1.** *(in zoo, park)* guarda *mf*; *(in museum)* conservador(ora) *m,f* **-2.** *(gamekeeper)* guardabosque *m* **-3.** *Br Fam (goalkeeper)* portero *m*, guardameta *m*, *Am* arquero *m*

keep-fit ['ki:p'fɪt] *n Br* **~ class** clase *f* de mantenimiento, clase *f* de gimnasia; **~ exercises** ejercicios *mpl* de mantenimiento; **~ fanatic** = persona obsesionada por mantenerse en forma

keeping ['ki:pɪŋ] *n* **-1.** *(care, charge)* **to have sth/sb in one's ~** tener algo/a alguien bajo la custodia de uno

-2. *(appropriacy)* **in ~ with...** de acuerdo con...; **it's in ~ with everything I have been told about her** coincide con todo lo que me han contado acerca de ella; **out of ~ with...** en desacuerdo con...; **it was rather out of ~ with the spirit of the occasion** desentonaba bastante con el espíritu de la ocasión

keepnet ['ki:pnet] *n Br (for fishing)* nasa *f*, buitrón *m*

keepsake ['ki:pseɪk] *n* recuerdo *m*

keepy-up ['ki:pɪ'ʌp] *n Fam (in soccer)* toques *mpl*; **to play in/off** dar toques

keffiyeh [kə'fi:jə] *n* kefia *f*

kefir ['kefə(r)] *n* kéfir *m*

keg [keg] *n* barrica *f*, barrilete *m* ☐ **~ beer** cerveza *f* de barril

keister ['ki:stə(r)] *n US Fam (buttocks)* trasero *m*

keks = **kecks**

kelp [kelp] *n* laminaria *f*, varec *m*

kelvin ['kelvɪn] *n* kelvin *m* ☐ **Kelvin scale** escala *f* Kelvin

ken [ken] ◇ *n* **to be beyond sb's ~** estar fuera del alcance de alguien

◇ *Scot vt* saber, conocer

kendo ['kendəʊ] *n* SPORT kendo *m*

kennel ['kenəl] *n* **-1.** *(doghouse)* caseta *f* (del perro) **-2.** *Br* **kennels** *(establishment)* criadero *m* de perros, guardería *f* de animales; **to put a dog into kennels** dejar a un perro en una residencia canina ☐ **~ maid** cuidadora *f* de perros; **~ man** cuidador *m* de perros **-3.** *US (for boarding or breeding)* residencia *f* para perros, criadero *m* de perros

kentia ['kentɪə] *n* kentia *f*

Kentish ['kentɪʃ] *adj* de Kent

Kentuckian [ken'tʌkɪən] ◇ *n* persona *f* de Kentucky

◇ *adj* de Kentucky

Kenya ['kenjə, 'ki:njə] *n* Kenia *f*

Kenyan ['kenjən] ◇ *n* keniano(a) *m,f*, keniata *mf*

◇ *adj* keniano(a), keniata

kepi ['keɪpɪ] *n* quepis *m inv*, kepis *m*

kept [kept] ◇ *pt & pp of* **keep**

◇ *adj* **to be a ~ man** ser un mantenido, vivir a costa de la mujer; **to be a ~ woman** ser una mantenida, vivir a costa del marido

keratin ['kerətɪn] *n* BIOCHEM queratina *f*

kerb [kɜ:b] *n Br* bordillo *m* (de la acera), *Chile* solera *f*, *Col, Perú* sardinel *m*, *CSur* cordón *m* (de la vereda), *Méx* borde *m* (de la banqueta) ☐ **~ drill** forma *f* correcta de cruzar la calle; **~ weight** *(of vehicle)* tara *f*

kerb-crawler ['kɜ:bkrɔ:lə(r)] *n Br* = persona que busca prostitutas conduciendo lentamente junto a la acera

kerb-crawling ['kɜ:bkrɔ:lɪŋ] *n Br* = conducir despacio en busca de prostitutas

kerbside ['kɜ:bsaɪd] *n Br* borde *m* de la acera *or CSur* vereda *or Méx* banqueta

kerbstone, *US* **curbstone** ['kɜ:bstəʊn] *n Br* adoquín *m* (del bordillo)

kerchief ['kɜ:tʃiːf] *n Old-fashioned* pañuelo *m*

kerfuffle [kə'fʌfəl] *n Br Fam* lío *m*, jaleo *m*

kermis ['kɜ:mɪs] *n US (charity fair)* fiesta *f* benéfica, *Am* kermés *f*, *Am* quermés *f*

kerning ['kɜ:nɪŋ] *n* COMPTR interletraje *m*

kernel ['kɜ:nəl] *n* **-1.** *(of nut)* pepita *f*, fruto *m*; *(of grain)* grano *m* **-2.** *(heart, core) (of problem)* núcleo *m*; **there's a ~ of truth in the accusation** hay un elemento de verdad en la acusación

kerosene ['kerəsi:n] *n* queroseno *m*, *Am* querosén *m* ☐ **~ lamp** lámpara *f* de queroseno

kestrel ['kestrəl] *n* cernícalo *m*

ketch [ketʃ] *n (small boat)* queche *m*

ketchup ['ketʃəp] *n* **(tomato) ~** ketchup *m*, catchup *m*

ketone ['ki:təʊn] *n* CHEM cetona *f*

kettle ['ketəl] *n* **-1.** *(for boiling water) (on stove)* tetera *f*; *(electric)* hervidor *m* (eléctrico); **I'll put the ~ on** pondré el agua a hervir **-2.** *(for fish)* cacerola *f* para pescado; [IDIOM] **that's a different ~ of fish** eso es harina de otro costal; *Fam* **this is a fine** *or* **pretty ~ of fish!** ¡menudo problema!, ¡menudo plan!, *RP* ¡lindo despelote *or* quilombo!

kettledrum ['ketəldrʌm] *n* timbal *m*

key [ki:] ◇ *n* **-1.** *(of door)* llave *f*; *(of clock, mechanical toy)* cuerda *f*; **he was given the keys to the city** recibió las llaves de la ciudad; [IDIOM] **to get the ~ of the door** llegar a la edad de la independencia ☐ *Br* **~ bar** = lugar donde se hacen copias de llaves; **~ money** derecho *m* de llave; **~ ring** llavero *m*

-2. *(of piano, typewriter)* tecla *f*; *(on wind instrument)* llave *f* ☐ COMPTR **~ combination** combinación *f* de teclas

-3. *(to problem, situation)* clave *f*, llave *f*; **the ~ to happiness/success** la clave de la felicidad/del éxito

-4. *(answers, guide) (of map)* clave *f*; *(to exercises)* respuestas *fpl*

-5. MUS tono *m*; **major/minor ~** tono mayor/menor; **in the ~ of C** en clave de do; **to be off ~** estar desafinado(a); **to play in/off ~** tocar en tono/fuera de tono *or* desafinado ☐ MUS **~ signature** armadura *f*

-6. *(islet)* cayo *m*

-7. *(in basketball)* **the ~** la zona, la botella

-8. *Fam (of drugs)* kilo *m*

◇ *adj (most important)* clave; **a ~ factor** un factor clave; **one of the ~ issues in the election** uno de los temas claves de la elección; **he's the ~ man in the team** es el hombre clave del equipo ☐ CIN **~ grip** jefe(a) *m,f* de maquinistas; *Br* EDUC **~ stage** etapa *f* educativa

◇ *vt* **-1.** *(data, text)* teclear, *Am* tipear **-2.** *(adjust, adapt)* adecuar, adaptar; **his remarks were keyed to the occasion** sus comentarios se adecuaron a la ocasión **-3.** *(reference)* referir, relacionar **-4.** *(surface)* preparar

➤ **key in** *vt sep* COMPTR teclear, *Am* tipear

keyboard ['ki:bɔ:d] ◇ *n* **-1.** *(of piano, organ)* teclado *m*; **on keyboards** al teclado, a los teclados ☐ **~ player** teclista *mf* **-2.** *(of computer)* teclado *m* ☐ **~ layout** disposición *f* del teclado; **~ shortcut** atajo *m* de teclado

◇ *vt (data, text)* teclear, *Am* tipear

keyboarder ['ki:bɔ:də(r)] *n* teclista *mf*, operador(a) *m,f*

keycard ['ki:kɑ:d] *n (for door)* tarjeta *f* de acceso

keyed up [ki:d'ʌp] *adj Fam (excited)* alterado(a), nervioso(a)

keyhole ['ki:həʊl] *n* (ojo *m* de la) cerradura *f*; **he looked through the ~** miró por el ojo de la cerradura ☐ **~ saw** sierra *f* de calar; **~ surgery** cirugía *f* endoscópica

keying error ['ki:ɪŋerə(r)] *n* error *m* tipográfico *or Am* de tipeo

Keynesian ['keɪnzɪən] ◇ *adj* keynesiano(a)

◇ *n* keynesiano(a) *m,f*

keynote ['ki:nəʊt] ◇ *n* **-1.** *(main point)* nota *f* dominante; **promoting industrial recovery is the ~ of government policy** promover la recuperación industrial es el tema central de la política gubernamental **-2.** MUS tónica *f*

◇ *adj (speech, speaker)* principal

◇ *vt* exponer, formular

keypad ['ki:pæd] *n* COMPTR teclado *m* numérico

keypunch ['ki:pʌntʃ] *n* perforadora *f*

keystone ['ki:stəʊn] *n* **-1.** ARCHIT clave *f* (de un arco) **-2.** *(of argument, policy)* piedra *f* angular ☐ **the Keystone State** = apelativo familiar referido al estado de Pensilvania

keystroke ['ki:strəʊk] *n* COMPTR pulsación *f*; **keystrokes per minute/hour** (ingreso de) caracteres por minuto/hora

keyword ['ki:wɜ:d] *n* **-1.** *(informative word)* palabra *f* clave **-2.** COMPTR palabra *f* clave

KG [keɪ'dʒi:] *n Br (abbr* **Knight of the Order of the Garter)** Caballero de la Orden de la Jarretera

kg *(abbr* **kilogram)** kg

KGB [keɪdʒi:'bi:] *n Formerly* KGB *m*

khaki ['kɑ:kɪ] ◇ *n* caqui *m*

◇ *adj* caqui *inv*; **~ shorts** pantalones cortos caqui; *US* **khakis** pantalones de soldado

khan [kɑ:n] *n (title)* kan *m*

Khartoum [kɑ:'tu:m] *n* Jartum

Khmer [kmɜ:(r)] ◇ *n* **-1.** *(person)* jemer *mf*; **the ~ Rouge** los jemeres rojos **-2.** *(language)* jemer *m*

◇ *adj* jemer

kHz ELEC *(abbr* **kilohertz)** kHz

KIA [keɪaɪ'eɪ] *adj US* MIL *(abbr* **killed in action)** muerto en acción

kibble ['kɪbəl] *vt (cereal)* moler

kibbutz [kɪ'bʊts] *(pl* **kibbutzim** [kɪbʊt'si:m]) *n* kibbutz *m*, kibutz *m*

kibitz ['kɪbɪts] *vi US Fam* meter la cuchara

kibitzer ['kɪbɪtsə(r)] *n US Fam* mirón(ona) *m,f*, metido(a) *m,f*

kibosh, **kybosh** ['kaɪbɒʃ] *n Fam* **to put the ~ on sth** echar algo abajo *or* a pique

kick [kɪk] ◇ *n* **-1.** *(with foot)* patada *f*, puntapié *m*; *(of horse)* coz *f*; **to give sth/sb a ~** dar una patada a algo/alguien; *Fam Fig* **she needs a ~ in the pants** *or* **up the backside** *or Vulg* **up the arse** necesita una buena patada en el trasero *or Vulg* culo; *Fig* **that was a ~ in the teeth for him** le sentó como una patada en la boca ☐ SPORT **~ boxing** kick boxing *m*; **~ turn** *(in skiing, skateboarding)* cambio *m* brusco de dirección

-2. *(of gun)* retroceso *m*

-3. **to have a ~** *(drink)* estar fuerte *(aunque entre bien)*

-4. *Fam (thrill)* **to get a ~ from** *or* **out of sth** disfrutar con algo; **to get a ~ out of doing sth** disfrutar haciendo algo; **to do sth for kicks** hacer algo por gusto, regodearse haciendo algo

-5. *Fam (temporary interest)* **I'm on a fitness ~** me ha dado por mantenerme en forma

-6. *(in swimming)* patada *f*

◇ *vt* **-1.** *(once)* dar una patada a; *(several times)* dar patadas a; **to get kicked** *(once)* recibir una patada, *(several times)* recibir patadas; **she kicked the ball over the wall** pateó la pelota al otro lado de la pared; **I kicked the door open** abrí la puerta de una patada; **he was kicked to death** lo mataron a patadas; **the baby kicked his legs in the air** el niño daba patadas en el aire

-2. [IDIOMS] **I could have kicked myself** era para tirarme de los pelos, *Esp* me hubiera dado de bofetadas; **they must be kicking themselves** se deben estar dando la cabeza contra la pared; **to ~ a man when he's down** atacar a alguien cuando ya está derrotado; *US Vulg* **to ~ sb's ass** *(defeat) (dar un buen palizón a alguien; US Vulg* **to ~ ass** *(be bossy)* tratar a todo el mundo a patadas; *(be excellent)* ser *Esp* cojonudo(a) *or CAm, Carib, Col, Méx* chévere *or Méx* padrísimo(a) *or RP* bárbaro(a); *Fam* **to ~ the bucket** estirar la pata, *CAm, Méx* doblar *or* liar el petate;

kickabout | 405 | **kilolitre**

Fam **to ~ the habit** *(stop taking drugs)* dejar el vicio; **to ~ sb upstairs** ascender a alguien para que no moleste
◇ *vi* **-1.** *(once)* dar una patada; *(several times)* dar patadas; *(animal)* dar coces
-2. *(athlete)* apretar el ritmo; *(swimmer)* mover las piernas
-3. *(gun)* hacer el retroceso
-4. *(in dance)* levantar una pierna, dar una patada al aire
-5. [IDIOM] *Fam* **to ~ against sth** *(rebel against)* patalear contra algo; **he was always trying to ~ against the system** siempre intentaba rebelarse contra el sistema; *Fam* **to ~ against the pricks** rebelarse; **to ~ over the traces** desmandarse

◆ **kick about, kick around** ◇ *vt insep (spend time in)* **to ~ about** *or* **around the world/Africa** recorrer el mundo/África; **is my purse kicking about** *or* **around the kitchen somewhere?** ¿has visto mi monedero por la cocina?
◇ *vt sep* **-1.** *(play with)* **to ~ a ball about** *or* **around** pelotear, dar patadas a un balón; *Fam* **to ~ an idea about** *or* **around** darle vueltas a una idea **-2.** *(mistreat)* **don't let them ~ you about** *or* **around** no dejes que te traten a patadas
◇ *vi Fam* estar *or* andar por ahí; **can you see my lighter kicking about** *or* **around?** ¿está *or* anda por ahí mi encendedor?, ¿has visto mi encendedor por ahí?; **I think I've got one kicking about** *or* **around somewhere** debo tener alguno por ahí; **who are you kicking about** *or* **around with these days?** ¿con quién andas últimamente?

◆ **kick back** *vi US Fam (relax)* relajarse

◆ **kick down** *vt sep (door)* echar abajo *or* derribar a patadas

◆ **kick in** ◇ *vt sep* **-1.** *(door)* abrir de una patada; **to ~ sb's head in** romper la cabeza a alguien; *Fam* **I'll ~ his teeth in!** ¡le voy a partir la cara! **-2.** *US Fam (contribute)* poner
◇ *vi (come into effect) (clause)* ponerse en marcha, entrar en vigor; *(drug)* hacer efecto

◆ **kick off** ◇ *vt sep* **-1.** *(remove)* **to ~ one's shoes off** quitarse *or Am* sacarse los zapatos a patadas; **he kicked me off his land** me echó a patadas de sus tierras **-2.** *(begin)* comenzar, empezar
◇ *vi* **-1.** *(in soccer, rugby)* hacer el saque inicial **-2.** *(begin)* comenzar, empezar (**with** con)

◆ **kick out** ◇ *vt sep Fam* **he was kicked out** *(of job, house)* lo echaron, le dieron la patada
◇ *vi* **to ~ out (at sb)** intentar dar una patada (a alguien)

◆ **kick over** *vt insep* [IDIOM] **to ~ over the traces** desmandarse

◆ **kick up** *vt insep Fam* **to ~ up a fuss** *or* **a row** *or* **a stink** armar, *Esp* montar un escándalo; **to ~ up a din** *or* **a racket** armar *or Esp* montar un alboroto

kickabout ['kɪkəbaʊt] *n Fam (soccer game)* peloteo *m*

kickback ['kɪkbæk] *n Fam* **-1.** *(payment)* **he got a ~ for doing it** le *Esp* untaron, *Andes, RP* coimearon *or CAm, Méx* dieron una mordida para que lo hiciera **-2.** *US (repercussion)* pataleo *m*, reacción *f*

kickdown ['kɪkdaʊn] *n (in car)* = método para cambiar automáticamente de marcha pisando el acelerador a fondo

kicker ['kɪkə(r)] *n SPORT* pateador(ora) *m,f*

kicking ['kɪkɪŋ] ◇ *n Br* **to give sb a ~** reprender a alguien; **to get a ~** ser reprendido
◇ *adj Fam Esp* ¡guay (del Paraguay)!, *Andes, Perú* superchévere, *Méx* padrísimo(a), *RP* supergenial

kick-off ['kɪkɒf] *n* **-1.** *(in soccer, rugby)* saque *m* inicial; **the ~ is at 3pm** el partido empieza a las 3 de la tarde, *Am* el puntapié inicial será a las 3 de la tarde **-2.** [IDIOM] *Fam* **for a ~** *(to start with)* para empezar

kickstand ['kɪkstænd] *n (on bike, motorcycle)* soporte *m*

kick-start ['kɪkstɑːt] *n (on motorbike)* pedal *m or* palanca *f* de arranque
◇ *vt* **-1.** *(motorbike, engine)* arrancar a patada *(con el pedal)* **-2.** *(economy)* reactivar

kid [kɪd] *n* **-1.** *Fam (child)* niño(a) *m,f*, crío(a) *m,f*, *Arg* pibe(a) *m,f*, *CAm* chavalo(a) *m,f*, *Chile* cabro(a) *m,f*, *Col* chino(a) *m,f*, *Méx* chavo(a) *m,f*, *Urug* botija *mf*; **my ~ brother** mi hermano pequeño *Br* **our ~** *(brother)* el pequeño, *Am* el chico; *(sister)* la pequeña, *Am* la chica; **she's just a ~** es sólo una niña, no es más que una niña; **it's ~'s stuff** *(easy, childish)* eso es cosa de niños
-2. *(young goat)* cabrito *m*; *(skin)* cabritilla *f*
❑ **~ gloves** guantes *mpl* de cabritilla; [IDIOM] **to handle sb with ~ gloves** tratar a alguien con mucho tacto *or Am* guantes de seda; **~ leather** cabritilla *f*
◇ *vt (pt & pp* **kidded**) *Fam* **-1.** *(tease)* tomar el pelo a, *RP* cargar a; **they kidded him about his accent** le tomaban el pelo por su acento, *RP* lo cargaban por el acento que tenía **-2.** *(fool)* tomar el pelo a, *Esp, Carib, Méx* vacilar, *Esp* quedarse con; **to ~ oneself** engañarse; **who do you think you're kidding?** ¿a quién crees que engañas?; **I ~ you not** no es broma, no te estoy tomando el pelo
◇ *vi Fam* **to be kidding** estar bromeando; **don't get upset, I was just kidding** no te enfades, sólo estaba bromeando; **I'm going, no kidding** voy a ir, te lo digo en serio; **no kidding!** *(surprise)* ¡no me digas!, ¡qué fuerte!; **no kidding?** ¿en serio?; **you're not kidding!** ¡ya lo creo!, *Esp* ¡descarado!

◆ **kid on** *Fam* ◇ *vt sep* tomar el pelo a, *Esp, Carib, Méx* vacilar, *Esp* quedarse con
◇ *vi* tomar el pelo, *Esp, Carib, Méx* vacilar

kidder ['kɪdə(r)] *n Fam* bromista *mf*

kiddie, kiddy ['kɪdɪ] *n Fam* nene(a) *m,f*, crío(a) *m,f*

kiddiewink, kiddywink ['kɪdɪwɪŋk] *n Br Fam* pequeñín(ina) *m,f*, chiquitín(ina) *m,f*

kiddo ['kɪdəʊ] *n Fam* nene(a) *m,f*

kiddy = kiddie

kiddywink = kiddiewink

kid-glove ['kɪdglʌv] *adj* **to give sb the ~ treatment** tratar a alguien con mucho tacto *or Am* guantes de seda

kidnap ['kɪdnæp] *n* ~ secuestro *m*, rapto *m*; **~ attempt** intento de secuestro
◇ *vt (pt & pp* **kidnapped**) secuestrar, raptar

kidnapper ['kɪdnæpə(r)] *n* secuestrador(ora) *m,f*, raptor(ora) *m,f*

kidnapping ['kɪdnæpɪŋ] *n* secuestro *m*, rapto *m*

kidney ['kɪdnɪ] *n* **-1.** *(organ, as food)* riñón *m* ❑ **~ beans** *Esp* judías *fpl*, *Esp* alubias *fpl*, *Andes, CAm, Carib, Méx* frijoles *mpl*, *Andes, RP* porotos *mpl*; *Br* **~ dish** = bandeja metálica en forma de riñón; **~ failure** insuficiencia *f* renal; **~ donor** donante *mf* de riñón; **~ machine** riñón *m* artificial, aparato *m* de diálisis; **~ stone** piedra *f* en el riñón, cálculo *m* renal
-2. *Literary (temperament, kind)* especie *f*, tipo *m*; **a man of (quite) a different ~** un hombre (claramente) cortado por otro patrón

kidney-shaped ['kɪdnɪʃeɪpt] *adj* (en forma de) riñón

kidologist [kɪ'dɒlədʒɪst] *n Fam* bromista *mf*

kidology [kɪ'dɒlədʒɪ] *n Fam* arte *m* de tomar el pelo

kid-on ['kɪdɒn] *n Fam* tomadura *f* de pelo, *Esp, Carib, Méx* vacile *m*, *RP* joda *f*

kidskin ['kɪdskɪn] *n* cabritilla *f*

kidvid ['kɪdvɪd] *n US Fam* vídeo *or Am* video *m* infantil

Kiev ['kiːev] *n* Kiev

kif [kɪf] *n* kif *m*

kike [kaɪk] *n US Fam* = término ofensivo para referirse a los judíos, *RP* ruso(a) *m,f*

Kilimanjaro [kɪlɪmæn'dʒɑːrəʊ] *n* el Kilimanjaro

kill [kɪl] ◇ *n* **-1.** *(act of killing)* **to make a ~** matar; *also Fig* **to be in at the ~** no perderse el desenlace, estar presente en el momento culminante; *also Fig* **to move in for the ~** lanzarse al ataque **-2.** *(number killed)* piezas *fpl* cobradas **-3.** *(prey)* presa *f* **-4.** MIL *(enemy plane, ship, tank destroyed)* baja *f* enemiga, enemigo *m* derribado
◇ *vt* **-1.** *(person, animal)* matar; **twelve people were killed** resultaron muertas doce personas; **to ~ oneself** matarse; *Fam Fig* **to ~ oneself laughing** morirse de risa; *Ironic* **don't ~ yourself!** *(to sb not working very hard)* ¡cuidado, no te vayas a herniar!; **he didn't exactly ~ himself to find a job** no se ha esforzado demasiado para encontrar un empleo, *RP* tampoco se mató para encontrar un trabajo; **I'll finish it even if it kills me** lo terminaré aun si me cuesta la vida; **my feet/these shoes are killing me** los pies/estos zapatos me están matando
-2. *(pain)* acabar con; *(sound)* amortiguar; **this injection should ~ the pain (for a while)** esta inyección debería eliminar el dolor (durante un rato)
-3. *(put an end to)* poner fin a, acabar con; **the speech killed his chances of promotion** el discurso acabó con sus posibilidades de ascenso; **the editor decided to ~ the story** el director decidió no publicar la noticia; **the government killed the bill** el gobierno impidió que prosperara el proyecto de ley
-4. *Fam (switch off)* *(engine, lights)* apagar
-5. [IDIOM] *Fam* **this one'll ~ you** *(joke)* este es buenísimo; **to ~ sb with kindness** pasarse de bueno(a) con alguien; **to ~ two birds with one stone** matar dos pájaros de un tiro; **to ~ time** matar el tiempo
◇ *vi* matar; *Fam* **I'd ~ for a beer** haría cualquier cosa por una cerveza; [IDIOM] **it's a case of ~ or cure** hay que jugársela a todo o nada

◆ **kill off** *vt sep* acabar con; **to ~ off a character** *(in novel, TV series)* matar a un personaje; **high prices could ~ off the tourist trade** los altos precios podrían acabar con la industria del turismo

killer ['kɪlə(r)] *n* **-1.** *(murderer)* asesino(a) *m,f*; **tuberculosis was once a major ~** en el pasado, la tuberculosis fue una gran causa de mortandad; **a ~ road** un camino de la muerte; *Fig* **he lacks the ~ instinct** *(of sportsman)* le falta garra para terminar con su contrincante ❑ **~ whale** orca *f*
-2. *Fam (sth very difficult)* **those steps were a ~!** ¡esos escalones me han dejado muerto!; **the maths exam was a ~** el examen de matemáticas era matador
-3. *Fam (very good)* **this one's a ~** *(joke)* este es buenísimo; **it has a ~ plot** tiene un argumento de lo más interesante; **what's been a ~ app for 20 years?** ¿qué programa de aplicación ha mantenido su éxito durante 20 años?

killing ['kɪlɪŋ] ◇ *n (of person)* asesinato *m*; *(of animals)* matanza *f*; [IDIOM] *Fam* **to make a ~** *(financially)* forrarse de dinero
◇ *adj* **-1.** *Fam (exhausting)* matador(ora) **-2.** *Fam (very amusing)* desternillante

killingly ['kɪlɪŋlɪ] *adv* **it was ~ funny** era desternillante, era para morirse de risa

killjoy ['kɪldʒɔɪ] *n* aguafiestas *mf inv*

kiln [kɪln] *n* horno *m (para cerámica, ladrillos)*

kilo ['kiːləʊ] *(pl* **kilos**) *n* kilo *m*

kilo- ['kɪlə] *prefix* kilo-

kilobit ['kɪləbɪt] *n* COMPTR kilobit *m*

kilobyte ['kɪləbaɪt] *n* COMPTR kilobyte *m*

kilocalorie ['kɪləkælərɪ] *n* kilocaloría *f*

kilocycle ['kɪləsaɪkəl] *n* kilociclo *m*

kilogram, kilogramme ['kɪləgræm] *n* kilogramo *m*

kilohertz ['kɪləhɜːts] *n* kilohercio *m*, kilohertz *m*

kilojoule ['kɪlədʒuːl] *n* kilojulio *m*

kilolitre, *US* **kiloliter** ['kɪləliːtə(r)] *n* kilolitro *m*

kilometre, US **kilometer** ['kɪləmi:tə(r), kɪ'lɒmɪtə(r)] n kilómetro m
kilometric [kɪlə'metrɪk] adj kilométrico(a)
kilopond ['kɪləpɒnd] n PHYS kilopondio m
kiloton ['kɪlətʌn] n kilotón m
kilovolt ['kɪləvəʊlt] n kilovoltio m
kilowatt ['kɪləwɒt] n kilovatio m ❑ **~ hour** kilovatio-hora m; **1000 ~ hours** 1000 kilovatios-hora
kilt [kɪlt] n falda f or RP pollera f escocesa
kilted ['kɪltɪd] adj **-1.** (person) vestido(a) con falda or RP pollera escocesa **-2.** (pleated) plisado(a)
kilter ['kɪltə(r)] n Fam **out of ~** (machine part) descuajeringado(a); Esp escacharrado(a), Méx madreado(a); (schedule) manga por hombro; **to be out of ~ with sth** estar desfasado(a) or andar desacompasado(a) en relación con algo
kimono [kɪ'məʊnəʊ] (pl **kimonos**) n quimono m, kimono m
kin [kɪn] n parientes mpl, familiares mpl; **next of ~** parientes or familiares más cercanos(as); **are they ~ to** or **with you?** ¿son parientes tuyos?
kind[1] [kaɪnd] ◇ n **-1.** (type, sort) clase f, tipo m; **this ~ of mistake is very common** este tipo de errores es muy común; **all kinds of...** toda clase or todo tipo de...; **in a ~ of a way** en cierto sentido; **I never said anything of the ~!** ¡yo nunca dije nada parecido!; **nothing of the ~** nada por el estilo; **you were drunk last night – I was nothing of the ~!** ayer estabas borracho – ¡qué va!; **something of the ~** algo así; **well, it's coffee of a ~, I suppose** bueno, es una especie de café; **the money was consolation of a ~** el dinero fue un pequeño consuelo; **this is my ~ of party!** ¡este es el estilo de fiestas que me gusta!; **he's that ~ of person** es de esa clase de personas, él es así; **we don't have that ~ of money** no tenemos ese dinero; **is this the ~ of thing you're looking for?** ¿estás buscando algo así?; **what ~ of a meal do you call this?** ¿a esto le llamas comida?; **what ~ of a parent would abandon their child?** ¿qué clase de padre abandonaría a su hijo?; Fam **are you some ~ of nut?** ¿estás chiflado or Esp majara?; **I'm not the marrying ~** yo no soy de los que se casan; **she's not the ~ to complain** no es de las que se quejan
-2. (class of person, thing) **he's a traitor to his ~** ha traicionado a los suyos; **we're two of a ~** estamos hechos de la misma pasta; **she's one of a ~** es única; **it's the only one of its ~** es único en su género; **I hate him and his ~** lo odio a él y a los de su calaña
-3. Fam (slightly, more or less) **you look ~ of tired** pareces como cansado; **I was ~ of surprised to find you here** la verdad es que me sorprendió bastante encontrarte aquí; **she's ~ of cute** es bastante mona; **I ~ of expected this** me esperaba algo así, me lo temía; **I was ~ of hoping you'd come with me** la verdad es que esperaba que vinieras conmigo; **do you like it? – ~ of** ¿te gusta? – más o menos, Esp vaya; **it was a ~ of saucer-shaped thing** era una especie de objeto con forma de plato
◇ **in kind** adj (payment) en especie
◇ **in kind** adv **to pay sb in ~** pagar en especie, Fig **to answer** or **react in ~** responder con la misma moneda
kind[2] adj **-1.** (good-natured, considerate) amable; **~ words** palabras amables; **to be ~ to sb** ser amable con alguien; **it's very ~ of you (to help us)** es muy amable de tu parte (ayudarnos); **she was ~ enough to say nothing** tuvo la amabilidad or consideración de no decir nada; Formal **would you be ~ enough to** or **so ~ as to...?** ¿le importaría...?; **by ~ permission of...** con el consentimiento de... **-2.** (delicate, not harmful) suave, delicado(a); **~ to the skin** (on detergent, soap package) no irrita la piel
kinda ['kaɪndə] Fam = **kind of**

kindergarten ['kɪndəgɑːtən] n jardín m de infancia, guardería f
kind-hearted ['kaɪnd'hɑːtɪd] adj bondadoso(a); **she's very ~** tiene muy buen corazón
kind-heartedly ['kaɪnd'hɑːtɪdlɪ] adv bondadosamente
kind-heartedness ['kaɪnd'hɑːtɪdnɪs] n bondad f, buen corazón m
kindle ['kɪndəl] ◇ vt **-1.** (flame, fire) encender, Am prender **-2.** (emotions, interest) despertar
◇ vi **-1.** (wood) encenderse, Am prenderse **-2.** (emotions, interest) despertarse
kindliness ['kaɪndlɪnɪs] n amabilidad f
kindling ['kɪndlɪŋ] n leña f (menuda)
kindly ['kaɪndlɪ] ◇ adv **-1.** (good-naturedly, considerately) amablemente; **he has always treated me ~** siempre me ha tratado con amabilidad
-2. (obligingly) generosamente; **she has ~ offered to help us** generosamente nos ha ofrecido su ayuda
-3. (favourably) **to look ~ on sth/sb** tener un buen concepto de algo/alguien; **to speak ~ of sb** hablar bien de alguien; **she didn't take ~ to being criticized** no se tomaba bien las críticas
-4. Formal (in polite requests) **would** or **will you ~ pass the salt?** ¿tendría la amabilidad de pasarme la sal?; **~ refrain from smoking** se agradece la atención de no fumar
-5. Formal (in anger or annoyance) **(would you) ~ be quiet!** ¿serías tan amable de callarte?; **will you ~ sit down!** ¡ten la bondad de sentarte!
◇ adj amable
kindness ['kaɪndnɪs] n **-1.** (good-nature, consideration) amabilidad f (**to** or **towards** con or hacia); **an act of ~** un gesto de amabilidad; **to show ~ to sb** mostrarse amable con alguien; **she did it out of the ~ of her heart** lo hizo desinteresadamente; Formal **would you have the ~ to...?** ¿tendría la bondad de...?
-2. (considerate act) favor m; **to do sb a ~** hacer un favor a alguien; Formal **please do me the ~ of replying** le ruego tenga la amabilidad de responder
kindred ['kɪndrɪd] adj por el estilo; **~ spirits** almas gemelas
kinesitherapist ['kɪniːzɪ'θerəpɪst] n kinesioterapeuta mf, kinesiterapeuta mf
kinesitherapy ['kɪniːzɪ'θerəpɪ] n kinesioterapia f, kinesiterapia f
kinetic [kɪ'netɪk] adj cinético(a) ❑ **~ art** arte m cinético; PHYS **~ energy** energía f cinética
kinetics [kɪ'netɪks] n PHYS & CHEM cinética f
kinfolk US = **kinsfolk**
king [kɪŋ] n **-1.** (of country, in cards, chess) rey m; (in draughts) dama f; **the three Kings** (in the Bible) los Reyes Magos; **(the book of) Kings** (in Bible) (el Libro de) los Reyes; **the ~ of (the) beasts** el rey de la selva; **the ~ of the castle** el dueño y señor; Fig **the hamburger ~** el rey de la hamburguesa; **a ~'s ransom** un dineral; **for ~ and country** por la patria; IDIOM **to live like a ~** vivir como un rey ❑ **King Charles spaniel** King Charles spaniel m; **~ cobra** cobra f real; **~ crab** cacerola f or cangrejo m de las Molucas, límulo m; **~ penguin** pájaro m bobo real, pingüino m real; Br **~ prawn** langostino m; **~ vulture** rey m de los zopilotes
-2. Br LAW **King's Bench** = división del tribunal supremo británico; **King's Counsel** = abogado británico de alto rango; Br **the King's English** el inglés oficial or estándar (en Gran Bretaña); **King's evidence: to turn King's evidence** = inculpar a un cómplice ante un tribunal a cambio de recibir un trato indulgente
-3. SPORT **King of the Mountains** (in cycling) rey m de la montaña; **King of the Mountains competition** premio m de la montaña
kingbird ['kɪŋbɜːd] n tirano m
kingdom ['kɪŋdəm] n **-1.** (realm) reino m; **the ~ of God/Heaven** el Reino de Dios/los Cielos; **Thy ~ come** el Juicio Final **-2.** (division) **the animal/plant ~** el reino animal/vegetal

-3. IDIOMS Fam **till ~ come** hasta el día del Juicio Final; Fam **to send sb to ~ come** mandar a alguien al otro mundo or a mejor vida
kingfisher ['kɪŋfɪʃə(r)] n martín m pescador
kingly ['kɪŋlɪ] adj regio(a); **to behave in a ~ manner** comportarse con modales dignos de un rey or con aire regio
kingmaker ['kɪŋmeɪkə(r)] n hombre m fuerte, persona f influyente
kingpin ['kɪŋpɪn] n **-1.** (of organization, company) eje m **-2.** (in tenpin bowling) bolo m central
kingship ['kɪŋʃɪp] n (state, dignity) realeza f; (office) reinado m
king-size(d) ['kɪŋ'saɪz(d)] adj (de) tamaño gigante; (bed) extragrande; (cigarette) extralargo(a); Fam **I've got a ~ hangover** tengo una resaca tremenda or RP tamaño baño
Kingston ['kɪŋstən] n Kingston
kink [kɪŋk] ◇ n **-1.** (in wire, rope) retorcimiento m; (in hair) rizo m, rulo m **-2.** (in character) manía f
◇ vt (rope, cable) enroscar, retorcer
◇ vi (rope, cable) enroscarse
kinkajou ['kɪŋkədʒuː] n mapache m
kinky ['kɪŋkɪ] adj **-1.** (hair) rizado(a), Chile, Col crespo(a), Méx quebrado(a), RP enrulado(a) **-2.** Fam (person, sex) pervertido(a); (erotic, pornographic) erótico(a); **he likes ~ sex** le gustan los números raros
kinsfolk ['kɪnzfəʊk], US **kinfolk** ['kɪnfəʊk] npl parientes mpl
Kinshasa [kɪn'fæsə] n Kinshasa
kinship ['kɪnʃɪp] n **-1.** (family relationship) parentesco m **-2.** (affinity) afinidad f (**with** con)
kinsman ['kɪnzmən] n Literary pariente m
kinswoman ['kɪnzwʊmən] n Literary pariente f
kiosk ['kiːɒsk] n **-1.** (for newspapers, magazines) quiosco m, kiosco m **-2.** COMPTR terminal f interactiva
kip [kɪp] Br Fam ◇ n **-1.** (sleep) sueño m; **to have a ~** echar un sueño; **to get some ~** dormir algo **-2.** (bed) cama f, sobre m
◇ vi (pt & pp **kipped**) (sleep) dormir
◆ **kip down** vi Br Fam pasar la noche, (quedarse a) dormir
kipper ['kɪpə(r)] n **-1.** (smoked fish) arenque m ahumado **-2.** Fam **~ tie** = corbata ancha de los años setenta
kir [kɪə(r)] n = bebida a base de vino blanco y casis
Kirbigrip, kirby grip ['kɜːbɪgrɪp] n horquilla f
Kirghiz ['kɜːgɪz] ◇ adj kirguizo(a)
◇ n kirguizo(a) m,f
Kirg(h)izia [kɜː'gɪːzɪə], **Kirg(h)izstan** [kɜːgɪz'stæn] n Kirguizistán
Kiribati [kɪrɪ'bætɪ] n Kiribati
kirk [kɜːk] n Scot iglesia f; **the Kirk** la Iglesia de Escocia
kirsch [kɪəʃ] n kirsch m
kiskadee ['kɪskədiː] n **great ~** benteveo, cristofué
KISS [kɪs] adj US Fam (abbr **keep it simple, stupid**) sencillo(a), básico(a)
kiss [kɪs] ◇ n **-1.** (with lips) beso m; **to give sb a ~** dar un beso a alguien; **to give sb the ~ of life** hacer el boca a boca a alguien; **it could be the ~ of life for the building trade** podría ser la salvación para la industria de la construcción; IDIOM **the news was the ~ of death for the project** la noticia dio el golpe de gracia al proyecto ❑ **~ curl** caracolillo m (en la frente o la mejilla)
-2. (in snooker, pool) quite m, roce m
◇ vt **-1.** (with lips) besar; **to ~ sb good night/goodbye** dar un beso de buenas noches/de despedida a alguien; **you can ~ your chances of promotion goodbye** ya puedes despedirte de tu ascenso; **I'll ~ it better** vamos a darle un beso para que se cure; Vulg **to ~ sb's** Br **arse** or US **ass** lamer el culo a alguien; Vulg **~ my** Br **arse** or US **ass!** Esp ¡anda y que te den por culo!, Méx ¡vete a la chingada!, RP ¡andate a la puta que te parió!
-2. (touch lightly) tocar; **the white ball kissed the pink** la bola blanca tocó la rosa

◇ vi besarse; **to ~ and make up** reconciliarse; **to ~ and tell** = tener un lío con un famoso y luego contárselo a la prensa
◆ **kiss off** vt sep US Fam **to ~ sb off** (get rid of) mandar a alguien a paseo; (employee) poner a alguien de patitas en la calle
kissable ['kɪsəbəl] adj **he's so ~** dan unas ganas tremendas de besarlo; **~ lips** labios tentadores
kiss-and-tell [kɪsən'tel] adj (journalism) del corazón; **~ stories/revelations** historias/ secretos de alcoba
kisser ['kɪsə(r)] n **-1.** (person) **to be a great ~** besar muy bien **-2.** Fam (mouth) morros mpl, boca f
kissing ['kɪsɪŋ] n besos mpl; **there was a lot of ~ and cuddling going on** no paraban de besarse y acariciarse ❏ US Fam **~ cousin** primo(a) m,f lejano(a); **~ gate** puerta f en (forma de) V
kiss-off ['kɪsɒf] n US Fam **to give sb the ~** (get rid of) mandar a alguien a paseo; (employee) poner a alguien de patitas en la calle
kissogram ['kɪsəɡræm] n Br = servicio en el que se contrata a una persona para que felicite a otra dándole un beso
kit [kɪt] n **-1.** (equipment) equipo m; **tool ~** juego de herramientas; IDIOM Fam **the whole ~ and caboodle** absolutamente todo **-2.** (soldier's gear) equipo m; **in full battle ~** en equipo de combate **-3.** (sports clothes) equipo m **-4.** Br Fam (clothes) **to get one's ~ off** quedarse en pelotas **-5.** (for assembly) kit m, modelo m para armar; **to make sth from a ~** montar algo, armar algo; **in ~ form** para montar **-6.** COMPTR kit m
◆ **kit out** vt sep Br equipar (**with** con); **we kitted ourselves out for a long trip** nos equipamos para un viaje largo; **he was kitted out for golf** estaba equipado para jugar al golf
kitbag ['kɪtbæɡ] n petate m
kitchen ['kɪtʃɪn] n cocina f ❏ **~ cabinet** (cupboard) armario m de cocina; POL Fam camarilla f de asesores; **~ foil** papel m de aluminio, Esp papel m Albal®; **~ garden** huerto m; **~ knife** cuchillo m de cocina; **~ paper** (rollo m de) papel m de cocina; **~ roll** (rollo m de) papel m de cocina; **~ salt** sal f de cocina or Esp gorda or Am gruesa; **~ scales** balanza f de cocina; **~ sink** fregadero m, Chile,Col,Méx lavaplatos m inv, RP pileta f; IDIOM Fam **he took everything but the ~ sink** se llevó hasta el colchón; **~ unit** módulo m de cocina
kitchenette [kɪtʃɪ'net] n cocina f pequeña
kitchen-sink drama ['kɪtʃɪn'sɪŋk'drɑːmə] n obra f de realismo social
kitchenware ['kɪtʃɪnweə(r)] n menaje m de cocina
kite [kaɪt] ◇ n **-1.** (toy) cometa f, CAm, Méx papalote m, Chile volantín m, Par pandorga f, RP barrilete m ❏ Br **Kite mark** = marchamo oficial de calidad **-2.** (bird) milano m **-3.** Br Fam Old-fashioned (aircraft) aeroplano m **-4.** IDIOMS **to fly a ~** lanzar un globo sonda (para tantear el terreno); Fam **go fly a ~!** ¡vete a freír churros or espárragos!
◇ vt US Fam (cheque) = extender un cheque sin fondos esperando que para cuando se cobre los haya, RP diferir
kith [kɪθ] n Literary **~ and kin** parientes y amigos
kitsch [kɪtʃ] ◇ n kitsch m
◇ adj kitsch inv
kitschy ['kɪtʃɪ] adj kitsch inv
kitten ['kɪtən] n (young cat) gatito(a) m,f; IDIOM **she had kittens** (was shocked) le dio un soponcio
kittenish ['kɪtənɪʃ] adj coqueto(a), juguetón(ona)
kittiwake ['kɪtɪweɪk] n gaviota f tridáctila
kitty ['kɪtɪ] n **-1.** Fam (cat) gatito(a) m,f, minino(a) m,f; **here, ~ ~** minino, minino, ven aquí **-2.** (for bills) fondo m or caja f común; (for drinks) fondo m; (in cards) posturas fpl, puesta f

kitty-corner ['kɪtɪkɔːnə(r)], **kitty-cornered** ['kɪtɪkɔːnəd] US Fam ◇ adj diagonal
◇ adv en diagonal, diagonalmente
kiwi ['kiːwiː] n **-1.** (bird) kiwi m **-2.** Fam **Kiwi** (New Zealander) neozelandés(esa) m,f **-3.** (fruit) **~ (fruit)** kiwi m
KKK [keɪkeɪ'keɪ] n (abbr **Ku Klux Klan**) KKK m
Klan [klæn] n **the ~** el Ku Klux Klan
Klansman ['klænzmən] n miembro m del Ku Klux Klan
klaxon ['klæksən] n AUT bocina f, claxon m
Kleenex® ['kliːneks] n kleenex® m inv, pañuelo m de papel
kleptomania [kleptə'meɪnɪə] n cleptomanía f
kleptomaniac [kleptə'meɪnɪæk] n cleptómano(a) m,f
klutz [klʌts] n US Fam (stupid person) bobo(a) m,f, Esp chorra m,f; (clumsy person) torpe, Esp patoso(a) m,f
km (abbr **kilometre**) km
km/h, kmph (abbr **kilometres per hour**) km/h mpl
knack [næk] n habilidad f, maña f; **there's a ~ to it** tiene su complicación or truco; **to have the ~ of** or **a ~ for doing sth** tener habilidad o darse maña para hacer algo; **he's got a ~ of turning up at meal-times** le ha tomado or Esp cogido el gusto a presentarse a la hora de las comidas; **to get the ~ of sth** pillar el truco or Esp tranquillo a algo
knacker ['nækə(r)] Br ◇ n **-1.** (for horses) matarife m de caballos; **~'s yard** matadero de caballos **-2.** very Fam **knackers** (testicles) pelotas fpl, huevos mpl
◇ vt Fam **-1.** (exhaust) dejar hecho(a) polvo or reventado(a) **-2.** (break, wear out) hacer polvo
knackered ['nækəd] adj Br Fam **to be ~** (tired) estar hecho(a) polvo or reventado(a); (broken, damaged) estar hecho(a) polvo
knapsack ['næpsæk] n mochila f
knapweed ['næpwiːd] n centaura f
knave [neɪv] n **-1.** (in cards) (English pack) jota f; (Spanish pack) sota f **-2.** Literary (scoundrel) villano m
knavish ['neɪvɪʃ] adj vil, bribón(ona)
knead [niːd] vt **-1.** (dough) amasar **-2.** (muscles) masajear, dar un masaje a
knee [niː] ◇ n **-1.** (part of body) rodilla f; **we were up to our knees in snow** la nieve nos llegaba a las rodillas; **to be on one's knees** estar arrodillado(a) or de rodillas; **the country was on its knees** el país se hallaba postrado; **to go down on one's knees** arrodillarse, ponerse de rodillas; **to fall to one's knees** caer de rodillas; Fig **to bring a country to its knees** (state of collapse) llevar a un país a una situación catastrófica; (at one's mercy) doblegar a un país; Literary **to bend** or **bow the ~ to** or **before sb** hincarse de rodillas ante alguien ❏ **~ joint** articulación f de la rodilla
-2. (of trousers) rodilla f; **worn at the knees** con las rodillas gastadas
-3. (lap) regazo m, falda f; **come and sit on my ~** ven a sentarte en mi regazo or falda; **quiet or I'll put you over my ~** como no te calles te voy a dar un azote
◇ vt (hit with knee) dar un rodillazo a; **he kneed me in the groin** me dio un rodillazo en la entrepierna
knee-breeches ['niːbriːtʃɪz] npl bermudas fpl
kneecap ['niːkæp] ◇ n rótula f
◇ vt Br (pt & pp **kneecapped**) castigar disparando en la rótula
kneecapping ['niːkæpɪŋ] n = castigo que consiste en disparar en la rótula a alguien
knee-deep ['niː'diːp] adj **the snow/mud was ~** la nieve/el barro llegaba hasta las rodillas; **she was ~ in water** le llegaba el agua por la rodilla; Fig **she was ~ in work** estaba hasta el cuello de trabajo
knee-high ['niː'haɪ] adj hasta la (altura de) la rodilla; **the grass was ~** la hierba llegaba a la rodilla; IDIOM Fam **when I was ~ to a grasshopper** cuando era pequeño or canijo, Am cuando era or Col estaba chiquito

kneehole ['niːhəʊl] n = lugar para colocar las rodillas en un escritorio o mueble; **~ desk** escritorio con espacio para las rodillas
knee-jerk ['niːdʒɜːk] ◇ n (reflex) reflejo m rotular
◇ adj (reaction, response) visceral; (opposition, condemnation) automático(a)
kneel [niːl] (pt & pp **knelt** [nelt]) vi (go down on one's knees) arrodillarse, ponerse de rodillas; (be on one's knees) estar de rodillas; **after the battle they knelt in prayer** tras la batalla se arrodillaron para rezar; **the monks were kneeling in prayer** los monjes rezaban arrodillados; **to ~ before sb** arrodillarse ante alguien
◆ **kneel down** vi arrodillarse, ponerse de rodillas
knee-length ['niːleŋθ] adj hasta la rodilla ❏ **~ boots** botas fpl de caña alta; **~ socks** medias fpl tres cuartos
kneeler ['niːlə(r)] n (cushion) cojín m, almohadón m
kneepad ['niːpæd] n rodillera f
knees-up ['niːzʌp] n Br Fam pachanga f, juerga f
knell [nel] n Literary tañido m fúnebre, toque m de difuntos; Fig **to toll** or **sound the (death) ~ for sth/sb** suponer el (principio del) fin para algo/alguien
knelt pt & pp of **kneel**
knew pt of **know**
knickerbocker glory ['nɪkəbɒkə'ɡlɔːrɪ] n = copa de helado con fruta y Esp nata or Am crema
knickerbockers ['nɪkəbɒkəz], US **knickers** ['nɪkəz] npl bombachos mpl
knickers ['nɪkəz] ◇ npl **-1.** Br (underwear) Esp bragas fpl, Chile, Col, Méx calzones mpl, Col blúmers mpl, Ecuad follones mpl, RP bombacha f; IDIOM Fam **he got his ~ in a twist** (angry) se salió de sus casillas; (agitated) se puso hecho un manojo de nervios; IDIOM very Fam **to get into sb's ~** echar un polvo a alguien, Am comerse a alguien **-2.** US = **knickerbockers**
◇ exclam Br Fam ¡bobadas!
knick-knack ['nɪknæk] n Fam chuchería f, baratija f
knife [naɪf] ◇ n (pl **knives** [naɪvz]) **-1.** (cutlery) cuchillo m; (penknife) navaja f ❏ **~ block** taco m or tajo m portacuchillos; **~ grinder** afilador(ora) m,f; **~ pleat** (on trousers) pinza f; (on skirt) tabla f; **~ sharpener** afilador m de cuchillos
-2. (weapon) navaja f, cuchillo m; **to carry a ~** llevar (una) navaja ❏ **~ fight** pelea f con navajas; **~ wound** puñalada f, cuchillada f
-3. ELEC **~ switch** interruptor m de cuchilla
-4. IDIOMS **the knives are out for the Prime Minister** el primer ministro tiene los días contados; Fam **to go under the ~** (have operation) ser operado(a), pasar por (el) quirófano; **to go through sth like a (hot) ~ through butter** (of tool) cortar algo como si fuera mantequilla; (through opposition, market) penetrar en algo con la mayor facilidad; **to have one's ~ into sb** tenérsela jurada a alguien; **to stick the ~ in** ensañarse; **to turn** or **twist the ~ (in the wound)** hurgar en las heridas
◇ vt (stab) apuñalar, acuchillar; **he was knifed in the back** recibió una puñalada por la espalda
knife-edge ['naɪfedʒ] n Fig **he has been on a ~ all day** (nervous) ha estado todo el día con los nervios de punta; Fig **the situation/the game is balanced on a ~** la situación/el partido pende de un hilo
knife-point ['naɪfpɔɪnt] n **to be robbed at ~** ser robado(a) a punta de cuchillo
knifing ['naɪfɪŋ] n apuñalamiento m, acuchillamiento m
knight [naɪt] ◇ n **-1.** (person) caballero m; Fig **a ~ in shining armour** un salvador; Fam **a ~ of the road** (tramp) un vagabundo ❏ **~ errant** caballero m andante **-2.** Br (honorary title) caballero m; **he was made a ~** fue nombrado caballero ❏ **Knight of (the Order of) the Garter** Caballero (de la

knighthood

Orden) de la Jarretera **-3.** *(in chess)* caballo *m*

◇ *vt* ordenar caballero a

knighthood ['naɪthʊd] *n (title)* título *m* de caballero; **to receive** *or* **be given a ~** recibió *or* le otorgaron el título de caballero

knit [nɪt] *(pt & pp* **knitted** *or* **knit)** ◇ *vt* **-1.** *(sweater)* tejer; **he knitted himself a scarf** se tejió una bufanda **-2.** *(in instructions)* **~ two purl two** tejer dos puntos del derecho y dos del revés, *Am* tejer dos puntos para abajo y dos para arriba **-3.** *(unite)* unir, aunar; IDIOM **to ~ one's brows** fruncir el ceño

◇ *vi* **-1.** *(with wool)* hacer punto **-2.** *(broken bones)* soldarse

◇ *adj* **closely** *or* **tightly ~** muy unido(a); **a loosely ~ coalition of parties** una coalición de partidos sin vinculaciones rígidas

◇ *n (garment)* prenda *f Esp* de punto *or Am* tejida

◆ **knit together** *vi (broken bones)* soldarse

knitted ['nɪtəd] *adj* de punto

knitter ['nɪtə(r)] *n* tejedor(ora) *m,f,* persona *f* que hace punto

knitting ['nɪtɪŋ] *n* **-1.** *(item)* (labor *f* de) punto *m, Am* tejido *m* **-2.** *(activity)* labor *f* de punto, *Am* tejido *m;* **have you finished your ~?** ¿has terminado de hacer punto?, *Am* ¿terminaste el tejido?; IDIOM *US* **to stick to one's (own) ~** dedicarse a lo suyo ❏ **~ machine** *Esp* tricotosa *f, Am* máquina *f* de tejer; **~ needle** aguja *f* de punto *or Am* de tejer

knitwear ['nɪtweə(r)] *n* prendas *fpl* de punto *or Am* tejidas

knives *pl of* **knife**

knob [nɒb] ◇ *n* **-1.** *(on banisters, door, drawer)* pomo *m; (on cane)* empuñadura *f,* puño *m;* IDIOM *Br Fam* **the same to you with knobs on!** ¡y tú más!, *Esp* ¡me rebota (y en tu culo explota)!, *Méx* ¡soy un espejo y me reflejo! **-2.** *(on radio)* botón *m,* mando *m* **-3.** *(lump)* **a ~ of butter** una nuez de mantequilla *or RP* manteca **-4.** *Br very Fam (penis)* verga *f,* pijo *m*

◇ *vt Br very Fam (have sex with)* chingar *or Am* coger con

knobbly ['nɒblɪ], **knobby** *US* ['nɒbɪ] *adj* nudoso(a); **~ knees** rodillas huesudas

knock [nɒk] ◇ *n* **-1.** *(blow)* golpe *m;* **give it a ~ with a hammer** dale un golpe con un martillo, dale un martillazo; **I got a nasty ~ on the elbow** me he dado un golpe de muerte en el codo, me he golpeado el codo de mala manera; **the car's had a few knocks, but nothing serious** el coche tiene algunos golpes *or* algunas abolladuras, pero nada grave

-2. *(on door)* **there was a ~ at the door** se oyó un golpe en la puerta; **she gave three knocks on the door** llamó tres veces a la puerta, dio tres golpes en la puerta; **no one answered my ~** nadie contestó cuando llamé; **can you give me a ~ tomorrow morning?** ¿podrías llamar a mi puerta por la mañana?; **~! ~!** ¡toc! ¡toc!

-3. *Fam (criticism)* palo *m;* **she's taken a few knocks from the press** la prensa le ha dado unos cuantos palos

-4. *(to sb's pride, chances)* revés *m;* **to take a ~** sufrir un serio revés

-5. AUT *(in engine)* golpeteo *m*

◇ *vt* **-1.** *(hit)* golpear; **to ~ a nail in** clavar un clavo; **he was knocked into the ditch** lo tiraron a la cuneta de un golpe; **to ~ sb to the ground** tumbar a alguien *a golpes);* **the explosion knocked us to the floor** *or* **off our feet** la explosión nos tiró al suelo; **he was knocked off balance by the blow** el golpe le hizo perder el equilibrio; **the news knocked him off balance** la noticia le dejó de una pieza; **to ~ sb unconscious** dejar a alguien inconsciente; **to ~ one's head on** *or* **against sth** golpearse la cabeza contra algo; **to ~ a hole in sth** abrir un agujero de un golpe en algo; **to ~ holes in an argument** echar por tierra *or* desbaratar un argumento; **to ~ some sense into sb** meter

un poco de sentido común en la cabeza a alguien

-2. *Fam (criticize)* criticar; **don't ~ it till you've tried it!** no lo critiques sin probarlo antes; **he's always knocking his colleagues** siempre está poniendo verde a *or* criticando a sus compañeros

-3. *(damage)* **his confidence had been knocked** su confianza había sufrido un serio revés

-4. IDIOMS *Fam* **to ~ sb dead** *(impress)* dejar de piedra a alguien; *Fam* **~ 'em dead** ¡a por ellos!, *Esp* ¡valor y al toro!; *Br Fam* **to ~ sth on the head** *(put a stop to)* cortar algo de raíz; *Br Fam* **~ it on the head, will you!** ¡ya basta! ¿no?; **to ~ sth/sb into shape** poner algo/a alguien a punto; *Fam* **to ~ sb sideways** *or US* **for a loop** dejar a alguien de piedra

◇ *vi* **-1.** *(hit)* dar golpes, golpear; **to ~ on the window** dar golpes *or* golpear en la ventana; **his knees were knocking** le temblaban las rodillas

-2. *(on door)* llamar, *Am* golpear; **to ~ at** *or* **on the door** llamar a la puerta (con los nudillos); **please ~ before entering** por favor, llamar antes de entrar; **she came in without knocking** entró sin llamar *or Am* golpear; **don't come knocking at my door if you need help in future** a partir de ahora no llames a mi puerta cuando necesites ayuda

-3. *(bump)* golpearse, chocar; **to ~ against** *or* **into sth** chocar con *or* contra algo; **my elbow knocked against the door frame** me golpeé el codo contra el marco de la puerta

-4. *(engine)* golpetear

◆ **knock about, knock around** ◇ *vt sep* **-1.** *(jolt)* **the furniture has been badly knocked about** *or* **around** han tratado muy mal los muebles; **we really got knocked about in the back of that truck** acabamos molidos en la parte trasera del camión ese **-2.** *Fam (beat up)* maltratar, pegar **-3.** *Fam (idea, suggestion)* dar vueltas a

◇ *vt insep Fam* **are my keys knocking about** *or* **around the kitchen somewhere?** ¿están *or* andan mis llaves por la cocina?; **she knocked about** *or* **around Australia for a few years** estuvo unos cuantos años por Australia; **these clothes are OK for knocking about the house in** esta ropa va bien para estar por casa, *Am* esta ropa sirve para entrecasa

◇ *vi Fam* **has anyone seen my keys knocking about** *or* **around?** ¿ha visto alguien mis llaves por ahí?; **to ~ about** *or* **around with sb** andar con alguien

◆ **knock back** *vt sep Fam* **-1.** *(swallow)* **to ~ back a drink** *Esp* atizarse una copa, *Am* hacer fondo blanco con algo de beber; **he certainly knocks it back!** *Esp* priva *or Am* chupa como una esponja

-2. *Br (idea, proposal)* rechazar; **to ~ sb back** dar calabazas a alguien

-3. *Br (cost)* costar; **that must have knocked you back a bit!** ¡eso te ha tenido que costar un ojo de la cara *or* un dineral!

-4. *(shock)* **she was knocked back by the news** la noticia le impactó muchísimo

◆ **knock down** *vt sep* **-1.** *(boxer, assailant)* derribar **-2.** *(pedestrian)* atropellar **-3.** *(building, wall)* derribar **-4.** *(price)* rebajar; **I knocked her down to £30** conseguí que me lo dejara en 30 libras **-5.** *(at auction)* adjudicar; **it was knocked down to her for £300** se lo adjudicaron por 300 libras

◆ **knock off** ◇ *vt sep* **-1.** *(cause to fall off) (object, person)* tirar; **he was knocked off his bike by a car** un coche *or Am* carro *or RP* auto lo tiró de la bicicleta; **the arm of the statue had been knocked off** le habían roto un brazo a la estatua, la estatua había perdido un brazo; *Fam* **to ~ sb's head** *or* **block off** romper la cabeza a alguien; IDIOM *Fam* **to ~ sb's socks off**

dejar alucinado(a) a alguien; IDIOM *Fam* **to ~ spots off sb** darle cien *or* mil vueltas a alguien

-2. *Fam (deduct) (point, mark)* quitar, *Am* sacar; **I managed to get something knocked off the price** conseguí que me rebajaran algo el precio; **the salesman knocked 10 percent off (for us)** el vendedor nos hizo una rebaja del 10 por ciento

-3. *Fam (steal) Esp* mangar, *Am* volar; **to ~ off a bank/jeweller's** dar un golpe en un banco/una joyería

-4. *Fam (kill)* asesinar, cepillarse a

-5. *Fam* **~ it off!** *(stop it)* ¡basta ya!

-6. *Fam (produce quickly) (letter, report, song)* despachar; **she can ~ off an article in half an hour** es capaz de despachar *or Esp* ventilarse un artículo en media hora

-7. *Br very Fam (have sex with)* cepillarse *or Am* comerse a

◇ *vi Fam (finish work)* terminar de trabajar, *Esp* plegar

◆ **knock on** ◇ *vt sep (in rugby)* **to ~ the ball on** incurrir en *or* realizar un adelantado

◇ *vi* incurrir en *or* realizar un adelantado

◆ **knock out** *vt sep* **-1.** *(remove)* **one of his teeth had been knocked out** le habían saltado un diente; **he knocked out his pipe** vació la pipa (con unos golpecitos); IDIOM *Fam* **to ~ sb's brains/teeth out** partirle la cabeza/la boca a alguien

-2. *(eliminate from competition)* eliminar; **we were knocked out in the first round** nos eliminaron en la primera ronda

-3. *(put out of action) (power supply, enemy artillery)* inutilizar; **it can ~ out a tank at 2,000 metres** puede inutilizar un tanque a 2.000 metros

-4. *(make unconscious)* dejar sin sentido; *(in boxing match)* dejar fuera de combate; *Fam* **the sleeping pill knocked her out for ten hours** el somnífero la dejó K.O. *or* grogui durante diez horas

-5. *Fam (astound)* alucinar; **I was knocked out by the special effects** los efectos especiales me dejaron alucinado

-6. *Fam (exhaust)* hacer polvo a, reventar; **I'm not going to knock myself out working for him** no me voy a reventar *or* matar trabajando para él

◆ **knock over** *vt sep* **-1.** *(container, table)* volcar **-2.** *(pedestrian)* atropellar; *(boxer)* derribar **-3.** *US Fam (rob)* atracar

◆ **knock together** *vt sep Fam* **-1.** *(hit together)* **they need their heads knocking together, those two** esos dos necesitan que les den una buen regañina **-2.** *(make hastily) (meal, report, speech)* hacer deprisa y corriendo

◆ **knock up** ◇ *vt sep* **-1.** *(make hastily)* hacer deprisa y corriendo **-2.** *Br (waken)* despertar **-3.** *Br Fam (exhaust)* hacer polvo, reventar **-4.** *very Fam (make pregnant)* dejar preñada a

◇ *vi (in tennis)* pelotear

knockabout ['nɒkəbaʊt] ◇ *n* astracanada *f*

◇ *adj (comedy, comedian)* bullanguero(a)

knock-back ['nɒkbæk] *n Fam (refusal)* patada *f* en el trasero, negativa *f;* **to get a ~** llevarse una patada en el trasero

knockdown ['nɒkdaʊn] ◇ *n (in boxing)* knockdown *m*

◇ *adj* **-1.** *Fam (argument)* contundente, *Esp* impepinable **-2.** *(reduced)* **at a ~ price** a un precio de risa **-3.** *(easy to dismantle)* desmontable, desarmable; **the furniture is sold in ~ form** los muebles los venden desmontados *or* desarmados

knocker ['nɒkə(r)] *n* **-1.** *(on door)* llamador *m,* aldaba *f* **-2.** *Fam (critic)* crítico(a) *m,f* **-3.** *very Fam* **knockers** *(breasts)* domingas *fpl, Méx* chichís *fpl, RP* lolas *fpl*

knock-for-knock agreement ['nɒkfə-'nɒk ə'griːmənt] n Br (in car insurance) = acuerdo amistoso entre aseguradoras automovilísticas

knocking ['nɒkɪŋ] n **-1.** (at door, window) golpes mpl **-2.** (of engine) golpeteo m **-3.** Br Fam (injury, defeat) **to take a ~** (in fight) llevarse una paliza or tunda de palos; (in match) llevarse una paliza **-4.** Br very Fam **~ shop** prostíbulo m, burdel m **-5.** COM **~ copy** = publicidad que ataca o desacredita a la competencia

knock-kneed ['nɒk'niːd] adj patizambo(a), zambo(a), Am chueco(a)

knock-knees ['nɒk'niːz] npl **to have ~** ser zambo(a) or patizambo(a), Am ser chueco(a)

knock-on ['nɒk'ɒn] ◇ n (in rugby) adelantado m
◇ adj **~ effect** efecto dominó

knockout ['nɒkaʊt] ◇ n **-1.** (in boxing) K.O. m, fuera de combate m; Fig (to chances) golpe m de gracia; **to win by a ~** ganar por K.O. **-2.** Fam (sensation) **to be a ~** causar sensación; **he's a ~** (attractive) está imponente
◇ adj **-1. ~ blow** (in boxing) golpe que pone fuera de combate; Fig **to deliver the ~ blow** (to chances) asestar el golpe de gracia ❑ Fam **~ drops** gotas fpl de un bebedizo (para dejar inconsciente) **-2.** (in sport) **a ~ competition** una competición or Am competencia por eliminatorias

knock-up ['nɒkʌp] n Br (in tennis) peloteo m

knoll [nɒl] n loma f, altozano m

knot [nɒt] ◇ n **-1.** (in rope, string) nudo m; (in ribbon) lazo m, lazada f; **to tie/untie a ~** atar/desatar un nudo, hacer/deshacer un nudo; IDIOM Fam **to tie the ~** (get married) casarse
-2. (tangle) nudo m, enredo m; **the wool is full of knots** la lana tiene muchos nudos; **my hair is full of knots** tengo el cabello enredado; IDIOM Fam **to tie oneself in knots** hacerse un lío enorme
-3. (in muscle) nódulo m; Fig **my stomach was in knots** tenía un nudo en el estómago
-4. (in wood) nudo m
-5. NAUT (unit of speed) nudo m; **we are doing 15 knots** vamos a 15 nudos
-6. (group of people) corro m
-7. (bird) correlimos m inv gordo
◇ vt (pt & pp **knotted**) (piece of string) anudar, atar; **he knotted the rope around his waist** se ató la cuerda a la cintura
◇ vi (muscle) agarrotarse; **my stomach knotted up with fear** del miedo se me hizo un nudo en el estómago

knotgrass ['nɒtɡrɑːs] n centinodia f, correhuela f

knothole ['nɒthəʊl] n hueco m (de un nudo) en la madera

knotted ['nɒtɪd] adj **-1.** (handkerchief, rope) con nudos; (hair) enredado(a), enmarañado(a) **-2.** Br very Fam **get ~!** ¡vete al cuerno!, Esp ¡que te den!

knotty ['nɒtɪ] adj **-1.** Fam (problem) espinoso(a) **-2.** (wood) nudoso(a)

knotweed ['nɒtwiːd] n disciplina f de monja

knout [naʊt] n knut m

know [nəʊ] ◇ n Fam **to be in the ~** estar enterado(a), estar en el ajo, RP estar en el mojo
◇ vt (pt **knew** [njuː], pp **known** [nəʊn]) **-1.** (be acquainted with) conocer; **to get to ~ sb** conocer a alguien; **it took a while for me to get to ~ them** me llevó tiempo conocerlos bien; **she had long hair when I first knew her** cuando la conocí tenía el pelo largo; **do you ~ Miami?** ¿conoces Miami?; **the end of life as we ~ it** el final de la vida tal y como la conocemos; **I ~ her only as a colleague** sólo la conozco del trabajo; **I ~ him better than to believe he'd say such a thing** lo conozco lo suficiente como para saber que él nunca diría una cosa así; **to ~ sb by name/sight** conocer a alguien de nombre/vista; **I ~ her for a hard worker** sé que es una buena trabajadora; **I ~ him to say hello to** lo conozco de hola y adiós nada más; **knowing HIM...** conociéndolo...; **knowing my luck...** con la suerte que tengo...; **I had a call from you ~ who** me llamó quien tú ya sabes; Fam **(do) you ~ Mike?** he was in a car crash ¿te acuerdas de Mike? tuvo un accidente
-2. (have knowledge of) saber; **to ~ (that)...** saber que...; **to ~ the answer** saber la respuesta; **to ~ a lot/very little about sth** saber mucho/muy poco de algo; **she knows what she is talking about** sabe de lo que está hablando; **he thinks he knows it all** or **everything** se cree que lo sabe todo; **she knows all there is to ~ about the subject** lo sabe todo del tema, sabe todo sobre ese tema; **this substance is known to cause cancer** se sabe que esta sustancia produce cáncer; **we ~ her to be a Russian agent** sabemos que es una agente rusa; **I knew it, I could have told you he'd say that!** ¡lo sabía, sabía que diría eso!; **that's not true and you ~ it** eso no es verdad y tú lo sabes (perfectamente); Fam **don't I ~ it!** ¡dímelo a mí!, ¡a mí me lo vas a decir!; **I don't ~ that that's a very good idea** no estoy seguro de que sea una buena idea; **before you ~ where you are, the next thing you ~** en un abrir y cerrar de ojos, antes de que puedas decir esta boca es mía; **for all I ~, he could be dead** por lo que sé, podría haber muerto; **to ~ sth backwards** saberse algo al dedillo; **to ~ sth for a fact** saber algo a ciencia cierta; **to ~ one's own mind** tener las ideas claras; **she knows her place** sabe cuál es su sitio; Fam **to ~ a thing or two** saber alguna que otra cosa, saber un rato; **I don't ~ the first thing about genetics** no tengo ni la más mínima idea de genética; **he knows his way around the office** conoce bien la oficina; **you'll keep away from him if you ~ what's good for you** si sabes lo que te conviene, aléjate de él; **he knows what's what** tiene la cabeza sobre los hombros or RP bien puesta; **heaven** or **God (only)** or **goodness knows!** ¡sabe Dios!; **I might have known I'd find you here!** ya sabía que te encontraría aquí; **there's no knowing how they'll react** no hay manera de saber cómo van a reaccionar; **what do they ~, anyway?** ¡qué sabrán ellos!; Fam Hum **what do you ~?, waddaya ~?** ¡anda, mira!, Esp ¡hombre, qué sorpresa!, RP ¡mirá, vos!; Fam **(do) you ~ what?** I think he may be right ¿sabes qué te digo? que puede que tenga razón, RP ¿sabés qué? talvez tenga razón; Fam **she's a bit slow, (you) ~ what I mean?** es un poco corta, tu ya me entiendes
-3. (recognize, distinguish) distinguir, reconocer; **I knew her by her walk** la distinguí or la reconocí por su forma de caminar or esp Esp andar; **I'd ~ her anywhere** la reconocería a la legua; **the town has changed so much you wouldn't ~ it** la ciudad ha cambiado tanto que no la reconocerías; **he knows a good business opportunity when he sees one** sabe reconocer un buen negocio (cuando lo tiene delante); Fam **she wouldn't ~ a good wine if it hit her in the face** or **if she fell over one** no tiene ni la más remota idea de vino; **to ~ right from wrong** distinguir lo bueno de lo malo; **my joy knows no bounds** mi alegría no tiene límites
-4. (experience) **I've never known anything like it** nunca he visto nada igual; **I've never known him to be shy** nunca lo he visto comportarse con timidez; **such coincidences have been known** coincidencias de ésas han pasado a veces; **she has been known to lose her temper** en alguna ocasión ha perdido los estribos; Literary **I have never known true love** nunca he conocido el verdadero amor
-5. (language, skill) **to ~ Spanish** saber español; **to ~ how to do sth** saber hacer algo
-6. Archaic (have sex with) conocer
◇ vi **-1.** (in general) saber; **he's not very clever – I ~** no es muy inteligente – ya lo sé; **maybe Peter will ~** quizá Peter lo sepa; **what's her name? – I don't ~** ¿cómo se llama? – no (lo) sé; **it has been a hard week – I ~** (expressing agreement) ha sido una semana muy dura – ¡desde luego! or ¡sin duda!; **I ~, why don't we go to the cinema?** ya sé, ¿por qué no vamos al cine?; **I ~, I ~, I'm late again** ya lo sé, ya lo sé, otra vez llego tarde; **Fam I don't ~, whatever is he going to do next?** de verdad, ¿qué se le ocurrirá ahora?; **she's not very friendly – oh, I don't ~, I find her quite pleasant** no es muy simpática – no sé, a mí me parece muy agradable; **the insurance company didn't want to ~** la compañía de seguros se desentendió; **to ~ about sth** saber de algo; **she had known about it all along** ella lo sabía desde el principio; **did you ~ about Jerry?** ¿sabes lo de Jerry?; **I don't ~ about you, but I'm going to bed** no sé tú (qué harás), pero yo me voy a la cama; **I ~ all about hard work** ¡qué me vas a contar a mí de trabajo duro (que yo no sepa)!; **as** or **so far as I ~** que yo sepa; **how should I ~?** ¿cómo voy a saberlo yo?; **it's not easy, I should ~!** no es fácil, créeme; **if you must ~, she's my sister** ya que insistes tanto, es mi hermana; **you never ~** nunca se sabe; **is that the killer? – I wouldn't ~** ¿es ése el asesino? – yo no sé nada; **to ~ best** or **better** saber lo que hay que hacer; **he always thinks he knows best** or **better** siempre se cree que lo sabe todo; **you should ~ better than that by now!** ¡a estas alturas ya podías saber que eso no se hace!; **she knew better than to ask again** como es lógico, no se le ocurrió volver a preguntar; **he doesn't ~ whether he's coming or going** no sabe por dónde se anda, no sabe si va o viene, RP no tiene idea de dónde está parado; **I didn't ~ whether to laugh or to cry** no sabía si reír o llorar
-2. Fam **you ~ that old toilet which used to sit outside our house?** ¿te acuerdas or sabes aquel viejo retrete que había a la puerta de casa?; **you shouldn't smoke so much, you ~** no deberías fumar tanto ¿sabes?; **I have been there before, you ~** yo he estado allí, ¿eh?; **it wasn't quite what I was expecting, you ~** en fin, no era lo que me esperaba; **I was walking along the street, you ~, minding my own business,...** iba por la calle, ¿no?, a lo mío,...; **James, you ~, my cousin...** James, ya sabes, mi primo...

◆ **know of** vt insep saber de, conocer; **not that I ~ of** que yo sepa, no; **to get to ~ of sth** enterarse de algo

know-all ['nəʊɔːl] n esp Br Fam sabihondo(a) m,f, sabelotodo mf

know-how ['nəʊhaʊ] n conocimientos mpl prácticos, know how m; COM técnica f, conocimientos mpl técnicos

knowing ['nəʊɪŋ] ◇ n **there's no ~** no hay manera de saberlo
◇ adj (look, smile) cómplice, de complicidad

knowingly ['nəʊɪŋlɪ] adv **-1.** (act) a sabiendas **-2.** (look, smile) de forma cómplice, con complicidad

know-it-all ['nəʊɪtɔːl] n Fam sabihondo(a) m,f, sabelotodo mf

knowledge ['nɒlɪdʒ] n **-1.** (awareness) conocimiento m; **(not) to my ~** que yo sepa (no); **to the best of my ~** por lo que yo sé; **without my ~** sin que yo tuviera conocimiento, sin que yo lo supiera; **I had no ~ of it** no tenía conocimiento de ello; **to have full ~ of sth** saber algo perfectamente; **it is common ~ that...** todo el mundo sabe que..., de todos es sabido que...; **he brought the theft to my ~** me dio cuenta del robo; Formal **it has come to our ~ that...** ha llegado a nuestro conocimiento que...
-2. (learning) conocimientos mpl; **to have a ~ of several languages** saber varios idiomas; **she has a basic/thorough ~ of physics**

tiene conocimientos elementales/profundos de física; **her ~ is immense** tiene enormes conocimientos; PROV **~ is power** el poder llega por el conocimiento
-3. COMPTR **~ base** base *f* de conocimientos; **the ~ economy** la economía del conocimiento

knowledgeable ['nɒlɪdʒəbəl] *adj* entendido(a); **to be ~ about sth** ser un(a) (gran) entendido(a) en algo

knowledgeably ['nɒlɪdʒəblɪ] *adv* con conocimiento, con erudición; **he speaks ~ about music** habla de música con gran erudición

knowledge-based ['nɒlɪdʒbeɪst] *adj* COMPTR **~ system** sistema *m* experto

known [nəʊn] ◇ *adj* **-1.** *(notorious)* conocido(a); **he's a ~ drugs dealer** es un traficante conocido **-2.** *(recognized)* conocido(a); **it's a ~ fact** es un hecho conocido; **to make oneself ~** darse a conocer; **to let it be ~** dar a conocer, sacar a la luz; **~ reserves** *(of oil)* reservas de petróleo conocidas
◇ *pp of* **know**

knuckle ['nʌkəl] *n* **-1.** *(of finger)* nudillo *m*; *Fam Hum* **to give sb a ~ sandwich** darle un piñazo a alguien, *Esp* arrearle una castaña a alguien; IDIOM **near the ~** *(of remark, joke)* rayano(a) en la vulgaridad, hiriente **-2.** *(of pork)* codillo *m*
♦ **knuckle down** *vi Fam* **to ~ down (to sth)** ponerse (a algo) en serio
♦ **knuckle under** *vi Fam* pasar por el aro, rendirse

knucklebone ['nʌkəlbəʊn] *n* **-1.** ANAT falange *f* **-2.** CULIN hueso *m* de codillo

knuckle-duster ['nʌkəldʌstə(r)] *n* puño *m* americano

knucklehead ['nʌkəlhed] *n Fam* (pedazo *m* de) alcornoque *m*, cabeza *mf* de chorlito

knurl [nɜːl] *n* **-1.** *(in wood)* nudo *m* **-2.** *(on screw)* moleteado *m*

KO ['keɪ'əʊ] *Fam* ◇ *n (pl* **KO's** ['keɪ'əʊz]) *(in boxing)* K.O. *m*
◇ *vt (pp & pt* **KO'd** ['keɪ'əʊd]) *(in boxing)* dejar fuera de combate, noquear

koala [kəʊˈɑːlə] *n* **~ (bear)** koala *m*

Kodiak ['kəʊdɪæk] *n* **~ (bear)** (oso *m*) kodiak *m*

kohl [kəʊl] *n (eyeliner)* lápiz *m* de ojos; *(powder)* kohl *m*

kohlrabi [kəʊl'rɑːbɪ] *n* colinabo *m*, col *f* rábano

kola ['kəʊlə] *n (tree)* cola *f* ❏ **~ nut** nuez *f* de cola

kolkhoz [kɒl'xɒz] *n* HIST koljós *m*, koljoz *m*

Komodo dragon [kəˈməʊdəʊˈdrægən] *n* dragón *m* de Komodo

kook [kuːk] *n US Fam* chiflado(a) *m,f*, *Esp* majara *mf*

kookaburra ['kʊkəbʌrə] *n* cucaburra *m or f*

kookie, kooky ['kuːkɪ] *adj US Fam* chiflado(a), *Esp* majara

kopeck, kopek ['kəʊpek] *n (subdivision of rouble)* kopek *m*, copec *m*

Koran [kəˈrɑːn] *n* **the ~** el Corán

Koranic [kəˈrænɪk] *adj* coránico(a)

Korea [kəˈrɪə] *n* Corea; **North/South ~** Corea del Norte/del Sur

Korean [kəˈrɪən] ◇ *n* **-1.** *(person)* coreano(a) *m,f* **-2.** *(language)* coreano *m*
◇ *adj* coreano(a); **the ~ War** la guerra de Corea

korma ['kɔːmə] *n* CULIN = plato suave de la cocina india consistente en verduras o carne cocidas en su jugo y mezcladas con yogur

kosher ['kəʊʃə(r)] *adj* **-1.** *(in Judaism)* kosher, conforme a la ley judaica; **~ meat** carne kosher **-2.** *Fam (legitimate)* legal

Kosovan ['kɒsəvən], **Kosovar** ['kɒsəvɑː(r)] ◇ *n* kosovar *mf*
◇ *adj* kosovar

Kosovan-Albanian [kɒsəvənæl'beɪnɪən] ◇ *n* albanokosovar *mf*
◇ *adj* albanokosovar

Kosovo ['kɒsəvəʊ] *n* Kosovo

kowtow ['kaʊ'taʊ] *vi* postrarse; *Fig* **to ~ to sb** postrarse ante alguien

kph *(abbr* **kilometres per hour)** km/h

kraal [krɑːl] *n* = poblado de chozas en el sur de África rodeado por una empalizada

kraken ['krɑːkən] *n* MYTHOL kraken *m*, = gigantesco monstruo marino que se supone que habita frente a las costas de Noruega

Krakow ['krækaʊ] *n* Cracovia

Kraut [kraʊt] *Fam* ◇ *n* cabeza cuadrada *mf*, = término generalmente ofensivo para referirse a los alemanes
◇ *adj* de cabeza cuadrada, = término generalmente ofensivo para referirse a los alemanes

Kremlin ['kremlɪn] *n* **the ~** el Kremlin

Kremlinologist [kremlɪ'nɒlədʒɪst] *n* kremlinólogo(a) *m,f*

krill [krɪl] *(pl* **krill)** *n* kril *m*

Kriss Kringle ['krɪsˈkrɪŋgəl] *n US* Papá *m* Noel

krona ['krəʊnə] *n* corona *f* (sueca)

krone ['krəʊnə] *n* corona *f* (danesa *or* noruega)

Krugerrand ['kruːgərænd] *n* krugerrand *m*, = moneda de oro sudafricana

Krushchev ['krʊstʃɒf] *pr n* Jruschov

krypton ['krɪptɒn] *n* CHEM criptón *m*, kriptón *m*

KS *(abbr* **Kansas)** Kansas

Kt -1. *(abbr* **kiloton)** Kt, kilotón *m* **-2.** *Br (abbr* **knight)** caballero *m*

Kuala Lumpur [kwɑːləˈlʊmpʊə(r)] *n* Kuala Lumpur

kudos ['kjuːdɒs] *n* gloria *f*, renombre *m*

kudu ['kuːduː] *n* cudú *m*

Ku Klux Klan [kuːklʌksˈklæn] *n* Ku Klux Klan *m*

kukri ['kʊkrɪ] *n* = daga curvada de los gurkas nepaleses

kumquat ['kʌmkwɒt] *n* naranjilla *f* china, kumquat *m*

kung fu [kʌŋ'fuː] *n* kung-fu *m*

Kurd [kɜːd] ◇ *n* kurdo(a) *m,f*
◇ *adj* kurdo(a)

Kurdish ['kɜːdɪʃ] ◇ *n (language)* kurdo *m*
◇ *adj* kurdo(a)

Kurdistan [kɜːdɪ'stæn] *n* Kurdistán

Kuriles [kʊə'riːlz] *npl* **the ~** las (islas) Kuriles

Kuwait [kʊ'weɪt] *n* Kuwait

Kuwaiti [kʊ'weɪtɪ] ◇ *n* kuwaití *mf*
◇ *adj* kuwaití

kV *(abbr* **kilovolt)** kK

kvetch [kvetʃ] *vi US Fam (complain)* quejarse, dar la murga con quejas

kW *(abbr* **kilowatt)** kW

kwanza(a) ['kwænzə] *n US* = festival afroamericano que se celebra del 26 de diciembre al 1 de enero

---

KWANZA(A)

Se trata de la celebración de una semana de duración (del 26 de diciembre al 1 de enero) organizada por afroamericanos, especialmente en el sur de EE. UU., aunque también se da en ciudades importantes como Nueva York. **Kwanza(a)** tiene sus raíces en el tradicional festival africano que celebra la colecta de la primera cosecha. El nombre viene del Swahili y literalmente significa "primeros frutos". **Kwanza(a)** se originó en EE. UU. en 1966 de la mano de Maulana Karenga, catedrático de estudios panafricanos y líder cultural negro. En esta celebración se dan cita tanto las costumbres tradicionales africanas como las aspiraciones e ideales de los afroamericanos. La celebración gira en torno al Nguzo Saba, que recoge los siete principios de la cultura negra según los enunció Karenga. Estos principios son: Umoja (unidad), Kujichagulia (autodeterminación), Ujima (esfuerzo colectivo y responsabilidad), Ujamaa (economía de cooperación), Nia (finalidad), Kuumba (creatividad) y Imani (fe).

---

kwashiorkor [kwɒʃɪˈɔːkɔː(r)] *n* kwashiorkor *m*

kWh *(abbr* **kilowatt-hour)** kvh, kWh

KY *(abbr* **Kentucky)** Kentucky

KY jelly® ['keɪwaɪ'dʒelɪ] *n* KY *m*, = lubricante soluble en agua

kybosh = **kibosh**

Kyoto [kiː'əʊtəʊ] *n* Kioto

kyrie ['kɪrɪeɪ] *n* REL kirie *m* ❏ **~ eleison** kirieleisón *m*

L, l [el] *n (letter)* L, l *f*

L [el] *n* **-1.** (*abbr* **lake**) L. **-2.** (*abbr* **large**) L, G **-3.** (*abbr* **left**) izq., izqda. **-4.** *Br* AUT **L-plate** placa *f* de la "L"

L PLATE/DRIVER

En el Reino Unido, un rótulo con la letra "L" adherido en la parte trasera de un vehículo indica que el conductor no tiene todavía permiso de conducir y que está aprendiendo acompañado por una persona que sí es titular del permiso.

l (*abbr* **litre(s)**) l.

LA [el'eɪ] *n* **-1.** (*abbr* **Los Angeles**) Los Ángeles **-2.** (*abbr* **Louisiana**) Luisiana

la, lah [lɑː] *n* MUS la *m*

laager ['lɑːɡə(r)] *n* = campamento defensivo utilizado en Sudáfrica compuesto por carromatos en forma de círculo

Lab -1. *Br* POL (*abbr* **Labour**) laborista **-2.** (*abbr* **Labrador**) Labrador

lab [læb] *n Fam* (*abbr* **laboratory**) laboratorio *m* ❏ ~ **coat** bata *f* blanca; ~ **technician** técnico(a) *m,f* de laboratorio

label ['leɪbəl] ◊ *n* **-1.** (*on parcel, bottle, suitcase, clothes*) etiqueta *f*; *Fig* **he objects to having a ~ like "nonconformist" stuck on him** no está de acuerdo con la etiqueta de "inconformista" que le han puesto **-2.** (*of record company*) sello *m* discográfico, casa *f* discográfica

◊ *vt* (*pt & pp* **labelled**, US **labeled**) **-1.** (*parcel, bottle, suitcase*) etiquetar; **you must ~ your clothes clearly** debes marcar tu ropa claramente; **the bottle was labelled "poison"** la botella tenía una etiqueta que decía "veneno" **-2.** (*describe*) tildar de; **to ~ sb a liar** tildar a alguien de mentiroso(a)

labelling, US **labeling** ['leɪblɪŋ] *n* etiquetado *m*, etiquetaje *m*; **this ~ of children as failures at the age of 11 or 14 is very negative** tildar de fracasados a niños de 11 o 14 años es muy negativo, *Esp* colgarles el sambenito de fracasados a niños de 11 o 14 años es muy negativo

labia ['leɪbɪə] *npl* ANAT labios *mpl* (vulvares); ~ **minora/majora** labios menores/mayores

labial ['leɪbɪəl] LING ◊ *n* labial *f*
◊ *adj* labial

labialization [leɪbɪəlaɪ'zeɪʃən] *n* LING labialización *f*

labialize ['leɪbɪəlaɪz] *vt* LING labializar

labile ['leɪbɪl] *adj* CHEM inestable

labiodental [leɪbɪəʊ'dentəl] LING ◊ *n* labiodental *f*
◊ *adj* labiodental

labor, labored etc US = **labour, laboured** etc

laboratory [ləˈbɒrətrɪ] *n* laboratorio *m*; **tested under ~ conditions** sometido(a) a pruebas de laboratorio ❏ ~ **assistant** ayudante *mf* de laboratorio

Labor Day ['leɪbədeɪ] *n* US = día del trabajador en Estados Unidos, celebrado el primer lunes de septiembre

laborious [ləˈbɔːrɪəs] *adj* (*work, explanation*) laborioso(a), arduo(a)

laboriously [ləˈbɔːrɪəslɪ] *adv* laboriosamente, arduamente

labour, US **labor** ['leɪbə(r)] ◊ *n* **-1.** (*work*) trabajo *m* ❏ ~ **camp** campo *m* de trabajo **-2.** (*workers*) mano *f* de obra, trabajadores *mpl* ❏ ~ **costs** costos *mpl* or *Esp* costes *mpl* de mano de obra; **Labour Day** día *m* de los trabajadores; ~ **dispute** conflicto *m* laboral; *Br Formerly* ~ **exchange** bolsa *f* de trabajo; ~ **force**, trabajadores *mpl*; ~ **law** derecho *m* laboral or del trabajo; ~ **lawyer** abogado(a) *m,f* laboralista; ~ **market** mercado *m* laboral or de trabajo; **the ~ movement** el movimiento obrero; ~ **relations** relaciones *fpl* laborales; ~ **shortage** escasez *f* de mano de obra; US ~ **union** sindicato *m*

-3. *Br* POL **Labour, the Labour Party** el partido laborista; **a Labour MP** un diputado laborista; **to vote Labour** votar a los laboristas

-4. (*task*) esfuerzo *m*, tarea *f*; **a ~ of love** un trabajo hecho por amor al arte; MYTHOL **the (twelve) labours of Hercules** los (doce) trabajos de Hércules

-5. (*childbirth*) parto *m*; **it was a difficult ~** fue un parto difícil; **to be in ~** estar de parto; **to go into ~** ponerse de parto ❏ ~ **pains** dolores *mpl* del parto; ~ **ward** sala *f* de partos

◊ *vt* **to ~ a point** repetir lo mismo una y otra vez

◊ *vi* **-1.** (*work*) trabajar **-2.** (*struggle*) (*person*) trabajar afanosamente (**at** or **over** en); **to ~ in vain** trabajar en vano; **to be labouring under a misapprehension** or **delusion** estar en un error **-3.** (*move with difficulty*) (*engine*) funcionar con dificultad; **the ship was labouring through heavy seas** el barco a duras penas avanzaba por mar gruesa; **he laboured up the hill** subió la cuesta con gran esfuerzo

laboured, US **labored** ['leɪbəd] *adj* **-1.** (*breathing*) fatigoso(a), trabajoso(a) **-2.** (*style*) farragoso(a); (*joke*) pesado(a)

labourer, US **laborer** ['leɪbərə(r)] *n* obrero(a) *m,f*

labouring, US **laboring** ['leɪbərɪŋ] *adj* **he did a number of ~ jobs** trabajó de obrero en varias ocasiones

labour-intensive, US **labor-intensive** ['leɪbərɪn'tensɪv] *adj* que absorbe mucha mano de obra

labour-saving, US **labor-saving** ['leɪbəseɪvɪŋ] *n* ~ **device** aparato *m* que permite ahorrarse trabajo

Labrador ['læbrədɔː(r)] *n* Labrador

labrador ['læbrədɔː(r)] *n* (*dog*) labrador *m*

laburnum [ləˈbɜːnəm] *n* codeso *m*

labyrinth ['læbərɪnθ] *n* laberinto *m*

labyrinthine [læbəˈrɪnθaɪn] *adj* laberíntico(a)

lace [leɪs] ◊ *n* **-1.** (*cloth*) encaje *m*; ~ **handkerchief** pañuelo de encaje **-2.** (*of shoe*) cordón *m*

◊ *vt* **-1.** (*shoes*) atar (los cordones de); **to do up** or **tie one's laces** atarse los cordones **-2.** (*drink*) **to ~ a drink** (*with alcohol*) echar un chorro de licor a una bebida; (*with drug*) echar un narcótico en una bebida; (*with poison*) adulterar una bebida; *Fig* **he laced his story with salacious details** aderezó el relato con detalles obscenos

➤ **lace up** ◊ *vt sep* **to ~ one's shoes up** atarse los zapatos

◊ *vi* (*shoes, corset*) atarse; **they ~ up at the sides/back** se atan a los lados/atrás

lacemaker ['leɪsmeɪkə(r)] *n* encajero(a) *m,f*

lacemaking ['leɪsmeɪkɪŋ] *n* labor *m* de encaje

lacerate ['læsəreɪt] *vt* lacerar; *Fig* **the experience left her emotions lacerated** la experiencia hirió sus sentimientos profundamente

laceration [læsəˈreɪʃən] *n* laceración *f*

lace-up ['leɪsʌp] ◊ *n* (*shoe*) zapato *m* de cordones
◊ *adj* (*shoe*) de cordones

lacework ['leɪswɜːk] *n* encaje *m*

lachrymal, lacrimal ['lækrɪməl] *adj* ANAT (*gland*) lacrimal

lachrymose ['lækrɪməʊs] *adj Literary* **-1.** (*person*) lacrimoso(a) **-2.** (*film, story*) lacrimógeno(a)

lack [læk] ◊ *n* falta *f*, carencia *f* (**of** de); **for** or **through ~ of...** por falta de...; **not for ~ of...** no por falta de...; **there's no ~ of volunteers** no faltan voluntarios; **there was no ~ of enthusiasm** había mucho entusiasmo; **it wasn't for ~ of trying** y no es que no se intentase

◊ *vt* carecer de; **he lacks confidence** carece de confianza; **what the town lacks in modern amenities it makes up for in picturesque charm** lo que al pueblo le falta de servicios modernos lo compensa con su encanto pintoresco

◊ *vi* **they ~ for nothing** no les falta (de) nada; **time was lacking** faltaba tiempo; **she is lacking in confidence/experience** le falta confianza/experiencia; **I find his work lacking in humour** encuentro que su obra carece de humor

lackadaisical [lækəˈdeɪzɪkəl] *adj* dejado(a); **he did the work, but he was most ~ about it** realizó el trabajo, pero fue de lo más dejado al respecto

lackey ['lækɪ] *n* **-1.** *Pej* lacayo *m* **-2.** *Old-fashioned* (*footman*) lacayo *m*

lacklustre, US **lackluster** ['læklʌstə(r)] *adj* deslucido(a)

laconic [ləˈkɒnɪk] *adj* lacónico(a)

laconically [ləˈkɒnɪklɪ] *adv* lacónicamente

lacquer ['lækə(r)] ◊ *n* laca *f*
◊ *vt* **-1.** (*furniture*) lacar, laquear **-2.** (*hair*) aplicar laca a

lacquered ['lækəd] *adj* **-1.** (*furniture*) lacado(a) **-2.** (*hair*) con laca

lacquer-ware ['lækəweə(r)] *n* lacas *fpl*

lacrimal = **lachrymal**

lacrosse [ləˈkrɒs] *n* SPORT lacrosse *m* ❏ ~ **stick** bastón *m* de lacrosse

lactate ◊ *n* ['læktɪt] BIOCHEM lactato *m*
◊ *vi* [læk'teɪt] PHYSIOL segregar leche

lactation [læk'teɪʃən] *n* PHYSIOL lactancia *f*

lactic acid ['læktɪk'æsɪd] *n* ácido *m* láctico

lactose ['læktəʊs] *n* BIOCHEM lactosa *f*

lacuna [ləˈkjuːnə] (*pl* **lacunae** [ləˈkjuːniː] or **lacunas**) *n* laguna *f*

lacustrine [ləˈkʌstraɪn] *adj* lacustre

lacy ['leɪsɪ] *adj* (*made of lace*) de encaje; **the ice formed a ~ pattern on the window** el hielo hacía formas de encaje en la ventana

lad [læd] *n* **-1.** (*boy*) muchacho *m*, chaval *m*, *Arg* pibe *m*, *CAm, Méx* chavo *m*, *Chile* cabro *m*; **when I was a ~** cuando era un chaval **-2.** *Br Fam* (*fellow*) tipo *m*, *Esp* tío *m*; **the lads** (*friends*) los amiguetes, *Esp* los colegas, *Méx* los cuates; **come on, lads!** ¡vamos, *Esp* tíos *or Am* compadres!; **he's one of the lads** *(one of us)* es de los nuestros

-3. *Br Fam (macho young man)* **he's a bit of** *or* **quite a ~** es un *Esp* golfete *or Col, RP* indio *or Méx* gandalla

ladder ['lædə(r)] ◇ *n* -1. *(for climbing)* escalera *f*; **the social ~** la escala social; *Fig* **to get one's foot on the ~** dar el primer paso; *Fig* **to reach the top of the ~** llegar a la cumbre
-2. *Br (in stocking)* carrera *f*
◇ *vt Br (stocking)* hacer una carrera en
◇ *vi Br (stocking)* hacerse una carrera

ladderproof ['lædəpru:f] *adj Br* indesmallable

laddie ['lædɪ] *n Fam* muchacho *m*, *CAm, Méx* chavalo *m*

laddish ['lædɪʃ] *adj Br Fam* = referente a un estilo de vida en el que abundan las salidas con los amigos, el alcohol y las actitudes machistas

laden ['leɪdən] *adj* cargado(a) (**with** de); **I was ~ (down) with shopping** iba cargada con las compras; **apple-~ trees** árboles cargados *or* repletos de manzanas; **a heavily ~ ship** un barco cargadísimo

la-di-da, lah-di-dah [lɑːdɪ'dɑː] *adj Fam Pej (accent, manner) Esp* pijo(a), *Méx* fresa, *RP* fifí

lading ['leɪdɪŋ] *n (cargo)* carga *f*

ladle ['leɪdəl] ◇ *n* cucharón *m*, cazo *m*
◇ *vt* servir *(con cucharón)*
➤ **ladle out** *vt sep* -1. *(soup)* servir *(con cucharón)* -2. *Fig (sympathy, praise, advice)* prodigar

lady ['leɪdɪ] *n* -1. *(woman)* señora *f*; *(in literature, of high status)* dama *f*; **a young ~** *(unmarried)* una señorita; *(married)* una (señora) joven; **an old ~** una señora mayor; *Old-fashioned* **a ~ doctor** una doctora; *Old-fashioned* **his young ~** su novia; **ladies and gentlemen!** ¡señoras y señores!; **he's a ladies' man** es un mujeriego ❑ **ladies' fingers** *(okra)* quingombó *m*, okra *f*; **~ friend** querida *f*, amiga *f*; **the ~ of the house** la señora de la casa; **~ of leisure** mujer *f* ociosa; **~ of the night** *(plant)* duraznillo *m* fragante, galán *m* de noche; *Euph (prostitute)* mujer *f* de la noche
-2. *(by birth or upbringing)* dama *f*; **she's a real ~** es una verdadera dama
-3. **the ladies**, *US* **the ladies' room** el baño *or Esp* servicio *or CSur* toilette de señoras; **Ladies** *(sign)* señoras, damas
-4. REL **Our Lady** Nuestra Señora
-5. *US Fam (term of address)* señora *f*
-6. *Old-fashioned (wife)* señora *f*; **this is my ~ wife** esta es mi señora esposa
-7. *(title)* **Lady Browne** Lady Browne; **Lady Luck** la diosa Fortuna; IDIOM *Br* **to play Lady Bountiful** dárselas de dadivosa; IDIOM *Br Fam* **she's acting like Lady Muck** se porta como una señoritinga

ladybird ['leɪdɪbɜːd], *US* **ladybug** ['leɪdɪbʌɡ] *n* mariquita *f*

ladyboy ['leɪdɪbɔɪ] *n Fam* = joven transexual asiático

ladybug = ladybird

lady-in-waiting ['leɪdɪɪn'weɪtɪŋ] *n* dama *f* de honor

lady-killer ['leɪdɪkɪlə(r)] *n Fam* castigador *m*, casanova *m*

ladylike ['leɪdɪlaɪk] *adj* femenino(a), propio(a) de una señorita/señora

ladylove ['leɪdɪlʌv] *n Literary or Hum* **his ~** su amada

ladyship ['leɪdɪʃɪp] *n* **Her/Your Ladyship** su señoría

lag [læɡ] ◇ *n* -1. *(gap)* intervalo *m*, lapso *m* -2. *Br Fam (prisoner)* **old ~** presidiario
◇ *vt (pt & pp* **lagged**) *(pipes, boiler)* revestir con un aislante
◇ *vi* quedarse atrás
➤ **lag behind** ◇ *vt insep (competitor)* quedarse atrás con respecto a, quedarse a la zaga de; **wages are lagging behind inflation** los salarios se están quedando atrás con respecto a la inflación
◇ *vi* quedarse atrás, rezagarse; **the youngest children were lagging behind**

los niños más pequeños se estaban quedando atrás *or* rezagados; **our country is lagging behind in medical research** el país se está quedando atrás en cuanto a investigación médica

lager ['lɑːɡə(r)] *n* cerveza *f (rubia)* ❑ *Br Fam* **~ lout** borracho *m* peligroso *or Esp* gamberro

laggard ['læɡəd] *n* rezagado(a) *m,f*

lagging ['læɡɪŋ] *n (on pipes, boiler)* revestimiento *m*

Lago Maggiore ['lɑːɡəʊmə'dʒɔːreɪ] *n* el lago Mayor

lagoon [lə'ɡuːn] *n* laguna *f*

lah = la

lah-di-dah = la-di-da

laid *pt & pp of* **lay**

laid-back [leɪd'bæk] *adj Fam* tranquilo(a), *Esp* cachazudo(a); **he was very ~ about it** se lo tomó con mucha pachorra

lain [leɪn] *pp of* **lie²**

lair [leə(r)] *n also Fig* guarida *f*

laird [leəd] *n Scot* terrateniente *m*

laissez-faire [leseɪ'feə(r)] ◇ *n* ECON liberalismo *m*, no intervencionismo *m*
◇ *adj* -1. *(in general)* permisivo(a) -2. ECON liberalista, no intervencionista

laity ['leɪɪtɪ] *n* **the ~** el sector laico, los seglares

lake [leɪk] *n* lago *m*; *Fig* **a wine/milk ~** *(surplus)* un excedente de vino/leche; **the Lake District, the Lakes** la Región de los Lagos *(en el noroeste de Inglaterra)*; LIT **the Lake Poets** = expresión referida a Wordsworth, Coleridge y Southey, poetas románticos ingleses que a principios del s. XIX vivían en la Región de los Lagos ❑ **Lake Constance** el lago Constanza; **Lake Como** el lago Como; **Lake Erie** el lago Erie; **Lake Garda** el lago Garda; **Lake Geneva** el Lago Leman; **Lake Huron** el lago Hurón; **Lake Michigan** el lago Michigan; **Lake Ontario** el lago Ontario; **Lake Superior** el lago Superior; **Lake Titicaca** el lago Titicaca; **Lake Victoria** el lago Victoria

lakeside ['leɪksaɪd] *adj* a la orilla de un lago

La-la land ['lɑː'lænd] *n US Fam* Los Ángeles; IDIOM **to be in ~** estar colgado(a)

Lallans ['lælənz] *n* = versión literaria de la variedad del inglés hablado en las Tierras Bajas de Escocia

lam [læm] *US Fam* ◇ *n (escape)* fuga *f*; **on the ~** en fuga, fugado(a); **to take it on the ~** fugarse *or* huir
◇ *vt (pt & pp* **lammed**) *(thrash)* destrozar, *Esp* machacar
➤ **lam into** *vt insep Br Fam* **to ~ into sb** *(physically)* zurrar a alguien, dar una paliza a alguien; *(verbally)* poner verde a alguien

lama ['lɑːmə] *n* lama *m*

lamasery ['lɑːməsərɪ] *n* monasterio *m* lamaísta

lamb [læm] ◇ *n* -1. *(animal, meat)* cordero *m*; IDIOM **like lambs to the slaughter** como corderos al matadero ❑ **~ chop** chuleta *f* de cordero; **~'s lettuce** valeriana *f*, hierba *f* de los canónigos; *Fam* **~'s tails** candelillas *fpl or* amentos *mpl* del avellano -2. *(person)* **she's a ~** es un trozo de pan; **be a ~ and fetch my glasses** sé bueno y alcánzame las gafas; **poor ~!** ¡pobrecillo! -3. REL **the Lamb (of God)** el Cordero de Dios
◇ *vi* parir *(la oveja)*

lambada [læm'bɑːdə] *n* lambada *f*

lambast [læm'bæst] *vt* vapulear

lambent ['læmbənt] *adj Literary (light, flame)* refulgente

lambing ['læmɪŋ] *n* **~ (time)** (tiempo *m* del) nacimiento *m* de los corderos

lambskin ['læmskɪn] ◇ *n* piel *f* de cordero, borrego *m*
◇ *adj* de borrego *or* de piel de cordero

lambswool ['læmzwʊl] ◇ *n* lana *f* de cordero
◇ *adj* de lana de cordero

lame [leɪm] *adj* -1. *(person, animal)* cojo(a); **to be ~** *(permanently)* ser cojo(a) *or Am* rengo(a); *(temporarily)* estar cojo(a) *or Am* rengo(a); **to go ~** quedarse cojo(a) *or Am* rengo(a); **he's**

in his left leg, his left leg is **~** cojea de la pierna izquierda ❑ **a ~ duck** *(business, organization)* un fracaso; *(person)* una nulidad; *US* **a ~ duck president** un presidente saliente *(cuando ya ha sido elegido su sucesor)*
-2. *(weak) (excuse, argument)* endeble, pobre; **what a ~ joke!** ¡qué chiste más malo!
-3. *US Fam (conventional)* soso(a), pavo(a)
◇ *vt* dejar cojo(a)
◇ *n US Fam (conventional person)* soso(a) *m,f*, pavo(a) *m,f*
◇ *npl* **the ~** los cojos, *Am* los rengos

lamé ['lɑːmeɪ] *n* lamé *m*; **a gold ~ dress** un vestido de lamé dorado

lamebrain ['leɪmbreɪn] *n US Fam* idiota *mf*, *Esp* cenutrio(a) *m,f*

lamely ['leɪmlɪ] *adv (to apologize)* sin convicción

lameness ['leɪmnɪs] *n* -1. *(of person)* cojera *f*, *Esp* renqueo *m*, *Am* renguera *f* -2. *(of excuse, argument)* endeblez *f*, pobreza *f*

lament [lə'ment] ◇ *n* -1. *(complaint)* lamento *m* -2. MUS canto *m* elegíaco, treno *m* -3. *(poem)* elegía *f*
◇ *vt* lamentar; **she lamented the passing of her youth** lamentó el paso de su juventud; **it is to be lamented that this was not done sooner** es de lamentar que esto no se hiciera antes
◇ *vi* lamentarse (**over** de)

lamentable ['læməntəbəl] *adj* lamentable

lamentably ['læməntəblɪ] *adv* lamentablemente

lamented [lə'mentɪd] *adj* **the late ~ Mr Jones** el llorado difunto Sr. Jones

lamentation [læmən'teɪʃən] *n* lamentación *f*

laminar ['læmɪnə(r)] *adj* laminar ❑ PHYS **~ flow** flujo *m* laminar

laminate ['læmɪneɪt] ◇ *n* laminado *m*
◇ *vt* -1. *(form from thin sheets) (glass, plastic)* laminar -2. *(cover with thin sheet) (paper, identity card)* plastificar; *(wood)* laminar

laminated ['læmɪneɪtɪd] *adj* -1. *(glass, plastic)* laminado(a) -2. *(paper, identity card)* plastificado(a); **the wood is ~ with plastic** la madera está laminada en plástico

lammergeyer, lammergeier ['læməɡaɪə(r)] *n* quebrantahuesos *m inv*

lamp [læmp] *n* -1. *(in house)* lámpara *f*; **electric/gas ~** lámpara eléctrica/de gas -2. *(in street)* farola *f*, farol *m* -3. *(on car, train)* faro *m*, *Am* luz *f*

lampblack ['læmpblæk] *n* negro *m* de humo

lamplight ['læmplaɪt] *n* luz *f* de una lámpara; **to work/read by ~** trabajar/leer a la luz de una lámpara

lamplighter ['læmplaɪtə(r)] *n* HIST farolero *m*

lamplit ['læmplɪt] *adj (street)* iluminado(a) con faroles

lampoon [læm'puːn] ◇ *n* sátira *f*
◇ *vt* satirizar

lamppost ['læmppəʊst] *n* farola *f*

lamprey ['læmprɪ] *n* lamprea *f*

lampshade ['læmpʃeɪd] *n* pantalla *f (de lámpara)*

lampstand ['læmpstænd] *n* pie *m* de lámpara

LAN [eler'en] *n* COMPTR *(abbr* **local area network)** red *f* de área local

Lancastrian [læŋ'kæstrɪən] ◇ *n* -1. *(from Lancaster)* = persona de Lancaster *(Inglaterra)*; *(from Lancashire)* = persona del condado de Lancashire *(Inglaterra)* -2. HIST partidario(a) *m,f* de los Lancaster *(Inglaterra)*
◇ *adj* -1. *(from Lancaster)* de Lancaster *(Inglaterra)*; *(from Lancashire)* del condado de Lancashire *(Inglaterra)* -2. HIST partidario(a) de los Lancaster

lance [lɑːns] ◇ *n (weapon)* lanza *f*
◇ *vt* MED sajar, abrir con una lanceta

lance corporal ['lɑːns'kɔːpərəl] *n* MIL soldado *mf* de primera

Lancelot ['lɑːnsəlɒt] *n* MYTHOL Lanzarote

lancer ['lɑːnsə(r)] *n (soldier)* lancero *m*

lancet ['lɑːnsɪt] *n* -1. *(scalpel)* lanceta *f* -2. ARCHIT ❑ **~ arch** arco *m* ojival; **~ window** ventana *f* ojival

Lancs [læŋks] *(abbr* **Lancashire**) *(condado m de)* Lancashire

land

land [lænd] ◇ n **-1.** (not sea) tierra f; **they sighted ~** avistaron tierra; **by ~** por vía terrestre; **on ~** en tierra; **over ~ and sea** por tierra y mar ❑ MIL **~ forces** ejército m de tierra
-2. (for farming) tierras fpl; (for building) terrenos mpl, solares mpl; **a piece of ~** (for farming) unas tierras; (for building) un solar; **to live off the ~** vivir de la tierra; **to go back to the ~** volver a la vida rural; IDIOM **to see how the ~ lies, to find out the lie** or **lay of the ~** tantear el terreno ❑ Br HIST **Land Army** = gente reclutada para trabajar en las granjas durante la Segunda Guerra Mundial
-3. (property) tierras fpl, terrenos mpl; **their lands were confiscated** confiscaron sus tierras; **get off my ~!** ¡fuera de mi propiedad! ❑ **~ agent** (manager) administrador(ora) m,f de fincas; (seller) agente mf inmobiliario(a), corredor(ora) m,f de fincas; US **~ bank** banco m o caja f rural; ECON **~ consolidation** concentración f parcelaria; **~ reform** reforma f agraria; **~ register** registro m catastral; **~ registrar** registrador(ora) m,f de títulos de propiedad; **~ registry (office)** registro m de la propiedad; Formerly **~ tax** contribución f territorial or rústica
-4. Literary (country) tierra f; **her name was known throughout the ~** la conocían en toda la región; **he came from a distant ~** venía de una tierra lejana; **in a ~ of** or **flowing with milk and honey** en jauja; Fam Hum **he's still in the ~ of the living** todavía está en el reino de los vivos; **she lives in a ~ of make-believe** vive en un mundo de colores or Am color de rosa; **in the Land of Nod** en los brazos de Morfeo ❑ **the Land of Enchantment** = apelativo familiar referido al estado de Nuevo México; **the ~ of the Rising Sun** la tierra del Sol Naciente
◇ vt **-1.** (from ship, aircraft) (passengers) desembarcar; (cargo) descargar; **they have landed a man on the moon** han llevado a un hombre a la Luna
-2. (aircraft) (on land) hacer aterrizar; (on sea) hacer amerizar
-3. (fish) capturar
-4. Fam (obtain) agenciarse, conseguir
-5. Fam (cause to end up) **the blow nearly landed me in the water** del golpe casi acabo en el agua; **that will ~ you in prison** eso hará que des con tus huesos en la cárcel; **this could ~ us in real trouble** esto nos puede meter en un lío; **to ~ sb in it** poner a alguien en un serio aprieto, meter a alguien en un buen lío; **to ~ oneself in it** meterse en un buen lío or una buena
-6. Fam (hit) **to ~ sb a punch** arrear un puñetazo a alguien
◇ vi **-1.** (aircraft) (on land) aterrizar, tomar tierra; (on sea) amerizar; **we landed in New York** aterrizamos en Nueva York; **to ~ on the moon** alunizar, aterrizar en la luna
-2. (arrive in boat) desembarcar; **they landed at Vigo** desembarcaron en Vigo
-3. (gymnast, somebody falling) caer, caerse; (ball, bomb) caer; (parachutist) tomar tierra; **to ~ on one's feet** caer de pie; Fig **he always lands on his feet** las cosas siempre le salen bien; **if you ~ on a red square** (in board game) si caes en una casilla roja
-4. Fam (finish up) acabar en, terminar en; **his letter landed on my desk** su carta apareció en mi mesa; **the bicycle landed in the ditch** la bicicleta acabó en la cuneta; **he landed in jail** terminó en la cárcel

➤ **land up** vi ir a parar or dar (**in** a); **you'll ~ up in jail!** irás a parar a la cárcel; **we finally landed up at a friend's house** fuimos a parar a casa de un amigo

➤ **land with** vt sep Fam **he was landed with the problem/the children** le endosaron el problema/los niños; **as usual, I got landed with all the work** como de costumbre me endosaron or RP enchufaron todo el trabajo; **they landed me with the bill** me endilgaron la factura

landau ['lændɔː] n landó m

land-based ['lændbeɪst] adj de tierra

landed ['lændɪd] adj **~ gentry** aristocracia f terrateniente; **the ~ interest** los intereses de los hacendados; **~ proprietor** terrateniente mf

landfall ['lændfɔːl] n NAUT **to make ~** avistar tierra; **our first ~ for three months** la primera vez que avistamos tierra en tres meses

landfill ['lændfɪl] n **-1.** (technique) enterramiento m de residuos **-2.** (refuse) residuos mpl **-3.** **~ (site)** vertedero m controlado (en el que se entierran los residuos)

land-girl ['lændgɜːl] n Br HIST = joven reclutada para trabajar en una granja durante la Segunda Guerra Mundial

landing ['lændɪŋ] n **-1.** (of ship) desembarco m, desembarque m ❑ **~ card** tarjeta f de inmigración; **~ party** avanzadilla f, avanzada f **-2.** (of plane) aterrizaje m ❑ **~ lights** luces fpl de aterrizaje **-3.** (of skier, athlete, gymnast) caída f; **he made a bad ~** cayó mal **-4.** (of staircase) descansillo m, rellano m

landing-craft ['lændɪŋkrɑːft] n lancha f de desembarco

landing-field ['lændɪŋfiːld] n AV campo m de aterrizaje

landing-gear ['lændɪŋgɪə(r)] n tren m de aterrizaje

landing-net ['lændɪŋnet] n salabardo m

landing-stage ['lændɪŋsteɪdʒ] n desembarcadero m

landing-strip ['lændɪŋstrɪp] n pista f de aterrizaje

landlady ['lændleɪdɪ] n **-1.** (owner of rented accommodation) casera f, dueña f **-2.** (woman who runs boarding house, pub) patrona f

landless ['lændlɪs] adj sin tierra

landlocked ['lændlɒkt] adj (country) sin salida al mar, interior

landlord ['lændlɔːd] n **-1.** (owner of rented accommodation) casero m, dueño m **-2.** (man who runs pub) patrón m **-3.** (landowner) terrateniente m

landlubber ['lændlʌbə(r)] n Old-fashioned or Hum **to be a ~** ser de secano, ser un marinero de agua dulce

landmark ['lændmɑːk] n **-1.** (distinctive feature) punto m de referencia; **the cathedral is one of the city's most famous landmarks** la catedral es uno de los monumentos más famosos de la ciudad **-2.** (in history) hito m; **a ~ decision** una decisión histórica; **a ~ judgement** un juicio histórico or decisivo

landmass ['lændmæs] n masa f terrestre

landmine ['lændmaɪn] n mina f terrestre

landowner ['lændəʊnə(r)] n terrateniente mf

landowning ['lændəʊnɪŋ] adj **the ~ classes** la clase terrateniente

Landrover® ['lændrəʊvə(r)] n Land Rover® m

landscape ['lændskeɪp] ◇ n **-1.** (land) paisaje m; Fig **the political ~** el panorama político ❑ **~ gardener** paisajista mf (jardinero); **~ gardening** jardinería f ornamental or paisajística **-2.** (painting) paisaje m ❑ **~ painter** paisajista mf (pintor) **-3.** COMPTR **(orientation)** formato m apaisado; **to print in ~** imprimir en apaisado
◇ vt ajardinar

landscapist ['lændskeɪpɪst] n paisajista mf

landslide ['lændslaɪd] n **-1.** GEOG corrimiento m or desprendimiento m de tierras **-2.** POL **to win by a ~** ganar por una mayoría aplastante ❑ **~ victory** victoria f aplastante; **~ win** victoria f aplastante

landslip ['lændslɪp] n Br desprendimiento m or corrimiento m de tierras

landward ['lændwəd] adj NAUT **on the ~ side** en el lado de tierra or más cercano a tierra; **a ~ breeze** una brisa en dirección a tierra

landwards ['lændwədz] adv NAUT hacia tierra

land-yacht ['lændjɒt] n velero m con ruedas

lane [leɪn] n **-1.** (in country) vereda f, camino m; (in town) callejón m
-2. (on road) carril m; **to be in the wrong ~** circular por el carril equivocado; **a three/four-~ road** una carretera de tres/cuatro carriles; **traffic is reduced to two lanes** se ha limitado el tráfico a dos carriles; **traffic was held up by ~ closures** había detenciones (de tráfico) debido al cierre de carriles
-3. (for shipping) ruta f de navegación; (for aircraft) pasillo m aéreo
-4. (for runner, swimmer) calle f, RP andarivel m
-5. (in bowling alley) pista f

langoustine ['lɒŋgʊstiːn] n cigala f

language ['læŋgwɪdʒ] n **-1.** (faculty) lenguaje m ❑ **~ acquisition** adquisición f del lenguaje
-2. (specific tongue) idioma m, lengua f; **the English/Spanish ~** la lengua inglesa/española; **to study languages** estudiar idiomas; **~ and literature** lengua y literatura; IDIOM Fam **we don't talk the same ~** no hablamos el mismo idioma ❑ **the ~ barrier** la barrera del idioma; **~ laboratory** laboratorio m de idiomas; **~ learning** aprendizaje m de idiomas; **~ school** academia f de idiomas; **~ teaching** enseñanza f de idiomas
-3. (style of speech or writing) lenguaje m; **medical/legal ~** lenguaje médico/legal
-4. (coarse words) palabrotas fpl, lenguaje m soez; **(mind your) ~!** ¡no seas malhablado!, ¡no digas palabrotas!; **you should have heard the ~ they were using!** ¡tenías que haber oído el lenguaje que empleaban!
-5. COMPTR lenguaje m

langue [lɒŋ] n LING lengua f

languid ['læŋgwɪd] adj lánguido(a)

languidly ['læŋgwɪdlɪ] adv lánguidamente

languish ['læŋgwɪʃ] vi **-1.** (endure discomfort) languidecer; **to ~ in prison** pudrirse en la cárcel **-2.** (lose energy) **to ~ in the heat** (plant, person) languidecer en el calor; **the project was languishing for lack of funds** el proyecto languidecía por falta de fondos **-3.** Literary (pine) anhelar; **he languished for love of his lady** anhelaba el amor de su amada

languor ['læŋgə(r)] n languidez f

languorous ['læŋgərəs] adj lánguido(a)

lank [læŋk] adj (hair) lacio(a)

lanky ['læŋkɪ] adj larguirucho(a)

lanolin(e) ['lænəlɪn] n lanolina f

lantern ['læntən] n **-1.** (lamp) farol m **-2.** ARCHIT linterna f

lantern-jawed ['læntən'dʒɔːd] adj demacrado(a)

lanthanide ['lænθənaɪd] n CHEM lantánido m ❑ **~ series** lantánidos mpl

lanthanum ['lænθənəm] n CHEM lantano m

lanyard ['lænjəd] n **-1.** (cord worn round neck) cordel m **-2.** NAUT acollador m

Lao [laʊ] n (language) laosiano m

Laos [laʊs] n Laos

Laotian ['laʊʃən] ◇ n **-1.** (person) laosiano(a) m,f **-2.** (language) laosiano m
◇ adj laosiano(a)

lap¹ [læp] n **-1.** (of person) regazo m; **to sit on sb's ~** sentarse en el regazo de alguien ❑ **~ belt** cinturón m (de seguridad) abdominal; **~ dancer** bailarina f de striptease (para un único cliente); **~ dancing** striptease m (para un único cliente) **-2.** IDIOMS **it's in the ~ of the gods** está en el aire; **he expects everything to fall** or **drop into his ~** espera que todo le llueva or Am caiga del cielo; **to drop** or **dump sth in sb's ~** endosar algo a alguien; **to live in the ~ of luxury** vivir a cuerpo de rey

lap² ◇ n **-1.** (in race) vuelta f ❑ **~ of honour** vuelta f de honor **-2.** (of journey) etapa f
◇ vt **-1.** (overtake) doblar **-2.** (time) **he was lapped at over 100 mph** iba a una velocidad media de más de 160 km/h (por vuelta)
◇ vi (complete a lap) **he was lapping at 120 mph** giraba a más de 190 km/h

lap³ (pt & pp **lapped**) ◇ vt **-1.** (of animal) beber a lengüetadas **-2.** (of waves) lamer
◇ vi **to ~ against sth** (waves) lamer algo

➤ **lap up** vt sep **-1.** (drink) beber a lengüetadas **-2.** Fam (enjoy) **he laps up every word she says** se bebe sus palabras; **they were all paying her compliments and**

she was just lapping it up se deleitaba con los cumplidos que le hacían todos
lap⁴ n **-1.** CIN ~ **dissolve** fundido m encadenado **-2.** CONSTR ~ **joint** junta f de solape
laparoscope ['læpərəskəʊp] n laparoscopio m
laparoscopic [læpərəʊ'skɒpɪk] adj MED laparoscópico(a)
laparoscopy [læpə'rɒskəpɪ] n MED laparoscopia f
laparotomy [læpə'rɒtəmɪ] n MED laparotomía f
La Paz [læ'pæz] n La Paz
lapdog ['læpdɒg] n perrito m faldero
lapel [lə'pel] n solapa f ❑ Br ~ **badge** insignia f de solapa; ~ **mike** micro m de solapa; ~ **pin** insignia f de solapa
lapidary ['læpɪdərɪ] adj **-1.** (engraved in stone) tallado(a) en piedra **-2.** (writing style) lapidario(a)
lapilli [læ'pɪlɪ] npl GEOL lapilli mpl
lapis lazuli ['læpɪs'læzjʊli:] n GEOL lapislázuli m
Lapland ['læplænd] n Laponia
Laplander ['læplændə(r)] n lapón(ona) m,f
Lapp [læp] ⬥ n **-1.** (person) lapón(ona) m,f **-2.** (language) lapón m
⬥ adj lapón(ona)
lapse [læps] ⬥ n **-1.** (failure) (in behaviour) desliz m; (in standards) bajón m; **a ~ of memory** Esp un fallo or Am una falla de la memoria; **a ~ in concentration** un momento de distracción **-2.** (of time) lapso m; **after a ~ of six months** tras un lapso de seis meses **-3.** (of permit, membership) vencimiento m; (of legal right) extinción f
⬥ vi **-1.** (err) tener un desliz; (morally) reincidir; **his concentration lapsed for a split second** le falló la concentración durante una fracción de segundo; **if standards of education are allowed to ~** si permiten que decaiga la calidad de la educación
-2. (drift) **she lapsed into a coma** entró en coma; **he soon lapsed (back) into his old ways** pronto volvió a las andadas; **to ~ into silence** sumirse en el silencio; **she kept lapsing into Russian** se le escapaba el ruso constantemente
-3. (pass) **weeks lapsed before I saw her again** pasaron semanas hasta que la volví a ver
-4. (permit, membership) caducar, vencer; (legal right) extinguirse; **he let his insurance ~** dejó que venciera su seguro
lapsed [læpst] adj REL **a ~ Catholic** un/una católico(a) no practicante
laptop ['læptɒp] n COMPTR **(computer)** Esp ordenador m or Am computadora f portátil
lapwing ['læpwɪŋ] n avefría f
larceny ['lɑːsənɪ] n LAW (delito m de) robo m or latrocinio m
larch [lɑːtʃ] n alerce m
lard [lɑːd] ⬥ n (fat) manteca f or RP grasa f de cerdo; Fam **he's a tub of ~** es una bola de sebo or RP grasa
⬥ vt **-1.** (meat) (smearing) untar, engrasar; (with strips) mechar **-2.** Fam (sprinkle) **he larded his writings with quotations** sus escritos estaban recargados de citas
lard-arse ['lɑːdɑːs], US **lard-ass** ['lɑːrdæs] n Vulg gordo(a) m,f seboso(a), RP gordo(a) m,f cerdo(a)
larder ['lɑːdə(r)] n despensa f
larding needle ['lɑːdɪŋ'niːdəl] n CULIN aguja f de mechar
large [lɑːdʒ] ⬥ n **-1.** (size) tamaño m grande
-2. US **in ~** en su totalidad, en conjunto
⬥ adj **-1.** (in size) grande; **~ size** (of clothes) talla grande; (of product) tamaño grande; **she's a ~ woman** es una mujer grande; **to grow** or **get larger** crecer; **to make sth larger** agrandar algo; **as ~ as life** en persona; **larger than life** singular, que se sale de la norma ❑ **~ intestine** intestino m grueso
-2. (extensive, significant) **to a ~ extent** en gran medida; **a ~ part of my job involves...** gran parte de mi trabajo implica...
-3. (liberal) (views) liberal; (heart) grande
⬥ **at large** adj (at liberty) **to be at ~** andar suelto(a)

⬥ **at large** adv **-1.** (as a whole) **the country at ~** el país en general; **people/the public at ~** la gente/el público en general
-2. (in detail) en detalle, en profundidad
⬥ **by and large** adv en general
largely ['lɑːdʒlɪ] adv (to a great extent) en gran medida; (mostly) principalmente; **it's ~ due to me that he won** en gran medida se debe a mí que ganara
largemouth bass ['lɑːdʒmaʊθ'bæs] n perca f americana
largeness ['lɑːdʒnɪs] n (in size) gran tamaño m; (of sum) lo elevado m
large-print ['lɑːdʒ'prɪnt] adj **~ book** libro impreso en cuerpo (de letra) grande
large-scale ['lɑːdʒ'skeɪl] adj **-1.** (map, model) a gran escala **-2.** COMPTR **~ integration** integración a gran escala
largesse [lɑː'ʒes] n magnanimidad f
largish ['lɑːdʒɪʃ] adj (in size) más bien grande; (sum) bastante elevado(a)
largo ['lɑːgəʊ] MUS ⬥ n (pl **largos**) largo m
⬥ adv largo
lariat ['lærɪət] n **-1.** US (lasso) lazo m (para ganado) **-2.** (for tethering animals) ronzal m
lark¹ [lɑːk] n (bird) alondra f; IDIOM **to be up** or **rise with the ~** levantarse con el gallo ❑ **greater short-toed ~** terrera f; **lesser short-toed ~** terrera f marismeña
lark² n Br Fam **-1.** (joke) broma f; **to do sth for a ~** hacer algo por diversión; **what a ~!** ¡qué divertido! **-2.** (activity) **I don't like this fancy dress ~** no me gusta este asunto or Esp rollo or Carib, Col, Ecuad esta vaina de la fiesta de disfraces; **are you still at the teaching ~?** ¿todavía estás metida en la enseñanza?; Fam **stuff this for a ~!** ¡a tomar viento!, Andes, RP ¡al cuerno!
➤ **lark about, lark around** vi Br Fam jugar, trastear
larkspur ['lɑːkspə(r)] n espuela f de caballero
larva ['lɑːvə] (pl **larvae** ['lɑːviː]) n larva f
larval ['lɑːvəl] adj larvario(a), larval
laryngeal [lærɪn'dʒiːəl] adj laríngeo(a)
laryngitis [lærɪn'dʒaɪtɪs] n laringitis f inv
laryngologist [lærɪn'gɒlədʒɪst] n MED laringólogo(a) m,f
laryngology [lærɪn'gɒlədʒɪ] n MED laringología f
laryngoscopy [lærɪn'gɒskəpɪ] n MED laringoscopia f
laryngotomy [lærɪn'gɒtəmɪ] n MED laringotomía f
larynx ['lærɪŋks] n laringe f
lasagne, lasagna [lə'sænjə] n lasaña f
lascivious [lə'sɪvɪəs] adj lascivo(a)
lasciviously [lə'sɪvɪəslɪ] adv lascivamente
laser ['leɪzə(r)] n láser m ❑ **~ beam** rayo m láser; **~ disc** láser disc m; COMPTR **~ printer** impresora f láser; COMPTR **~ quality** calidad f láser; **~ show** espectáculo m con láser; MED **~ surgery** cirugía f con láser
lash [læʃ] ⬥ n **-1.** (whip) **the ~** (punishment) latigazos mpl **-2.** (blow with whip) latigazo m; Fig **he'd often felt the ~ of her tongue** había sufrido a menudo su lengua viperina **-3.** (eyelash) pestaña f
⬥ vt **-1.** (with whip) azotar, vapulear; (of rain, waves) azotar **-2.** (move) **the tiger lashed its tail** el tigre meneó la cola bruscamente **-3.** (tie) amarrar **(to** a) **-4.** Fam (criticize) emprenderla con, Esp cebarse con, Méx viborear a, RP dejar por el piso a
⬥ vi **to ~ against sth** (of rain, waves) azotar algo; **the rain** or **it was lashing down** caían chuzos or Am baldes; **its tail lashed from side to side** meneaba bruscamente la cola de un lado para otro
➤ **lash into** vt insep Br Fam (criticize) arremeter contra
➤ **lash out** vt sep Br Fam (spend) **I lashed out £10 on a bottle of wine** gasté 10 libras en una botella de vino, Esp me he pulido or RP me rifé 10 libras en una botella de vino
⬥ vi **-1.** (physically) **to ~ out at sb** atacar or agredir a alguien; **she lashed out in all directions** lanzaba golpes en todas las

direcciones **-2.** (verbally) **to ~ out at sb** arremeter contra alguien **-3.** Br Fam (spend extravagantly) tirar or Andes, CAm, Carib, Méx botar la casa por la ventana **(on** por)
lashing ['læʃɪŋ] ⬥ n **-1.** (with whip) latigazos mpl; **to give sb a ~** dar latigazos a alguien **-2.** Fig (scolding) reprimenda f, regañina f **-3.** (rope) cuerda f; **they cut the lashings which secured the cargo to the deck** cortaron el cabo que fijaba la mercancía a cubierta **-4.** Br Fam Old-fashioned **lashings of** (lots) un montón de
⬥ adj (rain) torrencial
lass [læs] n Scot or Literary chica f, muchacha f
Lassa fever ['læsə'fiːvə(r)] n fiebre f de Lassa
lassie ['læsɪ] n Scot chica f, muchacha f
lassitude ['læsɪtjuːd] n Formal lasitud f
lasso [læ'suː] ⬥ n (pl **lassos** or **lassoes**) lazo m (para ganado)
⬥ vt capturar con lazo, CSur lacear
last¹ [lɑːst] ⬥ n **-1.** (final one) **the ~** el último, la última; **the ~ but one** el/la penúltimo(a); **the ~ but three** el/la cuarto(a) empezando por el final; **redundancies were on a ~ in first out basis** empezaron por despedir a los últimos que habían entrado en la empresa; **the ~ of the Romanovs** el/la último(a) Romanov
-2. (previous one) **the night before ~** anteanoche; **the week before ~** hace dos semanas; **the time before ~** la penúltima vez
-3. (end) **we'll never hear the ~ of it** nos lo recordará eternamente; **you haven't heard the ~ of this!** ¡esto no va a quedar así!; **I don't think we've heard the ~ of him** creo que volveremos a oír hablar de él; **that's the ~ I saw of him** fue la última vez que lo vi; **the ~ I heard, she was working as a waitress** lo último que sé es que estaba trabajando de camarera; **that's the ~ of the wine** es lo último que quedaba del vino; **to leave sth until ~** dejar algo para el final; **at the ~** justo antes de morir; **she was there at the ~** estuvo allí hasta el final; **to** or **till the ~** hasta el fin; **at (long) ~** por fin
⬥ adj **-1.** (final) último(a); **this is your ~ chance** es tu última oportunidad; **you are my ~ hope** eres mi última esperanza; **he's always the ~ one to arrive** siempre llega (el) último; **to reach the ~ four/eight** (in competition) llegar a las semifinales/a los cuartos de final; **down to the ~ penny/detail** hasta el último penique/detalle; **at the ~ count there were ten left** la última vez que contamos quedaban diez; **he ate every ~ one of them** se comió hasta el último; **to have the ~ laugh** reír (el) último; **at the ~ moment** or **minute** en el último momento or minuto; **to leave it to the ~ moment** or **minute** dejarlo para el último momento or minuto; Br **~ orders, please!** ¡vayan pidiendo las últimas bebidas!; **as a ~ resort** como último recurso; **~ thing (at night)** justo antes de acostarme/se/etc; **to have the ~ word** tener la última palabra; **the ~ word in comfort** el no va más en comodidad, el súmmum de la comodidad; **the ~ word in fashion design** el último grito en moda or de la moda; IDIOM **to be on one's ~ legs** estar en las últimas, Esp estar para el arrastre; **this television is on its ~ legs** este televisor está en las últimas or está para el arrastre; IDIOM **that was the ~ straw** fue la gota que colmó el vaso ❑ **the Last Frontier** = apelativo familiar referido al estado de Alaska; REL **the Last Judgment** el Juicio Final; **~ lap** (in race) última f vuelta; IDIOM **we're on the ~ lap** estamos en la recta final; **~ name** apellido m; **~ post** (collection) último correo m; Br MIL **the ~ post** (at funeral) toque m de difuntos; (at night) toque m de retreta; **~ quarter** (of moon) cuarto m menguante; REL **~ rites** extremaunción f; REL **the Last Supper** la Última Cena; Formal **~ will and testament** testamento m, última voluntad f

last

-2. *(most recent)* último(a); **the ~ time I saw him** la última vez que lo vi; **for the ~ five minutes** (durante) los últimos cinco minutos; **~ January** en enero (del año) pasado; **~ Tuesday, on Tuesday ~** el martes pasado; **~ month** el mes pasado; **~ night** anoche; **~ week** la semana pasada

-3. *(least likely, desired)* **he's the ~ person I'd ask to help me** es la última persona a la que pediría ayuda; **that's the ~ thing I'd do in your position** eso es lo último que haría si estuviera en tu lugar; **the ~ thing I wanted was to upset you** lo último que quería era disgustarle

◇ *adv* **-1.** *(in final place)* **I rang Jane ~** llamé a Jane en último lugar; **to come ~** llegar en último lugar; **to finish ~** terminar (el) último; *(in race)* llegar en último lugar; **but not least** por último, pero no por ello menos importante; **~ of all** por último

-2. *(most recently)* **when I ~ saw him** la última vez que lo vi

last² *n* (for shoe) horma *f*

last³ ◇ *vt* durar; **have we got enough to ~ us until tomorrow?** ¿tenemos suficiente para que nos dure hasta mañana?; **it will ~ me a lifetime** me durará toda la vida; **it has lasted him well** le ha durado bastante

◇ *vi* **-1.** *(continue)* durar; **it lasted for three weeks** duró tres semanas; **it's too good to ~** es demasiado bueno para que dure; **their romance didn't ~ (for) long** su romance no duró demasiado

-2. *(survive)* sobrevivir; **how long can we ~ without water?** ¿cuánto tiempo podemos sobrevivir sin agua?; **he won't ~ long in that job** no durará mucho en ese trabajo; **she won't ~ the night** no llegará a mañana

-3. *(continue to function)* durar; **built/made to ~** construido/fabricado para que dure

-4. *(be enough for)* **we've got enough food to ~ another week** tenemos suficiente comida para que nos dure otra semana

◆ **last out** ◇ *vt sep* **to ~ the year/weekend out** llegar a fin de año/al fin de semana

◇ *vi* **-1.** *(person)* aguantar, resistir **-2.** *(supplies)* durar

last-chance saloon ['lɑːstʃɑːnsseɪ'luːn] *n Br Fam Hum* **they are drinking in the ~** les queda sólo una bala en el cargador

last-ditch ['lɑːst'dɪtʃ] *adj* desesperado(a), último(a); **a ~ attempt/effort** un intento/esfuerzo desesperado

lasting ['lɑːstɪŋ] *adj* duradero(a); **to my ~ regret/shame I didn't refuse** me arrepentiré/avergonzaré eternamente de no haberlo rechazado

lastly ['lɑːstlɪ] *adv* por último

last-minute [lɑːst'mɪnɪt] *adj* de última hora

lat GEOG *(abbr* **latitude)** lat.

latch [lætʃ] ◇ *n* pestillo *m*; **to be on the ~** tener el pestillo echado

◇ *vt* echar el pestillo a

◆ **latch onto** *vt insep Fam* **-1.** *(attach oneself to)* **to ~ onto sb** pegarse a alguien; *Fig* **to ~ onto an idea** meterse una idea en la cabeza **-2.** *(understand)* **to ~ onto sth** darse cuenta *or Esp* enterarse de algo

latchkey ['lætʃkiː] *n* llave *f (de la puerta de entrada)* ❑ **~ kid** = niño que llega a casa antes que sus padres, que están trabajando

late [leɪt] ◇ *adj* **-1.** *(not on time)* **to be ~ (for sth)** llegar tarde (a algo); **the train is ten minutes ~** el tren tiene *or* lleva diez minutos de retraso *or Am* demora; **the train was ten minutes ~** el tren llegó diez minutos tarde, el tren llegó con diez minutos de retraso *or Am* demora; **to be ~ with the rent** retrasarse en el pago del alquiler; **to make sb ~ for sth** hacer que alguien llegue tarde a algo; **we apologize for the ~ departure of this flight** les pedimos disculpas por el retraso *or Am* la demora en la salida de este vuelo; **some ~ news has come in** acaba de llegar una noticia de última hora; **~ payment may result in a fine** el retraso *or Am* la demora en el pago se sancionará con una multa; **we had a ~ start today** hoy hemos empezado tarde; **to be a ~ developer** *or US* **bloomer** madurar tarde ❑ **~ tackle** *(in soccer)* entrada *f* a jugador que no lleva la pelota

-2. *(after usual time)* **the daffodils were ~ this year** los narcisos salieron tarde este año; **Easter is ~ this year** este año la Semana Santa cae muy tarde; **to have a ~ breakfast** desayunar tarde

-3. *(far on in time)* tarde; **it is getting ~** se está haciendo tarde; **in the ~ afternoon** al final de la tarde, *CSur* de tardecita; **in ~ summer** al final del verano; **in ~ March** a últimos *or* fines de marzo; **to be in one's ~ thirties** tener treinta y muchos años, *RP* tener treinta y pico; **in the ~ eighties** a finales *or* fines de los ochenta; **they scored a ~ goal** marcaron un gol hacia el final del partido; **the ~ movie** la película de la noche; **it's ~ shopping tonight** hoy las tiendas abren hasta tarde; **this work is typical of ~ Rembrandt** esta obra es típica de la última época de Rembrandt; **why are you awake at this ~ hour?** ¿qué haces despierto a estas horas?; **to keep ~ hours** acostarse tarde; *Fig* **it's a bit ~ in the day to…** ya es un poco tarde para… ❑ **~ booking** reservas *fpl* de última hora

-4. *(dead)* difunto(a); **my ~ husband** mi difunto marido

-5. *(former)* **the ~ leader of the party** el anterior líder del partido; *Formal* **Mr B. Hall, ~ of Main Rd** el Sr. B. Hall, que antes residía en Main Rd

-6. **to be ~** *(with one's period)* retrasarse; **I'm a week ~** se me ha retrasado una semana

◇ *adv* **-1.** *(not on time)* tarde; **to arrive ~** llegar tarde; **to arrive ten minutes ~** llegar diez minutos tarde; PROV **better ~ than never** más vale tarde que nunca

-2. *(far on in time)* tarde; **he came home very ~** llegó a casa muy tarde; **to go to bed/get up ~** acostarse/levantarse tarde; **we left it a bit ~** tendríamos que haberlo hecho antes; **she married ~** se casó ya mayor; **we are open ~** abrimos hasta tarde; **to work ~** trabajar hasta tarde; **an appointment for ~ tomorrow afternoon/~ next week** una cita para mañana al final de la tarde/el fin de la semana que viene; **she left ~ last night** se marchó anoche tarde; **~ at night** bien entrada la noche; **this ~ in the day** *(at this stage)* a estas alturas; **into the night** hasta (altas horas de) la madrugada; **~ in the year** a finales de año; **~ in life** a una edad avanzada

-3. *(recently)* **as ~ as last week** incluso la semana pasada; **of ~** recientemente

latecomer ['leɪtkʌmə(r)] *n* rezagado(a) *m,f*; **latecomers will not be admitted** no se podrá entrar después de comenzada la función; **he was a ~ to football** comenzó a jugar a fútbol tarde

lateen sail [lə'tiːn'seɪl] *n* vela *f* latina

lately ['leɪtlɪ] *adv* recientemente, últimamente; **until ~** hasta hace poco

latency ['leɪtənsɪ] *n* (estado *m* de) latencia *f*

lateness ['leɪtnɪs] *n* **-1.** *(of person, train)* retraso *m*, demora *f* **-2.** *(late time)* **the ~ of the hour** lo avanzado de la hora

late-night ['leɪtnaɪt] *adj (in late evening)* nocturno(a); *(after midnight)* de madrugada ❑ **~ opening** = horario de apertura prolongado tras la hora normal de cierre; **~ shopping** = apertura prolongada de las tiendas tras la hora normal de cierre

latent ['leɪtənt] *adj (disease, tendency)* latente ❑ PHYS **~ heat** calor *m* latente; MED **~ period** periodo *m* de incubación *or* latente

later ['leɪtə(r)] ◇ *adj* posterior; **I caught a ~ train** tomé *or Esp* cogí otro tren más tarde; **his ~ novels** sus novelas posteriores; **in ~ life** en la madurez; **~ events proved that…** sucesos posteriores desmostraron que…; **at a ~ date/stage** en fecha/una etapa posterior

◇ *adv* **~ (on)** más tarde; **a few days ~** unos días más tarde; **it was only ~ that I realized he had been right** sólo más tarde me di cuenta de que él tenía razón; **~ that day** ese mismo día con posterioridad; **no ~ than tomorrow** mañana como muy tarde; **as we shall see ~** como veremos más adelante; *Fam* **see you ~!** ¡hasta luego!

lateral ['lætərəl] ◇ *adj* lateral ❑ **~ thinking** pensamiento *m* lateral, = capacidad para darse cuenta de aspectos no inmediatamente evidentes de los problemas

◇ *n* LING lateral *f*

laterally ['lætərəlɪ] *adv* lateralmente

latest ['leɪtɪst] ◇ *n* **-1.** *(most recent news)* **have you heard the ~?** ¿has oído las últimas noticias?; **what's the ~ on the trial?** ¿qué es lo último que se sabe del juicio? **-2.** *(in time)* **at the ~** como muy tarde; **the ~ I can stay is four o'clock** sólo puedo quedarme hasta las cuatro

◇ *adj* **-1.** *(in time)* último(a); **the ~ train that will get us there** el último tren que nos lleva allí **-2.** *(most recent, up to date)* último(a); **her ~ work** su última obra; **the ~ news** las últimas noticias; **the ~ edition** la última edición; **the ~ fashions** la última moda

latex ['leɪteks] ◇ *n* látex *m*
◇ *adj* de látex

lath [lɑːθ] *n (strip of wood)* listón *m*

lathe [leɪð] *n* torno *m* ❑ **~ operator** tornero(a) *m,f*

lather ['lɑːðə(r)] ◇ *n* **-1.** *(from soap)* espuma *f* **-2.** *(on horse)* sudor *m*; IDIOM *Fam* **to work *or* get oneself into a ~ (about *or* over sth)** acalorarse (por algo)

◇ *vt (apply soap to)* enjabonar; **to ~ one's face** enjabonarse la cara

◇ *vi (soap)* formar *or* hacer espuma

Latin ['lætɪn] ◇ *n* **-1.** *(language)* latín *m* **-2.** *(person)* latino(a) *m,f*

◇ *adj* latino(a) ❑ **~ lover** latin lover *m*, amante *m* latino; **~ Quarter** barrio *m* latino

Latin America ['lætɪn'merɪkə] *n* América Latina, Latinoamérica

Latin American ['lætɪnə'merɪkən] ◇ *n* latinoamericano(a) *m,f*
◇ *adj* latinoamericano(a)

Latinate ['lætɪnet] *adj (writing style)* con sabor latino; *(vocabulary)* latino(a), derivado(a) del latín

Latinist ['lætɪnɪst] *n* latinista *mf*

Latino ['lætiːnəʊ] *n* latino(a) *m,f*

latish ['leɪtɪʃ] ◇ *adj* tardío(a); **it is ~** es bastante tarde; **at a ~ hour** más bien tarde
◇ *adv* bastante tarde, más bien tarde

latitude ['lætɪtjuːd] *n* **-1.** GEOG latitud *f*; **at a ~ of 50° south** a 50° de latitud sur; **few animals live in these latitudes** raros son los animales que viven en estas latitudes **-2.** *(freedom)* libertad *f*; **they don't allow *or* give the children much ~ for creativity** no les dan mucha rienda suelta a los niños para que sean creativos

latitudinal [lætɪ'tjuːdɪnəl] *adj* GEOG latitudinal, de latitud

latrine [lə'triːn] *n* letrina *f*

latter ['lætə(r)] ◇ *adj* **-1.** *(of two)* último(a), segundo(a) **-2.** *(last)* último(a); **the ~ half *or* part of June** la segunda mitad de junio; **the ~ days of the empire** las postrimerías del imperio, los últimos días del imperio; **in the ~ years of her life** en los últimos años de su vida

◇ *pron* **the former…, the ~…** *(singular)* el/la primero(a)…, el/la segundo(a)…; *(plural)* los/las primeros(as)…, los/las segundos(as)…

latter-day ['lætə'deɪ] *adj* moderno(a), de hoy; **a ~ St Francis** un San Francisco moderno ❑ REL **the Latter-day Saints** los Mormones

latterly ['lætəlɪ] *adv* **-1.** *(recently)* recientemente, últimamente **-2.** *(towards the end)* hacia el final, en las postrimerías

lattermost ['lætəməʊst] *adj* último(a), postrero(a)

lattice ['lætɪs] *n* **-1.** *(fence, frame)* celosía *f* ❑ **~ window** vidriera *f* de celosía **-2.** *(on pastry)* cuadriculado *m* **-3.** CHEM red *f* cristalina

latticework ['lætɪswɜːk] *n* celosía *f*, enrejado *m*

Latvia ['lætvɪə] *n* Letonia *f*

Latvian ['lætvɪən] ◇ n **-1.** (person) letón(ona) m,f **-2.** (language) letón m
◇ adj letón(ona)

laud [lɔːd] vt Formal or Literary loar, alabar

laudable ['lɔːdəbəl] adj loable

laudably ['lɔːdəblɪ] adv de forma loable or plausible

laudanum ['lɔːdənəm] n láudano m

laudatory ['lɔːdətərɪ] adj Formal laudatorio(a), elogioso(a)

laugh [lɑːf] ◇ n **-1.** (sound, act) risa f; **to have a ~** reírse; **we had a good ~ at his expense** nos reímos mucho a su costa; IDIOM **it's a ~ a minute** te mueres de risa; Ironic **Wittgenstein? that must be a ~ a minute!** ¿Wittgenstein? cómo te lo tienes que pasar ¿eh?; IDIOM **to have the last ~** reírse el último
-2. Fam (fun) **to have (a bit of) a ~** divertirse; **to do sth for a ~** hacer algo para pasarlo bien; Br **he's a good ~** es muy divertido; **he's always good for a ~** con él siempre lo pasamos bien
-3. Fam (joke) **what a ~!** ¡es para partirse de risa!; Ironic **that's a ~!** ¡no me hagas reír!; **the ~ is on them** la broma les salió rana
◇ vi **-1.** (in amusement) reírse (**at** or **about de**); **to ~ aloud** or **out loud** reír(se) a carcajadas; **he was laughing to himself** se reía solo; **she knows how to ~ at herself** sabe reírse de sí misma; **I can ~ about it now but at the time it was very painful** ahora me río, pero en el momento fue muy doloroso; **we laughed until we cried** nos reímos hasta que se nos saltaron las lágrimas; **they didn't know whether to ~ or cry** no sabían si reír o llorar; **it's easy** or **all right for you to ~!** ¡para ti es fácil reírse!; Fam **don't make me ~!** ¡no me hagas reír!; Fam **you've got to ~** es mejor reírse porque si no..., uno no sabe si reírse o llorar
-2. (in contempt, ridicule) reírse, mofarse (**at de**); **they laughed in my face** se rieron en mi cara
-3. IDIOMS Fam **he'll be laughing on the other side of his face when...** se llevará un buen chasco cuando...; Br Fam **if we win this match, we'll be laughing** ganamos este partido y a vivir; **to ~ up one's sleeve** reírse para sus adentros; Fam **to ~ all the way to the bank** hacer el agosto; PROV **he who laughs last laughs** Br **longest** or US **best** el que ríe el último ríe mejor
◇ vt **-1.** (in amusement) Fam **to ~ one's head off, to ~ oneself silly** partirse or Esp mondarse de risa **-2.** (in ridicule) **he was laughed off the stage** se rieron tanto de él que lo hicieron salir del escenario; **they laughed him to scorn** se rieron de él con desdén; IDIOM **you'll be laughed out of court** se te reirán en la cara

➤ **laugh off** vt sep (failure, insult) tomarse a risa or broma

laughable ['lɑːfəbəl] adj (excuse, attempt) ridículo(a), risible; (sum) irrisorio(a)

laughably ['lɑːfəblɪ] adv ridículamente; **it was a ~ silly idea** era una idea de lo más ridículo

laughing ['lɑːfɪŋ] ◇ n risa f
◇ adj (eyes) risueño(a); **it's no ~ matter** no es ninguna tontería; **I'm in no ~ mood** no estoy para bromas ❑ **~ falcon** aguilucho m lagartero; **~ gas** gas m hilarante; **~ hyena** hiena f manchada; **~ jackass** cucaburra f

laughingly ['lɑːfɪŋlɪ] adv **-1.** (cheerfully) **he said ~** dijo risueño **-2.** (inappropriately) **this noise is ~ called music** este ruido algunos lo llaman música

laughing-stock ['lɑːfɪŋ'stɒk] n hazmerreír m; **they were the ~ of the factory** eran el hazmerreír de la fábrica; **he made a ~ of himself** hizo el ridículo

laughter ['lɑːftə(r)] n risas fpl; **a burst of ~** un estallido de risas; **to cause ~** provocar la risa; **there was much ~ over the incident** el incidente provocó carcajadas

launch [lɔːntʃ] ◇ n **-1.** (boat) lancha f
-2. (act of launching) (of ship) botadura f; (of rocket) lanzamiento m ❑ **~ pad** plataforma f de lanzamiento; **~ site** base f de lanzamiento; **~ vehicle** lanzador m espacial; **~ window** (for space rocket) ventana f de lanzamiento
-3. (of product) lanzamiento m; **a book ~** el lanzamiento de un libro; **the ~ of a new job creation scheme** la puesta en marcha de un nuevo plan para la creación de empleos ❑ **~ party** fiesta f de presentación; **~ price** precio m de lanzamiento
◇ vt **-1.** (ship) botar; (rocket) lanzar **-2.** (product) lanzar **-3.** (start) (business, enquiry) emprender; **to ~ sb on a career** (of event) marcar el inicio de la carrera de alguien; **to ~ an attack on sb** lanzar un ataque contra alguien; **the newspaper launched an attack on government policy** el periódico inició una campaña contra la política del gobierno **-4.** COMPTR arrancar, abrir

➤ **launch into** vt insep (attack, story) emprender; (complaint) embarcarse en

➤ **launch out** vi embarcarse, lanzarse; **she's just launched out on her own** acaba de ponerse por su cuenta

launcher ['lɔːntʃə(r)] n (for missiles) lanzamisiles m inv; (for rocket, spacecraft) lanzador m, lanzacohetes m inv

launching ['lɔːntʃɪŋ] n **-1.** (of ship) botadura f; (of rocket) lanzamiento m ❑ **~ vehicle** vehículo m lanzador **-2.** (of product) lanzamiento m

launching-pad ['lɔːntʃɪŋpæd] n also Fig plataforma f de lanzamiento

launder ['lɔːndə(r)] vt **-1.** (clothes) lavar (y planchar) **-2.** (money) blanquear

laundress ['lɔːndrɪs] n lavandera f

laund(e)rette [lɔːn'dret], US **Laundromat**® ['lɔːndrəmæt] n lavandería f

laundry ['lɔːndrɪ] n **-1.** (dirty clothes) ropa f sucia; (clean clothes) ropa f limpia, Esp colada f; **to do the ~** lavar la ropa, Esp hacer la colada ❑ **~ basket** cesto m de la ropa sucia; **~ room** (in hotel, hospital etc) lavandería f; (in house) lavadero m; **~ van** camión m de la lavandería **-2.** (place) lavandería f

laureate ['lɔːrɪət] n laureado(a) m,f, galardonado(a) m,f; **a Nobel ~** un premio Nobel

laurel ['lɒrəl] n **-1.** (tree) laurel m ❑ **~ wreath** corona f de laurel **-2.** IDIOMS **to rest on one's laurels** dormirse en los laureles; **you'll have to look to your laurels** no te duermas en los laureles

LAUTRO ['laʊtrəʊ] (abbr **Life Assurance and Unit Trust Regulatory Organization**) n = organismo regulador de la actividad de las compañías de seguros de vida y de los fondos de inversión

lav [læv] n Br Fam retrete m, servicio m, Am baño m

lava ['lɑːvə] n lava f ❑ **~ lamp** lámpara f de lava

lavatorial [lævə'tɔːrɪəl] adj (humour) escatológico(a)

lavatory ['lævətrɪ] n **-1.** (room) cuarto m de baño, servicio m, Am baño m; **to go to the ~** ir al baño ❑ **~ humour** chistes mpl escatológicos; **~ paper** papel m higiénico or Cuba sanitario or Guat,Ven toilette, Chile confort m
-2. public ~ servicios públicos, Esp aseos públicos, Am baños públicos ❑ **~ attendant** = persona que cuida los servicios públicos
-3. (receptacle) váter m, retrete m ❑ **~ bowl** taza f del váter; **~ pan** taza f del váter

lavender ['lævɪndə(r)] ◇ n (shrub) espliego m, lavanda f ❑ **~ water** agua f de lavanda
◇ adj (colour) lila inv, violeta inv

lavish ['lævɪʃ] ◇ adj **-1.** (person) generoso(a) (**with** con), pródigo(a) (**with** en); **he was ~ with his praise** fue pródigo en halagos; **to be ~ with one's money** ser generoso(a) con el dinero de uno(a) **-2.** (expenditure, decor) espléndido(a)
◇ vt prodigar; **they ~ all their attention on their son** le prodigan toda la atención a su hijo; **to ~ gifts/praise on sb** colmar de regalos/alabanzas a alguien

lavishly ['lævɪʃlɪ] adv **-1.** (generously, extravagantly) generosamente, pródigamente; **she spends/entertains ~** gasta dinero/recibe visitas pródigamente **-2.** (luxuriously) espléndidamente; **~ decorated/furnished** lujosamente or fastuosamente decorado/amueblado

lavishness ['lævɪʃnɪs] n **-1.** (generosity, extravagance) generosidad f **-2.** (luxuriousness) fastuosidad f

law [lɔː] n **-1.** (rule) ley f; **the laws of rugby** las reglas del rugby; **there's no ~ against it** no hay ninguna ley que lo prohíba; Hum **there ought to be a ~ against it!** ¡eso tendría que estar prohibido!; **she is a ~ unto herself** hace lo que le viene en gana or lo que le da la gana; **there's one ~ for the rich and another for the poor** hay una ley para el rico y otra para el pobre
-2. (scientific principle) ley f ❑ **the ~ of gravity** la ley de la gravedad; **the ~ of supply and demand** la ley de la oferta y la demanda; **the ~ of averages** las leyes de la estadística
-3. (set of rules) ley f; **it's the ~** es la ley; **the ~ of the land** las leyes del país; **to become ~** (of parliamentary bill) entrar en vigor; **to break/observe the ~** quebrantar/cumplir (con) la ley; **to be above the ~** estar por encima de la ley; **it's against the ~ to sell alcohol** va contra la ley vender bebidas alcohólicas; **by ~** por ley; **in** or **under British ~** según or bajo la ley británica; **you can't take the ~ into your own hands** no te puedes tomar la justicia por tu mano; Fig **her word is ~** lo que ella dice va a misa ❑ Br **~ centre** servicio m público de asesoría jurídica; **the Law Courts** el palacio de Justicia; **~ enforcement** mantenimiento m de la ley y el orden; **~ enforcement agency** cuerpo m de seguridad del Estado; **~ enforcement officer** agente mf de policía; **~ firm** bufete m de abogados; **the ~ of the jungle** la ley de la selva; Br **Law Lord** = miembro de la Cámara de los Lores que forma parte del Tribunal Supremo; **the ~ of nature** las leyes de la naturaleza; **~ officer** agente mf de la ley; **~ and order** el orden público; **the problem of ~ and order** la inseguridad ciudadana; Br **the Law Society** el colegio de abogados de Inglaterra y Gales
-4. (system of justice, subject) derecho m; **a ~ student** un(a) estudiante de derecho; **to practise ~** ejercer la abogacía; Br **to go to ~** acudir a los tribunales ❑ **~ school** facultad f de derecho
-5. Fam **the ~** (police) la poli; **I'll get** or **have the ~ on you!** ¡voy a llamar a la policía!

law-abiding ['lɔːəbaɪdɪŋ] adj respetuoso(a) de la ley

law-and-order ['lɔːənd'ɔːdə(r)] adj **~ issues** asuntos de orden público; **he presents himself as the ~ candidate** se define como el candidato que mantendrá la ley y el orden

lawbreaker ['lɔːbreɪkə(r)] n delincuente mf

lawcourt ['lɔːkɔːt] n juzgado m

lawful ['lɔːfʊl] adj (legal) legal; (rightful) legítimo(a); (not forbidden) lícito(a); **to go about one's ~ business** ocuparse de sus asuntos sin meterse con nadie; **to be your ~ wedded wife** ser tu legítima esposa

lawfully ['lɔːfʊlɪ] adv (legally) legalmente

lawgiver ['lɔːɡɪvə(r)] n legislador(ora) m,f

lawless ['lɔːlɪs] adj sin ley; **a ~ mob** una muchedumbre anárquica

lawlessness ['lɔːlɪsnɪs] n anarquía f

lawmaker ['lɔːmeɪkə(r)] n legislador(ora) m,f

lawman ['lɔːmæn] n US agente m de la ley

lawn¹ [lɔːn] n (grass) césped m; **to mow** or **cut the ~** cortar el césped ❑ **~ tennis** tenis m en pista de hierba

lawn² n (fabric) batista f

lawnmower ['lɔːnməʊə(r)] n cortadora f de césped, cortacésped m or f

Lawrence ['lɒrəns] pr n **Saint ~** san Lorenzo
lawrencium [lə'rensɪəm] n CHEM laurencio m
Lawrentian [lə'renʃɪən] adj de D. H. Lawrence
lawsuit ['lɔːs(j)uːt] n pleito m; **to bring a ~ against sb** entablar pleito contra alguien
lawyer ['lɔːjə(r)] n abogado(a) m,f
lax [læks] adj (morals, discipline) relajado(a), laxo(a); (person) negligente, poco riguroso(a); (security, standards) descuidado(a), poco riguroso(a); **he's been rather ~ in his timekeeping recently** últimamente se toma sus horarios con mucha calma
laxative ['læksətɪv] ◇ n laxante m
 ◇ adj laxante
laxity ['læksɪtɪ], **laxness** ['læksnɪs] n (of morals, discipline) laxitud f, Esp relajo m; (of person) negligencia f (**in doing sth** al hacer algo); (of security, standards) falta f de rigor
lay¹ [leɪ] adj REL laico(a), lego(a) ❏ **~ preacher** predicador(ora) m,f laico(a); **~ reader** (religious) = persona que tiene potestad para encargarse de ciertos oficios religiosos, sin incluir la eucaristía; (non-expert) lector(ora) m,f profano(a) en la materia
lay² ◇ n very Fam **he's a good ~** Esp folla genial, Am coge como los dioses, Méx es un buen acostón; **she's an easy ~** es un polvo or Carib, Méx una vieja or RP una mina fácil
 ◇ vt (pt & pp **laid** [leɪd]) **-1.** (place) dejar, poner; **to ~ a book on the table** dejar un libro encima de la mesa; **he laid his hand on my shoulder** me puso la mano en el hombro; **she laid the baby in its cot** acostó al bebé or Andes a la guagua en la cuna; **to ~ a newspaper flat on the table** extender un periódico en la mesa; **the blast laid the building flat** la explosión arrasó el edificio; **to ~ sb flat** (hit) tumbar or CSur voltear a alguien (de un golpe); **to ~ eyes on sth/sb** ver algo/a alguien; **if you ~ a finger on her...** como le pongas un solo dedo encima...; **to ~ one's hands on sth** (find) dar con algo; **she reads everything she can ~ her hands on** lee todo lo que cae en sus manos; **to have nowhere to ~ one's head** no tener dónde caerse muerto(a); Formal **to ~ sb to rest** (bury) dar sepultura a alguien; **to ~ sb's fears to rest** apaciguar los temores de alguien; **they finally laid (to rest) the ghost of their defeat ten years ago** por fin han superado el trauma de su derrota de hace diez años; **this decision lays bare her true intentions** esta decisión deja claro cuáles son sus verdaderas intenciones; **to ~ the blame on sb** or **at sb's door** echar la culpa a alguien; **to ~ a charge against sb** presentar un cargo contra alguien; **to ~ claim to sth** reclamar algo; **to ~ a curse on sb** echar una maldición a alguien; **to ~ emphasis on sth** hacer hincapié en algo; **to ~ the facts before sb** exponer los hechos a alguien; **to ~ it on the line** (express clearly) dejar las cosas claras; **to ~ one's job/reputation on the line** jugarse el puesto/la reputación; Literary **he laid his opponent low with a fierce blow** derribó a su adversario de un violento golpe; **the illness laid her low** la enfermedad la dejó fuera de combate; **to ~ oneself open to criticism** exponerse a (las) críticas; **the bomb laid waste the area** or **laid the area to waste** la bomba asoló la zona
 -2. (foundations, carpet, mine, pipes) colocar, poner; (cable) tender; (bricks) poner; **the reforms ~ the basis** or **foundation for economic growth** las reformas sentaron las bases para el crecimiento económico
 -3. (prepare, arrange) (fire) preparar; (trap) tender; **to ~ plans to do sth** hacer planes para hacer algo
 -4. (set) **to ~ the table** poner la mesa; **I'll ~ another place for the guest** pondré otro cubierto para el invitado
 -5. (eggs) poner; IDIOM US Fam **to ~ an egg** (person, performer) pifiarla; (play, film) ser un desastre
 -6. (bet) (money) apostar (**on** a, por); **to ~ a bet** hacer una apuesta; Fig **he'll never do it,**

I'll ~ money or **odds on it!** ¡apuesto a que no lo hace!
 -7. very Fam (have sex with) echar un polvo con, Am cogerse a, Méx chingarse a; **he went out hoping to get laid** salió en busca de rollo, RP, Ven salió de levante
 ◇ vi (bird) poner (huevos)
 ◇ pt of **lie²**
● **lay about** vt insep Literary (attack) acometer, asaltar; **she laid about her with her umbrella** la emprendió a golpes con el paraguas
● **lay aside** vt sep **-1.** (put aside) **she laid aside her book** dejó a un lado el libro
 -2. (money) reservar, apartar; (time) reservar
 -3. (prejudices, doubt) dejar a un lado
● **lay back** vt sep SPORT **to ~ the ball back** colocar la pelota hacia atrás
● **lay before** vt sep Formal **to ~ sth before sb** (plan, proposal) presentar algo a alguien
● **lay by** vt sep (money) reservar, apartar
● **lay down** vt sep **-1.** (put down) dejar; **to ~ down one's arms** dejar or deponer las armas; **he laid down his life for his beliefs** dio su vida por sus creencias
 -2. (principle, rule) establecer; **it is laid down in the rules that...** el reglamento estipula que...; **she's always laying down the law** siempre está dando órdenes
 -3. (wine) guardar
 -4. MUS (song, track) grabar
 -5. (field, land) plantar
● **lay in** vt sep (supplies, food) abastecerse de
● **lay into** vt insep Fam **-1.** (attack, criticize) arremeter contra
 -2. (eat greedily) emprenderla con
● **lay off** ◇ vt sep (make redundant) despedir (por reducción de plantilla)
 ◇ vt insep Fam (leave alone) dejar; **to ~ off drink** or **drinking** dejar la bebida; **~ off it, will you!** ¡déjalo ya!, ¿no?
 ◇ vi Fam **~ off!** ¡déjame en paz!
● **lay on** vt sep **-1.** (provide) (party, entertainment) organizar, preparar; (transport) organizar; **they'd laid on a huge banquet for the cast** se habían encargado de organizar un enorme banquete para el reparto; Br **the caravan has electricity laid on** la caravana tiene electricidad
 -2. (spread) (paint, plaster) aplicar; IDIOM Fam **to ~ it on (a bit thick** or **with a trowel)** (exaggerate) recargar las tintas
 -3. Fam **to ~ one on sb** (hit) meter una a alguien
 -4. US Fam (tell) **to ~ sth on sb** delatar a alguien, Esp chivarse de alguien, RP alcahuetear a alguien
● **lay out** vt sep **-1.** (arrange, display) colocar, disponer; (page, essay) presentar; **we laid the map out on the floor** extendimos el mapa en el suelo
 -2. (plan) (road) trazar; (town) diseñar el trazado de; **the house is badly laid out** la casa no tiene una buena distribución
 -3. (explain) exponer
 -4. (dead body) amortajar
 -5. Fam (spend) gastarse
 -6. Fam (knock unconscious) tumbar, dejar K.O.
 -7. Fam **to ~ oneself out (for sb)** (make a great effort) matarse (por alguien), dejarse la piel (por alguien)
● **lay over** vi US hacer una parada
● **lay up** vt sep **-1.** Fam **I've been laid up with flu all week** he estado toda la semana en cama con gripe or Am gripa
 -2. (store up) (supplies) acumular; **you're laying up problems for yourself** estás acumulando problemas para el futuro
 -3. (ship, car) estar fuera de circulación
layabout ['leɪəbaʊt] n Br Fam holgazán(ana) m,f, gandul(ula) m,f, Méx flojo(a) m,f, RP fiaca mf
lay-by ['leɪbaɪ] n Br área f de descanso

layer ['leɪə(r)] ◇ n **-1.** (of skin, paint, fabric) capa f; **put on several layers of clothing to keep warm** ponte bastante ropa para ir bien abrigado; **to have one's hair cut in layers** cortarse el pelo a capas; **the poem has many layers of meaning** el poema tiene varios niveles or varias lecturas ❏ **~ cake** pastel m de varias capas
 -2. (of rock) estrato m
 -3. (of plant) acodo m
 -4. (hen) gallina f ponedora
 -5. COMPTR (of graphics) capa f
 ◇ vt **-1.** (arrange in layers) poner en capas **-2.** (hair) **to have one's hair layered** cortarse el pelo a capas **-3.** (plant) acodar
layered ['leɪəd] adj (hair) a capas
layering ['leɪərɪŋ] n COMPTR disposición f en capas
layette [leɪ'et] n ajuar m de bebé
laying ['leɪɪŋ] n REL **~ on of hands** imposición de manos
layman ['leɪmən] n **-1.** REL laico m, lego m **-2.** (non-specialist) profano m, lego m; **a ~'s guide to the stock market** una guía dirigida a los noveles en el mercado de valores
lay-off ['leɪɒf] n (dismissal) despido m (por reducción de plantilla)
layout ['leɪaʊt] n **-1.** (of town) trazado m; (of house) distribución f; (garden) disposición f; **the ~ of the controls is very straightforward** la disposición de los controles es muy sencilla **-2.** (of text) composición f; (of magazine, letter) diseño m, formato m **-3.** COMPTR diseño m, formato m ❏ **~ application** programa m de maquetación
layover ['leɪəʊvə(r)] n US (on land journey) parada f; (on air journey) escala f
layperson ['leɪpɜːsən] n **-1.** REL laico(a) m,f, lego(a) m,f **-2.** (non-specialist) profano(a) m,f, lego(a) m,f
lay-up ['leɪʌp] n (in basketball) bandeja f
laywoman ['leɪwʊmən] n **-1.** REL laica f, lega f **-2.** (non-specialist) profana f, lega f
Lazarus ['læzərəs] pr n Lázaro
laze [leɪz] vi **to ~ (about/around)** holgazanear, gandulear; **we spent the summer lazing on the beach** nos pasamos el verano vagando or Esp haciendo el vago en la playa
lazily ['leɪzɪlɪ] adv perezosamente
laziness ['leɪzɪnɪs] n pereza f
lazy ['leɪzɪ] adj (person) perezoso(a), vago(a); (movement) indolente; (afternoon) ocioso(a); **those ~ summer days** aquellos ociosos días estivales ❏ MED **~ eye** ojo m vago; **~ Susan** (tray on table) bandeja f giratoria
lazybones ['leɪzɪbəʊnz] n Fam holgazán(ana) m,f
lb (abbr **pound**) libra f (= 0,45 kg); **3 lb** or **lbs** 3 libras
LC US (abbr **Library of Congress**) Biblioteca f del Congreso
lc (abbr **lower case**) c.b., caja f baja
LCD [elsiː'diː] n ELEC & COMPTR (abbr **liquid crystal display**) LCD, pantalla f de cristal líquido
LCM [elsiː'em] n MATH (abbr **lowest common multiple**) n m.c.m.
LDC [eldiː'siː] n ECON (abbr **less-developed country**) país m menos desarrollado
L-dopa [el'dəʊpə] n PHARM L-dopa f
L-driver ['eldraɪvə(r)] n (before getting licence) conductor(ora) m,f en prácticas
LEA [eliː'eɪ] n Br POL (abbr **Local Education Authority**) = organismo local encargado de la enseñanza, Esp ≃ consejería f de educación
lea [liː] n Literary prado m
leach [liːtʃ] ◇ vt CHEM & TECH lixiviar
 ◇ vi filtrarse
lead¹ [led] n **-1.** (metal) plomo m; **~ pipe/shot** cañería/granalla de plomo ❏ **~ crystal** cristal m de plomo; **~ poisoning** saturnismo m
 -2. (for pencil) mina f ❏ **~ pencil** lápiz m (de mina)
 -3. leads (on roof, window) emplomado m
 -4. IDIOMS **to go** Br **down** or US **over like a ~ balloon** fracasar estrepitosamente; Fam **they filled** or **pumped him full of ~** le

lead

llenaron el cuerpo de plomo, lo llenaron de plomo; *US Fam* **to get the ~ out (of one's pants)** moverse, *Esp* ir espabilando; *very Fam* **that'll put ~ in your pencil!** ¡eso levanta a un muerto!; *Fam* **to swing the ~** escurrir el bulto

lead² [li:d] ◇ *n* **-1.** *(advantage)* ventaja *f*; **to be in the ~** ir *or* estar a la cabeza *or* en cabeza; **to go into** *or* **take the ~** ponerse a la *or* en cabeza; **to have a two-point ~ over sb** sacarle dos puntos a alguien; **to lose the ~ (to sb)** perder la primera posición (a manos de alguien)
-2. *(example)* ejemplo *m*; **to follow sb's ~** seguir el ejemplo de alguien; **follow my ~** *(do as I do)* haz lo que yo; **to give sb a ~** dar un ejemplo a alguien; **to take the ~** *(initiative)* tomar la iniciativa; **to take one's ~ from sb** seguir el ejemplo de alguien
-3. *(clue)* pista *f*; **the police have several leads** la policía tiene varias pistas
-4. *(in card game)* mano *f*; **it's your ~** tú eres mano, tú llevas la mano
-5. THEAT & CIN *(role)* papel *m* protagonista; *(actor, actress)* protagonista *mf*; **to play the ~** ser el/la protagonista ❑ **~ on ~ guitar** a la guitarra solista; **~ guitarist** guitarra *mf* solista; **~ singer** solista *mf*
-6. *(newspaper article)* **~ (story)** artículo *m* de primera plana
-7. *(for dog)* correa *f*; **to let the dog off the ~** soltar al perro, quitarle *or Am* sacarle la correa al perro; **dogs must be kept on the ~** los perros deberán llevar correa
-8. *(cable)* cable *m*
-9. IND **~ time** *(for production)* tiempo *m* o período *m* de producción; *(for delivery)* tiempo *m* de entrega
◇ *vt (pt & pp* **led** [led]) **-1.** *(show the way to)* llevar, conducir; **she led us through the forest** nos guió por el bosque; **she led us into the ambush** nos condujo a la emboscada; **he led his men into battle/to victory** dirigió a sus hombres a la batalla/hacia la victoria; REL **~ us not into temptation** no nos dejes caer en la tentación; **~ the way** mostrar el camino; *Fig* **our country leads the way in human rights** nuestro país está a la cabeza en la lucha por los derechos humanos; **to be easily led** dejarse influir con facilidad; **this leads me to the conclusion that...** esto me lleva a la conclusión de que...; **this leads me to my next point** esto me lleva a mi siguiente punto; **to ~ the applause** iniciar el aplauso; **to ~ the conversation around to a subject** llevar la conversación hacia un asunto; *Fig* **to ~ sb astray** llevar a alguien por el mal camino; *Fam* **to ~ sb a merry chase** *or* **dance** traer a alguien a mal traer; *Fam Fig* **to ~ sb by the nose** tener dominado(a) a alguien, *RP* llevar a alguien de las narices
-2. *(cause)* **to ~ sb to do sth** llevar a alguien a hacer algo; **despair led him to commit suicide** la desesperación le llevó a suicidarse; **that leads me to believe that...** eso me hace creer que...; **I was led to believe that the meal would be free** me dieron a entender que la comida sería gratis
-3. *(live)* **to ~ a happy/sad life** tener *or* llevar una vida feliz/triste
-4. *(be in charge of)* *(team, attack, country, inquiry)* dirigir; *(discussion, debate)* moderar
-5. *(be ahead of)* **to ~ sb by eight points** llevar a alguien ocho puntos de ventaja; **England are leading Italy by two goals to nil** Inglaterra va ganando a Italia por dos goles a cero; **to ~ the field** estar *or* ir a la cabeza; *Fig* **to ~ the field in sth** estar *or* ir a la cabeza *or* a la vanguardia en algo; **he led the race from start to finish** fue a la cabeza durante toda la carrera; **the Broncos ~ the table** los Broncos van a la cabeza de la clasificación; **we ~ the world in this field** somos los líderes mundiales en este campo

-6. *(be at front of)* *(procession)* encabezar; **this leads a long list of complaints** esta es la primera de una larga lista de quejas
-7. LAW *(witness)* hacer una pregunta capciosa a
-8. *(in cards)* abrir con
◇ *vi* **-1.** *(road)* conducir, llevar **(to** a); **the stairs led (up/down) to his study** las escaleras llevaban a su estudio; **the door led into a cellar** la puerta daba a una bodega; **the question led into a debate on divorce** la pregunta abrió un debate sobre el divorcio; *Fig* **this is leading nowhere!** ¡así no vamos a ninguna parte!
-2. *(go ahead)* **you ~ and I'll follow** tú vas delante y yo te sigo
-3. *(in competition, race)* ir en cabeza; **she leads by just ten seconds** lleva la delantera por tan sólo diez segundos
-4. *(in card game)* salir **(with** con); **Peter to ~** sale Peter
-5. *(in dancing)* llevar
-6. *(in boxing)* **to ~ with one's left/right** atacar con la izquierda/derecha
-7. *(newspaper)* **the Herald Tribune leads with an article on education** el artículo de primera plana del Herald Tribune trata sobre educación
-8. *(show leadership)* **to ~ by example** *or* **from the front** predicar con el ejemplo
▶ **lead away** *vt sep* **to ~ sb away** llevarse a alguien; **to ~ the conversation away from a subject** llevar la conversación hacia otro tema
▶ **lead back** ◇ *vt sep (person)* llevar de vuelta a; **she led the conversation back to the question of money** volvió a llevar la conversación al tema del dinero
◇ *vi* **this path leads back to the beach** este sendero lleva de vuelta a la playa
▶ **lead off** ◇ *vt sep* **-1.** *(person)* llevar; **they were led off to jail** les llevaron a la cárcel
-2. *(discussion)* empezar
◇ *vi* **-1.** *(road, corridor)* salir, bifurcarse **(from** de)
-2. *(in discussion)* comenzar, empezar
-3. *(at dance)* abrir el baile
-4. *(in baseball)* ser el primer bateador
▶ **lead on** ◇ *vt sep* **-1.** *(deceive)* tomar el pelo a
-2. *(give false hopes to)* ilusionar a; **you shouldn't ~ him on like that** no deberías ilusionarle así
-3. *(in progression)* **this leads me on to my second point** esto me lleva a mi segundo punto
◇ *vi (go ahead)* **you ~ on and I'll follow** tú vas delante y yo te sigo
▶ **lead to** *vt insep (cause)* llevar a; **years of effort led to him finally solving the problem** tras años de trabajo finalmente solucionó el problema; **I didn't mean to kiss her, but one thing led to another** no tenía la intención de besarla, pero unas cosas llevaron a otras; **what's all this leading to?** ¿a dónde lleva todo esto?
▶ **lead up to** *vt insep* **-1.** *(path, road)* llevar; **those stairs ~ up to the attic** esa escalera lleva al ático
-2. *(in reasoning)* **what are you leading up to?** ¿a dónde quieres ir a parar (con todo esto)?; **she led up to her request by saying that...** introdujo su petición *or Am* pedido diciendo que...
-3. *(precede, cause)* llevar a, conducir a; **the period leading up to the war** el período previo *or* que precedió a la guerra; **in the weeks leading up to the wedding** en las semanas previas a la boda

leaded ['ledɪd] *adj* **-1. ~ window** vidriera *f* (emplomada) **-2.** *US* **~ gasoline** gasolina *f or RP* nafta *f* con plomo; *Br* **~ petrol** gasolina *f or RP* nafta *f* con plomo

leaden ['ledən] *adj* **-1.** *(made of lead)* de plomo, plúmbeo(a) **-2.** *(sky)* plomizo(a) **-3.** *(heavy)* pesado(a), plúmbeo(a); *(heart)* de acero,

leaf

de hierro, *Am* de piedra; **he walked with ~ steps** andaba con pies de plomo; **his ~ delivery** su discurso farragoso; **his ~ acting** su actuación farragosa

leader ['li:də(r)] *n* **-1.** *(head)* (of group, association, party) líder *mf*; (of strike, protest, riot) cabecilla *mf*; **to be a born ~** ser un líder nato
-2. *(in race)* (athlete, horse) líder *mf*, cabeza *mf* (de carrera); (in championship, league) líder *mf*, primero(a) *m,f*; **she caught up with the leaders** alcanzó a los que iban en cabeza
-3. *(foremost in field)* (product, company) líder *mf*; **the institute is a world ~ in cancer research** el instituto va a la cabeza mundial en la investigación contra el cáncer
-4. *Br* PARL **Leader of the House of Commons** presidente *mf* de la Cámara de los Comunes; **Leader of the House of Lords** presidente *mf* de la Cámara de los Lores; **Leader of the Opposition** líder *mf* de la oposición
-5. *US* COM *(loss leader)* artículo *m* de reclamo, = producto que se vende por debajo del precio de coste para atraer a la clientela
-6. MUS *Br (first violin)* primer violín *mf*; *US (conductor)* director(ora) *m,f*
-7. *(for film)* guía *f*
-8. *Br (in newspaper)* editorial *m* ❑ **~ writer** editorialista *mf*

leaderboard ['li:dəbɔ:d] *n (in golf)* tabla *f* de clasificación; *Fig* **to be top of the ~** ir en cabeza

leadership ['li:dəʃɪp] *n* **-1.** *(people in charge)* dirección *f*
-2. *(position)* liderazgo *m*, liderato *m*; **during** *or* **under her ~** durante *or* bajo su liderazgo *or* liderato ❑ **~ battle** batalla *f* por el liderazgo *or* liderato; **~ contest** lucha *f or* pugna *f* por el liderazgo *or* liderato
-3. *(quality)* capacidad *f* de liderazgo, dotes *fpl* de mando; **it's the president's job to provide ~** el presidente debe desempeñar el papel de líder ❑ **~ qualities** dotes *fpl* de mando

lead-foot ['led'fʊt] *vt US Fam (in car)* pisar a fondo

lead-footed ['led'fʊtɪd] *adj US Fam* **-1.** *(clumsy)* torpe **-2.** *(driver)* fitipaldi

lead-free ['led'fri:] *adj* sin plomo

lead-in ['li:dɪn] *n* TV & RAD presentación *f*

leading¹ ['ledɪŋ] *n* TYP interlineado *m*

leading² ['li:dɪŋ] *adj* **-1.** *(best, most important)* principal, destacado(a); **one of Europe's ~ electronics firms** una de las principales empresas europeas de electrónica; **a ~ authority in the field** una destacada autoridad en la materia; **they played a ~ part in the discussions** desempeñaron un papel destacado en las negociaciones ❑ **~ lady** *(in play)* primera actriz *f*; *(in movie)* protagonista *f*; **~ light** *(in politics, society)* figura *f* prominente; **~ man** *(in play)* primer actor *m*; *(in movie)* protagonista *m*; CIN & THEAT **~ role** papel *m* protagonista
-2. *(team, runner)* líder; **the ~ group** *(in race)* el grupo de cabeza; **to be in the ~ position** ir a la cabeza
-3. AV **~ edge** *(of propeller, wing)* borde *m* de ataque; *Fig* vanguardia *f*
-4. JOURN **~ article** *Br (editorial)* editorial *m*; *US (main story)* artículo *m* principal
-5. **~ question** *(seeking to elicit answer)* pregunta *f* capciosa

leading-edge ['li:dɪŋ'edʒ] *adj (technology, company)* de vanguardia, puntero(a)

lead-off ['li:dɒf] *n* comienzo *m*, principio *m*; **this is the ~ edition in a series of programmes** éste es el primero de una serie de programas; **as a ~** para empezar, de aperitivo

lead-up ['li:dʌp] *n* periodo *m* previo **(to** a); **in the ~ to** en el periodo previo a

leaf [li:f] *(pl* **leaves** [li:vz]) *n* **-1.** *(of plant, book)* hoja *f*; **to be in ~** tener hojas; **to come into ~** echar hojas, reverdecer ❑ **~ insect** insecto *m* hoja; **~ mould** mantillo *m* de hojas **-2.** *(of book)* hoja *f*; IDIOM **to turn over a new ~** hacer borrón y cuenta nueva; IDIOM

to take a ~ out of sb's book seguir el ejemplo de alguien **-3.** *(of table)* hoja *f* abatible **-4.** *(of metal)* hoja *f* **-5.** TECH *spring* ballesta *f*

◆ **leaf through** *vt insep (book, magazine)* hojear

leafless ['li:flɪs] *adj* sin hojas, deshojado(a)

leaflet ['li:flɪt] ◇ *n* **-1.** *(small brochure)* folleto *m*; *(piece of paper)* octavilla *f*; *(political)* octavilla *f*, panfleto *m* **-2.** BOT folíolo *m*
◇ *vt* **to ~ an area** repartir folletos en una zona

leafy ['li:fɪ] *adj (tree)* frondoso(a); **a ~ avenue** una avenida arbolada; **a ~ suburb** una zona residencial muy verde

league [li:g] *n* **-1.** SPORT liga *f*; **the ~ champions** los campeones de liga; **a ~ match** un partido de liga ❑ **~ championship** campeonato *m* de liga; *Br* **~ table** *(in sports)* tabla *f* de clasificación *f* de la liga; *(of performance)* clasificación *f*, ránking *m*
-2. *(class, category)* **to be in the big ~** estar en la categoría reina, estar en primera división; **to be in a different** *or* **another ~** estar a otro nivel; **that's way out of our ~** está muy por encima de nuestras posibilidades
-3. *(alliance)* liga *f*; **to be in ~ with sb** estar compinchado(a) con alguien; **they're all in ~ against me** se han compinchado en mi contra ❑ HIST **the League of Nations** la Sociedad de Naciones
-4. *(measurement)* legua *f*

leak [li:k] ◇ *n* **-1.** *(hole) (in container, pipe)* agujero *m*; *(in roof)* gotera *f*; *(in ship)* vía *f* de agua **-2.** *(escape) (of liquid, gas)* fuga *f*, escape *m*; *(of information)* filtración *f* **-3.** *Fam* **to take** *or Br* **have a ~** echar una meadita
◇ *vt* **-1.** *(liquid, gas)* tener una fuga *or* un escape de, perder; **the can leaked oil onto my trousers** la lata me goteó aceite sobre los pantalones **-2.** *(information)* filtrar; **someone leaked the news to the press** alguien filtró la noticia a la prensa
◇ *vi* **-1.** *(allow liquid through) (pipe)* tener una fuga *or* un escape; *(roof)* tener goteras; *(shoe)* calar; *(ship)* hacer agua; **this bucket's leaking** este balde pierde; **his pen leaked in his pocket** el bolígrafo se le reventó en el bolsillo **-2.** *(escape, enter)* **to ~ (out)** *(liquid, gas)* salirse, escaparse; *(information)* filtrarse; **the rain had leaked (in) through a crack in the wall** la lluvia se había filtrado por una grieta de la pared

leakage ['li:kɪdʒ] *n* **-1.** *(of liquid, gas)* fuga *f*, escape *m* **-2.** *(of information)* filtración *f*

leaky ['li:kɪ] *adj* **-1.** *(bucket)* con agujeros; *(pipe)* con fugas *or* escapes; *(roof)* con goteras; *(shoe)* que cala; *(ship)* que hace agua; *(tap)* que gotea **-2.** *Fam* **this department is very ~** este departamento se va demasiado de la lengua

lean¹ [li:n] ◇ *adj* **-1.** *(person, animal)* delgado(a), flaco(a); *Fig* **the company is now fitter and leaner than it was before** la empresa está más saneada que antes **-2.** *(meat)* magro(a) **-3.** *(year)* de escasez; *(harvest)* escaso(a); **we had a ~ time of it** fue una época de vacas flacas
◇ *n (meat)* carne *f* magra

lean² [*pt & pp* **leaned** *or Br* **leant** [lent]] ◇ *vt* **-1.** *(prop)* **to ~ sth against sth** apoyar algo contra algo **-2.** *(rest) (head, elbows)* apoyar **-3.** *(incline)* **to ~ one's head back/forward** inclinar la cabeza hacia atrás/delante; **she leaned** *or Br* **leant her head to one side** ladeó la cabeza, inclinó la cabeza hacia un lado
◇ *vi* **-1.** *(building, tree)* inclinarse **-2.** *(bend)* **to ~ back/forward** echarse hacia atrás/inclinarse hacia delante; **to ~ out of the window** asomarse a la ventana **-3.** *(for support) (person, object)* **to ~ on/against sth** apoyarse en/contra algo; **the ladder was leaning against the wall** la escalera estaba apoyada en *or* contra la pared

◆ **lean on** *vt insep* **-1.** *(rely on)* apoyarse en **-2.** *(pressurize)* presionar a

◆ **lean over** ◇ *vt insep* **he leaned over the fence** se asomó por encima de la valla
◇ *vi* inclinarse; *Fig* **to ~ over backwards (to do sth)** hacer lo imposible *or* todo lo posible (por hacer algo); **to ~ over backwards for sb/to please sb** desvivirse por alguien

◆ **lean towards** *vt insep (tend towards)* inclinarse por, decantarse por; **I ~ towards his point of view** me inclino por su punto de vista; **politically she leans towards the right** políticamente se inclina hacia la derecha

lean-burn ['li:nbɜ:n] *adj (engine)* de mezcla pobre

leaning ['li:nɪŋ] ◇ *n (tendency)* inclinación *f*, tendencia *f*; **to have artistic leanings** tener tendencias *or* inclinaciones artísticas
◇ *adj (tree, wall)* inclinado(a); **the Leaning Tower of Pisa** la torre inclinada de Pisa

leanness ['li:nnɪs] *n (of person)* delgadez *f*

leant *Br pt & pp of* **lean**

lean-to ['li:ntu:] *n (shack)* cobertizo *m*
◇ *adj* **~ roof** tejado a un agua

leap [li:p] ◇ *n* salto *m*, brinco *m*; **it's a great ~ forward in medical research** es un gran avance en la investigación médica; **his heart gave a ~** le dio un vuelco el corazón; IDIOM **to take a ~ in the dark** dar un salto al vacío; IDIOM **to advance by leaps and bounds** avanzar a pasos agigantados ❑ **~ year** año *m* bisiesto **-2.** *(in prices, temperature)* subida *f* brusca
◇ *vt (pt & pp* **leapt** [lept] *or* **leaped)** saltar
◇ *vi* **-1.** *(person, animal)* saltar; **to ~ over sth** saltar por encima de algo; **to ~ into the air** *(leave the ground)* dar un salto en el aire; *(when startled)* dar un respingo; **to ~ to one's feet** ponerse en pie de un salto *or* brinco; **to ~ for joy** dar saltos de alegría; **we leapt back in fright** dimos un respingo atemorizados; IDIOM **she nearly leapt out of her skin** casi le dio un patatús
-2. *Fig (move quickly)* **he leapt to the wrong conclusion** sacó inmediatamente la conclusión equivocada; **she leapt on his mistake** se cebó de inmediato con él por su error; **the answer almost leapt off the page at me** tenía la respuesta delante de las narices; **~ at the chance** no dejar escapar la oportunidad
-3. *(prices, temperature)* subir bruscamente

◆ **leap about, leap around** ◇ *vt insep* saltar *or* brincar por
◇ *vi* saltar, brincar

leapfrog ['li:pfrɒg] ◇ *n* **to play ~** jugar a pídola
◇ *vt (pt & pp* **leapfrogged)** saltar por encima de
◇ *vi* **to ~ over** *(rivals)* saltar por encima de

leapt [lept] *pt & pp of* **leap**

learn [lɜ:n] *(pt & pp* **learned** *or Br* **learnt** [lɜ:nt]) ◇ *vt* **-1.** *(language, skill)* aprender; **he's learning the violin** está aprendiendo (a tocar el) violín; **to ~ (how) to do sth** aprender a hacer algo; **I've learned to be more careful since then** desde entonces he aprendido a ser más cuidadoso; **to ~ sth by heart** aprender algo de memoria; *Fig* **he has learnt his lesson** ha aprendido la lección; *Fig* **when will she ~ her lesson?** ¿cuándo aprenderá? **-2.** *(find out about)* saber; **we are sorry to ~ that...** sentimos mucho haber sabido que... **-3.** *Fam (teach)* **that'll ~ you!** ¡a ver si así aprendes!
◇ *vi* **-1.** *(acquire knowledge)* aprender; **to ~ about sth** aprender algo; **to ~ by** *or* **from one's mistakes** aprender de los errores; **they learnt the hard way** aprendieron a base de palos; **will you never ~!** ¡nunca aprenderás! PROV **it's never too late to ~** nunca es tarde para aprender **-2.** *(find out)* **to ~ of** *or* **about sth** saber de algo

◆ **learn off** *vt sep Br (dates, facts)* aprenderse (de memoria)

learned ['lɜ:nɪd] *adj* **-1.** *(erudite) (person)* erudito(a), sabio(a); *(subject, journal)* especializado(a); *(society)* académico(a) **-2.** *Br* LAW **my ~ friend** mi estimado colega

learner ['lɜ:nə(r)] *n (beginner)* principiante *mf*; *(student)* estudiante *mf*; **to be a quick ~** aprender deprisa; **to be a slow ~** ser lento(a) *(para aprender)* ❑ **~ driver** conductor(ora) *m,f* en prácticas; US **~'s permit** = permiso de *Esp* conducir *or Am* manejar provisional que recibe un conductor en prácticas

learning ['lɜ:nɪŋ] *n* **-1.** *(process)* aprendizaje *m*; **to regard sth as a ~ experience** considerar algo como una experiencia positiva ❑ **~ curve** curva *f* de aprendizaje; **we're on a ~ curve** estamos en proceso de aprendizaje; **~ disabilities** discapacidad *f* psíquica; **~ support** clases *fpl* de apoyo **-2.** *(knowledge)* conocimientos *mpl*; **a man of great ~** un hombre de gran erudición; PROV **a little ~ is a dangerous thing** qué malo es saber las cosas a medias

learnt *Br pt & pp of* **learn**

lease [li:s] ◇ *n* (contrato *m* de) arrendamiento *m or* alquiler *m*; **to take (out) a ~ on a house, to take a house on ~** arrendar *or* alquilar una casa; IDIOM **to give sth/sb a new ~ on** *or Br* **of life** insuflar nueva vida en algo/a alguien
◇ *vt* **-1.** *(of owner) (house, land, equipment)* arrendar, alquilar **(to a) -2.** *(of tenant) (house, land, equipment)* arrendar, alquilar; **we ~ it from them** se lo arrendamos *or* alquilamos a ellos

◆ **lease back** *vt sep* hacer una operación de cesión-arrendamiento *or* retroarriendo con

◆ **lease out** *vt sep* arrendar, alquilar

leaseback ['li:sbæk] *n* **(sale and) ~** cesión-arrendamiento *m*, retroarriendo *m*

leased line ['li:st'laɪn] *n* COMPTR *(for Internet connection)* línea *f* arrendada *or* alquilada

leasehold ['li:shəʊld] *n* arriendo *m* ❑ **~ property** propiedad *f* arrendada

leaseholder ['li:shəʊldə(r)] *n* arrendatario(a) *m,f*

leash [li:ʃ] *n (for dog)* correa *f*; **dogs must be kept on a ~** *(sign)* los perros deben ir atados; *Fig* **to keep sb on a tight ~** atar corto a alguien

leasing ['li:sɪŋ] *n* COM arrendamiento *m*, alquiler *m* ❑ **~ agreement** contrato *m* de arriendo *or* alquiler

least [li:st] ◇ *n* **the ~** lo menos; **this one costs the ~** este es el que cuesta menos; **it's the ~ I can do** es lo menos que puedo hacer; **that's the ~ of my worries** eso es lo que menos me preocupa; **at the (very) ~ they should pay your expenses** como mínimo deberían pagar tus gastos; **not in the ~** en absoluto; **I wasn't in the ~ surprised** no me sorprendió en lo más mínimo; **it doesn't matter in the ~** no tiene la menor importancia; **it was difficult, to say the ~** fue difícil, por no decir otra cosa peor; PROV **~ said, soonest mended** cuanto menos se diga, mejor
◇ *adj (superlative of* **little)** *(smallest)* menor; **the ~ thing annoys her** la menor cosa le molesta; **I have the ~ time of everyone** yo soy el que menos tiempo tiene de todos; **she wasn't the ~ bit interested** no le interesaba en lo más mínimo; **I don't have the ~ idea** no tengo ni la más mínima idea ❑ MATH **~ common denominator** mínimo común denominador *m*; **~ sandpiper** correlimos *m inv* menudillo
◇ *adv* menos; **the ~ interesting/difficult** el menos interesante/difícil; **he is the candidate who is ~ likely to succeed** de todos los candidatos, él es el que tiene menos posibilidades de éxito; **when I was ~ expecting it** cuando menos lo esperaba; **I like this one ~ of all** éste es el que menos me gusta de todos; **nobody believed me, ~ of all her** nadie me creyó y ella menos que nadie; **I am disappointed, not ~ because I trusted you** estoy decepcionado, sobre todo porque confiaba en ti

◆ **at least** *adv* por lo menos, al menos; **at ~ as old/expensive as...** por lo menos tan viejo/caro como...; **you could at ~ have**

phoned por lo or al menos podías haberme llamado; **at ~ we've got an umbrella** por lo or al menos tenemos un paraguas; **he's leaving, at ~ that's what I've heard** se va, o por lo or al menos eso he oído

least-cost ['liːstˈkɒst] n COM costo m or Esp coste m mínimo

leastways ['liːstweɪz], US **leastwise** ['liːstwaɪz] adv Fam al menos, por lo menos

leather ['leðə(r)] ◇ n -1. (material) cuero m, Esp, Méx piel f; **leathers** (of motorcyclist) ropa f de cuero -2. (for polishing) **(wash** or **window) ~ gamuza** f
 ◇ adj -1. (jacket, shoes, sofa, bag) de cuero or Esp, Méx piel ❏ ~ ***binding*** encuadernación f en cuero or Esp, Méx piel; **~ goods** marroquinería f, artículos mpl de cuero or Esp, Méx piel -2. (for sado-masochists) (bar, club) sadomasoquista
 ◇ vt Fam (beat) cascar, zurrar, Méx madrear

leather-back ['leðəbæk] n (sea turtle) tortuga f laúd

leather-bound ['leðəbaʊnd] adj (book) encuadernado(a) en cuero or Esp, Méx piel

leatherette® [leðəˈret] n skay m, cuero m sintético

leathering ['leðərɪŋ] n Fam (beating) tunda f, zurra f

leathern ['leðən] adj Archaic de cuero or Esp, Méx piel

leatherneck ['leðənek] n US Fam marine mf

leathery ['leðərɪ] adj -1. (face, skin) curtido(a) -2. (meat) correoso(a)

leave [liːv] ◇ n -1. Formal (permission) permiso m; **to ask ~ to do sth** pedir permiso para hacer algo; **to grant** or **give sb ~ to do sth** conceder or dar permiso a alguien para hacer algo; **by** or **with your ~** con su permiso; **without so much as a by your ~** sin tan siquiera pedir permiso
 -2. (holiday) permiso m; **to go/be on ~** irse/estar de permiso or Am licencia; **unpaid ~** baja no retribuida or sin sueldo, Am licencia sin goce de sueldo ❏ **~ *of absence*** permiso m, Am licencia f
 -3. (farewell) **to take one's ~ (of sb)** despedirse (de alguien); **to take ~ of one's senses** perder el juicio
 ◇ vt (pt & pp **left** [left]) -1. (depart from) (place) irse de, marcharse de; (room, house) salir de; (person, group) dejar; (plane, train) bajar de; **she left London yesterday** se fue de Londres ayer; **the train left the station** el tren salió de la estación; **to ~ the table** levantarse de la mesa; **I left work at five** salí de trabajar a las cinco; **I left him lying on the sofa** lo dejé tirado en el sofá; **his eyes never left her** sus ojos no se apartaban de ella; **I'll ~ you to it, then** entonces, te dejo con ello, bueno, te dejo tranquilo; **I left them to their work** los dejé que siguieran trabajando
 -2. (abandon) abandonar, dejar; (company) dejar; **he left his wife (for another woman)** dejó a su esposa (por otra mujer); **the number of people leaving the Catholic church is increasing** cada vez más gente abandona la fe católica; **they left her to die** la dejaron morir, **to ~ home** irse de casa; **to ~ one's job** dejar el trabajo; **to ~ school** dejar el colegio; Fam **to ~ go** or **hold of sth** soltar algo; **to ~ sb in the lurch** dejar a alguien en la estacada; **to ~ sb to sb's tender mercies** dejar a alguien a merced de alguien; **to be left to sb's tender mercies** quedar a merced de alguien; **I was left penniless** me quedé sin un céntimo; **I was left with the bill** me quedé con la cuenta; **we were left with a feeling of disappointment** nos quedamos decepcionados
 -3. (put, deposit) **to ~ sth somewhere** (deliberately) dejar algo en algún sitio; (by mistake) dejarse algo en algún sitio; **to ~ a message for sb** dejar un recado or mensaje para alguien, Col, Méx, Ven dejar razón para alguien; **I've left the kids with their uncle** he dejado a los niños con su tío;

take it or ~ it lo tomas o lo dejas
 -4. (allow to remain) dejar; **to ~ sb sth, to ~ sth for sb** dejar algo a alguien; **to ~ a mark/stain** dejar marca/mancha; **to ~ the door open** dejar la puerta abierta; **his comments ~ the door open for a future change of policy** sus comentarios dejan la puerta abierta a un futuro cambio de política; **~ my things alone!** ¡deja mis cosas tranquilas or en paz!; **~ me alone!, ~ me be!** ¡déjame en paz!; **I think we should ~ (it) well alone** creo que sería mejor no meterse or dejar las cosas como están; **to ~ sth unfinished** dejar algo sin terminar; **to ~ sth unsaid** callarse algo; **to ~ a lot to be desired** dejar mucho que desear; **~ the engine running** deja el motor encendido or Am prendido; **he left his audience wanting more** dejó al público con ganas de más; **let's ~ it at that** vamos a dejarlo aquí; **to ~ oneself open to criticism** exponerse a las críticas; **to ~ sb to do sth** dejar a alguien hacer algo; **it leaves much** or **a lot to be desired** deja mucho que desear; Fig **his music leaves me cold** su música no me dice nada; **to ~ sb to their own devices** dejar que alguien se las arregle solo; IDIOM **to ~ sb standing** (be much better than) dar cien or mil vueltas a alguien
 -5. (with cause) dejar; **the bullet left a scar on his cheek** la bala le dejó una cicatriz en la mejilla; **the bomb left six people dead** la bomba dejó seis muertos; **this leaves me £5 better off** de esta forma salgo ganando 5 libras; **that leaves me $100 for spending money** eso me deja 100 dólares para gastos; Fig **her words left an unpleasant taste in my mouth** sus palabras me dejaron un mal sabor de boca
 -6. (bequeath) **to ~ sth to sb, to ~ sb sth** legar or dejar algo a alguien; **he leaves a wife and three children** deja mujer y tres hijos
 -7. (delay, not do) dejar; **let's ~ that subject for later** dejemos ese asunto para más tarde; **to ~ sth till last** dejar algo para el final; **we left it a bit late** deberíamos haberlo hecho antes
 -8. (with decisions) **~ it to me** déjamelo a mí; **I'll ~ (it to) you to decide** decide tú mismo; **to ~ sth to chance** dejar algo al azar; **~ it with me** (problem) déjamelo a mí; **you ~ me with no choice but to...** no me dejas otra alternativa que...
 -9. (not eat) dejarse; **don't ~ your vegetables!** ¡no (te) dejes las verduras!
 -10. MATH **three from seven leaves four** siete menos tres son cuatro; **what does 29 from 88 ~?** ¿cuántas son 88 menos 29?
 -11. (in tennis) **to ~ the ball** dejar salir la pelota
 -12. **to be left** (remain) quedar; **how many are there left?** ¿cuántos quedan?; **have you got any wine left?** ¿te queda vino?
 ◇ vi -1. (depart) salir; (go away) irse, marcharse; **when are you leaving?** ¿cuándo te vas?; **which station do you ~ from?** ¿de qué estación sales?; **he's just left for lunch** se acaba de ir a comer
 -2. (end relationship) **Charles, I'm leaving!** Charles, te dejo
 -3. (in tennis) **well left!** ¡bien dejada!

◆ **leave aside** vt sep dejar aparte or de lado; **leaving aside the question of money for the moment...** dejando aparte or de lado la cuestión del dinero de momento...; **leaving aside your salary, is there anything else you want to talk about?** aparte del sueldo, ¿hay alguna otra cosa de la que quieras hablar?

◆ **leave behind** vt sep **to ~ sth behind** (deliberately) dejar algo; (by mistake) dejarse algo; **to ~ sb behind** dejar a alguien; **he left the other athletes far behind** dejó a los demás atletas muy atrás; **quick, or we'll get left behind!** ¡date prisa or Am apúrate o nos quedaremos atrás!; **I got left behind at school** siempre iba retrasada en el

colegio; **we don't want to get left behind our competitors** tenemos que evitar que nuestros competidores nos adelanten; **I've left all those problems behind (me)** he superado esos problemas

◆ **leave for** vt insep (set off for) salir hacia or para

◆ **leave in** vt sep (retain) dejar

◆ **leave off** ◇ vt insep Fam **to ~ off doing sth** dejar de hacer algo; **to ~ off work** dejar el trabajo
 ◇ vt sep -1. (not put on) **who left the top of the toothpaste off?** ¿quién ha dejado la pasta de dientes sin cerrar?; **you can ~ your jacket off** no hace falta que te pongas la chaqueta; **to ~ sth/sb off a list** omitir algo/a alguien de una lista
 -2. (not switch on) **to ~ the light/TV off** dejar la luz/televisión apagada
 ◇ vi (stop) **where did we ~ off?** ¿dónde lo dejamos?; **the rain left off after lunch** dejó de llover después de la comida; **once the boss had gone, the party continued where it had left off** cuando el jefe se hubo marchado, la fiesta continuó donde la habíamos dejado; Br Fam **~ off, will you!** ¡ya basta!, ¿no?

◆ **leave on** vt sep -1. (not take off) (garment) dejarse puesto(a); (top, cover) dejar; **don't ~ the price tag on** quítale el precio
 -2. (not switch off) **to ~ the light/TV on** dejar la luz/televisión encendida or Am prendida

◆ **leave out** vt sep -1. (omit) omitir; **he left out any mention of my contribution** omitió toda mención a mi colaboración; **to ~ sb out of the team** dejar a alguien fuera del equipo
 -2. (not involve) **to ~ sb out of sth** dejar a alguien al margen de algo; **to feel left out** sentirse excluido(a)
 -3. (leave ready, available) **I'll ~ your dinner out on the table for you** te dejaré la cena encima de la mesa; **~ the disks out where I can see them** deja los disquetes donde pueda verlos
 -4. (not put away) **we ~ the car out on the street** dejamos el coche or Am carro or RP auto en la calle; **who left the milk out?** ¿quién ha dejado la leche fuera?
 -5. Br Fam **~ it out!** (stop it) ¡basta ya!, Esp ¡vale ya!; (expressing disbelief) ¡anda ya!

◆ **leave over** vt sep **to be left over** (of food, money) sobrar; **we have a couple of apples left over** nos quedan un par de manzanas; **ten divided by three is three and one left over** diez entre tres cabe a tres y sobra una

◆ **leave up to** vt sep (decision) dejar en manos de; **I'll ~ it up to you to decide** decide tú mismo

leaven ['levən] ◇ n -1. CULIN levadura f -2. (improving element) **he brought a ~ of humour to the dullest occasion** aportaba su chispa de humor hasta en los momentos más aburridos
 ◇ vt -1. CULIN hacer fermentar -2. (occasion, atmosphere) amenizar

leaves pl of **leaf**

leave-taking ['liːvteɪkɪŋ] n Literary despedida f

leaving ['liːvɪŋ] adj **a ~ ceremony** una ceremonia de despedida; **a ~ present** un regalo de despedida ❏ Irish SCH ***certificate*** = certificado de educación secundaria

leavings ['liːvɪŋz] npl sobras fpl, desperdicios mpl

Lebanese [lebəˈniːz] ◇ npl (people) **the ~** los libaneses
 ◇ n libanés(esa) m,f
 ◇ adj libanés(esa)

Lebanon ['lebənən] n **(the) ~** el Líbano

lech [letʃ] Fam ◇ n (person) sátiro m, salido(a) m,f, Esp, Méx cachondo(a); (act) calentura f
 ◇ vi estar salido(a) or Esp, Méx cachondo(a) or perdido(a) or RP caliente; **to ~ after sb** ir detrás de alguien, Esp trajinarse or Am cogerse or Méx chingarse a alguien

lecher ['letʃə(r)] n sátiro m, obseso m

lecherous ['letʃərəs] *adj* lascivo(a), lujurioso(a)

lecherously ['letʃərəslɪ] *adv* lascivamente

lechery ['letʃərɪ] *n* lascivia *f*, lujuria *f*

lecithin ['lesɪθɪn] *n* BIOCHEM lecitina *f*

lectern ['lektən] *n* atril *m*

lector ['lektɔr] *n* **-1.** UNIV profesor(ora) *m,f* **-2.** REL = persona que lee las Sagradas Escrituras en misa

lecture ['lektʃə(r)] ◇ *n* **-1.** *(public speech)* conferencia *f* ❑ **~ hall** sala *f* de conferencias; *US* **~ theater** sala *f* de conferencias; **~ theatre** sala *f* de conferencias **-2.** *(university class)* clase *f* ❑ **~ hall** aula *f*; **~ notes** *(of student)* apuntes *mpl* (de clase); *(published)* notas *fpl* de clase; **~ theatre** aula *f* **-3.** *Fam (reprimand)* sermón *m*; **to give sb a ~** echar un sermón a alguien, sermonear a alguien
◇ *vt Fam (reprimand)* echar un sermón a, sermonear
◇ *vi* **-1.** *(give public lectures)* dar conferencias **-2.** *(at university)* dar *or Am* dictar clases (**on/in** sobre/de)

lecturer ['lektʃərə(r)] *n* **-1.** *(speaker)* conferenciante *mf*, *Am* conferencista *mf* **-2.** *Br* UNIV profesor(ora) *m,f* de universidad; **she's a ~ in Physics at the University of Dublin** es profesora de física en la Universidad de Dublín; **is she a good ~?** ¿es buena profesora?; **assistant ~** profesor(ora) auxiliar

lectureship ['lektʃəʃɪp] *n* UNIV plaza *f* de profesor(ora) de universidad

LED [eli:'di:] *n* ELEC *(abbr* **light-emitting diode)** LED *m*, diodo *m* emisor de luz

led *pt* & *pp of* **lead**

ledge [ledʒ] *n* **-1.** *(on cliff)* saliente *m* **-2.** *(shelf)* repisa *f*; *(of window)* alféizar *m (exterior); (on building)* cornisa *f*

ledger ['ledʒə(r)] *n* **-1.** *(for accounts)* libro *m* mayor **-2.** MUS **~ line** línea *f* auxiliar *or* suplementaria

lee [li:] ◇ *n* **-1.** NAUT sotavento *m* **-2.** *(shelter)* abrigo *m*; **in the ~ of a hill** al abrigo de una colina
◇ *adj* **~ shore** costa de sotavento

leech [li:tʃ] *n* **-1.** *(animal)* sanguijuela *f*; IDIOM **to cling** *or* **stick to sb like a ~** pegarse a alguien como una lapa **-2.** *Pej (parasitical person)* sanguijuela *f*, chupóptero(a) *m,f*
◆ **leech off** *vt insep Fam* **to ~ off sb** chupar la sangre a alguien
◆ **leech on to** *vt insep Fam* **to ~ on to sb** pegarse a alguien como una lapa

leek [li:k] *n* puerro *m*

leer ['lɪə(r)] ◇ *n* mirada *f* lasciva
◇ *vi* **to ~ at sb** mirar lascivamente a alguien

leering ['lɪərɪŋ] *adj* lascivo(a)

leery ['lɪərɪ] *adj Fam* listo(a), avispado(a); **to be ~ of sth/sb** recelar de algo/alguien

lees [li:z] *npl (of wine)* madre *f*, heces *fpl*; IDIOM **to drink life to the ~** acar el máximo jugo a la vida

leeward ['li:wəd] ◇ *n* sotavento *m*; **to ~ a** sotavento
◇ *adj* de sotavento ❑ **the Leeward Islands** las Islas de Sotavento

leeway ['li:weɪ] *n* **-1.** *(freedom)* **she was given plenty of ~** le dieron mucha libertad de acción *or* mucho margen de maniobra; **half an hour doesn't give us much ~** media hora no nos da mucho margen **-2.** *(lost time, progress)* **we have a lot of ~ to make up** tenemos que recuperar el retraso que llevamos **-3.** AV & NAUT *(drift)* deriva *f*

left¹ [left] ◇ *n* **-1.** *(position)* izquierda *f*; **she's second from the ~ in the picture** es la segunda por *or Am* desde la izquierda en la fotografía; **on** *or* **to the ~ (of)** a la izquierda (de); **the one on the ~** el/la de la izquierda; **on my ~** a mi izquierda; **turn to the ~** girar *or* torcer a la izquierda; *US* **to make** *or* **take a ~** girar *or* torcer a la izquierda
-2. POL **the ~** la izquierda; **she is further to the ~ than her husband** está más a la izquierda que su marido
-3. *(in boxing)* **a ~ to the jaw** un izquierdazo *or* zurdazo en la mandíbula
◇ *adj* **-1.** *(in position)* izquierdo(a); **to take a ~ turn** girar *or* torcer a la izquierda, IDIOM **to have two ~ feet** ser un pato mareado bailando, *Am* ser un pata dura ❑ **~ back** lateral *m* izquierdo; **the Left Bank** la orilla izquierda (del Sena); **~ field** *(in baseball)* extracampo *m or* exterior *m* izquierdo; IDIOM *US* **to be out in ~ field** ser totalmente excéntrico(a); IDIOM **to come out of ~ field: his question came out of ~ field** hizo una pregunta totalmente inesperada; **~ fielder** *(in baseball)* exterior *m* izquierdo; **~ hook** *(in boxing)* gancho *m* izquierdo
-2. POL *(party)* de izquierda; **the ~ wing** la izquierda; **a ~ of centre party** un partido de centro-izquierda
-3. COMPTR **~ arrow** flecha *f* izquierda; **~ arrow key** tecla *f* de flecha izquierda
◇ *adv* a la izquierda; **take the first/second ~** métete por la primera/segunda a la izquierda; *Fig* **~, right and centre** por todas partes

left² *pt* & *pp of* **leave**

left-click [left'klɪk] ◇ *vt* hacer click con el botón izquierdo en
◇ *vi* hacer click con el botón izquierdo

left-field [left'fi:ld] *adj US Fam (unexpected)* inesperado(a)

left-footer [left'fʊtə(r)] *n Br Fam (Roman Catholic)* católico(a) *m,f*

left-hand [left'hænd] *adj* de la izquierda; **on the ~ side** a la izquierda; **in the top/bottom ~ corner** en el ángulo superior/inferior izquierdo ❑ **~ drive** *(vehicle)* vehículo *m* con el volante a la izquierda

left-handed [left'hændɪd] ◇ *adj* **-1.** *(person)* zurdo(a) **-2.** *(scissors, golf clubs)* para zurdos **-3.** *(blow, punch, shot)* con la izquierda **-4.** *(ambiguous)* **to say that I was smart for a girl was a ~ compliment** decir que para ser una chica era inteligente me pareció un elogio insultante
◇ *adv* con la izquierda *or* zurda

left-hander [left'hændə(r)] *n* **-1.** *(person)* zurdo(a) *m,f* **-2.** *(blow)* izquierdazo *m*, zurdazo *m*

leftie = **lefty**

leftism ['leftɪzəm] *n* izquierdismo *m*

leftist ['leftɪst] POL ◇ *n* izquierdista *mf*
◇ *adj* izquierdista, de izquierdas

left luggage ['left'lʌgɪdʒ] *n Br* **(office)** consigna *f*

left-of-centre ['leftəv'sentə(r)] *adj* POL de centroizquierda

leftover ['leftəʊvə(r)] ◇ *npl* **leftovers** *(food)* sobras *fpl*
◇ *adj (food, paint)* sobrante

leftward ['leftwəd] ◇ *adj* a la izquierda
◇ *adv* = **leftwards**

leftwards ['leftwədz] *adv* a la izquierda

left-wing ['leftwɪŋ] *adj* POL izquierdista, de izquierdas

left-winger ['left'wɪŋə(r)] *n* **-1.** POL izquierdista *mf* **-2.** *(in field sports)* izquierda *mf*

lefty, leftie ['leftɪ] *n Fam* **-1.** POL izquierdoso(a) *m,f*, izquierdista *mf*, *RP* zurdo(a) *m,f* **-2.** *US (left-handed person)* zocato(a) *m,f*, zurdo(a) *m,f*

leg [leg] *n* **-1.** *(of person)* pierna *f*; *(of animal)* pata *f*; **his legs went from under him** le cedieron las piernas; **she ran as fast as her legs could carry her** corrió tan deprisa como pudo
-2. CULIN *(of lamb, pork)* pierna *f*; *(of chicken)* muslo *m*
-3. *(of trousers)* pernera *f*
-4. *(of table, chair, tripod)* pata *f*
-5. *(stage) (of journey, race)* etapa *f*; *(of relay race)* relevo *m*; **they won the first/second ~** ganaron la primera/segunda etapa
-6. IDIOMS **to pull sb's ~** tomar el pelo a alguien; **shake a ~!** ¡muévete!; **to show a ~** *(get up)* levantarse; **you don't have a ~ to stand on** no tienes a qué agarrarte; **he was given a ~** *(was helped)* le echaron una mano *or* un cable, *RP* le dieron una mano; *Br very Fam* **to get one's ~ over** *(have sex)* echar un polvo *or Cuba* palo, *Am coger, Méx* chingar
◇ *vt (pt & pp* **legged**) *Fam* **to ~ it** *(hurry)* salir zumbando; *(flee)* esfumarse, abrirse

legacy ['legəsɪ] *n* **-1.** *(legal inheritance)* legado *m*; **to come into a ~** heredar **-2.** *(leftover)* legado *m*; **the crisis left a ~ of bitterness** la crisis dejó un legado amargo; **this problem is a ~ of the last government's neglect** este problema es herencia directa de la negligencia del anterior gobierno

legal ['li:gəl] ◇ *adj* **-1.** *(lawful, legitimate)* legal; **the procedure is entirely ~** el procedimiento es totalmente legal; **to make sth ~** legalizar algo; **to be ~ and binding** ser válido(a) y de obligado cumplimiento; **to be the ~ owner** ser el/la propietario(a) legítimo(a), ser el/la dueño(a) en derecho; **they're below the ~ age** no tienen la edad legal; **to be above the ~ limit** *(for drinking)* exceder la tasa *or* el límite legal (de alcoholemia) ❑ *US* **~ holiday** día *m* festivo
-2. *(concerning the law)* legal, jurídico(a); **the ~ profession** la profesión jurídica; **to take ~ action (against sb)** presentar una demanda (contra alguien); **to initiate ~ proceedings against sb** iniciar un procedimiento judicial contra alguien ❑ **~ advice** asesoría *f* jurídica *or* legal; **to take ~ advice** asesorarse jurídicamente; **~ aid** asistencia *f* jurídica de oficio; **~ costs** costas *fpl* (judiciales); **~ eagle** *(successful lawyer)* = abogado de éxito, especialmente joven, brillante y dinámico; *US* **~ pad** bloc *m* de notas *(de 216mm x 356mm)*; **~ status** personalidad *f* jurídica; **~ system** sistema *m* legal; **~ technicality** tecnicismo *m* legal; **~ tender** moneda *f* de curso legal; **~ vacuum** vacío *m* legal
◇ *n (paper size)* = tamaño de papel de 216mm x 356mm, utilizado sobre todo en Estados Unidos

legalese [li:gə'li:z] *n Fam Pej* jerga *f* legal

legalistic [li:gə'lɪstɪk] *adj* legalista

legality [lɪ'gælɪtɪ] *n* legalidad *f*

legalization [li:gəlaɪ'zeɪʃən] *n* legalización *f*

legalize ['li:gəlaɪz] *vt* legalizar

legally ['li:gəlɪ] *adv* legalmente; **to be ~ entitled to (do) sth** tener el derecho legal a (hacer) algo; **to be held ~ responsible for sth** tener la responsabilidad legal de algo; **to be ~ binding** ser (legalmente) vinculante; **~, there is no reason why...** legalmente, no hay ninguna razón por la que...

legate ['legɪt] *n* REL nuncio *m*

legatee [legə'ti:] *n* LAW legatario(a) *m,f*

legation [lɪ'geɪʃən] *n (diplomatic mission)* legación *f*

legend ['ledʒənd] *n* **-1.** *(traditional story)* leyenda *f*; **to be a ~ in one's own lifetime** ser una leyenda viva; *Fam Hum* **he's a ~ in his own lunchtime** es muy conocido en su casa a la hora de comer **-2.** *(on map)* leyenda *f*, signos *mpl* convencionales **-3.** *(inscription)* leyenda *f*

legendary ['ledʒəndərɪ] *adj* legendario(a)

legerdemain [ledʒədə'meɪn] *n (trickery)* tejemanejes *mpl*

-legged [legd, legd] *suffix* **short/hairy~** *(person)* de piernas cortas/vellosas; *(animal)* de patas cortas/peludas

leggings ['legɪŋz] *npl (of woman)* mallas *fpl*

leggy ['legɪ] *adj* **a ~ blonde** una rubia todo piernas

legibility [ledʒɪ'bɪlɪtɪ] *n* legibilidad *f*

legible ['ledʒɪbəl] *adj* legible

legibly ['ledʒɪblɪ] *adv* de forma legible

legion ['li:dʒən] ◇ *n* HIST legión *f*
◇ *adj Formal* **such cases are ~** los casos así son innumerables *or* incontables

legionary ['li:dʒənərɪ] *n* legionario *m*

legionnaire [li:dʒə'neə(r)] *n* legionario *m* ❑ MED **Legionnaire's Disease** enfermedad *f* del legionario, legionella *f*, legionela *f*

leg-iron ['legaɪən] *n (shackle)* grillete *m*

legislate ['ledʒɪsleɪt] *vi* legislar (**against/in favour of** en contra de/a favor de); **it is difficult to ~ for every eventuality** es difícil que la legislación prevea todos los casos; **child labour had been legislated out of existence by 1900** en 1900 la legislación había erradicado ya el trabajo de los menores

legislation [ledʒɪsˈleɪʃən] n legislación f; **the existing ~ is inadequate** la actual legislación or la legislación en vigor resulta insuficiente; **a piece of ~** una ley; **to bring in new ~ against/in favour of sth** introducir or aprobar nuevas leyes en contra de/a favor de algo

legislative [ˈledʒɪslətɪv] adj legislativo(a); **a ~ assembly** una asamblea legislativa

legislator [ˈledʒɪsleɪtə(r)] n legislador(ora) m,f

legislature [ˈledʒɪslətjə(r)] n asamblea f legislativa; **the three branches of government: the ~, the executive and the judiciary** los tres poderes: legislativo, ejecutivo y judicial

legit [lɪˈdʒɪt] adj Fam legal

legitimacy [lɪˈdʒɪtɪməsɪ] n legitimidad f

legitimate ⋄ adj [lɪˈdʒɪtɪmət] **-1.** (legal, lawful) legítimo(a); **~ child** hijo(a) legítimo(a); **~ heir** legítimo(a) heredero(a) **-2.** (valid, reasonable) legítimo(a), justificado(a); **a ~ cause for complaint** un motivo de queja justificado or legítimo; Formal **it would be ~ to question her right to the property** cabe poner en tela de juicio su derecho a la propiedad **-3.** THEAT **~ theatre** teatro m tradicional
⋄ vt [lɪˈdʒɪtɪmeɪt] legitimar

legitimately [lɪˈdʒɪtɪmətlɪ] adv **-1.** (legally, lawfully) legítimamente **-2.** (validly, reasonably) **one may ~ doubt this story** uno puede con razón llegar a dudar de esta historia

legitimize [lɪˈdʒɪtɪmaɪz] vt legitimar

legless [ˈleglɪs] adj **-1.** (without legs) (person) sin piernas; (animal) sin patas **-2.** Br Fam (drunk) Esp, Méx pedo inv, Col caído(a), Méx cuete, RP en pedo

leg-man [ˈlegmæn] n US **-1.** JOURN reportero m en la calle **-2.** (errand boy) chico m de los recados

Lego® [ˈlegəʊ] n Lego® m

leg-of-mutton [ˈlegəvˈmʌtən] adj (sleeve) de jamón, ceñida abajo

leg-pull [ˈlegpʊl] n Fam tomadura f de pelo, vacile m

legroom [ˈlegrʊm] n espacio m para las piernas

legume [ˈlegjuːm] n BOT legumbre f

leguminous [leˈgjuːmɪnəs] adj leguminoso(a)

legwarmers [ˈlegwɔːməz] npl calentadores mpl, calientapiernas mpl

legwork [ˈlegwɜːk] n **who's going to do the ~?** (walking) ¿quién se va a patear la calle?; **she got the credit after I'd done all the ~** (hard work) ella se llevó los elogios, después de que me lo había trabajado yo

Le Havre [ləˈhɑːvrə] n el Havre

lei [leɪ] (pl **leis**) n collar m de flores, pancarpia f (de bienvenida)

Leics (abbr **Leicestershire**) (condado m de) Leicester

leisure [ˈleʒə(r), US ˈliːʒər] n ocio m; **a life of ~** una vida de ocio; **he's a man of ~** lleva una vida de ocio; **to have the ~ to do sth** disponer de tiempo para hacer algo; **take these leaflets and read them at your ~** llévate estos folletos y léetelos con tranquilidad ❑ **~ activities** actividades fpl para el tiempo libre; **~ centre** polideportivo m; **the ~ industry** la industria del ocio; **the ~ sector** el sector cuaternario; **the ~ society** la sociedad del ocio; **~ time** tiempo m de ocio; **~ wear** ropa f de sport

leisured [ˈleʒəd, US ˈliːʒəd] adj ocioso(a); **the ~ classes** la gente que lleva una vida de ocio

leisurely [ˈleʒəlɪ, US ˈliːʒərlɪ] adj pausado(a), tranquilo(a); **at a ~ pace** con ritmo pausado; **to do sth in a ~ fashion** hacer algo con tranquilidad

leitmotif, leitmotiv [ˈlaɪtməʊtiːf] n (in novel, music) leitmotiv m

lemme [ˈlemɪ] exclam Fam **let me**

lemming [ˈlemɪŋ] n lemming m; IDIOM **they followed him like lemmings** lo siguieron ciegamente

lemon [ˈlemən] ⋄ n **-1.** (fruit) limón m, Méx, Ven limón m francés ❑ **~ cheese** crema f de limón; Br **~ curd** crema f de limón; **~ drop** caramelo m de limón; US **~ juicer** exprimidor m, exprimelimones m inv; **~ meringue pie** tarta f de limón y merengue, Méx pay de limón; **~ peel** piel for RP cáscara f de limón; Br **~ squash** (refresco m) concentrado m de limón; **~ squeezer** exprimidor m, exprimelimones m inv; **~ tea** té m con limón; **~ tree** limonero m
-2. (colour) **~ (yellow)** amarillo m limón
-3. (plant) **~ balm** melisa f, toronjil m; **~ grass** lemongrass m; **~ verbena** hierbaluisa f
-4. ~ sole mendo m limón
-5. Br Fam **I felt like a real ~** me sentí como un verdadero merluzo
-6. Fam (worthless, useless thing or person) desastre m, Esp patata f ❑ US **~ law** = ley que obliga a los fabricantes de vehículos a reembolsar o reemplazar las piezas defectuosas
⋄ adj **~ (coloured)** (color) amarillo limón

lemonade [leməˈneɪd] n **-1.** (still) limonada f **-2.** Br (fizzy) Esp, Arg gaseosa f, Am gaseosa f de lima or limón

lemony [ˈlemənɪ] adj (taste) a limón; (sauce) con sabor a limón; (colour) amarillo(a) limón

lempira [lemˈpɪərə] n (currency of Honduras) lempira f

lemur [ˈliːmə(r)] n lémur m

lend [lend] (pt & pp **lent** [lent]) vt **-1.** (money, book, pen) prestar; **to ~ sb sth, to ~ sth (out) to sb** prestar algo a alguien; **to ~ sb a (helping) hand** echar una mano a alguien; **to ~ an ear** or **one's ear to...** escuchar de buena gana a...; **to ~ one's name to sth** prestar su nombre para algo
-2. (dignity, support, credibility) proporcionar, prestar (**to** a); **to ~ weight to a theory** dar peso a or reforzar una teoría
-3. (be amenable) **her work doesn't ~ itself to being filmed** su obra no se presta a ser llevada al cine

lender [ˈlendə(r)] n FIN (person) prestamista mf; (institution) entidad f de crédito

lending [ˈlendɪŋ] n FIN préstamos mpl, créditos mpl ❑ FIN **~ institution** entidad f de crédito; **~ library** biblioteca f de préstamo; FIN **~ rate** tipo m or Am tasa f de interés de los préstamos o créditos

lend-lease [ˈlendˈliːs] n HIST (programa m de) préstamo-arriendo m (ayuda estadounidense durante la Segunda Guerra Mundial)

length [leŋθ] n **-1.** (in space) longitud f, largo m; **it's 4.5 metres in ~** tiene 4,5 metros de longitud or largo; **what ~ is the room?** ¿cuánto mide de largo la habitación?, Am ¿qué largo tiene la habitación?; **we walked the ~ of the garden** caminamos hasta el final del jardín; **flower beds ran the ~ of the street** había parterres a lo largo de la calle; **the ship can turn in its own ~** el barco puede virar sobre sí mismo; **to travel the ~ and breadth of the country** viajar a lo largo y ancho del país
-2. (in time) duración f; **the ~ of time required to do sth** el tiempo necesario para hacer algo; **at (great) ~** extensamente; **at ~, I realized that...** con el tiempo, me di cuenta de que...; **a great ~ of time** un largo periodo de tiempo; **~ of service** antigüedad en la empresa
-3. (of text) extensión f; **articles must be less than 5,000 words in ~** los artículos deben tener una extensión menor de 5.000 palabras; **his essay was a bit over/under ~** su trabajo era un tanto extenso/breve
-4. (effort) **to go to the ~ of doing sth** llegar incluso a hacer algo; **to go to considerable** or **great lengths to do sth** tomarse muchas molestias para hacer algo; **I never dreamed that they would go to such lengths** nunca habría imaginado que llegarían a esos extremos; **he would go to any lengths (to do sth)** estaría dispuesto a cualquier cosa (con tal de hacer algo)
-5. (piece) (of string) trozo m; (of pipe) tramo m; (of wallpaper) tira f; (of fabric) largo m; **cut the plank into four equal lengths** corte el tablón a lo largo en cuatro trozos iguales; **what ~ of material do I need to make these curtains?** ¿cuántos metros de tela necesito para hacer estas cortinas?
-6. (of swimming pool) largo m; **to swim twenty lengths** hacerse veinte largos
-7. (in horse racing, rowing) cuerpo m; **to win by a ~/by half a ~** ganar por un cuerpo/medio cuerpo
-8. LING (of syllable, vowel) longitud f

lengthen [ˈleŋθən] ⋄ vt **-1.** (garment) alargar **-2.** (holiday, visit) alargar **-3.** LING (vowel) alargar
⋄ vi (shadow, day) alargarse

lengthily [ˈleŋθɪlɪ] adv extensamente, dilatadamente

lengthiness [ˈleŋθɪnɪs] n **the ~ of the novel means few read it today** como la novela es tan extensa or larga pocos la leen hoy en día; **the ~ of the wait began to annoy them** la larga espera comenzó a enojarlos

lengthways [ˈleŋθweɪz], **lengthwise** [ˈleŋθwaɪz] ⋄ adj longitudinal
⋄ adv a lo largo, longitudinalmente

lengthy [ˈleŋθɪ] adj largo(a), dilatado(a)

leniency [ˈliːnɪənsɪ], **lenience** [ˈliːnɪəns] n (of person) indulgencia f, benevolencia f; (of punishment) poca severidad f

lenient [ˈliːnɪənt] adj (person) indulgente, benévolo(a) (**to** or **with** con); (punishment) poco severo(a)

leniently [ˈliːnɪəntlɪ] adv con indulgencia, benévolamente

Leningrad [ˈlenɪngræd] n Formerly Leningrado

Leninism [ˈlenɪnɪzəm] n leninismo m

Leninist [ˈlenɪnɪst] ⋄ n leninista mf
⋄ adj leninista

lens [lenz] n **-1.** (of glasses) cristal m, lente f, Am vidrio m; **(contact) lenses** Esp lentillas fpl, Am lentes mpl de contacto, Méx pupilentes fpl **-2.** (of camera) objetivo m, lente f; (of microscope, telescope) lente f ❑ **~ cap** tapa f del objetivo; **~ hood** parasol m **-3.** (of eye) cristalino m

Lent [lent] n REL cuaresma f; **I've given up sugar for ~** durante la cuaresma he dejado de tomar azúcar

lent pt & pp of **lend**

lentil [ˈlentɪl] n lenteja f; **~ soup/stew** sopa/guiso de lentejas

lento [ˈlentəʊ] MUS **-1.** n (pl **lentos**) lento m **-2.** adv lento

Leo [ˈliːəʊ] n (sign of zodiac) Leo m; **to be (a) ~** ser Leo

leonine [ˈliːənaɪn] adj Literary leonino(a)

leopard [ˈlepəd] n leopardo m; PROV **a ~ never changes its spots** la cabra siempre tira al monte

leopardess [lepəˈdes] n leopardo m hembra

leopard-skin [ˈlepədskɪn] adj de piel de leopardo

leotard [ˈliːətɑːd] n malla f

LEP [eliːˈpiː] n US (abbr **limited English proficiency**) = clasificación otorgada a personas con conocimientos limitados de inglés, quienes reciben clases especiales del idioma; **~ students** alumnos con conocimientos limitados de inglés

leper [ˈlepə(r)] n **-1.** MED leproso(a) m,f ❑ **~ colony** leprosería f, lazareto m **-2.** Fig **a moral ~** un indeseable; **a social ~** un paria

lepidopterist [lepɪˈdɒptərɪst] n especialista mf en lepidópteros

leprechaun [ˈleprəkɔːn] n duende m (de las leyendas irlandesas)

leprosy [ˈleprəsɪ] n lepra f

leprous [ˈleprəs] adj leproso(a)

lepton [ˈleptɒn] n PHYS leptón m

lesbian [ˈlezbɪən] ⋄ n lesbiana f
⋄ adj lésbico(a), lesbiano(a)

lesbianism [ˈlezbɪənɪzəm] n lesbianismo m

lese-majesty [leɪzˈmædʒəstɪ] n (treason) delito m de lesa majestad

lesion [ˈliːʒən] n MED lesión f

Lesotho [lɪˈsuːtuː] n Lesoto

-less [ləs] suffix **expressionless** inexpresivo; **shameless** desvergonzado; **trouserless** sin pantalones

less [les] ⋄ *adj* (*comparative of* **little**) menos; **I drink ~ beer these days** ahora bebo menos cerveza; **the distance is ~ than we thought** la distancia es menor de lo que pensábamos

⋄ *prep* menos; **a year ~ two days** un año menos dos días; **I've spent £50, ~ what I spent on food** tengo 50 libras, menos lo que me he gastado en comida

⋄ *pron* menos; **the more I get to know him, the ~ I like him** cuanto más lo conozco, menos me gusta; **can I have ~ of the soup?** ¿podría tomar un poco menos de sopa?; **I see ~ of her nowadays** la veo menos ahora; **it is ~ of an issue these days** ahora es menos polémico; **I don't think any (the) ~ of you** no pienso peor de ti; **despite what happened, I don't respect you any the ~** a pesar de lo que ocurrió, te sigo respetando tanto como antes; **in ~ than an hour** en menos de una hora; **in ~ than no time** instantáneamente; **I eat ~ than before** como menos que antes; **the ~ said about it the better** cuanto menos se hable de ello, mejor; **she was driving a Rolls, no ~** conducía nada menos que un Rolls; **who should I meet there but the Queen, no ~!** ¿qué te parece? ¡conocí nada menos que a la reina!; **I expected no ~ from you** no esperaba menos de ti; **there were no ~ than 10,000 people there** había por lo menos 10.000 personas; **no more, no ~** ni más ni menos; IDIOM **~ is more** cuanto menos mejor; *Fam* **~ of that!** ¡basta ya!, *Méx* ¡ya párale!; *Fam* **I'll have ~ of your lip!** no seas insolente

⋄ *adv* menos; **you should think ~ and act more** deberías pensar menos y actuar más; **we go there ~ often** vamos menos por allí; **~ and ~** cada vez menos; **it's ~ than a week's work** es menos de una semana de trabajo; **you're being ~ than generous** no estás siendo nada generoso; **it looked ~ like a kitchen than a cupboard** parecía más un armario que una cocina; **they haven't got a fridge, much ~ a freezer** no tienen nevera y mucho menos congelador; **nothing ~ than** nada menos que; **still ~, even ~** todavía menos

lessee [le'si:] *n* LAW arrendatario(a) *m,f*

lessen ['lesən] ⋄ *vt* (*pain*) aliviar; (*risk, danger, intensity*) reducir, disminuir; (*impact*) amortiguar; (*damage, effect*) mitigar, paliar

⋄ *vi* (*pain*) aliviarse; (*risk, danger, intensity*) disminuir, reducirse

lesser ['lesə(r)] *adj* menor; **to a ~ extent** *or* **degree** en menor medida; **a ~ person** una persona de menor valía; *Hum* **~ mortals like me** simples mortales como yo; IDIOM **the ~ of two evils** el mal menor ▫ **~ kestrel** cernícalo *m* primilla; **~ whitethroat** curruca *f* zarcerilla

lesser-known ['lesə'nəʊn] *adj* menos conocido(a)

lesson ['lesən] *n* **-1.** (*session*) clase *f*; **a geography ~** una clase de geografía; **a dancing ~** una clase de baile; **to give a ~** dar una clase; **to take lessons in sth** recibir clases de algo

-2. (*in book*) lección *f*; **Spanish in 30 lessons** español en 30 lecciones

-3. (*example*) lección; **her downfall was a ~ to us all** su caída nos sirvió de lección a todos; **he has learnt his ~** ha aprendido la lección; **to teach sb a ~** dar una lección a alguien; **let that be a ~ to you!** ¡que te sirva de lección *or* escarmiento!

-4. REL lectura *f*

lessor [le'sɔ:(r)] *n* LAW arrendador(ora) *m,f*

lest [lest] *conj Literary* **-1.** (*in case*) para que no, por si; **they whispered ~ the children should hear** susurraban para que no los oyesen los niños; **~ we forget...** para que no olvidemos... **-2.** (*after verbs of fearing*) **I feared ~ he should fall** temía que se cayera

let¹ [let] *n* (*in tennis*) servicio *m* nulo, net *m*; **to play a ~** repetir un punto (*de net*)

let² ⋄ *n* **-1.** *Br* (*property*) **a short ~** un alquiler *or Méx* una renta por un periodo corto; **she took a six-month ~ on the house** alquiló *or Méx* rentó la casa por seis meses **-2.** LAW **without ~ or hindrance** sin obstáculo *or* impedimento alguno

⋄ *vt* (*pt & pp* **let**) *Br* (*rent out*) alquilar, *Méx* rentar; **to ~** (*sign*) se alquila, *Méx* se renta

let³ ⋄ *vt* (*pt & pp* **let**) **-1.** (*allow*) **to ~ sb do sth** dejar a alguien hacer algo; **to ~ sth happen** dejar que ocurra algo; **to ~ one's beard grow** dejarse (crecer la) barba; **~ the engine cool down** deja que se enfríe el motor; **don't ~ yourself be fooled** no te dejes engañar, no dejes que te engañen; **~ me help you with that box** deja que te ayude con esa caja; **~ me begin by saying how grateful I am** para comenzar, deseo decirles lo agradecido que estoy; **~ me explain what I mean** déjame que te explique (lo que quiero decir); **~ him say what he likes, I don't care** que diga lo que quiera, me da igual; **don't ~ it be said I didn't try** que no se diga que no lo intenté; **don't ~ it get to you** *or* **get you down** no dejes que esto te afecte; **to ~ go of sth, to ~ sth go** soltar algo; **to ~ sb go** (*release*) soltar a alguien; **~ go, it hurts!** ¡suelta, que me duele!; **whatever you do, don't ~ go** (*of rope, support*) hagas lo que hagas, no sueltes; **to ~ go of one's inhibitions** desinhibirse; **it hurt terribly to ~ her go** me dolió muchísimo perderla; **we have decided to ~ the matter go** hemos decidido pasar por alto el asunto; **I'm afraid we'll have to ~ you go** (*on making somebody redundant*) me temo que vamos a tener que prescindir de usted; **to ~ oneself go** (*lose restraint*) descontrolarse, soltarse *Esp* el pelo *or Méx* la greña *or Ven* el moño; (*stop caring for one's appearance*) abandonarse, *RP* venirse abajo; **I never ~ a day go by without...** no dejo pasar un día sin...; **I ~ him have my bike** le dejé mi bicicleta; **can you ~ me have it back tomorrow?** ¿me lo puedes devolver mañana?; *Fam* **she really ~ me have it when she found out** me hizo saber lo que es bueno cuando se enteró; **to ~ sb know sth** avisar a alguien de algo; **she ~ it be known that she was not happy** dejó claro que no era feliz; **to ~ loose** (*person, animal*) soltar; **we ~ the children loose on the food** dejamos que los niños se abalanzaran sobre la comida; **to ~ sth pass** *or* **go** (*not criticize, comment on*) dejar pasar algo, pasar algo por alto; **~ me see** (*show me*) déjame ver; (*when answering*) veamos, a ver; **don't ~ me see you here again!** ¡que no te vuelva a ver por aquí!; **I was nervous, but I tried not to ~ it show** estaba nervioso, pero traté de que no se notara; **~ me think** ¿a ver...?, déjame pensar; **to ~ sb be** *or* **alone** dejar a alguien en paz; **to ~ things be** dejar las cosas como están; *Fig* **to ~ it drop** dejarlo, olvidarse del tema; *Fam Fig* **to ~ it all hang out** descontrolarse, soltarse *Esp* la melena *or Méx* la greña *or Ven* el moño; *Fig* **to ~ it lie** olvidar el tema; *Fig* **to ~ sth ride** no hacer nada por evitar algo; *Fig* **to ~ things slide** tener las cosas abandonadas, dejar que las cosas degeneren; **he ~ it slip that...** (*unintentionally*) se le escapó que...; (*intentionally*) dejó caer que...

-2. (*with suggestions, orders*) **let's go!** ¡vamos!; **let's hurry!** ¡deprisa!; **~ them wait!** ¡que esperen!; **let's dance!** vamos a bailar; **let's have the day off!** ¿por qué no nos tomamos el día libre?; **shall we go to the cinema? – oh yes, let's** *or* **do let's!** ¿vamos al cine? – ¡sí, sí, vamos!; HER **explain, it's nothing to do with me** que lo explique ella, yo no tengo nada que ver; **let's get this clear** vamos a dejar esto claro; **~ us move on to the next point** pasemos al siguiente punto; **let's see what we can do** a ver qué podemos hacer; **~ the dancing begin!** ¡que empiece el baile!; **let's not have an argument about it!** ¡no nos peleemos por eso!; **now, don't let's have any nonsense!** ¡bueno, y nada de tonterías!; **just ~ him try!** ¡que lo intente (y verá)!; *Formal* **~ he who disagrees speak now** quien no esté de acuerdo, que hable ahora; REL **there be light** hágase la luz; REL **~ us pray** oremos

-3. (*with hypotheses*) **~ us suppose that...** supongamos que...; MATH **~ AB be equal to CD** sea AB igual a CD; **let's say (that) they do win** pongamos que ganan; **take any number, let's say seven** tomemos un número, por ejemplo (el) siete; **how did she react? – let's just say she wasn't delighted** ¿cómo reaccionó? – digamos que no se puso a dar saltos de alegría

-4. (*to express wish*) **please don't ~ it be true!** ¡por favor, que no sea verdad!; **let's hope she's right** esperemos que tenga razón

⋄ *vi* **to ~ drop that...** dejar caer que...; **to ~ fly** *or* **rip** (*lose temper*) ponerse hecho(a) una furia

⋄ **let alone** *conj* mucho menos, menos aún; **I can't even speak French, ~ alone Chinese** no hablo francés, y menos aún chino

▸ **let by** *vt sep* (*allow to pass*) **to ~ sb by** dejar pasar a alguien

▸ **let down** *vt sep* **-1.** (*move downwards*) (*rope, package, person*) bajar; *Fig* **to ~ sb down gently** darle la noticia a alguien suavemente; *Fig* **to ~ one's hair down** soltarse el pelo

-2. (*hem, skirt, trousers*) bajar

-3. (*tyre*) deshinchar, desinflar

-4. (*disappoint, fail*) **to ~ sb down** fallar a alguien; **the car ~ us down again** el coche *or Am* carro *or RP* auto nos dejó tirados otra vez; **Woods was ~ down by his inexperience** a Woods lo perdió su falta de experiencia; **I feel ~ down** siento que me has/han/*etc* fallado; *Br Fig* **don't ~ the side down!** ¡no nos falles!, ¡no nos dejes tirados!

▸ **let in** *vt sep* **-1.** (*allow to enter*) dejar pasar *or* entrar; **~ me in!** ¡déjame pasar *or* entrar!; **I ~ myself in** (*to house*) entré con mi llave; **to ~ in the light** dejar que entre la luz; **my shoes are letting in water** me están calando los zapatos; **he ~ in three goals** le metieron tres goles

-2. AUT **to ~ in the clutch** embragar

▸ **let in for** *vt sep Fam* **do you know what you are letting yourself in for?** ¿tienes idea de en qué te estás metiendo?

▸ **let in on** *vt sep* **to ~ sb in on a secret/plan** contar a alguien un secreto/plan; **they decided to let him in on the deal** decidieron dejarle entrar en el trato

▸ **let into** *vt sep* **-1.** (*allow to enter*) dejar entrar en; **I ~ myself into the house** entré en la casa con mi llave

-2. CONSTR **to ~ a window into a wall** abrir *or* hacer una ventana en un muro

-3. (*tell*) **I'll ~ you into a secret** te contaré un secreto

▸ **let off** *vt sep* **-1.** (*bomb, firework*) hacer explotar; (*gun*) disparar

-2. (*emit*) (*gas*) emitir, despedir; *Fig* **to ~ off steam** desfogarse

-3. (*forgive*) perdonar; **they ~ him off with a fine** sólo le pusieron una multa; **we were ~ off lightly** salimos bien librados; *Fam* **sorry! – I'll ~ you off** ¡perdón! – te perdono, no pasa nada

-4. (*allow to leave*) **we were ~ off school early** nos dejaron salir pronto del colegio; **they ~ us off the bus** nos dejaron salir del autobús

-5. (*allow not to do*) **I've been ~ off doing the cleaning** me he librado de hacer la limpieza; **she ~ me off the £5** me perdonó las 5 libras

⋄ *vi Br Fam* (*fart*) tirarse un pedo

▸ **let on** *vi Fam* **to ~ on about sth**

let-down / 424 / **lexicalize**

contar algo, decir algo; **don't ~ on that I was there** no digas que estuve allí; **he was more ill than he ~ on** estaba más enfermo de lo que decía
◇ *vt sep (allow to embark)* dejar subir
◆ **let out** ◇ *vt sep* **-1.** *(release)* dejar salir; **~ me out!** ¡déjame salir!; **he ~ himself out of the back door** salió sin que nadie le acompañara por la puerta trasera; **to ~ out the air from sth** desinflar *or* deshinchar algo; **to ~ out a yell** soltar un grito
-2. *(jacket, trousers)* agrandar
-3. AUT **to ~ out the clutch** desembragar
-4. *(rent)* alquilar
◇ *vi US (finish)* terminar, acabar
◆ **let through** *vt sep* **-1.** *(allow to pass) (person)* dejar pasar
-2. *(overlook) (mistake)* **we can't afford to ~ any mistakes through** no podemos permitir que se nos pase ni un error
◆ **let up** *vi* **-1.** *(diminish) (weather)* amainar; **the rain didn't ~ up all day** la lluvia no amainó en todo el día
-2. *(relax)* **they ~ up in the second half** en la segunda parte aflojaron; **once he's started he never lets up** una vez que empieza ya no se detiene; *Fam* **~ up on him a bit** déjale ya
let-down ['letdaʊn] *n Fam* chasco *m*, decepción *f*; **the party was a bit of a ~** la fiesta fue una decepción
lethal ['liːθəl] *adj* mortal, letal; *Fam* **that vodka's ~!** ¡ese vodka es fortísimo! ❏ **~ dose** dosis *f inv* mortal *or* letal; **~ weapon** arma *f* mortífera
lethargic [lɪˈθɑːdʒɪk] *adj (drowsy)* aletargado(a); *(inactive)* apático(a)
lethargically [lɪˈθɑːdʒɪklɪ] *adv* apáticamente
lethargy ['leθədʒɪ] *n (drowsiness)* sopor *m*, letargo *m*; *(inactivity)* apatía *f*
Lethe ['liːθɪ] *n* MYTHOL Lete, Leteo
let-out ['letaʊt] *n Br Fam (from obligation)* **I've been invited but I'm looking for a ~** me han invitado pero estoy buscando una excusa para no ir ❏ **~ clause** cláusula *f* de salvaguardia
Letraset® ['letrəset] *n* Letraset® *m*, letras *fpl* transferibles
let's [lets] = **let us**
letter ['letə(r)] ◇ *n* **-1.** *(of alphabet)* letra *f*; **the ~ of the law** la interpretación literal de la ley; **to obey to the ~** obedecer al pie de la letra; IDIOM *Br* **to have letters after one's name** tener títulos
-2. *(written message)* carta *f*; **~ of acknowledgement** carta *f* de acuse de recibo; **~ of condolence/introduction/thanks** carta de pésame/presentación/agradecimiento; **he's a bad/good ~ writer** escribe pocas/muchas cartas; **by ~** por carta; **the letters page** *(of newspaper, magazine)* la sección *or* página de cartas de los lectores; **the letters of Henry James** la correspondencia de Henry James ❏ **~ bomb** carta *m* bomba *inv*; **~ box** buzón *m*; **~ opener** abrecartas *m inv*; **~ rack** casillero *m* de cartas; **~ rate** franqueo *m (para cartas)*
-3. *(official document)* **letters of credence** *(of ambassador)* cartas *fpl* credenciales; COM **~ of credit** carta *f* de crédito; COM **~ of exchange** letra *f* de cambio; LAW **letters patent** (certificado *m* de) patente *f*; **letters patent of nobility** carta *f* de hidalguía; NAUT **~ of reprisal** carta *f* de contramarca
-4. *Formal* **English letters** *(literature)* las letras inglesas; **a man of letters** un hombre de letras
-5. *(paper size)* = tamaño de papel de 216mm x 279mm, utilizado sobre todo en Estados Unidos
◇ *vt* **-1.** *(write)* **the title was lettered in gilt** el título estaba escrito en letras doradas
-2. *(mark, identify)* **the files are lettered from A to K** los archivos están señalados con letras de la A a la K
letter-box ['letəbɒks] *adj* CIN **~ format** formato buzón

lettered ['letəd] *adj (well-educated)* ilustrado(a), culto(a)
letterhead ['letəhed] *n* membrete *m*
lettering ['letərɪŋ] *n* **-1.** *(action, inscription) (in ink, paint)* rotulación *f*; *(carved, engraved)* inscripción *f* **-2.** *(characters)* letra *f*, caracteres *mpl*
letter-perfect [letəˈpɜːfɪkt] *adj US* impecable
letterpress ['letəpres] *n (technique)* tipografía *f*
letters-of-marque ['letəzəvˈmɑːk] *npl* HIST NAUT patente *f* de corso, carta *f* de marca
letting ['letɪŋ] *n Br (of house, property)* alquiler *m* ❏ **~ agency** inmobiliaria *f*
Lettish ['letɪʃ] *n (language)* letón *m*
lettuce ['letɪs] *n* **-1.** *(vegetable)* lechuga *f*; **a ~ leaf** una hoja de lechuga **-2.** *US Fam (money) Esp* pasta *f*, *Am* plata *f*
let-up ['letʌp] *n Fam* tregua *f*, descanso *m*; **they worked fifteen hours without a ~** trabajaron quince horas sin descanso
leucocyte, *US* **leukocyte** ['luːkəsaɪt] *n* ANAT leucocito *m*
leucoma [luːˈkəʊmə] *n* MED leucoma *m*
leucorrhoea, *US* **leukorrhea** [luːkəˈrɪə] *n* MED leucorrea *f*
leukaemia, *US* **leukemia** [luːˈkiːmɪə] *n* MED leucemia *f*
leukocyte, leukorrhea *US* = **leucocyte, leucorrhea**
Levant [ləˈvænt] *n* **the ~** el Levante mediterráneo
Levantine [ləˈvæntaɪn] *adj* del Levante mediterráneo
levee ['levɪ] *n* **-1.** *US (embankment)* dique *m* **-2.** *(quay)* muelle *m*, embarcadero *m* **-3.** *Br* HIST audiencia *f* matinal
level ['levəl] ◇ *n* **-1.** *(position, height)* nivel *m*; **the ~ of the river has risen overnight** el nivel del río ha subido por la noche; **at eye ~** a la altura de los ojos; **to be on a ~ with** *(at same height as)* estar al mismo nivel *or* a la misma altura que; IDIOM *Fam* **to be on the ~** *(honest)* ser honrado(a)
-2. *(amount)* nivel *m*; **noise levels are far too high** los niveles de ruido son demasiado altos; **inflation has reached new levels** la inflación ha alcanzado nuevas cotas
-3. *(standard)* nivel *m*; **his ~ of English is poor** no tiene un buen nivel de inglés; **this win is on a ~ with their 1966 victory** este triunfo está a la altura de su victoria de 1966; **to come down to sb's ~** ponerse al nivel de alguien; **you'll soon find your own ~** pronto encontrarás tu nivel; **to sink to sb's ~** rebajarse al nivel de alguien
-4. *(rank)* **at ministerial/international ~** a nivel ministerial/internacional; **a decision taken at the highest ~** una decisión tomada en los más altos niveles
-5. *(plane)* **on a personal ~** a nivel personal; **on a practical ~** a nivel práctico; **on a deeper ~, the novel is about...** en un plano más profundo, la novela trata de...
-6. *(storey)* piso *m*; **~ 3** *(on sign)* tercero, 3°; **the whole building is on one ~** el edificio tiene un solo piso
-7. *US (spirit level)* nivel *m* de burbuja
-8. COMPTR **levels of grey** niveles de gris
◇ *adj* **-1.** *(flat)* nivelado(a), liso(a), horizontal; **a ~ spoonful** una cucharada rasa; *Fig* **a ~ playing field** igualdad de condiciones ❏ *Br* RAIL **~ crossing** paso *m* a nivel
-2. *(equal)* **the scores are ~** van igualados *or* empatados; **are the two shelves completely ~ (with each other)?** ¿están los dos estantes exactamente a la misma altura *or* al mismo nivel?; **~ with...** *(in position)* a la altura de...; **the two teams/athletes are now ~ with each other** los dos equipos/atletas van igualados en este momento; **to draw ~ with** *(in race)* alcanzar, ponerse a la altura de; *(in match)* conseguir el empate contra; *(in contest)* igualar a; **the two teams finished ~** los dos equipos terminaron igualados; **she did her ~ best** hizo todo lo que estaba a su alcance *or* en su mano; **the two parties**

are ~ pegging los dos partidos están empatados ❏ **~ par** *(in golf)* par *m*
-3. *(voice, tone, gaze)* sereno(a); **to keep a ~ head** mantener la cabeza fría
-4. *Fam (honest)* **you're not being ~ with me** no estás siendo franco conmigo
◇ *vt (pt & pp* **levelled**, *US* **leveled)** **-1.** *(make flat)* nivelar; *(raze)* arrasar
-2. *(make equal)* **to ~ the score** igualar el marcador
-3. *(aim)* **to ~ a blow at sb** propinar *or* asestar un golpe a alguien; **to ~ a gun at sb** apuntar a alguien con un arma, dirigir un arma contra alguien; **to ~ accusations at sb** lanzar acusaciones contra alguien; **to ~ criticism at sb** dirigir críticas a alguien
◆ **level off, level out** ◇ *vt (make flat)* allanar
◇ *vi (ground)* nivelarse, allanarse; *(prices, demand)* estabilizarse; *(graph)* nivelarse, estabilizarse; *(aircraft)* enderezarse
◆ **level with** *vt insep Fam* ser franco(a) con
leveler *US* = **leveller**
level-headed ['levəlˈhedɪd] *adj* sensato(a)
leveling *US* = **levelling**
leveller, *US* **leveler** ['levələ(r)] *n* **-1.** *(equalizer)* nivelador(ora) *m,f*; **death is a great ~** la muerte nos hace a todos iguales **-2.** HIST nivelador *m*, = miembro del movimiento republicano en la Inglaterra de mediados del s. XVII que reclamaba más presencia popular en el parlamento y un sistema político más democrático
levelling, *US* **leveling** ['levəlɪŋ] *n* **a ~ up/down of salaries** una equiparación salarial al alza/a la baja; **a ~ off of inflation** una estabilización de la inflación
lever ['liːvə(r), *US* 'levə(r)] ◇ *n (device, on machine)* palanca *f*; **he used his popularity as a ~** utilizó su fama como trampolín
◇ *vt* **to ~ a box open** abrir una caja haciendo palanca; *Fig* **to ~ sb into a job** aupar a alguien a un puesto
◆ **lever off** *vt sep (lid)* abrir haciendo palanca; *(tyre)* sacar haciendo palanca
◆ **lever out** *vt sep (remove from office)* echar
leverage ['liːvərɪdʒ, *US* 'levərɪdʒ] *n* **-1.** TECH apalancamiento *m*; **I can't get enough ~** no puedo hacer suficiente palanca **-2.** *(influence, pressure)* influencia *f*; **to bring ~ to bear on** *(pressurize)* ejercer presión sobre
-3. FIN apalancamiento *m*, relación *f* deudas-capital propio
leveraged buyout ['liːvərɪdʒdˈbaɪaʊt, *US* 'levərɪdʒdˈbaɪaʊt] *n* FIN compra *f* apalancada
lever-arch file ['liːvərɑːtʃˈfaɪl] *n* carpeta *f* archivadora *(de palanca)*
leveret ['levərət] *n* lebrato *m*
leviathan [ləˈvaɪəθən] *n* **-1.** *(monster)* leviatán *m* **-2.** *(thing, institution)* coloso *m*, gigante *m*
Levis® ['liːvaɪz] *npl* Levis® *mpl*; **a pair of ~** unos Levis
levitate ['levɪteɪt] ◇ *vt* hacer levitar
◇ *vi* levitar
levitation [levɪˈteɪʃən] *n* levitación *f*
Leviticus [lɪˈvɪtɪkəs] *n* Levítico *m*
levity ['levɪtɪ] *n* frivolidad *f*
levodopa [liːvəˈdəʊpə] *n* PHARM levodopa *f*
levy ['levɪ] ◇ *n* **-1.** *(action)* exacción *f*; **an annual ~** una exacción anual **-2.** *(tax)* impuesto *m*, tasa *f* **(on sobre)**; **a ten percent ~** un impuesto *or* una tasa del diez por ciento **-3.** MIL *(recruitment)* reclutamiento *m (forzoso)*, leva *f*; *(troops)* tropas *fpl*
◇ *vt* **-1.** *(tax)* aplicar **(on a)**; **to ~ a tax on sth** gravar algo con un impuesto **-2.** MIL *(troops)* reclutar *(forzosamente)*
lewd [luːd] *adj* lascivo(a), procaz
lewdly ['luːdlɪ] *adv* lascivamente, procazmente
lewdness ['luːdnɪs] *n* lascivia *f*, procacidad *f*
Lewis gun ['luːɪsɡʌn] *n* ametralladora *f* Lewis
lexeme ['leksiːm] *n* LING lexema *m*
lexical ['leksɪkəl] *adj* léxico(a)
lexicalization [leksɪkəlaɪˈzeɪʃən] *n* LING lexicalización *f*
lexicalize ['leksɪkəlaɪz] *vt* LING lexicalizar

lexicographer [leksɪ'kɒgrəfə(r)] n lexicógrafo(a) m,f

lexicographic(al) [leksɪkə'græfɪk(əl)] adj lexicográfico(a)

lexicography [leksɪ'kɒgrəfɪ] n lexicografía f

lexicological [leksɪkə'lɒdʒɪkəl] adj lexicológico(a)

lexicologist ['leksɪ'kɒlədʒɪst] n lexicólogo(a) m,f

lexicology ['leksɪ'kɒlədʒɪ] n lexicología f

lexicon ['leksɪkən] n **-1.** (dictionary) lexicón m **-2.** (vocabulary) léxico m

lexis ['leksɪs] n LING léxico m

ley [leɪ] n ~ **(line)** = línea que une hitos del paisaje y a la que se atribuyen antecedentes prehistóricos

LI (abbr **Long Island**) Long Island

liability [laɪə'bɪlɪtɪ] n **-1.** LAW (responsibility) responsabilidad f **(for** de); **to accept** or **admit ~ for sth** responsabilizarse de algo ❑ **~ insurance** seguro m de responsabilidad civil
-2. (eligibility) sujeción f; **~ for tax** responsabilidad fiscal; **~ for military service** obligaciones militares
-3. FIN **liabilities** pasivo m, deudas fpl; **to meet one's liabilities** hacer frente a los compromisos contraídos
-4. (disadvantage) **the house he had inherited was a real ~** la casa que había heredado no le trajo más que complicaciones; **she's a real ~** no es más que un estorbo; **more of a ~ than an asset** un lastre más que un beneficio
-5. (tendency) **~ to do sth** propensión a hacer algo

liable ['laɪəbəl] adj **-1.** LAW (responsible) responsable **(for** de); **you'll be ~ for any damages** será responsable de los daños; **to be held ~ for sth** ser considerado responsable de algo
-2. (eligible) (for tax, fine) sujeto(a) **(to/for** a); **to be ~ for military service** estar obligado(a) a hacer el servicio militar
-3. (likely) **if you don't remind him, he's ~ to forget** si no se lo recuerdas, se le puede olvidar; **the weather is ~ to change** el tiempo puede cambiar

liaise [li:'eɪz] vi **to ~ with sb** (be in contact with) estar en contacto con alguien; (work together with) colaborar con alguien

liaison [lɪ'eɪzɒn] n **-1.** (cooperation) coordinación f ❑ MIL **~ officer** oficial m de enlace **-2.** (love affair) relación f (amorosa) **-3.** LING ligazón f, enlace m **-4.** CULIN trabazón f

liana [lɪ'ɑːnə] n liana f

liar ['laɪə(r)] n mentiroso(a) m,f

Lib (abbr **Liberal**) liberal

lib [lɪb] n Fam liberación f; **gay/women's ~** la liberación gay/de la mujer

libation [laɪ'beɪʃn] n **-1.** Literary (offering) libación f **-2.** Hum **can I offer you a small ~?** ¿puedo ofrecerle algo de beber?

libber ['lɪbə(r)] n Fam **gay/women's ~** partidario(a) de la liberación gay/de la mujer

Lib-Dem [lɪb'dem] n Br POL (abbr **Liberal Democrat**) demócrata mf liberal

libel ['laɪbəl] LAW ◇ n libelo m; **to sue sb for ~** demandar a alguien por libelo ❑ **~ action** juicio m por libelo; **~ laws** legislación f sobre el libelo
◇ vt (pt & pp **libelled**, US **libeled**) calumniar

libellous, US **libelous** ['laɪbələs] adj calumnioso(a)

Liberal ['lɪbərəl] POL ◇ n liberal mf
◇ adj liberal; Br **the ~ Democrats** el partido demócrata liberal

liberal ['lɪbərəl] ◇ n (tolerant person) liberal mf
◇ adj **-1.** (tolerant) liberal ❑ **~ arts** artes fpl liberales; US **~ arts college** facultad f de letras; **~ education** educación f liberal
-2. (generous) (person) desprendido(a), generoso(a); (portion) generoso(a); (interpretation) libre; **he was a bit too ~ with the salt** se le fue un poco la mano con la sal; **this was a very ~ interpretation of the rules** esa era una interpretación muy libre de las normas
-3. (abundant) abundante, generoso(a)

liberalism ['lɪbərəlɪzəm] n liberalismo m

liberality [lɪbə'rælɪtɪ] n **-1.** (tolerance) tolerancia f **-2.** (generosity) liberalidad f, generosidad f

liberalization [lɪbərəlaɪ'zeɪʃn] n liberalización f

liberalize ['lɪbərəlaɪz] vt liberalizar

liberally ['lɪbərəlɪ] adv (generously) generosamente; (freely) libremente; **salt the dish ~** añada sal en abundancia

liberate ['lɪbəreɪt] vt **-1.** (prisoner, country) liberar; FIN **to ~ capital** liberar capital **-2.** CHEM (gas, heat) liberar **-3.** Hum (steal) sustraer

liberated ['lɪbəreɪtɪd] adj (persona) liberado(a); (ideas) liberal; **a ~ woman** una mujer liberada

liberating ['lɪbəreɪtɪŋ] adj liberador(ora)

liberation [lɪbə'reɪʃn] n **-1.** (of prisoner, country) liberación f ❑ **~ movement** movimiento m de liberación; **~ theology** teología f de la liberación **-2.** CHEM (of gas, heat) liberación f

liberationist [lɪbə'reɪʃənɪst] n partidario(a) m,f de la liberación

liberator ['lɪbəreɪtə(r)] n libertador(ora) m,f, liberador(ora) m,f

Liberia [laɪ'bɪərɪə] n Liberia

Liberian [laɪ'bɪərɪən] ◇ n liberiano(a) m,f
◇ adj liberiano(a)

libertarian [lɪbə'teərɪən] ◇ n libertario(a) m,f (esp. no anarquista)
◇ adj libertario(a) (esp. no anarquista)

libertarianism [lɪbə'teərɪənɪzəm] n libertarismo m

libertine ['lɪbətiːn] n Literary libertino(a) m,f

liberty ['lɪbətɪ] n libertad f; **at ~** (free) en libertad; **to be at ~ to do sth** tener libertad para hacer algo; **I'm not at ~ to say** no puedo decirlo, no lo puedo revelar; **to take the ~ of doing sth** tomarse la libertad de hacer algo; **to take liberties with** tomarse (excesivas) libertades con; **what a ~!** ¡qué cara más dura! ❑ US **the Liberty Bell** la Campana de la Libertad, = campana que se encuentra en Filadelfia con la que se anunció la Declaración de Independencia de los Estados Unidos; **~ cap** gorro m frigio; **Liberty Hall** la casa de tócame Roque

libidinal [lɪ'bɪdɪnəl] adj libidinal

libidinous [lɪ'bɪdɪnəs] adj (lustful) libidinoso(a)

libido [lɪ'biːdəʊ] (pl **libidos**) n libido f

Lib-Lab ['lɪb'læb] adj Br Fam **a ~ pact** un pacto entre el partido laborista y el demócrata liberal

LIBOR ['laɪbɔː(r)] n Br FIN (abbr **London Inter-Bank Offered Rate**) Líbor f

Libra ['liːbrə] n (sign of zodiac) Libra m; **to be (a) ~** ser Libra

Libran ['liːbrən] ◇ n Libra mf
◇ adj de Libra

librarian [laɪ'breərɪən] n bibliotecario(a) m,f

librarianship [laɪ'breərɪənʃɪp] n **-1.** (work) trabajo m de bibliotecario(a) **-2.** (discipline) biblioteconomía f

library ['laɪbrərɪ] n **-1.** (room, building) biblioteca f ❑ **~ book** libro m de biblioteca; **~ card** carné m de biblioteca; **~ edition** edición f para bibliotecas; US **~ science** biblioteconomía f **-2.** (collection) (of books) biblioteca f; **a film ~** una filmoteca; **a music ~** una discoteca ❑ TV **~ pictures** imágenes fpl de archivo **-3.** COMPTR librería f

LIBRARY OF CONGRESS

Fundada en 1800 en Washington DC para uso privado del Congreso de EE.UU., en la actualidad es la biblioteca nacional de EE.UU. Recibe dos ejemplares de todos los libros que se publican con derechos de autor en ese país, lo que la convierte en la biblioteca con más fondos bibliográficos del mundo y en un centro de recursos sin par en el ámbito internacional. También goza del mayor depósito del mundo de mapas, atlas, partituras y grabaciones musicales, películas y progamas de televisión.

librettist [lɪ'bretɪst] n MUS libretista mf

libretto [lɪ'bretəʊ] (pl **librettos** or **libretti** [lɪ'bretiː]) n MUS libreto m

Libya ['lɪbɪə] n Libia

Libyan ['lɪbɪən] ◇ n libio(a) m,f
◇ adj libio(a)

lice pl of **louse**

licence, US **license** ['laɪsəns] n **-1.** (permit) licencia f, permiso m; COM **under ~** bajo licencia, con autorización; (Br **driving** or US **driver's**) **~** carné m or permiso m de Esp conducir or RP conductor, Carib de conducir or Méx para conducir; IDIOM **it's a ~ to print money** es una ocasión para hacerse de oro ❑ Br TV **~ fee** = tarifa de la licencia de uso de la televisión; AUT **~ number** (of car) (número m de) matrícula f; US AUT **~ plate** (placa f de) matrícula f
-2. (freedom) licencia f
-3. Formal (excessive freedom) libertinaje m
-4. COMPTR **~ agreement** acuerdo m de licencia

license ['laɪsəns] ◇ n US = **licence**
◇ vt **-1.** COM autorizar; **to be licensed to carry a gun** tener permiso or licencia de armas **-2.** (allow) **to ~ sb to do sth** autorizar a alguien a hacer algo

licensed ['laɪsənst] adj **-1.** (qualified) (practitioner) autorizado(a) para ejercer; (pilot) con permiso or licencia **-2.** Br (to sell or serve alcohol) **~ premises** = establecimiento donde se pueden vender bebidas alcohólicas; **~ restaurant** = restaurante con licencia para vender bebidas alcohólicas; **~ victualler** = dueño de un bar con licencia para la venta y el consumo de bebidas alcohólicas

licensee [laɪsən'siː] n **-1.** (licence holder) titular mf de una licencia **-2.** Br (of pub) = persona con licencia para vender bebidas alcohólicas

licensing ['laɪsənsɪŋ] n **-1.** COM **~ agreement** contrato m or acuerdo m de licencia **-2.** Br (for sale of alcohol) **~ hours** = horario en el que está permitido servir bebidas alcohólicas; **~ laws** = legislación sobre la venta de bebidas alcohólicas

LICENSING HOURS

Tradicionalmente, la legislación que ha regulado los horarios de los pubs británicos ha sido muy estricta, no obstante se suavizó ligeramente en 1988. Desde entonces, en lugar de abrir únicamente de 11.30 a 14.30 y de 18.00 a 22.30, los pubs en Inglaterra pueden permanecer abiertos desde las 11.00 hasta las 23.00. En Escocia, en cambio, la reglamentación es menos estricta y los pubs que así lo solicitan pueden abrir hasta la una de la mañana los fines de semana. En la actualidad el gobierno británico está estudiando una mayor liberalización de horarios en Inglaterra y Gales.

licentiate [laɪ'senʃɪət] n (certificate) licenciatura f; (certificate holder) licenciado(a) m,f

licentious [laɪ'senʃəs] adj licencioso(a)

licentiousness [laɪ'senʃəsnɪs] n licenciosidad f

lichen ['laɪkən] n liquen m

lichgate = **lychgate**

licit ['lɪsɪt] adj Formal (lawful) lícito(a)

lick [lɪk] ◇ n **-1.** (with tongue) lametazo m, lamida f; **can I have a ~ of your ice-cream?** ¿me dejas probar tu helado?; IDIOM Fam **to give sth a ~ and a promise** dar a algo un lavado muy por encima, RP dar a algo una lamida; IDIOM US Fam **to get** or **have last licks: we got our last licks on the beach before the weather changed** aprovechamos los ultimos días en la playa antes de que cambiara el tiempo; **he starts the debate so you get last licks** él empieza el debate, así que el último eres tú
-2. Fam **a ~ of paint** una pequeña mano de pintura
-3. Fam (speed) **at a great** or **tremendous ~** a toda máquina or Esp pastilla
-4. MUS Fam lick m, = frase corta que se suele intercalar en solos

◇ vt **-1.** *(with tongue)* lamer; **he licked the jam off the bread** se comió la mermelada a lametazos; **the dog licked its bowl clean** el perro dejó el cuenco limpio a lametazos; **to ~ one's lips** lamerse; *Fig (in anticipation)* relamerse; *Fig* **to ~ one's wounds** lamerse las heridas; *Fam* **to ~ sb's boots** darle coba a alguien; *Vulg* **to ~ sb's** *Br* **arse** *or US* **ass** lamer *or RP* chupar el culo a alguien; *Fam* **to ~ sth/sb into shape** poner algo/a alguien a punto
-2. *(of flame)* lamer, rozar; **the flames licked the walls of the house** las llamas lamían *or* rozaban las paredes de la casa
-3. *Fam (defeat)* **to get licked** llevarse una soberana paliza; **to have sth/sb licked** dejar algo/a alguien hecho trizas; **we've finally got the problem licked** por fin nos hemos quitado el problema de encima

lickety-split ['lɪkətɪ'splɪt] *adv US Fam* en un periquete

licking ['lɪkɪŋ] *n Fam* **to get** *or* **take a ~** *(physically)* llevarse una buena zurra; *(in game, competition)* llevarse una soberana paliza

lickspittle ['lɪkspɪtl] *n Fam* lameculos *mf inv*

licorice *US* = **liquorice**

lid [lɪd] *n* **-1.** *(of pot, jar)* tapa *f* **-2.** *(of eye)* párpado *m* **-3.** IDIOMS **to blow** *or* **take the ~ off sth** destapar algo, sacar algo a la luz; *Fam* **to blow** *or* **flip one's ~** *(get angry)* ponerse hecho(a) una furia, *Méx* ponerse como agua para chocolate; **to keep the ~ on sth** mantener oculto algo; **to put the ~ on sth** poner fin a algo; *Br* **that puts the (tin) ~ on it!** ¡eso ya es el colmo!

lidded ['lɪdɪd] *adj* **-1.** *(box)* con tapa **-2.** **heavy-~ eyes** ojos con párpados pesados

lido ['liːdəʊ] *(pl* **lidos)** *n* **-1.** *(pool)* piscina *f*, *Méx* alberca *f*, *RP* pileta *f* **-2.** *(resort)* complejo *m* deportivo acuático

lie[1] [laɪ] ◇ *n* mentira *f*; **to tell a ~** decir una mentira, mentir; *Fam* **I tell a ~** no, miento; **to give the ~ to sth** desmentir algo; IDIOM **there are lies, damned lies and statistics** hay tres clases de mentiras: las mentiras, las grandes mentiras y las estadísticas ❏ **~ *detector*** detector *m* de mentiras
◇ *vi* mentir; **"it wasn't me", she lied** "no fui yo," mintió; **he lied about his age** mintió sobre su edad; **to ~ through one's teeth** mentir descaradamente

lie[2] ◇ *n* **-1.** *(in golf)* posición *f* de la pelota; **he's got a good/bad ~** la pelota está en una buena/mala posición
-2. *Fig* **the ~ of the land** el estado de las cosas
◇ *vi (pt* **lay** [leɪ], *pp* **lain** [leɪn]) **-1.** *(person, animal) (be still)* estar acostado(a) *or Esp, Méx* tumbado(a) *or Andes* echado(a) *or RP* tirado(a); *(get down)* acostarse, *Esp, Méx* tumbarse, *Andes* echarse, *RP* tirarse; **to ~ in bed** estar en la cama; **I've been lying in the sun** he estado acostado *or Esp, Méx* tumbado *or Andes* echado *or RP* tirado al sol; **she was lying on her back/front** estaba acostada *or Esp, Méx* tumbada *or Andes* echada *or RP* tirada boca arriba/abajo; **I lay awake all night** permanecí despierto toda la noche; **Jones lay dead before me** Jones yacía muerto delante de mí; **could you ~ still a minute?** ¿puedes estarte quieto un minuto?; **here lies...** *(on gravestone)* aquí yace...; *Fig* **to ~ low** permanecer en un segundo plano; **to ~ in state** estar expuesto(a) en capilla ardiente; **to ~ in wait for sb** permanecer *or* estar a la espera de alguien; *Fig* esperar a alguien
-2. *(object)* estar; **the ball is lying in the middle of the fairway** la pelota está en mitad de la calle; **whose coat is that lying on the bed?** ¿de quién es el abrigo que está en la cama?; **papers lay all over her desk** había papeles esparcidos por toda la mesa; **a tree lay across our path** había un árbol atravesado en el camino; **a vast plain lay before us** ante nosotros se extendía una vasta llanura; **the village lies in a valley** el pueblo está en un valle; **several warships lay off the French coast** había varios buques de guerra frente a las costas francesas; **snow lay on the ground** había nieve en el suelo; **the building has lain empty for several years** el edificio ha permanecido vacío varios años; **the coffin lay open** el ataúd estaba abierto; **to ~ in ruins** *(building)* estar en ruinas; *(career, hopes)* estar arruinado(a); **the obstacles that ~ in our way** los impedimentos que obstaculizan nuestro camino
-3. *(abstract thing)* estar, hallarse; **they know where their true interests ~** saben dónde se hallan sus verdaderos intereses; **a lot of work lies ahead of us** nos espera mucho trabajo; **a brilliant future lies before her** tiene ante sí un brillante futuro; **what lies behind this uncharacteristic generosity?** ¿qué hay detrás de esta inusual generosidad?; **my future lies elsewhere** mi futuro está en otra parte; **the guilt lies heavy on her** el sentimiento de culpabilidad la abruma; **to ~ heavy on sb** ser un gran peso psicológico para alguien; **the cause of the problem lies in...** la causa del problema radica en...; **the difference lies in that...** la diferencia radica en que...; **the future lies in telematics** el futuro está en la telemática; **that lies outside my remit** eso queda fuera del ámbito de mi cometido
-4. *Br (in competition)* **they are currently lying second** *or* **in second position** en estos momentos se encuentran en segunda posición
-5. *(settle)* **the snow did not ~** la nieve no cuajó

◆ **lie about, lie around** *vi (person, thing)* estar tirado(a); **she had left her papers lying around** había dejado sus papeles tirados; **have you got any change lying around?** ¿tienes suelto por ahí?; **he spends all day lying around doing nothing** se pasa el día tirado sin hacer nada

◆ **lie back** *vi* recostarse; **just ~ back and enjoy yourself** relájate y disfruta

◆ **lie down** *vi (get down)* echarse, acostarse; **she was lying down on the floor** estaba tumbada en el suelo; *Fig* **to ~ down on the job** flojear (en el trabajo); *Fig* **I'm not going to take this lying down** no voy a quedarme de brazos cruzados ante esto

◆ **lie in** *vi* **-1.** *(stay in bed)* quedarse en la cama hasta tarde
-2. *Archaic* estar en la cama de parto

◆ **lie to** *vi* NAUT fondear

◆ **lie up** *vi* **-1.** *(hide)* esconderse
-2. *(stay in bed)* guardar cama

◆ **lie with** *vt insep* **-1.** *(belong to)* **the responsibility lies with the author** la responsabilidad recae sobre el autor; **this decision lies with us** esta decisión nos corresponde tomarla a nosotros
-2. *Literary (sleep with)* yacer con

Liechtenstein ['lɪktənstaɪn] *n* Liechtenstein

lie-down ['laɪ'daʊn] *n Br Fam* **to have a ~** echarse un rato

Liège [liː'eʒ] *n* Lieja

liege [liːdʒ] *n* HIST **~ (lord)** señor *m* feudal; **my ~** mi señor ❏ **~ *man*** vasallo *m*

lie-in ['laɪ'ɪn] *n Br Fam* **to have a ~** quedarse en la cama hasta tarde

lien ['liːən] *n* LAW *(on property)* derecho *m* de retención

lieu [ljuː, luː] *n Formal* **time in ~** días libres en lugar de dinero; **I'm working on Saturday, so I'm going to take Monday off in ~** trabajo el sábado, así que voy a tomarme el lunes de vacaciones; **two weeks' salary in ~ of notice** dos semanas de sueldo a modo de notificación de despido

Lieut *(abbr* **Lieutenant)** Tte.

Lieut Col *(abbr* **Lieutenant Colonel)** Tte. Cor.

lieutenant [*Br* lef'tenənt, *US* luː'tenənt] *n* **-1.** MIL teniente *mf*; NAUT teniente *mf* de navío ❏ MIL **~ *colonel*** teniente *mf* coronel; **~ *commander*** capitán *m* de corbeta; **~ *general*** *(in army)* teniente *mf* general; *(in US airforce)* general *mf* de división **-2.** *US (police officer)* oficial *mf* de policía **-3.** *(deputy, assistant)* lugarteniente *mf* ❏ **~ *governor*** *(in Canada)* vicegobernador(ora) *m,f*; *(in US)* vicegobernador(ora) *m,f*

life [laɪf] *(pl* **lives** [laɪvz]) *n* **-1.** *(existence)* vida *f*; **~ is hard here** aquí la vida es dura; **animal ~** fauna; **bird ~** aves; **marine ~** fauna y flora marinas; **plant ~** flora; **a matter of ~ and death** una cuestión de vida o muerte; **~ after death** la vida después de la muerte; **to bring sb back to ~** devolver la vida a alguien, resucitar a alguien; **to escape with one's ~** salir con vida; **she is fighting for her ~** *(of patient)* está entre la vida y la muerte; **to give** *or* **lay down one's ~ for sth/sb** dar la vida por algo/alguien; **to lose one's ~** perder la vida; **no lives were lost** no hubo que lamentar víctimas *or* ninguna muerte; **to risk one's ~, to risk ~ and limb** arriesgar la vida; **to scare** *or* **frighten the ~ out of sb** dar a alguien un susto de muerte; **to take sb's ~** quitar la vida a alguien; **to take one's own ~** quitarse la vida; **to take one's ~ in one's hands** jugarse la vida; **he held on to the rope for dear ~** se aferró a la cuerda con todas sus fuerzas; **run for your lives!** ¡sálvese quien pueda!; *Fam* **I couldn't for the ~ of me remember** por más que lo intentaba, no conseguía recordar; **from ~** *(to draw, paint)* del natural; *Fam* **not on your ~!** ¡ni en broma!, ¡ni soñarlo!; **~ isn't a bowl of cherries, you know** la vida no es de color de rosa *or* un lecho de rosas, ¿sabes?; **it's all part of ~'s rich tapestry** forma parte del variado retablo de la vida; PROV **~ begins at forty** la vida empieza a los cuarenta; PROV **~ is for living** la vida es para vivirla ❏ **~ *belt*** flotador *m*, salvavidas *m inv*; **~ *buoy*** flotador *m*; **~ *cycle*** ciclo *m* vital; **~ *force*** fuerza *f* vital; **~ *form*** forma *f* de vida; **~ *jacket*** chaleco *m* salvavidas; *US* **~ *preserver*** *(life belt)* cinturón *m* de seguridad; *(life jacket)* chaleco *m* salvavidas; **~ *raft*** lancha *f* salvavidas; **~ *sciences*** ciencias *fpl* naturales *or* biológicas; *US* **~ *vest*** chaleco *m* salvavidas
-2. *(period of existence)* vida *f*; **private/working ~** vida privada/laboral; **it changed my ~** me cambió la vida, cambió mi vida; **the song started ~ as a ballad** la canción empezó siendo una balada; **in the next ~** *(Heaven)* en el Más Allá; **in a past ~** en una vida anterior; **he never finished his life's work** nunca terminó la obra de su vida; **she worked all her ~** trabajó toda su vida; **I've never eaten caviar in (all) my ~** no he comido caviar (nunca) en mi vida; **this commitment is for ~** se trata de un compromiso de por vida; **a job for ~** un trabajo para toda la vida; **you gave me the fright of my ~** me diste un susto de muerte *or RP* morir; **she ran the race of her ~** hizo la mejor carrera de su vida; **he told me his ~ story** me contó su vida; **to be given a ~ sentence,** *Fam* **to get ~** ser condenado(a) a cadena perpetua ❏ FIN **~ *annuity*** anualidad *f* vitalicia, renta *f* vitalicia; *Br* **~ *assurance*** seguro *m* de vida; **~ *expectancy*** *(of human, animal)* esperanza *f* de vida; *(of machine)* vida *f* útil; **~ *member*** socio(a) *m,f* vitalicio(a); *Br* **~ *peer*** = miembro vitalicio de la Cámara de los Comunes; *Br* POL **~ *peerage*:** **he was given a ~ peerage** fue hecho miembro vitalicio de la Cámara de los Lores; POL **~ *peeress*** = mujer que es miembro vitalicio de la Cámara de los Comunes; FIN **~ *pension*** pensión *f* vitalicia; **~ *savings*** ahorros *mpl* de toda la vida; **~ *span*** vida *f*; **~ *subscription*** suscripción *f* vitalicia
-3. *(mode of existence)* vida *f*; **city ~** la vida en la ciudad; **university ~** la vida universitaria; **way of ~** modo de vida; **my job is my ~** mi trabajo es mi vida; *Fam* **get a ~!** hazme el favor, ¿es que no tienes nada

lifeblood

mejor que hacer?; **~ goes on** la vida sigue; IDIOM *Fam* **to live** *or* **lead the ~ of Riley** vivir como un pachá *or* rajá; **to make a new ~ for oneself, to start a new ~** construirse una nueva vida, comenzar una nueva vida; **you're just trying to make ~ difficult for me** estás intentando hacerme la vida imposible; **having a man sent off didn't make ~ any easier for them** la expulsión de un jugador no les ayudó nada; **to make sb's ~ hell** convertir la vida de alguien en un infierno; **he makes her ~ a misery** le amarga la vida; **to make ~ worth living** hacer que la vida merezca la pena; **to have seen ~** tener mucho mundo; **the man/woman in your ~** el hombre/la mujer que hay en tu vida; **~ at the top isn't easy** cuando estás en la cumbre, la vida no es fácil; *Fam* **how's ~?** ¿qué tal?, ¿cómo va eso?, *CAm, Col, Méx* ¿quihubo?; *Fam* **how's ~ treating you?** ¿cómo te va la vida?; *Fam* **such is ~!, that's ~!** ¡así es la vida!, ¡la vida es así!; *Fam* **this is the ~!** ¡esto es vida!; *Fam* **what a ~!** ¡qué vida ésta!
-4. *(liveliness)* vida *f*; **to breathe new ~ into** *(person, company)* dar nuevos bríos a; **to bring sth/sb to ~** *(make livelier)* animar algo/a alguien; **to come to ~** cobrar vida; *Fig* animarse; **that's her to the ~** es su vivo retrato; **the machine roared into ~** la máquina arrancó con un rugido; **the ~ and soul of the party** el alma de la fiesta; **there's ~ in the old dog yet** todavía le queda mucha cuerda
-5. *(of battery, machine)* vida *f*; *(of agreement)* vigencia *f*; **during the ~ of this parliament** durante esta legislatura
-6. *(in game)* vida *f*; **if you get hit, you lose a ~** si te dan, pierdes una vida
-7. *(biography)* **a ~ of Tolstoy** una biografía de Tolstói
-8. ART ❑ **~ class** clase *f* del natural; **~ drawing** dibujo *m* del natural

lifeblood ['laɪfblʌd] *n* **-1.** *(blood)* sangre *f* **-2.** *(key part)* motor *m*; **the ~ of the economy** el motor de la economía; **the government are draining the ~ from small businesses** el gobierno está sangrando a los pequeños negocios

lifeboat ['laɪfbəʊt] *n* **-1.** *(from coast)* lancha *f* de salvamento ❑ **~ station** estación *f* de salvamento **-2.** *(on ship)* bote *m or* lancha *f* salvavidas

lifeboatman ['laɪfbəʊtmən] *n* = miembro de un equipo de salvamento

lifebuoy ['laɪfbɔɪ] *n* salvavidas *m inv*, flotador *m*

life-giving ['laɪfgɪvɪŋ] *adj* salvador(ora)

lifeguard ['laɪfgɑːd] *n* socorrista *mf*; **to be on ~ duty** estar de socorrista

lifeless ['laɪflɪs] *adj* **-1.** *(body)* sin vida; **she fell ~ to the floor** cayó inerte al suelo **-2.** *(where no life exists)* sin vida **-3.** *(dull) (eyes, hair)* apagado(a); *(town, performance)* aburrido(a), soso(a)

lifelessly ['laɪflɪslɪ] *adv* sin vida

lifelike ['laɪflaɪk] *adj* realista

lifeline ['laɪflaɪn] *n* **-1.** *(rope)* cabo *m* (salvavidas); *also Fig* **to throw sb a ~** echar un cabo a alguien **-2.** *(means of rescue, survival)* salvavidas *m inv* **-3.** *(for diver)* cuerda *f* de seguridad

lifelong ['laɪflɒŋ] *adj* de toda la vida; **a ~ friend** un(a) amigo(a) de toda la vida; **it's been my ~ ambition to meet her** el sueño de mi vida ha sido conocerla ❑ EDUC **~ learning** aprendizaje *m* a continuo

lifer ['laɪfə(r)] *n Fam (prisoner)* condenado(a) *m,f* a cadena perpetua

life-saver ['laɪfseɪvə(r)] *n* **-1.** *(lifeguard)* socorrista *mf* **-2.** *Fam* **it was a ~** *(provide relief)* me salvó la vida

life-saving ['laɪfseɪvɪŋ] *adj* **a ~ drug** un medicamento que salva muchas vidas; **he had a ~ operation** la operación le salvó la vida

life-size(d) ['laɪfsaɪz(d)] *adj* (de) tamaño natural

lifestyle ['laɪfstaɪl] *n* estilo *m* de vida; **it's a ~ choice** es una opción de vida ❑ **~ supplement** suplemento *m* moda y estilo

life-support ['laɪfsəpɔːt] *n* MED **~ machine** equipo *m* de ventilación *or* respiración asistida; **~ system** equipo *m* de ventilación *or* respiración asistida

life-threatening ['laɪfθretnɪŋ] *adj* MED **~ condition** *or* **disease** enfermedad mortífera *or* que puede ocasionar la muerte; **~ situation** situación de peligro mortal

lifetime ['laɪftaɪm] *n (of person)* vida *f*; *(of machine)* vida *f* (útil); **in** *or* **during my ~** durante mi vida; **it won't happen in my ~** no viviré para verlo; **it's the chance** *or* **opportunity of a ~** es la oportunidad de mi/tu/su *etc* vida; **the holiday of a ~** las vacaciones de mi/tu/su *etc* vida; **the sort of thing that happens once in a ~** esa clase de cosas que sólo pasan una vez en la vida; **it is unlikely within the ~ of this parliament** no es probable que suceda durante la presente legislatura parlamentaria; **a ~ supply** un suministro de por vida ❑ **~ guarantee** garantía *f* vitalicia *or* de por vida

LIFFE [laɪf, 'lɪfɪ] *n (abbr* **London International Financial Futures Exchange**) LIFFE *m*, Mercado *m* Internacional de Futuros Financieros de Londres

LIFO ['laɪfəʊ] *(abbr* **last in first out**) el último en entrar es el primero en salir

lift [lɪft] ⬦ *n* **-1.** *Br (elevator)* ascensor *m* ❑ **~ attendant** ascensorista *mf*; **~ shaft** hueco *m* del ascensor
-2. *(car ride)* **to give sb a ~** llevar a alguien (en el coche), *CAm, Méx* dar aventón *or Col* chance *or Cuba* botella *or Perú* una jalada *or Ven* cola a alguien; **could you give me a ~ to the station?** ¿puedes llevarme *or* acercarme a la estación?, *CAm, Méx* ¿puedes darme *CAm, Méx* aventón *or Col* chance *or Cuba* botella *or Perú* una jalada *or Ven* cola hasta la estación?; **my ~ couldn't make it today** hoy no me han podido traer, no me han podido dar *CAm, Méx* aventón *or Col* chance *or Cuba* botella *or Perú* una jalada *or Ven* cola
-3. *Fam (boost)* **that really gave me a ~!** ¡eso me levantó muchísimo el ánimo!; **the song needs a ~ towards the middle** esta canción necesita un poco de animación *or Esp* marcha hacia la mitad
-4. *(act of raising)* **to give sth a ~** levantar algo
-5. AV sustentación *f*
⬦ *vt* **-1.** *(raise, move)* levantar; **to ~ one's arm/eyes** levantar el *or* un brazo/los ojos; **to ~ one's voice** levantar la voz; **~ the table over here** levanta la mesa y tráela aquí; **can you ~ the lid off?** ¿puedes levantar la tapa?; **he lifted the vase out of the box** sacó el jarrón de la caja; **she lifted the glass to her mouth** se llevó el vaso a la boca; **to have one's breasts lifted** hacerse una operación para reafirmar el pecho; **he won't ~ a finger to help** no moverá un dedo para ayudar; **to ~ sb's spirits** animar a alguien; *Literary* **the church lifts its spire to the skies** la aguja de la iglesia se alza hasta el cielo
-2. *(transport by plane)* aerotransportar
-3. *(increase) (exports, level)* subir, elevar
-4. *(remove) (restrictions, siege)* levantar
-5. *Fam (take, steal)* afanar, birlar, *Am* volar
-6. *Fam (copy)* copiar; **he's lifted this passage from a famous author/my book** ha copiado este pasaje de un escritor famoso/mi libro
-7. *Fam (arrest)* detener, trincar
-8. *(vegetables)* recoger
⬦ *vi* **-1.** *(move upwards) (curtain, eyes)* subir, elevarse; **the balloon lifted into the sky** el globo se elevó en el cielo; **our spirits lifted at the news** la noticia nos subió la moral
-2. *(mist, fog)* disiparse; *(depression, bad mood)* desaparecer, disiparse

◆ **lift down** *vt sep* bajar
◆ **lift off** *vi (rocket)* despegar
◆ **lift up** *vt sep* levantar; **to ~ sb up** *(after fall)* levantar a alguien; **to ~ a child up** *(in one's arms)* coger a un niño en brazos; *Literary* **let us ~ up our hearts to the Lord** elevemos nuestras plegarias al Señor

lift-off ['lɪftɒf] *n (of rocket, economy)* despegue *m*, *Am* decolaje *m*; **we have ~!** ¡se ha efectuado el despegue *or Am* decolaje!

ligament ['lɪgəmənt] *n* ligamento *m*; **to tear a ~** romperse un ligamento

ligature ['lɪgətʃə(r)] *n* MED, MUS & TYP ligadura *f*

ligger ['lɪgə(r)] *n Br Fam* **-1.** *(idler)* vago(a) *m,f* **-2.** *(freeloader)* gorrero(a) *m,f*, *Esp, Méx* gorrón(ona) *m,f*, *Esp, RP* garronero(a) *m,f*

light[1] [laɪt] ⬦ *n* **-1.** *(illumination)* luz *f*; **artificial/electric ~** luz artificial/eléctrica; **he uses ~ well in his paintings** tiene un buen dominio de la luz en sus cuadros; **to be in sb's ~** taparle la luz a alguien; **come into the ~** ponte a la luz; **to hold sth up to the ~** poner algo a contraluz; **by the ~ of the moon** a la luz de la luna ❑ PHOT **~ meter** fotómetro *m*; COMPTR **~ pen** lápiz *m* óptico; PHYS **~ wave** onda *f* luminosa; ASTRON **~ year** año *m* luz; *Fig* **they are ~ years ahead of us** nos llevan años luz de ventaja; *Fig* **it seems like ~ years ago** parece que fue hace milenios
-2. *(daylight)* luz *f*; **the ~ was fading fast** estaba oscureciendo rápidamente
-3. *(lamp)* luz *f*; **(traffic) lights** semáforo *m*; **a red/green ~** *(traffic light)* un semáforo en verde/rojo; **to put** *or* **turn off the ~** apagar la luz; **to put** *or* **turn on the ~** encender *or Am* prender la luz; **he shone a ~ into the cellar** alumbró la bodega con una linterna; CIN **lights, camera, action!** ¡luces, cámaras, acción!; THEAT **the lights went down** se apagaron las luces; AUT **you've left your lights on** te has dejado las luces encendidas; *Fam* **it's lights out at ten o'clock** a las diez en punto se apagan las luces; IDIOM *Fam Hum* **the lights are on but there's nobody home** no hay nada algo ahí dentro ❑ **~ box** caja *f* luminosa; **~ bulb** *Esp* bombilla *f*, *Andes, Méx* foco *m*, *CAm, Carib* bombillo *m*, *RP* lamparita *f*; **~ show** *(at concert)* espectáculo *m* de luces; **~ switch** interruptor *m* de la luz
-4. *(fire)* **to set ~ to sth** prender fuego a algo; **have you got a ~?** ¿tienes fuego?
-5. *(look, glint)* **she had a mischievous ~ in her eyes** tenía un brillo travieso en los ojos
-6. *Old-fashioned* **lights** *(sheep's or pig's lungs)* bofe *m*
-7. IDIOMS **you are the ~ of my life** eres la luz de mi vida; *Formal* **according to your own lights** según tu criterio; **to bring sth to ~** sacar algo a la luz; **to come to ~** salir a la luz; *Fam* **to go out like a ~** *(fall asleep)* quedarse planchado(a) *or Esp* traspuesto(a); **to see the ~** *(understand, be converted)* ver la luz; **to see the ~ at the end of the tunnel** ver la luz al final del túnel; **these paintings never see the ~ of day** estos cuadros nunca ven la luz del sol; **the project is unlikely to see the ~ of day** probablemente su proyecto nunca llegue a ver la luz; **to see sth/sb in a new** *or* **different ~** ver algo/a alguien desde un punto de vista diferente; **to see sth in a positive** *or* **favourable ~** ver algo desde una óptica positiva *or* favorable; **to be seen in a good ~** ofrecer una buena imagen; **to show sth/sb in a bad ~** dar una mala imagen de algo/alguien; **to throw** *or* **shed** *or* **cast ~ on sth** arrojar luz sobre algo; **things will look different in the cold** *or* **hard ~ of day** verás las cosas distintas cuando las pienses con calma; **in (the) ~ of...** *(considering)* a la luz de..., en vista de...

⬦ *adj* **-1.** *(room)* luminoso(a); **it will soon be ~** pronto será de día; **it's getting ~** está amaneciendo, se está haciendo de día; **the evenings are getting lighter** ya hay mas claridad por las tardes
-2. *(hair, complexion, colour)* claro(a); **~ blue/brown** azul/marrón claro

⬦ *vt (pt & pp* **lit** [lɪt]) **-1.** *(fire)* prender, encender; *(cigarette)* encender, *Am* prender

-2. *(room, street)* iluminar, alumbrar; **the guard lit our way with a torch** el guardia nos alumbró el camino con una linterna
◇ *vi (catch fire)* encenderse, prenderse
◆ **light up** ◇ *vt sep* **-1.** *(brighten) (house, room)* iluminar; **a smile lit up her face** una sonrisa le iluminó el rostro; **his performance lit up the evening** su actuación animó la velada **-2.** *(cigarette)* encender
◇ *vi* **-1.** *(sky, display)* iluminarse; **his eyes lit up** se le encendieron los ojos **-2.** *Fam (smoker)* encender un cigarrillo

light² ◇ *npl* **lights** *(low-tar cigarettes)* cigarrillos *mpl* light
◇ *adj* **-1.** *(not heavy)* ligero(a), *esp Am* liviano(a); **he was several kilos too ~ to be a heavyweight** le faltaban varios kilos para poder ser un peso pesado; IDIOM **to be as ~ as a feather** ser ligero(a) *or esp Am* liviano(a) como una pluma; **to be ~ on one's feet** tener los pies ligeros *or Am* rápidos; IDIOM **to have ~ fingers** ser amigo(a) de lo ajeno; **to have a ~ touch** *(writer)* tener un estilo ágil ❏ AV **~ aircraft** avioneta *f*; MIL **~ artillery** artillería *f* ligera; **~ cavalry** caballería *f* ligera; **~ industry** industria *f* ligera; MIL **~ infantry** infantería *f* ligera; *Br* **~ railway** tren *m* ligero
-2. *(not intense) (job, work, exercise)* ligero(a), *esp Am* liviano(a); *(rain)* fino(a); *(wind)* ligero(a), leve; *(tap, kiss)* leve; *(sound)* suave; **there was ~ traffic** había poco tráfico; **to be a ~ smoker/drinker** fumar/beber moderadamente; **to be a ~ sleeper** tener el sueño ligero *or esp Am* liviano
-3. *(not severe)* **a ~ sentence** una sentencia benévola
-4. *(food, drink) (not strong in flavour)* suave; *(easily digested, spongy)* ligero(a), *esp Am* liviano(a); *(low in alcohol)* sin alcohol, light; *(low-calorie)* light, bajo(a) en calorías; **to have a ~ meal** comer *or Esp* tomar una comida ligera *or esp Am* liviana ❏ **~ ale** = cerveza sin burbujas, clara y suave; *US* **~ cream** *Esp* nata *f* líquida, *Am* crema *f* de leche
-5. *(not serious)* alegre; *(music)* ligero(a); **with a ~ heart** alegremente; **it is no ~ matter** es un asunto serio; **on a lighter note** en un tono menos serio; **it provided a little ~ relief** fue una nota de desenfado; **she made ~ of her problems** no dio importancia a sus problemas; **they made ~ of the fact that they had had a man sent off** no les afectó el hecho de que les expulsaran a un jugador; **they made ~ work of the washing-up** lavaron los platos como si nada ❏ **~ entertainment** espectáculos *mpl* de variedades; **~ opera** opereta *f*; **~ reading** lectura *f* ligera; **~ verse** poesía *f* ligera
-6. *Fam (lacking)* **the novel is ~ on substance** a la novela le falta sustancia
◇ *adv* **to travel ~** viajar ligero(a) *or esp Am* liviano(a) de equipaje

◆ **light on, light upon** *(pt & pp* **lighted**) *vt insep Literary (of bird)* posarse en; *(solution)* dar con; **his eyes lighted on the picture** su mirada se posó en el cuadro

◆ **light out** *vi US Fam* largarse
◆ **light upon** = **light on**

light-coloured, *US* **light-colored** *adj* ['laɪtkʌləd] de color claro

light-emitting diode ['laɪtɪmɪtɪŋ'daɪəʊd] *n* ELEC diodo *m* emisor de luz

lighten ['laɪtən] *vt* **-1.** *(make brighter)* iluminar **-2.** *(colour, hair)* aclarar **-3.** *(make less heavy)* aligerar; **to ~ sb's load** aligerar la carga de alguien, quitarle peso de encima a alguien **-4.** *(make more cheerful)* aligerar
◇ *vi* **-1.** *(sky)* aclararse **-2.** *(mood, atmosphere)* distenderse

◆ **lighten up** *vi Fam* animarse; **oh come on, ~ up!** ¡vamos, anímate!

lighter¹ ['laɪtə(r)] *n (for cigarettes)* encendedor *m*, *Esp* mechero *m*; *(for gas cooker)* encendedor *m* ❏ **~ fluid** gas *m* (licuado) para encendedores

lighter² *n (boat)* barcaza *f*

lighter-than-air ['laɪtəðən'eə(r)] *adj (aircraft)* ultraligero(a)

light-fingered [laɪt'fɪŋɡəd] *adj Fam* amigo(a) de lo ajeno

light-footed [laɪt'fʊtɪd] *adj (nimble)* ágil, ligero(a)

light-headed [laɪt'hedɪd] *adj* **-1. to feel ~** *(dizzy)* estar mareado(a); *(with excitement)* estar eufórico(a) **-2.** *(frivolous)* frívolo(a)

light-headedness [laɪt'hedɪdnɪs] *n* **-1.** *(dizziness)* mareo *m*; *(with excitement)* euforia *f* **-2.** *(frivolousness)* frivolidad *f*

light-hearted [laɪt'hɑːtɪd] *adj* alegre; **the programme takes a ~ look at politics** el programa trata el tema de la política con desenfado

light-heartedly [laɪt'hɑːtɪdlɪ] *adv* alegremente, con desenfado

light-heavyweight [laɪt'hevɪweɪt] ◇ *n* peso *m* semipesado
◇ *adj (championship, fight)* de peso semipesado

lighthouse ['laɪthaʊs] *n* faro *m* ❏ **~ keeper** farero(a) *m,f*

lighting ['laɪtɪŋ] *n (act, system)* iluminación *f*; **artificial/gas/neon ~** iluminación artificial/de gas/de neón; **street ~** alumbrado público ❏ CIN **~ cameraman** director *m* de fotografía; THEAT **~ effects** juego *m* de luces

lighting-up time ['laɪtɪŋ'ʌptaɪm] *n Br (for cars)* = hora de encender los faros

lightly ['laɪtlɪ] *adv* **-1.** *(not heavily)* ligeramente; **it was raining ~** llovía ligeramente, lloviznaba; **~ armed troops** tropas ligeras; **~ dressed** con poca ropa
-2. *(not intensely) (to rest, touch, kiss)* levemente; *(populated)* escasamente; **~ fry the onions** fría las cebollas ligeramente; **to sleep ~** tener el sueño ligero
-3. *(not severely)* **to get off ~** salir bien parado(a); **to let sb off ~** dejar marchar a alguien por las buenas
-4. *(not seriously)* a la ligera; **to speak ~ of sth/sb** hablar a la ligera de algo/alguien; **it was not a decision she took ~** no tomó la decisión a la ligera; **"I'm getting married tomorrow," he said ~** "me caso mañana", dijo sin darle importancia

light-middleweight [laɪt'mɪdəlweɪt] ◇ *n* peso *m* semiligero
◇ *adj (championship, fight)* de peso semiligero

lightness ['laɪtnɪs] *n* **-1.** *(brightness) (of room, colour, hair)* claridad *f* **-2.** *(in weight) (of object, fabric)* ligereza *f*, liviandad *f*; *(of rain)* suavidad *f*; **his ~ of touch** su delicadeza **-3.** *(in intensity) (of exercise, wind, sound, tap)* suavidad *f* **-4.** *(in severity) (of sentence)* benevolencia *f* **-5.** *(of food, meal) (in flavour, texture)* suavidad *f*; *(in digestibility)* ligereza *f* **-6.** *(of mood)* alegría *f*; **~ of heart** euforia, ligereza de espíritu

lightning ['laɪtnɪŋ] ◇ *n (bolt)* rayo *m*; *(sheet)* relámpago *m*; **a flash of ~** un relámpago; **he was hit** *or* **struck by ~** lo alcanzó un rayo; *(killed)* cayó fulminado por un rayo; IDIOM **as quick as ~** como el rayo; PROV **~ never strikes twice (in the same place)** la misma desgracia no va a ocurrir dos veces ❏ *US* **~ bug** luciérnaga *f*; **~ conductor** pararrayos *m inv*; **~ rod** pararrayos *m inv*
◇ *adj* **with ~ speed** como un rayo ❏ **~ strike** *(in industry)* huelga *f* relámpago *or* sin previo aviso; *(military attack)* ataque *m* relámpago; **~ visit** visita *f* relámpago

lightproof ['laɪtpruːf] *adj (container, door)* opaco(a)

light-sensitive ['laɪtsensɪtɪv] *adj* sensible a la luz

lightship ['laɪtʃɪp] *n* NAUT buque *m* faro

lightweight ['laɪtweɪt] ◇ *n* **-1.** *(in boxing)* peso *m* ligero **-2.** *Pej* **an intellectual ~** un personaje de poca talla intelectual
◇ *adj* **-1.** *(garment)* ligero(a) **-2.** *(in boxing)* de peso ligero

lignite ['lɪɡnaɪt] *n* GEOL lignito *m*

lignum vitae ['lɪɡnəm'vaɪtiː] *n* palo *m* santo

likable = **likeable**

like¹ [laɪk] ◇ *n* **you're not comparing ~ with ~** esas dos cosas no son comparables; **he and his ~** él y los de su clase; **it's not for the likes of me** no es para gente como yo; **music, painting and the ~** música, pintura y cosas así *or* y cosas por el estilo; **a wonderful dessert, the ~ of which I haven't tasted since** un postre fabuloso, como no he vuelto a probar otro; **I've never seen the ~ (of it)** nunca he visto nada parecido *or* nada igual; **we won't see her ~ again** nunca habrá nadie como ella
◇ *adj* **-1.** *(similar)* parecido(a), similar; **~ poles repel** los polos del mismo signo, se repelen; **they are of ~ temperament** tienen un temperamento parecido; **they are as ~ as two peas (in a pod)** son como dos gotas de agua; **we were treated in ~ manner** nos trataron de forma parecida *or* similar
-2. *Old-fashioned (likely)* **to be ~ to do sth** ser susceptible de hacer algo
◇ *prep* **-1.** *(similar to)* como; **people ~ you** la gente como tú; **to be ~ sth/sb** ser como algo/alguien; **what's the weather ~?** ¿qué tiempo hace?; **what is he ~?** ¿cómo es (él)?; **you know what she's ~** ya sabes cómo es; **it was shaped ~ a pear** tiene forma de pera; **to look ~ sth/sb** parecerse a algo/alguien; **what does he look ~?** ¿qué aspecto tiene?; **to taste ~ sth** saber a algo; **we don't have anything ~ as many as that** no tenemos tantos, ni muchísimo menos; **it wasn't anything ~** *or* **it was nothing ~ I expected** no fue en absoluto como me lo esperaba; **she is nothing ~ as intelligent as you** no es ni mucho menos tan inteligente como tú; **there's nothing ~ a nice cup of coffee** no hay nada como una buena taza de café; **there's nothing ~ it!** ¡no hay nada igual!; **it costs something ~ £10** cuesta unas 10 libras, cuesta algo así como 10 libras; **something ~ that** algo así; **I've got one just ~ it** ¡tengo uno igual!; **that's just ~ him!** ¡es típico de él!; **they said tomorrow, but it'll be more ~ Friday** dijeron mañana, pero será más bien el viernes; **that's more ~ it** eso está mejor; **that's not ~ him** no es su estilo; **it's not ~ her to be so quiet** ¿por qué estará tan callada?; PROV **~ father, ~ son** de tal palo tal astilla, *Am* lo que se hereda no se roba
-2. *(in the manner of)* como; **just ~ anybody else** como todo el mundo; **~ so** así; **~ that** así; **~ this** así; **sorry to turn up all of a sudden ~ this** perdón por presentarme así de pronto; *Fam* **don't be ~ that** no seas así; **to run ~ blazes** *or* **mad** correr como alma que lleva el diablo; *Fam* **to work ~ crazy** trabajar como loco(a)
-3. *(such as)* como (por ejemplo); **take more exercise, ~ jogging** haz más ejercicio, como (por ejemplo) correr
◇ *adv* **-1.** *Fam* **there were ~ three thousand people there** había como trescientas personas allí; **I was just walking down the street, ~** pues iba yo andando por la calle; **it was, ~, really warm** hacía pero que mucho calor, hacía mucho pero mucho calor; **I was busy, ~, that's why I didn't call you** es que estaba ocupado, por eso no te llamé; **as ~ as not, ~ enough** casi seguro, seguramente
-2. *very Fam (in reported speech)* **I was ~ "no way"** y yo: "ni hablar"; **so he was ~ "in your dreams, pal!"** entonces él va y dice: "eso quisieras tú, *Esp* colega *or Am* compadre", *RP* entonces él agarra y dice: "ni te sueñes, loco"
◇ *conj Fam* **do it ~ I said** hazlo como te dije; **it feels ~ ages since I saw you** parece que hace siglos que no te veo; **he looked ~**

like

he'd seen a ghost parecía como si *or* que hubiera visto una aparición *or* un fantasma; **it sounds ~ she should see a doctor** por lo que me dices, debería ir al médico; **it's not ~ he's ill or anything** no es que esté enfermo

like² ⬦ *n* **likes** preferencias *fpl*; **likes and dislikes** preferencias y aversiones
⬦ *vt* **-1.** *(person)* **she likes John** *(as friend)* le cae bien John; *(is attracted to)* le gusta John; **I don't ~ him** no me cae bien; **I don't ~ his friends** no me caen bien sus amigos; **I don't think she likes me** creo que no le caigo bien; **they ~ each other** se gustan; **she is well liked** es muy querida (por todo el mundo)
-2. *(object, situation)* **she likes it** le gusta; **she likes cats** le gustan los gatos; **Dave likes cheese** a Dave le gusta el queso; **I ~ my men intelligent** a mí me gustan los hombres inteligentes; **you'd ~ it there** te gustaría (el sitio); **I don't ~ it** no me gusta; **they ~ it** les gusta; **do you ~ Italian food?** ¿te gusta la comida italiana?; **she likes reading** le gusta leer; *Fam* **~ it!** *(expressing satisfaction)* ¡qué bien *or* bueno!; **what I ~ most about the book is...** lo que más me gusta del libro es que...; **I ~ to leave before five** me gusta irme antes de las cinco; **we ~ our staff to wear suits** preferimos que nuestro personal use traje; **he doesn't ~ people to talk about it** no le gusta que la gente hable de eso; **I ~ to think my father would have agreed** me gusta pensar que mi padre habría estado de acuerdo; **I ~ to think of myself as quite an expert on the subject** me gusta pensar que soy un experto en el tema; **I didn't ~ to mention it** no quise mencionarlo; **I don't ~ to seem fussy, but...** no quiero parecer quisquilloso, pero...; **I'd ~ to see you do any better!** ¡como si tú supieras hacerlo mejor!; **how do you ~ your coffee?** ¿cómo tomas el café?; **how do you ~ my dress?** ¿te gusta mi vestido?; *Fam Ironic* **how do you ~ that!** ¡qué te parece!; *Fam Ironic* **the way he thinks because I'm a woman I should do the cleaning** me encanta, piensa que como soy mujer, tengo que hacer la limpieza; *Fam Ironic* **well, I ~ that!** ¡qué te parece?; ¡tiene gracia la cosa!; **(whether you) ~ it or not** te guste o no; *Fam* **(you can) ~ it or lump it** lo tomas o lo dejas; *Fam* **if you don't ~ it you can lump it** esto son lentejas; si quieres las tomas y si no, las dejas
-3. *(want)* querer; **what would you ~?** ¿qué quieres?, *Carib, Col, Méx* ¿qué te provoca?, *Méx* ¿qué se te antoja?; **I'd ~ the soup** quiero la sopa, *Esp* tomaré la sopa; **I'd ~ a kilo of rice** póngame *or* deme un kilo de arroz; **would you ~ a cigarette?** ¿quieres un cigarrillo?; **would you ~ me to help you?** ¿quieres que te ayude?; **I'd ~ you to come with me** me gustaría que vinieras conmigo; **would you ~ to give me a hand with this box?** me ayudas con esta caja, ¿por favor?; **I would** *or* **should very much ~ to go** me encantaría ir; **I would** *or* **should ~ to know whether...** me gustaría saber si...; **I would ~ nothing better than...** nada me gustaría más que...; **will you pass? – I would** *or* **should ~ to think so** ¿aprobarás? – creo que sí; **how would you ~ a cup of tea?** ¿quieres un té?, *Esp* ¿te apetece un té?, *Carib, Col, Méx* ¿te provoca un té?, *Méx* ¿se te antoja un té?; **how would you ~ to have to stand in the rain for an hour?** ¿te gustaría que se hicieran esperar una hora bajo la lluvia?; **he thinks he can do anything he likes** se cree que puede hacer lo que quiera; **whatever/when you ~** lo que/cuando quieras
⬦ *vi* **as much/often/many as you ~** tanto/tan a menudo/tantos(as) como quieras; **you can't always do just as you ~!** ¡no puedes hacer siempre lo que te dé la gana!; **go, if you ~** si quieres, ve; **shall we get the bus? – if you ~** ¿tomamos el

autobús? – si quieres *or* como quieras; **it is, if you ~, a kind of poetry for the masses** es, si quieres, una poesía para el gran público

-like [laɪk] *suffix* **ghost~** fantasmagórico(a); **jelly~** gelatinoso(a)

likeable, likable ['laɪkəbəl] *adj* simpático(a)

likelihood ['laɪklɪhʊd] *n* probabilidad *f*; **in all ~** con toda probabilidad; **there is every ~ of an agreement** hay muchas probabilidades para que se llegue a un acuerdo; **there is little ~ of finding it** hay pocas probabilidades de encontrarlo; **the ~ is that...** lo más probable es que...

likely ['laɪklɪ] ⬦ *adj* **-1.** *(probable)* probable; **a ~ outcome** un resultado probable; **it's not very ~** no es muy probable; **it's more than ~** es más que probable; **it's ~ to rain** es probable que llueva; **she is ~ to come** es probable venga; **are the neighbours ~ to object?** ¿se van a quejar los vecinos?; **it's not** *or* **hardly ~ to happen** no es probable que pase; **rain is ~ in the east** es probable que llueva en el este; *Ironic* **a ~ story!** ¡y yo me lo creo!
-2. *(suitable)* apropiado(a), adecuado(a); **a ~ candidate** un posible candidato; **a ~ (-looking) spot for a picnic** un lugar apropiado *or* adecuado para un picnic; **I've looked in all the ~ places** he mirado en todos los sitios donde podía estar
⬦ *adv* **very ~, most ~** muy probablemente; **they'll very ~** *or* **most ~ forget** lo más probable es que se olviden; **as ~ as not she's already home** es bastante probable que ya esté en casa; *Fam* **not ~!** ¡ni hablar!

like-minded [laɪk'maɪndɪd] *adj (having same views)* con la misma mentalidad; *(having same purpose)* de la misma opinión

liken ['laɪkən] *vt* comparar (**to** a *or* con)

likeness ['laɪknɪs] *n* **-1.** *(similarity)* parecido *m*; **a close ~** un parecido muy marcado; **family ~** parecido familiar; **God created man in his own ~** Dios creó al hombre a su imagen y semejanza **-2.** *(portrait)* retrato *m*; **it's a good ~ (of him)** guarda un gran parecido (con él)

likewise ['laɪkwaɪz] *adv (similarly)* también, asimismo; **to do ~** hacer lo mismo; **nice to meet you – ~** encantado de conocerte – lo mismo digo

liking ['laɪkɪŋ] *n* **-1.** *(affection, fondness)* **to have a ~ for sth** ser aficionado(a) a algo; **she has a ~ for expensive jewellery** le gustan *or* es muy aficionada a joyas caras; **to take a ~ to sth** tomar *or Esp* coger gusto a algo, aficionarse a algo; **to take a ~ to sb** tomar *or Esp* coger simpatía a alguien
-2. *(taste)* gusto *m*, agrado *m*; **is it to your ~?** ¿es de su gusto *or* agrado?; **it's too sweet for my ~** es demasiado dulce para mi gusto

lilac ['laɪlək] ⬦ *n* **-1.** *(tree)* lilo *m*, lila *f*; *(flower)* lila *f* **-2.** *(colour)* lila *m*
⬦ *adj* lila

Lilliputian [lɪlɪ'pjuːʃən] ⬦ *n* liliputiense *mf*
⬦ *adj* liliputiense

Lilo® ['laɪləʊ] *(pl* **Lilos***) n Br* colchoneta *f* (inflable)

lilt [lɪlt] *n (in speech)* modulación *f*, entonación *f*; *(in music)* cadencia *f*; **to speak with a Welsh ~** hablar con entonación galesa

lilting ['lɪltɪŋ] *adj* cadencioso(a)

lily ['lɪlɪ] *n* lirio *m* ⬦ **~ pad** hoja *f* de nenúfar; **~ of the valley** lirio *m* de los valles

lily-livered ['lɪlɪlɪvəd] *adj* cobarde, pusilánime

lily-white [lɪlɪ'waɪt] *adj* **-1.** *(colour)* blanco(a) como la nieve **-2.** *Fam (character)* intachable

Lima ['liːmə] *n* Lima

lima bean ['liːmə'biːn] *n Esp* judía *f* blanca (limeña), *Andes, CAm, Carib, Méx* frijol *m* blanco, *Andes, RP* poroto *m* blanco

limb [lɪm] *n* **-1.** *(of body)* miembro *m*, extremidad *f*; **several passengers suffered broken limbs** varios pasajeros tenían un brazo o una pierna rota; **to tear sb ~ from ~** descuartizar a alguien **-2.** *(of tree)* rama *f* **-3.** IDIOMS **to be out on a ~** quedarse solo *or*

limited

to go out on a ~ for sb jugársela por alguien; **I'm going out on a ~ here, but I think it was in 1928** no quisiera equivocarme, pero me parece que fue en 1928

limber ['lɪmbə(r)] *adj* flexible
◆ **limber up** *vi* hacer el calentamiento; *Fig* **they're limbering up for a fight with the unions** se están preparando para la refriega con los sindicatos

limbic system ['lɪmbɪk'sɪstəm] *n* ANAT sistema *m* límbico

limbless ['lɪmlɪs] *adj (person)* desmembrado(a), mutilado(a); *(tree)* sin ramas

limbo¹ ['lɪmbəʊ] *n* REL limbo *m*; IDIOM **to be in ~** *(person)* estar perdido(a); *(negotiations, project)* estar en el aire

limbo² *n (dance)* limbo *m* ⬦ **~ dancer** bailador(ora) *m,f* de limbo

lime¹ [laɪm] *n* **-1.** *(fruit)* lima *f*, *Méx* limón *m*; *(tree)* lima *f*, limero *m*, *Méx* limonero *m* ⬦ **~ juice** *Esp* zumo *m or Am* jugo *m* de lima; **~ green** verde *m* lima **-2.** *(linden tree)* tilo *m*

lime² *n* **-1.** CHEM cal *f* **-2.** *(bird-lime)* liga *f*
⬦ *vt* **-1.** *(soil)* abonar con cal **-2.** *(with bird-lime) (branch)* untar con liga; *(bird)* cazar *or* atrapar con liga

limeade [laɪm'eɪd] *n* = bebida hecha con zumo de lima, azúcar y agua

limekiln ['laɪmkɪln] *n* calera *f*, horno *m* de cal

limelight ['laɪmlaɪt] *n* **-1.** THEAT *Old-fashioned* luz *f* de calcio **-2.** *(glare of publicity)* **to be in the ~** estar en candelero; **to seek the ~** buscar publicidad; **to steal the ~** acaparar la atención; **to stay out of the ~** alejarse de la publicidad

limerick ['lɪmərɪk] *n* = estrofa humorística de cinco versos que riman siguiendo este orden: aabba

limestone ['laɪmstəʊn] *n* (piedra *f*) caliza *f*

limey ['laɪmɪ] *US Fam* ⬦ *n (British person)* = término peyorativo para referirse a un británico
⬦ *adj* = término peyorativo para referirse a un británico

limit ['lɪmɪt] ⬦ *n* **-1.** *(boundary, greatest extent)* límite *m*; **the eastern limits of the empire** los límites occidentales del imperio; **there's a ~ to my patience/tolerance** mi paciencia/tolerancia tiene límite; **the limits of decency** los límites de la decencia; **to know no limits** no conocer límites; **I know my limits** conozco mis límites; **the bar's off limits to servicemen** los militares tienen al acceso prohibido a este bar; **within limits** dentro de un límite; **to be stretched to the ~** *(of factory, company)* estar trabajando al límite de sus posibilidades; **our resources are stretched to the ~** nuestros recursos no dan más de sí; *Fam* **he's/that's the ~!** ¡es el colmo!
-2. *(restriction)* límite *m*; **to put** *or* **set** *or* **impose a ~ on sth** poner *or* establecer *or* imponer un límite a algo; **age/height/weight ~** límite de edad/altura/peso; *Br* **to be over the ~** *(driver)* superar el límite en el control de alcoholemia
⬦ *vt* limitar; **we're trying to ~ costs** tratamos de limitar *Esp* costes *or Am* costos; **to ~ oneself to sth** limitarse a algo; **I will ~ myself to observing that...** me limitaré a mencionar que...

limitation [lɪmɪ'teɪʃən] *n* **-1.** *(restriction, control)* limitación *f*; **arms ~ talks** negociaciones para la reducción de armamento **-2.** *(shortcoming)* limitación *f*; **we all have our limitations** todos tenemos nuestras limitaciones; **I know my limitations** conozco mis limitaciones

limited ['lɪmɪtɪd] *adj* **-1.** *(restricted)* limitado(a); **our resources are ~** nuestros recursos son limitados; **only a ~ number of players will be successful** únicamente un número reducido de jugadores tendrá éxito; **the choice was rather ~** había pocas opciones; **the play met with only ~ success** la obra no tuvo más que un éxito relativo; **to a ~ extent** en cierta medida, hasta cierto punto ⬦ **~ edition** edición *f* limitada **-2.** COM **~**

(liability) company sociedad f (de responsabilidad) limitada; **~ liability** responsabilidad f limitada **-3.** US (train) tren m semidirecto; (bus) = autobús que se detiene en un número reducido de paradas

limiting ['lɪmɪtɪŋ] adj restrictivo(a)

limitless ['lɪmɪtlɪs] adj ilimitado(a)

limo ['lɪməʊ] (pl **limos**) n Fam limusina f

limousine [lɪmə'ziːn] n limusina f

limp¹ [lɪmp] ◇ n cojera f; **to have a ~, to walk with a ~** cojear; **the accident left him with a ~** el accidente le dejó cojo, sufre una cojera por culpa del accidente
◇ vi cojear; **he limped into the room** entró cojeando en la habitación; Fig **the ship limped into harbour** la embarcación entró en el puerto trabajosamente

limp² adj **-1.** (handshake, body) lánguido(a), flojo(a); (lettuce) mustio(a); **his body went completely ~** el cuerpo le cayó flácido; **to feel ~** (person) sentirse sin fuerzas; **to be ~ with exhaustion** estar extenuado(a) **-2.** (book, binding) flexible

limpet ['lɪmpɪt] n lapa f; IDIOM **to stick** or **cling (to sth/sb) like a ~** pegarse (a algo/alguien) como una lapa ❑ MIL **~ mine** mina f lapa, mina f magnética

limpid ['lɪmpɪd] adj límpido(a), cristalino(a)

limpkin ['lɪmpkɪn] n caraú m

limply ['lɪmplɪ] adv (to hang, lie) con aire mustio, sin fuerzas; (weakly) lánguidamente, débilmente

limpness ['lɪmpnɪs] n (of handshake, bearing) languidez f; (of lettuce) aspecto m mustio

limp-wristed [lɪmp'rɪstɪd] adj Pej amariposado(a), afeminado(a)

limy ['laɪmɪ] adj (containing lime) calizo(a)

linchpin ['lɪntʃpɪn] n **-1.** TECH pezonera f **-2.** Fig (of team, policy) eje m central

Lincoln green ['lɪŋkən'griːn] n = color verde oscuro como el de la ropa que llevaba Robin Hood

Lincs [lɪŋks] (abbr **Lincolnshire**) (condado m de) Lincolnshire

linctus ['lɪŋktəs] n jarabe m para la tos

linden ['lɪndən] n **~ (tree)** tilo m

line¹ [laɪn] ◇ n **-1.** (mark, boundary) línea f; (on face) arruga f; **the painting consisted of no more than a few lines** el cuadro consistía en unas cuantas rayas nada más; US **county/state ~** la frontera del condado/estado; **the ball didn't cross the ~** la pelota no cruzó la línea; **to cross the ~** (in athletics, horseracing) cruzar la (línea de) meta; (equator) cruzar el ecuador; **to draw a ~ through sth** (delete) tachar algo; **there's a fine ~ between self-confidence and arrogance** de la confianza en uno mismo a la arrogancia hay un paso; Fig **to be on the ~** (of job, reputation) correr peligro, estar en juego; **she's putting** or **laying her life/reputation on the ~** está poniendo su vida/reputación en juego ❑ **~ drawing** dibujo m (sin sombreado); GEOG **~ of latitude** paralelo m; GEOG **~ of longitude** meridiano m

-2. (row of people or things) fila f; **they arranged the chairs in a ~** colocaron las sillas en fila; **they were standing in a ~** estaban en fila; **to fall into** or **in ~** (of troops, children) alinearse, ponerse en fila; Fig entrar en vereda; Fig **to keep sb in ~** tener a alguien controlado(a); Fig **you were out of ~ saying that** te pasaste (de la raya) al decir eso; Fig **to get out of ~** (be disobedient) saltarse las normas; Fig **to step out of ~** pasarse de la raya ❑ **~ dancing** baile m en línea, = baile al ritmo de música country en el que los participantes se colocan en hileras y dan los mismos pasos; COM **~ management** gestión f de línea; COM **~ manager** gerente mf or jefe(a) m,f de línea

-3. US (queue) fila f; **to stand in ~** hacer cola; **to cut in ~** colarse

-4. MIL línea f; **to go behind enemy lines** cruzar las líneas enemigas; Fig **a healthy diet is the first ~ of defence against heart disease** una dieta sana es la primera medida contra las afecciones cardíacas

-5. (of text) línea f; (of poem, song) verso m; **there's this really funny ~ in the movie when she says...** hay un momento muy divertido en la película, cuando ella dice...; **his character gets all the best lines** su personaje tiene los mejores diálogos; **he came out with some good lines** tuvo algunos buenos golpes; Br SCH **we were given a hundred lines** tuvimos que copiar cien veces una frase; THEAT **to learn one's lines** aprenderse el papel; THEAT **to forget one's lines** olvidarse del papel; Fig **to drop sb a ~** mandar unas líneas or escribir a alguien; Fig **to feed** or **shoot sb a ~** contarle una historieta or un rollo a alguien; Fam Fig **don't give me the ~ about being skint** no me vengas con (el cuento de) que estás pelado(a) or Esp sin blanca or Méx bruja or RP un mango; Fig **to read between the lines** leer entre líneas

-6. (rope, for washing) cuerda f; (for fishing) sedal m, RP tanza f; **to hang the washing on the ~** tender la ropa; **the lines are down** (power cables) se ha ido la luz, RP hay apagón

-7. SPORT **defensive ~** (in soccer, American football) línea de defensa; **forward ~** (in soccer) línea de ataque; **offensive ~** (in American football) línea de ataque ❑ **~ back** (in American football) line back m; **~ call** (in tennis) decisión f (respecto a si la bola ha entrado o no); **~ drive** (in baseball) línea f, linietazo m; **~ judge** (in tennis) juez mf de línea; **~ of scrimmage** (in American football) línea f de scrimmage

-8. TEL línea f; **it's a good/bad ~** te oigo bien/mal; **I'm afraid her ~ is busy at the moment** Esp lo siento, pero está comunicando en este momento, Am lo siento, la línea está ocupada en este momento; **the lines open in half an hour** las líneas entrarán en funcionamiento en media hora; **there's a Mr Jackson on the ~ for you** el Sr. Jackson al teléfono para usted; Fig **I got my lines crossed** se me cruzaron los cables ❑ **~ noise** ruido m en la línea; **~ rental** alquiler m or Méx renta f de la línea

-9. COMPTR **to be off/on ~** estar desconectado(a)/conectado(a); Fig **the new installation comes on ~ next week** la nueva instalación empieza a funcionar la semana que viene ❑ **~ break** salto m de línea; **~ feed** avance m de línea; **lines per inch** líneas fpl por pulgada; **~ noise** ruido m en la línea; **~ printer** impresora f de líneas; **~ spacing** interlineado m

-10. RAIL (track) vía f; (route) línea f; Fig **all along the ~** (from the beginning) desde el principio; Fig **somewhere along the ~** en algún momento; Fig **we need to consider what could happen down the ~** tenemos que plantearnos lo que podría pasar en el futuro; Fig **he supports us right down the ~** nos apoya totalmente

-11. (alignment) ángulo m de tiro; **to be in ~** (properly aligned) estar alineados(as); **that's in ~ with what I expected** esto corresponde a lo que me esperaba; **our salaries are in ~ with the rest of the sector** nuestros salarios son equivalentes a los del resto del sector; **our pay rise was in ~ with inflation** nuestro aumento de sueldo era acorde con la inflación; **she is in ~ for promotion** ella debería ser la siguiente en obtener un ascenso; **he is in ~ to become the first British author to win this prize** hay muchas posibilidades de que sea el primer autor británico en ganar este premio; Fig **to bring sth into ~ with sth** armonizar algo con algo; **to be off ~** (of shot) ir desviado(a); **to be on ~** (of shot) ir bien dirigido(a); Fig **to be out of ~ with sth** estar en desacuerdo con algo

-12. (direction) línea f; **a community divided along ethnic lines** una comunidad dividida según criterios étnicos; **we think along similar/different lines** pensamos de manera parecida/diferente; **along the lines of...** similar a...; **she said something along the lines that...** dijo algo del estilo de que...; **on the same lines as** en la misma línea que; **to be on the right/wrong lines** estar en el buen/mal camino ❑ **~ of argument** hilo m argumental; **~ of attack** línea f or plan m de ataque; also Fig **~ of fire** (of projectile) trayectoria f; Fig **in the ~ of fire** en el punto de mira; **~ of inquiry** línea de investigación; **~ of reasoning** razonamiento m; **~ of sight** ángulo m de mira; **~ of vision** ángulo m de mira

-13. (policy) línea f, política f; **the party ~** la línea del partido; **maybe we should try a different ~** tal vez deberíamos probar un enfoque distinto; **to take a hard** or **firm ~ with sb** tener mano dura con alguien; **they take the ~ that it is not their responsibility** adoptan la postura de decir que no es responsabilidad suya; **the ~ of least resistance** el camino más corto or fácil

-14. MUS (part) **I like the guitar ~** me gusta la guitarra

-15. (succession) línea f; **male/female ~** línea paterna/materna; **this is the latest in a long ~ of gaffes** esta es la última de una larga serie de meteduras de pata; **in (a) direct ~** por línea directa; **he is first in ~ to the throne** es el primero en la línea de sucesión al trono; **Thomson is next in ~ for this job** Thomson es el siguiente para este trabajo

-16. (job, interest) especialidad f; **what ~ (of work) are you in?** ¿a qué te dedicas?; **you don't get many women in this ~ of business** en este negocio no hay muchas mujeres; **killed in the ~ of duty** muerto en el cumplimiento de su deber; Fig **outdoor sports are more (in) my ~** a mí me van más los deportes al aire libre

-17. COM (of goods) línea f; **they do a very good ~ in sofas** tienen una línea de sofás muy buena; Fig **she has a good ~ in witty ripostes** tiene un buen repertorio de salidas ingeniosas

-18. (company) **shipping ~** líneas marítimas

-19. US FIN **~ of credit** línea f de crédito, descubierto m permitido

-20. Fam (information) **have we got a ~ on him?** ¿sabemos algo sobre él?

-21. Fam (of cocaine) raya f, línea f

-22. lines (appearance, design) línea f

◇ vt **-1.** (border) bordear; **the crowd lined the street** la muchedumbre bordeaba la calle; **the river was lined with willows** había una hilera de sauces en cada orilla del río

-2. (mark with lines) **a face lined with worry** una cara llena de arrugas provocadas por la preocupación

◆ **line up** ◇ vt sep **-1.** (form into a line) alinear, poner en fila; Fam **~ them up!** (drinks) ¡que sean varios!

-2. (align) disponer en fila; **to ~ up a shot** apuntar

-3. (prepare) **have you got anyone lined up for the job?** ¿tienes algún candidato firme or a alguien pensado para el trabajo?; **have you got anything lined up for this evening?** ¿tienes algo pensado para esta noche?; **I've got a meeting lined up for Tuesday** el martes tengo una reunión; **we've lined up some very distinguished guests for you** les vamos a traer a unos invitados muy distinguidos

◇ vi **-1.** (form a line) alinearse; **~ up, children!** ¡niños, poneos en fila!; **several senior politicians lined up behind him** (supported him) varios políticos importantes le dieron su apoyo

-2. (start match) jugar; **to ~ up against sb** (in race) enfrentarse a alguien

line² vt **-1.** (provide with lining) (clothes, curtains, drawer) forrar; **the bird lines its nest with feathers** el ave recubre el nido de plumas; IDIOM **to ~ one's pockets** forrarse **-2.** (cover) recubrir; **the nose is lined with mucus** el interior de la nariz está recubierto de mucosidad; **the walls were lined with books** había hileras de libros en las paredes

lineage¹ ['lɪnɪɪdʒ] *n (ancestry)* linaje *m*

lineage² ['laɪnɪdʒ] *n (for newspaper ad, article)* número *m* de líneas

lineal ['lɪnɪəl] *adj (descent)* por línea directa

lineaments ['lɪnɪəmənts] *npl Literary* particularidades *fpl*

linear ['lɪnɪə(r)] *adj* lineal ❏ PHYS ~ **accelerator** acelerador *m* lineal; MATH ~ **equation** ecuación *f* lineal; ART ~ **perspective** perspectiva *f* lineal; COMPTR ~ **programming** programación *f* lineal

linebacker ['laɪnbækə(r)] *n (in American football)* apoyador(ora) *m,f*, linebacker *mf*

lined [laɪnd] *adj* **-1.** *(paper)* rayado(a), con rayas **-2.** *(face)* arrugado(a) **-3.** *(clothes, curtains, drawer)* forrado(a) (**with** de *or* con)

lineman ['laɪnmən] *n US* **-1.** *(in American football)* lineman *m*, = jugador que se sitúa en la línea de "scrimmage" al inicio de cada "down" **-2.** ELEC & TEL = técnico en instalación y mantenimiento de tendidos eléctricos y líneas telefónicas

linen ['lɪnɪn] *n* **-1.** *(fabric)* lino *m*; **a ~ tablecloth/sheet** un mantel/una sábana de lino **-2.** *(clothes)* ropa *f* blanca, lencería *f* ❏ ~ **basket** cesto *m* de la ropa sucia; *US* ~ **closet** armario *m* de la ropa blanca; ~ **cupboard** armario *m* de la ropa blanca; ~ **room** *(in hospital, hotel)* lencería *f*

line-out ['laɪnaʊt] *n (in rugby)* touche *f*, lanzamiento *m* de lateral

liner ['laɪnə(r)] *n* **-1.** *(ship)* transatlántico *m* **-2.** *(eyeliner)* lápiz *m* de ojos **-3.** *US* ~ **notes** texto *m* de la carátula

linesman ['laɪnzmən] *n* **-1.** *(in sport)* juez *m* de línea, linier *m* **-2.** ELEC & TEL = técnico en instalación y mantenimiento de tendidos eléctricos y líneas telefónicas

line-up ['laɪnʌp] *n* **-1.** *(of team)* alineación *f*; *(of band)* formación *f*; **we have an all-star ~ for tonight's programme** tenemos unos invitados de lujo en el programa de esta noche **-2.** *(of police suspects)* rueda *f* de reconocimiento *or* identificación

ling [lɪŋ] *n* **-1.** *(fish) (saltwater)* maruca *f*; *(freshwater)* lota *f* **-2.** *(heather)* brezo *m*

linger ['lɪŋɡə(r)] *vi* **-1.** *(custom, memory, smell)* perdurar, persistir; **a doubt lingered (on) in my mind** la duda perduró en mi memoria **-2.** *(person)* entretenerse; **they lingered over their coffee** se entretuvieron tomando el café; **her gaze lingered on the painting** su mirada se demoró en el cuadro; **to ~ behind** rezagarse **-3.** *(stay alive)* **she might ~ on for years yet** puede que subsista durante muchos años

lingerie ['lɔːnʒərɪ] *n* lencería *f* (fina), ropa *f* interior femenina

lingering ['lɪŋɡərɪŋ] *adj* **-1.** *(persistent)* ~ **fears** un resto de temor; ~ **hopes** un poso de esperanza; **there are still some ~ doubts** quedan aún algunas dudas que despejar, aún persiste un resto de duda **-2.** *(prolonged) (look, embrace, kiss)* prolongado(a); **a ~ illness** una larga *or* prolongada enfermedad; **she died a ~ death** tuvo una muerte lenta

lingo ['lɪŋɡəʊ] *n Fam* **-1.** *(language)* idioma *m* **-2.** *(jargon)* jerga *f*

lingua franca ['lɪŋɡwə'fræŋkə] *n* lengua *f or* lingua *f* franca

linguini [lɪŋ'ɡwiːnɪ] *n* linguinis *mpl*, linguini *mpl*

linguist ['lɪŋɡwɪst] *n* **-1.** *(specialist in linguistics)* lingüista *mf* **-2.** *(who speaks foreign languages)* persona *f* con idiomas; *(student)* filólogo(a) *m,f*; **to be a good ~** hablar idiomas

linguistic [lɪŋ'ɡwɪstɪk] *adj* lingüístico(a); **he had no ~ ability** no tiene aptitud para los idiomas ❏ ~ **atlas** atlas *m inv* lingüístico

linguistically [lɪŋ'ɡwɪstɪklɪ] *adv* desde el punto de vista lingüístico, lingüísticamente (hablando); ~ **gifted** dotado(a) para los idiomas

linguistics [lɪŋ'ɡwɪstɪks] *n* lingüística *f*

liniment ['lɪnɪmənt] *n* linimento *m*

lining ['laɪnɪŋ] *n (of clothes, curtains)* forro *m*; *(of drawers)* papel *m* de forro; *(of brakes)* revestimiento *m*; *(of stomach)* pared *f*

link [lɪŋk] ◇ *n* **-1.** *(of chain)* eslabón *m*; *Fig* **the weak ~** *(in argument, team)* el punto débil **-2.** *(connection)* conexión *f*, nexo *m* (**between/with** entre/con); *(between countries, people)* relación *f*; **the ~ between inflation and unemployment** la conexión entre la inflación y el desempleo; **she has severed all links with her family** ha roto la relación con su familia; **Britain's trade links with Spain** las relaciones comerciales del Reino Unido con España ❏ *Br* TV & RAD ~ **man** presentador *m*
-3. *(road, railway line)* enlace *m*
-4. COMPTR enlace *m*, vínculo *m* (**to** a)
-5. *(cufflink)* gemelo *m*
-6. SPORT **links** campo *m* de golf *(cerca del mar)*
-7. *(measure of length)* = medida equivalente a 7,92 pulgadas o 20 centímetros
◇ *vt* **-1.** *(relate) (facts, events, situations)* relacionar; **the two crimes are linked** ambos crímenes están relacionados; **she has been linked to** *or* **with the mafia** se la ha asociado con la mafia; **wages are linked to the cost of living** los sueldos suben paralelamente al coste *or Esp* coste de la vida **-2.** *(connect physically) (places)* comunicar; *(computers, radio stations)* conectar; **to ~ arms** tomarse *or Esp* cogerse del brazo; **to ~ hands** enlazar las manos

◆ **link up** ◇ *vt sep* COMPTR conectar (**to** a)
◇ *vi* **-1.** *(roads, travellers)* encontrarse (**with** con); *(spacecraft)* ensamblarse, acoplarse; *(troops)* encontrarse, reunirse **-2.** *(form a partnership)* asociarse (**with** con) **-3.** *(be connected)* conectarse (**with** con)

linkage ['lɪŋkɪdʒ] *n* **-1.** *(connection)* conexión *f* **-2.** POL vinculación *f* política

link-up ['lɪŋkʌp] *n* **-1.** *(of spacecraft)* acoplamiento *m*; *(of troops)* encuentro *m* **-2.** *(connection, partnership)* asociación *f*, acuerdo *m* comercial **-3.** TEL conexión *f*; **a satellite ~** una conexión vía satélite

linnet ['lɪnɪt] *n* pardillo *m*

lino ['laɪnəʊ] *n Fam* linóleo *m* ❏ ~ **tile** loseta *f* de linóleo

linocut ['laɪnəʊkʌt] *n (design)* grabado *m* sobre linóleo; *(print)* lámina *f* de linóleo

linoleum [lɪ'nəʊlɪəm] *n* linóleo *m*

Linotype® ['laɪnəʊtaɪp] *n* **-1.** *(machine, process)* linotipia *f* **-2.** *(type)* línea *f* bloque

linseed ['lɪnsiːd] *n* linaza *f* ❏ ~ **oil** aceite *m* de linaza

lint [lɪnt] *n* **-1.** *(for wounds)* hilas *fpl* **-2.** *(fluff)* pelusa *f*

lintel ['lɪntəl] *n* dintel *m*

lion ['laɪən] *n* **-1.** *(animal)* león *m*; **to feed** *or* **throw sb to the lions** echar a alguien a los leones; IDIOM **the ~'s share** la mejor parte ❏ ~ **cub** cachorro *m* de león; ~ **tamer** domador(ora) *m,f* de leones **-2.** *(courageous person)* jabato(a) *m,f* **-3.** *(celebrity)* gran figura *f*; **a literary ~** una gran figura literaria

lioness ['laɪənes] *n* leona *f*

lionheart ['laɪənhɑːt] *n* HIST **(Richard) the Lionheart** (Ricardo) Corazón de León

lion-hearted ['laɪənhɑːtɪd] *adj* valeroso(a), valiente

lionize ['laɪənaɪz] *vt (treat as celebrity)* encumbrar

lip [lɪp] *n* **-1.** *(of mouth)* labio *m* ❏ ~ **balm** protector *m* labial, *Esp* cacao *m*; ~ **gloss** brillo *m* de labios; *esp Br* ~ **salve** protector *m* labial, *Esp* cacao *m*
-2. *(of cup, glass, crater)* borde *m*; *(of jug)* pico *m*
-3. *Fam (impudence)* **less** *or* **enough of your ~!** ¡no seas impertinente!
-4. IDIOMS **my lips are sealed** no diré ni mu *or* ni pío; **her name is on everyone's lips** su nombre está en boca de todos; **to read sb's lips** leer los labios a alguien; *Fam* **read my lips** *(believe what I say)* haz caso de lo que digo; **the government is only paying ~ service to fighting crime** el gobierno dice luchar contra la delincuencia, el gobierno sólo lucha contra la delincuencia de boquilla

◆ **lip off** *vi US Fam (be rude)* ser un(a) malhablado(a); *(boast)* fanfarronear, *Esp* tirarse el moco; *(complain)* lloriquear

lipid ['lɪpɪd] *n* BIOCHEM lípido *m*

liposuction ['lɪpəʊsʌkʃən] *n* liposucción *f*

-lipped [lɪpt] *suffix* **thin/full~** de labios finos/gruesos

lippy ['lɪpɪ] *Fam* ◇ *n Br (lipstick)* pintalabios *m inv*, *Esp* carmín *m*, *Méx* bilet *m*
◇ *adj (cheeky)* fresco(a), *Esp* chulo(a)

lip-read ['lɪpriːd] *vi* leer los labios

lip-reader ['lɪpriːdə(r)] *n* persona *f* que lee los labios

lip-smacking ['lɪpsmækɪŋ] *adj Fam* riquísimo(a)

lipstick ['lɪpstɪk] *n* **-1.** *(substance)* carmín *m*, pintalabios *m inv*; **I never wear ~** nunca me pinto los labios ❏ *Fam* ~ **lesbian** lesbiana *f* sofisticada **-2.** *(stick)* lápiz *m or Esp* barra *f* de labios, *CSur* lápiz *m* rouge, *Méx* bilet *m*

lip-sync(h) ['lɪpsɪŋk] *vi* hacer play-back

liquefied ['lɪkwɪfaɪd] *adj* ~ **natural gas** gas *m* natural licuado; ~ **petroleum gas** gas *m* licuado de petróleo

liquefy ['lɪkwɪfaɪ] ◇ *vt* licuar
◇ *vi* licuarse

liqueur [lɪ'kjʊə(r)] *n* **-1.** *(drink)* licor *m* ❏ ~ **glass** copa *f* de licor **-2.** *(sweet)* ~ **(chocolate)** bombón *m* relleno de licor

liquid ['lɪkwɪd] ◇ *n* **-1.** *(fluid)* líquido *m* **-2.** LING *(consonant)* líquida *f*
◇ *adj* **-1.** *(fluid)* líquido(a) ❏ ~ **crystal display** pantalla *f* de cristal líquido; *Fam Hum* ~ **lunch: we had a ~ lunch** almorzamos a base de alcohol; ~ **oxygen** oxígeno *m* líquido; ~ **paper®** película *f* correctora; ~ **paraffin** aceite *m* de parafina **-2.** FIN líquido(a) ❏ ~ **assets** activo *m* líquido *or* disponible **-3.** *(clear) (eyes, sound)* cristalino(a) **-4.** LING *(consonant)* líquido(a)

liquidate ['lɪkwɪdeɪt] *vt* **-1.** FIN liquidar **-2.** *Euph (kill)* liquidar

liquidation [lɪkwɪ'deɪʃən] *n* **-1.** FIN liquidación *f*; **to go into ~** *(of company)* ir a la quiebra **-2.** *Euph (killing)* asesinato *m*, liquidación *f*

liquidator ['lɪkwɪdeɪtə(r)] *n* FIN liquidador(ora) *m,f*

liquidity [lɪ'kwɪdɪtɪ] *n* FIN liquidez *f* ❏ ~ **ratio** coeficiente *m or* ratio *m or f* de liquidez

liquidize ['lɪkwɪdaɪz] *vt* licuar

liquidizer ['lɪkwɪdaɪzə(r)] *n Br Esp* batidora *f*, *Am* licuadora *f*

liquor ['lɪkə(r)] *n* **-1.** *US (alcohol) US* bebida *f* alcohólica, alcohol *m* ❏ ~ **store** tienda *f* de bebidas alcohólicas **-2.** CULIN caldo *m*

◆ **liquor up** *vt sep US Fam* **to get liquored up** agarrarse una curda, *Méx* ponerse una peda

liquorice, *US* **licorice** ['lɪkərɪʃ] *n* regaliz *m* ❏ ~ **allsorts** surtido *m* de caramelos de regaliz; ~ **root** regaliz *m*, *Am* palo *m* dulce

lira ['lɪərə] *(pl* **lire** ['lɪərə]*) n Formerly* lira *f*

Lisbon ['lɪzbən] *n* Lisboa

lisle [laɪl] *n (fine thread)* = hilo muy fino de algodón

lisp [lɪsp] ◇ *n* ceceo *m*; **to have a ~, to speak with a ~** cecear
◇ *vt* decir ceceando
◇ *vi* cecear

lissom, lissome ['lɪsəm] *adj Literary (shape, body, movement)* grácil

list¹ [lɪst] ◇ *n* **-1.** *(of items)* lista *f*; **to make out** *or* **draw up a ~** hacer *or* confeccionar una lista; **it's not high on my ~ of priorities** no es una de mis prioridades ❏ ~ **price** *(in catalogue)* precio *m* de catálogo
-2. *(of publisher)* catálogo *m*
-3. COMPTR ~ **server** servidor *m* de listas
-4. IDIOMS **it's at the top of my ~** es lo primero que tengo en mente hacer; **to enter the lists (for/against sb)** entrar en liza (a favor de/en contra de alguien)
◇ *vt* **-1.** *(write down)* hacer una lista con *or*

list

de; *(say out loud)* enumerar; **he listed his demands** enumeró sus exigencias; **his phone number isn't listed in the directory** su número de teléfono no aparece *or* figura en la guía *or Am* en el directorio
-2. *(classify, order)* ordenar, clasificar; **they are listed by family name** están ordenados *or* clasificados por apellido; **to ~ names in alphabetical order** poner nombres en orden alfabético; **it was officially listed as suicide** oficialmente lo catalogaron como suicidio
-3. *(price)* **what are the new laptops listed at?** ¿a qué precio están los nuevos portátiles?
-4. COMPTR listar
◇ *vi US* **this car lists (at** *or* **for) $10,000** este automóvil vale 10.000 dólares

list² NAUT ◇ *n* escora *f*
◇ *vi (ship)* escorarse

listed ['lɪstɪd] *adj* incluido(a) en lista ❑ ARCHIT *Br* **~ building** edificio *m* de interés histórico-artístico; COM **~ company** empresa *f* con cotización en bolsa; ST EXCH **~ securities** valores *mpl* admitidos a cotización en bolsa

listen ['lɪsən] ◇ *n* **to have a ~ to sth, to give sth a ~** escuchar algo
◇ *vi* **-1.** *(try to hear)* escuchar; **to ~ to sth/sb** escuchar algo/a alguien; **she listened to the rain falling outside** escuchaba cómo caía la lluvia fuera; **to ~ with half an ear** medio escuchar
-2. *(pay attention, follow advice)* **to ~ to sb** hacer caso a alguien; **if only I'd listened to my mother!** ¡si hubiera hecho caso a mi madre!; **he wouldn't ~** no hizo (ningún) caso; **you're not listening to a word I'm saying!** ¡no me estás escuchando!; **to ~ to reason** atender a razones; **~, I think this is a mistake** mira, me parece que esto es un malentendido

◆ **listen for** *vt insep* estar pendiente de; **to ~ (out) for the postman/doctor** estar pendiente del cartero/médico; **she tapped on the wall, listening for a hollow sound** dio golpecitos en la pared, a la escucha de un sonido hueco

◆ **listen in** *vi* escuchar; **~ in tomorrow at the same time** escúchenos mañana a la misma hora; **to ~ in on** *or* **to sth** escuchar algo; **it's rude to ~ in on other people's conversations** es de mala educación escuchar las conversaciones de otras personas

◆ **listen out for** = listen for

◆ **listen up** *vi US Fam* **~ up!** ¡escuchad!

listener ['lɪsnə(r)] *n* **-1. to be a good ~** saber escuchar **-2.** *(to radio programme)* oyente *mf*

listening ['lɪsnɪŋ] *n* **(comprehension)** comprensión *f* auditiva ❑ **~ device** dispositivo *m* de escucha; **~ post** MIL puesto *m* de escucha; *(in music store)* puesto *m* de escucha

listeria [lɪ'stɪərɪə] *n (bacteria)* listeria *f*; *(illness)* listeriosis *f inv*

listeriosis [lɪstɪərɪ'əʊsɪs] *n* MED listeriosis *f inv*

listing ['lɪstɪŋ] *n* **-1.** *(list)* listado *m*, lista *f*; *(entry on a list)* entrada *f*; **do you have a ~ for N. Molesworth?** *(in phone book)* ¿aparece N. Molesworth en la guía *or Am* el directorio?
-2. listings *(in newspaper)* cartelera *f*; **listings magazine** = guía de espectáculos y ocio

listless ['lɪstlɪs] *adj (lacking energy)* desfallecido(a), cansino(a); *(lacking enthusiasm)* desanimado(a), apático(a)

listlessly ['lɪstlɪslɪ] *adv (without energy)* cansinamente, lánguidamente; *(without enthusiasm)* apáticamente

listlessness ['lɪstlɪsnɪs] *n (lack of energy)* desfallecimiento *m*, falta *f* de fuerzas; *(lack of enthusiasm)* desánimo *m*, apatía *f*

lit [lɪt] ◇ *pt & pp of* **light**
◇ *adj* **-1.** *(illuminated)* iluminado(a); **the room is well/badly ~** la habitación está bien/mal iluminada **-2.** *US Fam (drunk)* piripi
◇ *n Fam* **she teaches English ~** da clases *or* enseña literatura inglesa

litany ['lɪtənɪ] *n* **-1.** REL letanía **-2.** *(of complaints)* letanía *f*

lit crit [lɪt'krɪt] *n Fam* crítica *f* literaria

litchi *US* = lychee

lite [laɪt] *adj (low-calorie)* light *inv*, bajo(a) en calorías

liter *US* = litre

literacy ['lɪtərəsɪ] *n* alfabetización *f*; **adult ~** alfabetización de adultos; **the work requires a high degree of ~** el trabajo requiere un gran dominio lingüístico elevado ❑ **~ campaign** campaña *f* de alfabetización; **~ rate** índice *m* de alfabetización

literal ['lɪtərəl] ◇ *adj (translation, sense)* literal; **to take sth in a ~ sense** tomar algo al pie de la letra; **don't be so ~!** ¡échale un poco de imaginación!
◇ *n* TYP errata *f*

literalist ['lɪtərəlɪst] *n* **-1.** *(unimaginative person)* **to be a ~** tomarse las cosas al pie de la letra **-2.** *Pej (in art, film, literature)* realista *mf*

literally ['lɪtərəlɪ] *adv* **-1.** *(not figuratively)* literalmente; **to translate sth ~** traducir algo literalmente; **to take sth ~** tomar algo al pie de la letra; **he was ~ bleeding to death** se estaba desangrando vivo; **it was ~ this big!** ¡era sin exagerar así de grande! **-2.** *Fam (in exaggeration)* **she ~ flew down the stairs** bajó las escaleras volando; **he ~ blew up with rage** se puso hecho una furia

literal-minded ['lɪtərəl'maɪndɪd] *adj* poco imaginativo(a)

literary ['lɪtərərɪ] *adj (language, style)* literario(a); **a ~ man** un hombre de letras ❑ **~ agent** agente *mf* literario(a); **~ critic** crítico(a) *m,f* literario(a); **~ criticism** crítica *f* literaria

literate ['lɪtərɪt] *adj* **-1. to be ~** *(able to read and write)* saber leer y escribir **-2.** *(style)* culto(a) **-3.** *(educated)* culto(a), instruido(a)

literati [lɪtə'rɑːtɪ] *npl Formal* literatos *mpl*, gente *f* de las letras

literature ['lɪtərɪtʃə(r)] *n* **-1.** *(fiction, poetry)* literatura *f*; **Spanish ~** literatura española **-2.** *(of academic subject)* bibliografía *f* **-3.** COM *(leaflets)* folletos *mpl*

lithe [laɪð] *adj* ágil

lithiasis [lɪ'θaɪəsɪs] *n* MED litiasis *f*

lithium ['lɪθɪəm] *n* CHEM litio *m*

lithograph ['lɪθəgræf] ◇ *n* litografía *f*
◇ *vt* litografiar

lithographic [lɪθə'græfɪk] *adj* litográfico(a)

lithography [lɪ'θɒgrəfɪ] *n* litografía *f*

lithosphere ['lɪθəsfɪə(r)] *n* GEOL litosfera *f*

Lithuania [lɪθjʊ'eɪnɪə] *n* Lituania

Lithuanian [lɪθjʊ'eɪnɪən] ◇ *n* **-1.** *(person)* lituano(a) *m,f* **-2.** *(language)* lituano *m*
◇ *adj* lituano(a)

litigant ['lɪtɪgənt] *n* LAW litigante *mf*, pleiteante *mf*

litigate ['lɪtɪgeɪt] *vi* LAW litigar, pleitear

litigator ['lɪtɪgeɪtə(r)] *n* LAW **-1.** *(lawyer)* abogado(a) *m,f* litigante **-2.** *(plaintiff, defendant)* litigante *mf*

litigation [lɪtɪ'geɪʃən] *n* LAW litigio *m*, pleito *m*

litigious [lɪ'tɪdʒəs] *adj Formal* litigante, litigioso(a); **a ~ person** una persona siempre metida en pleitos

litmus ['lɪtməs] *n* **~ paper** papel *m* de tornasol; *Fig* **~ test** prueba *f* definitiva

litotes ['laɪtəʊtiːz] *(pl* **litotes)** *n* LIT lítote *f*, lítotes *f inv*

litre, *US* **liter** ['liːtə(r)] *n* litro *m*

litter ['lɪtə(r)] ◇ *n* **-1.** *(rubbish)* basura *f*; **no ~** *(sign)* no tirar basura; **his desk was covered in a ~ of papers** tenía la mesa a rebosar de papeles revueltos ❑ *Br* **~ bin** cubo *m* de basura; *Fam* **~ lout** = persona que arroja desperdicios en la vía pública; **don't be a ~ lout** no tires la basura al suelo
-2. *(of animal)* camada *f*
-3. *(for cat)* arena *f* absorbente ❑ **~ tray** cama *or* bandeja *f* para la arena del gato
-4. AGR *(of straw, hay)* *(to bed animals)* lecho *m* de paja
-5. *(for carrying wounded)* camilla *f*
-6. HIST *(conveyance)* litera *f*
◇ *vt* **-1.** *(cover with litter)* **don't ~ the streets** no tires basura a la calle

-2. *(cover, strew)* **clothes littered the room, the room was littered with clothes** había ropa tirada por todas partes en la habitación; **don't ~ the table (up) with your tools** no me llenes la mesa de herramientas; **her works are littered with allusions to the classics** sus obras están repletas de referencias a los clásicos; **his life is littered with failed love affairs** su vida está repleta de fracasos amorosos
◇ *vi* **-1.** *(give birth)* parir **-2.** *US (with rubbish)* **no littering** *(sign)* no tirar basura

litterbug ['lɪtəbʌg] *n Fam* = persona que arroja desperdicios en la vía pública; **don't be a ~** no tires la basura al suelo

little ['lɪtəl] ◇ *n* poco *m*; **~ of the castle remains** quedan pocos restos del castillo; **there is ~ to be gained from such a policy** una política así no va a beneficiarnos mucho; **to eat ~ or nothing** apenas comer; **a ~** un poco; **a ~ hot/slow** un poco caliente/lento(a); **a ~ more** un poco más, algo más; **a ~ over half the participants** algo más de la mitad de los participantes; **she ate as ~ as possible** comió lo mínimo (indispensable); **for as ~ as $50** por sólo 50 dólares; **every ~ helps** todo cuenta aunque sea poco, cualquier cantidad sirve; **there's precious ~ to be pleased about** hay muy pocos motivos para sentirse satisfecho; **he knows very ~** no sabe casi nada; **I see very ~ of her** apenas la veo; **they took what ~ we had, they took the ~ that we had** se llevaron lo poco que teníamos; **~ by ~** poco a poco; **to be too ~ too late** llegar mal y tarde

◇ *adj* **-1.** *(small)* pequeño(a), *esp Am* chico(a); **a ~ girl** una niña pequeña *or esp Am* chica; **a ~ house** una casita; **a ~ bit** un poco; **we still have a ~ way to go** todavía nos queda un poco para llegar; **wait a ~ while!** ¡espera un poco!; **a ~ while ago** hace poco; **could I have a ~ word with you?** ¿puedo hablar contigo un momento?; **you need to try just that ~ bit harder** tienes que esforzarte un poquito más; **I've brought a ~ something to say thanks** he traído una cosilla para darte las gracias, *RP* te traje una pavadita como agradecimiento; *Ironic* **they owe me the ~ sum of £50,000** me deben la módica suma de 50.000 libras; *Fig* **how do you know? – a ~ bird told me** ¿cómo lo sabes? – me lo dijo un pajarito; PROV **~ things amuse ~ minds** todos los tontos se ríen de las mismas tonterías ❑ **Little Bear** Osa *f* Menor; **~ bittern** avetorillo *m*; **~ egret** garceta *f*; *Br* AUT **~ end** pie *m* de biela; **~ Englander** = inglés patriota y xenófobo; **~ finger** (dedo *m*) meñique *m*; IDIOM **to twist sb round one's ~ finger** hacer de alguien una marioneta; **~ grebe** zampullín *m* chico; *Hum* **~ green men** marcianitos *mpl*; **~ gull** gaviota *f* enana; **~ owl** mochuelo *m*; **~ penguin** pingüino *m* enano; **the ~ people** *(fairies)* las hadas; **~ slam** *(in bridge)* pequeño slam *m*; **~ swift** vencejo *m* moro; **~ tern** charrancito *m*; **~ toe** meñique *m* del pie

-2. *(young)* pequeño(a), *esp Am* chico(a); **when I was ~** cuando era pequeño *or esp Am* chico(a); **my ~ brother/sister** mi hermano pequeño *or Am* chico/hermana pequeña *or Am* chica; **they have a ~ boy/girl** tienen un hijo pequeño *or Am* chico/una hija pequeña *or Am* chica; **the ~ ones** *(children)* los niños, *esp Am* los nenes ❑ **Little League** *(in baseball)* = liga de béisbol infantil celebrada durante el verano y patrocinada por empresas

-3. *(for emphasis) Fam* **a ~ old man/lady** un viejecito/una viejecita, un viejito/una viejita; **what a strange ~ man!** ¡qué hombre tan raro!; **a lovely ~ house** una casita preciosa; **the poor ~ thing!** ¡pobrecillo!, ¡pobrecito!; **that child is a ~ terror!** ¡ese niño es un diablillo!; **it might take a ~ while** puede que tarde un rato, *Am* puede llegar a demorar un rato

littoral

-4. (*comparative* **less**, *superlative* **least**) (*not much*) poco(a); **a ~ money/luck** un poco de dinero/suerte; **we had too ~ money** no teníamos suficiente dinero; **there is ~ hope/doubt...** quedan pocas esperanzas/ dudas...; **it makes ~ sense** no tiene mucho sentido; **they have ~ or no chance** prácticamente no tienen posibilidades, *Esp* no tienen apenas posibilidades; **~ wonder she was upset!** ¡no me extraña que estuviera disgustada!; **they took what ~** *or* **the ~ money we had** se llevaron el poco dinero que teníamos
◇ *adv* (*comparative* **less** *superlative* **least**) poco; **~ known** poco conocido; **the theory is ~ understood** pocos entienden realmente la teoría; **a ~** un poco; **I was more than a ~** *or* **not a ~ annoyed** estaba bastante *esp Esp* enfadado *or esp Am* enojado; **~ did we know that...** no nos imaginábamos que..., no teníamos ni idea de que...; **~ did I think that...** poco me podía imaginar que...; **you're ~ better than they are** tú no eres mucho mejor que ellos; **~ more than an hour ago** hace poco más de una hora; **that's ~ short of bribery** eso es poco menos que un soborno; **we let her in, ~ though we wanted to** la dejamos entrar, aunque no por gusto; **to make ~ of sth** no dar importancia a algo; **to think ~ of sth/sb** no tener muy buen concepto de algo/alguien

littoral ['lɪtərəl] GEOG ◇ *n* litoral *m*
◇ *adj* litoral *m*

liturgical [lɪ'tɜːdʒɪkəl] *adj* REL litúrgico(a)

liturgy ['lɪtədʒɪ] *n* REL liturgia *f*

livable = **liveable**

live[1] [laɪv] ◇ *adj* -1. (*person, animal*) vivo(a); *Fam* **a real ~ film star** un estrella de carne y hueso; **a ~ issue** un tema candente; *US Fam* **a ~ one** un(a) ingenuo(a) *or Esp* memo(a) -2. (*TV, radio broadcast*) en directo; **recorded before a ~ audience** grabado(a) con público en directo; **a ~ performance** una actuación en vivo ❑ COMPTR **~ cam** webcam *f* -3. (*ammunition*) (*unused*) sin utilizar; (*not blank*) real -4. ELEC **~ wire** cable *m* con corriente; *Fig* **she's a ~ wire** rebosa energía
◇ *adv* (*to broadcast, perform*) en directo

live[2] [lɪv] ◇ *vt* vivir; **to ~ a happy/long life** vivir una vida feliz/larga; **to ~ a life of depravity** llevar una vida depravada; **to ~ a lie** vivir en la mentira; **to ~ life to the full** vivir la vida al máximo; **I want to ~ my own life** quiero vivir mi vida; **she lived the life of a movie star for six years** vivió como una estrella de cine durante seis años; **I lived every moment of the match** realmente viví cada minuto de ese partido; **to ~ and breathe sth** vivir por y para algo
◇ *vi* -1. (*be or stay alive*) vivir; **they don't think she will ~** no creen que viva; **I've been given a year to ~** me han dado un año de vida; **the greatest pianist that ever lived** el mejor pianista de todos los tiempos; **to ~ for a hundred years** vivir cien años; **he lived to the age of ninety** vivió hasta los noventa años; **if I ~ to be a hundred, I'll still never understand** aunque viva cien años, nunca lo entenderé; **I hope I will ~ to see humankind set foot on Mars** espero llegar a ver la llegada del hombre a Marte; **you may ~ to regret that decision** puede que al final te arrepientas de esa decisión; **as long as I ~** mientras viva; *Fam* **are you all right? – I'll ~** ¿estás bien? – sobreviviré; **Elvis lives!** ¡Elvis está vivo!; **~ and let ~** vive y deja vivir; **you ~ and learn** ¡vivir para ver!; **you only ~ once** sólo se vive una vez; *Fig* **to ~ to fight another day** sobrevivir para volver a luchar; *Fig* **I lived to tell the tale** viví para contarlo
-2. (*have a specified way of life*) vivir; **we ~ in fear of our lives** vivimos con el temor de morir; **to ~ in the past** vivir en el pasado; **to ~ in poverty/luxury** vivir en la pobreza/el lujo; **they all lived happily ever after** vivieron felices y comieron perdices;

Old-fashioned or Hum **to ~ in sin** vivir en pecado; **to ~ like a king** *or* **lord** vivir a cuerpo de rey, vivir como un señor
-3. (*experience life*) **I want to ~ a little** quiero disfrutar un poco de la vida; **you haven't lived until you've been to San Francisco** si no has visto San Francisco no has visto nada
-4. (*reside*) vivir; **where does she ~?** ¿dónde vive?; **I ~ in** *or* **on Bank Street** vivo en Bank Street; **the giant tortoise lives mainly in the Galapagos** la tortuga gigante habita principalmente en las Islas Galápagos; **he practically lives in the library** prácticamente vive en la biblioteca; *Fam* **where does this saucepan ~?** ¿dónde va esta cacerola?

● **live by** *vt insep* **she lives by her writing** vive de lo que escribe; **he lived by the sword and died by the sword** la espada lo acompañó durante su vida y finalmente le dio la muerte; **to ~ by one's principles** ser un hombre/una mujer de principios; **she lived by her wits** vivió de su ingenio

● **live down** *vt sep* (*mistake, one's past*) relegar al olvido, enterrar; **I'll never ~ it down** nunca lograré que se olvide

● **live for** *vt insep* **there's nothing left to ~ for** no quedan razones para vivir; **to ~ for one's work** vivir para el trabajo; **I ~ for the day when...** vivo esperando el día en que...; **to ~ for the day** *or* **moment** vivir el presente

● **live in** *vi* (*housekeeper, pupil*) estar interno(a)

● **live off** *vt insep* (*depend on*) vivir de; **to ~ off the land** vivir de la tierra; **to ~ off the state** vivir del dinero del estado

● **live on** ◇ *vt insep* (*depend on*) vivir de; **she lives on chocolate** no come más que chocolate; **I ~ on $150 a week** vivo con 150 dólares a la semana; **it's not enough to ~ on** no da para vivir; **she's living on her wits** vive de su ingenio
◇ *vi* (*continue to live*) (*person*) sobrevivir, vivir; (*memory*) perdurar

● **live out** ◇ *vt sep* -1. (*spend*) **she lived out the rest of her life in Spain** pasó el resto de su vida en España; **she lived out her life** *or* **days in poverty/sadness** acabó sus días sumida en la pobreza/tristeza
-2. (*fulfil*) **to ~ out a fantasy** vivir *or* realizar una fantasía
◇ *vi* estar externo(a)

● **live out of** *vt insep* **to ~ out of tins** *or* **cans** vivir a base de latas de conserva; **I've been living out of a suitcase for the past month** llevo *or Am* tengo un mes viviendo en hoteles

● **live through** *vt insep* (*survive*) sobrevivir a; (*experience*) pasar por

● **live together** *vi* (*cohabit*) vivir juntos(as); **why can't we all ~ together in peace?** ¿por qué no podemos vivir todos juntos en paz?

● **live up** *vt sep Fam* **to ~ it up** pasarlo bien, divertirse

● **live up to** *vt insep* (*expectations*) responder a, estar a la altura de; **to fail to ~ up to expectations** no estar a la altura de las expectativas; **he lives up to his principles** vive de acuerdo con sus principios

● **live with** *vt insep* -1. (*cohabit with*) vivir con; **they ~ with each other** viven juntos
-2. (*put up with*) **she has been living with this knowledge for some time** hace algún tiempo que lo sabe; **I can ~ with that** eso no es problema; **he'll have to ~ with this for the rest of his life** (*to suffer from the memory of*) tendrá que vivir con ese recuerdo durante el resto de su vida; **you'll just have to ~ with it!** ¡tendrás que aceptarlo!
-3. (*match, keep up with*) **he couldn't ~ with the pace** no pudo aguantar el ritmo;

living

Ivanisevic couldn't ~ with Becker Ivanisevic era claramente inferior a Becker
-4. (*remain with*) **this memory will ~ with us for a long time** guardaremos este recuerdo durante mucho tiempo

● **live without** *vt insep* **you'll just have to learn to ~ without it!** ¡tendrás que aprender a vivir sin ello!

liveable, livable ['lɪvəbəl] *adj* -1. (*house, city*) habitable -2. (*bearable*) **his visits made her life ~** sus visitas le hacían la vida más llevadera; *Fam* **she is not ~ with** no hay quien viva con ella

lived-in ['lɪvdɪn] *adj* (*home, room*) acogedor (ora); **to have a ~ feel (to it)** tener un aspecto acogedor; **a ~ face** un rostro curtido

live-in ['lɪvɪn] *adj* (*chauffeur, nanny*) interno(a); **she has a ~ lover** su amante vive con ella

livelihood ['laɪvlɪhʊd] *n* sustento *m*; **tourism is our ~** vivimos del turismo, nuestro sustento es el turismo; **it's not a hobby, it's my ~** no es una distracción, así me gano la vida; **to earn** *or* **gain one's ~** ganarse la vida; **to lose one's ~** perder el sustento

liveliness ['laɪvlɪnɪs] *n* -1. (*of person*) vivacidad *f*, viveza *f*; (*of place, debate*) animación *f*; (*of music*) alegría *f* -2. (*of imagination*) vivacidad *f* -3. (*of colours, decor*) alegría *f*

livelong ['lɪvlɒŋ] *adj Literary* (*complete*) **the ~ day** todo el santo día; **the ~ night** toda la santa noche

lively ['laɪvlɪ] *adj* -1. (*energetic, full of life*) (*person, place, debate*) animado(a); (*music*) alegre; (*dance*) movido(a); **the town gets a bit livelier in summer** la ciudad se anima un poco en verano; **to make things ~ for sb** ponérselo difícil a alguien; *Fam* **look ~!** ¡vamos, muévete!
-2. (*keen*) (*interest, imagination*) vivo(a); **to take a ~ interest in sth** estar vivamente interesado(a) por algo, interesarse vivamente por algo; **a ~ mind** una mente despierta
-3. (*colours, decor*) alegre

liven ['laɪvən]

● **liven up** ◇ *vt sep* animar, alegrar; **some pictures would ~ up the text a bit** algunas ilustraciones le darían más vida al texto
◇ *vi* animarse

liver[1] ['lɪvə(r)] *n* hígado *m*; **a ~ complaint** una enfermedad del hígado ❑ **~ fluke** (*flatworm*) duela *f* del hígado; *Br* **~ salts** sal *f* de frutas; **~ sausage** embutido *m* de paté de hígado; **~ spot** (*on skin*) mancha *f* de vejez

liver[2] *n* (*person*) **to be a fast** *or* **high ~** llevar una vida disoluta

liveried ['lɪvərɪd] *adj* con librea

liverish ['lɪvərɪʃ] *adj* -1. *Fam* (*unwell*) empachado(a); **to be** *or* **to feel ~** estar *or* sentirse empachado(a) -2. (*irritable*) enojadizo(a)

Liverpool ['lɪvəpuːl] *n* Liverpool

Liverpudlian [lɪvə'pʌdlɪən] ◇ *n* persona de Liverpool (*Inglaterra*)
◇ *adj* de Liverpool (*Inglaterra*)

liverwort ['lɪvəwɜːt] *n* hepática *f*

liverwurst ['lɪvəwɜːst] *n US* embutido *m* de paté de hígado

livery ['lɪvərɪ] *n* -1. (*of servant*) librea *f* -2. (*of company*) distintivo *m* -3. **~ stable** (*for keeping horses*) cuadra *f*, caballeriza *f*; (*for hiring horses*) picadero *m*

lives *pl of* **life**

livestock ['laɪvstɒk] *n* ganado *m*

liveware ['laɪvweə(r)] *n Fam* COMPTR elemento *m* humano

livid ['lɪvɪd] *adj* -1. (*angry*) **to be ~ (with rage)** estar colérico(a) *or* enfurecido(a) -2. (*bluish-grey*) lívido(a)

living ['lɪvɪŋ] ◇ *n* -1. (*way of life*) vida *f*; **to be fond of good ~** ser aficionado(a) a la buena vida; **plain ~** vida sencilla -2. (*livelihood*) sustento *m*; **to earn one's ~** ganarse la vida; **to make a ~** ganarse la vida; **what does he do for a ~?** ¿a qué se dedica?; **I have to work for a ~** tengo que trabajar para

ganarme la vida **-3.** *Br* REL beneficio *m* (eclesiástico)
◇ *npl* **the ~** los vivos
◇ *adj* **-1.** *(not dead)* vivo(a); **she is our finest ~ artist** es nuestra mejor artista viva; **there is not a ~ soul to be seen** no se ve ni un alma; **the best/worst within ~ memory** lo mejor/peor que se recuerda; **to be ~ proof of sth** ser la prueba palpable de algo ❏ **~ fossil** fósil *m* viviente; **~ wage** salario *m* decente *or* digno; **~ will** testamento *m* en vida
-2. *(for day-to-day life) (space)* vital; **the ~ area is separated from the bedrooms** la zona de estar está separada de los dormitorios ❏ **~ conditions** condiciones *fpl* de vida; **~ expenses** gastos *mpl (cotidianos)*; **~ quarters** *(for servants)* habitaciones *fpl* del servicio; *(on ship)* camarotes *mpl* de la tripulación; **~ standards** nivel *m* de vida
-3. IDIOMS **a ~ death: it was a ~ death for him** para él fue como una muerte en vida; **he made my life a ~ hell** convirtió mi vida en un infierno *or* una pesadilla; *Fam* **to scare the ~ daylights out of sb** dar un susto de muerte a alguien; *Fam* **to beat** *or* **knock** *or* **thrash the ~ daylights out of sb** dar una buena paliza *or* tunda a alguien

living-flame ['lɪvɪŋ'fleɪm] *adj* **~ gas fire** = estufa de gas con efecto llama, que imita a una chimenea

living-room ['lɪvɪŋruːm] *n* sala *for* cuarto *m* de estar, salón *m*

Livy ['lɪvɪ] *pr n* Tito Livio

lizard ['lɪzəd] *n (small)* lagartija *f*; *(large)* lagarto *m*

llama ['lɑːmə] *n (animal)* llama *f*

LLB [elel'biː] *n (abbr* **Bachelor of Laws**) **-1.** *(qualification)* licenciatura *f* en derecho **-2.** *(person)* licenciado(a) *m,f* en derecho

LLD [elel'diː] *n (abbr* **Doctor of Laws**) **-1.** *(qualification)* doctorado *m* en derecho **-2.** *(person)* doctorado(a) *m,f* en derecho

lo [ləʊ] *exclam* **-1.** *Archaic or Literary* ¡mirad! **-2.** *Literary or Hum* **lo and behold...** hete aquí que...

loach [ləʊtʃ] *n* lobo *m*, locha *f*

load [ləʊd] ◇ *n* **-1.** *(of vehicle, person)* carga *f*; **a ~ of gravel** una carga de grava; **we moved all the stuff in ten loads** nos llevamos todo en diez viajes; **maximum ~ 50 tonnes** *(sign)* carga máxima 50 toneladas
-2. *(burden)* carga *f*; **I've got a heavy/light teaching ~** tengo muchas/pocas horas de clase; **to share/spread the ~** compartir/repartir el trabajo; **that's a ~ off my mind!** ¡me quito *or Am* saco un peso de encima!; *US Fam* **to have a ~ on** ir borracho(a), *Esp* ir ciego(a), *Méx* ir hasta atrás, *RP* andar en pedo
-3. *(of washing)* **put another ~ in the washing machine** pon otra lavadora; **half ~** media carga
-4. ELEC carga *f*
-5. *Fam (lot)* **a ~ (of), loads (of)** un montón (de); **it's a ~ of rubbish!** ¡no son más que tonterías!; *(very bad)* ¡es nefasto(a) *or* de pena!; **we've got loads of time/money** tenemos tiempo/dinero de sobra; **there was loads to drink** había un montón de bebida; **it's loads better** es muchísimo mejor; **get a ~ of this!** ¡no te lo pierdas!, *Esp* ¡al loro con esto!
◇ *vt* **-1.** *(vehicle, goods)* cargar; **to ~ sth into** *or* **onto sth** cargar algo en algo; **~ the bags into the taxi** mete las bolsas en el taxi; **the ship is loading grain** están cargando el barco de cereales
-2. *(gun)* cargar; **~ the film into the camera** introduzca el carrete *or* rollo en la cámara
-3. COMPTR cargar; **to ~ a program onto a computer** cargar un programa en un ordenador *or Am* una computadora
-4. *(bias)* **to ~ the dice** trucar los dados; **to be loaded in favour of/against sb** favorecer/perjudicar a alguien
◇ *vi* **-1.** *(truck, person)* cargar
-2. COMPTR cargarse
◆ **load down** *vt sep* **to be loaded down with sth** *(shopping, bags)* estar cargado(a) de algo; *(guilt, responsibility)* cargar con algo
◆ **load up** ◇ *vt sep* cargar (**with** con)
◇ *vi* cargar (**with** con)

load-bearing ['ləʊdbeərɪŋ] *adj (wall)* maestro(a)

loaded ['ləʊdɪd] *adj* **-1.** *(vehicle)* cargado(a)
-2. to be ~ with *(charged with)* estar cargado(a) de; **his words were ~ with sarcasm** sus palabras estaban cargadas de sarcasmo
-3. *(gun, camera)* cargado(a); **to be ~** estar cargado(a)
-4. *(dice)* trucado(a)
-5. *(comment)* capcioso(a), intencionado(a); **a ~ question** una pregunta capciosa
-6. *Fam (rich)* **to be ~** estar forrado(a)
-7. *US Fam (drunk) Esp, RP* mamado(a), *Méx* hasta atrás; *(on drugs)* colocado(a), *RP* falopeado(a)

loader ['ləʊdə(r)] *n* **-1.** *(person)* cargador(ora) *m,f* **-2.** *(mechanism)* cargador *m* **-3.** COMPTR cargador *m*

loading ['ləʊdɪŋ] *n (of lorry)* carga *f* ❏ **~ bay** zona *f* de carga y descarga; RAIL **~ gauge** gálibo *m* de carga

loadline ['ləʊdlaɪn] *n* NAUT línea *f* de carga

loadmaster ['ləʊdmɑːstə(r)] *n* AV supervisor(ora) *m,f* de carga

loadsa- ['ləʊdzə] *prefix Br Fam* **loadsamoney** un dineral; **loadsawork** un montonazo de trabajo, *Esp* (un) mogollón de trabajo

loadstar = lodestar

loadstone = lodestone

loaf [ləʊf] *(pl* **loaves** [ləʊvz]) *n (of bread)* pan *m*; **a ~ of bread** *(in general)* un pan; *(brick-shaped)* un pan de molde, *Col* un pan tajado, *RP* un pan lactal; *(round and flat)* una hogaza de pan; IDIOM *Br* **use your ~!** ¡utiliza la mollera!; PROV **half a ~ is better than no bread** a falta de pan, buenas son tortas ❏ *US* **~ bread** pan *m* de molde *or Col* pan tajado *or RP* lactal; **~ sugar** pan *m* de azúcar; **~ tin** molde *m* para pan
◆ **loaf about, loaf around** *vi* haraganear, gandulear

loafer ['ləʊfə(r)] *n* **-1.** *(person)* haragán(ana) *m,f*, gandul(ula) *m,f* **-2.** *(shoe)* mocasín *m*

loam [ləʊm] *n (soil)* marga *f*

loan [ləʊn] ◇ *n* **-1.** *(money)* préstamo *m*; **he asked me for a ~** me pidió dinero prestado; **to take out a ~** *(from bank, loan company)* obtener un préstamo *or* crédito *or Méx* prestamito ❏ **~ capital** recursos *m* ajenos (a largo plazo); *Fam* **~ shark** usurero(a) *m,f* **-2.** *(act of lending)* **to give sb a ~ of sth** prestar algo a alguien; **may I have the ~ of your typewriter?** ¿me prestas *or Esp* dejas la máquina de escribir?; *Fam* **let me have a ~ of your scissors** te cojo *or* pillo las tijeras; **to be on ~** estar en préstamo; **on ~ from the Louvre** prestado(a) por el Louvre; **she's on ~ from head office** la han trasladado temporalmente desde la central
◇ *vt* prestar; **to ~ sb sth, to ~ sth to sb** prestar algo a alguien; **he asked me to ~ him £20** me pidió que le prestara *or Esp* dejara 20 libras

loanword ['ləʊnwɜːd] *n* LING préstamo *m* (lingüístico)

loath, loth [ləʊθ] *adj* **I'm very ~ to admit it, but...** me cuesta mucho admitirlo pero...; **they were ~ to leave** les costaba mucho irse; **nothing ~** solícitamente, con gusto

loathe [ləʊð] *vt* aborrecer; **to ~ doing sth** aborrecer hacer algo

loathing ['ləʊðɪŋ] *n* aborrecimiento *m*; **it fills me with ~** me repugna

loathsome ['ləʊðsəm] *adj (person, character, behaviour)* odioso(a), detestable

loaves *pl of* **loaf**

lob [lɒb] ◇ *n* SPORT *(in tennis)* globo *m*, lob *m*; *(in soccer)* vaselina *f*
◇ *vt (pt & pp* **lobbed**) **-1.** *(stone, grenade)* lanzar (en parábola); **she lobbed the ball over my head** lanzó la pelota por encima de mi cabeza **-2.** SPORT *(in tennis)* hacer un globo *or* lob a; **he lobbed the goalkeeper** le hizo una vaselina al portero

lobby ['lɒbɪ] ◇ *n* **-1.** *(of hotel)* vestíbulo *m*; *(apartment block)* portería *f*
-2. POL *(pressure group)* grupo *m* de presión, lobby *m*
-3. *Br* POL *(room for meeting public)* = sala en la Cámara de los Comunes destinada a encuentros entre los políticos y el público; **(division) ~** = pasillo de la Cámara de los Comunes al que van los parlamentarios cuando se dividen para votar ❏ JOURN **~ correspondent** enviado(a) *m,f* (especial) en el parlamento
◇ *vt* POL **to ~ an MP** presionar a un diputado
◇ *vi* POL presionar; **to ~ for/against sth** hacer presión a favor de/en contra de algo

lobbying ['lɒbɪɪŋ] *n* POL presiones *fpl* políticas

lobbyist ['lɒbɪɪst] *n* POL miembro *m* de un lobby *or* grupo de presión

lobe [ləʊb] *n* **-1.** *(of ear)* lóbulo *m* **-2.** *(of brain, liver, lung)* lóbulo *m* **-3.** *(of leaf)* lóbulo *m*

lobelia [ləˈbiːlɪə] *n* lobelia *f*

lobotomize [ləˈbɒtəmaɪz] *vt* practicar una lobotomía a

lobotomy [ləˈbɒtəmɪ] *n* lobotomía *f*

lobster ['lɒbstə(r)] *n (with pincers)* bogavante *m*; **(spiny** *or* **rock) ~** *(without pincers)* langosta *f*; IDIOM **he was as red as a ~** *(sunburnt)* estaba rojo como un cangrejo ❏ **~ pot** nasa *f*; CULIN **~ thermidor** langosta *f* thermidor

local ['ləʊkəl] ◇ *n* **-1.** *(person)* lugareño(a) *m,f*; **the locals** los lugareños, los paisanos **-2.** *Br Fam (pub)* bar *m* habitual **-3.** *US (train)* = tren que hace parada en todas las estaciones; *(bus)* = autobús que se detiene en todas las paradas **-4.** *US (union branch)* delegación *f* sindical local **-5.** *Fam (anaesthetic)* anestesia *f* local
◇ *adj* **-1.** *(of, from the area)* local; **a ~ man/woman** un lugareño/una lugareña; **the murderer was a ~ man** el asesino era de la zona; **~ produce** los productos de la región; **the ~ shops sell everything I need** las tiendas del barrio venden todo lo que necesito ❏ **~ call** llamada *f or Am* llamado *m* local *or* urbano(a); **~ colour** *(in story)* color *m* local; *Br* **~ derby** *(match)* derby *m* local; **~ newspaper** periódico *m* local; **~ radio** emisora *f* local; *Br* **~ rate** tarifa *f* local; **~ time** hora *f* local
-2. POL *(services, council)* local ❏ *Br* **~ authority** administración *f* local; **~ council** junta *f* municipal; *Br* **~ education authority** = organismo local encargado de la enseñanza; **~ elections** elecciones *fpl* municipales; **~ government** gobierno *m* local; *Br* **~ health authority** = organismo local encargado de la salud
-3. MED *(infection, pain)* local ❏ **~ anaesthetic** anestesia *f* local
-4. COMPTR **~ area network** red *f* de área local; **~ bus** bus *m* local

locale [ləʊˈkɑːl] *n* emplazamiento *m*, lugar *m*

locality [ləʊˈkælɪtɪ] *n* vecindad *f*, zona *f*; **in the ~** en las inmediaciones

localization [ləʊkəlaɪˈzeɪʃən] *n* COMPTR localización *f*

localize ['ləʊkəlaɪz] *vt (restrict)* localizar; **they aim to ~ the effect of the strike** tratan de contener el impacto de la huelga

localized ['ləʊkəlaɪzd] *adj (restricted)* localizado(a); **a ~ infection** una infección localizada; **to become ~** *(disease, pain)* localizarse

locally ['ləʊkəlɪ] *adv* localmente; **these issues must be decided ~, not nationally** estos asuntos deben resolverse localmente *or* a nivel local, no en el ámbito nacional; **~ manufactured goods** productos fabricados en la zona; **she was well known ~** era muy conocida entre las gentes del lugar; **I live/work ~** vivo/trabajo cerca; **we shop ~** hacemos las compras en el vecindario

locate [ləʊˈkeɪt] *vt* **-1.** *(find)* localizar; **they have located the cause of the trouble** han localizado la causa del problema **-2.** *(situate)* emplazar, situar, ubicar; **the house is conveniently located for shops and public transport** la casa está situada cerca de

location

las tiendas y del transporte público
◇ vi **-1.** (company) establecerse, instalarse **-2.** US (person) establecerse, instalarse

location [ləʊˈkeɪʃən] n **-1.** (place) emplazamiento m, ubicación f; **what a beautiful ~ for a campus!** ¡es un lugar precioso para un campus!; **what is your present ~?** ¿dónde te encuentras ahora? **-2.** CIN lugar m de filmación; **on ~** en exteriores; **filmed entirely on ~ in Guatemala** filmado íntegramente en exteriores guatemaltecos ❑ **~ shot** toma f en exteriores **-3.** COMPTR (of web page) dirección f

locative [ˈlɒkətɪv] GRAM ◇ n locativo m
◇ adj locativo(a)

loc cit [lɒkˈsɪt] (abbr **loco citato**) loc. cit.

loch [lɒχ, lɒk] n Scot (lake) lago m; (open to sea) ría f, fiordo m ❑ **the Loch Ness monster** el monstruo del lago Ness

loci pl of **locus**

lock¹ [lɒk] ◇ n **-1.** (on door, drawer, car) cerradura f; **to be under ~ and key** estar encerrado(a) bajo llave; IDIOM **~, stock and barrel** íntegramente; **the family has moved ~, stock and barrel to Canada** la familia al completo se ha mudado a Canadá
-2. (in wrestling) llave f, inmovilización f; IDIOM US **to have a ~ on sth** tener control total sobre algo; IDIOM US **to be a ~** ser seguro(a)
-3. (on canal) esclusa f ❑ **~ gate** compuerta f; **~ keeper** esclusero(a) m,f
-4. Br AUT ángulo m de giro; **on full ~** con las ruedas giradas a tope
-5. ~ (forward) (in rugby) segunda línea mf
◇ vt **-1.** (door, drawer, car) cerrar (con llave); **~ all these papers in the safe** guarda estas hojas en la caja fuerte
-2. (hold tightly) **they were locked in each other's arms** estaban fundidos en un fuerte abrazo; **the unions were locked in a dispute with the management** los sindicatos estaban enzarzados en un conflicto con la dirección; **they are locked into the agreement** el acuerdo les había atado de pies y manos; **to ~ arms** (police cordon) formar una barrera; **to ~ horns** (stags) entrelazar la cornamenta; IDIOM **to ~ horns with sb** enzarzarse en una disputa con alguien
-3. COMPTR bloquear
◇ vi **-1.** (door, drawer) cerrarse **-2.** (engage) trabarse **-3.** (car wheels) bloquearse

◆ **lock away** vt sep (valuables) guardar bajo llave; (criminal) encerrar

◆ **lock in** vt sep encerrar; **he locked himself in** se encerró

◆ **lock onto** vt insep (of radar beam, missile) captar, localizar

◆ **lock out** vt sep **-1.** (of house) **her father threatened to ~ her out if she was late home** su padre la amenazó con dejarla en la calle si regresaba tarde a casa; **I locked myself out (of my house)** al salir me dejé las llaves dentro (de casa) **-2.** IND **the workers were locked out** hubo un cierre patronal

◆ **lock up** ◇ vt sep **-1.** (criminal) encerrar; (valuables) guardar bajo llave; **he should be locked up!** ¡a ése tendrían que encerrarlo!
-2. (house, premises) cerrar (con llave) **-3.** (capital) inmovilizar; **all my money is locked up in this business** tengo todo mi dinero inmovilizado en mi negocio
◇ vi cerrar (con llave)

lock² n (of hair) mechón m; **her golden locks** sus cabellos dorados

lockable [ˈlɒkəbəl] adj **it's lockable from inside** se puede cerrar por dentro

locked [lɒkt] adj **-1.** (door, room) cerrado(a) (con llave) **-2.** US Fam **~ bowels** estreñimiento m

locker [ˈlɒkə(r)] n **-1.** (for luggage) taquilla f **-2.** (in school) taquilla f ❑ US **~ room** vestuarios mpl

locker-room [ˈlɒkəˈruːm] adj (humour, joke) muy de macho; **there's a ~ atmosphere in the office** se respira un ambiente muy de macho en la oficina

locket [ˈlɒkɪt] n guardapelo m

lockjaw [ˈlɒkdʒɔː] n Old-fashioned tétanos m inv; **to have ~** padecer tétanos

locknut [ˈlɒknʌt] n tuerca f de seguridad, contratuerca f

lockout [ˈlɒkaʊt] n cierre m patronal

locksmith [ˈlɒksmɪθ] n cerrajero m

lockup [ˈlɒkʌp] n **-1.** Fam (police cells) calabozo m **-2.** Br (for storage) **~ (garage)** garaje m, Am cochera f **-3.** Br **~ (shop)** tienda f (sin vivienda para el comerciante)

loco [ˈləʊkəʊ] Fam ◇ n locomotora f
◇ adj US (mad) pirado(a), CSur rayado(a), Méx zafado(a)

locomotion [ləʊkəˈməʊʃən] n locomoción f

locomotive [ləʊkəˈməʊtɪv] ◇ n (train) locomotora f
◇ adj locomotor(ora)

locoweed [ˈləʊkəʊwiːd] n US **-1.** (plant) astrágalo m or tragacanto m americano **-2.** Fam (marijuana) maría f, grifa f, Méx mota f

locum [ˈləʊkəm] n Br (doctor, vet) suplente mf, sustituto(a) m,f

locus [ˈləʊkəs] (pl **loci** [ˈləʊsaɪ]) n **-1.** MATH lugar m geométrico **-2.** BIOL locus m inv

locust [ˈləʊkəst] n **-1.** (insect) langosta f **-2. ~ (tree)** (false acacia) falsa acacia f, acacia f blanca or bastarda; (carob tree) algarrobo m ❑ **~ bean** algarroba f

locution [ləˈkjuːʃən] n Formal locución f

lode [ləʊd] n (of metallic ore) veta f, filón m

loden [ˈləʊdən] adj (jacket) de loden; **a ~ coat** un loden

lodestar, loadstar [ˈləʊdstɑː(r)] n **-1.** (Pole star) estrella f polar **-2.** (guide, example) norte m

lodestone, loadstone [ˈləʊdstəʊn] n (magnetite) magnetita f, piedra f imán

lodge [lɒdʒ] ◇ n **-1.** (of porter) garita f, portería f; (of gatekeeper) garita f, casa f del guarda **-2.** (for hunters) pabellón m de caza; (skiers) refugio m **-3.** (hotel) hotel m **-4.** (of beaver) madriguera f **-5.** (of freemasons, fraternal society) logia f **-6.** US (union branch) delegación f sindical local **-7.** (of Native Americans) choza f
◇ vt **-1.** (accommodate) hospedar, alojar **-2.** (stick, embed) **a fish bone lodged itself in his throat** se le clavó una espina en la garganta; **his words were lodged in my memory** tenía sus palabras grabadas en la memoria
-3. LAW **to ~ an appeal** presentar una apelación, apelar; **he lodged a complaint with the authorities** presentó una queja ante las autoridades
-4. (deposit for safekeeping) **to ~ sth with sb** depositar algo en manos de alguien
◇ vi **-1.** (live) hospedarse, alojarse; **he is lodging at Mrs Smith's** or **with Mrs Smith** se hospeda or se aloja en casa de la señora Smith
-2. (become fixed) alojarse; **the bullet had lodged in his lung** la bala se le había alojado en el pulmón; **a fishbone lodged in her throat** tenía una espina clavada en la garganta; **the name had lodged in her memory** el nombre se le había quedado grabado en la memoria

lodger [ˈlɒdʒə(r)] n huésped mf, huéspeda f; **to take (in) lodgers** acoger huéspedes

lodging [ˈlɒdʒɪŋ] n alojamiento m; **board and ~** alojamiento y comida; **he took up lodgings with a local family** alquiló una habitación con una familia de la zona; **to live in lodgings** vivir en una habitación alquilada (en casa de la persona que la alquila) ❑ **~ house** casa f de huéspedes

loess [ˈləʊɪs] n GEOL loes m inv

loft [lɒft] n **-1.** (attic) buhardilla f, ático m, desván m **-2.** (in church) galería f **-3.** US (warehouse apartment) almacén reformado y convertido en apartamento **-4.** (for hay) pajar m **-5.** (for pigeons) palomar m **-6.** (of golf club) loft m, ángulo m (de la cara del palo)
◇ vt (ball) lanzar por lo alto

loftily [ˈlɒftɪlɪ] adv **-1.** (haughtily) con arrogancia, con altanería **-2.** (exaltedly) con nobleza, insignemente

lofty [ˈlɒftɪ] adj **-1.** (high) (mountain) elevado(a); (tree, building) alto(a); **a ~ room** un salón de techo alto **-2.** (haughty) (person, manner) arrogante, altanero(a); **with ~ disdain** con arrogante desdén **-3.** (exalted) (aim, desire) noble, elevado(a); (style, prose) elevado(a), sublime

log¹ [lɒg] ◇ n **-1.** (tree-trunk) tronco m; (firewood) leño m; IDIOM **to sleep like a ~** dormir como un tronco ❑ **~ cabin** cabaña f; **~ fire** fuego m de leña **-2.** (record) registro m; (of ship) diario m de a bordo **-3.** Br very Fam **to drop a ~** (defecate) jiñar **-4.** COMPTR **~ file** registro m de actividad
◇ vt (pt & pp **logged**) **-1.** (record) registrar **-2.** (speed, distance, time) **he has logged 2,000 hours flying time** ha acumulado or tiene 2.000 horas de vuelo
◇ vi (cut down trees) talar árboles

◆ **log in** vi COMPTR (user) entrar, abrir una sesión; (to remote user) establecer comunicación

◆ **log off** vi COMPTR salir

◆ **log on** = **log in**

◆ **log out** = **log off**

◆ **log up** vt sep Br (do, achieve) conseguir; **the team logged up yet another victory** el equipo se apuntó una nueva victoria

log² n MATH (abbr **logarithm**) logaritmo m ❑ **~ tables** fpl de logaritmos

loganberry [ˈləʊɡənbərɪ] n (plant) frambueso m de Logan; (berry) frambuesa f de Logan

logarithm [ˈlɒɡərɪðəm] n MATH logaritmo m

logarithmic [lɒɡəˈrɪðmɪk] adj MATH logarítmico(a) ❑ **~ scale** escala f logarítmica

logbook [ˈlɒɡbʊk] n **-1.** (for ship) cuaderno m de bitácora; (for plane) diario m de vuelo **-2.** Br (for car) permiso m de circulación

logger [ˈlɒɡə(r)] n (lumberjack) leñador(ora) m,f

loggerheads [ˈlɒɡəhedz] n Fam **to be at ~ with sb** estar peleado(a) or Esp andar a la greña con alguien

loggerhead turtle [ˈlɒɡəhedˈtɜːtəl] n tortuga f boba

loggia [ˈlɒdʒɪə] n logia f

logging [ˈlɒɡɪŋ] n (cutting trees) tala f (de árboles); **~ company/town** empresa/población maderera

logic [ˈlɒdʒɪk] n **-1.** (reasoning) lógica f; **the ~ of his argument was impeccable** su argumento era de una lógica aplastante; **...if you follow my ~** ...si entiendes lo que quiero decir; **that's typical male ~!** ¡esos son los típicos argumentos machistas! **-2.** COMPTR **~ board** placa f lógica; **~ bomb** bomba f lógica; **~ card** tarjeta f lógica; **~ circuit** circuito m lógico; **~ operator** operador m lógico

logical [ˈlɒdʒɪkəl] adj lógico(a); **let's try to be ~ about this** tratemos de ser sensatos al respecto; **it's a ~ impossibility** es lógicamente imposible ❑ COMPTR **~ operator** operador m lógico; PHIL **~ positivism** positivismo m lógico

logicality [lɒdʒɪˈkælɪtɪ] n lógica f

logically [ˈlɒdʒɪklɪ] adv lógicamente; **~, there should be no problem** lo lógico es que no hubiera ningún problema

logician [ləˈdʒɪʃən] n lógico(a) m,f

login [ˈlɒɡɪn] n COMPTR conexión f ❑ **~ name** nombre m del usuario

logistic(al) [ləˈdʒɪstɪk(əl)] adj logístico(a), organizativo(a); **it's a ~ nightmare** es un rompecabezas logístico or organizativo

logistically [ləˈdʒɪstɪklɪ] adv logísticamente

logistics [ləˈdʒɪstɪks] npl logística f; **the ~ of the situation** la logística de la situación

logjam [ˈlɒɡdʒæm] n **-1.** (in river) = obstrucción causada por la acumulación de troncos en un río **-2.** (deadlock) punto m muerto, impasse m

logo [ˈləʊɡəʊ] (pl **logos**) n logo m, logotipo m

logocentrism [lɒɡəʊˈsentrɪzəm] n logocentrismo m

logoff [ˈlɒɡɒf] n COMPTR desconexión f

logorrhoea, US logorrhea [lɒgəˈriːə] n **-1.** MED logorrea f **-2.** Fam (verbal diarrhoea) verborrea f

log-rolling [ˈlɒgrəʊlɪŋ] n **-1.** (sport) = deporte consistente en manejar troncos flotantes con los pies **-2.** US POL (exchange of favours) comercio m de favores

logwood [ˈlɒgwʊd] n campeche m

loin [lɔɪn] n **-1.** Euph (genital area) **loins** pubis m inv, bajo vientre m; Literary **sprung from the loins of** salido(a) de las entrañas de **-2.** (of meat) lomo m ❏ **~ chop** chuleta f de lomo

loincloth [ˈlɔɪnklɒθ] n taparrabos m inv

Loire [lwɑː(r)] n **the ~** el Loira

loiter [ˈlɔɪtə(r)] vi (delay) entretenerse; (suspiciously) merodear; LAW **to ~ (with intent)** merodear

loll [lɒl] vi **-1.** (lounge) repanti(n)garse, repanchi(n)garse **-2.** (tongue) colgar; **his tongue lolled out** le colgaba la lengua
▸ **loll about, loll around** vi holgazanear, haraganear

lollapalooza [lɒləpəˈluːzə] n US Fam **her latest film is a ~** su última película es el no va más or Esp es una pasada

Lollard [ˈlɒləd] n HIST = seguidor del reformador religioso John Wycliffe (h. 1329-1384)

lollipop [ˈlɒlɪpɒp] n **-1.** (disc) piruleta f; (ball) Esp Chupa Chups® m inv; (disc, ball) Chile chupete m, Col colombina f, Méx paleta f, RP chupetín m, Ven chupeta f **-2.** Br Fam **~ man/lady** = persona encargada de ayudar a cruzar la calle a los colegiales

lollop [ˈlɒləp] vi Fam **to ~ along** avanzar con paso desgarbado; **the rabbit lolloped off** el conejo avanzaba torpemente

lolly [ˈlɒlɪ] n Br Fam **-1.** (frozen) **(ice) ~** polo m **-2.** (lollipop) (disc) piruleta f; (ball) Esp Chupa Chups® m inv; (disc, ball) Chile chupete m, Col colombina f, Méx paleta f, RP chupetín m, Ven chupeta f **-3.** (money) Esp pasta f, Am plata f, Méx lana f

Lombard [ˈlɒmbəd] ◇ n lombardo(a) m,f
◇ adj lombardo(a)

Lombardy [ˈlɒmbədɪ] n Lombardía ❏ **~ poplar** álamo m negro

London [ˈlʌndən] ◇ n Londres ❏ Br **~ weighting** = compensación salarial que sirve para equilibrar el coste de la vida en Londres
◇ adj londinense

Londoner [ˈlʌndənə(r)] n londinense mf

lone [ləʊn] adj (solitary) solitario(a) ❏ **~ parent** madre f soltera, padre m soltero; **the Lone Ranger** el Llanero Solitario; **the Lone Star State** = apelativo familiar referido al estado de Tejas; Fig **a ~ wolf** una persona solitaria

loneliness [ˈləʊnlɪnɪs] n soledad f

lonely [ˈləʊnlɪ] adj **-1.** (person) solo(a); **to be or feel very ~** sentirse muy solo(a) ❏ **~ heart** (person) corazón m solitario; **~ hearts club** club m de contactos; JOURN **~ hearts column** sección f de contactos **-2.** (place) solitario(a); **the house seems ~ without you** sin ti, la casa parece vacía; **he went back to his ~ room** regresó a su solitaria habitación

loner [ˈləʊnə(r)] n solitario(a) m,f

lonesome [ˈləʊnsəm] ◇ n Fam **to be on one's ~** estar solito
◇ adj US solitario(a); **to be/feel ~** (of person) estar/sentirse solo(a)

long¹ [lɒŋ] ◇ n **the ~ and the short of it is that...** el caso es que...
◇ adj **-1.** (in size, distance) largo(a); **she has ~ hair** tiene el pelo largo; **how ~ is the table?** ¿cuánto mide or tiene la mesa de largo?, Am ¿qué largo tiene la mesa?; **it's 4 metres ~** mide or tiene cuatro metros de largo; **how ~ is the novel? – it's 500 pages ~** ¿cuántas páginas tiene la novela? – tiene 500 páginas; **the ball was ~** (in tennis) la bola or pelota fue demasiado larga; **the pass was ~** (in soccer) el pase fue demasiado largo; **we're a ~ way from Dublin, it's a ~ way to Dublin** estamos muy lejos de Dublín; **to go the ~ way (round)** ir por el camino más largo; also Fig **we have a ~ way to go** todavía queda mucho camino por recorrer; Fig **the best by a ~ way** con mucho or de lejos el/la mejor; Fig **they have come a ~ way** han progresado mucho; Fig **she'll go a ~ way** llegará lejos; Fig **to go a ~ way towards doing sth** contribuir mucho a hacer algo; Fig **a little of this detergent goes a ~ way** este detergente Esp cunde or Am rinde muchísimo; Fig **we go back a ~ way** nos conocemos desde hace mucho tiempo; Fam Fig **to be ~ in the tooth** estar entrado(a) en años; Fig **a list as ~ as your arm** una lista más larga que un día sin pan or RP que esperanza de pobre; **the ~ arm of the law** el largo brazo de la ley; Fig **to have/pull a ~ face** tener/poner cara triste or larga; **the odds against that happening are pretty ~** hay muy pocas posibilidades de que ocurra eso; **it's a ~ shot, but it's our only hope** es difícil que funcione, pero es nuestra única esperanza; **they are a ~ shot for the title** no tienen muchas posibilidades de conseguir el título; **not by a ~ shot or chalk** ni muchísimo menos; **physics isn't my ~ suit** la física no es mi fuerte ❏ **~ ball** (in soccer) pase m largo; MATH **~ division** división f (de números de varias cifras); **~ drink** (alcoholic) combinado m, RP trago m largo; (non-alcoholic) refresco m; **~ johns** calzoncillos mpl largos; **~ jump** Esp salto m de longitud, Am salto m largo; **~ jumper** saltador(ora) m,f de longitud; **~ odds** (in betting) probabilidades fpl remotas; **~ ton** tonelada f (aproximada) (= 1.016 kilos); **~ trousers** pantalón m largo; **~ wave** onda f larga
-2. (in time) largo(a); **how ~ is the movie?** ¿cuánto dura la película?; **it's three hours ~** dura tres horas; **a ~ time ago** hace mucho tiempo; **it's a ~ time since I had a holiday** hace mucho tiempo que no tengo vacaciones; **it was a ~ time before we were told of their decision** pasó mucho tiempo antes de que nos informaran de su decisión; **for a ~ time** durante mucho tiempo; Fam **~ time, no see** dichosos los ojos; **it's been a ~ day** ha sido un día muy largo; **it took us a ~ half hour** tardamos or Am demoramos media hora larga; **the days are getting longer** se están alargando los días; **three days at the longest** tres días como mucho; **he took a ~ draught of the beer** bebió un gran trago de cerveza; **it's a ~ haul** (journey) hay un tirón or una buena tirada; **I got my degree, but it was a ~ haul** me saqué la licenciatura, pero me costó lo mío; **this team is well-equipped for the ~ haul** este equipo está bien dotado a largo plazo; **to work ~ hours** trabajar muchas horas; **it looks like being a ~ job** parece que el trabajo va a llevar mucho tiempo; **to take a ~ look at sth** mirar algo largamente; **to have a ~ memory** tener buena memoria; **it's a ~ story** es una historia muy larga; **to take the ~ view of sth** considerar algo a largo plazo; **at ~ last** por fin; **in the ~ term** or **run** a largo plazo, a la larga ❏ Br UNIV **~ vacation** vacaciones fpl de verano; **~ weekend** fin de semana m largo, puente m (corto)
-3. Fam **to be ~ on charm/good ideas** (full of) estar lleno(a) de or Esp andar sobrado(a) de encanto/buenas ideas, RP tener pila de encanto/buenas ideas; **his speeches are ~ on rhetoric but short on substance** sus discursos están cargados de retórica pero carecen de contenido
-4. LING largo(a)
-5. ST EXCH (position) largo(a)
-6. Fam (in tennis) **that serve was ~** el saque or servicio salió fuera (pasándose de largo)

◇ adv **-1.** (for a long period) durante mucho tiempo, mucho; **I didn't wait ~** no esperé mucho; **it won't take ~** no llevará mucho tiempo; **she won't be ~** no tardará or Am demorará mucho; **it won't be ~ before things change** no pasará mucho tiempo antes de que cambien las cosas; **how ~ have you known her?** ¿cuánto (tiempo) hace que la conoces?; **how ~ have you lived here?** ¿desde cuándo vives aquí?, ¿cuánto (tiempo) hace que vives aquí?; **five minutes longer** cinco minutos más; **I've lived here longer than you** llevo or Am tengo más tiempo que tú viviendo aquí, vivo aquí desde hace más tiempo que tú; **I could no longer hear him** yo no lo oía; **I couldn't wait any longer** no podía esperar más; **to think ~ and hard (about sth)** reflexionar profundamente (sobre algo); **I have ~ been convinced of it** llevo mucho tiempo convencido de eso; **we have ~ suspected that this was the case** hace tiempo que sospechábamos que era eso lo que sucedía; **it has ~ been known that...** hace tiempo que se sabe que...; **she is not ~ for this world** no le queda mucho tiempo de vida; **~ live the King/Queen!** ¡viva el Rey/la Reina!; **~ may they continue to do so!** ¡que sigan así por mucho tiempo!; **take as ~ as you need** tómate todo el tiempo que necesites; **it's been like that for as ~ as I can remember** que yo recuerde, siempre ha sido así; **as ~ as he is alive,...** mientras viva,...; **it could take as ~ as a month** podría tardar or Am demorar hasta un mes; **as or so ~ as** (providing) mientras, siempre que; **as or so ~ as you don't tell anyone** siempre y cuando no se lo digas a nadie, siempre que no se lo digas a nadie; **before ~** pronto; **I won't stay for ~** no me voy a quedar mucho tiempo; **it's so ~ since I had a holiday** hace tanto tiempo que no tengo vacaciones; Fam **so ~!** ¡hasta luego!; **~ ago** hace mucho (tiempo); **as ~ ago as 1956** ya en 1956; **~ before/after** mucho antes/después; **~ before/after you were born** mucho antes/después de que nacieras; **I had ~ since given up hope** ya había perdido la esperanza hacía tiempo
-2. (for the duration of) **all day/winter ~** todo el día/invierno, el día/invierno entero; **her whole life ~** toda su vida

long² vi **to ~ for sth/sb** desear algo/a alguien; **to ~ for the day when...** desear que llegue el día en que...; **to ~ for sth to happen** desear que ocurra algo; **to ~** or **be longing to do sth** desear or anhelar hacer algo

long³ GEOG (abbr **longitude**) long.

long-awaited [ˈlɒŋəˈweɪtɪd] adj largamente esperado(a)

longboat [ˈlɒŋbəʊt] n HIST (on sailing ship) chalupa f, lancha f de remos; **Viking ~** barco vikingo

longbow [ˈlɒŋbəʊ] n arco m

longcase clock [ˈlɒŋkeɪsˈklɒk] n reloj m de pie or de pared

long-dated [ˈlɒŋˈdeɪtɪd] adj FIN (securities) a largo plazo

long-distance [ˈlɒŋˈdɪstəns] ◇ adj **a ~ (telephone) call** una conferencia ❏ Br **~ lorry driver** camionero(a) m,f (que hace viajes largos); **~ race** carrera f de fondo; **~ runner** corredor(ora) m,f de fondo
◇ adv **to telephone ~** poner una conferencia

long-drawn-out [ˈlɒŋdrɔːnˈaʊt] adj (argument, dispute, story, explanation) interminable, eterno(a)

long-eared owl [ˈlɒŋɪədˈaʊl] n búho m chico

longed-for [ˈlɒŋdfɔː(r)] adj ansiado(a); **a ~ holiday** unas ansiadas vacaciones

long-established [ˈlɒŋɪsˈtæblɪʃt] adj (tradition) antiguo(a); (firm) con solera

longevity [lɒnˈdʒevɪtɪ] n Formal longevidad f

long-faced [ˈlɒŋˈfeɪst] adj con cara larga

long-forgotten [ˈlɒŋfəˈgɒtən] adj olvidado(a)

long-grain rice [ˈlɒŋgreɪnˈraɪs] n arroz m de grano largo

long-hair [ˈlɒŋheə(r)] n **-1.** Fam Old-fashioned (intellectual) progre mf **-2.** Fam (hippie) melenudo(a) m,f **-3.** (cat) gato m de pelo largo

longhaired [ˈlɒŋˈheəd] adj de pelo largo

longhand ['lɒŋhænd] *n* escritura *f* normal a mano; **in ~** escrito(a) a mano

long-haul ['lɒŋhɔːl] *adj (flight)* de larga distancia; **~ carriers** aerolíneas intercontinentales

longhorn ['lɒŋhɔːn] *n US* buey *m* colorado de Tejas

long-house ['lɒŋhaʊs] *n* = construcción comunitaria tradicional con forma alargada propia de Malaisia, Indonesia y de ciertas tribus de indios americanos

longing ['lɒŋɪŋ] ◇ *n (desire)* deseo *m*, anhelo *m* (**for** de); *(for home, family, old days)* añoranza *f* (**for** de)
◇ *adj* deseoso(a), anhelante

longingly ['lɒŋɪŋlɪ] *adv* con deseo, con anhelo; **to think ~ of the past** recordar el pasado con anhelo

longish ['lɒŋɪʃ] *adj* más bien largo(a), bastante largo(a)

longitude ['lɒndʒɪtjuːd] *n* longitud *f (coordenada);* **at a ~ of 50° east** a 50° longitud este

longitudinal [lɒndʒɪ'tjuːdɪnəl] *adj* longitudinal ❏ PHYS **~ wave** onda *f* longitudinal

long-lasting [lɒŋ'lɑːstɪŋ] *adj* duradero(a)

long-legged [lɒŋ'legɪd] *adj (person)* de piernas largas; *(animal)* de patas largas

long-life ['lɒŋlaɪf] *adj Br (battery, milk)* de larga duración

long-lived [lɒŋ'lɪvd] *adj (person)* anciano(a); *(animal, plant)* longevo(a); *(campaign, friendship)* perdurable; *(prejudice, superstition)* viejo(a)

long-lost ['lɒŋlɒst] *adj* perdido(a) tiempo atrás; **his ~ brother returned** regresó su hermano al que no veía desde hacía mucho tiempo; **he welcomed me like a ~ friend** me recibió como a un amigo que hubiera perdido tiempo atrás

long-playing record ['lɒŋpleɪɪŋ'rekɔːd] *n* LP *m*, elepé *m*

long-range ['lɒŋreɪndʒ] *adj* **-1.** *(missile, bomber)* de largo alcance **-2.** *(forecast)* a largo plazo

long-running ['lɒŋrʌnɪŋ] *adj* **-1.** *(play)* que lleva *or Méx, Ven* tiene mucho tiempo en cartelera; *(programme)* que lleva *or Méx, Ven* tiene mucho tiempo en antena **-2.** *(battle, dispute)* que viene de largo; *(agreement)* duradero(a)

longship ['lɒŋʃɪp] *n* HIST drakkar *m*, drakar *m*, barco *m* vikingo

longshoreman [lɒŋ'ʃɔːmən] *n US* estibador *m*

long-sighted [lɒŋ'saɪtɪd] *adj* **-1.** MED hipermétrope **-2.** *(policy, decision)* previsor(ora)

long-sleeved [lɒŋ'sliːvd] *adj* de manga larga

long-standing [lɒŋ'stændɪŋ] *adj (arrangement, friendship, rivalry)* antiguo(a), viejo(a)

long-stay ['lɒŋsteɪ] *adj* **-1.** *(hospital, ward, patient)* de estancia prolongada **-2.** *(car park)* para estacionamiento prolongado

long-suffering ['lɒŋsʌfərɪŋ] *adj* sufrido(a)

long-tailed ['lɒŋteɪld] *adj* **~ cormorant** cormorán *m* africano; **~ duck** pato *m* havelda; **~ skua** págalo *m* rabero

long-term ['lɒŋtɜːm] ◇ *adj* a largo plazo; **a ~ commitment** un compromiso a largo plazo; **~ planning** planificación a largo plazo; **the ~ unemployed** los desempleados *or Esp* parados de larga duración; **the ~ outlook is good** las perspectivas a largo plazo son buenas ❏ *Br* **~ car park** parking *m or Esp* aparcamiento *m* de larga duración; *US* **~ parking lot** parking *m or Esp* aparcamiento *m* de larga duración; FIN **~ debt** deuda *f* a largo plazo; **~ memory** memoria *f* a largo plazo; **~ unemployment** desempleo *m* de larga duración
◇ *adv* a largo plazo

long-time ['lɒŋtaɪm] *adj* antiguo(a); **her ~ boyfriend** su novio de toda la vida

longueur [lɒŋ'ɡɜː(r)] *n Formal (period of tedium)* rato *m* tedioso

long-waisted [lɒŋ'weɪstɪd] *adj* de talle largo

long-wave ['lɒŋweɪv] *adj* de onda larga

longways ['lɒŋweɪz], **longwise** ['lɒŋwaɪz] *adv* a lo largo

long-winded [lɒŋ'wɪndɪd] *adj* prolijo(a)

longwise = longways

loo [luː] *(pl* **loos)** *n Br Fam* baño *m*, váter *m*; **to go to the ~** ir al baño ❏ **~ paper** papel *m* higiénico *or* de baño, *Chile* confort *m*; **~ roll** rollo *m* de papel higiénico *or* de baño

loofa, loofah ['luːfə] *n* esponja *f* vegetal

look [lʊk] ◇ *n* **-1.** *(act of looking)* **to have** *or* **take a ~ at sth** mirar algo; **let me have a ~** déjame ver; **have a ~ and see if the post has arrived yet** mira a ver si ya ha llegado el correo; **the doctor wants to have a ~ at you** el médico te quiere examinar; **we will be taking a ~ at all aspects of our policy** examinaremos todos los aspectos de nuestra política; **I took one ~ at it and decided not to buy it** un vistazo me bastó para decidir no comprarlo; **to have a ~ round the town** (ir a) ver la ciudad; **can I have a ~ round the garden?** ¿puedo echarle un vistazo al jardín?; **have** *or* **take a look through the telescope** mira por el telescopio; **to have a ~ through some magazines** ojear unas revistas; **the castle is worth a ~** el castillo merece *or Am* amerita una visita; **the programme is a humorous ~ at the Reagan years** el programa hace un recorrido en clave de humor de la época de Reagan
-2. *(search)* **to have a ~ for sth** buscar algo; **I had a good ~ but it I couldn't find it** lo he buscado por todas partes y no lo encontré
-3. *(glance)* mirada *f;* **to give a suspicious/an angry ~** mirar algo con recelo/esp Esp enfado *or esp Am* enojo; **to give sb a surprised ~** mirar a alguien sorprendido(a); **we got some very odd looks** nos miraron con cara rara; **if looks could kill...** si las miradas mataran...
-4. *(expression)* **she had a ~ of disbelief on her face** tenía una expresión incrédula; *Fam* **take that stupid ~ off your face!** ¡cambia ya esa expresión de memo!
-5. *(appearance)* aspecto *m*; **this sample has an unusual ~ to it** esta muestra tiene un aspecto extraño; **I like the ~ of those cakes** ¡qué buena pinta tienen esos pasteles *or CSur* esas tortas!; *Fig* **I don't like the ~ of this at all** no me gusta nada el cariz *or* la pinta que tiene esto; *Fig* **I don't like the ~ of him** me da mala espina; **I don't like the ~ of those clouds** no me gusta la pinta de esas nubes; **by the ~** *or* **looks of it** por lo que parece
-6. *(fashion)* look *m*, imagen *f*; **they have gone for the 70s ~** se han decidido por el look de los 70; **what do you think of my new ~?** ¿qué te parece mi nuevo look?
-7. *(personal appearance)* **(good) looks** atractivo *m*, (buena) apariencia *f*; **looks don't matter** la belleza no es lo principal; **she has lost her looks** ha perdido su atractivo físico; **he's kept his looks** sigue siendo igual de atractivo

◇ *vt* **-1.** *(observe)* **I can never ~ him in the eye** *or* **face again** nunca podré volver a mirarlo a la cara; **to ~ sb up and down** mirar a alguien de arriba abajo; **to ~ one's last on sth** mirar algo por última vez; **~ what you've done!** ¡mira lo que has hecho!; **~ where you're going!** ¡mira por dónde vas!; **~ who's here!** ¡mira quién está aquí!; **~ who's talking!** ¡mira quién fue a hablar!
-2. *(appear to be)* **he doesn't ~ his age** no aparenta la edad que tiene; **I'm sixty – you don't ~ it** tengo sesenta años – ¡pues no lo pareces! *or* ¡pues no los representas!; **to ~ one's best (for sb)** estar lo más atractivo(a) posible (para alguien); **to ~ the part** tener toda la pinta, *Esp* dar el pego

◇ *vi* **-1.** *(in general)* mirar; **~, here she is!** ¡mira, aquí está!; **I'm just looking, thank you** *(in shop)* sólo estoy mirando; EDUC **~ and say** = método de aprender a leer sin descomponer las palabras en letras individuales; **to ~ on the bright side** mirar el lado bueno (de las cosas); *Fig* **to ~ the other way** hacer la vista gorda; PROV **~ before you leap** hay que pensar dos veces (antes de actuar)
-2. *(face)* **to ~ north/south** dar al norte/sur; **the castle looks across a valley** el castillo tiene vistas sobre un valle; **the dining-room looks (out) onto the garden** el comedor da al jardín
-3. *(search)* buscar; **we've looked everywhere** hemos buscado *or* mirado por todas partes, *RP* nos fijamos en todas partes; **I haven't looked in the kitchen/under the table** no he buscado *or* mirado en la cocina/debajo de la mesa, *RP* no me fijé en la cocina/abajo de la mesa
-4. *(appear)* **you ~ terrific!** ¡estás fantástico!; **you're looking well!** ¡qué buen aspecto tienes!; **those new curtains ~ great** esas cortinas nuevas quedan estupendas; **how do I ~ in this dress?** ¿qué tal me queda este vestido?; **that shirt looks nice on you** esa camisa te queda muy bien; **she looks pale** está pálida; **she looks about twenty** parece que tuviera veinte años; **what does she ~ like?** ¿cómo es?, ¿qué aspecto tiene?; **to ~ like sb** parecerse a alguien; **it looks like a rose** parece una rosa; **she looks like a nice person** parece simpática; **he was holding what looked like a knife** tenía en la mano algo que parecía un cuchillo
-5. *(seem)* parecer; **to ~ old/ill** parecer viejo(a)/enfermo(a); **he made me ~ stupid** me dejó *or* puso en ridículo; **you don't ~ yourself** no pareces tú; **things are looking good/bad** las cosas van bien/mal; **it would ~ bad if you didn't come** quedaría mal que no fueras; **how is she? – it doesn't ~ good** ¿cómo está? – la cosa no tiene buen aspecto; **~ lively** *or* **sharp!** ¡espabila!, *RP* ¡despertate!; **it looks like** *or* **as if** *or* **as though...** parece que...; **you ~ as if** *or* **though you've slept badly** tienes aspecto de haber dormido mal; **will they win? – it looks like it** ¿ganarán? – eso parece; **they don't ~ like winning** no parece que vayan a ganar; **it looks like rain** parece que va a llover; *Fig* **to ~ like thunder** *(person)* tener cara de pocos amigos
-6. *(in exclamations)* **~, why don't we just forget about it?** mira, ¿por qué no lo olvidamos?; **~ here!** ¡mire usted!; **(now) ~!** ¡mira!

◆ **look after** *vt insep (person, property, possessions)* cuidar; *(shop)* cuidar de, atender; *(customer, guest)* atender a; *(process, arrangements, finances)* hacerse cargo de; **they ~ after our interests in Europe** velan por *or* se ocupan de nuestros intereses en Europa; **I'm perfectly capable of looking after myself** soy perfectamente capaz de cuidar de mí mismo; *Fam* **~ after yourself!** ¡cuídate!, *Am* ¡qué estés bien!; **to ~ after number one** cuidarse de los propios intereses; **they ~ after their own** cuidan de los suyos

◆ **look ahead** *vi (think of future)* pensar en el futuro; **looking ahead three or four years** a tres o cuatro años vista

◆ **look around, look round** ◇ *vt insep* **we looked around a museum** visitamos un museo; **I looked around the cell for a way out** miré por toda la celda en busca de una salida; **~ around you, times have changed!** ¡espabila, que los tiempos han cambiado!
◇ *vi* **she looked around to see if anyone was following** miró a su alrededor para ver si alguien la seguía; **I went into the centre of town to ~ around** fui al centro a dar una vuelta; **when I ~ around, all I see is suffering** cuando miro a mi alrededor, lo único que veo es sufrimiento; **we looked around for shelter** miramos a nuestro alrededor en busca de un refugio; **I've been looking around for something better** he estado buscando para ver si encontraba algo mejor

◆ **look at** *vt insep* **-1.** *(generally)* mirar; **he looked at himself in the mirror** se miró en el espejo; **we looked at each other** nos miramos el uno al otro; **what are you**

look — **looses**

looking at? ¿qué miras?; **I haven't looked at another woman in the last forty years** no he mirado a otra mujer en (los últimos) cuarenta años; **he's a famous athlete, though you'd never guess it to ~ at him** es un atleta famoso, aunque al verlo uno nunca lo diría; *Fam* **he's not much to ~ at** no es ninguna belleza; **oh dear, ~ at the time!** ¡vaya, mira qué hora es!; *Fam* **well, ~ at that, she didn't even say thank you!** ¿qué te parece? ¡no dio ni las gracias!
  -2. *(examine)* examinar; **could you ~ at my printer?** ¿puedes echarle un vistazo a mi impresora?
  -3. *(consider)* ver; **we've been looking at different solutions** hemos estado estudiando diversas soluciones; **~ at the problem from my point of view** tienes que ver el problema desde mi punto de vista; **I don't ~ at it that way** yo no lo veo de esa manera; **they won't even ~ at the idea** ni siquiera estudiarán la idea
  -4. *Fam (face)* **you're looking at a bill of $3,000** estamos hablando de una factura de 3.000 dólares

◆ **look away** *vi* mirar hacia otro lado
◆ **look back** *vi* **-1.** *(in space)* mirar atrás, volver la vista atrás; **she walked away without looking back** se marchó sin volver la vista atrás
  -2. *(in time)* **looking back (on it), we could have done better** viéndolo en retrospectiva, podíamos haberlo hecho mejor; **don't ~ back, think of the future** no mires atrás, piensa en el futuro; **he has never looked back since that day** desde ese día no ha hecho más que progresar; **to ~ back on sth** recordar algo; **the programme looks back over eleven years of Thatcherism** el programa es una retrospectiva de once años de thatcherismo
◆ **look down** *vi (from above)* mirar hacia abajo; *(lower one's eyes)* bajar la mirada *or* la vista
◆ **look down on** *vt insep (despise)* desdeñar
◆ **look for** *vt insep* **-1.** *(seek)* buscar; **that's just what I was looking for!** ¡eso es precisamente lo que andaba buscando!; **what do you ~ for in a man?** ¿qué buscas en un hombre?; **you're looking for trouble** estás buscándote un lío *or* problemas
  -2. *(expect)* esperar; **it's not the result we were looking for** no es el resultado que esperábamos
◆ **look forward to** *vt insep* **to ~ forward to sth** *(party, event)* estar deseando que llegue algo; **I was looking forward to my holidays/a good breakfast** tenía muchas ganas de empezar las vacaciones/de un buen desayuno; **I'm really looking forward to this movie** creo que esta película va a ser muy buena; **I'm looking forward to our next meeting** confío en que nuestra próxima reunión será de sumo interés; **I'm sure we're all looking forward to a productive couple of days' work** seguro que vamos a disfrutar de dos días de fructífero trabajo; **we are looking forward to a further drop in unemployment** esperamos otra bajada de las cifras del desempleo *or Am* de la desocupación; **to ~ forward to doing sth** estar deseando hacer algo, tener muchas ganas de hacer algo; **I ~ forward to hearing from you** *(in letter)* quedo a la espera de recibir noticias suyas
◆ **look in** *vi* **to ~ in (on sb)** *(visit)* hacer una visita (a alguien); **I looked in at the office** pasé por la oficina
◆ **look into** *vt insep (investigate)* investigar, examinar
◆ **look on** ◇ *vt insep (consider)* considerar; **to ~ on sth/sb as...** considerar

algo/a alguien...; **I look on her as a friend** la considero una amiga
  ◇ *vt sep* **to ~ kindly on sth/sb** ver algo/a alguien con buenos ojos; **they would ~ favourably on such an offer** verán con buenos ojos una oferta así
  ◇ *vi* quedarse mirando
◆ **look out** ◇ *vt sep Br* **to ~ sth out for sb** encontrar algo para *or* a alguien
  ◇ *vi* **-1.** *(person)* mirar; **to ~ out of the window** mirar por la ventana
  -2. *(room, window)* **the bedroom looks out on(to)** *or* **over the garden** el dormitorio da al jardín, desde el dormitorio se ve el jardín
  -3. *(be careful)* tener cuidado; **~ out!** ¡cuidado!
◆ **look out for** *vt insep* **-1.** *(look for)* buscar; **~ out for the special offer packs** no se pierda los packs *or* lotes en oferta especial
  -2. *(be on guard for)* estar al tanto de; **you have to ~ out for snakes** tienes que estar al tanto de las serpientes
  -3. *(take care of)* cuidar de; **to ~ out for oneself** preocuparse de uno(a) mismo(a)
◆ **look over** *vt insep* mirar por encima, repasar
◆ **look round** = look around
◆ **look through** *vt* **-1.** *(window, telescope)* mirar por; *Fig* **she looked straight through me** miró hacia mí, pero no me vio
  -2. *(inspect)* examinar
  -3. *(glance through)* echar un vistazo a
◆ **look to** *vt insep* **-1.** *(rely on)* **to ~ to sb (for sth)** dirigirse a alguien (en busca de algo); **we are looking to you to help us** contamos con que nos ayudes
  -2. *(think about)* **we must ~ to the future** debemos mirar hacia el futuro; **he should ~ to his reputation** debería mirar por su reputación
  -3. *(aim to)* **to be looking to do sth** querer hacer algo, tener la intención de hacer algo
  -4. *(ensure)* **~ to it that you...** asegúrate de que...
◆ **look towards** *vt insep* **we are looking towards finishing the project by May** esperamos terminar el proyecto en mayo
◆ **look up** ◇ *vt sep* **-1.** *(in dictionary, address book)* buscar **-2.** *(visit)* **to ~ sb up** visitar a alguien
  ◇ *vi* **-1.** *(from below)* mirar hacia arriba; *(raise one's eyes)* levantar la mirada *or* la vista
  -2. *(improve)* **things are looking up** las cosas están mejorando
◆ **look upon** ◇ *vt insep* = look on
  ◇ *vt sep* = look on
◆ **look up to** *vt insep* admirar

lookalike ['lʊkəlaɪk] *n (person)* doble *mf*; *(object)* réplica *f*
looked-for ['lʊkdfɔː(r)] *adj* ansiado(a), anhelado(a)
looker ['lʊkə(r)] *n Fam* **she's a real ~** es un bombón, es monísima; **he's not much of a ~** no es muy *Esp* guapo *or Am* lindo que digamos
looker-on ['lʊkər'ɒn] *(pl* **lookers-on**) *n (spectator)* curioso(a) *m,f*
look-in ['lʊkɪn] *n Fam* **he won't get a ~** no tendrá ninguna oportunidad; **she talked so much that I didn't get a ~** habló tanto que no pude decir ni pío
-looking ['lʊkɪŋ] *suffix* **kind~** de aspecto amable *or* agradable; **filthy~** mugriento(a), de aspecto mugriento
looking-glass ['lʊkɪŋɡlɑːs] *n Old-fashioned* espejo *m*; IDIOM **a ~ world** un mundo al revés
lookout ['lʊkaʊt] *n* **-1.** *(person)* centinela *mf*, vigilante *mf* **-2.** *(place)* **~ (post)** puesto *m* de vigilancia; **~ tower** atalaya **-3.** *(action)* **to keep a ~ for sth/sb** estar alerta por si se ve algo/a alguien; **to be on the ~ for sth/sb** estar buscando algo/a alguien **-4.** *Br Fam*

(concern, problem) **that's your ~!** ¡allá tú!; IDIOM **it's a poor ~ when...** algo no va bien *or* no marcha cuando...
look-see ['lʊksiː] *n Fam* **to have** *or* **take a ~** echar un vistazo
look-up table ['lʊkʌp'teɪbəl] *n* COMPTR tabla *f* de referencia
loom[1] [luːm] *n (for making cloth)* telar *m*
loom[2] *vi* **-1.** *(appear)* emerger; **above us loomed a high cliff** por encima de nuestras cabezas emergió un imponente acantilado
  -2. *(approach threateningly)* cernerse, cernirse; **dangers ~ ahead** los peligros nos acechan; **with the elections/exams looming** con las elecciones/los exámenes a la vuelta de la esquina
  -3. *(appear important)* **to ~ large** cobrar relevancia; **these factors ~ large in our calculations** estos factores tienen mucho peso en nuestros cálculos
loon [luːn] *n* **-1.** *(idiot) Fam* lunático(a) *m,f*, chalado(a) *m,f*, *Méx* zafado(a) **-2.** *US (bird)* colimbo *m*
loon(e)y ['luːnɪ] *Fam* ◇ *n* lunático(a) *m,f*, chalado(a) *m,f*, *Méx* zafado(a)
  ◇ *adj (person)* chalado(a), lunático(a); *(idea)* disparatado(a); *Pej* **the ~ left** la izquierda radicalizada
loony-bin ['luːnɪbɪn] *n Fam* loquero *m*, *Esp* frenopático *m*
loop [luːp] ◇ *n* **-1.** *(shape)* curva *f* □ **~ aerial** antena *f* de cuadro
  -2. *(of rope, ribbon)* lazo *m*
  -3. *(of audiotape, film)* bucle *m*; **the film/the tape runs in a (continuous) ~** la misma película/la cinta se reproduce una y otra vez
  -4. *(of river)* recodo *m* pronunciado
  -5. *(of fingerprint)* lazo *m*
  -6. *(contraceptive device)* DIU *m*, dispositivo *m* intrauterino
  -7. COMPTR bucle *m*, referencia *f* circular
  -8. ELEC circuito *m* cerrado
  -9. RAIL **~ (line)** = desvío de una vía principal que se vuelve a unir a ésta tras un corto trecho
  -10. *US Fam* **to be out of the ~** no estar al corriente; **to cut sb out of the ~** dejar a alguien fuera de juego
  ◇ *vt* **~ (string)** enrollar; **to ~ sth around sth** enrollar algo alrededor de algo **-2.** AV **to ~ the ~** rizar el rizo
  ◇ *vi (bird, aircraft)* trazar *or* describir un rizo; **the path looped round the side of the mountain** el sendero serpenteaba por la ladera de la montaña; **the river loops back on itself** el río gira y vuelve sobre sí mismo
loophole ['luːphəʊl] *n* **-1.** *(in law)* resquicio *m* legal **-2.** *(in fortified wall)* aspillera *f*, tronera *f*
loopy ['luːpɪ] *adj Fam (person)* majareta, chiflado(a); *(idea)* disparatado(a); **to be ~** *(of person)* estar chiflado(a) *or Esp* majareta *or Méx* zafado(a)
loose [luːs] ◇ *n (freedom)* **to be on the ~** andar suelto(a)
  ◇ *adj* **-1.** *(not firmly fixed) (tooth, connection)* suelto(a), flojo(a); *(skin)* colgante; **a dangerous animal is ~ in the area** hay un animal peligroso suelto en la zona; **to break ~** soltarse; **to come ~** aflojarse; **we let the horse ~ in the field** dejamos al caballo suelto en el campo; *Fam* **don't let him ~ in the kitchen!** ¡no lo dejes suelto en la cocina!; **they let** *or* **set their dogs ~ on us** nos soltaron *or* echaron a los perros; **they let** *or* **set the riot police ~ on the crowd** soltaron a los antidisturbios entre la multitud; **they let** *or* **set us ~ on the project** nos dieron rienda suelta para trabajar en el proyecto; **they let ~ a volley of machine-gun fire** dispararon una ráfaga de ametralladora; **to let ~ a torrent of abuse** soltar una sarta de improperios; **the screw had worked itself ~** el tornillo se había aflojado □ *Br* **~ cover** *(of cushion)* funda *f* de quita y pon; **~ end: to be at a ~ end** *or US* **at ~ ends** no tener nada que hacer; *Fig* **to tie up the ~ ends** *(in investigation)* atar cabos sueltos; **~ head**

loose-fitting *(prop) (in rugby)* pilar *m* izquierdo **-2.** *(not tight) (piece of clothing)* suelto(a), holgado(a); *(knot, weave)* suelto(a), flojo(a) **-3.** *(not tightly packed) (sweets, olives)* suelto(a), a granel; *(soil, gravel)* suelto(a); **you look better with your hair ~** te queda mejor el pelo suelto ❑ **~ change** cambio *m*, *Esp* suelto *m*, *Andes, CAm, Méx* sencillo *m* **-4.** *(not close) (alliance, network)* informal **-5.** *(not precise) (translation, interpretation)* poco exacto(a) **-6.** *(uncontrolled)* **my bowels are ~** tengo *Esp* descomposición *or Am* descompostura; [IDIOM] **he's a ~ cannon** es un descontrolado, *Am* es un(a) bala perdida ❑ **a ~ cough** una tos con flemas, *RP* un catarro; **~ talk** indiscreciones *fpl* **-7.** *(immoral) (morals, lifestyle)* disoluto(a) ❑ **~ living** vida *f* disoluta *or* disipada; **a ~ woman** una mujer de vida alegre **-8.** *US Fam (relaxed)* **to hang** *or* **stay ~** estar tranqui
◇ *vt Literary* **-1.** *(arrow)* disparar; *(string of insults)* proferir
-2. *(animal)* soltar; *(prisoner)* liberar; *(knot)* deshacer; *(hair)* desenredar; **to ~ one's grip on sth** soltar algo
◇ *adv* **to buy sth ~** comprar algo a granel
◆ **loose off** ◇ *vt sep (fire) (bullet, arrow, gun)* disparar; *(curses)* soltar
◇ *vi (with gun)* disparar; *US (with insults, criticism)* **to ~ off at sb** despotricar contra alguien

loose-fitting ['luːsˈfɪtɪŋ] *adj* suelto(a), holgado(a)

loose-leaf ['luːsliːf] *adj* **~ binder** cuaderno *m or* carpeta *f* de anillas; **~ folder** cuaderno *m or* carpeta *f* de anillas

loose-limbed ['luːsˈlɪmd] *adj* suelto(a)

loosely ['luːslɪ] *adv* **-1.** *(not firmly)* sin apretar; **the rope hung ~** *(unattached)* la cuerda colgaba suelta, *(slackly)* la cuerda colgaba laxa *or* poco tirante; **the sign is ~ attached to the wall** el letrero no está pegado a la pared con firmeza; **he's ~ attached to headquarters** mantiene cierta relación con la central; **~ packed** *(snow, earth)* suelto(a)
-2. *(not closely)* **the dress is ~ gathered at the waist** el vestido queda bastante holgado a la altura de la cintura
-3. *(approximately, vaguely)* sin demasiado rigor, vagamente; **the movie is only ~ based on my book** la película es una adaptación libre de mi libro; **~ speaking** hablando en términos generales; **~ translated** traducido(a) muy libremente

loosen ['luːsən] ◇ *vt* **-1.** *(screw, knot, belt)* aflojar; **the punch loosened several of his teeth** el puñetazo le aflojó unos cuantos dientes; **it loosens the bowels** aligera el vientre; **to ~ the soil with a hoe** remover la tierra con una azada; **to ~ one's grip** soltar, aflojar la presión; **to ~ sb's tongue** soltar la lengua a alguien **-2.** *(restrictions)* suavizar
◇ *vi* aflojarse
◆ **loosen up** *vi* **-1.** *(before exercise)* calentar
-2. *(relax)* relajarse; **~ up (a bit)!** ¡relájate (un poco)!, ¡tómatelo con calma!

looseness ['luːsnɪs] *n* **-1.** *(of nail, screw)* falta *f* de fijeza **-2.** *(of rope, knot)* flojedad *f*; *(of clothing)* holgura *f* **-3.** *(of translation)* imprecisión *f* **-4.** *(of morals, lifestyle)* disipación *f*, *Esp* relajo *m*

loosening ['luːsənɪŋ] *n (of policy, rules)* flexibilización *f*

loot [luːt] ◇ *n* **-1.** *(booty)* botín *m* **-2.** *Fam (money) Esp* pasta *f*, *Am* plata *f*, *Méx* lana *f*
◇ *vt* saquear

looter ['luːtə(r)] *n* saqueador(ora) *m,f*

looting ['luːtɪŋ] *n* saqueo *m*, pillaje *m*

lop [lɒp] *vt* **-1.** *(tree)* podar **-2.** *(sum of money, item of expenditure)* recortar
◆ **lop off** *vt sep* **-1.** *(branch)* cortar; **he lopped the branches off the tree** podó las ramas del árbol; *Fig* **he lopped ten pages off the report** eliminó *or* cortó diez páginas del informe **-2.** *(price, time)* recortar; **the new motorway will ~ 30 minutes off travelling time** la nueva autopista recortará los desplazamientos en 30 minutos

lope [ləʊp] ◇ *n (of person)* zancadas *fpl*; *(of animal)* trote *m*
◇ *vi (person)* caminar a zancadas; *(animal)* trotar

lop-eared ['lɒpɪəd] *adj (animal)* de orejas gachas *or* caídas

lopsided ['lɒpˈsaɪdɪd] *adj* **-1.** *(at the wrong angle) (picture)* torcido(a) **-2.** *(asymmetrical)* torcido(a); **a ~ grin** una sonrisa torcida **-3.** *(unbalanced)* descompensado(a), desequilibrado(a); **her handwriting is all ~** tiene una letra muy desigual *or* irregular; **the article presents a rather ~ picture of events** el artículo presenta los hechos de forma desequilibrada

loquacious [lɒˈkweɪʃəs] *adj Formal* locuaz

loquacity [lɒˈkwæsɪtɪ] *n Formal* locuacidad *f*

loquat ['ləʊkwɒt] *n (tree, berry)* níspero *m* del Japón

lord [lɔːd] ◇ *n* **-1.** *(aristocrat)* señor *m*, lord *m*; *Br* **(House of) Lords** la cámara de los lores ❑ **Lord Advocate** *(in Scotland)* ≃ fiscal *mf* general del Estado; **Lord Chamberlain** el lord chambelán, = primer chambelán de la casa real británica; **Lord Chancellor** = presidente de la Cámara de los Lores y responsable de justicia en Inglaterra y Gales; **Lord Chief Justice** = juez británico de alto rango que depende del "Lord Chancellor" y preside el tribunal supremo; **the Lord Mayor** = alcalde en algunas ciudades de Inglaterra y Gales que desempeña funciones ceremoniales; *Br Fam* **Lord Muck: he's acting like Lord Muck** se porta como un señoritingo; **Lord Provost** = alcalde en algunas ciudades de Escocia que desempeña funciones ceremoniales; **Lords Spiritual** = dignatarios de la Iglesia anglicana que forman parte de la Cámara de los Lores; **Lords Temporal** = miembros laicos de la Cámara de los Lores
-2. *(term of address)* **my Lord** *(to nobleman)* mi señor; *(to judge)* señoría; *(to bishop)* ilustrísima
-3. *REL* **the Lord** el Señor; **Our Lord (Jesus Christ)** Nuestro Señor (Jesucristo); **in the year of our Lord 1898** en el año de Nuestro Señor de 1898 ❑ **the Lord's Day** el día del Señor; **the Lord's Prayer** el padrenuestro; **the Lord's Supper** la eucaristía *f*
-4. *Fam (in exclamations)* **good Lord!** ¡Dios mío!; **oh Lord!** ¡ay, Señor!; **Lord knows if...** sabe Dios si...
-5. *SPORT* **Lord's** = el campo de críquet más famoso del Reino Unido, situado en Londres
◇ *vt* **to ~ it over sb** tratar despóticamente a alguien

lordly ['lɔːdlɪ] *adj* altanero(a)

Lordship ['lɔːdʃɪp] *n* **His/Your ~** *(to nobleman)* su señoría; *(to judge)* (su) señoría; *(to bishop)* (su) ilustrísima; *Fam Hum* **what did his ~ want, then?** ¿qué deseaba el señor?

lordy ['lɔːdɪ] *exclam US Fam* ¡Jesús!

lore [lɔː(r)] *n* **-1.** *(folk legend)* leyenda *f* **-2.** *(traditional knowledge)* saber *m* popular; **she knows all the countryside ~** domina a la perfección el saber popular del mundo rural

lorgnette [lɔːˈnjet] *n* impertinentes *mpl*

loris ['lɒrɪs] *n* loris *m inv*

lorry ['lɒrɪ] *n Br* camión *m*; *Fam Euph* **it fell off the back of a ~** *(was stolen)* es de trapicheo, *Méx* es chueco(a), *RP* es trucho(a) ❑ **~ driver** camionero(a) *m,f*

lorry-load ['lɒrɪləʊd] *n Br* camión *m*; **he had a ~ of bricks to deliver** tenía que entregar un camión (cargado) de ladrillos

Los Angeles [lɒsˈændʒəliːz] *n* Los Ángeles

lose [luːz] *(pt & pp* **lost** [lɒst]*)* ◇ *vt* **-1.** *(mislay)* perder, extraviar; **to ~ one's way** perderse; *Fig* **he lost his way in his later years** se fue por el mal camino hacia el final de su vida; *Fig* **she lost her way in the second set** en el segundo set empezó a fallar; **to be lost at sea** desaparecer *or* morir en el mar; **she had lost herself in a book/in her work** se quedó absorta en la lectura de un libro/en su trabajo; *Fam* **you've lost me** *(I don't understand)* no te sigo
-2. *(no longer have)* perder; **she lost a leg** perdió una pierna; **she lost both parents/the baby** perdió a sus padres/el niño; **several paintings were lost in the fire** se perdieron varios cuadros en el incendio; **to ~ one's balance** perder el equilibrio; **I lost everything** lo perdí todo; **he had lost interest in his work** había perdido el interés por su trabajo; **three people lost their lives in the accident** tres personas perdieron la vida en el accidente; **to ~ one's sight** perder la vista; **to ~ sight of sth/sb** perder algo/a alguien de vista; **I wouldn't ~ any sleep over it** yo no perdería el sueño por eso; **to ~ one's voice** quedarse afónico(a); **you have nothing to ~** no tienes nada que perder; **it loses something in translation** al traducirlo, pierde algo; *Fam* **to ~ it** descontrolarse; *Fam* **I think I'm losing it** *(going mad)* creo que estoy perdiendo la cabeza; *Fam* **to ~ one's cool** mosquearse; **to ~ one's head** perder los estribos; *Fam Hum* **to ~ one's marbles** volverse loco(a) *or Esp* majara, *CSur* rayarse, *Méx* zafarse; **to ~ one's mind** perder la cabeza; *Br Fam* **he's lost the plot** no se da cuenta de nada, no se entera de nada; *Br Fam* **to ~ the place** empezar a chochear; *Fam* **to ~ one's** *or* **the rag** salirse de sus casillas; *Fig* **to ~ one's shirt (on sth)** perder hasta la camisa (en algo)
-3. *(allow to escape)* **to ~ blood/heat** perder sangre/calor; **to ~ height** *(aircraft)* perder altura; **we are losing a lot of business to them** nos están quitando *or Am* sacando un montón de clientes
-4. *(get rid of)* **to ~ one's inhibitions** desinhibirse; **to ~ weight** adelgazar, perder peso; **we lost him in the crowd** le dimos esquinazo entre la multitud, conseguimos despistarlo en la multitud
-5. *(waste)* perder; **to ~ an opportunity** perder *or* dejar escapar una oportunidad; **he lost no time in correcting me** no tardó *or Am* demoró ni un minuto en corregirme; **there's no time to ~** no hay tiempo que perder; **the joke/irony was lost on him** no entendió el chiste/la ironía
-6. *(not win) (match, argument)* perder
-7. *(cause not to win)* **that mistake lost him the match** ese error hizo que perdiera el partido
-8. *(of clock, watch)* **my watch loses five minutes a day** mi reloj (se) atrasa cinco minutos al día
◇ *vi* **-1.** *(in contest)* perder **(to** contra); **they lost two-nil to Chile** perdieron por dos a cero contra Chile
-2. *(have less)* **to ~ in value** perder valor; **I lost on the deal** salí perdiendo (en el trato)
-3. *(clock, watch)* atrasar
◆ **lose out** *vi* salir perdiendo **(to en** beneficio de**); to ~ out on sth** salir perdiendo en algo

loser ['luːzə(r)] *n* **-1.** *(in contest)* perdedor(ora) *m,f*; **to be a good/bad ~** ser buen/mal perdedor(ora); **you'll be the ~** tú saldrás perdiendo; **they're the losers by it** ellos han salido perdiendo **-2.** *Fam (in life)* fracasado(a); **he's a (born) ~** es un fracasado; **what a ~!** ¡vaya *or* menudo fracasado!

losing ['luːzɪŋ] *adj* **-1.** *(failing, being defeated)* **the ~ side** los vencidos; [IDIOM] **to fight a ~ battle** luchar por una causa perdida **-2.** *(unprofitable)* **it's a ~ proposition** la propuesta no es rentable

losingest ['luːzɪŋɪst] *adj US Fam* **the ~ team/season** la peor formación/temporada

loss [lɒs] *n* **-1.** *(gen)* pérdida *f*; **~ of vision** pérdida de visión; **her leaving will be a great ~ to us all** su marcha representará una gran pérdida para todos nosotros; **it's no great ~** no es una gran pérdida; **it's**

loss-maker

your ~ tú te lo pierdes; **to feel a sense of ~** sentir un gran vacío; **without ~ of face** sin perder la dignidad; **to be at a ~ to explain...** no saber cómo explicar...; **she's never at a ~ for an answer** siempre sabe qué contestar

-2. *(of life)* **the ~ of a close relative** la pérdida de un familiar cercano; **there was great ~ of life** hubo muchas pérdidas humanas; **despite the damage there was no ~ of life** a pesar de los desperfectos no hubo pérdidas humanas; **to suffer/inflict heavy losses** *(casualties)* sufrir/causar gran número de bajas *(mortales)*; *Euph* **we were sorry to hear of your ~** *(bereavement)* lamentamos mucho enterarnos de tan dolorosa pérdida

-3. *(financial)* **losses** pérdidas *fpl*; **to make a ~** tener pérdidas; **we made a ~ of 10 percent on the deal** perdimos un 10 por ciento en la transacción; **to sell at a ~** vender con pérdidas; **to cut one's losses** reducir pérdidas; *Fig* evitar problemas cortando por lo sano; **~ of earnings** pérdida de ingresos, descenso de los ingresos ❑ **~ adjuster** *(in insurance)* perito *m,f* tasador(ora) de seguros; COM **~ leader** reclamo *m* de ventas

loss-maker ['lɒsmeɪkə(r)] *n (company)* empresa *f* deficitaria; *(product)* producto *m* deficitario

loss-making ['lɒsmeɪkɪŋ] *adj Br* con pérdidas

lost [lɒst] ◇ *adj* **-1.** *(missing)* perdido(a); **to be ~** estar perdido(a); **to get ~** perderse, desaparecer; **to give sth/sb up for ~** dar algo/a alguien por perdido(a) ❑ **~ cause** *(aim, ideal)* causa *f* perdida; *(person)* caso *m* perdido; *US* **~ and found** objetos *mpl* perdidos; *US* **~ and found office** oficina *f* de objetos perdidos; **~ generation** *(soldiers)* = los caídos en la Primera Guerra Mundial; *(writers)* generación *f* perdida; **~ property** objetos *mpl* perdidos; **~ property office** oficina *f* de objetos perdidos; **~ sheep** oveja *f* descarriada

-2. *(unable to find one's way)* perdido(a); **to be ~** estar perdido(a); **to get ~** perderse; **I'm ~** me he perdido; *Fam* **get ~!** ¡lárgate!, ¡vete a paseo!; *Fam* **she told him to get ~** lo mandó a paseo *or* a freír churros

-3. *(presumed dead)* MIL **~ in action** desaparecido(a) en combate; **30 people were reported ~ at sea** 30 personas se dieron por desaparecidas en alta mar

-4. *(beyond saving, retrieval)* **a ~ soul** un alma descarriada; *Old-fashioned* **a ~ woman** una perdida; **he was ~ to us a long time ago** se volvió un extraño para nosotros hace mucho tiempo; **all is not (yet) ~** no todo está perdido

-5. *(wasted)* **to make up for ~ time** recuperar el tiempo perdido; **the allusion was ~ on me** no entendí la indirecta

-6. *(engrossed)* absorto(a); **she was ~ in her book** estaba absorta en su libro; **he was ~ in thought** estaba absorto en sus pensamientos; **he was ~ to the world while he studied the report** estuvo ensimismadísimo mientras estudiaba el informe

-7. *(confused, disoriented)* perdido(a); **I'm ~, start again!** me he perdido, comienza otra vez; **to seem** *or* **look ~** tener un aire de perdido(a), parecer perdido(a); **I'd be ~ without my diary** yo sin mi agenda estaría perdido *or* no sabría qué hacer; **to be ~ for words** no encontrar palabras, no saber qué decir

◇ *pt & pp of* **lose**

Lot [lɒt] *pr n* Lot

lot [lɒt] ◇ *n* **-1.** *(large quantity)* **a ~, lots** *(singular)* mucho(a); *(plural)* muchos(as); **a ~ of, lots of** *(singular)* mucho(a); *(plural)* muchos(as); **he eats a ~** come mucho; **I had several, but I've lost a ~** tenía varios, pero he perdido muchos de ellos; **a ~** *or* **lots has been written about her death** se ha escrito mucho sobre su muerte; **we had lots and lots to eat** comimos muchísimo; **there wasn't a ~ we could do** no podíamos hacer gran cosa; **a ~** *or* **lots of people** mucha gente; **a ~** *or* **lots of questions** muchas preguntas; **a ~ of my time is taken up with administration** gran parte del tiempo lo paso haciendo tareas de gestión; **I saw quite a ~ of her in Paris** la vi mucho en París; **we had a ~** *or* **lots of fun** nos divertimos mucho; *Fam* **I've got the flu – there's a ~ of it about** tengo (la) gripe *or Col, Méx* gripa – mucha gente la tiene; **you've got a ~ of explaining to do** tienes muchas cosas que explicar; **do you like it? – not a ~** ¿te gusta? – no mucho; **I've got quite a ~ of work/students** tengo bastante trabajo/bastantes alumnos; **I've had such a ~ of luck/presents!** ¡he tenido tanta suerte/tantos regalos!; **what a ~ of food!** ¡cuánta comida!; **what a ~ of dresses you have!** ¡cuántos vestidos tienes!; **I have a ~ on my mind** tengo muchas cosas en la cabeza; *Fig* **I've got a ~ on my plate at the moment** tengo muchas cosas entre manos en estos momentos

-2. *(destiny)* fortuna *f*, suerte *f*; **he was happy with his ~** estaba contento con su suerte; **to throw in one's ~ with sb** compartir la suerte de alguien, unir (uno) su suerte a la de alguien

-3. *(chance)* **to choose sb by ~** elegir a alguien por sorteo; **to draw** *or* **cast lots for sth** sortear algo, echar algo a suertes

-4. *(group of things, batch)* lote *m*; **we'll finish this ~ and then stop** terminamos este lote y paramos; **here's another ~ of papers for you to sign** aquí tienes otro lote de papeles para firmar; **the (whole) ~** todo; **I bought the ~** lo compré todo; *Fam* **that's your ~, I'm afraid** lo siento, pero esto es todo

-5. *Fam (group of people)* grupo *m*; **they're a hopeless ~** son unos inútiles; **that ~ next door** los de al lado; **I'm fed up with the ~ of you!** ¡me tenéis todos harto!; **listen, you ~!** *Esp* ¡oíd, vosotros!, *Am* ¡oigan, ustedes!; **are your ~ coming too?** ¿vosotros venís también?; IDIOM **he's a bad ~** es un elemento de cuidado

-6. *(piece of land)* terreno *m*; *(film studio)* plató *m*; *US (car park)* estacionamiento *m*, *Esp* aparcamiento *m*, *Bol, Col, Cuba* parqueo *m*, *Col, Ven* parqueadero *m*

-7. *(at auction)* lote *m*; **in lots** por lotes; **number 56** lote número 56

◇ *adv* **a ~, lots** mucho; **are you feeling better now? – oh, lots, thank you** ¿te encuentras mejor? – muchísimo mejor, gracias; **a ~** *or* **lots bigger** mucho más grande; **we go there a ~ on holiday** vamos mucho allí de vacaciones; **thanks a ~** muchas gracias

loth = loath

Lothario [lə'θɑːrɪəʊ] *n* crápula *m*

lotion ['ləʊʃən] *n* loción *f*

lottery ['lɒtərɪ] *n* lotería *f*; *Fig* **it's a ~** es una lotería ❑ **~ outlet** administración *f* de loterías; **~ ticket** billete *m* or *Am* boleto *m* de lotería

lotto ['lɒtəʊ] *n (game)* = juego parecido al bingo

lotus ['ləʊtəs] *n* loto *m* ❑ **~ position** posición *f* del loto

lotus-eater ['ləʊtəsiːtə(r)] *n* **-1.** *(in Greek mythology)* lotófago *m,f* **-2.** *(lazy person)* persona *f* indolente

loud [laʊd] ◇ *adj* **-1.** *(noise, bang, explosion, applause)* fuerte; *(music, radio)* alto(a); *(protest)* sonoro(a); **he has a ~ voice** tiene una voz muy fuerte; **he spoke in a ~ voice** habló en voz alta; **to be ~ in one's praise/condemnation of sth** elogiar/condenar algo rotundamente

-2. *Pej (person)* escandaloso(a); **he's a bit ~, isn't he?** es un poco escandaloso, ¿no crees?

-3. *(garish) (colour, clothes, decor)* llamativo(a), chillón(ona); **he wore a suit with a ~ check** llevaba un traje con unos cuadros llamativos

◇ *adv* alto; **the music was turned up ~** la música estaba muy alta; **to read out ~** leer en voz alta; **to think out ~** pensar en alto; **louder!** ¡más alto!; **~ and clear** alto y claro; **I hear you ~ and clear** *(on radio)* te oigo alto y claro; *Fam (I understand)* me ha quedado perfectamente claro; **to complain ~ and long (about sth)** quejarse amargamente (de algo)

loudhailer [laʊd'heɪlə(r)] *n Br* megáfono *m*

loudly ['laʊdlɪ] *adv* **-1.** *(to speak)* alto, en voz alta; *(to complain)* en voz alta; *(to shout)* muy fuerte *or* alto **-2.** *(garishly)* llamativamente, chillonamente

loud-mouth ['laʊdmaʊθ] *n Fam* **to be a ~** ser un(a) bocazas

loud-mouthed ['laʊdmaʊðd] *adj Fam* bocazas *inv*

loudness ['laʊdnɪs] *n* **-1.** *(of noise, bang, explosion, applause)* fuerza *f*, intensidad *f*; *(of voice, music, radio)* volumen *m* (alto); *(protest)* clamor *m* **-2.** *(of colour, clothes, decor)* tono *m* chillón *or* llamativo

loudspeaker [laʊd'spiːkə(r)] *n* altavoz *m*, *Am* altoparlante *m*, *Méx* bocina *f*

lough [lɒx, lɒk] *n Irish (lake)* lago *m*; *(open to sea)* ría *f*

Louis ['luːɪ] *pr n* I/II Luis I/II

Louisiana [luːiːzɪ'ænə] *n* Luisiana ❑ HIST **the ~ Purchase** la compra de Luisiana

LOUISIANA PURCHASE

Expresión que hace alusión a la transacción por la que en 1803 EE.UU. compró a Francia un vasto territorio por la suma de 15 millones de dólares. La zona, conocida como el territorio de Luisiana, cubría más de 2.100.000 m² y se extendía desde el río Misisipí hasta las Rocosas y desde Canadá hasta el Golfo de México. Aquel territorio daría cabida a trece estados. La **Louisiana Purchase** aumentó en más del doble la extensión de EE.UU., convirtiéndolo en uno de los países más grandes del mundo y abriendo así una enorme superficie de terreno a la colonización y los asentamientos.

lounge [laʊndʒ] ◇ *n (in house, hotel)* salón *m*; *(in airport)* sala *f* (de espera) ❑ *Fam* **~ lizard** = hombre que gusta de codearse con la alta sociedad, va en busca de una mujer rica; *Br* **~ suit** traje *m* de calle **-2.** *Br* **~ (bar)** = en ciertos "pubs" y hoteles, sala más cómoda que la del "public bar" **-3.** *(rest)* **to have a ~ in the sun** descansar al sol

◇ *vi* **-1.** *(recline)* recostarse; *(sprawl)* repantigarse; **he spent the afternoon lounging on the sofa reading** se pasó la tarde leyendo repantigado en el sofá; **he lounged against the counter** estaba recostado sobre el mostrador **-2.** *(laze, hang around)* holgazanear, gandulear

➤ **lounge about, lounge around** *vi* holgazanear, gandulear

lounger ['laʊndʒə(r)] *n* **-1.** *(chair)* tumbona *f* **-2.** *(person)* holgazán(ana) *m,f*, gandul(ula) *m,f*

lour = lower³

Lourdes ['lʊədz] *n* Lourdes

louse [laʊs] *(pl* **lice** [laɪs]*)* *n* **-1.** *(insect)* piojo *m* **-2.** *Fam (person)* canalla *mf*

➤ **louse up** *vt sep Fam* fastidiar, jorobar

lousily ['laʊzɪlɪ] *adv Fam Esp* fatal, *Am* pésimo

lousy ['laʊzɪ] *adj* **-1.** *Fam (very bad, unpleasant)* pésimo(a), horroroso(a); **I'm ~ at tennis, I'm a ~ tennis player** soy desastroso *or* penoso jugando al tenis; **he's in a ~ mood** está de un humor de perros; **to feel ~** sentirse *Esp* fatal *or Am* pésimo; **we had a ~ time on holiday** lo pasamos *Esp* fatal *or Am* pésimo durante las vacaciones

-2. *Fam (annoying, trifling)* **I've got these ~ letters to write!** ¡tengo que escribir estas malditas cartas!; **all for a ~ $5** todo por cinco dólares de mala muerte, *Am* todo por cinco dólares de porquería

-3. *Fam (mean)* **that's a ~ thing to do** *or* **say** eso es una canallada; **a ~ trick** una jugarreta, una mala pasada

-4. *Fam* **to be ~ with** *(overrun with)* estar hasta los topes de; **they're ~ with money** están forrados

-5. *(lice-infested)* con piojos, piojoso(a)

lout [laʊt] *n* **-1.** *(thuggish person)* salvaje *m*, *Esp* gamberro *m*, *Arg* barra *m* brava **-2.** *(uncouth, clumsy person)* zopenco(a) *m,f*

loutish ['laʊtɪʃ] *adj* grosero(a), *Esp* gamberro(a), *Arg* barra brava

Louvain [luːˈveɪn] *n* Lovaina

louvre, *US* **louver** ['luːvə(r)] *n* **-1.** *(on door, window)* lama *f*, listón *m* **-2.** *(on roof)* lumbrera *f*

louvred, *US* **louvered** ['luːvəd] *adj* ~ **door** puerta *f* (tipo) persiana *or* de listones

lovable, loveable ['lʌvəbəl] *adj* adorable, encantador(ora); **a ~ rogue** un pillo encantador

lovage ['lʌvɪdʒ] *n* levístico *m*, apio *m* de monte

love [lʌv] ⋄ *n* **-1.** *(between lovers or members of a family)* amor *m*; **to be in ~ with sb** estar enamorado(a) de alguien; **they are in ~ (with each other)** están enamorados; *Fam Pej* **he's in ~ with himself** es un engreído; **to fall in ~ with sb** enamorarse de alguien; **they fell in ~ (with each other)** se enamoraron; **to make love with** *or* **to sb** *(have sex)* hacer el amor con *or* a alguien; *Old-fashioned* **to make ~ to sb** *(court)* cortejar a alguien; **make ~ not war!** haz el amor y no la guerra; **it was ~ at first sight** fue un flechazo; IDIOM **for love (n)or money: I wouldn't do it for ~ or money** no lo haría por nada del mundo; **you can't get a taxi for ~ nor money round here** por aquí no encuentras un taxi ni a la de tres; PROV **~ is blind** el amor es ciego ❑ ~ **affair** aventura *f* (amorosa); **the nation's ~ affair with soap operas** la pasión del país por las telenovelas; *Br* ~ **bite** marca *f* (de un beso), *Esp* chupetón *m*, *Am* chupón *m*; *Euph* ~ **child** hijo(a) *m,f* ilegítimo(a); *Fam* ~ **handles** *Esp* michelines *mpl*, *Méx* llantas *fpl*, *RP* rollos *mpl*; ~ **letter** carta *f* de amor; ~ **life** vida *f* amorosa *or* sentimental; **how's your ~ life?** ¿qué tal tu vida amorosa *or* sentimental?; ~ **match** matrimonio *m* por amor; ~ **nest** nido *m* de amor; ~ **poem** poema *m* de amor; ~ **potion** filtro *m* o poción *f* de amor; ~ **scene** escena *f* de amor; ~ **seat** *(S-shaped)* tu-y-yó *m inv*; *US (small sofa)* confidente *m*; ~ **song** canción *f* de amor; ~ **story** historia *f* de amor; ~ **token** recuerdo *m* (amoroso); ~ **triangle** triángulo *m* amoroso

-2. *(person)* amor *m*; **the ~ of my life** el amor de mi vida; **(my) ~** *(term of endearment)* mi amor; *Br Fam* **have you got the time, (my) ~?** ¿tienes hora, *esp Esp* guapa *or Am* mamita?; *Fam* **you're a real ~** eres un encanto; *Fam* **be a ~ and pass me the newspaper, pass me the newspaper, there's a ~** sé buen chico/buena chica y pásame el periódico

-3. *(affection)* cariño *m*; ~ **of one's country** cariño por el propio país; **give my ~ to your parents** saluda a tus padres de mi parte; **Bill sends his ~** Bill manda recuerdos; **with ~...,** ~ **(from)...,** **lots of ~...,** **all my ~...** *(at end of letter)* con cariño,...; *Fam* **for the ~ of God** *or* **Mike** por el amor de Dios; **there's no** *or* **little ~ lost between them** no se pueden ni ver

-4. *(liking, interest)* afición *f* (**of** *or* **for a** *o* **por**); **cricket is his one ~ in life** su única pasión en la vida es el críquet; **to do sth for the ~ of it** hacer algo por placer *or Esp* gusto

-5. *(in tennis)* **fifteen/thirty ~** quince/treinta nada; **he won by three sets to ~** ganó por tres sets a cero; **she won the game to ~** la ganó con un juego el blanco ❑ ~ **game** juego *m* en blanco

⋄ *vt* **-1.** *(lover)* amar, querer; **I ~ you** te quiero; **they ~ each other** se quieren; *Fam Pej* **he really loves himself** realmente es un engreído; *Fig* **she loves me, she loves me not** me quiere, no me quiere; IDIOM ~ **me, my dog** si me quieres a mí, tendrás que quererme con todas las consecuencias

-2. *(family member)* querer; **I never felt loved as a child** de niño nunca me sentí querido; *Fam Hum* **I'm going to have to ~ you and leave you** *(I must go)* lo siento, pero tengo que irme

-3. *(like very much)* **I ~ Chinese food** me encanta la comida china; **I'd ~ some coffee** un café me vendría de maravilla; **don't you just ~ champagne!** ¿no te encanta el champán?; **they ~ to go for walks, they ~ going for walks** les encanta ir de paseo; **I'd ~ to come** me encantaría ir; **I'd ~ you to come** me encantarías que vinieras; **I ~ it!** *(expressing amusement)* ¡qué bueno!; *also Ironic* **you're going to ~ this...** esto te va a encantar...; ~ **them or hate them, mobile phones are here to stay** te gusten o no, los teléfonos móviles no son una moda pasajera

⋄ *vi* amar, querer; **it's better to have loved and lost (than never to have loved at all)** es mejor haber amado y perdido (que nunca haber amado)

loveable = **lovable**

lovebird ['lʌvbɜːd] *n* **-1.** *(bird)* inseparable *m* **-2.** *Fam (lover)* **a pair of lovebirds** un par de tortolitos

love-hate [lʌvˈheɪt] *adj* **a ~ relationship** una relación de amor y odio

love-in ['lʌvɪn] *n* = protesta en forma de encierro para manifestar amor, característica de los hippies en los años sesenta; *Ironic* **the occasion turned into yet another a ~ between the president and his predecessor** la ocasión se convirtió en un intercambio de flores entre el presidente y su predecesor

loveless ['lʌvlɪs] *adj* sin amor, carente de amor

loveliness ['lʌvlɪnɪs] *n* **-1.** *(in appearance) (of person)* belleza *f*; *(of room, garden)* belleza *f*, encanto *f* **-2.** *(enjoyableness) (of weather, smell)* lo agradable

lovelorn ['lʌvlɔːn] *adj Literary or Hum* apesadumbrado(a) *(por amor)*

lovely ['lʌvlɪ] *adj* **-1.** *(in appearance) (person)* bello(a), *Esp* guapo(a), *Am* lindo(a); *(curtains, room, garden)* precioso(a), *Am* lindo(a); **what a ~ dress!** ¡qué preciosidad de vestido!

-2. *(enjoyable, pleasing) (weather, idea, smell)* estupendo; **it's been ~ to see you!** ¡ha sido estupendo verte!; **what a ~ thing to say!** ¡qué cosa más preciosa has dicho!; **to have a ~ time** pasárselo estupendamente; **Clara's coming – oh ~!** viene Clara – ¡estupendo!

-3. *(in character)* encantador(ora); **what a ~ woman!** ¡qué señora más encantadora!; **her parents are ~ people** sus padres son encantadores; **they were ~ to my sister** se portaron muy bien con mi hermana

-4. *Br Fam (as intensifier)* **it's ~ and warm** hace un tiempo estupendo

lovemaking ['lʌvmeɪkɪŋ] *n* **-1.** *(sexual intercourse)* **during their ~** mientras hacían el amor; **a night of passionate ~** una noche de pasión amorosa **-2.** *Archaic (courtship)* cortejo *m*

lover ['lʌvə(r)] *n* **-1.** *(of person)* amante *mf*; *Fam* **she's gone out with ~ boy** ha salido con su *Esp* noviete *or Am* noviecito **-2.** *(of nature, good food)* amante *mf*, aficionado(a) *m,f*; **I'm not a dog ~ myself** los perros no me entusiasman; **she's a great ~ of the cinema** es muy aficionada al cine, es una amante del cine

lovesick ['lʌvsɪk] *adj* con mal de amores, enfermo(a) de amor

lovey-dovey ['lʌvɪˈdʌvɪ] *adj Fam Pej* almibarado(a), acaramelado(a)

loving ['lʌvɪŋ] *adj* cariñoso(a), afectuoso(a); **your ~ daughter, Jane** *(at end of letter)* un abrazo cariñoso de tu hija, Jane ❑ ~ **kindness** cariño *m*, afecto *m*

-loving ['lʌvɪŋ] *suffix* **wine~** amante del vino; **home-l.** hogareño(a)

loving-cup ['lʌvɪŋkʌp] *n* copa *f* de la amistad

lovingly ['lʌvɪŋlɪ] *adv (with affection)* con cariño, afectuosamente; *(with care, attention)* con mimo, con esmero

low¹ [ləʊ] ⋄ *n* **-1.** MET *(area of low pressure)* zona *f* de bajas presiones; *(lowest temperature)* mínima *f*

-2. *(minimum)* mínimo *m*; **to reach a new ~** *(of price, popularity)* alcanzar un nuevo mínimo; *(of country, reputation)* caer aún más bajo; **an all-time ~** un mínimo histórico; **that defeat marked an all-time ~ for me** esa derrota fue mi peor momento; **there were more lows than highs** hubo más momentos malos que buenos

⋄ *adj* **-1.** *(not high)* bajo(a); **a ~ bow** una reverencia profunda; **the sun is ~ in the sky** el sol está bajo; **their fortunes are at a ~ ebb** están pasando por un mal momento ❑ *the Low Countries* los Países Bajos; ~ **tide** marea *f* baja; ~ **water** marea *f* baja

-2. *(not loud, not intense)* bajo(a); **there was a ~ murmur from the crowd** de la multitud emergió un sordo murmullo; **I had the radio on ~** tenía la radio baja; AUT **to be on ~ beam** llevar las luces cortas *or* de cruce puestas; **to cook sth over a ~ heat** cocinar algo a fuego lento; ~ **lighting** iluminación suave; ~ **pitch** tono grave; **an area of ~ pressure** un área de baja presión ❑ *Br* ~ **season** temporada *f* baja

-3. *(small in size, quantity) (number, cost, temperature)* bajo(a); **it's a number in the ~ thirties** son treinta y pocos; **prices are getting lower** los precios están bajando; **to play a ~ card** jugar una carta baja ❑ ELEC ~ **frequency** baja frecuencia *f*; AUT **a ~ gear** una marcha corta *or RP* baja; COMPTR ~ **resolution** baja resolución *f*

-4. *(bad) (quality, standard)* malo(a); **to have ~ self-esteem** tener poca autoestima; **to have ~ expectations** tener pocas expectativas; **to have a ~ opinion of sb** tener mala opinión de alguien; **the ~ point of her career** el peor momento de su carrera; **a ~ quality carpet** una alfombra *or Am* un tapete de poca calidad

-5. *(of lesser status, priority)* bajo(a); **of ~ birth** de baja extracción ❑ ~ **comedy** *(farcical)* comedia *f* grotesca; **Low German** bajo alemán *m*; **Low Latin** bajo latín *m*

-6. *(in short supply)* **fuel is getting ~** nos estamos quedando sin combustible; **the battery is ~** quedan pocas pilas; **our stock of food is rather ~** nos queda bastante poca comida; **morale is ~ amongst the troops** las tropas andan con la moral baja; **this cheese is ~ in fat** este queso tiene un bajo contenido de materia grasa; **the evening was ~ on excitement** no fue una velada muy interesante

-7. *(deep) (sound, note, voice)* bajo(a), grave

-8. *(depressed)* **to feel ~** estar un poco deprimido(a); **in ~ spirits** desanimado(a)

-9. *(ignoble) Fig* **a ~ blow** un golpe bajo; **that's a ~ trick!** ¡eso es una mala pasada! ❑ ~ **life** *(world)* hampa *f*

-10. *(low-cut) (dress)* escotado(a); **a ~ neckline** un escote amplio

-11. REL **Low Church** Baja Iglesia *f*, = corriente del anglicanismo más alejada del catolicismo; **Low Mass** misa *f* rezada

⋄ *adv* **-1.** *(not high)* bajo; ~ **to the left of the screen** en la parte inferior izquierda de la pantalla; **to bow ~** hacer una reverencia profunda; **the dress is cut ~** el vestido tiene un escote amplio; **to fly ~** volar bajo; *Fig* **how could anyone sink ~ or stoop so ~?** ¿cómo se puede caer tan bajo?

-2. *(not loud)* **turn the music/the lights down ~** baja la música/las luces

-3. *(badly)* **the ~ paid** los que perciben salarios bajos

-4. *(short)* **we're running ~ on fuel/food** nos estamos quedando sin combustible/comida; **the battery is running ~** quedan pocas pilas

-5. *(deeply)* **I can't sing that ~** no puedo cantar (en un tono) tan bajo

-6. *(cheaply)* **to buy ~** comprar barato

low² ⋄ *n (of cattle)* mugido *m*
⋄ *vi* mugir

low-alcohol [ləʊˈælkəhɒl] *adj* bajo(a) en alcohol

low-born ['ləʊbɔːn] *adj* de condición humilde

lowboy ['ləʊbɔɪ] n US cómoda f (tipo escritorio)
lowbrow ['ləʊbraʊ] ◇ n persona f sin pretensiones intelectuales
◇ adj (tastes, interests) vulgar, de las masas; (novel, movie) populachero(a)
low-budget [ləʊ'bʌdʒɪt] adj (movie, holiday) de bajo presupuesto
low-cal ['ləʊ'kæl] adj (drink) bajo(a) en calorías
low-calorie ['ləʊ'kælərɪ] adj bajo(a) en calorías; **a ~ diet** una dieta baja en calorías
low-class ['ləʊklɑːs] adj de clase baja
low-cost ['ləʊ'kɒst] adj (mortgage) de bajo costo or Esp coste; (flight) económico(a)
low-cut ['ləʊ'kʌt] adj (dress) escotado(a)
low-density housing ['ləʊ'densɪtɪ'haʊzɪŋ] n = zona de viviendas con baja densidad de población
lowdown ['ləʊdaʊn] n Fam **to give sb the ~ on sth** explicar de pe a pa a alguien los pormenores de algo
low-down ['ləʊdaʊn] adj Fam sucio(a), rastrero(a); **that was a ~ trick to play!** ¡fue una jugarreta de lo más sucio!
low-end ['ləʊend] adj COMPTR de gama baja
lower¹ ['ləʊə(r)] vt **-1.** (drop, let down) bajar; (flag, sail) arriar; **she lowered her eyes** bajó la mirada; **~ your aim a bit** apunta un poco más bajo; **to ~ one's guard** bajar la guardia; **to ~ the lifeboat** arriar el bote salvavidas; **to ~ oneself into sth** entrar en algo; **to ~ oneself onto sth** bajar hasta algo
-2. (reduce) (price) rebajar; (pressure, standard, temperature) reducir; **he lowered his voice** bajó la voz; **to ~ the volume** bajar or reducir el volumen; **a surplus will ~ prices** un exceso de producción hará bajar los precios
-3. (degrade, diminish) rebajar, denigrar; **to ~ oneself to do sth** rebajarse a hacer algo; **to ~ morale** desmoralizar, minar la moral; **to ~ the tone of the debate/evening** hacer caer el tono del debate/de la velada
lower² ['ləʊə(r)] ◇ adj inferior; **the ~ deck** (of ship) cubierta inferior; **~ vertebrates** vertebrados inferiores; **the ~ (reaches of the) Nile** el curso bajo del Nilo ❑ **~ case** minúsculas fpl, Spec caja f baja; POL **~ chamber** cámara f baja; **the ~ classes** las clases bajas; US Fam **the ~ forty-eight** = expresión referida a los estados continentales de los Estados Unidos, a excepción de Alaska; POL **~ house** cámara f baja; **~ middle class** clase f media alta/baja; MIL **~ ranks** soldados mpl rasos or de rango inferior; EDUC **~ sixth** = el primero de los dos últimos cursos del bachillerato en Inglaterra, Gales e Irlanda del Norte
◇ adv **the ~ paid** las personas con ingresos más bajos
lower³, **lour** ['laʊə(r)] vi Literary **-1.** (person) mirar amenazadoramente; **he lowered at me** me lanzó una mirada amenazadora **-2.** (sky) estar tormentoso(a); **a lowering sky** un cielo de panza de burro
lower-case ['ləʊə'keɪs] adj TYP en minúsculas, Spec en caja baja
lower-class ['ləʊə'klɑːs] adj de clase baja
lowermost ['ləʊəməʊst] adj el/la más bajo(a); **the ~ layer/level** la capa más baja/el nivel más bajo
lowest ['ləʊəst] ◇ n **the ~ of the low** lo más bajo
◇ adj **the ~ temperature ever recorded** la temperatura mínima or más baja que se ha registrado ❑ MATH **~ common denominator** mínimo común denominador m; Fig **to reduce sth to the ~ common denominator** hacer caer algo en la mayor vulgaridad; MATH **~ common multiple** mínimo común múltiplo m
low-fat ['ləʊ'fæt] adj (food, diet) bajo(a) en grasas
low-flying ['ləʊ'flaɪɪŋ] adj que vuela bajo
low-frequency ['ləʊ'friːkwənsɪ] adj de baja frecuencia
low-grade ['ləʊ'greɪd] adj (in quality) de baja calidad
lowing ['ləʊɪŋ] n (of cattle) mugido m

low-key ['ləʊ'kiː] adj (manner, approach) discreto(a); **the meeting was a very ~ affair** la reunión fue muy discreta or contenida
lowland ['ləʊlənd] adj de las tierras bajas; **Lowland** (in Scotland) de las Tierras Bajas de Escocia ❑ **Lowland Scots** = variedad escocesa del inglés hablada en las Tierras Bajas de Escocia
lowlander ['ləʊləndə(r)] n habitante mf de las tierras bajas; **Lowlander** (in Scotland) habitante mf de las Tierras Bajas de Escocia
lowlands ['ləʊləndz] npl tierras fpl bajas; **the Lowlands** (in Scotland) las Tierras Bajas de Escocia
low-level ['ləʊ'levəl] adj **-1.** (discussion) de bajo nivel **-2.** (low-intensity) **~ radiation** radiación f de baja intensidad **-3.** COMPTR **~ language** lenguaje m de bajo nivel **-4.** **~ flight** vuelo m rasante
low-life ['ləʊlaɪf] ◇ n Fam (bad person) canalla mf; (delinquent) maleante mf
◇ adj canalla
low-loader ['ləʊ'ləʊdə(r)] n Br (railcar) vagón m de plataforma; (road vehicle) vehículo m de plataforma
lowly ['ləʊlɪ] adj humilde; **of ~ birth** de origen humilde
low-lying ['ləʊ'laɪɪŋ] adj (area, mist) bajo(a)
low-maintenance ['ləʊ'meɪntənəns] adj (pet, garden) que da poco trabajo; (hairstyle) práctico(a), que exige pocos cuidados
low-necked adj ['ləʊ'nekt] escotado(a)
lowness ['ləʊnɪs] n **-1.** (in height, altitude) (of wall, building) poca altura f; (of land) lo bajo
-2. (of voice, sound) gravedad f
-3. (of prices) baratura f; **the ~ of the temperature means few plants can grow** las bajas temperaturas hacen que crezcan pocas plantas; **the ~ of the wages meant a shortage of skilled workers** los bajos salarios provocaron la escasez de trabajadores cualificados
-4. (of mood) desánimo m
-5. (ignobility) bajeza f
low-octane ['ləʊ'ɒkteɪn] adj de bajo octanaje
low-paid ['ləʊ'peɪd] ◇ npl **the ~** los mal remunerados
◇ adj (person) mal pagado(a); **a ~ job** un empleo mal pagado or remunerado
low-pitched ['ləʊ'pɪtʃt] adj **-1.** (voice, note) grave **-2.** (roof) poco pronunciado(a)
low-pressure ['ləʊ'preʃə(r)] adj MET de bajas presiones
low-profile ['ləʊ'prəʊfaɪl] adj **-1.** (talks, visit) discreto(a); **the police maintained a ~ presence throughout** la presencia de la policía fue discreta todo el tiempo **-2.** AUT **~ tyre** neumático de perfil bajo
low-rent ['ləʊ'rent] adj **-1.** (housing) de alquiler barato, Méx de renta barata **-2.** Pej (low-quality) de poca monta
low-resolution ['ləʊrezə'luːʃən] adj (screen, graphics) de baja resolución
low-rise ['ləʊraɪz] ◇ n edificio m bajo
◇ adj (housing) bajo(a), de poca altura
low-slung ['ləʊ'slʌŋ] adj AUT (chassis) de chasis bajo
low-spirited ['ləʊ'spɪrɪtɪd] adj desanimado(a)
low-tar ['ləʊ'tɑː(r)] adj (cigarettes) bajo(a) en nicotina, de bajo nivel de nicotina
low-tech ['ləʊ'tek] adj rudimentario(a), elemental
low-tension ['ləʊ'tenʃən] adj ELEC de baja tensión
low-water mark [ləʊ'wɔːtəmɑːk] n **-1.** (level of low tide) línea f de bajamar **-2.** Fig (lowest point) nivel m mínimo
lox [lɒks] n CULIN salmón m ahumado
loyal ['lɔɪəl] adj leal, fiel (**to** a); **to be/stay ~ to one's friends/principles** ser/permanecer (uno) fiel a sus amigos/principios
loyalist ['lɔɪəlɪst] n **-1.** (to government, party) leal mf, adicto(a) m,f **-2.** Br POL (in Northern Ireland) unionista mf **-3.** HIST (in Spanish Civil War) leal mf, republicano(a) m,f; (in American War of Independence) leal mf (a la corona británica)

> **LOYALIST**
> El término **Loyalist** se emplea para designar a los protestantes de Irlanda del Norte que desean seguir formando parte del Reino Unido. Cuando se usa en oposición a "Unionist", acostumbra a referirse a los protestantes más beligerantes que se oponen a cualquier tipo de cambio, y en particular a los que apoyan a grupos paramilitares.

loyally ['lɔɪəlɪ] adv lealmente, fielmente
loyalty ['lɔɪəltɪ] n lealtad f, fidelidad f (**to** a); **you'll have to decide where your loyalties lie** tienes que decidir con quién estás; **she had divided loyalties** sus lealtades estaban divididas ❑ **~ card** tarjeta f or carné m de fidelización
lozenge ['lɒzɪndʒ] n **-1.** (shape) rombo m **-2.** (cough sweet) pastilla f para la tos
LP [el'piː] n (abbr **long player**) LP m, elepé m
LPG [elpiː'dʒiː] n (abbr **liquefied petroleum gas**) GLP m, gas m licuado de petróleo
LSD [eles'diː] n (abbr **lysergic acid diethylamide**) LSD m
L.S.D., l.s.d. [eles'diː] n Br Formerly (abbr **librae, solidi, denarii**) = sistema monetario británico compuesto por libras, chelines y peniques empleado antes de la introducción del sistema decimal en 1971
LSE [eles'iː] n (abbr **London School of Economics**) LSE f, = Escuela de Economía y Ciencia Política de Londres
L-shaped ['elʃeɪpt] adj en (forma de) L
LSI [eles'aɪ] n COMPTR (abbr **large scale integration**) n integración f a gran escala, IGE f
Lt MIL (abbr **Lieutenant**) Tte.
lt (abbr **litres**) l.
Ltd Br COM (abbr **limited**) S.L.
LTR [eltiːˈɑː(r)] n US (abbr **long-term relationship**) relación f duradera
luau ['luːaʊ] n US = banquete de comida hawaiana
lube [luːb] Fam ◇ n lubricante m
◇ vt lubricar
lubricant ['luːbrɪkənt] ◇ n lubricante m
◇ adj lubricante
lubricate ['luːbrɪkeɪt] vt lubricar
lubricating oil ['luːbrɪkeɪtɪŋ'ɔɪl] n aceite m lubricante
lubrication [luːbrɪ'keɪʃən] n **-1.** (to reduce friction) lubricación f **-2.** Fam Hum (alcohol) carburante m
lubricious [luː'brɪʃəs] adj Literary lúbrico(a)
lubricity [luː'brɪsɪtɪ] n Literary (lewdness) lubricidad f
lucerne [luː'sɜːn] n Br BOT alfalfa f
lucid ['luːsɪd] adj **-1.** (clear-headed) lúcido(a); **he still has ~ moments** todavía tiene momentos de lucidez **-2.** (clear) (style, account) lúcido(a)
lucidity [luː'sɪdɪtɪ] n **-1.** (of mind) lucidez f **-2.** (of style, account) lucidez f
lucidly ['luːsɪdlɪ] adv con lucidez
Lucifer ['luːsɪfə(r)] n Lucifer
luck [lʌk] n **-1.** (fortune) suerte f; **good ~** (buena) suerte; **good ~!** ¡(buena) suerte!; Ironic **good ~ to him!** ¡que le sea leve!, ¡que le vaya bien!; **good ~ in your new job!** ¡buena suerte con tu nuevo empleo!; **bad ~** mala suerte; **it's bad ~ to spill salt** trae mala suerte tirar or derramar la sal; **bad or hard ~!** (sympathetic) ¡qué lástima or pena!; **hard or tough ~!** (mocking) ¡qué lástima or pena!; **to bring sb good/bad ~** traer buena/mala suerte a alguien; **just my ~!** ¡qué mala suerte!; **as ~ would have it...** quiso el destino que...; IDIOM **the ~ of the draw** el azar **-2.** (good fortune) (buena) suerte f; **that's a bit of ~!** ¡eso sí que es suerte!; **~ was with us** or **on our side** teníamos la suerte de cara; **he couldn't believe his ~** no podía creerse la suerte que tenía; **some people have all the ~** hay quien nace con estrella; **to wish sb ~** desear suerte a alguien; **(did you have) any ~?** ¿hubo suerte?; **for ~** de propina; **to be in ~** estar de suerte; **to be out of ~** no tener suerte; **to be down on one's ~** no estar de suerte; **to try one's ~** probar suerte; **to**

push one's ~ tentar a la suerte; **don't push your ~!** *(said in annoyance)* ¡no me busques las cosquillas!; **with ~** con un poco de suerte; **with any ~ he'll still be there** con un poco de suerte, todavía estará allí; **more by ~ than judgement** más por suerte que por otra cosa; IDIOM **to have the ~ of the devil** *or* **the Irish** tener una suerte loca

◆ **luck into** *vt insep Fam* **to ~ into sth** conseguir algo por suerte; **he lucked into an amazing job** tuvo la potra de conseguir un trabajo formidable

◆ **luck out** *vi US Fam (get lucky)* tener mucha potra *or Méx* chance, *RP* tener mucho tarro

◆ **luck upon** *vt insep US Fam (find by chance)* tropezarse con, toparse con

luckily ['lʌkɪlɪ] *adv* por suerte, afortunadamente; **~ for us, he was at home** por suerte para nosotros estaba en casa

luckless ['lʌklɪs] *adj (person)* desafortunado(a), infortunado(a)

lucky ['lʌkɪ] *adj* **-1.** *(person)* afortunado(a); **to be ~** tener suerte; **to make a ~ guess** tener la suerte de acertar, acertar por suerte; *Fam* **~ you!** ¡qué potra (la tuya)!; *Fam* **(you) ~ devil** *or* **thing!, (you) ~ beggar!** ¡qué suertudo!; **it's ~ you came when you did** fue una suerte que llegaras en ese momento; **she's ~ to be alive** tiene suerte de estar con vida; **that was ~!** ¡qué suerte!; *Fam* **to have a ~ break** tener un golpe de suerte; **to have a ~ escape** escapar por los pelos; **to strike it ~** tener suerte; *Ironic* **you'll be ~!** ¡ni lo sueñes!, ¡no caerá esa breva!; **I should be so ~** ¡ojalá!, ¡no caerá esa breva!; **count yourself ~ I didn't tell anyone** tienes suerte de que no se lo contara a nadie; **it's ~ for you that...** tienes suerte de que...; **who's the ~ man?** *(she's going to marry)* ¿quién es el afortunado? ❏ *Br* **~ bag** bolsa *f* de sorpresas; *Br* **~ dip** caja *f* de sorpresas; SPORT **~ loser** repescado(a) *m,f*

-2. *(bringing luck) (jumper, shirt)* de la suerte; **it's my ~ day** hoy es mi día (de suerte); **it's not my ~ day** hoy no es mi día (de suerte); **my ~ number** mi número de la suerte; **you can thank your ~ stars she didn't see you!** ¡da gracias al cielo por que no te viera! ❏ **~ charm** amuleto *m*

lucrative ['lu:krətɪv] *adj* lucrativo(a)

lucratively ['lu:krətɪvlɪ] *adv* lucrativamente

lucre ['lu:kə(r)] *n Pej or Hum (money)* vil metal *m*; **to do sth for filthy ~** hacer algo por el vil metal

Luddite ['lʌdaɪt] *n* ludita *mf*

ludic ['lu:dɪk] *adj* lúdico(a)

ludicrous ['lu:dɪkrəs] *adj* ridículo(a), esperpéntico(a)

ludicrously ['lu:dɪkrəslɪ] *adv* de forma ridícula, esperpénticamente; **~ cheap/expensive** increíblemente barato/caro

ludicrousness ['lu:dɪkrəsnɪs] *n* lo ridículo, lo esperpéntico

ludo ['lu:dəʊ] *n Br* parchís *m*

luff [lʌf] *vi (in sailing)* orzar

lug¹ [lʌg] *(pt & pp* **lugged)** *vt Fam* arrear con, cargar con

lug² *n* **-1.** *(projection)* asa *f*, agarradera *f* **-2.** *Br Fam (ear)* oreja *f*, *Esp* soplillo *m*

◆ **lug about, lug around** *vt sep Fam* arrear con, cargar con; **he always has to ~ his little sister about with him** siempre tiene que cargar con su hermanita

luge [lu:ʒ] *n* SPORT *(toboggan, event)* luge *m*

luggage ['lʌgɪdʒ] *n* equipaje *m*; **a piece of ~** un bulto (de equipaje) ❏ **~ label** etiqueta *f* identificadora del equipaje; **~ locker** taquilla *f* (para equipaje); **~ rack** *(in train, bus)* portaequipajes *m inv*; *(on car)* baca *f*; **~ trolley** carrito de equipajes; *Br* **~ van** *(on train)* furgón *m* de equipajes

lugger ['lʌgə(r)] *n* lugre *m*

lughole ['lʌghəʊl] *n Br Fam* oreja *f*, *Esp* soplillo *m*

lugsail ['lʌgseɪl] *n* NAUT vela *f* al tercio

lugubrious [lə'gu:brɪəs] *adj* lúgubre

lugubriously [lə'gu:brɪəslɪ] *adv* con aire lúgubre, lúgubremente

lugworm ['lʌgwɜ:m] *n* lombriz *f* de tierra

Luke [lu:k] *pr n* **Saint ~** san Lucas

lukewarm ['lu:kwɔ:m] *adj* **-1.** *(water, soup)* tibio(a) **-2.** *(response)* tibio(a); **a ~ reception** *(of person)* un recibimiento tibio; *(of book, film)* una acogida tibia; **she was rather ~ about my suggestion** recibió mi sugerencia con bastante tibieza

LULAC ['lu:læk] *n US (abbr* **League of United Latin-American Citizens)** Liga *f* de Ciudadanos Latinoamericanos Unidos

lull [lʌl] ⋄ *n (in conflict, fighting)* periodo *m* de calma, respiro *m*; *(in conversation)* pausa *f*; *Fig* **the ~ before the storm** la calma que precede a la tormenta

⋄ *vt (calm) (anxiety, fear)* calmar, sosegar; **to ~ sb to sleep** dormir a alguien; **to ~ sb into a false sense of security** dar a alguien una falsa sensación de seguridad

lullaby ['lʌləbaɪ] *n* nana *f*, canción *f* de cuna

lulu ['lu:lu:] *n US Fam* **it's a ~!** *(wonderful, amazing)* ¡es genial!, *Esp* ¡es cojonudo!, *RP* ¡es recopado *or* recopante!; **a ~ of a mistake** un error descomunal

lumbago [lʌm'beɪgəʊ] *n* lumbago *m*

lumbar ['lʌmbə(r)] *adj* ANAT lumbar ❏ MED **~ puncture** punción *f* lumbar

lumber ['lʌmbə(r)] ⋄ *n* **-1.** *(junk)* trastos *mpl* (viejos) ❏ **~ room** (cuarto *m*) trastero *m* **-2.** *US (wood)* madera *f*, maderos *mpl* ❏ **~ mill** aserradero *m*, serrería *f*

⋄ *vt* **to ~ sb with sth** hacerle a alguien cargar con algo; **I got lumbered with a huge bill** me hicieron pagar una factura enorme

⋄ *vi* **-1.** *(move slowly and heavily)* **to ~ about** *or* **around** caminar pesadamente; **he lumbered into the room** entró en la habitación caminando pesadamente **-2.** *US (produce timber)* talar árboles

lumbering ['lʌmbərɪŋ] *adj (walk)* pesado(a)

lumberjack ['lʌmbədʒæk] *n* leñador(ora) *m,f* ❏ **~ shirt** camisa *f* de leñador, *RP* camisa *f* leñadora

lumberjacket ['lʌmbədʒækɪt] *n* zamarra *f* de leñador

lumberyard ['lʌmbəjɑ:d] *n US* almacén *m* maderero, maderería *f*, *RP* barraca *f* maderera

luminary ['lu:mɪnərɪ] *n* figura *f*, lumbrera *f*

luminescence [lu:mɪ'nesəns] *n* luminiscencia *f*

luminescent [lu:mɪ'nesənt] *adj* luminiscente

luminosity [lu:mɪ'nɒsɪtɪ] *n* luminosidad *f*

luminous ['lu:mɪnəs] *adj* **-1.** *(glowing in the dark) (strip, road sign)* reflectante; *(paint, colour, socks)* fluorescente, fosforito(a) **-2.** *(glow)* luminoso; *(beauty)* radiante **-3.** PHYS **~ intensity** intensidad *f* luminosa

lummox ['lʌməks] *n Fam* bruto(a) *m,f*, patán *m*

lump [lʌmp] ⋄ *n* **-1.** *(piece) (of earth, sugar)* terrón *m*; *(of stone, coal)* trozo *m*; *(in sauce)* grumo *m*; **there are lots of lumps in this mattress** hay muchos bultos en este colchón; IDIOM **it brought a ~ to my throat** *(made me sad)* me hizo sentir un nudo en la garganta; IDIOM *US Fam* **you've got to take your lumps** tienes que apechugar con las consecuencias ❏ **~ sugar** azúcar *m or f* en terrones

-2. *(swelling) (on head)* chichón *m*; *(on breast)* bulto *m*

-3. *(of money)* **you don't have to pay it all in one lump** no tienes que pagarlo todo de golpe ❏ FIN **~ sum** pago *m* único, suma *f* global

-4. *Fam (person)* zoquete *m*

⋄ *vt* **-1.** *(group)* **all such payments were lumped under "additional expenses"** todos esos pagos estaban agrupados bajo el epígrafe de "gastos adicionales"; **you shouldn't ~ them together just because they're brothers** no deberías tratarlos de la misma manera sólo porque sean hermanos **-2.** *Fam (endure)* **you'll just have to (like it or) ~ it!** ¡no te queda más remedio que aguantar!

lumpectomy [lʌm'pektəmɪ] *n* MED extirpación *f* de un tumor en el pecho

lumpen ['lʌmpən] *adj* aborregado(a)

lumpenproletariat ['lʌmpənprəʊlɪ'teərɪæt] *n* lumpenproletariado *m*

lumpfish ['lʌmpfɪʃ] *n* ciclóptero *m*

lumpish ['lʌmpɪʃ] *adj (person)* desmañado(a), torpe

lumpy ['lʌmpɪ] *adj (sauce)* grumoso(a), lleno(a) de grumos; *(mattress)* lleno(a) de bultos

lunacy ['lu:nəsɪ] *n* locura *f*, demencia *f*; *Fam* **it's sheer ~!** ¡es demencial!

lunar ['lu:nə(r)] *adj* lunar ❏ **~ eclipse** eclipse *m* de luna; **~ landing** alunizaje *m*; **~ module** módulo *m* lunar; **~ month** mes *m* lunar

lunatic ['lu:nətɪk] ⋄ *n* loco(a) *m,f*, lunático(a) *m,f*; *Fam* **he's a complete ~!** ¡está loco de remate! ❏ **~ asylum** manicomio *m*

⋄ *adj (idea, behaviour)* demencial; **the ~ fringe** el sector fanático *or* intransigente

lunch [lʌntʃ] ⋄ *n* comida *f*, almuerzo *m*; **to have ~** comer, almorzar; **she's gone out for ~** ha salido para comer; IDIOM *Fam* **to be out to ~** *(be crazy)* estar chiflado(a) *or* chalado(a); *(absent-minded)* estar ido(a), estar en la luna (de Valencia); IDIOM *Fam* **to lose one's ~** *(vomit)* devolver, *Esp* echar la papa, *Am* arrojar ❏ **~ break** hora *f* de la comida; *US* **~ bucket** tartera *f*, fiambrera *f*, *Méx, RP* vianda *f*; *US* **~ counter** = en un bar o restaurante, mostrador donde se sirven comidas; **~ hour** hora *f* de comer; *US* **~ pail** tartera *f*, fiambrera *f*, *Méx, RP* vianda *f*

⋄ *vi* comer, almorzar; **we lunched on sandwiches** comimos sándwiches

lunchbox ['lʌntʃbɒks] *n* tartera *f*, fiambrera *f*, *Méx, RP* vianda *f*

luncheon ['lʌntʃən] *n Formal* almuerzo *m*, comida *f* ❏ **~ meat** fiambre *m* de lata; **~ voucher** vale *m* de comida

lunchroom ['lʌntʃru:m] *n US* comedor *m*

lunchtime ['lʌntʃtaɪm] *n* hora *f* de comer *or* del almuerzo; **a ~ meeting** una reunión durante la hora de comer *or* del almuerzo

lung [lʌŋ] *n* pulmón *m*; **to shout at the top of one's lungs** gritar a pleno pulmón ❏ **~ cancer** cáncer *m* de pulmón

lunge [lʌndʒ] ⋄ *n* embestida *f*, acometida *f*; **to make a ~ for sth/sb** embestir contra algo/alguien

⋄ *vi* **~ at sb (with sth)** embestir contra alguien (con algo); **to ~ forward** embestir

lungfish ['lʌŋfɪʃ] *n* dipnoo *m*, pez *m* pulmonado

lungful ['lʌŋfʊl] *n* **take a ~ of air** llenar los pulmones de aire, inspirar profundamente

lunkhead ['lʌŋkhed] *n US Fam* cabeza *f* hueca

lupin, *US* **lupine** ['lu:pɪn] *n* altramuz *m*

lupine ['lu:paɪn] *adj* lupino(a)

lupus ['lu:pəs] *n* MED lupus *m inv*

lurch [lɜ:tʃ] ⋄ *n (of ship, car)* bandazo *m*; **a ~ to the right/left** *(of politician, party)* un giro brusco a la derecha/izquierda; *Fam* **to leave sb in the ~** dejar a alguien en la estacada

⋄ *vi (ship, car)* dar bandazos; *(person)* tambalearse; **he lurched into the room** entró tambaleándose en la habitación; **to ~ to the left/right** *(politician, party)* dar un giro brusco a la izquierda/derecha; **the car lurched out of control** el coche *or Am* carro *or RP* auto dio un bandazo y perdió el control

lurcher ['lɜ:tʃə(r)] *n Br (dog)* = perro de caza cruce de galgo y collie

lure ['lʊə(r)] ⋄ *n* **-1.** *(attraction)* atractivo *m*; **she was drawn by the ~ of the big city** la sedujo el reclamo de la gran cuidad **-2.** *(for fishing)* cebo *m*, carnada *f* **-3.** *(for falcon)* señuelo *m*, reclamo *m*

⋄ *vt (into trap, ambush)* atraer (**into** hasta); **nothing could ~ her away from the computer** nada conseguía alejarla *Esp* del ordenador *or Am* de la computadora; **he was lured away by the higher salary** se marchó atraído por un mejor sueldo

Lurex ['ljʊəreks] ⋄ n Lurex® m, = tejido con hilo brillante
⋄ adj de Lurex®
lurgy ['lɜːgɪ] n Br Fam Hum **to have the (dreaded) ~** caer malo(a), Esp ponerse chungo(a)
lurid ['lʊərɪd] adj **-1.** (sensational) escabroso(a); **in ~ detail** con detalles escabrosos **-2.** (colour, clothes) chillón(ona); (sky, sunset) deslumbrante
lurk [lɜːk] vi **-1.** (person, animal) estar al acecho, merodear; (danger) ocultarse, esconderse; **the assassin was lurking in the trees** el asesino merodeaba or estaba al acecho entre los árboles; **a doubt still lurked in his mind** su mente todavía albergaba una duda **-2.** COMPTR (in newsgroup) mirar, fisgar
lurker ['lɜːkə(r)] n COMPTR mirón(ona) m,f, fisgón(ona) m,f
lurking ['lɜːkɪŋ] adj (suspicion, doubt) latente; (danger) amenazante
luscious ['lʌʃəs] adj **-1.** (woman, lips) voluptuoso(a) **-2.** (fruit) jugoso(a); (colour) atractivo(a)
lush¹ [lʌʃ] adj **-1.** (vegetation, garden) exuberante **-2.** (luxurious) lujoso(a), suntuoso(a)
lush² n Fam (alcoholic) borrachín(ina) m,f
lushness ['lʌʃnɪs] n **-1.** (of vegetation, garden) exuberancia f **-2.** (luxuriousness) lujo m, suntuosidad f
Lusitania [lʊsɪ'teɪnɪə] n **-1.** HIST Lusitania **-2.** Literary Lusitania
lust [lʌst] n **-1.** (sexual) lujuria f **-2.** (for power, knowledge) sed f, ansia f (**for** de); **~ for life** ansias de vivir
◆ **lust after** vt insep **to ~ after sb** beber los vientos por alguien; **to ~ after sth** desvivirse por or ansiar algo
luster US = lustre
lustful ['lʌstfʊl] adj lujurioso(a)
lustfully ['lʌstfʊlɪ] adv con lujuria
lustily ['lʌstɪlɪ] adv con ganas, con fuerza
lustre, US **luster** ['lʌstə(r)] n **-1.** (sheen) lustre m **-2.** (glory) lustre m, gloria f

lustreware, US **lusterware** ['lʌstəweə(r)] n cerámica f vidriada
lustrous ['lʌstrəs] adj lustroso(a)
lusty ['lʌstɪ] adj (person) lozano(a), vigoroso(a); (cry) sonoro(a); (singing) vibrante
lute [luːt] n laúd m
lutetium [luː'tiːʃəm] n CHEM lutecio m
Lutheran ['luːθərən] ⋄ n luterano(a) m,f
⋄ adj luterano(a)
Lutheranism ['luːθərənɪzəm] n luteranismo m
lutz [lʊts] n (in ice skating) lutz m
luvvie, luvvy [lʌvɪ] n Br Fam **-1.** (term of endearment) cielo m, corazón m **-2.** Pej (actor) = persona del mundo de la farándula propensa a la efusividad
Luxembourg, Luxemburg ['lʌksəmbɜːg] n Luxemburgo
Luxembourger, Luxemburger ['lʌksəmbɜːgə(r)] n luxemburgués(esa) m,f
luxuriance [lʌg'zjʊərɪəns] n exuberancia f
luxuriant [lʌg'zjʊərɪənt] adj exuberante
luxuriantly [lʌg'zjʊərɪəntlɪ] adv exuberantemente; **the vegetation spread ~ before them** la vegetación exuberante se extendía ante ellos
luxuriate [lʌg'zjʊərɪeɪt] vi deleitarse (**in** con)
luxurious [lʌg'zjʊərɪəs] adj lujoso(a); **a ~ lifestyle** una vida de lujo
luxuriously [lʌg'zjʊərɪəslɪ] adv (decorated, furnished) lujosamente
luxury ['lʌkʃərɪ] ⋄ n **-1.** (great comfort) lujo m; **a life of ~** una vida llena de lujos; **to live in (the lap of) ~** vivir a todo lujo or rodeado(a) de lujos ❑ **~ tax** impuesto m de lujo **-2.** (treat) lujo m; **it's a ~ we can't afford** no nos podemos permitir ese lujo
⋄ adj (car, apartment) de lujo ❑ **~ goods** productos mpl or artículos mpl de lujo
LV [el'viː] n Br (abbr **Luncheon Voucher**) vale m de comida
LW RAD (abbr **Long Wave**) LW, OL

LWOP [eldʌbəljuːəʊ'piː] n US **-1.** (abbr **leave without pay**) excedencia f sin sueldo, Méx, RP licencia f sin goce de sueldo **-2.** (abbr **life without parole**) = cadena perpetua sin libertad condicional
lychee, US **litchi** ['laɪtʃiː] n lichi m
lychgate, lichgate ['lɪtʃgeɪt] n = zaguán de entrada al patio o camposanto de una iglesia
Lycra® ['laɪkrə] ⋄ n lycra® f, licra® f
⋄ adj de lycra®, de licra®
lye [laɪ] n CHEM lejía f
lying ['laɪɪŋ] ⋄ n mentiras fpl
⋄ adj mentiroso(a), embustero(a); **her ~ words took me in completely** me embaucó por completo con sus embustes; Fam **you ~ swine!** ¡cochino embustero!
lying-in [laɪɪŋ'ɪn] n MED Old-fashioned parto m
lymph [lɪmf] n ANAT linfa f ❑ **~ gland** ganglio m linfático; **~ node** ganglio m linfático
lymphatic [lɪm'fætɪk] adj ANAT linfático(a) ❑ **~ system** sistema m linfático
lymphocyte ['lɪmfəsaɪt] n ANAT linfocito m
lymphoma [lɪm'fəʊmə] n MED linfoma m
lynch [lɪntʃ] vt linchar ❑ **~ law** ley f del linchamiento; **~ mob** turba f con sed de linchamiento; Fig turbamulta f
lynching ['lɪntʃɪŋ] n linchamiento m
lynx [lɪŋks] n lince m
lynx-eyed ['lɪŋksaɪd] adj (sharp-sighted) con ojos or vista de lince
lyre ['laɪə(r)] n (musical instrument) lira f
lyrebird ['laɪəbɜːd] n ave f lira
lyric ['lɪrɪk] ⋄ n **-1.** (poem) poema m lírico **-2. lyrics** (of song) letra f
⋄ adj lírico(a)
lyrical ['lɪrɪkəl] adj lírico(a); **he got quite ~ on the subject** se tomó el asunto con mucha efusividad
lyrically ['lɪrɪklɪ] adv con lirismo
lyricism ['lɪrɪsɪzəm] n lirismo m
lyricist ['lɪrɪsɪst] n letrista mf

M m

M, m [em] n (letter) M, m f

M -1. Br AUT (abbr **motorway**) A f **-2.** (abbr **medium**) M **-3.** (abbr **male**) H

m -1. (abbr **metre(s)**) m **-2.** (abbr **mile(s)**) milla(s) f(pl) **-3.** (abbr **million**) millón(ones) m(pl)

MA [em'eɪ] n **-1.** UNIV (abbr **Master of Arts**) máster m or Am maestría f (en Humanidades); **to have an MA in linguistics** tener un máster en Lingüística; **Frederick Watson, MA** Frederick Watson, licenciado con máster (en Humanidades) **-2.** (abbr **Massachusetts**) Massachusetts

ma [mɑː] n Fam mamá f; **Ma Watson** Mamá Watson

ma'am [mɑːm] n Old-fashioned señora f

Maastricht ['mɑːstrɪkt] n Maastricht ❏ **the ~ Treaty** el Tratado de Maastricht

Mac [mæk] n **-1.** US Fam (term of address) jefe m, Esp colega m **-2.** COMPTR Mac m

mac [mæk] n Br Fam (raincoat) impermeable m, gabardina f

macabre [mə'kɑːbrə] adj macabro(a)

macadam [mə'kædəm] n US macadam m, macadán m

macadamia [mækə'deɪmɪə] n **~ nut** nuez f de macadamia; **~ tree** árbol m de la macadamia

macadamize [mə'kædəmaɪz] vt pavimentar con macadam or macadán

macaque [mə'kæk] n macaco m

macaroni [mækə'rəʊnɪ] n macarrones mpl ❏ **~ cheese** macarrones mpl con queso

macaroon [mækə'ruːn] n mostachón m

macaw [mə'kɔː] n guacamayo m

Mace® [meɪs] n gas m lacrimógeno (en spray)

mace¹ [meɪs] n (weapon, symbol of office) maza f

mace² n (spice) macis f inv

Macedonia [mæsə'dəʊnɪə] n Macedonia

Macedonian [mæsə'dəʊnɪən] ◇ n **-1.** (person) macedonio(a) m,f **-2.** (language) macedonio m
◇ adj macedonio(a)

macerate ['mæsəreɪt] vt CULIN macerar

Mach [mæk] n PHYS **~ (number)** (número m de) Mach m; **to fly at ~ 3** volar a mach 3

machete [mə'ʃetɪ] n machete m

Machiavelli [mækɪə'velɪ] pr n Maquiavelo

Machiavellian [mækɪə'velɪən] adj maquiavélico(a)

machinations [mæʃɪ'neɪʃənz] npl maquinaciones fpl

machine [mə'ʃiːn] ◇ n **-1.** (device) máquina f; Fam Fig **he's a ~!** ¡es (como) una máquina! ❏ **the ~ age** la era de las máquinas; **~ pistol** subfusil m; **~ shop** taller m de máquinas; **~ tool** máquina f herramienta; **~ tool operator** operario(a) m,f de máquina herramienta
-2. (system) **party/propaganda ~** aparato del partido/propagandístico
-3. (computer) Esp ordenador m, Am computadora m ❏ COMPTR **~ code** código m máquina; COMPTR **~ language** lenguaje m máquina; **~ translation** traducción f automática
-4. Fam (car, motorbike) máquina f; (plane) aparato m
◇ vt **-1.** IND (manufacture) producir a máquina; **the pieces are then machined to the right size** el tamaño correcto de las piezas se consigue después a máquina **-2.** (with sewing machine) coser a máquina

machined [mə'ʃiːnd] adj IND (pieza) acabado(a) a máquina; **a ~ finish** un acabado a máquina

machine-gun [mə'ʃiːngʌn] ◇ n (hand-held) metralleta f; **(heavy) ~** (with stand) ametralladora f (pesada)
◇ vt (pt & pp **machine-gunned**) ametrallar

machine-gunner [mə'ʃiːngʌnə(r)] n = soldado que maneja una ametralladora pesada

machine-made [mə'ʃiːnmeɪd] adj hecho(a) a máquina

machine-readable [mə'ʃiːn'riːdəbəl] adj COMPTR legible para Esp el ordenador or Am la computadora

machinery [mə'ʃiːnərɪ] n **-1.** (machines) maquinaria f; (mechanism) mecanismo m **-2.** Fig (system) maquinaria f; **the ~ of state/of government** la maquinaria del estado/gobierno

machine-stitch [mə'ʃiːn'stɪtʃ] vt coser a máquina

machine-washable [mə'ʃiːn'wɒʃəbəl] adj lavable a máquina

machinist [mə'ʃiːnɪst] n **-1.** (operator) operario(a) m,f; (of sewing machine) cosedor(ora) m,f **-2.** (repairer) mecánico(a) m,f

machismo [mæ'tʃɪzməʊ] n machismo m

macho ['mætʃəʊ] ◇ n Fam (person) macho m
◇ adj (remark, attitude) muy de macho; **to be ~** (person) presumir de) ser muy macho

macintosh = **mackintosh**

mackerel ['mækrəl] n caballa f ❏ **~ shark** tintorera f; **~ sky** cielo m aborregado

mac(k)intosh ['mækɪntɒʃ] n impermeable m, gabardina f

macramé [mə'krɑːmeɪ] n macramé m

macro ['mækrəʊ] (pl **macros**) n COMPTR macro f ❏ **~ language** lenguaje m macro; **~ virus** virus m de macro

macrobiotic ['mækrəʊbaɪ'ɒtɪk] adj macrobiótico(a); **a ~ diet** una dieta macrobiótica

macrobiotics ['mækrəʊbaɪ'ɒtɪks] n macrobiótica f

macrocephalic [mækrəʊsə'fælɪk], **macrocephalous** [mækrəʊ'sefələs] adj MED macrocéfalo(a)

macrocephaly [mækrəʊ'sefəlɪ] n MED macrocefalia f

macrocosm ['mækrəʊkɒzəm] n ASTRON macrocosmos m

macroeconomic ['mækrəʊiːkə'nɒmɪk] adj macroeconómico(a)

macroeconomics ['mækrəʊiːkə'nɒmɪks] n (subject) macroeconomía f

macroinstruction ['mækrəʊɪn'strʌkʃən] n COMPTR macroinstrucción f

macromolecule ['mækrəʊ'mɒlɪkjuːl] n CHEM macromolécula f

macron ['mækrɒn] n LING & TYP macron m, acento m largo

macrophage ['mækrəʊfeɪdʒ] n BIOL macrófago m

macroscopic ['mækrəʊ'skɒpɪk] adj macroscópico(a)

macula ['mækjʊlə] (pl **maculae** ['mækjʊliː]) n ANAT mácula f ❏ **~ lutea** mácula f lútea

MAD [mæd] n MIL (abbr **mutual assured destruction**) = destrucción mutua que ocurriría inevitablemente en caso de guerra nuclear

mad [mæd] ◇ adj **-1.** (insane) (person) loco(a); (dog) rabioso(a); **to be ~** (person) estar loco(a); **to go ~** volverse loco(a), enloquecer; **have you gone ~?** ¿te has vuelto loco?; **it's patriotism gone ~** es patriotismo sacado de quicio, Fam **don't go ~ with the flowers** no te pases con las flores; **to drive sb ~** volver loco(a) a alguien; **you must have been ~ to do it** ¡qué locura por tu parte haber hecho eso!; IDIOM **as ~ as a hatter** or **a March hare** como un cencerro, más loco(a) que una cabra; **to be ~ with joy** estar loco(a) or rebosante de alegría; **~ with fear** aterrorizado(a); **barking ~** totalmente loco, Esp como una regadera, RP de remate ❏ Fam **~ cow disease** el mal or la enfermedad de las vacas locas
-2. (absurd, foolish) (idea, plan) disparatado(a)
-3. (frantic) **there was a ~ rush for the door** la gente se precipitó como loca hacia la puerta; Fam **I'm in a ~ rush** voy escopeteada; Fam **I'm in a ~ rush to get this finished before Friday** estoy como loco intentando acabar esto para el viernes; Fam **to run/shout/work like ~** correr/gritar/trabajar como (un) loco
-4. Fam (enthusiastic) **to be ~ about** or **on sth** estar loco(a) por algo; **to be ~ about sb** estar loco(a) por alguien; **I can't say I'm ~ about going** la verdad es no me muero de ganas de ir; Br **to be ~ for it** (raring to go) estar súper entusiasmado(a)
-5. esp US Fam (angry) esp Esp enfadado(a), esp Am enojado(a); **to be ~ (with** or **at sb)** estar muy esp Esp enfadado(a) or esp Am enojado(a) (con alguien); **to go** or **get ~ (with** or **at sb)** esp Esp enfadarse (con alguien), esp Am enojarse (con alguien); **she makes me ~** me saca de quicio, me pone histérico
◇ adv Br Fam **he's ~ keen on** or **about golf** el golf lo vuelve loco; **he's ~ keen on** or **about the girl next door** está coladito por la vecina

-mad [mæd] suffix **he is football/sex~** le vuelve loco el fútbol/sexo

Madagascan [mædə'gæskən] ◇ n malgache mf
◇ adj malgache

Madagascar [mædə'gæskə(r)] n Madagascar

madam ['mædəm] n **-1.** (as form of address) señora f; **Dear Madam** Estimada señora; **Madam Chairman** presidenta **-2.** Br Fam Hum (child) **she's a proper little ~** es una señoritinga; **we've had enough nonsense from you, ~!** ¡ya basta de tonterías, señorita!
-3. (of brothel) madam f, madama f

madcap ['mædkæp] adj (scheme, idea) disparatado(a)

madden ['mædən] vt enloquecer

maddening ['mædənɪŋ] adj irritante, exasperante

maddeningly ['mædənɪŋlɪ] adv **the waiters were ~ slow** los camareros eran de una lentitud exasperante

madder ['mædə(r)] *n* **-1.** *(plant)* rubia *f* **-2.** *(dye, colour)* rubia *f*

made *pt & pp of* **make**

-made [meɪd] *suffix* **factory~** manufacturado(a); **British~** hecho(a) en Gran Bretaña

Madeira [mə'dɪərə] *n* **-1.** *(island)* Madeira **-2.** *(wine)* madeira *m*, vino *m* de Madeira ❑ *Br* **~ cake** bizcocho *m (compacto)*

made-to-measure ['meɪdtə'meʒə(r)], **made-to-order** ['meɪdtə'ɔːdə(r)] *adj* a medida

made-up [meɪ'dʌp] *adj* **-1.** *(story, excuse)* inventado(a) **-2.** *(lips)* pintado(a); *(face)* maquillado(a); **to be heavily ~** ir muy maquillado(a)

madhouse ['mædhaʊs] *n* **-1.** *Fam (lunatic asylum)* frenopático *m*, casa *f* de locos; *Fig* **this place is a ~!** ¡esto es una casa de locos!

madly ['mædlɪ] *adv* **-1.** *(insanely)* enloquecidamente; **~ jealous** muerto(a) de celos **-2.** *(frantically) (rush, struggle)* como loco(a) **-3.** *Fam (enthusiastically)* tremendamente; **~ in love** locamente enamorado(a); **I can't say I'm ~ interested in it** no es que me interese tremendamente

madman ['mædmən] *n* loco *m*, demente *m*; *Fig* **he's a complete ~!** ¡está loco de remate!

madness ['mædnɪs] *n* **-1.** *(insanity)* locura *f*, demencia *f* **-2.** *Fam (folly)* locura *f*; **it's sheer ~!** ¡es una locura!

Madonna [mə'dɒnə] *n* **-1.** REL **the ~** la Virgen **-2.** ART Madona *f*; **~ and Child** la Madona y el Niño

Madras [mə'dræs] *n* Madrás

madras [mə'dræs] *n* = curry bastante picante; **chicken/lamb ~** curry de pollo/cordero bastante picante

Madrid [mə'drɪd] *n* Madrid

madrigal ['mædrɪgəl] *n* MUS madrigal *m*

madwoman ['mædwʊmən] *n* loca *f*, demente *f*

maelstrom ['meɪlstrəm] *n* **-1.** *(whirlpool)* vorágine *f* **-2.** *(confusion)* vorágine *f*; **the ~ of modern life** la vorágine de la vida moderna

maestro ['maɪstrəʊ] *(pl* **maestros)** *n* maestro *m*

Mae West ['meɪ'west] *n Old-fashioned* chaleco *m* salvavidas

MAFF [mæf] *n (abbr* **Ministry of Agriculture Fisheries and Food)** = antiguo ministerio británico de agricultura, actualmente conocido como DEFRA

mafia ['mæfɪə] *n* **-1.** *(criminal organisation)* mafia *f*; **the Mafia** la Mafia ❑ *Mafia boss* capo *m* mafioso **-2.** *(clique)* mafia *f*

Mafioso [mæfɪ'əʊsəʊ] *(pl* **Mafiosi** [mæfɪ'əʊsiː]*) n* mafioso *m*

mag [mæg] *n Fam* revista *f*

magazine [mægə'ziːn] *n* **-1.** *(publication)* revista *f* ❑ **~ programme** *(on radio, TV)* magazine *m*, programa *m* de variedades; **~ rack** revistero *m* **-2.** *(part of gun)* cargador *m* **-3.** *(ammunition store)* polvorín *m* **-4.** *(on movie camera)* cargador *m*; *(for slides)* carro *m*

magenta [mə'dʒentə] ◇ *n* magenta *f*
◇ *adj* magenta

maggot ['mægət] *n* gusano *m*

maggoty ['mægətɪ] *adj (food)* con gusanos

Maghreb [mæ'greb] *n* **the ~** el Magreb

Maghrebi [mæ'grebɪ] ◇ *n* magrebí *mf*
◇ *adj* magrebí

Magi ['meɪdʒaɪ] *npl* **the ~** los Reyes Magos

magic ['mædʒɪk] ◇ *n* **-1.** *(supernatural power)* magia *f*; **black/white ~** magia negra/blanca; **as if by ~** como por arte de magia; **the medicine worked like ~** el medicamento hizo milagros
-2. *(conjuring)* magia *f*
-3. *(charm, special quality)* magia *f*, encanto *m*; **it has lost its ~ (for me)** (para mí,) ha perdido el encanto; **the ~ had gone out of their marriage** la magia de su matrimonio se había evaporado

◇ *adj* **-1.** *(spell, trick)* mágico(a); **just say the ~ words** sólo tienes que decir las palabras mágicas; *Fam* **say the ~ word!** *(say "please")* ¿cómo se pide? ❑ **~ bullet** *(drug)* remedio *m* específico; **~ carpet** alfombra *f* voladora *or* mágica; **the Magic Circle** el Círculo Mágico, = asociación internacional de magos; **~ eye** *(security device)* célula *f* fotoeléctrica; **~ lantern** linterna *f* mágica;

mushroom psilocibe *m*, *Esp* seta *f* alucinógena, *Méx, CSur* hongo *m* alucinógeno; LIT **~ realism** realismo *m* mágico; MATH **~ square** cuadrado *m* mágico; **~ wand** varita *f* mágica
-2. *Fam (excellent)* genial, *Esp* guay, *Andes, CAm, Carib, Méx* chévere, *Méx* padrísimo, *RP* bárbaro(a)

◆ **magic away** *(pt & pp* **magicked)** *vt sep* hacer desaparecer

◆ **magic up** *(pt & pp* **magicked)** *vt sep* sacarse de la manga; **he magicked a meal up in minutes** en pocos minutos se sacó de la manga una comida

magical ['mædʒɪkəl] *adj* mágico(a) ❑ **~ realism** realismo *m* mágico

magically ['mædʒɪklɪ] *adv* mágicamente, por arte de magia

magician [mə'dʒɪʃən] *n* mago(a) *m,f*

magisterial [mædʒɪs'tɪərɪəl] *adj* **-1.** *(domineering)* autoritario(a) **-2.** *(authoritative)* magistral

magisterially [mædʒɪ'stɪərɪəlɪ] *adv* magistralmente

magistrate ['mædʒɪstreɪt] *n Br* LAW juez *mf* de primera instancia ❑ *magistrates' court* juzgado *m* de primera instancia

magma ['mægmə] *n* magma *m*

Magna Carta ['mægnə'kɑːtə] *n* HIST Carta *f* Magna

MAGNA CARTA

La **Magna Carta**, impuesta en 1215 al rey Juan sin Tierra por los barones ingleses, recoge los derechos y privilegios de los nobles, de la Iglesia y de los hombres libres frente al despotismo monárquico. Frecuentemente se utiliza como símbolo de la lucha contra la opresión.

magna cum laude ['mægnəkʊm'laʊdeɪ] *adv* US UNIV **to graduate ~** = licenciarse con una nota media

magnanimity [mægnə'nɪmɪtɪ] *n* magnanimidad *f*

magnanimous [mæg'nænɪməs] *adj* magnánimo(a)

magnanimously [mæg'nænɪməslɪ] *adv* magnánimamente

magnate ['mægneɪt] *n* magnate *mf*; **a press/oil ~** un magnate de la prensa/del petróleo

magnesia [mæg'niːzɪə] *n (magnesium oxide)* magnesia *f*

magnesium [mæg'niːzɪəm] *n* CHEM magnesio *m*

magnet ['mægnɪt] *n* **-1.** imán *m* **-2.** *Fig (for tourists, investors)* foco *m* de atracción; *Fam* **his new car's a babe** *or* **chick ~** con su coche *or Am* carro *or CSur* auto nuevo las chicas van a caer como moscas

magnetic [mæg'netɪk] *adj* **-1.** *(force, pole)* magnético(a) ❑ **~ compass** brújula *f*; **~ card** tarjeta *f* magnética; COMPTR **~ disk** disco *m* magnético; **~ equator** ecuador *m* magnético; **~ field** campo *m* magnético; COMPTR **~ media** soporte *m* magnético; **~ mine** mina *f* magnética; **~ north** norte *m* magnético; **~ pole** *(of magnet, Earth)* polo *m* magnético; MED **~ resonance imaging** resonancia *f* magnética; **~ storm** tormenta *f* magnética; **~ strip** banda *f* magnética; **~ tape** cinta *f* magnética
-2. *(personality, charm)* cautivador(ora)

magnetically [mæg'netɪklɪ] *adv* magnéticamente

magnetism ['mægnɪtɪzəm] *n* **-1.** PHYS magnetismo *m* **-2.** *(attraction)* magnetismo *m*

magnetite ['mægnətaɪt] *n* magnetita *f*

magnetize ['mægnətaɪz] *vt* **-1.** PHYS magnetizar **-2.** *(charm)* hechizar

magneto [mæg'niːtəʊ] *(pl* **magnetos)** *n* magneto *m*

magneto-optical [mæg'netəʊ'ɒptɪkəl] *adj* COMPTR magneto-óptico(a)

magnetron ['mægnɪtrɒn] *n* magnetrón *m*

magnificat [mæg'nɪfɪkæt] *n* REL & MUS Magnificat *m*

magnification [mægnɪfɪ'keɪʃən] *n* ampliación *f*; **a lens with a ~ of x 7** una lente de siete aumentos

magnificence [mæg'nɪfɪsəns] *n* magnificencia *f*

magnificent [mæg'nɪfɪsənt] *adj* magnífico(a)

magnificently [mæg'nɪfɪsəntlɪ] *adv* magníficamente, estupendamente

magnifico [mæg'nɪfɪkəʊ] *(pl* **magnificos** *or* **magnificoes)** *n* prócer *m*, prohombre *m*

magnify ['mægnɪfaɪ] *vt* **-1.** *(of lens, telescope)* ampliar, aumentar **-2.** *(exaggerate)* exagerar, desorbitar; **the incident was magnified out of all proportion** el incidente se exageró desproporcionadamente **-3.** REL *(exalt)* exaltar, glorificar

magnifying glass ['mægnɪfaɪɪŋ'glɑːs] *n* lupa *f*

magnitude ['mægnɪtjuːd] *n* **-1.** *(scale)* magnitud *f*; MATH magnitud *f*; **~ 7 on the Richter scale** magnitud *or* intensidad 7 en la escala de Richter **-2.** *(importance, size)* magnitud *f*; **a problem of the first ~** un problema de primer orden **-3.** ASTRON magnitud *f*; **a star of the first ~** una estrella de primera magnitud

magnolia [mæg'nəʊlɪə] *n* **-1.** *(flower)* magnolia *f* ❑ *the Magnolia State* = apelativo familiar referido al estado de Misisipí **-2.** *(colour)* rosa *m* pálido, blanco *m* rosáceo

Magnox® reactor ['mægnɒksrɪ'æktə(r)] *n* reactor *m* Magnox®

magnum ['mægnəm] *n* **-1.** *(bottle)* = botella de vino o champán de 1,5 litros **-2.** *(gun)* magnum *f*

magnum opus ['mægnəm'əʊpəs] *n* obra *f* maestra

magpie ['mægpaɪ] *n* **-1.** *(bird)* urraca *f* ❑ *azure-winged ~* rabilargo *m* **-2.** *Br Fam (hoarder)* **he's a bit of a ~** parece un trapero **-3.** *US Fam (chatterbox)* cotorra *f*, papagayo *m*

Magyar ['mægjɑː(r)] ◇ *n* **-1.** *(person)* magiar *mf* **-2.** *(language)* magiar *m*
◇ *adj* magiar

maharaja(h) [mɑːhə'rɑːdʒə] *n* marajá *m*

maharani [mɑːhə'rɑːniː] *n* maharaní *f*

maharishi [mɑːhə'riːʃɪ] *n* = guía espiritual hindú

mah-jong(g) ['mɑː'dʒɒŋ] *n* = tipo de dominó chino

mahogany [mə'hɒgənɪ] ◇ *n* **-1.** *(wood)* caoba *f* **-2.** *(colour)* (color *m)* caoba *m*
◇ *adj* de caoba

mahout [mə'haʊt] *n* = cuidador de elefantes en la India

MAI [emeɪ'aɪ] *n (abbr* **multilateral agreement on investment)** AMI *m*, acuerdo *m* multilateral de inversión

maid [meɪd] *n* **-1.** *(servant)* sirvienta *f*; *(in hotel)* camarera *f* ❑ *~ of honour (to queen)* dama *f* de honor; *US (at wedding)* dama *f* de honor **-2.** *Literary (girl)* doncella *f*; HIST **the Maid of Orleans** la Doncella de Orleans

maiden ['meɪdən] ◇ *n Literary (girl)* doncella *f*
◇ *adj* **-1.** *(first) (flight)* inaugural ❑ PARL **~ speech** primer discurso *m* como parlamentario(a); **~ voyage** viaje *m* inaugural, primer trayecto *m* **-2.** *(unmarried)* **~ aunt** tía *f* soltera; **~ name** apellido *m* de soltera **-3.** *(in cricket)* **~ (over)** = entrada en la que no se consigue ninguna carrera

maidenhair ['meɪdənheə(r)] *n (fern)* culantrillo *m* ❑ **~ tree** gingo *m*

maidenhead ['meɪdənhed] *n Old-fashioned or Literary* **-1.** *(hymen)* himen *m*, virgo *m* **-2.** *(virginity)* virginidad *f*

maidenhood ['meɪdənhʊd] *n* doncellez *f*

maidenly ['meɪdənlɪ] *adj Literary* de doncella

maidservant ['meɪdsɜːvənt] *n* doncella *f*

mail[1] [meɪl] ◇ *n* **-1.** *(postal system)* correo *m*; **to send sth by ~** enviar algo por correo; **the package got lost in the ~** el paquete se perdió en el correo; **your cheque is in the ~** le he enviado el cheque por correo ❑ *US* **~ drop** *(letter)* buzón *m*; *(PO box)* apartado *m* de correos, *Am* casilla *f* postal, *Andes, RP* casilla *f* de correos, *Col* apartado *m* aéreo; COM **~ order** venta *f* por correo; **to buy sth by ~ order** comprar algo por correo; **~ train** tren *m* correo; *US* **~ truck** furgoneta

mail

f del correo; Br ~ **van** furgoneta f del correo -**2.** (letters or parcels received) correo m, correspondencia f; **it came in the ~** vino en el correo

-**3.** COMPTR ~ **address** dirección f de correo electrónico; ~ **forwarding** opción f or posibilidad f de remitir correo; ~ **reader** lector m de correo electrónico; ~ **server** servidor m de correo electrónico

◇ vt -**1.** esp US (by postal system) (letter, parcel) enviar or mandar (por correo); **to ~ sb (with) sth** enviar or mandar algo (por correo) a alguien -**2.** (by e-mail) (file) enviar or mandar (por correo electrónico); (person) enviar or mandar un correo electrónico a

mail² n (armour) malla f

mailbag ['meɪlbæg] n saca f de correos; **she gets a huge ~** (celebrity, politician) recibe muchísimas cartas

mailbomb ['meɪlbɒm] n bombardeo m de correo

mailbox ['meɪlbɒks] n -**1.** US (for sending, receiving) buzón m -**2.** COMPTR buzón m

mailer ['meɪlə(r)] n -**1.** esp US (sender) remitente mf; (in office) auxiliar mf de clasificación y reparto de correspondencia -**2.** (container) tubo m de cartón (para enviar documentos) -**3.** (leaflet) mailing m

mailing ['meɪlɪŋ] n (mailshot) mailing m ❑ ~ **list** lista f de direcciones (para envío de publicidad); COMPTR lista f de correo or de distribución

mailman ['meɪlmæn] n US cartero m

mailmerge ['meɪlmɜːdʒ] n COMPTR combinación f de correspondencia ❑ ~ **program** programa m para combinar correspondencia

mail-order [meɪl'ɔːdər] adj Fam ~ **bride** = novia obtenida por catálogo; ~ **catalogue** catálogo m de venta por correo; ~ **firm** empresa f de ventas por correo; ~ **retailing** venta f por correo; ~ **sale** venta f por correo; ~ **selling** venta f por correo

mailshot ['meɪlʃɒt] n Br (leaflet) carta f publicitaria; (campaign) mailing m

maim [meɪm] vt -**1.** (physically) lisiar; **six people were maimed in the attack** seis personas quedaron lisiadas tras el atentado -**2.** (psychologically) **the experience maimed her for life** la experiencia le dejó secuelas psíquicas de por vida

main [meɪn] ◇ n -**1.** (pipe) (tubería f) general f; (cable) cable m principal; **the mains** (water, gas) la (tubería) general; (electricity) la red eléctrica; **to turn the electricity off at the ~** desconectar la luz desde el interruptor principal; **to turn the gas off at the ~** cerrar la llave de paso del gas ❑ **mains supply** suministro m eléctrico; **mains switch** interruptor m general

-**2. in the ~** (generally) en general

-**3.** Archaic **the ~** (ocean) el piélago; **the Spanish Main** = las costas españolas del Caribe

◇ adj -**1.** (principal) principal; **our ~ branch/office** nuestra sede/oficina central; **the ~ thing is to...** lo principal es...; **you're safe, that's the ~ thing** estás a salvo y eso es lo principal ❑ GRAM ~ **clause** oración f principal; ~ **course** plato m principal; NAUT ~ **deck** cubierta f (principal); US Fam ~ **drag** calle f principal; ~ **entrance** entrada f principal; ~ **line** RAIL línea f principal; US (road) carretera f principal; Fam (vein) vena f; US Fam ~ **man** Esp colega m, Am compay m; COMPTR ~ **memory** memoria f principal; ~ **road** carretera f general; ~ **square** plaza f mayor; Fam ~ **squeeze** (boyfriend, girlfriend) novio(a) m,f, Esp chorbo(a) m,f; ~ **street** calle f principal; US Fig **Main Street** = el norteamericano medio

-**2.** Literary (sheer) **to do sth by ~ force** usar la fuerza bruta para hacer algo

mainbrace ['meɪnbreɪs] n braza f (de la vela mayor); IDIOM NAUT or Hum **to splice the ~** beber or Am tomar (para celebrar algo)

Maine [meɪn] n Maine

mainframe ['meɪnfreɪm] n COMPTR ~ **(computer)** Esp ordenador m or Am computadora f central

mainland ['meɪnlænd] n tierra f firme; ~ **Europe** la Europa continental; **on the ~** en tierra firme; **he escaped from the island to the Canadian** ~ escapó de la isla hacia tierra firme canadiense

mainlander ['meɪnləndə(r)] n habitante mf de la tierra firme

mainline ['meɪnlaɪn] Fam ◇ vt (inject) picarse, Esp chutarse

◇ vi (inject drugs) picarse, Esp chutarse

mainly ['meɪnlɪ] adv principalmente; **the accident was caused ~ by carelessness** la imprudencia fue la principal causa del accidente; **the passengers were ~ Spanish** los pasajeros eran en su mayoría españoles; **we ~ go out on Saturday evenings** los sábados por la noche solemos salir

mainmast ['meɪnmɑːst] n palo m mayor

mainsail ['meɪnseɪl] n vela f mayor

mainsheet ['meɪnʃiːt] n escota f mayor

mains-operated ['meɪnzɒpəreɪtɪd] adj que funciona con or a corriente

mainspring ['meɪnsprɪŋ] n -**1.** (of clock, watch) muelle m real, resorte m principal -**2.** (of change, revolution) móvil m principal

mainstay ['meɪnsteɪ] n -**1.** (main support) (of economy, philosophy) pilar m fundamental; **she was the ~ of the family** ella era el pilar que sostenía a la familia -**2.** NAUT estay m mayor

mainstream ['meɪnstriːm] ◇ n corriente f principal or dominante; **to live outside the ~ of society** vivir al margen de las convenciones sociales

◇ adj (politics, ideas, tastes) convencional; (movie, literature) comercial; ~ **America** el norteamericano medio; **their music is hardly what you'd call ~!** su música no es precisamente convencional

mainstreaming ['meɪnstriːmɪŋ] n EDUC = introducción de niños con dificultades de aprendizaje en los colegios normales

mainstreeting ['meɪnstriːtɪŋ] n Can POL **to go ~** echarse a la calle en busca de votos

maintain [meɪn'teɪn] vt -**1.** (keep constant, sustain) mantener; (correspondence, friendship) mantener; (silence, advantage, composure) mantener; **to ~ law and order** mantener la ley y el orden

-**2.** (keep in good order) mantener; **the grounds are well maintained** los terrenos se conservan bien or están bien conservados

-**3.** (support financially) mantener

-**4.** (argue, insist) **to ~ (that)...** mantener or sostener que...; **he maintained his innocence to the end** sostuvo que era inocente hasta el final

maintainable [meɪn'teɪnəbəl] adj (attitude, opinion, position) defendible

maintained [meɪn'teɪnd] adj -**1.** Br (school) subvencionado(a) -**2.** (cared for) mantenido(a)

maintenance ['meɪntənəns] n -**1.** (of car, equipment, roads) mantenimiento m; ~ **engineer/vehicle** técnico/vehículo de mantenimiento ❑ ~ **contract** contrato m de mantenimiento; ~ **costs** costos mpl or Esp costes mpl de mantenimiento

-**2.** LAW (alimony) pensión f alimenticia ❑ ~ **order:** **she got a ~ order** el juez le ha asignado una pensión alimenticia

-**3.** Br UNIV Formerly ~ **allowance** or **grant** beca f para la manutención

-**4.** (sustaining, continuation) mantenimiento m

maisonette [meɪzə'net] n dúplex m inv

maître d' ['meɪtrə'diː] n US maître mf (d'hôtel)

maître d'hôtel [ˌmetrədəʊ'tel] n maître mf (d'hôtel)

maize [meɪz] n maíz m, Andes, RP choclo m

Maj -1. MIL (abbr **Major**) comandante m -**2.** MUS (abbr **Major**) mayor

majestic [mə'dʒestɪk] adj majestuoso(a)

majestically [mə'dʒestɪklɪ] adv majestuosamente

majesty ['mædʒəstɪ] n -**1.** (splendour) majestad f, majestuosidad f; **God in all His ~** Dios en toda su majestad -**2.** (as title) **His/Her/Your Majesty** Su Majestad ❑ Br **His/Her Majesty's Prison Service** = el servicio penitenciario británico; Br **His/Her Majesty's Stationery Office** = el servicio oficial de publicaciones británico

Maj Gen MIL (abbr **major general**) general m de división

majolica [mə'dʒɒlɪkə] n mayólica f

major ['meɪdʒə(r)] ◇ n -**1.** MIL comandante m ❑ ~ **general** general m de división -**2.** US UNIV (subject) especialidad f; **Tina is a physics ~** Tina cursó la especialidad de física -**3.** MUS mayor m -**4.** US (big company) **the oil majors** las grandes petroleras; **the Majors** (movie companies) los grandes estudios cinematográficos -**5.** (big golf tournament) torneo m del Grand Slam

◇ adj -**1.** (main) **the ~ part of our time/research** la mayor parte del tiempo/de la investigación; ~ **road** carretera principal; ~ **town** localidad de importancia

-**2.** (significant, important) (decision, change, factor, event) importante, de primer orden; (repairs) importante, de envergadura; **a ~ role** (in play, film) un papel destacado or importante; **to launch a ~ offensive** lanzar una ofensiva a gran escala; **she underwent ~ surgery** se sometió a una operación de importancia; **of ~ importance** de enorme importancia; **any damage? – nothing ~** ¿ha sufrido daños? – nada de importancia; **in a ~ way: we invested in steel in a ~ way** invertimos en acero a lo grande; **he's taken up Spanish in a ~ way** se ha puesto a estudiar español a conciencia ❑ ~ **league** (in baseball) = liga profesional de béisbol estadounidense; Fig **a ~ league company** una de las grandes empresas del sector; Fam **he's a ~ league jerk** es un imbécil integral

-**3.** MUS mayor; ~ **seventh/third** séptima/tercera mayor ❑ ~ **key** tono m mayor; ~ **mode** modo m mayor

-**4.** PHIL ~ **premise** mayor f

-**5.** Br SCH Old-fashioned **Smith ~** Smith, el hermano mayor

-**6.** ASTRON ~ **planet** planeta m mayor

-**7.** (in cards) ~ **suit** palo que pinta, triunfos m

◇ vi US UNIV **to ~ in** (subject) especializarse en

Majorca [mə'jɔːkə] n Mallorca

Majorcan [mə'jɔːkən] ◇ n -**1.** (person) mallorquín(ina) m,f -**2.** (language) mallorquín m

◇ adj mallorquín(ina)

majordomo ['meɪdʒə'dəʊməʊ] (pl **majordomos**) n mayordomo m

majorette [meɪdʒə'ret] n majorette f

majority [mə'dʒɒrɪtɪ] n -**1.** (of a group) mayoría f; **to be in a or the ~** ser mayoría; **the ~ was or were in favour** la mayoría estaba a favor; **in the ~ of cases** en la mayoría de los casos ❑ FIN ~ **holding** or **interest** participación f mayoritaria; ~ **shareholder** or US **stockholder** socio(a) m,f or accionista mf mayoritario(a); **the ~ world** los países en vías de desarrollo

-**2.** (in vote) mayoría f; **by a narrow/large ~** por una estrecha/amplia mayoría; **a two-thirds ~** una mayoría de dos tercios; **a ~ government** un gobierno con mayoría ❑ ~ **decision** decisión f por mayoría; US POL ~ **leader** = líder de la formación mayoritaria en el senado o el congreso estadounidense; ~ **rule** representación f de la mayoría; LAW ~ **verdict** veredicto m mayoritario; POL ~ **vote** votación f por mayoría

-**3.** LAW (age) mayoría f de edad; **to attain** or **reach one's ~** alcanzar la mayoría de edad

make [meɪk] ◇ n -**1.** (brand) marca f; **what ~ is it?** ¿de qué marca es?

-**2.** IDIOM Fam **to be on the ~** (financially) buscar sólo el propio beneficio; (sexually) ir a ligar or RP Ven de levante

◇ vt (pt & pp **made** [meɪd]) -**1.** (produce, prepare, perform) hacer; (manufacture) hacer, fabricar; (payment, transaction) realizar,

make

efectuar; *(speech)* pronunciar; *(decision)* tomar; *(mistake)* cometer; **I ~ my own clothes** (me) hago mis propias ropas; **to ~ the bed** hacer la cama; **we ~ no charge for delivery** no cobramos por la entrega; **to ~ a choice** elegir; **everybody ~ a circle** todos, *Esp* formad *or Am* formen un círculo; **to ~ progress** progresar; **to ~ a promise** hacer una promesa; **to ~ a record** grabar un disco; **~ room for your sister** hazle sitio *or* espacio *or Andes* campo a tu hermana; **to ~ time to do sth** encontrar tiempo para hacer algo; **made from** *or* **out of** hecho con *or* de; **it's made of silver** es de plata; **made in Spain** fabricado(a) en España; *Fig* **that coat was made for you** ese abrigo está hecho a tu medida; **they were made for each other** estaban hechos el uno para el otro; *Fam* **I'll show them what I'm made of** les voy a demostrar quién soy yo; *Fam* **I'm not made of money!** ¡que no soy millonario *or* de oro!, *RP* ¡que yo la plata no la saco de un árbol!; **I'll ~ a man of you yet!** ¡te he de convertir en un hombre!; **to ~ something of oneself** convertirse en una persona de provecho

-2. *(earn) (money)* ganar; **to ~ a loss** tener *or* sufrir pérdidas; **to ~ a profit** obtener *or* sacar beneficios; **I made $100 on the deal** saqué 100 dólares (de beneficio) del trato; **to ~ a living** ganarse la vida; **she has made a lot of enemies** se ha creado muchos enemigos; **she has made a lot of friends** ha hecho muchos amigos; **to ~ a name for oneself** crearse *or* labrarse una reputación, hacerse un nombre

-3. *(cause)* **to ~ a difference** cambiar mucho las cosas (a mejor); **it doesn't ~ any difference, it makes no difference** da lo mismo; **stop making a noise** deja de hacer ruido; **to ~ a success of sth** tener éxito con algo; **to ~ trouble** crear problemas; **it made his hair fall out** hizo que se le cayera el pelo; **it made me smile** me hizo sonreír; **he made her cry** la hizo llorar; **don't ~ me laugh!** ¡no me hagas reír!; **what made her say that?** ¿qué la hizo decir eso?; **it makes me want to give up** me da ganas de dejarlo; **the photo makes me look older than I am** la foto me hace parecer más viejo de lo que soy; **she made herself look foolish** quedó como una tonta

-4. *(cause to be)* hacer; **that made me angry** eso me *esp Esp* enfadó *or esp Am* enojó; **to ~ sb happy** hacer feliz a alguien; **to ~ sb sad** entristecer a alguien; **to ~ sb hungry** dar hambre a alguien; **it makes me nervous** me pone nervioso; **to ~ sb tired** cansar a alguien; **she has been made captain** la han nombrado capitana; **to ~ a fool of sb** poner a alguien en ridículo; **to ~ a fool of oneself** hacer el ridículo; **quantum mechanics made easy** *(book title)* introducción básica a la mecánica cuántica; **his goal made the score two-nil** su gol puso el marcador en dos a cero; **you've made the house really nice** has dejado la casa bien bonita; **~ yourself comfortable** ponte cómodo; **to ~ oneself heard** hacerse oír; **to ~ oneself known to sb** ponerse en contacto con alguien; **do I ~ myself understood?** ¿queda bien claro?; **to ~ sb a present of sth** regalar algo a alguien; **~ mine a gin and tonic** para mí un gin-tonic

-5. *(cause to be successful)* **this book made her** este libro le dio la fama; **what really makes the film is the photography** lo que hace que la película sea tan buena es la fotografía; **to ~ it (to the top)** *(be successful)* tener éxito, llegar a la cima; **to ~ it big** triunfar; **you've got it made** lo tienes todo hecho; **this record will ~ or break her career** este disco decidirá su carrera; **it made my day** me alegró el día

-6. *(compel)* **to ~ sb do sth** hacer que alguien haga algo; **they made us wear suits, we were made to wear suits** nos hicieron llevar traje, nos obligaron a llevar traje; **she made herself keep running** se obligó a seguir corriendo

-7. *(estimate, calculate)* **what time do you ~ it?** ¿qué hora debe ser?, *Am* ¿qué horas serán?; **what do you ~ the answer?** ¿cuál crees que es la respuesta?; **I ~ it $50 in total** calculo un total de 50 dólares; **£19, please – ~ it £20** 19 libras, por favor – cóbrese 20

-8. *(amount to)* **two and two ~ four** dos y dos son cuatro; **that makes $50 in total** y con eso el total son 50 dólares; **that makes five times she has called me this week!** ¡ésta es la quinta vez que me llama esta semana!; *Fam* **I'm exhausted – that makes two of us!** estoy agotado – ¡ya somos dos!

-9. *(attain, achieve) (goal)* alcanzar; **we made all our production targets** hemos alcanzado todos nuestros objetivos de producción; **to ~ the charts** *(record)* llegar a las listas de éxitos; **to ~ the cut** *(in golf)* meterse en el corte; **to ~ a deadline** cumplir un plazo; **to ~ the first team** *(be selected)* conseguir entrar en el primer equipo; **to ~ the front page** *(news)* aparecer en (la) portada; **we've made good time** hemos ido bien rápido; **to ~ it** *(arrive in time)* llegar (a tiempo); *(finish in time)* terminar a tiempo; **the doctors don't think he'll ~ it** *(live)* los doctores no creen que vaya a vivir; **I don't know how I made it through the day** no sé cómo conseguí pasar el día

-10. *(reach)* **do you think we'll ~ the five o'clock train?** ¿llegaremos al tren de las cinco?; **we should make Houston by evening** llegaremos a Houston esta tarde

-11. *(manage to attend) (show, meeting)* llegar a; **I can ~ two o'clock** puedo estar allí para las dos; **can you ~ it next week?** ¿puedes venir la próxima semana?; **I can't ~ it on Friday, I'm afraid** me temo que el viernes no podré ir

-12. *(become, be)* ser; **he'll ~ a good doctor/singer** será un buen médico/cantante; **this old shirt would ~ a good duster** esta camisa vieja irá muy bien para quitar *or Am* sacar el polvo; **it will ~ interesting reading** será interesante leerlo

-13. *(score)* *(in baseball, cricket)* hacer

-14. *US (in directions)* **to ~ a right/left** torcer a la derecha/izquierda

-15. *(in golf)* **to ~ a putt** embocar un putt

-16. *(in American football)* **he made 34 yards** avanzó 34 yardas

-17. *US Fam (have sex with)* **to ~ sb, to ~ it with sb** hacérselo con alguien

◇ *vi* -1. *(act)* **to ~ as if** *or* **as though to do sth** hacer como si se fuera a hacer algo; **to ~ believe (that)...** imaginarse que...; **to ~ to do sth** hacer como si se fuera a hacer algo

-2. *US Fam (pretend)* **she makes like she's an expert** se las daba de experta; **~ like you don't know anything** haz ver que no sabes nada, *RP* hacé de cuenta que no sabés nada

-3. *(succeed)* **it's ~ or break** es la hora de la verdad

-4. **to ~ sure** *or* **certain (of sth)** asegurarse (de algo); **to ~ sure** *or* **certain (that)...** asegurarse de que...

◆ **make after** *vt insep* **to ~ after sb** *(chase)* salir en persecución de alguien

◆ **make away with** *vt insep* -1. = **make off with**

-2. *Old-fashioned (kill)* acabar con

◆ **make do** *vi* arreglárselas (**with/without** con/sin); **there's no olive oil left, so you'll have to ~ do without** no queda aceite de oliva, tendrás que arreglártelas sin él

◆ **make for** *vt insep* -1. *(head towards)* dirigirse hacia; **when it started to rain everyone made for the trees** cuando se puso a llover todo el mundo se dirigió hacia los árboles

-2. *(contribute to)* facilitar, contribuir a; **her presence made for an interesting evening** su presencia dio interés a la velada

◆ **make into** *vt sep (convert)* **to ~ sth/sb into sth** convertir algo/a alguien en algo

◆ **make of** *vt sep* -1. *(have opinion about)* **what do you ~ of the new boss?** ¿qué te parece el nuevo jefe?; **I don't know what to ~ of that remark** no sé cómo interpretar ese comentario; **can you ~ anything of these instructions?** ¿entiendes algo de lo que dicen las instrucciones?

-2. *(get out of)* **I want to ~ something of my life** quiero ser algo en la vida; **to ~ the most of sth** aprovechar algo al máximo; **why don't we ~ a day/evening of it?** ¿por qué no aprovechamos para pasar el día/la tarde?

-3. *(give importance to)* **I think you're making too much of this problem** creo que estás exagerando este problema

◆ **make off** *vi Fam (leave)* largarse

◆ **make off with** *vt insep Fam (steal)* largarse con, llevarse

◆ **make out** *vt insep Fam (claim)* **to ~ out (that)...** decir *or* pretender que...; **it's not as bad as it's made out to be** no es tan malo como dicen

◇ *vt sep* -1. *(write) (list)* elaborar, hacer; *(cheque)* extender (**to** a)

-2. *Fam (claim)* **she made herself out to be an expert** se las daba de experta; **it's not as bad as everyone makes out** no es tan malo como dicen todos

-3. *(understand, decipher)* entender; *(see)* distinguir; *(hear)* oír; **can you ~ out what it says here?** ¿distingues lo que dice aquí?; **I just can't ~ him out** no consigo entenderlo; **as far as I can ~ out** por lo que entiendo

-4. *(explain)* **to ~ out a case for/against sth** exponer los argumentos a favor/en contra de algo

◇ *vi US* -1. *(get on)* llevarse bien; **how did you ~ out at the interview?** ¿cómo te fue en la entrevista? -2. *Fam (sexually) (neck)* meterse mano, *Esp* darse el lote; *(have sex)* enrollarse

◆ **make over** *vt sep* -1. *(transfer)* **she has made the estate over to her granddaughter** ha nombrado a su nieta heredera de sus propiedades

-2. *US (convert)* **to ~ sth over into sth** convertir algo en algo

-3. *US (change the appearance of)* hacer una reforma total de

◆ **make towards** *vt insep* dirigirse hacia

◆ **make up** ◇ *vt sep* -1. *(story, song, excuses)* inventar

-2. *(deficit, loss)* enjugar, recuperar; **we should be able to ~ up the hour we lost later** deberíamos poder recuperar más adelante la hora perdida

-3. *(complete) (team, amount)* completar; **my uncle is going to ~ up the difference** mi tío va a pagar la diferencia; **I felt like I was only there to ~ up the numbers** sentí que estaba ahí sólo para hacer cuentas

-4. *(constitute)* formar, componer; **the community is made up primarily of old people** la comunidad se compone principalmente de ancianos; **road accidents ~ up 70 percent of the total** los accidentes de carretera representan *or* suponen un 70 por ciento del total; **a group made up of left-wing politicians** un grupo integrado por políticos de izquierdas

-5. *(prepare) (list)* elaborar, hacer; *(parcel, bed)* hacer; *(prescription)* preparar; *(curtains, dress)* hacer

-6. TYP componer

-7. *(apply make-up to)* **to ~ sb up (as sb)** maquillar a alguien (de alguien); **to ~ oneself up** maquillarse

-8. *(resolve)* **to ~ up one's mind** decidirse; **I've made up my mind never to return** he decidido no volver nunca

◇ *vi (end quarrel)* reconciliarse (**with** con)

◆ **make up for** *vt insep (losses)* compensar; **he bought me flowers to ~ up for his**

make-believe behaviour me compró flores para disculparse por su comportamiento; **to ~ up for lost time** recuperar el tiempo perdido
◆ **make up to** ⋄ vt insep Br Fam (ingratiate oneself with) Esp hacer la pelota a or Col pasar el cepillo a or Méx lambisconear a or RP chuparle las medias a alguien
⋄ vt sep (compensate) **I'll ~ it up to you later, I promise** te prometo que te recompensaré (por ello) más adelante

make-believe ['meɪkbɪliːv] ⋄ n **it's only ~** no es más que ficción; **to live in a land** or **world of ~** vivir en un mundo de fantasías
⋄ adj ficticio(a); **they turned the bed into a ~ raft** convirtieron la cama en una balsa imaginaria

make-do ['meɪkduː] adj improvisado(a); **it was a case of ~ and mend** hubo que improvisar

make-or-break ['meɪkə'breɪk] adj decisivo(a); **it's ~ time** es el momento de la verdad

makeover ['meɪkəʊvə(r)] n **-1.** (of building, room) reforma f total **-2.** (of person) cambio m or renovación f de imagen

maker ['meɪkə(r)] n **-1.** (manufacturer) fabricante mf **-2.** Euph **(to go to) meet one's Maker** (to die) entregar el alma a Dios

-maker ['meɪkə(r)] suffix **-1.** (manufacturer) **furniture/motorcycle~** fabricante de muebles/motocicletas **-2.** (machine) **coffee/ice cream~** máquina de café/helados

makeshift ['meɪkʃɪft] ⋄ n parche m; **the repair is only a ~** la reparación sólo sirve para salir del paso
⋄ adj improvisado(a); **the accommodation was very ~** el alojamiento era de lo más improvisado

make-up ['meɪkʌp] n **-1.** (cosmetics) maquillaje m; **to put (one's) ~ on** maquillarse; **to take one's ~ off** quitarse el maquillaje, desmaquillarse; **she had a lot of ~ on** llevaba mucho maquillaje ❑ **~ artist** maquillador(ora) m,f; **~ bag** bolsa f del maquillaje; **~ remover** desmaquillador m
-2. (composition) (of team, group) composición f; **she changed the ~ of the cabinet** cambió la composición del gabinete
-3. (of person) temperamento m, carácter m; **spontaneous generosity is not really in** or **part of her ~** la generosidad desinteresada no forma parte de su carácter
-4. TYP composición f
-5. US (test, exam) **~ (test)** = examen que se realiza más tarde si no se pudo hacer en su día

makeweight ['meɪkweɪt] n relleno m; **as a ~** de relleno

making ['meɪkɪŋ] n **-1.** (manufacture) (of goods) fabricación f, manufactura f; (of movie) rodaje f; **the film was three years in the ~** llevó tres años realizar la película; **this is history in the ~** se está haciendo historia (aquí y ahora); **a musician in the ~** un músico en ciernes; **the problem is of her own ~** el problema se lo ha buscado ella; **it will be the ~ of her** será la llave de su éxito
-2. (potential) **he has the makings of an actor** tiene madera de actor; **the story has all the makings of a national scandal** la historia tiene todos los ingredientes para convertirse en un escándalo nacional

mako shark ['mɑːkəʊ'ʃɑːk] n marrajo m (dientuso)

malacca [məˈlækə] n **-1.** (material) caña f de Indias **-2.** GEOG **the Malacca Straits** el estrecho de Malaca

malachite ['mæləkaɪt] n malaquita f

maladjusted [mælə'dʒʌstɪd] adj inadaptado(a)

maladjustment [mælə'dʒʌstmənt] n **-1.** (psychological, social) inadaptación f **-2.** (of engine, mechanism) desajuste m

maladministration [mælədmɪnɪ'streɪʃən] n Formal mala gestión f

maladroit [mælə'drɔɪt] adj inepto(a), desmañado(a)

maladroitly [mælə'drɔɪtlɪ] adv con ineptitud

malady ['mælədɪ] n Formal mal m

Malaga ['mæləɡə] n Málaga

Malagasy ['mæləɡæsɪ] ⋄ n **-1.** (person) malgache mf **-2.** (language) malgache m
⋄ adj malgache

malaise [mæ'leɪz] n Formal malestar m

malapropism ['mæləprɒpɪzəm] n gazapo m

malaria [mə'leərɪə] n malaria f, paludismo m; **to have ~** tener malaria or paludismo

malarial [məˈleərɪəl] adj (fever, swamp) palúdico(a); **a ~ district** una zona de malaria or paludismo

malark(e)y [mə'lɑːkɪ] n Fam **-1.** (ridiculous behaviour) payasadas fpl, majaderías fpl **-2.** (ridiculous explanation) sandeces fpl, majaderías fpl

Malawi [mə'lɑːwɪ] n Malaui

Malawian [mə'lɑːwɪən] ⋄ n malaui mf
⋄ adj malaui

Malay [mə'leɪ] ⋄ n malayo(a) m,f
⋄ adj malayo(a); **the ~ Peninsula** la península de Malaca

Malayan [mə'leɪən] ⋄ n **-1.** (person) malayo(a) m,f **-2.** (language) malayo m
⋄ adj malayo(a)

Malaysia [mə'leɪzɪə] n Malaisia

Malaysian [mə'leɪzɪən] ⋄ n malaisio(a) m,f
⋄ adj malaisio(a)

malcontent ['mælkəntent] n Formal insatisfecho(a) m,f

Maldives ['mɔːldiːvz] npl **the ~** las Maldivas

male [meɪl] ⋄ n (person) varón m, hombre m; (animal) macho m
⋄ adj -1. (person) masculino(a); (animal) macho; **a ~ friend** un amigo ❑ **~ bonding: he's gone down the pub for some ~ bonding** se ha ido al bar para estar con sus amigotes; **~ bonding rituals** ritos típicos de hombres; **~ chauvinism** machismo m; **~ chauvinist** machista m; Fam **~ chauvinist pig** cerdo m machista; **~ fern** helecho m macho; Euph **the ~ member** el miembro viril; Fam Hum **~ menopause** menopausia f masculina; **~ model** modelo m; **~ nurse** enfermero m; Br **~ voice choir** coro m de voces masculinas
-2. (plug) macho m ❑ **~ connector** conector m macho; **~ to female adaptor** adaptador m de macho a hembra

malefactor ['mælɪfæktə(r)] n Literary malhechor(ora) m,f

maleness ['meɪlnɪs] n masculinidad f

malevolence [mə'levələns] n malevolencia f

malevolent [mə'levələnt] adj malévolo(a)

malevolently [mə'levələntlɪ] adv malévolamente

malfeasance [mæl'fiːzəns] n LAW infracción f

malformation [mælfɔː'meɪʃən] n malformación f

malformed [mæl'fɔːmd] adj (organ, baby) con malformación, deforme

malfunction [mæl'fʌŋkʃən] ⋄ n Esp fallo m, Am falla f; **a ~ of the kidneys** una disfunción renal
⋄ vi averiarse

Mali ['mɑːlɪ] n Malí, Mali

Malian ['mɑːlɪən] ⋄ n malí mf, malense mf
⋄ adj malí, malense

malic acid ['mælɪk'æsɪd] n ácido m málico

malice ['mælɪs] n **-1.** (ill will) malicia f; **she bears you no ~** no te guarda rencor; **out of** or **through ~** con malicia **-2.** LAW **with ~ aforethought** con premeditación y alevosía

malicious [mə'lɪʃəs] adj **-1.** (person, gossip) malicioso(a); **she has a ~ tongue** tiene una lengua viperina or de víbora **-2.** LAW **~ Br damage** or US **mischief** agravio m malicioso

maliciously [mə'lɪʃəslɪ] adv maliciosamente

maliciousness [mə'lɪʃəsnɪs] n malicia f

malign [mə'laɪn] ⋄ adj perjudicial, pernicioso(a)
⋄ vt difamar; **our much maligned government** nuestro denostado gobierno

malignancy [mə'lɪɡnənsɪ] n **-1.** MED (of tumour) malignidad f **-2.** (of person) maldad f, perversidad f

malignant [mə'lɪɡnənt] adj **-1.** MED (tumour) maligno(a) **-2.** (person) maligno(a)

malinger [mə'lɪŋɡə(r)] vi fingir una enfermedad (para no ir a trabajar)

malingerer [mə'lɪŋɡərə(r)] n = persona que se finge enferma (para no ir a trabajar)

mall [mɔːl] n **-1.** esp US (shopping centre) centro m comercial **-2.** (avenue) paseo m

mallard ['mælɑːd] n **~ (duck)** ánade m real

malleability [mælɪə'bɪlɪtɪ] n maleabilidad f

malleable ['mælɪəbəl] adj (person, metal) maleable

mallet ['mælɪt] n mazo m

Mallorcan [mə'jɔːkən] ⋄ n **-1.** (person) mallorquín(ina) m,f **-2.** (language) mallorquín m
⋄ adj mallorquín(ina)

mallow ['mæləʊ] n (plant) malva f

malnourished [mæl'nʌrɪʃt] adj desnutrido(a)

malnutrition [mælnjuː'trɪʃən] n desnutrición f

malodorous [mæl'əʊdərəs] adj Formal **-1.** (smelly) hediondo(a) **-2.** (conduct, scandal) repugnante

malpractice [mæl'præktɪs] n negligencia f (profesional) ❑ esp US LAW **~ suit** demanda f por negligencia (profesional)

malt [mɔːlt] n **-1.** (substance) malta f ❑ **~ extract** extracto m de malta; US **~ liquor** cerveza f de malta; Br **~ loaf** = bizcocho denso de malta y frutas secas; **~ vinegar** vinagre m de malta **-2.** **~ (whisky)** whisky m de malta **-3.** US (malted milk) leche f malteada con helado

Malta ['mɔːltə] n Malta

maltase ['mɔːlteɪz] n BIOCHEM maltasa f

malted ['mɔːltɪd] ⋄ n US leche f malteada con helado
⋄ adj malteado(a) ❑ **~ milk** Br leche f malteada; US leche f malteada con helado

Maltese [mɔːl'tiːz] ⋄ n **-1.** (person) maltés(esa) m,f **-2.** (language) maltés m
⋄ npl (people) **the ~** los malteses
⋄ adj maltés(esa) ❑ **~ cross** cruz f de Malta

Malthusian [mæl'θuːzɪən] ⋄ n maltusiano(a) m,f
⋄ adj maltusiano(a)

maltose ['mɔːltəʊs] n CHEM maltosa f

maltreat [mæl'triːt] vt maltratar

maltreatment [mæl'triːtmənt] n maltrato m, malos tratos mpl

malty ['mɔːltɪ] adj a malta; **it tastes ~, it has a ~ taste** sabe a malta

mam [mæm] n Br Fam mamá f

mama = **mamma**

mamba ['mæmbə] n mamba f

mambo ['mæmbəʊ] n (pl **mambos**) mambo m

mameluke ['mæmɪluːk] n HIST mameluco m

mamilla, US **mammilla** [mə'mɪlə] n ANAT mamila f

mam(m)a[1] ['mæmə] n US Fam **-1.** (mother) mamá f, mami f; **he's a real ~'s boy** está enmadrado **-2.** (woman) Esp tía f, Am mamita f **-3.** big **~** (object) armatoste m

mam(m)a[2] [mə'mɑː] n Br Old-fashioned (mother) mamá f

mammal ['mæməl] n mamífero m

mammalian [mæ'meɪlɪən] adj **~ characteristics** características propias de los mamíferos

mammary ['mæmərɪ] adj ANAT mamario(a) ❑ **~ glands** mamas fpl, glándulas fpl mamarias

mammilla = **mamilla**

mammogram ['mæməɡræm], **mammograph** ['mæməɡrɑːf] n MED mamografía f

mammography [mæ'mɒɡrəfɪ] n MED mamografía f

Mammon ['mæmən] n Literary el vil metal

mammoth ['mæməθ] ⋄ n (animal) mamut m
⋄ adj (huge) gigantesco(a), enorme; (task) ingente

mammy ['mæmɪ] n Fam **-1.** (mother) mamá f, mami f **-2.** US Old-fashioned (black nanny) = niñera negra

man [mæn] ⋄ n (pl **men** [men]) **-1.** (adult male) hombre m; **a young ~** un joven; **an old ~** un anciano; **I'm a busy/lucky ~** soy un hombre ocupado/afortunado; **he's an Oxford ~** (from Oxford) es de Oxford; (who studied at Oxford University) estudió en la Universidad de Oxford; **a family** ~ un hombre de familia; **I'm not a betting** ~ no soy amigo de las apuestas; **I'm a whisky** ~ siempre bebo or tomo whisky; **he is very much the president's** ~ es un incondicional del presidente; Br Old-fashioned **my (dear** or **good) ~!** mi querido amigo; **that's our ~!** (the man we're looking for) ¡ése es nuestro hombre!; Fam **if it's insurance you need, I'm your** ~ si necesitas un seguro, soy la persona que buscas; **a ~'s shirt/bicycle** una camisa/bicicleta de hombre; **the men's 100 metres** los 100 metros masculinos; **the men's room** el servicio or RP toilette de caballeros; **he's a ~ child** es un inmaduro; **a ~ of action** un hombre de acción; **to be a ~ for all seasons** ser un hombre de recursos; **a ~ of God** or **the cloth** un clérigo; **a ~ of letters** un literato, un hombre de letras; **a ~ of many parts** un hombre versátil o polifacético; **a ~ of the people** un hombre popular; **a ~ of science** un hombre de ciencias; **a ~ of straw** (weak person) un pusilánime; (front man) un testaferro, un hombre de paja; **he's a ~ of his word** es un hombre de palabra; **he's a ~ of few words** es hombre de pocas palabras or parco en palabras; **a ~ of the world** un hombre de mundo; Fam **the men in grey suits** los altos jerarcas, los grandes popes; **he's just the ~ for the job** es el hombre indicado (para el trabajo); **the ~ in the street** el hombre de la calle; **the ~ of the moment** el protagonista del momento; Fam Hum **the men in white coats** los loqueros, RP los hombrecitos de blanco; **I worked there ~ and boy** trabajé allí desde pequeño; **be a ~ and tell her!** ¡sé hombre y díselo!; **to be ~ enough to do sth** tener el valor suficiente para hacer algo; **he's a ~'s ~** le gustan las cosas de hombres; **to be one's own ~** ser dueño de sí mismo; **the army will make a ~ of him** el ejército lo hará un hombre; **this will separate the men from the boys** así se verá quién vale de verdad; **to talk to sb ~ to ~** hablar con alguien de hombre a hombre; **he took it like a ~** lo aceptó como un hombre; IDIOM **are you a ~ or a mouse?** ¡no seas gallina!; PROV **a ~'s gotta do what a ~'s gotta do** no queda más remedio

-2. (individual, person) hombre m, persona f; **any ~** cualquiera; **few men** pocos, pocas personas; **I've never met the ~** no lo conozco; **they replied as one ~** respondieron como un solo hombre; **they were patriots to a ~** hasta el último de ellos era un patriota; **every ~ has his price** todos tenemos un precio; **here it's every ~ for himself** aquí es un sálvese quien pueda; Fam **every ~ jack (of them)** todo el mundo, Esp todo quisque; **~'s best friend** (dog) el mejor amigo del hombre; PROV **you can't keep a good ~ down** el que vale, vale; PROV **one ~'s meat is another ~'s poison** sobre gustos no hay nada escrito

-3. esp US Fam (in exclamations) **~, am I tired!** ¡estoy que me caigo de cansancio!; **stop that, ~!** ¡déjalo ya, Esp tío or Andes, CAm, Carib, Méx mano!, RP ¡parala, che!; **hey ~, what are you doing?** oye, Esp tío or Am compadre or Andes, CAm, Carib, Méx mano, ¿qué haces?, RP ¡parala, loco!; **hey ~, that's great!** amigo, ¡qué bien!, ¡Esp ostras or Méx ándale or RP pero che, qué bien!

-4. (husband) marido m; Fam (boyfriend) hombre m; **to live as ~ and wife** vivir como marido y mujer; Old-fashioned **your young ~** tu galán; Fam **to have ~ trouble** tener problemas de amores

-5. (humanity) el hombre; **prehistoric ~** el hombre prehistórico; **~'s cruelty to ~** la crueldad del hombre hacia su prójimo; **one of the most toxic substances known to ~** una de las sustancias más tóxicas que se conocen; PROV **~ cannot live by bread alone** no sólo de pan vive el hombre

-6. (employee) (in factory) trabajador m; (servant) criado m; (soldier) hombre m; **an insurance ~** un vendedor de seguros; **our ~ in Rome** (spy) nuestro agente en Roma; (diplomat) nuestro representante en Roma; (reporter) nuestro corresponsal en Roma ❏ **a Man Friday** un chico para todo; **~ management: his ~ management skills are not very good** no sabe cómo tratar al personal

-7. SPORT (player) hombre m; **to lose one's ~** desmarcarse ❏ **men's doubles** dobles mpl masculinos; **~ of the match** el jugador más destacado del partido

-8. (in chess) pieza f; (in draughts) ficha f
◇ vt (pt & pp **manned**) (machine) manejar; (plane, boat) tripular; (phone, reception desk) atender; **~ the lifeboats!** ¡todo el mundo a los botes salvavidas!; **a manned flight** un vuelo tripulado; **the office is manned by a skeleton staff** la oficina sólo hay un mínimo de personal

man-about-town ['mænəbaʊt'taʊn] n urbanita m sofisticado

manacle ['mænəkəl] vt esposar; **his wrists were manacled** estaba esposado

manacles ['mænəkəlz] npl esposas fpl

manage ['mænɪdʒ] ◇ vt -1. (company, hotel, project) dirigir; (the economy, resources) gestionar, administrar; (shop) llevar, regentar; (property, estate) administrar; **I'm very bad at managing money** soy un desastre para administrar el dinero; **he manages Melchester United** es el director deportivo del Melchester United; **to ~ sb's affairs** gestionar los asuntos de alguien

-2. (deal with, handle) (situation) manejar, tratar; **to know how to ~ sb** saber cómo tratar a alguien

-3. (accomplish) **you'll ~ it** te las apañarás; **she managed a smile** se las arregló para sonreír; **to ~ to do sth** conseguir hacer algo; Ironic **somehow, he always manages to arrive at meal times** no sé cómo se las arregla para llegar siempre a la hora de la comida

-4. (be available for) **can you ~ dinner on Thursday?** ¿te iría bien cenar el jueves?; **I can't ~ Friday** el viernes no me viene bien

-5. (cope with) poder con; **I can't ~ three suitcases** no puedo con tres maletas or Am valijas; **he can't ~ the stairs any more** ya no puede con las escaleras; **he still can't ~ parking** todavía no sabe estacionar or Esp aparcar; **£100 is the most I can ~** no puedo dar más de 100 libras

-6. (eat or drink) **I think I could ~ another slice** creo que aún puedo comerme otra rebanada; **I couldn't ~ another thing** ya no puedo más

◇ vi (cope) arreglárselas, apañárselas; **he'll never ~ on his own** no lo podrá hacer él solo; **to ~ on sth** (amount of money, food) sobrevivir con algo; **to ~ without sth/sb** arreglárselas or apañárselas sin algo/alguien

manageable ['mænɪdʒəbəl] adj (object) manejable; (hair) fácil de peinar; (level, proportions) razonable; (task) realizable, factible; **the smaller suitcase is a more ~ size** la maleta pequeña es más manejable; **it will reduce the pain to a ~ level** reducirá la intensidad del dolor a un nivel soportable

management ['mænɪdʒmənt] n -1. (activity) (of company, hotel, project, soccer club) dirección f, gestión f; (of economy, resources) gestión f, administración f; (of shop) administración f; (of property, estate) administración f; **all their problems are due to bad ~** todos sus problemas se deben a una mala gestión ❏ FIN **~ accountant** Esp contable mf de costes or gestión, Am contador(ora) m,f de costos or gestión; FIN **~ accounting** contabilidad f de gestión; **~ consultant** consultor(ora) m,f en administración de empresas; **~ studies** estudios mpl de gestión empresarial or administración de empresas; **~ style** estilo m de dirección

-2. (handling) (of situation, crisis) manejo m

-3. (people in charge) **the ~** la dirección, la gerencia; **to complain to the ~** presentar una queja a la dirección; **under new ~** (sign) nuevos propietarios; **the ~ cannot accept responsibility for any loss or damage** la dirección no se responsabiliza de las pérdidas o desperfectos ❏ **~ buyout** = adquisición de una empresa por sus directivos; **~ team** equipo m de dirección

-4. (as a class) la patronal; **~ and unions** la patronal y los sindicatos

manager ['mænɪdʒə(r)] n -1. (of bank, company, hotel, project) director(ora) m,f; (of shop, bar, restaurant) encargado(a) m,f; (of property, estate) administrador(ora) m,f -2. (of boxer, singer) representante mf, mánager m -3. (of sports team) (executive) director(ora) m,f deportivo(a); (coach) entrenador(ora) m,f

manageress [mænɪdʒə'res] n (of bank, company, hotel, project) directora f; (of shop, bar, restaurant) encargada f

managerial [mænɪ'dʒɪərɪəl] adj de gestión, directivo(a); **at ~ level** en el ámbito directivo ❏ **~ skills** capacidad f de gestión; **~ staff** directivos mpl

managership ['mænɪdʒəʃɪp] n (of sports team) dirección f técnica

managing ['mænɪdʒɪŋ] n esp Br **~ director** director(ora) m,f gerente; **~ editor** director(ora) m,f

man-at-arms ['mænət'ɑːmz] n hombre m armado

manatee ['mænəti:] n manatí m

Manchester ['mæntʃestə(r)] n Manchester

Manchu [mæn'tʃu:] HIST ◇ n manchú mf
◇ adj manchú

Manchuria [mæn'tʃʊərɪə] n Manchuria

Manchurian [mæn'tʃʊərɪən] ◇ n (person) manchuriano(a) m,f
◇ adj manchuriano(a)

Mancunian [mæŋ'kju:nɪən] ◇ n persona f de Manchester (Inglaterra)
◇ adj de Manchester (Inglaterra)

mandala [mæn'dɑ:lə] n REL & ART mandala m

Mandarin ['mændərɪn] n (language) **~ (Chinese)** mandarín m

mandarin ['mændərɪn] n -1. HIST (Chinese official) mandarín m ❏ **~ collar** cuello m estilo mandarín -2. (high civil servant) alto burócrata mf -3. (fruit) **~ (orange)** mandarina f -4. (bird) **~ duck** pato m mandarín

mandate ['mændeɪt] ◇ n -1. POL (authority) autoridad f; **to have a ~ to do sth** tener autoridad para hacer algo; **to obtain/give a ~** obtener/conferir autoridad or permiso

-2. FIN (payment order) orden f de pago, autorización f

-3. HIST (administration of a territory) mandato m; **under British ~** bajo mandato británico; **the British Mandate in Palestine** el mandato británico en Palestina

◇ vt -1. (authorize) autorizar; **to ~ sb to do sth** autorizar a alguien para hacer algo -2. (territory) **the territory was mandated to France after WWI** después de la Primera Guerra Mundial confirieron a Francia el mandato del territorio

mandatory ['mændətərɪ] adj obligatorio(a)

mandated ['mændeɪtɪd] adj HIST **~ territory** territorio m bajo mandato

man-day ['mæn'deɪ] n ECON día-hombre m, día m de mano de obra

mandible ['mændɪbəl] n -1. (of insect) mandíbula f -2. (of vertebrate) mandíbula f

mandolin(e) ['mændəlɪn] n mandolina f

mandrake ['mændreɪk] n mandrágora f

mandrill ['mændrɪl] n mandril m

mane [meɪn] n (of lion) melena f; (of horse) crines fpl; Fig **a ~ of golden hair** una melena dorada

man-eater ['mæni:tə(r)] n -1. (animal) devorador(ora) m,f de hombres -2. Fam (woman) devoradora f de hombres

man-eating ['mæni:tɪŋ] adj (tiger, lion) devorador(ora) de hombres

maneuverable, maneuver US = **manoeuvrable, manoeuvre**

manful ['mænfʊl] adj (courageous) valiente

manfully ['mænfʊlɪ] *adv* con hombría, valientemente

manganese ['mæŋgəni:z] *n* CHEM manganeso *m* ❑ **~ steel** acero *m* al manganeso

mange [meɪndʒ] *n (animal disease)* sarna *f*

mangel-wurzel ['mæŋgəlwɜ:zəl], *US* **mangel** ['mæŋgəl] *n* = tipo de remolacha

manger ['meɪndʒə(r)] *n* pesebre *m*

mangetout [mɒnʒ'tu:] *n* **~ (pea)** tirabeque *m*

mangey = **mangy**

mangle ['mæŋgəl] ◇ *n (for clothes)* escurridor *m* de rodillos *(para ropa)*
◇ *vt* **-1.** *(body)* mutilar; *(vehicle)* destrozar **-2.** *(quotation, text)* tergiversar **-3.** *(laundry, linen)* escurrir *(con escurridor de rodillos)*

mangled ['mæŋgəld] *adj* **-1.** *(body)* mutilado(a); *(vehicle)* destrozado(a) **-2.** *(quotation, text)* tergiversado(a)

mango ['mæŋgəʊ] *(pl* **mangos** *or* **mangoes)** *n (fruit, tree)* mango *m*

mangosteen ['mæŋgəsti:n] *n (fruit, tree)* mangostán *m*

mangrove ['mæŋgrəʊv] *n* mangle *m* ❑ **~ swamp** manglar *m*

mangy, mangey ['meɪndʒɪ] *adj* **-1.** *(animal)* sarnoso(a) **-2.** *Fam (carpet, coat)* raído(a)

manhandle ['mænhændəl] *vt* **they manhandled him into the van** lo metieron en la furgoneta a empujones; **they manhandled the piano down the stairs** acarrearon a duras penas el piano escaleras abajo

Manhattan [mæn'hætən] *n* **-1.** *(island)* Manhattan ❑ HIST **the ~ Project** el Proyecto Manhattan **-2.** *(cocktail)* manhattan *m*

manhole ['mænhəʊl] *n* (boca *f* de) alcantarilla *f* ❑ **~ cover** tapa *f* de alcantarilla

manhood ['mænhʊd] *n* **-1.** *(maturity)* madurez *f*; **to reach ~** alcanzar la madurez **-2.** *(masculinity)* hombría *f*; **he proved his ~** demostró su hombría **-3.** *(men collectively)* **Scottish ~** los hombres escoceses **-4.** *Fam (genitals)* **his ~** sus partes

man-hour ['mænaʊə(r)] *n* ECON hora-hombre *f*; **300 man-hours** 300 horas-hombre

manhunt ['mænhʌnt] *n* persecución *f*

mania ['meɪnɪə] *n* **-1.** MED manía *f* **-2.** *(strong interest)* pasión *f* **(for** por); **to have a ~ for doing sth** tener pasión por hacer algo

maniac ['meɪnɪæk] *n* **-1.** MED maniaco(a) *m,f*; IDIOM **to drive like a ~** *Esp* conducir *or Am* manejar como un loco **-2.** *(fan)* fanático(a) *m,f*; **he's a football ~** es un fanático del fútbol

maniacal [mə'naɪəkəl] *adj (crazy)* maniaco(a); **~ laughter** risa desquiciada

maniacally [mə'naɪəklɪ] *adv* desquiciadamente

manic ['mænɪk] *adj (person, behaviour)* histérico(a) ❑ **~ depression** psicosis *f* maniacodepresiva

manic-depressive ['mænɪkdɪ'presɪv] PSY ◇ *n* maniaco(a)-depresivo(a) *m,f*
◇ *adj* maniaco(a)-depresivo(a)

Manichean [mænɪ'ki:ən] REL ◇ *n* maniqueo(a) *m,f*
◇ *adj* maniqueo(a)

Manicheism [mænɪ'ki:ɪzəm] *n* REL maniqueísmo *m*

manicure ['mænɪkjʊə(r)] ◇ *n* manicura *f*; **to give sb a ~** hacerle la manicura a alguien; **to have a ~** hacerse la manicura ❑ **~ set** juego *m* or estuche *m* de manicura
◇ *vt* **to ~ one's nails** hacerse la manicura; **a manicured lawn** un césped muy bien cuidado

manicurist ['mænɪkjʊərɪst] *n* manicuro(a) *m,f*

manifest ['mænɪfest] ◇ *n (of ship, aircraft)* manifiesto *m*
◇ *adj* manifiesto(a), patente; **to make sth ~** poner algo de manifiesto ❑ HIST **Manifest Destiny** *(of United States)* destino *m* manifiesto
◇ *vt* manifestar; **her insecurity manifests itself as arrogance** su inseguridad se manifiesta en forma de arrogancia
◇ *vi (ghost, spirit)* aparecerse

MANIFEST DESTINY

Acuñada en 1845 por el periodista John O'Sullivan, esta expresión refleja la idea de que la expansión territorial de EE.UU. era no sólo inevitable, sino que conformaba el legítimo destino del país. La creencia de que ampliar sus territorios desde el Atlántico hasta el Pacífico era en realidad un cometido divino impuesto sobre EE.UU. sirvió de justificación moral para proceder al desposeimiento de los indígenas y a la ocupación de los territorios del oeste. Este anhelo por la expansión territorial desembocó en la anexión de Tejas y la consiguiente guerra con México (1846-8).

manifestation [mænɪfes'teɪʃən] *n* **-1.** *(demonstration, display)* manifestación *f* **-2.** *(of ghost, spirit)* aparición *f*

manifestly ['mænɪfestlɪ] *adv* manifiestamente, claramente

manifesto [mænɪ'festəʊ] *(pl* **manifestos** *or* **manifestoes)** *n* POL manifiesto *m*; **a ~ commitment** *or* **pledge** una promesa electoral

manifold ['mænɪfəʊld] ◇ *n* TECH colector *m*
◇ *adj Formal (numerous)* múltiple

manikin = **mannikin**

Manila [mə'nɪlə] *n* Manila

mani(l)la [mə'nɪlə] *n* **-1.** *(paper)* papel *m* manila; **~ envelope** sobre de papel manila **-2.** *(hemp)* abacá *m*

manioc ['mænɪɒk] *n* mandioca *f*

manipulate [mə'nɪpjʊleɪt] *vt* **-1.** *(controls, tool)* manipular, manejar **-2.** *(people, statistics)* manipular **-3.** MED manipular

manipulation [mənɪpjʊ'leɪʃən] *n* **-1.** *(of controls, tool)* manipulación *f*, manejo *m* **-2.** *(of people, statistics)* manipulación *f* **-3.** MED manipulación *f*

manipulative [mə'nɪpjʊlətɪv] *adj Pej* manipulador(ora)

manipulator [mə'nɪpjʊleɪtə(r)] *n* manipulador(ora) *m,f*

mankind [mæn'kaɪnd] *n* la humanidad; **for the good of ~** por el bien de la humanidad

manky ['mæŋkɪ] *adj Br Fam (dirty)* mugriento(a), cochambroso(a)

manliness ['mænlɪnɪs] *n* hombría *f*, virilidad *f*

manly ['mænlɪ] *adj* viril, varonil; **he looks very ~ in uniform** se ve muy varonil de uniforme

man-made ['mænmeɪd] *adj (fabric, fibre, product)* sintético(a), artificial; *(lake, beach, structure)* artificial; **~ disaster** catástrofe provocada por el hombre

manna ['mænə] *n also Fig* maná *m*; **~ from heaven** maná caído del cielo

manned [mænd] *adj* tripulado(a)

mannequin ['mænɪkɪn] *n* **-1.** *(dummy)* maniquí *m* **-2.** *(person)* modelo *mf*, maniquí *mf*

manner ['mænə(r)] *n* **-1.** *(way, method)* manera *f*, modo *m*; **in the same ~** de la misma manera, del mismo modo; **it's just a ~ of speaking** es sólo un decir; **in a ~ of speaking** en cierto modo; **(as if) to the ~ born** como si lo llevara haciendo toda su vida
-2. *(style)* estilo *m*; **in the ~ of Rembrandt/Haydn** al estilo de Rembrandt/Haydn
-3. *(type)* **all ~ of** toda clase de; *Formal* **what ~ of man is he?** ¿qué clase de hombre es?; **by no ~ of means, not by any ~ of means** en absoluto; *Formal* **by all ~ of means** *(of course)* por descontado, sin lugar a dudas
-4. *(attitude, behaviour)* actitud *f*; **I don't like his ~** no me gusta su actitud; **she's got a very unpleasant ~** es muy arisca; **he has a good telephone ~** sabe hablar bien por teléfono
-5. *(etiquette)* **(good) manners** buenos modales; **bad manners** malos modales; **it's bad manners to...** es de mala educación...; **he's got no manners** no tiene modales, es un maleducado; **where are your manners?** *(say thank you)* ¿es que no sabes decir gracias?; *(behave properly)* ¡compórtate!; **I'm forgetting my manners, would you like some tea?** qué falta de cortesía por mi parte... ¿le apetece un poco de té?
-6. *Literary* **manners** *(social customs)* usos *mpl*

mannered ['mænəd] *adj* afectado(a), amanerado(a)

mannerism ['mænərɪzəm] *n* **-1.** *(characteristic, habit)* tic *m*, peculiaridad *f* **-2.** ART **Mannerism** manierismo *m*

Mannerist ['mænərɪst] ART ◇ *n* manierista *mf*
◇ *adj* manierista

mannerly ['mænəlɪ] *adj* educado(a)

man(n)ikin ['mænɪkɪn] *n* **-1.** *(dwarf)* enano *m* **-2.** = **mannequin**

mannish ['mænɪʃ] *adj* varonil, masculino(a)

manoeuvrability, *US* **maneuverability** [mənu:vrə'bɪlɪtɪ] *n* maniobrabilidad *f*

manoeuvrable, *US* **maneuverable** [mə'nu:vrəbəl] *adj* manejable

manoeuvre, *US* **maneuver** [mə'nu:və(r)] ◇ *n* **-1.** *(movement)* maniobra *f*; *Fig* **there wasn't much room for ~** no había mucho margen de maniobra **-2.** *(tactic)* maniobra *f* **-3.** MIL **to be on manoeuvres** estar de maniobras
◇ *vt* **-1.** *(physically)* **he manoeuvred the ladder through the window** maniobró para meter la escalera por la ventana; **they manoeuvred the animal into the pen** guiaron *or* condujeron al animal al interior del corral; **we manoeuvred the piano up the stairs** subimos el piano con cuidado por la escalera
-2. *(by influence, strategy)* **she manoeuvred her way to the top** se abrió paso hasta llegar a lo más alto; **they manoeuvred him into resigning** lo hicieron dimitir mediante artimañas
◇ *vi* maniobrar; *also Fig* **to ~ for position** tratar de ponerse en una buena posición

manoeuvring, *US* **maneuvering** [mə'nu:vərɪŋ] *n* **-1.** *(moving)* maniobra *f* **-2.** *Pej (plotting)* artimaña *f*, treta *f*

man-of-war = **man-o'-war**

manometer [mə'nɒmɪtə(r)] *n* manómetro *m*

manor ['mænə(r)] *n* **-1.** HIST *(estate)* señorío *m*; **lord/lady of the ~** el señor/la señora **-2.** *(house)* **~ (house)** casa *f* solariega

manorial [mə'nɔ:rɪəl] *adj* HIST señorial

man-o'-war, man-of-war [mænə'wɔ:(r)] *(pl* **men-o'-war, men-of-war)** *n* **-1.** *(warship)* buque *m* de guerra **-2.** *(jellyfish)* **(Portuguese) ~** = tipo de medusa venenosa

manpower ['mænpaʊə(r)] *n* mano *f* de obra; **we don't have the necessary ~** no tenemos suficiente mano de obra; **a ~ shortage** falta de mano de obra

manqué [mɒŋ'keɪ] *adj Formal* fallido(a), frustrado(a); **a poet/composer ~** un poeta/compositor frustrado

mansard ['mænsɑ:d] *n* ARCHIT **~ (roof)** mansarda *f*

manse [mæns] *n Scot* casa *f* del vicario; **son/daughter of the ~** hijo/hija del vicario

manservant ['mænsɜ:vənt] *(pl* **menservants** ['mensɜ:vənts])* *n* criado *m*

mansion ['mænʃən] *n* mansión *f* ❑ **the Mansion House** = residencia oficial del alcalde de Londres

man-sized ['mænsaɪzd], *Br* **man-size** ['mænsaɪz] *adj* grande

manslaughter ['mænslɔ:tə(r)] *n* LAW homicidio *m* (involuntario)

manta ['mæntə] *n* **~ (ray)** manta *f*

mantel(piece) ['mæntəl(pi:s)] *n (shelf)* repisa *f* (de la chimenea); *(surround)* chimenea *f*

mantelshelf ['mæntəlʃelf] *n* repisa *f* (de la chimenea)

mantilla [mæn'tɪlə] *n (scarf)* mantilla *f*

mantis ['mæntɪs] *n US* mantis *f inv* religiosa

mantissa [mæn'tɪsə] *n* MATH mantisa *f*

mantle ['mæntəl] ◇ *n* **-1.** *(of lava, snow)* manto *m*, capa *f*; **a ~ of fog** un manto de niebla **-2.** *(of gas lamp)* camisa *f*, manguito *m* incandescente **-3.** *(cloak)* capa *f*; *Fig* **to take on the ~ of office** asumir las responsabilidades del puesto **-4.** GEOL manto *m*
◇ *vt Literary* envolver; **the town was mantled in fog** la ciudad estaba envuelta en la niebla

man-to-man ['mæntə'mæn] ◇ *adj (discussion)* de hombre a hombre ❑ **~ defence** *(in basketball)* defensa *f* (al) hombre; **~ marking** *(in soccer)* marcaje *m* individual *or* al hombre

mantra

◇ *adv* de hombre a hombre; **to talk (to sb) ~** hablar con alguien de hombre a hombre

mantra ['mæntrə] *n* **-1.** *(in meditation)* mantra *m* **-2.** *(slogan)* consigna *f*

mantrap ['mæntræp] *n* trampa *f*

manual ['mænjʊəl] ◇ *n* **-1.** *(handbook)* manual *m* **-2.** *(of organ)* teclado *m* **-3.** *Fam (car)* coche *m* or *Am* carro *m* or *CSur* auto *m* con cambio manual **-4.** *(mode of operation)* **to be on ~** estar en modo manual

◇ *adj (work, worker)* manual; **~ dexterity** destreza or habilidad manual; AUT **~ gearbox/transmission** cambio (de marchas)/transmisión manual

manually ['mænjʊəlɪ] *adv* a mano, manualmente

manufacture [ˌmænjʊ'fæktʃə(r)] ◇ *n* **-1.** *(act)* fabricación *f*, manufactura *f*; **of recent/foreign ~** de fabricación reciente/extranjera **-2. manufactures** *(products)* productos *mpl* manufacturados

◇ *vt* **-1.** *(cars, clothes)* fabricar; **manufactured goods** productos manufacturados **-2.** *(invent, fabricate) (excuse)* inventarse; *(evidence)* sacarse de la manga; **to ~ an opportunity to do sth** crear or generar la oportunidad para hacer algo

manufacturer [ˌmænjʊ'fæktʃərə(r)] *n* IND fabricante *mf*; **send it back to the manufacturers** devuélvalo al fabricante ❑ **~'s liability** responsabilidad *f* del fabricante

manufacturing [ˌmænjʊ'fæktʃərɪŋ] *n* IND fabricación *f*; **the decline of ~** el declive de la industria manufacturera ❑ **~ base** capacidad *f* de producción; **~ capacity** capacidad *f* de fabricación; **~ defect** defecto *m* de fábrica or fabricación; **~ industries** industrias *fpl* manufactureras or de transformación

manure [mə'njʊə(r)] ◇ *n* estiércol *m*, abono *m*

◇ *vt* abonar, estercolar

manuscript ['mænjʊskrɪpt] ◇ *n* **-1.** *(of book)* manuscrito *m*; **I read the book in ~** leí el manuscrito del libro **-2. ~ (paper)** *(for music)* papel *m* pautado

◇ *adj* manuscrito(a)

Manx [mæŋks] ◇ *npl* **the ~** los habitantes de la Isla de Man

◇ *n (language)* lengua *f* de la Isla de Man

◇ *adj* de la Isla de Man ❑ **~ cat** gato *m* de la Isla de Man

Manxman ['mæŋksmən] *n* hombre *m* de la Isla de Man

Manxwoman ['mæŋkswʊmən] *n* mujer *f* de la Isla de Man

many ['menɪ] ◇ *adj (comparative* **more,** *superlative* **most)** muchos(as); **~ people** mucha gente; **~ times** muchas veces; **there weren't ~ houses** no había muchas casas, había pocas casas; **one of the ~ people to whom I am grateful** una de las muchas personas a quien estoy agradecido; **I have as ~ books as you** tengo tantos libros como tú; **we have ten times/twice as ~ points as them** tenemos diez veces más/el doble de puntos que ellos; **they scored three goals in as ~ minutes** marcaron tres goles en tres minutos; **a good** or **great ~ people agree** un buen número de gente está de acuerdo; **how ~ times?** ¿cuántas veces?; **she asked how ~ people had come** preguntó cuánta gente había venido or cuántos habían venido; **in ~ ways** de muchas maneras; **I think he's stupid and I told him in so ~ words** creo que es estúpido y así se lo dije; **not in so ~ words** no exactamente; **not ~ people know that** poca gente sabe eso; **not that ~ people came** no vino tanta gente; **so ~** tantos(as); **so ~ people** tanta gente; **too ~** demasiados(as); **too ~ people** demasiada gente; **we've spent ~ a happy evening with them** hemos pasado muchas tardes agradables con ellos; **~'s the time I've done that** lo he hecho muchas veces

◇ *pron* muchos(as) *m,f pl*; **~ consider him the greatest poet ever** muchos consideran que es el mejor poeta de todos los tiempos; **one of the ~ I have known** uno de los muchos que he conocido; **~ of us** muchos de nosotros; **I need as ~ again** necesito la misma cantidad otra vez; **ten times as ~** diez veces esa cantidad; **twice as ~** el doble; **as ~ as you like** todos los que quieras; **there were as ~ as 500 people there** había hasta 500 personas allí; **I've read a good** or **great ~ of his novels** he leído un buen número de sus novelas; **how ~?** ¿cuántos(as)?; **not (very** or **that) ~** no muchos(as); **so ~** tantos(as); **too ~** demasiados(as); **I've got one too ~** tengo uno de más; *Fam* **to have had one too ~** llevar una copa de más, haber bebido or *Am* tomado más de la cuenta

◇ *npl* **the needs of the ~ outweigh the needs of the few** el interés de la mayoría está por encima del de la minoría

many-coloured ['menɪˌkʌləd] *adj* multicolor

man-year ['mænˌjɪə(r)] *n* ECON año-hombre *m*

Maoism ['maʊɪzm] *n* maoísmo *m*

Maoist ['maʊɪst] ◇ *n* maoísta *mf*

◇ *adj* maoísta

Mao jacket ['maʊˌdʒækɪt] *n* chaqueta *f* Mao

Maori ['maʊrɪ] ◇ *n* **-1.** *(person)* maorí *mf* **-2.** *(language)* maorí *m*

◇ *adj* maorí

map [mæp] ◇ *n* **-1.** *(of country, world)* mapa *m*; *(of town, network)* plano *m*; *Fig* **the city was wiped off the ~** la ciudad fue borrada del mapa; *Fig* **this will put Stonybridge on the ~** esto dará a conocer a Stonybridge ❑ **~ reference** coordenadas *fpl* **-2.** *US Fam (face)* jeta *f*, *Esp* careto *m*

◇ *vt (pt & pp* **mapped) -1.** *(region)* trazar un mapa de **-2.** MATH representar

◆ **map out** *vt sep (route)* indicar en un mapa; *(plan, programme)* proyectar; **she had her career all mapped out** tenía su carrera profesional planeada paso por paso

maple ['meɪpəl] *n (tree, wood)* arce *m* ❑ **~ leaf** hoja *f* de arce; **~ syrup** jarabe *m* de arce

mapmaking ['mæpˌmeɪkɪŋ] *n* cartografía *f*

mapping ['mæpɪŋ] *n* MATH representación *f*

map-reading ['mæpˌriːdɪŋ] *n* interpretación *f* de mapas

maquette [mæ'ket] *n* ARCHIT maqueta *f*

maquis [mæ'kiː] *n (in guerrilla)* maquis *m*, maqui *m*; **the Maquis** el Maquis *(francés)*

Mar *(abbr* **March)** mar.

mar [mɑː(r)] *(pt & pp* **marred)** *vt* deslucir, empañar; **to make or ~ sb** decidir el futuro de alguien; **today will make or ~ their future** hoy se decide su futuro

marabou ['mærəbuː] *n* marabú *m*

marabout ['mærəbuːt] *n* REL morabito *m*, marabuto *m*

maracas [mə'rækəz] *npl* MUS maracas *fpl*

maraschino [ˌmærə'ʃiːnəʊ] *n* marrasquino *m* ❑ **~ cherry** cereza *f* al marrasquino

marathon ['mærəθən] *n* maratón *m* or *f*; **a ~ speech** un discurso maratoniano ❑ **~ runner** corredor(ora) *m,f* de maratón

maraud [mə'rɔːd] *vi* merodear; **to go marauding** ir a merodear

marauder [mə'rɔːdə(r)] *n* merodeador(ora) *m,f*

marauding [mə'rɔːdɪŋ] *adj (gangs, people)* merodeador(ora); **~ animals** animales en busca de su presa

marble ['mɑːbəl] *n* **-1.** *(stone)* mármol *m* **-2.** *(statue)* estatua *f* de mármol **-3.** *(glass ball)* canica *f*; **to play marbles** jugar a las canicas **-4.** CULIN **~ cake** = pastel con aspecto semejante al del mármol **-5.** IDIOMS *Fam* **to lose one's marbles** *(go mad)* volverse loco(a) or *Esp* majareta; **she still has all her marbles at ninety** a los noventa años tiene todas sus facultades intactas

marbled ['mɑːbəld] *adj* **-1.** *(halls, interior)* de mármol **-2.** *(paper)* jaspeado(a) **-3.** *(meat)* con vetas

marbling ['mɑːblɪŋ] *n* **-1.** *(on paper)* jaspeado *m*, veteado *m* **-2.** *(of fat in meat)* vetas *f*

March [mɑːtʃ] *n* marzo *m*; *see also* **May**

march [mɑːtʃ] ◇ *n* **-1.** *(of soldiers)* marcha *f*; **on the ~** en marcha; *Fig* **the middle classes are on the ~** la clase media se está movilizando; **a ~ of 20 km** una marcha de 20 kilómetros; **their camp was a day's ~ away** su campamento se encontraba a un día de camino ❑ **~ past** desfile *m* **-2.** *(demonstration)* marcha *f*, manifestación *f*; **to go on a ~** ir a una marcha or manifestación **-3.** *(of time, events)* transcurso *m* **-4.** *(music)* marcha *f*; **a slow/quick ~** una marcha lenta/rápida **-5.** HIST *(frontier)* **the Welsh/Scottish Marches** la Marca galesa/escocesa

◇ *vt (troops)* hacer marchar; **he was marched into the manager's office** lo llevaron (por la fuerza) al despacho del gerente; **the children were marched off to bed** llevaron a los niños (a la fuerza) a la cama

◇ *vi* **-1.** *(soldiers) (in the field)* marchar; *(at ceremony, on parade)* desfilar; **to ~ off to war/into battle** partir a la guerra/al combate; **to ~ by** or **past (sth/sb)** desfilar (ante algo/alguien); **to ~ on a city** marchar sobre una ciudad **-2.** *(walk purposefully)* caminar con paso decidido; **to ~ up to sb** dirigirse hacia alguien con paso decidido; **he marched upstairs** subió las escaleras con paso decidido **-3.** *(demonstrators)* manifestarse; **to ~ against sth** manifestarse en contra de algo; **they marched on parliament** los manifestantes se dirigieron hacia el parlamento **-4.** *(time, seasons)* transcurrir; **time marches on** el tiempo pasa

marcher ['mɑːtʃə(r)] *n (demonstrator)* manifestante *mf*

marching ['mɑːtʃɪŋ] *adj* **the sound of ~ feet** el ruido de pasos que avanzan; IDIOM *Fam* **to give sb his ~ orders** mandar a paseo a alguien, *Andes, RP* mandar a alguien a bañarse; **when she found out he got his ~ orders** cuando se enteró, lo mandó a paseo or *Andes, RP* a bañarse

---

THE MARCHING SEASON

Se refiere al periodo durante los meses de verano en que la protestante "Orange Order" celebra más de 3.500 desfiles por toda Irlanda del Norte. Los desfiles de mayor importancia se celebran el 12 de julio para conmemorar la victoria del rey protestante Guillermo III sobre su contrincante católico, el depuesto rey Jacobo II en la Batalla del Boyne en 1690. Los integrantes del desfile de la "Orange Order", al son de los tambores y las gaitas, lucen sus tradicionales indumentarias: las chisteras y las bandas naranjas. Aunque los orangistas ven los desfiles como una forma de conmemorar su legado cultural, la comunidad católica acostumbra a criticar las marchas por su desagradable triunfalismo. En 1997, como parte del proceso de paz, se creó una comisión para los desfiles, independiente y con potestad para prohibir que las marchas recorriesen itinerarios susceptibles de provocar actos violentos. Sin embargo, sus decisiones no han sido siempre respetadas.

---

marchioness [ˌmɑːʃə'nes] *n* marquesa *f*

Marco Polo [ˌmɑːkəʊ'pəʊləʊ] *pr n* Marco Polo

Marcus Aurelius [ˌmɑːkəsɔː'riːlɪəs] *pr n* Marco Aurelio

Mardi Gras ['mɑːdɪɡrɑː] *n* martes *m inv* de Carnaval

mare [meə(r)] *n* yegua *f*; IDIOM **a ~'s nest** un espejismo, una quimera

margarine [ˌmɑːdʒə'riːn] *n* margarina *f*

margarita [ˌmɑːɡə'riːtə] *n* margarita *f*

margay ['mɑːɡeɪ] *n* tigrillo *m*, margay *m*

marge [mɑːdʒ] *n Br Fam* margarina *f*

margin ['mɑːdʒɪn] *n* **-1.** *(on page)* margen *m*; **to set the margins** *(on typewriter, computer)* fijar los márgenes; **written in the ~** escrito al margen

-2. *(leeway)* margen *m* ❑ **~ of error** margen *m* de error

-3. *(distance, gap)* margen *m*; **to win by a narrow/an enormous ~** ganar por un estrecho/amplio margen

-4. COM *(profit)* margen *m*; **to have a low/high ~** tener un margen de beneficios bajo/alto; **the margins are very tight** los márgenes están muy ajustados

-5. *(edge)* (of field) margen *f*; (of lake) orilla *f*; (of wood) extremo *m*; **on the margin(s) of society** en la marginación

marginal ['mɑːdʒɪnəl] ◇ *n Br* POL *(constituency)* = circunscripción electoral con mayoría muy estrecha
◇ *adj* **-1.** *(improvement, increase)* marginal; **of only ~ relevance** de escasa importancia
-2. *(note)* al margen, marginal **-3.** *Br* POL *(seat, constituency)* muy reñido(a) **-4.** FIN **~ cost** costo *m* or *Esp* coste *m* marginal

marginalia [mɑːgɪˈneɪlɪə] *npl* LIT acotaciones *fpl*

marginalization [mɑːdʒɪnəlaɪˈzeɪʃən] *n* marginalización *f*

marginalize ['mɑːdʒɪnəlaɪz] *vt* marginar

marginally ['mɑːdʒɪnəlɪ] *adv* ligeramente

marguerite [mɑːgəˈriːt] *n* margarita *f*

Marie Antoinette ['mærɪæntwɑːˈnet] *pr n* María Antonieta

marigold ['mærɪgəʊld] *n* caléndula *f*

marihuana, marijuana [mærɪˈhwɑːnə] *n* marihuana *f*

marimba [məˈrɪmbə] *n* marimba *f*

marina [məˈriːnə] *n* puerto *m* deportivo

marinade [mærɪˈneɪd] CULIN ◇ *n* adobo *m*
◇ *vt* = marinate
◇ *vi* = marinate

marinate ['mærɪneɪt] CULIN ◇ *vt* adobar, marinar
◇ *vi* adobar, marinar

marine [məˈriːn] ◇ *n* **-1.** *(soldier)* marine *mf*; infante *mf* de marina, *Am* fusilero *m* naval; IDIOM *Fam* **(go) tell it to the marines!** ¡eso cuéntaselo a tu abuela! ❑ *Marine Corps* cuerpo *m* de marines, infantería *f* de marina **-2.** *(ships collectively)* marina *f*
◇ *adj* marino(a) ❑ **~ *biologist*** biólogo(a) *m,f* marino(a); **~ *biology*** biología *f* marina; **~ *engineer*** ingeniero(a) *m,f* naval; **~ *engineering*** ingeniería *f* naval; **~ *insurance*** seguro *m* marítimo; **~ *life*** fauna *f* y flora marinas

mariner ['mærɪnə(r)] *n Literary* marinero *m*

Mariolatry [meərɪˈɒlətrɪ] *n Pej* = veneración exagerada de la Virgen

marionette [mærɪəˈnet] *n* marioneta *f*

marital ['mærɪtəl] *adj* marital ❑ *Euph* **~ *aid*** juguete *m* sexual; **~ *bliss*** felicidad *f* conyugal; **~ *status*** estado *m* civil

maritime ['mærɪtaɪm] *adj* marítimo(a) ❑ *Can the Maritime Provinces* = provincias de Canadá que limitan con el Atlántico

marjoram ['mɑːdʒərəm] *n* mejorana *f*

Mark [mɑːk] *pr n* **Saint ~** san Marco; **~ Anthony** Marco Antonio

mark¹ [mɑːk] *n (German currency)* marco *m* (alemán)

mark² ◇ *n* **-1.** *(scratch, symbol)* marca *f*; *(stain)* mancha *f*; **a scratch ~** *(on car)* una raya, *RP* un rayón; *(on skin)* un rasguño

-2. *(sign, proof)* signo *m*, señal *f*; **it was a ~ of her confidence that...** fue un signo de su confianza el que...; **his composure under pressure is the ~ of a true champion** su compostura ante la presión es característica de un auténtico campeón; **as a ~ of respect** en señal de respeto; **years of imprisonment had left their ~ on him** había quedado marcado por años de reclusión; **to make one's ~** *(succeed)* dejar huella

-3. *(target)* **unemployment has passed the three million ~** el número de desempleados *or Am* desocupados ha rebasado la barrera de los tres millones; **to be close** *or* **near to the ~** no ir *or* andar nada descaminado(a), dar casi en el clavo; **her accusation was off** *or* **wide of the ~** su acusación estaba lejos de ser cierta; **he's not up to the ~** no está a la altura de las circunstancias; **the work just isn't up to the ~** el trabajo no está a la altura; *Old-fashioned* **I don't feel up to the ~** no me encuentro del todo bien

-4. *(score)* nota *f*, calificación *f*; *(point)* punto *m*; **what ~ did you get?** ¿qué sacaste?; **to get good** *or* **high marks** sacar buenas notas; **full marks** nota máxima; **I give it full marks for an innovative design** le doy un diez por su diseño innovador; **I'd give them full marks for effort** hay que reconocer que se han esforzado al máximo; **no marks for guessing what she did next!** ¿a que no adivinan lo que hizo a continuación?

-5. *(in race)* **on your marks! get set! go!** preparados *or RP* prontos, listos, ¡ya!; **the athletes returned to their marks** los atletas volvieron a sus puestos de salida *or RP* marcas; **to be quick/slow off the ~** *(in race)* salir rápido/despacio; *Fig* reaccionar con rapidez/lentitud

-6. *(of machine)* **~ II/III** versión *f* II/III

-7. *(on cooker)* **cook at (gas) ~ 4** cocínese con el mando en el 4, *RP* cocinar a temperatura 4

-8. *(in rugby)* **to call for the ~** hacer una parada de volea

◇ *vt* **-1.** *(scratch)* marcar; *(stain)* manchar; **the experience had marked him for life** *(emotionally)* la experiencia lo marcó de por vida

-2. *(indicate)* marcar; **the envelope was marked "FAO Mr Black"** en el sobre ponía "a la atención de Mr Black"; **the teacher marked him present** el profesor anotó que estaba presente; **X marks the spot** una X señala el lugar; **this decision marks a change in policy** esta decisión marca un cambio de política; **to ~ time** *(musician)* marcar el compás *or* el tiempo; *(soldier)* marchar sin moverse del sitio; *Fig (wait)* hacer tiempo

-3. *(commemorate)* marcar; **let's have some champagne to ~ the occasion** vamos a tomar champán para celebrarlo

-4. *(characterize)* marcar, caracterizar; **his comments were marked by their sarcasm** sus comentarios se caracterizaban por el sarcasmo

-5. *(homework, exam)* corregir, calificar; **to ~ sth right/wrong** dar/no dar algo por bueno(a), *RP* considerar algo bien/mal; **it's marked out of ten** está puntuado sobre diez

-6. *(pay attention to)* **~ my words** fíjate en lo que te digo

-7. SPORT *Br (opponent)* marcar; **he marked him out of the game** su marcaje lo borró del partido

-8. to ~ one's ball *(in golf)* marcar la situación de la bola

◇ *vi* **-1.** *(get stained)* **this carpet marks easily** esta alfombra se mancha con facilidad

-2. *Old-fashioned (pay attention)* **I'm not trying to defend her, ~ you** fíjate, no es que pretenda defenderla

◆ **mark down** *vt sep* **-1.** *(make note of)* anotar, apuntar; **they had him marked down as a troublemaker** lo tenían fichado como alborotador

-2. *(price)* rebajar; *(goods)* rebajar; **everything has been marked down to half price** todo está rebajado a la mitad de precio

-3. SCH bajar la nota a

◆ **mark off** *vt sep* **-1.** *(divide)* (area, line, road) delimitar; **one corner of the square had been marked off with barriers** una esquina de la plaza estaba vallada

-2. *(measure)* *(distance)* medir

-3. *(distinguish)* **what marks him off from other people is...** lo que lo diferencia de otros es...

-4. *(tick off)* poner una marca en

◆ **mark out** *vt sep* **-1.** *(area)* marcar **-2.** *(identify, distinguish)* distinguir; **her composure marks her out as a future champion** su compostura permite pensar en ella como una futura campeona

◆ **mark up** *vt sep* **-1.** *(on notice)* anotar; **the menu is marked up on the blackboard** el menú está anotado en el tablón

-2. *(price)* subir; *(goods)* subir de precio

-3. SCH subir la nota a

-4. TYP *(proofs)* corregir; *(corrections)* anotar

mark-down ['mɑːkdaʊn] *n (price reduction)* rebaja *f*, reducción *f* (de precio)

marked [mɑːkt] *adj* **-1.** *(significant)* (difference) marcado(a); *(improvement)* notable **-2.** *(identified)* **to be a ~ man** tener los días contados ❑ **~ *cards*** cartas *fpl* marcadas **-3.** COM **~ *price*** precio *m* marcado

markedly ['mɑːkɪdlɪ] *adv* notablemente, considerablemente

marker ['mɑːkə(r)] *n* **-1.** *(of essay, exam)* examinador(ora) *m,f*, corrector(ora) *m,f* de exámenes; **he's a hard ~** es muy severo al corregir

-2. ~ (pen) rotulador *m*, *Col* marcador *m*, *Méx* plumón *m*

-3. *(indicator)* señal *f*; **he was putting down a ~** estaba poniendo de manifiesto cuáles eran sus intenciones ❑ AV **~ *beacon*** radiobaliza *f*; **~ *buoy*** baliza *f*

-4. SPORT marcador(ora) *m,f*; **to lose one's ~** desmarcarse

-5. *US Fam (IOU)* pagaré *m*; *Fig* **to call in one's ~** pasar la factura

market [ˈmɑːkɪt] ◇ *n* **-1.** *(place)* mercado *m*, *RP* feria *f*, *CAm, Méx* tianguis *m*; **to go to (the) ~** ir al mercado ❑ **~ *day*** día *m* de mercado; *Br* **~ *garden*** huerto *m*; *(larger)* huerta *f*; *Br* **~ *gardener*** horticultor(ora) *m,f*; **~ *square*** (plaza *f* del) mercado *m*; *Br* **~ *stall*** puesto *m* del mercado; **~ *town*** localidad *f* con mercado; *Br* **~ *trader*** puestero(a) *m,f*

-2. *(trading activity)* mercado *m*; **the job/property ~** el mercado laboral/inmobiliario; **the Australian/teenage ~** el mercado australiano/adolescente; **the most economical model on the ~** el modelo más económico del mercado; **to be in the ~ for sth** tener intenciones de comprar algo; **to be on the ~** estar a la venta; **to come onto the ~** salir al mercado; **to put sth on the ~** sacar algo al mercado; **to take sth off the ~** retirar algo del mercado *or* de la venta; **to find a ~ for sth** encontrar un mercado para algo ❑ ECON **~ *economy*** economía *f* de mercado; ECON **~ *forces*** fuerzas *fpl* del mercado; COM **~ *leader*** líder *mf* del mercado; COM **~ *penetration*** penetración *f* de mercado; ECON **~ *price*** precio *m* de mercado; COM **~ *research*** estudio *m* *or* investigación *f* de mercado; COM **~ *share*** cuota *f* de mercado; COM **~ *survey*** estudio *m* de mercados; **~ *value*** valor *m* de mercado

-3. *(stock market)* mercado *m* (de valores), bolsa *f*; **the ~ has risen ten points** la bolsa *or* el mercado ha subido diez puntos; **to play the ~** jugar a la bolsa ❑ **~ *analyst*** analista *mf* de mercados; **~ *report*** información *f* bursátil

-4. *US (supermarket)* supermercado *m*

◇ *vt* comercializar

◇ *vi US (go shopping)* **to go marketing** ir a la compra

marketability [mɑːkɪtəˈbɪlɪtɪ] *n* comerciabilidad *f*

marketable ['mɑːkɪtəbəl] *adj* comercializable

market-driven ['mɑːkɪt'drɪvən] *adj* motivado(a) por el mercado

marketer ['mɑːkɪtə(r)] *n* COM operador(ora) *m,f* de mercado

marketing ['mɑːkɪtɪŋ] *n* COM *(study, theory)* márketing *m*, mercadotecnia *f*; *(promotion)* comercialización *f* ❑ **~ *campaign*** campaña *f* de márketing *or* de publicidad; **~ *department*** departamento *m* de márketing; **~ *manager*** director(ora) *m,f* comercial, director(ora) *m,f* de márketing; **~ *mix*** marketing mix *m*, = síntesis de los elementos básicos de mercado

market-led [mɑːkɪt'led] *adj* COM provocado(a) por el comportamiento del mercado

marketplace ['mɑːkətpleɪs] *n* **-1.** *(in town)* mercado *m* **-2.** COM mercado *m*

marking ['mɑːkɪŋ] *n* **-1. markings** *(on animal)* marcas *fpl*, manchas *fpl*; *(on plane)* distintivo *m* ❏ ~ **ink** tinta *f* indeleble **-2.** *(of essay, exam)* corrección *f*; **I've got a lot of exam ~ to do** tengo que corregir muchos exámenes ❏ ~ *scheme* = pautas para la corrección de exámenes **-3.** SPORT marcaje *m*

markka ['mɑːkə] *n (Finnish currency)* marco *m* finlandés

marksman ['mɑːksmən] *n* tirador *m*

marksmanship ['mɑːksmənʃɪp] *n* puntería *f*

markswoman ['mɑːkswʊmən] *n* tiradora *f*

mark-up ['mɑːkʌp] *n (on price)* recargo *m*

marlin ['mɑːlɪn] *n* marlín *m*, pez *m* espada

marlinspike ['mɑːlɪnspaɪk] *n* NAUT pasador *m*

marmalade ['mɑːməleɪd] ◇ *n* mermelada *f* (de naranja) ❏ ~ *orange* naranja *f* agria
◇ *adj (cat)* con estrías naranjas y marrones

Marmite® ['mɑːmaɪt] *n Br* = crema para untar hecha de levadura y extractos vegetales

marmoreal [mɑːˈmɔːrɪəl] *adj Literary* marmóreo(a)

marmoset ['mɑːməzet] *n* tití *m*

marmot ['mɑːmət] *n* marmota *f*

Maronite ['mærənaɪt] ◇ *n* maronita *mf*
◇ *adj* maronita

maroon¹ [məˈruːn] *n* **-1.** *(colour)* granate *m* **-2.** *(firework)* bengala *f* de auxilio *(en el mar)*

maroon² *vt (sailor)* abandonar; *Fig* **we were marooned by the floods** nos quedamos aislados *or* incomunicados por la inundación

marque [mɑːk] *n (brand)* marca *f*

marquee [mɑːˈkiː] *n* **-1.** *Br (tent)* carpa *f* **-2.** *US (of building)* marquesina *f*

marquess ['mɑːkwəs] *n* marqués *m*

marquetry ['mɑːkətrɪ] *n* marquetería *f*

marquis ['mɑːkwɪs] *n* marqués *m*

marquise [mɑːˈkiːz] *n* marquesa *f*

Marrakesh ['mærəkeʃ] *n* Marraquech

marriage ['mærɪdʒ] *n* **-1.** *(wedding)* boda *f*, Andes matrimonio *m*, RP casamiento *m*; *(institution, period, relationship)* matrimonio *m*; ~ **of convenience** matrimonio de conveniencia; **to give sb in ~** entregar a alguien en matrimonio; **to take sb in ~** tomar a alguien en matrimonio; **uncle by ~** tío político ❏ *Br* ~ *bureau* agencia *f* matrimonial; ~ *certificate* certificado *m or* partida *f* de matrimonio; ~ *contract* contrato *m* matrimonial; ~ *guidance counsellor* consejero(a) *m,f* matrimonial; ~ *licence* licencia *f* matrimonial; ~ *settlement* acuerdo *m* matrimonial; ~ *vows* votos *mpl* matrimoniales
-2. *(of ideas, organizations)* unión *f*; **a ~ of minds** una perfecta sintonía

marriageable ['mærɪdʒəbəl] *adj* **a girl of ~ age** una muchacha casadera

married ['mærɪd] ◇ *adj* casado(a); **a ~ couple** un matrimonio; **to be ~** estar *or Am* ser casado(a); **to get ~** casarse; **just ~** *(sign)* recién casados ❏ ~ *life* vida *f* matrimonial; ~ *name* apellido *m* de casada; MIL ~ *quarters* = residencia para oficiales casados y sus familias
◇ *npl* **young marrieds** recién casados

marrow ['mærəʊ] *n* **-1.** *(of bone)* médula *f*; IDIOM **to be frozen to the ~** estar helado(a) hasta la médula *or* hasta los tuétanos **-2.** *Br (vegetable)* = especie de calabacín de gran tamaño

marrowbone ['mærəʊbəʊn] *n* hueso *m* de caña

marrowfat pea ['mærəʊfætˈpiː] *n* = tipo de guisante grande

marry ['mærɪ] ◇ *vt* **-1.** *(get married to)* casarse con; *(of priest, parent)* casar; **will you ~ me?** ¿quieres casarte conmigo?; *Fig* **he's married to his job** es esclavo de su trabajo **-2.** *(combine)* casar, combinar; **a style which marries the traditional and the modern** un estilo que combina lo tradicional con lo moderno
◇ *vi* casarse; **she married beneath herself/above herself** se casó con alguien de clase inferior/superior; **to ~ for money** casarse por dinero; **to ~ into money** casarse con alguien que tiene dinero; **to ~ into a wealthy family** casarse con un miembro de una familia adinerada; PROV ~ **in haste, repent at leisure** antes que te cases, mira lo que haces
-2. *(combine)* combinar; **the flavours ~ well** es una buena mezcla de sabores

◆ **marry off** *vt sep* casar

◆ **marry up** ◇ *vt sep (bring together)* casar
◇ *vi (line up)* casar

marrying ['mærɪɪŋ] *adj* **he's not the ~ kind** no es de los que se casan

Mars [mɑːz] *n* **-1.** *(god)* Marte **-2.** *(planet)* Marte *m*

Marseille(s) [mɑːˈseɪ] *n* Marsella

marsh [mɑːʃ] *n (of freshwater)* pantano *m*; *(of seawater)* marisma *f* ❏ ~ *gas* gas *m* de los pantanos; ~ *harrier* aguilucho *m* lagunero; *US* ~ *hawk* aguilucho *m* pálido; ~ *mallow (plant)* malvavisco *m*; ~ *marigold* (hierba *f*) centella *f*; ~ *tit* carbonero *m* palustre; ~ *warbler* carricero *m* políglota

marshal ['mɑːʃəl] ◇ *n* **-1.** *(army officer)* mariscal *m* **-2.** *(at race, demonstration)* miembro *m* del servicio de orden **-3.** *(in law court)* oficial *mf* de justicia, ordenanza *mf* **-4.** *US (police chief)* jefe *m,f* de policía; *(fire chief)* jefe(a) *m,f* de bomberos; *(police officer)* policía *mf*; *(in Wild West)* ayudante *mf* del sheriff
◇ *vt (pt & pp* **marshalled**, *US* **marshaled**) **-1.** *(people, troops)* dirigir; **the troops were marshalled into the square** congregaron a las tropas en la plaza; **she marshalled the children out of the room** sacó a los niños de la habitación **-2.** *(arguments, thoughts)* poner en orden; **he's trying to ~ support for his project** trata de organizar el respaldo para su proyecto

marshalling-yard ['mɑːʃəlɪŋjɑːd] *n* RAIL estación *f* de clasificación

marshland ['mɑːʃlænd] *n (of freshwater)* zona *f* pantanosa; *(of seawater)* marismas *fpl*

marshmallow [mɑːʃˈmæləʊ] *n (food)* = dulce de consistencia esponjosa

marshy ['mɑːʃɪ] *adj* pantanoso(a)

marsupial [mɑːˈsuːpɪəl] ◇ *n* marsupial *m*
◇ *adj* marsupial

mart [mɑːt] *n* tienda *f*, almacén *m*

martello tower [mɑːˈteləʊˈtaʊə(r)] *n* bastión *m (cilíndrico)*

marten ['mɑːtɪn] *n* marta *f*

martial ['mɑːʃəl] *adj* marcial; ~ *music* música militar ❏ ~ *arts* artes *fpl* marciales; ~ *law:* **to declare ~ law** declarar la ley marcial

Martian ['mɑːʃən] ◇ *n* marciano(a) *m,f*
◇ *adj* marciano(a)

martin ['mɑːtɪn] *n* avión *m*

martinet [mɑːtɪˈnet] *n* tirano(a) *m,f*

martingale ['mɑːtɪŋgeɪl] *n (for horse)* amarra *f*

Martini® [mɑːˈtiːnɪ] *n (vermouth)* vermú *m*, martini *m*

martini [mɑːˈtiːnɪ] *n (cocktail)* martini *m* seco

Martinican [mɑːtɪˈniːkən] ◇ *n* martiniqués (esa) *m,f*
◇ *adj* martiniqués(esa)

Martinique [mɑːtɪˈniːk] *n* Martinica

Martinmas ['mɑːtɪnməs] *n* (día *m* de) San Martín

martyr ['mɑːtə(r)] ◇ *n* mártir *mf*; **to die a ~** morir como un/una mártir; *Fig* **to be a ~ to rheumatism** estar martirizado(a) por el reúma; *Fig* **to make a ~ of oneself** hacerse el/la mártir
◇ *vt* martirizar, hacer mártir

martyrdom ['mɑːtədəm] *n* martirio *m*

martyred ['mɑːtəd] *adj* de mártir, martirizado(a)

marvel ['mɑːvəl] ◇ *n* **-1.** *(miracle)* maravilla *f*; **to do** *or* **work marvels** hacer maravillas; **if we survive this it'll be a ~** si salimos de ésta será un milagro **-2.** *Fam (marvellous person)* **you're a ~!** ¡eres un genio!
◇ *vi (pt & pp* **marvelled**, *US* **marveled**) maravillarse, asombrarse **(at** de)

marvellous, *US* **marvelous** ['mɑːvələs] *adj* maravilloso(a)

marvellously, *US* **marvelously** ['mɑːvələslɪ] *adv* maravillosamente

Marxism ['mɑːksɪzəm] *n* marxismo *m*

Marxism-Leninism ['mɑːksɪzəmˈlenɪnɪzəm] *n* marxismo-leninismo *m*

Marxist ['mɑːksɪst] ◇ *n* marxista *mf*
◇ *adj* marxista

Marxist-Leninist ['mɑːksɪstˈlenɪnɪst] ◇ *n* marxista-leninista *mf*
◇ *adj* marxista-leninista

Mary ['meərɪ] *pr n* ◇ **(the Virgin) ~** (la virgen) María; ~ **Magdalene** María Magdalena

Maryland ['meərɪlənd] *n* Maryland

marzipan ['mɑːzɪpæn] *n* mazapán *m*; **a ~ mouse** un ratón de mazapán

mascara [mæsˈkɑːrə] *n* rímel *m*

mascaraed, **mascara'd** [mæsˈkɑːrəd] *adj* **heavily ~ eyelashes** pestañas con mucho rímel

mascarpone [mæskəˈpəʊnɪ] *n* mascarpone *m*, = queso cremoso italiano

mascot ['mæskət] *n* mascota *f*

masculine ['mæskjʊlɪn] ◇ *n* GRAM (género *m*) masculino *m*
◇ *adj* masculino(a)

masculinity [mæskjʊˈlɪnɪtɪ] *n* masculinidad *f*

MASH [mæʃ] *n US (abbr* **mobile army surgical hospital)** quirófano *m* militar de campaña

mash [mæʃ] ◇ *n* **-1.** *Fam (mashed potato)* puré *m* de *Esp* patatas *or Am* papas **-2.** *(for pigs, poultry)* frangollo *m* **-3.** *(in brewing)* templa *f*
◇ *vt (squash, crush)* machacar; *(vegetables)* majar, hacer puré de; **to ~ sth up** hacer puré algo

mashed potato(es) [mæʃtpəˈteɪtəʊ(z)] *npl* puré *m* de *Esp* patatas *or Am* papas

masher ['mæʃə(r)] *n (for potatoes)* pasapuré *m*

mashie ['mæʃɪ] *n Old-fashioned (golf club)* hierro *m* cinco

mask [mɑːsk] ◇ *n* **-1.** *(for face) (for disguise)* máscara *f*, careta *f*; *(for protection, surgeon)* máscara *f*, mascarilla *f*; *Fig* **his ~ had slipped** se le había caído la máscara; *Fig* **a ~ of happiness/confidence** una máscara de felicidad/seguridad **-2.** *(in photography)* máscara *f*
◇ *vt* **-1.** *(face)* enmascarar **-2.** *(conceal) (truth, feelings)* ocultar; *(flavour, smell)* disimular, camuflar **-3.** *(in painting, photography)* tapar, cubrir

masked [mɑːskt] *adj* enmascarado(a) ❏ ~ *ball* baile *m* de máscaras

masking tape ['mɑːskɪŋteɪp] *n* cinta *f* adhesiva de pintor

masochism ['mæsəkɪzəm] *n* masoquismo *m*

masochist ['mæsəkɪst] *n* masoquista *mf*

masochistic [mæsəˈkɪstɪk] *adj* masoquista

mason ['meɪsən] *n* **-1.** *(builder)* cantero(a) *m,f*, picapedrero(a) *m,f* **-2.** *(Freemason)* Mason masón *m*

Mason-Dixon Line ['meɪsənˈdɪksənlaɪn] *n* **the ~** = línea divisoria entre los estados del norte y del sur de los Estados Unidos

Masonic [məˈsɒnɪk] *adj* masón(ona); ~ **lodge** logia masónica

masonry ['meɪsənrɪ] *n* **-1.** *(stonework)* albañilería *f*, obra *f*; **she was hit by a piece of falling ~** le cayó encima un cascote que se había desprendido del edificio ❏ ~ *drill* taladro *m* de albañilería **-2.** *(Freemasonry)* **Masonry** la masonería

masque [mɑːsk] *n* THEAT = espectáculo teatral representado durante los siglos XVI y XVII

masquerade [mæskəˈreɪd] ◇ *n* **-1.** *(pretence)* mascarada *f* **-2.** *US (masked ball)* baile *m* de máscaras
◇ *vi* **to ~ as** hacerse pasar por

Mass *(abbr* **Massachusetts)** Massachusetts

mass¹ [mæs] ◇ *n* **-1.** *(large number)* sinnúmero *m*; *Fam* **I've got masses (of things) to do** tengo un montón de cosas que hacer; *Fam* **there's masses of room** hay muchísimo espacio; **in the ~** en (su) conjunto
-2. *(shapeless substance)* masa *f* ❏ GRAM ~ *noun* nombre *m* incontable (de sustancia)
-3. POL **the masses** las masas
-4. PHYS masa *f* ❏ ~ *number* número *m* másico; ~ *spectrograph* espectrógrafo *m*

mass

de masas; **~ spectrometer** espectrómetro m de masas

◇ adj (communication) de masas; (education) para todos; (resignation, starvation, suicide) en masa; **this product will appeal to a ~ audience** este producto tendrá aceptación entre el gran público ❏ **~ extinction** extinción f masiva; **~ grave** fosa f común; **~ hysteria** histeria f colectiva; **~ market** mercado m de masas; **~ media** medios mpl de comunicación (de masas); **~ meeting** mitin m multitudinario; **~ murderer** asesino(a) m,f múltiple; **~ production** fabricación f en serie, producción f en cadena; COMPTR **~ storage** almacenamiento m masivo; **~ unemployment** desempleo m generalizado or masivo, Am desocupación f generalizada or masiva

◇ vt (troops) concentrar, apelotonar
◇ vi (troops, people) concentrarse, apelotonarse; (clouds) acumularse

◆ **mass together** ◇ vt sep aglomerar
◇ vi aglomerarse

mass[2] n REL misa f; **to go to ~** ir a misa; **to say ~** decir misa; MUS **Mass in B Minor** misa en si menor

Massachusetts [mæsəˈtʃuːsɪts] n Massachusetts

massacre [ˈmæsəkə(r)] n ◇ **-1.** (slaughter) masacre f ❏ **the Massacre of the Innocents** la matanza de los Inocentes **-2.** Fam **it was a ~** (in sport, election) fue una auténtica paliza

◇ vt **-1.** (kill) masacrar **-2.** Fam **they were massacred** (in sport, election) les dieron una buena paliza

massage [ˈmæsɑːʒ] ◇ n masaje m; **a foot ~** un masaje en los pies ❏ **~ parlour** salón m de masajes; Euph sauna f

◇ vt **-1.** (body, scalp) dar un masaje a, masajear **-2.** (manipulate) (data, information) maquillar; **to ~ the figures** maquillar las cifras

massed [mæst] adj **-1.** (crowds, soldiers) apelotonado(a); **~ bands** pandillas apelotonadas **-2.** (collective) **the ~ weight of public opinion** el peso de la opinión pública en conjunto

masseter [məˈsiːtə(r)] n ANAT masetero m
masseur [mæˈsɜː(r)] n masajista m
masseuse [mæˈsɜːz] n masajista f
massif [mæˈsiːf] n GEOL macizo m
massive [ˈmæsɪv] adj (structure, building, majority) enorme, inmenso(a); (dose, increase, explosion) enorme; (heart attack, stroke) masivo(a)

massively [ˈmæsɪvlɪ] adv **-1.** (bulkily) **the mountain towered ~ above the village** la enorme montaña se erguía sobre el pueblo; **~ built** enorme, inmenso(a) **-2.** (extremely) enormemente; **it was ~ successful** obtuvo un éxito fabuloso; **~ over-rated** enormemente sobrevalorado

mass-market [ˈmæsˈmɑːkɪt] adj de alto consumo
mass-produce [ˈmæsprəˈdjuːs] vt IND fabricar en serie
mass-produced [ˈmæsprəˈdjuːst] adj producido(a) a gran escala
mast[1] [mɑːst] n **-1.** (of ship) mástil m; Old-fashioned **before the ~** de marinero **-2.** (of radio, TV transmitter) torre f
mast[2] n (animal food) montanera f
mastectomy [mæsˈtektəmɪ] n MED mastectomía f
-masted [ˈmɑːstɪd] suffix NAUT **three/four~** con tres/cuatro mástiles
master [ˈmɑːstə(r)] ◇ n **-1.** (of household, servants) señor m; (of slaves) amo(a) m; (of dog) amo m, dueño m; (of ship) patrón m; **the ~ of the house** el señor de la casa; **to be one's own ~** ser dueño(a) de sí mismo(a); **to be ~ of the situation** ser dueño(a) de la situación ❏ **~ of ceremonies** maestro m de ceremonias; Br LAW **Master of the Rolls** = juez presidente de la sección civil del Tribunal de Apelación

-2. (skilled person) maestro(a) m,f; Ironic **he's a (past) ~ at the art of avoiding work** es experto en el arte de no dar golpe ❏ MUS **~**

class clase f magistral; **~ of disguise** maestro(a) m,f del disfraz
-3. (instructor) **fencing/dancing ~** maestro de esgrima/de danza; **French/geography ~** profesor de francés/geografía
-4. UNIV **Master of Arts/Science** (degree) máster en humanidades/ciencias; (person) licenciado(a) con máster en humanidades/ciencias; **~'s (degree)** máster m; **she has a ~'s (degree) in economics** tiene un máster en or de economía
-5. UNIV (head of college) director(ora) m,f
-6. Old-fashioned (young boy) **Master David Thomas** señorito David Thomas; **Master David** (said by servant) señorito David
-7. ART **an old ~** (painter, painting) un clásico de la pintura antigua
-8. the Masters (golf tournament) el Masters
-9. US MIL **~ sergeant** ≃ brigada mf

◇ adj **-1.** (main, principal) principal ❏ **~ bedroom** dormitorio m or Am cuarto m or CAm, Col, Méx recámara f principal; **~ race** raza f superior
-2. (skilled) **a ~ thief** un ladrón astuto; **a ~ spy** un espía consumado ❏ **~ builder** maestro albañil; **~ carpenter** maestro carpintero
-3. (controlling) **~ key** llave f maestra; **~ plan** plan m maestro; **~ switch** interruptor m principal
-4. (original) **~ copy** original m; COMPTR **~ disk** disco m maestro; COMPTR **~ file** archivo m maestro

◇ vt **-1.** (control) (person, animal) dominar; (one's emotions) controlar, dominar; (situation) dominar, controlar **-2.** (learn) (language, subject, instrument) dominar

master-at-arms [ˈmɑːstərətˈɑːmz] (pl **masters-at-arms**) n contramaestre m
masterful [ˈmɑːstəfʊl] adj **-1.** (dominating) **he was so ~** tenía tal poderío; **she was wrapped in his ~ arms** sus poderosos brazos la envolvían **-2.** (skilful) magistral, imponente
masterfully [ˈmɑːstəfʊlɪ] adv **-1.** (in a dominating manner) con poderío **-2.** (skilfully) magistralmente
masterly [ˈmɑːstəlɪ] adj magistral
mastermind [ˈmɑːstəmaɪnd] ◇ n cerebro m
◇ vt (project, plot) dirigir, ser el cerebro de
masterpiece [ˈmɑːstəpiːs] n obra f maestra
masterstroke [ˈmɑːstəstrəʊk] n golpe m maestro
masterwork [ˈmɑːstəwɜːk] n obra f maestra
mastery [ˈmɑːstərɪ] n **-1.** (control) (of person, animal) dominio m; **~ of a situation** dominio or control de una situación; **to gain ~ over sth/sb** imponerse sobre algo/alguien **-2.** (of language, subject, instrument) dominio m
masthead [ˈmɑːsthed] n **-1.** NAUT tope m **-2.** JOURN cabecera f
mastic [ˈmæstɪk] n **-1.** (gum) mástique m **-2.** CONSTR (putty) masilla f
masticate [ˈmæstɪkeɪt] Formal ◇ vt masticar
◇ vi masticar
mastication [mæstɪˈkeɪʃən] n masticación f
mastiff [ˈmæstɪf] n mastín m
mastitis [mæsˈtaɪtɪs] n MED mastitis f inv
mastodon [ˈmæstədɒn] n mastodonte m
mastoid [ˈmæstɔɪd] ANAT ◇ n mastoides m inv
◇ adj **~ process** mastoides m inv
mastoiditis [mæstɔɪˈdaɪtɪs] n ANAT mastoiditis f inv
masturbate [ˈmæstəbeɪt] ◇ vt masturbar
◇ vi masturbarse
masturbation [mæstəˈbeɪʃən] n masturbación f; Fig Pej **mental ~** onanismo mental
mat [mæt] n **-1.** (on floor) alfombrilla f; (at door) felpudo m **-2.** (to protect surface) **(table) ~** salvamanteles m inv; **(drink) ~** posavasos m inv **-3.** (in gym) colchoneta f **-4.** IDIOMS Fam **to be on the ~** estar contra las cuerdas; Fam **to have sb on the ~** tener a alguien contra las cuerdas; US Fam **to go to the ~** tener una agarrada con alguien
◇ vt (pt & pp **matted**) (hair, fibres) apelmazar, enredar
◇ vi (hair, fibres) apelmazarse, enredarse

matador [ˈmætədɔː(r)] n matador m, diestro m
match[1] [mætʃ] n fósforo m, Esp cerilla f, Am cerillo m; **a box/book of matches** una caja/librillo de fósforos or Esp cerillas or Am cerillos; **to light** or **strike a ~** encender or prender un fósforo or Esp una cerilla or Am un cerillo; **to put a ~ to sth** prender fuego a algo (con un fósforo)
match[2] n **-1.** (in sport) partido m; (in boxing) combate m; **a rugby/cricket ~** un partido de rugby/críquet ❏ **~ play** (in golf) matchplay m, juego m por hoyos; **~ point** (in tennis) punto m de partido
-2. (in design, colour) (in suitable colour, design) combinación f; **it's difficult to find a ~ for something in green** es difícil encontrar algo que haga juego con el verde; **this paint's not quite a perfect ~ with the old stuff** esta pintura no es exactamente igual que la vieja; **they're a good ~** (clothes) pegan, combinan bien
-3. (in ability) **to be a ~ for sth/sb** estar a la altura de algo/alguien; **to be no ~ for sb** no ser rival para alguien; **they were more than a ~ for us** eran muy superiores a nosotros; **he had met his ~** había encontrado la horma de su zapato
-4. (marriage) **to make a good ~** casarse bien; **he would be a good ~** sería un buen partido

◇ vt **-1.** (equal in quality, performance) igualar, llegar a la altura de; **his arrogance is matched only by that of his father** a arrogante sólo lo iguala su padre; **this restaurant can't be matched for quality** este restaurante no tiene rival en cuanto a calidad; **we can't ~ their prices** no podemos igualar sus precios; **to ~ an offer** igualar una oferta; **to be well matched** (teams, players) estar muy igualados(as)
-2. (pair up) emparejar; **~ the names to the faces** poner nombres a las caras; **to be a well matched couple** hacer buena pareja
-3. (as rival) **to ~ sb against sb** enfrentar a alguien con alguien; **~ your skill against the experts** mide tu habilidad con los expertos
-4. (go with) (of colours, clothes) hacer juego con, combinar con; (of description, account) coincidir con; **his jacket doesn't ~ his trousers** su chaqueta no combina con los pantalones; **the music didn't ~ her mood** la música no iba con su estado de ánimo
-5. (satisfy, be appropriate to) **we have the facilities to ~ your needs** tenemos las instalaciones para satisfacer sus necesidades; **we have kitchens to ~ every budget** tenemos cocinas para todos los presupuestos or bolsillos

◇ vi (colours, clothes) hacer juego, combinar; (descriptions, stories) coincidir, casar; **none of the glasses matched** no había dos vasos iguales; **a sofa with armchairs to ~** un sofá con sillones a juego

◆ **match up** ◇ vt sep (colours, clothes) hacer juego con, combinar con
◇ vi (clothes, colours) hacer juego, combinar; (explanations) coincidir; **to ~ up to sb's expectations** estar a la altura de las expectativas de alguien

matchboard [ˈmætʃbɔːd] n tabla f machiembrada
matchbook [ˈmætʃbʊk] n librito m de Esp cerillas or Am cerillos
matchbox [ˈmætʃbɒks] n caja f de Esp cerillas or Am cerillos
match-fit [ˈmætʃfɪt] adj Br (player) en condiciones de jugar
match-fixing [ˈmætʃfɪksɪŋ] n Br **they were accused of ~** los acusaron de amañar partidos
matching [ˈmætʃɪŋ] adj a juego; **a blue suit with a ~ tie** un traje azul con corbata a juego
matchless [ˈmætʃlɪs] adj sin par, sin igual
matchmaker [ˈmætʃmeɪkə(r)] n **-1.** (arranger of marriages) casamentero(a) m,f **-2.** (manufacturer) fabricante mf de Esp cerillas or Am cerillos

matchmaking ['mætʃmeɪkɪŋ] n alcahueteo m; **~ was her favourite hobby** le encantaba hacer de casamentera or alcahuetear

matchstick ['mætʃstɪk] n Esp cerilla f, Am cerillo m; **to have ~ legs** tener las piernas como palillos ❏ **~ man** or **figure** monigote m (dibujo hecho con palotes)

matchwood ['mætʃwʊd] n **to reduce sth to ~** hacer astillas algo

mate[1] [meɪt] ◇ n -1. (male animal) macho m; (female animal) hembra f; (person) pareja f
 -2. Br & Austr Fam (friend) amigo(a) m,f, Esp colega mf, Méx cuate m,f
 -3. Br & Austr Fam (form of address) Esp colega m, Esp tío m, Andes, CAm, Carib, Méx mano m, RP flaco m
 -4. (assistant) ayudante mf; **plumber's ~** ayudante de fontanero
 -5. (on ship) oficial mf; **(first) ~** primer oficial, segundo de a bordo; **second ~** segundo oficial
 ◇ vt (animals) aparear
 ◇ vi (animals) aparearse

mate[2] (in chess) ◇ n jaque m mate
 ◇ vt dar jaque mate a

mater ['meɪtə(r)] n Br Old-fashioned or Hum **(the) ~** madre

material [mə'tɪərɪəl] ◇ n -1. (for construction, manufacture) material m; **building materials** material de construcción
 -2. (ideas, data) (for book) documentación f, material m
 -3. (for act) **she writes all her own ~** (singer, musician) ella sola compone toda su música; (comedian) prepara sus propios guiones
 -4. (cloth) tela f, tejido m
 -5. (equipment) **cleaning materials** productos de limpieza; **reading ~** (material de) lectura, lecturas; **writing materials** objetos de papelería or escritorio
 -6. (suitable person or persons) **he isn't officer ~** no tiene madera de oficial; **he's not university ~** no está hecho para ir a la universidad
 ◇ adj -1. (physical) material; **the ~ world** el mundo material -2. (important, significant) sustancial, relevante; **of ~ benefit** de gran provecho; **the point is ~ to my argument** es un punto pertinente para mi razonamiento -3. LAW (evidence) sustancial; (witness) esencial, importante

materialism [mə'tɪərɪəlɪzəm] n materialismo m

materialist [mə'tɪərɪəlɪst] ◇ n -1. (acquisitive person) materialista mf -2. PHIL materialista mf
 ◇ adj -1. (acquisitive) materialista -2. PHIL materialista

materialistic [mətɪərɪə'lɪstɪk] adj materialista

materialize [mə'tɪərɪəlaɪz] vi -1. (hope, something promised) materializarse -2. (spirit) aparecer

materially [mə'tɪərɪəlɪ] adv -1. (in money, goods) materialmente -2. (appreciably) sustancialmente

matériel [mətɪərɪ'el] n MIL pertrechos mpl

maternal [mə'tɜːnəl] adj -1. (feelings, instinct, love) maternal -2. (relative, genes) materno(a); **~ grandfather** abuelo materno

maternity [mə'tɜːnɪtɪ] n maternidad f ❏ **~ dress** vestido m premamá; **~ hospital** (hospital m de) maternidad f; **~ leave** baja f por maternidad; **~ ward** pabellón m de maternidad

matey ['meɪtɪ] Br Fam ◇ n (form of address) Esp colega m, Esp tío m, Andes, CAm, Carib, Méx mano m, RP flaco m
 ◇ adj **he's been very ~ with the boss recently** se ha hecho muy amigo or Esp colega del jefe últimamente

math [mæθ] n US matemáticas fpl ❏ COMPTR **~ coprocessor** coprocesador m matemático

mathematical [mæθə'mætɪkəl] adj matemático(a); **I haven't got a ~ mind** no se me dan bien las matemáticas

mathematically [mæθə'mætɪklɪ] adv matemáticamente

mathematician [mæθəmə'tɪʃən] n matemático(a) m,f

mathematics [mæθə'mætɪks] n (subject) matemáticas fpl; **the ~ of the problem is** or **are quite complex** el problema entraña una complicada aritmética

maths [mæθs] n Br matemáticas fpl ❏ COMPTR **~ coprocessor** coprocesador m matemático

matinée ['mætɪneɪ] n -1. (of play) función f de tarde; (of film) sesión f de tarde, primera sesión f ❏ **~ idol** galán m -2. Br **~ coat** or **jacket** chaqueta f de bebé

matiness ['meɪtɪnɪs] n Br Fam **I found his ~ rather off-putting** me molestan las confianzas que se toma con la gente

mating ['meɪtɪŋ] n apareamiento m ❏ **~ call** llamada f nupcial; **~ season** época f de celo or apareamiento

matins ['mætɪnz] n -1. (Roman Catholic) maitines mpl -2. (Episcopalian) oficio m de la mañana

matriarch ['meɪtrɪɑːk] n matriarca f

matriarchal [meɪtrɪ'ɑːkəl] adj matriarcal

matriarchy ['meɪtrɪɑːkɪ] n matriarcado m

matric card [mə'trɪk'kɑːd] n Br Fam UNIV carné m universitario

matrices pl of **matrix**

matricide ['mætrɪsaɪd] n -1. (crime) matricidio m -2. (person) matricida mf

matriculate [mə'trɪkjʊleɪt] vi (enrol) matricularse

matriculation [mətrɪkjʊ'leɪʃən] n (enrolment) matrícula f ❏ **~ fee** derechos mpl de matrícula

matrilineal [mætrɪ'lɪnɪəl] adj por línea materna

matrimonial [mætrɪ'məʊnɪəl] adj matrimonial

matrimony ['mætrɪmənɪ] n matrimonio m; REL **to be joined in holy ~** ser unidos en santo matrimonio

matrix ['meɪtrɪks] (pl **matrixes** ['meɪtrɪksɪz], **matrices** ['meɪtrɪsiːz]) n matriz f

matron ['meɪtrən] n -1. (in school, orphanage) = mujer a cargo de la enfermería; Old-fashioned (in hospital) enfermera f jefe -2. (married woman) matrona f ❏ **~ of honour** dama f de honor -3. US (in prison) directora f, alcaidesa f

matronly ['meɪtrənlɪ] adj -1. (sedate, dignified) matronil -2. Euph (figure) corpulento(a), robusto(a)

matt [mæt] adj (colour, finish) mate

matted ['mætɪd] adj (hair) apelmazado(a), enredado(a); **his hair was ~ with blood** tenía el cabello apelmazado por la sangre

matter ['mætə(r)] ◇ n -1. (substance) materia f; **all ~ is made of atoms** toda materia está compuesta de átomos; **printed ~** impresos; **reading ~** lectura; **the subject ~** el tema; **vegetable ~** materia vegetal; **waste ~** residuos
 -2. (affair, issue) asunto m, cuestión f; **military/business matters** cuestiones militares/de negocios; **that's a ~ for the police** eso es asunto de la policía; **that's a ~ for the boss (to decide)** le corresponde al jefe (decidir); **the ~ in** or US **at hand** el asunto que nos concierne; **this is a ~ of some concern to us** nos preocupa bastante este asunto; **a ~ of conscience** una cuestión de conciencia; **a ~ of life and death** una cuestión de vida o muerte; **that's a ~ of opinion/taste** es una cuestión de opinión/gustos; **it's a ~ of regret for me that...** siento mucho que...; **it's a ~ of time** es cuestión de tiempo; **it's only a ~ of time before he makes a mistake** no tardará or Am demorará mucho en cometer un error; **within** or **in a ~ of hours** en cuestión de horas; **I consider the ~ (to be) closed** considero cerrado el asunto; **that's a different** or **quite another ~** eso es otra cuestión; Hum **there's still the little ~ of remuneration** y todavía queda el asuntillo or RP temita de la remuneración; **it's no easy ~** no es asunto fácil; **it's no laughing ~** no es cosa de risa; **as a ~ of course** automáticamente; **as a ~ of interest** por curiosidad; **we check them as a ~ of policy** nuestra política es comprobarlos; **I refuse to go there as a ~ of principle** me niego por principio a ir ahí; **as matters stand** tal como están las cosas; **I ought to be going and for that ~ so should you** tendría que irme ya, y en realidad tú también; **he doesn't like it and nor do I for that ~** a él no le gusta y a mí de hecho tampoco; **that didn't help matters** eso no ayudó mucho; **to make matters worse** para colmo de males
 -3. (problem) **what's the ~?** ¿qué pasa?; **what's the ~ with you?** ¿qué (es lo que) te pasa?; **what's the ~ with Ana?** ¿qué le pasa a Ana?; **what's the ~ with doing that?** ¿qué tiene de malo hacer eso?; **is anything** or **something the ~?** ¿ocurre or pasa algo?; **there's something the ~** hay algo que no va bien; **there's something the ~ with the aerial** hay un problema con la antena; **nothing's the ~ with me** no me pasa nada
 -4. (with "no") **no ~!** ¡no importa!; **no ~ how hard I push** por muy fuerte que empuje; **no ~ how much it costs** cueste lo que cueste; **no ~ what I do** haga lo que haga; **don't tell her, no ~ what** por ninguna razón del mundo se lo digas; **no ~ who/where** quien/donde sea; **no ~ who I ask** pregunte a quien pregunte; **no ~ where I look for it** por mucho que lo busque
 ◇ vi importar (**to** a); **does it really ~?** ¿de verdad importa?; **nothing else matters** lo demás no importa; **what matters is to do your best** lo que importa es que lo hagas lo mejor que puedas; **what does it ~ if...?** ¿qué importa si...?; **it doesn't ~** no importa; **it doesn't ~ to me/her** no me/le importa; **it doesn't ~ what you do, he always complains** hagas lo que hagas, siempre se queja
 ◇ **as a matter of fact** adv **as a ~ of fact, I've never met her** de hecho, or en realidad, no la conozco; **I don't suppose you liked it – as a ~ of fact, I did** supongo que no te gustó – pues mira por dónde or RP ¿sabés que sí?, sí que me gustó

Matterhorn ['mætəhɔːn] n **the ~** el Cervino

matter-of-fact ['mætərə'fækt] adj (tone, voice) pragmático(a); **he was very ~ about it** se lo tomó como si tal cosa

matter-of-factly ['mætərəv'fæktlɪ] adv impasiblemente, fríamente

Matthew ['mæθjuː] pr n **Saint ~** san Mateo

matting ['mætɪŋ] n estera f

mattock ['mætək] n AGR azadón m

mattress ['mætrɪs] n colchón m

maturation [mætjʊ'reɪʃən] n maduración f

mature [mə'tjʊə(r)] ◇ adj -1. (in age) (person) maduro(a); (animal) adulto(a), plenamente desarrollado(a); **a man of ~ years** un hombre de edad madura; Br Euph **would suit a ~ person** (in job advertisement) conveniente para una persona madura ❏ Br UNIV **~ student** ≃ estudiante mf mayor de veinticinco años
 -2. (in attitude) maduro(a); **to be ~ for one's age** or **years** ser maduro(a) para su edad de uno(a); **on ~ reflection** tras reflexionar cuidadosamente
 -3. (wine) de crianza; (cheese) curado(a)
 -4. FIN (insurance policy, bond) vencido(a)
 ◇ vt madurar; (wine) criar
 ◇ vi -1. (in age) (person) madurar; (animal) llegar a la madurez, desarrollarse; **she had matured into a sophisticated young woman** al madurar se convirtió en una joven muy sofisticada
 -2. (in attitude) madurar
 -3. Fig (plan) madurar
 -4. (wine, spirits) envejecer, criarse; (cheese) madurar, curarse
 -5. FIN (insurance policy, bond) vencer

maturely [mə'tjʊəlɪ] adv como un/una adulto(a)

maturity [mə'tjʊərɪtɪ] n -1. (in age) (of person, animal) madurez f; **to reach ~** llegar a la madurez -2. (in attitude) madurez f; **she lacks ~** le hace falta madurar -3. (of wine) crianza f; (of cheese) maduración f, curación f -4. FIN (date of) **~** vencimiento m

matzo(h) ['mætsəʊ] n matzá mf, pan m ácimo ❑ **~ ball** = pan ácimo que se toma en ciertas celebraciones judías

maudlin ['mɔːdlɪn] adj lacrimoso(a); **to be ~** estar lacrimoso(a)

maul [mɔːl] ◇ n (in rugby) maul m
◇ vt **-1.** (attack) (of animal, person) acometer; **he was mauled by a tiger** fue gravemente herido por un tigre **-2.** (criticize) vituperar; **the book was mauled by the critics** los críticos destrozaron el libro **-3.** Fam (sexually) (grope) sobar
◇ vi **-1.** (fight) pelearse **-2.** (in rugby) disputar un maul

mauling ['mɔːlɪŋ] n **-1. to get a ~** (from a lion) quedar malherido(a) **-2.** Fam **they got a ~** (by enemy troops, opposing team, critics) les dieron una paliza

maunder ['mɔːndə(r)] vi **-1.** (in speech) **to ~ (on)** divagar **-2.** (idle about) **to ~ (about)** holgazanear

Maundy ['mɔːndɪ] n **~ money** = monedas de plata que la monarquía distribuye el Jueves Santo; **~ Thursday** Jueves Santo

Mauritania [mɒrɪ'teɪnɪə] n Mauritania

Mauritanian [mɒrɪ'teɪnɪən] ◇ n mauritano(a) m,f
◇ adj mauritano(a)

Mauritian [mə'rɪʃən] ◇ n mauriciano(a) m,f
◇ adj mauriciano(a)

Mauritius [mə'rɪʃəs] n Mauricio

mausoleum [mɔːsə'liːəm] (pl **mausoleums**, **mausolea** [mɔːsə'liːə]) n mausoleo m

mauve [məʊv] ◇ n malva m
◇ adj malva

maven ['meɪvən] n US Fam entendido(a) m,f

maverick ['mævərɪk] ◇ n **-1.** (person) inconformista mf, disidente mf **-2.** US (stray animal) orejano(a) m,f
◇ adj inconformista, disidente

maw [mɔː] n Literary **-1.** (of animal) fauces fpl **-2.** Fig (of person) fauces fpl

mawkish ['mɔːkɪʃ] adj Pej empalagoso(a)

mawkishly ['mɔːkɪʃlɪ] adv empalagosamente

mawkishness ['mɔːkɪʃnɪs] n empalago m

max [mæks] (abbr **maximum**) ◇ n máx.
◇ n US Fam **to the ~** (totally) a más no poder; **did you have a good time? – to the ~!** ¿te lo pasaste bien? – ¡a más no poder!
◇ adv (at the most) como máximo; **it'll take three days ~** tardará or Am demorará como máximo tres días
◇ vt US Fam **to ~ an exam** ≃ sacar un sobresaliente

maxi ['mæksɪ] ◇ n **~ (skirt)** maxifalda f, falda f, RP pollera f larga
◇ adj **-1.** (skirt, coat) maxi, largo(a) **-2.** (package) grande

maxilla [mæk'sɪlə] n ANAT & ZOOL **-1.** (of mammal) maxilar m **-2.** (of insect) mandíbula f

maxim ['mæksɪm] n máxima f

maxima pl of **maximum**

maximal ['mæksɪməl] adj máximo(a)

maximization [mæksɪmaɪ'zeɪʃən] n maximización f

maximize ['mæksɪmaɪz] vt **-1.** (profit, advantage, pleasure) maximizar, elevar al máximo **-2.** COMPTR (window) agrandar

maximum ['mæksɪməm] ◇ n (pl **maxima** ['mæksɪmə]) **-1.** (total possible) máximo m; **to the ~** al máximo; **at the ~** como máximo **-2.** (in snooker, darts) máxima puntuación f
◇ adj máximo(a); **to get the ~ benefit (from)** sacar el máximo partido (de) ❑ **security prison** cárcel f de máxima seguridad; **~ speed** velocidad f máxima
◇ adv como máximo; **you can stay for two hours ~** te puedes quedar dos horas como máximo

maxi-single ['mæksɪsɪŋɡəl] n maxi-single m

May [meɪ] n mayo m; **in ~** en mayo; **at the beginning/end of ~** a principios/finales de mayo; **during ~** in the middle of **~** a mediados de mayo; **each** or **every ~** todos los meses or cada mes de mayo; **last/next ~** el mayo pasado/próximo; **(on) the first/sixteenth of ~** el uno/dieciséis de mayo; **she was born on the 22nd ~ 1953** nació el 22 de mayo de 1953 ❑ **~ beetle** melolonta f; **~ bug** melolonta f; **~ Day** el Primero or Uno de Mayo; **~ queen** reina f de las fiestas (del primero de mayo); **~ tree** espino m (albar)

may [meɪ] v aux

> En las expresiones del apartado **-1.**, puede utilizarse **might** sin que se altere apenas el significado.

(3rd person singular **may**, pt **might** [maɪt]) **-1.** (expressing possibility) poder; **he ~ return at any moment** puede volver de un momento a otro; **I ~ tell you and I ~ not** puede que te lo diga o puede que no, RP talvez te lo digo, talvez no; **will you tell them? – I ~ (do)** ¿se lo dirás? – puede (que sí), RP ¿se lo vas a decir? – talvez (sí); **it ~ be better to ask permission first** sería mejor pedir permiso primero; **you ~ prefer to catch an earlier flight** si quiere puede tomar un vuelo anterior; **he ~ have lost it** puede que lo haya perdido, puede haberlo perdido; **the reason ~ never be discovered** or es posible que nunca se descubra la razón; Formal **it ~ be worth mentioning the fact that...** cabe destacar que...; **it ~ be that...** podría ser que...; **it ~ well prove useful** puede que sirva; **that ~ well be the case, but...** puede que sea el caso, pero...; **you ~ well ask!** ¡eso quisiera saber yo!; **we ~ as well go** ya puestos or ya que estamos, podríamos ir; **I ~ as well tell you now, seeing as you'll find out soon anyway** no veo por qué no decírtelo ahora, de todas maneras te vas a enterar pronto; **shall we go? – we ~ as well** ¿vamos? – bueno or Esp vale or Méx órale or RP dale; **I ~ as well be talking to myself!** ¡es como si hablara con la pared!

-2. Formal (be able or allowed to) poder; **~ I borrow your pencil?** ¿me presta su lápiz?; **~ I come in? – of course you ~** ¿se puede? or ¿puedo pasar or Col seguir? – por supuesto que puede; **~ I have your name?** ¿me podría decir su nombre?; **~ I ask you how much you earn?** ¿le importaría decirme cuánto gana?; **how ~ I help you, madam?** ¿en qué puedo ayudarla, señora?; **you ~ leave now** ya puede retirarse; **only customers ~ use the car park** el estacionamiento es sólo para los clientes; **I need quiet so that I ~ think** necesito silencio para poder concentrarme; **the equation ~ be solved as follows** la ecuación se puede resolver de la siguiente manera; **I ~ add that I would never do such a thing myself** y me gustaría añadir que yo nunca haría nada así; **I'd like to say something, if I ~** me gustaría decir algo, si me lo permite/permiten; **if I ~ say so** si me permite hacer una observación; **~ I?** (when borrowing sth) ¿me permite?

-3. (expressing wishes, fears, purpose) **~ she rest in peace** que en paz descanse; **~ the best man win!** ¡que gane el mejor!; **I fear you ~ be right** me temo que tengas razón; **they work long hours so their children ~ have a better future** trabajan mucho para que sus hijos tengan un futuro mejor

-4. (conceding a fact) **he ~ be very rich, but I still don't like him** tendrá mucho dinero, pero sigue sin caerme bien; **you ~ think this seems stupid, but...** te puede parecer estúpido, pero...; **whatever you ~ say** digas lo que digas; **be that as it ~, that's as ~ be** en cualquier caso

Maya ['maɪə], **Mayan** ['maɪən] ◇ n **-1.** (person) maya mf **-2.** (language) maya m
◇ adj maya

maybe ['meɪbiː] ◇ adv quizá(s), tal vez; **~ she won't accept** quizá no acepte; **I may do it but then again, ~ I won't** tal vez lo haga o tal vez no; **~ not/so** quizá(s) no/sí
◇ n Fam **I don't want any maybes** no me vengas con quizá sí quizá no

Mayday ['meɪdeɪ] n AV NAUT (distress signal) SOS m, señal f de socorro; **~!** ¡SOS!

mayflower ['meɪflaʊə(r)] n **-1.** (flower) flor f del espino **-2.** US HIST **the Mayflower** el Mayflower

mayfly ['meɪflaɪ] n efímera f

mayhem ['meɪhem] n **-1.** (uproar, disorder) caos m inv; **it was absolute ~ in that office** la oficina era un verdadero caos; **to create** or **cause ~** provocar el caos, alborotar **-2.** US LAW mutilación f criminal

mayn't [meɪnt] = **may not**

mayo ['meɪəʊ] n US Fam mayonesa f, Méx, RP mayo m

mayonnaise [meɪə'neɪz] n mayonesa f

mayor ['meə(r)] n alcalde m

mayoral ['meərəl] adj del alcalde; **~ election** elecciones a la alcaldía

mayoralty ['meərəltɪ] n alcaldía f

mayoress ['meərəs] n alcaldesa f

maypole ['meɪpəʊl] n mayo m (poste)

may've ['meɪəv] = **may have**

maze [meɪz] n also Fig laberinto m; **a ~ of streets/lanes** un laberinto de calles/callejones

mazurka [mə'zɜːkə] n mazurca f

MB -1. COMPTR (abbr **megabyte**) MB **-2.** (abbr **Manitoba**) Manitoba

Mb COMPTR (abbr **megabit**) Mb

MBA [embiː'eɪ] n UNIV (abbr **Master of Business Administration**) MBA m, máster m en administración de empresas

MBE [embiː'iː] n (abbr **Member of the Order of the British Empire**) miembro m de la Orden del Imperio Británico

MBO [embiː'əʊ] (pl **MBOs**) n COM (abbr **management buyout**) = adquisición de una empresa por sus directivos

Mbps COMPTR (abbr **megabytes per second**) Mbps

MBSc [embiːes'siː] n (abbr **Master of Business Science**) máster m en empresariales

MC [em'siː] n **-1.** (abbr **Master of Ceremonies**) maestro m de ceremonias **-2.** Br (abbr **Military Cross**) = medalla al valor **-3.** US (abbr **Member of Congress**) congresista mf, miembro m del congreso

MCC [emsiː'siː] n Br (abbr **Marylebone cricket club**) = organismo británico que regula el críquet

McCarthyism [mə'kɑːθɪɪzəm] n macartismo m

McCarthyite [mə'kɑːθɪaɪt] ◇ n macartista mf
◇ adj macartista

McCoy [mə'kɔɪ] n IDIOM Fam **this caviar is the real ~** este caviar es el auténtico

MCP [emsiː'piː] n (abbr **male chauvinist pig**) Fam cerdo m machista

MD [em'diː] n **-1.** MED (abbr **Doctor of Medicine**) doctor(ora) m,f en medicina **-2.** COM (abbr **Managing Director**) director(ora) m,f gerente

Md (abbr **Maryland**) Maryland

MDF [emdiː'ef] n (abbr **medium density fibreboard**) MDF f

MDMA [emdiːem'eɪ] n (abbr **methylenedioxymethamphetamine**) MDMA f

MDS [emdiː'es] n (abbr **Master of Dental Surgery**) máster m en odontología

ME [em'iː] n **-1.** MED (abbr **myalgic encephalomyelitis**) encefalomielitis f inv miálgica **-2.** (abbr **Maine**) Maine

me [miː, unstressed mɪ] pron **-1.** (object) me; **she hates me** me odia; **help me!** ¡ayúdame!; **she forgave my brother but not ME** perdonó a mi hermano, pero no a mí; **she gave me the book** me dio el libro; **lend it (to) me** préstamelo
-2. (after preposition) mí; **with me** conmigo; **she's older/bigger than me** es mayor/más grande que yo
-3. (as complement of verb "to be") yo; **it's me!** ¡soy yo!; **it's always me who pays** siempre soy yo quien paga
-4. (in interjections) **who, me?** ¿quién, yo?; **silly me!** ¡qué bobo soy!
-5. IDIOMS **now I'm going to show you the real me** te voy a mostrar mi verdadero yo

mead [miːd] *n* **-1.** *(drink)* aguamiel *f* **-2.** *Literary (meadow)* dehesa *f*

meadow ['medəʊ] *n* prado *m*, pradera *f* ❑ **~ grass** poa *f* de los prados; **~ pipit** bisbita *f* (común); **~ saffron** cólquico *m*

meadowlark ['medəʊlɑːk] *n* pradero *m*

meadowsweet ['medəʊswiːt] *n* reina *f* de los prados

meagre, *US* **meager** ['miːgə(r)] *adj* exiguo(a), escaso(a); **I can't live on such a ~ salary** no puedo sobrevivir con un salario tan precario

meagrely, *US* **meagerly** ['miːgəlɪ] *adv* exiguamente, escasamente

meal[1] [miːl] *n* comida *f*; **midday ~** comida, almuerzo; **evening ~** cena; **to have a ~** comer; **go to bed as soon as you've finished your ~** ve a la cama en cuanto acabes la comida; **children need three meals a day** los niños necesitan comer tres veces al día; **they've invited us round for a ~** nos han invitado a una comida; **have a nice ~!, enjoy your ~!** que aproveche, buen provecho; IDIOM **to make a ~ of sth** *(make a fuss)* hacer de algo un mundo; *(take too long)* entretenerse un montón con algo ❑ **~ ticket** *US (voucher)* vale *m* de comida; *Fam Fig (person)* hermanita *f* de la caridad; **he thought of being related to the president as a ~ ticket for life** creyó que su parentesco con el presidente le iba a dar de comer de por vida

meal[2] *n (flour)* harina *f*

mealie ['miːlɪ] *n SAfr* mazorca *f* de maíz; **mealies** maíz *m* ❑ **~ meal** harina *f* de maíz

meals-on-wheels ['miːlzɒn'wiːlz] *n Br* = servicio social de comidas gratuitas a domicilio para los ancianos y enfermos

mealtime ['miːltaɪm] *n* hora *f* de comer; **at mealtimes** a la hora de la comida

mealworm ['miːlwɜːm] *n* gusano *m* de la harina

mealy ['miːlɪ] *adj* **-1.** *(floury)* harinoso(a) **-2.** *(pale)* pálido(a)

mealy-mouthed [miːlɪ'maʊðd] *adj Pej* evasivo(a); **to be ~** andarse con rodeos; **don't be so ~!** ve al grano, no te andes con rodeos

mean[1] [miːn] ◇ *n (average)* media *f*; **arithmetic/geometric ~** media aritmética/geométrica; **to strike a ~ (between sth and sth)** alcanzar el término medio (entre algo y algo)
◇ *adj (average)* medio(a)

mean[2] *adj* **-1.** *(miserly)* tacaño(a); **he's ~ with his money** es muy tacaño con su dinero
-2. *(nasty)* malo(a), mezquino(a); **to be ~ to sb** ser malo(a) con alguien; **that was a ~ thing to do/say** hacer/decir eso estuvo muy mal *or Esp* fatal *or Am* pésimo; **I feel ~ not inviting him** he sido un odioso por no haberlo invitado; **she has a ~ streak** a veces tiene muy mala uva; *US Fam* **he gets ~ after a few drinks** cuando bebe un poco se pone de mala uva; **a ~ trick** una jugarreta; **to play a ~ trick on sb** jugarle una mala pasada a alguien
-3. *(poor)* **even the meanest intelligence would perceive that...** incluso el intelecto más mediocre se percataría de que...; **she's no ~ photographer** es muy buena fotógrafa; **it was no ~ feat** fue una gran proeza
-4. *(shabby)* sórdido(a), miserable; **~ slums** bajos fondos
-5. *Literary (of lower rank or class)* **of ~ birth** de baja extracción social
-6. *Fam (good)* genial, *Esp* guay, *Andes, CAm, Carib, Méx* chévere, *RP* macanudo(a), *Méx* padre; **he plays a ~ game of pool** juega al billar de vicio; **he makes a ~ curry** hace un curry de chuparse los dedos

mean[3] *(pt & pp* **meant** [ment]*)* ◇ *vt* **-1.** *(signify) (of word, event)* significar, querer decir; *(of person)* querer decir; **what does the word "tacky" ~?** ¿qué significa *or* qué quiere decir la palabra "tacky"?; **it doesn't ~ anything** no quiere decir *or* no significa nada; **no means no** no es no; **what do you ~ (by that)?** ¿qué quieres decir (con eso)?; **you know Tom? – you ~ your sister's boyfriend?** ¿conoces a Tom? – ¿te refieres al novio de tu hermana?; **(do) you ~ she won't even listen?** ¿quieres decir que ni siquiera te escucha?; **what do you ~, you're not coming?** ¿qué dices, (que) no vas a venir?; *RP* ¿qué es eso de que no venís?; **how do you ~?** ¿qué quieres decir?; **it's unusual, (do) you know what I ~?** es extraño, ¿sabes?; **it really annoys me – I know what you ~** me molesta mucho – te entiendo; **they're an item, if you know or see what I ~** tienen una relación sentimental, ya me entiendes; **he's not very nice** *or Esp* **majo – ¡ya me doy cuenta!; see what I ~? he never listens** ¿te das cuenta?, nunca escucha; **that's what I ~, we need to be careful** precisamente, hay que tener cuidado; **this is Tim, I ~ Tom** éste es Tim, digo Tom; **he was furious, and I ~ really furious** estaba furioso, furioso pero de verdad; **I ~, they could have said thank you!** ¡bien que podrían haber dado las gracias!
-2. *(speak sincerely)* hablar en serio; **I ~ it** lo digo en serio; **you don't ~ it!** ¡no lo dirás en serio!; **I ~ what I say** hablo en serio
-3. *(be of importance)* significar **(to** para); **it means a lot to me** significa mucho para mí; **you ~ everything to me** para mí lo eres todo; **the price means nothing to him** el precio no le preocupa; **the name doesn't ~ anything to me** el nombre no me dice nada
-4. *(imply, involve)* significar, suponer; **this defeat means (that) he will not qualify** esta derrota supone su eliminación; **it would ~ having to give up smoking** significaría tener que dejar de fumar
-5. *(intend)* **to ~ to do sth** tener (la) intención de hacer algo; **I meant to tell her** tenía la intención de decírselo; **I didn't ~ to upset you** no quería disgustarte; **I upset her without meaning to** la disgusté sin querer; **I've been meaning to phone you** quería llamarte, pensé en llamarte; **I don't ~ to seem ungrateful, but...** no quiero parecer desagradecido, pero...; **I ~ to succeed** me he propuesto triunfar; **you were meant to call me first** se suponía que primero me tenías que telefonear; **you weren't meant to see that** no tenías que haberlo visto, se suponía que no lo ibas a ver; **it was meant to be a secret** se suponía que era un secreto; **it wasn't meant to be funny** no lo he dicho para que te rías; **I suppose it was just meant to be** me imagino que tenía que pasar; **we didn't ~ you to find out** no queríamos que te enteraras; **she meant you to have this ring** quería que este anillo fuera para ti; **they ~ business** van en serio; **I'm sure they ~ mischief** estoy seguro de que tienen malas intenciones; **I ~ him no harm** no pretendo hacerle ningún daño; **she means well** hace las cosas con buena intención; **I didn't ~ any harm by what I said** no pretendía herir con lo que dije; **it was meant as a joke/a compliment** pretendía ser una broma/un cumplido; **the book isn't meant for children** no es un libro para niños; **we were meant for each other** estábamos hechos el uno para el otro
-6. *(consider)* **it's meant to be a good movie** al parecer la película está bien
◇ *vi US* **to ~ for sb to do sth** querer que alguien haga algo

meander [mɪ'ændə(r)] ◇ *n* meandro *m*
◇ *vi* **-1.** *(river, road)* serpentear **-2.** *(person)* vagar, callejear; **we meandered off into the night** comenzamos a callejear en la oscuridad de la noche

meandering [mɪ'ændərɪŋ] *adj* **-1.** *(speech)* que diviga **-2.** *(river)* con meandros

meanie, meany ['miːnɪ] *n Fam* **-1.** *(selfish)* rata *mf*, *Méx* codo(a) *m,f*, *RP* roñoso(a) *m,f* **-2.** *(unpleasant)* malvado(a) *m,f*

meaning ['miːnɪŋ] ◇ *n* significado *m*, sentido *m*; **to understand sb's ~** entender lo que alguien quiere decir; *Fam* **if you get my ~** sabes por dónde voy, ¿no?, sabes lo que quiero decir, ¿no?; **what is the ~ of this word?** ¿qué significa esta palabra?; **what's the ~ of this?** *(expressing indignation)* ¿qué significa esto?; **loyalty? he doesn't know the ~ of the word!** ¡lealtad? ¡pero si ni siquiera sabe lo que quiere decir!; **your success gives ~ to what we're doing** tus buenos resultados dan razón de ser a lo que hacemos; **this building gives a new ~ to the term "skyscraper"** este edificio le da un nuevo significado al término "rascacielos"; **the ~ of life** el sentido de la vida
◇ *adj (look)* de inteligencia

meaningful ['miːnɪŋfʊl] *adj* **-1.** *(comprehensible, having meaning)* con sentido; **to be ~** tener sentido; **it no longer seemed ~ to her** ya no parecía tener sentido para ella
-2. *(significant) (change, improvement)* significativo(a); **the experiment produced no ~ results** el experimento no arrojó resultados significativos
-3. *(expressive) (gesture)* expresivo(a), intencionado(a); **a ~ look/pause** una mirada/pausa intencionada *or* cargada de significado
-4. *(profound) (experience, relationship)* profundo(a), trascendente

meaningfully ['miːnɪŋfʊlɪ] *adv* intencionadamente; **"they left together," she said ~** "se marcharon juntos", dijo intencionadamente

meaningless ['miːnɪŋlɪs] *adj* **-1.** *(devoid of sense) (word, question)* sin sentido; **to be ~** no tener sentido **-2.** *(futile) (life)* sin sentido; *(violence)* gratuito(a)

meanly ['miːnlɪ] *adv* **-1.** *(in miserly fashion)* con tacañería **-2.** *(nastily)* mezquinamente, ruinmente **-3.** *(shabbily)* sórdidamente, miserablemente

meanness ['miːnnɪs] *n* **-1.** *(miserliness)* tacañería *f* **-2.** *(nastiness)* maldad *f* **-3.** *(shabbiness)* sordidez *f*, miseria *f*

means [miːnz] ◇ *n (method)* medio *m*; **he has no ~ of support** no tiene ninguna forma de sustento; **there is no ~ of escape** no hay forma de escapar; **we have no ~ of letting him know** no tenemos manera *or* forma de decírselo; **to use every possible ~ to do sth** utilizar cualquier medio para hacer algo; **a ~ to an end** un medio para conseguir un (determinado) fin; **I obtained it by illegal ~** lo conseguí ilegalmente; **by ~ of** mediante, por medio de; **they communicate by ~ of signs** se comunican por signos; **by all ~** *(of course)* por supuesto; **it's not by any ~ the best** no es el mejor de ninguna manera; **by no (manner of) ~** de ningún modo, en absoluto; **by some ~ or other** de un modo u otro ❑ **~ of production** medios *mpl* de producción; **~ of transport** medio *m* de transporte
◇ *npl (income, resources)* medios *mpl*; **to have the ~ to do sth** tener los medios para hacer algo; **the ~ at our disposal** los medios que tenemos a nuestra disposición; **a man of ~** un hombre acaudalado *or* de posibles; **I live beyond/within my ~** vivo por encima de/de acuerdo con mis posibilidades ❑ **~ test** *(for benefits)* estimación *f* de ingresos *(para la concesión de un subsidio)*

mean-spirited ['miːn'spɪrɪtɪd] *adj* malintencionado(a)

means-test ['miːnz'test] *vt* **all applicants are means-tested** se comprueban los recursos económicos de todos los solicitantes

meant *pt & pp of* **mean**

meantime ['miːntaɪm], **meanwhile** ['miːnwaɪl] ◇ *n* **in the ~** mientras tanto; **for the ~** por el momento
◇ *adv* mientras tanto

meany = **meanie**

measles ['miːzəlz] *n* sarampión *m*; **to have (the) ~** tener (el) sarampión

measly ['miːzlɪ] *adj Fam* ridículo(a), irrisorio(a)

measurable ['meʒərəbəl] *adj* **-1.** *(rate, change, amount)* calculable, medible **-2.** *(noticeable, significant)* apreciable, sustancial; **we've made ~ progress** hemos avanzado apreciablemente *or* sustancialmente

measurably ['meʒərəblɪ] *adv (noticeably, significantly)* apreciablemente, sustancialmente

measure ['meʒə(r)] ◇ *n* **-1.** *(measurement, quantity)* medida *f*; **linear/square/cubic ~** medida de longitud/área/volumen; **she poured me a generous ~ of gin** me sirvió una cantidad generosa de ginebra; IDIOM **to get the ~ of sb** tomar la medida a alguien; **for good ~** por añadidura; **for good ~, he called me a liar** no contento con ello, me llamó *or Am* dijo mentiroso
-2. *(standard amount)* medida *f*; **weights and measures** pesas y medidas; **to give short ~** *(in weight, volume)* quedarse corto(a)
-3. *(indication, means of estimating)* indicador *m*, índice *m*; **this was a ~ of how serious the situation was** esto era una muestra *or* un indicador de la gravedad de la situación
-4. *(degree)* **a ~ of** cierto grado de; **there was a ~ of bravado in his words** había cierta fanfarronería en sus palabras; **beyond ~** increíblemente; **she has tried my patience beyond ~** ya ha acabado con mi paciencia; **she inspired fear and respect in equal ~** inspiraba miedo y respeto en igual medida *or* a partes iguales; **in full ~** completamente; **this is in large** *or* **no small ~ due to...** esto se debe en gran medida a...; **in some ~** en cierta medida, hasta cierto punto
-5. *(instrument) (container)* medida *f*; *(ruler)* regla *f*; *(tape measure)* cinta *f* métrica; **a pint ~** una medida de una pinta
-6. *(action, step)* medida *f*; **to take measures** tomar medidas; **as a precautionary ~** como medida preventiva
-7. *Archaic or Hum (dance)* baile *m*
-8. LIT *(metre)* métrica *f*
-9. *US* MUS compás *m*
◇ *vt* **-1.** *(take measurement of) (distance, size, temperature)* medir; **what does the door ~?** ¿cuánto mide la puerta?; **the circle measures 50 cm in diameter** la circunferencia tiene 50 cm de diámetro; **an earthquake measuring 6.2 on the Richter scale** un terremoto de intensidad 6,2 en la escala de Richter; **the tailor measured him for the suit** el sastre le tomó medidas para el traje; **the losses were measured in millions** las pérdidas ascendieron a varios millones; IDIOM **to ~ one's length** caerse de bruces
-2. *(assess) (damage, impact)* evaluar; **to ~ oneself** *or* **one's strength against sb** medir sus fuerzas con alguien; *Fig* **to ~ one's words** medir las palabras
◇ *vi* medir

◆ **measure off** *vt sep* **~ off 30 cm of string** extiende 30 cm de cuerda

◆ **measure out** *vt sep* **~ out a kilo of flour** tome *or* pese un kilo de harina; **he measured out a double gin** sirvió una ginebra doble

◆ **measure up** ◇ *vt sep (wood)* medir; **to ~ sb up for a suit** tomar las medidas a alguien para un traje; *Fig* **he measured up his opponent** midió a su adversario (con la vista)
◇ *vi* dar la talla, estar a la altura; **how is he measuring up?** ¿está dando la talla?; **to ~ up to sth** *(expectations, standard)* estar a la altura de algo

measured ['meʒəd] *adj* **-1.** *(distance, length)* SPORT **the record over a ~ mile** el récord de la milla exacta **-2.** *(careful, deliberate) (movement, step)* medido(a), pausado(a); *(tone, response)* mesurado(a), *Esp* comedido(a)

measureless ['meʒəlɪs] *adj* inconmensurable

measurement ['meʒəmənt] *n* **-1.** *(quantity, length)* medida *f*; **he took my measurements** me tomó (las) medidas; **waist/hip ~** talla *or* medida de cintura/cadera **-2.** *(action)* medición *f*

measuring ['meʒərɪŋ] *n* **~ instrument** instrumento *m* de medida; **~ jug** recipiente *m* graduado; **~ spoon** cuchara *f* dosificadora; **~ tape** cinta *f* métrica

meat [miːt] *n* **-1.** *(food)* carne *f*; *Br* **~ and two veg** = plato tradicional consistente en carne, patatas y alguna verdura; *Fig Hum* **she doesn't have much ~ on her** tiene poca chicha ❑ **~ hook** garfio *m*; **~ loaf** = pastel de carne picada horneado en un molde; *Fam* **~ market** *(nightclub)* bar *m* de ligue *or RP* para el levante; **~ paste** = paté barato de carne; **~ pie** = empanada de carne picada; **~ slicer** cortadora *f* de fiambres; *Fam* **~ wagon** *(ambulance)* ambulancia *f*
-2. *Fig (substantial content)* miga *f*, enjundia *f*; **there's not much ~ in his report** su informe no tiene mucha miga
-3. IDIOMS **it was ~ and drink to them** *(it was easy for them)* fue pan comido para ellos, les resultó facilísimo; *(they enjoyed it)* era algo que les entusiasmaba; *US Fam* **this is the ~ and potatoes issue** éste es el tema fundamental

meatball ['miːtbɔːl] *n* **-1.** CULIN albóndiga *f* **-2.** *US Fam (person)* imbécil *mf*

meat-eater ['miːtiːtə(r)] *n (animal)* carnívoro(a) *m,f*; **we aren't big meat-eaters** no comemos mucha carne

meat-eating ['miːtiːtɪŋ] *adj* carnívoro(a)

meatfly ['miːtflaɪ] *n* mosca *f* de la carne, moscarda *f*

meathead ['miːthed] *n US Fam* **he's a ~** es más bruto que un arado *or RP* que la miércoles

meatless ['miːtlɪs] *adj* sin carne

meatpacking ['miːtpækɪŋ] *n US* industria *f* cárnica

meatus [mɪ'eɪtəs] *n* ANAT meato *m*; **auditory ~** meato auditivo; **urinary ~** meato urinario

meaty ['miːtɪ] *adj* **-1.** *(taste, smell)* a carne; **a ~ stew** un guiso con mucha carne **-2.** *(fleshy)* carnoso(a) **-3.** *(substantial) (book, film)* con mucha miga, sustancioso(a)

mebbe, mebby ['mebɪ] *Fam* = **maybe**

Mecca ['mekə] *n* **-1.** REL La Meca **-2.** *(centre of attraction)* meca *f*; **the ~ of country music** la meca de la música country; **it's a ~ for book lovers** es una meca para los amantes de los libros

Meccano [mə'kɑːnəʊ] *n* mecano *m*

mechanic [mɪ'kænɪk] *n* mecánico(a) *m,f*

mechanical [mɪ'kænɪkəl] *adj* **-1.** *(device, process, failure)* mecánico(a) ❑ TECH **~ advantage** ventaja *f* mecánica; TECH **~ drawing** dibujo *m* mecánico; **~ engineer** ingeniero(a) *m,f* industrial; **~ engineering** ingeniería *f* industrial; *US* **~ pencil** portaminas *m inv*, *Am* lapicero *m*, *Urug* lápiz *m* mecánico **-2.** *(machine-like)* mecánico(a); **a ~ gesture** un gesto mecánico

mechanically [mɪ'kænɪklɪ] *adv* **-1.** *(by machine)* mecánicamente; **I'm not ~ minded** no se me da bien la mecánica ❑ **~ recovered meat** carne *f* obtenida mediante separación mecánica **-2.** *(unthinkingly)* mecánicamente

mechanics [mɪ'kænɪks] ◇ *n* **-1.** *(science)* mecánica *f* **-2.** *(working parts)* mecanismo *m*, mecánica *f*
◇ *npl Fig* **the ~ of the electoral system** la mecánica del sistema electoral

mechanism ['mekənɪzəm] *n* **-1.** *(of machine)* mecanismo *m* **-2.** *(process, procedure)* mecanismo *m*, procedimiento *m*

mechanistic [mekə'nɪstɪk] *adj* mecanicista

mechanization [mekənaɪ'zeɪʃən] *n (of production, agriculture)* mecanización *f*

mechanize ['mekənaɪz] *vt* **-1.** *(production, agriculture)* mecanizar **-2.** MIL *(motorize)* motorizar, mecanizar

mechanized ['mekənaɪzd] *adj* **~ industry** industria *f* mecanizada; **~ troops** tropas *fpl* mecanizadas

meconium [mɪ'kəʊnɪəm] *n* PHYSIOL meconio *m*

MEd [e'med] *n* UNIV *(abbr* **Master of Education**) *(title)* máster *m* en Pedagogía

Med [med] *n Br Fam* **the ~** el Mediterráneo

medal ['medəl] *n* **-1.** *(prize, award)* medalla *f*; **gold/silver/bronze ~** medalla de oro/plata/bronce; *Fig* **you deserve a ~ for putting up with him** te mereces una medalla por aguantarlo **-2.** *(in golf)* medal play *m*

medalist *US* = **medallist**

medallion [mɪ'dæljən] *n* **-1.** *(jewellery)* medallón *m* **-2.** *(of beef, fish)* medallón *m*

medallist, *US* **medalist** ['medəlɪst] *n* medallista *mf*; **gold/silver/bronze ~** medallista de oro/plata/bronce

medalplay ['medəlpleɪ] *n (in golf)* medal play *m*

meddle ['medəl] *vi* **-1.** *(interfere)* entrometerse (**in** en); **stop meddling in my affairs!** ¡deja de entrometerte en mis asuntos! **-2.** *(tamper)* **to ~ with sth** enredar con algo

meddler ['medlə(r)] *n* entrometido(a) *m,f*

meddlesome ['medləsəm] *adj* entrometido(a)

meddling ['medlɪŋ] ◇ *adj* entrometido(a)
◇ *n (action)* intromisión *f*

Medea [mɪ'dɪə] *n* MYTHOL Medea

medevac ['medɪvæk] *n* MIL = operación de evacuación médica

media ['miːdɪə] *n* **-1.** *(TV, press)* medios *mpl* de comunicación; **he works in the ~** trabaja para los medios de comunicación; **she knows how to handle the ~** sabe cómo arreglárselas con los medios de comunicación; **the ~ follow** *or* **follows her everywhere** los medios de comunicación la siguen a todas partes ❑ **~ baron** magnate *m* de la prensa; **~ circus** circo *m* mediático; **~ coverage** cobertura *f* informativa; **~ event** acontecimiento *m* mediático; **~ mogul** magnate *m* de la prensa; **~ studies** ciencias *fpl* de la información; **~ tycoon** magnate *m* de la prensa
-2. *pl of* **medium**

media-conscious ['miːdɪəkɒnʃəs] *adj* **a ~ politician** un político cuidadoso en su relación con los medios de comunicación

mediaeval, mediaevalist = **medieval, medievalist**

media-friendly ['miːdɪə'frendlɪ] *adj* **to be ~** tratar bien a los medios de comunicación

medial ['miːdɪəl] *adj* ANAT & LING medial

median ['miːdɪən] ◇ *n* **-1.** MATH mediana *f* **-2.** *US* AUT **~ (strip)** mediana *f*, *Col, Méx* camellón *m*
◇ *adj* MATH mediano(a)

mediate ['miːdɪeɪt] ◇ *vt* **-1.** *(agreement, peace)* actuar como mediador en; *(dispute)* mediar en **-2.** *(communicate)* transmitir
◇ *vi* mediar (**in/between** en/entre)

mediating ['miːdɪeɪtɪŋ] *adj* mediador(ora)

mediation [miːdɪ'eɪʃən] *n* **-1.** *(of agreement, dispute)* mediación *f*; **to go to ~** recurrir a una mediación **-2.** *(communication)* transmisión *f*

mediator ['miːdɪeɪtə(r)] *n* mediador(ora) *m,f*

medic ['medɪk] *n Fam* **-1.** *(doctor)* médico(a) *m,f* **-2.** *(student)* estudiante *mf* de medicina

Medicaid ['medɪkeɪd] *n (in US)* = seguro médico estatal para personas con renta baja

medical ['medɪkəl] ◇ *n (physical examination)* reconocimiento *m or* examen *m* médico; **to have a ~** someterse a *or* hacerse un examen médico; **to pass/fail a ~** pasar/no pasar un reconocimiento médico
◇ *adj (record, treatment, profession)* médico(a); *(book, student, school)* de medicina ❑ **~ advice** consejo *m* médico; **~ attention** asistencia *f* médica; **~ certificate** *(confirming state of health)* certificado *m* médico; *(excusing holder from work)* justificante *m* del médico; MIL **~ corps** cuerpo *m* médico; **~ examination** examen *m* médico, reconocimiento *m* médico; *US* **~ examiner** forense *mf*, médico(a) *m,f* forense; **Medical Faculty** facultad *f* de medicina; **~ history** historial *m* clínico *or* médico, historia *f* clínica; **~ insurance** seguro *m* médico *or*

medically | 460 | **melancholic**

de enfermedad; **Medical Officer** médico(a) *mf* militar; ~ **practitioner** facultativo(a) *m,f*, médico(a) *m,f*; **the ~ profession** la profesión médica; ~ **report** parte *m* médico

medically ['medɪklɪ] *adv* ~ **interesting** interesante médicamente; **to be ~ qualified** tener titulación médica; **they examined him ~** le hicieron un examen *or* chequeo médico

medicament [mə'dɪkəmənt] *n Formal* fármaco *m*

Medicare ['medɪkeə(r)] *n* **-1.** *(in US)* = seguro médico para ancianos y algunos discapacitados **-2.** *(in Australia)* = seguro médico estatal, ≃ *Esp* seguridad *f* social

medicate ['medɪkeɪt] *vt (patient)* medicar a

medicated ['medɪkeɪtɪd] *adj* medicinal

medication [medɪ'keɪʃən] *n* medicamento *m*, medicación *f*; **to increase/reduce sb's ~** aumentar/reducir la medicación a alguien; **to be on ~** tomar medicación

medicinal [mə'dɪsɪnəl] *adj* medicinal; **for ~ purposes** con fines medicinales; *Hum* **it's just for ~ purposes** *(when having an alcoholic drink)* me lo tomo con fines terapéuticos

medicinally [mə'dɪsɪnəlɪ] *adv* **to use a herb/ substance ~** usar una planta/substancia con fines medicinales

medicine ['medsɪn] *n* **-1.** *(science)* medicina *f*; **to practise ~** ejercer la medicina; **to study ~** estudiar medicina
-2. *(drugs)* medicina *f*, medicamento *m*; IDIOM **to give sb a taste of his own ~** pagar a alguien con su misma moneda; IDIOM **to take one's ~ like a man** apechugar sin rechistar ❏ **~ ball** balón *m* medicinal; **~ cabinet** (armario *m* del) botiquín *m*; **~ man** *(traditional healer)* hechicero *m* (de la tribu), chamán *m*

medico ['medɪkəʊ] *(pl* **medicos***) n Fam* médico(a) *m,f*

medico- ['medɪkəʊ] *prefix* médico-; **~political** médico-político(a)

medieval [medɪ'iːvəl] *adj* **-1.** *(of the Middle Ages)* medieval **-2.** *Fam (primitive, old-fashioned)* primitivo(a)

medievalism [medɪ'iːvəlɪzəm] *n* medievalismo *m*

medievalist [medɪ'iːvəlɪst] *n (scholar)* medievalista *mf*

mediocre [miːdɪ'əʊkə(r)] *adj* mediocre

mediocrity [miːdɪ'ɒkrɪtɪ] *n* **-1.** *(quality)* mediocridad *f* **-2.** *(person)* mediocridad *f*

meditate ['medɪteɪt] ◇ *vt* meditar
◇ *vi* **-1.** *(spiritually)* meditar **-2.** *(reflect)* reflexionar, meditar (**on** *or* **upon** sobre)

meditation [medɪ'teɪʃən] *n* **-1.** *(spiritual)* meditación *f* **-2.** *(reflection)* reflexión *f*, meditación *f*

meditative ['medɪtətɪv] *adj (person, mood)* meditativo(a), meditabundo(a); *(film, piece of music)* reflexivo(a)

meditatively ['medɪtətɪvlɪ] *adv* pensativamente

Mediterranean [medɪtə'reɪnɪən] ◇ *n* **the ~** el Mediterráneo
◇ *adj* mediterráneo(a); **the ~ Sea** el (mar) Mediterráneo ❏ **the ~ diet** la dieta mediterránea; **~ gull** gaviota *f* cabecinegra

medium ['miːdɪəm] ◇ *n* **-1.** *(pl* **media** ['miːdɪə] *or* **mediums***) (means of expression, communication)* medio *m*; **through the ~ of the press** a través de la prensa
-2. *(pl* **media***)* PHYS *(means of transmission)* medio *m*; **sound travels through the ~ of air** el sonido se propaga por el aire
-3. *(pl* **media***)* BIOL *(environment)* medio *m* (ambiente); *(for growing bacteria)* caldo *m* de cultivo; **in its natural ~** en su medio natural
-4. *(pl* **media***)* ART medio *m*
-5. *(in spiritualism)* médium *mf*
-6. *(middle course)* término *m* medio; **a happy ~** un término medio
-7. *(size)* mediano(a) *m,f*; **available in small, ~ and large** disponible en talla pequeña, mediana y grande
◇ *adj* medio(a); **of ~ height** de estatura mediana; **in the ~ term** a medio plazo; **~ dry** *(wine)* semiseco(a); CULIN **~ rare** poco hecho(a) ❏ *Br* RAD **~ wave** onda *f* media

medium-range ['miːdɪəm'reɪndʒ] *adj (missile)* de medio alcance; **~ (weather) forecast** previsión meteorológica a medio plazo

medium-sized ['miːdɪəm'saɪzd] *adj* mediano(a)

medium-term ['miːdɪəm'tɜːm] *adj* a medio plazo

medium-wave ['miːdɪəm'weɪv] *adj* de onda media

medlar ['medlə(r)] *n (fruit, tree)* níspero *m*

medley ['medlɪ] *n* **-1.** *(mixture)* mezcla *f* **-2.** MUS popurrí *m* **-3.** *(in swimming)* estilos *mpl*; **the 200m medley** los 200 m estilos

medulla [me'dʌlə] *n* **-1.** ANAT *(part of organ, structure)* médula *f*; **~ (oblongata)** bulbo *m* raquídeo, médula oblongada **-2.** BOT médula *f*

medusa [mə'djuːsə] *n* **-1.** *(jellyfish)* medusa *f* **-2.** *(mythical monster)* medusa *f*

meek [miːk] *adj* manso(a), dócil; **to be ~ and mild** ser manso(a) como un corderito

meekly ['miːklɪ] *adv* dócilmente

meekness ['miːknɪs] *n* docilidad *f*

meerkat ['mɪəkæt] *n* suricata *f*

meerschaum ['mɪəʃəm] *n* **-1.** *(mineral)* espuma *f* de mar, sepiolita *f* **-2.** *(pipe)* pipa *f* de espuma de mar

meet [miːt] *(pt & pp* **met** [met]*)* ◇ *n (sports event)* encuentro *m*; *(in athletics)* reunión *f* atlética; *Br (fox hunt)* cacería *f* de zorros
◇ *vt* **-1.** *(encounter) (by accident)* encontrar, encontrarse con; *(by arrangement)* encontrarse con, reunirse con; **~ me at six outside the station** nos vemos a las seis delante *or* en la puerta de la estación; **to ~ sb in the street** encontrarse con alguien en la calle; **to arrange to ~ sb** quedar con alguien; **to go to ~ sb** ir a encontrarse con alguien; **to ~ sb at the station** ir a buscar a alguien a la estación; **we're being met at the airport** nos vienen *or* van a buscar al aeropuerto; **to ~ sb for lunch** quedar con alguien para comer, *Am* quedar de almorzar con alguien
-2. *(become acquainted with)* conocer; **~ Mr Jones** le presento al señor Jones; **have you met my husband?** ¿conoces a mi marido?; **haven't I met you somewhere before?** ¿no nos hemos visto antes en alguna parte?; **pleased** *or* **nice to ~ you,** *US* **nice meeting you** encantado de conocerte/ conocerlo
-3. *(in competition, battle)* enfrentarse a
-4. *(intercept, intersect)* unirse con, juntarse con; **where East meets West** donde se encuentran el Oriente y el Occidente; **his lips met hers** sus labios se fundieron en un beso; **his eyes met mine** nuestras miradas se encontraron; **I couldn't ~ her eye** no me atrevía a mirarla a la cara
-5. *(satisfy) (demand, need, condition)* satisfacer; *(objection, criticism)* responder a; *(cost, expense)* cubrir; *(order)* servir, cumplir; *(obligations, target)* cumplir con; *(challenge)* estar a la altura de; **to ~ a deadline** cumplir (con) un plazo
-6. *(encounter) (danger, difficulties)* encontrar, encontrarse con; **a remarkable sight met our eyes** nos topamos con una vista extraordinaria; **there's more to this than meets the eye** es más complicado de lo que parece; **to ~ one's death** encontrar la muerte
◇ *vi* **-1.** *(by accident)* encontrarse; *(by arrangement)* quedar, encontrarse (**with** con); **where shall we ~?** ¿dónde quedamos?; **shall we ~ on Monday?** ¿quedamos el lunes?, *RP* ¿quedamos para el lunes?; **let's ~ for lunch** quedamos para comer
-2. *(become acquainted)* conocerse; **I don't think we've met (before)** creo que no nos conocemos
-3. *(in competition, battle)* enfrentarse, encontrarse
-4. *(society, assembly)* reunirse; **the club meets every Tuesday** el club se reúne todos los martes
-5. *(intersect) (rivers, roads, continents)* encontrarse, unirse; **our eyes met** nuestras miradas se encontraron
-6. *(come into contact)* **their lips met** sus labios se encontraron; **the two trains met head on** los dos trenes chocaron de frente
◆ **meet up** *vi* **-1.** *(by arrangement)* encontrarse, quedar (**with** con); **to ~ up (with sb) for lunch** quedar (con alguien) para comer
-2. *(intersect) (rivers, roads)* encontrarse, unirse
◆ **meet with** *vt insep* **-1.** *(danger, difficulty)* encontrarse con; *(success)* tener; *(accident)* sufrir; **the plan met with failure** el plan resultó un fracaso *or* fracasó; **to ~ with refusal/approval** ser recibido(a) con rechazo/aprobación; **his arrival was met with jeers by the crowd** la multitud lo recibió con abucheos
-2. *esp US (by arrangement)* encontrarse con, reunirse con

meeting ['miːtɪŋ] *n* **-1.** *(assembly) (of committee, delegates)* reunión *f*; **she's in a ~** está en una reunión; **to call a ~** convocar una reunión; **to hold a ~** celebrar una reunión; **to open/ close the ~** comenzar/terminar la reunión; **the ~ voted in favour of the measure** los reunidos votaron a favor de la medida
-2. *(encounter)* encuentro *m*; *Fig* **there's a ~ of minds between them on this subject** en este asunto están de acuerdo
-3. *(prearranged)* reunión *f*, cita *f*; **I have a ~ with the boss this morning** tengo una reunión con el jefe esta mañana ❏ **~ place** lugar *m or* punto *m* de encuentro; **~ point** punto *m* de encuentro *or* reunión; **~ room** salón *m* de sesiones
-4. *Br* SPORT mitin *m*; **athletics ~** mitin de atletismo

meeting-house ['miːtɪŋhaʊs] *n* REL casa *f* de reunión

meg [meg] *n* COMPTR *Fam* mega *m*

mega ['megə] *Fam* ◇ *adj (excellent)* genial, *Esp* guay, *Andes, CAm, Carib, Méx* chévere, *Méx* padrísimo, *RP* bárbaro(a), *Ven* arrecho(a); *(enormous)* gigantesco(a)
◇ *adv (very)* **it's ~ big** es supergigantesco(a)

mega- ['megə] *prefix Fam* super-, ultra-; **~famous** superfamoso(a), ultrafamoso(a); **he's ~rich** es súper-rico, está forrado; **~trendy** supermoderno(a), ultramoderno(a)

megabit ['megəbɪt] *n* COMPTR megabit *m*

megabucks ['megəbʌks] *npl Fam* una millonada, *Esp* un pastón, *Méx* un chingo de dinero, *RP* una ponchada de pesos

megabyte ['megəbaɪt] *n* COMPTR megabyte *m*

megacycle ['megəsaɪkəl] *n* megaciclo *m*

megadeath ['megədeθ] *n* millón *m* de muertos

megaflop ['megəflɒp] *n* **-1.** COMPTR megaflop *m* **-2.** *Fam (disaster)* desastre *m* absoluto

megahertz ['megəhɜːts] *n* ELEC megahercio *m*

megalith ['megəlɪθ] *n* megalito *m*

megalomania [megələʊ'meɪnɪə] *n* megalomanía *f*

megalomaniac [megələʊ'meɪnɪæk] ◇ *n* megalómano(a) *m,f*
◇ *adj* megalómano(a)

megalopolis [megə'lɒpəlɪs] *n* megalópolis *f inv*

megalosaur ['megələsɔː(r)], **megalosaurus** [megələ'sɔːrəs] *n* megalosaurio *m*

megaphone ['megəfəʊn] *n* megáfono *m*

megastar ['megəstɑː(r)] *n Fam* superestrella *f*

megastore ['megəstɔː(r)] *n* macrotienda *f*

megaton ['megətʌn] *n* megatón *m*

megavolt ['megəvəʊlt] *n* ELEC megavoltio *m*

megawatt ['megəwɒt] *n* ELEC megavatio *m*

meiosis [maɪ'əʊsɪs] *(pl* **meioses** [maɪ'əʊsiːz]*) n* **-1.** BIOL meiosis *f inv* **-2.** *(in rhetoric)* lítote *f*, litote *f*

melamine ['meləmiːn] *n* melamina *f*

melancholia [melən'kəʊlɪə] *n Old-fashioned* melancolía *f*, depresión *f*

melancholic [melən'kɒlɪk] *adj* melancólico(a)

melancholy ['melənkəli] ◇ n melancolía f ◇ adj melancólico(a)
Melanesia [melə'ni:ʒə] n Melanesia
Melanesian [melə'ni:ʒən] ◇ n -1. (person) melanesio(a) m,f -2. (language) melanesio m ◇ adj melanesio(a)
melange [mei'lɑ:nʒ] n mezcolanza f
melanin ['melənin] n PHYSIOL melanina f
melanoma [melə'nəumə] n MED melanoma m
melatonin [melə'təunin] n PHYSIOL melatonina f
Melba ['melbə] n ~ **sauce** = salsa dulce elaborada con frambuesas; ~ **toast** pan m tostado, biscote m
Melchior ['melkɪɔ:(r)] pr n Melchor
meld [meld] ◇ n (mixture) mezcla f, combinación f
 ◇ vt fusionar
 ◇ vi fusionarse
mêlée ['melei] n -1. (excited crowd) turba f, enjambre m -2. (fight) riña f, tumulto m
mellifluous [mə'liflʊəs] adj Formal melifluo(a)
mellophone ['meləfəʊn] n corno m tenor
mellow ['meləʊ] ◇ adj -1. (flavour) delicado(a); (wine) añejo(a); (voice, colour) suave; (light) tenue -2. (person, mood) apacible, sosegado(a); **to become** or **grow** ~ apaciguarse, sosegarse -3. Fam (on drugs) **to be** ~ estar puesto(a)
 ◇ vt (of age, experience) serenar, sosegar
 ◇ vi -1. (flavour) ganar (con el tiempo); (wine) añejarse; (voice, light) suavizarse -2. (person) sosegarse
 ◆ **mellow out** vi Fam (relax) relajarse
melodeon [mɪ'ləʊdɪən] adj melodeón m, = tipo de acordeón
melodic [mɪ'lɒdɪk] adj melódico(a)
melodious [mɪ'ləʊdɪəs] adj melodioso(a) ❏ ~ **warbler** zarcero m común
melodiously [mɪ'ləʊdɪəslɪ] adv melodiosamente
melodrama ['melədrɑ:mə] n melodrama m
melodramatic [melədrə'mætɪk] adj melodramático(a); **don't be so** ~! ¡no te pongas tan melodramático(a)!
melodramatically [melədrə'mætɪklɪ] adv melodramáticamente, con melodramatismo
melodramatics [melədrə'mætɪks] npl escenas fpl, teatro m
melodramatize [melə'dræmətaɪz] ◇ vt melodramatizar
 ◇ vi melodramatizar
melody ['melədɪ] n melodía f
melon ['melən] n -1. (honeydew) melón m -2. (watermelon) sandía f -3. very Fam **melons** (breasts) melones mpl, Méx chichís fpl, RP lolas fpl
melt [melt] ◇ vt -1. (snow, chocolate, metal) derretir, fundir -2. (sb's resistance) vencer; **her expression melted my heart** la expresión de su rostro me ablandó or desarmó
 ◇ vi -1. (snow, chocolate, metal) derretirse, fundirse; **it melts in the mouth** se funde en la boca; Fig **to** ~ **into thin air** esfumarse -2. (sb's resistance) disiparse; **his heart melted** se ablandó -3. (blend) fundir; **he melted into the crowd** se perdió entre la multitud; **the green melts into the blue** el verde se funde con el azul
 ◇ n (sandwich) **tuna** ~ tostada de atún y queso fundido
 ◆ **melt away** vi -1. (snow) derretirse -2. (disappear) (crowd) dispersarse, disgregarse; (objections, opposition) disiparse, desvanecerse
 ◆ **melt down** vt sep (metal, scrap) fundir
meltdown ['meltdaʊn] n -1. PHYS (process) = fusión accidental del núcleo de un reactor; (leak) fuga f radiactiva -2. (disaster) colapso m; **to go into** ~ hundirse
melted ['meltɪd] adj (cheese, chocolate) fundido(a)
melting ['meltɪŋ] adj -1. (ice, snow) **we walked through the** ~ **snow** caminamos por la nieve a medio derretir ❏ ~ **point** punto m de fusión -2. (look) **she gave him a** ~ **look** lo desarmó con su mirada
melting-pot ['meltɪŋpɒt] n crisol m; **a** ~ **of several cultures** un crisol de varias culturas; **the American** ~ el crisol americano
meltwater ['meltwɔ:tə(r)] n aguas fpl de deshielo
member ['membə(r)] ◇ n -1. (of family, group, classification) miembro m, integrante mf; **it's a** ~ **of the cat family** pertenece a la familia de los felinos; **a** ~ **of the opposite sex** una persona del sexo opuesto; **a** ~ **of the audience** un miembro de la audiencia; **a** ~ **of the public** un miembro or integrante del público
 -2. (affiliate) (of club, society) socio(a) m,f; (of union, party) afiliado(a) m,f, militante mf; **to become a** ~ (of club, society) hacerse socio(a), ingresar; (of union, party) afiliarse, ingresar
 -3. POL US **Member of Congress** congresista, miembro del congreso; Br **Member of Parliament** diputado(a); **the Member (of Parliament) for Oxford** la diputada por Oxford
 -4. MATH elemento m
 -5. (limb, penis) miembro m
 ◇ adj ~ **country/state** país/estado miembro
membership ['membəʃɪp] n -1. (state of being a member) (of club) calidad f de socio; (of party, union) afiliación f; **to apply for** ~ solicitar el ingreso; **to renew one's** ~ (of club) renovar el carné de socio; (of union, party) renovar la afiliación; **she resigned her** ~ (of club, party, union) se dio de baja ❏ ~ **card** carné m de socio/afiliado; ~ **fee** cuota f de socio/afiliado; ~ **list** listado m de socios/afiliados
 -2. (members) (of club) socios mpl; (of union, party) afiliación f, afiliados(as) m,fpl; **a large/small** ~ un elevado/escaso número de socios/afiliados; ~ **increased last year** el año pasado aumentó el número de socios/afiliados; **we have a** ~ **of about 20** tenemos unos 20 socios/afiliados
membrane ['membreɪn] n membrana f
memento [mɪ'mentəʊ] n (pl **mementos** or **mementoes**) n recuerdo m
memo ['meməʊ] (pl **memos**) n memorándum m; (within office) nota f ❏ ~ **pad** bloc m de notas
memoir ['memwɑ:(r)] n -1. (biography) biografía f; **she's writing her memoirs** está escribiendo sus memorias -2. (essay) memoria f
memoirist ['memwɑ:rɪst] n memorialista mf
memorabilia [memərə'bɪlɪə] npl **wartime** ~ objetos mpl de la época de la guerra; **Elvis** ~ recuerdos de Elvis
memorable ['memərəbəl] adj memorable; **there was nothing** ~ **about the film** la película no tenía nada especial
memorably ['memərəblɪ] adv **as Reagan so** ~ **said** como dicen las memorables palabras de Reagan
memorandum [memə'rændəm] (pl **memorandums** or **memoranda** [memə'rændə]) n -1. (business communication) memorándum m; (within office) nota f -2. POL memorándum m ❏ ~ **of agreement** memoria f de un acuerdo -3. LAW ~ **of association** escritura f de constitución, estatutos mpl sociales
memorial [mɪ'mɔ:rɪəl] ◇ n (monument) monumento m conmemorativo; **to serve as a** ~ **for** conmemorar
 ◇ adj (statue, festival, prize) conmemorativo(a) ❏ **Memorial Day** (in US) = día de los caídos en la guerra; ~ **service** funeral m, misa f de difuntos
memorization [memərai'zeɪʃən] n memorización f
memorize ['memərai z] vt memorizar
memory ['memərɪ] n -1. (faculty) memoria f; **to have a good/bad** ~ tener buena/mala memoria; **I've got a terrible** ~ **for names/faces** tengo mala memoria para los nombres/las caras; **to have a short** ~ ser olvidadizo(a); **if (my)** ~ **serves me well** or **right** si la memoria no me engaña; **from** ~ de memoria; **to commit sth to** ~ memorizar algo; **there has been famine here within living** ~ aquí todavía se recuerdan épocas de hambre; IDIOM **a** ~ **like a sieve** una memoria de mosquito; IDIOM **the** ~ **of an elephant** una memoria de elefante ❏ ~ **loss** pérdida f de memoria; ~ **span** capacidad f de memorización or retención
 -2. (thing remembered) recuerdo m; **good/bad memories (of sth)** buenos/malos recuerdos (de algo); **my earliest memories** mis primeros recuerdos; **to have no** ~ **of sth** no recordar algo; **to keep sb's** ~ **alive** mantener vivo el recuerdo de alguien; **in** ~ **of** en memoria de; **to take a trip** or **stroll down** ~ **lane** volver al pasado, rememorar el pasado
 -3. COMPTR memoria f ❏ ~ **address** dirección f de memoria; ~ **bank** banco m de memoria; ~ **card** tarjeta f de memoria; ~ **management** gestión f de memoria; ~ **manager** gestor m de memoria; ~ **mapping** mapeado m de memoria; ~ **upgrade** ampliación f de memoria
memsahib [mem'sɑ:ɪb] n HIST (married European woman) = en las colonias, mujer casada europea
men pl of **man**
menace ['menɪs] ◇ n -1. (threat) amenaza f; **an air of** ~ un aire amenazante -2. (danger) peligro m; Fam **that kid's a** ~ este niño es un demonio
 ◇ vt amenazar
menacing ['menəsɪŋ] adj amenazador(ora)
menacingly ['menəsɪŋlɪ] adv amenazadoramente
ménage [me'nɑ:ʒ] n Literary grupo m ❏ ~ **à trois** ménage à trois m
menagerie [mɪ'nædʒərɪ] n colección f de animales (privada)
menarche [me'nɑ:kɪ] n PHYSIOL menarquía f
mend [mend] ◇ n (repair) remiendo m; Fam **she's on the** ~ se está recuperando
 ◇ vt -1. (repair) (machine, vase, garment, shoes) arreglar -2. (improve, correct) **to** ~ **one's manners** portarse or comportarse mejor; **to** ~ **matters** arreglar las cosas; **to** ~ **one's ways** corregirse
 ◇ vi (broken bone) soldarse; (patient) recuperarse; Fam **you'll soon** ~ pronto te pondrás bien
mendacious [men'deɪʃəs] adj Formal mendaz
mendacity [men'dæsɪtɪ] n Formal mendacidad f
mendelevium [mendɪ'li:vɪəm] n CHEM mendelevio m
mender ['mendə(r)] n Br **my shoes are at the** ~'**s** mis zapatos están en el zapatero
mendicant ['mendɪkənt] ◇ n -1. (monk) mendicante m -2. Literary (beggar) pordiosero(a) m,f, mendigo(a) m,f
 ◇ adj mendicante; ~ **order** orden mendicante
mending ['mendɪŋ] n (clothes being mended) remiendos mpl; **I was doing some** ~ estaba cosiendo
menfolk ['menfəʊk] npl **the** ~ los hombres
menhir ['menhɪə(r)] n menhir m
menial ['mi:nɪəl] ◇ n Pej lacayo(a) m,f
 ◇ adj ingrato(a), penoso(a)
meningeal [me'nɪndʒɪəl] adj ANAT meníngeo(a)
meninges [me'nɪndʒi:z] npl ANAT meninges fpl
meningitis [menɪn'dʒaɪtɪs] n meningitis f inv
meniscus [mə'nɪskəs] n -1. PHYS menisco m -2. ANAT menisco m
menopausal [menə'pɔ:zəl] adj -1. MED menopáusico(a) -2. Fam menopáusico(a); **she's been a bit** ~ **recently** últimamente está algo menopáusica
menopause ['menəpɔ:z] n menopausia f
menorah [mə'nɔ:rə] n REL candelabro m de siete brazos, menorá f
menorrhagia [menə'reɪdʒɪə] n MED menorragia f
Mensa ['mensə] n Mensa, = asociación internacional para personas con un alto cociente intelectual
mensch [menʃ] n US Fam **he's a real** ~ es buena gente, Esp es un tío legal
menses ['mensi:z] npl PHYSIOL menstruo m, menstruación f

Menshevik ['menʃəvɪk] HIST ◇ n menchevique mf
◇ adj menchevique

menstrual ['menstruəl] adj menstrual ❑ ~ **cycle** ciclo m menstrual

menstruate ['menstruett] vi tener la menstruación, menstruar

menstruation [menstru'eɪʃən] n menstruación f

mensuration [menʃə'reɪʃən] n TECH cálculo m de magnitudes

menswear ['menzweə(r)] n ropa f de caballero or hombre; ~ **(department)** departamento m or sección f de caballeros

mental ['mentəl] adj **-1.** (intellectual) mental ❑ PSY ~ **age** edad f mental; ~ **effort** esfuerzo m mental
-2. (in the mind) mental; **to make a ~ note of sth/to do sth** tratar de acordarse de algo/de hacer algo ❑ ~ **arithmetic** cálculo m mental; ~ **block** bloqueo m mental; **to have a ~ block about sth** tener un bloqueo mental con algo; ~ **cruelty** malos tratos mpl psicológicos; ~ **image** imagen f mental; ~ **reservation** reserva f mental
-3. (psychiatric) mental; **to have a ~ breakdown** sufrir un ataque de enajenación mental ❑ ~ **deficiency** deficiencia f mental; LAW ~ **disorder** trastorno m psicológico; ~ **handicap** deficiencia f mental, minusvalía psíquica; ~ **health** salud f mental; ~ **home** hospital m psiquiátrico; ~ **illness** enfermedad f mental; ~ **patient** paciente m psiquiátrico; ~ **retardation** retraso m mental
-4. Br Fam (mad) pirado(a), CSur rayado(a); **to be ~** estar pirado(a) or CSur rayado(a); **to go ~** (go mad) volverse loco(a); (lose one's temper) subirse por las paredes, Méx ponerse como agua para chocolate, RP ponerse como loco(a); **everyone was shouting and running about, it was ~!** todo el mundo gritaba y corría de un lado para el otro, era de locos
-5. Br Fam (very good) genial, Esp guay, Andes, CAm, Carib, Méx chévere, Méx padrísimo, RP bárbaro(a); **it was a ~ party!** fue una fiesta genial

mentality [men'tælɪtɪ] n mentalidad f

mentally ['mentəlɪ] adv mentalmente; **to be ~ disturbed** sufrir un trastorno mental; **to be ~ handicapped** ser discapacitado(a) mental, tener una minusvalía psíquica; **to be ~ ill** tener una enfermedad mental

menthol ['menθɒl] n mentol m ❑ ~ **cigarettes** cigarrillos mpl mentolados

mentholated ['menθəleɪtɪd] adj mentolado(a)

mention ['menʃən] ◇ n mención f; **there's no ~ of it in the papers** los diarios no lo mencionan; **it got a ~ in the local paper** lo mencionaron en el diario local; **to make ~ of sth** hacer mención de algo; **to make no ~ of sth** omitir or no mencionar algo; **special ~ should be made of all the people behind the scenes** hemos de hacer una mención especial para los que están entre bastidores; **at the ~ of food, he looked up** al oír mencionar la comida, levantó los ojos
◇ vt mencionar; **I'll ~ it to him next time I see him** se lo mencionaré la próxima vez que lo vea; **it was mentioned as a possibility** se mencionó como posibilidad; **don't ~ any names** no des nombres; **she failed to ~ all the help we gave her** no mencionó toda la ayuda que le proporcionamos; **I should ~ that it was dark at the time** cabe decir que en aquel momento era de noche; **to ~ sth in passing** mencionar algo de pasada; **to ~ sb in one's will** mencionar or incluir a alguien en el testamento; **for reasons too numerous/trivial to ~** por razones que son demasiado numerosas/triviales para mencionarlas; **not to ~...** por no mencionar...; **now that you ~ it** ahora que lo dices; **don't ~ it!** ¡no hay de qué!

mentionable ['menʃənəbəl] adj **his name is no longer ~ among them** su nombre es tabú entre ellos

mentor ['mentɔː(r)] n (adviser) mentor(ora) m,f

mentoring ['mentərɪŋ] n COM = sistema por el cual un trabajador experimentado instruye y aconseja a otro u otros principiantes

menu ['menjuː] n **-1.** (list of dishes) (at restaurant) carta f, menú m; (for a particular meal) menú m; **on the ~** en el menú; **all restaurants have taken it off the ~** ya no lo sirve ningún restaurante **-2.** COMPTR menú m ❑ ~ **bar** barra f de menús; ~ **item** ítem m del menú

menu-driven ['menjuːdrɪvən] adj COMPTR a base de menús

meow [mjaʊ] ◇ vi maullar
◇ exclam ¡miau!

MEP [emiː'piː] n Br POL (abbr **Member of the European Parliament**) eurodiputado(a) m,f

Mephistopheles [mefɪ'stɒfəliːz] pr n Mefistófeles

Merc [mɜːk] n Fam Mercedes m inv

mercantile ['mɜːkəntaɪl] adj mercantil; **a ~ nation** una nación de comerciantes ❑ ~ **marine** marina f mercante

mercantilism [mə'kæntɪlɪzəm] n HIST mercantilismo m

mercantilist [mə'kæntɪlɪst] HIST ◇ n mercantilista mf
◇ adj mercantilista

Mercator [mɜː'keɪtə(r)] n GEOG ~**'s** or **the ~ projection** proyección f de Mercator or mercatoriana

mercenary ['mɜːsɪnərɪ] ◇ n mercenario(a) m,f
◇ adj mercenario(a); **he's very ~** es un mercenario

mercerized ['mɜːsəraɪzd] adj mercerizado(a)

merchandise ['mɜːtʃəndaɪz] ◇ n mercancías fpl, géneros mpl
◇ vt comercializar

merchandiser ['mɜːtʃəndaɪzə(r)] n (person) especialista mf en merchandising

merchandising ['mɜːtʃəndaɪzɪŋ] n COM **-1.** (activity) merchandising m, promoción f **-2.** (items) artículos mpl de promoción or promocionales

merchant ['mɜːtʃənt] n **-1.** (trader) comerciante mf; **wool ~** lanero(a); **wine ~** vinatero(a) ❑ ~ **bank** banco m mercantil or de negocios; ~ **banker** banquero(a) (en un banco mercantil o de negocios); ~ **marine** marina f mercante; Br ~ **navy** marina f mercante; ~ **seaman** marino m mercante; ~ **ship** buque m or barco m mercante
-2. Br Fam Pej **gossip ~** chismoso(a), Esp cotilla, Méx hocicón(ona); **rip-off** or **con ~** Esp timador(ora), Col, RP cagador(ora), Méx trinquetero(a); **he's a speed ~** (fast driver) va como un bólido

merchantable ['mɜːtʃəntəbəl] adj comercializable, vendible; **of ~ quality** de calidad comercializable

merchantman ['mɜːtʃəntmən] n (ship) buque m or barco m mercante

merciful ['mɜːsɪfʊl] adj compasivo(a), clemente; **to be ~** (to or **towards sb**) ser compasivo(a) or clemente (con alguien); **her death was a ~ release** la muerte le llegó como una liberación

mercifully ['mɜːsɪfʊlɪ] adv **-1.** (showing mercy) con compasión **-2.** (fortunately) afortunadamente

merciless ['mɜːsɪlɪs] adj despiadado(a)

mercilessly ['mɜːsɪlɪslɪ] adv sin compasión, despiadadamente; **the rain beat down ~** la lluvia martilleaba despiadadamente

mercurial [mɜː'kjʊərɪəl] adj (temperament, wit) voluble, veleidoso(a)

mercuric [mɜː'kjʊərɪk] adj CHEM mercúrico(a)

mercurochrome® [mɜː'kjʊərəkrəʊm] n mercurocromo m

Mercury ['mɜːkjʊrɪ] n (planet, god) Mercurio m

mercury ['mɜːkjʊrɪ] n CHEM mercurio m

mercy ['mɜːsɪ] ◇ n **-1.** (clemency) compasión f, clemencia f; **to have ~ on sb** tener compasión or apiadarse de alguien; **(have) ~!** ¡tenga compasión!; **she had** or **showed no ~** no tuvo or mostró compasión; **to beg for ~** suplicar clemencia; **to be at the ~ of** estar or quedar a merced de; **to throw oneself on sb's ~** ponerse en manos de alguien ❑ ~ **dash** viaje m de urgencia; ~ **killing** eutanasia f; ~ **mission** misión f humanitaria
-2. (blessing) suerte f, fortuna f; **we should be thankful for small mercies** habría que dar gracias de que las cosas no vayan aún peor; Fam **it's a ~ that she didn't find out** por suerte no se enteró; Fam **it's a ~ (that) he died when he did** fue una suerte que muriese en aquel momento
◇ exclam Old-fashioned ¡pardiez!

mere[1] [mɪə(r)] adj simple, mero(a); **it's a ~ formality** es una simple or mera formalidad; **a ~ 10 percent of the candidates passed the test** tan sólo un 10 por ciento de los aspirantes superaron la prueba; **the ~ mention/presence of...** la sola or mera mención/presencia de...; **the ~ thought of it disgusts her** le repugna la mera idea; **there was the merest hint of irony in his voice** en su voz había un matiz casi imperceptible de ironía

mere[2] n Archaic or Literary lago m

merely ['mɪəlɪ] adv simplemente, meramente; **she ~ glanced at it** simplemente le echó un vistazo; **I mention this ~ to draw attention to...** lo menciono simplemente para destacar que...; **I'm ~ a beginner** no soy más que un principiante; **I was ~ asking!** sólo era una pregunta

meretricious [merə'trɪʃəs] adj Formal vacuo(a), frívolo(a)

merganser [mə'gænsə(r)] n serreta f ❑ **red-breasted ~** serreta f mediana

merge [mɜːdʒ] ◇ vt **-1.** (companies, organizations) fusionar **-2.** COMPTR (files) fusionar, unir
◇ vi **-1.** (rivers, roads, traffic) confluir; (colours) fundirse; (voices) confundirse; **where the sea and sky ~** donde el mar y el cielo se confunden; **to ~ into the background** perderse de vista **-2.** (companies, banks) fusionarse
◇ n COMPTR fusión f

merger ['mɜːdʒə(r)] n COM fusión f; **the two companies are holding ~ talks** las dos empresas negocian una fusión

meridian [mə'rɪdɪən] n **-1.** GEOG meridiano m **-2.** ASTRON meridiano m

meringue [mə'ræŋ] n CULIN merengue m

merino [mə'riːnəʊ] ◇ n (pl **merinos**) (sheep) (oveja f) merina f; (wool) lana f merina
◇ adj merino(a)

merit ['merɪt] ◇ n (advantage, worth) mérito m, ventaja f; **its great ~ is its simplicity** su gran ventaja radica en su simplicidad; **the merits of peace** las ventajas de la paz; **the relative merits of theatre and cinema** las relativas virtudes del teatro y del cine; **to judge sth on its (own) merits** juzgar algo por sus (propios) méritos; **he got the job on his own merits** consiguió el empleo por méritos propios; **there's no ~ in that** eso no tiene ningún mérito; **promotion is on** or **by ~ alone** el ascenso se otorga exclusivamente en función de los méritos; **in order of ~** según los méritos ❑ US ~ **system** = sistema de contratación y ascenso por méritos
◇ vt merecer, Am ameritar; **we hardly ~ a mention in the report** apenas nos mencionan en el informe or CAm, Méx reporte

meritocracy [merɪ'tɒkrəsɪ] n meritocracia f

meritorious [merɪ'tɔːrɪəs] adj Formal meritorio(a)

Merlin ['mɜːlɪn] pr n ~ **(the magician** or **wizard)** (el mago) Merlín

merlin ['mɜːlɪn] n esmerejón m

mermaid ['mɜːmeɪd] n sirena f

merman ['mɜːmæn] n = ser fantástico con cabeza y torso de hombre y cola de pescado

merrie ['merɪ] adj Archaic or Literary ~ **England** = la Inglaterra medieval

merrily ['merɪlɪ] adv **-1.** (happily) alegremente **-2.** (blithely) con indiferencia

merriment ['merɪmənt] n diversión f; **it was the cause of much ~ amongst her colleagues** causó la risa entre sus compañeros; **sounds of ~ came from the garden** del jardín llegaban voces de felicidad

merry ['merɪ] adj **-1.** (happy) alegre; **to make ~** festejar; **Merry Christmas!** ¡Feliz Navidad!; **the more the merrier** cuantos más, mejor; **eat, drink and be ~!** comed, bebed y sed felices **-2.** Fam (slightly drunk) alegre, Esp piripi

merry-go-round ['merɪɡəʊraʊnd] n **-1.** (amusement) tiovivo m, carrusel m, RP calesita f **-2.** (whirl) torbellino m

merrymaker ['merɪmeɪkə(r)] n festero(a) m,f, juerguista mf

merrymaking ['merɪmeɪkɪŋ] n jolgorio m

Merseyside ['mɜːzɪsaɪd] n Merseyside, = zona de influencia de la ciudad de Liverpool

mesa ['meɪsə] n GEOL muela f

mescal [me'skæl] n mezcal m

mescalin(e) ['meskəlɪn] n mescalina f

mesentery ['mesəntərɪ] n ANAT mesenterio m

mesh [meʃ] ◇ n **-1.** (of net, sieve) malla f, red f; **a fine ~** una malla fina **-2.** (fabric) tela f, malla f; **wire ~** tela or malla metálica, alambrera; **nylon ~** malla de nailon **-3.** (network) entramado m; **a ~ of lies/intrigue** un entramado de mentiras/intrigas **-4.** (of gears) engranaje m; **in ~** engranado(a)
◇ vt (gears) engranar
◇ vi **-1.** (gears) engranarse **-2.** (proposals) estar de acuerdo; (ideas, characters) encajar
◆ **mesh with** vt insep encajar con

mesmeric [mez'merɪk] adj (performance, voice, beauty) cautivador(ora); (influence, motion) hipnotizante

mesmerize ['mezməraɪz] vt (of performance, voice, beauty) cautivar; **he was mesmerized by the pendulum's motion** se quedó hipnotizado mirando el péndulo

mesmerizing ['mezməraɪzɪŋ] adj fascinante

Mesoamerica [miːsəʊə'merɪkə] n Mesoamérica

Mesoamerican [miːsəʊə'merɪkən] ◇ n mesoamericano(a) m,f
◇ adj mesoamericano(a)

mesocarp ['miːsəʊkɑːp] n BOT mesocarpio m

mesocephalic [miːsəʊsə'fælɪk] adj MED mesocéfalo(a)

Mesolithic [miːsəʊ'lɪθɪk] ◇ n **the ~ (period)** el Mesolítico
◇ adj mesolítico(a)

mesomorph ['mesəʊmɔːf] n mesomorfo(a) m,f

meson ['miːzɒn] n PHYS mesón m

Mesopotamia [mesəpə'teɪmɪə] n Mesopotamia

Mesopotamian [mesəpə'teɪmɪən] ◇ n mesopotámico(a) m,f
◇ adj mesopotámico(a)

mesosphere ['mesəʊsfɪə(r)] n (of atmosphere) mesosfera f

Mesozoic [mesəʊ'zəʊɪk] ◇ n **the ~** el mesozoico
◇ adj mesozoico(a)

mess [mes] ◇ n **-1.** (untidy state) lío m, desorden m; (dirty state) guarrería f, porquería f; **what a ~!** (untidy) ¡menudo lío or desorden!; (dirty) ¡menuda porquería or Esp guarrería!; **clear up this ~!** (make tidy) pon todo en su sitio!; (make clean) ¡limpia esta pocilga!; **the kitchen's a ~** la cocina está toda revuelta; **my hair is a ~!** (untidy) ¡tengo el pelo enmarañado or revuelto!; **you look a ~!** ¡vas hecho un desastre!; **to be in a ~** (room, papers) estar todo(a) revuelto(a); **he is in a terrible ~** (dirty) se ha puesto perdido; (disorganized, depressed) está totalmente destrozado; **the cooker is (in) a horrible ~** la cocina está guarrísima; **to make a ~** (make things untidy) desordenar todo; (make things dirty) ensuciar todo, ponerlo todo perdido
-2. (muddle, chaos) desastre m; **to make a ~ of sth** (bungle) hacer algo desastrosamente; **he's making a ~ of his life** está destrozando su vida; **he made a ~ of the travel arrangements** metió la pata con los preparativos del viaje; **his life is a ~** su vida es un desastre; **this country is in a ~!** este país está patas arriba
-3. Fam (predicament) lío m, follón m; **to be in a ~** (person) estar en un lío or follón; **he's got himself into a bit of a ~** se metió en un lío or aprieto; **thanks for getting me out of that ~** gracias por sacarme de aquel lío or follón
-4. (dirt) porquería f; **the dog's done a ~ on the carpet** el perro ha hecho caca en la alfombra
-5. MIL cantina f, comedor m ❑ Br **~ tin** plato m de campaña or del rancho
-6. US Fam (lot) montón m; **a whole ~ of things** un montón de cosas
-7. a ~ of pottage (in Bible) un plato de lentejas
◇ vt (dirty) ensuciar
◇ vi **-1.** Br Fam **no messing!** (honestly) ¡fuera coña! **-2.** Fam (dog, cat) hacer caca **-3.** MIL comer (en el comedor)
◆ **mess about, mess around** Fam ◇ vt sep (treat badly) maltratar; **I'm fed up with being messed about** or **around by men** estoy harta de que los hombres jueguen conmigo
◇ vi **-1.** (fool about, waste time) hacer el tonto or indio; **stop messing about** or **around and listen to me!** deja de hacer el tonto or indio y préstame atención; **they don't ~ about** or **around, do they?** (they're quick, direct) ¡ésos no pierden el tiempo!
-2. (pass time) **the children were messing about** or **around in the garden** los niños andaban enredando or Am dando vueltas en el jardín; **I spent the weekend messing about** or **around (in) the house** pasé el fin de semana sin dar golpe or haciendo el vago en casa; **he likes messing about** or **around in the garden** le gusta perder el tiempo en el jardín
-3. (tinker) **to ~ about** or **around with sth** enredar or Am dar vueltas con algo; **don't ~ about** or **around with my CD player** no enredes con mi compact disc, no me toquetees el compact disc; **to ~ about** or **around with sb** (annoy, treat badly) jugar con alguien, dar la vara a alguien; (sexually) enrollarse or liarse con alguien
◆ **mess up** ◇ vt sep Fam **-1.** (room) desordenar **-2.** (hair) revolver; **stop it, you'll ~ my hair up!** ¡para ya, que me vas a enredar el pelo! **-3.** (plan) fastidiar, estropear
◇ vi US Fam (bungle things) pifiarla
◆ **mess with** vt insep **-1.** Fam (interfere) **to ~ with sth** enredar con algo **-2.** Fam (provoke) **to ~ with sb** meterse con alguien

message ['mesɪdʒ] n **-1.** (oral, written) mensaje m; **to leave a ~ for sb** dejar un recado or Am mensaje a or para alguien; **can you give her a message?** ¿le puede dar un recado?; **would you like to leave a ~?, can I take a ~?** ¿quiere dejar algún recado?; **to get one's ~ across** dejar claro lo que se quiere decir, explicarse claramente; Fam **to get the ~** enterarse; **to stay on ~** (politician) mantenerse dentro de la línea del partido; **~ received and understood** mensaje recibido
-2. (of book, advert) mensaje m
-3. COMPTR (e-mail) mensaje m ❑ **~ box** ventana f de diálogo
-4. Irish & Scot **to do the messages** hacer la compra

messenger ['mesɪndʒə(r)] n mensajero(a) m,f ❑ **~ boy** chico m de los recados; **~ service** (courier) (servicio m de) mensajería f

Messiah [mɪ'saɪə] n REL Mesías m inv

messianic [mesɪ'ænɪk] adj mesiánico(a)

messily ['mesɪlɪ] adv **-1.** (untidily) desordenadamente; (dirtily) suciamente; **to eat ~** ponerse perdido(a) comiendo **-2.** (unpleasantly) **to end ~** (of relationship) terminar mal

messiness ['mesɪnɪs] n **-1.** (of room) (untidiness) desorden m; (dirtiness) suciedad f **-2.** (unpleasant complications) complicaciones fpl

Messrs ['mesəz] npl (abbr **Messieurs**) Sres., señores mpl

mess-up [mesʌp] n Fam lío m, desastre m; **to make a ~ of sth** pifiarla con algo; **there was a ~ over the dates** la pifiaron con las fechas

messy ['mesɪ] adj **-1.** (dirty) sucio(a); **to be ~** (place) estar sucio(a); (person) ser sucio(a); **don't get all ~** no te vayas a manchar or Esp poner perdido(a); **he's a ~ eater** no sabe comer
-2. (untidy) (room) desordenado(a); (person) desaliñado(a); (hair) revuelto(a); (appearance) desastroso(a); (handwriting) malo(a)
-3. (unpleasantly complex) complicado(a), desagradable; **to get ~** ponerse feo(a); **it was a very ~ business** fue un asunto desagradable; **a ~ divorce** un divorcio desagradable

Met [met] n Fam **-1.** US **the ~** = la ópera metropolitana de Nueva York **-2.** US **the ~** = el museo metropolitano de Nueva York **-3.** Br **the ~** = la policía metropolitana de Londres **-4.** Br **the ~ Office** = el servicio nacional de meteorología, Esp ≃ el Instituto Nacional de Meteorología

met pt & pp of **meet**

metabolic [metə'bɒlɪk] adj metabólico(a) ❑ **~ rate** tasa f metabólica

metabolism [mə'tæbəlɪzəm] n metabolismo m

metabolize [mə'tæbəlaɪz] vt metabolizar

metacarpal [metə'kɑːpəl] n ANAT **~ (bone)** (hueso m) metacarpiano m

metacarpus [metə'kɑːpəs] n ANAT metacarpo m

metal ['metəl] ◇ n **-1.** metal m ❑ **~ detector** detector m de metales; **~ fatigue** fatiga f del metal; **~ polish** abrillantador m de metales **-2.** (road surfacing) (road) **~** grava f
◇ adj metálico(a), de metal; **a ~ tube** un tubo metálico or de metal ❑ **~ wood** (golf club) madera f metálica
◇ vt (pt & pp **metalled**, US **metaled**) (road) pavimentar con grava

metalanguage ['metəlæŋɡwɪdʒ] n metalenguaje m

metaled US = **metalled**

metalinguistic [metəlɪŋ'ɡwɪstɪk] adj metalingüístico(a)

metalled ['metəld] adj Br (road) de grava

metallic [mɪ'tælɪk] adj **-1.** CHEM (element, compound) metálico(a) **-2.** (sound, voice, taste) metálico(a); (paint) metalizado(a)

metallography [metə'lɒɡrəfɪ] n metalografía f

metalloide ['metəlɔɪd] n metaloide m

metallurgical [metə'lɜːdʒɪkəl] adj metalúrgico(a)

metallurgist [me'tælədʒɪst] n metalúrgico(a) m,f

metallurgy [me'tælədʒɪ] n metalurgia f

metalwork ['metəlwɜːk] n **-1.** (craft) trabajo m del metal, metalistería f **-2.** (articles) objetos mpl de metal

metalworker ['metəlwɜːkə(r)] n trabajador(ora) m,f del metal

metamorphic [metə'mɔːfɪk] adj GEOL metamórfico(a)

metamorphism [metə'mɔːfɪzəm] n GEOL metamorfismo m

metamorphose [metə'mɔːfəʊz] vi also Fig metamorfosearse (**into** en)

metamorphosis [metə'mɔːfəsɪs] (pl **metamorphoses** [metə'mɔːfəsiːz]) n metamorfosis f inv

metaphor ['metəfə(r)] n metáfora f

metaphoric(al) [metə'fɒrɪk(əl)] adj metafórico(a)

metaphorically [metə'fɒrɪklɪ] adv metafóricamente; **~ speaking** metafóricamente hablando, hablando figuradamente

metaphysical [metə'fɪzɪkəl] adj PHIL metafísico(a) ❑ **~ poetry** poesía f metafísica

metaphysician [metəfɪ'zɪʃən] n PHIL metafísico(a) m,f

metaphysics [metə'fɪzɪks] n PHIL metafísica f

metastasis [me'tæstəsɪs] (pl **metastases** [me'tæstəsiːz]) n MED metástasis f inv

metastasize [me'tæstəsaɪz] vi MED (cancerous tumour) **the tumour metastasized** se produjo una metástasis a partir del tumor

metatarsal [metə'tɑːsəl] n ANAT ~ **(bone)** hueso m metatarsiano
metatarsus [metə'tɑːsəs] n ANAT metatarso m
metatheory [metə'θɪərɪ] n metateoría f
metathesis [mɪ'tæθəsɪs] (pl **metatheses** [mɪ'tæθəsiːz]) n LING metátesis f inv
mete [miːt]
◆ **mete out** vt sep (punishment) imponer; (justice) aplicar (**to** a)
meteor ['miːtɪə(r)] n meteoro m, bólido m ❑ ASTRON ~ **shower** lluvia f de estrellas or de meteoritos
meteoric [miːtɪ'ɒrɪk] adj **-1.** ASTRON meteórico(a) **-2.** (rapid) meteórico(a); **a ~ rise** un ascenso meteórico
meteorite ['miːtɪəraɪt] n meteorito m
meteorological [miːtɪərə'lɒdʒɪkəl] adj meteorológico(a); **Meteorological Office** = servicio nacional de meteorología, Esp ≃ Instituto m Nacional de Meteorología
meteorologist [miːtɪə'rɒlədʒɪst] n meteorólogo(a) m,f
meteorology [miːtɪə'rɒlədʒɪ] n meteorología f
meter ['miːtə(r)] ◇ n **-1.** (measuring device) contador m; **(gas/electricity) ~** contador (del gas/de la electricidad); **to feed the ~** añadir monedas al contador ❑ ~ **reading** lectura f del contador **-2. (parking) ~** parquímetro m; **to feed the ~** añadir monedas al parquímetro ❑ US ~ **maid** = agente que pone multa por estacionamiento indebido **-3.** US = **metre**
◇ vt **-1.** (electricity, water, gas) medir con contador; **our gas is metered** tenemos un contador para el gas **-2.** (mail) franquear
methacrylate [mɪ'θækrɪleɪt] n metacrilato m
methadone ['meθədəʊn] n metadona f
methamphetamine [meθæm'fetəmiːn] n metanfetamina f
methane ['miːθeɪn] n CHEM metano m
methanol ['meθənɒl] n CHEM metanol m
methinks [miː'θɪŋks] vi Archaic or Hum me parece a mí
method ['meθəd] n **-1.** (means, procedure) método m; ~ **of payment** forma or modalidad de pago; **experimental methods** métodos experimentales
-2. (organization) método m; **his work lacks ~** su trabajo carece de método; **there's ~ in his madness** no está tan loco como parece
-3. THEAT & CIN **the Method** el Método (de Stanislavski) ❑ ~ **acting** interpretación f según el método de Stanislavski
methodical [mɪ'θɒdɪkəl] adj metódico(a)
methodically [mɪ'θɒdɪklɪ] adv metódicamente
Methodism ['meθədɪzəm] n REL metodismo m
Methodist ['meθədɪst] REL ◇ n metodista mf
◇ adj metodista
methodological [meθədə'lɒdʒɪkəl] adj metodológico(a)
methodologically [meθədə'lɒdʒɪklɪ] adv metodológicamente
methodology [meθə'dɒlədʒɪ] n metodología f
meths [meθs] n Br Fam alcohol m de quemar
Methuselah [mə'θuːzələ] pr n Matusalén; IDIOM **to be as old as ~** ser más viejo que Matusalén
methyl ['meθɪl] n metilo m ❑ ~ **alcohol** alcohol m metílico; ~ **group** grupo m metilo
methylated spirits ['meθɪleɪtɪd'spɪrɪts] n Br alcohol m desnaturalizado (con metanol), alcohol m de quemar
methylene ['meθɪliːn] n CHEM metileno m ❑ ~ **blue** azul m de metileno
meticulous [mɪ'tɪkjʊləs] adj meticuloso(a)
meticulously [mɪ'tɪkjʊləslɪ] adv meticulosamente
meticulousness [mɪ'tɪkjʊləsnɪs] n meticulosidad f
métier ['metɪeɪ] n Literary **-1.** (profession) oficio m **-2.** (field of expertise) terreno m
metonymy [mɪ'tɒnɪmɪ] n LING metonimia f
metre[1], US **meter** ['miːtə(r)] n (of poetry) metro m
metre[2], US **meter** n (measurement) metro m

metric ['metrɪk] adj (system) métrico(a); **to go ~** cambiar al sistema métrico ❑ ~ **system** sistema m métrico; ~ **ton** tonelada f métrica
metrical ['metrɪkəl] adj (in poetry) métrico(a)
metricate ['metrɪkeɪt] vt convertir al sistema métrico
metrication [metrɪ'keɪʃən] n (of system) conversión f al sistema métrico
metro ['metrəʊ] (pl **metros**) n (underground railway) metro m, RP subte m
metronome ['metrənəʊm] n MUS metrónomo m
metropolis [mɪ'trɒpəlɪs] n metrópolis f inv
metropolitan [metrə'pɒlɪtən] ◇ adj **-1.** (of a large city) metropolitano(a); **the Metropolitan Police** la policía de Londres **-2.** (mainland) metropolitano(a); ~ **France/Spain** la metrópoli francesa/española **-3.** REL ~ **bishop** obispo metropolitano
◇ n REL metropolitano m
mettle ['metəl] n (courage) coraje m; **you'll have to be on your ~** tendrás que dar el do de pecho; **she showed** or **proved her ~** demostró de lo que era capaz; **to put sb on their ~** espolear a alguien
mettlesome ['metəlsəm] adj Literary brioso(a)
MeV PHYS (abbr **mega-electron-volt**) MeV, megaelectronvoltio m
mew [mjuː] ◇ n maullido m
◇ vi maullar
mewl [mjuːl] vi (baby) gimotear
mews [mjuːz] n Br (backstreet) = plazoleta o callejuela formada por antiguos establos convertidos en viviendas o garajes ❑ ~ **cottage** = antiguo establo reconvertido en apartamento de lujo
Mexican ['meksɪkən] ◇ n mexicano(a) m,f, mejicano(a) m,f
◇ adj mexicano(a), mejicano(a) ❑ ~ **wave** (in stadium) ola f (mexicana)
Mexican-American ['meksɪkənə'merɪkən] ◇ n estadounidense mf de origen mexicano
◇ adj estadounidense de origen mexicano
Mexico ['meksɪkəʊ] n México, Méjico ❑ ~ **City** Ciudad de México
mezzanine ['metsəniːn] n **-1.** (in building) ~ **(floor)** entresuelo m, entreplanta f **-2.** Br THEAT = espacio situado bajo el escenario **-3.** US THEAT palco m de platea
mezzo-soprano ['metsəʊsə'prɑːnəʊ] (pl **mezzo-sopranos**) n MUS **-1.** (singer) mezzo-soprano f **-2.** (voice) mezzo-soprano m
mezzotint ['metsəʊtɪnt] n ART mezzo-tinto m
MF [em'ef] RAD (abbr **medium frequency**) frecuencia f media
MFA [emef'eɪ] n US (abbr **Master of Fine Arts**) máster m en bellas artes
mfrs (abbr **manufacturers**) fabricantes mpl
mg [em'dʒiː] n (abbr **milligram(s)**) mg
Mgr -1. REL (abbr **monsignor**) Mons. **-2.** (abbr **manager**) (of bank, company, hotel) dir.; (of shop, bar, restaurant) encargado(a)
MHR [emeɪtʃ'ɑː(r)] n Austr & US (abbr **Member of the House of Representatives**) congresista mf, Am congresal m
MHz ELEC (abbr **megahertz**) Mhz
MI (abbr **Michigan**) Michigan
mi [miː] n MUS mi m
MI5 [emaɪ'faɪv] n (abbr **Military Intelligence Section 5**) = servicio británico de contraespionaje
MI6 [emaɪ'sɪks] n (abbr **Military Intelligence Section 6**) = servicio británico de espionaje exterior
MIA [emaɪ'eɪ] US MIL (abbr **missing in action**) ◇ n desaparecido(a) m,f en combate
◇ adj desaparecido(a) en combate
miaow [mɪ'aʊ] ◇ n maullido m; ~! ¡miau!
◇ vi maullar
miasma [mɪ'æzmə] n Literary **-1.** (foul vapour) miasma m, aire m mefítico **-2.** (atmosphere) estado m opresivo
mica ['maɪkə] n mica f
Micawberish [mɪ'kɔːbərɪʃ] adj iluso(a)
mice pl of **mouse**
Michael ['maɪkəl] pr n **Saint ~** san Miguel

Michaelmas ['mɪkəlməs] n REL = festividad de San Miguel, el 29 de septiembre ❑ ~ **daisy** áster m; Br UNIV ~ **term** primer trimestre m
Michelangelo [maɪkəl'ændʒələʊ] pr n Miguel Ángel
Michelin® ['mɪtʃəlɪn] n ~ **Guide** guía f Michelín; **the ~ man** el muñeco de Michelín
Michigan ['mɪʃɪgən] n Michigan
Michigander ['mɪʃɪgændə(r)] n persona f de Michigan
Mick [mɪk] n Fam = término generalmente ofensivo para referirse a los irlandeses
mick [mɪk], **mickey** ['mɪkɪ] n Br Fam **to take the ~ (out of sb)** tomar el pelo (a alguien); **to take the ~ out of sth** burlarse de algo
Mickey Finn ['mɪkɪ'fɪn] n (pl **Mickey Finns**) n Fam = bebida alcohólica en la que alguien ha echado alguna droga
Mickey Mouse ['mɪkɪ'maʊs] adj Fam Pej de tres al cuarto, de pacotilla
micro ['maɪkrəʊ] (pl **micros**) n **-1.** COMPTR Esp microordenador m, Am microcomputadora f **-2.** Fam (microwave oven) microondas m inv
micro- ['maɪkrəʊ] prefix micro-
microampere ['maɪkrəʊæmpɪə(r)] n PHYS microamperio m
microbe ['maɪkrəʊb] n microbio m
microbial [maɪ'krəʊbɪəl] adj microbiano(a)
microbiological [maɪkrəʊbaɪə'lɒdʒɪkəl] n microbiológico(a)
microbiologist [maɪkrəʊbaɪ'ɒlədʒɪst] n microbiólogo(a) m,f
microbiology [maɪkrəʊbaɪ'ɒlədʒɪ] n microbiología f
microchip ['maɪkrəʊtʃɪp] n COMPTR microchip m
microcircuit ['maɪkrəʊsɜːkɪt] n ELEC microcircuito m
microcircuitry [maɪkrəʊ'sɜːkɪtrɪ] n microcircuitos mpl
microclimate ['maɪkrəʊklaɪmət] n BIOL microclima m
microcomputer ['maɪkrəʊkəm'pjuːtə(r)] n COMPTR Esp microordenador m, Am microcomputadora f
microcomputing ['maɪkrəʊkəm'pjuːtɪŋ] n COMPTR microinformática f
microcosm ['maɪkrəʊkɒzəm] n microcosmos m inv, microcosmo m
microcredit ['maɪkrəʊkredɪt] n FIN microcrédito m
microdot ['maɪkrəʊdɒt] n **-1.** (photograph) microfotografía f **-2.** (drug) micropunto m
microeconomic ['maɪkrəʊiːkə'nɒmɪk] adj microeconómico(a)
microeconomics ['maɪkrəʊiːkə'nɒmɪks] n microeconomía f
microelectronic ['maɪkrəʊelek'trɒnɪk] adj microelectrónico(a)
microelectronics ['maɪkrəʊelek'trɒnɪks] n microelectrónica f
microfiche ['maɪkrəʊfiːʃ] n microficha f ❑ ~ **reader** lector m de microfichas
microfilm ['maɪkrəʊfɪlm] n ◇ n microfilm m ❑ ~ **reader** lector m de microfilms
◇ vt microfilmar
microlight ['maɪkrəlaɪt] n (light aircraft) ultraligero m
micromanage ['maɪkrəʊmænɪdʒ] vt supervisar hasta el último detalle de
micromesh ['maɪkrəʊmeʃ] n (hosiery) malla f extrafina
micrometer[1] [maɪ'krɒmɪtə(r)] n (tool) micrómetro m
micrometre, US **micrometer**[2] ['maɪkrəʊmiːtə(r)] n (measurement) micrómetro m
micron ['maɪkrɒn] (pl **microns** or **micra** [-krə]) n Formerly micrón m, micra f
Micronesia [maɪkrə'niːzɪə] n Micronesia
Micronesian [maɪkrə'niːzɪən] ◇ n **-1.** (person) micronesio(a) m,f **-2.** (language group) micronesio m
◇ adj micronesio(a)
micronutrient ['maɪkrəʊ'njuːtrɪənt] n BIOL oligoelemento m
micro-organism ['maɪkrəʊ'ɔːgənɪzəm] n microorganismo m
microphone ['maɪkrəfəʊn] n micrófono m

microporous [maɪkrəʊˈpɔːrəs] *adj* microporoso(a)

microprocessor [ˈmaɪkrəʊˌprəʊsesə(r)] *n* COMPTR microprocesador *m*

microscope [ˈmaɪkrəskəʊp] *n* microscopio *m*; **to look at sth under the ~** observar algo al microscopio; *Fig* observar *or* estudiar algo con lupa

microscopic [maɪkrəˈskɒpɪk] *adj* microscópico(a)

microscopically [maɪkrəˈskɒpɪklɪ] *adv (to examine)* microscópicamente; **~ small** microscópicamente *or* infinitamente pequeño; **a ~ small organism** un organismo microscópico

microscopy [maɪˈkrɒskəpɪ] *n* microscopía *f*

microsecond [ˈmaɪkrəʊsekənd] *n* microsegundo *m*

microsurgery [maɪkrəʊˈsɜːdʒərɪ] *n* microcirugía *f*

microtome [ˈmaɪkrətəʊm] *n* microtomo *m*

microwave [ˈmaɪkrəʊweɪv] ◇ *n* **-1.** PHYS microonda *f*; **using ~ technology** empleando la tecnología de microondas **-2. ~ (oven)** (horno *m*) microondas *m inv*
◇ *vt* cocinar en el microondas

microwaveable [ˈmaɪkrəʊweɪvəbəl] *adj* **it's ~** se puede cocinar en el microondas

micturate [ˈmɪktjʊreɪt] *vi Formal (urinate)* miccionar

mid [mɪd] *adj* **-1.** *(middle)* **in ~ ocean** en medio del océano; **in ~ June** a mediados de junio; **he's in his ~ fifties** tiene cincuenta años y pico, es un cincuentón; **she stopped in ~ sentence** se detuvo a mitad de la frase **-2.** *(central)* **~ Wales** zona central de Gales ❑ LING **~ vowels** vocales *fpl* medias

'mid [mɪd] *prep Literary* = **amid**

midafternoon [ˈmɪdɑːftəˈnuːn] *n* media tarde *f*; **a ~ nap** una siesta de media tarde

midair [mɪdˈeə(r)] ◇ *n* **in ~** en el aire; *Fig* **to leave sth in ~** dejar algo en el aire
◇ *adj (collision, explosion)* en pleno vuelo

Midas [ˈmaɪdəs] *n* MYTHOL **King ~** el rey Midas; IDIOM **to have the ~ touch** = ser como el rey Midas, que todo lo que toca se convierte en oro

mid-Atlantic [ˈmɪdətˈlæntɪk] *adj (accent)* = a medio camino entre el inglés británico y el americano

midbrain [ˈmɪdbreɪn] *n* ANAT mesencéfalo *m*

midday [ˈmɪdˈdeɪ] *n* mediodía *m*; **at ~** a mediodía; **the ~ heat/sun** el calor/sol del mediodía ❑ **~ meal** comida *f*, almuerzo *m*

midden [ˈmɪdən] *n* **-1.** *Old-fashioned (dung heap)* estercolero *m*; *(rubbish heap)* montón *m* de basura **-2.** *Fam (mess)* pocilga *f*

middle [ˈmɪdəl] ◇ *n* **-1.** *(with position)* medio *m*; **he was driving right down the ~ of the road** conducía *or Am* manejaba justo por el medio de la carretera; **I'm the one in the ~** soy el del medio; **in the ~ of the room** en medio de la habitación; **in the ~ of the Atlantic** en medio del Atlántico; **in the ~ of nowhere** en un lugar dejado de la mano de Dios, en el medio de la nada; *Fig* **to split sth down the ~** dividir algo por la mitad, *RP* partir algo a la mitad
-2. *(inside)* **the ~ of the ball is made of cork** el interior de la pelota es de corcho; **it's not cooked in the ~** está crudo en el medio
-3. *(with time)* mitad *f*; **he was in the ~ of an important conversation** estaba en mitad de una importante conversación; **in the ~ of the day** en mitad del día; **in the ~ of the month** a mediados de mes; **in the ~ of the night** en plena noche, en mitad de la noche; **in the ~ of summer** a mitad de verano, a mediados del verano; **in the ~ of the week** a mediados de semana; **to be in the ~ of doing sth** estar ocupado(a) haciendo algo
-4. *(waist)* cintura *f*
◇ *adj (in the middle)* del medio; **I'll have the ~ one of the three** tomaré el del medio, me quedo con el del medio; **I was the ~ child of three** fui el segundo de tres hermanos, yo era el hermano del medio; **she is in her ~ thirties** tiene unos treinta y cinco años; IDIOM **to steer a ~ course** *(in politics, diplomacy)* tomar la vía intermedia; **in the ~ distance** a media distancia ❑ **~ age** edad *f* madura, madurez *f*; HIST **the Middle Ages** la Edad Media; **Middle America** GEOG *(in Central America)* Mesoamérica; *(in United States)* la llanura central; POL los estadounidenses tradicionalistas y conservadores; MUS **~ C** do *m* central; **the ~ class(es)** la clase media; ANAT **the ~ ear** el oído medio; **the Middle East** Oriente *m* Medio; **Middle Eastern** de Oriente Medio; POL **Middle England** la Inglaterra tradicionalista y conservadora; LING **Middle English** inglés *m* medio *(entre los años 1100 y 1500 aproximadamente)*; **~ finger** (dedo *m*) corazón *m or* mayor *m*; *Fam* **~ finger salute** = gesto obsceno que consiste en mostrar el dorso del dedo medio apuntando hacia arriba; POL **the ~ ground** el centro; **the mediator was unable to find any ~ ground between the two parties** el mediador no consiguió hallar ningún terreno común entre las dos partes; **~ management** mandos *mpl* intermedios; **~ manager** mando *m* intermedio; **~ name** segundo nombre *m*; *Fam* **"generosity" isn't exactly his ~ name!** ¡no destaca precisamente por su generosidad!; **~ school** *(in Britain)* = escuela para niños de ocho a doce años; *(in US)* = escuela para niños de once a catorce años; **the Middle West** el Medio Oeste *m (de Estados Unidos)*
◇ *vt* SPORT *(ball)* golpear *or* conectar de lleno

middle-aged [mɪdəlˈeɪdʒd] *adj* de mediana edad ❑ **~ spread** la curva de la felicidad

middlebrow [ˈmɪdəlbraʊ] *adj (tastes, interests)* del público medio; **a ~ novelist** un(a) novelista para el público medio

middle-class [mɪdəlˈklɑːs] *adj* de clase media; **they've become terribly ~** se han aburguesado tremendamente

middle-distance [ˈmɪdəlˈdɪstəns] *adj* SPORT *(race)* de medio fondo ❑ **~ runner** mediofondista *mf*; **~ running** medio fondo *m*

middle-income [ˈmɪdəlˈɪnkʌm] *adj (group, bracket)* de ingresos medios

middleman [ˈmɪdəlmæn] *n* intermediario *m*; **to cut out the ~** evitar a los intermediarios

middlemost [ˈmɪdəlməʊst], **midmost** [ˈmɪdməʊst] *adj (nearest the centre)* el/la más cercano(a) al centro

middle-of-the-road [ˈmɪdələvðəˈrəʊd] *adj* **-1.** *(policy)* moderado(a) **-2.** *(music)* convencional

middle-sized [ˈmɪdəlˈsaɪzd] *adj* mediano(a)

middleweight [ˈmɪdəlweɪt] ◇ *adj* del peso medio
◇ *n* peso *m* medio

middling [ˈmɪdlɪŋ] *adj (performance, health)* regular; *(height, weight)* intermedio(a)

Middx *(abbr* **Middlesex)** Middlesex

Mideast [ˈmɪdˈiːst] *n US* **the ~** Oriente Medio

midfield [mɪdˈfiːld] *n (in soccer)* centro *m* del campo; **he plays in ~** juega de centrocampista ❑ **~ player** centrocampista *mf*

midfielder [mɪdˈfiːldə(r)] *n (in soccer)* centrocampista *mf*

midge [mɪdʒ] *n* mosquito *m (muy pequeño)*

midget [ˈmɪdʒɪt] ◇ *n (small person)* enano(a) *m,f*
◇ *adj* en miniatura

MIDI [ˈmɪdɪ] COMPTR *(abbr* **musical instrument digital interface)** MIDI

midi [ˈmɪdɪ] *n* **-1.** *(coat)* abrigo *m* tres cuartos *or* midi; *(skirt)* falda *f* tres cuartos *or* midi **-2.** **~ system** *(stereo)* minicadena *f*

midland [ˈmɪdlənd] *adj (del)* interior

Midlands [ˈmɪdləndz] *npl* **the ~** = la región central de Inglaterra

midlife [ˈmɪdlaɪf] *n* madurez *f*, edad *f* adulta; **in ~** en la madurez ❑ **~ crisis** crisis *f inv* de los cuarenta

midmorning [mɪdˈmɔːnɪŋ] *n* media mañana *f*
❑ **~ snack** tentempié *m* a media mañana, *Col* onces *fpl*, *RP* colación *f*

midmost = **middlemost**

midnight [ˈmɪdnaɪt] *n* medianoche *f*; **at ~** a medianoche; IDIOM **to burn the ~ oil** quedarse hasta muy tarde *(estudiando or trabajando)* ❑ **~ feast** = comida que hacen los niños en la cama por la noche a escondidas; **~ mass** misa *f* del gallo; **~ sun** sol *m* de medianoche

midpoint [ˈmɪdpɔɪnt] *n* ecuador *m*

mid-range [ˈmɪdˈreɪndʒ] *adj* COM *(computer, car)* de gama media

midriff [ˈmɪdrɪf] *n* diafragma *m*; **the short T-shirt exposed her ~** la camiseta corta le dejaba la barriga al aire

midrise [ˈmɪdraɪz] *adj US* **~ apartment block** edificio de pisos de altura media

midshipman [ˈmɪdʃɪpmən] *n* guardia *m* marina, guardiamarina *m*

midst [mɪdst] *n* **in the ~ of** en medio de; **in our/their ~** entre nosotros/ellos; **in the ~ of all this** *(these events)* en medio de todo esto

midstream [mɪdˈstriːm] *n* **in ~** por el centro del río; *Fig (when speaking)* en mitad del discurso; **to interrupt sb in ~** interrumpir a alguien en plena conversación

midsummer [ˈmɪdsʌmə(r)] *n* pleno verano *m*; **a ~ night** una noche de (pleno) verano ❑ **Midsummer('s) Day** el 24 de junio, San Juan; **~ madness** la locura del verano

midterm [ˈmɪdˈtɜːm] ◇ *adj* **-1.** POL *Br* **~ by-election** = elecciones parciales a mitad de legislatura; *US* **~ elections** = elecciones a mitad del mandato presidencial **-2.** SCH & UNIV de mitad de trimestre ❑ **~ break** = vacaciones de mitad de trimestre
◇ *n US* SCH & UNIV **midterms** exámenes *a* mitad de semestre

midtown [ˈmɪdtaʊn] *adj US* **a ~ apartment** un apartamento *or Esp* piso no muy lejos del centro

midway [ˈmɪdweɪ] ◇ *adj* medio(a); **the ~ point** *(in time, space)* la mitad
◇ *adv* **-1.** *(in space)* a mitad de camino, a medio camino **-2.** *(in time)* hacia la mitad; **she was ~ through writing the first chapter** llevaba escrita la mitad del primer capítulo

midweek [mɪdˈwiːk] ◇ *adj* de entre semana; **~ show/flight** representación/vuelo de entre semana
◇ *adv* a mediados de semana, entre semana

Midwest [ˈmɪdˈwest] *n* **the ~** el Medio Oeste *(de Estados Unidos)*

Midwestern [mɪdˈwestən] *adj* del Medio Oeste *(de Estados Unidos)*

midwife [ˈmɪdwaɪf] *n* comadrona *f* ❑ **~ toad** sapo *m* partero

midwifery [mɪdˈwɪfərɪ] *n* obstetricia *f*

midwinter [ˈmɪdˈwɪntə(r)] *n* pleno invierno *m*

midyear [ˈmɪdjɪə(r)] ◇ *n* **-1.** *(middle of year)* mediados *mpl* de año **-2.** *US (university exam)* **midyears** ≃ exámenes *mpl* parciales
◇ *adj* de mediados de año, de mitad de año

mien [miːn] *n Literary (appearance, manner)* semblante *m*

miffed [mɪft] *adj Fam (offended)* mosqueado(a)

might¹ [maɪt] *n (strength)* fuerza *f*, poder *m*; **with all his ~** *(to work, push)* con todas sus fuerzas; **the full ~ of the law** todo el peso de la ley; *Old-fashioned* **with ~ and main** con todas sus/nuestras/*etc*. fuerzas; PROV **~ is right** quien tiene la fuerza tiene la razón

might² *v aux* **-1.** *(expressing possibility)* poder; **it ~ be difficult** puede que sea *or* puede ser difícil; **I ~ go if I feel like it** puede que vaya si tengo ganas; **it ~ be better to ask permission first** sería mejor pedir permiso primero; **will you tell them? – I ~ (do)** ¿se lo dirás? – puede (que sí) *or* puede ser; **he's the sort of person who ~ do something like that** es el tipo de persona que haría algo así; **the reason ~ never be discovered** puede *or* es posible que nunca se descubra la razón; **you ~ want to read through this first** sería mejor que te leyeras esto primero; **I thought we ~ go to the cinema** se me ha ocurrido *or* me

ocurre que podríamos ir al cine; **you ~ show a bit more respect!** ¡podrías ser más respetuoso!; **and who ~ you be?** ¿y tú quién eres?; **it ~ be that...** podría ser que...; **it ~ well prove useful** puede que sirva, puede llegar a ser útil; **that ~ well be the case, but...** puede que sea el caso, pero..., puede ser el caso, pero...; **you ~ well ask!** ¡eso quisiera saber yo!; **she's sorry now, as well she ~** be ahora lo lamenta, y bien que debería; **we ~ as well go** ya puestos *or* ya que estamos, podíamos ir; **shall we go? – we ~ as well** ¿vamos? – bueno, *Esp* vale *or Méx* órale *or Arg* dale; **I ~ as well tell you now, seeing as you'll find out soon anyway** no veo por qué no decírtelo ahora, de todas maneras te vas a enterar pronto; **it ~ as well be talking to myself!** ¡es como si hablara con la pared!; **you ~ have told me!** ¡me lo podrías haber dicho!, ¡habérmelo dicho!; **I ~ have known that's what he'd say!** ¡debía haberme imaginado que diría algo así!
 -2. *(as past form of* **may***)* **I knew he ~ be angry** ya sabía que se podía *esp Esp* enfadar *or esp Am* enojar; **I was afraid she ~ have killed him** tenía miedo de que (ella) lo hubiera matado; **he said he ~ be late** dijo que quizá se retrasaría; **she asked if she ~ have a word with me** preguntó si podía hablar conmigo
 -3. *Formal (asking for permission)* **~ I have a word with you?, I wonder if I ~ have a word with you?** ¿podría hablar un momento con usted?; **~ I ask you how much you earn?** ¿le importaría decirme cuánto gana?; **and what, ~ I ask, do you think you're doing?** ¿y se puede saber qué te crees que estás haciendo?; **I'd like to say something, if I ~** me gustaría decir algo, si me lo permite/permiten
 -4. *(expressing purpose)* **they work long hours so their children ~ have a better future** trabajan mucho para que sus hijos tengan un futuro mejor
 -5. *(with concessions)* **she ~ not be the prettiest girl in the world, but...** no será la chica más bonita del mundo, pero...; **you ~ think this seems stupid, but...** te puede parecer estúpido, pero...; **whatever you ~ say** digas lo que digas

might-have-been ['maɪthəvbiːn] *n Fam* **-1.** *(opportunity)* **the might-have-beens** las ocasiones *or Am* chances perdidas, lo que podría haber sido **-2.** *(person)* promesa *mf* fallida

mightily ['maɪtɪlɪ] *adv* **-1.** *(powerfully)* con fuerza **-2.** *Fam* un montón; **we were ~ impressed by his performance** su actuación nos impresionó un montón; **I was ~ relieved** me quedé aliviadísimo

mightn't ['maɪtənt] = might not

might've ['maɪtəv] = might have

mighty ['maɪtɪ] ◇ *adj* **-1.** *(powerful)* fuerte, poderoso(a) **-2.** *(large, imposing)* grandioso(a)
 ◇ *adv US Fam* un montón, *Esp* cantidad; **~ fine** genial, *Esp* guay, *Andes, CAm, Carib, Méx* chévere, *Méx* padrísimo, *RP* bárbaro(a); **she looked ~ pleased with herself** se la veía super satisfecha consigo misma

migraine ['miːgreɪn, 'maɪgreɪn] *n* migraña *f*

migrant ['maɪgrənt] ◇ *n* **-1.** *(person) (in agriculture)* temporero(a) *m,f*; *(foreign)* emigrante *mf* **-2.** *(bird)* ave *f* migratoria **-3.** *Austr (immigrant)* inmigrante *mf*
 ◇ *adj* **-1.** *(bird, animal)* migratorio(a) **-2.** *(person)* **~ worker** *(seasonal)* temporero(a) *m,f*; *(foreign)* trabajador(ora) *m,f* emigrante **-3.** *Austr (immigrant)* **~ accommodation** alojamiento para inmigrantes

migrate [maɪ'greɪt] *vi* **-1.** *(bird, animal)* emigrar, migrar; **to ~ south** emigrar hacia el sur **-2.** *(person)* emigrar, migrar; **to ~ towards the capital** emigrar a la capital

migration [maɪ'greɪʃən] *n* **-1.** *(of birds, animals)* emigración *f*, migración *f* **-2.** *(of people)* emigración *f*, migración *f*

migratory ['maɪgrətrɪ] *adj* migratorio(a)

mike [maɪk] *n Fam (microphone)* micro *m*

◆ **mike up** *vt sep Fam* poner el micro a

mil [mɪl] *n Fam (millilitre)* mililitro *m*

milady [mɪ'leɪdɪ] *n Old-fashioned* señora *f*

Milan ['mɪlæn] *n* Milán

Milanese [mɪlə'niːz] ◇ *n* milanés(esa) *m,f*
 ◇ *adj* milanés(esa)

milch [mɪltʃ] *adj (cattle)* de leche ❑ *Fig* **~ cow** gallina *f* de los huevos de oro

mild [maɪld] ◇ *adj* **-1.** *(person, remark)* apacible, afable **-2.** *(not severe, strong) (punishment, illness, criticism)* leve; *(displeasure, amusement)* ligero(a); **a ~ form of measles** una inflamación leve de sarampión ❑ **~ steel** acero *m* dulce **-3.** *(slight) (astonishment, amusement)* ligero(a) **-4.** *(food, sedative, laxative)* suave **-5.** *(climate, winter)* templado(a), suave
 ◇ *n Br (beer)* = cerveza oscura con poco gas elaborada con poco lúpulo

mildew ['mɪldjuː] ◇ *n* **-1.** mildiú *m*, mildeu *m* **-2.** *(on paper, leather, food)* moho *m*
 ◇ *vi* **-1.** *(plants)* cubrirse de mildiú *or* mildeu **-2.** *(paper, leather, food)* enmohecer(se)

mildewed ['mɪldjuːd] *adj* **-1.** *(plants)* con mildiú *or* mildeu **-2.** *(paper, leather, food)* mohoso(a)

mildly ['maɪldlɪ] *adv* **-1.** *(to say)* con suavidad **-2.** *(moderately)* ligeramente; **to put it ~** por no decir algo peor

mild-mannered ['maɪld'mænəd] *adj* atento(a)

mildness ['maɪldnɪs] *n* **-1.** *(of person)* afabilidad *f* **-2.** *(of punishment, illness, criticism)* levedad *f* **-3.** *(of climate, weather)* suavidad *f*

mile [maɪl] *n* **-1.** *(distance)* milla *f* (= 1,6 km); **miles per hour** millas por hora; **smaller cars do more miles to the** *or* **per gallon** los coches *or Am* carros *or RP* autos pequeños recorren más millas por galón; **he lives miles away** vive a kilómetros de distancia; **we're miles from the nearest town** estamos muy lejos del pueblo más cercano; **~ after** *or* **upon ~ of...** kilómetros y kilómetros de...; **you can see for miles and miles** se alcanza a ver kilómetros de distancia
 -2. *Fam* IDIOMS **to be miles away** *(be daydreaming)* estar en Babia; **to see** *or* **spot sth a ~ off** ver algo a la legua; **miles better** muchísimo mejor; **it's miles more interesting** es muchísimo más interesante; **it was miles too easy** fue exageradamente fácil; **it sticks** *or* **stands out a ~** se ve a la legua; **you could see what was going to happen a ~ off** se veía de lejos lo que iba a suceder; **someone not a million miles from us** alguien cercano a nosotros; **to go the extra ~** hacer un último esfuerzo

mileage ['maɪlɪdʒ] *n* **-1.** *(distance travelled)* millas *fpl (recorridas)*, ≃ kilometraje *m*; **it's got a very high ~** ha hecho muchos kilómetros ❑ **~ allowance** ≃ (dieta *f* de) kilometraje *m*
 -2. *(rate of fuel consumption)* consumo *m* (de combustible); **you get better ~ with a small car** un coche *or Am* carro *or CSur* auto pequeño consume menos; IDIOM **to get a lot of ~ out of sth** sacar mucho partido a algo

mileometer [maɪ'lɒmɪtə(r)] *n Br (in car)* ≃ cuentakilómetros *m inv*

milepost ['maɪlpəʊst] *n* mojón *m*

milestone ['maɪlstəʊn] *n* **-1.** *(on road)* mojón *m* **-2.** *Fig (in career, history)* hito *m*

milieu ['miːljɜː] *n* entorno *m*, medio *m*

militancy ['mɪlɪtənsɪ] *n* militancia *f*

militant ['mɪlɪtənt] ◇ *n* activista *mf*, militante *mf*
 ◇ *adj* activista, beligerante

militaria [mɪlɪ'teərɪə] *npl* parafernalia *f* militar

militarily ['mɪlɪtərɪlɪ] *adv* militarmente

militarism ['mɪlɪtərɪzəm] *n* militarismo *m*

militarist ['mɪlɪtərɪst] *n* militarista *mf*

militaristic [mɪlɪtə'rɪstɪk] *adj* militarista

militarization [mɪlɪtəraɪ'zeɪʃən] *n* militarización *f*

militarize ['mɪlɪtəraɪz] *vt* militarizar

military ['mɪlɪtrɪ] ◇ *n* **the ~** el ejército
 ◇ *adj* militar; **a strong ~ presence** una intensa presencia militar; **to be buried with full ~ honours** ser enterrado con todos los honores militares; **to plan sth with ~ precision** planear algo con precisión milimétrica ❑ **~ academy** academia *f* militar; **~ attaché** agregado(a) *m,f* militar; **~ man** militar *m*; **~ police** policía *f* militar; **~ policeman** policía *m* militar; **~ science** arte *m or f* militar; **~ service** servicio *m* militar; **~ training** instrucción *f* militar

militate ['mɪlɪteɪt]
◆ **militate against** *vt insep (fact, reason)* militar en contra de; **her temperament militates against her chances of being chosen for the job** su temperamento incide negativamente en las posibilidades que tiene de conseguir el trabajo

militia [mɪ'lɪʃə] *n* milicia *f*

militiaman [mɪ'lɪʃəmæn] *n* miliciano *m*

milk [mɪlk] ◇ *n* leche *f*; **cow's/goat's ~** leche de vaca/cabra; **the ~ of human kindness** el don de la amabilidad; IDIOM **it was all ~ and water** era muy insulso(a) ❑ **~ bottle** botella *f* de leche; **~ chocolate** chocolate *m* con leche; **~ churn** lechera *f*; *Br* **~ float** = furgoneta eléctrica para el reparto de leche; **~ jug** jarra *f* de leche; **~ of magnesia** (leche *f* de) magnesia *f*; **~ pudding** = postre a base de arroz, tapioca o sémola de trigo cocidos en leche; **~ round** *(milk delivery)* = ruta de reparto de leche; *Br Fam (recruitment drive)* = visita anual de representantes de empresas a universidades para reclutar jóvenes con talento; **~ run** *(regular flight)* vuelo *m* de rutina; **~ shake** batido *m*; **~ sugar** lactosa *f*; **~ teeth** dentición *f* de leche *or* primaria; **~ tooth** diente *m* de leche
 ◇ *vt* **-1.** *(cow, goat)* ordeñar **-2.** *(snake)* extraer el veneno a **-3.** *Fam (exploit)* **to ~ sb dry** exprimir a alguien hasta la última gota; **they milked the story for all it was worth** le sacaron todo el jugo posible a la noticia

milk-and-water ['mɪlkənd'wɔːtə(r)] *adj* insulso(a)

milker ['mɪlkə(r)] *n* **-1.** *(cow)* **a good ~** una buena vaca lechera **-2.** *(person)* ordeñador(ora) *m,f* **-3.** *(machine)* ordeñadora *f*

milking ['mɪlkɪŋ] *n* ordeño *m*; **to do the ~** ordeñar ❑ **~ machine** ordeñadora *f*; **~ parlour** establo *m* de ordeñar; **~ shed** establo *m* de ordeñar; **~ stool** taburete *m* para ordeñar

milkmaid ['mɪlkmeɪd] *n* lechera *f*

milkman ['mɪlkmən] *n* **-1.** *(who sells or delivers milk)* lechero *m* **-2.** *Br (who milks)* lechero *m*

milksop ['mɪlksɒp] *n (weak, effeminate man)* mariquita *m*

milk-white ['mɪlkwaɪt] *adj* pálido(a), blanco(a) como la nieve

milky ['mɪlkɪ] *adj* **-1.** *(containing too much milk)* con demasiada leche; *(containing a lot of milk)* con mucha leche **-2.** *(colour)* lechoso(a) ❑ **the Milky Way** la Vía Láctea

mill [mɪl] ◇ *n* **-1.** *(grinder) (for flour)* molino *m*; *(for coffee, pepper)* molinillo *m*; IDIOM *Fam* **to put sb through the ~** hacérselas pasar negras *or Esp* moradas a alguien **-2.** *(factory) (for textiles)* fábrica *f or* planta *f* textil; *(for paper)* fábrica *f* de papel, papelera *f*; **steel ~** acería *f* ❑ **~ hand** obrero(a) *m,f*
 ◇ *vt* **-1.** *(grain)* moler **-2.** *(metal)* fresar; **a coin with a milled edge** una moneda con cordoncillo (en el canto)

◆ **mill about, mill around** *vi (crowd)* pulular

millboard ['mɪlbɔːd] *n* cartón *m* gris

millenarian [mɪlə'neərɪən] ◇ *n* milenario(a) *m,f*
 ◇ *adj* milenario(a)

millennial [mɪ'lenɪəl] *adj* del milenio

millennium [mɪ'lenɪəm] *(pl* **millenniums** *or* **millennia** [mɪ'lenɪə]*) n* **-1.** *(thousand years)* milenio *m* **-2.** REL **the ~** el milenio, = los mil años del reino de Cristo sobre la tierra antes del juicio final **-3.** *(year 2000)* año *m* 2000 ❑ COMPTR **~ bug** efecto *m* 2000

miller ['mɪlə(r)] *n* molinero(a) *m,f*

millesimal [mɪ'lesɪməl] *adj* milésimo(a)

millet ['mɪlɪt] *n* mijo *m*

milli- ['mɪlɪ] *prefix* mili-

millibar ['mɪlɪbɑ:(r)] *n* MET milibar *m*
milligram(me) ['mɪlɪgræm] *n* miligramo *m*
millilitre, *US* **milliliter** ['mɪlɪli:tə(r)] *n* mililitro *m*
millimetre, *US* **millimeter** ['mɪlɪmi:tə(r)] *n* milímetro *m*
milliner ['mɪlɪnə(r)] *n* sombrerero(a) *m,f*
millinery ['mɪlɪnərɪ] *n* **-1.** *(hats)* sombreros *mpl* *(de mujer)* **-2.** *(craft)* fabricación *f* de sombreros de mujer
milling ['mɪlɪŋ] *n* **-1.** *(of grain)* molienda *f*, molido *m* **-2.** *(of metal)* fresado *m* **-3.** *(on coin)* cordoncillo *m*
million ['mɪljən] *n* millón *m*; **two ~ men** dos millones de hombres; *Fam* **I've told him a ~ times** se lo he dicho millones de veces; **thanks a ~!** ¡un millón de gracias!; **she's one in a ~** es única; **to look/feel like a ~ dollars** estar/sentirse divino(a)
millionaire [mɪljə'neə(r)] *n* millonario(a) *m,f*; **he's a ~ footballer** tiene millones de dólares; **a ~ footballer** un futbolista millonario
millionairess [mɪljə'neərɪs] *n* millonaria *f*
million-selling ['mɪljənselɪŋ] *adj* **a ~ record** un disco del que se han vendido un millón de copias; **a ~ book** un libro del que se han vendido un millón de ejemplares
millionth ['mɪljənθ] ⋄ *n* **-1.** *(fraction)* millonésimo *m* **-2.** *(in series)* millonésimo(a) *m,f*
⋄ *adj* millonésimo(a)
millipede ['mɪlɪpi:d] *n* milpiés *m inv*
millisecond ['mɪlɪsekənd] *n* milisegundo *m*, milésima *f* de segundo
millivolt ['mɪlɪvəʊlt] *n* milivoltio *m*
milliwatt ['mɪlɪwɒt] *n* milivatio *m*
millpond ['mɪlpɒnd] *n* presada *f*, cubo *m*; IDIOM **as calm as a ~** *(of water)* como una balsa de aceite, totalmente en calma
millrace ['mɪlreɪs] *n* **-1.** *(channel)* socaz *m*, caz *m* de molino **-2.** *(water)* corriente *f* que hace girar al molino, presada *f*
Mills and Boon® ['mɪlzən'bu:n] *n* = editorial británica especializada en novela romántica

MILLS AND BOON®

Se refiere a las novelas románticas publicadas por la editorial británica del mismo nombre. Las obras, que comenzaron a aparecer en los años 20 y que continúan vendiéndose a buen ritmo hoy en día, se caracterizan por tener personajes y argumentos estereotipados, y son habitualmente objeto de mofa por considerarse naïfs y anticuadas.

Mills bomb ['mɪlzbɒm] *n* granada *f* de mano Mills
millstone ['mɪlstəʊn] *n* muela *f*, rueda *f* de molino; IDIOM **it's (like) a ~ round my neck** es una cruz que llevo encima
millstream ['mɪlstri:m] *n* corriente *f* que hace girar al molino, presada *f*
millwheel ['mɪlwi:l] *n* rueda *f* hidráulica
milometer [maɪ'lɒmɪtə(r)] *n (in car)* ≃ cuentakilómetros *m inv*
milt [mɪlt] *n* **-1.** *(fluid)* lecha *f* **-2.** *(organ)* lecha *f*
Miltonic [mɪl'tɒnɪk] *adj* de Milton, = propio del estilo del poeta inglés John Milton (1608-74)
MIME [maɪm] *n* COMPTR *(abbr* **Multipurpose Internet Mail Extensions)** (protocolo *m*) MIME *m*
mime [maɪm] ⋄ *n (performance)* mimo *m*, pantomima *f*; **to explain something in ~** explicar algo mediante mímica *or* gestos
❏ **~ artist** mimo *m*
⋄ *vt* representar con gestos
⋄ *vi* hacer mimo *or* mímica
mimeograph ['mɪmɪəgrɑ:f] ⋄ *n* **-1.** *(machine)* multicopista *f*, *Am* mimeógrafo *m* **-2.** *(text)* multicopia *f*
⋄ *vt* reproducir por multicopista, *Am* mimeografiar
mimesis [mɪ'mi:sɪs] *n* Formal LIT mimesis *f inv*, mímesis *f inv* **-2.** BIOL mimetismo *m*
mimetic [mɪ'metɪk] *adj* **-1.** Formal LIT mimético(a) **-2.** BIOL mimético(a)

mimic ['mɪmɪk] ⋄ *n* imitador(ora) *m,f*
⋄ *vt (pt & pp* **mimicked)** **-1.** *(person, voice)* imitar **-2.** BIOL adoptar la apariencia de
mimicry ['mɪmɪkrɪ] *n* **-1.** *(imitation)* imitación *f* **-2.** BIOL mimetismo *m*
mimosa [mɪ'məʊzə] *(mimosas or mimosae* [mɪ'məʊzi:]) *n* mimosa *f* ❏ **~ thorn** acacia *f* espinosa
Min -1. MUS *(abbr* **Minor)** menor **-2.** *(abbr* **Minister)** mtro(a). **-3.** *(abbr* **Ministry)** mtro.
min -1. *(abbr* **minute(s))** min., minuto *m* **-2.** *(abbr* **minimum)** mín.
minaret [mɪnə'ret] *n* alminar *m*, minarete *m*
minatory ['mɪnətrɪ] *adj* Formal amenazador(ora), amenazante
mince [mɪns] ⋄ *n Br* carne *f Esp*, *RP* picada *or Am* molida ❏ **~ pie** *(containing meat)* = especie de empanada de carne picada; *(containing fruit)* = pastel navideño a base de fruta escarchada, frutos secos y especias
⋄ *vt (chop up)* picar; IDIOM **she doesn't ~ her words** no tiene pelos en la lengua
⋄ *vi (walk)* caminar con afectación
mincemeat ['mɪnsmi:t] *n* **-1.** *(meat)* carne *f Esp*, *RP* picada *or Am* molida; IDIOM *Fam* **to make ~ of sb** hacer trizas *or Esp* picadillo *or RP* bolsa a alguien **-2.** *(fruit)* = relleno a base de fruta escarchada, frutos secos, especias, zumo de limón y grasa animal
mincer ['mɪnsə(r)] *n* picadora *f* (de carne)
mincing ['mɪnsɪŋ] *adj (walk, voice)* afectado(a)
mind [maɪnd] ⋄ *n* **-1.** *(thoughts)* mente *f*; **I added it up in my ~** lo calculé mentalmente; **there is no doubt in my ~ about it** no me queda la más mínima duda; **you can do it, it's all in the ~** todo es cosa de creérselo, la mente lo puede todo; **of course she doesn't hate you, it's all in your ~** claro que no te odia, son imaginaciones tuyas; **to be clear in one's ~ about sth** tener algo clarísimo; **to see sth in one's ~'s eye** hacerse una imagen mental de algo; **it's a case of ~ over matter** es un caso del poder de la mente; **her ~ was on something else** tenía la cabeza en otro lado; **to bear** *or* **keep sth in ~** tener algo en cuenta; **to bring** *or* **call sth to ~** traer algo a la memoria; **say the first thing that comes into your ~** di lo primero que te venga a la cabeza *or* mente; **nothing comes** *or* **springs to ~** no se me ocurre nada; **I couldn't get it off** *or* **out of my ~** no podía quitármelo de la cabeza; **my ~ went blank** me quedé en blanco; **it went completely** *or* **clean out of my ~** se me fue por completo de la cabeza; **to have sth on one's ~** tener algo en la cabeza; **do you have** *or* **is there something on your ~?** ¿te preocupa algo?; **it puts me in ~ of...** me recuerda...; **to put sth/sb out of one's ~** olvidar algo/a alguien; **to put** *or* **set sb's ~ at rest** tranquilizar a alguien; **to take sb's ~ off sth** quitarle *or Am* sacarle a alguien algo de la cabeza, hacer que alguien olvide algo; **let us turn our minds to the question of funding** abordemos la cuestión de la financiación *or Am* del financiamiento ❏ **~ game** *(in psychiatry)* juego *m* psicológico; *Fig* **to play ~ games with sb** hacer la guerra psicológica a alguien
-2. *(opinion)* **to my ~** en mi opinión; **to be of one** *or* **like ~, to be of the same ~** ser de la misma opinión; **to change sb's ~ (about sth)** hacer cambiar de opinión a alguien (acerca de algo); **to change one's ~ (about sth)** cambiar de opinión (acerca de algo); IDIOM *Fam* **I gave him a piece of my ~** le canté las cuarenta; **to keep an open ~ (about sth)** no formarse ideas preconcebidas (respecto a algo); **to speak one's ~** hablar sin rodeos
-3. *(will, wants, intention)* **nothing could be further from my ~** nada más lejos de mis intenciones; **to be in two minds (about sth)** estar indeciso(a) (acerca de algo); **to have a ~ of one's own** ser capaz de pensar *or* decidir por sí mismo(a); **this printer has a ~ of its own** esta impresora

hace lo que le da la gana *or* se le antoja; **I've a good ~ to do it** me estoy planteando seriamente hacerlo, tengo en mente hacerlo; **I've half a ~ to tell his parents** me entran *or* dan ganas de decírselo a sus padres; **to have sth/sb in ~** estar pensando en algo/alguien; **it's not quite what I had in ~** no es precisamente lo que me había imaginado; **to have it in ~ to do sth** tener en mente hacer algo; **I bought it with you in ~** lo compré pensando en ti; **she knows her own ~** sabe bien lo que quiere; **to make up one's ~, to make one's ~ up** decidirse; **I have made up my ~ to accept the job** he decidido aceptar el trabajo; **I can't make up my ~ who to invite** no consigo decidir a quién invitar; **to set one's ~ on sth/on doing sth** meterse en la cabeza algo/hacer algo
-4. *(attention)* **your ~ is not on the job** no estás concentrado en el trabajo; **my ~ was wandering** mi mente divagaba; **to keep one's ~ on sth** mantenerse concentrado(a) en algo; *US* **don't pay them any ~** no les hagas ningún caso; **I'm sure if you put** *or* **set your ~ to it you could do it** estoy seguro de que podrías hacerlo si pusieses tus cinco sentidos (en ello)
-5. *(way of thinking)* mente *f*, mentalidad *f*; **to have the ~ of a three-year-old** tener la mentalidad de un niño de tres años; **you've got a dirty/nasty ~!** ¡qué ideas más cochinas/desagradables tienes!; **to have a suspicious ~** tener una mente recelosa
-6. *(reason)* **to be/go out of one's ~** *(mad)* haber perdido/perder el juicio; **are you out of your ~?** ¿estás loco?; **to be out of one's ~ with worry** estar preocupadísimo(a); *Fam* **to be bored out of one's ~** estar más aburrido(a) que una ostra; *Fam* **to be drunk/stoned out of one's ~** estar completamente borracho(a)/colocado(a); *Fam* **to be scared out of one's ~** estar muerto(a) de miedo; **no one in his right ~...** nadie en su sano juicio...; **his ~ is going** se está volviendo loco, se le va la cabeza
-7. *(intelligence)* **to have a quick ~** tener una mente despierta; **I'm doing the course to improve my ~** hago el curso para ampliar mis conocimientos
-8. *(person)* mente *f*; **one of the finest minds of this century** una de las mentes más insignes de este siglo
⋄ *vt* **-1.** *(pay attention to)* **~ you don't fall!** ¡ten cuidado no te caigas *or* no te vayas a caer!; **~ you're not late!** ¡ten cuidado de no llegar tarde!; **~ you don't forget anything** ten cuidado de no olvidarte nada; **~ where you're going!** ¡cuida *or* cuidado por dónde vas!; *Br Fam* **~ how you go!** ¡cuídate!; **~ your head!** ¡cuida *or* cuidado con la cabeza!; **~ the step!** ¡cuidado con el escalón!; **~ your language!** ¡vaya lenguaje!, ¡no digas palabrotas *or Esp* tacos!; **~ your manners!** ¡no seas maleducado!, ¡pórtate bien!; **you'll have to ~ your p's and q's** tendrás que tener cuidado de no decir ninguna palabrota
-2. *(concern oneself with)* preocuparse de *or* por; **~ your own business!** ¡métete en tus asuntos!; **don't ~ me, just carry on playing** como si no estuviera, tú sigue tocando; **never ~ the distance/the money** no te preocupes por la distancia/el dinero; **never ~ her/what they say!** ¡no te preocupes por ella/por lo que digan!; **I don't even have enough money for a tie, never ~ a suit!** no tengo dinero *or Am* plata para una corbata y mucho menos para un traje; **~ you, I've always thought that...** la verdad es que yo siempre he pensado que...; **he's a bit young, ~ you** lo que pasa es que es un poco joven
-3. *(object to)* **I don't ~ the cold** no me importa *or* no me molesta el frío; **do you like her? – I don't ~ her** ¿te gusta? – no me disgusta; **he didn't ~ that I hadn't phoned** no le

mind-altering

importó que no lo hubiera llamado; **what I ~ is...** lo que me molesta es...; **I don't ~ what you do as long as you don't tell her** no me importa lo que hagas con tal de que no se lo digas a ella; **do you ~ me smoking?** ¿le importa *or* molesta que fume?; **if you don't ~ my asking** si no te importa que lo pregunte; **I don't ~ telling you I was furious** te puedo decir que estaba furioso; **would you ~ not doing that?** ¿te importaría no hacer eso?; **I wouldn't ~ a cup of tea** me gustaría tomar una taza de té; **I wouldn't ~ a holiday in the Bahamas** no estaría mal *or* no me importarían unas vacaciones en las Bahamas
 -**4.** *(look after) (children, house, shop)* cuidar; **would you ~ my suitcases for me?** ¿le importaría cuidarme las maletas *or Méx* petacas *or Andes, RP* valijas?
 -**5.** *Scot, Irish (remember)* acordarse de
 ◇ *vi* -**1.** *(object)* **do you ~!** *(how dare you)* ¡te importa!, ¿cómo te atreves?; **do you ~ if I smoke?** ¿le importa que fume?, ¿le molesta si fumo?; **do you ~ if I switch the radio on?** ¿te importa *or* molesta si enciendo *or Am* prendo la radio?; **I don't ~** no me importa; **which do you prefer? - I don't ~** ¿cuál prefieres? - me da igual; **I don't ~ if I do** *(accepting sth offered)* ¿por qué no?; **I'm quite capable of doing it on my own, if you don't ~!** ¡soy perfectamente capaz de hacerlo yo solito, gracias!
 -**2.** *(trouble oneself)* **it's broken - never ~!** está roto - ¡es igual *or* no importa!; **never ~, we'll try again later** no te preocupes, lo volveremos a intentar más tarde; **never ~ about that now** olvídate de eso ahora; *Fam* **never you ~!** *(it's none of your business)* ¡no es asunto tuyo!
 ➤ **mind out** *vi Br* tener cuidado; **~ out!** ¡cuidado!
 ➤ **mind out for** *vt insep Br* **~ out for that dog!** ¡cuidado con ese perro!
mind-altering ['maɪndɔːltərɪŋ] *adj (drug)* psicotrópico(a), psicótropo(a)
mind-bending ['maɪndbendɪŋ] *adj Fam* -**1.** *(drug)* alucinógeno(a) -**2.** *(experience, event, film)* alucinante
mind-blowing ['maɪndbləʊɪŋ] *adj Fam* alucinante
mind-boggling ['maɪndbɒɡlɪŋ] *adj Fam* alucinante
minded ['maɪndɪd] *adj* **he is commercially/mechanically ~** se le da muy bien el comercio/la mecánica; *Formal* **if you were so ~** si te pusieras (a hacerlo); *Formal* **I'm not ~ to do so** no siento la inclinación de hacerlo
minder ['maɪndə(r)] *n* -**1.** *Br Fam (bodyguard)* gorila *m*, *Méx* guarura *m* -**2.** *Fam (to supervise contact with media)* asesor(ora) *m,f* de imagen -**3. (baby** *or* **child) ~** niñero(a) *m,f*
mind-expanding ['maɪndɪkspændɪŋ] *adj (drug)* alucinógeno(a); *(experience)* revelador(ora)
mindful ['maɪndfʊl] *adj* **to be ~ of sth** ser consciente de algo; **he is always ~ of others** es muy considerado con los demás
mindless ['maɪndlɪs] *adj* -**1.** *(destruction, violence)* gratuito(a), absurdo(a) -**2.** *(task, job)* mecánico(a) -**3.** *(inane) (film, book)* insustancial, frívolo(a)
mindlessly ['maɪndlɪslɪ] *adv* -**1.** *(needlessly)* gratuitamente -**2.** *(stupidly)* tontamente
mind-numbing ['maɪndnʌmɪŋ] *adj Fam* embrutecedor(ora)
mind-numbingly ['maɪndnʌmɪŋlɪ] *adv Fam* **it was ~ boring** fue desesperantemente aburrido(a)
mind-reader ['maɪndriːdə(r)] *n* adivinador(ora) *m,f* del pensamiento; *Fam Hum* **I'm not a ~!** ¡no soy adivino!
mind-reading ['maɪndriːdɪŋ] *n* adivinación *f* del pensamiento
mindset ['maɪndset] *n (fixed attitude)* mentalidad *f*
mine[1] [maɪn] ◇ *n* -**1.** *(for coal, tin, diamonds)* mina *f*; **he went down the ~** *or* **mines at 14** a los catorce años comenzó a bajar a la mina; *Fig* **a ~ of information** una mina *or* un filón de información ❑ **~ owner** minero(a) *m,f*, propietario(a) *m,f* de una mina; **~ shaft** pozo *m* de mina
 -**2.** *(explosive device)* mina *f*; **to lay mines** colocar minas; **to clear a road of mines** limpiar una carretera de minas ❑ **~ detector** detector *m* de minas
 ◇ *vt* -**1.** *(coal, gold)* extraer; **they ~ coal in the area** extraen carbón en la zona -**2.** *(place explosive mines in) (land, sea)* minar, colocar minas en; **our ship was mined** nuestro barco colisionó contra una mina -**3.** *(undermine) (fortification, foundations)* minar *or* socavar los fundamentos de
 ◇ *vi* **to ~ for coal/gold** extraer carbón/oro
mine[2] *possessive pron* -**1.** *(singular)* el mío *m*, la mía *f*; *(plural)* los míos *mpl*, las mías *fpl*; **her house is big but ~ is bigger** su casa es grande, pero la mía es mayor; **she didn't have a book so I gave her ~** como no tenía un libro le di el mío; **it must be one of ~** debe de ser uno de los míos; **it wasn't his fault, it was MINE** no fue culpa suya sino mía; **~ is the work they admire most** mi obra es la que más admiran
 -**2.** *(used attributively) (singular)* mío(a); *(plural)* míos(as); **this book is ~** este libro es mío; **a friend of ~** un amigo mío; **that dog of ~** ese perro mío
minefield ['maɪnfiːld] *n* -**1.** *(containing mines)* campo *m* de minas -**2.** *Fig (in law, politics)* polvorín *m*
minehunter ['maɪnhʌntə(r)] *n (ship)* cazaminas *m inv*
minelayer ['maɪnleɪə(r)] *n (ship)* buque *m* minador
miner ['maɪnə(r)] *n* minero(a) *m,f* ❑ **~'s lamp** lámpara *f* de minero
mineral ['mɪnərəl] *n* mineral *m*; **the ~ kingdom** el reino mineral; **the country's ~ resources** los recursos minerales del país ❑ **~ deposits** depósitos *mpl* minerales; **~ oil** *Br* aceite *m* mineral; *US* aceite *m* de parafina; **~ ore** mineral *m*; **~ rights** derechos *mpl* de explotación; **~ water** agua *f* mineral
mineralogist [mɪnəˈrɒlədʒɪst] *n* mineralogista *mf*
mineralogy [mɪnəˈrɒlədʒɪ] *n* mineralogía *f*
Minerva [mɪˈnɜːvə] *n MYTHOL* Minerva
minestrone [mɪnəˈstrəʊnɪ] *n* **~ (soup)** *(sopa f)* minestrone *f*
minesweeper ['maɪnswiːpə(r)] *n (ship)* dragaminas *m inv*
mineworker ['maɪnwɜːkə(r)] *n* minero(a) *m,f*
Ming [mɪŋ] *adj HIST* de los Ming; **a ~ vase** un jarrón Ming; **the ~ dynasty** la dinastía de los Ming
mingle ['mɪŋɡəl] ◇ *vt* mezclar; **he mingled truth with lies** mezcló verdades y mentiras; **joy mingled with sadness** una mezcla de alegría y tristeza
 ◇ *vi* -**1.** *(things)* mezclarse -**2.** *(person)* **to ~ with the crowd** mezclarse con la multitud; **I don't like the people you ~ with** no me gusta la gente con la que tratas; **I'm not very good at mingling** no se me da muy bien eso de hablar con unos y con otros; **excuse me, I must ~** perdonen, tengo que saludar a los otros invitados
mingy ['mɪndʒɪ] *adj Fam* -**1.** *(person)* roñica, agarrado(a) -**2.** *(sum, portion, amount)* miserable, roñoso(a)
Mini® ['mɪnɪ] *n (car)* Mini® *m*
mini ['mɪnɪ] *n* -**1.** *(miniskirt)* mini *f*, minifalda *f* -**2.** *COMPTR Esp* miniordenador *m*, *Am* minicomputadora *f*
mini- ['mɪnɪ] *prefix* mini-
miniature ['mɪnɪtʃə(r)] ◇ *n* -**1.** *(painting, copy, model)* miniatura *f*; **in ~** en miniatura -**2.** *(bottle)* botella *f* en miniatura
 ◇ *adj* en miniatura; **a ~ Eiffel Tower** una Torre Eiffel en miniatura ❑ **~ golf** minigolf *m*; **~ poodle** caniche *m* enano; **~ railway** tren *m* en miniatura
miniaturist ['mɪnɪtʃərɪst] *n* miniaturista *mf*
miniaturize ['mɪnɪtʃəraɪz] *vt* miniaturizar
minibar ['mɪnɪbɑː(r)] *n* minibar *m*
minibreak ['mɪnɪbreɪk] *n Br* minivacaciones *fpl*
minibus ['mɪnɪbʌs] *n* microbús *m*
minicab ['mɪnɪkæb] *n Br* taxi *m (que sólo se puede pedir por teléfono)*
minicam ['mɪnɪkæm] *n* minicámara *f*
minicomputer ['mɪnɪkəmˌpjuːtə(r)] *n COMPTR Esp* miniordenador *m*, *Am* minicomputadora *f*
minicourse ['mɪnɪkɔːs] *n US* minicurso *m*
MiniDisc® ['mɪnɪdɪsk] *n COMPTR* MiniDisc® *m*
minigolf ['mɪnɪɡɒlf] *n* minigolf *m*
minim ['mɪnɪm] *n Br MUS* blanca *f*
minimal ['mɪnɪməl] *adj* mínimo(a) ❑ *MED* **~ invasive therapy** terapia *f* no invasiva; *LING* **~ pair** par *m* mínimo
minimalism ['mɪnɪməlɪzəm] *n (in art, music, design)* minimalismo *m*
minimalist ['mɪnɪməlɪst] ◇ *n* minimalista *mf*; **when it came to government intervention, he was a ~** era partidario de que el gobierno interviniese lo menos posible
 ◇ *adj* minimalista
minimalize ['mɪnɪməlaɪz] *vt* minimizar
minimally ['mɪnɪməlɪ] *adv* mínimamente; **the new system is only ~ more efficient** el nuevo sistema sólo es ligeramente más eficaz ❑ *MED* **~ invasive therapy** terapia *f* no invasiva
minimarket ['mɪnɪmɑːkɪt], **minimart** ['mɪnɪmɑːt] *n US* supermercado *m* pequeño
minimize ['mɪnɪmaɪz] *vt* -**1.** *(reduce) (risk, cost)* minimizar, reducir al mínimo -**2.** *(diminish) (importance, significance)* minimizar -**3.** *COMPTR (window)* minimizar
minimum ['mɪnɪməm] ◇ *n* mínimo *m*; **a ~ of two years' experience** un mínimo de dos años de experiencia, dos años de experiencia como mínimo; **with the** *or* **a ~ of fuss** con el mínimo de complicaciones; **to keep/reduce sth to a ~** mantener/reducir algo al mínimo; **as a ~** como mínimo, al menos; **at the (very) ~ it will cost $2,000** como mínimo costará 2.000 dólares
 ◇ *adj* mínimo(a) ❑ *FIN* **~ lending rate** tipo *m* mínimo de interés, *Am* tasa *f* mínima de interés; **~ wage** salario *m* mínimo (interprofesional), sueldo *m* mínimo
mining ['maɪnɪŋ] *n* minería *f*; **a ~ town** una localidad minera ❑ **~ area** cuenca *f* minera; **~ engineer** ingeniero(a) *m,f* de minas; **the ~ industry** el sector minero
minion ['mɪnjən] *n Pej* lacayo *m*, subordinado(a) *m,f*
minipill ['mɪnɪpɪl] *n* = píldora anticonceptiva sin estrógenos
mini-roundabout ['mɪnɪˈraʊndəbaʊt] *n Br* rotonda *f* pequeña
miniscule = **minuscule**
mini-series ['mɪnɪsɪəriːz] *n TV* miniserie *f*
miniskirt ['mɪnɪskɜːt] *n* minifalda *f*
minister ['mɪnɪstə(r)] ◇ *n* -**1.** *POL (in charge of department)* ministro(a) *m,f*; *(junior)* secretario(a) *m,f* de Estado ❑ *Br* **Minister of the Crown** ministro(a) *m,f*; *Br* **Minister of Defence** ministro(a) *m,f* de Defensa; *Br* **Minister of Health** ministro(a) *m,f* de Sanidad; *Br* **Minister of State** Secretario(a) *m,f* de Estado; **~ without portfolio** ministro(a) *m,f* sin cartera
 -**2.** *REL* ministro *m*
 ◇ *vi Formal* -**1.** *(provide care)* **to ~ to sb** ocuparse de alguien; **to ~ to sb's needs** atender las necesidades de alguien; **he ministered to the sick** procuraba atención *or* ayuda a los enfermos; **a ministering angel** un ángel de la guarda -**2.** *REL* **to ~ to** servir como ministro en
ministerial [mɪnɪˈstɪərɪəl] *adj POL* ministerial; **to hold ~ office** ostentar una cartera ministerial
ministrations [mɪnɪˈstreɪʃənz] *npl Literary or Hum (help, service)* atenciones *fpl*, agasajos *mpl*
ministry ['mɪnɪstrɪ] *n* -**1.** *POL* ministerio *m* ❑ *Br* **the Ministry of Defence** el Ministerio de Defensa; *Br* **the Ministry of Transport** el Ministerio de Transportes -**2.** *REL* **to enter**

mink [mɪŋk] *n* **-1.** *(animal)* visón *m* **-2.** *(fur)* **a ~ (coat)** un abrigo de visón

minke (whale) ['mɪŋkɪ(weɪl)] *n* rorcual *m* aliblanco

Minn *(abbr* **Minnesota)** Minnesota

minneola [mɪnɪ'əʊlə] *n (citrus fruit)* = cítrico parecido a una naranja, híbrido de pomelo y mandarina

Minnesota [mɪnɪ'səʊtə] *n* Minnesota

minnow ['mɪnəʊ] *n* **-1.** *(fish)* alevín *m* **-2.** *Br (team, company)* comparsa *mf*

Minoan [mɪ'nəʊən] HIST ◇ *n* minoico(a) *m,f*
◇ *adj* minoico(a)

minor ['maɪnə(r)] ◇ *n* **-1.** LAW menor *mf (de edad)* **-2.** *US* UNIV subespecialidad *f* **-3.** *US* SPORT **the Minors** = ligas profesionales estadounidenses de béisbol de menor importancia que la liga nacional
◇ *adj* **-1.** *(lesser)* menor ❑ SPORT **~ league** = liga profesional estadounidense de béisbol de menor importancia que la liga nacional; *Fig* **a ~ league company** una empresa de segunda; REL **~ *orders*** órdenes *fpl* menores; *Br* **~ *roads*** carreteras *fpl* secundarias
-2. *(not serious, unimportant) (injury, illness)* leve; *(role, problem)* menor; *(detail, repair)* pequeño(a); **of ~ importance** de poca importancia ❑ LAW **~ *offence*** falta *f* culposa; MED **~ *operation*** operación *f* sencilla
-3. *(for emphasis)* **the movie is a ~ classic** la película es casi un clásico; **it was a ~ miracle that we weren't killed** fue casi un milagro que no nos mataran
-4. MUS menor; **in A ~** en la menor; **~ *seventh/third*** séptima/tercera menor ❑ **~ *key*** modo *m* menor; **~ *mode*** modo *m* menor
-5. PHIL **~ *premise*** premisa *f* menor
-6. *US* UNIV **~ *subject*** subespecialidad *f*
-7. *Br* SCH **Jones ~** el pequeño de los Jones
-8. ASTRON **~ *planet*** *(asteroid)* planeta *m* menor
-9. *(in cards)* **~ *suit*** palo menor
◇ *vi US* UNIV **to ~ in sth** tener algo como asignatura optativa

Minorca [mɪ'nɔːkə] *n* Menorca

Minorcan [mɪ'nɔːkən] ◇ *n* menorquín(ina) *m,f*
◇ *adj* menorquín(ina)

minority [maɪ'nɒrɪtɪ] *n* **-1.** *(of total number)* minoría *f*; **to be in a *or* the ~** ser minoría; **I was in a ~ of one** fui el único ❑ FIN **~ *holding*** participación *f* minoritaria; FIN **~ *interest*** interés *m* minoritario; FIN **~ *opinion*** opinión *f* de la minoría; FIN **~ *shareholder*** accionista *mf* minoritario(a); *US* FIN **~ *stockholder*** accionista *mf* minoritario(a)
-2. *(in vote)* minoría *f* ❑ **~ *government*** gobierno *m* minoritario; *US* POL **~ *leader*** líder *mf* de la oposición; **~ *party*** partido *m* minoritario; **~ *rule*** gobierno *m* de la minoría; LAW **~ *verdict*** veredicto *m* por minoría
-3. LAW *(age)* minoría *f* de edad

Minotaur ['maɪnətɔː(r)] *n* MYTHOL **the ~** el Minotauro

minster ['mɪnstə(r)] *n (large church)* catedral *f*

minstrel ['mɪnstrəl] *n* **-1.** *(in Middle Ages)* juglar *m* **-2.** *(with blackened face)* = actor con el rostro maquillado de negro ❑ **~ *show*** = espectáculo teatral de variedades protagonizado por actores con el rostro maquillado de negro

mint¹ [mɪnt] *n* **-1.** *(plant)* menta *f* ❑ **~ *julep*** = bebida a base de whisky con hielo, azúcar y hojas de menta; **~ *sauce*** salsa *f* de menta; **~ *tea*** *(herbal tea)* poleo *m* **-2.** *(sweet)* caramelo *m* de menta

mint² ◇ *n* **the (Royal) Mint** ≃ la Casa de la Moneda, *Esp* ≃ la Fábrica Nacional de Moneda y Timbre; *Fam* **to make a ~** montarse en el dólar, *Méx* llenarse de lana, *RP* llenarse de guita
◇ *adj* nuevo(a), sin usar; **in ~ condition** como nuevo(a)
◇ *vt* **-1.** *(coins)* acuñar; *Fam* **he must be minting it** seguro que se está forrando, *Méx* seguro que se está pudriendo en dinero **-2.** *(word, expression)* acuñar

minty ['mɪntɪ] *adj (smell, taste)* de menta

minuet [mɪnjʊ'et] *n* MUS minué *m*, minueto *m*

minus ['maɪnəs] ◇ *n* **-1.** *(sign)* (signo *m*) menos *m* **-2.** *(negative aspect)* desventaja *f*, aspecto *m* negativo
◇ *adj* **-1.** *(quantity, number)* negativo(a) ❑ **~ *sign*** signo *m* menos **-2.** *(aspect)* negativo(a); **the ~ side** la parte negativa **-3.** SCH **B ~** notable bajo
◇ *prep* **-1.** *(in arithmetic)* **ten ~ eight leaves *or* equals two** diez menos ocho igual a dos; **~ 12** menos doce **-2.** *(in temperature)* **it's ~ 12 degrees** hace 12 grados bajo cero **-3.** *Fam (without)* sin; **he managed to escape, but ~ his luggage** consiguió escapar, pero sin el equipaje; **the chair was ~ a leg** a la silla le faltaba una pata

minuscule, miniscule ['mɪnəskjuːl] *adj* minúsculo(a), diminuto(a)

minute¹ ['mɪnɪt] ◇ *n* **-1.** *(sixty seconds)* minuto *m*; **for ten minutes** durante diez minutos; **I'll be ready in ten minutes** dentro de diez minutos estoy lista; **it's ten minutes to three** son las tres menos diez; **it's ten minutes past three** son las tres y diez; **it's only a few minutes' walk (from here)** es un paseo de pocos minutos; **he got there with only minutes to spare** cuando llegó sólo le sobraban unos minutos; **they arrived within minutes of us** llegaron pocos minutos después de nosotros; **to observe a ~'s silence** guardar un minuto de silencio ❑ **~ *hand*** *(of watch)* minutero *m*; **~ *steak*** filete *m* muy fino
-2. *(short time)* minuto *m*, momento *m*; **I won't be a ~** no tardo *or Am* demoro ni un minuto; **have you got a ~?** ¿tienes un minuto *or* momento?; **just a ~** un momento; **wait a ~!** ¡espera un momento!; **it'll be ready in a ~** estará listo en un minuto *or* momento; **I've just popped in for a ~** sólo me quedaré un momento *or* un minuto; **not *or* never for one ~** ni por un momento *or* instante; **I don't have a ~ to call my own** no tengo (ni) un minuto libre
-3. *(instant)* momento *m*; **he'll be here any ~ (now)** llegará en cualquier momento; **at the ~** en este momento; **go downstairs this ~!** ¡baja ahora mismo!; **I'll talk to him the ~ he arrives** en cuanto llegue hablaré con él; **the ~ my back has turned, she...** en cuanto me dé la vuelta, ella...; **one ~ he says he's sorry, the next he's doing it again!** en un momento dice que lo siente y al minuto siguiente lo está haciendo de nuevo; **until *or* at the last ~** hasta/en el último momento; **I enjoyed/hated every ~ of the film** la película me encantó/me pareció horrorosa de principio a fin; **there's not a *or* one ~ to lose** no hay tiempo que perder
-4. GEOM minuto *m*
-5. *(note)* nota *f*; **minutes** *(of meeting)* acta *f*, actas *fpl*; **to take the minutes** levantar las actas ❑ **~ *book*** libro *m* de actas
◇ *vt* **-1.** *(make note of)* hacer constar en acta; **the meeting will be minuted** se levantará acta de la reunión **-2.** *(send note to)* notificar

minute² [maɪ'njuːt] *adj* **-1.** *(small)* diminuto(a), minúsculo(a); *(increase, improvement)* mínimo(a) **-2.** *(detailed) (examination)* minucioso(a); **in ~ detail** con minucioso detalle

minutely [maɪ'njuːtlɪ] *adv (to examine, describe)* minuciosamente

Minuteman ['mɪnɪtmæn] *n* **-1.** *US* HIST *(soldier)* = en la Guerra de Independencia, miliciano preparado para actuar en cualquier momento **-2.** *(missile)* Minuteman *m*, = misil intercontinental de las fuerzas armadas estadounidenses

minutiae [mɪ'nuːʃɪaɪ] *npl Formal (small details)* pormenores *mpl*

minx [mɪŋks] *n Fam Hum* aprovechada *f*, fresca *f*

Miocene ['maɪəsiːn] GEOL ◇ *n* **the ~** el mioceno
◇ *adj (era)* mioceno(a)

mips [mɪps] *n* COMPTR *(abbr* **million instructions per second)** millón *m* de instrucciones por segundo

miracle ['mɪrəkəl] *n* milagro *m*; **to perform *or* work miracles** hacer milagros; **the ~ of radio** el milagro de la radio; **by a *or* some ~** de milagro, milagrosamente; **it's a ~ that...** es un milagro que... ❑ **~ *cure*** cura *f* milagrosa; **~ *play*** auto *m*; **~ *worker*** persona *f* que hace milagros; *Fam* **I'm not a ~ worker you know!** ¡quién te has creído que soy yo!, crees que sé hacer milagros ¿o qué?

miraculous [mɪ'rækjʊləs] *adj* milagroso(a); *Ironic* **she made a ~ recovery as soon as the weekend arrived** cuando llegó el fin de semana se recuperó como por arte de magia

miraculously [mɪ'rækjʊləslɪ] *adv* milagrosamente; **~, no one was hurt** milagrosamente nadie resultó herido

mirage ['mɪrɑːʒ] *n also Fig* espejismo *m*

Mirandize [mə'rændaɪz] *vt US* **to Mirandize a suspect** leerle los derechos a un sospechoso

MIRAS ['mɑːræs] *n Br Formerly (abbr* **Mortgage Interest Relief at Source)** = desgravación fiscal de intereses por adquisición o reforma de vivienda habitual

mire [maɪə(r)] ◇ *n* lodo *m*, fango *m*
◇ *vt* **they were mired in the legal complexities** estaban atrapados en un atolladero de complejidades legales

mirin ['mɪrɪn] *n* CULIN mirin *m*, = variante dulce del sake

mirror ['mɪrə(r)] ◇ *n* espejo *m*; *Fig* **to hold a ~ (up) to sth** dar un fiel reflejo de algo; IDIOM **it's all done with mirrors** es un montaje ❑ **~ *image*** *(exact copy)* reflejo *m* exacto; *(reversed image)* imagen *f* invertida; **~ *writing*** escritura *f* invertida
◇ *vt* **-1.** *(reflect)* reflejar **-2.** *(imitate, reproduce)* ser un calco de

mirrorball ['mɪrəbɔːl] *n* bola *f* de espejos *(en discoteca)*

mirrored ['mɪrəd] *adj (ceiling)* con espejo; **~ *glasses*** gafas de espejo

mirrorlike ['mɪrəlaɪk] *adj (sea, lake)* liso(a) como un espejo

mirth [mɜːθ] *n Formal* regocijo *m*

mirthless ['mɜːθlɪs] *adj* distante, frío(a)

mirthlessly ['mɜːθlɪslɪ] *adv* distantemente, fríamente

MIRV [mɜːv] *n (abbr* **multiple independently targeted re-entry vehicle)** MIRV *m*, = misil de cabezas múltiples e independientes

misadventure [mɪsəd'ventʃə(r)] *n* **-1.** *(misfortune)* desventura *f* **-2.** LAW **death by ~** muerte accidental

misaligned [mɪsə'laɪnd] *adj* desalineado(a)

misalliance [mɪsə'laɪəns] *n Formal (marriage)* matrimonio *m* desafortunado

misanthrope ['mɪzənθrəʊp] *n* misántropo(a) *m,f*

misanthropic [mɪzən'θrɒpɪk] *adj* misantrópico(a)

misanthropist [mɪ'zænθrəpɪst] *n* misántropo(a) *m,f*

misanthropy [mɪ'zænθrəpɪ] *n* misantropía *f*

misapply [mɪsə'plaɪ] *vt Formal* **-1.** *(law)* aplicar erróneamente **-2.** *(term)* utilizar erróneamente

misapprehend [mɪsæprɪ'hend] *vt Formal* malinterpretar

misapprehension [mɪsæprɪ'henʃən] *n Formal* malentendido *m*, equívoco *m*; **to be (labouring) under a ~** albergar una falsa impresión

misappropriate [mɪsə'prəʊprɪeɪt] *vt Formal (for oneself)* apropiarse indebidamente de; *(for a wrong use)* malversar

misappropriation ['mɪsəprəʊprɪ'eɪʃən] *n Formal (for oneself)* apropiación *f* indebida; *(for a wrong use)* malversación *f* de fondos

misbegotten [mɪsbɪˈgɒtən] *adj* **-1.** *(plan, decision, idea)* desacertado(a), desafortunado(a) **-2.** *(person)* inútil **-3.** *Old-fashioned (child)* adulterino(a)

misbehave [mɪsbɪˈheɪv] *vi* portarse mal; *Fam Fig* **the washing machine has been misbehaving again** la lavadora vuelve a fallar

misbehaviour, *US* **misbehavior** [mɪsbɪˈheɪvjə(r)] *n* mala conducta *f*, mal comportamiento *m*

misc *(abbr* **miscellaneous)** varios

miscalculate [mɪsˈkælkjʊleɪt] ◇ *vt* calcular mal *or* erróneamente
◇ *vi* calcular mal

miscalculation [mɪskælkjʊˈleɪʃən] *n* error *m* de cálculo

miscarriage [mɪsˈkærɪdʒ] *n* **-1.** MED aborto *m* (natural *or* espontáneo); **to have a ~** abortar de forma natural **-2.** LAW **~ of justice** error *m* judicial

miscarry [mɪsˈkærɪ] *vi* **-1.** *(pregnant woman)* abortar de forma natural **-2.** *Formal (plan)* fracasar

miscast [mɪsˈkɑːst] *vt* **to ~ an actor** dar a un actor un papel poco apropiado, dar a un actor un papel que no le va

miscegenation [mɪsɪdʒəˈneɪʃən] *n Formal* mestizaje *m*

miscellaneous [mɪsəˈleɪnɪəs] *adj* diverso(a), misceláneo(a); **~ expenses** gastos varios; **the file marked "~"** el archivo con la etiqueta "misceláneo"

miscellany [mɪˈseləni] *n* **-1.** *(mixture, assortment)* miscelánea *f* **-2.** *(anthology)* miscelánea *f*

mischance [mɪsˈtʃɑːns] *n Formal* mala suerte *f*, desgracia *f*; **by ~** por desgracia

mischief [ˈmɪstʃɪf] *n* **-1.** *(naughtiness)* travesura *f*; **she looked at me with ~ in her eyes** me miró con ojos traviesos *or* de diablillo; **to be full of ~** ser un/una travieso(a); **to get up to ~** hacer travesuras; **to keep sb out of ~** evitar que alguien haga de las suyas **-2.** *(trouble)* problemas *mpl*; **to make ~ (for sb)** crear problemas (a alguien) **-3.** *Br Fam Hum (injury)* **to do oneself a ~** hacerse daño *or* pupa **-4.** *Fam Hum (child)* diablillo *m*

mischief-maker [ˈmɪstʃɪfmeɪkə(r)] *n* **she's a terrible ~** *(naughty)* es muy traviesa; *(nasty)* le encanta sembrar cizaña

mischievous [ˈmɪstʃɪvəs] *adj* **-1.** *(naughty) (child, look)* travieso(a) **-2.** *(malicious)* malicioso(a)

mischievously [ˈmɪstʃɪvəslɪ] *adv* **-1.** *(naughtily)* traviesamente; **he smiled ~** sonrió con gesto travieso **-2.** *(maliciously)* maliciosamente

mischievousness [ˈmɪstʃɪvəsnɪs] *n* **-1.** *(naughtiness)* travesuras *fpl* **-2.** *(nastiness)* malicia *f*

misconceived [mɪskənˈsiːvd] *adj* **-1.** *(mistaken)* erróneo(a), equivocado(a) **-2.** *(badly planned)* mal planteado(a)

misconception [mɪskənˈsepʃən] *n* idea *f* equivocada *or* errónea; **it's a common ~ that…** es un error muy común pensar que…; **a popular ~** una idea equivocada muy extendida

misconduct *Formal* ◇ *n* [mɪsˈkɒndʌkt] **-1.** *(misbehaviour)* conducta *f* poco ética; **(professional) ~** conducta *f* (profesional) poco ética **-2.** *(poor management)* mala gestión *f*
◇ *vt* [mɪskənˈdʌkt] *(mismanage)* administrar *or* gestionar mal

misconstruction [mɪskənˈstrʌkʃən] *n Formal* mala interpretación *f*; **to be open to ~** ser susceptible de malas interpretaciones

misconstrue [mɪskənˈstruː] *vt Formal* malinterpretar

miscreant [ˈmɪskrɪənt] *n Formal* malhechor(ora) *m,f*

miscue [ˈmɪskjuː] *vi* **-1.** *(in billiards, pool)* pifiar **-2.** THEAT equivocarse en la réplica

misdate [mɪsˈdeɪt] *vt (letter)* poner la fecha equivocada a

misdeal [mɪsˈdiːl] *(pt & pp* **misdealt** [mɪsˈdelt]*)*
◇ *vt* **to ~ the cards** repartir mal las cartas
◇ *vi* repartir mal
◇ *n* mal reparto *m (en naipes)*

misdeed [mɪsˈdiːd] *n Formal* fechoría *f*

misdemeanour, *US* **misdemeanor** [mɪsdɪˈmiːnə(r)] *n* **-1.** LAW falta *f* **-2.** *(minor act of misbehaviour)* fechoría *f*

misdiagnose [mɪsdaɪəgˈnəʊz] *vt* MED diagnosticar erróneamente; *Fig* **to ~ the situation** hacer un análisis erróneo *or* equivocado de la situación

misdiagnosis [mɪsdaɪəgˈnəʊsɪs] *n* MED diagnóstico *m* erróneo

misdial [mɪsˈdaɪəl] *(pt & pp* **misdialled,** *US* **misdialed)** ◇ *vt* equivocarse al marcar
◇ *vi* equivocarse al marcar

misdirect [mɪsdɪˈrekt] *vt* **-1.** *(person)* dar indicaciones equivocadas a **-2.** *(misuse) (efforts, talents)* malgastar; **misdirected energy** energía mal utilizada **-3.** *(letter)* mandar a una dirección equivocada **-4.** LAW **to ~ the jury** dar instrucciones erróneas al jurado

misdirection [mɪsdɪˈrekʃən] *n* **-1.** *(of funds)* malversación *f* **-2.** LAW *(of jury)* **his ~ of the jury** el hecho de que diera instrucciones erróneas al jurado

miser [ˈmaɪzə(r)] *n* avaro(a) *m,f*

miserable [ˈmɪzərəbəl] *adj* **-1.** *(unhappy)* deprimido(a); **to be ~** estar deprimido(a); **you look ~** te veo deprimido; **don't be so ~!** ¡alegra esa cara!, ¡anímate!; **to make sb ~, to make sb's life ~** amargar la vida a alguien; IDIOM **to be as ~ as sin** estar de lo más deprimido(a) **-2.** *(unpleasant) (evening, weather, person)* desagradable; **to have a ~ time** pasarlo *Esp* fatal *or Am* pésimo; IDIOM **to be as ~ as sin** ser lo más desagradable **-3.** *(poor)* **it was a ~ performance** fue una actuación penosa; **a ~ failure** *(plan, attempt)* un fracaso estrepitoso **-4.** *(mean)* miserable; **I only got a ~ £70** sólo me dieron 70 miserables libras

miserably [ˈmɪzərəblɪ] *adv* **-1.** *(unhappily)* tristemente **-2.** *(unpleasantly)* lamentablemente **-3.** *(poorly)* **I failed ~** tuve un fracaso estrepitoso **-4.** *(meanly)* **to be ~ paid** cobrar una miseria

misericord [mɪˈzerɪkɔːd] *n* REL *(on seat)* misericordia *f*

miserliness [ˈmaɪzəlɪnɪs] *n* avaricia *f*

miserly [ˈmaɪzəlɪ] *adj* avariento(a); **a ~ amount** una cantidad miserable

misery [ˈmɪzərɪ] *n* **-1.** *(unhappiness)* tristeza *f*, infelicidad *f*; **to make sb's life a ~** amargar la vida a alguien; **to put an animal out of its ~** terminar con los sufrimientos de un animal; *Hum* **put him out of his ~!** *(by telling him sth)* ¡acaba de una vez con sus sufrimientos! **-2.** *Br Fam (person)* amargado(a) *m,f*; **don't be such an old ~!** ¡deja de amargarnos!

misery-guts [ˈmɪzərɪgʌts] *n Br Fam* amargado(a) *m,f*

misfield ◇ *n* [ˈmɪsfiːld] *(in baseball, cricket)* = fallo consistente en que a un jugador se le escape la pelota de las manos
◇ *vi* [mɪsˈfiːld] *(in baseball, cricket)* **he misfielded** se le escapó la pelota de las manos

misfire [mɪsˈfaɪə(r)] *vi* **-1.** *(gun)* fallar **-2.** *(plan)* fallar; *(joke)* no hacer efecto

misfit [ˈmɪsfɪt] *n (person)* inadaptado(a) *m,f*; **a social ~** un(a) inadaptado(a) social; **she was always a ~ at school** nunca encajó en la escuela

misfortune [mɪsˈfɔːtʃən] *n* **-1.** *(bad luck)* desgracia *f*, **allies** *or* **companions in ~** compañeros en el infortunio *or* en la desgracia; **I had the ~ to meet him in Paris** tuve la desgracia de conocerlo en París **-2.** *(unfortunate event)* desgracia *f*; **he was plagued by misfortunes** le perseguían las desgracias

misgiving [mɪsˈgɪvɪŋ] *n Formal* aprensión *f*; **to have misgivings (about sth)** sentir aprensión *(ante algo)*; **she had misgivings about allowing them to go** dudaba si dejarlos ir, le daba cierta aprensión dejarlos ir

misgovern [mɪsˈgʌvən] *vt* gobernar mal

misgovernment [mɪsˈgʌvənmənt] *n* mala gestión *f (de un gobierno)*

misguidance [mɪsˈgaɪdəns] *n* mala orientación *f*

misguided [mɪsˈgaɪdɪd] *adj* **-1.** *(unwise) (person)* confundido(a), equivocado(a); *(advice, decision, attempt)* desacertado(a); **to be ~** *(person)* estar confundido(a) *or* equivocado(a); *(advice, decision, attempt)* ser desacertado(a) **-2.** *(misdirected) (energy, belief, idealism)* mal encaminado(a); **to be ~** *(energy, belief, idealism)* ir mal encaminado(a); **in the ~ belief that…** creyendo erróneamente que…

misguidedly [mɪsˈgaɪdɪdlɪ] *adv* erróneamente

mishandle [mɪsˈhændəl] *vt* **-1.** *(device)* manejar mal **-2.** *(situation)* encauzar mal; **the case was mishandled from the outset** encauzaron el caso mal desde el principio **-3.** *(mistreat)* maltratar

mishap [ˈmɪshæp] *n* contratiempo *m*; **without ~** sin ningún contratiempo

mishear [mɪsˈhɪə(r)] *(pt & pp* **misheard** [mɪsˈhɜːd]*)* ◇ *vt* entender mal; **I misheard your name as "Joan"** entendí que tu nombre era "Joan"
◇ *vi* entender mal

mishit SPORT ◇ *n* [ˈmɪshɪt] error *m*; **that was a serious ~** le ha dado mal a la pelota
◇ *vt* [mɪsˈhɪt] *(pt & pp* **mishit**) darle mal a; **he ~ his drive** le salió mal el drive

mishmash [ˈmɪʃmæʃ] *n Fam* batiburrillo *m*, *Am* menjunge *m*

misinform [mɪsɪnˈfɔːm] *vt Formal* informar mal; **I think you have been misinformed** creo que le han informado mal

misinformation [mɪsɪnfəˈmeɪʃən] *n* falsa información *f*

misinterpret [mɪsɪnˈtɜːprɪt] *vt* malinterpretar; **this decision should not be misinterpreted as a sign of weakness** esta decisión no debe ser interpretada como una muestra de debilidad

misinterpretation [mɪsɪntɜːprɪˈteɪʃən] *n* interpretación *f* errónea; **his words are open to ~** sus palabras se prestan a una mala interpretación

misjudge [mɪsˈdʒʌdʒ] *vt* **-1.** *(distance, time, difficulty)* calcular mal **-2.** *(person, situation)* juzgar mal; **it appears I misjudged you** me parece que te he juzgado mal

misjudg(e)ment [mɪsˈdʒʌdʒmənt] *n* error *m* de apreciación

miskey [mɪsˈkiː] *vt* COMPTR escribir mal

mislay [mɪsˈleɪ] *(pt & pp* **mislaid** [mɪsˈleɪd]*) vt* extraviar, perder

mislead [mɪsˈliːd] *(pt & pp* **misled** [mɪsˈled]*) vt* **they misled him into thinking that…** *(deliberately)* le hicieron creer que…; **we were misled into believing he was dead** creímos erróneamente que estaba muerto

misleading [mɪsˈliːdɪŋ] *adj (deliberately)* engañoso(a); **~ advertising** publicidad engañosa; **the map is rather ~** este mapa es confuso

misleadingly [mɪsˈliːdɪŋlɪ] *adv (deliberately)* engañosamente; **it's ~ known as the White Park** se le conoce como "White Park", lo cual puede llevar a confusión

misled *pt & pp of* **mislead**

mismanage [mɪsˈmænɪdʒ] *vt* administrar *or* gestionar mal

mismanagement [mɪsˈmænɪdʒmənt] *n* mala administración *f*, mala gestión *f*

mismatch ◇ *n* [ˈmɪsmætʃ] **-1.** *(clash)* **the colours are a ~** los colores no pegan *or* no combinan **-2.** *(in relationship)* **they are a bit of a ~** no pegan mucho uno con otro **-3.** *(in sport)* **the contest was a complete ~** fue un enfrentamiento completamente desigual
◇ *vt* [mɪsˈmætʃ] **-1. to be mismatched** *(colours, clothes)* combinar mal **-2.** *(in relationship)* **I've always thought they were mismatched** siempre me pareció que no estaban hechos el uno para el otro

misname [mɪsˈneɪm] *vt* **to be misnamed** tener un nombre poco apropiado

misnomer [mɪsˈnəʊmə(r)] *n (name)* nombre *m* poco apropiado; **to call it a democratic election is a complete ~** a esas elecciones no se las puede llamar democráticas

miso [ˈmiːsəʊ] *n* CULIN miso *m*

misogynist [mɪˈsɒdʒɪnɪst] *n* misógino(a) *m,f*

misogynistic [mɪsɒdʒɪˈnɪstɪk] *adj* misógino(a)

misogyny [mɪˈsɒdʒɪnɪ] *n* misoginia *f*

misplace [ˌmɪsˈpleɪs] *vt* **-1.** *(lose)* extraviar, perder **-2.** *(put in wrong place)* **you've misplaced it** no lo has puesto en su sitio; **she's utterly misplaced in social work** el trabajo social no es su sitio **-3.** *(trust, confidence)* depositar equivocadamente

misplaced [ˈmɪspleɪst] *adj* **we had a ~ faith in his powers as a negotiator** habíamos depositado equivocadamente nuestra confianza en sus dotes de negociador; **your loyalty is ~** le estás siendo leal a quien no deberías

misprint [ˈmɪsprɪnt] *n* errata *f* (de imprenta)

misprision [ˌmɪsˈprɪʒən] *n* LAW ocultación *f* de un delito

mispronounce [ˌmɪsprəˈnaʊns] *vt* pronunciar mal

mispronunciation [ˌmɪsprənʌnsɪˈeɪʃən] *n* pronunciación *f* incorrecta

misquotation [ˌmɪskwəʊˈteɪʃən] *n* **-1.** *(quotation)* cita *f* errónea **-2.** *(action)* tergiversación *f*

misquote [ˌmɪsˈkwəʊt] *vt (person)* tergiversar las palabras de; *(words)* tergiversar

misread [ˌmɪsˈriːd] *(pt & pp misread* [ˌmɪsˈred]*) vt* **-1.** *(notice, timetable)* leer mal **-2.** *(misinterpret)* malinterpretar

misrepresent [ˌmɪsreprɪˈzent] *vt (person)* tergiversar las palabras de; *(words, facts)* tergiversar

misrepresentation [ˌmɪsreprɪzenˈteɪʃən] *n* deformación *f*, tergiversación *f*; **that is a complete ~ of the facts** esa es una deformación *or* tergiversación absoluta de los hechos

misrule [ˌmɪsˈruːl] ◇ *n* desgobierno *m*
◇ *vt* gobernar mal

Miss¹ *(abbr* **Mississippi)** Misisipí

Miss² [mɪs] *n* señorita *f*; **~ Jones** la señorita Jones; **impudent little ~!** ¡señorita insolente! ❑ *World* **Miss** *f* Mundo

miss [mɪs] ◇ *n Esp* fallo *m*, *Am* falla *f*; *Fam* **I think I'll give the cake/film a ~** creo que voy a pasar de comer tarta/ver la película; PROV **he only lost by a second, but a ~ is as good as a mile** perdió por un segundo menos, pero da lo mismo, un segundo o diez segundos, el caso es que perdió

◇ *vt* **-1.** *(bus, train, chance)* perder; *(film, TV programme)* perderse; *(appointment)* faltar a; *(deadline)* no cumplir; **you've just missed him** se acaba de marchar; **to ~ a class** perderse una clase; **you haven't missed much!** ¡no te has perdido mucho!; **don't ~ it!** ¡no te lo pierdas!; **this movie is not to be missed** esta película es imprescindible; **I wouldn't ~ it for anything** *or* **the world** no me lo perdería por nada del mundo; **to ~ the cut** *(in golf)* no meterse en el corte; **to ~ school** faltar a clase; IDIOM **to ~ the boat** *or* **bus** perder el tren

-2. *(target)* no acertar en; *(shot, penalty) Esp* fallar, *Am* errar; *Fig* **her insults missed the mark** sus insultos no tuvieron ningún efecto

-3. *(not notice)* **I spotted a mistake that the others had missed** descubrí un error que los otros no habían visto; **you can't ~ the house** la casa no tiene pérdida, es imposible pasar delante de la casa sin verla; **the boss doesn't ~ much** *or* **a thing** al jefe no se le pasa *or* escapa nada; IDIOM **he doesn't ~ a trick** no se le pasa una

-4. *(not hear, not understand) (question, remark)* no oír, perderse; *(joke)* no entender, *Esp* no coger; **to ~ the point** no entender bien

-5. *(omit) (word, line)* saltarse; **you missed a comma here** te has saltado una coma aquí; **I've missed my period** no me ha venido el periodo *or* la regla

-6. *(avoid)* **the car just missed me** el coche *or Am* carro *or CSur* auto no me atropelló por poco; **I only just missed a tree** esquivé un árbol por muy poco; **my team just missed promotion** a mi equipo se le ha escapado el ascenso de las manos; **I often ~ lunch** a menudo no como nada al mediodía; **if we leave early we'll ~ the rush hour** si salimos temprano evitaremos la hora *Esp* punta *or Am* pico;

she just missed being killed por poco se mata

-7. *(feel lack of)* echar de menos, *Am* extrañar; **I ~ you** te echo de menos, *Am* te extraño; **I ~ being able to get up whenever I wanted to** echo de menos *or Am* extraño levantarme a la hora que quiero; **what I ~ most about the States is...** lo que más echo de menos *or Am* extraño de los Estados Unidos es...; **she will be sadly missed** la echaremos muchísimo de menos, *Am* la extrañaremos muchísimo; **we didn't ~ her until the next day** no la echamos en falta hasta el día siguiente, no nos dimos cuenta que no estaba hasta el día siguiente

-8. *(lack)* **the table's missing one of its legs** a la mesa le falta una pata; **I'm missing two books from my collection** me faltan dos libros de mi colección

◇ *vi* **-1.** *(miss target)* **his penalty missed** *Esp* falló el penalty, *Am* erró el penal; **he shot at me, but missed** me disparó, pero no me dio *or RP* le erró

-2. *(be absent)* **to be missing** faltar; **nothing is missing** no falta nada

-3. AUT fallar

▸ **miss off** *vt sep* **she missed me off the list** no me incluyó en la lista

▸ **miss out** ◇ *vt sep (omit)* pasar por alto, omitir; *Br* **have I missed anyone out?** ¿me he saltado a alguien?

◇ *vi (not benefit)* **to ~ out on sth** perderse algo; **she just missed out on a place in the finals** se perdió por muy poco un puesto en la fase final; **how come I always ~ out?** ¿por qué salgo yo perdiendo siempre?

missal [ˈmɪsəl] *n* REL misal *m*

missel thrush, mistle thrush [ˈmɪsəlθrʌʃ] *n* zorzal *m* charlo, cagaaceite *m*

misshape [ˈmɪsʃeɪp] *n* = chocolate, golosinas o galletas deformadas que se venden a precio económico

misshapen [ˌmɪsˈʃeɪpən] *adj* deforme

missile [ˈmɪsaɪl, *US* ˈmɪsəl] *n* **-1.** *(rocket)* misil *m* ❑ **~ launcher** lanzamisiles *m inv* **-2.** *(object thrown)* proyectil *m*

missing [ˈmɪsɪŋ] *adj* **-1.** *(lost)* perdido(a); *(absent)* ausente; **to be ~** *(person, thing)* faltar; **a young child has gone ~** se ha perdido un niño pequeño; **my wallet's gone ~** no sé dónde está mi cartera; **the table had one leg ~** a la mesa le falta una pata; **find the ~ word** encontrar la palabra que falta ❑ **~ link** eslabón *m* perdido; **~ person** desaparecido(a) *m,f*; **~ persons** *(department)* registro *m* de personas desaparecidas

-2. *(in war)* desaparecido(a); **~ in action** desaparecido(a) en combate; **~ presumed dead** desaparecido(a) y dado(a) por muerto(a)

mission [ˈmɪʃən] *n* **-1.** *(task)* misión *f*; **a rescue ~** una misión de rescate; **she's found her ~ in life** ha encontrado su misión en la vida; **~ accomplished** misión cumplida ❑ COM **~ statement** declaración *f* de (la) misión, misión *f*

-2. REL *(campaign, building)* misión *f* ❑ **~ station** misión *f*

-3. *(delegation)* delegación *f*; **a Chinese trade ~** la delegación comercial china

-4. *US (permanent)* legación *f*

-5. MIL & ASTRON misión *f*; **he had flown 20 missions** ha volado *or* participado en veinte misiones ❑ **~ control** centro *m* de control

missionary [ˈmɪʃənrɪ] ◇ *n* misionero(a) *m,f*
❑ **~ position** *(sexual)* postura *f* del misionero

◇ *adj (work)* misionero(a); *(zeal)* apostólico(a)

missis = missus

Mississippi [ˌmɪsɪˈsɪpɪ] *n* Misisipí; **the ~ (River)** el (río) Misisipí

Mississippian [ˌmɪsɪˈsɪpɪən] ◇ *n* persona de Misisipí
◇ *adj* de Misisipí

missive [ˈmɪsɪv] *n Formal* misiva *f*

Missouri [mɪˈzʊərɪ] *n* Misuri; **the ~ (River)** el (río) Misuri

misspeak [ˈmɪsˈspiːk] *(pt misspoke* [ˌmɪsˈspəʊk], *pp misspoken* [ˌmɪsˈspəʊkən]*) vi US* equivocarse al hablar

misspell [ˈmɪsˈspel] *(pt & pp misspelt* [ˈmɪsˈspelt]*) vt* escribir incorrectamente

misspelling [ˈmɪsˈspelɪŋ] *n* falta *f* de ortografía; **"accomodation" is a common ~ of "accommodation"** escribir "accomodation" por "accommodation" es un error muy común

misspelt *pt & pp of* **misspell**

misspend [ˈmɪsˈspend] *(pt & pp misspent* [ˌmɪˈspent]*) vt (money, talents)* malgastar

misspent [ˈmɪsspent] *adj* **a ~ youth** una juventud malgastada *or* desaprovechada

missus, missis [ˈmɪsɪz] *n Br Fam (wife)* **the ~** la parienta, *Méx* la vieja, *RP* la doña

misstate [ˈmɪsˈsteɪt] *vt (unintentionally)* no explicar bien; *(deliberately)* tergiversar; **he deliberately misstated the facts** tergiversó deliberadamente los hechos

misstatement [ˈmɪsˈsteɪtmənt] *n* **when I said... that was a ~** cuando dije... me expliqué mal; **a deliberate ~ of the facts** una tergiversación deliberada de los hechos

missy [ˈmɪsɪ] *n Fam Old-fashioned* jovencita *f*

mist [mɪst] *n* **-1.** *(fog)* neblina *f*; **~ sea ~** bruma; *Fig* **the mists of time** la noche de los tiempos **-2.** *(condensation)* vaho *m* **-3.** *(from spray)* nube *f*

▸ **mist over** *vi* **-1.** *(landscape)* quedar cubierto(a) por la neblina **-2.** *(mirror, eyes)* empañarse

▸ **mist up** *vi (mirror, glasses)* empañarse

mistakable, mistakeable [mɪˈsteɪkəbəl] *adj* confundible *f*

mistake [mɪˈsteɪk] ◇ *n* error *m*, equivocación *f*; **there must be some ~** tiene que haber un error; **to make a ~** equivocarse, cometer un error; **to make the ~ of doing sth** cometer el error de hacer algo; **it's an easy ~ to make** es un error fácil de cometer, es fácil equivocarse; **you're making a big mistake** cometes un grave error; **by ~** por error *or* equivocación; **sorry, my ~** lo siento, me he equivocado (yo); **make no ~** puedes estar seguro; *Fam* **this is hard work and no ~!** no cabe duda de que es un trabajo duro

◇ *vt (pt mistook* [mɪˈstʊk], *pp mistaken* [mɪˈsteɪkən]*)* **-1.** *(misunderstand)* interpretar mal; **I mistook her intentions** interpreté mal sus intenciones; **there's no mistaking what she means** lo ha dejado bien claro

-2. *(confuse)* confundir **(for** con**)**; **I mistook him for someone else** lo confundí con otra persona; **I mistook his shyness for arrogance** creí que su timidez era arrogancia; **there's no mistaking a voice like that!** ¡esa voz es inconfundible!

mistakeable = mistakable

mistaken [mɪˈsteɪkən] *adj (belief, impression)* equivocado(a), erróneo(a); **to be ~** *(person)* estar equivocado(a); **I was ~ about the date** estaba en un error en cuanto a la fecha; **it was a case of ~ identity** confundieron su identidad; **unless I'm very much ~,...** si no me equivoco,...; **he proposed to her in the ~ belief that she loved him** se le declaró creyendo erróneamente que ella lo quería

mistakenly [mɪˈsteɪkənlɪ] *adv* erróneamente; **they ~ assumed that it would be easy** se equivocaron al suponer que sería fácil

Mister [ˈmɪstə(r)] *n* señor *m*; **~ Jones** el señor Jones; **hey ~!** ¡oiga, señor!

mistime [ˈmɪsˈtaɪm] *vt* **to ~ sth** hacer algo a destiempo; **to ~ a counterattack** contraatacar a destiempo; **the launch of the new product has been badly mistimed** el producto no se lanzó en el momento propicio

mistiness [ˈmɪstɪnɪs] *n* **-1.** *(mist)* neblina *f* **-2.** *(condensation)* empañamiento *m*, condensación *f*

mistle thrush = missel thrush

mistletoe [ˈmɪsəltəʊ] *n* muérdago *m*

mistook *pt of* mistake

mistranslate [ˌmɪstrænsˈleɪt] *vt* traducir erróneamente

mistranslation [mɪstræns'leɪʃən] *n* error *m* de traducción, mala traducción *f*

mistreat [mɪs'triːt] *vt* maltratar

mistreatment [mɪs'triːtmənt] *n* maltrato *m*, malos tratos *mpl*

mistress ['mɪstrɪs] *n* **-1.** *(of household, servants)* señora *f*, ama *f*; *(of dog)* dueña *f*; **the ~ of the house** la señora de la casa; **to be one's own ~** ser dueña de sí misma; **to be ~ of the situation** tener la situación controlada, estar al cargo de la situación **-2.** *(woman teacher)* *(in primary school)* señorita *f*, maestra *f*; *(in secondary school)* profesora *f*; **French/geography ~** profesora de francés/geografía **-3.** *(lover)* querida *f*, amante *f*; **he kept a ~ for years** tuvo una querida *or* amante durante años **-4.** *Old-fashioned (title)* **Mistress Bacon** la señora Bacon

mistrial [mɪs'traɪəl] *n* LAW **-1.** *(because of flawed procedure)* juicio *m* nulo **-2.** *US (because jury cannot agree)* juicio *m* nulo *(por jurado en desacuerdo)*

mistrust [mɪs'trʌst] <> *n* desconfianza *f*; **she has an instinctive ~ of doctors** siente una desconfianza instintiva hacia los médicos
<> *vt* *(be suspicious of)* desconfiar de; *(doubt)* no confiar en; **he mistrusts his own abilities** no confía en sus propias habilidades

mistrustful [mɪs'trʌstfʊl] *adj* desconfiado(a); **to be ~ of** desconfiar de

misty ['mɪstɪ] *adj* **-1.** *(place, weather)* neblinoso(a); *(at sea or seaside)* brumoso(a); **it's ~** hay niebla/bruma **-2.** *(window, mirror)* empañado(a); **her eyes were ~ with tears** tenía los ojos empañados de lágrimas **-3.** *(form)* borroso(a) **-4.** *(like mist)* **a ~ veil of cloud** un ligero velo de nubes; **~ blue** azul brumoso

mistype [mɪs'taɪp] *vt* mecanografiar *or* escribir mal

misunderstand [mɪsʌndə'stænd] *(pt & pp* **misunderstood** [mɪsʌndə'stʊd]*)* <> *vt* **-1.** *(misinterpret)* entender mal; **don't ~ me** no me malinterpretes; **your irony could be misunderstood** pueden interpretar mal tu ironía **-2.** *(misjudge)* malinterpretar; **he feels misunderstood** se siente incomprendido
<> *vi* entender mal; **if I have not misunderstood** si no lo he entendido mal

misunderstanding [mɪsʌndə'stændɪŋ] *n* **-1.** *(misconception)* malentendido *m*, confusión *f*; **there's been a ~ about the time** ha habido un malentendido con la hora; **there seems to have been some ~** parece que ha habido un malentendido *or* una confusión; **the whole dispute hinges on a ~** toda la disputa se debe a un malentendido; **to clear up a ~** esclarecer *or* deshacer un malentendido **-2.** *(disagreement)* desacuerdo *m*, diferencias *fpl*

misunderstood [mɪsʌndə'stʊd] <> *pt & pp of* **misunderstand**
<> *adj* incomprendido(a); **a ~ artist** un artista incomprendido

misuse <> *n* [mɪs'juːs] *(of power, one's position)* uso *m* indebido, abuso *m*; *(of word, phrase)* uso *m* incorrecto; *(of equipment)* uso *m* indebido; **~ of funds** uso indebido de fondos
<> *vt* [mɪs'juːz] **-1.** *(power, one's position)* usar indebidamente, abusar; *(word, phrase)* usar sin propiedad; *(equipment, funds)* usar indebidamente **-2.** *(ill-treat)* explotar

MIT [emaɪ'tiː] *n (abbr* **Massachusetts Institute of Technology***)* MIT *m*

mite [maɪt] *n* **-1.** *(bug)* ácaro *m* **-2.** *Fam (child)* criatura *f*; **poor little ~!** ¡pobre criaturita! **-3.** *Fam (a little bit)* **it's a ~ expensive** es un poquitín *or Esp* pelín caro

miter *US* = **mitre**

mitigate ['mɪtɪgeɪt] *vt Formal* **-1.** *(effect, suffering)* atenuar, mitigar; *(pain, anger, grief)* aliviar, mitigar **-2.** LAW **mitigating circumstances** circunstancias atenuantes

mitigation [mɪtɪ'geɪʃən] *n Formal* **-1.** *(of effect, suffering)* atenuación *f*; *(of pain, anger, grief)* alivio *m* **-2.** LAW **in ~** como atenuante; *also Fig* **it should be said in ~ that...** como atenuante cabe decir que...

mitosis [maɪ'təʊsɪs] *n* BIOL mitosis *f*

mitre, *US* **miter** ['maɪtə(r)] <> *n* **-1.** REL mitra *f* **-2.** *(joint)* **~ box** caja *f* de ingletes, inglete *m*; **~ joint** (ensambladura *f* a) inglete *m*
<> *vt (join)* unir *or* ensamblar a inglete

mitt [mɪt] *n* **-1.** *(mitten)* manopla *f*; *US* **(baseball) ~** guante *m* de béisbol **-2.** *Fam (hand)* **mitts** garras *fpl*, *Esp* zarpas *fpl*; **get your mitts off me!** ¡quítame las garras *or Esp* zarpas de encima!

mitten ['mɪtən] *n (glove)* manopla *f*; *(fingerless)* mitón *m*

mix [mɪks] <> *n* **-1.** *(combination, blend)* mezcla *f*; **a fascinating ~ of cultures** una mezcla fascinante de culturas; **he's got the right ~ of talent for the team** tiene la combinación de talentos idónea para el equipo **-2.** *(act of mixing)* **give the paint a (good) ~** mezcla (bien) la pintura **-3.** *(in package)* preparado *m*; **a packet of soup ~** un sobre de sopa; **a packet of cake ~** un preparado para pastel instantáneo **-4.** MUS mezcla *f*
<> *vt* **-1.** *(blend)* mezclar; **~ the sugar and** *or* **with the flour** mezcle el azúcar *y or* con la levadura; **~ the sugar into the batter** mezcle el azúcar con la pasta para rebozar **-2.** *(combine)* mezclar; **you shouldn't ~ your drinks** no deberías mezclar bebidas distintas; **to ~ business with pleasure** mezclar el placer con los negocios; **to ~ metaphors** hacerse un lío con las metáforas, confundir metáforas; *Br Fam* **to ~ it with sb** *(fight)* darse de palos con alguien **-3.** *(prepare) (cocktail, medicine, plaster)* preparar **-4.** MUS mezclar
<> *vi* **-1.** *(blend)* mezclarse **-2.** *(combine well)* compaginar bien; **drinking and driving don't ~** beber y conducir *or Am* manejar no hacen buenas migas **-3.** *(socially)* relacionarse (**with** con); **she mixes well** se lleva bien *or* es muy abierta con todo el mundo; **he doesn't ~ much** no es muy sociable

◆ **mix up** *vt sep* **-1.** *(ingredients)* mezclar **-2.** *(confuse) (people, dates)* confundir; **I always ~ her up with her sister** siempre la confundo con su hermana; **you've got the story completely mixed up** has confundido la historia por completo; **I get mixed up about which is which** nunca sé cuál es cuál, siempre los confundo; **I'm mixed up about how I feel about him** tengo sentimientos encontrados hacia él **-3.** *(disorder) (papers, books)* revolver, desordenar **-4.** *Fam (in situation, relationship)* **to be mixed up in sth** estar *or* andar metido(a) en algo; **I got mixed up in their quarrel** me vi metido en su pelea; **to get mixed up with sb** liarse con alguien **-5.** *US Fam* **to ~ it up** *(fight)* darse de palos con alguien

◆ **mix together** *vt sep* mezclar

mix-and-match ['mɪksən'mætʃ] *adj* **~ clothes** coordinados

mixed ['mɪkst] *adj* **-1.** *(assorted)* variado(a); *Fam* **it was a ~ bag** había de todo, había cosas buenas y malas ❑ ECON **~ company** empresa *f* mixta; **~ economy** economía *f* mixta; **~ farming** explotación *f* mixta; **~ grill** parrillada *f* mixta; ART **~ media** técnica *f* mixta; **~ metaphor** chascarrillo *m (mezclando frases hechas)*; **~ salad** ensalada *f* mixta **-2.** *(for both sexes)* mixto(a); **it's not a joke that should be told in ~ company** no es un chiste para contar delante de las damas; **~ of ~ race** de raza mixta; **~ neighbourhood** un barrio en el que conviven razas distintas ❑ **~ doubles** *(in tennis)* dobles *mpl* mixtos; **~ marriage** = matrimonio entre personas de distintas razas o religiones; *Br* **~ school** *(coeducational)* colegio *m* mixto **-3.** *(ambivalent, not wholly positive)* **reaction to the proposal was ~** la propuesta recibió reacciones disímiles *or* diversas; **to have ~ feelings (about sth)** tener sentimientos contradictorios (respecto a algo); IDIOM **it was a ~ blessing** tuvo su lado bueno y su lado malo **-4.** MATH **~ number** número *m* mixto

mixed-ability ['mɪkstə'bɪlɪtɪ] *adj Br* SCH **a ~ class** una clase con alumnos de distintos niveles de aptitud

mixed-media ['mɪkst'miːdɪə] *adj* ART multimedia *inv*; **a ~ work** un trabajo multimedia

mixed-up [mɪks'tʌp] *adj Fam (person)* desorientado(a), confuso(a); **she's a crazy ~ kid** es una chica con un montón de problemas

mixer ['mɪksə(r)] *n* **-1.** *(machine for mixing) (for food)* batidora *f*; *(for cement)* hormigonera *f* **-2.** CIN & MUS *(mixing desk)* mesa *f* de mezclas **-3.** *(in drink)* refresco *m (para mezcla alcohólica)* **-4.** *(person)* **to be a good ~** *(socially)* ser muy abierto(a) con la gente **-5.** *Br* **~ tap** *(Esp* grifo *m or Chile, Col, Méx* llave *f or RP* canilla *f)* monomando *m* **-6.** *US* UNIV *Fam (party)* fiesta *f (para que se conozcan los nuevos estudiantes)*

mixing ['mɪksɪŋ] *n* **~ bowl** cuenco *m*, bol *m*; CIN & MUS **~ desk** mesa *f* de mezclas

mixture ['mɪkstʃə(r)] *n* **-1.** *(of different things)* mezcla *f*; **he's a strange ~** tiene cualidades contradictorias **-2.** *(medicine)* jarabe *m*

mix-up ['mɪksʌp] *n* confusión *f*; **there was a ~ over the dates** hubo una confusión con las fechas

mizzenmast ['mɪzənmɑːst] *n* NAUT palo *m* de mesana

Mk *(abbr* **mark***)* Mk II Jaguar Jaguar II

mktg COM *(abbr* **marketing***)* marketing *m*

ml *(abbr* **millilitre(s)***)* ml

MLA [emel'eɪ] *n* **-1.** *(abbr* **Member of the Legislative Assembly***) (in Australia, India, Canada, Northern Ireland)* miembro *mf* de la asamblea legislativa, diputado(a) *m,f* **-2.** *(abbr* **Modern Language Association***)* Asociación *f* de Lenguas Modernas

MLitt [em'lɪt] *n (abbr* **Master of Letters***)* Máster *m* en Letras

MLR [emel'ɑː(r)] *n* FIN *(abbr* **minimum lending rate***)* tipo *m* activo mínimo de interés, *Am* tasa *f* activa mínima de interés

M'lud [m'lʌd] *n Br* su señoría

mm *(abbr* **millimetre(s)***)* mm

MMC [emem'siː] *n (abbr* **Monopolies and Mergers Commission***)* = comisión británica antimonopolios

MMR [emem'ɑː(r)] *n (abbr* **measles, mumps and rubella***) (vacuna f)* triple vírica *f*

MN *(abbr* **Minnesota***)* Minnesota

MNA [emen'eɪ] *n Can (abbr* **Member of the National Assembly***) (in Quebec)* miembro *mf* de la asamblea nacional, diputado(a) *m,f*

mnemonic [nɪ'mɒnɪk] <> *n* recurso *m* mnemotécnico; **mnemonics** mnemotecnia *f*
<> *adj* mnemotécnico(a), mnemónico(a)

MO [em'əʊ] *n* **-1.** *(abbr* **medical officer***)* médico(a) *m,f* militar **-2.** *(abbr* **Missouri***)* Misuri **-3.** *(abbr* **modus operandi***)* modus operandi *m inv* **-4.** *(abbr* **money order***)* transferencia *f*, giro *m*

mo [məʊ] *n Fam* segundo *m*; **half a mo!, just a mo!** ¡un segundito!

moan [məʊn] <> *n* **-1.** *(sound)* gemido *m* **-2.** *(complaint)* queja *f*; **to have a ~ (about sth)** quejarse (de algo)
<> *vi* **-1.** *(make sound)* gemir **-2.** *(complain)* quejarse (**about** de)

moaner ['məʊnə(r)] *n* quejica *mf*, *Am* quejoso(a) *m,f*

moaning ['məʊnɪŋ] <> *n* **-1.** *(sound)* gemido *m* **-2.** *Fam (complaining)* quejas *fpl*
<> *adj* **-1.** *(groaning)* **a ~ sound** un gemido **-2.** *Fam* **~ minnie** quejica *mf*, *Am* quejoso(a) *m,f*

moat [məʊt] *n* foso *m*

mob [mɒb] <> *n* **-1.** *(crowd)* turba *f*, horda *f*; **we were faced with an angry ~** nos vimos frente a una multitud encolerizada ❑ **~**

mob-cap ... **moisturizer**

rule la ley de la calle **-2.** *Pej (common people)* **the** ~ la plebe, la chusma **-3.** *Fam (bunch, clique)* camarilla *f*, pandilla *f*; **which** ~ **were you in?** *(in armed forces)* ¿en qué cuerpo estabas? **-4.** *Fam* **the Mob** *(the Mafia)* la Mafia
◇ *vt (pt & pp* **mobbed***)* **-1.** *(crowd round)* **to be mobbed by fans** ser asediado(a) por una multitud de admiradores **-2.** *(crowd)* **the streets were mobbed** las calles estaban abarrotadas

mob-cap ['mɒbkæp] *n* cofia *f*

mobile ['məʊbaɪl] ◇ *n* **-1.** *(hanging ornament)* móvil *m* **-2.** *Fam (mobile phone)* móvil *m*, *Am* celular *m*
◇ *adj* **-1.** *(not stationary)* móvil □ ~ **home** *(caravan)* caravana *f*, rulot *f*, *RP* casa *f* rodante; *Br* ~ **library** bibliobús *m*, biblioteca *f* ambulante; ~ **phone** teléfono *m* móvil, *Am* teléfono *m* celular
-2. *(able to move oneself)* **she's no longer very** ~ ha perdido mucha movilidad; *Fam* **are you ~?** *(have you got a car?)* ¿tienes coche o *Am* carro o *CSur* auto?
-3. *(features, face)* expresivo(a)
-4. *(socially)* **to be (socially)** ~ tener movilidad social

mobility [məʊ'bɪlɪti] *n* movilidad *f*; **she has very little** ~ **in her right arm** tiene poca movilidad en el brazo derecho; **social** ~ movilidad social □ ~ **allowance** = subsidio para el transporte de minusválidos

mobilization [məʊbɪlaɪ'zeɪʃən] *n (of troops, support)* movilización *f*

mobilize ['məʊbɪlaɪz] ◇ *vt (troops, support)* movilizar
◇ *vi* movilizarse

Möbius strip ['mɜːbɪəs'strɪp] *n* banda *f* de Möbius

mobster ['mɒbstə(r)] *n US Fam* gángster *m*

moccasin ['mɒkəsɪn] *n (shoe, slipper)* mocasín *m*

mocha ['mɒkə] ◇ *n* **-1.** *(type of coffee)* (café *m*) moca *f* **-2.** *(flavour)* moca *f*
◇ *adj (coffee, flavour)* de moca

mock [mɒk] ◇ *adj* fingido(a), simulado(a); ~ **surprise** sorpresa fingida; ~ **horror** horror fingido □ ~ **battle** simulacro *m* de batalla; *Br* SCH ~ **examination** examen *m* de prueba
◇ *vt* **-1.** *(ridicule)* burlarse de; *Hum* **don't** ~ **the afflicted!** ¡no te rías de los desgraciados! **-2.** *Literary (frustrate)* malograr
◇ *vi* burlarse; **don't** ~**!** ¡no te burles!
◇ *n Br Fam (examination)* examen *m* de prueba *(sin valor evaluativo)*
◆ **mock up** *vt sep* hacer una reproducción *o* un modelo de tamaño real de

mockers ['mɒkəz] *npl Br Fam* **to put the** ~ **on** fastidiar, *Esp* jorobar

mockery ['mɒkəri] *n* **-1.** *(ridicule)* burlas *fpl* **-2.** *(travesty)* farsa *f*; **the trial was a** ~ **(of justice)** el juicio fue una farsa; **to make a** ~ **of sth/sb** poner algo/a alguien en ridículo

mock-heroic ['mɒkhɪ'rəʊɪk] *adj (verse)* que satiriza la poesía épica

mocking ['mɒkɪŋ] *adj* burlón(ona)

mockingbird ['mɒkɪŋbɜːd] *n* sinsonte *m*

mock-up ['mɒkʌp] *n* reproducción *f*, modelo *m* (de tamaño natural)

MOD [eməʊ'diː] *n Br (abbr* **Ministry of Defence***)* Ministerio *m* de Defensa

mod [mɒd] *n Br Fam* mod *mf*

modal ['məʊdəl] GRAM ◇ *n* verbo *m* modal
◇ *adj* ~ **auxiliary** auxiliar modal; PHIL ~ **logic** lógica *f* modal; ~ **verb** verbo *m* modal

modality [məʊ'dælɪti] *n* **-1.** MUS modo *m* musical **-2.** GRAM & PHIL modalidad *f*

mod cons ['mɒd'kɒnz] *npl Br Fam* **with all** ~ con todas las comodidades

mode [məʊd] *n* **-1.** *(manner)* **to be in holiday** ~ tener la cabeza en las vacaciones □ ~ **of behaviour** forma *f* de comportarse; ~ **of life** estilo *m* de vida; ~ **of transport** medio *m* de transporte **-2.** COMPTR & TECH modo *m*; **playback** ~ función play **-3.** MATH moda *f* **-4.** MUS modo *m*

model ['mɒdəl] ◇ *n* **-1.** *(small version)* maqueta *f* □ ~ **kit** kit *m* de montaje; ~ **maker** maquetista *mf*; ~ **making** maquetismo *m*
-2. *(example)* modelo *m*; **this is our latest** ~ éste es nuestro último modelo
-3. *(paragon)* modelo *m*; **a** ~ **of politeness** un modelo de cortesía; **to take sb as one's** ~ tomar a alguien como modelo
-4. *(person) (fashion model, for artist)* modelo *mf*
◇ *adj* **-1.** *(miniature)* ~ **aircraft** maqueta de avión **-2.** *(exemplary)* modelo *inv*, ejemplar; ~ **pupil** alumno(a) modélico(a) *o* modelo
◇ *vt (pt & pp* **modelled***, US* **modeled***)* **-1.** *(shape)* modelar
-2. *(design)* **the palace was modelled on Versailles** el palacio estaba construido en el estilo de Versalles; **to** ~ **oneself on sb** seguir el ejemplo de alguien
-3. *(in fashion show)* **she models clothes** es modelo de moda *o* ropa; **Jacqueline is modelling a grey chinchilla coat** Jacqueline lleva un abrigo de chinchilla gris
-4. COMPTR simular por *Esp* ordenador *o Am* computadora
◇ *vi (artist's model)* posar; *(fashion model)* hacer *o* trabajar de modelo

modeller, *US* **modeler** ['mɒdələ(r)] *n (of model planes, boats)* maquetista *mf*

modelling, *US* **modeling** ['mɒdəlɪŋ] *n* **-1.** *(of model planes, boats)* modelismo *m* □ ~ **clay** arcilla *f* de modelar **-2.** *(in fashion show, for magazine)* trabajo *m* de modelo; **have you considered** ~ **as a career?** ¿has considerado la posibilidad de ser modelo? □ ~ **agency** agencia *f* de modelos **-3.** COMPTR modelado *m* **-4.** ART modelado *m*

modem ['məʊdem] *n* COMPTR módem *m* □ ~ **card** tarjeta *f* de módem; ~ **port** puerto *m* del módem

moderate ['mɒdərɪt] ◇ *n* POL moderado(a) *m,f*
◇ *adj* **-1.** *(restrained, modest)* moderado(a); **the candidate holds** ~ **views** el candidato mantiene opiniones moderadas; **to be a** ~ **drinker** beber *o Am* tomar moderadamente **-2.** *(average)* medio(a) **-3.** MET ~ **breeze** brisa *f* moderada; ~ **gale** viento *m* fuerte
◇ *vt* ['mɒdəreɪt] **-1.** *(make less extreme) (one's demands, zeal)* moderar **-2.** *(meeting, debate)* moderar
◇ *vi* **-1.** *(storm)* amainar; *(demands, zeal)* moderar(se) **-2.** *(at meeting)* moderar, hacer de moderador(ora)

moderately ['mɒdərɪtlɪ] *adv* **-1.** *(with moderation) (eat, drink)* moderadamente, con moderación **-2.** *(reasonably)* medianamente, moderadamente; ~ **priced** a un precio moderado

moderation [mɒdə'reɪʃən] *n* moderación *f*; **in** ~ con moderación; **taken in** ~ **alcohol is not harmful** el alcohol no es perjudicial si se toma con moderación

moderator ['mɒdəreɪtə(r)] *n* **-1.** *(mediator)* mediador(ora) *m,f* **-2.** *Br* UNIV *(in examination marking)* = persona encargada de comprobar que todos los examinadores siguen los mismos criterios **-3.** REL moderador(ora) *m,f* **-4.** PHYS *(in nuclear reactors)* moderador *m*

modern ['mɒdən] ◇ *adj* moderno(a); **in** ~ **times** en la época moderna; ~ **English/ Greek** inglés/griego moderno □ ~ **art** arte *m* moderno; THEAT ~ **dress** indumentaria *f* moderna, ~ **languages** lenguas *fpl* modernas; SPORT ~ **pentathlon** pentatlón *m* moderno
◇ *n (person)* persona *f* de la época moderna

modern-day ['mɒdən'deɪ] *adj* actual, de hoy día

modernism ['mɒdənɪzəm] *n* modernismo *m*

modernist ['mɒdənɪst] ◇ *n* modernista *mf*
◇ *adj* modernista

modernistic [mɒdə'nɪstɪk] *adj* modernista

modernity [mɒ'dɜːnɪti] *n* modernidad *f*

modernization [mɒdənaɪ'zeɪʃən] *n* modernización *f*

modernize ['mɒdənaɪz] ◇ *vt* modernizar
◇ *vi* modernizarse

modernizer ['mɒdənaɪzə(r)] *n* modernizador(ora) *m,f*

modest ['mɒdɪst] *adj* **-1.** *(not boastful)* modesto(a) **-2.** *(moderate) (requirement, increase)* modesto(a), moderado(a); **a** ~ **salary** un sueldo *o* salario modesto **-3.** *(chaste)* recatado(a)

modestly ['mɒdɪstlɪ] *adv* **-1.** *(not boastfully)* modestamente **-2.** *(moderately)* moderadamente; **they live very** ~ viven muy moderadamente **-3.** *(chastely)* recatadamente; **to dress** ~ vestir recatadamente

modesty ['mɒdɪstɪ] *n* **-1.** *(humility)* modestia *f*; **in all** ~ con toda modestia **-2.** *(moderation) (of requirement, increase)* modestia *f*, moderación *f* **-3.** *(chastity)* recato *m*, pudor *m*; **she lowered her gaze out of** ~ bajó la vista por pudor

modicum ['mɒdɪkəm] *n Formal* **a** ~ **of** un mínimo de

modification [mɒdɪfɪ'keɪʃən] *n* modificación *f*; **to make modifications to sth** hacer modificaciones en algo, modificar algo

modifier ['mɒdɪfaɪə(r)] *n* GRAM modificador *m*

modify ['mɒdɪfaɪ] *vt* **-1.** *(alter)* modificar **-2.** *(reduce) (demands)* moderar **-3.** GRAM modificar

modish ['məʊdɪʃ] *adj* moderno(a), a la moda

modishly ['məʊdɪʃlɪ] *adv* a la moda

modular ['mɒdjʊlə(r)] *adj* por módulos □ ELEC ~ **construction** construcción *f* por módulos; EDUC **a** ~ **course** un curso por módulos; ~ **furniture** mobiliario *m* modular

modularity [mɒdjʊ'lærɪtɪ] *n* modularidad *f*

modulate ['mɒdjʊleɪt] ◇ *vt* **-1.** *(voice)* modular **-2.** ELEC modular
◇ *vi* MUS **to** ~ **to** modular a

modulation [mɒdjʊ'leɪʃən] *n* **-1.** *(of voice)* modulación *f* **-2.** ELEC modulación *f*

modulator ['mɒdjʊleɪtə(r)] *n (device)* modulador *m*

module ['mɒdjuːl] *n* **-1.** *(unit)* módulo *m*; **lunar/ command** ~ *(in space travel)* módulo lunar/ de mando **-2.** EDUC módulo *m*

modus operandi ['məʊdəsɒpə'rændaɪ] *n Formal* modus *m* operandi

modus vivendi ['məʊdəsvɪ'vendaɪ] *n Formal* modus *m* vivendi

mog [mɒg], **moggie, moggy** ['mɒgɪ] *n Br Fam* minino(a) *m,f*

mogul[1] ['məʊgəl] ◇ *n* **-1.** HIST Gran Mogol *m* **-2.** *(magnate)* magnate *m*
◇ *adj* HIST mogol(ola)

mogul[2] *n* SPORT bache *m*; **moguls** *(event)* esquí *m* de baches

mohair ['məʊheə(r)] *n* mohair *m* □ ~ **sweater** suéter *m* o *Esp* jersey *m* o *Col* saco *m* o *RP* pulóver *m* de mohair

Mohammed [mə'hæmɪd] *n* Mahoma

Mohammedan [mə'hæmɪdən] *Old-fashioned*
◇ *n* mahometano(a) *m,f*
◇ *adj* mahometano(a)

mohawk ['məʊhɔːk] *n* **-1.** *(in ice-skating)* = medio giro por el que la punta de la cuchilla de un patín se encuentra con la correspondiente del otro patín **-2.** *US (hairstyle)* cresta *f*, *RP* mohicano *m*

mohican [məʊ'hiːkən] *n* **-1.** *(North American Indian)* **Mohican** mohicano(a) *m,f*; *Fig* **the last of the Mohicans** el último Mohicano, el último de Filipinas **-2.** *Br (hairstyle)* cresta *f*

moire [mwɑː] *n* COMPTR, PHOT & TYP moiré *m*

moiré ['mwɑːreɪ] ◇ *n* aguas *fpl*
◇ *adj* con aguas

moist [mɔɪst] *adj (soil, skin, climate)* húmedo(a); *(cake)* esponjoso(a); **eyes** ~ **with tears** ojos humedecidos por las lágrimas; **to grow** ~ humedecerse

moisten ['mɔɪsən] *vt* humedecer; **she moistened her lips** se humedeció los labios

moistness ['mɔɪstnɪs] *n (of soil, skin, climate)* humedad *f*; *(of cake)* esponjosidad *f*

moisture ['mɔɪstʃə(r)] *n* vaho *m*, condensación *f*; **he wiped the** ~ **from the window** limpió el vaho de los cristales □ ~ **content** grado *m o* contenido *m* de humedad

moisture-proof ['mɔɪstʃpruːf] *adj (clothing, shoes)* impermeable; *(watch, container)* a prueba de humedad

moisturize ['mɔɪstʃəraɪz] *vt (skin)* hidratar

moisturizer ['mɔɪstʃəraɪzə(r)] *n* crema *f* hidratante

moisturizing ['mɔɪstʃəraɪzɪŋ] *adj* hidratante ❑ **~ cream** crema *f* hidratante; **~ lotion** leche *f* hidratante

moke [məʊk] *n Fam* **-1.** *Br (donkey)* burro(a) *m,f*, jumento *m* **-2.** *Austr (horse)* jamelgo *m*

molar[1] ['məʊlə(r)] *n* muela *f*, molar *m*

molar[2] *adj* CHEM molar ❑ **~ weight** peso *m* molar

molarity [mɒ'lærɪtɪ] *n* CHEM molaridad *f*

molasses [mə'læsɪz] *n* melaza *f*; [IDIOM] *US Fam* **to be as slow as ~ (in winter)** ser muy lento(a), *Esp* ser más lento(a) que el caballo del malo

mold, molder *etc US* = **mould, moulder** *etc*

Moldavia [mɒl'deɪvɪə], **Moldova** [mɒl'dəʊvə] *n* Moldavia

Moldavian [mɒl'deɪvɪən], **Moldovan** [mɒl'dəʊvən] ◇ *n* moldavo(a) *m,f*
◇ *adj* moldavo(a)

mole[1] [məʊl] *n (birthmark)* lunar *m*

mole[2] *n* **-1.** *(animal)* topo *m* ❑ **~ cricket** alacrán *m* cebollero, grillo *m* cebollero or real **-2.** *(spy)* topo *m*

mole[3] *n (breakwater)* malecón *m*

mole[4] *n* CHEM mol *m*

molecular [mə'lekjʊlə(r)] *adj* molecular ❑ **~ biology** biología *f* molecular; **~ weight** peso *m* molecular

molecule ['mɒlɪkjuːl] *n* molécula *f*

molehill ['məʊlhɪl] *n* topera *f*

moleskin ['məʊlskɪn] ◇ *n* **-1.** *(fur)* piel *f* de topo **-2.** *(cotton fabric)* piel *f* de melocotón
◇ *adj* de piel de melocotón

molest [mə'lest] *vt* **-1.** *(sexually)* abusar (sexualmente) de **-2.** *(pester)* importunar, molestar; *(more violently)* agredir

molestation [mɒle'steɪʃən] *n* **-1.** *(sexual)* abuso *m* sexual **-2.** *(pestering)* hostigamiento *m*; *(more violently)* agresión *f*

molester [mə'lestə(r)] *n* **-1.** *(sexual)* **child ~** corruptor(ora) *m,f* de menores, pederasta *mf* **-2.** *(pesterer)* **his molesters** los que le importunaban *or* molestaban; *(more violently)* sus agresores

moll [mɒl] *n Fam* **gangster's ~** amiguita *or Arg* mina *or Méx* vieja de un gángster

mollify ['mɒlɪfaɪ] *vt* apaciguar; **in a mollifying tone** con tono conciliador

mollusc, *US* **mollusk** ['mɒləsk] *n* molusco *m*

mollycoddle ['mɒlɪkɒdəl] *vt Fam* mimar

Molotov cocktail ['mɒlətɒf'kɒkteɪl] *n* cóctel *m* molotov

molt *US* = **moult**

molten ['məʊltən] *adj* fundido(a)

Moluccas [mə'lʌkəz] *npl* **the ~** las (islas) Molucas

molybdenum [mə'lɪbdənəm] *n* CHEM molibdeno *m*

mom [mɒm] *n US Fam* mamá *f*, mami *f*; **~ and pop store** un negocio familiar

MOMA ['məʊmə] *n (abbr* **Museum of Modern Art)** Museo *m* de Arte Moderno *(de Nueva York)*

moment ['məʊmənt] *n* **-1.** *(instant, period of time)* momento *m*; **it was one of the worst moments of my life** fue uno de los peores momentos de mi vida; **her ~ of glory** su momento de gloria; **at any ~** en cualquier momento; **any ~ now** en cualquier momento; **at the ~** *(right now)* en este momento; *(these days)* actualmente; **at this ~ in time** en estos momentos; **a ~ ago** hace un momento; **at the last ~** en el último momento; **for the ~** por ahora, por el momento; **from that ~ on** a partir de entonces *or* aquel momento; **in a ~** enseguida; **just a ~** *(wait a minute)* un momento; **wait a ~!, one ~!** ¡espera un momento!; **one ~, please** *(on telephone)* aguarde un momento, por favor; **I haven't a ~ to spare** no tengo ni un minuto; **tell him the ~ he arrives** díselo en cuanto llegue; **without a ~'s hesitation** sin dudarlo un momento; **not** *or* **never for one ~** ni por un momento *or* instante; **the police arrived, and not a ~ too soon!** la policía llegó, no precisamente sobrada de tiempo
-2. *(good parts, phases)* **he has his moments** tiene sus buenos golpes; **the book has its moments** el libro tiene sus (buenos) momentos
-3. *Formal (importance)* **of great/little ~** de mucha/poca importancia
-4. PHYS **~ of force** momento *m* (de una fuerza); **~ of inertia** momento *m* de inercia
-5. [IDIOMS] **to live for the ~** vivir el presente; **the man of the ~** el hombre del momento; **the ~ of truth** la hora de la verdad

momentarily [məʊmən'terɪlɪ] *adv* **-1.** *(for a moment)* durante un momento, momentáneamente **-2.** *US (shortly)* en un momento

momentary ['məʊməntərɪ] *adj* momentáneo(a); **there will be a ~ delay** se retrasará brevemente

momentous [məʊ'mentəs] *adj* trascendental; **on this ~ occasion** en esta ocasión tan significativa

momentousness [məʊ'mentəsnɪs] *n* trascendencia *f*, gran importancia *f*

momentum [məʊ'mentəm] *n* **-1.** PHYS momento *m* (lineal) **-2.** *(impulse)* impulso *m*, ímpetu *m*; **to gather/lose ~** *(car, campaign)* cobrar/perder impulso; **they never got back that early ~** nunca recobraron el impulso *or* ímpetu inicial

momma ['mɒmə] *n US Fam* **-1.** *(mother)* mamá *f*, mami *f* **-2.** *(woman) Esp* tía *f*, *Am* tipa *f*

mommy ['mɒmɪ] *n US Fam* mamá *f*, mami *f*; [IDIOM] **to be on the ~ track** estar ejerciendo de madre

Mon *(abbr* **Monday)** lun.

Monaco ['mɒnəkəʊ] *n* Mónaco

Mona Lisa ['məʊnə'liːzə] *n* **the ~** la Gioconda, (la) Mona Lisa; **she had a ~ smile** tenía una sonrisa enigmática

monarch ['mɒnək] *n* monarca *mf* ❑ **~ butterfly** mariposa *f* monarca

monarchic(al) [mɒ'nɑːkɪk(əl)] *adj* monárquico(a)

monarchism ['mɒnəkɪzəm] *n* monarquismo *m*

monarchist ['mɒnəkɪst] ◇ *n* monárquico(a) *m,f*
◇ *adj* monárquico(a)

monarchy ['mɒnəkɪ] *n* monarquía *f*

monastery ['mɒnəstrɪ] *n* monasterio *m*

monastic [mə'næstɪk] *adj* monástico(a)

monasticism [mə'næstɪsɪzəm] *n* **-1.** *(way of life)* monacato *m* **-2.** *(system)* monacato *m*

monaural [mɒ'nɔːrəl] *adj* monoaural

Monday ['mʌndɪ] *n* lunes *m inv*; [IDIOM] *Fam* **that ~ morning feeling** esa sensación de lunes por la mañana, *Andes, Méx* esas ganas de celebrar el San Lunes ❑ *Br* POL **the ~ Club** = club conservador británico; *US Fam* **~ morning quarterback** estratega *mf* de salón *(sobre todo el que comenta los resultados deportivos)*; *see also* **Saturday**

Monegasque [mɒnɪ'gæsk] ◇ *n* monegasco(a) *m,f*
◇ *adj* monegasco(a)

monetarism ['mʌnɪtərɪzəm] *n* monetarismo *m*

monetarist ['mʌnɪtərɪst] ◇ *n* monetarista *mf*
◇ *adj* monetarista ❑ **~ theory** monetarismo *m*

monetary ['mʌnɪtərɪ] *adj* monetario(a) ❑ **~ crisis** tormenta *f* monetaria; **~ policy** política *f* monetaria; **Monetary Union** Unión *f* Monetaria; **~ unit** unidad *f* monetaria

money ['mʌnɪ] *n* **-1.** *(cash, currency)* dinero *m*, *Am* plata *f*; **have you got any ~ on you?** ¿llevas *or* tienes dinero?; **the job's boring but the ~'s good** el trabajo es aburrido pero está bien pagado; **to do sth for ~** hacer algo por dinero; **I got my ~ back** *(I got reimbursed)* me devolvieron el dinero; *(I recovered my expenses)* recuperé el dinero; **to make ~** *(person)* ganar *or* hacer dinero; *(business)* dar dinero; **to put ~ into sth** invertir dinero en algo; **to put up the ~ for sth** poner el dinero para algo; **to be worth a lot of ~** *(thing)* valer mucho dinero; *(person)* tener mucho dinero; **the deal is worth a lot of ~** el contrato va a dar mucho dinero; **there's no ~ in it** no es un buen negocio; **we really got our ~'s worth** desde luego, valía la pena pagar ese dinero; **it's ~ well spent** es dinero bien empleado; **it's the best dictionary that ~ can buy** es el mejor diccionario del mercado; **for my ~** para mí, en mi opinión; **your ~ or your life!** ¡la bolsa o la vida!; **~ is no object** el dinero no es problema; SPORT **to finish out of/in the ~** = no terminar/terminar entre los ganadores de un premio en metálico ❑ **~ belt** = cinturón donde se puede guardar el dinero; **~ laundering** blanqueo *m* de dinero; FIN **~ market** mercado *m* monetario; *Fam* **the ~ men** los financieros; **~ order** transferencia *f*, giro *m*; *Br* **~ spider** = araña roja diminuta; ECON **~ supply** oferta *f or* masa *f* monetaria
-2. [IDIOMS] *Fam* **to be in the ~** haber ganado mucha plata, *Esp* haberse hecho con un montón de pasta, *Méx* haber hecho un chorro de lana, *RP* haber juntado un toco de guita; **to have ~ to burn** tener dinero a espuertas, *Am* tener plata para tirar para arriba; **I'm not made of ~** no tengo un saco sin fondo; *Fam* **~ doesn't grow on trees!** el dinero no se encuentra así como así, *RP* ¡la plata no cae del cielo!; *Br Fam* **it was ~ for old rope** *or* **for jam** era dinero fácil; **it's ~ down the drain** es tirar el dinero; **to put one's ~ where one's mouth is** hacer con el dinero lo que tanto se promete; **the Government must put its ~ where its mouth is** el Gobierno debe demostrar con hechos lo que predica; *Fam* **to spend ~ like water** gastar dinero a espuertas *or Am* a patadas; *US Fam* **on the ~** *(on time)* justo a tiempo; **to be on the ~** *(accurate)* dar en el clavo; **~ talks** el dinero es lo que cuenta; [PROV] **~ is the root of all evil** el dinero es la causa de todos los males

money-back ['mʌnɪbæk] *n* **~ guarantee** garantía *f* de devolución del dinero si el producto no es satisfactorio

moneybags ['mʌnɪbægz] *n Fam (person)* ricachón(ona) *m,f*; **lend us a fiver, ~** déjame cinco libras, tú que estás montado en el dólar

moneybox ['mʌnɪbɒks] *n Esp* hucha *f*, *esp Am* alcancía *f*

moneychanger ['mʌnɪtʃeɪndʒə(r)] *n* **-1.** *(person)* = empleado de una oficina de cambio de divisas **-2.** *US (machine)* máquina *f* de cambio

moneyed, monied ['mʌnɪd] *adj* adinerado(a), pudiente; **the ~ classes** las clases adineradas *or* pudientes

money-grubber ['mʌnɪgrʌbə(r)] *n Fam* rácano(a) *m,f*, rata *mf*

money-grubbing ['mʌnɪgrʌbɪŋ] *adj Fam* rácano(a), rata

moneylender ['mʌnɪlendə(r)] *n* prestamista *mf*

moneymaker ['mʌnɪmeɪkə(r)] *n (business, product)* negocio *m* rentable

moneymaking ['mʌnɪmeɪkɪŋ] *adj* lucrativo(a); **it's another of his ~ schemes** es otro de sus planes para enriquecerse

money-off ['mʌnɪ'ɒf] *adj (voucher)* de descuento; **~ deal** una oferta

money-spinner ['mʌnɪspɪnə(r)] *n Br Fam* **a real ~** una mina (de oro)

Mongol ['mɒŋgəl] HIST ◇ *n* mongol(ola) *m,f*
◇ *adj* mongol(ola); **the ~ Hordes** las hordas mongolas

mongol ['mɒŋgəl] *n Old-fashioned (person with Down's syndrome)* mongólico(a) *m,f*

Mongolia [mɒŋ'gəʊlɪə] *n* Mongolia; **Inner ~** Mongolia Interior; **Outer ~** Mongolia Exterior

Mongolian [mɒŋ'gəʊlɪən] ◇ *n* mongol(ola) *m,f*
◇ *adj* mongol(ola)

mongolism ['mɒŋgəlɪzəm] *n Old-fashioned (Down's syndrome)* mongolismo *m*

Mongoloid ['mɒŋgəlɔɪd] ◇ *n* mongoloide *mf*
◇ *adj* mongoloide

mongoloid ['mɒŋgəlɔɪd] *Old-fashioned* ◇ *n (person with Down's syndrome)* mongólico(a) *m,f*
◇ *adj* mongólico(a)

mongoose ['mɒŋguːs] *n* mangosta *f*

mongrel ['mʌŋgrəl] ◇ *n* **-1.** *(dog)* perro *m* cruzado **-2.** *(hybrid)* híbrido *m*, cruce *m*
◇ *adj (hybrid)* híbrido(a)

monied = moneyed
monies ['mʌnɪz] *npl* COM LAW fondos *mpl*
moniker ['mɒnɪkə(r)] *n Fam* mote *m*, apodo *m*
monism ['mɒnɪzəm] *n* PHIL monismo *m*
monist ['mɒnɪst] *n* PHIL monista *mf*
monitor ['mɒnɪtə(r)] ◇ *n* **-1.** *(supervisor)* supervisor(ora) *m,f* **-2.** MED & TECH *(device)* monitor *m* **-3.** *(screen)* TV pantalla *f*; COMPTR monitor *m* **-4.** ~ *lizard* varano *m*
◇ *vt* **-1.** *(supervise, check)* controlar, hacer un seguimiento de; **this instrument monitors the pulse rate** este aparato controla el pulso **-2.** *(broadcasts, telephone conversation)* escuchar
monitoring ['mɒnɪtərɪŋ] *n* **-1.** *(supervision)* control *m*, seguimiento *m*, *Am* monitoreo *m* **-2.** *(of broadcasts, telephone conversation)* escuchas *fpl* ❑ ~ *service* = agencia que controla sistemáticamente las emisiones de radio y televisión procedentes del extranjero
monk [mʌŋk] *n* monje *m* ❑ ~ *parakeet* perico *m* monje; ~ *seal* foca *f* monje
monkey ['mʌŋkɪ] *n* **-1.** *(animal)* mono *m* ❑ *US* ~ *bars* = en los parques, estructura de hierro o madera para que trepen los niños; *Br* ~ *nut* cacahuete *m*, *Am* maní *m*, *CAm, Méx* cacahuate *m*; ~ *puzzle tree* araucaria *f*; *Fam* ~ *suit* traje *m* de etiqueta; *US* ~ *wrench* llave *f* inglesa
-2. *Fam (naughty child)* diablillo *m*
-3. *Br Fam (£500)* = 500 libras
-4. IDIOMS **to make a ~ out of sb** tomarle el pelo a alguien; *Br Fam* **I don't give a ~'s** me importa un pito; *US Fam* **to have a ~ on one's back** *(be addicted to drugs)* ser yonqui, *RP* ser un(a) falopero(a) ❑ *Fam* ~ *business* tejemanejes *mpl*; *Br* ~ *tricks* travesuras *fpl*
◆ **monkey about, monkey around** *vi Fam* **-1.** *(fool around)* hacer el indio **(with** con**) -2.** *(tamper)* **to ~ about** *or* **around with sth** enredar con *or* toquetear algo
monkfish ['mʌŋkfɪʃ] *n* rape *m*
monkish ['mʌŋkɪʃ] *adj* monacal
mono ['mɒnəʊ] *n* **in ~** *(of sound recording)* en mono(aural)
monochromatic [mɒnəʊkrə'mætɪk] *adj (light)* monocromático(a)
monochrome ['mɒnəkrəʊm] ◇ *n (technique)* monocromía *f*; **in ~** en blanco y negro; **to dream in ~** soñar en blanco y negro
◇ *adj* **-1.** ART & COMPTR monocromo(a), monocromático(a) **-2.** PHOT en blanco y negro
monocle ['mɒnəkəl] *n* monóculo *m*
monocled ['mɒnəkəld] *adj* con monóculo
monocline ['mɒnəklaɪn] *n* GEOL monoclinal *m*
monocotyledon [mɒnəʊkɒtɪ'liːdən] *n* BOT monocotiledónea *f*
monocotyledonous [mɒnəʊkɒtɪ'liːdənəs] *adj* BOT monocotiledóneo(a)
monoculture ['mɒnəʊkʌltʃə(r)] *n* AGR monocultivo *m*
monogamous [mɒ'nɒgəməs] *adj* monógamo(a)
monogamy [mɒ'nɒgəmɪ] *n* monogamia *f*
monoglot ['mɒnəglɒt] *n* = persona que habla un solo idioma
monogram ['mɒnəgræm] *n* monograma *m*
monogrammed ['mɒnəgræmd] *adj* con monograma
monograph ['mɒnəgræf] *n* monografía *f*
monohull ['mɒnəhʌl] *n* monocasco *m*
monokini ['mɒnəkiːnɪ] *n* monobikini *m*, monokini *m*
monolingual [mɒnəʊ'lɪŋgwəl] *adj* monolingüe
monolith ['mɒnəlɪθ] *n* monolito *m*
monolithic ['mɒnə'lɪθɪk] *adj* **-1.** *(monument, rock formation)* monolítico(a) **-2.** *(government, state)* monolítico(a)
monologue ['mɒnəlɒg] *n* monólogo *m*
monologist ['mɒnəlɒgɪst, mə'nɒləʤɪst] *n* actor *m* de monólogos, actriz *m* de monólogos
monomania [mɒnəʊ'meɪnɪə] *n* PSY monomanía *f*
monomaniac [mɒnəʊ'meɪnɪæk] ◇ *n* monomaníaco(a) *m,f*
◇ *adj* monomaníaco(a)
monomer ['mɒnəmə(r)] *n* CHEM monómero *m*

mononucleosis [mɒnəʊnjuːklɪ'əʊsɪs] *n* MED mononucleosis *f inv* infecciosa
monophthong ['mɒnəfθɒŋ] *n* LING monoptongo *m*
monoplane ['mɒnəpleɪn] *n* monoplano *m*
monopolist [mə'nɒpəlɪst] *n* monopolista *mf*
monopolistic [mənɒpə'lɪstɪk] *adj* monopolizador(ora)
monopolization [mənɒpəlaɪ'zeɪʃən] *n* **-1.** *(of market)* monopolización *f* **-2.** *(of conversation, attention)* monopolización *f*
monopolize [mə'nɒpəlaɪz] *vt* **-1.** *(market)* monopolizar **-2.** *(conversation, attention)* acaparar, monopolizar; **she monopolized him for the evening** lo acaparó *or* monopolizó toda la noche
Monopoly® [mə'nɒpəlɪ] *n* Monopoly® *m* ❑ *Fam* ~ *money* dinero *m* de juguete
monopoly [mə'nɒpəlɪ] *n* monopolio *m*; **to have a ~ of** *or* **on sth** tener el monopolio *or* la exclusiva de algo; **no political party has a ~ on morality** la moral no es exclusividad de ningún partido político; **state** ~ monopolio estatal; ~ **control** control exclusivo *or* monopolístico ❑ *the Monopolies and Mergers Commission* Comisión *f* de Monopolios y Fusiones, = comité que vela por la defensa de la competencia en el Reino Unido
monorail ['mɒnəreɪl] *n* monorraíl *m*
monosaccharide [mɒnəʊ'sækəraɪd] *n* BIOCHEM monosacárido *m*
monosemic [mɒnə'siːmɪk] *adj* LING monosémico(a)
monoski ['mɒnəskiː] *n* monoesquí *m*
monosodium glutamate ['mɒnəʊsəʊdɪəm'gluːtəmeɪt] *n* CULIN glutamato *m* monosódico
monospaced ['mɒnəʊspeɪst] *adj* COMPTR & TYP monoespaciado(a)
monospacing [mɒnəʊ'speɪsɪŋ] *n* COMPTR & TYP monoespaciado *m*
monosyllabic [mɒnəʊsɪ'læbɪk] *adj* **-1.** *(word)* monosílabo(a), monosilábico(a) **-2.** *(person, reply)* lacónico(a)
monosyllable [mɒnəʊ'sɪləbəl] *n* monosílabo *m*; **to answer in monosyllables** responder con monosílabos
monotheism ['mɒnəθɪɪzəm] *n* monoteísmo *m*
monotheistic ['mɒnəθɪ'ɪstɪk] *adj* monoteísta
monotone ['mɒnətəʊn] *n* tono *m* monótono; **to speak in a ~** hablar con voz monótona
monotonous [mə'nɒtənəs] *adj* monótono(a); **with ~ regularity** con regularidad monótona
monotonously [mə'nɒtənəslɪ] *adv* monótonamente
monotony [mə'nɒtənɪ] *n* monotonía *f*; **to break the ~** romper la monotonía; **the ~ of the landscape** la monotonía del paisaje
monotype ['mɒnətaɪp] *n* ART monotipo *m*
monounsaturated ['mɒnəʊʌn'sætjʊreɪtɪd] *adj* monoinsaturado(a)
monovalent ['mɒnəʊveɪlənt] *adj* CHEM monovalente
monoxide [mə'nɒksaɪd] *n* CHEM monóxido *m*
Monroe Doctrine [mən'rəʊ'dɒktrɪn] *n* **the ~** la doctrina Monroe

---
MONROE DOCTRINE

La **Monroe Doctrine**, proclamada por el presidente James Monroe en 1823, afirmaba que "el continente americano (...) ya no podrá ser considerado como terreno de futura colonización por parte de ninguna potencia europea". Este principio fue objeto de diferentes interpretaciones en años posteriores. Fue invocado para rechazar la proclamación de Maximiliano como emperador de México (1864-7) inducida por los franceses. Bajo el corolario de Roosevelt de 1904 la doctrina se vio ampliada para justificar la intervención de EE. UU. en países latinoamericanos en el supuesto de desórdenes internos y poder así prevenir el presunto peligro de la intromisión europea. Se recurrió a la misma interpretación para justificar numerosas intervenciones estadounidenses durante las tres décadas siguientes, especialmente en Haití, la República Dominicana y Nicaragua. El corolario fue finalmente revocado en 1928. La doctrina fue invocada una vez más durante los años 80, cuando las administraciones de Reagan y Bush se enfrentaron al gobierno Sandinista de Nicaragua y a las guerrillas de Guatemala y El Salvador, consideradas meras representantes del expansionismo soviético.

Monsignor [mɒn'siːnjə(r)] *n* monseñor *m*
monsoon [mɒn'suːn] *n* monzón *m*; **the ~ season** la estación del monzón
monster ['mɒnstə(r)] ◇ *n* **-1.** *(beast, cruel person)* monstruo *m*
-2. *Fam (large person, thing)* **his last novel was a ~** su última novela era un tocho; **it's a ~ of a machine** esa máquina es un mamotreto ❑ POL *the Monster Raving Loony Party* = partido político británico cuyos candidatos, haciendo una parodia de la política, a menudo atraen los votos de los electores desilusionados
◇ *adj Fam (enormous)* monstruoso(a)
monstrosity [mɒn'strɒsɪtɪ] *n* monstruosidad *f*; **the town hall is a huge Victorian ~** el ayuntamiento es una enorme monstruosidad victoriana
monstrous ['mɒnstrəs] *adj* **-1.** *(appalling, repugnant)* monstruoso(a); **it is ~ that...** es una monstruosidad que... **-2.** *(enormous)* descomunal
monstrously ['mɒnstrəslɪ] *adv* **-1.** *(appallingly)* monstruosamente **-2.** *(enormously)* **it was ~ expensive** tenía un precio descomunal; **it was ~ unfair** era una descomunal injusticia
mons veneris [mɒnz'venərɪs] *n* ANAT monte *m* de Venus
Mont *(abbr* **Montana)** Montana
montage [mɒn'tɑːʒ] *n* CIN & PHOT montaje *m*
Montagu's harrier ['mɒntəgjuːz'hærɪə(r)] *n* aguilucho *m* cenizo
Montana [mɒn'tænə] *n* Montana
Mont Blanc ['mɒn'blɒŋk] *n* Mont Blanc *m*
Monte Carlo ['mɒntɪ'kɑːləʊ] *n* Montecarlo
Montenegro [mɒntɪ'niːgrəʊ] *n* Montenegro
Montezuma [mɒntɪ'zuːmə] *pr n* Moctezuma ❑ *Fam Hum* ~'s *revenge* venganza *f* de Moctezuma, = diarrea sufrida por turistas especialmente en México
month [mʌnθ] *n* mes *m*; **in the ~ of August** en el mes de agosto; **in the summer/winter months** en los meses de verano/invierno; **a ~ ago** hace un mes; **a ~ from now, in a ~'s time** en un mes, dentro de un mes; **a ten-~-old baby** un niño de diez meses; **once a ~** una vez al mes; **(to earn) $2,000 a ~** (ganar) 2.000 dólares al mes; **we're paid by the ~** nos pagan mensualmente; *Fam* **he got six months** le cayeron seis meses (de cárcel); IDIOM *Euph* **is it that** *or* **your time of the ~?** *(menstruation)* ¿estás con el mes *or* la regla?; IDIOM *Fam* **never in a ~ of Sundays** ni por casualidad
monthly ['mʌnθlɪ] ◇ *n* **-1.** *(magazine)* revista *f* mensual **-2.** *Old-fashioned & Euph* **she's having her ~** *or* **monthlies** está con el mes
◇ *adj* mensual ❑ ~ *instalment* plazo *m* mensual; ~ *payment* mensualidad *f*; ~ *statement (from bank)* extracto *m* (bancario) mensual
◇ *adv* mensualmente
Montreal [mɒntrɪ'ɔːl] *n* Montreal
Montserrat [mɒntsə'ræt] *n* (la isla de) Monserrat
monument ['mɒnjʊmənt] *n* monumento *m*; IDIOM **it is a ~ to human stupidity** es un monumento a la estupidez humana
monumental [mɒnjʊ'mentəl] *adj* **-1.** *(large, impressive)* monumental; **he's a ~ bore** es un pelmazo insoportable; **of ~ significance** de enorme trascendencia; ~ *ignorance* ignorancia supina **-2.** *(sculpture, inscription)* monumental ❑ ~ *mason* marmolista *mf*
moo [muː] ◇ *n (pl* **moos) -1.** *(animal sound)* mugido *m* **-2.** *Br Pej (woman)* **you silly ~!** ¡imbécil!
◇ *vi* mugir
◇ *exclam* ¡mu!

mooch [muːtʃ] *Fam* ⋄ *vt* **-1.** *(cadge)* **to ~ sth off sb** gorrear *or Esp, Méx* gorronear *or RP* garronear algo a alguien **-2.** *US (steal)* pispar, birlar

⋄ *vi* **-1.** *(wander aimlessly)* vagar, dar vueltas **-2.** *(cadge)* gorrear, *Esp, Méx* gorronear, *RP* garronear; **he's always mooching off** *or* **on people** siempre le está gorreando *or Esp, Méx* gorroneando *or RP* garroneando a la gente

◆ **mooch about, mooch around** *Fam* ⋄ *vt insep* **to ~ about** *or* **around the house** dar vueltas *or* vagar por la casa

⋄ *vi* vagar, dar vueltas

moocher ['muːtʃə(r)] *n US Fam* gorrero(a) *m,f*, *Esp, Méx* gorrón(ona) *m,f*, *RP* garronero(a) *m,f*

mood [muːd] *n* **-1.** *(state of mind)* humor *m*; **the ~ of the public/the electorate** el sentir del gran público/del electorado; **to be in a good/bad ~** estar de buen/mal humor; **to be in a generous ~** sentirse generoso(a); **to be in the ~ for reading/dancing** sentirse con ganas de leer/bailar; **I'm not in the ~ (for...)** no estoy de humor (para...); **he's in no ~ for jokes** no está de humor para chistes; **she can be quite funny when the ~ takes her** cuando tiene el día es muy graciosa

-2. *(bad temper, sulk)* **to be in a ~** estar de mal humor; **she's in one of her moods** está otra vez de mal humor

-3. *(atmosphere)* ambiente *m*; **the ~ is one of cautious optimism** el ambiente es de optimismo prudente ❑ **~ music** música *f* de ambiente

-4. GRAM modo *m*

moodily ['muːdɪlɪ] *adv* malhumoradamente
moodiness ['muːdɪnɪs] *n* **-1.** *(sulkiness)* mal humor *m* **-2.** *(changeability)* volubilidad *f*, cambios *mpl* de humor

moody ['muːdɪ] *adj* **-1.** *(sulky)* malhumorado(a); **to be ~** *(permanently)* tener mal humor; *(temporarily)* estar malhumorado *or* de mal humor **-2.** *(changeable)* voluble, variable

Moog (synthesizer)® ['muːg('sɪnθəsaɪzə(r))] *n* moog *m*

moola(h) ['muːlə] *n Fam Esp* pasta *f*, *Am* plata *f*, *Méx* lana *f*

mooli ['muːlɪ] *n* (rábano *m*) daikon *m*, mooli *m*

moon [muːn] *n* **-1.** luna *f*; **the Moon** la Luna ❑ **~ buggy** vehículo *m* lunar; **~ landing** alunizaje *m*; **~ walk** paseo *m* lunar **-2.** IDIOMS *Hum* **many moons ago** hace mucho tiempo, tiempo ha; *Fam* **to ask for the ~** pedir la luna; *Fam* **to promise sb the ~** prometer a alguien el oro y el moro; *Fam* **to be over the ~** estar encantado(a)

⋄ *vt Fam (show one's buttocks to)* enseñar el culo a

⋄ *vi Fam* **-1.** *(expose one's buttocks)* enseñar el culo **-2.** *(daydream)* **to ~ (about** *or* **around)** *(lazily)* pasar el tiempo mirando a las musarañas; *(listlessly)* andar como alma en pena; **to ~ over sb** suspirar por alguien, beber los vientos por alguien

moonbeam ['muːnbiːm] *n* rayo *m* de luna
moon-faced ['muːnfeɪst] *adj* con la cara redonda

Moonie ['muːnɪ] *n* REL *Fam* = seguidor(ora) de la secta Moon

moonless ['muːnlɪs] *adj* sin luna

moonlight ['muːnlaɪt] ⋄ *n* luz *f* de (la) luna; **in the ~, by ~** a la luz de la luna; *Br Fam* **to do a ~ flit** escaparse de noche

⋄ *vi Fam* **he's moonlighting for another company** trabaja de escondidas para otra compañía

moonlighter ['muːnlaɪtə(r)] *n Fam* pluriempleado(a) *m,f*

moonlighting ['muːnlaɪtɪŋ] *n Fam* pluriempleo *m*

moonlit ['muːnlɪt] *adj* iluminado(a) por la luna; **a ~ night** una noche de luna

moonscape ['muːnskeɪp] *n* paisaje *m* lunar

moonshine ['muːnʃaɪn] *n Fam* **-1.** *(nonsense)* sandeces *fpl* **-2.** *US (illegal alcohol)* = alcohol destilado ilegalmente

moonshiner ['muːnʃaɪnə(r)] *n US Fam* = fabricante *o* contrabandista de alcohol ilegal

moonshot ['muːnʃɒt] *n* lanzamiento *m* de un cohete lunar

moonstone ['muːnstəʊn] *n* GEOL labradorita *f*, piedra *f* de la luna

moonstruck ['muːnstrʌk] *adj Fam* **-1.** *(dreamy, dazed)* alucinado(a) **-2.** *(mad)* loco(a), demente

moony ['muːnɪ] *adj Fam (dreamy)* distraído(a)

Moor [mɔː(r)] *n* moro(a) *m,f*

moor¹ [mɔː(r)] *n (heath)* páramo *m*; **they went walking out on the moors** salieron a pasear por los páramos

moor² ⋄ *vt (ship)* atracar, amarrar
⋄ *vi* echar amarras, atracar

moorcock ['mɔːkɒk] *n (black grouse)* gallo *m* lira; *(red grouse)* lagópodo *m* escocés

moorhen ['mɔːhen] *n* **-1.** *(water bird)* polla *f* de agua **-2.** *(grouse) (black)* gallo *m* lira; *(red grouse)* lagópodo *m* escocés hembra

mooring ['mɔːrɪŋ] *n* **-1.** *(place)* atracadero *m*, amarradero *m* ❑ **~ buoy** boya *f* de amarre, (boya *f* de) cuerpo *m* muerto; **~ mast** poste *m* de anclaje; **~ ropes** amarras *fpl* **-2.** *(ropes, chains)* **moorings** amarras *fpl*; IDIOM **to lose one's moorings** perder el norte

Moorish ['mɔːrɪʃ] *adj (architecture)* árabe, musulmán(ana) *(en España)*; *(kingdom, troops)* árabe, moro(a); *(person, features)* moro(a)

moorland ['mɔːlənd] *n* páramo *m*

moose [muːs] *(pl* **moose)** *n* alce *m*

moot [muːt] ⋄ *adj* **it's a ~ point** es discutible
⋄ *vt (propose, suggest)* **it was mooted that...** se sugirió que...; **a change in the rules has been mooted** se ha propuesto *or* planteado un cambio en las normas
⋄ *n* UNIV *(in law faculties)* discusión *f* de un caso práctico

mop [mɒp] ⋄ *n* **-1.** *(for floor) (implement)* fregona *f*, *Andes, CAm, Méx* trapeador *m*; **give the floor a quick ~** pásale la fregona al suelo en un momento **-2.** *(for dishes)* = utensilio para lavar los platos semejante a una fregona pequeña **-3.** *Fam* **a ~ of hair** una mata de pelo

⋄ *vt (pt & pp* **mopped)** **to ~ the floor** fregar el suelo, pasarle la fregona al suelo; **to ~ one's brow** enjugarse la frente

◆ **mop up** *vt sep* **-1.** *(liquid)* limpiar, enjugar; **he used his bread to ~ up the sauce** mojó (en) la salsa con el pan **-2.** *(enemy forces)* terminar con, limpiar

mopboard ['mɒpbɔːd] *n US* zócalo *m*, rodapié *m*

mope [məʊp] *Fam* ⋄ *n (bout of low spirits)* **to have a ~** estar (con la) depre
⋄ *vi* **to ~ (about** *or* **around)** andar como alma en pena; **there's no use moping about** *or* **over it** de nada sirve andar lamentándose

moped ['məʊped] *n* ciclomotor *m*

moppet ['mɒpɪt] *n Fam* chavalín(ina) *m,f*, peque *mf*

mopping-up operation ['mɒpɪŋˈʌpəˈreɪʃən] *n (of enemy forces)* operación *f* de limpieza

moquette [mɒˈket] *n (fabric)* moqueta *f*

MOR [eməˈrɑː(r)] *adj (abbr* **middle-of-the-road)** *(in music broadcasting)* convencional

moraine [məˈreɪn] *n* GEOL morrena *f*

moral ['mɒrəl] ⋄ *n* **-1.** *(of story)* moraleja *f*; **what's the ~ of the story?** ¿cuál es la moraleja? **-2. morals** *(ethics)* moral *f*, moralidad *f*; **he has no morals** es un inmoral, no tiene principios

⋄ *adj* moral; **it's a very ~ story** es una historia muy didáctica; **we have a ~ duty to help them** tenemos el deber moral de ayudarlos; **to give sb ~ support** dar apoyo moral a alguien; **he is lacking in ~ fibre** carece de solidez *or* talla moral ❑ **~ high ground** la superioridad moral; **the ~ majority** la mayoría moral; **~ philosophy** filosofía *f* moral; **~ standards** valores *mpl* morales; **he complains about the decline in ~ standards** se queja de la decadencia moral; **~ victory** victoria *f* moral

morale [məˈrɑːl] *n* moral *f*; **his ~ is very low/high** tiene la moral muy baja/alta; **to be good/bad for ~** ser bueno/malo para la moral; **she tried to raise their ~** trató de levantarles el ánimo *or* la moral; **the news sapped the troops' ~** la noticia mermó *or* minó la moral de las tropas ❑ **a ~ booster** una inyección de moral; **the president visited the front as a ~ booster** el presidente se desplazó al frente para dar una inyección de moral

moralist ['mɒrəlɪst] *n* moralista *mf*
moralistic [mɒrəˈlɪstɪk] *adj* moralista

morality [məˈrælɪtɪ] *n* **-1.** *(of person, decision)* moralidad *f* **-2.** LIT **~ (play)** moralidad *f*, auto *m* alegórico

moralize ['mɒrəlaɪz] *vi* moralizar; **as a writer he has a tendency to ~ at length** como escritor tiende a moralizar en exceso *or* a dar largos discursos moralizantes

moralizing ['mɒrəlaɪzɪŋ] ⋄ *n* moralización *f*
⋄ *adj* moralizador(ora), moralizante

morally ['mɒrəlɪ] *adv* moralmente; **~ right/wrong** moralmente aceptable/inaceptable; **to be ~ bound to do sth** tener el deber moral de hacer algo; **the parents are ~ responsible** los padres son los responsables morales

morass [məˈræs] *n* **-1.** *(marsh)* pantano *m*, cenagal *m* **-2.** *(of detail, despair)* marasmo *m*, laberinto *m*; **bogged down in a ~ of rules and regulations** perdido en un mar *or* laberinto de normas y reglamentación

moratorium [mɒrəˈtɔːrɪəm] *n* moratoria *f* **(on en)**; **to declare a ~ on sth** decretar *o* declarar una moratoria en algo

Moravia [məˈreɪvɪə] *n* Moravia

Moravian [məˈreɪvɪən] ⋄ *n* moravo(a) *m,f*
⋄ *adj* moravo(a)

moray ['mɒreɪ] *n* **~ (eel)** morena *f*

morbid ['mɔːbɪd] *adj* **-1.** *(curiosity, interest, thoughts)* morboso(a), malsano(a); **don't be so ~!** ¡no seas morboso! **-2.** MED mórbido(a), morboso(a) ❑ **~ anatomy** anatomía *f* patológica

morbidity [mɔːˈbɪdɪtɪ] *n* **-1.** *(of mind, idea)* morbosidad *f* **-2.** MED morbilidad *f*

morbidly ['mɔːbɪdlɪ] *adv* morbosamente

mordant ['mɔːdənt] *adj Formal (sarcasm, wit)* mordaz

more [mɔː(r)] *(comparative of* **many, much)** ⋄ *pron* más; **there's no ~** ya no hay *or* queda más; **I've got two ~** tengo dos más; **do you want (any** *or* **some) ~?** ¿quieres más?; **he knows ~ than you (do)** él sabe más que tú; **I've got ~ than you think** tengo más de lo/los que piensas; **there are ~ of us than of them** nosotros somos más que ellos; **we should see ~ of each other** deberíamos vernos más; **it's just ~ of the same** es más de lo mismo; **she's ~ of a communist than a socialist** es más comunista que socialista; **there's ~ to the game than just hitting a ball** el juego es mucho más que simplemente darle a la bola; **he's little ~ than a cleaner** no es más que un limpiador; **she is eating ~ and ~** cada vez come más; **that's what I expect from you, no ~, no less** esto es lo que espero de ti, ni más ni menos; **let us say no ~ about it** el asunto queda olvidado; **it's no ~ than an hour long** no dura más de una hora; **a pay rise is no ~ than I deserve** el aumento de sueldo me lo tengo bien merecido; **five hundred people or ~** por lo menos quinientas personas; **the ~ I hear about this, the less I like it** cuanto más sé del asunto, menos me gusta; **bring plenty, the ~ the better** trae muchos, cuantos más, mejor; **the ~ the merrier** cuántos más, mejor; **what ~ can I say?** ¿qué más puedo decir?; **what is ~** lo que es más

⋄ *adj* más; **~ water/children** más agua/niños; **~ than a hundred people** más de cien personas; **I've read ~ books than you** he leído más libros que tú; **one ~ week** una semana más; **is there any ~ bread?** ¿hay *or* queda más pan?; **I have no ~ money** no me queda (más) dinero; **to have some ~ wine**

moreish

tomar un poco más de vino; **there are two ~ questions to go** quedan dos preguntas (más); **there are ~ and ~ accidents** cada vez hay más accidentes; **the ~ matches you win, the ~ points you get** cuantos más partidos ganas, más puntos recibes; *Br Fam* **~ fool you!** ¡peor para ti!
◇ *adv* **-1.** *(to form comparative of adjective or adverb)* más; **~ interesting (than)** más interesante (que); **~ easily** más fácilmente; **she couldn't be ~ wrong** no podía estar más equivocada; **their views are ~ communist than socialist** sus ideas son más comunistas que socialistas; **it's ~ than likely** es más que probable; **I would be ~ than happy to help** estaría más que encantado en ayudar, *RP* estaría encantado de ayudar; **I was ~ than a little annoyed to discover that...** me *esp Esp* enfadó *or esp Am* enojó muchísimo descubrir que...; **he became ~ and ~ drunk** cada vez estaba más borracho; **this made things all the ~ difficult** esto *Esp* ponía *or Am* hacía las cosas aún más difíciles
-2. *(with verbs) (eat, exercise)* más; **I would think ~ of her if...** tendría mejor opinión de ella si...; **I couldn't agree ~** estoy completamente de acuerdo; **I like her ~ than I used to** me cae mejor que antes; **he was ~ surprised than annoyed** más que molesto estaba sorprendido; **I'm ~ than satisfied** estoy más que satisfecho; **that's ~ like it!** ¡eso está mejor!; **~ or less** más o menos; **they ~ or less accused me of lying!** ¡casi me acusaron de mentir!; **you've no ~ been to Australia than I have** no has estado en Australia en tu vida; **(the) ~'s the pity** es una lástima
-3. *(in time)* **~ and ~, people are choosing to work from home** cada vez hay más gente que elige trabajar desde su casa; **once ~** una vez más, otra vez; **twice ~** dos veces más; **he doesn't drink any ~** ha dejado la bebida; **do you drink? – not any ~** *Esp* ¿bebes? – ya no, *Am* ¿sigues tomando? – ya no; **shall we play some ~?** ¡jugamos un rato más?; **often than not** muchas veces; *Euph* **he is no ~** ha pasado a mejor vida
◇ *exclam (at concert)* ¡otra!

moreish, morish ['mɔːrɪʃ] *adj Fam (food)* irresistible, adictivo(a); **these snacks are very ~** estos aperitivos son irresistibles *or* muy adictivos

morel [mə'rel] *n* colmenilla *f*, cagarria *f*

morello [mə'reləʊ] *(pl* **morellos)** *n* **~ (cherry)** guinda *f*

moreover [mɔː'rəʊvə(r)] *adv* además, (lo que) es más

mores ['mɔːreɪz] *npl Formal* costumbres *fpl*

morganatic [mɔːgə'nætɪk] *adj* morganático(a)

morgue [mɔːg] *n* depósito *m* de cadáveres, *esp Am* morgue *f*; *Fig* **this place is like a ~** este sitio parece un entierro

MORI ['mɔːrɪ] *n (abbr* **Market and Opinion Research Institute)** = empresa británica encargada de realizar sondeos de opinión ❑ **~ poll** sondeo *m* de opinión *(realizado por MORI)*

moribund ['mɒrɪbʌnd] *adj* agonizante, moribundo(a)

morish = moreish

Mormon ['mɔːmən] *REL* ◇ *n* mormón(ona) *m,f*
◇ *adj* mormón(ona)

Mormonism ['mɔːmənɪzəm] *n* mormonismo *m*

morn [mɔːn] *n Literary* mañana *f*

mornay ['mɔːneɪ] *n CULIN* **cod/egg ~** bacalao/huevo en salsa Mornay

morning ['mɔːnɪŋ] ◇ *n* **-1.** *(of day)* mañana *f*; **this ~** esta mañana; **tomorrow ~** mañana por la mañana; **yesterday ~** ayer por la mañana; **the next** *or* **following ~, the ~ after** la mañana siguiente; **on the ~ of the next day, on the following ~** a la mañana siguiente; IDIOM *Fam Hum* **the ~ after (the night before)** la mañana de la resaca; **the previous ~, the ~ before** la mañana anterior; **all ~** toda la mañana; **every ~** todas las mañanas, cada mañana; **every Friday ~** todos los viernes por la mañana; **(early) in the ~** por la mañana (temprano); **see you in the ~!** ¡hasta mañana (por la mañana)!; **at eight o'clock in the ~** a las ocho de la mañana; **could I have the ~ off?** ¿puedo tomarme la mañana libre?; **~, noon and night** (mañana,) día y noche; **from ~ till night** todo el día; **she worked from ~ till night** trabajaba de sol a sol; **on Wednesday ~** el miércoles por la mañana; **on Monday mornings** los lunes por la mañana; **on the ~ of the twelfth** la mañana del (día) doce; **when I woke it was ~** cuando me desperté era de día; **I'm on mornings this week** esta semana estoy por la mañana *or* me toca de mañana; **good ~!** ¡buenos días!; *Fam* **~!** ¡buenas! ❑ **~ coat** chaqué *m*, *CSur* jaqué *m*; **~ dress** chaqué *m*; **~ glory** *(plant)* maravilla *f*; **~ (news)paper** diario *m* matinal *or* de la mañana; **~ sickness** náuseas *fpl* matutinas del embarazo; **~ star** lucero *m* del alba

-2. *Literary (beginning)* albores *mpl*, amanecer *m*; **in the ~ of one's life** en los albores *or* el amanecer de su vida

◇ *adj* matinal; **the ~ rush hour** la hora *Esp* punta *or Am* pico de la mañana; **cancel the ~ meeting** suspende la reunión de (por) la mañana; **my ~ walk** mi paseo matutino

◇ **mornings** *adv esp US* por las mañanas

morning-after pill ['mɔːnɪŋ'ɑːftəpɪl] *n* píldora *f* del día siguiente

Moroccan [mə'rɒkən] ◇ *n* marroquí *mf*
◇ *adj* marroquí

Morocco [mə'rɒkəʊ] *n* Marruecos

morocco [mə'rɒkəʊ] *n* **~ (leather)** tafilete *m*

moron ['mɔːrɒn] *n Fam* subnormal *mf*, *Am* zonzo(a) *m,f*

moronic [mə'rɒnɪk] *adj Fam (person)* subnormal, *Am* zonzo(a); *(expression, behaviour)* de subnormal, *Am* zonzo(a); **a ~ comment** una memez

moronically [mə'rɒnɪklɪ] *adv Fam* estúpidamente

morose [mə'rəʊs] *adj* hosco(a), huraño(a)

morosely [mə'rəʊslɪ] *adv* malhumoradamente

morph [mɔːf] *CIN & COMPTR* ◇ *n* imagen *f* transformada por *Esp* ordenador *or Am* computadora
◇ *vt* transformar *(con animación por ordenador o computadora)*
◇ *vi* transformarse *(con animación por ordenador o computadora)*; **to ~ into sth** transformarse en algo

morpheme [mɔː'fiːm] *n* LING morfema *m*

morphemic [mɔː'fiːmɪk] *adj* LING morfemático(a)

Morpheus ['mɔːfɪəs] *n* MYTHOL Morfeo

morphia ['mɔːfɪə] *n Old-fashioned* morfina *f*

morphine ['mɔːfiːn] *n* morfina *f*

morphing ['mɔːfɪŋ] *n* CIN & COMPTR transformación *f (con animación por ordenador o computadora)*

morphological [mɔːfə'lɒdʒɪkəl] *adj* LING morfológico(a)

morphology [mɔː'fɒlədʒɪ] *n* LING morfología *f*

morris dancing ['mɒrɪs'dɑːnsɪŋ] *n* = baile tradicional inglés en el que varios personajes ataviados con cintas y cascabeles entrechocan unos palos

morrow ['mɒrəʊ] *n* **-1.** *Literary (next day)* día *m* siguiente; **with not a care for the ~** sin pensar en el mañana; **on the ~** mañana, al siguiente día **-2.** *Archaic or Literary (morning)* mañana *f*

Morse [mɔːs] *n* **in ~** en (código) morse ❑ **~ code** código *m* morse

morsel ['mɔːsəl] *n* pedacito *m*; **a choice** *or* **tasty ~** un bocado exquisito

mortal ['mɔːtəl] ◇ *n* mortal *mf*; *Ironic* **he doesn't speak to mere mortals like us!** ¡no habla con los simples mortales como nosotros!
◇ *adj* **-1.** *(not immortal)* mortal; **all men are ~** todos los hombres son mortales ❑ *Literary or Hum* **~ coil: to shuffle off this ~ coil** irse al otro barrio; **~ remains** restos *mpl* mortales

-2. *(fatal) (wound, disease, injury)* mortal ❑ REL **~ sin** pecado *m* mortal

-3. *(deadly) (enemy)* mortal; *(danger)* de muerte; **they were locked in ~ combat** se enfrentaban en un combate a muerte

-4. *(very great)* **he lived in ~ fear of being found out** vivía con un miedo atroz a ser descubierto

mortality [mɔː'tælɪtɪ] *n* **-1.** *(death rate)* mortalidad *f* ❑ **~ rate** tasa *f or* índice *m* de mortalidad **-2.** *(mortal state)* mortalidad *f*

mortally ['mɔːtəlɪ] *adv* **-1.** *(fatally)* mortalmente; **~ wounded** herido(a) de muerte **-2.** *(gravely)* **~ offended** ultrajado(a); **to be ~ afraid (of sth/sb)** tener un miedo atroz (a algo/alguien)

mortar ['mɔːtə(r)] ◇ *n* **-1.** *(in construction)* argamasa *f*, mortero *m* **-2.** *(for grinding)* mortero *m*, almirez *m*; **pass the ~ and pestle** pásame el mortero **-3.** *(weapon)* mortero *m* ❑ **~ shell** granada *f* de mortero
◇ *vt* **-1.** *(in construction) (bricks)* fijar con argamasa; *(wall)* enlucir (con argamasa) **-2.** *(bombard)* bombardear con (fuego de) mortero

mortarboard ['mɔːtəbɔːd] *n* **-1.** *(in construction)* llana *f* **-2.** *(hat)* = sombrero en forma de cuadrado negro con una borla que cuelga, usado por los estudiantes en la ceremonia de graduación

mortgage ['mɔːgɪdʒ] ◇ *n* hipoteca *f*, crédito *m* hipotecario; **a 25-year ~** una hipoteca a 25 años; **to take out a ~ (on sth)** obtener una hipoteca (para algo); **to pay off a ~** pagar una hipoteca ❑ **~ payments** plazos *mpl* de la hipoteca; **~ rate** tipo *m* (de interés) hipotecario, *Am* tasa *f* de interés hipotecaria; **~ repayments** plazos *mpl* de la hipoteca
◇ *vt (property, one's future)* hipotecar; **he mortgaged his happiness** hipotecó su felicidad

mortgageable ['mɔːgɪdʒəbəl] *adj* hipotecable

mortgagee [mɔːgɪ'dʒiː] *n* FIN acreedor(ora) *m,f* hipotecario(a)

mortgagor [mɔːgɪ'dʒɔː(r)] *n* FIN deudor(ora) *m,f* hipotecario(a)

mortice = mortise

mortician [mɔː'tɪʃən] *n US (undertaker)* encargado(a) *m,f* de funeraria

mortification [mɔːtɪfɪ'keɪʃən] *n* **-1.** REL mortificación *f*; **~ of the flesh** mortificación de la carne **-2.** *(embarrassment)* bochorno *m*; **to my (eternal) ~** con gran bochorno por mi parte

mortify ['mɔːtɪfaɪ] *vt* **-1.** REL mortificar; **to ~ the flesh** mortificar la carne **-2.** *(embarrass)* **I was mortified** me sentí abochornado

mortifying ['mɔːtɪfaɪɪŋ] *adj* **-1.** REL mortificante **-2.** *(embarrassing)* bochornoso(a)

mortise, mortice ['mɔːtɪs] ◇ *n (in carpentry)* muesca *f*, mortaja *f* ❑ **~ lock** cerradura *f* embutida *or* de pestillo
◇ *vt* mortajar, hacer una muesca *or* mortaja en; **to ~ two beams together** juntar dos vigas con ensamblaje de espiga (y mortaja)

mortuary ['mɔːtjʊərɪ] *n* depósito *m* de cadáveres

Mosaic [məʊ'zeɪɪk] *adj* mosaico(a)

mosaic [məʊ'zeɪɪk] *n* **-1.** *(decorative work)* mosaico *m*; **~ floor** suelo de *or* en mosaico **-2.** BOT **~ (disease)** mosaico *m*

Moscow ['mɒskəʊ, *US* 'mɑːskaʊ] *n* Moscú

Moselle [məʊ'zel] *n* **-1.** *(river)* **the ~** el (río) Mosela **-2.** *(wine)* vino *m* de Mosela

Moses ['məʊzɪz] *pr n* Moisés ❑ **~ basket** moisés *m*, canastilla *f*

mosey ['məʊzɪ]
▸ **mosey along** *vi Fam* ir dando un paseo; **I'll just ~ along to the bar** me iré dando un paseo hasta el bar; **I'll be moseying along now** *(leaving)* yo ya me marcho *or Esp, RP* me piro
▸ **mosey on down** *vi Fam* ir; **let's ~ on down!** ¡vamos!, *Méx* ¡ándale!, *RP* ¡dale!

Moslem ['mɒzlem] ◇ *n* musulmán(ana) *m,f*
◇ *adj* musulmán(ana)

mosque [mɒsk] *n* mezquita *f*

mosquito [məsˈkiːtəʊ] (*pl* **mosquitoes**) *n* mosquito *m*, *Am* zancudo *m* ❑ **~ bite** picadura *f* de mosquito; **~ net** mosquitera *f*, mosquitero *m*; **~ repellent** repelente *m* antimosquitos

moss [mɒs] *n* musgo *m* ❑ **~ green** verde *m* musgo

mossy [ˈmɒsɪ] *adj* cubierto(a) de musgo

most [məʊst] (*superlative of* **many, much**) ◇ *pron* **of the calls we receive, ~ are complaints** la mayoría de las llamadas que recibimos son quejas; **he is more interesting than ~** es más interesante que la mayoría; **he earns the ~** él es el que más (dinero) gana; **she got the ~, as usual** como de costumbre, se llevó la parte más grande; **what's the ~ you've ever paid for a hotel room?** ¿cuánto es lo máximo que has pagado por una habitación de hotel?; **the ~ we can hope for is a draw** como máximo podemos aspirar a un empate; **~ of my friends** la mayoría de *or* casi todos mis amigos; **~ of us** la mayoría de nosotros; **~ of the time** la mayor parte del tiempo, casi todo el tiempo; **at ~, at the (very) ~** como mucho; **to make the ~ of an opportunity** aprovechar al máximo una oportunidad

◇ *adj* **-1.** (*the majority of*) la mayoría de; **~ women** la mayoría de las mujeres; **~ whisky is made in Scotland** la mayor parte del whisky se hace en Escocia **-2.** (*greatest amount of*) **he has (the) ~ money** él es el que más dinero tiene; **how can we get (the) ~ money?** ¿cómo podemos sacar el máximo dinero posible?; **to get the ~ use out of sth** sacar el mayor partido a algo; **for the ~ part, we get on** por lo general, nos llevamos bien; **the inhabitants are, for the ~ part, Irish** los habitantes son, en su mayoría, irlandeses

◇ *adv* **-1.** (*to form superlative of adjectives and adverbs*) el/la más; **the ~ beautiful woman** la mujer más bella; **the ~ interesting book** el libro más interesante; **these are the ~ expensive** éstos son los más caros; **the player ~ likely to win** el jugador que tiene más probabilidades de ganar; **it operates ~ efficiently when...** funciona óptimamente cuando...; **the question we get asked ~ often** la pregunta que nos hacen más a menudo ❑ *US SPORT* **~ valuable player** jugador(ora) *m,f* más destacado(a), mejor jugador(ora) *m,f* **-2.** (*with verbs*) **the one who works ~ is...** el/la que trabaja más es...; **who do you like ~?** ¿quién te cae mejor?; **what I want ~ is the one I most desire**; **that's what worries me (the) ~** eso es lo que más me preocupa; **I liked the last song ~ of all** la última canción fue la que más me gustó; **~ of all, I would like to thank my mother** por encima de todo, me gustaría dar las gracias a mi madre **-3.** (*very*) muy, sumamente; **~ unhappy** muy desgraciado(a); **I'll ~ certainly let you know** con toda seguridad te lo diré; **can I have a slice of cake? – ~ certainly** ¿puedo servirme un trozo de pastel? – por supuesto que sí; **we will ~ probably fail** es muy probable que *Esp* suspendamos *or Am* reprobemos; **~ unexpectedly** de manera totalmente inesperada **-4.** *US Fam* (*almost*) casi; **I go there ~ every day** voy allí casi todos los días

most-favoured nation, *US* **most-favored nation** [ˈməʊstfeɪvədˈneɪʃən] *n ECON* nación *f* más favorecida ❑ **~ clause** cláusula *f* de la nación más favorecida; **~ status** estatus *m* de nación más favorecida

mostly [ˈməʊstlɪ] *adv* **-1.** (*in the main*) principalmente, sobre todo; **it's ~ sugar** tiene principalmente *or* sobre todo azúcar; **the soldiers were ~ young men** los soldados eran principalmente *or* en su mayoría hombres jóvenes; **the story is ~ true** la historia es casi toda cierta *or* en su mayor parte cierta

-2. (*most often*) casi siempre; **~ we stay in and watch TV** casi siempre nos quedamos en casa viendo la televisión

MOT [eməʊˈtiː] ◇ *n Br AUT* = inspección técnica anual de vehículos de más de tres años, *Esp* ≃ ITV *f*, *RP* ≃ VTV *f* ❑ **~ certificate** certificado *m* de haber pasado la inspección técnica anual, *Esp* ≃ ITV *f*, *RP* ≃ VTV *f*; **~ test** = inspección técnica anual de vehículos de más de tres años, *Esp* ≃ ITV *f*, *RP* ≃ VTV *f*

◇ *vt* (*pt & pp* **MOT'd** [ˈeməʊˈtiːd]) **to have one's car MOT'd** llevar el automóvil a pasar la inspección técnica anual

mote [məʊt] *n Literary* mota *f*; **the ~ in thy brother's eye** la paja en el ojo ajeno

motel [məʊˈtel] *n* motel *m*

motet [məʊˈtet] *n MUS* motete *m*

moth [mɒθ] *n* mariposa *f* nocturna; (**clothes**) **~** polilla *f*

mothball [ˈmɒθbɔːl] ◇ *n* bola *f* de naftalina; *Fig* **to put a project in mothballs** aparcar un proyecto

◇ *vt* **-1.** (*ship*) dejar en la reserva **-2.** (*project*) aparcar

moth-eaten [ˈmɒθiːtən] *adj* **-1.** (*clothing*) apolillado(a) **-2.** *Fam Fig* (*shabby*) cochambroso(a)

mother [ˈmʌðə(r)] ◇ *n* **-1.** (*parent*) madre *f*; **~ of six** madre de seis hijos; *Pej* **a ~'s boy** un enmadrado; *Am* *or RP* **~ mamá**; **at one's ~'s knee** de pequeño(a), de pequeñito(a); **a ~'s love** el amor de madre *or* materno; *Br* **shall I be ~?** ¿sirvo el té?; IDIOM **the ~ and father of sth: we had the ~ and father of a row** *Esp* tuvimos una bronca de padre y muy señor mío *or* de aúpa, *Am* tuvimos un lío de padre y señor nuestro ❑ **~ country** madre patria *f*; **Mother's Day** Día *m* de la Madre; **Mother Earth** la madre tierra; **the Mother of God** (*Virgin Mary*) la madre de Dios; **~ hen** gallina *f* madre; IDIOM **she was fussing about like a ~ hen** estaba metida en el papel de madre preocupada; **~ lode** *MIN* filón *m* madre *or* principal; *Fig* filón *m*, mina *f*; **Mother Nature** la madre naturaleza; *Hum* **~'s ruin** ginebra *f*; *MIL* **~ ship** buque *m* nodriza; *REL* **Mother Superior** madre *f* superiora; **~ tongue** lengua *f* materna **-2.** *US very Fam* cabrón(ona) *m,f*; **her boyfriend's a big ~** su novio es un cabrón *or* cabronazo **-3.** *Br* (*of trade union*) **Mother of Chapel** delegada *f* or *Esp* enlace *f* sindical (*del sector editorial y de artes gráficas*)

◇ *vt* mimar

motherboard [ˈmʌðəbɔːd] *n COMPTR* placa *f* madre

motherfucker [ˈmʌðəfʌkə(r)] *n Vulg* **-1.** (*person*) hijo(a) *m,f* de puta, *Méx* hijo(a) *m,f* de la chingada; **you ~!** ¡me cago en tu puta madre!, *Méx* ¡chinga tu madre!, *RP* ¡me cago en la puta que te parió! **-2.** (*thing*) **the ~ won't start** el hijo de puta no arranca; **that was a ~ of a meeting** fue una reunión muy jodida

motherfucking [ˈmʌðəfʌkɪŋ] *adj Vulg* puto(a), jodido(a); **that ~ bastard!** ¡ese hijo de puta!; **open up or I'll kick the ~ door in!** ¡abre o echo abajo la puta *or* jodida puerta!

motherhood [ˈmʌðəhʊd] *n* maternidad *f*

mothering [ˈmʌðərɪŋ] *n* maternidad *f*; **she's not confident about her ~ skills** no confía en su capacidad para criar a un hijo ❑ *Br* **Mothering Sunday** el día de la madre

mother-in-law [ˈmʌðərɪnlɔː] *n* suegra *f*

motherland [ˈmʌðəlænd] *n* tierra *f* natal

motherless [ˈmʌðəlɪs] *adj* huérfano(a) de madre, sin madre

motherly [ˈmʌðəlɪ] *adj* maternal

mother-of-pearl [ˈmʌðərəvˈpɜːl] *n* nácar *m*; **~ buttons** botones de nácar

mother-to-be [ˈmʌðətəˈbiː] *n* futura madre *f*

mothproof [ˈmɒθpruːf] *adj* (*cloth*) resistente a las polillas

motif [məʊˈtiːf] *n* (*in music, design*) motivo *m*; (*in literature*) tema *m*

motion [ˈməʊʃən] ◇ *n* **-1.** (*movement*) movimiento *m*; **with a swaying ~ of the hips** con un balanceo de caderas; **to be in ~** estar en movimiento; **do not alight while the train is in ~** no se apeen mientras el tren esté en marcha; **to set sth in ~** (*machine, system*) poner algo en marcha *or* funcionamiento; IDIOM **to set the wheels in ~** poner las cosas en marcha; IDIOM **to go through the motions** hacer las cosas mecánicamente *or* por inercia ❑ *US* **~ picture** película *f*; **~ sickness** mareo *m* (*del viajero*)

-2. (*in meeting, debate*) moción *f*; **~ of censure/confidence** moción de censura/confianza; **to propose/second a ~** proponer/apoyar una moción; **the ~ was carried/defeated** la moción fue aprobada/rechazada **-3.** *LAW* (*application*) petición *f* **-4.** *Br Formal* (*of bowel*) deposición *f*, evacuación *f*; **to have *or* pass a ~** hacer de vientre, evacuar

◇ *vt* **to ~ sb to do sth** indicar a alguien (con un gesto) que haga algo; **to ~ sb in/away/out** indicar a alguien que entre/se vaya/salga

◇ *vi* **to ~ to sb to do sth** indicar a alguien (con un gesto) que haga algo

motionless [ˈməʊʃənlɪs] *adj* inmóvil; **to remain ~** permanecer inmóvil

motivate [ˈməʊtɪveɪt] *vt* motivar; **how can I ~ my pupils?** ¿cómo puedo motivar a mis alumnos?; **what motivated your choice?** ¿qué fue lo que motivó su elección?; **what motivated you to change your mind?** ¿qué te impulsó a cambiar de idea?

motivated [ˈməʊtɪveɪtɪd] *adj* motivado(a); **a highly ~ young woman** una joven muy motivada; **a politically ~ decision** una decisión por motivos políticos *or* con motivaciones políticas

motivating [ˈməʊtɪveɪtɪŋ] *adj* estimulante, alentador(ora)

motivation [məʊtɪˈveɪʃən] *n* motivación *f*; **the pupils lack ~** los alumnos están poco motivados, a los alumnos les falta motivación

motivational [məʊtɪˈveɪʃənəl] *adj* motivacional ❑ *PSY* **~ research** estudio *m* de la psicología del consumidor

motivator [ˈməʊtɪveɪtə(r)] *n* **he's a good ~** sabe motivar *or* estimular a la gente

motive [ˈməʊtɪv] ◇ *n* **-1.** (*reason*) motivo *m*, razón *f*; **the motives for her behaviour** los motivos *or* las razones de su comportamiento; **my ~ for asking is simple** la razón por la que pregunto es sencilla **-2.** *LAW* móvil *m*

◇ *adj* **~ force** fuerza *f* motriz; **~ power** energía *f* motriz

motiveless [ˈməʊtɪvlɪs] *adj* sin motivo; **an apparently ~ murder** un asesinato sin motivo aparente

mot juste [ˈməʊˈʒuːst] *n* **the ~** el término preciso *or* adecuado

motley [ˈmɒtlɪ] *adj* heterogéneo(a), abigarrado(a); *Pej* **a ~ crew** una panda de lo más variopinto

motocross [ˈməʊtəkrɒs] *n* motocross *m*

motor [ˈməʊtə(r)] ◇ *n* **-1.** (*engine*) motor *m* ❑ **~ launch** lancha *f* motora; **~ vehicle** vehículo *m* de motor

-2. *Br Fam* (*car*) coche *m*, *Am* carro *m*, *CSur* auto *m* ❑ **~ car** automóvil *m*; *Br* **~ caravan** autocaravana *f*, rulot *f*, *RP* casa *f* rodante; *US* **~ court** motel *m* (*de carretera*); **~ home** (*caravan*) autocaravana *f*, rulot *f*, *RP* casa *f* rodante; *US* **~ hotel** motel *m*; **~ industry** sector *m or* industria *f* automovilístico(a); *US* **~ inn** motel *m*; **~ insurance** seguro *m* de automóviles; *US* **~ lodge** motel *m*; **~ race** carrera *f* automovilística; **~ racing** carreras *fpl* de coches *or Am* carros *or RP* autos; **~ show** salón *m* del automóvil; **the ~ trade** el sector de compraventa de automóviles

◇ *vi* **-1.** *Old-fashioned* (*travel by car*) viajar en automóvil; **we motored up to London** fuimos hasta Londres en automóvil; **we motored across Europe** recorrimos Europa

motorbike / **mouth**

en automóvil **-2.** *Fam (move fast)* ir a toda mecha; **he was really motoring** iba a toda mecha
◇ *adj* PHYSIOL *(function, nerve)* motor(ora) ❑ MED **~ neurone disease** enfermedad *f* de la motoneurona *or* neurona motora

motorbike ['məʊtəbaɪk] *n* moto *f*

motorboat ['məʊtəbəʊt] *n* (lancha *f*) motora *f*

motorcade ['məʊtəkeɪd] *n* desfile *m* de coches *or Am* carros *or RP* autos

motorcycle ['məʊtəsaɪkəl] *n* motocicleta *f*, moto *f* ❑ *US Fam* **~ cop** policía *mf* motorizado(a), motorista *mf*; **~ race** carrera *f* de motos *or* motocicletas

motorcycling ['məʊtəsaɪklɪŋ] *n* motociclismo *m*, motorismo *m*

motorcyclist ['məʊtəsaɪklɪst] *n* motociclista *mf*, motorista *mf*

motoring ['məʊtərɪŋ] *n* automovilismo *m*; **school of ~** autoescuela ❑ *Br* **~ offence** infracción *f* de tráfico

motorist ['məʊtərɪst] *n* conductor(ora) *m,f*, automovilista *mf*

motorize ['məʊtəraɪz] *vt* motorizar

motorized ['məʊtəraɪzd] *adj* **-1.** *(vehicle, wheelchair)* motorizado(a), con motor **-2.** MIL *(troops, unit)* motorizado(a)

motorman ['məʊtəmən] *n US* conductor(ora) *m,f*

motormouth ['məʊtəmaʊθ] *n Fam (person)* charlatán(ana) *m,f*

motor-scooter ['məʊtəsku:tə(r)] *n* escúter *m*

motorway ['məʊtəweɪ] *n Br* autopista *f* ❑ **~ pile-up** colisión *f* múltiple en una autopista; **~ services** área *f* de servicios

Motown® ['məʊtaʊn] *n (pop music)* música *f* Motown

mottle ['mɒtl] *vt (with blotches)* motear; *(with streaks)* vetear; **sunlight coming through the trees mottled the ground** la luz del sol salpicaba el suelo al pasar entre los árboles

mottled ['mɒtld] *adj* **-1.** *(complexion)* con manchas rojizas **-2.** *(coat, surface)* (with blotches) moteado(a)

motto ['mɒtəʊ] *(pl* **mottoes***) n* **-1.** *(maxim)* lema *m*; **the school ~** el lema del colegio; **"if you don't help yourself, no one else will": that's my ~** como yo digo *or* mi lema es: "si tú no te ayudas, nadie lo hará por ti" **-2.** *(in Christmas cracker) (joke)* chiste *m*; *(riddle)* acertijo *m*, adivinanza *f*

mould¹, *US* **mold** [məʊld] *n (fungus)* moho *m*

mould², *US* **mold** *n (soil)* mantillo *m*

mould³, *US* **mold** ◇ *n* **-1.** *(hollow form)* molde *m*; **cake ~** molde para pasteles; IDIOM **to break the ~** romper moldes *or* el molde; IDIOM **when they made him they broke the ~** como él no hay dos, después de hacerlo a él rompieron el molde
-2. *(moulded article)* molde *m*; **rice ~** molde de arroz
-3. *Fig (pattern)* **cast in the same ~** cortado(a) por el mismo patrón; **cast in a heroic ~** con madera *or* hechuras de héroe; *Fig* **a star in the John Wayne ~** un actor del estilo de John Wayne
-4. ARCHIT moldura *f*
◇ *vt* **-1.** *(shape) (plastic, metal)* moldear; **to ~ sth in** *or* **from** *or* **out of clay** moldear algo con *or* en arcilla, modelar algo con *or* en arcilla; **moulded plastic chairs** sillas de plástico moldeado; **to ~ sb into sth** modelar *or* educar a alguien para que se convierta en algo **-2.** *(influence) (person's character)* moldear; **they're trying to ~ public opinion** tratan de moldear *or* dirigir la opinión pública

moulder, *US* **molder** ['məʊldə(r)] *vi* desmoronarse; **he's mouldering away in prison** se está pudriendo en la cárcel

moulding, *US* **molding** ['məʊldɪŋ] *n* ARCHIT moldura *f*

mouldy, *US* **moldy** ['məʊldɪ] *adj* **-1.** *(covered with mould) (food)* mohoso(a); *(clothes)* lleno(a) de moho, apulgarado(a); **it smells ~** huele a humedad *or* a moho **-2.** *Br Fam (measly)* mísero(a), cochino(a)

Mouli® ['mu:lɪ] *n Br* picadora *f* (manual)

moult, *US* **molt** [məʊlt] ◇ *vi (animal)* mudar el pelo; *(bird)* mudar el plumaje
◇ *vt (hair, feathers)* mudar, pelechar; **the cat is moulting hairs all over the furniture** el gato está mudando *or* pelechando y deja pelos por todos los muebles
◇ *n* muda *f*

mound [maʊnd] *n* **-1.** *(hill)* colina *f* **-2.** *(of earth, sand, rubble)* montículo *m* **-3.** *(heap)* montón *m*; *Fam* **he ate mounds of rice** comió montañas *or* un montón de arroz **-4.** *(in baseball)* montículo *m*

mount¹ [maʊnt] *n Literary* monte *m* ❑ **Mount Everest** el Everest; **Mount Fuji** el Fujiyama, el Monte Fuji; **Mount Sinai** el Monte Sinaí

mount² ◇ *n* **-1.** *(horse)* montura *f* **-2.** *(for painting, photograph)* paspartú *m*, soporte *m*; *(for colour slide)* marco *m*, montura *f*; *(for stamp in collection) (hinge)* charnela *f*, fijasellos *m inv*; *(pocket)* bolsillo *m* **-3.** *(for engine, gun)* soporte *m* **-4.** *(for object under microscope)* portaobjetos *m inv*, portaobjeto *m*
◇ *vt* **-1.** *(ascend) (stairs, ladder)* subir
-2. *(get on) (bicycle, horse)* montar en, subirse a; **a truck mounted the pavement** un camión se subió a la acera
-3. *(painting, photograph) (in frame)* enmarcar, montar; *(on background)* poner paspartú a; **to ~ stamps** pegar *or* fijar sellos *(en un álbum)*
-4. *(gun)* montar; **they mounted machine-guns on the roofs** montaron ametralladoras en los tejados
-5. *(organize, carry out)* montar; **to ~ an exhibition** montar una exposición; **they mounted an attack on the party leadership** montaron *or* prepararon una ofensiva para hacerse con la jefatura del partido; MIL **to ~ an offensive** realizar una ofensiva; MIL **to ~ guard** montar guardia
-6. *(mate with)* montar, cubrir
-7. COMPTR montar
◇ *vi* **-1.** *(get onto horse)* montar, montarse
-2. *(increase) (pressure, tension, panic)* aumentar, crecer; *(temperature, prices)* aumentar, subir; **her anger mounted** creció *or* aumentó su furia; **the number of cases was mounting** el número de casos iba en aumento

◆ **mount up** *vi (cost, debts, bills)* acumularse

mountain ['maʊntɪn] *n* **-1.** *(large hill)* montaña *f*; **~ air** aire de la montaña; **~ pass** paso de montaña, puerto (de montaña); **~ stream** arroyo de montaña; **~ top** cumbre *f*, cima *f*; *Fig* **to move mountains** mover montañas; IDIOM **to make a ~ out of a molehill** hacer una montaña de un grano de arena; PROV **if the ~ won't go to Mohammed, Mohammed will have to go to the ~** si Mahoma no va a la montaña, la montaña irá a Mahoma ❑ **~ ash** serbal *m*; **~ bike** bicicleta *f* de montaña; **~ climber** montañero(a) *m,f*, alpinista *mf*, *Am* andinista *mf*; **~ climbing** montañismo *m*, alpinismo *m*, *Am* andinismo *m*; **~ dew** alcohol destilado ilegalmente; **~ goat** *(in general)* cabra *f* montés; *(American variety)* rebeco *m* blanco, cabra *f* de las nieves *or* de las Montañas Rocosas; **~ lion** puma *m*; **~ range** cadena *f* montañosa, cordillera *f*; **~ rescue team** equipo *m* de rescate de montaña; **~ sickness** mal *m* de montaña; **~ stage** etapa *f* de montaña; *US* **Mountain (Standard) Time** = hora oficial en la zona de las Montañas Rocosas en los Estados Unidos; **the Mountain State** = apelativo familiar referido al estado de Virginia Occidental
-2. *(heap, accumulation)* montaña *f*, montón *m*; **a ~ of work** una montaña de trabajo; **the EU butter ~** las toneladas de excedentes de mantequilla de la Unión Europea

mountaineer [maʊntɪ'nɪə(r)] *n* montañero(a) *m,f*, alpinista *mf*, *Am* andinista *mf*

mountaineering [maʊntɪ'nɪərɪŋ] *n* montañismo *m*, alpinismo *m*, *Am* andinismo *m*

mountainous ['maʊntɪnəs] *adj* **-1.** *(region, landscape)* montañoso(a) **-2.** *(huge)* colosal, inmenso(a); **~ waves** olas colosales

mountainside ['maʊntɪnsaɪd] *n* ladera *f*; **a village perched on the ~** un pueblo enclavado en la ladera de la montaña

mountebank ['maʊntɪbæŋk] *n Literary* charlatán(ana) *m,f*

mounted ['maʊntɪd] *adj* montado(a) ❑ **~ police** policía *f* montada

Mountie, Mounty ['maʊntɪ] *n Fam (in Canada)* = agente de la policía montada del Canadá; **the Mounties** la policía montada del Canadá

mounting ['maʊntɪŋ] ◇ *n (for engine, gun)* soporte *m*
◇ *adj (cost, opposition, pressure, anxiety)* creciente; **there is ~ evidence against her** cada vez hay más pruebas contra ella

Mounty = Mountie

mourn [mɔ:n] ◇ *vt* llorar la muerte de; **there's no point mourning what might have been** de nada sirve lamentarse por lo que podría haber sido
◇ *vi* **to ~ for sb** llorar la muerte de alguien; **to ~ over sth** lamentarse de algo; **he mourns over the loss of his son** llora la pérdida de su hijo

mourner ['mɔ:nə(r)] *n* doliente *mf*

mournful ['mɔ:nfʊl] *adj (person)* desconsolado(a), apesadumbrado(a); *(eyes, voice, mood)* apesadumbrado(a), entristecido(a); *(sound, place)* fúnebre, lúgubre; **a ~ occasion** un triste *or* funesto acontecimiento

mournfully ['mɔ:nfʊlɪ] *adv* desconsoladamente, con pesadumbre

mourning ['mɔ:nɪŋ] *n* duelo *m*, luto *m*; **(clothes)** (ropa *f* de) luto *m*; **to be in ~ (for sb)** guardar luto *or* estar de luto (por alguien); **to go into ~** ponerse de luto; **to come out of ~** dejar *or* quitarse el luto; **a day of ~ was declared** se declaró un día de luto *or* duelo oficial

mouse [maʊs] ◇ *n (pl* **mice** [maɪs]*)* **-1.** *(animal)* ratón *m* **-2.** *(person)* **to be a ~** ser poquita cosa **-3.** COMPTR *Esp* ratón *m*, *Am* mouse *m* ❑ **~ button** botón *m* del *Esp* ratón *or Am* mouse; **~ click** clic *m* (del *Esp* ratón *or Am* mouse); **~ mat** alfombrilla *f*; **~ pad** alfombrilla *f*; **~ port** puerto *m* del *Esp* ratón *or Am* mouse
◇ *vi (cat)* cazar ratones

mousehole ['maʊshəʊl] *n* ratonera *f*

mouser ['maʊsə(r)] *n (cat)* cazador(ora) *m,f* de ratones

mousetrap ['maʊstræp] *n* **-1.** *(device)* ratonera *f* **-2.** *Br Fam (cheese)* queso *m* corriente

mousey = mousy

moussaka [mu:'sɑ:kə] *n* musaka *f*

mousse [mu:s] *n* **-1.** *(food)* mousse *m o f*; **chocolate/lemon ~** mousse de chocolate/limón **-2.** *(for hair)* espuma *f*

moustache [mə'stɑ:ʃ], *US* **mustache** ['mʌstæʃ] *n* bigote *m*; **he's growing a ~** se está dejando bigote

moustached warbler [mə'stɑ:ʃt'wɔ:blə(r)] *n* carricerín *m* real

mousy, mousey ['maʊsɪ] *adj* **-1.** *(hair)* parduzco(a) **-2.** *(person, manner)* apocado(a), tímido(a)

mouth ◇ *n* [maʊθ] **-1.** *(of person, animal)* boca *f*; **don't talk with your ~ full!** ¡no hables con la boca llena!; **we have seven mouths to feed** tenemos siete bocas que alimentar; **he didn't open his ~ once during the meeting** no abrió la boca durante toda la reunión; **he's incapable of keeping his ~ shut** es incapaz de tener la boca cerrada; *Fam* **keep your ~ shut about this** no digas ni mu *or Esp* ni pío de esto ❑ **~ organ** armónica *f*; **~ ulcer** llaga *f* en la boca
-2. *(of tunnel, bottle)* boca *f*
-3. *(of river)* desembocadura *f*
-4. IDIOMS *Fam* **he's all ~** todo lo hace de boquilla *or Méx* de dientes para afuera *or RP* de boca para afuera; *Fam* **to have a big ~** ser un(a) bocazas *or Am* chusmo(a); **to be down in the ~** estar deprimido(a) *or* tristón(ona); **to put words into sb's ~** poner

mouthful

palabras en boca de alguien; *Fam* **he's always shooting his ~ off** es un bocazas *or Am* chusmo(a); **me and my big ~!** ¡pero qué bocazas soy!; **out of the mouths of babes (and sucklings)...** los niños y los borrachos siempre dicen la verdad

◇ *vt* [mavð] **-1.** *(silently)* decir moviendo sólo los labios; **don't sing, just ~ the words** no cantes, sólo mueve los labios **-2.** *(without sincerity)* decir mecánicamente; **to ~ empty slogans** predicar eslóganes carentes de significado

◆ **mouth off** *vi Fam* **-1.** *(brag)* fanfarronear, *Esp* tirarse el moco **-2. to ~ off at sb** *(insult)* gritarle a alguien **-3.** *(complain)* **to ~ off about sth** quejarse de algo

mouthful ['mavθfʊl] *n* **-1.** *(of food)* bocado *m*; *(of drink)* trago *m*; **"I'll do it!" he said through a ~ of pasta** "¡yo lo haré!", dijo él con la boca llena de pasta; **I couldn't eat another ~!** ¡no me cabía nada más *or* ni un bocado más!

-2. IDIOMS *Br Fam* **to give sb a ~** poner a alguien de vuelta y media; *Fam* **that's quite a ~!** *(of long name, word)* ¡qué *or Esp* menudo trabalenguas!; **his name's a bit of a ~** tiene un nombrecito impronunciable *or* que se las trae; *US* **you said a ~!** ¡qué razón tienes!, ¡y que lo digas!

mouthparts ['mavθpɑːts] *npl* ZOOL apéndices *mpl* bucales

mouthpiece ['mavθpiːs] *n* **-1.** *(of musical instrument)* boquilla *f*; *(of telephone)* micrófono *m* **-2.** *(of government, political party)* portavoz *mf*; *(newspaper, magazine)* portavoz *m*, órgano *m* de difusión **-3.** *US Fam (lawyer)* picapleitos *mf inv*

mouth-to-mouth ['mavθtə'mavθ] *adj* **~ resuscitation** (respiración *f*) boca a boca *m*; **to give sb ~ resuscitation** hacer el boca a boca a alguien

mouthwash ['mavθwɒʃ] *n* elixir *m* (bucal)

mouthwatering ['mavθwɔːtərɪŋ] *adj* apetitoso(a), tentador(ora); **a ~ display of pastries** un surtido de apetitosos pasteles; **a ~ prospect** una perspectiva muy tentadora

mouthy ['mavði] *adj Fam Pej* **-1.** *(talkative)* parlanchín(ina), charlatán(ana) **-2.** *(boastful)* fanfarrón(ona)

movable, moveable ['muːvəbəl] ◇ *adj* móvil ❑ REL **a ~ feast** una fiesta movible; LAW **~ property** bienes *mpl* muebles
◇ *n* LAW **movables** bienes *mpl* muebles

move [muːv] ◇ *n* **-1.** *(motion)* movimiento *m*; **one ~ and you're dead!** ¡un sólo movimiento y te mato!; **nobody make a ~!** ¡que nadie se mueva!; **to make a ~ towards sth/sb** hacer amago de dirigirse hacia algo/alguien; *Fam* **if you like her, why don't you make a ~ on her?** si te gusta, haz algo; **we must make a ~** *(leave)* debemos irnos; **on the ~** *(travelling)* de viaje; *(active, busy)* en marcha, en movimiento; **I've been on the ~ all day** no he parado en todo el día; *Fam* **get a ~ on!** ¡date prisa!, *Am* ¡apúrate!; *Fam* **we're going to have to get a ~ on if we want to finish in time** tenemos que movernos si queremos terminar a tiempo; **to watch sb's every ~** vigilar a alguien muy de cerca

-2. *(action, step)* paso *m*; **that was a wise ~** ha sido una decisión muy acertada; **to make the first/next ~** dar el primer/el siguiente paso; **they are making a ~ to take over the company** se están preparando *or Am* alistando para absorber la compañía; *Fam* **to make a ~ on sb** intentar seducir a alguien, *Esp* tirar los tejos a alguien, *RP* tirarse un lance con alguien

-3. *(from home)* mudanza *f*, traslado *m*; *(in job)* cambio *m*; **how did the ~ go?** *(to new home)* ¿qué tal te fue la mudanza *or* el traslado?

-4. *(in board game)* movimiento *m*, jugada *f*; *(in sport)* jugada *f*; **(it's) your ~** te toca (jugar), tú mueves

◇ *vt* **-1.** *(shift)* *(person, object, chesspiece)* mover; **~ your chair a bit closer** acerca la silla un poco; **we've moved the wardrobe into the other room** hemos movido el armario a la otra habitación; **could you ~ those bags out of the way?** ¿puedes quitar esas bolsas de en medio?; **we shall not be moved!** ¡no nos moverán!; **to ~ house** mudarse de casa; **to ~ jobs** *(within company, sector)* cambiar de trabajo; *Fam* **~ yourself** *or* **it, we're going to be late!** ¡muévete, que vamos a llegar tarde!

-2. *(transfer) (employee)* trasladar; **he has been moved to a high-security prison** ha sido trasladado a una prisión de máxima seguridad; **he asked to be moved to a room with a sea-view** pidió que le trasladaran a una habitación con vistas al mar

-3. *(postpone)* trasladar; **the meeting has been moved to next week** la reunión ha sido trasladada a la próxima semana, *RP* la reunión se postergó para la semana que viene

-4. *(influence)* **I won't be moved** no voy a cambiar de opinión; **what moved her to say such a thing?** ¿qué la habrá hecho decir algo así?; **I felt moved to protest** me sentí impulsado a protestar

-5. *(affect emotionally)* conmover; **to ~ sb to anger** enfurecer a alguien; **to ~ sb to tears** hacer llorar *or* saltar las lágrimas a alguien

-6. *(in debate) (resolution)* proponer, *Am* mocionar; **I ~ that...** propongo que..., *Am* mociono que ...

-7. MED **to ~ one's bowels** hacer de vientre

-8. *Fam (sell)* vender

◇ *vi* **-1.** *(change position)* moverse; *(progress, advance)* avanzar; **don't ~!** ¡no te muevas!; **I can't ~!** *(I'm stuck)* ¡no puedo moverme!; **could you ~, please?** ¿podría apartarse *or* correrse, por favor?; **it won't ~ an inch** no se mueve ni a tiros, no hay quien lo mueva; **to ~ closer** acercarse; **to ~ into position** colocarse en posición; **to ~ out of the way** *Esp* apartarse de en medio, *Am* salir del medio; **it was so crowded, you could hardly ~** había tanta gente que no podías ni moverte; *Fig* **you couldn't ~ for tourists** había una cantidad enorme de turistas; *Fam* **come on, ~!** ¡venga *or Méx* ándale, muévete!, *RP* ¡dale, movete!; **let's get moving!** ¡en marcha!; **to get things moving** poner las cosas en marcha; **to ~ with the times** adaptarse a los tiempos (que corren)

-2. *Fam (go fast)* correr; **this motorbike can really ~** esta moto corre lo suyo

-3. *(act)* moverse, actuar; **to ~ to do sth** moverse *or* actuar para hacer algo; **they are moving to take over the company** se están preparando *or Am* alistando para absorber la compañía

-4. *(to new home, office)* mudarse; **to ~ house** mudarse (de casa); **to ~ to another job** cambiar de trabajo; **to ~ to the country** irse a vivir al campo

-5. *(socialize)* moverse; **he moves in exalted circles** se mueve por círculos elevados

-6. *(change opinion)* **I'm not going to ~ on that point** no voy a cambiar de opinión en ese punto; **they have moved to the right** se han desplazado a la derecha

-7. *(in games)* mover; **you can't ~ until you've thrown a six** no puedes mover hasta que tengas un seis

-8. *(in debate)* **to ~ for sth** proponer algo

-9. *Formal (bowels)* **my bowels moved** hice de vientre

-10. *Fam (be sold)* venderse

◆ **move about, move around** ◇ *vt sep (furniture)* mover; *(employee)* trasladar; **they're always moving the furniture around** siempre están cambiando los muebles de sitio; **I get moved about a lot in my job** me trasladan continuamente en mi trabajo

◇ *vi* moverse; **I heard somebody moving about upstairs** oí a alguien trajinar arriba; **he moves around a lot** *(in job)* le trasladan continuamente en su trabajo

◆ **move ahead** *vi* **-1.** *(take lead)* adelantarse; **to ~ ahead of sb** adelantarse a alguien **-2.** *(advance, progress)* avanzar

◆ **move along** ◇ *vt sep (crowd)* dispersar; **he was moved along by the police** la policía lo echó de allí

◇ *vi (make room)* echarse a un lado, correrse; **~ along!** *(on bench)* ¡apártate!, ¡córrete!; *(to crowd)* ¡apártense!, ¡muévanse!

◆ **move aside** *vi* **-1.** *(make room)* apartarse **-2.** *(stand down)* retirarse

◆ **move away** ◇ *vt sep* apartar, retirar
◇ *vi* **-1.** *(from window, person)* apartarse, retirarse; *(car, train, procession)* partir; **we are moving away from the point** nos estamos apartando del asunto **-2.** *(from house)* mudarse; *(from area)* marcharse

◆ **move back** ◇ *vt sep* **-1.** *(further away)* hacer retroceder; *(to former position)* devolver a su sitio; **could you ~ that chair back a bit?** ¿podrías echar la silla hacia atrás un poco? **-2.** *(postpone)* aplazar (**to** *a or* hasta)

◇ *vi (retreat)* retirarse; *(to former position)* volver; **~ back!** ¡atrás!; **we're moving back to the States** regresamos *or* volvemos a los Estados Unidos

◆ **move down** ◇ *vi* **-1.** *(go to lower position)* bajar, descender; **they have moved down to seventh place** han retrocedido al séptimo puesto **-2.** *(make room)* echarse a un lado, correrse; **~ down!** ¡apártate!, ¡córrete!

◇ *vt sep (from higher level, floor etc)* bajar

◆ **move forward** ◇ *vt sep (meeting)* adelantar

◇ *vi (person, car)* avanzar

◆ **move in** *vi* **-1.** *(take up residence)* instalarse, mudarse; **to ~ in with sb** irse a vivir con alguien **-2.** *(intervene)* intervenir

◆ **move in on** *vt insep (prepare to attack)* avanzar sobre

◆ **move into** *vt insep* **-1.** *(house)* instalarse en **-2.** *(take over)* **to ~ into second place/the lead** ponerse segundo/líder

◆ **move off** *vi (person)* marcharse, irse; *(car, train, procession)* partir

◆ **move on** ◇ *vt sep (crowd)* dispersar; **he was moved on by the police** la policía lo echó de allí

◇ *vi* **-1.** *(person, queue)* avanzar; **it's time we were moving on** es hora de marcharse; **time's moving on** no queda mucho tiempo; **things have moved on since then** las cosas han cambiado mucho desde entonces; **they have moved on to better** *or* **higher things** han pasado a ocuparse de cosas más importantes; **after five years in the same job I feel like moving on** tras cinco años en el mismo trabajo, me apetece cambiar

-2. *(change subject)* cambiar de tema; **to ~ on to** pasar a (hablar de)

◆ **move out** *vi* **-1.** *(move house)* mudarse; **we have to ~ out by Friday** tenemos que dejar la casa antes del viernes; **my boyfriend moved out last week** mi novio me dejó y se fue de casa la semana pasada **-2.** MIL *(troops)* retirarse

◆ **move over** *vi* **-1.** *(make room)* echarse a un lado, correrse; **~ over!** ¡apártate!, ¡córrete!; **she is moving over to make way for a younger leader** se está retirando para dejar el camino libre a un líder más joven **-2.** *(change)* **to ~ over to a new system** pasar a un nuevo sistema

◆ **move towards** *vt insep (change over to)* **the party has moved towards the right** el partido se ha desplazado a la derecha; **more and more people are moving towards this view** más y más gente se está acercando a esta manera de pensar

◆ **move up** ◇ *vi* **-1.** *(go to higher position)* subir, ascender; **they've moved up to third place** han subido *or* ascendido al tercer puesto, se han puesto terceros **-2.** *(make*

moveable = movable

movement ['muːvmənt] n **-1.** (change of position, location) movimiento m; **population/troop movements** movimientos de población/tropas; **free ~ of people and goods** la libre circulación de personas y mercancías; **the armour made ~ very difficult** la armadura dificultaba el movimiento; **she heard ~ in the next room** oyó movimiento en la habitación contigua; **there was a general ~ towards the bar** todo el mundo se dirigió or encaminó al bar
-2. (gesture) movimiento m; **all her movements were rapid and precise** todos sus movimientos eran rápidos y precisos
-3. movements (activities) movimientos mpl; **to watch sb's movements** seguir los movimientos de alguien; **I'm not sure what my movements are going to be over the next few weeks** no estoy seguro de qué voy a hacer en las próximas semanas
-4. (organization, tendency) movimiento m; **a liberation ~** un movimiento de liberación
-5. (change, compromise) movimiento m, cambio m; **there has been no ~ on the issue of training** no se han registrado cambios de postura en el asunto de la formación; **there's a growing ~ towards privatization** hay una tendencia generalizada hacia la privatización; **his speeches over the last year show a ~ towards the right** sus discursos en este último año revelan cierta derechización; **the upward/downward ~ of interest rates** la curva ascendente/descendente de los tipos de interés
-6. (clock or watch mechanism) mecanismo m
-7. MUS movimiento m
-8. Formal **(bowel) ~** evacuación f (del vientre); **to have a (bowel) ~** evacuar, hacer de vientre

mover ['muːvə(r)] n **-1.** (physical) **sloths are extraordinarily slow movers** los perezosos se desplazan con extraordinaria lentitud; **he's a beautiful ~** (dancer, soccer player) se mueve con mucha elegancia; Fam **he's a fast ~** no pierde el tiempo; **the movers and shakers** (in politics) los que mueven los hilos
-2. (in debate) ponente mf
-3. US (removal man) empleado(a) m,f de mudanzas; **the movers are coming tomorrow** los de la mudanza vienen mañana

movie ['muːvɪ] n película f; **to go to the movies** ir al cine; **she's in the movies** es actriz de cine ▫ **~ actor** actor m de cine; **~ actress** actriz f de cine; **~ camera** (professional) cámara f cinematográfica or de cine; (amateur) tomavistas m inv; US **~ house** cine m; **~ industry** industria f cinematográfica or del cine; **~ star** estrella f de cine; US **~ theater** cine m

moviegoer ['muːvɪgəʊə(r)] n **these scenes shocked many moviegoers** estas escenas sacudieron a muchos espectadores; **as regular moviegoers will know...** como los asiduos or aficionados al cine ya sabrán...; **she's not a regular ~** no va al cine con regularidad

moving ['muːvɪŋ] ◇ n **~ out** (from house etc) mudanza f, salida f; **~ in** (into house etc) mudanza f, entrada f ▫ US **~ van** camión m de mudanzas
◇ adj **-1.** (in motion) (train, vehicle) en movimiento ▫ **~ part** pieza f móvil; Old-fashioned CIN **~ picture** película f; Old-fashioned **~ staircase** escalera f mecánica; **~ target** blanco m móvil; **~ walkway** pasillo m móvil or rodante **-2.** (causing motion) **the ~ force** or **spirit** la fuerza impulsora **-3.** (touching) (description, story) conmovedor(ora)

movingly ['muːvɪŋlɪ] adv (to speak, write) conmovedoramente

mow [məʊ] vt (pp **mown** [məʊn]) **-1.** (lawn) cortar **-2.** (hay) segar
◆ **mow down** vt sep (slaughter) segar la vida de

mower ['məʊə(r)] n **-1.** (person) segador(ora) m,f **-2.** (machine) (for lawn) cortadora f de césped, cortacésped m or f; (for hay) segadora f

mowing ['məʊɪŋ] n siega f ▫ **~ machine** segadora f

mown pp of **mow**

Mozambican [məʊzæm'biːkən] ◇ n mozambiqueño(a) m,f
◇ adj mozambiqueño(a)

Mozambique [məʊzæm'biːk] n Mozambique

mozzarella [mɒtsə'relə] n mozzarella f

MP [em'piː] n **-1.** Br POL (abbr **Member of Parliament**) diputado(a) m,f; **the MP for Finchley** el diputado por Finchley **-2.** MIL (abbr **Military Police**) policía f militar, PM f; **he was taken away by two MPs** se lo llevaron dos agentes de la policía militar **-3.** Can (abbr **Mounted Police**) policía f montada; **he was taken away by two MPs** se lo llevaron dos agentes de la policía montada

MP3 [empiː'θriː] n COMPTR (abbr **MPEG1 Audio Layer**) MP3 m

MPEG ['empeg] n COMPTR (abbr **Moving Pictures Expert Group**) MPEG m

mpg [empiː'dʒiː] n AUT (abbr **miles per gallon**) = consumo de un vehículo medido en millas por galón de combustible, ≃ litros mpl a los cien

mph [empiː'eɪtʃ] n (abbr **miles per hour**) millas fpl por hora

MPhil [em'fɪl] n (abbr **Master of Philosophy**) = curso de posgrado de dos años de duración, superior a un máster e inferior a un doctorado

MPV [empiː'viː] n (abbr **multipurpose vehicle**) vehículo m polivalente

Mr ['mɪstə(r)] n (abbr **Mister**) Sr., señor m; **Mr Jones** el Sr. Jones; **Mr President** Señor Presidente; **Mr Bush and Mr Blair held a meeting last week** Bush y Blair se reunieron la semana pasada; IDIOM Fam **no more Mr Nice Guy!** ¡se acabó lo que se daba!, ¡hasta aquí hemos llegado! ▫ Fam **Mr Big** pope m, mandamás m; Fam **Mr Fixit** el que todo lo arregla, el experto en apagar fuegos; **so what did Mr Fixit have to say about our boiler, then?** bueno, ¿y qué dijo el chapuzas este de lo de la caldera?; **Mr Right** (ideal man) hombre m ideal

MRC [emɑːsiː] n (abbr **Medical Research Council**) = organismo estatal británico que financia la investigación médica

MRCP [emɑːsiː'piː] n (abbr **Member of the Royal College of Physicians**) = miembro del colegio británico de médicos

MRCS [emɑːsiː'es] n (abbr **Member of the Royal College of Surgeons**) = miembro del colegio británico de cirujanos

MRCVS [emɑːsiːviː'es] n (abbr **Member of the Royal College of Veterinary Surgeons**) = miembro del colegio británico de veterinarios

MRI [emɑː'raɪ] n (abbr **magnetic resonance imaging**) RM f

MRP [emɑː'piː] n (abbr **manufacturer's recommended price**) PVP m recomendado

Mrs ['mɪsɪz] n (abbr **Missus**) Sra., señora f; **~ Jones** la Sra. Jones

MS [em'es] n **-1.** (abbr **Mississippi**) Misisipi **-2.** (abbr **Master of Surgery**) máster m or Am maestría f en Cirugía **-3.** US (abbr **Master of Science**) máster m or Am maestría f en Ciencias; **Frederick Watson, MS** Frederick Watson, licenciado con máster en Ciencias **-4.** (abbr **multiple sclerosis**) esclerosis f múltiple **-5.** (abbr **manuscript**) ms., manuscrito m

Ms [mɪz] n Sra.; **Ms Jones** la Sra. Jones

MS

El título **Ms** se emplea habitualmente en inglés para evitar aludir al estado civil de una mujer. Se lleva utilizando desde los años 70 y fue originalmente introducido por grupos feministas como alternativa a los tradicionales "Miss" y "Mrs".

ms (abbr **milliseconds**) ms

MSc [emes'siː] n UNIV (abbr **Master of Science**) máster m or Am maestría f en Ciencias; **to have an ~ in chemistry** tener un máster en Química; **Fiona Watson, ~** Fiona Watson, licenciada con máster en Ciencias

MS-DOS® [emes'dɒs] n COMPTR (abbr **Microsoft Disk Operating System**) MS-DOS® m

MSF [emes'ef] n (abbr **Manufacturing, Science and Finance Union**) = sindicato británico de oficinas del sector industrial, científico y financiero

MSG [emes'dʒiː] n CULIN (abbr **monosodium glutamate**) glutamato m monosódico

Msgr (abbr **Monsignor**) Mons.

MSP [emes'piː] n (abbr **Member of the Scottish Parliament**) diputado(a) m,f del parlamento escocés

MST [emes'tiː] n (abbr **Mountain Standard Time**) = hora oficial en la zona de las Montañas Rocosas en los Estados Unidos

MT (abbr **Montana**) Montana

Mt (abbr **Mount**) monte m

MTB [emtiː'biː] n Br (abbr **motor torpedo boat**) lancha f torpedera

mth (abbr **month**) mes m

MTV [emtiː'viː] n (abbr **Music Television**) MTV f

much [mʌtʃ] (comparative **more** [mɔː(r)], superlative **most** [məʊst]) ◇ pron mucho; **there is not ~ left** no queda mucho; **it's not worth ~** no vale mucho, no tiene mucho valor; **~ has happened since you left** han pasado muchas cosas desde que te fuiste; **he's not ~ to look at** no es precisamente Esp guapo or Am lindo; **we haven't seen ~ of her lately** no la hemos visto mucho últimamente; **I don't think ~ of him** no lo tengo en gran estima; **~ of the building was unharmed** una buena parte del edificio no sufrió daños; **it didn't come as ~ of a surprise** no fue ninguna sorpresa; **she isn't ~ of a singer** no es gran cosa como cantante; **~ of the time** una buena parte del tiempo; **in the end it cost as ~ again** al final costó el doble; **twice as ~** el doble; **five times as ~** cinco veces más; **I thought/expected as ~** era lo que pensaba/me esperaba; **I don't like her and I told her as ~** no me gusta, y así se lo dije; **eat as ~ as you like** come todo lo que quieras; **as ~ as possible** todo lo posible; **it may cost as ~ as £500** puede que cueste hasta 500 libras; **that is as ~ as I am prepared to reveal** eso es todo lo que estoy dispuesto a revelar; **it was as ~ as we could do to stand upright** apenas podíamos mantenernos en pie; **how ~?** ¿cuánto?; **how ~ is this dress?** ¿cuánto cuesta or vale este vestido?; **do you have any money? – not ~** ¿tienes dinero? – no mucho; **there's nothing ~ to see there** no hay mucho or gran cosa que ver allí; **he has drunk so ~ that...** ha bebido or Am tomado tanto que...; **he left without so ~ as saying goodbye** se marchó sin siquiera decir adiós; **if you so ~ as look at her, I'll make you pay for it** si te atreves aunque sólo sea a mirarla, me las pagarás; **so ~ for her promises of help!** ¡y me había prometido su ayuda!; **I haven't got that ~** no tengo tanto; **this ~** así; **I'll say this ~ for him, he's very polite** tengo que admitir que es muy amable; **I've got too ~** tengo demasiado; **the suspense was too ~ for me** el suspense era tal que no pude aguantarme; **you can have too ~ of a good thing** también de lo bueno se cansa uno; **she made ~ of the fact that...** le dio mucha importancia al hecho de que...; **that's not saying ~** no es que sea gran cosa; Fam **that's a bit ~!** ¡eso es pasarse!

◇ *adj*

> Normalmente, sólo se usa en estructuras comparativas, negativas e interrogativas, salvo en lenguaje formal.

mucho(a); ~ **work still needs to be done** aún queda mucho trabajo por hacer; **after ~ thought** tras mucho reflexionar; **as ~ time as you like** tanto tiempo como quieras, todo el tiempo que quieras; **twice as ~ money** el doble de dinero; **he earns three times as ~ money as I do** gana tres veces más que yo; **how ~ money?** ¿cuánto dinero?; **however ~ money you have** por mucho dinero que tengas; **there isn't (very) ~ traffic** no hay mucho tráfico; **I don't get ~ chance to travel** no tengo muchas oportunidades de viajar; **so ~ time** tanto tiempo; **we haven't got that ~ time** no tenemos tanto tiempo; **add about this ~ salt** añade un tanto así de sal

◇ *adv* mucho; **I don't like it ~, I don't ~ like it** no me gusta mucho; **~ better/worse** mucho mejor/peor; **~ easier/harder** mucho más fácil/duro; **I'm not ~ good at physics** *Esp* no se me da muy bien la física, *Am* no tengo facilidad para la física; **he is ~ changed** ha cambiado mucho; **it is a ~ debated issue** es un tema muy debatido; **I'd ~ rather stay** yo ciertamente preferiría quedarme; **~ too good** demasiado bueno(a); **I've had ~ too ~ to drink** he bebido *or Am* tomado mucho más de la cuenta; **~ the best/largest** con mucho el mejor/más grande; **the two restaurants are ~ the same** los dos restaurantes son muy parecidos; **~ to my astonishment** para mi estupefacción *or* asombro; **it was ~ as I remembered it** era muy parecido a como lo recordaba; **~ as I like him, I don't really trust him** aunque me cae muy bien, no me fío de él; **~ as I'd like to, I can't go** por mucho que quiera, no puedo ir; **the result was ~ as I expected** resultó más o menos como esperaba; **he can't even use a screwdriver, ~ less fix the radio** ¡como va a arreglar la radio, si no sabe siquiera usar un destornillador!; **I don't go there as ~ as I used to** ya no voy tanto por allí; **it is as ~ an honour to me as a duty** para mí es tanto un honor como un deber; **how ~ longer will you be?** ¿cuánto más vas a tardar *or Am* demorar?; **do you like it? – not ~** ¿te gusta? – no mucho; **don't shout so ~** no chilles tanto; **it's so ~ better** es muchísimo mejor; **I'm not so ~ upset as disappointed** estoy más decepcionado que *esp Esp* enfadado *or esp Am* enojado; **so ~ the better/worse** tanto mejor/peor; **so ~ so that…** tanto es así que…; **I don't go there that ~** no voy mucho por allí; **don't drink too ~** no bebas *or Am* tomes demasiado; **they charged me $10 too ~** me cobraron 10 dólares de más; **this is too ~!** ¡esto ya es el colmo!; **thank you very *or* so ~** muchas gracias; **I should very ~ like to see them** me encantaría verlos

much- [mʌtʃ] *prefix* **~admired** admiradísimo(a); **~loved** muy querido(a), adorado(a); **~quoted** frecuentemente citado(a); **a ~quoted line** una conocidísima cita

muchness [ˈmʌtʃnɪs] *n* IDIOM *Fam* **they're much of a ~** son prácticamente iguales

mucilage [ˈmjuːsɪlɪdʒ] *n BOT* mucílago *m*

muck [mʌk] *n* **-1.** *(dirt)* mugre *f*, porquería *f*; PROV **where there's ~ there's brass** será sucio y feo, pero hay dinero **-2.** *(manure)* estiércol *m*; *(of horse, cow)* boñigas *fpl*, bosta *f*; *(of dog)* caca *f* **-3.** *Fam (bad food)* bazofia *f*; *(worthless things)* basura *f*; **his book's a load of ~** su libro es una mierda **-4.** *Br Fam* **to make a ~ of sth** *(bungle)* meter la pata con algo, *Esp* hacer algo fatal *or* de pena

◆ **muck about, muck around** *Br Fam* ◇ *vt sep (treat badly)* traer a maltraer

◇ *vi* **-1.** *(fool about, waste time)* hacer el tonto **-2.** *(tinker)* **to ~ about *or* around with sth** enredar *or Am* dar vueltas con algo

◆ **muck in** *vi Br Fam (help)* arrimar el hombro, *Méx, RP* dar una mano

◆ **muck out** *vt sep (stable, byre, pigsty)* limpiar; *(cows, horses)* limpiar el establo a; *(pigs)* limpiar la pocilga a

◆ **muck up** *vt sep Fam* **-1.** *(make dirty)* ensuciar **-2.** *(spoil)* echar a perder

mucker [ˈmʌkə(r)] *n Br Fam Esp* colega *mf*, *Am* compadre *mf*

muckheap [ˈmʌkhiːp] *n (dungheap)* estercolero *m*

muck-raker [ˈmʌkreɪkə(r)] *n Fam (journalist)* = periodista que anda a la busca de escándalos

muck-raking [ˈmʌkreɪkɪŋ] *n Fam (in journalism)* búsqueda *f* del escándalo

muckspreader [ˈmʌkspredə(r)] *n* = máquina para extender el estiércol

muck-up [ˈmʌkʌp] *n Br Fam* **to make a ~ of sth** meter la pata con algo; **you've made a right ~ of those figures** menudo lío de cifras has armado

mucky [ˈmʌkɪ] *adj Fam* **-1.** *(filthy)* mugriento(a), asqueroso(a); **to get ~** ponerse hecho(a) una porquería *or* un asco; **she got her hands terribly ~ changing the tyre** se llenó las manos de mugre *or* porquería cambiando la rueda; **don't come in here with ~ boots on!** ¡aquí no pases con las botas llenas de barro!; *Br* **the weather was ~** hizo un tiempo asqueroso ❑ **~ pup** *or* **puppy** cochino(a) *m,f*

-2. *Br (pornographic)* porno *inv*

mucous [ˈmjuːkəs] *adj* mucoso(a) ❑ ANAT **~ membrane** mucosa *f*

mucus [ˈmjuːkəs] *n* mocos *mpl*, mucosidad *f*

mud [mʌd] *n* barro *m*; **we got stuck in the ~** nos quedamos atascados en el barro; *Fig* **to throw** *or* **sling ~ at sb** difamar *or* desacreditar a alguien; IDIOM **if you throw enough ~ some of it is bound to stick** difama, que algo (siempre) queda; IDIOM *Br Fam Hum* **here's ~ in your eye!** ¡a tu salud! ❑ **~ flats** marismas *fpl*; **~ hut** choza *f* de barro; **~ wrestling** lucha *f* libre en el barro

mudbank [ˈmʌdbæŋk] *n* barrizal *m*, cenagal *m*

mudbath [ˈmʌdbɑːθ] *n* **-1.** *(for animal)* baño *m* de cieno *or* barro **-2.** *(medicinal)* baño *m* de arcilla

muddiness [ˈmʌdɪnɪs] *n* **-1.** *(dirtiness)* embarradura *f* **-2.** *(cloudiness) (of water)* turbiedad *f*; *(of colours)* terrosidad *f*, tono *m* terroso

muddle [ˈmʌdəl] ◇ *n* lío *m*; **to be in a ~** *(things, person)* estar hecho(a) un lío; **all her belongings were in a ~** todas sus cosas estaban revueltas; **Peter was in a real ~ over the holiday plans** Peter estaba hecho un lío con las vacaciones; **to get into a ~** *(things)* liarse; *(person)* hacerse un lío; **there was a ~ over the dates** hubo un lío con las fechas

◇ *vt* **-1.** *(put in disorder)* desordenar; *(mix up)* confundir; **the dates got muddled** hubo un lío de fechas *or* con las fechas **-2.** *(bewilder)* liar; **to get muddled** hacerse un lío; **now you've got me muddled** ya me has hecho un lío *or* liado

◆ **muddle along** *vi* ir tirando

◆ **muddle through** ◇ *vt insep* arreglárselas en

◇ *vi* arreglárselas; **we'll ~ through somehow** ya nos las arreglaremos

◆ **muddle up** *vt sep* **-1.** *(put in disorder)* desordenar; *(mix up)* confundir **-2.** *(bewilder)* liar; **to get muddled up** hacerse un lío

muddled [ˈmʌdəld] *adj* confuso(a)

muddleheaded [ˈmʌdəlˈhedɪd] *adj Fam (person)* atolondrado(a); *(decision, plan)* descabellado(a)

muddy [ˈmʌdɪ] ◇ *adj* **-1.** *(dirty) (path)* embarrado(a), enfangado(a); *(jacket, boots, hands)* lleno(a) de barro, embarrado(a) **-2.** *(cloudy) (water)* turbio(a); *(colour, complexion)* terroso(a)

◇ *vt* manchar de barro; IDIOM **to ~ the waters** enturbiar el asunto

mudflap [ˈmʌdflæp] *n Esp, RP* guardabarros *m inv*, *Andes, CAm, Carib* guardafango *m*, *Méx* salpicadera *f*

mudflat [ˈmʌdflæt] *n* marisma *f*

mudguard [ˈmʌdɡɑːd] *n Br Esp, RP* guardabarros *m inv*, *Andes, CAm, Carib* guardafango *m*, *Méx* salpicadera *f*

mudhopper [ˈmʌdhɒpə(r)] *n* = tipo de gobio

mudpack [ˈmʌdpæk] *n* mascarilla *f* de barro

mudpuppy [ˈmʌdpʌpɪ] *n* = tipo de salamandra norteamericana

mudskipper [ˈmʌdskɪpə(r)] *n* = tipo de gobio

mudslinging [ˈmʌdslɪŋɪŋ] *n Fam* **the debate degenerated into ~** el debate degeneró en meras descalificaciones

muesli [ˈmjuːzlɪ] *n* muesli *m*

muezzin [muːˈezɪn] *n REL* almuecín *m*, almuédano *m*

muff[1] [mʌf] *vt Fam (one's lines)* meter la pata en; *(catch)* fallar; *(chance, opportunity)* echar a perder

muff[2] *n (for hands)* manguito *m*

muffin [ˈmʌfɪn] *n* **-1.** *Br (teacake)* tortita *f* **-2.** *US* ≃ magdalena *f*

muffle [ˈmʌfəl] *vt* **-1.** *(deaden sound of) (engine)* amortiguar el sonido de; *(footsteps)* amortiguar; *(oars, drums)* enfundar; **the silencer muffles engine noise** el silenciador amortigua el sonido del motor **-2.** *(cover)* **to ~ oneself up** abrigarse bien

◆ **muffle up** *vi* abrigarse bien

muffled [ˈmʌfəld] *adj (sound, footstep)* apagado(a), sordo(a); *(oars, drums)* enfundado(a); **we could hear ~ cries** se oían sollozos apagados; **there was a lot of ~ laughter** hubo mucha risa contenida

muffler [ˈmʌflə(r)] *n* **-1.** *(scarf)* bufanda *f* **-2.** *US (of car)* silenciador *m*

Mufti [ˈmʌftɪ] *n REL* muftí *m*

mufti [ˈmʌftɪ] *n Fam* **in ~** *(of soldier)* de paisano

mug [mʌɡ] ◇ *n* **-1.** *(cup)* taza *f* alta; *(beer glass)* jarra *f* de cerveza, *CSur* chop *m* **-2.** *Fam (face)* jeta *f* ❑ **~ shot** foto *f* para ficha policial **-3.** *Br Fam (gullible person)* bobo(a) *m,f*, primo(a) *m,f*, *Am* zonzo(a) *m,f*; **it's a ~'s game** eso es cosa de tontos

◇ *vt (pt & pp* **mugged***) (attack)* atracar

◇ *vi (grimace)* hacer muecas, poner caras raras

◆ **mug up** *Br Fam* ◇ *vt sep (study)* matarse estudiando, *Esp* empollar, *RP* tragar

◇ *vi* **to ~ up on sth** matarse estudiando *or Esp* empollar *or RP* tragar algo

mugful [ˈmʌɡfʊl] *n (of tea, coffee)* taza *f* alta *(contenido)*; *(of beer)* jarra *f* de cerveza, *CSur* chop *m*

mugger [ˈmʌɡə(r)] *n* atracador(ora) *m,f*

mugging [ˈmʌɡɪŋ] *n* atraco *m*; **he was the victim of a ~** fue víctima de un atraco en plena calle; **~ is on the increase** aumentan los atracos (en la calle)

muggins [ˈmʌɡɪnz] *n Br Fam* **I suppose ~ will have to do it!** ¡supongo que tendrá que hacerlo un servidor *or* mi menda, como siempre!; **~ (here) paid the bill as usual** mi menda pagó la cuenta, como de costumbre

muggy [ˈmʌɡɪ] *adj* bochornoso(a); **it's ~** hace mucho bochorno

mugwort [ˈmʌɡwɜːt] *n* artemisa *f*

mugwump [ˈmʌɡwʌmp] *n US* = persona con opiniones políticas independientes

Muhammad [məˈhæmɪd] *pr n* Mahoma

Muhammadan [məˈhæmɪdən] *Old-fashioned*
◇ *n* mahometano(a)
◇ *adj* mahometano(a)

mujaheddin, mujahadeen [muːdʒæˈdiːn] *n* muyahidín *m inv*

mulatto [mjuːˈlætəʊ] *(pl* **mulattos** *or* **mulattoes***) Old-fashioned* ◇ *n* mulato(a) *m,f*
◇ *adj* mulato(a)

mulberry [ˈmʌlbərɪ] *n* **-1.** *(fruit)* mora *f* **-2.** *(tree)* **(white)** ~ morera *f*; **(black)** ~ moral *m* **-3.** *(colour)* morado *m*

mulch [mʌltʃ] ◇ *n* mantillo *m*, *Col* capote *m*
◇ *vt* cubrir con mantillo

mulct [mʌlkt] *Formal* ◇ *n (fine)* sanción *f*, multa *f*
◇ *vt* **-1.** *(fine)* sancionar, multar **-2.** *(defraud)* estafar; **to ~ sb of sth** estafar algo a alguien

mule [mjuːl] *n* **-1.** *(animal)* mulo(a) *m,f* ❏ *US* **~ skinner** mulero(a) *m,f*; **~ train** recua *f or* reata *f* de mulas **-2.** *Fam (stubborn person)* mula *f* **-3.** *Fam (drug smuggler)* correo *m*, *RP* mula *f* **-4.** *(shoe)* babucha *f*; *(slipper)* pantufla *f*, chinela *f*

muleteer [mjuːləˈtɪə(r)] *n* mulero(a) *m,f*

mulish [ˈmjuːlɪʃ] *adj* tozudo(a), terco(a)

mull [mʌl] *vt (wine, beer)* = preparar en caliente con azúcar y especias
◆ **mull over** *vt sep (consider)* **to ~ sth over** darle vueltas a algo

mullah [ˈmʊlə] *n* ulema *m*

mulled wine [ˈmʌldˈwaɪn] *n* = vino con azúcar y especias que se toma caliente

mullet [ˈmʌlɪt] *n* **-1.** **(grey) ~** mújol *m*; **red ~** salmonete **-2.** *Fam (hairstyle)* = peinado largo por detrás, corto por los lados y con el flequillo medio de punta

mulligan [ˈmʌlɪɡən] *n US* **~ (stew)** ≃ ropa *f* vieja

mulligatawny [mʌlɪɡəˈtɔːnɪ] *n* **~ (soup)** = sopa de carne al curry

mullion [ˈmʌljən] *n* ARCHIT parteluz *m*

mullioned [ˈmʌljənd] *adj* ARCHIT *(window)* ventana *f* de cuarterones

multi- [ˈmʌltɪ] *n* multi-

multi-access [ˈmʌltɪˈækses] *adj* COMPTR multiusuario *inv*, de acceso múltiple

multicellular [ˈmʌltɪˈseljʊlə(r)] *adj* BIOL pluricelular

multicoloured, *US* **multicolored** [ˈmʌltɪˈkʌləd] *adj* multicolor

multicultural [ˈmʌltɪˈkʌltʃərəl] *adj* multicultural

multiculturalism [ˈmʌltɪˈkʌltʃərəlɪzəm] *n* multiculturalismo *m*

multidimensional [ˈmʌltɪdɪˈmenʃənəl] *adj also Fig* multidimensional

multidirectional [ˈmʌltɪdɪˈrekʃənəl] *adj* multidireccional

multidisciplinary [ˈmʌltɪdɪsɪˈplɪnərɪ] *adj* EDUC multidisciplinar

multiethnic [ˈmʌltɪˈeθnɪk] *adj* multiétnico(a)

multifaceted [ˈmʌltɪˈfæsɪtɪd] *adj* múltiple, con múltiples facetas

multifarious [mʌltɪˈfeərɪəs] *adj Formal* múltiple

multiform [ˈmʌltɪfɔːm] *adj Formal* multiforme

multi-functional [mʌltɪˈfʌŋkʃənəl] *adj* multifuncional

multigrade [ˈmʌltɪɡreɪd] *adj (oil)* multigrado

multigym [ˈmʌltɪdʒɪm] *n* = aparato para hacer varios ejercicios gimnásticos

multilateral [mʌltɪˈlætərəl] *adj* multilateral

multilateralism [mʌltɪˈlætərəlɪzəm] *n (economic)* multilateralismo *m*; *(on nuclear weapons)* disposición *f* al desarme nuclear multilateral

multilingual [mʌltɪˈlɪŋɡwəl] *adj* **-1.** *(person)* políglota(a) **-2.** *(dictionary, document)* multilingüe

multimedia [mʌltɪˈmiːdɪə] ◇ *n* multimedia *f*
◇ *adj* multimedia *inv* ❏ **~ computer** *Esp* ordenador *m or Am* computadora *f* multimedia

multimillion [mʌltɪˈmɪljən] *adj* **a ~ pound/dollar project** un proyecto multimillonario

multimillionaire [ˈmʌltɪˈmɪljəneə(r)] *n* multimillonario(a) *m,f*

multinational [mʌltɪˈnæʃənəl] ◇ *n* multinacional *f*
◇ *adj* multinacional ❏ **~ corporation** multinacional *f*

multiparous [mʌlˈtɪpərəs] *adj* ZOOL multíparo(a)

multipartite [mʌltɪˈpɑːtaɪt] *adj Formal (multilateral)* multilateral

multiparty [ˈmʌltɪˈpɑːtɪ] *adj* **~ democracy/system** democracia/sistema pluripartidista

multiple [ˈmʌltɪpəl] ◇ *n* **-1.** MATH múltiplo *m*; **in multiples of 100** en múltiplos de 100 **-2.** *Br* COM *(chain store)* cadena *f* (de tiendas)
◇ *adj* múltiple; **he died of ~ stab wounds** falleció a causa de múltiples cuchilladas ❏ **~ birth** parto *m* múltiple; COMPTR **~ mailboxes** buzón *m* múltiple; **~ personality** personalidad *f* múltiple; MATH **~ regression** regresión *f* múltiple; MED **~ sclerosis** esclerosis *f inv* múltiple; **~ shop** *or* **store** establecimiento *m* (de una cadena de tiendas)

multiple-choice [ˈmʌltɪpəlˈtʃɔɪs] *adj* **~ exam/question** examen/pregunta (de) tipo test

multiple-journey [ˈmʌltɪpəlˈdʒɜːnɪ] *adj* **~ ticket** *Esp* billete *or Am* boleto *or Am* pasaje de varios viajes

multiplex [ˈmʌltɪpleks] ◇ *n* **-1.** *(cinema)* cine *m* multisalas *(en un centro comercial)* **-2.** TEL múltiplex *m*
◇ *adj* **-1.** *(with several screens)* multisalas ❏ **~ cinema** cine *m* multisalas *(en un centro comercial)* **-2.** TEL múltiplex

multiplicand [ˈmʌltɪplɪkænd] *n* MATH multiplicando *m*

multiplication [mʌltɪplɪˈkeɪʃən] *n* multiplicación *f* ❏ **~ sign** signo *m* de multiplicar; **~ table** tabla *f* de multiplicar

multiplicity [mʌltɪˈplɪsɪtɪ] *n* multiplicidad *f*, diversidad *f*

multiplier [ˈmʌltɪplaɪə(r)] *n* MATH & PHYS multiplicador *m*

multiply [ˈmʌltɪplaɪ] ◇ *vt* multiplicar **(by** por); **it will ~ the costs by eight** multiplicará por ocho *or* octuplicará los costos *or Esp* costes
◇ *vi (reproduce)* multiplicarse

multiprocessor [mʌltɪˈprəʊsesə(r)] *n* COMPTR multiprocesador *m*

multiprogramming [mʌltɪˈprəʊɡræmɪŋ] *n* COMPTR multiprogramación *f*

multipurpose [mʌltɪˈpɜːpəs] *adj* multiuso

multiracial [mʌltɪˈreɪʃəl] *adj* multirracial

multiscreen [mʌltɪˈskriːn] *adj* **~ cinema** multicine, (cine) multisalas

multiskilling [mʌltɪˈskɪlɪŋ] *n* IND polivalencia *f*

multi-stage [ˈmʌltɪsteɪdʒ] *adj* **-1.** *(process)* escalonado(a) **-2.** ASTRON **~ rocket** cohete *m* multietapa

multistorey, *US* **multistory** [ˈmʌltɪˈstɔːrɪ] *adj* de varios pisos *or* plantas ❏ **~ carpark** estacionamiento *m or Esp* aparcamiento *m or Col* parqueadero *m* de varias plantas

multisyllabic [ˈmʌltɪsɪˈlæbɪk] *adj* polisílabo(a)

multi-talented [ˈmʌltɪˈtæləntɪd] *adj* polivalente, de muy variadas dotes

multitasking [ˈmʌltɪˈtɑːskɪŋ] *n* **-1.** COMPTR multitarea *f* **-2.** IND movilidad *f* funcional

multi-track [ˈmʌltɪˈtræk] *adj* de pistas múltiples

multitude [ˈmʌltɪtjuːd] *n* **-1.** *(large number)* multitud *f*; **a ~ of** multitud de; **to cover a ~ of sins** esconder muchas cosas; **baggy clothes can cover** *or* **hide a ~ of sins** la ropa holgada es una capa que todo lo tapa **-2.** *(crowd)* multitud *f*

multitudinous [mʌltɪˈtjuːdɪnəs] *adj Fam* multitudinario(a)

multi-user [ˈmʌltɪˈjuːsə(r)] *adj* COMPTR multiusuario

multivalent [ˈmʌltɪˈveɪlənt] *adj* CHEM polivalente

multivitamin [ˈmʌltɪˈvɪtəmɪn] *n* complejo *m* vitamínico

mum [mʌm] *n Br* mamá *f*; **my ~** *(said by a child)* mi mamá; *(said by adult) Esp* mi madre *f*, *Am* mi mamá *f*; [IDIOM] **~'s the word!** ¡de esto ni mu!

mumble [ˈmʌmbəl] ◇ *n* murmullo *m*; **he replied in a ~** respondió entre dientes
◇ *vt* mascullar, decir entre dientes; **to ~ an apology** mascullar una disculpa
◇ *vi* mascullar, hablar entre dientes; **he mumbled on for half an hour** se pasó media hora murmurando *or* masculando

mumbo jumbo [ˈmʌmbəʊˈdʒʌmbəʊ] *n* **-1.** *(nonsense)* palabrería *f*, monsergas *fpl*; **as far as I'm concerned astrology is just a load of ~** para mí la astrología es todo palabrería **-2.** *(jargon)* jerigonza *f*, jerga *f*

mummer [ˈmʌmə(r)] *n* HIST THEAT = actor que hacía mimo y solía aparecer enmascarado en el teatro popular tradicional

mummery [ˈmʌmərɪ] *n Pej Literary (ceremony)* fasto *m*

mummified [ˈmʌmɪfaɪd] *adj* momificado(a)

mummify [ˈmʌmɪfaɪ] *vt* momificar

mummy[1] [ˈmʌmɪ] *n Br Fam (mother)* mamá *f* ❏ **~'s boy** enmadrado *m*, niño *m or RP* nene *m* de mamá

mummy[2] *n (embalmed body)* momia *f* ❏ **~ sleeping bag** saco *m* de dormir (tipo) momia

mumps [mʌmps] *n* paperas *fpl*; **to have (the) ~** tener paperas

mumsy [ˈmʌmsɪ] *Br Fam* ◇ *n* mami *f*
◇ *adj (maternal)* maternaloide

munch [mʌntʃ] ◇ *vt* ronzar, mascar; **she munched her way through the whole packet** se zampó toda la bolsa
◇ *vi* ronzar, masticar ruidosamente; **to ~ on an apple** masticar una manzana; **he sat there munching away** estaba allí sentado sin parar de masticar; **she was munching away at some toast** mordisqueaba una tostada

Munchausen [ˈmʌntʃaʊzən] *n* MED **~('s) Syndrome** síndrome *m* de Münchhausen; **~('s Syndrome) by proxy** síndrome *m* de Münchhausen por poderes

munchies [ˈmʌntʃɪz] *npl Fam* **-1.** *(snacks)* cosillas *fpl* de picar, *Méx* antojitos *mpl* **-2.** *(desire to eat)* **to have the ~** tener un poquillo de hambre *or Esp* gusa

mundane [mʌnˈdeɪn] *adj (existence, details)* prosaico(a); *(task)* rutinario(a); *(event, comment)* banal, trivial

mung bean [ˈmʌŋbiːn] *n* frijol *m or* judía *f* (de) mungo

Munich [ˈmjuːnɪk] *n* Múnich ❏ HIST **the ~ Agreement** *or* **Pact** los acuerdos de Múnich (de 1938)

municipal [mjuːˈnɪsɪpəl] *adj* municipal

municipality [mjuːnɪsɪˈpælɪtɪ] *n* municipio *m*

munificence [mjuːˈnɪfɪsəns] *n Literary* munificencia *f*

munificent [mjuːˈnɪfɪsənt] *adj Literary* munificente, munífico(a)

munitions [mjuːˈnɪʃənz] *npl* municiones *fpl*, armamento *m*; **~ dump/factory** depósito/fábrica de municiones; **she was a ~ worker** trabajaba en una fábrica de municiones

muon [ˈmjuːɒn] *n* PHYS muón *m*

mural [ˈmjʊərəl] *n* mural *m* ❏ **~ painting** *(pintura f)* mural *m*

muralist [ˈmjʊərəlɪst] *n* muralista *mf*

Murcian [ˈmɜːsɪən] ◇ *n* murciano(a) *m,f*
◇ *adj* murciano(a)

murder [ˈmɜːdə(r)] ◇ *n* **-1.** *(killing)* asesinato *m*; **to commit ~** cometer un asesinato; [IDIOM] **she gets away with ~** se le consiente cualquier cosa; **he's up on a ~ charge** se le acusa de asesinato ❏ **~ case** causa *f* de *or* juicio *m* por asesinato; **~ inquiry** investigación *f* de un asesinato; *US* LAW **~ one** asesinato *m* en primer grado; **~ weapon** arma *f* homicida
-2. *Fam Fig (difficult task, experience)* tortura *f*; **the traffic was ~** el tráfico estaba imposible; **finding a parking place on a Saturday is ~** buscar estacionamiento *or Esp* aparcamiento el sábado es una tortura; **standing all day is ~ on your feet** estar todo el día de pie *or Am* parado(a) es una tortura para los pies
◇ *vt* **-1.** *(kill)* asesinar; *Fam Fig* **I'll ~ you (for that)!** ¡te voy a matar!; [IDIOM] *Fam* **I could ~ a beer/a pizza!** ¡me muero por una cerveza/una pizza! **-2.** *Fig (ruin) (song, tune, language)* destrozar, estropear **-3.** *Fam (defeat)* dar una paliza a
◇ *exclam* ¡al asesino!

murderer [ˈmɜːdərə(r)] *n* asesino(a) *m,f*

murderess [ˈmɜːdərəs] *n* asesina *f*

murderous [ˈmɜːdərəs] *adj* **-1.** *(attack, hatred)* asesino(a); **he was in a ~ mood when he got back** cuando volvió tenía un humor de perros; **to give sb a ~ look** lanzarle a alguien una mirada asesina **-2.** *Fam (exhausting)* agotador(ora), matador(ora);

(hellish, unpleasant) horroroso(a), atroz; **they kept up a ~ pace** llevaban un ritmo endiablado

murderously ['mɜːdərəslɪ] *adv* **-1.** *(to attack)* con intención asesina; **he glared at them ~** les lanzó una mirada asesina **-2.** *(extremely)* tremendamente

murk [mɜːk] *n (darkness, fog)* tinieblas *fpl*; *(underwater)* turbulencia *f*

murkiness ['mɜːkɪnɪs] *n* **-1.** *(of weather, sky)* oscuridad *f*, tenebrosidad *f*; *(of liquid)* turbulencia *f* **-2.** *(of past)* turbulencia *f*

murky ['mɜːkɪ] *adj* **-1.** *(weather, sky)* oscuro(a), tenebroso(a); *(liquid)* turbio(a); **the ~ depths of the pool** las oscuras *or* tenebrosas profundidades de la charca **-2.** *(details, past)* turbio(a), tenebroso(a); **a ~ episode** un oscuro *or* tenebroso episodio

murmur ['mɜːmə(r)] ◇ *n* **-1.** *(sound) (of conversation)* murmullo *m*; *Literary (of stream)* murmullo *m*, susurro *m*; **the distant ~ of traffic** el rumor lejano del tráfico; **there wasn't a ~** no se oía ni una mosca
-2. *(complaint)* queja *f*, protesta *f*; **there wasn't a ~ of protest** no se alzó ni una sola voz de protesta; **to do sth without a ~** hacer algo sin rechistar
-3. MED *(of heart)* soplo *m* cardíaco, soplo *m* en el corazón
◇ *vt* murmurar; **to ~ excuses** murmurar alguna excusa
◇ *vi* **-1.** *(make a sound) (people)* murmurar; *Literary (stream)* murmurar, susurrar **-2.** *(complain)* quejarse, protestar; **to ~ at** *or* **against sth** quejarse *or* protestar de algo

Murphy bed ['mɜːfibed] *n US* cama *f* plegable, mueble *m* cama

Murphy's law ['mɜːfɪz'lɔː] *n Fam* la ley de Murphy, = aquello de que si algo puede ir mal, ten por seguro que lo hará

muscat ['mʌskæt] *n* **-1. ~ (wine)** moscatel *m* **-2. ~ (grape)** uva *f* de moscatel

muscatel [mʌskə'tel] *n* moscatel *m*

muscle ['mʌsəl] *n* **-1.** ANAT músculo *m*; IDIOM **she didn't move a ~** no movió un solo músculo ❑ **~ fibre** fibra *f* muscular **-2.** *(influence, power)* fuerza *f*, poderío *m*; **it would give our campaign more ~** le daría mayor empuje a nuestra campaña; **political ~** pujanza política **-3.** *Fam (strong men)* tipos *mpl* musculosos *or Esp* cachas
◆ **muscle in** *vi Fam* meter la cuchara *or* las narices (**on** en), entrometerse (**on** en)

muscle-bound ['mʌsəlbaʊnd] *adj* exageradamente musculoso(a)

muscleman ['mʌsəlmæn] *n* forzudo *m*, hércules *m inv*

muscly ['mʌsəlɪ] *adj* musculoso(a)

muscovado [mʌskə'vɑːdəʊ] *n* **~ (sugar)** = azúcar de caña no refinada

Muscovite ['mʌskəvaɪt] ◇ *n* moscovita *mf*
◇ *adj* moscovita

Muscovy duck ['mʌskəvɪ'dʌk] *n* pato *m* almizclado

muscular ['mʌskjʊlə(r)] *adj* **-1.** *(tissue)* muscular ❑ MED **~ dystrophy** distrofia *f* muscular **-2.** *(person)* musculoso(a)

musculature ['mʌskjʊlətʃə(r)] *n* musculatura *f*

Muse [mjuːz] *n* musa *f*; **the (nine) Muses** las (nueve) musas

muse [mjuːz] ◇ *vt* **"I wonder what happened to him", she mused** "me pregunto que le ocurriría", pensó *or* reflexionó
◇ *vi* reflexionar, cavilar (**on** *or* **about** sobre)

museum [mjuː'zɪəm] *n* museo *m* ❑ *also Hum* **~ piece** pieza *f* de museo

mush¹ [mʌʃ] ◇ *n* **-1.** *(pulp)* pasta *f*, puré *m* **-2.** *US (porridge)* gachas *fpl* de harina de maíz **-3.** *Fam Fig (sentimentality)* ñoñería *f*, sensiblería *f*
◇ *exclam US* ¡andando!, ¡vamos!

mush² [mʊʃ] *n Br Fam* **-1.** *(face)* jeta *f* **-2.** *(term of address)* **oi, ~!** *Esp* ¡qué pasa, tío *or* tronco!, *Méx* ¡qué hay, güey!, *RP* ¡cuál es, che!

mushroom ['mʌʃrʊm] ◇ *n* BOT hongo *m*, *Esp* seta *f*; CULIN *(wild mushroom) Esp* seta *f*, *Am* hongo *m*; *(button mushroom)* champiñón *m* ❑ **~ cloud** hongo *m* atómico; **~ omelette** tortilla *f* de champiñones; **~ soup** crema *f* de champiñones
◇ *vi* **-1.** *(gather mushrooms)* **to go mushrooming** ir a (re)coger setas **-2.** *(grow quickly)* crecer rápidamente; *(costs, prices)* dispararse; *(town)* expandirse rápidamente, extenderse rápidamente; *(houses, shops)* proliferar, surgir como hongos; **the conflict mushroomed into full-scale war** el conflicto derivó rápidamente en una guerra a gran escala

mushy ['mʌʃɪ] *adj* **-1.** *(pulpy)* blando(a), pastoso(a) ❑ *Br* **~ peas** puré *m* de *Esp* guisantes *or Am* arvejas *or Carib, Méx* chícharos **-2.** *Fam Fig (sentimental)* ñoño(a), sensiblero(a)

music ['mjuːzɪk] *n (art, sound)* música *f*; *(score)* partituras *fpl*; **to read ~** saber solfeo; **to set words to ~** poner música a la letra; IDIOM **those words were ~ to her ears** esas palabras le sonaban a música celestial ❑ **~ box** caja *f* de música; *Br Old-fashioned* **~ centre** cadena *f or* equipo *m* de música; **~ hall** *(entertainment)* music-hall *m*; *(building)* teatro *m* de variedades; **~ library** discoteca *f*; **the ~ press** la prensa musical; **~ stand** atril *m*; **~ stool** = taburete o banqueta para un músico; **~ teacher** profesor(ora) *m,f* de música; PSY **~ therapy** musicoterapia *f*

musical ['mjuːzɪkəl] ◇ *n (show, film)* musical *m*
◇ *adj* **-1.** *(evening, taste, composition)* musical ❑ *Br* **~ box** caja *f* de música; **~ bumps** = juego en el que los niños corren o bailan y el último en sentarse en el suelo cuando para la música, queda eliminado; **~ chairs** el juego de las sillas; *Fig* **to play ~ chairs** andar constantemente cambiando de puesto; **~ comedy** comedia *f* musical; **~ director** director(ora) *m,f* musical; **~ instrument** instrumento *m* musical
-2. *(musically gifted)* con talento musical; **they are a ~ family** en esa familia se les da bien la música; **I'm not very ~** la música no es lo mío
-3. *(tuneful, pleasant)* musical

musicality [mjuːzɪ'kælɪtɪ] *n* musicalidad *f*

musically ['mjuːzɪklɪ] *adv (to sing)* armoniosamente; **~, the band is reminiscent of...** la música del grupo recuerda a...; **~ gifted** con talento para la música

musician [mjuː'zɪʃən] *n* músico(a) *m,f*

musicianship [mjuː'zɪʃənʃɪp] *n* habilidad *f* musical

musicologist [mjuːzɪ'kɒlədʒɪst] *n* musicólogo(a) *m,f*

musicology [mjuːzɪ'kɒlədʒɪ] *n* musicología *f*

musings ['mjuːzɪŋz] *npl* reflexiones *fpl*, cavilaciones *fpl*

musk [mʌsk] *n* almizcle *m* ❑ **~ deer** almizclero *m*; **~ ox** buey *m* almizclero; **~ rose** rosa *f* almizcleña

musket ['mʌskɪt] *n* mosquete *m*

musketeer [mʌskɪ'tɪə(r)] *n* mosquetero *m*

muskiness ['mʌskɪnɪs] *n* almizcle *m*

muskrat ['mʌskræt], **musquash** ['mʌskwɒʃ] *n* **-1.** *(animal)* rata *f* almizclada *f* **-2.** *(fur)* piel *f* de (rata) almizclada

musky ['mʌskɪ] *adj* almizclado(a), almizcleño(a); **a ~ smell** un olor a almizcle

Muslim ['mʌzlɪm, 'mʊzlɪm] ◇ *n* musulmán(ana) *m,f*
◇ *adj* musulmán(ana)

muslin ['mʌzlɪn] *n* muselina *f*

muso ['mjuːzəʊ] *(pl* **musos***) n Fam* **-1.** *Br Pej* = músico al que le interesa demasiado la técnica **-2.** *Austr (musician)* músico(a) *m,f*; *(enthusiast)* fanático(a) *m,f* de la música

musquash = muskrat

muss [mʌs] *vt US Fam* **~ (up)** *(hair)* revolver

mussel ['mʌsəl] *n* mejillón *m* ❑ **~ bed** vivero *m* de mejillones

must¹ [mʌst] ◇ *n Fam* **-1.** *(necessity)* **to be a ~** ser imprescindible
-2. *(thing not to be missed)* **this movie's a ~** esta película hay que verla *or* no hay que perdérsela
◇ *modal aux v* **-1.** *(expressing obligation)* tener que, deber; **you ~ do it** tienes que hacerlo, debes hacerlo; **I ~ lend you that book some time** tengo que dejarte ese libro un rato de éstos, tengo que pasarte ese libro en algún momento; **you ~ be ready at four o'clock** tienes que estar listo a las cuatro; **you mustn't tell anyone** no se lo digas a nadie; **under no circumstances ~ you tell her** en ningún caso se lo debes decir; **this plant ~ be watered daily** esta planta hay que regarla todos los días; **this information mustn't be made public** no hay que hacer pública esta información; **it ~ be remembered that...** debemos recordar que...; **~ you go? – yes, I ~** ¿seguro que tienes que ir? – sí, seguro; **I ~ say** *or* **admit, I thought it was rather good** la verdad es que me pareció bastante bueno; **will you come with me? – if I ~** ¿vendrás conmigo? – si no queda más remedio; **take it if you ~** llévatelo *or Esp* cógelo si tanta falta te hace; **if you ~ listen to that music, at least do it with headphones on!** ¡si de verdad tienes que escuchar esa música, al menos ponte auriculares!; **if you ~ know** ya que insistes tanto; **~ you make such a racket?** ¿por qué tienes que armar tanto alboroto *or* jaleo *or Am* relajo?; *Fam* **it's a ~ see movie!** ¡no te puedes perder esa película!; **a list of ~ see websites** una lista de sitios web muy recomendados
-2. *(suggesting, inviting)* tener que; **you ~ come and visit us** tienes que venir a vernos; **you ~ listen to this record** tienes que escuchar este disco; **we ~ go out for a drink sometime** tenemos que quedar algún día para tomar algo
-3. *(expressing probability)* deber de; **you ~ be hungry** debes de tener hambre; **it ~ be interesting working there** debe de ser interesante trabajar allí; **I ~ have made a mistake** debo de haberme equivocado; **there ~ have been at least 10,000 people there** debía de haber al menos 10.000 personas allí; **they mustn't have realized** no se deben de haber dado cuenta; **you ~ have heard of Oasis!** ¡has tenido que oír hablar de Oasis!; **you ~ be joking!** ¡no lo dirás en serio!; **you ~ be mad** *or* **crazy!** ¿estás loco o qué?

must² *n* **-1.** *(for wine)* mosto *m* **-2.** *(mould)* moho *m*

mustache *US* = moustache

mustachioed [mə'stɑːʃiəʊd] *adj* con bigotes, bigotudo(a)

mustang ['mʌstæŋ] *n* mustango *m*

mustard ['mʌstəd] ◇ *n (plant, sauce)* mostaza *f*; IDIOM *Fam* **she couldn't cut the ~** no consiguió dar la talla ❑ **~ and cress** berros *mpl* y semillas de mostaza; **~ gas** gas *m* mostaza
◇ *adj (colour)* mostaza *inv*

muster ['mʌstə(r)] ◇ *n* IDIOM **it was good enough to pass ~** era pasable
◇ *vt (gather)* reunir; **to ~ troops** reunir *or* congregar tropas; **they were unable to ~ enough support** no pudieron hacerse con *or* reunir el apoyo necesario; **to ~ the energy/enthusiasm to do sth** reunir la energía necesaria/el entusiasmo necesario para hacer algo; **to ~ one's courage** armarse de valor, hacer acopio de valor; **to ~ one's strength** hacer acopio de fuerzas
◇ *vi* reunirse, congregarse
◆ **muster in** *vt sep US* MIL alistar
◆ **muster out** *vt sep US* MIL licenciar
◆ **muster up** *vt sep (energy, enthusiasm)* reunir; **to ~ up one's courage** armarse de valor, hacer acopio de valor

must-have ['mʌsthæv] *Fam* ◇ *n* artículo *m* imprescindible
◇ *adj* imprescindible

mustiness ['mʌstɪnɪs] *n (of room)* olor *m* a cerrado; *(of clothes)* olor *m* a humedad

mustn't ['mʌsənt] = must not

must've ['mʌstəv] = must have

musty ['mʌstɪ] *adj* **-1. to have a ~ smell** *(room)* oler a cerrado; *(clothes)* oler a humedad **-2.** *(old-fashioned)* pasado(a) de moda, anticuado(a); **~ ideas** ideas rancias *or* anticuadas

mutability [mjuːtəˈbɪlɪti] n Formal mutabilidad f
mutable [ˈmjuːtəbəl] adj Formal mudable, mutable
mutagen [ˈmjuːtədʒən] n BIOL (agente m) mutágeno m
mutant [ˈmjuːtənt] ◇ n mutante mf
◇ adj mutante mf
mutate [mjuːˈteɪt] vi BIOL mutarse (**into** en), transformarse (**into** en)
mutation [mjuːˈteɪʃən] n BIOL mutación f
mutatis mutandis [mjuːˈtɑːtɪsmjuːˈtændɪs] adv Literary mutatis mutandis
mute [mjuːt] ◇ n **-1.** (person) mudo(a) m,f **-2.** MUS sordina f
◇ adj **-1.** (unable to speak) mudo(a) **-2.** (vowel, letter) mudo(a) **-3.** (silent) (person) mudo(a); (feeling) mudo(a), callado(a); **to stand ~** permanecer mudo(a), callar **-4. ~ swan** cisne m vulgar
◇ vt **-1.** MUS poner sordina a **-2.** (feelings) refrenar, contener; (colour) suavizar, atenuar
muted [ˈmjuːtɪd] adj **-1.** (sound) apagado(a); (voice) débil, apagado(a); (colour) suave, apagado(a); (protest, criticism) débil; (applause) tibio(a); **to discuss sth in ~ tones** discutir algo en voz baja **-2.** MUS con sordina
mutely [ˈmjuːtlɪ] adv (to stare, gaze) en silencio
mutha [ˈmʌðə] n US = **mother -2.**
mutilate [ˈmjuːtɪleɪt] vt **-1.** (person) mutilar; (face) desfigurar; **his face was horribly mutilated in the crash** el accidente le dejó el rostro horriblemente desfigurado **-2.** (text) mutilar
mutilated [ˈmjuːtɪleɪtɪd] adj (person) mutilado(a); (face) desfigurado(a)
mutilation [mjuːtɪˈleɪʃən] n mutilación f
mutineer [mjuːtɪˈnɪə(r)] n amotinado(a) m,f
mutinous [ˈmjuːtɪnəs] adj **-1.** (rebellious) rebelde; **the inmates of the prison were ~** los reclusos pretendían amotinarse **-2.** (taking part in mutiny) amotinado(a)
mutiny [ˈmjuːtɪnɪ] ◇ n motín m
◇ vi amotinarse
mutt [mʌt] n Fam **-1.** (dog) chucho m, RP pichicho m **-2.** (fool) tarugo m, percebe m
mutter [ˈmʌtə(r)] ◇ n **-1.** (mumble) murmullo m; **to speak in a ~** murmurar, hablar entre murmullos **-2.** (grumble) queja f, protesta f; **there were mutters of discontent** hubo débiles protestas
◇ vt murmurar, mascullar; **he muttered a threat** lanzó una amenaza entre dientes
◇ vi **-1.** (mumble) murmurar; **what are you muttering about?** ¿qué murmuras?; **to ~ to oneself** murmurar para sí **-2.** (grumble) refunfuñar
mutton [ˈmʌtən] n (meat of sheep) carnero m; IDIOM Fam **~ dressed as lamb** = una mujer ya carroza con pintas de jovencita
muttonchops [ˈmʌtənʃɒps], **mutton-chop whiskers** [ˈmʌtənʃɒpˈwɪskəz] npl = patillas que cubren gran parte de la mejilla
muttonhead [ˈmʌtənhed] n Fam pedazo m de animal
mutual [ˈmjuːtʃʊəl] adj **-1.** (reciprocal) (admiration, help) mutuo(a); **the feeling is ~** el sentimiento es mutuo; Hum Fam **a ~ appreciation** or **admiration society** una sesión de palmaditas en la espalda
-2. (shared) común; **by ~ agreement** or **consent** de mutuo acuerdo; **a ~ friend** un amigo común; **a ~ interest in art** un interés compartido por el arte
-3. FIN US **~ fund** fondo m de inversión mobiliaria; **~ insurance company** mutua f de seguros
mutually [ˈmjuːtʃʊəlɪ] adv **-1.** (reciprocally) mutuamente; **to be ~ exclusive** excluirse mutuamente **-2.** (by all) por todos; **it was ~ agreed to postpone the meeting** se decidió de común acuerdo posponer la reunión
Muzak® [ˈmjuːzæk] n música f de fondo, Esp hilo m musical, RP música f funcional

muzzle [ˈmʌzəl] ◇ n **-1.** (animal's snout) hocico m **-2.** (device for dog) bozal m **-3.** (of gun) boca f
❑ **~ velocity** velocidad f inicial
◇ vt **-1.** (dog) poner un bozal a **-2.** (person, press) amordazar
muzzle-loader [ˈmʌzəlˈləʊdə(r)] n = arma que se carga por la boca
muzzy [ˈmʌzɪ] adj **-1.** (visually) borroso(a), desdibujado(a) **-2.** (mentally) confuso(a); **my head feels a bit ~** me noto un poco mareado
MV ELEC (abbr **megavolt**) MV m
MVP [emviːˈpiː] n US SPORT (abbr **most valuable player**) jugador(ora) m,f más destacado(a), mejor jugador(ora) m,f
MW -1. RAD (abbr **Medium Wave**) OM **-2.** ELEC (abbr **Megawatts**) MW
my [maɪ] possessive adj **-1.** (singular) mi; (plural) mis; **my dog** mi perro; **my parents** mis padres; **my name is Paul** me llamo Paul; **it wasn't MY idea!** ¡no fue idea mía!; **they were upset at my mentioning it** les sentó or cayó mal que lo mencionara; **that wasn't my understanding** yo no lo entendí así
-2. (for parts of body, clothes) (translated by definite article) **my eyes are blue** tengo los ojos azules; **I hit my head** me di un golpe en la cabeza; **I washed my face** me lavé la cara; **I put my hands in my pockets** me metí las manos en los bolsillos or CAm, Méx, Perú las bolsas
-3. (in exclamations) **(oh) my!** ¡madre mía!, ¡jesús!; **(oh) my God!** ¡Dios mío!
-4. (in forms of address) **my darling** querida; **my love** mi amor; **my dear fellow!** ¡mi querido amigo!; **my lady/lord** mi señora/señor
myalgia [maɪˈældʒɪə] n MED mialgia f
myalgic encephalomyelitis [maɪˈældʒɪkensefələmaɪəˈlaɪtɪs] n MED encefalomielitis f inv miálgica
Myanmar [maɪænˈmɑː(r)] n (official name of Burma) Myanmar
Mycenae [maɪˈsiːniː] n HIST Micenas
Mycenaean [maɪsəˈniːən] HIST ◇ n micénico(a) m,f
◇ adj micénico(a)
mycology [maɪˈkɒlədʒɪ] n micología f
myelin [ˈmaɪəlɪn] n ANAT mielina f ❑ **~ sheath** vaina f de mielina
myelitis [maɪəˈlaɪtɪs] n MED **-1.** (of spinal cord) mielitis f inv **-2.** (of bone marrow) osteomielitis f inv
mynah [ˈmaɪnə] n **(bird)** miná f, = estornino hablador de la India
MYOB [emwaɪəʊˈbiː] n Fam (abbr **mind your own business**) ¿a ti qué te importa?
myocardial [maɪəʊˈkɑːdɪəl] adj MED de miocardio ❑ **~ infarction** infarto m de miocardio
myocarditis [maɪəʊkɑːˈdaɪtɪs] n MED miocarditis f inv
myocardium [maɪəʊˈkɑːdɪəm] n ANAT miocardio m
myopia [maɪˈəʊpɪə] n also Fig miopía f
myopic [maɪˈɒpɪk] adj miope; Fig corto(a) de miras
myriad [ˈmɪrɪəd] Literary ◇ n miríada f, sinnúmero m
◇ adj **there are ~ examples** hay una miríada or un sinnúmero de ejemplos
myrrh [mɜː(r)] n mirra f
myrtle [ˈmɜːtəl] n mirto m, arrayán m
myself [maɪˈself] pron **-1.** (reflexive) me; **I hurt ~** me hice daño; **I introduced ~** me presenté; **I bought ~ a jacket** me compré una chaqueta; **I can see ~ reflected in the water** vi mi imagen reflejada or me vi reflejado en el agua; **I can't see ~ going on holiday this year** no me veo yendo de vacaciones este año
-2. (unaided, alone) solo; **I can do it ~** (yo) lo puedo hacer solo; **I made the pattern ~** yo solo hice el diseño
-3. (emphatic) yo mismo(a); **I told her ~ se lo dije yo mismo, I ~ saw him leave** yo (mismo) lo vi salir con mis propios ojos; **though I say so ~** aunque sea yo quien lo diga; **I'm not a great fan of opera ~** yo no es que sea un gran amante de la ópera; **I'm a stranger here ~** yo también soy de fuera
-4. (my usual self) **I feel ~ again** vuelvo a sentirme el/la de siempre; **I'm not quite ~ today** me siento un poco raro hoy, Esp hoy no estoy muy allá
-5. (after preposition) mí; **I did it all by ~** lo hice yo mismo or yo solo; **I live by ~** vivo solo; **I was all by ~** estaba (completamente) solo; **I bought it for ~** lo compré para mí; **I realized I was talking to ~** me di cuenta de que estaba hablando solo; **"how unfair!" I thought to ~** — "¡qué injusto!" pensé para mis adentros
-6. (replacing 'me') **the group included ~ and Jim** en el grupo estábamos yo y Jim; **it is meant for people like ~** está pensado para gente como yo
mysterious [mɪsˈtɪərɪəs] adj misterioso(a); **a ~ smile** una sonrisa misteriosa or enigmática; **there's nothing ~ about it** no tiene ningún misterio; **to be ~ about sth** andarse con muchos misterios acerca de algo; **what are you two being so ~ about?** ¿por qué andan los dos con tanto misterio?
mysteriously [mɪsˈtɪərɪəslɪ] adv misteriosamente; **he smiled ~** sonrió de forma misteriosa or enigmática; **the money had ~ disappeared** el dinero había desaparecido misteriosamente
mystery [ˈmɪstərɪ] ◇ n **-1.** (strange or unexplained event) misterio m; **it's a ~ to me** es un misterio para mí; **it's a ~ to me why she came** no entiendo or comprendo por qué vino; **there's no ~ about that** eso no tiene ningún misterio ❑ **~ tour** = excursión organizada con un destino sorpresa
-2. (strangeness) misterio m; **she has a certain ~ about her** la envuelve cierto aire de misterio
-3. (story) **~ (story)** novela f de intriga
-4. LIT **~ play** auto m sacramental
◇ adj (guest, prize) sorpresa inv; (benefactor, witness) anónimo(a), desconocido(a)
mystic [ˈmɪstɪk] ◇ n místico(a) m,f
◇ adj místico(a)
mystical [ˈmɪstɪkəl] adj místico(a)
mysticism [ˈmɪstɪsɪzəm] n misticismo m
mystification [mɪstɪfɪˈkeɪʃən] n **-1.** (bewilderment) estupefacción f, desconcierto m **-2.** (deliberate confusion) artimaña f, ardid m
mystify [ˈmɪstɪfaɪ] vt dejar estupefacto(a) or perplejo(a), desconcertar; **I was mystified** me quedé estupefacto
mystifying [ˈmɪstɪfaɪɪŋ] adj desconcertante
mystique [mɪsˈtiːk] n aureola f de misterio
myth [mɪθ] n **-1.** (traditional story) mito m **-2.** (fiction) mito m; **the man behind the ~** el hombre que hay or se esconde tras el mito; **the ~ of German invincibility** el mito de la invencible Alemania
mythical [ˈmɪθɪkəl] adj mítico(a)
mythological [mɪθəˈlɒdʒɪkəl] adj mitológico(a)
mythologize [mɪˈθɒlədʒaɪz] vt mitificar
mythology [mɪˈθɒlədʒɪ] n mitología f; **Roman/Norse ~** mitología romana/nórdica; **the story has become part of Hollywood ~** la historia ha pasado a formar parte de la mitología or leyenda de Hollywood
mythomania [mɪθəˈmeɪnɪə] n mitomanía f
mythomaniac [mɪθəˈmeɪnɪæk] ◇ n mitómano(a) m,f
◇ adj mitómano(a)
mythopoeia [mɪθəˈpiːə] n creación f de mitos
mythopoeic [mɪθəˈpiːɪk], **mythopoetic** [mɪθəpəʊˈetɪk] adj de la creación de mitos
myxomatosis [mɪksəməˈtəʊsɪs] n mixomatosis f inv

N n

N, n [en] *n* (*letter*) N, n *f*
N (*abbr* **north**) N
'n', 'n [(ə)n] *conj Fam* y; **fish 'n' chips** pescado frito con *Esp* patatas *or Am* papas fritas
n/a (*abbr* **not applicable**) no corresponde
NAACP [eneɪeɪsiː'piː] *n* (*abbr* **National Association for the Advancement of Colored People**) = asociación estadounidense para la defensa de los derechos de la gente de color
NAAFI ['næfɪ] *n* (*abbr* **Navy, Army and Air Force Institutes**) **-1.** (*organization*) = servicio de tiendas y cantinas que abastecen a las fuerzas armadas británicas **-2.** (*shop, canteen*) = tienda/cantina que abastece a las fuerzas armadas británicas
naan, nan [nɑːn] *n* ~ **(bread)** = clase de pan hindú en forma de hogaza aplanada
nab [næb] (*pt & pp* **nabbed**) *vt Fam* **-1.** (*catch, arrest*) pescar, pillar **-2.** (*steal*) birlar, afanar; (*take*) pillar; (*seat, parking place*) birlar
nabob ['neɪbɒb] *n* **-1.** HIST nabob *m* **-2.** *Fam* (*local worthy*) cacique *m*
nacelle [nə'sel] *n* (*of balloon*) barquilla *f*
nachos ['nætʃəʊz] *npl* nachos *mpl* (con queso, salsa picante, etc.)
nacre ['neɪkə(r)] *n* nácar *m*
nacreous ['neɪkrɪəs] *adj* nacarado(a)
nadir ['neɪdɪə(r)] *n* **-1.** ASTRON nadir *m* **-2.** (*lowest point*) peor momento *m*, nadir *m*; **to reach a ~** (*party, career*) tocar fondo
naff [næf] *adj Br Fam* **-1.** (*tasteless*) ordinario(a), *Esp* hortera, *Esp* cutre, *Chile* cuico(a), *RP* terraja; (*of poor quality*) pobre, *Esp* cutre, *RP* terraja; (*comment, behaviour*) de mal gusto **-2.** (*for emphasis*) ~ **all** nada de nada; **I've got ~ all money** estoy sin un centavo *or Esp* sin blanca
 ◆ **naff off** *vi Br Fam* ~ **off!** ¡vete a paseo!, *Esp* ¡que te den!, *CSur* ¡andá a bañarte!
NAFTA ['næftə] *n* (*abbr* **North American Free Trade Agreement**) NAFTA *f*, TLC *m*
nag¹ [næg] *n Fam* (*horse*) rocín *m*, jamelgo *m*
nag² ◇ *n* (*person*) pesado(a) *m,f*, latoso(a) *m,f*; **he's an awful ~** es pesadísimo
 ◇ *vt* (*pt & pp* **nagged**) **-1.** (*pester*) fastidiar, dar la lata a; **she's always nagging him** no para de fastidiarlo *or* darle la lata; **to ~ sb into doing sth** fastidiar *or* dar la lata a alguien para que haga algo **-2.** (*of doubt*) asaltar; **his conscience nagged him perpetually** le remordía la conciencia constantemente
 ◇ *vi* **-1.** (*pester*) fastidiar, dar la lata; **to ~ at sb to do sth** fastidiar *or* dar la lata a alguien para que haga algo **-2.** (*doubt*) persistir; **her conscience was nagging at her to go to the police** tenía remordimientos de conciencia que le impulsaban a acudir a la policía
nagging ['nægɪŋ] ◇ *n* regañinas *fpl*; **I've had enough of your ~!** ¡estoy harto de que te pases la vida encima de mí!
 ◇ *adj* **-1.** (*wife, husband*) gruñón(ona) **-2.** (*doubt, feeling, pain*) persistente
NAHT [eneɪeɪtʃ'tiː] *n* (*abbr* **National Association of Head Teachers**) = asociación de directores de centros escolares de Inglaterra y Gales
naiad ['naɪæd] *n* MYTHOL náyade *f*

nail [neɪl] ◇ *n* **-1.** (*in carpentry*) clavo *m*; IDIOM **it was another ~ in his coffin** aquello suponía un paso más hacia el desastre; IDIOM **to pay on the ~** pagar a tocateja; IDIOM **cash on the ~** dinero contante y sonante ❑ **~ bomb** = bomba de fabricación casera que contiene metralla y clavos; **~ gun** remachadora *f*, = aparato para clavar clavos; **~ punch** botador *m*, (*punzón m*) embutidor *m*
 -2. (*of finger, toe*) uña *f*; **to do one's nails** hacerse las uñas ❑ **~ clippers** cortauñas *m inv*; *US* **~ enamel** laca *f or* esmalte *m* de uñas; **~ file** lima *f* de uñas; **~ polish** laca *f* para esmalte *m* de uñas; **~ polish remover** quitaesmaltes *m inv*; **~ scissors** tijeras *fpl* de manicura; **~ varnish** laca *f or* esmalte *m* de uñas; **~ varnish remover** quitaesmaltes *m inv*
 ◇ *vt* **-1.** (*in carpentry*) clavar; **~ the planks together** une las tablas con clavos; **he nailed the lid shut** fijó la tapa con clavos
 -2. *Fam* (*catch, trap*) (*person*) pescar, pillar; **to ~ sb for a crime** emplumar *or* empapelar a alguien por un delito
 -3. *Fam* (*expose*) (*rumour*) probar la falsedad de; **to ~ a lie** desterrar una falsedad
 -4. *Fam* (*shoot*) acertar (*de un disparo*); **I nailed his bodyguard** tumbé a su guardaespaldas de un solo tiro
 -5. IDIOMS **he stood nailed to the spot** se quedó clavado; **she nailed her colours to the mast** dejó clara su postura
 ◆ **nail down** *vt sep* **-1.** (*fasten*) fijar con clavos; *Fam* **the burglars took everything that wasn't nailed down** nos limpiaron la casa, nos lo robaron todo **-2.** *Fam Fig* (*establish clearly*) **to ~ sth down** aclarar algo; **to ~ sb down to a date/a price** hacer que alguien se comprometa a dar una fecha concreta/un precio concreto
 ◆ **nail up** *vt sep* **-1.** (*shut*) (*door, window*) condenar (*claveteando tablas*); (*box*) tapar *or* cerrar con clavos **-2.** (*fix to wall, door*) (*picture, photo*) colgar (*con clavos*); (*notice*) clavar
nail-bed ['neɪlbed] *n* lecho *m* de la uña
nail-biter ['neɪlbaɪtə(r)] *n* **-1.** (*person*) = persona que se muerde las uñas **-2.** *Fam* (*situation*) **the last race was a real ~** la última carrera fue de infarto *or* emocionantísima
nail-biting ['neɪlbaɪtɪŋ] *adj Fam* (*contest, finish*) de infarto, emocionantísimo(a); **after a ~ few hours, the hostages were released** después de varias horas de tensa espera liberaron a los rehenes
nailbrush ['neɪlbrʌʃ] *n* cepillo *m* de uñas
naive, naïve [naɪ'iːv] *adj* ingenuo(a); **don't be so ~** ¡no seas ingenuo! ❑ **~ art** arte *m* naíf
naively, naïvely [naɪ'iːvlɪ] *adv* ingenuamente
naivety [naɪ'iːvətɪ], **naïveté** [naɪiː'veɪ] *n* ingenuidad *f*
naked ['neɪkɪd] *adj* **-1.** (*unclothed*) desnudo(a); **to be ~** estar desnudo(a)
 -2. (*bare*) (*tree*) desnudo(a), sin hojas; (*hillside, landscape*) pelado(a)
 -3. (*undisguised*) (*truth, facts*) al desnudo, al descubierto; **~ aggression** agresión abierta *or* alevosa; **~ ambition** ambición manifiesta; **an expression of ~ terror** una expresión de puro terror
 -4. (*unprotected*) **a ~ flame** una llama (sin protección); **a ~ sword** una espada desenvainada
 -5. (*unaided*) **visible to the ~ eye** visible a simple vista
nakedly ['neɪkədlɪ] *adv* abiertamente, manifiestamente; **~ ambitious** de una ambición manifiesta
nakedness ['neɪkədnɪs] *n* desnudez *f*; **to cover one's ~** cubrirse las partes pudendas
NALGO ['nælgəʊ] (*abbr* **National and Local Government Officers' Association**) *n* = antiguo sindicato británico de funcionarios de la administración local y estatal
Nam [nɑːm] *n US Fam* Vietnam
namby-pamby ['næmbɪ'pæmbɪ] *Fam* ◇ *n* ñoño(a) *m,f*
 ◇ *adj* ñoño(a); **a ~ thing to say** una ñoñez
name [neɪm] ◇ *n* **-1.** (*of person, thing*) nombre *m*; **my ~ is...** me llamo...; **what's your ~?** ¿cómo te llamas?; **what's the ~ of that lake?** ¿cómo se llama ese lago?; **my ~'s James** me llamo James; **the ~'s Bond** me llamo Bond; **what ~ shall I say?** (*on phone*) ¿de parte de quién?, ¿quién lo llama?; **to go by** *or* **under the ~ of** ser conocido(a) como; **to put one's ~ down (for sth)** apuntarse (a algo); **to take sb's ~** (*note down*) anotar *or* tomar el nombre de alguien; SPORT (*give booking*) mostrar una tarjeta amarilla a alguien; **to mention/know sb by ~** mencionar/conocer a alguien por su nombre; **a man by the ~ of Lewis,** *US* **a man ~ of Lewis** un hombre llamado Lewis; **in the ~ of** en nombre de; **the account is in my husband's ~** la cuenta está a nombre de mi marido; **reserved in the ~ of Fox** reservado a nombre de Fox; **in the ~ of freedom** en nombre de la libertad; **in the ~ of God** *or* **Heaven!, in God's** *or* **Heaven's ~!** ¡por el amor de Dios!; **what in God's** *or* **Heaven's ~ are you doing?** pero por el amor de Dios, ¿qué haces?; **he was president in all but ~** él era el presidente de hecho; **in ~ only** sólo de nombre; **she writes under a different ~** escribe bajo pseudónimo; **to call sb names** insultar a alguien; **he hasn't got a penny to his ~** no tiene ni un centavo *or Esp* duro *or RP* peso; **to take sb's ~ in vain** usar *or* tomar el nombre de alguien en vano; **a ~ to conjure with** (*respected person*) un personaje de (muchas) campanillas; (*colourful name*) un nombre rimbombante; **survival is the ~ of the game** lo que cuenta es sobrevivir; IDIOM *Fam* **his ~ is mud** tiene muy mala prensa, *RP* está requemado; **what's in a ~?** ¿qué importa el nombre? ❑ **~ day** (*saint's day*) santo *m*; FIN día *m* de intercambio de nombres, día *m* de los boletos; **~ part** (*in film*) = personaje cuyo nombre da título a la película; **~ tag** chapa *f* (con el nombre)
 -2. (*reputation*) nombre *m*, reputación *f*; **this kind of behaviour gives us a good/bad ~** este comportamiento nos da una buena/mala reputación; **she has a good/bad ~** tiene buena/mala fama; **to have a ~ for prompt and efficient service** tener fama de ofrecer un servicio bueno y rápido; **he made his ~ in the war** se hizo famoso en la guerra; **to make a ~ for oneself (as)**

name-calling

hacerse un nombre (como) ❑ ~ **brand** marca f conocida
-**3.** (famous person) **a big ~ in the theatre** una figura del teatro; **we need a ~ to publicize the book** necesitamos a algún personaje conocido para dar publicidad al libro
◇ vt -**1.** (give name to) poner nombre a; **they named her Paula** le pusieron or la llamaron Paula; **they named the new state Zimbabwe** llamaron al nuevo estado Zimbabwe; **I ~ this ship Britannia** bautizo a este barco Britannia; **a man named Gerald** un hombre llamado Gerald; **to ~ sb after** or US **for sb** poner a alguien el nombre de alguien; **the building is named the Lincoln Centre after** or US **for Abraham Lincoln** el edificio lleva el nombre de "Lincoln Centre" por Abraham Lincoln
-**2.** (appoint) nombrar; **she has been named as the new party leader** la han nombrado nueva líder del partido
-**3.** (designate) nombrar; **~ your price** di or pon un precio; **~ the place and I'll meet you there** tú di dónde, y nos veremos allí; **you ~ it, we've got it** dígame qué busca, que seguro lo tenemos; **to ~ the day** fijar la fecha de la boda
-**4.** (identify) **police have named the victim as...** la policía ha identificado a la víctima como...; **the journalist refused to ~ his source** los periodistas se negaron a revelar el nombre de su fuente de información; **to ~ but a few** por nombrar unos pocos; **to ~ names** dar nombres concretos; **to ~ and shame** nombrar y avergonzar

name-calling ['neɪmkɔ:lɪŋ] n improperios mpl, insultos mpl
named [neɪmd] adj designado(a)
name-dropper ['neɪmdrɒpə(r)] n Fam **she's a terrible ~** se las da de conocer a muchos famosos
name-dropping ['neɪmdrɒpɪŋ] n Fam **there was a lot of ~ in his speech** en el discurso se las daba de conocer a muchos famosos
nameless ['neɪmlɪs] adj -**1.** (person) anónimo(a); Hum **someone who shall remain ~** alguien que permanecerá en el anonimato -**2.** (fear, regret) indecible, indescriptible -**3.** (atrocious) (crime, atrocity) indecible, infame
namely ['neɪmlɪ] adv a saber, es decir
nameplate ['neɪmpleɪt] n (on or beside door) placa f (con (el) nombre)
namesake ['neɪmseɪk] n tocayo(a) m,f
nametape ['neɪmteɪp] n cinta f con el nombre
Namibia [nə'mɪbɪə] n Namibia
Namibian [nə'mɪbɪən] ◇ n namibio(a) m,f
◇ adj namibio(a)
nan¹ [næn] n Br Fam (grandmother) abuelita f, Esp yaya f
nan² = naan
nana ['nɑ:nə] n Fam -**1.** Br (banana) plátano m, RP banana f -**2.** Br Hum (idiot) tonto(a) m,f, panoli mf
nancy ['nænsɪ] n very Fam **~ (boy)** (homosexual) mariquita m, marica m; (effeminate man) mariposón m
nandrolone ['nændrələʊn] n nandrolona f
nanny ['nænɪ] n -**1.** (nursemaid) niñera f; ⟦IDIOM⟧ Br **the ~ state** el estado protector -**2.** **~ goat** cabra f
nano- ['nænəʊ] prefix nano-
nanoengineering ['nænəʊendʒɪ'nɪərɪŋ] n nanoingeniería f
nanosecond ['nænəʊsekənd] n PHYS & COMPTR nanosegundo m
nanotechnology ['nænəʊtek'nɒlədʒɪ] n nanotecnología f
nap¹ [næp] ◇ n (sleep) cabezada f, siesta f; **to take** or **have a ~** echar una cabezada or una siesta
◇ vi (pt & pp **napped**) echar una cabezada or una siesta; ⟦IDIOM⟧ **they were caught napping** los Esp cogieron or Am agarraron desprevenidos
nap² n (of cloth) pelusa f, lanilla f; **against the ~** a contrapelo

nap³ ◇ n (in horse racing) favorito m
◇ vt dar como favorito(a) a
napalm ['neɪpɑ:m] ◇ n napalm m
◇ vt (bomb) bombardear con napalm; (attack) atacar con napalm
nape [neɪp] n **~ (of the neck)** nuca f
naphtha ['næfθə] n nafta f
naphthalene ['næfθəli:n] n naftalina f
napkin ['næpkɪn] n -**1.** (table) **~** servilleta f ❑ **~ ring** servilletero m (aro) -**2.** US (sanitary towel) compresa f, Am toalla f higiénica
Naples ['neɪpəlz] n Nápoles
Napoleon [nə'pəʊlɪən] pr n **~ (Bonaparte)** Napoleón (Bonaparte)
Napoleonic [nəpəʊlɪ'ɒnɪk] adj napoleónico(a); HIST **the ~ Wars** las guerras napoleónicas
nappy ['næpɪ] ◇ n Br pañal m ❑ **~ liner** gasa f; **~ rash** escoceduras fpl or eritema m del pañal
◇ adj US -**1.** (fabric) con pelusa -**2.** (hair) rizado(a), Chile, Col crespo(a), Méx quebrado(a), RP enrulado(a)
narc [nɑ:k] n US Fam estupa mf (agente de la brigada de estupefacientes)
narcissi pl of **narcissus**
narcissism ['nɑ:sɪsɪzəm] n PSY & Fig narcisismo m
narcissist ['nɑ:sɪsɪst] n narcisista mf
narcissistic [nɑ:sɪ'sɪstɪk] adj narcisista
Narcissus [nɑ:'sɪsəs] pr n MYTHOL Narciso
narcissus [nɑ:'sɪsəs] (pl narcissi [nɑ:'sɪsaɪ]) n narciso m
narcolepsy ['nɑ:kəlepsɪ] n MED narcolepsia f
narcosis [nɑ:'kəʊsɪs] n MED narcosis f inv
narcoterrorism ['nɑ:kəʊterərɪzəm] n narcoterrorismo m
narcotic [nɑ:'kɒtɪk] ◇ n -**1.** (drug) narcótico m -**2.** US (illegal drug) narcótico m, estupefaciente m; US **narcotics agent** agente mf (de la brigada) de estupefacientes
◇ adj narcótico(a)
nark [nɑ:k] n Br Fam ◇ n -**1.** (informer) soplón (ona) m,f -**2.** (irritable person) malaleche mf, picajoso(a) m,f
◇ vt (annoy) mosquear
◇ vi -**1.** (inform) **to ~ on sb** delatar a alguien -**2.** (gripe) protestar, quejarse
narked [nɑ:kt] adj Br Fam mosqueado(a)
narky ['nɑ:kɪ] adj Br Fam **to be ~** (by nature) ser malaleche or picajoso(a); (temporarily) estar de mala leche or picajoso(a); **he's a ~ git** es un susceptible
narrate [nə'reɪt] vt -**1.** (relate) (story, event) narrar, relatar -**2.** (read commentary for) narrar; **the movie was narrated by John Wayne** John Wayne era el narrador or ponía voz a la narración de la película
narration [nə'reɪʃən] n -**1.** (story) narración f, historia f -**2.** (recounting) narración f -**3.** (of commentary) comentario m, narración f
narrative ['nærətɪv] ◇ n (story) narración f
◇ adj narrativo(a); **the ~ art** la narrativa, el arte narrativo
narrator [nə'reɪtə(r)] n -**1.** (storyteller) narrador(ora) m,f -**2.** (of commentary) narrador(ora) m,f
narrow ['nærəʊ] ◇ adj -**1.** (not wide) (street, passage, valley) estrecho(a), angosto(a); (skirt, shoe) estrecho(a); **to grow** or **become ~** estrecharse, angostarse; **to have ~ shoulders** ser estrecho(a) de espaldas, no tener hombros; **to have a ~ face/waist** tener la cara/cintura estrecha ❑ **~ boat** barcaza f; **~ gauge** vía f estrecha
-**2.** (barely sufficient) (majority) escaso(a); **it was a ~ victory/defeat** fue una victoria/derrota por un estrecho or escaso margen; **to have a ~ escape** or **squeak** librarse por muy poco or por los pelos; **by a ~ margin** (to win, lose) por un estrecho or escaso margen; **to win/lose by the narrowest of margins** ganar/perder por un estrechísimo or escasísimo margen
-**3.** (intolerant) **to have a ~ mind** ser estrecho(a) de miras; **to take a ~ view of sth** enfocar algo desde un punto de vista muy limitado
-**4.** (restricted) (sense, interpretation) estricto(a);

in the narrowest sense en el sentido más estricto
-**5.** Formal (detailed) **we were subjected to ~ scrutiny** fuimos sometidos a un meticuloso or exhaustivo examen
◇ vt -**1.** (make narrow) (road) estrechar; **to ~ one's eyes** (in suspicion, anger) entornar los ojos or la mirada
-**2.** (reduce) (majority) acortar, reducir; **the Republicans have narrowed the gap between themselves and the Democrats** los republicanos han logrado reducir or acortar el margen que los separa de los demócratas; **the police have narrowed their search to a few streets** la policía ha acotado or reducido su búsqueda a unas cuantas calles
◇ vi -**1.** (become narrow) (road, space) estrecharse; **the old man's eyes narrowed** los ojos del viejo se entrecerraron or se entornaron -**2.** (be reduced) (majority) acortarse, reducirse; **the gap between rich and poor has narrowed** se han acortado or reducido las diferencias entre pobres y ricos
◇ **narrows** npl (strait) estrecho m
◆ **narrow down** ◇ vt sep -**1.** (limit) (choice, possibilities) limitar, reducir -**2.** (reduce) (majority, difference) acortar, reducir
◇ vi **the choice narrowed down to just two people** la elección se redujo a tan sólo dos personas
narrowcast ['nærəʊkɑ:st] ◇ vt retransmitir por cable
◇ vi = hacer publicidad dirigida específicamente a un público determinado
narrow-gauge ['nærəʊgeɪdʒ] adj **~ railway** ferrocarril m de vía estrecha
narrowly ['nærəʊlɪ] adv -**1.** (only just) por poco; **he ~ missed being run over** por poco lo atropellan -**2.** (interpret) estrictamente, al pie de la letra -**3.** (closely) detenidamente, atentamente
narrow-minded ['nærəʊ'maɪndɪd] adj (person) estrecho(a) de miras, cerrado(a); (attitude, opinions) cerrado(a)
narrow-mindedness ['nærəʊ'maɪndɪdnɪs] n (of person) estrechez f de miras, cerrazón f; (of attitude, opinions) cerrazón f
narrowness ['nærəʊnɪs] n -**1.** (of street, passage, valley) estrechez f; (of skirt, shoe) estrechez f -**2.** (of majority) escaso margen m -**3.** (intolerance) cerrazón f -**4.** (of interpretation) carácter m estricto, literalidad f
narwhal ['nɑ:wəl] n narval m, unicornio m marino
nary ['neərɪ] adv Fam **there was ~ a word of warning** ni una palabra de advertencia; **~ a one** ni uno
NASA ['næsə] n (abbr **National Aeronautics and Space Administration**) la NASA
nasal ['neɪzəl] ◇ adj nasal; **to have a ~ voice** tener la voz nasal ❑ ANAT **~ bone** hueso m nasal; **~ septum** tabique m nasal, Spec septo m nasal
◇ n LING sonido m nasal
nasalize ['neɪzəlaɪz] vt LING nasalizar
nasally ['neɪzəlɪ] adv **she speaks rather ~** tiene una forma de hablar muy nasal
nascent ['neɪsənt] adj Formal (in early stages) naciente, incipiente
Nasdaq ['næsdæk] n ST EXCH (abbr **National Association of Securities Dealers Automated Quotation**) (índice m) Nasdaq m
nastily ['nɑ:stɪlɪ] adv -**1.** (with malice) con mala intención, desagradablemente -**2.** (seriously) **to fall ~** tener una mala caída.
nastiness ['nɑ:stɪnɪs] n -**1.** (unpleasantness) (of taste, smell) carácter m desagradable; (of experience, atmosphere) carácter m desagradable; **the ~ of the weather** el pésimo estado del tiempo, la inclemencia del tiempo -**2.** (of person, remark, behaviour) mala intención f, maldad f -**3.** (of injury, fall) gravedad f
nasturtium [nə'stɜ:ʃəm] n capuchina f
nasty ['nɑ:stɪ] ◇ adj -**1.** (unpleasant) (taste, smell) desagradable, asqueroso(a); (experience, shock, weather, atmosphere) desagradable, horrible; (book, film) desagradable, repugnante; (crime) horrible, repugnante; **to give**

sb a ~ **fright** darle a alguien un susto tremendo or horrible; **it was a very ~ moment** fue un momento muy desagradable; **to have a ~ feeling that...** tener la desagradable sensación de que...; **he's got a ~ habit of repeating everything you say to the boss** tiene la fea costumbre de contarle al jefe todo lo que dices; **to turn ~** (situation, weather) ponerse feo(a); **things started to turn really ~** la cosa se puso muy fea; IDIOM **to leave sb with a ~ taste in the mouth** dejar a alguien con mal sabor de boca

-2. (malicious) (person) desagradable, malo(a); (remark, rumour) malintencionado(a); **what a ~ man!** ¡qué hombre más desagradable or malo!; **he's got a ~ temper** tiene muy mal genio; **you've got a ~ mind!** ¡qué mal pensado eres!; **hiding her clothes was a really ~ thing to do** esconderle la ropa fue una broma demasiado pesada; **to be ~ to sb** portarse muy mal con alguien; **to turn ~** (person) ponerse desagradable; IDIOM Br **he's a ~ piece of work** es un elemento de cuidado

-3. (serious, dangerous) (road, junction) muy peligroso(a); (cold, blow) fortísimo(a); **a ~ accident** un accidente grave; **a ~ cut** una herida muy fea; **a ~ fall** una mala caída

-4. (in children's language) (dragon, giant, wolf) malo(a), malvado(a)

-5. (ugly, in bad taste) horrible, espantoso(a); **~ plastic flowers** horribles or espantosas flores de plástico

-6. (difficult) (problem, question) dificilísimo(a), peliagudo(a)
◇ n (person) mala persona f

NAS/UWT [ˌeneɪˈesjuːdʌbəljuːˈtiː] n (abbr **National Association of Schoolmasters/Union of Women Teachers**) = sindicato británico de profesores de enseñanza secundaria

nat [næt] n Br Fam nacionalista mf

natatorium [ˌneɪtəˈtɔːrɪəm] n US piscina f cubierta

natch [nætʃ] adv Fam ¡pues claro!, ¡ya te digo!

nation [ˈneɪʃən] n -1. (people) nación f, pueblo m; **the British ~** el pueblo británico; **to address the ~** dirigirse a la nación ❏ **Nation of Islam** Nación f del Islam -2. (country) nación f, país m❏ **~ state** estado-nación m

national [ˈnæʃənəl] ◇ n -1. (person) ciudadano(a) m,f, súbdito(a) m,f; **all EU nationals** todos los ciudadanos de la Unión Europea -2. (newspaper) periódico m (de ámbito) nacional
◇ adj nacional; **he became a ~ hero** se convirtió en un héroe nacional; **a symbol of ~ pride** un símbolo del orgullo nacional or patrio; **the ~ newspapers** los periódicos de ámbito nacional; **it's not in the ~ interest** no le interesa or conviene a la nación; **the case caused a ~ outcry** el caso provocó indignación generalizada entre la ciudadanía; **on a ~ scale** a escala nacional ❏ **~ anthem** himno m nacional; **National Audit Office** ≃ Tribunal m de Cuentas; **~ bank** banco m nacional; TEL **~ call** llamada f or Am llamado m nacional; **~ costume** traje m típico; Br **National Curriculum** programa m de estudios oficial; **the ~ debt** la deuda pública; **~ dress** traje m típico; **National Endowment for the Arts** = agencia del gobierno federal estadounidense dedicada a la promoción del arte y la cultura; **the National Front** el Frente Nacional, = partido racista de extrema derecha británico; **~ government** gobierno m nacional; **the ~ grid** la red eléctrica nacional; US **National Guard** Guardia f Nacional; **National Health Service** = la sanidad pública británica; **to get treatment on the National Health (Service)** recibir tratamiento a través de la seguridad social or sanidad pública; **~ heritage** patrimonio m nacional; ECON **~ income** renta f nacional; **National Insurance** seguridad f social; Br **National Insurance contributions** aportaciones fpl or cotizaciones fpl a la seguridad social; **National Insurance number** número m de afiliación a la seguridad social; **National Liberation Front** Frente m Nacional de Liberación, Frente m de Liberación Nacional; **National Lottery** = lotería nacional británica, Esp ≃ lotería f primitiva, RP ≃ Quini 6 f; **~ park** parque m nacional; US **National Public Radio** = organismo independiente para el fomento y desarrollo de la radio pública; US **National Rifle Association** = asociación estadounidense que se opone a cualquier restricción en el uso de armas de fuego; **National Savings Bank** = caja de ahorros estatal británica; Irish **National School** colegio m público; **~ security** seguridad f nacional; US **National Security Adviser** asesor(ora) m,f en materia de seguridad nacional; US **National Security Council** Consejo m de Seguridad Nacional; **~ service** (in army) servicio m militar; **National Socialism** nacionalsocialismo m; **National Trust** = organismo británico encargado de la conservación de edificios y parajes de especial interés, Esp ≃ Patrimonio m Nacional

nationalism [ˈnæʃənəlɪzəm] n nacionalismo m

nationalist [ˈnæʃənəlɪst] ◇ n nacionalista mf
◇ adj nacionalista

nationalistic [ˌnæʃənəˈlɪstɪk] adj nacionalista

nationality [ˌnæʃəˈnælɪtɪ] n nacionalidad f; **people of all nationalities** gente de todas las nacionalidades; **what ~ are you?** ¿de qué nacionalidad eres?; **to take** or **adopt British ~** adquirir or adoptar la nacionalidad británica

nationalization [ˌnæʃənəlaɪˈzeɪʃən] n nacionalización f

nationalize [ˈnæʃənəlaɪz] vt nacionalizar

nationalized [ˈnæʃənəlaɪzd] adj nacionalizado(a)

nationally [ˈnæʃənəlɪ] adv en el ámbito nacional; **to be ~ renowned** ser conocido(a) en todo el país; **a ~ recognized qualification** una titulación reconocida en todo el estado or país; **~, men still outnumber women in these sectors** a escala nacional, los hombres todavía superan en número a las mujeres en estos sectores

nationhood [ˈneɪʃənhʊd] n estatus m inv de nación; **a sense of ~** un sentimiento de patria; **to attain ~** constituirse en nación or estado

nationwide [ˈneɪʃənwaɪd] ◇ adj de ámbito nacional; **a ~ strike** una huelga a escala nacional; **a ~ survey** una encuesta de ámbito nacional
◇ adv en todo el país; **to be broadcast ~** ser transmitido(a) a todo el país

native [ˈneɪtɪv] ◇ n -1. (of country, town) natural mf, nativo(a) m,f; **I am a ~ of Edinburgh** soy natural de Edimburgo; **she speaks English like a ~** su inglés es perfecto

-2. Old-fashioned (indigenous inhabitant) nativo(a) m,f, indígena mf; Hum **the natives are getting restless** el patio no está revolucionando

-3. (plant, animal) especie f autóctona; **the koala is a ~ of Australia** el koala es autóctono or originario de Australia; **this plant is a ~ of southern Europe** esta planta es autóctona or originaria del sur de Europa
◇ adj -1. (of birth) (country) natal; **he returned to his ~ London** regresó a su Londres natal ❏ **~ land** tierra f natal; **~ language** lengua f materna; **~ speaker** hablante mf nativo(a); **I'm not a ~ speaker of Spanish** mi lengua materna no es el español

-2. (by birth) de nacimiento, nativo(a); **Portland honours its ~ sons** Portland rinde honores a sus hijos predilectos ❏ **Native American** indio(a) m,f americano(a)

-3. (indigenous) (tribe, customs) indígena, autóctono(a); (costume) típico(a) (del lugar); IDIOM Fam **to go ~** integrarse (en el país)

-4. (innate) (ability) natural, innato(a) ❏ **~ wit** ingenio m

-5. (plant, animal) autóctono(a); **~ to India** autóctono(a) or originario(a) de la India

-6. (ore, silver) nativo(a)

NATIVE AMERICANS

La expresión **Native Americans** vio la luz por primera vez de la mano de los antropólogos de los años 60 como alternativa para "Indian" y designa a los pueblos indígenas que habitaban en Norteamérica antes de la llegada de los colonos europeos. Por lo general, hoy en día se tiende a utilizar las expresiones **Native American** o "Amerindian" en lugar de "Indian", aunque éste continúa empleándose frecuentemente. A los **Native Americans** no se les concedió la nacionalidad hasta 1924, y en la actualidad su esperanza de vida es más baja y sus niveles de pobreza más altos que los de otras minorías étnicas. Hoy en día menos de la mitad de los aproximadamente dos millones de **Native Americans** estadounidenses vive en reservas.

native-born [ˈneɪtɪvbɔːn] adj de nacimiento, nativo(a)

nativism [ˈneɪtɪvɪzəm] n PSY innatismo m

nativist [ˈneɪtɪvɪst] n PSY innatista mf

Nativity [nəˈtɪvɪtɪ] n REL **the ~** la Natividad ❏ **~ play** auto m navideño or de Navidad

Nato, NATO [ˈneɪtəʊ] n (abbr **North Atlantic Treaty Organization**) OTAN f

natter [ˈnætə(r)] esp Br Fam ◇ n charla f, CAm, Méx plática f; **to have a ~** charlar, darle a la lengua, CAm, Méx platicar
◇ vi charlar, darle a la lengua, CAm, Méx platicar; **what were they nattering about?** ¿de qué charlaban or CAm, Méx platicaban?

natterjack [ˈnætədʒæk] n **~ (toad)** sapo m corredor

nattily [ˈnætɪlɪ] adv Fam **~ dressed** de punta en blanco, muy bien vestido(a)

natty [ˈnætɪ] adj Fam -1. (person, dress) fino(a), elegante (not Fam); **he's a ~ dresser** va siempre de punta en blanco, es muy fino vistiendo -2. (clever) (device) ingenioso(a)

natural [ˈnætʃərəl] ◇ n -1. Fam (person) **he's a ~ as an actor** es un actor nato, tiene un talento natural como actor; **she's a ~ for the job/part** el trabajo/papel le va que ni pintado -2. MUS (note) nota f natural; (symbol) becuadro m
◇ adj -1. (as created by nature) (colour, taste) natural; **a ~ harbour** un puerto natural, una ensenada; **in its ~ state** en su estado natural; **the ~ world** (el mundo de) la naturaleza; **death from ~ causes** muerte natural ❏ **~ disaster** catástrofe f natural; PHYS & ELEC **~ frequency** frecuencia f natural; **~ gas** gas m natural; **~ history** historia f natural; MED **~ immunity** inmunidad f or resistencia f natural; Fig **to have a ~ immunity to sth** ser inmune a algo; Old-fashioned **~ philosophy** filosofía f natural; **~ resources** recursos mpl naturales; **~ sciences** ciencias fpl naturales; **~ selection** selección f natural; **the Natural State** = apelativo familiar referido al estado de Arkansas

-2. (not artificial) (wood, finish) natural; **she's a ~ redhead** es pelirroja natural; **to come to a ~ break** llegar a una pausa obligada ❏ **~ childbirth** parto m natural; **~ family planning** planificación f familiar natural, control m de natalidad por medios naturales; **~ fibres** fibras fpl or tejidos mpl naturales; **~ language** lenguaje m natural; COMPTR **~ language processing** procesamiento m de lenguaje natural; **~ light** luz f natural; **~ yoghurt** yogur m natural

-3. (normal, to be expected) natural, lógico(a); **it's only ~ that you should want to be here** es natural que quieras estar aquí; **one's** or **the ~ reaction is to...** la reacción más normal es...; **as is (only) ~** como es natural or lógico ❏ IND **~ wastage** amortización f de puestos de trabajo por jubilación

-4. (unaffected) natural, espontáneo(a)

-5. (innate) (talent) natural, innato(a); **she's a ~ organizer** es una organizadora nata,

natural-born tiene una capacidad innata para organizar
 -6. *(related by blood)* *(parents)* biológico(a); *Euph (child)* natural ❑ **~ mother** madre *f* biológica
 -7. LAW **~ justice** justicia *f* natural; **~ law** derecho *m* natural
 -8. MATH **~ number** número *m* natural
 -9. MUS natural; **G ~** sol natural
 ◇ *adv Fam* **try to act ~!** ¡tú (haz) como si no pasara nada!

natural-born ['nætʃərəl'bɔːn] *adj* de nacimiento, nativo(a)

naturalism ['nætʃərəlɪzm] *n* naturalismo *m*

naturalist ['nætʃərəlɪst] *n* naturalista *mf*

naturalistic ['nætʃərəlɪstɪk] *adj* naturalista

naturalization [nætʃərəlaɪ'zeɪʃən] *n* **-1.** *(of foreign person)* naturalización *f*, nacionalización *f*; *(of word)* adopción *f*, asimilación *f* ❑ **~ papers** carta *f* de naturaleza **-2.** *(of plant, animal)* aclimatación *f*

naturalize ['nætʃərəlaɪz] ◇ *vt* **-1.** *(person)* naturalizar, nacionalizar; *(word)* adoptar, asimilar; **to become naturalized** *(person)* naturalizarse, nacionalizarse **-2.** *(plant, animal)* aclimatar
 ◇ *vi (plant, animal)* aclimatarse

naturalized ['nætʃərəlaɪzd] *adj* **-1.** *(person)* naturalizado(a), nacionalizado(a); *(word)* adoptado(a), asimilado(a) **-2.** *(plant, animal)* aclimatado(a)

naturally ['nætʃərəlɪ] *adv* **-1.** *(obviously, logically)* naturalmente; **she ~ assumed that he was joking** naturalmente *or* como es natural, pensó que él estaba de broma; **~, this came as something of a shock** naturalmente, esto era toda una sorpresa; **were you pleased at the decision? – ~!** ¿te pareció bien la decisión? – ¡naturalmente (que sí)!
 -2. *(in one's nature)* por naturaleza; **~ shy/lazy** tímido(a)/perezoso(a) por naturaleza; **to come ~ to sb** ser innato(a) en alguien; *Ironic* **punctuality doesn't come ~ to him** la puntualidad no es lo suyo
 -3. *(unaffectedly)* con naturalidad; **you answered very ~** contestaste con mucha naturalidad
 -4. *(in natural state)* en la naturaleza, en estado natural; **~ occurring microbes** microbios que se encuentran en la naturaleza

naturalness ['nætʃrəlnɪs] *n (unaffectedness)* naturalidad *f*

nature ['neɪtʃə(r)] *n* **-1.** *(the natural world)* la naturaleza; **Nature can be cruel** la naturaleza puede ser cruel; **back to ~** de vuelta a la naturaleza; **to draw/paint from ~** dibujar/pintar del natural; **to go against ~** ir contra natura, ser antinatural; **to let ~ take its course** dejar que la naturaleza siga su curso; **one of ~'s gentlemen** un caballero nato *or* de nacimiento ❑ **~ conservation** conservación *f* de la naturaleza; **~ lover** amante *mf* de la naturaleza; **the ~/nurture debate** el debate sobre lo que es innato y lo que es adquirido; **~ reserve** reserva *f* natural; **~ study** (estudio *m* de la) naturaleza *f*, ciencias *fpl* naturales; **~ trail** senda *f* natural, ruta *f* ecológica
 -2. *(character)* *(of thing)* naturaleza *f*; *(of person)* naturaleza *f*, carácter *m*; **to have a jealous ~** tener un carácter celoso, ser celoso(a) por naturaleza; **it's not in her ~** no es su carácter, no es propio de ella; **it's not in her ~ to complain** no es propio de ella quejarse, no es de las que se queja; **it's in the ~ of things** las cosas son así; **to be shy by ~** ser tímido(a) por naturaleza; **war is by its very ~ destructive** la guerra es por su propia naturaleza *or* de por sí destructiva
 -3. *(sort)* género *m*, clase *f*; **problems of this ~** problemas de este género *or* esta naturaleza; **questions of a personal ~** cuestiones de índole *or* carácter personal; **do you sell chocolates or anything of that ~?** ¿tienen chocolatinas o algo por el estilo?; **something in the ~ of a...** algo así

como un/una...; *Formal* **what is the ~ of your complaint?** ¿cuál es el motivo de su queja?

nature-loving ['neɪtʃəlʌvɪŋ] *adj* amante de la naturaleza

naturism ['neɪtʃərɪzəm] *n* naturismo *m*, nudismo *m*

naturist ['neɪtʃərɪst] *n* naturista *mf*

naturopath ['neɪtʃərəʊpæθ] *n* naturópata *mf*

naturopathy [neɪtʃə'rɒpəθɪ] *n* naturopatía *f*

Naugahyde® ['nɔːgəhaɪd] *n US* escay *m*

naught [nɔːt] ◇ *n* **-1.** *Literary (nothing)* nada *f*; **his plans came to ~** sus planes (se) quedaron en nada **-2.** *US* = **nought**
 ◇ *adv arch or Literary* **it matters ~** no importa en absoluto

naughtily ['nɔːtɪlɪ] *adv* **-1.** *(disobediently, mischievously)* traviesamente; **to behave ~** portarse mal **-2.** *(suggestively)* pícaramente, con picardía

naughtiness ['nɔːtɪnɪs] *n* **-1.** *(disobedience, mischievousness)* travesura *f* **-2.** *(sexual impropriety)* picardía *f*

naughty ['nɔːtɪ] *adj* **-1.** *(child)* malo(a), travieso(a); **it was ~ of you not to tell me** *(said to adult)* ¡mira que no decírmelo!; **you ~ boy!** *(to child)* ¡qué malo *or* travieso eres!; *(to adult)* ¡qué malo *or* pillín eres! **-2.** *(word, picture, magazine)* picante ❑ *Br Euph* **~ bits** partes *fpl* más picantes; **the ~ nineties** *(1890s)* = el decenio de 1890, caracterizado por la vida alegre

Nauru ['naʊruː] *n* Nauru

nausea ['nɔːzɪə] *n* náuseas *fpl*; **to be overcome with ~** sentir auténticas náuseas

nauseate ['nɔːzɪeɪt] *vt* dar *or* provocar náuseas a; **the sight of blood nauseated him** cuando veía sangre le daban náuseas

nauseating ['nɔːzɪeɪtɪŋ] *adj* nauseabundo(a), repugnante; **the stench was ~** el hedor era nauseabundo *or* repugnante; **the very idea is ~** la sola idea es repugnante

nauseatingly ['nɔːzɪeɪtɪŋlɪ] *adv* repugnantemente; **she was ~ smug** su engreimiento era repugnante

nauseous ['nɔːzɪəs, *US* 'nɔːʃəs] *adj* nauseabundo(a); **to feel ~** sentir *or* tener náuseas

nautical ['nɔːtɪkəl] *adj* náutico(a) ❑ **~ mile** milla *f* marina *or* náutica

nautilus ['nɔːtɪləs] *n* nautilo *m*

NAV [eneɪ'viː] *n* FIN *(abbr* **net asset value)** valor *m* activo neto

naval ['neɪvəl] *adj* naval ❑ **~ architecture** arquitectura *f* or ingeniería *f* naval; **~ battle** batalla *f* naval; **~ engineer** ingeniero(a) *m,f* naval; **~ officer** oficial *mf* de marina

Navarre [nə'vɑː(r)] *n* Navarra

Navarrese [næva'riːz] *adj* navarro(a)

nave [neɪv] *n* ARCHIT nave *f* central

navel ['neɪvəl] *n* ombligo *m*; IDIOM **to contemplate one's ~** mirarse el ombligo ❑ **~ orange** naranja *f* navelina

navel-gazing ['neɪvəlgeɪzɪŋ] *n* **to be guilty of ~** pecar de mirarse el ombligo

navigable ['nævɪgəbəl] *adj* **-1.** *(of river)* navegable **-2.** *(of ship)* apto(a) para la navegación; *(of balloon)* dirigible

navigate ['nævɪgeɪt] ◇ *vt* **-1.** *(traverse)* *(seas)* surcar, navegar por; **to ~ the Atlantic** navegar por *or* surcar el Atlántico; **this river is difficult to ~** es difícil navegar por este río
 -2. *(direct)* *(ship, plane)* gobernar, pilotar; **he navigated the plane to the nearest airport** llevó *or* pilotó el avión hasta el aeropuerto más cercano; **she navigated us successfully through Bombay** *(in car)* consiguió llevarnos a través de Bombay conduciendo *or Am* manejando; **she navigated her way across the crowded room** se abrió paso por la abarrotada sala
 -3. COMPTR **to ~ the Net** navegar por Internet
 ◇ *vi* **-1.** *(in ship)* navegar; **to ~ by the stars** navegar guiándose por las estrellas; **I'll drive if you ~** *(in car)* yo conduzco *or Am* manejo si tú haces de copiloto **-2.** COMPTR navegar

navigation [nævɪ'geɪʃən] *n* **-1.** *(act, skill of navigating)* *(in ship)* navegación *f*; *(in plane)* pilotaje *m*, navegación *f*; *(in car)* función *f* de copiloto ❑ **~ lights** luces *fpl* de navegación **-2.** *(shipping)* navegación *f* **-3.** COMPTR *(around Web site)* navegación *f* ❑ COMPTR **~ bar** barra *f* de navegación

navigational [nævɪ'geɪʃənəl] *adj* **~ equipment** equipo *m* de navegación

navigator ['nævɪgeɪtə(r)] *n* **-1.** NAUT oficial *m* de derrota; AV piloto *m* navegante **-2.** *(in car)* copiloto *mf*

navvy ['nævɪ] *n Br* peón *m* caminero

navy ['neɪvɪ] ◇ *n* **-1.** *(service)* armada *f*, marina *f* (de guerra); *(fleet)* armada *f* ❑ *Br* **Navy List** = lista de los oficiales del ejército; *US* **~ yard** astilleros *mpl* estatales **-2.** *(colour)* **~ (blue)** azul *m* marino
 ◇ *adj* azul marino *inv*

navy-blue ['neɪvɪ'bluː] *adj* azul marino *inv*

nay [neɪ] ◇ *n (in vote)* no *m*, voto *m* en contra; **the nays have it** son mayoría los votos en contra
 ◇ *exclam Old-fashioned or Literary* no; **I ask not for another month, ~ not even a fortnight** no pido otro mes, ni tan siquiera otras dos semanas; **I was asked, ~ ordered to come** se me pidió, qué digo "pidió", se me ordenó que viniera; **for a few dollars, ~ a few cents** por unos cuantos dólares, mejor dicho, unos cuantos centavos

naysayer ['neɪseɪə(r)] *n* persona *f* negativa

Nazarene ['næzəriːn] ◇ *n* **the ~** el Nazareno
 ◇ *adj* nazareno(a)

Nazareth ['næzərəθ] *n* Nazaret

Nazi ['nɑːtsɪ] ◇ *n* nazi *mf*
 ◇ *adj* nazi

Nazism ['nɑːtsɪzəm] *n* nazismo *m*

NB [en'biː] **-1.** *(abbr* **nota bene)** N.B. **-2.** *(abbr* **New Brunswick)** New Brunswick

NBA [enbiː'eɪ] *n* **-1.** *US (abbr* **National Basketball Association)** NBA *f* **-2.** *Br Formerly (abbr* **Net Book Agreement)** = acuerdo por el que la editorial fijaba el precio mínimo de los libros

NBC [enbiː'siː] *n* **-1.** *US (abbr* **National Broadcasting Company)** NBC *f* **-2.** MIL *(abbr* **nuclear, biological and chemical) ~ suit** = traje que protege contra armas nucleares, biológicas y químicas; **~ weapons** armas nucleares, biológicas y químicas

NC -1. *(abbr* **no charge)** gratis **-2.** *(abbr* **North Carolina)** Carolina del Norte

NC-17 [en'siːsevən'tiːn] *adj US* para mayores de 17 años

NCCL [ensiː'siːel] *n (abbr* **National Council for Civil Liberties)** = asociación británica para la defensa de los derechos civiles

NCO [ensiː'əʊ] *n (pl* **NCOs)** MIL *(abbr* **non-commissioned officer)** suboficial *mf*

NCVQ [ensiːviː'kjuː] *n (abbr* **National Council for Vocational Qualifications)** = organismo británico que regula los títulos de formación profesional

ND, NDak *(abbr* **North Dakota)** Dakota del Norte

NE -1. *(abbr* **Nebraska)** Nebraska **-2.** *(abbr* **north east)** NE

Neanderthal [nɪ'ændətɑːl] ◇ *n Fam Fig (coarse person)* troglodita *mf*
 ◇ *adj* **-1.** *(remains, artefacts)* Neandert(h)al; **~ man** el hombre de Neandert(h)al **-2.** *Fam Fig (attitude, behaviour)* cavernícola

neap [niːp] *n* **(tide)** marea *f* muerta

Neapolitan [niːə'pɒlɪtən] ◇ *n* napolitano(a) *m,f*
 ◇ *adj* napolitano(a) ❑ **~ ice cream** barra *f* de helado de chocolate, vainilla y fresa *or CSur* frutilla

near [nɪə(r)] ◇ *adj* **-1.** *(close)* cercano(a), próximo(a); **the ~ bank of the lake** la orilla más cercana *or* próxima del lago; **a ~ relative** un pariente cercano; **he was in a state of ~ despair** estaba al borde de la desesperación; **the nearest shop is 10 miles away** la tienda más cercana *or* próxima está a 10 millas; **use maple syrup or the nearest equivalent** utilice jarabe de arce o lo más parecido que pueda

encontrar; **in the ~ future** en un futuro próximo or cercano; **to the nearest metre** en número redondo de metros; **what is the total, to the nearest hundred?** ¿cuál es el total, redondeándolo hasta la centena más cercana?; **$30 or nearest offer** 30 dólares negociables; **it was a ~ thing** poco faltó; **it will be a ~ thing which of the two wins** no está nada claro cuál de los dos va a ganar; **this is the nearest thing we have to a conference room** esto es lo más parecido que tenemos a una sala de reuniones ❑ US **~ beer** cerveza f sin alcohol; **the Near East** (el) Cercano Oriente, Esp (el) Oriente Próximo; COMPTR **~ letter quality** calidad f (de impresión) casi de carta or próxima a la de carta; **~ miss** (in plane, car) incidente m (sin colisión); (in factory) = caso en el que casi se produce un accidente; **we were involved in a ~ miss** no chocamos por muy poco; **it was a ~ miss** (narrow failure) falló por poco
-2. (left) izquierdo(a); **the ~ front wheel** la rueda delantera izquierda; **its ~ hind leg** la pata trasera izquierda
◇ adv -1. (close) cerca; **to be ~ (to)** estar cerca (de); **to come nearer** acercarse; **the time is getting nearer when...** se acerca el momento en el que...; **~ at hand** (thing) a mano; (event) cercano(a); **it's not exactly what I wanted, but it's ~ enough** no es exactamente lo que quería, pero casi casi; **it'll cost you £50 or ~ enough, it'll cost you £50 or as ~ as makes no difference** costará 50 libras o algo así; **they were or came ~ to giving up** estuvieron a punto de abandonar; **~ to despair** cercano(a) or próximo(a) a la desesperación; **~ to tears** a punto de (echarse a) llorar; **I came ~ to insolvency** estuve a punto de declararme insolvente; **or as ~ as makes no difference** o algo muy parecido; Fam **as ~ as dammit** casi, casi; **they came from ~ and far** vinieron de todas partes; **the shot was nowhere ~** el disparo salió totalmente desviado; **she's nowhere ~ finished** le falta mucho para terminar; **it's nowhere ~ as good** no es ni mucho menos tan bueno; **we have nowhere ~ enough time** no tenemos el tiempo suficiente ni mucho menos
-2. (almost) casi; **a ~ total failure** un fracaso casi absoluto
◇ prep cerca de; **~ Miami/the town centre** cerca de Miami/del centro; **her birthday is ~ Christmas** su cumpleaños cae por Navidad; **~ the end of the book** casi al final del libro; **we are ~ the end of our holidays** se acerca el final de nuestras vacaciones; **don't come ~ me** no te me acerques; **he came ~ being run over** estuvo a punto de ser atropellado; **it's getting ~ the time when...** se acerca el momento en que...; **don't go ~ the edge** no te acerques al precipicio; **don't let them ~ my fax machine** no dejes que se acerquen a mi fax; **I'll let you know nearer the time** ya te lo haré saber cuando se acerque el momento; **the total was nearer $400** el total se acercó más a 400 dólares; **nobody comes anywhere ~ her** (in skill, performance) nadie se le puede comparar; **they are no nearer a solution** no están más cerca de hallar una solución; **he's nowhere ~ it!** (with guess) ¡no tiene ni idea!
◇ **~ my nearest and dearest** mis (parientes) más allegados
◇ vt acercarse a; **we're nearing a time when everyone will be able to...** nos acercamos a una época en la que todos podremos...; **it is nearing completion** está casi terminado, falta poco para terminarlo; **he was nearing 70 when he got married** se acercaba a or le faltaba poco para los 70 años cuando se casó
◇ vi acercarse

near- [nɪə(r)] prefix **~complete** casi completo(a); **~perfect** casi perfecto(a)

nearby ◇ adj [´nɪəbaɪ] cercano(a); **we stopped at a ~ post office** paramos en una oficina de correos cercana or que había cerca; **he threw it into a ~ dustbin** lo tiró a un cubo de basura que había cerca or al lado
◇ adv [nɪə´baɪ] cerca; **is there a station ~?** ¿hay una estación cerca?; **I live just ~** yo vivo muy cerca

near-death experience [´nɪə´deθɪks´pɪərɪəns] n = experiencia próxima a la muerte

nearly [´nɪəlɪ] adv -1. (almost) casi; **it's ~ eight o'clock** son casi las ocho; **he's ~ eighty** tiene casi ochenta años; **we're ~ there** (finished) ya casi hemos terminado; (at destination) ya casi hemos llegado; **he very ~ died** estuvo a punto de morir; **I ~ fell** casi me caigo, por poco me caigo; **he was ~ crying or in tears** estaba a punto de echarse a llorar; **I very ~ didn't come** por poco no vengo
-2. (with negative) **we haven't got ~ enough money/time** no tenemos dinero/tiempo suficiente ni de lejos; **it's not ~ so beautiful as I remember** no es ni de lejos tan bonito como lo recuerdo; **he's not ~ as important as he likes to think** no es ni mucho menos tan importante como se cree; **it's not ~ as difficult as I thought** no es ni con mucho tan difícil como yo pensaba

nearly-new [´nɪəlɪ´nju:] adj (clothes) casi como nuevo(a)

nearness [´nɪənɪs] n -1. (physical) cercanía f -2. (emotional) confianza (**to** con)

nearside [´nɪəsaɪd] Br AUT ◇ n lado m del copiloto
◇ adj del lado del copiloto

near-sighted [nɪə´saɪtɪd] adj corto(a) de vista, miope

nearsightedness [nɪə´saɪtɪdnɪs] n miopía f

neat [ni:t] adj -1. (person) (in habits) ordenado(a); (in appearance) aseado(a), pulcro(a)
-2. (tidy) (room, house) pulcro(a), ordenado(a); (garden) muy cuidado(a); (handwriting) claro(a), nítido(a); (exercise book) bien presentado(a); **he's a ~ worker** es un trabajador esmerado; **to do a ~ job** hacer un trabajo con esmero; **she made a ~ job of it** lo hizo con esmero; **the surgeon made a ~ job of those stitches** el cirujano se esmeró con la sutura; **to keep things ~ and tidy** tener las cosas ordenaditas; IDIOM **to be as ~ as a new pin** (house, room) estar como los chorros del oro; (person) ir de punta en blanco
-3. (trim) (waist) delgado(a); (figure) esbelto(a)
-4. (skilful, well-formed) (solution) certero(a), hábil; (summary, explanation) acertado(a), atinado(a); (turn of phrase) elegante; (system, plan) ingenioso(a); **that's a ~ trick** es un buen truco
-5. (whisky, vodka) seco(a), solo(a); **to take or drink one's whisky ~** tomar el whisky seco or solo
-6. US Fam (good) genial, fenomenal; **that's a ~ idea!** ¡qué buena idea!, ¡es una idea genial!; **what a ~ outfit!** ¡qué vestido tan bonito or Esp, Méx chulo!

neaten [´ni:tən] vt (make smart, tidy) (room, house, garden) arreglar; **to ~ sth (up)** arreglar algo; **go and ~ your hair** ve y péinate, ve y arréglate el pelo; **to ~ (up) the edges of sth** igualar los bordes de algo

neatly [´ni:tlɪ] adv -1. (carefully) cuidadosamente, con esmero; **put the papers ~ on the desk** pon los papeles en la mesa bien ordenados; **to dress ~** ir bien vestido(a) or arreglado(a); **the desk fits ~ into the corner of the room** la mesa cabe perfectamente en el rincón de la habitación
-2. (skilfully) **she ~ avoided the subject** eludió hábilmente el tema; **that was ~ put** estuvo muy elegante; **you got out of that very ~** saliste muy bien de ésa

neatness [´ni:tnɪs] n -1. (of appearance) pulcritud f -2. (tidiness) (of room, house, garden) pulcritud f; (of work) esmero m; (of handwriting) nitidez f; (of exercise book) buena presentación f -3. (of solution) acierto m, habilidad f; (of explanation) acierto m, tino m; (of turn of phrase) elegancia f; (of system, plan) ingenio m

Nebr (abbr **Nebraska**) Nebraska

Nebuchadnezzar [nebjʊkəd´nezə(r)] pr n Nabucodonosor

nebula [´nebjʊlə] n ASTRON nebulosa f

nebulous [´nebjʊləs] adj (vague) nebuloso(a)

NEC [eni:´si:] n -1. (abbr **National Executive Committee**) ejecutiva f (de partido político) -2. Br (abbr **National Exhibition Centre**) = palacio de congresos y exposiciones de Birmingham

necessarily [nesɪ´serəlɪ] adv necesariamente; **it's not ~ the case** no tiene por qué ser necesariamente así; **this will ~ lead to major disruption** esto va a provocar inevitablemente un trastorno importante

necessary [´nesɪsərɪ] ◇ n Fam **to do the ~** hacer lo necesario; **the ~** (money) Esp la pasta, Am la plata, Méx la lana; **the necessaries** (food, money) lo justo
◇ adj -1. (indispensable) necesario(a), preciso(a); **he took the ~ measures** tomó las medidas necesarias or precisas; **it is ~ to remind them** hay que recordárselo; **it is ~ for him to come** hace falta or es preciso que venga él; **is this visit really ~?** ¿es verdaderamente necesaria esta visita?; **it soon became ~ to inform them** pronto fue necesario informarlos; **to do what is ~** hacer lo necesario; **he did no more than was ~** no hizo más que lo necesario, se limitó a hacer lo imprescindible; **I'll do everything ~ to make her agree** haré lo que haga falta para que acceda; **to make it ~ for sb to do sth** hacer necesario que alguien haga algo; **circumstances made it ~ to delay our departure** las circunstancias exigían que retrasáramos nuestra partida; **if ~** si es preciso or necesario; **when (ever) ~** cuando sea necesario or preciso
-2. (inevitable) inevitable, necesario(a); **a ~ evil** un mal necesario

necessitate [nɪ´sesɪteɪt] vt Formal hacer necesario(a) or preciso(a), precisar; **further complications may ~ surgery** mayores complicaciones podrían hacer necesaria una intervención quirúrgica

necessitous [nɪ´sesɪtəs] adj Formal (family, children) necesitado(a); (state) de necesidad

necessity [nɪ´sesɪtɪ] n -1. (need) necesidad f; **I see no ~ for that** no veo la necesidad de eso; **there is no ~ for drastic measures** no son necesarias medidas drásticas; **there's no real ~ for us to go** no hace verdadera falta que vayamos; **if the ~ should arise** si hiciera falta; **in cases of absolute ~** en casos de extrema or absoluta necesidad; PROV **~ is the mother of invention** la necesidad aviva el ingenio
-2. Formal (inevitability) inevitabilidad f; **of ~** por fuerza, necesariamente
-3. **necessities** (things needed) necesidades fpl; **the basic or bare necessities of life** las necesidades básicas (de la vida); **a television is not one of life's necessities** un televisor no es una necesidad básica or no es imprescindible

neck [nek] ◇ n -1. (of person) cuello m; (of animal) pescuezo m; **he threw his arms round her ~** le echó los brazos al cuello; **the cat had a collar round its ~** el gato llevaba collar
-2. CULIN **~ of lamb/beef** cuello de cordero/vaca
-3. (of dress) cuello m; **high ~** (of dress) cuello alto; **low ~** (of dress) escote
-4. (narrow part or extremity) (of bottle) cuello m; (of guitar) mástil m; (of violin) mango m; (of womb) cuello m; (of land) istmo m
-5. (in horse race) **to win by a ~** ganar por una cabeza; **to finish ~ and ~** llegar igualados(as); Fig **the two candidates are ~ and ~** los dos candidatos van muy parejos or igualados
-6. Br Fam (cheek) cara f, caradura f; **she's got some ~!** ¡qué cara más dura tiene!,

¡qué caradura!

-7. *IDIOMS Fam* **he got it in the ~** *(was severely punished)* se le cayó el pelo; *Fam* **he's in it up to his ~** está metido hasta el cuello; **to be up to one's ~ in work** estar hasta las cejas de trabajo; **to be up to one's ~ in debt** estar hasta el cuello de deudas; **to be up to one's ~ in trouble** estar hasta arriba de problemas; *Fam* **to risk one's ~** jugarse el pellejo; *Fam* **to stick one's ~ out** *(take risk)* arriesgarse; **Fam what are you doing in this ~ of the woods?** ¿qué haces tú por estos andurriales *or RP* pagos?; *Br Fam* **it's ~ or nothing now** ahora nos jugamos el todo por el todo

◇ *vi Fam (couple) Esp* morrear, *Am* manosearse

neckband ['nekbænd] *n (on garment)* tirilla *f*
neckerchief ['nekətʃiːf] *n* pañuelo *m* (para el cuello)
necking ['nekɪŋ] *n Fam* morreo *m*, *Am* manoseo *m*
necklace ['neklɪs] *n* collar *m*
necklacing ['neklasɪŋ] *n* = sistema para matar a alguien consistente en ponerle un neumático impregnado en gasolina alrededor del cuello y prenderle fuego, practicado en Sudáfrica durante el apartheid
necklet ['neklət] *n* gargantilla *f*
neckline ['neklaɪn] *n* escote *m*; **her dress had a low/plunging ~** era un vestido muy escotado/de escote pronunciado
necktie ['nektaɪ] *n US* corbata *f*
neckwear ['nekweə(r)] *n* prendas *fpl* para el cuello
necromancer ['nekrəʊmænsə(r)] *n Formal* nigromante *mf*
necromancy ['nekrəʊmænsɪ] *n Formal* nigromancia *f*, necromancia *f*
necrophile ['nekrəfaɪl] ◇ *n* necrófilo(a) *m,f*
◇ *adj* necrófilo(a)
necrophilia [nekrə'fɪlɪə] *n* necrofilia *f*
necrophiliac [nekrə'fɪlɪæk] ◇ *n* necrófilo(a) *m,f*
◇ *adj* necrófilo(a)
necrophobia [nekrə'fəʊbɪə] *n* necrofobia *f*
necropolis [nə'krɒpəlɪs] *n* necrópolis *f inv*
necrosis [nə'krəʊsɪs] *n MED* necrosis *f inv*
nectar ['nektə(r)] *n also Fig* néctar *m*
nectarine ['nektəriːn] *n* nectarina *f*
nectary ['nektərɪ] *n BOT* nectario *m*
née [neɪ] *adj* de soltera; **Mrs Green, ~ Bard** la Sra. Green, de soltera Bard
need [niːd] ◇ *n* **-1.** *(necessity)* necesidad *f* (**for** de); **I don't think there's any ~ to worry** no creo que debamos preocuparnos; **there's no ~ for us all to go** no hace falta que vayamos todos; **there is no ~ to...** no hace falta...; **there's no ~ to be so aggressive!** ¡no hace falta que seas tan agresivo!; **I feel the ~ of some fresh air** necesito tomar el aire; **as the ~ arises** cuando es necesario; **if ~ be**, **in case of ~** si fuera necesario; **I don't want to do it, but needs must** no quiero hacerlo, pero no hay más remedio; **to be in ~ of sth** necesitar algo; **the roof is badly in ~ of repair** el tejado necesita urgentemente una reparación; **to have no ~ of sth** no necesitar algo; **in time of ~** en los momentos de necesidad; **their ~ is greater than mine** ellos están más necesitados que yo

-2. *(requirement)* necesidad *f*; **their needs can be easily satisfied** sus necesidades son fáciles de satisfacer; **to attend to sb's needs** atender las necesidades de alguien
-3. *(poverty)* necesidad *f*; **to be in ~** estar necesitado(a); **children in ~** niños necesitados

◇ *vt* **-1.** *(require, have need of) (of person)* necesitar; **you'll ~ to take more money** te hará falta más dinero; **I didn't ~ to be reminded of it** no hizo falta que nadie me lo recordara; **you don't ~ to be a genius to realize that...** no hace falta ser un genio para darse cuenta que...; **I ~ you to give me your opinion on this matter** necesito saber tu opinión sobre el tema; **this work needs a lot of patience** este trabajo requiere mucha paciencia; **will I be needed next week?** ¿haré falta la próxima semana?, ¿me van a precisar la semana que viene?; **you only needed to ask** no tenías más que pedirlo; **one thing needs to be made clear** hay que dejar una cosa clara; **I don't ~ you telling me what to do!** ¡no necesito que me digas lo que tengo que hacer!; *Ironic* **that's all I ~!** ¡sólo me faltaba eso!; **money? who needs it?** ¿a quién le hace falta el dinero?

-2. *(would benefit from)* **this soup needs a bit more pepper** a esta sopa le hace falta más pimienta; **the bathroom needs cleaning** hay que limpiar el baño; **his hair needs cutting** le hace falta un corte de pelo

-3. *(expressing obligation)* **to ~ to do sth** tener que hacer algo; **I ~ to ask the boss first** tengo que preguntárselo al jefe primero; **you ~ to try harder** tienes que esforzarte más

◇ *modal aux v*

> Cuando se emplea como verbo modal sólo existe una forma, y los auxiliares do/does no se usan: he need only worry about himself; need she go?; it needn't matter.

you needn't worry, I'll be fine! ¡no te preocupes, no me va a pasar nada!; **you needn't wait** no hace falta que me esperes; **it needn't be too time-consuming** no tiene por qué llevar mucho tiempo, *Am* no tiene por qué demorar mucho rato; **you needn't have bothered** no tenías que haberte molestado; **it ~ never have happened** no tenía que haber ocurrido; **what did she say? – ~ you ask?** ¿qué dijo? – ¿qué iba a decir?; **I ~ hardly say that he was most upset** no hace falta que diga que estaba muy disgustado; **~ I say more?** no hace falta decir más, ya se sabe

needful ['niːdfʊl] ◇ *n Fam* **to do the ~** hacer lo necesario; **have you got the ~?** *(money)* ¿tienes la *Esp* pasta *or Am* plata *or Méx* lana?
◇ *adj Formal* preciso(a), necesario(a)

needle ['niːdəl] ◇ *n* **-1.** *(for sewing, knitting, crochet)* aguja *f*; *(of syringe)* aguja *f*; *(for record player)* aguja *f*; *IDIOM* **it's like looking for a ~ in a haystack** es como buscar una aguja en un pajar ❑ **~ bank** centro *m* de intercambio de jeringuillas; **~ exchange** centro *m* de intercambio de jeringuillas; **~ valve** válvula *f* cónica *or* de aguja
-2. *(as indicator) (of compass, on dial)* aguja *f*
-3. *(of pine-tree)* aguja *f*
-4. *(rocky outcrop)* cresta *f* (rocosa)
-5. *(monument)* obelisco *m*
-6. *Fam* **to give sb the ~** *(annoy)* fastidiar a alguien; **to get the ~** pincharse, *Esp* picarse ❑ *Br* **~ match** *(in football)* partido *m* a muerte *or* con tintes revanchistas

◇ *vt Fam (irritate)* pinchar, picar; **he's always needling her about her weight** anda siempre pinchándola con el peso; **they needled him into retaliating** lo picaron para que se desquitara

needlecord ['niːdəlkɔːd] *n* pana *f* (fina); **a ~ suit** un traje de pana (fina)
needlecraft ['niːdəlkrɑːft] *n* costura *f*
needlepoint ['niːdəlpɔɪnt] *n* bordado *m*
needless ['niːdlɪs] *adj* innecesario(a); **~ to say,...** ni que decir tiene que..., huelga decir que...
needlessly ['niːdlɪslɪ] *adv* innecesariamente; **to be ~ rude** ser grosero sin necesidad, ser innecesariamente grosero; **to suffer ~** sufrir innecesariamente *or* sin necesidad; **to die ~** morir sin razón
needlewoman ['niːdəlwʊmən] *n* costurera *f*
needlework ['niːdəlwɜːk] *n* **-1.** *(sewing)* costura *f* **-2.** *(embroidery)* bordado *m*
needn't ['niːdənt] = **need not**
need-to-know [niːdtə'nəʊ] *adj* **information is given on a ~ basis** se proporciona la información sólo a las personas que se considere que la necesitan

needy ['niːdɪ] ◇ *npl* **the ~** los necesitados
◇ *adj (person)* necesitado(a); **to be ~** estar necesitado(a)
ne'er [neə(r)] *adv Literary* nunca, jamás
ne'er-do-well ['neədʊwel] ◇ *n* inútil *mf*, bala *m* perdida
◇ *adj* inútil; **my ~ cousins** los inútiles de mis primos
nefarious [nɪ'feərɪəs] *adj Formal* infame
neg *(abbr* **negotiable***)* negociable
negate [nɪ'geɪt] *vt Formal* **-1.** *(nullify) (work, effect, efforts)* anular, invalidar **-2.** *(deny)* negar
negation [nɪ'geɪʃən] *n Formal* **-1.** *(nullification)* anulación *f*, invalidación *f* **-2.** *(denial)* negación *f* **-3.** LING negación *f*
negative ['negətɪv] ◇ *n* **-1.** GRAM negación *f*, forma *f* negativa; **in the ~** en forma negativa **-2.** *(answer)* negativa *f*; **to answer in the ~** contestar negativamente, dar una respuesta negativa **-3.** PHOT negativo *m*

◇ *adj* **-1.** *(answer)* negativo(a); MED **the test was ~** el resultado de la prueba fue negativo, la prueba dio (un resultado) negativo; **on the ~ side** en el aspecto negativo
-2. *(defeatist, pessimistic) (person, philosophy)* negativo(a); **don't be so ~!** ¡no seas tan negativo!; **she's always so ~ about my plans** siempre tiene una actitud muy negativa hacia mis proyectos ❑ **~ feedback** *(in circuit)* retroalimentación *f* negativa; *(critical response)* críticas *fpl*, mala respuesta *f*; PSY **~ reinforcement** refuerzo *m* negativo
-3. MATH & ELEC negativo(a) ❑ **~ pole** polo *m* negativo; **~ sign** *(minus)* signo *m* negativo
-4. FIN **~ cash flow** cash-flow *m* de caja negativo; FIN **~ equity** = depreciación del valor de mercado de una propiedad por debajo de su valor en hipoteca

◇ *vt* **-1.** *(nullify)* anular, invalidar **-2.** *(reject)* rechazar **-3.** *(deny)* negar

negatively ['negətɪvlɪ] *adv* **-1.** *(respond, think)* negativamente **-2.** ELEC PHYS **~ charged** con carga negativa, cargado(a) negativamente
negativism ['negətɪvɪzəm] *n* negatividad *f*
neglect [nɪ'glekt] ◇ *n* **-1.** *(lack of attention, care)* *(of garden, person, machine)* abandono *m*, descuido *m*; **to be in a state of ~** estar muy abandonado(a) *or* descuidado(a), estar en estado de abandono; **from** *or* **through ~** por negligencia; **many people fall ill through ~** mucha gente cae enferma por dejadez; **the roof fell in through ~** el tejado se hundió debido a su estado de abandono; **to fall into ~** quedar en estado de abandono
-2. *(disregard) (of duty, responsibilities)* incumplimiento *m*; **he was reprimanded for ~ of duty** fue reprendido por incumplir *or* desatender sus funciones; **the ~ of a few simple precautions** la omisión de unas sencillas medidas de precaución

◇ *vt* **-1.** *(not care for) (child, one's health)* descuidar, desatender; *(sb's needs)* desatender; *(friend)* tener abandonado(a) a; *(building, garden)* descuidar, tener abandonado(a); **the house had been neglected for years** la casa llevaba años en estado de abandono; **he neglected his wife all evening** no hizo ningún caso a su mujer en toda la noche, tuvo a su mujer abandonada toda la noche; **to ~ oneself** descuidarse, abandonarse; **to ~ one's appearance** descuidar el aspecto
-2. *(ignore) (duty, responsibilities)* no cumplir con; *(post)* abandonar; *(one's work)* tener abandonado(a); **they ~ elementary safety precautions** hacen caso omiso de *or* no observan las más elementales medidas de seguridad
-3. *Formal (omit, overlook)* **to ~ to do sth** dejar de hacer algo; **they neglected to lock the door when they went out** olvidaron cerrar la puerta con llave al salir; **to ~ to mention sth** omitir (mencionar) algo, no mencionar algo

neglected [nɪ'glektɪd] *adj* **-1.** *(uncared for)* *(garden, building)* abandonado(a), descuidado(a); *(appearance)* descuidado(a), dejado(a)

-2. *(ignored)* olvidado(a); **a ~ writer** un escritor poco reconocido; **to feel ~** sentirse abandonado(a) *or* marginado(a)

neglectful [nɪˈglektfʊl] *adj* descuidado(a), negligente; **to be ~ of sth/sb** descuidar *or* desatender algo/a alguien; **to be ~ of one's duty/responsibilities** no cumplir con el deber/las responsabilidades; **she's very ~ of her appearance** es muy dejada, no cuida nada su aspecto

negligée [ˈneglɪʒeɪ] *n* salto *m* de cama, negligé *m*

negligence [ˈneglɪdʒəns] *n* (*inattention*) negligencia *f*, descuido *m*; (*of duties*) negligencia *f*, incumplimiento *m*; (*of rules*) incumplimiento *m*; **a moment of ~ could lead to an accident** un momento de descuido *or* distracción podría provocar un accidente; **due to** *or* **through ~** por negligencia

negligent [ˈneglɪdʒənt] *adj* **-1.** (*neglectful*) negligente; **you have been ~ in your duties** has actuado con negligencia en el cumplimiento de tus obligaciones **-2.** (*nonchalant*) (*attitude, manner*) despreocupado(a)

negligently [ˈneglɪdʒəntlɪ] *adv* (*neglectfully*) negligentemente

negligible [ˈneglɪdʒɪbəl] *adj* insignificante, nimio(a); **his poetry was ~, but he was a gifted dramatist** su poesía era más bien desdeñable, pero era un dramaturgo muy dotado

negotiable [nɪˈgəʊʃəbəl] *adj* **-1.** (*to be mutually agreed*) (*demand, salary*) negociable; **salary ~** (*in job advert*) sueldo negociable; **not ~** (*demand*) no negociable, innegociable
-2. (*passable*) (*obstacle*) franqueable; **the path is easily ~ on foot** el camino se puede recorrer fácilmente a pie; **not ~** (*obstacle*) infranqueable; (*path*) intransitable
-3. FIN (*exchangeable*) negociable ❏ **~ securities** valores *mpl* negociables

negotiate [nɪˈgəʊʃɪeɪt] ⬦ *vt* **-1.** (*price, loan, treaty*) negociar (**with** con); **price to be negotiated** precio a convenir **-2.** (*obstacle*) salvar, franquear; **to ~ a bend** tomar una curva
⬦ *vi* negociar (**with** con); **the unions will have to ~ with the management for higher pay** los sindicatos deberán negociar (para conseguir) un aumento salarial; **to ~ for peace** negociar para conseguir la paz

negotiating [nɪˈgəʊʃɪeɪtɪŋ] *adj* negociador(ora); **to get back to the ~ table** volver a la mesa de negociaciones

negotiation [nɪˌgəʊʃɪˈeɪʃən] *n* **-1.** (*discussion*) negociación *f*; **to enter into** *or* **negotiations** (**with sb**) entablar negociaciones (con alguien); **to be in ~ with sb** estar en negociaciones *or* negociando con alguien; **under ~** en proceso de negociación; **pay/peace negotiations** negociaciones *or* negociando con alguien; **under ~** en proceso de negociación; **pay/peace negotiations** negociaciones salariales/de paz
-2. (*of obstacle*) franqueo *m*

negotiator [nɪˈgəʊʃɪeɪtə(r)] *n* negociador(ora) *m,f*

Negress [ˈniːgrɪs] *n Old-fashioned* negra *f*

Negro [ˈniːgrəʊ] *Old-fashioned* ⬦ *n* (*pl* **Negroes**) negro(a) *m,f*
⬦ *adj* negro(a) ❏ **~ spiritual** (*song*) espiritual *m* negro

Negroid [ˈniːgrɔɪd] *adj* negroide

neigh [neɪ] ⬦ *n* relincho *m*
⬦ *vi* relinchar

neighbour, *US* **neighbor** [ˈneɪbə(r)] ⬦ *n* **-1.** (*person*) vecino(a) *m,f*; (*country*) (país *m*) vecino *m*; **what will the neighbours say?** ¿qué dirán *or* van a decir los vecinos?; **to be a good ~** ser un buen vecino **-2.** (*fellow man*) prójimo *m*, semejante *m*; REL **love thy ~ as thyself** ama a tu prójimo como a ti mismo
⬦ *vt* lindar con, ser colindante con

◆ **neighbour on** *vt insep* (*adjoin*) lindar con, ser colindante con; (*of country*) lindar con, limitar con

neighbourhood, *US* **neighborhood** [ˈneɪbəhʊd] *n* **-1.** (*district*) barrio *m*; (*people*) vecindario *m*, vecindad *f*; **I was in the ~** pasaba por aquí; **the whole ~ is talking about it** todo el barrio *or* vecindario habla de ello ❏ **~ watch** vigilancia *f* vecinal **-2.** (*vicinity*) cercanías *fpl*; **to live in the (immediate) ~ of** vivir en las cercanías de; **a figure in the ~ of £2,000** una cantidad que ronda las 2.000 libras

neighbouring, *US* **neighboring** [ˈneɪbərɪŋ] *adj* (*adjoining*) vecino(a), colindante; (*nearby*) cercano(a), vecino(a)

neighbourliness, *US* **neighborliness** [ˈneɪbəlɪnɪs] *n* (**good**) **~** buena vecindad *f*

neighbourly, *US* **neighborly** [ˈneɪbəlɪ] *adj* (*person*) amable (con los vecinos); **to be ~** ser buen(a) vecino(a)

neither [ˈnaɪðə(r), ˈniːðə(r)] ⬦ *adv* **~... nor** ni... ni; **I ~ know nor care** ni lo sé ni me importa; **~ (the) one nor the other** ni uno ni otro; **it's ~ one thing nor the other** no es ni una cosa ni (la) otra; **that's ~ here nor there** eso no viene al caso; **do I** yo tampoco; *Fam* **me ~** yo tampoco; **I don't like it – ~ do I** *or Fam* **me ~** no me gusta – a mí tampoco
⬦ *conj* **if you don't go, ~ shall I** si tú no vas, yo tampoco; **the money wasn't available and ~ were the facilities** no había ni dinero ni instalaciones
⬦ *adj* ninguno(a); **~ driver was injured** ninguno de los conductores resultó herido; **~ one of them has accepted** ninguno de ellos ha aceptado
⬦ *pron* ninguno(a); **~ of us/them** ninguno de nosotros/ellos; **which do you want? – ~ (of them)** ¿cuál quieres? – ninguno; **~ of my brothers can come** no puede venir ninguno de mis hermanos

nelly [ˈnelɪ] *n Br Fam* **not on your ~!** ¡ni de broma!, *Esp* ¡ni hablar del peluquín!

nematode [ˈnemətəʊd] *n* ZOOL nematodo *m*

nem con [ˈnemˌkɒn] *adv* por unanimidad

nemesis [ˈneməsɪs] *n Literary* verdugo *m*; **she saw the British press as her ~** veía a la prensa británica como su bestia negra; **he finally met his ~** finalmente se llevó su merecido

neo- [ˈniːəʊ] *prefix* neo-

neocapitalism [ˌniːəʊˈkæpɪtəlɪzəm] *n* neocapitalismo *m*

neocapitalist [ˌniːəʊˈkæpɪtəlɪst] ⬦ *n* neocapitalista *mf*
⬦ *adj* neocapitalista

neoclassical [ˌniːəʊˈklæsɪkəl] *adj* neoclásico(a)

neoclassicism [ˌniːəʊˈklæsɪsɪzəm] *n* neoclasicismo *m*

neocolonial [ˌniːəʊkəˈləʊnɪəl] *adj* neocolonial

neocolonialism [ˌniːəʊkəˈləʊnɪəlɪzəm] *n* neocolonialismo *m*

neocolonialist [ˌniːəʊkəˈləʊnɪəlɪst] ⬦ *adj* neocolonialista
⬦ *n* neocolonialista *mf*

neocortex [ˌniːəʊˈkɔːteks] *n* ANAT neocórtex *m*

neodymium [ˌniːəʊˈdɪmɪəm] *n* CHEM neodimio *m*

neofascism [ˌniːəʊˈfæʃɪzəm] *n* neofascismo *m*

neofascist [ˌniːəʊˈfæʃɪst] ⬦ *n* neofascista *mf*
⬦ *adj* neofascista

neo-impressionism [ˌniːəʊɪmˈpreʃənɪzəm] *n* ART neoimpresionismo *m*

neoliberalism [ˌniːəʊˈlɪbərəlɪzəm] *n* ECON neoliberalismo *m*

Neolithic [ˌniːəʊˈlɪθɪk] ⬦ *adj* neolítico(a)
⬦ *n* **the ~ (period)** el Neolítico

neologism [nɪˈɒlədʒɪzəm] *n* neologismo *m*

neon [ˈniːɒn] *n* CHEM neón *m* ❏ **~ light** luz *f* de neón; **~ sign** letrero *m* or rótulo *m* de neón

neonatal [ˌniːəʊˈneɪtəl] *adj* neonatal

neonate [ˈniːəʊneɪt] *n* BIOL & MED neonato *m*

neo-Nazi [ˌniːəʊˈnɑːtsɪ] ⬦ *n* neonazi *mf*
⬦ *adj* neonazi

neophyte [ˈniːəʊfaɪt] *n* REL & *Fig* neófito(a) *m,f*

neo-Platonic [ˌniːəʊpləˈtɒnɪk] *adj* neoplatónico(a)

Neoplatonism [ˌniːəʊˈpleɪtənɪzəm] *n* neoplatonismo *m*

neoprene [ˈniːəʊpriːn] *n* neopreno *m*

neorealism [ˌniːəʊˈrɪəlɪzəm] *n* CIN neorrealismo *m*

neoteny [niːˈɒtənɪ] *n* BIOL neotenia *f*

Neozoic [ˌniːəʊˈzəʊɪk] ⬦ *n* **the ~ (period)** el neozoico
⬦ *adj* neozoico(a)

Nepal [nɪˈpɔːl] *n* Nepal

Nepalese [ˌnepəˈliːz], **Nepali** [neˈpɔːlɪ] ⬦ *n* **-1.** (*person*) nepalés(esa) *m,f*, nepalí *mf* **-2.** (*language*) nepalés *m*, nepalí *m*
⬦ *adj* nepalés(esa), nepalí

nephew [ˈnefjuː] *n* sobrino *m*

nephritic [nɪˈfrɪtɪk] *adj* MED nefrítico(a)

nephritis [nɪˈfraɪtɪs] *n* MED nefritis *f inv*

nephrologist [nɪˈfrɒlədʒɪst] *n* MED nefrólogo(a) *m,f*

nephrology [nɪˈfrɒlədʒɪ] *n* MED nefrología *f*

nephron [ˈnefrɒn] *n* ANAT nefrón *m*

ne plus ultra [ˌneɪplʌsˈʌltrə] *n* no va más *m*

nepotism [ˈnepətɪzəm] *n* nepotismo *m*

Neptune [ˈneptjuːn] *n* (*planet, god*) Neptuno

neptunegrass [ˈneptjuːngrɑːs] *n* posidonia *f*

neptunium [nepˈtjuːnɪəm] *n* CHEM neptunio *m*

nerd [nɜːd] *n Fam* (*unfashionable*) petardo(a) *m,f*, *RP* nerd *mf*; **a computer ~** un(a) tipo(a) obsesionado(a) con la informática

nerdy [ˈnɜːdɪ] *adj Fam* de petardo(a) *or RP* nerd; **a ~ type** un(a) petardo(a), *RP* un(a) nerd

Nero [ˈnɪərəʊ] *pr n* Nerón

nerve [nɜːv] ⬦ *n* **-1.** ANAT nervio *m* ❏ **~ cell** neurona *f*; **~ centre** (*of organization*) centro *m* neurálgico; **~ ending** terminación *f* nerviosa; **~ fibre** fibra *f* nerviosa; **~ gas** gas *m* nervioso; **~ impulse** impulso *m* nervioso; **~ specialist** neurólogo(a) *m,f*
-2. *Fam* **nerves** (*anxiety*) nervios *mpl*; **an attack of nerves** un ataque de nervios; **she gets on my nerves!** ¡me saca de quicio!; **her nerves were in a terrible state** tenía los nervios destrozados; **to live on one's nerves** ser un manojo de nervios, vivir en un estado de tensión constante
-3. (*courage*) coraje *m*, valor *m*; (*self-control*) sangre *f* fría; **to have nerves of steel** tener nervios de acero; **he didn't have the ~ to say no** no tuvo el coraje *or* valor de decir que no; **it takes (some) ~ to say no to him** hace falta valor para decirle que no; **his ~ failed him** le faltó coraje/sangre fría; **to keep/lose one's ~** mantener/perder la calma; **to get up enough** *or* **the ~ to do sth** armarse de valor para hacer algo, sacar arrestos para hacer algo
-4. *Fam* (*cheek*) cara *f* (dura), frescura *f*; **he had the ~ to refuse** tuvo la cara de negarse; **what a ~!** ¡qué cara más dura!, ¡qué caradura!; **you've got a ~!** ¡qué cara tienes!; **you've got a ~ coming here!** ¡hace falta tener cara *or* hay que tener cara para presentarse aquí!
-5. (*in leaf*) nervio *m*
⬦ *vt* **to ~ oneself to do sth** templar los nervios para hacer algo; **to ~ sb to do sth** templar los nervios a alguien para que haga algo

nerveless [ˈnɜːvlɪs] *adj* **-1.** (*lacking strength*) débil, flojo(a) **-2.** (*fearless*) sereno(a), tranquilo(a)

nerve-(w)racking [ˈnɜːvrækɪŋ] *adj* angustioso(a); **after a ~ wait the result was announced** tras una tensa espera se anunció el resultado

nervous [ˈnɜːvəs] *adj* **-1.** (*apprehensive*) nervioso(a), inquieto(a); **to be ~** (*by nature*) ser nervioso(a); (*temporarily*) estar nervioso(a); **he is ~ of Alsatians** le dan miedo los pastores alemanes; **he is ~ of failure** tiene miedo al fracaso, lo asusta el fracaso; **he was ~ about (doing) it** lo ponía nervioso (hacerlo); **the bank was ~ about granting the loan** el banco era reacio *or* remiso a conceder el crédito; **you're making me ~** me estás poniendo nervioso; **not for those of a ~ disposition** no apto para los que no están bien de los nervios; *Fam* **he's a ~ wreck** es un manojo de nervios, está (mal) de los nervios
-2. (*of the nerve system*) **~ breakdown** crisis *f inv* nerviosa; **to have a ~ breakdown** sufrir una crisis nerviosa; **~ complaint** molestia *f* nerviosa; **~ disorder** dolencia *f* nerviosa;

nervously

~ *energy* nervio m; ~ *exhaustion* agotamiento m nervioso; ~ *system* sistema m nervioso; ~ *tension* tensión f nerviosa

nervously ['nɜːvəslɪ] adv nerviosamente

nervousness ['nɜːvəsnɪs] n (of speaker, performer) nerviosismo m; **you could sense her ~** su nerviosismo era palpable

nervy ['nɜːvɪ] adj Fam **-1.** (tense) nervioso(a); **to be ~** estar nervioso(a) **-2.** US (cheeky) caradura, fresco(a) **-3.** US (brave) con agallas, valiente

nest [nest] ◇ n **-1.** (of bird, insects, snakes) nido m; (of ants) hormiguero m; (of wasps) avispero m; Fig **to fly** or **leave the ~** dejar el nido, irse de casa ❏ Fam **~ egg** ahorrillos mpl; **I've got a nice little ~ egg put by for when I retire** he juntado unos pocos ahorrillos para cuando me retire
-2. Fig (of brigands) nido m; (for machine guns) nido m **-3.** (set) **~ of tables** mesas nido
◇ vt COMPTR & LING insertar
◇ vi **-1.** (bird) anidar **-2.** (fit together) encajar(se)

nesting ['nestɪŋ] n **to go ~** ir a coger nidos ❏ ~ *box* caja f nido; ~ *site* lugar m de anidación

nestle ['nesəl] ◇ vt (baby) **she nestled the baby against her chest** abrazó al bebé or Andes a la guagua or RP al nene contra su pecho
◇ vi **-1.** (person) (in comfortable place) acomodarse; (on a seat, chair) arrellanarse; (huddling, curled up) acurrucarse; (against sb) recostarse, acurrucarse; **to ~ up to sb** recostarse en alguien, acurrucarse contra alguien; **to ~ down in bed** acurrucarse en la cama **-2.** (land, house) estar enclavado(a); **a village nestling in a valley** una aldea enclavada al abrigo de un valle; **the ball was nestling in the branches of a tree** la pelota estaba atrapada entre las ramas

nestling ['neslɪŋ] n (young bird) polluelo m

Net [net] n Fam COMPTR (Internet) **the ~** la Red ❏ ~ *user* internauta mf, cibernauta mf

net¹ [net] ◇ n **-1.** (material) red f ❏ ~ *curtain* visillo m; ~ *stockings* medias fpl de red or de malla
-2. (for fishing) red f; **(butterfly) ~** (red f) cazamariposas m inv
-3. (in tennis, badminton) **to come to the ~** subir a la red; **to put the ball in the (back of the) ~** (in soccer) introducir or alojar el balón en (el fondo de) la red; **to practise in the nets** (in cricket) practicar en el campo de entrenamiento ❏ ~ *cord* cuerda f que sujeta la red; ~ *cord judge* juez mf de red; ~ *game* or *play* juego m cerca de la red
-4. (for hair) redecilla f
-5. (network) red f; **radio ~** cadena or red de emisoras
-6. Fig (trap) trampa f; **to fall into the ~** caer en la trampa or las redes; **to slip through the ~** (mistake) colarse; (criminal) escaparse
◇ vt (pt & pp **netted**) **-1.** (capture) (animals, criminals) capturar, apresar; (fish) pescar, capturar; (butterflies) cazar, capturar; Fig (drugs) incautarse de; (donations) recoger; (reward) embolsarse **-2.** SPORT (goal) marcar; **he netted his service** (in tennis) envió o lanzó su servicio contra la red **-3.** (fruit tree) cubrir con una red
◇ vi (score goal) marcar

net² ◇ adj (income, price, profit, interest, weight) neto(a); **to be a ~ exporter/importer** ser un exportador/importador neto; **the ~ result is...** el resultado neto es...; ~ *of tax* después de impuestos ❏ FIN ~ *asset value* valor m activo neto; Br Formerly **Net Book Agreement** = acuerdo por el que la editorial fijaba el precio mínimo de los libros; FIN ~ *book value* valor m neto en libros; FIN ~ *loss* pérdidas fpl netas; FIN ~ *present value* valor m actual neto; FIN ~ *realizable value* valor m neto realización
◇ vt (pt & pp **netted**) (earn) (of person, company) tener unos ingresos netos de; (of sale) suponer un ingreso neto de; **to ~ £2,000** ganar 2.000 libras netas or limpias

netball ['netbɔːl] n nétbol m, = deporte femenino parecido al baloncesto

nether ['neðə(r)] adj Literary bajo(a) ❏ ~ *regions* (of building, river) parte f baja; Hum (of person) partes fpl pudendas; **the ~ world** los infiernos

Netherlands ['neðələndz] npl **the ~** los Países Bajos

nethermost ['neðəməʊst] adj Literary inferior; **the ~ depths of hell** las simas or profundidades del infierno

netiquette ['netɪket] n COMPTR netiqueta f

netizen ['netɪzən] n COMPTR ciudadano(a) m,f de la Red, ciuredano(a) m,f

netspeak ['netspiːk] n COMPTR jerga f de Internet

netsuke ['netsuːkeɪ] n = figurilla tallada japonesa que se lleva como adorno colgada de la cadera

netting ['netɪŋ] n red f, malla f; **put some ~ over the window to stop flies getting in** pon una red or una malla en la ventana para que no pasen las moscas; **he bought some ~ for curtains** compró tela de malla para unas cortinas; **the shot hit the ~** el disparo dio en la red

nettle ['netəl] ◇ n (plant) ortiga f
◇ vt (irritate) irritar, fastidiar

nettled ['netəld] adj irritado(a), molesto(a); **don't get ~** no te irrites

nettle-rash ['netəlræʃ] n urticaria f

network ['netwɜːk] ◇ n **-1.** (system) red f; **road/rail/transport ~** red viaria/ferroviaria/de transportes; **distribution/sales ~** red de distribución/ventas **-2.** TV cadena f **-3.** COMPTR red f ❏ ~ *card* tarjeta f de red; ~ *computer* Esp ordenador m or Am computadora f de red
◇ vt **-1.** TV (programme) emitir en cadena **-2.** COMPTR (computers) conectar en red
◇ vi (establish contacts) establecer contactos

networking ['netwɜːkɪŋ] n **-1.** COM establecimiento m de contactos profesionales **-2.** COMPTR conexión f en red; **to have ~ capabilities** (terminal) poderse conectar a una red

neural ['njʊərəl] adj ANAT neural ❏ COMPTR ~ *network* red f neuronal

neuralgia [njʊəˈrældʒə] n MED neuralgia f

neuralgic [njʊəˈrældʒɪk] adj MED neurálgico(a)

neurasthenia [njʊərəsˈθiːnɪə] n MED Old-fashioned neurastenia f

neuritis [njʊəˈraɪtɪs] n MED neuritis f inv

neuroanatomy ['njʊərəʊəˈnætəmɪ] n neuroanatomía f

neurobiology ['njʊərəʊbaɪˈɒlədʒɪ] n neurobiología f

neurolinguistic ['njʊərəʊlɪŋˈgwɪstɪk] adj neurolingüístico(a) ❏ ~ *programming* programación f neurolingüística

neurolinguistics ['njʊərəʊlɪŋˈgwɪstɪks] n neurolingüística f

neurological [njʊərəˈlɒdʒɪkəl] adj neurológico(a)

neurologist [njʊəˈrɒlədʒɪst] n neurólogo(a) m,f

neurology [njʊəˈrɒlədʒɪ] n neurología f

neuron ['njʊərɒn], **neurone** ['njʊərəʊn] n ANAT neurona f

neuropath ['njʊərəpæθ] n MED neurópata mf

neuropathy [njʊəˈrɒpəθɪ] n MED neuropatía f

neuropsychiatrist ['njʊərəʊsaɪˈkaɪətrɪst] n neuropsiquiatra mf

neuropsychiatry ['njʊərəʊsaɪˈkaɪətrɪ] n neuropsiquiatría f

neuropsychology ['njʊərəʊsaɪˈkɒlədʒɪ] n neuropsicología f

neuroscience ['njʊərəʊsaɪəns] n neurociencia f

neurosis [njʊəˈrəʊsɪs] (pl **neuroses** [njʊəˈrəʊsiːz]) n neurosis f inv

neurosurgeon ['njʊərəʊˈsɜːdʒən] n neurocirujano(a) m,f

neurosurgery ['njʊərəʊˈsɜːdʒərɪ] n neurocirugía f

neurotic [njʊəˈrɒtɪk] ◇ n **-1.** PSY neurótico(a) m,f **-2.** (over-anxious person) neurótico(a) m,f, paranoico(a) m,f
◇ adj **-1.** PSY neurótico(a) **-2.** (over-anxious) neurótico(a), paranoico(a); **to be/get ~ about sth** estar/ponerse neurótico(a) or paranoico(a) por algo

neurotically [njʊəˈrɒtɪklɪ] adv de modo obsesivo; **to be ~ obsessed with sth/sb** estar paranoico con algo/alguien

neurotoxin [njʊərəʊˈtɒksɪn] n neurotoxina f

neurotransmitter ['njʊərəʊtrænzˈmɪtə(r)] n PHYSIOL neurotransmisor m

neuter ['njuːtə(r)] ◇ n GRAM (género m) neutro m; **in the ~** en la forma neutra, en (género) neutro
◇ adj **-1.** GRAM neutro(a) **-2.** (animal) castrado(a); (insect, plant) asexuado(a)
◇ vt (animal) castrar

neutral ['njuːtrəl] ◇ n **-1.** (country) nación f neutral; **to be a ~** ser neutral **-2.** AUT **in ~** en punto muerto
◇ adj **-1.** POL neutral; **to remain ~** permanecer or mantenerse neutral **-2.** CHEM neutro(a) **-3.** LING (vowel) neutro(a) **-4.** (uncommitted) neutro(a); **I try to remain ~ in these arguments** en estas discusiones trato de mantenerme neutral or al margen **-5.** (colour) neutro(a); ~ *shoe polish* crema (de calzado) incolora

neutralism ['njuːtrəlɪzm] n neutralismo m

neutralist ['njuːtrəlɪst] ◇ n neutralista mf
◇ adj neutralista

neutrality [njuːˈtrælɪtɪ] n neutralidad f

neutralization ['njuːtrəlaɪˈzeɪʃən] n neutralización f

neutralize ['njuːtrəlaɪz] vt **-1.** CHEM neutralizar **-2.** (effect, force) neutralizar

neutrally ['njuːtrəlɪ] adv **-1.** (not taking sides) de manera neutral **-2.** (without emotion) en tono neutro

neutrino [njuːˈtriːnəʊ] (pl **neutrinos**) n PHYS neutrino m

neutron ['njuːtrɒn] n PHYS neutrón m ❏ ~ *bomb* bomba f de neutrones; ~ *star* estrella f de neutrones

Nevada [nəˈvɑːdə] n Nevada

never ['nevə(r)] adv **-1.** (at no time) nunca; **I've ~ been there** no he estado nunca (allí); **I've ~ met him** no lo conozco de or Méx, RP para nada; **I'll ~ trust them again** no confiaré en ellos nunca más; **I've ~ been so angry** jamás había estado tan esp Esp enfadado or esp Am enojado; **~ in all my life had I seen such a thing** jamás en toda mi vida había visto algo así; **~ let them see that you're nervous** no les des saber en ningún momento que estás nervioso, RP nunca les demuestres que estás nervioso; Fam **do you know Joan Tomkins? – ~ heard of her** ¿conoces a Joan Tomkins? – de nada or Méx, RP para nada; **the leader is under pressure as ~ before** el líder está sufriendo más presiones que nunca; **~ again!** ¡nunca más!; Formal **~ before had I been so happy** nunca en mi vida había sido tan feliz; Fam **~ ever** nunca jamás; IDIOM **~ say die!** ¡ánimo!; **~ say ~** nunca digas nunca
-2. (not) **I ~ expected this** jamás hubiera esperado esto; **I ~ thought she'd carry out her threat** no podía imaginar que cumpliría su amenaza, jamás me hubiera imaginado que iba a cumplir su amenaza; **she ~ said a word** no dijo ni una palabra; **I ~ for a moment suspected them** no sospeché de ellos ni por un instante; Fam **he's ~ eighteen!** ¡no puede tener dieciocho!; Fam **I asked her out – ~!** or **you ~ did!** Esp le pedí salir or Am la invité a salir – ¡no fastidies or Méx híjole or RP no jodas!; **well I ~!** ¡no me digas!; **that will ~ do!** ¡eso es intolerable!; **he ~ even** or **so much as congratulated me** ni siquiera me felicitó; **~ fear** no te preocupes; **~ once did they suggest I was doing anything wrong** en ningún momento se quejaron de que estuviera haciéndolo mal

never-ending ['nevər'endıŋ] *adj* interminable; **my problems seem to be ~** mis problemas no parecen tener fin; **a ~ supply of funny stories** una fuente inagotable de historias divertidas; **housework is ~** las tareas de la casa no se acaban nunca

never-failing ['nevə'feılıŋ] *adj (infallible)* inagotable

nevermore [nevə'mɔ:(r)] *adv Literary* nunca más

never-never [nevə'nevə(r)] *n* **-1.** *Br Fam* **to buy sth on the ~** comprar algo a plazos **-2. Never-never land** el País de Nunca Jamás; **you're living in ~ land if you believe that...** vives en otro mundo *or* estás en la inopia, si crees que...

nevertheless [nevəðə'les], **nonetheless** [nʌnðə'les] *adv (however)* no obstante, sin embargo; *(despite everything)* de todas maneras, a pesar de todo; **a small, but ~ significant increase** un aumento pequeño, pero sin embargo *or* no obstante significativo; **we shall continue ~ and hope things get better** de todas maneras *or* a pesar de todo continuaremos y esperamos que las cosas mejoren; **she wasn't invited but she insisted on coming with us ~** no estaba invitada, pero a pesar de ello insistió en acompañarnos

new [nju:] ◇ *adj* **-1.** *(not old, recent)* nuevo(a); **we need a ~ dishwasher** nos hace falta otro lavavajillas *or* un lavavajillas nuevo; **to buy sth ~** comprar algo nuevo; **it costs $40 ~** nuevo, cuesta 40 dólares; **start on a ~ sheet of paper** empieza en un papel limpio; **as good as ~ (again)** *(clothing, carpet, appliance)* como nuevo(a); **I feel like a ~ person since the operation** me siento como nuevo desde la operación; **have you seen the ~ baby?** ¿ha visto al recién nacido?; **some call them the ~ Beatles** algunos les llaman los nuevos Beatles; **I'm ~ here** soy nuevo aquí; *Fam Fig* **the ~ kid on the block** el nuevo; *Fam* **what's ~?** *(greeting)* ¿qué tal?, *CAm, Col, Méx, Ven* ¡qué hubo!; **what's ~ in the world of fashion?** ¿cuáles son las novedades en el mundo de la moda?; *Ironic* **so what's ~?** ¿qué tiene de nuevo?; **that's nothing ~!** ¡no es ninguna novedad!; **this author is ~ to me** no conocía a este autor; **she's ~ to this work** es la primera vez que trabaja en esto; **everything's still very ~ to me here** todo es muy nuevo todavía para mí; **to be ~ to a town** ser nuevo(a) en *or* acabar de mudarse a una ciudad; IDIOM **to be like a ~ pin** ser como los chorros del oro, *Urug* estar como un jaspe ❑ **~ arrival** *(person)* recién llegado(a) *m,f*; *Fig* **~ blood** savia *f* nueva; **~ boy** SCH novato *m*; **he's the ~ boy in the cabinet** es el nuevo en el *or* del gabinete; *Fig* **~ face** cara *f* nueva; **~ girl** SCH novata *f*; **she's the ~ girl in the office** es la nueva en la *or* de la oficina; **~ look** nueva imagen *f*; **~ man** hombre *m* moderno *(que ayuda en casa, etc.)*; **~ maths** matemáticas *fpl* modernas; **the ~ media** los nuevos medios; **~ moon** luna *f* nueva; *Br Old-fashioned* **~ penny** = nombre que se le dio al penique después de la conversión al sistema decimal; **~ potatoes** *Esp* patatas *fpl or Am* papas *fpl* tempranas *or* nuevas, *Andes* chauchas *fpl*; **the ~ rich** los nuevos ricos; **~ technology** nueva *f* tecnología; **~ town** = ciudad satélite de nueva planta creada para descongestionar un núcleo urbano; MED **~ variant CJD** nueva variante *f* de ECJ

-2. *(in proper names)* **New Age** New Age *f*, = movimiento que gira en torno a las ciencias ocultas, medicinas alternativas, religiones orientales, etc.; **New Age music** música *f* New Age; **New Age traveller** = persona que vive en una tienda o caravana sin lugar fijo de residencia y que lleva un estilo de vida contrario al de la sociedad convencional; **New Amsterdam** Nueva Amsterdam; **New Brunswick** New Brunswick; **New Caledonia** Nueva Caledonia; HIST **the New Deal** el New Deal; **New Delhi** Nueva Delhi; **New England** Nueva Inglaterra; **New Guinea** Nueva Guinea; **New Hampshire** New Hampshire; *Formerly* **the New Hebrides** las Nuevas Hébridas; **New Jersey** Nueva Jersey; *Br* POL **New Labour** *(ideology)* el Nuevo Laborismo; *(party)* el Nuevo Partido Laborista; **New Mexico** Nuevo México; **New Orleans** Nueva Orleans; **New South Wales** Nueva Gales del Sur; **the New Testament** el Nuevo Testamento; **the New Wave** *(in pop music, cinema)* la Nueva Ola; **the New World** el Nuevo Mundo; **the ~ world order** el nuevo orden mundial; **New Year** año *m* nuevo; **New Year's Day** día *m* de año nuevo; **New Year's Eve** Nochevieja *f*, fin de año *m*; **New Year's resolutions** = buenos propósitos para el año nuevo, resoluciones de año nuevo; **New York** Nueva York; **New Yorker** neoyorquino(a) *m,f*; **New Zealand** Nueva Zelanda; **New Zealander** neocelandés(esa) *m,f*, neozelandés(esa) *m,f*

◇ *n* **the ~** lo nuevo

newbie ['nju:bɪ] *n* COMPTR *Fam Pej* novato(a) *m,f*

newborn ['nju:bɔ:n] *adj* recién nacido(a); **~ baby** recién nacido

newcomer ['nju:kʌmə(r)] *n* **-1.** *(new arrival)* recién llegado(a) *m,f* **(to a)**; **she's a ~ to the town** acaba de llegar a la ciudad, es nueva en la ciudad **-2.** *(beginner)* principiante *mf* **(to en)**; **a good book for newcomers to computing** un buen libro para los que se inician en la informática; **I'm a ~ to all this** para mí todo esto es nuevo

newel ['nju:əl] *n (of spiral staircase)* alma *f*, espigón *f*; **~ (post)** *(of straight staircase)* pilar *m* de arranque *(de pasamanos)*

newfangled ['nju:fæŋgəld] *adj Pej* moderno(a); **I don't hold with those ~ ideas** yo no comulgo con esas modernaces

new-found ['nju:faʊnd] *adj (friend)* nuevo(a); *(confidence, faith, freedom)* recién descubierto(a)

Newfoundland ['nju:fəndlænd] *n* **-1.** *(island)* Terranova **-2.** *(dog)* terranova *m*

newish ['nju:ɪʃ] *adj* tirando a nuevo(a), más bien nuevo(a)

new-laid ['nju:'leɪd] *adj* recién puesto(a)

new-look ['nju:'lʊk] *adj* nuevo(a), renovado(a)

newly ['nju:lɪ] *adv* recién; **~ painted/dug** recién pintado(a)/cavado(a); **a ~ discovered galaxy** una galaxia descubierta recientemente; **their ~ won independence** su recién obtenida independencia, la independencia que acaban de obtener ❑ ECON **~ industrialized country** país *m* de reciente industrialización

newly-weds ['nju:lɪwedz] *npl* recién casados *mpl*

new-mown ['nju:'məʊn] *adj (grass, lawn)* recién cortado(a); *(hay)* recién segado(a)

newness ['nju:nɪs] *n* carácter *m* novedoso; **because of her ~ to the job** por ser nueva en el trabajo

news [nju:z] *n* **-1.** *(information)* noticias *fpl*; **a piece of ~** una noticia; **good/bad ~** buenas/malas noticias; **that's good/bad ~** es una buena/mala noticia; **is there any more ~ about the explosion?** ¿se sabe algo nuevo *or* hay alguna otra noticia sobre la explosión?; **I've just heard the ~ that she has died** me acabo de enterar de que ha muerto; **to have ~ of sb** tener noticia(s) de alguien, saber de alguien; **have you had *or* heard any ~ of her?** ¿has sabido algo de ella?, ¿has tenido noticias de ella?; **what's your ~?** ¿qué hay de nuevo?, ¿qué novedades tienes?; **have I got ~ for you!** ¡voy a darte una sorpresa!, ¡espera a oír esto!

-2. *(on TV)* telediario *m*, informativo *m*, *Am* noticiero *m*, *Andes, RP* noticioso *m*; *(on radio)* noticiario *m*, informativo *m*, *Am* noticiero *m*, *Andes, RP* noticioso *m*; **I heard it on the ~** lo escuché en las noticias; **the sports/financial ~** la información deportiva/económica, las noticias deportivas/de economía; **the nine o'clock ~** *(on TV, radio)* las noticias *or* el informativo de las nueve; **to be in the ~** ser noticia; **he's always in the ~** siempre es noticia, siempre sale en las noticias; **a city that is in the ~ a lot these days** una ciudad que últimamente está muy de actualidad *or* sale mucho en las noticias ❑ **~ agency** agencia *f* de noticias; **~ blackout** silencio *m* informativo, bloqueo *m* informativo; **to impose a ~ blackout on sth** prohibir la cobertura informativa en torno a algo, imponer un bloqueo informativo en torno a algo; *US* **~ in brief** avance *m* informativo; **~ bulletin** boletín *m* de noticias; **~ channel** canal *m* de noticias, canal *m* informativo; **~ conference** rueda *f* de prensa; **~ coverage** cobertura *f* informativa; RAD & TV **~ desk** *(programme)* programa *m* de noticias; **~ editor** redactor(ora) *m,f* de informativos; **~ gathering** recopilación *f* de información; **~ headlines** resumen *m or* sumario *m* de las principales noticias, titulares *mpl*, *Méx, RP* encabezados *mpl*; **~ item** noticia *f*; **~ magazine** *(publication)* revista *f* de actualidad; *(on TV or radio)* programa *m* de actualidad; **~ programme** programa *m* de noticias; **~ report** crónica *f* (informativa), artículo *m*; **~ service** servicios *mpl* informativos; **~ story** noticia *f*; **~ value** interés *m* periodístico; **~ vendor** vendedor(ora) *m,f* de periódicos *or* diarios

-3. COMPTR **news** *fpl*, grupos *mpl* de noticias **-4.** IDIOMS *Fam* **he's bad ~** es un tipo de cuidado, no te traerá más que problemas; *Fam* **that's ~ to me!** ¡(pues) ahora me entero!; PROV **no ~ is good ~** si no hay noticias, es que todo va bien; PROV **bad ~ travels fast** las malas noticias vuelan

newsagent ['nju:zeɪdʒənt] *n Br* vendedor(ora) *m,f* de periódicos; **~'s (shop)** = tienda que vende prensa así como tabaco, chucherías e incluso artículos de papelería

newsboy ['nju:zbɔɪ] *n (in street)* vendedor *m* de periódicos callejero, *Andes, RP* canillita *mf*, *Col, Méx* voceador *m*; *(delivery boy)* repartidor *m* de periódicos, *Andes, RP* canillita *m*

newscast ['nju:zkɑ:st] *n US* noticias *fpl*

newscaster ['nju:zkɑ:stə(r)] *n US* locutor(ora) *m,f or* presentador(ora) *m,f* de informativos

newsdealer ['nju:zdi:lə(r)] *n US* vendedor(ora) *m,f* de periódicos

newsflash ['nju:zflæʃ] *n* noticia *f* de última hora *or* de alcance, flash *m* informativo

newsgroup ['nju:zgru:p] *n* COMPTR grupo *m* de noticias

newshawk ['nju:zhɔ:k], **newshound** ['nju:zhaʊnd] *n Fam* gacetillero(a) *m,f*, reportero(a) *m,f*

newsletter ['nju:zletə(r)] *n* boletín *m* informativo

newsman ['nju:zmən] *n (reporter)* periodista *m*

newspaper ['nju:zpeɪpə(r)] *n* **-1.** *(publication)* periódico *m*; *(daily)* periódico *m*, diario *m*; **an evening ~** un (periódico *or* diario) vespertino ❑ **~ advertisement** anuncio *m* de periódico; **~ clipping *or* cutting** recorte *m* de periódico; *US* **~ of record** = periódico considerado como la fuente de información más fiable de un país o ciudad; **~ report** artículo *m* periodístico; **~ stand** quiosco *m* (de periódicos); *(smaller)* puesto *m* de periódicos

-2. *(paper)* papel *m* de periódico; **wrapped in ~** envuelto(a) en papel de periódico

newspaperman ['nju:zpeɪpəmæn] *n* **-1.** *(reporter)* periodista *m* **-2.** *(proprietor)* propietario *m* de un periódico

newspaperwoman ['nju:zpeɪpəwʊmən] *n* **-1.** *(reporter)* periodista *f* **-2.** *(proprietor)* propietaria *f* de un periódico

newspeak ['nju:spi:k] *n* retórica *f* engañosa

newsprint ['nju:zprɪnt] *n* papel *m* de periódico; **I got my hands covered in ~** *(ink)* me manché las manos de tinta de periódico

newsreader ['nju:zri:də(r)] n **-1.** RAD & TV locutor(ora) m,f or presentador(ora) m,f de informativos **-2.** COMPTR lector m de noticias
newsreel ['nju:zri:l] n noticiario m cinematográfico, ≃ nodo m
newsroom ['nju:zru:m] n (sala f de) redacción f
newssheet ['nju:zʃi:t] n boletín m informativo
newsvendor ['nju:zvendə(r)] n (in street) vendedor(ora) m,f de periódicos callejero(a)
newswoman ['nju:zwʊmən] n (reporter) periodista f
newsworthy ['nju:zwɜ:ðɪ] adj de interés periodístico; **political scandal is always ~** el escándalo político siempre es noticia
newsy ['nju:zɪ] adj Fam lleno(a) de noticias
newt [nju:t] n tritón m
newton ['nju:tən] n PHYS newton m
Newtonian [nju:'təʊnɪən] adj newtoniano(a), de Newton
next [nekst] ◇ adj **-1.** (in space) siguiente; (room, house, table) de al lado; **~ door** (en la casa de) al lado; **I work ~ door to her** trabajo en la oficina de al lado de la suya; Fig **the boy/girl ~ door** un chico/una chica normal y corriente; Br Fam **~ door have got a new dog** los de al lado tienen un perro nuevo
-2. (in time, order) siguiente, próximo(a); **~ week** la próxima semana, la semana que viene; **~ month** el próximo mes, el mes que viene; **over the ~ few months** durante los próximos meses; **~ Friday, Friday ~** el próximo viernes, el viernes que viene; **the ~ chapter/page** el capítulo/la página siguiente; **the first one was red, the ~ one was blue** el primero era rojo, el siguiente azul; **the ~ one goes at five o'clock** el próximo or siguiente sale a las cinco; **(the) ~ time I see him** la próxima vez que lo vea; **~ time, be more careful** la próxima vez ten más cuidado; **at the ~ available opportunity** en la próxima oportunidad que se presente; **it's the ~ station** es la próxima estación; **the ~ turning on the right** el primer desvío a la derecha; **your name is ~ on the list** tu nombre es el siguiente de la lista; **I enjoy a good laugh as much as the ~ person, but...** me encanta reírme como al que más, pero...; **the ~ size up/down** la siguiente talla más grande/ más pequeña, RP el talle siguiente/anterior; **the ~ world** el otro mundo; **some see him as the ~ Elvis** algunos lo ven como el nuevo Elvis; **the ~ thing I knew, I was in hospital** y después sólo sé que me desperté en el hospital; **who's ~?** ¿quién es el siguiente?, ¿a quién le toca?, RP ¿quién sigue?
◇ adv **-1.** (in space) **to be ~ to** estar al lado de; **~ to me** a mi lado; **I can't bear wool ~ to my skin** no soporto el contacto de la lana (en la piel)
-2. (in time, order) después, luego; **what shall we do ~?** ¿qué hacemos ahora?; **what did you do ~?** ¿qué hiciste después or a continuación?; **whose turn is it ~?** ¿quién es el siguiente?, ¿a quién le toca?, RP ¿quién sigue?; **~, the news** a continuación, las noticias; **when shall we meet ~?** ¿cuándo nos volveremos a ver?; **when will you ~ be in Texas?** ¿cuándo vas a volver por Texas?; **she'll be asking me to give up my job ~!** ¡ya sólo falta que me pida que deje el trabajo!; **~ to the seaside I like the mountains best** después de la playa, lo que más me gusta es la montaña; **~ to her, he's a novice** al lado suyo, es un novato; **if we can't do that, the ~ best thing would be to...** si eso no se puede hacer, siempre podríamos...; **I've never been there, but I've seen a video, which is the ~ best thing** nunca he estado allí, aunque he visto un vídeo or Am video, que es lo más parecido; **who is the ~ oldest/youngest after Mark?** ¿quién es el mayor/menor después de Mark?; **I'll take the ~ largest** quiero el tamaño siguiente a este; **I got it for ~ to nothing** lo compré por casi nada or RP por chirolas; **it's ~ to impossible** es casi imposible; **in ~ to no time** en un abrir y cerrar de ojos; Hum **what will they think of ~?** ¡qué se les ocurrirá ahora!
◇ pron **the ~** el/la siguiente; **(the) ~ to arrive was Carol** la siguiente en llegar fue Carol; **in my job, one day is much like the ~** en mi trabajo, todos los días son iguales; **~ please!** ¡el siguiente, por favor!; **your train is the ~** tu tren no es el siguiente, sino el otro; **the week after ~** la semana siguiente or que viene, no, la otra; **the year after ~** el año siguiente or que viene, no, el otro ❑ **~ of kin** parientes mpl or familiares mpl más cercanos; **I'm his ~ of kin** soy su pariente or familiar más cercano
next-door ['neks'dɔ:(r)] adj de al lado; **the ~ garden** el jardín de al lado; **our** or **the ~ neighbours** nuestros or los vecinos de al lado
nexus ['neksəs] n Formal (complex) entramado m, red f; **a ~ of interests/activities** un entramado de intereses/actividades
NF [en'ef] n **-1.** (abbr **National Front**) Frente m Nacional, = partido fascista y racista británico **-2.** (abbr **Newfoundland**) Terranova
NFC [enef'si:] n US (abbr **National Football Conference**) = una de las conferencias que forman la NFL
NFER [enefi:'a:(r)] n (abbr **National Foundation for Educational Research**) = fundación británica para la investigación en materia de educación
NFL [enef'el] n (abbr **National Football League**) = una de las dos ligas nacionales de fútbol americano
Nfld (abbr **Newfoundland**) Terranova
NFS (abbr **not for sale**) no está a la venta
NFT [enef'ti:] n (abbr **National Film Theatre**) = filmoteca nacional británica
NFU [enef'ju:] n (abbr **National Farmers' Union**) = sindicato británico de agricultores
NG [en'dʒi:] n US (abbr **National Guard**) Guardia f Nacional
NGO [endʒi:'əʊ] (pl **NGOs**) n (abbr **non-governmental organization**) ONG f
NH (abbr **New Hampshire**) New Hampshire
NHL [eneɪtʃ'el] n (abbr **National Hockey League**) = liga estadounidense de hockey sobre hielo
NHS [eneɪtʃ'es] n (abbr **National Health Service**) = la sanidad pública británica, Esp ≃ Insalud m

NHS

El **National Health Service** o **NHS** fue creado por el gobierno laborista británico en 1948 para permitir al público en general el acceso a la asistencia médica gratuita. El gasto en sanidad es una de las partidas más abultadas de los presupuestos del Estado, y a pesar de los controvertidos recortes y los cierres de hospitales durante el gobierno de Margaret Thatcher en la década de los 80, nunca ha dejado de crecer. Sin embargo, hoy en día los políticos ya no se atreven a proclamar que el NHS es "la envidia del planeta", ya que dicha institución se encuentra en situación de crisis casi permanente debido a la escasez de fondos; por consiguiente, hay pacientes que no tienen acceso a ciertos tratamientos considerados demasiado costosos, falta espacio en los hospitales, el personal médico es insuficiente y los pacientes a menudo deben esperar meses para ser operados. Esta situación ha provocado una gradual pérdida de fe en la capacidad del NHS para atender las necesidades sanitarias de los británicos, cosa que ha animado a muchos a suscribir seguros de salud privados. Últimamente el gobierno ha admitido que se necesita aumentar radicalmente el gasto en sanidad para procurar que el Reino Unido alcance la media europea. En consecuencia, el incremento impositivo que sufrirán los contribuyentes británicos será probablemente uno de los asuntos políticos más controvertidos en los próximos años.

NI [en'aɪ] n **-1.** (abbr **Northern Ireland**) Irlanda del Norte **-2.** Br (abbr **National Insurance**) SS
niacin ['naɪəsɪn] n niacina f
Niagara Falls [naɪ'ægrə'fɔ:lz] npl **the ~** las cataratas del Niágara
nib [nɪb] n (of pen) plumilla f
nibble ['nɪbəl] ◇ n **-1.** (small bite) **to have a ~ at sth** dar un mordisquito a or mordisquear algo **-2.** Fam **nibbles** (snacks) algo m de picar, Méx antojitos mpl **-3.** (in angling) **I've got a ~** han picado
◇ vt mordisquear; **I'm not hungry, I'll just ~ a piece of bread** no tengo hambre, sólo comeré un poquito de pan; **the fish nibbled the bait** el pez picó or mordió el anzuelo; **she nibbled his ear** le mordisqueó la oreja, le dio mordisquitos en la oreja
◇ vi **she nibbled at her biscuit** mordisqueó la galleta; **the mice have nibbled through the wire** los ratones han roído el cable; **to ~ at the bait** (fish) picar; Fig morder el anzuelo
niblick ['nɪblɪk] n Old-fashioned (golf club) niblick m, hierro m 9
nibs [nɪbz] n Fam Hum **his ~** su alteza, su señoría
NIC [enaɪ'si:] n ECON (abbr **newly industrialized country**) país m de reciente industrialización
nicad ['naɪkæd] n nicad m
Nicam ['naɪkæm] n TV Nicam m
Nicaragua [nɪkə'rægjʊə] n Nicaragua
Nicaraguan [nɪkə'rægjʊən] ◇ n nicaragüense mf
◇ adj nicaragüense
Nice [ni:s] n Niza
nice [naɪs] adj **-1.** (pleasant) agradable; **shall we go to the beach? - yes, that would be ~** ¿vamos a la playa? - sí, estaría muy bien or RP sí, sería bárbaro; **it's ~ to see you again** me alegro de verte de nuevo; **~ meeting or to meet you!** ¡encantado de conocerte!; **it's ~ that we don't have to get up too early** está muy bien no tener que levantarnos demasiado temprano; **to have a ~ time** pasarlo bien; **we had a ~ holiday** pasamos unas vacaciones muy agradables; **have a ~ day!** ¡adiós, buenos días!, ¡que pase un buen día!, RP ¡que lo pase bien!; Fam **(it's) ~ work if you can get it** es Esp el chollo or Méx churro or RP curro del siglo; **to be** or **act as ~ as pie** ser todo cumplidos; Ironic **that's a ~ way to behave!** ¡Esp bonita or Am linda manera de comportarse!; Br Fam **~ one!** ¡olé!, ¡toma, qué bien!
-2. (friendly) simpático(a), Esp majo(a), RP dulce; **to be ~ to sb** ser amable con alguien; **be ~ to your sister!** ¡sé bueno(a) con tu hermana!; **it was ~ of her to...** fue muy amable de su parte...; **how ~ of you!** ¡qué detalle (de tu parte)!; **they were very ~ about it** reaccionaron de manera muy comprensiva
-3. (attractive) Esp bonito(a), Am lindo(a); **you look really ~** estás muy Esp guapo or Am lindo; **that dress looks ~ on you** ese vestido te queda muy bien; **the kitchen looks ~** la cocina tiene un aspecto sensacional or fantástico
-4. (good) bueno(a); **she's a ~ person** es buena persona; **it's a ~ part of town** es una parte buena de la ciudad; **this cheese is really ~** este queso está buenísimo; **that bread smells ~** ese pan huele bien; **~ shot!** ¡buen golpe!; Ironic **~ try!** ¡a mí no me engañas!; **~ work!** ¡bien hecho!; Br Fam Ironic **~ one!** ¡genial!, CAm, Carib, Méx ¡chévere!, Méx ¡padrísimo!, RP ¡bárbaro!
-5. (well-mannered) **it's not ~ to pick your nose** es de mala educación meterse el dedo en la nariz; **~ girls don't do things like that** las niñas buenas no hacen esas cosas
-6. (for emphasis) **~ and easy** muy fácil; **take it ~ and slowly** hazlo despacito y con calma; **I need a ~ long rest** necesito un buen descanso; **a ~ warm bath** un buen baño calentito
-7. Formal (distinction, point) sutil

nice-looking ['naɪslʊkɪŋ] *adj Esp* guapo(a), *Am* lindo(a)

nicely ['naɪslɪ] *adv* **-1.** *(politely) (to behave)* bien, correctamente; *(to ask)* con educación **-2.** *(pleasantly)* agradablemente, amablemente; **she smiled at me ~** me sonrió amablemente **-3.** *(well)* bien; **to be coming along ~** ir bien; **to be doing ~** ir bien; **we are doing ~** *(financially)* nos va bien, nos van bien las cosas; **this bag will do ~** esta bolsa valdrá *or* servirá; **~ done!** ¡muy bien!, ¡así se hace!; **~ put!** ¡bien dicho!, ¡así se habla! **-4.** *(attractively) (decorated, arranged)* con gusto; **~ illustrated** con bonitas *or* lindas ilustraciones; **~ dressed** vestido(a) elegantemente *or* con gusto **-5.** *Formal (exactly, subtly)* con precisión, con exactitud; **they judged the timing ~** calcularon muy bien *or* con precisión el tiempo

Nicene ['naɪsiːn] *adj* REL **the ~ Creed** el credo niceno *or* de Nicea

nicety ['naɪsɪtɪ] *n* **-1.** *(precision)* precisión *f*, exactitud *f*; **to a ~** con suma precisión *or* exactitud **-2.** *(subtlety, delicacy)* detalle *m*, sutileza *f*; **a distinction of some ~** una sutil distinción; **diplomatic niceties** protocolo diplomático; **legal niceties** sutilezas *or* detalles legales; **social niceties** cumplidos *mpl*, formalidades *fpl*

niche [niːʃ] *n* **-1.** ARCHIT hornacina *f*, nicho *m* **-2.** *(place)* **to find/create a ~ for oneself** encontrar/hacerse un hueco **-3.** COM **~ (market)** nicho *m* (de mercado)

Nicholas ['nɪkələs] *pr n* Saint **~** san Nicolás; **~ I/II** Nicolás I/II

nick [nɪk] ◇ *n* **-1.** *(cut) (in wood)* muesca *f*; *(on face)* corte *m* **-2.** *Br Fam (condition)* **in good/bad ~** en buen/mal estado; **he's in pretty good ~ for his age** para la edad que tiene se conserva la mar de bien **-3.** *Br Fam (prison)* cárcel *f*, *Esp* trullo *m*, *Andes, RP* cana *f*, *Méx* bote *m* **-4.** *Br Fam (police station)* comisaría *f*; **down the ~** en/a comisaría **-5.** IDIOM **in the ~ of time** justo a tiempo

◇ *vt* **-1.** *(cut) (object)* hacer una muesca en; **to ~ one's face** hacerse un corte en la cara, cortarse la cara **-2.** *Br Fam (arrest)* detener, trincar; **he got nicked (for stealing)** lo detuvieron *or* trincaron (por robar) **-3.** *Br Fam (steal)* afanar, *Esp* mangar

nickel ['nɪkəl] *n* **-1.** CHEM *(metal)* níquel *m* ❑ **~ silver** alpaca *f* **-2.** *US (coin)* moneda *f* de cinco centavos

nickel-and-dime ['nɪkələn'daɪm] *adj US* menor, de tres al cuarto ❑ **~ store** = tienda en la que sólo se venden productos muy baratos

nickelodeon ['nɪkəl'əʊdɪən] *n US* **-1.** *(pianola)* pianola *f* **-2.** *(early cinema)* cinematógrafo *m*

nickel-plated ['nɪkəl'pleɪtɪd] *adj* niquelado(a)

nicker ['nɪkə(r)] *n Br Fam* **a hundred ~** cien libras *(esterlinas)*

nick-nack ['nɪk'næk] *n Fam* cachivache *m*, chisme *m*

nickname ['nɪkneɪm] ◇ *n* apodo *m*, mote *m*
◇ *vt* apodar; **he was nicknamed "Tank"** lo apodaron "Tank"

nicotine ['nɪkətiːn] *n* nicotina *f* ❑ **~ patch** parche *m* de nicotina; **~ poisoning** tabaquismo *m*, intoxicación *f* por nicotina

niece [niːs] *n* sobrina *f*

Nietzschean [niːˈtʃɪən] *adj* de Nietzsche

niff [nɪf] *Br Fam* ◇ *n (bad smell)* tufo *m*, peste *f*; **what a ~!** ¡qué tufo *or* peste!
◇ *vi (smell bad)* apestar, atufar

nifty ['nɪftɪ] *adj Fam* **-1.** *(clever) (idea, device)* ingenioso(a); **a ~ little gadget** un cacharrillo de lo más ingenioso; **a ~ piece of work** un trabajo la mar de apañado **-2.** *(agile) (person, footwork)* ágil **-3.** *(stylish)* coquetón(ona)

nigella [naɪˈdʒelə] *n* arañuela *f*

Niger ['naɪdʒə(r)] *n* **-1.** *(country)* Níger *m* **-2.** *(river)* **the (River) ~** el (río) Níger

Nigeria [naɪˈdʒɪərɪə] *n* Nigeria

Nigerian [naɪˈdʒɪərɪən] ◇ *n* nigeriano(a) *m,f*
◇ *adj* nigeriano(a)

niggardly ['nɪgədlɪ] *adj* mísero(a)

nigger ['nɪgə(r)] *n very Fam* = término generalmente ofensivo para referirse a un negro, *RP* grone *m*; IDIOM *Br Old-fashioned* **a ~ in the woodpile** un defecto oculto

niggle ['nɪgəl] ◇ *n* **-1.** *(small criticism)* queja *f* **-2.** *(misgiving)* duda *f*
◇ *vt (worry)* preocupar; **there's still something that is niggling me** todavía hay algo que me tiene preocupada
◇ *vi* **-1.** *(be overfussy)* **to ~ about details** ser muy quisquilloso(a) **-2.** *(worry)* **there's still something that is niggling (away) at me** todavía hay algo que me tiene preocupado **-3.** *(pester)* fastidiar, dar la lata; **to ~ on at sb (about sth)** fastidiar *or* dar la lata a alguien (con algo)

niggling ['nɪglɪŋ] *adj* **-1.** *(details)* de poca monta, insignificante **-2.** *(annoying) (pain)* molesto(a); *(doubt)* inquietante

nigh [naɪ] ◇ *adj Literary* próximo(a), cercano(a); **the hour is ~ when all shall have to give account** se acerca *or* se aproxima la hora en que todos tendremos que rendir cuentas; **the end is ~!** ¡el final está próximo *or* cerca!
◇ *adv* **-1.** *Literary* cerca, **for ~ on thirty years** durante cerca de treinta años **-2.** **well ~ impossible** *(almost)* casi *or* prácticamente imposible

night [naɪt] ◇ *n* **-1.** *(between sunset and sunrise)* noche *f*; **at ~** por la noche; **late at ~** bien entrada la noche; **ten o'clock at ~** las diez de la noche; **all ~ (long)** toda la noche; **by ~** de noche, por la noche; **during** *or* **in the ~** durante la noche, por la noche; **far** *or* **late into the ~** hasta altas horas de la noche, hasta bien entrada la noche; **last ~** anoche; **the ~ before** la noche antes *or* anterior; **tomorrow ~** mañana por la noche; **on Thursday ~** el jueves por la noche; **good ~!** ¡buenas noches!; *Fam* **~, ~!** ¡hasta mañana!; **to work day and ~** *or* **~ and day** trabajar día y noche; **it went on ~ after ~** continuó noche tras noche *or* una noche tras otra; **to turn ~ into day** estar despierto(a) hasta las tantas ❑ **~ blindness** ceguera *f* nocturna; **~ clerk** *(in hotel)* recepcionista *mf* de noche; *US* **~ crawler** lombriz *f* (de tierra); *US* **~ depository** cajero *m* nocturno; MIL **~ fighter** caza *m* nocturno; **~ heron** martinete *m*; **~ light** luz *f* tenue (que queda encendida toda la noche); HIST **the Night of the Long Knives** la noche de los cuchillos largos; **~ nurse** enfermero(a) *m,f* de noche; *Fig* **~ owl** noctámbulo(a) *m,f*, trasnochador(ora) *m,f*; **~ porter** portero *m or* conserje *m* de noche; *Br* **~ safe** cajero *m* nocturno; **~ school** escuela *f* nocturna; **~ shift** turno *m* de noche; **~ spot** local *m* nocturno, discoteca *f*; *US* **~ stand** *or* **table** mesita *f or* mesilla *f* de noche, *RP* mesa *f* de luz, *Méx* buró *m*; **~ vision: to have good/bad ~ vision** ver bien/mal de noche

-2. *(between going to bed and waking)* noche *f*; **to have a bad ~** pasar una mala noche; **to have an early/late ~** acostarse temprano/tarde; **what you need is a good ~'s sleep** lo que necesitas es dormir bien toda la noche

-3. *(evening's entertainment)* **Tuesday's our poker ~** los martes por la noche jugamos al póquer; **to have a ~ out** salir por la noche; **to make a ~ of it** salir toda la noche; **a ~ on the town** *or* **the tiles** una noche de juerga *or* *Esp* marcha; *Hum* **the ~ is (yet) young** la noche es joven

-4. *(darkness)* noche *f*; **he disappeared into the ~** desapareció en la oscuridad de la noche; **as ~ was falling** a medida que iba cayendo la noche, a medida que anochecía

◇ *adj (train, bus, flight, sky)* nocturno(a); **the ~ air** el aire de la noche
◇ *adv US* **nights** por las noches; **how can you sleep nights not knowing where he is?** ¿cómo puedes dormir por la noche sin saber dónde está?; **to work nights** trabajar de noche; **to lie awake nights** quedarse despierto por las noches

night-bird ['naɪtbɜːd] *n* **-1.** *(bird)* ave *f* nocturna **-2.** *(person)* noctámbulo(a) *m,f*, trasnochador(ora) *m,f*

nightcap ['naɪtkæp] *n* **-1.** *(hat)* gorro *m* de dormir **-2.** *(drink)* copa *f* antes de acostarse

nightclass ['naɪtklɑːs] *n* clase *f* nocturna

nightclothes ['naɪtkləʊðz] *npl* ropa *f* de dormir

nightclub ['naɪtklʌb] *n* discoteca *f*

nightclubber ['naɪtklʌbə(r)] *n* discotequero(a) *m,f*

nightclubbing ['naɪtklʌbɪŋ] *n* **to go ~** ir de discotecas

nightdress ['naɪtdres] *n* camisón *m*

nightfall ['naɪtfɔːl] *n* anochecer *m*; **at ~** al anochecer; **we must get there by ~** debemos llegar allí antes del anochecer *or* de que anochezca

nightgown ['naɪtgaʊn] *n* camisón *m*

nighthawk ['naɪthɔːk] *n* **-1.** *(bird)* añapero *m* **-2.** *(person)* noctámbulo(a) *m,f*, trasnochador(ora) *m,f*

nightie ['naɪtɪ] *n Fam* camisón *m*

nightingale ['naɪtɪŋgeɪl] *n* ruiseñor *m*

nightjar ['naɪtdʒɑː(r)] *n (bird)* chotacabras *m inv* (gris) ❑ **red-necked ~** chotacabras *m* pardo; **standard-winged ~** chotacabras *m* abanderado

nightlife ['naɪtlaɪf] *n* vida *f* nocturna, ambiente *m* nocturno; **what's the ~ like round here?** ¿cómo es la vida nocturna aquí?

nightlong ['naɪtlɒŋ] *adj* **~ celebrations/vigil** fiesta/vigilia durante toda la noche

nightly ['naɪtlɪ] ◇ *adj* **his ~ stroll** su paseo de cada noche; **twice ~ flights** dos vuelos cada noche
◇ *adv* todas las noches

nightmare ['naɪtmeə(r)] *n also Fig* pesadilla *f*; **~ vision/experience** una visión/experiencia espeluznante *or* de pesadilla; **to have a ~** tener una pesadilla; **to give sb nightmares** dar *or* producir pesadillas a alguien; **everybody's worst ~** la pesadilla de cualquiera, lo peor de lo peor; **the traffic was a ~!** ¡el tráfico estaba imposible!

nightmarish ['naɪtmeərɪʃ] *adj* de pesadilla

nightshade ['naɪtʃeɪd] *n* **black ~** hierba *f* mora; **deadly ~** belladona *f*; **woody ~** dulcamara *f*

nightshirt ['naɪtʃɜːt] *n* camisa *f* de dormir

night-soil ['naɪtsɔɪl] *n Old-fashioned* estiércol *m*

nightstick ['naɪtstɪk] *n US* porra *f*

night-time ['naɪttaɪm] ◇ *n* noche *f*; **at ~** por la noche, durante la noche
◇ *adj* nocturno(a)

nightwatchman [naɪt'wɒtʃmən] *n* vigilante *m* nocturno

nightwear ['naɪtweə(r)] *n* ropa *f* de dormir

nihilism ['naɪlɪzəm] *n* nihilismo *m*

nihilist ['naɪlɪst] *n* nihilista *mf*

nihilistic [naɪ'lɪstɪk] *adj* nihilista

Nikkei ['nɪkeɪ] *n* FIN **~ (index)** índice *m* Nikkei

nil [nɪl] ◇ *n* cero *m*; **to win two/three ~** ganar (por) dos/tres a cero; MED **~ by mouth** *(sign)* debe permanecer en ayunas
◇ *adj* nulo(a); **this has ~ significance** esto no tiene importancia alguna *or* tiene una importancia nula

Nile [naɪl] *n* **the ~** el Nilo; **the Blue/White ~** el Nilo Azul/Blanco

nimble ['nɪmbəl] *adj (person, body)* ágil; *(mind)* ágil, despierto(a); **to be ~ on one's feet** ser ágil; **to have ~ feet** *(soccer player, boxer)* tener un buen juego de piernas

nimbly ['nɪmblɪ] *adv* con agilidad, ágilmente

nimbostratus [nɪmbəʊˈstrɑːtəs] *n* MET nimbostrato *m*

nimbus ['nɪmbəs] (*pl* **nimbi** ['nɪmbaɪ] *or* **nimbuses**) *n* **-1.** MET nimbo *m* **-2.** *(halo)* nimbo *m*, halo *m*

NIMBY ['nɪmbɪ] *(abbr* **not in my back yard***) Fam*
◇ *n* = persona a la que le parece bien que exista algo mientras no le afecte
◇ *adj* **~ attitude** = la actitud típica de la persona a la que le parece bien que exista algo mientras no le afecte

nincompoop ['nɪŋkəmpu:p] n Fam bobo(a) m,f, Esp percebe mf

nine [naɪn] ◇ n nueve m; **the front/back ~** (in golf) los primeros/últimos nueve hoyos; **to dial** Br **999** or US **911** llamar al teléfono de emergencia, Esp ≃ llamar al 112; [IDIOM] Fam **to be dressed up to the nines** ir de punta en blanco
◇ adj nueve; [IDIOM] **to have ~ lives** tener siete vidas (como los gatos); Fig **~ times out of ten** la mayoría de las veces; **~ day** or **days' wonder** flor de un día; see also **eight**

ninefold ['naɪnfəʊld] ◇ adj **there's been a ~ increase in sales** las ventas se han multiplicado por nueve
◇ adv por nueve

nine-hole ['naɪnhəʊl] adj (golf course) de nueve hoyos

ninepins ['naɪnpɪnz] npl (game) bolos mpl (juego de nueve bolos); [IDIOM] **to go down** or **fall like ~** caer como chinches

nineteen [naɪn'ti:n] ◇ n diecinueve m; [IDIOM] Fam **to talk ~ to the dozen** hablar por los codos
◇ adj diecinueve; see also **eight**

nineteenth [naɪn'ti:nθ] ◇ n **-1.** (fraction) diecinueveavo m, diecinueveava parte f **-2.** (in series) decimonoveno(a) m,f **-3.** (of month) diecinueve m
◇ adj decimonoveno(a); Fam Hum **the ~ hole** (of golf course) el bar; see also **eleventh**

nineties ['naɪntɪz] npl **the ~** los (años) noventa; see also **eighties**

ninetieth ['naɪntɪɪθ] ◇ n nonagésimo(a) m,f
◇ adj nonagésimo(a)

nine-to-five ['naɪntə'faɪv] ◇ adj **a ~ job** un trabajo de oficina (de nueve a cinco)
◇ adv **to work ~** trabajar de nueve a cinco, tener horario de oficina

ninety ['naɪntɪ] ◇ n noventa m
◇ adj noventa; **~-nine times out of a hundred** el noventa y nueve por ciento de las veces; see also **eighty**

ninja ['nɪndʒə] n guerrero m ninja

ninjitsu [nɪn'dʒɪtsu:] n SPORT ninjutsu m

ninny ['nɪnɪ] n Fam tonto(a) m,f

ninth [naɪnθ] ◇ n **-1.** (fraction) noveno m, novena parte f **-2.** (in series) noveno(a) m,f **-3.** (of month) nueve m
◇ adj noveno(a); see also **eighth**

niobium [naɪ'əʊbɪəm] n CHEM niobio m

Nip [nɪp] n Fam = término ofensivo para referirse a los japoneses, RP ponja mf

nip [nɪp] ◇ n **-1.** (pinch) pellizco m; (with teeth) bocado m, mordisquillo m **-2.** (chill) **there's a ~ in the air** hace fresco **-3.** Fam (of brandy, whisky) copita f, Esp chupito m **-4.** Fam **he's had a ~ and tuck done** (cosmetic surgery) se ha hecho la estética, Méx, RP se ha hecho cirugía; **it was ~ and tuck right until the end** fueron muy igualados hasta el final
◇ vt (pt & pp **nipped**) **-1.** (pinch) pellizcar; (with teeth) mordisquear; **she nipped her finger in the door** se pilló un dedo en or con la puerta; [IDIOM] Fam **to ~ sth in the bud** cortar de raíz **-2.** (of cold, frost) **the cold nipped our ears** el frío nos cortaba las orejas; **the vines were nipped by the frost** el frío heló las vides, la helada quemó las vides
◇ vi **-1.** (try to bite) **the dog nipped at my ankles** el perro me mordisqueaba los tobillos **-2.** (sting) escocer **-3.** Br Fam (go) **to ~ (across** or **along** or **over) to the butcher's** ir un momento or acercarse a la carnicería; **to ~ in and out of the traffic** sortear el tráfico

◆ **nip off** ◇ vt sep (cut off) (with scissors, shears) cortar; (with teeth, fingers) arrancar
◇ vi Br Fam irse

◆ **nip out** vi Br Fam (go out) salir (un momento); **I'll ~ out and buy a paper** salgo un momento a comprar el periódico

◆ **nip round** vi Br Fam salir, ir

nipper ['nɪpə(r)] n **-1.** (of crab, lobster) pinza f **-2.** Br Fam (child) chavalín(ina) m,f, CAm, Méx chavalo(a) m,f, RP pibito(a) m,f **-3. nippers** (tool) pinzas fpl, tenazas fpl

nipple ['nɪpəl] n **-1.** (female) pezón m; (male) tetilla f **-2.** US (on baby's bottle) tetilla f, tetina f **-3.** TECH (for greasing) boquilla f de engrase, engrasador m

nippy ['nɪpɪ] adj Fam **-1.** (cold) fresco(a); **it's a bit ~ today** hoy hace un poco de fresco **-2.** (quick, agile) (person) vivo(a), rápido(a); (car, motorbike) rápido(a); **the new Ford is very ~ around town** el nuevo Ford es muy práctico para ir por la ciudad **-3.** (flavour) fuerte

NIREX ['naɪreks] n Br (abbr **Nuclear Industry Radioactive Waste Executive**) = organismo encargado del almacenamiento de residuos radiactivos

nirvana [nɜ:'vɑ:nə] n nirvana m

Nisei ['ni:seɪ] (pl **Nisei**) n = estadounidense o canadiense de origen japonés

Nissen hut® ['nɪsənhʌt] n = construcción semicilíndrica de chapa ondulada

nit [nɪt] n **-1.** (insect) piojo m; (insect's egg) liendre f **-2.** Br Fam (person) idiota mf, bobo(a) m,f

niter US = **nitre**

nit-pick ['nɪtpɪk] vi Fam poner peros or Esp pegas, ser un(a) quisquilloso(a); **I wish he wouldn't ~ like that** ya podía dejar de ponerle peros or Esp pegas, ya podía ser un poco menos quisquilloso

nit-picker ['nɪtpɪkə(r)] n Fam quisquilloso(a) m,f

nit-picking ['nɪtpɪkɪŋ] Fam ◇ n critiqueo m por nimiedades
◇ adj quisquilloso(a)

nitrate ['naɪtreɪt] n nitrato m

nitre, US **niter** ['naɪtə(r)] n CHEM nitro m

nitric ['naɪtrɪk] adj CHEM ◇ **~ acid** ácido m nítrico; **~ oxide** óxido m nítrico

nitride ['naɪtraɪd] n CHEM nitruro m

nitrite ['naɪtraɪt] n CHEM nitrito m

nitrobenzene [naɪtrəʊ'benzi:n] n nitrobenceno m

nitrocellulose [naɪtrəʊ'seljʊləʊs] n nitrocelulosa f

nitrogen ['naɪtrədʒən] n CHEM nitrógeno m ◇ **~ cycle** ciclo m del nitrógeno; **~ dioxide** dióxido m de nitrógeno

nitrogenous [naɪ'trɒdʒənəs] adj nitrogenado(a)

nitroglycerin(e) ['naɪtrəʊ'glɪsəri:n] n nitroglicerina f

nitrous ['naɪtrəs] adj CHEM nitroso(a) ◇ **~ oxide** óxido m nitroso

nitty-gritty ['nɪtɪ'grɪtɪ] n Fam meollo m; **the ~ of day-to-day work** la rutina del trabajo diario; **to get down to the ~** ir al grano, ir al meollo del asunto

nitwit ['nɪtwɪt] n Fam idiota mf, bobo(a) m,f

nix [nɪks] US Fam ◇ pron nada (de nada)
◇ vt **the boss nixed the idea** el jefe dijo que ni hablar
◇ exclam ¡ni hablar!

NJ (abbr **New Jersey**) Nueva Jersey

NLF [enel'ef] (abbr **National Liberation Front**) n FNL m, FLN m

NLP [enel'pi:] (abbr **natural language processing**) procesamiento m de lenguaje natural

NLQ [enel'kju:] n (abbr **near letter quality**) calidad f (de impresión) casi de carta or próxima a la de carta

NM, NMex (abbr **New Mexico**) Nuevo México

NNE (abbr **north-northeast**) NNE

NNW (abbr **north-northwest**) NNO

No, no (abbr **number**) no, núm.

no [nəʊ] ◇ adv **-1.** (interjection) no; **you're joking! – no, I'm not** ¡estás de broma! or ¡estás bromeando! – no, no lo estoy; **to say no** decir que no; **she won't take no for an answer** no para hasta salirse con la suya
-2. (not) no; **he's no cleverer than her** no es más listo que ella; **the film is no good** la película no es nada buena; **it is no small achievement** no deja de tener mérito; **it is of no great interest** no interesa mucho, RP no tiene demasiado interés; **no more/less than $100** no más/menos de 100 dólares; **$100, no more, no less** 100 dólares, ni más ni menos
◇ adj **there is no bread** no hay pan; **a man with no qualifications** un hombre sin títulos; **no trees are to be found there** allí no se encuentra ningún árbol; **there's no hope of us winning** no hay posibilidad alguna de que ganemos; **it's no trouble** no es molestia; **he's no friend of mine** no es amigo mío; **I'm no expert** no soy ningún experto; **no two are the same** no hay dos iguales; **I am in no way surprised** no me sorprende en absoluto; **there's no denying it** no se puede negar; **there's no pleasing him** no hay forma de agradarle; **no dogs** (sign) perros no, no se admiten perros; **no smoking** (sign) prohibido fumar; Fam **no way!** ¡ni hablar!, Esp ¡de eso nada!, Am ¡para nada!
◇ n (pl **noes**) **-1.** (negative answer) no m; **the answer was a clear no** la respuesta fue un claro no **-2.** POL **ayes and noes** votos a favor y en contra

no-account ['nəʊə'kaʊnt] adj US Fam de tres al cuarto, de poca monta

Noah ['nəʊə] pr n Noé ❑ **~'s ark** el arca f de Noé

nob [nɒb] n Br Fam (rich person) ricachón(ona) m,f, ricacho(a) m,f

no-ball ['nəʊ'bɔ:l] n (in baseball, cricket) lanzamiento m antirreglamentario

nobble ['nɒbəl] vt Br Fam **-1.** (jury, witness) (with money) comprar, untar, Andes, RP coimear, CAm, Méx dar la mordida a; (with threats) amedrentar, amenazar **-2.** (horse) drogar **-3.** (attract attention of) pillar, Am agarrar

Nobel ['nəʊbel] n **~ laureate** Premio mf Nobel; **~ prize** Premio m Nobel; **~ prize winner** Premio mf Nobel

nobelium [nəʊ'bi:lɪəm] n CHEM nobelio m

nobility [nəʊ'bɪlɪtɪ] n **-1.** (class) nobleza f **-2.** (of character) nobleza f

noble ['nəʊbəl] n noble mf
◇ adj **-1.** (birth, person) noble **-2.** (generous, distinguished) (sentiment, act, cause) noble; **that's very ~ of you** ¡qué generoso de tu parte!; **the ~ art of...** el noble arte de... ❑ **~ savage** buen salvaje m **-3.** (majestic) (building, sight) grandioso(a), majestuoso(a) **-4.** CHEM **~ gas** gas noble **-5.** CULIN **~ rot** podredumbre noble

nobleman ['nəʊbəlmən] n noble m

noble-minded ['nəʊbəl'maɪndɪd] adj noble

noblesse oblige [nəʊ'blesə'bli:ʒ] n nobleza obliga

noblewoman ['nəʊbəlwʊmən] n noble f

nobly ['nəʊblɪ] adv **-1.** (by birth) **~ born** de noble cuna **-2.** (generously) generosamente, noblemente; **she ~ offered him the last one** en un acto de generosidad, ella le ofreció el último **-3.** (majestically) grandiosamente; **~ proportioned** de proporciones grandiosas

nobody ['nəʊbɒdɪ] ◇ n **he's/she's a ~** es un/una don nadie
◇ pron nadie; **~ spoke to me** nadie me dirigió la palabra; **is there ~ here who knows the answer?** ¿no hay nadie aquí que sepa la respuesta?; **it's ~ you would know** es alguien a quien no conoces; **~ with any sense would do it** nadie que tuviera dos dedos de frente lo haría; **~ else** nadie más; **if you don't have money, you're ~** si no tienes dinero, no eres nadie; [IDIOM] **he is ~'s fool** no tiene un pelo de tonto; **like ~'s business** (very well) como él solo/ella sola; **to run/work like ~'s business** correr/trabajar como un condenado

NOC [enɒk'si:] n (abbr **National Olympic Committee**) Comité m Olímpico Nacional

no-claim(s) ['nəʊ'kleɪm(z)] n **~ bonus** or **discount** descuento m por no siniestralidad

nocturnal [nɒk'tɜ:nəl] adj nocturno(a) ❑ **~ emission** (wet dream) polución f nocturna

nocturne ['nɒktɜ:n] n MUS nocturno m

nod [nɒd] ◇ n **-1.** (greeting) saludo m (con la cabeza); (in agreement) señal f de asentimiento (con la cabeza); **to give sb a ~** (as signal) hacer una señal con la cabeza a alguien; (in assent) decir a alguien que sí con la cabeza,

nodal

asentir a alguien con la cabeza; *(in greeting)* saludar a alguien con la cabeza; **to give sth/sb the ~** dar el consentimiento para algo/a alguien; *Fig* **it was a ~ in your direction** la indirecta iba dirigida a ti; **on the ~** sin ninguna discusión; PROV **a ~ is as good as a wink (to a blind man)** a buen entendedor pocas palabras bastan

-2. *(sleep) Hum* **to be in the Land of Nod** estar en brazos de Morfeo, estar soñando con los angelitos

◇ *vt (pt & pp* **nodded)** **to ~ one's head** *(in assent)* decir que sí *or* asentir con la cabeza; *(in greeting)* saludar con la cabeza; *(as signal)* hacer una señal con la cabeza; **to ~ one's approval** dar la aprobación con una inclinación de cabeza

◇ *vi* **-1.** *(as signal)* hacer una señal con la cabeza; *(in assent, approval)* decir que sí *or* asentir con la cabeza; *(in greeting)* saludar con la cabeza; **to ~ in agreement** *or* **assent** decir que sí *or* asentir con la cabeza; **she nodded to him to start the film** le indicó con la cabeza que pusiera la película **-2.** *(doze)* dar cabezadas, cabecear **-3.** *(flowers)* agitarse, mecerse

◆ **nod off** *vi Fam* quedarse traspuesto(a), dormirse; **I must have nodded off** he debido de quedarme traspuesto *or* dormirme; **I kept nodding off during the chairman's speech** me pasé todo el discurso del presidente dando cabezadas *or* cabeceando

◆ **nod through** *vt sep* aprobar sumariamente

nodal ['nəʊdəl] *adj* nodal

nodding ['nɒdɪŋ] *adj* **to have a ~ acquaintance with sth/sb** conocer un poco algo/a alguien; **to be on ~ terms with sb** conocer a alguien lo suficiente como para saludarlo en la calle ❏ *US Fam* **~ donkey** *(oil-pump)* = tipo de bomba para extraer petróleo

noddle ['nɒdəl] *n Br Fam* coco *m*, mollera *f*; **use your ~!** ¡usa la mollera un poco!, ¡piensa un poco!

noddy ['nɒdɪ] *adj Br* de tres al cuarto; **he's got a ~ job** tiene un trabajo de poca monta

node [nəʊd] *n* **-1.** BOT nudo *m*, nódulo *m* **-2.** MATH & COMPTR nodo *m* **-3.** MED nodo *m*, nódulo *m* **-4.** LING nudo *m*

nodular ['nɒdjʊlə(r)] *adj* nodular

nodule ['nɒdjuːl] *n* nódulo *m*

Noel, Noël [nəʊ'el] *n* Navidad *f*

no-fault ['nəʊ'fɔːlt] *adj* LAW **~ compensation** seguro *m* a todo riesgo; **~ divorce** divorcio *m* de mutuo acuerdo

no-fly zone [nəʊ'flaɪzəʊn] *n* zona *f* de exclusión aérea

no-frills [nəʊ'frɪlz] *adj (airline, travel)* sin lujos, barato(a); *(insurance policy)* básico(a); *(service, wedding)* sencillo(a), sin florituras

noggin ['nɒgɪn] *n* **-1.** *Fam Old-fashioned (head)* coco *m* **-2.** *(measure)* chupito *m*

no-go ['nəʊ'gəʊ] *n*; **~ area** zona *f* prohibida; **it's a (virtual) ~ area for the police** la policía no se atreve a pisar esa zona *or* a poner los pies en esa zona

◇ *adv* **it's ~**, **I'm afraid** me temo que nada

no-good ['nəʊgʊd] *adj US Fam* inútil

Noh [nəʊ] *n* LIT (teatro *m*) no *m*

no-holds-barred [nəʊ'həʊldz'bɑːd] *adj (report, documentary)* a fondo, sin restricciones

no-hoper [nəʊ'həʊpə(r)] *n Br Fam* inútil *mf*

nohow ['nəʊhaʊ] *adv US Fam* ¡ni hablar!

noirish ['nwɑːrɪʃ] *adj* con aires de cine negro

noise [nɔɪz] *n* **-1.** *(sound, din)* ruido *m*; **what's that awful ~?** ¿qué es ese ruido tan horrible?; **I thought I heard a ~ downstairs** me pareció oír un ruido abajo; **do you call that ~ music?** ¿y a ese ruido lo llamas música?; **to make a ~** *(individual sound)* hacer un ruido; *(racket)* hacer ruido; **the clock is making a funny ~** el reloj hace un ruido raro; THEAT **noises off** se oyen sonidos desde fuera de escena ❏ **~ level** nivel *m* de ruido; **~ pollution** contaminación *f* acústica

-2. COMPTR & TEL ruido *m*

-3. IDIOMS **they made a lot of ~ about banning the march** habían anunciado a los cuatro vientos que prohibirían la marcha de protesta; **to make noises about doing sth** andar *or* ir diciendo que uno va a hacer algo; **to make encouraging/sympathetic noises** mostrarse favorable/comprensivo(a); **they're making all the right noises** *(they're saying the right things)* dicen todo lo que se supone que deben decir; *(I think they agree)* todo indica que están de acuerdo; **a big ~** un pez gordo; **he's a big ~ in the theatre world** es un pez gordo del mundo del teatro; *Br Fam* **hold** *or* **shut your ~!** ¡cierra el pico!

◇ *vt Formal* **rumours of his resignation are being noised abroad** corren rumores de que va a dimitir; **it's being noised about that the factory might close** se comenta por ahí que la fábrica podría cerrar

noiseless ['nɔɪzlɪs] *adj* silencioso(a)

noiselessly ['nɔɪzlɪslɪ] *adv* silenciosamente

noisemaker ['nɔɪzmeɪkə(r)] *n US (rattle)* carraca *f*, matraca *f*; *(trumpet)* bocina *f*, trompetón *m*

noisette [nwɑː'zet] CULIN *n* **-1.** *(of lamb)* = rollo de carne de cordero **-2.** *(sweet)* bombón *m* de avellana

noisily ['nɔɪzɪlɪ] *adv* ruidosamente; **they were arguing ~ outside** estaban fuera discutiendo a voz en grito; **do you have to do it so ~?** ¿es que tienes que armar tanto ruido?

noisiness ['nɔɪzɪnɪs] *n* ruido *m*; **I can't stand their ~** no soporto el ruido que arman, no soporto que armen tanto ruido

noisome ['nɔɪsəm] *adj Formal (unpleasant, offensive)* nocivo(a)

noisy ['nɔɪzɪ] *adj* ruidoso(a); **London was too ~ for him** Londres era demasiado ruidosa para él; **my typewriter is very ~** mi máquina de escribir es muy ruidosa *or* hace mucho ruido; **it's very ~ in here** aquí hay mucho ruido

no-jump [nəʊdʒʌmp] *n (in long jump, triple jump)* salto *m* nulo

nomad ['nəʊmæd] ◇ *n* nómada *mf*

◇ *adj* nómada

nomadic [nəʊ'mædɪk] *adj* nómada

no-man's-land ['nəʊmænzlænd] *n also Fig* tierra *f* de nadie

nom de plume ['nɒmdə'pluːm] *n* seudónimo *m*, sobrenombre *m*

nomenclature [nəʊ'menklətʃə(r), US 'nəʊmənkleɪtʃə(r)] *n* nomenclatura *f*

nominal ['nɒmɪnəl] ◇ *adj* **-1.** *(in name only)* nominal; **he was the ~ president of the company** era el presidente nominal de la empresa

-2. *(token) (price, amount, rent)* simbólico(a) ❏ LAW **~ damages** daños *mpl* nominales *or* de poca consideración

-3. MATH **~ scale** escala *f* nominal

-4. GRAM nominal, sustantivo(a)

◇ *n* GRAM sintagma *m* nominal

nominalization [nɒmɪnəlaɪ'zeɪʃən] *n* GRAM nominalización *f*, sustantivación *f*

nominalize ['nɒmɪnəlaɪz] *vt* GRAM nominalizar, sustantivar

nominally ['nɒmɪnəlɪ] *adv* **-1.** *(in name only)* nominalmente, sólo de nombre **-2.** *(theoretically)* en teoría, teóricamente

nominate ['nɒmɪneɪt] *vt* **-1.** *(propose)* proponer; *(for award)* proponer como candidato(a), nominar; **to ~ sb for a post** proponer a alguien (como candidato) para un puesto; **the film was nominated for an Oscar** la película fue nominada para un Oscar *or* candidata a un Óscar

-2. *(appoint)* nombrar, designar; **to ~ sb to a post** nombrar *or* designar a alguien para un puesto

nomination [nɒmɪ'neɪʃən] *n* **-1.** *(proposal)* propuesta *f*; *(for an award)* candidatura *f*, nominación *f*; **who will get the Democratic ~ (for president)?** ¿quién obtendrá la candidatura demócrata *or* será proclamado candidato demócrata a la presidencia?; **the film got three Oscar nominations**

la película obtuvo tres nominaciones *or* candidaturas al Óscar **-2.** *(appointment)* nombramiento *m*, designación *f*

nominative ['nɒmɪnətɪv] GRAM ◇ *n* nominativo *m*

◇ *adj* nominativo(a)

nominator ['nɒmɪneɪtə(r)] *n* = persona que propone una candidatura o realiza un nombramiento

nominee [nɒmɪ'niː] *n* **-1.** *(proposed)* candidato(a) *m,f* **-2.** *(appointed)* persona *f* nombrada

non- [nɒn] *prefix* no; **the ~application of this rule** (el hecho de) no aplicar esta regla; **all ~Spanish nationals** todos los ciudadanos no españoles; **his answers were ~answers** sus respuestas no merecían ese nombre *or* no eran tales

non-abrasive [nɒnə'breɪsɪv] *adj (substance, cleaner)* no abrasivo(a)

non-academic [nɒnækə'demɪk] *adj* **-1.** *(staff)* no docente **-2.** *(course, subject)* no académico(a)

non-addictive [nɒnə'dɪktɪv] *adj* que no crea adicción

nonagenarian [nəʊnədʒə'neərɪən] ◇ *n* nonagenario(a) *m,f*

◇ *adj* nonagenario(a)

non-aggression [nɒnə'greʃən] *adj* POL *(pact, treaty)* de no agresión

non-alcoholic [nɒnælkə'hɒlɪk] *adj* sin alcohol

nonaligned ['nɒnə'laɪnd] *adj* POL no alineado(a)

nonalignment [nɒnə'laɪnmənt] *n* POL no alineamiento *m*

non-appearance ['nɒnə'pɪərəns] *n* **-1.** *(absence)* ausencia *f* **-2.** LAW incomparecencia *f*

non-arrival [nɒnə'raɪvəl] *n* **the ~ of our guest/the merchandise** el hecho de que no llegara nuestro invitado/la mercancía

non-attendance [nɒnə'tendəns] *n* ausencia *f*

non-attributable [nɒnə'trɪbjʊtəbəl] *adj (briefing, remark)* anónimo(a); **on a ~ basis** anónimamente

nonbeliever [nɒnbɪ'liːvə(r)] *n* no creyente *mf*

non-belligerent ['nɒnbə'lɪdʒərənt] ◇ *n (country)* país *m* no beligerante

◇ *adj* no beligerante

non-biological [nɒnbaɪə'lɒdʒɪkəl] *adj (detergent)* sin acción biológica

nonce[1] [nɒns] *n Literary or Hum* **for the ~** de momento, por el momento

nonce[2] *n Br very Fam* = término de argot carcelario para referirse a una persona que ha cometido un delito sexual

nonce-word ['nɒnswɜːd] *n* término *m* facticio

nonchalance ['nɒnʃələns, US nɒnʃə'lɑːns] *n (casualness)* despreocupación *f*; *(indifference)* indiferencia *f*

nonchalant ['nɒnʃələnt, US nɒnʃə'lɑːnt] *adj (casual)* despreocupado(a); *(indifferent)* indiferente; **with a ~ air** con aire despreocupado/indiferente; **with a ~ shrug** encogiendo los hombros con indiferencia

nonchalantly ['nɒnʃələntlɪ, US nɒnʃə'lɑːntlɪ] *adv (casually)* con despreocupación; *(indifferently)* con indiferencia

non-Christian [nɒn'krɪstʃən] ◇ *n* no cristiano(a) *m,f*

◇ *adj* no cristiano(a)

non-com ['nɒnkɒm] *n* MIL *Fam* suboficial *mf*

non-combatant [nɒn'kɒmbətənt] MIL ◇ *n* no combatiente *mf*

◇ *adj* no combatiente

non-commissioned officer ['nɒnkəmɪʃənd'ɒfɪsə(r)] *n* MIL suboficial *mf*

non-committal [nɒnkə'mɪtəl] *adj (answer)* evasivo(a); **to be ~ (about)** responder con evasivas (acerca de)

non-compliance ['nɒnkəm'plaɪəns] *n Formal* incumplimiento *m* (**with** de)

non compos mentis ['nɒn'kɒmpəs'mentɪs] *adj* LAW perturbado(a) mental; *Hum* **to be ~** estar atontado(a)

non-conductor ['nɒnkən'dʌktə(r)] *n* ELEC aislante *m*

nonconformist [ˌnɒnkənˈfɔːmɪst] ◇ n -1. (maverick) inconformista mf -2. Br REL **Nonconformist** = miembro de una iglesia protestante escindida de la anglicana
◇ adj -1. (maverick) inconformista -2. Br REL **Nonconformist** = relativo a una iglesia protestante escindida de la anglicana

non-contributory [ˌnɒnkənˈtrɪbjʊtərɪ] adj (pension scheme) no contributivo(a)

non-controversial [ˌnɒnkɒntrəˈvɜːʃəl] adj nada polémico(a); **I had expected my suggestion to be ~** no esperaba que mi sugerencia suscitara ninguna polémica

non-convertible [ˌnɒnkənˈvɜːtəbəl] adj (currency) no convertible, inconvertible

non-co-operation [ˌnɒnkəʊɒpəˈreɪʃən] n falta f de cooperación

non-custodial [ˌnɒnkəˈstɔːdɪəl] adj LAW **~ sentence** pena f que no implica privación de libertad

non-dairy [ˈnɒndeərɪ] adj no lácteo(a)

non-defining [ˈnɒndɪˈfaɪnɪŋ] adj GRAM **~ relative clause** oración f adjetiva explicativa

non-denominational [ˌnɒndɪnɒmɪˈneɪʃənəl] adj laico(a)

nondescript [Br ˈnɒndɪskrɪpt, US nɒndɪˈskrɪpt] adj (person, place, building) anodino(a); (taste) indefinido(a)

nondirective [ˈnɒndəˈrektɪv] adj PSY **~ therapy** (psico)terapia centrada en el cliente or no directiva

nondisclosure [ˌnɒndɪsˈkləʊʒə(r)] n LAW (of evidence) ocultación f

non-discriminatory [ˌnɒndɪsˈkrɪmɪnətərɪ] adj no discriminatorio(a)

non-drip [ˈnɒnˈdrɪp] adj (paint) que no gotea

none [nʌn] ◇ pron (not any) nada; (not one) ninguno(a); **there was ~ left** no quedaba nada; **there were ~ left** no quedaba ninguno; **of all her novels, ~ is better than this one** de todas sus novelas, ninguna es mejor que ésta; **~ of us/them** ninguno de nosotros/ellos; **~ of this concerns me** nada de esto me concierne; **he had ~ of his brother's charm** no tenía ni mucho menos el encanto de su hermano; **I tried to help, but they would have ~ of it** intenté ayudar, pero no querían saber nada; **she had a lot of luck, whereas I had ~ at all** or **whatsoever** tuvo mucha suerte, y yo ninguna en absoluto; Formal **~ but his most devoted followers believed him** sólo sus seguidores más fervientes le creyeron; **it was ~ other than the President** no era otro que el propio Presidente
◇ adv **his answer left me ~ the wiser** su respuesta no me aclaró nada; **I feel ~ the worse for the experience** me siento perfectamente a pesar de la experiencia; **he's lost a couple of kilos but he's ~ the worse for it** le ha sentado muy bien perder un par de kilos; **it was ~ too easy** no fue nada fácil; **she was ~ too happy about the situation** la situación no le hacía ninguna gracia; **~ too soon** justo a tiempo

non-elective [ˈnɒnɪˈlektɪv] adj no electivo(a)

nonentity [nɒˈnentɪtɪ] n (insignificant person) don nadie m; (useless person) nulidad f

non-essential [ˈnɒnɪˈsenʃəl] ◇ n **non-essentials** lo accesorio
◇ adj accesorio(a), prescindible

nonetheless = nevertheless

non-event [ˈnɒnɪˈvent] n chasco m; **the party turned out to be a bit of a ~** al final la fiesta no fue nada especial

non-executive director [ˈnɒnɪgˈzekjʊtɪvdaɪˈrektə(r)] n COM director(ora) m,f no ejecutivo(a)

non-existence [ˈnɒnɪgˈzɪstəns] n inexistencia f

non-existent [ˈnɒnɪgˈzɪstənt] adj inexistente; **the ~ safety procedures** las inexistentes normas de seguridad; **their contribution has been almost ~** su contribución ha sido prácticamente nula or inexistente

non-fat [ˈnɒnˈfæt] adj (food) sin grasa

non-fattening [ˈnɒnˈfætnɪŋ] adj que no engorda

non-ferrous [ˈnɒnˈferəs] adj (metals) distinto(a) del hierro y el acero

non-fiction [ˈnɒnˈfɪkʃən] n no ficción f; **I mostly read ~** la mayor parte de lo que leo no es literatura de ficción

non-fictional [ˈnɒnˈfɪkʃənəl] adj **~ books** no ficción

non-figurative [ˈnɒnˈfɪgjʊrətɪv] adj ART no figurativo(a)

non-finite [ˈnɒnˈfaɪnaɪt] adj -1. (infinite) infinito(a) -2. GRAM (verb) no conjugado(a)

non-flammable [ˈnɒnˈflæməbəl] adj incombustible, ininflamable

non-governmental [ˈnɒngʌvənˈmentəl] adj no gubernamental □ **~ organization** ONG f, organización f no gubernamental

nonhuman [ˈnɒnˈhjuːmən] adj no humano(a)

noninfectious [ˈnɒnɪnˈfekʃəs] adj no infeccioso(a)

non-interference [ˈnɒnɪntəˈfɪərəns] n no intervención f

non-intervention [ˈnɒnɪntəˈvenʃən] n no intervención f

non-invasive [ˈnɒnɪnˈveɪsɪv] adj MED no invasivo(a)

non-judg(e)mental [ˈnɒndʒʌdʒˈmentəl] adj libre de prejuicios; **to try to be ~** tratar de dejar a un lado los prejuicios

non-juror [ˈnɒnˈdʒʊərə(r)] n LAW = persona que se niega a jurar lealtad

nonmalignant [ˈnɒnməˈlɪgnənt] adj benigno(a)

non-member [ˈnɒnˈmembə(r)] n no miembro mf; (of club) no socio(a) m,f; (of union, party) no afiliado(a) m,f; **~ states** estados no miembros; **open to non-members** (sign) se permite el acceso a los no socios

non-native [ˈnɒnˈneɪtɪv] adj no nativo(a); **~ speaker** hablante no nativo

non-negotiable [ˈnɒnnɪˈgəʊʃɪəbəl] adj no negociable; **these conditions are ~** estas condiciones no son negociables

non-nuclear [ˈnɒnˈnjuːklɪə(r)] adj (war) convencional; (energy) no nuclear; (country) sin armamento nuclear; **a ~ defence policy** = una política de defensa que no incluye armas nucleares

no-no [ˈnəʊnəʊ] n Fam **asking him for more money is a definite ~** ni se te ocurra pedirle más dinero; **that's a ~** eso no se hace

no-nonsense [nəʊˈnɒnsəns] adj (approach) serio(a) y directo(a); (implement, gadget) práctico(a), funcional

nonpareil [ˌnɒnpəˈreɪl] n Literary (person) persona f sin par or inigualable; (thing) cosa f sin par or inigualable; **the ~ of literary novelists** el no va más de los novelistas serios

non-participating [ˈnɒnpɑːˈtɪsɪpeɪtɪŋ] adj -1. (not taking part) **~ members** los socios que no participan -2. FIN (shares) sin derecho a participación

non-partisan [ˌnɒnpɑːˈtɪzæn] adj imparcial

non-party [ˈnɒnpɑːtɪ] adj independiente del partido

non-payment [ˈnɒnˈpeɪmənt] n impago m

non-penetrative [ˈnɒnˈpenətrətɪv] adj (sex) sin penetración

non-persistent [ˈnɒnpəˈsɪstənt] adj (pesticide) (de acción) no permanente

non-person [ˈnɒnˈpɜːsən] n **politically, she became a ~** políticamente hablando, dejó de existir

nonplus [ˌnɒnˈplʌs] (pt & pp Br **nonplussed**, US **nonplused**) vt dejar perplejo(a) or anonadado(a) a

nonplussed [ˌnɒnˈplʌst] adj perplejo(a), anonadado(a)

non-practising [ˈnɒnˈpræktɪsɪŋ] adj no practicante

non-productive [ˈnɒnprəˈdʌktɪv] adj improductivo(a)

non-profit(-making) [ˌnɒnˈprɒfɪt(meɪkɪŋ)] adj sin ánimo de lucro

non-proliferation [ˈnɒnprəlɪfəˈreɪʃən] n no proliferación f □ **~ treaty** tratado m de no proliferación

non-racist [ˈnɒnˈreɪsɪst] adj no racista

non-refundable [ˈnɒnrɪˈfʌndəbəl] adj (deposit) a fondo perdido, sin posibilidad de reembolso

non-renewable [ˈnɒnrɪˈnjuːəbəl] adj **~ resource/energy** recurso/energía no renovable

non-representational [ˈnɒnreprɪzənˈteɪʃənəl] adj ART no figurativo(a), no realista

non-resident [ˈnɒnˈrezɪdənt] n -1. (of country) no residente mf -2. (of hotel) **the dining room is open to non-residents** el comedor está abierto a clientes de fuera del hotel or al público en general

non-residential [ˈnɒnrezɪˈdenʃəl] adj (course) sin residencia □ **~ care** asistencia f or atención f a domicilio

non-restrictive [ˈnɒnrɪˈstrɪktɪv] adj GRAM (clause) no restrictivo(a)

non-returnable [ˈnɒnrɪˈtɜːnəbəl] adj (bottle, container) no retornable; (deposit) a fondo perdido, sin posibilidad de reembolso

non-scheduled [ˈnɒnˈʃedjuːld, US ˈnɒnˈskedjuːld] adj (flight) no regular; (stop) no programado(a) or previsto(a)

non-sectarian [ˈnɒnsekˈteərɪən] adj no sectario(a)

nonsense [ˈnɒnsəns] n -1. (rubbish, absurdity) tonterías fpl, disparates mpl; **~!** ¡tonterías!; **a piece of ~** una tontería, un disparate; **to talk (a lot of) ~** decir (muchos) disparates; **you're talking ~!** ¡eso que dices es una tontería or un disparate!; **his accusations are utter ~** sus acusaciones son un completo disparate; **it's ~ to say that things will never improve** es absurdo decir que las cosas no van a mejorar nunca; **what's all this ~ about going to live in America?** ¿qué es esa tontería or qué tontería es ésa de irse a vivir a América?; **to make a ~ of sth** (rules) poner en evidencia algo; (attempt) echar por tierra algo □ **~ verse** poesía f absurda; **~ word** palabra f sin sentido
-2. (foolishness, silly behaviour) tonterías fpl; **stop this or no more of this ~!** ¡ya basta de tonterías!; **I've had enough of your ~!** ¡ya estoy harto de tus tonterías!; **she took no ~ from her subordinates** no toleraba ninguna tontería de sus subordinados

nonsensical [ˌnɒnˈsensɪkəl] adj absurdo(a), disparatado(a)

non sequitur [ˌnɒnˈsekwɪtə(r)] n incongruencia f

non-sexist [ˈnɒnˈseksɪst] adj no sexista

non-skid [ˈnɒnskɪd], **non-slip** [ˈnɒnslɪp] adj (surface) antideslizante

non-smoker [ˈnɒnˈsməʊkə(r)] n no fumador(ora) m,f

non-smoking [ˈnɒnˈsməʊkɪŋ] adj (area, carriage) de no fumadores; **this is a ~ flight** no está permitido fumar en este vuelo

non-specialist [ˈnɒnˈspeʃəlɪst] ◇ n profano(a) m,f
◇ adj no especializado(a)

non-specific [ˈnɒnspəˈsɪfɪk] adj -1. (not precise) amplio(a) -2. MED **~ urethritis** uretritis f inv no gonocócica

non-standard [ˈnɒnˈstændəd] adj -1. LING no normativo(a) -2. (product, size) fuera de lo común

non-starter [ˈnɒnˈstɑːtə(r)] n -1. Fam **the project's a ~** es un proyecto inviable -2. (horse) caballo m inscrito y no presentado

non-stick [ˈnɒnˈstɪk] adj antiadherente

non-stop [ˈnɒnˈstɒp] ◇ adj (journey, flight) directo(a), sin escalas; **they kept up a ~ conversation** mantuvieron una conversación ininterrumpida or sin interrupciones
◇ adv (to talk, work) sin parar, ininterrumpidamente; (to fly) directo

non-taxable [ˈnɒnˈtæksəbəl] adj exento(a) de impuestos

non-threatening [ˌnɒnˈθretənɪŋ] adj (manner, environment) amistoso(a), no hostil

non-toxic [ˈnɒnˈtɒksɪk] adj atóxico(a), no tóxico(a)

non-transferable [ˈnɒntrænsˈfɜːrəbəl] adj intransferible

non-U [nɒn'juː] adj Br Fam **to be ~** (expression, activity) no ser de clase alta

non-union [nɒn'juːnjən], **non-unionized** ['nɒnˈjuːnjənaɪzd] adj **-1.** (worker, labour) no sindicado(a) **-2.** (firm, company) = que no permite que sus trabajadores se afilien a ningún sindicato

non-verbal [nɒn'vɜːbəl] adj (communication) no verbal

non-violence [nɒn'vaɪələns] n no agresión f

non-violent [nɒn'vaɪələnt] adj no violento(a)

non-vocational ['nɒnvə'keɪʃənəl] adj de carácter no profesional

non-voting [nɒn'vəʊtɪŋ] adj **-1.** (person) (not eligible) sin derecho a voto; (not exercising right) abstencionista **-2.** FIN (shares) sin derecho a voto

non-white [nɒn'waɪt] ◇ n = en Sudáfrica, durante el apartheid, persona de etnia diferente a la blanca
◇ adj no blanco

noodle ['nuːdəl] n **-1.** (pasta) **noodles** tallarines mpl (chinos) ❏ **chicken ~ soup** sopa f de pollo con tallarines **-2.** Br Fam (fool) zoquete m, tarugo m **-3.** US Fam (head) coco m, mollera f

nook [nʊk] n **-1.** (corner) rincón m, recoveco m; **nooks and crannies** recovecos mpl **-2.** Literary (secluded spot) rincón m

nooky, nookie ['nʊkɪ] n Fam Hum marcha f para el cuerpo, ñacañaca m

noon [nuːn] n mediodía m; **at ~** al mediodía

noonday ['nuːndeɪ] n **the ~ sun/heat** el sol/calor del mediodía

no one ['nəʊwʌn] pron = **nobody**

noontide ['nuːntaɪd] n Literary mediodía m

noontime ['nuːntaɪm] n mediodía m; **the ~ traffic** el tráfico del mediodía or a mediodía

noose [nuːs] n (loop) nudo m corredizo; (rope) soga f; **the (hangman's) ~** la soga (del verdugo); IDIOM **to put one's head in a ~, to put a ~ around one's neck** meterse en la boca del lobo

NOP [enəʊ'piː] n (abbr **National Opinion Polls** or **Poll**) = institución británica encargada de realizar sondeos de opinión

nope [nəʊp] adv Fam no

noplace ['nəʊpleɪs] adv US = **nowhere**

nor [nɔː(r)] ◇ conj (following **neither**, **not**) ni; **neither... ~ ni... ni; I can offer you neither money ~ assistance** no te puedo ofrecer ni dinero ni ayuda; **he neither drinks ~ smokes** ni fuma ni bebe or Am toma; **~ do I** yo tampoco, ni yo
◇ adv ni; **it's not the first time, ~ will it be the last** no es la primera vez, ni será la última; **I don't like fish - ~ do I** no me gusta el pescado - a mí tampoco or ni a mí; **I haven't read it, ~ do I intend to** ni lo he leído, ni pienso hacerlo; **~ was that all...** y eso no fue todo...

nor' [nɔː(r)] prefix nor-

Nordic ['nɔːdɪk] adj nórdico(a) ❏ **~ skiing** esquí m nórdico; **~ track** (exercise) = esquí realizado en un aparato gimnástico estático

Norf (abbr **Norfolk**) Norfolk

Norfolk ['nɔːfək] n **~ jacket** = chaqueta suelta y plisada con cinturón y bolsillos

norm [nɔːm] n norma f; **social norms** costumbres fpl sociales; **to deviate from the ~** salirse de la norma; **to be a break from the ~** romper con la rutina ❏ EDUC **~ referencing** = comparación del nivel de un alumno con el de sus compañeros

normal ['nɔːməl] ◇ n **above/below ~** (temperature, rate) por encima/por debajo de lo normal; **things quickly got back to ~ after the strike** las cosas volvieron pronto a la normalidad después de la huelga; **he'll soon be back to ~** pronto se recuperará; **the situation has returned to ~** la situación se ha normalizado
◇ adj **-1.** (common, typical, standard) normal; **a perfectly ~ baby** un bebé perfectamente normal; **under ~ conditions of use** en condiciones de uso normales; **it's ~ to feel jealous** es normal sentir celos; **any ~ person would have given up** cualquier otro habría abandonado

-2. (habitual) normal; **it's not ~ for him to be so cheerful** no es normal que esté tan alegre; **at the ~ time** a la hora habitual or acostumbrada, a la hora de siempre
-3. MATH (in statistics) normal ❏ **~ distribution** distribución f normal
-4. EDUC **~ school** escuela f normal

normality [nɔː'mælɪtɪ], US **normalcy** ['nɔːməlsɪ] n normalidad f; **everything returned to ~** todo volvió a la normalidad, todo se normalizó

normalization [nɔːməlaɪ'zeɪʃən] n normalización f

normalize ['nɔːməlaɪz] ◇ vt normalizar
◇ vi normalizarse

normally ['nɔːməlɪ] adv **-1.** (in normal manner) normalmente, con normalidad; **he's behaving ~** se comporta normalmente or con normalidad **-2.** (ordinarily) normalmente; **I ~ get up at half past seven** normalmente me levanto a las siete y media

Norman ['nɔːmən] ◇ n normando(a) m,f
◇ adj normando(a) ❏ HIST **the ~ Conquest** la conquista normanda

Normandy ['nɔːməndɪ] n Normandía ❏ HIST **the ~ landings** el Desembarco de Normandía

normative ['nɔːmətɪv] adj normativo(a)

Norse [nɔːs] ◇ n (language) nórdico m, lengua f nórdica or escandinava
◇ adj nórdico(a), escandinavo(a)

Norseman ['nɔːsmən] n vikingo m

north [nɔːθ] ◇ n norte m; **to the ~ (of)** al norte (de); **the ~ of Spain** el norte de España; **the North** US HIST los estados nordistas or del norte; (affluent countries) el Norte; **the wind is in** or **(coming) from the ~** el viento sopla del norte ❏ **the North-South divide** (in Britain) la división or fractura Norte-Sur (en Gran Bretaña); (in global economy) la división Norte-Sur
◇ adj **-1.** (direction, side) norte; **the ~ coast** la costa norte or septentrional; **~ London** el norte de Londres ❏ **~ wind** viento m del norte
-2. (in names) **North Africa** África del norte m,f; **North African** norteafricano(a) m,f; **North America** Norteamérica, América del Norte; **North American** norteamericano(a) m,f; **North American Free Trade Agreement** Tratado m de Libre Comercio de América del Norte; **North Atlantic Treaty Organization** Organización f del Tratado del Atlántico Norte; **North Carolina** Carolina del Norte; **the North Country** Br el norte de Inglaterra; US la zona nororiental de Norteamérica (Alaska, Territorio del Yukón y Territorios del Noroeste); **North Dakota** Dakota del Norte; **North Korea** Corea del Norte; **North Korean** norcoreano(a) m,f; **the North Pole** el Polo Norte; **the North Sea** el Mar del Norte; **North Star** estrella f Polar; **the North Star State** = apelativo familiar referido al estado de Minnesota
◇ adv al norte; **it's (3 miles) ~ of here** está (a 3 millas) al norte de aquí; **they live up ~** viven en el norte; **by east/by west** norte cuarta al nordeste/noroeste; **to face ~** (person) mirar hacia el norte; (room) estar orientado(a) or mirar al norte; **to go ~** ir hacia el norte

THE NORTH-SOUTH DIVIDE

Se refiere a la división entre el opulento sur, en especial Londres y los condados del sudeste, y el norte de Inglaterra. El norte había sido tradicionalmente el corazón industrial del país pero muchas de sus áreas geográficas sufrieron privaciones económicas y sociales como consecuencia del declive de la industria manufacturera en Gran Bretaña. La disparidad entre las dos regiones queda reflejada en el hecho de que los precios y los alquileres de la propiedad en el sur son mucho más elevados que en el norte, y en que la tasa de desempleo es mucho menor en las zonas meridionales.

Northants [nɔː'θænts] (abbr **Northamptonshire**) Northamptonshire

northbound ['nɔːθbaʊnd] adj (train, traffic) en dirección norte; **the ~ carriageway** el carril que va hacia el norte

Northd (abbr **Northumberland**) Northumberland

northeast [nɔːθ'iːst] n nordeste m, noreste m; **they live in the ~** viven al or en el nordeste or noreste
◇ adj (side) nordeste, noreste ❏ **~ wind** viento m del nordeste
◇ adv (to go, move) hacia el nordeste; (to be situated, face) al nordeste

north-easter [nɔːθ'iːstə(r)] n viento m del nordeste

northeasterly [nɔːθ'iːstəlɪ] ◇ n (wind) viento m del nordeste
◇ adj (direction) nordeste ❏ **~ wind** viento m del nordeste

northeastern [nɔːθ'iːstən] adj (region) del nordeste

northeastward [nɔːθ'iːstwəd] ◇ adj (direction) nordeste, noreste; (movement) hacia el nordeste
◇ adv hacia el nordeste, en dirección nordeste

northeastwardly [nɔːθ'iːstwədlɪ] ◇ adj (direction) nordeste, noreste; (movement) hacia el nordeste
◇ adv hacia el nordeste, en dirección nordeste

northeastwards [nɔːθ'iːstwədz] adv hacia el nordeste, en dirección nordeste

northerly ['nɔːðəlɪ] ◇ n (wind) viento m del norte
◇ adj (direction) norte; **the most ~ point** el punto más septentrional ❏ **~ wind** viento m del norte

northern ['nɔːðən] adj (region, accent) del norte, norteño(a); **~ Spain** el norte de España ❏ **~ fulmar** fulmar m boreal; **~ gannet** alcatraz m atlántico **~ hemisphere** hemisferio m norte; **Northern Ireland** Irlanda del Norte; **Northern Irish** norirlandés(esa) m,f; **~ lights** aurora f boreal; **~ oriole** turpial m norteño; **Northern Territory** Territorio m del Norte (región australiana)

NORTHERN IRELAND

Irlanda del Norte designa la parte de Irlanda de mayoría protestante que continuó formando parte del Reino Unido tras la división del país en 1921. Las revueltas sangrientas que estallaron en Belfast y en Londonderry en 1969, tras las manifestaciones que reivindicaban la igualdad de derechos para la minoría católica, marcaron el principio de treinta años de conflicto entre católicos y protestantes en Irlanda del Norte. Este conflicto ha visto enfrentarse a los nacionalistas del IRA, favorables a la anexión con la República de Irlanda, a diferentes grupos paramilitares protestantes anticatólicos, al ejército y a la policía británicos. El proceso de paz, que se inició en 1994 y desembocó en el Acuerdo del Viernes Santo de 1998, marca una nueva etapa, más optimista, en la historia de Irlanda del Norte.

northerner ['nɔːðənə(r)] n norteño(a) m,f; **I find that northerners are more friendly** encuentro a la gente del norte más simpática

northernmost ['nɔːðənməʊst] adj más septentrional, más al norte; **the ~ island of the archipelago** la isla más septentrional del archipiélago

north-facing ['nɔːθˈfeɪsɪŋ] adj orientado(a) al norte

north-northeast ['nɔːθnɔːθ'iːst] adv en dirección nornordeste

north-northwest ['nɔːθnɔːθ'west] adv en dirección nornoroeste

Northumb (abbr **Northumberland**) Northumberland

Northumbrian [nɔː'θʌmbrɪən] ◇ n persona f de Northumberland
◇ adj de Northumberland

northward ['nɔːθwəd] ◇ *adj* hacia el norte ◇ *adv* hacia el norte

northwards ['nɔːθwədz] *adv* hacia el norte

northwest [nɔːθ'west] ◇ *n* noroeste *m*; **they live in the ~** viven en el *or* al noroeste ◇ *adj* (side) noroeste ❑ **the Northwest Passage** el paso *or* la ruta del Noroeste (del Atlántico al Pacífico); **the Northwest Territories** los Territorios del Noroeste (región canadiense); **~ wind** viento *m* del noroeste ◇ *adv* (to go, move) hacia el noroeste; (to be situated, face) al noroeste

northwester [nɔːθ'westə(r)] *n* viento *m* del noroeste

northwesterly [nɔːθ'westəlɪ] ◇ *n* (wind) viento *m* del noroeste ◇ *adj* (direction) noroeste ❑ **~ wind** viento *m* del noroeste

northwestern [nɔːθ'westən] *adj* (region) del noroeste

northwestward [nɔːθ'westwəd] ◇ *adj* (direction) noroeste; (movement) hacia el noroeste ◇ *adv* hacia el noroeste, en dirección noroeste

northwestwardly [nɔːθ'westwədlɪ] ◇ *adj* (direction) noroeste; (movement) hacia el noroeste ◇ *adv* hacia el noroeste, en dirección noroeste

northwestwards [nɔːθ'westwədz] *adv* hacia el noroeste, en dirección noroeste

Norway ['nɔːweɪ] *n* Noruega ❑ **~ lobster** cigala *f*

Norwegian [nɔː'wiːdʒən] ◇ *n* **-1.** (person) noruego(a) *m,f* **-2.** (language) noruego *m* ◇ *adj* noruego(a)

Nos., nos. (abbr **numbers**) núms., n.ᵒˢ

nose [nəʊz] ◇ *n* **-1.** (of person) nariz *f*; **her ~ is bleeding** está sangrando por la nariz; **your ~ is running** tienes mocos, te moquea la nariz; **I punched him on** *or* **in the ~** le di un puñetazo en la nariz; **she's always got her ~ in a book** siempre anda enfrascada en algún libro; **to blow one's ~** sonarse la nariz; **to hold one's ~** taparse la nariz; **to speak through one's ~** hablar con voz gangosa ❑ **~ drops** gotas *fpl* para la nariz; *Fam* **~ job**; **to have a ~ job** (cosmetic surgery) operarse la nariz; *Fam* **~ rag** pañuelo *m* de los mocos; **~ ring** (on animal) aro *m* (en la nariz); (on person) *Esp* pendiente *m* or *Am* arete *m* de la nariz

-2. (of animal) hocico *m*; **the dog has a wet ~** el perro tiene el hocico húmedo; **the favourite won by a ~** (in horseracing) el favorito ganó en la misma línea *or* por muy poco; **I'll have £10 on the ~** apostaré 10 libras a ganador

-3. (sense of smell) olfato *m*; *Fig* **to have a ~ for sth** tener olfato para algo; **she's got a (good) ~ for a bargain** tiene (mucho) olfato para las gangas

-4. (aroma) (of wine) buqué *m*, bouquet *m*

-5. (of vehicle, plane, missile) parte *f* delantera, morro *m*; (of ship) proa *f*; (of bullet) cono *m*, punta *f*; **the traffic was ~ to tail** había caravana ❑ AV **~ cone** morro *m*; AV **~ wheel** rueda *f* delantera

-6. IDIOMS **it's right under your ~** lo tienes delante de las narices; **they stole it from under the nose(s) of the police** lo robaron delante de las narices de la policía; **you've got** *or* **hit it right on the ~** has dado en el clavo; **to cut off one's ~ to spite one's face** tirar (uno) piedras contra su propio tejado; *Br* **to get up sb's ~** poner negro(a) a alguien; **to keep one's ~ clean** no meterse en líos; *Fam* **keep your (big) ~ out of my business!** ¡no metas la nariz *or* las narices en mis asuntos!; **to keep one's ~ to the grindstone** dar el callo; **to keep sb's ~ to the grindstone** hacer que alguien dé el callo; **they are leading them by the ~** les están manejando a su antojo; **to look down one's ~ at sb** mirar a alguien por encima del hombro; **to look down one's ~ at sth** hacer ascos a algo, tener algo en poco; **she paid through the ~ for it** le costó un ojo de la cara; **to poke** *or* **stick one's ~ into other people's business** meter las narices en los asuntos de otros; **to put sb's ~ out of joint** hacerle un feo a alguien; **to turn one's ~ up at sth** hacerle ascos a algo; **she walked by with her ~ in the air** pasó con gesto engreído

◇ *vt* (push with nose) **the dog nosed the door open** el perro abrió la puerta (empujando) con el hocico

◇ *vi* **-1.** (advance gradually) **the car nosed out into the traffic** el coche *or Am* carro *or CSur* auto se fue incorporando al tráfico; **he nosed into the lead on the final stretch** poco a poco logró ponerse en cabeza en la recta final **-2.** *Fam* (snoop) **to ~ into sth** husmear en algo, meter la nariz *or* las narices en algo

◆ **nose about, nose around** *vi Fam* husmear, curiosear; **two men came nosing about for information** llegaron dos hombres fisgoneando en busca de información; **I don't want them nosing about in here!** ¡no quiero que anden husmeando *or* curioseando por aquí!

◆ **nose out** *vt sep* **-1.** (track down) dar con; **he can ~ out a bargain at an auction better than anyone** sabe como nadie olfatear una ganga en una subasta **-2.** *Fam* (beat narrowly) ganar por los pelos *or* por muy poco

nosebag ['nəʊzbæɡ] *n* morral *m*

noseband ['nəʊzbænd] *n* muserola *f*

nosebleed ['nəʊzbliːd] *n* hemorragia *f* nasal; **to have a ~** sangrar por la nariz

-nosed [nəʊzd] *suffix* **red~** con la nariz colorada

nose-dive ['nəʊzdaɪv] ◇ *n* **-1.** (of plane) *Esp* picado *m*, *Am* picada *f*; **to take a ~** hacer *Esp* un picado *or Am* una picada **-2.** (of prices, popularity) caída *f* en *Esp* picado *or Am* picada; **to take a ~** caer en *Esp* picado *or Am* picada ◇ *vi* (plane) hacer *Esp* un picado *or Am* una picada **-2.** (prices, popularity) caer en *Esp* picado *or Am* picada

nosegay ['nəʊzɡeɪ] *n Literary* ramillete *m* de flores

nosepiece ['nəʊzpiːs] *n* **-1.** (of bridle) muserola *f* **-2.** (of spectacles) puente *m*

nosey, nosy ['nəʊzɪ] *adj Fam* entrometido(a); **I don't mean to be ~, but...** no quisiera parecer entrometido *or* meterme donde no me llaman, pero... ❑ **~ parker** metomentodo *mf*

nosh [nɒʃ] *Br Fam* ◇ *n* (food) *Esp* manduca *f*, *Méx, RP* papa *f*, *RP* morfi *m* ◇ *vi* (eat) manducar, *Méx* echar papa, *RP* morfar

no-show [nəʊ'ʃəʊ] *n* **-1.** (for flight) pasajero *m* (con reserva) no presentado **-2.** (at theatre) reserva *f* no cubierta

nosh-up ['nɒʃʌp] *n Br Fam* comilona *f*

nosily ['nəʊzɪlɪ] *adv* **he ~ asked how much she earned** le muy entrometido le preguntó cuánto ganaba

nosiness ['nəʊzɪnɪs] *n* entrometimiento *m*

no-smoking ['nəʊ'sməʊkɪŋ] *adj* (carriage, area) de *or* para no fumadores

nostalgia [nɒs'tældʒɪə] *n* nostalgia *f* (**for** de)

nostalgic [nɒs'tældʒɪk] *adj* nostálgico(a); **to be** *or* **feel ~ for sth** tener *or* sentir nostalgia de algo

nostalgically [nɒs'tældʒɪklɪ] *adv* con nostalgia

nostril ['nɒstrɪl] *n* orificio *m* nasal, ventana *f* de la nariz

nostrum ['nɒstrəm] *n Literary* remedio *m* milagroso

nosy = **nosey**

not [nɒt] *adv*

En el inglés hablado, y en el escrito en estilo coloquial, **not** se contrae después de verbos modales y auxiliares.

no; **it's ~ easy, it isn't easy** no es fácil; **it's ~ unusual for this to happen** no es raro que ocurra esto; **~ me/him** yo/él no; **~ now/on Sundays** ahora/los domingos no; **I don't know** no sé; **it's terrible – no, it isn't!** terrible – ¡no, no lo es!; **don't move!** ¡no te muevas!; **are you coming or ~?** ¿vienes o no?, *RP* ¿venís o no venís?; **whether she likes it or ~** le guste o no; **I think/hope ~** creo/espero que no; **are you going? – I'd rather ~** ¿vas? – preferiría no ir; **she asked me ~ to tell him** me pidió que no se lo dijera; **you were wrong ~ to tell him** hiciste mal en no decírselo; **you understand, don't you?** entiendes, ¿no?; **it's good, isn't it?** está bueno, ¿verdad? *or Esp* ¿a qué sí?; **~ her again!** ¡ella otra vez!, *Am* ¡otra vez (esta mujer)!; **~ wishing to cause an argument, he said nothing** como no deseaba provocar una discusión, no dijo nada; **it happened ~ 10 metres away from where we are standing** ocurrió ni a 10 metros de donde estamos; *Fam* **I really liked her... ~!** me gustó mucho... ¡qué va!, *RP* me cayó muy bien... ¡nada que ver!; **you have one hour and ~ a minute longer** tienes una hora, ni un minuto más; **~ at all** en absoluto; **it was ~ at all funny** no tuvo nada de gracia, no fue nada gracioso; **thank you so much! – ~ at all!** ¡muchísimas gracias! – ¡de nada! *or* ¡no hay de qué!; **~ always** no siempre; **~ any more** ya no; **~ even** ni siquiera; **~ one** *or* **a single person answered** ni una sola persona contestó; **~ only... but also...** no sólo... sino (que) también...; **~ that I minded** no es que me importara; **we missed the train, ~ that I minded much** perdimos el tren, aunque no es que me importara mucho; **we lost, ~ that it matters** perdimos, ¡pero qué más da! *or* ¡pero da lo mismo!; **~ yet** todavía no, aún no; *Br Fig Hum* **he is 86 ~ out** tiene 86 años y aún le queda cuerda para rato

notable ['nəʊtəbəl] ◇ *n* (person) persona *f* distinguida ◇ *adj* notable; **to be ~ for sth** destacar por algo; **it is ~ that...** cabe resaltar que...; **with a few ~ exceptions** con alguna que otra notable excepción

notably ['nəʊtəblɪ] *adv* **-1.** (especially) en particular, en especial **-2.** (noticeably) notablemente; **his name was ~ absent from the list** notoriamente, su nombre no aparecía en la lista

notarize ['nəʊtəraɪz] *vt US* LAW (document) autenticar, legalizar; **a notarized copy** una copia notarial *or* legalizada ante notario

notary ['nəʊtərɪ] *n* LAW **~ (public)** notario(a) *m,f*, *Am* escribano(a) *m,f*

notation [nəʊ'teɪʃən] *n* **-1.** (sign system) notación *f*; **musical/mathematical ~** notación musical/matemática; **in binary ~** en sistema binario **-2.** *US* (jotting) anotación *f*

notch [nɒtʃ] ◇ *n* **-1.** (in stick) muesca *f*; IDIOM **a ~ on the bedpost** una conquista amorosa **-2.** (grade, level) punto *m*, grado *m*; **she's a ~ above the rest** está por encima de los demás; **he's gone up a ~ in my estimation** ha subido algún entero en mi estima, conmigo se ha apuntado un tanto **-3.** *US* (gorge) garganta *f*, desfiladero *m*
◇ *vt* (make cut in) (once) hacer una muesca en; (several times) hacer muescas en

◆ **notch up** *vt sep* (victory, sale) apuntarse

note [nəʊt] ◇ *n* **-1.** (record) nota *f*; **(lecture) notes** apuntes *mpl* de clase; **she spoke from/without notes** hablaba mirando/sin mirar las notas; **to take** *or* **make a ~ of sth** tomar nota de algo, apuntar algo; **make a ~ of everything you spend** apunta todo lo que gastes; **to take notes** (of lecture, reading) tomar notas; **to take ~ of sth/sb** (notice) fijarse en algo/alguien; **I must make a (mental) ~ to myself to ask her about it** tengo que acordarme de preguntárselo

-2. (short letter) nota *f*; **she left a ~ to say she'd call back later** dejó una nota diciendo que volvería más tarde

-3. (formal communication) nota *f* (oficial); **the embassy sent a ~ of protest** la embajada

notebook

envió una nota (oficial) de protesta
-4. *(annotation, commentary) (handwritten)* nota *f*, anotación *f*; *(printed)* nota *f*; **editor's/translator's ~** nota del editor/traductor; **see ~ 6** véase la nota número 6
-5. *(sound, tone)* tono *m*; *Fig (of doubt, anger)* nota *f*, tono *m*; **there was a ~ of contempt in her voice** había un tono *or* deje de desprecio en su voz; **the meeting began on a promising ~** la reunión tuvo un comienzo prometedor; **on a lighter ~** pasando a cosas menos serias; **her speech struck a warning ~** su discurso dio un toque de atención; **the flowers add a ~ of colour** las flores añaden una nota *or* un toque de color
-6. *(musical)* nota *f*; **to hit a high ~** *(in singing)* dar una nota alta
-7. *esp Br (banknote)* billete *m*; **a ten-pound ~** un billete de diez libras

◇ *vt* **-1.** *(observe, notice)* notar; *(error, mistake)* advertir; *(fact, circumstance)* darse cuenta de; **we have noted several omissions** hemos advertido algunas omisiones; **he noted that the window was open** se dio cuenta de que la ventana estaba abierta; **please ~ that...** tenga en cuenta que...; **please ~ that payment is now due** permítanos informarle de que *or* recordarle que el plazo de pago ha vencido; **~ that she didn't actually refuse** fíjate que ella en ningún momento se negó
-2. *(write down)* anotar, apuntar; **all sales are noted in this book** en este libro se anotan *or* apuntan todas las ventas
-3. *(mention)* señalar; **as I noted earlier** como ya señalé antes

◇ **of note** *adj (outstanding) (person)* destacado(a); *(thing, event)* destacable; **a writer of ~** un destacado *or* excepcional escritor; **a historian of some ~** un historiador de cierto renombre; **nothing of ~ happened** no ocurrió nada destacable *or* nada digno de mención

◆ **note down** *vt sep* anotar, apuntar
notebook ['nəʊtbʊk] *n* **-1.** *(small)* libreta *f*; *(bigger)* cuaderno *m* **-2.** COMPTR **~ (computer)** *Esp* ordenador *m* or *Am* computadora *f* portátil
notecase ['nəʊtkeɪs] *n Br Old-fashioned (wallet)* cartera *f*
noted ['nəʊtɪd] *adj* destacado(a); **a ~ surgeon** un(a) destacado(a) cirujano(a); **to be ~ for sth** destacar por algo; **a region ~ for its lakes** una región conocida *or* famosa por sus lagos; **he's not ~ for his subtlety** no destaca precisamente por su sutileza, lo que se dice sutil no es
notelet ['nəʊtlɪt] *n Br* = papel de cartas decorado y doblado en cuatro
notepad ['nəʊtpæd] *n* **-1.** *(paper)* libreta *f*, bloc *m* de notas **-2.** COMPTR **~ (computer)** agenda *f* electrónica
notepaper ['nəʊtpeɪpə(r)] *n* papel *m* de carta
noteworthy ['nəʊtwɜːðɪ] *adj* destacable, digno(a) de mención; **a ~ example of this trend** un ejemplo destacable de esta tendencia; **it is ~ that** cabe destacar que...
not-for-profit ['nɒtfər'prɒfɪt] *adj US* sin ánimo de lucro
nothing ['nʌθɪŋ] ◇ *pron* nada; **~ new/remarkable** nada nuevo/especial; **~ happened** no pasó nada; **~ has been decided** no se ha decidido nada; **I have ~ to do** no tengo nada que hacer; **I've had ~ to eat** no he comido nada; **it's ~ to worry about** no es para preocuparse; **~ you can do will make up for it** hagas lo que hagas no podrás compensarme; **say ~ about it** no digas nada (de esto); **are you all right? – yes, it's ~** ¿estás bien? – sí, no es nada; **thank you very much – it was ~** muchísimas gracias – de nada *or* no hay de qué; **$1,000 is ~ to her** para ella 1.000 dólares no son nada; **it's all or ~ now** ahora es todo o nada; **there's ~ clever about it** no tiene nada de inteligente; **to get angry/worried for** or **about ~** *esp Esp* enfadarse *or esp Am* enojarse/preocuparse por nada; **to do sth for ~** *(in vain)* hacer algo para nada; *(with no reason)* hacer algo porque sí; *(free of charge)* hacer algo gratis; **he has built up the firm from ~** ha construido la empresa partiendo de la nada; **you've caused me ~ but trouble** no me has traído (nada) más que problemas; **buy ~ but the best** compre sólo lo mejor; **~ else** nada más; **there is ~ for it (but to...)** no hay más remedio (que...); **he was ~ if not discreet** desde luego fue muy discreto; **there's ~ in it** *(it's untrue)* es falso; **there's ~ in it between the two models** los dos modelos se diferencian en muy poco; **there's ~ like a nice steak!** ¡no hay nada como un buen filete!; **there is ~ more to be said** no hay (nada) más que decir; **~ much** no mucho, poca cosa; **I said ~ of the sort** yo no dije nada de eso; **as a pianist he has ~ on his brother** como pianista, no tiene ni punto de comparación con su hermano; **to have ~ to do with sth/sb** no tener nada que ver con algo/alguien; **that's ~ to do with you** no tiene nada que ver contigo; **I want ~ to do with it** no quiero tener nada que ver con eso; **to make ~ of sth** *(achievement, result)* no dar importancia a algo; *(regrettable occurrence or event)* quitar importancia *or Esp* hierro a algo; **to say ~ of...** por no hablar de...; **he thinks ~ of spending $100 on drink** le parece normal gastarse 100 dólares en bebida; **think ~ of it** *(response to thanks)* no hay de qué; *(response to apology)* olvídalo; *Fam* **can you lend me ten dollars? – ~ doing** ¿me prestas diez dólares? – ¡ni soñando *or* soñar! *or Esp* ¡de eso nada! *or Méx* ¡ni un quinto! *or RP* ¡ni loco(a)!; IDIOM *Fam* **there's ~ to it** no tiene ningún misterio

◇ *n* **-1.** *(zero)* cero *m*; **we won three ~** ganamos (por) tres a cero **-2.** *(insignificant person)* cero *m* a la izquierda **-3.** *(trifle)* **a hundred dollars? – a mere ~!** ¿cien dólares? – ¡una bagatela!; **to come to ~** quedar en nada

◇ *adv* **she looks ~ like her sister** no se parece en nada a su hermana; **it was ~ like as difficult as they said** no era ni mucho menos tan difícil como decían; **your behaviour was ~ less than** *or* **short of disgraceful** tu comportamiento fue de lo más vergonzoso; **it was ~ more than a scratch** no fue más que un pequeño rasguño

◇ *adj Fam (worthless)* **it's a ~ play!** la obra no vale para nada
nothingness ['nʌθɪŋnɪs] *n* nada *f*; **he stared out into the ~** miraba al vacío
notice ['nəʊtɪs] ◇ *n* **-1.** *(warning)* aviso *m*; **we require five days' ~** necesitamos que nos avisen con cinco días de antelación; **to give sb ~ of sth** avisar a alguien de algo, notificar algo a alguien; **at a moment's ~** enseguida; **at short ~** en poco tiempo, con poca antelación; **until further ~** hasta nuevo aviso; **without (prior) ~** sin previo aviso
-2. *(attention)* **to attract ~** llamar la atención; **to bring sth to sb's ~** llamar la atención de alguien sobre algo; **it has come to my ~ that...** ha llegado a mi conocimiento que...; **the fact escaped everyone's ~** el hecho pasó inadvertido para todo el mundo; **to take ~ of sth/sb** prestar atención a algo/alguien; **to take no ~ (of), not to take any ~ (of)** no hacer caso (de)
-3. *(intent to terminate contract)* **to give** *or* **hand in one's ~** *(resign)* presentar la dimisión, despedirse; **to give sb their ~** *(make redundant)* despedir a alguien; **to give sb a month's ~** *(of redundancy)* comunicarle a alguien el despido con un mes de antelación; *(to move out)* darle a alguien un plazo de un mes para abandonar el inmueble; **you must give at least a month's ~** debes avisar con al menos un mes de antelación ❑ ***period*** periodo *m* or plazo *m* de preaviso

-4. *(sign)* cartel *m*; **a ~ was pinned to the door** había una nota en la puerta
-5. *(announcement in newspaper)* anuncio *m*
-6. THEAT crítica *f*, reseña *f*

◇ *vt (realize)* darse cuenta de; *(sense)* notar; *(observe)* fijarse en; **I noticed (that) he was uncomfortable** me di cuenta de que estaba incómodo; **have you noticed anything strange in her behaviour?** ¿has notado algo extraño en su comportamiento?; **I noticed a man yawning at the back** me fijé en un hombre al fondo que bostezaba; **did you ~ her smiling?** ¿te diste cuenta de cómo sonreía?; **I noticed a gap in the fence** vi un hueco en la valla; **I ~ you've dyed your hair** veo que te has teñido el pelo; **to do sth without being noticed** hacer algo sin que nadie se dé cuenta; **to be noticed, to get oneself noticed** llamar la atención

◇ *vi* darse cuenta
noticeable ['nəʊtɪsəbəl] *adj (change, difference, improvement, effect)* apreciable, notable; **barely ~** apenas perceptible; **the stain is barely ~** la mancha apenas se nota; **it was very ~ that...** se notaba claramente que...
noticeably ['nəʊtɪsəblɪ] *adv* claramente, notablemente; **students did ~ less well in these subjects** claramente, estas asignaturas se les daban peor a los alumnos; **to be ~ absent** brillar por su ausencia; **~ absent from this list were...** entre las ausencias notables de la lista estaban...; **have things improved? – not ~** ¿han mejorado las cosas? – no de manera significativa
noticeboard ['nəʊtɪsbɔːd] *n Br* tablón *m* de anuncios
notifiable ['nəʊtɪ'faɪəbəl] *adj (disease)* notificable
notification [nəʊtɪfɪ'keɪʃən] *n* notificación *f*; **to give sb ~ of sth** notificar algo a alguien; **to receive ~ (of sth)** recibir notificación *or* aviso (de algo)
notify ['nəʊtɪfaɪ] *vt* notificar; **to ~ sb of sth** notificar algo a alguien; **why was I not notified of these changes?** ¿por qué no se me notificaron estos cambios?; **keep us notified of any change in your plans** manténganos informados *or* avísenos si cambia de planes; **the authorities have been notified** ya se ha informado *or CAm, Méx* reportado a las autoridades; **winners will be notified within ten days** los ganadores recibirán notificación en el plazo de diez días
notion ['nəʊʃən] ◇ *n* **-1.** *(idea, concept)* idea *f*, noción *f*; **have you any ~ of what it will cost?** ¿tienes idea de lo que puede costar?; **where did she get the ~** *or* **whatever gave her the ~ that we don't like her?** ¿de dónde habrá sacado la idea de que nos cae mal?; **to have no ~ of sth** no tener noción de algo; **I have no ~ where they might be** no tengo ni idea de dónde pueden estar; **I have a ~ that...** me parece que...; **I lost all ~ of time** perdí por completo la noción del tiempo
-2. *(urge, whim)* **to have a ~ to do sth** tener el capricho de hacer algo; **she had a ~ to paint it red** le dio por pintarlo de rojo

◇ *npl* **notions** *US (sewing materials)* cosas *fpl* de costura
notional ['nəʊʃənəl] *adj* **-1.** *(hypothetical) (sum, fee)* teórico(a), hipotético(a); **after a ~ inspection, the goods were passed** tras una inspección de puro trámite, la mercancía pasó **-2.** LING nocional, léxico(a)
notoriety [nəʊtə'raɪətɪ] *n* mala fama *f*; **this action gained** *or* **earned him some ~** este acto le dio *or* granjeó cierta mala fama
notorious [nəʊ'tɔːrɪəs] *adj Pej* famoso(a), célebre *(por algo negativo)*; **he's a ~ liar** es famoso por sus mentiras; **she's ~ for being late** tiene fama de impuntual; **a city ~ for its slums** una ciudad tristemente famosa *or* con mala fama por sus barrios bajos
notoriously [nəʊ'tɔːrɪəslɪ] *adv* **it is ~ difficult/bad** es de sobra conocido lo difícil/malo que es; **the trains here are ~ unreliable** aquí los trenes tienen fama de funcionar muy mal

no-trump(s) ['nəʊ'trʌmp(s)] *adv* sin triunfo

not-too-distant ['nɒttuː'dɪstənt] *adj* **in the ~ future** en un futuro no muy lejano

Notts [nɒts] (*abbr* **Nottinghamshire**) (condado *m* de) Nottinghamshire

notwithstanding [nɒtwɪθ'stændɪŋ] *Formal* ◇ *prep* a pesar de, pese a; **~ the agreement** a pesar del acuerdo; **no liability will be accepted by the management, the agreement ~** a pesar de lo que estipule el contrato, la dirección no se responsabilizará

◇ *adv* no obstante, sin embargo

nougat ['nuːgɑː] *n* = tipo de turrón de textura similar a un caramelo de tofe, con frutos secos y frutas confitadas

nought, *US* **naught** [nɔːt] *n* cero *m*; **~ point five** cero coma cinco; *Br* **noughts and crosses** (*game*) tres en raya *m*

noun [naʊn] *n* GRAM sustantivo *m*, nombre *m*; **common/proper ~** nombre común/propio ❑ **~ *clause*** cláusula *f or* oración *f* sustantiva; **~ *phrase*** sintagma *m* nominal

nourish ['nʌrɪʃ] *vt* **-1.** (*person, animal*) nutrir, alimentar; **to be well nourished** estar bien alimentado(a) **-2.** (*feeling, hope*) abrigar, albergar

nourishing ['nʌrɪʃɪŋ] *adj* nutritivo(a)

nourishment ['nʌrɪʃmənt] *n* **-1.** (*food*) alimentos *mpl*; **the patient has taken no ~** el paciente no ha tomado ningún alimento **-2.** (*nourishing quality*) alimento *m*; **it's full of/lacking in ~** tiene mucho/poco alimento

nous [naʊs] *n Br Fam* (*common sense*) seso *m*; **anyone with any ~ would have seen what was happening** cualquiera con dos dedos de frente habría visto lo que estaba pasando; **to have the ~ to do sth** tener vista para hacer algo

nouveau riche [nuːvəʊ'riːʃ] *Pej* ◇ *n* (*pl* **nouveaux riches**) nuevo(a) rico(a) *m,f*

◇ *adj* de nuevo rico

nouvelle cuisine ['nuːvelkwɪ'ziːn] *n* CULIN nouvelle cuisine *f*

Nov (*abbr* **noviembre**) nov.

nova ['nəʊvə] (*pl* **novae** ['nəʊviː] *or* **novas**) *n* ASTRON nova *f*

Nova Scotia ['nəʊvə'skəʊʃə] *n* Nueva Escocia

Nova Scotian ['nəʊvə'skəʊʃən] ◇ *n* persona *f* de Nueva Escocia

◇ *adj* de Nueva Escocia

novel ['nɒvəl] ◇ *n* novela *f*

◇ *adj* (*original*) novedoso(a), original; **what a ~ idea!** ¡qué idea tan original!

novelese [nɒvə'liːz] *n Pej* prosa *f* novelesca

novelette [nɒvə'let] *n Pej* novelucha *f*

novelettish [nɒvə'letɪʃ] *adj Pej* sentimentaloide

novelist ['nɒvəlɪst] *n* novelista *mf*

novella [nɒ'velə] (*pl* **novellas**) *n* novela *f* corta

novelty ['nɒvəltɪ] *n* **-1.** (*newness*) novedad *f*; **the ~ will soon wear off** pronto dejará de ser una novedad; **it has a certain ~ value** tiene un cierto atractivo por ser nuevo **-2.** (*new thing*) novedad *f*; **as the only Chinese child, I was something of a ~** al ser el único niño chino, yo era la novedad; **now there's a ~!** ¡vaya *or* menuda novedad! **-3.** (*cheap toy*) chuchería *f*; **~ *jewellery*** joyas de fantasía

November [nəʊ'vembə(r)] *n* noviembre *m*; *see also* **May**

novena [nəʊ'viːnə] *n* REL novena *f*

novice ['nɒvɪs] *n* **-1.** (*beginner*) principiante *mf*, novato(a) *m,f*; **I'm still a ~ at golf/computing** soy todavía un principiante en el golf/la informática **-2.** REL novicio(a) *m,f*

novitiate, noviciate [nə'vɪʃɪət] *n* REL **-1.** (*period*) noviciado *m* **-2.** (*place*) noviciado *m*

Novocaine® ['nəʊvəkeɪn] *n* novocaína® *f*

NOW [naʊ] (*abbr* **National Organization for Women**) *n* = organización estadounidense que defiende los derechos de las mujeres

now [naʊ] ◇ *adv* **-1.** (*at this moment*) ahora; (*these days*) hoy (en) día; **what shall we do ~?** ¿y ahora qué hacemos?; **~ is the time to...** ahora es el momento de...; **~'s our chance** ésta es nuestra oportunidad *or* la nuestra; **~ you tell me!** ¡y me lo dices ahora!; **it's two years ~ since his mother died** hace dos años que murió su madre; **he won't be long ~** no tardará mucho, *Am* no demorará mucho más; **and ~ for some music** y a continuación, un poco de música; **any day ~** cualquier día de estos; **any minute ~** en cualquier momento; **they should have finished before ~** ya deberían haber acabado; **between ~ and next week** entre ahora y la próxima semana; **he ought to be here by ~** ya debería haber llegado; **if she can't do it by ~, she never will** si todavía no lo sabe hacer, no lo sabrá nunca; **~ and then** *or* **again** de vez en cuando; **that'll do for ~** por ahora *or* por el momento es suficiente; **in three days from ~** de aquí a tres días; **from ~ on, as of ~** a partir de ahora; **I'm busy just ~** ahora mismo *or* en este momento estoy ocupado; **I saw her just ~** la acabo de ver; **right ~** ahora mismo; **up to** *or* **until ~** hasta ahora; *Fam* **it's ~ or never** ahora o nunca

-2. (*referring to moment in past*) entonces; **it was time for them to leave** entonces fue el momento de marcharse

-3. (*introducing statement, question*) **~, there are two ways of interpreting this** ahora bien, lo podemos interpretar de dos maneras; **~, let me see...** bueno, vamos a ver...; **~, if I were you...** escucha, si yo estuviera en tu lugar...; **~ that was a good idea** esa sí que ha sido una buena idea; **~ what have I said about using bad language?** ¿y qué es lo que te tengo dicho sobre las palabrotas?; **~ why would she say a thing like that?** ¿pero por qué iba a decir algo así?; **come on, ~, or we'll be late** venga, date prisa *or Am* apúrate o llegaremos tarde; **be careful, ~!** ten mucho cuidado, ¡eh!; **well ~** *or* **~ then, what's happened here?** vamos a ver, ¿qué ha pasado?

-4. (*as reproof*) **come ~!** *Esp* ¡venga, hombre/mujer!, *Am* ¡pero qué cosa!; **~, ~, stop quarrelling!** *Esp* ¡hala, hala! *or Am* ¡bueno, bueno! ¡basta de peleas!

-5. (*when comforting*) **~, ~, there's no need to cry** *Esp* venga, vamos, no llores, *Am* bueno, bueno, no llores

◇ *conj* ahora que; **~ (that) I'm older I think differently** ahora que soy más viejo *or Am* grande, ya no pienso igual; **~ (that) you mention it** ahora que lo dices

◇ *adj Fam* **-1.** (*current*) **the ~ president** el presidente de ahora **-2.** (*fashionable*) **the ~ place to go** el sitio de moda

nowadays ['naʊədeɪz] *adv* hoy (en) día, actualmente; **where's she working/living ~?** ¿dónde trabaja/vive actualmente *or* ahora?

noway ['nəʊweɪ], **noways** ['nəʊweɪz] *adv Fam* de ninguna manera

nowhere ['nəʊweə(r)] ◇ *n* **there was ~ to stay** no había dónde alojarse; **they have ~ to live** no tienen dónde vivir; **an ambulance appeared from ~** una ambulancia apareció de la nada; **he came from ~ to win the race** remontó desde atrás y ganó la carrera

◇ *adv* en ningún lugar, en/a ninguna parte; **where did you hide it? – ~** ¿dónde lo has escondido? – en ninguna parte; **where did they send you? – ~** ¿adónde te mandaron? – a ninguna parte; **he was ~ to be found** no lo encontrábamos por ninguna parte; **they were ~ to be seen** no los veíamos por ninguna parte; **~ does the report mention her name** en ninguna parte del informe *or CAm, Méx* reporte se menciona su nombre; **~ is this more evident than in his written work** donde más se pone en evidencia esto es en su obra escrita; **~ else** en/a ningún otro lugar; **it's ~ near the mall** no queda nada cerca del centro comercial; **it's ~ near good enough** está lejos de ser aceptable; **the rest were ~** (*in contest*) los demás quedaron muy por detrás; **qualifications alone will get you ~** sólo con los estudios no irás a ninguna parte; **I'm getting ~ with this essay** no estoy avanzando nada con este trabajo; *Fam* **we're getting ~ fast** estamos perdiendo el tiempo; **you will go ~ until I tell you to** tú no te mueves de ahí hasta que no te lo diga; *Fig* **we're going ~** así no vamos a ninguna parte

no-win ['nəʊ'wɪn] *adj* **a ~ situation** un callejón sin salida

nowise ['nəʊwaɪz] *adv US* **in ~** de ninguna manera

nowt [naʊt] *pron Br Fam* (*nothing*) nada; PROV **there's ~ so queer as folk** hay gente para todo

noxious ['nɒkʃəs] *adj Formal* (*gas, substance*) nocivo(a), pernicioso(a); (*influence*) pernicioso(a)

nozzle ['nɒzəl] *n* (*for hose, paint gun, vacuum cleaner*) boquilla *f*; (*of rocket*) tobera *f*

NP [en'piː] **-1.** (*abbr* **new paragraph**) punto y aparte **-2.** (*abbr* **New Providence**) Nueva Providencia **-3.** (*abbr* **Notary Public**) notario *mf*, *Am* escribano(a) *m,f* **-4.** GRAM (*abbr* **noun phrase**) SN

NPV [enpiː'viː] *n* FIN (*abbr* **net present value**) VAN *m*

nr (*abbr* **near**) cerca de

NRA [enɑː'reɪ] *n* **-1.** (*abbr* **National Rifle Association**) = asociación estadounidense que se opone a cualquier restricción en el uso de armas de fuego **-2.** (*abbr* **National Rivers Authority**) = organismo británico que controla la contaminación de los ríos

NRV [enɑː'viː] *n* FIN (*abbr* **net realizable value**) valor *m* neto de realización

NS [en'es] (*abbr* **Nova Scotia**) Nueva Escocia

NSC [enes'siː] *n US* (*abbr* **National Security Council**) Consejo *m* de Seguridad Nacional

NSPCC [enespiːsiː'siː] *n Br* (*abbr* **National Society for the Prevention of Cruelty to Children**) = sociedad protectora de la infancia

NSU [enes'juː] *n* MED (*abbr* **non-specific urethritis**) uretritis *f inv* no gonocócica

NSW (*abbr* **New South Wales**) Nueva Gales del Sur

NT [en'tiː] *n* **-1.** (*abbr* **National Trust**) = organismo estatal británico encargado de la conservación de edificios y parajes de especial interés, *Esp* ≃ Patrimonio *m* Nacional **-2.** (*abbr* **New Testament**) Nuevo Testamento *m* **-3.** (*abbr* **Northern Territory**) Territorio *m* Septentrional

nth [enθ] *adj* **-1.** MATH enésimo(a); **to the ~ power** a la enésima potencia **-2.** *Fam* (*umpteenth*) enésimo(a); **for the ~ time** por enésima vez; **to the ~ degree** al máximo, a tope

nuance ['njuːɒns] *n* matiz *m*

nuanced ['njuːɒnst] *adj* sutil, rico(a) en matices

nub [nʌb] *n* **-1.** (*crux*) nudo *m*; **the ~ of the matter** *or* **issue** el quid de la cuestión **-2.** (*small bump*) abolladura *f*

Nubian ['njuːbɪən] ◇ *n* nubio(a) *m,f*

◇ *adj* nubio(a)

nubile ['njuːbaɪl] *adj* (*attractive*) de buen ver

nuclear ['njuːklɪə(r)] *adj* **-1.** PHYS nuclear ❑ **~ *energy*** energía *f* nuclear; **~ *fission*** fisión *f* nuclear; **~ *fuel*** combustible *m* nuclear; **~ *fusion*** fusión *f* nuclear; **the ~ *industry*** la industria *f* nuclear; **~ *physics*** física *f* nuclear; **~ *power*** energía *f* nuclear *or* atómica; **~ *power station*** central *f* nuclear; **~ *reaction*** reacción *f* nuclear; **~ *reactor*** reactor *m* nuclear; **~ *reprocessing*** reprocesamiento *m* nuclear; **~ *reprocessing plant*** planta *f or* central *f* de reprocesamiento nuclear; **~ *waste*** residuos *mpl* nucleares

-2. MIL nuclear; **to go ~** (*in war*) emplear armamento nuclear ❑ **~ *bomb*** bomba *f* nuclear; **~ *bunker*** refugio *m* antinuclear; **~ *capability*** capacidad *f* nuclear; **~ *disarmament*** desarme *m* nuclear; **~ *fallout*** lluvia *f* radiactiva; **~ *proliferation*** proliferación *f* nuclear; **~ *shelter*** refugio *m* antinuclear; **~ *submarine*** submarino *m* nuclear; **~ *test*** prueba *f* nuclear; **~ *umbrella*** paraguas *m inv* nuclear; **~ *war(fare)***

nuclear-free zone

guerra *f* nuclear *or* atómica; **~ warhead** cabeza *f* nuclear; **~ weapon** arma *f* nuclear *or* atómica; **~ winter** invierno *m* nuclear
-3. **~ family** familia *f* nuclear

nuclear-free zone ['nju:klɪəfri:'zəʊn] *n* zona *f* desnuclearizada

nuclear-powered ['nju:klɪə'paʊəd] *adj* nuclear ❑ **~ submarine** submarino *m* nuclear

nuclease ['nju:klieɪz] *n* BIOCHEM nucleasa *f*

nuclei *pl of* **nucleus**

nucleic [nju:'kli:ɪk] *adj* nucleico(a) ❑ **~ acid** ácido *m* nucleico

nucleon ['nju:kliɒn] *n* PHYS nucleón *m*

nucleus ['nju:kliəs] (*pl* **nuclei** ['nju:klɪaɪ]) *n* -1. BIOL, CHEM & PHYS núcleo *m* -2. (*core*) núcleo *m*; **they form the ~ of the team** forman la base del equipo

nude [nju:d] ◇ *n* -1. (*being nude*) desnudo *m*; **in the ~** desnudo(a) -2. ART desnudo *m*
◇ *adj* desnudo(a); **to be ~** estar desnudo(a); **~ scenes** (*in film*) escenas de desnudo; **to sunbathe ~** tomar el sol desnudo(a)

nudge [nʌdʒ] ◇ *n* -1. (*push*) empujón *m*; (*with elbow*) codazo *m*; **to give sb a ~** (*push*) dar un ligero empujón a alguien; (*with elbow*) dar un leve codazo a alguien; *Br Fam Hum* **~ ~, wink wink** ya me entiendes -2. (*encouragement*) empujón *m*; **he needs a ~ in the right direction** necesita un empujoncito en la dirección adecuada
◇ *vt* -1. (*push*) dar un ligero empujón a; (*with elbow*) dar un leve codazo a; **the truck nudged its way through the crowd** el camión avanzó a trompicones entre la multitud -2. (*encourage*) animar; **to ~ sb's memory** refrescar la memoria a alguien -3. (*approach*) acercarse, rozar; **temperatures were nudging 40°C** las temperaturas rozaban los 40°C
◇ *vi* (*move gradually*) avanzar lentamente

nudie ['nju:dɪ] *Fam* ◇ *n* (*film*) película *f* con desnudos
◇ *adj* (*film, magazine*) con *or* de desnudos; (*bathing*) en pelota(s) *or* cueros, *Méx* encuerado(a)

nudism ['nju:dɪzəm] *n* (*naturism*) nudismo *m*

nudist ['nju:dɪst] *n* nudista *mf* ❑ **~ camp** campamento *m*; **~ colony** colonia *f* nudista

nudity ['nju:dɪtɪ] *n* desnudez *f*

nugatory ['nju:gətərɪ] *adj Formal* (*trifling, insignificant*) fútil

nugget ['nʌgɪt] *n* -1. (*of gold*) pepita *f* -2. *Fig* **nuggets of wisdom** destellos de lucidez; **a few useful nuggets of information** unos cuantos datos útiles -3. CULIN trozo *m*

nuisance ['nju:səns] *n* -1. (*annoying thing*) pesadez *f*, molestia *f*; **it's a ~ having to commute every day** es un fastidio tener que desplazarse al trabajo todos los días; **what a ~!, that's a ~!** ¡qué contrariedad!; **the protests don't change anything but they have a certain ~ value** las manifestaciones no cambian nada, pero sirven para molestar ❑ **~ call** llamada *f* (telefónica) molesta, *Am* llamado *m* (telefónico) molesto
-2. (*annoying person*) pesado(a) *m,f*; **to make a ~ of oneself** fastidiar, dar la lata; **stop being a ~** no seas pesado
-3. LAW **a public ~** afrenta pública

NUJ [enju:'dʒeɪ] *n* (*abbr* **National Union of Journalists**) = sindicato británico de periodistas

nuke [nju:k] *Fam* ◇ *n* -1. (*weapon*) arma *f* nuclear -2. *US* (*power plant*) central *f* or planta *f* nuclear
◇ *vt* -1. (*attack with nuclear weapons*) atacar con armas nucleares -2. (*cook in microwave*) cocinar en el microondas -3. (*defeat*) dar una paliza a

null [nʌl] *adj* -1. LAW (*invalid*) nulo(a); **~ and void** nulo(a) (y sin valor); **the contract was rendered ~ (and void)** el contrato quedó invalidado -2. (*insignificant*) insignificante; (*amounting to nothing*) irrisorio(a), ínfimo(a);

the effect of the embargo was ~ las repercusiones del embargo fueron ínfimas -3. MATH (*set*) vacío(a)

nullification [nʌlɪfɪ'keɪʃən] *n* invalidación *f*

nullify ['nʌlɪfaɪ] *vt* -1. LAW (*claim, contract*) anular, invalidar -2. (*advantage, effect*) neutralizar

nullity ['nʌlɪtɪ] *n* -1. (*worthlessness*) inutilidad *f* -2. LAW (*invalidity*) nulidad *f*

NUM [enju:'em] *n* (*abbr* **National Union of Mineworkers**) = sindicato minero británico

numb [nʌm] ◇ *adj* entumecido(a); **to be ~** estar entumecido(a); **to go ~** entumecerse; **my arm/foot/hand has gone ~** se me ha dormido el brazo/el pie/la mano; **~ with cold** entumecido(a) por el frío; **~ with fear** paralizado(a) por el miedo
◇ *vt* (*of cold, grief*) entumecer; (*of terror*) paralizar; (*of drug*) adormecer, calmar; **she was numbed by her father's death** la muerte de su padre la dejó helada

number ['nʌmbə(r)] ◇ *n* -1. (*figure*) número *m*; **I live at ~ 40** vivo en el (número) 40; **the ~ 5 (bus)** el (número) 5; **(telephone) ~** número (de teléfono *or Am* telefónico); **I'm good at numbers** tengo facilidad para los números, se me dan bien los números *or* las cifras; IDIOM *Fam* **I've got your ~!** ¡te tengo fichado!; IDIOM *Fam* **his ~'s up** le ha llegado la hora, *RP* le toca el turno; IDIOM **to do sth by numbers** hacer algo mecánicamente ❑ **~ one** (*person, song*) número uno; *Fam* **to do a ~ one** (*to urinate*) hacer pipí *or RP* pichí; *Fam* **to look after ~ one** cuidarse sólo de los propios intereses; *Br* **Number Ten** = la residencia oficial del primer ministro británico; *Br* **there was no comment from Number Ten** el primer ministro no realizó ningún comentario; MATH **~ theory** teoría *f* de números; **~ two** (*subordinate*) segundo *m* (de a bordo); *Fam* **to do a ~ two** (*to defecate*) hacer caca
-2. (*quantity*) número *m*; **a large ~ of** gran número de; **I have a small ~ of queries** tengo unas pocas preguntas; **large numbers of people** grandes cantidades de gente; **what sort of numbers are you expecting?** ¿cuánta gente esperas?; **a ~ of reasons** varias razones; **there are any ~ of explanations** hay infinitas explicaciones; *Literary* **deaths beyond *or* without ~** innumerables *or* incontables muertes; **their supporters were present in small/great numbers** un pequeño/gran número de sus partidarios hizo acto de presencia; **we are twenty in ~** somos veinte; **their opponents are few in ~** sus adversarios son pocos
-3. *Br* (*of car*) matrícula *f* ❑ **~ plate** (*of car*) (placa *f* de la) matrícula *f*
-4. (*song*) tema *m*, canción *f*
-5. *Br* (*of magazine*) número *m*
-6. (*group*) **one of our ~ was unable to continue** uno de los nuestros no pudo continuar
-7. *US* **numbers** (*game or racket*) lotería *f* ilegal
-8. *Fam* (*referring to dress, object*) **she was wearing a sexy little ~** llevaba un modelito bien sexy; **that car is a nice little ~** ¡vaya cochazo!, *Méx* ¡qué carro más padre!, *CSur* ¡flor de auto!; *Fam* **she's got a nice little ~ there** (*situation*) ha conseguido un buen *Esp* chollo *or Méx* churro *or RP* curro
-9. *US Fam* **to do *or* to pull a ~ on sb** timar a alguien
-10. GRAM número *m*
◇ *vt* -1. (*assign number to*) numerar; **the seats are numbered** los asientos están numerados
-2. (*include*) contar; **he numbers her among his friends** la cuenta entre sus amigos; **the society numbers several famous people among its members** la asociación cuenta con varios famosos entre sus miembros; **she is numbered among the greatest poets of her day** figura entre las grandes

nurse

poetisas de su tiempo
-3. (*total*) **the dead numbered several thousand** había varios miles de muertos; **each team numbers six players** hay seis jugadores en cada equipo
-4. (*count*) contar; **his days are numbered** tiene los días contados
◇ *vi* **she numbers among the great writers of the century** figura entre los grandes escritores de este siglo; **the crowd numbered in thousands** había miles de personas

number-cruncher ['nʌmbəkrʌntʃə(r)] *n Fam* COMPTR machacacifras *mf*

number-crunching ['nʌmbəkrʌntʃɪŋ] *n Fam* COMPTR cálculos *mpl* numéricos largos y complicados

numbering ['nʌmbərɪŋ] *n* numeración *f*

numberless ['nʌmbəlɪs] *adj* -1. (*countless*) innumerables -2. (*without a number*) sin número

number-one ['nʌmbəwʌn] *adj* principal; **our ~ priority is to...** nuestra principal prioridad es...; **our ~ film star** nuestra estrella principal; **the ~ hit in the charts** el número uno en las listas de éxitos

numbly ['nʌmlɪ] *adv* (*to answer, stare*) sin poder reaccionar

numbness ['nʌmnɪs] *n* -1. (*of fingers*) entumecimiento *m* -2. (*from grief*) aturdimiento *m*; (*from fear*) parálisis *f inv*

numbskull, numskull ['nʌmskʌl] *n Fam* idiota *mf*, majadero(a) *m,f*

numeracy ['nju:mərəsɪ] *n* conocimiento *m* de aritmética

numeral ['nju:mərəl] *n* número *m*; **in Roman/Arabic numerals** en números romanos/arábigos

numerate ['nju:mərət] *adj* **to be ~** tener un conocimiento básico de aritmética

numerator ['nju:məreɪtə(r)] *n* MATH numerador *m*

numeric [nju:'merɪk] *adj* numérico(a) ❑ COMPTR **~ keypad** teclado *m* numérico

numerical [nju:'merɪkəl] *adj* numérico(a); **in ~ order** en orden numérico ❑ MATH **~ analysis** análisis *m* numérico; COMPTR **~ keypad** teclado *m* numérico

numerically [nju:'merɪklɪ] *adv* en número, numéricamente; **~ superior** numéricamente superior

numerology [nju:mə'rɒlədʒɪ] *n* numerología *f*

numerous ['nju:mərəs] *adj* numeroso(a); **on ~ occasions** en numerosas ocasiones; **they are too ~ to mention** son incontables *or* innumerables

numinous ['nju:mɪnəs] *adj* (*awe-inspiring*) grandioso(a), indescriptible

numismatics [nju:mɪz'mætɪks], **numismatology** [nju:mɪzmə'tɒlədʒɪ] *n* numismática *f*

numismatist [nju:'mɪzmətɪst] *n* numismático(a) *m,f*

numskull = **numbskull**

nun [nʌn] *n* monja *f*; **to become a ~** meterse monja

nunciature ['nʌnsɪətʃə(r)] *n* nunciatura *f*

nuncio ['nʌnsɪəʊ] (*pl* **nuncios**) *n* nuncio *m*

nunnery ['nʌnərɪ] *n* convento *m*

nuptial ['nʌpʃəl] *Literary or Hum* ◇ *npl* **nuptials** nupcias *fpl*
◇ *adj* nupcial

nurse [nɜ:s] ◇ *n* -1. (*medical*) enfermera *f*; **(male) ~** enfermero *m* ❑ *US* **~'s aide** asistente *mf* de enfermería -2. (*looking after children*) niñera *f*
◇ *vt* -1. (*through illness*) cuidar, atender; **she nursed him back to health** lo cuidó hasta que se restableció
-2. (*treat with care*) **he was nursing a bad hangover** estaba recuperándose de una resaca; **to ~ one's pride** intentar recuperar el orgullo; **she nursed the boat back into harbour** pilotó con pericia el barco de vuelta al puerto
-3. (*suckle*) amamantar, dar de mamar a; **nursing mothers** madres lactantes
-4. *Fig* (*feeling, hope*) guardar, abrigar; **to ~ a grievance** guardar rencor

nursemaid -5. *(drink)* beber lentamente, saborear
◇ *vi* -1. *(work as a nurse)* trabajar de enfermera -2. *(infant)* mamar, lactar
nursemaid ['nɜːsmeɪd], **nurserymaid** ['nɜːsərimeɪd] *n* niñera *f*
nursery ['nɜːsəri] *n* -1. *(for children) (establishment)* guardería *f*; *(room in house)* cuarto *m* de los niños ❑ ~ **education** educación *f* preescolar; *Br* ~ **nurse** puericultora *f*; ~ **rhyme** poema *m* or canción *f* infantil; ~ **school** centro *m* de preescolar, parvulario *m* -2. *(for plants)* vivero *m*, semillero *m* -3. ~ **slopes** *(in skiing)* pistas *fpl* para principiantes
nursery maid = nursemaid
nursing ['nɜːsɪŋ] *n* -1. *(profession)* enfermería *f*; *(care given by a nurse)* cuidados *mpl*, atención *f* sanitaria ❑ ~ **home** *Br (where children are born)* maternidad *f*; *(for old people, war veterans)* residencia *f*; *Br* ~ **officer** enfermera *f (que también realiza tareas administrativas)*; ~ **staff** personal *m* sanitario
-2. *(breastfeeding)* ~ **bottle** biberón *m*; ~ **bra** sostén *m* or *Esp* sujetador *m* or *RP* corpiño *m* de lactancia
nurture ['nɜːtʃə(r)] ◇ *n (upbringing)* educación *f*
◇ *vt* -1. *(children, plants)* nutrir, alimentar -2. *(plan, scheme)* alimentar
NUS [enjuːˈes] *n* -1. *(abbr* **National Union of Students)** = sindicato británico de estudiantes -2. *Formerly (abbr* **National Union of Seamen)** = sindicato británico nacional de marineros
NUT [enjuːˈtiː] *n (abbr* **National Union of Teachers)** = sindicato británico de profesores
nut [nʌt] ◇ *n* -1. *(food)* fruto *m* seco; *(walnut)* nuez *f*; *(peanut) Esp* cacahuete *m*, *Andes, Carib, RP* maní *m*, *CAm, Méx* cacahuate *m*; *(hazelnut)* avellana *f*; *(almond)* almendra *f*; *(cashew)* anacardo *m*; *(chestnut)* castaña *f*; *(pecan)* pacana *f*; *(pistachio)* pistacho *m*; *(Brazil nut)* coquito *m* del Brasil; **nuts and raisins** frutos secos; IDIOM **a hard** or **tough** ~ *(person)* un hueso (duro de roer); IDIOM **a tough** or **hard** ~ **to crack** *(problem)* un hueso duro de roer
-2. *Fam (head)* coco *m*; **to be off one's** ~ estar mal de la azotea; **to go off one's** ~

(go mad) volverse loco(a) or *Esp* majareta; *(get angry)* ponerse furioso(a); *Br* **he'll do his** ~ **when he finds out!** ¡se va a cabrear or *RP* poner como loco cuando se entere!
-3. *Fam (mad person)* chiflado(a) *m,f*, chalado(a) *m,f*
-4. *Fam (enthusiast)* **a jazz/tennis** ~ un(a) loco(a) del jazz/tenis
-5. *(for fastening bolt)* tuerca *f*; IDIOM **the nuts and bolts** *(of scheme, activity)* los aspectos prácticos; *(of subject)* el abecé
-6. *very Fam* **nuts** *(testicles)* huevos *mpl*, *Méx* albóndigas *fpl*
◇ *vt Br Fam* dar un cabezazo a
nut-brown ['nʌtbraʊn] *adj (hair)* castaño(a); *(skin)* trigueño(a)
nutcase ['nʌtkeɪs] *n Fam* chalado(a) *m,f*
nutcracker ['nʌtkrækə(r)] *n* -1. *(device)* **nutcrackers** cascanueces *m inv*; **a pair of** ~ un cascanueces -2. *(bird)* cascanueces *m inv*
nuthatch ['nʌthætʃ] *n (bird)* trepador *m* azul
nuthouse ['nʌthaʊs] *n Fam* manicomio *m*, loquero *m*
nutmeg ['nʌtmeg] ◇ *n (nut, spice)* nuez *f* moscada; *(tree)* mirística *f* ❑ **the Nutmeg State** = apelativo familiar referido al estado de Connecticut
◇ *vt* **to** ~ **sb** *(in soccer)* hacer el túnel a alguien
nutria ['njuːtrɪə] *n* coipo *m*
nutrient ['njuːtrɪənt] ◇ *n* **nutrients** sustancias *fpl* nutritivas
◇ *adj* nutritivo(a)
nutriment ['njuːtrɪmənt] *n* nutriente *m*
nutrition [njuːˈtrɪʃən] *n* nutrición *f*; **high** ~ **content** alto contenido nutritivo
nutritional [njuːˈtrɪʃənəl] *adj* nutritivo(a); ~ **value** valor nutritivo
nutritionist [njuːˈtrɪʃənɪst] *n* nutricionista *mf*
nutritious [njuːˈtrɪʃəs] *adj* nutritivo(a), alimenticio(a)
nutritive ['njuːtrətɪv] *adj* nutritivo(a)
nuts [nʌts] *Fam* ◇ *adj (mad)* chiflado(a), *Esp* majara; **to be** ~ estar chiflado(a) or *Esp* majara; **to go** ~ *(go mad)* volverse loco(a) or *Esp* majareta; *(get angry)* volverse furioso(a); **to drive sb** ~ poner histérico(a) a alguien; **to be** ~ **about** *(be very keen on)* estar loco(a) por

◇ *exclam (expressing irritation, annoyance)* ¡vaya!, *Col, RP* ¡miércoles!; ~ **to that!** ¡de eso nada!
nutshell ['nʌtʃel] *n* cáscara *f* (de fruto seco); **in a** ~ en una palabra; **to put it in a** ~ por decirlo en una palabra
nutter ['nʌtə(r)] *n Br Fam (mad person)* chalado(a) *m,f*
nutty ['nʌtɪ] *adj* -1. *(in taste)* **to have a** ~ **taste** saber a avellana/nuez/etc. -2. *Fam (mad)* chiflado(a), chalado(a); **to be** ~ **(about)** estar chiflado(a) or chalado(a) (por); IDIOM *Hum* **he is as** ~ **as a fruitcake** le falta un tornillo, *Esp* está como una regadera, *Méx* está tumbado del burro
nuzzle ['nʌzəl] ◇ *vt* -1. *(of dog, cat)* acariciar con el morro or hocico -2. *(of person)* acurrucarse contra
◇ *vi* **to** ~ **against sb** *(person)* acurrucarse contra alguien
NV *(abbr* **Nevada)** Nevada
NVQ [enviːˈkjuː] *n (abbr* **National Vocational Qualification)** = en Inglaterra y Gales, título de formación profesional
NW *(abbr* **north west)** NO
NWT *(abbr* **Northwest Territories)** Territorios *mpl* del Noroeste
NY *(abbr* **New York)** Nueva York
NYC *(abbr* **New York City)** (ciudad *f* de) Nueva York
nylon ['naɪlɒn] ◇ *n (textile)* nylon *m*, nailon *m*; ~ **shirt/scarf** camisa/pañuelo de seda nailon
◇ *npl* **nylons** *(stockings)* medias *fpl* de nylon; **a pair of nylons** unas medias de nylon
nymph [nɪmf] *n* -1. MYTHOL ninfa *f*; **water/wood** ~ ninfa del agua/bosque -2. ZOOL ninfa *f*
nymphet ['nɪmfət] *n* ninfa *f*
nympho ['nɪmfəʊ] *(pl* **nymphos)** *n Fam* ninfómana *f*
nymphomania [nɪmfəʊˈmeɪnɪə] *n* ninfomanía *f*
nymphomaniac [nɪmfəʊˈmeɪnɪæk] *n* ninfómana *f*
NYSE [enwaɪesˈiː] *n* ST EXCH *(abbr* **New York Stock Exchange)** Bolsa *f* de Nueva York
NZ *(abbr* **New Zealand)** Nueva Zelanda

O o

O, o [əʊ] n (letter) O, o f

O [əʊ] n **-1.** Br Formerly SCH **O level** = examen o diploma de una asignatura, de orientación académica, que se realizaba normalmente a los dieciséis años **-2.** (zero) cero m **-3.** MED **O positive/negative** cero m positivo/negativo

o' [ə] prep (of) de

oaf [əʊf] n zopenco m, zoquete m

oafish [ˈəʊfɪʃ] adj (clumsy, awkward) torpe; (loutish) zafio(a), bruto(a)

oak [əʊk] n (tree, wood) roble m; **an ~ forest** robledal

oak-apple [ˈəʊkˌæpəl], **oak-gall** [ˈəʊkˈɡɔːl] n agalla f de roble

oaken [ˈəʊkən] adj Literary de roble

oakum [ˈəʊkəm] n (rope) estopa f

OAP [əʊeɪˈpiː] n Br (abbr **old age pensioner**) pensionista mf, jubilado m,f

oar [ɔː(r)] n **-1.** (implement) remo m; **to rest on one's oars** dejar de remar por un rato; Fig tomarse un descanso; IDIOM Fam **to stick** or US **put one's ~ in** meter las narices **-2.** (person) remero(a) m,f

oarfish [ˈɔːfɪʃ] n pez m remo

oarlock [ˈɔːlɒk] n US escálamo m, tolete m

oarsman [ˈɔːzmən] n remero m

oarsmanship [ˈɔːzmənʃɪp] n habilidad f como remero(a)

oarswoman [ˈɔːzwʊmən] n remera f

OAS [əʊeɪˈes] n (abbr **Organization of American States**) OEA f

oasis [əʊˈeɪsɪs] (pl **oases** [əʊˈeɪsiːz]) n oasis m inv; Fig **an ~ of calm** un oasis de tranquilidad

oast-house [ˈəʊsthaʊs] n secadero m

oat [əʊt] ◇ n **-1.** (plant) avena f ❑ **~ bran** salvado m de avena; (food) **an ~ biscuit** una galleta de avena

◇ npl **oats -1.** (food) copos mpl de avena **-2.** IDIOMS US Fam **to be feeling one's oats** (be full of energy) estar en plena forma; Br very Fam **to get one's oats** echar el polvo de costumbre; Br Fam **to be off one's oats** (have no appetite) estar desganado(a)

oatcake [ˈəʊtkeɪk] n galleta f de avena

oath [əʊθ] n **-1.** (pledge) juramento m; **~ of allegiance** juramento de adhesión; **to take** or **swear an ~** prestar juramento, jurar; LAW **on** or **under ~** bajo juramento; **she testified under ~ that...** testificó bajo juramento que...; Archaic **it's true, on my ~!** ¡como hay Dios que eso es cierto! **-2.** (swearword) juramento m, palabrota f

oatmeal [ˈəʊtmiːl] ◇ n (flour) harina f de avena; US (flakes) copos mpl de avena

◇ adj (colour) pajizo(a)

OAU [əʊeɪˈjuː] n (abbr **Organization of African Unity**) OUA f

ob. (abbr **obiit**) fallecido(a)

obbligato [ɒblɪˈɡɑːtəʊ] n MUS obligado m

obduracy [ˈɒbdjʊrəsɪ] n Formal tozudez f, obstinación f

obdurate [ˈɒbdjʊrɪt] adj Formal obstinado(a); **to remain ~** permanecer inflexible

obdurately [ˈɒbdjʊrɪtlɪ] adv Formal (stubbornly) obstinadamente; (to resist) inflexiblemente

OBE [əʊbiːˈiː] n (abbr **Officer of the Order of the British Empire**) = título de miembro de la Orden del Imperio Británico, otorgado por servicios a la comunidad

obedience [əˈbiːdɪəns] n obediencia f; **to show ~ to sb** prestar obediencia a alguien; Literary **to owe ~ to sb** deber obediencia a alguien; **in ~ to** al dictado de

obedient [əˈbiːdɪənt] adj obediente; **to be ~ to sb** ser obediente a alguien; Formal Old-fashioned **your ~ servant** (in letters) su seguro servidor

obediently [əˈbiːdɪəntlɪ] adv obedientemente; **the dog sat down ~** el perro se sentó obediente

obeisance [əʊˈbeɪsəns] n Formal **-1.** (respect) muestras fpl de respeto; **to make** or **pay ~ (to sb)** mostrar respeto a alguien **-2.** (bow) reverencia f

obelisk [ˈɒbəlɪsk] n obelisco m

obese [əʊˈbiːs] adj obeso(a)

obesity [əʊˈbiːsɪtɪ] n obesidad f

obey [əˈbeɪ] ◇ vt (person, order) obedecer; **to ~ the law** obedecer las leyes; **he obeyed his instincts** obedeció a or siguió sus instintos; **the plane is no longer obeying the controls** el avión ya no responde a los controles

◇ vi obedecer

obfuscate [ˈɒbfəskeɪt] vt Formal (issue) enturbiar, oscurecer

obfuscation [ɒbfəˈskeɪʃən] n Formal oscurecimiento m

obituarist [əˈbɪtʃʊərɪst] n escritor(ora) m,f de notas necrológicas

obituary [əˈbɪtʃʊərɪ] n nota f necrológica, necrología f; Fig **they are already writing her political ~** ya están certificando su defunción política ❑ **~ column** sección f de necrológicas; **~ notice** nota necrológica

object ◇ n [ˈɒbdʒɪkt] **-1.** (thing) objeto m; **an unidentified ~** un objeto no identificado

-2. (focus) objeto m; **an ~ of ridicule/interest** un objeto de burla/interés; **he was the ~ of their admiration** él era el objeto de su admiración ❑ **~ lens** (of telescope) lente f objetivo; **~ lesson: to give sb an ~ lesson in sth** dar a alguien una lección magistral de algo

-3. (purpose, aim) objeto m, propósito m; **the real ~ of his visit** el verdadero objeto or propósito de su visita; **with this ~ in mind** or **in view** con la mente or vista puesta en este objetivo, con ese propósito; **the ~ of the exercise is to...** el ejercicio tiene por objeto...

-4. (obstacle) **expense is no ~** el gasto no es ningún inconveniente

-5. GRAM complemento m, objeto m; **direct/indirect ~** complemento or objeto directo/indirecto

-6. COMPTR objeto m ❑ **~ language** lenguaje m objeto

◇ vt [əbˈdʒekt] **to ~ that...** objetar que...; **"that's unfair," she objected** "es injusto", objetó

◇ vi **-1.** (disapprove) **why do you ~ to all my friends?** ¿por qué pones peros or Esp pegas a todos mis amigos?; **I ~ to doing that** me indigna tener que hacer eso; **I ~ to that remark/being treated like this** me parece muy mal ese comentario/que me traten así; **he objects to her smoking** no quiere que fume

-2. (express opposition) oponerse (**to** a); **does anyone ~?** ¿alguna objeción?; **I ~!** ¡no estoy de acuerdo!; **I wouldn't ~ to a cup of tea** no diría que no a una taza de té

-3. LAW **to ~ to a witness** impugnar un testigo

objection [əbˈdʒekʃən] ◇ n **-1.** (protest, argument against) objeción f, reparo m; **to make** or **raise objections** poner objeciones or reparos; **I see/have no ~ to** no veo/tengo ningún inconveniente; **I have no ~ to his friends** no tengo nada en contra de sus amistades; **I have no ~ to his coming** no me opongo a que venga

-2. (reason for objecting) inconveniente m, traba f; **the chief ~ to his plan is its cost** el principal inconveniente de su plan es el costo or Esp coste

-3. LAW protesta f; **~ sustained** se admite or acepta la protesta; **~ overruled** protesta denegada, no ha lugar

◇ exclam (in court) ¡protesto!

objectionable [əbˈdʒekʃənəbəl] adj (behaviour) reprobable; (person) desagradable; (smell) nauseabundo(a); (language) soez; **I find his views ~** sus opiniones me parecen inaceptables; **he made himself thoroughly ~** se puso muy desagradable

objectionably [əbˈdʒekʃənəblɪ] adv de manera reprobable

objective [əbˈdʒektɪv] ◇ n (aim, goal) objetivo m; **to achieve** or **attain one's ~** conseguir or alcanzar el objetivo

◇ adj **-1.** (impartial) objetivo(a); **an ~ observer** un observador imparcial ❑ EDUC **~ test** examen m objetivo **-2.** (real, observable) objetivo(a); **~ reality** realidad observable **-3.** GRAM acusativo(a); **the ~ case** el caso acusativo

objectively [əbˈdʒektɪvlɪ] adv objetivamente; **~ speaking...** en términos objetivos...

objectivity [ɒbdʒekˈtɪvɪtɪ] n objetividad f

objector [əbˈdʒektə(r)] n oponente mf, crítico(a) m,f; **are there many objectors to the proposal?** ¿se opone mucha gente a la propuesta?

object-oriented [ˈɒbdʒɪktˈɔːrɪentɪd] adj COMPTR orientado(a) a objeto

objet [ˈɒbʒeɪ] n **~ d'art** obra f de arte; **~ trouvé** cosa f encontrada

oblate [ˈɒbleɪt] ◇ n REL oblato(a) m,f

◇ adj GEOM achatado(a)

obligate [ˈɒblɪɡeɪt] vt **-1.** Formal (compel) obligar; **to feel obligated to do sth** sentirse obligado(a) a hacer algo **-2.** US FIN (funds, credits) subscribir

obligation [ɒblɪˈɡeɪʃən] n obligación f; **family obligations** obligaciones familiares; **there's no ~ (to do sth)** no hay obligación alguna (de hacer algo); **I did it out of a sense of ~** lo hice porque sentí que debía hacerlo; **it is my ~ to inform you that...** me veo obligado a informarle de que...; **you are under no ~ to reply** no tiene obligación de responder, puede negarse a responder; **to be under an ~ to sb** tener una obligación para con alguien; **I am under a great ~ to him** tengo una gran deuda con él; **to be under an ~ to do sth** estar obligado(a) a hacer algo; **I don't want to put** or **place him under an ~** no quiero

obligatory

ponerlo en un compromiso; **to meet one's obligations** (duty) cumplir las obligaciones; (financial commitments) satisfacer las deudas

obligatory [ɒ'blɪgətərɪ] adj obligatorio(a); **attendance is ~** la asistencia es obligatoria; Ironic **the ~ ovation** la ovación de rigor

oblige [ə'blaɪdʒ] ◇ vt **-1.** (compel) obligar; **to be/feel obliged to do sth** estar/sentirse obligado(a) a hacer algo; **to ~ sb to do sth** obligar a alguien a hacer algo; **you're not obliged to come** nadie te obliga a venir
-2. (do a favour for) hacer un favor a; **she obliged us with a song** nos obsequió con una canción; Formal **I would be obliged if you would refrain from smoking** le estaría muy agradecido si se abstuviese de fumar; Formal **could you ~ me with a match?** ¿tendría la gentileza de darme lumbre?
-3. to be obliged to sb (be grateful) estarle agradecido a alguien; **I would be obliged if you would...** te estaría muy agradecido si...; **much obliged** muy agradecido(a)
◇ vi **always ready to ~!** ¡siempre a su disposición!; **I would be only too glad to ~** para mí sería un placer inmenso poder ayudar

obliging [ə'blaɪdʒɪŋ] adj atento(a); **it was very ~ of him** fue muy considerado de su parte

obligingly [ə'blaɪdʒɪŋlɪ] adv amablemente

oblique [ə'bli:k] ◇ adj **-1.** (line, angle) oblicuo(a) **-2.** (reference, hint) indirecto(a)
◇ n barra f oblicua

obliquely [ə'bli:klɪ] adv **-1.** (angled) oblicuamente **-2.** (indirectly) (to refer) indirectamente; (to glance) de través

obliterate [ə'blɪtəreɪt] vt **-1.** (erase) (figures, footprints, traces) borrar; Fig (the past, memories) enterrar, borrar **-2.** (destroy) asolar, arrasar; **the town was all but obliterated during the war** la ciudad quedó prácticamente arrasada durante la guerra **-3.** (cancel) (stamp) matasellar

obliteration [əblɪtə'reɪʃən] n **-1.** (erasure) eliminación f **-2.** (destruction) destrucción f **-3.** (of stamp) matasellado m

oblivion [ə'blɪvɪən] n **-1.** (being forgotten) olvido m; **to fall or sink into ~** caer en el olvido; **to consign sth to ~** relegar algo al olvido; **to save sth/sb from ~** rescatar algo/a alguien del olvido **-2.** (unconsciousness) inconsciencia f; **he drank himself into ~** bebió or Am tomó hasta perder la consciencia

oblivious [ə'blɪvɪəs] adj inconsciente; **~ to the pain/to the risks** ajeno(a) al dolor/a los riesgos; **I was ~ of** or **to what was going on** no era consciente de lo que estaba pasando; **he remained ~ of the dangers** seguía sin darse cuenta del peligro

obliviously [ə'blɪvɪəslɪ] adv sin prestar atención

oblong ['ɒblɒŋ] ◇ n rectángulo m
◇ adj rectangular

obloquy ['ɒblakwɪ] n Formal **-1.** (abuse) ultraje m **-2.** (disgrace) oprobio m

obnoxious [əb'nɒkʃəs] adj (person, action) repugnante; (smell) repulsivo(a)

obnoxiously [əb'nɒkʃəslɪ] adv de manera repugnante

obnoxiousness [əb'nɒkʃəsnɪs] n repugnancia f

oboe ['əʊbəʊ] n oboe m

oboist ['əʊbəʊɪst] n oboe mf

obscene [əb'si:n] adj **-1.** (indecent) obsceno(a); **an ~ gesture** un gesto obsceno; **an ~ publication** una publicación obscena **-2.** Fam (unacceptable) (profits, prices) escandaloso(a); **it's ~ to earn so much money** es inmoral ganar tanto dinero

obscenely [əb'si:nlɪ] adv **-1.** (indecently) obscenamente **-2.** Fam (unacceptably) **~ rich** escandalosamente rico(a)

obscenity [əb'senɪtɪ] n **-1.** (indecency) obscenidad f **-2.** (obscene word) obscenidad f **-3.** Fam (unacceptability) **the ~ of war** la inmoralidad de la guerra

obscurantism [ɒbskjʊə'ræntɪzəm] n Formal oscurantismo m

obscurantist [ɒbskjʊə'ræntɪst] Formal ◇ n oscurantista mf
◇ adj oscurantista

obscure [əb'skjʊə(r)] ◇ adj **-1.** (not clear) (remark, argument) oscuro(a), enigmático(a); (feeling, sensation) vago(a), oscuro(a); (background) oscuro(a); **the meaning is rather ~** el significado es bastante oscuro; **for some ~ reason he thought it would help** por alguna extraña razón, pensó que eso serviría de algo; Formal **of ~ birth** de cuna plebeya
-2. (little-known) (author, book) oscuro(a); (place) poco conocido(a), perdido(a)
◇ vt **-1.** (hide from view) ocultar; **that building obscures the view** ese edificio oculta la vista; **their view of the stage was obscured by a pillar** una columna les impedía ver el escenario **-2.** (make unclear) enturbiar, oscurecer; **to ~ the facts/the issue** enturbiar los hechos/el asunto

obscurely [əb'skjʊəlɪ] adv **-1.** (to feel, see) vagamente **-2.** (to speak) confusamente

obscurity [əb'skjʊərɪtɪ] n **-1.** (insignificance) oscuridad f; **to rise from ~ to fame** ascender del anonimato a la celebridad; **to fall into ~** caer en el anonimato **-2.** (difficulty) dificultad f **-3.** (darkness) oscuridad f

obsequies ['ɒbsəkwɪz] npl Formal exequias f

obsequious [əb'si:kwɪəs] adj servil, rastrero(a)

obsequiously [əb'si:kwɪəslɪ] adv servilmente, rastreramente

obsequiousness [əb'si:kwɪəsnɪs] n servilismo m

observable [əb'zɜ:vəbəl] adj apreciable; **such behaviour is also ~ in humans** este comportamiento también se observa en los humanos

observance [əb'zɜ:vəns] n **-1.** (recognition) (of law, custom) observancia f, acatamiento m; (of anniversary) celebración f **-2. religious observances** prácticas fpl religiosas

observant [əb'zɜ:vənt] adj observador(ora); **how ~ of him!** ¡qué observador es!

observation [ɒbzə'veɪʃən] n **-1.** (act of observing) observación f; (by police) vigilancia f; also MED **to keep sb under ~** tener a alguien en or bajo observación; **they are keeping the house under (close) ~** tienen la casa bajo (estrecha) vigilancia; **to escape ~** pasar inadvertido(a) ❏ MIL **~ aircraft** avión m de observación; MIL **~ balloon** globo m de observación; RAIL **~ car** vagón con grandes ventanales; MIL **~ post** puesto m de observación; MED **~ ward** unidad f de observación
-2. (perception) perspicacia f; **to have great powers of ~** tener grandes dotes de perspicacia
-3. (remark) observación f, comentario m; **to make an ~** hacer una observación or un comentario

observational [ɒbzə'veɪʃənəl] adj (work, techniques) de observación; (faculties, powers) de perspicacia; (data, research, study) basado(a) en la observación

observatory [əb'zɜ:vətərɪ] n observatorio m

observe [əb'zɜ:v] ◇ vt **-1.** (watch) observar; **the police are observing his movements** la policía está vigilando or siguiendo sus movimientos
-2. (notice) advertir; **did you ~ anything unusual?** ¿advertiste algo extraño?
-3. (comment, remark) **to ~ that...** señalar or observar que...; **"she seems worried,"** he observed "parece preocupada", señaló
-4. (law, customs) observar, acatar; **to ~ the Sabbath** guardar el descanso sabático; **to ~ a minute's silence** guardar un minuto de silencio
◇ vi (watch) observar, mirar

observer [əb'zɜ:və(r)] n observador(ora) m,f; **to the casual ~** para un ojo poco avezado; **he attended the talks as an ~** asistió a las charlas como observador; **political observers** observadores políticos

obsess [əb'ses] ◇ vt obsesionar; **to be obsessed with** or **by sth/sb** estar obsesionado(a) con or por algo/alguien
◇ vi (be obsessive) estar obsesionado(a) (**about** por or con)

obsession [əb'seʃən] n obsesión f; **his ~ with death** su obsesión con la muerte; **to develop an ~ about sth/sb** obsesionarse con algo/alguien; **it's becoming an ~ with him** se está convirtiendo en su obsesión

obsessional [əb'seʃənəl] adj obsesivo(a); **to be ~** estar obsesionado(a) (**about** por or con); **to become ~** obsesionarse

obsessive [əb'sesɪv] ◇ n (person) obseso(a) m,f
◇ adj obsesivo(a); **to become ~ about sth** obsesionarse con algo

obsessive-compulsive disorder [əb'sesɪvkəm'pʌlsɪvdɪs'ɔ:də(r)] n PSY trastorno m obsesivo-compulsivo

obsessively [əb'sesɪvlɪ] adv obsesivamente

obsidian [ɒb'sɪdɪən] n GEOL obsidiana f

obsolescence [ɒbsə'lesəns] n obsolescencia f; **planned** or **built-in ~** diseño de un producto de modo que quede obsoleto en poco tiempo

obsolescent [ɒbsə'lesənt] adj que se está quedando obsoleto(a)

obsolete ['ɒbsəli:t] ◇ adj obsoleto(a); **to become ~** quedar obsoleto(a); **an ~ word** un término en desuso
◇ vt dejar obsoleto(a) or anticuado(a)

obstacle ['ɒbstəkəl] n obstáculo m; **what are the obstacles to free trade?** ¿cuáles son los obstáculos que impiden el libre comercio?; **age should be no ~ to promotion** la edad no debería ser un impedimento para el ascenso; **to put obstacles in sb's way** ponerle a alguien obstáculos en el camino; **to overcome an ~** superar un obstáculo ❏ also Fig **~ course** carrera f de obstáculos; **~ race** carrera f de obstáculos

obstetric(al) [ɒb'stetrɪk(əl)] adj MED obstétrico(a)

obstetrician [ɒbstə'trɪʃən] n MED obstetra mf, tocólogo(a) m,f

obstetrics [ɒb'stetrɪks] n MED obstetricia f, tocología f

obstinacy ['ɒbstɪnəsɪ] n **-1.** (stubbornness, tenacity) obstinación f, terquedad f **-2.** (persistence) persistencia f; **the ~ of an infection** la persistencia de una infección

obstinate ['ɒbstɪnət] adj **-1.** (stubborn, tenacious) (person) obstinado(a), terco(a); (resistance) tenaz, obstinado(a); **an ~ refusal** una obstinada negativa; **to be ~ about sth** obstinarse en algo **-2.** (persistent) (illness) pertinaz; (stain) rebelde

obstinately ['ɒbstɪnɪtlɪ] adv obstinadamente

obstreperous [əb'strepərəs] adj Formal or Hum alborotado(a); **to get ~ (about sth)** alborotarse (por algo)

obstruct [əb'strʌkt] vt **-1.** (block) (road, passage, pipe) obstruir, bloquear; (vein, artery) obstruir, bloquear; (view) impedir; **don't ~ the exits** no bloqueen las salidas
-2. (hinder) (progress, measures) obstaculizar, entorpecer; (traffic) entorpecer; **I was arrested for obstructing a policeman in the course of his duty** me arrestaron por obstrucción a un policía en el cumplimiento de su deber; PARL **to ~ a bill** entorpecer la aprobación de un proyecto de ley; LAW **to ~ the course of justice** obstaculizar or entorpecer la acción de la justicia **-3.** SPORT obstruir

obstruction [əb'strʌkʃən] n **-1.** (blockage) (in road, passage, pipe) atasco m; (in vein, artery) obstrucción f; **to cause an ~** (in road) provocar un atasco **-2.** (hindering) obstrucción f; **a policy of ~** una política de obstrucción **-3.** SPORT obstrucción f **-4.** AV **~ lights** luces fpl de obstrucción

obstructionism [əb'strʌkʃənɪzəm] n obstruccionismo m

obstructionist [əb'strʌkʃənɪst] ◇ n obstruccionista mf
◇ adj obstruccionista

obstructive [əb'strʌktɪv] *adj (behaviour, tactics)* obstruccionista; **to be ~** *(person)* poner impedimentos

obtain [əb'teɪn] ◇ *vt (information, money)* obtener, conseguir; **to ~ sth for sb** obtener *or* conseguir algo para alguien; **to ~ sth from sb** obtener *or* conseguir algo de alguien; **the book may be obtained from the publisher** este libro se puede adquirir directamente del editor
◇ *vi Formal (practice)* imperar; *(rule)* regir; **this custom still obtains in Europe** esta costumbre todavía se da en Europa; **the situation which currently obtains in Somalia** la situación que impera actualmente en Somalia

obtainable [əb'teɪnəbəl] *adj* **easily ~** fácilmente obtenible; **only ~ on prescription** sólo disponible con receta médica; **~ from your local supermarket** de venta en todos los supermercados

obtrude [əb'truːd] ◇ *vt (impose)* imponer **(on** a); **to ~ itself** imponerse
◇ *vi* **-1.** *(impose oneself)* imponerse **-2.** *(stick out)* sobresalir

obtrusion [əb'truːʒən] *n Formal* imposición *f*

obtrusive [əb'truːsɪv] *adj* **-1.** *(person)* entrometido(a); *(behaviour)* molesto(a); *(decor, advertising)* estridente **-2.** *(smell)* penetrante

obtrusively [əb'truːsɪvlɪ] *adv* **the background music was ~ loud** la música de fondo estaba tan alta que molestaba

obtuse [əb'tjuːs] *adj* **-1.** MATH obtuso(a) **-2.** *(person, mind)* obtuso(a), duro(a) de mollera; **you're being deliberately ~** no quieres entender

obverse ['ɒbvɜːs] ◇ *n* **-1.** *(of coin, medal)* anverso *m* **-2.** *Formal* **the ~ is sometimes true** a veces se da el caso contrario
◇ *adj* **the ~ side** *(of coin, medal)* el anverso; *(of opinion, argument)* la otra cara

obviate ['ɒbvɪeɪt] *vt Formal (difficulty, danger)* evitar; **this would ~ the need to...** esto evitaría la necesidad de...

obvious ['ɒbvɪəs] ◇ *n* **to state the ~** constatar lo evidente; **it would be stating the ~ to say we were nervous** huelga decir que estábamos nerviosos
◇ *adj* **-1.** *(evident)* obvio(a), evidente; **it's ~ that he's wrong** es evidente que se equivoca; **it was ~ that he was going to resign** era evidente que iba a dimitir; **the ~ answer/choice/solution** la respuesta/elección/solución obvia; **an ~ forgery** una falsificación patente; **her ~ innocence/embarrassment** su evidente inocencia/rubor; **for ~ reasons** por razones obvias; **an ~ comparison would be with the French Revolution** una comparación lógica sería con la Revolución Francesa; **it was the ~ thing to do** hacer eso era lo más lógico; **they made their displeasure very ~** mostraron *or* manifestaron claramente su disgusto; **there was a very ~ stain in the middle** había una mancha muy llamativa en el medio
-2. *Pej (predictable)* predecible; **you were too ~ about it** *(unsubtle)* fuiste muy poco sutil en ese asunto

obviously ['ɒbvɪəslɪ] *adv* **-1.** *(of course)* desde luego, por supuesto; **~ not** claro que no; **~ it hurt, but...** claro que me dolió, pero...
-2. *(evidently)* evidentemente; **she's ~ not coming** evidentemente, no va a venir; **he ~ got the wrong number** evidentemente, se equivocó de número; **she's ~ not lying** está claro que no miente
-3. *(plainly, visibly)* manifiestamente; **if you must pick your nose, try not to do it ~** si tienes que hurgarte la nariz, intenta que no se note; **she made her point very ~** dejó patente su punto de vista

obviousness ['ɒbvɪəsnɪs] *n (of humour, ploy)* falta *f* de sutileza; **the ~ of his displeasure** su evidente desagrado

OC [əʊ'siː] *n (abbr* **Officer Commanding)** oficial *mf* al mando

ocarina [ɒkə'riːnə] *n* ocarina *f*

OCAS [əʊsiː'eɪes] *(abbr* **Organization of Central American States)** *n* ODECA *f*

Occam's razor ['ɒkəmz'reɪzə(r)] *n* la navaja de Occam *or* Ockham

occasion [ə'keɪʒən] ◇ *n* **-1.** *(time)* ocasión *f*; **it wasn't a suitable ~** no era el momento adecuado; **on one ~** en una ocasión; **on several occasions** en varias ocasiones; **on that ~** en aquella ocasión; **on ~** *(occasionally)* en ocasiones
-2. *(event)* acontecimiento *m*; **his birthday is always a big ~** su cumpleaños es siempre un gran acontecimiento; **on great occasions** en las grandes ocasiones; **to have a sense of ~** saber comportarse en las grandes ocasiones; **on the ~ of** con ocasión de
-3. *(opportunity)* ocasión *f*, oportunidad *f*; **on the first ~** a la primera oportunidad; **I'd like to take this ~ to...** me gustaría aprovechar esta oportunidad para...; **if the ~ arises, should the ~ arise** si surge la oportunidad
-4. *Formal (cause)* motivo *m*; **her return was the ~ for great rejoicing** su regreso fue motivo de gran júbilo; **to have ~ to do sth** tener motivos para hacer algo; **there is no ~ for worry** no hay por qué preocuparse; **~ for complaint** motivo de queja
◇ *vt Formal (fear, surprise)* ocasionar, causar

occasional [ə'keɪʒənəl] *adj* **-1.** *(irregular, infrequent)* ocasional, esporádico(a); **he's an ~ visitor/golfer** es un visitante/golfista ocasional; **I like an** *or* **the ~ cigar** me gusta fumar un puro de vez en cuando; **she writes me the ~ postcard** me escribe alguna que otra postal; **there will be ~ showers** habrá chubascos ocasionales ☐ **~ table** mesita *f* auxiliar
-2. *(music, verse)* para la ocasión

occasionally [ə'keɪʒənəlɪ] *adv* ocasionalmente, de vez en cuando; **I smoke only very ~** sólo fumo muy de vez en cuando

Occident ['ɒksɪdənt] *n* **the ~** (el) Occidente

occidental [ɒksɪ'dentəl] *adj* occidental

occipital [ɒk'sɪpɪtəl] *adj* ANAT occipital ☐ **~ bone** (hueso *m*) occipital *m*; **~ lobe** lóbulo *m* occipital

occiput ['ɒksɪpʌt] *n* ANAT occipucio *m*

occlude [ə'kluːd] *vt* ocluir

occluded front [ə'kluːdɪd'frʌnt] *n* MET frente *m* ocluido

occult [ɒ'kʌlt, 'ɒkʌlt] ◇ *n* **the ~** lo oculto
◇ *adj* oculto(a)

occultism ['ɒkʌltɪzəm] *n* ocultismo *m*

occultist ['ɒkʌltɪst] *n* ocultista *mf*

occupancy ['ɒkjʊpənsɪ] *n* ocupación *f*; **period of ~** *(of house)* periodo de alquiler *or Méx* renta; *(of land)* periodo de arrendamiento; *(of post)* (periodo de) tenencia; **hotel ~ levels** *or* **rates** niveles de ocupación hotelera

occupant ['ɒkjʊpənt] *n* **-1.** *(of house, flat, car)* ocupante *mf* **-2.** *(of job)* titular *mf*

occupation [ɒkjʊ'peɪʃən] *n* **-1.** *(profession)* profesión *f*, ocupación *f*; **what is his ~?** ¿a qué se dedica?; **I'm not an actor by ~** no soy actor de profesión
-2. *(pastime)* pasatiempo *m*; **the TV provides them ~ for the children** la televisión proporciona entretenimiento a los niños
-3. *(of house, offices, land)* ocupación *f*; **during Mr Gray's ~ of the premises** mientras el señor Gray ocupaba el inmueble; **the premises are ready for immediate ~** el inmueble está listo para que se instalen
-4. *(by enemy, strikers, protesters)* ocupación *f*; **army of ~** ejército *or* fuerzas de ocupación; **under ~** ocupado(a); HIST **the Occupation** = la ocupación nazi

occupational [ɒkjʊ'peɪʃənəl] *adj* profesional, laboral ☐ **~ disease** enfermedad *f* profesional; **~ hazard** gaje *m* del oficio; *Br* **~ pension** pensión *f* de empleo *or* de empresa; *Br* **~ pension scheme** plan *m* de pensiones de empleo *or* de empresa; **~ psychology** psicología *f* del trabajo; **~ therapy** terapia *f* ocupacional

occupied ['ɒkjʊpaɪd] *adj* **-1.** *(house)* ocupado(a); **this seat is ~** este asiento está ocupado
-2. *(busy)* ocupado(a), atareado(a); **to be ~ with sth** estar ocupado(a) con algo; **to be ~ in** *or* **with doing sth** estar ocupado(a) haciendo algo; **to keep sb ~** tener ocupado(a) a alguien; **to keep oneself ~** mantenerse ocupado(a)
-3. *(by enemy, strikers, protesters)* ocupado(a); HIST **in ~ France** en la Francia ocupada; **the Occupied Territories** los territorios ocupados

occupier ['ɒkjʊpaɪə(r)] *n Br (of house)* ocupante *mf*; **(to) the ~** *(on letter)* a la atención del ocupante

occupy ['ɒkjʊpaɪ] *vt* **-1.** *(house, room)* ocupar
-2. *(keep busy) (person, mind)* ocupar; **she occupies herself by doing crosswords** se distrae *or* se mantiene ocupada haciendo crucigramas; **find something to ~ your mind** encuentra algo para tener la mente ocupada
-3. *(fill, take up) (time, space)* ocupar; **she occupies her time in studying** ocupa su tiempo estudiando, dedica su tiempo a estudiar; **the company occupies three floors** la empresa ocupa tres pisos; **the task occupied all her time** la tarea le ocupaba todo el tiempo; **how do you ~ your evenings?** ¿a qué te dedicas por las noches?
-4. *(enemy country, factory)* ocupar, tomar; **occupying army** ejército de ocupación; **the students have occupied the library** los estudiantes han ocupado la biblioteca
-5. *(hold) (office, rank)* ocupar

occur [ə'kɜː(r)] *(pt & pp* **occurred)** *vi* **-1.** *(event)* suceder, ocurrir; *(opportunity)* darse, surgir; *(vacancy)* surgir; *(accident)* tener lugar, producirse; **many changes have occurred since then** desde entonces se han producido muchos cambios; **misunderstandings often ~ over the phone** a menudo se producen malentendidos hablando por teléfono; **if a difficulty/the opportunity occurs** si surge alguna dificultad/la oportunidad
-2. *(exist, be found)* aparecer, darse; **his name occurs several times in the report** su nombre aparece varias veces en el informe *or CAm, Méx* reporte; **the condition occurs mainly among older people** la enfermedad se da principalmente en los ancianos
-3. *(come to mind)* **when did the idea ~ to you?** ¿cuándo se te ocurrió esa idea?; **it occurred to me later that he was lying** más tarde caí en la cuenta de que estaba mintiendo; **didn't it ~ to you to call me?** ¿no se te ocurrió llamarme?; **it would never ~ to me to use violence** nunca se me ocurriría usar la violencia

occurrence [ə'kʌrəns] *n* **-1.** *(event)* suceso *m*; **this was the first ~ of its kind** fue la primera vez que se dio un fenómeno de estas características; **it's an everyday ~** sucede todos los días
-2. *Formal (incidence) (of disease)* incidencia *f*; **the increasing ~ of racial attacks** el creciente número de ataques racistas; **to be of frequent ~** ocurrir con frecuencia; **of rare ~** infrecuente, inusitado(a)

ocean ['əʊʃən] *n* **-1.** GEOG océano *m*; *US (sea)* mar *m* ☐ **~ bed** fondo *m* oceánico; **~ current** corriente *f* marina *or* oceánica; **~ floor** fondo *m* oceánico; **~ liner** transatlántico *m* **-2.** *Fam* **oceans of** la mar de; **we've got oceans of time** tenemos tiempo de sobra

oceanfront ['əʊʃənfrʌnt] *US* ◇ *n* primera línea *f* de playa
◇ *adj* **an ~ hotel** un hotel en primera línea de playa

ocean-going ['əʊʃəngəʊɪŋ] *adj (vessel)* marítimo(a)

Oceania [əʊʃɪ'eɪnɪə] *n* Oceanía

oceanic [əʊʃɪ'ænɪk] *adj* oceánico(a) ☐ **~ ridge** dorsal *f* oceánica; **~ trench** fosa *f* abisal *or* marina

oceanographer [əʊʃə'nɒgrəfə(r)] n oceanógrafo(a) m,f
oceanographic(al) [əʊʃənə'græfɪk(əl)] adj oceanográfico(a)
oceanography [əʊʃə'nɒgrəfɪ] n oceanografía f
oceanology [əʊʃə'nɒlədʒɪ] n oceanología f
ocelot ['ɒsəlɒt] n ocelote m
oche ['ɒkɪ] n (in darts) línea f de tiro; **on** or **at the ~** en la línea de tiro
ochre, US **ocher** ['əʊkə(r)] ◇ n ocre m; **red/yellow ~** ocre rojo/amarillo
◇ adj ocre
ocker ['ɒkə(r)] n Austr (boor) = australiano rudo y sin educación
o'clock [ə'klɒk] adv -1. (time) **(it's) one ~** (es) la una; **(it's) two/three ~** (son) las dos/tres; **at four ~** a las cuatro; **after five ~** de a partir de las cinco; **before six ~** antes de las seis; **the 8 ~ train** el tren de las ocho; **at twelve ~** (midday) al mediodía; (midnight) a medianoche -2. (position) **enemy fighters at 7 ~** cazas enemigos en las siete
OCR [əʊsi:'ɑ:(r)] n COMPTR -1. (abbr **optical character reader**) lector m óptico de caracteres -2. (abbr **optical character recognition**) reconocimiento m óptico de caracteres
Oct (abbr **October**) oct.
octagon ['ɒktəgən] n octógono m, octágono m
octagonal [ɒk'tægənəl] adj octogonal, octagonal
octahedral [ɒktə'hi:drəl] adj octaédrico(a)
octahedron [ɒktə'hi:drən] n octaedro m
octane ['ɒkteɪn] n CHEM octano m ❑ **~ number** or **rating** octanaje m
octave ['ɒktɪv] n -1. MUS octava f -2. LIT octava f
octavo [ɒk'teɪvəʊ] n octavos m
octet [ɒk'tet] n -1. MUS octeto m -2. LIT octava f
October [ɒk'təʊbə(r)] n octubre m ❑ HIST **the ~ Revolution** la Revolución de Octubre; see also **May**
octogenarian [ɒktədʒɪ'neərɪən] ◇ n octogenario(a) m,f
◇ adj octogenario(a)
octopus ['ɒktəpəs] n pulpo m
ocular ['ɒkjʊlə(r)] adj ANAT ocular
oculist ['ɒkjʊlɪst] n oculista mf
OD [əʊ'di:] (abbr **overdose**) Fam ◇ n sobredosis f
◇ vi (pt & pp **OD'd, OD'ed**) meterse una sobredosis; Fig **I think I've rather OD'd on pizza** creo que me he pasado con la pizza
ODA [əʊdi:'eɪ] n (abbr **Overseas Development Administration**) = organismo británico de ayuda al desarrollo en el tercer mundo
odalisque ['əʊdəlɪsk] n odalisca f
odd [ɒd] ◇ adj -1. (strange) raro(a), extraño(a); **the ~ thing is that the room was empty** lo extraño es que la habitación estaba vacía; **it felt ~ seeing her again** fue raro volver a verla; **it's ~ your not knowing about it** que no lo sepas es extraño; **it's an ~ way of saying sorry** es una forma peculiar de pedir perdón; Fam **he's a bit ~ in the head** es medio raro; **(well,) that's ~!, how ~!** ¡qué raro!, ¡qué extraño!
-2. (not even) impar; **the ~ pages of a book** las páginas impares de un libro ❑ **~ number** (número m) impar m
-3. (not matching) **an ~ sock** un calcetín desparejado; **to be the ~ one out** ser el/la único(a) diferente; **I wasn't wearing black, so I was the odd one** or **man out** yo desentonaba porque no iba de negro; **to be the ~ man/woman out** (different) ser el/la único(a) diferente
-4. (occasional) ocasional; **he has his ~ moments of depression** se deprime de vez en cuando; **nobody visits, apart from the ~ anthropologist** nadie viene, con excepción de algún que otro antropólogo; **I smoke the ~ cigarette** me fumo un cigarrillo de cuando en cuando; **you've made the ~ mistake** has cometido algún que otro error; **I only get the ~ moment to myself** apenas tengo tiempo para mí; **at ~ moments** muy raras veces ❑ **~ jobber** = hombre que hace arreglos o apaños ocasionales; **~ jobs** chapuzas fpl, apaños mpl
◇ adv **a hundred ~ sheep** ciento y pico ovejas; **twenty ~ pounds** veintitantas libras; **he must be forty ~** debe de tener cuarenta y tantos
oddball ['ɒdbɔ:l] Fam ◇ n tipo(a) m,f excéntrico(a) or raro(a)
◇ adj excéntrico(a), raro(a)
oddity ['ɒdɪtɪ] n -1. (strangeness) rareza f -2. (person) bicho m raro; (thing) rareza f; **it's just one of his little oddities** no es más que otra de sus rarezas
odd-job man ['ɒdʒɒbmæn] n = hombre que hace arreglos o apaños ocasionales
odd-looking ['ɒdlʊkɪŋ] adj extraño(a), raro(a)
oddly ['ɒdlɪ] adv (to behave, dress) de manera extraña; **~ enough** aunque parezca raro
oddment ['ɒdmənt] n **oddments** restos mpl
oddness ['ɒdnɪs] n (strangeness) rareza f
odds [ɒdz] ◇ npl -1. (in betting) apuestas fpl; **this horse has ~ of seven to one** las apuestas para este caballo están en or son de siete a uno; Br Fam **to pay over the ~ (for sth)** pagar más de lo que vale (por algo)
-2. (probability) probabilidades fpl; **what are the ~ on his getting the job?** ¿qué posibilidades tiene de conseguir el empleo?; **the ~ are that...** lo más probable es que...; **the ~ are against him** tiene pocas posibilidades; **the ~ are against a spring election** es poco probable que se convoquen elecciones para la primavera; **the ~ are in his favour** tiene muchas posibilidades
-3. (great difficulties) **to succeed against the ~** triunfar a pesar de las dificultades; **against all the ~** contra todo pronóstico; **they won against overwhelming ~** a pesar de las enormes dificultades, ganaron or vencieron
-4. Br Fam (difference) **it makes no ~ (either way)** da igual; **it makes no ~ to me** me da igual; **it makes no ~ what I say** lo que yo diga no importa; **what's the ~?** ¡qué más dará!
-5. Fam **~ and ends** (miscellaneous objects) cosillas fpl sueltas; **I made it out of ~ and ends left over from the dress** lo hice con los retales que quedaron del vestido; **I've still a few ~ and ends to do** aún tengo algunas cosillas sueltas que hacer; Br **~ and sods** (miscellaneous objects) cosillas fpl sueltas; **all sorts of ~ and sods turn up at poetry readings** (people) a esos encuentros de poesía se presenta cualquier hijo de vecino
◇ **at odds** adj **to be at ~ with sb** (disagree, be on bad terms) estar enfrentado(a) con alguien (**over** por); **the minister is at ~ with the government on this issue** en este tema el ministro tiene una posición opuesta a la del gobierno; **she's always been at ~ with herself** nunca se ha sentido bien consigo misma; **that's at ~ with what I was told** eso no se corresponde con lo que me dijeron; **the way she was dressed was completely at ~ with her personality** estaba vestida de una manera que no iba con su personalidad
odds-on [ɒdz'ɒn] adj -1. (horse) **~ favourite** favorito(a) claro(a) or indiscutible -2. Fam **it's ~ that...** es casi seguro que...
ode [əʊd] n oda f
Odin ['əʊdɪn] n MYTHOL Odín
odious ['əʊdɪəs] adj odioso(a), aborrecible
odium ['əʊdɪəm] n odio m, aborrecimiento m; **to bring ~ upon sb** ocasionar la repulsa or el rechazo (de los demás) a una persona
odometer [əʊ'dɒmɪtə(r)] n US (in car) = cuentakilómetros m inv
odor, odorless US = **odour, odourless**
odoriferous [əʊdə'rɪfərəs] adj Formal aromático(a), fragante
odorous ['əʊdərəs] adj Formal -1. (fragrant) aromático(a), fragante -2. (malodorous) apestoso(a), maloliente
odour, US **odor** ['əʊdə(r)] n -1. (smell) olor m; IDIOM **to be in good/bad ~ with sb** estar a bien/mal con alguien -2. (unpleasant smell) mal olor m, tufo m -3. REL **~ of sanctity** olor m de la santidad
odourless, US **odorless** ['əʊdəlɪs] adj inodoro(a)
Odysseus [ə'dɪsɪəs] n Odiseo
Odyssey ['ɒdɪsɪ] n odisea f; Fig **a spiritual ~** una odisea espiritual
OE [əʊ'i:] n (abbr **Old English**) inglés m antiguo
OECD [əʊi:si:'di:] n (abbr **Organization for Economic Co-operation and Development**) OCDE f
oecumenical, oecumenism = **ecumenical, ecumenism**
oedema, US **edema** [ɪ'di:mə] n MED edema m
Oedipal ['i:dɪpəl] adj PSY edípico(a)
Oedipus ['i:dɪpəs] n MYTHOL Edipo ❑ PSY **~ complex** complejo m de Edipo
o'er ['əʊə(r)] prep & adv Literary por
oesophagus, US **esophagus** [i:'sɒfəgəs] (pl **oesophagi,** US **esophagi** [i:'sɒfəgaɪ]) n ANAT esófago m
oestrogen, US **estrogen** ['i:strədʒen] n BIOL CHEM estrógeno m
oestrus, US **estrus** ['i:strəs] n ZOOL estro m
of [ɒv, unstressed əv] prep -1. (indicating belonging) de; **the husband of the Prime Minister** el marido de la primera ministra; **the back of the chair** el respaldo de la silla; **the poetry of Yeats** la poesía de Yeats; **the University of South Carolina** la Universidad de Carolina del Sur; **the King of Spain** el Rey de España; **now I've got a house of my own** ahora tengo casa propia; **a friend of mine** un amigo mío; **a habit of mine** una de mis manías; **those children of yours are a real nuisance** esos niños tuyos son un infierno or Esp incordio
-2. (indicating characteristic) de; **the size of the house** el tamaño de la casa; **the colour of blood/grass** el color de la sangre/la hierba; **the aim of the measures** el objetivo de las medidas; **a man of many charms** un hombre con muchos encantos; **a matter of great concern** un asunto de gran interés; **a girl of ten** una niña de diez años; **at the age of ten** a los diez años
-3. (indicating amount) de; **a kilo of apples** un kilo de manzanas; **a drop of 20 percent** una bajada del 20 por ciento; **there were four of us** éramos cuatro; **the two of us** los dos, nosotros dos; **how much of it do you want?** ¿cuánto quiere?
-4. (containing) de; **a bag of potatoes** una bolsa de Esp patatas or Am papas; **a bottle of wine** una botella de vino; **a cry of pain** un grito de dolor
-5. (made with) de; **a table (made) of wood** una mesa de madera; **what is it made of?** ¿de qué está hecho?
-6. (forming part of) de; **the top of the mountain** la cumbre de la montaña; **the bottom of the garden** el fondo del jardín; **part of the problem** parte del problema; **one of my uncles** uno de mis tíos; **journalist of the year** periodista del año
-7. (indicating gap) de; **within 10 metres of where we are standing** a no más de 10 metros de donde nos encontramos; **she came within a second of the record** se quedó a un segundo del récord
-8. (with regard to) de; **what do you know of this matter?** ¿qué sabes de este asunto?; **a map of London** un mapa de Londres; **south of Chicago** al sur de Chicago; **to dream of sth/sb** soñar con algo/alguien; **to speak of sb** hablar de alguien; **to think of sth/sb** pensar en algo/alguien; **to be proud/tired of** estar orgulloso(a)/cansado(a) de; **to be guilty/capable of** ser culpable/capaz de; **a fear of spiders** el miedo a las arañas; **the advantage of doing this** la ventaja de hacer esto
-9. (indicating cause) de; **she died of cholera** murió de cólera; **he told me of his own accord** me lo dijo de motu propio; **the**

results of this decision los resultados de esta decisión -**10.** *(commenting on behaviour)* **it was clever of her to do it** fue muy lista *or RP* viva en hacerlo; **it was very kind of you** fue muy amable de tu parte -**11.** *(in comparisons)* de; **the best of them all** el mejor de todos ellos; **we are the best of friends** somos excelentes *or* muy buenos amigos; **of all my friends, I like her best** es la que más me gusta de todos mis amigos, de entre todos mis amigos, es con la que me llevo mejor; **he of all people should know that...** él más que nadie debería saber que... -**12.** *(indicating removal)* **to deprive sb of sth** privar a alguien de algo; **to get rid of sth** deshacerse de algo -**13.** *(indicating date)* de; **the 4th of October** el 4 de octubre; **the night of the disaster** la noche del desastre; **the financial crash of 1929** la crisis financiera de 1929 -**14.** *(during)* **of an evening** por la tarde; **my coach of several years** mi entrenador durante varios años *or* de varios años -**15.** *US (indicating time)* **a quarter of one** la una menos cuarto -**16.** *(indicating degree)* **it is more/less of a problem than we had expected** es un problema más/menos complicado de lo que esperábamos

off [ɒf] ◇ *prep* -**1.** *(away from)* **keep ~ the grass** *(sign)* prohibido pisar el césped; **~ the coast** cerca de la costa; **10 miles ~ the coast** a 10 millas de la costa; **~ the premises** fuera del establecimiento; **a street ~ the main road** una calle que sale de la principal; **the kitchen is ~ the living room** la cocina da al salón *or* living; **are we a long way ~ finishing?** ¿nos queda *or* falta mucho para acabar?; **to be ~ course** haber perdido el rumbo; **the shot was ~ target** el disparo no dio en el blanco -**2.** *(indicating removal from)* de; **the handle has come ~ the saucepan** se ha desprendido el mango de la cacerola; **they cut the branch ~ the tree** cortaron la rama del árbol; **to fall/jump ~ sth** caerse/saltar de algo; **get your hands ~ me!** ¡quítame *or Am* sácame las manos de encima!; **he took the lid ~ the box** destapó la caja; *Fam* **she took my pencil ~ me** me quitó *or Am* sacó el lápiz -**3.** *(out of)* de; **to get ~ a train/bus** bajarse de un tren/autobús -**4.** *(with prices)* **20 percent/$5 ~ the price** una rebaja del 20 por ciento/de 5 dólares; **20 percent/$5 ~ the dress** un 20 por ciento/5 dólares de descuento en el vestido -**5.** *(absent from)* **to be ~ work/school** faltar al trabajo/colegio; **Jane's ~ work today** Jane no viene hoy a trabajar; **to take a day ~ work** tomarse un día de vacaciones -**6.** *(from the direction of)* **a cool breeze ~ the sea** una brisa fresca del mar -**7.** *(not liking, not taking)* **she's been ~ her food lately** últimamente no está comiendo bien *or* está sin apetito *or Esp* está desganada; **I'm ~ the medicine now** ya no estoy tomando el medicamento; **I'm ~ him at the moment** últimamente no me hace tanta gracia -**8.** *Fam (from)* **to buy/borrow sth ~ sb** comprar/pedir prestado algo a alguien; **I got some useful advice ~ him** me dio algunos consejos útiles -**9.** *(using)* **to live ~ sth** vivir de algo; **it runs ~ petrol** funciona con gasolina *or RP* nafta; **the lighting runs ~ a generator** las luces funcionan con un generador

◇ *adv* -**1.** *(away)* **5 miles ~** a 5 millas (de distancia); **the meeting is only two weeks ~** sólo quedan *or* faltan dos semanas para la reunión; **Washington/the meeting is a long way ~** todavía queda *or* falta mucho para Washington/la reunión; **to run ~** echar a correr, salir corriendo; **I must be ~** tengo que irme; **I'm ~ to California** me voy a California; **~ you go!** ¡vamos!, ¡andando!; **it's ~ to the right** es a la derecha -**2.** *(indicating removal)* **the handle has come ~** se ha soltado el asa; **to cut sth ~** cortar algo; **to fall ~** caerse; **to jump ~** saltar; **he had his trousers ~** no llevaba pantalones; **to take ~ one's coat** quitarse *or Am* sacarse el abrigo; **to take a player ~** sustituir a un jugador; **~ with his head!** ¡que le corten la cabeza! -**3.** *(out)* **to get ~** bajarse -**4.** *(indicating isolation)* **to close a street ~** cerrar una calle; **to cordon an area ~** acordonar un área -**5.** *(indicating disconnection)* **turn the light/TV ~** apaga la luz/televisión; **turn the water/gas/tap ~** cierra el agua/el gas/*Esp* el grifo *or Chile, Col, Méx* la llave *or Carib* pluma *or RP* canilla -**6.** *(with prices)* **20 percent/$5 ~** una rebaja del 20 por ciento/de 5 dólares -**7.** *(away from work, school)* **take the day ~** tómate el día libre; **an afternoon ~** una tarde libre -**8.** *(completely)* **to finish sth ~** acabar con algo; **to kill sth ~** acabar con algo, *RP* liquidar algo

◇ *adj* -**1.** *(not functioning)* *(light, TV)* apagado(a); *(water, electricity, gas)* desconectado(a); *(tap)* cerrado(a); COMPTR *(menu option)* desactivado(a); **in the "~" position** en la posición de apagado; **the ~ button/switch** el botón/interruptor del apagado -**2.** *(cancelled)* **the wedding is ~** se ha cancelado la boda; **the deal is ~** el acuerdo se ha roto; **the match is ~** han suspendido el partido; *Fam* **the soup is ~** no hay sopa; *Fam* **it's all ~ between me and her** lo nuestro se ha acabado -**3.** *(absent from work, school)* **to be ~** faltar; **Jane's ~ today** Jane no viene hoy a trabajar/a clase -**4.** *(food)* pasado(a); *(milk)* cortado(a); *(meat)* malo(a), *RP* estropeado(a); **this cheese is ~** este queso se ha echado a perder -**5.** *(unsuccessful)* **you were ~ with your calculations** te equivocaste en los cálculos; **to have an ~ day** tener un mal día -**6.** *(in tourism)* **the ~ season** la temporada baja -**7.** *(describing situation)* **to be well/badly ~** tener mucho/poco dinero; **how are you ~ for money?** ¿qué tal vas *or* estás de dinero?; **we're pretty well ~ for furniture** tenemos bastantes muebles; **you'd be better ~ staying where you are** será mejor *or* más vale que te quedes donde estás; **we're better/worse ~ than before** estamos mejor/peor que antes -**8.** *Br (unacceptable)* **that comment was a bit ~** ese comentario estaba de más; **he was a bit ~ with me** estuvo un poco distante conmigo; **that was a bit ~ (of her)** eso estuvo un poco feo (de su parte)

◇ *n Br (of race)* **the ~** la salida; *also Fig* **right from the ~** desde el primer momento

◇ *vt US Fam (kill)* cargarse a

◇ **off and on** *adv (intermittently)* intermitentemente; **how often do you see them? – ~ and on** ¿los ves a menudo? – de vez en cuando; **they've been going out for six years ~ and on** llevan seis años saliendo intermitentemente; **she is working ~ and on as an actress** trabaja de actriz esporádicamente

off-air [ˈɒfˈeə(r)] ◇ *adj* en circuito cerrado
◇ *adv* en circuito cerrado

offal [ˈɒfəl] *n* -**1.** CULIN asaduras *fpl* -**2.** *(refuse)* basura *f*, desperdicios *mpl*

off-balance [ˈɒfˈbæləns] *adj* desacomodado(a), desprevenido(a); **her question caught me ~** su pregunta me tomó desprevenido *or* desacomodado

offbeat [ˈɒfˈbiːt] ◇ *n* MUS tiempo *m* débil
◇ *adj Fam (unconventional)* inusual, original

off-Broadway [ˈɒfˈbrɔːdweɪ] *adj US* = de las producciones teatrales fuera del circuito de Broadway

off-camera [ˈɒfˈkæmərə] ◇ *adj* fuera de (la) cámara
◇ *adv* fuera de (la) cámara

off-centre, *US* **off-center** [ˈɒfˈsentə(r)] ◇ *adj* -**1.** *(position)* descentrado(a); **the title is ~** el título no está centrado -**2.** *(eccentric)* excéntrico(a)
◇ *adv* fuera del centro

off-chance [ˈɒftʃɑːns] *n* **on the ~** por si acaso; **I asked her on the ~ she might know something** le pregunté por si acaso sabía algo

off-colour, *US* **off-color** [ˈɒfˈkʌlə(r)] *adj* -**1.** *(unwell)* indispuesto(a); **to be *or* feel ~** no sentirse muy bien, sentirse indispuesto(a); **to look ~** no tener muy buen aspecto -**2.** *(joke)* fuera de tono

offcut [ˈɒfkʌt] *n (of wood)* recorte *m*; *(of cloth)* retal *m*; *(of carpet)* retazo *m*; *(of meat)* resto *m*

off-duty [ˈɒfˈdjuːtɪ] *adj (soldier)* de permiso; *(policeman)* fuera de servicio

offence, *US* **offense** [əˈfens] *n* -**1.** LAW delito *m*, infracción *f*; **it's his first ~** es su primer delito, es su primera infracción; **petty *or* minor ~** infracción leve; **to commit an ~** cometer un delito *or* una infracción; **a driving ~** una infracción de tráfico -**2.** *(annoyance, displeasure)* ofensa *f*; **to cause *or* give ~** ofender; **to take ~ (at)** sentirse ofendido(a) (por), ofenderse (por); **no ~!** no es mi intención ofender; **no intended – none taken** no quería ofenderte – no te preocupes; **the factory is an ~ to the eye** es sumamente desagradable ver el aspecto de la fábrica; **it's an ~ against good taste** es un insulto al buen gusto -**3.** MIL *(attack)* ataque *m*, ofensiva *f* -**4.** SPORT *(attackers)* atacantes *mfpl*, línea *f* de ataque

offend [əˈfend] ◇ *vt (person)* ofender; *(eyes, senses, reason)* dañar, herir; **the film contains scenes which may ~ some viewers** la película contiene escenas que pueden ofender a algunos espectadores; **his behaviour offends my sense of fair play** su comportamiento atenta contra mi sentido del juego limpio
◇ *vi* -**1.** LAW delinquir; **he is liable to ~ again** es probable que vuelva a delinquir -**2.** *(cause offence)* **I didn't mean to ~** *(the general public)* mi intención no fue ofender; *(you)* no quise ofenderte; **likely to ~** susceptible de ofender a alguien; **to ~ against good taste** atentar contra el buen gusto

offended [əˈfendɪd] *adj (insulted)* ofendido(a); **he is easily ~** se ofende fácilmente, se ofende por nada; **to be *or* feel ~ (at *or* by sth)** ofenderse *or* sentirse ofendido(a) (por algo); **don't be ~ if I leave early** si me voy temprano no lo tomes a mal; **she was very ~ when he didn't come to her party** se ofendió mucho porque no vino a la fiesta

offender [əˈfendə(r)] *n* -**1.** LAW delincuente *mf*; **13 percent of convicted offenders return to crime** el 13 por ciento de los delincuentes condenados reincide -**2.** *(culprit)* culpable *mf*; **the chemical industry is the worst ~** la industria química es la principal responsable

offending [əˈfendɪŋ] *adj (causing a problem)* problemático(a); **the ~ word was omitted** el término problemático se suprimió

offense *US* = **offence**

offensive [əˈfensɪv] ◇ *n* MIL & *Fig* ofensiva *f*; **to take the ~, to go on the ~** pasar a la ofensiva; **to be on the ~** estar en plena ofensiva; **a diplomatic/peace ~** una ofensiva diplomática/por la paz
◇ *adj* -**1.** *(causing indignation, anger)* *(word, action, behaviour)* ofensivo(a); **to be ~ to sb** mostrarse ofensivo(a) con alguien; **to find sth ~** encontrar algo ofensivo -**2.** *(disgusting)* *(smell)* asqueroso(a), repugnante -**3.** *(aggressive)* ofensivo(a); **they took immediate ~ action** realizaron una inmediata acción ofensiva ❑ **~ weapon** arma *f* ofensiva

offensively [əˈfensɪvlɪ] *adv* **-1.** *(insultingly)* de manera insultante *or* ofensiva **-2.** *(on the attack)* ofensivamente; **~, theirs is the stronger team** en el ataque, el equipo de ellos es el más fuerte

offensiveness [əˈfensɪvnɪs] *n* **-1.** *(of behaviour, remark)* lo ofensivo **-2.** *(of sight, smell)* lo repugnante, lo desagradable

OFFER [ˈɒfə(r)] *n (abbr* **Office of Electricity Regulation)** = antiguo organismo británico regulador del suministro de energía eléctrica

offer [ˈɒfə(r)] ◇ *n* oferta *f;* **the ~ still stands** la oferta sigue en pie; **we need somebody to help, any offers?** necesitamos que alguien ayude, ¿alguien se ofrece?; **to make sb an ~ (for sth)** hacer a alguien una oferta (por algo); **make me an ~!** hazme una oferta, ¿cuánto me das?; **thanks for the ~, but I can manage** gracias por tu ofrecimiento, pero puedo arreglármelas solo; **he turned down the ~ of a free holiday** declinó *or* rechazó la oferta de unas vacaciones gratuitas; **£500 or nearest ~** 500 libras negociables; **he wants £500 for it, but he's open to offers** pide 500 libras pero descarta otras ofertas; **on ~** *(reduced)* de oferta; *(available)* disponible; **the house is under ~** han hecho una oferta por la casa ❑ **~ of marriage** proposición *f* de matrimonio; ST EXCH **~ price** precio *m* de oferta
◇ *vt* **-1.** *(proffer)* ofrecer **(for** por); **to ~ sb sth, to ~ sth to sb** ofrecer algo a alguien; **to ~ a suggestion/an opinion** hacer una sugerencia/dar una opinión; **may I ~ a little advice?** ¿puedo darte un consejo?; **to ~ to do sth** ofrecerse a hacer algo; **he offered her a chair/his arm** le ofreció una silla/su brazo; **can I ~ you a drink?** ¿puedo ofrecerte un trago?, ¿te apetece un trago?; **nobody bothered to ~ any explanation** nadie se molestó en dar explicaciones; **she offered to show him how to use the photocopier** le ofreció enseñarle a utilizar la fotocopiadora; LAW **to ~ a plea of guilty/innocent** declararse culpable/inocente
-2. *(provide)* ofrecer; **our proposal offers several advantages** nuestra propuesta ofrece diversas ventajas; **the job offers few prospects of promotion** el trabajo ofrece pocas perspectivas de ascender; **the area hasn't got much/has a lot to ~** el área tiene mucho/poco que ofrecer; **candidates may ~ one of the following foreign languages** *(in exam)* los candidatos pueden elegir uno de los siguientes idiomas extranjeros
◇ *vi* **don't say I didn't ~** no digas que no te lo ofrecí; **it was kind of you to ~** muchas gracias por tu ofrecimiento

◆ **offer up** *vt sep (prayers, sacrifice)* ofrecer

offering [ˈɒfərɪŋ] *n* **-1.** *(gift, thing presented)* entrega *f;* **his latest ~ is a novel set in Ireland** su último trabajo es una novela que se desarrolla en Irlanda **-2.** REL ofrenda *f*

offertory [ˈɒfətərɪ] *n* REL *(collection)* colecta *f;* *(hymn)* ofertorio *m* ❑ **~ box** cepillo *m;* **~ plate** plato *m* de las ofrendas

offhand [ɒfˈhænd] ◇ *adj* desconsiderado(a); **to be ~ (with sb)** mostrarse desconsiderado(a) (con alguien)
◇ *adv (immediately)* **I don't know ~** ahora mismo, no lo sé; **~ I'd say it'll take a week** a bote pronto me inclino a pensar que llevará una semana

offhanded [ɒfˈhændɪd] *adj* desconsiderado(a)

offhandedly [ɒfˈhændɪdlɪ] *adv (casually)* indiferentemente

offhandedness [ɒfˈhændɪdnɪs] *n* desconsideración *f*

office [ˈɒfɪs] *n* **-1.** *(place) (premises)* oficina *f;* *(room)* despacho *m,* oficina *f;* *(of lawyer)* despacho *m,* bufete *m;* *(of architect)* estudio *m;* US *(of doctor, dentist)* consulta *f;* **our office(s) in Lima, our Lima office(s)** nuestra sucursal de Lima; **he's out of the ~ at the moment** en este momento no se encuentra en su despacho; **the whole ~ is talking about it** toda la oficina está hablando de eso; **for ~ use only** *(on form)* uso interno exclusivamente ❑ **~ automation** ofimática *f;* **~ block** bloque *m* de oficinas; **~ boy** chico *m* de los recados *or* RP mandados; **~ building** bloque *m* de oficinas; **~ equipment** equipo *m* de oficina; **~ girl** chica *f* de los recados; **~ hours** horas *fpl or* horario *m* de oficina; **~ IT** ofimática *f;* **~ junior** auxiliar *mf* de oficina; **~ manager** gerente *mf;* **~ party** fiesta *f* de la oficina; **~ space** espacio *m* físico para oficinas; **~ stationery** material *m* de oficina; **~ work** trabajo *m* de oficina; **~ worker** oficinista *mf*
-2. *(government department)* **the Office of Fair Trading** = organismo británico que vela por los intereses de los consumidores y regula las prácticas comerciales, ≃ Oficina *f* del Consumidor; **the Office of Management and Budget** = organismo que ayuda al presidente estadounidense a elaborar los presupuestos del estado
-3. POL *(position)* cargo *m;* **to hold (high) ~** ocupar un (alto) cargo; **to run** *or* **stand for ~** presentarse al cargo; **to seek ~** aspirar a un cargo; **to take ~** tomar posesión de un cargo; **to be in ~** estar en el poder; **to leave ~** dejar el cargo; **to be out of ~** *(political party)* no estar (más) en el poder; **he's been out of ~ for two years** *(politician)* hace dos años que dejó de ejercer el cargo
-4. *Formal* **I got the house through the good offices of Philip** conseguí la casa gracias a los buenos oficios de Philip
-5. REL oficio *m*

office-bearer [ˈɒfɪsbeərə(r)], **office-holder** [ˈɒfɪshəʊldə(r)] *n* cargo *m;* **the previous ~ was a woman** anteriormente ocupaba el cargo una mujer

officer [ˈɒfɪsə(r)] ◇ *n* **-1.** *(army)* oficial *mf* ❑ **~ of the day** oficial *mf* de guardia; **officers' mess** cantina *f or* comedor *m* de oficiales; **Officers' Training Corps** = unidad de adiestramiento de futuros oficiales del ejército británico provenientes de la universidad; **~ of the watch** oficial *mf* de guardia **-2.** *(police)* agente *mf* **-3.** *(in local government, union)* delegado(a) *m,f*
◇ *vt* MIL comandar; **they were officered by inexperienced young men** estaban comandados por oficiales jóvenes sin experiencia

official [əˈfɪʃəl] ◇ *n (representative)* representante *mf;* *(in public sector)* funcionario(a) *m,f;* *(in trade union)* representante *mf;* SPORT *(referee)* árbitro *mf,* Am referí *mf*
◇ *adj* oficial; **she was acting in her ~ capacity** actuaba en el ejercicio de sus funciones; **his appointment will be made ~ tomorrow** su nombramiento se hará oficial mañana; **is that ~?** ¿es oficial?; **it's ~, they're getting a divorce** es oficial, se divorcian; **to go through ~ channels** seguir los trámites necesarios ❑ **~ opening** *(of factory, museum)* inauguración *f* oficial; COM **~ receiver** síndico *m;* Br **Official Secrets Act** ≃ ley *f* de secretos oficiales *or* de Estado; **~ strike** huelga *f* oficial

officialdom [əˈfɪʃəldəm] *n Pej (bureaucracy)* los funcionarios, la administración

officialese [əfɪʃəˈliːz] *n Pej* jerga *f* administrativa

officially [əˈfɪʃəlɪ] *adv* oficialmente; **he has now been ~ appointed** su nombramiento se ha hecho oficial; **we now have it ~** ahora está oficialmente confirmado; **~, he's at the dentist's** oficialmente, fue al dentista

officiate [əˈfɪʃɪeɪt] *vi* **-1.** *(act in official capacity)* oficiar; **to ~ as** ejercer funciones de; **she officiated at the ceremony** ofició en la ceremonia; **the mayor will ~ at the opening of the stadium** el alcalde presidirá la inauguración oficial del estadio **-2.** REL oficiar **(at** en)

officious [əˈfɪʃəs] *adj (overzealous)* excesivamente celoso(a) *or* diligente; *(interfering)* entrometido(a)

officiously [əˈfɪʃəslɪ] *adv (overzealously)* con excesivo celo *or* excesiva diligencia; *(interferingly)* de manera entrometida

officiousness [əˈfɪʃəsnɪs] *n (overzealousness)* celo *m* excesivo, diligencia *f* excesiva; *(interfering manner)* carácter *m* entrometido

offing [ˈɒfɪŋ] *n* **(to be) in the ~** (ser) inminente; **a confrontation had long been in the ~** el enfrentamiento era latente desde hacía tiempo

off-key [ˈɒfkiː] MUS ◇ *adj* desafinado(a)
◇ *adv* desafinadamente; **to play/sing ~** desafinar al tocar/al cantar

off-licence [ˈɒflaɪsəns] *n Br* tienda *f* de bebidas alcohólicas *or* de licores

off-limits [ɒfˈlɪmɪts] *adj (area)* prohibido(a); Fig **the subject is ~** es un tema prohibido

off-line, offline COMPTR ◇ *adj* [ˈɒflaɪn] *(processing)* fuera de línea; *(printer)* desconectado(a); **to put the printer ~** desconectar la impresora ❑ **~ reader** lector *m* off-line
◇ *adv* [ɒfˈlaɪn] fuera de línea; **to go ~** desconectarse; **to work ~** trabajar sin estar conectado

off-load [ˈɒfləʊd] *vt* **-1.** *(unload) (passengers)* hacer descender a; *(cargo)* descargar **-2.** *(dump) (surplus goods)* deshacerse de; **to ~ sth onto sb** endosar algo a alguien; **to ~ blame onto sb** descargar la culpa en alguien

off-message [ˈɒfmesɪdʒ] *adj Br* POL **he's ~** no sigue la línea del partido

off-off-Broadway [ˈɒfɒfˈbrɔːdweɪ] *adj US* experimental

off-peak [ˈɒfpiːk] *adj (electricity, travel)* en horas valle; *(phone call)* en horas de tarifa reducida

offprint [ˈɒfprɪnt] *n (article)* separata *f*

off-putting [ˈɒfpʊtɪŋ] *adj Br* **-1.** *(unpleasant)* desagradable, molesto(a); **I find his manner rather ~** sus modales me resultan desagradables *or* molestos **-2.** *(distracting)* **I find that noise very ~** ese ruido me distrae mucho

off-ramp [ˈɒfræmp] *n US* carril *m* de deceleración *or* de salida

off-road [ˈɒfrəʊd] ◇ *adj (driving)* fuera de pista; **an ~ vehicle** un (vehículo) todoterreno
◇ *adv (to drive, cycle)* a campo traviesa

off-sales [ˈɒfseɪlz] *n Br* = venta de bebidas alcohólicas para llevar

off-screen [ˈɒfskriːn] *adj* CIN & TV **their ~ relationship mirrored their love affair in the film** su relación detrás de la cámara era un reflejo de su aventura amorosa en la película

off-season [ˈɒfsiːzən] ◇ *adj (rate)* de temporada baja
◇ *adv* en temporada baja

offset [ˈɒfset] ◇ *n* TYP *(process)* offset *m* ❑ **~ litho** *or* **lithography** offset *m*
◇ *vt* [ɒfˈset] *(pt & pp* **offset) -1.** *(make up for)* contrarrestar; **the advantages tend to ~ the difficulties** las ventajas suelen contrarrestar los inconvenientes; **any wage increase will be ~ by inflation** cualquier aumento salarial se verá contrarrestado por la inflación; **to ~ losses against tax** deducir (las) pérdidas de (los) impuestos **-2.** TYP imprimir en offset

offshoot [ˈɒfʃuːt] *n* **-1.** *(of tree)* vástago *m* **-2.** *(of family)* rama *f;* *(of political party, artistic movement)* ramificación *f;* *(of organization)* delegación *f*

offshore ◇ *adv* [ɒfˈʃɔː(r)] cerca de la costa
◇ *adj* [ˈɒfʃɔː(r)] **-1.** *(island, shipping, waters)* cercano(a) a la costa; **~ fishing** pesca de bajura ❑ **~ oil rig** plataforma *f* petrolífera *(en el mar)* **-2.** *(towards open sea) (current, direction)* mar adentro; *(wind)* de tierra, terral **-3.** FIN *(investment, company)* en paraíso fiscal ❑ **~ fund** fondo *m* colocado en paraíso fiscal; **~ investment** inversión *f* en un paraíso fiscal

offside [ˈɒfsaɪd] ◇ *n* AUT lado *m* del conductor
◇ *adj* **-1.** AUT del lado del conductor **-2.** [ɒfˈsaɪd] *(in soccer, rugby)* (en) fuera de juego

❏ **~ trap** *(in soccer)* (trampa *f* del) fuera de juego *m*
◇ *adv* [ɒf'saɪd] fuera de juego

off-site ◇ *adj* [ɒf'saɪt] de fuera, externo(a)
◇ *adv* [ɒf'saɪt] externamente

offspring ['ɒfsprɪŋ] *npl* **-1.** *(young of an animal)* crías *fpl* **-2.** *(children)* hijos *mpl*, descendencia *f*

offstage THEAT ◇ *adv* [ɒf'steɪdʒ] fuera del escenario; **~, she was surprisingly reserved** fuera del escenario, ella era sorprendentemente reservada
◇ *adj* [ɒfsteɪdʒ] de fuera del escenario

off-stream ['ɒfstriːm] *adj (industrial plant)* **to go ~** dejar de funcionar; **to be ~** no estar en funcionamiento

off-street ['ɒf'striːt] *adj* **~ parking** estacionamiento *or Esp* aparcamiento fuera de la vía pública

off-the-cuff [ɒfðə'kʌf] ◇ *adj (remark)* improvisado(a), espontáneo(a)
◇ *adv* improvisadamente, espontáneamente

off-the-peg [ɒfðə'peg] *adj esp Br (suit)* de confección

off-the-record [ɒfðə'rekɔːd] *adj* extraoficial

off-the-shelf [ɒfðə'ʃelf] *adj (software, components)* estándar

off-the-shoulder [ɒfðə'ʃəʊldə(r)] *adj (woman's dress)* que deja los hombros al descubierto

off-the-wall [ɒfðə'wɔːl] *adj Fam* estrafalario(a)

off-white ['ɒf'waɪt] ◇ *n* tono *m* blancuzco, blanco *m* marfil
◇ *adj* blancuzco(a)

off-year ['ɒfjɪə(r)] *n* POL año en que no hay elecciones presidenciales en Estados Unidos

OFGAS ['ɒfgæs] *n (abbr* **Office of Gas Supply**) = antiguo organismo británico regulador del suministro de gas

OFGEM ['ɒfdʒem] *n (abbr* **Office of the Gas and Electricity Markets**) = organismo británico que regula los suministros de gas y energía eléctrica

OFLOT ['ɒflɒt] *n (abbr* **Office of the National Lottery**) = organismo británico que regula la lotería

OFSTED ['ɒfsted] *n (abbr* **Office for Standards in Education**) = organismo británico responsable de la supervisión del sistema educativo

OFT [ɒef'tiː] *n (abbr* **Office of Fair Trading**) = organismo británico que vela por los intereses de los consumidores y regula las prácticas comerciales, ≃ Oficina *f* del Consumidor

oft [ɒft] *adv Literary* a menudo

oft- [ɒft] *prefix* **~repeated** muy repetido(a); **~quoted** muy citado(a)

OFTEL ['ɒftel] *n (abbr* **Office of Telecommunications**) = organismo británico que regula las telecomunicaciones

often ['ɒfən, 'ɒftən] *adv* a menudo; **I've ~ thought of leaving** he pensado a menudo en irme; **I don't see her very ~** no la veo muy a menudo; **we don't go there as ~ as we used to** no vamos tanto como antes; **I go there as ~ as possible** voy siempre que puedo; *Hum* **do you come here ~?** = expresión equivalente a "¿estudias o trabajas?"; **I ~ wonder...** a menudo me pregunto...; **it's not ~ you see that** eso no se ve a menudo; **it's not ~ you get an offer like that** no todos los días te hacen una oferta como ésa; **twice as ~ as before** el doble que antes; **how ~?** *(how many times)* ¿cuántas veces?; *(how frequently)* ¿cada cuánto (tiempo)?, ¿con qué frecuencia?; **all** *or* **only too ~** con demasiada frecuencia; **as ~ as not** la mitad de las veces; **more ~ than not** muchas veces; **every so ~** de vez en cuando, cada cierto tiempo

oftentimes ['ɒfəntaɪmz] *adv* **-1.** *Br Archaic* frecuentemente **-2.** *US* con frecuencia, a menudo

ofttimes ['ɒfttaɪmz] *adv Archaic or Literary* a menudo

OFWAT ['ɒfwɒt] *n Br (abbr* **Office of Water Services**) = organismo regulador del suministro de agua en Gran Bretaña

ogive ['əʊdʒaɪv] *n* **-1.** ARCHIT ojiva *f* **-2.** MATH ojiva *f*

ogle ['əʊgəl] *vt* **to ~ sb** comerse a alguien con los ojos

ogre ['əʊgə(r)] *n also Fig* ogro *m*

ogreish ['əʊgərɪʃ] *adj (frightening)* **he's a bit ~** asusta un poco

ogress ['əʊgrɪs] *n (frightening woman)* ogro *m*

OH *(abbr* **Ohio**) Ohio

oh [əʊ] *exclam* **-1.** *(expressing surprise)* ¡oh!; **oh, what a surprise!** ¡eh! ¡qué sorpresa!; **oh no!** ¡oh, no!; **oh no, not again!** ¡oh, no, otra vez no!; **oh really?** ¿en serio?, ¡ah sí! **-2.** *(contradicting)* **oh no you don't!** ¡no, de ninguna manera!; **oh yes you will!** ¡por supuesto que sí! **-3.** *Literary (as vocative)* oh; **Oh God!** ¡oh, Dios!

Ohio [əʊ'haɪəʊ] *n* Ohio

ohm [əʊm] *n* ELEC ohmio *m* ❏ **Ohm's law** ley *f* de Ohm

ohmmeter ['əʊmmiːtə(r)] *n* ELEC ohmímetro *m*

OHMS [əʊaɪtʃem'es] *(abbr* **On Her/His Majesty's Service**) = siglas que aparecen en documentos emitidos por el gobierno británico indicando su carácter oficial

oho [əʊ'həʊ] *exclam (expressing triumph, surprise)* ¡ajajá!

OHP [əʊeɪtʃ'piː] *n (abbr* **overhead projector**) retroproyector *m*, proyector *m* de transparencias ❏ **~ slide** transparencia *f*

oi [ɔɪ] *exclam Fam* ¡eh!; **oi, what do you think you're doing?** ¡eh, tú!, ¿qué te has creído que estás haciendo?

oik [ɔɪk] *n Br Fam* tipo(a) *m,f* vulgar

oil [ɔɪl] ◇ *n* **-1.** *(for food)* aceite *m*; **sardines/tuna in ~** sardinas/atún en aceite ❏ **~ cake** *(for livestock)* torta *f* de aceite; **~ decanter** aceitera *f*; **~ palm** palmera *f* de aceite; **~ press** molino *m* aceitero *or* de aceite
-2. *(lubricant)* aceite *m*; IDIOM **to pour ~ on troubled waters** calmar los ánimos ❏ **~ change** cambio *m* de aceite; *US* AUT **~ pan** cárter *m*; **~ stain** mancha *f* de aceite
-3. *(petroleum)* petróleo *m* ❏ **~ baron** magnate *m* del petróleo; **~ company** compañía *f* petrolera; **the ~ crisis** la crisis del petróleo; **~ drum** bidón *m* de petróleo; **~ pipeline** oleoducto *m*; **~ platform** plataforma *f* petrolífera; **~ prospecting** prospección *f* petrolífera; **~ refinery** refinería *f* de petróleo; **~ reserves** reservas *fpl* de petróleo *or* crudo; **~ rig** plataforma *f* petrolífera; **~ slick** marea *f* negra; **~ spill** derrame *m* petrolero *or* de petróleo; **~ tanker** *(ship)* petrolero *m*; *(vehicle)* camión *m* cisterna *(de petróleo)*; **~ terminal** estación *f* receptora de petróleo; **~ well** pozo *m* petrolífero *or* de petróleo; **~ worker** trabajador(ora) *m,f* del petróleo
-4. *(for lamp, stove)* aceite *m* ❏ **~ lamp** lámpara *f* de aceite; **~ stove** estufa *f* de petróleo
-5. *(paint)* **to paint in oils** pintar al óleo ❏ **~ colour** pintura *f* al óleo; **~ paint** pintura *f* al óleo; **~ painting** óleo *m*; IDIOM *Hum* **he's/she's no ~ painting** no es ninguna belleza
◇ *vt (machine, hinge)* engrasar, lubricar; *(wood)* dar aceite a; *Fig* **to ~ the wheels** allanar el terreno

oilbird ['ɔɪlbɜːd] *n* aceitero *m*, guácharo *m*

oil-burning ['ɔɪlbɜːnɪŋ] *adj (stove)* de petróleo; *(lamp)* de aceite

oilcan ['ɔɪlkæn] *n* **-1.** *(for applying oil)* aceitera *f* **-2.** *(container)* lata *f* de aceite

oilcloth ['ɔɪlklɒθ] *n* hule *m*

oiled [ɔɪld] *adj* **-1.** *(machine, hinge)* engrasado(a), lubricado(a); *(wood, cloth)* aceitado(a), tratado(a) con aceite **-2.** *Fam* **(well) ~** *(drunk)* (bien) cargado(a)

oiler ['ɔɪlə(r)] *n (tanker)* petrolero *m*

oilfield ['ɔɪlfiːld] *n* yacimiento *m* petrolífero, explotación *f* petrolífera

oil-fired ['ɔɪlfaɪəd] *adj* **~ central heating** calefacción *f* central de gasóleo

oiliness ['ɔɪlɪnɪs] *n* **-1.** *(of fish, food)* lo aceitoso **-2.** *(of person, manner)* lo empalagoso, zalamería *f*

oilman ['ɔɪlmæn] *n (owner)* petrolero *m*; *(worker)* trabajador *m* del petróleo

oil-producing ['ɔɪlprə'djuːsɪŋ] *adj* **-1.** *(country)* productor(a) de petróleo **-2.** *(plant, substance)* aceitero(a)

oil-rich ['ɔɪlrɪtʃ] *adj (countries)* con grandes reservas de crudo *or* petróleo

oilseed ['ɔɪlsiːd] *n* semilla *f* oleaginosa ❏ **~ rape** colza *f*

oilskin ['ɔɪlskɪn] *n (fabric)* hule *m*; *(garment)* impermeable *m*

oilstone ['ɔɪlstəʊn] *n (for sharpening)* piedra *f* de afilar *o* afiladora

oily ['ɔɪlɪ] *adj* **-1.** *(hands, rag)* grasiento(a); *(skin, hair)* graso(a); *(food)* aceitoso(a), con aceite ❏ **~ fish** pescado *m* azul **-2.** *Pej (manner)* empalagoso(a)

oink [ɔɪŋk] *vi (pig)* gruñir

ointment ['ɔɪntmənt] *n* ungüento *m*, pomada *f*

Oireachtas [ə'rɒχtəs] *n* POL parlamento *m* de Irlanda

OJ ['əʊdʒeɪ] *n US (abbr* **orange juice**) jugo *m* *or Esp* zumo *m* de naranja

OK[1] *(abbr* **Oklahoma**) Oklahoma

OK[2], **okay** ['əʊ'keɪ] ◇ *exclam* **-1.** *(expressing agreement)* de acuerdo, *Esp* vale, *Am* ok, *Méx* ándale; **we'll meet you at the station, OK?** nos vemos en la estación, ¿de acuerdo? *or Esp* ¿vale? *or Am* ¿ok? *or RP* ¿está bien?; **just calm down, OK?** cálmate, ¿quieres?; **OK, OK! I'll do it now** ¡bueno, de acuerdo *or Esp* vale *or Am* ok *or Méx* ándale *or RP* está bien!, ya lo hago
-2. *(introducing statement)* **OK, who wants to go first?** bueno *or Esp* venga, ¿quién quiere ir primero?; **OK, so he's not the cleverest person in the world** de acuerdo *or Esp* vale *or RP* está bien, no es la persona más inteligente del mundo
◇ *adj* **-1.** *(in order, fine)* bien; **are you OK?** ¿estás bien?; **don't worry, I'll be OK** no te preocupes, me las arreglaré *or RP* me voy a arreglar; **sorry! – that's OK** ¡lo siento! – no ha sido nada *or* no es nada; **no, it is NOT OK!** no, no está bien
-2. *(acceptable)* **that's OK by** *or* **with me** (a mí) me parece bien; **is it OK by** *or* **with you if I wear shorts?** ¿te parece bien si llevo pantalón corto?, ¿te parece mal que me ponga pantalón corto?; **it's OK for you to come in now** ya puedes entrar; **is it OK to wear shorts?** ¿está bien si voy con pantalón corto?, ¿podré ir de pantalón corto?; **it was OK, but nothing special** no estuvo mal, pero nada del otro mundo
-3. *(understanding)* **she was OK about it** se lo tomó bastante bien
-4. *Fam (likeable)* **he's an OK sort of guy** es buena gente, es un tipo *Esp* legal *or Méx, RP* derecho
-5. are we OK for time/money? *(have enough)* ¿vamos bien de tiempo/dinero?; **are you OK for drinks?** ¿tienes de beber?
◇ *adv* bien; **you did OK** hiciste bien
◇ *n* **to get the OK** recibir el visto bueno; **to give (sb) the OK** dar permiso (a alguien)
◇ *vt (pt & pp* **OK'd** *or* **okayed**) *Fam (proposal, plan)* dar el visto bueno a

okapi [əʊ'kɑːpɪ] *(pl* **okapis** *or* **okapi**) *n* okapi *m*

okay = OK

okey-doke ['əʊkɪ'dəʊk], **okey-dokey** ['əʊkɪ'dəʊkɪ] *exclam Fam* de acuerdo, *Esp* vale, *Arg* dale, *Méx* órale

Okie ['əʊkɪ] *n US Fam* **-1.** *(inhabitant)* = campesino de Oklahoma **-2.** HIST **the Okies** = trabajadores que en 1930 abandonaron las zonas del sur de la Gran Planicie afectadas por la desertificación para ir hacia el oeste

Okla *(abbr* **Oklahoma**) Oklahoma

Oklahoma [əʊklə'həʊmə] *n* Oklahoma

okra ['ɒkrə, 'əʊkrə] *n* quingombó *m*, okra *f*

ol' [əʊl] *adj Fam* = **old**

old [əʊld] *adj* **-1.** *(not young, not new) (person)* anciano(a), viejo(a); *(car, clothes, custom)* viejo(a); **an ~ man** un anciano, un viejo;

old

Fam **my ~ man** *(husband)* mi *or* el pariente, *Méx* mi *or* el viejo, *RP* el don *or* el viejo; *(father)* mi *or* el viejo, *Méx* mi *or* el jefe; **an ~ woman** una anciana, una vieja; *Fam* **my ~ woman** *(wife)* mi *or* la parienta, *Méx* mi *or* la vieja, *RP* la patrona; *(mother)* mi *or* la vieja, *Méx* mi *or* la jefa; *Fam* **John's such an ~ woman, he's always moaning** John es un quejica *or Am* quejoso, siempre protestando; *Fam* **my ~ lady** *(wife)* mi señora; *(mother)* mi vieja; **~ people, ~ folk(s)** los ancianos, las personas mayores; *Fam* **an ~ boy** *(elderly man)* un viejecito, *RP* un viejito; *Fam* **an ~ girl** *(elderly woman)* una viejecita, una viejita; *Fig* **to go over ~ ground** volver sobre un asunto muy trillado; **to be an ~ hand at sth** tener larga experiencia en algo; *Fam* **to be ~ hat** estar muy visto(a), *Esp* estar más visto(a) que el tebeo; **the ~ (part of) town** el casco antiguo *or* histórico *or* viejo; *Fig* **he's one of the ~ school** es de la vieja escuela; IDIOM **it's the oldest trick in the book** es un truco muy viejo; IDIOM **to be as ~ as the hills** *or* **as Methuselah** *(person)* ser más viejo(a) que Matusalén; *(thing)* ser del año de Maricastaña *or Esp* de la polca *or RP* de(l) ñaupa ❑ **~ age** la vejez; *Br* **~ age pension** pensión *f* de jubilación; *Br* **~ age pensioner** jubilado(a) *m,f*, pensionista *mf*; **the Old Bailey =** tribunal superior de lo penal de Inglaterra; *Br Fam* **the Old Bill** la poli, *Esp* la pasma, *RP* la cana; *Br* **an ~ dear** *(elderly woman)* una viejecita; *(mother)* madre *f*; **the Old Dominion State =** apelativo familiar referido al estado de Virginia; **Old English sheepdog** bobtail *m*; **Old Faithful =** géiser en el parque nacional de Yellowstone; *Br Fam* **the Old Firm =** los clubs de fútbol del Celtic y del Rangers de Glasgow; **Old Glory** *(US flag)* = la bandera estadounidense; *Fam* **~ goat** *(lecherous man)* viejo *m* verde; *Br* **~ lag** preso *m* viejo; **the Old Line State =** apelativo familiar referido al estado de Maryland; **an ~ maid** una vieja solterona; BOT **~ man's beard** clemátide *f*; **~ master** *(painter, painting)* gran clásico *m* de la pintura; **~ people's home** residencia *f* de ancianos, asilo *m* (de ancianos); **the Old Testament** el Antiguo Testamento; **~ wives' tale** cuento *m* de viejas; **the Old World** el Viejo Mundo; **Old World monkey** mono *m* del Viejo Mundo

-2. *(referring to person's age)* **how ~ are you?** ¿cuántos años tienes?; **to be five years ~** tener cinco años; **at six years ~** a los seis años (de edad); **a two-year-~ (child)** un niño de dos años; **my older sister** mi hermana mayor; **our oldest daughter** nuestra hija mayor; **when you're older** cuando seas *Esp* mayor *or Am* grande; **you're ~ enough to do that yourself** ya eres mayorcito para hacerlo tú mismo; **you're ~ enough to know better!** ¡a tu edad no deberías hacer cosas así!; **she's ~ enough to be his mother** podría ser su madre; **I must be getting ~!** ¡me estoy haciendo mayor!, ¡estoy envejeciendo!; **my older sister** mi hermana mayor; **to grow** *or* **get older** hacerse mayor

-3. *(former)* *(school, job, girlfriend)* antiguo(a); **I bought some new glasses to replace my ~ ones** he comprado gafas nuevas para reemplazar a las viejas; **in the ~ days** antes, antiguamente; **I feel like my ~ self again** me siento como nuevo; **for ~ times' sake** por los viejos tiempos ❑ **~ boy** *(of school)* antiguo alumno *m*, ex alumno *m*; **~ boy network** = red de contactos entre antiguos compañeros de los colegios privados y universidades más selectos; **an ~ flame** un antiguo amor, *Am* un ex amor; **~ girl** *(of school)* antigua alumna *f*, ex alumna *f*; *Fig* **~ school tie** = ayuda mutua y enchufismo que se da entre los antiguos alumnos de una escuela privada

-4. *(long-standing)* **an ~ friend (of mine)** un viejo amigo (mío); **~ habits die hard** es

513

difícil abandonar las costumbres de toda una vida ❑ **the ~ guard** la vieja guardia

-5. *(off)* *(cheese)* echado(a) a perder; *(bread)* rancio(a), *RP* amanecido(a)

-6. LING **Old English** inglés *m* antiguo

-7. *Fam (intensifier)* **any ~ how** de cualquier manera; **any ~ thing** cualquier cosa; **you'll feel better for a good ~ cry** llora y ya verás cómo te sentirás mejor; **the same ~ story** la misma historia de siempre; **you ~ cow!** ¡qué bruja eres!

-8. *Fam (expressing affection)* **good ~ Fred's made dinner for us!** ¡el bueno de Fred nos ha preparado la cena!; **poor ~ Mary** la pobrecita Mary; *Old-fashioned* **~ fellow** *or* **boy** *or* **man** *(addressing sb)* muchacho; *Old-fashioned* **~ girl** *(addressing sb)* muchachita, señorita ❑ *Fam* **Old Harry** *or* **Nick** *(the Devil) Esp* Pedro Botero, *Am* Mandinga

◇ *n* **the ~** lo viejo; *Literary* **in days of ~** antaño; **I know her of ~** la conozco desde hace tiempo

◇ *npl* **the ~** los ancianos, las personas mayores

olde [əʊld, 'əʊldɪ] *adj (in name of inn, shop)* de antaño; **Ye Olde Tea Shoppe** La Casa de Té de Antaño

olden ['əʊldən] *adj Old-fashioned* **the ~ days** *or* **times** los viejos tiempos

old-established ['əʊldɪs'tæblɪʃt] *adj* tradicional; **an ~ tradition** una tradición muy arraigada; **an ~ company** una empresa de larga trayectoria

olde-worlde ['əʊldɪ'wɜːldɪ] *adj Hum* de estilo antiguo

old-fashioned ['əʊld'fæʃənd] ◇ *adj* **-1.** *(outdated)* anticuado(a); **(you can) call me ~ but...** (si quieres) llámame anticuado pero... **-2.** *(from former times)* tradicional, antiguo(a); **the ~ way** a la antigua; *For Ham* **what you need is a good ~ cup of tea** lo que necesitas es una buena taza de té de las de toda la vida

◇ *n US* = cóctel hecho con whisky, fruta, azúcar, licor amargo y soda

oldie ['əʊldɪ] *n Fam* **-1.** *(song)* canción *f* antigua; *(movie)* película *f* antigua **-2.** *(person)* viejo(a) *m,f*, vejete *m*

old-growth ['əʊldgrəʊθ] *adj* **~ forest** bosque natural

oldish ['əʊldɪʃ] *adj* tirando a viejo(a), más bien viejo(a)

old-line ['əʊldlaɪn] *adj US* **-1.** *(firm)* tradicional, de larga trayectoria **-2.** *(conservative)* conservador(a)

oldster ['əʊldstə(r)] *n Fam* vejestorio *m*

old-style ['əʊldstaɪl] *adj (traditional)* tradicional

old-time ['əʊldtaɪm] *adj* de antaño

old-timer ['əʊld'taɪmə(r)] *n Fam* **-1.** *(experienced person)* veterano(a) *m,f* **-2.** *US (form of address)* abuelo(a) *m,f*

old-world ['əʊld'wɜːld] *adj* **-1.** *(courtesy, charm)* del pasado, de antaño **-2.** *(of the Old World)* del viejo mundo

ole [əʊl] *adj Fam* = **old**

oleaginous [əʊlɪ'ædʒɪnəs] *adj* **-1.** *(substance)* oleaginoso(a) **-2.** *Pej (person)* demasiado obsequioso(a), servil

oleander [əʊlɪ'ændə(r)] *n* adelfa *f*, oleandro *m*

oleaster [əʊlɪ'æstə(r)] *n* árbol *m* de Bohemia *or* del Paraíso

olefin ['əʊlɪfɪn] *n* CHEM olefina *f*

oleic acid [əʊ'liːɪk'æsɪd] *n* CHEM ácido *m* oleico

olfactory [ɒl'fæktərɪ] *adj* ANAT olfativo(a) ❑ **~ nerve** nervio *m* olfatorio

oligarch ['ɒlɪɡɑːk] *n* oligarca *mf*

oligarchic(al) [ɒlɪ'ɡɑːkɪk(əl)] *adj* oligárquico(a)

oligarchy ['ɒlɪɡɑːkɪ] *n* oligarquía *f*

Oligocene ['ɒlɪɡəʊsiːn] GEOL ◇ *n* **the ~** el oligoceno

◇ *adj (era)* oligoceno(a)

oligopoly [ɒlɪ'ɡɒpəlɪ] *n* ECON oligopolio *m*

olivaceous [ɒlɪ'veɪʃəs] *adj* oliváceo(a), aceitunado(a) ❑ **~ warbler** zarcero *m* pálido

omniscience

olive ['ɒlɪv] ◇ *n* **-1.** *(fruit)* aceituna *f*, oliva *f* ❑ **~ oil** aceite *m* de oliva **-2.** *(tree)* olivo *m*; **~ (wood)** olivar *f*; IDIOM **to hold out the ~ branch** hacer un gesto de paz ❑ **~ grove** olivar *m* **-3.** *(colour)* verde *m* oliva ❑ *US* **~ drab** = color gris verdoso de los uniformes militares

◇ *adj (skin)* aceitunado(a); **~ (green)** verde oliva

olive-drab ['ɒlɪv'dræb] *adj* amarillo verdoso, caqui

olive-green ['ɒlɪv'ɡriːn] *adj* verde oliva

Olmec ['ɒlmek] **-1.** *n* olmeca *mf*

-2. *adj* olmeca

Olympia [ə'lɪmpɪə] *n* Olimpia *f*

Olympiad [ə'lɪmpɪæd] *n* Olimpiada *f*

Olympian [ə'lɪmpɪən] ◇ *n* **-1.** MYTHOL dios(a) *m,f* del Olimpo **-2.** SPORT atleta *mf* olímpico(a)

◇ *adj also Fig* olímpico(a); **with ~ disdain** con desdén olímpico; **an ~ struggle** una lucha titánica

Olympic [ə'lɪmpɪk] ◇ *npl* **the Olympics** las Olimpiadas, los Juegos Olímpicos

◇ *adj* olímpico(a) ❑ **the ~ Games** los Juegos Olímpicos; **the ~ torch** la antorcha olímpica; **~ village** villa *f* olímpica

Olympic-size [ə'lɪmpɪksaɪz] *adj* **~ swimming pool** piscina *f or Méx* alberca *or RP* pileta *f* olímpica

Olympus [ə'lɪmpəs] *n* **(Mount) ~** el (monte) Olimpo

OM [əʊ'em] *n Br (abbr* **Order of Merit)** Orden *f* del Mérito

Oman [əʊ'mɑːn] *n* Omán

Omani [əʊ'mɑːnɪ] ◇ *n* omaní *mf*

◇ *adj* omaní

ombudsman ['ɒmbʊdzmən] *n* defensor(ora) *m,f* del pueblo

omelette, *US* **omelet** ['ɒmlɪt] *n* tortilla *f*, *Am* tortilla *f* francesa; **ham/cheese ~** tortilla de jamón/queso; PROV **you can't make an ~ without breaking eggs** todo lo bueno tiene un precio que alguien tiene que pagar

omen ['əʊmen] *n* presagio *m*, augurio *m*; **a good/bad ~** un buen augurio/un mal presagio; **the omens aren't good** no son buenos augurios

omicron [əʊ'maɪkrən] *n* ómicron *f*

ominous ['ɒmɪnəs] *adj* siniestro(a); **an ~ silence** un silencio siniestro; **an ~-looking sky** un cielo amenazador; **an emergency meeting... that sounds ~** una reunión de emergencia... eso no presagiaba nada bueno

ominously ['ɒmɪnəslɪ] *adv* siniestramente, amenazadoramente; **~, he agreed with everything I said** la mala señal fue que estuvo de acuerdo con todo lo que yo dije; **the deadline was drawing ~ close** la fecha de entrega se acercaba amenazadoramente

omission [əʊ'mɪʃən] *n* omisión *f*; **their mistakes were sins of ~** sus errores fueron faltas *or* pecados de omisión

omit [əʊ'mɪt] *(pt & pp* **omitted)** *vt* **-1.** *(leave out)* omitir; **the garlic may be omitted** el ajo no es indispensable **-2.** *(fail)* **to ~ to do sth** no hacer algo; **to ~ to mention** no mencionar algo, omitir algo

omni- ['ɒmnɪ] *prefix* omni-

omnibus ['ɒmnɪbəs] *n* **-1.** *(book)* recopilación *f*, antología *f*; **an Edgar Allan Poe ~** una antología de Edgar Allan Poe ❑ **~ edition** *or* **volume** recopilación *f*, antología *f* **-2.** TV & RAD **~ edition** *or* **programme** = todos los capítulos de la semana de una serie seguidos **-3.** *Old-fashioned (bus)* ómnibus *m inv*

omnidirectional [ɒmnɪdɪ'rekʃənəl] *adj* TEL *(antenna, microphone)* omnidireccional

omnipotence [ɒm'nɪpətəns] *n* omnipotencia *f*

omnipotent [ɒm'nɪpətənt] ◇ *n* **the Omnipotent** el Todopoderoso

◇ *adj* omnipotente

omnipresence [ɒmnɪ'prezəns] *n* omnipresencia *f*

omnipresent [ɒmnɪ'prezənt] *adj* omnipresente

omniscience [ɒm'nɪsɪəns] *n* omnisciencia *f*

omniscient [ɒmˈnɪsɪənt] adj omnisciente
omnivore [ˈɒmnɪvɔː(r)] n omnívoro(a) m,f
omnivorous [ɒmˈnɪvərəs] adj **-1.** (animal) omnívoro(a) **-2.** Fig (reader) insaciable, voraz
Omov, OMOV [ˈəʊmɒv] n (abbr **one member one vote**) un voto por miembro
ON (abbr **Ontario**) Ontario
on [ɒn] ⋄ prep **-1.** (indicating position) en; **on the table** encima de or sobre or Am arriba de la mesa, en la mesa; **on the second floor** en el segundo piso; **on the wall** en la pared; **on page 4** en la página 4; **on the right/left** a la derecha/izquierda; **a house on the river** una casa a la orilla del río; **they live on a farm** viven en una granja; **on the coast** en la costa; **what's on the menu?** ¿qué hay en el menú?; **they are currently on ten points** en este momento tienen diez puntos; **to be on one's knees** estar arrodillado(a)
-2. (indicating direction, target) **to fall on sth** caerse encima de or sobre or Am arriba de algo; **to get on a train/bus** subirse a un tren/autobús; **an attack on sb** un ataque contra alguien; **the effect on inflation** el efecto en la inflación; **a tax on alcohol** un impuesto sobre el or Am al alcohol; **the interest on a loan** el interés de un préstamo; **to be on course** seguir el rumbo; **the shot was on target** el disparo dio en el blanco; **all eyes were on her** todas las miradas estaban puestas en ella
-3. (indicating method) **on foot** a pie; **on horseback** a caballo; **we went there on the train/bus** fuimos en tren/autobús; **I'll arrive on the six o'clock train** llegaré en el tren de las seis; **to play sth on the guitar** tocar algo Esp a or Am en la guitarra; **to do sth on the computer** hacer algo Esp el ordenador or Am la computadora; **on (the) television** en la televisión; **available on video/CD** disponible en Esp vídeo or Am video/CD; **call us on this number** llámenos a este número
-4. (indicating time) **on the 15th** el (día) 15; **on Sunday** el domingo; **on Tuesdays** los martes; **on Christmas Day** el día de Navidad, en Navidad; **on that occasion** en aquella or esa ocasión; **on the hour** (every hour) cada hora; **it's just on five o'clock** son las cinco en punto; **I met her on the way to the store** me la encontré camino de or Am a la tienda; **on completion of the test** una vez completada la prueba; **on our arrival** a nuestra llegada
-5. (about) sobre, acerca de; **a book on France** un libro sobre Francia; **now that we're on the subject** hablando del tema; **the police have nothing on them** la policía no los puede acusar de nada; **he's good on history** sabe mucho de historia
-6. (introducing a gerund) **on completing the test** después de terminar la prueba; **on arriving, we went straight to the hotel** al llegar, fuimos directamente al hotel
-7. (indicating use, support) **to live on £200 a week** vivir con 200 libras a la semana; **people on low incomes** la gente con bajos ingresos; **she's on $50,000 a year** gana 50.000 dólares al año; **it runs on electricity** funciona con electricidad; **to spend/waste money on sth** gastar/derrochar dinero en algo; **they were acting on reliable information** actuaban siguiendo información fiable or Am confiable; **I'm on antibiotics** estoy tomando antibióticos; **to be on drugs** tomar drogas; Fam **what's he on?** ¿qué le pasa?; **the drinks are on me** las bebidas corren de or por mi cuenta
-8. (forming part of) (list, agenda) en; **to be on a committee** formar parte de un comité; **we have two women on our team** tenemos dos mujeres en nuestro equipo; **who's side are you on?** ¿de qué lado estás?
-9. (indicating process) **on holiday** de vacaciones; **on sale** en venta; **I'm going on a course** voy a un curso; **fraud is on the increase** el fraude está aumentando
-10. (referring to thing carried or worn) **that dress looks good on you** ese vestido te sienta or queda bien; **I haven't got any money on me** no llevo nada de dinero encima, Am no tengo nada de plata encima; **she's got a gun on her** lleva una pistola
-11. (compared to) **unemployment is up/down on last year** el desempleo or Am la desocupación ha subido/bajado con respecto al año pasado
⋄ adv **-1.** (functioning) **turn the light/the TV on** enciende or Am prende la luz/la tele; **turn the water/gas on** abre el agua/el gas
-2. (referring to clothes) **she had a red dress on** llevaba or tenía puesto un vestido rojo; **to have nothing on** estar desnudo(a); **to put sth on** ponerse algo
-3. (in time) **earlier on** antes; **later on** más tarde; **from that day on** desde aquel día, a partir de aquel día; **two weeks on from the fall, she still hasn't recovered** dos semanas después de la caída, todavía no se ha recuperado
-4. (in distance) **2 miles (further) on we came across a river** 2 millas después llegamos a un río; **you go on ahead, we'll follow** sigue adelante, nosotros vamos detrás or Am atrás
-5. (indicating position) **climb/get on!** ¡sube!; **put the lid on** pon la tapa; **the lid wasn't on** estaba destapado; **tie it on firmly** átalo firmemente
-6. (indicating continuation) **to read/work on** seguir leyendo/trabajando; **he went on and on about it** no dejaba de hablar de ello; Fam **what are you on about?** ¿de qué estás hablando?, Esp ¿de qué vas?
-7. (in phrases) **I've been on at him to get it fixed** le he estado dando la lata para que lo arregle, RP le he estado fastidiando para que lo arreglara; Fam **to be on to sth** (aware of) estar enterado(a) or al tanto de algo; Fam **the police are on to us** la policía nos sigue la pista
⋄ adj **-1.** (functioning) (light, television, engine) encendido(a), Am prendido(a); (water, gas, tap) abierto(a); **put the brakes on** frena; **in the "on" position** en posición de encendido or Am prendido; **the on button/switch** el botón/interruptor del encendido
-2. (taking place) **what's on?** (on TV) ¿qué hay en la tele?, ¿qué están dando?; (at cinema) ¿qué película pasan or dan or Esp echan?; **is the meeting still on?** ¿sigue en pie lo de la reunión?; **when the war was on** en tiempos de la guerra; **I've got a lot on at the moment** (am very busy) ahora estoy muy ocupado; **I've got nothing on tomorrow** mañana estoy libre
-3. (on duty, performing) de servicio; **who's on this evening?** ¿quién está de servicio esta noche?; **I'm on in two minutes** entro en dos minutos
-4. Br Fam (acceptable) **it's not on** eso no está bien
-5. (in betting) **the odds are twenty to one on...** las apuestas están veinte a uno a que...
-6. Fam **fancy a game of chess? – you're on!** (definitely) ¿quieres jugar una partida de ajedrez? – ¡hecho!, Esp ¿te apetece una partida de ajedrez? – ¡hecho!
⋄ **on and off** adv (intermittently) intermitentemente; **how often do you see them? – on and off** ¿los ves a menudo? – de vez en cuando; **they've been going out for six years on and off** llevan seis años saliendo intermitentemente; **she is working on and off as an actress** trabaja de actriz esporádicamente

onager [ˈɒnədʒə(r)] n (wild ass) onagro m
on-air [ˈɒnˈeə(r)] ⋄ adj en el aire
⋄ adv en el aire
onanism [ˈəʊnənɪzəm] n onanismo m
onanist [ˈəʊnənɪst] ⋄ n onanista mf
⋄ adj onanista
onanistic [əʊnəˈnɪstɪk] adj onanístico(a)
onboard [ˈɒnbɔːd] adj de a bordo ❑ **~ computer** Esp ordenador m or Am computadora f de a bordo

ONC [əʊenˈsiː] n (abbr **Ordinary National Certificate**) = en Inglaterra y Gales, certificado de formación profesional
on-camera [ˈɒnˈkæmərə] ⋄ adj ante la cámara
⋄ adv ante la cámara
once [wʌns] ⋄ adv **-1.** (on one occasion) una vez; **~ a week/a year** una vez a la semana/al año; **~ a fortnight** (una vez) cada dos semanas; **I've been there ~ before** he estado allí una vez; **(every) ~ in a while** de vez en cuando; **~ or twice** una o dos veces, un par de veces; **more than ~** más de una vez; **he's never ~ said he was sorry** no ha pedido disculpas ni una sola vez; **~ more, ~ again** otra vez, una vez más; **you've called me stupid ~ too often** ya me has llamado estúpido demasiadas veces; **~ a liar always a liar** quien ha mentido seguirá mintiendo
-2. (formerly) una vez, en otro tiempo; **it's easier than it ~ was** es más fácil de lo que solía serlo; **the ~-busy streets were now empty** las calles antaño ajetreadas ahora estaban vacías; **~ upon a time, there was a princess** érase una vez una princesa
⋄ pron **I've only seen her the ~** sólo la he visto una vez; **go on, just this ~** por favor or Esp venga or Méx ándale or RP dale, sólo una vez
⋄ conj una vez que; **~ you've finished** una vez que acabes; **~ he finishes, we can leave** cuando termine, nos podremos marchar; **~ he reached home, he immediately called the police** nada más llegar a casa or RP en cuanto llegó a su casa, llamó a la policía
⋄ **at once** adv **-1.** (immediately) inmediatamente, ahora mismo; **come here at ~!** ¡ven aquí inmediatamente or ahora mismo! **-2.** (at the same time) al mismo tiempo, a la vez; **it was at ~ fascinating and terrifying** fascinaba y daba miedo al mismo tiempo or a la vez; **all at ~** (suddenly) de repente
⋄ **for once** adv para variar, por una vez; **I wish you'd pay attention for ~** podrías prestar atención, para variar
⋄ **once and for all** adv de una vez por todas
once-in-a-lifetime [ˈwʌnsɪnəˈlaɪftaɪm] adj irrepetible, único(a); **a ~ opportunity** una ocasión única, una ocasión que sólo se presenta una vez en la vida
once-over [ˈwʌnsəʊvə(r)] n Fam **-1.** (glance) vistazo m; **to give sth the ~** dar un vistazo or repaso a algo; **to give sb the ~** mirar a alguien de arriba a abajo **-2.** (clean) **give the furniture a quick ~ with a cloth** dale una repasadita a los muebles con un trapo **-3.** (beating) **to give sb the ~ or a ~** dar una paliza a alguien
oncogene [ˈɒŋkədʒiːn] n oncogén m
oncogenic [ɒŋkəˈdʒenɪk] adj oncogénico(a)
oncological [ɒŋkəˈlɒdʒɪkəl] adj oncológico(a)
oncologist [ɒŋˈkɒlədʒɪst] n oncólogo(a) m,f
oncology [ɒŋˈkɒlədʒɪ] n oncología f
oncoming [ˈɒnkʌmɪŋ] adj **-1.** (traffic) en dirección contraria; **the ~ vehicles** los vehículos en dirección contraria; **he stepped in front of an ~ train** se puso delante de un tren que se aproximaba **-2.** (year, season) que se aproxima, que viene; **the ~ generation of school-leavers** la próxima generación de alumnos que terminan la enseñanza secundaria **-3.** IND **~ shift** turno entrante
OND [əʊenˈdiː] n (abbr **Ordinary National Diploma**) = en Inglaterra y Gales, certificado superior de formación profesional
one [wʌn] ⋄ adj **-1.** (number) uno m; **a hundred and ~** ciento uno(a); **it is a fax, a phone and an answerphone all in ~** es fax, teléfono y contestador todo en uno; **they rose as ~** se levantaron todos a la vez, Esp se levantaron a una; **we are as ~ on this issue** en este tema estamos plenamente de acuerdo; **to be at ~ with sb** (agree) estar plenamente de acuerdo con alguien; **to be at ~ with oneself** (calm) estar en paz con uno mismo; **the guests arrived in ones and**

one

twos poco a poco fueron llegando los invitados; *Fam* **to be/get ~ up on sb** estar/quedar por encima de alguien
-2. *(drink)* **to have ~ for the road** tomar la última *or Esp* la espuela, *RP* tomar una para el camino; **I think he's had ~ too many** *or Br Old-Fashioned* **~ over the eight** creo que lleva *or Esp* ha tomado una copa de más
-3. *Fam (blow)* **to sock** *or* **thump sb ~** dar *or Esp* arrear *or RP* encajar una a alguien
-4. *(joke)* **that's a good ~!** ¡qué bueno!; *Fam Ironic* **did you know I won the lottery? – oh yeah, that's a good ~!** ¿sabías que he ganado la lotería? – ¡sí, y yo me lo creo!; **did you hear the ~ about...?** ¿has oído el (chiste) del...?
-5. *(question)* **that's a difficult ~!** ¡qué difícil!; **you'll have to work this ~ out yourself** eso lo tienes que solucionar tú solo
-6. *very Fam* **to give sb ~** *(have sex)* tirarse a alguien
-7. *Br Fam (person)* **you are a ~!** ¡qué traviesillo *or* diablo eres!; **he's a right ~, him!** ¡qué *or* menudo elemento!
-8. SPORT **~ on ~** uno contra uno; **~ and ~** *(in basketball)* uno más uno

◇ *pron* **-1.** *(identifying)* uno(a); **I've always wanted a yacht, but could never afford ~** siempre he querido un yate, pero nunca me lo he podido permitir; **could I have a different ~?** ¿me podría dar otro(a)?; **I don't like red ones** no me gustan los rojos; **there's only ~ left** sólo queda uno; **this ~** éste(a); **that ~** ése(a), aquél/élla); **these ones** éstos(as); **those ones** ésos(as), aquéllos(as); **the ~ I told you about** el/la que te dije; **the big ~** el/la grande; **the red ~** el/la rojo(a); **~ or two** *(a few)* algún(una) que otro(a); **the ones with the long sleeves** los/las de manga larga; **the ~ that got away** *(of fish, goal, prize)* el/la que se escapó; **they are the ones who are responsible** ellos son los responsables; **which ~ do you want?** ¿cuál quieres?; **which ones do you want?** ¿cuáles quieres?; **any ~ except that ~** cualquier menos ése/ésa; **the last but ~** el/la penúltimo(a)

-2. *(indefinite)* uno(a) *m,f*; **I haven't got a pencil, have you got ~?** no tengo lápiz, ¿tienes tú (uno)?; **~ of us will have to do it** uno de nosotros tendrá que hacerlo; **he is ~ of us** es uno de los nuestros; **she is ~ of the family** es de la familia; **~ of my friends** uno de mis amigos; **~ of these days** un día de estos; **their reaction was ~ of panic** su reacción fue de pánico; **any ~ of us** cualquiera de nosotros; **it is just ~ of those things** son cosas que pasan; **~ after another** *or* **the other** uno tras otro; **~ at a time** de uno en uno, *Am* uno por uno; **~ by ~** de uno en uno, uno por uno; **~ or other of them will have to go** nos tendremos que desprender de uno de los dos

-3. *(particular person)* **to act like ~ possessed** actuar como un(a) poseso(a); **I'm not ~ to complain** yo no soy de los que se quejan; **she's a great ~ for telling jokes** siempre está contando chistes; **he's not a great ~ for parties** no le gustan *or Esp* van mucho las fiestas, no es muy fiestero; *Old-fashioned* **~ and all** todos; **they are ~ and the same** son la misma cosa/persona

-4. *Formal (impersonal)* uno(a) *m,f*; **~ never knows** nunca se sabe; **if ~ considers the long-term consequences** si tenemos en cuenta las consecuencias a largo plazo; **it is enough to make ~ weep** basta para hacerlo llorar a uno; **to wash ~'s hands** lavarse las manos

◇ *adj* **-1.** *(number)* un(a); **~ tea and two coffees** un té y dos cafés; **~ hundred** cien; **~ thousand** mil; **~ quarter** un cuarto; **~ chapter** capítulo primero; **page ~** primera página; **to be ~ (year old)** tener un año; **they live at number ~** viven en el número uno; **~ o'clock** la una; **come at ~** ven a la una; **~ or two people** una o dos personas, algunas personas; **for ~ thing...** para empezar...

-2. *(indefinite)* **we should go there ~ summer** tendríamos que ir un verano; **early ~ day** un día temprano por la mañana; **~ day next week** un día de la próxima semana *or* de la semana que viene; **~ day, we shall be free** algún día seremos libres; *Formal* **his boss is ~ James Bould** su jefe es un tal James Bould

-3. *(single)* un(a) único(a), un(a) solo(a); **he did it with ~ end in mind** lo hizo con un solo propósito; **her ~ worry** su única preocupación; **I only have the ~ suit** sólo tengo un traje; **my ~ and only suit** mi único traje; **the ~ and only Sugar Ray Robinson!** ¡el inimitable Sugar Ray Robinson!; **they are ~ and the same thing** son una *or* la misma cosa; **we'll manage ~ way or another** nos las arreglaremos de una forma u otra; **they painted it all ~ colour** lo pintaron de un solo color; *Fam* **it's all ~ to me** me da igual; **as ~ man** como un solo hombre

-4. *(only)* único(a); **he's the ~ person I can rely on** es la única persona en la que puedo confiar

-5. *Fam (for emphasis)* **that's ~ big problem you've got there** menudo problema tienes ahí

◇ **for one** *adv* **I, for ~, do not believe it** yo, por mi parte, no me lo creo; **I know that Eric for ~ is against it** sé que, al menos, Eric está en contra

one-act ['wʌnækt] *adj* **~ play** obra (de teatro) de un solo acto

one-armed ['wʌnɑːmd] *adj* **-1.** *(person)* manco(a) **-2.** *Br Fam* **~ bandit** (máquina *f*) tragaperras *f inv*, *RP* tragamonedas *f inv*

one-dimensional ['wʌndaɪ'menʃənəl] *adj* **-1.** GEOM unidimensional **-2.** *(character)* superficial

one-eyed ['wʌnaɪd] *adj* tuerto(a)

one-horse ['wʌnhɔːs] *adj Fig* **it's a ~ race** sólo hay un ganador posible ❑ *Fam* **~ town** pueblo *m* de mala muerte

oneiric [əʊ'naɪərɪk] *adj Literary* onírico(a)

one-legged [wʌn'legɪd] *adj* cojo(a)

one-liner [wʌn'laɪnə(r)] *n Fam (joke)* golpe *m*

one-man ['wʌnmæn] *adj (job)* individual, de una sola persona; **I'm a ~ woman** soy mujer de un solo hombre ❑ **~ band** *(musician)* hombre *m* orquesta; *Fam (business)* empresa *f* individual; **~ show** *(by artist)* exposición *f* de un único artista; *(by performer)* espectáculo *m* en solitario; *Fig* **this company/team is a ~ show** el funcionamiento de esta empresa/de este equipo gira en torno a un solo hombre

oneness ['wʌnnɪs] *n* **a sense of ~** un sentido de unidad

one-night stand [wʌnnaɪt'stænd] *n Fam* **-1.** *(of performer)* representación *f* única; *(of musician)* concierto *m* único **-2.** *(sexual encounter)* ligue *m or RP* levante *m* de una noche

one-off ['wʌnɒf] *Br* ◇ *n Fam* **he's a complete ~** es un fuera de serie total; **it's a ~** *(object)* es una pieza única; **it was a ~** *(mistake, success)* fue una excepción *or* un hecho aislado

◇ *adj (payment, order)* excepcional; **a ~ job** un trabajo aislado

one-on-one [wʌnɒn'wʌn] *US* ◇ *adj (discussion)* cara a cara ❑ **~ tuition** clases *fpl* particulares

◇ *adv* **to go ~ with sb** enfrentarse en un mano a mano con alguien

one-parent family [wʌnpeərənt'fæmɪlɪ] *n* familia *f* monoparental

one-party [wʌn'pɑːtɪ] *adj (state, system)* unipartidista

one-piece [wʌn'piːs] ◇ *n (swimsuit)* traje *m* de baño *or Esp* bañador *m or RP* malla *f* de una pieza

◇ *adj* **-1.** **~ swimsuit** traje de baño *or Esp* bañador *or RP* malla *f* de una pieza **-2.** TECH *(casting)* de una sola pieza

on-line

one-room [wʌn'ruːm] *adj* de un (solo) ambiente

onerous ['ɒnərəs] *adj* oneroso(a)

oneself [wʌn'self] *pron* **-1.** *(reflexive)* **to look after ~** cuidarse; **to trust ~** confiar en uno mismo; **to feel ~ again** volver a sentirse el/la de siempre

-2. *(emphatic)* uno(a) mismo(a), solo(a); **to tell sb sth ~** decirle algo a alguien uno mismo

-3. *(after preposition)* **to buy sth for ~** comprar algo para uno mismo; **to do sth all by ~** hacer algo uno solo; **to live by ~** vivir solo(a); **to talk to ~** hablar solo(a); **to see (sth) for ~** ver (algo) uno(a) mismo(a)

one-sided [wʌn'saɪdɪd] *adj* **-1.** *(unequal)* desnivelado(a), desigual **-2.** *(biased)* parcial **-3.** *(not reciprocal)* unidireccional, unilateral; **our conversations tend to be pretty ~** nuestras conversaciones suelen ser bastante unidireccionales

one-sidedness [wʌn'saɪdɪdnɪs] *n* **-1.** *(unequal nature)* desigualdad *f* **-2.** *(bias)* parcialidad *f*

one-stop ['wʌnstɒp] *adj* **~ shop** *(service)* servicio *m* integral; **the ~ shop for all your household needs** la tienda que ofrece todo lo que necesita para su hogar

one-time ['wʌntaɪm] *adj* antiguo(a); **her ~ lover** su ex amante

one-to-one [wʌntə'wʌn] *adj* **-1.** *(discussion)* cara a cara ❑ **~ tuition** clases *fpl* particulares **-2.** *(correspondence)* de uno a uno; **there is a ~ mapping between the two sets** hay una correspondencia idéntica entre los dos conjuntos

one-track [wʌn'træk] *adj (railway)* de una sola vía; IDIOM **to have a ~ mind** *(be obsessed with one thing)* estar obsesionado(a) con una cosa, no pensar más que en una cosa; *(be obsessed with sex)* no pensar más que en el sexo

one-two [wʌn'tuː] *n* **-1.** *(in soccer, hockey)* pared *f*; **to play a ~** hacer la pared **-2.** *(in boxing)* izquierdazo *m* seguido de derechazo, (golpe *m)* izquierda derecha *m*

one-upmanship [wʌn'ʌpmənʃɪp] *n Fam* **it was pure ~** todo era por quedar por encima de los demás

one-way ['wʌnweɪ] *adj* **-1.** *(ticket)* de ida, sencillo(a); IDIOM **a ~ ticket to disaster** un camino que conduce al desastre **-2.** *(street, traffic)* de sentido único; **he went the wrong way up a ~ street** se metió en contradirección por una calle de sentido único, entró a contramano en una calle de mano única **-3.** *(mirror)* **~ mirror** espejo *m* espía

one-woman [wʌn'wʊmən] *adj (job)* individual, de una sola persona; **I'm a ~ man** soy hombre de una sola mujer, soy un hombre fiel (a una sola mujer) ❑ **~ show** *(by artist)* exposición *f* de una única artista; *(by performer)* espectáculo *m* en solitario; *Fig* **this company/team is a ~ show** el funcionamiento de esta empresa/de este equipo gira en torno a una sola mujer

ongoing ['ɒngəʊɪŋ] *adj* continuo(a); **this is an ~ situation** esta situación sigue pendiente; **the ~ debate about the merits of the system** el continuo debate sobre las ventajas del sistema

onion ['ʌnjən] *n* cebolla *f*; IDIOM *Br Fam* **she knows her onions** sabe lo que se trae entre manos ❑ **~ dome** cúpula *f* bizantina; **~ rings** aros *mpl* de cebolla; **~ soup** sopa *f* de cebolla

onionskin ['ʌnjənskɪn] *n* **~ (paper)** papel *m* cebolla

oniony ['ʌnjənɪ] *adj (in smell, taste)* a cebolla

on-line, online ['ɒn'laɪn] ◇ *adj* COMPTR on-line, en línea, ◇ *adj* **to be ~** *(person)* estar conectado(a) (a Internet); **the company went ~ in November** *(have Internet presence)* la empresa comenzó a ofrecer sus servicios por internet en noviembre; *(have Internet connection)* la empresa tiene acceso a Internet desde noviembre; **to put the printer ~** conectar la impresora ❑ **~ bank** banco *m* on-line *or* en línea; **~ banking** banca *f* electrónica; **~ gaming** juegos *mpl*

onlooker

en línea or on-line; **~ help** ayuda f on-line or en línea; **~ registration** inscripción f on-line or en línea; **~ retailer** minorista mf on-line or por Internet; **~ service** servicio m on-line or en línea; **~ shopping** compras fpl on-line or por Internet

◇ adv on-line, en línea; **to buy** ~ comprar on-line or en línea; **to work** ~ trabajar estando conectado(a)

onlooker ['ɒnlʊkə(r)] n curioso(a) m,f; **a crowd of onlookers** un montón de curiosos

only ['əʊnli] ◇ adj único(a); **you're not the ~ one** no eres el único; **the ~ people left there** los únicos que quedan ahí; **the ~ thing that worries me is...** lo único que me preocupa es...; **the ~ thing is, I won't be there** lo único es que, no voy a estar allí ❑ **~ child** hijo(a) m,f único(a)

◇ adv **-1.** (exclusively) sólo, solamente; **there are ~ two people I trust** sólo or solamente confío en dos personas

-2. (just, merely) sólo; **after all, it's ~ money** al fin y al cabo es sólo dinero; **it's ~ a suggestion** no es más que una sugerencia; **it's ~ natural** es natural or normal; **it's ~ to be expected** no es de sorprender; **it's ~ me** (sólo) soy yo; **I saw her ~ yesterday** la vi ayer mismo; **they left ~ a few minutes ago** se han marchado tan sólo hace unos minutos, se fueron hace apenas unos minutos; **if you need help, you ~ have to ask** si necesitas ayuda, no tienes más que pedirla; **I can ~ assume they've got the wrong address** lo único que se me ocurre es que tengan la dirección equivocada; **I ~ hope they don't find out** sólo espero que no lo descubran; **I ~ wish you'd told me earlier** ¡ojalá me lo hubieras dicho antes!; **if you don't do it now, you'll ~ have to do it later** si no lo haces ahora, lo tendrás que hacer después; **they travelled all that way, ~ to be denied entry when they got there** hicieron todo ese viaje para que luego no los dejaran entrar

-3. (to emphasize smallness of amount, number) sólo, solamente; **it ~ cost me $5** sólo or solamente me costó 5 dólares; **it ~ took me half an hour** sólo or solamente tardé media hora

-4. (for emphasis) Fam **she's ~ gone and told her father!** ¡se le ha ocurrido contárselo a su padre!; **I shall be ~ too pleased to come** me encantará acudir; **that's ~ too true!** ¡qué or cuánta razón tienes!

◇ conj sólo que, pero; **I would do it, ~ I haven't the time** lo haría, sólo que no tengo tiempo; **have a go, ~ be careful** inténtalo, pero con cuidado

◇ **only just** adv **-1.** (not long before) **we had ~ just arrived when...** acabábamos de llegar cuando... **-2.** (barely) **I ~ just managed it** por poco no lo consigo; **we had ~ just enough money** teníamos el dinero justo

◇ **not only** conj not ~...., but also no sólo..., sino también; **she's not ~ smart, she's funny too** no sólo es inteligente, sino que también es graciosa

on-message [ɒn'mesɪdʒ] adj Br POL **she's very ~** sigue fielmente la línea del partido

o.n.o. [əʊen'əʊ] adv COM (abbr **or nearest offer**) £300 ~ 300 libras negociables

on-off [ɒn'ɒf] adj **-1.** ELEC **~ switch** interruptor m **-2.** (relationship) intermitente

onomastic [ɒnə'mæstɪk] adj onomástico(a)

onomatopoeia [ɒnəmætə'piːə] n onomatopeya f

onomatopoeic [ɒnəmætə'piːɪk] adj onomatopéyico(a)

on-ramp ['ɒnræmp] n US carril m de aceleración or de incorporación

onrush ['ɒnrʌʃ] n **-1.** (of emotions) arrebato m **-2.** (of people) oleada f

onscreen [ɒn'skriːn] ◇ adj **-1.** COMPTR (information, controls) en pantalla ❑ **~ help** ayuda f en pantalla **-2.** TV televisivo(a); CIN cinematográfico(a); **she's nothing like her ~ character** no tiene nada que ver con el

personaje que representa (en la pantalla)

◇ adv COMPTR (work) Esp en el ordenador, Am en la computadora

onset ['ɒnset] n irrupción f; **the ~ of a disease** el desencadenamiento or inicio de una enfermedad; **the ~ of war** el estallido de la guerra

onshore ◇ adj ['ɒnʃɔː(r)] en tierra firme; **~ wind** viento del mar

◇ adv [ɒn'ʃɔː(r)] en tierra

onside [ɒn'saɪd] adj (in soccer, rugby) en posición correcta or reglamentaria

on-site ['ɒn'saɪt] ◇ adj in situ ❑ **~ guarantee** garantía f in situ

◇ adv in situ

onslaught ['ɒnslɔːt] n acometida f

on-stage ◇ adj ['ɒnsteɪdʒ] de escena

◇ adv [ɒn'steɪdʒ] en escena

on-stream ◇ adj ['ɒnstriːm] en funcionamiento

◇ adv [ɒn'striːm] **to come ~** ponerse en funcionamiento

Ont (abbr **Ontario**) Ontario

Ontario [ɒn'teərɪəʊ] n Ontario

on-the-job ['ɒnðəˈdʒɒb] adj (training) en el empleo; **he's got plenty of ~ experience** tiene mucha experiencia laboral

on-the-spot ['ɒnðə'spɒt] adj (decision) en el acto; **an ~ fine** una multa que se paga en el acto

onto ['ɒntʊ, unstressed 'ɒntə] prep **-1.** (on) sobre, encima de; **the room looks out ~ a garden** la habitación da a un jardín; **let's move ~ the next point** pasemos al punto siguiente; **to fall ~ sth** caerse encima de algo; **to jump ~ sth** saltar sobre algo

-2. (in contact with) **to get ~ sb** ponerse en contacto con alguien; **she's been ~ me about my poor marks** (criticizing) me ha estado sermoneando por mis malas notas

-3. (on trail of) **to be ~ a good thing** habérselo montado bien; **I think the police are ~ us** creo que la policía va or anda detrás de nosotros; **we're ~ something big** estamos or andamos detrás de algo grande

ontogenic [ɒntə'dʒiːnɪk] adj BIOL ontogénico(a)

ontogeny [ɒn'tɒdʒənɪ] n BIOL ontogenia f, ontogénesis f

ontological [ɒntə'lɒdʒɪkəl] adj PHIL ontológico(a)

ontology [ɒn'tɒlədʒɪ] n PHIL ontología f

onus ['əʊnəs] n responsabilidad f; **the ~ is on you to make good the damage** la responsabilidad de corregir el daño hecho recae sobre usted; **the ~ is on the government to resolve the problem** la resolución del problema es incumbencia del Gobierno ❑ LAW **~ of proof** carga f de la prueba, onus probandi m

onward ['ɒnwəd] ◇ adj (motion) hacia delante; **the ~ journey** el viaje que sigue or continúa; **there is an ~ flight to Chicago** hay un vuelo de conexión con Chicago

◇ adv = **onwards**

onward(s) ['ɒnwəd(z)] adv **to go ~** avanzar, continuar hacia delante; **from tomorrow/now ~** a partir de mañana/ahora; **from this time ~** (de ahora) en adelante; **from her childhood ~** desde que era una niña; **~ and upwards!** ¡siempre hacia adelante!

onyx ['ɒnɪks] n ónice m

oodles ['uːdəlz] npl Fam **~ of time/money** una porrada or Col un jurgo or Méx un chorro or RP un toco de tiempo/dinero

ooh [uː] ◇ exclam **~, that's lovely!** uy, ¡qué Esp bonito or esp Am lindo!; **~, is he really coming here?** ¡no me digas que viene!; **~, it's hot!** uf, ¡qué calor que hace!

◇ vi **they were all oohing and aahing over her baby** estaban todos embelesados con su bebé

oomph [ʊmf] n Fam **-1.** (energy) garra f, Esp marcha f **-2.** (sex appeal) tirón m or atractivo m sexual

oophorectomy [əʊəfəˈrektəmɪ] n MED ovariotomía f

oops [uːps] exclam **-1.** (to child) ¡arriba!, Esp ¡aúpa! **-2.** (after mistake) ¡uy!, ¡oh!

oops-a-daisy ['uːpsədeɪzɪ] exclam Fam ¡epa!

ooze [uːz] ◇ n **-1.** (mud) fango m **-2.** (flow) flujo m

◇ vt **the wound was oozing blood** la sangre salía de la herida lentamente; **the wound was oozing pus** la herida supuraba; **to ~ charm** rezumar encanto; **to ~ confidence** rebosar confianza

◇ vi **the mud oozed up between her toes** el barro le brotaba lentamente por entre los dedos de los pies; **blood oozed from the wound** la herida rezumaba sangre; **to ~ with confidence** rebosar confianza

op [ɒp] n Fam (medical operation) operación f

opacity [əʊ'pæsɪtɪ], **opaqueness** [əʊ'peɪknɪs] n **-1.** (of material) opacidad f **-2.** (of meaning) opacidad f, complicación f

opal ['əʊpəl] n ópalo m; **an ~ brooch/ring** un broche/anillo de ópalo

opalescence [əʊpə'lesəns] n opalescencia f

opalescent [əʊpə'lesənt] adj opalescente

opaline ['əʊpəliːn] ◇ n opalina f

◇ adj opalino(a)

opaque [əʊ'peɪk] adj **-1.** (glass) opaco(a) ❑ US **~ projector** episcopio m **-2.** (difficult to understand) oscuro(a), poco claro(a)

opaqueness n = **opacity**

op art ['ɒp'ɑːt], **optical art** ['ɒptɪkəl'ɑːt] n op art m

op cit ['ɒp'sɪt] (abbr **opere citato**) op. cit.

OPEC ['əʊpek] n (abbr **Organization of Petroleum-Exporting Countries**) OPEP f; **the ~ countries** los países de la OPEP

op-ed ['ɒped] n US (in newspaper) **an ~ (piece)** un artículo de opinión, un artículo firmado; **the ~ page** la sección de artículos de opinión

open ['əʊpən] ◇ n **-1. in the ~** (outside) al aire libre; (not hidden) a la vista; **to bring sth out into the ~** (problem, disagreement) sacar a relucir algo; **to come out into the ~ about sth** desvelar algo

-2. (sporting competition) open m, abierto m; **the US/Australian Open** el Abierto USA/de Australia; **the French Open** el open or abierto de Francia

◇ adj **-1.** (not shut) abierto(a); (curtains) corrido(a), abiertos(a); **to be ~** estar abierto(a); **~ from nine to five** abierto(a) de nueve a cinco; **~ to the public** abierto(a) al público; **~ to traffic** abierto(a) al tráfico; **~ all night** abierto(a) toda la noche or las 24 horas; **~ late** abierto(a) hasta tarde; Fig **to welcome sb with ~ arms** recibir a alguien con los brazos abiertos ❑ ELEC **~ circuit** circuito m abierto; Br **~ day** jornada f de puertas abiertas; US **~ house** jornada f de puertas abiertas; Br **to keep ~ house** tener las puertas siempre abiertas

-2. (not enclosed, covered) (vehicle) descubierto(a); **the hut was ~ on three sides** la choza sólo tenía una pared; **in the ~ air** al aire libre; **this motorbike will do 150 on the ~ road** la moto alcanza los 240 en carretera ❑ **~ carriage** carruaje m descubierto; **~ country** campo m abierto; **~ sandwich** = una rebanada de pan con algo de comer encima; **~ sea** mar m abierto; **~ spaces** (parks) zonas or Am áreas fpl verdes; **the wide ~ spaces of Texas** las extensas llanuras de Tejas

-3. (unrestricted) (competition, meeting, trial, society) abierto(a); **club membership is ~ to anyone** cualquiera puede hacerse socio del club; LAW **in ~ court** en juicio público, en vista pública ❑ **~ bar** barra f libre; **~ invitation** (to guests) invitación f permanente; Fig (to thieves) invitación f clara; ECON **~ market** mercado m libre; **to buy sth on the ~ market** comprar algo en el mercado libre; **~ relationship** relación f abierta or liberal; **~ season** (for hunting) temporada f (de caza); Fig **to declare ~ season on sth/sb** abrir la veda de or contra algo/alguien; **~ ticket** Esp billete m or Am boleto m or Am pasaje m abierto

-4. (clear) (person, manner) abierto(a); (preference, dislike) claro(a), manifiesto(a); **to be ~ about sth** ser muy claro(a) or sincero(a) con respecto a algo; **to be ~ with sb** ser franco(a) con alguien; **~ government is one of our priorities** la transparencia en el gobierno es una de nuestras prioridades ❏ **~ *letter*** *(in newspaper)* carta *f* abierta; **~ *secret*** secreto *m* a voces

-5. *(undecided)* abierto(a); **the championship is still ~** el campeonato todavía sigue abierto; **we left the date ~** no fijamos una fecha definitiva; **let's leave the matter ~** dejemos el asunto ahí pendiente de momento; **to keep an ~ mind (on sth)** mantenerse libre de prejuicios (acerca de algo); **it's an ~ question whether...** no está claro si... ❏ LAW **~ *verdict*** = fallo del jurado en el que no se especifica la causa de la muerte

-6. *(unprotected)* *(flank)* desprotegido(a), franco(a); SPORT **to miss an ~ goal** fallar un gol a puerta vacía ❏ **~ *fire*** or ***fireplace*** chimenea *f*, hogar *m*; **~ *prison*** cárcel *f* de régimen abierto

-7. *(available, accessible)* **I'll keep this Friday ~ for you** me reservaré el viernes para ti; **justice is ~ to all** la justicia está al alcance de todos; **a career ~ to very few** una profesión reservada a unos pocos; **two possibilities are ~ to us** tenemos dos opciones ❏ **~ *forum*** tribuna *f* libre; EDUC **~ *learning*** educación *f* abierta; ***Open University*** = universidad a distancia británica, *Esp* ≃ UNED *f*

-8. *(blatant)* *(contempt, criticism)* manifiesto(a); *(conflict)* abierto(a); **they showed an ~ disregard for the law** mostraban un manifiesto desprecio para con la ley

-9. *(exposed, susceptible)* **~ to the elements** expuesto(a) a las inclemencias del tiempo; **to be ~ to abuse** ser susceptible de abuso; **to be ~ to doubt** or **question** ser dudoso(a) or cuestionable; **to be ~ to offers** estar abierto(a) a todo tipo de ofertas; **to be ~ to ridicule** exponerse al ridículo or a quedar en ridículo; **to be ~ to suggestions** estar abierto(a) a sugerencias ❏ MED **~ *fracture*** fractura *f* abierta; **~ *wound*** herida *f* abierta

-10. *(loose)* *(weave, mesh)* flojo(a)

-11. *Br (cheque)* abierto(a)

-12. LING abierto(a)

◇ *adv* **to cut sth ~** abrir algo de un corte; **the door flew ~** la puerta se abrió con violencia

◇ *vt* **-1.** *(in general)* abrir; *(curtains)* correr; **to ~ a hole in sth** abrir or practicar un agujero en algo; *Fig* **to ~ the door to sth** abrir la puerta a algo; *Fig* **to ~ sb's eyes** abrir los ojos a alguien, hacer ver las cosas a alguien; **he opened his heart to her** se sinceró con ella; **I shouldn't have opened my mouth** no debía haber abierto la boca

-2. *(begin)* *(talk, investigation, match)* comenzar, empezar; *(negotiations, conversation)* entablar, iniciar; **to ~ fire (on sb)** hacer or abrir fuego (sobre alguien); **to ~ the scoring** abrir el marcador; **to ~ the bidding** *(in an auction)* abrir la puja

-3. *(set up)* *(new shop, business)* abrir; *(new museum, hospital)* inaugurar

◇ *vi* **-1.** *(door, window, flower)* abrirse; **the window opens outwards** la ventana se abre hacia afuera; **to ~ late** *(shop)* abrir hasta tarde; **~ *wide!*** *(at dentist's)* ¡abre bien la boca!

-2. *(begin)* *(talk, account, match)* comenzar, empezar; *(meeting, negotiations)* abrirse, dar comienzo; *(shares, currency)* abrir (**at** a); **the film opens next week** la película se estrena la semana que viene

-3. *(shop, bank)* abrir; **what time do you ~ on Sundays?** ¿a qué hora abres los domingos?

◆ **open onto** *vt insep* dar a; **the kitchen opens onto the garden** la cocina da al jardín

◆ **open out** ◇ *vt sep (sheet of paper)* abrir, desdoblar

◇ *vi* **-1.** *(flower)* abrirse; *(view, prospects)* abrirse, extenderse; *(road, valley)* ensancharse, abrirse **-2.** *Br (speak frankly)* abrirse

◆ **open up** ◇ *vt sep* **-1.** *(bag, gift, tomb)* abrir

-2. *(new shop, business)* abrir; *(new museum, hospital)* inaugurar

-3. *(remove restrictions on)* *(economy)* abrir; **to ~ up opportunities for** abrir las puertas a, presentar nuevas oportunidades para

-4. *(establish)* *(lead, gap, advantage)* abrir

◇ *vi* **-1.** *(hole, crack, flower)* abrirse

-2. *(shopkeeper, new shop)* abrir; **this is the police, ~ up!** ¡policía, abran la puerta!

-3. *(possibility, new market)* abrirse

-4. *(speak frankly)* abrirse, sincerarse; **he needs to ~ up about his feelings** necesita sincerarse respecto a sus sentimientos

-5. *(start firing)* *(guns, troops)* abrir fuego

-6. *(become more exciting)* *(game)* abrirse

open-air ['əʊpəˈneə(r)] *adj (restaurant, market)* al aire libre; *(swimming pool)* al aire libre, descubierto(a) ❏ **~ *cinema*** cine *m* al aire libre; **~ *mass*** misa *f* de campaña

open-and-shut ['əʊpənənˈʃʌt] *adj* **an ~ case** un caso elemental or claro

opencast ['əʊpənˈkɑːst] *adj (mine)* a cielo abierto

open-door policy ['əʊpənˈdɔːpɒlɪsɪ] *n* política *f* permisiva or de puertas abiertas

open-ended ['əʊpənˈendɪd] *adj* **-1.** *(contract)* indefinido(a) **-2.** *(question)* abierto(a) **-3.** *(discussion)* sin restricciones

opener ['əʊpənə(r)] *n* **-1.** *(tool)* *(for tins)* abrelatas *m inv*; *(for bottles)* abridor *m*, abrebotellas *m inv* **-2.** *(initial action, statement)* comienzo *m*, introducción *f*; *(first song, act)* apertura *f*; *(first game)* primer partido *m*; **and that was just for openers** y eso fue sólo el principio

-3. *(person)* *(in cards, games)* mano *f*; *(in cricket)* primer(a) bateador(ora) *m,f*

open-eyed ['əʊpənˈaɪd] ◇ *adj* con los ojos muy abiertos; **they watched in ~ amazement** observaron con gran asombro

◇ *adv* con los ojos muy abiertos

open-faced ['əʊpənˈfeɪst] *adj* **-1.** *(person)* inocente, cándido(a) **-2.** *US (sandwich)* **an ~ sandwich with tuna** una rebanada de atún

open-handed ['əʊpənˈhændɪd] *adj (generous)* generoso(a), desprendido(a)

open-hearted ['əʊpənˈhɑːtɪd] *adj* franco(a), abierto(a)

open-heart surgery ['əʊpənˈhɑːtˈsɜːdʒərɪ] *n* cirugía *f* a corazón abierto

opening ['əʊpənɪŋ] ◇ *n* **-1.** *(act of opening)* *(of play, new era)* principio *m*, comienzo *m*; *(of negotiations)* apertura *f*; *(of parliament)* sesión *f* inaugural

-2. *(of new museum, supermarket)* inauguración *f*

-3. *(gap)* abertura *f*, agujero *m*; **an ~ in the clouds** un claro entre las nubes

-4. *(of cave, tunnel)* entrada *f*

-5. *US (in forest)* claro *m*

-6. LAW *(speech by lawyer)* exposición *f* de los hechos

-7. *(opportunity)* oportunidad *f*; *(job)* (puesto *m*) vacante *f*; **they exploited an ~ in the market** aprovecharon una oportunidad que ofrecía el mercado; **her remarks about health gave me the ~ I needed** sus comentarios sobre la salud me dieron la oportunidad que necesitaba

◇ *adj* **~ *bid*** *(in auction)* oferta *f* de apertura; *(in cards)* apuesta *f* inicial; **~ *ceremony*** ceremonia *f* inaugural or de apertura; **~ *gambit*** *(in chess)* gambito *m* de salida; *(in conversation, negotiation)* táctica *f* inicial; **~ *hours*** *(shop)* horario *m* comercial; *(tourist attraction)* horario *m* de visita; *(bank, office)* horario *m* de atención al público; **~ *night*** *(of play)* noche *f* del estreno; **~ *price*** *(of shares)* precio *m* de apertura; **~ *speech*** *(in court case)* presentación *f* del caso; *Br* **~ *time*** *(of pub)* hora *f* de abrir

open-jaw ['əʊpənˈdʒɔː] *adj* **~ *ticket*** *(returning to starting point)* = billete de ida y vuelta en el que el punto de origen del viaje de regreso no coincide con el de destino del viaje de ida; *(not returning to starting point)* = billete de ida y vuelta en el que el destino final no coincide con el lugar de origen

openly ['əʊpənlɪ] *adv* abiertamente; **to be ~ contemptuous (of sth/sb)** mostrar un claro desprecio (por algo/alguien); **drugs are ~ on sale** las drogas se venden abiertamente; **to weep ~** llorar abiertamente

open-minded [əʊpənˈmaɪndɪd] *adj* de mentalidad abierta; **my parents are pretty ~ about sex** mis padres son bastante liberales en lo que respecta al sexo

open-mindedness [əʊpənˈmaɪndɪdnɪs] *n* mentalidad *f* abierta

open-mouthed [əʊpənˈmaʊðd] ◇ *adv* boquiabierto(a); **he watched in ~ astonishment** observaba boquiabierto

◇ *adj* boquiabierto(a)

open-necked ['əʊpənˈnekt] *adj (which doesn't fasten)* de cuello abierto; *(unfastened)* desabrochado(a)

openness ['əʊpənnɪs] *n* **-1.** *(frankness)* franqueza *f* **-2.** *(receptivity)* receptividad *f* **-3.** *(spaciousness)* amplitud *f*; **the mirror gives a feeling of ~ to the room** el espejo da a la sala una sensación de amplitud **-4.** *(of terrain)* aspecto *m* descubierto

open-plan ['əʊpənˈplæn] *adj (office)* de planta abierta

open-skies ['əʊpənˈskaɪz] *adj* **an ~ policy** una política de cielos abiertos

open-toe(d) ['əʊpənˈtəʊ(d)] *adj* abierto(a), que deja los dedos al aire

open-top(ped) ['əʊpənˈtɒp(t)] *adj (bus, carriage)* descubierto(a), sin techo

openwork ['əʊpənwɜːk] *n* calado *m*

opera ['ɒpərə] *n* ópera *f*; **she adores (the) ~** adora la ópera ❏ **~ *buffa*** ópera *f* bufa; **~ *cloak*** capa *f*; **~ *glasses*** prismáticos *mpl*, gemelos *mpl* (de teatro); **~ *hat*** sombrero *m* de copa plegable; **~ *house*** (teatro *m* de la) ópera *f*; **~ *singer*** cantante *mf* de ópera

operable ['ɒpərəbəl] *adj* MED operable

operagoer ['ɒpərəɡəʊə(r)] *n* **as regular operagoers will know...** como los asiduos or aficionados a la ópera ya sabrán...; **she's not a regular ~** no va a la ópera con regularidad

operand ['ɒpərænd] *n* MATH operando *m*

operate ['ɒpəreɪt] ◇ *vt* **-1.** *(machine)* manejar, hacer funcionar; *(brakes)* accionar; **a circuit-breaker operates the alarm** un disyuntor dispara la alarma; **to be operated by electricity** funcionar con electricidad

-2. *(service)* proporcionar; **they ~ several casinos** manejan or regentan varios casinos; **they ~ a protection racket in the area** manejan una red de extorsión en la zona

◇ *vi* **-1.** *(machine)* funcionar; *(system, process)* operar, funcionar; **this is how colonialism operates** así opera or funciona el colonialismo; **the factory is operating at full capacity** la fábrica está funcionando or trabajando a capacidad plena

-2. *(be active)* *(company)* actuar, operar; **military patrols ~ along the border** patrullas militares operan en la frontera; **many crooks ~ in this part of town** en esta zona de la ciudad operan or actúan muchos sinvergüenzas; **we ~ in most of the north of Scotland** desarrollamos nuestra actividad en la mayor parte del norte de Escocia; **the company operates out of Philadelphia** la empresa tiene su sede en Filadelfia; **this service operates only on Saturdays** este servicio sólo funciona los sábados

-3. *(produce an effect)* actuar; **the drug operates on the nervous system** la droga actúa sobre el sistema nervioso; **two elements ~ in our favour** dos elementos actúan a nuestro favor

-4. *Formal (apply)* estar en vigor; **the rule doesn't ~ in such cases** la norma no se aplica en estos casos; **those restrictions**

operatic

continue to ~ estas restricciones siguen en vigor
-5. MED operar; **to ~ on sb (for)** operar a alguien (de); **to be operated on** ser operado(a); **he was operated on for cancer** lo operaron de cáncer; **we'll have to ~** tendremos que operar

operatic [ɒpə'rætɪk] <> adj (repertoire, role) operístico(a) ❑ **~ society** sociedad f operística
<> npl **operatics** (amateur) operística f

operating ['ɒpəreɪtɪŋ] adj -1. (of business) **~ costs** costos mpl or Esp costes mpl de explotación; **~ loss** pérdidas fpl de explotación; **~ profit** beneficios mpl de explotación; **~ statement** cuenta f de explotación -2. COMPTR **~ system** sistema m operativo -3. MED US **~ room** quirófano m, sala f de operaciones; **~ table** mesa f de operaciones; Br **~ theatre** quirófano m, sala f de operaciones

operation [ɒpə'reɪʃən] n -1. (functioning) (of machine, system, mine) funcionamiento m; **to be in ~** estar funcionando
-2. (management) (of firm, system) gestión f; (of machine) manejo m; (of mine) explotación f
-3. (act) acción f, operación f; MIL operación f; **a police/rescue ~** una acción or operación policial/de rescate; **a firm's operations** las operaciones or actividades de una empresa; **Operation Omega** Operación Omega ❑ **operations research** = análisis de los procedimientos de producción y administración; **operations room** centro m de control
-4. (company) **she works for a mining ~** trabaja para una compañía minera
-5. (of drug) efecto m
-6. (of law) **to be in ~** (apply) estar en vigor; **to come into ~** (law) entrar en vigor
-7. MED operación f; **to have an ~ (for sth)** operarse (de algo); **he had a heart/liver ~** lo operaron del corazón/hígado; **to perform an ~ (on sb)** operar (a alguien)
-8. MATH operación f
-9. COMPTR operación f

operational [ɒpə'reɪʃənəl] adj -1. (functional) (equipment, engine, system) operativo(a); **it should be ~ next year** debería entrar en funcionamiento el año que viene
-2. (cost, requirements) operativo(a); **to set up an ~ base** establecer una base de operaciones; **there have been some ~ difficulties** ha habido algunas dificultades operativas or de funcionamiento ❑ **~ research** = análisis de los procedimientos de producción y administración

operative ['ɒpərətɪv] <> n Formal -1. (manual worker) operario(a) m,f -2. (spy) agente mf secreto; (detective) detective mf privado
<> adj (law, rule) vigente; **to become ~** (law) entrar en vigor; **the system will soon be ~** el sistema pronto estará operativo or en funcionamiento; **the ~ word** la palabra clave

operator ['ɒpəreɪtə(r)] n -1. (of machine) operario(a) m,f
-2. TEL **(switchboard) ~** telefonista mf, operador(ora) m,f
-3. (of transport, lottery, mine) operador(ora) m,f; **the ~ of this service is Belfast Buses Ltd** este servicio lo proporciona Belfast Buses Ltd, Belfast Buses Ltd opera este servicio
-4. (player) **there are too many small operators in real estate** hay demasiadas empresas pequeñas en el sector inmobiliario; **an experienced political ~** un actor político con mucha experiencia; Fam **he's a pretty smooth ~** (in business) es un lince or un hacha para los negocios; (with women) se las lleva de calle
-5. MATH operador m

operetta [ɒpə'retə] n MUS opereta f

ophthalmia [ɒf'θælmɪə] n MED oftalmía f

ophthalmic [ɒf'θælmɪk] adj **~ nerve** nervio m oftálmico; Br **~ optician** óptico(a) m,f

ophthalmological [ɒfθælmə'lɒdʒɪkəl] adj MED oftalmológico(a)

ophthalmologist [ɒfθæl'mɒlədʒɪst] n MED oftalmólogo(a) m,f

ophthalmology [ɒfθæl'mɒlədʒɪ] n MED oftalmología f

ophthalmoscope [ɒf'θælməskəʊp] n MED oftalmoscopio m

ophthalmoscopy [ɒfθæl'mɒskəpɪ] n MED oftalmoscopia f

opiate ['əʊpɪət] n MED opiáceo m

opine [əʊ'paɪn] vt Formal or Literary opinar

opinion [ə'pɪnjən] n -1. (individual) opinión f; **in my ~** en mi opinión; **in the ~ of her teachers** según la opinión de sus maestros; **to be of the ~ that...** ser de la opinión de que...; **to ask sb's ~** pedir la opinión de alguien; **I'd like your ~** me gustaría oír tu opinión; **to form an ~ of sth/sb** formarse una opinión sobre algo/alguien; **to have a high/low ~ of sb** tener (una) buena/mala opinión de alguien; **he has too high an ~ of himself** tiene una opinión demasiado buena de sí mismo; **what is your ~ of him?** ¿qué opinas de él?; **can you give us your ~ on the festival?** ¿nos puedes dar tu opinión sobre el festival?
-2. (collective) **world/international ~** la opinión mundial/internacional; **~ is divided on this issue** en este tema las opiniones están divididas ❑ **~ former** creador(ora) m,f de opinión; **~ poll** or **survey** sondeo m or encuesta f de opinión
-3. LAW **it is the ~ of the court that...** el tribunal considera que...
-4. (professional advice) opinión f, asesoramiento m; **to obtain a legal ~** obtener asesoramiento legal

opinionated [ə'pɪnjəneɪtɪd] adj dogmático(a); **to be ~** creer a toda costa que uno lleva la razón

opium ['əʊpɪəm] n opio m ❑ **~ addict** adicto(a) m,f al opio; **~ den** fumadero m de opio; **~ poppy** adormidera f

Oporto [ɒ'pɔːtəʊ] n Oporto

opossum [ə'pɒsəm] n zarigüeya f

opp (abbr **opposite**) en la página opuesta

opponent [ə'pəʊnənt] n -1. (in game, debate) adversario(a) m,f, oponente mf; **(political) ~ (democratic)** adversario(a) político(a); (of regime) oponente mf político; **she has always been an ~ of blood sports** siempre ha estado en contra de los deportes sangrientos -2. (of policy, system) opositor(ora) m,f

opportune ['ɒpətjuːn] adj Formal oportuno(a); **a very ~ remark** un comentario muy oportuno; **is this an ~ moment?** ¿es éste un momento oportuno?

opportunely ['ɒpətjuːnlɪ] adv oportunamente

opportunism [ɒpə'tjuːnɪzəm] n oportunismo m

opportunist [ɒpə'tjuːnɪst] <> n oportunista mf
<> adj oportunista

opportunistic [ɒpətjʊ'nɪstɪk] adj oportunista ❑ MED **~ infection** infección f oportunista

opportunity [ɒpə'tjuːnɪtɪ] n -1. (chance) oportunidad f, ocasión f; **to have an/the ~ of doing sth** or **to do sth** tener una/la oportunidad or ocasión de hacer algo; **it would be an ideal ~ to improve your French** sería una magnífica oportunidad or ocasión para mejorar tu francés; **to give sb an ~ of doing sth** or **the ~ to do sth** darle a alguien una or la oportunidad de hacer algo; **at every ~** a la mínima oportunidad; **at the first** or **earliest ~** a la primera oportunidad; **if I get an ~** si tengo ocasión or oportunidad; **should the ~ present itself** or **arise** si se presentara or surgiera la oportunidad; **I took every ~ of travelling** aproveché cada oportunidad or ocasión que tuve de viajar; **I'd like to take this ~ to thank everyone** me gustaría aprovechar esta oportunidad or ocasión para agradecer a todos; **the ~ of a lifetime** una oportunidad única en la vida
-2. (prospect) perspectiva f; **a job with opportunities** un trabajo con buenas perspectivas
-3. COM oportunidad f ❑ ECON **~ cost** costo m or Esp coste m de oportunidad

opposable [ə'pəʊzəbəl] adj **~ thumb** pulgar oponible

oppose [ə'pəʊz] vt -1. (decision, plan, bill) oponerse a; **the building of the road was opposed by most local people** la mayor parte de los residentes del lugar se oponía a la construcción de la carretera
-2. (in contest, fight) enfrentarse a; **to ~ the motion** (in formal debate) oponerse a la moción
-3. (contrast) contraponer, contrastar; **the social sciences are often opposed to pure science** a menudo las ciencias sociales se contraponen a la ciencia pura

opposed [ə'pəʊzd] <> adj **to be ~ to sth** estar en contra de algo, oponerse a algo; **she is very much ~ to the idea** se opone terminantemente a la idea; **his views are diametrically ~ to mine** su perspectiva es diametralmente opuesta a la mía
<> **as opposed to** prep **we should act now as ~ to waiting till later** deberíamos actuar ya en lugar de esperar más; **I'm referring to my real father as ~ to my stepfather** me refiero a mi verdadero padre y no a mi padrastro

opposing [ə'pəʊzɪŋ] adj -1. (army, team, party) opuesto(a), contrario(a); **they're on ~ sides** (in sports, politics) son adversarios; (in war, battle) están en bandos contrarios -2. (contrasting) (views) opuesto(a), contrario(a)

opposite ['ɒpəzɪt] <> n **the ~ of** lo contrario de; **what's the ~ of "naive"?** ¿cuál es el contrario de "ingenuo"?; **she always does the ~ of what she's told** siempre hace lo contrario or al revés de lo que se le dice; **Mary is the complete ~ of her sister** Mary es todo el polo opuesto de su hermana; **I understood quite the ~** entendí todo lo contrario; **is she tall? – no, quite the ~** ¿es alta? – no, todo lo contrario; **opposites attract** los polos opuestos se atraen
<> adj -1. (facing) (page, shore) opuesto(a); **the ~ side of the street** el otro lado de la calle
-2. (opposing) (direction, position) opuesto(a), contrario(a); (team) contrario(a); **the letterbox is at the ~ end of the street** el buzón está en la otra punta de la calle; **we live at ~ ends of the country** vivimos cada uno en un extremo del país; **in the ~ direction** en dirección contraria
-3. (contrary) (opinion, effect) contrario(a); **his words had just the ~ effect** sus palabras tuvieron el efecto contrario; **the ~ sex** el sexo opuesto
-4. (equivalent) **my ~ number** mi homólogo(a)
<> adv enfrente; **the house ~** la casa de enfrente; **the lady ~** la señora de enfrente or de delante; **they live just ~** viven justo enfrente
<> prep -1. (across from) enfrente de; **our houses are ~ (to) each other** nuestras casas están una enfrente de otra; **we sat ~ each other** nos sentamos el uno enfrente del otro; **put a cross ~ the correct answer** coloque una cruz al lado de la respuesta correcta -2. CIN & THEAT **to play ~ sb** actuar junto a or como pareja de alguien

opposition [ɒpə'zɪʃən] n -1. (resistance) oposición f; **to meet with ~** encontrar oposición; **the army met with fierce ~** el ejército encontró una feroz resistencia; **the besieged city put up little ~** la ciudad tomada opuso muy poca resistencia
-2. (opponents) **the ~** (in sport, politics) los adversarios; (in business) la competencia
-3. POL **the Opposition** la oposición; **to be in ~** estar en la oposición; **the Opposition benches** los escaños de la oposición
-4. (contrast) **to act in ~ to** actuar en contra de

oppress [ə'pres] vt -1. (treat cruelly) oprimir -2. (torment) (of anxiety, atmosphere) agobiar, atormentar

oppressed [ə'prest] ◇ npl **the ~** los oprimidos
◇ adj (people, nation) oprimido(a)
oppression [ə'preʃən] n **-1.** (of a people) opresión f; **the ~ of women** la opresión or el sometimiento de la mujer **-2.** (of the mind) agobio m, desasosiego m
oppressive [ə'presɪv] adj **-1.** (law, regime) opresor(ora), opresivo(a) **-2.** (debt, situation) opresivo(a), agobiante **-3.** (weather, atmosphere) agobiante; (heat) sofocante
oppressively [ə'presɪvlɪ] adv **-1.** (hot) **it was ~ hot** hacía un calor agobiante **-2.** (to govern) opresivamente
oppressiveness [ə'presɪvnɪs] n **-1.** (of law, regime) opresión f **-2.** (of debt, situation) lo agobiante **-3.** (of weather, atmosphere) lo sofocante; **the ~ of the heat** lo sofocante del calor
oppressor [ə'presə(r)] n opresor(ora) m,f
opprobrious [ə'prəʊbrɪəs] adj Formal (scornful) ignominioso(a), oprobioso(a)
opprobrium [ə'prəʊbrɪəm] n Formal oprobio m
opt [ɒpt] ◇ vt **to ~ to do sth** optar por hacer algo
◇ vi **to ~ for** optar por
◆ **opt in** vi Br unirse (**to** a), decidir participar (**to** en)
◆ **opt out** vi **to ~ out of society** aislarse de la sociedad; **they opted out of the project** decidieron no participar en el proyecto; **you can't just ~ out of paying bills** no puedes dejar de pagar las cuentas así porque sí
Optic® ['ɒptɪk] n Br medida f (para botella)
optic ['ɒptɪk] adj óptico(a) ❑ **~ nerve** nervio m óptico
optical ['ɒptɪkəl] adj **-1.** (of the eye, sight) óptico(a) ❑ PHYS **~ centre** (of lens) centro m óptico; **~ illusion** ilusión f óptica, efecto m óptico
-2. (of fibre optic technology) **~ cable** cable m óptico; **~ fibre** fibra f óptica
-3. COMPTR **~ character reader** lector m óptico de caracteres; **~ character recognition** reconocimiento m óptico de caracteres; **~ disk** disco m óptico; **~ mouse** ratón m or Am mouse m óptico; **~ resolution** resolución f óptica; **~ scanner** lector m óptico
optical art = op art
optician [ɒp'tɪʃən] n óptico/a m,f; **the ~'s** la óptica
optics ['ɒptɪks] n (subject) óptica f
optimal ['ɒptɪməl] adj óptimo(a)
optimally ['ɒptɪməlɪ] adv óptimamente
optimism ['ɒptɪmɪzəm] n optimismo m; **there are no grounds for ~** no hay motivos para ser optimista
optimist ['ɒptɪmɪst] n optimista mf
optimistic [ɒptɪ'mɪstɪk] adj optimista; **things are looking quite ~** las cosas parecen marchar bastante bien
optimistically [ɒptɪ'mɪstɪklɪ] adv con optimismo
optimization [ɒptɪmaɪ'zeɪʃən] n optimización f
optimize ['ɒptɪmaɪz] vt optimizar
optimum ['ɒptɪməm] ◇ n nivel m óptimo
◇ adj óptimo(a)
option ['ɒpʃən] n **-1.** (choice) opción f; **to have the ~ of doing sth** tener la opción de hacer algo; **to have no ~ (but to do sth)** no tener otra opción or alternativa (más que hacer algo); **he didn't give me much ~** no me dio muchas opciones; **you leave me no ~** no me dejas opción; **a soft** or **easy ~** una opción cómoda or fácil; **to leave** or **keep one's options open** dejar abiertas varias opciones
-2. (accessory) extra m
-3. FIN opción f; **to take an ~ on sth** ejercer una opción sobre or por algo ❑ **options market** mercado m de opciones; **~ price** precio m de opción; **options trading** negociación f de opciones
-4. SCH UNIV (asignatura f) optativa f
-5. COMPTR **~ key** tecla f de opción; **options menu** menú m de opciones
optional ['ɒpʃənəl] adj optativo(a); **power steering ~** dirección asistida opcional; **fancy dress is ~** el disfraz es optativo ❑ **~ extras** accesorios mpl opcionales; SCH **~ subject** asignatura f optativa
optionally ['ɒpʃənəlɪ] adv opcionalmente
optometrist [ɒp'tɒmətrɪst] n MED optometrista mf
optometry [ɒp'tɒmətrɪ] n MED optometría f
opt-out ['ɒptaʊt] ◇ n autoexclusión f
◇ adj **~ clause** claúsula f de exclusión or de no participación
opulence ['ɒpjʊləns] n opulencia f
opulent ['ɒpjʊlənt] adj (lifestyle, decor) opulento(a); (figure) exuberante
opulently ['ɒpjʊləntlɪ] adv con opulencia; **to live ~** vivir en la opulencia
opus ['əʊpəs] (pl **opuses** or **opera** ['ɒpərə]) n opus m; MUS **Opus 42** opus 42
OR ◇ (abbr **Oregon**) Oregón
◇ n [ɔː'ɑː(r)] US (abbr **operating room**) quirófano m, sala f de operaciones
or [ɔː(r), unstressed ə(r)] conj **-1.** (in general) o; (before "o" or "ho") u; **an hour or so** alrededor de una hora; **in a minute or two** en uno o dos minutos, en un par de minutos; **did she do it or not?** ¿lo hizo o no?; **do it or I'll tell the boss!** ¡hazlo o se lo digo al jefe!; **she must be better or she wouldn't be smiling** debe estar mejor, si no no sonreiría; **shut up! – or what?** ¡cállate! – si no, ¿qué?; **he was asleep... or was he?** estaba dormido... ¿o no lo estaba?; **snow or no snow, she was determined to go** con nieve o sin ella, estaba decidida a ir
-2. (with negative) ni; **she didn't write or phone** no escribió ni llamó; **without affecting (either) the quality or the price** sin afectar (ni) a la calidad ni al precio; **I didn't mean to offend you or anything** no quise ofenderte ni mucho menos
oracle ['ɒrəkəl] n oráculo m; **to consult the ~** consultar el oráculo
oracular [ɒ'rækjʊlə(r)] adj Formal **-1.** (of, like an oracle) oracular **-2.** (obscure) misterioso(a); (ambiguous) ambiguo(a)
oracy ['ɒrəsɪ] n facultades fpl orales
oral ['ɔːrəl] ◇ n (exam) (examen m) oral m
◇ adj **-1.** (spoken) (tradition, history, skills) oral; (agreement) verbal ❑ SCH **~ examination** examen m oral; **~ history** historia f oral; **~ tradition** tradición f oral **-2.** (of mouth) oral ❑ **~ contraceptive** anticonceptivo m oral; **~ hygiene** higiene f bucal; MED **~ rehydration therapy** terapia f de rehidratación oral; **~ sex** sexo m oral **-3.** LING oral
orality [ɒ'rælɪtɪ] n oralidad f
orally ['ɔːrəlɪ] adv **-1.** (verbally) oralmente **-2.** (by mouth) por vía oral, oralmente; **to take medicine ~** tomar un medicamento por vía oral
orange ['ɒrɪndʒ] ◇ n **-1.** (fruit) naranja f ❑ **~ blossom** (flor f de) azahar m; **~ grove** naranjal m; **~ peel** peladura f de naranja; Fig **~ peel skin** piel m de naranja; **~ stick** palito m de naranjo; **~ tree** naranjo m
-2. (drink) naranjada f; **vodka and ~** vodka con naranja ❑ **~ drink** naranjada f; **~ juice** Esp zumo m or Am jugo m de naranja; **~ pekoe** = variedad de té de gran calidad; **~ squash** naranja f (sin gas)
-3. (colour) naranja m
-4. POL **Orange Lodge** Logia f de Orange; **Orange Order** Orden f de Orange; **Orange parade** or **march** or Scot **walk** = desfile de los miembros de la Logia de Orange para celebrar su ascendencia protestante
◇ adj (colour) naranja, anaranjado(a)
orangeade ['ɒrɪndʒeɪd] n naranjada f, refresco m de naranja
Orangeism ['ɒrɪndʒɪzəm] n POL orangismo m
Orangeman ['ɒrɪndʒmən] n POL orangista m
orangery ['ɒrɪndʒərɪ] n invernadero m de naranjos
Orangewoman ['ɒrɪndʒwʊmən] n POL orangista f
orangey ['ɒrɪndʒɪ] adj **-1.** (taste, smell) a naranja **-2.** (colour) anaranjado(a)
orang-outan(g) [ə'ræŋəˈtæŋ] n orangután m
orate [ɔː'reɪt] vi Formal perorar
oration [ɔː'reɪʃən] n Formal alocución f, discurso m
orator ['ɒrətə(r)] n orador(ora) m,f
oratorical [ɒrə'tɒrɪkəl] adj oratorio(a)
oratorio [ɒrə'tɔːrɪəʊ] (pl **oratorios**) n MUS oratorio m
oratory[1] ['ɒrətərɪ] n (art of speaking) oratoria f; **a superb piece of ~** un formidable ejemplo de oratoria
oratory[2] n REL (chapel) oratorio m, capilla f
orb [ɔːb] n **-1.** (of monarch) orbe m **-2.** Literary (sphere) orbe m, esfera f **-3.** Literary (sun, planet) orbe m **-4.** Literary (eye) lucero m
orbit ['ɔːbɪt] ◇ n **-1.** (of planet) órbita f; **in ~** en órbita; **to go into ~** entrar en órbita; Fam Fig (get angry) subirse por las paredes; **to put** or **send a satellite into ~** poner un satélite en órbita
-2. (scope) órbita f, ámbito m; **the countries within Washington's ~** los países que se encuentran dentro en la órbita de Washington
-3. PHYS (of electron) órbita f
-4. ANAT (of eye) órbita f
◇ vt girar alrededor de
◇ vi estar en órbita
orbital ['ɔːbɪtəl] ◇ n **-1.** Br (road) carretera f de circunvalación **-2.** CHEM orbital m
◇ adj **-1.** ASTRON orbital ❑ **~ velocity** velocidad f orbital **-2.** Br (road) de circunvalación **-3.** **~ sander** lijadora f orbital or de vibraciones
Orcadian [ɔː'keɪdɪən] ◇ n persona de las islas Órcadas (Escocia)
◇ adj = de las islas Órcadas (Escocia)
orchard ['ɔːtʃəd] n huerto m (de frutales); **(apple) ~** huerto de manzanos, manzanal
orchestra ['ɔːkɪstrə] n **-1.** (musicians) orquesta f ❑ THEAT **~ pit** orquesta f, foso m **-2.** US (in theatre) platea f, patio m de butacas
orchestral [ɔː'kestrəl] adj orquestal; **an ~ piece** una pieza orquestal or para orquesta
orchestrate ['ɔːkɪstreɪt] vt **-1.** MUS orquestar **-2.** (organize) orquestar; **an orchestrated campaign of slander** una orquestada campaña de difamación
orchestration [ɔːkə'streɪʃən] n **-1.** MUS orquestación f **-2.** (organization) orquestación f
orchid ['ɔːkɪd] n orquídea f
ordain [ɔː'deɪn] vt **-1.** Formal (decree) decretar, disponer; **fate ordained that we should meet** el destino dispuso que nos encontráramos; **it is ordained in the Bible** la Biblia dispone **-2.** REL (priest) ordenar; **to be ordained (a priest)** ordenarse (sacerdote)
ordeal [ɔː'diːl] n **-1.** (difficult experience) calvario m; **to go through an ~** pasar por un calvario; **it was quite an ~ for him** fue una prueba durísima para él; **I always find family Christmases an ~** para mí, las navidades en familia son un verdadero calvario **-2.** HIST ordalía f; **~ by fire** ordalía de fuego
order ['ɔːdə(r)] ◇ n **-1.** (instruction) orden f; **be quiet, and that's an ~!** ¡cállate, es una orden!; **my orders are to remain here** tengo órdenes de quedarme aquí; **to give sb an ~** dar una orden a alguien; **attack when I give the ~** ataquen cuando dé la orden; **to give orders that...** dar órdenes de que...; **to obey** or **follow orders** obedecer or cumplir órdenes; **I don't take orders from you/anyone** yo no acepto órdenes tuyas/de nadie; **by ~ of, on the orders of** por orden de; **to be under orders (to do sth)** tener órdenes (de hacer algo); **orders are** or Hum **is ~** (las) órdenes son órdenes ❑ MIL **the ~ of the day** la orden del día
-2. COM pedido m; **to place an ~ (with sb)** hacer un pedido (a alguien); **to have sth on ~** haber hecho un pedido de algo, haber encargado algo; **to make sth to ~** hacer algo por encargo ❑ **~ book** libro m de

order — 520 — **organza**

pedidos; **our ~ books are empty/full** no hay pedidos/hay muchos pedidos; **~ form** hoja f de pedido

-3. (of food) **a side ~ of French fries** una porción de Esp patatas or Am papas fritas; **your ~ will be ready in a minute** (in restaurant) su comida estará lista en un instante; **can I take your ~ now?** ¿ya han decidido lo que van a comer or Esp tomar?, Am ¿puedo tomarles el pedido?

-4. FIN orden f; **pay to the ~ of J. Black** páguese a J. Black

-5. LAW orden f

-6. (sequence) orden m; **in ~** en orden; **in the right/wrong ~** bien/mal ordenado(a); **they have two boys and a girl, in that ~** tienen dos hijos y una hija más pequeña; **in chronological ~** por orden cronológico; **in ~ of age/size** por orden de edad/tamaño; **in ~ of preference** por orden de preferencia; **out of ~** desordenado(a) ❏ PARL **~ paper** orden m del día; REL **~ of service** orden m ritual or litúrgico

-7. (tidiness) orden m; **leave the room in good ~** deja la habitación bien limpia; Fig **to set one's own house in ~** poner (uno) orden en su vida

-8. (system) orden m; **this sort of thing seems to be the ~ of the day** este tipo de cosas parece estar a la orden del día

-9. (condition) **in (good) working** or **running ~** en buen estado de funcionamiento; **your papers are in ~** tus papeles están en regla or orden; **to be out of ~** estar averiado(a), estar estropeado(a); **out of ~** (sign) no funciona

-10. (peace, in meeting) **~!** ¡silencio, por favor!; **to restore/keep ~** restablecer/mantener el orden; **to keep sb in ~** mantener a alguien bajo control; **radical measures are in ~** se imponen medidas radicales; **I think a celebration is in ~** creo que se impone celebrarlo; **to rule a question out of ~** declarar improcedente una pregunta; Fam **that's out of ~!** ¡eso no está bien!, Esp ¡eso no es de recibo!; Fam **you're out of ~!** (in the wrong) ¡eso no está nada bien!; **to call sb to ~** llamar a alguien al orden; **he called the meeting to ~** llamó al orden a los asistentes

-11. (degree) orden m; **in** or **of the ~ of** del orden de; **of the highest ~** de primer orden ❏ **~ of magnitude** orden f de magnitud; **the cost is of the same ~ of magnitude as last time** el costo es muy similar al de la última vez

-12. REL orden f; **to take holy orders** ordenarse sacerdote

-13. (official honour) orden f; Br **the Order of the Garter** la Orden de la Jarretera ❏ **~ of knighthood** orden f de caballería

-14. (social class) **the higher/lower orders** las capas altas/bajas de la sociedad

-15. BOT & ZOOL orden m

◇ vt **-1.** (instruct) **to ~ sb to do sth** mandar or ordenar a alguien hacer algo; **he ordered an immediate attack** ordenó un ataque inmediato; **"come here," she ordered** "ven aquí", ordenó; **to ~ that sb do sth** mandar or pedir que alguien haga algo; LAW **he was ordered to pay costs** el juez le ordenó pagar las costas

-2. COM pedir, encargar (**from** de); (in restaurant) pedir; (taxi) pedir, llamar; **to ~ sth for sb, to ~ sb sth** pedir algo para alguien

-3. (arrange) ordenar, poner en orden; **to ~ sth according to size/age** ordenar algo de acuerdo con el tamaño/la edad; **to ~ one's thoughts** poner las ideas en orden

◇ vi (in restaurant) pedir; **are you ready to ~?** ¿han decidido qué van a pedir or Esp tomar?

◇ **in order that** conj Formal para; **in ~ that they understand** para que comprendan

◇ **in order to** conj para; **in ~ to do sth** para hacer algo; **in ~ for us to succeed** para poder tener éxito

➨ **order about, order around** vt sep mangonear, no parar de dar órdenes a

➨ **order in** vt sep **-1.** (supplies) encargar **-2.** (troops) solicitar el envío de

➨ **order off** vt sep SPORT expulsar

➨ **order out** vt sep (tell to leave) mandar salir

ordered [ˈɔːdəd] adj (organized) ordenado(a); **an ~ life** una vida ordenada

orderliness [ˈɔːdəlɪnɪs] n **-1.** (of room, desk) orden m **-2.** (of person, behaviour) lo ordenado

orderly [ˈɔːdəlɪ] ◇ n **-1.** (in hospital) celador (ora) m,f **-2.** MIL ordenanza m ❏ **~ officer** oficial m de guardia; **~ room** oficina f de cuartel

◇ adj (tidy, methodical) ordenado(a); **he is very ~ in his habits** tiene hábitos muy metódicos; **an ~ retreat** una retirada ordenada; **in an ~ fashion** de forma ordenada

ordinal [ˈɔːdɪnəl] ◇ n ordinal m

◇ adj ordinal ❏ **~ number** número m ordinal; MATH **~ scale** escala f ordinal

ordinance [ˈɔːdɪnəns] n Formal (decree) ordenanza f, decreto m

ordinand [ˈɔːdɪnænd] n REL ordenando m

ordinarily [ˈɔːdɪnrɪlɪ, US ɔːrdəˈnerɪlɪ] adv normalmente; **~, she would be home by now** normalmente, a esta hora ya estaría en casa; **a more than ~ gifted child** un niño con un talento por encima de lo normal

ordinariness [ˈɔːdɪnərɪnɪs] n **-1.** (normality) normalidad f **-2.** (mediocrity) mediocridad f

ordinary [ˈɔːdɪnərɪ] ◇ n **-1.** (commonplace) **out of the ~** fuera de lo normal; **nothing out of the ~ ever happens here** aquí nunca pasa nada raro **-2.** REL **the Ordinary of the mass** el ordinario de la misa

◇ adj **-1.** (normal, average) normal; **an ~ Englishman** un inglés medio; **she was just an ~ tourist** no era más que una simple turista; **~ people** gente de la calle; **this is no ~ coffee machine** es una máquina de café fuera de lo común; **in the ~ course** or **run of events** si las cosas siguen su curso normal ❏ UNIV **~ degree** = titulación universitaria inferior a una licenciatura; Scot Formerly **Ordinary grade** = examen que se realizaba al final de la escolarización secundaria obligatoria; Br Formerly **Ordinary level** = examen que se realizaba al final de la escolarización secundaria obligatoria; NAUT **~ seaman** marinero m; Br FIN **~ share** acción f ordinaria

-2. (mediocre) común, mediocre; **I thought the food was a bit ~** la comida no me pareció nada especial; **a very ~-looking house/girl** una casa/una niña del montón

ordinate [ˈɔːdənət] n MATH ordenada f

ordination [ɔːdɪˈneɪʃən] n REL ordenación f

ordnance [ˈɔːdnəns] n MIL (supplies) pertrechos mpl; (guns) armamento m ❏ **~ corps** cuerpo m de pertrechos; **~ factory** fábrica f or Am planta f de armamento; Br **Ordnance Survey** = instituto británico de cartografía; **Ordnance Survey map** mapa m (publicado por el Ordnance Survey)

Ordovician [ɔːdəʊˈvɪʃən] GEOL ◇ n **the ~** el ordovícico

◇ adj (era) ordovícico(a)

ordure [ˈɔːdjʊə(r)] n Literary heces fpl, excremento m

ore [ɔː(r)] n mineral m; **iron/aluminium ~** mineral de hierro/aluminio

Ore(g) (abbr **Oregon**) Oregón

oregano [ɒrɪˈɡɑːnəʊ, US əˈreɡənəʊ] n orégano m

Oregon [ˈɒrɪɡən] n Oregón

Oreo [ˈɔːrɪəʊ] n US **-1. ~ (cookie)**® = galleta de chocolate con relleno de crema **-2.** Fam Pej **~ (cookie)** = persona negra que adopta la forma de pensar y el comportamiento de la clase media blanca

organ [ˈɔːɡən] n **-1.** ANAT órgano m; **the organs of speech** los órganos del habla ❏ **~ donor** donante mf de órganos; **~ transplant** transplante m de órganos

-2. Euph (male) **~, ~ of generation** órgano m masculino, miembro m viril

-3. (newspaper, journal) órgano m (de difusión); **the official ~ of the Party** el órgano oficial del partido

-4. MUS órgano m ❏ **~ loft** galería f del órgano; **~ pipe** tubo m de(l) órgano; **~ stop** registro m de órgano

organdie, US **organdy** [ˈɔːɡəndɪ] n organdí m

organ-grinder [ˈɔːɡənɡraɪndə(r)] n organillero(a) m,f; IDIOM Br Fam **I want to speak to the ~, not the monkey!** no quiero hablar con el mono sino con el que le da de comer

organic [ɔːˈɡænɪk] adj **-1.** (disease, function) orgánico(a) **-2.** CHEM **~ chemistry** química f orgánica; **~ compound** compuesto m orgánico **-3.** (farming, fruit, vegetable) biológico(a), ecológico(a) ❏ **~ fertilizer** fertilizante m or abono m orgánico **-4.** (structural) orgánico(a); (fundamental) inherente, fundamental; **an ~ part** una parte inherente; **~ change** cambio orgánico

organically [ɔːˈɡænɪklɪ] adv **-1.** (constitutionally) **there's nothing ~ wrong (with him)** físicamente está en perfecto estado **-2.** (farm, grow) orgánicamente, biológicamente **-3.** (structurally) orgánicamente; (fundamentally) de forma inherente; **the two ideas are ~ linked** las dos ideas se encuentran orgánicamente unidas

organism [ˈɔːɡənɪzm] n organismo m

organist [ˈɔːɡənɪst] n organista mf

organization [ɔːɡənaɪˈzeɪʃən] n **-1.** (organizing) organización f; **we need some ~ around here** necesitamos un poco de organización; **to have a flair for ~** tener dotes para la organización

-2. (association, official body) organización f; **a political/charitable ~** una organización política/una institución de beneficencia ❏ **~ chart** organigrama m; **~ man** hombre m de empresa

-3. (structure) organización f, estructura f; **we are unhappy with the ~ of the company** no estamos conformes con la estructura de la compañía

-4. (in proper names) **Organization of African Unity** Organización f para la Unidad Africana; **Organization for Economic Cooperation and Development** Organización f para la Cooperación y el Desarrollo Económico; **Organization of Petroleum Exporting Countries** Organización f de Países Exportadores de Petróleo; **Organization for Security and Cooperation in Europe** Organización f para la Seguridad y Cooperación en Europa

organizational [ɔːɡənaɪˈzeɪʃənəl] adj organizativo(a); **the conference turned out to be an ~ nightmare** el congreso se convirtió en una pesadilla organizativa ❏ COM **~ structure** organigrama m

organize [ˈɔːɡənaɪz] ◇ vt **-1.** (arrange, bring about) (concert, party, outing) organizar; **they organized accommodation for me** se encargaron de buscarme alojamiento; **she organized it so that we got in free** hizo que pudiéramos entrar gratis

-2. (put in order) **to ~ people into groups** organizar a gente en grupos; **to ~ one's thoughts** ordenar los pensamientos

-3. (manage) **he doesn't know how to ~ himself** no sabe cómo organizarse; **I've learnt to ~ my time better** he aprendido a organizar mejor mi tiempo

-4. (union) sindicar

◇ vi (form union) sindicarse

organized [ˈɔːɡənaɪzd] adj **-1.** (arranged) organizado(a); **to get ~** (before a journey) prepararse; **don't worry, it's all ~** no te preocupes, está todo organizado ❏ **~ tour** viaje m organizado **-2.** (orderly, methodical) organizado(a) **-3.** (forming an organization) **~ crime** crimen m organizado; **~ labour** trabajadores mpl sindicalizados, sindicalismo m

organizer [ˈɔːɡənaɪzə(r)] n **-1.** (person) organizador(ora) m,f **-2.** (diary) agenda f **-3.** COMPTR organizador m

organza [ɔːˈɡænzə] n organza f

orgasm ['ɔːgæzəm] *n* orgasmo *m*; **to have an ~** tener un orgasmo; *Fam Fig* **they were having orgasms about the decor** estaban alucinados con la decoración

orgasmic [ɔː'gæzmɪk] *adj* orgásmico(a); *Fam Fig* **it was a positively ~ experience** fue un verdadero alucine

orgiastic [ɔːdʒɪ'æstɪk] *adj* orgiástico(a)

orgy ['ɔːdʒɪ] *n* **-1.** *(wild party)* orgía *f*; **a drunken ~** una bacanal **-2.** *Fig* **an ~ of shopping** una orgía de compras; **an ~ of violence** una masacre

oriel ['ɔːrɪəl] *n* ARCHIT **~ (window)** mirador *m*

orient ['ɔːrɪənt] ◇ *n* **the Orient** (el) Oriente
◇ *vt* = **orientate**

oriental [ɔːrɪ'entəl] ◇ *n Old-fashioned (person)* **an Oriental** un(a) oriental
◇ *adj* oriental

Orientalist [ɔːrɪ'entəlɪst] *n* orientalista *mf*

orientate ['ɔːrɪənteɪt] *vt* orientar; **to ~ oneself** orientarse

orientated = **oriented**

orientation [ɔːrɪən'teɪʃən] *n* orientación *f*; **she's found a new ~ in life** ha encontrado un nuevo camino *or* norte en la vida ❑ **~ course** curso *m* orientativo

oriented ['ɔːrɪəntɪd], **orientated** ['ɔːrɪənteɪtɪd] *adj* orientado(a) (**towards** hacia); **our firm is very much ~ towards the American market** nuestra empresa está muy orientada al mercado norteamericano

-oriented ['ɔːrɪəntɪd], **-orientated** ['ɔːrɪənteɪtɪd] *suffix* **ours is a money~ society** la nuestra es una sociedad que asigna al dinero una importancia primordial; **she's very work~** el trabajo ocupa un lugar fundamental en su vida; **youth~** enfocado(a) hacia los jóvenes

orienteering [ɔːrɪən'tɪərɪŋ] *n* orientación *f* (deporte de aventura)

orifice ['ɒrɪfɪs] *n* orificio *m*

origami [ɒrɪ'gɑːmɪ] *n* papiroflexia *f*, origami *m*

origin ['ɒrɪdʒɪn] *n* **-1.** *(source) (of word, custom)* origen *m*; *(of river)* nacimiento *m*; **of unknown ~** de origen desconocido; **the present troubles have their ~ in the proposed land reform** los problemas actuales tienen su origen en la reforma agrícola propuesta; **the song is Celtic in ~** la canción es de origen celta
-2. *(ancestry)* origen *m*; **country of ~** país de origen; **of Greek ~** de origen griego; **of humble/peasant origins** de origen humilde/campesino
-3. MATH origen *m*

original [ə'rɪdʒɪnəl] ◇ *n* **-1.** *(painting, document)* original *m*; **to read Tolstoy in the ~** leer a Tolstói en el idioma original **-2.** *(person)* **she's a real ~!** ¡es un tanto extravagante!
◇ *adj* **-1.** *(initial)* original, originario(a); **the ~ inhabitants/owners** los habitantes/dueños originarios; **my ~ intention was to write the letter myself** mi intención original era escribir la carta yo mismo; **translated from the ~ German** traducido(a) de la versión original en alemán
-2. *(innovative, unusual)* original; **she has an ~ approach to child-rearing** tiene un enfoque muy original sobre cómo criar a los niños
-3. *(new) (play, writing)* original; **based on an ~ idea by...** basado en una idea original de...
-4. REL **~ sin** pecado *m* original

originality [ərɪdʒɪ'nælɪtɪ] *n* originalidad *f*

originally [ə'rɪdʒɪnəlɪ] *adv* **-1.** *(initially)* originariamente, en un principio; **where do you come from ~?** ¿cuál es tu lugar de origen?; **~, I had planned to go to Greece** originalmente había planeado ir a Grecia **-2.** *(in an innovative way)* originalmente, de forma original

originate [ə'rɪdʒɪneɪt] ◇ *vt* crear, originar
◇ *vi* **-1.** *(idea, rumour)* originarse; **to ~ from** *(person)* proceder de; **where did the rumour ~ (from)?** ¿dónde se originó el rumor?; **the cocaine originates from South America** la cocaína es originaria de América del Sur;

to ~ in *(river)* nacer en; *(custom)* proceder *or* surgir de **-2.** *US (flight, bus, train)* **to ~ in** proceder de

originator [ə'rɪdʒɪneɪtə(r)] *n (of theory, technique)* inventor(ora) *m,f*; *(of rumour, trend)* iniciador(ora) *m,f*

oriole ['ɔːrɪəʊl] *n* **-1.** *(from Old World)* oropéndola *f* **-2.** *(from New World)* cazadora *f* ❑ **~ blackbird** maicero *m*

Orion [ə'raɪən] *n* MYTHOL Orión *m*

Orkney ['ɔːknɪ] *n* **the ~ Islands, the Orkneys** las (Islas) Órcadas

Orlon® ['ɔːlɒn] *n* = tejido acrílico antiarrugas

ormolu ['ɔːməluː] *n* similor *m*; **an ~ clock** un reloj de similor

ornament ◇ *n* ['ɔːnəmənt] **-1.** *(decorative object)* adorno *m*; *Fig* **he would be an ~ to any gathering** es una figura decorativa, no sirve para nada **-2.** *(decoration)* adorno *m*; **rich in ~** con mucha decoración, muy adornado(a) **-3.** MUS floritura *f*
◇ *vt* ['ɔːnəment] *(room)* decorar; *(style)* adornar

ornamental [ɔːnə'mentəl] *adj* ornamental, decorativo(a); **purely ~** meramente decorativo(a)

ornamentation [ɔːnəmen'teɪʃən] *n* ornamentación *f*

ornate [ɔː'neɪt] *adj (building, surroundings)* ornamentado(a); *(style, decor)* recargado(a)

ornately [ɔː'neɪtlɪ] *adv* **~ decorated** muy ornamentado(a)

ornateness [ɔː'neɪtnɪs] *n (of building, surroundings)* lo ornamentado; *(of style, decor)* lo recargado

ornery ['ɔːnərɪ] *adj US Fam* gruñón(ona), cascarrabias

ornithological [ɔːnɪθə'lɒdʒɪkəl] *adj* ornitológico(a)

ornithologist [ɔːnɪ'θɒlədʒɪst] *n* ornitólogo(a) *m,f*

ornithology [ɔːnɪ'θɒlədʒɪ] *n* ornitología *f*

orogenesis [ɒrə'dʒenəsɪs] *n* orogénesis *f inv*

orogenic [ɒrə'dʒenɪk] *adj* orogénico(a)

orogeny [ɒ'rɒdʒənɪ] *n* orogenia *f*

orographic [ɒrə'græfɪk] *adj* orográfico(a)

orography [ɒ'rɒgrəfɪ] *n* orografía *f*

orotund ['ɒrətʌnd] *adj Formal (style)* pomposo(a); *(voice)* estentóreo(a)

orphan ['ɔːfən] ◇ *n* **-1.** huérfano(a) *m,f*; **to be left an ~** quedar huérfano(a) **-2.** TYP huérfano *m*
◇ *adj* **an ~ child** un niño huérfano
◇ *vt* **to be orphaned** quedar huérfano(a); **they were orphaned by the war** la guerra los dejó huérfanos

orphanage ['ɔːfənɪdʒ] *n* orfanato *m*

Orpheus ['ɔːfɪəs] *n* MYTHOL Orfeo *m*

orrery ['ɒrərɪ] *n* planetario *m*

ORT [əʊɑː'tiː] *n* MED (*abbr* **oral rehydration therapy**) TRO *f*, terapia *f* de rehidratación oral

orthocentre ['ɔːθəʊsentə(r)] *n* GEOM ortocentro *m*

orthoclase ['ɔːθəʊkleɪz] *n* GEOL ortosa *f*

orthodontic [ɔːθə'dɒntɪk] *adj* ortodóntico(a); **~ specialist** ortodoncista

orthodontics [ɔːθə'dɒntɪks] *n* ortodoncia *f*

orthodontist [ɔːθə'dɒntɪst] *n* ortodontista *mf*

orthodox ['ɔːθədɒks] *adj* ortodoxo(a) ❑ **Orthodox Church** Iglesia *f* Ortodoxa

orthodoxy ['ɔːθədɒksɪ] *n* ortodoxia *f*

orthogonal [ɔː'θɒgənəl] *adj* MATH ortogonal ❑ **~ projection** proyección *f* ortogonal

orthography [ɔː'θɒgrəfɪ] *n* ortografía *f*

orthopaedic, *US* **orthopedic** [ɔːθə'piːdɪk] *adj* MED ortopédico(a) ❑ **~ surgery** cirugía *f* ortopédica

orthopaedics, *US* **orthopedics** [ɔːθə'piːdɪks] *n* MED ortopedia *f*

orthoptics [ɔː'θɒptɪks] *n* gimnasia *f* ocular

Orwellian [ɔː'welɪən] *adj* orwelliano(a)

oryx ['ɒrɪks] *n* oryx *m*

OS [əʊ'es] *n* **-1.** (*abbr* **Ordnance Survey**) = servicio cartográfico nacional británico **-2.** COMPTR (*abbr* **Operating System**) sistema *m* operativo

Oscar ['ɒskə(r)] *n* Oscar *m*

Oscar-winning ['ɒskəwɪnɪŋ] *adj (film, performance)* ganador(a) del Oscar; *Fam Fig* **she really put on an ~ performance!** su actuación fue digna de un Oscar

OSCE [əʊessi'iː] *n* (*abbr* **Organization for Security and Cooperation in Europe**) OSCE *f*

oscillate ['ɒsɪleɪt] *vi* **-1.** ELEC & PHYS oscilar **-2.** *(prices)* oscilar; **he oscillated between hope and despair** pasaba de la esperanza a la desesperación

oscillating ['ɒsɪleɪtɪŋ] *adj* ELEC oscilatorio(a)

oscillator ['ɒsɪleɪtə(r)] *n* ELEC oscilador *m*

oscillogram [ə'sɪləgræm] *n* PHYS oscilograma *m*

oscillograph [ə'sɪləgrɑːf] *n* PHYS oscilógrafo *m*

oscilloscope [ə'sɪləskəʊp] *n* PHYS osciloscopio *m*

osier ['əʊzɪə(r)] *n* **-1.** *(tree)* mimbrera *f* **-2.** *(branch)* mimbre *m*; **~ basket** canasta *f or* cesta *f* de mimbre

Osiris [ə'saɪrɪs] *n* MYTHOL Osiris

Oslo ['ɒzləʊ] *n* Oslo

osmium ['ɒzmɪəm] *n* CHEM osmio *m*

osmosis [ɒz'məʊsɪs] *n* **-1.** CHEM ósmosis *f inv*, osmosis *f inv* **-2.** *Fig* **to learn by ~** aprender por ósmosis

osmotic [ɒz'mɒtɪk] *adj* osmótico(a)

osprey ['ɒspreɪ] *n* águila *f* pescadora

osseous ['ɒsɪəs] *adj* ANAT óseo(a)

ossification [ɒsɪfɪ'keɪʃən] *n* **-1.** ANAT osificación *f* **-2.** *Fig (of person, system)* anquilosamiento *m*

ossify ['ɒsɪfaɪ] *vi* **-1.** ANAT osificarse **-2.** *Fig (person, system)* anquilosarse

ossuary ['ɒsjʊərɪ] *n* osario *m*

osteitis [ɒstɪ'aɪtɪs] *n* MED osteítis *f inv*

ostensible [ɒs'tensɪbəl] *adj* aparente

ostensibly [ɒs'tensɪblɪ] *adv* aparentemente

ostentation [ɒsten'teɪʃən] *n* ostentación *f*

ostentatious [ɒsten'teɪʃəs] *adj* ostentoso(a); **with ~ distaste** con un mal gusto evidente

ostentatiously [ɒsten'teɪʃəslɪ] *adv* ostentosamente

osteoarthritis [ɒstɪəʊɑː'θraɪtɪs], **osteoarthrosis** ['ɒstɪəʊɑː'θrəʊsɪs] *n* MED osteoartritis *f inv*, artritis *f inv* ósea

osteomyelitis [ɒstɪəʊmaɪə'laɪtɪs] *n* MED osteomielitis *f*

osteopath ['ɒstɪəpæθ] *n* MED osteópata *mf*

osteopathy [ɒstɪ'ɒpəθɪ] *n* MED osteopatía *f*

osteoplasty ['ɒstɪəplæstɪ] *n* MED osteoplastia *f*

osteoporosis ['ɒstɪəʊpə'rəʊsɪs] *n* MED osteoporosis *f*

ostler ['ɒslə(r)] *n* HIST mozo *m* de cuadra

Ostpolitik ['ɒstpɒlɪ'tiːk] *n* POL ostpolitik *f*

ostracism ['ɒstrəsɪzəm] *n* ostracismo *m*

ostracize ['ɒstrəsaɪz] *vt* aislar, condenar al ostracismo; **he was ostracized by his workmates** sus compañeros de trabajo le hacían el vacío *or* lo aislaban

ostrich ['ɒstrɪtʃ] *n* avestruz *m*

ostrich-like ['ɒstrɪtʃlaɪk] *Fig* ◇ *adj* **to be ~ about sth** adoptar la estrategia del avestruz en lo referente a algo
◇ *adv* escondiendo la cabeza (como el avestruz)

Ostrogoth ['ɒstrəgɒθ] *n* ostrogodo(a) *m,f*

OT [əʊ'tiː] *n* **-1.** (*abbr* **Old Testament**) Antiguo Testamento *m* **-2.** (*abbr* **occupational therapy**) terapia *f* ocupacional **-3.** (*abbr* **overtime**) horas *fpl* extra

OTC [əʊtiː'siː] *n* (*abbr* **Officers' Training Corps**) = unidad de adiestramiento de futuros oficiales del ejército británico provenientes de la universidad

OTE [əʊtiː'iː] *npl* MKTG (*abbr* **on target earnings**) beneficios *mpl* según los objetivos

Othello [ə'θeləʊ] *pr n* Otelo

other ['ʌðə(r)] ◇ *adj* otro(a); **the ~ one** el otro/la otra; **bring some ~ ones** trae otros; **the ~ four** los otros cuatro; **~ people seem to like it** parece que a otros les gusta, a otra gente parece que le gusta; **~ people's property** propiedad ajena; **at all ~ times** a cualquier otra hora; **any ~ book but that one** cualquier otro libro menos ése; **are there any ~ things you need doing?** ¿necesitas que te hagan alguna otra cosa?; **they didn't give us any ~ details** no

otherness 522 **out**

nos dieron más or mayores detalles; **the ~ day** el otro día; **the ~ week** hace unas semanas; **every ~ day/week** cada dos días/semanas; **I work every ~ day** trabajo un día sí, un día no; **you have no ~ option** no te queda otra alternativa; **there's one ~ thing I'd like to ask** hay una cosa más que querría preguntar; **some ~ time** en otro momento; **somebody ~ than me should do it** debería hacerlo alguien que no sea yo

◇ *pron* **the ~** el otro/la otra; **the others** los otros/las otras; **some laughed, others wept** unos reían y otros lloraban; **you clean this one and I'll clean the others** tú limpia éste, yo limpiaré los otros or demás; **do we have any others?** ¿tenemos algún otro?, ¿tenemos alguno más?; **three died and one ~ was injured** tres murieron y uno resultó herido; **one after the ~** uno tras otro; **one or ~ of us will be there** alguno de nosotros estará allí; **somehow or ~** sea como sea, de la manera que sea; **somehow or ~, we arrived on time** no sé como lo hicimos, pero llegamos a tiempo; **someone or ~** no sé quién, alguien; **some woman or ~** no sé qué mujer, una mujer; **something or ~** no sé qué, algo; **somewhere or ~** en algún sitio

◇ *adv* **the colour's a bit odd, ~ than that, it's perfect** el color es un poco raro, pero, por lo demás, es or Esp resulta perfecto; **candidates ~ than those on the list** los candidatos que no aparezcan en la lista; **anywhere ~ than there** en cualquier otro sitio menos ése; **nobody ~ than you can do it** sólo tú puedes hacerlo; **she never speaks of him ~ than admiringly** siempre habla de él con admiración

◇ *n (in philosophy, psychology)* **the ~** el otro
otherness ['ʌðənɪs] *n Literary* otredad *f*
otherwise ['ʌðəwaɪz] ◇ *adv* **-1.** *(differently)* de otra manera; **he could not do ~** no pudo hacer otra cosa; **it could hardly be ~** no podía ser de otra manera; **to think ~** pensar de otra manera; **I said it wasn't ready, but she thought ~** para mí no estaba listo pero ella no compartía mi opinión; **she claims to be innocent, but the facts indicate ~** ella alega inocencia pero los hechos dicen or indican otra cosa; **to be ~ engaged** tener otros asuntos que resolver; **except where ~ stated** excepto donde se indique lo contrario; **unless we inform you ~** a menos que le informemos en otro sentido, a menos que le digamos lo contrario

-2. *(apart from that)* por lo demás; **an ~ excellent performance** fuera de eso, una actuación excelente; **~, things are fine** por lo demás or aparte de eso, las cosas van bien

-3. *(in other words)* en otras palabras; **Louis XIV, ~ known as the Sun King** Luis XIV, también conocido como el Rey Sol

-4. *(in contrast, opposition)* through diplomatic channels or ~ a través de canales diplomáticos o de cualquier otra índole; **it is of no importance, financial or ~** no tiene importancia alguna, ni financiera ni de ningún otro tipo

◇ *conj* si no, de lo contrario; **you'd better phone your father, ~ he'll worry** llama a tu padre para que no se preocupe
otherworldliness [ʌðə'wɜːldlɪnɪs] *n* **-1.** *(of person)* espiritualidad *f* **-2.** *(of religion, experience)* carácter *m* sobrenatural
other-worldly [ʌðə'wɜːldlɪ] *adj* **-1.** *(person)* espiritual **-2.** *(supernatural) (religion, experience)* sobrenatural
otiose ['əʊtɪəʊs] *adj Formal* superfluo(a), ocioso(a)
OTT [əʊtiː'tiː] *adj Br Fam (abbr* **over the top)** exagerado(a); **to be ~** pasarse un *Esp* pelín or *Méx* tantito or *RP* chiquitín; **he went completely ~ when he heard what she'd said** cuando escuchó lo que ella había dicho se puso furioso or como loco
Ottawa ['ɒtəwə] *n* Ottawa
otter ['ɒtə(r)] *n* nutria *f*

Ottoman ['ɒtəmən] HIST ◇ *n* otomano(a) *m,f*
◇ *adj* otomano(a); **the ~ Empire** el Imperio Otomano
ottoman ['ɒtəmən] *n (piece of furniture)* otomana *f*
OU [əʊ'juː] *n Br (abbr* **Open University)** = universidad a distancia británica, *Esp* ≃ UNED *f*
ouch [aʊtʃ] *exclam (expressing pain)* ¡ay!
ought [ɔːt] *v aux* **-1.** *(expressing obligation, desirability)* deber, tener que; **you ~ to tell her** tienes que or debes decírselo; **I ~ to be going – yes, I suppose you ~ (to)** tendría que irme ya – sí, me imagino; **he ~ to be ashamed of himself** debería darle vergüenza, debería avergonzarse or *CAm, Carib, Col, Méx* apenarse; **you oughtn't to worry so much** no deberías preocuparte tanto; **I thought I ~ to let you know about it** me pareció que deberías saberlo; **he had drunk more than he ~ to** había bebido or *Am* tomado más de la cuenta; **this ~ to have been done before** esto se tenía que haber hecho antes; **they ~ not to have waited** no tenían que haber esperado

-2. *(expressing probability)* **they ~ to be in Paris by now** a estas horas tendrían que estar ya en París; **they ~ to win** deberían ganar; **you ~ to be able to get $150 for the painting** deberías conseguir al menos 150 dólares por el cuadro; **this ~ to be interesting** esto promete ser interesante; **there ~ not to be any trouble getting hold of one** no deberíamos tener problemas para conseguir uno
oughta ['ɔːtə] *US Fam* = **ought to**
oughtn't ['ɔːtənt] = **ought not**
Ouija® board ['wiːdʒəbɔːd] *n* (tablero *m* de) ouija *f*
ounce[1] [aʊns] *n* **-1.** *(unit of weight)* onza *f* (= 28,4 g) **-2.** *US (fluid ounce)* onza *f* líquida (= 29,6ml)
-3. IDIOMS **if you had an ~ of sense** si tuvieras dos dedos de frente; **she hasn't an ~ of decency** no tiene ni un ápice de decencia; **it took every ~ of strength she had** le consumió hasta el último gramo de la energía que tenía
ounce[2] *n (animal)* pantera *f* de las nieves
our ['aʊə(r)] *possessive adj* **-1.** *(singular)* nuestro(a); *(plural)* nuestros(as); **~ dog** nuestro perro; **~ parents** nuestros padres; **~ names are Mary and Seamus** nos llamamos Mary y Seamus; **we went to ~ house, not theirs** fuimos a nuestra casa, no a la de ellos; **it wasn't OUR idea!** ¡no fue idea nuestra!; **they were upset at ~ mentioning it** les sentó or cayó muy mal que lo mencionáramos; **~ understanding was that we would share the cost** entendíamos que el costo or *Esp* coste sería compartido

-2. *(for parts of body, clothes) (translated by definite article)* **~ eyes are the same colour** tenemos los ojos del mismo color; **we both hit ~ heads** los dos nos golpeamos en la cabeza; **we washed ~ faces** nos lavamos la cara; **we put ~ hands in ~ pockets** nos metimos las manos en los bolsillos or *CAm, Méx, Perú* las bolsas; **someone stole ~ clothes** nos robaron la ropa

-3. *Br Fam (referring to member of family)* **~ Hilda** nuestra Hilda
ours ['aʊəz] *possessive pron* **-1.** *(singular)* el nuestro *m*, la nuestra *f*; *(plural)* los nuestros *mpl*, las nuestras *fpl*; **their house is big but ~ is bigger** su casa es grande, pero la nuestra es mayor; **she didn't have a book so we gave her ~** como no tenía libro le dimos el nuestro; **it must be one of ~** debe ser uno de los nuestros; **it wasn't their fault, it was OURS** no fue culpa suya sino nuestra; **~ is the work they admire most** el trabajo que más admiran es el nuestro

-2. *(used attributively) (singular)* nuestro *m*, nuestra *f*; *(plural)* nuestros *mpl*, nuestras *fpl*;

this book is ~ este libro es nuestro; **a friend of ~** un amigo nuestro; **that wretched dog of ~** ese maldito perro que tenemos
ourselves [aʊə'selvz] *pron* **-1.** *(reflexive)* nos; **we both hurt ~** los dos nos hicimos daño; **we introduced ~** nos presentamos; **we bought ~ a television** nos compramos un televisor; **we could see ~ reflected in the water** podíamos vernos reflejados en el agua

-2. *(unaided, alone)* nosostros *mpl* solos, nosotras *fpl* solas; **we can do it ~** (nosotros) podemos hacerlo solos, podemos hacerlo nosotros solos; **we made the pattern ~** nosotros solos hicimos el diseño

-3. *(emphatic)* nosotros *mpl* mismos, nosotras *fpl* mismas; **we told them ~** se lo dijimos nosotros mismos; **we ~ do not believe it** nosotros mismos no nos lo creemos; **though we say so ~** aunque nosotros mismos lo digamos

-4. *(our usual selves)* **we soon felt ~ again** en breve volvimos a sentirnos los de siempre
-5. *(after preposition)* nosotros *mpl*, nosotras *fpl*; **we shouldn't talk about ~** no deberíamos hablar sobre nosotros; **we shared the money among ~** nos repartimos el dinero; **we did it all by ~** lo hicimos nosotros solos; **we live by ~** vivimos solos; **we were all by ~** estábamos nosotros solos; **we bought it for ~** la compramos para nosotros

-6. *(replacing 'us')* **the group included ~ and the Wallaces** en el grupo estábamos nosotros y los Wallace; **it is meant for people like ~** es para gente como nosotros
oust [aʊst] *vt* desbancar; **to ~ sb from his post** destituir a alguien, separar a alguien de su cargo
ouster ['aʊstə(r)] *n* **-1.** LAW *(illicit)* expropiación *f* ilegal **-2.** *esp US (from job)* destitución *f*; *(from place)* expulsión *f*
out [aʊt] ◇ *adv* **-1.** *(outside, not in, not at home)* fuera, afuera; **he's ~** está fuera or afuera; **I was only ~ for a minute** sólo salí un momento; **she's waiting ~ in the lobby** está esperando ahí fuera or afuera en el vestíbulo; **I saw them when I was ~ doing the shopping** los vi cuando estaba haciendo la compra or *Am* las compras; **I haven't had an evening ~ for ages** hace siglos que no salgo de or *Esp* por la or *Am* en la or *Arg* a la noche; **~ here** aquí fuera or afuera; **it's cold ~ (there)** hace frío (ahí) fuera or afuera; **it's good to see you ~ and about again** *(after illness)* me alegro de verte rondar por ahí de nuevo; **to get ~ and about** salir de casa, salir por ahí; **get ~!** ¡fuera!, ¡vete!, *RP* ¡andate!; **to go ~** salir; **to stay ~ late** salir hasta muy tarde; **he stuck his head ~** sacó la cabeza

-2. *(of tide)* **the tide is ~** la marea está baja; **the tide is going ~** la marea está bajando
-3. *(far away)* **I spent a year ~ in China** pasé un año en China; **~ at sea** aquí en alta mar
-4. *(indicating removal)* **he took ~ a gun** sacó una pistola; **the dentist pulled my tooth ~** el dentista me sacó un diente
-5. *(indicating distribution)* **to hand sth ~** repartir algo
-6. *(not concealed)* **to come ~** *(sun, flowers)* salir; *(secret)* descubrirse; *(homosexual)* declararse homosexual; *Fam* **come on, ~ with it!** ¡vamos, cuéntamelo or larga!
-7. *(published)* **to bring sth ~** sacar algo; **to come ~** salir; **is her new book/record ~?** ¿ha salido su nuevo libro/disco?
-8. *(extinguished)* **turn the light ~** apaga la luz; **the fire went ~** el fuego se extinguió
-9. *(eliminated)* **to go ~ (of a competition)** quedar eliminado (de una competición or *Am* competencia)
-10. *Fam (unconscious, asleep)* **I was or went ~ like a light** caí redondo en la cama
-11. *(not working)* **to come ~ (on strike)** declararse en huelga
-12. SPORT *(not in field of play)* **~!** *(in tennis)* ¡out!; **the umpire called the shot ~** el juez de silla dijo que la bola había salido
-13. SPORT *(in baseball, cricket)* **to be ~** quedar eliminado(a); **the umpire gave him ~** el

árbitro decidió que quedaba eliminado
 -**14.** LAW **the jury is ~** el jurado está deliberando
 -**15.** *(loudly)* **to laugh ~ loud** reírse a carcajadas
 ◇ *adj* -**1.** *(extinguished) (fire, light)* apagado(a)
 -**2.** *(not concealed)* **the sun is ~** ha salido el sol, hace sol; **the moon is ~** ha salido la luna, hay luna; **the tulips are ~ early this year** los tulipanes han salido *or* florecido muy pronto este año; **the secret is ~** se ha desvelado el secreto; *Fam* **he's ~** *(openly gay)* es homosexual declarado
 -**3.** *(available)* **her new book will be ~ next week** la semana que viene sale su nuevo libro; **their new record is ~ now** ya ha salido su nuevo disco
 -**4.** *(not in fashion)* **flares are ~** *Esp* no se llevan los pantalones de campana, *Am* no se usan los pantalones acampanados; **existentialism is ~** el existencialismo ha pasado de moda
 -**5.** *(eliminated)* **to be ~ (of a competition)** estar eliminado(a) (de una *Esp* competición *or Am* competencia); **the Conservatives are ~ (of power)** los conservadores ya no están en el poder
 -**6.** *(not working)* **to be ~ (on strike)** estar en huelga
 -**7.** SPORT *(injured)* **he was ~ for six months with a knee injury** estuvo seis meses sin poder jugar por una lesión en la rodilla
 -**8.** *(unconscious, asleep)* **to be ~ cold** *(unconscious)* estar inconsciente; *Fam* **to be ~ for the count** *(asleep)* estar roque *or Am* planchado(a)
 -**9.** *(incorrect)* equivocado(a); **I was £50 ~** me equivocaba en 50 libras; **the calculations were ~** los cálculos no eran correctos
 -**10.** *(unacceptable)* **going to the beach is ~** ir a la playa es imposible; **smoking at work is ~** no se permite fumar en el trabajo
 -**11.** *(finished)* **before the week is ~** antes de que termine la semana ❏ COMPTR **~ box** buzón *m* de salida; **~ tray** bandeja *f* de trabajos terminados
 -**12.** *(indicating intention)* **to be ~ for money/a good time** ir en busca de dinero/diversión; **to be ~ to do sth** pretender hacer algo; *Fam* **to be ~ to get sb** ir detrás de alguien, *Esp* ir a por alguien
 ◇ *prep Fam (through)* **to look ~ the window** mirar por la ventana
 ◇ *exclam* -**1.** *(leave)* ¡fuera!, ¡vete!, *RP* ¡andate! -**2.** *(on radio)* **(over and) ~!** (cambio y) corto
 ◇ *vt Fam (homosexual)* revelar la homosexualidad de
 ◇ *n Fam (excuse)* excusa *f*; **that will give you an ~** eso te servirá como excusa
 ◇ **out of** *prep* -**1.** *(outside)* **to be ~ of the country** estar fuera del país; **to get ~ of bed** *Esp, Andes, RP* levantarse, *Carib, Méx* pararse; **to go ~ of the office** salir de la oficina; **to throw sth ~ of the window** tirar *or Andes, CAm, Carib, Méx* botar algo por la ventana; **to look ~ of the window** mirar por la ventana
 -**2.** *(away from)* **keep ~ of direct sunlight** manténgase a resguardo de los rayos del sol; **to get sb ~ of trouble** sacar a alguien de líos *or* de un problema; **to stay ~ of trouble** no meterse en líos; **~ of danger** fuera de peligro; **~ of reach** fuera del alcance; **it's ~ of sight** no está a la vista; *Fam* **~ of sight** *(wonderful)* genial; *Fam* **let's get ~ of here!** ¡salgamos *or* vámonos de aquí!; *US Fam* **I'm ~ of here!** ¡me largo!, *Esp* ¡me las piro!, *Méx, RP* ¡me rajo!
 -**3.** *(indicating removal)* de; **to take sth ~ of sth** sacar algo de algo
 -**4.** *(lacking)* **I'm ~ of cash/ideas** me he quedado sin dinero/ideas; **the supermarket was ~ of bread** no quedaba pan en el supermercado; **we're ~ of time** no nos queda tiempo
 -**5.** *(from)* de; **to get sth ~ of sth/sb** sacar

algo de algo/a alguien; **we got a lot of enjoyment ~ of it** nos divirtió muchísimo; **I copied it ~ of a book** lo copié de un libro; **he built a hut ~ of sticks** construyó una choza con palos; **it's made ~ of plastic** está hecho de plástico; **she paid for it ~ of her own money** lo pagó de *or* con su dinero
 -**6.** *(in proportions)* de; **three days ~ of four** tres días de cada cuatro; **twenty ~ of twenty** *(mark)* veinte sobre *or* de veinte
 -**7.** *(indicating reason)* por; **~ of friendship/curiosity** por amistad/curiosidad
 -**8.** *(in phrases) Fam* **he's ~ of it** *(dazed)* está atontado; *(drunk)* tiene *or Esp* lleva un pedo que no se tiene (en pie), *Méx* está tan pedo que no se tiene en pie; **to feel ~ of it** *(excluded)* no sentirse integrado(a)
outa [ˈaʊtə] *Fam* = out of
outage [ˈaʊtɪdʒ] *n* -**1.** *(power cut)* apagón *m*, corte *m* de luz -**2.** COM *(missing goods)* faltante *m*
out-and-out [aʊtəˈnaʊt] *adj (villain, reactionary)* consumado(a), redomado(a); *(success, failure)* rotundo(a), absoluto(a); **that's ~ madness!** ¡es una locura total!
out-argue [aʊtˈɑːgjuː] *vt* **she always out-argues me** siempre que discutimos me deja en evidencia
outback [ˈaʊtbæk] *n* **the ~** = el interior despoblado de Australia
outbid [aʊtˈbɪd] *(pt & pp* **outbid***) vt* **to ~ sb (for sth)** pujar más que alguien (por algo)
outboard [ˈaʊtbɔːd] *n (motor)* fueraborda *m*; *(boat)* fueraborda *f*
 ◇ *adj* **~ motor** motor *m* (de) fueraborda
outbound [ˈaʊtbaʊnd] *adj (flight)* de ida; *(passengers)* en viaje de ida
outbreak [ˈaʊtbreɪk] *n (of epidemic, violence)* brote *m*; *(of war, conflict)* estallido *m*; *(of fire, strike)* comienzo *m*; **there's been an ~ of flu** se ha desatado una epidemia de gripe
outbuilding [ˈaʊtbɪldɪŋ] *n* dependencia *f*
outburst [ˈaʊtbɜːst] *n* arrebato *m*, arranque *m*; **he apologized for his ~** se disculpó por su exabrupto; **outbursts of violence** estallidos de violencia
outcast [ˈaʊtkɑːst] *n* paria *mf*, marginado(a) *m,f*
outclass [aʊtˈklɑːs] *vt* superar (ampliamente *or* cómodamente); **he was clearly outclassed by his opponent** fue superado cómodamente por su rival
outcome [ˈaʊtkʌm] *n* resultado *m*; **the ~ of it all was that they never visited us again** como consecuencia, nunca más nos visitaron; **the desired ~** el resultado esperado
outcrop [ˈaʊtkrɒp] *n (of rock)* afloramiento *m*
outcry [ˈaʊtkraɪ] *n (protest)* protesta *f*; **the decision was greeted by a public ~** la decisión fue recibida con protestas generalizadas; **to raise an ~ (against)** protestar (en contra de)
outdated [aʊtˈdeɪtɪd] *adj (ideas, attitude, equipment, methods)* anticuado(a); *(clothes)* pasado(a) de moda
outdid *pt of* outdo
outdistance [aʊtˈdɪstəns] *vt* dejar atrás; **he was easily outdistanced by the Nigerian** la nigeriana lo dejó atrás con suma facilidad
outdo [aʊtˈduː] *(pt* **outdid** [aʊtˈdɪd]*, pp* **outdone** [aʊtˈdʌn]*) vt (person)* superar, sobrepasar; **not to be outdone, she replied that...** para no ser menos, contestó que...
outdoor [ˈaʊtdɔː(r)] *adj* -**1.** *(open-air) (games, sports, work)* al aire libre ❏ **~ swimming pool** piscina *f* for *Méx* alberca *f* for *RP* pileta *f* descubierta *or* al aire libre -**2.** **~ clothes** *(street clothes)* ropa de calle; *(outer garments)* prendas de llevar por encima; **~ shoes** calzado *m* de calle -**3.** *(person, lifestyle)* **the ~ life** la vida al aire libre; **she's an ~ person** le gusta salir al aire libre
outdoors [aʊtˈdɔːz] ◇ *n* **the great ~** la naturaleza, el campo
 ◇ *adv* fuera; **to go ~** salir fuera; **the scene takes place ~** la escena se desarrolla al aire libre; **the wedding will be held ~** la boda se celebrará al aire libre; **to sleep ~** dormir al raso

outer [ˈaʊtə(r)] *adj* -**1.** *(external)* externo(a), exterior; **~ garments** prendas de llevar por encima ❏ **~ door** puerta exterior; **~ ear** oído *m* externo
 -**2.** *(peripheral)* periférico(a), exterior ❏ **the Outer Hebrides** las Hébridas Exteriores; **~ London** la periferia londinense; **Outer Mongolia** Mongolia Exterior
 -**3.** *(furthest) (limits)* más lejano(a) ❏ **~ planets** planetas *fpl* exteriores; **~ space** el espacio exterior
outermost [ˈaʊtəməʊst] *adj* -**1.** *(closest to outside) (layer)* más exterior; **make sure the coloured side is ~** asegúrate de que la parte de color quede para afuera -**2.** *(most isolated)* más lejano(a), más remoto(a); **the ~ planets of the galaxy** los planetas más lejanos *or* remotos de la galaxia
outerwear [ˈaʊtəweə(r)] *n* ropa *f* de llevar por encima
outface [aʊtˈfeɪs] *vt (confront)* hacer frente a
outfall [ˈaʊtfɔːl] *n* desembocadura *f*
outfield [ˈaʊtfiːld] *n (in baseball) (area)* extracampo *m*, jardín *m*; *(players)* exteriores *mpl*
outfielder [ˈaʊtfiːldə(r)] *n (in baseball)* jardinero(a) *m,f*
outfit [ˈaʊtfɪt] ◇ *n* -**1.** *(clothes)* traje *m*, modelo *m*; **cowboy's/nurse's ~** *(for child)* disfraz de vaquero/enfermera -**2.** *(equipment)* equipo *m*; *(kit)* kit *m* -**3.** *Fam (organization, team)* equipo *m*; **he went over to a rival ~** se cambió de bando
 ◇ *vt (pt & pp* **outfitted** [ˈaʊtfɪtɪd]*) (with equipment)* equipar
outfitter [ˈaʊtfɪtə(r)] *n* -**1.** *esp Br (for clothes)* sastre *m*; **gentleman's ~('s)** *(shop)* sastrería, tienda de confecciones de caballeros -**2.** *(for hunting equipment)* proveedor(ora) *m,f* de complementos y accesorios de caza
outflank [aʊtˈflæŋk] *vt* -**1.** MIL sorprender por la espalda -**2.** *Fig (outmanoeuvre)* superar; **they outflanked their opponents on the right** *(of political party)* se hicieron todavía más de derechas que sus oponentes
outflow [ˈaʊtfləʊ] *n* -**1.** *(of liquid)* salida *f*, fuga *f* -**2.** *(outlet)* desagüe *m* -**3.** *(of capital, currency, population)* salida *f*
outfox [aʊtˈfɒks] *vt* ser más astuto(a) que, burlar
outgoing [aʊtˈgəʊɪŋ] *adj* -**1.** *(train, ship, plane)* saliente; *(telephone call)* saliente; *(mail, e-mail)* saliente -**2.** *(tide)* baja -**3.** *(government, minister)* saliente -**4.** *(sociable)* abierto(a), extrovertido(a)
outgoings [ˈaʊtgəʊɪŋz] *npl Br* FIN gastos *mpl*
outgrow [aʊtˈgrəʊ] *(pt* **outgrew** [aʊtˈgruː]*, pp* **outgrown** [aʊtˈgrəʊn]*) vt* -**1.** *(become too old for) (game, toys)* hacerse demasiado mayor para; **he has outgrown his protest phase** ya ha dejado atrás la fase de protestar; **he should have outgrown that habit by now** ya no tiene edad para esas cosas; **to have outgrown one's friends** tener ya poco en común *or* poco que ver con los amigos
 -**2.** *(clothes)* **he's outgrown the shirt** se le ha quedado pequeña la camisa; **she has outgrown two pairs of shoes this year** este año le han quedado pequeños *or* chicos dos pares de zapatos
 -**3.** *(grow faster than)* crecer más que; **he has outgrown most of his classmates** ha crecido más que casi todos sus compañeros de clase; **the world is outgrowing its resources** el mundo se está quedando sin recursos (naturales)
outgrowth [ˈaʊtgrəʊθ] *n (on tree)* excrecencia *f*, verruga *f*; *Fig (development)* ramificación *f*
outguess [aʊtˈges] *vt* anticiparse a
outgun [aʊtˈgʌn] *vt (pt & pp* **outgunned** [aʊtˈgʌnd]*)* superar en armamento; **we were outgunned** nos superaban en armamento
outhouse [ˈaʊthaʊs] *n* -**1.** *(building)* dependencia *f* -**2.** *US (outside toilet)* retrete *m* exterior
outing [ˈaʊtɪŋ] *n* -**1.** *(excursion)* excursión *f*; **to go on an ~** ir de excursión, hacer una salida -**2.** *(of horse)* **his first ~ this season** su primera carrera esta temporada -**3.** *Fam (of*

homosexual) = hecho de revelar la homosexualidad de alguien, generalmente un personaje célebre

outjump [aʊt'dʒʌmp] *vt (competitor)* saltar más alto que, superar en el salto a

outlandish [aʊt'lændɪʃ] *adj* estrafalario(a), extravagante

outlast [aʊt'lɑːst] *vt (person)* sobrevivir a; *(thing)* durar más que; **the theory has outlasted all its critics** la teoría ha sobrevivido a todos sus detractores

outlaw ['aʊtlɔː] ◇ *n* proscrito(a) *m,f*
◇ *vt (custom)* prohibir; *(organization)* ilegalizar

outlay ['aʊtleɪ] ◇ *n (expense)* desembolso *m*; **to get back** *or* **recover one's ~** recuperar la inversión inicial
◇ *vt (pt & pp* **outlaid** ['aʊtleɪd]) *(spend)* desembolsar

outlet ['aʊtlet] *n* **-1.** *(for water)* desagüe *m*; *(for steam)* salida *f* **-2.** *(for talents, energy)* válvula *f* de escape; **boxing was an ~ for his frustration** el boxeo era una válvula de escape para sus frustraciones **-3.** *(shop)* punto *m* de venta; **we need more sales outlets in Japan** necesitamos más puntos de venta en Japón **-4.** *US (power point)* toma *f* de corriente

outline ['aʊtlaɪn] ◇ *n* **-1.** *(shape)* silueta *f*, contorno *m*; *(drawing)* esbozo *m*, bosquejo *m* ❑ **~ drawing** contorno *m*
-2. *(summary) (of play, novel)* resumen *m*; *(of plan, policy)* líneas *fpl* maestras; **a rough ~** *(of plan, proposal, article)* un esbozo, una idea aproximada; **she gave us an ~ of what she planned to do** nos dio una idea aproximada de lo que pensaba hacer; **an ~ of applied linguistics** una introducción a la lingüística aplicada; **in ~** a grandes rasgos ❑ **~ agreement** preacuerdo *m*
◇ *vt* **-1.** *(shape)* perfilar; **the trees were outlined against the blue sky** los árboles se recortaban contra el cielo azul; **the figures are outlined in black** las figuras están bosquejadas en negro; **to ~ one's eyes in black** hacerse la raya de negro **-2.** *(summarize) (plot of novel)* resumir; *(plan, policy)* exponer a grandes rasgos

outlive [aʊt'lɪv] *vt* sobrevivir a; **to have outlived its usefulness** *(machine, theory)* haber dejado de ser útil *or* de servir; **he'll ~ us all at this rate** a este paso nos va a enterrar a todos nosotros

outlook ['aʊtlʊk] *n* **-1.** *(prospect)* perspectiva *f*; *(of weather)* previsión *f*; **the ~ is gloomy** *(for economy)* las previsiones son muy malas; **the ~ for March is cold and windy** la previsión (meteorológica) para marzo anuncia frío y viento
-2. *(attitude)* punto *m* de vista, visión *f*; **~ on life** visión de la vida; **she has a pessimistic ~** tiene una visión pesimista
-3. *(view) (from window)* vista *f*; **we have a pleasant ~ onto a small park** tenemos una agradable vista a un pequeño parque

outlying ['aʊtlaɪɪŋ] *adj (remote) (area, village, province)* alejado(a), remoto(a); *(distant from centre) (urban area)* periférico(a)

outmanoeuvre, *US* **outmaneuver** [aʊtmə'nuːvə(r)] *vt* MIL superar a base de estrategia; *Fig* **we were outmanoeuvred by the opposition** la oposición desplegó una estrategia mejor que la nuestra

outmoded [aʊt'məʊdɪd] *adj* anticuado(a)

outnumber [aʊt'nʌmbə(r)] *vt (the enemy)* superar en número; **we were outnumbered** eran más que nosotros; **women ~ men by two to one** hay el doble de mujeres que de hombres

out-of-body experience ['aʊtəv'bɒdɪk-'spɪərɪəns] *n* experiencia *f* extracorporal

out-of-court ['aʊtəv'kɔːt] *adj* **an ~ settlement** un acuerdo

out-of-doors ['aʊtəv'dɔːz] *adv* fuera; **to sleep ~** dormir al raso

out-of-pocket expenses ['aʊtəv'pɒkɪt-'spensɪz] *npl* gastos *mpl* extras

out-of-the-way ['aʊtəvðə'weɪ] *adj* **-1.** *(remote)* apartado(a), remoto(a) **-2.** *(unusual)* fuera de lo común

out-of-town ['aʊtəv'taʊn] *adj (shopping centre, multiplex)* de las afueras de la ciudad

out-of-towner ['aʊtəv'taʊnə(r)] *n US Fam* forastero(a) *m,f*

out-of-work ['aʊtəv'wɜːk] *adj* sin trabajo, desempleado(a)

outpace [aʊt'peɪs] *vt* superar, dejar atrás; **demand has outpaced production** la demanda ha superado la producción

outpatient ['aʊtpeɪʃənt] *n* paciente *mf* externo(a) *or* ambulatorio(a); **he was being treated as an ~** hizo el tratamiento como paciente ambulatorio; **outpatients' (clinic** *or* **department)** clínica *f* ambulatoria, ambulatorio *m*

outperform ['aʊtpə'fɔːm] *vt* rendir más que, ofrecer un mejor rendimiento que

outplacement ['aʊtpleɪsmənt] *n* COM recolocación *f*, = asesoramiento dirigido a facilitar la recolocación de empleados, generalmente subvencionado por la empresa que los despide

outplay [aʊt'pleɪ] *vt* jugar mejor que

outpoint [aʊt'pɔɪnt] *vt (in boxing)* sumar más puntos que

outpost ['aʊtpəʊst] *n* MIL enclave *m*; *Fig* **the last ~ of civilization** el último baluarte de la civilización

outpouring ['aʊtpɔːrɪŋ] *n (of affection)* efusión *f*; *(of frustration)* desahogo *m*; *(of ideas, creativity)* profusión *f*; **outpourings of grief** manifestaciones *fpl* exuberantes de dolor, lamentos *mpl*

output ['aʊtpʊt] ◇ *n* **-1.** *(goods produced, author's work)* producción *f*; **he kept up this ~ for several years** mantuvo este nivel de producción durante varios años
-2. *(of data, information)* información *f* producida ❑ COMPTR **~ buffer** memoria *f* intermedia de salida, búfer *m* de salida; COMPTR **~ device** dispositivo *m* de salida
-3. *(of engine, generator)* potencia *f* (de salida); *(of amplifier)* potencia *f*
◇ *vt (pt & pp* **output)** **-1.** *(goods)* producir
-2. COMPTR *(data)* producir; **to ~ a file to the printer** enviar un archivo a la impresora
◇ *vi* COMPTR producir información

outrage ['aʊtreɪdʒ] ◇ *n* **-1.** *(act)* ultraje *m*; **it's an ~ against public decency** es un ultraje contra las buenas maneras; **three dead in bomb ~** tres muertos en atentado con bomba **-2.** *(scandal)* escándalo *m*; **it's an ~!** ¡es un escándalo! **-3.** *(indignation)* indignación *f*
◇ *vt (make indignant)* indignar, ultrajar; **I am outraged** estoy indignado

outrageous [aʊt'reɪdʒəs] *adj* **-1.** *(cruelty)* atroz; *(price, behaviour)* escandaloso(a), *(claim, suggestion)* indignante, escandaloso(a); *(crime, attack)* atroz; **an ~ violation of human rights** una violación escandalosa a los derechos humanos **-2.** *(clothes, haircut)* estrambótico(a), estrafalario(a)

outrageously [aʊt'reɪdʒəslɪ] *adv* **-1.** *(cruel)* espantosamente, terriblemente; *(to behave)* escandalosamente; **we have been treated ~** nos han tratado terriblemente mal; **to be ~ expensive** tener un precio de escándalo **-2.** *(to dress)* estrambóticamente

outrageousness [aʊt'reɪdʒəsnɪs] *n* **-1.** *(unacceptable nature)* **the ~ of her conduct** lo escandaloso de su comportamiento; **the ~ of the proposal** lo indignante de la propuesta **-2.** *(of clothes, haircut)* **the ~ of his appearance** su aspecto estrambótico

outran *pt of* **outrun**

outrank [aʊt'ræŋk] *vt* superar en rango a, estar por encima de; **he was outranked by most of those present** la mayoría de los allí presentes tenían cargos superiores al suyo

outré ['uːtreɪ] *adj Literary* estrambótico(a), estrafalario(a)

outreach ◇ *vt* [aʊt'riːtʃ] *(exceed)* exceder, superar
◇ *n* ['aʊtriːtʃ] **~ worker** = trabajador social que presta asistencia a personas que pudiendo necesitarla no la solicitan

outrider ['aʊtraɪdə(r)] *n* escolta *m*

outrigger ['aʊtrɪgə(r)] *n* **-1.** *(on boat)* balancín *m*, batanga *f* **-2.** *(boat)* barca *f* con balanga

outright ◇ *adj* ['aʊtraɪt] **-1.** *(complete)* total, absoluto(a); **an ~ failure** un fracaso total, un rotundo fracaso; **the proposal met with their ~ opposition** la propuesta recibió su rotunda oposición; **the ~ winner** el campeón absoluto **-2.** *(straightforward) (denial, refusal)* manifiesto(a); **her ~ disapproval** su desaprobación manifiesta
◇ *adv* [aʊt'raɪt] **-1.** *(completely) (to ban)* completamente, por completo; *(to own)* plenamente; *(to win)* claramente; **to buy sth ~** comprar algo (con) dinero en mano; **he was killed ~** murió en el acto; **I don't own the yacht ~** el yate no es del todo mío **-2.** *(straightforwardly)* **I told him ~ what I thought of him** le dije claramente lo que pensaba de él; **to refuse ~** negarse rotundamente

outrun [aʊt'rʌn] *(pt* **outran** [aʊt'ræn], *pp* **outrun)** *vt* **-1.** *(run faster than)* correr más rápido que **-2.** *(ability, energy, resources)* exceder; **our enthusiasm outran our financial resources** teníamos más entusiasmo que recursos financieros

outsell [aʊt'sel] *(pt & pp* **outsold** [aʊt'səʊld]) *vt* superar en ventas

outset ['aʊtset] *n* principio *m*; **at the ~** al principio; **from the ~** desde el principio

outshine [aʊt'ʃaɪn] *(pt & pp* **outshone** [aʊt'ʃɒn]) *vt* **-1.** *(shine brighter than)* brillar más que **-2.** *(surpass)* eclipsar; **he doesn't like being outshone** no le gusta ser eclipsado

outside ◇ *n* ['aʊtsaɪd, aʊt'saɪd] *(of book, building)* exterior *m*; **from the ~** desde fuera *or Am* afuera; **on the ~** *(externally)* por fuera *or Am* afuera; AUT **to overtake on the ~** *(in Britain)* adelantar por la derecha; *(in Europe, USA)* adelantar por la izquierda; **he overtook his rival on the ~** *(in race)* adelantó a su rival por fuera *or* por el exterior; **people on the ~ do not understand** la gente de fuera *or Am* afuera no entiende; **at the ~** *(of estimate)* a lo sumo
◇ *adj* **-1.** *(influence, world, toilet)* exterior; *(help, interest)* de fuera, del exterior; **we need an ~ opinion** necesitamos la opinión de alguien de fuera *or Am* afuera; **the ~ limit** el máximo, el tope ❑ RAD & TV **~ broadcast** emisión *f* desde fuera del estudio; TEL **~ call** llamada *f or Am* llamada *m* (al exterior); **~ half** *(in rugby)* medio *m* apertura; **~ lane** AUT *(in Britain)* carril *m* de la derecha; *(in Europe, USA)* carril *m* de la izquierda; SPORT *Esp* calle *f* de fuera, *Am* carril *m* de afuera; **~ left** *(in soccer)* extremo *m* izquierdo; TEL **~ line** línea *f* exterior; **~ right** *(in soccer)* extremo *m* derecho
-2. *(slight)* **there's an ~ chance** existe una posibilidad remota
◇ *adv* **-1.** *(out)* fuera; **to go/look ~** salir/mirar afuera; **from ~** desde fuera *or Am* afuera **-2.** *(outwardly)* **~, she appeared calm** por fuera estaba tranquila **-3.** *Fam (out of prison)* fuera de la cárcel *or Esp* de chirona *or Méx* del bote *or RP* de la cana
◇ *prep* **-1.** *(physically)* fuera de; **once we were ~ the door** cuando ya habíamos cruzado la puerta; **the village is just ~ Liverpool** el pueblo está justo en las afueras de Liverpool; **I live 10 miles ~ Detroit** vivo a 10 millas de Detroit; **she was wearing her blouse ~ her trousers** llevaba la blusa por fuera de los pantalones; **nobody ~ France has heard of him** fuera de Francia no se le conoce; **don't tell anybody ~ this room** no se lo cuentes a nadie que no esté en esta habitación
-2. *(in front of)* delante; **they met ~ the cathedral** se encontraron delante de la catedral; **I'll meet you ~ the theatre** nos

Coches / Cars

Vehículos / Vehicles

- **descapotable** — convertible
- **berlina** — UK saloon / US sedan
- **limusina** — limousine
- **todo terreno (4x4)** — UK four-wheel drive / US SUV
- **familiar** — UK estate car / US station wagon
- **monovolumen** — people carrier
- **cupé** — coupe
- **pick-up** — pick-up

Transmisión / Transmission

- **motor delantero y tracción trasera** — front engine and rear-wheel drive
- **tracción delantera** — front-wheel drive
- **motor y tracción traseros** — rear engine and rear-wheel drive
- **cuatro ruedas motrices** — four-wheel drive

Automóvil / Automobile

- cinturón de seguridad con pretensor — seat belt with pretensioner
- espejo retrovisor día y noche — day or night rearview mirror
- sistema de navegación automática — automatic navigation system
- asientos abatibles — adjustable seats
- airbag — airbag
- limpiaparabrisas — UK windscreen wiper / US windshield wiper
- tambor — drum
- sensor de bloqueo de ruedas — steering lock sensor
- faro — headlight
- suspensión trasera — rear suspension
- faro antiniebla — fog light
- depósito — fuel tank
- servofreno — brake booster
- chasis de seguridad — safety frame
- radiador — radiator
- freno de disco — disc brake
- suspensión delantera — front suspension
- motor — engine

Motores / Engines

- **motor de combustión** — combustion engine
- árbol de levas — camshaft
- muelle de la válvula — valve spring
- bujía — spark plug
- válvula — valve
- pistón — piston
- correa de distribución — timing belt
- bloque de cilindros — cylinder block
- bielas — rodding
- bomba de aceite — oil pump
- cárter inferior — UK engine sump / US crankcase

- **inyección** — fuel injection
- leva — cam
- culata — cylinder head
- segmentos — piston rings
- pistón — piston
- biela — connecting rod
- inyector — injector

Barcos / Ships

Carguero / Freighter

Barcos / Ships

Barco de vela / Sailing ship

Aviones / Planes

outsider

vemos a la entrada *or* en la puerta del teatro
-3. *(with time)* ~ **office hours** fuera de horas de oficina; **his time was just ~ the world record** su marca no batió el récord mundial por muy poco
-4. *(apart from)* aparte de; ~ **a few friends** aparte de unos pocos amigos
◇ **outside of** *prep* **-1.** *(to be, stay)* fuera de, *Am* fuera de; *(to look, run)* afuera de **-2.** *(apart from)* aparte de; ~ **of a few friends** aparte de unos pocos amigos

outsider [aʊtˈsaɪdə(r)] *n* **-1.** *(from another city, company)* persona *f* de fuera; **I'd be glad to have an ~'s viewpoint** me encantaría escuchar la opinión de una persona de fuera **-2.** *(socially)* extraño(a) *m,f* **-3.** *(in election, race, competition)* **he's an ~** no figura entre los favoritos

outsize(d) [ˈaʊtsaɪz(d)] *adj* **-1.** *(clothes)* de talla especial **-2.** *(appetite, ego)* desmedido(a)

outskirts [ˈaʊtskɜːts] *npl (of city)* afueras *fpl*; **we live on the ~ of Copenhagen** vivimos en las afueras de Copenhague

outsmart [aʊtˈsmɑːt] *vt* superar en astucia, burlar

outsold *pt & pp of* **outsell**

outsource [ˈaʊtsɔːs] *vt* COM *(contract out)* externalizar, subcontratar; **equipment maintenance has been outsourced to another company** el servicio de mantenimiento de los equipos ha sido tercerizado *or* subcontratado a otra compañía

outsourcing [ˈaʊtsɔːsɪŋ] *n* COM externalización *f*, subcontratación *f*, *Am* terciarización *f*, *Am* terciarización *f*

outspend [aʊtˈspend] *(pt & pp* **outspent** [aʊtˈspent]) *vt* gastar más que

outspoken [aʊtˈspəʊkən] *adj* directo(a), abierto(a); **to be ~** ser directo(a) *or* abierto(a); **she was ~ in her criticism of the project** fue muy directa en sus críticas al proyecto

outspokenness [aʊtˈspəʊkənnɪs] *n* franqueza *f*

outspread [aʊtˈspred] *adj (arms, legs, wings)* extendido(a); **an ~ newspaper** un periódico desplegado; **with arms ~** con los brazos extendidos

outstanding [aʊtˈstændɪŋ] *adj* **-1.** *(remarkable) (feature, incident)* notable, destacado(a); *(ability, performance, person)* excepcional; **she plays ~ tennis** juega un tenis excepcional *or* excelente
-2. *(to be dealt with)* pendiente; **there is one ~ matter** hay un asunto *or* tema pendiente; **there are still about 20 pages ~** aún quedan de 20 páginas
-3. FIN *(amount, invoice, debt)* pendiente
-4. ST EXCH *(shares)* en circulación

outstandingly [aʊtˈstændɪŋlɪ] *adv* extraordinariamente

outstare [aʊtˈsteə(r)] *vt* hacer bajar la mirada a

outstation [ˈaʊtsteɪʃən] *n (in colony, isolated region)* puesto *m*

outstay [aʊtˈsteɪ] *vt* **to ~ one's welcome** abusar de la hospitalidad, quedarse más tiempo del apropiado

outstretched [aʊtˈstretʃt] *adj* extendido(a), estirado(a); **to lie ~** estar estirado(a); **with ~ arms, with arms ~** con los brazos extendidos; **he put a coin in the beggar's ~ hand** puso una moneda en la mano extendida del mendigo

outstrip [aʊtˈstrɪp] *(pt & pp* **outstripped**) *vt* **-1.** *(overtake)* superar, tomar la delantera a **-2.** *(surpass)* superar, aventajar; **they outstripped all their rivals** aventajaron a todos sus rivales

outta [ˈaʊtə] *Fam* = **out of**

outtake [ˈaʊtteɪk] *n* CIN & TV toma *f* falsa

outvote [aʊtˈvəʊt] *vt* ganar en una votación; **the Republicans were outvoted** los republicanos perdieron la votación; **we want to go to the beach, so you're outvoted** nosotros queremos ir a la playa, así que somos mayoría y te ganamos

outward [ˈaʊtwəd] ◇ *adj* **-1.** *(journey, flight)* de ida; **to be ~ bound** *(plane, train)* hacer el viaje de ida ❑ *Br* **Outward Bound course** curso *m* de aventura **-2.** *(external)* externo(a); **she showed no ~ signs of fear** no mostraba señales externas de temor ❑ ECON **~ investment** inversión *f* en el exterior
◇ *adv* = **outwards**

outwardly [ˈaʊtwədlɪ] *adv* en apariencia, aparentemente; **the two vehicles are not ~ different** externamente, los dos vehículos no difieren; **~ calm** aparentemente tranquilo(a)

outwards [ˈaʊtwədz] *adv* hacia fuera; **the door opens ~** la puerta se abre hacia fuera

outwear [aʊtˈweə(r)] *(pt* **outwore** [aʊtˈwɔː(r)], *pp* **outworn** [aʊtˈwɔːn]) *vt* **it has outworn its usefulness** ha dejado de ser útil

outweigh [aʊtˈweɪ] *vt* **-1.** *(be more important than)* tener más peso que; **the cost of the scheme far outweighs any possible benefits** el *Esp* coste *or Am* costo del proyecto pesa *or* gravita más que cualquier posible beneficio **-2.** *(weigh more than)* pesar más que

outwit [aʊtˈwɪt] *(pt & pp* **outwitted**) *vt* ser más astuto(a) que, burlar; **we've been outwitted** nos han engañado

outwore *pt of* **outwear**

outwork [ˈaʊtwɜːk] *n* **-1.** COM *(work at home)* trabajo *m* en *or* desde casa **-2.** *(fortification)* fortificación *f* exterior

outworker [ˈaʊtwɜːkə(r)] *n* COM trabajador(ora) *m,f* a domicilio *or* externo(a)

outworn [aʊtˈwɔːn] *adj (theories, ideas)* anticuado(a)

ouzo [ˈuːzəʊ] *(pl* **ouzos**) *n* ouzo *m*

ova *pl of* **ovum**

oval [ˈəʊvəl] ◇ *n* óvalo *m*
◇ *adj* oval, ovalado(a) ❑ *US* **the Oval Office** el despacho oval

ovarian [əʊˈveərɪən] *adj* ANAT ovárico(a) ❑ **~ cancer** cáncer *m* de ovario; **~ cyst** quiste *m* ovárico

ovary [ˈəʊvərɪ] *n* ANAT ovario *m*

ovation [əʊˈveɪʃən] *n* ovación *f*; **the audience gave her a standing ~** el público puesto en pie le dedicó una calurosa ovación

oven [ˈʌvən] *n* horno *m*; **electric/gas ~** horno eléctrico/de gas; **cook in a hot/medium ~** cocinar en el horno a temperatura alta/media; IDIOM **it's like an ~ in here!** ¡esto es un horno! ❑ **~ gloves** manoplas *fpl* de cocina

ovenbird [ˈʌvənbɜːd] *n* hornero *m*

ovenproof [ˈʌvənpruːf] *adj* refractario(a)

oven-ready [ˈʌvənredɪ] *adj (meat)* listo(a) para hornear

ovenware [ˈʌvənweə(r)] *n* accesorios *mpl* para el horno

over [ˈəʊvə(r)] ◇ *n (in cricket)* = serie de seis lanzamientos realizados por el mismo jugador
◇ *prep* **-1.** *(above, on top of)* sobre, encima de, *Am* arriba de; **a sign ~ the door** un cartel en la puerta; **to put a blanket ~ sb** cubrir a alguien con una manta; **he hung his coat ~ the back of a chair** colgó su abrigo en el respaldo de una silla; **I'll do it ~ the sink** lo haré en *Esp*, *Méx* el lavabo *or RP* la pileta *or Col* el lavamanos; **to pour sth ~ sb** verter algo sobre alguien, *Am* volcar algo encima de alguien; **the dress won't go ~ my head** este vestido no me entra por la cabeza; **to trip ~ sth** tropezar con algo; **I couldn't hear her ~ the noise** no la oía por el ruido; **all ~ Spain** por toda España; **all ~ the world** por todo el mundo; **directly ~ our heads** justo encima *or* arriba de nosotros; IDIOM *Fam* **to be all ~ sb** *(overattentive)* estar encima de alguien (todo el tiempo), colmar de atenciones a alguien; IDIOM **the lecture was way ~ my head** no entendí *or* me enteré de nada de la conferencia; IDIOM *Fam* **~ the top** *(excessive)* exagerado(a)
-2. *(across)* **to go ~ the road** cruzar la calle; **she jumped ~ the fence** saltó la cerca *or* valla; **to throw sth ~ the wall** tirar *or* lanzar *or* Andes, CAm, Carib, Méx botar algo por encima de la tapia; **to read ~ sb's shoulder** leer por encima del hombro de alguien; **the bridge ~ the river** el puente sobre el río; **a view ~ the valley** una vista panorámica del valle
-3. *(on the other side of)* **~ the border** al *or Am* del otro lado de la frontera; **~ the page** en el reverso de la página, *Am* del otro lado de la página; **to live ~ the road** vivir al *or Am* del otro lado de la calle
-4. *(down from)* **to fall ~ a cliff** caer por *or* desde un acantilado
-5. *(via)* **~ the phone/PA system** por teléfono/megafonía
-6. *(about)* **to fight ~ sth** pelear por algo; **to laugh ~ sth** reírse de algo; **we had trouble ~ the tickets** tuvimos problemas con las entradas *or Am* los boletos; **to take a lot of time ~ sth** entretenerse *or Am* demorarse mucho con algo
-7. *(with regard to)* **to have control/influence ~ sth/sb** tener control/influencia sobre algo/alguien; **to have an advantage ~ sth/sb** tener ventaja sobre algo/alguien; **a win ~ our nearest rivals** una victoria sobre nuestros rivales más cercanos
-8. *(in excess of)* más de; **he's ~ fifty** tiene más de cincuenta años; **children ~ (the age of) five** los niños mayores de cinco años; **he's two ~ par** *(in golf)* está dos sobre par; **the ~-sixties** los mayores de sesenta años; **we are *or* have gone ~ the limit** nos hemos pasado del límite; **we value reliability ~ price** valoramos la fiabilidad *or Am* confiabilidad más que el precio; **~ and above** además de, más allá de
-9. *(during)* durante; **~ Christmas/the weekend** durante la Navidad/el fin de semana; **to discuss sth ~ lunch/a drink** hablar de algo durante la comida/tomando una copa; **~ the last three years** (durante) los tres últimos años; **~ time/the years** con el tiempo/los años
-10. *(recovered from)* **I'm ~ the flu/the disappointment** ya se me ha pasado la gripe *or Méx* gripa/la desilusión; **I'm still not ~ her** *(ex-girlfriend)* no consigo olvidarla
-11. MATH *(divided by)* por
◇ *adv* **-1.** *(across)* **~ here/there** aquí/allí, *Am* acá/allá; **to cross ~** *(the street)* cruzar; **he led me ~ to the window** me llevó hasta la ventana; **he leaned ~** se inclinó; **pass that book ~** pásame *or* acércame ese libro; **I asked him ~ (to my house)** lo invité a mi casa; **they live ~ in France** viven en Francia; **~ to our correspondent in Nairobi** pasamos a nuestro corresponsal en Nairobi
-2. *(down)* **to bend ~** agacharse; **to fall ~** caerse; **to push sth ~** tirar algo, *CSur* voltear algo
-3. *(indicating change of position)* **to turn sth ~** dar la vuelta a algo, *Am* dar vuelta a algo; **let's swap my table and your table ~** cambiemos tu mesa por la mía; **to change ~ to a new system** cambiar a un nuevo sistema
-4. *(everywhere)* **the marks had been painted ~** las marcas habían sido cubiertas con pintura; **it was stained all ~** tenía manchas por todas partes; **I'm aching all ~** me duele todo el cuerpo; **that's her all ~** *(typical of her)* es típico de ella; **famous the world ~** famoso(a) en el mundo entero
-5. *(indicating repetition)* **three times ~** tres veces, *US* **I had to do it ~** tuve que volver a hacerlo; **~ and ~ (again)** una y otra vez; **all ~ again** otra vez desde el principio
-6. *(in excess)* **children of five and ~** niños mayores de cinco años; **scores of eight and ~** puntuaciones de ocho para arriba; **he's two ~** *(in golf)* está dos sobre par; **there was $5 (left) ~** sobraron *or* quedaron 5 dólares; *Fam* **I wasn't ~ happy about it** no estaba demasiado contento
◇ *adj (finished)* **it is (all) ~** (todo) ha

terminado; **when all this is ~** cuando todo esto haya pasado; **the danger is ~** ha pasado el peligro; **to get sth ~ (and done) with** terminar algo (de una vez por todas) ◇ *exclam (on radio)* **~ (and out)** cambio (y corto)

over- ['əʊvə(r)] *prefix* **-1.** *(excessively)* **~-exact** más que preciso(a) **-2.** *(more than)* **a club for the ~-fifties** un club para los mayores de cincuenta

overabundance [əʊvərəˈbʌndəns] *n* sobreabundancia *f*, exceso *m*

overabundant [əʊvərəˈbʌndənt] *adj* sobreabundante

overachieve [əʊvərəˈtʃiːv] *vi* **the pressure to ~** la presión para rendir más de lo normal

overachiever [əʊvərəˈtʃiːvə(r)] *n* = persona que rinde más de lo normal

overact [əʊvərˈækt] *vi* sobreactuar

overacting [əʊvərˈæktɪŋ] *n* sobreactuación *f*

overactive [əʊvərˈæktɪv] *adj (person, imagination)* hiperactivo(a); **to have an ~ thyroid** tener *or* sufrir de hipertiroidismo

overage ['əʊvərɪdʒ] *n US (surplus)* excedente *m*

over-age ['əʊvərˈeɪdʒ] *adj (too old)* demasiado mayor

overall ['əʊvərɔːl] ◇ *adj (cost, amount)* total; *(measurement)* total; **the ~ winner** *(in sport)* el ganador en la clasificación general; **this model was the ~ winner** *(in product comparison)* en general, este modelo resultó ser el ganador; **my ~ impression was...** mi impresión general fue...; **she has ~ responsibility for sales** es la responsable global de ventas ❏ ECON **~ demand** demanda *f* total; POL **~ majority** mayoría *f* absoluta
◇ *adv* en general; **England came third ~** Inglaterra quedó tercera en la clasificación general; **~, we've been quite successful** en términos generales, hemos andado muy bien
◇ *n Br (protective coat)* sobretodo *m*

overalls ['əʊvərɔːlz] *npl* **-1.** *Br (boiler suit)* mono *m (de trabajo)*, *Am* overol *m* **-2.** *(with bib)* peto *m*, *CSur* mameluco *m*

overambitious [əʊvəræmˈbɪʃəs] *adj* demasiado ambicioso(a), excesivamente ambicioso(a)

overanxious [əʊvərˈæŋkʃəs] *adj* excesivamente preocupado(a); **he didn't seem ~ to meet her** su cita con ella no parecía preocuparle demasiado

overarching [əʊvərˈɑːtʃɪŋ] *adj* global

overarm ['əʊvərɑːm] ◇ *adj (ball)* = lanzado con el brazo en alto
◇ *adv* **to throw a ball ~** lanzar una bola soltándola con el brazo en alto

overate *pt of* **overeat**

overawe [əʊvərˈɔː] *vt* intimidar, cohibir; **to be overawed by sth/sb** quedarse anonadado(a) por algo/alguien; **don't be overawed by her reputation** no te dejes intimidar *or* amedrentar por su reputación

overbalance [əʊvəˈbæləns] *vi* perder el equilibrio

overbearing [əʊvəˈbeərɪŋ] *adj* imperioso(a), despótico(a)

overblown [əʊvəˈbləʊn] *adj* **-1.** *(prose, style)* ampuloso(a) **-2.** *(flower)* demasiado abierto(a)

overboard ['əʊvəbɔːd] *adv* por la borda; **to fall ~** caer por la borda, caer al agua; **to jump ~** saltar por la borda *or* al agua; **to throw sth/sb ~** arrojar algo/a alguien por la borda; *Fig* deshacerse de algo/alguien; **man ~!** ¡hombre al agua!; IDIOM **to go ~ (about)** entusiasmarse mucho (con); **don't go ~ with the food** no te pases con la comida

overbook ['əʊvəbʊk] ◇ *vt (flight, hotel)* = aceptar un número de reservas mayor que el de plazas disponibles; **they've overbooked this flight** este vuelo tiene overbooking
◇ *vi (airline, hotel)* hacer overbooking, = vender más plazas de las disponibles

overbooking ['əʊvəbʊkɪŋ] *n* overbooking *m*, = venta de más plazas de las disponibles

overburden [əʊvəˈbɜːdən] *vt (donkey)* sobrecargar; **to ~ sb with work** agobiar a alguien de trabajo; **he is not overburdened with moral scruples** los escrúpulos morales no le quitan el sueño demasiado

overcame *pt of* **overcome**

overcapitalize [əʊvəˈkæpɪtəlaɪz] *vt* FIN sobrecapitalizar

overcast ['əʊvəkɑːst] *adj (sky, day)* nublado(a); **to be ~** estar nublado(a)

overcautious [əʊvəˈkɔːʃəs] *adj* demasiado cauteloso(a)

overcharge [əʊvəˈtʃɑːdʒ] ◇ *vt* **-1.** *(for goods, services)* **to ~ sb (for sth)** cobrar de más a alguien (por algo); **he overcharged me (by) £5** me cobró cinco libras de más **-2.** ELEC *(battery)* sobrecargar **-3.** *(description, picture)* recargar; **the painting was overcharged with detail** la pintura estaba recargada de detalles
◇ *vi* **to ~ (for sth)** cobrar de más (por algo)

overcoat ['əʊvəkəʊt] *n* abrigo *m*

overcome [əʊvəˈkʌm] *(pt* **overcame** [əʊvəˈkeɪm], *pp* **overcome**) ◇ *vt* **-1.** *(defeat)* *(an opponent, one's fears)* vencer; *(problem, obstacle, shyness, prejudice)* superar
-2. *(debilitate, weaken)* hacer flaquear, debilitar; **she was ~ by the fumes** los gases la hicieron flaquear
-3. *(overwhelm)* **I was ~ by** *or* **with grief** el dolor me abrumaba; **I was quite ~** estaba totalmente abrumado, me embargaba la emoción
◇ *vi* **we shall ~** venceremos

overcompensate [əʊvəˈkɒmpenseɪt] *vi* **to ~ for sth** compensar algo en exceso

overcompensation [əʊvəkɒmpənˈseɪʃən] *n* sobrecompensación *f*

overcomplicate [əʊvəˈkɒmplɪkeɪt] *vt* complicar en exceso

overconfidence [əʊvəˈkɒnfɪdəns] *n* exceso *m* de confianza

overconfident [əʊvəˈkɒnfɪdənt] *adj* demasiado confiado(a); **I was put off by his ~ manner** su excesiva seguridad me sentó mal; **I'm not ~ of our chances of winning** no estoy muy convencido de que podamos ganar

overconsumption [əʊvəkənˈsʌmpʃən] *n* excesivo consumo *m*, consumo *m* en exceso

overcook [əʊvəˈkʊk] *vt* **the vegetables have been overcooked** las verduras se pasaron de cocción

overcrowded [əʊvəˈkraʊdəd] *adj (slum, prison)* abarrotado(a), masificado(a); *(room)* atestado(a); *(bus, train)* repleto(a); *(city, region)* superpoblado(a); **they live in very ~ conditions** viven hacinados; **the problem of ~ classrooms** el problema de la masificación de las aulas; **Paris is ~ with tourists in summer** en verano, París está atestado *or* repleto de turistas; **the painting is ~ with detail** la pintura está recargada de detalles

overcrowding [əʊvəˈkraʊdɪŋ] *n (of slums, prisons)* hacinamiento *m*; *(of classrooms)* masificación *f*; *(on bus, train)* lo repleto; *(of city, region)* superpoblación *f*

overdeveloped [əʊvədɪˈveləpt] *adj* **-1.** *(physique)* hiperdesarrollado(a) **-2.** PHOT sobrerrevelado(a)

overdo [əʊvəˈduː] *(pt* **overdid** [əʊvəˈdɪd], *pp* **overdone** [əʊvəˈdʌn]) *vt* **-1.** *(exaggerate)* exagerar; **he rather overdoes the penniless student bit** un poco con eso de que es un estudiante *Esp* sin un duro *or Am* sin un peso; **to ~ it** *(work too hard)* trabajar demasiado; **I've been overdoing it recently** me he pasado un poco últimamente; *Ironic* **don't ~ it!** ¡no te vayas a herniar!
-2. *(do or have too much of)* pasarse con; **to ~ the salt/the make-up** pasarse con la sal/el maquillaje

overdone [əʊvəˈdʌn] *adj* **-1.** *(exaggerated)* exagerado(a) **-2.** *(food)* demasiado hecho(a), pasado(a)

overdose ['əʊvədəʊs] ◇ *n* sobredosis *f inv*; **to take an ~** tomar una sobredosis; *Fig Hum* **I've had an ~ of culture today** hoy me he llevado una sobredosis de cultura
◇ *vi (drugs)* tomar una sobredosis (**on** de); *Fig* **to ~ on chocolate** darse un atracón de chocolate

overdraft ['əʊvədrɑːft] *n* FIN *(amount borrowed)* descubierto *m*, saldo *m* negativo *or* deudor; **to arrange an ~** acordar un (límite de) descubierto; **the bank gave me a £500 ~** el banco me autorizó un descubierto de 500 libras ❏ **~ *facility*** servicio *m* de descubierto; **~ *limit*** línea *f* de descubierto

overdramatic [əʊvədrəˈmætɪk] *adj* demasiado dramático(a)

overdraw [əʊvəˈdrɔː] *(pt* **overdrew** [əʊvəˈdruː], *pp* **overdrawn** [əʊvəˈdrɔːn]) *vt* **-1.** FIN *(account)* girar en descubierto **-2.** *(exaggerate)* sobreactuar, exagerar

overdrawn [əʊvəˈdrɔːn] *adj* **-1.** FIN *(account)* en descubierto; **to be $230 ~** tener un descubierto de 230 dólares **-2.** *(exaggerated)* sobreactuado(a)

overdressed [əʊvəˈdrest] *adj* demasiado trajeado(a)

overdrew *pt of* **overdraw**

overdrive ['əʊvədraɪv] *n (in car)* superdirecta *f*; IDIOM **to go into ~** entregarse a una actividad frenética

overdue [əʊvəˈdjuː] *adj* **to be ~** *(person, train, flight)* retrasarse, venir con retraso *or Am* demora; *(library book)* haber rebasado el plazo de préstamo *or Méx* prestamiento; **the bill/rent is ~** la factura/el pago del alquiler ha vencido; **this measure is long ~** esta medida debía haberse adoptado hace tiempo; **the motorbike is ~ for a service** la moto ya tendría que haber pasado una revisión; **the baby was two weeks ~** el bebé venía con dos semanas de retraso

overeager [əʊvərˈiːgə(r)] *adj (person)* demasiado entusiasta; *(look)* demasiado ávido(a); **to be ~ to do sth** tener muchas ganas de hacer algo; **he is ~ to help** tiene muchas ganas de ayudar; **I can't say I'm ~ to go** no es que me muera de ganas de ir

overeat [əʊvərˈiːt] *(pt* **overate** [əʊvərˈet], *pp* **overeaten** [əʊvərˈiːtən]) *vi* comer demasiado

overegg ['əʊvərˈeg] *vt Br* IDIOM **to ~ the pudding** cargar *or* recargar las tintas

overelaborate [əʊvənˈlæbərət] *adj (dress, style)* recargado(a); *(scheme, description)* enrevesado(a); *(excuse)* rebuscado(a)

overemotional [əʊvərɪˈməʊʃənəl] *adj* embargado(a) por la emoción; **an ~ speech** un discurso cargado de muchísima emoción; **he got ~** estaba embargado por la emoción

overemphasis [əʊvərˈemfəsɪs] *n* énfasis *m* exagerado

overemphasize [əʊvərˈemfəsaɪz] *vt* hacer excesivo hincapié en, recalcar en exceso; **I cannot ~ the need for discretion** no me canso de recalcar que se requiere discreción

overenthusiastic [əʊvərɪnθjuːzɪˈæstɪk] *adj* excesivamente entusiasta

overestimate ◇ *n* [əʊvərˈestɪmət] **an ~ of the time necessary** un cálculo que sobreestima el tiempo necesario
◇ *vt* [əʊvərˈestɪmeɪt] sobreestimar; **he overestimates his own importance** se cree demasiado importante

overexaggerate [əʊvərɪgˈzædʒəreɪt] *vt* exagerar demasiado

overexcited [əʊvərɪkˈsaɪtɪd] *adj* demasiado emocionado(a) *or* entusiasmado(a); **to become** *or* **get ~** emocionarse *or* entusiasmarse más de la cuenta

overexcitement [əʊvərɪkˈsaɪtmənt] *n* emoción *f* excesiva, entusiasmo *m* excesivo

overexert [əʊvərɪgˈzɜːt] *vt* **to ~ oneself** hacer un esfuerzo excesivo; *Ironic* **don't ~ yourself!** ¡no te vayas a herniar!

overexertion [əʊvərɪgˈzɜːʃən] *n* esfuerzo *m* excesivo

overexpose [ˌəʊvərɪks'pəʊz] vt **-1.** PHOT sobreexponer **-2.** *(issue, public figure)* **to be overexposed** aparecer demasiado en los medios de comunicación

overexposure [ˌəʊvərɪks'pəʊʒə(r)] n **-1.** *(of film)* sobreexposición f **-2.** *(of issue, public figure)* **to suffer from ~** aparecer demasiado en los medios de comunicación

overextended [ˌəʊvərɪks'tendɪd] adj FIN insolvente, con alto grado de pasivo

overfamiliar [ˌəʊvəfə'mɪlɪə(r)] adj **-1.** *(too intimate, disrespectful)* confianzudo(a); **to be ~ with sb** ser demasiado confianzudo(a) con alguien, tomarse demasiadas libertades con alguien **-2.** *(conversant)* **I'm not ~ with the system** no estoy muy familiarizado con el sistema

overfish [əʊvə'fɪʃ] ◇ vt sobreexplotar los recursos pesqueros de
◇ vi sobreexplotar los recursos pesqueros

overfishing [əʊvə'fɪʃɪŋ] n sobrepesca f

overflew pt of **overfly**

overflow ◇ n ['əʊvəfləʊ] **-1.** *(excess) (of population)* exceso m de población; *(of energy, emotion)* derroche m, desbordamiento m ❏ **~ meeting** = reunión organizada para aquéllos que no pudieron asistir a la reunión principal por falta de espacio **-2.** *(flooding)* desbordamiento m **-3.** *(outlet) ~* **(pipe)** rebosadero m, desagüe m
◇ vt [əʊvə'fləʊ] desbordar; **the river overflowed its banks** el río se desbordó
◇ vi **-1.** *(river)* desbordarse (**onto** sobre); *(liquid, cup, bath)* rebosar; *(with people) (room, streets)* desbordarse; *(with objects) (box, wastebin)* desbordarse; **the crowd overflowed into the side streets** la multitud se desbordó hacia las calles laterales; **the glass is full to overflowing** el vaso está que rebalsa **-2.** *(with emotion)* **to ~ with joy** estar rebosante de felicidad

overfly [əʊvə'flaɪ] *(pt* **overflew** [əʊvə'fluː], *pp* **overflown** [əʊvə'fləʊn])* vt sobrevolar

overfond [əʊvə'fɒnd] adj **he's rather ~ of the sound of his own voice** le gusta demasiado el sonido de su propia voz; **I'm not ~ of oranges** no soy muy fanático de las naranjas; **she's not ~ of children** no le gustan mucho los niños

overfull [əʊvə'fʊl] adj repleto(a), saturado(a)

overgenerous ['əʊvə'dʒenərəs] adj *(person, act)* exageradamente generoso(a); *(portion, estimate)* demasiado generoso(a); **your estimate was rather ~** tus cálculos eran demasiado optimistas; **he hadn't exactly been ~ with the wine** no había sido muy generoso or espléndido que digamos con el vino

overground ['əʊvəgraʊnd] ◇ adj de superficie; **an ~ rail link** un enlace ferroviario de superficie
◇ adv por la superficie

overgrown [əʊvə'grəʊn] adj **~ with weeds** *(garden)* invadido(a) por las malas hierbas; **the wall was ~ with ivy** la pared estaba toda cubierta de hiedra; **he's like an ~ schoolboy** es como un niño grande

overhang ◇ n ['əʊvəhæŋ] *(of roof)* alero m, voladizo m; *(on mountain)* saliente m
◇ vt [əʊvə'hæŋ] *(pt & pp* **overhung** [əʊvə'hʌŋ]) *(of balcony, rocks)* colgar sobre
◇ vi sobresalir

overhanging ['əʊvəhæŋɪŋ] adj *(ledge, balcony)* sobresaliente; **we walked under the ~ branches** caminamos bajo las crecidas ramas de los árboles

overhaul ◇ n ['əʊvəhɔːl] *(of machine, policy)* revisión f; **the education system needs a complete ~** es necesario hacer una revisión exhaustiva del sistema educativo
◇ vt [əʊvə'hɔːl] **-1.** *(machine, policy)* revisar **-2.** *(overtake)* adelantar

overhead ['əʊvəhed] ◇ adj *(cable)* aéreo(a) ❏ **~ projector** retroproyector m, proyector m de transparencias; **~ shot** CIN & TV toma f aérea; *(in tennis, badminton)* smash m
◇ adv [əʊvə'hed] (por) arriba; **a plane flew ~** un avión sobrevoló nuestras cabezas
◇ n **-1.** US COM = **overheads -2.** *(in tennis, badminton)* smash m

overheads ['əʊvəhedz] npl Br COM gastos mpl generales

overhear [əʊvə'hɪə(r)] *(pt & pp* **overheard** [əʊvə'hɜːd]) vt oír or escuchar casualmente; **she overheard them talking about her** les oyó hablar sobre ella; **I couldn't help overhearing what you were saying** no pude evitar oír lo que decías

overheat [əʊvə'hiːt] ◇ vt *(oven, room)* calentar demasiado; *(economy)* recalentar
◇ vi *(engine, economy)* recalentarse

overheated [əʊvə'hiːtɪd] adj **-1.** *(engine, economy)* recalentado(a) **-2.** *(argument, person)* acalorado(a), agitado(a); **to become** or **get ~** acalorarse, agitarse

overhung pt & pp of **overhang**

overimpressed [əʊvərɪm'prest] adj **she wasn't ~ by the film** la película no la impresionó demasiado

overindulge [əʊvərɪn'dʌldʒ] ◇ vt **-1.** *(person)* consentir **-2. to ~ oneself** *(drink, eat to excess)* atiborrarse, empacharse; **she overindulges her taste for melodrama** hace un uso excesivo del melodrama
◇ vi atiborrarse, empacharse

overindulgence [əʊvərɪn'dʌldʒəns] n **-1.** *(towards person)* indulgencia f excesiva **-2.** *(in food and drink)* exceso m; **a lifetime of ~** una vida de excesos

overindulgent [əʊvərɪn'dʌldʒənt] adj **-1.** *(towards person)* demasiado indulgente **-2.** *(in food and drink)* **an ~ weekend** un fin de semana de excesos

overjoyed [əʊvə'dʒɔɪd] adj contentísimo(a); **to be ~ at** or **about sth** estar contentísimo(a) con algo; **he was ~ to hear that they were coming** le encantó saber que venían

overkeen [əʊvə'kiːn] adj **he wasn't ~ on her** no estaba demasiado interesado en ella; **he wasn't ~ on the idea** la idea no le entusiasmaba demasiado

overkill ['əʊvəkɪl] n **there's a danger of ~** se corre el peligro de caer en el exceso; **media ~** cobertura informativa exagerada

overladen [əʊvə'leɪdən] adj sobrecargado(a)

overlaid pt & pp of **overlay**

overlain pp of **overlie**

overland ◇ adj ['əʊvəlænd] terrestre; **the ~ route** la ruta por tierra
◇ adv [əʊvə'lænd] por tierra

overlap ◇ n ['əʊvəlæp] **-1.** *(of planks, tiles)* superposición f, solapamiento m **-2.** *(between two areas of work, knowledge)* coincidencia f **-3.** *(in time)* coincidencia f *(parcial)*, solapamiento m
◇ vt [əʊvə'læp] *(pt & pp* **overlapped**) superponerse a, solaparse con; **the edges/tiles ~ each other** los bordes/los azulejos están superpuestos entre sí
◇ vi **-1.** *(planks, tiles)* superponerse, solaparse (**with** con) **-2.** *(categories, theories)* tener puntos en común (**with** con); **my responsibilities ~ with hers** mis responsabilidades coinciden en algunos puntos con las de ella **-3.** *(periods of time)* coincidir *(parcialmente)* (**with** con); **our visits overlapped** nuestras visitas coincidieron

overlapping [əʊvə'læpɪŋ] adj *(planks, tiles)* superpuestos(as); *(responsibilities, holidays)* coincidentes *(parcialmente)*

overlay ◇ n ['əʊvəleɪ] **-1.** *(cover)* capa f, revestimiento m **-2.** Fig *(tinge)* nota f
◇ vt [əʊvə'leɪ] *(pt & pp* **overlaid** [əʊvə'leɪd]) **-1.** *(cover)* recubrir, revestir (**with** de) **-2.** Fig *(tinge)* teñir (**with** de)
◇ pt of **overlie**

overleaf [əʊvə'liːf] adv al dorso; **see ~** véase al dorso

overlie [əʊvə'laɪ] vt *(pt* **overlay** [əʊvə'leɪ], *pp* **overlain** [əʊvə'leɪn]) recubrir

overload ◇ n ['əʊvələʊd] ELEC sobrecarga f; Fig **an ~ of information** un exceso de información
◇ vt [əʊvə'ləʊd] **-1.** *(animal, vehicle)* sobrecargar; **she's overloaded with work** está sobrecargada de trabajo **-2.** *(electric circuit, engine, machine)* sobrecargar

overlong [əʊvə'lɒŋ] ◇ adj demasiado largo(a)
◇ adv demasiado largo(a); **we didn't have to wait ~** no tuvimos que esperar demasiado (tiempo)

overlook [əʊvə'lʊk] vt **-1.** *(look out over)* dar a; **the town is overlooked by the castle** el castillo domina la ciudad
-2. *(fail to notice)* pasar por alto, no darse cuenta de; **it's easy to ~ the small print** es fácil pasar por alto la letra pequeña; **you've overlooked the fact that it's more expensive in summer** no te has dado cuenta de que es más caro durante el verano
-3. *(disregard)* pasar por alto, no tener en cuenta; **I'll ~ it this time** esta vez lo pasaré por alto

overlord ['əʊvəlɔːd] n HIST señor m feudal

overly ['əʊvəlɪ] adv excesivamente, demasiado; **not ~** no excesivamente, no demasiado

overmanned [əʊvə'mænd] adj IND *(factory, production line)* con exceso de empleados

overmanning [əʊvə'mænɪŋ] n IND exceso m de empleados

overmatch US SPORT ◇ n ['əʊvəmætʃ] **-1.** *(superior opponent)* contrincante mf superior **-2.** *(unequal contest)* encuentro m desigual
◇ vt [əʊvə'mætʃ] **-1.** *(be more than a match for)* ser superior a **-2.** *(match with superior opponent)* enfrentar a un(a) contrincante superior

overmuch [əʊvə'mʌtʃ] ◇ adj excesivo(a)
◇ adv en exceso

overnice [əʊvə'naɪs] adj *(distinction)* demasiado meticuloso(a) or puntilloso(a); **he wasn't ~ about the means he used** no tenía problema en usar cualquier medio

overnight ◇ adv [əʊvə'naɪt] **-1.** *(during the night)* durante la noche, de noche; **to stay ~** quedarse a pasar la noche; **the milk won't keep ~** la leche no se conservará or aguantará hasta mañana **-2.** *(suddenly)* de la noche a la mañana, de un día para otro; **her hair went grey ~** de un día para otro se llenó de canas
◇ adj ['əʊvənaɪt] **-1.** *(for one night)* de una noche ❏ **~ bag** bolso m or bolsa f de viaje; **~ case** maletín m de fin de semana; **~ flight** vuelo m nocturno; **~ stay** Esp, Méx estancia f or Am estadía f de una noche; **we had an ~ stay in Paris** nos quedamos una noche en París; **~ train** tren m nocturno
-2. *(sudden)* repentino(a); **there has been an ~ improvement in the situation** la situación mejoró repentinamente

overoptimism [əʊvər'ɒptɪmɪzəm] n optimismo m excesivo

overoptimistic [əʊvərɒptɪ'mɪstɪk] adj demasiado optimista; **I'm not ~ about their chances** no soy muy optimista acerca de sus posibilidades

overpaid [əʊvə'peɪd] ◇ adj **to be ~** ganar demasiado (dinero), estar demasiado bien pagado(a)
◇ pt & pp of **overpay**

overparticular [əʊvəpə'tɪkjʊlə(r)] adj **he's not ~ about hygiene/telling the truth** la higiene/decir la verdad no le preocupa demasiado

overpass ['əʊvəpɑːs] n US paso m elevado

overpay [əʊvə'peɪ] *(pt & pp* **overpaid** [əʊvə'peɪd]) vt *(employee)* pagar en exceso a, pagar de más a

overpayment [əʊvə'peɪmənt] n *(of taxes, employee)* pago m excesivo

overplay [əʊvə'pleɪ] vt *(exaggerate)* exagerar; IDIOM **to ~ one's hand: he overplayed his hand** se le fue la mano

overpopulation [əʊvəpɒpjʊ'leɪʃən] n superpoblación f

overpower [əʊvə'paʊə(r)] vt **-1.** *(physically)* doblegar; **the prisoners quickly overpowered their guards** los prisioneros rápidamente sometieron a sus guardianes **-2.** *(of heat, smell)* aturdir; **I was overpowered by grief** el dolor me abrumaba; **they were overpowered by his charm** su encanto los cautivó

overpowering [əʊvəˈpaʊərɪŋ] *adj* (*emotion, heat*) tremendo(a), desmesurado(a); (*smell, taste*) fortísimo(a), intensísimo(a); (*desire*) irrefrenable, irreprimible; **I find him ~** me parece amedrantador

overprice [əʊvəˈpraɪs] *vt* dar un precio excesivo a

overpriced [əʊvəˈpraɪst] *adj* excesivamente caro(a)

overprint ◇ *n* [ˈəʊvəprɪnt] TYP sobreimpresión *f*; (*on postage stamp*) sobrecarga *f*
◇ *vt* [əʊvəˈprɪnt] TYP sobreimprimir

overproduce [əʊvəprəˈdjuːs] ◇ *vt* producir en exceso
◇ *vi* ECON producir en exceso

overproduction [əʊvəprəˈdʌkʃən] *n* ECON superproducción *f*

overprotective [əʊvəprəˈtektɪv] *adj* sobreprotector(a)

overqualified [əʊvəˈkwɒlɪfaɪd] *adj* **to be ~ (for a job)** tener más títulos de los necesarios (para un trabajo)

overran *pt of* **overrun**

overrate [əʊvəˈreɪt] *vt* sobrevalorar

overrated [əʊvəˈreɪtɪd] *adj* sobrevalorado(a); **he is rather ~ as a novelist** como novelista está sobrevalorado

overreach [əʊvəˈriːtʃ] *vt* **to ~ oneself** extralimitarse

overreact [əʊvərɪˈækt] *vi* reaccionar exageradamente; **I thought she overreacted to the news** me pareció que había reaccionado de una manera exagerada ante la noticia

overreaction [əʊvərɪˈækʃən] *n* reacción *f* exagerada *or* excesiva; **punching him was a bit of an ~** darle un puñetazo fue una reacción un tanto exagerada

override ◇ *vt* [əʊvəˈraɪd] (*pt* **overrode** [əʊvəˈrəʊd], *pp* **overridden** [əʊvəˈrɪdən]) **-1.** (*objections, wishes, regulations*) hacer caso omiso de; (*decision, order*) anular, desestimar **-2.** (*take precedence over*) anteponerse a **-3.** TECH (*controls*) neutralizar
◇ *n* [ˈəʊvəraɪd] TECH neutralización *f*; **there's a manual ~** hay *or* existe un mecanismo de neutralización manual

overriding [əʊvəˈraɪdɪŋ] *adj* (*importance*) primordial; (*belief, consideration, factor*) preponderante

overripe [əʊvəˈraɪp] *adj* **-1.** (*fruit*) pasado(a), demasiado maduro(a); (*cheese*) rancio(a) **-2.** *Fam* (*language, humour*) pasado(a)

overrode *pt of* **override**

overrule [əʊvəˈruːl] *vt* **-1.** (*opinion*) desautorizar; **she was overruled by her boss** su jefe la desautorizó **-2.** LAW (*decision*) anular, invalidar; (*objection*) denegar

overrun ◇ *n* [ˈəʊvərʌn] **-1.** (*in time*) **the meeting had a ten-minute ~** la reunión duró diez minutos más de lo previsto **-2.** COM **(cost) ~** costos *mpl* or *Esp* costes *mpl* superiores a los previstos; **(production) ~** excedente *m*
◇ *vt* [əʊvəˈrʌn] (*pt* **overran** [əʊvəˈræn], *pp* **overrun**) **-1.** (*country*) invadir; (*defences*) atravesar
-2. (*infest*) **the house was ~ with mice** los ratones habían invadido la casa; **the garden is ~ with weeds** la maleza ha invadido el jardín
-3. (*allotted time*) rebasar, excederse de; **to ~ a budget** salirse del presupuesto
-4. (*overshoot*) **the plane overran the runway** el avión se salió de la pista; **to ~ a signal** saltarse una señal
◇ *vi* (*exceed allotted time*) alargarse más de la cuenta, rebasar el tiempo previsto

oversaw *pt of* **oversee**

overscrupulous [əʊvəˈskruːpjʊləs] *adj* (*morally*) excesivamente escrupuloso(a)

overseas ◇ *adj* [ˈəʊvəsiːz] (*visitor*) extranjero(a), (*trade, debt*) exterior; (*travel*) al extranjero; **we need more ~ markets for our goods** necesitamos más mercados exteriores para nuestros productos ❏ **~ possessions** territorios *mpl* de ultramar
◇ *adv* [əʊvəˈsiːz] **to live ~** vivir en el extranjero; **he's just come back from ~** acaba de volver al país

oversee [əʊvəˈsiː] (*pt* **oversaw** [əʊvəˈsɔː], *pp* **overseen** [əʊvəˈsiːn]) *vt* supervisar

overseer [ˈəʊvəsɪə(r)] *n Old-fashioned* capataz(a) *m,f*

oversell [əʊvəˈsel] (*pt & pp* **oversold** [əʊvəˈsəʊld]) *vt* **-1.** (*sell more than can be supplied*) **the concert had been oversold** vendieron entradas or *Am* boletos para el concierto por encima de la capacidad de la sala **-2.** (*overpromote*) exagerar las ventajas de

oversensitive [əʊvəˈsensɪtɪv] *adj* (*to criticism*) susceptible; **you're being ~!** ¡no seas tan susceptible!

oversexed [əʊvəˈsekst] *adj* obsesionado(a) con el sexo; **he's ~** es un obseso sexual

overshadow [əʊvəˈʃædəʊ] *vt* **-1.** (*person, success*) eclipsar **-2.** (*occasion*) deslucir

overshoe [ˈəʊvəʃuː] *n* chanclo *m*

overshoot [əʊvəˈʃuːt] (*pt & pp* **overshot** [əʊvəˈʃɒt]) *vt* (*platform, turning, target*) pasar (de largo); **to ~ the runway** salirse de la pista

oversight [ˈəʊvəsaɪt] *n* **-1.** (*error*) descuido *m*, omisión *f*; **through** or **by** or **due to an ~** por descuido **-2.** (*supervision*) supervisión *f* ❏ **~ committee** comisión *f* de control

oversimplification [ˈəʊvəsɪmplɪfɪˈkeɪʃən] *n* simplificación *f* excesiva

oversimplify [əʊvəˈsɪmplɪfaɪ] *vt* simplificar en exceso

oversize(d) [ˈəʊvəsaɪz(d)] *adj* **-1.** (*very big*) enorme **-2.** (*too big*) descomunal

oversleep [əʊvəˈsliːp] (*pt & pp* **overslept** [əʊvəˈslept]) *vi* quedarse dormido(a)

oversleeve [ˈəʊvəsliːv] *n* manguito *m*

oversold *pt & pp of* **oversell**

overspend ◇ *vt* [əʊvəˈspend] (*pt & pp* **overspent** [əʊvəˈspent]) **to ~ one's budget** salirse del presupuesto
◇ *vi* gastar de más; **to ~ by $100** gastar cien dólares de más
◇ *n* [ˈəʊvəspend] déficit *m* presupuestario

overspending [əʊvəˈspendɪŋ] *n* gasto *m* superior al previsto

overspill [ˈəʊvəspɪl] *n esp Br* (*of population*) exceso *m* de población (*urbana*)

overstaffed [əʊvəˈstɑːft] *adj* con exceso de personal; **the firm is ~** la compañía tiene un exceso de personal

overstaffing [əʊvəˈstɑːfɪŋ] *n* exceso *m* de personal

overstate [əʊvəˈsteɪt] *vt* exagerar; **I think he has overstated his case** me parece que ha exagerado un poco sus argumentos

overstatement [əʊvəˈsteɪtmənt] *n* exageración *f*

overstay [əʊvəˈsteɪ] *vt* **to ~ one's welcome** abusar de la hospitalidad, quedarse más tiempo del apropiado

oversteer [əʊvəˈstɪə(r)] *vi* (*car*) girar demasiado

overstep [əʊvəˈstep] (*pt & pp* **overstepped**) *vt* traspasar, saltarse; IDIOM **to ~ the mark** (*exceed one's powers*) pasarse de la raya

overstock [əʊvəˈstɒk] *vt* (*warehouse, shop*) **to be overstocked with sth** tener exceso (de existencias) de algo

overstretched [əʊvəˈstretʃt] *adj* **our resources are already ~** nuestros recursos no dan más de sí

overstrung [əʊvəˈstrʌŋ] *adj* (*person*) tenso(a)

oversubscribed [əʊvəsəbˈskraɪbd] *adj* **the school trip is ~** el número de inscritos en el viaje escolar excede la capacidad existente; ST EXCH **the share offer was (five times) ~** la demanda superó (en cinco veces) la oferta de venta de acciones

overt [əʊˈvɜːt] *adj* visible, manifiesto(a); **do you have to be so ~ about it?** ¿tienes que mostrarlo tan a las claras?

overtake [əʊvəˈteɪk] (*pt* **overtook** [əʊvəˈtʊk], *pp* **overtaken** [əʊvəˈteɪkən]) ◇ *vt* **-1.** (*pass beyond*) (*car*) adelantar; (*competitor in race*) rebasar; **China has overtaken France as the main exporter of these products** China ha arrebatado a Francia el primer lugar en la exportación de estos productos
-2. (*surprise*) **they had been overtaken by events** se habían visto superados por los acontecimientos
◇ *vi Br* (*in car*) adelantar

overtax [əʊvəˈtæks] *vt* **-1.** (*overstrain*) exigir demasiado de; **to ~ sb's patience** poner a prueba la paciencia de alguien; *Hum* **don't ~ his brain!** no le exijas tanto que le va a salir humo de la cabeza **-2.** (*tax excessively*) gravar en exceso, cobrar más impuestos de los debidos

over-the-counter [ˈəʊvəðəˈkaʊntə(r)] ◇ *adj* (*medicine*) sin receta
◇ *adv* sin receta

overthrow ◇ *n* [ˈəʊvəθrəʊ] derrocamiento *m*
◇ *vt* [əʊvəˈθrəʊ] (*pt* **overthrew** [əʊvəˈθruː], *pp* **overthrown** [əʊvəˈθrəʊn]) derrocar

overtime [ˈəʊvətaɪm] ◇ *n* **-1.** (*work*) horas *fpl* extraordinarias *or* extras; **to do ~** hacer horas extras ❏ ***ban*** prohibición *f* de trabajar horas extras **-2.** (*overtime pay*) horas *fpl* extras; **to be paid ~** cobrar horas extra **-3.** (*in basketball, American football*) prórroga *f*; **the game has gone into ~** se está jugando tiempo adicional *or* la prórroga
◇ *adv* **-1.** IND **to work ~** hacer horas extras **-2.** *Fig* **your imagination is working ~** se te está disparando la imaginación

overtire [əʊvəˈtaɪə(r)] *vt* (*person*) agotar *or* cansar en exceso; **to ~ oneself** agotarse en exceso

overtired [əʊvəˈtaɪəd] *adj* demasiado cansado(a), agotado(a)

overtly [əʊˈvɜːtlɪ] *adv* abiertamente, claramente

overtone [ˈəʊvətəʊn] *n* **-1.** (*of sadness, bitterness*) tinte *m*, matiz *m* **-2.** MUS armónico *m*

overtook *pt of* **overtake**

overture [ˈəʊvətjʊə(r)] *n* **-1.** MUS obertura *f* **-2.** (*proposal*) **to make overtures to sb** (*in business*) tener contactos con alguien; (*sexually*) hacer proposiciones a alguien; **diplomatic overtures** acercamientos *mpl* diplomáticos **-3.** (*prelude*) preludio *m*

overturn [əʊvəˈtɜːn] ◇ *vt* **-1.** (*table, boat, car*) volcar **-2.** (*government*) derribar **-3.** (*legal decision*) rechazar
◇ *vi* (*boat, car*) volcar

overuse ◇ *n* [əʊvəˈjuːs] uso *m* excesivo, abuso *m*
◇ *vt* [əʊvəˈjuːz] abusar de

overused [əʊvəˈjuːzd] *adj* (*expression, excuse*) muy usado(a) *or* viejo(a)

overvaluation [əʊvəvæljuˈeɪʃən] *n* (*of currency, house, painting*) sobrevaloración *f*

overvalue [əʊvəˈvæljuː] *vt* **-1.** (*currency, house, painting*) sobrevalorar **-2.** (*person's abilities*) sobreestimar

overview [ˈəʊvəvjuː] *n* visión *f* general

overwater [əʊvəˈwɔːtə(r)] *vt* (*plant*) regar demasiado

overweening [əʊvəˈwiːnɪŋ] *adj* (*person*) arrogante; **~ pride** orgullo desmedido; **~ ambition** ambición desmesurada

overweight [əʊvəˈweɪt] *adj* **-1.** (*person*) con sobrepeso, con kilos de más; **to be ~** tener exceso de peso; **to be 10 kilos ~** tener 10 kilos de más **-2.** (*luggage, parcel*) **this suitcase is two kilos ~** esta maleta tiene un exceso de peso de dos kilos

overwhelm [əʊvəˈwelm] *vt* **-1.** (*defeat*) (*enemy, opponent*) arrollar
-2. (*with emotion*) abrumar; **to be overwhelmed with joy** no caber en sí de alegría; **overwhelmed by grief/with work** abrumado(a) por la pena/por el trabajo; **I was quite overwhelmed by his generosity** su generosidad me embargaba
-3. (*inundate*) inundar de, llenar de; **our switchboard has been overwhelmed by the number of calls** la cantidad de llamadas recibidas ha saturado *Esp* la centralita *or Am* el conmutador; **I'm completely overwhelmed with work** estoy abrumado por el trabajo

overwhelming [əʊvəˈwelmɪŋ] *adj* **-1.** (*massive*) (*defeat, majority*) arrollador(ora), aplastante; **in ~ numbers** en cantidades abrumadoras **-2.** (*powerful*) (*need, desire*) acuciante; (*grief,*

overwhelmingly [ˌəʊvə'welmɪŋlɪ] adv **-1.** (massively) (to defeat) arrolladoramente, aplastantemente; **to vote ~ in favour of sth** aprobar algo por mayoría aplastante **-2.** (as intensifier) abrumadoramente, extremadamente

overwind [ˌəʊvə'waɪnd] (pt & pp **overwound** [ˌəʊvə'waʊnd]) vt (clock, watch) dar demasiada cuerda a

overwork [ˌəʊvə'wɜːk] ◇ n exceso m de trabajo
◇ vt **-1.** (person) hacer trabajar en exceso **-2.** (expression) **it's one of the most overworked phrases in the English language** es una de las frases más trilladas de la lengua inglesa
◇ vi trabajar en exceso

overwound pt & pp of **overwind**

overwrite ◇ n ['əʊvəraɪt] COMPTR **~ mode** función f de "sobreescribir"
◇ vt [ˌəʊvə'raɪt] **-1.** (write on top) sobreescribir **-2.** COMPTR (file, data) sobreescribir
◇ vi escribir con estilo recargado

overwritten [ˌəʊvə'rɪtən] adj (book, passage) recargado(a)

overwrought [ˌəʊvə'rɔːt] adj **-1.** (person) muy alterado(a), muy nervioso(a); **to get ~ (about sth)** alterarse mucho (por algo) **-2.** (style) recargado(a)

overzealous [ˌəʊvə'zeləs] adj demasiado celoso(a)

Ovid ['ɒvɪd] pr n Ovidio

oviduct ['ɒvɪdʌkt] n ANAT & ZOOL oviducto m

ovine ['əʊvaɪn] adj ovino(a)

oviparous [əʊ'vɪpərəs] adj ZOOL ovíparo(a)

ovipositor [ˌəʊvɪ'pɒzɪtə(r)] n ZOOL órgano m ovipositor

ovoid ['əʊvɔɪd] adj ovoide

ovulate ['ɒvjʊleɪt] vi BIOL ovular

ovulation [ˌɒvjʊ'leɪʃən] n BIOL ovulación f

ovum ['əʊvəm] (pl **ova** ['əʊvə]) n BIOL óvulo m

ow [aʊ] exclam ¡ay!

owe [əʊ] ◇ vt **-1.** (money) deber; **to ~ sb sth, to ~ sth to sb** deber algo a alguien; **how much** or **what do I ~ (you) for the food?** ¿qué or cuánto te debo por la comida?; **I still ~ you for the petrol** aún te debo dinero or Am plata por la gasolina; **how much do we still ~ on the house?** ¿cuánto nos queda por pagar de la hipoteca? **-2.** (debt of obligation) deber; **to ~ sb an apology** deber disculpas a alguien; **I think you ~ him an explanation** creo que le debes una disculpa; **to ~ sb a favour** deberle a alguien un favor; **to ~ it to oneself to do sth** tener(se) merecido hacer algo, Am ameritar hacer algo; **he thinks the world owes him a living** cree que la vida está en deuda con él; **I ~ you one!** ¡te debo una! **-3.** (can thank for) deber; **I ~ my life to you** te debo la vida; **he owes it all to his parents** se lo debe todo a sus padres; **her work owes much to Faulkner** su obra debe mucho a Faulkner; **we ~ this discovery to a lucky accident** debemos este descubrimiento a una casualidad; **to what do we ~ the honour of your visit?** ¿a qué debemos el honor de tu visita?
◇ vi deber

owing ['əʊɪŋ] adj (due) **the money ~ to me** el dinero que se me adeuda

◆ **owing to** prep (because of) debido(a) a

owl [aʊl] n búho m, CAm, Méx tecolote m; **(barn) ~** lechuza f □ **white-faced ~** autillo m cariblanco

owlet ['aʊlɪt] n lechuza f joven

owlish ['aʊlɪʃ] adj **to look ~** tener aspecto de estudioso(a)

own [əʊn] ◇ adj propio(a); **her ~ money** su propio dinero; **I saw it with my ~ eyes** lo vi con mis propios ojos; **I do my ~ accounts** llevo mi propia contabilidad; **you'll have to clean your ~ room** tendrás que limpiarte tú la habitación; **I can make my ~ mind up** puedo decidirme por mí mismo, puedo decidir yo solo; **it's his ~ fault** la culpa es toda suya; **my ~ opinion is...** personalmente opino que...; **I'm my ~ man** soy dueño de mí mismo; **in one's ~ right** por derecho propio; **do it in your ~ time** hazlo en tu tiempo libre; **do it your ~ way, then!** ¡hazlo como prefieras!; Br COM **~ brand** or **label** del establecimiento □ Br COM **~ brand product** producto m de marca blanca; **~ goal** (in soccer) autogol m, gol m en propia meta or Esp puerta or Am propio arco, RP gol m en contra; **to score an ~ goal** meter la pata; Br COM **~ label product** producto m de marca blanca
◇ pron **-1.** (of possession) **my ~** (singular) el/la mío(a), (plural) los/las míos(as); **your ~** (singular) el/la tuyo(a), (plural) los/las tuyos(as); **his/her/its ~** (singular) el/la suyo(a), (plural) los/las suyos(as); **our ~** (singular) el/la nuestro(a), (plural) los/las nuestros(as); **their ~** (singular) el/la suyo(a), (plural) los/las suyos(as); **it's my ~** es mío(a); **I have money of my ~** tengo dinero propio or Am mío; **a child of his ~** un hijo suyo; **she has a copy of her ~** tiene un ejemplar para ella; **I have enough problems of my ~** ya tengo yo suficientes problemas; **for reasons of his ~** por razones privadas; **he made that expression/part his ~** hizo suya esa expresión/suyo ese papel **-2.** IDIOMS **to do sth (all) on one's ~** (without company) hacer algo solo(a); (on one's own initiative) hacer algo por cuenta propia; **I am (all) on my ~** estoy solo; **you're on your ~!** (I won't support you) ¡conmigo no cuentes!; **he has come into his ~ since being promoted** desde que lo ascendieron ha demostrado su verdadera valía or sus verdaderas posibilidades; **to get one's ~ back (on sb)** vengarse (de alguien), tomarse la revancha (contra alguien); **she managed to hold her ~** consiguió defenderse; **he looks after his ~** cuida de los suyos
◇ vt **-1.** (property) poseer; **who owns this land?** ¿de quién es esta tierra?, ¿quién es el propietario de esta tierra?; **I ~ two bicycles** tengo dos bicicletas; **do you ~ your house or is it rented?** ¿la casa es tuya o la alquilas or Méx rentas?; **to be owned by sb** pertenecer a alguien; **he behaves as if he owns** or **acts like he owns the place** se comporta como si fuera el dueño
-2. (admit) Old-fashioned **to ~ (that)...** reconocer que...

◆ **own to** vt insep Old-fashioned reconocer

◆ **own up** vi (confess) **to ~ up (to sth)** confesar (algo)

owner ['əʊnə(r)] n dueño(a) m,f, propietario(a) m,f; **who is the ~ of this jacket?** ¿quién es el dueño de esta chaqueta?, ¿de quién es esta chaqueta?; **cars parked here at owners' risk** (sign) estacionamiento or Esp aparcamiento permitido bajo responsabilidad del propietario

owner-occupier [ˌəʊnər'ɒkjʊpaɪə(r)] n Br propietario(a) m,f de la vivienda que habita

ownership ['əʊnəʃɪp] n propiedad f; **under new ~** (sign) nuevos propietarios; **to be in private/public ~** ser de propiedad privada/pública; **the ~ of the land is contested** la propiedad de la tierra está en disputa; **change of ~** cambio de propietario or dueño

ownsome ['əʊnsəm], **owny-o** ['əʊnɪəʊ] n Br Fam Hum **(all) on one's ~** más sólo que la una, más sólo(a) que Adán en el día de la madre

owt [aʊt] pron Br Fam (anything) algo; **he never said ~** nunca dijo nada; **is there ~ the matter?** ¿qué pasa?

ox [ɒks] (pl **oxen** ['ɒksən]) n buey m

oxblood ['ɒksblʌd] ◇ n (colour) granate m, color m vino
◇ adj granate, color vino

oxbow ['ɒksbəʊ] n GEOG **~ (lake)** = lago formado al quedar un meandro aislado del río

Oxbridge ['ɒksbrɪdʒ] n = las universidades de Oxford y Cambridge

---

OXBRIDGE

Oxbridge designa conjuntamente las universidades de Oxford y Cambridge, las más antiguas y prestigiosas de Inglaterra. Aparte de éstas, hasta el s. XIX sólo había universidades en Escocia y Dublín, por lo que Oxford y Cambridge experimentaron un gran crecimiento tanto en su tamaño como en sus recursos económicos de la mano de acaudalados benefactores. Hoy en día Oxford tiene cuarenta colegios universitarios y Cambridge treinta y uno; este curioso sistema de agrupación de colegios universitarios las distingue de las demás universidades británicas. Hasta hace poco, un título de **Oxbridge** era prácticamente indispensable para quien aspirase a una posición prominente entre la clase dirigente. Hoy en día ambas universidades conservan ese prestigio mitad académico mitad social, aunque también hayan realizado notables esfuerzos para captar estudiantes provenientes de la enseñanza pública.

---

oxen pl of **ox**

OXFAM ['ɒksfæm] n Br OXFAM, = organización caritativa benéfica de ayuda al desarrollo □ **~ shop** = tienda que vende objetos de segunda mano con fines benéficos

Oxford ['ɒksfəd] n **-1.** US **~ (shoe)** zapato m de cordones **-2. ~ bags** (trousers) pantalones mpl de pernera ancha

oxidant ['ɒksɪdənt] n **-1.** CHEM oxidante m **-2.** (in fuel) oxidante m

oxidase ['ɒksɪdeɪz] n BIOCHEM oxidasa f

oxidation [ˌɒksɪ'deɪʃən] n CHEM oxidación f

oxidation-reduction [ˌɒksɪ'deɪʃənrɪ'dʌkʃən] n CHEM oxidación-reducción f

oxide ['ɒksaɪd] n CHEM óxido m

oxidization [ˌɒksɪdaɪ'zeɪʃən] n CHEM oxidación f

oxidize ['ɒksɪdaɪz] CHEM ◇ vt oxidar
◇ vi oxidarse

oxidizing agent ['ɒksɪdaɪzɪŋ'eɪdʒənt] n CHEM agente m oxidante, oxidante m

oxlip ['ɒkslɪp] n primavera f, prímula f

Oxon. ['ɒksən] n **-1.** (abbr **Oxfordshire**) Oxfordshire **-2.** (abbr **Oxford**) (in degree titles) = abreviatura que indica que un título fue obtenido en la universidad de Oxford

oxtail ['ɒksteɪl] n rabo m de buey □ **~ soup** sopa f de rabo de buey

oxyacetylene ['ɒksɪə'setɪliːn] n CHEM oxiacetileno m □ **~ torch** soplete m (oxiacetilénico)

oxygen ['ɒksɪdʒən] n CHEM oxígeno m □ **~ bar** bar m de oxígeno; **~ bottle** or **cylinder** botella f or bombona f de oxígeno; **~ mask** máscara f de oxígeno; MED **~ tent** tienda f or Am carpa f de oxígeno

oxygenate ['ɒksɪdʒəneɪt] vt CHEM & PHYSIOL oxigenar

oxygenated ['ɒksɪdʒəneɪtɪd] adj CHEM & PHYSIOL oxigenado(a)

oxygenation [ˌɒksɪdʒə'neɪʃən] n CHEM & PHYSIOL oxigenación f

oxymoron [ˌɒksɪ'mɔːrɒn] n oxímoron m, = figura del lenguaje consistente en yuxtaponer dos palabras aparentemente contradictorias

oyez [əʊ'jes] exclam Archaic ¡atención!

oyster ['ɔɪstə(r)] n **-1.** (shellfish) ostra f; IDIOM **the world is your ~** el mundo es tuyo, te vas a comer el mundo □ **~ bed** criadero m de ostras; **~ mushroom** seta f or Méx, CSur hongo m de cardo **-2.** (colour) color m perla □ **~ pink** rosa m perla; **~ white** blanco m perla

oystercatcher ['ɔɪstəkætʃə(r)] n (bird) ostrero m

Oz [ɒz] n Fam Australia

oz (abbr **ounce(s)**) onza(s) f(pl)

ozone ['əʊzəʊn] n **-1.** (gas) ozono m □ **~ depletion** degradación f de la capa de ozono; **~ hole** agujero m en la capa de ozono; **~ layer** capa f de ozono **-2.** Fam (sea air) aire m fresco

ozone-friendly ['əʊzəʊn'frendlɪ] adj no perjudicial para la capa de ozono

Ozzie ['ɒzɪ] n Fam australiano(a) m,f

Pp

P, p [piː] *n (letter)* P, p *f; Fam* **to mind one's P's and Q's** comportarse (con educación)

p [piː] *n Br* **-1.** *(abbr* **penny**) penique *m* **-2.** *(abbr* **pence**) peniques *mpl* **-3.** *(abbr* **page**) *(pl* **pp**) pág.

P45 ['piːfɔːtɪ'faɪv] *n Br* = impreso oficial que se entrega a la persona que deja un trabajo; IDIOM **to be handed one's P45** ser despedido(a)

P60 ['piːˈsɪkstɪ] *n Br* certificado *m* (anual) de ingresos y retenciones impositivas

PA [piːˈeɪ] *n* **-1.** *(abbr* **public address**) megafonía *f;* **a message came over the PA (system)** dieron un mensaje por megafonía *f* **-2.** COM *(abbr* **personal assistant**) secretario(a) *m,f* personal **-3.** *(abbr* **Pennsylvania**) Pensilvania

pa [pɑː] *n Fam (dad)* papá *m*

p.a. *(abbr* **per annum**) anual, al año

PAC [piːeɪˈsiː] *n US* POL *(abbr* **Political Action Committee**) = grupo de presión estadounidense para el apoyo de causas políticas

paca ['pɑːkə] *n* paca *f*

pace[1] [peɪs] ◇ *n* **-1.** *(step)* paso *m;* **take two paces to the left** da dos pasos a la izquierda; **to put a horse through its paces** ejercitar un caballo; IDIOM **to put sb through his paces** poner a alguien a prueba; IDIOM **he showed his paces** demostró lo que es capaz de hacer

-2. *also Fig (speed)* ritmo *m*, paso *m;* **the slower ~ of country life** el ritmo más lento de la vida del campo; **at a slow ~** lentamente; **at a fast ~** rápidamente; **do the test at your own ~** haz la prueba a tu propio ritmo; **to slacken/quicken one's ~** aflojar/aligerar *or* apurar el paso; **to force the ~** forzar el ritmo; **to keep ~ with sb** seguir el ritmo de alguien; **our incomes haven't kept ~ with inflation** nuestros ingresos no han aumentado al mismo ritmo que la inflación; **it's all happened so fast I can barely keep ~ with it** todo ha sucedido tan rápido que apenas puedo seguirle el ritmo; **to set the ~** marcar el paso, imponer el ritmo; **to stand** *or* **take the ~** aguantar *or* seguir el ritmo ❑ **~ car** *(in motor racing)* coche *m* de los jueces, *Arg* pace car *m*

◇ *vt* **-1.** *(room, street)* caminar por; **the tiger paced its cage** el tigre recorría los límites de su jaula **-2.** *(regulate speed of)* regular el ritmo de; **the action is well paced** la trama tiene un buen ritmo; **to ~ oneself** controlar el ritmo

◇ *vi* caminar; **to ~ up and down** caminar de un lado a otro

● **pace about** *vi* caminar de un lado a otro

● **pace off, pace out** *vt sep* medir a pasos

pace[2] ['pɑːtʃeɪ] *prep Formal* con el debido respeto a

pacemaker ['peɪsmeɪkə(r)] *n* **-1.** SPORT liebre *f* **-2.** *(for heart)* marcapasos *m inv*

pacesetter ['peɪssetə(r)] *n* **-1.** *(in race)* liebre *f* **-2.** *Fig (in competitive field)* líder *mf*

pac(e)y ['peɪsɪ] *adj* rápido(a)

pachyderm ['pækɪdɜːm] *n* paquidermo *m*

Pacific [pəˈsɪfɪk] ◇ *n* **the ~** el Pacífico

◇ *adj* **the ~ Ocean** el océano Pacífico; **the ~ Rim** = los países que bordean el Pacífico, sobre todo los asiáticos; *US* **~ Standard Time** = hora oficial de la costa del Pacífico en Estados Unidos

pacific [pəˈsɪfɪk] *adj Formal* pacífico(a)

pacification [pæsɪfɪˈkeɪʃən] *n* **-1.** *(of anger, person)* apaciguamiento *m* **-2.** *(of country)* pacificación *f*

pacifier ['pæsɪfaɪə(r)] *n US (for baby)* chupete *m*

pacifism ['pæsɪfɪzəm] *n* pacifismo *m*

pacifist ['pæsɪfɪst] ◇ *n* pacifista *mf*

◇ *adj* pacifista

pacify ['pæsɪfaɪ] *vt* **-1.** *(person, anger)* apaciguar **-2.** *(country)* pacificar

pack [pæk] ◇ *n* **-1.** *(rucksack)* mochila *f;* *(on animal)* costal *m* ❑ **~ animal** bestia *f* de carga; MIL **~ drill** ejercicio *m* con carga; IDIOM **no names, no ~ drill** no voy a dar nombres

-2. *(small box) (of cigarettes)* paquete *m;* Br **a ~ of washing powder** un paquete de jabón en polvo

-3. *(set of equipment)* equipo *m;* *(materials)* paquete *m*

-4. *Br (of playing cards)* baraja *f*

-5. *(group) (of thieves, photographers)* pandilla *f;* *(of cub scouts)* manada *f;* *(of runners, cyclists)* pelotón *m;* *(of wolves)* manada *f;* *(of hunting hounds)* jauría *f;* **a ~ of fools** una panda de imbéciles; **a ~ of lies** una sarta de mentiras ❑ **~ ice** banco *m* de hielo

-6. *(in rugby)* delanteros *mpl*

-7. *(in snooker)* = grupo de bolas rojas agrupadas en forma de triángulo

◇ *vt* **-1.** *(put into box)* empaquetar; *(items for sale)* envasar; *(in cotton wool, newspaper)* envolver; **the equipment is packed in polystyrene chips** el equipo está embalado con bolitas de poliestireno; **did you ~ my toothbrush?** ¿metiste mi cepillo de dientes (en la maleta)?

-2. *(fill) (hole, box)* llenar (**with** de); **to ~ one's suitcase** hacer la maleta *or Am* valija; *Fig* **to ~ one's bags** *(leave)* hacer las maletas *or Am* valijas; **we're not packed** aún no hemos hecho las maletas *or Am* no hicimos las valijas

-3. *(crowd into) (of spectators, passengers)* atestar, abarrotar

-4. *(cram) (earth into hole)* meter; *(passengers into bus, train)* apiñar; **the book is packed with helpful information** el libro está repleto de información útil; *Fig* **we managed to ~ a lot into a week's holiday** en una semana de vacaciones conseguimos hacer un montón de cosas; THEAT **she packs the house every night** llena la sala todas las noches

-5. *(compress) (soil, snow)* apisonar

-6. *(rig)* **to ~ a jury** influir indirectamente sobre las decisiones de un jurado; **to ~ a meeting** llenar una sala de reuniones con los propios seguidores

-7. *(wield)* ejercer; **he packs a lot of influence in cabinet** ejerce una gran influencia en el gabinete; **to ~ a punch** *(fighter, drink)* pegar duro

-8. *Fam* **to ~ a gun** llevar una pistola

-9. COMPTR *(database)* compactar

◇ *vi* **-1.** *(prepare luggage)* hacer el equipaje; IDIOM *Fam* **to send sb packing** *(send away)* mandar a alguien a freír churros *or* a paseo **-2.** *(fit) (into container)* caber, entrar **-3.** *(cram)* **to ~ into a room** apiñarse en una habitación; **we all packed into the van** nos apiñamos todos dentro de la camioneta

● **pack away** ◇ *vt sep* **-1.** *(tidy up)* guardar; *(bed)* guardar

-2. *Fam (eat)* comer, *Arg* manducar; **he can really ~ it away!** ¡cómo come *or Arg* lastra!

◇ *vi (bed, table)* guardarse

● **pack down** ◇ *vt sep (soil, snow)* apisonar

◇ *vi (in rugby)* formar *Esp* la melé *or Am* el scrum

● **pack in** *Fam* ◇ *vt sep* **-1.** *(give up) (job, course)* dejar; **you should ~ in smoking** deberías dejar de fumar *or Arg* cortar con el pucho; **~ it in!** *(stop complaining)* ¡deja de protestar *or* de dar la murga!

-2. *(cram in)* **I couldn't ~ anything more in** no me entra nada más; **they packed in a lot of sightseeing on their short trip** metieron un montón de visitas turísticas en el corto viaje que hicieron; **we were packed in like sardines** estábamos como sardinas en lata; **to ~ the crowds in** atraer a las masas; **the play is packing them in** la obra es un éxito de taquilla

◇ *vi* **-1.** *(crowd in)* apiñarse **-2.** *Br (car, computer)* estropearse, *Esp* escacharrarse, *Méx* desconchinflarse, *RP* hacerse bolsa

● **pack off** *vt sep Fam (send)* mandar; **I packed the kids off to bed/school** mandé *or Arg* despaché a los chicos a la cama/a la escuela

● **pack out** *vt sep* abarrotar; **the event was completely packed out** el acto estaba abarrotado de gente

● **pack up** ◇ *vt sep* **-1.** *(suitcase, bags)* hacer **-2.** *(tidy up) (belongings, tools)* recoger

◇ *vi Br* **-1.** *(before moving house)* embalar, preparar la mudanza; *(finish work)* dejarlo, parar de trabajar **-2.** *Fam (break down)* estropearse, *Esp* escacharrarse, *Méx* desconchinflarse, *RP* hacerse bolsa

package ['pækɪdʒ] ◇ *n* **-1.** *(parcel)* paquete *m;* *US (packet)* paquete *m* ❑ *US* **~ store** tienda *f* de bebidas alcohólicas

-2. *(pay deal, contract)* paquete *m;* **a ~ of measures** un paquete de medidas; **the ~ includes private health insurance** el paquete incluye seguro médico privado ❑ COM **~ deal** acuerdo *m* global; **~ holiday** paquete *m* turístico, viaje *m* organizado; **~ tour** paquete *m* turístico, viaje *m* organizado

-3. COMPTR **(software) ~** paquete *m* de software

◇ *vt* **-1.** *(goods)* envasar **-2.** **to ~ sb (as)** *(pop star, politician)* promover a alguien (como)

packaging ['pækɪdʒɪŋ] *n* **-1.** *(for transport, freight)* embalaje *m* **-2.** *(of product)* envasado *m* ❑ **~ plant** planta *f* de envase *or* envasadora *f* **-3.** *(presentation)* imagen *f*, presentación *f*

packed [pækt] *adj* **-1.** *(crowded)* abarrotado(a); THEAT **to play to a ~ house** actuar en una sala abarrotada **-2.** *(wrapped)* **~ lunch** comida *f* preparada de casa *(para excursión, trabajo, colegio)*

packer ['pækə(r)] *n* empaquetador(ora) *m,f*, embalador(ora) *m,f*

packet ['pækɪt] *n* **-1.** *(of tea, cereal, cigarettes)* paquete *m*; *(of nuts, sweets)* bolsa *f* ❑ **~ soup** sopa *f* de sobre **-2.** *Fam (lot of money)* **to make** *or* **earn a ~** ganar una millonada *or Méx* un chorro de lana *or RP* una ponchada de guita; **that'll cost a ~** costará un riñón **-3.** NAUT **~ (boat)** paquebote *m* **-4.** COMPTR paquete *m* ❑ **~ switching** conmutación *f* de paquetes **-5.** *Fam (man's genitals) Esp* paquete *m*, *Méx* cosa *f*, *RP* bulto *m*

packhorse ['pækhɔːs] *n* caballo *m* de carga

packing ['pækɪŋ] *n* **-1.** *(of parcel)* envoltorio *m*; *(of commercial goods)* embalaje *m*; **to do one's ~** *(for trip)* hacer el equipaje; *(before moving house)* preparar las cosas para la mudanza ❑ **~ list** lista *f* de cosas para embalar **-2.** *(packing material)* embalaje *m* ❑ **~ case** cajón *m* **-3.** *US* **~ house** empresa *f* de productos cárnicos

pack-rat ['pækræt] *n* **-1.** *(animal)* = especie de rata norteamericana **-2.** *Fam (person)* **to be a ~** ser un(a) acaparador(ora)

packsaddle ['pæksædəl] *n* albarda *f*

packthread ['pækθred] *n* bramante *m*, hilo *m* de embalar

pact [pækt] *n* pacto *m*; **to make a ~ with sb** hacer un pacto con alguien

pacy = **pacey**

pad [pæd] ◇ *n* **-1.** *(for protection)* almohadilla *f*; *(of cotton wool)* tampón *m* **-2.** *(on dog's feet)* almohadilla *f* **-3.** *(for helicopters)* plataforma *f* **-4.** *(of paper)* **(writing) ~** bloc *m* **-5.** *(noise)* ruido *m* suave *or* apagado; **the ~ of bare feet on marble** el sonido de unos pies descalzos caminando sobre el mármol **-6.** *Fam (home)* casa *f*, *Esp* choza *f*, *Esp* queli *f*
◇ *vt (pt & pp* **padded***)* **-1.** *(stuff)* acolchar, almohadillar **(with** con**) -2.** *(add bulk to) (speech, essay)* rellenar
◇ *vi* **to ~ about** caminar con suavidad; **he padded downstairs in his slippers** bajó las escaleras con suavidad, con sus pantuflas puestas; **the dog padded along beside the cyclist** el perro acompañaba con un suave andar al ciclista

◆ **pad out** *vt sep (speech, essay)* rellenar; **you can ~ out the meal with rice** puedes acompañar la comida con arroz

padded ['pædɪd] *adj* **-1.** *(door, wall)* acolchado(a), almohadillado(a); *(envelope)* acolchado(a); *(jacket, material)* acolchado(a); *(bra)* con relleno; *(shoulders of jacket)* con hombreras ❑ **~ cell** celda *f* acolchada **-2.** *(fat)* **he's well ~** está bastante relleno

padding ['pædɪŋ] *n* **-1.** *(material)* relleno *m*; *(of cotton)* guata *f* **-2.** *Fig (in speech, essay)* paja *f*, relleno *m*; **use rice/pasta as ~** usa arroz/pasta de relleno

paddle ['pædəl] ◇ *n* **-1.** *(for canoe)* remo *m*, canalete *m*; *(of paddle boat)* pala *f*; *(of waterwheel)* paleta *f* ❑ **~ boat** barco *m* (de vapor) de ruedas; **~ steamer** barco *m* (de vapor) de ruedas; **~ wheel** rueda *f* de paletas **-2.** *US (for table tennis)* pala *f* **-3.** *(walk in water)* **to go for** *or* **have a ~** dar un paseo por el agua *or* la orilla
◇ *vt* **-1.** *(canoe)* remar en; [IDIOM] **to ~ one's own canoe** arreglárselas solo(a) **-2.** *US Fam (spank)* dar una zurra a, *Arg* dar un chirlo a
◇ *vi* **-1.** *(in canoe)* remar **-2.** *(duck)* nadar **-3.** *(walk in water)* dar un paseo chapoteando por el agua *or* la orilla

paddlefish ['pædəlfɪʃ] *n* pez *m* hoja

paddling pool ['pædlɪŋ'puːl] *n* **-1.** *(inflatable)* piscina *f or Méx* alberca *f or RP* pileta *f* hinchable **-2.** *(in park)* piscina *f or Méx* alberca *f or RP* pileta *f* para niños

paddock ['pædək] *n* **-1.** *(field)* cercado *m*, potrero *m* **-2.** *(at racecourse)* paddock *m* **-3.** *(at motor-racing circuit)* paddock *m*

Paddy ['pædɪ] *n Fam* = término a veces ofensivo para referirse a los irlandeses

paddy ['pædɪ] *n* **-1. ~ (field)** *(rice field)* arrozal *m* **-2.** *US Fam* **~ wagon** *(police van)* furgón *m* policial, *Arg* celular *m* **-3.** *Br Fam (bad temper)* **to be in a ~** estar de malas pulgas

paddyfield warbler ['pædɪfiːld'wɔːblə(r)] *n* carricero *m* agrícola

padlock ['pædlɒk] ◇ *n* candado *m*
◇ *vt* cerrar con candado; **she padlocked her bicycle to a lamppost** ató con un candado su bicicleta a una farola

padre ['pɑːdreɪ] *n Fam (military chaplain)* capellán *m*

padsaw ['pædsɔː] *n* sierra *f*. para cortar ángulos *(con el mango desmontable)*

Padua ['pædjʊə] *n* Padua

paean, *US* **pean** ['piːən] *n Literary* panegírico *m*; **the movie received a ~ of praise from the critics** la película recibió una lluvia de elogios *or* alabanzas de la crítica

paederast, *US* **pederast** ['pedəræst] *n Formal* pederasta *m*

paederasty, *US* **pederasty** ['pedəræstɪ] *n Formal* pederastía *f*

paediatric, *US* **pediatric** [piːdɪ'ætrɪk] *adj* MED pediátrico(a)

paediatrician, *US* **pediatrician** [piːdɪə'trɪʃən] *n* MED pediatra *mf*

paediatrics, *US* **pediatrics** [piːdɪ'ætrɪks] *n* MED pediatría *f*

paedophile, *US* **pedophile** ['piːdəfaɪl] *n* pedófilo(a) *m,f*

paedophilia, *US* **pedophilia** [piːdə'fɪlɪə] *n* pedofilia *f*

pagan ['peɪɡən] ◇ *n* pagano(a) *m,f*
◇ *adj* pagano(a)

paganism ['peɪɡənɪzəm] *n* paganismo *m*

page¹ [peɪdʒ] *n* página *f*; **on ~ 6** en la página 6; *Fig* **a glorious ~ in our history** una página gloriosa de nuestra historia; **the sports/business pages** *(in newspaper)* la sección de deportes/negocios ❑ COMPTR **~ break** salto *m* de página; COMPTR **~ down key** tecla *f* de avance de página; COMPTR **~ layout** maquetación *f*; **~ number** número *m* de página; **~ numbering** numeración *f* de páginas, paginación *f*; COMPTR **~ preview** previsualización *f*; COMPTR **~ setup** ajuste *m* de página; *Br* **~ three** = página de los periódicos británicos sensacionalistas en la que aparece la foto de una chica atractiva medio desnuda; COMPTR **~ up key** tecla *f* de retroceso de página

◆ **page down** *vi* COMPTR desplazarse hacia abajo hasta la página siguiente

◆ **page up** *vi* COMPTR desplazarse hacia arriba hasta la página anterior

page² ◇ *n (servant, at wedding)* paje *m*; *(in hotel)* botones *m inv*; *US (in legislative body)* mensajero *m*
◇ *vt (call) (by loudspeaker)* avisar por megafonía; *(by electronic device)* llamar por el buscapersonas *or Esp* busca *or Méx* localizador *or RP* radiomensaje; **paging Mrs Clark!** atención, Sra. Clark

pageant ['pædʒənt] *n (procession)* desfile *m*, procesión *f*; *(of historical events)* representación *f* de escenas históricas

pageantry ['pædʒəntrɪ] *n* pompa *f*, esplendor *m*

pageboy ['peɪdʒbɔɪ] *n* **-1.** *(servant, at wedding)* paje *m*; *(in hotel)* botones *m inv* **-2.** *(hairstyle)* **~ (haircut)** corte *m* estilo paje

pager ['peɪdʒə(r)] *n* buscapersonas *m inv*, *Esp* busca *m*, *Méx* localizador *m*, *RP* radiomensaje *m*

page-three girl [peɪdʒ'θriːɡɜːl] *n Br Fam* = modelo que ha aparecido posando medio desnuda en alguno de los periódicos sensacionalistas británicos

page-turner ['peɪdʒtɜːnə(r)] *n Fam* libro *m* absorbente

paginate ['pædʒɪneɪt] *vt* COMPTR paginar

pagination [pædʒɪ'neɪʃən] *n* COMPTR paginación *f*

pagoda [pə'ɡəʊdə] *n* pagoda *f*

pah [pɑː] *exclam* ¡bah!

paid [peɪd] ◇ *adj* **-1.** *(person, work)* remunerado(a); **~ holidays** vacaciones pagadas; **to get ~ sick/maternity leave** obtener la baja por enfermedad/maternidad **-2.** [IDIOM] *Fam* **to put ~ to sb's chances/hopes** truncar las posibilidades/esperanzas de alguien; **well, that's put ~ to that!** ¡entonces, eso lo echa por tierra!
◇ *pt & pp of* **pay**

paid-up ['peɪdʌp] *adj* **-1.** *(member)* con las cuentas al día; *Fig* **he's a fully ~ member of the awkward squad** es un tiquismiquis constante **-2.** FIN *(share)* liberado(a); **~ policy** póliza liberada *or* con prima; **~ (share) capital** capital *m* liberado en acciones

pail [peɪl] *n (bucket)* cubo *m*, balde *m*

pailful ['peɪlfʊl] *n* **a ~ of water** un cubo *or* balde de agua

pain [peɪn] ◇ *n* **-1.** *(physical)* dolor *m*; **to cause sb ~** dolerle a alguien; **to be in ~** estar sufriendo; **to be in great ~** tener mucho dolor; **I have a ~ in my leg** me duele una pierna; **to cry out in ~** gritar de dolor ❑ **the ~ barrier** el umbral del dolor; **~ relief** tratamiento *m* del dolor; **aspirin for fast ~ relief** aspirina para un rápido alivio del dolor
-2. *(mental, emotional)* sufrimiento *m*, pena *f*; **I can't bear the ~ of losing her** no soporto el dolor de haberla perdido; **to cause sb ~** afligir *or* hacer sufrir a alguien; **he went through a lot of ~ when his son left home** sufrió mucho cuando su hijo se fue de casa
-3. *(trouble)* **to take pains to do sth, to be at great pains to do sth** tomarse muchas molestias para hacer algo; **she took great pains over her work** se esforzó mucho en su trabajo; **he went to great pains to help us** se esforzó mucho por ayudarnos; **for my pains** por mi esfuerzo
-4. *Formal* **on ~ of death** so pena de muerte
-5. *Fam (annoying person, thing)* **he's a ~ (in the neck)** es un plomazo *or* pelmazo *or Méx* sangrón; *US Fam* **to give sb a ~ (in the neck)** dar la paliza a alguien; *Vulg* **it's a ~ in the** *Br* **arse** *or US* **ass** *Esp* un coñazo *or Méx* una chingadera *or RP* un embole; *Fam* **cooking can be a ~** a veces resulta un plomazo *or* una lata cocinar
◇ *vt* afligir, apenar; **it pains me to say it, but...** me duele decirlo, pero...

pained [peɪnd] *adj (look, expression)* afligido(a), de pena

painful ['peɪnfʊl] *adj* **-1.** *(physically)* doloroso(a); *(part of body)* dolorido(a); **my burns are still ~** aún me duelen las quemaduras; **is it ~ here?** ¿te duele aquí?; **these shoes are really ~** estos zapatos me hacen daño **-2.** *(mentally)* doloroso(a), penoso(a); **it's ~ to watch them** resulta penoso mirarlos; **the ~ truth** la dura realidad **-3.** *Fam (bad) (performance, singing)* malísimo(a), *Esp* de pena

painfully ['peɪnfʊlɪ] *adv* **-1.** *(to walk, move)* con dolor; **her head throbbed ~** le latía la cabeza con dolor; **she fell ~** tuvo una caída dolorosa **-2.** *Fig (obvious, clear)* tremendamente; **he's ~ shy** es terriblemente tímido; **~ slowly** exasperantemente lento; **she's ~ thin** es terriblemente flaca

painkiller ['peɪnkɪlə(r)] *n* analgésico *m*

painkilling ['peɪnkɪlɪŋ] *adj* analgésico(a)

painless ['peɪnlɪs] *adj* **-1.** *(not painful)* indoloro(a) **-2.** *Fig (easy)* fácil

painstaking ['peɪnzteɪkɪŋ] *adj (person, research)* meticuloso(a), concienzudo(a); *(care)* esmerado(a)

painstakingly ['peɪnzteɪkɪŋlɪ] *adv* meticulosamente, minuciosamente; **~ accurate work** un trabajo de una rigurosa exactitud

paint [peɪnt] ◇ *n* pintura *f*; **oil/acrylic ~** pintura al óleo/acrílica; **a set** *or* **box of paints** un juego *or* una caja de pinturas; [IDIOM] *Hum* **it's as interesting as watching ~ dry** es más aburrido que ver crecer la hierba ❑ **~ gun** pistola *f (para pintar)*; **~ pot** pote *m or* tarro *m* de pintura; **~ remover** decapante *m*; IND **~ shop** taller *m* de pintura; **~ stripper** decapante *m*
◇ *vt* **-1.** *(picture, person, room)* pintar; **the**

paintball

door was painted yellow la puerta estaba pintada de amarillo; *Fam* to ~ one's face *(put on make-up)* pintarse; to ~ one's nails pintarse las uñas

-2. [IDIOMS] to ~ a favourable picture (of) dar una visión favorable (de); to ~ a black picture of sth/sb pintar algo/a alguien muy negro; to ~ everything in rosy colours pintar todo color de rosa; to ~ the town red irse de juerga; to ~ oneself into a corner ponerse en una situación comprometida

◇ *vi* pintar; to ~ in oils/watercolours pintar al óleo/a la acuarela

◆ **paint over** *vt sep* tapar *or* cubrir con pintura

paintball ['peɪntbɔːl] *n* = juego bélico en el que los participantes se disparan pintura con pistolas de aire comprimido

paintbox ['peɪntbɒks] *n* caja *f* de acuarelas

paintbrush ['peɪntbrʌʃ] *n (of artist)* pincel *m*; *(of decorator)* brocha *f*

painted ['peɪntɪd] *adj* pintado(a) ❏ ~ *bunting* verderón *m* pintado; *the Painted Desert* el Desierto Pintado; ~ *lady (butterfly)* vanesa *f* de la alcachofa

painter ['peɪntə(r)] *n* -1. *(artist)* pintor(ora) *m,f*; *(decorator)* pintor(ora) *m,f* (de brocha gorda); ~ *and decorator* pintor(ora) *(que también empapela)* -2. NAUT *(rope)* amarra *f*; to cut the ~ soltar amarras

painterly ['peɪntəlɪ] *adj* de pintor

painting ['peɪntɪŋ] *n* -1. *(picture)* cuadro *m*, pintura *f* -2. *(activity)* pintura *f*; ~ *and decorating* pintura y decoración

paintwork ['peɪntwɜːk] *n (of car, room)* pintura *f*

pair [peə(r)] ◇ *n* -1. *(set of two) (of shoes, gloves)* par *m*; *(of people, animals, birds)* pareja *f*; in pairs *(of objects, people)* de dos en dos, por parejas; I've only got one ~ of hands! ¡sólo tengo dos manos!; *Br Fam* shut up, the ~ of you! *Esp* vosotros dos, ¡callaos!, *Am* ustedes dos, ¡cállense!; you're a ~ of idiots! ¡sois un par de imbéciles! ❏ ZOOL ~ *bonding* apareamiento *m*

-2. *(matching item)* par *m*; where's the ~ to this sock? ¿dónde está el otro calcetín de este par?

-3. *(forming single item)* a ~ of glasses unas gafas; a ~ of scissors unas tijeras; a ~ of trousers unos pantalones

-4. *(husband and wife)* pareja *f*

-5. *(in rowing)* par *m*

-6. *(in cards, dice)* pareja *f*

◇ *vt (people, animals)* emparejar (with con)

◇ *vi (animals, birds)* aparearse

◆ **pair off** ◇ *vt sep (people)* emparejar; he's trying to ~ them off *(in a relationship)* está haciendo de celestino

◇ *vi (people)* ponerse en parejas

◆ **pair up** ◇ *vt sep (socks)* formar pares de

◇ *vi* hacer pareja, emparejarse (with con)

paisley ['peɪzlɪ] *adj* TEX de cachemir ❏ ~ *pattern* estampado *m* de cachemira

pajama *US* = **pyjama**

pak choi ['pæk'tʃɔɪ] *n* col *f* china, repollo *m* chino

Paki ['pækɪ] *n Br very Fam (person)* = término generalmente ofensivo para referirse a los ciudadanos de origen pakistaní, indio o bangladeshí; ~ *shop*, ~'s = tienda de alimentación perteneciente a un ciudadano de origen pakistaní, indio o bangladeshí

Paki-bashing ['pækɪbæʃɪŋ] *n Br very Fam* = ataques físicos o verbales contra ciudadanos de origen pakistaní, indio o bangladeshí

Pakistan [pɑːkɪ'stɑːn] *n* Paquistán

Pakistani [pɑːkɪ'stɑːnɪ] ◇ *n* paquistaní *mf*
◇ *adj* paquistaní

pakora [pə'kɔːrə] *n* = bola de verduras rebozada en harina que se sirve con salsa picante, típica de la comida india

PAL [pæl] *n* TV *(abbr phase alternation line)* (sistema *m*) PAL *m*

pal [pæl] *n Fam* -1. *(friend)* amiguete(a) *m,f*, *Esp* colega *mf*; be a ~ and fetch my coat sé bueno y tráeme el abrigo -2. *(term of address)* thanks, ~ gracias, *Esp* tío *or Am* compadre; look here, ~! ¡mira, *Esp* tío *or Am* compadre!; watch where you're going, ~! ¡fíjate por dónde andas, *Esp* tío *or Am* compadre!

◆ **pal up with** *vt insep Fam* hacerse amigo *or Esp* colega de

palace ['pælɪs] *n* -1. *(royal, president's)* palacio *m* ❏ *also Fig* ~ *coup* golpe *m* de palacio; ~ *revolution* revolución *f* de palacio -2. *Br* the Palace *(Buckingham Palace)* el Palacio de Buckingham; the Palace of Westminster el Palacio de Westminster

paladin ['pælədɪn] *n* paladín *m*

Palaeocene, *US* **Paleocene** ['pælɪəsiːn] GEOL
◇ *n* the ~ el paleoceno
◇ *adj* paleoceno(a)

palaeographer, *US* **paleographer** [pælɪ'ɒɡrəfə(r)] *n* paleógrafo(a) *m,f*

palaeography, *US* **paleography** [pælɪ'ɒɡrəfɪ] *n* paleografía *f*

palaeolithic, *US* **paleolithic** [pælɪə'lɪθɪk] *adj* paleolítico(a)

palaeontologist, *US* **paleontologist** [pelɪɒn'tɒlədʒɪst] *n* paleontólogo(a) *m,f*

palaeontology, *US* **paleontology** [pelɪɒn'tɒlədʒɪ] *n* paleontología *f*

Palaeozoic, *US* **Paleozoic** [pælɪə'zəʊɪk] GEOL
◇ *n* the ~ el paleozoico
◇ *adj* paleozoico(a)

palatable ['pælətəbəl] *adj* -1. *(food)* apetitoso(a) -2. *Fig (suggestion)* aceptable

palatal ['pælətəl] *adj* -1. ANAT del paladar -2. LING palatal

palatalize ['pælətəlaɪz] *vt* LING palatalizar

palate ['pælɪt] *n* -1. *(in mouth)* paladar *m* -2. *(sense of taste)* paladar *m*

palatial [pə'leɪʃəl] *adj* suntuoso(a), señorial

palatinate [pə'lætɪnət] *n* palatinado *m*; HIST the Palatinate el Palatinado

palatine ['pælətaɪn] *adj* HIST palatino(a)

palato-alveolar ['pælətəʊælvɪ'əʊlə(r)] *adj* LING palato-alveolar

palaver [pə'lɑːvə(r)] *n Br Fam (fuss)* lío *m*, *Esp* follón *m*; what a ~! ¡vaya lío *or Esp* follón!

palazzo [pæ'lætsəʊ] *n* palacio *m (italiano)*; ~ *pants*, *palazzos* palazo

pale[1] [peɪl] ◇ *adj* -1. *(skin)* pálido(a); to turn ~ (with fright) palidecer (de miedo); [IDIOM] to be as ~ as death estar blanco(a) como el papel *or* la leche -2. *(colour)* claro(a); a ~ blue dress un vestido azul pálido; *Fig* a ~ imitation of sth una pálida imitación de algo ❏ *Br* ~ *ale* = cerveza del tipo "bitter" pero más rubia

◇ *vi (person)* palidecer; our problems ~ into insignificance beside hers si los comparamos con los de ella, nuestros problemas son insignificantes

pale[2] *n (fence post)* estaca *f*; *(fence)* empalizada *f*, cerca *f*; [IDIOM] to be *or* go beyond the ~ ser intolerable

paleface ['peɪlfeɪs] *n Hum Esp* rostro *m* pálido, *Am* carapálida *mf*

paleness ['peɪlnɪs] *n* palidez *f*

Paleocene, paleographer *etc US* = **Palaeocene, palaeographer** *etc*

Palestine ['pælɪstaɪn] *n* Palestina ❏ ~ *Liberation Organization* Organización *f* para la Liberación de Palestina

Palestinian [pælɪ'stɪnɪən] ◇ *n* palestino(a) *m,f*
◇ *adj* palestino(a)

palette ['pælɪt] *n* -1. ART paleta *f* ❏ ~ *knife* espátula *f* -2. COMPTR paleta *f*

palfrey ['pɔːlfrɪ] *n* palafrén *m*

palimony ['pælɪmənɪ] *n Fam* pensión *f* alimenticia *(entre parejas de hecho)*

palimpsest ['pælɪmpsest] *n* palimpsesto *m*

palindrome ['pælɪndrəʊm] *n* palíndromo *m*

paling ['peɪlɪŋ] *n (fence)* cerca *f*, estacada *f*; *(fence post)* estaca *f*, RP poste *m*

palisade [pælɪ'seɪd] *n* -1. *(fence)* empalizada *f* -2. *US* **palisades** *(cliffs)* acantilados *mpl*

pall[1] [pɔːl] *n* -1. *(over coffin)* paño *m* mortuorio -2. *(coffin)* féretro *m* -3. *(of smoke)* cortina *f*, manto *m*; *(of darkness, gloom)* manto *m*; a ~ of silence hung over the room un manto de silencio cubrió la sala

pall[2] *vi (become uninteresting)* desvanecerse; it began to ~ on me comenzó a cansarme

Palladian [pə'leɪdɪən] *adj* ARCHIT paladiano(a)

palladium [pə'leɪdɪəm] *n* CHEM paladio *m*

pallbearer ['pɔːlbeərə(r)] *n* portador(ora) *m,f* del féretro

pallet ['pælɪt] *n* -1. *(bed)* jergón *m* -2. IND *(wooden platform)* palet *m*, palé *m*

palletization [pælɪtaɪ'zeɪʃən] *n* COM paletización *f*

palletize ['pælɪtaɪz] *vt* COM paletizar

palliasse ['pælɪæs] *n* jergón *m*

palliate ['pælɪeɪt] *vt* -1. MED paliar, mitigar -2. *Formal* paliar

palliative ['pælɪətɪv] ◇ *n* MED paliativo *m*
◇ *adj* paliativo(a); her words had a ~ effect sus palabras tuvieron un efecto paliativo

pallid ['pælɪd] *adj* -1. *(pale)* pálido(a) -2. *(performance)* deslucido(a), pálido(a) -3. ~ *swift* vencejo *m* pálido

pallor ['pælə(r)] *n* lividez *f*

pally ['pælɪ] *adj Fam* to be ~ with sb comportarse amistosamente con alguien; they're very ~ all of a sudden se han hecho muy amigos de repente

palm[1] [pɑːm] ◇ *n* -1. *(plant)* ~ (tree) palmera *f*; ~ grove *or* plantation palmeral, plantación de palmeras ❏ ~ *court (in hotel)* = salón decorado con palmeras donde toca una orquesta; ~ *oil* aceite de palma; ~ *sugar* panela *f*; ~ *wine* = bebida alcohólica hecha a base de savia de palma fermentada

-2. *(branch)* ~ (leaf) palma *f*; [IDIOM] to carry off the ~ conseguir la victoria ❏ *Palm Sunday* Domingo *m* de Ramos

◇ *vt (in conjuring)* hacer desaparecer

palm[2] *n (of hand)* palma *f*; [IDIOM] to have sb in the ~ of one's hand tener a alguien en el bolsillo

◆ **palm off** *vt sep* to ~ sth off on(to) sb endilgar algo a alguien; they tried to ~ me off with a cheap imitation intentaron colocarme una imitación barata; he keeps palming me off with excuses siempre se deshace de mí con excusas

palmetto [pæl'metəʊ] *n* palma *f* enana ❏ *the Palmetto State* = apelativo familiar referido al estado de Carolina del Sur

palmhouse ['pɑːmhaʊs] *n* = en un jardín botánico, invernadero para palmeras y otras plantas tropicales

palmist ['pɑːmɪst] *n* quiromántico(a) *m,f*

palmistry ['pɑːmɪstrɪ] *n* quiromancia *f*

palmitic acid [pæl'mɪtɪk'æsɪd] *n* CHEM ácido *m* palmítico

palmtop ['pɑːmtɒp] *n* COMPTR palmtop *m*, asistente *m* personal

palmy ['pɑːmɪ] *adj* próspero(a)

palomino [pælə'miːnəʊ] *n (horse)* = caballo alazán de crin y cola blancas

palooka [pə'luːkə] *n US Fam* -1. *(clumsy person)* torpe *m* -2. *(stupid person)* imbécil *m* -3. *(boxer)* mal boxeador *m*

palpable ['pælpəbəl] *adj* -1. *(obvious)* palpable; a ~ lie una mentira evidente -2. MED palpable

palpably ['pælpəblɪ] *adv* evidentemente; ~ obvious muy evidente

palpate [pæl'peɪt] *vt* MED explorar

palpitate ['pælpɪteɪt] *vi (heart)* palpitar; *Fig* to ~ with fear/excitement estar estremecido(a) de miedo/emoción

palpitations [pælpɪ'teɪʃənz] *npl* palpitaciones *fpl*; *Hum* I get ~ whenever I see her me da taquicardia cada vez que la veo

palsied ['pɔːlzɪd] *adj* -1. *(paralysed)* paralítico(a) -2. *Literary (trembling)* paralizado(a)

palsy[1] ['pɔːlzɪ] *n* MED parálisis *f inv*

palsy[2] ['pælzɪ] *adj Fam* to be/get ~ with sb ser íntimo(a) de alguien/intimar con alguien

paltry ['pɔːltrɪ] *adj (wage, sum)* miserable; **all this for a ~ $100** todo esto por 100 miserables dólares; **a ~ excuse** una pésima excusa

pampas ['pæmpəs] *npl* **the ~** la pampa, las pampas; **the Pampas** *(in Argentina)* la Pampa ❏ **~ grass** cortadera *f*

pamper ['pæmpə(r)] *vt (person)* mimar, consentir; **to ~ oneself** darse lujos

pampered ['pæmpəd] *adj* mimado(a), consentido(a)

pamphlet ['pæmflɪt] *n (informative)* folleto *m*; *(controversial)* panfleto *m*

pamphleteer [pæmflə'tɪə(r)] *n* panfletista *mf*

pamphleteering [pæmflə'tɪərɪŋ] *n* panfletismo *m*, panfletarismo *m*

Pan [pæn] *n* MYTHOL Pan

pan[1] [pæn] ◇ *n* **-1.** *(for cooking)* cacerola *f*, cazuela *f*; *(frying pan)* sartén *f*; US **cake ~** molde para tartas **-2.** *(of scales)* platillo *m* **-3.** *(to search for gold, gems)* batea *f* **-4.** *Br (of lavatory)* taza *f*; IDIOM *Fam* **to go down the ~** echarse a perder, irse al carajo *or* al garete; **that's six months' work down the ~!** ¡seis meses de trabajo al carajo *or* al garete *or Arg* echados por la borda!
◇ *vi (pt & pp* **panned)** **to ~ for gold** extraer oro *(con cedazo)*
◇ *vt (gravel)* cribar

pan[2] *(pt & pp* **panned)** *vt Fam (criticize)* vapulear, *Esp* poner por los suelos

pan[3] CIN ◇ *n* **(shot)** plano *m* panorámico
◇ *vi (pt & pp* **panned)** hacer un plano panorámico; **to ~ left/right** rodar con un plano panorámico hacia la izquierda/derecha

▸ **pan out** *vi Fam (turn out)* salir; **let's see how things ~ out** a ver cómo salen las cosas; **our strategy is not panning out** nuestra estrategia no está funcionando

pan- [pæn] *prefix* pan-; **Pan-Asian** panasiático(a); **~sexual** pansexual

panacea [pænə'sɪə] *n* panacea *f*

panache [pə'næʃ] *n* gracia *f*, garbo *m*

Pan-African [pæn'æfrɪkən] *adj* panafricano(a)

Panama ['pænəmɑː] *n* Panamá ❏ **the ~ Canal** el canal de Panamá; **~ City** Ciudad de Panamá; **~ hat** sombrero *m* panamá *m*

Panamanian [pænə'meɪnɪən] *n* panameño(a) *m,f*
◇ *adj* panameño(a)

Pan-American [pænə'merɪkən] *adj* panamericano(a) ❏ **the ~ Games** los Juegos Panamericanos; **the ~ Highway** la autopista Panamericana

pan-Arab [pæn'ærəb] *adj* panárabe

panatella [pænə'telə] *n* panatela *m*, = tipo de cigarro largo y delgado

pancake ['pænkeɪk] *n* **-1.** *(cake)* crepe *f*, torta *f* ❏ **Pancake Day** Martes *m inv* de Carnaval; **~ race** carrera *f* de crepes *or RP* panqueques; **Pancake Tuesday** Martes *m inv* de Carnaval **-2.** *(make-up)* **~ (make-up)** maquillaje *m* facial *(que se humedece antes de aplicar)* **-3.** AV **~ landing** = aterrizaje forzoso sobre el fuselaje del avión sin utilizar el tren de aterrizaje

panchromatic [pænkrəʊ'mætɪk] *adj* PHOT pancromático(a)

pancreas ['pæŋkrɪəs] *n* páncreas *m inv*

pancreatic [pæŋkrɪ'ætɪk] *adj* pancreático(a) ❏ **~ juice** jugo *m* pancreático

pancreatitis [pæŋkrɪə'taɪtɪs] *n* MED pancreatitis *f inv*

panda ['pændə] *n* **-1.** *(bear)* (oso *m*) panda *m* **-2.** *Br* **~ car** coche *m or Am* carro *m or CSur* auto *m* patrulla

pandemic [pæn'demɪk] MED ◇ *n* pandemia *f*
◇ *adj* pandémico(a)

pandemonium [pændɪ'məʊnɪəm] *n* **there was ~, ~ broke out** se armó un auténtico pandemónium; **the whole office is in ~** la oficina es un caos total; **to cause ~** sembrar el caos

pander ['pændə(r)] ◇ *vi* **to ~ to sb** complacer a alguien; **to ~ to a vice/sb's whims** ceder a un vicio/consentirle los caprichos a alguien; **to ~ to sb's views** someterse a la opinión de alguien; **these films ~ to our worst instincts** estas películas apelan a nuestros peores instintos
◇ *n Literary (pimp)* proxeneta *m*

Pandora's box [pæn'dɔːrəz'bɒks] *n* la caja de Pandora; IDIOM **to open ~** abrir la caja de Pandora, destapar la caja de los truenos

pane [peɪn] *n* **(of glass)** hoja *f* de vidrio *or Esp* cristal

panegyric [pænɪ'dʒɪrɪk] *n Formal* panegírico *m*

panel ['pænəl] ◇ *n* **-1.** *(on wall, of door)* panel *m* ❏ *Br* **~ beater** *(in car industry)* chapista *mf*, *Méx* hojalatero(a) *m,f*; **~ heating** calefacción *f* por paneles; *Br* **~ pin** espiga *f (clavo)*; US **~ truck** furgoneta *f* de reparto
-2. *(of garment)* pieza *f*
-3. *(of switches, lights)* panel *m*, tablero *m*
-4. ART *(for picture)* tabla *f*
-5. *(at interview, of experts)* panel *m*, equipo *m*; **our ~ for tonight's show** nuestros participantes en el programa de hoy ❏ **~ game** concurso *m* por equipos; **~ discussion** debate *m*, mesa *f* redonda
◇ *vt (pt & pp* **panelled**, US **paneled)** *(wall)* revestir con paneles; **a panelled door** una puerta de paneles; **one wall was panelled in pine** una pared estaba revestida con paneles de pino

panelling, US **paneling** ['pænəlɪŋ] *n (on wall)* paneles *mpl*

panellist, US **panelist** ['pænəlɪst] *n (on radio, TV programme)* participante *mf (en un debate)*

pan-fry ['pænfraɪ] *vt* freír a la sartén

pang [pæŋ] *n (of hunger, jealousy)* punzada *f*; **pangs of conscience** *or* **guilt** remordimientos de conciencia; **he resigned without a ~ of regret** renunció sin lamentarlo en absoluto; **I felt a ~ of sadness** sentí una punzada de tristeza *or* dolor

Pangaea [pæn'dʒiːə] *n* Pangea

pangolin [pæŋ'gəʊlɪn] *n* pangolín *m*

panhandle ['pænhændəl] US ◇ *n (of state)* = península de forma estrecha y alargada unida a un territorio de mayor tamaño
◇ *vt Fam* **to ~ money from sb,** **to ~ sb** mendigarle a alguien
◇ *vi Fam (beg)* mendigar

panhandler ['pænhændlə(r)] *n US Fam* pordiosero(a) *m,f*

panic ['pænɪk] ◇ *n* **-1.** *(alarm)* pánico *m*; **she phoned me up in a ~** me llamó toda histérica; **there's no need to get into a ~ (over** *or* **about it)** no hace falta que te pongas tan nervioso (por ello); **the crowd was thrown into a ~** cundió el pánico entre la multitud; **the news started a ~ on the stock exchange** la noticia causó el pánico en la bolsa; **let's not rush into ~ measures** no tomemos ninguna medida producto del pánico; *Fam* **it was ~ stations** cundió el pánico ❏ **~ attack** ataque *m* de pánico; **~ button** botón *m* de alarma; IDIOM *Fam* **to hit the ~ button** volverse loco(a), ponerse histérico(a); FIN **~ buying** compra *f* provocada por el pánico; FIN **~ selling** venta *f* provocada por el pánico
-2. *Fam (rush)* apuro *m*, prisa *f*; **I was in a mad ~ to get to the airport** iba totalmente desesperado por llegar al aeropuerto; **what's the ~?** ¿cuál es la prisa?
-3. *US Fam (funny thing)* **it was a ~!** ¡fue superdivertido!
◇ *vt (pt & pp* **panicked)** infundir pánico a; **we were panicked into selling our shares** vendimos nuestras acciones provocados por el pánico
◇ *vi* aterrorizarse; **she suddenly panicked** le entró el pánico de repente; **he's starting to ~ about the wedding** está empezando a ponerse histérico por la boda *or RP* el casamiento; **don't ~!** ¡que no cunda el pánico!

panicky ['pænɪkɪ] *adj Fam (reaction)* de pánico; **she got ~** le entró el pánico

panicmonger [pænɪkmʌŋə(r)] *n* alarmista *mf*

panic-stricken ['pænɪkstrɪkən] *adj* aterrorizado(a); **to be ~** estar aterrorizado(a)

panjandrum [pæn'dʒændrəm] *n Hum* **finally Mr Wright, the great ~ himself, deigned to appear** finalmente, el mismísimo Sr Wright se dignó a aparecer

pannier ['pænɪə(r)] *n (on animal, bicycle)* alforja *f*

panoply ['pænəplɪ] *n Formal* serie *f*, conjunto *m*; **there's a whole ~ of options** hay toda una serie de opciones

panorama [pænə'rɑːmə] *n* panorama *m*

panoramic [pænə'ræmɪk] *adj* panorámico(a) ❏ **~ camera** cámara *f* panorámica; **~ photograph** fotografía *f* panorámica; **~ view** vista *f* panorámica

panpipes ['pænpaɪps] *npl* MUS zampoña *f*, flauta *f* de Pan

pansy ['pænzɪ] *n* **-1.** *(flower)* pensamiento *m* **-2.** *Fam Pej (effeminate man)* mariposón *m*; *(homosexual man)* maricón *m*

pant [pænt] ◇ *vi* jadear; **he panted up the stairs** subió las escaleras jadeando; **to ~ for breath** resollar *(intentando recobrar el aliento)*
◇ *vt (say)* decir jadeando
◇ *n (breath)* jadeo *m*

pantaloons [pæntə'luːnz] *npl* pantalones *mpl* anchos tipo bombachos *or Arg* bombacha

pantechnicon [pæn'teknɪkən] *n Br Old-fashioned* camión *m* de mudanzas (de gran tamaño)

pantheism ['pænθɪɪzəm] *n* panteísmo *m*

pantheist ['pænθɪɪst] *n* panteísta *mf*

pantheistic [pænθɪ'ɪstɪk] *adj* panteísta

pantheon ['pænθɪən] *n also Fig* panteón *m*

panther ['pænθə(r)] *n* **-1.** *(leopard)* pantera *f* **-2.** *US (puma)* puma *m*; HIST **the (Black) Panthers** las Panteras (Negras)

panties ['pæntɪz] *npl esp US Esp* bragas *fpl*, *Chile, Col, Méx* calzón *m*, calzones *mpl*, *Ecuad* follones *mpl*, calzonarios *mpl*, *RP* bombacha *f*

pantihose = **pantyhose**

pantile ['pæntaɪl] *n* teja *f* en forma de canalón

panto *Fam* = **pantomime**

pantograph ['pæntəgrɑːf] *n* pantógrafo *m*

pantomime ['pæntəmaɪm], *Fam* **panto** ['pæntəʊ] *n* = obra de teatro musical para niños típica del Reino Unido ❏ **~ dame** = actor masculino que interpreta el principal papel femenino en una "pantomime"; **~ horse** caballo *m* de teatro

---

PANTOMIME

Las **pantomimes** británicas se representan durante las celebraciones navideñas y de fin de año y están generalmente inspiradas en cuentos infantiles, como por ejemplo "Cinderella" ("La Cenicienta") y "Beauty and the Beast" ("La Bella y la Bestia"). El género está lleno de convenciones. Por lo general, una actriz ("principal boy") desempeña el papel de héroe masculino y un actor ("pantomime dame") desempeña un grotesco papel de mujer, típicamente el de la madrastra. El público también acostumbra a participar en la obra con los típicos latiguillos dirigidos a los personajes: "look behind you!" (mira detrás de ti); cuando los personajes dicen "oh yes he is!" (¡que síiiii!), los espectadores replican "oh no he isn't!" (¡que nooooo!).

---

pantry ['pæntrɪ] *n* despensa *f*

pants [pænts] *npl* **-1.** *Br (men's underwear)* calzoncillos *mpl*, *Chile* fundillos *mpl*, *Col* pantaloncillos *mpl*, *Méx* calzones *mpl*, *Méx* chones *mpl*; *(women's underwear) Esp* braga *f*, bragas *fpl*, *Chile, Col, Méx* calzones *mpl*, *Ecuad* follones *mpl*, *RP* bombacha *f*
-2. *US (trousers)* **(pair of) ~** pantalones *mpl*; **~ leg** pierna de pantalón ❏ **~ suit** traje *m* pantalón
-3. IDIOMS *Fam* **to scare the ~ off sb** hacer que a alguien le entre el canguelo *or Méx* mello *or RP* cuiqui; *US Fam* **she's the one who wears the ~ (in that house)** ella es la que lleva los pantalones (en esa casa); *Fam* **he was caught with his ~ down** lo agarraron con las manos en la masa, *Esp* lo pillaron en bragas

panty ['pæntɪ] n ~ **girdle** faja f pantalón; ~ **liner** protege-slips m inv, RP, Ven protector m diario

pantyhose, pantihose ['pæntɪhəʊz] n US medias fpl, pantis mpl

panzer ['pænzə(r)] n panzer m

Pap [pæp] n US MED ~ **smear** citología f; ~ **test** citología f

pap [pæp] n -1. (mush) papilla f -2. Fam Pej (nonsense) bobadas fpl

papa n -1. [pə'pɑː] Br Old-fashioned papá m -2. ['pɑːpə] US papá m, papi m

papacy ['peɪpəsɪ] n papado m

papal ['peɪpəl] adj papal ❏ ~ **bull** bula f papal; ~ **encyclical** encíclica f papal; ~ **nuncio** nuncio m apostólico

paparazzo [pæpə'rætsəʊ] (pl **paparazzi** [pæpə'rætsiː]) n paparazzi mf

papaya [pə'paɪə], **papaw** ['pɔːpɔː] n -1. (fruit) papaya f -2. (tree) papayo m

paper ['peɪpə(r)] ❏ n -1. (material) papel m; **a piece** or **sheet of** ~ un papel; **I want to see it (written) down on** ~ quiero verlo escrito; Fig **on** ~ (in theory) sobre el papel ❏ ~ **aeroplane** avión m de papel; ~ **bag** bolsa f de papel; IDIOM Fam **he couldn't fight** or **punch his way out of a** ~ **bag** es un debilucho; ~ **chains** guirnalda f de papel; ~ **chase** (race) = carrera a campo traviesa en la que un participante va tirando trozos de papel mientras el resto corre detrás de él; Fig **education has become a** ~ **chase after qualifications** la enseñanza se ha convertido en una carrera por obtener títulos; ~ **cup** vaso m de papel; ~ **fastener** clip m, sujetapapeles m inv; COMPTR ~ **feed** alimentación f de papel; ~ **handkerchief** pañuelo m de papel; ~ **hanger** (decorator) empapelador(ora) m,f; Fam ~ **hankie** kleenex m, pañuelo m de papel; **the** ~ **industry** la industria del papel; COMPTR ~ **jam** atasco m de papel; ~ **mill** fábrica f or Am planta f de papel, papelera f; ~ **money** papel m moneda; ~ **plate** plato m de papel; FIN ~ **profits** ganancias fpl teóricas sobre el papel; ~ **shredder** trituradora f de papel; POL ~ **tiger** tigre m de papel; ~ **tissue** pañuelo m de papel; ~ **towel** toallita f de papel; COMPTR ~ **tray** bandeja f de papel
-2. (newspaper) periódico m; **it's in all the morning papers** está todo en los periódicos or diarios de la mañana; ~ **boy/girl** repartidor/repartidora de periódicos; **to have** or **do a** ~ **round** hacer el reparto de periódicos a domicilio; Br ~ **shop** ≃ quiosco de periódicos
-3. (document) **papers** papeles mpl, documentación f; **once you've got the necessary papers together** una vez que hayas reunido la documentación necesaria; **the author's private papers** los documentos privados del autor
-4. (examination) prueba f
-5. (scholarly study, report) estudio m, trabajo m; **to read** or **give a** ~ leer or presentar una ponencia
-6. (wallpaper) papel m para empapelar
❖ vt (wall, room) empapelar
◆ **paper over** vt sep -1. (with wallpaper) empapelar -2. IDIOM **to** ~ **over the cracks** poner parches

paperback ['peɪpəbæk] n libro m or edición f en rústica; **it's in** ~ es una edición rústica or de tapas blandas or de bolsillo ❏ ~ **binding** encuadernación f en rústica

paperclip ['peɪpəklɪp] ❏ n clip m
❖ vt enganchar con un clip

paperknife ['peɪpənaɪf] n abrecartas m inv

paperless ['peɪpəlɪs] adj informatizado(a), electrónico(a); **the** ~ **office** la oficina completamente informatizada

paper-thin ['peɪpə'θɪn] adj muy fino(a)

paperweight ['peɪpəweɪt] n pisapapeles m inv

paperwork ['peɪpəwɜːk] n papeleo m; **to do the** ~ hacer el papeleo

papery ['peɪpərɪ] adj apergaminado(a)

papier-mâché ['pæpjeɪ'mæʃeɪ] n cartón m piedra

papist ['peɪpɪst] Fam Pej ❏ n papista mf
❖ adj papista

papoose [pə'puːs] n bebé m or niño m indio norteamericano

pappy¹ ['pæpɪ] adj -1. (mushy) pastoso(a) -2. (worthless) trivial, barato(a)

pappy² n US Fam papi m, papá m

paprika ['pæprɪkə, pə'priːkə] n pimentón m, paprika f

Papuan ['pæpjʊən] ❏ n papú mf, papúa mf
❖ adj papú, papúa

Papua New Guinea ['pæpjʊənjuː'gɪnɪ] n Papúa Nueva Guinea

papyrus [pə'paɪrəs] n papiro m

par [pɑː(r)] ❏ n -1. (equality) **to be on a** ~ **with** estar al mismo nivel que; **the two systems are on a** ~ los dos sistemas están al mismo nivel; **you can't put him on a** ~ **with Mozart!** ¡no puedes compararlo con Mozart!
-2. (normal, average) promedio m; **to feel below** ~ no encontrarse muy allá; **the film wasn't really up to** ~ la película decepcionó un poco
-3. (in golf) par m; **a ~-three (hole)** un (hoyo de) par tres; **she was two under/over** ~ estaba dos bajo/sobre par; **to break** ~ romper el par; IDIOM **that's about** ~ **for the course** lamentablemente, no se puede esperar otra cosa
-4. FIN **above** ~ sobre la par; **below** ~ bajo par ❏ ~ **of exchange** tipo m de cambio; ~ **value** valor m nominal
❖ vt (in golf) **to** ~ **a hole** hacer par en un hoyo

para ['pærə] n Fam -1. (paragraph) párrafo m -2. Br (paratrooper) paraca m

parable ['pærəbəl] n parábola f

parabola [pə'ræbələ] n parábola f

parabolic [pærə'bɒlɪk] adj parabólico(a) ❏ ~ **dish** (antena f) parabólica f

paracetamol [pærə'siːtəmɒl] n paracetamol m

parachute ['pærəʃuːt] ❏ n paracaídas m inv; **to drop sth/sb by** ~ lanzar or tirar a algo/alguien en paracaídas ❏ ~ **jump** salto m en paracaídas
❖ vt (person, supplies) lanzar en paracaídas
❖ vi saltar en paracaídas

parachuting ['pærəʃuːtɪŋ] n paracaidismo m; **to go** ~ hacer paracaidismo

parachutist ['pærəʃuːtɪst] n paracaidista mf

parade [pə'reɪd] ❏ n -1. (procession) desfile m; **on** ~ (troops) en formación ❏ ~ **ground** plaza f de armas -2. (row) **a** ~ **of shops** una hilera de tiendas -3. (show, ostentation) ostentación f, alarde m; **a** ~ **of force** una situación en la que se hace ostentación de fuerza
❖ vt -1. (troops) hacer desfilar; **the prisoners were paraded through the streets** hicieron desfilar a los prisioneros por las calles -2. (streets) desfilar por -3. (riches, knowledge) ostentar
❖ vi -1. (troops) desfilar; **supporters paraded through the streets** los seguidores desfilaron por las calles -2. (strut) **to** ~ **about** or **around** andar pavoneándose; **he was parading up and down as if he owned the place** andaba de aquí para allí, exhibiéndose como si fuera el dueño del lugar

paradigm ['pærədaɪm] n paradigma m; ~ **case** caso paradigmático; **there has been a** ~ **shift in ideas about education** los paradigmas de la educación han cambiado

paradigmatic [pærədɪg'mætɪk] adj paradigmático(a)

paradisaical [pærədɪ'zaɪəkəl], **paradisiac** [pærə'dɪzɪæk] adj Literary paradisiaco(a), paradisíaco(a)

paradise ['pærədaɪs] n -1. (heaven) paraíso m; (Eden) el Paraíso -2. Fig **a whole week away from the kids was** ~! ¡toda una semana sin los niños fue una gloria or el paraíso!; **this river is a fisherman's** ~ este río es el paraíso de los pescadores

paradisiac = paradisaical

paradox ['pærədɒks] n paradoja f

paradoxical [pærə'dɒksɪkəl] adj paradójico(a)

paradoxically [pærə'dɒksɪklɪ] adv paradójicamente

paraffin ['pærəfɪn] n queroseno m ❏ ~ **heater** estufa f de petróleo; ~ **lamp** lámpara f de queroseno; Br ~ **oil** aceite m de parafina; ~ **stove** cocina de queroseno; ~ **wax** parafina f

paraglider ['pærəglaɪdə(r)] n -1. (person) parapentista mf -2. (parachute) parapente m

paragliding ['pærəglaɪdɪŋ] n parapente m; **to go** ~ ir a hacer parapente

paragon ['pærəgən] n dechado m; **a** ~ **of virtue** un dechado de virtudes

paragraph ['pærəgrɑːf] ❏ n -1. (in writing) párrafo m; **to start a new** ~ comenzar un nuevo párrafo; **section A, ~ 3 (of the contract)** sección A, párrafo 3 (del contrato) ❏ COMPTR ~ **mark** marca f de párrafo, calderón m -2. (short newspaper article) artículo m corto
❖ vt organizar en párrafos

Paraguay ['pærəgwaɪ] n Paraguay

Paraguayan [pærə'gwaɪən] ❏ n paraguayo(a) m,f
❖ adj paraguayo(a)

parakeet ['pærəkiːt] n periquito m

paralanguage ['pærəlæŋgwɪdʒ] n LING paralenguaje m

paralegal [pærə'liːgəl] n US ayudante(ta) m,f de un abogado, RP procurador(ora) m,f

paralinguistic [pærəlɪŋ'gwɪstɪk] adj paralingüístico(a)

paralinguistics [pærəlɪŋ'gwɪstɪks] n paralingüística f

parallax ['pærəlæks] n PHYS & ASTRON paralaje m

parallel ['pærəlel] ❏ n -1. MATH (línea f) paralela f; Fig **in** ~ (at the same time) paralelamente -2. GEOG paralelo m; **the 48th** ~ el paralelo 48 -3. (analogy) paralelismo m; **to draw a** ~ **between two things** establecer un paralelismo entre dos cosas; **the disaster is without** ~ el desastre no tiene paralelo -4. ELEC paralelo m; **in** ~ en paralelo
❖ adj paralelo(a); **to be** or **run** ~ **to sth** ser or ir paralelo(a) a algo ❏ ~ **bars** barras fpl paralelas; ELEC ~ **circuits** circuitos mpl en paralelo; EU ~ **importing** importación f paralela; ~ **lines** líneas fpl paralelas; ~ **parking** estacionamiento m en paralelo; COMPTR ~ **port** puerto m paralelo; COMPTR **printer** impresora f en paralelo; COMPTR ~ **processing** procesado m en paralelo; ~ **ruler** regla f para trazar rectas paralelas; ~ **turn** (in skiing) giro m en paralelo
❖ vt -1. (run parallel to) ir paralelo(a) a -2. (be similar to) asemejarse a -3. (equal) igualar

parallelepiped [pærəle'le'paɪped] n GEOM paralelepípedo m

parallelism ['pærəlelɪzəm] n paralelismo m

parallelogram [pærə'leləgræm] n GEOM paralelogramo m

paralogism ['pærələdʒɪzəm] n paralogismo m

Paralympic [pærə'lɪmpɪk] ❏ n **the Paralympics** los paralímpicos
❖ adj paralímpico(a)

paralyse, US **paralyze** ['pærəlaɪz] vt paralizar; **both his legs are paralysed, he's paralysed in both legs** tiene parálisis en ambas piernas; **to be paralysed by** or **with fear** estar paralizado(a) por el miedo

paralysis [pə'rælɪsɪs] n parálisis f inv

paralytic [pærə'lɪtɪk] adj -1. MED paralítico(a) -2. Br Fam (very drunk) **to be** ~ estar como una cuba or Méx hasta atrás

paralyze US = paralyse

Paramaribo [pærə'mærɪbəʊ] n Paramaribo

paramedic [pærə'medɪk] n auxiliar mf sanitario(a)

paramedical [pærə'medɪkəl] adj auxiliar sanitario(a)

parameter [pə'ræmɪtə(r)] n parámetro m; **to set the parameters of sth** establecer los parámetros de algo

paramilitary [pærə'mɪlɪtrɪ] ❏ n paramilitar mf
❖ adj paramilitar

paramount ['pærəmaʊnt] *adj* primordial, vital; **it is of ~ importance** es de capital *or* suma importancia; **the children's interests should be ~** los intereses de los niños deberían ser de capital *or* suma importancia

paramour ['pærəmɔː(r)] *n Literary* amante *mf*

Parana [pærə'nɑː] *n* **the ~** el Paraná

paranoia [pærə'nɔɪə] *n* paranoia *f*

paranoid ['pærənɔɪd], **paranoiac** [pærə'nɔɪæk] *adj* paranoico(a) (**about** por *or* con); *Fig* **he's ~ about being cheated** la posibilidad de que lo timen lo tiene obsesionado

paranormal [pærə'nɔːməl] ◇ *n* **the ~** lo paranormal
◇ *adj* paranormal

parapenting ['pærəpentɪŋ] *n* parapente *m*

parapet ['pærəpet] *n* parapeto *m*

paraphernalia [pærəfə'neɪlɪə] *npl* parafernalia *f*

paraphrase ['pærəfreɪz] ◇ *n* paráfrasis *f inv*
◇ *vt* parafrasear

paraplegia [pærə'pliːdʒə] *n* paraplejía *f*

paraplegic [pærə'pliːdʒɪk] ◇ *n* parapléjico(a) *m,f*
◇ *adj* parapléjico(a)

parapsychological [pærəsaɪkə'lɒdʒɪkəl] *adj* parapsicológico(a)

parapsychologist [pærəsaɪ'kɒlədʒɪst] *n* parapsicólogo(a) *m,f*

parapsychology [pærəsaɪ'kɒlədʒɪ] *n* parapsicología *f*

Paraquat® ['pærəkwɒt] *n* = potente herbicida

parasailing ['pærəseɪlɪŋ] *n* = especie de parapente con esquís acuáticos y a remolque de una lancha motora

parascending ['pærəsendɪŋ] *n* parapente *m (a remolque de lancha motora)*

parasite ['pærəsaɪt] *n* **-1.** *(plant, animal)* parásito *m* **-2.** *(person)* parásito *m*

parasitic(al) [pærə'sɪtɪk(əl)] *adj also Fig* parásito(a); **~ disease** dolencia *or* enfermedad parasitaria

parasitism ['pærəsɪtɪzəm] *n* parasitismo *m*

parasitologist [pærəsaɪ'tɒlədʒɪst] *n* parasitólogo(a) *m,f*

parasitology [pærəsaɪ'tɒlədʒɪ] *n* parasitología *f*

parasitosis [pærəsɪ'təʊsɪs] *n* parasitosis *f*

parasol ['pærəsɒl] *n* sombrilla *f*

paratactic [pærə'tæktɪk] *adj* GRAM paratáctico(a)

parataxis [pærə'tæksɪs] *n* GRAM parataxis *f inv*

parathyroid [pærə'θaɪrɔɪd] ANAT ◇ *n* paratiroides *f inv*
◇ *adj* paratiroideo(a)

paratrooper ['pærətruːpə(r)] *n* (soldado *m*) paracaidista *m*

paratroops ['pærətruːps] *npl* (tropas *fpl*) paracaidistas *mpl*

paratyphoid [pærə'taɪfɔɪd] *n* paratifoidea *f*

parboil ['pɑːbɔɪl] *vt* cocer a medias, sancochar

parcel ['pɑːsəl] ◇ *n* **-1.** *(package)* paquete *m* ❑ **~ bomb** paquete *m* bomba; **~ post** (servicio *m* de) paquete *m* postal *or Andes, RP* encomienda *f*; AUT **~ shelf** estante *m* **-2.** *(of land)* parcela *f* **-3.** CULIN paquete *m*
◇ *vt (pt & pp* **parcelled**, *US* **parceled**) *(wrap up)* envolver, empaquetar

➤ **parcel out** *vt sep* **-1.** *(land)* parcelar **-2.** *(money)* dividir en lotes

➤ **parcel up** *vt sep (wrap up)* embalar, empaquetar

parch [pɑːtʃ] *vt* **-1.** *(dry up)* resecar **-2.** CULIN tostar

parched [pɑːtʃt] *adj* **-1.** *(very dry)* reseco(a) **-2.** *Fam (very thirsty)* **I'm ~!** ¡me muero de sed!

Parcheesi® [pɑː'tʃiːzɪ] *n US* parchís *m*

parchment ['pɑːtʃmənt] *n* pergamino *m*

pardner ['pɑːdnə(r)] *n US Fam* amigo(a) *m,f*, *Esp* colega *mf*

pardon ['pɑːdən] ◇ *n* **-1.** *(forgiveness)* perdón *m*; **I beg your) ~?** *(what did you say?)* ¿cómo dice?; **I beg your ~!** *(in apology)* ¡discúlpeme!; **this dish is revolting! – I beg your ~, I made it myself!** este plato está asqueroso – ¡pero cómo te atreves, lo he hecho yo! **-2.** LAW indulto *m*; **he was granted a ~** fue indultado
◇ *vt* **-1.** *(action, person)* perdonar, excusar; **~ me?** *(what did you say?)* ¿cómo dice?; **~ me!** *(in apology)* ¡discúlpeme!; **this dish is revolting! – ~ me, I made it myself!** este plato está asqueroso – ¡pero cómo te atreves, lo he hecho yo!; **~ me for asking, but...** discúlpeme que le pregunte pero...; *Ironic* **well ~ me for breathing!** ¡usted me disculpe!; **you could be pardoned for thinking so** es entendible que lo creas *or* lo pienses **-2.** LAW indultar

pardonable ['pɑːdənəbəl] *adj (mistake, behaviour)* perdonable, excusable

pare [peə(r)] *vt* **-1.** *(fruit, vegetable)* pelar; **~ the rind off the cheese** quítale la corteza al queso **-2.** *(nails)* cortar **-3.** *(expenses)* recortar; **staff levels have already been pared to the bone** ya se han hecho recortes salvajes en la plantilla de personal

➤ **pare down** *vt sep (expenses)* recortar; **we've got to ~ the report down to 50 pages** tenemos que recortar el informe hasta que queden sólo 50 páginas

parent ['peərənt] *n* **-1.** *(father)* padre *m*; *(mother)* madre *f*; **parents** padres; **when you first become a ~** la primera vez que eres padre; **Anne and Bob have become parents** Anne y Bob han tenido su primer hijo; **each ~ should...** cada padre debería...; **if neither ~ can...** si ninguno de los padres puede... ❑ **parents' association** asociación *f* de padres de alumnos; **~-teacher association** = asociación de padres de alumnos y profesores, *Esp* ≃ APA *f*
-2. *(source)* **a cutting from the ~ plant** madera del mismo leño; **one of the ~ birds/seals** una de las aves/focas progenitoras; **our ~ company** nuestra empresa matriz

parentage ['peərəntɪdʒ] *n* origen *m*, ascendencia *f*; **a child of unknown ~** un niño de padres desconocidos

parental [pə'rentəl] *adj* de los padres; **the ~ home** la casa paterna

parenthesis [pə'renθəsɪs] *(pl* **parentheses** [pə'renθəsiːz]) *n* paréntesis *m inv*; **in parentheses** entre paréntesis

parenthetic(al) [pærən'θetɪk(əl)] *adj* parentético(a), entre paréntesis; GRAM **~ clause** cláusula *or* oración parentética

parenthetically [pærən'θetɪklɪ] *adv Formal* parentéticamente

parenthood ['peərənthʊd] *n (fatherhood)* paternidad *f*; *(motherhood)* maternidad *f*; **the joys of ~** las satisfacciones que trae tener hijos

parenting ['peərəntɪŋ] *n* **a book on good ~** un libro sobre cómo ser buenos padres; **to learn ~ skills** aprender a ser buenos padres

parentless ['peərəntlɪs] *adj* huérfano(a)

par excellence [pɑːr'eksəlɒns] *adv* por excelencia

parfait [pɑː'feɪ] *n* CULIN = postre helado a base de nata, huevos y fruta

pariah [pə'raɪə] *n (person)* paria *mf*

parietal [pə'raɪətəl] *adj* ANAT parietal ❑ **~ bone** parietal *m*; **~ lobe** lóbulo *m* parietal

paring ['peərɪŋ] *n* **-1.** *(activity) (of fruit, vegetables)* peladura *f*, mondadura *f*; *(of nails)* corte *m* ❑ **~ knife** cuchillo *m* de cocina **-2.** *(from fruit, vegetables)* cáscara *f*, monda *f*; *(from nails)* corte *m*

Paris ['pærɪs] *n* París ❑ HIST **the ~ Commune** la Comuna de París

parish [ˈpærɪʃ] *n* **-1.** REL *(area, parishioners)* parroquia *f*, feligresía *f* ❑ **~ church** parroquia *f*, iglesia *f* parroquial; **~ clerk** sacristán *m*; **~ hall** salón *m* parroquial; **~ priest** *(cura m)* párroco *m*; **~ register** registro *m* parroquial **-2.** *(administrative area)* parroquia *f*, distrito *m* ❑ **~ council** concejo *m*

parishioner [pə'rɪʃənə(r)] *n* feligrés(esa) *m,f*, parroquiano(a) *m,f*

parish-pump ['pærɪʃ'pʌmp] *adj Br Pej* provinciano(a); **~ politics** política provinciana

Parisian [pə'rɪzɪən, *US* pə'riːʒən] ◇ *n* parisino(a) *m,f*, parisiense *mf*
◇ *adj* parisino(a), parisiense

parity ['pærɪtɪ] *n* **-1.** *(equality)* igualdad *f*; *(of salaries)* equiparación *f*; **to achieve ~ with** *(pay, output)* equipararse a **-2.** FIN paridad *f* ❑ **~ of exchange** paridad *f* de cambio **-3.** COMPTR paridad *f* ❑ **~ bit** bit *m* de paridad; **~ check** prueba *f* de paridad

park [pɑːk] ◇ *n* **-1.** *(green area)* parque *m* ❑ **~ bench** banco *m* público; *Br* **~ keeper** guarda *mf* del parque **-2.** *(private estate)* jardines *mpl* **-3.** *US (stadium)* estadio *m* **-4.** *Br Fam* **the ~** *(soccer pitch)* el campo, *Andes, RP* la cancha **-5.** AUT *(on automatic gearbox)* punto *m* muerto **-6.** MIL *(artillery, tanks)* parque *m*
◇ *vt* **-1.** *(car)* estacionar, *Esp* aparcar; **he was parked by a fire hydrant** estaba estacionado *or Esp* aparcado al lado de una boca de incendios **-2.** *Fam (place)* *(person, box)* poner, tirar; **to ~ oneself in front of the TV** apoltronarse *or Am* echarse enfrente de la televisión
◇ *vi* estacionar, *Esp* aparcar, *Méx* estacionarse, *Col* parquearse

parka ['pɑːkə] *n* parka *f*

park-and-ride ['pɑːkən'raɪd] *n* = estacionamiento conectado con el centro de la ciudad por transporte público, *Esp* aparcamiento *m* disuasorio

parkin ['pɑːkɪn] *n Br* = galleta de jengibre y avena

parking ['pɑːkɪŋ] *n* estacionamiento *m*, *Esp* aparcamiento *m*, *Col* parqueadero *m*; **~ is a problem in town** estacionar *or Esp* aparcar es un problema en la ciudad; **no ~** *(sign)* prohibido estacionar *or Esp* aparcar, estacionamiento prohibido ❑ **~ attendant** vigilante *mf* de estacionamiento *or Esp* aparcamiento; **~ bay** área *f* de estacionamiento *or Esp* aparcamiento *(señalizada)*; **~ lights** *(on car)* luces *fpl* de estacionamiento; *US* **~ lot** *Esp* aparcamiento *m*, *RP* playa *f* de estacionamiento, *Col* parqueadero *m*; **~ meter** parquímetro *m*; **~ offence** estacionamiento *m* indebido; **~ place** estacionamiento *m*, *Esp* aparcamiento *m*, sitio *m or* hueco *m* para estacionar; **~ space** estacionamiento *m*, *Esp* aparcamiento *m*, sitio *m or* hueco *m* para estacionar; **~ ticket** multa *f* de estacionamiento

Parkinson's disease ['pɑːkɪnsənzdɪ'ziːz] *n* (enfermedad *f* de) Parkinson *m*

parkland ['pɑːklænd] *n* zonas *fpl* verdes, parque *m*

parkway ['pɑːkweɪ] *n US* = carretera o avenida con árboles a los lados y en el medio

parky ['pɑːkɪ] *adj Br Fam* **it's a bit ~** hace un poco de fresquito

parlance ['pɑːləns] *n Formal* **in scientific/political ~** en la jerga científica/política; **in common ~** en el habla común

parlay ['pɑːleɪ] *US* ◇ *n (bet)* = método que consiste en reinvertir de antemano lo que se ha ganado en otra apuesta
◇ *vt* **-1.** *(winnings)* volver a apostar el dinero ganado en una apuesta **-2.** *Fig (money, talent, project)* convertir, transformar; **she parlayed the local newspapers into a press empire** a partir de los periódicos locales construyó un emporio periodístico

parley ['pɑːlɪ] ◇ *n* negociación *f*
◇ *vi* parlamentar (**with** con)

parliament ['pɑːləmənt] *n* **-1.** *(law-making body)* parlamento *m*; **in Parliament** en el Parlamento; **to go into Parliament** ser elegido(a) parlamentario(a) **-2.** *(period between elections)* legislatura *f*

parliamentarian [pɑːləmen'teərɪən] *n* **-1.** *(member)* parlamentario(a) *m,f* **-2.** HIST **Parliamentarian** parlamentario(a) *m,f*

parliamentary [pɑːlə'mentərɪ] *adj* parlamentario(a) ❑ *Br* **Parliamentary Commissioner (for Administration)** ≃ defensor(ora) *m,f* del pueblo; **~ democracy** democracia *f* parlamentaria; **~ immunity** inmunidad *f or* inviolabilidad *f* parlamentaria; *Br* **~ private secretary** secretario *m* privado parlamentario; *Br*

Parliamentary privilege inmunidad f parlamentaria; Br **~ secretary** secretario(a) m,f parlamentario(a)

parlour, US **parlor** ['pɑːlə(r)] n **-1.** Old-fashioned (in house) salón m ❑ **~ game** juego m de salón **-2.** (shop) **beauty ~** salón de belleza; **ice-cream ~** heladería f **-3.** US RAIL **~ car** coche m or vagón m de primera clase, Arg coche m superpullman

parlous ['pɑːləs] adj Formal or Hum **to be in a ~ state** estar en un estado precario

Parma ['pɑːmə] n Parma ❑ **~ ham** jamón m de Parma; **~ violet** violeta f de Parma

Parmesan [pɑːmɪˈzæn, US pɑːməˈʒɑːn] n **~ (cheese)** (queso m) parmesano m

Parnassus [pəˈnæsəs] n (in mythology) **(Mount) ~** el (Monte) Parnaso

parochial [pəˈrəʊkɪəl] adj **-1.** REL parroquial ❑ US **~ school** colegio m privado religioso, Arg ≃ colegio m parroquial **-2.** Pej (narrow-minded) provinciano(a), corto(a) de miras

parochialism [pəˈrəʊkɪəlɪzəm] n Pej (of mentality) provincialismo m, estrechez f de miras

parodist ['pærədɪst] n parodista mf

parody ['pærədɪ] ◇ n parodia f (**of** de)
◇ vt parodiar

parole [pəˈrəʊl] ◇ n **-1.** LAW libertad f condicional; **he's up for ~ next year** el año próximo le corresponde la libertad condicional; **to be (out) on ~** estar en libertad condicional; **to break one's ~** quebrar la libertad condicional ❑ **~ board** junta f de libertad condicional; **~ officer** = asistente social que supervisa a un preso en libertad condicional y ante quien se presenta periódicamente
-2. LING habla f
◇ vt LAW poner en libertad bajo palabra

parolee [pərəʊˈliː] n convicto(a) m,f en libertad condicional

paroxysm ['pærəksɪzəm] n **-1.** (of anger, guilt, jealousy) arrebato m, ataque m; **to be in paroxysms of laughter** tener un ataque de risa **-2.** MED (of disease) paroxismo m, acceso m violento

parquet ['pɑːkeɪ] ◇ n **-1.** (on floor) parqué m; **~ (floor)** (suelo m de) parqué **-2.** US THEAT platea f
◇ vt colocar parqué en

parricide ['pærɪsaɪd] n **-1.** (crime) parricidio m **-2.** (person) parricida mf

parrot ['pærət] ◇ n **-1.** (bird) loro m **-2. ~ fish** pez m papagayo
◇ vt repetir como un loro

parrot-fashion ['pærətfæʃən] adv (to repeat, learn) como un loro

parry ['pærɪ] ◇ n (of blow, thrust) parada f, desvío m
◇ vt **-1.** (blow, thrust) parar, desviar **-2.** (question) esquivar, eludir
◇ vi (in fencing, boxing) cubrirse, protegerse

parse [pɑːz] vt **-1.** GRAM (word) analizar gramaticalmente **-2.** COMPTR & LING (sentence) analizar sintácticamente

parsec ['pɑːsek] n ASTRON pársec m

parser ['pɑːzə(r)] n COMPTR analizador m sintáctico

parsimonious [pɑːsɪˈməʊnɪəs] adj Formal (mean) mezquino(a)

parsimoniously [pɑːsɪˈməʊnɪəslɪ] adv Formal con mezquindad

parsimony ['pɑːsɪmənɪ] n Formal mezquindad f

parsley ['pɑːslɪ] n perejil m

parsnip ['pɑːsnɪp] n pastinaca f, chirivía f; PROV **fine words butter no parsnips!** mucho te quiero perrito, pero pan poquito

parson ['pɑːsən] n párroco m (protestante) ❑ Fam **~'s nose** rabadilla f

parsonage ['pɑːsənɪdʒ] n casa f parroquial

part [pɑːt] ◇ n **-1.** (portion, element) parte f; (of machine) pieza f; **the parts of the body** las partes del cuerpo; **the front ~ of the aircraft** la parte delantera del avión; **(spare) parts** recambios mpl, piezas fpl de recambio, Méx refacciones fpl, Col, Cuba, RP repuestos mpl; **~ two** (of TV, radio series) segunda parte; **one ~ rum to four parts water** una parte de ron por cada cuatro de agua; **~ of me still isn't sure** en parte todavía no estoy seguro; **in that ~ of the world** en esa parte del mundo; **in these parts** por aquí; **good in parts** bueno(a) a ratos, Am bueno(a) a ratos; **there will be rain in parts** lloverá en algunas partes; **the difficult ~ is remembering** lo difícil es acordarse; **the worst ~ was when she started laughing** lo peor fue cuando empezó a reírse; **for the best** or **better ~ of five years** durante casi cinco años; **the greater ~ of the population** la mayor parte de la población; **to be** or **form ~ of sth** ser or formar parte de algo; **it's all ~ of growing up** forma parte del proceso de crecimiento; **it is ~ and parcel of...** es parte integrante de...; **for the most ~, we get on** por lo general, nos llevamos bien; **the visitors are, for the most ~, Irish** los visitantes son, en su mayoría, irlandeses; **in ~** en parte; **in (a) large ~** en gran parte; IDIOM **to be like ~ of the furniture** ser (como) parte del mobiliario ❑ **~ of speech** categoría f gramatical, parte f de la oración
-2. (role) papel m; MUS parte f; THEAT **to play a ~** interpretar un papel; **to have** or **play a large ~ in sth** tener un papel importante en algo; **we wish to play our full ~ in the process** queremos participar plenamente en el proceso; **it played no ~ in our decision** no influyó para nada en nuestra decisión; **he was jailed for his ~ in the crime** fue encarcelado por su participación en el crimen; **to take ~ (in sth)** participar or tomar parte (en algo); **to take sth in good ~** tomarse algo a bien; **I want no ~ of** or **in it** no quiero tener nada que ver con eso; **you really look the ~ of the executive!** ¡Esp vas or Am estás hecho todo un ejecutivo! ❑ **~ song** canto m polifónico
-3. (side) **to take sb's ~** tomar partido por or ponerse de parte de alguien; **for my ~** por mi parte; **on the ~ of...** por parte de...; **it was a mistake on our ~** fue un error por or Am de nuestra parte
-4. US (in hair) raya f, Col, Méx, Ven carrera f
◇ adj **in ~ payment** como parte del pago; **they'll take your old one in ~ exchange** aceptan el viejo como parte del pago ❑ **~ owner** copropietario(a) m,f
◇ adv she's **~ Spanish** es medio española; **it's ~ silk, ~ cotton** es de seda y algodón; **the test is ~ practical and ~ theoretical** la prueba consta de una parte práctica y otra teórica
◇ vt (fighters, lovers) separar; (curtains) abrir, descorrer; **he was parted from his wife during the war** la guerra lo separó de su mujer; **to ~ company** separarse; Fig **here's where we ~ company** aquí nos separamos; Hum **the handle finally parted company with the door** el picaporte acabó finalmente por abandonar la puerta; **to ~ one's hair** hacerse raya or Col, Méx, Ven carrera (en el pelo)
◇ vi (separate) separarse; **to ~ (as) friends** quedar como amigos; **we parted on bad terms** acabamos mal; **to ~ with sth** desprenderse de algo

partake [pɑːˈteɪk] (pt **partook** [pɑːˈtʊk], pp **partaken** [pɑːˈteɪkən]) vi Formal **-1.** (eat, drink) **to ~ of** compartir; **to ~ of a meal** compartir una comida; **I no longer ~** (don't drink) ya no bebo; REL **to ~ of the Sacrament** compartir el Sacramento **-2.** (participate) **to ~ in** (event) participar; (joy, grief) compartir **-3.** (have quality) **to ~ of** participar de

parterre [pɑːˈteə(r)] n **-1.** Br (flower garden) parterre m **-2.** US THEAT platea f ❑ **~ box** palco m de platea

parthenogenesis [pɑːθɪnəʊˈdʒenɪsɪs] n BIOL partenogénesis f inv

Parthenon ['pɑːθɪnən] n **the ~** el Partenón

Parthian ['pɑːθɪən] n parto(a) m,f; **a ~ shot** = comentario hiriente a modo de despedida

partial ['pɑːʃəl] adj **-1.** (incomplete) parcial; **a ~ loss of hearing** una pérdida parcial de la audición; **the exhibition was only a ~ success** la exhibición fue un éxito a medias ❑ ASTRON **~ eclipse** eclipse m parcial **-2.** (biased) parcial **-3.** (fond) **to be ~ to the odd glass of wine** no le hago ascos a un vaso de vino

partiality [pɑːʃɪˈælɪtɪ] n **-1.** (bias) parcialidad f **-2.** (fondness) afición f (**towards** hacia) (**for** a)

partially ['pɑːʃəlɪ] adv **-1.** (in part) parcialmente; **~ sighted** con visión parcial **-2.** (with bias) parcialmente, con parcialidad

participant [pɑːˈtɪsɪpənt] ◇ n participante mf
◇ adj participante

participate [pɑːˈtɪsɪpeɪt] vi participar (**in** en)

participation [pɑːtɪsɪˈpeɪʃən] n participación f (**in** en); **they would welcome greater parental ~** recibirían muy bien una mayor participación de los padres

participatory [pɑːtɪsɪˈpeɪtərɪ] adj participativo(a)

participial [pɑːtɪˈsɪpɪəl] adj GRAM de participio

participle ['pɑːtɪsɪpəl] n GRAM participio m; **past ~** participio pasado or pasivo; **present ~** participio de presente or activo

particle ['pɑːtɪkəl] n **-1.** (tiny piece) partícula f; **there's not a ~ of truth in the story** la historia no tiene nada de cierto **-2.** GRAM partícula f **-3.** PHYS partícula f ❑ **~ accelerator** acelerador m de partículas; **~ beam** haz m de partículas; **~ physics** física f de partículas

particoloured, US **particolored** ['pɑːtɪkʌləd] adj de varios colores

particular [pəˈtɪkjʊlə(r)] ◇ n **-1.** (detail) detalle m, pormenor m; **alike in every ~** iguales en todos los aspectos; **to go into particulars** entrar en detalles; **to take down sb's particulars** tomar los datos de alguien; **for further particulars apply to...** para mayor información diríjase a... **-2.** (specific) **from the general to the ~** de lo general a lo particular
◇ adj **-1.** (specific) específico(a); **do you have a ~ day in mind?** ¿tienes en mente algún día en particular?; **which ~ person did you have in mind?** ¿en quién pensabas en concreto?; **I haven't read that ~ novel** no he leído esa novela concreta; **only that ~ colour will do** sólo sirve ese color específico; **why did you insist on this ~ one?** ¿por qué has insistido en ésta en particular?; **for no ~ reason** por ninguna razón en particular or en especial; **we had no ~ place to go** no teníamos ningún lugar en especial a dónde ir; **the problem is not ~ to this region** no es un problema exclusivo de esta zona
-2. (special) especial; **he is a ~ friend of mine** es un amigo mío muy querido; **to take ~ care over sth** tener especial cuidado con algo
-3. (exacting) exigente; **to be ~ about sth** ser exigente con algo; **it had to be pure silk, he was most ~ about it** tenía que ser seda natural, sobre ese punto fue terminante; **I'm not ~** me da lo mismo; **he's not very ~ about where his money comes from** no le importa mucho de dónde viene su dinero
◇ **in particular** adv (specifically) en particular; **I didn't notice anything in ~** no noté nada de particular; **what did you do? – nothing in ~** ¿qué hiciste? – nada en particular

particularity [pətɪkjʊˈlærɪtɪ] n **-1.** (special quality) particularidad f **-2.** (exacting nature) lo particular, la singularidad **-3.** (detailed nature) (of description) lo detallado, lo pormenorizado

particularly [pəˈtɪkjʊləlɪ] adv (especially) particularmente, especialmente; **not ~** no especialmente; **it's cold here, ~ at night** aquí hace frío, sobre todo por la noche; **I was surprised he wasn't there, ~ as he'd received an official invitation** me sorprendió que no estuviera, en especial porque había recibido una invitación oficial

particulate [pəˈtɪkjʊlɪt] ◇ n partícula f
◇ adj de partículas

parting ['pɑːtɪŋ] ◇ n **-1.** (leave-taking) despedida f; **they had come to the ~ of the ways** había llegado la hora de despedirse or el momento de la despedida **-2.** Br (in hair) raya f; **centre/side ~** raya al medio/al lado
◇ adj (words, kiss) de despedida; **her ~ words** sus palabras de despedida ❏ **~ shot** = comentario hiriente a modo de despedida

partisan ['pɑːtɪzæn] ◇ n **-1.** (during 2nd World War) partisano(a) m,f **-2.** (supporter) partidario(a) m,f (**of** de)
◇ adj (biased) parcial

partition [pɑː'tɪʃən] ◇ n **-1.** (in room) tabique m ❏ **~ wall** tabique m **-2.** (of country) división f, partición f **-3.** COMPTR partición f
◇ vt **-1.** (room) dividir **-2.** (country) dividir **-3.** COMPTR (hard disk) crear particiones en
◆ **partition off** vt sep (room) dividir con un tabique or con tabiques; **a small area had been partitioned off from the rest** habían delimitado con un tabique un pequeño sector

partitive ['pɑːtɪtɪv] GRAM ◇ n partitivo m
◇ adj partitivo(a)

partly ['pɑːtlɪ] adv en parte; **~ by force, ~ by persuasion** en parte por la fuerza, en parte a través de la persuasión; **she was only ~ convinced** no estaba del todo convencida; **that's only ~ true** sólo es verdad en parte

partner ['pɑːtnə(r)] ◇ n **-1.** (in company, project) socio(a) m,f; **our European partners** nuestros socios europeos **-2.** (in sports, for activity) compañero(a) m,f; (in dancing) pareja f ❏ **~ in crime** cómplice mf **-3.** (in couple) compañero(a) m,f, pareja f
◇ vt **-1.** (in business) asociar a **-2.** (in games, in dancing) hacer pareja con

partnership ['pɑːtnəʃɪp] n **-1.** (cooperation) **a ~ between business and government** una colaboración entre la empresa y el gobierno; **the famous striking ~** la famosa pareja goleadora; **to work in ~ with sb** trabajar conjuntamente or colaborar con alguien; **we work in ~ with relief organizations** trabajamos conjuntamente or colaboramos con organizaciones humanitarias
-2. (firm) sociedad f colectiva (en la que los socios comparten pérdidas y beneficios); **to enter** or **go into ~ (with sb)** formar sociedad or asociarse (con alguien)
-3. (position in firm) **to offer sb a ~ in the firm** ofrecer a alguien la posición de socio en la firma

partook pt of **partake**

part-owner [pɑːt'əʊnə(r)] n copropietario(a) m,f

partridge ['pɑːtrɪdʒ] (pl **partridge** or **partridges**) n perdiz f ❏ **red-legged ~** perdiz f roja

part-time [pɑːt'taɪm] ◇ adj a tiempo parcial
◇ adv a tiempo parcial

part-timer [pɑːt'taɪmə(r)] n trabajador(ora) m,f a tiempo parcial

parturition [pɑːtjʊ'rɪʃən] n MED parto m

partway [pɑːt'weɪ] adv **I'm ~ through it** (task) ya llevo hecha una parte; (book) ya he leído parte; **~ through the year, she resigned** renunció ya entrado el año; **this will go ~ towards covering the costs** esto sufragará parte de los gastos

partwork ['pɑːtwɜːk] n obra f en fascículos

party ['pɑːtɪ] ◇ n **-1.** (political) partido m; **a ~ member, a member of the ~** un miembro del partido; **he's just making a ~ political point** está haciendo partidismo ❏ **~ discipline** (in voting) disciplina f de voto; **the ~ leadership** los altos cargos del partido; **~ line: to follow** or **toe the ~ line** seguir la línea del partido; **the ~ machine** la maquinaria del partido; **~ man** hombre m de partido; Br **~ political broadcast** espacio m electoral (no sólo antes de las elecciones); **~ politics** la política partidista, el partidismo
-2. (celebration) fiesta f; **to have** or **throw a ~** dar or celebrar una fiesta; Fig **the ~'s over** se acabó la fiesta; Fam **he's a ~ animal** le gustan or Esp van las fiestas ❏ **~ dress** vestido m de fiesta; **~ games** juegos mpl de salón; Br **~ piece** numerito m habitual (para entretener a la gente); Fam **~ pooper** aguafiestas mf inv
-3. (group) grupo m; **a wedding ~** los asistentes a una boda; **will you join our ~?** ¿querría sumarse a nuestro partido?; **a reservation for the Miller ~** una reserva para un grupo a nombre de Miller ❏ TEL **~ line** línea f compartida, party-line f; **~ wall** (in house) pared f medianera
-4. (participant) & LAW parte f; **the ~ concerned** la parte interesada; **the parties to the contract** las partes contratantes; **to be a ~ to** (conversation) participar en; (crime) ser cómplice de; (conspiracy, enterprise) formar parte de; **I would never be (a) ~ to such a thing** nunca tomaría parte en algo semejante
-5. (person) persona f; **I understand a Spanish ~ was involved** tengo entendido que había un español involucrado
◇ vi Fam (celebrate) estar de fiesta or juerga; **I was out partying last night** anoche estuve de fiesta or juerga; **let's ~!** ¡que empiece la fiesta!

partygoer ['pɑːtɪgəʊə(r)] n **the streets were full of partygoers** las calles estaban llenas de gente que acudía a fiestas; **an inveterate ~** un fiestero empedernido

party-size ['pɑːtɪsaɪz] adj (package) de gran tamaño

parvenu ['pɑːvənuː] Pej ◇ n advenedizo(a) m,f
◇ adj advenedizo(a)

PASCAL ['pæskæl] n COMPTR PASCAL m

pascal ['pæskəl] n PHYS pascal m ❏ **Pascal's triangle** triángulo m de Pascal

paschal ['pæskəl] adj pascual ❏ **Paschal Lamb** cordero m pascual

pasha ['pæʃə] n bajá m, pachá m

pashmina [pæʃ'miːnə] n (garment) pashmina f

Pashtun [pæʃ'tuːn] ◇ adj pastún
◇ n pastún mf

pass [pɑːs] ◇ n **-1.** (permit) pase m; **rail/bus ~** abono de tren/autobús
-2. (in examination) **to obtain** or **get a ~** aprobar ❏ Br **~ mark** nota f mínima para aprobar; **~ rate** porcentaje m de aprobados
-3. (in football, basketball, rugby) pase m
-4. (in tennis) passing-shot m
-5. (fly-by) **the aircraft made two low passes over the village** el avión pasó dos veces sobre el pueblo a baja altura
-6. (through mountains) paso m, puerto m
-7. (revision) **I found several mistakes on the first ~** encontré varios errores en la primera lectura
-8. Fam **to make a ~ at sb** intentar seducir a alguien, Esp tirar los tejos a alguien, RP tirarse un lance con alguien
-9. (difficult situation) **how did things come to such a ~?** ¿cómo se ha podido llegar a tan extrema situación?
◇ vt **-1.** (go past) (person, place) pasar junto a; (frontier, limit) pasar; (car, runner) pasar, adelantar; (unintentionally) pasarse, saltarse; **I often ~ him in the street** me cruzo con él a menudo en la calle; **I think we've passed their street already** creo que ya nos hemos pasado su calle; **this yoghurt has passed its sell-by date** este yogur ya ha caducado, RP este yogur ya está vencido
-2. (exam, candidate, bill) aprobar; **to ~ sb fit (for)** declarar a alguien apto(a) (para); **to ~ sth as fit (for)** declarar algo válido(a) (para)
-3. (give) pasar; **to ~ sb sth, to ~ sth to sb** pasarle algo a alguien; **~ me the salt, please** ¿me pasas la sal?; **~ the photocopies along** haz circular las fotocopias
-4. SPORT pasar
-5. (spend) (time) pasar; **we passed our time reading** pasamos el tiempo leyendo; **it passes the time** sirve para matar el tiempo; **to ~ the time of day with sb** charlar or CAm, Méx platicar un rato con alguien
-6. (move) **~ the rope through the hole** pasa la cuerda por el agujero; **she passed a hand through her hair** se pasó la mano por el cabello; **he passed his hand over the deck of cards** pasó la mano por la baraja or el mazo de cartas
-7. Formal (make) **to ~ comment on sth** hacer comentarios sobre algo; LAW **to ~ judgement on sb** juzgar a alguien; LAW **to ~ sentence** dictar sentencia
-8. Formal (excrete) **to ~ blood** defecar heces con sangre; **to ~ water** orinar; **to ~ wind** ventosear, expulsar ventosidades
◇ vi **-1.** (go past) pasar; (overtake) adelantar, pasar; **to let sb ~, to allow sb to ~** dejar pasar a alguien; **I was just passing** pasaba por aquí; **to ~ from one person to another** pasar de una persona a otra; **the plane is passing over Paris** el avión está sobrevolando París; **to ~ unobserved** pasar desapercibido(a)
-2. (go) pasar; **she passed through the door/along the corridor** pasó por la puerta/el pasillo; **the rope passes through this hole** la cuerda pasa por este agujero; **a look of panic passed across her face** una expresión de pánico surcó su cara; **a glance passed between them** se intercambiaron una mirada
-3. (time) pasar, transcurrir
-4. (go away, end) pasar; **don't worry, the pain will soon ~** no te preocupes, el dolor se te pasará
-5. (in exam) aprobar
-6. SPORT pasar
-7. (change) **to ~ from one state to another** pasar de un estado a otro; **control of the company has passed to the receivers** el control de la compañía ha pasado a manos de los liquidadores
-8. (fail to answer, take turn) **~!** (when answering question, in cards) ¡paso!; **he passed on four questions** dejó cuatro preguntas sin contestar; Fam **I think I'll ~ on the salad** creo que no voy a comer ensalada
-9. Literary (take place) **it came to ~ that...** aconteció que...

◆ **pass among** vt insep (crowd) pasear entre
◆ **pass around** vt sep (food, documents) pasar
◆ **pass as** vt insep pasar por
◆ **pass away** vi Euph fallecer
◆ **pass by** ◇ vt insep (go past) pasar delante de
◇ vt sep **I feel that life is passing me by** siento que la vida se me está escurriendo de las manos
◇ vi (procession, countryside, time) pasar
◆ **pass down** vt sep (knowledge, tradition) pasar, transmitir
◆ **pass for** vt insep pasar por
◆ **pass off** ◇ vt sep **to ~ sth off as sth** hacer pasar algo por algo; **to ~ oneself off as** hacerse pasar por; **he tried to ~ it off as a joke** intentó hacer ver que había sido una broma
◇ vi **everything passed off well** todo fue bien
◆ **pass on** ◇ vt sep (object) pasar, hacer circular; (news, information, tradition) pasar, transmitir; (genes) transmitir; **he passed the disease on to me** me contagió la enfermedad; **the savings will be passed on to our customers** todo el ahorro revertirá en nuestros clientes; **please ~ on my thanks to them** por favor, dales las gracias de mi parte
◇ vi **-1.** (move on) **to ~ on to the next topic** pasar al siguiente tema **-2.** Euph (die) fallecer
◆ **pass out** ◇ vt sep (hand out) repartir
◇ vi **-1.** (faint) desvanecerse, desmayarse **-2.** (military or police cadet) graduarse
◆ **pass over** ◇ vt insep (ignore) (remark, detail) pasar por alto
◇ vt sep **to ~ sb over (for promotion)** olvidar a alguien (para el ascenso)
◆ **pass round** vt sep = **pass around**
◆ **pass through** vt insep (city, area, crisis) pasar por

passable

◇ vi **I was just passing through** pasaba por aquí
◆ **pass up** vt sep (opportunity) dejar pasar
passable ['pɑːsəbəl] adj **-1.** (adequate) pasable; **he does a very ~ impression of the boss** hace una imitación muy aceptable or bastante buena del jefe **-2.** (road, bridge) practicable, transitable
passably ['pɑːsəblɪ] adv (adequately) aceptablemente
passage ['pæsɪdʒ] n **-1.** (passing) paso m, avance m,; **the trench did not block the ~ of the tanks** la trinchera no frenó el paso or el avance de los tanques; **the ~ of time** el paso or transcurso del tiempo
-2. (way through) paso m; **they cleared a ~ through the crowd** se abrieron paso entre la multitud; Formal **to grant sb safe ~** otorgar a alguien un paso seguro
-3. (journey) viaje m, travesía f; **to work one's ~** (on ship) = costearse el pasaje trabajando durante la travesía
-4. (corridor) corredor m, pasillo m; (alley) pasaje m, callejón m; **a secret ~** un pasadizo secreto
-5. ANAT conducto m
-6. POL (of bill) discusión f; **the bill had an uninterrupted ~ through parliament** el proyecto de ley fue discutido sin interrupción en el parlamento
-7. (from book, piece of music) pasaje m
passageway ['pæsɪdʒweɪ] n (corridor) corredor m, pasillo m; (alley) pasaje m, callejón m
passata [pəˈsɑːtə] n CULIN salsa f de tomate
passbook ['pɑːsbʊk] n (bank book) cartilla f or libreta f de banco
passé [pæˈseɪ] adj pasado(a) de moda
passenger ['pæsəndʒə(r)] n **-1.** (in vehicle) pasajero(a) m,f; **plane/ship/ferry** barco/avión/ferry de pasajeros ❏ **~ list** lista f de pasajeros; **~ seat** asiento m del pasajero **-2.** Br Pej (worker, team member) parásito m; **we can't carry passengers** no podemos aceptar parásitos **-3.** ❏ **~ pigeon** paloma f silvestre norteamericana
passer ['pɑːsə(r)] n SPORT pasador(a) m,f; **he's a good ~ of the ball** es un buen pasador
passer-by ['pɑːsə'baɪ] (pl **passers-by** ['pɑːsəz'baɪ]) n transeúnte mf, viandante mf
passim ['pæsɪm] adv pássim
passing ['pɑːsɪŋ] ◇ n **-1.** (going past) paso m; **in ~** de pasada ❏ US **~ lane** carril m para adelantamiento; **~ place** (on road) apartadero m
-2. (of time) paso m, transcurso m
-3. (approval) (of bill, law) aprobación f; FIN (of accounts) aprobación f ❏ US **~ grade** (in examination) nota f de aprobado
-4. SPORT pases mpl; **a beautiful piece of ~** un hermoso pase
-5. Euph (death) fallecimiento m ❏ **~ bell** toque m de difuntos
◇ adj **-1.** (car) que pasa; **she flagged down a ~ taxi** hizo señas para que se detuviera un taxi que pasaba ❏ COM **~ trade** clientela f de paso
-2. (casual, chance) (remark) de pasada; **to have a ~ acquaintance with sb** conocer ligeramente a alguien; **to bear a ~ resemblance to sb** parecerse ligeramente a alguien
-3. (whim, fancy) pasajero(a)
-4. **~ shot** (in tennis) passing-shot m
passing-out parade ['pɑːsɪŋ'aʊtpəreɪd] n desfile m de graduación de cadetes
passion ['pæʃən] n **-1.** (emotion, love) pasión f; **she sings with great ~** canta con gran pasión; LAW **crime of ~** crimen pasional ❏ **~ flower** pasionaria f; **~ fruit** granadilla f, fruta f de la pasión
-2. (enthusiasm) pasión f; **to have a ~ for sth** sentir pasión por algo; **his latest ~ is Faulkner** Faulkner es su nueva pasión
-3. (anger, vehemence) ira f; **in a fit of ~** (anger) en un arrebato de ira; **to be in a ~ about sth** estar descontrolado(a) or fuera de sí por algo; **she hates him with a ~** lo odia con toda su alma
-4. REL **the Passion (of Christ)** la Pasión (de Cristo) ❏ **Passion play** (representación f de la) Pasión f; **Passion Sunday** Domingo m de Pascua
passionate ['pæʃənɪt] adj **-1.** (lover, embrace) apasionado(a); **to make ~ love** hacer el amor apasionadamente
-2. (speech, advocate) vehemente, apasionado(a); **she's ~ about fossils** es una apasionada de los fósiles; **she's ~ about human rights** es una defensora apasionada de los derechos humanos; **he's ~ in his commitment to peace** está vehementemente comprometido con la paz
passionately ['pæʃənɪtlɪ] adv **-1.** (to love, kiss) apasionadamente; **to be ~ in love with sb** estar apasionadamente enamorado(a) de alguien **-2.** (to believe) vehementemente; **to be ~ fond of (doing) sth** ser un(a) enamorado(a) de (hacer) algo; **she feels ~ about capital punishment** la pena de muerte es un tema que le importa mucho; **to speak ~ about sth** hablar con pasión sobre algo
passion-killer ['pæʃənˈkɪlə(r)] n Fam **it was a real ~** mataba la pasión
passionless ['pæʃnlɪs] adj sin pasión
passive ['pæsɪv] ◇ n GRAM (voz f) pasiva f; **in the ~** en pasiva
◇ adj pasivo(a) ❏ **~ resistance** resistencia f pasiva; **~ smoker** fumador(ora) m,f pasivo(a); **~ smoking** tabaquismo m pasivo; GRAM **~ voice** voz f pasiva
passively ['pæsɪvlɪ] adv pasivamente
passiveness ['pæsɪvnɪs], **passivity** [pæˈsɪvɪtɪ] n pasividad f
passkey ['pɑːskiː] n llave f maestra
Passover ['pɑːsəʊvə(r)] n REL Pascua f judía
passport ['pɑːspɔːt] n **-1.** (document) pasaporte m; **British ~ holders** personas con pasaporte británico ❏ **~ control** control m de pasaportes; **~ photo(graph)** (of typical size) fotografía f de tamaño pasaporte; (actual photo in passport) fotografía f del pasaporte
-2. Fig **a ~ to happiness** un pasaporte a la felicidad; **a degree is no longer a ~ to a good job** un título universitario ya no garantiza un buen trabajo
pass-the-parcel ['pɑːsðəˈpɑːsəl] n Br = juego infantil en el que, al son de la música, los participantes se pasan un paquete que van desenvolviendo paulatinamente hasta descubrir el regalo que contiene
password ['pɑːswɜːd] n **-1.** MIL contraseña f **-2.** COMPTR contraseña f ❏ **~ protection** protección f por contraseña
password-protected ['pɑːswɜːdprəˈtektɪd] adj COMPTR protegido(a) por contraseña
past [pɑːst] ◇ n pasado m; **in the ~** en el pasado; GRAM en pasado; **to live in the ~** vivir en el pasado; **that's all in the ~ now** ya ha quedado todo olvidado; **it is a thing of the ~** es (una) cosa del pasado; **he's a man with a ~** es un hombre con un pasado oscuro; **let's put the ~ behind us** olvidemos el pasado
◇ adj **-1.** (former) (life, centuries) pasado(a); **his ~ misdemeanours** sus faltas del pasado; **a ~ champion** un antiguo or ex campeón; **from ~ experience** por experiencia; **those days are ~** esos días han pasado; **in times ~** en otros tiempos, en tiempos pasados; **to be a ~ master at sth** ser un(a) maestro(a) consumado(a) en algo
-2. (most recent) último(a); **the ~ week** la semana pasada, la última semana; **the ~ twenty years** los últimos veinte años
-3. GRAM **~ participle** participio pasado or pasivo; **~ perfect** pasado pluscuamperfecto; **the ~ tense** el pasado
◇ prep **-1.** (beyond) **a little/a mile ~ the bridge** poco después/una milla después del puente; **to walk ~ the house** pasar por delante de la casa; **he walked ~ me without saying hello** pasó a mi lado sin saludarme; **once they were ~ the checkpoint** una vez que habían pasado or superado el control; **she stared ~ me at the mountains** miraba las montañas que había detrás de mí; **the yoghurt is ~ its sell-by date** el yogur ya ha caducado, RP el yogur

pat

está vencido; **I'm ~ the age when those things interest me** ya he superado la edad en que esas cosas me interesaban; **I'm ~ caring** ya me trae sin cuidado, ya no me preocupa más; IDIOM Fam **to be ~ it** estar para el arrastre, estar para tirar; IDIOM Fam **I wouldn't put it ~ her** ella es muy capaz (de hacerlo)
-2. (with time) **it is ~ four (o'clock)** son más de las cuatro; **it's ~ my bedtime** ya debería estar acostado(a); **half ~ four** las cuatro y media; **a quarter ~ four** las cuatro y cuarto; **twenty ~ four** las cuatro y veinte
◇ adv **to walk** or **go ~** pasar (caminando); **three buses went ~ without stopping** pasaron tres autobuses sin detenerse; **several weeks went ~** pasaron varias semanas; **to run ~** pasar corriendo; **I have to be there by half ~** tengo que estar allí a la media or a y media
pasta ['pæstə] n pasta f ❏ **~ sauce** salsa f para pasta
paste [peɪst] ◇ n **-1.** (smooth substance) pasta f, crema f **-2.** Br (sandwich spread) **fish/meat ~** = paté barato de pescado/carne **-3.** (glue) (for paper) pegamento m; (for wallpaper) engrudo m, cola f **-4.** **~ diamond** (imitation) diamante m falso or de imitación
◇ vt **-1.** (glue) pegar **-2.** COMPTR pegar (**into/onto** en) **-3.** Fam **to get pasted** (beaten up) ser golpeado(a), Arg cobrar; (defeated) ser aplastado(a); (criticized) ser destrozado(a)
◆ **paste up** vt sep **-1.** (poster, notice) pegar **-2.** TYP armar
pasteboard ['peɪstbɔːd] n cartón m
pastel ['pæstəl] ◇ n **-1.** (crayon) pastel m; **a portrait in pastels** un retrato al pastel **-2.** (picture) dibujo m al pastel
◇ adj pastel; **~ pink** rosa pastel
pastern ['pæstɜːn] n cuartilla f
paste-up ['peɪstʌp] n TYP maqueta f
pasteurization [pɑːstjərəˈzeɪʃən] n pasteurización f
pasteurize ['pɑːstjəraɪz] vt pasteurizar; **pasteurized milk** leche pasteurizada
pastiche [pæˈstiːʃ] n pastiche m
pastille ['pæstɪl] n pastilla f; **cough pastilles** pastillas para la tos
pastime ['pɑːstaɪm] n pasatiempo m, afición f
pastiness ['peɪstɪnɪs] n (of complexion) palidez f
pasting ['peɪstɪŋ] n Fam (beating, defeat) paliza f; **to give sb a ~** dar una paliza a alguien; **we Br got** or US **took a ~** (were beaten up) nos dieron una paliza; (were defeated) nos dieron una paliza or Esp un repaso; **his new play was given a ~ by the critics** su última obra se llevó un buen varapalo por parte de la crítica
pastor ['pɑːstə(r)] n REL pastor m
pastoral ['pɑːstərəl] adj **-1.** (rural) pastoril, pastoral; **they are a ~ people** son un pueblo de pastores **-2.** (work, activities) pastoral ❏ **~ care** tutoría y orientación f individual; REL **~ letter** carta f pastoral **-3.** LIT **~ (poem)** poema m bucólico, égloga f
pastorale [pæstəˈrɑːl] n MUS pastoral m
pastrami [pəˈstrɑːmɪ] n pastrami m, = embutido de ternera ahumado
pastry ['peɪstrɪ] n **-1.** (dough) masa f ❏ **~ brush** pincel m de repostería; **~ case** tartera f; **~ cutter** cortapasta m **-2.** (cake) pastel m; Col, CSur torta f ❏ **~ cook** pastelero(a) m,f
pasturage ['pɑːstjʊrɪdʒ] n pasto m
pasture ['pɑːstʃə(r)] ◇ n **-1.** (for animals) pasto m **-2.** IDIOMS **to put sb out to ~** jubilar a alguien; **to move on to pastures new** ir en búsqueda or busca de nuevos horizontes
◇ vt (animal) pastar
◇ vi pastar
pasty[1] ['pæstɪ] n CULIN empanadilla f
pasty[2] ['peɪstɪ] adj **-1.** (face, complexion) pálido(a), descolorido(a) **-2.** (texture) pastoso(a)
pasty-faced ['peɪstɪ'feɪst] adj pálido(a)
pat [pæt] ◇ n **-1.** (touch) palmadita f; Fig **to give sb a ~ on the back** dar a alguien unas palmaditas en la espalda; **to give oneself a ~ on the back** felicitarse a uno mismo **-2.** (of butter) porción f
◇ adj **-1.** (glib) (answer, explanation) fácil **-2.**

(in poker) **a ~ hand** una mano servida

◇ *adv* **-1.** *(exactly)* **to know** *or* **have sth off ~** saber algo de memoria; **his answer came ~** respondió sin vacilar **-2.** *US* **to stand ~** *(on decision)* mantenerse en sus trece; *(in poker)* tener una mano servida, no necesitar cambiar ninguna carta

◇ *vt* (*pt & pp* **patted**) *(tap)* **to ~ sb on the head** dar palmaditas a alguien en la cabeza; *Fig* **to ~ sb on the back** dar a alguien unas palmaditas en la espalda; **"sit here," he said, patting the place beside him** "siéntate aquí", dijo, golpeando suavemente el lugar junto al suyo; **she patted her hair** se acomodó el pelo con unos golpecitos

◆ **pat down** *vt sep (soil, sand)* aplastar con la mano

pat-a-cake ['pætəkeɪk] *n* **to play ~** ≃ hacer tortitas

Patagonia [pætə'gəʊnɪə] *n* la Patagonia ❑ **~ cypress** alerce *m* de Chile

Patagonian [pætə'gəʊnɪən] ◇ *n* patagónico(a) *m,f*

◇ *adj* patagónico(a)

patch [pætʃ] ◇ *n* **-1.** *(of cloth)* remiendo *m*; *(on elbow)* codera *f*; **(eye) ~** parche *m* (en el ojo); IDIOM *Fam* **his last novel isn't a ~ on the others** su última novela no le llega ni a la suela de los zapatos a las anteriores ❑ **~ pocket** bolsillo *m* de parche; MED **~ test** prueba *f* para determinar la existencia de alergia

-2. *(of colour, light, oil)* mancha *f*; *(of fog)* zona *f*; **a ~ of blue sky** un claro; **there were damp patches on the ceiling** había manchas de humedad en el techo; **snow still lay in patches on the slopes** en las faldas de la montaña aún había manchas de nieve

-3. *(of land)* parcela *f*, terreno *m*; **cabbage/strawberry ~** parcela de repollo/fresas *or RP* frutillas

-4. *Br Fam (period)* racha *f*; **to be going through a bad** *or* **sticky** *or* **rough ~** estar pasando por un bache

-5. *Br (of prostitute, salesperson)* zona *f*; *Fam* **keep off my ~!** ¡fuera de mi territorio!

-6. COMPTR *(for game, software)* parche *m*

◇ *vt* **-1.** *(hole, garment)* remendar, poner un parche en; **his jeans were patched at the knees** sus vaqueros tenían parches en las rodillas **-2.** TEL **to ~ sb through (to)** conectar a alguien (con)

◆ **patch together** *vt sep Fam* armar

◆ **patch up** *vt sep Fam* **-1.** *(mend)* remendar; *(wounded person)* hacer una cura *or Méx, RP* curación de urgencia **-2.** *(marriage, friendship)* arreglar; **we've patched things up** *(after quarrel)* hemos hecho las paces

patchily ['pætʃɪlɪ] *adv* superficialmente, incompletamente; **we dealt with the period rather ~** vimos ese periodo de una manera bastante incompleta

patchouli [pə'tʃuːlɪ] *n* pachulí *m* ❑ **~ oil** esencia *f* de pachulí

patchwork ['pætʃwɜːk] *n* **-1.** *(in sewing)* labor *f* de retazo, patchwork *m* ❑ **~ quilt** edredón *m* de retazos *or* de patchwork **-2.** *(of fields, ideas, policies)* mosaico *m*

patchy ['pætʃɪ] *adj* **-1.** *(uneven, irregular) (novel, economic recovery)* desigual; *(paintwork)* desparejo(a); *(rain)* irregular **-2.** *(evidence, knowledge)* incompleto(a)

pate [peɪt] *n Old-fashioned or Hum* calva *f*

pâté ['pæteɪ] *n* paté *m*

patella [pə'telə] (*pl* **patellae** [pə'teliː] *or* **patellas**) *n* ANAT rótula *f*

paten [] *n* REL patena *f*

patent ['pætənt, *Br* 'peɪtənt] ◇ *n (on invention)* patente *f*; **to take out a ~ on sth** patentar algo; COM **~ applied for, ~ pending** patente solicitada, en espera de patente ❑ **~ agent** agente *mf* de patentes; **~ holder** titular *mf* de una patente; **Patent Office** Registro *m* de la Propiedad Industrial, *Esp* ≃ Oficina *f* de Patentes y Marcas; **~ rights** propiedad *f* industrial

◇ *adj* **-1.** *(patented)* patentado(a) ❑ **~ leather** charol *m*; **~ medicine** específico *m*, especialidad *f* farmacéutica **-2.** *(evident)* patente, evidente

◇ *vt* patentar

patented ['pætəntɪd, *Br* 'peɪtəntɪd] *adj (product, procedure)* patentado(a)

patentee [pætən'tiː, *Br* peɪtən'tiː] *n* poseedor(ora) *m,f* de una patente

patently ['pætəntlɪ, *Br* 'peɪtəntlɪ] *adv* evidentemente, patentemente; **~ obvious** muy evidente

paterfamilias [peɪtəfə'mɪlɪæs] (*pl* **patresfamilias** [peɪtreɪsfə'mɪlɪæs]) *n Formal* páter *m inv* familias

paternal [pə'tɜːnəl] *adj* **-1.** *(fatherly) (feelings)* paternal; *(duty, responsibilities)* paterno(a) **-2.** *(related through father)* paterno(a); **~ grandfather** abuelo paterno

paternalism [pə'tɜːnəlɪzəm] *n (of government, management)* paternalismo *m*

paternalistic [pətɜːnə'lɪstɪk], **paternalist** [pə'tɜːnəlɪst] *adj* paternalista

paternally [pə'tɜːnəlɪ] *adv* paternalmente

paternity [pə'tɜːnɪtɪ] *n* paternidad *f* ❑ **~ leave** baja *f* por paternidad; LAW **~ suit** juicio *m* para determinar la paternidad; **~ test** prueba *f* de (la) paternidad

paternoster ['pætə'nɒstə(r)] *n (prayer)* padrenuestro *m*

path [pɑːθ] *n* **-1.** *(track)* camino *m*, sendero *m*; *Fig* **I don't think we want to go down that ~** no creo que debamos hacer eso

-2. *(way ahead or through) (of inquiry, to success)* vía *f*, camino *m*; **a tree blocked his ~** un árbol bloqueaba su camino; **he killed everyone in his ~** mató a todo el que encontró a su paso; **to cut** *or* **clear a ~ through sth** abrirse camino a través de algo; **in the ~ of an oncoming vehicle** en el camino de un vehículo que se aproxima

-3. *(trajectory) (of rocket, planet, bird)* trayectoria *f*; *(of moving body)* recorrido *m*; *(of ray of light)* trayectoria *f*; **their paths had crossed before** sus caminos ya se habían cruzado antes

-4. COMPTR camino *m*, localización *f*

pathetic [pə'θetɪk] *adj* **-1.** *(feeble)* penoso(a); **you're ~!** ¡eres patético(a)!; **how ~!, it's ~!** ¡qué patético!, ¡es patético! **-2.** *(touching)* patético(a), conmovedor(ora); **it was ~ to see how they lived** era patético *or* conmovedor ver cómo vivían ❑ LIT **the ~ fallacy** la falacia patética

pathetically [pə'θetɪklɪ] *adv* **-1.** *(feebly)* penosamente, lastimosamente; **that's a ~ weak excuse** esa disculpa es patética; **~ bad** penoso(a) **-2.** *(touchingly)* patéticamente, conmovedoramente; **he was ~ grateful for any kindness** agradecía de manera conmovedora cualquier gesto de amabilidad

pathfinder ['pɑːθfaɪndə(r)] *n* **-1.** *(explorer)* explorador(ora) *m,f* **-2.** *(aircraft)* = avión explorador que guía a los bombarderos

pathname ['pɑːθneɪm] *n* COMPTR camino *m*, localización *f*

pathogen ['pæθədʒən] *n* MED patógeno *m*

pathogenesis [pæθə'dʒenɪsɪs] *n* MED patogénesis *f inv*

pathological [pæθə'lɒdʒɪkəl] *adj* patológico(a); **~ liar** mentiroso(a) patológico(a)

pathologically [pæθə'lɒdʒɪklɪ] *adv* patológicamente; **he's ~ jealous** tiene celos patológicos

pathologist [pə'θɒlədʒɪst] *n (forensic scientist)* forense *mf*, médico(a) *m,f* forense

pathology [pə'θɒlədʒɪ] *n* patología *f*

pathos ['peɪθɒs] *n* patetismo *m*

pathway ['pɑːθweɪ] *n (path)* camino *m*

patience ['peɪʃəns] *n* **-1.** *(quality)* paciencia *f*; **to try** *or* **tax sb's ~** poner a prueba la paciencia de alguien; **to exhaust sb's ~** acabar con *or* agotar la paciencia de alguien; **to lose one's ~ (with sb)** perder la paciencia (con alguien); **I've no ~ with him** me exaspera; **he has no ~ with children** no tiene paciencia con los niños; **my ~ is wearing thin** se me está agotando *or* acabando la paciencia; **the ~ of a saint** la paciencia de un santo; PROV **~ is a virtue** con paciencia se gana el cielo

-2. *Br (card game)* solitario *m*; **to play ~** hacer un solitario

patient ['peɪʃənt] ◇ *n* paciente *mf*

◇ *adj* paciente; **to be ~ with sb** ser paciente con alguien, tener paciencia con alguien; **if you'll be ~ a few moments longer** si es tan amable de aguardar unos instantes más

patiently ['peɪʃəntlɪ] *adv* pacientemente

patina ['pætɪnə] *n* **-1.** *(on bronze, copper, wood)* pátina *f* **-2.** *Fig (veneer)* pátina *f*

patio ['pætɪəʊ] (*pl* **patios**) *n* **-1.** *(paved area)* = área pavimentada contigua a una casa, utilizada para el esparcimiento o para comer al aire libre ❑ **~ doors** puertas *fpl* del patio; **~ furniture** accesorios *mpl or* mobiliario *m* para patio **-2.** *(inner courtyard)* patio *m*

Patna rice ['pætnə'raɪs] *n* arroz *m* Patna

patois ['pætwɑː] *n (dialect)* dialecto *m*

patriarch ['peɪtrɪɑːk] *n* patriarca *m*

patriarchal [peɪtrɪ'ɑːkəl] *adj* patriarcal

patriarchy ['peɪtrɪɑːkɪ] *n* patriarcado *m*

patrician [pə'trɪʃən] ◇ *n* patricio *m*

◇ *adj* **-1.** *(upper-class)* patricio(a) **-2.** *(haughty)* altanero(a)

patricide ['pætrɪsaɪd] *n* **-1.** *(crime)* parricidio *m* **-2.** *(person)* parricida *m*

Patrick ['pætrɪk] *pr n* **Saint ~** San Patricio

patrilineal [pætrɪ'lɪnɪəl] *adj* por línea paterna

patrimony ['pætrɪmənɪ] *n Formal* patrimonio *m*

patriot ['pætrɪət, 'peɪtrɪət] *n* patriota *mf*

patriotic [pætrɪ'ɒtɪk, peɪtrɪ'ɒtɪk] *adj* patriótico(a)

patriotically [pætrɪ'ɒtɪklɪ, peɪtrɪ'ɒtɪklɪ] *adv* patrióticamente

patriotism ['pætrɪətɪzəm, 'peɪtrɪətɪzəm] *n* patriotismo *m*

patristic [pə'trɪstɪk] *adj* REL patrístico(a)

patrol [pə'trəʊl] ◇ *n* **-1.** *(group)* patrulla *f* ❑ **~ leader** líder *mf* de patrulla **-2.** *(task)* ronda *f*, patrulla *f*; **to be on ~** patrullar ❑ **~ boat** patrullero *m*, (lancha *f*) patrullera *f*; **~ car** coche *m or Am* carro *m or CSur* auto *m* patrulla; *US & Austr* **~ wagon** furgón *m* celular *or* policial

◇ *vt (pt & pp* **patrolled**) *(area, border)* patrullar

◇ *vi* patrullar; **to ~ up and down** ir y venir

patrolman [pə'trəʊlmæn] *n US* patrullero *m*, policía *m*

patrolwoman [pə'trəʊlwʊmən] *n US* patrullera *f*, policía *f*

patron ['peɪtrən] *n* **-1.** *(of artist)* mecenas *mf inv*; *(of charity)* patrocinador(ora) *m,f* ❑ **~ saint** patrón(ona) *m,f*, santo(a) *m,f* patrón(ona) *m,f* **-2.** *Formal (of restaurant, hotel, shop)* cliente(a) *m,f*; *(of theatre, cinema)* asistente *mf*; **patrons** el público

patronage ['pætrənɪdʒ] *n* **-1.** *(of arts)* mecenazgo *m*; *(of charity)* patrocinio *m*; **under the ~ of...** bajo *or* con el patrocinio de... **-2.** *Formal (custom)* clientela *f* **-3.** POL *Pej* clientelismo *m*; **political ~** clientelismo político

patronize ['pætrənaɪz] *vt* **-1.** *(treat condescendingly)* tratar con condescendencia *or* paternalismo **-2.** *Formal (restaurant, hotel, shop)* frecuentar **-3.** *(exhibition, play)* patrocinar

patronizing ['pætrənaɪzɪŋ] *adj* condescendiente, paternalista

patronizingly ['pætrənaɪzɪŋlɪ] *adv* con condescendencia

patronymic [pætrə'nɪmɪk] *n* patronímico *m*

patsy ['pætsɪ] *n US Fam* **-1.** *(gullible person)* pringado(a) *m,f* **-2.** *(scapegoat)* chivo *m* expiatorio

patter[1] ['pætə(r)] ◇ *n* **-1.** *(of footsteps)* correteo *m*; *Hum* **are we going to be hearing the ~ of tiny feet?** ¿estás pensando ser mamá? **-2.** *(of rain)* repiqueteo *m*

◇ *vi* **-1.** *(person)* corretear; **he pattered along the corridor** pasó correteando por el pasillo **-2.** *(rain)* repiquetear, tamborilear

patter[2] *n Fam* **-1.** *(of salesman, entertainer)* labia *f* **-2.** *(of region)* jerga *f*

pattern ['pætən] ◇ n **-1.** (design) dibujo m; (on dress, cloth) estampado m, dibujo m; (on animal) manchas fpl ❑ **~ book** muestrario m **-2.** (arrangement, order) (of events) evolución f; (of behaviour) pauta f; (of shapes, colours) diseño m **-3.** (in sewing, knitting) patrón m ❑ IND **~ maker** fabricante m de modelos **-4.** (norm, regularity) pauta f, norma f; **behaviour patterns in monkeys** patrones de conducta de los monos; **the ~ of TV viewing in the average household** los hábitos televisivos de una familia tipo; **to set a ~** marcar la pauta; **a ~ was beginning to emerge** comenzaba a aflorar un modelo de comportamiento; **the evening followed the usual ~** la noche transcurrió como de costumbre; **to follow a set ~** seguir una conducta establecida
◇ vt **-1.** (mark) (fabric) estampar **-2.** (model) **to ~ sth on sth** imitar algo tomando algo como modelo; **their quality control is patterned on Japanese methods** su control de calidad está basado en métodos japoneses

patterned ['pætənd] adj estampado(a)

patty ['pætɪ] n **-1.** US (burger) hamburguesa f **-2.** (meat pie) empanadilla f de carne

paucity ['pɔːsɪtɪ] n Formal penuria f

Paul [pɔːl] pr n **Saint ~** San Pablo

Pauline ['pɔːlaɪn] adj REL paulino(a)

paunch [pɔːntʃ] n barriga f, panza f, Chile guata f; **to have a ~** tener barriga

pauper ['pɔːpə(r)] n indigente mf ❑ **~'s grave** fosa f común

pauperization [pɔːpəraɪ'zeɪʃən] n pauperización f, empobrecimiento m

pauperize ['pɔːpəraɪz] vt depauperar, empobrecer

pause [pɔːz] ◇ n **-1.** (in conversation) pausa f; (rest) pausa f, descanso m; **without a ~** sin pausa; **there was a long ~ before she answered** hubo una larga pausa antes de que respondiera; **to give sb ~ (for thought)** dar que pensar a alguien ❑ **~ button** botón m de pausa **-2.** MUS pausa f
◇ vi (when working) parar, descansar; (when speaking) hacer una pausa; **she paused on the doorstep** se detuvo brevemente en la entrada; **I signed it without pausing to read the details** lo firmé sin detenerme a leer los detalles; **to ~ for breath** hacer una pausa or detenerse para tomar aliento

pave [peɪv] vt (in general) pavimentar; (with slabs) enlosar; (with cobbles) adoquinar, empedrar; (with bricks) enladrillar; IDIOM **they thought the streets were paved with gold** creían que ataban a los perros con longanizas; IDIOM **to ~ the way for sth/sb** preparar el terreno para algo/alguien

pavement ['peɪvmənt] n **-1.** Br (beside road) acera f, CSur vereda f, CAm, Méx banqueta f ❑ **~ artist** = dibujante que pinta con tiza sobre la acera; **~ cafe** café m con terraza **-2.** US (roadway) calzada f

pavilion [pə'vɪlɪən] n **-1.** (building, tent) pabellón m; **the Japanese ~ at the exhibition** el pabellón japonés en la exhibición **-2.** (at cricket ground) = edificio adyacente a un campo de críquet en el que se encuentran los vestuarios y el bar

paving ['peɪvɪŋ] n (surface) pavimento m; (slabs) enlosado m; (cobbles) adoquinado m ❑ **~ stone** losa f

pavlova [pæv'ləʊvə] n CULIN = pastel de Esp nata or Am crema de leche, merengue y fruta

Pavlovian [pæv'ləʊvɪən] adj PSY pavloviano(a)

paw [pɔː] ◇ n **-1.** (of cat, lion, bear) garra f, pata f; (of dog) pata f **-2.** Fam (hand) mano f, Arg pata f; **keep your (big) paws off!** ¡no se toca!
◇ vt **-1.** (of animal) tocar con la pata; **to ~ the ground** piafar **-2.** (of person) **to ~ sb** manosear or sobar a alguien
◇ vi **to ~ at sth** dar zarpazos a algo; **to ~ at sb** manosear or sobar a alguien

pawl [pɔːl] n TECH trinquete m

pawn¹ [pɔːn] ◇ n **to put sth in ~** empeñar algo; **I got my watch out of ~** desempeñé mi reloj ❑ **~ ticket** resguardo m de la casa de empeños
◇ vt empeñar

pawn² n (chesspiece) peón m; Fig títere m

pawnbroker ['pɔːnbrəʊkə(r)] n prestamista mf (de casa de empeños)

pawnshop ['pɔːnʃɒp] n casa f de empeños

pawpaw = papaya

pax [pæks] ◇ n POL **Pax Americana/Britannica** la paz americana/británica (impuesta por cuestiones políticas y en beneficio de las potencias que la garantizan)
◇ exclam Br Old-fashioned ¡basta!

pay [peɪ] ◇ n sueldo m, paga f; **the ~'s good/bad** el sueldo es bueno/malo; **to be in sb's ~** estar a sueldo de alguien ❑ Br **~ bed** = en un hospital público, cama de pago reservada a un paciente con seguro privado; Br **~ cheque** or US **check** cheque m del sueldo; **~ claim** reivindicación f salarial; **~ cut** recorte m salarial; Br **~ packet**, US **~ envelope** sobre m de la paga; Br Fig **the boss takes home a large ~ packet** el jefe tiene un salario muy grande; **~ rise** aumento m de sueldo; **~ slip** nómina f (documento); **~ talks** negociación f salarial; **~ TV** televisión f de pago
◇ vt (pt & pp **paid** [peɪd]) **-1.** (person, money, bill) pagar; **to ~ sb sth** pagarle algo a alguien; **to ~ sb for sth** pagarle a alguien por algo; **I paid £5 for it** me costó 5 libras; **to ~ sb to do sth** pagar a alguien para que haga algo; **to be well/badly paid** estar bien/mal pagado(a); **we get paid monthly** cobramos mensualmente; **to ~ cash** pagar en efectivo; **the account pays interest** la cuenta da intereses; **interest is paid quarterly** los intereses se abonan trimestralmente; **to ~ money into sb's account** Esp ingresar or Am depositar dinero en la cuenta de alguien; **I wouldn't do it if you paid me** no lo haría ni aunque me pagarás; **he insisted on paying his own way** se empeñó en pagarlo de su propio dinero or costeárselo él mismo; IDIOM Fam **you pays your money and you takes your choice** es a gusto del consumidor
-2. (give) **to ~ attention** prestar atención; **to ~ sb a compliment** hacerle un cumplido a alguien; Old-fashioned **to ~ court to sb** cortejar a alguien; **to ~ homage to sb** rendir homenaje a alguien; **she paid her respects to the President** presentó sus respetos al presidente; **to ~ sb a visit** hacer una visita a alguien
-3. (profit) **it will ~ you to do it** te va a resultar rentable or Am redituable
◇ vi **-1.** (give payment) pagar; **who's paying?** ¿quién paga?; **how would you like to ~?** ¿cómo lo va a pagar?; **they ~ well** pagan bien; **the job pays well** el trabajo está bien pagado; **to ~ by cheque** pagar con un cheque; **to ~ for sth** pagar algo; **my parents paid for me to go to Florida** mis padres me pagaron el viaje a Florida; **the printer soon paid for itself** la impresora se rentabilizó rápidamente; RP en poco tiempo desquité lo que pagué por la impresora; IDIOM **to ~ through the nose** pagar un ojo de la cara or Esp un riñón
-2. (be profitable) **the business didn't ~** el negocio no fue rentable; **Brazil made their superiority ~** Brasil hizo valer su superioridad; **it pays to be honest** conviene ser honrado, ser honrado compensa; **it doesn't ~ to tell lies** no compensa decir mentiras
-3. (suffer) **you'll ~ for this!** ¡ésta me la pagas!, ¡me las pagarás!; **he paid (dearly) for his mistake** pagó (caro) su error

◆ **pay back** vt sep (person) devolver el dinero a; (money) devolver; (loan) amortizar; Fig **to ~ sth back with interest** devolver or pagar algo con creces; **I'll ~ you back for this!** ¡me las pagarás por esto!

◆ **pay in** vt sep (cheque, money) Esp ingresar, Am depositar

◆ **pay off** ◇ vt sep **-1.** (debt) saldar, liquidar; (mortgage) amortizar, redimir **-2.** (worker) hacer el finiquito a; Fam **to ~ sb off** (bribe) sobornar or untar a alguien, Méx dar una mordida a alguien, RP coimear a alguien
◇ vi (efforts) dar fruto; (risk) valer la pena

◆ **pay out** ◇ vt sep **-1.** (money) gastar **-2.** (pt **payed**) (rope) soltar poco a poco
◇ vi pagar

◆ **pay over** vt sep pagar

◆ **pay up** vi pagar

payable ['peɪəbəl] adj pagadero(a); **~ in advance** pagadero(a) por adelantado; **the interest ~ on the loan** los intereses que se pagan sobre el préstamo; **to make a cheque ~ to sb** extender un cheque a favor de alguien

pay-and-display ['peɪəndɪs'pleɪ] adj Br **~ car park** estacionamiento or Esp aparcamiento de pago (en el que hay que colocar el justificante de pago en la ventanilla)

pay-as-you-earn ['peɪəzjʊ'ɜːn] n retención f en nómina del impuesto sobre la renta, Esp ≃ Impuesto m sobre el Rendimiento del Trabajo Personal

pay-as-you-view ['peɪəzjʊ'vjuː] ◇ n pago m por visión
◇ adj **on a ~ basis** en un sistema de pago por visión

payback ['peɪbæk] n FIN recuperación f, reembolso m ❑ **~ period** periodo m de amortización or reembolso

payday ['peɪdeɪ] n día m de pago

pay-dirt ['peɪdɜːt] n US also Fig **to hit** or **strike ~** hallar un filón

PAYE [piːeɪwaɪˈiː] n (abbr **pay-as-you-earn**) retención f en nómina del impuesto sobre la renta, Esp ≃ Impuesto m sobre el Rendimiento del Trabajo Personal

payee [peɪˈiː] n beneficiario(a) m,f

payer ['peɪə(r)] n (of debts, of cheque) pagador(ora) m,f

paying ['peɪɪŋ] adj **-1.** (who pays) que paga; **~ guest** huésped de pago **-2.** (profitable) **it's not a ~ proposition** no es una propuesta interesante

paying-in ['peɪɪŋ'ɪn] adj Br **~ book** talonario m de pagos or depósitos; **~ slip** talón m de pago or RP boleta f de depósito

payload ['peɪləʊd] n **-1.** (of vehicle, spacecraft) carga f útil **-2.** (of missile) carga f explosiva

paymaster ['peɪmɑːstə(r)] n oficial m pagador; **the World Bank acts as ~ of the project** el Banco Mundial financia el proyecto; **the terrorists' ~** la mano negra que financia a los terroristas ❑ **Paymaster General** Br = funcionario encargado del pago de sueldos y pensiones a los funcionarios públicos; US = funcionario encargado del pago de sueldos al personal de las Fuerzas Armadas

payment ['peɪmənt] n **-1.** (act of paying) pago m; **they offered their services without ~** ofrecieron sus servicios sin cobrar nada; **to give/receive sth in ~ (for sth)** dar/recibir algo en pago (por algo); **to present a bill for ~** presentar una factura; **to stop ~ on a cheque** revocar un cheque; **on ~ of £100** previo pago de 100 libras; **~ by instalments** pago a plazos; **~ in full** liquidación f **-2.** (amount paid) pago m; **48 monthly payments** 48 pagos or RP cuotas mensuales; **to make a ~** efectuar un pago
-3. (reward, compensation) recompensa f, compensación f

pay-off ['peɪɒf] n **-1.** (act of paying off) cancelación f, liquidación f **-2.** Fam (bribe) soborno m, Méx mordida f, RP coima f **-3.** Fam (reward) compensación f **-4.** Fam (consequence) consecuencia f

payola [peɪˈəʊlə] n US Fam = soborno, especialmente a un presentador radiofónico para que promocione un disco determinado

payout ['peɪaʊt] n pago m, desembolso m

pay-per-view ['peɪpə'vju:] ◇ n pago m por visión
◇ adj ~ **channel** canal de pago por visión; ~ **television** televisión de pago
payphone ['peɪfəʊn] n cabina f, teléfono m público
payroll ['peɪrəʊl] n COM **-1.** (list) plantilla f, nómina f (de empleados); **to be on the ~** estar en plantilla or nómina **-2.** (wages) nómina f, salario m
PB ['pi:'bi:] n SPORT (abbr **personal best**) mejor marca f personal
PBS [pi:bi:'es] n (abbr **Public Broadcasting Service**) = canal estadounidense público de televisión, con información no comercial y educativa
PC ['pi:'si:] ◇ n **-1.** (abbr **personal computer**) PC m **-2.** Br (abbr **Police Constable**) agente mf de policía
◇ adj (abbr **politically correct**) políticamente correcto(a)
pc (abbr **postcard**) (tarjeta f) postal f
PC-compatible ['pi:si:kəm'pætəbəl] adj compatible PC
pcm Br (abbr **per calendar month**) por mes
PCMCIA [pi:si:'emsi:aɪ'eɪ] n COMPTR (abbr **Personal Computer Memory Card International Association**) PCMCIA
PD [pi:'di:] n US (abbr **Police Department**) Departamento m de Policía
pd -1. (abbr **paid**) pagado(a) **-2.** PHYS (abbr **potential difference**) diferencia f de potencial
PDA [pi:di:'eɪ] n COMPTR (abbr **personal digital assistant**) PDA m, asistente m personal
PDF [pi:di:'ef] n COMPTR (abbr **portable document format**) PDF
PDQ [pi:di:'kju:] adv Fam (abbr **pretty damn quick**) por la vía rápida, rapidito
PE ['pi:'i:] n SCH (abbr **physical education**) educación f física
pea [pi:] n Esp guisante m, Am arveja f, Carib, Méx chícharo m □ IDIOM **like two peas in a pod** como dos gotas de agua □ **~ green** verde m manzana; **~ jacket** chaquetón m marinero; **~ soup** = sopa espesa hecha con guisantes secos
peace [pi:s] n **-1.** (absence of war, conflict) paz f; **in time of ~** en tiempos de paz; **at ~** en paz; **I come in ~** vengo en son de paz; **to make (one's) ~ with sb** hacer las paces con alguien; **give ~ a chance** denle una oportunidad a la paz □ **~ camp** campamento m por la paz; **~ campaigner** pacifista mf; **Peace Corps** = organización gubernamental estadounidense de ayuda al desarrollo con cooperantes sobre el terreno; **~ dividend** = dinero sobrante como resultado de la reducción del gasto militar en época de paz; **the Peace Garden State** = apelativo familiar referido al estado de Dakota del Norte; **~ movement** movimiento m pacifista; **~ negotiations** negociaciones fpl de paz; **~ offensive** ofensiva f de paz; **~ offering** oferta f de paz; **~ pipe** (of Native American) pipa f de la paz; **~ process** proceso m de paz; **the ~ sign** (made with fingers) el signo de la paz (la 'v' formada con los dedos); **~ studies** estudios mpl sobre la paz; **~ symbol** símbolo m de la paz; **~ talks** conversaciones fpl de paz; **~ treaty** tratado m de paz
-2. (calm) paz f; **at ~** en paz; **the countryside was at ~ after a busy day** después de un día ajetreado, la campiña estaba en calma; **to be at ~ with oneself/with the world** estar en paz con uno mismo/con el mundo; **we haven't had a moment's ~ all morning** no hemos tenido un momento de tranquilidad en toda la mañana; **he'll give you no ~ until you pay him** no te dejará tranquilo hasta que no le pagues; **to hold** or **keep one's ~** guardar silencio; **~ and quiet** paz y tranquilidad; **for the sake of ~ and quiet** para tener la fiesta en paz; **all I want is a bit of ~ and quiet** todo lo que quiero es un poco de tranquilidad; **~ of mind** tranquilidad de espíritu, sosiego; REL **~ be with you!** la paz sea con Esp vosotros or Am ustedes

-3. (treaty) paz f; **they wanted to sign a separate ~ with the invaders** querían firmar una paz por separado con los invasores
-4. LAW **to keep/disturb the ~** mantener/alterar el orden (público)
peaceable ['pi:səbəl] adj **-1.** (peace-loving) (nation, person) pacífico(a) **-2.** (calm) (atmosphere, demonstration) pacífico(a)
peaceably ['pi:səblɪ] adv de forma pacífica
peaceful ['pi:sfʊl] adj **-1.** (non-violent) pacífico(a); **we are a ~ nation** somos una nación pacífica; **the ~ uses of nuclear energy** los usos pacíficos de la energía nuclear □ **~ coexistence** coexistencia f pacífica **-2.** (calm) tranquilo(a), sosegado(a); **it's so ~ in the country!** ¡en el campo hay tanta tranquilidad!; **he had a ~ death** tuvo una muerte serena
peacefully ['pi:sfʊlɪ] adv **-1.** (without violence) pacíficamente; **the rally went off ~** la concentración se desarrolló pacíficamente **-2.** (calmly) tranquilamente; **he died ~ in the end** tuvo una muerte serena; **~, at home** (in death notice) descansa en paz
peacefulness ['pi:sfʊlnɪs] n **-1.** (absence of violence) paz f **-2.** (calmness) tranquilidad f
peacekeeper ['pi:ski:pə(r)] n **-1.** (soldier) soldado m de las fuerzas de pacificación **-2.** (country, organization) fuerza f de pacificación
peacekeeping ['pi:ski:pɪŋ] n mantenimiento m de la paz, pacificación f; **UN ~ troops** fuerzas fpl de pacificación de la ONU, cascos mpl azules □ **~ forces** fuerzas fpl de pacificación or interposición
peace-loving ['pi:slʌvɪŋ] adj amante de la paz
peacemaker ['pi:smeɪkə(r)] n pacificador(ora) m,f, conciliador(ora) m,f; **blessed are the peacemakers** (Bible quotation) benditos son los pacificadores
peacenik ['pi:snɪk] n Fam Pej pacifista mf
peacetime ['pi:staɪm] n tiempo m de paz
peach [pi:tʃ] ◇ n **-1.** (fruit) melocotón m, Am durazno m; (tree) melocotonero m, Am duraznero m; IDIOM **she has a peaches and cream complexion** tiene un cutis de seda □ **~ brandy** licor m de melocotón or Am durazno; **~ melba** copa f Melba, = postre a base de melocotón or Am durazno, helado de vainilla y jarabe de frambuesa; **the Peach State** = apelativo familiar referido al estado de Georgia; **~ tree** melocotonero m, Am duraznero m
-2. (colour) melocotón m, Am durazno m
-3. Fam (something very good) **she's a ~** es un bombón; **that goal was a ~** fue un golazo
◇ adj (colour) melocotón, Am durazno
peachy ['pi:tʃɪ] adj **-1.** (complexion) de seda **-2.** US Fam (excellent) estupendo(a), Andes, CAm, Carib, Méx chévere, Méx padre, RP bárbaro(a); **everything's ~!** todo va de perlas or de maravilla
peacoat ['pi:kəʊt] n chaquetón m marinero
peacock ['pi:kɒk] n pavo m real; IDIOM **he was strutting about like a ~** andaba pavoneándose □ **~ blue** azul m eléctrico; **~ butterfly** pavón m
peacock-blue ['pi:kɒk'blu:] adj azul eléctrico
peafowl ['pi:faʊl] n pavo m real
pea-green ['pi:'gri:n] adj verde claro
peahen ['pi:hen] n pava f real
peak [pi:k] ◇ n **-1.** (summit of mountain) cima f, cumbre f; (mountain) pico m
-2. (pointed part) (of roof) arista f; **beat the egg whites until they form peaks** bate las claras hasta que se formen picos
-3. (high point) (of price, inflation, success) punto m máximo, (máximo) apogeo m; (on graph) pico m; **emigration was at its ~ in the 1890s** la emigración alcanzó su punto máximo en la década de 1890; **the party was at its ~** la fiesta estaba en su mejor momento; **sales have reached a new ~** las ventas han alcanzado un nuevo máximo
-4. (of cap) visera f
◇ adj **~ condition** en condiciones óptimas □ **~ hour** (of traffic) hora f punta; (of electricity, gas) hora f de mayor consumo;

(of TV watching) hora f de mayor audiencia; **~ load** (of electricity) carga f máxima, pico m de carga; **~ period** horas fpl punta; **~ rate** tarifa f máxima; **~ season** temporada f alta; **~ viewing times** horas fpl de mayor audiencia
◇ vi **-1.** (production, inflation, popularity) alcanzar el punto máximo **-2.** (athlete) alcanzar la mejor forma
peaked cap ['pi:kt'kæp] n gorra f de plato
peaky ['pi:kɪ] adj Br Fam pachucho(a), Am flojo(a)
peal [pi:l] ◇ n **-1.** (sound) (of bells) repique m; **~ of thunder** trueno; **peals of laughter** risotadas, carcajadas **-2.** (set of bells) carillón m
◇ vt (bells) repicar
◇ vi (bells) repicar; (thunder) tronar, retumbar; (laughter) resonar
◆ **peal out** vi (bells) repicar
pean US = **paean**
peanut ['pi:nʌt] n **-1.** (nut) cacahuete m, Andes, Carib, RP maní m, CAm, Méx cacahuate m □ **~ butter** mantequilla f or crema f de cacahuete or Andes, Carib, Ven maní or CAm, Méx cacahuate; **~ oil** aceite m de cacahuete or Andes, Carib, RP maní or CAm, Méx cacahuate
-2. Fam **peanuts** (small sum of money) calderilla f; **to earn peanuts** ganar una miseria
peapod ['pi:pɒd] n vaina f de Esp guisante or Am arveja or Méx chícharo
pear [peə(r)] n (fruit) pera f; (tree) peral m □ **~ drop** (boiled sweet) caramelo m de pera; (shape) forma f de pera; **~ tree** peral m
pearl [pɜ:l] n **-1.** (jewel) perla f; **~ of dew** perlas de rocío; IDIOM **it was like casting pearls before swine** era como echar margaritas a los cerdos □ **~ diver** pescador(ora) m f de perlas; Br **~ grey**, US **~ gray** gris m perla; **~ necklace** collar m de perlas; **~ oyster** ostra f perlífera, madreperla f
-2. (mother-of-pearl) nácar m, madreperla f □ **~ button** botón m nacarado
-3. (precious, beautiful thing) perla f; **Hong Kong, ~ of the East** Hong Kong, la perla de oriente; **pearls of wisdom** perlas de sabiduría
-4. CULIN **~ barley** cebada f perlada
pearl-grey, US **pearl-gray** ['pɜ:l'greɪ] adj gris perla
pearl-handled ['pɜ:l'hændəld] adj con mango de perlas
pearlized ['pɜ:laɪzd] adj nacarado(a)
pearly ['pɜ:lɪ] adj perlado(a) □ **the Pearly Gates** las puertas del cielo
pear-shaped ['peəʃeɪpt] adj **-1.** (figure) en forma de pera **-2.** IDIOM Br Fam **to go ~** irse a paseo or Col, Méx al piso or RP en banda
peasant ['pezənt] n **-1.** (country person) campesino(a) m,f; **~ farmer** pequeño(a) agricultor(ora) m,f **-2.** Pej (uncultured person) cateto(a) m,f, Esp paleto(a) m,f
peasantry ['pezəntrɪ] n campesinado m
pease pudding ['pi:z'pʊdɪŋ] n Br budín m de Esp guisantes or Am arvejas or Carib, Méx chícharos
peashooter ['pi:ʃu:tə(r)] n cerbatana f
pea-souper ['pi:'su:pə(r)] n Br Old-fashioned (fog) niebla f espesa y amarillenta
peat [pi:t] n turba f □ **~ bog** turbera f; **~ moss** musgo m de pantano
peaty ['pi:tɪ] adj (soil) rico(a) en turba; (smell, taste) a turba; (whisky) con sabor a turba
pebble ['pebəl] n **-1.** (stone) guijarro m; IDIOM **he's not the only ~ on the beach** con él no se acaba el mundo □ **~ beach** playa f pedregosa **-2.** (lens) cristal m de roca □ Fam **~ glasses** gafas fpl de culo de botella
pebbledash ['pebəldæʃ] Br ◇ n enguijarrado m (mampostería)
◇ vt revestir con enguijarrado
pebbly ['peblɪ], **pebbled** ['pebəld] adj pedregoso(a)
pecan [Br 'pi:kən, US pɪ'kæn] n pacana f □ **~ pie** tarta f de pacana; **~ tree** pacana f
peccadillo [pekə'dɪləʊ] (pl **peccadillos** or **peccadilloes**) n desliz m

peccary ['pekərɪ] n pecarí m

peck [pek] ◇ n -1. (of bird) picotazo m -2. Fam (kiss) besito m; **to give sb a ~ on the cheek** dar un besito a alguien en la mejilla -3. (measure) = medida para granos y legumbres que equivale a nueve litros
◇ vt -1. (of bird) picotear, picar; **to ~ at sth** picotear algo -2. Fam (kiss) **to ~ sb on the cheek** dar un besito a alguien en la mejilla
◆ **peck at** vt insep **to ~ at one's food** comer sin ganas

pecker ['pekə(r)] n Fam -1. Br (spirits) **keep your ~ up!** ¡ánimo! -2. US (penis) pito m, cola f

pecking order ['pekɪŋˌɔːdə(r)] n (of people) jerarquía f

peckish ['pekɪʃ] adj Br Fam **to be** or **feel ~** tener un poco de hambre or Esp gusa

pecs [peks] npl Fam (pectoral muscles) pectorales mpl

pectin ['pektɪn] n CHEM pectina f

pectineus [pek'tɪnɪəs] n ANAT pectíneo m

pectoral ['pektərəl] ANAT ◇ npl **pectorals** pectorales mpl
◇ adj pectoral ❑ **~ cross** pectoral m; **~ fin** aleta f pectoral; **~ muscle** músculo m pectoral

peculiar [pɪ'kjuːlɪə(r)] adj -1. (strange) raro(a); **how ~!** ¡qué raro!; **she is a little ~** es un poco rara; **to feel ~** (unwell) sentirse mal -2. (particular) **~ to** característico(a) or peculiar de; **this species is ~ to Spain** es una especie autóctona de España; **a detail of ~ significance** un detalle de singular relevancia

peculiarity [pɪˌkjuːlɪ'ærɪtɪ] n -1. (strangeness) rareza f; **we all have our little peculiarities** todos tenemos nuestras rarezas -2. (unusual characteristic) peculiaridad f

peculiarly [pɪ'kjuːlɪəlɪ] adv -1. (strangely) extrañamente -2. (especially) particularmente; **a ~ Spanish institution/obsession** una institución/obsesión típicamente española

pecuniary [pɪ'kjuːnɪərɪ] adj Formal pecuniario(a)

pedagogic(al) [ˌpedə'gɒdʒɪk(əl)] adj pedagógico(a)

pedagogue ['pedəgɒg] n Formal or Old-fashioned pedagogo(a) m,f

pedagogy ['pedəgɒdʒɪ] n pedagogía f

pedal ['pedəl] ◇ n pedal m; **clutch/brake ~** pedal del embrague/del freno; **loud ~** (of piano) pedal fuerte; **soft ~** (of piano) sordina ❑ **~ bin** cubo or Am bote m (de basura) con pedal; **~ boat** patín m; **~ car** cochecito m de pedales
◇ vt (pt & pp **pedalled**, US **pedaled**) **to ~ a bicycle** dar pedales a la bicicleta
◇ vi pedalear

pedalo ['pedələʊ] (pl **pedalos**) n patín m

pedant ['pedənt] n puntilloso(a) m,f

pedantic [pɪ'dæntɪk] adj puntilloso(a)

pedantically [pɪ'dæntɪklɪ] adv puntillosamente

pedantry ['pedəntrɪ] n puntillosidad f, meticulosidad f exagerada

peddle ['pedəl] vt -1. (goods) vender de puerta en puerta -2. (ideas, theories) propagar -3. (illegally) **to ~ drugs** traficar con drogas

peddler ['pedlə(r)] n -1. (of goods) vendedor(ora) m,f ambulante, mercachifle m -2. (of ideas, theories) propagador(ora) m,f -3. (of drugs) pequeño(a) traficante mf

pederast, pederasty US = **paederast, paederasty**

pedestal ['pedɪstəl] n -1. (base) pedestal m ❑ **~ desk** escritorio m con pie central -2. IDIOMS **to put sb on a ~** poner a alguien en un pedestal; **to knock sb off his/her ~** sacudir los cimientos de alguien

pedestrian [pɪ'destrɪən] ◇ n peatón(ona) m,f; **pedestrians only** (sign) sólo para peatones ❑ US **~ crossing** paso m de peatones; **~ precinct** zona f peatonal
◇ adj (unimaginative) prosaico(a), pedestre

pedestrianize [pɪ'destrɪənaɪz] vt **to ~ a road** hacer peatonal una calle; **pedestrianized streets** calles peatonales

pediatric, pediatrician etc US = **paediatric, paediatrician** etc

pedicab ['pedɪkæb] n taxi m triciclo

pedicure ['pedɪkjʊə(r)] n pedicura f; **to have a ~** hacerse la pedicura

pedigree ['pedɪgriː] ◇ n -1. (descent) (of animal) pedigrí m; (of person) linaje m -2. (document) pedigrí m, Arg pedigrée m -3. (background) (of person) linaje m; **his ~ as a democrat is open to question** su pedigrí democrático es discutible
◇ adj (bull, cat, dog) de raza; (horse) con pedigrí

pediment ['pedɪmənt] n ARCHIT frontón m

pedlar ['pedlə(r)] n Br vendedor(ora) m,f ambulante, mercachifle mf

pedometer [pɪ'dɒmɪtə(r)] n podómetro m, cuentapasos m inv

pedophile, pedophilia US = **paedophile, paedophilia**

pee [piː] Fam ◇ n pis m; **to have a ~** hacer pis
◇ vt **to ~ oneself** or **(in) one's pants** hacerse pis or mearse en los pantalones; **to ~ oneself (laughing)** mearse (de risa)
◇ vi hacer pis

peek [piːk] ◇ n vistazo m, ojeada f; **to take** or **have a ~ (at sth)** echar un vistazo or una ojeada (a algo)
◇ vi echar un vistazo or una ojeada (**at** a); **someone was peeking through the keyhole** alguien espiaba a través de la cerradura; **no peeking!** ¡sin espiar!

peekaboo ['piːkəbuː] ◇ exclam ¡cucú!
◇ n (game) = juego en el que una persona se tapa el rostro con las manos y lo descubre de repente diciendo "cucú", normalmente para hacer reír a un bebé
◇ adj (garment) (see-through) transparente; (with holes) calado(a)

peel [piːl] ◇ n (on fruit, vegetable) piel f; (after peeling) monda f, peladura f; **add a twist of lemon ~** agrega un trocito de cáscara de limón
◇ vt (fruit, vegetable, twig) pelar; (bark) descortezar; IDIOM **to keep one's eyes peeled** tener los ojos bien abiertos
◇ vi (paint) levantarse; (wallpaper) despegarse; (sunburnt skin, person) pelarse; **I'm peeling all over** me estoy pelando todo
◆ **peel away** vt sep (label, wallpaper) despegar
◆ **peel back** vt sep (label, wallpaper) quitar, despegar; **~ back the plastic backing** despegue la base de plástico
◆ **peel off** ◇ vt sep -1. (skin of fruit, vegetable) pelar; (label, film) despegar -2. (one's clothes) quitarse, despojarse de, Am sacarse
◇ vi -1. (paint) levantarse; (sunburnt skin) pelarse -2. (turn away) salirse de la formación; **two aircraft peeled off from the main group** dos de los aparatos abandonaron la formación

peeler ['piːlə(r)] n -1. (for potatoes) Esp pelapatatas m inv, Am pelapapas m inv -2. Irish Fam (policeman) pasma mf, RP cana mf

peeling ['piːlɪŋ] n -1. (of skin) descamación f -2. **peelings** (of potato, carrot) mondas fpl, peladuras fpl

peep[1] [piːp] ◇ n (furtive glance) vistazo m, ojeada f; **to have** or **take a ~ (at sth)** echar un vistazo or una ojeada (a algo)
◇ vi -1. (glance) echar una ojeada (**at** a); **to ~ through the keyhole** mirar or espiar por el ojo de la cerradura; **no peeping!** ¡sin espiar! -2. (emerge) asomar
◆ **peep out** vi (be visible) asomar; **the moon peeped out through the clouds** la luna se asomaba entre las nubes; **to ~ out from behind sth** asomar por detrás de algo

peep[2] n (sound) pitido m; Fam **I don't want to hear another ~ out of you** no quiero volver a oírte decir ni pío; **one more ~ out of you and you've had it!** ¡como vuelva a escucharte sabrás lo que es bueno!; Fam **any news from him? – not a ~!** ¿alguna noticia de él? – nada en absoluto
◇ vi (bird) piar

peepers ['piːpəz] npl Fam (eyes) ojos mpl

peephole ['piːphəʊl] n mirilla f

Peeping Tom [ˌpiːpɪŋ'tɒm] n Fam mirón(ona) m,f

peepshow ['piːpʃəʊ] n -1. (device) mundonuevo m -2. (live entertainment) peepshow m

peer[1] [pɪə(r)] n -1. (equal) igual m; **a jury of one's peers** un jurado compuesto por los pares or iguales de uno; **as a negotiator she has no ~** como negociadora no tiene iguales; Formal **without ~** sin igual, sin par; **he started smoking because of ~ (group) pressure** empezó a fumar por influencia de la gente de su entorno; **his ~ group** sus pares ❑ **~ review** crítica f de pares
-2. (noble) par m ❑ **~ of the realm** = miembro de la nobleza con derecho a sentarse en la Cámara de los Lores

peer[2] vi **to ~ at sth/sb** mirar con concentración algo/a alguien; **to ~ over a wall** atisbar por encima de un muro; **to ~ out** asomarse

peerage ['pɪərɪdʒ] n -1. (rank) título m de par; **he was given a ~** or **raised to the ~** le concedieron el título de lord -2. (body of peers) **the ~** los pares -3. (book) nobiliario m

peeress ['pɪəres] n paresa f

peerless ['pɪəlɪs] adj Literary sin igual, sin par

peeve [piːv] Fam ◇ vt fastidiar
◇ n manía f, locura f

peeved [piːvd] adj Fam cabreado(a), mosqueado(a); **to be ~ about sth** estar fastidiado(a) or molesto(a) por algo

peevish ['piːvɪʃ] adj irritable, malhumorado(a); **in a ~ mood** de mal humor

peewee ['piːwiː] adj US diminuto(a)

peewit ['piːwɪt] n avefría f

peg [peg] ◇ n -1. (for coat, hat) colgador m; **to buy clothes off the ~** comprar ropa prêt-à-porter
-2. (pin for fastening) clavija f; Br (clothes) **~** pinza f; (tent) **~** clavija f, estaca f ❑ **~ board** (for keeping score) = marcador formado por un tablero en el que se insertan clavijas; Fam **~ leg** (wooden leg) pata f de palo
-3. (in mountaineering) clavija f
-4. (on string instrument) clavija f
-5. IDIOMS **to use sth as a ~ to hang an argument on** utilizar algo como pretexto para elaborar una teoría; **she's gone down a ~ (or two) in my estimation** la aprecio bastante menos; **to take sb down a ~ (or two)** bajarle a alguien los humos
◇ vt (pt & pp **pegged**) -1. (fasten) **to ~ sth in place** fijar algo con clavijas; **to ~ a tent** fijar una tienda de campaña con clavijas; **to ~ the washing on the line** tender la ropa (con pinzas)
-2. (prices) fijar; **to ~ sth to the rate of inflation** ajustar algo al índice de inflación; **export earnings are pegged to the exchange rate** los ingresos por exportaciones están determinados por la tasa de cambio
-3. US Fam (classify) ordenar
◆ **peg away** vi Fam **to ~ away (at sth)** Esp currar or Méx, Perú, Ven chambear or RP laburar sin parar (en algo)
◆ **peg down** vt sep (fasten down) fijar, sujetar
◆ **peg out** ◇ vt sep -1. (hang out) (washing) tender -2. (mark out with pegs) delimitar con estacas
◇ vi Fam (die) estirar la pata, Méx petatearse

Pegasus ['pegəsəs] n MYTHOL Pegaso

PEI (abbr **Prince Edward Island**) Isla f Príncipe Eduardo

pejorative [pɪ'dʒɒrətɪv] adj peyorativo(a)

pejoratively [pɪ'dʒɒrətɪvlɪ] adv de manera peyorativa

peke [piːk] n Fam pequinés m

Pekinese [ˌpiːkɪ'niːz], **Pekingese** [ˌpiːkɪŋ'iːz] n (perro m) pequinés m

Peking [ˌpiː'kɪŋ] n Pekín ❑ **~ duck** pato m al estilo de Pekín

pelican ['pelɪkən] n -1. (bird) pelícano m ❑ **the Pelican State** = apelativo familiar referido al estado de Luisiana -2. Br **~ crossing** = paso de peatones con semáforo accionado mediante botón

pellagra [pəˈlægrə] n MED pelagra f
pellet [ˈpelɪt] n **-1.** (of paper, bread, clay) bolita f **-2.** (for gun) perdigón m **-3.** (from animal) (regurgitated food) bola f; (excrement) excremento m (en forma de bola)
pell-mell [ˈpelˈmel] adv (to pile, throw) desordenadamente; **the crowd ran ~ into the square** la multitud entró en la plaza corriendo en tropel
pellucid [peˈluːsɪd] adj **-1.** (water) cristalino(a) **-2.** (prose, style) diáfano(a)
pelmet [ˈpelmɪt] n **-1.** (of wood) galería f (para cortinas) **-2.** (of cloth) cenefa f
Peloponnese [peləpəˈniːz] n **the ~** el Peloponeso
pelota [pəˈlɒtə] n cesta f punta ❑ **~ player** pelotari mf
peloton [ˈpelətɒn] n (in cycling) pelotón m
pelt¹ [pelt] n (animal skin) piel f, pellejo m
pelt² ⬦ n **at full ~** a toda velocidad
⬦ vt lanzar, arrojar; **to ~ sb with stones** lanzar a alguien una lluvia de piedras, apedrear a alguien
⬦ vi **-1.** Fam (rain) **it was pelting down** or **with rain** llovía a cántaros; **I changed the tyre in the pelting rain** cambié la rueda bajo una lluvia torrencial **-2.** (go fast) ir disparado(a); **he came pelting along the corridor** venía disparado por el pasillo
pelvic [ˈpelvɪk] adj pélvico(a) ❑ ZOOL **~ fin** aleta f pélvica; ANAT **~ girdle** anillo m pélvico; MED **~ inflammatory disease** enfermedad f inflamatoria pélvica
pelvis [ˈpelvɪs] n pelvis f inv
pen¹ [pen] ⬦ n (fountain pen) pluma f (estilográfica); (ballpoint) bolígrafo m, Chile lápiz m (de pasta), Col, Ecuad, Ven esferográfica f, Méx pluma f, RP birome m; **another novel from the ~ of John Irving** otra novela de la pluma de John Irving; **she lives by her ~** se gana la vida con la pluma; **to put ~ to paper** ponerse a escribir; PROV **the ~ is mightier than the sword** la palabra es más fuerte que el fusil ❑ **~ friend** amigo(a) m,f por correspondencia; **~ light** linterna f (en forma de bolígrafo); **~ name** seudónimo m; **~ nib** punta f del bolígrafo; **~ pal** amigo(a) m,f por correspondencia; Pej **~ pusher** (clerk) chupatintas m inv
⬦ vt (pt & pp **penned**) escribir
pen² n **-1.** (for sheep) redil m; (for cattle) corral m **-2.** (**submarine**) **~** muelle para submarinos
◆ **pen in, pen up** vt sep (animals, people) encerrar
pen³ n (female swan) cisne m hembra
pen⁴ n US Fam (prison) Esp trullo m, Andes, Col, RP cana f, Méx bote m
penal [ˈpiːnəl] adj penal; **~ levels of taxation** impuestos draconianos ❑ **~ code** código m penal; **~ colony** colonia f penitenciaria; **~ institution** establecimiento m penitenciario; **~ servitude** trabajos mpl forzados
penalize [ˈpiːnəlaɪz] vt **-1.** (punish) penalizar; **poor handwriting will be penalized** se penalizará por mala caligrafía; **to ~ sb for doing sth** penalizar a alguien por hacer algo **-2.** (disadvantage) perjudicar; **the new tax penalizes large families** el nuevo impuesto perjudica a las familias numerosas
penalty [ˈpenəltɪ] n **-1.** (punishment) (fine) sanción f; (for serious crime) pena f, castigo m; **to impose a ~ on sb** imponer un castigo a alguien; **on** or **under ~ of death** so pena de muerte; **~ for improper use: £50** (sign) multa por uso indebido: 50 libras ❑ COM **~ clause** cláusula f de penalización
-2. Fig (unpleasant consequence) **to pay the ~** pagar las consecuencias; **that's the ~ for being famous** ése es el precio de la fama
-3. SPORT (in soccer, hockey) penalti m, penalty m, Am penal m; (in rugby) golpe m de castigo; (loss of time, points) penalización f; **to take a ~** (in soccer, hockey) lanzar un penalti; (in rugby) lanzar un golpe de castigo; **to award a ~** (in soccer, hockey) conceder un penalti; (in rugby) conceder un golpe de castigo; **to score (from) a ~** (in soccer, hockey) anotar desde el punto de penalti; (in rugby) anotar con un golpe de castigo; **to win on penalties** ganar en los penaltis ❑ **~ area** área f de castigo; **~ bench** (in ice hockey) banquillo m de castigo; **~ box** (in soccer) área f de castigo; **~ corner** (in field hockey) penalti m or Am penal m córner; **~ goal** gol m de penalti; **~ kick** (lanzamiento m de) penalti m or Am penal m; **~ shoot-out** lanzamiento m or tanda f de penaltis or Am penales; **~ shot** (in ice hockey) (lanzamiento m de) penalti m or Am penal m; **~ spot** (in soccer) punto m de penalti or Am penal; **~ stroke** (in golf) golpe m de penalización; (in field hockey) (lanzamiento m de) penalti m or Am penal m
penance [ˈpenəns] n REL & Fig penitencia f; **to do ~ (for sth)** hacer penitencia (por algo); **to do sth as a ~** hacer algo como penitencia
pen-and-ink [ˈpenəndˈɪŋk] adj (drawing) a pluma
pence pl of **penny**
penchant [ˈpɒnʃɒn] n Formal inclinación f, propensión f; **to have a ~ for (doing) sth** tener propensión a (hacer) algo
pencil [ˈpensəl] ⬦ n **-1.** (for writing, makeup) lápiz m ❑ **~ box** caja f de lápices; **~ case** plumier m; **~ drawing** dibujo m a lápiz; **~ lead** grafito m (para lápices); US Pej **~ pusher** (clerk) chupatintas m inv; **~ sharpener** sacapuntas m inv **-2.** (narrow beam) **a ~ of light** un hilo de luz **-3.** **~ skirt** falda f de tubo
⬦ vt (pt & pp **pencilled**, US **penciled**) (draw) dibujar a lápiz; (write) redactar (con lápiz); **question marks were pencilled in the margin** había signos de interrogación anotados a lápiz en el margen; **to ~ one's eyebrows** maquillarse las cejas
◆ **pencil in** vt sep (provisionally decide) apuntar provisionalmente
pendant [ˈpendənt] n **-1.** (necklace) colgante m **-2.** (piece of jewellery) (on necklace) pendiente m; **~ earrings** Esp pendientes or Am aretes largos
pending [ˈpendɪŋ] ⬦ adj (unresolved) pendiente; **a ~ court case** un juicio pendiente de resolución; **to be ~** estar pendiente ❑ **~ tray** bandeja f de asuntos pendientes
⬦ prep a la espera de; **~ the outcome** a la espera del resultado
penduline tit [ˈpendjʊlaɪnˈtɪt] n pájaro m moscón
pendulous [ˈpendjʊləs] adj Literary colgante
pendulum [ˈpendjʊləm] n péndulo m; Fig **the ~ of fashion has swung back to a sixties look** el vaivén de la moda nos ha traído de nuevo a los sesenta ❑ **~ clock** reloj m de péndulo
Penelope [pəˈneləpɪ] n MYTHOL Penélope
penetrate [ˈpenɪtreɪt] ⬦ vt **-1.** (pierce) (object, body, wall) penetrar
-2. (find way into or through) (jungle, area) penetrar en, adentrarse en; (of sound, light) atravesar; **the cold wind penetrated her clothing** el frío viento le penetraba la ropa; COM **to ~ a market** introducirse en un mercado
-3. (infiltrate) (enemy, rival group) infiltrarse en
-4. (see through) (darkness, disguise) ver a través de; (mystery) esclarecer, dilucidar; **to ~ sb's thoughts** leer los pensamientos de alguien
-5. (sexually) penetrar
⬦ vi **-1.** (break through) penetrar; **the troops penetrated deep into enemy territory** las tropas se adentraron en territorio enemigo **-2.** (ideas, beliefs) extenderse; **the custom has not penetrated to this part of the country** la costumbre no se ha extendido a esta parte del país **-3.** (sink in) calar
penetrating [ˈpenɪtreɪtɪŋ] adj **-1.** (sound, voice, cold) penetrante **-2.** (mind, insight) perspicaz, penetrante; **she had ~ eyes** tenía una mirada penetrante
penetratingly [ˈpenɪtreɪtɪŋlɪ] adv **-1.** (loudly) (to scream, shout) ensordecedoramente **-2.** (acutely) perspicazmente
penetration [penɪˈtreɪʃən] n **-1.** (entry) penetración f **-2.** (of mind) perspicacia f, penetración f **-3.** (sexual) penetración f
penetrative [ˈpenɪtrətɪv] adj (sex) con penetración
penguin [ˈpeŋgwɪn] n pingüino m ❑ Fam Hum **~ suit** chaqué m
penicillin [penɪˈsɪlɪn] n penicilina f
peninsula [pəˈnɪnsjʊlə] n península f
peninsular [pəˈnɪnsjʊlə(r)] adj peninsular ❑ **~ Spanish** español m peninsular; HIST **the Peninsular War** la Guerra de la Independencia (española)
penis [ˈpiːnɪs] n (pl **penises** [ˈpiːnɪsɪz]) pene m ❑ PSY **~ envy** envidia f del pene
penitence [ˈpenɪtəns] n arrepentimiento m
penitent [ˈpenɪtənt] ⬦ n penitente mf
⬦ adj arrepentido(a)
penitential [penɪˈtenʃəl] adj penitencial
penitentiary [penɪˈtenʃərɪ] n US prisión f, cárcel f
penitently [ˈpenɪtəntlɪ] adv arrepentidamente
penknife [ˈpennaɪf] n navaja f, cortaplumas m inv
penmanship [ˈpenmənʃɪp] n caligrafía f
pennant [ˈpenənt] n **-1.** (small flag) banderín m **-2.** NAUT grímpola f **-3.** US SPORT **to win the ~** ganar el título
penniless [ˈpenɪlɪs] adj **to be ~** estar sin un centavo or Esp duro; **the stock market crash left him ~** el hundimiento del mercado de valores lo dejó en la ruina
Pennines [ˈpenaɪnz] npl **the ~** los montes Peninos
pennon [ˈpenən] n **-1.** (flag) pendón m **-2.** NAUT grímpola f
Pennsylvania [pensɪlˈveɪnɪə] n Pensilvania; **1600 ~ Avenue** Avenida de Pensilvania, 1600 (dirección de la Casa Blanca); **~ Dutch** dialecto del alemán, hablado en algunas zonas de Pensilvania
penny [ˈpenɪ] n **-1.** Br (coin) (pl **pence** [pens]) penique m; **a ten/fifty pence piece** una moneda de diez/cincuenta peniques; **it was worth every ~** valía (realmente) la pena (el precio pagado); **it didn't cost them a ~** no les costó ni un centavo or Esp duro; **every ~ counts** toda ayuda es necesaria, por pequeña que sea ❑ Fam **~ dreadful** (cheap novel) novela f barata, novelucha f; **~ farthing** velocípedo m; **~ pinching** tacañería f; **~ whistle** flautín m
-2. US (cent) centavo m ❑ **~ arcade** salón m recreativo
-3. IDIOMS **they haven't a ~ to their name** no tienen ni una perra gorda or Esp ni un duro; **I don't have two pennies to rub together** estoy sin un Esp duro or Am centavo; **pennies from heaven** dinero llovido del cielo; **in for a ~, in for a pound** de perdidos al río; **she didn't get the joke at first, but then the ~ dropped** al principio no entendió el chiste, pero más tarde cayó; **they're two** or **ten a ~** los hay a patadas; **a ~ for your thoughts** dime en qué estás pensando; **he keeps turning up like a bad ~** no hay forma de perderlo de vista or de quitárselo de encima; PROV Br **take care of the pennies and the pounds will take care of themselves** si tienes cuidado con los gastos ordinarios, ya verás cómo ahorras; PROV **~ wise, pound foolish** de nada sirve ahorrar en las pequeñas cosas si luego se derrocha en las grandes
penny-ante [ˈpenɪæntɪ] adj US Fam de poca monta, insignificante
penny-pinching [ˈpenɪpɪntʃɪŋ] Fam ⬦ n tacañería f
⬦ adj (person) agarrado(a), tacaño(a); (ways, habits) mezquino(a)
pennyroyal [penɪˈrɔɪəl] n (medicinal plant) poleo m
pennywort [ˈpenɪwɜːt] n = planta de la familia de las crasuláceas de hojas redondas
pennyworth [ˈpenəθ] n Old-fashioned penique m; IDIOM Br Fam **she put in her (two) ~** aportó su opinión

penologist [piːˈnɒlədʒɪst] n criminólogo(a) m,f

penology [piːˈnɒlədʒɪ] n criminología f

pension [ˈpenʃən] n **-1.** (payment) pensión f; **company/state ~** pensión de la empresa/del estado; **to be on a ~** cobrar una pensión; **to draw a ~** cobrar una pensión ❑ **~ book** libreta f de pensión; **~ fund** fondo m de pensiones; **~ plan** plan m de pensiones; **~ scheme** plan m de jubilación or de pensiones **-2.** (small hotel) pensión f
- **pension off** vt sep jubilar

pensionable [ˈpenʃənəbəl] adj **-1.** (person) con derecho a cobrar pensión; **of ~ age** en edad de jubilación **-2.** (job) con derecho a cobrar pensión

pensioner [ˈpenʃənə(r)] n pensionista mf

pensive [ˈpensɪv] adj pensativo(a); **to be ~** or **in a ~ mood** estar pensativo(a)

pensively [ˈpensɪvlɪ] adv pensativamente

pentagon [ˈpentəgən] n **-1.** (shape) pentágono m **-2. the Pentagon** (building, Ministry of Defense) el Pentágono

pentagonal [penˈtægənəl] adj pentagonal

pentagram [ˈpentəgræm] n estrella f de cinco puntas

pentahedron [pentəˈhiːdrən] (pl **pentahedrons** or **pentahedra** [pentəˈhiːdrə]) n GEOM pentaedro m

pentameter [penˈtæmɪtə(r)] n pentámetro m

Pentateuch [ˈpentətjuːk] n REL **the ~** el Pentateuco

pentathlete [penˈtæθliːt] n pentatleta mf

pentathlon [penˈtæθlən] n pentatlón m

Pentecost [ˈpentɪkɒst] n REL Pentecostés m

Pentecostal [pentɪˈkɒstəl] adj REL pentecostal

Pentecostalist [pentɪˈkɒstəlɪst] ◇ n pentecostalista mf
◇ adj pentecostalista

penthouse [ˈpenthaʊs] n ático m ❑ **~ suite** suite f en el ático

Pentium® [ˈpentɪəm] n COMPTR Pentium® m

pent-up [pentˈʌp] adj contenido(a), acumulado(a); **to get rid of ~ energy** liberar la energía acumulada

penultimate [peˈnʌltɪmɪt] adj penúltimo(a)

penumbra [pɪˈnʌmbrə] (pl **penumbras** or **penumbrae** [pɪˈnʌmbriː]) n penumbra f

penurious [pəˈnjʊərɪəs] adj Formal **-1.** (poor) indigente **-2.** (stingy) mezquino(a), tacaño(a)

penury [ˈpenjʊrɪ] n Formal miseria f, penuria f

peon [ˈpiːən] n **-1.** (in Latin America) peón m agrícola, bracero m **-2.** US Fam (worker) obrero(a) m,f

peony [ˈpiːənɪ] n peonía f

people [ˈpiːpəl] ◇ npl **-1.** (plural of **person**) (as group) gente f; (as individuals) personas fpl; **many ~ think that...** mucha gente piensa que..., muchos piensan que...; **most ~** la mayoría de la gente; **other ~** otros; **disabled ~** los discapacitados; **old ~** las personas de la tercera edad, Esp las personas mayores; **young ~** los jóvenes; **there were five ~ in the room** había cinco personas en la habitación; **the ~ next door** la gente or los de al lado; **he's one of those ~ who...** es una de esas personas que...; **~ often mistake me for my brother** a menudo me confunden con mi hermano, la gente a menudo me confunde con mi hermano; **what will ~ think?** ¿qué va a pensar la gente?, Esp ¿qué pensará la gente?; **~ say that...** se dice que...; **I'm surprised that you, of all ~, should say such a thing** me sorprende que precisamente tú digas algo así; **who should appear but Jim, of all ~!** ¿quién apareció sino el mismísimo Jim?; **I don't know, some ~!** ¡es que hay cada uno(a) por ahí!; Fam **right, ~, let's get started!** bueno, todo el mundo, vamos a empezar, Esp venga gentes, ¡en marcha! ❑ **~ mover** monovolumen m
-2. (citizens) pueblo m, ciudadanía f; **the common ~** la gente corriente or común; **a man of the ~** un hombre del pueblo; Br **to go to the ~** (call elections) convocar elecciones ❑ POL **~'s democracy** democracia f popular; POL **~'s front** frente m popular; **~ power** poder m popular; **~'s republic** república f popular

-3. Fam (family) **my/his ~** mi/su gente
◇ n (nation) pueblo m; **the Scottish ~** el pueblo escocés
◇ vt poblar; **to be peopled by** or **with** estar poblado(a) de

PEP [pep] n Br FIN (abbr **personal equity plan**) = plan personal de inversión en valores de renta variable fiscalmente incentivado por el Gobierno

pep [pep] n Fam ánimo m, energía f; **she gave us a ~ talk** nos dirigió unas palabras de ánimo ❑ **~ pill** estimulante m
- **pep up** (pt & pp **pepped**) vt sep Fam **-1.** (person, event) animar; **a cup of tea will soon ~ you up** una taza de té y te sentirás mejor en un momento **-2.** (dish) alegrar

peperoni = **pepperoni**

pepper [ˈpepə(r)] ◇ n **-1.** (spice) pimienta f; **black/white ~** pimienta negra/blanca ❑ **~ mill** molinillo m de pimienta; Br **~ pot** pimentero m; US **~ shaker** pimentero m **-2.** (vegetable) pimiento m, Méx chile m, RP ají m, Col, Ven pimentón m; **green/red/yellow ~** pimiento verde/rojo/amarillo
◇ vt **-1.** (in cooking) sazonar con pimienta **-2.** (sprinkle) **her text was peppered with quotations** su texto estaba salpicado de citas; **they peppered their conversation with obscenities** salpicaron la conversación de obscenidades; **to ~ sth with bullets** acribillar a balazos algo

pepper-and-salt [ˈpepərəndˈsɔːlt] adj (flecked) moteado(a) y entrecano(a)

pepperbox [ˈpepəbɒks] n US pimentero m

peppercorn [ˈpepəkɔːn] n grano m de pimienta ❑ Br **~ rent** alquiler m or arrendamiento m (por un precio) simbólico

peppermint [ˈpepəmɪnt] n **-1.** (plant) hierbabuena f ❑ **~ tea** infusión f de hierbabuena **-2.** (flavour) menta f **-3.** (sweet) caramelo m de menta ❑ **~ cream** bombón m relleno de menta

pe(p)peroni [pepəˈrəʊnɪ] n pepperoni m, = especie de chorizo picante

peppery [ˈpepərɪ] adj **-1.** (spicy) **to be too ~** tener demasiada pimienta **-2.** (irritable) picajoso(a), irascible

peppy [ˈpepɪ] adj Fam (person) jovial, vivaracho(a)

peptic [ˈpeptɪk] adj MED péptico(a) ❑ **~ ulcer** úlcera f péptica

peptide [ˈpeptaɪd] n BIOCHEM péptido m

per [pɜː(r)] prep **-1.** (in rates) por; **~ day** al día, por día; **~ head** por persona; **100 km ~ hour** 100 kms por hora; **~ annum** al año, por año; **~ capita** per cápita **-2.** Formal (according to) **as ~ your instructions** según sus instrucciones; **as ~ usual** como de costumbre

peradventure [pərədˈventʃə(r)] adv Archaic or Hum por ventura

perambulation [pəræmbjʊˈleɪʃən] n Literary or Hum (stroll) paseo m

perambulator [pəˈræmbjʊleɪtə(r)] n Old-fashioned cochecito m de bebé

perceivable [pəˈsiːvəbəl] adj (noticeable) apreciable, perceptible

perceive [pəˈsiːv] vt **-1.** (notice) (sound, light, smell) percibir; (difference) apreciar, distinguir; **he was unable to ~ colours** era incapaz de distinguir los colores **-2.** (understand) (truth, importance) apreciar, entender **-3.** (view) **to ~ sth/sb as...** ver or juzgar algo/a alguien como...

perceived [pəˈsiːvd] adj (injustice, benefit) patente, evidente

per cent, percent [pəˈsent] ◇ n porcentaje m, tanto m por ciento; **forty ~ of women** el cuarenta por ciento de las mujeres; **a ten ~ increase** un aumento del diez por ciento; **a nine ~ interest rate** una tasa de interés del nueve por ciento; IDIOM **everyone's giving one hundred ~** (working as hard as possible) todo el mundo está dando todo lo que tiene
◇ adv por ciento; **it's fifty ~ cotton** es cincuenta por ciento algodón; **I'm ninety-nine ~ certain** estoy prácticamente seguro

percentage [pəˈsentɪdʒ] n **-1.** (proportion) porcentaje m, tanto m por ciento; **in a high/tiny ~ of cases** en la gran mayoría/minoría de los casos; **to express sth as a ~** expresar algo en forma de porcentaje ❑ **~ increase** incremento m porcentual; **~ point** punto m porcentual; **~ sign** signo m porcentual
-2. (share of profits, investment) tanto m por ciento; **to receive a ~ on all sales** percibir un tanto por ciento de todas las ventas
-3. US Fam (advantage) **there's no ~ in it** no vale la pena

percentile [pəˈsentaɪl] n (in statistics) percentil m

perceptible [pəˈseptəbəl] adj perceptible

perceptibly [pəˈseptəblɪ] adv perceptiblemente

perception [pəˈsepʃən] n **-1.** (with senses) percepción f; **visual/aural ~** capacidad visual/auditiva; **the organs of ~** los órganos sensoriales **-2.** (of difference, importance, facts) apreciación f; **the general public's ~ of the police** la valoración de la policía por parte de la opinión pública **-3.** (discernment) perspicacia f

perceptive [pəˈseptɪv] adj (person) atinado(a), perspicaz; (remark) atinado(a), certero(a)

perceptively [pəˈseptɪvlɪ] adv atinadamente, perspicazmente

perceptiveness [pəˈseptɪvnɪs] n perspicacia f

perceptual [pəˈseptʃʊəl] adj sensorial

perch[1] ◇ n **-1.** (for bird) percha f **-2.** Fam (seat, position) atalaya f **-3.** IDIOMS Fam **to knock sb off his ~** bajarle los humos a alguien; Hum **to fall** or **drop off one's ~** irse al otro barrio
◇ vt **she perched herself on the edge of the table** se sentó en el borde de la mesa; **she was perched on a stool/on the arm of the chair** estaba encaramada sobre un taburete/el brazo del sillón; **a castle perched on a hill** un castillo alzado en lo alto de un monte; **with his glasses perched on the end of his nose** con las gafas sostenidas en la punta de la nariz
◇ vi (bird) posarse; **he perched on the edge of the table** (person) se sentó en el borde de la mesa

perch[2] n (fish) perca f

perch[3] n (linear measure) = antigua medida de longitud equivalente a 5,029 metros

perchance [pəˈtʃɑːns] adv Old-fashioned (possibly) acaso, por alguna casualidad; Hum **that wouldn't, ~, be the five pounds you owe me?** ¿no serán ésas, por ventura, las cinco libras que me debes?

percipient [pəˈsɪpɪənt] adj (perceptive) atinado(a), perspicaz

percolate [ˈpɜːkəleɪt] ◇ vt (coffee) hacer (con cafetera); **percolated coffee** café de cafetera
◇ vi **-1.** (liquid) filtrarse; **toxic chemicals had percolated through the soil** se habían filtrado productos tóxicos a través del suelo **-2.** (ideas, news) difundirse; **the news gradually percolated through the organization** la noticia se difundió or propagó gradualmente por la organización **-3.** US Fam (be excited) bullir

percolator [ˈpɜːkəleɪtə(r)] n cafetera f eléctrica

percuss [pəˈkʌs] vt MED percutir

percussion [pəˈkʌʃən] n **-1.** MUS percusión f; **Jane Stowell on ~** a la percusión, Jane Stowell ❑ **~ instruments** instrumentos mpl de percusión **-2. ~ cap** cápsula f fulminante

percussionist [pəˈkʌʃənɪst] n MUS percusionista mf

perdition [pəˈdɪʃən] n Literary (damnation) perdición f

peregrination [perɪgrɪˈneɪʃən] n Literary or Hum peregrinación f

peregrine falcon [ˈperɪgrɪnˈfɔːlkən] n halcón m peregrino

peremptorily [pəˈremptərəlɪ] adv imperiosamente

peremptory [pəˈremptərɪ] adj (person, manner, voice) imperioso(a); (command) perentorio(a)

perennial [pəˈrenɪəl] ◇ n BOT planta f perenne
◇ adj **-1.** (plant) (de hoja) perenne **-2.** (problems, beauty) eterno(a); **a ~ subject of debate** un eterno tema de debate

perennially [pəˈrenɪəlɪ] adv (everlastingly) eternamente; (recurrently, continually) invariablemente

perfect ◇ adj [ˈpɜːfɪkt] **-1.** (excellent, flawless) perfecto(a); **it was a ~ day** (weather) hizo un día estupendo; (activities) fue un día perfecto; **her English is ~** habla un inglés perfecto; **no one's ~** nadie es perfecto; **to be in ~ condition** (engine, appliance) estar en óptimas condiciones; (teeth, hair, product) estar en perfecto estado; **in ~ health** en perfecto estado de salud
-2. (complete) **it makes ~ sense** es del todo razonable; **you have a ~ right to be here** tienes todo el derecho del mundo a estar aquí; **he's a ~ stranger to me** no lo conozco de nada; **he's a ~ fool** es un perfecto idiota; **he's a ~ gentleman** es un perfecto caballero
-3. (fitting, right) (example, gift, opportunity) ideal, perfecto(a); **Tuesday/seven o'clock would be ~** el martes/a las 7 sería ideal; **that colour is ~ on you** ese color te sienta de maravilla
-4. GRAM perfecto(a); **future ~** futuro perfecto; **past ~** pretérito pluscuamperfecto ❑ **~ participle** participio m de pretérito
-5. MUS **to have ~ pitch** tener una entonación perfecta ❑ **~ fifth** quinta f; **~ fourth** cuarta f; MUS **~ interval** intervalo m perfecto
-6. MATH **~ number** número m perfecto
◇ n GRAM pretérito m perfecto
◇ vt [pəˈfekt] perfeccionar

perfectibility [pəfektəˈbɪlɪtɪ] n perfectibilidad f

perfectible [pəˈfektəbəl] adj perfectible, perfeccionable

perfection [pəˈfekʃən] n **-1.** (quality) perfección f; **to attain ~** alcanzar la perfección; **to ~** (cooking, task) a la perfección **-2.** (perfecting) perfeccionamiento m

perfectionism [pəˈfekʃənɪzəm] n perfeccionismo m

perfectionist [pəˈfekʃənɪst] n perfeccionista mf

perfective [pəˈfektɪv] adj GRAM perfectivo(a)

perfectly [ˈpɜːfɪktlɪ] adv **-1.** (faultlessly) perfectamente; **he speaks English ~** habla inglés perfectamente; **it fits ~** se ajusta perfectamente; **~ formed** perfectamente formado(a)
-2. (absolutely) **it's ~ all right** no pasa absolutamente nada; **it's ~ clear to me that...** tengo clarísimo que...; **to be ~ frank** or **honest with you** para serte totalmente sincero(a); **it's a ~ good raincoat** es un impermeable estupendo; **it's ~ idiotic** es completamente estúpido; **it's ~ obvious** resulta totalmente evidente; **she's ~ right** tiene toda la razón; **you know ~ well I can't go** sabes perfectamente que no puedo ir

perfervid [pəˈfɜːvɪd] adj Literary hervoroso(a)

perfidious [pəˈfɪdɪəs] adj Literary pérfido(a) ❑ **~ Albion** la pérfida Albión

perfidiously [pəˈfɪdɪəslɪ] adv Literary pérfidamente

perfidy [ˈpɜːfɪdɪ] n Literary perfidia f

perforate [ˈpɜːfəreɪt] vt perforar

perforated [ˈpɜːfəreɪtɪd] adj perforado(a) ❑ MED **~ eardrum** tímpano m perforado; **~ line** línea f perforada; COMPTR **~ paper** papel m perforado; MED **~ ulcer** úlcera f perforada

perforation [pɜːfəˈreɪʃən] n (hole, on stamp) perforación f; **tear along the perforations** separar por la línea perforada

perforce [pəˈfɔːs] adv Old-fashioned or Literary forzosamente, por fuerza

perform [pəˈfɔːm] ◇ vt **-1.** (carry out) (task, miracle, manoeuvre) realizar, efectuar; (calculation) realizar; (ritual) realizar, llevar a cabo; (function, one's duty) cumplir; **the robot can ~ complex movements** el robot puede realizar movimientos complejos; **to ~ an operation** (surgery) practicar or realizar una operación; **the agency performs a vital service** la agencia presta un servicio esencial
-2. (play) representar; (ballet, opera) interpretar; (role) interpretar; (piece of music) interpretar, ejecutar
◇ vi **-1.** (in job, situation, sports team, athlete) rendir; **he'd never spoken in public before, but he performed well** era la primera vez que hablaba en público, pero lo hizo muy bien; **how does she ~ under pressure?** ¿cómo se desenvuelve bajo presión?; **I couldn't ~** (sexually) no pude consumar el acto sexual
-2. (actor, comedian) actuar; (musician) tocar; (dancer) actuar; (singer) interpretar, cantar; **the Berlin Philharmonic is performing tonight** la Filarmónica de Berlín ofrecerá un concierto esta noche
-3. (company, business) rendir; (shares) comportarse
-4. (machine, car) funcionar, comportarse

performance [pəˈfɔːməns] n **-1.** (of task, manoeuvre) realización f, ejecución f; (of ritual) celebración f; (of duty) cumplimiento m ❑ **~ appraisal** evaluación f del rendimiento; **~ art** = expresión artística en la que se combinan diferentes disciplinas como teatro, música, escultura o fotografía
-2. (of sportsperson, team, politician) actuación f; (of pupil) comportamiento m; **to put on** or **up a good ~** hacer buen papel
-3. (rendition) (by actor, musician, dancer) actuación f; **he gave an excellent ~ in the role of Othello** ofreció una actuación excelente en el papel de Otelo
-4. (of play) representación f; (ballet, opera) actuación f; (of musical piece) interpretación f, ejecución f; (in cinema) sesión f
-5. (of economy, currency, shares) comportamiento m
-6. (of machine, car) prestaciones fpl, rendimiento m ❑ **~ car** coche m or Am carro m or CSur auto m de alto rendimiento
-7. Fam (fuss) **to make a ~ (about sth)** armar un escándalo or Esp montar una escena (por algo); **it's such a ~ getting a visa!** conseguir el visado es toda una operación; **what a ~!** ¡vaya actuación!
-8. LING realización f

performance-related [pəˈfɔːmənsrɪˈleɪtɪd] adj según el rendimiento

performative [pəˈfɔːmətɪv] adj LING & PHIL performativo(a)

performer [pəˈfɔːmə(r)] n (actor, dancer, musician) intérprete mf; **she's a very capable ~** es muy capaz; **the new coupé is a useful ~ around town** el nuevo cupé se comporta muy bien en ciudad; **our shares are amongst the top performers** nuestras acciones están entre las de mayor rentabilidad; **he has been a consistent ~** (in sport) ha sido muy regular en su rendimiento

performing [pəˈfɔːmɪŋ] adj (dog, seal) amaestrado(a) ❑ **~ arts** artes fpl interpretativas; **~ rights** derechos mpl de interpretación

perfume ◇ n [ˈpɜːfjuːm] **-1.** (of flowers) aroma m, fragancia f **-2.** (for person) perfume m ❑ **~ counter** sección f de perfumería
◇ vt [pəˈfjuːm] perfumar

perfumed [ˈpɜːfjuːmd] adj perfumado(a)

perfumery [pəˈfjuːmərɪ] n perfumería f

perfunctorily [pəˈfʌŋktərɪlɪ] adv (to glance, smile) rutinariamente, superficialmente; (to examine) superficialmente; (to apologize) indiferentemente

perfunctory [pəˈfʌŋktərɪ] adj (glance, smile) rutinario(a), superficial; (letter, instructions, examination) somero(a); (apology) indiferente; **he greeted me with a ~ nod** me saludó con un gesto indiferente

pergola [ˈpɜːɡələ] n pérgola f

perhaps [pəˈhæps] adv **-1.** (maybe) quizá, quizás, tal vez, Am talvez; **~ so/not** quizá sí/no; **she'll come** quizá venga
-2. (about) aproximadamente; **there were ~ 500 people there** había aproximadamente or como 500 personas
-3. Formal (in polite requests, suggestions) **~ you'd like a glass of water?** ¿querría un vaso de agua?; **I thought ~ you might like to have dinner with us** ¿le gustaría quedarse a cenar con nosotros?; **~ you could try that bit again** ¿por qué no intentas esa parte otra vez?

pericarditis [perɪkɑːˈdaɪtɪs] n MED pericarditis f inv

pericardium [perɪˈkɑːdɪəm] (pl **pericardia** [perɪˈkɑːdɪə]) n ANAT pericardio m

Pericles [ˈperɪkliːz] pr n Pericles

peril [ˈperɪl] n peligro m, riesgo m; **in ~ of her life** a riesgo de (perder) su vida; **at your ~** por tu cuenta y riesgo

perilous [ˈperɪləs] adj peligroso(a)

perilously [ˈperɪləslɪ] adv peligrosamente; **we came ~ close to a collision** estuvimos en un tris de chocar

perimeter [pəˈrɪmɪtə(r)] n perímetro m ❑ **~ fence** valla f exterior

perinatal [perɪˈneɪtəl] adj MED perinatal

perineum [perɪˈniːəm] n ANAT perineo m, periné m

period [ˈpɪərɪəd] n **-1.** (stretch of time) periodo m, período m; **for a ~ of three months** durante un periodo de tres meses; **within the agreed ~** dentro del plazo acordado; **sunny periods** intervalos de sol
-2. (phase) etapa f, fase f; **he's going through a difficult ~** está pasando una mala racha; **at that ~ in her life** en aquella etapa de su vida; **his cubist/jazz ~** su etapa cubista/de jazz
-3. (historical age) época f, periodo m; **a ~ of colonial expansion** una época de expansión colonial; **the Elizabethan/Jacobean ~** la época Isabelina/Jacobea; **the play has a definite ~ flavour** es una obra muy de la época ❑ TV **~ drama** drama m (televisivo) de época; **~ dress** traje m de época; **~ features** (in house) detalles mpl de época; **~ furniture** muebles mpl de época; **~ piece** pieza f de época
-4. GEOL era f; **the Jurassic/Cretaceous ~** la era jurásica/cretácea
-5. SCH clase f; **a French ~** una clase de francés
-6. (menstruation) periodo m, regla f; **my periods have stopped** ya no me viene la regla; **to have one's ~** tener el periodo or la regla ❑ **~ pains** dolores mpl menstruales
-7. US (punctuation mark) punto m; **I'm not going, ~** no voy, y punto
-8. (sentence) oración f
-9. (of basketball, ice hockey game) tiempo m
-10. COM **~ of grace** periodo m de gracia
-11. ASTRON **~ of rotation** periodo m de rotación
-12. CHEM (in periodic table) periodo m

periodic [pɪərɪˈɒdɪk] adj **-1.** (occasional) periódico(a) **-2.** MATH **~ function** función f periódica **-3.** CHEM **~ table** tabla f periódica

periodical [pɪərɪˈɒdɪkəl] ◇ n publicación f periódica, boletín m
◇ adj **-1.** (occasional) periódico(a) **-2.** (publication) periódico(a)

periodically [pɪərɪˈɒdɪklɪ] adv periódicamente

periodicity [pɪərɪəˈdɪsɪtɪ] n periodicidad f

periodontics [perɪəˈdɒntɪks] n periodontología f

periodontitis [perɪədɒnˈtaɪtɪs] n MED periodontitis f inv

periosteum [perɪˈɒstɪəm] n ANAT periostio m

peripatetic [perɪpəˈtetɪk] adj **-1.** (itinerant) ambulante, itinerante **-2.** (teacher) que trabaja en varios centros

peripheral [pəˈrɪfərəl] ◇ n COMPTR periférico m
◇ adj (area, vision) periférico(a); (issue, importance) secundario(a) ❑ COMPTR **~ device** (dispositivo m) periférico m; MED **~ vision** visión f periférica

periphery [pəˈrɪfərɪ] n periferia f; **on the ~ of society** al margen de la sociedad

periphrasis [pəˈrɪfrəsɪs] (pl **periphrases** [pəˈrɪfrəsiːz]) n perífrasis f inv

periphrastic [perɪˈfræstɪk] adj perifrástico(a)

periscope [ˈperɪskəʊp] n periscopio m; **up ~!** ¡arriba el periscopio!

perish [ˈperɪʃ] ◇ vi -1. Literary (person) perecer; **~ the thought!** ¡Dios no lo quiera! -2. (rubber, leather) estropearse; (food) pudrirse
◇ vt (rubber, leather) estropear

perishable [ˈperɪʃəbəl] ◇ n **perishables** productos mpl perecederos
◇ adj perecedero(a)

perished [ˈperɪʃt] adj Br Fam **I'm ~** (very cold) ¡hace una rasca que me muero!

perisher [ˈperɪʃə(r)] n Br Fam (mischievous child) bribón(ona) m,f, diablillo(a) m,f

perishing [ˈperɪʃɪŋ] adj Fam -1. (very cold) **it's ~** ¡hace un frío que pela! -2. Old-fashioned (as expletive) endiablado(a); **what a ~ nuisance!** ¡qué contrariedad!

peristalsis [perɪˈstælsɪs] n PHYSIOL peristaltismo m

peritoneal [perɪtəˈniːəl] adj ANAT peritoneal

peritoneum [perɪtəˈniːəm] n ANAT peritoneo m

peritonitis [perɪtəˈnaɪtɪs] n MED peritonitis f inv

periwig [ˈperɪwɪg] n peluquín m

periwinkle [ˈperɪwɪŋkəl] n -1. BOT vinca f, vincapervinca f -2. ZOOL bígaro m

perjure [ˈpɜːdʒə(r)] vt LAW **to ~ oneself** perjurar

perjured [ˈpɜːdʒəd] adj LAW (witness) perjuro(a); **~ evidence** pruebas falsas

perjurer [ˈpɜːdʒərə(r)] n LAW perjuro(a) m,f

perjury [ˈpɜːdʒərɪ] n LAW perjurio m; **to commit ~** cometer perjurio

perk¹ [pɜːk] n Fam ventaja f; **cheap air travel is one of the perks of his job** una de las ventajas de su trabajo son los vuelos baratos

perk² ◇ vt (coffee) hacer
◇ vi hacerse

◆ **perk up** Fam ◇ vt sep animar, levantar el ánimo a
◇ vi -1. (cheer up) animarse; **he perked up in the afternoon** por la tarde se animó -2. (ears, head) erguirse

perkily [ˈpɜːkɪlɪ] adv Fam animadamente

perkiness [ˈpɜːkɪnɪs] n Fam alborozo m

perky [ˈpɜːkɪ] adj Fam animado(a); **to be ~** estar animado(a)

perm [pɜːm] ◇ n -1. (hairdo) permanente f; **to have a ~** llevar una permanente -2. (in football pools) combinación f fija
◇ vt **to have one's hair permed** hacerse la permanente

permaculture [ˈpɜːməkʌltʃə(r)] n = sistema natural de agricultura

permafrost [ˈpɜːməfrɒst] n GEOL permafrost m

permanence [ˈpɜːmənəns] n permanencia f

permanency [ˈpɜːmənənsɪ] n (of quality) permanencia f; (of colour) permanencia f

permanent [ˈpɜːmənənt] ◇ adj permanente; (employee, post) fijo(a); **no ~ damage was caused** no se produjeron daños irreparables; **she has taken up ~ residence abroad** se ha establecido en el extranjero de manera permanente; **on a ~ basis** de manera definitiva ❑ **~ address** domicilio m fijo, residencia f habitual; **~ contract** contrato m fijo or indefinido; **~ ink** tinta f indeleble; **~ magnet** imán m permanente; **~ press** = tratamiento químico que convierte las ropas en inarrugables; Br **Permanent Secretary** Secretario(a) Permanente (alto cargo del funcionariado británico); COMPTR **~ storage** almacenamiento m permanente; **~ tooth** diente m definitivo; Br **Permanent Undersecretary** Subsecretario(a) Permanente (alto cargo del funcionariado británico); **~ wave** (hairdo) permanente f; Br RAIL **~ way** vía f del ferrocarril
◇ n US (in hair) permanente f

permanently [ˈpɜːmənəntlɪ] adv -1. (constantly) constantemente; **he's ~ drunk** está siempre borracho -2. (indefinitely) para siempre; **they came to live here ~** vinieron a vivir aquí para siempre

permanent-press [ˈpɜːmənəntˈpres] adj **~ trousers/skirt** pantalón/falda inarrugable

permanganate [pɜːˈmæŋgəneɪt] n CHEM permanganato m

permeability [pɜːmɪəˈbɪlətɪ] n permeabilidad f

permeable [ˈpɜːmɪəbəl] adj permeable

permeate [ˈpɜːmɪeɪt] ◇ vt -1. (of gas, smell) inundar; (of liquid) impregnar -2. (of ideas, feelings) impregnar; **the atmosphere of gloom which permeates his novels** la atmósfera triste que impregna sus novelas
◇ vi **to ~ through sth** (gas, smell) inundar algo; (liquid) filtrarse a través de algo; (fear, suspicion) extenderse por algo

Permian [ˈpɜːmɪən] GEOL ◇ n **the ~** el pérmico
◇ adj pérmico(a)

permissible [pəˈmɪsɪbəl] adj -1. (allowed) admisible, permisible -2. (tolerable) (behaviour) tolerable; **a ~ degree of error** un margen de error permisible

permission [pəˈmɪʃən] n permiso m; **to ask for ~ to do sth** pedir permiso para hacer algo; **to give sb ~ to do sth** dar a alguien permiso para hacer algo; **to have ~ to do sth** tener permiso para hacer algo; **with your ~** con su (su) permiso; **photos published by kind ~ of Larousse** fotos publicadas por gentileza de Larousse; **you need written ~ to work at home** necesitas permiso por escrito para trabajar en casa

permissive [pəˈmɪsɪv] adj permisivo(a); **the ~ society** la sociedad permisiva

permissiveness [pəˈmɪsɪvnɪs] n permisividad f

permit ◇ n [ˈpɜːmɪt] (for fishing, imports, exports) licencia f; (for parking, work, residence) permiso m; **~ holders only** (sign) estacionamiento reservado
◇ vt [pəˈmɪt] (pt & pp **permitted**) -1. (allow) permitir; **to ~ sb to do sth** permitir a alguien hacer algo; **I won't ~ it!** ¡no lo pienso permitir!; **he permits far too much rudeness from his children** les tolera demasiada grosería a sus hijos; Formal **~ me to inform you that...** me permito informarlo de que...; **smoking is not permitted** no se permite fumar
-2. Formal **to ~ of sth** (give scope for) permitir algo
◇ vi **weather permitting** si el tiempo lo permite; **if time permits** si hay tiempo; **if our budget permits** si el presupuesto lo permite

permitted [pəˈmɪtɪd] adj permitido(a)

permutate [ˈpɜːmjʊteɪt] vt permutar

permutation [pɜːmjʊˈteɪʃən] n permutación f

pernicious [pəˈnɪʃəs] adj pernicioso(a) ❑ MED **~ anaemia** anemia f perniciosa

pernickety [pəˈnɪkɪtɪ], US **persnickety** [pəˈsnɪkɪtɪ] adj Fam -1. (person) quisquilloso(a); **to be ~ about one's food** ser un tiquismiquis con la comida; **she's very ~ about punctuality** es muy maniática con la puntualidad -2. (task) engorroso(a)

peroration [perəˈreɪʃən] n Formal -1. (summing up) peroración f -2. (long speech) perorata f

peroxide [pəˈrɒksaɪd] ◇ n CHEM peróxido m ❑ **~ blonde** (woman) rubia f oxigenada or Esp de bote
◇ vt (hair) teñir de rubio oxigenado

perpendicular [pɜːpənˈdɪkjʊlə(r)] ◇ n perpendicular f
◇ adj -1. (line) perpendicular (**to** a); **the line AB is ~ to the line CD** la línea AB es perpendicular a la CD -2. ARCHIT **the Perpendicular** = estilo de arquitectura gótica inglesa, típica de los siglos XIV y XV

perpetrate [ˈpɜːpɪtreɪt] vt Formal (crime, deception) perpetrar

perpetrator [ˈpɜːpɪtreɪtə(r)] n Formal autor(ora) m,f; **the ~ of the crime** el autor del delito

perpetual [pəˈpetjʊəl] adj continuo(a), constante ❑ **~ calendar** calendario m perpetuo; **~ check** (in chess) jaque m continuo; **~ motion** movimiento m continuo

perpetually [pəˈpetjʊəlɪ] adv -1. (eternally) perpetuamente -2. (constantly) continuamente, constantemente

perpetuate [pəˈpetjʊeɪt] vt Formal perpetuar

perpetuation [pəpetjʊˈeɪʃən] n Formal perpetuación f

perpetuity [pɜːpɪˈtjuːɪtɪ] n Formal **in ~** a perpetuidad

Perpignan [ˈpɜːpɪnjɒn] n Perpiñán

perplex [pəˈpleks] vt dejar perplejo(a)

perplexed [pəˈplekst] adj perplejo(a); **I'm ~ about what to do** estoy confuso sobre qué hacer

perplexedly [pəˈpleksɪdlɪ] adv perplejamente, con perplejidad

perplexing [pəˈpleksɪŋ] adj desconcertante

perplexity [pəˈpleksɪtɪ] n perplejidad f, desconcierto m

perquisite [ˈpɜːkwɪzɪt] n Formal ventaja f extra

perry [ˈperɪ] n = bebida alcohólica hecha con zumo de pera fermentado

per se [ˈpɜːˈseɪ] adv en sí, per se

persecute [ˈpɜːsɪkjuːt] vt -1. (for political, religious reasons) perseguir; **she was persecuted for her beliefs** fue perseguida por sus creencias -2. (harass) acosar, atormentar

persecution [pɜːsɪˈkjuːʃən] n persecución f ❑ PSY **~ complex** manía f persecutoria

persecutor [ˈpɜːsɪkjuːtə(r)] n perseguidor(ora) m,f

Perseus [ˈpɜːsɪəs] n MYTHOL Perseo

perseverance [pɜːsɪˈvɪərəns] n perseverancia f

persevere [pɜːsɪˈvɪə(r)] vi perseverar (**with** en); **I persevered until it worked** no desistí hasta que funcionó; **to ~ in one's efforts** perseverar uno en su intento; **to ~ in doing sth** seguir haciendo algo con perseverancia

persevering [pɜːsɪˈvɪərɪŋ] adj perseverante

Persia [ˈpɜːʒə] n Formerly Persia

Persian [ˈpɜːʒən] ◇ n -1. (person) persa mf -2. (language) persa m
◇ adj persa ❑ **~ blinds** persianas fpl; **~ carpet** alfombra f persa; **~ cat** gato m persa; **the ~ Gulf** el Golfo Pérsico; **~ lamb** caracul m

persiflage [ˈpɜːsɪflɑːʒ] n Literary facecia f

persimmon [pəˈsɪmən] n caqui m (fruta)

persist [pəˈsɪst] vi -1. (person) persistir, perseverar; **to ~ in doing sth** empeñarse en hacer algo; **to ~ in one's belief that...** empeñarse en creer que...; **to ~ in one's efforts (to do sth)** no cejar en el empeño (de hacer algo) -2. (fog, pain, belief, rumours) persistir; **rain will ~ in the north** continuará la lluvia en el norte; **if the fever persists** si continúa la fiebre

persistence [pəˈsɪstəns] n -1. (of person) empeño m, persistencia f -2. (of pain, belief, rumours) persistencia f ❑ PHYSIOL **~ of vision** persistencia f retiniana

persistent [pəˈsɪstənt] adj -1. (person) persistente, insistente; **his ~ refusal to cooperate** su reiterada falta de cooperación; **you must be more ~ in your efforts** deberías ser más constante en tu trabajo ❑ **~ offender** delincuente mf habitual, reincidente mf
-2. (rain, pain) persistente, pertinaz; (doubts, rumours) persistente ❑ MED **~ vegetative state** estado m vegetativo permanente

persistently [pəˈsɪstəntlɪ] adv (constantly) constantemente; (repeatedly) repetidamente, una y otra vez

persnickety US = **pernickety**

person [ˈpɜːsən] (pl **people** [ˈpiːpəl], Formal **persons**) n -1. (individual) persona f; **a young ~** (female) una joven; (male) un joven; **in ~** en persona; **he's a very unpleasant ~** es un tipo muy desagradable; **he's just the ~ we need** es justo la persona que necesitamos; **she's nice enough as a ~, but...** como persona es bastante agradable, pero...; **I'm not the ~ to ask, try Mr Green** yo no soy la persona adecuada, pregúntale al Sr. Green; **he's not that sort of ~** no es de esa clase de persona; Fam **are you a cat ~ or a dog ~?** ¿qué prefieres, los perros o los gatos?; **the Royal Family, in the ~ of Queen Elizabeth** la Familia Real, encarnada por (la figura de) la reina Isabel; LAW **by a ~ or**

persons unknown por uno o varios desconocidos
  -**2.** *Formal (body)* **to have sth on** *or* **about one's ~** llevar algo encima
  -**3.** GRAM persona *f*; **the first/second/third ~ singular** la primera/segunda/tercera persona del singular; **in the first/second/third ~** en primera/segunda/tercera persona
  -**4.** REL persona *f*

persona [pəˈsəʊnə] (*pl* **personas** *or* **personae** [pəˈsəʊniː]) *n* **her public ~** su imagen pública; **he adopts the ~ of a war veteran** adopta el personaje de un veterano de guerra; **to be ~ non grata** ser persona no grata; **to declare sb ~ non grata** declarar a alguien persona no grata

personable [ˈpɜːsənəbəl] *adj* agradable

personage [ˈpɜːsənɪdʒ] *n* personaje *m*

personal [ˈpɜːsənəl] ◇ *adj* -**1.** *(individual) (experience, belief)* personal; **she tries to give her work a ~ touch** trata de darle un toque personal a su trabajo; **my ~ opinion is that he drowned** mi opinión personal es que se ahogó ❑ FIN **~ allowance** dietas *fpl*; **~ assistant** *(person)* secretario(a) *m,f* personal; COMPTR asistente *m* personal; **~ best** *(in sport)* plusmarca *f* (personal), récord *m* personal; **~ growth** desarrollo *m* personal; **~ identification number** número *m* secreto, PIN *m*
  -**2.** *(in person)* en persona; **under the ~ supervision of the author** bajo la supervisión del propio autor; **to make a ~ appearance** hacer acto de presencia; **~ callers welcome** *(in advertisement)* se atienden llamadas de particulares
  -**3.** *(for one's own use)* personal; **to be careless about one's ~ appearance** no cuidar uno su apariencia; **this is for my ~ use** esto es de uso personal ❑ COMPTR **~ computer** *Esp* ordenador *m* or *Am* computadora *f* personal; COMPTR **~ computing** informática *f* personal; COMPTR **~ digital assistant** asistente *m* personal; **~ effects** efectos *mpl* personales; *Br* FIN **~ equity plan** = plan personal de inversión en valores de renta variable fiscalmente incentivado por el Gobierno; **~ loan** préstamo *m* or crédito *m* or *Méx* prestamiento *m* personal; **~ organizer** agenda *f*; COMPTR agenda *f* electrónica; **~ pension plan** plan *m* personal de jubilación; LAW **~ property** bienes *mpl* muebles; **~ shopper** asistente(a) *m,f* de compras; **~ stereo** walkman® *m*; **~ trainer** preparador(ora) *m,f* físico(a) personal
  -**4.** *(private) (message, letter)* personal; **~ (and private)** *(on letter)* personal y privado; **for ~ reasons** por motivos personales; **I'd like to see her on a ~ matter** me gustaría hablar con ella de un asunto personal ❑ **~ ad** *(in newspaper, magazine)* anuncio *m* personal (por palabras); **~ column** *(in newspaper, magazine)* sección *f* de anuncios personales or de contactos
  -**5.** *(intimate) (feelings, reasons, life)* personal; **he's a ~ friend of the president** es amigo personal del presidente
  -**6.** *(offensive)* **there's no need to be so ~!** ¡no hace falta que hagamos tantas referencias personales; **don't be ~**, **don't make ~ remarks** no hagas comentarios de índole personal; **it's nothing ~ but...** no es nada personal, pero...
  -**7.** *(bodily)* **~ foul** *(in basketball)* (falta *f*) personal *f*; **~ hygiene** aseo *m* personal; LAW **~ injury** lesiones *fpl*, daños *mpl* corporales
  -**8.** GRAM **~ pronoun** pronombre *m* personal
  ◇ *n US (advert)* anuncio *m* en la sección de contactos

personality [pɜːsəˈnælɪtɪ] *n* -**1.** *(character)* personalidad *f*; **to have a lot of ~** tener mucha personalidad; **he's got no ~** no tiene personalidad
  -**2.** *(famous person)* personalidad *f*; **sports/media ~** un famoso del mundo del deporte/de la comunicación ❑ **~ cult** culto *m* a la personalidad

  -**3.** PSY personalidad *f* ❑ **~ disorder** trastorno *m* de la personalidad; **~ questionnaire** test *m* de personalidad; **~ quiz** test *m* de personalidad

personalize [ˈpɜːsənəlaɪz] *vt* -**1.** *(object, luggage, software)* personalizar -**2.** *(argument, idea)* personalizar; **I don't want to ~ the issue** no quiero hacer de este asunto una cuestión personal

personalized [ˈpɜːsənəlaɪzd] *adj* personalizado(a); **~ stationery** artículos de papelería con membrete; **~ numberplate** = matrícula en la que el usuario ha utilizado o una combinación determinada de letras o una tipografía y color diferente al de las matrículas normales

personally [ˈpɜːsənəlɪ] *adv* -**1.** *(individually)* **I was talking about the whole team, not you ~** me refería a todo el equipo, no a ti en particular; **don't take it ~** no te lo tomes como algo personal; **I will hold you ~ responsible if she gets hurt** si se hace daño te pediré cuentas a ti personalmente
  -**2.** *(in person) (to visit, talk to, know)* en persona; **I was not ~ involved in the project** yo no estuve metido personalmente en el proyecto; **deliver the letter to the director ~** entrega la carta al director en persona; **I'll see to it ~** me encargaré personalmente de ello
  -**3.** *(in my opinion)* personalmente; **~, I think...** personalmente, creo...

personification [pəsɒnɪfɪˈkeɪʃən] *n* personificación *f*; **to be the ~ of meanness** ser la tacañería personificada

personify [pəˈsɒnɪfaɪ] *vt* personificar; **he is evil personified** es la maldad personificada

personnel [pɜːsəˈnel] *n* -**1.** *(staff)* personal *m*; **~ (department)** departamento *m* de personal ❑ **~ management** gestión *f* de personal; **~ manager** director(ora) *m,f* or jefe(a) *m,f* de personal -**2.** MIL *(troops)* tropas *fpl* ❑ **~ carrier** transporte *m* de tropas

person-to-person [ˈpɜːsəntəˈpɜːsən] ◇ *adv* **I'd like to speak to her ~** querría hablar con ella en persona
  ◇ *adj* TEL **~ call** llamada de persona a persona

perspective [pəˈspektɪv] ◇ *n* -**1.** ART perspectiva *f*; **to draw sth in ~** dibujar algo en perspectiva; **the houses are out of ~** las casas no están en perspectiva
  -**2.** *(viewpoint)* perspectiva *f*; **it gives you a different ~ on the problem** da un nuevo enfoque al problema
  -**3.** *(proportion)* **to see things in ~** ver las cosas con perspectiva; **to put sth into ~** poner algo con perspectiva; **to get sth out of ~** sacar algo de quicio
  -**4.** *Formal (view, vista)* perspectiva *f*
  ◇ *adj (drawing)* en perspectiva

Perspex® [ˈpɜːspeks] *n* perspex® *m*, plexiglás® *m*

perspicacious [pɜːspɪˈkeɪʃəs] *adj Formal* perspicaz

perspicacity [pɜːspɪˈkæsɪtɪ] *n Formal* perspicacia *f*

perspicuity [pɜːspɪˈkjuːɪtɪ] *n Formal* perspicuidad *f*

perspicuous [pəˈspɪkjʊəs] *adj Formal* perspicuo(a)

perspiration [pɜːspɪˈreɪʃən] *n* -**1.** *(substance)* sudor *m*; **bathed in** or **dripping with ~** bañado(a) or empapado(a) en sudor -**2.** *(act)* transpiración *f*

perspire [pəˈspaɪə(r)] *vi* transpirar, sudar; **she was perspiring freely** or **heavily** estaba transpirando copiosamente

persuadable [pəˈsweɪdəbəl] *adj* **they weren't easily ~** no se dejaban convencer fácilmente

persuade [pəˈsweɪd] *vt* persuadir, convencer; **he's easily persuaded** se deja persuadir or convence muy fácilmente; **he would not be persuaded** no se convencía; **to ~ sb to do sth** persuadir or convencer a alguien para que haga algo; **to ~ sb not to do sth** disuadir a alguien de que haga algo; **to ~ sb of sth** persuadir or convencer a alguien de algo; **she persuaded herself that everything would work out** se convenció a sí misma de que todo saldría bien; **I let myself be persuaded into coming** me dejé convencer y vine; **I'm not persuaded that he's right** no estoy convencido de que tenga razón; *Formal* **I was persuaded of her innocence** me convencieron de su inocencia; **she finally persuaded the lawnmower to start** finalmente convenció al cortacésped para que arrancara

persuasion [pəˈsweɪʒən] *n* -**1.** *(act, ability)* persuasión *f*; **I wouldn't need much ~ to give it up** no necesitan insistirme mucho para que lo deje; **to be open to ~** estar dispuesto(a) a reconsiderar algo; **powers of ~** poder de persuasión
  -**2.** *(beliefs)* convicciones *fpl*; **regardless of their political ~, they must be appalled by this news** independientemente de sus convicciones políticas, esta noticia debe haberlos destrozado; **they're not of our ~** no comparten nuestras creencias

persuasive [pəˈsweɪzɪv] *adj (person, argument, manner)* persuasivo(a); **she has considerable ~ powers** tiene buenos poderes de persuasión

persuasively [pəˈsweɪzɪvlɪ] *adv* persuasivamente

persuasiveness [pəˈsweɪzɪvnəs] *n (of person, argument)* persuasión *f*

pert [pɜːt] *adj* -**1.** *(cheeky)* pizpireta -**2.** *(stylishly neat) (hat)* coqueto(a) -**3.** *(nose, bottom)* respingón(ona); *(breasts)* turgente

pertain [pəˈteɪn] *vi* -**1.** *(apply)* corresponder -**2.** *Formal* **to ~ to** *(be relevant to)* concernir a; *(belong to)* pertenecer a

pertinacious [pɜːtɪˈneɪʃəs] *adj Formal* pertinaz

pertinaciously [pɜːtɪˈneɪʃəslɪ] *adv Formal* pertinazmente

pertinacity [pɜːtɪˈnæsɪtɪ] *n Formal* pertinacia *f*

pertinence [ˈpɜːtɪnəns] *n Formal* pertinencia *f*

pertinent [ˈpɜːtɪnənt] *adj Formal* pertinente; **a very ~ question** una pregunta muy pertinente; **to be ~ to** concernir a

pertinently [ˈpɜːtɪnəntlɪ] *adv Formal* pertinentemente

pertly [ˈpɜːtlɪ] *adv (to reply)* con descaro, atrevidamente

pertness [ˈpɜːtnɪs] *n* -**1.** *(of reply, manner)* descaro *m*, atrevimiento *m* -**2.** *(of dress)* lo coqueto -**3.** *(of nose, bottom)* lo respingón; *(of breasts)* lo turgente

perturb [pəˈtɜːb] *vt* inquietar, desconcertar

perturbation [pɜːtəˈbeɪʃn] *n* -**1.** *Formal (anxiety)* perturbación *f*, inquietud *f* -**2.** ASTRON perturbación *f*

perturbed [pəˈtɜːbd] *adj* inquieto(a), desconcertado(a); **I was ~ to hear that...** me inquietó escuchar que...

perturbing [pəˈtɜːbɪŋ] *adj* inquietante, perturbador(ora)

Peru [pəˈruː] *n* Perú

perusal [pəˈruːzəl] *n Formal* lectura *f*; **he left the document for her ~** dejó el documento para que ella lo analizara; **on further ~...** en un análisis más profundo...

peruse [pəˈruːz] *vt* -**1.** *(read carefully)* leer con detenimiento -**2.** *(read quickly)* ojear

Peruvian [pəˈruːvɪən] ◇ *n* peruano(a) *m,f*
  ◇ *adj* peruano(a)

perv [pɜːv] *n Br Fam* pervertido(a) *m,f* (sexual)

pervade [pəˈveɪd] *vt* impregnar; **the fundamental error that pervades their philosophy** el error fundamental que impregna su filosofía; **a feeling of mistrust pervaded their relationship** una sensación de desconfianza impregnaba su relación

pervasive [pəˈveɪsɪv] *adj (smell)* penetrante; *(influence)* poderoso(a); **the ~ influence of television** la omnipresente influencia de la televisión; **a ~ atmosphere of pessimism** una atmósfera cargada de pesimismo

perverse [pəˈvɜːs] *adj* -**1.** *(contrary, wilful)* **he felt a ~ urge to refuse** sintió la perversa necesidad de negarse; **he's just being ~** simplemente está llevando la contraria; **she takes a ~ delight in causing harm to**

perversely — **phantasmagoric(al)**

others siente un placer malsano haciendo daño a otros **-2.** *(sexually deviant)* pervertido(a)

perversely [pə'vɜːslɪ] *adv* **-1.** *(paradoxically)* ~ **enough, I quite enjoyed it** paradójicamente *or* aunque parezca extraño, me gustó **-2.** *(contrarily)* **she ~ refused me the money** se negó a prestarme el dinero por llevarme la contraria

perverseness [pə'vɜːsnɪs] *n (contrariness, wilfulness)* obstinación *f*, desobediencia *f*

perversion [*Br* pə'vɜːʃən, *US* pə'vɜːrʒən] *n* **-1.** *(sexual)* perversión *f* **-2.** *(distortion) (of the truth)* deformación *f*, tergiversación *f*; *(of justice)* distorsión *f*, corrupción *f*; LAW ~ **of the course of justice** obstaculización del curso de la justicia

perversity [pə'vɜːsɪtɪ] *n* **-1.** *(sexual)* perversión *f* **-2.** *(contrariness, wilfulness)* obstinación *f*, desobediencia *f*; **he refused to let me do it out of ~** se negó a dejarme hacerlo por pura mala idea

pervert ◇ *n* ['pɜːvɜːt] **(sexual)** ~ pervertido(a) *m,f* (sexual)
◇ *vt* [pə'vɜːt] **-1.** *(corrupt)* pervertir **-2.** *(distort)* tergiversar; LAW **to ~ the course of justice** obstaculizar el curso de la justicia

perverted [pə'vɜːtɪd] *adj* pervertido(a)
peseta [pə'seɪtə] *n* peseta *f*
pesky ['peskɪ] *adj US Fam* plomo(a), latoso(a), *Méx* sangrón(ona), *RP* hinchón(ona); **~ weather!** ¡qué tiempo más plomo!
peso ['peɪsəʊ] *(pl* **pesos**) *n* peso *m*
pessary ['pesərɪ] *n* MED pesario *m*
pessimism ['pesɪmɪzəm] *n* pesimismo *m*
pessimist ['pesɪmɪst] *n* pesimista *mf*
pessimistic [pesɪ'mɪstɪk] *adj* pesimista; **I feel very ~ about her chances of getting the job** soy pesimista sobre las posibilidades que tiene de conseguir el empleo
pessimistically [pesɪ'mɪstɪklɪ] *adv* con pesimismo
pest [pest] *n* **-1.** *(vermin, insects)* plaga *f* ❏ **~ control** métodos *mpl* para combatir las plagas **-2.** *Fam (nuisance)* plomazo *m*, *Esp* latazo *m*
pester ['pestə(r)] *vt* molestar, *Esp* incordiar; **they're always pestering me for money** siempre me están incordiando pidiéndome dinero; **to ~ sb with questions** acosar *or* acribillar a alguien con preguntas; **to ~ sb to do sth** *Esp* incordiar a alguien para que haga algo; **she pestered me into helping them** consiguió que les ayudara a base de darme la lata
pesticide ['pestɪsaɪd] *n* pesticida *m*
pestiferous [pe'stɪfərəs] *adj Literary (unhealthy)* pestilente
pestilence ['pestɪləns] *n Literary* pestilencia *f*, peste *f*
pestilential [pestɪ'lenʃəl] *adj Fam (annoying)* cargante
pestle ['pesəl] *n* mano *f* del mortero
pesto ['pestəʊ] *n* pesto *m*
PET [pet] *(abbr* **positron emission tomography)** ~ **scan** PET *m*
pet [pet] ◇ *n* **-1.** *(animal)* animal *m* doméstico *or* de compañía; **sorry, no pets** no se admiten mascotas ❏ **~ food** comida *f* para animales domésticos; **~ shop** pajarería *f* **-2.** *(favourite)* **mother's/teacher's ~** preferido(a) de mamá/del profesor **-3.** *Fam (term of endearment)* **my ~!** ¡mi tesoro!; **be a ~ and close the door** sé buena y cierra la puerta **-4.** *Fam (temper)* **to be in a ~** estar enojado(a)
◇ *adj* **-1.** *(bird, animal)* de mascota **-2.** *Fam (favourite) (project, theory)* favorito(a), preferido(a); **his ~ subject** *or* **topic** su tema favorito *or* preferido; **my ~ hate** *or US* **peeve** lo que más odio **-3.** *Fam* **~ name** *(diminutive)* apelativo *m or* nombre *m* cariñoso
◇ *vt (pt & pp* **petted***)* **-1.** *(stroke, pat) (person, dog)* acariciar **-2.** *Fam (caress sexually)* meter mano a, *Arg* apretar
◇ *vi Fam (sexually) Esp* darse *or* pegarse el lote, *Am* manosearse
petal ['petəl] *n* pétalo *m*
petard [pə'tɑːd] *n* IDIOM **he was hoist with** *or* **by his own ~** le salió el tiro por la culata

Pete [piːt] *n* IDIOM *Fam* **for ~'s sake** ¡por Dios!, ¡por el amor de Dios!
Peter ['piːtə(r)] *pr n* **Saint ~** san Pedro; **Saint ~'s (basilica)** la Basílica de san Pedro; **~ the Great** Pedro el Grande
peter ['piːtə(r)] *n US Fam (penis)* pilila *f*, pito *m*
◆ **peter out** *vi (path, stream)* extinguirse, desaparecer; *(funds, supplies)* ir agotándose; *(conversation)* ir decayendo; *(enthusiasm)* ir decayendo *or* declinando
Peter Pan ['piːtə'pæn] *n Fig* Peter Pan *m*, niño *m* grande ❏ **~ collar** = cuello de camisa plano y con los bordes redondeados
pethidine ['peθɪdiːn] *n* petidina *f*
petit bourgeois ['petɪ'bʊəʒwɑː] ◇ *n* pequeñoburgués(esa) *m,f*
◇ *adj* pequeñoburgués(esa)
petite [pə'tiːt] *adj* menudo(a)
petit four ['petɪ'fɔː] *(pl* **petits fours** ['petɪ'fɔːz]) *n* petit four *m*, *Arg* masa *f* fina
petition [pə'tɪʃən] ◇ *n* **-1.** *(with signatures)* petición *f* de firmas recogidas; **to sign a ~** firmar una petición **-2.** *(formal request)* petición *f*, súplica *f*, *Am* pedido *m* **-3.** LAW **~ for a divorce** demanda de divorcio
◇ *vt (court, sovereign)* presentar una petición *or Am* un pedido a
◇ *vi* **-1.** *(with signatures)* presentar una petición **-2.** *(formally request)* **to ~ for sth** solicitar algo; **to ~ against sth** presentar una petición en contra de algo **-3.** LAW **to ~ for divorce** presentar una demanda de divorcio
petitioner [pə'tɪʃənə(r)] *n* **-1.** *(signer of petition)* peticionario(a) *m,f* **-2.** *(person making formal request)* peticionario(a) *m,f* **-3.** LAW *(in divorce)* demandante *mf*
petits pois ['petɪ'pwɑː] *npl* guisantes finos *mpl*, *Am* arvejas *fpl* finas, *Méx* chicharitos *mpl*
Petrarch ['petrɑːk] *pr n* Petrarca
Petrarchan [pə'trɑːkən] *adj* petrarcano(a), de Petrarca
petrel ['petrəl] *n* petrel *m*
Petri dish ['petrɪdɪʃ] *n* BIOL placa *f* de Petri
petrified ['petrɪfaɪd] *adj* **-1.** GEOL petrificado(a) ❏ **~ forest** bosque *m* petrificado **-2.** *(terrified)* paralizado(a), muerto(a) de miedo
petrify ['petrɪfaɪ] *vt* **-1.** GEOL petrificar **-2.** *(with fear)* petrificar, paralizar
petrifying ['petrɪfaɪɪŋ] *adj (frightening)* aterrador(ora)
Petrine ['piːtraɪn] *adj* REL de Pedro
petrochemical [petrəʊ'kemɪkəl] ◇ *npl* **petrochemicals** productos *mpl* petroquímicos
◇ *adj* petroquímico(a)
petrocurrency ['petrəʊkʌrənsɪ] *n* FIN petrodivisa *f*
petrodollar ['petrəʊdɒlə(r)] *n* FIN petrodólar *m*
Petrograd ['petrəgræd] *n* HIST Petrogrado
petrol ['petrəl] *n Br* gasolina *f*, *RP* nafta *f* ❏ **~ blue** azul *m* petróleo; **~ bomb** cóctel *m* Molotov; **~ can** lata *f* de gasolina *or RP* nafta; **~ engine** motor *m* de gasolina *or RP* nafta; *Br* **~ gauge** indicador *m* de nivel de gasolina; **~ pump** surtidor *m* de gasolina *or RP* nafta; **prices at the ~ pump have risen** ha subido el precio de la gasolina en el surtidor; **~ station** gasolinera *f*, estación *f* de servicio, *Andes* grifo *m*; **~ tank** depósito *m* de la gasolina *or RP* de la nafta *or* del combustible; **~ tanker** *(lorry)* camión *m* cisterna; *(ship)* petrolero *m*
petrolatum [petrə'leɪtəm] *n US* vaselina *f*
petrol-bomb ['petrəlbɒm] *vt* arrojar cócteles Molotov contra
petroleum [pə'trəʊlɪəm] *n* petróleo *m*; **~ company** compañía petrolera; **~ industry** industria del petróleo ❏ **~ jelly** vaselina *f*
petticoat ['petɪkəʊt] *n* **-1.** *(from waist down)* enaguas *fpl* **-2.** *(full-length)* combinación *f* **-3.** *Pej* **~ government** = gobierno sobre el que una o varias mujeres ejercen una fuerte influencia
pettifogging ['petɪfɒgɪŋ] *adj (person)* puntilloso(a); *(details)* insignificante
pettily ['petɪlɪ] *adv* mezquinamente

pettiness ['petɪnɪs] *n* **-1.** *(unimportance)* insignificancia *f* **-2.** *(small-mindedness)* mezquindad *f*
petting ['petɪŋ] *n* **-1.** *Fam (sexual) Esp* magreo *m*, *Am* manoseo *m*, *RP* franeleo *m* **-2.** *US* **~ zoo** = parque zoológico en el que los niños pueden acariciar y dar de comer a los animales
pettish ['petɪʃ] *adj* irritable, malhumorado(a)
petty ['petɪ] *adj* **-1.** *(unimportant)* insignificante ❏ **~ bourgeois** pequeñoburgués(esa); **~ cash** caja *f* para gastos menores; **~ crime** delitos *mpl* menores; *US* LAW **~ larceny** = delito de latrocinio por un valor inferior a los 500 dólares; NAUT **~ officer** suboficial *mf* de marina; **~ thief** ladronzuelo(a) *m,f*, ratero(a) *m,f* **-2.** *(small-minded)* mezquino(a); **don't be so ~!** ¡no seas tan mezquino!
petty-minded ['petɪ'maɪndɪd] *adj* mezquino(a)
petty-mindedness ['petɪ'maɪndɪdnɪs] *n* mezquindad *f*
petulance ['petjʊləns] *n* **a fit of ~** una rabieta
petulant ['petjʊlənt] *adj (person)* caprichoso(a); **with a ~ gesture** con un gesto de niño caprichoso
petulantly ['petjʊləntlɪ] *adv* malhumoradamente
petunia [pɪ'tjuːnɪə] *n* petunia *f*
pew [pjuː] *n* banco *m (en iglesia)*; *Br Fam Hum* **take a ~!** ¡siéntate!
pewter ['pjuːtə(r)] *n* peltre *m*
peyote [peɪ'əʊtɪ] *n* peyote *m*
PFC [piːef'siː] *n (abbr* **private first class***) n US* = rango del ejército de los Estados Unidos que se encuentra entre soldado raso y cabo
PFI [piːef'aɪ] *n Br (abbr* **private finance initiative***)* = contrato entre un consorcio privado y la administración local por el que el primero construye, por ejemplo, una escuela o un hospital y se encarga de su funcionamiento a cambio de mantener su titularidad y percibir un alquiler de la administración
PFLP [piːefel'piː] *n (abbr* **Popular Front for the Liberation of Palestine***)* FPLP *f*
PG [piː'dʒiː] *n* CIN *(abbr* **parental guidance***)* = película para todos los públicos aunque se recomienda que los menores vayan acompañados de un adulto
PG-13 [piː'dʒiːˈθɜːtiːn] *n US* CIN = película para todos los públicos aunque se recomienda que los menores de trece años vayan acompañados de un adulto
PGA [piːdʒiː'eɪ] *n (abbr* **Professional Golfers' Association***)* PGA *f*
PGCE [piːdʒiːsiː'iː] *n Br* EDUC *(abbr* **postgraduate certificate of education***)* = diploma para licenciados que capacita para ejercer en la enseñanza pública, *Esp* ≃ C.A.P.
pH [piː'eɪtʃ] *n* CHEM pH *m*; **a pH of 9** un pH 9
phaeton ['feɪtən] *n (carriage)* faetón *m*
phagocyte ['fægəsaɪt] *n* BIOL fagocito *m*
phalangeal [fə'lændʒɪəl] *adj* ANAT falangiano(a)
phalanges *pl of* **phalanx**
Phalangist [fə'lændʒɪst] ◇ *n* falangista *mf*
◇ *adj* falangista
phalanx ['fælæŋks] *n* **-1.** MIL HIST falange *f* **-2.** *(of officials, journalists)* pelotón *m* **-3.** ANAT *(pl* **phalanges** [fə'lændʒiːz]) falange *f*; **second ~** falangina; **third ~** falangeta
phalarope ['fælərəʊp] *n* falaropo *m*
phallic ['fælɪk] *adj* fálico(a) ❏ **~ symbol** símbolo *m* fálico
phallocentric [fæləʊ'sentrɪk] *adj* falocéntrico(a)
phallus ['fæləs] *n* falo *m*
Phanerozoic [fænərəʊ'zəʊɪk] GEOL ◇ *n* **the ~** el fanerozoico
◇ *adj (era)* fanerozoico(a)
phantasm ['fæntæzəm] *n* fantasma *m*, espectro *m*
phantasmagoria [fæntæzmə'gɔːrɪə] *n* fantasmagoría *f*
phantasmagoric(al) [fæntæzmə'gɒrɪk(əl)] *adj* fantasmagórico(a)

phantom ['fæntəm] n **-1.** (ghost) fantasma m **-2.** (illusion) fantasía f **-3.** MED ~ **limb** miembro m fantasma; ~ **pregnancy** embarazo m psicológico
Pharaoh ['feərəʊ] n faraón m
pharisaic(al) [færɪ'seɪɪk(əl)] adj farisaico(a)
Pharisee ['færɪsiː] n **-1.** REL fariseo(a) m,f **-2.** (hypocrite) fariseo(a) m,f
pharmaceutical [fɑːmə'sjuːtɪkəl] ◇ npl **pharmaceuticals** productos mpl farmacéuticos; **the** ~ **industry** la industria farmacéutica
  ◇ adj farmacéutico(a)
pharmacist ['fɑːməsɪst] n farmacéutico(a) m,f
pharmacological [fɑːməkə'lɒdʒɪkəl] adj farmacológico(a)
pharmacologist [fɑːmə'kɒlədʒɪst] n farmacólogo(a) m,f
pharmacology [fɑːmə'kɒlədʒɪ] n farmacología f
pharmacopoeia, US **pharmacopeia** [fɑːməkə'piːə] n PHARM farmacopea f
pharmacy ['fɑːməsɪ] n **-1.** (science) farmacia f, farmacéutica f **-2.** (dispensary, shop) farmacia f
pharyngitis [færɪn'dʒaɪtɪs] n MED faringitis f inv
pharynx ['færɪŋks] (pl **pharynxes** or **pharynges** [fæ'rɪndʒiːz]) n faringe f
phase [feɪz] ◇ n **-1.** (stage) fase f, etapa f; **it's just a** ~ (he's going through) ya se le pasará **-2.** (coordination) **in** ~ (**with**) sincronizado(a) (con); **out of** ~ (**with**) desfasado(a) (con respecto a) **-3.** ASTRON (of moon) fase f **-4.** CHEM & ELEC fase f
  ◇ vt **-1.** (schedule) realizar por etapas **-2.** (synchronize) sincronizar
  ◆ **phase in** vt sep introducir gradualmente or escalonadamente
  ◆ **phase out** vt sep eliminar gradualmente or escalonadamente
phased [feɪzd] adj (in stages) gradual, escalonado(a)
phase-out ['feɪzaʊt] n eliminación f progresiva
phatic ['fætɪk] adj LING fático(a)
PhD [piːeɪtʃ'diː] n UNIV (abbr **Doctor of Philosophy**) (person) doctor(ora) m,f; (degree) doctorado m; ~ **thesis** tesis doctoral
pheasant ['fezənt] n faisán m
phenobarbital [fiːnəʊ'bɑːbɪtəl], **phenobarbitone** [fiːnəʊ'bɑːbɪtəʊn] n PHARM fenobarbital m
phenol ['fiːnɒl] n fenol m
phenomena pl of **phenomenon**
phenomenal [fɪ'nɒmɪnəl] adj extraordinario(a)
phenomenally [fɪ'nɒmɪnəlɪ] adv extraordinariamente
phenomenological [fɪnɒmɪnə'lɒdʒɪkəl] adj PHIL fenomenológico(a)
phenomenology [fɪnɒmɪ'nɒlədʒɪ] n PHIL fenomenología f
phenomenon [fɪ'nɒmɪnən] (pl **phenomena** [fɪ'nɒmɪnə]) n fenómeno m
phenotype ['fiːnətaɪp] n BIOL fenotipo m
phenyl ['fiːnəl] n fenilo m
pheromone ['ferəməʊn] n feromona f
phew [fjuː] exclam ¡uf!
phi [faɪ] n (Greek letter) fi f
phial ['faɪəl] n ampolla f, vial m
Phi Beta Kappa ['faɪbiːtə'kæpə] = sociedad estadounidense a la que entran a formar parte universitarios que se han distinguido en sus estudios
Philadelphia [fɪlə'delfɪə] n Filadelfia
Philadelphian [fɪlə'delfɪən] ◇ n persona de Filadelfia
  ◇ adj de Filadelfia
philander [fɪ'lændə(r)] vi Pej ir detrás de las mujeres
philanderer [fɪ'lændərə(r)] n Pej mujeriego m
philandering [fɪ'lændərɪŋ] Pej ◇ n líos mpl amorosos
  ◇ adj mujeriego(a)
philanthropic [fɪlən'θrɒpɪk] adj filantrópico(a)
philanthropist [fɪ'lænθrəpɪst] n filántropo(a) m,f
philanthropy [fɪ'lænθrəpɪ] n filantropía f

philatelist [fɪ'lætəlɪst] n filatelista mf
philately [fɪ'lætəlɪ] n filatelia f
-phile [faɪl] suffix -filo; **Russophile** rusófilo(a)
philharmonic [fɪlə'mɒnɪk] MUS ◇ n filarmónica f
  ◇ adj filarmónico(a)
-philia ['fɪlɪə] suffix -filia; **Russophilia** rusofilia
Philip ['fɪlɪp] pr n ~ **I/II** Felipe I/II
philippic [fɪ'lɪpɪk] n filípica f, diatriba f
Philippines ['fɪlɪpiːnz] npl **the** ~ las Filipinas
philistine ['fɪlɪstaɪn] ◇ n **-1.** (uncultured person) inculto(a) m,f, ignorante mf **-2.** HIST **the Philistines** los filisteos
  ◇ adj inculto(a), ignorante
philistinism ['fɪlɪstɪnɪzəm] n incultura f, ignorancia f
Phillips ['fɪlɪps] n ~ **screw**® tornillo m de cabeza en cruz; ~ **screwdriver**® destornillador m or Am desatornillador m de cruz
philological [fɪlə'lɒdʒɪkəl] adj filológico(a)
philologist [fɪ'lɒlədʒɪst] n filólogo(a) m,f
philology [fɪ'lɒlədʒɪ] n filología f
philosopher [fɪ'lɒsəfə(r)] n filósofo(a) m,f ❑ ~'**s stone** piedra f filosofal
philosophic(al) [fɪlə'sɒfɪk(əl)] adj **-1.** (writings, argument) filosófico(a) **-2.** (calm, resigned) (person, attitude) filosófico(a); **to be** ~ **about sth** tomarse algo con filosofía
philosophically [fɪlə'sɒfɪklɪ] adv **-1.** (to argue) filosóficamente **-2.** (calmly, dispassionately) con filosofía
philosophize [fɪ'lɒsəfaɪz] vi filosofar (**about** acerca de)
philosophy [fɪ'lɒsəfɪ] n filosofía f; Fam **my** ~ **is...** mi filosofía es...; Fig **we share the same** ~ **of life** compartimos la misma filosofía de vida
phiz [fɪz], **phizog** ['fɪzɒg] n Br Fam cara f, jeta f
phlebitis [flə'baɪtɪs] n MED flebitis f inv
phlegm [flem] n **-1.** (mucus) flema f **-2.** (composure) flema f
phlegmatic [fleg'mætɪk] adj flemático(a)
phlegmatically [fleg'mætɪklɪ] adv flemáticamente
phlox [flɒks] n BOT polemonio m
Phnom Penh [pnɒm'pen] n Phnom Penh
-phobe [fəʊb] suffix -fobo; **Russophobe** rusófobo(a)
-phobia ['fəʊbɪə] suffix -fobia; **Russophobia** rusofobia
phobia ['fəʊbɪə] n fobia f; **I have a** ~ **about spiders/heights** le tengo fobia a las arañas/alturas
phobic ['fəʊbɪk] adj **she's a bit** ~ **about spiders** le tiene fobia a las arañas
Phoebus ['fiːbəs] n MYTHOL Febo
Phoenicia [fə'niːʃə] n HIST Fenicia
Phoenician [fə'niːʃən] HIST ◇ n **-1.** (person) fenicio(a) m,f **-2.** (language) fenicio m
  ◇ adj fenicio(a)
phoenix ['fiːnɪks] n fénix m inv; IDIOM **to rise like a** ~ (**from the ashes**) renacer de las propias cenizas como el ave fénix
phonation [fəʊ'neɪʃən] n fonación f
phone [fəʊn] ◇ n teléfono m; **to be on the** ~ (talking) estar al teléfono; (have a telephone) tener teléfono; **you're wanted on the** ~ te llaman; **to give sb a** ~ llamar a alguien (por teléfono); **to get sb on the** ~ contactar con alguien por teléfono; **could you get the** ~, **please?** ¿podrías atender (el teléfono) por favor?; **to get on the** ~ **to sb** llamar a alguien por teléfono; **to discuss sth on or over the** ~ discutir algo por teléfono; **it can all be arranged over the** ~ se puede arreglar todo por teléfono ❑ ~ **bill** factura f del teléfono; ~ **book** guía f telefónica or de teléfonos, Am directorio m de teléfonos; ~ **booth** cabina f telefónica; Br ~ **box** cabina f telefónica; ~ **call** llamada f telefónica, Am llamado m telefónico; ~ **number** número m de teléfono
  ◇ vt **to** ~ **sb** telefonear a alguien, llamar a alguien (por teléfono); **to** ~ **home** llamar a casa (por teléfono); **to** ~ **Paris** llamar a París; **can you** ~ **me the answer?** ¿me puedes pasar la respuesta por teléfono?

  ◇ vi telefonear, llamar (por teléfono); **to** ~ **for a plumber/a taxi** llamar a un fontanero/taxi
  ◆ **phone around** vi hacer algunas llamadas or Am llamados
  ◆ **phone in** ◇ vt (answer, report) llamar, telefonear
    ◇ vi **-1.** (to radio programme) llamar **-2.** (to work) llamar; **I phoned in sick** llamé al trabajo para decir que estaba enfermo
  ◆ **phone up** ◇ vt sep llamar, telefonear
    ◇ vi llamar, telefonear
phonecard ['fəʊnkɑːd] n tarjeta f telefónica
phone-in ['fəʊnɪn] n RAD & TV ~ (**programme**) = programa con llamadas de los televidentes/oyentes
phoneme ['fəʊniːm] n fonema m
phonemic [fə'niːmɪk] adj fonémico(a)
phonemics [fə'niːmɪks] n fonemática f
phonetic [fə'netɪk] adj fonético(a) ❑ ~ **alphabet** alfabeto m fonético; ~ **transcription** transcripción f fonética
phonetically [fə'netɪklɪ] adv fonéticamente
phonetician [fəʊnə'tɪʃən] n fonetista mf
phonetics [fə'netɪks] n fonética f
phoney, US **phony** ['fəʊnɪ] Fam ◇ n (pl **phoneys,** US **phonies**) **-1.** (person) falso(a) m,f, farsante mf **-2.** (fake object) falsificación f
  ◇ adj falso(a); **his story sounds** ~ su historia no es nada convincente ❑ HIST **the Phoney War** = período entre el comienzo de la Segunda Guerra Mundial (septiembre 1939) y la principal ofensiva alemana en Europa occidental (mayo 1940)
phonic ['fəʊnɪk] adj fónico(a)
phonics ['fɒnɪks] npl EDUC = método de aprender a leer a través de la asociación de las letras con su fonética
phoniness ['fəʊnɪnɪs] n Fam falsedad f
phonograph ['fəʊnəgrɑːf] n **-1.** US Old-fashioned gramófono m **-2.** (early form of gramophone) fonógrafo m
phonological [fəʊnə'lɒdʒɪkəl] adj fonológico(a)
phonologist [fə'nɒlədʒɪst] n fonólogo(a) m,f
phonology [fə'nɒlədʒɪ] n fonología f
phony US = **phoney**
phooey ['fuːɪ] exclam Fam ¡bah!, Esp ¡qué va!
phosgene ['fɒsdʒiːn] n fosgeno m
phosphate ['fɒsfeɪt] n fosfato m
phosphor ['fɒsfə(r)] n fósforo m
phosphoresce [fɒsfə'res] vi fosforescer
phosphorescence [fɒsfə'resəns] n fosforescencia f
phosphorescent [fɒsfə'resənt] adj fosforescente
phosphoric [fɒs'fɒrɪk] adj fosfórico(a) ❑ ~ **acid** ácido m fosfórico
phosphorous [fɒsfərəs] adj fosforoso(a)
phosphorus ['fɒsfərəs] n CHEM fósforo m
photo ['fəʊtəʊ] (pl **photos**) n foto f; **to take good photos** tomar buenas fotos; **to take a good** ~ (be photogenic) salir bien en las fotos ❑ ~ **album** álbum m de fotos; ~ **call** = sesión fotográfica con la prensa; ~ **finish** (in race) foto-finish f, fotofinis f; Fig **the election is going to be a** ~ **finish** la elección será sumamente reñida; ~ **opportunity** = ocasión f de aparecer fotografiado dando una buena imagen; ~ **realism** fotorrealismo m; ~ **retouching** retocado m fotográfico
photoactive [fəʊtəʊ'æktɪv] adj (organism, substance) fotoactivo(a), fotosensible
photobooth ['fəʊtəʊbuːð] n fotomatón m
photocell ['fəʊtəʊsel] n célula f fotoeléctrica
photochemical [fəʊtəʊ'kemɪkəl] adj fotoquímico(a)
photocomposition [fəʊtəʊkɒmpə'zɪʃən] n TYP fotocomposición f
photoconductive [fəʊtəʊkən'dʌktɪv] adj ELEC fotoconductor(ora)
photoconductivity [fəʊtəʊkɒndʌk'tɪvətɪ] n ELEC fotoconductividad f
photoconductor [fəʊtəʊkən'dʌktə(r)] n ELEC fotoconductor(ora) m,f
photocopier ['fəʊtəʊkɒpɪə(r)] n fotocopiadora f

photocopy ['fəʊtəkɒpɪ] ◇ *n* fotocopia *f*; **to take** *or* **make a ~ of sth** hacer una fotocopia de algo
◇ *vt* fotocopiar

photocopying ['fəʊtəʊkɒpɪɪŋ] *n* fotocopiado *m*; **there's some ~ to do** hay que hacer algunas fotocopias

photodegradable [fəʊtəʊdi:'greɪdəbəl] *adj* fotodegradable

photoelectric [fəʊtəʊɪ'lektrɪk] *adj* fotoeléctrico(a) ❑ ~ **cell** célula *f* fotoeléctrica; PHYS ~ **effect** efecto *m* fotoeléctrico

photoengraving ['fəʊtəʊɪn'greɪvɪŋ] *n* fotograbado *m*

Photofit® ['fəʊtəʊfɪt] *n* ~ **(picture)** retrato robot *(elaborado con fotografías)*

photogenic [fəʊtə'dʒenɪk] *adj* fotogénico(a)

photograph ['fəʊtəgrɑ:f] ◇ *n* fotografía *f*; **to take sb's ~** sacarle una fotografía a alguien; **to have one's ~ taken** sacarse una fotografía; **she takes a good ~** *(is photogenic)* sale bien en las fotos ❑ ~ **album** álbum *m* de fotografías
◇ *vt* fotografiar
◇ *vi* **to ~ well** salir bien

photographer [fə'tɒɡrəfə(r)] *n* fotógrafo(a) *m,f*; **I'm not much of a ~** no soy muy buen fotógrafo

photographic [fəʊtə'græfɪk] *adj (film, laboratory)* fotográfico(a); **to have a ~ memory** tener memoria fotográfica

photographically [fəʊtə'græfɪklɪ] *adv* fotográficamente

photography [fə'tɒɡrəfɪ] *n* fotografía *f*; **a ~ course/magazine** un curso/una revista de fotografía

photogravure [fəʊtəʊgrə'vʊ:r] *n* huecograbado *m*

photojournalism [fəʊtəʊ'dʒɜ:nəlɪzəm] *n* periodismo *m* gráfico

photojournalist [fəʊtəʊ'dʒɜ:nəlɪst] *n* periodista *mf* gráfico(a)

photolithography [fəʊtəʊlɪ'θɒɡrəfɪ] *n* fotolitografía *f*

photoluminescence [fəʊtəʊlu:mɪ'nesəns] *n* fotoluminiscencia *f*

photomontage [fəʊtəʊmɒn'tɑ:ʒ] *n* fotomontaje *m*

photon ['fəʊtɒn] *n* PHYS fotón *m*

photonovel [fəʊtəʊnɒvəl] *n* fotonovela *f*

photo-offset ['fəʊtəʊ'ɒfset] *n* offset *m*

photorealism [fəʊtəʊ'rɪəlɪzəm] *n* ART fotorrealismo *m*

photosensitive [fəʊtəʊ'sensɪtɪv] *adj* fotosensible

photosetter ['fəʊtəʊsetə(r)] *n* filmadora *f*

Photostat® ['fəʊtəʊstæt] *n* (fotocopia *f* de) fotostato *m*

photostat ['fəʊtəʊstæt] *vt* fotocopiar

photosynthesis [fəʊtəʊ'sɪnθɪsɪs] *n* BOT fotosíntesis *f inv*

photosynthesize [fəʊtəʊ'sɪnθɪsaɪz] *vt* BOT fotosintetizar

phototypesetter [fəʊtəʊ'taɪpsetə(r)] *n* TYP **-1.** *(machine)* fotocomponedora *f* **-2.** *(person)* fotocomponedor(a) *m,f*

photovoltaic [fəʊtəʊvɒl'teɪɪk] *adj* fotovoltaico(a) ❑ ~ **cell** célula *f* fotovoltaica

phrasal verb ['freɪzəl'vɜ:b] *n* GRAM verbo *m* con partícula *(preposición o adverbio)*

phrase [freɪz] ◇ *n* **-1.** *(expression)* frase *f*; LING **noun/verb ~** frase nominal/verbal ❑ ~ **book** manual *m* or guía *f* de conversación **-2.** MUS frase *f*
◇ *vt* **-1.** *(express, word)* expresar; **he phrased it very elegantly** lo dijo de una manera muy elegante **-2.** MUS frasear

phraseology [freɪzɪ'ɒlədʒɪ] *n* fraseología *f*

phrasing ['freɪzɪŋ] *n* **-1.** *(expressing)* expresión *f* **-2.** MUS fraseo *m*

phreaker ['fri:kə(r)] *n* = persona que manipula las líneas telefónicas para obtener llamadas gratis

phreaking ['fri:kɪŋ] *n* **(phone)** ~ = manipulación de las líneas telefónicas para obtener llamadas gratis

phrenologist [frə'nɒlədʒɪst] *n* frenólogo(a) *m,f*

phrenology [frə'nɒlədʒɪ] *n* frenología *f*

Phrygia ['frɪdʒɪə] *n* HIST Frigia

phut [fʌt] *adv* Br Fam **to go ~** *(machine)* estropearse *Esp* escacharrarse, *Am* joderse; *(plans)* irse al garete *or Col, Méx* piso *or RP* diablo

phylactery [fɪ'læktərɪ] *n* REL filacteria *f*

phyllo ['fi:ləʊ] *n* ~ **(pastry)** hojaldre *m* griego

phylloxera [fɪ'lɒksərə] *n* filoxera *f*

phylogeny [faɪ'lɒdʒənɪ] *n* filogenia *f*

phylum ['faɪləm] *n* BIOL & ZOOL fílum *m*, tipo *m*

Phys Ed ['fɪz'ed] *n* EDUC *(abbr* **physical education)** educación *f* física

physical ['fɪzɪkəl] ◇ *n (examination)* chequeo *m*, examen *m or* reconocimiento *m* médico
◇ *adj* **-1.** *(bodily)* físico(a); **a ~ examination** un examen físico ❑ ~ **education** educación *f* física; ~ **exercise** ejercicios *mpl* físicos; ~ **fitness** buena forma *f* física; ~ **handicap** defecto *m* físico; *Br Fam* ~ **jerks** gimnasia *f*, ejercicios *mpl* físicos; ~ **therapy** fisioterapia *f*; ~ **training** *(in school)* educación *f* física; *(in army)* preparación *f* física; **a ~ wreck** un desastre, una ruina **-2.** *(natural, material) (forces, presence)* físico(a), material; *(manifestation, universe)* físico(a); **to be a ~ impossibility** ser una imposibilidad física *or* material; **the ~ features of the desert** las características físicas del desierto ❑ ~ **anthropology** antropología *f* física; ~ **chemistry** química *f* física; ~ **geography** geografía *f* física; ~ **sciences** ciencias *fpl* físicas
-3. *(involving bodily contact)* físico(a); **rugby is a very ~ sport** el rugby es un deporte en el que hay mucho contacto físico; **we had to get a bit ~ to persuade him** tuvimos que ponernos un tanto firmes para convencerlo

physicality [fɪzɪ'kælɪtɪ] *n* **the ~ of this sport** el carácter físico de este deporte

physically ['fɪzɪklɪ] *adv* físicamente; ~ **fit** en buena forma física; ~ **handicapped** discapacitado(a) físico(a); *Euph* ~ **challenged** con necesidades físicas especiales

physician [fɪ'zɪʃən] *n Formal* médico(a) *m,f* ❑ *US* ~ **assistant** médico(a) *m,f* auxiliar

physicist ['fɪzɪsɪst] *n* físico(a) *m,f*

physics ['fɪzɪks] *n* física *f*

physio ['fɪzɪəʊ] *n Fam* **-1.** *(treatment)* fisioterapia *f* **-2.** *(person)* fisio *mf*, fisioterapeuta *mf*

physiognomy [fɪzɪ'ɒnəmɪ] *n Formal* **-1.** *(facial features)* fisonomía *f*, fisionomía *f* **-2.** *(of place)* fisonomía *f*, fisionomía *f*

physiological [fɪzɪə'lɒdʒɪkəl] *adj* fisiológico(a)

physiologist [fɪzɪ'ɒlədʒɪst] *n* fisiólogo(a) *m,f*

physiology [fɪzɪ'ɒlədʒɪ] *n* fisiología *f*

physiotherapist [fɪzɪəʊ'θerəpɪst] *n* fisioterapeuta *mf*

physiotherapy [fɪzɪəʊ'θerəpɪ] *n* fisioterapia *f*

physique [fɪ'zi:k] *n* físico *m*

phytochemistry ['faɪtəʊ'kemɪstrɪ] *n* fitoquímica *f*

PI [pi:'aɪ] *n* **-1.** *US (abbr* **private investigator)** investigador(ora) *m,f* privado(a) **-2.** LAW *(abbr* **personal injury)** lesiones *fpl*, daños *mpl* corporales

pi [paɪ] *n* MATH pi *m*

pianissimo [pɪə'nɪsɪməʊ] MUS ◇ *n* pianissimo *m*
◇ *adv* pianissimo

pianist ['pɪənɪst] *n* pianista *mf*

piano [pɪ'ænəʊ] ◇ *n (pl* **pianos)** piano *m* ❑ ~ **accordion** acordeón *m*; ~ **bar** piano bar *m*; ~ **concerto** concierto *m* para piano y orquesta; ~ **stool** escabel *m*, taburete *m* de piano; ~ **tuner** afinador(ora) *m,f* de pianos
◇ *adj* MUS de piano
◇ *adv* MUS piano

pianoforte [pɪænəʊ'fɔ:teɪ] *n Formal* pianoforte *m*

Pianola® [pɪən'əʊlə] *n* pianola *f*

piazza [pɪ'ætsə] *n* **-1.** *(Italian)* piazza *f* **-2.** *Br (covered walkway)* galería *f* **-3.** *US (verandah)* porche *m*

pibroch ['pi:brɒk] *n* = variaciones marciales o fúnebres para gaita escocesa

pic [pɪk] *n (pl* **pics** *or* **pix** [pɪks]) *n Fam* foto *f*

pica ['paɪkə] *n* TYP pica *f*

picador ['pɪkədɔ:(r)] *n* picador(ora) *m,f*

picaresque [pi:kə'resk] *adj* LIT picaresco(a)

picayune [pɪkə'ju:n] *adj US Fam* insignificante

piccalilli [pɪkə'lɪlɪ] *n* = salsa agridulce a base de trocitos de verdura y mostaza

piccaninny ['pɪkənɪnɪ] *n Pej.* **1.** *US (black child)* = término ofensivo para referirse a un niño negro **-2.** *Austr (aboriginal child)* = término ofensivo para referirse a un niño aborigen

piccolo ['pɪkələʊ] *(pl* **piccolos)** *n* flautín *m*, piccolo *m*

piccy ['pɪkɪ] *n Br Fam* foto *f*

pick [pɪk] ◇ *n* **-1.** *(tool)* pico *m*
-2. *US (plectrum)* púa *f*
-3. *(choice)* **we had first ~** nos dejaron elegir primero *or* los primeros; **we had our ~ of seats** pudimos elegir nuestros asientos; **take your ~** escoge *or* elije a tu gusto
-4. *(best)* **the ~ of the bunch** *or US* **litter** el/la mejor de todos(as)
◇ *vt* **-1.** *(choose)* escoger, elegir; *(team)* seleccionar; **to ~ sb for a team** seleccionar a alguien para un equipo; **to ~ a fight with sb** buscar pelea con alguien; **she picked her way through the crowd** pasó por entre la multitud con dificultad; **he picked his way across the minefield** cruzó el campo minado con extremo cuidado; **it's not easy to ~ a winner** no es fácil pronosticar un ganador
-2. *(remove) (flowers, fruit)* recoger, *Esp* coger; ~ **your own strawberries** *(sign)* = cartel al borde de la carretera que identifica un campo al que la gente puede ir a recoger sus propias *Esp, CAm, Carib, Méx* fresas *or Andes, RP* frutillas pagando; **to ~ a spot/a scab** arrancarse un grano/una costra; *Fig* **to ~ sb's pocket** robar algo del bolsillo de alguien, *RP* punguear a alguien
-3. *(open)* **to ~ a lock** forzar una cerradura
-4. *(clean)* **to ~ one's nose** meterse el dedo en *or* hurgarse la nariz; **to ~ one's teeth** escarbarse los dientes; **the dog picked the bone clean** el perro dejó el hueso limpio; IDIOM **to ~ sb's brains** aprovecharse de los conocimientos de alguien; **can I ~ your brains?** a ver si tú me puedes ayudar
-5. *(make)* **she picked a hole in her sweater** se hizo un agujero *or Esp* punto en el suéter (tirando); IDIOM **to ~ holes in sth** *(in argument, theory)* sacar fallos a algo, *Am* encontrar fallas a algo
-6. MUS **to ~ a guitar** puntear
◇ *vi* **we can't afford to ~ and choose** no podemos permitirnos elegir

➤ **pick at** *vt insep* **-1.** *(scab, spot)* rascarse **-2.** *(eat without enthusiasm)* **she picked at her food** picoteó su comida con desgana

➤ **pick off** *vt sep* **-1.** *(remove)* **I picked my briefcase off the chair** recogí mi maletín de la silla; **he picked the hairs off his trousers** quitó *or Am* sacó los pelos de sus pantalones uno a uno **-2.** *(of gunman, sniper)* ir abatiendo (uno por uno)

➤ **pick on** *vt insep* **-1.** *(bully)* meterse con; **I got picked on at school** se metían conmigo en el colegio; ~ **on somebody your own size!** ¡no seas *Esp* abusón *or Am* abusador! **-2.** *(choose)* elegir

➤ **pick out** *vt sep* **-1.** *(remove)* quitar, *Am* sacar; **she picked the splinter out of her finger** se arrancó la astilla del dedo
-2. *(select)* elegir, escoger; **he picked out the centre forward with his pass** metió un pase preciso al delantero centro
-3. *(recognize)* reconocer
-4. *(identify)* **he picked out three key moments that had turned the course of the election** resaltó tres momentos clave que habían decidido la elección; **they picked him out as a future leader** lo identificaron como futuro líder; **the headlights picked out a figure** las luces largas cayeron sobre una figura
-5. *(write)* **her name was picked out in gold** su nombre estaba escrito en letras de oro
-6. *(a tune)* sacar

➤ **pick over** *vt insep (select best from)* seleccionar (lo mejor de)

pickaback

◆ **pick up** ⬥ vt sep **-1.** (lift up) recoger, Esp coger; **see if you can ~ up this box** a ver si puedes levantar esta caja; **to ~ up the phone** descolgar el teléfono; **if you need my help, just ~ up the phone** si necesitas mi ayuda, llámame; **~ up a leaflet at our new store** recoja un folleto en nuestra nueva tienda; **she picked the puppy up by the scruff of the neck** levantó al cachorro por el cogote; **to ~ oneself up** (after fall) levantarse; (after defeat) recuperarse; also Fig **to ~ up the bill** or **tab** pagar la cuenta; IDIOM **to ~ up the pieces** empezar de nuevo (tras un fracaso); IDIOM **to ~ up the threads of a discussion** retomar el hilo de una discusión
-2. (collect) recoger; (arrest) detener; **I'll ~ you up at eight** pasaré a buscarte a las ocho; **to ~ up survivors** rescatar supervivientes
-3. (learn) (language, skill) aprender; (habit) adquirir, Esp coger
-4. (obtain) (bargain, votes, information) conseguir; (medal, points) ganar; (disease, virus) contraer; **I picked this radio up for £10** conseguí esta radio por 10 libras; **to ~ up speed** cobrar or ganar velocidad
-5. (radio station) sintonizar; (message, signal) captar, recibir
-6. (notice) percatarse de
-7. (discussion) reanudar; (theme, point) retomar
-8. (make better) **that will ~ you up** eso te reconfortará
-9. Fam **to ~ sb up** (as sexual partner) ligarse or RP levantar a alguien
⬥ vi **-1.** (improve) mejorar; **business is picking up** el negocio se va animando; **his spirits** or **he picked up when he heard the news** se animó al oír las noticias **-2.** (increase) (wind) aumentar; (speed, tempo) incrementarse; (prices) subir **-3.** (continue) **let's ~ up where we left off** vamos a seguir por donde estábamos

◆ **pick up on** ⬥ vt insep **-1.** (continue to discuss) retomar **-2.** (notice) darse cuenta de
⬥ vt sep Br (correct) **to ~ sb up on sth** corregir algo a alguien

pickaback = piggyback

pickaxe, US **pickax** ['pɪkæks] n pico m

picker ['pɪkə(r)] n (of fruit, tea) recolector(ora) m,f

picket ['pɪkɪt] ⬥ n **-1.** (in strike) (group) piquete m; (individual) miembro m de un piquete ⬚ **~ line** piquete m; **to be** or **stand on a ~ line** estar en un piquete; **to cross a ~ line** atravesar or cruzar un piquete **-2.** (stake) estaca f ⬚ **~ fence** cerca f, estacada f **-3.** MIL piquete m
⬥ vt (during strike) hacer piquetes en
⬥ vi hacer piquetes

picketing ['pɪkətɪŋ] n **there is heavy ~ at the factory gates** hay un gran piquete en la entrada de la fábrica

pickings ['pɪkɪŋz] npl **-1.** (booty) botín m; **rich** or **easy ~** pingües beneficios **-2.** (leftovers) restos mpl

pickle ['pɪkəl] ⬥ n **-1.** Br (sauce) = salsa agridulce a base de trocitos de fruta y verduras **-2. pickles** (vegetables in vinegar) variantes mpl, encurtidos mpl **-3.** US (cucumber) pepinillos mpl en vinagre **-4.** (liquid) escabeche m **-5.** Fam (difficult situation) **to be in a bit of a ~** estar metido(a) en un buen lío
⬥ vt encurtir

pickled ['pɪkəld] adj **-1.** (food) **~ cabbage** col en escabeche; **~ herrings** arenques m en escabeche; **~ onions** cebolletas fpl en vinagre; **~ walnuts** nueces fpl en vinagre **-2.** Fam (drunk) como una cuba

picklock ['pɪklɒk] n **-1.** (person) ladrón(ona) m,f de ganzúa **-2.** (tool) ganzúa f

pick-me-up ['pɪkmiːʌp] n Fam reconstituyente m, tónico m

pick-'n'-mix ['pɪkən'mɪks] Br ⬥ n (sweets, cheese) = surtido seleccionado por el cliente
⬥ adj surtido(a); Fig **a ~ approach** un enfoque arbitrario

pickpocket ['pɪkpɒkɪt] n carterista mf

pick-up ['pɪkʌp] ⬥ n **-1.** Br **~ (arm)** (on record player) brazo m del tocadiscos
-2. (vehicle) **~ (truck)** camioneta f
-3. (for goods, passengers) **the truck made several pick-ups on the way** el camión se detuvo varias veces en el camino para cargar mercancías/pasajeros ⬚ **~ point** (for goods, passengers) lugar m de recogida
-4. (on guitar) pastilla f
-5. Fam (improvement) recuperación f; **we're hoping for a ~ in sales** esperamos que haya una recuperación en las ventas
-6. US (acceleration) aceleración f; **it has good ~** tiene buena aceleración
-7. Fam (sexual partner) ligue m, RP,Ven levante m
⬥ adj US (impromptu) improvisado(a), espontáneo(a)

picky ['pɪkɪ] adj Fam exigente, escrupuloso(a); **she's really ~ about her food** es muy exigente con la comida

pick-your-own ['pɪkjər'əʊn] adj = que se pueden ir a recoger pagando

picnic ['pɪknɪk] ⬥ n picnic m, comida f campestre; **to go on** or **for a ~** ir de picnic; **we took a ~ lunch** llevamos el almuerzo; IDIOM **it's no ~** no es moco de pavo, se las trae ⬚ **~ area** zona f de picnic; **~ basket** cesta f de merienda; **~ hamper** cesta f de merienda; **~ site** zona f de picnic
⬥ vi (pt & pp **picnicked**) ir de picnic

picnicker ['pɪknɪkə(r)] n excursionista mf

Pict [pɪkt] n HIST picto(a) m,f

pictogram ['pɪktəgræm], **pictograph** ['pɪktəgrɑːf] n pictograma m, pictografía f

pictorial [pɪk'tɔːrɪəl] ⬥ n (magazine) revista f ilustrada
⬥ adj gráfico(a), ilustrado(a)

pictorially [pɪk'tɔːrɪəlɪ] adv con imágenes or ilustraciones

picture ['pɪktʃə(r)] ⬥ n **-1.** (painting) cuadro m, pintura f; (drawing) dibujo m; (in book) ilustración f; (photograph) fotografía f; **to draw/paint a ~ (of sth/sb)** hacer un dibujo/pintar un cuadro (de algo/alguien); **to take a ~ of sb, to take sb's ~** tomar una fotografía de alguien, tomarle a alguien una fotografía ⬚ **~ book** libro m ilustrado; **~ card** figura f (naipe); **~ frame** marco m; **~ gallery** pinacoteca f; **~ library** archivo m fotográfico; **~ postcard** postal f; **~ rail** moldura f para colgar cuadros; **~ researcher** = persona encargada de buscar fotografías para anuncios publicitarios, publicaciones, etc.; **~ restorer** restaurador(ora) m,f de cuadros; **~ window** ventanal m
-2. (image) (on TV, in mind) imagen f; **we can't get a good ~ here** aquí no nos llega una buena imagen
-3. (impression, overview) **the political/economic ~** el panorama político/económico; **this book gives a totally different ~ of medieval life** este libro presenta una imagen completamente diferente de la vida medieval; **the ~ he painted was a depressing one** el panorama que describió fue deprimente; **they have a distorted ~ of the truth** tienen una imagen distorsionada de los hechos
-4. Fam (movie) película f; Br **to go to the pictures** ir al cine ⬚ Br Old-fashioned **~ house** cinematógrafo m; Br Old-fashioned **~ palace** cinematógrafo m
-5. IDIOMS **he's the ~ of health** es la viva imagen de la salud; **his face was a ~** puso una cara digna de verse; **are you still seeing Jim? – no, he's out of the ~ now** ¿sigues saliendo con Jim? – no, ya es historia; **she hates being left out of the ~** odia quedar al margen; **to put sb in the ~** poner a alguien al tanto or en situación; Fam **I get the ~** ya veo, ya entiendo
⬥ vt **-1.** (imagine) imaginarse; **I can't ~ him as a teacher** no me lo imagino (trabajando) de profesor; **just ~ the scene** imagínate la escena **-2.** (represent, portray) retratar; **the headmaster, pictured here on the left...** el director, que aparece aquí a la izquierda...

picture-perfect ['pɪktʃə'pɜːfɪkt] adj US (flawless) impecable, perfecto(a)

picture-postcard ['pɪktʃə'pəʊstkɑːd] adj de postal

picturesque [pɪktʃə'resk] adj pintoresco(a)

picturesquely [pɪktʃə'reskli] adv pintorescamente

piddle ['pɪdəl] Fam ⬥ n **to have a ~** hacer pis
⬥ vi hacer pis

◆ **piddle about, piddle around** vi Fam perder el tiempo

piddling ['pɪdəlɪŋ] adj Fam insignificante; **she sold it for a ~ twenty dollars** lo vendió por veinte míseros dólares

pidgin ['pɪdʒɪn] n pidgin m ⬚ **~ English** inglés m pidgin

pie [paɪ] n **-1.** (of meat, fish) empanada f, pastel m, Col,CSur torta f; (of fruit) tarta f ⬚ **~ chart** gráfico m circular or de sectores; **~ diagram** gráfico m circular or de sectores **-2.** IDIOMS Fam **~ in the sky** castillos en el aire; **everyone wants a piece of the ~** todo el mundo quiere tomar parte

piebald ['paɪbɔːld] ⬥ n (horse) picazo m
⬥ adj picazo(a)

piece [piːs] n **-1.** (of paper, meat, cake) trozo m, pedazo m; **a ~ of advice** un consejo; **a ~ of carelessness** un descuido; **a ~ of clothing** una prenda (de vestir); **this barometer is a delicate ~ of equipment** este barómetro es un instrumento delicado; **a ~ of evidence** una evidencia, una prueba; **a ~ of fruit** una fruta; **a ~ of furniture** un mueble; **a ~ of information** una información; **a ~ of jewellery** una joya; **a ~ of land** un terreno; **that was a ~ of (good) luck!** ¡fue (una) suerte!; **a ~ of legislation** una ley; **a ~ of luggage** un bulto (de equipaje); **a ~ of news** una noticia; **what an amazing ~ of skill!** ¡qué habilidad!; **a ~ of software** un software; **a ~ of toast** una tostada; **a ~ of work** un trabajo; **this novel is a fascinating ~ of writing** esta novela es una obra fascinante; **a four-~ band** una formación con cuatro instrumentos; **a 24-~ canteen of cutlery** una cubertería de 24 piezas; **they took the radio apart ~ by ~** desmontaron la radio pieza a pieza; **the vase arrived (all) in one ~** el jarrón llegó intacto; **to be still in one ~** (person) estar sano(a) y salvo(a); **to be in pieces** (broken) estar destrozado(a); (unassembled) estar desmontado(a); **to break sth into pieces** romper algo en pedazos; **they are all of a ~** están cortados por el mismo patrón; **to come** or **fall to pieces** caerse a pedazos; Fig **that jumper is falling to pieces!** ese suéter or Esp jersey or Col saco or RP pulóver se cae a pedazos; **to take sth to pieces** desmontar algo; **to tear sth to pieces** hacer trizas algo; Fig **to tear** or **pull sth/sb to pieces** (criticize) hacer trizas algo/a alguien; IDIOM **to go to pieces** (of person) derrumbarse; IDIOM **to want a ~ of the action** querer un pedazo del pastel; IDIOM **it was a ~ of cake** (very easy) estaba tirado or chupado, RP fue un boleto; IDIOM Br very Fam **it was a ~ of piss** (very easy) estaba tirado or Esp mamado, RP fue un boleto; IDIOM **to give sb a ~ of one's mind** cantar las cuarenta a alguien; IDIOM **he said his ~** dijo lo que pensaba ⬚ **~ rate** (pay) tarifa f a destajo
-2. (in games, of jigsaw puzzle) pieza f; (in dominoes, draughts) ficha f
-3. (coin) **five/fifty pence ~** moneda de cinco/cincuenta peniques; Formerly **pieces of eight** ocho reales
-4. (work of art) pieza f
-5. (newspaper article) artículo m; (television report) información f; (music) pieza f
-6. (of artillery) pieza f; Fam (gun) pipa f, Am fierro m
-7. US (distance) **it's a ~ from here** está a una buena tirada de aquí

piece together vt sep (parts) montar; (broken object) recomponer; (facts) reconstruir; (evidence) componer

pièce de résistance [pɪˈesdərəˈzɪstɔːns] n plato m fuerte

piecemeal [ˈpiːsmiːl] adj deslavazado(a), poco sistemático(a)
◇ adv deslavazadamente, desordenadamente

piecework [ˈpiːswɜːk] n IND (trabajo m a) destajo m; **to be on ~** estar trabajando a destajo

piecrust [ˈpaɪkrʌst] n = masa o pasta que recubre un pastel

pied [paɪd] adj de varios colores, moteado(a); **the Pied Piper (of Hamelin)** [ˈpɪdʒənˈtʃestɪd] el flautista de Hamelín ❑ **~ flycatcher** papamoscas m cerrojillo

pied-à-terre [ˈpjeɪdæˈteə(r)] n = segunda vivienda, a menudo en una ciudad o un país diferente

Piedmont [ˈpiːdmənt] n Piamonte m

pie-eyed [ˈpaɪˈaɪd] adj Fam como una cuba, trompa; **to get ~** Esp, RP agarrar una curda, Méx ponerse una buena pedo

pier [pɪə(r)] n **-1.** (landing stage) muelle m, embarcadero m **-2.** (with seaside amusements) malecón m **-3.** (of bridge) pilar m

pierce [pɪəs] vt **-1.** (make hole) perforar; **to ~ a hole in sth** hacer un agujero en algo; **the knife/bullet pierced her lung** el cuchillo/la bala le perforó un pulmón; **to have one's ears pierced** hacerse agujeros en las orejas; **to have one's navel pierced** hacerse un piercing en el ombligo, hacerse un agujero en el ombligo (para ponerse un pendiente); Fig **his words pierced my heart** sus palabras me rompieron el corazón
-2. (of sound, light) atravesar; **the lights were unable to ~ the fog** las luces no conseguían atravesar la niebla
-3. (penetrate) (defence, barrier) penetrar en

pierced [pɪəst] adj **to have ~ ears** tener orejas con la perforación hecha

piercing [ˈpɪəsɪŋ] adj (voice, sound, look) penetrante; (wind) cortante

piercingly [ˈpɪəsɪŋlɪ] adv de manera penetrante; **she looked at me ~** me miró penetrantemente

pierhead [ˈpɪəhed] n cabecera f de muelle

Pierrot [ˈpɪərəʊ] n pierrot m

pietà [pɪˈeɪtɑː] n ART piedad f

pietism [ˈpaɪətɪzəm] n devoción f, piedad f

piety [ˈpaɪətɪ] n piedad f

piezoelectric [ˈpiːzəʊɪˈlektrɪk] adj piezoeléctrico(a)

piezoelectricity [ˈpiːzəʊɪlekˈtrɪsətɪ] n piezoelectricidad f

piffle [ˈpɪfəl] n Fam tonterías fpl, bobadas fpl

piffling [ˈpɪflɪŋ] adj Fam (amount, excuse) ridículo(a); (mistake) insignificante

pig [pɪɡ] ◇ n **-1.** (animal) cerdo m, puerco m, Am chancho m ❑ **~'s trotters** manitas fpl de cerdo
-2. Fam (greedy person) comilón(ona) m,f, glotón(ona) m,f, Am chancho(a) m,f; (unpleasant person) cerdo(a) m,f, asqueroso(a) m,f, Am chancho(a) m,f; **the dirty ~!** ¡el muy cerdo!; **what a selfish ~!** ¡qué tragón!
-3. very Fam (policeman) Esp madero m, Andes paco m, Col tombo m, Méx tamarindo m, RP cana m
-4. Br Fam (unpleasant task, thing) rollazo m, RP embole m; **cleaning the oven is a ~ of a job** limpiar el horno es un rollazo or RP embole bárbaro; **the desk was a ~ to move** fue dificilísimo mover el escritorio
-5. IND **~ iron** arrabio m, hierro m en lingotes
-6. IDIOMS **to live like pigs** vivir como cerdos; US **to be like a ~ in mud** or very Fam **shit** estar más contento(a) que unas castañuelas; CSur **estar como chancho en el barro**; Fam **to buy a ~ in a poke** recibir gato por liebre; **to make a ~ of oneself** ponerse las botas de comida; Br Fam **to make a ~'s ear of sth** hacer un desaguisado or Méx desmadre m or RP despelote m con algo; Fam **a ~ of a job** una auténtica faena; US Fam **in a ~'s eye!** ¡jamás!; **pigs might fly!** ¡que te crees tú eso!, Esp ¡y yo soy la reina de los mares!, Méx ¡y yo soy el presidente de la República!, RP ¡y yo soy Gardel!
◇ vt (pt & pp **pigged**) Fam **to ~ oneself (on)** ponerse las botas (comiendo)

◆ **pig out** vi Fam **to ~ out (on)** ponerse las botas (comiendo)

pigeon [ˈpɪdʒən] n **-1.** (bird) paloma f ❑ **~ fancier** colombófilo(a) m,f; **~ loft** palomar m; **~ post** correo m por paloma mensajera **-2.** Br Fam (business) **it's not my ~** no es asunto mío; **that's their ~ now** ahora es problema de ellos

pigeon-breasted [ˈpɪdʒənˈbrestɪd], **pigeon-chested** [ˈpɪdʒənˈtʃestɪd] adj = con el pecho estrecho y salido

pigeonhole [ˈpɪdʒənhəʊl] ◇ n casillero m, casilla f; IDIOM **he tends to put people in pigeonholes** tiende a encasillar a las personas
◇ vt **-1.** (classify) encasillar; **they pigeonholed me as a feminist** me catalogaron de feminista **-2.** (postpone) postergar

pigeon-toed [ˈpɪdʒənˈtəʊd] adj con las puntas de los pies para dentro

piggery [ˈpɪɡərɪ] n **-1.** (pig farm) granja f porcina **-2.** Fam (dirty, untidy place) pocilga f, Méx mugrero m, RP chiquero m **-3.** Fam (greed) glotonería f

piggish [ˈpɪɡɪʃ] adj Fam **-1.** (dirty, untidy) cochino(a), cerdo(a), Am chancho(a) **-2.** (greedy) glotón(ona)

piggy [ˈpɪɡɪ] Fam ◇ n cerdito(a) m,f, Am chanchito(a) m,f ❑ **~ bank** = alcancía or Esp hucha en forma de cerdito, CSur chanchita f
◇ adj **~ eyes** ojillos de cerdo

piggyback [ˈpɪɡɪbæk], **pickaback** [ˈpɪkəbæk] ◇ n **to give sb a ~** llevar a alguien a cuestas
◇ adv **to ride** or **be carried ~** ir or ser llevado a caballo or Arg caballito

piggy-in-the-middle = **pig-in-the-middle**

pigheaded [ˈpɪɡˈhedɪd] adj tozudo(a), testarudo(a)

pigheadedly [ˈpɪɡˈhedɪdlɪ] adv tozudamente, testarudamente

pigheadedness [ˈpɪɡˈhedɪdnɪs] n tozudez f, testarudez f

pig-in-the-middle [ˈpɪɡɪnðəˈmɪdəl], **piggy-in-the-middle** [ˈpɪɡɪnðəˈmɪdəl] n (game) = juego m en el que dos niños se arrojan una pelota y el tercero, que está entre ambos, intenta atraparla, Arg ≃ loco m; IDIOM **to feel like ~** sentirse como el tercero en discordia

piglet [ˈpɪɡlɪt] n cochinillo m, cerdito m

pigmeat [ˈpɪɡmiːt] n carne m de cerdo

pigment [ˈpɪɡmənt] ◇ n pigmento m
◇ vt pigmentar

pigmentation [pɪɡmənˈteɪʃən] n pigmentación f

pigmy [ˈpɪɡmɪ] n pigmeo(a) m,f

pigpen [ˈpɪɡpen] n US also Fig pocilga f

pigskin [ˈpɪɡskɪn] ◇ n **-1.** (material) piel m de cerdo or puerco or Am chancho **-2.** US Fam (football) balón m (de fútbol americano)
◇ adj de piel de cerdo or puerco or Am chancho

pigsty [ˈpɪɡstaɪ] n also Fig pocilga f; **this place is a ~!** ¡esto es una pocilga!

pigswill [ˈpɪɡswɪl] n Br bazofia f

pigtail [ˈpɪɡteɪl] n (plaited) trenza f; (loose) coleta f

pig-ugly [ˈpɪɡˈʌɡlɪ] adj Br Fam espantoso(a), horrible

pike[1] [paɪk] n (weapon) pica f

pike[2] n (fish) lucio m

pike[3] n (in diving) carpa f

pike[4] n US (road) autopista f de peaje; IDIOM **to come down the ~** acercarse

pikestaff [ˈpaɪkstɑːf] n IDIOM Fam **it's as plain as a ~** está más claro que el agua

pilaf(f) = **pilau**

pilaster [pɪˈlæstə(r)] n ARCHIT pilastra f

Pilate [ˈpaɪlət] pr n **(Pontius) ~** (Poncio) Pilatos

pilau [pɪˈlaʊ], **pilaf(f)** [ˈpɪlæf] n = plato de arroz especiado ❑ **~ rice** = arroz de colores especiado servido como acompañamiento

pilchard [ˈpɪltʃəd] n sardina f

pile [paɪl] ◇ n **-1.** (heap) pila f, montón m; **to put in(to) a ~, to make a ~ of** apilar; **she left her clothes/records in a ~ on the floor** dejó su ropa/sus discos amontonada/amontonados en el suelo; Fam Fig **to be at the top/bottom of the ~** estar en lo más alto/bajo de la escala
-2. Fam (lots) **to have piles of** or **a ~ of work to do** tener un montón de trabajo que hacer; **to have piles of money** tener un montón de dinero or RP guita
-3. Fam (fortune) **she made her ~ in property** se forró or Méx se llenó de lana or RP se llenó de guita con el negocio inmobiliario
-4. (of carpet) pelo m
-5. PHYS **(atomic) ~** pila f atómica
-6. ELEC pila f
-7. Formal or Hum (building) mansión f
-8. (column, pillar) pilar m
◇ vt apilar; **he piled more coal on the fire** hechó más carbón al fuego; **they piled food onto my plate** me llenaron el plato de comida; **the table was piled high with papers** la mesa estaba cubierta de torres de papeles; **she wears her hair piled high on her head** lleva el pelo recogido en un moño alto

◆ **pile in** vi Fam **-1.** (enter) meterse atropelladamente; **~ in!** (into car) ¡arriba! **-2.** (join fight) **once the first punch was thrown we all piled in** cuando voló el primer puñetazo, todos nos metimos

◆ **pile into** vt insep Fam **-1.** (get into) meterse atropelladamente en **-2.** (crash) estrellarse contra; **the two cars piled into each other** los dos coches se estrellaron uno contra el otro **-3.** (attack) arremeter contra

◆ **pile off** vi Fam salir atropelladamente

◆ **pile on** ◇ vi (onto bus, train) subir atropelladamente
◇ vt sep incrementar, aumentar; **to ~ on the pressure** aumentar la presión al máximo; IDIOM Fam **to ~ it on thick** (exaggerate) cargar las tintas

◆ **pile out** vi Fam salir atropelladamente

◆ **pile up** ◇ vt sep **-1.** (objects) apilar, amontonar **-2.** (debts) acumular, amontonar
◇ vi **-1.** (dirty clothes, work) amontonarse, apilarse **-2.** (debts, evidence) acumularse, amontonarse **-3.** (crash) chocar en cadena

pile-driver [ˈpaɪldraɪvə(r)] n (machine) martinete m

piles [paɪlz] npl (haemorrhoids) almorranas fpl

pile-up [ˈpaɪlʌp] n (of cars) colisión f múltiple

pilfer [ˈpɪlfə(r)] ◇ vt hurtar, Esp sisar
◇ vi hurtar, Esp sisar

pilferage [ˈpɪlfərɪdʒ] n hurto m; **the percentage lost through ~** el porcentaje perdido por robo

pilgrim [ˈpɪlɡrɪm] n peregrino(a) m,f; **the Pilgrim Fathers** = el primer grupo de puritanos ingleses que llegó a América

---

PILGRIM FATHERS

Puritanos inconformistas con la Iglesia anglicana de la época, los **Pilgrim Fathers** abandonaron Inglaterra en busca de un lugar donde poder practicar su religión en libertad. Llegaron a América a bordo del Mayflower y, en 1620, fundaron la primera colonia permanente en el Nuevo Mundo, en Plymouth.

---

pilgrimage [ˈpɪlɡrɪmɪdʒ] n peregrinación f, peregrinaje m; **to go on** or **make a ~** hacer una peregrinación

pill [pɪl] n **-1.** (medicine) pastilla f, píldora f; IDIOM **to sugar** or **sweeten the ~ (for sb)** dorar la píldora (a alguien) **-2.** (contraceptive) **the ~** la píldora; **to be on the ~** tomar la píldora; **to go on the ~** empezar a tomar la píldora

pillage ['pɪlɪdʒ] ◇ n pillaje m, saqueo m
◇ vt saquear
◇ vi saquear

pillar ['pɪlə(r)] n -1. (of building) pilar m; IDIOM from ~ to post de la Ceca a la Meca; IDIOM to be a ~ of strength ser como una roca ❑ Br ~ box buzón m (de correos) -2. (of rock, fire, smoke, water) columna f; a ~ of salt (in bible) una estatua de sal ❑ the Pillars of Hercules las Columnas de Hércules
-3. (respected member) a ~ of society/the Church uno de los pilares de la sociedad/la Iglesia

pillar-box red ['pɪləbɒks'red] n Br rojo m vivo

pillbox ['pɪlbɒks] n -1. (for pills) cajita f para pastillas -2. MIL fortín m -3. (hat) **(hat)** sombrero m sin alas

pillion ['pɪljən] ◇ n **(seat)** asiento m trasero; ~ **passenger** or **rider** pasajero de atrás
◇ adv **to ride** ~ ir de paquete

pillock ['pɪlək] n Br very Fam Esp gilipollas mf inv, Am pendejo(a) m,f

pillory ['pɪlərɪ] ◇ n picota f
◇ vt (ridicule) poner en la picota

pillow ['pɪləʊ] ◇ n almohada f ❑ ~ **fight** guerra f de almohadas; ~ **talk** secretos mpl or conversaciones fpl de alcoba
◇ vt (rest) apoyar, recostar

pillowcase ['pɪləʊkeɪs], **pillowslip** ['pɪləʊslɪp] n funda f de almohada

pill-popper ['pɪlpɒpə(r)] n Fam = consumidor habitual de pastillas sedantes o estimulantes, Esp pastillero(a) m,f

pilot ['paɪlət] ◇ n -1. (of plane, ship) piloto mf ❑ Br ~ **officer** alférez m -2. (experimental) TV ~ **(programme)** programa m piloto; ~ **scheme/study** proyecto/estudio piloto -3. (fish) ~ **fish** pez m piloto; ~ **whale** ballena f piloto -4. (in oven, heater) ~ **(light)** piloto m
◇ vt -1. (plane, ship) pilotar -2. (guide) dirigir, conducir; **she piloted the bill through parliament** logró que la ley fuera aprobada en el parlamento -3. (test) poner a prueba

pilotless ['paɪlətlɪs] adj (automatic) sin piloto

Pils(e)ner ['pɪlznə(r)] n Pils(e)ner f

pimento [pɪ'mentəʊ] n -1. (allspice) pimienta f inglesa -2. (sweet pepper) pimiento m morrón, Méx chile m, RP ají m, Col, Ven pimentón m

pi-meson [paɪ'miːzɒn] n PHYS mesón m pi

pimiento [pɪ'mjentəʊ] n (sweet pepper) pimiento m morrón, Méx chile m, RP ají m, Col, Ven pimentón m

pimp [pɪmp] ◇ n proxeneta m, Esp chulo m, RP cafiolo m
◇ vi **to** ~ **for sb** ser el proxeneta de alguien

pimpernel ['pɪmpənel] n pimpinela f

pimple ['pɪmpəl] n grano m

pimply ['pɪmplɪ] adj lleno(a) de granos

PIN [pɪn] n (abbr **personal identification number**) ~ **(number)** PIN m

pin [pɪn] ◇ n -1. (with point) (for sewing) alfiler m; (hairpin) horquilla f; Fam **pins and needles** hormigueo m; **(safety)** ~ (for fastening clothes) imperdible m, Am alfiler m de gancho, CAm, Méx seguro m; IDIOM **you could have heard a** ~ **drop** se oía el vuelo de una mosca ❑ ~ **money** dinero m extra -2. (bolt) clavija f; **(firing)** ~ percutor m -3. (peg) pata f -4. (brooch, badge) pin m -5. MED (for broken bone) clavo m -6. Br ELEC (of wall plug) clavija f; COMPTR (on cable) pin m; **two/three** ~ **plug** enchufe de dos/tres clavijas -7. (of grenade) seguro m -8. Fam **pins** (legs) patas fpl -9. (in golf) **the** ~ el banderín; **the** ~ **position** la posición del banderín -10. (in bowling, skittles) bolo m
◇ vt (pt & pp **pinned**) -1. (fasten) (with pin) clavar; **there was a sign pinned to the door** había un aviso clavado en la puerta; **she had a brooch pinned to her jacket** tenía un broche prendido en la chaqueta; **to** ~ **the blame on sb** cargar la culpa a alguien; **they can't** ~ **anything on me** no me pueden acusar de nada; **he pinned his hopes on them** puso or cifró sus esperanzas en ellos -2. (hold still) sujetar, atrapar; **she was pinned under a boulder** estaba atrapada bajo una roca; **they pinned his arms behind his back** le sujetaron los brazos en la espalda; **to** ~ **sb against** or **to a wall** atrapar a alguien contra una pared; **to** ~ **sb to the ground** sujetar a alguien contra el suelo -3. (in chess) clavar

◆ **pin back** vt sep -1. (in operation) **to have one's ears pinned back** operarse de las orejas -2. Br Fam **to** ~ **one's ears back** (listen carefully) prestar atención

◆ **pin down** vt sep -1. (with pin or pins) sujetar con alfileres
-2. (immobilize, trap) atrapar, sujetar; **his legs were pinned down by the fallen tree** sus piernas quedaron atrapadas por el árbol caído
-3. (identify) identificar
-4. (force to be definite) obligar a definirse; **we tried to** ~ **him down to a date** intentamos que se comprometiera a dar una fecha; **she doesn't want to be pinned down about future policy** no quiere verse obligada a hablar de futuras políticas

◆ **pin together** vt sep unir con alfileres

◆ **pin up** vt sep -1. (notice) clavar, colocar -2. (hair) recoger; (hem) prender con alfileres

piña colada [ˌpiːnəkə'lɑːdə] n piña f colada

pinafore ['pɪnəfɔː(r)] n -1. (apron) delantal m -2. ~ **(dress)** Esp pichi m, CSur, Méx jumper m

pinaster [paɪ'næstə(r)] n pino m marítimo

pinball ['pɪnbɔːl] n **to play** ~ jugar a la máquina or al flíper ❑ ~ **machine** máquina f de bolas, flíper m

pince-nez ['pæns'neɪ] npl quevedos mpl

pincer ['pɪnsə(r)] n -1. (of crab, insect) pinza f -2. MIL ~ **movement** movimiento m de tenaza

pincers ['pɪnsəz] npl (tool) tenazas fpl

pinch [pɪntʃ] ◇ n -1. (action) pellizco m; **to give sb a** ~ dar un pellizco a alguien -2. (small amount) pizca f, pellizco m -3. IDIOMS **to feel the** ~ pasar estrecheces; Br **at** or US **in a** ~ si fuera necesario; **to take sth with a** ~ **of salt** no tomarse algo muy en serio, no dar demasiado crédito a algo
◇ vt -1. (nip) pellizcar; **he pinched her cheek** le pellizcó la mejilla; **I had to** ~ **myself to make sure I wasn't dreaming** tuve que pellizcarme para estar seguro de que no estaba soñando; **these shoes** ~ **my feet** estos zapatos me aprietan -2. esp Br Fam (steal) afanar, Esp levantar -3. Fam (arrest) arrestar, llevar
◇ vi -1. (shoes) apretar -2. (economize) **to** ~ **and scrape** apretarse el cinturón

pinched [pɪntʃt] adj -1. (features) demacrado(a) -2. (lacking) **to be** ~ **for time/money/space** tener muy poco tiempo/dinero/espacio

pinch-hit ['pɪntʃ'hɪt] vi US -1. (in baseball) = sustituir a un bateador en un momento decisivo del partido -2. Fig (substitute) **to** ~ **for sb** sustituir a alguien (en una emergencia)

pinch-hitter ['pɪntʃ'hɪtə(r)] n US bateador(ora) m,f de emergencia

pincushion ['pɪnkʊʃən] n acerico m, alfiletero m

pine¹ [paɪn] n (tree, wood) pino m; **a** ~ **table** una mesa de pino ❑ ~ **cone** piña f; ~ **forest** pinar m; ~ **kernel** piñón m; ~ **marten** marta f; ~ **needle** aguja f de pino; ~ **nut** piñón m; ~ **tree** pino m; **the Pine Tree State** = apelativo familiar referido al estado de Maine

pine² vi **to** ~ **for sth/sb** echar de menos or añorar algo/a alguien, Am extrañar algo/a alguien

◆ **pine away** vi consumirse de pena

pineal gland ['pɪnɪəl'glænd] adj ANAT glándula f pineal

pineapple ['paɪnæpəl] n piña f, RP ananá m ❑ ~ **chunks** rodajas fpl de piña

pinewood ['paɪnwʊd] n -1. (group of trees) pinar m, bosque m de pinos -2. (wood) madera f de pino

ping [pɪŋ] ◇ n sonido m metálico
◇ vi -1. (make pinging sound) sonar -2. US (car engine) golpetear

pinger ['pɪŋə(r)] n (timer) reloj m alarma (utilizado en la cocina)

ping-pong ['pɪŋpɒŋ] n pimpón m, ping-pong m; ~ **ball/table** pelota/mesa de pimpón or ping pong

pinhead ['pɪnhed] n -1. (of pin) cabeza f de alfiler -2. Fam (stupid person) estúpido(a) m,f, majadero(a) m,f

pinhole ['pɪnhəʊl] n agujero m muy pequeño ❑ ~ **camera** cámara f de apertura diminuta sin lente

pinion ['pɪnjən] ◇ n -1. (cogwheel) piñón m -2. Literary (wing) ala f
◇ vt -1. (restrain) inmovilizar, sujetar; **to** ~ **sb to the ground** inmovilizar a alguien en el suelo -2. (bird) cortarle las alas a

pink [pɪŋk] ◇ n -1. (color) rosa m; IDIOM Fam **to be in the** ~ **(of health)** (be well) estar como una rosa -2. (flower) clavel m
◇ adj -1. (in colour) rosa; **to turn** ~ (material, flower) volverse rosado(a); (person) (with pleasure, anger, embarrassment) sonrojarse; IDIOM Fam Hum **he was seeing** ~ **elephants** estaba tan borracho que veía alucinaciones ❑ ~ **champagne** champagne m rosado; US ~ **dollar** = el poder adquisitivo de los homosexuales; ~ **gin** pink gin m, ginebra f con angostura; Br **the** ~ **pound** = el poder adquisitivo de los homosexuales; US Fam ~ **slip: to get a** ~ **slip** ser despedido(a)
-2. Fam (left-wing) rojeras, Arg medio(a) zurdo(a)
◇ vt (to cut) cortar con tijera dentada
◇ vi Br (car engine) golpear, golpetear

pinkeye ['pɪŋkaɪ] n US conjuntivitis f inv

pinkie, pinky ['pɪŋkɪ] n US & Scot (dedo m) meñique m

pinking shears ['pɪŋkɪŋ'ʃɪəz] npl tijeras fpl dentadas

pinkish ['pɪŋkɪʃ] adj -1. (in colour) tirando a rosa -2. Fam (left-wing) rojeras

pinko ['pɪŋkəʊ] Fam Pej ◇ n socialista mf de pacotilla or Esp descafeinado(a)
◇ adj socialista de pacotilla or Esp descafeinado(a)

pinky = pinkie

pinnace ['pɪnɪs] n NAUT pequeño bote m a motor

pinnacle ['pɪnəkəl] n -1. (of mountain) cima f, cumbre f -2. (of fame, career) cima f, cumbre f -3. ARCHIT pináculo m

pinnate ['pɪneɪt] adj BOT pinada f

pinny ['pɪnɪ] n Br Fam delantal m

pinochle ['piːnʌkl] n pinacle m

pinole [pɪ'næʊleɪ] n harina f de maíz tostado

pinpoint ['pɪnpɔɪnt] ◇ vt -1. (identify) señalar, precisar -2. (locate) localizar
◇ n **a** ~ **of light** un minúsculo punto de luz
◇ adj **with** ~ **accuracy** con precisión milimétrica

pinprick ['pɪnprɪk] n -1. (puncture) pinchazo m; **a** ~ **of light** un agujerito de luz -2. (irritation) molestia f, incomodidad f

pinstripe ['pɪnstraɪp] ◇ n -1. (stripe) raya f fina -2. (material) tela f milrayas
◇ adj de milrayas ❑ ~ **suit** (traje m) milrayas m inv

pinstriped ['pɪnstraɪpt] adj de milrayas

pint [paɪnt] n -1. (measurement) pinta f (UK = 0,57 litros; US = 0,47 litros) -2. Br **a** ~ **(of beer)** una pinta (de cerveza); **I'm going for a** ~ voy a tomarme una cerveza

pinta ['paɪntə] n Br Fam pinta f de leche

pintail ['pɪnteɪl] n ánade m rabudo

pintle ['pɪntəl] n TECH -1. (bolt, pin) perno m, pata f -2. (in oil engine) aguja f

pinto ['pɪntəʊ] ◇ n caballo m pinto
◇ adj pinto(a) ❑ ~ **bean** alubia f or Esp judía f pinta, Am frijol m or CSur poroto m pinto

pint-size(d) ['paɪntsaɪz(d)] *adj Fam* diminuto(a), pequeñajo(a)

pin-up ['pɪnʌp] *n Fam* **-1.** *(poster)* = póster de actriz, actor, cantante o modelo atractivo(a) **-2.** *(person)* = actriz, actor, cantante o modelo considerado(a) atractivo(a)

pinwheel ['pɪnwiːl] *n* **-1.** *US (toy windmill)* molinillo *m* **-2.** *(firework)* girándula *f*

Pinyin ['pɪnˈjɪn] *n* LING pinyin *m*

pion ['paɪɒn] *n* PHYS pión *m*

pioneer [paɪəˈnɪə(r)] ◇ *n* **-1.** *(explorer, settler)* pionero(a) *m,f* **-2.** *(of technique, activity)* pionero(a) *m,f* **-3.** MIL zapador(ora) *m,f*
◇ *vt* to ~ **research in nuclear physics** liderar la investigación en física nuclear; **the town is pioneering a job-creation scheme** la ciudad es la pionera en la aplicación de un plan de creación de empleo; **the technique was pioneered in this hospital** esta técnica fue implementada por primera vez en este hospital

pioneering [paɪəˈnɪərɪŋ] *adj* pionero(a); **in ~ days** en el tiempo de los colonizadores

pious ['paɪəs] *adj* **-1.** *(religious)* pío(a), piadoso(a) **-2.** *Pej (sanctimonious)* mojigato(a) **-3.** *(unrealistic)* **a ~ hope** una vana ilusión

piously ['paɪəslɪ] *adv* **-1.** *(religiously)* piadosamente **-2.** *Pej (sanctimoniously)* hipócritamente, con tono moralista **-3.** *(unrealistic)* vanamente

piousness ['paɪəsnɪs] *n (religiousness)* religiosidad *f*

pip [pɪp] ◇ *n* **-1.** *(of fruit)* pepita *f* **-2.** *(on playing card, dice, domino)* punto *m* **-3.** *Br (on uniform)* estrella *f* **-4.** *Br (sound)* **the pips** *(on radio)* las señales horarias; *(on public telephone)* la señal *or* los tonos de fin de llamada *or Am* llamado **-5.** IDIOM *Br Fam Old-fashioned* **it gives me the ~!** ¡me saca de quicio!
◇ *vt (pt & pp* **pipped)** *Br Fam (beat)* superar; **he was pipped at the post** lo superaron en el último momento

pipe [paɪp] ◇ *n* **-1.** *(tube)* tubería *f*; **the pipes have frozen** las cañerías se han congelado ❑ **~ bomb** granada *f* casera
-2. *(musical instrument)* flauta *f*; *(on organ)* cañón *m*, tubo *m*; **the pipes** *(bagpipes)* la gaita ❑ **~ band** grupo *m* de gaiteros
-3. *(boatswain's whistle)* pito *m*
-4. *(for smoking)* pipa *f*; **to smoke a ~** *(as habit)* fumar en pipa; *(on one occasion)* fumarse una pipa; IDIOM *Fam* **put that in your ~ and smoke it!** *Esp* ¡toma del frasco, Carrasco!, *Am* ¡tómate esa! ❑ **~ cleaner** limpiapipas *m inv*; **~ dream** sueño *m* imposible; **~ of peace** pipa *f* de la paz; **~ rack** = mueble para poner las pipas; **~ tobacco** tabaco *m* de pipa
-5. *(symbol)* pleca *f* interrumpida **-6.** GEOL **(volcanic) ~** piedra *f* de pipa (volcánica)
◇ *vt* **-1.** *(water, oil)* conducir mediante tuberías; **to ~ coolant through a system** hacer circular refrigerante a través de un sistema; *Fam* **piped music** música ambiental, hilo musical, *RP* música funcional
-2. *(tune)* tocar; **to ~ sb in/out** *(on bagpipes)* acompañar la entrada/salida de alguien con el sonido de la gaita
-3. NAUT *(order)* **to ~ sb aboard** tocar el silbato cuando alguien sube a bordo
-4. *(say)* decir con voz aflautada
-5. *(clothing)* ribetear
-6. *(icing, potato)* poner con manga de repostería
◇ *vi (on simple pipe)* tocar la flauta; *(on bagpipes)* tocar la gaita

➤ **pipe down** *vi Fam* cerrar el pico, callarse; **~ down!** ¡cierra el pico!

➤ **pipe up** *vi* **"I want to go too!" he piped up** "yo también quiero ir", saltó

pipeclay ['paɪpkleɪ] *n* greda *f*

pipefish ['paɪpfɪʃ] *n* aguja *f* de mar

pipeline ['paɪplaɪn] *n* **-1.** *(for water, gas)* tubería *f*, conducto *m*; **oil ~** oleoducto **-2.** IDIOM **there are several projects in the ~** hay en preparación varios proyectos; **changes are in the ~ for next year** se están preparando cambios para el año próximo

piper ['paɪpə(r)] *n (bagpipe player)* gaitero(a) *m,f*; PROV **he who pays the ~ calls the tune** el que paga, manda

pipette, *US* **pipet** [pɪˈpet] *n* pipeta *f*

piping ['paɪpɪŋ] ◇ *n* **-1.** *(pipes)* tuberías *fpl*, tubos *mpl*; **a piece of copper ~** una cañería de cobre **-2.** *(sound of bagpipes)* (sonido *m* de) gaitas *fpl* **-3.** *(on uniform)* ribetes *mpl* **-4.** *(on cake)* decoración *f* hecha con manga pastelera ❑ **~ bag** manga *f* (pastelera)
◇ *adj (sound)* agudo(a); **a ~ voice** una voz de pito
◇ *adv* **~ hot** caliente, calentito(a)

pipistrelle [pɪpɪˈstrel] *n* murciélago *m* enano

pipit ['pɪpɪt] *n* bisbita *f*; **red-throated ~** bisbita *m* gorgirrojo

pippin ['pɪpɪn] *n* = manzana parecida a la reineta

pipsqueak ['pɪpskwiːk] *n Fam* pelagatos *mf inv*

piquancy ['piːkənsɪ] *n* **-1.** *(of taste)* sabor *m* picante, fuerza *f* **-2.** *(intriguing nature)* **the ~ of the situation** la gracia *or* lo sabroso de la situación

piquant ['piːkənt] *adj* **-1.** *(tasty, spicy)* picante, fuerte **-2.** *(intriguing)* sabroso(a)

pique [piːk] ◇ *n* rabia *f*; **in a fit of ~** en una rabieta
◇ *vt* **-1.** *(irritate)* molestar **-2.** *(arouse, intrigue)* despertar; **their curiosity was piqued by his remarks** sus comentarios les despertaron la curiosidad

piqued [piːkt] *adj (resentful)* resentido(a)

piquet [pɪˈket] *n* piquet *m*

piracy ['paɪrəsɪ] *n* **-1.** *(of vessel)* piratería *f* **-2.** *(of copyright material)* piratería *f*

Piraeus [paɪˈriːəs] *n* el Pireo

piranha [pɪˈrɑːnə] *n* piraña *f*

pirate ['paɪrət] ◇ *n* **-1.** *(of vessel)* pirata *mf* **-2.** *(of copyright material)* pirata *mf* ❑ **~ edition** edición *f* pirata; **~ radio** radio *f* pirata
◇ *vt* piratear

pirated ['paɪrətɪd] *adj* pirateado(a)

piratical [paɪˈrætɪkəl] *adj Fig* **to be ~** *(person)* comportarse como un pirata

piri-piri [ˈpɪriːˈpɪriː] *n* CULIN = salsa hecha con pimientos morrones *or RP* ajíes colorados

pirouette [pɪrʊˈet] ◇ *n* pirueta *f*
◇ *vi* hacer piruetas

Pisa ['piːzə] *n* Pisa

Piscean ['paɪsɪən] ◇ *n* **to be a ~** ser Piscis
◇ *adj* de Piscis

Pisces ['paɪsiːz] *n (sign of zodiac)* Piscis *m inv*; **to be (a) ~** ser Piscis

pisciculture ['pɪsɪkʌltʃə(r)] *n* piscicultura *f*

piss [pɪs] *very Fam* ◇ *n* **-1.** *(urine)* meada *f*; **to have** *or* **take a ~** mear, echar una meada; IDIOM *US* **to be full of ~ and vinegar** estar lleno(a) de energía
-2. *Br* **to take the ~ out of sth/sb** *(mock)* burlarse *or Esp* cachondearse de algo/alguien; **are you taking the ~?** ¿me estás tomando el pelo?, *Esp* ¿te estás quedando conmigo?
-3. *Br* **to go on the ~** *(go drinking)* salir de copas
-4. *(worthless thing)* **the movie/book was ~** la película/el libro era una mierda; **this beer is ~** esta cerveza es una mierda
◇ *vt* **to ~ oneself** *or Br* **one's pants** mearse encima, mearse en los pantalones; *Fig* **to ~ oneself laughing** mearse de risa
◇ *vi* **-1.** *(urinate)* mear **-2.** IDIOMS **we're pissing into the wind** esto es una pérdida de tiempo que te cagas *or Méx* de la madre *or RP* de cagarse; **it's pissing with rain** está lloviendo que te cagas *or Méx* duro, *RP* caen soretes de punta; **to ~ all over sb** *(defeat)* dar una paliza a alguien, *RP* romperle el culo a alguien; **to ~ on sth from a great height** pasarse algo por la entrepierna
◇ *adv* **it was ~ poor** era una mierda; *Br* **~ easy** chupado(a), *Esp* mamado(a)

➤ **piss about, piss around** ◇ *vi very Fam* **-1.** *(behave foolishly)* hacer el *Esp* gilipollas *or Am* pendejo; **don't ~ about** *or* **around with my stuff** no hagas el gilipollas *or RP* boludeces con mis cosas **-2.** *(waste time)* tocarse los huevos
◇ *vt sep* tomar el pelo a

➤ **piss away** *vt sep very Fam* **to ~ sth away** *(winnings, inheritance)* liquidarse algo

➤ **piss down** *vi very Fam* **it's pissing down (with rain)** está lloviendo *Esp* que te cagas *or Méx* duro, *RP* caen soretes de punta

➤ **piss off** *very Fam* ◇ *vt sep (annoy)* joder, cabrear, *Méx* fregar; **to be pissed off (with)** estar cabreado(a) (con), *Méx* estar enchilado(a) (con)
◇ *vi (go away)* largarse; **~ off!** ¡vete a la mierda *or* al carajo *or Méx* a la chingada!

piss-artist ['pɪsɑːtɪst] *n Br very Fam* **-1.** *(drunk)* borrachuzo(a) *m,f*, *Am* borrachón(ona) *m,f* **-2.** *(useless person)* puto(a) inútil *m,f*

pissed [pɪst] *adj very Fam* **-1.** *Br (drunk)* pedo, *Esp* ciego(a), *Col* caído(a), *Méx* ahogado(a), *RP* en pedo; **to be ~** estar pedo; **to get ~** agarrarse un pedo *or Col* una perra, *Méx* traer un cuete; IDIOM **to be as ~ as a fart** *or* **newt, to be ~ out of one's head** *or* **mind** *Esp* llevar una mierda como un piano, *Méx* traer un cuete de nevero, *RP* tener una curda de caerse
-2. *US (angry)* cabreado(a); **to be ~ (with sth/sb)** estar cabreado(a) (con algo/alguien)

pisser ['pɪsə(r)] *n very Fam* **-1.** *(annoying situation)* **what a ~!** ¡qué putada!, *Col*, *RP* ¡qué cagada!, *Méx* ¡es una chingadera!
-2. *US (good thing)* **to be a ~** ser genial *or Esp* cojonudo(a) *or Méx* chingón(ona)
-3. *US (annoying person) Esp* borde *mf*, *Méx* sangrón(ona) *m,f*, *RP* pesado(a) *m,f*
-4. *(toilet)* meadero *m*, *Esp* meódromo *m*
-5. *US (penis)* verga *f*, *Esp* picha *f*, *Chile* pico *m*, *Méx* pájaro *m*, *RP* pija *f*; IDIOM **to pull sb's ~** tomar el pelo a alguien, *Arg* tomar a alguien para la chacota

pisshead ['pɪshed] *n very Fam* **-1.** *Br (drunkard)* borrachuzo(a) *m,f*, *Am* borrachón(ona) *m,f* **-2.** *US (unpleasant person) Esp* capullo(a) *m,f*, *Am* pendejo(a) *m,f*

piss-take ['pɪsteɪk] *n Br very Fam* vacilada *f*, *RP* joda *f*; **this is a ~, isn't it?** me estás vacilando *or RP* jodiendo, ¿no?; **the movie is a ~ of...** la película se burla *or Esp* se cachondea *or RP* se caga de risa de...

piss-up ['pɪsʌp] *n Br very Fam* **to have a ~** *Esp* ponerse ciegos a privar, *Col* agarrarse una perra, *Méx* ponerse una buena peda, *RP* ponerse requete en pedo; IDIOM *Hum* **he couldn't organize a ~ in a brewery** es un inútil de tomo y lomo, *Col* es nulo(a), *Méx* es un desmadre, *RP* es más inútil que la mierda

pistachio [pɪˈstæʃɪəʊ] *(pl* **pistachios)** *n* **-1.** *(nut)* pistacho *m* **-2.** *(tree)* alfóncigo *m*, pistachero *m* **-3.** *(colour)* verde *m* pistacho

piste [piːst] *n (ski slope)* pista *f*

pistil ['pɪstɪl] *n* BOT pistilo *m*

pistol ['pɪstəl] *n (gun)* pistola *f* ❑ **~ grip** *(on camera)* empuñadura *f*, asidero *m*; **~ shot** disparo *m* (de pistola), pistoletazo *m*

pistol-whip ['pɪstəlˈwɪp] *vt* golpear con una pistola a

piston ['pɪstən] *n* émbolo *m*, pistón *m* ❑ **~ ring** anillo *m* de émbolo *or* pistón; **~ rod** barra *f* *or* biela *f* del pistón

pit¹ [pɪt] ◇ *n* **-1.** *(hole in ground)* hoyo *m*; **to dig a ~** cavar un hoyo; **the news hit him in the ~ of his stomach** la noticia le dolió en lo más profundo
-2. *(coal mine)* mina *f*; **to go down the ~** *(work as miner)* trabajar en la mina ❑ **~ bull (terrier)** pitbull terrier *m*; **~ pony** = tipo de poni que antiguamente hacía de animal de carga en las minas británicas; **~ prop** soporte *m* de mina
-3. *US Fam* **it's/he's the pits!** ¡es de ponerse a llorar!, ¡es penoso!
-4. THEAT foso *m* (de la orquesta)
-5. **the pits** *(in motor racing)* los boxes ❑ **~ stop** *(in motor race)* parada *f* en boxes; *US (in journey)* parada *f*; **to make a ~ stop** entrar en boxes
-6. *(indentation) (on metal, glass)* marca *f*; *(on skin)* picadura *f* ❑ **~ viper** crótalo *m*
-7. *Fam (untidy place)* selva *f*

pit

-8. *Br Fam (bed)* sobre *m*, cama *f*
-9. *Literary (hell)* **the ~ (of hell)** el abismo
◇ *vt (mark)* marcar, picar

pit² ◇ *n (of cherry)* hueso *m*, pipo *m*, *RP* carozo *m*; *US (of peach, plum)* hueso *m*, *RP* carozo *m*
◇ *vt (cherry, olive)* deshuesar

pit³ (*pt & pp* **pitted**) *vt* **to ~ sb against sb** enfrentar a alguien con alguien; **to ~ oneself against sb** enfrentarse con alguien; **she pitted her wits against them** midió su ingenio con el de ellos

pita bread = pitta bread

pit-a-pat ['pɪtə'pæt], **pitter-patter** ['pɪtə'pætə(r)] ◇ *n (of rain)* tamborileo *m*, repiqueteo *m*; *(of feet, heart)* golpeteo *m*
◇ *adv* **to go ~** *(rain)* repiquetear; *(feet, heart)* golpetear

pitch¹ [pɪtʃ] *n (tar)* brea *f*

pitch² ◇ *n* -1. *esp Br (for sport)* campo *m*
-2. *Br (for market stall)* puesto *m*
-3. MUS *(of note)* tono *m*; **to rise/fall in ~** subir/bajar de tono ❏ **~ pipes** diapasón *m*
-4. *(level, degree)* punto *m*, nivel *m*; **a high ~ of excitement was reached** se llegó un punto de mucha excitación; **to reach such a ~ that...** llegar a tal punto que...
-5. *(talk)* **(sales)** ~ charla *f* para vender
-6. *(slope) (of roof, ceiling)* pendiente *f*
-7. *(movement) (of boat, aircraft)* cabezada *f*
-8. *(in baseball)* lanzamiento *m*
-9. *(in golf)* golpe *m* corto y bombeado ❏ **~ and putt** = campo de golf de pequeño tamaño a cuyos hoyos se puede llegar en un solo golpe
-10. *(in climbing)* inclinación *f*
◇ *vt* -1. *(throw)* lanzar; *Fig* **she found herself pitched into the political arena** se vio lanzada a la arena política
-2. *(in baseball)* lanzar, pichear; **he pitched a great game last night** anoche picheó muy bien
-3. *(in golf)* **to ~ the ball onto the green** poner la pelota en el green con un golpe corto
-4. MUS *(tune, one's voice)* dar; **I can't ~ my voice any higher** mi voz no da más alto
-5. *(aim)* **our new model is pitched to appeal to executives** nuestro nuevo modelo está diseñado para atraer a ejecutivos; **he pitched the talk at the right level** le imprimió a la charla *or CAm, Méx* plática el tono *or* nivel apropiado
-6. *(set up) (tent, camp)* montar
◇ *vi* -1. *(ship, plane)* cabecear, tambalearse
-2. *(fall over)* caerse; **the passengers pitched forwards/backwards** los pasajeros se cayeron hacia delante/atrás
-3. *(in baseball)* lanzar la pelota, pichear; IDIOM *US Fam* **she's still in there pitching** aún no se ha dado por vencida
-4. *(land) (ball)* caer
-5. *(in golf)* **to ~ out of the rough** sacar la pelota del rough con un golpe corto; **she pitched to within four feet of the hole** lanzó la pelota a poco más de un metro del hoyo
-6. *(slope) (roof)* inclinarse
-7. *(for contract)* pujar (**for** por)

◆ **pitch in** *vi* -1. *(start work)* ponerse a trabajar -2. *(lend a hand)* colaborar, echar una mano

◆ **pitch into** *vt insep* -1. *(attack)* arremeter contra -2. *(work, food)* abalanzarse sobre, atacar

pitch³ *n* COMPTR & TYP grado *m* de inclinación, pitch *m*

pitch-black ['pɪtʃ'blæk], **pitch-dark** ['pɪtʃ'dɑːk] *adj* como la boca del lobo, muy oscuro(a)

pitchblende ['pɪtʃblend] *n* pechblenda *f*, pecblenda *f*

pitch-dark = pitch-black

pitched [pɪtʃt] *adj* -1. *(sloping)* en pendiente -2. *(all-out)* **~ battle** batalla campal

pitcher¹ ['pɪtʃə(r)] *n (jug)* jarra *f*; *(large and made of clay)* cántaro *m*; PROV **little pitchers have big ears** los niños entienden más de lo que parece ❏ **~ plant** sarracenia *f*

pitcher² *n US (in baseball)* pícher *mf*, pítcher *mf*, lanzador(ora) *m,f* ❏ **~'s plate** plataforma *f* de lanzamiento

pitchfork ['pɪtʃfɔːk] ◇ *n* horca *f*
◇ *vt* -1. *(hay)* mover con la horca -2. *(person)* obligar, forzar; **she was pitchforked into the job** la obligaron *or* forzaron a hacerse cargo del puesto

pitching wedge ['pɪtʃɪŋwedʒ] *n (golf club)* wedge *m* para rough

pitchpine ['pɪtʃpaɪn] *n* pino *m* de tea

piteous ['pɪtɪəs] *adj Formal* penoso(a), patético(a)

piteously ['pɪtɪəslɪ] *adv Formal* lastimeramente

pitfall ['pɪtfɔːl] *n (danger)* peligro *m*, riesgo *m*; **he avoided the obvious pitfalls in the translation** evitó las trampas obvias de la traducción

pith [pɪθ] *n* -1. *(of citrus fruit)* piel *f* blanca -2. *(in plant stem)* médula *f* ❏ **~ helmet** *(for tropics)* salacot *m* -3. *(of argument, idea)* meollo *m* -4. *(force)* fuerza *f*, vigor *m*

pithead ['pɪthed] *n* bocamina *f* ❏ **~ ballot** = votación realizada a la entrada de la mina

pithily ['pɪθɪlɪ] *adv* concisamente, sucintamente

pithiness ['pɪθɪnɪs] *n* carácter *m* apropiado y conciso

pithy ['pɪθɪ] *adj* -1. *(style, story)* apropiado(a) y conciso(a) -2. *(plant stem)* meduloso(a)

pitiable ['pɪtɪəbəl] *adj* -1. *(arousing pity)* lastimero(a), miserable -2. *(deplorable)* lamentable, deplorable

pitiful ['pɪtɪfʊl] *adj* -1. *(arousing pity)* lastimoso(a); **it was a ~ sight** fue una escena lastimosa -2. *(deplorable)* lamentable, deplorable; **they're paid a ~ wage** reciben un sueldo *or* salario miserable

pitifully ['pɪtɪfʊlɪ] *adv* -1. *(arousing pity)* lastimosamente -2. *(deplorably)* deplorablemente, lamentablemente

pitiless ['pɪtɪlɪs] *adj* despiadado(a)

pitilessly ['pɪtɪlɪslɪ] *adv* despiadadamente

piton ['pɪtɒn] *n* pitón *m*

pit(t)a bread ['pɪtəbred] *n* pan *m* (de) pitta, = pan hindú sin levadura

pittance ['pɪtəns] *n* miseria *f*; **to work for a ~** trabajar por una miseria

pitted ['pɪtɪd] *adj* -1. *(skin, metal)* picado(a) -2. *(cherries, dates, olives)* sin hueso

pitter-patter = pit-a-pat

pituitary gland [pɪˈtjuːɪtərɪˈɡlænd] *n* ANAT hipófisis *f inv*, glándula *f* pituitaria

pity ['pɪtɪ] ◇ *n* -1. *(compassion)* piedad *f*, compasión *f*; **the sight moved him to ~** la escena hizo que se compadeciera; **to take *or* have ~ (on sb)** apiadarse *or* compadecerse (de alguien); **to feel ~ for sb** sentir compasión *or* pena por alguien; **to show no ~** no mostrar compasión; **out of ~** por compasión; **for ~'s sake!** ¡por el amor de Dios!
-2. *(misfortune)* **it's a ~ that...** es una lástima *or* una pena que...; **it seems a ~ not to finish the bottle** es una pena no terminar la botella; **what a ~!** ¡qué pena!, ¡qué lástima!; **more's the ~** por desgracia
◇ *vt* compadecer; **they are greatly to be pitied** son dignos de compasión *or* lástima; **I ~ you if she ever finds out!** si se llega a enterar, ¡te compadezco!

pitying ['pɪtɪɪŋ] *adj* -1. *(compassionate)* compasivo(a) -2. *(scathing)* mordaz, cáustico(a)

pityingly ['pɪtɪɪŋlɪ] *adv* compasivamente, con compasión

Pius ['paɪəs] *pr n* I/II Pío I/II

pivot ['pɪvət] ◇ *n* -1. *(of turning mechanism)* eje *m*, pivote *m* -2. *(key person)* eje *m*
◇ *vi* -1. *(turning mechanism)* pivotar (**on** sobre); **~ on your left foot** gira sobre tu pie izquierdo -2. *(plan, plot)* girar (**on** *or* **around** en torno a); **his life pivots around his family** su vida gira en torno a su familia
◇ *vt* hacer girar; **the platform is pivoted at the base to allow it to move** la plataforma gira en la base para permitir el movimiento

pivotal ['pɪvətəl] *adj* crucial

pixel ['pɪksəl] *n* COMPTR píxel *m*

pixelated ['pɪksəleɪtɪd] *adj* COMPTR *(image)* pixelado(a)

pixelize ['pɪksəlaɪz] *vt* TV *(to hide identity)* = preservar la identidad de una persona pixelando su rostro

pixie ['pɪksɪ] *n* duende *m* ❏ **~ boots** botas *fpl* de duende; **~ hat** sombrero *m* de duende

pixi(l)lated ['pɪksɪleɪtɪd] *adj US Fam (drunk) Esp*, *Méx* pedo *inv*, *Col* caído(a), *Méx* cuete, *RP* en pedo

pizazz = pizzazz

pizza ['piːtsə] *n* pizza *f* ❏ **~ base** base *f* de pizza; *Fam Pej* **~ face** cara de paella *mf*, granudo(a) *m,f*; **~ parlour** pizzería *f*

piz(z)azz, pzazz [pɪˈzæz] *n Fam* vitalidad *f*, energía *f*

pizzeria [piːtsəˈriːə] *n* pizzería *f*

pizzicato [pɪtsɪˈkɑːtəʊ] MUS ◇ *adj* pizzicato
◇ *adv* **this passage is played ~** este pasaje es un pizzicato

PJs ['piːdʒeɪz] *npl Fam* pijama *m*, *Am* piyama *m or f*

Pk *(abbr* **Park***)* parque *m*

pkg *(abbr* **package***)* paquete *m*

pkt *(abbr* **packet***)* paquete *m*

pkwy *US (abbr* **parkway***)* = carretera *o* avenida con árboles a los lados y en el medio

Pl *(abbr* **Place***)* C/

placard ['plækɑːd] ◇ *n (carried)* pancarta *f*; *(on wall)* cartel *m*, letrero *m*
◇ *vt* -1. *(wall, town)* cubrir con carteles, empapelar -2. *(advertise)* anunciar con carteles

placate [pləˈkeɪt] *vt* aplacar

placatory [pləˈkeɪtərɪ] *adj* apaciguador(a)

place [pleɪs] ◇ *n* -1. *(location)* lugar *m*, sitio *m*; **to move from one ~ to another** ir *or Am* andar de un lugar a otro; **a good ~ to meet people** un buen sitio para conocer (a) gente; **I'm looking for a ~ to live** estoy buscando casa; **can you recommend a ~ to eat?** ¿me puedes recomendar un restaurante?; **this is no ~ for you** este no es lugar para ti; **this isn't the ~ to discuss the matter** este no es el lugar más indicado para hablar del tema; **I can't be in two places at once!** ¡no puedo estar en dos sitios a la vez!; **she has worked all over the ~** ha trabajado en mil sitios; **the paint went all over the ~** la pintura se esparció *or* desparramó por todas partes; *Fig* **his explanation was all over the ~** su explicación fue muy confusa *or Esp* liosa *or CSur* entreverada; *Fam* **my hair is all over the ~** tengo *or* llevo el pelo hecho un desastre; *Fam* **at the interview he was all over the ~** no dio pie con bola *or Esp* una a derechas; **the path is muddy in places** el camino tiene algunos tramos embarrados; **the movie was funny in places** la película tenía trozos divertidos; IDIOM **there's a time and a ~ for everything** cada cosa a su tiempo; IDIOM **a ~ in the sun** una posición privilegiada; IDIOM *Fam* **to go places** *(be successful)* llegar lejos; PROV **there's no ~ like home** no hay nada como estar en casa ❏ **~ of birth** lugar *m* de nacimiento; **~ of death** lugar *m* de defunción; **~ of interest** lugar *m* de interés; **~ kick** *(in rugby)* puntapié *m* colocado; **~ name** topónimo *m*; **~ of residence** lugar *m* de residencia; **~ of work** lugar *m* de trabajo; **~ of worship** templo *m*
-2. *(in street names)* calle *f*
-3. *(position) (of person)* puesto *m*; *(of thing)* sitio *m*; *(at university, on course)* lugar *m*, *Esp* plaza *f*; **to find a ~ for sb** *(job)* encontrar colocación *or* trabajo a alguien; **to keep one's ~ (in the team)** mantener el puesto (en el equipo); **you have a special ~ in my heart** ocupas un lugar muy especial en mi corazón; **such people have no ~ in our party** en nuestro partido no hay sitio para gente así; **it is not my ~ to comment** no me

placebo / **plane**

corresponde a mí hacer comentarios; **make sure that everything is in ~** asegúrate de que todo está en su sitio; **to hold sth in ~** sujetar algo; **the arrangements are all in ~** los preparativos están finalizados; **in ~ of** *(instead of)* en lugar de; **I went in his ~** fui en su lugar; **I don't know what I'd do in her ~** no sé lo que haría yo en su lugar; **put yourself in my ~** ponte en mi lugar; *also Fig* **out of ~** *(person, remark)* fuera de lugar; **he had lost his ~** había perdido la página por la que iba; **to take ~** tener lugar; **to take the ~ of sth/sb** ocupar el lugar de algo/alguien; **nobody can take her ~** es irreemplazable; **she took her ~ at the head of the organization** ocupó su lugar al frente de la organización; [IDIOM] **to put sb in their ~** poner a alguien en su sitio
-**4.** *(home)* casa *f*, *(business premises)* oficina *f*; *(restaurant)* restaurante *m*; **a little ~ in the country** una casita en el campo; **your ~ or mine?** ¿en tu casa o en la mía?
-**5.** *(seat)* sitio *m*, asiento *m*; **to keep** *or* **save sb's ~ in a** *Br* **queue** *or US* **line** guardarle a alguien el lugar *or* sitio en una cola; **to set** *or* **lay an extra ~ at table** poner un cubierto *or* servicio más en la mesa; **he showed us to our places** nos llevó a nuestros asientos *or Am* lugares; **please take your places** tomen asiento, por favor; **to change places with sb** cambiarle el sitio a alguien, cambiar de lugar con alguien; *Fig* cambiarse por alguien, ponerse en el lugar de alguien ❏ **~ card** tarjeta *f* con el nombre *(en banquete, recepción)*; **~ mat** mantel *m* individual; **~ setting** cubierto *m*
-**6.** *(in competition)* puesto *m*, lugar *m*; **to get** *or* **take second/third ~** *(in race)* llegar en segundo/tercer lugar; **her job always takes second ~ to her family** su trabajo siempre ocupa un segundo plano con respecto a su familia; **in first/second ~** en primer/segundo lugar; **in the first/second ~...** *(giving list)* en primer/segundo lugar...; **I don't know why they gave him the job in the first ~** no sé cómo se les ocurrió darle el trabajo
-**7.** MATH **to three decimal places** con tres (cifras) decimales, *Am* hasta tres decimales
◇ *vt* -**1.** *(put)* colocar, poner; **to ~ an advertisement in a newspaper** poner un anuncio *or Am* aviso en un periódico; **to ~ a bet (on sth)** hacer una apuesta (por algo); **to ~ a contract with sb** conceder un contrato a alguien; **to ~ sb in a difficult position** poner a alguien en un compromiso; **to ~ emphasis on sth** poner énfasis en algo; **to ~ importance on sth** conceder importancia a algo; **to ~ an order (with sb)** hacer un pedido (a alguien); **we ~ your safety above** *or* **before all else** para nosotros su seguridad es lo primero; **to ~ sb under pressure** presionar a alguien
-**2.** *(position)* **the house is well placed** la casa está bien situada *or Am* localizada; **to be well placed to do sth** estar en una buena posición *or* bien situado para hacer algo
-**3.** *(find a job for)* colocar
-**4.** *(classify)* situar, colocar; **he was placed third** se clasificó en tercer lugar; **the Broncos are currently placed second** los Broncos van actualmente en segundo lugar; **to be placed** *(in horseracing)* llegar colocado(a), *RP* llegar placé
-**5.** *(identify)* **I know his face but I can't ~ him** conozco su cara, pero no sé de qué *or* de dónde
◇ *vi (in horseracing)* llegar colocado(a), *RP* llegar placé

placebo [pləˈsiːbəʊ] (*pl* **placebos**) *n also Fig* placebo *m* ❏ **~ effect** efecto *m* placebo

placeman [ˈpleɪsmæn] *n Pej* arribista *mf*

placement [ˈpleɪsmənt] *n* -**1.** *(putting)* colocación *f* -**2.** *(for trainee, student)* colocación *f* en prácticas ❏ *US* EDUC **~ test** examen *m* de nivel

placenta [pləˈsentə] (*pl* **placentas** *or* **placentae** [pləˈsentiː]) *n* placenta *f*

placid [ˈplæsɪd] *adj* plácido(a)

placidity [pləˈsɪdətɪ], **placidness** [ˈplæsɪdnɪs] *n* placidez *f*

placidly [ˈplæsɪdlɪ] *adv* plácidamente

placing [ˈpleɪsɪŋ] *n* -**1.** *(act of putting)* colocación *f* -**2.** *(situation, position)* ubicación *f*, posición *f*

plagiarism [ˈpleɪdʒərɪzəm] *n* plagio *m*

plagiarist [ˈpleɪdʒərɪst] *n* plagiario(a) *m,f*

plagiarize [ˈpleɪdʒəraɪz] ◇ *vt* plagiar; **to ~ sth from sb** plagiar algo de alguien
◇ *vi* cometer plagio

plague [pleɪg] ◇ *n* -**1.** *(disease)* peste *f* -**2.** *(of insects, frogs)* plaga *f*; *Fig* **there's been a ~ of burglaries here recently** últimamente, los robos en casas en esta zona se han convertido en una plaga -**3.** [IDIOMS] **to avoid sb like the ~** huir de alguien como de la peste; *Literary* **a ~ on both your houses!** ¡que la justicia no beneficie a nadie!
◇ *vt* -**1.** *(of person)* molestar, fastidiar; **to ~ sb with questions** asediar a alguien a *or* con preguntas
-**2.** *(annoy, afflict)* **this problem has been plaguing him for some time** este problema lleva fastidiándole un buen tiempo; **the project was plagued with technical difficulties** el proyecto estaba plagado de dificultades técnicas; **the region is plagued by floods** la región es asolada por las inundaciones

plaice [pleɪs] (*pl* **plaice**) *n (fish)* solla *f*, platija *f*

plaid [plæd, pleɪd] ◇ *n* -**1.** *(fabric)* tela *f* escocesa -**2.** *(worn over shoulder)* banda *f* escocesa de lana
◇ *adj* escocés(esa), con cuadros escoceses

Plaid Cymru [ˈplaɪdˈkʌmrɪ] *n* POL = partido nacionalista galés

plain [pleɪn] ◇ *n* -**1.** *(flat land)* llanura *f* ❏ HIST **the Plains Indians** los Indios de las Llanuras -**2.** *(in knitting)* punto *m* del derecho
◇ *adj* -**1.** *(clear, unambiguous)* claro(a); **a ~ answer** una respuesta directa *or* clara; **in ~ English** en lenguaje llano; **I'll be quite ~ with you** voy a ser claro con usted; **to make sth ~ to sb** dejar claro algo a alguien; **he made it ~ to us that he wasn't interested** nos dejó muy claro que no le interesaba; **to make oneself ~** explicarse, hablar claro; [IDIOM] *Fam* **it's as ~ as the nose on your face** *or* **as a pikestaff** está más claro que el agua ❏ **~ language** lenguaje *m* llano; **~ speaking** franqueza *f*; **the ~ truth** la verdad pura y simple
-**2.** *(not patterned, unmarked)* liso(a); **under ~ cover, in a ~ envelope** en un sobre liso; **~ paper** *(unheaded)* papel sin membrete; *(unruled)* papel liso
-**3.** *(simple, not fancy) (style, garment, food)* sencillo(a); **she was just ~ Sally Walker then** en ese entonces era Sally Walker, a secas; **in ~ clothes** *(policeman)* de paisano; [IDIOM] **it was ~ sailing** fue pan comido ❏ **~ man: a ~ man's guide to personal finance** una guía sobre las finanzas personales para la persona de la calle
-**4.** *(without added ingredients)* **~ chocolate** chocolate *m* amargo; **~ flour** harina *f* sin levadura; **~ omelette** tortilla *f* (a la) francesa
-**5.** *Fam (downright)* **that's just ~ foolishness** es pura tontería
-**6.** *(not beautiful)* falto(a) de atractivo ❏ *Fam* **a ~ Jane** un patito feo
-**7.** *(in knitting)* **one ~, one purl** uno del derecho, uno del revés
◇ *adv* -**1.** *(clearly)* claramente; **you couldn't have put it any plainer** no podías haberlo dejado más claro -**2.** *US Fam (utterly)* totalmente, completamente; **I just ~ forgot!** ¡me olvidé por completo!

plainchant [ˈpleɪntʃɑːnt] *n* MUS canto *m* llano

plain-clothed [ˈpleɪnkləʊðd], **plain-clothes** [ˈpleɪnkləʊðz] *adj (police)* de paisano

plainclothesman [pleɪnˈkləʊðzmən] *n US* policía *m* de paisano

plainly [ˈpleɪnlɪ] *adv* -**1.** *(in a clear manner)* claramente; **to speak ~** hablar con franqueza -**2.** *(distinctly) (to remember, hear)* claramente, con claridad -**3.** *(simply) (to live, dress)* con sencillez -**4.** *(obviously)* claramente; **~, that won't be possible now** está claro que eso ya no va a ser posible

plainness [ˈpleɪnnɪs] *n* -**1.** *(of style, expression, food)* sencillez *f* -**2.** *(of looks)* falta *f* de atractivo

plain-paper [ˈpleɪnˈpeɪpə(r)] *adj (fax, printer)* de papel común

plainsman [ˈpleɪnzmən] *n* habitante *m* de la llanura

plainsong [ˈpleɪnsɒŋ] *n* MUS canto *m* llano

plain-spoken [ˈpleɪnˈspəʊkən] *adj* franco(a), directo(a)

plaintiff [ˈpleɪntɪf] *n* LAW demandante *mf*

plaintive [ˈpleɪntɪv] *adj* lastimero(a)

plaintively [ˈpleɪntɪvlɪ] *adv* lastimosamente

plait [plæt] ◇ *n* -**1.** *(of hair, ribbon, straw)* trenza *f* -**2.** *Br (loaf)* pan *m* en forma de trenza
◇ *vt* trenzar

plaited [ˈplætɪd] *adj (hair)* trenzado(a); **~ loaf** pan *m* en forma de trenza

plan [plæn] ◇ *n* -**1.** *(proposal, intention)* plan *m*; **I've thought of a ~** tengo un plan; **a change of ~** un cambio de planes; **everything went according to ~** todo fue según lo previsto; **the best ~ would be to...** lo mejor sería...; **the ~ is to meet up at John's** la idea es encontrarnos en casa de John; **what are your plans for the summer?** ¿qué planes tienes para el verano?; **to have other plans** tener otras cosas que hacer; **to draw up** *or* **make a ~** hacer un plan; **to make plans** hacer planes; **we had made plans to stay at a hotel** habíamos hecho planes de quedarnos en el hotel; **to put a plan into effect** *or* **operation** poner un plan en marcha; [IDIOM] **we'll have to try** *or* **use ~ B** tendremos que intentar recurrir al plan B ❏ **~ of action** plan *m* de acción
-**2.** *(diagram, map) (of building, town)* plano *m*; **I'll draw you a ~ of the office** te haré un mapa *or* croquis de la oficina
-**3.** *(outline) (of essay, book)* esquema *m*
◇ *vt (pt & pp* **planned**) -**1.** *(arrange)* planear, planificar; **~ your time carefully** planifica bien tu tiempo; **they're planning a surprise for you** te están preparando una sorpresa; **the Pope's visit is planned for March** la visita del Papa está prevista para marzo; **it all went as planned** todo fue según lo previsto
-**2.** *(intend)* planear; **to ~ to do sth** planear hacer algo
-**3.** *(design) (building, town)* proyectar; *(economy)* planificar; *(essay, book, lesson)* preparar
◇ *vi* hacer planes; **to ~ ahead** hacer planes con anticipación

➤ **plan for** *vt insep* planear, planificar; **to ~ for the future** hacer planes para el futuro; **we didn't ~ for this many people** no previmos tanta gente; **you can't ~ for every eventuality** es imposible prever todas las eventualidades

➤ **plan on** *vt insep* -**1.** *(intend)* planear, pensar; **I'm not planning on doing anything tonight** no tengo nada planeado para esta noche -**2.** *(expect)* planear; **we hadn't planned on it raining** no habíamos contado con que lloviera; **don't ~ on it** no cuentes con ello; **I'm planning on it** cuento con ello

➤ **plan out** *vt sep* planificar

planar [ˈpleɪnə(r)] *adj* GEOM del plano

Planck's constant [ˈplæŋksˈkɒnstənt] *n* PHYS constante *f* de Planck

plane[1] [pleɪn] *n* -**1.** ARCHIT, ART & GEOM *(surface)* plano *m*; **vertical/horizontal ~** plano vertical/horizontal ❏ GEOM **~ angle** ángulo *m* plano *or* rectilíneo -**2.** *(level, degree)* nivel *m*; **she's on a different ~ (from the rest of us)** está a un nivel superior (al nuestro)

plane[2] ◇ *n (aircraft)* avión *m*; **by ~** en avión; **on the ~** en el avión; **it's just a short ~ ride** es un viaje muy corto en avión ❏ **~ crash** accidente *m* de aviación *or* aéreo; **~ ticket** *Esp* billete *m or Am* boleto *m or Am* pasaje *m* de avión

plane ⋄ *vt (transport by plane)* transportar en avión
⋄ *vi (glide)* planear

plane³ ⋄ *n (tool)* cepillo *m*
⋄ *vt* cepillar
◆ **plane down** *vt sep* aplanar *(con cepillo)*
◆ **plane off** *vt sep* alisar *(con cepillo)*

plane⁴ *n* ~ **(tree)** plátano *m*

planet ['plænɪt] *n* planeta *m*; *Fam* **he's on a different** ~ está tocado del ala

planetarium [plænɪ'teərɪəm] *(pl* **planetariums** *or* **planetaria** [plænɪ'teərɪə]*) n* planetario *m*

planetary ['plænɪtərɪ] *adj* **-1.** *(motion, orbit)* planetario(a) **-2.** TECH *(gear)* planetario(a)

plangent ['plændʒənt] *adj Literary* **-1.** *(ringing)* plañidero(a), quejumbroso(a) **-2.** *(sad)* triste, consternado(a)

plank [plæŋk] *n* **-1.** *(of wood)* tablón *m*; **to walk the** ~ = caminar por un tablón colocado sobre la borda hasta caer al mar **-2.** *(central element)* punto *m* central
◆ **plank down** *vt sep (put down heavily)* dejar caer pesadamente

planking ['plæŋkɪŋ] *n* entablado *m*, entarimado *m*

plankton ['plæŋktən] *n* plancton *m*

planned [plænd] *adj* **-1.** *(intended)* planeado(a); **news of the** ~ **sale was leaked to the press** la noticia de la venta que se planeaba se filtró a la prensa **-2.** ECON ~ **economy** economía *f* planificada; COM ~ **obsolescence** depreciación *f or* obsolescencia *f* prevista

planner ['plænə(r)] *n* **-1.** *(of project, scheme)* encargado(a) *m,f* de la planificación **-2.** *(town planner)* urbanista *mf* **-3.** *(in diary, on wall)* organizador *m* de actividades

planning ['plænɪŋ] *n* **-1.** *(of project, scheme)* planificación *f*; **it's still at the** ~ **stage** aún está en fase de estudio **-2.** *(town planning)* urbanismo *m* ❑ *Br* ~ **permission** licencia *f* de obras

plant [plɑːnt] ⋄ *n* **-1.** *(living thing)* planta *f* ❑ ~ **food** alimento *m* para plantas; ~ **life** flora *f*; ~ **pot** maceta *f*, tiesto *m*
-2. IND *(equipment)* maquinaria *f*; *(factory)* fábrica *f*, planta *f* ❑ ~ **hire** alquiler *m* de equipo; ~ **maintenance** mantenimiento *m* de la planta
-3. *Fam (person) (in audience)* compinche *m*; *(undercover agent)* topo *m*
-4. *Fam (false evidence)* **the drugs found in his house were a** ~ habían colocado las drogas en su casa para incriminarle
-5. *(in snooker, pool)* tiro *m* combinado, combinación *f*
⋄ *vt* **-1.** *(tree, flower)* plantar; *(crops, field)* sembrar **(with** con**)**; **to** ~ **an idea/a doubt in sb's mind** inculcar una idea/sembrar(le) una duda a alguien
-2. *(place) (bomb)* colocar; *Fam* **the police planted the evidence (on him)** la policía colocó (en él) las pruebas que lo incriminaban
-3. *Fam (place firmly)* **she planted herself in the doorway** se plantó en la entrada
-4. *Br (offload)* **don't try and** ~ **the blame on me!** ¡no intentes cargarme con la culpa!, ¡no intentes echarme la culpa a mí!; **they planted their kids on us for the weekend** nos encajaron a sus hijos todo el fin de semana
-5. *Fam (give) (punch, kiss)* dar, plantar
◆ **plant out** *vt sep* trasplantar

Plantagenet [plæn'tædʒənɪt] *n* HIST Plantagenet *mf*

plantain ['plæntɪn] *n* **-1.** *(wild plant)* llantén *m* **-2.** *(similar to banana) (fruit)* plátano *m*, *RP* banana *f*; *(tree)* platanero *m*

plantation [plæn'teɪʃən] *n* **-1.** *(estate)* plantación *f* **-2.** HIST *(colony)* colonia *f*, asentamiento *m* ❑ **the Plantation State** = apelativo familiar referido al estado de Rhode Island

planter ['plɑːntə(r)] *n* **-1.** *(person)* plantador (ora) *m,f* ❑ ~'**s punch** = ponche de ron y frutas con hielo molido **-2.** *(machine)* sembradora *f* **-3.** *(flowerpot holder)* macetero *m*

plaque [plæk] *n* **-1.** *(bronze, marble)* placa *f* **-2.** *(on teeth)* placa *f* dental, placa *f* bacteriana

plash [plæʃ] *Literary* ⋄ *n* salpicadura *f*
⋄ *vi* salpicar

plasma ['plæzmə] *n* **-1.** MED plasma *m* **-2.** PHYS plasma *m* ❑ COMPTR ~ **display** pantalla *f* de plasma; COMPTR ~ **screen** pantalla *f* de plasma; ~ **TV** televisor *m* con pantalla de plasma

plaster ['plɑːstə(r)] ⋄ *n* **-1.** *(on wall, ceiling)* yeso *m*, enlucido *m* **-2.** *(for plaster casts)* **to put a leg in** ~ escayolar una pierna ❑ ~ **cast** escayola *f*; ~ **of Paris** escayola *f*; *Fig* ~ **saint** mojigato(a) *m,f* **-3.** *Br* **(sticking)** ~ tirita *f*, *Am* curita *f*
⋄ *vt* **-1.** *(wall)* enyesar, enlucir
-2. *(cover)* cubrir **(with** de**)**; **plastered with mud** embarrado(a) *or* cubierto(a) de barro; **she had plastered make-up on her face, her face was plastered with make-up** tenía la cara llena de maquillaje; **his name was plastered over the front pages** su nombre aparecía en los titulares *or Méx, RP* encabezados de todas las portadas
-3. *(make stick)* pegar; **he tried to** ~ **his hair down with oil** intentó aplastar su pelo con gomina
-4. *Fam (defeat heavily)* aplastar, darle una paliza a
◆ **plaster over, plaster up** *vt sep (hole, crack)* rellenar con yeso

plasterboard ['plɑːstəbɔːd] *n* pladur® *m*

plastered ['plɑːstəd] *adj Fam (drunk)* trompa; **to be/get** ~ estar/ponerse trompa

plasterer ['plɑːstərə(r)] *n* enlucidor(ora) *m,f*, enyesador(ora) *m,f*

plastering ['plɑːstərɪŋ] *n* enlucido *m*, enyesado *m*

plasterwork ['plɑːstəwɜːk] *n* enlucido *m*, enyesado *m*

plastic ['plæstɪk] ⋄ *n* **-1.** *(material)* plástico *m* **-2.** *(credit cards)* plástico *m*; **to put sth on the** ~ comprar algo con tarjeta de crédito; **do you take** ~? ¿se puede pagar con plástico?
⋄ *adj* **-1.** *(bag)* de plástico ❑ ~ **bullet** bala *f* de plástico; ~ **cup** vaso *m* de plástico; ~ **explosive** (explosivo *m*) plástico *m*; ~ **wrap** plástico *m* transparente *(para envolver alimentos)*
-2. *(malleable)* plástico(a), maleable
-3. ART ~ **arts** artes *fpl* plásticas
-4. MED ~ **surgeon** cirujano(a) *m,f* plástico(a); ~ **surgery** cirugía *f* plástica; **she had** ~ **surgery on her nose** se hizo la (cirugía) plástica en la nariz
-5. *Fam Pej (artificial)* de plástico; **the** ~ **rubbish they call bread** esa basura de plástico que llaman pan

Plasticine® ['plæstɪsiːn] *n* plastilina® *f*

plasticity [plæs'tɪsɪtɪ] *n (of material)* plasticidad *f*; *Fig (of mind)* ductilidad *f*, adaptabilidad *f*

plate [pleɪt] ⋄ *n* **-1.** *(for food)* plato *m*; **he ate a huge** ~ **of spaghetti** se comió un plato enorme de espaguetis; IDIOM *Fam* **she's got a lot on her** ~ tiene un montón de cosas entre manos; IDIOM *Fam* **to hand sth to sb on a** ~ poner algo en bandeja a alguien ❑ ~ **rack** escurreplatos *m inv*
-2. *(for church offering)* platillo *m*
-3. *(sheet of metal, glass, plastic)* placa *f*; **he has a metal** ~ **in his thigh** tiene una placa de metal en el muslo ❑ ~ **glass** vidrio *m* para cristaleras
-4. *(on car)* matrícula *f*, placa *f*
-5. *(on cooker)* plato *m*
-6. TYP *(for printing, engraving)* plancha *f*; *(illustration)* lámina *f*, ilustración *f*
-7. PHOT placa *f*
-8. GEOL placa *f* ❑ ~ **tectonics** tectónica *f* de placas
-9. *(dishes, cutlery)* vajilla *f*
-10. *(coating)* **gold** ~ oro chapado; **silver** ~ plata chapada
-11. *(denture)* dentadura *f* postiza
-12. *(in baseball) (for batter)* base *f* meta; IDIOM *US* **to step up to the** ~ dar la cara
⋄ *vt (with gold)* dorar; *(with silver)* platear; *(with metal plates)* enchapar; *(with armour plate)* blindar

plateau ['plætəʊ] *n* GEOG meseta *f*; *Fig* **to reach a** ~ *(career, economy)* estabilizarse

plateful ['pleɪtfʊl] *n* plato *m*; **to eat sth by the** ~ comer platos de algo

plate-glass ['pleɪt'ɡlɑːs] *adj* de vidrio en planchas

platelet ['pleɪtlət] *n* BIOL plaqueta *f*

platen ['plætən] *n* **-1.** *(of typewriter)* rodillo *m* **-2.** *(of printing press)* platina *f* **-3.** *(of machine tool)* mesa *f*, placa *f* gruesa

platform ['plætfɔːm] *n* **-1.** *(raised flat surface)* plataforma *f* ❑ ~ **oil** plataforma *f* petrolífera ❑ COMPTR ~ **game** juego *m* de plataformas; ~ **shoes** zapatos *mpl* de plataforma; ~ **soles** suelas *fpl* de plataforma
-2. *(at train station)* andén *m*; *(track)* vía *f*; **the train at** ~ **4** el tren en la vía 4
-3. *(at meeting)* tribuna *f*; *Fig (place to express one's views)* plataforma *f*; **she refused to share a** ~ **with her rival** se negó a compartir una plataforma con su rival
-4. *Br (on bus)* plataforma *f*
-5. *(political programme)* programa *m*
-6. COMPTR plataforma *f*

platform-independent ['plætfɔːmɪndɪ'pendənt] *adj* COMPTR que funciona en cualquier plataforma

platform-soled ['plætfɔːm'səʊld] *adj* con plataforma

plating ['pleɪtɪŋ] *n* **-1.** *(protective)* blindaje *m* **-2.** *(coating with metal) (in gold, silver)* enchapado *m*

platinum ['plætɪnəm] *n* **-1.** CHEM platino *m* **-2.** MUS **to go** ~ *(album) (in Britain)* vender más de 300.000 copias; *(in US)* vender más de 1.000.000 copias ❑ ~ **disc** disco *m* de platino **-3.** *(colour)* platino *m* ❑ ~ **blonde** rubia *f* platino

platinum-blond(e) ['plætɪnəm'blɒnd] *adj* rubio(a) platinado(a) *or* platino; ~ **hair** pelo rubio platino

platitude ['plætɪtjuːd] *n* tópico *m*, trivialidad *f*

platitudinous [plætɪ'tjuːdɪnəs] *adj Formal* de Perogrullo

Plato ['pleɪtəʊ] *pr n* Platón

platonic [plə'tɒnɪk] *adj* **-1.** PHIL Platonic platónico(a) **-2.** *(love, relationship)* platónico(a)

Platonism ['pleɪtənɪzəm] *n* PHIL platonismo *m*

Platonist ['pleɪtənɪst] *n* platonista *mf*

platoon [plə'tuːn] *n* MIL sección *f*

platter ['plætə(r)] *n* **-1.** *(serving plate)* fuente *f* **-2.** *(on menu)* **salad/seafood** ~ fuente de ensalada/marisco **-3.** *US Fam* plástico *m*, disco *m*

platypus ['plætɪpəs] *n* ornitorrinco *m*

plaudits ['plɔːdɪts] *npl Formal* aplausos *mpl*, alabanzas *fpl*

plausibility [plɔːzɪ'bɪlɪtɪ] *n* plausibilidad *f*; **the plot is lacking in** ~ el argumento carece de credibilidad

plausible ['plɔːzəbəl] *adj (excuse, argument)* plausible; **he's a very** ~ **liar** sus mentiras son muy convincentes

plausibly ['plɔːzɪblɪ] *adv* plausiblemente; **he argued his case very** ~ defendió su caso muy plausiblemente

play [pleɪ] ⋄ *n* **-1.** *(drama)* obra *f* (de teatro)
-2. *(recreation)* juego *m*; **we don't get much time for** ~ no nos queda mucho tiempo para jugar; **at** ~ jugando; IDIOM **to make great** ~ **of sth** sacarle mucho jugo a algo ❑ ~ **on words** juego *m* de palabras
-3. *(in sport) (move)* juego *m*, jugada *f*; ~ **began at one o'clock** el juego comenzó a la una; **that was great** ~ **by France** ha sido una gran jugada de Francia; **a set** ~ una jugada preparada; **an offensive** ~ *(in American football)* una jugada ofensiva; **in** ~ en juego; **out of** ~ fuera del campo; **to come** *or* **be brought into** ~ entrar en juego; IDIOM **to make a** ~ **for sth** tratar de conseguir algo; IDIOM **to make a** ~ **for sb** tirar los tejos a alguien
-4. TECH juego *m*
⋄ *vt* **-1.** *(match)* jugar; *(sport, game)* jugar a; *(opponent)* jugar contra; **to** ~ **tennis/chess**

play — jugar al tenis/ajedrez; **to ~ sb at sth** jugar contra alguien a algo; **to ~ centre forward** jugar de delantero centro or Am centro delantero or Am centro forward; **to ~ a card** jugar una carta; **to ~ a shot** (in snooker, pool) dar un golpe, hacer un tiro; **he decided not to ~ Sanders** decidió no sacar a Sanders; **fifteen points plays twenty** quince a veinte; **to ~ the ball back to the keeper/into the box** retrasar la pelota al portero or Am arquero/al área; **to ~ ball (with sb)** (cooperate) cooperar (con alguien); Fig **he knew that if he got married he'd have to stop playing the field** sabía que si se casaba tendría que dejar de acostarse con quien quisiera; IDIOM **~ your cards right and you could get promoted** si juegas bien tus cartas, puedes conseguir un ascenso
-2. (of children) (game) jugar; **to ~ doctors and nurses** jugar a médicos y enfermeras, Am jugar a los doctores; **to ~ a joke** or **a trick on sb** gastarle or RP hacerle una broma a alguien; IDIOM **to ~ the game** jugar limpio; IDIOM **stop playing games!** ¡basta ya de juegos!; IDIOM **my eyes must be playing tricks on me** debo estar viendo visiones
-3. (in play, movie) interpretar; **to ~ Macbeth** interpretar a Macbeth; **to ~ it cool** aparentar calma; **to ~ it straight** jugar limpio; Fig **to ~ the fool** hacer el tonto; Fig **to ~ God** hacer de Dios; Fig **to ~ an important part (in sth)** desempeñar un papel importante (en algo); Fig **to ~ no part in sth** (person) no tomar parte en algo; (thing, feeling) no tener nada que ver con algo
-4. (musical instrument, piece) tocar; (record, CD, tape) poner; **this station plays mainly rock** esta emisora pone or RP pasa sobre todo rock
-5. (speculate on) **to ~ the Stock Exchange** jugar a la bolsa
◇ vi **-1.** (children) jugar; (animals) retozar; **to ~ with sth** (pen, hair, food) juguetear con algo; **to ~ with an idea** darle vueltas a una idea; **we have $500/two days to ~ with** tenemos 500 dólares/dos días a nuestra disposición; Euph **to ~ with oneself** (masturbate) tocarse; IDIOM **to ~ with fire** jugar con fuego
-2. (sportsperson) jugar; **to ~ fair/dirty** jugar limpio/sucio; **he plays at quarterback** juega de quarterback; **to ~ against sb** jugar contra alguien; **she plays for the Jets** juega en los Jets; **to ~ for money** jugar por dinero; Fig **to ~ safe** ir a lo seguro, no arriesgarse; IDIOM **to ~ for time** intentar ganar tiempo; IDIOM **to ~ into sb's hands** hacerle el juego a alguien, facilitarle las cosas a alguien
-3. (musical instrument) sonar; (musician) tocar
-4. (actor) actuar; (pop group) tocar; (movie) exhibirse; (play) representarse; **the show played to a full house** el espectáculo se representó en una sala abarrotada; **to ~ dead** hacerse el muerto; IDIOM **to ~ hard to get** hacerse de rogar, hacerse el difícil
-5. (move) (sunlight) reverberar (**on** or **over en** or **sobre**); **a smile played across** or **on his lips** en sus labios se dibujó una sonrisa
◆ **play about, play around** vi (mess about) juguetear, jugar; **stop playing about** or **around!** ¡deja de enredar!; **to ~ around with an idea/a possibility** dar vueltas a una idea/una posibilidad; Fam **he's been playing around with another woman** ha tenido un lío con otra mujer
◆ **play along** vi seguir la corriente (**with** a)
◆ **play at** vt insep **-1.** (of children) **to ~ at doctors and nurses** jugar a médicos y enfermeras; Fam Fig **what's she playing at?** ¿a qué juega? **-2.** (dabble at) **he's only playing at being a poet** sólo juega a ser poeta
◆ **play back** vt sep **to ~ back a recording** reproducir una grabación
◆ **play down** vt sep restar importancia a
◆ **play off** ◇ vt sep **she played her two enemies off against each other** enfrentó a sus dos enemigos entre sí
◇ vi SPORT **the two teams will ~ off for third place** los dos equipos disputarán un partido por el tercer puesto
◆ **play on** ◇ vt insep (exploit) (feelings, fears) aprovecharse de
◇ vi (continue to play) (musician) seguir tocando; (sportsperson) seguir jugando
◆ **play out** vt sep **-1.** (act out) (one's fantasies) hacer real; **the drama being played out before them** el drama que se desarrolla ante sus ojos **-2.** (use up) **Finland played out the last ten minutes** Finlandia dejó pasar el tiempo durante los últimos diez minutos; **to be (all) played out** estar agotado(a) or exhausto(a)
◆ **play up** ◇ vt sep (exaggerate) exagerar
◇ vi **-1.** Br Fam (car, child, injury) dar guerra
-2. Pej **to ~ up to sb** (flatter) adular a alguien
playable ['pleɪəbəl] adj **-1.** (pitch, surface) en condiciones para jugar; (golf ball) en condiciones de ser golpeada **-2.** (game) **a very ~ computer game** un juego de Esp ordenador or Am computadora que se disfruta jugando
play-act ['pleɪækt] vi (pretend, act frivolously) hacer teatro
play-acting ['pleɪæktɪŋ] n teatro m, cuento m
playback ['pleɪbæk] n reproducción f ❑ **~ head** cabeza f reproductora
playbill ['pleɪbɪl] n THEAT cartel m or Am afiche m anunciador
playboy ['pleɪbɔɪ] n vividor m, playboy m
play-by-play ['pleɪbaɪ'pleɪ] adj **-1.** (commentary) jugada a jugada **-2.** (detailed) pormenorizado(a)
Play-Doh® ['pleɪdəʊ] n plastilina® f
player ['pleɪə(r)] n **-1.** (of game, sport) jugador(ora) m,f; **are you a bridge/poker ~?** ¿juegas al bridge/al póker?
-2. (musician) intérprete mf; **she's a gifted piano/guitar ~** es una pianista/guitarrista con talento ❑ **~ piano** pianola f
-3. Old-fashioned (actor) actor m, actriz f, intérprete mf
-4. Fig (influential person, company) principal protagonista mf; **the major players in the bond market** los principales protagonistas en el mercado de los bonos
playfellow ['pleɪfeləʊ] n Old-fashioned compañero(a) m,f
playful ['pleɪfʊl] adj **-1.** (person, animal) juguetón(ona); **to be in a ~ mood** estar con ganas de jugar **-2.** (remark, suggestion) de or en broma
playfully ['pleɪfʊlɪ] adv **-1.** (to smile, push) juguetonamente **-2.** (to remark, suggest) en broma
playfulness ['pleɪfʊlnɪs] n (of smile, remark, suggestion) carácter m juguetón
playgoer ['pleɪɡəʊə(r)] n asistente mf a una obra de teatro
playground ['pleɪɡraʊnd] n **-1.** (at school) patio m de recreo **-2.** (in park) parque m infantil; Fig **the islands are a ~ for the rich** las islas son el lugar de diversión de los ricos
playgroup ['pleɪɡruːp] n escuela f infantil, guardería f
playhouse ['pleɪhaʊs] n **-1.** (theatre) teatro m **-2.** (for children) = casita de juguete del tamaño de un niño
playing ['pleɪɪŋ] n **the pianist's ~ was excellent** la actuación del pianista fue excelente ❑ **~ card** carta f, naipe m; **~ field** campo m de juego
playlet ['pleɪlɪt] n obra f breve
playlist ['pleɪlɪst] n RAD = lista predeterminada de canciones que se emite en un programa de radio
playmaker ['pleɪmeɪkə(r)] n SPORT creador m de juego
playmate ['pleɪmeɪt] n compañero(a) m,f de juegos
play-off ['pleɪɒf] n SPORT **-1.** (single game) (partido m de) desempate m **-2.** (series of games) play-off m
playpen ['pleɪpen] n parque m, corral m
playroom ['pleɪruːm] n cuarto m de juegos
playschool ['pleɪskuːl] n Br escuela f infantil, guardería f
plaything ['pleɪθɪŋ] n also Fig juguete m
playtime ['pleɪtaɪm] n (at school) recreo m; **at ~** en el recreo
playwright ['pleɪraɪt] n dramaturgo(a) m,f, autor(ora) m,f teatral
plaza ['plɑːzə] n US (shopping centre) centro m comercial
PLC, plc [piːel'siː] n Br COM (abbr **public limited company**) ≃ S.A.
plea [pliː] n **-1.** (appeal) petición f, súplica f, Am pedido m; **they ignored his pleas for help** ignoraron su petición de auxilio; **to make a ~ for sth** suplicar algo
-2. (excuse) excusa f; **his ~ of ill health didn't fool anyone** no engañó a nadie con la excusa de que estaba enfermo; **on the ~ that...** alegando que...
-3. LAW declaración f; **to enter a ~ of guilty/not guilty** declararse culpable/inocente ❑ US **~ bargaining** = negociación extrajudicial entre el abogado y el fiscal por la que el acusado acepta su culpabilidad en cierto grado a cambio de no ser juzgado por un delito más grave
plead [pliːd] (US & Scot pt & pp **pled**) ◇ vt **-1.** (beg) suplicar, implorar; **"please let me go"** he pleaded "por favor, déjenme ir", suplicó or imploró
-2. LAW **to ~ sb's case** (lawyer) defender a alguien; Fig **who will ~ our cause to the government?** ¿quién defenderá nuestra causa ante el gobierno?; **to ~ insanity/self-defence** alegar demencia/defensa propia
-3. (give as excuse) **to ~ ignorance** alegar desconocimiento; **she pleaded a prior engagement** alegó tener un compromiso previo
◇ vi **-1.** (appeal, beg) suplicar, implorar; **to ~ for forgiveness** suplicar or implorar perdón; **to ~ with sb (to do sth)** implorar a alguien (que haga algo); **he pleaded with them for more time** les imploró que le concedieran más tiempo
-2. LAW **how do you ~?** ¿cómo se declara?; **to ~ guilty/not guilty** declararse culpable/inocente; **he pleaded guilty to the charge of theft** se declaró culpable del cargo de robo
pleading ['pliːdɪŋ] ◇ n **-1.** (entreaty) ruegos mpl, súplica fpl **-2.** LAW **pleadings** alegatos mpl, alegaciones fpl
◇ adj suplicante
pleadingly ['pliːdɪŋlɪ] adv (to look, ask) suplicantemente
pleasant ['plezənt] adj **-1.** (enjoyable) (place, weather) agradable; (surprise) grato(a), agradable; **thank you for a most ~ evening** les agradecemos mucho una velada tan agradable; **the account of the trial does not make ~ reading** la lectura de los detalles del juicio no es muy agradable; **~ dreams!** ¡felices sueños!
-2. (friendly) (person, attitude, smile) agradable, simpático(a); **she was always very ~ to us** con nosotros siempre fue muy simpática
pleasantly ['plezəntlɪ] adv **-1.** (attractively) de forma agradable or atractiva; **the room was ~ arranged** la sala estaba arreglada de una forma muy agradable **-2.** (enjoyably) placenteramente, agradablemente; **to be ~ surprised** estar gratamente sorprendido(a) **-3.** (in a friendly way) (to smile, behave) con simpatía
pleasantness ['plezəntnɪs] n **-1.** (attractiveness) atractivo m **-2.** (enjoyableness) amenidad f, lo placentero **-3.** (friendliness) simpatía f
pleasantry ['plezəntrɪ] n **-1.** (joke) comentario m gracioso **-2.** (polite remarks) **to exchange pleasantries** intercambiar cumplidos
please [pliːz] ◇ adv por favor; **~ don't cry** no llores, por favor; **~ don't interrupt!** ¡no interrumpas!; **~ sit down** tome asiento, por favor; **~ tell me...** dime..., RP decime ...; **will you ~ be quiet!** ¡te quieres callar de una vez!, ¡cállate de una vez!; **~, Miss, I**

pleased

know! ¿señorita?, ¡yo lo sé!; **may I? – ~ do** ¿puedo? – por favor or no faltaba más; **(yes,) ~!** ¡sí!

◇ vt (give pleasure to) complacer, agradar; **you can't ~ everybody** no se puede complacer a todo el mundo; **to be easy/hard to ~** ser fácil/difícil de complacer; **~ God!** ¡ojalá!; **we pleased ourselves** hicimos lo que nos dio la gana; **~ yourself!** ¡como quieras!

◇ vi **-1.** (like) **he does as he pleases** hace lo que quiere; **do as you ~** haz lo que quieras; **in she walked, as cool as you ~** entró como quien no quiere la cosa; **this way, if you ~** por aquí, por favor; **and then, if you ~, he blamed me for it!** ¡y luego, por si fuera poco, me echó la culpa a mí!

-2. (give pleasure) agradar, complacer; **we aim to ~** nuestro objetivo es su satisfacción; **to be eager to ~** estar ansioso(a) por agradar

pleased [pli:zd] adj (happy) contento(a); **to be ~ (at** or **about sth)** estar contento(a) (por algo); **to be ~ with sth/sb** (satisfied) estar satisfecho(a) or contento(a) con algo/alguien; **to be ~ to do sth** alegrarse de hacer algo; **she would be only too ~ to help us** le encantaría ayudarnos; Formal **Mr and Mrs Adams are ~ to announce...** el Sr. y la Sra. Adams se complacen en anunciar...; **to be ~ for sb** alegrarse por alguien; **they were none too ~ when I told them** cuando se lo conté no les hizo ninguna gracia; **he's very ~ with himself** está muy satisfecho or pagado de sí mismo; **~ to meet you** encantado(a) (de conocerle); **I'm ~ to say that...** tengo el gusto de comunicarles que...; IDIOM **he was as ~ as Punch** estaba encantado de la vida

pleasing ['pli:zɪŋ] adj agradable, grato(a); **the news of his engagement was ~ to his parents** su compromiso fue una grata noticia para sus padres

pleasingly ['pli:zɪŋlɪ] adv agradablemente, gratamente

pleasurable ['pleʒərəbəl] adj agradable, grato(a)

pleasurably ['pleʒərəblɪ] adv agradablemente, placenteramente

pleasure ['pleʒə(r)] ◇ n **-1.** (enjoyment, contentment) placer m; **to write/to paint for ~** escribir/pintar por placer; **are you here on business or for ~?** ¿estás aquí en viaje de negocios o de placer?; **the pleasures of camping** los placeres del cámping; **it's one of my few pleasures** es uno de mis pocos placeres; **it gave me great ~** fue un auténtico placer para mí; **to take** or **find ~ in (doing) sth** disfrutar (haciendo) algo ❑ **~ boat** barco m de recreo; PSY **the ~ principle** el principio del placer; **~ trip** viaje m de placer

-2. (in polite expressions) **with ~!** con (mucho) gusto; **(it's) my ~!** (replying to thanks) ¡no hay de qué!; **it's a great ~ (to meet you)** es un gran placer (conocerle); **it gives me great ~ to introduce...** tengo el grandísimo placer de presentar a...; Formal **I haven't had the ~ of meeting her** no he tenido el placer de conocerla; Formal **I am delighted to have had the ~** estoy encantado de haber tenido el gusto; Formal **I have ~ in informing you that...** tengo el gusto de or me complace informarles de que...; Formal **may I have the ~ (of this dance)?** ¿me concede el honor (de esta pieza)?; Formal **would you do me the ~ of having lunch with me?** ¿me concedería el placer de compartir el almuerzo conmigo?; Formal **Mr and Mrs Evans request the ~ of your company at their son's wedding** el Sr. y la Sra. Evans tienen el placer de invitar a Ud. a la celebración del matrimonio de su hijo

-3. (will) voluntad f; **at sb's ~** según disponga alguien; **they are appointed at the chairman's ~** son nombrados directamente por el presidente; Br LAW **to be detained at** or **during Her Majesty's ~** ser encarcelado(a) a discreción del Estado

-4. Old-fashioned or Literary (sexual gratification) **he took his ~ of her** saciaba su necesidad con ella

◇ vt Old-fashioned or Literary (give pleasure to) deleitar a; (sexually) satisfacer a

pleasure-seeker ['pleʒəˌsi:kə(r)] n buscador(ora) m,f de placer

pleasure-seeking ['pleʒəˌsi:kɪŋ] adj en busca de placer

pleat [pli:t] ◇ n (in sewing) pliegue m
◇ vt plisar

pleated ['pli:tɪd] adj (skirt) plisado(a) ❑ **~ trousers** pantalón m de pinzas

pleb [pleb] n **-1.** Br Fam Pej ordinario(a) m,f; **the plebs** la plebe; **you ~!** ¡qué ordinario!, Arg ¡qué grasa!. **-2.** HIST **the plebs** la plebe

plebby ['plebɪ] adj Br Fam Pej ordinario(a) m,f, Arg grasa

plebeian [plə'bi:ən] ◇ n **-1.** (lower class person) plebeyo(a) m,f **-2.** HIST plebeyo(a) m,f
◇ adj **-1.** (of the lower classes) obrero(a) **-2.** Pej (vulgar, unsophisticated) ordinario(a) **-3.** HIST plebeyo(a)

plebiscite ['plebɪsɪt] n plebiscito m; **to hold a ~** celebrar un plebiscito

plectrum ['plektrəm] (pl **plectrums** or **plectra** ['plektrə]) n MUS púa f, plectro m

pled US & Scot pt & pp of **plead**

pledge [pledʒ] ◇ n **-1.** (promise) promesa f; **thousands of people phoned in with pledges of money** miles de personas llamaron ofreciendo donar dinero; **I am under a ~ of secrecy** prometí guardar silencio; **to fulfil** or **keep a ~** cumplir or mantener una promesa; **to make a ~** hacer una promesa, IDIOM **to take** or **sign the ~** jurar no beber or Am tomar alcohol ❑ **the Pledge of Allegiance** la Jura de la Bandera (en colegios estadounidenses)

-2. (security, collateral) garantía f, aval m; **in ~** en garantía

-3. (token) prenda f; **as a ~ of our sincerity** como prenda de nuestra sinceridad

-4. Formal (toast) brindis m inv; **let us drink a ~ to their success** hagamos un brindis por su éxito

-5. US UNIV = estudiante que ha sido aceptado como miembro de una fraternidad o asociación estudiantil pero que aún no ha sido iniciado(a)

◇ vt **-1.** (promise) prometer; **to ~ money** (in radio, television appeal) prometer hacer un donativo (de dinero); **they have pledged £500 to the relief fund** se han comprometido a donar 500 libras al fondo de ayuda; **she pledged never to see him again** (to herself) se prometió no volver a verlo nunca más; (to sb else) prometió que no lo volvería a ver nunca más; Literary **her heart is pledged to another** su corazón le pertenece a otra persona

-2. Formal (commit) comprometerse a; **to ~ one's word** empeñar la palabra; **to ~ one's support** comprometerse a brindar apoyo; **to ~ one's allegiance to the king** jurar fidelidad al rey; **I am pledged to secrecy** he hecho la promesa de guardar silencio; **to ~ oneself to do sth** comprometerse a hacer algo

-3. (offer as security) ofrecer en garantía or como prenda; (pawn) empeñar

-4. Formal (toast) brindar

-5. US UNIV = aceptar a un estudiante como miembro de una fraternidad o asociación estudiantil

PLEDGE OF ALLEGIANCE

La **Pledge of Allegiance** ("jura de lealtad"), en sus principios conocida como "Pledge of the Flag", se originó en 1892 durante las celebraciones que siriveron para conmemorar el 400 aniversario del descubrimiento de América por parte de Cristóbal Colón. Hoy en día forma parte del ritual diario que se lleva a cabo en todas las escuelas estadounidenses: los alumnos recitan la **Pledge of Allegiance** con la mano derecha sobre el corazón y prometen lealtad a la bandera y al gobierno americano: "I pledge allegiance to the flag of the United States of America, and to the Republic for which it stands: one nation under God, indivisible, with liberty and justice for all" ("Juro lealtad a la bandera de los Estados Unidos de América y a la república que representa, una nación bajo Dios, indivisible, con libertad y justicia para todos").

Pleiades ['plaɪədi:z] npl ASTRON **the ~** las Pléyades

Pleistocene ['plaɪstəsi:n] GEOL ◇ n **the ~** el pleistoceno
◇ adj pleistoceno(a)

plenary ['pli:nərɪ] ◇ n (at conference) plenaria f
◇ adj plenario(a) ❑ **~ assembly** asamblea f plenaria; REL **~ indulgence** indulgencia f plenaria; **~ powers** plenos poderes mpl; **~ session** (at conference) plenaria f; **to meet in ~ session** reunirse en sesión plenaria

plenipotentiary [plenɪpə'tenʃərɪ] ◇ n embajador(ora) m,f plenipotenciario(a)
◇ adj plenipotenciario(a)

plenitude ['plenɪtju:d] n Literary (abundance) profusión f

plenteous ['plentjəs] adj Literary copioso(a), abundante

plentiful ['plentɪfʊl] adj abundante; **in ~ supply** en abundancia

plentifully ['plentɪfʊlɪ] adv copiosamente, abundantemente

plenty ['plentɪ] ◇ n abundancia f; **the years of ~** los años de la abundancia; **land of ~** tierra de la abundancia

◇ pron **-1.** (enough) suficiente; **that's ~** es (más que) suficiente; **$20 should be ~** 20 dólares tendrían que ser suficientes; **they have ~ to live on** tienen recursos más que suficientes para vivir; **to arrive in ~ of time** llegar con tiempo de sobra

-2. (a great deal) **~ of time/money** mucho tiempo/dinero; **~ of food** mucha comida; **~ of books** muchos libros; **there'll be ~ of other opportunities** no faltarán oportunidades; **there's still ~ to be done** aún queda mucho por hacer; **we see ~ of Ray and Janet** vemos a Ray y Janet con mucha frecuencia; **we need hot water, and ~ of it!** necesitamos agua caliente, ¡y mucha or en cantidad!

◇ adv Fam **it's ~ big enough** es grande más que de sobra; **this beer's great! – there's ~ more where that came from** ¡esta cerveza está genial! – pues tenemos mucha más; US **he sure talks ~** desde luego sí que habla sin parar

◇ **in plenty** adv en abundancia

plenum ['pli:nəm] n **-1.** (meeting) sesión f plenaria **-2.** PHYS plenum m

pleonasm ['pli:ənæzəm] n pleonasmo m

pleonastic [pliə'næstɪk] adj pleonástico(a)

plesiosaur ['pli:sɪəʊsɔ:(r)] n plesiosaurio m

plethora ['pleθərə] n Formal plétora f

pleura ['plʊərə] (pl **pleurae** ['plʊəri:]) n ANAT pleura f

pleural ['plʊərəl] adj ANAT pleural ❑ **~ membrane** pleura f

pleurisy ['plʊərɪsɪ] n pleuresía f; **to have ~** tener pleuresía

Plexiglas® ['pleksɪglɑ:s] n US plexiglás® m

plexus ['pleksəs] n ANAT plexo m; **brachial ~** plexo braquial; **sacral ~** plexo sacro

pliability [plaɪə'bɪlɪtɪ], **pliancy** ['plaɪənsɪ] n **-1.** (of material) maleabilidad f, ductilidad f **-2.** (of person) flexibilidad f, ductilidad f

pliable ['plaɪəbəl], **pliant** ['plaɪənt] adj **-1.** (material) flexible **-2.** (person) acomodaticio(a)

pliancy = pliability
pliant = pliable

pliers ['plaɪəz] npl alicates mpl; **a pair of ~** unos alicates

plight[1] [plaɪt] n situación f grave or difícil; **the ~ of the young homeless** la difícil situación de los jóvenes que no tienen un lugar donde vivir; **to be in a sad** or **sorry ~** estar en una situación penosa

plight² *vt Old-fashioned or Formal* **to ~ one's troth to sb** dar palabra de matrimonio a alguien; **to ~ one's word** empeñar la palabra

Plimsoll ['plɪmsəl] *n* NAUT **~ line** línea *f* de máxima carga; **~ mark** línea *f* de máxima carga

plimsoll ['plɪmsəl] *n Br (shoe)* playera *f*

plink [plɪŋk] ◇ *n* tintineo *m*
  ◇ *vi* tintinear

plinth [plɪnθ] *n* pedestal *m*

Pliocene ['plaɪəsi:n] GEOL ◇ *n* **the ~** el plioceno
  ◇ *adj* plioceno(a)

PLO [pi:el'əʊ] *n (abbr* **Palestine Liberation Organization)** OLP *f*

plod [plɒd] ◇ *n* **-1.** *(walk)* caminata *f*; *(pace)* paso *m* lento y cansino; *Fig* **the movie/book is a bit of a ~** la película/el libro es un poco lenta/lento **-2.** *Br Fam (police officer)* poli *mf*, *RP* cana *f*, *Arg* yuta *f*
  ◇ *vi (pt & pp* **plodded)** **-1.** *(walk)* caminar con paso lento; **to ~ on** seguir caminando *(con lentitud o esfuerzo)*
  -2. *(work)* **to ~ (away)** trabajar pacientemente; **he'd been plodding along in the same job for years** había estado trabajando laboriosamente en el mismo empleo durante años; **I'm plodding through a rather boring book just now** en este momento estoy lidiando con un libro bastante aburrido

plodder ['plɒdə(r)] *n* = persona mediocre pero voluntariosa en el trabajo

plodding ['plɒdɪŋ] *adj (walk, rhythm, style)* lento(a) y cansino(a); *(worker)* laborioso(a) pero lento(a)

plonk¹ [plɒŋk] *esp Br* ◇ *n (sound)* golpe *m* (seco), ruido *m* (sordo)
  ◇ *vt Fam* **to ~ sth down** dejar *or* poner algo de golpe; **to ~ oneself down in an armchair** dejarse caer (de golpe) en una butaca
  ◇ *vi* **to ~ away on the piano** aporrear el piano

plonk² *n Br Fam (cheap wine)* vino *m* peleón *or RP* cualunque

plonker ['plɒŋkə(r)] *n Br very Fam* **-1.** *(idiot) Esp* gilipollas *mf inv*, *Am* pendejo(a) *m,f* **-2.** *(penis)* verga *f*, *Esp* picha *f*, *Chile* pico *m*, *Méx* pájaro *m*, *RP* pija *f*

plop [plɒp] ◇ *n* glu(p) *m*, = sonido de algo al hundirse en un líquido
  ◇ *adv* **to go ~** hacer glu(p)
  ◇ *vt (pt & pp* **plopped)** *(put)* poner
  ◇ *vi* caer haciendo glu(p)

plosion ['pləʊʒən] *n* LING explosión *f*

plosive ['pləʊsɪv] LING ◇ *n* oclusiva *f*
  ◇ *adj* oclusivo(a)

plot [plɒt] ◇ *n* **-1.** *(conspiracy)* trama *f*, complot *m* **-2.** *(of play, novel)* trama *f*, argumento *m*; IDIOM **the ~ thickens** el asunto se complica **-3.** *(land)* terreno *m*; **(vegetable) ~** huerta *f*, huerto *m* **-4.** *US (graph)* gráfico *m*
  ◇ *vt (pt & pp* **plotted)** **-1.** *(plan)* tramar, planear; **to ~ (to do) sth** tramar *or* planear (hacer) algo; **to ~ sb's downfall** tramar *or* planear la caída de alguien
  -2. *(play, novel)* trazar el argumento de; **the novel is well/poorly plotted** la novela tiene un buen/mal argumento
  -3. *(draw) (curve)* trazar; *(progress, development)* representar; **to ~ a course** planear *or* trazar una ruta (en el mapa)
  ◇ *vi (conspire)* confabularse, conspirar **(against** contra**)**

plotless ['plɒtlɪs] *adj* sin argumento

plotter ['plɒtə(r)] *n* **-1.** *(conspirator)* conspirador(ora) *m,f* **-2.** COMPTR plóter *m*, plotter *m*

plotting ['plɒtɪŋ] *n (conspiring)* tramas *fpl*, complots *mpl*

plough, *US* **plow** [plaʊ] ◇ *n* **-1.** *(tool)* arado *m*; **large areas of land have gone under the ~** grandes extensiones de suelo han sido aradas; *Fig* **to put one's hand to the ~** ponerse a trabajar ❑ **~ horse** caballo *m* de tiro **-2.** *(constellation)* **the Plough** la Osa Mayor
  ◇ *vt* **-1.** *(field, furrow)* arar, labrar; IDIOM **to ~ a lonely furrow** trabajar en solitario **-2.** *Fig (invest)* **to ~ profits back into a company** reinvertir beneficios en una empresa **-3.** *Br* SCH *Old-fashioned Fam* **to ~ an exam** *Esp* suspender *or Am* reprobar un examen
  ◇ *vi* **-1.** *(farmer)* arar, labrar **-2.** *Br* SCH *Old-fashioned Fam* **I ploughed** *Esp* he suspendido, *Arg* he rebotado

◆ **plough in,** *US* **plow in** *vt sep* AGR *(earth, crops, stubble)* arar

◆ **plough into,** *US* **plow into** *vt insep* **-1.** *(of vehicle)* estrellarse contra **-2.** *(attack) (physically)* embestir, arremeter contra; *(verbally)* arremeter contra

◆ **plough on,** *US* **plow on** *vi* avanzar con dificultad **(with** con**)**; **as negotiations ~ on** mientras las negociaciones avanzan con gran dificultad

◆ **plough through,** *US* **plow through** *vt insep* **-1.** *(move laboriously)* **to ~ through the snow** avanzar con dificultad en la nieve; **the ship ploughed through the waves** el barco se abría camino entre las olas **-2.** *(progress laboriously)* **to ~ through sth** *(work, reading)* tomarse el trabajo de hacer algo; **I've still got all this to ~ through** aún tengo que hacer todo esto
  ◇ *vt sep* **to ~ one's way through sth** avanzar en algo con dificultad

◆ **plough up,** *US* **plow up** *vt sep (field)* roturar; **the park had been ploughed up by vehicles** los vehículos dejaron el parque lleno de surcos

ploughboy, *US* **plowboy** ['plaʊbɔɪ] *n* mozo(a) *m,f* de labranza

ploughland, *US* **plowland** ['plaʊlænd] *n* tierra *f* de labranza *or* cultivo

ploughman, *US* **plowman** ['plaʊmən] *n* labrador *m* ❑ *Br* **~'s lunch** = almuerzo a base de pan, queso, ensalada y encurtidos

ploughshare, *US* **plowshare** ['plaʊʃeə(r)] *n* ancla *f* de arado

plover ['plʌvə(r)] *n* chorlito *m*

plow, plowboy *etc US* = **plough, ploughboy** *etc*

ploy [plɔɪ] *n* estratagema *f*

PLR [pi:el'ɑ:(r)] *n (abbr* **Public Lending Right)** = pago que se efectúa a los autores cada vez que sus libros son prestados en alguna biblioteca pública

pluck [plʌk] ◇ *n (courage)* coraje *m*, valor *m*; **it takes ~ to do that** hacer eso requiere valor
  ◇ *vt* **-1.** *(pick) (flower)* arrancar; *(fruit)* arrancar, *Arg* sacar; **to ~ one's eyebrows** depilarse las cejas
  -2. *(pull)* arrancar, quitar; **they were plucked from danger by a helicopter** un helicóptero les sacó del peligro; **to ~ sb from obscurity** sacar a alguien del anonimato; **these figures have been plucked from the air** estas cifras han salido de la nada
  -3. *(chicken)* desplumar; *(feathers)* arrancar
  -4. *(instrument)* tocar; *(string)* rasguear, puntear; **to ~ a guitar** puntear (a la guitarra)
  ◇ *vi* **to ~ at sb's sleeve** tirar a alguien de la manga; **she was plucking at (the strings of) her guitar** estaba rasgando las cuerdas de su guitarra

◆ **pluck out** *vt sep (feathers, eyes)* arrancar; **he was plucked out of obscurity** salió del anonimato

◆ **pluck up** *vt sep* **-1.** *(uproot)* arrancar **-2.** IDIOMS **I plucked up my courage** me armé de valor; **to ~ up the courage to do sth** armarse de valor para hacer algo

pluckily ['plʌkɪlɪ] *adv* valientemente

pluckiness ['plʌkɪnɪs] *n* valor *m*, coraje *m*

plucky ['plʌkɪ] *adj* valiente

plug [plʌg] ◇ *n* **-1.** *(for sink, bath, barrel, pipe)* tapón *m*
  -2. *(electrical)* enchufe *m*; AUT **(spark) ~** bujía; IDIOM *Fam* **to pull the ~ on sth** dejar de apoyar algo
  -3. *(of tobacco)* rollo *m* (de tabaco de mascar)
  -4. *(for fixing screws)* tarugo *m*
  -5. GEOL **(volcanic) ~** masa cilíndrica de lava solidificada
  -6. *Fam (of toilet)* cadena *f*; **to pull the ~** tirar la cadena
  -7. *Fam (publicity)* publicidad *f*; **to give sth a ~** hacer publicidad de *or* promocionar algo
  ◇ *vt (pt & pp* **plugged)** **-1.** *(block)* tapar, taponar; **to ~ a leak** tapar una fuga; IDIOM **to ~ a loophole (in the law)** cerrar un vacío legal **-2.** *Fam (promote)* hacer publicidad de, promocionar **-3.** *(shoot)* disparar **-4.** COMPTR **~ and play** conectar y funcionar, enchufar y usar

◆ **plug away** *vi Fam* trabajar con tesón **(at** en**)**

◆ **plug in** *vt sep* enchufar

◆ **plug into** ◇ *vt sep (connect)* **to ~ sth into sth** conectar algo a algo
  ◇ *vt insep* **-1.** *(connect)* **the TV plugs into that socket** la tele se enchufa en aquella toma *or* aquel enchufe; *Fig* **to ~ into a computer network** conectarse a una red informática **-2.** *(be in touch with)* estar en contacto con

◆ **plug up** *vt sep* taponar

plug-and-play ['plʌgən'pleɪ] *adj* COMPTR para enchufar y usar

plugboard ['plʌgbɔ:d] *n* COMPTR & TEL tablero *m* de contacto

plughole ['plʌghəʊl] *n* desagüe *m*; IDIOM *Fam* **to go down the ~** echarse a perder

plug-in ['plʌgɪn] *n* COMPTR plug-in *m*, dispositivo *m* opcional, programa *m* auxiliar *or* complementario

plug-ugly ['plʌg'ʌglɪ] *adj Fam* **to be ~** ser un coco

plum [plʌm] ◇ *n* **-1.** *(fruit)* ciruela *f*, IDIOM *Br* **to have a ~ in one's mouth** hablar engoladamente, = tener acento de clase alta ❑ *Br* **~ duff** = pudín con pasas y otras frutas típico de Navidad; *Br* **~ pudding** = pudín con pasas y otras frutas típico de Navidad; **~ sauce** salsa *f* de ciruela; **~ tomato** tomate *m* de pera; **~ tree** ciruelo *m*
  -2. *(colour)* color *m* ciruela
  -3. *Fam (choice specimen)* perla *f*
  ◇ *adj* **-1.** *(colour)* morado(a) **-2.** *Fam (very good)* **a ~ job** un *Esp* chollo *or Méx* churro (de trabajo), *RP* un laburazo

plumage ['plu:mɪdʒ] *n* plumaje *m*

plumb [plʌm] ◇ *n* **(line)** plomada *f*; **out of ~** torcido(a) ❑ **~ bob** plomada *f*
  ◇ *adv Fam* **-1.** *(exactly)* de lleno, directamente; **~ in the centre** en todo *or* justo en el centro **-2.** *US (utterly, completely)* totalmente, completamente; **he's ~ crazy** está totalmente *or* completamente loco
  ◇ *vt* **-1.** *(sea)* sondar; *Fig* **to ~ the depths of** abismarse *or* sumergirse en las profundidades de **-2.** *(test for verticality)* aplomar

◆ **plumb in** *vt sep Br* **to ~ in a washing machine** conectar una lavadora *or RP* un lavarropas

plumbago [plʌm'beɪgəʊ] *(pl* **plumbagos)** *n* **-1.** *(plant)* plumbaginácea *f* **-2.** *(graphite)* plombagina *f*

plumber ['plʌmə(r)] *n* fontanero(a) *m,f*, *Méx, RP, Ven* plomero(a) *m,f* ❑ *US* **~'s friend** desatascador *m*; **~'s helper** desatascador *m*

plumbing ['plʌmɪŋ] *n* **-1.** *(job)* fontanería *f*, *Am* plomería *f* **-2.** *(system)* cañerías *fpl* **-3.** *Euph (uro-genital system)* cañerías *fpl*

plume [plu:m] ◇ *n* **-1.** *(single feather)* pluma *f*; *(on hat, helmet)* penacho *m* **-2.** *(of smoke)* nube *f*, penacho *m*
  ◇ *vt* **-1.** *(preen)* limpiarse con el pico **-2.** **to ~ oneself on sth** *(take pride in)* congratularse *or* enorgullecerse de algo

plummet ['plʌmɪt] ◇ *n* **-1.** *(angler's weight)* plomada *f* **-2.** *(plumb line)* plomada *f*
  ◇ *vi* **-1.** *(plunge, dive)* desplomarse, caer *Esp* en picado *or Am* en picada **-2.** *(drop) (price, amount, temperature)* desplomarse, caer *Esp* en picado *or Am* en picada; **educational standards have plummeted** los niveles educativos han caído *Esp* en picado *or Am* en picada

plummy ['plʌmɪ] *adj Fam (voice, accent)* engolado(a) *(propio de la clase alta británica)*

plump [plʌmp] ◇ *adj (person, arms, face)* rechoncho(a); *(peach, turkey)* gordo(a); **a ~ wallet** una billetera gorda

◇ *adv* **-1.** *(heavily)* pesadamente, con fuerza **-2.** *(directly)* directamente

◇ *vt* **-1.** *(pillow, cushion)* ahuecar **-2.** *(drop)* **to ~ oneself into an armchair** dejarse caer en una butaca

◆ **plump down** *vt sep* dejar *or* poner de golpe; **she plumped herself down on the sofa** se dejó caer en el sofá

◆ **plump for** *vt insep Fam (choose)* decidirse por

◆ **plump up** *vt sep (cushion, pillow)* ahuecar

plumpness ['plʌmpnɪs] *n (of person)* rechonchez *f*; *(of peach, turkey)* gordura *f*; **to be inclined to ~** tener tendencia a la gordura

plunder ['plʌndə(r)] ◇ *n* **-1.** *(action)* saqueo *m*, pillaje *m* **-2.** *(loot)* botín *m*

◇ *vt (place)* saquear, expoliar; *(object)* robar; *Fig (bookshelves, fridge)* saquear

plunge [plʌndʒ] ◇ *n* **-1.** *(dive)* zambullida *f*; **prices have taken a ~** los precios se han desplomado *or* han caído *Esp* en picado *or Am* en picada; IDIOM *Fam* **to take the ~** *(take major step)* lanzarse; *(get married)* dar el paso (decisivo) **-2.** *(of share values, prices)* desplome *m*; *(of temperature)* descenso *m* brusco

◇ *vt* sumergir (**into** en); **~ the tomatoes into boiling water** sumerja los tomates en agua hirviendo; **he plunged his hands into his pockets** hundió las manos en los bolsillos; **to ~ a knife into sb's back** hundir a alguien un cuchillo en la espalda; **the office was plunged into darkness** la oficina quedó a oscuras; **to ~ sb into despair** sumir a alguien en la desesperación

◇ *vi* **-1.** *(dive, fall)* caer (**into** en); **the lorry plunged over the cliff** el camión cayó por el precipicio; **she plunged to her death** murió tras caer al vacío **-2.** *(share values, prices)* desplomarse; *(temperature)* descender bruscamente **-3.** *(neckline)* acentuarse **-4.** *(engage oneself in)* meterse; **he plunged into a long and complicated story** se metió en una larga y compleja historia

◆ **plunge in** *vi* meterse de cabeza, lanzarse

plunger ['plʌndʒə(r)] *n* **-1.** *(of syringe, coffeemaker, detonator)* émbolo *m* **-2.** *(for clearing sink)* desatascador *m*

plunging ['plʌndʒɪŋ] *adj* **a ~ neckline** un escote pronunciado; **~ prices** precios que se desploman

plunk [plʌŋk] *Fam* ◇ *n (sound)* rasgueo *m*, punteo *m*

◇ *vt* **-1.** *(put down)* tirar, poner **-2.** *(guitar, banjo)* rasguear, puntear

◇ *vi* **he was plunking away at the piano** estaba aporreando el piano

◆ **plunk down** *vt sep* **he plunked himself down on the sofa** se dejó caer en el sofá

pluperfect ['plu:'pɜ:fɪkt] ◇ *n* GRAM pluscuamperfecto *m*

◇ *adj* pluscuamperfecto(a)

plural ['plʊərəl] ◇ *n* GRAM plural *m*; **in the ~** en plural

◇ *adj* **-1.** GRAM plural **-2.** POL **~ society** sociedad *f* plural

pluralism ['plʊərəlɪzəm] *n* pluralismo *m*

pluralist ['plʊərəlɪst] ◇ *n* pluralista *mf*

◇ *adj* pluralista

pluralistic [plʊərə'lɪstɪk] *adj (society)* plural; *(views)* pluralista

plurality [plʊə'rælɪtɪ] *n* **-1.** *(variety)* pluralidad *f* **-2.** **a ~ of** la mayoría relativa de

pluralize ['plʊərəlaɪz] *vt* GRAM poner en plural

plus [plʌs] ◇ *n (pl* **plusses** ['plʌsɪz]*)* **-1.** *(sign)* signo *m* más ❏ COMPTR **~ key** tecla *f* de suma **-2.** *(advantage)* ventaja *f*

◇ *adj* **-1. ~ sign** signo *m* más **-2.** *(positive)* **on the ~ side, the bicycle is light** esta bicicleta tiene la ventaja de ser ligera **-3.** *(over, more than)* **fifteen ~** de quince para arriba, más de quince; *Fam* **we're looking for somebody with talent ~** buscamos a alguien con mucho talento; **I got a C ~** saqué un aprobado alto **-4. ~ fours** *(trousers)* (pantalones *mpl*) bombachos *mpl*

◇ *prep* más; **seven ~ nine** siete más nueve; **$97 ~ tax** 97 dólares más impuestos; **two floors ~ an attic** dos pisos y una buhardilla

◇ *conj Fam* además, encima; **he's stupid, ~ he's ugly** es un imbécil y además *or* encima es feo

plush [plʌʃ] ◇ *n* TEX felpa *f*

◇ *adj Fam* lujoso(a), *Esp* muy puesto(a)

Plutarch ['plu:tɑ:k] *pr n* Plutarco

Pluto ['plu:təʊ] *n* **-1.** *(planet)* Plutón **-2.** *(god)* Plutón

plutocracy [plu:'tɒkrəsɪ] *n* plutocracia *f*

plutocrat ['plu:təkræt] *n* **-1.** POL plutócrata *mf* **-2.** *Pej (wealthy person)* ricachón(ona) *m,f*

plutocratic [plu:tə'krætɪk] *adj* plutocrático(a)

plutonium [plu:'təʊnɪəm] *n* CHEM plutonio *m*

Plutus ['plu:təs] *pr n* MYTHOL Pluto

pluvial ['plu:vjəl] *adj* pluvial

pluviometer [plu:vɪ'ɒmɪtə(r)] *n* pluviómetro *m*

ply[1] [plaɪ] *n* **-1.** *(thickness)* **three-~** *(wood, paper handkerchief)* de tres capas; *(wool)* de tres hebras **-2.** *Fam (plywood)* contrachapado *m*

ply[2] ◇ *vt* **-1.** *(exercise)* **to ~ one's trade** ejercer su oficio **-2.** *(supply in excess)* **to ~ sb with questions** acribillar a alguien a preguntas; **to ~ sb with drink** ofrecer bebida insistentemente a alguien **-3.** *(use)* *(tool)* usar, manejar; *(needle)* manejar **-4.** *(travel)* *(river, ocean)* navegar, surcar

◇ *vi* **to ~ for hire** *(taxi)* circular despacio en busca de pasajeros; **to ~ between** *(ferry, plane)* cubrir la ruta entre

plywood ['plaɪwʊd] *n* contrachapado *m*

PM [pi:'em] *n (abbr* **Prime Minister***)* primer(era) ministro(a) *m,f*

p.m. [pi:'em] *adv (abbr* **post meridiem***)* p.m.; **6 p.m.** las 6 de la tarde

PMS [pi:em'es] *n (abbr* **premenstrual syndrome***)* síndrome *m* premenstrual

PMT [pi:em'ti:] *n (abbr* **premenstrual tension***)* tensión *f* premenstrual

pneumatic [nju:'mætɪk] *adj* **-1.** *(containing air)* neumático(a) ❏ **~** *Br* **tyre** *or US* **tire** neumático *m* **-2.** *(operated by air)* **~ drill** martillo *m* neumático; **~ pump** bomba *f* neumática **-3.** *Fam (woman, figure)* con buenas curvas, bien provisto(a)

pneumatically [nju:'mætɪklɪ] *adv* neumáticamente

pneumatics [nju:'mætɪks] *n* neumática *f*

pneumoconiosis [nju:məkəʊnɪ'əʊsɪs] *n* MED neumoconiosis *f inv*

pneumonia [nju:'məʊnɪə] *n* pulmonía *f*, neumonía *f*

PO [pi:'əʊ] *n* **-1.** *(abbr* **Post Office***)* oficina *f* de correos ❏ **PO Box** apartado *m* de correos, *CAm, Carib, Méx* casilla *f* postal, *Andes, RP* casilla *f* de correos, *Col* apartado *m* aéreo **-2.** *Br (abbr* **postal order***)* giro *m* postal **-3.** NAUT *(abbr* **petty officer***)* suboficial *mf* de marina

po [pəʊ] *(pl* **pos***) n Br Fam* orinal *m*, *Am* bacinica *f*

poach[1] [pəʊtʃ] *vt* CULIN *(eggs)* escalfar; *(fish)* cocer; **poached eggs** huevos escalfados

poach[2] ◇ *vt* **-1.** *(catch illegally)* **to ~ fish/game** pescar/cazar furtivamente **-2.** *(steal)* *(idea, employee)* robar

◇ *vi* **to ~ for game** cazar furtivamente; **to ~ for salmon** pescar salmón furtivamente; **you're poaching on my territory** te estás metiendo en mi territorio

poacher ['pəʊtʃə(r)] *n (hunter)* *(of game)* cazador *m* furtivo; *(of fish)* pescador *m* furtivo

poaching ['pəʊtʃɪŋ] *n* **-1.** *(cooking)* escalfado *m* **-2.** *(illegal hunting)* caza *f* furtiva; *(illegal fishing)* pesca *f* furtiva

po' boy ['pəʊbɔɪ] *n US* = sandwich grande típico de Nueva Orleans

pochard ['pəʊtʃəd] *n* porrón *m*; **red-crested ~** pato *m* colorado

pock = **pockmark**

pocked = **pockmarked**

pocket ['pɒkɪt] ◇ *n* **-1.** *(in trousers, jacket)* bolsillo *m*, *CAm, Méx, Perú* bolsa *f*; **~ comb/mirror** peine/espejo *m* de bolsillo; **to go through sb's pockets** buscar en los bolsillos de alguien; IDIOM **to be in each other's pockets** no separarse ni para ir al baño; IDIOM **to have sb in one's ~** tener a alguien metido en el bolsillo; IDIOM **we thought we had the deal in our ~** pensábamos que ya teníamos el acuerdo en el bolsillo ❏ HIST **~ borough** = circunscripción electoral del Reino Unido que, antes de la reforma de 1832, podía estar bajo el control de una persona o familia; **~ calculator** calculadora *f* de bolsillo; **~ edition** edición *f* de bolsillo; **~ money** *(for buying things)* dinero *m* para gastos; *(given by parents)* paga *f*, propina *f*; *US* POL **~ veto** = veto indirecto que puede aplicar el presidente al no firmar un decreto dentro del plazo establecido de diez días; **~ watch** reloj *m* de bolsillo

-2. *(referring to financial means)* **he doesn't like putting his hand in his ~** no es de los que mete la mano en el bolsillo con facilidad; **prices to suit every ~** precios para todos los bolsillos; **I paid for the presents out of my own ~** pagué los regalos de mi propio bolsillo; **to be in ~** tener dinero en el bolsillo; **to be out of ~** haber perdido dinero; IDIOM **to line one's pockets** llenarse los bolsillos, forrarse

-3. *(of air, gas)* bolsa *f*; *(of resistance, rebellion)* foco *m*

-4. NAUT **~ battleship** acorazado *m* de bolsillo

-5. *(in snooker, pool)* agujero *m*, tronera *f*

◇ *vt* **-1.** *(put in pocket)* meter en el bolsillo; IDIOM **to ~ one's pride** meterse el orgullo en el bolsillo **-2.** *Fam (steal)* afanar, *Esp* embolsarse **-3.** *(in snooker, pool)* meter

pocketbook ['pɒkɪtbʊk] *n US* **-1.** *(wallet)* cartera *f* **-2.** *(handbag) Esp* bolso *m*, *Col, CSur* cartera *f*, *Méx* bolsa *f*

pocketful ['pɒkɪtfʊl] *n* **he had a ~ of coins** tenía el bolsillo lleno de monedas

pocketknife ['pɒkɪtnaɪf] *n* navaja *f*, cortaplumas *m inv*

pocket-size(d) ['pɒkɪtsaɪz(d)] *adj* **-1.** *(book, revolver)* de bolsillo **-2.** *(tiny)* pequeño(a), de bolsillo

pockmark ['pɒkmɑ:k], **pock** [pɒk] ◇ *n* **-1.** *(on skin)* marca *f* de viruela **-2.** *(on surface)* marca *f*

◇ *vt* **-1.** *(skin)* marcar **-2.** *(surface)* marcar

pockmarked ['pɒkmɑ:kt], **pocked** [pɒkt] *adj* **-1.** *(face)* picado(a) (de viruelas) **-2.** *(surface)* acribillado(a)

POD [pi:əʊ'di:] *n (abbr* **pay on delivery***)* pago *m* contra reembolso

PO'd ['pi:'əʊd] *adj US Fam* cabreado(a), *Arg* caliente

pod [pɒd] *n* **-1.** *(of plant)* vaina *f* **-2.** *(of aircraft)* tanque *m*; *(of spacecraft)* módulo *m*

podgy ['pɒdʒɪ] *adj Br* regordete(a)

podiatrist [pə'daɪətrɪst] *n US* podólogo(a) *m,f*

podiatry [pə'daɪətrɪ] *n US* podología *f*

podium ['pəʊdɪəm] *(pl* **podiums** *or* **podia** ['pəʊdɪə]*) n* podio *m*

poem ['pəʊɪm] *n* poema *m*

poesy ['pəʊɪzɪ] *n Archaic or Literary* poesía *f*

poet ['pəʊɪt] *n (male)* poeta *m*; *(female)* poetisa *f*, poeta *f* ❏ **Poets' Corner** = rincón de la Abadía de Westminster en el que están enterrados muchos poetas; **~ laureate** = en el Reino Unido, poeta de la corte encargado de escribir poemas para ocasiones oficiales

poetaster [pəʊɪ'tæstə(r)] *n Pej* poetastro(a) *m,f*

poetess [pəʊɪ'tes] *n Old-fashioned* poetisa *f*

poetic [pəʊ'etɪk] *adj* poético(a); **he gets quite ~ when he's enthusiastic** cuando se entusiasma con algo se pone muy poético ❏ **~ justice**: **it was ~ justice that she should be replaced by someone she herself had sacked** fue una ironía del destino que la reemplazaran por alguien a quien ella había despedido anteriormente; **~ licence** licencia *f* poética

poetical [pəʊˈetɪkəl] *adj* poético(a)
poetically [pəʊˈetɪklɪ] *adv* de manera poética, poéticamente
poetics [pəʊˈetɪks] *n* poética *f*
poetry [ˈpəʊɪtrɪ] *n* poesía *f*; **~ in motion** poesía en movimiento ❑ **~ reading** recital *m* de poesía
po-faced [ˈpəʊfeɪst] *adj Fam* **-1.** *(person)* **she was wearing a ~ expression** tenía cara de pocos amigos **-2.** *(reaction, attitude)* demasiado(a) serio(a)
pogo [ˈpəʊɡəʊ] ◇ *n* **~ stick** = palo provisto de un muelle para dar saltos
◇ *vi (dance)* = bailar dando saltos y cabezazos imaginarios
pogrom [ˈpɒɡrɒm] *n* pogromo *m*
poignancy [ˈpɔɪnjənsɪ] *n* patetismo *m*, lo conmovedor
poignant [ˈpɔɪnjənt] *adj* patético(a), conmovedor(ora)
poignantly [ˈpɔɪnjəntlɪ] *adv* de modo conmovedor
poinsettia [pɔɪnˈsetɪə] *n* poinsettia *f*, flor *f* de Pascua
point [pɔɪnt] ◇ *n* **-1.** *(in space)* punto *m* ❑ LING **~ of articulation** punto *m* de articulación; **~ of contact** punto *m* de contacto; COM **~ of sale** punto *m* de venta
-2. *(stage, moment)* instante *m*, momento *m*; **at one ~ everything went dark** en un momento determinado se oscureció todo; **at some ~** en algún momento; **at this ~ in time** a esta altura, *Esp* en este preciso instante; **at that** *or* **this ~ the phone rang** en ese instante sonó el teléfono; **to be on the ~ of doing sth** estar a punto de hacer algo; **to drive sb to the ~ of despair** llevar a alguien hasta *or* a la desesperación; **outspoken to the ~ of rudeness** franco(a) hasta lindar con la grosería; **up to a ~** hasta cierto punto; **when it comes to the ~...** a la hora de la verdad...; **I/it got to the ~ where I didn't know what I was doing** llegó un momento en el que ya no sabía lo que estaba haciendo; **we've reached the ~ of no return** ya no nos podemos echar atrás, *RP* llegamos al punto desde donde no hay más retorno
-3. *(in argument, discussion)* punto *m*; **she has** *or* **she's got a ~** no le falta razón; **he made several interesting points** hizo varias observaciones *or* puntualizaciones muy interesantes; **you've made your ~!** ¡ya nos hemos enterado!, *RP* sí, sí, ya entendimos; **this proves my ~** esto prueba *or* confirma lo que digo; **I can see her ~** no le falta razón; **I take your ~** estoy de acuerdo con lo que dices; **~ taken!** ¡de acuerdo!, ¡tienes razón!; **that's ridiculous! – my ~ exactly** ¡es ridículo! – precisamente lo que decía yo; **they don't arrive till eight – that's a ~** no llegan hasta las ocho – es verdad; **in ~ of fact** en realidad; **not to put too fine a ~ on it...** hablando en plata... ❑ **a ~ of grammar** una cuestión gramatical; **~ of honour** cuestión *f* de honor; **~ of order** cuestión *f* de procedimiento *or* de forma; **~ of principle** cuestión *f* de principio; **~ of reference** punto *m* de referencia; **~ of view** punto *m* de vista
-4. *(most important thing)* **the ~ is...** la cuestión es que...; **won't she be surprised? – that's the whole ~** ¿no se sorprenderá? – de eso se trata; **that's not the ~** no es esa la cuestión; **that's beside the ~** eso no viene al caso; **her remarks were very much to the ~** sus comentarios fueron muy pertinentes *or* venían al caso; **where is he, and more to the ~, who is he?** ¿dónde está y, lo que es más importante, quién es?; **to come** *or* **get to the ~** ir al grano; **I didn't get the ~ of the joke** no entendí el chiste; **to keep** *or* **stick to the ~** no divagar, no irse por las ramas; **to make a ~ of doing sth** preocuparse de *or* procurar hacer algo
-5. *(aspect, characteristic)* aspecto *m*; **it has its good points** tiene sus cosas buenas
-6. *(purpose)* **there is no** *or* **little ~ (in) waiting any longer** no vale la pena seguir esperando; **I can't see the ~ in continuing** no veo para qué vamos a continuar; **what's the ~?** ¿para qué?; **what's the ~ of** *or* **in doing that?** ¿qué sentido tiene hacer eso?, *Esp* ¿qué se consigue haciendo eso?
-7. *(in game, exam)* punto *m*; *(on stock market)* entero *m*, punto *m*; **to win on points** ganar por puntos ❑ **points competition** *(in cycling)* clasificación *f* por puntos *or* de la regularidad
-8. *(mark, dot)* punto *m*; **a ~ of light** un punto de luz
-9. MATH **(decimal) ~** coma *f* (decimal); **three ~ five** tres coma cinco
-10. *(on compass)* punto *m*
-11. *(of needle, pencil, sword)* punta *f*; **to end in a ~** acabar en punta
-12. *(of land)* punta *f*, cabo *m*
-13. TYP punto *m* ❑ **~ size** tamaño *m*
-14. *esp Br (electric socket)* toma *f* de corriente, *Am* toma *f* de contacto
-15. AUT **points** platinos *mpl*
-16. *Br* **to be on point(s) duty** *(policeman)* estar dirigiendo el tráfico con los brazos
-17. RAIL **points** agujas *fpl*
-18. *(in basketball)* **~ guard** base *mf*
◇ *vt* **-1.** *(aim)* dirigir; **to ~ a gun at sb** apuntar con un arma a alguien; **to ~ one's finger at sb** señalar a alguien con el dedo; IDIOM **to ~ the finger at sb** *(accuse)* señalar a alguien (con el dedo); **he pointed us in the direction of his office** nos señaló dónde quedaba su oficina, nos indicó la dirección de su oficina; *Fam* **just ~ me in the right direction** *(show how to do)* basta con que me digas cómo hacerlo más o menos, *RP* alcanza con que me encamines; **to ~ the way** indicar el camino; *Fig* indicar el rumbo a seguir
-2. CONSTR rellenar las juntas de
◇ *vi* **to ~ north/left** señalar al norte/a la izquierda; **make sure your fingers are pointing down** asegúrate de que tus dedos señalan hacia abajo; **it's rude to ~** es de mala educación señalar con el dedo; **to ~ at sth/sb** *(with finger)* señalar algo/a alguien; **the telescopes were all pointing in the same direction** todos los telescopios estaban enfocados *or* orientados en la misma dirección; **the hour hand is pointing to ten** *Esp* la manecilla horaria *or Am* el horario indica las diez; **to be pointing towards sth** estar mirando *or* apuntando hacia algo; **he pointed to this issue as the key to their success** señaló esta cuestión como la clave de su éxito; **this points to the fact that...** esto nos lleva al hecho de que...; **everything points to a Labour victory** todo indica una victoria laborista; **all the evidence points to suicide** todas las pruebas sugieren que se trata de un suicidio
▸ **point out** *vt sep (error)* hacer notar, indicar; *(fact)* recalcar; *(dangers, risks)* señalar; **to ~ sth/sb out (to sb)** *(with finger)* señalar algo/a alguien (a alguien); **to ~ out to sb the advantages of sth** mostrar a alguien las ventajas de algo; **I pointed out that there was a serious flaw in the plan** advertí que había un grave fallo en el plan; **might I ~ out that...?** ¿puedo hacer notar que...?
▸ **point up** *vt sep (highlight)* subrayar
point-and-shoot [ˈpɔɪntənˈʃuːt] *adj (camera)* totalmente automático(a)
point-blank [ˈpɔɪntˈblæŋk] ◇ *adj* **-1.** *(shot)* a quemarropa; **at ~ range** a bocajarro, a quemarropa **-2.** *(direct) (refusal, denial)* rotundo(a), tajante
◇ *adv* **-1.** *(to fire)* a bocajarro, a quemarropa **-2.** *(directly)* **he asked me ~ whether...** me preguntó de sopetón si...; **to deny sth ~** negar algo en redondo; **to refuse ~** negarse en redondo *or* de plano
point-by-point [ˈpɔɪntbaɪˈpɔɪnt] *adj* puntualizado(a)
pointed [ˈpɔɪntɪd] *adj* **-1.** *(sharp)* puntiagudo(a)
-2. *(meaningful) (remark)* intencionado(a); *(look)* significativo(a) **-3.** *(marked)* evidente; **with ~ indifference** con evidente indiferencia

pointedly [ˈpɔɪntɪdlɪ] *adv* **-1.** *(meaningfully)* intencionadamente, con intención; **"well I certainly won't be late,"she said ~** "yo por lo menos no llegaré tarde", dijo lanzando una indirecta **-2.** *(markedly)* evidentemente; **she ~ ignored me all evening** me ignoró deliberadamente toda la noche
pointer [ˈpɔɪntə(r)] *n* **-1.** *(stick)* puntero *m* **-2.** *(on dial)* aguja *f* **-3.** *(indication, sign)* indicador *m*, pista *f* **-4.** *Fam (advice)* indicación *f* **-5.** *(dog)* perro *m* de muestra, pointer *m* **-6.** COMPTR puntero *m*
pointillism [ˈpwæntɪlɪzəm] *n* ART puntillismo *m*
pointing [ˈpɔɪntɪŋ] *n* **-1.** *(act, job)* sellado *m* or llenado *m* de juntas **-2.** *(cement work)* rejuntado *m*
pointless [ˈpɔɪntlɪs] *adj* sin sentido; **to be ~** no tener sentido; **it's ~ trying to convince him** es inútil intentar convencerlo
point-of-sale [ˈpɔɪntəvˈseɪl] *n* **points of sale ~ advertising** publicidad *f* en los puntos de venta
pointsman [ˈpɔɪntsmən] *n Br* RAIL guardagujas *m inv*
point-to-point [ˈpɔɪntəˈpɔɪnt] *n* **-1.** *(horse race) Br* = carrera de caballos por el campo señalizada con banderines **-2.** COMPTR **~ protocol** protocolo *m* punto a punto
pointy-head [ˈpɔɪntɪhed] *n US Pej* cerebrito *m*
pointy-headed [ˈpɔɪntɪˈhedɪd] *adj US Pej* intelectualoide
poise [pɔɪz] ◇ *n* **-1.** *(physical)* equilibrio *m*; **to recover one's ~** recobrar el equilibrio **-2.** *(composure)* compostura *f*, aplomo *m*
◇ *vt (balance)* acomodar, colocar; **she poised herself on the arm of my chair** se acomodó en el brazo de mi silla
poised [pɔɪzd] *adj* **-1.** *(composed)* sereno(a) **-2.** *(ready)* **her hand was poised over the telephone** tenía la mano lista, sobre el teléfono; **to be ~ to do sth** estar listo(a) para hacer algo **-3.** *(balanced)* **he was ~ between life and death** estaba entre la vida y la muerte; **to be ~ on the brink of sth** estar al borde de algo
poison [ˈpɔɪzən] ◇ *n* **-1.** *(chemical, of reptile)* veneno *m* ❑ **~ gas** gas *m* tóxico; **~ ivy** zumaque *m* venenoso; **~ pen letter** anónimo *m* malicioso; **~ sumach** zumaque *m* venenoso
-2. IDIOMS *Fam* **he's absolute ~!** es un cerdo asqueroso; **they hate each other like ~** se odian a muerte; *Fam Hum* **what's your ~?** ¿qué tomas?
◇ *vt* **-1.** *(person, food) (intentionally)* envenenar; *(accidentally)* intoxicar **-2.** *(pollute)* contaminar **-3.** IDIOMS **his arrival poisoned the atmosphere** su llegada estropeó el ambiente; **to ~ sb's mind (against sb)** enemistar *or* encizañar a alguien (con alguien)
poisoned [ˈpɔɪzənd] *adj* envenenado(a) ❑ **~ chalice** caramelo *m* muy amargo, = algo que parece una pera en dulce pero no lo es
poisoner [ˈpɔɪzənə(r)] *n* envenenador(ora) *m, f*
poisoning [ˈpɔɪzənɪŋ] *n* **-1.** *(of person, food) (intentional)* envenenamiento *m*; *(accidental)* intoxicación *f*; **to die of ~** *(intentional)* morir envenenado(a), *(accidental)* morir por intoxicación **-2.** *(pollution)* contaminación *f*
poisonous [ˈpɔɪzənəs] *adj* **-1.** *(toxic) (snake, plant, mushroom)* venenoso(a); *(chemical, fumes)* tóxico(a) **-2.** *(vicious) (remark, atmosphere)* envenenado(a), emponzoñado(a); *(rumour, doctrine)* nocivo(a), dañino(a); **he's got a ~ tongue** tiene una lengua viperina
poke [pəʊk] ◇ *n* **-1.** *(jab)* golpe *m* (con la punta de un objeto); **she gave him a ~ with her umbrella** le dio con la punta del paraguas; **give the fire a ~** atiza un poco el fuego; IDIOM *Hum* **it's better than a ~ in the eye with a sharp stick** podía haber sido mucho peor
-2. *US Fam (punch)* puñetazo *m*, *Arg* piña *f*; **he's asking for a ~ in the nose!** se está buscando un puñetazo *or Arg* una piña
-3. *very Fam (sexual intercourse)* **to have a ~** echar un polvo *or* casquete *or Cuba* palo
-4. *Scot & US (bag)* bolsa *f* de papel

poker

◇ vt **-1.** *(jab)* **to ~ sb with one's finger/a stick** dar a alguien con la punta del dedo/de un palo; **to ~ sb in the ribs** *(with elbow)* dar a alguien un codazo en las costillas; **to ~ a hole in sth** hacer un agujero en algo; **to ~ the fire** atizar el fuego; IDIOM **to ~ fun at sth/sb** reírse de algo/alguien
-2. *(insert)* **she poked her finger/knife into the tart** hundió el dedo/cuchillo en la tarta; **to ~ one's head round a door** asomar la cabeza por una puerta; IDIOM **to ~ one's nose into other people's business** meter las narices en asuntos ajenos
-3. US Fam *(punch)* pegar un puñetazo or Arg una piña a; **I poked him in the nose** le pegué un puñetazo or Arg una piña en la nariz
-4. very Fam *(have sex with)* tirarse a
◇ vi **to ~ at sth** (with one's finger/a stick) dar un golpe a algo (con la punta del dedo/de un palo)

◆ **poke about, poke around** vi *(search)* rebuscar; *(be nosy)* fisgonear, fisgar
◆ **poke along** vi US ir a paso de tortuga
◆ **poke out** ◇ vt sep **to ~ one's head out (of) the window** asomar la cabeza por la ventana; **to ~ one's tongue out** sacar la lengua; **be careful! you nearly poked my eye out!** ¡ten cuidado! ¡casi me sacas un ojo!
◇ vi *(protrude)* asomar, sobresalir

poker¹ ['pəʊkə(r)] n *(for fire)* atizador m
poker² n *(card game)* póquer m, póker m ❑ **~ dice** dados mpl de póquer; **~ face** cara f de póquer
poker-faced ['pəʊkəfeɪst] adj con cara de póquer
pokerwork ['pəʊkəwɜːk] n Br *(technique)* pirograbado m; *(decoration)* pirograbado m
pokey ['pəʊkɪ] n US Fam *(prison)* Esp chirona f, Andes, RP cana f, Méx bote m
◇ adj = **poky**
poky ['pəʊkɪ] adj Fam enano(a), minúsculo(a); **a ~ room** un cuchitril, un cuartucho
pol [pɒl] n US Fam político(a) m,f
Polack ['pəʊlæk] n US Fam = término generalmente ofensivo para referirse a los polacos
Poland ['pəʊlənd] n Polonia
polar ['pəʊlə(r)] adj **-1.** GEOG polar ❑ **~ bear** oso m polar or blanco; **~ circle** círculo m polar **-2.** MATH **~ co-ordinates** coordenadas fpl polares **-3.** *(completely different)* **~ opposites** polos opuestos
Polaris [pə'lɑːrɪs] n Formerly *(weapon system)* Polaris m ❑ **~ missile** misil m Polaris; **~ submarine** submarino m Polaris
polarity [pə'lærɪtɪ] n **-1.** GEOG polaridad f **-2.** PHYS polaridad f **-3.** *(division)* polaridad f
polarization [pəʊləraɪ'zeɪʃən] n polarización f
polarize ['pəʊləraɪz] ◇ vt polarizar
◇ vi polarizarse
polarizing ['pəʊləraɪzɪŋ] adj PHOT **~ filter** filtro polarizador
Polaroid® ['pəʊlərɔɪd] n **-1.** *(camera)* polaroid® f **-2.** *(photo)* foto f instantánea **-3.** **Polaroids** *(sunglasses)* gafas de sol Polaroid
polder ['pəʊldə(r)] n pólder m
Pole [pəʊl] n polaco(a) m,f
pole¹ [pəʊl] ◇ n **-1.** *(for supporting)* poste m; *(for jumping, punting)* pértiga f; *(for flag, tent)* mástil m; *(for skier)* bastón m; *(for stretcher)* palo m; *(for phonelines)* poste m; *(in fire station)* barra f de descenso; IDIOM Fam **to drive sb up the ~** hacer que alguien se suba por las paredes ❑ **~ vault** salto m con pértiga, Am salto m con garrocha; **~ vaulter** saltador(ora) m,f con pértiga, pertiguista mf
-2. *(in motor racing)* pole-position f, = puesto en la primera línea de salida; **to be on ~** estar en la pole-position; **to be in ~ position** *(in motor racing)* estar en la pole-position; Fig estar en una posición excelente
-3. *(unit of measure)* = antigua medida de longitud equivalente a 5,029 metros
-4. very Fam *(penis)* pito m
◇ vt *(punt)* impulsar
pole² n **-1.** *(of planet)* polo m; **North/South Pole** Polo Norte/Sur; IDIOM **to be poles apart** estar en polos opuestos ❑ **Pole Star** estrella f polar **-2.** *(of magnet)* polo m
poleaxe, US **poleax** ['pəʊlæks] ◇ n **-1.** *(weapon)* hacha f de guerra **-2.** *(for slaughter)* hacha f
◇ vt *(physically)* noquear, tumbar de un golpe; *(emotionally)* dejar anonadado(a)
polecat ['pəʊlkæt] n **-1.** *(like weasel)* turón m **-2.** US *(skunk)* mofeta f
polemic [pə'lemɪk] n **-1.** *(controversy)* polémica f; **I don't want to indulge in polemics** no quiero entrar en polémica **-2.** *(speech, article)* diatriba f
polemic(al) [pə'lemɪk(əl)] adj polémico(a)
polemicist [pə'lemɪsɪst] n polemista mf
polenta [pə'lentə] n polenta f
police [pə'liːs] ◇ npl **the ~** la policía; **200 ~** 200 policías; **he's in the ~** es policía; **there was a heavy ~ presence** había una gran presencia policial; **all ~ leave was cancelled** todos los permisos de los policías fueron suspendidos ❑ US **~ academy** academia f de policía; **~ car** coche m or Am carro m or CSur auto m de policía; **~ cell** calabozo m; **~ chief** jefe m de policía; US **~ commissioner** = ciudadano que preside un consejo civil encargado de supervisar la actuación de la policía; Br **Police Complaints Authority** = organismo que investiga las quejas contra la policía en Inglaterra y Gales; Br **~ constable** (agente mf de) policía mf; Br **~ court** juzgado m de primera instancia; **~ custody** custodia f policial; **to be in ~ custody** estar bajo custodia policial; **to be taken into ~ custody** ser detenido(a); US **~ department** jefatura f de policía; **~ dog** perro m policía; **~ escort** escolta f policial; Br **the Police Federation** = organización f profesional de la policía; **~ force** policía f, cuerpo m de policía; Br **~ inspector** inspector(ora) m,f de policía; US **~ line** cordón m policial; **~ officer** (agente mf de) policía mf; US **~ precinct** *(division)* distrito m policial; *(police station)* comisaría f de policía; **~ procedural** *(novel, movie)* = novela o película que describe una investigación policial; **~ record** *(history)* antecedentes mpl policiales; *(document)* ficha f policial; **~ state** estado m policial; **~ station** comisaría f de policía; **~ van** coche m or Am carro m celular, RP jaula f de policía; US **~ wagon** coche m or Am carro m celular, RP jaula f de policía
◇ vt **-1.** *(keep secure)* vigilar, custodiar; **the streets are not properly policed these days** no hay suficientes policías en la calle hoy en día; **the match was heavily policed** en el partido había una fuerte presencia policial
-2. *(supervise)* vigilar, supervisar; **prices are policed by consumer associations** los precios son supervisados por las asociaciones de consumidores
-3. US *(clean)* *(military camp)* limpiar
policeman [pə'liːsmən] n policía m
policewoman [pə'liːswʊmən] n (mujer f) policía f
policing [pə'liːsɪŋ] n **-1.** *(by police)* mantenimiento m del orden; **the ~ of the match/demonstration was inadequate** la actuación policial durante el partido/la manifestación dejó bastante que desear **-2.** *(supervision)* control m, supervisión f; **the ~ of these regulations** el control de estas normas
policy ['pɒlɪsɪ] n **-1.** *(of government, in business)* política f; **foreign/domestic ~** política exterior/nacional or interna; **the government's economic ~** la política económica del gobierno; **it's a matter of ~** es una cuestión de política; **this is in line with company ~** esto se encuadra dentro de la política de la empresa ❑ **~ maker** responsable m político; **~ paper** documento m normativo; **~ statement** declaración f de principios; **~ unit** = grupo de funcionarios encargados de ofrecer información y análisis a los responsables políticos; POL Pej **~ wonk** tecnócrata mf
-2. *(personal principle, rule of action)* política f; **her ~ has been always to tell the truth** su política ha sido decir siempre la verdad; **it's (a) good/bad ~** es/no es conveniente
-3. FIN *(insurance)* **~** póliza f (de seguros); **to take out a ~** hacerse un seguro
policyholder ['pɒlɪsɪhəʊldə(r)] n asegurado(a) m,f
polio ['pəʊlɪəʊ] n poliomielitis f inv, polio f; **to have ~** tener polio ❑ **~ vaccine** vacuna f de la poliomielitis or de la polio
poliomyelitis ['pəʊlɪəʊmaɪə'laɪtɪs] n MED poliomielitis f inv
Polish ['pəʊlɪʃ] ◇ n *(language)* polaco m
◇ adj polaco(a) ❑ HIST **the ~ Corridor** el Corredor de Danzig
polish ['pɒlɪʃ] ◇ n **-1.** *(finish, shine)* brillo m; **to put a ~ on sth** hacer que algo brille; **his shoes have lost their ~** sus zapatos necesitan betún
-2. *(act of polishing)* **the brass could do with a ~** al latón le vendría bien que le sacaran el brillo or Am una lustrada; **to give sth a ~** dar or sacar brillo a algo
-3. *(for shoes)* betún m, crema f (para calzado); *(for furniture, floors)* cera f; *(for metal)* limpiametales m inv; *(for car)* cera f; *(for nails)* esmalte m, laca f
-4. *(refinement)* refinamiento m; **his performance lacks ~** le hace falta refinar su actuación; **his writing lacks ~** lo que escribe no tiene brillo or refinamiento
◇ vt **-1.** *(shoes)* dar brillo a, limpiar; *(furniture, floor)* encerar; *(wood, stone)* pulir; *(metal)* limpiar; *(car)* encerar; *(nails)* pintar **-2.** *(rice)* pulir **-3.** *(improve)* pulir
◆ **polish off** vt sep Fam *(food)* zamparse; *(drink)* cepillarse, Esp pimplarse, RP mandarse; *(work, opponent)* acabar con, Esp cepillarse
◆ **polish up** ◇ vt sep **-1.** *(shine)* sacar brillo a **-2.** Fig *(skill, language)* pulir, perfeccionar
◇ vi **brass polishes up well** al latón se le saca el brillo muy fácilmente, Am el latón se lustra muy fácil
polished ['pɒlɪʃt] adj **-1.** *(shiny)* *(wood, metal, stone)* pulido(a); *(shoes)* brillante, limpio(a); *(floor)* encerado(a) **-2.** *(rice)* pulido(a) **-3.** *(refined)* *(manners)* refinado(a); *(performance)* pulido(a); *(style)* acabado(a), pulido(a)
polisher ['pɒlɪʃə(r)] n **-1.** *(person)* lustrador(ora) m,f **-2.** *(machine)* pulidora f
Politburo ['pɒlɪtbjʊərəʊ] n *(of communist state)* Politburó m
polite [pə'laɪt] adj **-1.** *(well-mannered)* educado(a), cortés; **to be ~ to sb** ser amable or educado(a) con alguien; **he's only being ~, he's only saying that to be ~** lo dice por educación; **it's not ~ to...** no es de buena educación...; **to make ~ conversation** mantener una conversación por cortesía or intentando ser agradable **-2.** *(refined)* **in ~ society** entre gente educada
politely [pə'laɪtlɪ] adv educadamente, cortésmente
politeness [pə'laɪtnɪs] n educación f, cortesía f; **to do sth out of ~** hacer algo por cortesía
politic ['pɒlɪtɪk] adj Formal prudente; **it would not be ~ to refuse** no sería muy conveniente no aceptar
political [pə'lɪtɪkəl] adj **-1.** *(relating to politics)* político(a); **man is a ~ animal** el hombre es un animal político; **it was a ~ decision** fue una decisión política ❑ **~ asylum** asilo m político; **~ correctness** lo políticamente correcto; **~ corruption** corrupción f política; Old-fashioned **~ economy** economía f política; **~ editor** redactor(ora) m,f or director(ora) m,f de la sección política; **~ geography** geografía f política; **~ prisoner** preso(a) m,f político(a); **~ science** ciencias fpl políticas, politología f; **~ scientist** politólogo(a) m,f

-2. *(interested in politics)* **he's always been very** ~ siempre le ha interesado mucho la política; **he isn't very** ~ no le va mucho la política

-3. *(involving factions)* político(a); **things are getting far too** ~ **in the office** en la oficina están comenzando a aparecer demasiadas divisiones internas

---

POLITICAL CORRECTNESS

Lo políticamente correcto nació en los campus de las universidades estadounidenses en la década de los años 80, en un clima más liberal con respecto al multiculturalismo y la enseñanza de las humanidades. Se recomendaba un nuevo código lingüístico en el que no tuvieran cabida los términos que pudieran parecer racistas, sexistas u ofensivos para determinadas minorías sociales y étnicas. Así pues, expresiones como "American Indian" o "Black" fueron sustituidas por "Native American" y "African American" respectivamente. No obstante, ciertas expresiones políticamente correctas -"vertically challenged" ("persona con un reto vertical") en lugar de "short" ("bajo")- han suscitado controversia por su naturaleza excesivamente eufemística, y el movimiento de lo políticamente correcto ha sido objeto de burlas y críticas por el carácter extremista e intolerante de alguno de sus postulados.

---

politically [pə'lɪtɪklɪ] *adv* políticamente; **to be** ~ **aware** tener conciencia política; ~ **correct** políticamente correcto(a); ~ **motivated** por motivos políticos

politician [pɒlɪ'tɪʃən] *n* político(a) *m,f*

politicization [pəlɪtɪsaɪ'zeɪʃən] *n* politización *f*

politicize [pə'lɪtɪsaɪz] *vt* politizar; **the whole issue has become highly politicized** el tema ha sido totalmente politizado

politicking ['pɒlɪtɪkɪŋ] *n Pej* politiqueo *m*

politico [pə'lɪtɪkəʊ] *(pl* **politicos** *or* **politicoes)** *n Fam Pej* politicastro(a) *m,f*

politics ['pɒlɪtɪks] ◇ *n* **-1.** *(activity, profession)* política *f*; **to go into** ~ meterse en política; **local/national** ~ la política local/nacional **-2.** *(subject)* ciencias *fpl* políticas; **she studied** ~ **at university** estudió ciencias políticas en la facultad
◇ *npl* **-1.** *(views)* ideas *fpl* políticas; **what exactly are her** ~? ¿qué ideas políticas tiene?; **his** ~ **are right of centre** políticamente es de centroderecha **-2.** *(scheming)* politiqueo *m*; **office** ~ intrigas de oficina

polity ['pɒlɪtɪ] *n Formal* **-1.** *(body)* administración *f* **-2.** *(form of government)* sistema *m* de gobierno

polka ['pɒlkə] ◇ *n* polca *f*
◇ *vi (pt & pp* **polkaed)** bailar la polca

polka dot ['pɒlkədɒt] *n* lunar *m*

polka-dot ['pɒlkədɒt] *adj* de lunares ❏ *SPORT* **the** ~ **jersey** el maillot de lunares

poll¹ [pəʊl] ◇ *n* **-1.** *(elections)* votación *f*; **to go to the polls** acudir a las urnas; **the party is likely to be defeated at the polls** es muy probable que el partido sea derrotado en las urnas
-2. *(votes cast)* participación *f* electoral; **there was an unexpectedly heavy** ~ la participación electoral fue sorprendentemente alta; **the ecology candidate got 3 percent of the** ~ el candidato de ecología obtuvo el 3 por ciento de los votos
-3. *(survey) (of voting intentions)* sondeo *m* electoral; **(opinion)** ~ sondeo *m or* encuesta *f (*de opinión); **to carry out** *or* **conduct a** ~ **on** *or* **about sth** realizar una encuesta *or* un sondeo de opinión sobre algo
-4. *(count, census)* encuesta *f*
-5. *Br* ~ **tax** = impuesto directo, individual y de tarifa única
◇ *vt* **-1.** *(votes)* obtener; **the Greens polled 14 percent of the vote** los verdes obtuvieron el 14 por ciento de los votos **-2.** *(people)* sondear; **most of those polled were in favour of the plan** la mayor parte de los encuestados se manifestó a favor del plan
-3. *COMPTR (terminal)* interrogar

◇ *vi* **-1.** *(cast one's vote)* votar **-2.** *(receive votes)* **the party polled well** al partido le fue bien en las elecciones

poll² *vt (tree)* podar; *(cattle)* descornar

pollack ['pɒlək] *n* gado *m*

pollard ['pɒləd] ◇ *n (tree)* árbol *m* desmochado; *(cattle)* animal *m* descornado
◇ *vt (tree)* desmochar; *(cattle)* descornar

pollen ['pɒlən] *n* polen *m* ❏ ~ **count** concentración *f* de polen en el aire; ~ **sac** saco *m* polínico

pollinate ['pɒlɪneɪt] *vt* polinizar

pollination [pɒlɪ'neɪʃən] *n* polinización *f*

polling ['pəʊlɪŋ] *n* **-1.** *(voting)* votación *f*; ~ **takes place every five years** las elecciones se celebran cada cinco años; ~ **is up on last year** la participación electoral es superior a la del año pasado ❏ ~ **booth** cabina *f* electoral; ~ **day** jornada *f* electoral; ~ **station** colegio *m* electoral **-2.** *(for opinion poll)* sondeo *m*, encuesta *f*

polliwog, pollywog ['pɒlɪwɒg] *n US Fam* renacuajo *m*

pollster ['pəʊlstə(r)] *n* encuestador(ora) *m,f*

pollutant [pə'lu:tənt] *n* (sustancia *f*) contaminante *m*

pollute [pə'lu:t] *vt* **-1.** *(environment, river, atmosphere)* contaminar **-2.** *(language, mind)* contaminar

polluted [pə'lu:tɪd] *adj US Fam (drunk)* como una cuba

polluter [pə'lu:tə(r)] *n (company)* empresa *f* contaminante; *(industry)* industria *f* contaminante; **the** ~ **pays** quien contamina, paga

pollution [pə'lu:ʃən] *n* **-1.** *(of environment, river, atmosphere)* contaminación *f* **-2.** *(pollutants)* contaminación *f* **-3.** *(of language, mind)* contaminación *f*

Pollyanna [pɒlɪ'ænə] *n US* **she's a real** ~ es ingenuamente optimista

pollywog = **polliwog**

polo ['pəʊləʊ] *n (sport)* polo *m* ❏ *Br* ~ **neck (sweater)** suéter *m or Esp* jersey *m or Col* saco *m or RP* pulóver *m* de cuello alto *or* de cisne; ~ **shirt** polo *m*, *Méx* playera *f*, *RP* chomba *f*; ~ **stick** bastón *m* de polo

polonium [pə'ləʊnɪəm] *n CHEM* polonio *m*

poltergeist ['pɒltəgaɪst] *n* espíritu *m or* fuerza *f* paranormal, poltergeist *m*

poltroon [pɒl'tru:n] *n Old-fashioned* cobarde *mf*

poly ['pɒlɪ] *n Br Fam Formerly (polytechnic)* (escuela *f*) politécnica *f*

polyamide [pɒlɪ'æmaɪd] *n CHEM* poliamida *f*

polyandrous [pɒlɪ'ændrəs] *adj* poliandro(a)

polyandry ['pɒlɪændrɪ] *n* poliandria *f*

polyanthus [pɒlɪ'ænθəs] *(pl* **polyanthuses)** *n* = variedad híbrida de prímula

poly bag ['pɒlɪ'bæg] *n Br Fam* bolsa *f* de plástico

polycarbonate [pɒlɪ'ka:bənət] *n CHEM* policarbonato *m*

polychrome ['pɒlɪkrəʊm] *adj ART (multicoloured)* polícromo(a), policromo(a)

polyester [pɒlɪ'estə(r)] *n* poliéster *m*

polyethylene [pɒlɪ'eθəli:n] *n US* polietileno *m*

polygamous [pə'lɪgəməs] *adj* polígamo(a)

polygamy [pə'lɪgəmɪ] *n* poligamia *f*

polyglot ['pɒlɪglɒt] ◇ *n* políglota *m,f*
◇ *adj* políglota(a)

polygon ['pɒlɪgən] *n* polígono *m*

polygonal [pə'lɪgənəl] *adj* poligonal

polygraph ['pɒlɪgra:f] *n (lie detector)* detector *m* de mentiras; **to take a** ~ **test** pasar por el detector de mentiras

polyhedral [pɒlɪ'hi:drəl] *adj* poliédrico(a)

polyhedron [pɒlɪ'hi:drən] *(pl* **polyhedrons** *or* **polyhedra** [pɒlɪ'hi:drə]) *n* poliedro *m*

polymath ['pɒlɪmæθ] *n* erudito(a) *m,f*

polymer ['pɒlɪmə(r)] *n CHEM* polímero *m*

polymerization [pɒlɪmərəɪ'zeɪʃən] *n* polimerización *f*

polymerize ['pɒlɪməraɪz] *vt CHEM* polimerizar

polymorph ['pɒlɪmɔ:f] *n* polimorfo *m*

polymorphic [pɒlɪ'mɔ:fɪk], **polymorphous** [pɒlɪ'mɔ:fəs] *adj* polimorfo(a)

Polynesia [pɒlɪ'ni:zɪə] *n* Polinesia

Polynesian [pɒlɪ'ni:zɪən] ◇ *n* polinesio(a) *m,f*
◇ *adj* polinesio(a)

polynomial [pɒlɪ'nəʊmɪəl] *MATH* ◇ *n* polinomio *m*
◇ *adj* polinómico(a)

polyp ['pɒlɪp] *n MED* pólipo *m*

polyphonic [pɒlɪ'fɒnɪk] *adj MUS* polifónico(a)

polyphony [pə'lɪfənɪ] *n MUS* polifonía *f*

polypropylene [pɒlɪ'prəʊpɪli:n], **polypropene** [pɒlɪ'prəʊpi:n] *n CHEM* polipropileno *m*

polysaccharide [pɒlɪ'sækəraɪd] *n BIOCHEM* polisacárido *m*

polysemous [pə'lɪsɪməs] *adj LING* polisémico(a)

polysemy [pə'lɪsɪmɪ] *n LING* polisemia *f*

polystyrene [pɒlɪ'staɪri:n] *n* poliestireno *m* ❏ ~ **cement** pegamento *m* para poliestireno; ~ **tiles** baldosas *fpl* de poliestireno

polysyllabic [pɒlɪsɪ'læbɪk] *adj* polisílabo(a)

polysyllable ['pɒlɪsɪləbəl] *n* polisílabo *m*

polytechnic [pɒlɪ'teknɪk] *n Br Formerly (escuela f)* politécnica *f*

polytheism [pɒlɪ'θi:ɪzəm] *n* politeísmo *m*

polytheistic [pɒlɪθi:'ɪstɪk] *adj* politeísta

polythene [pɒlɪ'θi:n] *n Br* polietileno *m* ❏ ~ **bag** bolsa *f* de plástico

polyunsaturated [pɒlɪʌn'sætjəreɪtɪd] *adj* poliinsaturado(a)

polyurethane [pɒlɪ'jʊərɪθeɪn] *n* poliuretano *m* ❏ ~ **foam** espuma *f* de poliuretano

polyvalent [pɒlɪ'veɪlənt] *adj CHEM* polivalente

polyvinyl chloride ['pɒlɪvaɪnəl'klɔ:raɪd] *n CHEM* cloruro *m* de polivinilo

pom [pɒm] = **pommie**

pomade [pə'meɪd] ◇ *n* pomada *f*
◇ *vt* pasar pomada por

pomander [pə'mændə(r)] *n* bola *f* perfumada

pomarine ['pɒməraɪn] *n* ~ **skua** págalo *m* pomarino

pomegranate ['pɒmɪgrænɪt] *n (fruit)* granada *f*; ~ **(tree)** granado *m*

pomelo ['pɒmɪləʊ] *(pl* **pomelos)** *n* pomelo *m*

pommel ['pɒməl] *n* **-1.** *(on saddle)* perilla *f* **-2.** *(on sword)* pomo *m* **-3.** ~ **horse** *(in gymnastics)* caballo *m* con arcos

pommie, pommy ['pɒmɪ] *n Austr Fam* = término a veces ofensivo para referirse a los ingleses

Po-Mo ['pəʊ'məʊ] *adj Fam (abbr* **post-modern)** posmo

pomp [pɒmp] *n* pompa *f*, boato *m*; ~ **and circumstance** pompa y circunstancia

Pompeii [pɒm'peɪ] *n* Pompeya

pompom ['pɒmpɒm], **pompon** ['pɒmpɒn] *n (on hat)* pompón *m*

pom-pom ['pɒmpɒm] *n MIL (gun)* cañón *m* antiaéreo

pomposity [pɒm'pɒsɪtɪ], **pompousness** ['pɒmpəsnəs] *n (of person)* pretenciosidad *f*, pedantería *f*; *(of language, remark)* grandilocuencia *f*; *(of language, remark, style, speech)* pomposidad *f*

pompous ['pɒmpəs] *adj (person)* pretencioso(a), pedante; *(language, remark)* grandilocuente; *(style, speech)* pomposo(a)

pompously ['pɒmpəslɪ] *adv* pomposamente

pompousness = **pomposity**

ponce [pɒns] *n Br Fam* **-1.** *(effeminate man)* maricón *m*, marica *m* **-2.** *(pimp)* proxeneta *m*, *Esp* chulo *m*, *RP* cafiolo *m*

◆ **ponce about, ponce around** *vi Br Fam* **-1.** *(waste time)* perder el tiempo **-2.** *(effeminate man)* hacer el mariquita

poncho ['pɒntʃəʊ] *(pl* **ponchos)** *n* poncho *m*

poncy ['pɒnsɪ] *adj Br Fam* de mariquita

pond [pɒnd] *n (man-made)* estanque *m*; *(natural)* laguna *f*; *Fam* **the Pond** *(the Atlantic)* el charco ❏ ~ **life** fauna *f* de laguna

ponder ['pɒndə(r)] ◇ *vt* considerar; **I sat down and pondered what to do** me senté a pensar qué iba a hacer; **to** ~ **the meaning of life** meditar sobre el sentido de la vida
◇ *vi* **to** ~ **over** *or* **on sth** reflexionar sobre algo

ponderous ['pɒndərəs] *adj (person, movement)* pesado(a), cansino(a); *(progress)* ralentizado(a), muy lento(a); *(piece of writing)* cargante, pesado(a)

ponderously ['pɒndərəslɪ] *adv (to move)* pesadamente, cansinamente; *(to express oneself)* torpemente

pondskater ['pɒndskeɪtə(r)] *n Br* zapatero *m*

pondweed ['pɒndwiːd] *n* planta *f* acuática

pone [pəʊn] *n US* ~ **(bread)** pan *m* de maíz, *Am* arepa *f*

pong [pɒŋ] *Br Fam* ◇ *n (unpleasant smell)* mal olor *m; (stink)* tufo *m*, peste *f*
◇ *vi (smell unpleasant)* oler mal; *(stink)* apestar; **the room still pongs of cigarettes** la sala aún huele a tabaco

pongy ['pɒŋɪ] *adj Br Fam (unpleasant)* que huele mal; *(stinking)* apestoso(a)

pontiff ['pɒntɪf] *n* pontífice *m*

pontifical [pɒn'tɪfɪkəl] *adj* **-1.** REL pontificio(a), pontifical **-2.** *(pompous)* pomposo(a)

pontificate¹ [pɒn'tɪfɪkət] *n* REL pontificado *m*

pontificate² [pɒn'tɪfɪkeɪt] *vi* pontificar **(about** sobre**)**

pontoon¹ [pɒn'tuːn] *n (float)* pontón *m* ❑ ~ **bridge** puente *m* de pontones

pontoon² *n Br (card game)* veintiuna *f*

pony ['pəʊnɪ] *n* **-1.** *(small horse)* poni *m;* **to go ~ trekking** hacer recorridos en poni ❑ HIST **the ~ express** el Pony Express *(correo a caballo)* **-2.** *Fam (glass)* copita *f* **-3.** *Br Fam (£25)* veinticinco libras **-4.** *US Fam (crib) Esp, Ven* chuleta *f, Arg* machete *m, Chile* torpedo *m, Col, Méx* acordeón *m, Perú* comprimido *m, Urug* trencito *m*

ponytail ['pəʊnɪteɪl] *n (hairstyle)* coleta *f;* **she wears her hair in a ~** lleva una coleta

poo [puː] *Fam* ◇ *n (pl* **poos)** **-1.** *(excrement)* caca *f;* **to do** *or Br* **have a ~** hacer caca **-2.** *Br (worthless things)* **it's a load of ~** es una caca
◇ *vi* hacer(se) caca

pooch [puːtʃ] *n Fam* chucho *m*

poodle ['puːdəl] *n* caniche *m;* IDIOM **to be sb's ~** ser el perrito faldero de alguien

poof¹ [pʊf], **poofter** ['pʊftə(r)] *n Br Fam* maricón *m*, marica *m*

poof² *exclam* ¡plin!

poofy ['pʊfɪ] *adj Br Fam Pej* amariconado(a)

pooh¹ [puː] *exclam (at a smell)* ¡puaj!; *(scornful)* ¡bah!

pooh² = poo

pooh-pooh ['puː'puː] *vt* **to ~ a suggestion** despreciar una sugerencia

pool¹ [puːl] *n* **-1.** *(pond)* charca *f;* **(swimming) ~** piscina *f, Méx* alberca *f, RP* pileta *f* ❑ ~ **party** fiesta *f* piscinera, *Arg* pileta party *f* **-2.** *(puddle, of blood)* charco *m;* **a ~ of light** un potente haz de luz

pool² *n* **-1.** *(group)* grupo *m* **-2.** *(common supply) (of money)* fondo *m* común; *(of company cars)* flota *f;* *(of ideas, talent)* cúmulo *m*, reserva *f*
◇ *vt (ideas, resources)* poner en común; *(efforts)* aunar; *(capital, profits)* juntar

pool³ *n (game)* billar *m* americano, pool *m; Br* **to have a game of ~**, *US* **to shoot ~** jugar al billar americano *or* pool ❑ ~ **cue** taco *m* de billar americano *or* pool; ~ **table** mesa *f* de billar americano *or* pool

poolroom ['puːlruːm] *n* sala *f* de billar americano *or* pool

pools [puːlz] *npl Br* **the ~** las quinielas, *Arg* el Prode, *Col, CRica* el totogol; **to do the (football) ~** jugar a las quinielas *or Arg* al Prode *or Col, CRica* al totogol; **to win the (football) ~** ganar a las quinielas *or Arg* al Prode *or Col, CRica* al totogol ❑ ~ **coupon** boleto *m* de quinielas, *Arg* boleta *f* del Prode

poop¹ [puːp] *n* NAUT toldilla *f* ❑ ~ **deck** toldilla *f*

poop² *n US Fam* ◇ *n (faeces)* cacas *fpl;* **to take a ~** hacer caca
◇ *vi* hacer(se) caca

◆ **poop out** *US Fam* ◇ *vt sep (exhaust)* destrozar, *Arg* matar
◇ *vi (give up)* abandonar

pooped [puːpt] *adj esp US* hecho(a) migas *or* polvo

poop-scoop ['puːp'skuːp], **pooper-scooper** ['puːpə'skuːpə(r)] *n Fam* = instrumento para recoger los excrementos caninos de zonas públicas

poor [pɔː(r)] *n* **the ~** los pobres
◇ *adj* **-1.** *(not rich)* pobre; **to be ~ in sth** *(lacking)* carecer de algo; **a ~ man/woman** un/una pobre; **the abacus is the ~ man's calculator** el ábaco es la calculadora de los pobres; IDIOM **to be as ~ as a church mouse** ser más pobre que las ratas ❑ ~ **box** cepillo *m, Am* alcancía *f;* HIST ~ **law** ley *f* de asistencia a los pobres; *Fig* ~ **relation** pariente *m* pobre; ~ **White** = persona pobre de raza blanca
-2. *(inferior)* malo(a), pobre; *(chances, reward)* escaso(a); *(soil)* pobre; **the light is ~** hay poca luz; **to have ~ eyesight** tener mal la vista, tener mala vista; **to have ~ memory** tener mala memoria; SCH ~ *(mark)* ≃ insuficiente; **to have a ~ understanding of the basic principles** no comprender bien los principios básicos; **to be ~ at physics** no ser bueno(a) en física; **I'm a ~ tennis player** soy bastante malo jugando al tenis, *Esp* se me da bastante mal el tenis, *Am* no tengo nada de facilidad para el tenis; **to be a ~ sailor** marearse siempre en los barcos, ser marinero de agua dulce; **to be a ~ loser** ser un(a) mal perdedor(ora); **to be in ~ health** estar mal de salud; **in ~ taste** de mal gusto; **her family comes a ~ second to her job** su trabajo es mucho más importante que su familia
-3. *(expressing pity)* pobre; ~ **creature** *or* **thing!** ¡pobrecito(a)!; ~ **(old) Tim!** ¡pobre Tim!; ~ **you!** ¡pobrecito(a)!

poorhouse ['pɔːhaʊs] *n* HIST asilo *m* para pobres; **you'll have us in the ~ if you carry on like this!** ¡como sigas así vamos a acabar en la ruina!

poorly ['pɔːlɪ] ◇ *adv* mal; ~ **dressed** mal vestido(a); ~ **lit** mal iluminado(a); **to be ~ off** ser pobre; **the city is ~ off for cinemas** la ciudad no tiene muchos cines; **to think ~ of sb** no tener un buen concepto de alguien
◇ *adj Fam* enfermo(a); **to be ~** estar enfermo(a)

poor-mouth ['pɔːmaʊθ] *vt US Fam* menospreciar, criticar

POP COMPTR **-1.** *(abbr* **post office protocol)** *(protocolo m)* POP *m* **-2.** *(abbr* **point of presence)** punto *m* de acceso *or* conexión

pop. *(abbr* **population)** población *f*

pop¹ [pɒp] ◇ *n (music)* (música *f*) pop *m*
◇ *adj* **-1.** *(singer, song)* pop ❑ ~ **art** pop-art *m*, arte *m* pop; ~ **concert** concierto *m* pop; ~ **group** grupo *m* (de música) pop; ~ **music** música *f* pop; ~ **star** estrella *f* del pop **-2.** *(popularized)* popular

pop² *n US (father)* papá *m*

pop³ ◇ *n* **-1.** *(sound)* pequeño estallido *m;* **we heard a ~** oímos un pequeño estallido **-2.** *Fam (fizzy drink)* gaseosa *f* **-3.** *Fam* **the dinner is 15 dollars a ~** la cena cuesta 15 dólares por cabeza
◇ *vt (pt & pp* **popped) -1.** *(burst)* hacer explotar
-2. *Fam (put quickly)* **to ~ sth into a drawer** poner *or* echar algo en un cajón; **to ~ one's head out of the window** asomar la cabeza por la ventana; **to ~ pills** consumir pastillas; *US* **let's ~ a few beers** abramos unas cervezas
-3. *Fam (shoot)* acabar con, *Esp* cargarse a *(con arma de fuego)*
-4. *Fam Old-fashioned (pawn)* empeñar
-5. IDIOMS *Br Hum* **to ~ one's clogs** estirar la pata, irse al otro barrio; **he decided to ~ the question** decidió pedirle que se casara con él
◇ *vi* **-1.** *(burst)* estallar, explotar; *(cork)* saltar; **my ears popped** se me destaponaron los oídos; **to ~ open** *(box, bag)* abrir; *(buttons)* saltar
-2. *(ears)* destaparse; **his eyes almost popped out of his head in surprise** casi se le salen los ojos de las órbitas de la sorpresa
-3. *Fam (go quickly)* **to ~ into town** pasar por el pueblo; **we popped over to France for the weekend** el fin de semana hicimos una escapada a Francia

◆ **pop in** *vi Fam* pasarse un momento *(por casa de alguien)*; ~ **in on your way home** pasa un momento de camino a casa

◆ **pop off** *vi Fam* **-1.** *(leave)* largarse; **he popped off home to get his tennis things** se largó a casa a buscar las cosas de tenis **-2.** *(die)* estirar la pata, *Esp* irse al otro barrio, *Méx* patatearse

◆ **pop out** *vi Fam (go out)* salir; **she's just popped out to the shops** acaba de salir a hacer unas compras

◆ **pop up** *vi Fam* **-1.** *(go upstairs)* subir; ~ **up to see me sometime** sube a verme en algún momento **-2.** *(crop up)* aparecer; **his name seems to ~ up everywhere** que su nombre aparece en todas partes

popcorn ['pɒpkɔːn] *n* palomitas *fpl* de maíz, *RP* pochoclo *m*

pope [pəʊp] *n* **-1.** *(in Catholic Church)* papa *m;* **Pope Pius XI** el Papa Pío XI; IDIOM *Fam Hum* **is the Pope Catholic?** ¡claro que sí! ❑ ~**'s nose** rabadilla *f* **-2.** *(in Eastern Orthodox Church)* pope *m*

popemobile ['pəʊpməbiːl] *n Fam* papamóvil *m*

popery ['pəʊpərɪ] *n Pej* papismo *m*

pop-eyed ['pɒpaɪd] *adj Fam* de ojos saltones; **to stare ~ at sth** mirar algo con los ojos desorbitados

popgun ['pɒpgʌn] *n* pistola *f* de juguete *(con corchos)*

popinjay ['pɒpɪndʒeɪ] *n Old-fashioned or Literary* presumido(a) *m,f*

popish ['pəʊpɪʃ] *adj Pej* papista

poplar ['pɒplə(r)] *n* álamo *m*

poplin ['pɒplɪn] *n (cloth)* popelina *f*, popelín *m;* **a ~ shirt** una camisa de popelina

poppadom, poppadum ['pɒpədəm] *n* = crepe fina, frita o a la parrilla, que se sirve con platos de la comida india

popper ['pɒpə(r)] *n Fam* **-1.** *Br (fastener)* automático *m*, corchete *m* **-2.** *US (for popcorn)* recipiente utilizado para hacer palomitas de maíz *or RP* pochoclo *m* **-3.** *(drug)* **poppers** cápsula de nitrato de amilo

poppet ['pɒpɪt] *n* **-1.** *Br Fam* **she's a ~** es una ricura; **my ~!** ¡mi tesoro!, ¡mi vida! **-2.** TECH ~ **(valve)** válvula *f* de vástago

poppy ['pɒpɪ] *n* amapola *f* ❑ *Br* **Poppy Day** día *m* de homenaje a los caídos en las dos guerras mundiales; ~ **seed** semilla *f* de amapola

---

POPPY DAY

"Remembrance Sunday", el domingo de noviembre más próximo al "Armistice Day", es el día en que el Reino Unido conmemora a los soldados británicos que perecieron durante las dos guerras mundiales. También se lo conoce popularmente por el nombre de **Poppy Day** ("el día de la amapola"). El nombre proviene de la costumbre de llevar prendidas de la solapa amapolas de plástico o papel que acostumbran a vender las organizaciones caritativas que velan por los veteranos de guerra. Las amapolas simbolizan el derramamiento de sangre, ya que evocan los campos de Flandes en los que tantos soldados británicos perecieron durante la Primera Guerra Mundial.

---

poppycock ['pɒpɪkɒk] *n Fam Old-fashioned (nonsense) Esp* majaderías *fpl, Am* zonceras *fpl*

Popsicle® ['pɒpsɪkəl] *n US* polo *m, Am* paleta *f* helada, *Arg* palito *m* de agua

pop socks ['pɒpsɒks] *npl Br* medias *fpl* de nylon *(que cubren hasta la rodilla)*

pop-top ['pɒptɒp] *n US* anilla *f* (de lata) ❑ ~ **can** lata *f* de anilla

populace ['pɒpjʊləs] *n Formal* **the ~** el pueblo; **the entire ~ of the town** el pueblo al completo; **panic spread among the ~** el pánico cundió entre la población

popular ['pɒpjʊlə(r)] *adj* **-1.** *(well-liked)* popular; **you won't make yourself very ~ doing that** no va a sentar nada bien que hagas eso;

popularity / **posh**

she is ~ with her colleagues cae bien a sus compañeros; **it's very ~ with the customers** se vende mucho; **I'm not going to be very ~ when they find out it's my fault!** cuando descubran que fue mi culpa, me van a querer matar
-2. *(chosen by many) (excuse, answer, reason)* frecuente; *(choice, product, restaurant, resort)* popular; **DVDs are a ~ present** los DVDs son un regalo que se lleva mucho
-3. *(non-intellectual, non-specialist) (newspapers, TV programmes)* de masas ❏ **~ culture** acervo *m* popular; **~ science** divulgación *f* científica
-4. *(general, widespread)* **by ~ demand** a petición *or Am* pedido popular *or* del público; **contrary to ~ belief** en contra de lo que comúnmente se cree; **a ~ misconception** una idea equivocada generalizada; **it's an idea that enjoys great ~ support** es una idea que goza de gran apoyo popular ❏ **~ wisdom** sabiduría *f* popular
-5. *(of or for the people)* del pueblo, popular; **after weeks of ~ unrest** después de semanas de malestar popular; **quality goods at ~ prices** productos de calidad a precios económicos; **he won the ~ vote** ganó el voto popular ❏ POL **~ front** frente *m* popular

popularity [pɒpjʊˈlærɪti] *n* popularidad *f*; **to grow/decline in ~** ganar/perder popularidad; **to come high/low in the ~ stakes** estar arriba/abajo en la escala de popularidad ❏ **~ rating** índice *m* de popularidad

popularization [pɒpjʊləraɪˈzeɪʃən] *n* popularización *f*

popularize [ˈpɒpjʊləraɪz] *vt* **-1.** *(make popular)* popularizar; **a sport popularized by television** un deporte que ha sido popularizado por la televisión **-2.** *(make easy to understand)* divulgar

popularizer [ˈpɒpjʊləraɪzə(r)] *n (of fashion, ideas)* popularizador(ora) *m,f*

popularly [ˈpɒpjʊləlɪ] *adv* comúnmente, popularmente; **he was ~ known as "the King"** se le conocía popularmente por "el Rey"; **it is ~ believed that...** casi todo el mundo cree que...

populate [ˈpɒpjʊleɪt] *vt* poblar; **sparsely populated** *(region)* poco poblado(a)

population [pɒpjʊˈleɪʃən] *n* población *f*; **the whole ~ is in mourning** toda la población está de luto; **the white ~ of South Africa** la población blanca de Sudáfrica; **the prison ~** la población carcelaria; **the beaver ~ is declining** la población de castores está disminuyendo ❏ **~ Br centre** *or US* **center** núcleo *m* de población; **~ density** densidad *f* de población; **~ explosion** explosión *f* demográfica; **~ figures** cifras *fpl* de población; **~ growth** crecimiento *m* de la población

populism [ˈpɒpjʊlɪzəm] *n* populismo *m*
populist [ˈpɒpjʊlɪst] ◇ *n* populista *mf*
◇ *adj* populista

populous [ˈpɒpjʊləs] *adj* populoso(a)

pop-up [ˈpɒpʌp] *adj* **-1.** *(book)* desplegable **-2.** *(toaster)* automático(a) **-3.** COMPTR *(menu)* desplegable

porbeagle [ˈpɔːbiːgəl] *n* **~ (shark)** marrajo *m* de Cornualles

porcelain [ˈpɔːsəlɪn] *n* porcelana *f* ❏ **~ ware** porcelana *f*

porch [pɔːtʃ] *n* **-1.** *Br (entrance)* zaguán *m* **-2.** *US (veranda)* porche *m*

porcine [ˈpɔːsaɪn] *adj* porcino(a)

porcini [pɔːˈtʃiːni] *n* **(mushroom)** *Esp* seta *f or Am* hongo *m* porcini

porcupine [ˈpɔːkjʊpaɪn] *n* puerco *m* espín

pore [pɔː(r)] *n* poro *m*
◆ **pore over** *vt insep* estudiar con detenimiento

pork [pɔːk] *n* (carne *f* de) cerdo *m or* puerco *m or Am* chancho *m* ❏ *US Fam* **~ barrel politics** = política de adjudicación de contratas estatales que benefician a la zona del que las concede; **~ butcher** chacinero(a) *m,f*; **~ chop** chuleta *f* de cerdo; **~ pie** empanada *f* de carne de cerdo *or* puerco; *US* **~ rinds** cortezas *fpl* de cerdo; *Br* **~ scratchings** cortezas *fpl* de cerdo

porker [ˈpɔːkə(r)] *n* **-1.** *(pig)* cerdo *m* cebón **-2.** *Fam (person)* gordinflón(ona) *m,f*

porkpie hat [ˈpɔːkpaɪˈhæt] *n* sombrero *m* de copa baja

porky [ˈpɔːkɪ] *Fam* ◇ *n Br* **(pie)** *(lie)* mentira *f*, trola *f*, *Col* carreta *f*, *Méx* chisme *m*, *RP* bolazo *m*; **to tell porkies** decir mentiras, meter trolas, *Am* contar cuentos, *RP* bolacear
◇ *adj (fat)* rechoncho(a)

porn [pɔːn] *n Fam* porno *m* ❏ **~ shop** tienda *f* porno; *Br* **the ~ squad** la brigada de moralidad

porno [ˈpɔːnəʊ] *adj Fam* porno

pornographer [pɔːˈnɒgrəfə(r)] *n* pornógrafo(a) *m,f*

pornographic [pɔːnəˈgræfɪk] *adj* pornográfico(a)

pornography [pɔːˈnɒgrəfɪ] *n* pornografía *f*
porosity [pɔːˈrɒsɪtɪ] *n* porosidad *f*
porous [ˈpɔːrəs] *adj* poroso(a)
porphyry [ˈpɔːfɪrɪ] *n* GEOL pórfiro *m*
porpoise [ˈpɔːpəs] *n* marsopa *f*

porridge [ˈpɒrɪdʒ] *n* **-1.** *(cereal)* gachas *fpl* de avena ❏ **~ oats** copos *mpl* de avena **-2.** *Br Fam* **to do ~** *(serve prison sentence)* estar a la sombra

porringer [ˈpɒrɪndʒə(r)] *n* escudilla *f*

port¹ [pɔːt] *n* **-1.** *(harbour, town)* puerto *m*; **to come in** *or* **put into ~** entrar a puerto; **we left ~ before dawn** zarpamos antes del amanecer; **in ~** en puerto; PROV **any ~ in a storm** en casos extremos, se olvidan los remilgos ❏ **~ of arrival** puerto *m* de llegada; **~ authority** autoridad *f* portuaria; **~ of call** escala *f*; *Fig* parada *f*; **~ charges** tasas *fpl* portuarias; **~ of departure** puerto *m* de salida; **~ dues** tasas *fpl* portuarias; **~ of entry** puerto *m* de entrada; **~ of registry** puerto *m* de matrícula
-2. *(in proper names)* **Port Moresby** Port Moresby; **Port of Spain** Puerto España

port² ◇ *n* NAUT *(left-hand side)* babor *m*; **the ship was listing to ~** el barco escoraba a babor; **ship to ~!** ¡barco a babor!
◇ *vt* **-1.** NAUT **~ the helm!** ¡virar a babor! **-2.** MIL cruzar; **~ arms!** ¡presenten armas!

port³ *n (drink)* (vino *m* de) oporto *m*
port⁴ *n* **-1.** *(window) (on ship, plane)* portilla *f* **-2.** *(for loading)* porta *f* **-3.** COMPTR puerto *m*

portability [pɔːtəˈbɪlɪtɪ] *n* **-1.** *(transportability)* transportabilidad *f* **-2.** COMPTR *(of program, software)* portabilidad *f* **-3.** *(of mortgage, pension)* portabilidad *f*, transferibilidad *f*

portable [ˈpɔːtəbəl] ◇ *adj* **-1.** *(easy to transport)* portátil; **~ TV (set)** televisor portátil **-2.** COMPTR *(program, software)* portátil **-3.** *(mortgage, pension)* portátil, transferible
◇ *n (typewriter)* máquina *f* de escribir portátil; *(TV)* televisor *m* portátil; *(computer)* portátil *m*

portacrib [ˈpɔːtəkrɪb] *n US* moisés *m*, capazo *m*

portage [ˈpɔːtɪdʒ] *n* COM *(transport, cost)* porte *m*

Portakabin® [ˈpɔːtəkæbɪn] *n Br* caseta *f* prefabricada, barracón *m*

portal [ˈpɔːtəl] ◇ *n* **-1.** *Formal (entrance)* pórtico *m* **-2.** COMPTR *(web page)* portal *m*
◇ *adj* ANAT **~ vein** (vena *f*) porta *f*

Portaloo® [ˈpɔːtəluː] *n* sanitarios retretes *mpl* portátiles

Port-au-Prince [ˈpɔːtəʊˈpræns] *n* Puerto Príncipe

portcullis [pɔːtˈkʌlɪs] *n* rastrillo *m (reja)*

portend [pɔːˈtend] *vt Formal* augurar

portent [ˈpɔːtent] *n Formal* **-1.** *(omen)* augurio *m* **-2.** *(marvel, wonder)* maravilla *f*

portentous [pɔːˈtentəs] *adj Formal* **-1.** *(ominous) (words, dream)* premonitorio(a); **a ~ decision** una decisión que trajo/traerá importantes consecuencias **-2.** *(momentous) (event)* trascendental **-3.** *(pompously solemn)* solemne, pomposo(a)

porter¹ [ˈpɔːtə(r)] *n* **-1.** *(at station)* mozo *m* de equipaje **-2.** *esp Br (doorkeeper) (at hotel)* portero(a) *m,f*, conserje *mf*; *(in block of flats)* portero(a) *m,f*; *(in university, college)* bedel *mf* **-3.** *(in hospital)* celador(ora) *m,f* **-4.** *US (on train)* mozo *m*

porter² *n (beer)* = tipo de cerveza negra

porterhouse steak [ˈpɔːtəhaʊsˈsteɪk] *n* filete *m or RP* bife *m* de ternera de primera

portfolio [pɔːtˈfəʊlɪəʊ] *(pl* **portfolios)** *n* **-1.** *(case) (for documents, drawings)* cartera *f* **-2.** *(of person's work)* carpeta *f* **-3.** FIN *(of shares)* cartera *f* (de valores) ❏ **~ management** gestión *f* de cartera **-4.** POL cartera *f*; **the Defence/Health ~** la cartera de Defensa/Sanidad

porthole [ˈpɔːthəʊl] *n* NAUT portilla *f*, ojo *m* de buey

portico [ˈpɔːtɪkəʊ] *(pl* **porticos** *or* **porticoes)** *n* ARCHIT pórtico *m*

portion [ˈpɔːʃən] *n* **-1.** *(part, section)* parte *f*; **this ~ to be given up** *(on ticket)* esta parte debe ser entregada
-2. *(share)* parte *f*, porción *f*; **three portions of flour to one ~ of sugar** tres partes de harina por cada parte de azúcar
-3. *(of food)* ración *f*, porción *f*
-4. *Literary (fate)* destino *m*; **it fell to my ~ to break the news to her** fue mi destino tener que darle la noticia a ella
-5. *(dowry) Old-fashioned* **(marriage) ~** dote *f*
◆ **portion out** *vt sep* repartir

portliness [ˈpɔːtlɪnɪs] *n* corpulencia *f*
portly [ˈpɔːtlɪ] *adj* corpulento(a)

portmanteau [pɔːtˈmæntəʊ] *(pl* **portmanteaus** *or* **portmanteaux** [pɔːtˈmæntəʊz]) *n Old-fashioned* portamanteo *m* ❏ **~ word** = término compuesto por la fusión de dos palabras

portrait [ˈpɔːtreɪt] *n* **-1.** *also Fig (picture)* retrato *m*; **he had his ~ painted** le pintaron su retrato; **a vivid ~ of 18th century society** un fiel retrato de la sociedad del siglo 18 ❏ **~ gallery** galería *f* de retratos; **~ painter** retratista *mf* **-2.** COMPTR **~ (orientation)** formato *m or* orientación *f* vertical

portraitist [ˈpɔːtrətɪst] *n* retratista *mf*
portraiture [ˈpɔːtrɪtʃə(r)] *n* retrato *m*

portray [pɔːˈtreɪ] *vt* **-1.** *(of painting, writer, book)* retratar, describir; **he portrayed King John as a scoundrel** retrató al rey John como a un sinvergüenza; **in the film the soldiers are portrayed as monsters** en la película, los soldados aparecen como monstruos **-2.** *(of actor)* interpretar (el papel de)

portrayal [pɔːˈtreɪəl] *n* **-1.** *(description)* descripción *f*, representación *f* **-2.** *(by actor)* interpretación *f*

Portugal [ˈpɔːtjʊgəl] *n* Portugal

Portuguese [pɔːtjʊˈgiːz] ◇ *n* **-1.** *(pl* **Portuguese)** *(person)* portugués(esa) *m,f* **-2.** *(language)* portugués *m*
◇ *adj* portugués(esa) ❏ **~ man-of-war** *(jellyfish)* = tipo de medusa venenosa

Port-wine stain [ˈpɔːtˈwaɪnsteɪn] *n (birthmark)* mancha *f* de nacimiento de color rojo oscuro

POS [piːəʊˈes] *n* COM *(abbr* **point of sale)** punto *m* de venta

pose [pəʊz] ◇ *n* **-1.** *(position)* postura *f*, posición *f*; **to take up** *or* **strike a ~** adoptar una postura **-2.** *Pej (affectation)* pose *f*; **it's just a ~** no es más que una pose
◇ *vt (present) (problem, question)* plantear; *(danger, threat)* suponer
◇ *vi* **-1.** *(for portrait)* posar; **to ~ for a photograph/an artist** posar para una fotografía/un artista **-2.** *Pej (behave affectedly)* tomar *or* hacer poses **-3.** *(pretend to be)* **to ~ as** hacerse pasar por

Poseidon [pəˈsaɪdən] *n* MYTHOL Poseidón

poser [ˈpəʊzə(r)] *n Fam* **-1.** *Br Pej (affected person)* presumido(a) *m,f* **-2.** *(difficult question)* rompecabezas *m inv*

poseur [pəʊˈzɜː(r)] *n Pej (affected person)* presumido(a) *m,f*

posh [pɒʃ] *Br Fam* ◇ *adj (person, accent) Esp* pijo(a), *Méx* fresa, *RP* (con)cheto(a), *Ven* sifrino(a); *(restaurant, area, clothes)* elegante;

posit

(car, house) de lujo; **he moves in some very ~ circles** se mueve en algunos círculos muy elegantes
◇ *adv* **to talk ~** hablar con acento *Esp* pijo *or Méx* como una fresa *or RP* como un concheto
◆ **posh up** *vt sep Fam* arreglar

posit ['pɒzɪt] *vt Formal (assume, suggest)* postular

position [pə'zɪʃən] ◇ *n* **-1.** *(physical posture)* posición *f*; **in a horizontal/vertical ~** en posición horizontal/vertical; **in a sitting ~** sentado(a); **in a standing ~** de pie, *Am* parado(a); **in the on/off ~** *(switch, lever)* (en la posición de) encendido *or Am* prendido/apagado
-2. *(place)* posición *f*, lugar *m*; **remember the ~ of the cards** recuerden la posición de las cartas; **to change** *or* **to shift ~** cambiar de lugar; **to jockey** *or* **jostle** *or* **manoeuvre for ~** luchar *or* maniobrar por conseguir la posición; *Fig* luchar por un lugar; **to put sth in** *or* **into ~** poner algo en posición; **in ~** en su sitio; **out of ~** fuera de su sitio
-3. *(post, appointed place) (of player, actor, soldier)* posición *f*; **he can play in any ~** puede jugar en cualquier posición; **to defend a ~** *(in battle)* defender una posición; **take up your positions!, get into ~!** *(actors, dancers)* ¡cada uno a su lugar!; *(soldiers)* ¡a sus puestos!
-4. *(rank) (in table, scale)* posición *f*; **they're in tenth ~** *(in race, league)* están décimos *or* en la décima posición; *(in hierarchy)* están en la décima posición; **she is concerned about her social ~** le preocupa su posición social
-5. *(situation)* posición *f*, situación *f*; **the ~ as I see it is this...** según lo veo yo, ésta es la situación...; **to be in a strong ~** estar en una buena posición; **it's an awkward ~ to be in** es una situación bastante incómoda; **our financial ~ is improving** nuestra situación financiera está mejorando; **put yourself in my ~** ponte en mi lugar *or* situación; **to be in a ~ to do sth** estar en condiciones de hacer algo; **to be in no ~ to do sth** no estar en condiciones de hacer algo
-6. *(opinion, standpoint)* postura *f*, posición *f*; **to take up a ~ on sth** tomar *or* asumir una posición respecto de algo; **to change** *or* **shift ~** cambiar de posición ❑ **~ paper** = documento en el que se analiza un asunto y se hacen recomendaciones generales
-7. *Formal (job)* puesto *m*; **a ~ of responsibility** un puesto de responsabilidad
-8. *(in bank, post office)* **~ closed** *(sign)* puesto *m* cerrado
◇ *vt* **-1.** *(place) (object)* colocar, situar; *(troops)* apostar; **the school is positioned near a dangerous crossroads** la escuela está ubicada cerca de un cruce peligroso; **to ~ oneself** colocarse, situarse; **to be well/poorly positioned to do sth** estar en una buena/mala posición para hacer algo
-2. COM *(product)* posicionar

positioning [pə'zɪʃənɪŋ] *n* COM posicionamiento *m*

positive ['pɒzɪtɪv] *adj* **-1.** *(affirmative) (answer)* afirmativo(a); MED **the test was ~** la prueba ha dado positivo; **on the ~ side** como aspecto positivo
-2. *(constructive) (person, philosophy)* positivo(a); **haven't you got any ~ suggestions?** ¿no tienes ninguna idea constructiva que aportar?; **she has a very ~ approach to the problem** aborda el problema con un enfoque muy positivo; **I'm feeling more ~ about my life now** ahora me siento un poco más optimista ❑ *Br* **~ discrimination** discriminación *f* positiva; **~ feedback** *(constructive response)* reacciones *fpl* positivas; PSY **~ reinforcement** refuerzo *m* positivo; **~ thinking** actitud *f* positiva; *Br* **~ vetting** *(security check)* = investigación completa a la que es sometido un aspirante a un cargo público relacionado con la seguridad nacional

-3. *(definite) (evidence, proof)* concluyente; *(progress)* decidido(a); *(advantage, benefit)* seguro(a)
-4. *(certain)* (completamente) seguro(a); **to be ~ about sth** estar completamente seguro de algo; **are you absolutely sure? – yes, ~** ¿estás completamente seguro? – sí, sin ninguna duda
-5. *(for emphasis)* **it was a ~ disgrace/nightmare** fue una verdadera desgracia/pesadilla; **it would be a ~ pleasure** sería un verdadero placer
-6. MATH positivo(a)
-7. ELEC *(charge, electrode, pole)* positivo(a) ❑ **~ feedback** *(in circuit)* retroalimentación *f* positiva
-8. PHOT **~ print** copia positiva

positively ['pɒzɪtɪvlɪ] *adv* **-1.** *(affirmatively) (to answer)* afirmativamente
-2. *(constructively) (to think, react)* positivamente; **people have responded quite ~ to our suggestions** la gente ha respondido muy positivamente a nuestras sugerencias
-3. *(definitely)* **it has yet to be ~ identified** todavía no se ha hecho una identificación definitiva
-4. *(for emphasis)* verdaderamente, realmente; **smiling? – she was ~ beaming!** ¿sonriendo? – ¡tenía una sonrisa verdaderamente radiante!; **this is ~ ridiculous!** ¡esto es totalmente ridículo!; *Fam* **not ~** de ninguna manera
-5. ELEC & PHYS **~ charged** con carga positiva, cargado(a) positivamente

positivism ['pɒzɪtɪvɪzəm] *n* PHIL positivismo *m*

positivist ['pɒzɪtɪvɪst] ◇ *n* positivista *mf*
◇ *adj* positivista

positron ['pɒzɪtrɒn] *n* PHYS positrón *m* ❑ MED **~ emission tomography** tomografía *f* por emisión de positrones

pospalatal, postpalatal *adj* LING postpalatal

poss [pɒs] *adj Fam* **as soon as ~** en cuanto pueda

posse ['pɒsɪ] *n* **-1.** *(to catch criminal)* partida *f or* cuadrilla *f* (de persecución) **-2.** *(group)* banda *f*, cuadrilla *f*; **a ~ of fans were soon in hot pursuit** un grupo de fans se puso a perseguirlo de inmediato

possess [pə'zes] *vt* **-1.** *(property, quality, faculty)* poseer; **she possesses a clear understanding of the subject** posee una clara comprensión del tema
-2. *(dominate, overcome)* **he was completely possessed by the idea of going to India** estaba obsesionado con la idea de ir a la India; **what possessed you to do that?** ¿qué te impulsó a hacer eso?
-3. *Formal or Literary* **to ~ oneself of sth** armarse *or* hacerse de algo; **to be possessed of** *(quality)* poseer

possessed [pə'zest] *adj* **-1.** *(dominated, overcome)* **~ by fear/rage** embargado(a) por el miedo/la rabia **-2.** *(demonically)* **to be ~ (by demons)** estar poseído(a) (por demonios); IDIOM **like one ~** como un poseso

possession [pə'zeʃən] *n* **-1.** *(thing possessed)* posesión *f*; **the jade vases are our most precious possessions** los jarrones de jade son los objetos más valiosos que tenemos; **foreign** *or* **overseas possessions** *(colonies)* posesiones coloniales
-2. *(ownership)* posesión *f*; **the file is no longer in my ~** el archivo ya no está en posesión mía; **how did this come into your ~?** ¿cómo te hiciste con esto?; **certain documents have come into my ~** me han llegado ciertos documentos; **to gain** *or* **acquire ~ of sth** adquirir algo; **to take ~ of sth** *(by force)* tomar posesión de algo; **in full ~ of his senses** *or* **faculties** en plena posesión de sus facultades (mentales); PROV **~ is nine tenths** *or* **points of the law** = en caso de duda, el que tiene algo en su poder es su dueño
-3. *(by evil spirit)* posesión *f*
-4. LAW *(of illegal thing)* **~ (of drugs)** tenencia *f* de drogas; **he was found in ~ of a flick-**

possibly

knife, a flick-knife was found in his ~ se lo encontró en posesión de una navaja automática
-5. LAW *(of property)* posesión *f*; **to take ~** tomar posesión
-6. SPORT posesión *f* de la pelota; **to be in** *or* **have ~ (of the ball)** estar en *or* tener posesión de la pelota

possessive [pə'zesɪv] ◇ *n* GRAM posesivo *m*
◇ *adj* **-1.** GRAM posesivo(a); **~ adjective/pronoun** adjetivo/pronombre posesivo **-2.** *(parent, lover)* posesivo(a); **to be ~ of** *or* **about sth/sb** ser posesivo(a) con algo/alguien

possessively [pə'zesɪvlɪ] *adv* de manera posesiva, posesivamente; **she clung ~ to her father's hand** se aferraba posesivamente a la mano de su padre

possessor [pə'zesə(r)] *n* poseedor(ora) *m,f*; **I found myself the ~ of an old mansion** de pronto me encontré como el poseedor de una vieja mansión

posset ['pɒsɪt] ◇ *n (drink)* = bebida caliente de leche con vino o cerveza
◇ *vi (baby)* regurgitar

possibility [pɒsɪ'bɪlɪtɪ] *n* **-1.** *(chance)* posibilidad *f*; **the ~ of a settlement is fading fast** las posibilidades de un acuerdo se están desvaneciendo; **to be within/outside the bounds of ~** entrar/no entrar dentro de lo posible; **there's a ~ that we might be delayed** es posible que nos retrasemos; **there's no ~ of that happening** no hay posibilidades de que eso suceda; **is there any ~ that you could help me?** ¿le importaría ayudarme?
-2. *(possible choice)* posibilidad *f*; **one ~ would be to...** una posibilidad sería...; **she's still a ~ for the job** sigue siendo una posible candidata para el puesto
-3. *(possible event, outcome)* posibilidad *f*; **that is a distinct ~** es una posibilidad real; **to allow for all possibilities** prepararse para cualquier eventualidad; **the possibilities are endless!** las posibilidades son infinitas; **this house has possibilities** esta casa tiene potencial; **the job has a lot of possibilities** el trabajo tiene mucho potencial

possible ['pɒsɪbəl] ◇ *n* **-1.** *(activity)* **diplomacy is the art of the ~** la diplomacia es el arte de lo posible **-2.** *(choice) (for job)* candidato(a) *m,f* posible; **we looked at ten houses, of which two were possibles** visitamos diez casas, de las cuales dos son posibles candidatas
◇ *adj* **-1.** *(which can be done)* posible; **if (at all) ~** si es posible; **would it be ~ for you to...?** ¿te importaría...?; **to make sth ~** hacer posible algo; **as far as ~** *(within one's competence)* en la medida de lo posible; *(at maximum distance)* tan lejos como sea posible; **as little as ~** lo menos posible; **as long as ~** todo el tiempo que sea posible; **as much as ~** cuanto sea posible; **I want you to try, as much as ~, to behave** quiero que, en la medida de lo posible, intentes portarte bien; **I visit her as often as ~** la visito siempre que puedo; **as soon as ~** cuanto antes; **whenever/wherever ~** cuando/donde sea posible
-2. *(conceivable, imaginable)* posible; **what ~ benefit can we get from it?** ¿en qué podría beneficiarnos?; **it seems barely ~** parece muy poco posible; **the best/worst ~ result** el mejor/peor resultado posible; **the best of all ~ worlds** lo mejor que podría pasar; **it is ~ that he will come** es posible que venga; **anything's ~** todo es posible
-3. *(potential)* posible; **~ risks/consequences** posibles riesgos/consecuencias

possibly ['pɒsɪblɪ] *adv* **-1.** *(perhaps)* posiblemente; **will you go? – ~** ¿irás? – puede *or* quizá; **~ not** puede que no
-2. *(for emphasis)* **I can't ~ do it** me resulta de todo punto imposible hacerlo; **I'll do all I ~ can** haré todo lo que esté en mi mano; **how could you ~ do such a thing?** ¿cómo se te ocurrió hacer semejante cosa?; **that**

possum

can't ~ be true! ¡es imposible que sea verdad!; what could he ~ mean? ¿qué querrá decir?; could you ~ help me? ¿te importaría ayudarme?; I couldn't ~ accept your offer me es imposible aceptar tu ofrecimiento

possum ['pɒsəm] n **-1.** US (opossum) zarigüeya f; [IDIOM] Fam **to play ~** (pretend to be asleep) hacerse el dormido/la dormida; (pretend to know nothing) hacerse el sueco/la sueca **-2.** Austr (marsupial) falangero m

post¹ [pəʊst] ◇ n **-1.** (wooden stake) poste m; **the near/far ~** (of goal) el poste más cercano/lejano; **his horse was beaten at the ~** a su caballo le ganaron en la llegada **-2.** (job) puesto m; **to take up a ~** ocupar un puesto **-3.** (military position, station) puesto m; **to be/die at one's ~** estar/morir al pie del cañón ❑ US **~ exchange** = tienda en una base militar
◇ vt **-1.** (station) apostar; **they posted men all around the house** apostaron hombres alrededor de la casa **-2.** Br (assign) destinar

post² vt **-1.** (affix) poner, pegar; **~ no bills** (sign) prohibido fijar carteles **-2.** (publish) (banns, names) hacer público, anunciar; (on bulletin board) anunciar, pegar; COMPTR enviar a; **he has been posted (as) missing** lo han dado por desaparecido **-3.** US **to ~ bail (for sb)** pagar una fianza (de alguien) **-4.** FIN anotar, contabilizar; **to ~ an entry** hacer or contabilizar un movimiento

post³ esp Br ◇ n (mail) correo m; **by ~** por correo; **the first ~** el correo de (primera hora de) la mañana; **it came in this morning's ~** llegó en el correo de esta mañana; **has the ~ come?** ¿ha venido or llegado el correo?; **was there any ~ (for me)?** ¿había alguna carta (para mí)?; **to miss the ~** llegar tarde para la recogida del correo; **will we still catch the ~?** ¿llegaremos a tiempo para la recogida del correo?; **can you take these letters to the ~?** ¿podrías llevar estas cartas al correo?; **it's in the ~** ha sido enviado por correo ❑ **the Post Office** (service) Esp Correos m inv, Am Correo m; **~ office** oficina f de correos; US = juego infantil en el que un niño hace de cartero que entrega una carta y a cambio recibe un beso; **~ office box** apartado m postal or de correos; **~ office savings account** = cuenta postal de ahorros
◇ vt **-1.** (letter) (send by post) enviar or mandar (por correo); (put in box) poner en el buzón **-2.** Fam (inform) **I'll keep you posted** te mantendré informado(a)

◆ **post on** vt sep (letters) enviar a nombre de

◆ **post up** vt sep (notice) pegar

postage ['pəʊstɪdʒ] n franqueo m; **what's the ~ on this parcel?** ¿cuánto cuesta el franqueo para este paquete?; **~ paid** franqueo pagado ❑ US **~ and handling** gastos mpl de envío; US **~ meter** máquina f de franqueo; Br **~ and packing** gastos mpl de envío; **~ stamp** sello m (de correos), Am estampilla f

postal ['pəʊstəl] adj postal ❑ Br **~ code** código m postal; **~ district** distrito m postal; Br **~ order** giro m postal; US **the Postal Service** Esp Correos m inv, Am Correo m; **~ strike** huelga f postal; **~ vote** voto m por correo

postbag ['pəʊstbæɡ] n Br **-1.** (bag) saca f de correos **-2.** (letters) correspondencia f, cartas fpl; **we've got a full ~ this morning** esta mañana hemos recibido una gran cantidad de cartas

postbox ['pəʊstbɒks] n Br buzón m (de correos)

postbus ['pəʊstbʌs] n Br = furgoneta utilizada para repartir el correo y transportar viajeros, especialmente en áreas rurales

postcard ['pəʊstkɑːd] n (tarjeta f) postal f

postcode ['pəʊstkəʊd] n Br código m postal

postdate ['pəʊst'deɪt] vt **-1.** (cheque) extender con fecha posterior **-2.** (happen after) **this event postdates the tragedy by several years** este acontecimiento tuvo lugar varios años después de la tragedia

postdoctoral [pəʊst'dɒktərəl] adj pos(t)doctoral

poster ['pəʊstə(r)] n (for advertising) cartel m, póster m, Am afiche m; (of painting, pop group) póster m ❑ **~ art** arte m del cartel or póster or Am afiche; **~ colour** témpera f; **~ paint** témpera f

poste restante ['pəʊstre'stɒnt] n Br lista f de correos, Am poste m restante

posterior [pɒs'tɪərɪə(r)] ◇ n Hum (buttocks) trasero m, posaderas fpl
◇ adj ANAT & ZOOL posterior

posterity [pɒs'terɪtɪ] n posteridad f; **for ~** para la posteridad

post-feminism [pəʊst'femɪnɪzəm] n pos(t)feminismo m

post-feminist [pəʊst'femɪnɪst] ◇ n pos(t)feminista mf
◇ adj pos(t)feminista

post-free [pəʊst'friː], **post-paid** ['pəʊst'peɪd]
◇ adj con el franqueo pagado
◇ adv libre de gastos de envío

postgraduate [pəʊst'ɡrædjʊɪt], Fam **postgrad** ['pəʊst'ɡræd] ◇ n estudiante mf de posgrado
◇ adj de posgrado ❑ **~ studies** estudios mpl de posgrado

posthaste ['pəʊst'heɪst] adv a toda prisa

postholder ['pəʊsthəʊldə(r)] n persona f que ocupa un puesto

posthouse ['pəʊst'haʊs] n HIST casa f de postas

posthumous ['pɒstjʊməs] adj póstumo(a)

posthumously ['pɒstjʊməslɪ] adv póstumamente

postie ['pəʊstɪ] n Fam (postman) cartero(a) m,f

postimpressionism ['pəʊstɪm'preʃənɪzəm] n postimpresionismo m

postimpressionist ['pəʊstɪm'preʃənɪst] ◇ n postimpresionista mf
◇ adj postimpresionista

post-industrial [pəʊstɪn'dʌstrɪəl] adj postindustrial ❑ **~ society** sociedad f postindustrial

posting ['pəʊstɪŋ] n destino m

Post-it® ['pəʊstɪt] n **(note)** post-it® m

postman ['pəʊstmən] n Br cartero m ❑ **~'s knock** = juego infantil en el que un niño hace de cartero que entrega una carta y a cambio recibe un beso

postmark ['pəʊstmɑːk] ◇ n matasellos m inv
◇ vt **the letter is postmarked Phoenix** la carta lleva un matasellos de Phoenix

postmaster ['pəʊstmɑːstə(r)] n **-1.** (in post office) funcionario m de correos **-2.** POL **Postmaster General** ≃ Director(ora) m,f General de Correos **-3.** COMPTR postmaster m, jefe m de correos

post meridiem ['pəʊstmə'rɪdɪəm] adv Formal (in afternoon, evening) postmeridiano(a)

postmillennial [pəʊstmɪ'lenɪəl] adj pos(t)milenario(a)

postmistress ['pəʊstmɪstrɪs] n funcionaria f de correos

post-modern [pəʊst'mɒdən] adj posmoderno(a)

post-modernism [pəʊst'mɒdənɪzəm] n posmodernismo m

post-modernist [pəʊst'mɒdənɪst] ◇ n posmoderno(a) m,f
◇ adj posmoderno(a)

post-modernity [pəʊstmə'dɜːnɪtɪ] n posmodernidad f

postmortem [pəʊst'mɔːtəm] n **-1.** MED autopsia f ❑ **~ examination** autopsia f **-2.** Fig (retrospective analysis) análisis m retrospectivo; **they held a ~ on the game** una vez concluido, hicieron un análisis del partido

postnatal ['pəʊst'neɪtəl] adj MED posparto, puerperal ❑ **~ depression** depresión f puerperal or posparto

post-operative ['pəʊst'ɒpərətɪv] adj MED pos(t)operatorio(a)

post-paid US = **post-free**

postpartum ['pəʊst'pɑːtəm] n MED posparto m

postpone [pəs'pəʊn] vt aplazar, posponer

postponement [pəs'pəʊnmənt] n aplazamiento m

postprandial ['pəʊst'prændɪəl] adj Formal or Hum **I like to take a ~ nap** después de comer me gusta echarme una siesta

post-production ['pəʊstprə'dʌkʃən] n CIN postproducción f

PostScript® ['pəʊstskrɪpt] n COMPTR PostScript® m ❑ **~ font** fuente f PostScript®

postscript ['pəʊstskrɪpt] n **-1.** (in letter) posdata f; **by way of ~** como posdata **-2.** (in book) epílogo m; Fig (additional events) colofón m

post-structuralism [pəʊs'strʌktʃərəlɪzəm] n postestructuralismo m

post-structuralist [pəʊs'strʌktʃərəlɪst] ◇ n postestructuralista mf
◇ adj postestructuralista

postsynchronization ['pəʊstsɪŋkrənaɪ'zeɪʃən] n CIN postsincronización f

post-traumatic stress disorder ['pəʊsttrɔː'mætɪk'stresdɪs'ɔːdə(r)] n MED síndrome m de estrés postraumático

postulant ['pɒstjʊlənt] n REL postulante mf

postulate ['pɒstjʊleɪt] ◇ n postulado m
◇ vt ['pɒstjʊleɪt] **-1.** (hypothesize) postular **-2.** (take as granted) presuponer

postural ['pɒstʃərəl] adj de la postura

posture ['pɒstʃə(r)] ◇ n **-1.** (body position) postura f **-2.** (poise) postura f; **to have good/bad ~** tener (una) buena/mala postura **-3.** (attitude) postura f
◇ vi tomar or hacer poses

posturing ['pɒstʃərɪŋ] n Pej pose f

postviral syndrome ['pəʊst'vaɪrəl'sɪndrəʊm] n MED síndrome m posviral or posvírico

postvocalic [pəʊstvə'kælɪk] adj LING postvocálico(a)

postwar ['pəʊst'wɔː(r)] adj de posguerra; **the ~ period** la posguerra

posy ['pəʊzɪ] n ramillete m, ramo m

pot [pɒt] ◇ n **-1.** (container) bote m; **a ~ of paint/mustard** un bote de pintura/mostaza
-2. (for plant) **(plant) ~** maceta f, tiesto m ❑ **~ marigold** caléndula f, maravilla f; **~ plant** planta f de interior
-3. (for cooking) cacerola f, olla f; **pots and pans** cazos y ollas ❑ **~ roast** estofado m or Andes, Méx ahogado m de carne
-4. (pottery object) vasija f; **to throw a ~** hacer una vasija
-5. (for tea) tetera f; (for coffee) cafetera f; **I'd like a ~ of tea** quiero una tetera
-6. (in gambling) bote m
-7. (in snooker, pool) billa f
-8. Fam (marijuana) maría f
-9. US (kitty) fondo m común
-10. Fam (belly) barriga f, panza f, Chile guata f
-11. Br Fam **to take a ~ (shot) at sth/sb** pegarle un tiro a algo/a alguien a la buena de Dios
-12. [IDIOMS] Fam **pots of money** montones de dinero; Fam **to go to ~** irse al garete, Am irse al diablo; Fam **to take ~ luck** aceptar lo que haya; very Fam **he hasn't got a ~ to piss in** no tiene ni un maldito centavo or Esp un puto duro or Méx ni un quinto or RP un mango partido al medio; **that's the ~ calling the kettle black** mira quién fue a hablar; [PROV] **a watched ~ never boils** el que espera desespera
◇ vt (pt & pp **potted**) **-1.** (butter, meat) envasar **-2.** (plant) plantar (en tiesto) **-3.** (in snooker, pool) meter **-4.** Br (boot) cazar
◇ vi (do pottery) hacer cerámica

potable ['pəʊtəbəl] adj Literary or Hum potable

potash ['pɒtæʃ] n potasa f

potassium [pə'tæsɪəm] n CHEM potasio m ❑ **~ chloride** cloruro m potásico

potato [pə'teɪtəʊ] (pl **potatoes**) n Esp patata f, Am papa f ❑ **~ blight** añublo m de la Esp patata or Am papa; Br **~ crisps** or US **chips** Esp patatas or Am papas fritas (de bolsa); **~ peeler** Esp pelapatatas m inv, Am pelapapas m inv; **~ salad** ensalada f de Esp patatas or

Am papas; **~ scone** = bollo pequeño, redondo y bastante seco, hecho de *Esp* patatas *or Am* papas

potbellied ['pɒtbelɪd] *adj* **-1.** *(person) (from overeating)* barrigón(ona); *(from malnourishment)* con el vientre hinchado **-2. ~ stove** estufa con panza

potbelly ['pɒtbelɪ] *n (stomach)* barriga *f*, panza *f*, *Chile* guata *f*; **he's getting** *or* **developing a ~** está echando barriga, *Arg* se está quedando con panza

potboiler ['pɒtbɔɪlə(r)] *n Pej (book)* producto *m* puramente comercial

potbound ['pɒtbaʊnd] *adj (plant)* de maceta

poteen [pɒ'tʃiːn] *n* = whisky destilado ilegalmente en Irlanda

potency ['pəʊtənsɪ] *n* **-1.** *(sexual)* potencia *f* **-2.** *(of charm, message, influence)* fuerza *f* **-3.** *(of drink, drug)* fuerza *f*

potent ['pəʊtənt] *adj* **-1.** *(sexually)* potente **-2.** *(charm, message, influence)* fuerte; *(argument)* contundente **-3.** *(drink, drug)* fuerte; **it's stuff, this rum!** ¡este ron sí que es fuerte!

potentate ['pəʊtənteɪt] *n* soberano *m* absoluto

potential [pə'tenʃəl] ⋄ *n* **-1.** *(promise) (of person)* potencial *m*; *(of discovery, situation, place)* potencial *m*, posibilidades *fpl*; **to have ~** tener potencial; **she has the ~ to succeed** tiene lo necesario para triunfar; **she failed to fulfil her ~** no llegó a explotar todo su potencial; **~ for good/evil** potencial de hacer el bien/el mal **-2.** ELEC potencial *m* ⋄ *adj* **-1.** *(possible)* potencial; **they're ~ criminals** son delincuentes en potencia; **we mustn't discourage ~ investors** no debemos desalentar a potenciales inversores **-2.** ELEC **~ difference** diferencia *f* de potencial; PHYS **~ energy** energía *f* potencial

potentiality [pətenʃɪ'ælətɪ] *n* potencial *m*

potentially [pə'tenʃəlɪ] *adv* en potencia; **~ lethal poisons** venenos que son potencialmente letales; **~, this idea might revolutionize the industry** potencialmente, esta idea podría revolucionar el sector

potentiometer [pətenʃɪ'ɒmɪtə(r)] *n* ELEC potenciómetro *m*

pothead ['pɒthed] *n Fam* porrero(a) *m,f*, porreta *mf*

pot-herb [*Br* 'pɒthɜːb, *US* 'pɒtɜːb] *n* hierba *f* aromática

pot-hole ['pɒthəʊl] *n* **-1.** *(cave)* cueva *f* **-2.** *(in road)* bache *m*

pot-holer ['pɒthəʊlə(r)] *n* espeleólogo(a) *m,f*

pot-holing ['pɒthəʊlɪŋ] *n* espeleología *f*; **to go ~** hacer espeleología

pot-hook ['pɒthʊk] *n (in fireplace)* gancho *m*

potion ['pəʊʃən] *n* poción *f*

potlatch ['pɒtlætʃ] *n* **-1.** *(among Native Americans)* = fiesta que celebran algunas tribus indígenas norteamericanas durante la que los participantes se intercambian suntuosos regalos **-2.** *US Fam* fiesta *f*

pot-luck ['pɒt'lʌk] *adj US Fam* **~ dinner/party** = cena/fiesta en la que cada uno de los invitados acude con un plato

potpie ['pɒtpaɪ] *n US* = plato consistente en carne y verdura cubierto de pasta y hervido u horneado en una olla

potpourri ['pəʊpʊ'riː] *n (of flowers, music)* popurrí *m*

potsherd ['pɒtʃɜːd], **potshard** ['pɒtʃɑːd] *n* trozo *m* de cerámica

pottage ['pɒtɪdʒ] *n* potaje *m*

potted ['pɒtɪd] *adj* **-1.** *(food)* en conserva; **~ meat** paté de carne, **~ shrimps** gambas en conserva **-2.** *(plant)* en maceta *or* tiesto **-3.** *(condensed)* **a ~ version** una versión condensada; **a ~ history of the Second World War** una historia resumida de la Segunda Guerra Mundial

potter¹ ['pɒtə(r)] *n* alfarero(a) *m,f*, ceramista *mf* ❑ *US* **~'s field** cementerio *m* de pobres; **~'s wheel** torno *m* (de alfarero)

potter² *vi Br* **after lunch, I'll ~ down to the post office** después del almuerzo me acercaré hasta correos; **I might ~ along to the library later** tal vez vaya a la biblioteca más tarde

◆ **potter about, potter around** *Br Fam* ⋄ *vi* entretenerse; **he spent the morning pottering about** *or* **around in the garden** ha estado toda la mañana entretenido *or* ocupado en el jardín

⋄ *vt insep* **I like to spend Sunday pottering about** *or* **around the house/garden** me gusta pasar los domingos de aquí para allá en la casa/el jardín

pottery ['pɒtərɪ] *n* **-1.** *(art)* alfarería *f* **-2.** *(place)* alfarería *f* **-3.** *(objects)* cerámica *f*, alfarería *f*

potting-shed ['pɒtɪŋʃed] *n Br* cobertizo *m* (en el jardín)

Pott's fracture ['pɒts'fræktʃə(r)] *n* MED fractura *f* de Pott

potty¹ ['pɒtɪ] *n Fam* orinal *m*

potty² *adj Br Fam (mad)* pirado(a), *Col* corrido(a), *CSur* rayado(a), *Méx* zafado(a); **to be ~** estar pirado(a) *or Col* corrido(a) *or CSur* rayado(a) *or Méx* zafado(a); **to go ~** volverse loco(a) *or Esp* majara, *CSur* rayarse, *Méx* zafarse; **you're driving me ~** me estás volviendo loco; **to be ~ about sth/sb** estar loco(a) por algo/alguien

potty-train ['pɒtɪtreɪn] *vt* enseñar a usar el orinal a

potty-trained ['pɒtɪtreɪnd] *adj* **he/she is ~** ya no necesita pañales

potty-training ['pɒtɪtreɪnɪŋ] *n* = proceso de enseñar a un niño a usar el orinal

pouch [paʊtʃ] *n* **-1.** *(for money)* saquito *m*; *(for tobacco)* petaca *f*; *(for ammunition)* cebador *m* **-2.** *(of marsupial)* marsupio *m*; *(in cheeks)* bolsa *f* **-3.** *US (mailbag)* valija *f*

pouf(fe) [puːf] *n* puf *m*

poulterer ['pəʊltərə(r)] *n* pollero(a) *m,f*

poultice ['pəʊltɪs] *n* cataplasma *f*

poultry ['pəʊltrɪ] *n (birds)* aves *fpl* de corral ❑ **~ farm** granja *f* avícola; **~ farmer** avicultor(ora) *m,f* **-2.** *(meat)* carne *f* de ave *or* pollería

pounce [paʊns] ⋄ *vi (attack)* abalanzarse (**on** sobre)

⋄ *n* salto *m*; **with a sudden ~** con un salto repentino

◆ **pounce on, pounce upon** *vt insep* **-1.** *(of animal, bird, police)* caer sobre; **he was quick to ~ on the defender's mistake** se aprovechó rápidamente del error del defensor **-2.** *(in criticism)* **they ~ on your slightest mistake** no pierden la oportunidad de criticar tu errores más pequeños **-3.** *(seize) (opportunity)* aprovechar

pound¹ [paʊnd] *n* **-1.** *(unit of weight)* libra *f* (= 0,454 kg); **three ~** *or* **pounds of apples** tres libras de manzanas; **to sell sth by the ~** vender algo por libras; **two dollars a ~** dos dólares la libra; IDIOM **he's determined to get** *or* **have his ~ of flesh** está decidido a conseguir a toda costa lo que es suyo ❑ **~ cake** pastel *m* con pasas

-2. *(British currency)* libra *f* (esterlina) ❑ **~ coin** moneda *f* de una libra; **~ shop** = tienda en la que todo se vende a una libra, *Esp* ≃ todo a cien; **~ sign** símbolo *m* de la libra; **~ sterling** libra *f* esterlina

-3. *US* **~ sign** = el símbolo '#'; *(on telephone)* almohadilla *f*, numeral *m*

pound² *n* **-1.** *(for dogs)* perrera *f* **-2.** *(for cars)* depósito *m*

pound³ ⋄ *vt* **-1.** *(crush)* machacar; **to ~ sth to pieces** destrozar algo a golpes **-2.** *(hammer, hit)* golpear; **the waves pounded the rocks/boat** las olas golpeaban contra las rocas/el bote **-3.** *(with artillery)* bombardear incesantemente **-4.** *(walk) (corridor)* caminar por; **to ~ the** *Br* **streets** *or US* **pavement** caminar *or* andar por las calles; **to ~ the beat** *(policeman)* salir de ronda

⋄ *vi* **-1.** *(hammer) (waves)* golpear (**on** *or* contra); **to ~ at** *or* **on sth** aporrear algo; **the rain was pounding on the roof** la lluvia golpeaba en *or* contra el techo

-2. *(rhythmically) (drum)* redoblar; *(heart)* palpitar; **my head is pounding** tengo la cabeza a punto de estallar

-3. *(more heavily)* **he heard their feet pounding above** escuchó el retumbar de sus pasos en el apartamento *or Esp* piso de arriba

◆ **pound away** *vi* **-1.** *(on typewriter, piano, drums)* aporrear **-2.** *(with artillery)* **to ~ away at the enemy lines** bombardear incesantemente las líneas enemigas

◆ **pound down** *vt sep* **-1.** *(crush)* moler, triturar **-2.** *(flatten) (earth)* allanar

◆ **pound out** *vt sep Br* **-1.** *(rhythm, tune)* tocar vigorosamente **-2.** *(letter, book)* escribir

poundage ['paʊndɪdʒ] *n* **-1.** *(charge)* = impuesto cobrado por libra de peso **-2.** *(weight)* peso *m* en libras

-pounder ['paʊndə(r)] *suffix* **a fifteen~** *(fish)* un ejemplar de quince libras; **a six/twenty-five~** *(gun)* una pieza de 6/25 libras

pounding ['paʊndɪŋ] *n* **-1.** *(beating)* **to give sb a ~** dar una buena tunda a alguien; **the city centre took a ~ from the enemy artillery** el centro de la ciudad fue bombardeado ferozmente por la artillería enemiga; **the play took a real ~ from the critics** la obra fue masacrada por la crítica; **the dollar took a severe ~ last week** el dólar recibió un duro revés la semana pasada

-2. *(sound) (of artillery)* martilleo *m*; *(of heart)* palpitaciones *fpl*; *(of waves, fist)* golpes *mpl*

pour [pɔː(r)] ⋄ *vt* **-1.** *(liquid)* verter (**into** en); **we poured the water/wine down the sink** tiramos el agua/vino por el fregadero *or RP* la pileta; **to ~ sb a drink/some tea** servir una bebida/té a alguien; **~ yourself a drink** sírvete un trago

-2. *(invest)* **to ~ money into a project** invertir un dineral en un proyecto; **he poured all his energy into the project** puso toda su energía en el proyecto

-3. IDIOMS **to ~ cold water on sth** echar agua fría sobre algo; **to ~ scorn on sth/sb** hablar de algo/alguien con desdén; **she looked as if she'd been poured into her jeans** parecía que se había puesto los vaqueros con calzador

⋄ *vi* **-1.** *(liquid, light, smoke)* brotar, fluir (**from** *or* **out of** de); **tears poured down her face** le brotaban las lágrimas; **blood poured from the wound** brotaba sangre de la herida; **it's pouring (with rain)** llueve a cántaros; **sweat was pouring off him** le chorreaba el sudor

-2. *(people)* salir en masa (**from** *or* **out of** de); **tourists were pouring into the palace** oleadas de turistas entraban al palacio; **reporters ~ into Cannes for the festival** los periodistas llegan a Cannes en masa para el festival

-3. *(teapot, jug)* **to ~ well/badly** verter bien/mal

◆ **pour away** *vt sep (throw out)* tirar

◆ **pour down** *vi (rain)* llover a cántaros

◆ **pour forth** *vi Literary* **-1.** *(light, water)* emanar **-2.** *(people)* salir en masa **-3.** *(be produced)* **hundreds of pamphlets poured forth from the presses** las imprentas producían cientos de panfletos; **he opened his mouth and a stream of insults poured forth** abrió la boca y dejó salir una catarata de insultos

◆ **pour in** *vt sep (liquid)* verter

⋄ *vi* **-1.** *(liquid, light, smoke)* entrar a raudales **-2.** *(people, letters)* llegar a raudales; **offers of help poured in from all sides** llegó una avalancha de ayuda proveniente de todas partes

◆ **pour out** ⋄ *vt sep* **-1.** *(liquid)* sacar; *(drink)* servir **-2.** *(anger, grief)* desahogar; **he poured out his heart to me** se desahogó conmigo

⋄ *vi* **-1.** *(liquid, light, smoke)* salirse **-2.** *(people)* salir a raudales

pourer ['pɔːrə(r)] *n* **this teapot isn't a good ~** esta tetera no vierte *or* sirve bien

pouring ['pɔːrɪŋ] *adj* **-1.** *(rain)* torrencial **-2.** *(cream)* líquido(a); **the sauce should be of ~ consistency** la salsa no debe ser muy espesa

poussin ['puːsæn] *n* pollito *m*

pout [paʊt] ◇ *n (of annoyance)* mohín *m*; *(seductive)* mueca *f* seductora (con los labios)
◇ *vi (in annoyance)* hacer un mohín; *(seductively)* fruncir los labios con aire seductor

pouter ['paʊtə(r)] *n (bird)* paloma *f* buchona

POV [piːəʊˈviː] *n* TV & CIN *(abbr* **point of view)** punto *m* de vista

poverty ['pɒvətɪ] *n* **-1.** *(financial)* pobreza *f*; **to live in ~** vivir en la pobreza ❑ **~ line** umbral *m* de pobreza; **to be living on/below the ~ line** vivir en/debajo del umbral de la pobreza; **~ trap** = situación del que gana menos trabajando que desempleado, porque sus ingresos superan por poco el nivel mínimo a partir del cual hay que pagar impuestos
-2. *(shortage) (of ideas, imagination)* escasez *f*, pobreza *f*
-3. *(of soil)* pobreza *f*

poverty-stricken ['pɒvətɪstrɪkən] *adj* empobrecido(a)

POW [piːəʊˈdʌbəljuː] *n (abbr* **prisoner of war)** prisionero(a) *m,f* de guerra ❑ **~ camp** campo *m* de prisioneros de guerra

pow [paʊ] *exclam* ¡paf!

powder ['paʊdə(r)] ◇ *n* **-1.** *(dust, fine grains)* polvo *m* ❑ **~ blue** azul *m* pastel
-2. *(gunpowder)* pólvora *f*; IDIOM **to keep one's ~ dry** mantenerse a la espera ❑ **~ burn** marca *f* de pólvora; **~ horn** cuerno *m* de pólvora; **~ keg** barril *m* de pólvora; *Fig* polvorín *m*
-3. *(cosmetic)* **(face) ~** polvos *mpl* ❑ **~ compact** polvera *f*; **~ puff** borla *f*; **~ room** *(toilet)* baño *m or Esp* servicios *mpl or CSur* toilette *m* de señoras
-4. *(medicine)* polvo *m*; IDIOM *US Fam* **to take a ~** *(disappear)* poner los pies en polvorosa
-5. ~ (snow) nieve *f* en polvo
◇ *vt* **-1.** *(crush, pulverize)* pulverizar, hacer polvo **-2.** *(cover with powder)* **to ~ sth with sugar** espolvorear azúcar sobre algo; **to ~ one's face** empolvarse la cara; IDIOM *Euph* **to ~ one's nose** ir al tocador

powder-blue ['paʊdə'bluː] *adj* azul pastel

powdered ['paʊdəd] *adj* **-1.** *(milk)* en polvo; *(coffee)* en polvo, instantáneo(a) ❑ *US* **~ sugar** azúcar *m Esp, Méx* glas *or Esp* de lustre *or Chile* flor *or Col* pulverizado *or RP* impalpable **-2.** *(face, wig)* empolvado(a)

powdery ['paʊdərɪ] *adj* **-1.** *(covered in powder)* polvoriento(a), lleno(a) de polvo **-2.** *(substance)* arenoso(a), como polvo **-3.** *(snow)* en polvo

power ['paʊə(r)] ◇ *n* **-1.** *(authority, control)* poder *m* **(over sobre)**; **to be in/out of ~** estar/no estar en el poder; **to come to ~** subir *or* llegar al poder; **to fall from ~** perder el poder, caer; **to seize** *or* **take ~** tomar el poder; **to be in sb's ~** estar en poder de alguien; **he had them in his ~** los tenía en su poder; **to have ~ of life and death over sb** tener poder para decidir sobre la vida de alguien, tener poder de vida y muerte sobre alguien ❑ **~ base** bastión *f* de popularidad; **~ block** grupo *m* de poder; **~ breakfast** desayuno *m* de trabajo; **~ broker** persona *f* con mucha influencia política; **~ dressing** = estilo de vestir utilizado por mujeres ejecutivas y que transmite profesionalidad y seguridad; **~ forward** *(in basketball)* ala-pívot *mf*; **~ games** maniobras *fpl* por el poder; **~ lunch** almuerzo *m* de trabajo; **~ play** *(in ice hockey)* situación *f* de superioridad numérica; **~ politics** política *f* de fuerza; **~ struggle** lucha *f* por el poder; COMPTR **~ user** usuario *m,f* experto(a); **~ vacuum** vacío *m* de poder; **~ yoga** yoga *m* deportivo
-2. *(official right)* poder *m*; **the government has granted us new powers** el gobierno nos ha concedido nuevas competencias; **the council has the ~ to grant licences** el ayuntamiento tiene la competencia para conceder permisos; **he has the ~ to fire employees from their job** tiene autoridad para despedir empleados; **it is not in** *or* **within my ~ to do it** no está dentro de mis atribuciones hacerlo ❑ LAW **~ of attorney** poder *m* (notarial)
-3. *(capacity)* capacidad *f*, facultad *f*; **the ~ of reason** el uso de razón; **the ~ of speech** la facultad del habla; **powers of concentration** capacidad de concentración; **powers of persuasion** poder de persuasión; **to have the ~ to do sth** tener la facultad de hacer algo; **it is beyond my ~** no está en mi mano, no depende de mí; **she did everything in her ~ to help** hizo todo lo posible por ayudar, *Esp* hizo todo lo que estuvo en su mano para ayudar; **it is within her ~ to win the match** ganar el partido está dentro de sus posibilidades; **to be at the height** *or* **peak of one's powers** estar en plena forma, estar en el auge de su carrera
-4. *(physical strength)* fuerza *f*; IDIOM *Fam* **more ~ to your elbow!** ¡bien hecho!
-5. *(powerful person)* autoridad *f*; *(powerful group, nation)* potencia *f*; **the great powers** las grandes potencias; IDIOM **the powers that be** las autoridades; IDIOM *Literary* **the powers of darkness** las fuerzas del mal; IDIOM **the ~ behind the throne** el/la que maneja los hilos
-6. *(electricity)* electricidad *f*; *(energy)* energía *f*; **the engine requires a lot of ~** el motor consume mucha energía; **~ is provided by batteries** funciona con pilas, *RP* funciona a pila; **to turn the ~ on/off** conectar *or Esp* dar/cortar la corriente; **wind ~** energía eólica; **the ship completed the journey under its own ~** el barco completó el viaje impulsado por sus motores ❑ AUT **~ brakes** servofreno *m*, *Am* frenos *mpl* hidráulicos; **~ cut** apagón *m*; **~ dive** *(of aircraft)* descenso *m Esp* en picado *or Am* picada (con el motor al máximo); **~ drill** taladro *m* eléctrico; **~ failure** corte *m* de corriente *or* del fluido eléctrico; **~ lines** cables *mpl* del tendido eléctrico; **~ pack** unidad *f* de alimentación; **~ plant** central *f or Andes, RP* usina *f* eléctrica; *esp Br* **~ point** toma *f* de corriente, *Am* toma *f* de contacto; **~ station** central *or Andes, RP* usina *f* eléctrica; AUT **~ steering** *Esp* dirección *f* asistida, *Esp* servodirección *f*, *Am* dirección *f* hidráulica; **~ supply** *(for city, building)* suministro *m* eléctrico; *(for machine)* fuente *f* de alimentación; **~ supply unit** alimentador *m* de corriente; **~ switch** interruptor *m* de corriente; **~ tool** herramienta *f* eléctrica; **~ unit** alimentador *m* de corriente
-7. MATH potencia *f*; **three to the ~ of ten** tres elevado a diez
-8. *(of lens)* potencia *f*
-9. *Fam (a lot)* **that'll do you a ~ of good** eso te sentará estupendamente *or* de maravilla, *RP* esto te va a hacer muy bien
◇ *vt (provide with power)* propulsar; **a plane powered by two engines** un avión propulsado por dos motores; **the vehicle is powered by a diesel engine** el vehículo tiene un motor diesel
◇ *vi (move powerfully)* **the athlete powered ahead of her rivals** la atleta se escapó de sus rivales de un tirón

◆ **power down** COMPTR ◇ *vt sep* apagar
◇ *vi* apagarse

◆ **power up** COMPTR ◇ *vt sep* encender, *Am* prender
◇ *vi* encenderse, *Am* prenderse

power-assisted steering ['paʊərəsɪstɪd'stɪərɪŋ] *n* AUT dirección *f* asistida, servodirección *f*

powerboat ['paʊəbəʊt] *n* motonave *f (de gran cilindrada)* ❑ **~ racing** carreras *fpl* de motoras, motonáutica *f*

-powered ['paʊəd] *suffix* **steam~** de *or* a vapor, accionado(a) por vapor de agua; **wind~** de viento, alimentado(a) por el viento

powerful ['paʊəfʊl] ◇ *adj (country, politician)* poderoso(a); *(muscles, engine, voice)* potente; *(kick)* fuerte, poderoso(a); *(imagination)* fértil; *(drug, smell)* fuerte; *(speech, image, scene)* conmovedor(ora); *(argument, incentive)* poderoso(a), convincente
◇ *adv Br Fam* muy

powerfully ['paʊəfʊlɪ] *adv* **-1.** *(with great strength)* con fuerza; **a ~ built man** un hombre muy fornido **-2.** *(to argue)* convincentemente; *(to speak)* de forma conmovedora

powerhouse ['paʊəhaʊs] *n* **-1.** ELEC central *f or Andes, RP* usina *f* eléctrica **-2.** *(person)* generador(ora) *m,f*; *(place)* polo *m* generador; **the economic ~ of Germany** el motor de la economía alemana

powerless ['paʊəlɪs] *adj* impotente; **our arguments were ~ in the face of such conviction** nuestros argumentos carecían de vigor frente a semejante convicción; **to feel ~** sentirse impotente; **to be ~ to react** no tener capacidad para reaccionar, no ser capaz de reaccionar

powerlessly ['paʊəlɪslɪ] *adv* sin poder hacer nada; **I watched ~ as they were led away** observé sin poder hacer nada mientras se los llevaban

powerlessness ['paʊəlɪsnɪs] *n* impotencia *f*

power-on key ['paʊər'ɒnkiː] *n* COMPTR tecla *f* de encendido

power-sharing ['paʊəʃeərɪŋ] *n* POL reparto *m* del poder

powwow ['paʊwaʊ] ◇ *n* **-1.** *(of Native Americans)* asamblea *f* **-2.** *Fam (meeting, discussion)* reunión *f*; **to have** *or* **hold a ~** tener una reunión
◇ *vi Fam (talk)* conversar

pox [pɒks] *n Br Fam* **the ~** *(syphilis)* la sífilis; *Old-fashioned or Literary* **a ~ on...!** ¡maldita sea...!

poxy ['pɒksɪ] *adj Br Fam* **all I got for Christmas was a ~ box of chocolates** todo lo que me regalaron para Navidad fue una mísera caja de bombones; **you can keep your ~ flowers!** ¡te puedes meter las flores donde te quepan!

p & p [piːən'piː] *n Br (abbr* **postage and packing)** gastos *mpl* de envío

pp ◇ **-1.** *(abbr* **pages)** págs. **-2.** MUS *(abbr* **pianissimo)** pp. **-3.** *Br* COM *(on behalf of)* p.p.
◇ *vt* [piː'piː] *Br* COM **could you pp those letters for me?** ¿podrías firmar estas cartas en mi nombre?

ppm *(abbr* **parts per million)** p.p.m.

PPP [piːpiːˈpiː] *n* COMPTR *(abbr* **point-to-point protocol)** PPP *m*

PPS [piːpiːˈes] *n Br (abbr* **Parliamentary Private Secretary)** Secretario(a) *m,f* Privado(a) Parlamentario(a)

PPV [piːpiːˈviː] *n (abbr* **pay-per-view)** pago *m* por visión

PR [piːˈɑː(r)] *n* **-1.** *(abbr* **public relations)** relaciones *fpl* públicas ❑ **PR company** asesor *m* de imagen y comunicación **-2.** POL *(abbr* **proportional representation)** representación *f* proporcional **-3.** *(abbr* **Puerto Rico)** Puerto Rico

practicability [præktɪkəˈbɪlɪtɪ] *n (feasibility)* viabilidad *f*

practicable ['præktɪkəbəl] *adj* **-1.** *(feasible)* factible, viable; **as far as is ~** en la medida de lo posible **-2.** *(road)* transitable

practical ['præktɪkəl] ◇ *n (lesson)* (clase *f*) práctica *f*; *(exam)* examen *m* práctico
◇ *adj* **-1.** *(convenient, efficient)* práctico(a)
-2. *(sensible, commonsense) (person, mind, suggestion)* práctico(a); **he's very ~** es muy práctico; **now, be ~, we can't afford a holiday** sé realista, en este momento no podemos permitirnos ir de vacaciones
-3. *(not theoretical) (training, experience)* práctico(a); **for all ~ purposes** a efectos prácticos ❑ *US* **~ nurse** enfermero(a) *m,f* auxiliar
-4. *(virtual)* **it's a ~ certainty** es prácticamente seguro; **it's a ~ impossibility** es prácticamente imposible
-5. ~ joke broma *f*; **to play a ~ joke on sb** gastar una broma a alguien; **~ joker** bromista *mf*

practicality [præktɪˈkælɪtɪ] *n* **-1.** *(of suggestion, plan)* viabilidad *f* **-2.** **practicalities** *(practical issues)* aspectos *mpl* prácticos

practically ['præktɪklɪ] *adv* **-1.** *(sensibly)* sensatamente; **she very ~ suggested telephoning home** sugirió sensatamente que llamáramos a casa; **to be ~ dressed** estar vestido(a) de manera muy práctica
-2. *(through practice)* con la práctica
-3. *(almost, virtually)* prácticamente; **there has been ~ no snow** casi no ha nevado; **~ the whole of the audience** casi todo el público; **we're ~ there** casi estamos allí, casi llegamos
-4. *(in practice)* en la práctica; **~ speaking** prácticamente hablando

practical-minded ['præktɪkəl'maɪndɪd] *adj* con sentido práctico; **he's the ~ one** él es el que tiene un sentido práctico

practice ['præktɪs] ◇ *n* **-1.** *(exercise, training)* práctica *f*; *(in sport)* entrenamiento *m*; **I've had a lot of ~ at** or **in doing that** tengo mucha práctica en eso; **it'll be good ~ for your interview** será una buena práctica para tu entrevista; **to be in ~** estar en buena forma; **to be out of ~** estar desentrenado(a); **I'm getting out of ~** estoy perdiendo la forma; PROV **~ makes perfect** se aprende a base de práctica ❑ **~ ground** *(in golf)* campo *m* de prácticas; **~ match** partido *m* de entrenamiento
-2. *(training session)* práctica *f*; *(rehearsal)* ensayo *m*
-3. *(practical application)* práctica *f*; **in ~** en la práctica; **to put an idea into ~** poner en práctica una idea
-4. *(custom)* práctica *f*; **tribal/religious practices** prácticas tribales/religiosas; **to be good/bad ~** ser una buena/mala costumbre; **to make a ~ of doing sth** tener por costumbre hacer algo; **it's the usual ~** es el procedimiento habitual; **it's normal ~ among most shopkeepers** es una práctica habitual entre la mayoría de los comerciantes; **it's standard ~ to make a written request** lo habitual es formular una petición por escrito
-5. *(of profession)* ejercicio *m*, práctica *f*; **to be in ~ as a doctor/lawyer** ejercer como médico/abogado; **to go into** or **set up ~ as a doctor/lawyer** comenzar a ejercer como médico/abogado
-6. *(business)* **medical ~** *(place)* consulta médica, consultorio médico; *(group of doctors)* = grupo de médicos que comparten un consultorio; **legal ~** *(place, legal firm)* bufete de abogados; **he has a country ~** ejerce en el campo
◇ *vt US* = **practise**
◇ *vi US* = **practise**

practiced, practicing *US* = **practised, practising**

practise, *US* **practice** ['præktɪs] ◇ *vt* **-1.** *(musical instrument, language)* practicar; *(musical piece)* ensayar; **can I ~ my Spanish on you?** ¿puedo practicar español contigo?; **to ~ one's serve** practicar el servicio **-2.** *(medicine, law)* ejercer **-3.** *(religion, custom)* practicar; IDIOM **to ~ what one preaches** predicar con el ejemplo **-4.** *(inflict)* infligir, aplicar **-5.** *(magic)* practicar
◇ *vi* **-1.** *(musician)* practicar; *(sportsperson)* entrenar; **to ~ on the guitar** practicar con la guitarra **-2.** *(doctor, lawyer)* ejercer (**as de** or **como**)

practised, *US* **practiced** ['præktɪst] *adj* experto(a) (**at en**); **a ~ liar** un mentiroso consumado; **with a ~ hand** con una mano or ayuda experta; **to be ~ in the arts of seduction/deception** ser un experto en el arte de la seducción/en el engaño

practising, *US* **practicing** ['præktɪsɪŋ] *adj* **-1.** *(doctor, lawyer)* en ejercicio, en activo **-2.** *(religious believer)* practicante **-3.** *(homosexual)* activo(a)

practitioner [præk'tɪʃənə(r)] *n (of art, profession, skill)* profesional *mf*; **(medical) ~** facultativo(a) *m,f*, médico(a) *m,f*

praesidium = **presidium**

praetorian guard [prɪ'tɔːrɪən'gɑːd] *n* HIST guardia *f* pretoriana

pragmatic [præg'mætɪk] *adj* pragmático(a)

pragmatically [præg'mætɪklɪ] *adv* pragmáticamente, de manera pragmática

pragmatics [præg'mætɪks] *n* LING pragmática *f*

pragmatism ['prægmətɪzəm] *n* pragmatismo *m*

pragmatist ['prægmətɪst] *n* pragmático(a) *m,f*

Prague [prɑːg] *n* Praga ❑ HIST **the ~ spring** la primavera de Praga

prairie ['preərɪ] *n* pradera *f*; **the Prairie** or **Prairies** *(in US)* La Pradera ❑ **~ chicken** gallo *m* de las praderas; **~ dog** perro *m* de las praderas; **~ oyster** *(alcoholic drink)* = bebida hecha con yema de huevo cruda, salsa inglesa, sal y pimienta que se utiliza para aliviar la resaca; *(testicle)* criadilla *f*; **the Prairie Provinces** = las provincias de la Pradera canadiense (Manitoba, Saskatchewan y Alberta); *US* **~ schooner** = carromato típico de los colonos del oeste americano; **the Prairie State** = apelativo familiar referido al estado de Illinois; **~ wolf** coyote *m*

praise [preɪz] ◇ *n* **-1.** *(compliments)* elogios *mpl*, alabanzas *fpl*; **to be full of ~ for sth/sb** no tener más que elogios or alabanzas para algo/alguien; **in ~ of** en alabanza de; **to sing the praises of** prodigar alabanzas a; **I have nothing but ~ for him** no tengo más que elogios para él; **her film has received high ~ from the critics** los críticos han elogiado mucho su película; **it is beyond ~** no alcanzan las palabras para elogiarlo
-2. REL alabanza *f*; **hymn** or **song of ~** himno or canción de alabanza; **to give ~ to the Lord** alabar al Señor; **~ (be to) the Lord!** ¡alabado sea el Señor!; **~ be!** ¡alabado sea Dios!
◇ *vt* **-1.** *(compliment)* elogiar, alabar; **to ~ sb to the skies** poner a alguien por las nubes **-2.** REL alabar; **to ~ God** alabar a Dios; **~ the Lord!** alabad al Señor

praiseworthiness ['preɪzwɜːðɪnɪs] *n* lo encomiable, lo loable

praiseworthy ['preɪzwɜːðɪ] *adj* encomiable, loable

praline ['prɑːliːn] *n* praliné *m*

pram [præm] *n Br* cochecito *m* de niño

prance [prɑːns] *vi* **-1.** *(horse)* encabritarse **-2.** *(person)* dar brincos, brincar; **to ~ in/out** entrar/salir dando brincos

◆ **prance around, prance about** ◇ *vt insep* dar brincos por
◇ *vi* dar brincos or brincar de un lado a otro

prang [præŋ] *Br Fam Old-fashioned* ◇ *n* **to have a ~** *Esp* darse una castaña con el coche, *Méx* darse un madrazo con el carro, *CSur* hacerse bolsa con el auto
◇ *vt* **I pranged my car** *Esp* me di castaña con el coche, *Méx* me di un madrazo con el carro, *CSur* me hice bolsa con el auto

prank [præŋk] *n* broma *f* (pesada), jugarreta *f*; **to play a ~ on sb** gastarle una broma a alguien

prankster ['præŋkstə(r)] *n* bromista *mf*

prat [præt] *n Br Fam* soplagaitas *mf inv*

◆ **prat about, prat around** *vi Fam* **-1.** *(act foolishly)* hacer el tonto **-2.** *(waste time)* rascarse la barriga, *Andes* huevear

prate [preɪt] *vi Formal* perorar (**about** sobre)

pratfall ['prætfɔːl] *n US Fam* **-1.** *(fall)* tropezón *m*, batacazo *m* **-2.** *(failure)* revés *m*, trompazo *m*

pratincole ['prætɪŋkəʊl] *n* canastera *f*

prattle ['prætəl] ◇ *n* parloteo *m*
◇ *vi* parlotear (**about** de or acerca de); **she prattles away** or **on about her children for hours** se pone a hablar de los niños y no para

prawn [prɔːn] *n* gamba *f*, *Am* camarón *m* ❑ **~ cocktail** cóctel *m* de gambas; *Br* **~ cracker** corteza *f* de gambas; = especie de corteza ligera y crujiente con sabor a marisco

praxis ['præksɪs] *(pl* **praxes** ['præksiːz]*) n* praxis *f inv*

pray [preɪ] ◇ *vi* rezar, orar; **to ~ over sb's grave** rezar en la tumba de alguien; **to ~ to God** rezar a Dios; **to ~ for sth/sb** rezar por algo/alguien; **to ~ for sb's soul** rezar por el alma de alguien; *Fig* **to ~ for good weather/rain** rezar para que haga buen tiempo/llueva; **she's past praying for** *(will die)* no hay nada que se pueda hacer por ella
◇ *vt Formal* **-1.** *(ask)* **I ~ God I am mistaken** a Dios ruego estar equivocado; **I just ~ he doesn't come back** sólo ruego que no vuelva **-2.** *(in imperatives)* **~ come in**, entre, por favor; **and why, ~, was that?** ¿y por qué, si se puede saber?

prayer [preə(r)] *n* oración *f*; **Morning Prayer** maitines; **Evening Prayer** vísperas; **to say one's prayers** rezar (las oraciones); **to say a ~** rezar una oración; **to be at ~** estar orando; **her prayers had been answered** sus súplicas habían sido atendidas; **remember me in your prayers** tenme presente en tus plegarias; IDIOM *Fam* **he doesn't have a ~** *(has no chance)* no tiene ninguna posibilidad, no tiene nada que hacer ❑ **~ beads** rosario *m*; **~ book** devocionario *m*; **~ mat** = esterilla que utilizan los musulmanes para el rezo; **~ meeting** = reunión de creyentes, generalmente protestantes, para rezar en grupo; **~ rug** = esterilla que utilizan los musulmanes para el rezo; REL **~ wheel** rodillo *m* de oraciones *(utilizado por los budistas del Tíbet para rezar)*

prayerful ['preəfʊl] *adj* devoto(a)

praying mantis ['preɪɪŋ'mæntɪs] *n* mantis *f inv* religiosa

pre- [priː] *prefix* pre-; **a ~match talk** una charla antes del partido; **~exam nerves** los nervios que preceden al examen; **~Christian** precristiano(a)

preach [priːtʃ] ◇ *vt* **-1.** REL predicar; **to ~ the gospel** predicar el Evangelio; **to ~ a sermon** dar un sermón **-2.** *(recommend)* preconizar; **she preaches austerity and lives in luxury** preconiza austeridad y vive en el lujo
◇ *vi* **-1.** *(give sermon)* predicar; IDIOM **you're preaching to the converted** estás evangelizando en un convento **-2.** *Pej (give advice)* sermonear; **stop preaching at me!** ¡deja ya de sermonearme!

preacher ['priːtʃə(r)] *n* **-1.** *(sermon giver)* predicador(ora) *m,f* **-2.** *US (clergyman)* pastor(ora) *m,f*

preaching ['priːtʃɪŋ] *n (of clergy, guru)* prédica *f*; **to follow sb's preachings** seguir las prédicas de alguien

preachy ['priːtʃɪ] *adj Fam* moralista

preamble ['priːæmbəl] *n Formal (to speech, law)* preámbulo *m*

prearrange [priːə'reɪndʒ] *vt* organizar or acordar de antemano

prearranged [priːə'reɪndʒd] *adj* organizado(a) or acordado(a) de antemano; **at a ~ time/place** en un momento/lugar acordado

prebendary ['prebəndrɪ] *n* prebendado *m*

Precambrian [priː'kæmbrɪən] GEOL ◇ *n* **the ~** el precámbrico
◇ *adj* precámbrico(a)

precancerous [priː'kænsərəs] *adj* precanceroso(a)

precarious [prɪ'keərɪəs] *adj* precario(a); **to make a ~ living** apenas llegar a fin de mes

precariously [prɪ'keərɪəslɪ] *adv* precariamente; **~ balanced** *(object, situation)* en equilibrio precario

precariousness [prɪ'keərɪəsnɪs] *n* precariedad *f*

precast [priː'kɑːst] *adj (concrete)* prefabricado(a)

precaution [prɪ'kɔːʃən] *n* precaución *f*; **to take precautions** tomar precauciones, *Euph (use contraceptive)* usar anticonceptivos; **she took the ~ of informing her solicitor** tomó la precaución de informar a su abogado; **as a ~** como (medida de) precaución

precautionary [prɪ'kɔːʃənərɪ] *adj* preventivo(a); **as a ~ measure** como medida preventiva

precede [prɪ'siːd] *vt* **-1.** *(in time, space)* preceder a; **in the weeks preceding her departure** durante las semanas previas a su partida **-2.** *(in importance, rank)* preceder a **-3.** *(preface)* preceder

precedence ['presɪdəns] n **-1.** *(priority)* prioridad f, precedencia f; **to take ~ over** tener prioridad sobre **-2.** *(in rank, status)* precedencia f; **in order of ~** por orden de precedencia; **to have** *or* **take ~ over sb** tener precedencia sobre alguien

precedent ['presɪdənt] n precedente m; **a (legal) ~** un precedente legal; **to create** *or* **set a ~** sentar (un) precedente; **to follow a ~** basarse en un precedente; **to break with ~** romper con los precedentes; **without ~** sin precedentes

preceding [prɪ'siːdɪŋ] adj precedente, anterior

precept ['priːsept] n Formal precepto m

preceptorial [priːsep'tɔːrɪəl] n US UNIV = curso universitario en el que se asignan pequeños grupos de alumnos a un profesor quien, en su calidad de tutor, se reúne con ellos periódicamente para dirigirlos en sus estudios y lecturas

precinct ['priːsɪŋkt] n **-1.** Br *(area)* **(shopping) ~** zona f comercial; **within the castle precincts** dentro del recinto del castillo **-2.** *(boundary)* **within the precincts of** dentro de los límites de; **the question falls within the precincts of philosophy** la cuestión pertenece al terreno de la filosofía **-3.** US *(administrative, police division)* distrito m; *(police station)* comisaría f (de policía)

preciosity [presɪ'ɒsɪtɪ] n Formal amaneramiento m, afectación f

precious ['preʃəs] ◇ n *(term of endearment)* **my ~!** ¡mi cielo!
◇ adj **-1.** *(valuable)* precioso(a), valioso(a); *(secret, possession)* preciado(a); **this photo is very ~ to me** esta foto tiene mucho valor para mí; **my time with her is ~** el tiempo que paso con ella es muy importante para mí; **the ambulance lost ~ minutes in a traffic jam** la ambulancia perdió valiosos minutos en un embotellamiento ❑ **~ metal** metal m precioso; **~ stone** piedra f preciosa
-2. *(affected)* afectado(a)
-3. Fam *(expressing irritation)* **you and your ~ books!** ¡tú y tus dichosos libros!
◇ adv Fam *(for emphasis)* **~ little** poquísimo(a); **~ few** poquísimos(as)

preciousness ['preʃəsnɪs] n **-1.** *(value)* lo precioso **-2.** *(affectedness)* afectación f, amaneramiento m

precipice ['presɪpɪs] n precipicio m; Fig **this crisis has taken us to the edge of a ~** esta crisis nos ha llevado al borde del precipicio

precipitant [prɪ'sɪpɪtənt] adj *(action, decision, remark)* precipitado(a)

precipitate [prɪ'sɪpɪtɪt] ◇ n CHEM precipitado m
◇ adj **-1.** Formal *(hasty)* precipitado(a); **to be ~** precipitarse **-2.** *(steep)* pronunciado(a), abrupto(a)
◇ vt [prɪ'sɪpɪteɪt] **-1.** *(hasten)* precipitar **-2.** *(throw)* arrojar
◇ vi **-1.** CHEM precipitar **-2.** MET condensarse

precipitately [prɪ'sɪpɪtɪtlɪ] adv Formal precipitadamente

precipitation [prɪsɪpɪ'teɪʃən] n **-1.** MET precipitaciones fpl; **annual ~** pluviosidad anual **-2.** CHEM precipitación f

precipitous [prɪ'sɪpɪtəs] adj **-1.** *(steep) (rise, incline)* empinado(a); *(fall, descent)* en Esp picado *or* Am picada **-2.** Formal *(hasty)* precipitado(a); **to be ~** precipitarse

precipitously [prɪ'sɪpɪtəslɪ] adv **-1.** *(steeply)* abruptamente, pronunciadamente **-2.** Formal *(hastily)* precipitadamente

précis ['preɪsiː] ◇ n *(pl* **précis** ['preɪsiːz]*)* resumen m; **to write a ~ of sth** escribir un resumen de algo
◇ vt resumir

precise [prɪ'saɪs] adj **-1.** *(exact)* preciso(a); **to be ~** para ser exactos; **he was very ~ in his description** dio una descripción muy precisa; **at the ~ moment when...** en el preciso momento en que... **-2.** *(meticulous)* meticuloso(a)

precisely [prɪ'saɪslɪ] adv precisamente; **at six (o'clock) ~** a las seis en punto; **that's ~ why I'm not going** precisamente por eso no voy; **she speaks very ~** habla de manera muy precisa; **~!** ¡exactamente!; **what, ~, do you mean?** ¿qué quieres decir exactamente?

precision [prɪ'sɪʒən] n precisión f; **with great ~** con gran precisión ❑ MIL **~ bombing** bombardeo m de precisión; **~ engineering** ingeniería f de precisión; **~ instrument** instrumento m de precisión

precision-made [prɪ'sɪʒən'meɪd] adj de precisión

preclinical [prɪ'klɪnɪkəl] adj MED **-1.** *(training)* preclínico(a) **-2.** *(disease)* preclínico(a)

preclude [prɪ'kluːd] vt Formal excluir; **to ~ sb from doing sth, to ~ sb's doing sth** impedir a alguien hacer algo

precocious [prɪ'kəʊʃəs] adj precoz

precociousness [prɪ'kəʊʃəsnɪs], **precocity** [prɪ'kɒsɪtɪ] n precocidad f

precognition [priːkɒg'nɪʃən] n precognición f

pre-Columbian ['priːkə'lʌmbɪən] adj precolombino(a)

preconceived [priːkən'siːvd] adj *(idea)* preconcebido(a)

preconception [priːkən'sepʃən] n idea f preconcebida; *(prejudice)* prejuicio m; **to free oneself from all preconceptions** abandonar toda idea preconcebida

precondition [priːkən'dɪʃən] n condición f previa

precooked [priː'kʊkt] adj precocinado(a)

precursor [prɪ'kɜːsə(r)] n Formal precursor(ora) m,f *(to* or *of* de)

precut [priː'kʌt] adj precortado(a)

predate [priː'deɪt] vt **-1.** *(precede)* preceder a, anteceder a **-2.** *(put earlier date on)* antedatar

predator ['predətə(r)] n *(animal, bird)* predador(ora) m,f, depredador(ora) m,f; *(person)* aprovechado(a) m,f, buitre m

predatory ['predətərɪ] adj *(animal, bird)* predador(ora), depredador(ora); *(person)* aprovechado(a); *(instinct)* predador(ora)

predecease [priːdɪ'siːs] vt LAW premorir

predecessor ['priːdɪsesə(r)] n predecesor(ora) m,f

predestination [priːdestɪ'neɪʃən] n predestinación f

predestine [priː'destɪn] vt predestinar; **to be predestined to do sth** estar predestinado(a) a hacer algo

predetermine [priːdɪ'tɜːmɪn] vt predeterminar

predetermined [priːdɪ'tɜːmɪnd] adj predeterminado(a); **at a ~ date/place** en una fecha predeterminada/un lugar predeterminado

predicament [prɪ'dɪkəmənt] n **-1.** *(unpleasant situation)* aprieto m, apuro m; **to be in an awkward ~** estar en un brete **-2.** *(difficult choice)* dilema m, conflicto m

predicate ◇ n ['predɪkət] **-1.** GRAM predicado m **-2.** PHIL predicado m ❑ **~ calculus** cálculo m predicativo
◇ vt ['predɪkeɪt] Formal **-1.** *(state)* afirmar **-2.** *(base)* **to be predicated on sth** fundarse *or* basarse en algo **-3.** PHIL **to ~ a quality of sth** atribuir una cualidad a algo

predicative ['predɪkətɪv] adj **-1.** PHIL predicativo(a) **-2.** GRAM *(adjective)* atributivo(a), predicativo(a)

predict [prɪ'dɪkt] vt predecir, pronosticar; **rain is predicted for the weekend** está prevista lluvia para todo el fin de semana

predictability [prɪdɪktə'bɪlɪtɪ] n predicibilidad f

predictable [prɪ'dɪktəbəl] adj **-1.** *(foreseeable)* predecible, previsible **-2.** *(unoriginal)* poco original; Fam **you're so ~!** ¡siempre estás con lo mismo!

predictably [prɪ'dɪktəblɪ] adv previsiblemente; **~, he arrived an hour late** como era de prever, llegó con una hora de retraso *or* Am demora; **the evening proceeded entirely ~** la velada continuó muy predeciblemente

prediction [prɪ'dɪkʃən] n predicción f, pronóstico m

predictive [prɪ'dɪktɪv] adj indicador(ora), profético(a)

predictor [prɪ'dɪktə(r)] n *(indicator)* indicador m

predigested [priːdaɪ'dʒestɪd] adj *(information)* simplificado(a)

predilection [prɪdɪ'lekʃən] n Formal *(liking)* predilección f *(for* por*)*

predispose [priːdɪs'pəʊz] vt predisponer; **I was not predisposed to believe her** no estaba predispuesto a creerla

predisposition [priːdɪspə'zɪʃən] n predisposición f *(to* or *towards* a*)*

predominance [prɪ'dɒmɪnəns] n predominio m; **there is a ~ of women in the profession** en esta profesión existe un predominio femenino

predominant [prɪ'dɒmɪnənt] adj predominante; **the ~ mood was one of resignation** predominaba un clima de resignación

predominantly [prɪ'dɒmɪnəntlɪ] adv predominantemente; **the population is ~ English-speaking** la mayoría de la población es de habla inglesa

predominate [prɪ'dɒmɪneɪt] vi **-1.** *(be greater in number)* predominar **-2.** *(prevail)* preponderar, reinar

pre-eclampsia [priːɪ'klæmpsɪə] n MED preeclampsia f

pre-embryo ['priː'embrɪəʊ] n MED preembrión m

preemie ['priːmɪ] n US Fam *(premature baby)* bebé m prematuro

pre-eminence [priː'emɪnəns] n preeminencia f; **to achieve ~ in the field** lograr destacar en el campo

pre-eminent [priː'emɪnənt] adj preeminente

pre-eminently [priː'emɪnəntlɪ] adv *(mainly)* sobre todo, por encima de todo; **the reasons are ~ economic** las razones son, sobre todo *or* por encima de todo, económicas

pre-empt [prɪː'empt] ◇ vt **-1.** *(person, decision)* adelantarse a; **he was pre-empted by a rival** se le adelantó uno de sus rivales **-2.** esp US LAW *(land, property)* = ocupar con el objetivo de conseguir el derecho de compra
◇ vi *(in bridge)* hacer una apertura preventiva

pre-emptive [priː'emptɪv] adj **~ bid** FIN licitación f *or* oferta f preferente; *(in bridge)* apuesta f preventiva; MIL **~ strike** ataque m preventivo

preen [priːn] ◇ vt **-1.** *(of bird) (plumage)* limpiar con el pico; **to ~ itself** atusarse las plumas **-2.** *(of person)* **to ~ oneself** acicalarse; Fig **to ~ oneself on sth** enorgullecerse *or* congratularse de algo
◇ vi **-1.** *(bird)* atusarse las plumas **-2.** *(person)* mostrar satisfacción

pre-established [priːɪs'tæblɪʃt] adj preestablecido(a)

pre-exist [priːɪg'zɪst] vt preexistir

pre-existence [priːɪg'zɪstəns] n preexistencia f

pre-existent [priːɪg'zɪstənt], **pre-existing** [priːɪg'zɪstɪŋ] adj preexistente

prefab ['priːfæb] n Fam *(house)* casa f prefabricada

prefabricate [priː'fæbrɪkeɪt] vt prefabricar

prefabricated [priː'fæbrɪkeɪtɪd] adj prefabricado(a)

preface ['prefɪs] ◇ n *(of book)* prefacio m, prólogo m; *(to speech)* preámbulo m; **this incident was the ~ to all-out war** este incidente fue el preámbulo de una guerra total
◇ vt *(book)* prologar; **she prefaced her speech with an anecdote** abrió su discurso con una anécdota; **the events that prefaced the crisis** los hechos que prologaron la crisis

prefatory ['prefətərɪ] adj Formal introductorio(a)

prefect ['priːfekt] n **-1.** SCH monitor(ora) m,f **-2.** *(administrator)* prefecto m ❑ **the Prefect of Police** el prefecto de policía **-3.** *(in ancient Rome)* prefecto m

prefecture ['pri:fektʃə(r)] n (administrative district) prefectura f

prefer [prɪ'fɜ:(r)] (pt & pp **preferred**) vt **-1.** (favour) preferir; **I much ~ his first film** prefiero mucho más su primera película, Arg prefiero lejos su primera película; **she prefers living** or **to live alone** prefiere vivir sola; **I ~ wine to beer** prefiero el vino a la cerveza; **I ~ her to her sister** me cae mejor ella que su hermana; **he prefers to walk rather than take the bus** prefiere caminar a tomar el autobús; **I would ~ to stay at home** preferiría quedarme en casa; **he'd ~ you not to come** preferiría que no vinieras; **we'd ~ it if you weren't there** preferiríamos que no estuvieras allí; **do you mind if I smoke? – I'd ~ (it) if you didn't** ¿te importa si fumo? – preferiría que no lo hicieras
-2. LAW **to ~ charges (against sb)** presentar cargos (contra alguien)
-3. Formal (appoint) nombrar

preferable ['prefərəbəl] adj preferible; **it is ~ to book seats** es preferible reservar asientos

preferably ['prefərəblɪ] adv preferiblemente; **come tomorrow, ~ in the evening** ven mañana, preferentemente por la noche; **would you like to make the presentations? – ~ not** ¿te gustaría hacer las presentaciones? – si fuera posible preferiría no hacerlas

preference ['prefərəns] n **-1.** (greater liking) preferencia f; **to have** or **show a ~ for sth** tener or mostrar preferencia por algo; **his ~ is for Mozart** su preferencia es por Mozart; **I have no ~** me da lo mismo; **to express a ~** expresar una preferencia
-2. (precedence) **to give sth/sb ~**, **to give ~ to sth/sb** dar preferencia a algo/alguien; **married women will be given ~** se dará preferencia a las mujeres casadas; **in ~ to...** antes que..., en lugar de...; **in order of ~** por orden de preferencias
-3. COMPTR **preferences** preferencias fpl
-4. Br ST EXCH **~ shares** acciones fpl preferentes or privilegiadas

preferential [prefə'renʃəl] adj preferente; **to give sb ~ treatment** dar tratamiento preferencial a alguien ❏ **~ creditor** acreedor(ora) m,f preferente; **~ interest rate** interés m preferencial; **~ voting** = sistema electoral en el que los votantes eligen candidatos por orden de preferencia

preferment [prɪ'fɜ:mənt] n Formal ascenso m ❏ US ST EXCH **~ stock** acciones fpl preferentes or privilegiadas

preferred [prɪ'fɜ:d] adj preferido(a)

prefigure [pri:'fɪɡə(r)] vt **-1.** (foreshadow) prefigurar **-2.** (foresee) imaginar

prefix ['pri:fɪks] ◇ n prefijo m
◇ vt anteponer; **telephone numbers prefixed with the code 0800** números de teléfono con el prefijo 0800; **she prefixed her speech with some explanatory remarks** antes de comenzar su discurso hizo unas aclaraciones

pre-flight ['pri:flaɪt] adj previo(a) al vuelo

pre-formatted [pri:'fɔ:mætɪd] adj COMPTR preformateado(a)

prefrontal ['pri:'frʌntəl] adj ANAT prefrontal

pregame ['pri:ɡeɪm] adj previo(a) al partido

preggers ['preɡəz] adj Br Fam **to be ~** estar con bombo

pregnancy ['preɡnənsɪ] n (of woman) embarazo m; (of animals) preñez f ❏ **~ test** prueba f de embarazo

pregnant ['preɡnənt] adj **-1.** (woman) embarazada; (animal) preñada; **to be ~** (woman) estar embarazada; (animal) estar preñada; **to get** or **become** or **fall ~** quedar embarazada; **to get sb ~** embarazar a alguien; **she's three months ~** está (embarazada) de tres meses; **she was ~ with her third child** estaba embarazada de su tercer hijo
-2. Literary **to be ~ with** (situation, remark) estar preñado(a) or cargado(a) de; **a ~ silence** un silencio significativo

preheat ['pri:'hi:t] vt precalentar

prehensile [pri:'hensaɪl] adj prensil

prehistoric ['pri:hɪs'tɒrɪk] adj **-1.** (man, remains) prehistórico(a) **-2.** Fam (old-fashioned) prehistórico(a)

prehistory [pri:'hɪstərɪ] n prehistoria f

pre-ignition ['pri:ɪɡ'nɪʃən] n AUT preencendido m

pre-industrial ['pri:ɪn'dʌstrɪəl] adj preindustrial

pre-installed ['pri:ɪn'stɔ:ld] adj COMPTR preinstalado(a)

prejudge [pri:'dʒʌdʒ] vt prejuzgar

prejudice ['predʒʊdɪs] ◇ n **-1.** (bias) prejuicio m; **to have a ~ in favour of/against** tener prejuicios a favor de/en contra de; **I have no ~ either way** cualquier opción me parece bien; **he's full of ~** tiene muchos prejuicios; **he's without ~** no tiene prejuicios; **racial ~** prejuicio racial **-2.** Formal **to the ~ of** en perjuicio de; LAW **without ~ to** sin perjuicio or menoscabo de
◇ vt **-1.** (bias) predisponer (**against/in favour of** en contra de/a favor de) **-2.** (harm) perjudicar

prejudiced ['predʒʊdɪst] adj con prejuicios; **to be ~** tener prejuicios; **to be ~ against/in favour of** estar predispuesto(a) en contra de/a favor de

prejudicial [predʒʊ'dɪʃəl] adj perjudicial (**to** para); **this decision is ~ to world peace** esta decisión pone en peligro la paz mundial

prelapsarian [pri:læp'seərɪən] adj previo(a) al pecado original

prelate ['prelət] n REL prelado m

preliminary [prɪ'lɪmɪnərɪ] ◇ n preludio m; **as a ~ to...** como preludio a...; **preliminaries** (to investigation, meeting, of competition) preliminares mpl; **let's dispense with the preliminaries** dejémonos las introducciones
◇ adj preliminar; Formal **~ to departure, ~ to leaving** antes de la partida, antes de partir

prelims ['pri:lɪmz] npl **-1.** Br UNIV exámenes mpl preliminares **-2.** TYP introducción f

prelude ['prelju:d] n **-1.** (introduction) preludio m (**to** de or a) **-2.** MUS preludio m

premarital [pri:'mærɪtəl] adj prematrimonial ❏ **~ sex** relaciones fpl prematrimoniales

prematch ['pri:mætʃ] adj previo(a) al partido

premature ['premətʃʊə(r)] adj **-1.** (birth, child) prematuro(a); **three months ~** tres meses prematuro(a) **-2.** (death, judgment) prematuro(a); Fam **you're being a bit ~!** ¡te estás adelantando un poco! ❏ **~ ejaculation** eyaculación f precoz

prematurely ['premətʃʊəlɪ] adv prematuramente; **to be ~ senile/bald** quedarse senil/calvo prematuramente

premed ['pri:med] Fam ◇ n **-1.** EDUC (student) = estudiante que se prepara para el ingreso en la Facultad de Medicina; (studies) = estudios de preparación para la carrera de Medicina **-2.** MED (medication) premedicación f
◇ adj (studies) = preparatorio(a) para el ingreso en la Facultad de Medicina

premedical [pri:'medɪkəl] adj (studies) = preparatorio(a) para el ingreso en la Facultad de Medicina; (student) = que se prepara para el ingreso en la Facultad de Medicina

premedication ['pri:medɪ'keɪʃən] n MED premedicación f

premeditated [pri:'medɪteɪtɪd] adj premeditado(a)

premeditation ['pri:medɪ'teɪʃən] n premeditación f; **with/without ~** con/sin premeditación

premenstrual [pri:'menstrʊəl] adj **to be ~** tener tensión premenstrual ❏ MED **~ syndrome** síndrome m premenstrual; **~ tension** tensión f premenstrual

premier ['premɪə(r)] ◇ n (prime minister) jefe(a) m,f del Gobierno, primer(era) ministro(a) m,f
◇ adj **-1.** (leading) primero(a) **-2.** Br **the Premier League** (top soccer division) la (Liga de) Premier División

premiere ['premɪeə(r)] ◇ n (of play, movie) estreno m; **the movie's London/television ~** el estreno de Londres/televisivo de la película
◇ vt estrenar
◇ vi estrenarse

premiership ['premɪəʃɪp] n **-1.** POL (period) mandato m (del Primer Ministro); (position) cargo m de Primer Ministro **-2.** Br **the Premiership** (top soccer division) la (Liga de) Primera División

pre-millennial ['pri:mɪ'lenɪəl] adj ancestral, premilenario(a)

premise ['premɪs] ◇ n (of argument, theory) premisa f; **on the ~ that...** sobre la premisa de que...
◇ vt **to be premised on...** partir del supuesto or de la premisa de que...

premises ['premɪsɪz] npl (of factory) instalaciones fpl; (of shop) local m, locales mpl; (of office) oficina f; **business ~** locales comerciales; **on/off the ~** dentro/fuera del establecimiento; **to see sb off the ~** sacar a alguien del establecimiento

premium ['pri:mɪəm] n **-1.** FIN (for insurance) prima f
-2. (additional sum) recargo m; **to sell sth at a ~** vender algo por encima de su valor ❏ **~ bond** = bono numerado emitido por el Gobierno británico, cuyo comprador entra en un sorteo mensual de premios en metálico otorgados informáticamente al azar
-3. IDIOMS **to be at a ~** (be scarce) estar muy cotizado(a); **to put a ~ on sth** conceder una importancia especial a algo
-4. US (fuel) gasolina f súper

premolar ['pri:məʊlə(r)] ANAT ◇ n premolar m
◇ adj **~ tooth** premolar

premonition [premə'nɪʃən] n presentimiento m, premonición f; **I had a ~ of my death** tuve el presentimiento de que iba a morir; **to have a ~ that...** tener el presentimiento de que...

prenatal [pri:'neɪtəl] adj prenatal

prenuptial [pri:'nʌpʃəl] adj prenupcial ❏ **~ agreement** acuerdo m prenupcial

preoccupation [pri:ɒkjʊ'peɪʃən] n preocupación f (**with** por); **our main ~ is safety** para nosotros la seguridad es lo primero; **his obsessive ~ with physical fitness** su obsesión con la forma física

preoccupied [pri:'ɒkjʊpaɪd] adj **-1.** (worried) preocupado(a); **to be ~ with** or **by sth** estar preocupado(a) por algo **-2.** (lost in thought) ensimismado(a); **she was too ~ with her work to spare a thought for me** estaba demasiado metida en su trabajo como para pensar en mí

preoccupy [pri:'ɒkjʊpaɪ] vt preocupar; **such thoughts as these ~ my waking hours** este tipo de pensamientos me dan vueltas en la cabeza todo el día

preordain [pri:ɔ:'deɪn] vt predestinar

prep [prep] Fam ◇ n **-1.** Br (schoolwork) deberes mpl; (study period) estudio m ❏ **~ school** = colegio privado para alumnos de entre 7 y 13 años **-2.** US **~ (school)** = escuela privada de enseñanza secundaria y preparación para estudios superiores
◇ vt US MED (for operation) preparar
◇ vi US = acudir a un "prep school"

prepackaged [pri:'pækɪdʒd], **prepacked** [pri:'pækt] adj empaquetado(a)

prepaid [pri:'peɪd] adj (envelope) franqueado(a), con franqueo pagado

preparation [prepə'reɪʃən] n **-1.** (act of preparing) preparación f; **in ~ for sth** en preparación para algo; **to be in ~** estar en preparación; **the dish/event requires careful ~** el plato/evento requiere una cuidadosa preparación **-2.** (for event) **preparations** preparativos mpl; **to make preparations for sth** hacer preparativos para algo **-3.** (medicine) preparado m

preparatory [prɪ'pærətərɪ] adj **-1.** (work, measure, stage) preparatorio(a) **-2.** Formal **~ to (doing) sth** antes de (hacer) algo **-3.** **~ school** Br = colegio privado para alumnos de entre 7 y 13 años; *US* = escuela privada de enseñanza secundaria y preparación para estudios superiores

prepare [prɪˈpeə(r)] ◇ *vt* **-1.** *(make ready)* preparar; **to ~ oneself for sth** prepararse *or Am* alistarse para algo; **you'd better ~ yourself for some bad news** prepárate para recibir malas noticias
-2. *(make)* preparar, hacer; **to ~ a meal for sb** prepararle *or* hacerle una comida a alguien; **to ~ a surprise for sb** prepararle una sorpresa a alguien; **prepared from the finest ingredients** preparada con los ingredientes de mejor calidad
◇ *vi* prepararse, *Am* alistarse **(for** para**)**; **to ~ to do sth** prepararse *or Am* alistarse para hacer algo; **~ for the worst!** ¡prepárate para lo peor!

prepared [prɪˈpeəd] *adj* **-1.** *(willing)* **to be ~ to do sth** estar dispuesto(a) a hacer algo; **he was not ~ to lie for her** no estaba dispuesto a mentir por ella
-2. *(ready)* **to be ~ for sth** estar preparado(a) para algo; **be ~ for a surprise** prepárate para recibir una sorpresa; **to be ~ for anything** estar preparado(a) para cualquier cosa; **be ~** *(Scout's motto)* siempre listos
-3. *(made in advance)* **a ~ statement** una declaración preparada (de antemano)

preparedness [prɪˈpeədɪdnɪs] *n* preparación *f*

prepay [ˈpriːˈpeɪ] *(pt & pp* **prepaid** [ˈpriːˈpeɪd]*) vt* pagar por adelantado

prepayment [priːˈpeɪmənt] *n* pago *m* (por) adelantado

preponderance [prɪˈpɒndərəns] *n Formal* preponderancia *f*, predominio *m*

preponderantly [prɪˈpɒndərəntlɪ] *adv Formal* preponderantemente, predominantemente

preposition [prepəˈzɪʃən] *n* preposición *f*

prepositional [prepəˈzɪʃənəl] *adj* preposicional ❏ **~ phrase** frase *f* preposicional

prepossessing [ˈpriːpəˈzesɪŋ] *adj* atractivo(a), agradable; **her manner is not very ~** tiene una forma de ser bastante desagradable

preposterous [prɪˈpɒstərəs] *adj* absurdo(a), ridículo(a); **that's a ~ idea/suggestion!** ¡qué idea/sugerencia más absurda *or* ridícula!

preposterously [prɪˈpɒstərəslɪ] *adv* absurdamente, ridículamente; **it was ~ easy** fue ridículamente sencillo

preppy [ˈprepɪ] *US Fam* ◇ *n Esp* pijo(a) *m,f*, *Méx* fresa *mf*, *RP* (con)cheto(a) *m,f*, *Ven* sifrino(a) *m,f*
◇ *adj Esp* pijo(a), *Méx* fresa, *RP* (con)cheto(a), *Ven* sifrino(a)

preprandial [ˈpriːˈprændɪəl] *adj Literary or Hum* **a ~ drink** un aperitivo

prepress [ˈpriːˈpres] *n* TYP preimpresión *f*

preproduction [priːprəˈdʌkʃən] *n* CIN preproducción *f*; **the film is in ~** la película está en preproducción

preprogrammed [ˈpriːˈprəʊɡræmd] *adj* COMPTR preprogramado(a); **humans are ~ to behave in certain ways** los seres humanos estamos preprogramados para comportarnos de determinada forma

prepubescent [ˈpriːpjuːˈbesənt] *adj* preadolescente

prepuce [ˈpriːpjuːs] *n* ANAT prepucio *m*

prequel [ˈpriːkwəl] *n* CIN = película o libro que desarrolla una historia o se refiere a eventos que preceden a otros contenidos en una obra ya existente

Pre-Raphaelite [priːˈræfəlaɪt] ◇ *n* prerrafaelista *mf*
◇ *adj* prerrafaelista; **she has gorgeous ~ hair** tiene un hermoso cabello prerrafaelista

prerecorded [ˈpriːrɪˈkɔːdɪd] *adj (cassette, TV programme)* pregrabado(a)

prerequisite [ˈpriːˈrekwɪzɪt] ◇ *n* requisito *m* previo **(of/for** para**)**
◇ *adj* indispensable, esencial; **a ~ condition** una condición indispensable

prerogative [prɪˈrɒɡətɪv] *n* prerrogativa *f*; **to exercise one's ~** hacer uso de las prerrogativas que uno tiene; **that's your ~** estás en tu derecho

Pres. *(abbr* **president)** presidente(a) *m,f*

presage [ˈpresɪdʒ] *Literary* ◇ *n* presagio *m*
◇ *vt* presagiar

Presbyterian [prezbɪˈtɪərɪən] ◇ *n* presbiteriano(a) *m,f*
◇ *adj* presbiteriano(a)

Presbyterianism [ˈprezbɪˈtɪərɪənɪzəm] *n* presbiterianismo *m*

presbytery [ˈprezbɪt(ə)rɪ] *n* **-1.** *(court)* presbiterio *m* **-2.** *(part of church)* presbiterio *m* **-3.** *(house)* casa *f* parroquial

preschool [ˈpriːˈskuːl] ◇ *n* US jardín *m* de infancia
◇ *adj* preescolar ❏ **~ education** educación *f* preescolar

preschooler [ˈpriːˈskuːlə(r)] *n US* niño(a) *m,f* en edad preescolar

prescience [ˈpresɪəns] *n Formal* presciencia *f*

prescient [ˈpresɪənt] *adj Formal* profético(a)

prescribe [prɪˈskraɪb] *vt* **-1.** *(medicine)* recetar; **do not exceed the prescribed dose** *(on medicine label)* no exceder la dosis prescrita
-2. *(punishment, solution)* prescribir; **in the prescribed manner** de la forma prescrita; **prescribed reading** lectura obligatoria

prescription [prɪˈskrɪpʃən] *n* **-1.** *(for medicine)* receta *f*; **the doctor wrote out a ~ for her** el médico le hizo una receta; **to make up a ~ for sb** preparar una receta para alguien; **available only on ~** sólo con receta médica ❏ **~ charge** precio *m* de un medicamento con receta; **~ drug** droga *f* genérica; **~ glasses** gafas *fpl* graduadas
-2. *(recommendation)* receta *f*; **what's your ~ for a happy life?** ¿cuál es tu receta para una vida feliz?

prescriptive [prɪˈskrɪptɪv] *adj* **-1.** *(authoritative)* preceptivo(a) **-2.** GRAM normativo(a)

prescriptivism [prɪˈskrɪptɪvɪzəm] *n* **-1.** GRAM normativismo *m* **-2.** PHIL normativismo *m*

preselect [ˈpriːsəˈlekt] *vt (tracks, channels)* preseleccionar

preselection [priːsɪˈlekʃən] *n* preselección *f*

presence [ˈprezəns] *n* **-1.** *(attendance)* presencia *f*; **in the ~ of** en presencia de; **don't say anything about it in his ~** delante de él no digas nada al respecto; **your ~ is requested at Saturday's meeting** se requiere su presencia en la reunión del sábado; *Formal* **to be admitted to the ~ of sb** ser admitido(a) ante alguien; **she made her ~ felt** hizo sentir su presencia; **~ of mind** presencia de ánimo; **to have the ~ of mind to do sth** tener la sensatez de hacer algo
-2. *(number of people present)* presencia *f*; **the police maintained a discreet ~** había una discreta presencia policial; **they maintain a strong military ~ in the area** mantienen una fuerte presencia militar en la zona
-3. *(impressiveness)* **to have ~** tener mucha presencia
-4. *(supernatural entity)* espíritu *m*

present¹ [ˈprezənt] ◇ *n* **-1.** *(in time)* **the ~** el presente; **at ~** *(now)* en estos momentos; *(these days)* actualmente; **for the ~** de momento, por el momento; **to live only for the ~** vivir el presente; **up to the ~** hasta la fecha, hasta ahora **-2.** GRAM **in the ~** en presente **-3.** LAW **by these presents** por el presente documento
◇ *adj* **-1.** *(in attendance)* presente; **to be ~** estar presente; **to be ~ at sth** estar presente en *or* presenciar algo; **how many were ~?** ¿cuántos estaban presentes?; **no women were ~** no había mujeres; **this chemical is not ~ in the atmosphere** este compuesto químico no se encuentra *or* se halla en la atmósfera; **those ~** los presentes; **~ company excepted, of course** con excepción de esta compañía, por supuesto
-2. *(current)* actual; **the ~ day** el día de hoy; **at the ~ time** *or* **moment** en estos momentos; **in the ~ case** en este caso; **given (the) ~ circumstances** en vista de las circunstancias actuales; *Formal* **in the ~ writer's opinion** en opinión de quien escribe
-3. GRAM **~ participle** participio *m* de presente *or* activo; **~ perfect** pretérito *m* perfecto; **the ~ tense** el (tiempo) presente

present² *n* [ˈprezənt] *(gift)* regalo *m*; **to give sb a ~** regalar algo a alguien; **we gave her a pony as a ~** le dimos un poni de regalo, le regalamos un poni; **it's for a ~** *(in shop)* es para regalo; **to make sb a ~ of sth** regalar algo a alguien; **birthday/Christmas ~** regalo de cumpleaños/Navidad
◇ *vt* [prɪˈzent] **-1.** *(put forward)* presentar; *Formal (apologies, compliments)* presentar; **I wish to ~ my complaint in person** deseo formular *or* presentar mi queja personalmente; **he presented his case very well** presentó muy bien el caso; **the essay is well presented** el ensayo está muy bien presentado; **he's trying to ~ himself in a different light** está intentando cambiar su imagen; **if the opportunity presents itself** si se presenta la ocasión; PARL **to ~ a bill** presentar un proyecto de ley
-2. *(confront)* **to ~ sb with a challenge** ser un desafío para alguien; **I'd never been presented with a problem like this before** nunca se me había presentado un problema como éste
-3. *(be, constitute) (problem, difficulty)* representar, constituir; **this presents an ideal opportunity** esto es *or* constituye una oportunidad ideal
-4. *(give)* entregar; **to ~ sth to sb, to ~ sb with sth** *(gift)* regalar algo a alguien; *(award, certificate)* otorgar *or* entregar algo a alguien; **she presented him with a daughter** le dio una hija
-5. *(show) (passport, ticket)* presentar, mostrar; **you must ~ proof of ownership** debes presentar el título de propiedad
-6. *Formal (introduce)* presentar; **to ~ sb to sb** presentarle alguien a alguien; **allow me to ~ Mr Jones** permítanme presentarles al Sr Jones; **to be presented at Court** ser presentado(a) ante la Corte
-7. *Formal* **to ~ oneself** *(arrive, go)* presentarse; **you will ~ yourself in my office at five o'clock** se presentará en mi oficina a las cinco
-8. *(play, production)* **Columbia Pictures presents...** Columbia Pictures presenta...; **presenting Sarah Brown as the Queen** presentando a Sarah Brown en el papel de la Reina
-9. *(radio or TV show)* conducir
-10. MIL **~ arms!** ¡presenten armas!
◇ *vi* MED **the patient presented with flu symptoms** el paciente presentaba síntomas de gripe

presentable [prɪˈzentəbəl] *adj* presentable; **do I look ~?** ¿estoy presentable?; **to make oneself ~** ponerse presentable

presentation [prezənˈteɪʃən] *n* **-1.** *(putting forward) (of ideas, facts)* presentación *f*; **he made a very clear ~ of the case** presentó el caso con suma claridad
-2. *(of gift, award)* entrega *f*; **~ (ceremony)** ceremonia *f* de entrega; **to make a ~ to sb** *(give present)* hacer (entrega de) un obsequio a alguien; *(give award)* otorgar *or* entregar un premio a alguien ❏ **~ copy** copia *f* obsequio; **~ pack** envase *m* promocional
-3. *(formal talk)* presentación *f*, exposición *f*; **to give a ~** hacer una exposición, dar una charla (con la ayuda de gráficos, diapositivas, etc)
-4. on ~ of *(passport, coupon)* con la presentación de, presentando
-5. *(manner of presenting)* presentación *f*; **she lost marks for poor ~** le bajaron puntos por mala presentación
-6. MED *(of foetus)* presentación *f*

present-day [ˈprezəntˈdeɪ] *adj* actual, de hoy en día

presenter [prɪˈzentə(r)] *n (on radio, TV)* presentador(ora) *m,f*

presentiment [prɪˈzentɪmənt] *n Formal* premonición *f*, presentimiento *m*

presently ['prezəntlı] *adv* **-1.** *(soon)* pronto; *(soon afterwards)* poco después; **I'll be with you** – estaré con usted dentro de poco; **~, she got up and left** poco (tiempo) después, se levantó y se fue **-2.** *(now)* actualmente, en estos momentos; **she's ~ working on a new novel** actualmente *or* en estos momentos está trabajando en una nueva novela

preservation [prezə'veɪʃən] *n* **-1.** *(maintenance)* conservación *f*, mantenimiento *m* **-2.** *(protection)* *(of species, building)* conservación *f*, protección *f* ❑ *Br* **~ order** orden *f* de conservación *(de un monumento o edificio de valor histórico-artístico)*

preservative [prɪ'zɜːvətɪv] ◇ *n* conservante *m*; **contains no artificial preservatives** *(on food label)* no posee conservantes artificiales
◇ *adj* conservante

preserve [prɪ'zɜːv] ◇ *n* **-1.** *(jam)* confitura *f*, mermelada *f*; **preserves** conservas **-2.** *(in hunting)* coto *m* de caza **-3.** *(area of dominance)* territorio *m*; **cruises are still the ~ of the rich** los viajes en crucero siguen siendo un privilegio exclusivo de los ricos; **engineering is no longer a male ~** la ingeniería ya no es un reducto masculino
◇ *vt* **-1.** *(maintain)* conservar, mantener; **to be well preserved** *(building, specimen)* estar bien conservado(a); *Hum (person)* conservarse bien; **they tried to ~ some semblance of normality** intentaron mantener una cierta apariencia de normalidad
-2. *(leather, wood)* conservar
-3. *(fruit)* confitar, poner en conserva; *(vegetable)* poner *or* hacer *or* preparar en conserva
-4. *(protect)* conservar, proteger (**from** de); **saints ~ us!** ¡que Dios nos proteja *or* ampare!

preset ['priː'set] ◇ *vt* programar
◇ *adj* preprogramado(a)

preshrunk ['priː'ʃrʌŋk] *adj* lavado(a) previamente

preside [prɪ'zaɪd] *vi* presidir; **to ~ at** *or* **over a meeting** presidir una reunión; **he presided over the decline of the empire** él estuvo al mando durante el declive del imperio

presidency ['prezɪdənsı] *n* presidencia *f*; **during his ~** durante su presidencia; **to assume the ~** asumir la presidencia

president ['prezɪdənt] *n* **-1.** *(of state)* presidente(a) *m,f* ❑ **President's Day** = fiesta estadounidense anual que celebra los nacimientos de Washington y Lincoln **-2.** *(of company, bank)* presidente(a) *m,f* **-3.** *(of organization, club)* presidente(a) *m,f* ❑ *Br* **President of the Board of Trade** Ministro(a) *m,f* de Industria y Comercio

president-elect ['prezɪdəntɪ'lekt] *n* presidente(a) *m,f* electo(a)

presidential [prezɪ'denʃəl] *adj* presidencial; **~ hopeful** persona con aspiraciones presidenciales

presiding [prɪ'zaɪdɪŋ] *adj* **~ judge** juez *m* presidente de la sala; *Br* **~ officer** *(at polling station)* presidente(a) *m,f* de mesa

presidium, praesidium [prɪ'zɪdɪəm] *n* presidium *m*

presoak ['priː'səʊk] ◇ *vt* *(dried fruit)* poner en remojo; *(clothes)* preenjuagar
◇ *n* preenjuague *m*

press [pres] ◇ *n* **-1.** *(act of pushing)* **give it a ~** aprieta, apriétalo; **at the ~ of a button...** al pulsar un botón... ❑ HIST **~ gang** = grupo de marineros que se encargaba de reclutar por la fuerza a gente para la Armada; **~ stud** automático *m*, corchete *m*
-2. *(newspapers)* **the ~** la prensa; **to get** *or* **have a good/bad ~** tener buena/mala prensa ❑ **~ agency** agencia *f* de noticias, agencia *f* de prensa; **~ agent** agente *mf* de prensa; **~ baron** magnate *mf* de la prensa; **~ box** tribuna *f* de prensa *or* periodistas; *US* **~ clipping** recorte *m* de prensa; **~ conference** rueda *for* conferencia *f* de prensa; **the ~ corps** los periodistas acreditados; **~ coverage** cobertura *f* periodística; *Br* **~ cutting** recorte *m* de prensa; **~ department** servicio *m* de prensa; **~ gallery** tribuna *f* de prensa; **~ office** oficina *f* de prensa; **~ officer** jefe(a) *m,f* de prensa; **~ photographer** reportero(a) gráfico(a); **~ release** comunicado *m or* nota *f* de prensa; **~ reporter** reportero(a) *m,f*; **~ secretary** secretario(a) *m,f* de prensa
-3. *(machine)* prensa *f*; **(printing) ~** imprenta *f*; **to go to ~** *(newspaper)* entrar en prensa ❑ TYP **~ proof** prueba *f* de imprenta
-4. *(publishing house)* editorial *f*
-5. *(in basketball)* presión *f*; **full court ~** presión a toda la cancha
-6. *(in weightlifting)* levantamiento *m* con apoyo
◇ *vt* **-1.** *(push)* *(button, switch)* apretar; *(into clay, cement)* presionar (**into** sobre); **they pressed their faces against the window** apretaron sus caras contra la ventana; **she pressed herself against the wall** se echó *or* se arrimó contra la pared; **to ~ sth down** apretar algo hacia abajo; **he pressed the note into my hand** me puso el billete en la mano; **to ~ sth shut** cerrar algo apretando
-2. *(squeeze)* apretar; *(juice, lemon)* exprimir; *(grapes, olives, flowers)* prensar; **he pressed her arm** le apretó el brazo; **she pressed the book to her chest** apretó el libro contra el pecho; IDIOM *Hum* **to ~ the flesh** *(politician)* darse un baño de multitudes
-3. *(iron)* planchar
-4. *(record, CD)* estampar, prensar
-5. *(pressurize)* presionar; **to ~ sb to do sth** presionar a alguien para que haga algo; **the interviewer pressed her on the issue** el entrevistador insistió en el tema; **to be (hard) pressed for time/money** estar apurado(a) de tiempo/dinero; **you'll be hard pressed to do that** te resultará muy difícil hacer eso
-6. *(force)* **to ~ sth on sb** obligar a alguien a aceptar algo; **to ~ one's attentions on sb** prodigar excesivas atenciones a alguien; **he pressed home his advantage** sacó el máximo partido a su ventaja; **I've had to ~ my old bike into service, because the new one's broken** he tenido que rescatar mi vieja bici, porque la nueva está estropeada
-7. *(insist on)* **he pressed his case for the reforms** defendió vigorosamente sus argumentos a favor de las reformas; **I've decided not to ~ charges** a pesar de todo, he decidido no presentar cargos; **I don't want to ~ the point, but...** no quiero insistir más, pero...
◇ *vi (push)* empujar; *(crowd)* apelotonarse (**against** contra); **to ~ down on sth** apretar algo; **~ twice, then wait** aprieta dos veces, y espera
▶ **press ahead** = **press on**
▶ **press for** *vt insep (demand)* exigir
▶ **press on** *vi* seguir adelante (**with** con)

pressed [prest] *adj (flower)* prensado(a) ❑ **~ steel** acero *m* prensado

press-gang ['presgæŋ] ◇ *vt (force)* **to ~ sb into doing sth** forzar a alguien a hacer algo
◇ *n* HIST grupo *m or* patrulla *f* de reclutamiento

pressie ['prezi] *n Br Fam* regalito *m*

pressing ['presɪŋ] ◇ *n* **-1.** *(of grapes, olives)* prensado *m* **-2.** *(of record)* prensado *m* **-3.** *(insistence)* insistencia *f*
◇ *adj* **-1.** *(urgent)* apremiante **-2.** *(insistent)* insistente

pressman ['presmən] *n* **-1.** *Br* periodista *m* **-2.** *(printer)* impresor(ora) *m,f*

pressroom ['presrʊm] *n* **-1.** *(for printing press)* taller *m* de prensas **-2.** *(for journalists)* sala *f* de prensa

press-up ['presʌp] *n Br (exercise)* fondo *m*, flexión *f* (de brazos); **to do press-ups** hacer fondos

pressure ['preʃə(r)] ◇ *n* **-1.** *(physical)* presión *f*; **a ~ of 20 kilogrammes to the square centimetre** una presión de 20 kilos por centímetro cuadrado; **to put ~ on sth** aplicar presión sobre algo ❑ **~ cooker** olla *f* a presión, olla *f* exprés; **~ gauge** manómetro *m*; MED **~ point** punto *m* de presión; **~ sore** úlcera *f* de decúbito
-2. MET **area of high/low ~** área de altas/bajas presiones
-3. *(persuasive, oppressive force)* presión *f*; **there's no ~, don't come if you don't want to** no hay ningún tipo de obligación, si no quieres, no vengas; **there's a lot of ~ on her to succeed** se siente muy presionada para triunfar; **to be under ~ (to do sth)** estar presionado(a) (para hacer algo); **to put ~ on sb (to do sth)** presionar a alguien (para que haga algo); **to bring ~ to bear on sb (to do sth)** ejercer presión sobre alguien (para que haga algo); **to come under heavy** *or* **sustained ~** estar sometido(a) a mucha presión *or* presión continua ❑ **~ group** grupo *m* de presión
-4. *(stress)* **the pressures of running a large company** la presión *or* tensión que supone dirigir una gran compañía; **I'm under a lot of ~ at work at the moment** estoy muy presionado en el trabajo en estos momentos; **to work under ~** trabajar bajo presión; **he's obviously feeling the ~** es evidente que la presión a la que está sometido se está dejando notar; **he pleaded ~ of work** argumentó que tenía mucha presión en el trabajo
◇ *vt* **to ~ sb to do sth** presionar a alguien para que haga algo

pressure-cook ['preʃəkʊk] *vt* cocinar en olla a presión

pressurize ['preʃəraɪz] *vt* **-1.** TECH *(container)* presurizar **-2.** *(person)* **to ~ sb (into doing sth)** presionar a alguien (para que haga algo)

pressurized ['preʃəraɪzd] *adj* TECH *(liquid, gas)* presurizado(a) ❑ **~ cabin** *(in aircraft)* cabina *f* presurizada; **~ water reactor** reactor *m* de agua presurizada

presswoman ['preswʊmən] *n Br* periodista *f*

prestidigitation [prestɪdɪdʒɪ'teɪʃən] *n* prestidigitación *f*

prestige [pres'tiːʒ] *n* prestigio *m* ❑ **~ value** valor *m* que otorga el prestigio

prestigious [pres'tɪdʒəs] *adj* prestigioso(a)

pre-stressed ['priː'strest] *adj (concrete)* pretensado(a)

presumable [prɪ'zjuːməbəl] *adj* presumible

presumably [prɪ'zjuːməblɪ] *adv* presumiblemente, según cabe suponer; **~ she'll come** cabe suponer que vendrá; **have they left? – ~** ¿se han ido? – supongo que sí

presume [prɪ'zjuːm] ◇ *vt* **-1.** *(suppose)* suponer; **I ~ so** supongo (que sí); **Mr Dobson, I ~?** si no me equivoco usted debe ser el Sr. Dobson **-2.** *(be so bold)* **to ~ to do sth** tomarse la libertad de hacer algo; **I wouldn't ~ so far as to...** yo no me tomaría semejante libertad como para... **-3.** *(presuppose)* presuponer
◇ *vi (be cheeky)* **I don't want to ~, but...** no querría parecer demasiado atrevido, pero...; **I don't want to ~ on** *or* **upon you** no quiero abusar de su generosidad

presumed [prɪ'zjuːmd] *adj* **20 people are missing, ~ dead** han desaparecido 20 personas, por cuyas vidas se teme; **everyone is ~ innocent until proven guilty** todo el mundo es inocente hasta que no se demuestre lo contrario

presumption [prɪ'zʌmpʃən] *n* **-1.** *(assumption)* suposición *f*, supuesto *m*; **the ~ is that he was drowned** se supone que se ahogó; LAW **~ of innocence** presunción de inocencia **-2.** *(arrogance)* atrevimiento *m*, osadía *f*; **she had the ~ to suggest I was lying** tuvo el atrevimiento de sugerir que yo mentía

presumptive [prɪ'zʌmptɪv] *adj (heir)* presunto(a)

presumptuous [prɪ'zʌmptjʊəs] *adj* impertinente; **I don't want to be ~, but...** no quiero ser impertinente, pero...

presumptuously [prɪ'zʌmptjʊəslɪ] *adv* con impertinencia, impertinentemente; **she assumed that...** supuso impertinentemente que...

presumptuousness [prɪˈzʌmptjʊəsnɪs] *n* impertinencia *f*

presuppose [ˌpriːsəˈpəʊz] *vt* presuponer

presupposition [ˌpriːsʌpəˈzɪʃən] *n* supuesto *m*, suposición *f*

pre-tax [ˈpriːtæks] *adj* antes de impuestos, bruto(a) ❑ ~ **profits** beneficios *mpl* antes de impuestos *or* brutos

pre-teen [ˈpriːtiːn] ◇ *n US* preadolescente *mf*
◇ *adj (sizes, fashions)* preadolescente; *(problems)* de la pubertad, preadolescente

pretence, *US* **pretense** [prɪˈtens] *n* -1. *(false display)* fingimiento *m*; **he says... but it's all** *or* **only (a)** ~ dice que... pero es pura fachada; **a ~ of democracy/impartiality** una pretensión democrática/de imparcialidad; **to make a ~ of doing sth** aparentar hacer algo; **he made no ~ of his scepticism** no trató de ocultar su escepticismo -2. *(pretext)* pretexto *m*; **under** *or* **on the ~ of doing sth** con *or* bajo el pretexto de hacer algo; **he criticizes her on the slightest ~** la critica con cualquier pretexto -3. *(claim)* pretensión *f*; **she hasn't the slightest ~ of culture** carece de cualquier noción de cultura; **he makes no ~ to musical taste** no se las da de tener gusto musical

pretend [prɪˈtend] ◇ *vt* -1. *(feign)* fingir, simular; **to ~ to be ill** fingir que se está enfermo(a); **to ~ to do sth** fingir hacer algo; **they pretended not to see** *or* **to have seen us** fingieron no vernos *or* habernos visto
-2. *(act as if)* **they pretended (that) nothing had happened** hicieron como si no hubiera pasado nada; **we'll ~ it never happened, shall we?** como si no hubiera ocurrido, ¿de acuerdo?; **I'll ~ I didn't hear that** voy a hacer de cuenta que no te escuché; **she pretends that everything is all right** actúa como si no pasara nada; **it's no use pretending things will improve** no tiene sentido actuar como si las cosas fueran a mejorar
-3. *(claim)* pretender; **I don't ~ to be an expert on the matter...** no pretendo ser un experto en el tema...
◇ *vi* -1. *(put on an act)* fingir -2. *(lay claim)* **to ~ to sth** pretender tener algo; **I don't ~ to great knowledge on the matter** no pretendo saber mucho del asunto; HIST **to ~ to the throne** aspirar al trono
◇ *adj Fam* de mentira; **~ money** dinero de mentira; **a ~ slap** un amago de bofetada; **it was only ~!** ¡era una mentira!

pretender [prɪˈtendə(r)] *n* (to throne) pretendiente *mf*

pretense *US* = **pretence**

pretension [prɪˈtenʃən] *n* -1. *(claim)* pretensión *f*; **to have pretensions to sth** tener pretensiones de algo; **I make no pretensions to expert knowledge** no tengo pretensiones de poseer un conocimiento especializado -2. *(pretentiousness)* pretenciosidad *f*

pretentious [prɪˈtenʃəs] *adj* pretencioso(a)

pretentiously [prɪˈtenʃəslɪ] *adv* pretenciosamente

pretentiousness [prɪˈtenʃəsnəs] *n* pretenciosidad *f*

preterite, *US* **preterit** [ˈpretərɪt] ◇ *n* GRAM **the ~** el pretérito
◇ *adj* pretérito(a)

preterm [ˈpriːtɜːm] MED ◇ *adj* prematuro(a)
◇ *adv* prematuramente

preternatural [ˌpriːtəˈnætʃərəl] *adj Formal (uncanny)* sobrenatural

preternaturally [ˌpriːtəˈnætʃərəlɪ] *adv Formal* sobrenaturalmente; **~ gifted** con dotes sobrenaturales

pretext [ˈpriːtekst] *n* pretexto *m*; **under** *or* **on the ~ of doing sth** con el pretexto de hacer algo

Pretoria [prɪˈtɔːrɪə] *n* Pretoria

prettify [ˈprɪtɪfaɪ] *vt* embellecer; **to ~ oneself** acicalarse, embellecerse

prettily [ˈprɪtɪlɪ] *adv (decorated, arranged)* de forma bonita *or* linda; **she smiled ~** lanzó una bonita *or* linda sonrisa; **she sang very ~** cantó muy bien

prettiness [ˈprɪtɪnɪs] *n* lo bonito; **she had a certain ~** era bastante guapa *or Am* linda

pretty [ˈprɪtɪ] ◇ *adj* -1. *(person, thing, smile)* bonito(a), *Am* lindo(a); **who's a ~ boy?** *(to parrot)* ¡hola, lorito!; **it's not enough to make ~ speeches** no alcanza con dar discursos bonitos *or Am* lindos
-2. IDIOMS *Fam* **I'm not just a ~ face, you know!** ¡soy algo más que una cara bonita *or Am* linda! *Old-fashioned* **things have come to a ~ pass when...** mal van las cosas cuando...; **it's not a ~ sight** es un espectáculo lamentable; **to cost a ~ penny** costar un buen pellizco *or* pico; **to be as ~ as a picture** ser precioso(a) *or* lindísimo(a)
◇ *adv (fairly)* bastante; **you did ~ well for a beginner** para ser un principiante lo hiciste bastante bien; *Fam* **~ much** *or* **well** *or* **nearly** *(almost)* casi casi, prácticamente; **they're ~ much the same** son poco más o menos lo mismo; **we've got a ~ good idea who did it** tenemos una idea bastante clara de quién lo hizo
◇ *n Fam Old-fashioned (girl, animal)* belleza *f*; **come here, my ~** ven aquí, belleza
➤ **pretty up** *vt sep* arreglar

pretty-boy [ˈprɪtɪbɔɪ] *adj* **his ~ good looks** su aspecto de niño guapo *or Am* lindo

pretty-pretty [ˈprɪtɪˈprɪtɪ] *adj Fam Pej* muy bonito(a)

pretzel [ˈpretzəl] *n* palito *m* salado *(alargado o en forma de 8)*

prevail [prɪˈveɪl] *vi* -1. *(be successful)* prevalecer **(over** *or* **against** sobre**)**; **let us hope that justice prevails** esperemos que se imponga la justicia; **luckily, common sense prevailed** por suerte, prevaleció la cordura *or* el sentido común -2. *(predominate)* predominar; **in the conditions which now ~** en las circunstancias actuales
➤ **prevail on, prevail upon** *vt insep Formal* **to ~ (up)on sb to do sth** convencer a alguien para que haga algo; **he was not to be prevailed (up)on** no era fácil convencerlo

prevailing [prɪˈveɪlɪŋ] *adj* -1. *(wind)* dominante, predominante -2. *(dominant) (belief, opinion, fashion)* predominante -3. *(current)* actual

prevalence [ˈprevələns] *n* -1. *(dominance)* predominio *m*; **the ~ of these beliefs can only do harm** el predominio de estas creencias sólo puede ocasionar daños -2. *(widespread existence)* preponderancia *f*; **the ~ of rented property surprised him** la preponderancia de propiedades en alquiler lo sorprendió

prevalent [ˈprevələnt] *adj* -1. *(dominant)* predominante -2. *(widespread)* preponderante, frecuente; **to become ~** convertirse en algo preponderante *or* frecuente

prevaricate [prɪˈværɪkeɪt] *vi* dar rodeos, andar con evasivas; **stop prevaricating!** ¡deja ya de dar rodeos *or* andar con evasivas!

prevarication [prɪˌværɪˈkeɪʃən] *n* rodeos *mpl*, evasivas *fpl*

prevent [prɪˈvent] *vt (accident, catastrophe, scandal)* evitar, impedir; *(illness)* prevenir; **to ~ sb (from) doing sth** evitar *or* impedir que alguien haga algo; **to ~ sth from happening** evitar *or* impedir que pase algo; **they couldn't ~ his departure** no pudieron evitar que se fuera; **she opened the parcel before I could ~ her** abrió el paquete antes de que pudiera evitarlo

preventable [prɪˈventəbəl] *adj* evitable; **a ~ disease** una enfermedad prevenible

preventative = **preventive**

prevention [prɪˈvenʃən] *n* prevención *f*; PROV **~ is better than cure** más vale prevenir que curar

preventive [prɪˈventɪv], **preventative** [prɪˈventətɪv] ◇ *n* -1. *(measure)* medida *f* preventiva; **as a ~ (against)** como medida preventiva (contra) -2. *(medicine)* medicina *f* preventiva
◇ *adj* **to take ~ measures** tomar medidas preventivas ❑ **~ custody** prisión *f* preventiva; **~ detention** detención *f* preventiva *or* cautelar; **~ medicine** medicina *f* preventiva

preverbal [ˌpriːˈvɜːbəl] *adj* -1. *(infant)* **~ communication** comunicación preverbal -2. GRAM antes del verbo

preview [ˈpriːvjuː] ◇ *n* -1. *(of play, movie)* preestreno *m*; *(of exhibition)* preapertura *f*; *Fig* **can you give us a ~ of what to expect?** ¿puedes anticiparnos qué es lo que podemos esperar? -2. *(of TV programme)* avance *m* -3. *US CIN (trailer)* avance *m*, tráiler *m*, *Arg* cola *f* -4. COMPTR previsualización *f*
◇ *vt* -1. *(play, movie) (put on)* hacer el preestreno de; *(see)* asistir al preestreno de; **the movie was previewed** hubo un preestreno de la película -2. *(TV programmes)* reseñar por anticipado -3. COMPTR previsualizar

previous [ˈpriːvɪəs] ◇ *adj* -1. *(prior) (experience, appointment)* previo(a); *(attempt, page)* anterior; **on ~ occasions** en ocasiones anteriores *or* previas; **I have a ~ engagement** tengo un compromiso previo ❑ LAW **~ convictions** antecedentes *mpl* penales
-2. *(former)* anterior, previo(a); **my ~ house** mi última casa; **the ~ owner** el dueño anterior; **in a ~ life** en una vida anterior
-3. *(with days and dates)* anterior, pasado(a); **the ~ day** el día anterior; **the ~ Monday/June** el lunes/junio pasado
-4. *Fam (hasty)* precipitado(a); **aren't you being a little ~?** ¿no estás precipitándote un poco?
◇ *adv* **to ~** con anterioridad a; **the two months ~ to your arrival** los dos meses anteriores a tu llegada

previously [ˈpriːvɪəslɪ] *adv* -1. *(in the past)* anteriormente; **three days ~** tres días antes; **~, the country was under British rule** anteriormente, el país se encontraba bajo dominio británico; *US* TV **~, on "ER"** en episodios anteriores de "Urgencias" -2. *(already)* ya; **we've met ~** ya nos conocíamos

prevocalic [ˌpriːvəˈkælɪk] *adj* LING prevocálico(a)

prevue [ˈpriːvjuː] *n US* CIN *(trailer)* avance *m*, tráiler *m*, *Arg* cola *f*

prewar [ˈpriːwɔː(r)] *adj* de preguerra

pre-wash [ˈpriːwɒʃ] *n (on washing cycle)* prelavado *m*

prey [preɪ] *n* presa *f*; *Fig* **to be a ~ to** ser presa de; **to be (a) ~ to doubts/nightmares** ser presa de las dudas/pesadillas; **to fall ~ to** caer *or* ser víctima de
➤ **prey on, prey upon** *vt insep* -1. *(of animal)* alimentarse de -2. *(of opportunist)* aprovecharse de; **something is preying on his mind** está atormentado por algo

prez [prez] *n US Fam* presi *mf*

prezzie [ˈprezɪ] *n Br Fam* regalito *m*

priapism [ˈpraɪəpɪzəm] *n* MED priapismo *m*

price [praɪs] ◇ *n* -1. *(amount charged)* precio *m*; *(of shares)* cotización *f*; **what ~ is it?** ¿cuánto vale?, ¿qué precio tiene?; **it's the same ~ as the other make, but has more features** cuesta lo mismo que el de la otra marca, pero tiene más *Esp* opciones *or Am* opcionales; **prices start at £200** desde 200 libras; **tickets vary in ~** hay entradas *or Am* boletos de diferentes precios; **to rise/fall in ~** subir/bajar de precio; **we can get it for you, but at ~ or for a ~** te lo podemos conseguir, pero te saldrá caro; **they managed to win, but at a ~** consiguieron ganar, pero a un precio muy alto; **at any ~ a** toda costa; **not at any ~** por nada del mundo; **they won, but at what ~?** ganaron, ¿pero a qué precio?; **I paid $50 for it and it was cheap at the ~** me costó 50 dólares, estaba tirado; *Fig* **everyone has his ~** todos tenemos un precio; *Fig* **to pay the ~ (for sth)** pagar el precio (de algo); *Fig* **he paid a heavy ~ for his mistake** pagó un precio muy caro por su error; *Fig* **it's too high a ~ (to pay)** es un precio demasiado alto *or* caro; *Fig* **it's a small ~ to pay for our freedom** supone poco a cambio de nuestra libertad;

price-conscious / **primogeniture**

Fig **you cannot put a ~ on human life** la vida humana no tiene precio; *Fig* **to put** *or* **set a ~ on sb's head** poner precio a la cabeza de alguien; *Fam* **what ~ a Conservative victory now?** ¿quién da un centavo por una victoria conservadora?; *Fam* **what ~ patriotism now?** ¿de qué ha servido tanto patriotismo? ❑ **~ controls** controles *mpl* de precios; **~ cut** reducción *f* de precios; **~ freeze** congelación *f* de precios; **~ index** índice *m* de precios; **~ list** lista *f* de precios; **~ range** escala *f* de precios; **that's outside my ~ range** eso no está a mi alcance, eso está fuera de mi alcance; **~ tag** etiqueta *f* del precio; *Fig* **the player has a ~ tag of over $5 million** el jugador se cotiza por más de 5 millones de dólares; **~ war** guerra *f* de precios
-**2.** *(in betting)* apuestas *fpl*; **what ~ can you give me on Red Rocket?** ¿cómo están las apuestas con respecto a *or* para Red Rocket?
◇ *vt* -**1.** *(decide cost of)* poner precio a; *(shares)* valorar; **the product is competitively priced** el producto tiene un precio competitivo; **we need to ~ our products more aggressively** tenemos que disminuir sensiblemente el precio de nuestros productos, *Esp* tenemos que poner precios más agresivos a nuestros productos; **the toy is priced at £10** el precio del juguete es de 10 libras; **to ~ sb out of the market** sacar a alguien del mercado bajando los precios; **to ~ oneself out of the market** perder mercado *or* ventas por pedir precios demasiado elevados
-**2.** *(put price tag on)* ponerle el precio a
-**3.** *(compare prices of)* comparar los precios de
price-conscious [ˈpraɪsˌkɒnʃəs] *adj* que busca buenos precios
price-cutting [ˈpraɪsˌkʌtɪŋ] *n* COM reducción *f* de precios
-priced [praɪst] *suffix* **high~** caro(a); **low~** barato(a)
price-earnings ratio [ˈpraɪsˌɜːnɪŋzˈreɪʃɪəʊ] *n* ST EXCH relación *f* precio-beneficio
price-fixing [ˈpraɪsˌfɪksɪŋ] *n* COM fijación *f* de precios
priceless [ˈpraɪslɪs] *adj* -**1.** *(invaluable)* de valor incalculable -**2.** *Fam (funny)* graciosísimo(a)
price-sensitive [ˈpraɪsˌsensɪtɪv] *adj* COM **~ information** información que puede afectar el valor de las acciones de la compañía
pricey [ˈpraɪsɪ] *adj Fam* carillo(a)
prick [prɪk] ◇ *n* -**1.** *(of needle, insect, thorn)* pinchazo *m*; *(mark)* agujero *m*; *Fig* **pricks of conscience** remordimientos de conciencia
-**2.** *Vulg (penis) Esp* polla *f*, picha *f*, *Am* verga *f*, *Chile* pico *m*, *Chile* penca *f*, *Méx* pito *m*, *RP* pija *f*, *Ven* pinga *f*
-**3.** *Vulg (person) Esp* gilipollas *mf inv*, *Am* pendejo(a) *m,f*, *RP* forro *m*; **stop making such a ~ of yourself!** *Esp* ¡deja de ser tan gilipollas!, *Am* ¡no seas tan pendejo!, *RP* ¡pero qué forro que sos!
◇ *vt* -**1.** *(make holes in)* pinchar; **to ~ a hole in sth** hacer un agujero en algo; **to ~ one's finger** pincharse el dedo; **the thorns pricked their legs** las espinas les pinchaban las piernas; *Fam* **to ~ the bubble** deshacer el encanto -**2.** *(irritate)* irritar; **it pricked my conscience** me remordió la conciencia
◇ *vi* -**1.** *(needle, thorn)* **the injection pricked a little, but it wasn't really painful** la inyección pinchó un poquito pero no fue nada dolorosa -**2.** *(be irritated)* irritarse
➤ **prick out** *vt sep (seedlings)* transplantar
➤ **prick up** ◇ *vt sep* **to ~ up one's ears** *(dog)* aguzar las orejas; *(person)* aguzar el oído *or* los oídos
◇ *vi (ears)* levantarse, *Am* pararse
pricking [ˈprɪkɪŋ] ◇ *n (sensation)* ardor *m*; **the prickings of conscience** los remordimientos de conciencia
◇ *adj* de ardor

prickle [ˈprɪkəl] ◇ *n* -**1.** *(of hedgehog)* púa *f*; *(of plant)* espina *f*, pincho *m* -**2.** *(sensation)* hormigueo *m*
◇ *vt (irritate)* irritar
◇ *vi (skin)* hormiguear
prickly [ˈprɪklɪ] *adj* -**1.** *(animal)* cubierto(a) de púas; *(plant)* espinoso(a); *(beard)* que pincha; *(fabric, pullover)* que pica ❑ **~ pear** *(cactus)* chumbera *f*, higuera *f* chumba, nopal *m*; *(fruit)* higo *m* chumbo, *Am* tuna *f*
-**2.** *(sensation)* hormigueante ❑ **~ heat** = erupción cutánea producida por el calor
-**3.** *Fam (irritable) (person)* irritable, quisquilloso(a)
-**4.** *Fam (tricky) (subject, problem) Esp* chungo(a), *Am* jodido(a)
pricktease(r) [ˈprɪktiːz(ə(r))] *n Vulg Esp* calientapollas *f inv*, *Col, Ven* calientahuevos *f inv*, *RP* calientapija *f*
pride [praɪd] ◇ *n* -**1.** *(satisfaction)* orgullo *m*; **to take ~ in sth** enorgullecerse de algo; **to take (a) ~ in one's appearance** tomarse muy en serio el cuidado del aspecto personal; **he takes no ~ in his work** no se toma en serio su trabajo
-**2.** *(self-esteem)* amor *m* propio; **he has no ~** no tiene amor propio; **I have my ~!** ¡yo también tengo mi orgullo *or* amor propio!; **her ~ was hurt** su orgullo fue lastimado
-**3.** *Pej (vanity)* soberbia *f*, orgullo *m*; **the sin of ~** el pecado de vanidad; PROV **~ comes** *or* **goes before a fall** a muchos les pierde el orgullo
-**4.** *(person, thing)* **he is the ~ of the family** es el orgullo de la familia; **the ~ of my collection** la joya de mi colección; **she's his ~ and joy** ella es su mayor orgullo; **to have** *or* **take ~ of place** ocupar el lugar preferente
-**5.** *(of lions)* manada *f*
◇ *vt* **to ~ oneself (up)on sth** enorgullecerse de algo
priest [priːst] *n* sacerdote *m*; **a Buddhist ~** un sacerdote budista ❑ HIST **~'s hole** escondite *m* para el cura
priestcraft [ˈpriːstkrɑːft] *n Pej (influence)* clericalismo *m*
priestess [priːˈstes] *n* sacerdotisa *f*
priesthood [ˈpriːsthʊd] *n* -**1.** *(office)* sacerdocio *m*; **to enter the ~** ordenarse sacerdote -**2.** *(body)* **the ~** el clero
priestly [ˈpriːstlɪ] *adj* sacerdotal
prig [prɪg] *n* puritano(a) *m,f*, mojigato(a) *m,f*; **don't be such a ~!** ¡no seas tan puritano *or* mojigato!
priggish [ˈprɪgɪʃ] *adj* puritano(a), mojigato(a)
priggishness [ˈprɪgɪʃnɪs] *n* puritanismo *m*, mojigatería *f*
prim [prɪm] *adj* -**1.** *(prudish)* **~ (and proper)** remilgado(a) -**2.** *(neat, precise)* muy cuidado(a)
prima ballerina [ˈpriːməbæləˈriːnə] *n* primera bailarina *f*
primacy [ˈpraɪməsɪ] *n* -**1.** *Formal (preeminence)* primacía *f*; LING **the ~ of speech** la primacía del habla -**2.** REL primacía *f*
prima donna [ˌpriːməˈdɒnə] *n* -**1.** *(in opera)* primadonna *f* -**2.** *(difficult person)* **to behave like a ~** actuar como un divo
primaeval = **primeval**
prima facie [ˈpraɪməˈfeɪʃɪ] ◇ *adj* LAW **~ case** caso *m* prima facie; **~ evidence** prueba *f* suficiente a primera vista
◇ *adv* a primera vista
primal [ˈpraɪməl] *adj* -**1.** *(original)* primario(a) ❑ **~ scream** llanto *m* del recién nacido; **~ (scream) therapy** terapia *f* de la angustia del nacimiento -**2.** *(fundamental)* primordial
primarily [praɪˈmerɪlɪ] *adv* principalmente; **we're not ~ concerned with that issue** esa cuestión no es lo que más nos preocupa
primary [ˈpraɪmərɪ] ◇ *n* -**1.** *Br (school)* escuela *f* primaria; **he's in ~ one/four** está en primero/cuarto de primaria -**2.** *(in US election)* elecciones *fpl* primarias
◇ *adj* -**1.** *(main)* principal; **our ~ duty** nuestra tarea principal; **our ~ objective** nuestro principal objetivo ❑ LING **~ accent** acento *m* primario; ELEC **~ cell** pila *f*; **~ colours** colores *mpl* primarios; **~ feather**

pluma *f* primaria; **~ health care** atención *f* médica primaria; ZOOL **~ sexual characteristics** características *fpl* primarias sexuales; LING **~ stress** acento *m* primario
-**2.** EDUC *(initial)* **~ education** educación *f* primaria; **~ school** escuela *f* primaria; **~ school teacher** maestro(a) *m,f* de escuela primaria
-**3.** ECON primario(a)

┌─ **PRIMARIES** ───────────────────────────
│ Las primarias estadounidenses son elecciones
│ (directas o indirectas, según los estados) a las que
│ se presentan los candidatos que aspiran a
│ representar a los dos grandes partidos nacionales
│ durante la elección presidencial. Aunque el
│ congreso nacional del partido tiene la última
│ palabra para decidir quién será su candidato, las
│ elecciones primarias desempeñan un papel
│ fundamental a la hora de evaluar la popularidad y
│ las posibilidades de los futuros candidatos a
│ presidente, y determinar su capacidad para
│ recaudar fondos.
└──

primate [ˈpraɪmeɪt] *n* -**1.** *(animal)* primate *m* -**2.** REL primado *m*
prime [praɪm] ◇ *n* -**1.** *(best time)* **the ~ of life** la flor de la vida; **she was in her ~** estaba en sus mejores años; **when Romantic poetry was in its ~** cuando la poesía romántica estaba en su apogeo; **she is past her ~** su mejor momento ha pasado; **to be cut off in one's ~** *(die prematurely)* morir en la flor de la vida *or* edad; *Hum* **I don't want to cut you off in your ~, but your time is up** no querría interrumpirle el discurso, pero se te ha acabado el tiempo
-**2.** MATH *(prime number)* número *m* primo
-**3.** REL prima *f*
◇ *adj* -**1.** *(principal)* principal, primordial; *(importance)* capital ❑ **~ minister** primer (era) ministro(a) *m,f*; **~ ministership** *or* **ministry** mandato *m* de primer ministro; **~ mover** alma *f* máter, promotor(ora) *m,f*; MATH **~ number** número *m* primo; **~ time** *(on TV)* franja *f* (horaria) de máxima audiencia
-**2.** *(excellent)* óptimo(a), excelente; **a ~ example (of)** un ejemplo palmario (de) ❑ **~ quality** calidad *f* suprema; *US* **~ rib** costilla *f* de primera calidad
-**3.** FIN **(lending) rate** tasa *f* preferencial (para préstamos)
◇ *vt* -**1.** *(prepare) (engine, pump)* cebar; **to ~ sb with drink** preparar a alguien dándole algo de beber -**2.** *(provide with information)* **to ~ sb for sth** preparar *or* instruir a alguien para algo -**3.** *(surface)* imprimar
prime-ministerial [ˈpraɪmɪnɪˈstɪərɪəl] *adj* de primer ministro, *f* de primera ministra
primer[1] [ˈpraɪmə(r)] *n* -**1.** *(paint)* tapaporos *m inv* -**2.** *(for explosive)* cebo *m*
primer[2] *n (textbook)* texto *m* elemental
prime-time [ˈpraɪmˈtaɪm] *adj (TV programme, advertising)* en la franja horaria de mayor audiencia
primeval [praɪˈmiːvəl] *adj* primigenio(a), primitivo(a) ❑ **~ forests** bosques *mpl* vírgenes
priming [ˈpraɪmɪŋ] *n* -**1.** *(of surface)* imprimación *f*, base *f* -**2.** *(of engine, pump)* cebadura *f*
primitive [ˈprɪmɪtɪv] ◇ *n* -**1.** *(primitive person)* primitivo(a) *m,f* -**2.** *(artist)* primitivista *mf*
◇ *adj* -**1.** *(culture, people)* primitivo(a) -**2.** *(rudimentary)* rudimentario(a)
primitively [ˈprɪmɪtɪvlɪ] *adv (to live)* primitivamente; *(constructed, equipped)* rudimentariamente
primitivism [ˈprɪmɪtɪvɪzəm] *n* ART primitivismo *m*
primly [ˈprɪmlɪ] *adv* con remilgo, remilgadamente
primness [ˈprɪmnɪs] *n* remilgo *m*, lo formal y correcto
primogeniture [ˌpraɪməʊˈdʒenɪtʃə(r)] *n* primogenitura *f*

primordial [praɪˈmɔːdɪəl] *adj* primigenio(a), primitivo(a) ❏ **~ soup** sustancia *f* primigenia

primp [prɪmp] ◇ *vt* **to ~ oneself** acicalarse
◇ *vi* acicalarse

primrose [ˈprɪmrəʊz] *n (plant)* primavera *f*; IDIOM **the ~ path** = camino aparentemente de rosas que lleva a la perdición ❏ **~ yellow** amarillo *m* claro

primula [ˈprɪmjʊlə] *n* prímula *f*

Primus® **(stove)** [ˈpraɪməs(ˈstəʊv)] *n* infiernillo *m*, camping gas *m inv*

prince [prɪns] *n* príncipe *m* ❏ **Prince Charming** príncipe *m* azul; **~ consort** príncipe *m* consorte; **Prince of Darkness** *(Satan)* príncipe *m* de las tinieblas; **Prince of Peace** *(Messiah)* Príncipe *m* de la paz; **~ regent** príncipe *m* regente; **the Prince of Wales** el Príncipe de Gales

princedom [ˈprɪnsdəm] *n* principado *m*

princeling [ˈprɪnslɪŋ] *n Pej* principito *m*

princely [ˈprɪnslɪ] *adj (splendid)* magnífico(a); *also Ironic* **a ~ sum** una bonita suma

princess [ˈprɪnses] *n* princesa *f* ❏ *Br* **the Princess Royal** = hija mayor del monarca

principal [ˈprɪnsɪpəl] ◇ *n* **-1.** *(of school)* director(ora) *m,f*; *(of university)* rector(ora) *m,f* **-2.** THEAT primera figura *f* **-3.** LAW *(employer of agent)* principal *mf*, mandante *mf* **-4.** FIN *(sum)* principal *m*
◇ *adj* **-1.** *(main)* principal **-2.** *(violin, oboe)* primero(a) **-3.** GRAM **~ clause** oración *f* principal; **~ parts** formas *fpl* principales **-4.** *Br* **~ boy** *(in pantomime)* = papel de joven héroe representado por una actriz

principality [prɪnsɪˈpælɪtɪ] *n* principado *m*; **the Principality** *(Wales)* Gales

principally [ˈprɪnsɪplɪ] *adv* principalmente

principle [ˈprɪnsɪpəl] *n* **-1.** *(for behaviour)* principio *m*; **on ~** por principios; **as a matter of ~** por una cuestión de principios; **a matter or question of ~** una cuestión de principios; **a person of ~** una persona de principios; **he has no principles** carece de principios; **it's the ~ of the thing that matters to me** lo que me importa es el principio; **it's against my principles (to do sth)** va en contra de mis principios (hacer algo); **she makes it a ~ never to criticize others** tiene como principio nunca criticar a otros
-2. *(fundamental law)* principio *m*; **to go back to first principles** volver a los principios básicos
-3. *(theory)* principio *m*; **in ~** en principio; **to reach an agreement in ~** llegar a un acuerdo de principio; **machines that work on the same ~** máquinas que funcionan según el mismo principio; **we acted on the ~ that everybody knew** actuamos partiendo de la base que todos lo sabían

principled [ˈprɪnsɪpəld] *adj (person, behaviour)* ejemplar, de grandes principios; **to take a ~ stand** asumir una posición fundada *or* basada en principios

print [prɪnt] ◇ *n* **-1.** *(of fingers, feet)* huella *f*; **the thief left his prints all over the door handle** el ladrón dejó sus huellas en el picaporte
-2. *(printed matter)* **in ~** publicado(a); **out of ~, no longer in ~** agotado(a); **to appear in ~** aparecer impreso(a); **to get into ~** *(novel)* ser publicado(a); **his unguarded comments got into ~** sus imprudentes comentarios fueron publicados ❏ **~ run** *(of books, newspapers)* tirada *f*, *Am* tiraje *m*; **~ shop** imprenta *f*; **the ~ unions** los sindicatos de las artes gráficas
-3. *(printed characters)* caracteres *mpl*, letra *f*; *(text)* texto *m*; **in large/bold ~** en letra grande/negrita
-4. *(in photography)* copia *f*
-5. ART *(engraving)* grabado *m*; *(reproduction)* reproducción *f*
-6. *(textile)* estampado *m*
-7. COMPTR **~ buffer** buffer *m* de impresión; **~ head** cabezal *m* de impresión; **~ job** *(file)* trabajo *m* de impresión; **~ merge** fusión *f* de códigos; **~ preview** presentación *f* preliminar; **~ quality** calidad *f* de impresión; **~ queue** cola *f* de impresión; **~ screen key** tecla *f* de impresión de pantalla; **~ speed** velocidad *f* de impresión
◇ *adj (dress)* estampado(a)
◇ *vt* **-1.** *(mark)* marcar; **the mark of a man's foot was printed in the wet sand** en la arena mojada había la marca de un pie de hombre; **the image had printed itself on her memory** se le quedó la imagen grabada en la memoria
-2. *(book)* imprimir; *(newspaper)* publicar; *(money)* emitir; **printed in Mexico** impreso(a) en Méjico
-3. *(write clearly)* escribir claramente *(con las letras separadas)*
-4. *(in photography)* **to ~ a negative** sacar copias de un negativo
-5. *(fabric)* estampar
-6. COMPTR *(documento)* imprimir; **to ~ (sth) to disk** copiar (algo) a disco
◇ *vi* **-1.** *(book, newspaper)* imprimirse; **the book is now printing** el libro está en imprenta **-2.** *(write clearly)* escribir con claridad **-3.** *(negative)* **to ~ well** salir bien **-4.** COMPTR *(document)* imprimirse; *(printer)* imprimir
◆ **print off** *vt sep* imprimir
◆ **print out** *vt sep* imprimir

printable [ˈprɪntəbəl] *adj* **-1.** *(able to be printed)* que se puede imprimir **-2.** *(fit to print)* publicable

printed [ˈprɪntɪd] *adj* impreso(a); **~ cotton** algodón impreso; **the ~ word** la letra impresa ❏ ELEC **~ circuit** circuito *m* impreso; ELEC **~ circuit board** placa *f* de circuito impreso; **~ matter** impresos *mpl*

printer [ˈprɪntə(r)] *n* **-1.** *(person)* impresor(ora) *m,f*; **it's at the ~'s** está en imprenta ❏ **~'s devil** aprendiz(iza) *m,f* de imprenta *or* tipógrafo; **~'s error** error *m* de imprenta; **~'s ink** tinta *f* de imprenta
-2. *(machine)* impresora *f*
-3. COMPTR impresora *f* ❏ **~ driver** controlador *m* de impresora; **~ paper** papel *m* de impresora; **~ port** puerto *m* de la impresora; **~ ribbon** cinta *f* de impresora; **~ server** servidor *m* de impresora; **~ speed** velocidad *f* de impresión

printing [ˈprɪntɪŋ] *n* **-1.** *(process, action)* impresión *f* ❏ **~ error** errata *f* (de imprenta); **~ house** imprenta *f*; **~ press** imprenta *f* **-2.** *(copies printed)* tirada *f*; **first/second ~** primera/segunda impresión **-3.** *(industry)* imprenta *f*, artes *fpl* gráficas **-4.** *(handwriting)* letra *f* de imprenta

printmaker [ˈprɪntmeɪkə(r)] *n (of prints)* grabador(ora) *m,f*

printout [ˈprɪntaʊt] *n* COMPTR copia *f* impresa

prion [ˈpraɪɒn] *n* BIOL prión *m*

prior¹ [ˈpraɪə(r)] ◇ *adj* **-1.** *(earlier)* previo(a); **to have a ~ engagement** tener un compromiso previo; **to have ~ knowledge of sth** tener conocimiento previo de algo; **without ~ notice/warning** sin aviso previo/advertencia previa ❏ *US* LAW **~ restraint** restricción *f* previa **-2.** *(more important)* **to have a ~ claim to *or* on sth** tener un derecho mayor a *or* sobre algo
◇ *adv* **~ to** con anterioridad a; **~ to his winning/appointment** antes de ganar/ser nombrado

prior² *n* REL prior *m*

prioress [praɪɔːˈres] *n* REL priora *f*

prioritize [praɪˈɒrɪtaɪz] ◇ *vt* **-1.** *(give priority to)* dar prioridad a **-2.** *(arrange according to priority)* priorizar, dar un orden de prioridad a
◇ *vi (evaluate priorities)* priorizar

priority [praɪˈɒrɪtɪ] *n* **-1.** *(precedence)* prioridad *f*; **to give ~ to** dar prioridad a; **to have *or* take ~ (over sth/sb)** tener prioridad (sobre algo/alguien); **drivers on the main road have ~** los conductores que circulan por la carretera principal tienen prioridad; **to do sth as a (matter of) ~** hacer algo como prioridad; **in order of ~** por orden de prioridad ❏ **~ booking** reserva *f* preferencial; *US* **~ mail** = servicio postal de entrega rápida para envíos tipíos
-2. *(important aim)* **our main ~ is safety** para nosotros la seguridad es lo primero; **it's not a ~** no es (una) prioridad; **we need to get our priorities right** tenemos que establecer un orden de prioridades; **you should get your priorities right!** ¡tienes que darte cuenta de lo que es verdaderamente importante!; **the library came high/low on the list of priorities** la biblioteca ocupaba uno de los primeros/últimos lugares en la lista de prioridades

priory [ˈpraɪərɪ] *n* REL priorato *m*

prise, *US* **prize** [praɪz], *US* **pry** [praɪ] *vt* **she managed to ~ her leg free** logró extraer la pierna; **to ~ sth off** arrancar algo; **to ~ sth open** forzar algo; **to ~ sth out of sb** *(secret, truth)* arrancarle algo a alguien

prism [ˈprɪzəm] *n* prisma *f*

prismatic [prɪzˈmætɪk] *adj (binoculars)* prismático(a) ❏ **~ compass** brújula *f* de reflexión *or* prisma

prison [ˈprɪzən] *n* cárcel *f*, prisión *f*; **~ food** la comida de la cárcel; **~ conditions** las condiciones carcelarias; **to be in ~** estar en la cárcel *or* en prisión; **he's been in *or* to ~** ha estado preso *or* en prisión; **he went to ~, he was sent to *or* put in ~** lo encarcelaron; **to sentence sb to three years in ~** sentenciar a alguien a tres años en prisión; *Fig* **the marriage had become a ~ for her** su matrimonio se había convertido en una prisión ❏ **~ camp** campo *m* de prisioneros; **~ cell** celda *f*; *Br* **~ governor** director(ora) *m,f* de una prisión; **~ officer** funcionario(a) *m,f* de prisiones; **~ reform** reforma *f* carcelaria *or* penitenciaria; **~ sentence** pena *f* de reclusión *or* de cárcel; **the ~ system** el sistema penitenciario; **~ visitor** = voluntario que se ofrece a visitar a presos que no reciban visitas de parientes o amigos; **~ warder** carcelero(a) *m,f*; **~ yard** patio *m* de la cárcel

prisoner [ˈprɪzənə(r)] *n* **-1.** *(in jail)* recluso(a) *m,f* ❏ POL **~ of conscience** preso(a) *m,f* de conciencia
-2. *(captive)* prisionero(a) *m,f*; *Fig* **she became a ~ of her own fears** se convirtió en prisionera de sus propios temores; **to hold/take sb ~** tener/hacer prisionero(a) a alguien; **to take no prisoners** *(in war)* no tomar prisioneros; *Fig (in debate, contest)* no andarse con chiquitas ❏ **~ of war** prisionero(a) *m,f* de guerra
-3. LAW **the ~ at the bar** el acusado/la acusada

prissy [ˈprɪsɪ] *adj Fam* remilgado(a)

Pristina [ˈprɪʃtɪnə] *n* Pristina

pristine [ˈprɪstiːn] *adj* **-1.** *(immaculate)* prístino(a), inmaculado(a); **in ~ condition** en estado impecable *or* inmaculado **-2.** *(original)* prístino(a)

prithee [ˈprɪðɪ] *exclam Archaic* ¡se lo ruego!

privacy [ˈprɪvəsɪ, ˈpraɪvəsɪ] *n* **-1.** *(seclusion)* intimidad *f*, privacidad *f*; **in the ~ of one's own home** en la intimidad del hogar; **there is no ~ here** aquí no hay privacidad **-2.** *(private life)* vida *f* privada; **I value my ~** valoro mi privacidad *or* vida privada ❏ **~ law** *(against press intrusion)* ley *f* de protección de la intimidad

private [ˈpraɪvɪt] ◇ *n* **-1. in ~** *(not public)* en privado **-2. ~ (soldier)** soldado *m* raso; **Private Murdoch!** ¡soldado Murdoch!
◇ *adj* **-1.** *(personal)* privado(a), personal; *(on envelope)* personal; **for ~ reasons** por motivos personales; **in a ~ capacity** a título personal; **it's a ~ joke** es un chiste privado ❏ **~ life** vida *f* privada; PARL **~ member's bill** = proyecto de ley propuesto de forma independiente por un diputado; **~ tuition** clases *fpl* particulares
-2. *(confidential, secret)* privado(a); **a ~ conversation** una conversación privada; **~ and confidential** privado(a) y confidencial; **can we go somewhere ~?** ¿podemos ir a un lugar donde estemos a solas?; **can I tell the others? – no, it's ~** ¿les puedo contar a los demás? – no, es confidencial
-3. *(for personal use)* particular; **for your ~ use** para su uso particular ❏ **a ~ house**

una casa particular; **~ *income*** rentas *fpl*; **~ *lessons*** clases *fpl* particulares; TEL **~ *line*** línea *f* privada; **~ *means*** rentas *fpl*; **~ *office*** oficina *f* particular; **~ *secretary*** secretario(a) *m,f* personal

-4. *(not state-run)* privado(a); *Br* **to go ~** *(for health care)* acudir a la sanidad privada ❑ **~ *company*** empresa *f* privada *(que no cotiza en bolsa)*; **~ *detective*** detective *mf* privado(a); **~ *education*** enseñanza *f* privada; **~ *enterprise*** la empresa *or* iniciativa privada; *Fam* **~ *eye*** sabueso(a) *m,f*; *Br* **~ *finance initiative*** = contrato entre un consorcio privado y la administración local por el que el primero construye, por ejemplo, una escuela o un hospital y se encarga de su funcionamiento a cambio de mantener su titularidad y percibir un alquiler de la administración; **~ *healthcare*** sanidad *f* privada; **~ *international law*** derecho *m* internacional privado; **~ *investigator*** investigador(ora) *m,f* privado(a); **~ *limited company*** sociedad *f* (de responsabilidad) limitada; **~ *patient*** paciente *mf* privado(a); **~ *pension*** pensión *f* privada; **~ *practice*: to be in ~ practice** *(doctor)* ejercer la medicina privada; **~ *school*** colegio *m* privado; ECON **~ *sector*** sector *m* privado

-5. *(not for the public)* particular, privado(a); *(on door)* privado(a); **a ~ *citizen*** un(a) ciudadano(a) común; **it was a ~ *funeral*** fue un funeral privado; **a ~ *party*** una fiesta particular *or* privada ❑ **~ *property*** propiedad *f* privada; *(sign)* coto *m* privado; **~ *road*** carretera *f* particular; **~ *view*** *or* ***viewing*** *(of exhibition)* visita *f* privada *(antes de la inauguración)*

◇ **in private** *adv (confidentially)* en privado; *(in private life)* en la intimidad; *(personally)* personalmente

privateer [praɪvɪˈtɪə(r)] *n* HIST **-1.** *(ship)* corsario *m* **-2.** *(commander)* corsario *m*

privately [ˈpraɪvɪtlɪ] *adv* **-1.** *(personally)* en privado **-2.** *(confidentially, secretly)* en privado; **~, he was plotting against her** secretamente conspiraba contra ella **-3.** *(as a private individual)* como un(a) ciudadano(a) común **-4.** *(not publicly)* **~ *owned*** en manos privadas; **she was ~ *educated*** *(at school)* fue a un colegio privado; *(with tutor)* aprendió con profesores particulares; *Br* **I had it done ~** *(treatment at doctor's, dentist's)* me lo hice en una consulta privada

private parts [ˈpraɪvɪtˈpɑːts], **privates** [ˈpraɪvɪts] *npl Fam Euph* partes *fpl* pudendas *or* íntimas

private-sector [ˈpraɪvɪtˈsektə(r)] *adj (company, pay, bosses)* del sector privado

privation [praɪˈveɪʃən] *n Formal* privación *f*; **to suffer real ~** sufrir verdaderas privaciones

privatization [praɪvɪtaɪˈzeɪʃən] *n* privatización *f*

privatize [ˈpraɪvɪtaɪz] *vt* privatizar

privet [ˈprɪvɪt] *n* alheña *f* ❑ **~ *hedge*** seto *m* de alheñas

privilege [ˈprɪvɪlɪdʒ] ◇ *n* **-1.** *(right, advantage)* privilegio *m* **-2.** *(unfair advantage)* **a struggle against ~** una lucha contra los privilegios **-3.** *(honour)* privilegio *m*; **it is my ~ to introduce you...** tengo el privilegio de presentarles a...

◇ *vt* **-1.** *(honour)* **to be privileged to do sth** tener el privilegio de hacer algo **-2.** *(give greater importance to)* privilegiar

privileged [ˈprɪvɪlɪdʒd] *adj* **-1.** *(person)* privilegiado(a); **only a ~ few were invited** sólo unos pocos privilegiados fueron invitados **-2.** *(document, information)* confidencial

privy [ˈprɪvɪ] ◇ *n Old-fashioned (toilet)* retrete *m*, excusado *m*

◇ *adj* **-1.** *Formal* **to be ~ to sth** estar enterado(a) de algo **-2.** *Br* POL **the *Privy Council*** el consejo privado del monarca, = grupo formado principalmente por ministros y antiguos ministros del gabinete que asesora al monarca; ***Privy Councillor*** consejero(a) *m,f* del monarca; ***Privy Purse*** presupuesto *m* para los gastos del monarca

prize¹ [praɪz] ◇ *n (award)* premio *m*; **to award a ~ to sb** otorgarle *or* darle un premio a alguien; **to win first ~** ganar el primer premio ❑ **~ *day*** día *m* de la entrega de premios *(en colegio)*

-2. *(in game, lottery)* premio *m*; **to win first ~** ganar el primer premio; [IDIOM] **(there are) no prizes for guessing who did it** es evidente quién lo hizo ❑ **~ *draw*** rifa *f*; **~ *money*** (dinero *m* del) premio; **he won ~ money of £60,000** ganó un premio en metálico de 60.000 libras

-3. *(ship)* presa *f*

◇ *adj* **-1.** *(prizewinning) (bull, entry)* premiado(a) **-2.** *(excellent)* perfecto(a), excelente; *Fam* **he's a ~ fool** no es más idiota porque no se entrena, es un idiota de campeonato **-3.** *(valuable, cherished)* preciado(a), valorado(a); **it's my ~ *possession*** es mi posesión más preciada

◇ *vt (value)* apreciar; **original editions are highly prized** las ediciones originales están muy cotizadas

prize² *US* = **prise**

prizefight [ˈpraɪzfaɪt] *n* combate *m* profesional de boxeo

prizefighter [ˈpraɪzfaɪtə(r)] *n* boxeador *m* profesional

prizegiving [ˈpraɪzgɪvɪŋ] *n (at school)* entrega *f* de premios

prizewinner [ˈpraɪzwɪnə(r)] *n* premiado(a) *m,f*

prizewinning [ˈpraɪzwɪnɪŋ] *adj (novel, entry, contestant)* premiado(a), galardonado(a); *(ticket, number)* premiado(a)

pro¹ [prəʊ] *Fam* ◇ *n (pl* **pros**) **-1.** *(professional)* profesional *mf*, *Méx* profesionista *mf* **-2.** *(prostitute)* profesional *mf*

◇ *adj US* profesional ❑ **~ *football*** fútbol *m* americano profesional

pro² ◇ *n (pl* **pros**) **the pros and cons** los pros y los contras

◇ *prep* **to be ~ sth** estar a favor de algo

pro- *prefix (in favour of)* pro-; **~Europe** proeuropeo(a); **they were ~Stalin** eran proestalinistas

proactive [prəʊˈæktɪv] *adj* **to be ~** tomar la iniciativa

pro-am [ˈprəʊˈæm] *n* SPORT = torneo informal en el que se enfrentan profesionales y aficionados

probabilism [ˈprɒbəbɪlɪzəm] *n* PHIL probabilismo *m*

probability [prɒbəˈbɪlɪtɪ] *n* **-1.** *(likelihood)* probabilidad *f*; **the ~ is that he won't come** es muy probable que no venga; **in all ~** con toda probabilidad **-2.** MATH probabilidad *f* ❑ **~ *theory*** cálculo *m* de probabilidades

probable [ˈprɒbəbəl] ◇ *adj* probable; **the ~ cause/time of death** la posible causa/la hora probable de su muerte ❑ LAW **~ *cause*** causa *f* razonable *or* presunta

◇ *n* candidato(a) *m,f*

probably [ˈprɒbəblɪ] *adv* probablemente; **she's ~ left already** probablemente ya se ha ido; **~ not** probablemente no

proband [ˈprəʊbænd] *n US* MED caso *m* control *or* testigo

probate [ˈprəʊbeɪt] LAW ◇ *n* validación *f* de un testamento, certificado *m* de testamentaría

◇ *vt US (will)* legalizar, autenticar

probation [prəˈbeɪʃən] *n* **-1.** LAW libertad *f* condicional; **on ~** en libertad condicional ❑ **~ *officer*** = asistente social que ayuda y supervisa a un preso en libertad condicional **-2.** *(in job)* periodo *m* de prueba; **on ~** a prueba

probationary [prəˈbeɪʃənərɪ] *adj* de prueba

probationer [prəˈbeɪʃənə(r)] *n (in job)* empleado(a) *m,f* en periodo de prueba

probe [prəʊb] ◇ *n* **-1.** *(instrument)* sonda *f* **-2.** *(space)* **~** sonda espacial **-3.** *Fam (enquiry)* investigación *f*

◇ *vt* **-1.** MED sondar **-2.** *(sound out) (person, motive, reasons)* tantear, sondear **-3.** *(investigate)* investigar; **to ~ the mysteries of the mind** explorar los misterios de la mente

◇ *vi* investigar; **the police are probing for clues** la policía está buscando pistas; **to ~ into** *(past, private life)* escarbar en

probing [ˈprəʊbɪŋ] *adj (look, mind)* perspicaz, profundo(a); **after hours of ~ questioning** después de un interrogatorio a fondo que duró horas

probity [ˈprəʊbɪtɪ] *n Formal* probidad *f*

problem [ˈprɒbləm] *n* problema *m*; **a maths ~** un problema de matemáticas; **a technical/financial ~** un problema técnico/financiero; **the housing/drugs ~** el problema de la vivienda/de las drogas; **to have a drink/drug/weight ~** tener un problema con la bebida/las drogas/el peso; **he's a ~** es problemático; **I don't want to be a ~** no quiero molestar; **he's got problems with the police** tiene problemas con la policía; **money isn't a ~** el dinero no es problema; **what's the ~?** ¿qué (te) pasa?, ¿cuál es el problema?; **what seems to be the ~?** ¿cuál es el problema?; **what's your ~?** ¿qué te pasa?; **that's your ~** ése es tu problema; **your ~ is that you don't listen** tu problema es que no escuchas; *Fam* **have you got a ~ with that?** ¿hay algún problema con eso?; *Fam* **and I thought I had problems!** comparado con esto, lo mío no es nada; *Fam* **no ~!** ¡no hay problema! ❑ **~ *area*** *(in town)* zona *f* problemática; *(in project)* asunto *m* problemático; **~ *child*** niño(a) *m,f* problemático(a) *or* difícil; **~ *page*** consultorio *m* sentimental; LIT **~ *play*** obra *f* de tesis

problematic(al) [prɒblɪˈmætɪk(əl)] *adj* problemático(a)

problem-solving [ˈprɒbləmsɒlvɪŋ] ◇ *n* resolución *f* de problemas

◇ *adj* **~ *test*** prueba *f* de resolución de problemas; **~ *skills*** habilidades *fpl* para la resolución de problemas; **~ *ability*** habilidad *f* para resolver problemas

pro bono [prəʊˈbɒnəʊ] *adj US (lawyer)* que trabaja sin cobrar; *(legal work)* por el que no se cobra

proboscis [prəˈbɒsɪs] *(pl* **proboscises** [prəˈbɒsɪsiːz] *or* **proboscides** [prəˈbɒsɪdiːz]*) n* ZOOL trompa *f* ❑ **~ *monkey*** mono *m* narigudo, násico *m*

procaine [ˈprəʊkeɪn] *n* MED procaína *f*

procedural [prəˈsiːdʒərəl] *adj* de procedimiento

procedure [prəˈsiːdʒə(r)] *n* **-1.** *(process)* procedimiento *m*; **applying for a grant is a simple ~** la solicitud de una beca es un trámite sencillo; **the normal ~ is to...** lo que se hace normalmente es... **-2.** COMPTR procedimiento *m*

proceed [prəˈsiːd] ◇ *vt* **to ~ to do sth** proceder a hacer algo, ponerse a hacer algo

◇ *vi* **-1.** *Formal (move)* avanzar; **she proceeded on her way** siguió su camino; **I was proceeding along the street...** caminaba por la calle...; **please ~ to the nearest exit** les rogamos se dirijan a la salida más próxima

-2. *(go on)* proseguir, continuar; **the road proceeds along the coast** la carretera se extiende a lo largo de la costa; **to ~ with sth** seguir adelante con algo; **to ~ with caution** proceder con cautela; **how should I ~?** ¿qué debo hacer a continuación?; **let's ~ to item 32** pasemos al punto 32

-3. COMPTR *(in dialog box)* continuar

-4. *(originate)* **to ~ from** proceder de; **smells proceeding from the kitchen** olores provenientes de la cocina

-5. *(happen)* llevarse a cabo, tener lugar; **is the meeting proceeding according to plan?** ¿la reunión se está llevando a cabo según lo previsto?

-6. LAW **to ~ with charges against sb** presentar cargos contra alguien

➤ **proceed against** *vt insep* LAW **to ~ against sb** procesar *or* demandar a alguien

proceedings [prəˈsiːdɪŋz] *npl* **-1.** *(events)* acto *m*; **~ were coming to a close** el acto llegaba a su fin; **~ were interrupted by...** el acto se vio interrumpido por... **-2.** LAW proceso *m*,

proceeds pleito m; **to start** or **institute ~ against sb** entablar un pleito contra alguien -3. (of conference, learned society) actas fpl

proceeds ['prəʊsiːdz] npl recaudación f; **I was able to retire on the ~** las ganancias me permitieron retirarme; **all ~ will go to charity** todo lo recaudado será destinado a obras de beneficencia

process¹ ['prəʊses] <> n -1. (series of events, operation) proceso m; **by a ~ of elimination** por eliminación; **to be in the ~ of doing sth** estar haciendo algo; **they're in the ~ of getting a divorce** están en medio del divorcio; **in the ~ of time** con el tiempo; **he failed, and lost all his money in the ~** al fracasar, perdió todo su dinero
-2. (industrial, chemical) proceso m ❑ TYP **~ colours** cuatricromía f
-3. LAW (summons) citación f
-4. ANAT protuberancia f
<> vt -1. (raw material, waste, information) procesar -2. (request, application, cheque) tramitar, procesar -3. (film) revelar -4. **processed food** alimentos manipulados o procesados ❑ **processed** or US **~ cheese** queso m fundido

process² [prə'ses] vi Formal (walk in procession) desfilar

processing ['prəʊsesɪŋ] n -1. (of raw material, waste, information) procesamiento m -2. (of request, application, cheque) tramitación f, procesamiento m -3. (of photographs) revelado m -4. COMPTR proceso m ❑ **~ language** lenguaje m de programación; **~ speed** velocidad f de proceso; **~ time** tiempo m de procesamiento

procession [prə'seʃən] n procesión f; **I've had a ~ of people through my office all day** hoy tuve una procesión de gente en la oficina; **in ~** en fila

processional [prə'seʃənəl] <> n (hymn) procesionario m
<> adj procesional

processor ['prəʊsesə(r)] n -1. (in kitchen) **(food) ~ robot** m (de cocina) -2. COMPTR procesador m ❑ **~ speed** velocidad f del procesador

process-server ['prəʊsesˌsɜːvə(r)] n LAW persona f encargada de notificar las citaciones

pro-choice ['prəʊtʃɔɪs] adj = en favor del derecho de la mujer a decidir en materia de aborto

proclaim [prə'kleɪm] vt -1. (one's innocence, guilt) proclamar -2. (declare) proclamar, declarar; **to ~ a state of emergency** declarar el estado de emergencia; **he proclaimed himself emperor** se autoproclamó emperador -3. (reveal) revelar

proclamation [prɒkləˈmeɪʃən] n proclamación f; **to issue** or **make a ~** emitir or hacer una proclama or proclamación

proclivity [prə'klɪvɪtɪ] n Formal propensión f, proclividad f (**for a**); **sexual proclivities** tendencias or inclinaciones sexuales

proconsul [prəʊ'kɒnsəl] n HIST procónsul

procrastinate [prəʊ'kræstɪneɪt] vi Formal andarse con dilaciones, retrasar las cosas

procrastination [prəʊkræstɪ'neɪʃən] n Formal dilaciones fpl, demora f; PROV **~ is the thief of time** no dejes para mañana lo que puedes hacer hoy

procrastinator [prəʊ'kræstɪneɪtə(r)] n persona f que se anda con dilaciones

procreate ['prəʊkrɪeɪt] Formal <> vt procrear
<> vi reproducirse, procrear

procreation [prəʊkrɪ'eɪʃən] n Formal procreación f

Procrustean [prəʊ'krʌstɪən] adj Literary procusteano(a), inflexible, duro(a)

proctologist [prɒk'tɒlədʒɪst] n MED proctólogo(a) m,f

proctology [prɒk'tɒlədʒɪ] n MED proctología f

proctor ['prɒktə(r)] <> n -1. Br (disciplinary officer) = en una universidad, persona encargada de velar por la disciplina -2. US (invigilator) vigilante mf (en examen)
<> vt US vigilar
<> vi US vigilar

procurable [prə'kjʊərəbəl] adj **these goods are ~ only from an overseas supplier** estas mercancías sólo se pueden obtener a través de un proveedor en el extranjero; **it is no longer ~** ya no se consigue

procurator ['prɒkjʊəreɪtə(r)] n -1. LAW procurador m ❑ Scot **~ fiscal** fiscal mf (del Estado) -2. HIST procurador m

procure [prə'kjʊə(r)] <> vt -1. Formal (obtain) obtener, conseguir; (buy) adquirir, conseguir; **to ~ sth for sb** procurarle algo a alguien; **to ~ sth for oneself** hacerse con algo -2. LAW (for sex) **he was convicted of procuring women for immoral purposes** fue condenado por proxenetismo
<> vi LAW dedicarse al proxenetismo

procurement [prə'kjʊəmənt] n Formal (obtaining) obtención f; (buying) adquisición f

procurer [prə'kjʊərə(r)] n Old-fashioned or Literary proxeneta m

procuress [prə'kjʊərɪs] n Old-fashioned or Literary proxeneta f

prod [prɒd] <> n -1. (poke) **I gave her a ~ with my elbow** le di un codazo; **she gave him a ~ to see if he was awake** le dio un empujoncito para ver si estaba despierto; **he gave the sausages a ~ with his fork** pinchó las salchichas con el tenedor; **he gave the bundle a ~ with his stick** tocó el bulto con el bastón
-2. (encouragement) **he needs a ~** necesita que lo espoleen
-3. (for cattle) picana f
<> vt (pt & pp **prodded**) -1. (poke) (with stick, finger) tocar; (with fork) pinchar; **he was prodding me with his elbow** me daba unos codazos -2. (encourage) **to ~ sb into doing sth** espolear a alguien para que haga algo
◆ **prod at** vt insep tocar ligeramente

prodigal ['prɒdɪgəl] <> n hijo(a) m,f pródigo(a)
<> adj pródigo(a); **to be ~ with** or **of sth** ser pródigo(a) con algo; **he'd been rather ~ with the salt, and the dish was almost inedible** se había excedido con la sal y la comida estaba intragable ❑ **~ son** hijo m pródigo

prodigious [prə'dɪdʒəs] adj (feat, talent) prodigioso(a); **~ quantities/amounts** ingentes or enormes cantidades; **a ~ reader** un ávido lector

prodigiously [prə'dɪdʒəslɪ] adv **she was ~ talented** tenía un talento prodigioso; **she was ~ well-read** era sumamente culta

prodigy ['prɒdɪdʒɪ] n -1. (person) prodigio m; **child** or **infant ~** niño(a) prodigio -2. (marvel) prodigio m

produce <> n ['prɒdjuːs] (food) productos mpl del campo; **agricultural/dairy ~** productos agrícolas/lácteos; **~ of Spain** producto de España
<> vt [prə'djuːs] -1. (manufacture, make) (food, goods) producir
-2. (yield) (minerals, crops) producir, dar; (interest, profit) dar, devengar; **halogen lamps ~ a lot of light** las lámparas halógenas dan mucha luz
-3. (bring out) (book, record) sacar, editar; (publish) publicar; **he hasn't produced a new painting for over a year now** hace más de un año que no pinta nada nuevo
-4. (give birth to) tener
-5. (secrete) (saliva, sweat) secretar
-6. (bring about) (effect, reaction) producir, provocar; (situation) generar; **the team has produced some good results/some surprises this season** el equipo ha generado algunos buenos resultados/provocado algunas sorpresas esta temporada
-7. (present, show) (ticket, passport) presentar, mostrar; (documents) presentar; (gun, rabbit) sacar; **she produced a £10 note** sacó un billete de 10 libras; **to ~ a witness** presentar un testigo; **they produced some excellent arguments** esgrimieron algunos argumentos excelentes
-8. (play) montar; (movie, radio, TV programme) producir
<> vi -1. (yield) (factory, mine) producir -2. (on movie, play, radio or TV programme) producir

producer [prə'djuːsə(r)] n -1. (of crops, goods) productor(ora) m,f; **the country is a major ~ of coffee** or **coffee ~** el país es uno de los principales productores de café ❑ **~ gas** gas m pobre -2. (of movie, play, radio or TV programme) productor(ora) m,f

product ['prɒdʌkt] n -1. (manufacture) producto m ❑ **~ awareness** conocimiento m del producto; **~ life-cycle** ciclo m de vida del producto; **~ manager** jefe(a) m,f de producto; **~ placement** = práctica por la que empresas pagan a las productoras para que sus productos aparezcan en sus películas o programas
-2. (result) resultado m, producto m; **that's the ~ of a lively imagination** es el producto de una imaginación muy fértil; **she was a ~ of her age** fue el producto de su época
-3. MATH producto m

production [prə'dʌkʃən] n -1. IND (manufacture) producción f; **the workers have halted ~** los obreros han detenido la producción; **to go into ~** empezar a fabricarse; **it went out of ~ years ago** hace años que dejó de fabricarse ❑ **~ capacity** capacidad f de producción; **~ costs** costos mpl or Esp costes mpl de producción; **~ line** cadena f de producción; **~ manager** jefe(a) m,f de producción; **~ platform** plataforma f (de extracción); **~ process** proceso m de producción; **~ target** objetivo m de producción
-2. (amount produced) producción f; **an increase/fall in ~** un incremento/una caída de la producción
-3. (of document, ticket) presentación f; **on ~ of one's passport** al presentar el pasaporte
-4. (play) montaje m; (movie, radio or TV programme) producción f; IDIOM Fam **to make a (big) ~ out of sth** hacer un escándalo por algo ❑ **~ company** compañía f productora; **~ designer** diseñador(ora) m,f de producción; **~ manager** jefe(a) m,f de producción; **~ values: a film with high/low ~ values** una película con muy buena producción/una producción pobre

productive [prə'dʌktɪv] adj -1. (activity, land, imagination) productivo(a); Formal **to be ~ of sth** ser generador(ora) de -2. (useful) productivo(a); **our visit/meeting has been very ~** nuestra visita/reunión ha sido muy productiva -3. ECON productivo(a), de producción; **the ~ forces** las fuerzas productivas -4. LING productivo(a)

productively [prə'dʌktɪvlɪ] adv de manera productiva or provechosa; **to use one's time ~** aprovechar bien el tiempo

productivity [prɒdʌk'tɪvɪtɪ] n IND productividad f; **~ is up/down** ha aumentado/disminuido la productividad ❑ **~ agreement** acuerdo m sobre productividad; **~ bonus** plus m de productividad; **~ drive** campaña f de productividad

Prof Br (abbr **Professor**) catedrático(a) m,f

prof [prɒf] n Br Fam profe mf

profanation [prɒfə'neɪʃən] n REL profanación f

profane [prə'feɪn] <> adj -1. (language) blasfemo(a) -2. REL (secular) profano(a)
<> vt profanar

profanity [prə'fænɪtɪ] n -1. (oath) blasfemia f -2. (blasphemous nature) grosería f

profess [prə'fes] vt -1. (declare) manifestar; **to ~ oneself satisfied/baffled** declararse satisfecho(a)/confuso(a); **to ~ an opinion/a belief** profesar una opinión/creencia -2. (claim) proclamar; **he professes to be a socialist** se dice socialista; **I don't ~ to be an expert, but...** no pretendo ser un experto, pero... -3. REL (faith) profesar

professed [prə'fest] adj -1. (self-declared) declarado(a); **that is my ~ aim** ése es mi objetivo declarado -2. (pretended) supuesto(a), pretendido(a) -3. REL profeso(a)

professedly [prə'fesɪdlɪ] adv -1. (avowedly) declaradamente, confesamente -2. (allegedly) supuestamente

profession [prə'feʃən] n -1. (occupation) profesión f; **the professions** las profesiones liberales; **by ~** de profesión; Hum **the**

professional 581 **progress**

oldest ~ (in the world) el oficio más viejo del mundo
-2. *(body)* profesión *f*; **there are those in the ~ who think that...** hay en la profesión quienes piensan que...; **the teaching ~** el profesorado
-3. *Formal (declaration)* manifestación *f*
-4. REL **~ of faith** profesión *f* de fe

professional [prəˈfeʃənəl] ◇ *n* profesional *mf*, *Méx* profesionista *mf*; **leave it to the professionals** déjalo en manos de profesionales; **a golf/rugby ~** un golfista/jugador de rugby profesional
◇ *adj* -1. *(relating to a profession)* profesional; **~ person wanted for house share** *(in advertisement)* se busca profesional para compartir casa; **to take a ~ interest in sth** interesarse profesionalmente en algo ❑ **~ association** asociación *f* profesional
-2. *(as career, full-time)* profesional; *(soldier)* de carrera; *(army)* profesional; *Fig Hum* **he's a ~ drunk** es un borracho profesional
-3. *(not amateur)* profesional; **to turn** *or* **go ~** *(sportsperson)* hacerse profesional *or Méx* profesionista ❑ **~ foul** falta *f* técnica
-4. *(competent, qualified)* profesional; **they made a very ~ job of the repair** hicieron la reparación excelente; **his work is not up to ~ standards** su trabajo no tiene un nivel profesional; **she is very ~ in her approach** tiene un enfoque muy profesional; **to take ~ advice on sth** pedir asesoramiento sobre algo a un profesional *or Méx* profesionista; *Euph* **I think she needs ~ help** creo que necesita asistencia *or* ayuda profesional ❑ **~ misconduct** violación *f* de la ética profesional

professionalism [prəˈfeʃənəlɪzm] *n* -1. *(professional approach)* profesionalidad *f* -2. *(in sports)* profesionalismo *m*

professionally [prəˈfeʃənəlɪ] *adv* -1. *(referring to job)* **she acts/sings ~** es actriz/cantante profesional; **he plays tennis ~** juega al tenis como profesional; **I've only ever met her ~** sólo la conozco como profesional; **she's a ~ qualified doctor** es una médica titulada
-2. *(competently)* de forma *or* manera profesional
-3. *(by professional)* **to get a job done ~** encargar un trabajo a un profesional *or Méx* profesionista

professor [prəˈfesə(r)] *n* UNIV -1. *Br* catedrático(a) *m,f*; **the ~ of sociology** el catedrático de sociología -2. *US* profesor(ora) *m,f*; **a ~ of sociology, a sociology ~** una profesora de sociología

professorial [prɒfəˈsɔːrɪəl] *adj* profesoral

professorship [prəˈfesəʃɪp] *n Br* cátedra *f*

proffer [ˈprɒfə(r)] *vt Formal (advice)* brindar; *(opinion)* ofrecer, dar; *(thanks)* dar; *(hand, object)* tender; **we all proffered our excuses to her** todos le ofrecimos nuestras disculpas

proficiency [prəˈfɪʃənsɪ] *n* competencia *f* (**in** *or* **at** en); **~ in driving is essential** es esencial ser un conductor competente

proficient [prəˈfɪʃənt] *adj* competente (**in** *or* **at** en); **to be ~ in German** dominar el alemán; **to be a ~ liar** ser un buen mentiroso

proficiently [prəˈfɪʃəntlɪ] *adv* competentemente

profile [ˈprəʊfaɪl] ◇ *n* -1. *(side view, outline)* perfil *m*; **in ~** de perfil
-2. *(image)* perfil *m*; **to have the right ~ for the job** tener el perfil perfecto para el puesto; **to have a high ~** estar en el candelero; **to keep a low ~** mantenerse en un segundo plano; **to raise the ~ of an organization** potenciar la imagen de una organización
-3. *(description)* retrato *m*; **psychiatrists came up with a ~ of the killer** los psiquiatras aportaron un perfil del asesino
◇ *vt* -1. *(write profile of)* retratar; **she was profiled in a recent TV programme** en un reciente programa televisivo presentaron su perfil biográfico -2. *(show in profile)* **he was profiled against the wall** su imagen se perfilaba contra la pared

profit [ˈprɒfɪt] ◇ *n* -1. *(of company, on deal)* beneficio *m*; **profits were down/up this year** los beneficios han caído/subido este año; **at a ~** *(to sell, operate)* con beneficios; **I don't do it for ~** no lo hago por dinero; **to be in ~** tener beneficios; **to move into ~** pasar a tener beneficios; **to make a ~ (out of sth)** obtener *or* sacar beneficios (de algo); **we made a £200 ~ on the sale** ganamos 200 libras con la venta; **to show a ~** arrojar beneficios ❑ COM **~ centre** centro *m* de beneficios; FIN **~ and loss account** cuenta *f* de pérdidas y ganancias; FIN **~ margin** margen *m* de beneficios; **the ~ motive** el lucro; **~ sharing** reparto *m* de beneficios; **~ taking** realización *f* de beneficios
-2. *(advantage)* provecho *m*; **to gain ~ from sth** obtener beneficios de algo; **to turn sth to one's ~** utilizar algo en beneficio propio; **what ~ is there in it for us?** ¿y nosotros qué beneficio sacamos de ello?
◇ *vi* **to ~ by** *or* **from** sacar provecho de; **you could well ~ by being more careful** te vendría bastante bien ser un poco más cuidadoso

profitability [prɒfɪtəˈbɪlɪtɪ] *n* rentabilidad *f*; **to restore a company to ~** devolverle la rentabilidad a una compañía

profitable [ˈprɒfɪtəbəl] *adj* -1. *(company, deal)* rentable -2. *(experience)* provechoso(a)

profitably [ˈprɒfɪtəblɪ] *adv* -1. *(to trade, operate)* con beneficios; **we sold it very ~** su venta nos reportó muy buenas ganancias -2. *(to use one's time)* provechosamente

profiteer [prɒfɪˈtɪə(r)] *Pej* ◇ *n* especulador(ora) *m,f*
◇ *vi* especular

profiteering [prɒfɪˈtɪərɪŋ] *n Pej* especulación *f*

profiterole [prəˈfɪtərəʊl] *n* profiterol *m*

profitless [ˈprɒfɪtlɪs] *adj* infructuoso(a), improductivo(a)

profit-making [ˈprɒfɪtmeɪkɪŋ] *adj* -1. *(aiming to make profit)* con fines de lucro -2. *(profitable)* lucrativo(a)

profligacy [ˈprɒflɪɡəsɪ] *n Formal* -1. *(wastefulness)* **his ~ shocked us** su manera de derrochar dinero nos escandalizó -2. *(dissoluteness)* licencia *f*, disolución *f*

profligate [ˈprɒflɪɡət] *Formal* ◇ *adj* -1. *(wasteful)* derrochador(ora); **the ~ use of natural resources** el uso irresponsable de los recursos naturales -2. *(dissolute)* disoluto(a), licencioso(a)
◇ *n* -1. *(spendthrift)* derrochador(ora) *m,f*, despilfarrador(ora) *m,f* -2. *(dissolute person)* libertino(a) *m,f*, licencioso(a) *m,f*

pro-form [ˈprəʊfɔːm] *n* LING proforma *f*

pro forma [prəʊˈfɔːmə] *adj* pro forma; **~ invoice** factura pro forma *or* proforma

profound [prəˈfaʊnd] *adj* profundo(a)

profoundly [prəˈfaʊndlɪ] *adv* profundamente; **we disagree ~ on the issue** estamos en profundo desacuerdo con respecto al tema; **he's ~ deaf** tiene sordera total

profundity [prəˈfʌndɪtɪ] *n* -1. *(of thought)* profundidad *f* -2. *(remark, thought)* observación *f* profunda

profuse [prəˈfjuːs] *adj* -1. *(fulsome)* profuso(a); **he offered ~ apologies/thanks** se prodigó en disculpas/agradecimientos; **to be ~ in one's praise/compliments** prodigarse en elogios/halagos -2. *(copious)* profuso(a), copioso(a)

profusely [prəˈfjuːslɪ] *adv* -1. *(to apologize, thank)* cumplidamente; **to praise sb ~** halagar profusamente a alguien -2. *(to sweat, bleed)* profusamente

profusion [prəˈfjuːʒən] *n* profusión *f*; **in ~** en abundancia *or* profusión

prog [prɒɡ] *n* TV & RAD *Fam* programa *m*

progenitor [prəʊˈdʒenɪtə(r)] *n Formal* -1. *(ancestor)* progenitor(ora) *m,f* -2. *(originator)* creador(ora) *m,f*, precursor(ora) *m,f*

progeny [ˈprɒdʒɪnɪ] *n Formal* progenie *f*, prole *f*

progesterone [prəʊˈdʒestərəʊn] *n* BIOCHEM progesterona *f*

prognosis [prɒɡˈnəʊsɪs] (*pl* **prognoses** [prɒɡˈnəʊsiːz]) *n* -1. MED pronóstico *m* -2. *(prediction)* pronóstico *m*; **the ~ is for an increase next year** el pronóstico es que habrá un incremento el próximo año

prognosticate [prɒɡˈnɒstɪkeɪt] *Formal* ◇ *vt* pronosticar
◇ *vi* hacer pronósticos

prognostication [prɒɡnɒstɪˈkeɪʃən] *n Formal* pronóstico *m*

program¹ [ˈprəʊɡræm] *n* COMPTR programa *m* ❑ **~ error** error *m* de programa; **~ file** archivo *m* de programa; **~ language** lenguaje *m* de programación

program² *US* = **programme**

programed, programer etc *US* = **programmed, programmer** etc

programmable, *US* **programable** [ˈprəʊɡræməbəl] *adj* programable ❑ **~ calculator** calculadora *f* programable

programme, *US* **program** [ˈprəʊɡræm] ◇ *n* -1. *(on TV, radio)* *(broadcast)* programa *m*; **an arts/current affairs ~** un programa de *or* sobre arte/de actualidad; **to change ~** *(station)* cambiar de canal ❑ **~ controller** director(ora) *m,f* de programación
-2. *(of washing machine)* programa *m*
-3. *(of political party)* programa *m*
-4. *(for play)* programa *m* ❑ **~ notes** comentarios *mpl* del programa; **~ seller** vendedor(ora) *m,f* de programas
-5. *(schedule of events)* programa *m*; **what's the ~ for today?** ¿qué programa tenemos para hoy? ❑ **~ of study** programa *m* de trabajo *(de estudiante)*
-6. MUS **~ music** música *f* de programa
◇ *vt* (*pt & pp* **programmed** *or US* **programed**) -1. *(computer, robot)* programar; **to ~ sth to do sth** programar algo para que haga algo; **to be programmed** *or US* **programed to do sth** estar programado(a) para hacer algo -2. *(event)* programar
◇ *vi* COMPTR programar; **to ~ in assembly language** programar en ensamblador

programmed, *US* **programed** [ˈprəʊɡræmd] *n* EDUC **~ instruction** enseñanza *f* programada; EDUC **~ learning** enseñanza *f* programada

programmer, *US* **programer** [ˈprəʊɡræmə(r)] *n* -1. TV & RAD programador(ora) *m,f* -2. COMPTR programador(ora) *m,f*

programming, *US* **programing** [ˈprəʊɡræmɪŋ] *n* -1. TV & RAD programación *f* -2. COMPTR programación *f* ❑ **~ error** error *m* de programación; **~ language** lenguaje *m* de programación

progress ◇ *n* [ˈprəʊɡres] -1. *(improvement)* progreso *m*; **to make ~ (in sth)** hacer progresos (en algo); **to make good ~** *(in journey, process, studies, recovery)* avanzar bastante; **it was slow ~** se avanzaba poco; **you can't stop ~** no puedes detener el progreso; *Ironic* **that's ~ for you!** ¡ahí tienes el progreso!
-2. *(development)* *(of events, plan, disease)* progreso *m*; **roadworks are in ~ between exits 11 and 12** el tramo entre la salida 11 y la 12 está en obras; **the meeting is already in ~** la reunión ya ha comenzado; **meeting in ~** *(on sign)* reunión: no molestar; **exam in ~** *(on sign)* silencio, examen; **service in ~** *(in cathedral)* se está celebrando un oficio; **a ~ report on the project** un informe *or CAm, Méx* reporte sobre la marcha del proyecto
-3. *(movement)* avance *m*; **I followed the ship's ~ down the river** seguía el avance del barco río abajo
-4. *Br* HIST *(royal journey)* viaje del monarca
◇ *vi* [prəˈɡres] -1. *(making headway)* progresar; **she's progressing in her studies** está avanzando en sus estudios; **the talks are progressing well** las conversaciones están bien encaminadas; **the patient is progressing satisfactorily** el paciente evoluciona satisfactoriamente
-2. *(moving forward)* avanzar; **as the day**

progressed conforme avanzaba el día; **I never progressed beyond the first lesson** nunca pude llegar más allá de la primera clase *or* lección
◇ *vt* COM *(advance)* avanzar

progression [prəˈgreʃən] *n* **-1.** *(advance)* progresión *f*, evolución *f*; **a natural/logical ~ (from)** un paso natural/lógico (de *or* desde) **-2.** *(series)* progresión *f* **-3.** MATH & MUS progresión *f*

progressive [prəˈgresɪv] ◇ *n* **-1.** *(forward-looking person)* progresista *mf* **-2.** GRAM tiempo *m* continuo
◇ *adj* **-1.** *(increasing)* progresivo(a) ❏ **~ disease** enfermedad *f* degenerativa; **~ income tax** impuesto *m* de renta progresivo **-2.** *(forward-looking)* progresista ❏ **~ education** educación *f* progresista; **~ jazz** jazz *m* progresivo **-3.** *(dance)* progresivo(a)

progressively [prəˈgresɪvlɪ] *adv* **-1.** *(continuously)* progresivamente; **the situation got ~ worse** la situación se puso cada vez peor **-2.** *(in a forward-looking way)* de manera progresista

prohibit [prəˈhɪbɪt] *vt* **-1.** *(forbid)* prohibir; **to ~ sb from doing sth** prohibir a alguien que haga algo; **smoking prohibited** *(sign)* prohibido fumar; **it is prohibited by law** lo prohíbe la ley; **prohibited area** *(sign)* prohibido el acceso **-2.** *(prevent)* impedir

prohibition [prəʊɪˈbɪʃən] *n* **-1.** *(ban)* prohibición *f*; **there is a ~ on the sale of such goods** la venta de este tipo de productos está prohibida **-2.** HIST **Prohibition** la Ley Seca

prohibitionist [prəʊɪˈbɪʃənɪst] *n* prohibicionista *mf*

prohibitive [prəˈhɪbɪtɪv] *adj (cost)* prohibitivo(a)

prohibitively [prəˈhɪbɪtɪvlɪ] *adv* **~ expensive** de precio prohibitivo

project ◇ *n* [ˈprɒdʒekt] **-1.** *(undertaking, plan)* proyecto *m* ❏ COM **~ manager** jefe(a) *m,f* de proyecto **-2.** *(at school, university)* trabajo *m* **-3.** *US (housing)* = urbanización con viviendas de protección oficial
◇ *vt* [prəˈdʒekt] **-1.** *(movie, image)* proyectar **-2.** *(plan, predict)* proyectar, planear; **inflation is projected to fall** se prevé que baje la inflación; **projected income** ingresos previstos
-3. *(propel)* proyectar; **to ~ one's voice** proyectar la voz
-4. *(convey, image)* proyectar; **to ~ one's personality** proyectar la personalidad de uno; **he tries to ~ himself as a great humanist** intenta proyectar *or* transmitir una imagen de gran humanista
-5. PSY **to ~ sth onto sth/sb** proyectar algo en algo/alguien
-6. GEOM proyectar
◇ *vi* **-1.** *(protrude)* sobresalir, proyectarse **-2.** *(as personality)* **she doesn't ~ well** no se proyecta bien **-3.** *(with voice)* **to learn to ~** aprender a proyectarse

projected [prəˈdʒektɪd] *adj* **-1.** *(planned)* proyectado(a) **-2.** *(forecast)* proyectado(a)

projectile [prəˈdʒektaɪl] *n* proyectil *m* ❏ MED **~ vomiting** vómito *m* en escopetazo

projecting [prəˈdʒektɪŋ] *adj (roof, balcony)* saliente

projection [prəˈdʒekʃən] *n* **-1.** *(of movie, image)* proyección *f* ❏ CIN **~ room** sala *f* de proyección **-2.** *(prediction)* estimación *f*, pronóstico *m* **-3.** *(protruding part)* proyección *f*, saliente *m* **-4.** PSY proyección *f* **-5.** *(in map-making)* proyección *f*

projectionist [prəˈdʒekʃənɪst] *n* proyeccionista *mf*

projector [prəˈdʒektə(r)] *n* proyector *m*

prokaryote [prəʊˈkærɪɒt] *n* BIOL procariota *f*

prolactin [prəʊˈlæktɪn] *n* MED prolactina *f*

prolapse [ˈprəʊlæps] *n* MED prolapso *m*; **~ of the uterus** prolapso de útero

prolapsed [prəʊˈlæpst] *adj* MED **a ~ uterus** un prolapso de útero

prole [prəʊl] *n Fam Pej* proletario(a) *m,f*

prolegomenon [prəʊleˈgɒmɪnɒn] *(pl* **prolegomena** [prəʊleˈgɒmɪnə]*) n* prolegómeno *m*

prolepsis [prəʊˈlepsɪs] *(pl* **prolepses** [prəʊˈlepsiːz]*) n* LIT prolepsis *f inv*

proletarian [prəʊlɪˈteərɪən] ◇ *n* proletario(a) *m,f*
◇ *adj* proletario(a)

proletariat [prəʊlɪˈteərɪət] *n* proletariado *m*

pro-life [ˈprəʊˈlaɪf] *adj* pro vida, antiabortista

pro-lifer [ˈprəʊˈlaɪfə(r)] *n Fam* antiabortista *mf*

proliferate [prəˈlɪfəreɪt] *vi* proliferar

proliferation [prəlɪfəˈreɪʃən] *n* **-1.** *(rapid increase)* proliferación *f* **-2.** *(large amount or number)* proliferación *f*

prolific [prəˈlɪfɪk] *adj* prolífico(a)

prolix [ˈprəʊlɪks] *adj Formal* prolijo(a)

prolixity [prəʊˈlɪksɪtɪ] *n Formal* prolijidad *f*

prologue, *US* **prolog** [ˈprəʊlɒg] *n* **-1.** *(introduction)* prólogo *m* (**to** de); **her arrival was the ~ to yet another row** su llegada fue el prólogo a una nueva pelea **-2.** *(in cycling)* prólogo *m*

prolong [prəˈlɒŋ] *vt* prolongar; **I don't want to ~ the agony** no quiero prolongar la agonía

prolongation [prəʊlɒŋˈgeɪʃən] *n* *(of life, time)* prolongación *f*

prolonged [prəˈlɒŋd] *adj* prolongado(a)

prom [prɒm] *n Fam* **-1.** *Br (at seaside)* paseo *m* marítimo
-2. *Br (concert)* = concierto sinfónico en el que parte del público está de pie
-3. *US (school dance)* baile *m* de fin de curso
❏ **~ queen** reina *f* del baile

PROM

En EE. UU., tras finalizar los estudios de secundaria, los alumnos celebran un baile denominado **Senior Prom**. Tiene lugar después de los exámenes finales y se considera una ocasión relevante a la que asisten tanto alumnos como profesores. Los estudiantes y sus acompañantes se visten de largo y durante el baile una muchacha y un muchacho son escogidos reina y rey del **Prom** respectivamente.

promenade [ˈprɒmənɑːd] ◇ *n* **-1.** *Br (at seaside)* paseo *m* marítimo **-2.** *Br* **~ concert** = concierto sinfónico en el que parte del público está de pie **-3.** **~ deck** *(on ship)* cubierta de paseo **-4.** *US (school dance)* baile *m* de fin de curso
◇ *vi* **-1.** *(walk)* pasear **-2.** *(in dancing)* hacer el paso militar

promenader [prɒməˈnɑːdə(r)] *n Br* asistente *mf* a un concierto al aire libre

Prometheus [prəˈmiːθɪəs] *n* MYTHOL Prometeo

promethium [prəˈmiːθɪəm] *n* CHEM prometio *m*

prominence [ˈprɒmɪnəns] *n* **-1.** *(of land, physical feature)* prominencia *f* **-2.** *(of issue, person)* relevancia *f*, importancia *f*; **to give sth ~, to give ~ to sth** destacar algo; **to come to ~** empezar a descollar *or* sobresalir; **to occupy a position of some ~** ocupar un puesto de cierto relieve **-3.** ASTRON protuberancia *f*

prominent [ˈprɒmɪnənt] *adj* **-1.** *(projecting)* prominente **-2.** *(conspicuous)* visible, destacado(a) **-3.** *(important)* renombrado(a), prominente; **she was ~ in the world of the arts** era una figura prominente en el mundo de las artes; **to play a ~ part** *or* **role in sth** desempeñar un papel destacado en algo

prominently [ˈprɒmɪnəntlɪ] *adv* **-1.** *(conspicuously)* visiblemente; **the medal was prominently displayed** la medalla estaba exhibida muy visiblemente **-2.** *(importantly)* **to figure ~ in sth** tener un papel relevante *or* destacar en algo

promiscuity [prɒmɪsˈkjuːɪtɪ], **promiscuousness** [prəˈmɪskjʊəsnɪs] *n* promiscuidad *f*

promiscuous [prəˈmɪskjʊəs] *adj (sexually)* promiscuo(a)

promiscuously [prəˈmɪskjʊəslɪ] *adv* promiscuamente

promise [ˈprɒmɪs] ◇ *n* **-1.** *(pledge)* promesa *f*; **a ~ of help** una promesa de ayuda; **to make a ~** hacer la promesa; **I'll try, but I can't make (you) any promises** lo intentaré, pero no te prometo nada; **to keep/break one's ~** mantener/romper la promesa; **I kept** *or* **held him to his ~** le hice cumplir su promesa; **to hold out the ~ of sth to sb** prometerle algo a alguien; **...and that's a ~!** ¡...se lo garantizamos!; **a ~ is a ~** una promesa es una promesa; *Fam* **promises, promises!** sí, sí, ¡promesas!
-2. *(potential)* buenas perspectivas *fpl*; **an artist/sportsman of ~** un artista/deportista que promete; **to show ~** ser prometedor(ora); **she never fulfilled her early ~** nunca llegó tan lejos como parecía prometer
◇ *vt* **-1.** *(pledge)* prometer; **to ~ to do sth** prometer hacer algo; **to ~ sth to sb, to ~ sb sth** prometerle algo a alguien; **I'll try, but I can't ~ (you) anything** lo intentaré, pero no te prometo nada; **it won't be easy, I can ~ you** no será fácil, te lo puedo asegurar; **he promised me he'd do it** me prometió que lo haría; **I've been promising myself a holiday for months** hace meses que llevo prometiéndome unas vacaciones
-2. *(be potentially)* prometer; **it promises to be hot** promete hacer calor
-3. *(in marriage)* **she was promised to the King's son at birth** fue prometida al hijo del rey al nacer
◇ *vi* **-1.** *(pledge)* **but he promised!** ¡lo prometió!; **(do you) ~?** – **yes, I ~** ¿lo prometes? – sí, lo prometo; **they came early, as promised** llegaron pronto, tal y como habían prometido **-2.** *(show potential)* **to ~ well** prometer

promised land [ˈprɒmɪstˈlænd] *n* **-1.** REL **the Promised land** la Tierra Prometida **-2.** *(ideal world)* meca *f*

promising [ˈprɒmɪsɪŋ] *adj* **-1.** *(full of potential)* prometedor(ora) **-2.** *(encouraging)* alentador(ora); **she got off to a ~ start** tuvo un comienzo alentador

promisingly [ˈprɒmɪsɪŋlɪ] *adv* de manera prometedora; **things started ~ enough** todo comenzó de manera bastante prometedora

promissory note [ˈprɒmɪsərɪˈnəʊt] *n* FIN pagaré *m*

promo [ˈprəʊməʊ] *Fam* ◇ *n (short video)* Esp vídeo *m or Am* video *m* promocional
◇ *adj (video, leaflet)* promocional

promontory [ˈprɒməntərɪ] *n* promontorio *m*

promote [prəˈməʊt] *vt* **-1.** *(raise in rank)* ascender; **to be promoted** *(officer, employee)* ser ascendido(a); **she's been promoted to regional manager** ha sido ascendida a gerente regional
-2. to be promoted *(sports team)* ascender, subir
-3. *(encourage, stimulate)* fomentar, promover; **to ~ sb's interests** favorecer los intereses de alguien; **to ~ economic growth** promover el crecimiento económico
-4. *(product)* promocionar; **she's in England to ~ her new record** está en Inglaterra promocionando su último disco
-5. *(organize)* *(boxing match, show)* organizar
-6. *(in chess)* convertir

promoter [prəˈməʊtə(r)] *n* **-1.** *(of theory, cause, scheme)* promotor(ora) *m,f* **-2.** *(of product)* promotor(ora) *m,f* **-3.** *(of boxing match)* promotor(ora) *m,f*; *(of show)* organizador(ora) *m,f*

promotion [prəˈməʊʃən] *n* **-1.** *(of employee, officer, sports team)* ascenso *m*; **to get ~** ser ascendido(a); **he has no prospects of ~** no tiene perspectivas de un ascenso **-2.** *(encouragement, stimulus)* fomento *m*; **the ~ of a good working atmosphere** el fomento de una buena atmósfera de trabajo **-3.** *(of product, plan)* promoción *f*; **this week's ~** la oferta de la semana

promotional [prəˈməʊʃənəl] *adj (literature, campaign, offer)* promocional; *(T shirt)* publicitario(a)

prompt [prɒmpt] ◇ *n* **-1.** *(for actor)* to give an actor a **~** dar el pie a un actor **-2.** COMPTR *(short phrase)* mensaje *m* (al usuario); **return to the C:\ ~** volver a C:\

prompt ◇ adj **-1.** (swift) rápido(a); **to be ~ in doing sth** or **to do sth** hacer algo con prontitud; **you should give this matter ~ attention** deberías encargarte de este tema lo antes posible ❑ **~ payment** pronto pago m **-2.** (punctual) puntual

◇ adv **at three o'clock ~** a las tres en punto

◇ vt **-1.** (cause) provocar, suscitar; **the scandal prompted his resignation** el escándalo provocó su renuncia; **to ~ sb to do sth** provocar que alguien haga algo, impulsar a alguien a hacer algo; **I felt prompted to intervene** sentí que tenía que intervenir **-2.** (actor, speaker) apuntar **-3.** (encourage) (interviewee) ayudar a seguir

promptbook ['prɒmptbʊk] n THEAT libreto m del apuntador

prompter ['prɒmptə(r)] n THEAT apuntador(ora) m,f ❑ **~'s box** concha f del apuntador

prompting ['prɒmptɪŋ] n (persuasion) persuasión f, insistencia f; **to do sth at sb's ~** acceder a hacer algo ante la insistencia de alguien; **he ignored the promptings of his conscience** no hizo caso de los dictados de su conciencia; **she needed no ~ when asked her opinion** no hubo que insistirle mucho para que diera su opinión

promptly ['prɒmptlɪ] adv **-1.** (rapidly) sin demora **-2.** (punctually) con puntualidad; **he always leaves ~ at 5 o'clock** siempre se va a las cinco en punto **-3.** (immediately) inmediatamente; **I ~ forgot what I was meant to do** me olvidé de inmediato lo que iba a hacer

promptness ['prɒmptnɪs] n **-1.** (speed) rapidez f **-2.** (punctuality) puntualidad f

promulgate ['prɒmʊlgeɪt] vt Formal **-1.** (new law) promulgar **-2.** (belief, idea, opinion) promulgar, propagar

promulgation [prɒmʊl'geɪʃən] n Formal **-1.** (of decree, law) promulgación f **-2.** (of belief, idea, opinion) promulgación f, propagación f

pronation [prəʊ'neɪʃən] n ANAT pronación f

pronator [prəʊ'neɪtə(r)] ANAT ◇ adj pronador(ora)

◇ n músculo m pronador

prone [prəʊn] adj **-1.** (inclined) **to be ~ to (do) sth** ser propenso(a) a (hacer) algo; **~ to a disease** propenso(a) a enfermarse **-2.** (lying face down) boca abajo; **in a ~ position** boca abajo

proneness ['prəʊnnɪs] n propensión f

prong [prɒŋ] n **-1.** (of fork) diente m **-2.** (of attack, argument) flanco m

-pronged [prɒŋd] **-1.** suffix **three~** (fork) con tres dientes **-2. two~** (attack) desde dos flancos

pronghorn ['prɒŋhɔːn] n US antílope m americano

pronominal [prə'nɒmɪnəl] adj GRAM pronominal

pronominally [prə'nɒmɪnəlɪ] adv pronominalmente

pronoun ['prəʊnaʊn] n GRAM pronombre m

pronounce [prə'naʊns] ◇ vt **-1.** (word) pronunciar; **how is it pronounced?** ¿cómo se pronuncia?; **this letter is not pronounced** esta letra no se pronuncia

-2. Formal (declare) (opinion) manifestar; **to ~ that...** manifestar que...; **to ~ oneself for/against sth** pronunciarse a favor de/en contra de algo; **to ~ oneself satisfied** manifestarse satisfecho(a); **he was pronounced dead** fue declarado muerto; **I now ~ you man and wife** (in marriage service) los declaro marido y mujer

-3. LAW **to ~ sentence** dictar sentencia; **he was pronounced innocent** fue declarado inocente

◇ vi **to ~ on** or **upon** pronunciarse sobre; **to ~ for/against sb** emitir un dictamen a favor de/en contra de alguien

pronounceable [prə'naʊnsəbəl] adj pronunciable

pronounced [prə'naʊnst] adj pronunciado(a), acusado(a); **he walks with a ~ limp** tiene una cojera bastante pronunciada

pronouncement [prə'naʊnsmənt] n Formal declaración f, manifestación f

pronto ['prɒntəʊ] adv Fam enseguida, ya

pronunciation [prənʌnsɪ'eɪʃən] n pronunciación f; **his Spanish ~ is good** tiene una buena pronunciación en español

proof [pruːf] ◇ n **-1.** (evidence) prueba f; **that's no ~!** eso no prueba nada; **she cited several cases in ~ of her argument** citó diversos casos para probar su argumento; **to give** or **show ~ of sth** probar or dar pruebas de algo; **to put sth to the ~** poner algo a prueba; **by way of ~** como prueba; PROV **the ~ of the pudding is in the eating** el movimiento se demuestra caminando or Esp andando ❑ **~ of delivery** acuse m de recibo; **~ of identity** documento m de identidad; **~ of payment** comprobante m de pago; **~ positive** prueba f concluyente; **~ of postage** comprobante m de envío; **~ of purchase** tíquet m or justificante m de compra

-2. TYP prueba f; **at the ~ stage** en la fase de prueba

-3. (of alcohol) graduación f alcohólica; **40 degrees ~** una graduación (alcohólica) de 40 grados ❑ **~ spirit** = mezcla de alcohol y agua con un porcentaje de alcohol fijo (Br 57,10 y US 50 por ciento) que sirve como base para medir la graduación de las bebidas alcohólicas

◇ adj (resistant) **to be ~ against sth** ser resistente a algo

◇ vt **-1.** (against weather) impermeabilizar **-2.** TYP (proofread) corregir pruebas de

proofread ['pruːfriːd] TYP ◇ vt corregir pruebas de

◇ vi corregir pruebas

proofreader ['pruːfriːdə(r)] n TYP corrector(ora) m,f de pruebas

proofreading ['pruːfriːdɪŋ] n TYP corrección f de pruebas

prop [prɒp] ◇ n **-1.** (physical support) puntal m; (for washing line) palo m; (emotional support) apoyo m, sostén m; **he uses alcohol as a ~** se apoya en el alcohol **-2.** (in theatre) accesorio m; **props** atrezo m **-3.** (in rugby) **~ (forward)** pilar m **-4.** AV Fam hélice f

◇ vt (pt & pp **propped**) apoyar (**against** contra); **~ yourself** or **your back against these cushions** recuéstate sobre estos almohadones; **I propped the door open with a chair** utilicé una silla para mantener la puerta abierta

➤ **prop up** vt sep **-1.** (support) (building, tunnel) apuntalar; (plant) apuntalar, Arg poner guías a; **to ~ sth up against sth** apoyar algo contra or en algo **-2.** (economy, regime) apoyar; **the government stepped in to ~ up the pound** el gobierno intervino para apuntalar la libra

prop. (abbr **proprietor**) propietario(a)

propaganda [prɒpə'gændə] n propaganda f; **a ~ campaign/film** una campaña/película propagandística; **it's all just ~** es pura propaganda

propagandist [prɒpə'gændɪst] ◇ n propagandista mf

◇ adj propagandístico(a), panfletario(a)

propagandize [prɒpə'gændaɪz] vi hacer propaganda (**for** or **in favour of** a favor de)

propagate ['prɒpəgeɪt] ◇ vt **-1.** (plant, species) propagar **-2.** (theory, ideas) propagar **-3.** PHYS (light, sound) propagar

◇ vi (plant) propagarse

propagation [prɒpə'geɪʃən] n **-1.** (of plant, species) propagación f **-2.** (of theory, ideas) propagación f, difusión f **-3.** PHYS (of light, sound) propagación f

propagator ['prɒpəgeɪtə(r)] n **-1.** (for seedlings) propagador(ora) m,f **-2.** (of theory, ideas) propulsor(ora) m,f, impulsor(ora) m,f

propane ['prəʊpeɪn] n CHEM propano m

propanol ['prəʊpənɒl] n CHEM propanol m

propel [prə'pel] (pt & pp **propelled**) vt propulsar; **the force of the explosion propelled the debris hundreds of feet into the air** la onda expansiva lanzó escombros a decenas de metros de altura; **to ~ sth/sb along** propulsar algo/a alguien; **propelled by ambition** impulsado(a) por la ambición; **he was propelled into the position of manager** fue empujado a la posición de jefe

propellant, propellent [prə'pelənt] n **-1.** (for rocket) propulsante m, combustible m **-2.** (for aerosol) propelente m

propeller [prə'pelə(r)] n hélice f

propelling pencil [prə'pelɪŋ'pensəl] n Br portaminas m inv

propene ['prəʊpiːn] n CHEM propileno m

propensity [prə'pensɪtɪ] n Formal tendencia f, propensión f; **to have a ~ to do sth/for sth** tener tendencia or propensión a hacer algo/a algo

proper ['prɒpə(r)] ◇ adj **-1.** (real) verdadero(a); **he isn't a ~ doctor** no es médico de verdad; **to get oneself a ~ job** conseguir un trabajo serio; **I need a ~ holiday** necesito unas vacaciones de verdad; **a ~ meal** una comida en condiciones; **to get a ~ night's sleep** dormir bien toda la noche; **we're still not in New York ~** todavía no estamos en Nueva York propiamente dicha ❑ MATH **~ fraction** fracción f propia; GRAM **~ name** nombre m propio; GRAM **~ noun** nombre m propio

-2. (appropriate) (time, place) adecuado(a), apropiado(a); (correct) correcto(a); **I like everything to be in its ~ place** me gusta que todo esté en su sitio; **we will give this matter the ~ consideration** daremos a este asunto la atención debida

-3. (polite, socially acceptable) correcto(a); **it's not ~ for young ladies to speak like that** no está or RP queda bien que las jóvenes hablen así; **it's only ~ that they should pay you compensation** es normal que te paguen una indemnización

-4. (characteristic) **~ to** propio(a) de

-5. Br Fam (for emphasis) **we're in a ~ mess** estamos en un buen lío; **he's a ~ fool** es un perfecto idiota, es un idiota de tomo y lomo; **she's a ~ little madam** es una auténtica señoritinga

◇ adv Br Fam **-1.** Hum (correctly) **to talk ~** hablar como Dios manda **-2.** (completely) **you've ruined it good and ~** Esp la has hecho buena, Méx metiste la cuatro, RP metiste la pata hasta el cuadril

properly ['prɒpəlɪ] adv **-1.** (correctly) correctamente, bien; **the lid isn't on ~** la tapa no está bien puesta; **do it ~ this time!** ¡esta vez hazlo bien or como Dios manda!; **he quite ~ refused** se negó con toda razón; **she's not a nurse, ~ speaking** hablando en propiedad, no es una enfermera

-2. (appropriately, suitably) apropiadamente; **I haven't thanked you ~** no te he dado las gracias como corresponde; **I'm not ~ dressed** (for weather, activity) no estoy vestida adecuadamente; **I haven't slept ~ in weeks** hace semanas que no duermo bien

-3. (politely, socially acceptably) correctamente; **eat ~!** ¡come bien or como corresponde!

-4. Br Fam (as intensifier) **they were ~ told off** recibieron una seria reprimenda

propertied ['prɒpətɪd] adj adinerado(a), acaudalado(a)

property ['prɒpətɪ] n **-1.** (possessions) propiedad f; **it's my ~** es mío, me pertenece; **this book is the ~ of Tony Simpson** este libro es propiedad de or pertenece a Tony Simpson; **you shouldn't steal other people's ~** no deberías robar la propiedad ajena; **government/personal ~** bienes públicos/personales; **literary/intellectual ~** propiedad literaria/intelectual

-2. (land) propiedades fpl; (real estate) bienes mpl inmuebles; **we're investing our money in ~** estamos invirtiendo (nuestro dinero) en tierras; **a man of ~** una persona que tiene muchos bienes ❑ **~ developer** promotor(ora) m,f inmobiliario(a); **~ ladder: to get a foot on the ~ ladder** comprar la primera propiedad; **~ market** mercado m inmobiliario; **~ speculation** especulación f en bienes inmuebles; **~ tax** impuesto m sobre la propiedad inmobiliaria

-3. *(plot of land)* terreno *m*, parcela *f*; *(house)* inmueble *m*; *(building)* inmueble *m*; **to be on sb's ~** estar en propiedad de alguien; **get off my ~!** ¡sal de mi propiedad!
-4. *(quality)* propiedad *f*; **what are the chemical properties of cobalt?** ¿cuáles son las propiedades químicas del cobalto?
-5. THEAT **~ man** encargado *m* de atrezo; **~ mistress** encargada *f* de atrezo

prophecy ['prɒfɪsɪ] *n* profecía *f*

prophesy ['prɒfɪsaɪ] ◇ *vt* profetizar; **scaremongers prophesied the end of the world** los alarmistas presagiaron el fin del mundo
◇ *vi* profetizar

prophet ['prɒfɪt] *n* profeta *m*; **the Prophet** *(in Islam)* el Profeta; **a ~ of doom** un(a) agorero(a)

prophetess ['prɒfɪtes] *n* profetisa *f*

prophetic [prə'fetɪk] *adj* profético(a)

prophetically [prə'fetɪklɪ] *adv* proféticamente

prophylactic [prɒfɪ'læktɪk] MED ◇ *n* Formal **-1.** *(drug)* profiláctico *m* **-2.** *(condom)* preservativo *m*, profiláctico *m*
◇ *adj* profiláctico(a)

prophylaxis [prɒfɪ'læksɪs] *n* profilaxis *f inv*

propinquity [prə'pɪŋkwətɪ] *n* Formal **-1.** *(in space, time)* propincuidad *f* **-2.** *(in kinship)* parentesco *m*

propitiate [prə'pɪʃɪeɪt] *vt* Formal propiciar; **to ~ the gods** ganar el favor de los dioses

propitiation [prəpɪʃɪ'eɪʃən] *n* Formal propiciación *f*

propitious [prə'pɪʃəs] *adj* Formal propicio(a)

propitiously [prə'pɪʃəslɪ] *adv* Formal de una manera propicia

proponent [prə'pəʊnənt] *n* partidario(a) *m,f*, defensor(ora) *m,f*

proportion [prə'pɔːʃən] ◇ *n* **-1.** *(ratio)* proporción *f*; **in the ~ of 6 parts water to 1 part concentrate** en una proporción de 6 partes de agua por cada parte de concentrado; **in ~ to...** en proporción a...; **in direct/inverse ~ to sth** en proporción directa/inversa a algo; **the payment is out of all ~ to the work involved** lo que se paga no es proporcional al trabajo que supone
-2. *(perspective)* perspectiva *f*; **to lose all sense of ~** perder el sentido de la medida; **in ~** proporcionado(a); **you must try to see things in ~** intenta ver las cosas en perspectiva; **out of ~** desproporcionado(a); **to get sth out of ~** exagerar algo; **they have got** *or* **blown the problem out of (all) ~** han exagerado mucho el problema
-3. *(part, amount)* proporción *f*, parte *f*; **a large/small ~ of the profits** una pequeña/gran parte de los beneficios; **what ~ of your income do you spend on food?** de lo que ganas, ¿cuánto gastas en comida?
-4. proportions *(dimensions)* proporciones *fpl*; **a ship of vast proportions** un barco de enormes proporciones; **the problem has assumed worrying proportions** el problema ha cobrado una envergadura sumamente preocupante
◇ *vt* **to ~ one's expenditure to one's resources** ajustar los gastos personales a los recursos con los que se cuenta; **well proportioned** proporcionado(a)

proportional [prə'pɔːʃənəl] *adj* **-1.** *(in proportion)* proporcional **(to a) -2.** POL **~ representation** representación *f* proporcional

proportionally [prə'pɔːʃənəlɪ] *adv* proporcionalmente; **they spend ~ more on research than we do** proporcionalmente, gastan más en investigación que nosotros

proportionate [prə'pɔːʃənɪt] *adj* Formal proporcional **(to a)**

proportionately [prə'pɔːʃənɪtlɪ] *adv* proporcionalmente

proposal [prə'pəʊzəl] *n* **-1.** *(offer)* propuesta *f*; **to make/accept a ~** hacer/aceptar una propuesta; **~ (of marriage)** propuesta *or* proposición *f* de matrimonio **-2.** *(plan)* proyecto *m*

propose [prə'pəʊz] ◇ *vt* **-1.** *(suggest)* proponer; **to ~ to do sth, to ~ doing sth** proponer hacer algo; **and what do you ~ we do about this?** ¿qué propones que hagamos al respecto?; **it was proposed that we stay a few days longer** se propuso que nos quedáramos unos días más
-2. *(intend)* **to ~ to do sth** proponerse hacer algo; **I don't ~ to spend any more time on this** no tengo la intención de perder más tiempo con esto; **what do you ~ to do about this?** ¿y tú qué propones hacer (al respecto)?
-3. *(present)* *(policy, resolution)* proponer; **to ~ sb for** *or* **as sth** *(post, job)* proponer a alguien para *or* como algo; **to ~ a motion/an amendment** *(in debate)* proponer una moción/una enmienda; **to ~ a toast** proponer un brindis
◇ *vi* **-1.** *(offer marriage)* **he proposed to her** le pidió que se casara con él **-2.** PROV **man proposes, God disposes** el hombre propone y Dios dispone

proposed [prə'pəʊzd] *adj* propuesto(a)

proposer [prə'pəʊzə(r)] *n* *(of motion)* impulsor(ora) *m,f*; *(of candidate, member)* proponente *mf*

proposition [prɒpə'zɪʃən] ◇ *n* **-1.** *(offer, suggestion)* propuesta *f*
-2. *(task)* empresa *f*, asunto *m*; **that's quite a ~** es toda una empresa
-3. *(available choice)* opción *f*; **it's an attractive ~** es una opción interesante; *Fam* **it's not a paying ~** no es rentable
-4. *(offer of sex)* proposición *f*; **to make sb a ~** hacerle una proposición a alguien
-5. *(in logic, argument)* proposición *f*
-6. US *(in referendum)* propuesta *f*
◇ *vt* hacer proposiciones a

propositional [prɒpə'zɪʃənəl] *adj* PHIL proposicional ❑ **~ calculus** cálculo *m* proposicional

propound [prə'paʊnd] *vt* Formal exponer

proprietary [prə'praɪətərɪ] *adj* **-1.** *(air, attitude)* de propietario(a) **-2.** COM *(brand, process)* registrado(a) ❑ **~ name** nombre *m* comercial **-3.** US *(hospital, clinic)* privado(a)

proprietor [prə'praɪətə(r)] *n* propietario(a) *m,f*

proprietorial [prəpraɪə'tɔːrɪəl] *adj* *(air, attitude)* de propietario(a); **he's very ~ about the fax machine** actúa como si el fax fuese de él

proprietress [prə'praɪətrɪs] *n* propietaria *f*

propriety [prə'praɪətɪ] *n* **-1.** *(decorum)* decoro *m*; **to behave with ~** comportarse con decoro **-2. the proprieties** *(etiquette)* las convenciones

propulsion [prə'pʌlʃən] *n* propulsión *f*

pro rata ['prəʊ'rɑːtə] ◇ *adj* prorrateado(a)
◇ *adv* de forma prorrateada

prorate [prəʊ'reɪt] *vt* US prorratear

prorogation [prəʊrə'geɪʃən] *n* *(of parliament, assembly)* prorrogación *f*

prorogue [prə'rəʊg] *vt* *(parliament, assembly)* prorrogar

prosaic [prəʊ'zeɪɪk] *adj* prosaico(a)

prosaically [prəʊ'zeɪɪklɪ] *adv* prosaicamente

proscenium [prəʊ'siːnɪəm] *n* THEAT **~ (arch)** proscenio *m*

prosciutto [prəʊ'ʃuːtəʊ] *n* prosciutto *m* *(embutido italiano)*

proscribe [prə'skraɪb] *vt* proscribir, excluir

proscription [prə'skrɪpʃən] *n* proscripción *f*

prose [prəʊz] *n* **-1.** *(not poetry)* prosa *f* ❑ **~ poem** poema *m* en prosa; **~ style** estilo *m* prosístico **-2.** *(translation in exam)* (prueba *f* de) traducción *f* inversa

prosecutable [prɒsɪ'kjuːtəbəl] *adj* procesable

prosecute ['prɒsɪkjuːt] ◇ *vt* **-1.** LAW *(case, prisoner)* procesar; **to ~ sb for sth** procesar a alguien por algo; **trespassers will be prosecuted** *(sign)* prohibido el paso (bajo sanción)
-2. Formal *(continue)* *(enquiry, war)* proseguir con
◇ *vi* LAW **-1.** *(lawyer)* ejercer de acusación
-2. *(plaintiff)* **I've decided not to ~** he decidido no abrir un procedimiento judicial

prosecuting attorney ['prɒsɪkjuːtɪŋə'tɜːnɪ] *n* US fiscal *m*

prosecution [prɒsɪ'kjuːʃən] *n* **-1.** LAW *(proceedings)* proceso *m*, juicio *m*; **to bring a ~ (against sb)** interponer una demanda (contra alguien), iniciar una acción judicial (contra alguien); **to be liable to ~** estar sujeto(a) a una acción judicial
-2. LAW *(accusing side)* **the ~** la acusación; **~ witness, witness for the ~** testigo de cargo
-3. Formal *(of enquiry, war)* prosecución *f*; **in the ~ of his duties** en la prosecución de sus tareas

prosecutor ['prɒsɪkjuːtə(r)] *n* LAW fiscal *mf*; **(public) ~** fiscal *mf* (del Estado)

proselyte ['prɒsəlaɪt] *n* REL prosélito(a) *m,f*

proselytize ['prɒsəlɪtaɪz] REL & *Fig* ◇ *vt* hacer proselitismo entre
◇ *vi* hacer proselitismo

prosodic [prə'sɒdɪk] *adj* prosódico(a)

prosody ['prɒsədɪ] *n* LIT & LING prosodia *f*

prospect ◇ *n* ['prɒspekt] **-1.** *(likelihood)* posibilidad *f*; **there is very little ~ of it** es muy poco probable; **there is no ~ of agreement** no hay posibilidad *or* perspectivas de acuerdo; **we had given up all ~ of hearing from you** pensábamos que ya no íbamos a tener noticias tuyas
-2. *(impending event, situation)* perspectiva *f*; **I don't relish the ~ of working for him** la perspectiva de trabajar para él no me hace ninguna gracia; **to have sth in ~** tener la perspectiva de algo
-3. *(outlook, chance of success)* **the prospects for the automobile industry** las perspectivas para la industria del automóvil; **what are the weather prospects for tomorrow?** ¿cuál es el pronóstico del tiempo para mañana?; **future prospects** perspectivas de futuro; **a job with prospects** un trabajo con buenas perspectivas (de futuro)
-4. *(person)* *(player)* promesa *f*
-5. Formal *(view)* vista *f*, panorámica *f*
◇ *vt* [prə'spekt] *(area, land)* explorar
◇ *vi* **to ~ for gold** hacer prospecciones en búsqueda *or* busca de oro

prospective [prə'spektɪv] *adj* **-1.** *(future)* futuro(a) **-2.** *(potential)* posible, potencial

prospector [prə'spektə(r)] *n* oil/gold **~** buscador(ora) de petróleo/oro

prospectus [prə'spektəs] *n* **-1.** *(for university, company)* folleto *m* informativo, prospecto *m* **-2.** FIN *(for share issue)* folleto *m or* prospecto *m* de emisión

prosper ['prɒspə(r)] *vi* prosperar

prosperity [prɒs'perɪtɪ] *n* prosperidad *f*

prosperous ['prɒspərəs] *adj* próspero(a)

prosperously ['prɒspərəslɪ] *adv* prósperamente

prostaglandin [prɒstə'glændɪn] *n* MED prostaglandina *f*

prostate ['prɒsteɪt] *n* ANAT **~ (gland)** próstata *f*

prosthesis [prɒs'θiːsɪs] *(pl* **prostheses** [prɒs'θiːsiːz]*)* *n* prótesis *f inv*

prosthetic [prɒs'θetɪk] *adj* artificial ❑ **~ limb** prótesis *f*

prosthetics [prɒs'θetɪks] *n* protética *f*

prostitute ['prɒstɪtjuːt] ◇ *n* prostituta *f*; **male ~** prostituto
◇ *vt also Fig* **to ~ oneself** prostituirse; **to ~ one's talent** prostituir *or* vender el talento de uno

prostitution [prɒstɪ'tjuːʃən] *n* prostitución *f*

prostrate ◇ *adj* ['prɒstreɪt] **-1.** *(lying down)* postrado(a), tendido(a) boca abajo; **to lie ~ before sb** yacer postrado(a) ante alguien
-2. *(overcome)* **~ with grief/exhaustion** postrado(a) por el dolor/agotamiento
◇ *vt* [prə'streɪt] **to ~ oneself (before)** postrarse (ante); **to be prostrated by illness** estar postrado(a) por una enfermedad

prostration [prɒ'streɪʃən] *n* **-1.** *(lying down)* postración *f* **-2.** *(exhaustion)* postración *f*; **the country was in a state of economic ~** el país se encontraba en un estado de postración económica

prosy ['prəʊzɪ] *adj (speech, text)* aburrido(a)

protactinium [prəʊtæk'tɪnɪəm] n CHEM protactinio m

protagonist [prə'tægənɪst] n -1. (main character) protagonista mf -2. (of idea, theory) abanderado(a) m,f, promotor(ora) m,f

protean ['prəʊtɪən] adj Literary proteico(a)

protease ['prəʊtieɪz] n BIOCHEM proteasa f ❑ ~ **inhibitor** inhibidor m de la proteasa

protect [prə'tekt] vt proteger (**from** or **against** de or contra); **she protected her eyes from the sun** se protegió los ojos del sol; **to ~ oneself from sth** protegerse de algo; **a protected species** una especie protegida
◆ **protect against** vt insep proteger contra

protection [prə'tekʃən] n protección f (**from** or **against** contra); **to be under sb's ~** estar bajo la protección de alguien; **a society for the ~ of birds** una sociedad para la protección de las aves ❑ **~ factor** (of suntan lotion) factor m de protección; **~ money** extorsión f or impuesto m (a cambio de protección); **~ racket** red f de extorsión

protectionism [prə'tekʃənɪzəm] n ECON proteccionismo m

protectionist [prə'tekʃənɪst] ECON ◇ n proteccionista mf
◇ adj proteccionista

protective [prə'tektɪv] adj -1. (material, clothing, measure) protector(ora) ❑ **~ custody** detención f cautelar (para protección del detenido); **~ markings** coloración f defensiva; **~ seal** precinto m de garantía -2. (person, attitude) protector(ora); **to be ~ (towards** or **of sb)** tener una actitud protectora (hacia alguien); **to be ~ of one's interests** proteger or cuidar los intereses propios

protectively [prə'tektɪvlɪ] adv (to behave, act) de manera protectora

protectiveness [prə'tektɪvnɪs] n lo protector

protector [prə'tektə(r)] n -1. (device) protector m -2. (person) protector(ora) m,f -3. (regent) regente mf

protectorate [prə'tektərət] n protectorado m

protectress [prə'tektrɪs] n protectora f

protégé(e) ['prɒtəʒeɪ] n protegido(a) m,f

protein ['prəʊtiːn] n proteína f

pro tem ['prəʊ'tem] ◇ adv por ahora, por el momento
◇ adj interino(a)

Proterozoic [prəʊtərəʊ'zəʊɪk] GEOL ◇ n **the ~** el Proterozoico
◇ adj (era) proterozoico(a)

protest ◇ n ['prəʊtest] -1. (objection) protesta f; **to make a ~ (against** or **about sth)** protestar (contra or por algo); **to register** or **lodge a ~ (with sb)** presentar una queja (ante alguien); **to do sth under ~** hacer algo de mal grado; **she resigned in ~** dimitió en señal de protesta; **without ~** sin protestar ❑ **~ march** marcha f de protesta; **~ song** canción f protesta; **~ vote** voto m de castigo
-2. (demonstration) protesta f; **to stage a ~** hacer una manifestación de protesta
◇ vt [prə'test] -1. US (protest against) protestar en contra de -2. (one's innocence, love) declarar, manifestar; **to ~ that...** declarar or manifestar que...
◇ vi protestar (**about/against** por/en contra de); **to ~ to sb** presentar una protesta ante alguien; Formal **I must ~ in the strongest terms about...** me veo obligado a presentar mi protesta más enérgica por...

Protestant ['prɒtɪstənt] ◇ n protestante mf
◇ adj protestante

Protestantism ['prɒtɪstəntɪzəm] n protestantismo m

protestation [prɒtes'teɪʃən] n Formal proclamación f

protester [prə'testə(r)] n manifestante mf; **anti-nuclear/peace ~** manifestante antinuclear/pacifista

proto- ['prəʊtəʊ] prefix proto-

protocol ['prəʊtəkɒl] n also COMPTR protocolo m

proton ['prəʊtɒn] n PHYS protón m

protoplasm ['prəʊtəplæzəm] n BIOL protoplasma m

prototype ['prəʊtətaɪp] n prototipo m

prototypical [prəʊtə'tɪpɪkəl] adj prototípico(a)

protozoan, protozoon [prəʊtə'zəʊən] n ZOOL protozoo m

protract [prə'trækt] vt (prolong) prolongar

protracted [prə'træktɪd] adj prolongado(a)

protractor [prə'træktə(r)] n GEOM transportador m

protrude [prə'truːd] vi sobresalir (**from** de); **the promontory protrudes into the sea** el promontorio se prolonga or proyecta hacia el mar

protruding [prə'truːdɪŋ] adj -1. (ledge) saliente -2. (jaw, teeth, chin, belly) prominente; (eyes) saltón(ona)

protrusion [prə'truːʒən] n Formal (lump) protuberancia f

protuberance [prə'tjuːbərəns] n Formal protuberancia f

protuberant [prə'tjuːbərənt] adj Formal protuberante

proud [praʊd] ◇ adj -1. (pleased, satisfied) orgulloso(a); **they are now the ~ parents of a daughter** son ahora los orgullosos padres de una niña; **to be ~ of sb/(having done) sth** estar orgulloso(a) de alguien/ (haber hecho) algo; **it's nothing to be ~ of!** ¡no es para estar orgulloso!; **to be ~ of oneself** sentirse orgulloso(a) de uno(a) mismo(a); Ironic **I hope you're ~ of yourself!** ¡espero que estés orgulloso!; **to be ~ to do sth** estar orgulloso(a) de hacer algo; **we are ~ to present this award to...** tenemos el orgullo de entregar esta distinción a...; **a ~ moment** un momento de gran satisfacción; **it was her proudest possession** era su mayor orgullo
-2. (arrogant) orgulloso(a), soberbio(a); **she was too ~ to accept** su orgullo no le permitió aceptar; **I'll take any job, I'm not ~** no tengo problemas en aceptar cualquier empleo; IDIOM **to be as ~ as a peacock** estar orgullosísimo(a)
-3. (majestic) majestuoso(a), soberbio(a)
-4. Br (protruding) **to be** or **stand ~ of sth** sobresalir por encima de algo; **it's a few millimetres ~** sobresale algunos milímetros
◇ adv **you've done us ~** lo has hecho muy bien; **to do oneself ~** hacerlo muy bien

proudly ['praʊdlɪ] adv -1. (with satisfaction) orgullosamente, con orgullo -2. (arrogantly) con soberbia -3. (majestically) majestuosamente, soberbiamente

Proustian ['pruːstɪən] adj proustiano(a)

provable, proveable ['pruːvəbəl] adj demostrable

prove [pruːv] (pp **proven** ['pruːvən, 'prəʊvən] or **proved**) ◇ vt -1. (demonstrate) demostrar, probar; **the autopsy proved that it was suicide** la autopsia probó que fue un suicidio; **she quickly proved herself indispensable** en poco tiempo demostró que era indispensable; **to ~ sb wrong/guilty** demostrar que alguien está equivocado(a)/es culpable; **to do sth to ~ a point** hacer algo para demostrar algo; **that proves my point** eso prueba lo que digo; **she wanted a chance to ~ herself** quería una oportunidad para demostrar su valía
-2. (test) probar; **to ~ oneself** probarse
-3. US LAW (will) homologar, hacer público
◇ vi -1. (turn out) resultar; **to ~ (to be) correct** resultar (ser) correcto(a); **if that proves to be the case** si eso resulta ser así; **it has proved impossible to find him** ha sido imposible hallarlo -2. (dough) subir, fermentar

proven ['pruːvən, 'prəʊvən] adj -1. (tested) probado(a), comprobado(a) -2. Scot LAW **not ~ =** veredicto intermedio entre culpable e inocente que implica que el acusado probablemente es culpable pero que esto no ha podido probarse

provenance ['prɒvənəns] n Formal procedencia f, origen m

Provençal [prɒvɒn'sɑːl] ◇ n (language) provenzal m
◇ adj provenzal

Provence [prə'vɒns] n Provenza

provender ['prɒvəndə(r)] n -1. (fodder) forraje m -2. Formal (food) alimento m

proverb ['prɒvɜːb] n refrán m, proverbio m; **(the Book of) Proverbs** (el Libro de los) Proverbios

proverbial [prə'vɜːbɪəl] adj proverbial; **a ~ expression** una frase proverbial; **they showed none of the Scots' ~ meanness** no exhibieron la proverbial tacañería escocesa; **this decision was the ~ straw which broke the camel's back** esa decisión fue la proverbial gota que colmó el vaso

proverbially [prə'vɜːbɪəlɪ] adv proverbialmente

provide [prə'vaɪd] ◇ vt -1. (supply) suministrar, proporcionar; (service, support) prestar, proporcionar; **to ~ sb with sth, to ~ sth for sb** suministrar or proporcionar algo a alguien; **food will be provided** se proporcionará comida; **this factory will ~ 500 new jobs** la fábrica creará 500 nuevos puestos de trabajo; **the plane is provided with eight emergency exits** el avión está provisto de or cuenta con ocho salidas de emergencia; **write the answers in the spaces provided** escriba las respuestas en los espacios disponibles
-2. (offer, afford) ofrecer, dar; **the trees ~ shade in summer** los árboles dan sombra en verano; **this provides an ideal opportunity to...** ésta es or constituye una oportunidad ideal para...
-3. Formal (stipulate) establecer
◇ vi **the Lord will ~** el Señor proveerá
◆ **provide against** vt insep (danger, possibility) prepararse or Am alistarse para
◆ **provide for** vt insep -1. (support) mantener; **I have a family to ~ for** tengo una familia que mantener
-2. (make provisions for) **I think we've provided for every eventuality** creo que hemos tomado medidas para hacer frente a cualquier eventualidad; **they hadn't provided for the drop in demand** no habían tomado las medidas necesarias ante una eventual caída de la demanda; **he left his family well provided for** dejó a su familia el futuro asegurado
-3. Formal (allow for) (of law, clause) prever

provided [prə'vaɪdɪd] conj **~ (that)** siempre que, a condición de que

providence ['prɒvɪdəns] n -1. (fate) providencia f; **Providence smiled on us** la providencia nos sonrió -2. (foresight, thrift) previsión f

provident ['prɒvɪdənt] adj (foresighted, thrifty) previsor(ora)

providential [prɒvɪ'denʃəl] adj Formal providencial

providentially [prɒvɪ'denʃəlɪ] adv Formal providencialmente

providently ['prɒvɪdəntlɪ] adv previsoramente

provider [prə'vaɪdə(r)] n proveedor(ora) m,f; **she's the family's sole ~** es el único sostén de la familia

providing [prə'vaɪdɪŋ] conj **~ (that)** siempre que, a condición de que

province ['prɒvɪns] n -1. (of country) provincia f; **in the provinces** en provincias -2. (domain) terreno m, campo m de acción; **that isn't my ~** no es mi área; **politics was once the sole ~ of men** hace tiempo, la política era el territorio exclusivo del hombre -3. REL provincia f

provincial [prə'vɪnʃəl] ◇ n -1. (from provinces) provinciano(a) m,f -2. REL provincial mf
◇ adj -1. (of a province) provincial -2. (not of the capital) provinciano(a) -3. Pej (parochial) provinciano(a)

provincialism [prə'vɪnʃəlɪzəm] n provincianismo m

proving-ground ['pruːvɪŋ'graʊnd] n campo m de pruebas

provision [prə'vɪʒən] ◇ n -1. **provisions** (supplies) provisiones fpl
-2. (supplying) (of money, water, supplies, food) suministro m, abastecimiento m; (of services) prestación f; **social service ~ has been**

provisional

cut again han vuelto a recortar las prestaciones sociales; **the ~ of new jobs** la oferta de nuevos puestos de trabajo
-3. *(allowance)* **to make ~ for sth** prever algo, tener en cuenta algo; **the law makes no ~ for a case of this kind** la ley no contempla un caso de este tipo
-4. *(arrangement)* **to make provisions for one's family/the future** hacer previsiones para la familia/el futuro
-5. *(in treaty, contract)* estipulación f, disposición f; **under the provisions of the UN charter/his will** según lo estipulado en la carta de las Naciones Unidas/su testamento; **LAW notwithstanding any ~ to the contrary** no obstante la existencia de cualquier disposición en contrario
◇ *vt Formal (supply)* abastecer

provisional [prə'vɪʒənəl] ◇ *adj* provisional, *Am* provisorio(a) ❑ *Br* ~ **driving licence** = permiso de conducir provisional que recibe un conductor en prácticas; **the Provisional IRA** el IRA provisional
◇ *n* miembro *m* del IRA provisional; **the Provisionals** el IRA provisional

provisionally [prə'vɪʒənəlɪ] *adv* provisionalmente

proviso [prə'vaɪzəʊ] *(pl* **provisos,** *US* **provisoes)** *n* condición f; **with the ~ that...** a condición de que...; **they accept, with one ~** aceptan pero con una condición

Provo ['prəʊvəʊ] *n Fam* miembro *m* del IRA provisional

provocateur [prɒˈvɒkɜː(r)] *n* agitador(ora) *m,f*

provocation [prɒvə'keɪʃən] *n* provocación f; **at the slightest ~** a la menor provocación; **without ~** sin mediar provocación

provocative [prə'vɒkətɪv] *adj* -1. *(troublemaking, polemical)* provocador(ora); **she just said that to be ~** sólo lo dijo para provocar -2. *(sexually)* provocativo(a)

provocatively [prə'vɒkətɪvlɪ] *adv* -1. *(provokingly)* provocadoramente -2. *(enticingly)* provocativamente

provoke [prə'vəʊk] *vt* -1. *(try to make angry)* provocar; **he's easily provoked** se *esp Esp* enfada *or esp Am* enoja por nada, salta por nada; **to ~ sb to anger** provocar la ira de alguien; **to ~ sb into doing sth** empujar a alguien a hacer algo
-2. *(give rise to) (criticism)* provocar; *(interest, debate)* despertar, suscitar; **to ~ a reaction** provocar una reacción; **the revelations provoked a public outcry** las revelaciones provocaron protestas generalizadas

provoking [prə'vəʊkɪŋ] *adj (irritating)* irritante, enojoso(a)

provost ['prɒvəst] *n* -1. *Br UNIV (head of college)* decano(a) *m,f* -2. *Scot (mayor)* alcalde(esa) *m,f* -3. REL deán *m* -4. MIL **~ guard** policía *m* militar; **~ marshal** jefe *m* de la policía militar

prow [praʊ] *n (of ship)* proa f

prowess ['praʊɪs] *n (skill)* proezas *fpl*; **he showed great ~ on the sports field** demostró un muy elevado nivel deportivo; **sexual ~** potencia sexual

prowl [praʊl] ◇ *n* **to be on the ~** *(person, animal)* merodear; **to be on the ~ for sth** ir a la caza de algo; **to go for a** *or* **on the ~** *(person, animal)* salir a merodear ❑ *US* **~ car** coche *m or Am* carro *m or CSur* auto *m* patrulla
◇ *vt (streets, area)* merodear por
◇ *vi* merodear

prowler ['praʊlə(r)] *n* merodeador(ora) *m,f*

proxemics [prɒk'siːmɪks] *n* prosémica f

proximal ['prɒksɪməl] *n* ANAT proximal *m*

proximity [prɒk'sɪmɪtɪ] *n* cercanía f, proximidad f; **its ~ to the capital/the shops** su cercanía a la capital/a las tiendas; **in close ~ to** muy cerca de ❑ **~ fuse** espoleta f de proximidad; **~ talks** = situación en la que las partes implicadas en una disputa se encuentran en diferentes oficinas dentro de un mismo edificio con el propósito de poder llegar a desarrollar conversaciones cara a cara

proxy ['prɒksɪ] *n* -1. *(person)* apoderado(a) *m,f* -2. *(power)* poder *m*; **to vote by ~** votar por poderes; **to marry by ~** casarse por poder -3. COMPTR **proxy** *m*, servidor *m* caché ❑ **~ server** servidor *m* proxy

Prozac® ['prəʊzæk] *n* Prozac® *m*

prude [pruːd] *n* mojigato(a) *m,f*; **don't be such a ~!** ¡no seas tan mojigato(a)!

prudence ['pruːdəns] *n* prudencia f

prudent ['pruːdənt] *adj* prudente

prudently ['pruːdəntlɪ] *adv* prudentemente

prudery ['pruːdərɪ] *n* mojigatería f

prudish ['pruːdɪʃ] *adj* mojigato(a), pacato(a)

prudishness ['pruːdɪʃnɪs] *n* mojigatería f

prune[1] [pruːn] *n* -1. *(fruit)* ciruela f pasa; IDIOM *Fam* **to look like an old ~** parecer una pasa *or Arg* pasa de uva -2. *Br Fam (fool)* tonto(a) *m,f*

prune[2] *vt* -1. *(bush, tree)* podar -2. *(article, budget)* recortar; **to ~ (back** *or* **down) expenditure** recortar *or* reducir el gasto

pruning ['pruːnɪŋ] *n* -1. *(of bush, tree)* poda f ❑ **~ hook** podadera f; **~ knife** podadera f -2. *(of article, budget, staff)* recorte *m*, reducción f

prurience ['prʊərɪəns] *n Formal* lascivia f

prurient ['prʊərɪənt] *adj Formal* procaz, lascivo(a)

prurigo [prʊə'raɪgəʊ] *n* MED prurigo *m*

pruritus [prʊə'raɪtɪs] *n* MED prurito *m*

Prussia ['prʌʃə] *n* Prusia f

Prussian ['prʌʃən] ◇ *n* prusiano(a) *m,f*
◇ *adj* prusiano(a) ❑ **~ blue** azul *m* de Prusia

prussic acid ['prʌsɪk'æsɪd] *n* CHEM ácido *m* prúsico

pry[1] [praɪ] *vi* entrometerse, husmear; **I didn't mean to ~** no fue mi intención meterme en tus asuntos; **to ~ into sth** entrometerse en algo

pry[2] *US* = **prise**

prying ['praɪɪŋ] *adj* entrometido(a); **~ eyes** ojos fisgones

PS [piːˈes] *n (abbr* **postscript)** P.D.

psalm [sɑːm] *n* salmo *m*; **(the Book of) Psalms** (el Libro de los) Salmos

psalmist ['sɑːmɪst] *n* salmista *mf*

psalter ['sɔːltə(r)] *n* salterio *m*

psaltery ['sɔːltərɪ] *n* MUS salterio *m*

PSB [piːesˈbiː] *n (abbr* **public-service broadcasting)** servicio *m* público de radiodifusión

PSBR [piːesbiːˈɑː(r)] *n Br* ECON *(abbr* **public-sector borrowing requirement)** necesidades *fpl* de endeudamiento del sector público

psephologist [seˈfɒlədʒɪst] *n* analista *mf* electoral

psephology [seˈfɒlədʒɪ] *n* análisis *m inv* de los resultados electorales

pseud [sjuːd] *n Br Fam* pretencioso(a) *m,f*

pseudo ['sjuːdəʊ] *adj Fam (kindness, interest)* fingido(a), falso(a)

pseudo- ['sjuːdəʊ] *prefix* seudo-, pseudo-

pseudointellectual ['sjuːdəʊɪntə'lektjʊəl] ◇ *n* pseudointelectual *mf*
◇ *adj* pseudointelectual

pseudonym ['sjuːdənɪm] *n* seudónimo *m*

pseudonymous [sjuːˈdɒnɪməs] *adj* bajo seudónimo

pseudy ['sjuːdɪ] *adj Br Fam* intelectualoide

pshaw [(p)ʃɔː] *exclam Old-fashioned or Hum* ¡pamplinas!

psi *(abbr* **pounds per square inch)** libras por pulgada cuadrada

psittacosis [sɪtəˈkəʊsɪs] *n* MED psitacosis *f inv*

psoas ['səʊæs] *n* ANAT psoas *m inv*

psoriasis [səˈraɪəsɪs] *n* soriasis f

psst [pst] *exclam* chis

PST [piːesˈtiː] *n US (abbr* **Pacific Standard Time)** = hora oficial de la costa del Pacífico en Estados Unidos

PSV [piːesˈviː] *n Br (abbr* **public service vehicle)** vehículo *m* público

psych(e) [saɪk] *vt Fam* **to ~ (out)** *(unnerve)* poner nervioso(a) a

➤ **psych(e) out** *vt sep Fam (sense)* entender, *Arg* cazar la onda de

➤ **psych(e) up** *vt sep Fam* **to ~ sb up** mentalizar a alguien; **to ~ oneself up (for sth)** mentalizarse (para algo)

psyche ['saɪkɪ] *n* psique f, psiquis *f inv*

psychedelia [saɪkəˈdiːlɪə] *npl* psicodelia f

psychedelic [saɪkəˈdelɪk] *adj* psicodélico(a)

psychiatric [saɪkɪˈætrɪk] *adj* psiquiátrico(a) ❑ **~ hospital** sanatorio *m* psiquiátrico

psychiatrist [saɪˈkaɪətrɪst] *n* psiquiatra *mf*

psychiatry [saɪˈkaɪətrɪ] *n* psiquiatría f

psychic ['saɪkɪk] ◇ *n* médium *mf inv*
◇ *adj (phenomena, experiences)* paranormal, extrasensorial; *(person)* vidente; **to be ~, to have ~ powers** tener poderes paranormales; *Fam* **I'm not ~!** ¡no soy un adivino!

psycho ['saɪkəʊ] *(pl* **psychos)** *n Fam (crazy person)* psicópata *mf*

psychoactive ['saɪkəʊˈæktɪv] *adj* psicotrópico(a)

psychoanalyse, *US* **psychoanalyze** ['saɪkəʊˈænəlaɪz] *vt* psicoanalizar

psychoanalysis ['saɪkəʊəˈnælɪsɪs] *n* psicoanálisis *m inv*; **to undergo ~** hacer psicoanálisis *or Arg* terapia; **he spent five years in ~** hizo cinco años de psicoanálisis

psychoanalyst ['saɪkəʊˈænəlɪst] *n* psicoanalista *mf*

psychoanalytic(al) ['saɪkəʊænəˈlɪtɪk(əl)] *adj* psicoanalítico(a)

psychoanalyze *US* = **psychoanalyse**

psychobabble ['saɪkəʊbæbəl] *n Fam* frases *fpl* vacías pseudopsicológicas

psychodrama ['saɪkəʊdrɑːmə] *n* PSY psicodrama *m*

psychokinesis [saɪkəʊkɪˈniːsɪs] *n* psicoquinesia f

psycholinguistic ['saɪkəʊlɪŋˈgwɪstɪk] *adj* psicolingüístico(a)

psycholinguistics ['saɪkəʊlɪŋˈgwɪstɪks] *n* psicolingüística f

psychological ['saɪkəˈlɒdʒɪkəl] *adj* psicológico(a) ❑ **~ block:** **I have a ~ block about driving** conducir me produce un bloqueo psicológico; **~ moment** momento *m* psicológico; **~ warfare** guerra f psicológica

psychologically ['saɪkəˈlɒdʒɪklɪ] *adv* psicológicamente; **inflation has fallen below the ~ important 5 percent level** la inflación ha caído por debajo del nivel psicológicamente importante del 5 por ciento

psychologist [saɪˈkɒlədʒɪst] *n* psicólogo(a) *m,f*

psychology [saɪˈkɒlədʒɪ] *n* -1. *(discipline)* psicología f -2. *(mental processes)* psicología f; **I understand her ~ better than most people** comprendo mejor que nadie su forma de pensar -3. *(for influencing people)* psicología f; **it would be good/bad ~ to tell them** sería/no sería muy acertado decírselo

psychometric ['saɪkəˈmetrɪk] *adj* **~ test** prueba psicométrica

psychometrics [saɪkəˈmetrɪks] *n* psicometría f

psychomotor ['saɪkəʊˈməʊtə(r)] *adj* psicomotor

psychopath ['saɪkəʊpæθ] *n* psicópata *mf*

psychopathic ['saɪkəʊˈpæθɪk] *adj* psicopático(a)

psychopathology ['saɪkəʊpəˈθɒlədʒɪ] *n* psicopatología f

psychopathy [saɪˈkɒpəθɪ] *n* psicopatía f

psychopharmacology ['saɪkəʊfɑːməˈkɒlədʒɪ] *n* psicofarmacología f

psychosexual ['saɪkəʊˈsekʃʊəl] *adj* psicosexual

psychosis [saɪˈkəʊsɪs] *(pl* **psychoses** [saɪˈkəʊsiːz]) *n* psicosis *f inv*

psychosocial ['saɪkəʊˈsəʊʃəl] *adj* psicosocial

psychosomatic ['saɪkəʊsəˈmætɪk] *adj* psicosomático(a)

psychotherapeutic ['saɪkəʊθerəˈpjuːtɪk] *adj* psicoterapeuta

psychotherapist ['saɪkəʊˈθerəpɪst] *n* psicoterapeuta *mf*

psychotherapy ['saɪkəʊˈθerəpɪ] *n* psicoterapia f

psychotic [saɪˈkɒtɪk] ◇ *n* psicótico(a) *m,f*
◇ *adj* psicótico(a)

psychotropic [saɪkəʊˈtrɒpɪk] *adj* psicotrópico(a) ❑ **~ drug** psicofármaco *m*

PT [piːˈtiː] *n (abbr* **physical training)** educación f física

pt *(abbr* **pint)** pinta f

PTA [pi:ti:'eɪ] *n* SCH (*abbr* **Parent-Teacher Association**) = asociación de padres de alumnos y profesores, ≃ APA *f*

ptarmigan ['tɑːmɪgən] *n* perdiz *f* nival, lagópodo *m* alpino

PT boat [pi:'ti:bəʊt] *n US* lancha *f* torpedera

Pte *Br* MIL (*abbr* **private**) soldado *m* raso

pterodactyl [terə'dæktɪl] *n* pterodáctilo *m*

PTO [pi:ti:'əʊ] (*abbr* **please turn over**) sigue

Ptolemaic [tɒlə'meɪɪk] *adj* tolemaico(a), tolomaico(a); **the ~ system** el sistema tolemaico *or* tolomaico

Ptolemy ['tɒləmɪ] *pr n* Tolomeo

ptomaine [təʊ'meɪn] *n* CHEM ptomaína *f*

ptyalin ['taɪəlɪn] *n* BIOL tialina *f*, ptialina *f*

PU ['pi:'ju:] *exclam US Fam* ¡uf!

pub [pʌb] *n Br* pub *m*, = típico bar de las Islas Británicas donde a veces se sirve comida además de bebidas alcohólicas ❑ *Fam* **~ crawl: to go on a ~** ir de copas; *Fam* **~ grub** comida *f* de pub; **~ quiz** = concurso de preguntas y respuestas que se celebra regularmente en algunos pubs británicos y en el que participan varios equipos

---

PUB

El **pub** es uno de los grandes puntos de encuentro en la vida social de las Islas Británicas. Estos establecimientos –en los que, por lo general, se prohíbe la entrada a menores de 16 años– han estado tradicionalmente sometidos a una regulación horaria muy estricta, aunque recientemente se haya visto suavizada. Del mismo modo, el **pub** ha dejado de ser un lugar simplemente dedicado a la venta de bebidas, y muchos se han convertido en una especie de bar-restaurante, donde se sirven comidas de elaboración sencilla.

---

pube [pju:b] *n Fam* pelo *m* púbico

puberty ['pju:bətɪ] *n* pubertad *f*; **to reach ~** alcanzar la pubertad

pubes [pju:bz] *npl* **-1.** (*area*) pubis *m inv* **-2.** *Fam* (*hair*) vello *m* púbico

pubescent [pju:'besənt] *adj* pubescente

pubic ['pju:bɪk] *adj* púbico(a), pubiano(a) ❑ **~ bone** hueso *m* púbico *or* pubiano; **~ hair** vello *m* púbico *or* pubiano; **~ louse** ladilla *f*

pubis ['pju:bɪs] *n* ANAT pubis *m inv*

public ['pʌblɪk] ◇ *n* **(the general) ~** el público en general, el gran público; **the film-going ~** el público que acude al cine; **the viewing ~** los telespectadores; **in ~** en público

◇ *adj* **-1.** (*of, for people in general*) público(a); **~ awareness of the problem has increased** el público en general tiene cada vez más conciencia del problema; **the bill has wide ~ support** el proyecto cuenta con un gran apoyo popular; **in the ~ interest** en favor del interés general; **~ interest in the matter was flagging** el interés del público por el asunto iba decayendo; IDIOM **to be in the ~ eye** estar expuesto(a) a la opinión pública ❑ **~ address system** (sistema *m* de) megafonía *f*; *Br* **~ bar** = en ciertos "pubs" y hoteles, bar de decoración más sencilla que la del "lounge bar"; *Br* **~ call box** cabina *f* telefónica; *Br* **~ convenience** servicios *mpl or Esp* aseos *mpl* públicos; **~ enemy** enemigo(a) *m,f* público(a); **~ enemy number one** el enemigo público número uno; **~ footpath** sendero *m or* camino *m* público; **the ~ gallery** (*in Parliament*) la tribuna de invitados en el público; **~ holiday** día *m* festivo; *Br* **~ house** = típico bar de las Islas Británicas donde a veces se sirve comido además de bebidas alcohólicas; **~ image** imagen *f* pública; **~ lavatory** servicios *mpl or Esp* aseos *mpl* públicos; *Br* **~ lending right** = derechos que recibe un autor cada vez que una obra suya es prestada en una biblioteca pública; **~ library** biblioteca *f* pública; **~ nuisance** LAW alteración *f* del orden público; *Fam* (*annoying person*) pesado(a) *m,f*, petardo(a) *m,f*; **~ opinion** la opinión pública; **~ opinion poll** sondeo *m or* encuesta *f* de opinión pública; **~ relations** relaciones *fpl* públicas; **it's all just a ~ relations exercise** es sólo una operación de relaciones públicas; **~ relations officer** encargado(a) *m,f* de relaciones públicas; **~ safety** seguridad *f* ciudadana; **~ school** *Br* colegio *m* privado; *US* colegio *m* público; **~ transport** transporte *m* público; COM **~ utility** (empresa *f* de) servicio *m* público

-2. (*of the state, local authorities*) público(a); **at ~ expense** con dinero público ❑ *US* **~ assistance** ayudas *fpl* estatales; **~ body** ente *m or* organismo *m* estatal; *US* LAW **~ defender** abogado(a) *m,f* de oficio; COM **~ enterprise** empresa *f* pública; **~ examination** examen *m* abierto; **~ expenditure** gasto *m* público; **~ funds** fondos *mpl* públicos; **~ health** salud *f* pública; *Br Formerly* **~ health inspector** inspector(ora) *m,f* de sanidad; **~ international law** derecho *m* internacional público; **~ office** cargo *m* público; **to hold ~ office** tener un cargo público; **~ ownership** propiedad *f* pública; **~ property** bienes *mpl* públicos; LAW **~ prosecutor** fiscal *mf* (del Estado); *Br* **the ~ purse** el erario *or* tesoro público; **Public Record Office** = oficina británica de registros públicos; **~ sector** sector *m* público; **~ sector firm** empresa *f* pública; **~ servant** funcionario(a) *m,f*; **~ service** (*public administration*) administración *f* pública; (*amenity*) servicio *m* público; **our organization performs a ~ service** nuestra organización presta un servicio público; **~ services** servicios *mpl* públicos; **~ spending** gasto *m* público; **~ works** obras *fpl* públicas

-3. (*not secret, restricted*) público(a); **let's talk somewhere less ~** vamos a hablar a algún sitio más privado; **to go ~ with sth** (*reveal information*) revelar públicamente algo; **to make sth ~** hacer público algo; **to make a ~ appearance** hacer *or* efectuar una aparición pública; **it's ~ knowledge that...** todo el mundo sabe que...; **it created a ~ scandal** generó un escándalo público ❑ *US* **~ access television** = sistema de televisión que permite a sus usuarios emitir sus propios programas; *also* COMPTR **~ domain** dominio *m* público; **to be in the ~ domain** ser del dominio público; COMPTR **~ domain software** software *m* de dominio público; **a ~ figure** un hombre público; **~ hearing** audiencia *f* pública; **~ inquiry** investigación *f* (*de puertas abiertas*); **~ life** la vida pública; **the contrast between his ~ and his private life** el contraste existente entre su vida pública y su vida privada; **~ room** (*in hotel, institution*) recepción *f*; **~ speaking** oratoria *f*

-4. COM **to go ~** (*company*) pasar a cotizar en Bolsa ❑ **~ (limited) company** sociedad *f* anónima

---

PUBLIC ACCESS TELEVISION

En EE.UU., se llama **Public access television** a las cadenas de televisión por cable no comerciales, puestas a disposición de organizaciones sin ánimo de lucro y de los ciudadanos en general. En 1984 el Congreso adoptó el "Cable Communications Policy Act" con el fin de hacer frente al problema de la monopolización de las cadenas por un número reducido de operadores de cable. Esta ley exige a los propietarios de las cadenas por cable que pongan una cadena a disposición de las comunidades locales, así como el correspondiente estudio y material de grabación, y también que contemplen asistencia técnica en caso de ser necesaria.

PUBLIC SCHOOL

En Inglaterra y Gales, la expresión **public school** designa un colegio privado de corte tradicional; algunos de estos centros, como por ejemplo Eton y Harrow, gozan de gran prestigio y reciben gran cantidad de solicitudes de ingreso. Las **public schools** han sido hasta recientemente las encargadas de formar a la mayor parte de la élite política de la nación. En EE.UU., y hasta hace bien poco también en Escocia, el término se utiliza para designar una escuela pública.

---

publican ['pʌblɪkən] *n* **-1.** *Br* = dueño/encargado de un "pub" **-2.** HIST (*tax collector*) publicano *m*

publication [pʌblɪ'keɪʃən] *n* publicación *f*; **this isn't for ~** esto no es oficial; **on ~** en el momento de la publicación ❑ **~ date** fecha *f* de publicación

publicist ['pʌblɪsɪst] *n* (*press agent*) publicista *mf*

publicity [pʌb'lɪsɪtɪ] *n* **-1.** (*interest, exposure*) publicidad *f*; **to get** *or* **attract a lot of ~** conseguir mucha publicidad, despertar mucho interés; PROV **there's no such thing as bad ~** no hay publicidad que no sirva ❑ **~ stunt** artimaña *f* publicitaria
-2. (*advertising material, activity*) publicidad *f* ❑ **~ campaign** campaña *f* publicitaria *or* de publicidad; **~ manager** gerente *m* de publicidad; CIN **~ still** foto *f* publicitaria

publicize ['pʌblɪsaɪz] *vt* **-1.** (*make known*) dar a conocer; **a much publicized dispute** un enfrentamiento muy aireado por los medios de comunicación **-2.** (*advertise*) dar publicidad a; **the festival was well publicized** se hizo buena publicidad del festival

public-liability insurance ['pʌblɪklaɪə'bɪlɪtɪɪn'ʃʊərəns] *n Br* seguro *m* de responsabilidad civil

publicly ['pʌblɪklɪ] *adv* **-1.** (*in public*) públicamente; **it is not yet ~ available** todavía no está a la disposición del público **-2.** (*by the State*) **~ owned** de titularidad pública

public-service ['pʌblɪk'sɜːvɪs] *adj* **~ broadcasting** servicio *m* público de radiodifusión; *US* **~ corporation** empresa *f* privada de servicios públicos; *Br* **~ vehicle** vehículo *m* de transporte público

public-spirited ['pʌblɪk'spɪrɪtɪd] *adj* cívico(a)

publish ['pʌblɪʃ] ◇ *vt* **-1.** (*book, newspaper, web page*) publicar; **the magazine is published quarterly** la revista es de publicación trimestral **-2.** (*announce publicly*) proclamar a los cuatro vientos **-3.** LAW **to ~ a libel** publicar una difamación *or* un libelo
◇ *vi* publicar; IDIOM **~ and be damned!: we're going to ~ and be damned** vamos a publicar sin importarnos las consecuencias

publishable ['pʌblɪʃəbl] *adj* publicable

publisher ['pʌblɪʃə(r)] *n* **-1.** (*person*) editor(ora) *m,f* **-2.** (*company*) editorial *f* ❑ **~'s reader** lector(ora) *m,f* de manuscritos **-3.** *US* (*newspaper owner*) propietario(a) *m,f* de (un) periódico

publishing ['pʌblɪʃɪŋ] *n* industria *f* editorial ❑ **~ company** editorial *f*; **~ house** editorial *f*

puce [pju:s] ◇ *n* morado *m*
◇ *adj* morado(a)

puck [pʌk] *n* (*in ice hockey*) disco *m*, puck *m*

pucker ['pʌkə(r)] ◇ *vt* (*face*) arrugar; (*forehead, fabric, collar*) fruncir; **to ~ one's lips** fruncir los labios
◇ *vi* (*face, forehead*) arrugarse; (*lips*) fruncirse
◇ *n* (*crease*) arruga *f*, frunce *m*
◆ **pucker up** *vi Fam* (*for kiss*) fruncir los labios

puckish ['pʌkɪʃ] *adj* pícaro(a)

pud [pʊd] *n Br Fam* **-1.** (*dessert*) postre *m*; **what's for ~?** ¿qué hay de postre? **-2.** (*dish*) (*sweet*) budín *m*, pudín *m*; (*savoury*) pastel *m*, *Col,CSur* torta *f*

pudding ['pʊdɪŋ] *n* **-1.** *Br* (*dessert*) postre *m*; **what's for ~?** ¿qué hay de postre? **-2.** (*dish*) (*sweet*) budín *m*, pudín *m*; (*savoury*) pastel *m*, *Col,CSur* torta *f* ❑ **~ basin** bol *m*; **~ basin haircut** corte *m* de pelo estilo tazón; **~ bowl** bol *m*; **~ rice** arroz *m* de grano fino **-3.** IDIOM *Br Fam Hum* **to be in the ~ club** estar con bombo **-4.** GEOL **~ stone** pudinga *f*

puddle ['pʌdəl] *n* charco *m*; *Fam* **the dog's made a ~ on the carpet** el perro ha orinado en la alfombra

puddling ['pʌdlɪŋ] *n (of iron)* pudelación *f*

pudenda [pju:'dendə] *npl Formal* partes *fpl* pudendas

pudgy ['pʌdʒɪ] *adj* rechoncho(a), regordete(a)

puerile ['pjʊəraɪl] *adj Pej* pueril, infantil

puerility [pjʊə'rɪlɪtɪ] *n Pej* puerilidad *f*, infantilismo *m*

puerperal [pju:'ɜ:rpərəl] *adj* MED puerperal ❑ **~ fever** fiebre *f* puerperal; **~ psychosis** psicosis *f* puerperal

Puerto Rican ['pweətəʊ'ri:kən] ◇ *n* portorriqueño(a) *m,f*, puertorriqueño(a) *m,f*
◇ *adj* portorriqueño(a) *m,f*, puertorriqueño(a)

Puerto Rico ['pweətəʊ'ri:kəʊ] *n* Puerto Rico

puff [pʌf] ◇ *n* **-1.** *(of breath)* bocanada *f*; *Br Fam* **to be out of ~** resoplar, estar sin aliento **-2.** *(of air)* soplo *m*; *(of smoke)* nube *f*; IDIOM **all our plans went up in a ~ of smoke** todos nuestros planes se quedaron en agua de borrajas **-3.** *(of cigarette)* chupada *f*, *Esp* calada *f*, *Am* pitada *f*; **to have** *or* **take a ~ (on** *or* **at)** dar una chupada *or Esp* calada *or Am* pitada (a) **-4.** *(sound) (of train)* pitido *m* **-5.** *(for make-up)* **(powder) ~** borla *f* (de maquillaje) **-6.** *US (eiderdown)* edredón *m* **-7.** *Fam (free publicity)* **to give sth a ~** hacer publicidad a algo (gratuitamente), hacer propaganda (gratuita) de algo **-8.** *Br Fam (homosexual)* maricón *m*, marica *m* **-9.** CULIN pastelito *m or* dulce *m* de hojaldre ❑ *US* **~ paste** hojaldre *m*; **~ pastry** hojaldre *m* **-10.** ZOOL **~ adder** = especie de víbora silbadora africana
◇ *vt* **-1.** *(pant)* **"I can't go on," he puffed** "no puedo seguir", resopló **-2.** *(emit)* **to ~ (out) smoke/steam** echar humo/vapor **-3.** *(cigar, pipe)* **to ~ smoke into sb's face** echar una bocanada de humo a la cara de alguien **-4.** *(swell) (sail, parachute)* inflar
◇ *vi* **-1.** *(person)* resoplar, jadear **-2.** *(smoke, steam)* salir **-3.** *(smoke)* **to ~ on** *or* **at a cigarette/pipe** dar chupadas *or Esp* caladas *or Am* pitadas a un cigarrillo/una pipa **-4. to ~ along** *(steam engine)* avanzar echando humo

◆ **puff out** *vt sep* **-1.** *(inflate) (cheeks, chest)* inflar, hinchar; **the pigeon puffed out its feathers** la paloma erizó las plumas **-2.** *Br Fam (exhaust)* **I'm puffed (out)!** ¡estoy muerto!, ¡estoy rendido!

◆ **puff up** *vt sep (cheeks)* inflar, hinchar; **her eyes were puffed up** tenía los ojos hinchados; IDIOM **he was puffed up with pride** no cabía en sí de orgullo

Puffa jacket® ['pʌfə'dʒækɪt] *n* chaqueta *f* de rapero

puffball ['pʌfbɔ:l] *n* **-1.** *(fungus)* bejín *m*, pedo *m* de lobo **-2. ~ skirt** falda *f or RP* pollera *f* abullonada

puffed [pʌft] *adj* **-1.** *(rice, wheat)* inflado(a) **-2.** *(clothing)* **~ sleeves** mangas *fpl* abullonadas

puffed-up ['pʌft'ʌp] *adj* **-1.** *(inflated, swollen)* hinchado(a) **-2.** *(arrogant)* engreído(a)

puffer ['pʌfə(r)] *n* **-1. ~ (fish)** pez *m* globo **-2.** *Br Fam (train)* tren *m* de vapor **-3.** *Scot Fam (boat)* barca *f* de vapor

puffin ['pʌfɪn] *n* frailecillo *m*

puffiness ['pʌfɪnɪs] *n* hinchazón *f*

puff-puff ['pʌfpʌf] *n Fam (in baby talk) (train)* chucuchú *m*

puffy ['pʌfɪ] *adj* hinchado(a)

pug [pʌg] *n (dog)* doguillo *m* ❑ **~ nose** *(of person)* nariz *f* de cerdito

pugilism ['pju:dʒɪlɪzəm] *n Formal* pugilismo *m*

pugilist ['pju:dʒɪlɪst] *n Formal* púgil *m*

pugnacious [pʌg'neɪʃəs] *adj Formal* pugnaz

pugnaciously [pʌg'neɪʃəslɪ] *adv Formal* combativamente

pugnacity [pʌg'næsɪtɪ] *n Formal* pugnacidad *f*

pug-nosed ['pʌg'nəʊzd] *adj (person)* con nariz de cerdito

puke [pju:k] *Fam* ◇ *n* papa *f*, vomitona *f*
◇ *vt* devolver
◇ *vi* echar la papa, devolver; **you make me ~!** ¡me das asco!

◆ **puke up** *vt sep* vomitar, devolver
◇ *vi* vomitar, devolver

pukka ['pʌkə] *adj Br Fam* **-1.** *(posh)* de clase alta **-2.** *(genuine, proper)* como Dios manda **-3.** *(excellent)* de primera

pulchritude ['pʌlkrɪtju:d] *n Literary* belleza *f*, hermosura *f*

Pulitzer ['pʊlɪtsər] *n* **~ (prize)** el (premio) Pulitzer

PULITZER PRIZE

El premio Pulitzer fue fundado gracias al patrimonio que Joseph Pulitzer (1847-1911), editor de periódicos estadounidense, legó a la Universidad de Columbia para la creación de una escuela de periodismo, que además gestionase una entrega anual de premios a los trabajos más destacados tanto en periodismo como en literatura. Desde su fundación en 1917, el consejo que dirige el Pulitzer ha aumentado hasta 21 el número de premios que se otorgan, y ha introducido nuevas especialidades como las de poesía, música y fotografía. Son los premios más prestigiosos de esta índole en EE. UU.

---

pull [pʊl] ◇ *n* **-1.** *(act of pulling) Esp, RP* tirón *m*, *Andes, CAm, Carib, Méx* jalón *m* **-2.** *(of water current)* fuerza *f*; **to give sth a ~** dar un *Esp, RP* tirón *or Andes, CAm, Carib, Méx* jalón a algo **-3.** *(drink)* **to take a ~ at a bottle** echar un trago de una botella **-4.** *(on cigarette, pipe)* chupada *f*, *Esp* calada *f*, *Am* pitada *f* **-5.** *Fam (influence)* influencia *f*, peso *m*; **to have a lot of ~** ser muy influyente, ser de peso **-6.** *Fam (attraction)* tirón *m*, *RP* arrastre *m* **-7.** *Br Fam (sexually)* **to be on the ~** estar de ligue *or RP, Ven* de levante
◇ *vt* **-1.** *(tug)* tirar de; *(drag)* arrastrar; *(trigger)* apretar; **they pulled the box across the floor** arrastraron la caja por el suelo; **to ~ sth/sb away from sth** apartar algo/a alguien de algo; **they pulled him free of the wreckage** lo sacaron de entre los hierros retorcidos; **~ the table nearer the door** acerca la mesa a la puerta; **to ~ sth open/shut** abrir/cerrar algo de un tirón **-2.** *(attract)* atraer; **to ~ the crowds** atraer a las masas, arrastrar multitudes **-3.** *(extract) (tooth, cork)* sacar; **she pulled a book off the shelf** tomó *or Esp* cogió *or Am* agarró un libro de la estantería; **to ~ a pint** tirar *or* servir una cerveza (de barril); **to ~ a gun on sb** sacar un arma y apuntar a alguien **-4.** *(injure)* **to ~ a muscle** sufrir un tirón en un músculo **-5.** *Br Fam (sexually)* ligarse a, *RP, Ven* levantarse a **-6.** IDIOMS *Fam* **to ~ a bank job** atracar un banco; **to ~ a face** hacer una mueca; *Fam* **to ~ sb's leg** tomarle el pelo a alguien; *US Fam* **to ~ the pin** jubilarse; *Br Fam* **to ~ the plug on sth** acabar con algo; **he didn't ~ his punches** no tuvo pelos en la lengua, se despachó a gusto; **she pulled rank on him** le recordó quién mandaba (allí); **to ~ strings** mover hilos; *Fam* **talking to her is like pulling teeth** hay que sacarle las cosas con sacacorchos; **she's not pulling her weight** no arrima el hombro (como los demás); *Fam* **to ~ a fast one on sb** hacer una jugarreta *or* engañar a alguien; *Fam* **~ the other one (it's got bells on)!** ¡no me vengas con ésas!, *Esp* ja otro perro con ese hueso!, *Méx* ¡no mames!; *Br Fam* **to ~ one's socks up** esforzarse más, aplicarse
◇ *vi* **-1.** *(tug)* tirar **(at** *or* **on** de); **Pull** *(sign) Esp, RP* tirar, *Esp, RP* tire, *Andes, CAm, Carib, Méx* jalar, *Andes, CAm, Carib, Méx* jale

-2. *(move)* **to ~ clear of sth** dejar algo atrás; **to ~ to the right/left** desviarse hacia la derecha/izquierda; **to ~ to a halt** *or* **stop** ir parándose *or* deteniéndose **-3.** *Br Fam (sexually)* ligar, *RP, Ven* levantar

◆ **pull about** *vt sep (handle roughly)* zarandear, maltratar

◆ **pull ahead** *vi (in race, election)* tomar la delantera, ponerse en cabeza; **he pulled ahead of his opponents** se adelantó a sus adversarios

◆ **pull apart** *vt sep* **-1.** *(separate)* separar **-2.** *also Fig (tear to pieces)* hacer trizas

◆ **pull at** *vt insep (cigarette, pipe)* dar una chupada *or Esp* calada a

◆ **pull away** *vi (from station)* alejarse; *(from kerb, embrace)* apartarse; **he pulled away from the rest of the field** se fue escapando del resto de participantes

◆ **pull back** ◇ *vt sep (curtains)* descorrer
◇ *vi (person)* echarse atrás; *(troops)* retirarse; **to ~ back from doing sth** echarse atrás a la hora de hacer algo

◆ **pull down** *vt sep* **-1.** *(blinds)* bajar; COMPTR *(menu)* desplegar; **~ down your trousers** bájate los pantalones **-2.** *(demolish)* demoler, derribar **-3.** *US Fam (earn)* sacar

◆ **pull in** ◇ *vt sep* **-1.** *(rope, fishing line)* recoger; **to ~ sb in for questioning** detener a alguien para interrogarlo **-2.** *Fam (money)* sacar **-3.** *(attract)* atraer
◇ *vi (car)* pararse a un lado; *(train, bus)* llegar

◆ **pull into** *vt insep (of train)* llegar a; **we pulled into an empty parking space** estacionamos *or Esp* aparcamos en un espacio libre

◆ **pull off** *vt sep* **-1.** *(remove)* quitar, *Am* sacar; **he pulled the covers off the bed** quitó *or Am* sacó la cubierta de la cama; **she pulled off her T-shirt** se quitó *or Am* sacó la camiseta **-2.** *Fam (succeed in doing)* conseguir; **he pulled it off** lo consiguió

◆ **pull on** ◇ *vt insep (cigarette, pipe)* dar una chupada *or Esp* calada a
◇ *vt sep (clothes)* **she pulled on her T-shirt** se puso la camiseta

◆ **pull out** ◇ *vt sep (remove)* sacar; *(tooth)* sacar, arrancar; *(drawer)* abrir; *(troops)* retirar; **she pulled herself out of the pool** salió de la piscina impulsándose con los brazos; IDIOM **they pulled a surprise victory out of the bag** *or* **hat** se sacaron de la manga una sorprendente victoria
◇ *vi* **-1.** *(train)* salir; **a taxi pulled out in front of us** un taxi se metió justo delante de nosotros; **he pulled out into the stream of traffic** se incorporó al tráfico; *Fig* **we're pulling out of the recession** estamos superando la recesión **-2.** *(of race, agreement)* retirarse **(of** de); **British troops are pulling out of the region** las tropas británicas se están retirando de la región

◆ **pull over** ◇ *vt sep (driver)* **the police pulled me over** me paró la policía
◇ *vi (driver)* parar en *Esp* el arcén *or Chile* la berma *or Méx* el acotamiento *or RP* la banquina *or Ven* el hombrillo

◆ **pull through** ◇ *vt insep (recover from) (illness)* recuperarse de; *(crisis)* superar
◇ *vt sep (help to recover)* **my friends pulled me through (the divorce)** mis amigos me ayudaron a recuperarme (del divorcio)
◇ *vi (recover) (from illness)* recuperarse; *(from crisis)* salir adelante

◆ **pull together** ◇ *vt sep (facts, ideas)* reunir; **to ~ oneself together** serenarse; **~ yourself together!** ¡cálmate!
◇ *vi* juntar esfuerzos

◆ **pull up** ◇ *vt sep* **-1.** *(chair)* acercar; **he pulled his trousers up** se subió los pantalones; **he pulled himself up the rope** subió por la cuerda; IDIOM **to ~ one's socks up** espabilar; *Fig* **to ~ sb up (short)** parar a alguien en seco
-2. *(weeds)* arrancar, quitar, *Am* sacar;

(floorboards) levantar, quitar, *Am* sacar
 -3. *Fam (criticize)* regañar, reñir, *Am* rezongar *(over* or **on** por)
 ◇ *vi* **-1.** *(stop) (car)* parar; *(athlete, horse)* abandonar **-2.** *(draw level)* **the police pulled up alongside them** la policía se puso a su altura
pullback ['pʊlbæk] *n* MIL retirada *f*
pull-down menu ['pʊldaʊn'menju:] *n* COMPTR menú *m* desplegable
pullet ['pʊlɪt] *n* polla *f*, gallina *f* joven
pulley ['pʊlɪ] *n* polea *f*, motón *m* ❏ ~ **block** polea *f*
pull-in ['pʊlɪn] *n Br (café)* café-restaurante *m* de carretera
pulling power ['pʊlɪŋ'paʊə(r)] *n Fam (of star, attraction)* gancho *m*; *Br (sexual)* tirón *m* sexual, *RP* arrastre *m*
Pullman ['pʊlmən] *n* RAIL **(car)** coche *m* pullman
pull-off ['pʊlɒf] *n US* AUT área *f* de descanso
pull-out ['pʊlaʊt] *n* **-1.** *(in newspaper, magazine)* suplemento *m* **-2.** *(withdrawal)* retirada *f*
pullover ['pʊləʊvə(r)] *n* suéter *m*, *Esp* jersey *m*, *Col* saco *m*, *RP* pulóver *m*
pullulate ['pʌljʊleɪt] *vi Literary (teem)* pulular, abundar
pull-up ['pʊlʌp] *n (exercise)* flexión *f (colgando de una barra con los brazos)*
pulmonary ['pʌlmənərɪ] *adj* ANAT pulmonar ❏ ~ **artery** arteria *f* pulmonar; ~ **oedema** edema *m* pulmonar; ~ **vein** vena *f* pulmonar
pulp [pʌlp] ◇ *n* **-1.** *(of fruit)* pulpa *f*, carne *f* **-2.** *(for paper)* pulpa *f*, pasta *f* **-3.** *(in tooth)* pulpa *f* **-4.** *(mush)* **to reduce sth to (a)** ~ reducir algo a (una) pasta; *Fam* **to beat sb to a** ~ hacer picadillo or papilla a alguien **-5.** *(cheap fiction)* ~ **(fiction)** literatura *f* barata or de baja estofa, novelas *fpl* de tiros; ~ **(magazine)** revista *f* barata, revistucha *f*
 ◇ *vt* **-1.** *(crush) (fruit, vegetables)* triturar **-2.** *(remove pulp from) (fruit)* extraer la pulpa de **-3.** *(books)* hacer pasta de papel con; **all copies had to be pulped** todos los ejemplares tuvieron que ser destruidas
pulpit ['pʊlpɪt] *n* púlpito *m*
pulpy ['pʌlpɪ] *adj* **-1.** *(fruit, tissue)* carnoso(a) **-2.** *Pej (novel, magazine)* malo(a)
pulsar ['pʌlsɑ:(r)] *n* ASTRON púlsar *m*
pulsate [pʌl'seɪt] *vi* **-1.** *(throb) (heart)* palpitar; *(music, room)* vibrar; **pulsating rhythms** ritmos palpitantes **-2.** *(light)* brillar intermitentemente
pulsation [pʌl'seɪʃən] *n* pulsación *f*
pulse¹ [pʌls] ◇ *n* **-1.** *(of blood)* pulso *m*; **her** ~ **(rate) is a hundred** su pulso está en cien; **his** ~ **quickened when he saw her** se le aceleró el pulso al verla; **to feel** or **take sb's** ~ tomar el pulso a alguien; [IDIOM] **to have one's finger on the** ~ estar al corriente de lo que pasa **-2.** *(of light, sound)* impulso *m* **-3.** *(bustle, life)* ritmo *m*
 ◇ *vi* **-1.** *(blood, vein)* latir **-2.** *(throb) (music, room)* vibrar
pulse² *n (pea, bean, lentil)* legumbre *f*
pulse³ *n* TEL pulso *m*
pulverize ['pʌlvəraɪz] *vt* pulverizar; *Fam Fig* **to** ~ **sb** *(beat up, defeat heavily)* dar una paliza a alguien
puma ['pju:mə] *n* puma *m*, león *m* americano
pumice ['pʌmɪs] *n* ~ **(stone)** piedra *f* pómez
pummel ['pʌməl] *(pt & pp* **pummelled**, *US* **pummeled)** *vt* aporrear
pump¹ [pʌmp] *n* **-1.** *(flat shoe)* zapato *m* de salón **-2.** *(ballet shoe)* zapatilla *f* de ballet **-3.** *Br (plimsoll)* playera *f*
pump² ◇ *n* **-1.** *(for liquid, gas, air)* bomba *f* **-2.** *(at petrol station)* surtidor *m* ❏ ~ **attendant** = encargado(a) de los surtidores de una gasolinera
 ◇ *vt* **-1.** *(liquid, gas, air)* bombear; **to** ~ **water into sth** introducir agua en algo bombeando; **to** ~ **water out of sth** sacar agua de algo bombeando; **to** ~ **sb's stomach** hacer un lavado de estómago a alguien; *Fig* **to** ~ **money into sth** inyectar una gran cantidad de dinero en algo; *Fig* **to** ~ **bullets into sth/**

sb acribillar a balazos algo/a alguien
 -2. *(move back and forth)* ~ **the brakes or they'll lock** pisa el freno repetidamente para que no se bloquee; ~ **the handle to get it started** mueve la palanca de arriba abajo para que arranque
 -3. [IDIOMS] *Fam* **to** ~ **sb for information** sonsacar a alguien; **to** ~ **sb's hand** dar un enérgico apretón de manos a alguien; *Fam* **to** ~ **iron** *(do weightlifting)* hacer pesas
 ◇ *vi* **-1.** *(heart, machine)* bombear **-2.** *(liquid)* brotar
 ◆ **pump out** *vt sep (music, information)* emitir
 ◆ **pump up** *vt sep* **-1.** *(tyre)* inflar **-2.** *Fam (volume)* subir **-3.** *US Fam (excite)* **to be all pumped up** estar entusiasmado(a)
pump-action shotgun ['pʌmpækʃən'ʃɒtgʌn] *n* escopeta *f* (de) corredera
pumpernickel ['pʌmpənɪkəl] *n* pan *m* integral de centeno
pumpkin ['pʌmpkɪn] *n* calabaza *f*, *Andes, RP* zapallo *m*, *Col, Carib* auyama *f*
pumpkinseed ['pʌmpkɪnsi:d] *n* **-1.** *(seed)* semilla *f* de calabaza or *Andes, RP* zapallo or *Col, Carib* auyama **-2.** *(fish)* perca *f* sol
pun [pʌn] ◇ *n* juego *m* de palabras
 ◇ *vi* hacer un juego de palabras
Punch [pʌntʃ] *n* **-1.** THEAT polichinela *f* **-2.** **(Mr)** ~ = personaje principal del espectáculo de títeres, caracterizado por su joroba y por golpear a todo el mundo con una cachiporra ❏ ~ **and Judy show** = espectáculo de títeres de la cachiporra representado en una feria o junto al mar
punch¹ [pʌntʃ] ◇ *n* **-1.** *(blow)* puñetazo *m*; [IDIOM] **he didn't pull his punches** no tuvo pelos en la lengua, se despachó a gusto **-2.** *(tool)* punzón *m*; **(ticket)** ~ canceladora *f* **-3.** *(energy)* garra *f* ❏ ~ **line** *(of joke)* final *m* del chiste, golpe *m*; **he had forgotten the** ~ **line** había olvidado cómo acababa el chiste
 ◇ *vt* **-1.** *(hit)* dar or pegar un puñetazo a; **to** ~ **sb in the face/on the nose** pegarle a alguien un puñetazo en la cara/en la nariz **-2.** *(perforate) (metal)* perforar; *(ticket)* picar ❏ COMPTR **punched card** tarjeta *f* perforada
 ◆ **punch in** ◇ *vt sep* **-1.** *(enter) (figures, data)* introducir **-2.** *Fam (knock in)* **I'll** ~ **your face in!** ¡te voy a partir la cara!; **he almost punched my teeth in** casi me hizo tragar los dientes (de un puñetazo)
 ◇ *vi US (at work)* fichar or *Am* marcar tarjeta (a la entrada)
 ◆ **punch out** ◇ *vt sep* **-1.** *(cut out) (form, pattern)* perforar **-2.** *US Fam (beat up)* dar una tunda or paliza a
 ◇ *vi US (at work)* fichar or *Am* marcar tarjeta (a la salida)
punch² *n (drink)* ponche *m* ❏ ~ **bowl** ponchera *f*
punch-bag ['pʌntʃbæg], *US* **punching bag** ['pʌntʃɪŋbæg] *n also Fig* saco *m* (de boxeo)
punchball ['pʌntʃbɔ:l] *n* **-1.** *Br (equipment)* punching-ball *m* **-2.** *US (game)* = versión simplificada del béisbol que se juega generalmente en la calle con una pelota de tenis y sin bate
punch-drunk ['pʌntʃdrʌŋk] *adj (dazed)* aturdido(a); *(boxer)* sonado(a)
punching bag *US* = **punch-bag**
punching ball ['pʌntʃɪŋbɔ:l] *n US* punching-ball *m*
punch-up ['pʌntʃʌp] *n Fam* pelea *f*; **they had a** ~ se pelearon
punchy ['pʌntʃɪ] *adj Fam* **-1.** *(snappy)* con garra **-2.** *(dazed)* aturdido(a)
punctilious [pʌŋk'tɪlɪəs] *adj* puntilloso(a)
punctiliously [pʌŋk'tɪlɪəslɪ] *adv* de manera puntillosa
punctual ['pʌŋktjʊəl] *adj* puntual; **he's always** ~ siempre es puntual
punctuality [pʌŋktjʊ'ælɪtɪ] *n* puntualidad *f*
punctually ['pʌŋktjʊəlɪ] *adv* puntualmente
punctuate ['pʌŋktjʊeɪt] *vt* **-1.** *(sentence, writing)* puntuar **-2.** *Fig* **he punctuated his speech with anecdotes** salpicó su discurso

de anécdotas; **her speech was punctuated with applause** su discurso se vio interrumpido en ocasiones por aplausos
 ◇ *vi* puntuar
punctuation [pʌŋktjʊ'eɪʃən] *n* puntuación *f* ❏ ~ **mark** signo *m* de puntuación
puncture ['pʌŋktʃə(r)] ◇ *n* **-1.** *(in tyre, ball)* pinchazo *m*, *Guat, Méx* ponchadura *f*; **to have a** ~ tener un pinchazo or *Guat, Méx* una ponchadura ❏ ~ **repair kit** equipo *m* para reparar pinchazos or *Guat, Méx* ponchaduras **-2.** *(in skin)* punción *f* **-3.** *(in metal)* perforación *f*
 ◇ *vt* **-1.** *(tyre, ball)* pinchar, *Guat, Méx* ponchar **-2.** *(metal, lung)* perforar **-3.** *(blister, abscess)* punzar **-4.** *(deflate) (pride, self-esteem)* minar, herir en; **to** ~ **sb's ego** herir el ego de alguien
pundit ['pʌndɪt] *n* experto(a) *m,f*
pungency ['pʌndʒənsɪ] *n* **-1.** *(of smell, taste)* acritud *f* **-2.** *(of wit)* mordacidad *f*
pungent ['pʌndʒənt] *adj* **-1.** *(smell, taste)* acre **-2.** *(style, wit)* mordaz
Punic ['pju:nɪk] *adj* HIST púnico(a)
puniness ['pju:nɪnɪs] *n* debilidad *f*
punish ['pʌnɪʃ] *vt* **-1.** *(person, crime)* castigar; **to** ~ **sb for doing sth** castigar a alguien por hacer algo **-2.** *Fam (opponent, enemy)* castigar; *(engine)* castigar, maltratar
punishable ['pʌnɪʃəbəl] *adj* punible; **this offence is** ~ **by death** este delito es castigado con la pena de muerte
punishing ['pʌnɪʃɪŋ] ◇ *n Fam* **to take a** ~ *(opponent, enemy)* recibir una paliza
 ◇ *adj (test, schedule)* penoso(a), exigente; *(climb, pace)* agotador(ora)
punishment ['pʌnɪʃmənt] *n* **-1.** *(for crime)* castigo *m*; **to make the** ~ **fit the crime** hacer que el castigo guarde proporción con el delito; [IDIOM] **to take one's** ~ **like a man** comportarse como un hombre
 -2. *Fam (harsh treatment)* **to take a lot of** ~ *(boxer)* recibir una paliza; *(clothing, furniture, equipment)* aguantar mucho trote; **the city took heavy** ~ **from the enemy artillery** la artillería enemiga castigó duramente la ciudad
punitive ['pju:nɪtɪv] *adj* **-1.** *(military expedition)* de castigo, punitivo(a) **-2.** *(rate of taxation, interest)* punitivo(a), gravoso(a); LAW *(damages)* punitivos
Punjab ['pʌndʒɑ:b] *n* **the** ~ el Punyab
Punjabi [pʌn'dʒɑ:bɪ] ◇ *n* **-1.** *(person)* punyabí *mf* **-2.** *(language)* punyabí *m*
 ◇ *adj* punyabí
punk [pʌŋk] ◇ *n* **-1.** *(person)* ~ **(rocker)** punk *mf*, punki *mf* **-2.** *(music)* ~ **(rock)** (música *f*) punk *m* **-3.** *US Fam (contemptible person)* desgraciado(a) *m,f*; *(hoodlum)* vándalo(a) *m,f*, *Esp* gamberro(a) *m,f*, *RP* atorrante(a) *m,f*
 ◇ *adj* **-1.** *(music, fashion, haircut)* punk *inv* **-2.** *US Fam (inferior)* pésimo(a), *Esp* fatal **-3.** *US Fam (ill)* **he's feeling kind of** ~ anda medio mal
punky ['pʌŋkɪ] *adj* punki, punky
punnet ['pʌnɪt] *n Br* cestita *f (para fresas, bayas, etc)*
punt¹ [pʌnt] ◇ *n* batea *f (impulsada con pértiga)* ❏ ~ **pole** pértiga *f (para bateas)*
 ◇ *vi* **to go punting** pasear en batea por un río
punt² *n (in American football, rugby)* patada *f* larga de volea ❏ ~ **return** *(in American football)* = carrera de un jugador del equipo contrario tras capturar un "punt"
punt³ [pʊnt] *n (Irish currency)* libra *f* irlandesa
punter ['pʌntə(r)] *n Br Fam* **-1.** *(gambler)* apostante *mf* **-2.** *(customer)* cliente *mf*; **the punters** *(the public)* el personal, el público; *(regulars in bar)* los parroquianos; **the average** ~ *(man-in-the-street)* el tipo de la calle, *Esp* un tío normal **-3.** *(prostitute's client)* cliente *m*
puny ['pju:nɪ] *adj* **-1.** *(person, arm, leg)* enclenque, raquítico(a) **-2.** *(attempt, defence)* lamentable, penoso(a)
pup [pʌp] ◇ *n* **-1.** *(of dog)* cachorro *m*; **to be in** ~ *(bitch)* estar preñada; [IDIOM] *Fam* **to sell sb a** ~ darle a alguien gato por liebre **-2.** *(of*

seal) cría *f* **-3.** *Br Fam (youth)* mocoso(a) *m,f*; **you cheeky young ~!** ¡mocoso atrevido!
◇ *vi* parir
pupa ['pju:pə] *(pl* **pupae** ['pju:pi:] *or* **pupas)** *n* ZOOL pupa *f*
pupate [pju:'peɪt] *vi* ZOOL transformarse en crisálida
pupil¹ ['pju:pəl] *n (student)* alumno(a) *m,f*; *(of painter, musician)* discípulo(a) *m,f*
pupil² *n (of eye)* pupila *f*
pupillage ['pju:pɪlɪdʒ] *n Br* LAW pasantía *f*
puppet ['pʌpɪt] *n* **-1.** *(doll) (gen)* títere *m*; *(with strings)* marioneta *f*, títere *m* ❑ **~ show** (espectáculo *m* de) guiñol *m* **-2.** *(person)* títere *m*, marioneta *f* ❑ **~ government** gobierno *m* títere
puppeteer [pʌpɪ'tɪə(r)] *n* titiritero(a) *m,f*, marionetista *mf*
puppetry ['pʌpɪtrɪ] *n* arte *m* del titiritero *or* marionetista; **they use ~ to communicate health information** usan marionetas para informar sobre la salud
puppy ['pʌpɪ] *n* **-1.** *(young dog)* cachorro *m* **-2.** *Br Fam (youth)* mocoso(a) *m,f* ❑ **~ fat** obesidad *f* infantil; *Fam* **~ love** amor *m* de adolescente
purblind ['pɜ:blaɪnd] *adj Literary* **-1.** *(poorly sighted)* casi ciego(a) **-2.** *(obtuse)* miope
purchase ['pɜ:tʃɪs] *Formal* ◇ *n* **-1.** *(action, thing bought)* compra *f*, adquisición *f*; **to make a ~** hacer una compra ❑ COM **~ ledger** libro *m* de compras proveedores; COM **~ order** orden *f* de compra; **~ price** precio *m* de compra; **~ tax** impuesto *m* sobre la compra **-2.** *(grip)* **to get a ~ on sth** agarrarse *or* asirse a algo
◇ *vt* comprar, adquirir; **to ~ sth from sb** comprar algo a alguien; **to ~ sth for sb** comprar algo a *o* para alguien; **to ~ sb sth** comprar algo a *o* para alguien
purchaser ['pɜ:tʃɪsə(r)] *n* comprador(ora) *m,f*
purchasing ['pɜ:tʃəsɪŋ] *n* **-1.** *(act)* compra *f*, adquisición *f* ❑ **~ manager** jefe(a) *m,f* de compras; **~ power** poder *m* adquisitivo, capacidad *f* adquisitiva **-2.** **~ (department)** departamento *m* de compras
purdah ['pɜ:də] *n* purdah *m* or *f*, = práctica de mantener a las mujeres alejadas del contacto con los hombres; *Fig* **to go into ~** *(politician)* recluirse
pure [pjʊə(r)] *adj* **-1.** *(unmixed, untainted)* puro(a); **~ air/water** aire puro/agua pura; **the ~ tones of the flute** los tonos puros *or* limpios de la flauta ❑ **~ silk** seda *f* natural; **~ wool** pura lana *f* virgen
-2. *(chaste)* puro(a); IDIOM **to be ~ as the driven snow** ser puro(a) y virginal
-3. *(science, research)* puro(a) ❑ **~ mathematics** matemáticas *fpl* puras
-4. *(as intensifier)* **by ~ chance** por pura casualidad; **it's the truth, ~ and simple** es la verdad, pura y dura
pure-bred ['pjʊəbred] *adj (dog)* de raza; *(horse)* purasangre
puree, purée ['pjʊəreɪ] ◇ *n* puré *m*
◇ *vt* hacer puré; **pureed carrots** puré de zanahoria
purely ['pjʊəlɪ] *adv* puramente; **a ~ professional relationship** una relación estrictamente *or* puramente profesional; **~ by chance** por pura casualidad; **~ and simply** simple y llanamente
pureness ['pjʊənɪs] *n* pureza *f*
purgative ['pɜ:gətɪv] ◇ *n* purgante *m*
◇ *adj* purgante
purgatorial [pɜ:gə'tɔ:rɪəl] *adj* **-1.** REL del purgatorio **-2.** *Fam (very unpleasant)* espantoso(a)
purgatory ['pɜ:gətərɪ] *n* REL purgatorio *m*; *Fig* **these meetings are absolute ~!** estas reuniones son un suplicio
purge [pɜ:dʒ] ◇ *n* **-1.** *(of bowels)* purga *f* **-2.** POL purga *f*
◇ *vt* **-1.** *(bowels)* purgar **-2.** POL *(party, organization)* purgar; *(undesirable elements)* eliminar **-3.** *(free, rid)* librar; **your mind of such morbid ideas** libra tu mente de esas ideas tan morbosas; REL **to ~ oneself of** *or* **from sin** librarse del pecado

purification [pjʊərɪfɪ'keɪʃən] *n (of oil, mind)* purificación *f*; *(of water, blood)* depuración *f* ❑ **~ plant** planta *f* depuradora
purifier ['pjʊərɪfaɪə(r)] *n (of water)* depurador *m*; *(of air)* purificador *m*
purify ['pjʊərɪfaɪ] *vt (oil, mind)* purificar; *(water, blood)* depurar
purism ['pjʊərɪzəm] *n* purismo *m*
purist ['pjʊərɪst] *n* purista *mf*
puritan ['pjʊərɪtən] ◇ *n* **-1.** *(strict person)* puritano(a) *m,f* **-2.** HIST **the Puritans** los puritanos
◇ *adj* **-1.** *(strict)* puritano(a) **-2.** HIST **Puritan** puritano(a)
puritanical [pjʊərɪ'tænɪkəl] *adj* puritano(a)
puritanism ['pjʊərɪtənɪzəm] *n* **-1.** *(strictness)* puritanismo *m* **-2.** HIST **Puritanism** puritanismo *m*
purity ['pjʊərɪtɪ] *n* **-1.** *(freedom from taint)* pureza *f* **-2.** *(chasteness)* pureza *f*
purl [pɜ:l] ◇ *n* punto *m* del revés
◇ *vi* hacer punto del revés; **knit one, ~ one** haz uno del derecho y uno del revés
purlieus ['pɜ:lju:z] *npl Literary or Formal* inmediaciones *fpl*
purloin [pɜ:'lɔɪn] *vt Formal* sustraer
purple ['pɜ:pəl] ◇ *n* **-1.** *(colour)* morado *m*, púrpura *m* **-2.** REL **the ~** la púrpura
◇ *adj* morado(a); **to turn** *or* **go ~** *(with embarrassment, anger)* enrojecer ❑ MIL **Purple Heart** = medalla concedida a los heridos estadounidenses en combate; *Br Fam* **~ heart** *(amphetamine)* anfeta *f*; **~ heron** garza *f* imperial; **~ martin** avión *m* purpúreo; **a ~ patch** *(of prose)* un trozo sobreelaborado; **to go through a ~ patch** *(be lucky)* estar en racha; **~ prose** prosa *f* recargada; **~ sandpiper** correlimos *m inv* oscuro
purplish ['pɜ:pəlɪʃ] *adj* púrpureo(a), violáceo(a)
purport *Formal* ◇ *n* ['pɜ:pɔ:t] sentido *m*, significado *m*
◇ *vt* [pə'pɔ:t] **to ~ to be sth** pretender *o* afirmar ser algo
purported [pə'pɔ:tɪd] *adj Formal* pretendido(a), supuesto(a)
purportedly [pə'pɔ:tɪdlɪ] *adv Formal* supuestamente
purpose ['pɜ:pəs] ◇ *n* **-1.** *(object, aim)* propósito *m*, objeto *m*; **what is the ~ of your visit?** ¿cuál es el objeto de su visita?; **to have a ~ in life** tener un objetivo en la vida; **to do sth with a ~ in mind** *or* **for a ~** hacer algo con un propósito *or* un objetivo en mente; **on ~** adrede, a propósito; **her remarks were very much to the ~** sus comentarios fueron muy pertinentes; **they have a real sense of ~** saben lo que quieren (conseguir); **to give sb a sense of ~** dar a alguien un sentido de la vida
-2. *(use)* finalidad *f*; **to serve a ~** tener una utilidad *or* finalidad; **to serve no ~** no servir para nada; **to serve sb's purpose(s)** ser útil a alguien; **once she had served her ~ they abandoned her** cuando dejó de serles útil, la abandonaron; **once it has served its ~** una vez que ha cumplido su finalidad; **to suit sb's purpose(s)** venir bien a alguien; **it's ideal for our purposes** nos viene perfectamente; **for all practical purposes** a efectos prácticos; **$5,000 will be enough for present purposes** 5.000 dólares serán suficientes para los fines actuales; **for tax/military purposes** con fines fiscales/militares; **the money will be put** *or* **used to good ~** el dinero será bien utilizado; **to be to no ~** ser en vano; **for the purposes of the present discussion...** para este debate...
-3. *(determination)* determinación *f*
◇ *vt Literary* **to ~ to do sth** *or* **doing sth** disponer hacer algo
purpose-built ['pɜ:pəs'bɪlt] *adj* construido(a) al efecto; **a ~ conference centre** un centro de congresos construido especialmente pare ese uso
purposeful ['pɜ:pəsfʊl] *adj* decidido(a)
purposefully ['pɜ:pəsfʊlɪ] *adv (determinedly)* resueltamente

purposeless ['pɜ:pəslɪs] *adj (life)* sin objetivo; *(act, violence)* gratuito(a)
purposely ['pɜ:pəslɪ] *adv* adrede, a propósito
purposive ['pɜ:pəsɪv] *adj Formal* intencional
purr [pɜ:(r)] ◇ *n* **-1.** *(of cat)* ronroneo *m*; *(of engine)* zumbido *m* **-2.** *(of machine)* rumor *m*, zumbido *m*
◇ *vt* susurrar sensualmente
◇ *vi (cat)* ronronear; *(engine)* hacer un zumbido
purse [pɜ:s] ◇ *n* **-1.** *Br (for coins)* monedero *m*; **the public ~** el erario público; IDIOM **to hold** *or* **control the ~ strings** llevar las riendas del gasto; IDIOM **to loosen/tighten the ~ strings** aumentar/ajustar el presupuesto **-2.** *US (handbag) Esp* bolso *m*, *Col, CSur* cartera *f*, *Méx* bolsa *f* **-3.** *(prize money for boxing contest)* premio *m* **-4.** **~ seine** *(fishing net)* red *f* de cerco
◇ *vt* **to ~ one's lips** fruncir los labios
purser ['pɜ:sə(r)] *n* NAUT sobrecargo *m*
pursuance [pə'sju:əns] *n Formal* **he was injured in ~ of his duty** resultó herido durante el cumplimiento de su deber
pursuant to [pə'sju:əntu:] *prep Formal* **-1.** *(following)* **events ~ this occurrence** los acontecimientos que sucedieron a este suceso **-2.** LAW *(in accordance with)* de conformidad con
pursue [pə'sju:] *vt* **-1.** *(chase) (person, animal)* perseguir; *Literary* **she was pursued by bad luck/ill health** la perseguía la mala suerte/la enfermedad
-2. *(search for) (pleasure, knowledge, happiness)* buscar; **we are all pursuing the same goals** todos perseguimos los mismos objetivos
-3. *(continue with) (studies, enquiry)* proseguir, continuar con; *(course of action, policy)* seguir; **if I may ~ that line of argument...** si se me permite continuar con ese argumento...
-4. *(profession)* ejercer; **to ~ a career in law/journalism** dedicarse al derecho/periodismo
pursuer [pə'sju:ə(r)] *n* perseguidor(ora) *m,f*
pursuit [pə'sju:t] *n* **-1.** *(of person, animal)* persecución *f*; **he came with two policemen in hot ~** venía con dos policías pisándole los talones
-2. *(of pleasure, knowledge, happiness)* búsqueda *f*; **to be in ~ of** ir en búsqueda *or* busca de
-3. *(activity)* ocupación *f*; **(leisure) pursuits** aficiones *fpl*
-4. SPORT *(in cycling, winter sports)* persecución *f*; **individual/team ~** persecución individual/por equipos
purulent ['pjʊərələnt] *adj* MED purulento(a)
purvey [pə'veɪ] *vt Formal* **-1.** *(goods)* proveer, abastecer; **to ~ sth to sb** proveer *or* abastecer a alguien de algo **-2.** *(lies, rumours)* difundir
purveyor [pə'veɪə(r)] *n Formal* **-1.** *(supplier)* proveedor(ora) *m,f*; **purveyors of jam to HM the Queen** proveedores de mermelada de su Majestad la Reina **-2.** *(of gossip, lies)* generador *m*, fuente *f*
purview ['pɜ:vju:] *n Formal* ámbito *m*; **to be within/outside the ~ of** estar dentro/fuera del ámbito de
pus [pʌs] *n* pus *m*
push [pʊʃ] ◇ *n* **-1.** *(act of pushing)* empujón *m*, *CAm, Méx* aventón *m*; **at the ~ of a button** con sólo apretar un botón; **to give sth/sb a ~** dar un empujón a algo/alguien; **we need to give him a little ~** *(encouragement)* tenemos que darle un empujoncito; **shall I give you a ~ start?** ¿te ayudo a arrancar empujando?; IDIOM *Br Fam* **to give sb the ~** *(employee)* poner a alguien de patitas en la calle; *(lover)* dejar a alguien; IDIOM *Fam* **when** *or* **if ~ comes to shove..., if it comes to the ~...** como último recurso... ❑ COMPTR **~ technology** tecnología *f* informativa por suscripción
-2. *(campaign)* campaña *f*; MIL ofensiva *f*; **sales ~** campaña de ventas; **to give a product a ~** promocionar un producto; **we are making a ~ into the European market** estamos apostando fuerte por el *or Am* al

mercado europeo; **to make a ~ for sth** tratar de conseguir algo

-3. *Fam (struggle)* **it'll be a ~ for us to finish by Friday** va a haber que darse prisa *or Am* apurarse para terminar el viernes; **at a ~** apurando mucho

◇ *vt* **-1.** *(shove)* empujar; *(button)* apretar, pulsar; **they pushed the box across the floor** empujaron la caja por el suelo; **~ the rod into the hole** inserta presionando la barra en el agujero, *Am* mete la barra por el agujero; **she pushed me into the water** me empujó *or CAm, Méx* aventó al agua; **~ the table nearer the door** empuja la mesa hacia la puerta; **we pushed the car off the road** apartamos el coche de la carretera empujando, *Am* empujamos el carro para afuera de la carretera; **to ~ the door open/shut** *or* **to abrir/cerrar la puerta empujándola** *or* de un empujón; **to ~ sb out of the way** apartar a alguien de un empujón *or CAm, Méx* aventón; **to ~ one's way through the crowd** abrirse paso a empujones entre la gente; *Fig* **to ~ sth to the back of one's mind** tratar de no pensar en algo

-2. *(strain, tax)* **he pushed himself to the limit of his endurance** se esforzó hasta el límite de su resistencia; **don't ~ yourself too hard** no te pases con el esfuerzo; *Ironic* cuidado no te vayas a cansar; **our Spanish lecturer always pushed us hard** nuestro profesor de español siempre nos apretaba mucho; *Fam* **a great democrat? that's pushing it a bit!** ¿eso es pasarse un poco *or Esp* pelín!; **to ~ one's luck, to ~ it** tentar a la suerte; *Fam* **don't ~ your luck!, don't ~ it!** *(said in annoyance)* ¡no me busques!, *Esp* ¡no me busques las cosquillas!, *RP* ¡no me torees!; **to be pushed (for time)** estar apurado(a) *or RP* corto(a) de tiempo; **we'll be pushed** *or* **pushing it to finish by Friday** nos vendrá muy justo para acabar el viernes, *Am* vamos a tener que apurarnos para terminar el viernes

-3. *(pressurize, force)* **to ~ sb to do sth** empujar a alguien a hacer algo, *Am* incitar a alguien para que haga algo; **to ~ sb into doing sth** forzar a alguien a hacer algo; **they've been pushing the government for more funds** han estado presionando al gobierno para conseguir más fondos; **to ~ prices up/down** hacer subir/bajar los precios; **when pushed, she admitted accepting the money** cuando la presionaron, admitió haber aceptado el dinero

-4. *(promote)* *(goods)* promocionar; *(theory)* defender

-5. *Fam (drugs)* pasar, trapichear con, *RP* transar

-6. *Fam (be approaching)* **he's pushing sixty** ronda los sesenta; **we were pushing 100 km/h** íbamos casi a 100 km/h

◇ *vi* **-1.** *(shove)* empujar; **to ~ at sth** empujar algo; **Push** *(sign)* empujar, empuje; [IDIOM] **she's pushing at an open door** lo tiene medio hecho

-2. *(move forward)* avanzar (a empujones); **the troops are pushing southwards** las tropas avanzan hacia el sur; **she pushed in front of me** se me coló; **he pushed past me** me adelantó *or RP* pasó a empujones; **we pushed through the crowd** nos abrimos paso a empujones entre la multitud

◆ **push about** *vt sep Fam (bully)* abusar de

◆ **push ahead** *vi* seguir adelante (**with** con)

◆ **push along** *vi Fam (leave)* largarse, *Esp, RP* pirarse

◆ **push around** *vt sep* = **push about**

◆ **push aside** *vt sep* apartar (de un empujón); *Fig (reject)* dejar a un lado; **we can't just ~ these issues aside** no podemos dejar a un lado estos temas

◆ **push away** *vt sep* apartar

◆ **push back** *vt sep (frontiers, boundaries)* ampliar

◆ **push for** *vt insep (demand)* reclamar; **we are pushing for the proposed bypass to be abandoned** estamos haciendo campaña para que sea abandonado el proyecto de circunvalación

◆ **push forward** ◇ *vt sep* **-1.** *(frontiers, boundaries)* ampliar

-2. *(promote)* **to ~ oneself forward** hacerse valer

◇ *vi* empujar hacia delante

◆ **push in** *vi (in queue)* colarse

◆ **push off** *vi* **-1.** *(swimmer, in boat)* impulsarse **-2.** *Fam (leave)* largarse; **~ off!** ¡lárgate!, ¡fuera!

◆ **push on** *vi (continue)* seguir, continuar; **to ~ on with sth** seguir adelante con algo

◆ **push over** *vt sep* derribar; **a big boy pushed me over at school** un niño mayor me tiró al suelo en el colegio

◆ **push through** *vt sep (reform, law, deal)* hacer aprobar (con urgencia)

◆ **push up** *vi (flowers, weeds)* brotar

push-bike ['pʊʃbaɪk] *n Br Fam* bici *f*, bicicleta *f*

push-broom ['pʊʃbruːm] *n US* escoba *f*

push-button ['pʊʃbʌtən] *adj* de teclas, de botones ❑ **~ warfare** guerra *f* a distancia

pushcart ['pʊʃkɑːt] *n US* carretilla *f*

pushchair ['pʊʃtʃeə(r)] *n Br (for baby)* silla *f* de paseo *or* de niño

pusher ['pʊʃə(r)] *n Fam (drug)* **~** camello *m*, *Am* dealer *m*

pushiness ['pʊʃɪnɪs] *n Fam* **-1.** *(ambitiousness)* arribismo *m* **-2.** *(forwardness)* agresividad *f*

pushing ['pʊʃɪŋ] *n* **no ~!** ¡sin empujar!; **there was a lot of ~ and shoving** hubo muchos empujones

pushover ['pʊʃəʊvə(r)] *n Fam* **it's a ~** es pan comido; **he's no ~** *(in contest)* no se deja vencer fácilmente; **I'm a ~ (for)** no sé decir que no (a)

pushpin ['pʊʃpɪn] *n US* alfiler *m* (de cabeza redonda)

push-pull ['pʊʃpʊl] *adj* ELEC *(amplifier, circuit)* en contrafase, push-pull

push-start ['pʊʃstɑːt] ◇ *n (to car)* **we'll have to give it a ~** tendremos que arrancar(lo) empujando

◇ *vt* arrancar empujando

push-up ['pʊʃʌp] *n* fondo *m*, flexión *f* (de brazos)

pushy ['pʊʃɪ] *adj Fam* **-1.** *Pej (ambitious)* arribista; **~ parents** padres con demasiadas ambiciones para sus hijos **-2.** *(self-assertive)* agresivo(a)

pusillanimity [pjuːsɪləˈnɪmətɪ] *n Formal* pusilanimidad *f*

pusillanimous [pjuːsɪˈlænɪməs] *adj Formal* pusilánime

puss [pʊs] *n Fam* **-1.** *(cat)* gatito *m*, minino *m* ❑ **Puss in Boots** el gato con botas **-2.** *(face)* jeta *f*

pussy ['pʊsɪ] *n* **-1.** *Fam* **~ (cat)** gatito *m*, minino *m* ❑ **~ willow** sauce *m* blanco **-2.** *Vulg (woman's genitals) Esp* conejo *m*, *Col* cuca *f*, *Méx* paloma *f*, *RP* concha *f*, *Ven* cuchara *f*; **he hasn't had any ~ for months** hace meses que no moja el churro *or Méx* que no se chinga a nadie **-3.** *Fam (weak, cowardly man)* mariquita *m*

pussyfoot ['pʊsɪfʊt] *vi Fam* **to ~ around** *or* **about** andarse con rodeos

pustule ['pʌstjʊl] *n* pústula *f*

put [pʊt] (*pt & pp* **put**) ◇ *vt* **-1.** *(place)* poner; *(carefully)* colocar; **~ your coat in the bedroom** pon tu abrigo en el dormitorio *or Am* el cuarto *or CAm, Col, Méx* la recámara; **~ the knife to the right of the fork** coloca el cuchillo a la derecha del tenedor; **to ~ one's arms around sth** rodear algo con los brazos, abrazar algo; **to ~ one's arms around sb** abrazar a alguien; **to ~ sth in into sth** meter algo en algo; **to ~ money into an account** *Esp* ingresar *or Am* depositar dinero en una cuenta; **he ~ his hands over his eyes** se cubrió *or* tapó los ojos con las manos; **he ~ his head round the door** asomó la cabeza por la puerta; **~ your arm through the hole** mete el brazo por el agujero; **~ those tables closer together** junta más esas mesas; **we ~ the chairs (up) against the wall** arrimamos las sillas a la pared; **we'll ~ them on the train** los pondremos en el tren; **to ~ a man on the Moon** mandar *or* llevar un hombre a la Luna; **to ~ the ball out of play** sacar la pelota fuera *or Am* afuera del campo; **to ~ the ball in the back of the net** marcar (un gol); **to ~ a limit on sth** poner un límite a algo; *Fam Br* **~ it there!**, *US* **put 'er there!** *(shake hands)* ¡choca esos cinco!, ¡chócala!; *Fig* **to ~ oneself into sb's hands** ponerse en manos de alguien; *Fig* **~ yourself in my position** *or* **place** ponte en mi lugar; *Fam Fig* **I didn't know where to ~ myself** no sabía dónde meterme

-2. *(cause to be)* **to ~ sb's health at risk** poner la salud de alguien en peligro; **to ~ sb in charge** poner a alguien al mando; **to ~ sb in a difficult position** poner a alguien en una posición difícil; **to ~ sb in a good mood** poner a alguien de buen humor; **a small error ~ the final figure out by over a million** un pequeño error resultó en una equivocación de más de un millón en la cifra final; **to ~ sb under pressure** presionar a alguien

-3. *(attribute)* **he ~ his faith in them/it** puso su fe en ellos/ello *or* eso; **to ~ a tax on sth** poner un impuesto sobre algo; **he ~ a value of $40,000 on it** le atribuyó un valor de 40.000 dólares, lo evaluó en 40.000 dólares; **we can't ~ a figure on the final cost** no sabemos cuál será exactamente el costo *or Esp* coste final; **it's putting a strain on our relationship** está creando tensiones en nuestra relación; **I know the name, but I can't ~ a face to it** conozco el nombre, pero no consigo recordar su cara

-4. *(present, suggest)* **I'll ~ it to the boss and see what he says** se lo propondré al jefe, a ver qué le parece; **to ~ a proposal to sb/ before a committee** presentar una propuesta a alguien/ante un comité; **to ~ a question to sb** plantear una pregunta a alguien; **I ~ it to you that...** *(in court case)* ¿no es cierto que...?

-5. *(devote)* **I've ~ a lot of effort into this piece of work** me he esforzado mucho con este trabajo; **to ~ a lot of money into sth** invertir mucho dinero en algo; **I've ~ a lot of thought into this proposal** he reflexionado sobre esta propuesta muy detenidamente; **to ~ a lot of work into sth** trabajar intensamente en algo; **we've ~ a lot into this project** hemos dedicado un gran esfuerzo a este proyecto

-6. *(bet)* **to ~ money on a horse** apostar a un caballo; *Fig* **I wouldn't ~ money on it!** ¡yo no (me) apostaría nada!

-7. *(write)* poner; **~ it in your diary** escríbelo *or* ponlo en tu agenda; **she ~ her name to the document** firmó el documento

-8. *(express)* **to ~ sth well/badly** expresar algo bien/mal; **how shall I ~ it?** ¿cómo lo diría?; **if you ~ it like that, I can hardly say no** si me lo planteas así, no puedo decir que no; **I couldn't have ~ it better myself** nadie lo hubiera dicho mejor; **to ~ it bluntly** hablando claro; **to ~ it mildly** por no decir otra cosa; **to ~ it another way...** por decirlo de otra manera...; **let me ~ it this way, he's not exactly intelligent** no es precisamente inteligente *or* no es muy inteligente que digamos; **to ~ sth into words** expresar algo con palabras; **as Proudhon ~ it, property is theft** como dijo Proudhon, la propiedad es un robo

-9. *(estimate, consider)* calcular (**at** en); **I would ~ her age at forty** yo diría que tiene unos cuarenta años; **I'd ~ him among the five best sprinters of all time** yo lo incluiría entre los cinco mejores esprinters de todos los tiempos; **she always puts her children first** para ella sus niños son lo primero

-10. SPORT **to ~ the shot** lanzar peso

-11. ST EXCH **~ option** opción *f* de venta

◇ *vi* **to ~ to sea** zarpar

put about ◇ vt sep **-1.** (rumour) difundir; **to ~ it about that...** difundir el rumor de que... **-2.** Br Fam **he puts it about, he puts himself about** (has several sexual partners) es un pendón or Méx cascolino or RP picaflor
◇ vi (ship) cambiar de rumbo

put across vt sep (message, idea) transmitir, hacer llegar; **to ~ oneself across well/badly** hacerse entender bien/mal

put aside vt sep **-1.** (reserve) apartar; **I ~ an hour aside each day for reading** dejo una hora diaria para la lectura; **we'll ~ it aside for you** (in shop) se lo dejamos apartado **-2.** (save) (money) ahorrar **-3.** (problem, differences, fact) dejar a un lado

put away vt sep **-1.** (tidy away) ordenar, recoger; **~ your money/wallet away** guarda tu dinero/cartera **-2.** (save) (money) ahorrar **-3.** Fam (in prison, mental hospital) (person) encerrar **-4.** Fam (eat, drink) tragarse; **he can really ~ it away!** ¡cómo traga! **-5.** Fam (score) (penalty) convertir

put back vt sep **-1.** (replace) devolver a su sitio **-2.** (postpone) aplazar, posponer; (clock) retrasar, atrasar; (schedule) retrasar; IDIOM **that puts the clock back ten years** esto nos devuelve a la misma situación de hace diez años

put behind vt sep **I've ~ my disappointment behind me** he superado mi decepción

put by vt sep (save) ahorrar

put down ◇ vt sep **-1.** (set down) dejar; (phone, receiver) colgar; **she ~ the child down and he ran off** puso al niño en el suelo y se marchó corriendo; **she ~ the phone down on me** me colgó; **I couldn't ~ the book down** no me podía despegar del libro
-2. (put to bed) (baby) acostar
-3. (reduce) (prices, interest rates) bajar
-4. (revolt, opposition) reprimir, ahogar
-5. (write) poner por escrito; **to ~ sth down in writing** poner algo por escrito; **to ~ sb** or **sb's name down for sth** apuntar a alguien a algo; **to ~ one's name** or **oneself down for sth** apuntarse a or inscribirse en algo; **~ me down for $5** apúntame 5 dólares, apunta que yo pago 5 dólares; IDIOM **they've ~ me down as a troublemaker** me han catalogado como alborotador
-6. (pay) (deposit) dejar
-7. (attribute) **to ~ sth down to sth** achacar or atribuir algo a algo; **we'll just have to ~ it down to experience** por lo menos nos queda la experiencia
-8. (animal) sacrificar; **to have a cat/dog ~ down** sacrificar a un gato/perro
-9. (criticize) **to ~ sb down** dejar a alguien en mal lugar; **to ~ oneself down** menospreciarse
◇ vi (aircraft) aterrizar

put forward vt sep **-1.** (plan, theory, candidate) proponer; (proposal) presentar; (suggestion) hacer; **to ~ oneself forward as a candidate** presentarse como candidato(a)
-2. (clock, time of meeting) adelantar

put in ◇ vt sep **-1.** (install) poner, instalar
-2. (present) (claim, protest) presentar; **to ~ in a request for sth** solicitar algo; **to ~ in a (good) word for sb** decir algo en favor de alguien
-3. (devote) (time, work) invertir, dedicar (**on** en); **I've been putting in a lot of overtime** he hecho muchas horas extras
-4. (include) incluir en; **should we ~ this word in?** ¿incluimos esta palabra?
-5. (add, expand) añadir
◇ vi (ship) atracar, hacer escala (**at** en)

put in for vt insep (apply for) (exam) apuntarse a; (job, pay rise) solicitar

put off vt sep **-1.** (postpone) aplazar, posponer; **to ~ off cleaning the bathroom** dejar la limpieza del baño para más tarde
-2. (make wait) tener esperando; **can we ~ her off until tomorrow?** ¿podemos hacer que espere hasta mañana?; **it's no good trying to ~ me off with excuses** conmigo las excusas no funcionan
-3. (cause to dislike) desagradar, resultar desagradable a; **that meal ~ me off seafood** después de aquella comida dejó de gustarme el marisco
-4. (distract) distraer; **to ~ sb off their work** distraer a alguien de su trabajo; IDIOM **to ~ sb off their stride** or **stroke** cortar el ritmo or desconcentrar a alguien
-5. (discourage) **to ~ sb off doing sth** quitarle or Am sacarle a alguien las ganas de hacer algo; **we were ~ off by the price** el precio nos desanimó; **my parents' example ~ me off marriage** el ejemplo de mis padres me ha quitado or Am sacado las ganas de casarme; **don't be ~ off by the dish's appearance** no dejes que el aspecto del plato te quite las ganas
-6. (drop off) dejar

put on vt sep **-1.** (clothes) ponerse; **he ~ his trousers on** se puso el pantalón; **to ~ on one's make-up** ponerse el maquillaje, maquillarse
-2. (light, TV, heating) encender, Am prender; (music, videotape) poner; (brakes) echar; **to ~ the kettle on** poner el agua a hervir (en el hervidor de agua); **~ the carrots on** empieza a cocinar las zanahorias
-3. (add) **to ~ 5 pence on the price of a bottle of wine** subir 5 peniques el precio de una botella de vino; **to ~ on weight** engordar; **to ~ years on sb** hacer más viejo(a) or mayor a alguien
-4. (play, show) representar, hacer; (meal) preparar; (bus, transport) organizar
-5. (feign) **he's not really hurt, he's just putting it on** no está lesionado, está fingiendo; **to ~ on an accent** poner or simular un acento; **to ~ on an act** fingir
-6. US Fam (tease) **you're putting me on!** ¡me estás tomando el pelo or vacilando!

put onto vt sep (inform about) **to ~ sb onto sth/sb** dirigir a alguien a algo/alguien

put out ◇ vt sep **-1.** (fire, light, cigarette) apagar
-2. (place outside) (washing, rubbish, cat) sacar; **we ~ some food out for the birds** sacamos algo de comida para los pájaros; Fig **to ~ sth out of one's mind** quitarse or Am sacarse algo de la cabeza
-3. (extend) **to ~ out one's hand** tender la mano; **to ~ one's tongue out** sacar la lengua
-4. (arrange for use) dejar preparado(a); **he ~ out his clothes for the next day** preparó su ropa para el día siguiente
-5. (report, statement, warning) emitir
-6. (subcontract) subcontratar
-7. (eliminate) (from competition) eliminar (**of** de)
-8. (in baseball) eliminar
-9. (make unconscious) dormir
-10. (annoy) **to be ~ out** estar disgustado(a)
-11. (inconvenience) molestar; **to ~ oneself out (for sb)** molestarse (por alguien)
-12. (dislocate) **to ~ one's shoulder/knee out** dislocarse el hombro/la rodilla
◇ vi **-1.** (ship) hacerse a la mar, zarpar **-2.** US very Fam (have sex willingly) acostarse, meterse en la cama (**for** con)

put over vt sep **-1.** = **put across -2.** IDIOM Fam **to ~ one over on sb** timar or Esp pegársela or RP pasar a alguien

put through vt sep **-1.** (on phone) **to ~ sb through to sb** poner or pasar a alguien con alguien **-2.** (subject to) **to ~ sb through sth** someter a alguien a algo; **he has ~ her through hell** le ha hecho pasar las de Caín
-3. (pay for) **to ~ sb through school** pagarle a alguien el colegio

put to vt sep **we don't wish to ~ you to any trouble** no deseamos importunarte; **to ~ sth to a vote** someter algo a voto; **we ~ them to work sweeping the floor** les pusimos a trabajar barriendo el suelo

put together vt sep **-1.** (assemble) (machine, furniture) montar; (file, report, meal, team) confeccionar; (plan, strategy) elaborar, preparar; **you'll never ~ that vase back together again** no conseguirás recomponer ese jarrón **-2.** (combine) (colours, ingredients) mezclar; **she's more intelligent than the rest of them ~ together** ella es más lista que todos los demás juntos

put towards vt sep **here's some money for you to ~ towards a new bike** aquí tienes algo de dinero para la nueva bici

put up ◇ vt sep **-1.** (erect) (ladder) situar; (tent) montar; (building, barricade, fence) levantar, construir; (statue) erigir, poner
-2. (affix) (painting, notice, curtains) colocar, poner
-3. (raise) (umbrella) abrir; (hood) poner; **he ~ his collar up** se subió el cuello; **to ~ up one's hand** levantar la mano; **to ~ one's hair up** recogerse el pelo
-4. (increase) (prices, interest rates) subir, aumentar
-5. (provide accommodation for) alojar; **could you ~ me up for the night?** ¿podría dormir en tu casa esta noche?
-6. (provide) (money) aportar; (candidate) presentar; **to ~ a child up for adoption** ofrecer un niño en adopción; **to ~ sth up for sale** poner algo a la venta; **to ~ up a fight** or **struggle** ofrecer resistencia
◇ vi (stay) alojarse

put upon vt insep **to feel ~ upon** sentirse utilizado(a)

put up to vt sep **to ~ sb up to doing sth** animar a alguien a hacer algo

put up with vt insep aguantar, soportar

putative ['pju:tətɪv] adj Formal presunto(a), supuesto(a); LAW (father) putativo(a)

put-down ['pʊtdaʊn] n Fam pulla f, corte m

put-on ['pʊtɒn] ◇ n Fam **-1.** (pretence) cuento m, farsa f, comedia f; **it's just a ~** es puro cuento; **is that one of your put-ons?** ¿me estás tomando el pelo or Esp, Carib, Méx vacilando? **-2.** (hoax) tomadura f de pelo, vacilada f
◇ adj fingido(a), simulado(a)

putrefaction [pju:trɪ'fækʃən] n putrefacción f

putrefy ['pju:trɪfaɪ] vi pudrirse

putrescence [pju:'tresəns] n Formal putrescencia f

putrescent [pju:'tresənt] adj putrefacto(a), pútrido(a)

putrid ['pju:trɪd] adj **-1.** (rotting) putrefacto(a), pútrido(a); **a ~ smell** un olor pútrido **-2.** Fam (very bad) pésimo(a), Esp infumable

putsch [pʊtʃ] n pronunciamiento m (militar)

putt [pʌt] ◇ n (in golf) putt m, golpe m con el putt(er); **to hole** or **sink a ~** embocar un putt; **to line up a ~** alinear un putt; **to miss a ~** fallar un putt
◇ vt golpear con el putt(er), patear
◇ vi (in golf) golpear con el putt(er), patear

puttee ['pʌtiː] n polaina f

putter ['pʌtə(r)] n **-1.** (golf club) putt(er) m **-2.** (player) **I'm a terrible ~** soy muy malo con el putt(er)

putter about, putter around US Fam ◇ vi entretenerse; **he spent the morning puttering about** or **around in the garden** ha estado toda la mañana entretenido or ocupado en el jardín
◇ vt insep **I like to spend Sunday puttering about** or **around the house/garden** me gusta pasar los domingos de aquí para allá en la casa/el jardín

putting ['pʌtɪŋ] n golpes mpl con el putt ❏ **~ green** (on golf course) = terreno para practicar el putt; Br (for entertainment) = área de césped de pequeñas dimensiones abierta al público para jugar al golf con un putter

putty ['pʌtɪ] ◇ n masilla f; IDIOM **he's ~ in her hands** hace lo que quiere con él ❑ **~ knife** espátula f para masilla
◇ vt poner masilla en

put-up job ['pʊtʌp'dʒɒb] n Fam pufo m, apaño m

put-upon ['pʊtəpɒn] adj **to feel ~** sentirse utilizado(a); **a ~ expression** una expresión de mártir

puzzle ['pʌzəl] ◇ n **-1.** (game) rompecabezas m inv; (mental) acertijo m ❑ **~ book** libro m de pasatiempos **-2.** (mystery) enigma m; **how he escaped remains a ~** cómo escapó sigue siendo un enigma
◇ vt (person) dejar perplejo(a), desconcertar; **you ~ me, Mr Cox** me deja perplejo, Sr Cox; **don't ~ your head over** or **about it** no le des más vueltas
◇ vi (wonder, ponder) dar vueltas a algo
→ **puzzle out** vt sep (reason, cause) explicarse; **I'm still trying to ~ out how/why he did it** todavía estoy intentando explicarme cómo/porqué lo hizo; **I was never able to ~ her out** nunca pude entenderla
→ **puzzle over** vt insep dar vueltas a; **¡that'll give you something to ~ over!** eso te dará en qué pensar

puzzled ['pʌzəld] adj perplejo(a), desconcertado(a); **to look ~** tener cara de perplejidad or desconcierto; **the public are puzzled** el público está desconcertado

puzzlement ['pʌzəlmənt] n perplejidad f, desconcierto m; **to look at sb in ~** mirar a alguien con desconcierto

puzzler ['pʌzlə(r)] n **-1.** (person) = persona aficionada a los rompecabezas, crucigramas, etc. **-2.** (mystery, problem) enigma m, misterio m

puzzling ['pʌzəlɪŋ] adj desconcertante

PVC [pi:vi:'si:] n (abbr **polyvinyl chloride**) PVC m

PVS [pi:vi:'es] n MED (abbr **permanent vegetative state**) estado m vegetativo profundo

Pvt. (abbr **private**) soldado m raso

PW Br (abbr **policewoman**) mujer f policía

pw adv (abbr **per week**) a la semana, por semana

PWA [pi:dʌbəlju:'eɪ] n (abbr **person with AIDS**) enfermo(a) m,f de sida

PWR [pi:dʌbəlju:'ɑ:(r)] n (abbr **pressurized-water reactor**) RAP m, reactor m de agua a presión

PX n (abbr **post exchange**) US MIL cooperativa f militar, economato m militar

Pygmalion [pɪɡ'meɪlɪən] n MYTHOL Pigmalión

pygmy ['pɪɡmɪ] n **-1.** (tribesman) **Pygmy** pigmeo(a) m,f **-2. ~ hippopotamus** hipopótamo m enano; **~ owl** mochuelo m chico **-3.** (insignificant person) pigmeo(a) m,f, enano(a) m,f; **they're political pygmies** son políticos sin importancia

pyjama, US **pajama** [pə'dʒɑ:mə] n **pyjamas** pijama m, Am piyama m or f; **a pair of pyjamas** un pijama or Am piyama; **~ bottom(s)** pantalón or pantalones del pijama or Am piyama; **~ top** camiseta del pijama or Am piyama ❑ **~ case** bolsa f para pijamas or Am piyamas; **~ jacket** camiseta f del pijama or Am piyama; **~ party** = fiesta en la que un grupo de amigas se queda a dormir en casa de otra, pijama for m party, Méx pijamada f; **~ trousers** pantalón m del pijama or Am piyama

pylon ['paɪlɒn] n torre f (de alta tensión)

pylorus [paɪ'lɔ:rəs] n ANAT píloro m

Pyongyang ['pjɒŋ'jæŋ] n Pyongyang

pyorrhea, Br **pyorrhoea** [paɪə'rɪə] n MED piorrea f

pyramid ['pɪrəmɪd] n pirámide f ❑ **~ selling** venta f piramidal

pyramidal [pɪ'ræmɪdəl] adj piramidal

pyre ['paɪə(r)] n pira f

Pyrenean [pɪrə'nɪən] adj pirenaico(a) ❑ **~ desman** desmán m del Pirineo; **~ Mastiff** mastín m del Pirineo

Pyrenees [pɪrə'ni:z] npl **the ~** los Pirineos

Pyrex® ['paɪreks] n pyrex® m ❑ **~ dish** fuente f de pyrex®

pyrites [paɪ'raɪti:z] n GEOL pirita f; **iron ~** pirita amarilla or de hierro

pyromania [paɪrə'meɪnɪə] n piromanía f

pyromaniac [paɪrə'meɪnɪæk] n pirómano(a) m,f

pyrotechnics [paɪrə'tekniks] ◇ n (science) pirotecnia f
◇ npl **-1.** (fireworks display) fuegos mpl artificiales **-2.** (in speech, writing) malabarismos mpl, virguerías fpl

Pyrrhic ['pɪrɪk] n **~ victory** victoria f pírrica

Pythagoras [paɪ'θæɡərəs] n pr Pitágoras ❑ **~'s theorem** teorema m de Pitágoras

Pythagorean [paɪθæɡə'ri:ən] ◇ n pitagórico(a) m,f
◇ adj pitagórico(a)

python ['paɪθən] n (serpiente f) pitón m or f

Pythonesque [paɪθən'esk] adj como de Monty Python

pzazz = pizzazz

Qq

Q, q [kju:] *n (letter)* Q, q *f*
Q -1. (*abbr* **Queen**) *(in chess)* D **-2. Q and A (session)** (sesión de) preguntas y respuestas
q (*abbr* **quart**) cuarto *m* de galón
Qatar [kæˈtɑː(r)] *n* Qatar
Qatari [kæˈtɑːrɪ] ◇ *n* persona de Qatar
  ◇ *adj* de Qatar
QC [kjuːˈsiː] *n Br* LAW (*abbr* **Queen's Counsel**) = título honorífico que la Reina concede a algunos abogados eminentes
QE2 [kjuːiːˈtuː] *n* (*abbr* **Queen Elizabeth II**) **the ~** *(ship)* el Queen Elizabeth II
QED [kjuːiːˈdiː] (*abbr* **quod erat demonstrandum**) QED
QM [kjuːˈem] *n* MIL (*abbr* **quartermaster**) oficial *m* de intendencia
QMG [kjuːemˈdʒiː] *n* MIL (*abbr* **Quartermaster-General**) intendente *mf* general
qr (*abbr* **quarter**) cuarto *m*
qt -1. (*abbr* **quart**) cuarto *m* de galón *(UK = 1,136 litros; US = 0,946 litros)* **-2.** (*abbr* **quantity**) cantidad *f*
q.t. [kjuːˈtiː] *n Fam* **to do sth on the q.t.** hacer algo a escondidas *or Esp* a la chita callando
Q-tip® [ˈkjuːtɪp] *n US* bastoncillo *m* (de algodón)
qtly (*abbr* **quarterly**) trimestralmente
qty COM (*abbr* **quantity**) cantidad *f*
Qu. (*abbr* **Quebec**) Quebec
qua [kwɑː] *prep Formal* **money ~ money has no interest for him** el dinero por sí mismo no le interesa
quack¹ [kwæk] ◇ *n (of duck)* graznido *m*
  ◇ *vi (duck)* graznar
quack² *n* **-1.** *Br, Austr Pej or Hum (doctor)* matasanos *m inv* **-2.** *(unqualified)* curandero(a) *m,f*
quackery [ˈkwækərɪ] *n* curanderismo *m*
quad [kwɒd] ◇ *n* **-1.** *Fam (of school, college)* patio *m* **-2.** *Fam (child)* cuatrillizo(a) *m,f* **-3. ~ bike** moto *f* de rally (con tres ruedas gruesas)
  ◇ *adj Fam* cuadrafónico(a)
quadrangle [ˈkwɒdræŋɡəl] *n* **-1.** *(shape)* cuadrilátero *m*, cuadrángulo *m* **-2.** *(of school, college)* patio *m*
quadrangular [kwɒˈdræŋɡjʊlə(r)] *adj* cuadrangular
quadrant [ˈkwɒdrənt] *n* **-1.** GEOM cuadrante *m* **-2.** ASTRON & NAUT cuadrante *m*
quadraphonic [kwɒdrəˈfɒnɪk] *adj* cuadrafónico(a)
quadratic [kwɒˈdrætɪk] MATH ◇ *n* ecuación *f* de segundo grado, (ecuación *f*) cuadrática *f*
  ◇ *adj* cuadrático(a); **~ equation** ecuación de segundo grado, ecuación cuadrática
quadrennial [kwəˈdrenɪəl] *adj* cuatrienal
quadriceps [ˈkwɒdrɪseps] *n* ANAT cuádriceps *m inv*
quadrilateral [kwɒdrɪˈlætərəl] ◇ *n* cuadrilátero *m*
  ◇ *adj* cuadrilátero(a)
quadrille [kwəˈdrɪl] *n* **-1.** *(dance)* = baile para cuatro parejas, en cinco o seis movimientos **-2.** *(music)* = música para el "quadrille"
quadrillion [kwəˈdrɪlɪən] *n Br (10²⁴)* cuatrillón *m*; *US (10¹⁵)* mil billones *mpl*
quadripartite [kwɒdrɪˈpɑːtaɪt] *adj* cuatripartito(a)
quadriplegia [kwɒdrɪˈpliːdʒɪə] *n* tetraplejía *f*
quadriplegic [kwɒdrɪˈpliːdʒɪk] ◇ *n* tetrapléjico(a) *m,f*
  ◇ *adj* tetrapléjico(a)
quadrivium [kwɒˈdrɪvɪəm] *n* HIST cuadrivio *m*
quadruped [ˈkwɒdrʊped] *n* cuadrúpedo *m*
quadruple [kwɒˈdruːpəl] ◇ *adj* cuádruple, cuádruplo(a) ❏ MUS **~ time** compás *m* de cuatro por cuatro
  ◇ *vt* cuadruplicar
  ◇ *vi* cuadruplicarse
quadruplet [ˈkwɒdrʊplɪt] *n* cuatrillizo(a) *m,f*
quadruplicate [kwɒˈdruːplɪkət] ◇ *adj* cuadruplicado(a)
  ◇ *n* **in ~** por cuadruplicado
  ◇ *vt* [kwɒˈdruːplɪkeɪt] **-1.** *(multiply by four)* cuadruplicar **-2.** *(make four copies of)* cuadruplicar
quaff [kwɒf] *vt Literary* trasegar, ingerir a grandes tragos
quagmire [ˈkwæɡmaɪə(r)] *n* **-1.** *(bog)* barrizal *m*, lodazal *m* **-2.** *(difficult situation)* atolladero *m*
quahog [ˈkwɑːhɒɡ] *n US* mercenaria *f*, almeja *f* americana
quail¹ [kweɪl] *(pl* **quail***) n (bird)* codorniz *f*
quail² *vi (person)* amedrentarse, amilanarse (**at** *or* **before** ante)
quaint [kweɪnt] *adj* **-1.** *(picturesque)* pintoresco(a) **-2.** *(old-fashioned)* anticuado(a) **-3.** *(odd)* singular, extraño(a)
quaintly [ˈkweɪntlɪ] *adv* **-1.** *(in a picturesque way)* pintorescamente **-2.** *(in an old-fashioned way)* de forma anticuada; **she was ~ dressed** iba vestida a la antigua **-3.** *(oddly)* singularmente, extrañamente
quaintness [ˈkweɪntnɪs] *n* **-1.** *(picturesqueness)* lo pintoresco **-2.** *(old-fashioned charm)* encanto *m* anticuado **-3.** *(oddness)* lo singular *or* extraño
quake [kweɪk] ◇ *n Fam (earthquake)* terremoto *m*
  ◇ *vi* temblar, estremecerse; IDIOM **to ~ in one's boots** estar muerto(a) de miedo
Quaker [ˈkweɪkə(r)] *n* REL cuáquero(a) *m,f*
Quakerism [ˈkweɪkərɪzəm] *n* cuaquerismo *m*
qualification [kwɒlɪfɪˈkeɪʃən] *n* **-1.** *(diploma)* titulación *f*; **he left school with no qualifications** se fue del colegio sin obtener ninguna titulación; **academic qualifications** títulos académicos; **professional qualifications** cualificaciones profesionales
-2. *(requirement)* requisito *m*; **one of the qualifications for this job is a sense of humour** uno de los requisitos para este puesto es tener sentido del humor
-3. *(completion of studies)* **after ~** después de obtener el título
-4. *(modification)* reserva *f*; **they accepted the idea with some/without ~** aceptaron la idea con/sin reservas
-5. *(for competition)* clasificación *f*
qualified [ˈkwɒlɪfaɪd] *adj* **-1.** *(having diploma)* titulado(a); **to be ~ to do sth** tener el título necesario para hacer algo; **our staff are highly ~** nuestro personal está altamente cualificado; **applications are invited from suitably ~ persons** sólo se aceptarán solicitudes de personas debidamente cualificadas
-2. *(competent)* capaz, capacitado(a); **to be ~ to do sth** estar capacitado(a) para hacer algo; **I don't feel ~ to discuss such matters** no me siento capacitado para abordar temas de este tipo
-3. *(modified)* limitado(a), parcial; **their plan met with ~ acceptance** su plan fue aceptado pero con ciertas salvedades ❏ POL **~ majority** mayoría *f* cualificada; POL **~ majority voting** votación *f* por mayoría cualificada
qualifier [ˈkwɒlɪfaɪə(r)] *n* **-1.** *(person, team)* clasificado(a) *m,f*; *(match)* partido *m* de clasificación, eliminatoria *f* **-2.** GRAM calificador *m*, modificador *m*
qualify [ˈkwɒlɪfaɪ] ◇ *vt* **-1.** *(make competent)* **to ~ sb for sth/to do sth** capacitar a alguien para algo/para hacer algo; **what qualifies him to talk about French politics?** ¿qué autoridad tiene para hablar de política francesa? **-2.** *(modify)* matizar; **they qualified their acceptance of the plan** aceptaron el plan con algunas salvedades **-3.** GRAM modificar
  ◇ *vi* **-1.** *(complete studies)* **to ~ as a doctor** obtener el título de médico(a); **only 10 percent of the students go on to ~** sólo el 10 por ciento de los alumnos termina la carrera *or Am* llega a recibirse **-2.** *(be eligible)* **to ~ for sth** tener derecho a algo; *Fig* **it hardly qualifies as a mountain** difícilmente podría decirse que es una montaña **-3.** *(in competition)* clasificarse (**for** para)
qualifying [ˈkwɒlɪfaɪɪŋ] *adj* **-1.** *(round, game)* eliminatorio(a); *(team)* clasificado(a) **-2.** *(exam)* de ingreso; *(candidate)* aceptado(a) **-3.** *(modifying)* **a ~ statement** una matización
qualitative [ˈkwɒlɪtətɪv] *adj* cualitativo(a) ❏ **~ analysis** análisis *m* cualitativo
qualitatively [ˈkwɒlɪtətɪvlɪ] *adv* cualitativamente
quality [ˈkwɒlɪtɪ] *n* ◇ **-1.** *(standard)* calidad *f*; **of good/poor ~** de buena/mala calidad; **~ of life** calidad de vida ❏ **~ control** control *m* de calidad; IND **~ controller** responsable *mf* del control de calidad
-2. *(excellence)* calidad *f*; **~ matters more than quantity** la calidad es más importante que la cantidad ❏ IND **~ circle** círculo *m* de calidad
-3. *(characteristic, feature)* cualidad *f*; **these tyres have superior road-holding qualities** estos neumáticos tienen mejor agarre *or* adherencia
-4. *(tone) (of voice, sound)* timbre *m*
-5. *(in phonetics)* calidad *f*
-6. *Br Fam (newspaper)* periódico *m* serio
-7. *Old-fashioned (high social status)* clase *f*; **a gentleman of ~** un caballero con clase
  ◇ *adj (product)* de calidad ❏ *Br* **~ newspapers** prensa *f* no sensacionalista; **~ time** = tiempo que uno reserva para disfrutar de la pareja, la familia, los amigos, etc., y alejarse de las preocupaciones laborales y domésticas
qualm [kwɑːm] *n* escrúpulo *m*, reparo *m*; **to have no qualms about doing sth** no tener ningún escrúpulo *or* reparo en hacer algo
quandary [ˈkwɒndərɪ] *n* dilema *m*; **to be in a ~ (about sth)** estar en un dilema (sobre algo)

quango ['kwæŋgəʊ] (pl **quangos**) n Br POL (abbr **quasi-autonomous non-governmental organization**) = organismo público semiindependiente

quanta pl of **quantum**

quantifiable [kwɒntɪ'faɪəbəl] adj cuantificable

quantification [kwɒntɪfɪ'keɪʃən] n cuantificación f

quantifier ['kwɒntɪfaɪə(r)] n **-1.** MATH & PHIL cuantificador m **-2.** GRAM cuantificador m

quantify ['kwɒntɪfaɪ] vt cuantificar; **it is hard to ~ the damage** es difícil cuantificar el daño

quantitative ['kwɒntɪtətɪv] adj cuantitativo(a) ❑ **~ analysis** análisis m cuantitativo

quantitatively ['kwɒntɪtətɪvlɪ] adv cuantitativamente

quantity ['kwɒntɪtɪ] n **-1.** (amount) cantidad f; **in ~** en grandes cantidades ❑ **~ surveyor** estimador(ora) m,f, medidor(ora) m,f (en obra) **-2.** MATH cantidad f **-3.** (of syllable, vowel) cantidad f

quantum ['kwɒntəm] (pl **quanta** ['kwɒntə]) n **-1.** PHYS cuanto m ❑ Fig **~ jump** paso m de gigante; **~ leap** paso m de gigante; **~ mechanics** mecánica f cuántica; **~ physics** física f cuántica; **~ theory** teoría f cuántica **-2.** Formal cuantía f

quarantine ['kwɒrəntiːn] ◇ n cuarentena f; **to be in ~** estar en cuarentena; **they put the town under ~** pusieron al pueblo en cuarentena
◇ vt poner en cuarentena

quark [kwɑːk] n PHYS quark m

quarrel ['kwɒrəl] ◇ n **-1.** (argument) pelea f, discusión f; **to have a ~** pelearse; **to pick a ~ with sb** buscar pelea con alguien; **are you trying to start a ~?** ¿buscas pelea? **-2.** (disagreement) discrepancia f, desacuerdo m; **I have no ~ with you/her proposal** no tengo nada en contra tuya/de su propuesta; **my only ~ with the plan is its cost** mi único reparo con el plan es su costo
◇ vi (pt & pp **quarrelled**, US **quarreled**) **-1.** (argue) pelearse, discutir (**with**/**about** or **over** con/por); **let's not ~ about or over it** no discutamos por esto; **they're always quarrelling over money** siempre se están peleando por dinero **-2.** (disagree) **to ~ with sth** discrepar de algo; **I can't ~ with that** estoy de acuerdo

quarrelling, US **quarreling** ['kwɒrəlɪŋ] n peleas fpl, discusiones fpl

quarrelsome ['kwɒrəlsəm] adj peleón(ona)

quarry[1] ['kwɒrɪ] n **-1.** (prey) presa f **-2.** Fig presa f

quarry[2] ◇ n (for stone) cantera f
◇ vt (hill) excavar; (stone) extraer; Fig **innumerable film plots have been quarried from his plays** innumerables argumentos de películas se han inspirado en sus piezas teatrales
◇ vi explotar una cantera

quarryman ['kwɒrɪmæn] n cantero m

quart [kwɔːt] n (liquid measurement) cuarto m de galón (UK = 1,136 litros; US = 0,946 litros); PROV Br **you can't get** or **put** or **fit a ~ into a pint pot** lo que no puede ser, no puede ser, y además es imposible

quarter ['kwɔːtə(r)] ◇ n **-1.** (fraction, of orange, of moon) cuarto m; **he ate a ~ of the cake** se comió una or la cuarta parte del pastel; **we've only done a ~ of the work** sólo hemos hecho una cuarta parte del trabajo; **a ~ of a century** un cuarto de siglo; **during the first ~ of the century** durante el primer cuarto de siglo; **a ~ of an hour** un cuarto de hora; **a ~ of a pound** un cuarto de libra (= 113,5 grs); **three quarters** tres cuartos m; **three quarters of all women** las tres cuartas partes de las mujeres; **three and a ~ (litres)** tres (litros) con un cuarto; **the bottle was still a ~ full** quedaba aún un cuarto de botella; **it's a ~ empty** le falta un cuarto; **it's three quarters empty** le faltan tres cuartos
-2. (in telling time) **it's/at a ~ to** or US **of six** son/a las seis menos cuarto; **it's/at a ~ to** son menos cuarto; **it's/at a ~** Br **past** or US **after six** son/a las seis y cuarto; **it's a ~ past** son y cuarto
-3. (three-month period) trimestre m; **published every ~** publicado(a) trimestralmente ❑ Br **~ day** = día del trimestre en el que se paga el alquiler; Br LAW Formerly **~ sessions** = tribunal que juzgaba delitos menores trimestralmente
-4. (area of city) barrio m, zona f; **the residential/industrial ~** el barrio or la zona residencial/industrial
-5. (part of butchered animal) cuarto m
-6. (phase of moon) cuarto m; **the moon is in the first/last ~** la luna está en cuarto creciente/menguante
-7. NAUT (direction) **the wind is in the port/starboard ~** el viento sopla de babor/estribor
-8. (group) **in some quarters** en algunos círculos; **in well-informed quarters** en círculos bien informados; **help came from an unexpected ~** la ayuda llegó de donde menos se esperaba; **donations poured in from all quarters** llegaban donaciones de todos lados
-9. quarters (lodgings) alojamiento m; **she took up quarters in central London** se alojó en el centro de Londres; MIL **officer quarters** residencia de oficiales
-10. (mercy) **to give no ~** no dar cuartel; **there was no ~ given or asked** ni se dio ni se pidió cuartel
-11. US (coin) cuarto m de dólar
-12. SPORT **~ final** (match) enfrentamiento m de cuartos de final; **the ~ finals** los cuartos de final
-13. (in basketball, ice hockey) cuarto m
-14. US MUS **~ note** negra f
◇ adj **a ~ hour/century/pound** un cuarto de hora/siglo/libra ❑ **~ pounder** = hamburguesa que pesa aproximadamente un cuarto de libra
◇ vt **-1.** (divide into four) dividir en cuatro partes **-2.** MIL (troops) acantonar, alojar **-3.** HIST (prisoner) descuartizar

quarterback ['kwɔːtəbæk] ◇ n US quarterback m (en fútbol americano, jugador que dirige el ataque), Méx mariscal m de campo
◇ vt US **-1.** (football team) **he quarterbacked the Marlins to three Superbowls** como quarterback, condujo a los Marlins a tres Superbowls **-2.** (enterprise) dirigir

quarterdeck ['kwɔːtədek] n (of ship) alcázar m, cubierta f de popa

quarter-finalist ['kwɔːtə'faɪnəlɪst] n cuartofinalista mf

quarterlight ['kwɔːtəlaɪt] n AUT (window) ventanilla f triangular

quarterly ['kwɔːtəlɪ] ◇ n publicación f trimestral
◇ adj trimestral
◇ adv trimestralmente

quartermaster ['kwɔːtəmɑːstə(r)] n MIL oficial m de intendencia

quarterstaff ['kwɔːtəstɑːf] n HIST pica f

quartet [kwɔː'tet] n **-1.** MUS (players, piece of music) cuarteto m **-2.** (group of four people) cuarteto m

quartile ['kwɔːtaɪl] n (in statistics) cuartil m

quarto ['kwɔːtəʊ] ◇ n (pl **quartos**) pliego en cuarto
◇ adj (volume) en cuarto; **a ~ sheet** una cuartilla

quartz [kwɔːts] n cuarzo m ❑ **~ clock** reloj m de cuarzo; **~ crystal** cristal m de cuarzo; **~ watch** reloj m de cuarzo

quartz-halogen ['kwɔːts'hælədʒən] adj de cuarzo halógeno

quasar ['kweɪzɑː(r)] n ASTRON cuásar m, quasar m

quash [kwɒʃ] vt **-1.** (revolt) sofocar; (objection) acallar; **their creativity is quashed at an early age** se reprime su creatividad a temprana edad **-2.** LAW (sentence, verdict) revocar, anular

quasi- ['kweɪzaɪ] prefix cuasi-

Quasimodo [kwæzɪ'məʊdəʊ] n pr Cuasimodo

quatercentenary [kwætəsen'tiːnərɪ] n cuarto centenario m

Quaternary [kwɒ'tɜːnərɪ] GEOL ◇ n **the ~** el cuaternario
◇ adj cuaternario(a)

quatrain ['kwɒtreɪn] n LIT cuarteto m

quattrocento [kwætrəʊ'tʃentəʊ] n ART quattrocento m

quaver ['kweɪvə(r)] ◇ n **-1.** MUS corchea f **-2.** (in voice) temblor m
◇ vi (voice) temblar

quavering ['kweɪvərɪŋ], **quavery** ['kweɪvərɪ] adj temblante, trémulo(a)

quay [kiː] n muelle m

quayside ['kiːsaɪd] n muelle m

Que (abbr **Quebec**) Quebec

queasiness ['kwiːzɪnɪs] n **-1.** (nausea) mareo m, náuseas fpl **-2.** (uneasiness) incomodidad f

queasy ['kwiːzɪ] adj **-1.** (nauseous) mareado(a); **to feel ~** estar mareado(a), tener náuseas; **the very sight of meat makes her feel ~** con sólo ver carne tiene náuseas **-2.** (uneasy) intranquilo(a)

Quebec [kwɪ'bek] n (provincia f de) Quebec ❑ **~ City** Quebec (capital)

QUEBEC

Fundada en 1608 por el explorador francés Samuel de Champlain, la provincia de **Quebec** ha continuado siendo predominantemente de habla francesa después de que Canadá pasara a manos británicas en 1763. Hoy en día el francés es la lengua oficial de **Quebec** y la lengua materna de la mayor parte de la población. Ciertas leyes lingüísticas restringen el uso del inglés, como en el caso de los rótulos y carteles. En 1995, la población de **Quebec** decidió en referendum, y por un estrecho margen, no independizarse del resto de Canadá.

Quebec(k)er [kwɪ'bekə(r)], **Quebecois** (pl **Quebecois**) [kebe'kwɑː] n persona de Quebec

queen [kwiːn] ◇ n **-1.** (of country) reina f; **she was ~ to Charles II** fue la reina consorte de Charles II ❑ **~ bee** abeja f reina; IDIOM **she's ~ bee** es la que corta el bacalao or dirige el cotarro; Br **the Queen's Christmas message** el mensaje de Navidad de la reina; **the Queen's English** el inglés estándar; **the Queen Mother** or Fam **Mum** la reina madre; Br PARL **the Queen's Speech** = discurso inaugural que pronuncia la reina en su apertura anual del parlamento; Br MIL **Queen's Regulations** reglamento m militar
-2. LAW **Queen's Bench (Division)** = una de las tres secciones del Tribunal Supremo; **Queen's Counsel** = abogado de alto rango; **Queen's evidence: to turn Queen's evidence** = inculpar a un cómplice ante un tribunal a cambio de recibir un trato indulgente
-3. (in cards, chess) dama f, reina f; **the ~ of clubs/hearts** la reina de tréboles /corazones
-4. Fam Pej (homosexual) marica m, maricón m
◇ vt **-1.** (put on airs) **to ~ it over sb** ser una mandamás con alguien **-2.** (in chess) **to ~ a pawn** convertir un peón en reina

---
QUEEN'S SPEECH

Se trata del discurso pronunciado por la Reina durante la apertura anual del parlamento británico, que habitualmente se lleva a cabo en noviembre, y constituye la ceremonia oficial más importante del año parlamentario en Westminster. En el discurso, pronunciado ante la Cámara de los Lores, se resumen los proyectos legislativos que el gobierno tiene previstos para el año parlamentario que está a punto de comenzar. Aunque el discurso lo pronuncia la Reina, sus contenidos están redactados por una comisión del gobierno y aprobados por el Consejo de Ministros.

---

queenly ['kwiːnlɪ] adj (grace, bearing) de reina

Queensberry Rules ['kwi:nzbərɪ'ru:lz] *npl* **-1.** *(in boxing)* reglamento *m* **-2.** *Fig* reglamento *m*

queen-size(d) ['kwi:nsaɪz(d)] *adj (bed)* grande

queer ['kwɪə(r)] ◇ *n Fam Pej (male homosexual)* marica *m*, maricón *m*
◇ *adj* **-1.** *(strange)* raro(a), extraño(a); |IDIOM| *Fam Old-fashioned* **to be in ~ street** estar con la soga *or Esp* el agua al cuello; *Fam* **a ~ fish** un bicho raro **-2.** *(suspicious)* raro(a), sospechoso(a) **-3.** *Fam (unwell)* **to feel ~** encontrarse mal; **to come over** *or* **to be taken ~** ponerse malo(a) **-4.** *Fam Pej (homosexual)* marica, maricón(ona); **~ poetry/cinema** poesía/cine gay
◇ *vt Fam* **to ~ sb's pitch** aguarle la fiesta a alguien; *US* **to ~ the act** fastidiarla

queer-bashing ['kwɪəbæʃɪŋ] *n Br Fam* = ataques físicos o verbales contra homosexuales

queerly ['kwɪəlɪ] *adv (oddly)* extrañamente; **to look at sb ~** mirar extrañado(a) a alguien

queerness ['kwɪənɪs] *n* **-1.** *(strangeness)* extrañeza *f* **-2.** *(queasiness)* mareo *m*, náusea *f*

quell [kwel] *vt* **-1.** *(revolt)* sofocar **-2.** *(passion)* apagar **-3.** *(allay) (pain)* mitigar; *(doubt, worry, fears)* disipar

quench [kwentʃ] *vt* **-1.** *(thirst)* apagar **-2.** *(fire)* apagar **-3.** *(enthusiasm, desire)* aplacar **-4.** *(metal)* enfriar

querulous ['kwer(j)ʊləs] *adj* lastimero(a), quejumbroso(a)

querulously ['kwer(j)ʊləslɪ] *adv* lastimeramente, quejumbrosamente

query ['kwɪərɪ] ◇ *n* **-1.** *(question, doubt)* duda *f*, pregunta *f*; *(on phone line, to expert, at information desk)* consulta *f*; **I have a ~** tengo una duda *or* pregunta; **she accepted my explanations without (a) ~** aceptó mis explicaciones sin preguntar nada; **to raise a ~ about sth** *(call into question)* poner en duda algo **-2.** *Br (question mark)* signo *m* de interrogación ❏ *US* **~ mark** signo *m* de interrogación
◇ *vt* **-1.** *(express doubt about) (invoice)* pedir explicaciones sobre; *(decision)* cuestionar; **to ~ if** *or* **whether...** poner en duda si... **-2.** *(ask)* preguntar; **"how much is it?" she queried** "¿cuánto es?", preguntó **-3.** *US (consult)* **he queried some eminent authors for advice** acudió a autores de renombre en busca de consejo **-4.** COMPTR *(database)* consultar ❏ **~ language** lenguaje *m* de consulta (estructurado)

querying ['kwɪərɪŋ] *adj* dubitativo(a)

quest [kwest] *Literary* ◇ *n* búsqueda *f* (**for** de); **her ~ for justice** su búsqueda de justicia; **to go** *or* **be in ~ of sth** ir en busca de algo
◇ *vi* **to ~ after** *or* **for sth** ir en busca de algo, buscar algo

question ['kwestʃən] ◇ *n* **-1.** *(interrogation)* pregunta *f*; **to ask (sb) a ~** hacer una pregunta (a alguien); **we'll send you a refund, no questions asked** le reembolsaremos, sin ningún compromiso; **how will we pay for it? - good ~!** ¿cómo lo vamos a pagar? - ¡buena pregunta!; **the ~ is/remains, can we trust them?** la cuestión es/sigue siendo, ¿podemos confiar en ellos?; **to carry out orders without ~** ejecutar órdenes sin preguntar ❏ **~ mark** signo *m* de interrogación; *Fig* **there is a ~ mark against her reliability** su *Esp* fiabilidad *or Am* confiabilidad está en duda; *Fig* **a ~ mark hangs over the future of the project** el futuro del proyecto está en el aire; *Br* **~ master** *(in quiz game)* presentador(ora) *m,f (de un concurso);* GRAM **~ tag** = pregunta corta de confirmación, question tag *f; Br* PARL **~ time** = sesión semanal de control parlamentario en la que los ministros responden a las preguntas de los diputados
-2. *(doubt)* duda *f*; **there is no ~ about it** no cabe duda (al respecto); **there is no ~ that...** no cabe duda alguna (de) que...; **to call sth into ~** poner algo en duda; **beyond ~** *(irrefutably)* fuera de (toda) duda; *(undoubtedly)* sin duda; **her commitment is in ~** su compromiso está en duda; **to be open to ~** ser cuestionable; **without ~** *(undoubtedly)* sin duda
-3. *(matter)* cuestión *f*; **the Irish ~** el problema irlandés; **it is a ~ of keeping your concentration** se trata de mantener la concentración; **it's only a ~ of time** sólo es cuestión de tiempo; **the matter/person in ~** el asunto/individuo en cuestión
-4. *(possibility)* **there is no ~ of our agreeing to that** en ningún caso vamos a aceptar eso; **that's out of the ~!** ¡de eso ni hablar!
◇ *vt* **-1.** *(ask questions to)* preguntar; *(for inquiry)* interrogar; *(for survey)* encuestar; **she was questioned on her views** *(in interview)* le pidieron su opinión
-2. *(cast doubt on)* cuestionar, poner en duda; **I would ~ the wisdom of that course of action** yo pondría en duda la oportunidad de esa táctica

questionable ['kwestʃənəbəl] *adj* **-1.** *(doubtful)* cuestionable, dudoso(a); **it is ~ whether she knew** no está muy claro si ella lo sabía; **in ~ taste** con dudoso gusto **-2.** *(suspicious, disreputable) (motives, behaviour)* cuestionable, dudoso(a)

questioner ['kwestʃənə(r)] *n* interrogador(ora) *m,f;* **our next ~ is from Belfast** *(on discussion programme)* la siguiente pregunta nos hace una persona de Belfast

questioning ['kwestʃənɪŋ] ◇ *n (interrogation)* interrogatorio *m*; **he was held for ~ by the police** la policía lo detuvo para interrogarlo
◇ *adj (look, mind)* inquisitivo(a)

questioningly ['kwestʃənɪŋlɪ] *adv* inquisitivamente

questionnaire [kwestʃə'neə(r)] *n* cuestionario *m*

queue [kju:] ◇ *n* **-1.** *Br (line)* cola *f*; **they were standing in a ~** estaban haciendo cola; **I was first in the ~** yo era el primero en la cola; **to form a ~** hacer cola; **to jump the ~** colarse **-2.** COMPTR cola *f*
◇ *vt* COMPTR poner en cola
◇ *vi Br* hacer cola; **we had to ~ for tickets** tuvimos que hacer cola para comprar las entradas
◆ **queue up** *vi Br* hacer cola

queue-jump ['kju:dʒʌmp] *vi Br* colarse, saltarse la cola

queue-jumper ['kju:dʒʌmpə(r)] *n Br* = persona que no respeta su turno en una cola o lista de espera

queue-jumping ['kju:dʒʌmpɪŋ] *n Br* **~ is considered impolite** el colarse *or* saltarse la cola es considerado una falta de educación

quibble ['kwɪbəl] ◇ *n* objeción *f or Esp* pega *f* insignificante; **I have one small ~** tengo una pequeña objeción
◇ *vi* poner peros *or Esp* pegas (**about** *or* **over** a); **to ~ over details** poner peros *or Esp* pegas a detalles mínimos; **let's not ~** no vamos a discutir por una tontería

quibbler ['kwɪblə(r)] *n* quisquilloso(a) *m,f*

quibbling ['kwɪblɪŋ] *n* peros *mpl*, *Esp* pegas *fpl*

quiche [ki:ʃ] *n* quiche *m or f* ❏ **~ lorraine** quiche *m or f* de tocino *or Esp* beicon y queso

quick [kwɪk] ◇ *n* **to bite one's nails to the ~** morderse las uñas hasta hacerse daño *or* lastimarse; |IDIOM| **to cut sb to the ~** herir a alguien en lo más profundo
◇ *adj* **-1.** *(rapid)* rápido(a); **to have a ~ bath** darse un baño rápido; **to have a ~ drink** tomarse algo rápidamente; **can I have a ~ word with you?** ¿podríamos hablar un momento?; **to be a ~ learner** aprender rápidamente; **there is little prospect of a ~ solution** es improbable que se halle una pronta solución; **to have a ~ temper** tener un genio muy vivo; **~ thinking** rapidez mental; **that was ~!** ¡qué rápido!; **~, the train's about to leave!** ¡corre *or* rápido, que el tren va a salir!; **be ~!** ¡date prisa!, *Am* ¡apúrate!; **...and be ~ about it** ...y rapidito; **three buses went by in ~ succession** tres autobuses pasaron rápidamente uno detrás del otro; **to be ~ to do sth** no tardar *or Am* demorar en hacer algo; **to be ~ to criticize** apresurarse a criticar; **to be ~ off the mark** *(to act)* no perder el tiempo; *(to understand)* ser muy espabilado(a) *or* despabilado(a); **the solution is just a ~ fix** la solución es sólo un arreglo rápido, esto es sólo una solución de emergencia; MIL **~ march!** ¡paso ligero!; *Fam* **to have a ~** *(drink)* tomar una copa rápida; *(sex)* echar uno rápido
-2. *(clever) (person)* listo(a), despierto(a), *RP* vivo(a); *(mind)* despierto(a)
◇ *adv Fam (to run, talk, think)* rápido; |IDIOM| **as ~ as a flash** en un suspiro, como una exhalación

quick-acting ['kwɪk'æktɪŋ] *adj (mechanism, medication)* de acción rápida

quick-change artist ['kwɪk'tʃeɪndʒɑ:tɪst] *n* THEAT transformista *mf; Fig* chaquetero(a) *m,f*

quicken ['kwɪkən] ◇ *vt* **-1.** *(make faster)* acelerar; **to ~ one's pace** *or* **step** apretar *or* acelerar el paso **-2.** *(imagination, appetite)* estimular; *(interest)* despertar
◇ *vi* **-1.** *(pace)* acelerarse; **his pulse quickened** se le aceleró el pulso **-2.** *(imagination)* estimularse; *(interest)* despertarse **-3.** *Literary (baby in womb)* empezar a moverse

quickening ['kwɪkənɪŋ] ◇ *n Literary (of baby)* primeros movimientos *mpl*
◇ *adj* cada vez más acelerado(a)

quickfire ['kwɪkfaɪə(r)] *adj (repartee, questions)* rápido(a)

quick-freeze ['kwɪk'fri:z] *vt* congelar rápidamente

quickie ['kwɪkɪ] *Fam* ◇ *n (question)* pregunta *f* rápida; *Fam* **to have a ~** *(drink)* tomar una copa rápida; *(sex)* echar uno rápido
◇ *adj* **~ divorce** divorcio por la vía rápida

quicklime ['kwɪklaɪm] *n* cal *f* viva

quickly ['kwɪklɪ] *adv* rápidamente, rápido, deprisa; **come as ~ as possible** ven en cuanto puedas; **I ~ realized that...** enseguida me di cuenta de que...; **she ~ lost interest in the subject** enseguida perdió interés en el tema

quickness ['kwɪknɪs] *n* **-1.** *(speed)* rapidez *f* **-2.** *(of mind)* agudeza *f* **-3.** *(hastiness)* **his ~ of temper** el genio tan vivo que tiene

quick-release ['kwɪkrə'li:s] *adj (wheel, mechanism)* abre-fácil

quicksand ['kwɪksænd] *n* arenas *fpl* movedizas

quicksilver ['kwɪksɪlvə(r)] ◇ *n Old-fashioned (mercury)* azogue *m*
◇ *adj (mind, tongue)* imprevisible

quickstep ['kwɪkstep] *n* = baile de salón de pasos rápidos

quick-tempered ['kwɪk'tempəd] *adj* irascible; **to be ~** tener un genio muy vivo

quick-witted ['kwɪk'wɪtɪd] *adj (intelligent)* agudo(a)

quick-wittedness ['kwɪk'wɪtədnɪs] *n (intelligence)* agudeza *f*

quid¹ [kwɪd] *(pl* **quid)** *n Br Fam (pound)* libra *f*; |IDIOM| *Fam* **to be quids in** *(financially)* salir ganando; *(be lucky)* estar de suerte

quid² *n (of tobacco)* pedazo *m*, trozo *m*

quiddity ['kwɪdətɪ] *n* **-1.** PHIL esencia *f* **-2.** *(trifling detail)* minucia *f*

quid pro quo ['kwɪdprəʊ'kwəʊ] *n* compensación *f*; **what was the ~ for her silence?** ¿cuál fue la contrapartida de su silencio?

quiescence [kwɪ'esəns] *n Literary* inactividad *f*, pasividad *f*

quiescent [kwɪ'esənt] *adj Literary* inactivo(a), pasivo(a)

quiet ['kwaɪət] ◇ *n (silence)* silencio *m*; *(peacefulness)* tranquilidad *f*; **the ~ of the countryside** la paz del campo; **~ please!** ¡silencio, por favor!; |IDIOM| *Fam* **to do sth on the ~** hacer algo a escondidas *or Esp* a la chita callando *or RP* bajo cuerda
◇ *adj* **-1.** *(not loud) (music)* tranquilo(a); *(voice)* bajo(a); *(engine, machine)* silencioso(a); **it was very ~ in the church** no se oía

quieten ['kwaɪətən] ◇ vt (child, audience, conscience) calmar, tranquilizar; (doubts, fears) disipar

◇ vi (child) calmarse; (music) apagarse

◆ **quieten down** ◇ vt sep (make silent) hacer callar; (make calm) tranquilizar, calmar

◇ vi (become silent) callarse; (become calm) calmarse, tranquilizarse; **the meeting gradually quietened down** poco a poco la reunión se fue calmando; **he's quietened down a lot since he got married** es mucho más moderado desde que se casó

quietism ['kwaɪətɪzəm] n **-1.** REL quietismo m **-2.** (passivity) quietismo m, pasividad f

quietist ['kwaɪətɪst] ◇ n REL quietista mf
◇ adj quietista, pasivo(a)

quietly ['kwaɪətlɪ] adv **-1.** (silently) silenciosamente, sin hacer ruido; **they were talking ~** hablaban en voz baja; **sit ~** siéntate y no hagas ruido
-2. (discreetly) discretamente; **he ~ removed their names from the list** borró sus nombres discretamente de la lista; **they got married ~** se casaron en la intimidad
-3. (calmly) tranquilamente, apaciblemente; **a ~ flowing river** un río que fluye apaciblemente; **to be ~ determined** estar interiormente resuelto(a); **to be ~ confident** estar íntimamente convencido(a)

quietness ['kwaɪətnɪs] n **-1.** (silence) silencio m; **the ~ of her voice** el tono quedo de su voz **-2.** (calmness, tranquillity) calma f, tranquilidad f **-3.** (of colour, style) discreción f

quietude ['kwaɪətjuːd] n Literary placidez f

quietus [kwaɪ'iːtəs] n Literary (death) óbito m; **to give sth its ~** firmar el acta de defunción de algo

quiff [kwɪf] n Br (of hair) tupé m

quill [kwɪl] n **-1.** (feather) pluma f; (shaft of feather) cañón m **-2. ~ (pen)** pluma f **-3.** (of porcupine) púa f

quilt [kwɪlt] ◇ n (thin bedcover) edredón m; (duvet) edredón m (nórdico) ❑ **~ cover** funda f de edredón
◇ vt acolchar

quilted ['kwɪltɪd] adj (jacket, toilet paper) acolchado(a)

quilting ['kwɪltɪŋ] n **-1.** (material) acolchado m **-2.** (activity) acolchado m ❑ US **~ bee** or **party** = reunión de amigas en una casa para coser un edredón

quin [kwɪn] n Br Fam quintillizo(a) m,f

quince [kwɪns] n membrillo m ❑ **~ jelly** dulce m de membrillo

quincentenary ['kwɪnsen'tiːnərɪ], US **quincentennial** ['kwɪnsen'tenɪəl] ◇ n quinto centenario m
◇ adj quingentésimo(a)

quinidine ['kwɪnɪdaɪn] n quinidina f

quinine ['kwɪniːn] n quinina f

Quinquagesima [kwɪŋkwə'dʒesɪmə] n REL Quincuagésima f

quinquennial [kwɪŋ'kwenɪəl] adj quinquenal

quinquereme ['kwɪŋkwɪriːm] n HIST quinquerremis f, = galera romana de cinco remos por banco

quinsy ['kwɪnzɪ] n MED angina f

quint [kwɪnt] n US Fam quintillizo(a) m,f

quintessence [kwɪn'tesəns] n Formal quintaesencia f; **she's the ~ of Parisian glamour** es la quintaesencia del glamour parisino

quintessential [kwɪntɪ'senʃəl] adj Formal arquetípico(a), prototípico(a); **he's the ~ Englishman** es el inglés por antonomasia, es la quintaesencia de lo inglés

quintessentially [kwɪntɪ'senʃəlɪ] adv Formal **he's ~ Australian** es el australiano por antonomasia, es la quintaesencia de lo australiano

quintet [kwɪn'tet] n quinteto m

quintillion [kwɪn'tɪljən] n Br (10^{30}) quintillón m; US (10^{18}) trillón m

quintuple [kwɪn'tjuːpəl] ◇ adj quíntuple
◇ vt quintuplicar
◇ vi quintuplicarse

quintuplet [kwɪn'tjuːplɪt] n quintillizo(a) m,f

quip [kwɪp] ◇ n broma f, chiste m; **to make a ~** hacer un chiste
◇ vi (pt & pp **quipped**) bromear; **"only if I'm asked nicely," he quipped** "sólo si me lo piden amablemente", bromeó

quire ['kwaɪə(r)] n mano f (de papel)

quirk [kwɜːk] n **-1.** (of character) manía f; **it's one of the program's little quirks** es una de las manías que tiene este programa **-2.** (of fate, nature) capricho m; **by a ~ of fate** por un capricho del destino

quirky ['kwɜːkɪ] adj peculiar

quirt [kwɜːrt] n US fusta f

quisling ['kwɪzlɪŋ] n traidor(ora) m,f

quit [kwɪt] ◇ vt (pt & pp **quit** or **quitted**) **-1.** (leave) (person, place) abandonar, dejar; **to ~ one's job** dejar el trabajo **-2.** esp US (stop) **to ~ doing sth** dejar de hacer algo; **~ stalling and answer the question!** ¡déjate de rodeos y contesta a la pregunta!; Fam **~ it!** ¡déjalo ya! **-3.** COMPTR (application) salir de

◇ vi **-1.** (leave) irse; **to receive notice to ~** (tenant) recibir notificación de desalojo **-2.** (give up) abandonar; **you shouldn't ~ so easily** no te rindas tan fácilmente; **I ~!** ¡me rindo! **-3.** (resign) dimitir; **I ~!** ¡me retiro! **-4.** COMPTR salir

◇ adj **to be ~ of** librarse or deshacerse de

quite [kwaɪt] adv **-1.** (entirely) completamente, totalmente; **I ~ agree** estoy completamente or totalmente de acuerdo; **I ~ understand** lo entiendo perfectamente; **I can ~ confidently say that...** puedo decir con toda confianza que...; **I'd be ~ happy to lend a hand** me encantaría ayudar; **to be ~ honest..., ~ honestly...** para ser sincero(a)...; **~ the opposite** todo lo contrario; **you know ~ well what I mean!** ¡sabes muy bien lo que quiero decir!; **that's not ~ true** no es del todo cierto; **I'm not ~ ready/sure** no estoy del todo listo/seguro; **it's not ~ what I wanted** no es exactamente lo que yo quería; **it wasn't ~ as easy as last time** no fue tan fácil como la última vez; **I can't ~ see what you mean** no alcanzo a ver qué quieres decir, no veo bien lo que quieres decir; **I didn't ~ know how to react** no supe muy bien cómo reaccionar; **there's nothing ~ like a hot bath** no hay nada como un baño caliente; **~ (so)!** ¡efectivamente!; **that's ~ all right** (it doesn't matter) no importa; (you're welcome) no hay de qué; **~ apart from the fact that...** sin mencionar el hecho de que...; **~ enough** más que suficiente; **that's ~ enough of that!** ¡ya es más que suficiente!; **she was sacked, and ~ rightly too!** la echaron, ¡y con razón!

-2. (fairly) bastante; **~ recently** hace muy poco; **she's a good singer** es una cantante bastante buena; **I ~ like him** me cae bastante bien; **~ a few** or **a lot of problems** bastantes problemas; **~ a lot of wine** bastante vino; **for ~ a while** durante mucho tiempo; **we travelled ~ some distance before finding help** tuvimos que recorrer una gran distancia hasta encontrar ayuda

-3. (for emphasis) **it was ~ a surprise** fue toda una sorpresa; **it's been ~ a** or **some day!** ¡menudo día!, RP ¡qué día!; **that movie is ~ something** ¡menuda película!, RP ¡qué película!; **it was ~ the best pizza I have ever had** ha sido la pizza más deliciosa que he comido nunca or en mi vida

Quito ['kiːtəʊ] n Quito

quits [kwɪts] adj **to be ~ (with sb)** estar en paz (con alguien); **now we're ~** ahora estamos en paz; **let's call it ~** vamos a dejarlo así

quitter ['kwɪtə(r)] n Fam **I'm no ~!** ¡no soy de los que abandonan!

quiver[1] ['kwɪvə(r)] n (for arrows) carcaj m, aljaba f

quiver[2] ◇ n (tremble) estremecimiento m; **a ~ of fear went down my spine** un escalofrío or estremecimiento me recorrió la espalda; **he had a ~ in his voice** le temblaba la voz
◇ vi (tremble) (person) estremecerse (**with** de); (lips, voice) temblar (**with** de); **to ~ with fear/rage** estremecerse de miedo/ira

quivering ['kwɪvərɪŋ] adj tembloroso(a), trémulo(a); **he was a ~ wreck** era un manojo de nervios

qui vive ['kiː'viːv] n **to be on the ~** estar alerta or ojo avizor

quixotic [kwɪk'sɒtɪk] adj quijotesco(a)

quixotically [kwɪk'sɒtɪklɪ] adv quijotescamente

quiz [kwɪz] ◇ n (pl **quizzes**) **-1.** (competition, game) concurso m; **~ (show)** programa m concurso **-2.** US (test) examen m, control m

◇ vt (pt & pp **quizzed**) **-1.** (question) interrogar (**about** sobre) **-2.** US (test) examinar

quizmaster ['kwɪzmɑːstə(r)] n presentador(ora) m,f (de un concurso)

quizzical ['kwɪzɪkəl] adj (look, air) de duda burlona; **to give sb a ~ look** echarle a alguien una mirada de duda burlona

quizzically ['kwɪzɪklɪ] adv con aire de duda burlona

quoin [kɔɪn] n (cornerstone) piedra f angular; (keystone) clave f

quoit [kwɔɪt] n herrón m, aro m; **quoits** (game) juego m de los aros

Quonset hut® ['kwɒnsɪt'hʌt] n US = construcción semicilíndrica de chapa ondulada

quorate ['kwɔːreɪt] adj Br **are we ~?** ¿hay quórum?

Quorn® [kwɔːn] n = tipo de proteína vegetal utilizada como sustituto de la carne

quorum ['kwɔːrəm] n quórum m inv; **to have a ~** tener quórum

quota ['kwəʊtə] n **-1.** (limited quantity) cuota f; **they operate a ~ system** se rigen por un sistema de cuotas **-2.** (share) cupo m, cuota f; **I've had my ~ of bad luck** ya he tenido mi cuota de mala suerte

quotable ['kwəʊtəbəl] adj (remark, writer, book) que se presta a ser citado(a); **the press find him very ~** con frecuencia aparecen citas suyas en la prensa; **what he said is not ~ in a family newspaper** sus declaraciones no se pueden reproducir en un periódico leído por toda la familia

quotation [kwəʊ'teɪʃən] n **-1.** (from author) cita f ❑ **~ marks** comillas fpl; Fam **our friend, in ~ marks** nuestro amigo, entre comillas **-2.** COM (for work) presupuesto m **-3.** ST EXCH cotización f

quote [kwəʊt] ◇ n Fam **-1.** (from author) cita f; **is that an actual ~?** ¿son palabras textuales? **-2. quotes** (quotation marks) comillas; **in quotes** entre comillas **-3.** COM (for work) presupuesto m
◇ vt **-1.** (author, passage) citar; **he was**

quoted as saying that... se le atribuye haber dicho que...; **she was quoted as denying the allegation** se asegura que negó la acusación; **don't ~ me on that** *(I'm not sure)* no estoy seguro; *(don't say I've said it)* no digas que he dicho eso; **in reply please ~ this number** en su contestación por favor indique este número

-2. COM *(price)* dar un presupuesto de; **he quoted me a price of £100** me dio un presupuesto de 100 libras, fijó un precio de 100 libras

-3. ST EXCH cotizar; **gold prices were quoted at £500** el oro se cotizó a 500 libras; **quoted company** empresa cotizada en Bolsa

◇ *vi (cite)* **to ~ from Yeats** citar a Yeats; **~ unquote** entre comillas; **and I ~...** y cito textualmente...

quoteworthy ['kwəʊtwɜːði] *adj* digno(a) de ser citado(a)

quoth [kwəʊθ] *vt Old-fashioned or Hum* **~ I/she/they** fueron mis/sus/sus palabras

quotidian [kwəʊ'tɪdɪən] *adj Formal (commonplace)* cotidiano(a)

quotient ['kwəʊʃənt] *n* MATH cociente *m*

q.v. [kjuː'viː] *Formal (abbr* **quod vide***)* véase

qwerty ['kwɜːtɪ] *adj (keyboard)* qwerty

Rr

R, r [ɑː(r)] *n (letter)* R, r *f; Fam* **the three R's** = lectura, escritura y aritmética

R *US* **-1.** POL *(abbr* **Republican**) republicano(a) **-2.** CIN *(abbr* **restricted**) no recomendado(a) para menores

RA [ɑːˈreɪ] *n (abbr* **Royal Academician**) = miembro de la Real Academia de las Bellas Artes británica

RAAF [ræf] *n (abbr* **Royal Australian Air Force**) Fuerzas *fpl* aéreas australianas

Rabat [rəˈbæt] *n* Rabat

rabbet [ˈræbɪt] *n (groove)* rebaje *m*

rabbi [ˈræbaɪ] *n* REL rabino *m*

rabbinate [ˈræbɪnɪt] *n* **-1.** *(post)* rabinato *m* **-2.** *(body)* rabinato *m*

rabbinic(al) [rəˈbɪnɪk(əl)] *adj* rabínico(a)

rabbit [ˈræbɪt] ◇ *n* conejo *m;* **to produce a ~ out of a hat** sacar un conejo de la chistera; IDIOM **to go at it like rabbits** darle como locos ❏ **~ hole** madriguera *f;* **~ hutch** conejera *f;* **~ punch** *Br Fam (cramped accommodation)* caja *f* de cerillas; **~ punch** colleja *f,* golpe *m* en la nuca; **~ warren** red *f* de madrigueras; *Fig* laberinto *m*
◇ *vi* **-1.** *(hunt)* **to go rabbiting** ir a cazar conejos **-2.** *Br Fam (chatter)* parlotear, *Esp* cascar
◆ **rabbit on** *vi Br Fam* parlotear, *Esp* cascar

rabble [ˈræbəl] *n* **-1.** *(disorderly mob)* muchedumbre *f* **-2.** *Pej* **the ~** *(lower classes)* la chusma, el populacho

rabble-rouser [ˈræbəlˌraʊzə(r)] *n* agitador(ora) *m,f* (de masas)

rabble-rousing [ˈræbəlˌraʊzɪŋ] *adj* agitador(ora)

Rabelaisian [ræbəˈleɪzɪən] *adj* rabelesiano(a)

rabid [ˈræbɪd] *adj* **-1.** *(animal)* rabioso(a) **-2.** *(person, emotion)* furibundo(a)

rabidly [ˈræbɪdlɪ] *adv* **he's ~ nationalistic** es un nacionalista furibundo

rabies [ˈreɪbiːz] *n* rabia *f*

RAC [ɑːreɪˈsiː] *n (abbr* **Royal Automobile Club**) = organización británica de ayuda al automovilista, *Esp* ≃ RACE *m, Arg* ≃ ACA *m*

raccoon [rəˈkuːn] *n* mapache *m;* **a ~ coat** un abrigo de piel de mapache

race¹ [reɪs] ◇ *n* **-1.** *(contest)* carrera *f;* **the hundred metres ~** los cien metros lisos; **the ~ for the Presidency** la carrera por la presidencia; *Fig* **the ~ is on (to)** ha comenzado la carrera (para); IDIOM **a ~ against time** *or* **the clock** una carrera contra reloj **-2. the races** *(horseraces)* las carreras; **a day at the races** un día en las carreras ❏ **~ meeting** concurso *m* de carreras de caballos
-3. *(current, in sea)* corriente *f*
◇ *vt* **-1.** *(athlete)* correr con *or* contra; **I'll ~ you home!** ¡te echo una carrera hasta casa!
-2. *(rush)* **the casualties were raced to hospital** llevaron a los heridos al hospital a toda prisa
-3. *(put into race)* **to ~ horses** tener caballos de carreras; **to ~ pigeons** hacer carreras de palomas
-4. AUT **to ~ the engine** acelerar el motor
◇ *vi* **-1.** *(athlete, horse)* correr, competir; **his horse will be racing at Ascot** su caballo va a correr en Ascot; **the drivers were racing against each other** los conductores estaban a ver quién iba más deprisa
-2. *(move quickly)* correr; **to ~ in/out** entrar/salir corriendo; **to ~ down the street** correr calle abajo; **to ~ by** *(time)* pasar volando; **a thousand ideas raced through her mind** se le ocurrieron mil ideas; **the competition is racing ahead of us** la competencia se nos adelanta
-3. *(engine)* acelerarse; *(pulse, heart)* palpitar aceleradamente
◆ **race about, race around** *vi* dar vueltas de un lado a otro

race² *n (of people, animals)* raza *f;* **the human ~** la raza humana; *Old-fashioned* **the Spanish ~** la raza hispánica; *Fig* **the ~ of shopkeepers** la raza especial que son los tenderos ❏ **~ hatred** odio *m* racial; **~ relations** relaciones *fpl* interraciales; **~ riot** disturbio *m* racial

racecard [ˈreɪskɑːd] *n* programa *m* de carreras

racecourse [ˈreɪskɔːs] *n* **-1.** *(for horses)* hipódromo *m* **-2.** *US (for cars, motorbikes)* circuito *m;* *(for runners, cycles)* pista *f*

racegoer [ˈreɪsɡəʊə(r)] *n* aficionado(a) *m,f* a las carreras (de caballos)

racehorse [ˈreɪshɔːs] *n* caballo *m* de carreras

racer [ˈreɪsə(r)] *n* **-1.** *(person)* corredor(ora) *m,f* **-2.** *(bicycle)* bicicleta *f* de carreras **-3.** *US (snake)* (serpiente *f*) corredora *f*

racetrack [ˈreɪstræk] *n* **-1.** *(for athletes)* pista *f;* *(for cars)* circuito *m* **-2.** *US (for horses)* hipódromo *m*

raceway [ˈreɪsweɪ] *n US* **-1.** *(channel for water)* acequia *f,* canal *m* **-2.** *(for wiring)* canal *m* **-3.** *(for horseracing)* hipódromo *m*

Rachel [ˈreɪtʃəl] *pr n* Raquel

racial [ˈreɪʃəl] *adj* racial ❏ **~ discrimination** discriminación *f* racial; *US* **~ profiling** = acciones policiales instigadas por consideraciones raciales, no por la observación de un comportamiento sospechoso; **~ purity** limpieza *f* de sangre

racialism [ˈreɪʃəlɪzəm] *n* racismo *m*

racialist [ˈreɪʃəlɪst] ◇ *n* racista *mf*
◇ *adj* racista

racially [ˈreɪʃəlɪ] *adv* racialmente; **a ~ motivated attack** una agresión racista; **~ prejudiced** con prejuicios raciales

raciness [ˈreɪsɪnɪs] *n* **-1.** *(liveliness)* viveza *f* **-2.** *(suggestiveness)* atrevimiento *m*

racing [ˈreɪsɪŋ] *n (of horses)* carreras *fpl*
◇ *adj* **~ bicycle** bicicleta *f* de carreras; **~ car** coche *m or Am* carro *m or CSur* auto *m* de carreras; **~ colours** colores *mpl* de la cuadra; **~ driver** piloto *mf* de carreras; **~ pigeon** paloma *f* (mensajera) de carreras

racism [ˈreɪsɪzəm] *n* racismo *m*

racist [ˈreɪsɪst] ◇ *n* racista *mf*
◇ *adj* racista

rack [ræk] ◇ *n* **-1.** *(for display, storage) (for bottles)* botellero *m;* *(for plates)* escurreplatos *m inv;* *(for magazines)* revistero *m;* *(for goods in shop)* expositor *m;* *(for luggage)* portaequipajes *m inv;* *(on bicycle)* cesta *f;* **(clothes)** perchero *m;* **to buy a suit off the ~** comprar un traje hecho
-2. TECH **~ and pinion** engranaje de piñón y cremallera ❏ **~ (and pinion) railway** ferrocarril *m* de cremallera
-3. *(for torture)* potro *m;* IDIOM **to be on the ~** estar contra las cuerdas; IDIOM **to put sb on the ~** poner a alguien contra las cuerdas
-4. CULIN **~ of lamb** costillar de cordero
-5. IDIOM **to go to ~ and ruin** venirse abajo
◇ *vt (torment)* torturar, atormentar; **racked by guilt** atormentado(a) por la culpa; **to be racked with pain** estar atormentado(a) por el dolor; **to ~ one's brains** devanarse los sesos
◆ **rack up** *vt insep (points, victories)* acumular

racket¹ [ˈrækɪt] *n* **-1.** *(for tennis)* raqueta *f* ❏ **~ press** tensor *m* de raquetas **-2. rackets** *(game)* = juego parecido al squash que disputan dos o cuatro jugadores y que se juega en una pista de mayores dimensiones **-3.** *(snowshoe)* raqueta *f*

racket² *n* **-1.** *Fam (noise)* estruendo *m,* jaleo *m;* **to make a ~** armar alboroto *or* jaleo; **turn that ~ off!** ¡quita ese ruido! **-2.** *(criminal activity)* negocio *m* mafioso; **drug ~** red *f* de tráfico de drogas **-3.** *Fam (job)* trabajo *m, Esp* curro *m, RP* laburo *m;* **is she still in the teaching/publishing ~?** ¿está todavía en el mundillo de la enseñanza/editorial?

racketeer [rækɪˈtɪə(r)] *n* mafioso(a) *m,f,* persona *f* envuelta en negocios sucios

racketeering [rækɪˈtɪərɪŋ] *n* negocios *mpl* mafiosos

rack-rent [ˈrækrent] ◇ *n* alquiler *m* abusivo
◇ *vt* alquilar a precios abusivos

raconteur [rækɒnˈtɜː(r)] *n* **he's a skilful ~** tiene una gran habilidad para contar anécdotas

racquet [ˈrækɪt] *n (for tennis)* raqueta *f*

racquetball [ˈrækɪtbɔːl] *n US* = especie de frontenis

racy [ˈreɪsɪ] *adj* **-1.** *(lively)* vívido(a) **-2.** *(risqué)* atrevido(a)

rad [ræd] ◇ *n* PHYS rad *m*
◇ *adj US Fam* genial

RADA [ˈrɑːdə] *n (abbr* **Royal Academy of Dramatic Art**) = academia británica de arte dramático

radar [ˈreɪdɑː(r)] *n* radar *m* ❏ **~ beacon** baliza *f* de radar; **~ gun** arma *m* de velocidad; **~ operator** operador(ora) *m,f* de radar; **~ screen** pantalla *f* de radar; **~ trap** control *m* de velocidad por radar

raddled [ˈrædəld] *adj* demacrado(a)

radial [ˈreɪdɪəl] ◇ *n (tyre)* neumático *m or Col, Méx* llanta *f or Arg* goma *f* (de cubierta) radial
◇ *adj* **-1.** TECH & MATH radial ❏ **~ engine** motor *m* radial *or* en estrella; **~ symmetry** simetría *f* radial **-2.** ANAT *(artery, nerve)* radial

radial-ply [ˈreɪdɪəlˈplaɪ] *adj (tyre)* de cubierta radial

radian [ˈreɪdɪən] *n* GEOM radián *m*

radiance [ˈreɪdɪəns], **radiancy** [ˈreɪdɪənsɪ] *n* **-1.** *(of light)* resplandor *m;* *(of person, smile)* esplendor *m* **-2.** PHYS radiancia *f*

radiant [ˈreɪdɪənt] *adj* **-1.** *(light, person, smile)* radiante, resplandeciente **-2.** PHYS **~ energy** energía *f* radiante; **~ heat** calor *m* radiante **-3. ~ heating** *(in building)* calefacción *f* radiante

radiantly [ˈreɪdɪəntlɪ] *adv (to shine, glow)* radiantemente; **~ beautiful** de una belleza radiante; **she was smiling ~** tenía una sonrisa radiante

radiate ['reɪdɪeɪt] ◇ vt (heat, light) irradiar; Fig (happiness, enthusiasm) irradiar; (health) rebosar

◇ vi irradiar (**from** de); **heat radiates from the centre** el calor irradia del centro; **the roads which ~ from Chicago** las carreteras que irradian de Chicago

radiation [reɪdɪ'eɪʃən] n **-1.** (energy radiated) radiación f ❑ **~ sickness** síndrome m producido por la radiación; **~ therapy** terapia f de radiación **-2.** (act of radiating) irradiación f

radiator ['reɪdɪeɪtə(r)] n **-1.** (heater) radiador m ❑ **~ key** llave f del radiador **-2.** (in car engine) radiador m ❑ **~ grille** rejilla f del radiador

radical ['rædɪkəl] ◇ n **-1.** (person) radical mf **-2.** LING, MATH & CHEM radical m

◇ adj **-1.** (policy, solution) radical; **he adopted a ~ new approach to the problem** le dio al problema un enfoque nuevo y radical ❑ **~ chic** estética f progre **-2.** Fam genial

radicalism ['rædɪkəlɪzəm] n radicalismo m
radicalize ['rædɪkəlaɪz] vt radicalizar
radically ['rædɪklɪ] adv radicalmente
radicchio [ræ'diːkɪəʊ] n achicoria f morada (para ensaladas)
radicle ['rædɪkəl] n BOT radícula f
radii pl of **radius**
radio ['reɪdɪəʊ] ◇ n (pl **radios**) **-1.** (apparatus) radio f; **to turn the ~ on/off** encender/apagar la radio; **there was something about it on the ~** hablaron de eso en la radio

-2. (system, industry) radio f; **to work in ~** trabajar en la radio; **by ~** por radio ❑ **~ alarm (clock)** radio(-reloj) despertador m; **~ astronomy** radioastronomía f; **~ beacon** radiofaro m, radiobaliza f; **~ beam** haz m radioeléctrico; **~ broadcast** retransmisión f por radio; COMPTR **~ button** botón m de tipo radio; **~ cassette (recorder)** radiocasete m; **~ cassette (player)** radiocasete m; **~ compass** radiocompás m; **~ frequency** radiofrecuencia f; Fam **~ ham** radioaficionado(a) m,f; **~ microphone** micrófono m inalámbrico; **~ operator** radiooperador(ora) m,f; **~ programme** programa m radiofónico; **~ receiver** radiorreceptor m; ASTRON **~ source** radiofuente f, fuente f de radio; **~ star** radiofuente f, fuente f de radio; **~ station** emisora f de radio; **~ telescope** radiotelescopio m; **~ transmitter** radiotransmisor m; **~ wave** onda f de radio

◇ vt (information) transmitir por radio; (person) comunicar por radio con

◇ vi **to ~ for help** pedir ayuda por radio
radioactive [reɪdɪəʊ'æktɪv] adj radiactivo(a) ❑ **~ decay** desintegración f radiactiva; **~ fallout** lluvia f radiactiva; **~ waste** vertidos mpl radiactivos

radioactivity [reɪdɪəʊæk'tɪvɪtɪ] n radiactividad f
radiobiology [reɪdɪəʊbaɪ'ɒlədʒɪ] n radiobiología f
radiocarbon [reɪdɪəʊ'kɑːbən] n radiocarbono m ❑ **~ dating** datación f por carbono 14
radiochemistry [reɪdɪəʊ'kemɪstrɪ] n radioquímica f
radio-controlled [reɪdɪəʊkən'trəʊld] adj teledirigido(a)
radiogram ['reɪdɪəʊgræm] n **-1.** Br Old-fashioned radiogramola f **-2.** (message) radiograma m **-3.** (X-ray image) radiografía f
radiograph ['reɪdɪəʊgrɑːf] n radiografía f
radiographer [reɪdɪ'ɒgrəfə(r)] n técnico(a) m,f de rayos X
radiography [reɪdɪ'ɒgrəfɪ] n radiografía f
radioisotope [reɪdɪəʊ'aɪsətəʊp] n radioisótopo m
radiologist [reɪdɪ'ɒlədʒɪst] n radiólogo(a) m,f
radiology [reɪdɪ'ɒlədʒɪ] n radiología f
radiometer [reɪdɪ'ɒmɪtə(r)] n radiómetro m
radio-pager [reɪdɪəʊ'peɪdʒə(r)] n buscapersonas m inv, Esp busca m, Méx localizador m, RP radiomensaje m
radioscopy [reɪdɪ'ɒskəpɪ] n radioscopia f

radiosensitive [reɪdɪəʊ'sensɪtɪv] adj radiosensible
radiosonde [reɪdɪəʊsɒnd] n radiosonda f
radiotelegraphy [reɪdɪəʊtɪ'legrəfɪ] n radiotelegrafía f
radiotelephone [reɪdɪəʊ'telɪfəʊn] n radioteléfono m
radiotelephony [reɪdɪəʊtɪ'lefənɪ] n radiotelefonía f
radiotherapist [reɪdɪəʊ'θerəpɪst] n radioterapeuta mf
radiotherapy [reɪdɪəʊ'θerəpɪ] n radioterapia f
radish ['rædɪʃ] n rábano m
radium ['reɪdɪəm] n CHEM radio m
radius ['reɪdɪəs] n (pl **radii** ['reɪdɪaɪ]) **-1.** GEOM radio m **-2.** (limit) radio m; **within a ~ of** en un radio de **-3.** ANAT radio m
radon ['reɪdɒn] n CHEM radón m
RAF [ɑːreɪ'ef] n (abbr **Royal Air Force**) RAF f
raffia ['ræfɪə] n rafia f
raffish ['ræfɪʃ] adj pícaro(a)
raffle ['ræfəl] ◇ n rifa f ❑ **~ ticket** boleto m de rifa

◇ vt rifar; **to ~ sth off** rifar algo
raft [rɑːft] n **-1.** (vessel) balsa f **-2.** Fam (large amount) montón m; **we got rafts** or **a ~ of mail on that subject** recibimos un montón de correo sobre ese tema
rafter ['rɑːftə(r)] n viga f (de tejado); **the rafters** las vigas
rafting ['rɑːftɪŋ] n rafting m; **to go ~** hacer rafting
rag[1] [ræg] n **-1.** (piece of cloth) trapo m; IDIOM Br Fam **to lose one's ~** perder los estribos; IDIOM very Fam **to be on the ~**, US **to have the ~ on** estar con el mes; IDIOM Fam **to feel like a wet ~** or US **a dish** estar para el arrastre ❑ **~ doll** muñeca f de trapo

-2. (shred, scrap) jirón m; **torn to rags** hecho(a) jirones

-3. rags (clothes) harapos mpl; IDIOM **to go from rags to riches** salir de la miseria y pasar a la riqueza; **it's a rags-to-riches story** es la historia del pobre que se hizo rico ❑ Fam **the ~ trade** la industria de la moda

-4. Fam Pej (newspaper) periodicucho m; **the local ~** el periodicucho local

-5. MUS rag m
rag[2] Br Old-fashioned ◇ n (prank) broma f ❑ UNIV **~ mag** = revista universitaria que se vende, durante la semana designada para ese fin, para recolectar dinero para obras de caridad; UNIV **~ week** = semana en que los estudiantes colectan dinero para obras de caridad

◇ vt (pt & pp **ragged**) (tease) tomar el pelo a
ragamuffin ['rægəmʌfɪn] n golfillo(a) m,f, pilluelo(a) m,f
rag-and-bone man [rægən'bəʊnmæn] n Br trapero(a) m,f
ragbag ['rægbæg] n batiburrillo m; **a ~ of ideas** un batiburrillo de ideas
rage [reɪdʒ] ◇ n **-1.** (fury) cólera f, ira f; **a fit of ~** un arrebato or ataque de ira; **to be in a ~** estar hecho(a) una furia; **to fly into a ~** ponerse hecho(a) una furia **-2.** Fam (fashion) **to be all the ~** (music, style) hacer furor

◇ vi **-1.** (be furious) **to ~ about sth** despotricar contra algo; **to ~ against** or **at sth/sb** encolerizarse con algo/alguien

-2. (sea, storm) bramar; **while the battle was raging in the valley** mientras la batalla encarnizada continuaba en el valle; **the epidemic/fire raged throughout the city** la epidemia/el fuego se extendió con furia por la ciudad; **the controversy still rages** la polémica todavía colea
ragga ['rægə] n MUS ragga m
ragged ['rægɪd] adj **-1.** (tattered) (clothes) raído(a); (person) andrajoso(a); IDIOM Fam **to run sb ~** desriñonar a alguien; IDIOM Fam **she had run herself ~** se había quedado molida ❑ HIST **~ school** = escuela pública de primaria para niños pobres

-2. (uneven) (edge, coastline) irregular; **they formed a ~ line** formaban una línea irregular

-3. TYP **~ right/left** no justificado(a) a la derecha/izquierda
raggedy ['rægɪdɪ] adj Fam hecho(a) un guiñapo
ragging ['rægɪŋ] n Br burlas fpl, tomaduras fpl de pelo; **to give sb a ~** tomar el pelo a alguien
raggle-taggle ['rægəltægəl] adj Br Fam zarrapastroso(a)
raging ['reɪdʒɪŋ] adj **-1.** (person) furioso(a); **to be in a ~ temper** estar hecho(a) una furia **-2.** (sea) embravecido(a), encrespado(a); (storm) enfurecido(a); (fire) pavoroso(a); (fever, thirst, headache) atroz
raglan ['ræglən] adj (sleeve, coat) ranglan
ragman ['rægmən] n US trapero(a) m,f
ragout [ræ'guː] n ragout m
ragtag ['rægtæg] adj desordenado(a) y variopinto(a); **the ~ and bobtail** la chusma
ragtime ['rægtaɪm] n ragtime m
ragworm ['rægwɜːm] n Br = gusano utilizado como cebo
ragwort ['rægwɜːt] n hierba f cana
raid [reɪd] ◇ n **-1.** (by robbers) atraco m **-2.** (by army) incursión f **-3.** (by police) redada f; **a drugs ~** una redada antidrogas

◇ vt **-1.** (of robbers) atracar; **somebody's raided my locker** me han desvalijado la taquilla; **to ~ the fridge** saquear la nevera **-2.** (of army) hacer una incursión en; **raiding party** grupo de ataque **-3.** (of police) hacer una redada en
raider ['reɪdə(r)] n **-1.** (criminal) atracador(ora) m,f **-2.** (soldier, boat, plane) comando m de ataque **-3.** ST EXCH tiburón m
rail[1] [reɪl] n **-1.** (of stairway, balcony, bridge) baranda f, Esp barandilla f; **(towel) ~** toallero m

-2. (train system) ferrocarril m, tren m; (track) riel m, raíl m; **by ~** en tren; IDIOM Br **to go off the rails** (person, economy) descaminarse, perder el norte; **to get sth/sb back on the rails** volver a encarrilar algo/a alguien ❑ **~ bridge** puente m ferroviario; **~ journey** viaje m en tren; **~ network** red f ferroviaria; **~ strike** huelga f ferroviaria or de trenes; **~ ticket** Esp billete m or Am boleto m or Am pasaje m de tren; **~ travel** los viajes en tren

-3. the rails (in horse racing) la valla interior; **to be coming up on the rails** (racehorse) avanzar por el interior; Fig acercarse rápidamente

◆ **rail in, rail off** vt sep cercar
rail[2] vi protestar encolerizado(a); **to ~ at** or **against sth** protestar encolerizado(a) contra algo
rail[3] n (bird) **water ~** rascón m
railcar ['reɪlkɑː(r)] n **-1.** (self-propelled) automotor m **-2.** US (carriage) vagón m
railcard ['reɪlkɑːd] n Br = tarjeta para obtener billetes de tren con descuento
railhead ['reɪlhed] n **-1.** (terminus) final m de trayecto **-2.** (of railway being built) cabeza f de línea
railing ['reɪlɪŋ] n **-1.** (horizontal barrier) valla f **-2.** (metal post) reja; **railings** (fence) verja f
raillery ['reɪlərɪ] n Formal mofas fpl
railroad ['reɪlrəʊd] ◇ n US = **railway**

◇ vt Fam (coerce) **to ~ sb into doing sth** avasallar a alguien para que haga algo; **to ~ a bill through Parliament** utilizar el rodillo parlamentario para que se apruebe un proyecto de ley **-2.** US Fam (convict) (by false charges) condenar injustamente; (hastily) condenar precipitadamente **-3.** US (transport) enviar por ferrocarril
railroader ['reɪlrəʊdə(r)] n US ferroviario(a) m,f
railway ['reɪlweɪ], US **railroad** ['reɪlrəʊd] n (system) (red f de) ferrocarril m; (track) vía f férrea ❑ **~ accident** accidente m ferroviario; **~ bridge** puente m ferroviario; US **~ car** vagón m (de tren); Br **~ carriage** vagón m (de tren); **~ crossing** paso m a nivel; **~ line** (track) vía f (férrea); (route) línea f de tren; **~ network** red f ferroviaria; **~ station** estación f de tren or de ferrocarril; **~ strike** huelga f ferroviaria or de trenes; **~**

system red f ferroviaria; ~ **ticket** Esp billete m or Am boleto m or Am pasaje m de tren; ~ **track** vía f (férrea)

railwayman ['reɪlweɪmən] n Br & Can ferroviario m

raiment ['reɪmənt] n Literary vestimenta f, atuendo m

rain [reɪn] n lluvia f; **we've had a lot of ~ recently** hemos tenido mucha lluvia últimamente; **come in out of the ~** entra, que te estás mojando; **in the ~** bajo la lluvia; **it looks like ~** parece que va a llover; **the rains** las lluvias; **come ~ or shine** (whatever the weather) llueva o truene; (whatever the circumstances) sea como sea, pase lo que pase ❑ US ~ **check** (at sporting event) = entrada para asistir más tarde a un encuentro suspendido por la lluvia; Fam **I'll take a ~ check on that** lo dejaré para otra vez; ~ **cloud** nube f de lluvia, nubarrón m; ~ **dance** danza f de la lluvia; ~ **water** agua f de lluvia

◇ vt **to ~ blows/gifts on sb** hacer llover los golpes/los regalos sobre alguien

◇ vi llover; **it's raining** está lloviendo; **arrows rained from the sky** llovían flechas del cielo; IDIOM Fam **it's raining cats and dogs** está lloviendo a cántaros or a mares; PROV Br **it never rains but it pours,** US **when it rains, it pours** las desgracias nunca vienen solas

➤ **rain down** ◇ vt sep (projectiles, blows) lanzar una lluvia de

◇ vi llover

➤ **rain off,** US **rain out** vt sep **the game was rained off** or US **out** el partido se suspendió por la lluvia

rainbow ['reɪnbəʊ] n arco m iris; **all the colours of the ~** todos los colores del arco iris ❑ ~ **coalition** = coalición de partidos minoritarios; ~ **trout** trucha f arco iris

rainbow-coloured ['reɪnbəʊ'kʌləd] adj con los colores del arco iris

raincoat ['reɪnkəʊt] n impermeable m

raindrop ['reɪndrɒp] n gota f de lluvia

rainfall ['reɪnfɔːl] n -1. (amount of rain) pluviosidad f -2. (shower) aguacero m

rainforest ['reɪnfɒrɪst] n selva f tropical

rain-gauge ['reɪngeɪdʒ] n pluviómetro m

rain-maker ['reɪnmeɪkə(r)] n (in tribal society) = persona que afirma poder traer la lluvia

rainproof ['reɪnpruːf] ◇ adj impermeable
◇ vt impermeabilizar

rainstick ['reɪnstɪk] n palo m de lluvia

rainstorm ['reɪnstɔːm] n aguacero m

rainwear ['reɪnweə(r)] n ropa f para la lluvia

rainy ['reɪnɪ] adj lluvioso(a); **the ~ season** la estación de las lluvias; IDIOM **to save sth for a ~ day** guardar algo para cuando haga falta

raise [reɪz] ◇ n US (pay increase) aumento m (de sueldo)

◇ vt **-1.** (lift) levantar; (flag) izar; (blind, theatre curtain) levantar, subir; **to ~ one's hand** (to volunteer, ask question) levantar la mano; **to ~ one's eyes** levantar la vista; **to ~ one's glass to one's lips** llevarse el vaso a los labios; **she raised herself to her full height** se irguió cual alta era; also Fig **to ~ one's hat to sb** quitarse or Am sacarse el sombrero ante alguien; IDIOM **the audience raised the roof** (in theatre) el teatro (literalmente) se vino abajo

-2. (increase) (price, rent, salary) aumentar, subir; **to ~ one's voice** alzar or levantar la voz; Fig **to ~ the temperature of a dispute** caldear un conflicto; IDIOM **to ~ the stakes** forzar la situación

-3. (boost, improve) (standard) aumentar, elevar; (awareness) aumentar; **I don't want to ~ your hopes** no quisiera darte falsas esperanzas; **to ~ sb's spirits** levantar el ánimo de alguien

-4. (bring up) (problem, subject) plantear; (objection) hacer; **to ~ sth with sb** plantear algo a alguien, sacar a colación algo ante alguien

-5. (provoke) (smile, laugh) provocar; (fears, doubts) sembrar; (blister) levantar; **to ~ the alarm** dar la voz de alarma

-6. (promote) ascender; **the Queen raised him to the peerage** la reina le otorgó un título nobiliario

-7. (collect together) (money, funds) reunir, recaudar; (taxes) recaudar; (support) recabar; (army) reclutar; **we have raised over a million signatures** hemos recogido más de un millón de firmas

-8. (children, cattle) criar; (crops) cultivar; **I was raised in the countryside** me crié en el campo; **to ~ a family** sacar adelante una familia

-9. (blockade, embargo, siege) levantar

-10. (statue) erigir (**to** a)

-11. (resurrect) **to ~ sb from the dead** resucitar a alguien; **to ~ the dead** resucitar a los muertos; IDIOM **to ~ Cain** or **hell** (being rowdy) armar bronca; (when annoyed) poner el grito en el cielo

-12. (contact) contactar con

-13. (in cards) subir; **I'll ~ you $5** subo 5 dólares

-14. (dough, bread) hacer subir

-15. MATH **to ~ a number to the power of n** elevar un número a la enésima potencia

◇ vi (in cards) subir

raised [reɪzd] adj **-1.** (elevated) (ground, platform) elevado(a) ❑ GEOG ~ **beach** cantil m **-2.** (embossed) con relieve **-3.** US CULIN hecho(a) con levadura

raisin ['reɪzn] n (uva f) pasa f

raising ['reɪzɪŋ] n **-1.** (lifting) (of curtain) subida f; (of flag) izamiento m **-2.** (increase) (of prices, rents, salaries) aumento m; ~ **of the school-leaving age** prolongación de la escolaridad **-3.** (improvement) (of standards, awareness) aumento m **-4.** CULIN ~ **agent** gasificante m

raison d'être ['reɪzɒn'detrə] n razón f de ser

raita [raɪ'iːtə] n raita f, = salsa india a base de yogur con pepino rallado, menta y especias

Raj [rɑːʒ] n HIST **the (British) ~** el Imperio británico en la India

rajah ['rɑːdʒə] n HIST rajá m

rake [reɪk] ◇ n **-1.** (garden tool) rastrillo m **-2.** Old-fashioned (dissolute man) crápula m, calavera m **-3.** THEAT pendiente f **-4.** (of mast, funnel) inclinación f

◇ vt **-1.** (leaves, soil) rastrillar; IDIOM **to ~ one's memory** escarbar en la memoria **-2.** (scan) escudriñar; **a searchlight raked the darkness** un foco barría la oscuridad **-3.** (shoot at) (enemy lines) barrer

➤ **rake about, rake around** vi (search) **to ~ about** or **around for sth** rebuscar algo

➤ **rake in** vt sep Fam (money) amasar; **she's raking it in!** ¡se está forrando!, Méx ¡se está llenando de lana!

➤ **rake off** vt sep Fam (money) llevarse

➤ **rake over** vt sep **-1.** (soil, lawn, path) rastrillar **-2.** (subject, the past) remover; IDIOM **to ~ over the ashes of sth** remover las cenizas de algo

➤ **rake up** vt sep **-1.** (leaves, grass cuttings) rastrillar **-2.** (dredge up) remover, escarbar en; **to ~ up sb's past** sacar a relucir el pasado de alguien

raked [reɪkt] adj (inclined) inclinado(a)

rake-off ['reɪkɒf] n Fam tajada f, comisión f

rakish ['reɪkɪʃ] adj **-1.** (dissolute) licencioso(a), disoluto(a) **-2.** (charm, smile) desenvuelto(a); **to wear one's hat at a ~ angle** llevar el sombrero ladeado con un aire de desenfado

rakishly ['reɪkɪʃlɪ] adv (to smile, laugh) con desenfado, con desenvoltura

rakishness ['reɪkɪʃnɪs] n (of smile, laugh) desenfado m, desenvoltura f

rally ['rælɪ] ◇ n **-1.** (protest gathering) concentración f (de protesta)
-2. (recovery) (in battle, game) recuperación f; (of prices, shares) recuperación f, repunte m; **after a late ~ the shares closed up half a point** tras un repunte de última hora, la bolsa cerró con una subida de medio punto

-3. (in tennis, badminton) intercambio m de golpes, peloteo m
-4. (car race) rally m ❑ ~ **driver** piloto mf de rallys

◇ vt **-1.** (gather) (supporters) reunir; (support) reunir, recabar **-2.** (troops) reagrupar **-3.** (cause to recover) **to ~ sb's spirits** elevar el ánimo a alguien

◇ vi **-1.** (assemble, gather) agruparse; **to ~ to sb's defence** salir en defensa de alguien **-2.** (troops) reagruparse **-3.** (recover) (person) recobrar ánimos or bríos; (team, patient) recuperarse; (currency, share prices) recuperarse, repuntar **-4.** (in tennis, badminton) pelotear **-5.** (in car race) correr en rallies

➤ **rally round** ◇ vt insep arropar, prestar su apoyo a

◇ vi **all her family rallied round** toda su familia la arropó or le prestó su apoyo

rallycross ['rælɪkrɒs] n SPORT autocross m inv

rallying ['rælɪɪŋ] n SPORT carreras fpl de rallies; **to go ~** hacer carreras de rallies

rallying-cry ['rælɪɪŋ'kraɪ] n consigna f, grito m de guerra

rallying-point ['rælɪɪŋ'pɔɪnt] n punto m de encuentro

RAM [ræm] n **-1.** COMPTR (abbr **random access memory**) (memoria f) RAM f ❑ ~ **cache** RAM f caché; ~ **disk** disco m RAM **-2.** (abbr **Royal Academy of Music**) = conservatorio nacional de música de Londres

ram [ræm] ◇ n **-1.** (animal) carnero m **-2.** (piston) pistón m **-3.** HIST (on ship) espolón m; (battering) ~ ariete m

◇ vt (pt & pp **rammed**) **-1.** (crash into) embestir; **he rammed the trolley into my ankles** me embistió con el carrito y me dio en los tobillos

-2. (force into place) embutir, insertar con fuerza; **he rammed the papers into his bag** embutió los papeles en la bolsa; **she rammed the nail into the wood** clavó la punta con fuerza en la madera; **in order to ~ home the point** para dejarlo bien claro; IDIOM Fam **she's always ramming her views down my throat** siempre está tratando de inculcarme a la fuerza sus ideas

◇ vi **to ~ into sth** chocar contra algo

Ramadan ['ræmədæn] n REL ramadán m

ramble ['ræmbəl] ◇ n (walk) excursión f, caminata f; **to go for a ~** ir de excursión

◇ vi **-1.** (walk) ir de excursión, hacer senderismo **-2.** (digress) divagar **-3.** (plant) crecer sin control **-4.** (path, stream) serpentear

➤ **ramble on** vi divagar; **to ~ on about sth** divagar sobre algo; **what's he rambling on about now?** ¿sobre qué está divagando ahora?

rambler ['ræmblə(r)] n **-1.** (walker) excursionista mf, senderista mf **-2.** (rose bush) rosal m trepador

rambling ['ræmblɪŋ] ◇ n **-1.** (walking) **to go ~** ir de excursión, hacer senderismo **-2. ramblings** (words) divagaciones fpl, digresiones fpl; **the ramblings of old age** las divagaciones de la vejez

◇ adj **-1.** (letter, speech) inconexo(a) **-2.** (house) laberíntico(a) **-3.** ~ **rose** (plant) rosal m trepador

rambunctious [ræm'bʌŋkʃəs] adj Fam bullicioso(a)

RAMC [ɑːreɪem'siː] n (abbr **Royal Army Medical Corps**) = cuerpo médico del ejército de tierra británico

ramekin, ramequin ['ræmɪkɪn] n **-1.** (container) cazuelita f individual (para cocinar al horno) **-2.** (baked savoury) = plato a base de queso y huevos, que se prepara al horno en una cazuelita individual

ramification [ræmɪfɪ'keɪʃən] n **-1.** (consequence) ramificación f **-2.** (branching) ramificación f

ramjet ['ræmdʒet] n estatorreactor m

ramp [ræmp] n **-1.** (to ease access) rampa f **-2.** (to plane, ship) escalerilla f **-3.** US (to join freeway) carril m de incorporación or acelera-

rampage

ción; *(to exit freeway)* carril *m* de salida *or.* deceleración **-4.** *Br (on road)* resalto *m (de moderación de velocidad)*

rampage ◇ *n* ['ræmpeɪdʒ] **to go on the ~** ir arrasando con todo; **to be on the ~** estar desmandado(a)
◇ *vi* [ræm'peɪdʒ] pasar arrasando; **to ~ about** ir en desbandada

rampant ['ræmpənt] *adj* **-1.** *(unrestrained) (corruption, disease)* incontrolado(a); *(growth)* incontrolado(a), desenfrenado(a); *(inflation)* galopante **-2.** *(in heraldry)* rampante; **a lion ~** un león rampante

rampart ['ræmpɑːt] *n (wall)* muralla *f*; *(earthwork)* terraplén *m*

ram-raiding ['ræm'reɪdɪŋ] *n Br =* robo en una tienda embistiendo contra el escaparate con un vehículo

ramrod ['ræmrɒd] *n (for rifle)* baqueta *f*; *Fig* **~ straight** con la espalda recta; IDIOM **to stand as stiff as a ~** estar más tieso(a) que un palo

Ramses ['ræmsiːz] *pr n* Ramsés

ramshackle ['ræmʃækəl] *adj* destartalado(a)

ran *pt of* **run**

ranch [rɑːntʃ] ◇ *n* rancho *m* ❑ *US* **~ dressing** = aderezo para ensalada con leche y mayonesa; **~ hand** peón(ona) *m,f*, jornalero(a) *m,f*; **~ house** *(on ranch)* casa *f (en un rancho)*; *(bungalow)* bungalow *m*
◇ *vt* **to ~ cattle** criar ganado
◇ *vi* dedicarse a la cría de ganado *or* a la ganadería

rancher ['rɑːntʃə(r)] *n* ranchero(a) *m,f*

ranching ['rɑːntʃɪŋ] *n* cría *f* de ganado; **cattle ~** cría de ganado vacuno *or* bovino, ganadería; **chicken ~** cría de pollos, avicultura

rancid ['rænsɪd] *adj* rancio(a); **to go** *or* **turn ~** ponerse rancio(a)

rancor *US =* **rancour**

rancorous ['ræŋkərəs] *adj (person)* rencoroso(a); *(debate, dispute)* agrio(a); *(atmosphere)* hostil

rancour, *US* **rancor** ['ræŋkə(r)] *n* acritud *f*, resentimiento *m*

rand [rænd] *n* rand *m*

random ['rændəm] ◇ *n* **at ~** al azar; **to lash out at ~** lanzar golpes a voleo *or* a diestro y siniestro
◇ *adj (choice)* hecho(a) al azar; *(sample)* aleatorio(a); **I just made a ~ guess** lo intenté adivinar a voleo; **a ~ selection of people were asked if...** preguntaron a un grupo de gente escogida al azar si... ❑ COMPTR **~ access memory** memoria *f* de acceso aleatorio; **~ number** número *m* al azar; **~ sampling** muestreo *m* aleatorio; MATH **~ variable** variable *f* aleatoria

randomized ['rændəmaɪzd] *adj (sample, number)* aleatorio(a)

randomly ['rændəmlɪ] *adv* al azar

randy ['rændɪ] *adj Fam* caliente, *Esp, Méx* cachondo(a); **to feel ~** estar caliente *or Esp, Méx* cachondo(a); **to get ~** ponerse caliente *or Esp, Méx* cachondo(a)

rang *pt of* **ring²**

range [reɪndʒ] ◇ *n* **-1.** *(reach) (of weapon, telescope, hearing)* alcance *m*; *(of ship, plane)* autonomía *f* (de vuelo); **out of ~** fuera del alcance; **within** *or* **in ~** al alcance
-2. *(distance)* distancia *f*; **it can kill a man at a ~ of 800 metres** puede matar a una distancia de 800 metros
-3. *(variety)* **the ~ of possibilities is almost infinite** el abanico de posibilidades es prácticamente ilimitado; **there is a wide ~ of temperatures in these parts** hay una gran variación de temperaturas en esta zona; **we talked on a wide ~ of topics** hablamos de muchos temas diferentes; **it provoked a wide ~ of reactions** provocó toda clase de reacciones; **it's out of our (price) ~** se sale de lo que podemos gastar
-4. COM *(of products)* gama *f*; **this model is the top/bottom of the ~** éste es un modelo alto/bajo de gama; **the new autumn ~** *(of clothes)* la nueva línea de otoño
-5. *(extent, scope) (of instrument, voice)* registro *m*; *(of knowledge)* amplitud *f*; *(of research)*

ámbito *m*; **that is beyond the ~ of the present inquiry** eso se sale del ámbito de esta investigación
-6. *(of hills, mountains)* cordillera *f*
-7. *US (prairie)* prado *m*
-8. *(practice area)* **(shooting) ~** campo *m* de tiro; **missile ~** campo de tiro de misiles
-9. *(cooker)* fogón *m*, cocina *f or Col, Méx, Ven* estufa *f* de carbón
-10. BIOL *(habitat)* medio *m*
◇ *vt* **-1.** *(arrange in row) (troops, books)* alinear; **the desks are ranged in threes** las mesas están alineadas de tres en tres **-2.** *(join, ally)* **to ~ oneself with/against sb** alinearse con/en contra de alguien **-3.** *(travel)* recorrer **-4.** TYP **to ~ a text left/right** justificar un texto a la izquierda/derecha
◇ *vi* **-1.** *(vary)* **ages ranging from ten to ninety** edades comprendidas entre los diez y los noventa años; **during the summer temperatures ~ from 21 to 30 degrees** durante el verano las temperaturas oscilan entre los 21 y los 30 grados
-2. to ~ over *(include)* abarcar, comprender; **our conversation ranged over a large number of topics** nuestra conversación abarcó un gran número de temas
-3. *(roam)* viajar sin rumbo fijo; **to ~ over** recorrer

rangefinder ['reɪndʒfaɪndə(r)] *n* telémetro *m*

ranger ['reɪndʒə(r)] *n* **-1.** *(in forest)* guardabosques *mf inv* **-2.** *US (lawman)* policía *mf* **-3.** *US* MIL comando *m*

Rangoon [ræn'guːn] *n* Rangún

rangy ['reɪndʒɪ] *adj (person)* larguirucho(a)

rank¹ [ræŋk] ◇ *n* **-1.** *(status)* rango *m*; **promoted to the ~ of colonel** ascendido(a) al rango de coronel; **the ~ of manager** el rango de gerente
-2. *(quality)* fila *f*, línea *f*; **players of** *or* **in the first** *or* **top ~** jugadores de primera fila
-3. *(row)* fila *f*
-4. *(on chessboard)* fila *f*
-5. MIL **the ranks** la tropa; **he had served in the ranks** había estado en el ejército como soldado raso; **the ~ and file** *(in army)* la tropa; *(of political party, union)* las bases; **to come up through** *or* **rise from the ranks** ascender de soldado a oficial
-6. *(numbers)* **to join the ranks of the unemployed/the opposition** pasar a engrosar las filas del desempleo *or Esp* paro/de la oposición
-7. *Br* **(taxi) ~** parada *f* de taxis
-8. IDIOMS **to break ranks (with)** desmarcarse (de); **to close ranks** cerrar filas; **to pull ~:** **she pulled ~ on him** le recordó quién mandaba (allí)
◇ *vt* **-1.** *(rate, classify)* clasificar (**among** entre *or* dentro de); **to ~ sth/sb as** catalogar algo/a alguien como; **he is ranked among the best contemporary writers** está catalogado como uno de los mejores escritores contemporáneos; **I ~ this as one of our finest performances** considero que ésta es una de nuestras mejores actuaciones
-2. *(arrange)* disponer
-3. *US (outrank)* ser de rango superior a
◇ *vi* figurar (**among** entre *or* dentro de); **to ~ above/below sb** tener un rango superior/inferior al de alguien; **that ranks as one of the best movies I've seen** es una de las mejores películas que he visto; **this ranks as a major disaster** esto constituye un desastre de primer orden; **he hardly ranks as an expert** apenas se le puede considerar un experto

rank² *adj* **-1.** *(foul-smelling)* pestilente; **it smells ~** huele que apesta **-2.** *(absolute)* total; **it's a ~ injustice** es una injusticia que clama al cielo; **she's a ~ outsider** no es más que una comparsa, no tiene muchas posibilidades **-3.** *Br Fam (worthless)* birrioso(a) **-4.** *Literary (profuse) (vegetation, weeds)* frondoso(a)

rank-and-file ['ræŋkən'faɪl] *adj* de las bases

ranker ['ræŋkə(r)] *n Br* MIL *(ordinary soldier)* soldado *mf* raso; *(officer) =* oficial que empezó como soldado raso

rappel

ranking ['ræŋkɪŋ] ◇ *n (classification)* clasificación *f*
◇ *adj US (senior)* de más alto rango

rankle ['ræŋkəl] *vi* doler, escocer; **to ~ with sb** dolerle *or* escocerle a alguien; **their refusal to help rankles (with her)** le duele que se nieguen a ayudarla

ransack ['rænsæk] *vt* **-1.** *(search) (house, desk)* revolver; **he ransacked the wardrobe for his tie** revolvió todo el armario buscando la corbata **-2.** *(plunder) (shop, town)* saquear

ransom ['rænsəm] ◇ *n* rescate *m*; **to hold sb to ~** pedir un rescate por alguien; *Fig* **the strikers are holding the country to ~** los huelguistas tienen al país a su merced; *Fig* **to be held to ~ by sb** estar a merced de alguien ❑ **~ demand** petición *f or Am* pedido *m* de rescate; **~ note** nota *f* pidiendo el rescate
◇ *vt* pagar el rescate de

rant [rænt] *Fam* ◇ *n* sermoneo *m*
◇ *vi* despotricar (**about/at** sobre/contra); **to ~ and rave (about sth/at sb)** poner el grito en el cielo (por algo/ante alguien)

ranting ['ræntɪŋ] ◇ *n* sermoneos *mpl*
◇ *adj* sermoneante

RAOC [ɑːreɪəʊ'siː] *n (abbr* **Royal Army Ordnance Corps**) cuerpo *m* de artillería

rap [ræp] ◇ *n* **-1.** *(sharp blow)* golpe *m*; **I heard a ~ at the door** oí un golpe en la puerta; IDIOM **to give sb a ~ over the knuckles** echar *Esp* un rapapolvo *or Méx* un buen regaño *or RP* un buen reto a alguien; IDIOM *Br Fam* **I don't care** *or* **give a ~!** ¡me importa un bledo!
-2. *Fam (blame, punishment)* **to take the ~ for sth** pagar el pato por algo
-3. *US Fam (legal charge)* acusación *f*; **he's up on a murder/drugs ~** está acusado de asesinato/tráfico de drogas ❑ **~ sheet** ficha *f* con los antecedentes penales
-4. *US Fam (chat)* charla *f*, *CAm, Méx* plática *f*; **we had a ~ session about it** tuvimos una charla *or CAm, Méx* plática sobre eso
-5. *(music)* rap *m*; **~ music/artist** música/ artista *m* de rap
◇ *vt (pt & pp* **rapped**) **-1.** *(strike)* dar un golpe a; IDIOM **to ~ sb's knuckles, to ~ sb over the knuckles** echar *Esp* un rapapolvo *or Méx* un buen regaño *or RP* un buen reto a alguien **-2.** *(in newspaper headlines)* atacar
◇ *vi* **-1.** *(knock)* golpear **-2.** *US (chat)* charlar, *CAm, Méx* platicar **-3.** MUS rapear

◆ **rap out** *vt sep* **-1.** *(say sharply)* espetar **-2.** *(tap out)* **to ~ out a message** dar un mensaje con golpecitos

rapacious [rə'peɪʃəs] *adj (person)* rapaz; *(appetite)* voraz

rapaciousness [rə'peɪʃəsnɪs], **rapacity** [rə'pæsɪtɪ] *n (of person)* rapacidad *f*; *(of appetite)* voracidad *f*

rape¹ [reɪp] ◇ *n* **-1.** *(crime)* violación *f*; **to commit ~** cometer una violación **-2.** *(spoiling) (of countryside, environment)* destrucción *f* **-3.** *Archaic (abduction)* rapto *m*
◇ *vt* **-1.** *(person)* violar **-2.** *(countryside, environment)* destruir

rape² *n* **-1.** *(crop)* colza *f* **-2.** *(remains of grapes)* hollejo *m*, orujo *m*

rapeseed ['reɪpsiːd] *n* semilla *f* de colza ❑ **~ oil** aceite *m* de colza

Raphael ['ræfeɪəl] *pr n (painter)* Rafael

rapid ['ræpɪd] *adj* rápido(a); **in ~ succession** en rápida sucesión ❑ PHYSIOL **~ eye movement** movimientos *mpl* oculares rápidos; **~ fire** tiro *m* rápido; **~ reaction force** fuerza *f* de intervención rápida; *US* **~ transit** transporte *m* urbano rápido

rapid-fire ['ræpɪd'faɪə(r)] *adj* **-1.** *(weapon)* de tiro rápido **-2.** *(questions, repartee)* a toda velocidad

rapidity [rə'pɪdɪtɪ] *n* rapidez *f*, celeridad *f*

rapidly ['ræpɪdlɪ] *adv* rápidamente

rapids ['ræpɪdz] *npl (in river)* rápidos *mpl*

rapier ['reɪpɪə(r)] *n* estoque *m* ❑ **~ thrust** estocada *f*; **~ wit** ingenio *m* vivaz

rapist ['reɪpɪst] *n* violador(ora) *m,f*

rappel [rə'pel] ◇ *n* rápel *m*
◇ *vi* hacer rápel

rappelling [rə'pelɪŋ] n rápel m
rapper ['ræpə(r)] n (singer) rapero(a) m,f
rapport [ræ'pɔː(r)] n relación f; **I need to improve my ~ with the class** necesito mejorar la relación que tengo con la clase; **to have a good ~ (with sb)** entenderse or llevarse muy bien (con alguien); **there was an instant ~ between them** se entendieron desde el primer momento
rapprochement [ræ'prɒʃmɒŋ] n Formal acercamiento m
rapscallion [ræp'skæliən] n Old-fashioned pillastre mf, bribón(ona) m,f
rapt [ræpt] adj (attention, look) extasiado(a); **the clown held the children ~** el payaso tenía a los niños extasiados; **to be ~ in contemplation** estar absorto(a) en la contemplación
raptor ['ræptə(r)] n (bird) rapaz f
rapture ['ræptʃə(r)] n gozo m; **to be in raptures** estar encantado(a); **to go into raptures over sth** deshacerse en alabanzas a algo
rapturous ['ræptʃərəs] adj (cries, applause) arrebatado(a); (reception, welcome) clamoroso(a)
rapturously ['ræptʃərəslɪ] adv (to praise, applaud) con entusiasmo; **to watch ~** mirar extasiado(a)
ra-ra skirt ['rɑːrɑː'skɜːt] n Br = falda corta con volantes, que estuvo de moda en los años 80
rare [reə(r)] adj **-1.** (uncommon) raro(a); **a ~ example of an intact Roman mosaic** un raro ejemplo de un mosaico romano intacto; **a ~ stamp** un sello difícil de encontrar; **a ~ antique** un objeto antiguo de gran valor; **it's ~ to see such things nowadays** es raro ver esas cosas hoy en día; **on ~ occasions** en contadas ocasiones; **on the ~ occasions when I've seen him drunk** las raras veces en que lo he visto borracho; **to have a ~ gift for sth** tener un raro don para algo **-2.** (excellent) estupendo(a), de fábula; **we had a ~ old time** nos lo pasamos de fábula **-3.** (steak) poco hecho(a) **-4.** CHEM **~ earth** tierra f rara
rarebit ['reəbɪt] n **(Welsh) ~** tostada f de queso fundido
rarefied ['reərɪfaɪd] adj **-1.** (air, gas) rarificado(a), enrarecido(a) **-2.** (atmosphere, ideas) exclusivista, encopetado(a)
rarefy ['reərɪfaɪ] ◇ vt enrarecer
◇ vi enrarecerse
rarely ['reəlɪ] adv raras veces, raramente; **I have I I have ~ met anyone like him** raras veces he conocido a alguien como él
rareness ['reənəs] n (scarcity) rareza f
raring ['reərɪŋ] adj **to be ~ to do sth** estar deseando hacer algo; **to be ~ to go** estar deseando empezar
rarity ['reərɪtɪ] n **-1.** (uncommon person, thing) rareza f; **to be/become a ~** ser/convertirse en una rareza or un caso especial **-2.** (scarcity) rareza f ❑ **~ value** rareza f
rascal ['rɑːskəl] n **-1.** (child) pillo(a) m,f **-2.** Old-fashioned or Hum (scoundrel) bribón(ona) m,f
rascally ['rɑːskəlɪ] adj (person, deed) sinvergüenza
rash¹ [ræʃ] n **-1.** (on skin) erupción f, sarpullido m **-2.** (of complaints, letters) racha f; **a ~ of strikes** una racha de huelgas; **last summer's ~ of air disasters** la racha de desastres aéreos del verano pasado
rash² adj (person) impulsivo(a), precipitado(a); (action, remark) imprudente, precipitado(a); **it was ~ of her to walk out** actuó de manera precipitada al marcharse así; **don't make any ~ promises!** ¡no hagas promesas precipitadas!; **I bought it in a ~ moment** lo compré de forma impulsiva
rasher ['ræʃə(r)] n **(of bacon)** loncha f de tocino or Esp beicon
rashly ['ræʃlɪ] adv impulsivamente, precipitadamente; **I rather ~ offered to drive her home** me ofrecí, un poco impulsivamente, a llevarla a casa
rashness ['ræʃnɪs] n precipitación f, impetuosidad f

rasp [rɑːsp] ◇ n **-1.** (tool) lima f gruesa, escofina f **-2.** (sound) chirrido m; **the ~ in his voice** su voz áspera
◇ vt **-1.** (scrape, file) raspar; **the cat rasped its tongue over my face** el gato me raspó la cara con la lengua **-2.** (say hoarsely) decir con voz áspera
raspberry ['rɑːzbərɪ] n **-1.** (fruit) frambuesa f; (plant) frambueso m ❑ **~ jam** mermelada f de frambuesa **-2.** Fam (noise) **to blow a ~ at sb** hacer una pedorreta a alguien
rasping ['rɑːspɪŋ] adj áspero(a)
Rasta ['ræstə] Fam ◇ n rasta mf
◇ adj rasta
Rastafarian [ræstə'feərɪən] ◇ n rastafari mf
◇ adj rastafari
Rastafarianism [ræstə'feərɪənɪzəm] n rastafarismo m
raster ['ræstə(r)] n COMPTR trama f
rasterize ['ræstəraɪz] vt COMPTR rasterizar
rat [ræt] ◇ n **-1.** (animal) rata f ❑ **~ poison** matarratas m inv, raticida m; **~ trap** ratonera f, trampa f para ratas
-2. Fam (scoundrel) miserable mf, canalla mf
-3. US Fam (informer) soplón(ona) m,f, Esp chivato(a) m,f
-4. Br Fam **rats!** (exclamation of irritation) ¡mecachis!
-5. IDIOMS **to be caught like a ~ in a trap** caer en una vil trampa; **to get out of the ~ race** huir de la lucha frenética por escalar peldaños en la sociedad; US very Fam **I don't give a ~'s ass** no me importa un huevo, Esp me la suda; **it's like rats leaving a sinking ship in this company** todo el mundo está abandonando esta empresa antes de que se vaya a pique ❑ Br **~ run** = calle de zona residencial que algunos conductores utilizan para evitar los atascos en la carretera principal; Br **rats' tails** greñas fpl
◇ vi (pt & pp **ratted**) **-1.** (hunt rats) **to go ratting** ir a cazar ratas **-2.** Fam (inform) cantar; **to ~ on sb** delatar a alguien **-3.** Fam (go back on) **they ratted on our deal** pasaron del trato
ratable value = rateable value
rat-arsed ['rætɑːst] adj Br very Fam Esp, Méx pedo inv, Col caído(a), RP en pedo; **to get ~** agarrarse un pedo
rat-a-tat-tat ['rætətæt'tæt] n golpeteo m; **he went ~ on the door** llamó golpeteando a la puerta
ratatouille [rætə'tuːi] n pisto m
ratbag ['rætbæg] n Br Fam miserable mf, Esp borde mf
rat-catcher ['rætkætʃə(r)] n cazador(ora) m,f de ratas
ratchet ['rætʃɪt] n trinquete m; **~ (wheel)** rueda f de trinquete; Fig **this had a ~ effect on prices** eso disparó los precios ❑ **~ screwdriver** destornillador m or Am desatornillador m de trinquete; **~ wrench** llave f de trinquete
◆ **ratchet up** vt sep (increase) hacer subir, incrementar
rate [reɪt] ◇ n **-1.** (of inflation, crime, divorce, unemployment) índice m, tasa f; (of interest) tipo m, Am tasa f ❑ FIN **~ of exchange** (tipo m or Am tasa f de) cambio m; FIN **~ of return** tasa f de rentabilidad; **~ of taxation** tipo m impositivo
-2. (speed) ritmo m; **at this ~** a este paso; **at the ~ we're going** or **at this ~ we'll never get there** al paso que llevamos or a este paso, no vamos a llegar nunca; **she shot past at a terrific ~** pasó de largo a una velocidad de vértigo; IDIOM **at a ~ of knots** a toda velocidad ❑ **~ of climb** (in plane) velocidad f de ascenso
-3. (price, charge) tarifa f; **his rates have gone up** ha subido sus tarifas; **to strike for higher rates of pay** hacer huelga en demanda de aumentos salariales; **postal** or **postage ~** tarifa postal; **standard/reduced ~** tarifa normal/reducida
-4. Br Formerly **rates** (local tax) contribución f municipal, (business) **rates** contribución f municipal (para empresas)
◇ vt **-1.** (classify) clasificar (**among** entre or

dentro de); **to ~ sth/sb as** catalogar algo/a alguien como; **to ~ sth/sb highly** tener una buena opinión de algo/alguien; **to ~ sth/sb on a scale of one to ten** valorar algo/a alguien en una escala del uno al diez
-2. (deserve) merecer; **that performance should ~ him third place** esa actuación debería valerle el tercer puesto; **to ~ a mention** ser digno(a) de mención
-3. Fam (regard as good) valorar mucho; **I don't ~ him as an actor** no lo considero muy buen actor; **I don't really ~ their chances** no les doy muchas posibilidades
-4. Br (fix rateable value of) tasar
-5. (scold) reprender
◇ vi (be regarded, ranked) **he rates among the top ten of all time** está entre los diez mejores de todos los tiempos; **this rates as one of my favourite ever movies** es una de mis películas favoritas de todos los tiempos; **he rates highly in my estimation** lo tengo en gran estima
◇ **at any rate** adv (anyway) en cualquier caso; (at least) por lo menos
rateable value ['reɪtəbəl'væljuː] n Br ≃ valor m catastral
rated ['reɪtɪd] adj TECH (load, speed, voltage) recomendado(a), indicado(a)
ratepayer ['reɪtpeɪə(r)] n Br Formerly contribuyente mf (de impuestos municipales)
ratfink ['rætfɪŋk] n US Fam miserable mf, canalla mf
rather ['rɑːðə(r)] adv **-1.** (preferably) **I'd ~ stay** preferiría or prefiero quedarme; **I'd ~ not go** preferiría or prefiero no ir; **I'd ~ you didn't mention it** preferiría que no lo mencionaras; **are you coming for a walk? – I'd ~ not** ¿vienes a dar un paseo? – no, gracias; **I'd ~ die than ask her a favour** antes morirme que pedirle un favor; **~ you than me!** ¡no quisiera estar en tu lugar!
-2. (quite) bastante; (very) muy; **it's ~ difficult** es bastante difícil; **this soup is ~ good** esta sopa está muy buena or buenísima; **I ~ liked it** me gustó mucho; **I ~ doubt it** lo dudo mucho; **she ~ cheekily asked me my age** la descarada me preguntó qué edad tenía; **I had ~ a lot to drink** bebí or Am tomé más de la cuenta; **that was ~ an unfair question** fue una pregunta bastante injusta; **it's ~ a pity they couldn't come** es una auténtica pena que no pudieran venir, RP es realmente una lástima que no hayan podido venir; **it's ~ too warm for me** hace demasiado calor para mi gusto; **did you like it? – ~!** ¿te gustó? – ¡ya lo creo!
-3. (more exactly) más bien; **he seemed tired or, ~, bored** parecía cansado o, más bien, aburrido; **I'd say it's blue ~ than green** yo diría que es más azul que verde
-4. (instead of) **~ than him** en vez or lugar de él; **~ than staying** en vez or lugar de quedarse; **it proved to be a male ~ than a female** resultó ser un macho y no una hembra
ratification [rætɪfɪ'keɪʃən] n ratificación f
ratify ['rætɪfaɪ] vt ratificar
rating ['reɪtɪŋ] n **-1.** (classification) puesto m, clasificación f; (of movie) clasificación f ❑ **~ scale** (in market research) escala f (de puntuación) **-2.** **the ratings** (for TV, radio) los índices de audiencia; **to be high in the ratings** tener altos índices de audiencia; **the ratings battle** or **war** la batalla or guerra por la audiencia **-3.** Br (ordinary seaman) marinero m
ratio ['reɪʃɪəʊ] (pl **ratios**) n proporción f; **in a ~ of four to one** en una proporción de cuatro a uno; **the teacher-student ~ is 1 to 10** la proporción profesor-alumno es de 1 a 10 ❑ MATH **~ scale** escala f de razón
ratiocination [rætɪɒsɪ'neɪʃən] n Formal reflexión f
ration ['ræʃən, US 'reɪʃən] ◇ n **-1.** (allocated amount) ración f; **he was put on short/double rations** le redujeron/doblaron la ración; **I've had my ~ of television for today** ya he tenido mi dosis de televisión por hoy

rational

❑ ~ **book** cartilla *f* de racionamiento; ~ **card** cartilla *f* or tarjeta *f* de racionamiento -2. **rations** (food) rancho *m*
◇ *vt* -1. (food, supplies) racionar; **he rationed them to three a day** les redujo la ración a tres al día; **I've rationed myself to five cigarettes a day** me he prohibido fumar más de cinco cigarrillos al día -2. (funds) recortar

◆ **ration out** *vt sep* racionar

rational ['ræʃənəl] *adj* -1. (capable of reason) racional; **a ~ being** un animal racional -2. (sensible) racional; **it seemed like the ~ thing to do** hacer eso parecía lo más lógico; **he wasn't being very ~ about it** no se comportaba de modo muy racional -3. (sane) lúcido(a) -4. MATH **~ number** número *m* racional

rationale [ræʃəˈnɑːl] *n* lógica *f*, razones *fpl*; **what is the ~ for** *or* **behind their decision?** ¿cómo han razonado su decisión?

rationalism ['ræʃənəlɪzəm] *n* racionalismo *m*

rationalist ['ræʃənəlɪst] ◇ *n* racionalista *mf*
◇ *adj* racionalista

rationalistic [ræʃənəˈlɪstɪk] *adj* racionalista

rationality [ræʃəˈnælɪtɪ] *n* racionalidad *f*

rationalization [ræʃənəlaɪˈzeɪʃən] *n* -1. (explanation) racionalización *f* -2. (of company, industry) racionalización *f*, reconversión *f*

rationalize ['ræʃənəlaɪz] *vt* -1. (explain) racionalizar -2. (company, industry) racionalizar, reconvertir

rationally ['ræʃənəlɪ] *adv* -1. (sensibly) racionalmente -2. (sanely) lúcidamente

rationing ['ræʃənɪŋ] *n* -1. (of food, supplies) racionamiento *m* -2. (of funds) **banks are warning of mortgage ~** los bancos advierten de un posible racionamiento de créditos hipotecarios

ratpack ['rætpæk] *n Pej (press)* reporteros *mpl* de la prensa del corazón

rattan [rəˈtæn] *n (material)* ratán *m*; **~ furniture** muebles de ratán

rattle ['rætəl] ◇ *n* -1. (for baby) sonajero *m*; (for sports fan) matraca *f*; (of rattlesnake) cascabel *m* -2. (noise) (of train) traqueteo *m*; (of car, engine) petardeo *m*; (of gunfire) tableteo *m*; (of chains) crujido *m*; (of glass, coins, keys) tintineo *m*; (of door, window, hailstones) golpeteo *m*
◇ *vt* -1. (box) agitar; (chains, keys) hacer entrechocar; (door, window) sacudir; IDIOM *Fam* **who rattled your cage?** ¿qué mosca te ha picado? -2. *Fam (make nervous)* **to be rattled by sth** quedar desconcertado(a) por algo; **don't get rattled!** ¡no hagas caso!
◇ *vi (train)* traquetear; *(car, engine)* petardear; *(gun)* tabletear; *(chains)* crujir; *(glass, coins, keys)* tintinear; *(door, window, hailstones)* golpetear; **the explosion made the windows ~** la explosión sacudió las ventanas; **somebody was rattling at the door** alguien estaba golpeteando la puerta

◆ **rattle about, rattle around** *vi* **there was something rattling about** *or* **around inside the box** algo hacía ruido en el interior de la caja; *Fig* **you'll be rattling about** *or* **around in that big old house!** ¡te vas a perder en esa casona!

◆ **rattle off** *vt sep Fam (say quickly)* soltar de un tirón; *(write quickly)* garabatear

◆ **rattle on** *vi Fam* cascar, parlotear

◆ **rattle through** *vt insep Fam (work, book, meeting)* despachar, terminar rápidamente

rattler ['rætlə(r)] *n US Fam* serpiente *f* de cascabel

rattlesnake ['rætəlsneɪk] *n* serpiente *f* de cascabel

rattling ['rætlɪŋ] ◇ *n (noise)* (of train) traqueteo *m*; (of car, engine) petardeo *m*; (of gunfire) tableteo *m*; (of chains) crujido *m*; (of glass, coins, keys) tintineo *m*; (of door, window, hailstones) golpeteo *m*
◇ *adj (fast)* **at a ~ pace** a una velocidad de vértigo
◇ *adv Fam Old-fashioned (as intensifier)* **a ~ good read** un libro muy entretenido

ratty ['rætɪ] *adj Fam* -1. (annoyed) mosqueado(a); (irritable) susceptible, picajoso(a); **don't get ~!** ¡no te mosquees! -2. *US (shabby)* raído(a)

raucous ['rɔːkəs] *adj (voice, laughter, cry)* estridente; *(crowd)* ruidoso(a); **things got a bit ~ as the evening wore on** la escandalera aumentaba a medida que avanzaba la tarde

raucously ['rɔːkəslɪ] *adv* estridentemente

raunchiness ['rɔːntʃɪnɪs] *n* tono *m* picante

raunchy ['rɔːntʃɪ] *adj Fam* -1. (sexy) (lyrics, movie, novel) picante, caliente; (dress, dance) atrevido(a), provocativo(a) -2. *US (slovenly)* descuidado(a), desastrado(a)

ravage ['rævɪdʒ] ◇ *npl* **ravages** estragos *mpl*; **the ravages of time** los estragos del tiempo
◇ *vt (countryside, city)* arrasar, asolar; **the city had been ravaged by war** la ciudad había sido arrasada *or* asolada por la guerra; **his face was ravaged by illness** la enfermedad había hecho estragos en su cara

rave [reɪv] ◇ *n* -1. (praise) elogio *m* -2. (party) macrofiesta *f* (tecno)
◇ *adj* **~ notice** *or* **review** *(for play)* crítica entusiasta
◇ *vi* -1. (deliriously) desvariar -2. *Fam (enthusiastically)* **to ~ about sth/sb** deshacerse en elogios sobre algo/alguien -3. (angrily) despotricar **(at** contra)

◆ **rave up** *vt sep Br Fam* **to ~ it up** meterle caña

ravel ['rævəl] *(pt & pp* ravelled, *US* raveled*)* ◇ *vt* -1. (entangle) enredar, enmarañar -2. **to ~ sth out** *(untangle)* desenredar, desenmarañar
◇ *vi (fray)* deshilacharse

raven ['reɪvən] ◇ *n (bird)* cuervo *m*
◇ *adj (colour)* azabache

raven-haired ['reɪvənheəd] *adj Literary* de pelo (negro) azabache

ravening ['rævənɪŋ] *adj* voraz

ravenous ['rævənəs] *adj (animal, person)* hambriento(a); **to be ~** tener un hambre canina

ravenously ['rævənəslɪ] *adv* con gran apetito; **to be ~ hungry** tener un hambre canina

raver ['reɪvə(r)] *n Br Fam* -1. *(who goes to lots of parties)* juerguista *mf*, *Am* parrandero(a) *m,f* -2. *(who goes to raves) Esp* aficionado(a) *m,f* al bakalao, *Am* raver *mf*

rave-up ['reɪvʌp] *n Br Fam* juerga *f*, farra *f*, *Am* pachanga *f*; **to have a ~** ir de juerga *or* farra *or Am* pachanga

ravine [rəˈviːn] *n* barranco *m*

raving ['reɪvɪŋ] ◇ *adj* -1. (delirious) **to be ~ mad** estar como una cabra; **a ~ lunatic** un loco de atar -2. (success) clamoroso(a); (beauty) arrebatador(ora)
◇ *n* desvarío *m*; **the ravings of a madman** los desvaríos de un loco

ravioli [rævɪˈəʊlɪ] *npl* raviolis *mpl*

ravish ['rævɪʃ] *vt* -1. *Literary (delight)* deslumbrar, cautivar -2. *Old-fashioned (rape)* forzar, violar

ravishing ['rævɪʃɪŋ] *adj* deslumbrante, cautivador(ora); **she's a ~ beauty** es de una belleza deslumbrante

ravishingly ['rævɪʃɪŋlɪ] *adv* **~ beautiful** de una belleza deslumbrante

raw [rɔː] ◇ *adj* -1. (uncooked) crudo(a); **to be ~** *(meat, vegetables)* estar crudo(a)
-2. (unprocessed) (silk, milk) crudo(a); (cotton) en rama; (milk) sin pasteurizar; (sugar) sin refinar; (sewage) sin depurar; **~ edge** (of material) borde cortado ❑ **~ materials** materias *fpl* primas; **her failed marriage provided the ~ material for her novel** su fracaso matrimonial le proporcionó la materia prima para su novela
-3. (inexperienced) **a ~ recruit** un(a) novato(a)
-4. (sore) (skin) enrojecido(a) e irritado(a); (wound, blister) en carne viva; IDIOM **to get a ~ deal** ser tratado(a) injustamente; IDIOM **to touch a ~ nerve** tocar la fibra sensible; **my nerves are ~** tengo los nervios a flor de piel
-5. (emotion, power, energy) puro(a) y duro(a)
-6. (weather) crudo(a); **a ~ February night** una cruda noche de febrero; **a ~ wind** un viento cortante
-7. ART **~ sienna/umber** siena/ocre crudo
◇ *n* **in the ~** *(not treated, toned down)* en toda su crudeza; *(naked)* desnudo(a); IDIOM **to touch sb on the ~** tocar la fibra sensible de alguien

rawhide ['rɔːhaɪd] ◇ *n* -1. *(skin)* cuero *m* crudo *or* sin curtir -2. *(whip)* látigo *m* de cuero
◇ *adj* de cuero crudo *or* sin curtir

Rawlplug® ['rɔːlplʌg] *n* taco *m*

rawness ['rɔːnɪs] *n* -1. *(inexperience)* inexperiencia *f*, bisoñez *f* -2. *(soreness) (of skin, wound)* irritación *f* -3. *(of emotion)* fuerza *f* -4. *(of weather)* rigor *m*

ray[1] [reɪ] *n* -1. *(of light, sun)* rayo *m*; **a ~ of sunlight** un rayo de sol -2. *(glimmer)* **a ~ of hope** un rayo de esperanza; IDIOM **she's a ~ of sunshine** irradia alegría -3. MUS re *m*

ray[2] *n (fish)* raya *f*

ray-gun ['reɪgʌn] *n* pistola *f* de rayos

rayon ['reɪɒn] *n (fabric)* rayón *m*

raze [reɪz] *vt* arrasar; **to ~ sth to the ground** arrasar totalmente algo

razor ['reɪzə(r)] *n (cutthroat)* navaja *f* barbera, navaja *f* de afeitar; *(electric)* maquinilla *f* de afeitar, maquinilla *f* eléctrica; *(safety, disposable)* maquinilla *f* (de afeitar); IDIOM **to be on a ~'s edge** pender de un hilo ❑ **~ blade** cuchilla *f* or *RP* hoja *f* de afeitar; **~ cut** = corte de pelo hecho a navaja; **~ wire** = alambre con trozos afilados de metal, parecido al alambre de púas

razorback ['reɪzəbæk] *n* -1. *(whale)* rorcual *m* común -2. *US (pig)* = especie de jabalí que habita en el sudeste de los EE.UU.

razorbill ['reɪzəbɪl] *n* alca *f* común

razor-sharp ['reɪzəʃɑːp] *adj* -1. *(knife)* muy afilado(a) -2. *Fig (person, intelligence)* agudo(a); *(wit)* afilado(a)

razor-shell ['reɪzəʃel] *n* navaja *f (molusco)*

razz [ræz] *vt US Fam (mock)* burlarse de

razzle ['ræzəl] *n Br Fam* **to go (out) on the ~** irse de parranda

razzle-dazzle ['ræzəlˈdæzəl], **razzmatazz** ['ræzmətæz] *n Fam* parafernalia *f*

R & B [ˈɑːrənˈbiː] *n (abbr* **rhythm and blues**) rhythm and blues *m*

RBI [ɑːbiːˈaɪ] *n (abbr* **runs batted in**) (in baseball) = carreras obtenidas por sus compañeros mientras un jugador batea

RC [ɑːˈsiː] *n (abbr* **Roman Catholic**) ◇ *n* católico(a) *m,f* romano(a)
◇ *adj* católico(a) romano(a)

RCAF [ɑːsiːeɪˈef] *n (abbr* **Royal Canadian Air Force**) fuerzas *fpl* aéreas canadienses

RCMP [ɑːsiːemˈpiː] *n (abbr* **Royal Canadian Mounted Police**) Policía *f* Montada del Canadá

RCN [ɑːsiːˈen] *n (abbr* **Royal Canadian Navy**) fuerzas *fpl* navales canadienses

RCP [ɑːsiːˈpiː] *n (abbr* **Royal College of Physicians**) = colegio profesional de los médicos británicos

RCS [ɑːsiːˈes] *n (abbr* **Royal College of Surgeons**) = colegio profesional de los cirujanos británicos

RCVS [ɑːsiːviːˈes] *n (abbr* **Royal College of Veterinary Surgeons**) = colegio profesional de los cirujanos veterinarios

R & D [ˈɑːrənˈdiː] *n* COM *(abbr* **research and development**) I+D *m*

Rd *(abbr* **Road**) C/

RDA [ɑːdiːˈeɪ] *n (abbr* **recommended daily allowance**) cantidad *f* diaria recomendada

RE [ɑːˈiː] *n Br* -1. *(abbr* **Religious Education**) (asignatura *f* de) religión *f* -2. *(abbr* **Royal Engineers**) = cuerpo de ingenieros del ejército británico

re[1] [riː] *prep* con referencia a; **re your letter...** con referencia a *or* en relación con su carta...; **re: 2001 sales figures** REF: cifras de ventas de 2001

re[2] [reɪ] *n* MUS re *m*

reabsorb [riːəbˈsɔːb] *vt* reabsorber

reach [riːtʃ] ◇ *n* -1. *(accessibility)* alcance *m*; **beyond the ~ of** fuera del alcance de; **out of ~** fuera del alcance, inalcanzable; **the**

reachable

title is now out of *or* **beyond his ~** el título ha quedado fuera de su alcance; **within ~** al alcance; **within arm's ~** al alcance de la mano; **within easy ~ of the shops** a poca distancia de las tiendas; **we came within ~ of victory** estuvimos a punto de ganar
-2. *(of boxer)* alcance *m*
-3. *(area)* **the upper/lower reaches of a river** el curso alto/bajo de un río; **the further reaches of the empire** los últimos confines del imperio; **the outer reaches of the galaxy** los confines de la galaxia
◇ *vt* -1. *(manage to touch)* alcanzar; **her hair reached her waist** el pelo le llegaba a la cintura
-2. *(arrive at)* *(destination, final, conclusion, decision)* llegar a; *(agreement, stage, level)* alcanzar, llegar a; **the news didn't ~ him** no le llegó la noticia; **answers must ~ us by next Friday** las respuestas deben llegarnos no más tarde del próximo viernes *or* a más tardar el próximo viernes; **I've reached the point where I no longer care** he llegado a un punto en el que ya no me importa nada
-3. *(contact)* *(by phone)* contactar con *or Am* a; **to ~ a wider audience** llegar a un público más amplio
-4. *(pass)* alcanzar; **~ me down that vase** bájame ese jarrón
◇ *vi* -1. *(person)* **I can't ~** no llego, no alcanzo; **she reached across and took the money** *Esp* alargó la mano y cogió el dinero, *Am* estiró la mano y agarró la plata; **~ down and touch your toes** agáchate y tócate la punta de los pies; **he reached into the bag** metió la mano en la bolsa; **~ up as high as you can** estírate todo lo que puedas
-2. *(forest, property)* extenderse; **the noise/his voice reached them** oían el ruido/su voz; **the water reached up to** *or* **as far as my waist** el agua me llegaba a la cintura

◆ **reach for** *vt insep* (tratar de) alcanzar; **he reached for his wallet** fue a sacar su cartera; IDIOM **to ~ for the sky** *or* **the stars** apuntar a lo más alto

◆ **reach out** ◇ *vt sep* **she reached a hand out** extendió la mano
◇ *vi* -1. *(try to grasp)* **~ out with your arms** extiende los brazos; **to ~ out for sth** extender el brazo para agarrar *or Esp* coger algo
-2. *(try to communicate)* **to ~ out to sb** intentar echar un cable a alguien; **to ~ out to sb for help** dirigirse a alguien buscando ayuda

reachable ['riːtʃəbəl] *adj* -1. *(place, person)* accesible -2. *(contactable)* contactable

reach-me-downs ['riːtʃmɪdaʊnz] *npl Br Fam* **he wore his brother's ~** llevaba ropa heredada de su hermano

react [rɪˈækt] *vi* reaccionar (**against/to** contra/ante); **the patient is reacting well to the treatment** el paciente reacciona bien al tratamiento; **to ~ with sth** *(chemical)* reaccionar con algo

reactance [rɪˈæktəns] *n* ELEC reactancia *f*

reactant [rɪˈæktənt] *n* CHEM reactivo *m*

reaction [rɪˈækʃən] *n* -1. *(response)* reacción *f*; **what was her ~?** ¿cuál fue su reacción?; **her work is a ~ against abstract art** su obra es una reacción al arte abstracto; **public ~ to the policy has been mixed** la opinión pública ha tenido diferentes reacciones ❑ **~ engine** motor *m* a reacción; **~ motor** motor *m* a reacción; **~ time** tiempo *m* de reacción
-2. *(reflex)* reacción *f*; **alcohol slows down your reactions** el alcohol reduce la capacidad de reacción
-3. POL reacción *f*; **the forces of ~** las fuerzas reaccionarias

reactionary [rɪˈækʃənərɪ] ◇ *n* reaccionario(a) *m,f*
◇ *adj* reaccionario(a)

reactivate [rɪˈæktɪveɪt] *vt* reactivar

reactive [rɪˈæktɪv] *adj* reactivo(a)

reactor [rɪˈæktə(r)] *n* reactor *m*

read [riːd] ◇ *n* **to give sth a ~ through** leer algo, darle una leída a algo; **to have a quiet ~ (of sth)** leer (algo) tranquilamente; **this book's a good ~** este libro se lee muy bien *or* es muy entretenido ❑ **~ head** *(of video, tape recorder)* cabeza *f* lectora
◇ *vt* (*pt & pp* **read** [red]) -1. *(book, letter, electricity meter)* leer; **this magazine is widely ~** esta revista la leen muchas personas, ésta es una revista muy leída; **to ~ Italian** leer en italiano; **to ~ music** leer música; **I can't ~ her writing** no entiendo su letra; IDIOM **to take sth as ~** dar por hecho *or* por sentado algo
-2. *(say aloud)* *(letter, poem)* leer (en voz alta)
-3. *(of dial, thermometer)* marcar; **the sign reads "No Entry"** el letrero dice "prohibida la entrada"
-4. *(interpret)* interpretar; **it can be ~ in two ways** tiene una doble lectura; **in paragraph two, ~ "fit" for "fat"** en el párrafo segundo, donde dice "fit" debe decir "fat"; **the defender ~ the pass and intercepted it** el defensor se anticipó al pase y lo interceptó; **to ~ the future** adivinar el futuro; **to ~ sb's lips** leer los labios a alguien; **to ~ sb's mind** *or* **thoughts** adivinar los pensamientos a alguien; **to ~ sb's palm** leer la mano a alguien; IDIOM **she can ~ me like a book** me conoce muy bien; IDIOM *Br* **to ~ the runes** leer el futuro
-5. *(understand)* **do you ~ me?** *(on radio)* ¿me recibes?; *Fam Fig* ¿está claro?
-6. *(correct) (proofs)* corregir, *Am* revisar
-7. *Br* UNIV *(study)* estudiar
-8. COMPTR leer; **this computer only reads double-density disks** *Esp* este ordenador *or Am* esta computadora sólo lee discos de doble densidad
◇ *vi* -1. *(person)* leer; **I ~ about it in the paper** lo leí en el periódico; **to ~ aloud** leer en alto *or* en voz alta; **she ~ to him from a book** le leyó de un libro; *Fig* **to ~ between the lines** leer entre líneas
-2. *(text; notice)* decir; **to ~ well/badly** estar bien/mal escrito(a); **the statement reads as follows...** la declaración dice *or* reza lo siguiente...

◆ **read into** *vt sep* **I wouldn't ~ too much into his comments** yo no le daría demasiada importancia a sus comentarios

◆ **read off** *vt sep* (read out loud) leer (en voz alta) -2. *(from table, instrument)* leer

◆ **read out** *vt sep* (read out loud) leer (en voz alta)

◆ **read over, read through** *vt sep* leer

◆ **read up on** *vt insep* empaparse de, leer mucho sobre

readability [riːdəˈbɪlɪtɪ] *n* -1. *(of writer, style)* amenidad *f* -2. *(of handwriting)* legibilidad *f* -3. COMPTR legibilidad *f*

readable ['riːdəbəl] *adj* -1. *(book)* ameno(a) -2. *(handwriting)* legible

readdress [riːəˈdres] *vt* -1. *(letter)* cambiar la dirección de -2. COMPTR redireccionar

reader ['riːdə(r)] *n* -1. *(book, text)* lector(ora) *m,f*; **I'm not much of a ~** no me gusta mucho la lectura; **I'm a fast/slow ~** leo rápido/despacio
-2. *(reading book)* libro *m* de lectura; **German ~** libro de lectura en alemán
-3. *(anthology)* antología *f*
-4. *Br* UNIV = profesor entre el rango de catedrático y el de profesor titular
-5. *US* UNIV ayudante *mf*
-6. REL = persona que tiene potestad para encargarse de ciertos oficios religiosos, sin incluir la eucaristía
-7. COMPTR lector *m*

readership ['riːdəʃɪp] *n* -1. *(of publication)* lectores *mpl*; **this magazine has a large ~** esta revista tiene muchos lectores -2. *Br* UNIV = cargo entre el rango de catedrático y el de profesor titular -3. *US* UNIV ayudantía *f*

readily ['redɪlɪ] *adv* -1. *(willingly)* de buena gana, de buen grado; **I would ~ help if I had the time** ayudaría de buen grado si tuviera tiempo -2. *(easily)* fácilmente; **~ understandable ideas** ideas fáciles de entender; **our products are ~ available** nuestros productos se pueden conseguir fácilmente

readiness ['redɪnɪs] *n* -1. *(willingness)* disposición *f*; **I was pleased by their ~ to help** me agradó su disposición a ayudar -2. *(preparedness)* preparación *f*; **in ~ for** en preparación para, a la espera de; **to be/remain in ~ for sth** estar/continuar preparado(a) para algo; **to be in (a state of) constant ~** estar siempre listo(a) para cualquier eventualidad

reading ['riːdɪŋ] *n* -1. *(action, pastime)* lectura *f*; **I have a lot of ~ to catch up on** tengo muchas lecturas pendientes; **I have a knowledge of Italian** entiendo el italiano escrito; **a person of wide ~** una persona leída; **the ~ public** el público lector ❑ **~ ability** capacidad *f* de lectura; **~ age** nivel *m* de lectura; **she has a ~ age of 11** tiene un nivel de lectura propio de un niño de 11 años; **~ glasses** gafas *fpl* para leer; **~ list** lista *f* de lecturas; **~ material** (material *m* de) lectura *f*, lecturas *fpl*; **~ matter** lectura *f*; **~ room** *(in library)* sala *f* de lectura
-2. *(reading material)* lectura *f*; **some light ~** una lectura ligera; **his memoirs should make (for) interesting ~** será interesante leer sus memorias
-3. *(recital)* lectura *f*; **the ~ of the will** la lectura del testamento
-4. POL **to give a bill its first/second ~** dar primera/segunda lectura a un proyecto de ley
-5. *(measurement)* lectura *f*; **the ~ on the dial was wrong** lo que indicaba el cuadrante estaba mal; **to take a ~ from the gas meter** leer el contador del gas
-6. *(interpretation)* interpretación *f*, lectura *f*; **a new ~ of "The Waste Land"** una nueva lectura de "La tierra baldía"; **what's your ~ of the situation?** ¿cómo interpretas la situación?
-7. *(variant)* variante *f*

reading-book ['riːdɪŋbʊk] *n* libro *m* de lectura

reading-desk ['riːdɪŋdesk] *n* mesa *f* para leer

reading-lamp ['riːdɪŋlæmp] *n* lámpara *f* para leer

reading-light ['riːdɪŋlaɪt] *n* luz *f* de lectura

readjust [riːəˈdʒʌst] ◇ *vt* -1. *(readapt)* **to ~ oneself** readaptarse -2. *(alter)* reajustar
◇ *vi* readaptarse

readjustment [riːəˈdʒʌstmənt] *n* -1. *(readaptation)* readaptación *f* -2. *(alteration)* reajuste *m*

readme file ['riːdmiːˈfaɪl] *n* COMPTR (documento *m*) léeme *m*

readmission [riːədˈmɪʃən] *n* (to political party) readmisión *f*; (to hospital) reingreso *m*; **no ~** (on ticket) esta entrada no permite el reingreso al local

readmit [riːədˈmɪt] *vt* readmitir (**to** en)

read-only [riːdˈəʊnlɪ] *adj* COMPTR **to make a file ~** hacer que un archivo sea sólo de lectura ❑ **~ file** archivo *m* de sólo lectura; **~ memory** memoria *f* de sólo lectura

read-out ['riːdaʊt] *n* COMPTR visualización *f*

readvertise [riːˈædvətaɪz] ◇ *vt* **to ~ a post** volver a anunciar un puesto
◇ *vi* volver a anunciar el puesto

readvertisement ['riːədˈvɜːtɪsmənt] *n* segundo anuncio *m*; **this is a ~** *(in advert)* segundo anuncio de esta oferta de empleo

read-write ['riːdˈraɪt] *n* COMPTR **~ head** cabeza *f* lectora/grabadora; **~ memory** memoria *f* de lectura/escritura

ready ['redɪ] ◇ *n* -1. **at the ~** *(prepared)* preparado(a) -2. *Br Fam* **readies** *(cash)* dinero *m* contante y sonante
◇ *adj* -1. *(prepared)* listo(a), preparado(a) (**for** para); **to be ~ (to do sth)** estar listo(a) *or* preparado(a) (para hacer algo); **to be ~ and waiting** estar ya listo(a) *or* preparado(a); **he's not ~ for such responsibility** no está preparado para tanta responsabilidad; **are you ~ to order?** ¿desea pedir ya?; **we were ~ to give up** estuvimos a punto de darnos por vencidos; **to get (oneself) ~** *(prepared)* prepararse, *Am* alistarse; *(smarten up)* arreglarse; **to get the children ~**

arreglar a los niños; **to get sth ~** preparar algo; **to get ~ to do sth** prepararse or Am alistarse para hacer algo; **to get ~ for bed** prepararse para ir a la cama; Literary **to make ~ (for sth/sb)** poner a punto (para algo/alguien); **(we're) ~ when you are** cuando quieras; **dinner's ~!** la cena está lista, ¡a cenar!; **~ for use** or **to use** listo(a) para ser usado(a); **~, steady, go!** preparados, listos, ¡ya!

-2. (willing) dispuesto(a); **to be ~ to do sth** estar dispuesto(a) a hacer algo; **they are always ~ to find fault** siempre están buscando algo que criticar; **you know me, I'm ~ for anything** ya me conoces, estoy dispuesto a todo

-3. (easily accessible) **a ~ market for our products** un mercado abierto a nuestros productos; **I don't have one ~ to hand** no tengo ninguno a mano ❑ **~ cash** dinero m en efectivo; Fam **~ money** dinero m contante y sonante; **~ reckoner** baremo m

-4. (quick) **he had a ~ answer to all my questions** tenía una respuesta pronta a todas mis preguntas; **to have a ~ wit** ser muy ingenioso(a); **you're always a bit too ~ with advice** enseguida te pones a dar consejos; **he's very ~ with his fists** enseguida se lía a puñetazos; **don't be too ~ to condemn him** no lo juzgues a la ligera

-5. (likely) **she looks ~ to explode** va a estallar de un momento a otro; **I'm ~ to collapse!** ¡voy a caer rendido de un momento a otro!

◇ vt (prepare) preparar; **to ~ oneself for action** prepararse or Am alistarse para la acción

ready-cooked ['redɪ'kʊkt] adj precocinado(a)
ready-made ['redɪ'meɪd] adj **-1.** (clothes, curtains) confeccionado(a), hecho(a); **~ food** platos precocinados **-2.** (excuse, solution, explanation) perfecto(a); **a ~ phrase** una frase hecha
ready-mix ['redɪmɪks] adj (cake) = en sobre, ya listo para cocinar; (concrete) premezclado(a)
ready-salted ['redɪ'sɔːltɪd] adj Br (crisps) con sal
ready-to-wear ['redɪtə'weə(r)] adj de confección
reaffirm [riːə'fɜːm] vt reafirmar
reaffirmation [riːæfə'meɪʃən] n reafirmación f
reafforest [riːə'fɒrɪst] vt Br reforestar
reafforestation ['riːəfɒrɪ'steɪʃən] n Br reforestación f, repoblación f forestal
Reaganite ['reɪɡənaɪt] n reaganista mf
Reaganomics [reɪɡə'nɒmɪks] n = denominación de la política económica ultraliberal que se aplicó en Estados Unidos en los años 80, durante el mandato del republicano Ronald Reagan
reagent [riː'eɪdʒənt] n CHEM reactivo m
real [rɪəl] ◇ adj **-1.** (genuine) (danger, fear, effort) real; (gold, leather) auténtico(a); **~ flowers** flores naturales; **the ~ reason** el verdadero motivo; **a ~ friend** un amigo de verdad; **she never showed them her ~ self** nunca les reveló su auténtica personalidad; **he has shown ~ determination** ha mostrado verdadera determinación; **our first ~ opportunity** nuestra primera oportunidad real; **the pizzas you get here are nothing like the ~ thing** las pizzas de aquí no se parecen en nada a las auténticas; **this time it's the ~ thing** esta vez va de verdad; Hum **men don't drink shandy** los hombres de pelo en pecho no beben or Am toman cerveza con gaseosa; Fam Pej IDIOM **is he for ~?** ¿qué le pasa a éste?, Esp ¿de qué va éste? ❑ **~ ale** = cerveza de malta de elaboración tradicional y con presión natural; MATH **~ number** número m real; SPORT **~ tennis** = versión primitiva del tenis que se juega en una pista con paredes

-2. (actual) real; **the ~ problem is how to make it profitable** el problema central es cómo hacer que sea rentable; **the ~ world** el mundo real; **in ~ life** en la vida real; ECON **in ~ terms** en términos reales; **what does that mean in ~ terms?** ¿qué significado tiene a efectos prácticos? ❑ **~ estate** bienes mpl inmuebles; US **~ estate agent** agente mf inmobiliario(a); **~ estate developer** Esp promotor(ora) m,f inmobiliario, Am constructor(ora) m,f; US **~ property** bienes mpl inmuebles

-3. COMPTR **~ time** tiempo m real; **~ time chat** charla f en tiempo real; **~ time clock** reloj m de tiempo real

-4. (for emphasis) auténtico(a), verdadero(a); **a ~ gem of a novel** es una auténtica joya de novela; very Fam **a ~ bastard** un verdadero hijo de puta; **a ~ disaster** un perfecto desastre; **a ~ idiot** un tonto de remate, RP el rey de los bobos; **you've been a ~ help** nos has ayudado mucho

-5. Fam (realistic) **get ~!** Esp ¡espabila!, Méx ¡despabílate!, RP ¡despertate!

◇ adv US Fam (very) muy; **it's ~ good** es superbueno(a); **you were ~ lucky** tuviste muchísima suerte

realign [riːə'laɪn] vt **-1.** (wheels) realinear **-2.** (party, policy) realinear
realignment [riːə'laɪnmənt] n **-1.** (of wheels) realineación f **-2.** (of party, policy) realineamiento m
realism ['rɪəlɪzəm] n realismo m
realist ['rɪəlɪst] ◇ n realista mf; **I'm a ~ in these matters** en estas cuestiones soy bastante realista
◇ adj realista
realistic [rɪə'lɪstɪk] adj **-1.** (sensible, practical) realista; **let's be ~ about this** seamos realistas acerca de esto **-2.** (lifelike) realista
realistically [rɪə'lɪstɪklɪ] adv **-1.** (sensibly, practically) de forma realista; **~ (speaking)** para ser realistas, siendo realistas; **they can't ~ expect us to do all this on our own** si son realistas no pueden esperar que hagamos todo esto solos **-2.** (like life) con realismo, de manera realista
reality [rɪ'ælɪtɪ] n realidad f; **the realities of living in today's world** la realidad de la vida en el mundo de hoy; **to become (a) ~** hacerse realidad; **to face ~** enfrentarse a la realidad; **it was a ~ check for him** le hizo volver a la realidad; **in ~** en realidad ❑ **~ TV** la televisión de los reality-shows
realizable ['rɪəlaɪzəbəl] adj **-1.** (achievable) realizable, alcanzable **-2.** FIN (assets) realizable
realization [rɪəlaɪ'zeɪʃən] n **-1.** (awareness) **this ~ frightened her** al darse cuenta se asustó; **the ~ of what he meant was slow in coming** tardó or Am demoró en darse cuenta de lo que quería decir **-2.** (of ambition, dream) realización f **-3.** FIN (of assets) realización f
realize ['rɪəlaɪz] ◇ vt **-1.** (be or become aware of) darse cuenta de; **I didn't ~ how late it was** no me di cuenta de lo tarde que era; **it made me ~ what a fool I had been** me hizo darme cuenta de lo tonto que había sido; **I ~ he's busy, but...** ya sé que está ocupado, pero...

-2. (ambition, dream) realizar, hacer realidad; **she's finally realized her full potential** por fin ha alcanzado su potencial pleno; **our fears were realized** nuestros temores se vieron confirmados

-3. FIN (profit) obtener, sacar; (asset) realizar, liquidar; **how much did they ~ on the sale?** ¿cuánto obtuvieron por la venta?

◇ vi **I'm sorry, I didn't ~** lo siento, no me di cuenta

real-life ['rɪəllaɪf] adj de la vida real; **his ~ wife** su mujer en la vida real; **this never happens in ~ situations** esto nunca sucede en la vida real
reallocate [riː'æləkeɪt] vt (funds, resources, tasks) reasignar
really ['rɪəlɪ] adv **-1.** (truly) de verdad; **did they ~ fire her?** ¿de verdad que la despidieron?, ¿en serio la despidieron?; **~?** ¿de verdad?, ¿en serio?; **you don't ~ expect me to believe you, do you?** no esperarás que te vaya a creer, ¿no?, RP no pretenderás que te crea, ¿no?

-2. (very) realmente, verdaderamente; **~ good** buenísimo(a); **is it good? – not ~** ¿es bueno? – la verdad (es) que no

-3. (actually) **she's ~ my sister** en realidad es mi hermana; **it was quite good, ~** estaba muy bueno, de verdad; **this is ~ not all that bad** Esp esto no está pero que nada mal, Am esto no está nada mal

-4. (in exclamations) **oh, ~, don't be so childish!** ¡por favor, no seas tan infantil!; **well ~, that's no way to behave!** ¡desde luego no es manera de comportarse!, Am ¡realmente, ésa no es manera de comportarse!

realm [relm] n **-1.** (kingdom) reino m **-2.** (field) ámbito m, dominio m; **the ~ of the supernatural** el mundo de lo sobrenatural; **within/beyond the realms of possibility** dentro de/fuera de lo posible
realpolitik [reɪælpɒlɪ'tɪk] n POL realpolitik f
real-time ['rɪəl'taɪm] adj COMPTR en tiempo real ❑ **~ strategy game** juego m de estrategia en tiempo real
realtor ['rɪəltə(r)] n US agente mf inmobiliario(a)
realty ['rɪəltɪ] n US bienes mpl inmuebles
ream [riːm] ◇ n (of paper) resma f; Fig **reams of** montones de; Fam **to write reams** escribir a porrillo
◇ vt **-1.** TECH (hole) escariar **-2.** US (lemon) exprimir **-3.** US Fam (scold) echar una reprimenda or Esp una bronca a alguien, dar Méx una jalada or RP un rezongo a alguien **-4.** US Fam (swindle) timar
◆ **ream out** vt sep US Fam (scold) echar una reprimenda or Esp una bronca a alguien, dar Méx una jalada or RP un rezongo a alguien
reamer ['riːmə(r)] n **-1.** (tool) escariador m **-2.** US (lemon squeezer) exprimidor m
reanimate [riː'ænɪmeɪt] vt reanimar
reap [riːp] ◇ vt **-1.** (harvest) segar; IDIOM **to ~ what one has sown** recoger lo que se ha sembrado **-2.** (obtain) **to ~ the benefits (of)** cosechar los beneficios (de); **she reaped a rich reward** recogió los frutos
◇ vi segar
reaper ['riːpə(r)] n **-1.** (machine) segadora f **-2.** (person) segador(ora) m,f; Literary **the (Grim) Reaper** la dama de la guadaña
reappear [riːə'pɪə(r)] vi reaparecer; **my pen eventually reappeared** al final mi bolígrafo volvió a aparecer
reappearance [riːə'pɪərəns] n reaparición f
reapply [riːə'plaɪ] ◇ vt (cream, lotion) reaplicar
◇ vi (for job) volver a presentar solicitud, volver a presentarse; **previous applicants need not ~** no se aceptarán solicitudes de candidatos rechazados anteriormente
reappoint [riːə'pɔɪnt] vt volver a nombrar
reappointment [riːə'pɔɪntmənt] n **since her ~ as minister for the arts** desde su nuevo nombramiento como ministra de arte y cultura
reappraisal [riːə'preɪzəl] n revaluación f
reappraise [riːə'preɪz] vt reconsiderar
rear[1] [rɪə(r)] ◇ n **-1.** (back part) parte f trasera; **at the ~ of** (inside) al fondo de; (behind) detrás de; **in the ~** detrás, en la parte de atrás; **they attacked them from the ~** los atacaron por detrás **-2.** (of military column) retaguardia f; **to bring up the ~** (in military column) cerrar la marcha; (in race) ser el farolillo rojo **-3.** Fam (buttocks) trasero m
◇ adj trasero(a) ❑ **~ admiral** contralmirante m; **~ entrance** puerta f trasera; **~ gunner** artillero m trasero; US **~ lamps** (of car) luces fpl traseras; **~ legs** (of animal) patas fpl traseras; **~ lights** (of car) luces fpl traseras; **~ window** (of car) luneta f, ventana f trasera
rear[2] vt **-1.** (child, livestock) criar **-2.** (one's head) levantar; **fascism has reared its ugly head** ha vuelto a asomar el fantasma del fascismo
◆ **rear up** vi **-1.** (horse) encabritarse **-2.** (mountain, skyscraper) alzarse
rear-end ['rɪərend] ◇ n Fam trasero m
◇ vt esp US (drive into back of) chocar contra la parte trasera de
rear-engined [rɪər'endʒɪnd] adj con propulsión trasera

rearguard ['rɪəgɑːd] *n* MIL retaguardia *f*; IDIOM **to fight a ~ action** emprender un último intento a la desesperada

rearm [riːˈɑːm] ◇ *vt* rearmar
◇ *vi* rearmarse

rearmament [riːˈɑːməmənt] *n* rearme *m*

rearmost ['rɪəməʊst] *adj* último(a)

rearrange [riːəˈreɪndʒ] *vt* **-1.** *(arrange differently) (books, furniture)* reordenar; *(apartment, room)* redistribuir; **the layout of the house had been totally rearranged** habían cambiado totalmente la distribución de la casa **-2.** *(put back in place)* volver a colocar; **she rearranged her hair** se arregló el pelo **-3.** *(reschedule) (date, time)* cambiar; **we'll have to ~ our schedule** tendremos que reorganizar el programa

rearrangement [riːəˈreɪndʒmənt] *n (of date, time)* cambio *m*

rear-view mirror ['rɪəvjuːˈmɪrə(r)] *n* (espejo *m*) retrovisor *m*

rearward ['rɪəwəd] ◇ *adj (part, end)* posterior, de atrás; *(motion)* hacia atrás
◇ *adv* hacia atrás

rearwards ['rɪəwədz] *adv* hacia atrás

rear-wheel drive ['rɪəwiːlˈdraɪv] *n* tracción *f* trasera

reason ['riːzən] ◇ *n* **-1.** *(cause, motive)* razón *f*, motivo *m* (**for** de); **that's no ~ for giving up!** ¡eso no es motivo para darse por vencido!; **she gave no ~ for her absence** no explicó su ausencia; **the ~ (that) I'm telling you** la razón por la que te lo cuento; **the ~ why they lost** la razón por la que perdieron; **I don't know the ~ why** no sé por qué; **I did it for a ~** lo hice por algo; **for reasons of health** por razones de salud; **for reasons of state** por razones de Estado; *Ironic* **for reasons best known to himself** por razones que a mí se me escapan; **for no good ~** sin ninguna razón; **for no particular ~** sin *or* por ningún motivo en especial; **for one ~ or another** por un motivo u otro; **give me one good ~ why I should!** ¿y por qué razón debería hacerlo?; **I have ~ to believe that...** tengo motivos para pensar que...; **I have (good** *or* **every) ~ to trust him** tengo (buenos) motivos para confiar en él; **we've no ~ not to believe her** no tenemos motivos para no creerle; **why did you do it?** – **I have my reasons** ¿por qué lo hiciste? – tengo mis razones; **all the more ~ to tell him now** razón de más para decírselo ahora; *Formal* **by ~ of** en virtud de; *Fam* **why did you say that?** – **no** ¿por qué dijiste eso? – por decir; **with (good) ~** con razón

-2. *(sanity, common sense)* razón *f*; **to listen to ~, to see ~** atender a razones, *Am* atender razones; **to lose one's ~** perder la razón; **it stands to ~** es lógico *or* evidente; **within ~** dentro de lo razonable
◇ *vt* **to ~ that...** *(argue)* argumentar que...; *(deduce)* deducir que...
◇ *vi* razonar (**about** sobre); **to ~ with sb** razonar con alguien; **there's no reasoning with her** es imposible razonar con ella; IDIOM **ours is not to ~ why** *(we have no influence)* nuestra opinión no cuenta; *(we are not interested)* ¿a nosotros qué más nos da?, *RP* a nosotros nos da lo mismo

◆ **reason out** *vt sep (puzzle, problem)* resolver; **let's try to ~ out why...** intentemos encontrar una explicación de por qué...

reasonable ['riːzənəbəl] *adj* **-1.** *(fair, sensible)* razonable; **be ~** ¡sé razonable!; **they were ~ in their demands** sus reivindicaciones fueron razonables; **a ~ doubt** una duda razonable
-2. *(moderate)* razonable; **he has a ~ chance (of doing it)** tiene bastantes posibilidades (de hacerlo)
-3. *(inexpensive)* razonable; **that restaurant is very ~** ese restaurante está muy bien de precio
-4. *(acceptable)* aceptable, razonable;

we've had quite a ~ day hemos tenido un día bastante aceptable; **the weather/meal was ~** el tiempo/la comida fue aceptable

reasonableness ['riːzənəblnɪs] *n* **-1.** *(of person, behaviour)* sensatez *f* **-2.** *(of price)* moderación *f*

reasonably ['riːzənəblɪ] *adv* **-1.** *(to behave, act)* razonablemente; **~ priced at $100** a razonable precio de 100 dólares; **you can't ~ expect them to believe that** no es razonable esperar que se vayan a creer eso **-2.** *(quite, fairly)* bastante, razonablemente; **the quality is ~ good** es de una calidad razonable

reasoned ['riːzənd] *adj (argument, discussion)* razonado(a)

reasoning ['riːzənɪŋ] *n (thinking)* razonamiento *m*; **the ~ behind the decision** las razones de la decisión

reassemble [riːəˈsembəl] ◇ *vt* **-1.** *(people)* reagrupar **-2.** *(machine)* volver a montar *or* ensamblar
◇ *vi (people)* reagruparse; **Parliament will ~ in September** el Parlamento se volverá a reunir en septiembre

reassembly ['riːəˈsemblɪ] *n* **-1.** *(of group)* reagrupamiento *m* **-2.** *(of machine)* reensamblaje *m*

reassert ['riːəˈsɜːt] *vt (authority)* reafirmar, volver a imponer; **her distrust of men reasserted itself** se reafirmó su desconfianza de los hombres

reassess [riːəˈses] *vt* **-1.** *(policy, situation)* replantearse **-2.** FIN *(property)* volver a tasar

reassessment ['riːəˈsesmənt] *n* **-1.** *(of policy, situation)* replanteamiento *m* **-2.** FIN *(of property)* nueva tasación *f*, retasación *f*

reassign [riːəˈsaɪn] *vt (employee)* destinar (**to** a); *(work, project)* reasignar (**to** a)

reassume [riːəˈsjuːm] *vt (one's duties)* reasumir

reassurance [riːəˈʃʊərəns] *n* **-1.** *(comfort)* tranquilidad *f*; **he found ~ in her determination to succeed** le tranquilizó el que estuviera tan dispuesta a triunfar **-2.** *(guarantee)* garantía *f*; **the government has given us reassurances that...** el gobierno nos ha dado garantías de que...; **my reassurances failed to allay their fears** mis intentos de calmar sus temores no surtieron efecto

reassure [riːəˈʃʊə(r)] *vt* **-1.** *(put at ease)* confortar, tranquilizar; **to feel reassured** sentirse más tranquilo(a); **he reassured them that he would be there** les aseguró que estaría allí **-2.** FIN reasegurar

reassuring [riːəˈʃʊərɪŋ] *adj* tranquilizador (ora), confortante; **it's ~ to know he's with them** tranquiliza *or* conforta saber que está con ellos

reassuringly [riːəˈʃʊərɪŋlɪ] *adv* de modo tranquilizador; **a ~ solid keyboard** un teclado bien sólido; **the procedure is ~ simple** el procedimiento es de una sencillez tranquilizadora

reawake [riːəˈweɪk] *vi* volver a despertarse

reawaken [riːəˈweɪkən] ◇ *vt (sleeper, interest, curiosity)* volver a despertar
◇ *vi (person)* volver a despertarse

reawakening [riːəˈweɪkənɪŋ] *n (of sleeper)* nuevo despertar *m*; *(of interest, curiosity)* renacimiento *m*; **the ~ of national pride** el rebrote del orgullo nacionalista

rebarbative [rɪˈbɑːbətɪv] *adj Formal* execrable

rebate[1] ['riːbeɪt] *n* **-1.** *(refund)* devolución *f*, reembolso *m* **-2.** *(discount)* bonificación *f*

rebate[2] *n (groove, step)* rebaje *m*

Rebecca [rɪˈbekə] *pr n* Rebeca

rebel ◇ *n* ['rebəl] rebelde *mf*; **~ MPs helped defeat the government's bill** parlamentarios rebeldes ayudaron a que no prosperara el proyecto de ley del gobierno ❑ **~ leader** cabecilla *mf* rebelde, jefe *m* de la rebelión
◇ *vi* [rɪˈbel] *(pt & pp* **rebelled**) rebelarse (**against** contra); *Hum* **my stomach rebels at the very thought** se me revuelve el estómago de pensarlo

rebellion [rɪˈbeljən] *n* rebelión *f*; **to rise (up) in ~ against sth/sb** alzarse en rebelión contra algo/alguien; **in open ~** en abierta rebelión

rebellious [rɪˈbeljəs] *adj* **-1.** *(in revolt) (troops, populace)* rebelde; **a ~ act** un acto de rebeldía **-2.** *(difficult to control) (behaviour, child)* rebelde

rebelliousness [rɪˈbeljəsnɪs] *n* **-1.** *(of troops, populace)* rebeldía *f* **-2.** *(of behaviour, child)* rebeldía *f*

rebirth ['riːbɜːθ] *n (renewal)* resurgimiento *m*

reboot [riːˈbuːt] COMPTR ◇ *vt* reinicializar
◇ *vi* reinicializar(se)

rebore [riːˈbɔː(r)] ◇ *vt* rectificar
◇ *n* rectificado *m*

reborn [riːˈbɔːn] *adj* **to be ~** renacer; **I feel ~** me siento como si hubiera vuelto a nacer

rebound ◇ *n* ['riːbaʊnd] **-1.** *(of ball)* rebote *m*; **to catch a ball on the ~** atrapar un balón en el rebote; **defensive/offensive ~** *(in basketball)* rebote defensivo/ofensivo
-2. IDIOMS **to be on the ~** *(after relationship)* estar recuperándose de una decepción amorosa; *(after setback)* estar recuperándose de un traspiés; **she married him on the ~** se casó con él cuando todavía estaba recuperándose de una decepción amorosa
◇ *vi* [rɪˈbaʊnd] **-1.** *(ball)* rebotar; **the ball rebounded against the wall/into the road** el balón rebotó contra la pared/en la carretera **-2.** *Fig* **to ~ on sb** *(joke, lie)* volverse en contra de alguien **-3.** *(recover)* recuperarse

rebuff [rɪˈbʌf] ◇ *n (slight)* desaire *m*, desplante *m*; *(rejection)* rechazo *m*; **to meet with** *or* **suffer a ~** *(person, suggestion)* ser rechazado(a)
◇ *vt (slight)* desairar; *(reject)* rechazar

rebuild [riːˈbɪld] *(pt & pp* **rebuilt** [riːˈbɪlt]) ◇ *vt* **-1.** *(building, town, economy)* reconstruir **-2.** *(company, relationship, life)* reconstruir; **we must ~ confidence in industry** debemos restaurar la confianza en la industria
◇ *vi* reedificar, reconstruir

rebuilding [riːˈbɪldɪŋ] *n (of building, town, economy)* reconstrucción *f*

rebuke [rɪˈbjuːk] ◇ *n* reprensión *f*, reprimenda *f*
◇ *vt* reprender (**for** por); **to ~ sb for doing/having done sth** reprender a alguien por hacer/haber hecho algo

rebus ['riːbəs] *n* jeroglífico *m*

rebut [rɪˈbʌt] *(pt & pp* **rebutted**) *vt* refutar

rebuttal [rɪˈbʌtəl] *n* refutación *f*

rec [rek] *n Fam* **-1.** *Br* **~ (ground)** recinto *m* deportivo **-2.** *US* SCH *(break)* recreo *m*; **~ room** *(in home)* sala de juegos

recalcitrance [rɪˈkælsɪtrəns] *n* carácter *m* recalcitrante

recalcitrant [rɪˈkælsɪtrənt] *adj* recalcitrante

recall ◇ *n* ['riːkɔːl] **-1.** *(memory)* memoria *f*; **lost beyond ~** perdido(a) irremisiblemente; **total/instant ~** memoria prodigiosa/instantánea
-2. *(of goods)* retirada *f* del mercado; *(of library book)* reclamación *f*; *(of ambassador, troops)* retirada *f* ❑ **~ slip** *(from library)* solicitud *f* de reclamación
-3. *Br* POL *(of parliament)* convocatoria *f* extraordinaria (fuera del periodo de sesiones)
-4. *US* POL *(of official)* = retirada de un cargo político o judicial por votación tras una petición popular
-5. **~ button** *(on telephone)* botón *m* de rellamada
◇ *vt* [rɪˈkɔːl] **-1.** *(remember)* recordar; **to ~ doing sth** recordar haber hecho algo; **as far as I can ~** que yo recuerde; **as you may ~** como recordarás
-2. *(evoke)* evocar, hacer recordar
-3. *(summon back) (defective goods)* retirar del mercado; *(library book)* reclamar; *(ambassador, troops)* retirar; **the sound of the telephone recalled her to the present** el sonido del teléfono la trajo de vuelta al presente
-4. *Br* POL **to ~ Parliament** convocar un

recant

pleno extraordinario del Parlamento (fuera del periodo de sesiones) **-5.** SPORT *(player)* volver a llamar

recant [rɪˈkænt] ◇ *vt (opinion)* retractarse de
◇ *vi* **-1.** *(change opinion)* retractarse **-2.** REL abjurar

recantation [ˌriːkænˈteɪʃən] *n* **-1.** *(of opinion, statement)* retractación *f* **-2.** *(of religion)* abjuración *f*

recap [ˈriːkæp] ◇ *n* **-1.** *(summary)* recapitulación *f*, resumen *m* **-2.** US & Austr *(tyre)* neumático *m* recauchutado, *Col, Méx* llanta *f or Arg* goma *f* recauchutada
◇ *vt (pt & pp* **recapped)** **-1.** *(summarize)* recapitular, resumir **-2.** US & Austr *(tyre)* recauchutar
◇ *vi* recapitular, resumir; **to ~,...** para recapitular *or* resumir,...

recapitulate [ˌriːkəˈpɪtjʊleɪt] ◇ *vt* **-1.** *Formal (summarize)* recapitular **-2.** MUS *(theme)* repetir **-3.** BIOL recapitular
◇ *vi Formal* recapitular; **so, to ~,...** de modo que, para recapitular,...

recapitulation [ˌriːkəpɪtjʊˈleɪʃən] *n* **-1.** *Formal (summary)* recapitulación *f* **-2.** MUS *(of theme)* repetición *f* **-3.** BIOL recapitulación *f*

recapture [riːˈkæptʃə(r)] ◇ *n (of escapee)* nueva captura *f*; *(of animal)* nueva captura *f*; *(of town, territory)* nueva toma *f*; **he escaped ~ for nearly a year** no lo volvieron a capturar hasta pasado casi un año
◇ *vt* **-1.** *(escapee)* volver a capturar *or* apresar; *(animal)* volver a capturar; *(town, territory)* volver a tomar **-2.** *(memory, atmosphere)* recuperar; *(one's youth)* revivir

recast [ˈriːkɑːst] *(pt & pp* **recast)** *vt* **-1.** *(redraft)* readaptar, reescribir **-2.** *(play, movie)* cambiar el reparto de; *(actor)* dar un nuevo papel; **he was ~ in the role of Prospero** le dieron un nuevo papel, el de Próspero **-3.** *(statue, bell)* refundir

recce [ˈrekɪ] *Br Fam* MIL ◇ *n* reconocimiento *m*; **to go on a ~** hacer un reconocimiento
◇ *vt (pt & pp* **recced** *or* **recceed)** hacer un reconocimiento de

recede [rɪˈsiːd] *vi* **-1.** *(move away) (tide, coastline)* retroceder; **to ~ into the past** perderse en el pasado **-2.** *(fade) (hopes, fears, danger)* desvanecerse; **as memories of the past ~** a medida que se desvanecen los recuerdos del pasado **-3.** *(hairline)* **his hair has started to ~** le están empezando a salir entradas

receding [rɪˈsiːdɪŋ] *adj* **to have a ~ chin** tener la barbilla hundida; **to have a ~ hairline** tener entradas

receipt [rɪˈsiːt] ◇ *n* **-1.** *(act of receiving)* recibo *m*; **to acknowledge ~ of sth** acusar recibo de algo; *Formal* **I am in ~ of the goods** se me ha hecho entrega de la mercancía, la mercancía obra en mi poder; **on ~ of** a la recepción de **-2.** *(proof of payment) (for service)* recibo *m*; *(for purchase)* ticket *m* or tiquet *m* (de compra), justificante *m* de compra **-3. receipts** *(at box office)* recaudación *f*
◇ *vt* **-1.** *(mark as paid)* indicar como pagado(a) **-2.** *US (give a receipt for)* entregar un recibo por

receivable [rɪˈsiːvəbl] COM ◇ *adj* a or por cobrar
◇ *npl* **receivables** *(accounts due)* cuentas *fpl* pendientes de cobro, cuentas *fpl* por cobrar

receive [rɪˈsiːv] ◇ *vt* **-1.** *(be given, get) (gift, letter, blow)* recibir; *(salary, damages)* cobrar; *(insults, injuries)* sufrir; **we received your letter on Monday** recibimos tu carta el lunes; **he received (a sentence of) five years** le condenaron a cinco años; **he received a fine** le pusieron una multa; **I never received payment** no me pagaron; **to ~ treatment** *(for injuries, disease)* recibir tratamiento; **he received dreadful treatment** lo trataron de forma inhumana; **received with thanks** *(on receipt)* recibí conforme
-2. *(radio or television signal)* recibir; **do you ~ me?** ¿me recibes?; **I'm receiving you loud and clear** te recibo alto y claro

-3. *(greet, welcome)* recibir; **it was well/badly received** *(movie, proposal)* fue bien/mal acogido(a), tuvo un buen/mal recibimiento; **how was the news received?** ¿cómo cayó la noticia?; **to ~ sb into the Church** recibir a alguien en el seno de la Iglesia
-4. LAW **to ~ stolen goods** receptar bienes robados
-5. *Formal (accommodate)* recibir; **holes were drilled to ~ the pegs** se taladraron agujeros para recibir las alcayatas
◇ *vi* **-1.** PROV **it is better to give than to ~** más vale dar que recibir **-2.** *(in tennis)* restar **-3.** *Formal Old-fashioned (have guests)* recibir **-4.** LAW receptar bienes robados

received [rɪˈsiːvd] *adj (idea, opinion)* común, aceptado(a) ❏ **Received Pronunciation** pronunciación *f* estándar *(del inglés)*; **the ~ wisdom** la creencia popular

receiver [rɪˈsiːvə(r)] *n* **-1.** *(of stolen goods)* perista *mf*; LAW receptador(ora) *m,f* **-2.** *(of telephone)* auricular *m*, *RP, Ven* tubo *m*; **to pick up** *or* **lift the ~** descolgar el teléfono; **to replace the ~** colgar el teléfono **-3.** *(radio set)* receptor *m*
-4. FIN **to call in the receivers** ser intervenido(a) **-5.** *(in tennis)* jugador(ora) *m,f* al resto; *(in American football)* receptor *m*, receiver *m*

receiver-general [rɪˈsiːvəˈdʒenərəl] *(pl* **receivers-general)** *n US & Can* recaudador(ora) *m,f* general

receivership [rɪˈsiːvəʃɪp] *n* FIN **to go into ~** ser intervenido(a)

receiving [rɪˈsiːvɪŋ] ◇ *n (of stolen goods)* receptación *f*
◇ *adj* IDIOM *Fam* **to be on the ~ end of sth** ser el blanco de algo; **if it was you on the receiving end of her sarcasm** si tuvieras tú que aguantar su sarcasmo

recent [ˈriːsənt] *adj* reciente; **in ~ months** en los últimos meses; **in ~ times** en los últimos tiempos; **her most ~ novel** su última *or* su más reciente novela

recently [ˈriːsəntlɪ] *adv* recientemente, hace poco; **as ~ as yesterday** ayer sin ir más lejos; **this was still happening as ~ as the 1950s** esto todavía ocurría en los años 50, sin ir más lejos; **until quite ~** hasta hace muy poco; **not ~** últimamente no

recentness [ˈriːsəntnɪs] *n* carácter *m* reciente

receptacle [rɪˈseptəkəl] *n Formal* **-1.** *(container)* receptáculo *m* **-2.** BOT receptáculo *m*

reception [rɪˈsepʃən] *n* **-1.** *(welcome) (of guests, new members)* recibimiento *m*; *(of announcement, new movie)* recibimiento *m*, acogida *f*; **to get a warm ~** ser acogido(a) calurosamente; **to get a cool** *or* **frosty ~** ser acogido(a) con frialdad ❏ *Br* **~ centre** centro *m* de acogida; *Br* **~ class** primer curso *m* de primaria; **~ committee** comité *m* de bienvenida; MED **~ order** *(in mental hospital)* orden de ingresar a un paciente en un hospital psiquiátrico; *Br* **~ room** *(in house)* sala *f* de estar, salón *m*
-2. *(party)* recepción *f*; **to hold a ~** ofrecer una recepción; **(wedding) ~** banquete *m* de boda *or Andes* matrimonio *or RP* casamiento ❏ **~ room** *(in hotel)* sala *f* de recepciones
-3. *(in hotel)* **~ (desk)** recepción *f*; **at ~** en recepción ❏ *US* **~ clerk** recepcionista *mf*
-4. *(of radio, TV programme)* recepción *f*
-5. *US* SPORT *(of ball)* recepción *f*

receptionist [rɪˈsepʃənɪst] *n* recepcionista *mf*

receptive [rɪˈseptɪv] *adj* receptivo(a); **he's not very ~ to suggestions** no es muy abierto a las sugerencias

receptiveness [rɪˈseptɪvnɪs], **receptivity** [ˌriːsepˈtɪvɪtɪ] *n* receptividad *f*

receptor [rɪˈseptə(r)] *n* PHYSIOL receptor *m*

recess [ˈriːses] ◇ *n* **-1.** *(in wall) (gen)* hueco *m*; *(for statue)* nicho *m*, hornacina *f*; *(in bedroom)* alcoba *f*
-2. *(of mind, past, memory)* recoveco *m*; **in the innermost recesses of the soul** en los recovecos más oscuros del alma
-3. *(of Parliament)* periodo *m* vacacional; **Parliament is in ~** las sesiones del Parlamento están suspendidas por vacaciones
-4. *(in trial)* descanso *m*, receso *m*; *US* **the court went into ~** el tribunal levantó la sesión
-5. *US* SCH *(between classes)* recreo *m*
◇ *vt (lighting, switch)* empotrar
◇ *vi US* **-1.** *(legislature)* suspender las sesiones, entrar en receso **-2.** *(court)* levantar la sesión; **the court recessed until Friday** el juicio se suspendió hasta el viernes

recessed [ˈriːsest] *adj (door, window, bookshelves, lighting)* empotrado(a)

recession [rɪˈseʃən] *n* ECON recesión *f*; **the economy is in ~** la economía está en recesión

recessional [rɪˈseʃənəl] ◇ *n (hymn)* = himno que se canta al retirarse el celebrante
◇ *adj* ECON recesivo(a)

recessionary [rɪˈseʃənrɪ] *adj* ECON recesivo(a)

recessive [rɪˈsesɪv] *adj* BIOL *(gene)* recesivo(a)

recharge [riːˈtʃɑːdʒ] ◇ *vt (battery)* recargar; *Fig* **to ~ one's batteries** recargar las baterías
◇ *vi (battery)* recargarse

rechargeable [riːˈtʃɑːdʒəbəl] *adj* recargable

recherché [rəˈʃeəʃeɪ] *adj Formal* rebuscado(a)

rechip [riːˈtʃɪp] *vt (mobile phone)* cambiar el chip de

recidivism [rɪˈsɪdɪvɪzəm] *n* LAW reincidencia *f*

recidivist [rɪˈsɪdɪvɪst] LAW ◇ *n* reincidente *mf*
◇ *adj* reincidente

recipe [ˈresɪpɪ] *n also Fig* receta *f*; **a ~ for paella, a paella ~** una receta para preparar *or* cocinar paella; **a ~ for disaster/success** la receta para el desastre/el éxito; **his ~ for long life is...** su secreto para vivir muchos años es... ❏ **~ book** recetario *m* (de cocina); **~ card** ficha *f* de cocina

recipient [rɪˈsɪpɪənt] *n* **-1.** *(of gift, letter)* destinatario(a) *m,f*; *(of award, honour)* receptor(ora) *m,f*; **he was the proud ~ of a gold watch** tuvo el orgullo de recibir un reloj de oro **-2.** MED *(of transplant)* receptor(ora) *m,f*

reciprocal [rɪˈsɪprəkəl] ◇ *n* MATH recíproca *f*
◇ *adj* recíproco(a); **the feeling was not ~** el sentimiento no era mutuo

reciprocate [rɪˈsɪprəkeɪt] ◇ *vt (favour, invitation)* corresponder a; *(attack)* responder a; **to ~ sb's kindness** corresponder a la amabilidad de alguien; **his feelings for her were not reciprocated** sus sentimientos por ella no eran correspondidos
◇ *vi (return an invitation)* devolver la invitación; *(return a blow)* devolver el golpe; *(return a compliment)* devolver el cumplido; *(return an insult)* devolver el insulto; **to ~ with sth** corresponder con algo

reciprocating [rɪˈsɪprəkeɪtɪŋ] *adj* TECH **~ engine** motor *m* alternativo

reciprocation [rɪˌsɪprəˈkeɪʃən] *n* **in ~ for** como respuesta a

reciprocity [ˌresɪˈprɒsɪtɪ] *n Formal* reciprocidad *f*

recital [rɪˈsaɪtəl] *n* **-1.** *(of poetry, music)* recital *m*; **to give a ~** dar *or* ofrecer un recital **-2.** *(of facts)* perorata *f*

recitation [ˌresɪˈteɪʃən] *n (of poem)* recitación *f*

recitative [ˌresɪtəˈtiːv] *n* MUS recitativo *m*

recite [rɪˈsaɪt] ◇ *vt* **-1.** *(poem)* recitar **-2.** *(complaints, details)* enumerar
◇ *vi* recitar

reckless [ˈreklɪs] *adj (decision, behaviour, person)* imprudente; *(driving)* temerario(a); **it would be ~ to ignore the danger** sería imprudente no hacer caso del peligro ❏ **~ driver** conductor(ora) *m,f* temerario(a)

recklessly [ˈreklɪslɪ] *adv (to decide, behave)* imprudentemente; *(to drive)* de modo temerario; **to spend ~** gastar de forma imprudente

recklessness [ˈreklɪsnɪs] *n (of decision, behaviour)* imprudencia *f*; *(of driving)* temeridad *f*

reckon [ˈrekən] *vt* **-1.** *(consider)* considerar; **he is reckoned to be...** está considerado como...; *Fam* **I don't ~ her chances much** no le doy muchas posibilidades
-2. *(calculate)* calcular; **I ~ it will take two hours** calculo que llevará dos horas; **they had reckoned to make more profit from the venture** habían contado con sacar un

mayor beneficio del negocio
-3. *Fam (think)* **to ~ (that)** creer que; **I ~ this omelette is ready** creo que esta tortilla ya está lista; **it's all over now, I ~** creo que todo ha terminado; **what do you ~?** ¿qué opinas?, ¿qué te parece?
◇ *vi* calcular; **reckoning from today** contando desde hoy

◆ **reckon in** *vt sep Br* incluir

◆ **reckon on** *vt insep* **-1.** *(rely on)* contar con; **don't ~ on it** no cuentes con ello; **you can always ~ on him making a mess of things** con él ya se sabe que lo puede liar todo **-2.** *(expect)* contar con; **you should ~ on there being about thirty people there** cuenta con que haya unas treinta personas; **I hadn't reckoned on that extra cost** no había contado con ese gasto extra

◆ **reckon up** ◇ *vt sep (figures, cost)* calcular; **to ~ up a bill** calcular el importe de una factura
◇ *vi* **to ~ up with sb** saldar cuentas con alguien

◆ **reckon with** *vt insep* contar con; **she's someone to be reckoned with** es una mujer de armas tomar; **we had to ~ with some stiff opposition** tuvimos que vérnoslas con una fuerte oposición

◆ **reckon without** *vt insep* **to ~ without sth/sb** no tener en cuenta algo/a alguien; **he had reckoned without his rivals** no había tenido en cuenta a sus rivales

reckoning ['rekənɪŋ] *n* **-1.** *(calculation)* cálculo *m*; **you're way out in your ~** te has equivocado totalmente en tus cálculos; **by my ~** según mis cálculos; IDIOM **to come into the ~** contar **-2.** *(estimation, opinion)* juicio *m*, opinión *f*; **by** *or* **on any ~ she's a fine pianist** no se puede negar que es una pianista excelente **-3.** *(settling of debts, scores)* **day of ~** día del juicio final

reclaim [rɪ'kleɪm] *vt* **-1.** *(lost property, baggage)* recoger; **you'll be able to ~ your expenses at the end of the conference** al terminar el congreso puedes pedir que te devuelvan los gastos
-2. *(waste materials)* recuperar; **to ~ land from the sea** ganar terreno al mar
-3. *(sinner, drunkard)* enderezar
-4. *(rehabilitate) (term, word)* recuperar; **the word "queer" has been reclaimed by the gay community** la comunidad gay ha hecho suya la palabra "queer"

reclamation [reklə'meɪʃən] *n* **-1.** *(of lost property, baggage)* recogida *f*; **new legislation governing payment and ~ of tax** nueva legislación que regula el pago y la devolución de impuestos **-2.** *(waste materials)* recuperación *f*; **land ~ project** proyecto para ganar terreno al mar **-3.** *(of sinner, drunkard)* enderezamiento *m* **-4.** *(of term, word)* recuperación *f*

reclassify [ri:'klæsɪfaɪ] *vt* reclasificar

recline [rɪ'klaɪn] ◇ *vt* **-1.** *(head)* apoyar **-2.** *(seat)* reclinar
◇ *vi* reclinarse; **he was reclining on the sofa** estaba reclinado en el sofá

recliner [rɪ'klaɪnə(r)] *n (chair)* silla *f* reclinable; *(armchair)* sillón *m* reclinable

reclining [rɪ'klaɪnɪŋ] *adj* **in a ~ position** reclinado(a) ❏ **~ seat** asiento *m* reclinable

recluse [rɪ'klu:s] *n* solitario(a) *m,f*; **she's a bit of a ~** vive un poco recluida

reclusive [rɪ'klu:sɪv] *adj* solitario(a), retraído(a)

recognition [rekəg'nɪʃən] *n* **-1.** *(identification)* reconocimiento *m*; **she disguised her voice to avoid ~** cambió la voz para que no la reconocieran; **to have changed beyond** *or* **out of all ~** estar irreconocible
-2. *(acknowledgement, appreciation)* reconocimiento *m*; **his play received little ~** su obra pasó desapercibida; **he has achieved worldwide ~** ha conseguido el reconocimiento mundial; **there is growing ~ of the problem** hay una creciente concienciación sobre el problema; **in ~ of** en reconocimiento a

-3. *(of state, organization, trade union)* reconocimiento *m*; **to withhold ~ from a country** negarse a reconocer un país

recognizable [rekəg'naɪzəbəl] *adj* reconocible **(as** como); **barely ~** apenas reconocible; **his style was instantly ~** tenía un estilo reconocible fácilmente

recognizably [rekəg'naɪzəblɪ] *adv* claramente; **the place was not ~ different** el lugar apenas había cambiado

recognizance [rɪ'kɒgnɪzəns] *n* LAW **to be released on one's own recognizances** ser puesto(a) en libertad bajo palabra

recognize ['rekəgnaɪz] *vt* **-1.** *(identify)* reconocer **-2.** *(acknowledge, appreciate)* reconocer; **I ~ (that) I may have been mistaken** reconozco que me he podido confundir; **the scale of the disaster has finally been recognized** por fin se reconoce la magnitud del desastre
-3. *(state, organization, qualification)* reconocer
-4. *US (in debate)* conceder la palabra a

recognized ['rekəgnaɪzd] *adj (government, state, method)* reconocido(a); *(qualification)* homologado(a); **to be a ~ authority (on sth)** ser una autoridad reconocida (en algo)

recoil ◇ *n* ['ri:kɔɪl] *(of gun)* retroceso *m*
◇ *vi* [rɪ'kɔɪl] **-1.** *(gun)* retroceder **-2.** *(person)* retroceder; **to ~ in terror/horror** retroceder aterrorizado(a)/horrorizado(a); **to ~ from (doing) sth** retroceder ante la idea de (hacer) algo

recollect [rekə'lekt] ◇ *vt* **-1.** *(remember)* recordar; **I don't ~ having asked her** no recuerdo haberle preguntado a ella **-2.** *(recover)* **to ~ oneself** recobrar la compostura
◇ *vi* recordar; **as far as I can ~** que yo recuerde

recollection [rekə'lekʃən] *n* recuerdo *m*; **I have no ~ of having said that** no recuerdo haber dicho eso; **to the best of my ~** en lo que alcanzo a recordar

recombinant [ri:'kɒmbɪnənt] *adj* BIOL **~ DNA** ADN *m* preparado en laboratorio

recommence ['ri:kə'mens] *Formal* ◇ *vt* reanudar
◇ *vi* volver a comenzar

recommend [rekə'mend] *vt* **-1.** *(speak in favour of, praise)* recomendar; **to ~ sth to sb** recomendar algo a alguien; **she recommended him for the job** ella lo recomendó para el puesto; **the proposal has a lot to ~ it** la propuesta presenta muchas ventajas; **recommended reading** lectura recomendada; **recommended** *(in review, listings)* recomendado(a)
-2. *(advise)* recomendar, aconsejar; **to ~ sb to do sth** recomendar a alguien hacer algo; **it is not to be recommended** no es nada recomendable; COM **recommended (retail) price** precio de venta al público recomendado
-3. *Formal or Literary (entrust)* encomendar; **to ~ one's soul to God** encomendar su alma a Dios

recommendable [rekə'mendəbəl] *adj* recomendable

recommendation [rekəmen'deɪʃən] *n* recomendación *f*; **my ~ is that...** mi recomendación es que...; **to make a ~ that** recomendar que; **on my/her ~** por recomendación mía/suya

recommittal [ri:kə'mɪtəl] *n US* POL devolución *f* al comité parlamentario

recompense ['rekəmpens] ◇ *n* **-1.** *(reward)* recompensa *f*; **in ~ for** como recompensa por **-2.** *(compensation)* compensación *f*, indemnización *f*
◇ *vt* recompensar **(for** por)

recon ['ri:kɒn] *n US* MIL reconocimiento *m*

reconcilable [rekən'saɪləbəl] *adj (opinions, accounts)* conciliable; *(people)* reconciliable

reconcile ['rekənsaɪl] *vt* **-1.** *(people)* reconciliar; **to be reconciled with sb** reconciliarse con alguien; **Peter and Jane were reconciled at last** Peter y Jane por fin se reconciliaron
-2. *(resign)* **to be reconciled to sth** estar resignado(a) a algo; **she had reconciled herself to the idea of going** se había resignado a la idea de ir

-3. *(facts, differences, opinions)* conciliar; **you cannot ~ morality with politics** no se puede conciliar la moral con la política
-4. ACCT *(figures, accounts)* cuadrar

reconciliation [rekənsɪlɪ'eɪʃən] *n* **-1.** *(of people)* reconciliación *f*; **to bring about a ~ between...** promover una reconciliación entre... **-2.** *(of differences, opinions)* conciliación *f*
-3. ACCT *(of figures, accounts)* conciliación *f*

recondite ['rekəndaɪt] *adj Formal (information, knowledge)* abstruso(a)

recondition ['ri:kən'dɪʃən] *vt (TV, washing machine)* reparar

reconditioned ['ri:kən'dɪʃənd] *adj (TV, washing machine)* reparado(a)

reconfigure ['ri:kən'fɪgə(r)] *vt* COMPTR reconfigurar

reconnaissance [rɪ'kɒnɪsəns] *n* MIL reconocimiento *m*; **to be on ~** estar haciendo un reconocimiento ❏ **~ flight** vuelo *m* de reconocimiento

reconnect ['ri:kə'nekt] *vt (water, electricity supply)* reconectar; **the operator reconnected us** *(during an interrupted telephone call)* el operador reestableció la conexión

reconnection [ri:kə'nekʃən] *n (of water, electricity supply)* reconexión *f* ❏ TEL **~ charge** *(for disconnected telephone)* tarifa *f* de reconexión

reconnoitre, *US* **reconnoiter** [rekə'nɔɪtə(r)] MIL ◇ *vt* reconocer
◇ *vi* hacer un reconocimiento

reconquer ['ri:'kɒŋkə(r)] *vt* reconquistar

reconquest ['ri:'kɒŋkwest] *n* reconquista *f*

reconsider ['ri:kən'sɪdə(r)] ◇ *vt* reconsiderar
◇ *vi* recapacitar; **I advise you to ~** te aconsejo que recapacites

reconsideration ['ri:kənsɪdə'reɪʃən] *n* reconsideración *f*; **on ~, the problem seemed simpler** tras reconsiderarlo, el problema parecía más sencillo

reconstitute ['ri:'kɒnstɪtju:t] *vt* **-1.** *(organization, committee)* reconstituir **-2.** *(dried food)* rehidratar

reconstruct ['ri:kən'strʌkt] *vt* **-1.** *(building, part of body, economy)* reconstruir; **to ~ one's life** reconstruir su vida **-2.** *(events, crime)* reconstruir

reconstruction ['ri:kən'strʌkʃən] *n* **-1.** *(of building, part of body, economy)* reconstrucción *f* **-2.** *(of events, crime)* reconstrucción *f*

RECONSTRUCTION

Periodo comprendido entre 1865 y 1877, tras la Guerra de Secesión americana, durante el que los estados de la antigua Confederación (estados del Sur) se volvieron a incorporar a la Unión. A los líderes confederados se les prohibió desempeñar cargos públicos. Los negros fueron liberados, se les garantizaron los mismos derechos que a los blancos e incluso llegaron al poder en algún estado. Ante tales medidas, los grupos de corte racista reaccionaron fundando el Ku Klux Klan. De este modo, volvió a imperar la supremacía blanca hasta la época de las campañas pro derechos civiles de la segunda mitad del siglo XX.

---

reconstructive ['ri:kən'strʌktɪv] *adj* MED **~ surgery** cirugía *f* reconstructiva

reconvene ['ri:kən'vi:n] ◇ *vt* volver a convocar
◇ *vi* volver a reunirse

record ['rekɔ:d] ◇ *n* **-1.** *(account)* **there is no ~ of their visit** no hay constancia de su visita; **do you have any ~ of the transaction?** ¿tiene algún documento de la transacción?; **according to our records...** de acuerdo con nuestros datos...; **to keep a ~ of sth** llevar nota de algo; *(more officially)* llevar un registro de algo; **to put sth on ~** dejar constancia (escrita) de algo; **we have it on ~ that...** tenemos constancia de que...; **the coldest winter on ~** *or* **since records began** el invierno más frío del que se tiene constancia; **to be on ~ as saying that...** haber declarado públicamente que...; **off the ~** *(to say)* confidencialmente; **I want these remarks to be off the ~** estos comentarios deben quedar en la confidencialidad;

(just) for the ~ para que conste; **for your records** para su información; **to put** or **set the ~ straight** poner las cosas en claro or en su sitio ❑ **~ card** ficha f; **~ office** (oficina f del) registro m

-2. *(personal history)* historial m; **they have a ~ of breaking their promises** no es la primera vez que rompen una promesa; **she has an excellent attendance ~** su nivel de asistencia a clase es excelente; **service** or **army ~** hoja de servicios

-3. *(of criminal)* antecedentes mpl (penales); **to have a ~** tener antecedentes (penales)

-4. *(past results) (of team, athlete)* resultados mpl; **the government's ~ on unemployment** la actuación del gobierno en la lucha contra el desempleo; **to have a good/bad safety ~** tener un buen/mal historial en materia de seguridad; **academic ~** expediente académico

-5. *(musical)* disco m; **to make** or **cut a ~** grabar un disco ❑ **~ company** compañía f discográfica, casa f discográfica; **~ deck** plato m; **~ label** sello m discográfico; **~ library** *(personal, public)* discoteca f; **~ player** tocadiscos m inv; **~ producer** productor(ora) m,f discográfico(a); **~ token** vale m canjeable por discos

-6. *(best performance)* récord m; **the world/ 200 m ~** el récord mundial/de los 200 m.; **to set a ~** establecer un récord; **to hold the ~** tener el récord; **to break** or **beat the ~** batir el récord ❑ **~ breaker** *(man)* plusmarquista m, recordman m; *(woman)* plusmarquista f

-7. COMPTR *(in database)* registro m

◇ *adj (score, time)* récord inv; **a ~ number of spectators** una cifra récord de espectadores; **today saw ~ temperatures of...** las temperaturas han alcanzado hoy el nivel histórico de...; **to reach ~ levels** alcanzar un nivel histórico or sin precedentes; **unemployment is at a ~ high/low** el desempleo or Am la desocupación ha alcanzado un máximo/mínimo histórico

◇ vt [rɪˈkɔːd] **-1.** *(on video, cassette)* grabar; **they're recording their new album** están grabando su nuevo álbum

-2. *(write down)* anotar; **your objection has been recorded** queda constancia de su protesta; **Napoleon's reply is not recorded** la respuesta de Napoleón no está documentada

-3. *(attest, give account of)* dar testimonio de; **history records that 30,000 soldiers took part** la historia da testimonio de la participación de 30.000 soldados; **a photograph was taken to ~ the event** se hizo una fotografía para dejar constancia del acontecimiento

-4. *(register)* registrar; **temperatures of 50°were recorded** se registraron temperaturas de 50°

-5. SPORT *(score, time)* obtener, hacer

◇ vi *(machine)* grabar

record-breaking [ˈrekɔːdbreɪkɪŋ] adj récord; **to have ~ sales** batir todos los récords de ventas

recorded [rɪˈkɔːdɪd] adj **-1.** *(message, tape, programme)* grabado(a) **-2.** *(documented)* documentado(a); **throughout ~ history** a lo largo del periodo histórico del que se tienen documentos escritos ❑ Br **~ delivery** correo m certificado

recorder [rɪˈkɔːdə(r)] n **-1.** *(machine)* **(tape) ~** grabadora f, magnetófono m; **(video) ~** (grabadora f de) vídeo m or Am video m **-2.** *(musical instrument)* flauta f (dulce), flauta f de pico

record-holder [ˈrekɔːdhəʊldə(r)] n *(man)* plusmarquista m, recordman m; *(woman)* plusmarquista f

recording [rɪˈkɔːdɪŋ] n **-1.** *(on tape, video)* grabación f ❑ **~ artist** artista mf de grabación; COMPTR **~ head** cabeza f magnética grabadora; **~ studio** estudio m de grabación **-2.** REL **the Recording Angel** = ángel que anota nuestras buenas y malas acciones

recork [ˌriːˈkɔːk] vt volver a poner el corcho a

re-count ◇ n [ˈriːkaʊnt] *(in election)* segundo recuento m; **to demand a ~** exigir un segundo recuento

◇ vt [ˌriːˈkaʊnt] *(count again)* volver a contar, volver a hacer un recuento de

recount [rɪˈkaʊnt] vt *(relate)* relatar

recoup [rɪˈkuːp] vt *(energies, investment, costs)* recuperar; *(losses)* resarcirse de

recourse [rɪˈkɔːs] n recurso m; **to have ~ to** recurrir a; **without ~ to** sin recurrir a

re-cover [ˌriːˈkʌvə(r)] vt *(sofa, book)* recubrir

recover [rɪˈkʌvə(r)] ◇ vt **-1.** *(reclaim) (property, loan, deposit)* recuperar

-2. *(get back) (strength, health, senses)* recobrar, recuperar; **to ~ one's breath** recobrar or recuperar el aliento; **to ~ one's calm** recobrar or recuperar la calma; **to ~ consciousness** recobrar or recuperar el conocimiento; **to ~ lost ground** recobrar or recuperar (el) terreno perdido

-3. *(retrieve)* rescatar, recuperar; **50 bodies have been recovered** se han rescatado 50 cadáveres

-4. LAW **to ~ damages** conseguir una indemnización

-5. COMPTR recuperar

◇ vi **-1.** *(from illness, setback)* recuperarse **(from** de) **-2.** *(economy, market, currency)* recuperarse

recoverable [rɪˈkʌvərəbəl] adj recuperable

recovery [rɪˈkʌvərɪ] n **-1.** *(of lost object)* recuperación f; **the ~ of his sight changed his life** su vida cambió cuando recobró la vista

-2. *(from illness, setback)* recuperación f; **to make a ~** recuperarse; **to be on the way** or **road to ~** estar en vías o camino de recuperación; **he is past** or **beyond (hope of) ~** *(patient)* no tiene (posibilidades de) recuperación ❑ **~ position** posición f de recuperación; **~ room** sala f de recuperación

-3. *(of economy, market, currency)* recuperación f

-4. *(retrieval)* rescate m, recuperación f ❑ Br **~ vehicle** (vehículo m) grúa f

-5. LAW *(of damages)* (obtención f de) indemnización f

-6. COMPTR recuperación f

re-create [ˌriːkrɪˈeɪt] vt recrear

re-creation [ˌriːkrɪˈeɪʃən] n *(of event, scene)* recreación f

recreation [ˌrekrɪˈeɪʃən] n **-1.** *(leisure)* ocio m, esparcimiento m; **to do sth for ~** hacer algo como pasatiempo ❑ **~ centre** polideportivo m; Br **~ ground** recinto m deportivo; **~ room** *(in school, hospital)* sala f de recreo; *(in hotel)* sala f de juegos; US *(at home)* sala f de juegos **-2.** SCH *(break)* recreo m

recreational [ˌrekrɪˈeɪʃənəl] adj *(activities, facilities)* recreativo(a) ❑ **~ drug** = droga de consumo esporádico y por diversión; US, Can **~ vehicle** autocaravana f, casa f caravana

recriminate [rɪˈkrɪmɪneɪt] vi Formal **to ~ against sb** recriminar a alguien

recrimination [rɪˌkrɪmɪˈneɪʃən] n recriminación f, reproche m

recriminatory [rɪˈkrɪmɪnətərɪ] adj recriminatorio(a)

recrudescence [ˌriːkruːˈdesəns] n Formal recrudecimiento m

recruit [rɪˈkruːt] ◇ n **-1.** *(soldier)* recluta mf **-2.** *(new employee)* nuevo(a) empleado(a) m,f; *(new member)* nuevo miembro m; **our latest/ newest ~ will be starting work on Monday** el nuevo empleado empieza a trabajar el lunes

◇ vt **-1.** *(soldier)* reclutar **(into** para) **-2.** *(employee)* contratar; *(member)* enrolar, reclutar

recruiting [rɪˈkruːtɪŋ] n reclutamiento m ❑ **~ officer** oficial m encargado(a) del reclutamiento; **~ sergeant** sargento mf encargado del reclutamiento

recruitment [rɪˈkruːtmənt] n **-1.** *(of soldier)* reclutamiento m ❑ **~ campaign** campaña f de reclutamiento **-2.** *(of employee)* contratación f; *(of new member)* enrolamiento m,

reclutamiento m ❑ **~ agency** agencia f de contratación; **~ campaign** *(of organization, party)* campaña f de reclutamiento; **~ drive** *(of organization, party)* campaña f de reclutamiento

rectal [ˈrektəl] adj MED rectal; **~ examination** examen rectal

rectangle [ˈrektæŋɡəl] n rectángulo m

rectangular [rekˈtæŋɡjʊlə(r)] adj rectangular

rectifiable [ˈrektɪfaɪəbəl] adj rectificable

rectification [ˌrektɪfɪˈkeɪʃən] n rectificación f; **to publish a ~** publicar una rectificación

rectify [ˈrektɪfaɪ] vt rectificar

rectilinear [ˌrektɪˈlɪnɪə(r)], **rectilineal** [ˌrektɪˈlɪnɪəl] adj rectilíneo(a)

rectitude [ˈrektɪtjuːd] n Formal rectitud f, integridad f

recto [ˈrektəʊ] n TYP recto m

rector [ˈrektə(r)] n **-1.** REL *(protestant, catholic)* rector(ora) m,f **-2.** Scot UNIV representante mf de los estudiantes *(que no es un alumno, sino una figura pública)* **-3.** Scot *(headmaster)* director(ora) m,f

rectory [ˈrektərɪ] n REL rectoría f

rectum [ˈrektəm] n ANAT recto m

recumbent [rɪˈkʌmbənt] adj Formal *(pose, figure)* recostado(a); *(statue)* yacente

recuperate [rɪˈkuːpəreɪt] ◇ vt *(one's strength, money)* recuperar

◇ vi *(person)* recuperarse **(from** de)

recuperation [rɪˌkuːpəˈreɪʃən] n **-1.** *(from illness)* recuperación f **-2.** *(of materials, money)* recuperación f

recuperative [rɪˈkuːpərətɪv] adj *(rest)* reparador(ora); *(powers)* de recuperación

recur [rɪˈkɜː(r)] *(pt & pp* **recurred**) vi **-1.** *(occur again) (event, problem)* repetirse; *(illness)* reaparecer **-2.** *(reappear) (theme, image)* repetirse **-3.** MATH repetirse hasta el infinito

recurrence [rɪˈkʌrəns] n *(of event, problem)* repetición f; *(of illness)* reaparición f; **there must be no ~ of such behaviour** ese comportamiento no debe repetirse; **has there been any ~ of the symptoms?** ¿han vuelto a aparecer los síntomas?

recurrent [rɪˈkʌrənt] adj recurrente; **it's a ~ problem** es un problema recurrente

recurring [rɪˈkɜːrɪŋ] adj **-1.** *(problem)* recurrente; **a ~ nightmare** una pesadilla recurrente **-2.** MATH **six point six ~** seis coma seis periodo or periódico (puro)

recursion [rɪˈkɜːʃən] n MATH & LING recursión f

recursive [rɪˈkɜːsɪv] adj MATH & LING recursivo(a)

recusant [ˈrekjʊzənt] HIST ◇ n inconverso(a) m,f

◇ adj inconverso(a)

recyclable [riːˈsaɪkləbəl] adj reciclable

recycle [riːˈsaɪkəl] ◇ vt reciclar; **recycled paper/glass** papel/vidrio reciclado ❑ COMPTR **~ bin** papelera f de reciclaje

◇ vi reciclar

recycling [riːˈsaɪklɪŋ] n reciclaje m, reciclado m ❑ **~ plant** planta f de reciclaje

red [red] ◇ n **-1.** *(colour)* rojo m; **dressed in ~** vestido(a) de rojo; IDIOM Fam **to see ~** *(become angry)* ponerse hecho(a) una furia **-2.** *(wine)* tinto m **-3.** Fam *(communist)* rojo(a) m,f; IDIOM **to see reds under the bed** ver rojos por todas partes **-4.** *(deficit)* **to be in the ~** estar en números rojos; **to go into/get out of the ~** entrar en/salir de números rojos

◇ adj **-1.** *(colour)* rojo(a); **to have ~ hair** ser pelirrojo(a); **to turn** or **go ~** *(sky, leaves)* ponerse rojo; *(person)* ponerse colorado(a) or rojo(a); **wait till the lights turn ~** espera a que el semáforo se ponga en rojo; **with anger/shame** rojo(a) de ira/vergüenza; **to be ~ in the face** *(after effort, anger)* estar rojo(a), tener la cara roja; *(with embarrassment)* estar colorado(a) or sonrojado(a); *(permanently)* ser sonrosado(a); **there will be some ~ faces on the Opposition benches** a más de uno en los bancos de la oposición se le subirán los colores ❑ **~ admiral** *(butterfly)* vanesa f atalanta; **~ alert** alerta f roja; **to be on ~ alert** estar en alerta roja; **~ ant** hormiga f roja; **~ blood cell** glóbulo m rojo; **~ cabbage** lombarda f; **~ card** tarjeta f roja; **to be**

red-blooded 611 **reduced**

shown the ~ **card** ser expulsado(a) del campo; PHYSIOL ~ **corpuscle** glóbulo *m* rojo, hematíe *m*; ~ **deer** ciervo *m*; ASTRON ~ **dwarf** enana *f* roja; ~ **flag** *(danger signal)* bandera *f* roja; ~ **fox** zorro *m* rojo; ASTRON ~ **giant** estrella *f* gigante; ~ **grouse** lagópodo *m* escocés; ~ **heat: to bring sth to (a) ~ heat** calentar algo hasta ponerlo al rojo vivo; *Fig* ~ **herring** *(distraction)* señuelo *m (para desviar la atención)*; *(misleading clue)* pista *f* falsa; *Old-fashioned* **Red Indian** (indio(a) *m,f*) piel roja *mf*; ~ **kite** milano *m* real; ~ **lead** minio *m*; ~ **light** *(road signal)* semáforo *m* (en) rojo; **to go through a ~ light** saltarse un semáforo en rojo; ~ **light district** barrio *m* chino; ~ **meat** carne *f* roja; ~ **mullet** salmonete *m* rojo; ~ **pepper** *(vegetable)* pimiento *m* rojo *or* morrón; *(spice)* cayena *f*; ~ **setter** setter *mf* irlandés(esa); ~ **snapper** pargo *m* colorado; ~ **squirrel** ardilla *f* roja; ~ **tape** burocracia *f*, papeleo *m* (burocrático); **to cut through the ~ tape** evitar la burocracia *or* el papeleo; ~ **wine** vino *m* tinto
-2. *Fam (Communist)* rojo(a) ▫ *Formerly* **the Red Army** el Ejército Rojo; **the Red Flag** la Bandera roja *(himno)*; HIST **the Red Brigades** las Brigadas Rojas; ~ **China** la China comunista
-3. *(in proper names)* **the Red Crescent** la Media Luna Roja; **the Red Cross** la Cruz Roja; **Red Ensign** = pabellón de la marina mercante británica; *Br* **Red Nose Day** = día en que se adquieren narices rojas de payaso para recaudar fondos con fines benéficos; **the Red Planet** el planeta rojo; **(Little) Red Riding Hood** Caperucita *f* Roja; **the Red Sea** el Mar Rojo; **Red Square** la Plaza Roja
-4. IDIOMS **to be as ~ as a beetroot** estar más rojo que un tomate *or Méx* jitomate; **to be as ~ as a lobster** *(with sunburn)* estar como un cangrejo; **to roll out the ~ carpet for sb** recibir a alguien con todos los honores; *US Fam* **I don't have a ~ cent** estoy sin un centavo *or Esp* sin blanca; *US Fam* **it's not worth a ~ cent** no vale un pimiento; *US* **to go into ~ ink** entrar en números rojos; **to take a ~ pen to sth** *(edit)* enmendar algo; *(delete)* borrar algo; **mentioning her name to him was like a ~ rag to a bull** la sola mención de su nombre le ponía hecho una furia; PROV ~ **sky at night, shepherd's delight(, ~ sky in the morning, shepherd's warning)** = un atardecer rojo es signo de buen tiempo (y un rojo por la mañana es signo de mal tiempo)

red-blooded ['red'blʌdɪd] *adj* **a ~ male** un macho de pelo en pecho
redbreast ['redbrest] *n* petirrojo *m*
redbrick ['redbrɪk] *adj (building)* de ladrillo rojo; ~ **university** = por oposición a Oxford y Cambridge, universidad construida en alguna gran urbe británica, aparte de Londres, a finales del XIX o principios del XX
red-cap ['redkæp] *n* **-1.** *Br* MIL policía *m* militar **-2.** *US* RAIL *(porter)* maletero *m*, mozo *m* de equipajes
red-carpet ['red'kɑːpɪt] *adj* **to give sb the ~ treatment** tratar a alguien con todos los honores
redcoat ['redkəʊt] *n* **-1.** HIST *(British soldier)* casaca *m* roja **-2.** *Br (in holiday camp)* animador(ora) *m,f*
redcurrant ['redkʌrənt] *n* grosella *f* (roja)
redden ['redən] ◇ *vt* enrojecer
◇ *vi (sky)* ponerse rojo(a); *(person)* ponerse colorado(a)
reddish ['redɪʃ] *adj (light, colour)* rojizo(a)
redecorate [riː'dekəreɪt] ◇ *vt (repaint)* pintar de nuevo; *(repaper)* empapelar de nuevo
◇ *vi (repaint)* pintar de nuevo la casa/habitación/*etc*; *(repaper)* empapelar de nuevo la casa/habitación/*etc*.
redecoration [riːdekə'reɪʃən] *n* **the ~ of the house took them three months** *(painting)* tardaron tres meses en volver a pintar la casa; *(wallpapering)* tardaron tres meses en volver a empapelar la casa

redeem [rɪ'diːm] *vt* **-1.** *(pawned item)* desempeñar
-2. *(gift token, coupon)* canjear; *(bond)* amortizar; *(share)* rescatar; **to ~ a mortgage** amortizar una hipoteca
-3. *(promise)* cumplir
-4. *(save) (situation, honour)* salvar; REL *(sinner, humankind)* redimir; *Fig* **he redeemed himself by scoring the equalizer** subsanó su error al marcar el gol del empate
-5. *(make up for) (mistake, failure)* compensar
redeemable [rɪ'diːməbəl] *adj* **-1.** *(bond)* amortizable; *(share)* rescatable; **not ~ for cash** *(stamps, vouchers)* no canjeable por dinero **-2.** *(sin, crime)* expiable; *(sinner)* redimible
Redeemer [rɪ'diːmə(r)] *n* REL **the ~** el Redentor
redeeming [rɪ'diːmɪŋ] *adj* **his one ~ feature** lo único que le salva; **he has no ~ features** no se salva por ningún lado, no tiene nada que lo salve
redefine [riːdɪ'faɪn] *vt* redefinir
redemption [rɪ'dempʃən] *n* **-1.** *(from pawn)* desempeño *m*
-2. *(of gift token, coupon)* canjeo *m*; *(of bond, mortgage)* amortización *f*; *(of share)* rescate *m*
-3. *(of promise)* cumplimiento *m*
-4. *(saving) (of situation, honour)* salvación *f*; REL redención *f*; *also Fig* **to be beyond** *or* **past ~** no tener salvación; *Fig* **this setback proved to be his ~** este traspiés resultó ser su salvación
-5. *(make up for) (mistake, failure)* compensación *f*
redemptive [rɪ'demptɪv] *adj Formal* redentor(ora)
redeploy [riːdɪ'plɔɪ] *vt (troops)* redesplegar; *(resources, workers)* redistribuir, reorganizar
redeployment [riːdɪ'plɔɪmənt] *n (of troops)* redespliegue *m*; *(of resources, workers)* redistribución *f*, reorganización *f*
redesign [riːdɪ'zaɪn] ◇ *n* rediseño *m*
◇ *vt* rediseñar
redevelop [riːdɪ'veləp] *vt (land, area)* reconvertir
redevelopment [riːdɪ'veləpmənt] *n (of land, area)* reconversión *f*
red-eye ['redaɪ] *n* **-1.** PHOT ojos *mpl* rojos **-2.** *US Fam (whisky)* whisky *m* de poca calidad **-3.** *US Fam (overnight flight)* vuelo *m* nocturno
red-eyed ['red'aɪd] *adj* **to be ~** tener los ojos rojos
red-faced ['red'feɪst] *adj (naturally)* sonrosado(a); *(with anger)* sulfurado(a); *(with embarrassment)* ruborizado(a)
red-haired ['red'heəd] *adj* pelirrojo(a)
red-handed ['red'hændɪd] *adj* IDIOM **he was caught ~** *lo Esp* cogieron *or Am* agarraron con las manos en la masa
redhead ['redhed] *n* pelirrojo(a) *m,f*
redheaded [red'hedɪd] *adj* pelirrojo(a)
red-hot ['red'hɒt] *adj* **-1.** *(very hot)* al rojo vivo, candente; **careful! the plates are ~** ¡cuidado! los platos están ardiendo
-2. *(passion, anger)* ardiente
-3. *Fam* **to be ~ (on sth)** *(very good)* ser un genio (para algo), *Esp, Méx* ser un hacha (en algo); *(enthusiastic)* ser un fanático(a) (de algo)
-4. *Fam (news, information)* de candente actualidad
-5. *Fam (tip, favourite)* infalible
-6. ~ **poker** *(plant)* = tipo de lilácea
redial [riː'daɪəl] TEL *n* ['riːdaɪəl] ~ **(feature)** (botón *m* de) rellamada *f*
◇ *vt (number)* volver a marcar
◇ *vi* volver a marcar (el número)
redid *pt of* **redo**
redirect [riːdɪ'rekt, riːdaɪ'rekt] *vt* **-1.** *(letter)* reexpedir **-2.** *(plane, traffic)* desviar; *Fig* **to ~ one's energies (towards sth)** reorientar los esfuerzos (hacia algo)
redirection [riːdɪ'rekʃən, riːdaɪ'rekʃən] *n* **-1.** *(of letter)* reexpedición *f* **-2.** *(of plane, traffic)* desvío *m*
rediscover [riːdɪs'kʌvə(r)] *vt* redescubrir

rediscovery [riːdɪ'skʌvərɪ] *n* redescubrimiento *m*
redistribute [riːdɪ'strɪbjuːt] *vt* redistribuir
redistribution [riːdɪstrɪ'bjuːʃən] *n* redistribución *f*
red-letter day ['red'letədeɪ] *n* jornada *f* memorable, día *m* señalado
redline ['redlaɪn] *vi US* FIN = no conceder hipotecas o seguros en barrios marginales
redneck ['rednek] *n US Pej* = sureño racista y reaccionario, de baja extracción social; **a ~ politician** un(a) político(a) racista y reaccionario(a)
redness ['rednɪs] *n* rojez *f*
redo [riː'duː] *(pt* **redid** [riː'dɪd], *pp* **redone** [riː'dʌn]*) vt* rehacer
redolent ['redələnt] *adj Literary* **to be ~ of** *(smell of)* oler a; *(be suggestive of)* tener reminiscencias de
redone *pp of* **redo**
redouble [riː'dʌbəl] ◇ *vt* **-1.** *(in intensity)* redoblar; **to ~ one's efforts** redoblar los esfuerzos **-2.** *(in bridge)* redoblar
◇ *vi (in bridge)* redoblar
redoubt [rɪ'daʊt] *n* MIL *(fortification)* reducto *m*; *Fig* **the last ~ of clerical reaction** el último reducto de reacción clerical
redoubtable [rɪ'daʊtəbəl] *adj (opponent)* temible
redound [rɪ'daʊnd] *vi Formal* **to ~ to sb's advantage** redundar en beneficio de alguien; **to ~ to sb's credit** redundar en un mayor prestigio de alguien
redox ['riːdɒks] *n* CHEM ~ **reaction** reacción *f* rédox
red-pencil ['red'pensɪl] *vt* **-1.** *(correct)* marcar en rojo **-2.** *(censor)* censurar
redpoll ['redpɒl] *n* pardillo *m* sizerín
redraft [riː'drɑːft] *vt* redactar de nuevo, reescribir
redraw [riː'drɔː] *vt* **-1.** *(boundary, border)* volver a dibujar **-2.** COMPTR redibujar
redress [rɪ'dres] ◇ *n (of grievance)* reparación *f*; **to seek ~ (for sth)** exigir reparación (por algo); **there is no ~ if you lose your money** si pierdes el dinero no tiene arreglo
◇ *vt (injustice, grievance)* reparar; **to ~ the balance** restablecer el equilibrio
redshank ['redʃæŋk] *n* archibebe *m* común
redshift ['redʃɪft] *n* ASTRON corrimiento *m* hacia el rojo
redshirt ['redʃɜːt] *n US* = atleta universitario apartado de la competición por un año para que no corra el tiempo que se le permite competir (cuatro años en total)
redskin ['redskɪn] *n Old-fashioned* piel roja *mf*
redstart ['redstɑːt] *n* colirrojo *m* real
reduce [rɪ'djuːs] ◇ *vt* **-1.** *(make smaller, lower)* reducir, disminuir; **to ~ speed** reducir la velocidad; **I reduced my sugar consumption by half** he reducido mi consumo de azúcar a la mitad
-2. *(make cheaper) (price, product)* rebajar; *(cost, tax)* reducir
-3. *(bring to a certain state)* **to ~ sth to ashes/dust** reducir algo a cenizas/polvo; **to ~ sb to silence/poverty** abocar a alguien al silencio/a la miseria; **his words reduced her to tears** sus palabras le hicieron llorar; **we were reduced to helpless laughter** nos hizo desternillarnos de risa; **to be reduced to doing sth** no tener más remedio que hacer algo, verse obligado(a) a hacer algo
-4. *(simplify)* **to ~ sth to the simplest terms** reducir algo a los términos más sencillos
-5. CULIN **to ~ a sauce** reducir una salsa
-6. MATH **to ~ a fraction to a common denominator** reducir una fracción a un común denominador
-7. MIL **to ~ an officer to the ranks** degradar un oficial a soldado
◇ *vi* **-1.** CULIN *(sauce, stock)* reducirse **-2.** *(slim)* adelgazar
reduced [rɪ'djuːst] *adj* **-1.** *(smaller)* reducido(a); **on a ~ scale** a escala reducida; **a ~ service** *(because of strike, emergency)* un servicio reducido **-2.** *(cheaper)* **at ~ prices** a precios

reducible reducidos; ~ **to clear** *(on label)* rebajado(a) por liquidación **-3.** *Formal* **to live in ~ circumstances** haber venido a menos

reducible [rɪˈdjuːsɪbəl] *adj* reducible

reducing agent [rɪˈdjuːsɪŋˈeɪdʒənt] *n* CHEM agente *m* reductor

reductase [rɪˈdʌkteɪz] *n* BIOCHEM reductasa *f*

reductio ad absurdum [rɪˈdʌktɪəʊædˈsɜːdəm] *n* reducción *f* al absurdo

reduction [rɪˈdʌkʃən] *n* **-1.** *(in number, size)* reducción *f*, disminución *f* **-2.** *(of price, product)* rebaja *f*; **to make a 5 percent ~ on sth** hacer una rebaja *or* un descuento del 5 por ciento en algo; **I'll give you a ~** *(on purchase)* le haré un descuento; **big reductions** *(sale notice)* grandes rebajas **-3.** *(bringing to a certain state) (to ashes, dust)* reducción *f* **-4.** *(simplification)* reducción *f* **-5.** MATH reducción *f* **-6.** MIL degradación *f*

reductionism [rɪˈdʌkʃənɪzəm] *n* reduccionismo *m*

reductionist [rɪˈdʌkʃənɪst] ◇ *n* reduccionista *mf* ◇ *adj* reduccionista

reductive [rɪˈdʌktɪv] *adj* reductor(ora)

redundancy [rɪˈdʌndənsɪ] *n* **-1.** *Br (dismissal)* despido *m (por reducción de plantilla)* ❑ **~ notice** notificación *f* de despido; **~ pay** indemnización *f* por despido **-2.** *(superfluousness)* redundancia *f* **-3.** LING redundancia *f*

redundant [rɪˈdʌndənt] *adj* **-1.** *Br* IND **to make sb ~** despedir a alguien; **to be made ~** ser despedido(a) **-2.** *(superfluous)* superfluo(a), innecesario(a); *(words, information)* redundante; **recent changes have made much of this chapter ~** los recientes cambios han hecho que gran parte de este capítulo sea superfluo *or* innecesario

reduplication [riːdjuːplɪˈkeɪʃən] *n* **-1.** *(doubling)* reduplicación *f* **-2.** LING reduplicación *f*

redwing [ˈredwɪŋ] *n* zorzal *m* alirrojo

redwood [ˈredwʊd] *n* secuoya *f*, secoya *f*

re-echo [ˈriːˈekəʊ] ◇ *vt* reproducir ◇ *vi* resonar

reed [riːd] *n* **-1.** *(plant)* caña *f*; IDIOM **he's a broken ~** está acabado **-2.** MUS *(of instrument)* lengüeta *f* ❑ **~ instrument** instrumento *m* de lengüeta **-3. ~ bunting** escribano *m* palustre; **~ warbler** carricero *m* común

re-educate [riːˈedjʊkeɪt] *vt* reeducar

re-education [riːedjʊˈkeɪʃən] *n* reeducación *f*

reedy [ˈriːdɪ] *adj* **-1.** *(place)* cubierto(a) de juncos **-2.** *(sound, voice)* agudo(a), chillón(ona)

reef¹ [riːf] *n (coral, rock)* arrecife *m*; **to hit a ~** *(ship)* chocar contra un arrecife

reef² NAUT ◇ *n* **~ knot** nudo *m* de envergue *or* de rizos ◇ *vt (sail)* rizar

reef³ *n (in gold mine)* filón *m*

reefer [ˈriːfə(r)] *n* **-1.** *(clothing)* **~ (jacket)** chaquetón *m* **-2.** *Old-fashioned Fam (cannabis cigarette)* porro *m*

reek [riːk] ◇ *n* peste *f*, tufo *m* ◇ *vi* apestar (**of a**); **to ~ of cheap perfume** apestar a perfume barato; *Fig* **the whole affair reeks of corruption** todo el asunto apesta a corrupción

reel [riːl] ◇ *n* **-1.** *(for tape, cable, fishing line, hose)* carrete *m*, bobina *f*; *(for fishing line)* carrete *m*; *Br (for thread)* carrete *m* **-2.** *(of cinema film)* rollo *m*; **at the end of the third ~** al final del tercer rollo **-3.** *(dance, music)* = melodía y baile escocés o irlandés de ritmo muy vivo
◇ *vi* **-1.** *(sway)* tambalearse; **a drunk came reeling downstairs** un borracho bajó las escaleras tambaleándose **-2.** *(whirl)* dar vueltas; **my head is reeling** me da vueltas la cabeza **-3.** *(recoil)* **to ~ (back)** retroceder; **they were still reeling from the shock** todavía no se habían recuperado del impacto

◆ **reel in** *vt sep (fishing line, fish)* sacar (enrollando el carrete)

◆ **reel off** *vt sep (names, statistics)* soltar de un tirón

re-elect [ˈriːɪˈlekt] *vt* reelegir

re-election [ˈriːɪˈlekʃən] *n* reelección *f*; **to stand** *or* **run for ~** presentarse a la reelección

reeling [ˈriːlɪŋ] *adj (gait)* tambaleante

reel-to-reel [ˈriːltəˈriːl] *adj (tape recorder)* de cinta abierta

re-embark [ˈriːɪmˈbɑːk] ◇ *vt (passengers)* reembarcar
◇ *vi* reembarcar; **to ~ on sth** *(project)* reembarcarse en algo

re-emerge [ˈriːɪˈmɜːdʒ] *vi (from water, room, hiding)* reaparecer, salir; **he has re-emerged as a major contender** ha reaparecido como un candidato de primera fila

re-emergence [ˈriːɪˈmɜːdʒəns] *n (from water, room, hiding)* reaparición *f*, salida *f*; **the ~ of this problem in recent years** la reaparición de este problema en los últimos años

re-employ [ˈriːɪmˈplɔɪ] *vt (workers)* volver a emplear

re-enact [ˈriːɪˈnækt] *vt (crime, battle)* reconstruir

re-enactment [ˈriːɪˈnæktmənt] *n (of crime, battle)* reconstrucción *f*

re-engage [ˈriːɪnˈgeɪdʒ] ◇ *vt* **-1.** *(employee)* volver a contratar **-2.** *(troops)* volver a enfrentarse con **-3.** *(cog, gear)* volver a engranar; **to ~ the clutch** volver a embragar
◇ *vi* **-1.** *(troops)* volver a entablar combate **-2.** *(cog, gear)* volver a engranar

re-enter [ˈriːˈentə(r)] ◇ *vt* **-1.** *(room, country)* volver a entrar en; **to ~ the job market** reinsertarse en el *or* reincorporarse al mercado de trabajo **-2.** COMPTR *(data)* reintroducir
◇ *vi* volver a entrar; **to ~ for an examination** volver a examinarse

re-entry [ˈriːˈentrɪ] *n* reingreso *m*

re-equip [ˈriːɪˈkwɪp] ◇ *vt* reequipar
◇ *vi* reequiparse

re-establish [ˈriːɪˈstæblɪʃ] *vt* **-1.** *(order, practice)* restablecer **-2.** *(person)* **to ~ oneself** *or* **one's position** volver a establecerse

re-establishment [ˈriːɪˈstæblɪʃmənt] *n* **-1.** *(of order, practice)* restablecimiento *m* **-2.** *(of person)* **her ~ as team leader** su reintegración como jefe de equipo

re-evaluate [ˈriːɪˈvæljʊeɪt] *vt* reevaluar

re-evaluation [ˈriːɪvæljʊˈeɪʃən] *n* reevaluación *f*

reeve [riːv] *n* **-1.** *Br* HIST *(in town)* corregidor *m*; *(in manor)* capataz *m* **-2.** *Can* presidente(a) *m,f* del concejo local

re-examination [ˈriːɪgˌzæmɪˈneɪʃən] *n* **-1.** *(of question, case)* reexamen *m*; *(of student)* nuevo examen *m* **-2.** LAW *(of witness)* segundo interrogatorio *m*

re-examine [ˈriːɪgˈzæmɪn] *vt* **-1.** *(question, case)* reexaminar; *(student)* volver a examinar **-2.** LAW *(witness)* interrogar por segunda vez

ref¹ *(abbr* **reference)** ref.; **your ~ S/Ref.; our ~ N/Ref.; ~ number** n° ref., número de referencia

ref² *n Fam (referee)* árbitro(a) *m,f*

reface [ˈriːˈfeɪs] *vt (wall)* cambiar el revestimiento de

refashion [ˈriːˈfæʃən] *vt* reconvertir

refectory [rɪˈfektərɪ] *n* **-1.** *(at university, school)* comedor *m* **-2.** *(in monastery)* refectorio *m*

refer [rɪˈfɜː(r)] *(pt & pp* **referred***) vt* **-1.** *(submit, pass on)* remitir; **the reader is referred to Thompson's book for further examples** para más ejemplos, el lector deberá remitirse al libro de Thompson; **to ~ a matter to sb** remitir un asunto a alguien; **to ~ a patient to a specialist** enviar a un paciente al especialista; **to ~ a case to a higher court** remitir el caso a instancias superiores; FIN **to ~ to drawer** *(on cheque)* devolver al librador **-2.** MED **the pain may be referred to another part of the body** el dolor puede estar referido a otra parte del cuerpo ❑ **referred pain** dolor *m* referido **-3.** *Br* UNIV *(student) Esp* suspender, *Am* reprobar; *(thesis)* devolver *(para que se revise)*

◆ **refer back** *vt sep (case, patient)* volver a enviar

◆ **refer to** *vt insep* **-1.** *(consult) (person, notes, instructions)* consultar; **I shall have to ~ to my manager** necesito consultar a mi jefe **-2.** *(allude to, mention)* referirse a; **who are you referring to?** ¿a quién te estás refiriendo?; **he keeps referring to me as Dr Rayburn** siempre se refiere a mí como Dr Rayburn; **referred to as...** conocido(a) como...; **he never refers to the matter** nunca hace referencia al asunto; *Formal* **I ~ to your letter of 27 March** con referencia a su carta fechada el 27 de marzo **-3.** *(relate to)* **the numbers ~ to notes at the back of the book** los números remiten a notas al final del libro **-4.** *(apply to)* referirse a, aplicarse a; **these measures only ~ to taxpayers** estas medidas sólo se aplican a los contribuyentes

referee [refəˈriː] ◇ *n* **-1.** *(in sport)* árbitro(a) *m,f* **-2.** *Br (for job)* **please give the names of two referees** por favor dé los nombres de dos personas que puedan proporcionar referencias suyas; **you can give my name as a ~** puedes dar mi nombre para referencias
◇ *vt* arbitrar; **he refereed the game well** arbitró bien el partido
◇ *vi* arbitrar

reference [ˈrefərəns] ◇ *n* **-1.** *(consultation)* consulta *f*; *(source)* referencia *f*; **without ~ to me** sin consultarme; **for ~ only** *(book)* para consulta en sala; **to keep sth for future ~** guardar algo para su posterior consulta; **for future ~, please note...** para su información en el futuro, recuerde... ❑ **~ book** libro *m* de consulta; **~ library** biblioteca *f* de consulta; **~ point, point of ~** punto *m* de referencia; **~ work** obra *f* de consulta **-2.** *(allusion)* referencia *f*; **it's a biblical ~** es una referencia bíblica; **to make a ~ to sth** hacer referencia a algo; **with ~ to...** con referencia a...; **a talk on the environment with particular ~ to...** una conferencia sobre el medio ambiente con especial atención a... **-3.** *(footnote, cross-reference)* remisión *f* **-4.** *Br (from employer)* informe *m*, referencia *f*; **to take up references** comprobar referencias **-5.** *(remit)* competencia *f*, atribuciones *fpl*; **the question is outside the tribunal's ~** la cuestión queda fuera del ámbito de competencia de este tribunal **-6.** COM referencia *f*; **quote this ~** indique esta referencia ❑ **~ number** número *m* de referencia **-7.** LING & PHIL referencia *f*
◇ *vt* **-1.** *(refer to)* hacer referencia a **-2.** *(quotation)* indicar la procedencia de; *(thesis)* dar la bibliografía de

referendum [refəˈrendəm] *n* referéndum *m*; **to hold a ~** celebrar un referéndum

referent [ˈrefərənt] *n* LING & PHIL referente *m*

referral [rɪˈfɜːrəl] *n* **-1.** *(passing on)* remisión *f*; **the ~ of the case to a higher court** la remisión del caso a un tribunal superior; **ask for a ~ to a specialist** pide que te manden al especialista **-2.** *(allusion)* alusión *f* **-3.** UNIV *(of thesis)* devolución *f* para revisión

refill ◇ *n* [ˈriːfɪl] **-1.** *(for notebook, pen)* recambio *m*; *(for propelling pencil)* mina *f* **-2.** *(of drink)* **would you like a ~?** ¿quieres que te vuelva a llenar?
◇ *vt* [riːˈfɪl] **-1.** *(lighter, pen)* recargar **-2.** *(glass)* volver a llenar

refillable [riːˈfɪləbəl] *adj* recargable

refinance [ˈriːˈfaɪnæns] *vt* refinanciar

refinancing [ˈriːˈfaɪnænsɪŋ] *n* FIN refinanciación *f*

refine [rɪˈfaɪn] *vt* **-1.** *(sugar, petroleum)* refinar **-2.** *(technique, machine)* perfeccionar

refine on, refine upon vt insep perfeccionar

refined [rɪ'faɪnd] adj **-1.** (sugar, petroleum) refinado(a) **-2.** (person, taste) refinado(a), sofisticado(a)

refinement [rɪ'faɪnmənt] n **-1.** (of oil, sugar) refinación f, refinamiento m **-2.** (of manners, taste, person) refinamiento m; **a person of ~** una persona refinada **-3.** (of technique) sofisticación f **-4.** (improvement) **to make refinements to sth** perfeccionar algo

refiner [rɪ'faɪnə(r)] n (of oil, sugar) refinadora f

refinery [rɪ'faɪnərɪ] n refinería f

refit [ri:'fɪt] ⋄ n ['ri:fɪt] (of ship) reparación f; **the yacht is under ~** el yate está en reparación
⋄ vt (pt & pp **refitted**) (ship) reparar
⋄ vi (ship) estar en reparación

reflag [ri:'flæg] vt (ship) cambiar de bandera

reflate [ri:'fleɪt] vt **-1.** (ball, tyre) volver a inflar **-2.** ECON reflacionar

reflation [ri:'fleɪʃən] n ECON reflación f

reflationary [ri:'fleɪʃənərɪ] adj ECON reflacionario(a)

reflect [rɪ'flekt] ⋄ vt **-1.** (image, light, sound, heat) reflejar; **to be reflected** reflejarse; **she saw herself reflected in the window** se vio reflejada en la ventana; Fig **to bask** or **bathe in reflected glory** disfrutar de la gloria ajena
-2. (have as a consequence) **the behaviour of a few reflects discredit on us all** el comportamiento de unos pocos nos desprestigia a todos
-3. (attitude, mood, personality) reflejar; **this lack of direction is reflected in the sales figures** la falta de dirección se refleja en las cifras de ventas; **the graph reflects population movements** el gráfico refleja movimientos de población
-4. (think) **to ~ that...** considerar que...; **Peter might know, she reflected** quizá Peter lo sepa, pensó
⋄ vi **-1.** (light, image, sound, heat) reflejarse **-2.** (think) reflexionar (**on** sobre); **after reflecting for a while...** tras un rato de reflexión...

reflect on, reflect upon vt insep **how is that going to ~ on the company?** ¿cómo va a repercutir eso en la empresa?; **to ~ well/badly on sb** dejar en buen/mal lugar a alguien; **this will ~ badly upon the company** esto perjudicará a la imagen de la empresa

reflecting [rɪ'flektɪŋ] adj ASTRON **~ telescope** telescopio m reflector

reflection, Br **reflexion** [rɪ'flekʃən] n **-1.** (reflected image) reflejo m
-2. (representation) **an accurate ~ of the situation** un fiel reflejo de la situación; **the result was not a fair ~ of the game** el resultado no refleja con justicia el partido
-3. (negative indication) **the termination of the project is no ~ on your own performance** la cancelación del proyecto no significa que tú no lo hayas hecho bien; **this case is a poor ~ on today's youth** este caso no dice mucho de la juventud actual
-4. (thought) reflexión f; **after some ~ I changed my mind** después de reflexionar, cambié de opinión; **on ~** después de pensarlo; **reflections on the current crisis** (book title) reflexiones sobre la crisis actual

reflective [rɪ'flektɪv] adj **-1.** (material, surface) reflectante **-2.** (person, mood) reflexivo(a)

reflectively [rɪ'flektɪvlɪ] adv (thoughtfully) reflexivamente, con reflexión

reflector [rɪ'flektə(r)] n **-1.** (of light, heat, sound) reflector m **-2.** (on bicycle, vehicle) reflectante m, catadióptrico m

reflex [rɪ'fleks] ⋄ n reflejo m; **to have good reflexes** tener buenos reflejos; **to test sb's reflexes** poner a prueba los reflejos de alguien
⋄ adj reflejo(a) ❏ **~ action** acto m reflejo; GEOM **~ angle** ángulo m cóncavo; **~ camera** (cámara f) réflex f inv

reflexion Br = **reflection**

reflexive [rɪ'fleksɪv] adj GRAM (pronoun) reflexivo(a) ❏ **~ verb** verbo m reflexivo

reflexively [rɪ'fleksɪvlɪ] adv GRAM reflexivamente

reflexology [ˌri:fleks'ɒlədʒɪ] n reflexología f

refloat [ri:'fləʊt] vt **-1.** (ship) reflotar, sacar a flote **-2.** FIN (company) reflotar, sacar a flote

reflux ['ri:flʌks] n CHEM reflujo m

refocus [ˌri:'fəʊkəs] (pt & pp **refocused** or **refocussed**) vt (projector, camera) reenfocar; **it has refocused attention on the problem** ha vuelto a centrar la atención en el problema

reforest [ri:'fɒrɪst] vt reforestar

reforestation [ri:ˌfɒrɪ'steɪʃən] n reforestación f, repoblación f forestal

re-form ['ri:'fɔ:m] ⋄ vt (organization, pop group) volver a formar
⋄ vi (organization, pop group) volver a formarse

reform [rɪ'fɔ:m] ⋄ n reforma f ❏ HIST **Reform Act** or **Bill** = ley de reforma electoral; Br Formerly **~ school** reformatorio m
⋄ vt **-1.** (improve) (law, system, institution) reformar **-2.** (person) reformar
⋄ vi reformarse

reformat ['ri:'fɔ:mæt] (pt & pp **reformatted**) vt COMPTR (disk) volver a formatear

reformation [ˌrefə'meɪʃən] n **-1.** (of law, system, institution) reforma f **-2.** (of person) reforma f **-3.** HIST **the Reformation** la Reforma

reformatory [rɪ'fɔ:mətərɪ] n reformatorio m

reformed [rɪ'fɔ:md] adj **-1.** (person) reformado(a); **he's a ~ character** se ha reformado completamente **-2.** REL (Christian, Jewish) reformista; **the Reformed Church** la Iglesia Reformista

reformer [rɪ'fɔ:mə(r)] n reformador(ora) m,f

reformism [rɪ'fɔ:mɪzəm] n reformismo m

reformist [rɪ'fɔ:mɪst] ⋄ n reformista mf
⋄ adj reformista

reformulate [ri:'fɔ:mjʊleɪt] vt volver a formular

refract [rɪ'frækt] ⋄ vt (light) refractar
⋄ vi refractarse

refracting [rɪ'fræktɪŋ] adj ASTRON **~ telescope** telescopio m de refracción

refraction [rɪ'frækʃən] n PHYS refracción f

refractive index [rɪ'fræktɪv'ɪndeks] n PHYS índice m de refracción

refractory [rɪ'fræktərɪ] adj **-1.** Formal (person) obstinado(a), rebelde; (animal) desobediente **-2.** MED (disease) intratable **-3.** TECH (material) refractario(a)

refrain [rɪ'freɪn] ⋄ n (musical) estribillo m; Fig (repeated comment) cantinela f
⋄ vi abstenerse (**from** de); **to ~ from comment** abstenerse de hacer comentarios; **please ~ from talking/smoking** (sign) se ruega guardar silencio/no fumar

re-freeze [ri:'fri:z] vt volver a congelar

refresh [rɪ'freʃ] ⋄ vt **-1.** (freshen, revive) refrescar; **to ~ oneself** refrescarse; **to ~ one's memory** refrescar la memoria; **to ~ sb's glass** (top up) llenarle el vaso a alguien **-2.** COMPTR refrescar
⋄ n COMPTR refresco ❏ **~ rate** velocidad f de refresco

refresher [rɪ'freʃə(r)] n **-1.** (drink) refresco m **-2.** EDUC **~ course** cursillo m de reciclaje

refreshing [rɪ'freʃɪŋ] adj **-1.** (cooling) (breeze, drink) refrescante **-2.** (reinvigorating) (bath, cup of tea) reconfortante; (sleep, holiday) reparador(ora) **-3.** (pleasingly novel) (honesty, simplicity) alentador(ora), reconfortante; **it makes a ~ change to hear a politician being honest** qué gusto ver a un político honrado para variar

refreshingly [rɪ'freʃɪŋlɪ] adv **he's ~ honest** da gusto su honradez; **it's ~ different** es un cambio agradable

refreshment [rɪ'freʃmənt] n **-1.** (of body, mind) descanso m **-2. refreshments** (food and drink) refrigerio m; **refreshments will be served** se servirá un refrigerio

refried beans ['ri:fraɪd'bi:nz] npl frijoles mpl refritos

refrigerant [rɪ'frɪdʒərənt] n TECH refrigerante m

refrigerate [rɪ'frɪdʒəreɪt] vt refrigerar, conservar en (el) Esp frigorífico or Méx refrigerador or RP (la) heladera; **keep refrigerated** (on packet) mantener refrigerado(a) ❏ **refrigerated lorry** camión m frigorífico

refrigeration [rɪˌfrɪdʒə'reɪʃən] n refrigeración f; **keep under ~** manténgase en el Esp frigorífico or Méx refrigerador or RP la heladera

refrigerator [rɪ'frɪdʒəreɪtə(r)] n (domestic) nevera f, Esp frigorífico m, RP heladera f, Méx refrigerador m; (industrial) cámara f frigorífica; **~ ship/lorry** buque/camión m frigorífico

refuel [ri:'fjʊəl] ⋄ vt (ship, aircraft) repostar combustible a; Fig **to ~ speculation** alimentar especulaciones
⋄ vi **-1.** (ship, aircraft) repostar **-2.** Hum (eat, drink) repostar

refuelling [ri:'fjʊəlɪŋ] n repostaje m; **~ plane/ship** avión/barco nodriza ❏ **~ stop** escala f técnica or de repostaje

refuge ['refju:dʒ] n **-1.** (shelter) refugio m; **(women's) ~** centro m de acogida (para mujeres maltratadas) **-2.** (protection) (from danger, weather) refugio m, cobijo m; **a place of ~** un refugio; **God is my ~** Dios es mi refugio; **to seek ~** buscar refugio; **to take ~** refugiarse **-3.** Br (for crossing road) refugio m, isleta f

refugee [ˌrefju:'dʒi:] n refugiado(a) m,f ❏ **~ camp** campo m de refugiados; **~ status** condición f or estatuto m de refugiado

refulgent [rɪ'fʌldʒənt] adj Literary refulgente

refund ⋄ n ['ri:fʌnd] reembolso m; **to ask for a ~** pedir una devolución del importe; **to get** or **obtain a ~** recibir la devolución del importe; **no refunds will be given** no se admiten devoluciones
⋄ vt [rɪ'fʌnd] reembolsar; **to ~ sth to sb** reembolsar algo a alguien; **they refunded me the postage** me reembolsaron los gastos de envío

refundable [rɪ'fʌndəbəl] adj reembolsable

refurbish [ri:'fɜ:bɪʃ] vt (room, restaurant) remodelar, renovar

refurbishment [ri:'fɜ:bɪʃmənt] n remodelación f, renovación f

refurnish [ri:'fɜ:nɪʃ] vt (house) renovar el mobiliario de

refusal [rɪ'fju:zəl] n **-1.** (of request, suggestion) negativa f; **we don't understand their ~ to compromise** no entendemos por qué se niegan a transigir; **to give a flat ~** negarse rotundamente; **to meet with a ~** (offer) ser rechazado(a); (person) recibir una negativa; IDIOM **to have first ~ (on sth)** tener primera opción de compra (sobre algo)
-2. (in showjumping) (of horse) **that's its third ~** ha rehusado por tercera vez

refuse¹ ['refju:s] n (rubbish) basura f; **no ~** (sign) prohibido tirar basura ❏ **~ collection** recogida f de basuras; **~ collector** basurero(a) m,f; **~ disposal** eliminación f de basuras; **~ dump** vertedero m (de basuras)

refuse² [rɪ'fju:z] ⋄ vt **-1.** (turn down) (invitation, offer, request) rechazar, rehusar; **to ~ to do sth** negarse a hacer algo; **the bike refuses to start** la moto no quiere arrancar; **the offer was too good to ~** la oferta era demasiado buena como para rechazarla; **she refused him** (would not marry him) lo rechazó
-2. (deny) (visa, loan) denegar; **to ~ sb sth** denegar algo a alguien; **we were refused permission to leave** nos denegaron el permiso para salir; **he was refused entry** le negaron la entrada; **I don't see how we can ~ them** no veo cómo vamos a decirles que no
-3. (of horse) **to ~ a jump** rehusar ante un obstáculo
⋄ vi (person) negarse; (horse) rehusar

refus(e)nik [rɪ'fju:znɪk] n = persona que, por convicciones morales, se niega a acatar una ley o cooperar con un organismo

refutable ['refjʊtəbəl] adj refutable

refutation [ˌrefjʊ'teɪʃən] n refutación f

refute [rɪ'fju:t] vt **-1.** (argument, theory) refutar **-2.** (allegation) desmentir, negar

reg [redʒ] *Br Fam* (*abbr* **registration**) matrícula *f*; **an S-~ Jaguar** un Jaguar con matrícula S

regain [rɪˈgeɪn] *vt* **-1.** *(get back)* *(territory, strength, composure)* recuperar; **to ~ one's balance** recuperar el equilibrio; **to ~ consciousness** recobrar el conocimiento; **to ~ the lead** *(in contest)* volver a ponerse en cabeza; **to ~ possession of sth** volver a tomar posesión de algo **-2.** *Formal (reach again) (shore, seat)* volver a alcanzar

regal [ˈriːgəl] *adj* regio(a)

regale [rɪˈgeɪl] *vt* divertir, entretener (**with** con)

regalia [rɪˈgeɪlɪə] *npl* galas *fpl*; **in full ~** *(judge, general)* con traje de gala; *Hum* con sus mejores galas, todo(a) emperifollado(a)

regally [ˈriːgəlɪ] *adv* con majestuosidad, de modo majestuoso

regard [rɪˈgɑːd] ◇ *n Formal* **-1.** *(admiration)* admiración *f*, estima *f*; **to have great ~ for sth/sb** tener en gran estima algo/a alguien; **to hold sb in high/low ~** tener mucha/poca estima a alguien
 -2. *(consideration)* consideración *f*; **having ~ to his age** en consideración a su edad; **out of ~ for** por consideración hacia; **without ~ to** *(safety, rules)* sin (ninguna) consideración por; *(gender, race)* independientemente de; **he has no ~ for my feelings** no le importa nada lo que siento; **don't pay any ~ to what she says** no hagas caso de lo que diga
 -3. *(connection)* **in this ~** en este sentido; **in all regards** en todos los sentidos *or* aspectos; **with ~ to** en cuanto a, con respecto a
 -4. regards *(good wishes)* saludos *mpl*, *CAm, Col, Ecuad* saludes *fpl*; **give her my regards** salúdala de mi parte; **she sends (them) her regards** les manda recuerdos
◇ *vt* **-1.** *(admire, respect)* **I ~ him highly** tengo un alto concepto de él; **they are highly regarded** están muy bien considerados
 -2. *(consider)* **to ~ sth/sb as...** considerar algo/a alguien...; **it's not what I would ~ as an emergency** yo eso no lo consideraría una emergencia; **he regards himself as an expert** se considera un experto; **to ~ sth/sb with suspicion** tener recelo de algo/alguien; **to ~ sth with horror** contemplar algo con terror; **she is regarded with respect** le tienen respeto
 -3. *(concern)* concernir; **as regards...** en cuanto a..., con respecto a...

regarding [rɪˈgɑːdɪŋ] *prep* en cuanto a, con respecto a

regardless [rɪˈgɑːdlɪs] *adv* **-1.** *(despite everything)* a pesar de todo; **they carried on ~** a pesar de todo, continuaron **-2. ~ of** *(without considering)* **~ of the danger** sin tener en cuenta el peligro; **~ of the expense** cueste lo que cueste; **I'm going to do it, ~ of what they say** voy a hacerlo, digan lo que digan

regatta [rɪˈgætə] *n* regata *f*

regency [ˈriːdʒənsɪ] *n* regencia *f*

Regency [ˈriːdʒənsɪ] *adj* **~ furniture** muebles estilo regencia

regenerate [riːˈdʒenəreɪt] ◇ *vt (urban area)* regenerar
◇ *vi* BIOL regenerarse

regeneration [riːdʒenəˈreɪʃən] *n* **-1.** *(of urban area)* regeneración *f* **-2.** BIOL *(of tail, organ)* regeneración *f*

regent [ˈriːdʒənt] *n* **-1.** HIST regente *mf* **-2.** *US* UNIV miembro *mf* del equipo rectoral

reggae [ˈregeɪ] *n* MUS reggae *m*

regicide [ˈredʒɪsaɪd] *n* **-1.** *(act)* regicidio *m* **-2.** *(person)* regicida *mf*

regime [reɪˈʒiːm] *n (government)* régimen *m*; **under the present ~** *(government)* bajo el régimen actual; *(system)* en el sistema actual

regimen [ˈredʒɪmən] *n* régimen *m*

regiment [ˈredʒɪmənt] ◇ *n (in army)* regimiento *m*
◇ *vt* someter a severa disciplina

regimental [redʒɪˈmentəl] *adj (band, flag)* de regimiento

regimentals [redʒɪˈmentəlz] *npl* **in full ~** con el uniforme completo

regimentation [redʒɪmenˈteɪʃən] *n* severa disciplina *f*

regimented [ˈredʒɪmentɪd] *adj (strict)* disciplinado(a); **a ~ lifestyle** una (clase de) vida muy estricta

Regina [rɪˈdʒaɪnə] *n Br* **Victoria ~** Reina Victoria; LAW **~ vs Gibson** la corona contra Gibson

region [ˈriːdʒən] *n* **-1.** *(of country)* región *f*; **the Chicago ~** la región de Chicago; *Br* **in the regions** en las provincias **-2.** *(of body)* región *f*; **in the lower back ~** en la región sacrolumbar **-3.** *(of knowledge, sentiments)* ámbito *m*, campo *m* **-4. in the ~ of** *(approximately)* alrededor de, del orden de

regional [ˈriːdʒənəl] *adj* regional ❑ **~ development** desarrollo *m* regional; **~ planning** ordenación *f* del territorio *or* territorial

regionalism [ˈriːdʒənəlɪzəm] *n* **-1.** *(local patriotism)* regionalismo *m* **-2.** *(word, phrase)* regionalismo *m*

regionalist [ˈriːdʒənəlɪst] ◇ *n* regionalista *mf*
◇ *adj* regionalista

regionally [ˈriːdʒənəlɪ] *adv* regionalmente, por regiones

register [ˈredʒɪstə(r)] ◇ *n* **-1.** *(record)* registro *m*; SCH **to call** *or* **take the ~** pasar lista ❑ **~ of births, marriages and deaths** registro *m* civil; *Br* **~ office** registro *m* civil; **~ of shipping** registro *m* de embarque; **~ of voters** censo *m* electoral **-2. (cash) ~** caja *f* registradora **-3.** MUS registro *m* **-4.** LING registro *m*
◇ *vt* **-1.** *(record) (member)* inscribir; *(student, vehicle)* matricular; *(birth, marriage, death)* registrar; *(trademark, software)* registrar; *(complaint, protest)* presentar; **wind speeds as high as 100mph have been registered in parts of the country** en algunas regiones del país se han registrado vientos con una intensidad de hasta 160 km/h
 -2. *(show) (temperature, speed)* registrar; *(astonishment, displeasure)* denotar, mostrar
 -3. *(realize) (fact, problem)* darse cuenta de, enterarse de; **they still haven't registered (the fact) that they lost** aún no se han enterado de que han perdido
 -4. *(achieve) (progress)* realizar
 -5. *(parcel, letter)* certificar
◇ *vi* **-1.** *(for course)* matricularse; *(at hotel)* inscribirse, registrarse; *(voter)* inscribirse (en el censo); **foreign nationals must ~ with the police** los extranjeros deben inscribirse en los registros de la policía; *Br* **to ~ with a GP** inscribirse como paciente de un médico
 -2. *Fam (fact)* **it didn't ~ (with him)** no se enteró; **I daresay you told me, but it obviously didn't ~** juraría que me lo dijiste pero es obvio que ni me enteré
 -3. *(instrument)* registrar; **is the barometer registering** ¿funciona el barómetro?

registered [ˈredʒɪstəd] *adj Br* **Registered General Nurse** enfermero(a) *m,f* diplomado(a), *Esp* ATS *mf*; *Br* **~ letter** carta *f* certificada (con derecho a indemnización); *US* **~ mail** correo *m* certificado (con derecho a indemnización); *Br* COM **~ office** domicilio *m* social; *Br* **~ post** correo *m* certificado (con derecho a indemnización); **~ trademark** marca *f* registrada; COMPTR **~ user** usuario(a) *m,f* registrado(a)

registrar [ˈredʒɪstrɑː(r)] *n* **-1.** *(record keeper)* registrador(ora) *m,f* **-2.** UNIV secretario(a) *m,f* **-3.** *Br (in hospital)* doctor(ora) *m,f*, médico(a) *m,f*

registration [redʒɪˈstreɪʃən] *n* **-1.** *(of student, vehicle)* matriculación *f*; *(of voter)* inscripción *f* (en el censo); *(of birth, death, marriage)* registro *m*; *(of trademark, software)* registro *m*; **when does ~ start?** *(for university, evening classes)* ¿cuándo comienza la matriculación? ❑ *Br* AUT **~ document** permiso *m* de circulación; **~ fee** *(for course)* matrícula *f*; *(for competition)* cuota *f* de inscripción; **~ number** *(of vehicle)* (número *m* de) matrícula *f*; *Austr* **~ plate** *(on car)* (placa *f* de la) matrícula *f*
 -2. *Br* SCH hora *f* de pasar lista
 -3. COMPTR **~ card** tarjeta *f* de registro; **~ number** número *m* de registro

registry [ˈredʒɪstrɪ] *n* **-1.** *(office)* registro *m* ❑ **~ office** registro *m* civil **-2.** *(of ship)* abanderamiento *m*; **a ship of Japanese ~** un barco de bandera japonesa

Regius professor [ˈriːdʒəsprəˈfesə(r)] *n Br* UNIV = profesor titular de cátedra instituida por el soberano en las universidades británicas de más antigüedad

regress [rɪˈgres] *vi* involucionar, sufrir una regresión; **to ~ to childhood** hacer una regresión a la infancia

regression [rɪˈgreʃən] *n* **-1.** *(to childhood)* regresión *f* **-2.** *(in statistics)* regresión *f* ❑ **~ towards the mean** regresión *f* a la media

regressive [rɪˈgresɪv] *adj* **-1.** *(tendency)* regresivo(a) **-2.** *(taxation)* regresivo(a)

regret [rɪˈgret] ◇ *n* **-1.** *(sadness)* tristeza *f*; *(remorse)* arrepentimiento *m*; **I have no regrets** no me arrepiento de nada; **my biggest ~ is that...** lo que más lamento es que...; **my only ~ is that I didn't resign earlier** lo único que lamento es no haber renunciado antes; **do you have any regrets about what you did?** ¿te arrepientes de lo que has hecho?; **there was a note of ~ in her voice** había un tono de remordimiento en su voz; **he expressed his regrets about her son's death** le transmitió su pesar por la muerte de su hijo; **it is with great ~ that I have to inform you that...** me da mucho pesar tener que informarle de que...; **much to my ~...** muy a mi pesar...
 -2. *(apology)* **she sent her regrets** mandó sus disculpas *or* excusas
◇ *vt (pt & pp* **regretted***)* **-1.** *(error, decision)* sentir, lamentar; **to ~ doing** *or* **having done sth** arrepentirse de *or* lamentar haber hecho algo; *Formal* **it is to be regretted that...** es de lamentar que...; **I ~ to say I will be unable to attend** lamento decirles que no podré asistir; **I ~ to say our efforts were unsuccessful** lamentablemente nuestros esfuerzos no tuvieron éxito; **you won't ~ it** no te arrepentirás; **you'll live to ~ this!** ¡te arrepentirás!
 -2. *Formal (in official apologies)* **the management regrets any inconvenience caused** la dirección lamenta las molestias causadas; **I ~ to (have to) inform you that...** siento (tener que) comunicarte que...

regretful [rɪˈgretfʊl] *adj (sad)* apesadumbrado(a), pesaroso(a); *(remorseful)* arrepentido(a); **to be** *or* **feel ~ about sth** *(sad)* estar *or* sentirse apesadumbrado(a) por algo; *(remorseful)* sentirse arrepentido(a) por algo

regretfully [rɪˈgretfʊlɪ] *adv (sadly)* tristemente, con tristeza; *(remorsefully)* con arrepentimiento; **I ~ have to decline your offer** lamento tener que declinar su oferta

regrettable [rɪˈgretəbəl] *adj* lamentable; **it is most ~ that you were not informed** es verdaderamente lamentable que no haya sido informado

regrettably [rɪˈgretəblɪ] *adv (unfortunately)* lamentablemente; **a joke in ~ poor taste** un chiste de un lamentable mal gusto

regroup [riːˈgruːp] ◇ *vt* reagrupar
◇ *vi* reagruparse

regt *(abbr* **regiment***)* regto.

regular [ˈregjʊlə(r)] ◇ *n* **-1.** *(customer) (in bar, restaurant)* habitual *mf*, parroquiano(a) *m,f*; *(in shop)* cliente *mf* habitual **-2.** *(contributor, player)* **she's a ~ on our column** es una habitual columnista (nuestra); **he's a ~ in the team** juega normalmente **-3.** *(soldier)* regular *m* **-4.** *US* POL *(loyal party member)* = militante que sigue la línea oficial del partido **-5.** *US (petrol)* súper *f*
◇ *adj* **-1.** *(evenly spaced) (breathing, pulse)* regular; **to be ~** ser regular; **to have a ~ income** tener ingresos regulares; **on a ~ basis** con regularidad, regularmente; **at ~ intervals** a intervalos regulares; IDIOM **as ~ as clockwork** como un reloj, con una

regularity [regjʊ'lærɪtɪ] n regularidad f; **with unfailing ~** con una regularidad impecable

regularidad cronométrica
-2. *(frequent) (meetings, bus service)* frecuente; **it's a ~ occurrence** sucede frecuentemente
-3. *(normal) (brand, supplier, customer, listener)* habitual; **who is your ~ doctor?** ¿quién es tu médico de cabecera?
-4. *(even) (features)* regular; *(teeth)* parejo(a)
-5. *(bowel movements, menstruation)* regular; **it keeps you ~** *(not constipated)* evita el estreñimiento
-6. *(of medium size)* normal, mediano(a)
-7. *(army, soldier)* profesional
-8. *(clergy)* regular
-9. *US POL (loyal to party line)* fiel a la línea del partido
-10. *Fam (for emphasis)* verdadero(a), auténtico(a); **a ~ mess** un verdadero *or* auténtico desastre
-11. *US Fam (decent)* **a ~ guy** *Esp* un tío legal, *Am* un tipo derecho
-12. GRAM *(verb)* regular
-13. GEOM *(figure)* regular

regularize ['regjʊləraɪz] vt regularizar
regularly ['regjʊləlɪ] adv -1. *(at equal intervals)* regularmente -2. *(frequently)* a menudo, frecuentemente -3. GRAM de forma regular
regulate ['regjʊleɪt] vt -1. *(adjust) (expenditure, machine, voltage)* regular -2. *(supervise by legislation)* regular; **hitherto the industry has regulated itself** hasta ahora, la industria se ha regulado a sí misma
regulating ['regjʊleɪtɪŋ] adj -1. *(knob, valve)* regulador(ora); *(mechanism)* regulador(ora), de regulación -2. *(body)* regulador(ora), de regulación
regulation [regjʊ'leɪʃən] ◇ n -1. *(adjustment) (of expenditure, machine, voltage)* regulación
-2. *(supervision by law) (of industry, food additives)* regulación f
-3. *(rule)* regla f, norma f; **regulations** reglamento m, normas fpl; **it's contrary to** *or* **against (the) regulations** va contra las normas; **it complies with EU regulations** cumple con las normas de la EU; **safety/ building regulations** normas de seguridad/de construcción
◇ adj *(size, dress)* reglamentario(a)
regulator ['regjʊleɪtə(r)] n -1. *(device)* regulador m -2. *(regulatory body)* organismo m regulador
regulatory [regjʊ'leɪtərɪ] adj regulador(ora)
regulo ['regjʊləʊ] n Br = posición del mando de la temperatura en un horno de gas; **cook at** *or* **on ~ 4** ≃ cocínese a una temperatura de 180°C
regurgitate [rɪ'gɜːdʒɪteɪt] vt -1. *(food)* regurgitar -2. *(facts)* vomitar
rehab ['riːhæb] n Fam rehabilitación f; **to be in ~** estar rehabilitándose ❑ **~ centre** centro m de rehabilitación
rehabilitate [riːhə'bɪlɪteɪt] vt -1. *(convict, former addict)* rehabilitar -2. *(disgraced person, reputation)* rehabilitar -3. *(area, building)* rehabilitar, renovar
rehabilitation [riːhəbɪlɪ'teɪʃən] n -1. *(of convict, former addict)* rehabilitación f ❑ **~ centre** centro m de rehabilitación -2. *(of disgraced person, reputation)* rehabilitación f -3. *(of area, building)* rehabilitación f, renovación f
rehash *Fam Pej* ◇ n ['riːhæʃ] refrito m; **it was a ~ of her first novel** fue un refrito de su primera novela
◇ vt [riː'hæʃ] hacer un refrito con
rehearing ['riːhɪərɪŋ] n LAW revisión f de una causa judicial
rehearsal [rɪ'hɜːsəl] n -1. *(practice) (of play, music, speech)* ensayo m; **to have** *or* **hold a ~** hacer un ensayo; **the play is currently in ~ space** local m de ensayo -2. *(recitation, repetition)* repetición f
rehearse [rɪ'hɜːs] ◇ vt -1. *(practise) (play, music, speech)* ensayar; *(actors, singers, orchestra)* ensayar -2. *(recite, repeat)* repetir
◇ vi ensayar
reheat ['riːhiːt] vt recalentar

re-heel [riː'hiːl] vt cambiar las tapas a
rehouse ['riːhaʊz] vt realojar
rehydration [riːhaɪ'dreɪʃən] n -1. PHYS rehidratación f -2. MED rehidratación f
reification ['reɪfɪ'keɪʃən] n materialización f
reify ['reɪfaɪ] vt materializar, convertir en realidad
reign [reɪn] ◇ n reinado m; **in** *or* **under the ~ of** durante el reinado de; **~ of terror** régimen de terror
◇ vi reinar (**over** sobre); **to ~ supreme** *(champion, style)* imperar; **they reigned supreme over the Sixties pop scene** fueron los dueños de la escena pop durante los años 60
reigning ['reɪnɪŋ] adj -1. *(monarch)* reinante -2. *(champion)* actual -3. *(predominant) (attitude, idea)* imperante, predominante
reignite [riːɪg'naɪt] vt reencender
reimburse [riːɪm'bɜːs] vt reintegrar, reembolsar; **to ~ sb for sth** reintegrar *or* reembolsar algo a alguien; **I was fully reimbursed** me reintegraron *or* reembolsaron todos los gastos
reimbursement [riːɪm'bɜːsmənt] n reembolso m
reimpose [riːɪm'pəʊz] vt imponer de nuevo
rein [reɪn] n -1. *(for horse)* rienda f; **reins** *(for horse, child)* arnés m; *Fig* **the reins of government** las riendas del gobierno
-2. IDIOMS **to hand over the reins (to sb)** ceder las riendas (a alguien); **to give sb free ~ to do sth** dar carta blanca a alguien para hacer algo; **to give free ~ to one's imagination** dar rienda suelta a la imaginación; **to keep a tight ~ on sth** controlar algo de cerca; **to keep a tight ~ on sb** atar corto a alguien
◆ **rein back** vt sep *(horse)* detener, frenar
◆ **rein in** vt sep -1. *(horse)* frenar -2. *(emotions)* controlar; *(inflation)* controlar
reincarnate ◇ vt [riːɪn'kɑːneɪt] **to be reincarnated (as)** reencarnarse (en)
◇ adj [riːɪn'kɑːnɪt] reencarnado(a); **he danced like Nijinsky ~** bailó como si fuera la reencarnación de Nijinski
reincarnation [riːɪnkɑː'neɪʃən] n reencarnación f
reindeer ['reɪndɪə(r)] n reno m
reinfect [riːɪn'fekt] vt reinfectar, infectar de nuevo
reinfection [riːɪn'fekʃən] n reinfección f
reinforce [riːɪn'fɔːs] vt -1. *(wall, structure)* reforzar ❑ **reinforced concrete** hormigón m or Am concreto m armado -2. *(army)* reforzar -3. *(emphasize)* reforzar, reafirmar -4. PSY reforzar
reinforcement [riːɪn'fɔːsmənt] n -1. *(of wall, structure)* refuerzo m -2. **reinforcements** *(for army)* refuerzos mpl -3. *(emphasis)* refuerzo m -4. PSY refuerzo m
reinitialize [riːɪ'nɪʃəlaɪz] vt COMPTR reinicializar
reinsert [riːɪn'sɜːt] vt volver a introducir
reinstall [riːɪn'stɔːl] vt COMPTR reinstalar
reinstate [riːɪn'steɪt] vt -1. *(person in job)* restituir (en el puesto) -2. *(clause)* reincorporar; *(law, practice)* reinstaurar
reinstatement [riːɪn'steɪtmənt] n -1. *(of person in job)* reincorporación f, rehabilitación f -2. *(of clause, law, practice)* reinstauración f
reinsurance [riːɪn'ʃʊərəns] n reaseguro m
reinsure [riːɪn'ʃʊə(r)] vt reasegurar
reintegrate [riː'ɪntɪgreɪt] vt *(into society)* reintegrar
reintegration [riːɪntə'greɪʃən] n reintegración f; *(into society)* reinserción f (social)
reinterpret [riːɪn'tɜːprɪt] vt reinterpretar
reinterpretation [riːɪntəprɪ'teɪʃən] n reinterpretación f
reintroduce [riːɪntrə'djuːs] vt reintroducir; **to ~ an animal to the wild** reintroducir un animal en su hábitat natural, devolver a un animal a su hábitat natural
reinvent [riːɪn'vent] vt **to ~ the wheel** IDIOM = perder el tiempo haciendo algo que ya está hecho
reinvest [riːɪn'vest] vt reinvertir

reissue [riːˈɪʃuː] ◇ n -1. *(of book, record)* reedición f -2. *(of bank note, stamp)* nueva emisión f
◇ vt -1. *(book, record)* reeditar -2. *(bank note, stamp)* emitir de nuevo
reiterate [riːˈɪtəreɪt] vt *Formal* reiterar
reiteration [riːɪtəˈreɪʃən] n *Formal* reiteración f
reject ◇ n [ˈriːdʒekt] -1. *(object)* artículo m con tara *or* defectuoso -2. *Fam Pej (person)* desecho m
◇ vt [rɪˈdʒekt] -1. *(spurn)* rechazar; **to feel rejected** sentirse rechazado(a); **the machine keeps rejecting this coin** la máquina me sigue devolviendo esta moneda -2. MED *(transplanted tissue, organ)* rechazar
rejection [rɪˈdʒekʃən] n -1. *(spurning)* rechazo m; **to meet with ~** ser rechazado(a); **to be afraid of ~** *(emotional)* tener miedo al rechazo *or* a ser rechazado(a) ❑ **~ letter** *(from publisher, employer)* carta f con respuesta negativa -2. MED *(of tissue, organ)* rechazo m
rejig [riːˈdʒɪg] vt Br -1. *(reequip)* reequipar -2. *(reorganize, alter)* modificar
rejoice [rɪˈdʒɔɪs] vi alegrarse (**at** *or* **over** por *or* de)
◆ **rejoice in** vt insep -1. *(good fortune)* alegrarse con, regocijarse con -2. *Hum (have)* **she rejoices in the name of...** tiene el divertido nombre de...
rejoicing [rɪˈdʒɔɪsɪŋ] n regocijo m, alegría f; **it was the occasion of much ~** fue una ocasión llena de alegría
rejoin [riːˈdʒɔɪn] vt -1. *(go back to)* reunirse con; **to ~ one's regiment** reincorporarse al regimento -2. *(join again) (party, firm)* reincorporarse a; **the road rejoins the highway just outside town** la carretera vuelve a enlazar con la autopista justo al otro lado de la ciudad -3. *(retort)* replicar
rejoinder [rɪˈdʒɔɪndə(r)] n réplica f
rejuvenate [rɪˈdʒuːvɪneɪt] vt rejuvenecer
rejuvenating [rɪˈdʒuːvɪneɪtɪŋ] adj rejuvenecedor(ora) ❑ **~ cream** crema f rejuvenecedora
rejuvenation [rɪdʒuːvɪˈneɪʃən] n rejuvenecimiento m
rekindle [riːˈkɪndəl] ◇ vt *(fire)* volver a prender; *(enthusiasm, hope)* reavivar
◇ vi *(fire)* volver a prenderse; *(feelings)* reavivar
relapse MED ◇ n [ˈriːlæps] recaída f; **to have a ~** tener *or* sufrir una recaída
◇ vi [rɪˈlæps] recaer, sufrir una recaída; **to ~ into unconsciousness/a coma** volver a perder el conocimiento/a entrar en coma; *Fig* **they relapsed into silence** volvieron a callarse
relate [rɪˈleɪt] ◇ vt -1. *(narrate)* relatar, narrar; **strange to ~,...** aunque parezca mentira...
-2. *(connect) (two facts, ideas)* relacionar; **we can ~ this episode to a previous scene in the novel** se puede relacionar este episodio con una escena previa de la novela
◇ vi -1. *(connect) (idea, event)* **I don't see how the two ideas ~** no veo cuál es la relación entre las dos ideas; **to ~ to sth** *(be relevant to)* estar relacionado(a) con algo; **questions relating to expenditure** las cuestiones relacionadas con los gastos
-2. *(have relationship, interact)* **she doesn't ~ to other children very well** no tiene muy buena relación con los demás niños
-3. *(to) ~ to sth (understand)* comprender *or* entender algo; **we can all ~ to that** todos nos podemos identificar con eso
related [rɪˈleɪtɪd] adj -1. *(of same family)* **are they ~?** ¿están emparentados(as)?; **to be ~ to** *(person)* ser pariente de; *(language)* estar emparentado(a) con; **they are related on his father's side** son parientes por parte de su padre; **to be ~ by marriage** ser pariente político; **an animal ~ to the weasel** un animal que tiene cierto parentesco con la comadreja
-2. *(linked)* relacionado(a); **problems ~ to smoking** problemas relacionados *or* asociados con el tabaco; **the two events are not ~** los dos hechos no guardan relación

-related [rɪˈleɪtɪd] *suffix* **business~ activities** actividades de carácter empresarial; **defence~ industries** industrias relacionadas con la defensa

relation [rɪˈleɪʃən] *n* **-1.** *(relative)* pariente *mf*; **he's a distant ~ (of mine)** es un pariente lejano (mío); **she is no ~ of mine** no es pariente mía
-2. *(kinship)* parentesco *m*; **what ~ is he to you?** ¿qué parentesco tiene contigo?
-3. *(connection)* relación *f*; **to have** *or* **bear no ~ to** no guardar relación con; **in ~ to salary** en relación con el *or* con relación al sueldo
-4. **relations** *(diplomatic, personal links)* relaciones *fpl*; **to enter into relations with** comenzar a tener relaciones con; **to break off/re-establish relations with** romper/restablecer relaciones con; **to have friendly relations with** tener relaciones de amistad con; *Formal* **to have (sexual) relations with** tener relaciones (sexuales) con
-5. *Formal (narration)* relación *f*, relato *m*

relational [rɪˈleɪʃənəl] *adj* COMPTR **~ *database*** base *f* de datos relacional

relationship [rɪˈleɪʃənʃɪp] *n* **-1.** *(between people, countries)* relación *f*; **our ~ is purely a business one** nuestra relación es estrictamente de negocios; **to have a good/bad ~ with sb** llevarse bien/mal con alguien
-2. *(sexual)* relación *f*; **I'm already in a ~** tengo pareja; **to have a ~ (with sb)** tener una relación (con alguien)
-3. *(connection)* relación *f*
-4. *(kinship)* parentesco *m*; **what is your exact ~ to her?** ¿cuál es exactamente tu parentesco con ella?

relative [ˈrelətɪv] ◇ *n (person)* pariente *mf*; **she is my only living ~** ella es el único pariente vivo que me queda *or* tengo
◇ *adj* **-1.** *(comparative)* relativo(a); **to live in ~ comfort** vivir con cierta *or* relativa comodidad; **the ~ qualities of the two candidates** las respectivas cualidades de los dos candidatos; **~ to** *(compared with)* en comparación con; **taxation should be ~ to income** los impuestos deben guardar relación con los ingresos
-2. *(not absolute)* relativo(a) ❏ *Br* **~ *majority*** mayoría *f* relativa
-3. GRAM *(pronoun)* relativo(a) ❏ **~ *clause*** oración *f* de relativo
-4. PHYS **~ *density*** peso *m* específico

relatively [ˈrelətɪvlɪ] *adv* relativamente; **~ difficult/safe** relativamente difícil/seguro; **~ speaking,...** hablando en términos relativos...

relativism [ˈrelətɪvɪzəm] *n* PHIL relativismo *m*

relativist [ˈrelətɪvɪst] ◇ *n* relativista *mf*
◇ *adj* relativista

relativistic [relətɪˈvɪstɪk] *adj* relativista

relativity [reləˈtɪvɪtɪ] *n* PHYS relatividad *f*

relativize [ˈrelətɪvaɪz] *vt* relativizar

relaunch [riːˈlɔːntʃ] ◇ *n* relanzamiento *m*
◇ *vt* relanzar

relax [rɪˈlæks] ◇ *vt* **-1.** *(person)* relajar **-2.** *(muscles, discipline, restrictions, laws)* relajar; **to ~ one's hold** *or* **grip** dejar de apretar; **to ~ one's grip on sth** *(country, party, business)* aflojar las riendas de algo
◇ *vi* **-1.** *(person)* relajarse; **I won't be able to ~ till I know it's over** no podré tranquilizarme *or* relajarme hasta que sepa que ha terminado; **~!** *(calm down)* ¡tranquilízate!; **to ~ in one's efforts** cejar en el esfuerzo **-2.** *(muscles, discipline)* relajarse; **his face relaxed into a smile** al distenderse, su rostro dibujó una sonrisa

relaxant [rɪˈlæksənt] *n* relajante *m*

relaxation [riːlækˈseɪʃən] *n* **-1.** *(of person)* relajación *f*; **he plays golf for ~** juega al golf para relajarse; **a form of ~** una forma de relajarse ❏ **~ *therapy*** terapia *f* de relajación **-2.** *(of muscles, discipline, restrictions, laws)* relajación *f*

relaxed [rɪˈlækst] *adj (atmosphere, person)* relajado(a); **to feel/look ~** estar/parecer relajado(a); **he was very ~ about changing the date** no le importó nada cambiar la fecha

relaxing [rɪˈlæksɪŋ] *adj* relajante; **she finds gardening ~** la jardinería le parece relajante

relay ◇ *n* [ˈriːleɪ] **-1.** *(of workers)* relevo *m*, turno *m*; *(horses)* posta *f*; **to work in relays** trabajar por turnos **-2.** RAD & TV **~ *station*** repetidor *m* **-3.** ELEC relé *m* **-4.** **~ (race)** carrera *f* de relevos
◇ *vt* [rɪˈleɪ] **-1.** RAD & TV retransmitir **-2.** *(information)* pasar

re-lay [ˈriːˈleɪ] *vt (carpet)* recolocar

release [rɪˈliːs] ◇ *n* **-1.** *(of prisoner, captive)* liberación *f*; **~ on parole/bail** libertad condicional/bajo fianza
-2. *(from care, worry)* alivio *m*; *(from obligation, promise)* liberación *f*; *(from pain, suffering)* liberación *f*, alivio *m*
-3. *(letting go) (of handle, brake)* liberación *f*; *(of bomb)* lanzamiento *m*
-4. *(issue) (of book, record)* publicación *f*; *(of movie)* estreno *m*; *(of software)* versión *f*; **new releases** *(records)* novedades (discográficas); **to be on general ~** *(movie)* estar en cartel
-5. *(of information)* comunicado *m*
-6. *(of gas, energy)* emisión *f*
-7. *(of funds)* liberación *f*
-8. *(lever, safety catch)* liberador *m*
◇ *vt* **-1.** *(prisoner, captive, animal)* liberar, soltar; **to be released on bail/parole** ser liberado(a) bajo fianza/ser puesto(a) en libertad condicional; **to ~ sb's hand** soltar la mano a alguien
-2. *(from care, worry)* librar, liberar; **to ~ sb from an obligation/a promise** liberar a alguien de una obligación/promesa; **to ~ sb from a debt** eximir a alguien de una deuda
-3. *(handle, catch)* soltar, liberar; *(balloon, bomb, brake)* soltar; **to ~ the clutch** soltar el embrague; **to ~ the shutter** disparar el obturador; **he released his grip on my hand** me soltó la mano
-4. *(issue) (book, record)* publicar; *(movie)* estrenar; **to be released** *(software)* salir a la venta; *(movie)* estrenarse
-5. *(make public) (statement, news, information)* hacer público(a)
-6. *(gas, fumes, heat, light, energy)* desprender, emitir; **the explosion released chemicals into the river** la explosión contaminó el río con productos químicos
-7. *(funds)* liberar

relegate [ˈrelɪgeɪt] *vt* **-1.** *(consign)* relegar; **we relegated the old bed to the spare room** relegamos la cama vieja a la habitación de huéspedes **-2.** *Br* SPORT **United were relegated** el United bajó de categoría *or* descendió

relegation [relɪˈgeɪʃən] *n* **-1.** *(of person, issue)* relegación *f* **-2.** *Br* SPORT *(of team)* descenso *m*

relent [rɪˈlent] *vi* **-1.** *(person)* ceder; **he finally relented and let us go** finalmente cedió y nos dejó ir **-2.** *(storm, wind)* amainar

relentless [rɪˈlentlɪs] *adj* implacable; **she was ~ in her search for the truth** no cesaba en su búsqueda de la verdad

relentlessly [rɪˈlentlɪslɪ] *adv* implacablemente; **the rain beat down ~** la lluvia caía inexorablemente

relevance [ˈreləvəns] *n* pertinencia *f*; **to have no ~ to sth** no tener nada que ver con algo; **what is the ~ of this to the matter under discussion?** ¿qué tiene que ver esto con lo que se está discutiendo?; **many students fail to see the practical ~ of such courses** muchos alumnos no se dan cuenta de la importancia práctica de tales cursos

relevant [ˈreləvənt] *adj* pertinente; **to be ~ (to sth)** tener que ver (con algo); **that's not ~** eso no viene al caso; **she doesn't have much ~ experience** no tiene mucha experiencia pertinente; **the ~ chapters** los capítulos correspondientes; **the ~ facts** los hechos que vienen al caso; **the ~ authorities** la autoridad competente; **her ideas are still ~ today** sus ideas siguen teniendo vigencia

reliability [rɪlaɪəˈbɪlɪtɪ] *n* **-1.** *(of employee)* responsabilidad *f*; *(of witness, evidence, information)* fiabilidad *f*, *Am* confiabilidad *f* **-2.** *(of clock, engine, vehicle)* fiabilidad *f*, *Am* confiabilidad *f*

reliable [rɪˈlaɪəbəl] *adj* **-1.** *(employee)* responsable; *(witness)* fiable, *Am* confiable; *(evidence, information)* fidedigno(a), fiable, *Am* confiable; **my memory isn't ~** no puedo confiar en mi memoria, no me puedo fiar de mi memoria; **from a ~ source** de fuentes fidedignas **-2.** *(clock, engine, vehicle)* fiable, *Am* confiable

reliably [rɪˈlaɪəblɪ] *adv* **to be ~ informed that...** saber de buena fuente que...; **the engine performs ~ in all weathers** el motor demuestra fiabilidad *or Am* confiabilidad en todas las condiciones climáticas

reliance [rɪˈlaɪəns] *n* **-1.** *(dependence)* dependencia *f* **(on** *or* **-2.** *(trust)* confianza *f* **(on en)**; **to place ~ on sth/sb** depositar la confianza en algo/alguien

reliant [rɪˈlaɪənt] *adj* **to be ~ on** depender de; **we are heavily ~ on their advice/funding** dependemos mucho de su asesoramiento/financiamiento

relic [ˈrelɪk] *n* **-1.** *(reminder of past, remnant)* reliquia *f*; **the last surviving ~ of** la última reliquia que queda de; *Hum* **their old ~ of a video machine** su vídeo *or Am* video es una verdadera reliquia **-2.** REL reliquia *f*

relief [rɪˈliːf] *n* **-1.** *(alleviation)* alivio *m*; **it offers ~ from pain** alivia el dolor; **to bring ~ to sb** aliviar a alguien; **it came as a ~** fue un alivio; **to provide some light ~** *(humour)* poner la nota cómica; **that's *or* what a ~!** ¡qué alivio!; **much to my ~, to my great ~** para alivio mío; **it was a ~ to know they were safe** fue un alivio saber que estaban a salvo ❏ **~ *road*** vía *m* de descongestión
-2. *(aid)* ayuda *f*, auxilio *m*; **to send ~ to third world countries** enviar ayuda a países del tercer mundo ❏ **~ *agency*** organización *f* de ayuda humanitaria *(que trabaja sobre el terreno)*; **~ *convoy*** convoy *m* de ayuda humanitaria; **~ *fund*** fondo *m* de ayuda; **~ *worker*** trabajador(ora) *m,f* de ayuda humanitaria
-3. *US (state benefit)* **to be on ~** cobrar un subsidio
-4. *(replacement)* relevo *m* ❏ **~ *driver*** conductor(ora) *m,f* de relevo; *US* **~ *pitcher*** lanzador(ora) *m,f* sustituto(a)
-5. *(of besieged city, troops)* liberación *f*
-6. ART relieve *m*; **high/low ~** alto/bajo relieve; **in ~** en relieve; *Fig* **to throw** *or* **bring sth into ~** poner algo de relieve
-7. GEOG relieve *m*; **an area of low ~** una zona con poco relieve ❏ **~ *map*** mapa *m* de relieve

relieve [rɪˈliːv] *vt* **-1.** *(alleviate) (pain, anxiety, problem)* aliviar; *(tension, boredom)* atenuar, mitigar; **we were greatly relieved by the news** la noticia nos tranquilizó mucho; **the darkness of the room was relieved only by the firelight** sólo el fuego daba un poco de luz a la oscuridad de la sala; **they relieved the monotony of the wait by playing cards** hicieron la espera menos monótona jugando a cartas
-2. *(replace)* relevar
-3. *(liberate) (besieged city, troops)* liberar
-4. *(take away)* **to ~ sb of a burden/obligation** quitar a alguien una carga/obligación; *Formal* **can I ~ you of your suitcase?** ¿quiere que le lleve la maleta?; *Formal* **he was relieved of his post** *or* **duties** fue apartado de su puesto; *Hum* **somebody relieved me of my wallet** alguien me afanó la cartera
-5. *Euph* **he relieved himself** hizo sus necesidades

relieved [rɪˈliːvd] *adj (sigh, laugh)* de alivio; **to feel relieved** sentirse aliviado(a)

religion [rɪˈlɪdʒən] *n* **-1.** *(faith)* religión *f*; **it's against my ~** va contra mis principios religiosos; *Fam* **to get ~** volverse creyente **-2.** *(obsession)* obsesión *f*; IDIOM **to make a ~ of sth** hacer de algo una forma de vida

religiosity [rɪlɪdʒɪˈɒsətɪ] *n* religiosidad *f*

religious [rɪˈlɪdʒəs] *adj* **-1.** *(authority, ceremony, art)* religioso(a) ❑ ***education** (subject)* (asignatura *f* de) religión *f*; **~ instruction** instrucción *f* religiosa; **~ order** orden *f* religiosa **-2.** *(devout)* religioso(a) **-3.** *(scrupulous)* escrupuloso(a), meticuloso(a); **to do sth with ~ care** hacer algo con un cuidado extremo
◇ *n (monk, nun)* religioso(a) *m,f*

religiously [rɪˈlɪdʒəslɪ] *adv* **-1.** *(in a religious manner)* religiosamente **-2.** *(scrupulously)* religiosamente, escrupulosamente

reline [riːˈlaɪn] *vt (garment)* forrar de nuevo; *(picture)* colocar una nueva tela de soporte; **to ~ the brakes** cambiar el revestimiento *or* forro de los frenos

relinquish [rɪˈlɪŋkwɪʃ] *vt (claim, responsibility, rights)* renunciar a; *(hope, power)* abandonar; *(property)* renunciar a; **to ~ the throne to sb** ceder el trono a alguien; **to ~ one's hold** *or* **grip on sth** *(let go)* soltar algo; **she refused to ~ her hold** *or* **grip on the party** se negó a abandonar su control sobre el partido

reliquary [ˈrelɪkwərɪ] *n* relicario *m*

relish [ˈrelɪʃ] ◇ *n* **-1.** *(pleasure)* deleite *m*; **to do sth with ~** hacer algo con gran deleite; **he has lost his ~ for reading** leer ha dejado de parecerle placentero **-2.** *(pickle)* salsa *f* condimentada
◇ *vt* gozar con, deleitarse en; **I bet he's relishing this moment** me imagino que estará disfrutando de este momento; **I didn't ~ the idea** no me entusiasmaba la idea

relive [riːˈlɪv] *vt* revivir

reload [riːˈləʊd] ◇ *vt (gun, camera)* volver a cargar; *(ship, software)* recargar, volver a cargar
◇ *vi (person with firearm)* volver a cargar el arma; *(photographer)* cambiar el carrete; *(gun, software)* recargarse

relocate [riːləʊˈkeɪt] ◇ *vt* **-1.** *(move)* trasladar; **the facilities were relocated to Scotland** trasladaron las instalaciones a Escocia **-2.** *(find)* localizar de nuevo
◇ *vi* mudarse, trasladarse **(to a)**

relocation [riːləʊˈkeɪʃən] *n* traslado *m* ❑ ***allowance** (for employee)* suplemento *m* por traslado; **~ expenses** *(for employee)* gastos *mpl* de traslado

reluctance [rɪˈlʌktəns] *n* resistencia *f*, reticencia *f*; **to do sth with ~** hacer algo a regañadientes; **she expressed some ~ to get involved** se mostró algo reticente *or* reacia a involucrarse; **his ~ to admit the truth** su reticencia a admitir la verdad

reluctant [rɪˈlʌktənt] *adj* reacio(a), reticente; **she gave a ~ smile** sonrió forzadamente; **he was a ~ sex symbol** no estaba muy contento con su rol de sex symbol; **to be ~ to do sth** ser reacio(a) a hacer algo

reluctantly [rɪˈlʌktəntlɪ] *adv* de mala gana; **to do sth ~** hacer algo de mala gana

rely [rɪˈlaɪ]
◆ **rely on, rely upon** *vt insep* **-1.** *(count on)* contar con; **I'm relying on you to do it** cuento con que vas a hacerlo; **we were relying on the weather being good** contábamos con que hiciera buen tiempo; *Ironic* **you can ~ on them to get things wrong** puedes estar seguro de que la pifiarán; **she can't be relied on** no se puede contar con ella; **he can never be relied on to keep a secret** no esperes que guarde un secreto **-2.** *(be dependent on)* depender de; **he relies on his family for everything** depende de su familia para todo; **I ~ on my daughter to drive me to the shops** dependo de mi hija para que me lleve a hacer las compras; **the plan relies too much on luck** el plan depende demasiado de la suerte

REM [ɑːriːˈem] *n (abbr* **rapid eye movement)** (fase *f)* REM *m* ❑ **~ sleep** sueño *m* REM *or* paradójico

remain [rɪˈmeɪn] *vi* **-1.** *(stay behind)* quedarse; **she remained at her desk** se quedó en su mesa; **he remained behind after the meeting** se quedó allí después de la reunión **-2.** *(be left)* quedar; **much remains to be discussed** aún queda mucho por discutir; **it remains to be seen** queda *or* está por ver; **the fact remains that...** el hecho es que...; **all that remained to be done was to say goodbye** sólo faltaba *or* quedaba decir adiós; **it only remains for me to thank you** sólo me queda agradecerte **-3.** *(continue to be)* seguir siendo; **to ~ seated** quedarse sentado(a); **I ~ unconvinced** sigo sin convencerme; **the weather remains unsettled** el tiempo continúa inestable; **the crime remains unsolved** el crimen aún no ha sido esclarecido *or* resuelto; **to ~ silent** permanecer callado(a); **to ~ a problem** continuar siendo un problema; **the result remains in doubt** todavía no se sabe cuál va a ser el resultado; **let things ~ as they are** dejemos las cosas como están; **to ~ faithful to** permanecer fiel a; *Formal* **I ~, yours faithfully...** le saluda muy atentamente...

remainder [rɪˈmeɪndə(r)] ◇ *n* **-1.** *(leftover)* resto *m*; **for the ~ of his life** (por) el resto de su vida; **she spent the ~ on sweets** gastó lo que quedaba *or* sobraba en dulces **-2.** MATH resto *m* **-3.** *(unsold book)* saldos *mpl*
◇ *vt (books)* liquidar

remaindered [rɪˈmeɪndəd] *adj* **~ books** libros de saldo

remaining [rɪˈmeɪnɪŋ] *adj* restante; **it's our only ~ hope** es la única esperanza que nos queda

remains [rɪˈmeɪnz] *npl* **-1.** *(of meal)* sobras *fpl*, restos *mpl*; *(of civilization, fortune)* restos *mpl*; *(of old building)* ruinas *fpl* **-2.** *(of person)* restos *mpl* (mortales); **human ~** restos humanos **-3.** *Old-fashioned* **(literary) ~** obras *fpl* póstumas

remake ◇ *vt* [riːˈmeɪk] *(movie)* hacer una nueva versión de; *Fig* **he remade himself in the image of his hero** se reinventó a imagen de su ídolo
◇ *n* [ˈriːmeɪk] *(of movie)* nueva versión *f*

remand [rɪˈmɑːnd] ◇ *n* LAW **to be on ~** *(in custody)* estar en prisión preventiva; **to be out on ~** estar en libertad bajo fianza ❑ *Br* **~ centre** centro *m* de preventivos; **~ home** = centro de reclusión para delincuentes juveniles a la espera de juicio; **~ prisoner** preso(a) *m,f* preventivo(a)
◇ *vt* LAW **to ~ sb in custody** poner a alguien en prisión preventiva; **to ~ sb on bail** dejar a alguien en libertad bajo fianza

remark [rɪˈmɑːk] ◇ *n* **-1.** *(comment)* comentario *m*; **to make** *or* **pass a ~** hacer un comentario; **she made the ~ that no one really knew the truth** apuntó que nadie en realidad sabía la verdad; **to let sth pass without ~** dejar que algo pase desapercibido **-2.** *Formal (notice)* **worthy of ~** digno(a) de destacar; **his behaviour did not escape ~** su comportamiento no pasó desapercibido
◇ *vt* **-1.** *(comment)* comentar, observar; **to ~ (up)on sth** comentar *or* observar algo; **he remarked on the lateness of the hour** comentó que era muy tarde **-2.** *Formal (notice)* observar; **it may be remarked that...** puede observarse que...

remarkable [rɪˈmɑːkəbl] *adj (impressive)* extraordinario(a), excepcional; *(surprising)* insólito(a), sorprendente; **they are ~ for their bright plumage** destacan por su plumaje brillante

remarkably [rɪˈmɑːkəblɪ] *adv (impressively)* extraordinariamente, excepcionalmente; *(surprisingly)* insólitamente, sorprendentemente; **she was looking ~ well** tenía un aspecto estupendo; **~, most of the crew survived** insólitamente, gran parte de la tripulación sobrevivió

remarriage [riːˈmærɪdʒ] *n* segundo matrimonio *m*, segundas nupcias *fpl*

remarry [riːˈmærɪ] ◇ *vt (first spouse)* volver a casarse con, contraer segundas nupcias con
◇ *vi* volver a casarse, contraer segundas nupcias

remaster [riːˈmɑːstə(r)] *vt (album)* remasterizar

rematch [ˈriːmætʃ] *n* SPORT revancha *f*

REME [ˈriːmiː] *n Br (abbr* **Royal Electrical and Mechanical Engineers)** = sección de ingenieros electromecánicos del ejército británico

remediable [rɪˈmiːdɪəbl] *adj* remediable; **the fault is easily ~** *Esp* el fallo *or Am* la falla se puede arreglar fácilmente

remedial [rɪˈmiːdɪəl] *adj* **-1.** *(action, measures)* correctivo(a); **to take ~ action** tomar medidas correctivas **-2.** *(classes)* de refuerzo; **she teaches ~ maths** da clases de refuerzo de matemáticas ❑ **~ education** enseñanza *f* de refuerzo; **~ teacher** = profesor especializado en enseñanza de refuerzo **-3.** MED *(treatment)* rehabilitador(ora), de rehabilitación

remedy [ˈremɪdɪ] ◇ *n* **-1.** *(cure)* remedio *m*; **to find a ~ for sth** encontrar el remedio para algo; **it's past** *or* **beyond ~** ya no tiene remedio **-2.** *Br* LAW remedio *m*, satisfacción *f*
◇ *vt* poner remedio a, remediar; **the situation cannot be remedied** la situación no tiene remedio

remember [rɪˈmembə(r)] ◇ *vt* **-1.** *(recall)* recordar, acordarse de; **to ~ (that)...** recordar que...; **to ~ doing sth** recordar haber hecho algo, acordarse de haber hecho algo; **I ~ them saying something about a party** me acuerdo de que *or* recuerdo que mencionaron una fiesta; **to ~ to do sth** acordarse de hacer algo; **~ to lock the door** no te olvides de cerrar *or Am* trancar la puerta; **a night to ~** una noche inolvidable; **I ~ her as an awkward teenager** la recuerdo como una adolescente difícil; **he will be remembered for his good humour** se lo recordará por su buen humor **-2.** *(give greetings from)* **~ me to your father** dale recuerdos a tu padre de mi parte **-3.** *(give gift)* **they remembered me on my birthday** me dieron un regalo de cumpleaños, *Esp* me dieron un regalo por mi cumpleaños; **she remembered me in her will** me dejó algo en su testamento **-4.** *(commemorate)* recordar
◇ *vi* recordar, acordarse; **who's Mary? – Mary, you ~, my brother's wife** ¿quién es Mary? – Mary, ¿(no) te acuerdas?, la esposa de mi hermano *or Esp* Mary, sí, hombre, la mujer de mi hermano; **as far as I ~** por lo que yo recuerdo, por lo que yo me acuerdo; **it has been like that for as long as I can ~** desde que lo conozco siempre ha sido así, *Am* ha sido así desde que tengo memoria; **if I ~ correctly** si mal no recuerdo

remembrance [rɪˈmembrəns] *n Formal (memory)* recuerdo *m*; **I have no ~ of it** no lo recuerdo; **in ~ of** en recuerdo *or* conmemoración de; **~ service, service of ~** *(for war dead)* oficio por los caídos; *(for recently deceased person)* oficio de difuntos ❑ *Br* **Remembrance Day** día *m* de homenaje a los caídos *(en las guerras mundiales)*; *Br* **Remembrance Sunday** día *m* de homenaje a los caídos *(en las guerras mundiales)*

remind [rɪˈmaɪnd] *vt* recordar (**of** a); **could you ~ me about my appointment?** ¿me podrías recordar la cita?; **she reminds me of my sister** me recuerda a mi hermana; **they reminded him of the rules** le recordaron las normas; **do I need to ~ you how important this meeting is?** ¿es que tengo que recordarte lo importante que es esta reunión?; **I'm glad you reminded me** me alegro de que me lo hayas recordado; **she reminded herself that he was still very young** se recordó a sí misma que él era todavía muy joven; **to ~ sb to do sth** recordar a alguien que haga algo; **that reminds me... did you get the cheese?** a propósito or ahora que recuerdo... ¿has comprado el queso?; **passengers are reminded that the duty-free shop will close in five minutes** se recuerda a los señores pasajeros que el duty-free cerrará sus puertas en cinco minutos

reminder [rɪ'maɪndə(r)] n aviso m; **it serves as a useful ~** sirve de recordatorio; **his bad leg was a constant ~ of the accident** su pierna mala le recordaba constantemente el accidente; **the exhibition is a stark** or **grim ~ of the horrors of war** la exposición es un crudo recordatorio de los horrores de la guerra; **to give/send sb a ~ (to do sth)** dar/enviar a alguien un recordatorio (para que haga algo)

reminisce [remɪ'nɪs] vi rememorar; **to ~ about sth** rememorar algo

reminiscence [remɪ'nɪsəns] n rememoración f, remembranza f; **we listened to his reminiscences of the war** escuchamos sus remembranzas de la guerra

reminiscent [remɪ'nɪsənt] adj **-1.** (suggestive) **to be ~ of** evocar, tener reminiscencias de; **in a voice ~ of her mother's** con una voz que recordaba a la de su madre; **parts of the book are ~ of Proust** algunas partes del libro recuerdan a Proust **-2.** (nostalgic) (smile, mood) nostálgico(a)

remiss [rɪ'mɪs] adj Formal negligente, descuidado(a); **he is ~ in his duties** desempeña sus funciones con negligencia; **it was very ~ of him** fue muy descuidado por su parte

remission [rɪ'mɪʃən] n **-1.** LAW reducción f de la pena **-2.** (of disease) **to be in ~** haber remitido **-3.** (of sins) remisión f

remit [n'mɪt] ◇ n ['riːmɪt] cometido m; **our ~ is to...** nuestro cometido es...; **that goes beyond/comes within our ~** eso está fuera de/dentro de nuestro ámbito de actuación
◇ vt (pt & pp **remitted**) **-1.** (dispense with) dispensar, eximir; **his exam fees were remitted** lo eximieron del pago del derecho de examen
-2. (send) (money) remitir, girar
-3. LAW (cancel) perdonar, condonar; **his sentence was remitted by five years** le redujeron la pena cinco años
-4. LAW (transfer) **to ~ a case to a lower court** remitir un caso a un tribunal inferior
-5. (sins) perdonar
◇ vi (fever, disease) remitir

remittance [rɪ'mɪtəns] n FIN giro m, envío m de dinero ❑ **~ advice** aviso m de pago

remittent [rɪ'mɪtənt] adj MED (fever) remitente

remix MUS ◇ n ['riːmɪks] remezcla f
◇ vt [riː'mɪks] volver a mezclar

remnant ['remnənt] n **-1.** (of banquet, building) resto m; **the remnants of his fortune** los restos de su fortuna; **the remnants of the army straggled home** lo que quedaba del ejército fue regresando poco a poco **-2.** (of civilization, dignity) vestigio m **-3.** (of cloth) retal m

remodel ['riː'mɒdəl] (Br pt & pp **remodelled**, US pt & pp **remodeled**) vt (building, facade) remodelar

remold US = remould

remonstrance [rɪ'mɒnstrəns] n Formal (protest) protesta f

remonstrate ['remənstreɪt] vi Formal quejarse, protestar; **to ~ with sb** tratar de hacer entrar en razón a alguien; **she remonstrated with him over his decision** trató de convencerle de que cambiara su decisión

remora ['remərə] n rémora f

remorse [rɪ'mɔːs] n remordimientos mpl; **he was filled with ~ at what he had done** tenía remordimientos por lo que había hecho; **to feel ~** tener remordimientos; **to show no ~** no mostrar remordimientos; **in a fit of ~** en un ataque de culpa; **without ~** sin remordimientos

remorseful [rɪ'mɔːsfʊl] adj lleno(a) de remordimientos; **to be ~** tener remordimientos

remorsefully [rɪ'mɔːsfʊlɪ] adv con remordimiento

remorseless [rɪ'mɔːslɪs] adj **-1.** (merciless) despiadado(a) **-2.** (relentless) implacable; **he was ~ in the demands that he made on his employees** era implacable en lo que les exigía a sus empleados

remorselessly [rɪ'mɔːslɪslɪ] adv **-1.** (mercilessly) despiadadamente **-2.** (relentlessly) implacablemente

remortgage [riː'mɔːgɪdʒ] vt (house, property) volver a hipotecar

remote [rɪ'məʊt] ◇ n (for TV) control m remoto
◇ adj **-1.** (far-off) (time, place) remoto(a), lejano(a); (ancestor) lejano(a); **in the ~ future/past** en un futuro/pasado remoto; **in the remotest parts of the continent** en las regiones más remotas del continente; **his plays are ~ from everyday life** sus obras no tienen nada que ver con la vida cotidiana
-2. (aloof) distante
-3. (slight) (chance, possibility) remoto(a); **it's a ~ possibility** es una posibilidad muy remota; **I haven't the remotest idea** no tengo ni la más remota idea
-4. (controlled from a distance) (computer terminal) remoto(a) ❑ **~ access** (to computer, answering machine) acceso m remoto; **~ control** (for TV, video) mando m a distancia, telemando m; (for gate, robot) control m remoto; **it's guided by ~ control** se mueve por control remoto; **~ handling equipment** (in nuclear engineering) equipo m para el manejo a distancia; ASTRON **~ sensing** detección f a distancia

remote-controlled [rɪ'məʊtkən'trəʊld] adj teledirigido(a)

remotely [rɪ'məʊtlɪ] adv **-1.** (distantly) remotamente, lejanamente; **the two subjects are only very ~ linked** existe sólo una muy lejana relación entre los dos temas **-2.** (slightly) remotamente; **not ~** ni remotamente, ni de lejos

remoteness [rɪ'məʊtnɪs] n **-1.** (in space) lejanía f, lo remoto; (in time) lo remoto, lo distante **-2.** (aloofness) (of person) distanciamiento m

remould, US **remold** ◇ vt [riː'məʊld] **-1.** (person, character) volver a amoldar **-2.** Br (tyre) recauchutar
◇ n ['riːməʊld] Br AUT neumático m recauchutado, Col, Méx llanta f or Arg goma f recauchutada

remount [riː'maʊnt] ◇ vt **-1.** (horse, bicycle) volver a subir a **-2.** (picture) volver a enmarcar; (jewel) volver a engastar
◇ vi (on horse, bicycle) volver a subirse or montarse

removable [rɪ'muːvəbəl] adj (hood, handle) de quita y pon; **this stain is ~** esta mancha se va ❑ COMPTR **~ hard disk** disco m duro extraíble or removible

removal [rɪ'muːvəl] n **-1.** (taking away) (of structure, object) retirada f; (of organ, tumour) extirpación f; (of stain, wart) eliminación f; **it makes the ~ of make-up easier** hace que desmaquillarse sea más fácil
-2. (of politician, official) destitución f; **~ from office** destitución or Andes, RP remoción del cargo
-3. (taking off) (of garment, covering, tyre) **after ~ of the bandage** después de quitarse la venda; **it makes ~ of the tyre easier** hace que quitar la rueda sea más fácil
-4. (suppression) (of clause, paragraph, word) supresión f, eliminación f; (of control, doubt, threat) eliminación f; (suspicion) eliminación f; (fear) eliminación f, supresión f
-5. (moving house) mudanza f; (change of residence) traslado m, mudanza f; **~ man** empleado m de la compañía de mudanzas, Arg el hombre de la mudanza; **~ van** camión m de mudanzas

remove [rɪ'muːv] ◇ n Formal **they're at one ~ from an agreement** están a un paso de alcanzar un acuerdo; **her account is (at) several removes from the truth** su versión dista bastante de la verdad; **to experience sth at one ~** experimentar algo indirectamente
◇ vt **-1.** (take away) (thing) quitar, retirar, Am sacar; (wart) eliminar; (tumour, organ) extirpar; (stain) quitar, Am sacar; (make-up) quitar; COMPTR (file) eliminar; **to ~ hair from one's legs** (with wax) depilarse las piernas; (with razor) afeitarse las piernas; **the chairs were removed to the attic** se llevaron las sillas al desván or altillo
-2. (person) (politician, official) destituir; **his opponents had him removed from office** sus oponentes consiguieron su destitución; **to ~ a child from school** no llevar más a un niño al colegio; **she was removed to hospital** fue trasladada al hospital; Formal **she removed herself to her room** se retiró a sus aposentos; **police removed the demonstrators from the hall** la policía sacó a los manifestantes de la sala; **the judge ordered her to be removed from the court** el juez ordenó su expulsión de la sala
-3. (take off) (bandage, covering, tyre) quitar, Am sacar; **to ~ one's coat** quitarse or Am sacarse el abrigo
-4. (suppress) (clause, paragraph, word) suprimir; (doubt) despejar; (control, threat, suspicion) eliminar; (fear) eliminar, suprimir; **all obstacles have been removed** los obstáculos han sido eliminados; **I hope this removes your objection** espero que ahora te des por satisfecho; **to ~ sb's name from a list** eliminar or quitar el nombre de alguien de una lista
-5. Euph (kill) eliminar; **I want him removed** quiero que lo eliminen
◇ vi Formal (firm, premises, family) mudarse, trasladarse

removed [rɪ'muːvd] adj **to be far ~ from sth** estar muy lejos de algo; **what you say is not far ~ from the truth** lo que dices no está muy lejos de la verdad; **first cousin once/twice ~** primo(a) segundo(a)/tercero(a)

remover [rɪ'muːvə(r)] n **-1.** (liquid) **paint ~** decapante; **nail varnish ~** quitaesmaltes **-2.** (furniture) **removers** (people) empleados mpl de mudanzas; (firm) (empresa f de) mudanzas fpl

remunerate [rɪ'mjuːnəreɪt] vt Formal remunerar, retribuir

remuneration [rɪmjuːnə'reɪʃən] n Formal remuneración f, retribución f ❑ **~ package** paquete m de beneficios

remunerative [rɪ'mjuːnərətɪv] adj Formal remunerado(a); **it's not very ~** no está muy bien remunerado

Remus ['riːməs] n MYTHOL Remo

renaissance [rɪ'neɪsəns] n **-1.** (renewal of interest, activity) renacimiento m; **a ~ in the arts** un renacimiento de las artes **-2.** HIST **the Renaissance** el Renacimiento ❑ **~ man** hombre m de muchos talentos

renal ['riːnəl] adj ANAT renal ❑ MED **~ colic** cólico m nefrítico or renal

rename [riː'neɪm] vt **-1.** (person, street) cambiar el nombre a **-2.** COMPTR (file) cambiar el nombre a

renascent [rɪ'næsənt] adj renovado(a)

renationalization [riːnæʃənəlaɪ'zeɪʃən] n renacionalización f

renationalize [riː'næʃənəlaɪz] vt renacionalizar

rend [rend] (pt & pp **rent** [rent]) vt Literary **-1.** (tear) desgarrar; **the country was rent by civil war** el país quedó destrozado por la guerra civil; **the party was rent apart by this dispute** la disputa provocó la ruptura del partido; **their cries rent the air** sus llantos desgarraron el aire; IDIOM **to ~ sb's heart** destrozar el corazón de alguien
-2. (wrench) arrancar; **the child was rent from its mother's arms** arrancaron al niño de los brazos de su madre

render ['rendə(r)] vt **-1.** *Formal (give)* **to ~ homage to sb** rendir homenaje a alguien; **to ~ thanks to sb** dar las gracias a alguien; **to ~ sb a service** prestar un servicio a alguien; **for services rendered** por los servicios prestados; IDIOM **~ unto Caesar the things that are Caesar's** al César lo que es del César
-2. *(cause to be)* dejar; **the news rendered her speechless** la noticia la dejó sin habla; **a misprint rendered the text incomprehensible** un error de imprenta hizo que el texto fuera inentendible; **to ~ sth harmless** hacer que algo resulte inofensivo; **to ~ sth useless** inutilizar algo
-3. *(submit) (bill, account)* presentar
-4. *(translate)* traducir; **to ~ sth into French** traducir *or* vertir algo al francés
-5. *(perform) (song, piece of music)* interpretar
-6. *(convey, portray) (scene, atmosphere)* describir, retratar
-7. *(fat)* derretir; *(carcass)* desgrasar
-8. CONSTR revestir, cubrir
-9. COMPTR *(image)* renderizar
◆ **render down** vt sep *(fat)* derretir
◆ **render up** vt sep *(yield)* entregar

renderer ['rendərə(r)] n *(of carcasses)* transformador(ora) m,f

rendering ['rendərɪŋ] n **-1.** *(translation)* traducción f **-2.** *(performance) (of song, piece of music)* interpretación f **-3.** *(of carcasses)* transformación f ❑ **~ plant** planta f procesadora **-4.** CONSTR *(coat of plaster)* enlucido m **-5.** COMPTR *(of image)* renderizado m

rendezvous ['rɒndɪvuː] ◇ n *(pl* **rendezvous** ['rɒndɪvuːz]) *(meeting)* cita f; *(meeting place)* lugar m de encuentro; **to arrange a ~ with sb** concertar un encuentro con alguien
◇ vi encontrarse, reunirse (**with** con)

rendition [ren'dɪʃən] n interpretación f; **to give a ~ of sth** interpretar algo

renegade ['renɪgeɪd] ◇ n renegado(a) m,f
◇ adj renegado(a)

renege [rɪ'neɪg] vi **-1.** *Formal* **to ~ on a promise** incumplir una promesa **-2.** *(in cards)* renunciar

renegotiate [riːnɪ'gəʊʃɪeɪt] ◇ vt renegociar
◇ vi renegociar

renegotiation ['riːnɪgəʊʃɪ'eɪʃən] n renegociación f

renew [rɪ'njuː] vt **-1.** *(passport, membership, library book, contract, subscription)* renovar **-2.** *(repeat) (attempts, calls, attacks)* reanudar; *(promise, request, threat)* reiterar **-3.** *(relations, friendship)* reanudar; **to ~ one's acquaintance with sb** reanudar una relación con alguien **-4.** *(replace) (brakes, tyres)* renovar, cambiar; **to ~ one's wardrobe** renovar el vestuario

renewable [rɪ'njuːəbəl] adj *(lease, contract)* renovable ❑ **~ energy source** fuente f de energía renovable; **~ resource** recurso m renovable

renewal [rɪ'njuːəl] n **-1.** *(of passport, membership, library book, contract, subscription)* renovación f **-2.** *(of attempts, calls, attacks)* reanudación f; *(of promise, request, threat)* reiteración f **-3.** *(of relations, friendship)* reanudación f **-4.** *(spiritual, moral)* renovación f

renewed [rɪ'njuːd] adj *(vigour, interest, enthusiasm)* renovado(a); **~ outbreaks of rioting** renovados focos de disturbios; **there have been ~ calls for his resignation** se ha vuelto a pedir su dimisión

rennet ['renɪt] n CULIN cuajo m

renounce [rɪ'naʊns] vt *(claim, title, nationality, religion, belief, behaviour)* renunciar a; REL **to ~ Satan and all his works** renunciar al demonio y sus obras

renovate ['renəveɪt] vt *(house)* renovar, reformar; *(painting, monument)* restaurar

renovation [renə'veɪʃən] n **-1.** *(of building)* reformas fpl, renovación f; **closed for renovation(s)** *(notice in shop window)* cerrado por reformas; **to carry out renovations** realizar reformas **-2.** *(of painting, monument)* restauración f

renown [rɪ'naʊn] n fama f, renombre m; **a man of great ~** un hombre de mucha fama *or* de mucho renombre; **to win ~** adquirir fama (**as/for** como/por)

renowned [rɪ'naʊnd] adj célebre, renombrado(a); **here he painted his ~ Mona Lisa** aquí pintó su célebre Mona Lisa; **an internationally ~ expert** un experto reconocido mundialmente; **to be ~ for sth** ser célebre *or* muy conocido(a) por algo

rent¹ [rent] ◇ n *(on property)* alquiler m; **for ~** *(house)* en alquiler; *(sign)* se alquila; **how much ~ do you pay?** ¿cuánto pagas de alquiler? ❑ **~ allowance** complemento m para el alquiler; **~ book** = libro que registra la fecha y el pago del alquiler por un inquilino; *Br Fam* **~ boy** *(male prostitute)* puto m, chapero m; **~ collector** cobrador(ora) m,f del alquiler; **~ rebate** subsidio m de alquiler; **~ strike** = forma de protesta por la que los inquilinos dejan de pagar el alquiler; **~ tribunal** tribunal m de alquileres
◇ vt *(house, video, car)* alquilar (**to/from** a); **we ~ our offices from the local government** alquilamos nuestras oficinas al gobierno local; **he rented one of his houses to us** nos alquiló una de sus casas
◇ vi **-1.** *(tenant)* estar de alquiler; **he doesn't own the house, he rents** no es dueño de la casa, está de alquiler **-2.** *US (property)* **it rents for $600 a month** se alquila por 600 dólares al mes
◆ **rent out** vt sep alquilar

rent² ◇ n *(tear)* *(in clothing)* rasgadura f; *(in clouds)* claro m
◇ pt & pp of **rend**

rent-a-mob ['rentə'mɒb] n *Br Fam (protesters)* agitadores mpl violentos

rental ['rentəl] n **-1.** *(hire)* *(of house, video, car)* alquiler m ❑ **~ agreement** contrato m de alquiler; **~ car** coche m *or Am* carro m *or CSur* auto m de alquiler; **~ with option to buy** alquiler m con opción a compra **-2.** *(payment) (for house, video, car, telephone)* alquiler m **-3.** *US (property)* vivienda f de alquiler; *(vehicle)* vehículo m de alquiler

rented ['rentɪd] adj alquilado(a), de alquiler; **we live in ~ accommodation** estamos en una vivienda de alquiler

rent-free ['rent'friː] ◇ adj exento(a) del pago de alquiler
◇ adv sin pagar alquiler

rent-roll ['rent'rəʊl] n *Br (register)* registro m de alquileres; *(income)* ingresos mpl por alquiler

renumber [riː'nʌmbə(r)] vt renumerar

renunciation [rɪnʌnsɪ'eɪʃən] n *(of claim, title, nationality, religion)* renuncia f; *(of belief, behaviour)* rechazo m

reoccupy [riː'ɒkjʊpaɪ] vt ocupar de nuevo

reopen [riː'əʊpən] ◇ vt **-1.** *(door, wound, shop, theatre, frontier)* reabrir, volver a abrir; IDIOM **to ~ old wounds** abrir viejas heridas **-2.** *(investigation)* reabrir; *(talks)* reanudar
◇ vi **-1.** *(door, wound, frontier)* reabrirse; *(shop, theatre)* volver a abrir; **school reopens on 21 August** las clases se reanudan el 21 de agosto **-2.** *(investigation)* reabrirse; *(talks)* reanudarse

reopening [riː'əʊpənɪŋ] n **-1.** *(of shop, theatre)* reapertura f **-2.** *(of investigation)* reapertura f; *(of negotiations)* reanudación f

reorder [riː'ɔːdə(r)] vt **-1.** COM pedir de nuevo **-2.** *(rearrange)* reorganizar
◇ n ['riːɔːdə(r)] COM nuevo pedido m

reorganization [riːɔːgənaɪ'zeɪʃən] n reorganización f

reorganize [riː'ɔːgənaɪz] ◇ vt reorganizar
◇ vi reorganizarse

reorient(ate) [riː'ɔːrɪent(eɪt)] vt reorientar

reorientation [riːɔːrɪən'teɪʃən] n reorientación f

Rep *US* **-1.** *(abbr* **Representative)** diputado(a), representante **-2.** *(abbr* **Republican)** republicano(a)

rep [rep] n *Fam* **-1.** *(salesman)* representante mf, comercial mf **-2.** *Br* THEAT teatro m de repertorio; **to be** *or* **work in ~** estar *or* trabajar en una compañía de repertorio ❑ **~ company** compañía f de repertorio **-3.** *US (reputation)* reputación f, nombre m

repackage [riː'pækɪdʒ] vt **-1.** *(goods)* reempaquetar, reembalar **-2.** *(renew image of)* renovar la imagen de; **they tried to ~ the product for the teenage market** intentaron dar una nueva imagen al producto, dirigida al mercado adolescente

repaginate [riː'pædʒɪneɪt] vt COMPTR repaginar

repaint [riː'peɪnt] vt repintar

repair [rɪ'peə(r)] ◇ n **-1.** *(mending) (of watch, car, machine)* reparación f; *(of roof)* reparación f, arreglo m; *(of shoes, clothes, road)* arreglo m; **to be beyond ~** no poderse arreglar; **to be under ~** estar en reparación; **to do a ~ job on sth** hacer un arreglo a algo; **closed for repairs** *(sign)* cerrado por reparaciones; **repairs done while you wait** *(sign)* reparaciones en el acto ❑ **~ kit** kit m de reparación; **~ shop** taller m (de reparaciones)
-2. *(condition)* **to be in good/bad ~** estar en buen/mal estado; **the road is in a terrible state of ~** la carretera está en muy mal estado
◇ vt **-1.** *(mend) (watch, car, machine)* reparar; *(roof)* arreglar, reparar; *(shoes, clothes, road)* arreglar **-2.** *(make amends for)* reparar
◇ vi *Formal or Hum* **to ~ to** retirarse a

repairable [rɪ'peərəbəl] adj reparable

repairman [rɪ'peəmæn] n técnico m

reparation [repə'reɪʃən] n **-1.** *Formal (compensation)* compensación f, reparación f; **to make ~ for sth** compensar por algo **-2.** *(after war)* **reparations** indemnizaciones fpl (de guerra)

repartee [repɑː'tiː] n intercambio m de comentarios ingeniosos; **we were amused by his witty ~** encontramos sus ingeniosas réplicas muy divertidas

repast [rɪ'pɑːst] n *Literary* colación f, comida f

repatriate [riː'pætrɪeɪt] vt **-1.** *(person)* repatriar **-2.** *(profits)* repatriar

repatriation [riːpætrɪ'eɪʃən] n **-1.** *(of person)* repatriación f **-2.** *(of profits)* repatriación f

repay [riː'peɪ] *(pt & pp* **repaid** [riː'peɪd]) vt **-1.** *(debt)* pagar, saldar; *(money)* devolver; *(loan)* amortizar; *(person)* pagar
-2. *(return) (person for kindness, help)* recompensar; *(kindness, loyalty)* pagar; **to ~ good for evil** pagar el mal con el bien
-3. *(reward) (efforts, help)* recompensar; **to be repaid for one's efforts/persistence** ser recompensado(a) por el esfuerzo/la persistencia; **the issue will ~ further study** el tema merece un mayor análisis

repayable [riː'peɪəbəl] adj *(loan)* pagadero(a), a devolver (**over** en); *(debt)* amortizable

repayment [riː'peɪmənt] n **-1.** *(of debt, person)* pago m; *(of money)* devolución f; *(of loan)* amortización f; **repayments can be spread over twelve months** los pagos *or* las cuotas pueden repartirse en doce meses ❑ **~ mortgage** préstamo m hipotecario *(con amortización periódica del capital)*; **~ plan** plan m de amortización **-2.** *(of favour)* devolución f

repeal [rɪ'piːl] ◇ n *(of law, regulation)* revocación f
◇ vt *(law, regulation)* derogar, abrogar

repeat [rɪ'piːt] ◇ n **-1.** *(of event)* repetición f; **we don't want a ~ of what happened last year** no queremos que se repita lo del año pasado ❑ **~ offender** reincidente mf; COM **~ order: the success of a business depends on ~ orders** el éxito de un negocio depende de la renovación de pedidos; **~ performance** *(of play, opera)* repetición f; *Fig* **we don't want a ~ performance of last year's chaos** no queremos una repetición del caos del año pasado; **~ prescription** = receta que permite obtener un medicamento regularmente sin tener que volver al médico
-2. *(of TV or radio programme)* repetición f, reposición f
-3. MUS *(passage)* repetición f; *(sign)* repetición f
◇ vt **-1.** *(say again)* repetir; **to ~ oneself**

repeatable

repetirse; **don't ~ this, but...** no se lo cuentes a nadie, pero...
-**2.** *(do again)* repetir; **I wouldn't like to ~ the experience** no me gustaría repetir la experiencia; **it's history repeating itself** la historia se repite; **the pattern repeats itself** *(in decorative design)* el motivo se repite; *(in events)* el patrón o modelo se repite
-**3.** *(TV or radio programme)* repetir, volver a pasar
-**4.** COM *(order)* **to ~ an order** volver a hacer o renovar un pedido
-**5.** EDUC *(course, year)* repetir
◇ vi -**1.** *(say again)* repetir; **I ~, I have never heard of him** repito, nunca lo había oído nombrar; **I shall never, ~ never, go there again** jamás, repito, jamás volveré allí; **~ after me** repite después de mí -**2.** *(food)* repetir; **the garlic repeated on me** el ajo me repetía -**3.** MATH *(recur)* repetirse -**4.** US POL = elector que vota más de una vez en unas mismas elecciones

repeatable [rɪˈpiːtəbəl] *adj* repetible; **what he said is not ~** lo que dijo no se puede repetir

repeated [rɪˈpiːtɪd] *adj (action, effort)* repetido(a); *(question, accusation, threat)* reiterado(a)

repeatedly [rɪˈpiːtɪdlɪ] *adv* repetidas veces, repetidamente; **you have been told ~ not to play by the canal** se te ha repetido hasta el cansancio que no juegues cerca del canal

repeater [rɪˈpiːtə(r)] *n* -**1.** *(clock)* reloj *m* de repetición; *(alarm)* alarma *f* de repetición -**2.** *(gun)* fusil *m* de repetición -**3.** EDUC repetidor(ora) *m,f* -**4.** ELEC repetidor *m*

repechage [ˈrepəʃɑːʒ] *n (in rowing, fencing)* repesca *f*

repel [rɪˈpel] *(pt & pp* **repelled***) vt* -**1.** *(drive back) (attacker, advance)* repeler; **a spray that repels greenfly** un espray que repele los pulgones; **~ moisture** evitar la condensación -**2.** *(disgust)* repeler, repugnar; **the sight of blood repelled him** le repugnó ver sangre; **I was repelled by their behaviour** su comportamiento me repugnaba -**3.** *(of magnet)* repeler

repellent [rɪˈpelənt] ◇ *n (for insects)* repelente *m* (antiinsectos)
◇ *adj* repelente; **to find sth/sb ~** encontrar algo sumamente desagradable/a alguien repelente

repent [rɪˈpent] ◇ *vt* arrepentirse de
◇ *vi* arrepentirse **(of** de)

repentance [rɪˈpentəns] *n* arrepentimiento *m*

repentant [rɪˈpentənt] *adj* arrepentido(a); **to be ~ (of** or **for)** estar arrepentido(a) (de)

repercussion [riːpəˈkʌʃən] *n* repercusión *f*; **to have repercussions for** or **on** tener repercusiones en o sobre

repertoire [ˈrepətwɑː(r)] *n also Fig* repertorio *m*; **to have a wide/limited ~** tener un amplio repertorio/repertorio limitado

repertory [ˈrepətərɪ] *n* **to be** or **work in ~** trabajar en una compañía de repertorio ❑ THEAT **~ company** compañía *f* de repertorio; **~ theatre** teatro *m* de repertorio

repetition [repɪˈtɪʃən] *n* -**1.** *(of words)* repetición *f*; **it bears ~** vale la pena repetirlo -**2.** *(of action)* repetición *f*; **I don't want any ~ of this disgraceful behaviour** no quiero que este comportamiento vergonzoso se repita

repetitious [repɪˈtɪʃəs] *adj* repetitivo(a)

repetitive [rɪˈpetɪtɪv] *adj (style, job)* repetitivo(a) ❑ **~ strain** or **stress injury** lesión *f* por esfuerzo o movimiento repetitivo

repetitiveness [rɪˈpetɪtɪvnɪs] *n* lo reiterativo, lo repetitivo

rephrase [riːˈfreɪz] *vt* reformular, expresar de forma diferente; **I think I should ~ that** creo que será mejor que lo exprese de otra forma o en otros términos

replace [rɪˈpleɪs] *vt* -**1.** *(put back)* volver a colocar; **to ~ the receiver** colgar (el teléfono) -**2.** *(substitute for)* sustituir, reemplazar **(with** o **by** por); *(battery, tyre, broken part)* (re)cambiar; *(lost, damaged item)* reponer;

restituir; **she replaced him as head of department** lo reemplazó o sustituyó en el puesto de jefe del departamento -**3.** COMPTR **~ all** *(command)* reemplazar todos

replaceable [rɪˈpleɪsəbəl] *adj* reemplazable, sustituible; **he/it is easily ~** es fácil de reemplazar o sustituir

replacement [rɪˈpleɪsmənt] *n* -**1.** *(act of putting back)* devolución *f*
-**2.** *(act of substituting)* sustitución *f*; *(of battery, tyre, broken part)* (re)cambio *m* ❑ FIN **~ cost** costo *m* o *Esp* coste *m* de reposición; **~ parts** piezas *fpl* de recambio; FIN **~ value** valor *m* de reposición
-**3.** *(thing replaced) (because lost, damaged)* repuesto *m*; *(because worn out)* recambio *m*; **they sent me a ~** me enviaron otro o uno nuevo
-**4.** MED **~ hip/knee** cadera/rodilla (articulación) ortopédica
-**5.** *(for person)* sustituto(a) *m,f*; **we are looking for a ~ for our secretary** estamos buscando una sustituta o un reemplazo para nuestra secretaria ❑ **~ teacher** (profesor(ora) *m,f*) sustituto(a) *m,f*

replant [riːˈplɑːnt] *vt* replantar

replay ◇ *n* [ˈriːpleɪ] *(of game)* repetición *f* (del partido); *(Br* **action** o *US* **instant) ~** *(on TV)* repetición *f* (de la jugada)
◇ *vt* [riːˈpleɪ] *(game)* jugar de nuevo; *(piece of film, music)* repetir, volver a poner o pasar

replenish [rɪˈplenɪʃ] *vt (cup, tank)* rellenar; **to ~ one's supplies** surtirse de provisiones; **she kept his glass replenished** se aseguró de que tuviera el vaso lleno en todo momento

replenishment [rɪˈplenɪʃmənt] *n Formal (of cup, tank)* rellenado *m*; **~ of supplies** reabastecimiento

replete [rɪˈpliːt] *adj Formal* repleto(a) **(with** de)

repletion [rɪˈpliːʃən] *n Formal* saciedad *f*, hartazgo *m*; **to eat to ~** comer hasta la saciedad

replica [ˈreplɪkə] *n* réplica *f*; **a ~ handgun** una pistola de imitación

replicate [ˈreplɪkeɪt] ◇ *vt* reproducir; **to ~ an experiment** reproducir un experimento; **the gene can ~ itself** el gen puede o tiene la capacidad de autoreproducirse
◇ *vi (gene)* reproducirse

reply [rɪˈplaɪ] ◇ *n* respuesta *f*, contestación *f*; **he made no ~** no respondió; **his ~ to that was to march out of the room** su forma de contestar fue abandonar la habitación; **in ~** en o como respuesta; **to say sth in ~ (to sth/sb)** decir algo en respuesta (a algo/alguien); **there was no ~** *(to telephone)* no contestaban, no había nadie ❑ **~ slip** cupón *m* de respuesta
◇ *vt (answer)* contestar, responder; **"I don't know," she replied** "no sé", contestó o respondió
◇ *vi* responder, contestar; **to ~ to a letter** contestar a una carta; **have you replied to their offer?** ¿has dado una respuesta a su oferta?

reply-paid [rɪˈplaɪpeɪd] *adj Br (envelope)* con franqueo pagado

repo [ˈriːpəʊ] *n US Fam (of property)* = ejecución de una hipoteca por parte de un banco ❑ **~ man** = persona encargada de llevar a cabo el embargo de los bienes en cuestión por impago

repoint [riːˈpɔɪnt] *vt* CONSTR reapuntalar

repopulate [riːˈpɒpjʊleɪt] *vt* repoblar

report [rɪˈpɔːt] ◇ *n* -**1.** *(account, review)* informe *m*, *Andes, CAm, Méx, Ven* reporte *m* **(on** sobre); **to draw up** o **make a ~ on sth** preparar o hacer un informe sobre algo; **there are reports that...** según algunas informaciones...; **according to the latest reports...** de acuerdo con las últimas informaciones...; **financial ~** informe financiero ❑ PARL **~ stage** = en el parlamento británico, momento en el que un proyecto de ley enmendado vuelve a la Cámara antes de su tercera y última lectura

-**2.** *(in newspaper, on radio, television) (short)* información *f*; *(long)* reportaje *m*; **according to a ~ in "The Times"...** según una información aparecida en "The Times"...; **here is a ~ from Tina Church** el siguiente es un reportaje de Tina Church; **weather ~** información meteorológica; **reports are coming in of an earthquake in China** nos llegan noticias sobre un terremoto en China
-**3.** SCH *Br* **(school) ~** boletín *m* de evaluación, *RP* carné *m* de notas o calificaciones ❑ US **~ card** boletín *m* de evaluación, *RP* carné *m* de notas o calificaciones
-**4.** LAW *(of court proceedings)* acta *f*; **law reports** compilación de decisiones judiciales
-**5.** *(sound)* estallido *m*, explosión *f*
-**6.** *Formal (repute)* reputación *f*; **of good ~** de buena reputación; **I only know it by ~** sólo lo conozco de oídas
◇ *vt* -**1.** *(news, fact)* informar de; *(debate, speech)* informar (acerca de); *(profits, losses, discovery)* anunciar, *CAm, Méx* reportar de; *(accident, theft, crime)* dar parte de; **our correspondent reports that enemy troops have entered the city** nuestro corresponsal nos informa de que las tropas enemigas han entrado en la ciudad; **there is nothing to ~** no hay novedades; **the incident was reported in the local press** la prensa local informó del incidente; **it is reported that the Prime Minister is about to resign, the Prime Minister is reported to be about to resign** se ha informado de la inminente dimisión del primer ministro; **he is reported to have left the country** se tienen noticias de que ha abandonado el país; **to ~ the position of a ship** informar sobre o dar parte de la posición de un barco; **to ~ sth to sb** informar a alguien de algo; **she reported her findings to him** le informó de sus hallazgos; **to ~ sb missing** denunciar la desaparición de alguien
-**2.** *(complain about)* denunciar; **to ~ sb to the police** denunciar a alguien a la policía; **the school reported the boy's rudeness to his parents** la escuela informó a los padres del niño sobre su falta de respeto
-**3.** *(present)* **to ~ oneself for duty** presentarse al trabajo
◇ *vi* -**1.** *(give account)* informar **(on** sobre); *(committee)* presentar sus conclusiones; **she reported to her boss** informó a su jefe
-**2.** *(journalist)* informar, *CAm, Méx* reportar **(on/from** sobre/desde); **this is Mandy Martin, reporting from Moscow for CBS** les habla Mandy Martin, informando o *CAm, Méx* reportando desde Moscú para la CBS; **he reports for the BBC** trabaja de reportero para la BBC
-**3.** *(be in hierarchy)* **to ~ to sb** estar bajo las órdenes de alguien; **who do you ~ to?** ¿quién es tu superior?
-**4.** *(present oneself)* presentarse **(to** en); **to ~ for duty** *(arrive at work)* presentarse al trabajo; **he reported sick** informó que estaba enfermo

➤ **report back** *vi* -**1.** *(give account)* presentar un informe o *Andes, CAm, Méx, Ven* reporte **(to** a); **can you ~ back on what was discussed?** ¿podrías presentar un informe sobre lo conversado? -**2.** *(return)* volver **(to** a)

➤ **report out** *vt sep US* POL *(bill)* = devolver a la cámara legislativa para su debate y votación

reportage [repɔːˈtɑːʒ] *n* JOURN reportaje *m*

reported [rɪˈpɔːtɪd] *adj* **there have been several ~ sightings** se tienen noticias de varios avistamientos; **what was their last ~ position?** ¿cuál era su última posición conocida? ❑ GRAM **~ speech** el estilo indirecto

reportedly [rɪˈpɔːtɪdlɪ] *adv* según se dice, al parecer; **he is ~ resident in Paris** según se dice o al parecer, reside en París

reporter [rɪˈpɔːtə(r)] *n* -**1.** *(for newspaper)* reportero(a) *m,f*, periodista *mf*; *(in radio, TV)* locutor(ora) *m,f* -**2.** *(scribe) (in court)* relator(ora) *m,f*; *(in parliament)* taquígrafo(a) *m,f*

reporting [rɪ'pɔːtɪŋ] n cobertura f (informativa); **she is noted for her objective ~** es conocida por la objetividad de sus coberturas, es conocida por su objetividad a la hora de cubrir una noticia; LAW **~ restrictions were not lifted** no se levantó el secreto de sumario

repose [rɪ'pəʊz] Formal ◇ n reposo m; **in ~** en reposo; REL **to pray for the ~ of a soul** rezar por un alma, rezar para que alguien descanse en paz
◇ vt **-1.** (head, limb) reposar, apoyar **-2.** (confidence, trust) depositar
◇ vi **-1.** (rest) (person) reposar; (head, limb) descansar; (the dead) descansar **-2.** (be founded) (belief, theory) fundarse, basarse

reposition [riːpə'zɪʃən] vt **-1.** (move) desplazar, mover; **she repositioned herself nearer the door** se puso más cerca de la puerta **-2.** (product, party) reposicionar

repository [rɪ'pɒzɪtərɪ] n **-1.** (for books, furniture) depósito m **-2.** (of knowledge) arsenal m, depositario(a) m,f

repossess [riːpə'zes] vt recobrar, recuperar; **our house has been repossessed** el banco ha ejecutado la hipoteca de nuestra casa

repossession [riːpə'zeʃən] n (of property) = ejecución de una hipoteca por parte de un banco ❑ **~ order** orden f de ejecución de una hipoteca

repot [riː'pɒt] vt (plant) cambiar de maceta, trasplantar

reprehend [reprɪ'hend] vt (person) reprender; (conduct, attitude) condenar

reprehensible [reprɪ'hensɪbəl] adj censurable, recriminable

reprehensibly [reprɪ'hensɪblɪ] adv de un modo censurable or recriminable

represent [reprɪ'zent] vt **-1.** (symbolize) representar; **the statue represents peace** la estatua representa la libertad
-2. (describe, depict) presentar, describir; **the play represents him as a superstitious fool** la obra lo presenta como a un tonto supersticioso
-3. (be representative for) (president, voters, union members) representar; **who is representing the plaintiff?** ¿quién representa al demandante?; **to ~ a company** representar a una empresa; **the voice of women is not represented on the committee** la voz femenina no está representada en el comité
-4. (in numbers) **his early work is poorly represented in the exhibition** sus primeras obras no tienen mucha presencia en la exposición; **foreign students are well represented in the university** en la universidad hay un buen número de estudiantes extranjeros
-5. (be, constitute) representar, constituir; **this represents a great improvement** esto representa or constituye una gran mejora; **the book represents five years' work** el libro representa cinco años de trabajo
-6. Formal (express, explain) presentar, expresar; **they represented their grievances to the director** presentaron or expresaron sus quejas al director
-7. THEAT (of actor) representar, hacer el papel de

representation [reprɪzen'teɪʃən] n **-1.** (of facts) representación f; **that isn't a fair ~ of their point of view** no están presentando fielmente su punto de vista, están tergiversando su punto de vista
-2. (in parliament, on committee) representación f
-3. Formal **to make representations (to sb)** (complain) presentar una protesta (ante alguien); (intervene) intervenir, hacer una exposición (ante alguien); **she made representations to the committee on behalf of the charity** intervino ante el comité en representación de la organización benéfica

representational [reprɪzen'teɪʃənəl] adj ART figurativo(a)

representative [reprɪ'zentətɪv] ◇ n **-1.** (of company, on committee) representante mf; **(sales) ~** representante mf or agente mf de ventas, vendedor(ora) m,f **-2.** US POL representante mf, diputado(a) m,f
◇ adj representativo(a) (**of** de) ❑ POL **~ assembly** asamblea f representativa

repress [rɪ'pres] vt reprimir; **I repressed the urge to laugh** contuve or reprimí las ganas de reír

repressed [rɪ'prest] adj **to be ~** estar reprimido(a); **she had a very ~ adolescence** en su adolescencia fue una muchacha muy reprimida

repression [rɪ'preʃən] n represión f

repressive [rɪ'presɪv] adj represivo(a)

repressiveness [rɪ'presɪvnɪs] n lo represivo

reprieve [rɪ'priːv] ◇ n **-1.** LAW suspensión f (de la pena); **he was given a ~** se le suspendió la pena **-2.** (of project, company) **to win a ~** salvarse de momento; **this is a ~ for the government** es un balón de oxígeno para el gobierno
◇ vt **-1.** LAW **he was reprieved** se le suspendió la pena **-2.** (project, company) salvar de momento

reprimand ['reprɪmɑːnd] ◇ n reprimenda f
◇ vt reprender

reprint [riː'prɪnt] ◇ n ['riːprɪnt] reimpresión f; **her novel is in its tenth ~** su novela ya tiene diez reimpresiones
◇ vt reimprimir
◇ vi (book) reimprimirse

reprisal [rɪ'praɪzəl] n represalia f; **a ~ raid** un ataque en represalia; **to take reprisals (against)** tomar represalias (contra); **as a or in ~ for** en represalia por

reprise [rɪ'priːz] n MUS repetición f

repro ['riːprəʊ] n Fam reproducción f; **~ Victorian furniture** reproducciones de muebles victorianos

reproach [rɪ'prəʊtʃ] ◇ n reproche m; **in a tone of ~** en tono de reproche; **to heap reproaches on sb** avasallar a alguien con reproches; **to be a ~ to** representar una deshonra para; **beyond or above ~** irreprochable, intachable
◇ vt hacer reproches a; **to ~ sb for (doing) sth** reprochar (el haber hecho) algo a alguien; **to ~ oneself for or with sth** reprocharse algo; **to ~ sb with having done sth** reprochar a alguien que haya hecho algo

reproachful [rɪ'prəʊtʃfʊl] adj (tone, look) de reproche

reproachfully [rɪ'prəʊtʃfʊlɪ] adv de manera reprobatoria

reprobate ['reprəbeɪt] n Formal granujilla mf, tunante mf

reprocess [riː'prəʊses] vt reprocesar, volver a tratar

reprocessing [riː'prəʊsesɪŋ] n reprocesado m ❑ **~ plant** planta f de reprocesado

reproduce [riːprə'djuːs] ◇ vt reproducir
◇ vi **-1.** BIOL reproducirse **-2.** (photocopier) copiarse; **this picture will ~ well** las copias de esta fotografía quedarán muy bien

reproduction [riːprə'dʌkʃən] n **-1.** BIOL reproducción f **-2.** (of painting, document) reproducción f ❑ **~ furniture** reproducciones fpl de muebles antiguos

reproductive [riːprə'dʌktɪv] adj BIOL reproductor(ora) ❑ **~ organs** órganos mpl reproductores; **~ system** sistema m reproductor

reprogram [riː'prəʊgræm] vt reprogramar

reprogrammable [riːprəʊ'græməbəl] adj reprogramable

reprographics [reprə'græfɪks], **reprography** [rɪ'prɒgrəfɪ] n reprografía f

reproof [rɪ'pruːf] n Formal reprobación f, desaprobación f

reproval [rɪ'pruːvəl] n desaprobación f

reprove [rɪ'pruːv] vt Formal recriminar, reprobar; **he was reproved for his conduct** le recriminaron su conducta

reproving [rɪ'pruːvɪŋ] adj Formal de reprobación, reprobatorio(a)

reprovingly [rɪ'pruːvɪŋlɪ] adv de manera reprobatoria

reptile ['reptaɪl] n **-1.** (creature) reptil m ❑ **~ house** casa f de los reptiles **-2.** (person) víbora f

reptilian [rep'tɪlɪən] adj **-1.** (species, characteristic) reptiliano(a) **-2.** (leer) de reptil

republic [rɪ'pʌblɪk] n república f ❑ **the Republic of Ireland** la República de Irlanda; **the Republic of South Africa** la República de Sudáfrica

Republican [rɪ'pʌblɪkən] POL ◇ n **-1.** US republicano(a) m,f; **the Republicans** (party) los republicanos, el partido republicano **-2.** (in Northern Ireland) republicano(a) m,f
◇ adj **-1.** US republicano(a) **-2.** (in Northern Ireland) republicano(a)

REPUBLICAN

En EE.UU., "republicano" designa al simpatizante del partido republicano. El republicano es el más conservador de los dos grandes partidos políticos de EE.UU.: su origen se remonta a 1854 y a la alianza de los que se oponían a la expansión del esclavismo hacia el Oeste americano. En Irlanda, el término "republicano" designa a una persona que desea el anexionamiento de Irlanda del Norte a la República de Irlanda. Por último, en el Reino Unido y Australia, este término designa a las personas favorables a la abolición de la monarquía y a la adopción de la república como forma de gobierno.

---

republican [rɪ'pʌblɪkən] ◇ n republicano(a) m,f
◇ adj republicano(a)

republicanism [rɪ'pʌblɪkənɪzəm] n republicanismo m

republication [riːpʌblɪ'keɪʃən] n (of book) reedición f

republish [riː'pʌblɪʃ] vt (book) volver a publicar or editar

repudiate [rɪ'pjuːdɪeɪt] vt Formal **-1.** (reject) (offer) rechazar; (rumour, remark) desmentir **-2.** (refuse to honour) (agreement) denunciar, repudiar; (debt) negarse a reconocer **-3.** (disown) (spouse, friend) repudiar

repudiation [rɪpjuːdɪ'eɪʃən] n Formal **-1.** (rejection) (of offer) rechazo m; (of rumour, remark) desmentido m **-2.** (refusal to honour) (of agreement) denuncia f; (of debt) negativa f a reconocer **-3.** (disowning) (of spouse, friend) repudio m

repugnance [rɪ'pʌgnəns] n repugnancia f (**for** por)

repugnant [rɪ'pʌgnənt] adj repugnante; **I find the idea ~** la idea me repugna, creo que es una idea repugnante

repulse [rɪ'pʌls] ◇ n (of attack) rechazo m
◇ vt (army, attack) rechazar; **I am repulsed by your heartlessness** me repulsa tu crueldad

repulsion [rɪ'pʌlʃən] n **-1.** (disgust) repulsión f **-2.** PHYS repulsión f

repulsive [rɪ'pʌlsɪv] adj repulsivo(a)

repulsively [rɪ'pʌlsɪvlɪ] adv de manera repulsiva

repulsiveness [rɪ'pʌlsɪvnɪs] n (disgusting quality) repulsión f, repugnancia f

repurchase [riː'pɜːtʃɪs] ◇ n recompra f ❑ FIN **~ agreement** acuerdo m de recompra
◇ vt recomprar

reputable ['repjʊtəbəl] adj reputado(a), acreditado(a)

reputation [repjʊ'teɪʃən] n (of person, shop) reputación f; **to have a good/bad ~** tener buena/mala reputación or fama; **to have a ~ for frankness** tener fama de franco(a); **to know sb by ~** conocer a alguien de oídas; **his ~ had gone before him** le precedió su reputación; **they lived up to their ~** hicieron honor a su reputación; Old-fashioned **to ruin a girl's ~** deshonrar a una joven

repute [rɪ'pjuːt] ◇ n Formal reputación f, fama f; **I only know her by ~** sólo la conozco de nombre; **of ~** de renombre or gran reputación; **to be of good/ill ~** tener buena/mala reputación; **to be held in high ~**

reputed

estar muy bien considerado(a)
◇ vt **to be reputed to be wealthy/a genius** tener fama de rico/de ser un genio

reputed [rɪ'pju:tɪd] adj presunto(a), supuesto(a); **the ~ author of the work** el supuesto autor de la obra

reputedly [rɪ'pju:tɪdlɪ] adv según parece, según se dice; **he is, at least ~, the best lawyer in the country** es, al menos en la opinión de la gente, el mejor abogado del país

request [rɪ'kwest] ◇ n -1. (demand, appeal) petición f, solicitud f, Am pedido m; **any last requests?** ¿cuál es su última voluntad?; **to make a ~ (for sth)** hacer una petición or Am un pedido (de algo); **I did it at or on her ~** lo hice a instancias de ella; **available on ~** disponible mediante solicitud; **by popular ~** a petición or Am pedido del público ❑ **~ stop** (for bus) parada f discrecional
-2. (song) canción f solicitada ❑ **~ programme** (on radio) = programa al que se puede llamar para solicitar que pongan una canción determinada
◇ vt pedir, solicitar; **to ~ sb to do sth** pedir or solicitar a alguien que haga algo; Formal **to ~ sth of sb** pedir or solicitar algo a alguien; **passengers are requested not to smoke** se ruega a los señores pasajeros se abstengan de fumar; Formal **Mr and Mrs Booth ~ the pleasure of your company** al Sr. y la Sra. Booth les complacería poder contar con vuestra grata presencia; **as requested** como se solicitaba

requiem ['rekwɪəm] n -1. REL **~ (mass)** misa f de difuntos -2. MUS réquiem m

require [rɪ'kwaɪə(r)] vt -1. (need) necesitar; **it requires considerable skill (to)** se necesita or requiere una habilidad considerable (para); **is that all you ~?** ¿es eso todo lo que necesitas?; **as required** según sea necesario; **if required** si es necesario; **when required** cuando sea necesario; Formal **your presence is urgently required** su presencia se requiere con urgencia
-2. (demand) requerir; **we ~ complete cooperation** requerimos cooperación plena; **to ~ sb to do sth** requerir a alguien que haga algo; **to ~ sth of sb** requerir or pedir algo a alguien; **you are required to wear a seat belt** es obligatorio llevar puesto el cinturón de seguridad; **it is required that you begin work at 8 am** su horario de trabajo comienza a las 8 de la mañana; **formal dress required** (on invitation) vestimenta formal

required [rɪ'kwaɪəd] adj -1. (necessary, compulsory) necesario(a) ❑ **~ reading** lectura f obligatoria -2. (stipulated) **in or by the ~ time** en el tiempo estipulado; **to reach the ~ standard** alcanzar el nivel necesario or requerido

requirement [rɪ'kwaɪəmənt] n -1. (demand) requisito m; **to meet sb's requirements** cumplir con los requisitos de alguien -2. (necessity) requisito m; **energy requirements** necesidades energéticas -3. (condition, prerequisite) requisito m; **she doesn't fulfil the requirements for the job** no cumple con los requisitos para el puesto

requisite ['rekwɪzɪt] Formal ◇ n -1. (prerequisite) requisito m -2. **requisites** (objects) accesorios mpl, artículos mpl
◇ adj necesario(a), requerido(a); **without the ~ care** sin el debido cuidado

requisition [rekwɪ'zɪʃən] ◇ n (request) pedido m, solicitud f; (enforced) requisa f
◇ vt (supplies) (to request) requerir; (to take over) requisar; **my taxi was requisitioned by the army** el ejército me requisó el taxi

requital [rɪ'kwaɪtəl] n Formal **in ~ of** or **for sth** (as reward) como retribución por algo; (in retaliation) en represalia por algo

requite [rɪ'kwaɪt] vt (kindness, insult) resarcir; **to ~ sb's love** corresponder el amor de alguien

re-read ['ri:'ri:d] vt releer

reredos ['rɪədɒs] n ARCHIT retablo m

rerelease ['ri:rɪ'li:s] ◇ n (movie) reestreno m; (record) relanzamiento m
◇ vt (movie) reestrenar; (record) relanzar

reroute [ri:'ru:t] vt desviar

rerun ◇ n ['ri:rʌn] -1. (of race) repetición f -2. (on TV) reposición f; US **to be in reruns** estar de nuevo en pantalla, ser repuesto(a) -3. (of situation, conflict) repetición f
◇ vt [ri:'rʌn] -1. (race) repetir -2. (TV programme) reponer -3. COMPUT volver a ejecutar

resale ['ri:seɪl] n reventa f; **not for ~** prohibida la venta ❑ COM **~ price maintenance** = sistema de fijación de precios mínimos por parte de los fabricantes; **~ value** valor m de reventa

rescale [ri:'skeɪl] vt US reajustar

reschedule [ri:'skedʒu:l, Br ri:'ʃedju:l] vt -1. (meeting, flight) volver a programar; (plan, order) reprogramar -2. (debt) renegociar

rescind [rɪ'sɪnd] vt Formal (law) derogar; (order) cancelar; (contract) rescindir

rescore [ri:'skɔ:(r)] vt MUS reescribir

rescue ['reskju:] ◇ n rescate m; **~ was impossible** el rescate fue imposible; **~ mission/operation** expedición/operación de rescate or de salvamento; **to come** or **go to sb's ~** acudir al rescate de alguien; **to be beyond ~** ser irrecuperable ❑ FIN **~ package** medidas fpl de rescate; **~ services** servicios mpl de salvamento; **~ worker** integrante mf de un equipo de rescate
◇ vt rescatar; **to ~ sb from sth** rescatar a alguien de algo; **to ~ sb from financial ruin** salvar a alguien de la ruina; **thanks for rescuing me from that awful bore** te agradezco que me hayas rescatado de ese plomo or plomazo; **I rescued this picture from the trash** rescaté esta fotografía de la basura

rescuer ['reskju:ə(r)] n salvador(ora) m,f

resealable [ri:'si:ləbəl] adj **~ envelopes/packs** sobres/paquetes que se pueden volver a cerrar

research [rɪ'sɜ:tʃ] ◇ n investigación f; **an excellent piece of ~** un excelente trabajo de investigación; **~ has shown that...** las investigaciones han demostrado que...; **to do ~ into sth** investigar algo; **more ~ is needed into the subject** hace falta investigar el tema con mayor profundidad ❑ **~ assistant** ayudante mf de investigación; **~ budget** presupuesto m de investigación; **~ and development** investigación y desarrollo; **~ fellow** becario(a) m,f investigador(ora); **~ laboratory** laboratorio m de investigación; **~ student** = estudiante de posgrado que se dedica a la investigación; **~ tool** herramienta f de investigación
◇ vt investigar; **a well researched book** un libro muy bien documentado
◇ vi investigar; **to ~ into sth** investigar algo

researcher [rɪ'sɜ:tʃə(r)] n investigador(ora) m,f

resell [ri:'sel] vt revender, volver a vender

resemblance [rɪ'zembləns] n parecido m, similitud f; **to bear a ~ to sth/sb** guardar parecido con algo/alguien; **the brothers show a strong family ~** los hermanos tienen un gran parecido; **any ~ to persons living or dead is purely coincidental** cualquier parecido con personajes de la vida real es mera coincidencia

resemble [rɪ'zembəl] vt parecerse a; **they ~ each other greatly** se parecen mucho, guardan un gran parecido

resent [rɪ'zent] vt **to ~ sb** guardar rencor a alguien; **I ~ his interference** me parece mal que se entrometa; **I ~ that!** ¡eso no me parece nada bien!; **they obviously resented my presence** evidentemente, les molestaba mi presencia; **she resented the fact that they never invited her** le sentaba muy mal que nunca la invitaran; **I ~ being treated like an idiot** me molesta que me traten como a un imbécil

reshuffle

resentful [rɪ'zentfʊl] adj (look, silence) lleno(a) de rencor; **to be** or **feel ~ of sth/sb** sentirse molesto(a) por algo/con alguien; **to be ~ of sb's achievements** tener envidia de los logros de otra persona

resentment [rɪ'zentmənt] n resentimiento m; **to feel ~ towards sb** sentirse molesto(a) con alguien

reservation [rezə'veɪʃən] n -1. (booking) reserva f, Am reservación f; **to make a ~** hacer una reserva; **I have a ~** (at hotel) tengo una reserva ❑ **~ desk** mostrador m de reservas
-2. (doubt) reserva f; **to have reservations about sth** tener reservas acerca de algo; **to accept sth with some reservations** aceptar algo con algunas reservas; **without ~** sin reservas
-3. (for native Americans) reserva f india

reserve [rɪ'zɜ:v] ◇ n -1. (supply) reserva f; **he has great reserves of energy** tiene mucha energía; **to have** or **keep sth in ~** reservar algo, tener algo reservado; **he drew on his reserves** echó mano de sus reservas ❑ **~ tank** (for fuel) depósito m or tanque m de reserva
-2. SPORT (second-team player) jugador(ora) m,f del filial; (substitute) reserva mf; **to play for the reserves** jugar en el filial; **the ~ quarterback** el quarterback suplente
-3. MIL **the reserves** la reserva; **to call up the ~** or **reserves** llamar a la reserva ❑ US **Reserve Officer Training Corps** = unidad de formación de futuros oficiales compuesta por estudiantes universitarios becados por el ejército
-4. (for birds, game) reserva f; **game ~** coto de caza; **nature ~** reserva natural
-5. (reticence) reserva f; **to break through sb's ~** superar las reticencias de alguien; **without ~** sin reservas
-6. (doubt, qualification) **without ~** sin reservas
-7. (at auction) **~ (price)** precio m mínimo
-8. FIN **~ bank** = uno de los doce bancos que forman la Reserva Federal estadounidense; **~ capital** capital m de reserva; **~ currency** divisa f de reserva; **~ fund** fondo m de reserva
◇ vt -1. (retain, keep back) reservar; **to ~ one's strength** ahorrar or reservar fuerzas; **to ~ the right to do sth** reservarse el derecho a hacer algo; **to ~ judgement (on sth)** reservarse la opinión (sobre algo) -2. (book) reservar; **these seats are reserved for VIPs** estos asientos están reservados para las personalidades or los VIPs

reserved [rɪ'zɜ:vd] adj -1. (shy) reservado(a) -2. (room, seat) reservado(a)

reservist [rɪ'zɜ:vɪst] n MIL reservista mf

reservoir ['rezəvwɑ:(r)] n -1. (lake) embalse m, pantano m -2. (of strength, courage) reserva f, cúmulo m; **they had built up a ~ of goodwill among the population** se habían granjeado la buena voluntad de gran parte de la población

reset [ri:'set] (pt & pp **reset**) ◇ n COMPUT **~ button** botón m para reinicializar; **~ switch** botón m para reinicializar
◇ vt -1. (watch) ajustar; (counter) poner a cero; (alarm) reprogramar; (alarm clock) poner, programar -2. (jewel) volver a engastar -3. MED (bone) volver a colocar en su sitio -4. TYP recomponer

resettle [ri:'setəl] ◇ vt (refugees) reasentar; (territory) repoblar
◇ vi mudarse, trasladarse (**in** a)

resettlement ['ri:setəlmənt] n (of refugees) reasentamiento m; (of territory) repoblamiento m

reshape [ri:'ʃeɪp] vt (plans, future) rehacer, reorganizar; (party, industry) reestructurar, remodelar

reshuffle ◇ n ['ri:ʃʌfəl] POL **(Cabinet) ~** reajuste m or remodelación f del Gabinete (ministerial)
◇ vt [ri:'ʃʌfəl] -1. POL (cabinet) reorganizar -2. (cards) volver a barajar

reside [rɪ'zaɪd] *vi* **-1.** *(person)* residir **-2.** *(power, quality)* **to ~ in** *or* **with** residir en, radicar en; **the problem resides in the fact that...** el problema reside *or* radica en que...

residence ['rezɪdəns] *n* **-1.** *(stay)* residencia *f*; **she took up ~ in London** fijó su residencia en Londres; **place of ~** lugar de residencia; **to be in ~** *(monarch)* encontrarse en la residencia real *or* en palacio; **writer/poet in ~** escritor(ora)/poeta residente ❑ **~ permit** permiso *m* de residencia
-2. *Formal (home)* residencia *f*; **Lord Bellamy's ~** la residencia de Lord Bellamy; *Hum* **the Hancock ~** la residencia de los Hancock
-3. UNIV *Br* **(hall of) ~,** US **~ hall** residencia *f* universitaria, *Esp* colegio *m* mayor

residency ['rezɪdənsɪ] *n* **-1.** *(stay)* residencia *f* **-2.** US MED *(period)* = periodo de prácticas para conseguir el título de especialista **-3.** MUS *(engagement)* = acuerdo para tocar durante cierto periodo en un lugar determinado

resident ['rezɪdənt] ◇ *n* **-1.** *(of country, street)* residente *mf*; *(of hotel)* residente *mf*, huésped *mf*; **residents only** *(in street)* sólo para residentes; *(in hotel)* exclusivo para huéspedes *or* clientes ❑ **residents' association** asociación *f* de vecinos **-2.** *US* MED = médico que realiza el periodo de prácticas para conseguir el título de especialista
◇ *adj* **-1.** *(living)* residente; **to be ~ in Seattle** residir en Seattle; **you have to be ~ during the week** tienes que residir allí los días de entre semana ❑ *US* **~ alien** extranjero(a) *m,f* residente *or* con permiso de residencia
-2. *(on staff)* **our ~ interpreter/pianist** nuestro intérprete/pianista habitual; **he's our ~ expert on football** él es el experto en fútbol de la casa
-3. COMPTR residente ❑ **~ font** fuente *f* residente

residential [rezɪ'denʃəl] *adj* residencial ❑ **~ area** zona *f* residencial; **~ care** = cuidados en residencias o en pisos protegidos

residual [rɪ'zɪdjʊəl] ◇ *adj* residual ❑ LAW **~ estate** heredad *f* residual *or* residuaria
◇ *n* **-1.** MATH residuo *m* **-2.** CIN & TV **residuals** *(repeat fees)* derechos *mpl* de retransmisión *or* redifusión *(para actores, músicos, etc.)*

residuary legatee [rɪ'zɪdjʊərɪlegə'ti:] *n* LAW heredero(a) *m,f* universal

residue ['rezɪdju:] *n* **-1.** *(remainder)* resto *m*, residuo *m* **-2.** CHEM residuo *m* **-3.** LAW *(of estate)* remanente *f* del patrimonio

resign [rɪ'zaɪn] ◇ *vt* **-1.** *(give up) (job, position)* dimitir de, renunciar a; **I resigned my voting rights to the chairman** le cedí mi derecho a voto al presidente **-2.** *(reconcile)* **to ~ oneself to (doing) sth** resignarse a (hacer) algo
◇ *vi* **-1.** *(from post)* dimitir **(from** de**)**; **he has resigned as Prime Minister** ha dimitido de primer ministro **-2.** *(in chess)* abandonar

resignation [rezɪg'neɪʃən] *n* **-1.** *(from job)* dimisión *f*; **to hand in** *or Formal* **tender one's ~** presentar la dimisión **-2.** *(attitude)* resignación *f*

resigned [rɪ'zaɪnd] *adj* resignado(a); **a ~ look/smile** una mirada/sonrisa de resignación; **to be ~ to sth** estar resignado(a) a algo

resignedly [rɪ'zaɪnɪdlɪ] *adv* con resignación

resilience [rɪ'zɪlɪəns] *n* **-1.** *(of material, metal)* elasticidad *f* **-2.** *(of person)* capacidad *f* de recuperación

resilient [rɪ'zɪlɪənt] *adj* **-1.** *(material, metal)* elástico(a) **-2.** *(person, economy)* **to be ~** tener capacidad de recuperación; **the economy is proving remarkably ~** la economía está demostrando una gran capacidad de recuperación

resin ['rezɪn] *n* resina *f*

resinous ['rezɪnəs] *adj* resinoso(a)

resist [rɪ'zɪst] ◇ *vt* resistir; **it's hard to ~ his charm** es difícil resistirse a su encanto; LAW **to ~ arrest** resistirse a la autoridad; **I couldn't ~ telling him** no pude resistir la tentación de decírselo; **I can't ~ chocolates** los bombones me resultan irresistibles
◇ *vi* resistir

resistance [rɪ'zɪstəns] *n* **-1.** *(opposition)* resistencia *f*; **to put up** *or* **offer ~** oponer *or* ofrecer resistencia; **to meet with no ~** no encontrar resistencia; **her ~ to infection is low** tiene bajas defensas inmunológicas; IDIOM **to take the line of least ~** tomar el camino más fácil
-2. HIST & POL resistencia *f*; **the Resistance** la Resistencia ❑ **~ fighter** miembro *mf* de la resistencia
-3. ELEC resistencia *f*
-4. PHYS **air/wind ~** resistencia del aire/viento

resistant [rɪ'zɪstənt] *adj* **to be ~ to sth** *(change, suggestion)* mostrarse remiso(a) a aceptar algo, mostrar resistencia a algo; *(disease)* ser resistente a algo

-resistant [rɪ'zɪstənt] *suffix* anti-; **rust~** antioxidante; **stain~** antimanchas

resistible [rɪ'zɪstɪbəl] *adj* resistible; **I find his supposed charm highly ~** su supuesto encanto no me impresiona en lo más mínimo

resistor [rɪ'zɪstə(r)] *n* ELEC resistencia *f*

resit *Br* ◇ *n* ['ri:sɪt] repesca *f*; **how many resits do you have?** ¿cuántas veces puedes presentarte?
◇ *vt* [ri:'sɪt] *(pt & pp* **resat** [ri:'sæt]*) (exam, driving test)* presentarse de nuevo a

resize [ri:'saɪz] *vt* COMPTR *(window)* cambiar de tamaño

resole [ri:'səʊl] *vt* cambiar la suela a

resolute ['rezəlu:t] *adj* resuelto(a), decidido(a); **to be ~ in one's efforts** realizar denodados esfuerzos

resolutely ['rezəlu:tlɪ] *adv* con resolución, resueltamente

resoluteness ['rezəlu:tnɪs] *n* resolución *f*, determinación *f*

resolution [rezə'lu:ʃən] *n* **-1.** *(decision) (of individual)* resolución *f*, determinación *f*; **she made a ~ to stop smoking** se propuso firmemente dejar de fumar, se prometió a sí misma que iba a dejar de fumar; **to be full of good resolutions** rebosar buenas intenciones
-2. *(decision) (of committee)* resolución *f*; **to pass/adopt/reject a ~** aprobar/adoptar/rechazar una resolución; **to put a ~ to the meeting** presentar una moción a la asamblea
-3. *(firmness)* resolución *f*, decisión *f*; **to speak/act with ~** hablar/actuar con decisión
-4. *(solution)* resolución *f*, solución *f*
-5. *(of TV, microscope)* resolución *f*; **high ~ screen** pantalla de alta resolución
-6. COMPTR resolución *f*

resolvable [rɪ'zɒlvəbəl] *adj* soluble

resolve [rɪ'zɒlv] ◇ *n* **-1.** *(determination)* determinación *f*; **it only strengthened our ~** sólo sirvió para incrementar nuestra determinación **-2.** *(decision)* decisión *f*, determinación *f*; **to make a firm ~ to do sth** resolver firmemente hacer algo
◇ *vt* **-1.** *(decide)* **to ~ to do sth** resolver hacer algo; **it was resolved that...** se decidió que... **-2.** *(solve)* resolver, solucionar; **have you resolved your difficulties yet?** ¿ya has resuelto *or* solucionado tus problemas? **-3.** *(break down, separate)* dividir, descomponer
◇ *vi* **-1.** *(decide)* **to ~ on/against doing sth** tomar la resolución de hacer/no hacer algo **-2.** *(break down, separate)* dividirse

resolved [rɪ'zɒlvd] *adj* resuelto(a) **(to** a**)**; **I was firmly ~ to go** estaba resuelto *or* decidido a ir

resonance ['rezənəns] *n (of voice, cavity)* resonancia *f*

resonant ['rezənənt] *adj (voice, cavity)* resonante

resonate ['rezəneɪt] *vi* resonar; **the valley resonated with their cries** sus gritos resonaban en el valle

resonator ['rezəneɪtə(r)] *n* resonador *m*

resorption [rɪ'sɔ:pʃən] *n* MED resorción *f*

resort [rɪ'zɔ:t] *n* **-1.** *(recourse)* recurso *m*; **to have ~ to sth** recurrir a algo; **without ~ to threats** sin (necesidad de) recurrir a amenazas; **as a last ~** como último recurso; **in the last ~** en última instancia; **flight was the only ~ left to me** *or* **my only ~** el único recurso que me quedaba era huir
-2. *(holiday place)* centro *m* turístico, lugar *m* de vacaciones; **a ski ~** una estación de esquí
-3. *(haunt, hang-out)* refugio *m*
◆ **resort to** *vt insep* **-1.** *(violence, sarcasm)* recurrir a; **to ~ to doing sth** recurrir a hacer algo **-2.** *Literary or Hum (place)* acudir a

resound [rɪ'zaʊnd] *vi* **-1.** *(voice, explosion)* resonar, retumbar; **the trumpet resounded through the barracks** la trompeta resonó en el cuartel
-2. *(hall, cave, hills, room)* retumbar, resonar; **the stadium resounded with applause** los aplausos resonaban en el estadio, el estadio resonaba con aplausos
-3. *(spread) (rumour, fame)* propagarse; **the declaration resounded throughout the country** la declaración se propagó por todo el país

resounding [rɪ'zaʊndɪŋ] *adj* **-1.** *(crash)* estruendoso(a); *(applause)* sonoro(a), clamoroso(a) **-2.** *(success, failure)* clamoroso(a), sonado(a)

resoundingly [rɪ'zaʊndɪŋlɪ] *adv (of defeat)* rotundamente, de manera rotunda; **to be ~ successful** tener un éxito rotundo

resource [rɪ'zɔ:s] ◇ *n* **-1.** *(asset)* recurso *m*; **there's a limit to the resources we can invest** hay un límite para los recursos que podemos invertir; **natural/energy resources** recursos naturales/energéticos ❑ **~ management** gestión *f* de recursos
-2. *(human capacity)* recurso *m*; **the task called for all my resources of tact** para hacerlo tuve que usar el mayor tacto posible; **to be left to one's own resources** tener que arreglárselas solo(a)
-3. *(ingenuity)* recursos *mpl*; **a man of ~** un hombre con recursos
◇ *vt (project)* financiar

resourceful [rɪ'zɔ:sfʊl] *adj* ingenioso(a), lleno(a) de recursos; **that was very ~ of you** ¡qué ingenioso!, ¡eso es tener recursos!

resourcefulness [rɪ'zɔ:sfʊlnɪs] *n* recursos *mpl*, inventiva *f*

respect [rɪ'spekt] ◇ *n* **-1.** *(admiration, esteem)* respeto *m*; **to have ~ for sth/sb** respetar algo/a alguien; **she is held in great ~ by her colleagues** sus compañeros la respetan mucho; **you have to get** *or* **to gain the children's ~** tienes que ganarte el respeto de los niños; **I have lost all ~ for her** le he perdido todo el respeto
-2. *(consideration, politeness)* respeto *m*; **show a little ~!** ¡muestra un poco de respeto!; **they have no ~ for public property** no respetan la propiedad pública; **out of ~ for...** por respeto hacia...; **to treat mountains with ~** respetar la montaña; **with all due ~...** con el debido respeto...
-3. **respects** *(salutations)* respetos *mpl*; **give my respects to your father** preséntale mis respetos a tu padre; **to pay one's respects to sb** presentar los respetos a alguien; **to pay one's last respects** decir el último adiós
-4. *(compliance)* *(with rules, customs)* respeto *m*, cumplimiento *m*; **his strict ~ of the letter of the law** su estricto respeto *or* cumplimiento de la ley
-5. *(aspect)* sentido *m*, aspecto *m*; **in some/certain respects** en algunos/ciertos aspectos; **in all respects, in every ~** en todos los sentidos; **with ~ to, in ~ of** con respecto a
◇ *vt* **-1.** *(admire, esteem)* respetar; **I ~ him for his efficiency** su eficiencia me inspira respeto **-2.** *(comply with) (rules, customs)* respetar; **to ~ sb's wishes** respetar los deseos de alguien

respectability [rɪspektə'bɪlɪtɪ] *n* respetabilidad *f*

respectable [rɪ'spektəbəl] *adj* **-1.** *(honourable, decent)* respetable; **I'm a ~ married woman!** ¡soy una mujer casada decente!; **that's not done in ~ society** eso no se hace entre *or* delante de gente decente; **I'm not ~, YOU answer the door** no estoy visible *or* presentable, contesta tú la puerta
 -2. *(fairly large)* considerable, respetable; *(fairly good)* decente; **I play a ~ game of golf** juego al golf bastante decentemente; **he left a ~ tip** dejó una buena propina

respectably [rɪ'spektəblɪ] *adv* **-1.** *(in a respectable manner)* respetablemente **-2.** *(fairly well)* decentemente, pasablemente

respected [rɪ'spektɪd] *adj* respetado(a); **she's a highly ~ researcher** es una investigadora muy respetada

respecter [rɪ'spektə(r)] *n* **she is no ~ of tradition** las tradiciones le traen sin cuidado; IDIOM **death is no ~ of persons** la muerte no hace distinciones

respectful [rɪ'spektfʊl] *adj* respetuoso(a)

respectfully [rɪ'spektfʊlɪ] *adv* respetuosamente; *Old-fashioned* **(I remain,) yours ~** *(at end of letter)* quedo a su entera disposición

respecting [rɪ'spektɪŋ] *prep Formal* con respecto a, en cuanto a

respective [rɪ'spektɪv] *adj* respectivo(a)

respectively [rɪ'spektɪvlɪ] *adv* respectivamente

respiration [respɪ'reɪʃən] *n* respiración *f*

respirator ['respɪreɪtə(r)] *n* MED respirador *m*; **to be on a ~** estar conectado(a) a un respirador artificial

respiratory [rɪ'spɪrɪtərɪ] *adj* ANAT respiratorio(a) □ **~ failure** *Esp* fallo *m or Am* falla *f* respiratorio(a); **~ tract** vías *fpl* respiratorias

respire [rɪ'spaɪə(r)] BIOL ◇ *vt (air)* respirar
 ◇ *vi (plant, animal)* respirar

respite ['respaɪt] *n* **-1.** *(pause, rest)* respiro *m*, tregua *f*; **there wasn't a moment's ~ from the noise** el ruido no daba ni un minuto de tregua; **to work without ~** trabajar sin tregua; **they gave her no ~** no le concedieron un momento de respiro, no le dieron cuartel □ **~ care** = servicio de sustitución para que las personas que cuidan de sus familiares ancianos o discapacitados puedan realizar un descanso
 -2. *(delay)* prórroga *f*; *(stay of execution)* aplazamiento *m*

resplendence [rɪ'splendəns] *n Literary (splendour)* esplendor *m*

resplendent [rɪ'splendənt] *adj* resplandeciente; **to be ~** estar resplandeciente; **Joe arrived, ~ in his new suit** Joe llegó resplandeciente con su nuevo traje

respond [rɪ'spɒnd] ◇ *vi* **-1.** *(answer)* responder; **to ~ to a request** responder *or* contestar a una solicitud *or Am* un pedido; **she responded with a smile** respondió con una sonrisa
 -2. *(react)* responder, reaccionar **(to** a**); he doesn't ~ well to criticism** no reacciona muy bien a las críticas; **the steering is slow to ~** la dirección tarda en responder
 -3. MED **to ~ to treatment** responder al tratamiento
 ◇ *vt* **"who cares?" he responded angrily** "¿qué importa?", respondió enojado

respondent [rɪ'spɒndənt] *n* **-1.** LAW demandado(a) *m,f* **-2.** *(to questionnaire)* encuestado(a) *m,f*

response [rɪ'spɒns] *n* **-1.** *(answer)* respuesta *f*; **have you had any ~ to your request/letter yet?** ¿has recibido alguna respuesta a tu pedido/carta?; **she gave or made no ~** no respondió; **he smiled in ~** contestó con una sonrisa; **in ~ to your question/letter** en respuesta a su pregunta/carta
 -2. *(reaction)* respuesta *f*, reacción *f*; **their proposals met with a favourable/lukewarm ~** sus propuestas encontraron una respuesta favorable/una tibia respuesta; **~ from the public was disappointing** la respuesta *or* reacción del público no fue la que se esperaba; **in ~ to** en respuesta a □ **~ rate** *(to questionnaire)* tasa *f* de respuesta;

~ time *(of emergency services)* tiempo *m* de reacción; COMPTR tiempo *m* de respuesta
 -3. REL responsorio *m*
 -4. *(in bridge)* respuesta *f*

responsibility [rɪspɒnsɪ'bɪlɪtɪ] *n* **-1.** *(control, authority)* responsabilidad *f*; **to have ~ for sth** ser responsable de algo; **a position of great ~** un puesto de gran responsabilidad; **can he handle all that ~?** ¿puede manejar semejante responsabilidad?; **he authorized it on his own ~** lo autorizó bajo su propia responsabilidad
 -2. *(accountability)* responsabilidad *f* **(for** de**); he has no sense of ~** carece de cualquier sentido de la responsabilidad; **to take** *or* **accept (full) ~ for sth** asumir (toda) la responsabilidad de algo; **the management accepts no ~ for lost or stolen items** *(sign)* la gerencia *or* dirección no acepta responsabilidad por artículos perdidos o robados; **to claim ~ for sth** *(bombing, assassination)* reivindicar algo
 -3. *(duty)* responsabilidad *f*; **answering the phone is his ~, not mine** contestar el teléfono le corresponde a él, no a mí; **children are a big ~** los niños son una gran responsabilidad; **responsibilities include product development** las responsabilidades incluyen el desarrollo de producto; **to have a ~ to sb** tener una responsabilidad frente a *or* ante alguien

responsible [rɪ'spɒnsəbəl] *adj* **-1.** *(trustworthy, sensible)* responsable; **it wasn't very ~ of him** no fue muy responsable de su parte
 -2. *(carrying responsibility)* **a ~ job** *or* **post** *or* **position** un puesto de responsabilidad
 -3. *(answerable, accountable)* responsable **(to** ante**); to be ~ for** ser responsable de; **who's ~ for this mess?** ¿quién es el responsable de este desastre?; **stop making that noise or I won't be ~ for my actions!** ¡deja ya de hacer ese ruido o no respondo por mis actos!; **I can't be ~ for what happens** no me hago responsable de lo que pueda pasar; **to hold sb ~** considerar a alguien responsable

responsibly [rɪ'spɒnsɪblɪ] *adv* de manera responsable

responsive [rɪ'spɒnsɪv] *adj* **-1.** *(person)* receptivo(a); **the play found a ~ audience** la obra fue muy bien recibida por el público; **to be ~** *(to criticism, praise, idea, suggestion)* ser receptivo(a), responder bien; *(willing to participate)* demostrar interés; **to be ~ to treatment** responder (bien) al tratamiento
 -2. *(brakes, controls)* sensible; **the industry is not ~ to market signals** el sector no se muestra receptivo ante las señales del mercado

responsiveness [rɪ'spɒnsɪvnɪs] *n* **-1.** *(of person)* receptividad *f* **-2.** *(of brakes, controls)* sensibilidad *f*

respray ◇ *n* ['riːspreɪ] *(of car)* **it needs a ~** necesita que lo vuelvan a pintar *(con pistola)*
 ◇ *vt* [riː'spreɪ] *(car)* volver a pintar *(con pistola)*

rest¹ [rest] ◇ *n* **-1.** *(repose)* descanso *m*; **to have** *or* **take a ~** descansar, tomarse un descanso; **I need a good night's ~ tonight** necesito dormir bien esta noche; **I need a ~ from work** necesito descansar del trabajo; **to be at ~** *(not moving)* estar en reposo; *Euph (dead)* descansar en paz; **to put** *or* **set sb's mind at ~** tranquilizar a alguien; **to come to ~** detenerse; *Formal* **to lay sb to ~** *(bury)* dar sepultura a alguien; **to put** *or* **lay sth to ~** *(rumour, speculation)* acabar con algo; *Fam* **give it a ~, will you!** ¿quieres parar de una vez?, *RP* ¡paralá de una buena vez! □ *US* **~ area** área *f* de descanso; **~ cure** cura *f* de reposo; **~ day** día *m* de descanso; **~ home** residencia *f* de ancianos; *US* **~ room** baño *m*, *Esp* servicios *mpl*, *CSur* toilette *m*; *US* **~ stop** área *f* de descanso
 -2. *(support)* soporte *m*, apoyo *m*; *(in snooker)* = utensilio para reposar el taco de billar en los tiros largos
 -3. MUS *(pause)* silencio *m*

 ◇ *vt* **-1.** *(cause to repose)* descansar; **to ~ one's eyes/legs** descansar los ojos/las piernas; **the manager is resting the captain for this game** el entrenador no va a sacar al capitán en este partido para que descanse; LAW **I ~ my case** la defensa no tiene nada más que alegar *or* da por concluidos sus alegatos; *Fig (that proves my point)* ¿qué decía yo?; **God ~ his soul!** ¡Dios lo tenga en su gloria!
 -2. *(lean)* apoyar **(on/against** en/contra**); she rested her elbows on the table** puso los codos en la mesa
 ◇ *vi* **-1.** *(relax)* descansar; **I won't ~ until...** no descansaré hasta...
 -2. *(lean)* **the spade was resting against the wall** la pala estaba apoyada *or Méx* recargada contra la pared; **her elbows were resting on the table** sus codos descansaban sobre la mesa
 -3. *(remain)* **there the matter rests** así ha quedado la cosa; **we have decided to let the matter ~** hemos decidido pasar por alto el asunto; **I won't let it ~ at that** esto no va a quedar así; **~ assured (that)** puedes estar seguro(a) (de que); **you can ~ easy** puedes estar tranquilo, quédate tranquilo
 -4. *Formal (be buried)* descansar; **~ in peace** *(on gravestone)* descanse en paz; **Mr Lamont, may he ~ in peace** el Señor Lamont, que en paz descanse

➤ **rest on** ◇ *vt insep* **-1.** *(of structure, argument, belief)* descansar en *or* sobre, apoyarse en *or* sobre; *(of success, future)* depender de **-2.** *(of gaze)* posarse sobre
 ◇ *vt sep (argument, theory)* apoyar en, basar en; *(one's hopes, confidence)* depositar en

➤ **rest with** *vt insep (of decision, responsibility)* corresponder a; *(of hopes, prospects)* recaer en

rest² *n* **the ~** *(remainder)* el resto; *(others)* el resto, los demás; **the ~ of us/them** los demás; **the ~ of the time they watch television** el resto del tiempo miran la televisión; **what are you going to do for the ~ of the day?** ¿qué vas a hacer en lo que queda de día?; **(as) for the ~** *(otherwise)* por lo demás; *Fam* **and all the ~ of it** y todo lo demás, y todo eso; **the ~ is history** el resto es (ya) historia

restart [riː'stɑːt] ◇ *vt* **-1.** *(activity)* reanudar, empezar de nuevo; *(engine, mechanism)* (volver a) poner en marcha **-2.** COMPTR reiniciar
 ◇ *vi* **-1.** *(activity)* reanudarse, empezar de nuevo; *(engine, mechanism)* (volver a) poner en marcha **-2.** COMPTR reiniciarse
 ◇ *n* ['riːstɑːt] **-1.** *(of engine, mechanism)* reencendido *m* **-2.** COMPTR rearranque *m*, reencendido *m*; **warm/cold ~** rearranque en caliente/frío

restate [riː'steɪt] *vt* **-1.** *(position, argument)* reafirmar **-2.** *(formulate differently) (problem)* reformular, replantear

restatement [riː'steɪtmənt] *n* **-1.** *(repetition) (of position, argument)* reafirmación *f*, repetición *f* **-2.** *(different formulation)* reformulación *f*

restaurant ['restrɒnt] *n* restaurante *m* □ *Br* **~ car** *(in train)* coche *m or* vagón *m* restaurante

restaurateur [restərə'tɜː(r)] *n* restaurador(ora) *m,f*

rested ['restɪd] *adj* descansado(a); **to feel ~** estar *or* sentirse descansado(a)

restful ['restfʊl] *adj* tranquilo(a), reposado(a); **it's very ~ on the eyes** relaja mucho los ojos

resting-place ['restɪŋpleɪs] *n* **her final** *or* **last ~** su última morada

restitution [restɪ'tjuːʃən] *n* **-1.** *Formal (compensation)* restitución *f*; **to make ~ to sb for sth** restituir a alguien algo **-2.** LAW restitución *f*, devolución *f*

restive ['restɪv] *adj* inquieto(a), nervioso(a); **to become ~** inquietarse, ponerse nervioso(a)

restively ['restɪvlɪ] *adv* con inquietud

restless ['restlɪs] *adj* **-1.** *(fidgety, nervous)* inquieto(a), agitado(a); **I get ~ after a few days in the country** después de unos días en el

restlessly ['restlɪslɪ] *adv* campo comienzo a inquietarme; **the audience was growing ~** el público comenzaba a impacientarse **-2.** *(dissatisfied)* descontento(a); **her ~ mind** su mente inquieta **-3.** *(giving no rest)* **I've had a ~ night** he pasado una noche agitada

restlessly ['restlɪslɪ] *adv* **-1.** *(nervously)* nerviosamente; **she paced ~ up and down** caminaba impacientemente de aquí para allá **-2.** *(sleeplessly)* **she tossed ~ all night** dio vueltas toda la noche sin poder dormir

restlessness ['restlɪsnɪs] *n (fidgeting, nervousness)* inquietud *f*, agitación *f*; **the audience was showing signs of ~** el público comenzaba a dar muestras de impaciencia

restock [ˌriː'stɒk] *vt* **-1.** *(shop, shelf, freezer)* reabastecer, reaprovisionar **-2.** *(lake)* repoblar

restoration [ˌrestə'reɪʃən] *n* **-1.** *(repairing)* (of building, furniture, painting) restauración *f* **-2.** *(re-establishment)* (of communications, peace, law and order) restablecimiento *m*; (of monarchy) restauración *f* ❑ **Restoration Comedy** comedia *f* de la Restauración, = género dramático del periodo de la Restauración (a partir de 1660) que trata sobre todo de las costumbres libertinas de la clase alta inglesa **-3.** *(of lost property, fortune)* restitución *f*

restorative [rɪ'stɔːrətɪv] ◇ *n* reconstituyente *m*
◇ *adj* reconstituyente

restore [rɪ'stɔː(r)] *vt* **-1.** *(repair)* (building, furniture, painting) restaurar; **to ~ sth to its former glory** devolver a algo su gloria pasada **-2.** *(re-establish)* (communications, peace, law and order) restablecer; (monarchy) restaurar; (confidence) devolver; **to ~ public confidence in sth** restaurar la confianza pública en algo; **it restored my faith in human nature** me devolvió la fe en la naturaleza humana; **if the reform government is restored to power** si el gobierno reformista es restaurado en el poder; **she managed to ~ the company to profitability** logró devolverle la rentabilidad a la compañía; **to ~ sb's sight/hearing** devolver la vista/la audición a alguien; **to ~ sb to health/strength** devolver la salud/la fuerza a alguien **-3.** *(property, fortune)* restituir **-4.** COMPTR *(files)* restaurar

restorer [rɪ'stɔːrə(r)] *n (of building, furniture, painting)* restaurador(ora) *m,f*

restrain [rɪ'streɪn] *vt (person, crowd, dog, one's curiosity)* contener; *(passions, anger)* reprimir, dominar; **it took four policemen to ~ him** hicieron falta cuatro policías para poder reducirlo; **I had to ~ an impulse to laugh out loud** tuve que contener una carcajada; **to ~ sb from doing sth** impedir a alguien que haga algo; **to ~ oneself** contenerse, controlarse

restrained [rɪ'streɪnd] *adj* **-1.** *(person)* comedido(a); *(response, emotion)* contenido(a) **-2.** *(colour, style)* sobrio(a)

restraint [rɪ'streɪnt] *n* **-1.** *(moderation)* dominio *m* de sí mismo(a), comedimiento *m*; **he showed remarkable ~** se mostró muy comedido; **to urge ~** pedir moderación **-2.** *(restriction)* restricción *f*, limitación *f*; **to put a ~ on sb** imponer limitaciones a alguien; **to keep sb under ~** tener reducido a alguien; **to place sb under ~** reducir a alguien; **without ~** sin restricciones **-3.** *(control)* restricción *f*; **a policy of price/wage ~** una política de control de precios/moderación salarial **-4. restraints** *(for criminal, patient)* correas *fpl*

restrict [rɪ'strɪkt] *vt (person, access, movement)* restringir, limitar; *(freedom)* coartar, restringir; **airlines ~ the amount of luggage you can take** las compañías aéreas limitan la cantidad de equipaje con que se puede viajar; **fog is restricting visibility** la niebla está restringiendo la visibilidad; **to ~ sth/sb to sth** limitar algo/a alguien a algo; **to ~ oneself to...** limitarse a...

restricted [rɪ'strɪktɪd] *adj* **-1.** *(access, opportunities)* restringido(a), limitado(a); **the choice is too ~** hay muy pocas opciones; **to be on a ~ diet** hacer una dieta restringida ❑ **~ area** *(out of bounds)* zona *f* de acceso restringido; *Br* AUT *(with parking restrictions)* zona *f* de *Esp* aparcamiento *or Am* estacionamiento restringido; *(with speed limit)* zona *f* con límite de velocidad; **~ document** documento *m* confidencial **-2.** *(narrow)* (ideas, outlook) limitado(a), cerrado(a) **-3.** *US (movie)* no recomendado(a) para menores

restriction [rɪ'strɪkʃən] *n* restricción *f*, limitación *f*; **speed restrictions** límites de velocidad; **weight restrictions** restricciones *or* límites de peso; **they will accept no ~ of their liberty** no aceptarán restricciones sobre su libertad; **there are no restrictions on how much you can buy** no hay ninguna restricción sobre la cantidad de productos que te dejan comprar; **to put** *or* **place** *or* **impose restrictions on sth** poner trabas a algo; **without ~** sin restricciones

restrictive [rɪ'strɪktɪv] *adj* restrictivo(a) ❑ GRAM **~ clause** oración *f* relativa especificativa *or* determinativa; IND **~ practices** prácticas *fpl* restrictivas

restring [ˌriː'strɪŋ] *vt* (*pt* & *pp* **restrung**) *(bow)* cambiar la cuerda a; *(musical instrument, tennis racket)* encordar; *(beads, pearls)* reenhebrar

restructure [ˌriː'strʌktʃə(r)] *vt (company, economy)* reestructurar, reconvertir; *(text, argument)* reestructurar; FIN *(debt)* refinanciar, reestructurar

restructuring [ˌriː'strʌktʃərɪŋ] *n (of company, economy)* reestructuración *f*, reconversión *f*; *(of text, argument)* reestructuración *f*; FIN *(of debt)* refinanciamiento *m*, reestructuración *f*

restrung *pt* & *pp of* **restring**

restyle [ˌriː'staɪl] *vt (car)* rediseñar, cambiar el diseño de; *(hair, clothes)* cambiar el estilo de; *(magazine)* cambiar el aspecto *or* diseño de

result [rɪ'zʌlt] ◇ *n* **-1.** *(consequence)* resultado *m*; **with disastrous results** con pésimos resultados; **this paint gives excellent results** esta pintura da un resultado excelente; **it was all the ~ of a misunderstanding** fue fruto de un malentendido; **as a ~** como consecuencia *or* resultado; **as a ~ of these changes** como consecuencia *or* resultado de estos cambios; **the ~ is that...** el caso es que...; **with the ~ that...** y como resultado... **-2.** *(success)* resultado *m*; **to yield** *or* **show results** dar resultado; **to get results** obtener resultados; *Br* SPORT **to get/need a ~** obtener/necesitar un buen resultado **-3.** *(of match, exam, election)* resultado *m* **-4.** FIN **the company's results are down on last year** las ganancias de la compañía fueron inferiores a las del año pasado
◇ *vi* resultar; **a price rise would inevitably ~** el resultado inevitable sería una subida *or CSur* suba de precios; **the resulting protests** las protestas que se generaron; **to ~ from** resultar de, ser ocasionado(a) por; **to ~ in sth** tener algo como resultado, ocasionar algo

resultant [rɪ'zʌltənt] ◇ *n* MATH & PHYS resultante *f*
◇ *adj* resultante

resume [rɪ'zjuːm] ◇ *vt (relations, work, talks, journey)* reanudar; **he resumes his post on Monday** volverá a su puesto el lunes; *Formal* **kindly ~ your seats** tengan la amabilidad de regresar a sus asientos; **she resumed her maiden name** retomó su nombre de soltera
◇ *vi* continuar, reanudarse; **the meeting will ~ after lunch** la reunión continuará *or* se reanudará después de la comida *or* del almuerzo

résumé ['rezjʊmeɪ] *n* **-1.** *(summary)* resumen *m*; **to give a ~ of sth** hacer un resumen de algo **-2.** *US (curriculum vitae)* currículum (vitae) *m*

resumption [rɪ'zʌmpʃən] *n* reanudación *f*

resurface [ˌriː'sɜːfɪs] ◇ *vt (road)* rehacer el firme de
◇ *vi* **-1.** *(submarine)* volver a la superficie **-2.** *(reappear)* (person, rumour) reaparecer; **the stolen jewels resurfaced in Australia** las joyas robadas aparecieron en Australia

resurgence [rɪ'sɜːdʒəns] *n* resurgimiento *m*

resurgent [rɪ'sɜːdʒənt] *adj* renaciente, resurgente

resurrect [ˌrezə'rekt] *vt (the dead, fashion, argument)* resucitar; **they've resurrected this old tradition** han resucitado esta vieja costumbre; **the minister succeeded in resurrecting his career** el ministro logró resucitar su carrera

resurrection [ˌrezə'rekʃən] *n* **-1.** *(of conflict, accusation)* reavivamiento *m* **-2.** REL **the Resurrection** la Resurrección

resuscitate [rɪ'sʌsɪteɪt] *vt* **-1.** *(person)* resucitar **-2.** *(scheme, career)* resucitar

resuscitation [rɪˌsʌsɪ'teɪʃən] *n* **-1.** *(of person)* resucitación *f* **-2.** *(of scheme, career)* vuelta *f* *or* retorno *m* a la vida

retail ['riːteɪl] ◇ *n* COM *(selling, trade)* venta *f* al por menor, *Am* menudeo *m* ❑ **~ outlet** punto *m* de venta; *Br* **~ park** = complejo comercial formado por diferentes tiendas y almacenes grandes; **~ price** precio *m* de venta (al público); *Br* ECON **~ price index** índice *m* de precios al consumo; *Hum* **~ therapy:** **there's nothing like a bit of ~ therapy** no hay mejor terapia que irse de compras; **the ~ trade** los minoristas
◇ *adv* al (por) menor, al detalle
◇ *vt* **-1.** *(goods)* vender al por menor **-2.** *(gossip)* contar
◇ *vi* **it retails at** *or* **for $995** su precio de venta al público es 995 dólares

retailer ['riːteɪlə(r)] *n* COM minorista *mf*

retain [rɪ'teɪn] *vt* **-1.** *(keep)* conservar; *(heat)* retener, conservar; **the village has retained its charm** la aldea ha conservado su encanto **-2.** *(hold in place)* sujetar **-3.** *(remember)* retener; **I just can't ~ dates** nunca recuerdo *or* retengo las fechas **-4.** *(lawyer, consultant)* contratar; **to ~ sb's services** contratar los servicios de alguien

retainer [rɪ'teɪnə(r)] *n* **-1.** *(fee)* anticipo *m* **-2.** *(servant)* criado(a) *m,f* (de toda la vida)

retaining wall [rɪ'teɪnɪŋ'wɔːl] *n* muro *m* de contención

retake ◇ *n* ['riːteɪk] **-1.** *(of exam)* repesca *f*; **how many retakes did you have?** ¿cuántas veces tuviste que presentarte? **-2.** CIN *(of scene)* nueva toma *f*; **to do a ~** repetir una toma
◇ *vt* [ˌriː'teɪk] **-1.** *(exam)* volver a presentarse a **-2.** *(town, fortress)* volver a tomar, recuperar **-3.** CIN *(scene)* volver a rodar

retaliate [rɪ'tælɪeɪt] *vi* responder, tomar represalias; **we will ~ if attacked** si nos atacan tomaremos represalias; **the player was sent off for retaliating** el jugador fue expulsado por haber reaccionado (con una agresión)

retaliation [rɪˌtælɪ'eɪʃən] *n* represalias *fpl*; **in ~ (for sth)** como represalia (por algo)

retaliatory [rɪ'tælɪətərɪ] *adj* como *or* en represalia; **a ~ attack** un ataque en represalia

retard ◇ *n* ['riːtɑːd] *US Fam* retrasado(a) *m,f*
◇ *vt* [rɪ'tɑːd] *(delay)* retrasar, demorar

retardant [rɪ'tɑːdənt] ◇ *n* retardador *m*
◇ *adj* retardador(ora), retardante

retarded [rɪ'tɑːdɪd] *Old-fashioned* ◇ *n* **the (mentally) ~** los retrasados (mentales)
◇ *adj* **to be (mentally) ~** ser retrasado(a) mental

retch [retʃ] *vi* tener arcadas; **we could hear him retching** oímos cómo le daban arcadas

retching ['retʃɪŋ] *n* arcadas *fpl*

retd *(abbr* **retired)** retirado(a)

retell [ˌriː'tel] *vt* volver a contar

retelling [ˌriː'telɪŋ] *n* **the story gained in the ~** la historia se enriqueció al volver a contarla

retention [rɪ'tenʃən] n **-1.** *(of custom, practice)* conservación f, preservación f **-2.** *(of fact, impression)* retención f **-3.** *(memory)* retención f **-4.** MED **fluid/urine ~** retención de líquidos/orina

retentive [rɪ'tentɪv] *adj (memory, person)* retentivo(a)

rethink ◇ n ['riːθɪŋk] **to have a ~ (about sth)** hacerse un replanteamiento (de algo); **we need a complete ~ of our strategy** necesitamos hacer un replanteamiento completo de nuestra estrategia
◇ vt [riːˈθɪŋk] (pt & pp **rethought** [riːˈθɔːt]) replantear(se)

reticence ['retɪsəns] n reticencia f

reticent ['retɪsənt] *adj* reservado(a) (**about** sobre)

reticle ['retɪkəl] n retícula f

reticulate [rɪ'tɪkjʊlət] *adj* reticular

reticule ['retɪkjuːl] n **-1.** HIST *(bag)* ridículo m **-2.** *(on optical instrument)* retículo m

reticulum [rɪ'tɪkjʊləm] n **-1.** *(network)* retículo m **-2.** ZOOL retículo m

retina ['retɪnə] n ANAT retina f

retinal ['retɪnəl] *adj* retinal ❑ MED **~ detachment** desprendimiento m de retina

retinue ['retɪnjuː] n comitiva f, séquito m

retire [rɪ'taɪə(r)] ◇ vt **-1.** *(employee)* jubilar **-2.** *(troops)* replegar, retirar **-3.** FIN *(coins, bonds, shares)* amortizar
◇ vi **-1.** *(employee)* jubilarse; **they retired to the south of France** se jubilaron y se fueron a vivir al sur de Francia; **to ~ from boxing/politics** retirarse del boxeo/de la política
-2. *(withdraw)* retirarse; **the jury retired to consider its verdict** el jurado se retiró a discutir el veredicto; *Formal* **shall we ~ to the lounge?** ¿pasamos a la sala?
-3. *(troops)* replegarse, retirarse
-4. *(from match, competition)* retirarse de; **to ~ hurt** retirarse lesionado(a), abandonar lesionado(a) el campo de juego
-5. *Formal or Hum (to bed)* retirarse (a descansar)

retired [rɪ'taɪəd] *adj* **-1.** *(from job)* jubilado(a); *(from military)* retirado(a); **to be ~** *(from job)* estar jubilado(a); MIL **to put on the ~ list** poner a alguien en la lista de retirados del servicio activo **-2.** *(secluded)* apartado(a); **he led a ~ life after leaving politics** tras dejar la política llevó una vida discreta

retiree [rɪtaɪəˈriː] n US jubilado(a) m,f

retirement [rɪ'taɪəmənt] n **-1.** *(from job)* jubilación f; **to take early ~** tomar la jubilación anticipada; **he came out of ~** salió de su retiro; **(of) ~ age** (en) edad de jubilación ❑ **~ community** complejo m residencial para jubilados; **~ home** residencia f de ancianos; **~ pension** pensión f de jubilación; US **~ plan** plan m de jubilación
-2. *(seclusion)* retiro m
-3. *(of troops)* repliegue m, retirada f
-4. *(from match, competition)* retirada f

retiring [rɪ'taɪərɪŋ] *adj* **-1.** *(reserved)* retraído(a), reservado(a) **-2.** *(employee)* saliente *(por jubilación)* que se jubila; *(officeholder)* saliente

retool [riːˈtuːl] ◇ vt **-1.** IND reequipar; **to ~ a factory for armaments production** reconvertir una fábrica para la producción de armamento **-2.** US *(reorganize)* reorganizar
◇ vi **-1.** IND reequiparse **-2.** US *(reorganize)* reorganizarse

retort [rɪ'tɔːt] ◇ n **-1.** *(answer)* réplica f **-2.** CHEM retorta f
◇ vt replicar
◇ vi replicar

retouch [riːˈtʌtʃ] vt *(photograph, painting)* retocar

retrace [riːˈtreɪs] vt **-1.** *(go back over) (route)* desandar; **they retraced their steps** volvieron sobre sus pasos **-2.** *(reconstitute) (past events, sb's movements)* reconstruir

retract [rɪ'trækt] ◇ vt **-1.** *(statement, offer, promise)* retractarse de, revocar **-2.** *(claws)* retraer; *(undercarriage)* replegar
◇ vi **-1.** *(person)* retractarse **-2.** *(claws)* retraerse; *(undercarriage)* replegarse

retractable [rɪ'træktəbəl] *adj (antenna, tip of instrument)* retráctil; *(undercarriage)* replegable

retractile [rɪ'træktaɪl] *adj* retráctil

retraction [rɪ'trækʃən] n *(of statement, offer)* retractación f; **to publish a ~** *(newspaper)* publicar una retractación

retrain [riːˈtreɪn] ◇ vt *(employee)* reciclar
◇ vi *(employee)* reciclarse (**as** como)

retraining [riːˈtreɪnɪŋ] n reciclaje m profesional

retread ['riːtred] ◇ n AUT neumático m recauchutado, *Col, Méx* llanta f or *Arg* goma f recauchutada
◇ vt recauchutar

retreat [rɪ'triːt] ◇ n **-1.** *(withdrawal)* retirada f; **nationalism is in ~** el nacionalismo está retrocediendo; **this is a ~ from the unions' original position** esto constituye una retirada de posicionamiento inicial de los sindicatos
-2. *(of troops, army)* retirada f; **the ~ from Moscow** la retirada de Moscú; **they were forced into ~** se vieron obligados a replegarse; **to beat a ~** batirse en retirada; IDIOM **she beat a hasty ~** salió zumbando
-3. *(place)* retiro m, refugio m; **a weekend ~** un refugio de fin de semana
-4. REL retiro m espiritual, ejercicios mpl espirituales; **to go on** or **into ~** ir de ejercicios espirituales
◇ vi **-1.** *(withdraw)* retirarse; **management was forced to ~ on this point** la gerencia se vio obligada a ceder en este punto; **he retreated into a world of his own** se encerró en su propio mundo **-2.** *(troops, army)* replegarse, retirarse **-3.** *(flood waters)* bajar

retrench [rɪ'trentʃ] vi *Formal (financially)* reducir gastos

retrenchment [rɪ'trentʃmənt] n *Formal* reducción f de gastos

retrial ['riːtraɪəl] n LAW nuevo juicio m

retribution [retrɪ'bjuːʃən] n represalias fpl; **it is divine ~** es el castigo divino; **in ~ (for)** en represalia (por)

retributive [rɪ'trɪbjʊtɪv] *adj (involving punishment)* punitivo(a)

retrievable [rɪ'triːvəbəl] *adj* **-1.** *(object)* recuperable; **once it had fallen from the ledge, the ball was no longer ~** cuando la pelota cayó de la cornisa, fue imposible de recuperarla **-2.** *(situation)* remediable **-3.** COMPTR *(data)* recuperable

retrieval [rɪ'triːvəl] n **-1.** *(of object)* recuperación f **-2.** *(salvation)* **the situation is beyond ~** la situación es irremediable **-3.** COMPTR *(of data)* recuperación f

retrieve [rɪ'triːv] ◇ vt **-1.** *(object)* recuperar; **I retrieved my bag from the lost property office** recuperé mi cartera en la oficina de objetos perdidos **-2.** *(of dog) (ball, stick)* buscar; *(game bird)* cobrar **-3.** *(situation)* salvar **-4.** COMPTR *(data)* recuperar
◇ vi *(hunting dog)* **I taught it to ~** le he enseñado a cobrar piezas

retriever [rɪ'triːvə(r)] n *(dog)* perro m cobrador

retro ['retrəʊ] *adj* retro ❑ **~ chic** estilo m retro

retroactive [retrəʊ'æktɪv] *adj* retroactivo(a); **the increase is ~ to last January** el aumento se aplicará con efecto retroactivo a enero pasado

retroactively [retrəʊ'æktɪvlɪ] *adv* retroactivamente

retrofit ['retrəʊfɪt] vt reequipar

retroflex ['retrəʊfleks] *adj* LING retroflexo(a)

retrograde ['retrəʊgreɪd] *adj (movement, step)* retrógrado(a)

retrogression [retrə'greʃən] n *Formal* retroceso m

retrogressive [retrə'gresɪv] *adj Formal* retrógrado(a)

retrospect ['retrəspekt] n **in ~** restrospectivamente, en retrospectiva

retrospection [retrə'spekʃən] n retrospección f

retrospective [retrə'spektɪv] ◇ n *(exhibition, movie season)* retrospectiva f
◇ *adj* retrospectivo(a)

retrospectively [retrə'spektɪvlɪ] *adv* retrospectivamente

retroussé [rə'truːseɪ] *adj* respingón(ona)

retrovirus ['retrəʊvaɪrəs] n MED retrovirus m inv

retry [riː'traɪ] ◇ vt LAW volver a procesar a
◇ vi COMPTR reintentar

retsina [ret'siːnə] n retsina f

retune [riː'tjuːn] ◇ vt *(radio)* volver a sintonizar, resintonizar
◇ vi *(radio)* **to ~ to medium wave** volver a sintonizar or resintonizar onda media

return [rɪ'tɜːn] ◇ n **-1.** *(coming or going back) (of person, peace, season)* vuelta f, regreso m; **on my ~** a mi vuelta or regreso; **by ~ of post** a vuelta de correo ❑ **~ journey** viaje m de vuelta; **~ match** partido m de vuelta
-2. *Br (for train, plane)* **~ (ticket)** *Esp* billete m or *Am* pasaje m or *Am* boleto m de ida y vuelta
-3. *(giving back) (of goods)* devolución f; **returns** *(goods taken back, theatre tickets)* devoluciones fpl
-4. *(in tennis)* **~ (of serve)** resto m
-5. *(exchange)* **in ~ (for)** a cambio (de)
-6. FIN *(profit)* rendimiento m; **~ on investment** rendimiento de las inversiones; **to bring a good ~** proporcionar buenos dividendos
-7. COMPTR **~ (key)** (tecla f de) retorno m
-8. *(greeting)* **many happy returns of the day!** ¡muchas felicidades!, ¡feliz cumpleaños!
-9. *(in election)* **returns** resultados mpl
◇ vt **-1.** *(give or send back)* devolver; **to ~ sth to its place** volver a poner algo en su lugar, devolver or *Andes, CAm, Carib, Méx* regresar algo a su sitio; **~ to sender** *(on letter)* devolver al remitente; **to ~ service** *(in tennis)* restar, devolver el servicio
-2. *(do in exchange)* **to ~ a call** devolver una llamada a alguien, *Am* llamar a alguien en respuesta a su llamado; **to ~ a compliment/favour** devolver or *RP* retribuir un cumplido/favor; **he ordered them to ~ fire** les ordenó abrir fuego en respuesta a los disparos; **to ~ sb's love** corresponder al amor de alguien; **he returned my visit** me devolvió or *RP* retribuyó la visita
-3. LAW **to ~ a verdict of guilty/not guilty** pronunciar un veredicto de culpable/inocente
-4. *Br (elect)* elegir (**as** como)
-5. COM & FIN *(profit)* rendir, proporcionar; *(interest)* devengar
◇ vi **-1.** *(come or go back)* volver, regresar; **to ~ home** volver a casa; **to ~ to work** volver al trabajo; **let's ~ to the subject** volvamos al tema; **the situation has returned to normal** la situación ha vuelto a la normalidad
-2. *(start again)* volver; **the tumour has returned** el tumor ha vuelto a desarrollarse
-3. *(in tennis)* restar

returnable [rɪ'tɜːnəbəl] *adj (bottle)* retornable; **sale items are not ~** no se admite la devolución de artículos rebajados

returning officer [rɪ'tɜːnɪŋ'ɒfɪsə(r)] n *Br* POL = funcionario encargado de organizar las elecciones al Parlamento en su circunscripción electoral y que anuncia oficialmente los resultados de éstas

reuben ['ruːbɪn] n US **~ (sandwich)** = sandwich tostado de pan de centeno relleno de "corned beef", queso suizo y chucrut

reunification [riːjuːnɪfɪ'keɪʃən] n reunificación f

reunify [riː'juːnɪfaɪ] vt reunificar

Réunion [riː'juːnjən] n Reunión f

reunion [riː'juːnjən] n reencuentro m, reunión f; **a family ~** una reunión familiar; **a class ~** un reencuentro de ex compañeros de clase; **~ celebration/dinner** fiesta/cena de reencuentro

reunite [riːjuː'naɪt] ◇ vt reunir; **to be reunited (with sb)** reencontrarse or volver a reunirse (con alguien)
◇ vi reunirse

reusable [riːˈjuːzəbəl] *adj* reutilizable

reuse [riːˈjuːz] vt volver a utilizar, reutilizar

Rev REL (abbr **Reverend**) ~ **Gray** el reverendo Gray

rev [rev] AUT ◇ n **the engine was doing 5,000 revs** el motor iba a 5.000 revoluciones (por minuto) ❑ ~ **counter** cuentarrevoluciones m inv
◇ vt (pt & pp **revved**) **to ~ the engine** revolucionar or acelerar el motor
◇ vi acelerarse
➔ **rev up** ◇ vt sep (engine) acelerar, revolucionar
◇ vi **-1.** (driver) acelerar; (engine) acelerarse, subir de revoluciones **-2.** (preparing) prepararse, calentar motores; **the town is revving up for its annual fair** el pueblo ya está calentando los motores para su feria anual

revaluate US = revalue

revaluation [ri:ˈvæljʊˈeɪʃən] n **-1.** (of currency) revalorización f **-2.** (of property) revaloración f **-3.** (of reputation, importance, artist) revaloración f, reconsideración f

revalue [ri:ˈvælju:], US **revaluate** [ri:ˈvæljʊeɪt] vt **-1.** (currency) revalorizar **-2.** (property) revalorar, volver a valorar **-3.** (reputation, importance, artist) reconsiderar, revalorar

revamp [ri:ˈvæmp] Fam ◇ n renovación f; **to give sth a ~** renovar algo
◇ vt renovar

revanchism [rɪˈvæntʃɪzəm] n revanchismo m

revanchist [rɪˈvæntʃɪst] ◇ n revanchista mf
◇ adj revanchista

Revd REL (abbr **Reverend**) ~ **Green** el reverendo Green

reveal [rɪˈviːl] vt **-1.** (disclose, divulge) revelar; **to ~ a secret** revelar un secreto; **it has been revealed that...** se ha dado a conocer que...; **all will be revealed in the concluding episode** todo se desvelará en el episodio final
-2. (show) revelar, mostrar; **she removed the veil to ~ her face** se quitó el velo para descubrir su rostro; **he tried hard not to ~ his true feelings** hizo un gran esfuerzo por no demostrar lo que de verdad sentía; **a medical examination revealed two cracked ribs** un examen clínico reveló dos costillas fracturadas

revealed [rɪˈviːld] adj revelado(a)

revealing [rɪˈviːlɪŋ] adj **-1.** (sign, comment) revelador(ora) **-2.** (dress) insinuante

revealingly [rɪˈviːlɪŋlɪ] adv (significantly) significativamente; **~, not one of them speaks a foreign language** es significativo que ninguno (de ellos) hable otro idioma

reveille [Br rɪˈvælɪ, US ˈrevəlɪ] n MIL (toque m de) diana f

revel [ˈrevəl] ◇ vi (pt & pp **revelled**, US **reveled**) **-1.** (bask, wallow) **to ~ in sth** deleitarse con algo; **to ~ in one's freedom** disfrutar plenamente de la libertad **-2.** (make merry) estar de juerga
◇ npl **revels** farra f

revelation [revəˈleɪʃən] n revelación f; **her singing was a ~ to me** para mí fue una revelación, no sabía que cantaba tan bien; **(the Book of) Revelations** el Apocalipsis

revelatory [revəˈleɪtərɪ] adj revelador(ora)

reveller, US **reveler** [ˈrevələ(r)] n juerguista mf

revelry [ˈrevəlrɪ] n jolgorio m

revenge [rɪˈvendʒ] ◇ n venganza f; **to take ~ (on sb)** vengarse (de alguien); **to get** or **take one's ~** vengarse; **to do sth out of ~** hacer algo por venganza; **to do sth in ~ (for sth)** hacer algo como venganza (por algo); PROV **~ is sweet** la venganza es un placer de dioses
◇ vt **to be revenged** vengarse; **to ~ oneself on sb** vengarse de alguien

revengeful [rɪˈvendʒfʊl] adj vengativo(a)

revenue [ˈrevənjuː] n FIN ingresos mpl ❑ ~ **bond** obligación f pagadera mediante ingresos fiscales; HIST ~ **cutter** = embarcación usada para combatir el contrabando; ~ **expenditure** gastos mpl operativos or corrientes; ~ **stamp** timbre m fiscal

reverb [ˈriːvɜːb] n MUS Fam eco m; ~ **(unit)** cámara f de eco

reverberate [rɪˈvɜːbəreɪt] vi **-1.** (sound) reverberar; **the stadium reverberated with applause** el estadio resonaba con los aplausos **-2.** (news, rumour) repercutir; **the scandal reverberated through the country** el escándalo tuvo repercusiones en todo el país

reverberation [rɪvɜːbəˈreɪʃən] n **-1.** (of sound) reverberación f **-2.** (of news, rumour) repercusión f

revere [rɪˈvɪə(r)] vt reverenciar, venerar; **she was a much revered figure** era una figura muy venerada

reverence [ˈrevərəns] n **-1.** (respect) reverencia f, veneración f; **they hold her in ~** la veneran **-2.** (term of address) **Your Reverence** Su Reverencia; **His Reverence the Archbishop** Su Excelencia el Reverendísimo Arzobispo **-3.** (bow) reverencia f

Reverend [ˈrevərənd] REL reverendo m; **Right ~** Reverendísimo ❑ ~ **Mother** Reverenda Madre f

reverent [ˈrevərənt] adj reverente

reverential [revəˈrenʃəl] adj reverente

reverently [ˈrevərəntlɪ] adv con reverencia

reverie [ˈrevərɪ] n ensoñación f

revers [rɪˈvɪə(r)] (pl **revers** [rɪˈvɪəz]) n solapa f

reversal [rɪˈvɜːsəl] n **-1.** (of opinion, policy, roles) inversión f **-2.** LAW (of decision) revocación f **-3.** (setback) **~ of fortune** revés de la fortuna; **to suffer a ~** sufrir un revés **-4.** PHOT ~ **film** película f reversible

reverse [rɪˈvɜːs] ◇ n **-1.** (opposite) **the ~** lo contrario; **quite the ~!** ¡todo lo contrario!; **in ~** al revés; **go through the steps of the process in ~** haz el proceso inverso **-2.** (other side) (of coin, medal) reverso m; (of fabric) revés m; (of sheet of paper) dorso m **-3.** (defeat, misfortune) revés m **-4.** AUT (gear) marcha f atrás; **in ~ marcha atrás**; **he put the vehicle into ~** puso el vehículo en marcha atrás
◇ adj **-1.** (opposite, contrary) contrario(a), inverso(a); **in ~ order** en orden inverso ❑ ~ **discrimination** discriminación f inversa; IND ~ **engineering** = práctica de desmontar un producto de la competencia para ver cómo está diseñado; ~ **lay-up** (in basketball) canasta f a aro pasado; COMPTR ~ **slash** barra f oblicua invertida; BIOL ~ **transcriptase** transcriptasa f inversa; COMPTR ~ **video** vídeo m or Am video m inverso
-2. (back) **the ~ side** (of fabric) el revés; (of sheet of paper) el dorso
-3. (turned around) invertido(a); **a ~ image** una imagen invertida
-4. AUT ~ **gear** marcha f atrás
◇ vt **-1.** (order, situation, trend) invertir; (process, decline) invertir; **this should ~ the effects of the drug** esto debería revertir los efectos de la droga; **the roles are reversed** se han invertido los papeles
-2. (decision) revertir, revocar; **the unions have reversed their policy** los sindicatos han hecho un giro de 180 grados en su política
-3. (cause to go backwards) (vehicle) poner en marcha atrás; (machine) invertir; **this lever reverses the belt** esta palanca invierte la dirección de la cinta; **she reversed the car into the road** salió a la carretera marcha atrás; **he reversed the taxi into a lamppost** estrelló el taxi contra una farola dando marcha atrás
-4. Br **to ~ the charges** (for phone call) llamar a cobro revertido
-5. (garment) **the jacket can be reversed** es una chaqueta reversible
◇ vi (car, driver) dar marcha atrás; **the driver in front reversed into me** el conductor que estaba delante de mí me golpeó dando marcha atrás

reverse-charge call [rɪˈvɜːstʃɑːdʒˈkɔːl] n Br llamada f or Am llamado m a cobro revertido

reversi [rɪˈvɜːsɪ] n reversi m

reversible [rɪˈvɜːsəbəl] adj **-1.** (jacket) reversible **-2.** (decree, decision) revocable; (surgery) reversible; **the decision is not ~** la decisión es irrevocable **-3.** CHEM ~ **reaction** reacción f reversible

reversing light [rɪˈvɜːsɪŋlaɪt] n Br luz f de marcha atrás

reversion [rɪˈvɜːʃən] n **-1.** (to former state, habit) vuelta f **-2.** LAW reversión f **-3.** BIOL **~ to type** regresión al tipo original; Fig **this was a not unexpected ~ to type** era la predecible vuelta a las andadas

revert [rɪˈvɜːt] vi **-1.** (return) volver; **they reverted to barbarism** regresaron a la barbarie; **the land has reverted to a wild meadow** el terreno se ha vuelto a convertir en una pradera **-2.** LAW (property) revertir **-3.** BIOL **to ~ to type** hacer una regresión; Fig **he soon reverted to type** pronto volvió a su antiguo ser

revetment [rɪˈvetmənt] n revestimiento m

review [rɪˈvjuː] ◇ n **-1.** (of policy, situation) revisión f; **the case is coming up for ~** el caso va a ser revisado; **all our prices are subject to ~** todos nuestros precios están sujetos a cambio; **to be under ~** estar siendo revisado(a) ❑ ~ **body** comisión f de estudio
-2. LAW (of case) revisión f
-3. (survey) repaso m; **she gave us a brief ~ of the situation** nos hizo un resumen rápido de la situación; **a ~ of the year** un repaso del año
-4. (of book, play, movie) crítica f, reseña f; **the play got good/bad reviews** la obra recibió buenas/malas críticas ❑ ~ **copy** ejemplar m para la prensa
-5. (magazine) revista f; (radio, TV programme) crítica f, reseña f
-6. MIL revista f; **to pass troops in ~** pasar revista a las tropas
-7. THEAT revista f
-8. US (revision) repaso m, revisión f
◇ vt **-1.** (policy, situation) revisar; (progress) analizar, examinar; **they should ~ their security arrangements** deberían revisar su sistema de seguridad
-2. LAW (case) revisar
-3. (book, play, movie) hacer una crítica de, reseñar
-4. (go back over) hacer una revisión de; **we shall be reviewing the events of the past year** haremos una revisión de los hechos más destacados del año pasado; **she quickly reviewed her notes before the speech** antes del discurso, revisó rápidamente sus notas
-5. MIL (troops) pasar revista a
-6. US (revise) repasar
◇ vi **-1.** (write reviews) **he reviews for "The Times"** escribe críticas para "The Times"
-2. US (revise for exam, test) repasar

reviewer [rɪˈvjuːə(r)] n (of book, play, movie) crítico(a) m,f

revile [rɪˈvaɪl] vt Formal denigrar, vilipendiar; **our much reviled education system** nuestro muy vilipendiado sistema educativo

revise [rɪˈvaɪz] ◇ vt **-1.** (text, policy, offer) revisar; **to ~ one's opinion of sb** cambiar de opinión sobre alguien; **to ~ sth upwards/downwards** subir/bajar algo; **to ~ a price upwards/downwards** revisar or corregir el precio al alza/a la baja **-2.** Br (for exam) (subject, notes) repasar
◇ vi Br (for exam) repasar (**for** para)

revised [rɪˈvaɪzd] adj **-1.** (figures, estimate) revisado(a), corregido(a) **-2.** (edition) revisada(a) ❑ **Revised Standard Version** = revisión de la Biblia protestante publicada entre 1946 y 1952; **Revised Version** = revisión de la Biblia protestante publicada entre 1881 y 1885

reviser [rɪˈvaɪzə(r)] n revisor(ora) m,f

revision [rɪˈvɪʒən] n **-1.** (of text, policy, offer) revisión f **-2.** (correction) corrección f **-3.** (revised edition) edición f revisada **-4.** Br (for exam) repaso m; **to do some ~** repasar

revisionism [rɪˈvɪʒənɪzəm] n POL revisionismo m

revisionist [rɪˈvɪʒənɪst] POL ◇ n revisionista mf
◇ adj revisionista

revisit [riːˈvɪzɪt] vt volver a visitar; **"War and Peace" revisited** "Guerra y Paz" revisitado

revitalize [riːˈvaɪtəlaɪz] vt reanimar, revitalizar; **to ~ the economy** reactivar la economía

revival [rɪˈvaɪvəl] n **-1.** (of person) reanimación f; **all attempts at ~ failed** los intentos por reanimarla no funcionaron **-2.** (of industry) reactivación f **-3.** (of hope, interest) resurgimiento m **-4.** (of custom, fashion) resurgimiento m; **they would like to see a ~ of Victorian values** les gustaría que hubiera un resurgimiento de los valores victorianos **-5.** (of play) reposición f, nuevo montaje m **-6.** (**religious**) ~ renacimiento m

revivalism [rɪˈvaɪvəlɪzəm] n REL evangelismo m

revivalist [rɪˈvaɪvəlɪst] REL ◇ n evangelista mf
◇ adj evangelista; **a ~ meeting** un encuentro evangelista

revive [rɪˈvaɪv] ◇ vt **-1.** (person) reanimar; **this will ~ you!** (drink) esto te reanimará **-2.** (industry) reactivar; **a plan to ~ the city centre** un plan para reactivar el centro de la ciudad; **this role could ~ his flagging career** este papel daría nuevo vigor a su carrera, actualmente en decadencia **-3.** (hopes, interest) resucitar **-4.** (custom, fashion) hacer resurgir; **prewar styles have been revived** han resurgido los estilos anteriores a la guerra **-5.** (play) reponer
◇ vi **-1.** (person) reanimarse **-2.** (industry) reactivarse **-3.** (hopes, interest) renacer, volver a cobrar fuerza **-4.** (custom, fashion) revivir

revivify [rɪˈvɪvɪfaɪ] vt Formal revivificar

revocation [ˌrevəˈkeɪʃən] n Formal revocación f

revoke [rɪˈvəʊk] ◇ vt Formal (law) derogar; (decision, privilege) revocar
◇ vi (in cards) renunciar

revolt [rɪˈvəʊlt] ◇ n rebelión f; **to be in ~** rebelarse; **the peasants rose up in ~** los campesinos se alzaron en revuelta
◇ vt (disgust) repugnar; **the very thought revolts me** sólo pensarlo me repugna; **to be revolted by sth** sentir asco por algo
◇ vi (rebel) rebelarse (**against** contra)

revolting [rɪˈvəʊltɪŋ] adj (disgusting) repugnante, asqueroso(a); **the food was ~** la comida estaba asquerosa; **don't be ~!** ¡no hagas guarradas!

revoltingly [rɪˈvəʊltɪŋlɪ] adv (disgustingly) asquerosamente, repugnantemente

revolution [ˌrevəˈluːʃən] n **-1.** (radical change) revolución f; **a ~ in information technology** una revolución en tecnología de la información **-2.** (turn) revolución f, giro m; **100 revolutions per minute** 100 revoluciones por minuto

revolutionary [ˌrevəˈluːʃənərɪ] ◇ n revolucionario(a) m,f
◇ adj revolucionario(a); **such a suggestion was ~ in those days** en aquellos tiempos ese tipo de ideas era revolucionario

revolutionize [ˌrevəˈluːʃənaɪz] vt revolucionar; **these changes will ~ the industry** estos cambios revolucionarán el sector

revolve [rɪˈvɒlv] ◇ vi **-1.** (rotate) girar (**around** en torno a); Fig **these ideas revolved in her mind** estas ideas le daban vueltas en la cabeza **-2.** (centre, focus) **to ~ round** or **around sth** girar en torno or alrededor de algo
◇ vt **-1.** (rotate) girar **-2.** Formal (ponder) considerar

revolver [rɪˈvɒlvə(r)] n revólver m

revolving [rɪˈvɒlvɪŋ] adj giratorio(a) ❑ FIN **~ credit** crédito m renovable automáticamente, crédito m rotativo; **~ door** puerta f giratoria; FIN **~ fund** fondo m rotativo

revue [rɪˈvjuː] n THEAT revista f

revulsion [rɪˈvʌlʃən] n repugnancia f; **she turned away in ~** se dio media vuelta asqueada

reward [rɪˈwɔːd] ◇ n recompensa f; **they're offering a $500 ~** ofrecen una recompensa de 500 dólares; **as a ~** como recompensa; **I do everything for him, and what do I get in ~?** hago todo por él y ¿de qué forma or cómo me agradece?
◇ vt recompensar (**with** con); **our patience has finally been rewarded** finalmente, nuestra paciencia se ha visto recompensada; **the book rewards closer attention** el libro resulta más provechoso si se lee atentamente

rewarding [rɪˈwɔːdɪŋ] adj gratificante; **the conference was most ~** el congreso resultó muy provechoso; **financially ~** bien remunerado(a)

rewind [riːˈwaɪnd] ◇ vt (pt & pp **rewound** [riːˈwaʊnd]) (tape, film) rebobinar
◇ vi rebobinarse
◇ n [ˈriːwaɪnd] rebobinado m ❑ **~ button** botón m de rebobinado

rewire [riːˈwaɪə(r)] vt (house) renovar la instalación eléctrica de

reword [riːˈwɜːd] vt reformular, expresar de otra manera

rework [riːˈwɜːk] vt (idea, text) rehacer, reelaborar; **his last novel reworks the same theme** su última novela vuelve a abordar el mismo tema

reworking [riːˈwɜːkɪŋ] n (of idea, text) adaptación f; **the movie is a ~ of the "Faust legend" theme** la película es una adaptación de la leyenda de Fausto

rewound pt & pp of **rewind**

rewritable [riːˈraɪtəbəl] adj COMPTR (media) regrabable

rewrite ◇ n [ˈriːraɪt] CIN (of script) nueva versión f ❑ LING **~ rule** regla f de la reescritura
◇ vt [riːˈraɪt] (pt **rewrote** [riːˈrəʊt], pp **rewritten** [riːˈrɪtən]) reescribir; **to ~ history** reescribir la historia

Rex [reks] n Br **Edward/George ~** el Rey Eduardo/Jorge; LAW **~ vs Gibson** la Corona contra Gibson

Reykjavik [ˈrekjəvɪk] n Reikiavik

rezone [riːˈzəʊn] vt US recalificar

RFC [ˌɑːref ˈsiː] n **-1.** (abbr **Rugby Football Club**) club m de rugby **-2.** HIST (abbr **Royal Flying Corps**) = fuerza aérea británica durante la Primera Guerra Mundial

RFD US (abbr **rural free delivery**) entrega f rural gratuita

RFU [ˌɑːref ˈjuː] n (abbr **Rugby Football Union**) = federación inglesa de "rugby union"

Rgt (abbr **regiment**) regimiento

Rh [ˌɑːr ˈeɪtʃ] n (abbr **Rhesus**) Rh m ❑ **~ factor** factor m Rh

rhapsodic(al) [ræpˈsɒdɪk(əl)] adj (prose, description) enardecido(a)

rhapsodize [ˈræpsədaɪz] vi deshacerse en elogios (**over** or **about** sobre)

rhapsody [ˈræpsədɪ] n **-1.** MUS rapsodia f **-2. to go into rhapsodies over sth** (enthuse about) deshacerse en elogios sobre algo; **to send sb into rhapsodies** extasiar a alguien

rhea [ˈriːə] n ñandú m

rheme [riːm] n LING rema f

Rhenish [ˈrenɪʃ] ◇ n renano(a) m,f
◇ adj renano(a); **~ Wine** vino del Rin

rhenium [ˈriːnɪəm] n CHEM renio m

rheology [rɪˈɒlədʒɪ] n PHYS reología f

rheostat [ˈriːəʊstæt] n reóstato m

rhesus [ˈriːsəs] n **-1.** MED **~ negative/positive** Rh m negativo/positivo ❑ **~ factor** factor m Rh **-2.** (animal) **~ monkey** mono m rhesus, macaco m (de la India)

rhetoric [ˈretərɪk] n **-1.** (art of speaking) retórica f **-2.** Pej (bombast) retórica f; **it's just empty ~** es pura retórica

rhetorical [rɪˈtɒrɪkəl] adj retórico(a); **her writing contains many a ~ flourish** su texto tiene una gran cantidad de florituras retóricas ❑ **~ question** pregunta f retórica

rhetorically [rɪˈtɒrɪklɪ] adv retóricamente

rhetorician [ˌretəˈrɪʃən] n **-1.** (teacher of rhetoric) profesor(ora) m,f de retórica **-2.** Pej (who uses over-elaborate language) retórico(a) m,f

rheum [ruːm] n legaña f

rheumatic [ruːˈmætɪk] adj MED reumático(a) ❑ **~ fever** fiebre f reumática

rheumaticky [ruːˈmætɪkɪ] adj Fam reumático(a)

rheumatics [ruːˈmætɪks] npl Fam reúma m; **to have** or **suffer from ~** sufrir de or tener reúma

rheumatism [ˈruːmətɪzəm] n reumatismo m, reúma m

rheumatoid arthritis [ˈruːmətɔɪdɑːˈθraɪtɪs] n MED artritis f inv reumatoide

rheumatologist [ˌruːməˈtɒlədʒɪst] n reumatólogo(a) m,f

rheumatology [ˌruːməˈtɒlədʒɪ] n reumatología f

rheumy [ˈruːmɪ] adj (eyes) legañoso(a)

Rhine [raɪn] n **the ~** el Rin

Rhineland [ˈraɪnlænd] n **the ~** Renania

rhinestone [ˈraɪnstəʊn] n diamante m de imitación

rhino [ˈraɪnəʊ] (pl **rhinos**) n Fam rinoceronte m

rhinoceros [raɪˈnɒsərəs] n rinoceronte m

rhinoplasty [ˈraɪnəʊplæstɪ] n rinoplastia f

rhizome [ˈraɪzəʊm] n BOT rizoma m

Rhode Island [ˌrəʊdˈaɪlənd] n Rhode Island

Rhodes [rəʊdz] n **-1.** (island) Rodas **-2.** UNIV **~ scholar** = becario que recibe una "Rhodes scholarship"; **~ scholarship** beca f Rhodes, = beca que se otorga a estudiantes de EE.UU. y los países de la Commonwealth para estudiar en Oxford

Rhodesia [rəʊˈdiːzɪə] n Formerly Rodesia

Rhodesian [rəʊˈdiːʒən] Formerly ◇ n rodesiano(a) m,f
◇ adj rodesiano(a)

rhodium [ˈrəʊdɪəm] n CHEM rodio m

rhododendron [ˌrəʊdəˈdendrən] n rododendro m

rhomb = **rhombus**

rhombic [ˈrɒmbɪk] adj rómbico(a)

rhomboid [ˈrɒmbɔɪd] ◇ n romboide m
◇ adj romboidal, romboideo(a)

rhomboidal [rɒmˈbɔɪdəl] adj romboidal, romboideo(a)

rhomb(us) [ˈrɒmb(əs)] n rombo m

rhonchus [ˈrɒŋkəs] n MED ronquido m

Rhone [rəʊn] n **the ~** el Ródano

rhubarb [ˈruːbɑːb] n **-1.** (plant) ruibarbo m ❑ **~ jam** confitura f de ruibarbo **-2.** Br THEAT **~**, **~** (simulating conversation) bla, bla, bla **-3.** US Fam Old-fashioned (squabble) pelotera f

rhyme [raɪm] ◇ n **-1.** (sound, word) rima f; **give me a ~ for mash** dime algo que rime con "mash"; **to find a ~ for sth** buscar una palabra que rime con algo; IDIOM **without ~ or reason** sin venir a cuento **-2.** (verse, poem) rima f; **to speak in ~** hablar en verso; **I've made up a ~ about you** escribí un poema sobre ti ❑ **~ scheme** rima f
◇ vt rimar; **you can't ~ "lost" with "host"** "lost" no rima con "host"
◇ vi rimar (**with** con); **what rhymes with "orange"?** ¿qué rima con "orange"?

rhymester [ˈraɪmstə(r)] n Pej rimador(ora) m,f

rhyming [ˈraɪmɪŋ] adj LIT **~ couplet** pareado m (en rima); **~ slang** = argot originario del este de Londres

---

RHYMING SLANG

Se trata de un complicado procedimiento argótico que consiste en reemplazar una palabra por una expresión cuyo último término rime con la palabra en cuestión; a menudo no se pronuncian más que las primeras palabras de la expresión, es decir, aquellas que no riman con el término reemplazado. Ejemplo: "my old china" ("china plate" = "mate"); "to have a butcher's" ("butcher's hook" = "look"). Originariamente este tipo de argot lo usaban los "cockneys" (habitantes del este de Londres), pero ciertos términos han pasado al lenguaje corriente y son conocidos por la mayoría de los británicos.

rhythm ['rɪðəm] *n* ritmo *m*; **she's got (a sense of)** ~ tiene (sentido del) ritmo ❑ ~ **and blues** rhythm and blues *m*; ~ **guitar** guitarra *f* rítmica; ~ **method** *(of contraception)* método *m* (de) Ogino; ~ **section** sección *f* rítmica

rhythmic(al) ['rɪðmɪk(əl)] *adj* rítmico(a)

rhythmically ['rɪðmɪklɪ] *adv* rítmicamente, con ritmo

rhythmic gymnastics ['rɪðmɪkdʒɪm'næstɪks] *n* gimnasia *f* rítmica

RI *(abbr* **Rhode Island)** Rhode Island

rial [ri:'ɑ:l] *n* rial *m*

rib [rɪb] ◇ *n* -1. *(of person, animal)* costilla *f*; **to poke** or **dig sb in the ribs** dar a alguien un codazo en las costillas -2. CULIN costilla *f* -3. *(of umbrella)* varilla *f*; *(of leaf, aircraft or insect wing)* nervadura *f*; *(of ship's hull)* cuaderna *f*, costilla *f* -4. ARCHIT nervio *m* -5. *(in knitting)* punto *m* elástico
◇ *vt (pt & pp* **ribbed)** *Fam (tease)* tomar el pelo a
◇ *vi (in knitting)* hacer punto elástico

RIBA [ɑːraɪbiː'eɪ] *n (abbr* **Royal Institute of British Architects)** = colegio profesional de los arquitectos británicos

ribald ['rɪbəld, 'raɪbəld] *adj (joke, song)* procaz

ribaldry ['rɪbəldrɪ] *n* picardía *f*

riband, ribband ['rɪbənd] *n* -1. *(award)* galardón *m* -2. *Old-fashioned (in hair)* cinta *f*

ribbed [rɪbd] *adj* -1. *(pullover)* acanalado(a); *(condom)* estriado(a) -2. ARCHIT *(vault)* de crucería

ribbing ['rɪbɪŋ] *n* -1. *(on pullover)* cordoncillos *mpl* -2. *Fam (teasing)* tomadura *f* de pelo; **to give sb a** ~ tomar el pelo a alguien

ribbon ['rɪbən] *n* -1. *(for hair)* cinta *f*; *(on parcel)* lazo *m*, cinta *f*; IDIOM **his clothes had been cut** or **torn to ribbons** su ropa estaba hecha jirones ❑ ~ **microphone** micrófono *m* de cinta
-2. *(on medal)* cinta *f*; *(of order)* galón *m*
-3. *(for typewriter)* cinta *f*
-4. *(narrow strip) (of land)* franja *f*, faja *f*; **a ~ of road across the desert** una carretera que cruza el desierto como una cinta ❑ ~ **development** = desarrollo urbano a ambos lados de una carretera

ribcage ['rɪbkeɪdʒ] *n* caja *f* torácica

rib-eye ['rɪbaɪ] *n* ~ **(steak)** bistec *m* de lomo

riboflavin ['raɪbəʊ'fleɪvɪn], **riboflavine** ['raɪbəʊfleɪviːn] *n* riboflavina *f*

ribonucleic acid [raɪbəʊnjuː'kleɪɪk'æsɪd] *n* ácido *m* ribonucleico

rib-tickler ['rɪbtɪklə(r)] *n Fam* **it's a real** ~ es desternillante

rib-tickling ['rɪbtɪklɪŋ] *adj Fam* desternillante

rice [raɪs] ◇ *n* arroz *m* ❑ ~ **bowl** *(bowl)* cuenco *m* de arroz; *(region)* zona *f* arrocera; ~ **field** arrozal *m*; ~ **paddy** arrozal *m*; ~ **paper** papel *m* de arroz; ~ **pudding** arroz *m* con leche; ~ **wine** vino *m* de arroz
◇ *vt US (potatoes)* pasar por el pasapuré

ricer ['raɪsə(r)] *n US* pasapuré *m*

rich [rɪtʃ] ◇ *n* -1. *(wealthy people)* **the** ~ los ricos -2. *(wealth)* **riches** riquezas *fpl*
◇ *adj* -1. *(wealthy) (person, country)* rico(a); **to become** or **get** ~ hacerse rico; **the ~ part of town** la zona de clase alta de la ciudad; **I'm a hundred pounds richer** soy cien libras más rico
-2. *(luxurious) (furnishings, decor)* suntuoso(a), opulento(a)
-3. *(fertile) (soil)* fértil; **a ~ imagination** una fértil imaginación
-4. *(abundant) (harvest, supply)* abundante; **to be ~ in...** ser rico en...; *Fig* **a ~ seam** un filón abundante; IDIOM **there are ~ pickings to be had** se pueden conseguir suculentas ganancias
-5. *(culture, traditions)* rico(a)
-6. *(food)* **avoid ~ foods** evita alimentos con alto contenido graso; **this dessert is very** ~ este postre llena mucho; **it's delicious but a bit too ~ for me** está deliciosa pero me resulta un tanto empalagoso
-7. *(colour, smell)* intenso(a)
-8. *(voice, tone)* sonoro(a)

-9. *Fam (cheeky)* **that's a bit ~ (coming from you)!** ¡mira quién habla or *Esp* quién fue a hablar!

-rich [rɪtʃ] *suffix* **a target~ environment** una zona con numerosos objetivos; **vitamin~ foods** alimentos ricos en vitaminas

Richard ['rɪtʃəd] *pr n* ~ **the Lionheart** Ricardo Corazón de León

richly ['rɪtʃlɪ] *adv* -1. *(furnished, decorated)* lujosamente -2. *(fully)* ~ **deserved** merecidísimo(a); **he was** ~ **rewarded** le pagaron muy generosamente -3. *(abundantly)* profusamente; ~ **illustrated** profusamente ilustrado -4. *(vividly)* ~ **coloured** con colores muy intensos; ~ **scented** muy perfumado

richness ['rɪtʃnɪs] *n* -1. *(wealth) (of person, country)* riqueza *f*
-2. *(luxuriousness) (of furnishings, decor)* suntuosidad *f*, opulencia *f*
-3. *(fertility) (of soil)* fertilidad *f*; **the ~ of her imagination** la fertilidad de su imaginación
-4. *(abundance) (of harvest, supply)* abundancia *f*; **an amazing ~ of detail** una increíble riqueza de detalles
-5. *(of culture, traditions)* riqueza *f*
-6. *(of food)* **the ~ of the food gave him indigestion** la comida llenaba tanto que acabó por empacharse
-7. *(of colour, smell)* intensidad *f*
-8. *(of voice, tone)* sonoridad *f*

Richter Scale ['rɪktə'skeɪl] *n* escala *f* de Richter; **it measured six on the ~ scale** tuvo una intensidad seis en la escala de Richter

rick[1] [rɪk] ◇ *n (of hay, straw)* almiar *m*
◇ *vt* almiarar

rick[2] *vt esp Br* **to ~ one's neck** torcerse el cuello; **to ~ one's back** hacerse daño en la espalda

rickets ['rɪkɪts] *npl* MED raquitismo *m*

rickety ['rɪkɪtɪ] *adj Fam (furniture, staircase)* desvencijado(a); *(alliance, alibi)* precario(a)

rickshaw ['rɪkʃɔː] *n* = calesa oriental tirada por una persona o por una bicicleta o motocicleta

ricochet ['rɪkəʃeɪ] ◇ *n* bala *f* rebotada
◇ *vi (pt* **ricochetted** ['rɪkəʃeɪd]) rebotar **(off de)**

ricotta [rɪ'kɒtə] *n* ~ **(cheese)** (queso *m*) ricotta *m*, = queso blanco italiano de vaca u oveja

rictus ['rɪktəs] *n* -1. *(of bird)* rictus *m*, apertura *f* del pico -2. *(of person)* rictus *m*

rid [rɪd] *(pt & pp* **rid)** *vt* **to ~ sb of sth** librar a alguien de algo; **to ~ oneself of sth, to get ~ of sth** deshacerse de algo; **we haven't been able to get ~ of the house** no hemos podido deshacernos de la casa; **I can't seem to get ~ of this cold** parece que no puedo quitarme este resfriado or *Andes, RP* resfrío de encima; **I thought we were never going to get ~ of them!** *(guests)* ¡pensé no nos íbamos a poder librar de ellos!; **I don't want a child... you'll have to get ~ of it** yo no quiero un hijo, tendrás que deshacerte de él; **to be ~ of sth/sb** estar libre de algo/alguien; **you're well ~ of him** estás mejor sin él

riddance ['rɪdəns] *n Fam* **he's gone, and good ~ (to bad rubbish)!** se ha ido, ¡y ya iba siendo hora!

ridden ['rɪdən] ◇ *pp of* **ride**
◇ *adj* **to be ~ with** or **by guilt** estar atormentado por el sentimiento de culpa

-ridden ['rɪdən] *suffix* **flea~** infectado(a) de pulgas; **a disease~ town** una población azotada por las enfermedades

riddle[1] ['rɪdəl] *n* -1. *(puzzle)* acertijo *m*, adivinanza *f*; **to ask sb a ~** decir una adivinanza a alguien -2. *(mystery)* enigma *m*; **to talk** or **speak in riddles** hablar en clave
◇ *vt (pierce)* **to ~ sb with bullets** acribillar a alguien a balazos; **riddled with mistakes** plagado(a) de errores; **his body is riddled with cancer** tiene el cuerpo consumido por el cáncer; **the department is riddled with corruption** el departamento es un antro de corrupción

riddle[2] ◇ *n (sieve)* criba *f*
◇ *vt (sift)* cribar

ride [raɪd] ◇ *n* -1. *(on bicycle, in car, on horse)* paseo *m*; **to give sb a ~** *(in car)* llevar a alguien (en coche), *CAm, Méx* dar aventón or *Col* chance or *Cuba* botella or *Perú* una jalada or *Ven* cola a alguien; **he gave the child a ~ on his back** llevó al niño a hombros or *RP* babucha; **to go for a ~** ir a dar una vuelta (en coche/en bicicleta/a caballo); **can I have a ~ on your horse/bike?** ¿me dejas dar una vuelta en tu caballo/moto?; **she was very tired after the bus ~ from Puebla** estaba muy cansada después del viaje en autobús desde Puebla; **it's a ten minute train ~ to work** se tarda or *Am* demora diez minutos en llegar al trabajo en tren, *RP* son diez minutos en tren hasta el trabajo; **it's only a short ~ away (in the car)** está a poca distancia (en coche)
-2. *(attraction at funfair) Esp* atracción *f*, *Am* juego *m*
-3. *Vulg (sex) Esp* polvo *m*, *Méx* acostón *m*, *Cuba* palo *m*; **she's a good ~** *(sexual partner) Esp* folla or *Am* coge or *Méx* chinga genial
-4. IDIOMS **I just went along for the ~** me apunté por hacer algo; **she was given a rough ~** *(by interviewer, critics)* se las hicieron pasar negras or *Esp* moradas; **to take sb for a ~** engañar a alguien como a un chino, tomar a alguien el pelo, *RP* venderle un buzón a alguien
◇ *vt (pt* **rode** [rəʊd], *pp* **ridden** ['rɪdən]) -1. *(horse, vehicle)* **to ~ a horse/a bicycle** *Esp* montar or *Am* andar a caballo/en bicicleta; **he was riding a black horse** montaba un caballo negro, *Am* estaba andando en un caballo negro; **he let me ~ his bike** me dejó *Esp* montar or *Am* andar en su bici; **she rode her bike into town** fue a la ciudad en bici; **we rode twenty miles today** *(on horse)* hoy hemos cabalgado veinte millas; *(on bike)* hoy hemos recorrido veinte millas; *US* **to ~ the bus/train** viajar en autobús/tren; **to ~ a good race** *(jockey)* hacer una buena carrera; **he has ridden ninety winners this season** *(jockey)* ha ganado noventa carreras esta temporada; **the winner was ridden by Willie Carson** Willie Carson montaba al ganador; **we watched the surfers riding the waves** vimos cómo los surfistas se mantenían sobre las olas or *Esp* la cresta de la ola
-2. *Vulg (have sex with)* tirarse a, *Esp* follarse a, *Am* cogerse a, *Méx* chingarse a
◇ *vi (on horse, in vehicle)* **can you ~?** *(on horse, bicycle) Esp* ¿sabes montar?, *Am* ¿sabes andar?; **to ~ on a horse/bicycle** *Esp* montar a caballo/en bicicleta, *Am* andar a caballo/en bicicleta; **I rode into town** fui a la ciudad en bicicleta/a caballo; **we rode there in a taxi** fuimos allí en taxi; **we rode home on the bus** volvimos a casa en autobús; **they rode past us** *(on horseback)* pasaron cabalgando delante de nosotros, iban a caballo y nos pasaron; *(on bicycle)* pasaron delante de nosotros, iban en bicicleta y nos pasaron
-2. *US (in elevator)* **to ~ down** bajar; **to ~ up** subir
-3. IDIOMS **to be riding for a fall** ir camino del or *Am* al desastre; **they are riding high** atraviesan un buen momento; **he is riding on a wave of popularity** se halla or *RP* está en la cresta de la ola; **to let sth ~** dejar pasar algo

◆ **ride down** *vt sep* -1. *(trample)* atropellar -2. *(catch up with)* cazar

◆ **ride off** *vi (on horse, bicycle)* marcharse

◆ **ride on** *vt insep (depend on)* depender de; **I have several thousand pounds riding on that horse** tengo varios miles de libras apostadas en ese caballo; **there's a lot riding on this match** en este partido hay mucho en juego

◆ **ride out** *vt sep (problem, crisis)* soportar, aguantar; **to ~ out the storm** capear el temporal

◆ **ride up** *vi (clothing)* subirse

rider ['raɪdə(r)] n **-1.** (on horse) (man) jinete m; (woman) amazona f; (on bicycle) ciclista mf; (on motorbike) motorista mf

-2. (to document, treaty) cláusula f adicional; **he agrees, but with the ~ that he won't have to pay for it** acepta, pero con la condición de no hacerse cargo del costo or Esp coste; **I'd like to add a ~ to what my colleague said** me gustaría hacer una salvedad respecto de lo que mi colega ha dicho

-3. Br LAW (jury recommendation) = recomendación hecha por un jurado que complementa al veredicto, en la que, por ejemplo, se aconseja una condena menos severa

riderless ['raɪdəlɪs] adj (horse) sin jinete

ridership ['raɪdəʃɪp] n US número m de usuarios or viajeros (en un transporte público)

ridge [rɪdʒ] n **-1.** (of mountain) cresta f **-2.** (of roof) caballete m, cumbrera f **-3.** (on surface) rugosidad f; (in ploughed field) caballón m; **the wet sand formed ridges** la arena mojada formaba pequeños montículos ❑ **~ tent** tienda f (de campaña) canadiense **-4.** MET **~ of high pressure** cuña anticiclónica

ridged [rɪdʒd] adj rugoso(a)

ridgepole ['rɪdʒpəʊl] n (of roof) cumbrera f; (of tent) barra f superior

ridge-tile ['rɪdʒtaɪl] n cobija f, teja f de caballete

ridgetree ['rɪdʒtriː] n (of roof) cumbrera f

ridgeway ['rɪdʒweɪ] n Br = camino por la cresta de una montaña

ridicule ['rɪdɪkjuːl] ◇ n burlas fpl, mofa f; **to hold sth/sb up to ~** burlarse or mofarse de algo/de alguien; **to lay oneself open to ~** exponerse al ridículo; **to be an object of ~** ser el centro de las burlas
◇ vt burlarse de, mofarse de

ridiculous [rɪ'dɪkjʊləs] ◇ adj ridículo(a); **you look ~ in that hat** ese sombrero te queda ridículo; **£500? don't be ~!** ¿500 libras? ¡no seas ridículo!; **to make sb look ~** poner en ridículo or ridiculizar a alguien; **to make oneself ~** hacer el ridículo
◇ **to verge on the ~** rozar lo ridículo

ridiculously [rɪ'dɪkjʊləslɪ] adv **to behave/dress ~** comportarse/vestir de forma ridícula; **it was ~ slow/cheap** fue ridículo lo lento/barato que era

ridiculousness [rɪ'dɪkjʊləsnɪs] n lo ridículo

riding[1] ['raɪdɪŋ] n equitación f, monta f; **to go ~** ir a montar (a caballo) ❑ **~ boots** botas fpl de montar; **~ breeches** pantalón m de montar; **~ crop** fusta f; **~ habit** ropa f de montar (para mujeres); **~ school** escuela f hípica or de equitación; **~ whip** fusta f

riding[2] n (in Canada, New Zealand) distrito m electoral

rife [raɪf] adj **-1.** (widespread) **to be ~** reinar, imperar; **corruption is ~** impera la corrupción, la corrupción es moneda corriente **-2.** (full) plagado(a) (**with** de); **the text is ~ with errors** el texto está plagado de errores; **the office is ~ with rumour** en la oficina los rumores están a la orden del día; **the city was ~ with disease** la enfermedad asolaba la ciudad

riff [rɪf] n MUS riff m, = breve pasaje que se repite varias veces

riffle ['rɪfəl] vt **-1.** (magazine, pages) pasar rápidamente **-2.** (cards) = barajar con dos montones de naipes intercalando las cartas

◆ **riffle through** vt insep pasar rápidamente

riff-raff ['rɪfræf] n gentuza f

rifle[1] ['raɪfəl] ◇ n **-1.** (gun) rifle m, fusil m ❑ **~ range** (place) campo m de tiro; (distance) alcance m (de un rifle); **~ shot** disparo m de rifle **-2.** (groove) estría f **-3.** TV & RAD **~ mike** micrófono m direccional
◇ vt (gun barrel) estriar

rifle[2] vt **-1.** (search) (house, office) revolver (en busca de algo); (pockets, drawer) rebuscar en **-2.** (rob) robar; **they rifled the safe** desvalijaron la caja fuerte

◆ **rifle through** vt insep rebuscar en

rifleman ['raɪfəlmən] n fusilero m

rifling ['raɪflɪŋ] n (in gun barrel) estriado m

rift [rɪft] n **-1.** (gap) (in earth, rock) grieta f, brecha f; **a ~ in the clouds** un claro en las nubes ❑ GEOL **~ valley** = valle formado entre dos grietas paralelas **-2.** (in relationship) desavenencia f; (in political party) escisión f; **there is a deep ~ between them** están muy distanciados

rig [rɪɡ] ◇ n **-1.** (of ship) aparejo m **-2.** (oil) (on land) torre f de perforación (petrolífera); (at sea) plataforma f petrolífera **-3.** Fam (equipment) bártulos mpl, aparejos mpl **-4.** Fam (outfit) **have you seen the ~ he's wearing?** ¿has visto la vestimenta que me lleva? **-5.** US Fam (truck) camión m
◇ vt (pt & pp **rigged**) **-1.** (ship) aparejar **-2.** Fam (election, boxing match, race) amañar; **to ~ a jury** manipular al jurado

◆ **rig out** vt sep Fam **-1.** (clothe) vestir; **to be rigged out in...** ir ataviado(a) con... **-2.** (equip) equipar

◆ **rig up** vt sep improvisar, Esp apañar

Riga ['riːɡə] n Riga

rigger ['rɪɡə(r)] n (on oil rig) = operario cuya tarea es montar plataformas petroleras

rigging ['rɪɡɪŋ] n **-1.** NAUT jarcias fpl, cordaje m **-2.** Fam (of election, boxing match, race) amaño m

right [raɪt] ◇ n **-1.** (morality) el bien; **to know ~ from wrong** distinguir lo que está bien de lo que está mal; **to be in the ~** tener razón; **I don't wish to discuss the rights and wrongs of the decision** no quiero discutir la conveniencia de la decisión; **to put** or **set things to rights** poner las cosas en orden

-2. (entitlement) derecho m; **~ of assembly/asylum** derecho de reunión/asilo; **the ~ to vote** el derecho al voto; **women's rights** los derechos de la mujer; **what gives you the ~ to tell me what to do?** ¿con qué derecho me dices lo que tengo que hacer?; **to have the ~ to do sth** tener derecho a hacer algo; **you have a ~ to your opinion, but...** puedes opinar lo que quieras, pero...; **you have every ~ to be angry** tienes todo el derecho del mundo a estar esp Esp enfadado or esp Am enojado; **you have no ~ to demand this of us** no tienes derecho a pedirnos esto; **to be within one's rights to do sth** tener todo el derecho a hacer algo; **it is mine as of ~** or **by ~** es mío por derecho propio; **by ~ of her position as chairwoman** en su condición de presidenta; **by rights, I should have first choice** en justicia, debería ser yo el primero en elegir; **to be famous in one's own ~** ser famoso(a) por méritos propios or por derecho propio ❑ **~ to reply** derecho m de réplica or respuesta; **~ of way** (on land) derecho m de paso; (on road) prioridad f

-3. rights (of book) derechos (**of** or **to** de); **all rights reserved** todos los derechos reservados

-4. (right-hand side) derecha f; **she's second from the ~** es la segunda por la derecha or RP empezando de la derecha; **on** or **to the ~ (of)** a la derecha (de); **on my ~** a mi derecha; **the one on the ~** el de la derecha; **turn to the ~** gira a la derecha; **to make** or **take a ~** girar a la derecha

-5. POL **the ~** la derecha; **she is further to the ~ than her husband** es más de derechas que su marido

-6. (in boxing) **a ~ to the jaw** un derechazo en la mandíbula

-7. FIN **rights issue** emisión f con derechos de suscripción preferente

◇ adj **-1.** (correct) correcto(a); **you take sugar, don't you? – yes, that's ~** con azúcar, ¿no? – sí; **I'm going to get promoted – is that ~?** me van a ascender – ¡ah, sí?; **that was the ~ thing to do** eso es lo que había que hacer; **am I going in the ~ direction?** ¿voy en or Esp por la dirección correcta?; **are you sure that's the ~ time?** ¿seguro que es ésa la hora?; **my watch is ~** mi reloj va or Am marcha or RP anda bien; **put your sweater on the ~ way round** ponte el suéter del or Am al derecho; **this soup is just ~** esta sopa está perfecta; **to be ~** (person) tener razón; **you were ~ about them, they turned out to be dishonest** tenías razón, resultaron ser deshonestos; **it was ~ of you** or **you were ~ not to say anything** hiciste bien en no decir nada; **you're ~ to be angry** tienes derecho a estar esp Esp enfadado or esp Am enojado; **am I ~ in thinking that...?** ¿me equivoco al pensar que...?; **~ you are!** ¡de acuerdo!; Fam **too ~!** ¡ya lo creo!; **~, I see what you mean** ya, entiendo lo que quieres decir; **you do want to come, ~?** quieres venir, ¿verdad?; **I'll ring you tomorrow, ~?** te llamaré mañana, ¿de acuerdo or Esp vale or Méx órale or RP está bien?; Fam **this man comes in, ~, and gets out a gun** entra un tipo, ¿sabes? or Esp ¿vale?, y saca una pistola; **I can't seem to get anything ~** parece que no hago nada bien; **you got the answer/sum ~** has acertado en la respuesta/suma; IDIOM **to be on the ~ lines** ir bien encaminado(a); **to put sb ~ (on sth)** sacar a alguien de su error (sobre algo) ❑ **~ side** (of material) cara f anterior or de arriba; IDIOM **to stay on the ~ side of sb** seguir a buenas con alguien, RP mantenerse en buenos términos con alguien; IDIOM **to stay on the ~ side of the law** no meterse en problemas con la justicia

-2. (morally good) **it's not ~** no está bien; **it is only ~ (and proper) that...** es de justicia que...; **to do the ~ thing** hacer lo (que es) debido

-3. (appropriate) (place, time, action) apropiado(a); **those curtains are just ~ for the bedroom** esas cortinas son perfectas para el dormitorio; **we are ~ for each other** estamos hechos el uno para el otro; **to wait for the ~ moment** esperar el momento oportuno; **the ~ person for the job** la persona indicada para el trabajo; **to know the ~ people** tener buenos contactos; **to be in the ~ place at the ~ time** estar en el lugar y en el momento adecuados

-4. (well, in good order) **I'm not feeling quite ~** no me siento muy bien; **something isn't ~ with the engine** a este motor le pasa algo; **no one in their ~ mind...** nadie en su sano juicio...; **you'll be (as) ~ as rain in a couple of days** en un par de días te volverás a encontrar de maravilla, RP en un par de días te vas a volver a sentir perfecto(a); **we'll have** or **put you ~ in no time** (make you better) esto te lo curamos en seguida; **to put sth/things ~** arreglar algo/las cosas; **he's not quite ~ in the head** no está muy bien de la cabeza

-5. Fam (as intensifier) **I felt a ~ fool** me sentí como un tonto de remate or RP como el rey de los bobos; **he's a ~ clever so-and-so** ¡qué listo está hecho el tipo or Esp tío!; **the place was in a ~ mess** el lugar estaba todo patas arriba or Am para arriba; **she's a ~ one!** ¡mira que es tonta!

-6. (right-hand) derecho(a); **on the ~ side** a la derecha; **to take a ~ turn** girar a la derecha; IDIOM **I would have given my ~ arm to be there** habría dado lo que fuera por estar allí ❑ COMPTR **~ arrow** flecha f derecha; COMPTR **~ arrow key** tecla f de flecha derecha; **~ back** lateral m derecho; **~ field** (in baseball) extracampo m or exterior m derecho; **~ fielder** (in baseball) exterior m derecho; **~ hand** mano f derecha; **~ hook** (in boxing) gancho m de derecha; SPORT **~ wing** (place) banda f derecha; (player) (in rugby) ala m derecho; POL **the ~ wing** la derecha

-7. MATH **~ angle** ángulo m recto; **the two lines are at ~ angles (to each other)** las dos líneas forman un ángulo recto

-8. ZOOL **~ whale** ballena f franca or vasca

◇ adv **-1.** (straight) directamente; **he drove ~ into the wall** chocó de frente or directamente contra la pared; **they walked ~ past us** pasaron justo delante de nosotros

right-angled

-2. (immediately) ~ **after/before we had arrived** justo antes/después de que llegáramos; ~ **away** en seguida, inmediatamente, CAm, Méx ahorita, Chile al tiro; **I'll be ~ back** vuelvo en seguida; ~ **now** ahora mismo; Fam **let me say ~ off that...** déjame decir de entrada que...; ~ **then** justo entonces

-3. (completely) **it tore her arm ~ off** le arrancó el brazo de cuajo; **he turned ~ round** se dio media vuelta, RP se dio vuelta; **the bullet went ~ through his arm** la bala le atravesó el brazo; **to go ~ up to sb** acercarse hasta donde está alguien; **fill the glass ~ up to the top** Esp llena el vaso justo hasta el borde, Am llena el vaso bien hasta el borde; ~ **at the top/back** arriba/detrás del todo; Fig **to be ~ behind sb** (support) apoyar plenamente a alguien; **we're ~ out of beer** nos hemos quedado sin nada de cerveza

-4. (exactly) ~ **here/there** aquí/ahí mismo; ~ **behind/in the middle** justo detrás or Am atrás/en medio; **to have sb ~ where one wants them** tener a alguien en sus manos; Fam ~ **on!** (excellent!) Esp ¡qué guay!, Andes, CAm, Carib, Méx ¡qué chévere!, Col ¡qué tenaz!, Méx ¡qué padre!, RP ¡qué bárbaro!

-5. (correctly) (to answer, guess) correctamente, bien; **I can never do anything ~** nunca me sale nada bien; **it doesn't look quite ~** hay algo que no está del todo bien; **to understand/remember ~** entender/recordar bien

-6. (well) **I'm sure it'll all come ~ for you** estoy seguro de que todo te saldrá bien; **to do ~ by sb** portarse bien con alguien; **things have/haven't gone ~ for us** las cosas nos han/no nos han ido bien; **to see sb ~** asegurar el futuro de alguien; **it was a mistake, ~ enough** fue un error, ciertamente

-7. (to look, turn) a la derecha; **take the first/second ~** toma or Esp gira por la primera/la segunda a la derecha; **~ of centre party** un partido de centro derecha; IDIOM **~, left and centre** por todas partes

-8. Br Fam (for emphasis) **I was ~ angry** estaba superenfadado; **it's a ~ cold day** hoy hace un frío terrible or que pela

-9. (in titles) **the Right Honourable** = en el Reino Unido, tratamiento formal aplicado a ministros y ex ministros del gobierno y a ciertos miembros de la aristocracia; **the Right Honourable Edward Heath, M.P.** ≃ su Señoría, Edward Heath; **the Right Reverend George Carey** el Reverendísimo George Carey

◇ vt **-1.** (put upright) (boat, car) enderezar, poner derecho(a); **the boat righted itself** el barco se enderezó **-2.** (redress) (situation) corregir, rectificar; **to ~ a wrong** terminar con una injusticia

◇ exclam **-1.** (expressing agreement) **you go first – ~!** tú primero – ¡de acuerdo or Esp vale or RP Méx órale or RP está bien! **-2.** (to attract attention, when ready to begin) **~, let's start!** Esp ¡venga, comencemos!, Am ¡bueno, vamos a empezar!

right-angled ['raɪtæŋɡəld] adj (triangle) rectángulo(a); (corner, bend) en ángulo recto

right-click ['raɪtklɪk] ◇ vt hacer click con el botón derecho en
◇ vi hacer click con el botón derecho

righteous ['raɪtʃəs] adj **-1.** (person) virtuoso(a), justo(a); **there's no need to sound so ~!** ¡no te pongas ahora a dar lecciones de ética! **-2.** (indignation, anger) justificado(a) **-3.** US Fam (genuine!) genuino(a); (excellent!) alucinante

righteously ['raɪtʃəslɪ] adv (virtuously) virtuosamente

righteousness ['raɪtʃəsnɪs] n honradez f, rectitud f

rightful ['raɪtfʊl] adj (owner, heir) legítimo(a); **he was given his ~ share** le entregaron lo que se merecía

rightfully ['raɪtfʊlɪ] adv **it is ~ mine** me pertenece por legítimo derecho; **...and ~ so** ...y con razón

right-hand ['raɪthænd] adj **a ~ bend** una curva a la derecha; **on the ~ side** a la derecha; **in the top/bottom ~ corner** en el ángulo superior/inferior derecho; IDIOM **to be sb's ~ man** ser la mano derecha de alguien ❑ AUT ~ **drive** (vehicle) vehículo m con el volante a la derecha

right-handed ['raɪt'hændɪd] ◇ adj **-1.** (person) diestro(a); **to be ~** ser diestro(a) **-2.** (punch) **a ~ punch** un derechazo **-3.** (tool, golf club) para diestros; **a ~ screw** un tornillo que ajusta en el sentido de las agujas del reloj
◇ adv con la mano derecha

right-hander ['raɪt'hændə(r)] n (person) diestro(a) m,f

rightist ['raɪtɪst] ◇ n derechista mf
◇ adj derechista

rightly ['raɪtlɪ] adv **-1.** (exactly, correctly) correctamente; **if I remember ~,** Walter wasn't there si no recuerdo mal, Walter no estaba allí; **as Jenkins so ~ points out...** como Jenkins (muy bien) señala...; **I don't ~ know why...** no sé muy bien por qué... **-2.** (justifiably) **~ or wrongly** para bien o para mal; **...and ~ so** ...y con razón; **he was ~ angry** se esp Esp enfadó or esp Am enojó y con razón

right-minded ['raɪt'maɪndɪd], **right-thinking** ['raɪt'θɪŋkɪŋ] adj **any ~ person would have done the same** cualquier persona de bien hubiera hecho lo mismo

righto = right-oh

right-of-centre ['raɪtəv'sentə(r)] adj POL de centro derecha

right-oh, righto ['raɪtəʊ] exclam Fam Esp ¡vale!, Arg ¡dale!, Méx ¡órale!

right-on ['raɪt'ɒn] adj Fam **-1.** (socially aware) progre **-2.** (fashionable) de moda

right-thinking = right-minded

right-to-life ['raɪttə'laɪf] adj antiaborto inv, pro vida inv

right-to-lifer ['raɪttə'laɪfə(r)] n Fam antiabortista mf

right-to-work ['raɪttə'wɜːk] adj **-1.** US (law, state) = que prohíbe exigir la afiliación sindical de los trabajadores para contratarlos **-2.** Br (anti-unemployment) **a ~ march** una manifestación para exigir puestos de trabajo

rightward ['raɪtwəd] ◇ adj derechista; **the ~ drift of the party** la paulatina derechización del partido
◇ adv hacia la derecha

rightwards ['raɪtwədz] adv hacia la derecha

right-wing ['raɪt'wɪŋ] adj POL derechista, de derechas

right-winger ['raɪt'wɪŋə(r)] n **-1.** POL derechista mf **-2.** (in soccer) extremo m derecho(a)

rigid ['rɪdʒɪd] adj **-1.** (structure, material) rígido(a); **he was ~ with fear** estaba paralizado por el miedo; **they were shocked ~ by this revelation** la revelación los dejó de piedra; Br Fam **to be bored ~** aburrirse como una ostra **-2.** (approach, mentality) rígido(a), inflexible; (discipline) estricto(a); (timetable, schedule) inflexible; **she's very ~ in her ideas** es de ideas muy rígidas

rigidity [rɪ'dʒɪdɪtɪ] n **-1.** (of structure, material) rigidez f **-2.** (of approach, mentality) rigidez f, inflexibilidad f

rigidly ['rɪdʒɪdlɪ] adv **-1.** (stiffly, erectly) rígidamente **-2.** (uncompromisingly) inflexiblemente

rigmarole ['rɪɡmərəʊl] n Fam **-1.** (process) engorro m, Esp latazo m **-2.** (speech) rollo m, galimatías m inv

rigor US = rigour

rigor mortis ['rɪɡə'mɔːtɪs] n MED rigidez f cadavérica, rigor m mortis

rigorous ['rɪɡərəs] adj riguroso(a)

rigorously ['rɪɡərəslɪ] adv rigurosamente

rigour, US **rigor** ['rɪɡə(r)] n rigor m; **the rigours of army life** los rigores de la vida militar; **the full ~ of the law** todo el peso de la ley

rig-out ['rɪɡaʊt] n Br Fam (outfit) **have you seen the ~ he's wearing?** ¿has visto la vestimenta que me lleva?

rile [raɪl] vt Fam (annoy) fastidiar, irritar, Am enojar; **don't get riled!** ¡no te enfades or mosquees!

Riley ['raɪlɪ] n IDIOM Fam **to lead** or **live the life of ~** vivir como un rey or Esp como un rajá

rill [rɪl] n (brook) arroyuelo m

rim [rɪm] n **-1.** (of cup, bowl) borde m **-2.** (of wheel) llanta f **-3.** (of spectacles) montura f (sin incluir las patillas) **-4.** (of dirt) cerco m, borde m (de suciedad); **there was a ~ around the bath** había un borde de suciedad en la bañera
◇ vt bordear

rime [raɪm] n (frost) escarcha f

rimless ['rɪmlɪs] adj (spectacles) sin montura (pero con patillas)

-rimmed [rɪmd] suffix **gold/steel~** (spectacles) con montura dorada/de metal, RP con armazón dorado/de metal; **to have red~ eyes** tener los ojos inyectados en sangre

rind [raɪnd] n (of fruit) cáscara f; (of cheese, bacon) corteza f

ring[1] [rɪŋ] ◇ n **-1.** (for finger) anillo m; (with gem) sortija f; (plain metal band) aro m; (in nose, ear) aro m, Esp pendiente m ❑ ~ **finger** (dedo m) anular m

-2. (round object) (for can of drink, bird, curtains) anilla f; (rubber) ~ (for swimmer) flotador m; **the rings** (in gymnastics) las anillas ❑ ~ **binder** archivador m or carpeta f de anillas, RP bibliorato m

-3. (surrounding planet) anillo m

-4. (circular arrangement) (of people, chairs) corro m, círculo m; **to stand in a ~** estar en un círculo; **she looked round the ~ of faces** miró a los rostros que la rodeaban ❑ ELEC ~ **circuit** circuito m anular or de anillo; COMPTR ~ **network** red f en anillo

-5. CHEM anillo m

-6. (circular shape) (stain) cerco m; (in tree trunk) anillo m; **to have rings under one's eyes** tener ojeras; IDIOM **to run rings round sb** darle mil vueltas a alguien ❑ Br ~ **road** carretera f de circunvalación, ronda f (de circunvalación)

-7. (on stove) fuego m

-8. (for boxing, wrestling) cuadrilátero m, ring m

-9. (at circus) pista f

-10. (of spies, criminals) red f

◇ vt **-1.** (surround) rodear; **a lake ringed with trees** un lago rodeado de árboles **-2.** (draw circle around) poner un círculo alrededor de; ~ **the right answer** rodee la respuesta correcta **-3.** (bird) anillar; (bull, pig) colocar un aro a

ring[2] ◇ n **-1.** (sound) (of doorbell, phone, bike) timbre m; (of small bell) tintineo m; **there was a ~ at the door** sonó el timbre de la puerta; **the ~ of their voices in the empty warehouse** el sonido de sus voces en el depósito vacío

-2. (distinctive sound) **to have a ~ of truth** ser verosímil; **the name has a familiar ~ to it** el nombre me suena; **that excuse has a familiar ~!** esa excusa me suena de algo; **his name has a sinister ~ to it** su nombre suena siniestro

-3. Br Fam (phone call) **to give sb a ~** dar un telefonazo or RP tubazo a alguien

◇ vt (pt **rang** [ræŋ], pp **rung** [rʌŋ]) **-1.** (bell, alarm) hacer sonar; **the church clock rings the hours** el reloj de la iglesia marca las horas; IDIOM **that rings a bell** (sounds familiar) eso me suena; IDIOM **to ~ the changes** hacer combinaciones **-2.** Br (on phone) llamar (por teléfono) a, telefonear a

◇ vi **-1.** (bell, telephone) sonar; (alarm) sonar; **to ~ at the door** llamar al timbre de la puerta; **to ~ for the maid** llamar a la sirvienta; **you rang, Sir?** ¿llamaba el señor?

-2. Br (on phone) llamar (por teléfono), telefonear; **to ~ for a doctor** llamar a un doctor; **to ~ for help** llamar para pedir ayuda

-3. (resonate) (street, room) resonar; **their laughter rang through the house** sus risas resonaban en toda la casa; **my ears were ringing** me zumbaban los oídos; **my ears**

are still ringing with their laughter, their laughter still rings in my ears su risa aún resuena en mis oídos; to ~ hollow *(promise, boast)* ser poco convincente; *Fig* to ~ true/false tener pinta de ser verdad/mentira -4. *Br (phone)* sonar

◆ **ring back** *Br* ◇ *vt sep (on phone)* llamar más tarde a
◇ *vi* devolver la llamada *or Am* el llamado; **he said he'd ~ back later** dijo que volvería a llamar más tarde

◆ **ring down** *vt sep* THEAT **to ~ down the curtain** bajar el telón; *Fig* **to ~ down the curtain on sth** poner punto y final a algo

◆ **ring in** ◇ *vi Br (to radio, TV show)* llamar; **I rang in sick** llamé para avisar de que estaba enfermo
◇ *vt sep* **to ~ the New Year in** recibir el año nuevo

◆ **ring off** *Br vi (on phone)* colgar

◆ **ring out** ◇ *vi (voice, shout, bell)* resonar
◇ *vt sep* **to ~ out the old year** despedir el año viejo; **~ out the old, ~ in the new** despidamos lo viejo y demos la bienvenida a lo nuevo

◆ **ring round** *vt insep Br* llamar, telefonear

◆ **ring up** *vt sep* **-1.** *Br (on phone)* llamar (por teléfono) a, telefonear a
-2. *(on cash register)* teclear; **the concert rang up a profit of...** el concierto recaudó unos beneficios de...
-3. THEAT **to ~ up the curtain** levantar el telón; **this apparently trivial incident rang up the curtain on a decade of bloody war** este incidente, aparentemente insignificante, marcó el inicio de una década de sangrienta guerra

ring-a-ring-a-roses [ˌrɪŋəˈrɪŋəˈrəʊzɪz] *n* ≃ el corro de la patata, *CSur* ≃ la ronda; **to play ~** ≃ jugar al corro de la patata, *CSur* ≃ jugar a la ronda

ringbolt [ˈrɪŋbəʊlt] *n* cáncamo *m* de argolla

ring-bound [ˈrɪŋbaʊnd] *adj (notebook, file)* con anillas, anillado(a)

ringdove [ˈrɪŋdʌv] *n* paloma *f* torcaz

ringed plover [ˌrɪŋdˈplʌvə(r)] *n* chorlitejo *m* grande ❑ **little ~** chorlitejo *m* chico

ringer [ˈrɪŋə(r)] *n* **-1.** *(of bells)* campanero(a) *m,f* **-2.** *Fam (double)* **to be a dead ~ for sb** ser el vivo retrato de alguien **-3.** *US Fam (horse)* = caballo que es inscrito en una carrera bajo un falso nombre para elevar el valor de las apuestas

ring-fence [ˈrɪŋfens] ◇ *n (round field)* cerca *f* (que rodea una propiedad)
◇ *vt Br* FIN proteger

ringing [ˈrɪŋɪŋ] ◇ *n* **-1.** *(of doorbell, phone)* timbre *m*; *(alarm)* sonido *m*; *(of church bells)* repique *m*, tañido *m* **-2.** *(in ears)* zumbido *m*
◇ *adj* **-1.** *(noise)* resonante, sonoro(a); **in ~ tones** con sonoridad **-2.** *(wholehearted)* incondicional, sin reservas **-3.** *Br* **~ tone** *(on telephone)* señal *f* de llamada

ringleader [ˈrɪŋliːdə(r)] *n* cabecilla *mf*

ringlet [ˈrɪŋlɪt] *n* tirabuzón *m*; **to wear one's hair in ringlets** llevar tirabuzones

ringmaster [ˈrɪŋmɑːstə(r)] *n* director *m* de circo

ring-necked [ˈrɪŋnekt] *adj (bird, snake)* de collar

ring-pull [ˈrɪŋpʊl] *n Br* anilla *f (de lata)* ❑ **~ can** lata *f* de anilla

ringside [ˈrɪŋsaɪd] *n* **at the ~** al lado del cuadrilátero; **a ~ seat** *(in boxing)* un asiento de primera fila; *(close view)* una visión muy cercana

ring-tailed lemur [ˌrɪŋteɪldˈliːmə(r)] *n* lemur *m* de cola anillada

ringworm [ˈrɪŋwɜːm] *n* tiña *f*

rink [rɪŋk] *n* **-1.** *(for ice-skating)* pista *f* de patinaje *or* de hielo; *(for rollerskating)* pista *f* de patinaje **-2.** *(in bowling green)* calle *f* **-3.** *(bowls, curling team)* equipo *m (que juega en una calle)*

rinky-dink [ˈrɪŋkɪdɪŋk] *adj US Fam* **-1.** *(cheap)* ordinario(a), *Esp* cutre, *Méx* naco(a), *RP* groncho(a) **-2.** *(small-time)* de poca importancia *or Esp* monta

rinse [rɪns] ◇ *n* **-1.** *(clean, wash)* enjuague *m*, *Esp* aclarado *m*; **to give sth a ~** enjuagar *or Esp* aclarar algo; **put the washing machine on ~** pon la lavadora en enjuague *or* aclarado **-2.** *(hair tint)* reflejos *mpl*
◇ *vt (clothes, dishes)* enjuagar, *Esp* aclarar; **to ~ one's hands/mouth** enjuagarse las manos/la boca

◆ **rinse down** *vt sep Fam* **he rinsed the meal down with a glass of wine** regó la comida con un vaso de vino

◆ **rinse out** ◇ *vt sep (cup)* enjuagar; *(clothes)* enjuagar, *Esp* aclarar; **to ~ out one's mouth** enjuagarse la boca; IDIOM **go and ~ your mouth out (with soapy water)!** ¡ve a lavarte la boca con jabón!; **to ~ the soap out of the clothes** enjuagar (el jabón de) la ropa
◇ *vi (stain, dye)* **it'll ~ out easily** saldrá fácilmente al enjuagarlo *or Esp* aclararlo

Rio (de Janeiro) [ˌriːəʊ(dɪdʒəˈneərəʊ)] *n* Río de Janeiro

Rio Grande [ˌriːəʊˈɡrændɪ] *n* **the ~** el Río Bravo

riot [ˈraɪət] ◇ *n* **-1.** *(uprising)* disturbio *m*; **a group of youths ran ~** un grupo de jóvenes provocó disturbios ❑ HIST **the Riot Act** = ley que permitía a las fuerzas de orden dispersar una manifestación por la fuerza; *Fam* **to read sb the ~ act** poner los puntos sobre las íes a alguien, *Esp* leerle la cartilla a alguien; **~ gear** equipo *m or* material *m* antidisturbios; **~ police** policía *f* antidisturbios; **~ shield** escudo *m* antidisturbios; **~ squad** brigada *f* antidisturbios
-2. *(profusion)* **a ~ of colour** una explosión de colores
-3. *Fam (amusing person, thing)* **he's a complete ~** es divertidísimo, *Esp* es una juerga total; **the party was a ~** la fiesta fue divertidísima *or Esp* una juerga total
-4. IDIOMS **the children ran ~ while their parents were away** los niños se desmandaron cuando no estaban sus padres; **her imagination was running ~** su imaginación se había desbocado; **the garden is running ~** el jardín está hecho un desastre *or* una selva
◇ *vi (prisoners)* amotinarse; **in order to prevent the crowd from rioting** para evitar que estallaran disturbios

rioter [ˈraɪətə(r)] *n* alborotador(ora) *m,f*

rioting [ˈraɪətɪŋ] *n* disturbios *mpl*; **~ has broken out in the city** han estallado disturbios en la ciudad

riotous [ˈraɪətəs] *adj* **-1.** *(behaviour)* descontrolado(a); *(mob)* descontrolado(a), exaltado(a) ❑ LAW **~ assembly** alteración *f* del orden público **-2.** *Fam (party, occasion, living)* desenfrenado(a); **bursts of ~ laughter** estallidos de risa descontrolada; **a ~ success** un éxito arrasador

riotously [ˈraɪətəslɪ] *adv* **~ funny** de morirse de risa

RIP [ˌɑːraɪˈpiː] *(abbr* **Rest In Peace***)* R.I.P., Q.E.P.D.

rip [rɪp] ◇ *n (in cloth, paper)* desgarrón *m*, rasgadura *f*
◇ *vt (pt & pp* **ripped***)* **-1.** *(cloth, paper)* rasgar; **to ~ sth to pieces** *or* **shreds** *(cloth, paper)* hacer jirones algo; *(performance, argument)* hacer añicos algo **-2.** *(snatch)* arrebatar; **she ripped the book from my hands** me arrebató el libro de las manos
◇ *vi* **-1.** *(cloth, paper)* rasgarse **-2.** *Fam (go fast)* ir a toda velocidad *or Esp* pastilla; **a motorbike ripped past** una moto pasó a toda velocidad *or Esp* pastilla; **to let ~** *(while driving)* pisar a fondo; *(in performance)* darlo todo, entregarse; *(fart)* echarse un pedo; **let it ~!** ¡que comience la diversión *or* fiesta!; **to let ~ (at sb)** *(shout)* poner el grito en el cielo (a alguien)

◆ **rip apart** *vt sep* destrozar; **the scandal ripped the party apart** el escándalo hizo añicos el partido

◆ **rip off** *vt sep* **-1.** *(tear)* arrancar; **he ripped off his shirt** se desembarazó de su camisa **-2.** *Fam (swindle) (person)* timar **-3.** *Fam (steal)* birlar; **that sketch was ripped off from another comedian** ese sketch está fusilado de otro humorista; **she ripped them off for millions** les birló millones

◆ **rip open** *vt sep* abrir de un tirón

◆ **rip out** *vt sep* arrancar

◆ **rip through** *vt insep* **-1.** *(of explosion, fire)* arrasar; **the explosion ripped through the building** la explosión arrasó el edificio **-2.** *(complete quickly)* hacer rápidamente; **we ripped through the work in no time** terminamos el trabajo rápidamente

◆ **rip up** *vt sep* **-1.** *(letter)* hacer pedazos **-2.** *(annul) (contract, treaty)* anular **-3.** *(road, pavement)* destrozar

riparian [rɪˈpeərɪən] *adj Formal (plant, wildlife)* ribereño(a)

ripcord [ˈrɪpkɔːd] *n* cable *m* de apertura manual

ripe [raɪp] *adj* **-1.** *(fruit)* maduro(a); *(cheese)* curado(a); **to be ~** *(fruit)* estar maduro(a); IDIOM **to live to a ~ old age** vivir hasta una edad avanzada
-2. *(ready)* **this area is ~ for development** esta zona está lista *or* preparada para ser urbanizada; **the time is ~ for...** es el momento ideal *or* idóneo para...; **the time is not yet ~** todavía no es el momento (adecuado)
-3. *(full) (lips)* carnoso(a); *(breasts)* turgente
-4. *(pungent) (smell)* acre, fuerte
-5. *Fam (language, humour)* subido(a) de tono, atrevido(a)

ripen [ˈraɪpən] ◇ *vt* hacer madurar
◇ *vi* madurar

ripeness [ˈraɪpnɪs] *n* **-1.** *(of fruit)* madurez *f* **-2.** *Fam (of language)* atrevimiento *m*

rip-off [ˈrɪpɒf] *n Fam* **-1.** *(swindle)* timo *m*, robo *m*; **what a ~!** ¡menudo robo! **-2.** *(theft)* robo *m*; **it's a ~ of a French play** es una fusilada de una obra francesa

riposte [rɪˈpɒst] ◇ *n* **-1.** *(reply)* réplica *f* **-2.** *(in fencing)* estocada *f* de contragolpe
◇ *vi* replicar

ripped [rɪpt] *adj US Fam (drunk, on drugs)* colocado(a), *Esp* ciego(a)

ripper [ˈrɪpə(r)] *n (murderer)* destripador(ora) *m,f*

ripping [ˈrɪpɪŋ] *adj Old-fashioned* **we had a ~ (good) time** lo pasamos bomba; *Fam* **a ~ yarn** una historia muy entretenida

ripple [ˈrɪpəl] ◇ *n* **-1.** *(small wave) (on water)* onda *f*, ondulación *f*; *(on wheatfield, in sand)* ondulación *f*
-2. *(sound) (of water, conversation)* murmullo *m*; *(of applause)* murmullo *m*; **a ~ of laughter ran through the audience** las risas recorrían la audiencia como una ola
-3. *(of excitement)* asomo *m*
-4. *(repercussion)* repercusión *f*; **her resignation hardly caused a ~** su dimisión apenas tuvo repercusiones ❑ **~ effect** reacción *f* en cadena
-5. *(ice-cream)* = helado de vainilla con vetas de jarabe de frambuesa o de otros sabores
-6. ELEC *(in current)* ondulación *f*
◇ *vi* **-1.** *(undulate) (water)* ondular; *(wheatfield, hair)* ondularse; **moonlight rippled on the surface of the lake** la luz de la luna se reflejaba en la superficie ondulada del lago; **rippling muscles** músculos marcados
-2. *(murmur) (water)* murmurar; *(laughter, applause)* extenderse **-3.** *(have repercussions)* tener repercusiones
◇ *vt (water, lake)* ondular

rip-roaring [ˈrɪprɔːrɪŋ] *adj Fam* **-1.** *(success)* apoteósico(a) **-2.** *(story)* lleno(a) de acción

ripsaw [ˈrɪpsɔː] *n* sierra *f* de cortar al hilo *or* de hender

ripsnorter [ˈrɪpsnɔːtə(r)] *n Fam* **a ~ of a movie** una película alucinante

riptide [ˈrɪptaɪd] *n* corriente *f* turbulenta

Rip Van Winkle [ˌrɪpvænˈwɪŋkəl] *n Fam* **he's like ~** está muy desfasado

RISC [rɪsk] n COMPTR (abbr **reduced instruction set computer**) ~ ***processor*** procesador m RISC

rise [raɪz] ◇ n -**1.** (ascent) ascenso m; (of theatre curtain) subida f; **the ~ and fall of the tide** la subida y la bajada de la marea
-**2.** (increase) (in price, temperature, pressure, number) aumento m, subida f (**in** de); **to be on the ~** ir en aumento
-**3.** Br (pay) ~ aumento m (de sueldo); **to ask for/be given a ~** pedir/recibir un aumento
-**4.** (of leader, party) ascenso m; **her ~ to power/fame** su ascenso or acceso al poder/a la fama; **the ~ and fall** (of empire, politician) el ascenso y la caída, el esplendor y la decadencia
-**5.** (of phenomenon, practice) ascenso m; **to give ~ to sth** dar pie a algo
-**6.** Fam **to take** or **get a ~ out of sb** conseguir mosquear a alguien
-**7.** (in ground) cuesta f
◇ vi (pt **rose** [rəʊz], pp **risen** ['rɪzən]) -**1.** (get up) levantarse; **to ~ early/late** levantarse temprano/tarde; **they rose from their seats** se levantaron de sus asientos; **to ~ to one's feet** ponerse de pie, levantarse, Am pararse; **the horse rose on its hind legs** el caballo se levantó sobre las patas posteriores; **to ~ from the dead** or **grave** resucitar de entre los muertos; IDIOM **to ~ from the ashes** surgir de las cenizas; Fam **~ and shine!** ¡arriba!
-**2.** (move upwards) (smoke, balloon) ascender, subir; THEAT (curtain) subir; (sun, moon) salir; (road, ground) subir, elevarse; (tide, river level) subir; **his eyebrows rose in surprise** levantó las cejas sorprendido; **the colour rose in** or **to her cheeks** se sonrojó; **a murmur rose from the crowd** la multitud murmuraba; **to ~ to the surface** (swimmer, whale, body) salir or subir a la superficie; IDIOM **to ~ to the bait** morder el anzuelo
-**3.** (increase) (temperature, price, pressure, number) aumentar, subir; (standards, hope) aumentar; (wind) arreciar; (voice) elevarse, subir; (barometer) subir; **to ~ in price/number** aumentar el precio/la cantidad; **my spirits rose** se me levantó el ánimo
-**4.** (mountains, buildings) elevarse, alzarse; **the trees rose above our heads** los árboles se elevaban por sobre nuestras cabezas; **an entire city has risen in what was wasteland thirty years ago** una ciudad entera se ha alzado en lo que hace treinta años era un descampado
-**5.** (dough) fermentar, subir; (soufflé) subir
-**6.** (socially, professionally) ascender; **she rose to the position of personnel manager** ascendió a jefa de personal; **to ~ in society** ascender en la sociedad; **to ~ from the ranks** ascender de soldado raso; **to ~ in sb's esteem** ganarse la estima de alguien; **to ~ to the challenge** or **occasion** estar a la altura de las circunstancias; **to ~ to fame** alcanzar la fama; **to ~ to power** ascender or acceder al poder
-**7.** (adjourn) (parliament, court) levantarse
-**8.** (revolt) levantarse (**against** contra); **to ~ in revolt** levantarse, alzarse; **to ~ in arms** levantarse en armas; **to ~ in protest (against sth)** alzarse en protesta (contra algo)
-**9.** (react angrily) **to ~ to a remark** responder a una provocación
-**10.** (have source) (river) nacer

◆ **rise above** vt insep -**1.** (be higher than) levantarse por encima de
-**2.** (be heard over) **a cry rose above the sound of the waves** se oyó un grito entre el sonido del oleaje
-**3.** (problem, criticism) remontar, superar; **he rose above his limitations** superó sus limitaciones; **she didn't let him annoy her, she just rose above it** no dejó que la molestara, estuvo por encima de ello

◆ **rise up** vi -**1.** (move upwards) (smoke, balloon) ascender, subir; (road, ground, waters) subir, elevarse; (in society) ascender; **to ~ up from one's chair** levantarse de la silla
-**2.** (revolt) levantarse (**against** contra); **to ~ up in arms** levantarse en armas; **to ~ up in protest (against sth)** alzarse en protesta (contra algo)
-**3.** (appear) aparecer, surgir; **a shadowy figure rose up out of the mist** una figura imprecisa apareció de entre la niebla

risen ['rɪzən] ◇ pp of **rise**
◇ adj REL resucitado; **Christ is ~** Cristo ha resucitado

riser ['raɪzə(r)] n -**1.** (person) **an early ~** un(a) madrugador(ora); **a late ~** un(a) dormilón(ona) -**2.** (of stairs) contrahuella f -**3.** (for water, gas) tubo m de subida

risible ['rɪzɪbəl] adj Formal risible

rising ['raɪzɪŋ] ◇ n (revolt) revuelta f, levantamiento m
◇ adj -**1.** (sun) naciente; (tide, water level) creciente; (ground) ascendente ❑ Br ~ **damp** humedad f (que asciende por las paredes) -**2.** (prices, temperature, pressure, number) ascendente, en aumento; (emotion) creciente -**3.** (artist, politician) en alza ❑ ~ **star** valor m en alza, estrella f en ciernes
◇ adv Br Fam **she's ~ forty** roza los cuarenta ❑ ~ **fives** niños mpl a punto de cumplir cinco años

risk [rɪsk] ◇ n -**1.** (danger) riesgo m, peligro m; **it's too big a ~** es un riesgo demasiado grande; **it's not worth the ~** no vale la pena arriesgarse; **is there any ~ of him making another blunder?** ¿se corre el riesgo de que cometa otro error garrafal?; **there's no ~ of that happening** es muy poco probable que eso suceda; **at ~** en peligro; **at great ~ to himself** con gran peligro para su integridad física; **to be at ~** (child) estar en or correr peligro; **to put** or **place sth at ~** poner algo en peligro; **at the ~ of...** a riesgo de...; **to run the ~ of...** correr el riesgo de...; **to take risks** arriesgarse, correr riesgos; **that's a ~ we'll have to take** es un riesgo que tendremos que correr; **you do so at your own ~** lo haces bajo tu propia responsabilidad; **cars may be parked here at the owner's** (sign) se permite estacionar bajo la responsabilidad del propietario del vehículo ❑ ~ **assessment** evaluación f de riesgos; FIN ~ **capital** capital m (de) riesgo; MED ~ ***factor*** factor m riesgo; ~ ***management*** gestión f de riesgos
-**2.** (source of danger) peligro m; **it's a health ~** es un peligro para la salud
-**3.** FIN (in insurance) riesgo m; **to be a good/bad ~** constituir un bajo/alto riesgo
◇ vt -**1.** (endanger) (future, money, reputation) arriesgar; (health) poner en peligro; (life) poner en peligro, arriesgar; **they decided to ~ everything on a last desperate gamble** a la desesperada, decidieron arriesgar todo a una última carta; IDIOM **to ~ one's neck** jugarse el cuello; IDIOM **to ~ life and limb** jugarse el cuello; Hum **you ~ life and limb every day as a primary teacher** los profesores de primaria se juegan el cuello or ponen en peligro su integridad física a diario
-**2.** (run risk of) **we can't ~ it** no podemos correr ese riesgo; **I think I'll ~ it** creo que correré el riesgo; **you're risking an accident when you drive so fast** conduciendo or Am manejando tan rápido te arriesgas a tener un accidente; **to ~ defeat** correr el riesgo de or arriesgarse a ser derrotado(a)

riskiness ['rɪskɪnɪs] n riesgo m, peligro m

risk-taking ['rɪskteɪkɪŋ] n **there's too much ~ going on** se corren demasiados riesgos

risky ['rɪskɪ] adj arriesgado(a); **it's a ~ business** es un asunto arriesgado or peligroso

risotto [rɪ'zɒtəʊ] (pl **risottos**) n risotto m

risqué ['rɪskeɪ] adj (humour) atrevido(a), subido(a) de tono

rissole ['rɪsəʊl] n = pequeña masa frita, generalmente redonda, de carne o verduras

rite [raɪt] n -**1.** REL rito m; **the last rites** la extremaunción -**2.** (ceremony) ~ **of passage** trámite m iniciático en la vida

ritual ['rɪtjʊəl] ◇ n ritual m; **his nightly ~ of locking the doors** su ritual de todas las noches de cerrar todas las puertas con llave; **it's become a bit of a ~** se ha convertido en una especie de ritual
◇ adj ritual; **there was ~ condemnation of him in the press** recibió la consabida or automática condena de parte de la prensa

ritualistic [rɪtjʊə'lɪstɪk] adj (following a pattern) ritual; REL ritualista

ritualism ['rɪtʃʊəlɪzəm] n ritualismo m

ritualist ['rɪtʃʊəlɪst] n ritualista mf

ritualistic [rɪtʃʊə'lɪstɪk] adj ritualista

ritually ['rɪtjʊəlɪ] adv de modo ritual

ritz [rɪts] n US Fam **to put on the ~** tirar la casa por la ventana

ritzy ['rɪtsɪ] adj Fam lujoso(a)

rival ['raɪvəl] ◇ n rival mf; **rivals in business/love** rivales en los negocios/el amor
◇ adj rival; **a ~ company** una empresa rival or de la competencia
◇ vt (pt & pp **rivalled**, US **rivaled**) rivalizar con; **it rivals anything to be seen in Paris** no tiene nada que envidiarle a lo que puedas ver en París; **the scenery rivals the Grand Canyon** el paisaje no tiene nada que envidiar al Gran Cañón; **New York cannot ~ London for historic interest** Nueva York no le hace sombra a Londres en cuanto al patrimonio histórico

rivalry ['raɪvəlrɪ] n rivalidad f; **there's a lot of ~ between the two brothers** entre los dos hermanos existe una gran rivalidad

riven ['rɪvən] adj dividido(a), escindido(a); **the party was ~ by deep ideological divisions** el partido estaba dividido or escindido por profundas diferencias ideológicas

river ['rɪvə(r)] n -**1.** (waterway) río m; **we sailed up/down the ~** navegamos río arriba/abajo; **up/down ~ (from)** río arriba/abajo (desde); US Fam **to be up the ~** (in prison) estar en Esp chirona or Andes, RP la cana or Méx el bote ❑ ~ ***basin*** cuenca f fluvial; MED ~ ***blindness*** ceguera f de río; ~ ***port*** puerto m fluvial; ~ ***system*** red f hidrográfica; ~ ***traffic*** tráfico m fluvial
-**2.** (of mud, lava) río m; **a ~ of blood** un río de sangre

riverbank ['rɪvəbæŋk] n orilla f or margen f del río

riverbed ['rɪvəbed] n lecho m (del río)

riverine ['rɪvəraɪn] adj ribereño(a)

River Plate ['rɪvə'pleɪt] n Río de la Plata

riverside ['rɪvəsaɪd] ◇ n ribera f, orilla f (del río)
◇ adj ribereño(a) (de un río); ~ **villa** mansión f a la orilla del río

rivet ['rɪvɪt] ◇ n remache m ❑ ~ ***gun*** (pistola f) remachadora f
◇ vt -**1.** (fasten with rivet) remachar -**2.** Fig (fascinate) **to be absolutely riveted** estar completamente fascinado(a); **to be riveted to the spot** quedarse clavado(a); **the children were riveted to the TV** los niños estaban pegados a la tele

riveter ['rɪvɪtə(r)] n -**1.** (person) remachador(ora) m,f -**2.** (machine) remachadora f

riveting ['rɪvɪtɪŋ] adj (fascinating) fascinante

Riviera [rɪvɪ'eərə] n **the ~** la Riviera

rivulet ['rɪvjʊlət] n -**1.** (small river) arroyuelo m -**2.** (of blood, sweat) hilo m

Riyadh ['rɪːæd] n Riad

riyal [rɪ'jæl] n (unit of currency) riyal m

rly (abbr **railway**) F.C., ferrocarril

RM [ɑː'em] (abbr **Royal Marines**) = infantería de marina británica

RMT [ɑːrem'tiː] n (abbr **National Union of Rail, Maritime and Transport Workers**) = sindicato británico de trabajadores del sector de transportes

RN n -**1.** (abbr **Royal Navy**) armada f británica -**2.** (abbr **registered nurse**) enfermero(a) m,f diplomado(a)

RNA [ɑːren'eɪ] n BIOL (abbr **ribonucleic acid**) ARN m

RNIB [ɑːrenaɪ'biː] n (abbr **Royal National Institute for the Blind**) = asociación británica de ayuda a los ciegos, Esp ≃ ONCE f

RNLI [ɑːrenel'aɪ] *n* (*abbr* **Royal National Lifeboat Institution**) = organización británica de voluntarios para operaciones marítimas de salvamento

RNR [ɑːren'ɑː(r)] *n Formerly* (*abbr* **Royal Naval Reserve**) = reserva de la marina británica

RNVR [ɑːrenviː'ɑː(r)] *n Formerly* (*abbr* **Royal Naval Volunteer Reserve**) = reserva de voluntarios de la marina británica

RNZAF [ɑːrenzedeɪ'ef] *n* (*abbr* **Royal New Zealand Air Force**) fuerza(s) *f(pl)* aérea(s) neozelandesa(s)

RNZN [ɑːrenzed'en] *n* (*abbr* **Royal New Zealand Navy**) marina *f* neozelandesa

roach [rəʊtʃ] *n* **-1.** (*fish*) rubio *m*, rutilo *m* **-2.** *US Fam* (*cockroach*) cucaracha *f*; *Chile* barata *f* ❑ ~ **motel®** trampa *f* para cucarachas **-3.** *Fam* (*for cannabis cigarette*) colilla *f* de porro ❑ ~ **clip** pinza *f* para porros

road [rəʊd] *n* **-1.** (*in general*) carretera *f*; (*in town*) calle *f*; (*path, track*) camino *m*; **the London road** la carretera a *or* de Londres; **is this the (right) ~ for** *or* **to Liverpool?** ¿es ésta la carretera (que va) a Liverpool?, ¿voy bien por aquí a Liverpool?; **they live across** *or* **over the ~ (from us)** viven al otro lado de la calle, viven enfrente (de nosotros); **she was standing in the middle of the ~** estaba parada en medio de la carretera; **by ~** por carretera; **to be off the ~** (*vehicle*) estar averiado(a); **down** *or* **up the ~** un poco más lejos, por *or* en la misma calle; **after three hours on the ~** después de tres horas en la carretera *or* de camino; **to be on the ~** (*salesman*) estar de viaje (de ventas); (*pop group*) estar de gira; **we've been on the ~ since 6 o'clock this morning** llevamos viajando *or* en carretera desde las 6 de la mañana; **he shouldn't be on the ~** él no está en condiciones de *Esp* conducir *or Am* manejar; **that vehicle shouldn't be on the ~** ese vehículo no está en condiciones de circular; *Br* **the price on the ~** el precio final del vehículo; **to take to the ~** (*driver*) salir de viaje, ponerse en camino; (*tramp*) ponerse a vagar sin rumbo fijo; *also Fig* **somewhere along the ~** en algún punto *or* momento; IDIOM *Fam* **let's have one for the ~** vamos a tomar la última *or* la espuela; PROV **all roads lead to Rome** todos los caminos llevan a Roma; PROV **the ~ to hell is paved with good intentions** con la intención no basta ❑ ~ **accident** accidente *m* de circulación *or* tráfico; ~ **atlas** guía *f* de carreteras; ~ **bridge** puente *m* (de carretera); ~ **conditions** estado *m* de las carreteras; *Br* ~ **fund licence** pegatina *f* del impuesto de circulación; ~ **haulage** transporte *m* por carretera; ~ **haulier** compañía *f* de transporte por carretera, transportista *m* (por carretera); *Fam* ~ **kill** animal *m* muerto por un vehículo; ~ **manager** mánager *mf or* organizador(ora) *m,f* de una gira; ~ **map** mapa *m* de carreteras; ~ **metal** grava *f*, *Arg* tosca *f*; ~ **movie** = película en la que los protagonistas emprenden un viaje largo por carretera; ~ **network** red *f* viaria *or* de carreteras; ~ **pricing** = práctica de cobrar a los conductores por el uso de algunas carreteras con mucho tráfico en momentos determinados; ~ **race** (*in cycling*) carrera *f* en ruta *or* de fondo en carretera; ~ **racing** (*in cycling*) ciclismo *m* en ruta, fondo *m* en carretera; ~ **rage** violencia *f* al volante *or* en carretera; ~ **repairs** obras *fpl*; ~ **roller** apisonadora *f*; ~ **safety** seguridad *f* en carretera, seguridad *f* vial; ~ **sense** buen instinto *m* en la carretera; ~ **show** = programa, torneo, exhibición, etc. itinerantes; ~ **sign** señal *f* de tráfico *or* circulación; ~ **tax** impuesto *m* de circulación; *Br* ~ **tax disc** pegatina *f* del impuesto de circulación; ~ **test** prueba *f* en carretera; ~ **traffic** tráfico *m or* tránsito *m* rodado; ~ **transport** transporte *m* por carretera; *US* ~ **warrior** = hombre de negocios que viaja mucho
-2. (*route*) **we don't want to go down that ~** no queremos tomar ese camino; **down the ~** (*in the future*) en el futuro; **a few years down the ~** dentro de unos años; **to be on the ~ to recovery/success** estar en vías de recuperación/de alcanzar el éxito; **he is on the ~ to an early death** va camino de morir joven; **to be on the right ~** ir por (el) buen camino; **to come to the end of the ~** (*of relationship*) acabar
-3. *Br Fam* (*way*) **you're in my ~!** (*I can't pass*) ¡no me dejas pasar!; (*I can't see*) ¡no me dejas ver!; **get out of my ~** *or* **the ~** quítate de en medio, aparta
-4. *Br Fam* **any ~** de todos modos
-5. NAUT **roads** fondeadero *m*

roadbed ['rəʊdbed] *n* **-1.** (*of road*) firme *m* **-2.** RAIL balasto *m*

roadblock ['rəʊdblɒk] *n* control *m* de carretera

roadbuilding ['rəʊdbɪldɪŋ] *n* construcción *f* de carreteras; ~ **programme** plan de obras viales

road-hog ['rəʊdhɒg] *n Fam* conductor(ora) *m,f* temerario(a), loco(a) *m,f* del volante

roadholding ['rəʊdhəʊldɪŋ] *n* AUT agarre *m*, adherencia *f*

roadhouse ['rəʊdhaʊs] *n Old-fashioned* = taberna *o* bar al lado de la carretera

roadie ['rəʊdɪ] *n Fam* roadie *m*, = persona encargada del montaje del escenario y el equipo musical de un grupo en gira

roadrunner ['rəʊdrʌnə(r)] *n* correcaminos *m inv*

roadside ['rəʊdsaɪd] *n* borde *m* de la carretera; ~ **bar/hotel** bar/hotel de carretera; ~ **repairs** reparaciones en carretera

roadstead ['rəʊdsted] *n* NAUT fondeadero *m*

roadster ['rəʊdstə(r)] *n* **-1.** *Old-fashioned* (*car*) deportivo *m* descapotable de dos plazas **-2.** (*bicycle*) bicicleta *f* de paseo

road-test ['rəʊdtest] *vt* (*car*) probar en carretera; (*computer*) probar el rendimiento de

roadtrip ['rəʊdtrɪp] *n US* viaje *m* largo por carretera

road-user ['rəʊdjuːzə(r)] *n Br* usuario(a) *m,f* de la vía pública

roadway ['rəʊdweɪ] *n* calzada *f*

roadwork ['rəʊdwɜːk] *n* (*by boxer, athlete*) trote *m* por carretera (*para entrenar*); **to do ~** salir a correr

roadworks ['rəʊdwɜːks] *npl* obras *fpl*

roadworthiness ['rəʊdwɜːðɪnɪs] *n* = condición de estar en condiciones de circular; **certificate of ~** = certificado de estar en condiciones de circular

roadworthy ['rəʊdwɜːðɪ] *adj* (*vehicle*) en condiciones de circular

roam [rəʊm] ❑ *vt* (*streets, the world*) vagar por, recorrer; **to ~ the seven seas** recorrer *or* surcar los siete mares
❑ *vi* **-1.** (*wander*) **to ~ (about** *or* **around)** vagar; **he allowed his imagination/his thoughts to ~** dejó volar (a) su imaginación/su mente **-2.** TEL (*mobile phone user*) usar el (teléfono) móvil en el extranjero, hacer uso del servicio de roaming *or* itinerancia (internacional)

roan [rəʊn] ❑ *n* caballo *m* ruano
❑ *adj* ruano(a)

roar [rɔː(r)] ❑ *n* (*of person*) grito *m*, rugido *m*; (*of lion, tiger*) rugido *m*; (*of elephant, bull*) bramido *m*; (*of crowd*) rugido *m*, clamor *m*; (*of sea, wind*) rugido *m*, bramido *m*; (*of thunder, storm, engine*) estruendo *m*, rugido *m*; (*of fire, furnace*) rugido *m*; (*of traffic, guns*) estruendo *m*; **to give a ~** (*person*) vociferar, rugir; (*lion*) dar un rugido, rugir; **roars of laughter** fuertes carcajadas
❑ *vt* gritar; **the sergeant roared (out) an order to the men** el sargento dio una orden a sus hombres vociferando; **the crowd roared their delight** la multitud gritó *or* rugió entusiasmada; **they roared their team on** (*encouraged*) daban gritos de ánimo a su equipo
❑ *vi* **-1.** (*make loud noise*) (*person*) vociferar, rugir; (*lion, tiger*) rugir; (*elephant, bull*) bramar; (*crowd*) gritar, rugir; (*sea, wind, storm*) rugir, bramar; (*thunder, guns*) retumbar; (*fire, furnace*) rugir; (*traffic*) hacer mucho ruido, armar gran estruendo; (*engine*) rugir; **to ~ with laughter** reírse a carcajadas; **to ~ with pain** rugir de dolor
-2. (*move loudly*) **to ~ past** pasar con gran estruendo; **he roared up to us on his motorbike** se nos acercó con gran estruendo en su motocicleta

roaring ['rɔːrɪŋ] ❑ *adj* **a ~ fire** un fuego muy vivo; **the shop was doing a ~ trade** el negocio iba viento en popa; **they did a ~ cake in pancakes** vendían las crepes como rosquillas; **it was a ~ success** fue un éxito clamoroso ❑ HIST **the Roaring Twenties** los locos años 20; **the Roaring Forties** = zona marítima de fuertes vientos entre las latitudes 40 y 50
❑ *adv Fam* ~ **drunk** como una cuba, borracho(a) perdido(a)

roast [rəʊst] ❑ *n* **-1.** (*piece of meat*) asado *m*, carne *f* asada (al horno); **a pork ~, a ~ of pork** una porción de cerdo asado *or* de asado de cerdo **-2.** *US* (*barbecue*) barbacoa *f* (al aire libre), *Col, CSur* asado *m*
❑ *adj* asado(a); ~ **beef** rosbif, asado de vaca; ~ **lamb** cordero asado, asado de cordero; ~ **chestnuts** castañas asadas; ~ **potatoes** *Esp* patatas *or Am* papas asadas; **medium/high** ~ **coffee** café de tueste natural/torrefacto
❑ *vt* **-1.** (*meat*) asar; (*nuts, coffee*) tostar **-2.** *Fam* (*by sun, fire*) abrasar, achicharrar; **thousands of tourists roasting themselves in the sun** miles de turistas tostándose al sol **-3.** *Fam* (*criticize*) desollar **-4.** *US Fam* (*tease*) burlarse *or* reírse de
❑ *vi* **-1.** (*meat*) asarse **-2.** *Fam* (*person*) achicharrarse, asarse de calor; **we spent a week roasting in the sun** pasamos una semana tostándonos al sol

roaster ['rəʊstə(r)] *n* **-1.** (*dish*) fuente *f* para asar **-2.** (*bird*) pieza *f* para asar

roasting ['rəʊstɪŋ] ❑ *n* **-1.** (*of meat*) asado *m* (al horno) ❑ *US* ~ **pan** fuente *f* para asar, *CSur* asadera *f*; *Br* ~ **tin** fuente *f* para asar, *CSur* asadera *f*
-2. *Fam* **to give sb a ~** (*tell off*) echar una bronca *or Esp* un broncazo a alguien; (*criticize*) poner a parir a alguien, *Méx* viborear a alguien, *RP* dejar por el piso a alguien; **to get a ~** (*telling-off*) llevarse una bronca *or Esp* un broncazo; (*criticism*) ser vapuleado(a)
❑ *adj* ~**(-hot)** abrasador(ora), achicharrante; **it's ~ in here** aquí te achicharras; **I'm ~!** ¡me aso de calor!, ¡qué calor!

rob [rɒb] (*pt & pp* **robbed**) *vt* **-1.** (*steal from*) (*person, bank*) atracar; (*house*) robar; **I've been robbed!** ¡me han robado!; **to ~ sb of sth** robar algo a alguien; IDIOM **to ~ Peter to pay Paul** desnudar a un santo para vestir a otro **-2.** (*deprive*) **to ~ sb of sth** privar a alguien de algo, quitarle algo a alguien; *Fam* **we were robbed!** (*after team's defeat*) ¡nos han robado!, ¡fue un robo!

robber ['rɒbə(r)] *n* (*of bank, shop*) atracador(ora) *m,f*; (*of house*) ladrón(ona) *m,f* ❑ ~ **baron** (*in middle ages*) = señor feudal que asaltaba a los viajeros que atravesaban sus dominios; *US* (*ruthless capitalist*) = capitalista explotador y sin escrúpulos de finales del siglo XIX en Estados Unidos

robbery ['rɒbərɪ] *n* (*of bank, shop*) atraco *m*; (*of house*) robo *m*; *Fam* **the prices are nothing short of ~!** ¡estos precios son un robo!

robe [rəʊb] ❑ *n* **-1.** (*ceremonial*) (*of priest*) sotana *f*; (*of judge*) toga *f* **-2.** *esp US* (*dressing gown*) bata *f*, batín *m*
❑ *vt* (*dress*) vestir; **robed in red** vestido(a) de rojo
❑ *vi* (*judge*) ponerse la toga

robin ['rɒbɪn] *n* **(redbreast)** petirrojo *m*

Robin Hood ['rɒbɪn'hʊd] *n* Robin Hood

Robinson Crusoe ['rɒbɪnsən'kruːsəʊ] *n* Robinson Crusoe

robot ['rəʊbɒt] *n* robot *m*

robotic [rəʊ'bɒtɪk] *adj* de robot

robotics [rəʊ'bɒtɪks] *n* robótica *f*

robot-like ['rəʊbɒtlaɪk] *adj* de robot

robust [rəʊ'bʌst] *adj* **-1.** *(person)* robusto(a); *(health)* vigoroso(a), de hierro; *(appetite)* fuerte **-2.** *(material, suitcase)* resistente; *(structure, economy)* sólido(a), fuerte **-3.** *(defence, speech)* enérgico(a) **-4.** *(humour)* directo(a) **-5.** *(wine)* con cuerpo

robustly [rəʊ'bʌstlɪ] *adv* **-1.** *(built, constructed)* sólidamente **-2.** *(to defend)* enérgicamente

robustness [rəʊ'bʌstnɪs] *n* **-1.** *(of person)* robustez *f*; *(of health)* vigor *m*; *(of appetite)* fuerza *f* **-2.** *(of material)* resistencia *f*; *(of structure, economy)* solidez *f* **-3.** *(of defence)* energía *f*, vigor *m* **-4.** *(of humour)* carácter *m* saludable **-5.** *(of wine)* cuerpo *m*

roc [rɒk] *n* MYTHOL *(bird)* rocho *m*, ruc *m*

rock [rɒk] ◇ *n* **-1.** *(substance)* roca *f*; IDIOM **to be a ~: she was an absolute ~ during the crisis** durante la crisis se mantuvo con la mayor entereza; IDIOM **to be ~ solid** *(support, morale)* ser inquebrantable ❑ **~ climber** escalador(ora) *m,f*; **~ climbing** escalada *f*; **to go ~ climbing** ir a escalar; **~ crystal** cristal *m* de roca, Spec cuarzo *m* hialino; **~ face** pared *f* (de roca); **~ formation** formación *f* rocosa **-2.** *(large stone, boulder)* roca *f*; US *(stone)* piedra *f*; **on the rocks** *(whisky)* con hielo; **to run onto the rocks** *(ship)* encallar; *(project)* irse a pique, fracasar; IDIOM **to be on the rocks** *(marriage, company)* estar al borde del naufragio; IDIOM **to reach** *or* **hit ~ bottom** tocar fondo; IDIOM **to be between a ~ and a hard place** estar entre la espada y la pared ❑ Br **~ bun** *or* **cake** = bizcocho duro por el exterior hecho con frutas secas; **~ dove** paloma *f* bravía; **~ garden** jardín *m* de rocalla; **~ lobster** langosta *f*; **~ pigeon** paloma *f* bravía; **~ pipit** bisbita *m* ribereño costero; **~ plant** = planta alpina que crece en la roca; **~ pool** charca *f* (en las rocas de la playa); **~ salmon** lija *f*, pintarroja *f*; **~ salt** sal *f* gema; **~ sparrow** gorrión *m* chillón; **~ wool** lana *f* mineral **-3. the Rock (of Gibraltar)** el Peñón (de Gibraltar) **-4.** Fam *(diamond)* pedrusco *m*, diamante *m* **-5.** Br *(sweet)* = caramelo de menta en forma de barra que se vende sobre todo en localidades costeras y lleva dentro el nombre del lugar impreso **-6.** *(rocking motion)* **to give sth a ~** mecer algo **-7.** *(music)* rock *m* ❑ **~ concert** concierto *m* de rock; **~ group** grupo *m* de rock; **~ music** música *f* rock; **~ opera** ópera *f* rock; **~ and roll** rock and roll *m*; **~ singer** cantante *mf* de rock; **~ star** estrella *f* de(l) rock **-8.** Fam *(cocaine)* farlopa *f*; *(crack)* crack *m* **-9.** very Fam **rocks** *(testicles)* huevos *mpl*; IDIOM **to get one's rocks off** *(have sex)* mojar; *(have orgasm)* correrse, irse; *(enjoy oneself)* disfrutar como un(a) cerdo(a); **to get one's rocks off doing sth** disfrutar como un(a) cerdo(a) haciendo algo

◇ *vt* **-1.** *(swing to and fro)* *(boat, chair)* mecer, balancear; **to ~ a baby to sleep** mecer *or* acunar a un niño hasta dormirlo, dormir a un niño meciéndolo; IDIOM **to ~ the boat** *(create problems)* complicar el asunto **-2.** *(shake)* *(building)* sacudir; **the country was rocked by these revelations** estas revelaciones conmocionaron al país

◇ *vi* **-1.** *(sway)* mecerse, balancearse; *(building)* estremecerse; **to ~ (backwards and forwards) in one's chair** mecerse en la silla; **to ~ with laughter** reírse a carcajadas; **he rocked on his heels when he heard the news** cuando escuchó la noticia se le aflojaron las piernas **-2.** *(play music)* tocar rock; *(dance)* bailar rock; Fam **the party was really rocking** la fiesta estaba supermovida

rockabilly ['rɒkəbɪlɪ] *n* rockabilly *m*

rock-bottom ['rɒkbɒtəm] *adj* *(price)* mínimo(a)

rocker ['rɒkə(r)] *n* **-1.** *(of cradle, chair)* arco *m*; IDIOM Fam **she's off her ~** le falta un tornillo; IDIOM Fam **to go off one's ~** *(go mad)* volverse loco(a) *or* Esp majara; *(lose one's temper)* ponerse hecho(a) una furia **-2.** *(chair)* mecedora *f* **-3.** ELEC **~ switch** conmutador *m* basculante **-4.** *(musician, fan)* roquero(a) *m,f*

rockery ['rɒkərɪ] *n* *(in garden)* jardín *m* de rocalla

rocket[1] ['rɒkɪt] ◇ *n* **-1.** *(weapon, vehicle)* cohete *m*; **to fire** *or* **launch a ~** disparar *or* lanzar un cohete ❑ **~ engine** motor *m* (de) cohete; **~ fuel** combustible *m* para cohetes; **~ launcher** lanzacohetes *m inv*; **~ motor** motor *m* de cohete *or* de lanzamiento; **~ range** campo *m* de tiro para cohetes **-2.** *(signal, firework)* cohete *m* **-3.** IDIOMS Br Fam **to give sb a ~** *(reprimand)* echar una bronca *or* Esp un broncazo a alguien; Br Fam **to get a ~** llevarse una bronca *or* Esp un broncazo; **it isn't ~ science** no se trata de descubrir América; **she's no ~ scientist** no es una lumbrera

◇ *vi* *(prices)* dispararse, subir como la espuma; **to ~ to fame** hacerse famoso de la noche a la mañana; **the group rocketed up the charts** el grupo saltó de la noche a la mañana a los primeros puestos de las listas de éxitos; **the bike rocketed down the road** la moto iba como un rayo *or* cohete por la carretera

◇ *vt* **-1.** *(missile)* lanzar; *(astronaut)* enviar al espacio; **the spacecraft was rocketed to the moon** la nave fue lanzada a la luna **-2.** *(record, singer)* lanzar (a la fama); **the record rocketed the group into the top 10** el disco aupó a la banda a un puesto entre los diez primeros de las listas de éxitos

rocket[2] *n* *(salad plant)* oruga *f*, roqueta *f*

rocketing ['rɒkɪtɪŋ] *adj* *(prices, costs)* disparados(as), que suben como la espuma; *(inflation)* galopante

rocketry ['rɒkɪtrɪ] *n* *(science)* cohetería *f*

rockfall ['rɒkfɔːl] *n* desprendimiento *m* (de piedras)

rockfish ['rɒkfɪʃ] *n* lija *f*, pintarroja *f*

rock-hard [rɒk'hɑːd] *adj* duro(a) como una piedra

rock-hopper ['rɒkhɒpə(r)] *n* **~ (penguin)** pingüino *m* de penacho amarillo

Rockies ['rɒkɪz] *npl* **the ~** las Rocosas

rockily ['rɒkɪlɪ] *adv* de manera inestable *or* poco firme

rocking ['rɒkɪŋ] *adj* *(motion)* de balanceo, de vaivén ❑ **~ chair** mecedora *f*; **~ horse** caballo *m* de balancín

rockrose ['rɒkrəʊz] *n* jara *f*, jaguarzo *m*

rockslide ['rɒkslaɪd] *n* desprendimiento *m* (de rocas)

rock-solid ['rɒk'sɒlɪd] *adj* *(support)* firme, inquebrantable; **a ~ majority** una amplia *or* sólida mayoría

rock-steady ['rɒk'stedɪ] *adj* *(hand)* firme

rocky ['rɒkɪ] *adj* **-1.** *(path, soil)* pedregoso(a) ❑ **Rocky Mountain goat** rebeco *m* blanco, cabra *f* de las nieves *or* de las Montañas Rocosas; **the Rocky Mountains** las Montañas Rocosas **-2.** *(unstable)* *(marriage, relationship, economy)* inestable; **to go through a ~ patch** pasar una mala racha, atravesar un bache; **things got off to a ~ start** las cosas tuvieron un comienzo incierto, no se comenzó con buen pie

rococo [rə'kəʊkəʊ] ◇ *n* rococó *m*
◇ *adj* rococó

rod [rɒd] ◇ *n* **-1.** *(wooden)* vara *f*; *(metal)* barra *f*; IDIOM **to rule with a ~ of iron** gobernar con mano de hierro; IDIOM **to make a ~ for one's own back** cavarse la propia tumba **-2.** *(of uranium)* barra *f* **-3.** *(symbol of office)* bastón *m* de mando; *(of king, emperor)* cetro *m* **-4.** *(for fishing)* caña *f* (de pescar) **-5.** *(for surveying)* vara *f* (de medir), jalón *m* **-6.** *(in engine)* barra *f* de transmisión **-7.** ANAT *(in retina)* bastoncillo *m* **-8.** *(linear measure)* = antigua medida de longitud equivalente a 5,029 metros **-9.** US Fam *(gun)* pipa *f*, Am fierro *m* **-10.** Fam *(car)* coche *m* trucado **-11.** very Fam *(penis)* verga *f*, Esp picha *f*, Chile pico *m*, Méx pájaro *m*, RP pija *f*

◇ *vt* *(drain)* desatascar con una varilla

rode *pt of* **ride**

rodent ['rəʊdənt] *n* roedor *m*

rodeo ['rəʊdɪəʊ] *n* rodeo *m*

rodomontade [rɒdəmɒn'tɑːd] *n* Literary fanfarronada *f*

roe[1] [rəʊ] *n* **~ (deer)** corzo *m*

roe[2] *n* *(of fish)* huevas *fpl*

roebuck ['rəʊbʌk] *n* corzo *m* (macho)

rogation [rə'geɪʃən] *n* REL rogativa *f* ❑ **Rogation Days** rogativas *fpl* de la Ascensión

roger[1] ['rɒdʒə(r)] *exclam* *(in radio message)* ¡recibido!

roger[2] *vt* Br very Fam tirarse a, Am cogerse a, Méx chingarse a

rogue [rəʊg] ◇ *n* **-1.** *(dishonest)* granuja *mf*, bribón(ona) *m,f*; Fam **a rogues' gallery** *(police photographs of known criminals)* un archivo de delincuentes fichados **-2.** *(mischievous)* truhán(ana) *m,f*, pícaro(a) *m,f*

◇ *adj* **-1.** *(animal)* solitario(a), apartado(a) de la manada ❑ **~ elephant** elefante *m* solitario **-2.** *(deviant)* que va a su aire ❑ **~ gene** gen *m* defectuoso *or* aberrante; **~ state** estado *m* delincuente; **~ trader** *(on stockmarket)* agente *m* de bolsa sin escrúpulos; *(builder, plumber)* pirata *mf*, chapucero(a) *m,f*

roguery ['rəʊgərɪ] *n* granujadas *fpl*

roguish ['rəʊgɪʃ] *adj* *(smile, look)* pícaro(a), picarón(ona)

roguishly ['rəʊgɪʃlɪ] *adv* *(to smile, wink)* con picardía

ROI *(abbr* **Republic of Ireland)** República *f* de Irlanda

roil [rɔɪl] US ◇ *vt* **-1.** *(annoy)* irritar, enojar **-2.** *(liquid)* enturbiar, agitar
◇ *vi* *(water)* agitarse

roisterer ['rɔɪstərə(r)] *n* jaranero(a) *m,f*

roisterous ['rɔɪstərəs] *adj* bullicioso(a), jaranero(a)

ROK *(abbr* **Republic of Korea)** República *f* de Corea

role [rəʊl] *n* **-1.** CIN, THEAT papel *m*; **a starring ~** un papel estelar *or* principal; **a supporting ~** un papel secundario *or* de reparto **-2.** *(function)* papel *m*; **to play an important ~** desempeñar un papel importante; **to have a ~ in life** tener un papel *or* una misión en la vida ❑ **~ model** ejemplo *m*, modelo *m* a seguir; **~ reversal** cambio *m* de papeles

role-play ['rəʊlpleɪ] ◇ *n* *(in training, therapy)* dramatización *f* improvisada, juego *m* de roles; *(in language classes)* role-play *m*

◇ *vt* *(situation)* representar de manera imaginaria; *(interview)* hacer un simulacro de

role-playing ['rəʊlpleɪɪŋ] *n* *(in training, therapy)* dramatización *f* improvisada, juego *m* de roles ❑ **~ game** juego *m* de rol

rolf [rɒlf] *vi* US Fam hacer rolfing, hacer masajes del método Rolf

Rolfing ['rɒlfɪŋ] *n* rolfing *m*, masajes *mpl* terapéuticos del método Rolf

roll [rəʊl] ◇ *n* **-1.** *(of paper, cloth, film)* rollo *m*; *(of carpet, wallpaper)* rollo *m*; *(of fat, flesh)* Esp michelín *m*, Méx llanta *f*, RP rollo *m*; *(of banknotes)* fajo *m*; **it's sold by the ~** se vende por rollos; **a ~ of tools** un manojo de herramientas **-2.** *(bread)* panecillo *m*, Méx bolillo *m*; **ham/cheese ~** Esp bocadillo *or* Am sándwich de jamón/queso **-3.** *(noise)* *(of drum)* redoble *m*; *(of thunder)* retumbo *m* **-4.** *(movement)* *(of ship, plane)* balanceo *m*; **a ~ of the dice** una tirada de dados **-5.** *(list)* lista *f*; **to be on the ~** *(of club)* ser socio(a); Br SCH estar matriculado(a); **to call the ~** pasar lista ❑ MIL **~ of honour** = lista de los caídos en la guerra **-6.** IDIOMS Fam **to be on a ~** llevar una buena racha; Fam **to have a ~ in the hay** echar un polvo *or* casquete, RP fifar

◇ *vt* **-1.** *(ball)* hacer rodar; *(dice)* tirar, lanzar; **to ~ sth along the ground** hacer rodar algo por el suelo; **the dog rolled**

roll itself in the mud el perro se revolcó en el barro
-2. *(flatten) (road, lawn)* apisonar; *(metal)* laminar; *(pastry, dough)* extender, estirar
-3. *(form into a ball, cylinder) (cigarette)* liar; **to ~ yarn into a ball** hacer un ovillo de hilo; **the animal rolled itself into a ball** el animal se hizo un ovillo *or* una bola; **she rolled the clay into a long snake** hizo una larga serpiente con la arcilla; **to ~ sth in** *or* **between one's fingers** enrollar algo con los dedos; **he rolled his sleeves above his elbows** se remangó la camisa por encima de *or Am* arriba de los codos; *Br* **he rolls his own** se hace los suyos; *Fig* **a brother, friend and teacher, (all) rolled into one** un hermano, amigo y profesor, todo en uno
-4. *(pronounce strongly)* **to ~ one's r's** marcar las erres al hablar
-5. *(move in circular motion)* **to ~ one's eyes** *(in mock despair, in fright)* poner los ojos en blanco; **to ~ one's hips/shoulders** menear las caderas/los hombros de manera sensual
-6. *(start working) (movie camera, printing press)* poner en marcha *or* en funcionamiento; **~ the cameras!** ¡se rueda!

◇ *vi* -1. *(move) (ball)* rodar; **to ~ in the mud** *(animal, person)* revolcarse en el fango *or* barro; **the ball rolled down the stairs** la pelota cayó rodando por las escaleras, la pelota rodó escaleras abajo; **the boulders rolled down the mountainside** las grandes rocas caían (rodando) por la ladera; **the bus rolled into the yard** el autobús entró en el patio; **the taxi rolled to a halt** el taxi se detuvo suavemente; **tears rolled down his face** le caían lágrimas por las mejillas; **sweat rolled off her back** el sudor le caía *or* le corría por la espalda
-2. *(drums)* redoblar; *(thunder)* retumbar; **the organ music rolled through the corridors** la música de órgano retumbaba en los pasillos
-3. *(ship, plane)* balancearse
-4. *(start working) (movie camera)* comenzar a rodar; *(printing press)* entrar en funcionamiento; **the credits started to ~** *(in movie)* comenzaron a aparecer los créditos (en la pantalla)
-5. IDIOMS **to get** *or* **start things rolling** empezar la cosa; **OK, we're ready to ~!** bueno, estamos listos; **he had them rolling in the aisles** se morían de risa con él; **heads will ~** van a rodar cabezas; *Fam* **to be rolling in money** *or* **in it** nadar en la abundancia, *Esp* estar montado(a) en el dólar; **let the good times ~!** ¡por los buenos tiempos!

◆ **roll about, roll around** *vi* revolcarse; IDIOM **she had them rolling about** se morían de risa con ella

◆ **roll along** *vi* -1. *(river)* pasar, correr; *(car)* avanzar -2. *(project)* avanzar, progresar

◆ **roll around** = **roll about**

◆ **roll away** ◇ *vt sep (stone)* hacer rodar; *(map, carpet)* enrollar y guardar
◇ *vi (car, clouds)* alejarse, perderse; **the hills rolled away into the distance** las colinas se perdían en la distancia; **all my troubles seemed to ~ away** fue como si todos mis problemas se disiparan

◆ **roll back** ◇ *vt sep* -1. *(carpet)* enrollar; *(blankets)* doblar; **to ~ back the enemy** hacer retroceder al enemigo; **to ~ back the frontiers of the state** reducir el papel (intervencionista) del estado; **to ~ back the years** retrotraerse en el tiempo -2. *US (prices)* reducir
◇ *vi (waves)* retroceder; *(memories)* resurgir, regresar

◆ **roll by** *vi (car, time)* pasar

◆ **roll down** *vt sep (blind, sleeves, car window)* bajar

◆ **roll in** *vi* -1. *(waves)* avanzar -2. *(arrive)* aparecer, llegar; **they finally rolled in at 3 a.m.** al final aparecieron a las 3 de la mañana -3. *Fam (pour in) (money)* llover; *(crowds)* venir en masa; **offers of help are rolling in** llueven los ofrecimientos de ayuda

◆ **roll off** ◇ *vi (fall)* caer(se) rodando
◇ *vt insep* **to ~ off the presses** salir de la imprenta

◆ **roll on** ◇ *vt sep* -1. *(paint)* pasar *or* aplicar con un rodillo; *(deodorant)* aplicar *(con la bola)* -2. *(stockings)* poner(se) (enrollando)
◇ *vi (time, weeks)* pasar; IDIOM *Br Fam* **~ on Friday/Christmas!** ¡que llegue el viernes/la Navidad!

◆ **roll out** ◇ *vt sep* -1. *(flatten) (map, carpet)* desenrollar; *(pastry)* extender *or* estirar con el rodillo -2. *(produce) (goods)* producir, sacar -3. *(extend) (new scheme, production)* ampliar
◇ *vi* **to ~ out of bed** *(person)* salir de la cama, levantarse

◆ **roll over** ◇ *vt sep* -1. *(turn over)* dar la vuelta -2. *Fam (defeat)* barrer
◇ *vi (several times)* dar vueltas; *(once) (person)* dar la vuelta; *(car)* dar una vuelta (de campana)

◆ **roll past** ◇ *vt insep (of car, procession)* pasar por
◇ *vi (car, time)* pasar

◆ **roll up** ◇ *vt sep (map, carpet)* enrollar; *(trousers)* remangar, arremangar; *(blind, car window)* subir; **to ~ sth up in paper** envolver algo con papel; **to ~ up one's sleeves** remangarse *or* arremangarse la camisa; *Fig* poner toda la carne en el asador
◇ *vi* -1. *(map, carpet, paper)* enrollarse; **it's rolling up at the edges** se está abarquillando *or* doblando por los bordes; **to ~ up into a ball** hacerse un ovillo *or* una bola -2. *Fam (arrive)* llegar; *Old-fashioned* **~ up!, ~ up!** ¡vengan todos!, ¡pasen y vean!

rollback ['rəʊlbæk] *n US (of prices)* reducción *f*
roll-bar ['rəʊlbɑ:(r)] *n* barra *f* antivuelco
roll-call ['rəʊlkɔ:l] *n* acto *m* de pasar lista; **to take (a** *or* **the) ~** pasar lista
rolled [rəʊld] *adj* **~ gold** metal laminado en oro; **~ oats** copos de avena
rolled-up ['rəʊldʌp] *adj (sleeves, trousers)* remangado(a), arremangado(a); *(umbrella)* cerrado(a); *(newspaper)* enrollado(a)
Roller ['rəʊlə(r)] *n Br Fam* Rolls (Royce)® *m inv*
roller ['rəʊlə(r)] *n* -1. *(for paint, garden, in machine)* rodillo *m* ☐ **~ blind** persiana *f (de tela)* enrollable; **~ hockey** hockey *m* sobre patines; **~ skates** patines *mpl (de ruedas)*; **~ towel** toalla *f* de rodillo
-2. *(for hair)* rulo *m, Chile* tubo *m, RP* rulero *m*; **to put rollers in (one's hair), to put one's hair in rollers** poner (los) rulos *or Chile* tubos *or RP* ruleros
-3. *(wave)* ola *f* grande
-4. *(bird)* carraca *f*
roller-bearing ['rəʊləbeərɪŋ] *n* cojinete *m* de rodillos
rollerblades ['rəʊləbleɪdz] *npl* patines *mpl* en línea
rollerblading ['rəʊləbleɪdɪŋ] *n* patinaje *m (con patines en línea)*; **to go ~** patinar *(con patines en línea)*
rollercoaster ['rəʊləkəʊstə(r)] *n* montaña *f* rusa; *Fig* **it's been a ~ (of a) year for the economy** ha sido un año lleno de altibajos en la economía
roller-skate ['rəʊləskeɪt] *vi* patinar (sobre ruedas)
roller-skater ['rəʊləskeɪtə(r)] *n* patinador(ora) *m,f* (sobre ruedas)
roller-skating ['rəʊləskeɪtɪŋ] *n* patinaje *m* (sobre ruedas); **to go ~** ir a patinar (sobre ruedas)
rollicking ['rɒlɪkɪŋ] *Fam* ◇ *n Br* **to give sb a ~** echar una reprimenda *or Esp* una bronca a alguien, dar *Méx* una jalada *or RP* un rezongo a alguien
◇ *adv* **a ~ good read** un libro divertidísimo; **to get ~ drunk** agarrarse un buen pedo *or* una buena cogorza

rolling ['rəʊlɪŋ] ◇ *adj* -1. *(undulating) (hills, fields)* ondulado(a); *(sea, waves)* ondulante; **to have a ~ gait** tambalearse al andar; CULIN **bring to a ~ boil** hacer que rompa el hervor, hacer que hierva a borbotones
-2. *(moving)* que rueda; IDIOM **to be a ~ stone** ser un ave de paso, tener alma de viajero(a); PROV **a ~ stone gathers no moss** piedra movediza nunca moho cobija ☐ RAIL **~ stock** material *m* móvil *or* rodante
-3. *(for flattening)* **~ mill** *(for steel) (machine)* laminador *m*, laminadora *f*; *(factory)* planta *f* de laminación; **~ pin** rodillo *m (de cocina)*
-4. *(thunder)* retumbante
-5. *Br* **~ tobacco** tabaco *m* de liar
-6. *(progressive)* gradual, progresivo(a); **a ~ plan for development** un plan de desarrollo escalonado; **~ strikes** una sucesión creciente de paros
◇ *n (of boat)* balanceo *m*
◇ *adv Br Fam* **to be ~ drunk** no tenerse en pie de la borrachera, estar borracho(a) como una cuba
rollmop ['rəʊlmɒp] *n* **~ (herring)** filete *m* de arenque en escabeche
rollneck ['rəʊlnek] *adj (sweater)* de cuello vuelto, de cuello de cisne
roll-on ['rəʊlɒn] ◇ *n* -1. *(deodorant)* desodorante *m* de bola -2. *(corset)* faja *f*
◇ *adj* **~ (deodorant)** desodorante *m* de bola
roll-on roll-off ferry [rəʊl'ɒnrəʊl'ɒf'ferɪ] *n* transbordador *m or* ferry *m* de carga horizontal *or* rodada, ro-ro *m*
roll-over ['rəʊləʊvə(r)] *n (in UK national lottery)* bote *m* acumulado; **~ week** = semana en la que hay bote acumulado
Rolls [rəʊlz] *n Br Fam* Rolls (Royce)® *m inv*
roll-top desk ['rəʊltɒp'desk] *n* buró *m*
roll-up ['rəʊlʌp] *n Br Fam (cigarette)* pitillo *m* (liado a mano)
roly-poly ['rəʊlɪ'pəʊlɪ] *adj Fam (plump)* rechoncho(a) ☐ **~ pudding** = dulce compuesto de mermelada y masa pastelera enrolladas
ROM [rɒm] *n* COMPTR *(abbr* **read only memory)** (memoria *f*) ROM *f*
romaine [rəʊ'meɪn] *n US* **~ (lettuce)** lechuga *f* romana
Roman ['rəʊmən] ◇ *n* romano(a) *m,f*
◇ *adj* romano(a) ☐ **~ alphabet** alfabeto *m* latino; **~ candle** = tipo de fuego artificial; REL **~ Catholic** católico(a) *m,f* (romano(a)); **~ Catholic Church** Iglesia *f* católica (romana); **~ Catholicism** catolicismo *m*; **~ Empire** Imperio *m* Romano; **~ law** derecho *m* romano; **~ nose** nariz *f* aguileña; **~ numerals** números *mpl* romanos, numeración *f* romana; **~ road** calzada *f* romana
roman ['rəʊmən] *n* TYP (letra *f*) redonda *f or* redondilla *f*
romance [rə'mæns, 'rəʊmæns] ◇ *n* -1. *(love)* romanticismo *m*, amor *m* romántico; **~ is in the air** hay una atmósfera romántica, se respira romanticismo
-2. *(love affair)* romance *m*, aventura *f* (amorosa); **to have a ~ with sb** tener un romance con alguien; **a summer ~** un amor de verano
-3. *(charm)* encanto *m*; **the ~ soon wore off** el encanto pronto se disipó
-4. *(book)* novela *f* rosa *or* romántica; *(movie)* película *f* romántica *or* de amor
-5. LIT romance *m*, libro *m* de caballerías
-6. LING **Romance languages** lenguas *fpl* romance *or* románicas
◇ *vt (person)* galantear, seducir
◇ *vi* soñar, fantasear
Romanesque [rəʊmə'nesk] ◇ *n* románico *m*
◇ *adj* románico(a)
Romania [rə'meɪnɪə] *n* Rumanía *f*
Romanian [rə'meɪnɪən] ◇ *n* -1. *(person)* rumano(a) *m,f* -2. *(language)* rumano *m*
◇ *adj* rumano(a)
Romansch [rəʊ'mænʃ] ◇ *n* romanche *m*
◇ *adj* del romanche, retorrománico(a)
romantic [rə'mæntɪk] ◇ *n* romántico(a) *m,f*; **he's an incurable ~** es un romántico incorregible
◇ *adj* -1. *(amorous, sentimental)* romántico(a);

romantically

to be/feel ~ ser/estar romántico **-2.** *(unrealistic)* idealizado(a), romántico(a); **she had some ~ notion about helping the poor** tenía una idea un tanto romántica acerca de ayudar a los pobres **-3.** LIT & MUS **Romantic poetry/music** poesía/música romántica

romantically [rə'mæntɪklɪ] *adv* de manera romántica; **to be ~ involved with sb** tener un romance con alguien

romanticism [rə'mæntɪsɪzəm] *n* **-1.** *(of person, scene)* romanticismo *f* **-2. Romanticism** *(in art, literature, music)* romanticismo *m*

romanticize [rə'mæntɪsaɪz] ◇ *vt (idea, incident)* idealizar; **to ~ war** rodear la guerra de un halo romántico
◇ *vi* idealizar (las cosas)

Romany ['rɒmənɪ] ◇ *n* **-1.** *(person)* romaní *mf*, gitano(a) *m,f* **-2.** *(language)* romaní *m*; *(in Spain)* caló *m*
◇ *adj* romaní, gitano(a)

Rome [rəʊm] *n* **-1.** *(city)* Roma; PROV **all roads lead to ~** todos los caminos conducen a Roma; PROV **~ wasn't built in a day** Zamora no se ganó en una hora; PROV **when in ~, (do as the Romans do)** allá donde fueres haz lo que vieres **-2.** REL **(the Church of) ~** (la iglesia de) Roma, la Iglesia católica romana; **to go over to ~** venderse a Roma, convertirse al catolicismo

Romeo ['rəʊmɪəʊ] *n* **-1.** *(in Shakespeare)* Romeo; **~ and Juliet** Romeo y Julieta **-2.** *(lover)* donjuán *m*, casanova *m*

romp [rɒmp] ◇ *n* **to have a ~** *(frolic)* juguetear; *(have sex)* darse un revolcón; **the play is an enjoyable ~** la obra es un divertimiento agradable
◇ *vi* **to ~ (about** or **around)** juguetear; **to ~ through an examination** sacar un examen con toda facilidad; **to ~ home** *(in election, race)* vencer con un amplio margen or una amplia ventaja

romper ['rɒmpə(r)] *n* **~ suit, rompers** pelele *m*

Romulus ['rɒmjʊləs] *n* MYTHOL **~ and Remus** Rómulo y Remo

rondo ['rɒndəʊ] *n* MUS rondó *m*

roo [ruː] *n* Austr Fam canguro *m* ❑ **~ bars** = barras protectoras de metal para casos de choque con animales

rood [ruːd] *n* **-1.** *(cross)* crucifijo *m*, cruz *f* ❑ **~ screen** trascoro *m (entre el coro y la nave central)* **-2.** Br *(square measure)* cuarto *m* de acre (= 0,10 hectáreas)

roof [ruːf] ◇ *n* **-1.** *(of building)* tejado *m*; *(of tunnel, cave)* techo *m*; **to have a ~ over one's head** tener un techo or sitio donde dormir; **I won't have this behaviour under my ~** no toleraré semejante comportamiento en mi casa; **to live under one** or **the same ~** vivir bajo el mismo techo; *Fig* **the ~ of the world** el techo del mundo; IDIOM *Fam* **to go through the ~** *(inflation, prices)* ponerse por las nubes; IDIOM **to go through** or **hit the ~** *(person)* subirse por las paredes ❑ **~ garden** azotea *f* con jardín or ajardinada
-2. *(of car)* techo *m* ❑ AUT **~ rack** baca *f*
-3. **the ~ of the mouth** el paladar, el cielo de la boca
◇ *vt* techar, cubrir; **roofed with corrugated iron** con techo de chapa ondulada
◆ **roof in, roof over** *vt sep* techar, poner (un) techo a

roofer ['ruːfə(r)] *n* techador *m*

roofing ['ruːfɪŋ] *n* **-1.** *(material)* **~ felt** fieltro *m* impermeable para techos; **~ material** *(for making roofs)* techumbre *f*; *(for covering roofs)* revestimiento *m* de tejados **-2.** *(activity)* **a ~ firm** empresa constructora (y reparadora) de tejados

rooftop ['ruːftɒp] *n* *(in general)* tejado *m*; *(flat roof)* azotea *f*; **a chase over the rooftops** una persecución por los tejados/las azoteas; IDIOM **to shout** or **proclaim sth from the rooftops** proclamar algo a los cuatro vientos

rook [rʊk] ◇ *n* **-1.** *(bird)* grajo(a) *m,f* **-2.** *(in chess)* torre *f*
◇ *vt Fam (swindle)* timar

rookery ['rʊkərɪ] *n* **-1.** *(of rooks)* colonia *f* de grajos **-2.** *(of seals, penguins)* colonia *f*

rookie ['rʊkɪ] *n* US Fam novato(a) *m,f*; **a ~ cop** un poli novato, Arg un pichón de rati

room [ruːm] *n* **-1.** *(in house)* habitación *f*, cuarto *m*; *(in hotel)* habitación *f*; *(bedroom)* dormitorio *m*, Am cuarto *m*, CAm, Col, Méx recámara *f*; *(large, public)* sala *f*; **double/single ~** habitación doble/individual; **the ~ went silent** se hizo el silencio en la habitación ❑ **~ and board** pensión *f* completa; **~ number** número *m* de habitación; **~ service** servicio *m* de habitaciones; **~ temperature** temperatura *f* ambiente
-2. *(space)* espacio *m*, sitio *m*, Am lugar *m*, Andes campo *m*; **there's no ~** no hay sitio or Am lugar or Andes campo; **is there ~ for one more?** ¿cabe uno más?; **to make ~ (for sb)** hacer sitio or Am lugar or Andes campo (para or a alguien); **we must leave him ~ to develop his own interests** debemos dejarlo que persiga libremente sus intereses, tenemos que dejarle espacio para que se dedique a lo que le interesa; **we have no ~ for people like him in our organization** en esta organización no cabe gente como él; **there's no ~ for doubt** no hay lugar a dudas; **there is ~ for improvement** se puede mejorar; **we have no ~ for manoeuvre** no tenemos margen de maniobra; IDIOM *Fam* **there isn't enough ~ to swing a cat in here** aquí no cabe ni un alfiler
◆ **room with** *vt insep* US compartir alojamiento con

-roomed [ruːmd] *suffix* **two/three/four~** de dos/tres/cuatro habitaciones

roomer ['ruːmə(r)] *n* US huésped *mf*, huéspeda *f*

roomette [ruː'met] *n* US compartimento *m* or departamento *m* de coche cama

roomful ['ruːmfʊl] *n* **a ~ of furniture** una habitación llena de muebles; **a ~ of people** una sala llena or repleta de gente

roomie ['ruːmɪ] *n* US Fam compañero(a) *m,f* de cuarto or habitación

roominess ['ruːmɪnɪs] *n* *(of house, office, car)* espaciosidad *f*, amplitud *f*; *(of suitcase, bag, clothes)* amplitud *f*

rooming house ['ruːmɪŋhaʊs] *n* US casa *f* de huéspedes, pensión *f*

roommate ['ruːmmeɪt] *n* compañero(a) *m,f* de cuarto or habitación

roomy ['ruːmɪ] *adj (house, office, car)* espacioso(a), amplio(a); *(suitcase, bag, clothes)* amplio(a)

roost [ruːst] ◇ *n* percha *f*, palo *m*; IDIOM **to rule the ~** manejar el cotarro
◇ *vi* estar posado(a) *(para dormir)*; IDIOM **his actions have come home to ~** ahora está sufriendo las consecuencias de sus actos

rooster ['ruːstə(r)] *n esp* US gallo *m*

root [ruːt] ◇ *n* **-1.** *(of plant)* raíz *f*; **to pull sth up by the roots** arrancar algo de raíz; **to take ~** *(plant, idea)* arraigar; IDIOM **they destroyed the party ~ and branch** destrozaron el partido por completo; *also Fig* **to put down roots** echar raíces ❑ US **~ beer** = bebida gaseosa sin alcohol elaborada con extractos de plantas; **~ crops** tubérculos *mpl* (comestibles); **~ vegetables** tubérculos *mpl*
-2. *(of tooth, hair, nail)* raíz *f*; **to touch up one's roots** *(person with dyed hair)* retocarse las raíces ❑ **~ canal surgery** endodoncia *f*; **~ canal work** endodoncia *f*
-3. *(of word)* raíz *f*
-4. *(origin)* raíz *f*; **the conflict has its roots in the past** el conflicto hunde sus raíces en el pasado; **he has no real roots** no tiene raíces, es un desarraigado; **she is searching for her roots** está buscando sus raíces; **to get back to one's roots** volver a las raíces; **the ~ cause of sth** la verdadera causa de algo; **the ~ of all evil** el origen de todo mal; **to get at** or **to the ~ of sth** llegar a la raíz de algo ❑ **roots music** música *f* con raíces
-5. MATH raíz *f*
-6. COMPTR **~ directory** directorio *m* raíz
◇ *vt* **it is rooted in...** tiene sus raíces en...;

to be rooted to the spot quedarse de una pieza
◇ *vi* **to ~ about** or **around (for sth)** *(search)* rebuscar (algo); **I found her rooting through my desk** la pesqué hurgando en mi escritorio
◆ **root for** *vt insep (support)* apoyar; **we'll all be rooting for you** vamos a estar todos apoyándote or alentándote
◆ **root out** *vt sep (racism, crime)* cortar de raíz
◆ **root up** *vt sep* arrancar de raíz

rooted ['ruːtɪd] *adj (belief, habits)* enraizado(a), arraigado(a); **deeply ~ superstitions** supersticiones profundamente enraizadas or arraigadas

rootless ['ruːtlɪs] *adj* desarraigado(a)

rootsy ['ruːtsɪ] *adj Fam* folkie, folk

rope [rəʊp] ◇ *n* **-1.** *(thick, for hanging)* soga *f*; *(thinner)* cuerda *f*, NAUT cabo *m*, maroma *f*; **bring back the ~** reinstaurar la pena de muerte ❑ **~ ladder** escalera *f* de cuerda; **~ maker** cordelero(a) *m,f*, soguero(a) *m,f*
-2. *(of pearls)* sarta *f*; *(of onions)* ristra *f*
-3. IDIOMS **to be on the ropes** estar contra las cuerdas; **to have sb on the ropes** tener a alguien contra las cuerdas; **to know the ropes** saber de qué va el asunto; **to learn the ropes** ponerse al tanto *(con un trabajo)*; **to show sb the ropes** poner a alguien al tanto; **to give sb plenty of ~** dar gran libertad de movimientos a alguien; **give them enough ~ and they'll hang themselves** déjalos hacer, ya verás cómo se cavan su propia tumba
◇ *vt* **-1.** *(fasten)* atar (**to** a); **they roped themselves together** *(for climbing)* se encordaron **-2.** US *(cattle, horses)* atrapar con el lazo, CSur lacear
◆ **rope in** *vt sep Fam* **to ~ sb in (to doing sth)** liar or enganchar a alguien (para hacer algo); **he got himself roped in to be chairman** lo engancharon para que fuera presidente
◆ **rope off** *vt sep* acordonar
◆ **rope up** *vi (climbers)* encordarse, hacer una cordada

rop(e)y ['rəʊpɪ] *adj Fam* **-1.** *(unreliable)* flojo(a) **-2.** *(ill)* pachucho(a), Am flojo(a); **to feel a bit ~** no sentirse muy allá

Roquefort ['rɒkəfɔː(r)] *n* (queso *m*) roquefort *m*

roquet ['rəʊkeɪ] ◇ *n* golpe *m* a la bola contraria, roquet *m*
◇ *vt* golpear con la bola propia

ro-ro ferry ['rəʊrəʊ'ferɪ] *n* transbordador *m*, ferry *m* (con trasbordo horizontal)

rorqual ['rɔːkwəl] *n* rorcual *m*

Rorschach test ['rɔːʃɑːk'test] *n* prueba *f* or test *m* de Rorschach

rosary ['rəʊzərɪ] *n* REL rosario *m*; **to say the** or **one's ~** rezar el rosario

rose [rəʊz] ◇ *n* **-1.** *(flower)* rosa *f*; **~ (bush)** rosal *m*; **~ bed** macizo *m* de rosas; **~ garden** rosaleda *f*, jardín *m* de rosas, Méx, CSur rosedal *m*; **~ grower** cultivador(ora) *m,f* de rosas; **~ quartz** cuarzo *m* rosa or rosado, ARCHIT **~ window** rosetón *m*
-2. *(on watering can, shower)* alcachofa *f*
-3. *(on ceiling)* rosetón *m* (de techo)
-4. IDIOMS **life is not a bed of roses**, **life is not all roses** la vida no es un lecho or camino de rosas; **to come up roses** salir a pedir de boca; **he always comes up smelling of roses** de todo sale bien parado; **that holiday put the roses back in his cheeks** esas vacaciones le han devuelto el buen color
◇ *adj (colour)* rosa
◇ *pt of* **rise**

rosé ['rəʊzeɪ] *n (wine)* rosado *m*

roseate ['rəʊzɪət] *adj Literary* rosáceo(a)

rosebud ['rəʊzbʌd] *n* capullo *m* de rosa; **~ lips** labios bien definidos

rose-coloured ['rəʊzkʌləd], **rose-tinted** ['rəʊztɪntɪd] *adj* rosado(a), color de rosa; IDIOM **to see things through ~ glasses** or **spectacles** ver las cosas de color de rosa

rosehip ['rəʊzhɪp] n escaramujo m

rosemary ['rəʊzmərɪ] n romero m

rose-tinted = rose-coloured

rosette [rəʊ'zet] n -1. (badge of party, team) escarapela f -2. ARCHIT (carving) rosetón m

rose-water ['rəʊzwɔːtə(r)] n agua f de rosas

rosewood ['rəʊzwʊd] n palo m de rosa

Rosh Hashana(h) ['rɒʃhə'ʃɑːnə] n = el Año Nuevo judío

Rosicrucian [ˌrəʊzɪ'kruːʃən] ◇ n rosacruz mf
◇ adj rosacruz, de la (orden de la) Rosacruz

rosin ['rɒzɪn] ◇ n colofonia f, colofonía f
◇ vt frotar con colofonia

RoSPA ['rɒspə] n (abbr Royal Society for the Prevention of Accidents) = organización británica para la prevención de accidentes

roster ['rɒstə(r)] ◇ n (list) lista f; (of duties) lista f de turnos
◇ vt apuntar en la lista de turnos, asignar turno a; **he's rostered to do the washing up** le toca a él lavar los platos

rostrum ['rɒstrəm] n estrado m, tribuna f; **to take the ~** subir al estrado or a la tribuna ❏ CIN & TV **~ camera** cámara f truca, truca f de animación

rosy ['rəʊzɪ] adj -1. (pink) rosa, rosado(a); (cheeks, complexion) sonrosado(a) -2. (future) (de) color de rosa; IDIOM **to paint a ~ picture of sth** pintar algo (de) color de rosa

rot [rɒt] ◇ n -1. (in house, wood) podredumbre f; (in fruit, vegetable) parte f podrida, putrefacción f
-2. (in society) degradación f, degeneración f; IDIOM **the ~ has set in** el mal ha empezado a arraigar; IDIOM **to stop the ~** impedir que la situación siga degenerando
-3. Br Fam (nonsense) sandeces fpl, Am pendejadas fpl; **don't talk ~!** ¡no digas sandeces or Am pendejadas!; **what ~!** ¡menuda sandez or Am pendejada!
◇ vt (pt & pp **rotted**) pudrir; **sugar rots your teeth** el azúcar produce caries; Fam **too much TV rots your brain** ver mucha tele te acaba atontando
◇ vi (fruit, vegetable, wood) pudrirse; (body) descomponerse; **to ~ in prison** pudrirse en la cárcel; Fam **let them ~!** ¡que se pudran!

◆ **rot away** vt sep corroer, destruir
◇ vi (fabric) deshacerse; (wood, rubber, leaves) pudrirse; (flesh) descomponerse

◆ **rot down** vi (compost material) descomponerse

rota ['rəʊtə] n Br horario m con los turnos; **we have a ~ for the housework** nos turnamos para hacer las tareas de la casa

Rotarian [rəʊ'teərɪən] ◇ n rotario(a) m,f
◇ adj rotario(a)

rotary ['rəʊtərɪ] ◇ n US (roundabout) rotonda f
◇ adj (movement) rotatorio(a), giratorio(a)
❏ **Rotary Club** Club m de Rotarios, Rotary Club m; **~ engine** motor m rotativo; **~ pump** bomba f rotativa

rotate [rəʊ'teɪt] ◇ vt -1. (turn) hacer girar -2. (alternate) (duties, crops) alternar
◇ vi -1. (turn) girar -2. (in job) turnarse, rotar; **the presidency rotates every two years among the members** los miembros se turnan para ocupar la presidencia cada dos años

rotating [rəʊ'teɪtɪŋ] adj -1. (turning) giratorio(a) -2. (alternating) **on a ~ basis** en forma rotativa or rotatoria

rotation [rəʊ'teɪʃən] n -1. (circular movement) rotación f; **rotations per minute** rotaciones por minuto -2. (alternation) (of duties, crops) rotación f; (in job) rotación f, alternancia f; **by** or **in ~** por turno (rotatorio) -3. (in volleyball) rotación f

rotational [rəʊ'teɪʃənəl] adj (axis) de rotación; (inertia) rotacional

Rotavator® ['rəʊtəveɪtə(r)] n Br motocultor m

ROTC [ɑːrəʊtiː'siː] n US (abbr **Reserve Officers' Training Corps**) = unidad de formación de futuros oficiales compuesta por estudiantes universitarios becados por el ejército

rote [rəʊt] n **to learn sth by ~** aprender algo de memoria or de corrido ❏ **~ learning** aprendizaje m memorístico

rotgut ['rɒtgʌt] n Fam (drink) matarratas m inv

rotisserie [rəʊ'tɪsərɪ] n (spit) asador m

rotogravure [ˌrəʊtəgrə'vjʊə(r)] n huecograbado m

rotor ['rəʊtə(r)] n rotor m

Rotovator® ['rəʊtəveɪtə(r)], US **Rototiller®** ['rəʊtətɪlə(r)] n motocultor m

rotproof ['rɒtpruːf] adj imputrescible, incorrompible

rotten ['rɒtən] adj -1. (wood, egg, fruit) podrido(a); (tooth) picado(a), cariado(a); **to be ~** estar podrido; **to go ~** pudrirse; **to smell ~** oler a podrido; IDIOM **he's a ~ apple** or **the ~ apple in the barrel** es una manzana podrida
-2. (corrupt) degenerado(a), corrompido(a); **to be ~ through and through** or **to the core** estar totalmente corrompido
-3. Fam (bad, of poor quality) malísimo(a), pésimo(a); **I always get the ~ jobs!** ¡siempre me tocan los peores trabajos!; **he's a ~ cook** cocina Esp fatal or Esp de pena or Am pésimo; **we had a ~ time** lo pasamos Esp fatal or Esp de pena or Am pésimo; **what ~ luck!** ¡qué mala pata!
-4. Fam (unkind) **that was a ~ thing to do/say!** ¡eso fue una canallada!; **to be ~ to sb** comportarse como un canalla con alguien; **a ~ trick** una canallada, Andes, RP una guachada
-5. Fam **I feel ~** (ill) me siento Esp fatal or Am pésimo; **you look ~** Esp se te ve fatal, Am te ves muy mal or pésimo; **I feel ~ about what happened** (sorry) siento en el alma lo que pasó, me sabe muy mal lo que pasó
-6. (in indignation) maldito(a); **keep your ~ (old) sweets!** ¡no me interesan tus malditos dulces!
-7. HIST **~ borough** = municipio inglés que, antes de la aprobación de la reforma de 1832, se encontraba en tan malas condiciones que casi no tenía electores

rottenly ['rɒtənlɪ] adv Fam Esp fatal, Esp de pena, Am pésimo

rotter ['rɒtə(r)] n Br Fam Old-fashioned truhán(ana) m,f, bribón(ona) m,f

rotting ['rɒtɪŋ] adj podrido(a), que se está pudriendo

Rottweiler ['rɒtwaɪlə(r)] n -1. (dog) rotweiller m -2. Fig Hum (fierce person) bestia f parda, dóberman m

rotund [rəʊ'tʌnd] adj -1. (shape) redondeado(a) -2. (person) (plump) orondo(a), rollizo(a)

rotunda [rəʊ'tʌndə] n ARCHIT rotonda f

rotundity [rəʊ'tʌndɪtɪ] n (of person) gordura f

rouble, US **ruble** ['ruːbəl] n (Russian currency) rublo m

roué ['ruːeɪ] n crápula m, calavera m

rouge [ruːʒ] ◇ n colorete m
◇ vt ponerse colorete en

rough [rʌf] ◇ n -1. (in golf) rough m
-2. Fam Old-fashioned (hooligan) matón m
-3. (difficulty) IDIOM **to take the ~ with the smooth** estar a las duras y a las maduras, Am estar para las buenas y las malas
-4. Fam **a bit of ~** (person) un macho, un hombre de pelo en pecho; (sexual activity) un poco de sexo fuerte
◇ adj -1. (surface, skin, cloth) áspero(a); (terrain) accidentado(a); IDIOM Br Old-fashioned **to give sb the ~ side of one's tongue** echar una buena reprimenda a alguien
-2. (unrefined) (manners, speech) tosco(a); **a ~ shelter** un refugio improvisado; IDIOM **she is a ~ diamond** or US **a diamond in the ~** vale mucho, aunque no tenga muchos modales ❏ Fam **~ trade** (violent) = joven prostituto homosexual de tendencias violentas; (working-class) homosexual m proletario
-3. (violent, not gentle) (person) bruto(a); (game) duro(a); (weather) borrascoso(a); **to receive ~ treatment** ser maltratado(a); **it's a ~ area** es una zona peligrosa; **a ~ crossing** or **passage** una travesía muy movida; **~ sea(s)** mar brava, mar embravecido
-4. (harsh) (voice) ronco(a); (wine) peleón (ona), cabezón(ona); (alcoholic spirits) de garrafa; **the engine sounds ~** el motor hace un ruido ronco
-5. (difficult, tough) **it was ~ on her** fue muy duro para ella; **I'm going through a ~ patch** estoy pasando por un bache malo, RP estoy pasando por una mala racha; **to give sb a ~ time** or **ride** (treat harshly) hacerle pasar un mal rato a alguien, Esp hacérselas pasar canutas a alguien; (criticize) poner como un trapo a alguien, RP bajarle el hacha a alguien; **we've had a ~ time of it recently** lo hemos pasado muy mal últimamente ❏ **~ justice** justicia f sumaria; **~ luck** mala suerte f
-6. (approximate) (calculation, estimate) aproximado(a); **~ draft** borrador; **at a ~ guess** a ojo (de buen cubero); **these indicators serve as a ~ guide to the state of the economy** estos indicadores nos dan una idea aproximada de la situación económica; **I've got a ~ idea of what he wants** tengo una vaga idea de or sé más o menos lo que quiere; **~ sketch** bosquejo ❏ **~ paper** papel m (de) borrador
-7. Fam (ill) **to feel ~** sentirse mal; **to look ~** tener mal aspecto
◇ adv **to play ~** jugar duro; Fam **to sleep ~** dormir a la intemperie or Esp al raso
◇ vt Fam **we had to ~ it** nos las arreglamos or Esp apañamos como pudimos
◇ **in rough** adv (in preliminary form) en borrador

◆ **rough in** vt sep bosquejar, esbozar

◆ **rough out** vt sep (drawing) bosquejar, esbozar; (ideas, plan) esbozar

◆ **rough up** vt sep Fam **to ~ sb up** dar a alguien una paliza

roughage ['rʌfɪdʒ] n fibra f

rough-and-ready ['rʌfən'redɪ] adj -1. (makeshift) (structure, apparatus) rudimentario(a); (work) improvisado(a); (methods) rudimentario(a) -2. (person) basto(a), tosco(a)

rough-and-tumble ['rʌfən'tʌmbəl] n riña f, rifirrafe m; **the ~ of politics** la brega de la política

roughcast ['rʌfkɑːst] ◇ n argamasa f basta, mortero m grueso
◇ vt enlucir con argamasa basta or mortero grueso

roughen ['rʌfən] ◇ vt (surface) raspar; (hands) poner áspero(a)
◇ vi -1. (surface) ponerse áspero(a) -2. (sea) picarse, embravecerse

rough-hewn ['rʌf'hjuːn] adj (stone) labrado(a) toscamente; (facial features) tosco(a)

roughhouse ['rʌfhaʊs] Fam ◇ n bronca f, trifulca f
◇ vt US tratar a lo bruto (generalmente en broma)
◇ vi US armar jaleo, RP hacer quilombo

roughly ['rʌflɪ] adv -1. (violently) brutalmente; **to treat sb ~** tratar a alguien con brutalidad
-2. (harshly) bruscamente, con aspereza; **he answered her very ~** le contestó muy bruscamente or con mucha aspereza
-3. (crudely) toscamente, groseramente; **to sketch sth ~** bosquejar or esbozar algo de una manera muy esquemática; **the dress is ~ stitched** las costuras del vestido son muy toscas or groseras
-4. (approximately) aproximadamente, más o menos; **they live in ~ the same area** viven aproximadamente or más o menos en la misma zona; **it was ~ five o'clock** eran más o menos las cinco; **she told me ~ how to get there** me dijo más o menos cómo llegar; **~ speaking** aproximadamente

roughneck ['rʌfnek] n Fam -1. (tough) matón m, duro m -2. (oil worker) = trabajador en una explotación petrolífera

roughness ['rʌfnɪs] n -1. (of surface, skin) aspereza f; (of terrain) irregularidad f, carácter m accidentado -2. (of manner) tosquedad f; (of speech) brusquedad f -3. (violent behaviour) agresividad f, brutalidad f -4. (of sea) agitación f

roughrider ['rʌfraɪdə(r)] n US **-1.** (horse breaker) domador(ora) m,f de caballos **-2.** HIST **the Roughriders** = regimiento de caballería creado por Theodore Roosevelt para la guerra de Cuba (1898)

roughshod ['rʌfʃɒd] adv IDIOM **to ride ~ over sth** pisotear algo

rough-spoken ['rʌf'spəʊkən] adj malhablado(a)

rough-stuff ['rʌfstʌf] n Fam comportamiento m violento

roulade [rʊ'lɑːd] n CULIN rollo m or RP arrollado m de carne

roulette [ruː'let] n (game) ruleta f; **to play ~** jugar a la ruleta ❑ **~ table** mesa f de ruleta; **~ wheel** ruleta f

Roumania = Romania
Roumanian = Romanian

round [raʊnd] ◇ n **-1.** (stage of tournament) vuelta f, ronda f (eliminatoria); (in boxing) asalto m, round m; (of golf) recorrido m (del campo); **the first ~ of the elections** la primera vuelta de las elecciones; **to have a ~ of 65** (in golf) hacer un recorrido en 65 golpes; **shall we play a ~ of golf?** ¿jugamos un partido de golf?
-2. Br (of bread) **a ~ of sandwiches** un sándwich (cortado en dos o en cuatro); **a ~ of toast** una tostada
-3. (of talks, visits) ronda f; (of drinks) ronda f, Am vuelta f; (in cards) mano f; **it's my ~** me toca pagar esta ronda or Am vuelta; **her life is one long ~ of parties** su vida es una sucesión de fiestas; **a ~ of applause** una ovación, Am una salva de palmas; **a ~ of applause for our special guest!** ¡un aplauso para nuestro invitado especial!
-4. (of doctor) **to do one's rounds** (visit patients at home) hacer las visitas (a los pacientes); (in hospital) hacer la ronda de visitas en sala; **to do one's ~** (milkman, paper boy) hacer el reparto; **I did the rounds of the local museums** hice un recorrido or Am una recorrida por los museos locales; IDIOM **one of the rumours doing the rounds** uno de los rumores que corren; **the daily ~** (of tasks) las tareas cotidianas
-5. (circular shape) rodaja f
-6. MIL (bullet) bala f
-7. MUS canon m

◇ adj **-1.** (in shape) redondo(a); (cheeks) redondeado(a); **their eyes were ~ with excitement** tenían los ojos como platos; **to have ~ shoulders** tener las espaldas cargadas, ser ancho(a) de espalda ❑ **~ robin** (letter) escrito (colectivo) m de protesta; (competition) liguilla f, torneo m (de todos contra todos); HIST **the Round Table** la Mesa Redonda; **~ table (conference)** mesa f redonda; US **~ trip** viaje m de ida y vuelta
-2. (number) redondo(a); **a ~ dozen** una docena justa; **in ~ figures** en números redondos

◇ adv **-1.** (surrounding) alrededor; **there were trees all ~** había árboles por todos lados; **all (the) year ~** durante todo el año; **all ~, it was a good result** en conjunto, fue un buen resultado
-2. (indicating position, order) **to change** or **move the furniture ~** cambiar los muebles de sitio or lugar; **to be the wrong/right way ~** (sweater) estar del or Am al revés/del or Am al derecho; **to do sth the right/wrong way ~** hacer algo bien/al revés; **the other way ~** al revés
-3. (indicating circular motion) **to go ~ (and ~)** dar vueltas; **to look ~** mirar alrededor; **to turn ~** darse la vuelta, Am darse vuelta; **it was easier the second time ~** fue más fácil la segunda vez
-4. (to all parts) **to look ~** mirar por todas partes or todos lados; **to travel/walk ~** viajar/caminar por ahí
-5. (to several people) **to pass sth ~** pasar algo
-6. (to sb's house) **come ~ some time** pásate por casa un día de éstos; **to go ~ to sb's house** ir a casa de alguien; **to invite sb ~** invitar a alguien a casa

-7. (in circumference) **it's 5 metres ~** tiene 5 metros de circunferencia
-8. (approximately) **~ about** alrededor de, aproximadamente; **~ (about) midday** a eso del mediodía; **it cost somewhere ~ £30** costó algo así como 30 libras, RP costó alrededor de 30 libras

◇ prep **-1.** (surrounding) alrededor de; **~ the table** en torno a la mesa, alrededor de la mesa; **they tied the rope ~ me** me ataron con la cuerda; **I measure 65 cm ~ the waist** mido 65 cm de cintura; **there are trees all ~ the lake** el lago está rodeado de árboles
-2. (indicating position) **the garden is ~ the back** el jardín está (en la parte de) atrás; **it's just ~ the corner** está a la vuelta de la esquina, RP queda a la vuelta; **~ here** por aquí
-3. (indicating circular motion) alrededor de; **to go ~ an obstacle** rodear un obstáculo; **the Earth goes ~ the Sun** la Tierra gira alrededor del Sol; **to go ~ the corner** doblar la esquina; **to sail ~ the world** circunnavegar el mundo; **we drove ~ and ~ the lake** dimos varias vueltas al lago; **I can't find a way ~ the problem** no encuentro una solución al problema
-4. (to all parts of) **to look/walk ~ the room** mirar/caminar por toda la habitación; **to travel ~ the world/Europe** viajar por todo el mundo/por Europa
-5. Br Fam (to) **come ~ our house some time** pásate por nuestra casa un rato de éstos, RP pasá por casa en algún momento; **to go ~ sb's house/the pub** ir a casa de alguien/al pub

◇ vt **-1.** (make round) redondear
-2. (move round) (obstacle) rodear; (corner) doblar

◆ **round down** vt sep (figures) redondear a la baja; **he rounded it down to $500** lo dejó en 500 dólares

◆ **round off** ◇ vt sep **-1.** (corners, edges) redondear **-2.** (conclude) rematar, concluir **-3.** (number) redondear
◇ vi (conclude) rematar, concluir

◆ **round on** vt insep **-1.** (attack) atacar **-2.** (criticize) revolverse contra

◆ **round out** vt sep (make complete) completar

◆ **round up** vt sep **-1.** (cattle) recoger; (children) reunir; (criminals, suspects) detener **-2.** (figures) redondear al alza; **I'll ~ it up to $500** lo dejamos en 500 dólares

roundabout ['raʊndəbaʊt] ◇ Br n **-1.** (at fairground) tiovivo m, carrusel m, RP calesita f **-2.** (for cars) rotonda f, Esp glorieta f
◇ adj (approach, route) indirecto(a); **to hear of sth in a ~ way** enterarse de algo indirectamente; **to lead up to a question in a ~ way** preguntar algo después de un largo preámbulo

rounded ['raʊndɪd] adj **-1.** (in shape) redondeado(a) **-2.** (balanced) (personality) formado(a); (education) completo(a) **-3.** LING (vowel) labializado(a)

roundelay ['raʊndɪleɪ] n (song) rondel m, tonada f simple

rounders ['raʊndəz] n Br = juego similar al béisbol

round-eyed ['raʊndaɪd] adj (surprised) atónito(a), con los ojos muy abiertos or como platos

Roundhead ['raʊndhed] n HIST cabeza mf redonda, = seguidor de Oliver Cromwell en la guerra civil inglesa del siglo XVII

roundhouse ['raʊndhaʊs] n **-1.** RAIL depósito-taller m de locomotoras (con rotonda giratoria) **-2.** NAUT chupeta f **-3.** Fam (punch) gancho m

roundly ['raʊndlɪ] adv (to praise) de forma entusiasta; (to condemn) rotundamente, con rotundidad; **they were ~ beaten** recibieron una soberana paliza

roundness ['raʊndnɪs] n (shape) redondez f

round-shouldered ['raʊndʃəʊldəd] adj cargado(a) de espaldas

round-table ['raʊndteɪbəl] adj **~ discussion** mesa redonda; **~ negotiations** mesa de negociaciones

round-the-clock ['raʊndðə'klɒk] ◇ adj continuo(a), de 24 horas
◇ adv (durante) las 24 horas del día

round-trip ['raʊnd'trɪp] adj US (ticket) de ida y vuelta

round-up ['raʊndʌp] n **-1.** (of criminals) redada f **-2.** (on TV, radio) resumen m

roundworm ['raʊndwɜːm] n lombriz f intestinal

rouse [raʊz] vt **-1.** (person) (from sleep) despertar; (make more active) incitar; **he was roused from his thoughts by the doorbell** el sonido del timbre lo devolvió a la realidad; **to ~ oneself (to do sth)** animarse (a hacer algo); **to ~ sb to action** empujar a alguien a la acción; **to ~ sb to anger** encolerizar a alguien; **to ~ sb from their apathy** despertar or sacar a alguien de su apatía; **now she's roused, sparks will fly** ahora que está alterada, pueden saltar chispas
-2. (provoke) (interest, suspicion) despertar, suscitar; (hope) alentar

rousing ['raʊzɪŋ] adj (music, speech) estimulante; (welcome, send-off, cheers) entusiasta

roust [raʊst] vt **to ~ sb (out) from bed** arrancar or sacar a alguien de la cama

roustabout ['raʊstəbaʊt] n **-1.** (on oil rig) obrero(a) m,f or operario(a) m,f (de plataforma petrolífera) **-2.** Austr peón m (agropecuario)

rout [raʊt] ◇ n (defeat) derrota f aplastante; (flight) huída f despavorida
◇ vt (army) (defeat) aplastar; (put to flight) hacer huir en desbandada; **they were routed 5-0** encajaron un aplastante 5 a 0
◇ vi (animal) hozar, hocicar

◆ **rout about** vi buscar

◆ **rout out** vt sep **-1.** (find) encontrar, sacar **-2.** (remove, force out) forzar a salir; **they routed out their enemies** buscaron a sus enemigos hasta sacarlos de su escondite

route [ruːt, US raʊt] ◇ n **-1.** (of traveller) ruta f, itinerario m; (of plane, ship) ruta f; (of parade) itinerario m; (to failure, success) camino m, vía f (**to** hacia); **all routes** (road sign) todas direcciones ❑ **~ map** mapa m de las carreteras principales; **~ march** marcha f de entrenamiento
-2. (for buses) **bus ~** línea de autobús; **are they near a bus ~?** ¿les queda cerca algún autobús?
-3. US (main road) carretera f general or principal; **Route 66** la carretera or ruta 66
-4. US (for deliveries) recorrido m or itinerario m (de reparto); **he's got a paper ~** hace un reparto de periódicos
◇ vt conducir, dirigir; **the train was routed through Birmingham** hicieron pasar el tren por Birmingham; **during the building work, the buses are routed along the sidestreets** durante las obras, los autobuses son desviados por calles adyacentes

router ['ruːtə(r)] n COMPTR router m, direccionador m

routine [ruː'tiːn] ◇ n **-1.** (habit) rutina f; **the daily ~** la rutina diaria; **it has become a regular ~** se ha convertido en una rutina, se ha hecho costumbre **-2.** (of performer, comedian) número m; IDIOM Fam **don't give me that ~** no me vengas con ese cuento **-3.** COMPTR rutina f
◇ adj **-1.** (ordinary, unremarkable) de rutina, rutinario(a); **it's just ~** es sólo rutina; **~ enquiries** investigación rutinaria **-2.** (dull) rutinario(a), monótono(a)

routinely [ruː'tiːnlɪ] adv habitualmente, por sistema

roux [ruː] (pl **roux** [ruːz]) n CULIN roux m, = espesante de salsas a base de harina y mantequilla

rove [raʊv] ◇ vt vagar por, recorrer
◇ vi **his eyes roved around the room** sus ojos recorrieron la habitación

rover ['raʊvə(r)] n (wanderer) trotamundos mf inv

roving ['rəʊvɪŋ] *adj* ~ **ambassador** embajador(ora) itinerante; ~ **reporter** periodista ambulante; **he has a ~ commission** su encargo no se limita a una zona determinada; IDIOM *Fam Pej* **to have a ~ eye** ser un ligón/una ligona

row[1] [rəʊ] *n* **-1.** *(line)* *(of trees, houses, chairs)* hilera *f*, fila *f*; *(of cars)* fila *f*; *(of people)* *(next to one another)* hilera *f*; *(behind one another)* fila *f*; **in a ~** en hilera, en fila; **they sat/stood in a ~** estaban sentados/de pie en fila ▫ *US* **~ house** casa *f* adosada
-2. *(of seats)* fila *f*; **in the front ~** en primera fila
-3. *(in rugby)* **the front/second/back ~** la primera/segunda/última línea
-4. *Br (in street names)* calle *f*; **56 Henderson Row** Henderson Row, (número) 56
-5. *(succession)* **two Sundays in a ~** dos domingos seguidos; **for the third time in a ~** por tercera vez consecutiva
-6. *(in knitting)* vuelta *f*
-7. COMPTR *(in spreadsheet)* fila *f*

row[2] [rəʊ] ◇ *n (in boat)* paseo *m* en barca; **to go for a ~** darse un paseo en barca
◇ *vt* **to ~ a boat** llevar una barca remando; **he rowed us across the river** nos llevó al otro lado del río en barca
◇ *vi* remar; **to ~ across a lake** cruzar un lago remando *or* a remo

row[3] [raʊ] ◇ *n* **-1.** *(noise)* jaleo *m*, alboroto *m*; *(protest)* escándalo *m*; **to make a ~** *(be noisy)* armar mucho jaleo; *(protest)* armar un escándalo; **stop that ~!** ¡basta de alborotar! **-2.** *(quarrel)* bronca *f*, trifulca *f*; **to have a ~ (with sb)** tener una bronca (con alguien)
◇ *vi* discutir

rowan ['raʊən] *n (fruit)* serba *f*; ~ **(tree)** serbal *m*

rowboat ['rəʊbəʊt] *n US* bote *m or* barca *f* de remos

rowdiness ['raʊdɪnɪs] *n* alboroto *m*, escándalo *m*

rowdy ['raʊdɪ] ◇ *n* alborotador(ora) *m,f*
◇ *adj (noisy)* ruidoso(a), escandaloso(a); *(disorderly)* alborotador(ora); **things got ~ towards the end** al final hubo bronca

rower ['rəʊə(r)] *n* remero(a) *m,f*

rowing ['rəʊɪŋ] *n* remo *m*; **to go ~** ir a remar ▫ *esp Br* ~ **boat** bote *m or* barca *f* de remos; ~ **machine** banco *m* de remo

rowlock ['rɒlək] *n* escálamo *m*, tolete *m*

royal ['rɔɪəl] ◇ *n Fam* miembro *m* de la familia real; **the Royals** la Familia Real
◇ *adj* **-1.** *(of the monarch)* real; **His/Her Royal Highness** Su Alteza Real ▫ **the Royal Academy** la Real Academia de Bellas Artes británica; *Br* PARL ~ **assent** = sanción real de una ley, tras ser aprobada ésta por el parlamento; ~ **blue** azul *m* real *(intenso y más claro que el marino)*; ~ **charter: by ~ charter** mediante cédula real; ~ **commission** = comisión de investigación nombrada por la corona a petición del parlamento; **the Royal Enclosure** = recinto especial en la carrera de caballos de Ascot al que sólo se accede con invitación y acatando estrictas normas de vestimenta; **the Royal Family** la Familia Real, la Casa Real; ~ **flush** *(in cards)* escalera *f* real; ~ **icing** = glaseado duro y blanco de azúcar en polvo y clara de huevo; ~ **jelly** jalea *f* real; **the Royal Mail** el servicio de correos británico; **the Royal Mint** ≃ la Casa de la Moneda, *Esp* ≃ la Fábrica Nacional de Moneda y Timbre; **Royal Navy** la armada británica; ~ **palm** palma *f or* palmera *f* real, palmiche *m*; ~ **prerogative** prerrogativa *f* real; **the Royal Society** la Real Academia de Ciencias británica; ~ **standard** = estandarte con el escudo de armas de la corona; ~ **tennis** = versión primitiva del tenis que se juega en una pista con paredes; ~ **warrant** = autorización oficial a un pequeño comerciante para suministrar productos a la casa real; **the ~ we** el plural mayestático
-2. *(splendid)* soberbio(a), magnífico(a); **they gave us a (right) ~ welcome** nos dispensaron un soberbio recibimiento; **to be in ~ spirits** sentirse magníficamente *or* espléndidamente

royalism ['rɔɪəlɪzəm] *n* monarquismo *m*, adhesión *f* a la monarquía

royalist ['rɔɪəlɪst] ◇ *n* monárquico(a) *m,f*
◇ *adj* monárquico(a)

royally ['rɔɪəlɪ] *adv (to entertain, welcome)* con magnificencia

royalty ['rɔɪəltɪ] *n* **-1.** *(rank, class)* realeza *f*; **a hotel patronized by ~** un hotel frecuentado por la realeza; **we were treated like ~** nos trataron como a reyes; **is he ~?** ¿es de la realeza?
-2. royalties *(for author, singer)* derechos *mpl* de autor, royalties *mpl*, *Spec* regalías *fpl*; *(for patent)* derechos *mpl* de patente, royalties *mpl*, *Spec* regalías *fpl*; **he is paid a 10 percent ~** le pagan un 10 por ciento en concepto de derechos de autor

rozzer ['rɒzə(r)] *n Br Fam Esp* madero *m*, *Col* tombo *m*, *Méx* tamarindo *m*, *RP* cana *m*

RP *n Br* LING *(abbr* **received pronunciation**) pronunciación *f* estándar *(del inglés británico)*

RPI [ɑːpiː'aɪ] *n Br* ECON *(abbr* **retail price index**) IPC *m*, Índice *m* de Precios al Consumo

RPM [ɑːpiː'em] *n* ECON *(abbr* **resale price maintenance**) mantenimiento *m or* fijación *f* del precio de venta al público

rpm [ɑːpiː'em] *n* AUT *(abbr* **revolutions per minute**) rpm

R & R ['ɑːrən'ɑː(r)] *n US* MIL *(abbr* **rest and recreation**) permiso *m*

RRP COM *(abbr* **recommended retail price**) P.V.P. *m* recomendado

RS [ɑː'res] *n (abbr* **Royal Society**) = academia británica de las ciencias

RSA [ɑːres'eɪ] *n* **-1.** *(abbr* **Republic of South Africa**) República *f* de Sudáfrica **-2.** *(abbr* **Royal Society of Arts**) = sociedad británica para el fomento de las artes y el comercio

RSC [ɑːres'siː] *n (abbr* **Royal Shakespeare Company**) = prestigiosa compañía británica de teatro que se especializa en la representación de obras de Shakespeare

RSI [ɑːres'aɪ] *n (abbr* **repetitive strain** *or* **stress injury**) lesión *f* por esfuerzo *or* movimiento repetitivo

RSM [ɑːres'em] *n (abbr* **regimental sergeant major**) sargento *mf* primero de regimiento

RSPB [ɑːrespiː'biː] *n Br (abbr* **Royal Society for the Protection of Birds**) = sociedad protectora de las aves, *Esp* ≃ SEO *f*

RSPCA [ɑːrespiːsiː'eɪ] *n Br (abbr* **Royal Society for the Prevention of Cruelty to Animals**) ≃ Sociedad *f* Protectora de Animales

RSPCC [ɑːrespiːsiː'siː] *n Br (abbr* **Royal Society for the Prevention of Cruelty to Children**) = sociedad protectora de la infancia

RSV [ɑːres'viː] *n (abbr* **Revised Standard Version**) = revisión de la Biblia protestante publicada entre 1946 y 1952

RSVP [ɑːresviː'piː] *(abbr* **répondez s'il vous plaît**) *(on invitation)* se ruega contestación

RTE [ɑːtiː'iː] *n (abbr* **Radio Telefís Éireann**) = radiotelevisión de la República de Irlanda

RTF [ɑːtiː'ef] *n* COMPTR *(abbr* **rich text format**) RTF

Rt Hon PARL *(abbr* **Right Honourable**) = tratamiento que se da a los diputados en el Parlamento británico, ≃ su señoría

Rt Rev *(abbr* **Right Reverend**) Reverendísimo

RU *(abbr* **Rugby Union**) rugby *m* (a quince)

rub [rʌb] ◇ *n* **-1. to give sth a ~** *(polish)* frotar algo; **give yourself a ~ with the towel** sécate con la toalla; **can you give my back a ~?** *(massage)* ¿me puedes hacer un masaje en la espalda? **-2.** IDIOMS **there's the ~!** ¡ahí está el problema!; **to get the ~ of the green** tener el santo de cara
◇ *vt (pt & pp* **rubbed**) **-1.** *(hands, surface)* frotar; **these shoes ~ my heels** estos zapatos me rozan los talones; **to ~ one's hands together** frotarse las manos; **to ~ one's eyes** restregarse los ojos; ~ **your chest with this** frótate esto en el pecho; **she rubbed herself dry with a towel** se secó con una toalla; IDIOM **to ~ shoulders with sb** codearse con alguien
-2. *(lotion, ointment)* frotar, poner *or* dar (frotando); ~ **this ointment on your chest** ponte *or* date esta pomada en el pecho
◇ *vi* **-1.** *(person, animal)* **to ~ against sth/sb** restregarse contra algo/alguien, rozarse con algo/alguien **-2.** *(straps, shoes)* rozar **(against** contra**)**

▸ **rub along** *vi Fam* **-1.** *(manage)* arreglarse, defenderse, *Esp* apañarse **-2.** *(get on)* llevarse bien, congeniar **(with** con**)**

▸ **rub away** ◇ *vt sep* quitar frotando; **the inscription has been rubbed away** se ha borrado la inscripción
◇ *vi* quitarse *or* salir frotando

▸ **rub down** *vt sep* **-1.** *(horse)* almohazar; *(person)* secar frotando **-2.** *(with sandpaper)* *(wall, door)* lijar

▸ **rub in** *vt sep* **-1.** *(lotion, polish)* aplicar frotando; ~ **the butter into the mixture** añada mantequilla a la mezcla, rebozándolo todo bien con las manos **-2.** IDIOMS *Fam* **there's no need to ~ it in!** ¡no tienes por qué restregármelo por las narices!; *Fam* **to ~ sb's nose in it** pasárselo *or* restregárselo a alguien por las narices

▸ **rub off** ◇ *vt sep (dirt, stains)* limpiar, eliminar *(frotando)*; *(writing)* borrar
◇ *vi* borrarse; **the newspaper ink rubbed off on the cushions** la tinta del periódico ha manchado los almohadones; *Fig* **to ~ off on sb** *(manners, enthusiasm)* influir en *or* contagiarse a alguien

▸ **rub on** *vt sep* aplicar frotando

▸ **rub out** *vt sep* ◇ **-1.** *(erase)* borrar **-2.** *US Fam (murder)* acabar con, liquidar, cepillarse a
◇ *vi (mark, stain)* quitarse *or* salir frotando

▸ **rub up** ◇ *vt sep (polish)* sacar brillo a, lustrar; IDIOM *Fam* **to ~ sb up the wrong way** sacar de quicio a alguien
◇ *vi (animal, person)* restregarse **(against** contra**)**, rozarse **(against** con**)**

rubber[1] ['rʌbə(r)] *n* **-1.** *(substance) (finished product)* goma *f*, *Am* hule *m*; *(raw material)* caucho *m* ▫ ~ **ball** pelota *f* de goma; ~ **band** goma *f* (elástica); ~ **bullet** bala *f* de goma; ~ **cement** = adhesivo hecho con goma disuelta; *Fam* ~ **cheque** cheque *m* sin fondos; *US Fam* **the ~ chicken circuit** = campaña a base de recepciones locales para captar fondos o influir en la opinión pública; ~ **dinghy** lancha *f* neumática; ~ **gloves** guantes *mpl* de goma; *Old-fashioned Euph* ~ **goods** gomas *fpl* higiénicas, condones *mpl*; ~ **plant** ficus *m inv*; ~ **plantation** plantación *f* de caucho; ~ **planter** cauchero *m*; ~ **ring** *(swimming aid)* flotador *m*; ~ **stamp** tampón *m* (de goma), sello *m* (de caucho); ~ **tree** árbol *m* del caucho *m*
-2. *Br (eraser)* goma *f* (de borrar); *(for blackboards)* borrador *m*
-3. *Fam (condom)* goma *f*, *Méx* impermeable *m*, *RP* forro *m*
-4. *US* **rubbers** *(boots)* botas *fpl* de goma

rubber[2] *n (in bridge, whist)* rubber *m*, = partida al mejor de tres o cinco juegos

rubberize ['rʌbəraɪz] *vt* engomar, impregnar con una capa de goma

rubberneck ['rʌbənek] *Fam* ◇ *n* **-1.** *(at scene of accident)* curioso(a) *m,f*, mirón(ona) *m,f* **-2.** *(tourist)* turista *mf* que todo lo mira
◇ *vi* **-1.** *(at scene of accident)* curiosear **-2.** *(tourist)* no parar de mirarlo todo

rubber-stamp ['rʌbə'stæmp] *vt* **-1.** *(document)* sellar **-2.** *Fig (approve)* dar el visto bueno a

rubbery ['rʌbərɪ] *adj (meat)* correoso(a); **it feels ~** parece de goma (al tacto)

rubbing ['rʌbɪŋ] *n* **-1.** *(image)* = dibujo o impresión que se obtiene al frotar con carbón, ceras, etc. un papel que cubre una superficie labrada **-2.** *US* ~ **alcohol** alcohol *m* para friegas

rubbish ['rʌbɪʃ] ◇ *n* **-1.** *(refuse)* basura *f*; IDIOM **to throw sth/sb on the ~ heap** desahuciar algo/a alguien ▫ *Br* ~ **bin** cubo *m or Am* bote *m* de (la) basura; ~ **collection** recogida *f* de basuras; ~ **dump** vertedero *m* (de basura); *Br* ~ **tip** vertedero *m* (de basura);

rubbishy ['rʌbɪʃɪ] *adj Fam* de pésima calidad, *Esp* cutre

rubble ['rʌbəl] *n* **-1.** *(ruins)* escombros *mpl*; **the building was reduced to (a heap of) ~** el edificio quedó reducido a (un montón de) escombros **-2.** *(for roadmaking, building)* grava *f*, *Arg* cascote *m*

rubblework ['rʌbəlwɜːk] *n* ARCHIT mampostería *f* concertada

rub-down ['rʌbdaʊn] *n* *(of person)* fricción *f*, friega *f*; *(of horse)* almohazado *m*, cepillado *m*

rube [ruːb] *n US Fam* palurdo(a) *m,f*, *Esp* paleto(a) *m,f*, *Col, Méx* indio(a) *m,f*, *RP* pajuerano(a) *m,f*

Rube Goldberg ['ruːb'gəʊldbɜːg] *adj US* complicadísimo(a); **a ~ invention** un invento increíble *or Esp* del tebeo

rubella [ruːˈbelə] *n* MED rubeola *f*

rubeola [ruːˈbiːələ] *n* MED sarampión *m*

Rubicon ['ruːbɪkɒn] *n* IDIOM **to cross the ~** cruzar el Rubicón

rubicund ['ruːbɪkʌnd] *adj Literary* rubicundo(a)

rubidium [ruːˈbɪdɪəm] *n* CHEM rubidio *m*

ruble *US* = **rouble**

rubric ['ruːbrɪk] *n* **-1.** *(set of instructions)* directrices *fpl*, normas *fpl* **-2.** REL rúbrica *f*

ruby ['ruːbɪ] ◇ *n* rubí *m*; **a ~ necklace** un collar de rubíes ❏ **~ wedding** cuadragésimo aniversario *m* de boda *or Andes* matrimonio *or RP* casamiento
◇ *adj (colour)* rojo(a) intenso(a) *or* rubí; **~ (red) lips** labios color rubí ❏ **~ port** oporto *m* rubí

RUC [ɑːjuːˈsiː] *n (abbr* **Royal Ulster Constabulary)** = la policía de Irlanda del Norte

ruched [ruːʃt] *adj* fruncido(a)

ruck¹ [rʌk] ◇ *n* **-1.** *(in rugby)* melé *f* espontánea, ruck *m* **-2.** *(fight) Br Fam* **there was a bit of a ~ after the match** hubo una trifulca después del partido **-3.** *(masses)* **the (common) ~** la gente corriente, el común de los mortales
◇ *vi (in rugby)* formar una melé espontánea *or* un ruck

ruck² *n (in cloth)* arruga *f*
➤ **ruck up** *vi (sheet, dress)* arrugarse

rucksack ['rʌksæk] *n* mochila *f*, macuto *m*

ruckus ['rʌkəs] *n Fam* jaleo *m*, *Esp* follón *m*, *RP* quilombo *m*; **to make a ~** armar jaleo, *Esp* montar un follón, *RP* armar un quilombo; **to cause a ~** *(news)* armar la de San Quintín *or* la gorda

ructions ['rʌkʃənz] *npl Fam* bronca *f*, jaleo *m*; **there'll be ~** se va a armar la gorda

rudder ['rʌdə(r)] *n (on boat, plane)* timón *m*

rudderless ['rʌdəlɪs] *adj (boat, government)* sin timón

ruddiness ['rʌdɪnɪs] *n* rubicundez *f*

ruddy ['rʌdɪ] ◇ *adj* **-1.** *(complexion)* rubicundo(a); *(sky)* rojizo(a), arrebolado(a) **-2.** *Br Old-fashioned Fam (damned)* condenado(a); **the ~ fool!** ¡el/la muy estúpido(a)! **-3.** **~ duck** malvasía *f* canela
◇ *adv Br Old-fashioned Fam (for emphasis)* condenadamente; **you look ~ ridiculous** qué bochorno da verte, estás absolutamente ridículo(a)

rude [ruːd] *adj* **-1.** *(impolite)* maleducado(a); **he was very ~ about my new dress** hizo unos comentarios muy descorteses acerca de mi nuevo vestido; **to be ~ to sb** faltar al respeto a alguien; **it's ~ to pick your nose** meterse el dedo en la nariz es de mala educación
-2. *esp Br (indecent)* grosero(a), ordinario(a); **to make a ~ gesture** hacer un gesto grosero *or* obsceno; **a ~ joke** un chiste verde; **~ words** palabras malsonantes, groserías
-3. *(rudimentary)* tosco(a), rudimentario(a)
-4. *(unpleasant) (shock, surprise)* duro(a); **to receive a ~ awakening** llevarse un palo *or* una desagradable sorpresa
-5. *(vigorous)* **to be in ~ health** estar rebosante de salud

rudely ['ruːdlɪ] *adv* **-1.** *(impolitely)* maleducadamente
-2. *esp Br (indecently)* groseramente; **to gesture ~** hacer gestos groseros
-3. *(rudimentarily)* toscamente, rudimentariamente
-4. *(unpleasantly)* bruscamente, violentamente; **to be ~ awakened** ser despertado bruscamente; **they were ~ awakened to the difficulties which such an operation entails** de pronto se estremecieron al darse cuenta de las dificultades que conlleva una operación de ese tipo

rudeness ['ruːdnɪs] *n* **-1.** *(impoliteness)* mala educación *f*; *(obscenity)* grosería *f* **-2.** *esp Br (indecency) (of joke, story)* ordinariez *f*, mal gusto *m* **-3.** *(rudimentary nature)* tosquedad *f*, carácter *m* rudimentario

rudimentary [ruːdɪˈmentərɪ] *adj* rudimentario(a); **to have a ~ grasp of sth** tener unas nociones muy básicas de algo; **I speak ~ Chinese** hablo un poquito de chino

rudiments ['ruːdɪmənts] *npl* rudimentos *mpl*, fundamentos *mpl*

rue¹ [ruː] *vt Formal* lamentar; **I lived to ~ my words** me arrepentí toda la vida de lo que había dicho; **I ~ the day I met him** en qué mala hora lo conocí

rue² *n (plant)* ruda *f*

rueful ['ruːfəl] *adj* arrepentido(a) y apesadumbrado(a)

ruefully ['ruːfəlɪ] *adv* con arrepentimiento y pesar

ruefulness ['ruːfəlnɪs] *n (of smile, tone)* pesar *m*, desconsuelo *m*

ruff¹ [rʌf] *n* **-1.** *(on costume)* golilla *f* **-2.** *(on bird, animal)* collar *m*, collarín *m* **-3.** *(bird)* combatiente *m*

ruff² ◇ *n (in cards)* fallada *f*
◇ *vt* matar, fallar a

ruffian ['rʌfɪən] *n Old-fashioned* rufián *m*

ruffle ['rʌfəl] ◇ *n* **-1.** *(frill)* volante *m*, *RP, Ven* volado *m* **-2.** *(ripple)* onda *f*, ondulación *f*
◇ *vt (disturb) (water surface)* rizar; *(hair)* despeinar; IDIOM **to ~ sb's feathers** hacer *esp Esp* enfadar *or esp Am* enojar a alguien; **to ~ sb's composure** hacer perder la calma a alguien

ruffled ['rʌfəld] *adj* **the decision caused a few ~ feathers** la decisión molestó a unos cuantos; **to smoothe sb's ~ feathers** tranquilizar a alguien

rug [rʌg] *n* **-1.** *(carpet)* alfombra *f*; IDIOM **to pull the ~ from under sb's feet** dejar a alguien en la estacada ❏ *Fam* **~ rat** renacuajo(a) *m,f* **-2.** *(blanket)* manta *f* **-3.** *Fam (hairpiece)* peluquín *m*

rugby ['rʌgbɪ] *n* rugby *m* ❏ **~ ball** pelota *f* or balón *m* de rugby; **~ football** *(game)* rugby *m*; **~ league** rugby *m* a trece; **~ player** jugador(ora) *m,f* de rugby; **~ shirt** camiseta *f* de rugby; **~ tackle** placaje *m*, *Am* tackle *m*; **~ union** rugby *m* (a quince)

rugby-tackle ['rʌgbɪˈtækəl] *vt* **to ~ sb** hacer un placaje a alguien, atrapar a alguien por las piernas, *Am* tacklear alguien

rugged ['rʌgɪd] *adj* **-1.** *(ground, country)* irregular, accidentado(a); *(region, coastline)* abrupto(a), escarpado(a) **-2.** *(facial features)* **his ~ good looks** su atractivo aspecto de tipo duro *or* recio **-3.** *(manner)* rudo(a), tosco(a) **-4.** *(clothing, equipment, vehicle)* resistente

ruggedness ['rʌgɪdnɪs] *n* **-1.** *(of countryside, region)* irregularidad *f*; *(of coastline)* carácter *m* abrupto *or* escarpado; **the ~ of the terrain** lo escarpado del terreno **-2.** *(of features, face)* reciedumbre *f*, dureza *f* **-3.** *(of manner)* rudeza *f*, tosquedad *f* **-4.** *(of clothing, equipment, vehicle)* resistencia *f*

ruggedly ['rʌgɪdlɪ] *adv* **~ handsome** de tosca belleza

rugger ['rʌgə(r)] *n Br Fam (rugby)* rugby *m*

ruin ['ruːɪn] ◇ *n* **-1.** *(remains)* ruina *f*; **the ruins of an old castle** las ruinas de un viejo castillo; **to fall into ruin(s)** quedar en ruinas; **to lie in ruins** *(building)* estar en ruinas; *(plans, career)* quedar arruinado(a)
-2. *(destruction)* ruina *f*; **it will be the ~ of him** será su ruina; **to go to ~** *(economy, country)* ir a la ruina; *(person)* ir a la ruina
-3. *(bankruptcy)* ruina *f*, bancarrota *f*; **~ is staring us in the face** estamos a punto de perderlo todo
◇ *vt* **-1.** *(spoil) (party, dress, surprise, plans)* arruinar, estropear; *(health, career, life)* arruinar, destruir; **to ~ one's health/eyesight** arruinarse la salud/la vista; **to ~ sb's chances of doing sth** echar por tierra las posibilidades de alguien de hacer algo; **the meal is ruined** se ha echado a perder la comida; **tourism has ruined the town** el turismo ha echado a perder la ciudad
-2. *(bankrupt)* arruinar, llevar a la bancarrota; **we're ruined** estamos arruinados; **they were ruined in the Wall Street Crash** se arruinaron con el crac de Wall Street

ruination [ruːɪˈneɪʃən] *n* ruina *f*; **it will be the ~ of us** será nuestra ruina

ruined ['ruːɪnd] *adj (building, city)* en ruinas; *(career, reputation, health)* arruinado(a)

ruinous ['ruːɪnəs] *adj (expense)* ruinoso(a); **in a ~ condition** en un estado ruinoso

ruinously ['ruːɪnəslɪ] *adv* **~ expensive** extraordinariamente caro

rule [ruːl] ◇ *n* **-1.** *(regulation)* regla *f*, norma *f*; **the rules of chess/grammar** las reglas del ajedrez/gramaticales; **rules and regulations** normativa, reglamento; **it's against the rules** va contra las normas; **as a ~ of thumb** por regla general; IND **to work to ~** hacer huelga de celo ❏ **~ book** reglamento *m*; IDIOM **to go by** *or* **stick to the ~ book** seguir las normas establecidas; IDIOM **to throw away the ~ book** romper con las normas, romper esquemas; MATH **~ of three** regla *f* de tres
-2. *(principle)* regla *f*, norma *f*; **to make it a ~ to do sth** tener por costumbre *or* norma hacer algo
-3. *(normal state of affairs)* norma *f*, costumbre *f*; **tipping is the ~ here** aquí se acostumbra a dar propina; **the exception rather than the ~** la excepción y no la norma; **as a ~** normalmente, por regla general
-4. *(government)* gobierno *m*; **under British ~** bajo dominio *or* gobierno británico; **the ~ of law** el imperio de la ley
-5. *(for measuring)* regla *f*
-6. TYP *(line)* renglón *m*, raya *f*
-7. REL *(for monks)* regla *f*; **the Rule of St Benedict** la Regla de San Benito
◇ *vt* **-1.** *(govern) (country, people)* gobernar; *(emotions, instincts)* controlar; **if I ruled the world** si yo gobernara el mundo
-2. *(dominate) (of person, emotion)* dominar, ejercer control sobre; **don't let him ~ your life** no dejes que gobierne *or* controle tu vida; **their lives are ruled by fear** el miedo domina sus vidas; IDIOM **to ~ the roost** llevar la voz cantante, *Esp* cortar el bacalao
-3. *(decide, decree)* decretar, determinar; **the referee ruled the ball out** el árbitro dictaminó que el balón había salido del terreno de juego; **the court ruled that he should have custody of the children** el juzgado determinó que él debía recibir la custodia de los niños

ruler

-4. *(paper)* rayar; **ruled paper** papel rayado or pautado

◇ vi **-1.** *(monarch)* reinar; **he ruled over a vast kingdom** fue el soberano de un inmenso reino; *Fam* **Chelsea ~ (OK)!** ¡viva el Chelsea!

-2. *(prevail)* predominar, prevalecer; **chaos rules outside the capital** fuera de la capital reina el caos; **the philosophy currently ruling in the party** la filosofía que actualmente predomina en el partido

-3. *(judge)* decidir, fallar; **to ~ on a dispute** emitir dictamen en una disputa; **to ~ in favour of/against sb** fallar a favor de/en contra de alguien

◆ **rule off** vt sep marcar con una regla

◆ **rule out** vt sep *(possibility, suggestion, suspect)* descartar, excluir; **she cannot be ruled out of the inquiry** no puede quedar excluida de la investigación, no se puede dejar de investigarla; **the injury rules him out for Saturday's game** la lesión lo deja fuera del partido del sábado

ruler ['ruːlə(r)] n **-1.** *(of country)* gobernante mf **-2.** *(for measuring)* regla f

ruling ['ruːlɪŋ] ◇ n *(of judge, umpire)* fallo m, decisión f; **to give** or **hand down a ~ in favour of/against sb** dar un fallo a favor/en contra de alguien, fallar a favor/en contra de alguien

◇ adj **-1.** *(party)* gobernante, en el poder; **the sport's ~ body** el organismo que dirige este deporte; **the ~ classes** las clases dirigentes **-2.** *(passion, consideration)* predominante, primordial

rum[1] [rʌm] n *(drink)* ron m ❑ *Br* **~ baba** (bizcocho m) borracho m de ron

rum[2] adj Br Fam *(strange)* raro(a); **I was feeling a bit ~** me sentía un poco raro or extraño; **it's a ~ do** qué cosa más rara, qué raro

Rumania = Romania

Rumanian = Romanian

rumba ['rʌmbə] ◇ n rumba f
◇ vi bailar la rumba

rumble ['rʌmbəl] ◇ n **-1.** *(noise)* *(of thunder, gunfire)* rugido m, retumbo m; *(of cart)* fragor m, estrépito m; *(of stomach)* gruñido m; **rumbles of discontent** murmullos de insatisfacción ❑ **~ strip** banda f sonora *(en carretera)* **-2.** *US Fam (fight)* riña f callejera **-3.** *US* **~ seat** tra(n)sportín m trasero (exterior)

◇ vt Br Fam *(see through)* descubrir (el juego a), pillar; **we've been rumbled** nos han pillado or Esp cogido or Am agarrado

◇ vi **-1.** *(thunder, guns)* retumbar; *(stomach)* gruñir; **to ~ past** pasar rugiendo **-2.** *US Fam (fight)* pelearse

◆ **rumble on** vi *(person)* hablar largo y tendido, extenderse; *(conversation, debate)* prolongarse; **the dispute rumbled on** el conflicto se prolongó

rumbling ['rʌmblɪŋ] ◇ n **there were rumblings of discontent among the workers** los trabajadores comenzaban a mostrar su descontento

◇ adj **a ~ noise** un ruido sordo

rumbustious [rʌm'bʌstjəs] adj Br Fam bullicioso(a)

ruminant ['ruːmɪnənt] ◇ n ZOOL rumiante m
◇ adj *(person, look, mood)* pensativo(a), meditabundo(a)

ruminate ['ruːmɪneɪt] ◇ vi **-1.** ZOOL *(animal)* rumiar **-2.** Formal *(person)* **to ~ about** or **on sth** meditar acerca de algo, rumiar algo

◇ vt **-1.** ZOOL *(of animal)* rumiar **-2.** Formal *(of person)* meditar, rumiar

ruminative ['ruːmɪnətɪv] adj pensativo(a), meditabundo(a)

rummage ['rʌmɪdʒ] ◇ n **-1.** *(search)* **to have a ~ through** or **in sth** hurgar or rebuscar en algo; **I had a quick ~ in his pockets** revisé rápidamente sus bolsillos **-2.** *US (jumble)* cosas fpl usadas ❑ *US* **~ sale** *(in store)* liquidación f de saldos; *(for charity)* mercadillo m or rastrillo m benéfico

◇ vi **he rummaged through my suitcase** rebuscó en or revolvió mi maleta or Am valija; **to ~ about** or **around** hurgar, rebuscar

rummy ['rʌmɪ] n **-1.** *(card game)* = juego de cartas en el que cada jugador debe conseguir grupos de tres o más cartas **-2.** *US Fam (drunk)* borrachín(ina) m,f

rumour, *US* **rumor** ['ruːmə(r)] ◇ n rumor m; **~ has it that...** según los rumores,...; **there's a ~ going round that...** corren rumores de que..., se rumorea que...

◇ vt **it is rumoured that...** se rumorea que...; **he is rumoured to be ill** se rumorea que está enfermo; **so it was rumoured** ése es el rumor que circulaba

rumoured, *US* **rumored** ['ruːməd] adj rumoreado(a); **the table was sold for a ~ $2m** se rumorea que la mesa se vendió por 2 millones de dólares

rump [rʌmp] n **-1.** *(of animal)* cuartos mpl traseros ❑ **~ steak** filete m de lomo **-2.** *Fam (of person)* trasero m **-3.** *(of political party, assembly)* resto m *(tras escisión)*; **the organization was reduced to a ~** la organización quedó reducida a su mínima expresión ❑ **~ state** = estado que ha quedado reducido a una porción de lo que era

rumple ['rʌmpəl] vt *(crease)* arrugar; *(hair)* despeinar

rumpus ['rʌmpəs] n Fam *(noise)* jaleo m, bronca f, Esp follón m; **to kick up** or **cause** or **make a ~** armar un jaleo or una bronca or Esp un follón ❑ *US* **~ room** cuarto m de juegos

rumrunner ['rʌmrʌnə(r)] n US Fam contrabandista mf de alcohol

run [rʌn] ◇ n **-1.** *(act of running)* carrera f, corrida f; **to go for a ~** ir a correr; SPORT **to make a ~** pegarse una carrera or corrida; *Fam* **to make a ~ for it** salir corriendo or Esp por piernas; **at a ~** corriendo, RP a las corridas; **to be on the ~** *(prisoner, suspect)* estar fugado(a) or en fuga; IDIOM **we've got them on the ~** los tenemos contra las cuerdas; IDIOM **to give sb the ~ of the house** poner la casa a disposición de alguien; IDIOM **to give sb a ~ for their money** hacer sudar (la camiseta) a alguien; **she has been an international for ten years, so she's had a good ~ for her money** ha sido internacional durante diez años, no se puede quejar

-2. *(journey)* *(to bomb, to get supplies)* misión f; *(for pleasure)* vuelta f; **to go for a ~** ir a dar una vuelta (en coche)

-3. COM *(of book)* tirada f; *(of product)* partida f, tanda f

-4. *(sequence, series)* serie f; *(in cards)* escalera f; **the play had a six-month ~** la obra estuvo en cartel seis meses; **a ~ of good/bad luck** una racha de buena/mala suerte; **a ~ of six straight wins** una serie or racha de seis victorias consecutivas; **in the long ~** a la larga, a largo plazo; **in the short ~** a corto plazo

-5. *(pattern, tendency)* **to score against the ~ of play** marcar cuando el otro equipo domina el partido; **the general** or **usual ~ of sth** la típica clase de algo; **in the ordinary ~ of events** or **things** en condiciones normales

-6. FIN *(on bank, stock exchange)* retirada f masiva de fondos; **a ~ on the dollar** una fuerte presión sobre el dólar, una venta apresurada de dólares; **there has been a ~ on hosepipes because of the hot weather** ha habido una gran demanda de mangueras debido al calor

-7. *(in baseball, cricket)* carrera f

-8. *(in stocking)* carrera f

-9. *(on skiing, bobsleigh course)* pista f; *(individual descent)* descenso m

-10. *(for chickens, rabbits)* corral m

-11. MUS carrerilla f

◇ vt *(pt* **ran** [ræn], *pp* **run**) **-1.** *(distance)* correr, recorrer; **to ~ a race** *(compete in)* correr (en) una carrera; **to ~ a good/bad race** hacer una buena/mala carrera; **the race will be ~ tomorrow** la carrera se disputará mañana; **we are running three horses in the next race** tenemos tres caballos en la próxima carrera; **to ~ an errand** hacer un recado or RP mandado; IDIOM **she'd ~ a mile if I asked her out** si le pidiera salir saldría escopeteada or por piernas; **to allow things to ~ their course** dejar que las cosas sigan su curso; **to ~ sb close** quedarse a un paso de vencer a alguien; IDIOM *Fam* **we were ~ off our feet** no tuvimos ni un momento de descanso

-2. *(drive)* **to ~ sb to the airport** llevar a alguien al aeropuerto, dar *CAm, Méx* aventón or *Col* chance or *Cuba* botella or *Ven* una cola or *Perú* una jalada a alguien hasta el aeropuerto

-3. *(smuggle)* *(drugs, arms)* pasar de contrabando

-4. *(operate)* *(machine, engine)* hacer funcionar; *(tape, video)* poner; *(test, experiment)* hacer, realizar, Esp efectuar; COMPTR *(program)* ejecutar; **it's expensive to ~ consume** mucho; **I can't afford to ~ two cars** no puedo permitirme mantener dos coches; **they are running extra buses today** hoy han puesto or sacado autobuses adicionales

-5. *(manage)* *(business, hotel)* dirigir, llevar; *(country)* gobernar; *(course, seminar)* organizar; **the postal service is ~ by the state** el correo es un servicio estatal; **the hotel is very well ~** el servicio en este hotel es muy bueno; **stop trying to ~ my life for me!** ¡deja de dirigir mi vida!; IDIOM **who's running the show?** ¿quién está a cargo de esto?

-6. *(pass)* *(cables, pipes)* hacer pasar; **I ran my finger down the list** pasé el dedo por la lista, recorrí la lista con el dedo; **to ~ one's fingers over sth** pasar la mano por algo, *Esp* acariciar algo; **he ran his fingers through his hair** se pasó los dedos por los cabellos; **she ran her eye over the page** echó una ojeada a la página

-7. *(water)* dejar correr; **to ~ a bath** preparar un baño; **some water over that cut** deja correr agua por ese corte

-8. *(suffer from)* **to ~ a fever** or **temperature** tener fiebre; **to ~ a deficit** tener déficit

-9. *(article, story)* *(in newspaper)* publicar; **the ten o'clock news ran a story about child pornography** el telediario or Am noticiero de las diez mostró un reportaje sobre pornografía infantil

◇ vi **-1.** *(person)* correr; **to ~ about** or **around** correr de acá para allá; **I'll just ~ across** or **over** or **round to the shop** voy en un momento a la tienda, voy hasta la tienda de una corrida; **to ~ after sb** correr detrás or Am atrás de alguien; Fam **he's always running after women** siempre va detrás de las tías or Méx de las faldas, RP está siempre atrás de alguna pollera; **~ and fetch your sister** corre y trae a tu hermana; **he ran at her with a knife** corrió hacia ella con un cuchillo; **we ran back to the house** volvimos corriendo a la casa; **to ~ down/up the street** bajar/subir la calle corriendo; **to ~ for help** correr en busca de ayuda; **we had to ~ for the bus** tuvimos que correr para alcanzar or Esp coger el autobús; **to ~ in/out** entrar/salir corriendo; **to ~ up to sb** correr hacia alguien; IDIOM **to ~ like the wind** correr como una flecha or una bala; IDIOM **to be running scared** haber perdido los papeles; **don't come running to me when it all goes wrong!** ¡no me vengas corriendo cuando las cosas vayan mal!; PROV **it's no good trying to ~ before you can walk** de nada vale empezar la casa por el tejado

-2. *(flee)* escapar corriendo; **~ for it!, ~ for your lives!** ¡corre!, Esp ¡huye!, Am ¡sálvese quien pueda!

-3. *(compete)* *(athlete)* correr; *(horse)* salir, correr; **I've decided to ~ against her for the presidency** he decidido disputarle la presidencia; **to ~ for Parliament/president** presentarse a las elecciones parlamentarias/presidenciales

run

-4. *(flow)* correr; **to leave the tap running** *Esp* dejar el grifo abierto, dejar la *Chile, Col, Méx* llave *o Carib* pluma *o RP* canilla abierta; **my eyes were running** me lloraban los ojos; **my nose is running** me moquea *o RP* chorrea la nariz, tengo mocos; **a trickle of blood ran down his leg** un hilo de sangre bajaba por su pierna; **the river runs into a lake** el río desemboca en un lago; **my back was running with sweat** me corría el sudor por la espalda; **my blood ran cold** se me heló la sangre en las venas

-5. *(pass) (road, railway)* ir; **the line runs along the coast** la línea de tren discurre paralela a la costa; **a fence runs around the garden** una cerca rodea el jardín; **we keep this part well oiled so it runs backwards and forwards smoothly** mantenemos esta pieza bien lubricada para que se mueva sin problemas; **a murmur ran through the crowd** se extendió un murmullo entre la multitud; **a shiver ran through her** sintió un escalofrío; **that song keeps running through my head** no se me va esa canción de la cabeza; **this theme runs through all of her novels** este tema está presente en todas sus novelas

-6. *(last, extend) (contract, lease)* durar; *(play)* estar en cartel; **the controversy looks set to ~ and ~** parece que la polémica va a durar bastante tiempo; **it runs in the family** es cosa de familia

-7. *(bus, train)* circular; **a bus runs into town every half hour** hay un autobús al centro cada media hora; **to be running late** *(bus, person)* ir con retraso, *Am* estar atrasado *o* demorado(a); **the trains are running on time** los trenes circulan puntuales, los trenes están circulando *Am* a horario *o RP* en hora

-8. *(operate) (machine)* funcionar (**on** con); **the engine's running** el motor está en marcha; **we left the program running** dejamos el programa en marcha; **to ~ off the mains** funcionar conectado(a) a la red; **the software won't ~ on this machine** el programa no funciona en *Esp* este ordenador *o Am* esta computadora; **do not interrupt the program while it is running** no interrumpa el programa mientras se está ejecutando; **things are running smoothly/ according to plan** las cosas marchan bien/ tal y como estaba planeado

-9. *(become)* **the river had ~ dry** el río se había secado; **feelings** *o* **tempers are running high** los ánimos están revueltos; **supplies are running low** se están agotando las reservas; **he was running short of time** se le estaba acabando el tiempo

-10. *(be)* **the poem runs as follows** el poema dice así; **unemployment is running at 10 percent** el desempleo *o Am* la desocupación está en el 10 por ciento; **their hatred of each other runs deep** se odian profundamente

-11. *(colour, dye)* desteñir; *(paint, make-up)* correrse

-12. *(get damaged)* **my stocking has ~** *Esp* me he hecho una carrera en la media, *Am* se me corrió la media

◆ **run across** *vt insep (meet by chance)* encontrarse con

◆ **run along** *vi* **~ along, now, little girl** ¡ya puedes marchar, niña!

◆ **run away** *vi (person)* echar a correr, salir corriendo; **to ~ away from sth/sb** escaparse *o* huir de algo/alguien; **to ~ away from home** escaparse de casa; *Fig* **to ~ away from the facts** no querer ver los hechos; *Fig* **don't ~ away with the idea that...** no vayas a pensar que...

◆ **run away with** *vt insep* **-1.** *(win easily)* ganar fácilmente **-2.** *(take over)* **don't let your imagination ~ away with you** no te dejes llevar por la imaginación **-3.** *(steal)* llevarse

◆ **run by** *vt sep* **to ~ an idea by sb** proponer una idea a alguien; **could you ~ that by me one more time?** ¿me lo podrías repetir otra vez?

◆ **run down** ◇ *vt sep* **-1.** *(in car)* atropellar **-2.** *(find)* localizar, encontrar **-3.** *(criticize)* menospreciar, criticar **-4.** *(reduce) (production, stocks)* reducir, disminuir; *(industry, factory)* desmantelar
◇ *vi (battery)* agotarse; *(clock)* pararse

◆ **run in** *vt sep* **-1.** *Fam (arrest)* detener **-2.** *(engine)* rodar **-3.** *(in rugby) (try)* marcar

◆ **run into** *vt insep* **-1.** *(collide with)* chocar con *o* contra **-2.** *(meet by chance)* encontrarse con **-3.** *(get into) (difficulties)* tropezar con; **to ~ into debt** endeudarse **-4.** *(merge with) (of colours, memories)* mezclarse con **-5.** *(amount to)* ascender a

◆ **run off** ◇ *vt sep (print)* tirar; *(photocopy)* sacar; *(write quickly)* escribir rápidamente
◇ *vi* echar a correr, salir corriendo; **to ~ off with the cash** escapar con el dinero; **to ~ off with sb** escaparse con alguien

◆ **run on** ◇ *vt* TYP unir al párrafo contiguo
◇ *vi* **-1.** *(meeting)* continuar **-2.** *Fam (talk a lot)* hablar sin parar **-3.** TYP unir párrafos, hacer punto y seguido

◆ **run out** *vi* **-1.** *(lease, contract)* vencer, cumplirse; *(passport, licence)* caducar
-2. *(money, supplies)* agotarse; **do you have any disks? – no, we've ~ out** ¿tienes algún disquete? – no, se nos han acabado; **to ~ out of sth** quedarse sin algo; **we've ~ out of time** se nos ha acabado el tiempo; **I'm running out of patience** estoy perdiendo la paciencia; IDIOM **to ~ out of steam** *(person)* quedarse sin fuerzas; *(project)* perder empuje

◆ **run out on** *vt insep* abandonar

◆ **run over** ◇ *vt sep (in car)* atropellar
◇ *vt insep (rehearse, check)* ensayar, repasar; *(repeat)* repasar; **he ran the idea over in his mind** le dio vueltas a la idea en la cabeza
◇ *vi (meeting, TV programme)* durar demasiado; **we've already ~ over by half an hour** ya nos hemos excedido media hora

◆ **run through** ◇ *vt insep* **-1.** *(rehearse, check)* ensayar, repasar; *(repeat)* repasar
-2. *(spend quickly)* despilfarrar
◇ *vt sep Literary (with sword)* atravesar

◆ **run to** *vt insep* **-1.** *Br (be able to afford)* poder permitirse; **I'm afraid we don't ~ to that kind of thing** me temo que el dinero no nos da para algo así **-2.** *(amount to)* ascender a

◆ **run up** *vt sep* **-1.** *(debts)* acumular; **she ran up a huge bill at the jeweller's** gastó una enorme cantidad de dinero en la joyería **-2.** *(flag)* izar **-3.** *(clothes)* hacerse, coser

◆ **run up against** *vt insep (opposition, problems)* tropezar con

runabout ['rʌnəbaʊt] *n Fam (automobile)* coche *m o Am* carro *m o CSur* auto *m* pequeño

run-around ['rʌnəraʊnd] *n Fam* **to give sb the ~** enredar *o* liar a alguien

runaway ['rʌnəweɪ] ◇ *n* **-1.** *(slave, teenager)* fugitivo(a) *m,f* **-2.** *(horse)* caballo *m* desbocado
◇ *adj* **-1.** *(prisoner, slave)* fugitivo(a) **-2.** *(out of control) (horse)* desbocado(a), *(train, lorry)* incontrolado(a), fuera de control; *(inflation)* galopante **-3.** *(victory, success)* apabullante, arrollador(ora); **a ~ bestseller** un éxito de ventas arrollador

run-down [rʌn'daʊn] *adj* **-1.** *(building)* en malas condiciones; *(part of town)* en decadencia
-2. *(person)* **to be ~** estar débil; **I'm feeling a bit ~** me siento un poco flojo, no me encuentro demasiado bien **-3.** *(battery)* agotado(a)

rundown ['rʌndaʊn] *n* **-1.** *(reduction)* reducción *f*; **the ~ of the coal industry** el progresivo desmantelamiento de la industria del carbón **-2.** *(summary)* resumen *m*, informe *m, CAm, Méx* reporte *m*; **to give sb a ~ (on sth)** poner a alguien al tanto (de algo)

rune [ru:n] *n* runa *f*

rung [rʌŋ] ◇ *n (of ladder)* peldaño *m*, escalón *m*; *Fig* **the bottom ~** *(in organization)* el escalón más bajo; IDIOM **it's the first ~ on the ladder** es el primer paso
◇ *pp of* **ring²**

runic ['ru:nɪk] *adj* rúnico(a)

run-in ['rʌnɪn] *n* **-1.** *Fam (argument)* **to have a ~ with sb** tener una pelea *o* una riña con alguien **-2.** *(of race, championship)* periodo *m* previo, fase *f* previa; **the ~ to the election** el preámbulo de *o* el periodo previo a las elecciones

runnel ['rʌnəl] *n* arroyuelo *m*

runner ['rʌnə(r)] *n* **-1.** *(athlete)* corredor(ora) *m,f*; **he's a good/fast ~** es un buen corredor/un corredor rápido
-2. *(messenger)* mensajero(a) *m,f*, recadero(a) *m,f*
-3. *Br* **~ bean** *Esp* judía *f* verde, *Bol, RP* chaucha *f*, *Chile* poroto *m* verde, *Col* habichuela *f*, *Méx* ejote *m*
-4. *(for drawer)* guía *f*
-5. *(on sleigh)* patín *m*; *(on skate)* cuchilla *f*
-6. *(carpet)* alfombra *f* estrecha *(para pasillos, escaleras)*; *(for table)* tapete *m*
-7. *(on plant)* rama *f* rastrera, *Spec* estolón *m*
-8. *Br Fam* **to do a ~** salir corriendo *o Esp* por piernas

runner-up [rʌnər'ʌp] *(pl* **runners-up***) n* subcampeón(ona) *m,f*; **there will be ten prizes for the runners-up** habrá (diez) premios para los diez mejores después del ganador

running ['rʌnɪŋ] ◇ *n* **-1.** *(activity)* **I don't like ~** no me gusta correr; **to go ~** ir a correr; **no ~** *(sign)* prohibido correr ❑ **~ back** *(in American football)* running back *m*; **~ shoe** zapatilla *f* deportiva; **~ track** pista *f* (de atletismo)
-2. *(competition, race)* **to be out of/in the ~** no tener/tener posibilidades de ganar; **to make all the ~** *(in contest)* ocupar el primer puesto desde el principio; *(in relationship)* llevar siempre la iniciativa ❑ *US* POL **~ mate** candidato(a) *m,f* a la vicepresidencia
-3. *(of train)* **we apologize for the late ~ of this train** pedimos disculpas por la demora de este tren
-4. *(operation) (of machine, car)* funcionamiento *m* ❑ **~ costs** *(for business)* gastos *mpl* corrientes; *(for car, machine)* costos *mpl o* gastos *mpl* de mantenimiento; **~ lights** *(of car)* luces *fpl* de posición; *(of ship)* luces *fpl* de navegación
-5. *(management) (of hotel, restaurant)* dirección *f*, gestión *f*; **she leaves the day-to-day ~ of the department to her assistant** delega la gestión cotidiana del departamento en su ayudante
◇ *adj* **-1.** *(at a run) (person, animal)* que corre ❑ **~ jump** salto *m* con carrerilla; IDIOM *Fam* **he told them to take** *Br* **a ~ jump (***US* **at the moon)** los mandó a freír espárragos
-2. *(continuous) (battle, feud)* continuo(a), constante; **they have a ~ battle about housework** tienen una pelea constante *o* permanente por las tareas del hogar ❑ **~ commentary** comentario *m* en directo; **~ head** *(in book)* título *m* de página, folio *m*; **~ joke** *(of performer)* chiste *m* de repertorio; *(among group of people)* chiste *m* habitual; **~ stitch** bastilla *f*, dobladillo *m*; **~ title** *(in book)* título *m* de página, folio *m*; **~ total** total *m* actualizado
-3. *(flowing) (tap)* abierto(a) ❑ **~ sore** llaga *f* supurante; *Br Fig* **the issue has become a ~ sore between them** la cuestión se ha convertido en una herida abierta entre ellos; **~ water** *(water supply)* agua *f* corriente; *(in stream, river)* agua *f* que corre
-4. *(operating)* **to be up and ~** estar en funcionamiento ❑ **~ order** *(of show, ceremony)* programa *m*; **in ~ order** *(vehicle)* en condiciones de *o* para circular; **~ repairs** arreglos *mpl* (momentáneos)
◇ *adv (consecutively)* de manera consecutiva; **three years ~** tres años consecutivos *o* seguidos

running-board ['rʌnɪŋbɔːd] *n* AUT estribo *m*

runny ['rʌnɪ] *adj* **-1.** *(sauce, custard)* demasiado líquido(a); *(honey)* fluido(a); *(egg, yolk)* poco hecho(a), líquido(a) **-2.** *(nose)* **to have a ~ nose** tener mocos, moquear

run-off ['rʌnɒf] *n* **-1.** *(to decide game)* desempate *m (partido, carrera)* **-2.** POL **~ (election)** segunda vuelta *f* **-3.** *(water)* (agua *f* de) escorrentía *f*

run-of-the-mill ['rʌnəvðə'mɪl] *adj* corriente y moliente

run-on ['rʌnɒn] *n (in printed matter)* texto *m* seguido *or* corrido

run-proof ['rʌnpruːf], **run-resist** ['rʌnrɪ'zɪst] *adj (stocking, tights)* indesmallable, *RP* indemallable

runs [rʌnz] *npl Fam* **the ~** *(diarrhoea)* cagalera *f*, *Méx* el chorro, *RP* cagadera *f*; **he got the ~** le entró cagalera *or Méx* el chorro *or RP* cagadera

runt [rʌnt] *n* **-1.** *(of litter)* cachorro *m* más pequeño **-2.** *Fam (weak person)* canijo(a) *m,f*, pigmeo(a) *m,f*

run-through ['rʌnθruː] *n* **-1.** *(rehearsal)* ensayo *m*; **to have a ~** hacer un ensayo **-2.** *(review)* repaso *m*

run-time ['rʌntaɪm] *n* COMPTR periodo *m* or tiempo *m* de ejecución ❑ **~ error** error *m* de periodo de ejecución; **~ version** versión *f* run-time, = versión limitada de un programa de apoyo que acompaña a una aplicación

run-up ['rʌnʌp] *n* **-1.** *(before jump)* carrerilla *f* **-2.** *(before event)* periodo *m* previo (**to** a)

runway ['rʌnweɪ] *n* **-1.** *(for take-off)* pista *f* de despegue *or Am* decolaje; *(for landing)* pista *f* de aterrizaje ❑ **~ lights** balizas *fpl* **-2.** *(in long jump, pole vault)* pista *f* de aceleración

rupee [ruː'piː] *n (Indian currency)* rupia *f*

rupture ['rʌptʃə(r)] ◇ *n* **-1.** *(breaking)* ruptura *f* **-2.** MED hernia *f*
◇ *vt* **-1.** *(relations, container)* romper **-2.** MED *(blood vessel, appendix, spleen)* reventar; **to ~ oneself** herniarse
◇ *vi* **-1.** *(container, pipeline)* romperse **-2.** MED *(blood vessel, appendix)* reventar(se)

rural ['rʊərəl] *adj* rural

Ruritania [rʊərɪ'teɪnɪə] *n* Ruritania *(país ficticio)*

Ruritanian [rʊərɪ'teɪnɪən] *adj* ruritano(a) *(de un país ficticio)*

ruse [ruːz] *n* artimaña *f*, ardid *m*

rush[1] [rʌʃ] *n (plant)* **rushes** juncos *mpl* ❑ **~ light** vela *f* de junco; **~ mat** estera *f* or esterilla *f* (de junco); **~ matting** estera *f* or esterilla *f* (de junco)

rush[2] ◇ *n* **-1.** *(hurry)* prisa *f*, *Am* apuro *m*, *Col* afán *m*; **there was a ~ to get things finished** había prisa *or Am* apuro *or Col* afán *m* por terminar las cosas; **it'll be a bit of a ~, but we should make it** habrá que darse prisa *or Am* apurarse *or Col* afanarse, pero llegaremos a tiempo; **to be in a ~** tener prisa, *Am* estar apurado(a); **to do sth in a ~** hacer algo a toda prisa *or* con prisa(s) *or Am* con apuro *or Col* con afán; **there's no ~** no hay prisa *or Am* apuro, *Col* no hay afán; **what's the ~?** ¿qué prisa *or Am* apuro *or Col* afán tienes? ❑ **~ job** *(done too quickly)* trabajo *m* hecho a toda prisa *or* velocidad; **it's a ~ job for Japan** es un trabajo urgente para Japón
-2. *(run, stampede)* avalancha *f*, desbandada *f*; **there was a ~ for the door** todos corrieron *or* se precipitaron hacia la puerta; **I lost it in the ~** lo perdí en medio de aquel alboroto; **to make a ~ for sth** apresurarse a alcanzar algo; **to make a ~ at sb** abalanzarse hacia alguien
-3. *(busy period)* periodo *m* álgido *or* de máxima actividad, pico *m*; **the six o'clock ~** la hora *Esp* punta *or Am* pico de las seis; **I try to avoid the lunchtime/holiday ~** trato de evitar las aglomeraciones de la hora del almuerzo/la temporada de vacaciones ❑ **~ hour** *Esp* hora *f* punta, *Am* hora *f* pico
-4. *(surge) (of air)* ráfaga *f*; *(of water)* chorro *m*; *(of requests)* ola *f*; **I couldn't hear them above the ~ of water** con el ruido del (chorro de) agua no me dejaba oírlos; IDIOM **a ~ of blood to the head** un arrebato *m* (de locura)
-5. *(demand)* demanda *f*; **there's been a ~ on sugar** ha habido una fuerte demanda de azúcar
-6. CIN **rushes** primeras pruebas *fpl*
-7. *US* UNIV = periodo en que asociaciones y clubes de estudiantes universitarios tratan de captar nuevos miembros
-8. *Fam (after taking drugs)* subidón *m*; **I got a real ~ from that coffee** ese café me ha puesto a cien

◇ *vt* **-1.** *(do quickly) (task)* realizar a toda prisa *or* apresuradamente; **don't ~ your food** no comas tan rápido; **they rushed the first act, I thought** me pareció que hicieron demasiado rápido *or Am* apuraron *or Col* afanaron el primer acto; IDIOM **to ~ one's fences** actuar a la ligera, apresurarse
-2. *(cause to hurry) (person)* apresurar; **don't ~ me!** ¡no me metas prisa!, *Am* ¡no me apures!; **to ~ sb into doing sth** meter prisa *or Am* apurar a alguien para que haga algo; **don't be rushed into signing** no dejes que te metan prisa *or Am* no te dejes apurar para firmar; **to be rushed off one's feet** no tener un momento de descanso
-3. *(transport quickly)* llevar apresuradamente; **she was rushed to hospital** la llevaron al hospital a toda prisa; **they rushed a first aid team to the site** enviaron rápidamente un equipo de primeros auxilios al lugar del siniestro; **please ~ me your new catalogue** agradeceré me hagan llegar cuanto antes una copia de su nuevo catálogo
-4. *(attack)* arremeter contra; **a group of prisoners rushed the guards** un grupo de prisioneros arremetió contra los guardas
-5. *US Fam (court)* cortejar
-6. *US* UNIV intentar captar como miembro *(para asociación o club de estudiantes)*

◇ *vi* **-1.** *(move fast)* correr, precipitarse; **I rushed home after work** después del trabajo me fui corriendo a casa; **people rushed out of the blazing house** la gente salía corriendo *or* a toda prisa de la casa en llamas; **the dog rushed at me** el perro se precipitó hacia *or* se abalanzó sobre mí; **passers-by rushed to help the injured man** los que pasaban por allí acudieron rápidamente a auxiliar al herido; **he rushed past/over/up** pasó/fue/acudió a toda velocidad
-2. *(hurry)* apresurarse, *Am* apurarse; **I must ~** (me voy, que) tengo mucha prisa *or Am* estoy muy apurado; **there's no need to ~** no hay por qué apresurarse; **his friends rushed to defend him in the press** sus amigos se apresuraron a defenderlo en la prensa
-3. *(act overhastily)* precipitarse; **now don't ~ into anything** bueno, piénsalo y no te precipites; **to ~ into a decision** tomar una decisión precipitada *or* apresurada, precipitarse al tomar una decisión; **she rushed into marriage** se casó demasiado apresuradamente
-4. *(surge) (air, liquid)* salir/pasar con fuerza; **the cold water rushed over her bare feet** el agua helada corría sobre sus pies descalzos; **I could hear the wind rushing through the trees** podía oír el viento soplando con fuerza entre los árboles; **the blood rushed to his cheeks** *or* **face** se le subieron los colores; **the blood rushed to her head** le hirvió la sangre, le dio un arrebato (de ira)
-5. *(in American football)* **he rushed for 9 yards** hizo una carrera de 9 yardas; **he rushed for 139 yards in the game** hizo un total de 139 yardas (de carrera) durante el partido

➤ **rush about, rush around** *vi* trajinar (de acá para allá)

➤ **rush in** *vi* **-1.** *(enter)* entrar apresuradamente *or* a toda prisa **-2.** *(decide overhastily)* tomar una decisión precipitada *or* apresurada

➤ **rush off** *vi (flee)* irse corriendo

➤ **rush out** ◇ *vt sep (book, new product)* sacar apresuradamente *or* a toda prisa
◇ *vi (exit)* salir apresuradamente

➤ **rush through** ◇ *vt sep* **to ~ a bill/decision through** aprobar un proyecto de ley/tomar una decisión apresuradamente *or* a toda prisa
◇ *vt insep (book, meal, work)* despachar con rapidez; **he rushed through his speech and left immediately** dio su discurso a toda prisa y se fue de inmediato

rushed [rʌʃt] *adj (work, meal)* apresurado(a), *Am* apurado(a); **a ~ decision** una decisión precipitada *or* apresurada

rush-hour ['rʌʃaʊə(r)] *adj (crowds, traffic) Esp* de (la) hora punta, *Am* de (la) hora pico

rusk [rʌsk] *n* = galleta dura y crujiente para niños que comienzan a masticar

russet ['rʌsɪt] ◇ *n* **-1.** *(colour)* castaño *m* rojizo **-2.** *(apple)* manzana *f* russet
◇ *adj* rojizo(a)

Russia ['rʌʃə] *n* Rusia

Russian ['rʌʃən] ◇ *n* **-1.** *(person)* ruso(a) *m,f* **-2.** *(language)* ruso *m* ❑ **~ class/teacher** clase *f*/profesor(ora) *m,f* de ruso
◇ *adj* ruso(a) ❑ **~ doll** muñeca *f* rusa; **the ~ Federation** la Federación Rusa; **~ roulette** ruleta *f* rusa; **~ salad** ensaladilla *f* rusa

Russification [rʌsɪfɪ'keɪʃən] *n* rusificación *f*

Russki, Russky ['rʌskɪ] *n Fam* = término a veces ofensivo para referirse a los rusos

Russo- ['rʌsəʊ] *prefix* ruso-; **~Chinese relations** relaciones ruso-chinas

Russophile ['rʌsəʊfaɪl] ◇ *n* rusófilo(a) *m,f*
◇ *adj* rusófilo(a)

Russophobe ['rʌsəʊfəʊb] ◇ *n* rusófobo(a) *m,f*
◇ *adj* rusófobo(a)

rust [rʌst] ◇ *n* **-1.** *(on metal)* óxido *m*, herrumbre *f* ❑ **the Rust Belt** = región del noreste de Estados Unidos con una alta concentración de industria pesada en declive **-2.** *(on plant)* roya *f* **-3.** *(colour)* color *m* óxido *or* teja, marrón *m* rojizo
◇ *adj (colour)* color óxido *or* teja *inv*, marrón rojizo(a)
◇ *vi* oxidarse; **the door had rusted through** la puerta se había oxidado por completo
◇ *vt* oxidar

➤ **rust away** *vi* oxidarse poco a poco

➤ **rust up** *vi* oxidarse por completo

rust-bucket ['rʌstbʌkɪt] *n Fam (car)* chatarra *f* ambulante, *Méx* arnero *m*

rusted ['rʌstɪd] *adj* oxidado(a)

rustic ['rʌstɪk] ◇ *n* campesino(a) *m,f*, pueblerino(a) *m,f*
◇ *adj* rústico(a)

rusticate ['rʌstɪkeɪt] *vt Br* UNIV *(student)* expulsar temporalmente, *Am* suspender

rusticity [rʌs'tɪsɪtɪ] *n* rusticidad *f*

rustiness ['rʌstɪnɪs] *n* **-1.** *(of metal)* óxido *m*, herrumbre *f* **-2.** *(lack of fluency, practice) (of person)* falta *f* de práctica, anquilosamiento *m*; **the ~ of my French** la falta de práctica que tengo en francés, lo olvidado que tengo el francés

rusting ['rʌstɪŋ] *adj* oxidado(a)

rustle[1] ['rʌsəl] ◇ *n (of leaves)* susurro *m*; *(of paper)* crujido *m*; *(of clothing)* roce *m*
◇ *vt (leaves)* hacer susurrar; *(paper)* hacer crujir
◇ *vi (leaves)* susurrar; *(paper)* crujir; **her dress rustled** su vestido produjo un ruido al rozarse

rustle[2] *vt (cattle)* robar

➤ **rustle up** *vt sep Fam (meal, snack)* improvisar, *Esp* apañar; **to ~ up support** reunir apoyo

rustler ['rʌslə(r)] *n (cattle thief)* cuatrero(a) *m,f*, ladrón(ona) *m,f* de ganado

rustling ['rʌslɪŋ] *n* **-1.** *(of cattle)* robo *m* **-2.** = rustle[1]

rustproof ['rʌstpruːf] ◇ *adj* inoxidable
◇ *vt* tratar con (un) antioxidante

rusty ['rʌstɪ] *adj* **-1.** *(metal)* oxidado(a), herrumbroso(a) **-2.** *(colour)* color óxido *or* teja *inv*, marrón rojizo(a) **-3.** *(lacking fluency, practice) (person)* falto(a) de práctica, anquilosado(a); **my playing is very ~** hace mucho que no juego; **my French is a bit ~** tengo el francés un poco olvidado **-4. ~ nail** *(cocktail)* rusty nail *m*, = cóctel que lleva mitad de whisky escocés y mitad de Drambuie®

rut¹ [rʌt] ◇ *n* **-1.** *(in road)* rodada *f* **-2.** IDIOMS **to be in a ~** *(routine)* estar estancado(a); **to get into a ~** estancarse

◇ *vt (ground)* hacer surcos en; **the track had been deeply rutted by tractors** los tractores habían dejado profundas rodadas en el camino

rut² ◇ *n (of stag)* celo *m*, berrea *f*; **in ~** en celo

◇ *vi (pt & pp* **rutted**) *(stag)* estar en celo

rutabaga [ruːtəˈbeɪɡə] *n US* nabo *m* sueco

Ruth [ruːθ] *pr n* Rut

Ruthenia [ruːˈθiːnɪə] *n* Rutenia, Ucrania Subcarpática

Ruthenian [ruːˈθiːnɪən] ◇ *n* ruteno(a) *m,f*
◇ *adj* ruteno(a)

ruthenium [ruːˈθiːnɪəm] *n* CHEM rutenio *m*

ruthless [ˈruːθlɪs] *adj (person, act)* despiadado(a); *(criticism)* despiadado(a), implacable; **to be ~ in enforcing the law** aplicar la ley de manera implacable *or* inflexible; **he was ~ in shortening the text** no tuvo el menor reparo a la hora de acortar el texto; **she's quite ~ when she's determined to get her way** es capaz de lo que sea con tal de conseguir lo que se propone; **with ~ efficiency** con rigurosa eficacia

ruthlessly [ˈruːθlɪslɪ] *adv* despiadadamente; **~ efficient** con rigurosa eficacia

ruthlessness [ˈruːθlɪsnɪs] *n* crueldad *f*

rutted [ˈrʌtɪd] *adj* con surcos; **a badly ~ road** una carretera llena de grandes surcos *or* rodadas

rutting [ˈrʌtɪŋ] *n* **~ season** época *f* de celo

RV [ɑːˈviː] *n* **-1.** *US (abbr* **recreational vehicle**) autocaravana *f*, casa *f or* coche *m* caravana **-2.** *(abbr* **Revised Version**) = revisión de la Biblia protestante publicada entre 1881 y 1885

Rwanda [rəˈwændə] *n* **-1.** *(country)* Ruanda **-2.** *(language)* kinyarwanda *m*, kinyaruanda *m*

Rwandan [rəˈwændən] ◇ *n* ruandés(esa) *m,f*
◇ *adj* ruandés(esa)

Ryder Cup [ˈraɪdəˈkʌp] *n* **the ~** *(in golf)* la Ryder Cup

rye [raɪ] *n* **-1.** *(cereal)* centeno *m* **-2. ~ (whiskey)** whisky *m* de centeno **-3. ~ (bread)** pan *m* de centeno

rye-grass [ˈraɪɡrɑːs] *n* ballico *m*, césped *m* inglés

S, s [es] *n* **-1.** *(letter)* S, s *f* **-2.** *(abbr* **south)** S **-3.** *(abbr* **small)** *(on clothes label)* S, s

SA -1. *(abbr* **South Africa)** Sudáfrica **-2.** *(abbr* **South America)** Sudamérica

Saar [sɑː(r)] *n* **the ~** el Sarre

Saarland ['sɑːlænd] *n* Sarre *m*

Sabbatarian [sæbə'teərɪən] ◇ *n* sabatario(a) *m,f*
◇ *adj* sabatario(a)

Sabbath ['sæbəθ] *n (Jewish)* Sabbat *m*, sábado *m* judío; *(Christian)* domingo *m*; **to observe the ~** *(Jew)* respetar el Sabbat; *(Christian)* respetar el domingo; **(witches')** ~ aquelarre *m* ❑ **~ day observance** cumplimiento *m* del descanso sabático/dominical

sabbatical [sə'bætɪkəl] ◇ *n* **-1.** UNIV **to be on ~** estar en excedencia; **to take a ~** tomarse un periodo sabático **-2.** *(long break)* año *m or* periodo *m* sabático; **to take a ~** tomarse un período sabático
◇ *adj* UNIV **~ term** trimestre *m* sabático *or* de excedencia; UNIV **~ year** año *m* sabático *or* de excedencia

saber *US* = **sabre**

sable ['seɪbəl] ◇ *n* **-1.** *(animal)* marta *f* cebellina **-2.** *(fur)* marta *f*; **~ coat** abrigo *m* de marta **-3.** *Literary (black)* negro *m* azabache
◇ *adj Literary (black)* prieto(a), negro(a)

sabot ['sæbəʊ] *n (shoe)* zueco *m*

sabotage ['sæbətɑːʒ] ◇ *n* sabotaje *m*
◇ *vt* sabotear

saboteur [sæbə'tɜː(r)] *n* saboteador(ora) *m,f*

sabra ['sæbrə] *n US Fam* israelita *mf*

sabre, *US* **saber** ['seɪbə(r)] *n* sable *m*

sabre-rattling, *US* **saber-rattling** ['seɪbəræflɪŋ] *n Fig* **the president's remarks were mere ~** los comentarios del presidente fueron sólo una bravuconada

sabre-toothed tiger *n* ['seɪbətuːθ'taɪɡə(r)] tigre *m* dientes de sable

sac [sæk] *n* **-1.** ANAT bolsa *f*, saco *m*; **ink ~** *(of squid)* bolsa de tinta **-2.** BOT saco *m*

saccharide ['sækəraɪd] *n* CHEM sacárido *m*

saccharin ['sækərɪn] *n* sacarina *f*

saccharine ['sækərɪn] *adj* **-1.** *Pej (smile, movie)* empalagoso(a) **-2.** CHEM sacarino(a)

sacerdotal [sæsə'dəʊtəl] *adj* sacerdotal

sachet ['sæʃeɪ] *n* sobrecito *m*

sack[1] [sæk] ◇ *n* **-1.** *(for coal, flour, potatoes)* saco *m* ❑ **~ race** carrera *f* de sacos *or* RP embolsados **-2.** *US (for groceries)* bolsa *f* **-3.** *Fam (bed)* **to hit the ~** *(go to bed)* meterse en el sobre, *Esp* irse a la piltra; **to be good in the ~** montárselo bien en la cama, *Am* coger como los dioses **-4.** *Fam (dismissal)* **to give sb the ~** echar *or* despedir a alguien; **he got the ~** lo echaron *or* despidieron
◇ *vt* **-1.** *Fam (dismiss from job)* echar, despedir **-2.** *(put in sacks)* embolsar, meter en sacos

◆ **sack out** *vi US Fam* meterse al sobre

sack[2] ◇ *n (plundering)* saqueo *m*
◇ *vt (town)* saquear

sack[3] ◇ *n (in American football)* = placaje al quarterback para evitar que dé un pase
◇ *vt (in American football)* = placar (al quarterback) para evitar que dé un pase

sackbut ['sækbʌt] *n* sacabuche *m*

sackcloth ['sækklɒθ] *n* arpillera *f*, tela *f* de saco; REL **to wear ~ and ashes** llevar túnica de penitente; IDIOM **to be wearing ~ and ashes** *(express remorse)* entonar el mea culpa

sackful ['sækfʊl], **sackload** ['sækləʊd] *n* saco *m* (lleno *or* entero); **we've been getting letters by the ~** hemos estado recibiendo toneladas de cartas

sacking[1] ['sækɪŋ] *n* **-1.** *(textile)* arpillera *f*, tela *f* de saco **-2.** *Fam (dismissal)* despido *m*

sacking[2] *n (plundering)* saqueo *m*

sackload = **sackful**

sacra *pl of* **sacrum**

sacral ['seɪkrəl] *adj* ANAT sacro

sacrament ['sækrəmənt] *n* REL sacramento *m*; **the Blessed** *or* **Holy Sacrament** el Santísimo Sacramento; **to receive the sacraments** recibir los sacramentos; **to take the sacraments** tomar los sacramentos

sacramental [sækrə'mentəl] *adj* REL sacramental

sacred ['seɪkrɪd] *adj* **-1.** *(holy) (place, book)* sagrado(a); **~ to the memory of...** consagrado(a) a la memoria de... ❑ *the Sacred Heart* el Sagrado Corazón
-2. *(solemn) (duty, vow)* solemne
-3. *(highly respected) (animal, human life)* sagrado(a) IDIOM **to be a ~ cow** ser sacrosanto(a) ❑ **~** *ibis* ibis *m* sagrado
-4. *(too important to change)* sagrado(a); **is nothing ~?** ¿es que ya no se respeta nada?
-5. *(connected with religion) (music)* sacro(a); *(writings)* sagrado(a)

sacredness ['seɪkrɪdnɪs] *n* **-1.** *(holiness)* santidad *f* **-2.** *(solemness)* solemnidad *f* **-3.** *(respectedness)* carácter *m* sagrado

sacrifice ['sækrɪfaɪs] ◇ *n* **-1.** *(offering)* sacrificio *m*; **human ~** sacrificio humano **-2.** *(act of giving up)* sacrificio *m*; **to make sacrifices (for sb)** sacrificarse (por alguien); **to make the supreme ~** *(give one's life)* hacer el sacrificio supremo **-3.** *(in baseball)* sacrificio *m* ❑ *US* **~** *fly* fly *m* de sacrificio; **~** *hit* batazo *m* de sacrificio
◇ *vt* **-1.** *(give as offering)* sacrificar; **to ~ oneself (for sb)** sacrificarse (por alguien)
-2. *(give up)* sacrificar; **to ~ sth for sb** sacrificar algo por alguien; **we cannot afford to ~ quality to quantity** no podemos permitirnos sacrificar la calidad por la cantidad **-3.** *(in chess)* sacrificar

sacrificial [sækrɪ'fɪʃəl] *adj (rite, dagger)* de sacrificio ❑ **~** *bunt* (in baseball) batazo *m* de sacrificio; *Fig* **~** *lamb* chivo *m* expiatorio; *Fig* **~** *victim* chivo *m* expiatorio

sacrilege ['sækrɪlɪdʒ] *n also Fig* sacrilegio *m*; **it's ~ to drink whisky with lemonade** beber whisky con gaseosa es un sacrilegio

sacrilegious [sækrɪ'lɪdʒəs] *adj also Fig* sacrílego(a)

sacristan ['sækrɪstən] *n* REL sacristán *m*

sacristy ['sækrɪstɪ] *n* sacristía *f*

sacroiliac [sækrəʊ'ɪlɪæk] ANAT ◇ *n* región *f* sacroilíaca
◇ *adj* sacroilíaco(a)

sacrosanct ['sækrəʊsæŋkt] *adj also Fig* sacrosanto(a)

sacrum ['seɪkrəm] *(pl* **sacra)** *n* ANAT sacro *m*

SAD [sæd] *n* MED *(abbr* **Seasonal Affective Disorder)** trastorno *m* afectivo estacional

sad [sæd] *adj* **-1.** *(unhappy)* triste; **to feel ~** sentirse *or* estar triste; **to become ~** entristecerse; **to make sb ~** entristecer a alguien; **I shall be ~ to see you leave** me entristecerá verte partir; **to be ~ at heart** estar apesadumbrado *or* afligido; **he came through the experience a sadder but wiser man** fue una experiencia triste para él, pero aprendió mucho de ella
-2. *(depressing) (film, news, loss)* triste; **the ~ fact is he's incompetent** la triste realidad es que es incompetente; **but ~ to say it didn't last long** desafortunadamente, no duró mucho; **she came to a ~ end** tuvo un triste final
-3. *(deplorable)* lamentable; **it's a ~ state of affairs when this sort of thing can go unpunished** es lamentable que este tipo de cosas no sea castigado; **a ~ reflection on modern society** una reflexión desesperanzada sobre la sociedad moderna; **it's a ~ day when you can no longer walk the streets at night in safety** es lamentable que ya no se pueda caminar sin peligro de noche por la calle
-4. *Fam Pej (pathetic)* lamentable, penoso(a); **she's a ~ case** es un caso patético; *very Fam* **he's a ~ bastard!** ¡es un desgraciado!, *Esp* ¡es un capullo integral!; *US* **~ sack** mamarracho(a)

sadden ['sædən] *vt* entristecer

saddle ['sædəl] ◇ *n* **-1.** *(on horse)* silla *f* (de montar); *(on bicycle)* sillín *m*; **in the ~** a caballo; **this is the tenth race he has won with Dettori in the ~** es la décima carrera que gana con Dettori llevando las riendas IDIOM **to be in the ~** *(be in charge)* llevar las riendas; **now she's back in the ~ again** ha vuelto a tomar las riendas; **to be ~ sore** tener rozaduras de montar a caballo ❑ **~** *soap* = jabón aceitoso que se emplea para conservar el cuero; **~** *stitch (in needlework)* pespunte *m*
-2. CULIN *(of lamb, mutton)* silla *f*; *(of hare)* rabadilla *f*
-3. GEOG collado *m*
◇ *vt* **-1.** *(horse)* ensillar
-2. *Fam (lumber)* **to ~ sb with sth** encajar *or Esp, Méx* encasquetar algo a alguien; **I always get saddled with doing the nasty jobs** siempre me encajan *or Esp, Méx* encasquetan a mí los trabajos más desagradables; **she was saddled with the children for the whole weekend** le encajaron *or Esp, Méx* encasquetaron los niños todo el fin de semana; **I don't want to ~ myself with any more work** no quiero cargarme con más trabajo

◆ **saddle up** ◇ *vi (rider)* ensillar
◇ *vt sep (horse)* ensillar

saddlebacked ['sædlbækt] *adj (horse)* ensillado(a)

saddlebag ['sædəlbæɡ] *n (for horse)* alforja *f*; *(for bicycle)* cartera *f*

saddlecloth ['sædəlklɒθ] *n* sudadero *m*

saddler ['sædlə(r)] *n* guarnicionero(a) *m,f*, talabartero(a) *m,f*

saddlery ['sædlərɪ] *n* **-1.** *(trade)* talabartería *f* **-2.** *(goods)* arreos *mpl*

Sadducee ['sædjʊsiː] *n* saduceo(a) *m,f*

sadism ['seɪdɪzəm] *n* sadismo *m*

sadist ['seɪdɪst] n sádico(a) m,f
sadistic [sə'dɪstɪk] adj sádico(a)
sadistically [sə'dɪstɪklɪ] adv con sadismo, de manera sádica
sadly ['sædlɪ] adv **-1.** (unhappily) (reply, smile) tristemente
-2. (regrettably) desgraciadamente, por desgracia; **~, this is so** así es, por desgracia; **~, no one has come forward to claim the child** desgraciadamente or por desgracia, nadie ha salido reclamando al niño
-3. (badly) terriblemente, por completo; **compassion is ~ lacking in our society** la compasión es algo de lo que nuestra sociedad carece por completo; **you're ~ mistaken** estás muy equivocado(a); **he is ~ missed** lo echamos mucho de menos, Am lo extrañamos mucho
sadness ['sædnɪs] n tristeza f
sado-masochism ['seɪdəʊ'mæsəkɪzəm] n sadomasoquismo m
sado-masochist ['seɪdəʊ'mæsəkɪst] n sadomasoquista mf
sado-masochistic ['seɪdəʊmæsə'kɪstɪk] adj sadomasoquista
Saducee = Sadducee
SAE [eseɪ'iː] n Br (abbr **stamped addressed envelope**) sobre m franqueado con la dirección del remitente
safari [sə'fɑːrɪ] n safari m; **to be on ~** estar de safari; **to go on ~** ir de safari ❑ **~ jacket** sahariana f; **~ park** safari m park; **~ suit** traje m de safari
safe [seɪf] ◇ n (for money) caja f fuerte
◇ adj **-1.** (not dangerous) (activity, car, building, chemical) seguro(a); **the staircase doesn't look very ~** la escalera no parece muy segura; **this part of town isn't ~ at night** este barrio no es seguro de noche; **is it ~ to swim here?** ¿se puede nadar sin peligro aquí?; **the water is perfectly ~ to drink** el agua se puede beber sin problemas; **at a ~ distance** a una distancia prudencial; **emissions should be kept within ~ limits** el nivel de emisiones debe mantenerse dentro de límites seguros; **the bomb has been made ~** la bomba ha sido desactivada
-2. (protected, not in danger) seguro(a); **I don't feel ~ alone at night** no me siento segura estando sola de noche; **you're ~ now that I'm with you** ahora que estoy contigo estás segura; **the money's ~ in the bank** el dinero está seguro en el banco; **your secret is ~ with me** tu secreto muere conmigo; **~ from attack/suspicion** a salvo de cualquier ataque/sospecha
-3. (unharmed) ileso(a), sano(a) y salvo(a); **to come home ~** llegar a casa sano y salvo; **the money will be paid upon their ~ return** el dinero será entregado una vez que regresen sanos y salvos; **to wish sb a ~ journey** desear a alguien un feliz viaje or un viaje sin percances; **(have a) ~ journey!** ¡(que tengas) un buen viaje!; **to grant sb ~ passage** otorgar a alguien un salvoconducto; **~ and sound** sano(a) y salvo(a); PROV **better ~ than sorry** más vale prevenir (que curar)
-4. (secure) (place) seguro(a); **to keep sth ~** guardar algo en lugar seguro ❑ **~ haven** refugio m seguro; **~ house** piso m franco
-5. (not risky) (investment) seguro(a); (option, topic of conversation) prudente; (estimate) seguro, conservador(a); **it is ~ to say that...** se puede decir sin temor a equivocarse que...; **it's a pretty ~ assumption** or **bet that...** es prácticamente seguro que...; **the steak's a ~ bet** el filete seguro que está bueno; **he's a ~ bet for the title** puedes apostar que ganará el título; IDIOM **as ~ as houses** completamente seguro; **to be on the ~ side** para mayor seguridad, para ir sobre seguro ❑ **~ period** (to avoid conception) días mpl seguros, días mpl no fértiles; **~ seat** (in parliament) escaño m seguro; **~ sex** sexo m seguro or sin riesgo
-6. (reliable) (driver) seguro(a); **in ~ hands** en buenas manos; **he's a ~ pair of hands** (manager, minister) es sumamente competente
◇ adv **to play (it) ~** ser precavido(a)
safe-breaker ['seɪfbreɪkə(r)], **safe-cracker** ['seɪf'krækə(r)] n ladrón(ona) m,f de cajas fuertes
safe-conduct ['seɪf'kɒndʌkt] n salvoconducto m
safe-cracker = safe-breaker
safe-deposit ['seɪfdɪ'pɒzɪt] n cámara f acorazada ❑ **~ box** caja f de seguridad
safeguard ['seɪfgɑːd] ◇ n salvaguardia f, garantía f; **as a ~ against abuse of the rules** como garantía contra un eventual abuso de las normas
◇ vt (sb's interests, rights) salvaguardar; **to ~ sth/sb against sth** salvaguardar a algo/alguien de algo
◇ vi **to ~ against sth** salvaguardarse or protegerse de algo
safekeeping ['seɪf'kiːpɪŋ] n **in ~** bajo custodia; **the money is in their ~** guardan el dinero en un lugar seguro; **he gave it to her for ~** se lo dio para que lo guardara en lugar seguro
safely ['seɪflɪ] adv **-1.** (without danger) sin riesgos; **an area where women can ~ go out at night** una zona en la que las mujeres pueden salir solas de noche
-2. (without incident) **once the hostages have been ~ returned** una vez que los rehenes hayan sido liberados sanos y salvos; **to arrive ~** (person) llegar sano(a) y salvo(a); (parcel) llegar sin daños; (ship) llegar a buen puerto; **once we're ~ home** cuando estemos tranquilos en casa; **once I'm ~ on the other side...** una vez que esté sano y salvo al otro lado...; **now that we're ~ through to the next round** ahora que pasamos sin problema alguno a la ronda siguiente
-3. (securely) **I've put the money away ~** he guardado el dinero a buen recaudo; **the kids are ~ tucked up in bed** los niños están bien arropaditos en la cama; **once he is ~ behind bars** una vez que esté a buen recaudo entre rejas
-4. (carefully) **drive ~!** ¡conduce or Am maneja con cuidado!
-5. (without risk) con seguridad; **we can ~ let her do it** podemos dejar que lo haga sin ninguna preocupación
-6. (with certainty) con certeza; **I can ~ say that...** puedo decir sin temor a equivocarme que...; **we can ~ assume he won't be back soon** podemos estar seguros de que tardará en volver
safeness ['seɪfnɪs] n **-1.** (absence of danger) seguridad f; **a feeling of ~** una sensación de seguridad **-2.** (of bridge, nuclear power, electrical appliances) seguridad f
safety ['seɪftɪ] n **-1.** (prevention of danger) seguridad f; **~ in the workplace** seguridad en el trabajo; **road ~** seguridad en carretera, seguridad vial; **there are fears for the ~ of the hostages** se teme por la seguridad de los rehenes; **she's very ~ conscious** tiene muy en cuenta la seguridad; **for ~'s sake** para mayor seguridad; **~ first!** ¡la seguridad es lo primero!; **the team decided to adopt a ~ first approach** el equipo decidió no correr riesgos innecesarios; PROV **there's ~ in numbers** en compañía está uno más seguro ❑ **~ belt** cinturón m de seguridad; **~ catch** (on gun) seguro m; **~ chain** (on door) cadena f; (on bracelet) cadenita f de seguridad; THEAT **~ curtain** telón m de seguridad; TECH **~ factor** factor m de seguridad; **~ feature** componente m de seguridad; **~ glass** vidrio m de seguridad; **~ helmet** casco m de seguridad; US **~ island** isleta f; **~ lamp** (of miner) lámpara f de seguridad; **~ matches** fósforos mpl or Esp cerillas fpl or Am cerillos mpl de seguridad; **~ measures** medidas fpl de seguridad; **~ net** (in circus) red f (de seguridad); Fig red f asistencial (del Estado); Fig **to fall through the ~ net** quedar excluido(a) de la red asistencial; **~ officer** = persona a cargo de la seguridad en el lugar donde se desarrollan actividades peligrosas para la salud o los trabajadores; **~ pin** imperdible m, Am alfiler m de gancho, CAm, Méx seguro m; **~ razor** maquinilla f de afeitar; also Fig **~ valve** válvula f de escape
-2. (absence of danger) (of activity, car, building, chemical) seguridad f
-3. (safe place) lugar m seguro; **the injured were helped to ~** llevaron a los heridos a un lugar seguro; **he ran for ~** corrió a refugiarse; **to reach ~** alcanzar un lugar seguro
-4. (in American football) safety m
-5. (in snooker) ❑ **~ game** = habilidad para dejar la bola en una posición difícil para el contrario; **~ shot** tiro m defensivo, = tiro cuya intención no es colar una bola en la tronera sino dejar una posición complicada al contrincante
saffron ['sæfrən] ◇ n **-1.** BOT & CULIN azafrán m
-2. (colour) azafrán m
◇ adj **-1.** (colour) (de color) azafrán **-2.** CULIN ❑ **~ rice** arroz m con azafrán
sag [sæg] (pt & pp **sagged**) ◇ vi **-1.** (roof, bridge) hundirse, ceder; (flesh, rope) colgar; **the bed sags in the middle** la cama se hunde en medio; **the branches sagged under the weight of the fruit** las ramas cedían bajo el peso de las frutas; **her shoulders sagged in dejection** tenía los hombros caídos por el desánimo **-2.** (confidence, support) decaer; (prices, stocks, demand) caer; **their spirits sagged** sus ánimos flaqueaban
◇ n (in mattress, ceiling) combadura f
saga ['sɑːgə] n (story) saga f; Fig **a ~ of corruption** una historia interminable de corrupción
sagacious [sə'geɪʃəs] adj Formal **-1.** (person) sagaz **-2.** (remark) sagaz, astuto(a)
sagacity [sə'gæsɪtɪ] n Formal **-1.** (of person) sagacidad f **-2.** (of remark) sagacidad f, astucia f
sage¹ [seɪdʒ] ◇ n (wise person) sabio(a) m,f
◇ adj (person, conduct) sabio(a)
sage² n **-1.** (herb) salvia f; **~ and onion stuffing** relleno de salvia y cebolla **-2.** (colour) **~ (green)** salvia m verde
sagebrush ['seɪdʒbrʌʃ] n artemisa f ❑ **the Sagebrush State** = apelativo familiar referido al estado de Nevada
sagely ['seɪdʒlɪ] adj con sabiduría, sabiamente
saggy ['sægɪ] adj (mattress) hundido(a); (bottom) flácido(a), fofo(a); (breasts) caído(a)
Sagittarian [sædʒɪ'teərɪən] ASTROL ◇ n **to be a ~** ser Sagitario
◇ adj de Sagitario, Am sagitariano(a)
Sagittarius [sædʒɪ'teərɪəs] n **-1.** (sign of zodiac) Sagitario m; **to be (a) ~** ser Sagitario **-2.** (constellation) Sagitario m
sago ['seɪgəʊ] n (fécula f de) sagú m ❑ **~ palm** sagú m
Sahara [sə'hɑːrə] n **the ~ (Desert)** el (desierto del) Sáhara
Saharan [sə'hɑːrən] adj GEOG sahariano(a)
sahib¹ ['sɑːɪb] n señor m; **Jones ~** señor Jones
said¹ pt & pp of **say**
said² adj Formal **the ~ Howard Riley** el mencionado Howard Riley; **the ~ articles** los mencionados artículos
Saigon [saɪ'gɒn] n Saigón
sail [seɪl] ◇ n **-1.** (on boat) vela f; **to set ~ (for)** (boat) zarpar (con rumbo a); (person) partir (en dirección a); NAUT **in full ~, with all sails set** con las velas desplegadas; NAUT **to be under ~** ir a toda vela **-2.** (journey) **to go for a ~** hacer una excursión en velero; **it's a few hours' ~ from here** está a unas pocas horas de navegación de aquí **-3.** (of windmill) aspa f
◇ vt **-1.** (boat) gobernar; **she sailed the boat into port** llevó el bote hasta el puerto **-2.** (the Pacific, the Atlantic, the world) navegar por; Literary **to ~ the seven seas** surcar los siete mares
◇ vi **-1.** (ship, person) navegar; **the boat sailed up the river** el bote navegó río

sailboard

arriba; **it took us three days to ~ to the next island** nos tomó tres días navegar hasta la próxima isla; **are you flying or sailing?** ¿vas en avión o en barco?; **they sailed around the Mediterranean** navegaron por el Mediterráneo; **to ~ round a cape** circunnavegar un cabo; IDIOM **to ~ close to the wind** adentrarse en terreno peligroso
-2. *(start voyage)* *(ship)* zarpar; *(person)* partir
-3. *(glide)* **she sailed into the room** entró en la habitación con un aire de elegancia; **the clouds sailed by** las nubes avanzaban suavemente; **a sports car sailed past me** me pasó un deportivo con suma facilidad; **his book sailed out of the window** su libro salió volando por la ventana; *Fam* **to ~ through an examination** pasar un examen con mucha facilidad *or Esp* con la gorra *or RP* de taquito

◆ **sail into** *vt insep Fam (attack verbally)* arremeter contra

sailboard ['seɪlbɔːd] *n* tabla *f* de windsurf
sailboarder ['seɪlbɔːdə(r)] *n* windsurfista *mf*
sailboarding ['seɪlbɔːdɪŋ] *n* windsurf *m*
sailboat ['seɪlbəʊt] *n US* velero *m*
sailcloth ['seɪlklɒθ] *n* lona *f*
sailfish ['seɪlfɪʃ] *n* pez *m* vela
sailing ['seɪlɪŋ] *n* **-1.** *(activity)* (navegación *f* a) vela *f*; **to go ~** ir a navegar ❑ *Br* **~ boat** (barco *m*) velero *m*; **~ ship** barco *m* de vela
-2. *(departure)* salida *f*; **we're going on the 12 o'clock ~** nos vamos en el barco de las doce
sailor ['seɪlə(r)] *n (crew member)* marinero *m*; SPORT navegante *m*; **to be a good/bad ~** soportar bien/mal los viajes por mar ❑ **~ hat** gorra *f* marinera; **~ suit** traje *m* de marinero *(de niño)*
sailplane ['seɪlpleɪn] *n* planeador *m*
saint [seɪnt]

> **santa** is used for female saints, and **san** is used for male saints except in the case of Domingo, Tomás, Tomé and Toribio, where **santo** is used instead: SantaTeresa, San Pablo, Santo Domingo

n **-1.** REL santo(a) *m,f*; **All Saints' (Day)** día *m* de Todos los Santos ❑ **Saint Andrew's cross** cruz *f* de San Andrés = cruz blanca sobre fondo azul en la bandera escocesa; **Saint Andrew's Day** día *m* de San Andrés *(patrono de Escocia)*; **Saint Bernard** *(dog)* San Bernardo *m*; **Saint David's day** día *m* de San David *(patrono de Gales)*; **~'s day** onomástica *f*, santo *m*; **Saint Elmo's fire** fuego *m* de san Telmo; **Saint George's cross** cruz *f* de San Jorge, = cruz roja sobre fondo blanco en la bandera inglesa; **Saint George's Day** día *m* de San Jorge *(patrono de Inglaterra)*; **Saint Helena** Santa Elena; **Saint John the Baptist** San Juan Bautista; **Saint John's wort** hierba *f* de San Juan; **Saint Kitts and Nevis** *(island group)* San Cristóbal y Nevis; **Saint Lucia** *(island)* Santa Lucía; **Saint Patrick's Day** día *m* de San Patricio *(patrono de Irlanda)*; **Saint Petersburg** San Petersburgo; **Saint Vincent and the Grenadines** *(island group)* San Vicente y las Granadinas; MED **Saint Vitus's dance** baile *m* de San Vito
-2. *(good person)* santo(a) *m,f*; **she's an absolute ~** es una santa; **I'm no ~** no soy ningún santo

SAINT PATRICK'S DAY

El día de **Saint Patrick**, el santo patrón de Irlanda, se celebra el 17 de marzo, aniversario de su muerte, en el año 461. San Patricio convirtió a los irlandeses al cristianismo y creó monasterios, iglesias y escuelas por todo el país. Según la leyenda, también consiguió expulsar a todas las serpientes de Irlanda. Día festivo en Irlanda, el día de San Patricio también se celebra con desfiles en aquellas ciudades norteamericanas que cuentan con una gran proporción de población de origen irlandés, como Boston, Chicago y Nueva York.

sainthood ['seɪnthʊd] *n* santidad *f*
saintlike ['seɪntlaɪk] *adj* de santo(a)
saintly ['seɪntlɪ] *adj* **-1.** *(person, life, virtue)* santo(a) **-2.** *(smile, air)* angelical
sake[1] [seɪk] *n* **for the ~ of sb, for sb's ~** por (el bien de) alguien; **I didn't do it for your ~** no lo hice por ti; **I did it for my own ~** lo hice por mi propio bien; **they decided not to divorce for the ~ of the children** decidieron no divorciarse por el bien de los niños; **for all our sakes, tell no one** por el bien de todos, no se lo cuentes a nadie; **for God's/goodness' or heaven's or Christ's or pity's ~** por (el amor de) Dios; **for the ~ of peace** para que haya paz; **for old times' ~** por los viejos tiempos; **for Pete's ~!** *(expresses annoyance)* ¡caramba!; **this is talking for talking's ~ or for the ~ of it** es hablar por hablar; **art for art's ~** el arte por el arte; **for the ~ of argument, let's assume it costs £100** pongamos por caso que cuesta 100 libras
sake[2] ['sɑːkɪ] *n (drink)* sake *m*
sal [sæl] *n* CHEM sal *f* ❑ **~ ammoniac** sal *f* amónica
salaam [sə'lɑːm] ⬦ *n* zalema *f*
⬦ *vi* saludar haciendo una zalema *or* reverencia
⬦ *exclam* ¡salve!
salacious [sə'leɪʃəs] *adj* salaz
salaciousness [sə'leɪʃəsnɪs] *n* salacidad *f*, lascivia *f*
salad [ˈsæləd] *n* ensalada *f* ❑ **~ bar** *(restaurant)* bar *m* de ensaladas; *(area)* mostrador *m* de ensaladas; **~ bowl** ensaladera *f*; *Br* **~ cream** = especie de mayonesa un poco dulce para ensaladas; **~ days** tiempos *mpl* mozos; **~ dressing** aderezo *m or Esp* aliño *m* para la ensalada; **~ spinner** escurridor *m* de lechuga
salamander [ˈsæləmændə(r)] *n* salamandra *f*
salami [səˈlɑːmɪ] *n* salami *m*, *Am* salame *m*
salami-slice [səˈlɑːmɪslaɪs] *vt Fig* recortar gradualmente
salaried [ˈsælərɪd] *adj* asalariado(a); **a ~ employee** un asalariado
salary [ˈsælərɪ] *n* salario *m*, sueldo *m*; **~ cut/review** reducción/revisión salarial; **I have to bring up a family on a teacher's ~** tengo que educar una familia con el sueldo de un profesor ❑ **~ earner** asalariado(a) *m,f*; **~ grade** nivel *m or* grado *m* salarial; **~ scale** escala *f* salarial
salchow [ˈsælkəʊ] *n (in ice skating)* salko *m*; **double/triple ~** doble/triple salko
sale [seɪl] *n* **-1.** *(action of selling)* venta *f*; **to make a ~** realizar una venta, vender algo; **for ~** *(available)* en venta; *(sign)* se vende; **that article is not for ~** ese artículo no está a la venta; **to put sth up for ~** poner algo en venta; **on ~** a la venta; **on ~ at a supermarket near you** a la venta en su supermercado más próximo; **to go on ~** salir *or* ponerse a la venta; **~ or return** venta en depósito; **we bought the goods on a ~ or return basis** compramos la mercancía con la condición de que podíamos devolver lo que no se vendiera ❑ **~ price** precio *m* de venta; *Br* **sales assistant** dependiente(a) *m,f*; **sales brochure** folleto *m* promocional; **sales conference** conferencia *f* de ventas; **sales department** departamento *m* de ventas; **sales director** director(ora) *m,f* de ventas; **sales drive** promoción *f* de ventas; **sales executive** ejecutivo(a) *m,f* de ventas; **sales force** personal *m* de ventas; **sales manager** jefe(a) *m,f* de ventas; **sales office** oficina *f* de ventas; **sales outlet** punto *m* de venta; **sales pitch** estrategia *f* de ventas; **sales promotion** promoción *f* de ventas; **sales representative** *or Fam* **rep** (representante *mf*) comercial *mf*; *US* **sales slip** recibo *m*; **sales talk** charla *f* de ventas; **sales team** equipo *m* de ventas; **~ of work** mercadillo *m* benéfico (de artesanía)
-2. *(turnover)* **sales** ventas *fpl* ❑ **sales figures** cifra *f* de ventas; **sales forecast** previsión *f* de ventas; **sales target** objetivo *m* de ventas; **sales tax** impuesto *m* de venta
-3. *(auction)* subasta *f*; **book ~** mercadillo de libros
-4. *(with reduced prices)* rebajas *fpl*; **the sales** las rebajas; **there's a ~ on at Woolworths** están de rebajas en Woolworths; **this offer does not apply to ~ items** *or* **goods** esta promoción no incluye a los productos de oferta ❑ **~ price** precio *m* rebajado
-5. *(department)* **he works in sales** trabaja en el departamento de ventas
saleable ['seɪləbəl] *adj* vendible

SALEM WITCH TRIALS

Serie de juicios que se desarrollaron en la ciudad estadounidense de Salem (Massachusetts) en 1692. Las autoridades puritanas de la época, presas de la histeria colectiva, condujeron a la horca a una veintena de personas acusadas de brujería. Se trata del ejemplo paradigmático de la caza de brujas al que se ha recurrido frecuentemente para rechazar la persecución fanática de supuestos enemigos. Arthur Miller echó mano de los **Salem Witch Trials** en su obra "The Crucible" (1953) ("Las brujas de Salem"), como metáfora para denunciar los abusos macartistas contra los supuestos comunistas.

saleroom ['seɪlruːm], *US* **salesroom** ['seɪlzruːm] *n (for auctions)* sala *f* de subastas
salesclerk ['seɪlzklɑːk] *n US* dependiente(a) *m,f*, vendedor(ora) *m,f*
salesgirl ['seɪlzɡɜːl] *n* dependienta *f*
salesman ['seɪlzmən] *n (for company)* comercial *m*, vendedor *m*; *(in shop)* dependiente *m*, vendedor *m*
salesmanship ['seɪlzmənʃɪp] *n* habilidad *f* para vender; **high-pressure** *or* **aggressive ~** técnica de ventas agresiva
salesperson ['seɪlzpɜːsən] *n (for company)* comercial *mf*, vendedor(ora) *m,f*; *(in shop)* dependiente(a) *m,f*, vendedor(ora) *m,f*
salesroom *US* = **saleroom**
saleswoman ['seɪlzwʊmən] *n (for company)* comercial *f*, vendedora *f*; *(in shop)* dependienta *f*, vendedora *f*
salicin, salicine ['sælɪsɪn] *n* PHARM salicina *f*
Salic law ['sælɪk'lɔː] *n* HIST ley *f* sálica
salicylic [sælɪ'sɪlɪk] *adj* CHEM salicílico(a) ❑ **~ acid** ácido *m* salicílico
salient ['seɪlɪənt] *adj (feature, fault)* relevante, sobresaliente; **~ points** puntos más sobresalientes
saline ['seɪlaɪn] ⬦ *adj* salino(a) ❑ MED **~ drip** gota a gota *m* de suero (fisiológico); **~ solution** solución *f* salina, suero *m* fisiológico
⬦ *n* MED *(salt solution)* solución *f* salina, suero *m* fisiológico
salinity [sə'lɪnɪtɪ] *n* salinidad *f*
saliva [sə'laɪvə] *n* saliva *f*
salivary [sə'laɪvərɪ] *adj* salival ❑ **~ gland** glándula *f* salivar
salivate ['sælɪveɪt] *vi* salivar, segregar saliva; *Fig* **he was salivating over the prospect of meeting her** se le hacía la boca agua pensando en que iba a verla
salivation [sælɪ'veɪʃən] *n* salivación *f*
sallow ['sæləʊ] *adj (complexion)* amarillento(a)
sallowness ['sæləʊnɪs] *n (of complexion)* aspecto *m* amarillento
sally ['sælɪ] *n* **-1.** MIL misión *f*, incursión *f* **-2.** *(excursion)* salida *f*, excursión *f*; **his first ~ into travel writing** su primera incursión como escritor en la literatura de viajes

◆ **sally forth** *(pt & pp* **sallied***) vi Literary* partir con determinación

salmon ['sæmən] *(pl* **salmon***)* ⬦ *n* **-1.** *(fish)* salmón *m* ❑ **~ farm** criadero *m* de salmones; **~ ladder** salmonera *f (rampa)*; **~ leap** salmonera *f (rampa)*; **~ steak** filete *m* de salmón; **~ trout** trucha *f* asalmonada **-2.** *(colour)* **~ (pink)** color *m* salmón
⬦ *adj (colour)* salmón
salmonella [sælmə'nelə] *n (bacteria)* salmonella *f*; *(illness)* salmonelosis *f* ❑ **~ poisoning** intoxicación *f* por salmonella
Salome [sə'ləʊmɪ] *pr n* Salomé

salon ['sælɒn] n (**beauty**) ~ salón m de belleza; (**hairdressing**) ~ (salón m de) peluquería f

Salonika [sə'lɒnɪkə] n Salónica, Tesalónica

saloon [sə'luːn] n **-1.** (room) sala f, salón m **-2.** US (bar) bar m **-3.** Br (in pub, hotel) ~ (**bar**) = en ciertos "pubs" y hoteles, bar más caro y elegante que el resto **-4.** Br ~ (**car**) turismo m; **a four-door** ~ una berlina

salopettes [sælə'pets] npl pantalones mpl de esquí

salsa ['sælsə] n **-1.** (music, dance) salsa f **-2.** (food) salsa f picante or brava

salsify ['sælsɪfɪ] n salsifí m

SALT [sɔːlt] n (abbr **Strategic Arms Limitation Talks**) SALT fpl

salt [sɔːlt] ◇ n **-1.** (substance) sal f; **there's too much ~ in the soup** la sopa tiene demasiada sal; (**bath**) **salts** sales de baño ❑ US ~ **box** (house) = casa colonial de Nueva Inglaterra de dos pisos; ~ **flat** salina f; ~ **lake** lago m salado; ~ **lick** (place) salegar m; ~ **marsh** salar m; ~ **mine** mina f de sal, salina f; ~ **pan** salina f; US ~ **shaker** salero m
-2. CHEM sal f
-3. Fam (sailor) **an old** ~ un lobo de mar
-4. IDIOMS **to take a story with a pinch** or **grain of** ~ no creerse del todo una historia; **no journalist worth his** ~... ningún periodista que se precie...; **to rub ~ in sb's wounds** removerle la herida a alguien; **the fifth goal was just rubbing ~ into the wound** el quinto gol no hizo más que hurgar en la herida; **the ~ of the earth** la sal de la tierra

◇ adj (taste) salado(a); (air) salobre ❑ **beef** salazón f de ternera; ~ **cod** bacalao m (salado); ~ **pork** tocino m, panceta f; ~ **water** agua f salada

◇ vt **-1.** (food) salar **-2.** (roads) esparcir sal en

◆ **salt away** vt sep (money) ahorrar or guardar en secreto

◆ **salt down** vt sep (food) salar

saltcellar ['sɔːltselə(r)] n salero m

salted ['sɔːltɪd] adj **-1.** (preserved) en salazón **-2.** (flavoured) salado(a), con sal

salt-free ['sɔːlt'friː] adj sin sal

saltiness ['sɔːltɪnɪs] n **-1.** (of food) sabor m salado **-2.** (salinity) salinidad f

saltire ['sɔːltaɪə(r)] n cruz f or aspa f de San Andrés, sotuer m

saltpetre, US **saltpeter** [sɔːlt'piːtə(r)] n salitre m

saltwater ['sɔːltwɔːtə(r)] adj ~ **fish** pez m de agua salada; ~ **lake** lago m de agua salada

saltworks ['sɔːltwɜːks] n salinas fpl, refinería f de sal

saltwort ['sɔːltwɜːt] n BOT caramillo m, RP cardo m ruso

salty ['sɔːltɪ] adj **-1.** (taste, food) salado(a) **-2.** Old-fashioned (joke, wit) picante

salubrious [sə'luːbrɪəs] adj Formal **-1.** (respectable) acomodado(a), respetable **-2.** (hygienic) salubre

salubriousness [sə'luːbrɪəsnɪs] n Formal **-1.** (respectability) respetabilidad f **-2.** (hygiene) salubridad f

saluki [sə'luːkɪ] n saluki m

salutary ['sæljʊtərɪ] adj saludable; **to have a ~ effect on sb** tener un efecto saludable sobre alguien

salutation [sæljʊ'teɪʃən] n Formal **-1.** (greeting) salutación f, saludo m **-2.** (in letter) encabezamiento m

salute [sə'luːt] ◇ n **-1.** (with hand) saludo m; **to give sb a ~** saludar a alguien; **to take the ~** pasar revista a las tropas (en desfile) **-2.** (with guns) (**to fire**) **a ten gun ~** (disparar) una salva de diez cañonazos **-3.** (tribute) homenaje m (**to** a)

◇ vt **-1.** (with hand) saludar; **to ~ the flag** saludar la bandera **-2.** (pay tribute to) (person) homenajear; (achievements) rendir homenaje a

◇ vi saludar

Salvadoran [sælvə'dɔːrən], **Salvadorean** [sælvə'dɔːrɪən] ◇ n salvadoreño(a) m,f
◇ adj salvadoreño(a)

salvage ['sælvɪdʒ] ◇ n **-1.** (of ship) rescate m, salvamento m; (of waste material) recuperación f ❑ ~ **operation** operación f de rescate or salvamento; ~ **vessel** buque m de salvamento **-2.** (objects salvaged) material m rescatado **-3.** (fee) derechos mpl de salvamento

◇ vt **-1.** (vessel, cargo, belongings) salvar, rescatar; (waste material) recuperar; **a counter salvaged from an old butcher's shop** un mostrador rescatado de una antigua carnicería

-2. (marriage, reputation, career) salvar, rescatar; **she managed to ~ her self-respect** logró mantener a flote su dignidad; **the team managed to ~ a draw** el equipo consiguió salvar un empate; **his inspired suggestion salvaged the situation** su muy inspirada sugerencia salvó la situación

salvageable ['sælvɪdʒəbəl] adj **-1.** (vessel, cargo, belongings, waste material) recuperable **-2.** (marriage, reputation, career) salvable

salvation [sæl'veɪʃən] n **-1.** REL salvación f ❑ **Salvation Army** Ejército m de Salvación **-2.** (deliverance) salvación f; **this thermos flask was my ~ when I was stuck up the mountain** este termo fue mi salvación cuando me quedé atrapado en la montaña

salvationist [sæl'veɪʃənɪst] n **-1.** (member of evangelical sect) evangelista mf **-2.** (member of Salvation Army) salvacionista m

salve [sælv] ◇ n **-1.** (ointment) ungüento m, bálsamo m **-2.** (relief) alivio m; **I sent her the chocolates as a ~ to my conscience** le envié chocolates para aliviar mi conciencia

◇ vt **to ~ one's conscience** descargar la conciencia

salver ['sælvə(r)] n (tray) bandeja f, fuente f; **a silver ~** una bandeja de plata

salvo ['sælvəʊ] (pl **salvos** or **salvoes**) n **-1.** MIL salva f **-2.** (of applause, laughter, insults) salva f; **in her opening ~, she criticized the government's record on health** comenzó criticando la gestión del gobierno en materia de salud

Salzburg ['sæltsbɜːg] n Salzburgo

SAM [sæm] n (abbr **surface-to-air missile**) SAM

Samaritan [sə'mærɪtən] n (helpful person) samaritano(a) m,f; **I wish you'd stop being such a good ~** me gustaría que dejaras de obrar como el buen samaritano; **the Good ~** el Buen Samaritano; **the Samaritans** los Samaritanos, Esp ≃ el Teléfono de la Esperanza

samarium [sə'meərɪəm] n CHEM samario m

Samarkand [sæməkænd] n Samarcanda

samba ['sæmbə] ◇ n (music, dance) samba f
◇ vi bailar la samba, sambar

sambo ['sæmbəʊ] n Br very Fam Old-fashioned **-1.** (black person) negro(a) m,f **-2.** (form of address to black person) negro(a) m,f

same [seɪm] ◇ adj **the ~ man** el mismo hombre; **the ~ woman** la misma mujer; **the ~ children** los mismos niños; **the ~ one** el mismo, la misma; **are they the ~ people who robbed you?** ¿son los (mismos) que te robaron?; **would you do the ~ thing for me?** ¿harías lo mismo por mí?; **she's the ~ old Susan** es la Susan de siempre; **at the ~ time** (simultaneously) al mismo tiempo; (nevertheless) sin embargo; **in the ~ way** (likewise) del mismo modo, de igual forma; **the** or **that very ~ day** el or ese mismo día; **it all amounts** or **comes to the ~ thing** todo viene a ser lo mismo; **I feel the ~ way about it** yo pienso lo mismo; **to go the ~ way** ir por el mismo camino; Fam ~ **difference!** ¡igual da!

◇ pron **the ~** lo mismo; **I would have done the ~** yo hubiera hecho lo mismo; **how do you feel? – the ~** ¿cómo te encuentras? – igual; **it's the ~ everywhere** es igual en todas partes; **he's the ~ as ever** es el mismo de siempre; **the house isn't the ~ without her** la casa no es la misma sin ella; **things will never be the ~ again** las cosas no volverán a ser igual or lo mismo; **to think/taste the ~** pensar/saber igual; **they say we look the ~** dicen que nos parecemos; Formal **construction of one oak table and delivery of ~** construcción de una mesa de roble y entrega de la misma; **men are all the ~!** ¡todos los hombres son iguales!; **it's all the ~ to me** me da igual or lo mismo; **if it's all the ~ to you** si no te importa; **all the ~** (nevertheless) de todas maneras; **we are hoping for more of the ~** esperamos más de lo mismo; **the two are much the ~** se parecen bastante; **they are one and the ~** (thing) son una sola cosa; (person) son la misma persona; Fam (**the**) ~ **again?** ¿(otra de) lo mismo?; Fam ~ **here!** (I agree) estoy de acuerdo; (I did the same thing) yo también; Fam (**the**) ~ **to you!** ¡lo mismo digo!; **are you Mr Jackson? – yes, the very ~** ¿usted es Mr Jackson? – el mismísimo

◇ adv Fam (alike) igual; **both words are spelt the ~** las dos palabras se escriben igual; **I need affection, ~ as anybody else** necesito cariño, como todo el mundo; ~ **as ever** como siempre

sameness ['seɪmnɪs] n **-1.** (similarity) similaridad f, parecido m **-2.** (tedium) monotonía f

same-sex ['seɪm'seks] adj homosexual

samey ['seɪmɪ] adj Fam monótono(a); **their songs are a bit ~** sus canciones suenan todas muy parecidas

samisen ['sæmɪsen] n MUS samisén m

samizdat ['sæmɪzdæt] n publicación f clandestina

Samoa [sə'məʊə] n Samoa

Samoan [sə'məʊən] ◇ n **-1.** (person) samoano(a) m,f **-2.** (language) samoano m
◇ adj samoano(a)

samosa [sə'məʊsə] n samosa f, = empanadilla de carne o verduras de la cocina india

samovar ['sæməvɑː(r)] n samovar m

Samoyed [sə'mɔɪɪd] (pl **Samoyed** or **Samoyeds**) n (dog) samoyedo mf

sampan ['sæmpæn] n sampán m

samphire ['sæmfaɪə(r)] n (**rock**) ~ hinojo m marino

sample ['sɑːmpəl] ◇ n **-1.** (of blood, urine, soil) muestra f; **a water/rock ~** una muestra de agua/roca; **to take a ~** tomar una muestra **-2.** (of product) muestra f; **a free ~** una muestra gratuita; **a ~ bottle/pack** una botella/un paquete de muestra ❑ ~ **size** tamaño m muestral
-3. (example) ejemplo m, muestra f; **please bring a ~ of your work** por favor, traiga una muestra de su trabajo; **a ~ question from last year's exam paper** una pregunta de muestra del examen del año pasado
-4. (in statistics) muestra f; **a representative ~ of the population** una muestra representativa de la población
-5. MUS muestra f

◇ vt **-1.** (rock, water, soil) tomar muestras de **-2.** (food) probar **-3.** (experience) probar; **I had never sampled the delights of Lebanese cuisine** nunca había probado las delicias de la cocina libanesa **-4.** (public opinion) sondear **-5.** MUS samplear

sampler ['sɑːmplə(r)] n **-1.** (selection of samples) muestra f, selección f **-2.** (embroidery) dechado m **-3.** MUS sampler m

sampling ['sɑːmplɪŋ] n **-1.** (of rock, water, soil) toma f de muestras, muestreo m **-2.** (in statistical research) muestreo m ❑ ~ **error** error m de muestreo **-3.** MUS sampleado m

Samson ['sæmsən] pr n Sansón

samurai ['sæmʊraɪ] (pl **inv**) ◇ n samurái m
◇ adj de samurái

San Andreas Fault ['sænæn'dreɪəs'fɔːlt] n GEOL **the ~** la falla de San Andrés

sanatorium [sænə'tɔːrɪəm], US **sanitarium** [sænɪ'teərɪəm] (pl **sanatoriums** or **sanatoria** [sænə'tɔːrɪə], US **sanitariums** or **sanitaria** [sænɪ'teərɪə]) n sanatorio m

sancta pl of **sanctum**

sanctification [sæŋktɪfɪ'keɪʃən] n santificación f

sanctify ['sæŋ(k)tɪfaɪ] vt santificar

sanctimonious · sartorial

sanctimonious [sæŋ(k)tɪˈməʊnɪəs] *adj* mojigato(a)

sanctimoniously [sæŋ(k)tɪˈməʊnɪəslɪ] *adv* con mojigatería

sanctimoniousness [sæŋktɪˈməʊnjəsnɪs], **sanctimony** [ˈsæŋ(k)tɪmənɪ] *n* mojigatería *f*

sanction [ˈsæŋ(k)ʃən] ◇ *n* **-1.** *(penalty)* sanción *f*; **(economic) sanctions** sanciones *fpl* económicas; **to impose (economic) sanctions on a country** imponer sanciones (económicas) a un país ❑ **sanctions busting: the firm was accused of sanctions busting** acusaron a la empresa de violar las sanciones **-2.** *Formal (consent)* sanción *f*; **it hasn't yet been given official ~** aún no ha recibido sanción oficial
◇ *vt Formal* **-1.** *(authorize)* sancionar, autorizar **-2.** *(approve) (behaviour)* sancionar

sanctity [ˈsæŋ(k)tɪtɪ] *n* (of life) carácter *m* sagrado; *(of home)* santidad *f*; **the ~ of marriage** la inviolabilidad del matrimonio

sanctuary [ˈsæŋ(k)tjʊərɪ] *n* **-1.** REL santuario *m* **-2.** *(for fugitive, refugee)* asilo *m*, refugio *m*; **to seek ~** buscar refugio; **to take ~** refugiarse **-3.** *(for birds, wildlife)* santuario *m*; **a wildlife ~** una reserva natural

sanctum [ˈsæŋktəm] *(pl* **sancta** [ˈsæŋktə] *or* **sanctums**) *n* **-1.** *(holy place)* lugar *m* sagrado, sagrario *m* **-2.** *(private place)* **inner ~** sancta-sanctórum *m*

sand [sænd] ◇ *n* arena *f*; **the sands** *(beach)* la playa; **miles of golden sands** kilómetros de playas doradas; **the sands (of time) are running out for us** se nos está acabando el tiempo; ❑ **~ dune** duna *f*; **~ eel** caduchón *m*; **~ flea** *(sandhopper)* pulga *f* de mar; **~ martin** avión *m* zapador *(ave)*; *US* **~ trap** *(in golf)* búnker *m*; **~ wedge** *(in golf)* wedge *m* para arena; **~ yacht** triciclo *m* a vela
◇ *vt* **-1.** *(smooth with sandpaper)* lijar **-2.** *(cover with sand)* enarenar
➤ **sand down** *vt sep (wood)* lijar

sandal [ˈsændəl] *n* sandalia *f*, *Andes, CAm* ojota *f*, *Méx* guarache *m*

sandalwood [ˈsændəlwʊd] *n* **-1.** *(tree)* sándalo *m* **-2.** *(wood)* (madera *f* de) sándalo *m*

sandbag [ˈsændbæɡ] *(pt & pp* **sandbagged**) ◇ *n* saco *m* terrero, saco *m* de arena, *RP* bolsa *f* de arena
◇ *vt (protect with sandbags)* construir una muralla *or* defensa con sacos terreros

sandbank [ˈsændbæŋk] *n* banco *m* de arena

sandbar [ˈsændbɑː(r)] *n* (of river) bajío *m*, barra *f*

sandblast [ˈsændblɑːst] *vt* limpiar con chorro de arena

sandblaster [ˈsændblɑːstə(r)] *n* limpiadora *f* de chorro de arena

sandbox [ˈsændbɒks] *n* **-1.** *US (for children)* recinto *m* de arena **-2.** RAIL arenero *m*

sandboy [ˈsændbɔɪ] *n* IDIOM *Br* **as happy as a ~** como un niño con zapatos nuevos

sandcastle [ˈsændkɑːsəl] *n* castillo *m* de arena

sander [ˈsændə(r)] *n (device)* acuchillador(ora) *m,f* de suelos

sanderling [ˈsændəlɪŋ] *n* correlimos *m inv* tridáctilo

sandfly [ˈsændflaɪ] *n* jején *m*

sandgrouse [ˈsændɡraʊs] *n* ganga *f*

sandhill crane [ˈsændhɪlˈkreɪn] *n* grulla *f* canadiense

sandhopper [ˈsændhɒpə(r)] *n* pulga *f* de mar

sandiness [ˈsændɪnɪs] *n* arenosidad *f*

sanding [ˈsændɪŋ] *n* **-1.** *(of wood, plaster)* lijado *m*, pulido *m* **-2.** *(of roads)* enarenado *m*

Sandinista [sændɪˈnɪstə] ◇ *n* sandinista *mf*; **the Sandinistas** los sandinistas
◇ *adj* sandinista

sandlot [ˈsændlɒt] *US* ◇ *n* = solar abandonado utilizado para jugar a béisbol y otros deportes
◇ *adj (amateur)* amateur, aficionado(a)

S&M [esəndˈem] *n* **-1.** *Fam (abbr* **sadomasochism)** sadomasoquismo *m* **-2.** *(abbr* **sales & marketing)** ventas *fpl* y marketing

sandman [ˈsændmæn] *n* **the ~** *(in folklore)* = personaje de cuento que hace dormir a los niños

sandpaper [ˈsændpeɪpə(r)] ◇ *n* (papel *m* de) lija *f*
◇ *vt* lijar

sandpiper [ˈsændpaɪpə(r)] *n* andarríos *m inv* chico; **common ~** andarríos chico; **curlew ~** correlimos zarapitín; **purple ~** correlimos oscuro

sandpit [ˈsændpɪt] *n Br (for children)* recinto *m* de arena

sandshoe [ˈsændʃuː] *n Br & Austr* playera *f*

sandstone [ˈsændstəʊn] *n* arenisca *f*

sandstorm [ˈsændstɔːm] *n* tormenta *f* de arena

sandwich [ˈsændwɪtʃ] ◇ *n* **-1.** *(with sliced bread)* sándwich *m*; *(with French bread) Esp* bocadillo *m*, *Am* sándwich *m*, *CSur* sándwiche *m*, *Col* sánduche *m*, *Méx* torta *f*; IDIOM *Br Fam Hum* **to be one ~** *or* **a few sandwiches short of a picnic** estar mal de la azotea, *Esp* tener algún tornillo de menos ❑ *Br* **~ bar** sandwichería *f*; **~ board** cartelón *m (de hombre anuncio)*; **~(-board) man** hombre *m* anuncio; **~ box** fiambrera *f*, tartera *f*, *Am* vianda *f*; EDUC **~ course** curso *m* de formación en alternancia; = curso que combina la formación teórica con la práctica laboral; **~ filling** relleno *m*; **Sandwich Islands** Islas *fpl* Sandwich; **~ tern** charrán *m* patinegro; **~ toaster** sandwichera *f*, *RP* carlitera *f*
-2. *Br (cake)* **a sponge ~** un bizcochuelo relleno con mermelada y crema
◇ *vt* intercalar; **I was sandwiched between two buses** quedé atrapado entre dos autobuses; **I'll try to ~ you between the last two appointments** te intentaré hacer un hueco entre mis dos últimas citas

sandworm [ˈsændwɜːm] *n* lombriz *f* arenera

sandy [ˈsændɪ] *adj* **-1.** *(earth, beach)* arenoso(a) **-2.** *(covered in sand) (clothes, feet)* lleno(a) de arena **-3.** *(hair)* rubio(a) rojizo(a)

sane [seɪn] *adj* **-1.** *(not mad)* cuerdo(a); **how do you manage to stay ~ in this environment?** ¿cómo haces para no volverte loco en este ambiente? **-2.** *(sensible)* juicioso(a)

sanely [ˈseɪnlɪ] *adv (sensibly)* sensatamente

San Franciscan [ˈsænfrənˈsɪskən] ◇ *n* persona de San Francisco
◇ *adj* de San Francisco

San Francisco [ˈsænfrənˈsɪskəʊ] *n* San Francisco

sang *pt of* **sing**

sangfroid [sɒŋˈfrwɑː] *n* sangre *f* fría

sangria [sæŋˈɡriːə] *n* sangría *f*

sanguinary [ˈsæŋɡwɪnərɪ] *adj Literary (murderer, tyrant, battle)* sanguinario(a)

sanguine [ˈsæŋɡwɪn] *adj Formal* **-1.** *(optimistic)* optimista; **he was ~ about the company's prospects** confiaba plenamente en las perspectivas de la empresa **-2.** *Literary (ruddy) (complexion)* sanguíneo(a)

sanitarium *US* = **sanatorium**

sanitary [ˈsænɪtərɪ] *adj* **-1.** *(clean)* higiénico(a); **the kitchen didn't look very ~** la cocina no parecía muy higiénica
-2. *(relating to hygiene)* sanitario(a) ❑ **~ disposal bag** bolsa *f* para desechos sanitarios; **~ engineer** ingeniero(a) *m,f* sanitario(a); **~ engineering** ingeniería *f* civil de salud pública *or* de saneamiento; **~ inspector** inspector(ora) *m,f* de sanidad; *US* **~ napkin,** *Br* **~ towel** compresa *f*, *Am* toalla *f* higiénica

sanitation [sænɪˈteɪʃən] *n* **-1.** *(public health)* salud *f* pública, salubridad *f* **-2.** *(waste removal systems)* saneamiento *m* ❑ *US* **~ worker** recolector(ora) *m,f* de residuos, basurero(a) *m,f*

sanitize [ˈsænɪtaɪz] *vt* **-1.** *(document, biography)* mutilar, meter la tijera a; **a sanitized account of events** un relato de los hechos demasiado aséptico **-2.** *(disinfect)* desinfectar

sanity [ˈsænɪtɪ] *n* **-1.** *(mental health)* cordura *f*; **to keep one's ~** no perder el juicio *or* la razón, mantener la cordura; **to lose one's ~** perder el juicio **-2.** *(good sense)* sensatez *f*; **in the end, ~ prevailed** al final predominó la sensatez

sank *pt of* **sink**

San Marino [ˈsænməˈriːnəʊ] *n* San Marino

San Salvador [sænˈsælvədɔː(r)] *n* San Salvador

sanserif [sænˈserɪf], **sans serif** TYP *n* sans serif *m*

Sanskrit [ˈsænskrɪt] ◇ *n* sánscrito *m*
◇ *adj* sánscrito(a)

Santa (Claus) [ˈsæntə(ˈklɔːz)] *n* Papá *m* Noel

Santiago [sæntɪˈɑːɡəʊ] *n* Santiago de Chile

Santo Domingo [ˈsæntəʊdəˈmɪŋɡəʊ] *n* Santo Domingo

santonin [ˈsæntənɪn] *n* CHEM santonina *f*

Sao Paulo [saʊˈpaʊləʊ] *n* São Paulo, *RP* San Pablo

Sao Tomé and Príncipe [ˈsaʊtəˈmeɪənˈprɪnsɪpeɪ] *n* Santo Tomé y Príncipe

sap[1] [sæp] *n (of plant)* savia *f*

sap[2] *n Fam (gullible person)* papanatas *mf inv*, *Esp* pardillo(a) *m,f*; **you ~!** ¡papanatas!

sap[3] *US Fam* ◇ *n (cosh)* cachiporra *f*
◇ *vt (cosh)* golpear con una cachiporra

sap[4] *(pt & pp* **sapped**) ◇ *n (trench)* zanja *f*, trinchera *f*
◇ *vt* **-1.** MIL cavar **-2.** *(undermine)* minar, debilitar; **the fever has sapped (him of) his strength** la fiebre lo ha debilitado mucho

sapele [səˈpiːlɪ] *n* **-1.** *(tree)* sapeli *m* **-2.** *(wood)* sapeli *m*

saphead [ˈsæphed] *n US Fam* bobo(a) *m,f*, *Esp* memo(a) *m,f*

sapient [ˈseɪpjənt] *adj Formal* sapiente

sapling [ˈsæplɪŋ] *n* pimpollo *m*, árbol *m* joven

sapodilla [sæpəˈdɪlə] *n* **-1.** *(tree)* zapote *m* **-2.** *(fruit)* zapote *m*

saponin [ˈsæpənɪn] *n* CHEM saponina *f*

sapper [ˈsæpə(r)] *n* MIL zapador(ora) *m,f*

Sapphic [ˈsæfɪk] *adj Literary (lesbian)* sáfico(a)

sapphire [ˈsæfaɪə(r)] ◇ *n* **-1.** *(precious stone)* zafiro *m*; **a ~ ring** un anillo de zafiro **-2.** *(colour)* azul *m* zafiro
◇ *adj (colour)* zafiro ❑ **~ blue** azul *m* zafiro

sappy [ˈsæpɪ] *adj US Fam* **-1.** *(stupid)* bobo(a), *Esp* memo(a) **-2.** *(corny)* cursi, sensiblero(a)

saraband(e) [ˈsærəbænd] *n* zarabanda *f*

Saracen [ˈsærəsn] ◇ *n* sarraceno(a) *m,f*
◇ *adj* sarraceno(a)

Saragossa [særəˈɡɒsə] *n* Zaragoza

Sarajevo [særəˈjeɪvəʊ] *n* Sarajevo

Saran wrap® [səˈrænˈræp] *n US* plástico *m* transparente *(para envolver alimentos)*

sarcasm [ˈsɑːkæzəm] *n* sarcasmo *m*

sarcastic [sɑːˈkæstɪk] *adj* sarcástico(a)

sarcastically [sɑːˈkæstɪklɪ] *adv* sarcásticamente

sarcoma [sɑːˈkəʊmə] *(pl* **sarcomas** *or* **sarcomata** [sɑːˈkəʊmətə]) *n* MED sarcoma *m*

sarcophagus [sɑːˈkɒfəɡəs] *(pl* **sarcophagi** [sɑːˈkɒfəɡaɪ]) *n* sarcófago *m*

sardine [sɑːˈdiːn] *n* sardina *f*; IDIOM **we were packed in like sardines** íbamos como sardinas en lata

Sardinia [sɑːˈdɪnɪə] *n* Cerdeña *f*

Sardinian [sɑːˈdɪnɪən] ◇ *n* **-1.** *(person)* sardo(a) *m,f* **-2.** *(language)* sardo *m*
◇ *adj* sardo(a)

sardonic [sɑːˈdɒnɪk] *adj* sardónico(a)

sardonically [sɑːˈdɒnɪklɪ] *adv* sardónicamente

Sargasso Sea [sɑːˈɡæsəʊˈsiː] *n* **the ~** el mar de los Sargazos

sarge [sɑːdʒ] *n Fam* sargento *mf*

sari [ˈsɑːrɪ] *n* sari *m*

sarky [ˈsɑːkɪ] *adj Br Fam* socarrón(ona), sarcástico(a); **don't you get ~ with me!** no te hagas el sarcástico conmigo

sarnie [ˈsɑːnɪ] *n Br Fam (with sliced bread)* sándwich *m*; *(with French bread) Esp* bocata *m*, *Am* sándwich *m*

sarong [səˈrɒŋ] *n* sarong *m*, pareo *m*

sarsaparilla [sɑːspəˈrɪlə] *n* **-1.** *(plant)* zarzaparrilla *f* **-2.** *(drink)* zarzaparrilla *f*

sartorial [sɑːˈtɔːrɪəl] *adj Formal* del vestir; **~ elegance** elegancia en el vestir

sartorius [sɑːˈtɔːrɪəs] n ANAT sartorio m

Sartrean, Sartrian [ˈsɑːtrɪən] adj de Sartre

SAS [eseɪˈes] n (abbr **Special Air Service**) = comando de operaciones especiales del ejército británico, Esp ≃ GEO m

SASE [eseɪesˈiː] n US (abbr **self-addressed stamped envelope**) sobre m franqueado con la dirección del remitente

sash [sæʃ] n **-1.** (on dress) faja f, fajín m **-2.** (on uniform) banda f **-3.** (of window) marco m ❑ ~ **cord** cordón m (de las ventanas de guillotina); ~ **window** ventana f de guillotina

sashay [ˈsæʃeɪ] vi Fam caminar pavoneándose; **she sashayed down the catwalk** recorrió la pasarela pavoneándose; **she sashayed out of the room** abandonó la sala pavoneándose

Sask (abbr **Saskatchewan**) Saskatchewan

Saskatchewan [sæsˈkætʃɪwən] n Saskatchewan

sasquatch [ˈsæskwɒtʃ] n el abominable hombre de las nieves (en Estados Unidos y Canadá)

sass [sæs] US Fam ◇ n frescura f, impertinencia f
◇ vt venir con impertinencias a; **don't you ~ me!** ¡a ver cómo me hablas!

sassaby [ˈsæsəbɪ] n ZOOL antílope m sasabi

sassafras [ˈsæsəfræs] n sasafrás m ❑ ~ **oil** aceite m de sasafrás

Sassenach [ˈsæsənæk] n Scot = término generalmente peyorativo para referirse a un inglés

sassy [ˈsæsɪ] adj US Fam **-1.** (cheeky) fresco(a), impertinente **-2.** (in style) que da la nota, muy llamativo(a); **that's one ~ pair of shoes you've got there** con esos zapatos sí que vas dando la nota

SAT n **-1.** [sæt] Br (abbr **standard assessment task**) = tarea de la que se examina a un alumno para determinar si ha alcanzado el nivel de conocimientos correspondiente a su edad **-2.** [eseɪˈtiː] US (abbr **Scholastic Aptitude Test**) = examen que realizan al final de la enseñanza secundaria los alumnos que quieren ir a la universidad

Sat (abbr **Saturday**) sáb.

sat pt & pp of **sit**

Satan [ˈseɪtən] n Satanás m, Satán m

satanic [səˈtænɪk] adj satánico(a)

Satanism [ˈseɪtənɪzm] n satanismo m

Satanist [ˈseɪtənɪst] n practicante mf del satanismo

satay [ˈsæteɪ] n CULIN = plato del sudeste asiático que consiste en pinchos con tiras de carne de vaca o de pollo marinada servidos con una salsa picante de cacahuete; **chicken ~** pollo "satay" ❑ ~ **sauce** salsa f "satay"

satchel [ˈsætʃəl] n cartera f (de colegial)

sate [seɪt] vt Formal saciar; **to be sated (with sth)** estar saciado(a) (de algo)

sateen [sæˈtiːn] n satén m

satellite [ˈsætəlaɪt] n **-1.** (device) satélite m; **(tele)communications ~** satélite de (tele)comunicaciones; **meteorological** or **weather ~** satélite meteorológico; **broadcast live by ~** transmitido en directo vía satélite ❑ ~ **broadcasting** emisión f vía satélite; ~ **dish** (antena f) parabólica f; ~ **link** conexión f vía satélite; ~ **picture** (photograph) imagen f de satélite; (in weather forecast) imagen f del satélite; ~ **television** televisión f por or vía satélite; ~ **TV** televisión f por or vía satélite
-2. (planet) satélite m
-3. (dependency) ~ **(state)** estado m satélite; ~ **(town)** ciudad f satélite

satiate [ˈseɪʃɪeɪt] vt Formal saciar; **to be satiated (with sth)** estar saciado(a) (de algo)

satiation [seɪʃɪˈeɪʃən] n Formal saciedad f; **to the point of ~** hasta la saciedad

satin [ˈsætɪn] n (cloth) satén m, raso m; **her skin was as smooth as ~** su piel era suave como la seda ❑ ~ **finish** (of paper, paint) (acabado m) satinado m; ~ **pyjamas** pijama m or Am piyama m or f de raso; ~ **sheets** sábanas fpl de raso

satinwood [ˈsætɪnwʊd] n **-1.** (tree) satín m **-2.** (wood) satín m

satiny [ˈsætɪnɪ] adj satinado(a)

satire [ˈsætaɪə(r)] n sátira f (**on** de)

satirical [səˈtɪrɪkəl] adj satírico(a)

satirically [səˈtɪrɪklɪ] adv satíricamente

satirist [ˈsætɪrɪst] n escritor(ora) m,f de sátiras

satirize [ˈsætɪraɪz] vt satirizar

satisfaction [sætɪsˈfækʃən] n **-1.** (pleasure) satisfacción f (**with** con); **he expressed his ~ at the way things had turned out** expresó su satisfacción por la forma en la que había salido todo; **is everything to your ~?** ¿está todo en orden?; **the plan was agreed to everyone's ~** el plan fue aprobado con la conformidad de todos; **it must be proved to the ~ of the court** las pruebas que se presenten deben convencer al tribunal; **it gives me great ~ to know that...** me satisface enormemente saber que...; **to have the ~ of doing sth** tener la satisfacción de hacer algo; COM ~ **guaranteed, or your money back** satisfacción garantizada o le devolvemos su dinero
-2. (pleasing thing) satisfacción f, placer m; **life's little satisfactions** los pequeños placeres de la vida
-3. (of condition) cumplimiento m; (of curiosity, hunger) satisfacción f; **the ~ of the union's demands** la satisfacción de las reivindicaciones sindicales
-4. (of debt) satisfacción f, saldo m
-5. Old-fashioned (redress) **to demand ~** exigir una satisfacción

satisfactorily [sætɪsˈfæktrɪlɪ] adv satisfactoriamente

satisfactory [sætɪsˈfæktərɪ] adj (result, standard, condition) satisfactorio(a); **their progress is no more than ~** su progreso es apenas satisfactorio; SCH **I got "~" for my work** saqué un aprobado en el trabajo

satisfied [ˈsætɪsfaɪd] adj **-1.** (pleased) satisfecho(a); **to be ~ (with)** estar satisfecho (con); **she gave a ~ sigh** dio un suspiro de satisfacción; **there goes another ~ customer** ahí va otro cliente satisfecho; **are you ~ now you've made her cry?** ¿estás contento ahora que la has hecho llorar?; **they'll have to be ~ with what they've got** tendrán que contentarse con lo que han conseguido; Ironic **not ~ with that she then broke the other chair** no contenta con eso, rompió la otra silla
-2. (convinced) **I am ~ that he is telling the truth** estoy convencido de que dice la verdad; **I'm ~ of his sincerity** estoy plenamente seguro de su sinceridad

satisfy [ˈsætɪsfaɪ] vt **-1.** (please) satisfacer; **to ~ the examiners** aprobar el examen
-2. (condition, demand) satisfacer, cumplir; (curiosity) satisfacer; **to ~ one's hunger/thirst** satisfacer el hambre/la sed
-3. (debt) satisfacer, saldar
-4. (convince) convencer; **she failed to ~ me that she was up to the job** no logró convencerme de que podía realizar el trabajo; **I satisfied myself that all the windows were closed** me aseguré de que todas las ventanas estuvieran cerradas

satisfying [ˈsætɪsfaɪɪŋ] adj **-1.** (job) gratificante; (result) satisfactorio(a) **-2.** (meal) sustancioso(a), que llena; **it makes a ~ snack** es un tentempié sustancioso

satisfyingly [ˈsætɪsfaɪɪŋlɪ] adv satisfactoriamente

satrap [ˈsætrəp] n **-1.** (in Persia) sátrapa m **-2.** (despotic local ruler) sátrapa m

satsuma [sætˈsuːmə] n (fruit) satsuma f

saturate [ˈsætʃəreɪt] vt **-1.** (soak) empapar (**with** de or en); Fam (person) Esp calar hasta los huesos, Am hacer sopa **-2.** (swamp) saturar (**with** de); **modern advertising saturates us with images of a glossy lifestyle** la publicidad moderna nos satura con imágenes de un estilo de vida reluciente; **to ~ the market** saturar el mercado **-3.** CHEM saturar

saturated [ˈsætʃəreɪtɪd] adj **-1.** (soaked) empapado(a) (**with** de or en); Fam (person) Esp calado(a) hasta los huesos, Am hecho(a) sopa **-2.** (swamped) (market) saturado(a) (**with** de) **-3.** CHEM ~ **fats** grasas fpl saturadas; ~ **solution** disolución f saturada

saturation [sætʃəˈreɪʃən] n **-1.** (soaking) empapamiento m **-2.** (of market) saturación f; **to reach ~ point** llegar al punto de saturación ❑ MIL ~ **bombing** bombardeo m intensivo; JOURN ~ **coverage** cobertura f informativa exhaustiva **-3.** CHEM saturación f ❑ ~ **point** punto m de saturación

Saturday [ˈsætədɪ] n sábado m; **this ~** este sábado; **on ~** el sábado; **on ~ morning/night** el sábado por la mañana/noche; **on ~ afternoon/evening** el sábado por la tarde/noche; **on Saturdays** los sábados; **every ~** todos los sábados; **every other ~** cada dos sábados, un sábado sí y otro no; **last ~** el sábado pasado; **the ~ before last** hace dos sábados; **next ~** el sábado que viene; **the ~ after next, a week on ~, ~ week** dentro de dos sábados, del sábado en ocho días; **the following ~** el sábado siguiente; ~**'s paper** el periódico del sábado; **the ~ movie** la película del sábado ❑ ~ **job** trabajo m de sábados; **I've got a ~ job** tengo un trabajo de sábados; US Fam ~ **night special** (gun) pistola f barata

Saturn [ˈsætən] n **-1.** (planet) Saturno m **-2.** (god) Saturno m

saturnalia [sætəˈneɪlɪə] n saturnal f, orgía f

saturnine [ˈsætənaɪn] adj (gloomy) taciturno(a)

satyr [ˈsætə(r)] n (in Greek mythology) sátiro m

sauce [sɔːs] n **-1.** (for food) salsa f; **tomato/cheese ~** salsa de tomate or Méx jitomate/de queso; **chocolate ~** chocolate líquido; PROV **what's ~ for the goose is ~ for the gander** lo que es bueno para uno lo es también para el otro ❑ ~ **boat** salsera f
-2. Br Fam (impudence) descaro m; **that's enough of your ~!** ¡no seas tan caradura!
-3. Br Fam (alcohol) bebida f, Esp priva f, Méx chupe m, RP chupi m; **to hit the ~** darle a la bebida; **to be on the ~** estar bebiendo de nuevo; **to be off the ~** no estar bebiendo

sauced [sɔːst] adj Br Fam (drunk) como una cuba, Esp, RP mamado(a), Col caído(a) (de la perra), Méx ahogado(a)

saucepan [ˈsɔːspən] n cazo m

saucer [ˈsɔːsə(r)] n platillo m

saucily [ˈsɔːsɪlɪ] adv **-1.** (impertinently) descaradamente, con mucha cara dura **-2.** (provocatively) con picardía, en tono picante

sauciness [ˈsɔːsɪnɪs] n **-1.** (impertinence) descaro m, cara f dura **-2.** (provocativeness) picardía f

saucy [ˈsɔːsɪ] adj **-1.** (impertinent) descarado(a) **-2.** (risqué) picante, subido(a) de tono

Saudi [ˈsaʊdɪ] ◇ n **-1.** (person) saudí mf **-2.** Fam (country) Arabia Saudí
◇ adj saudí

Saudi Arabia [ˈsaʊdɪəˈreɪbɪə] n Arabia Saudí

Saudi Arabian [ˈsaʊdɪəˈreɪbɪən] ◇ n saudí mf
◇ adj saudí

sauerkraut [ˈsaʊəkraʊt] n chucrut m

Saul [sɔːl] pr n Saúl

sauna [ˈsɔːnə] n **-1.** (activity) sauna f, Am sauna m or f; **to go for** or **have a ~** meterse en la sauna **-2.** (place) sauna f, Am sauna m or f; Fam **it's like a ~ in here!** ¡esto es una sauna!

saunter [ˈsɔːntə(r)] ◇ n paseo m (con aire desenfadado); **we went for a ~ along the river** fuimos a dar un paseo por el río
◇ vi **to ~ (along)** pasear (con aire desenfadado); **to ~ up to sb** acercarse a alguien con aire despreocupado; **she sauntered in, half an hour late** entró como si tal cosa or Arg como si nada, con media hora de retraso

saurian [ˈsɔːrɪən] ◇ n saurio m
◇ adj de saurio

saury [ˈsɔːrɪ] n paparda f

sausage [ˈsɒsɪdʒ] n **-1.** (raw) salchicha f; (cured) = chorizo, salchichón u otro tipo de embutidos ❑ Fam ~ **dog** perro m salchicha; ~ **machine** máquina f de hacer salchichas; ~ **meat** carne f picada (utilizada para rellenar salchichas); Br ~ **roll** salchicha f envuelta en hojaldre **-2.** Br Fam Hum (penis) salchicha f **-3.**

sauté

[IDIOMS] *Br Fam* **not a ~** *(nothing)* nada de nada; *Br Hum* **you silly ~!** ¡mira que eres tontorrón(ona)!

sauté ['səʊteɪ] CULIN ◇ *adj* salteado(a); **~ potatoes** *Esp* patatas *or Am* papas salteadas
◇ *vt* saltear

savable ['seɪvəbəl] *adj* salvable, recuperable

savage ['sævɪdʒ] ◇ *n Old-fashioned* salvaje *mf*; *Fig* **the fans behaved like savages** los seguidores se comportaron como salvajes
◇ *adj* **-1.** *(animal, person)* salvaje **-2.** *(attack, blow, cuts)* salvaje, brutal; *(criticism)* virulento(a) **-3.** *Old-fashioned (primitive) (tribe, people)* primitivo(a)
◇ *vt* **-1.** *(attack physically)* atacar salvajemente; **she was savaged by a dog** fue atacada salvajemente por un perro **-2.** *(criticize)* criticar con saña *or* virulencia; **they were savaged by the press** la prensa los criticó con saña *or* virulencia

savagely ['sævɪdʒlɪ] *adv* **-1.** *(to beat, attack)* salvajemente **-2.** *(to criticize)* con virulencia

savagery ['sævɪdʒərɪ] *n* **-1.** *(of attack, blow, cuts)* salvajismo *m*, brutalidad *f*; *(of criticism)* saña *f*, virulencia *f* **-2.** *Old-fashioned (primitiveness)* **the tribe still lives in ~** la tribu aún vive en condiciones primitivas

savanna(h) [sə'vænə] *n* sabana *f*

save[1] [seɪv] *prep Formal (except)* salvo, a excepción de; **we'd thought of every possibility ~ one** habíamos considerado todas las posibilidades con excepción de una; **~ for the fact we lost, it was a great match** si no tenemos en cuenta que perdimos, fue un partido estupendo; **she was utterly alone, ~ for one good friend** estaba completamente sola a excepción de una buena amiga

save[2] ◇ *vt* **-1.** *(rescue) (person, marriage, job)* salvar (**from** de); **to ~ a species from extinction** salvar una especie de la extinción; **the doctors managed to ~ her eyesight** los doctores lograron salvarle la vista; **to ~ sb's life** salvarle la vida a alguien; **we can but try to ~ him from himself** lo que debemos hacer es tratar de ayudarlo para que no se destruya a sí mismo; [IDIOM] *Fam* **she can't sing to ~ her life** no tiene ni idea de cantar; **saved by the bell!** ¡me salvó la campana!; *Fam* **to ~ one's bacon** *or* **neck** *or* **skin** salvar el pellejo; **to ~ the situation** *or* **day** salvar la situación; **to ~ one's soul** salvar el alma; **God ~ the King/Queen!** ¡Dios salve al Rey/a la Reina!
-2. *(help to avoid)* **it saved me a lot of trouble** me ahorró muchos problemas; **this has saved him a great deal of expense** esto le ha ahorrado un montón de dinero; **thanks, you've saved me a trip** gracias, me ahorraste un viaje; **to ~ sb from falling/drowning** evitar que alguien se caiga/ahogue; **he saved me from making a terrible mistake** evitó que cometiera un terrible error; **this will ~ us having to do it again** esto nos evitará *or* ahorrará tener que hacerlo de nuevo
-3. SPORT **to ~ a shot/penalty** parar un disparo/penalty
-4. *(keep for future)* guardar; *(money)* ahorrar; **my mum always used to ~ old jars** mi mamá solía guardar frascos viejos; **I'm saving stamps for the appeal** estoy juntando sellos para la campaña; **I ~ £100 a month in a special account** ahorro 100 libras al mes en una cuenta especial; **how much money have you got saved?** ¿cuánto dinero tienes ahorrado?; **to ~ oneself for sth** reservarse para algo; **I am saving my strength** estoy ahorrando fuerzas; **I'll ~ you a seat** te guardaré un asiento *or* lugar; **I always ~ the cherry till last** siempre dejo la cereza para el final; **he saved the best till last, scoring a hat-trick in the last ten minutes** guardó lo mejor para el final y marcó tres goles en los últimos diez minutos; *Fam* **~ your breath!** ¡no te esfuerces!, ¡ahórrate las palabras!; *Fam* **~ the sympathy!** ¡puedes ahorrarte tu compasión!, ¡no necesito que me compadezcan!
-5. COMPTR guardar; *(on screen)* archivar, guardar; **~ as** guardar como; **to ~ sth to disk** guardar algo en disco; **click on "~"** haga click en "guardar"
-6. *(not waste) (time, money, space, work)* ahorrar; **I saved £10 by buying it there** me ahorré 10 libras por comprarlo ahí; **their advice saved me a fortune** su asesoramiento me hizo ahorrar una fortuna
-7. REL redimir, salvar; **have you been saved?** ¿te has salvado?; **to ~ sb's soul** salvar el alma de alguien
◇ *vi* **-1.** *(not waste money)* ahorrar; **~ on heating costs by insulating your house** aísle su casa y ahorre en calefacción
-2. *(put money aside)* ahorrar; **to ~ for sth** ahorrar para algo; *Br* FIN **a ~ as you earn scheme** un plan de ahorro mediante descuentos en la nómina
-3. COMPTR guardar cambios
-4. *(goalkeeper)* realizar una parada (**from** a tiro de); **the goalkeeper saved with his legs** el guardametas hizo una parada con las piernas
◇ *n (of goalkeeper)* parada *f*; **to make a ~** hacer una parada
◆ **save up** ◇ *vt sep* ahorrar (**for** para)
◇ *vi* ahorrar (**for** para)

saveloy ['sævələɪ] *n* salchicha *f* de cerdo ahumada

-saver [-'seɪvə] *suffix* **it's a real money~ sale** bastante más barato; **the loan was an absolute life~ for me** el préstamo fue mi salvación

saver ['seɪvə(r)] *n* **-1.** FIN ahorrador(ora) *m,f*, *RP* ahorrista *mf*; **regular savers will benefit from this scheme** aquellos que ahorran regularmente se beneficiarán de este plan; **small savers** pequeños ahorradores
-2. *(cheap ticket) Esp* billete *m or Am* boleto *m or Am* pasaje *m* económico; *Br* RAIL *(standard ticket)* = billete en segunda clase de lunes a jueves

-saving [-'seɪvɪŋ] *suffix* **energy~** *(device)* que ahorra energía, de bajo consumo; **time~** que ahorra tiempo

saving[1] ['seɪvɪŋ] ◇ *n* **-1.** *(economy)* ahorro *m*; **to make savings** ahorrar, economizar; **we made a ~ of $20 on the usual price** lo compramos 20 dólares más barato de lo que cuesta normalmente; **we are offering huge savings on all our stock** estamos ofreciendo grandes descuentos en todos nuestros productos
-2. FIN **savings** ahorros *mpl*; **she lived off her savings** vivía de sus ahorros; **I spent my life savings on a trip to Hawaii** gasté los ahorros de toda una vida en un viaje a Hawai ❑ **savings account** cuenta *f* de ahorros; **savings bank** ≃ caja *f* de ahorros; *US* **savings bond** bono *m* de ahorro; **savings book** cartilla *f* (de ahorros); **savings certificate** certificado *m* de ahorro; *US* **savings and loan association** ≃ caja *f* de ahorros; **savings plan** plan *m* de ahorro
◇ *adj* **her ~ grace** lo único que le salva; **the film has one ~ grace** hay un elemento que salva la película

saving[2] *prep Formal (except for)* con excepción de

saviour, *US* **savior** ['seɪvjə(r)] *n* salvador(ora) *m,f*; REL **the Saviour** el Salvador

savoir-faire ['sævwɑː'feə(r)] *n* savoir faire *m*

savor *US* = **savour**

savory ['seɪvərɪ] *n* **-1.** BOT ajedrea *f* **-2.** *US* = **savoury**

savour, *US* **savor** ['seɪvə(r)] ◇ *n* **-1.** *(taste)* sabor *m* **-2.** *(interest, charm)* encanto *m*
◇ *vt (food, experience)* saborear
◇ *vi* **to ~ of** oler a

savourless ['seɪvəlɪs] *adj* **-1.** *(food)* sin sabor, insípido(a) **-2.** *(experience)* soso(a), insulso(a)

savoury, *US* **savory** ['seɪvərɪ] ◇ *adj* **-1.** *(food) (appetizing)* sabroso(a); *(not sweet)* salado(a) **-2.** *(wholesome)* **not a very ~ subject** un tema no muy edificante; **he's not a very ~ individual** no es nada honesto
◇ *n* **savouries** salados *mpl*

Savoy [sə'vɔɪ] *n* Saboya

savoy [sə'vɔɪ] *n* **~ (cabbage)** col *f* rizada *or* de Milán, *CSur* repollo *m* rizado *or* de Milán

savvy ['sævɪ] ◇ *n Fam (common sense)* seso *m*, sentido *m* común; *(know-how)* conocimientos *mpl*
◇ *vi Old-fashioned* **he's not our sort of person, ~?** no es de nuestro estilo, ¿comprendes?
◇ *adj Fam (shrewd)* espabilado(a)

saw[1] *pt of* **see**

saw[2] ◇ *n (tool)* sierra *f*; *(with one handle)* serrucho *m*
◇ *vt (pp* **sawn** [sɔːn] *or* **sawed**) serrar, cortar; **he sawed the table in half** serró *or* cortó la mesa por la mitad; **to ~ a tree down** talar un árbol con una sierra [IDIOM] *Fam* **to ~ logs** *or US* **wood** roncar
◇ *vi* serrar, cortar; **she sawed through the branch** serró la rama
◆ **saw off** *vt sep* serrar, cortar
◆ **saw up** *vt sep* serrar *or* cortar en trozos

saw[3] *n (saying)* dicho *m*

sawbill ['sɔːbɪl] *n* ZOOL serreta *f*

sawbones ['sɔːbəʊnz] *n Fam Pej* matasanos *mf inv*

sawbuck ['sɔːbʌk] *n US Fam* billete *m* de diez dólares

sawdust ['sɔːdʌst] *n* serrín *m*

sawed-off [sɔːd'ɒf] *adj US* **-1.** *Fam Hum (short)* canijo(a), retaco(a) **-2. ~ shotgun** escopeta *f* de cañones recortados, recortada *f*

sawfish ['sɔːfɪʃ] *n* pez *m* sierra

sawhorse ['sɔːhɔːs] *n* borriquete *m*, borriqueta *f*

sawmill ['sɔːmɪl] *n* aserradero *m*, serrería *f*

sawn *pp of* **saw**

sawn-off shotgun ['sɔːnɒf'ʃɒtɡʌn] *n Br* escopeta *f* de cañones recortados, recortada *f*

sawyer ['sɔːjə(r)] *n* aserrador(ora) *m,f*

sax [sæks] *n Fam (saxophone)* saxo *m*

saxhorn ['sækshɔːn] *n* MUS bombardino *m*

saxifrage ['sæksɪfreɪdʒ] *n* BOT saxífraga *f*

Saxon ['sæksən] ◇ *n* **-1.** *(member of Germanic people)* sajón(ona) *m,f* **-2.** *(person from Saxony)* sajón(ona) *m,f* **-3.** *(language)* sajón *m*
◇ *adj* **-1.** *(of Germanic people)* sajón(ona) **-2.** *(of Saxony)* sajón(ona)

Saxony ['sæksənɪ] *n* Sajonia

saxophone ['sæksəfəʊn] *n* saxofón *m* ❑ **saxophone player** saxofonista *mf*

saxophonist [sæk'sɒfənɪst] *n* saxofonista *mf*

say [seɪ] ◇ *n* **he wasn't allowed to have his ~** no le dejaron expresar su opinión; **I had no ~ in the matter** no tuve ni voz ni voto en el asunto
◇ *vt (pt & pp* **said** [sed]) **-1.** *(of person)* decir; **to ~ sth to sb** decir algo a alguien; **to ~ sth to oneself** decirse algo; **"good morning," she said** "buenos días", dijo; **he said (that) you were here** dijo que estabas aquí; **to ~ mass** decir misa; **to ~ a prayer** rezar una oración; **that's a strange thing to ~** qué cosa más extraña dice/dices/*etc*; **he didn't ~ a word** no dijo nada; **to ~ goodbye (to sb)** despedirse (de alguien); **to ~ hello (to sb)** saludar (a alguien); **because I ~ so!** ¡porque lo digo yo!; **this salad's rather good, though I ~ so myself** modestia aparte, esta ensalada está bien buena; **she said yes/no** dijo que sí/que no; **to ~ no/yes to an offer** rechazar/aceptar una oferta; **I wouldn't ~ no to a cup of tea** me tomaría un té; *Fam* **what would you ~ to a drink?** ¿te gustaría tomar algo?, *Esp* te apetece *or Carib, Col, Méx* te provoca *or Méx* se te antoja tomar algo?; *Fam* **what do you ~ we go for a drink?** ¿qué tal si vamos a tomar algo?; *Fam* **we could go there together, what do you ~?** ¿y qué tal si vamos juntos?; **I ~ we don't tell them** yo voto que no se lo digamos; **what can I ~?** ¿qué quieres que diga?; **~ what you like, you can't beat a Mercedes** yo lo tengo muy claro, no hay nada mejor que un Mercedes; **who shall I ~ is calling?** ¿quién le llama?, ¿de parte de quién?; **you can't do that? – says who?** no puedes hacer eso – ¿quién lo dice?; **I can't ~ I like her** no puedo

SAYE

decir que me guste; **don't ~ you've forgotten already!** ¡no me digas que ya te has olvidado!; **it was very good, I must ~** tengo que confesar que estuvo muy bien; **it wasn't, shall I** or **we ~, totally unintentional** no fue, cómo te lo diría, sin querer; *Fam* **that wasn't very clever of me – you said it!** no tenía que haber hecho eso – ¡tú lo has dicho!; **that says it all!** eso lo dice todo; **to ~ sth about sth/sb** decir algo de algo/alguien; **it says a lot about her that...** dice mucho de ella que...; **to ~ sth again** repetir algo; **you can ~ that again!** ¡y que lo digas!; **I'd never ~ a word against her** nunca hablaría mal de ella; **there's a lot to be said for...** hay mucho que decir a favor de...; **it says a lot for/doesn't ~ much for their courage that...** dice/no dice mucho de su valor que...; **you're honest, I'll ~ that for you** eres honrado, eso sí or eso hay que reconocerlo; **what have you got to ~ for yourself?** ¿qué tienes que decir a tu favor?; **he didn't have a lot to ~ for himself** no tenía nada interesante que decir; **he said to be there by nine** dijo que estuviéramos allí a las nueve; **need I ~ more?** está claro ¿no?; **no more** no me digas más; **having said that,...** dicho esto,...; **it would be unwise, not to ~ dangerous** sería imprudente, por no decir peligroso; **that's not to ~ I'm against the idea** lo que no quiere decir que esté en contra de la idea; **when all is said and done** a fin de cuentas, al fin y al cabo

-2. *(of text, sign)* decir, poner; *(of law, rules, newspaper)* decir; *(of meter)* marcar; **my watch says four o'clock** mi reloj marca las cuatro

-3. *(allege)* **they ~ (that)..., it is said (that)...** dicen que..., se dice que...; **he is said to be a good tennis player** dicen que es un buen tenista; **so they ~** eso dicen; **some might ~ she's too young** puede que algunos piensen que es demasiado joven

-4. *(tell)* **it is difficult to ~ when/where/which...** es difícil decir cuándo/dónde/cuál...; **there's no saying what might happen if they find out** como se enteren se va a armar una buena; **who's to ~ she's hasn't got one already?** ¿cómo sabemos que no tiene uno ya?

-5. *(think)* decir; **I ~ (that) they'll lose** yo digo que perderán

-6. *(decide)* **it's (not) for him to ~** (no) le corresponde a él decidir

-7. *(in hypothetical statements)* **(let's) ~ I believe you...** supongamos que te creo...; **if I had, (let's) ~, £100,000** si yo tuviera, digamos, 100.000 libras; **countries such as Germany, ~, or France** países como Alemania, por poner un caso or ejemplo, o Francia

◇ *vi* **I'm not saying** no te lo digo; **when will he be back? – He didn't ~** ¿cuándo volverá? – no lo dijo; **which is best? – I couldn't ~** ¿cuál es el mejor? – no te sabría decir; **as they ~, as people ~** como se dice, como dice la gente; **I ~!** *(expressing surprise)* ¡caramba!; *Old-fashioned (to attract attention)* ¡oiga!; **I'll ~!** ¡ya lo creo!; **that is to ~** esto es; **who can ~?** ¿quién sabe?; *Fam* **you don't ~!** ¡no me digas!

◇ *exclam US* **~, why don't we go for a drink?** ¡eh!, ¿por qué no vamos a tomar algo?; **~, thanks!** ¡gracias, *Esp* hombre/mujer!

SAYE [eseɪwaɪ:] *n Br (abbr* **save-as-you-earn**) = plan de ahorro mediante descuentos en la nómina

saying ['seɪɪŋ] *n* dicho *m*; **as the ~ goes** como dice el refrán

say-so ['seɪsəʊ] *n* **-1.** *(authorization)* visto *m* bueno, aprobación *f*; **with my ~** con mi visto bueno or aprobación **-2.** *(assertion)* **I won't believe it just on his ~** me niego a creerlo sólo porque él lo diga

S-bend ['esbend] *n (in pipe)* sifón *m*

SBU [esbi:'ju:] *n (abbr* **strategic business unit**) unidad *f* estratégica de negocio

SC -1. *(abbr* **South Carolina**) Carolina del Sur **-2.** *US (abbr* **supreme court**) Tribunal *m* Supremo, *Am* Corte *f* Suprema

S/C *(abbr* **self contained**) independiente

scab [skæb] ◇ *n* **-1.** *(on skin)* costra *f*, postilla *f* **-2.** *(animal disease)* sarna *f* **-3.** *Fam Pej (strikebreaker)* esquirol *m*, *Am* rompehuelgas *mf inv*, *RP* carnero *m*

◇ *vi Fam Pej (work as a strikebreaker)* trabajar saboteando huelgas

scabbard ['skæbəd] *n* vaina *f*

scabby ['skæbɪ] *adj* **-1.** *(skin) (of person)* lleno(a) de costras **-2.** *(animal)* sarnoso(a)

scabies ['skeɪbi:z] *n* sarna *f* □ **~ mite** arador *m* de la sarna

scabious ['skeɪbɪəs] *n BOT* escabiosa *f*

scabrous ['skeɪbrəs] *adj Formal* **-1.** *(skin)* áspero(a) **-2.** *(humour)* escabroso(a)

scads [skædz] *npl US Fam* **~ (of)** un montón (de), una porrada (de)

scaffold ['skæfəʊld] *n* **-1.** *(outside building)* andamio *m* **-2.** *(for execution)* patíbulo *m*; **to go to the ~** ir al patíbulo

scaffolder ['skæfəʊldə(r)] *n* montador(ora) *m,f* de andamios

scaffolding ['skæfəʊldɪŋ] *n* andamiaje *m*

scag, skag [skæg] *n Fam* **-1.** *(heroin)* caballo *m*, *Esp* jaco *m* **-2.** *US (ugly woman)* foca *f*, *RP* escracho *m*

scalar ['skeɪlə(r)] *adj MATH* escalar

scalawag *US* = **scallywag**

scald [skɔ:ld] ◇ *n* escaldadura *f*

◇ *vt* **-1.** *(hands, skin)* escaldar; **I scalded myself with the milk** me quemé con la leche; **the hot tea scalded my tongue** el té me quemó la lengua **-2.** *(tomatoes)* escaldar; *(milk)* calentar sin que llegue a hervir **-3.** *(sterilize)* esterilizar

scalding ['skɔ:ldɪŋ] *adj* **to be ~ (hot)** estar ardiendo, quemar

scale[1] [skeɪl] ◇ *n* **-1.** *(on fish, reptile)* escama *f*; IDIOM **the scales fell from her eyes** se le cayó la venda de los ojos **-2.** *(in pipes, kettle)* incrustación *f* (de cal); *(on teeth)* sarro *m* **-3.** *(of paint, plaster, rust)* escama *f*

◇ *vt* **-1.** *(fish)* escamar, descamar **-2.** *(teeth)* limpiar, quitar or *Am* sacar el sarro a; *(boiler, pipe)* desincrustar

◇ *vi (paint, rust)* descascararse; *(skin)* pelarse

scale[2] *n* **-1.** *(for measuring, of pay rates)* escala *f*; **the social ~** la escala social; **on a ~ of one to ten** en una escala de uno a diez □ **~ of charges** lista *f* de precios or honorarios

-2. *(of problem, changes)* escala *f*, magnitud *f*; **the ~ of the devastation** la escala or magnitud de la devastación; **on a large/small ~** a gran/pequeña escala; **this will affect us on a global ~** esto nos afectará a escala global; **they had never previously suffered losses on this ~** nunca antes habían sufrido pérdidas de esta escala or magnitud

-3. *(of map, drawing)* escala *f*; **the map is on a ~ of 1 cm to 1 km** el mapa está en una escala de 1 cm equivalente a 1 km; **it is drawn to ~** está dibujado or hecho a escala; **the drawing is out of ~** or **is not to ~** el dibujo no está hecho a escala □ **~ drawing** dibujo *m* a escala; **~ model** modelo *m* a escala, maqueta *f*

-4. *MUS* escala *f*; **to practise** or **to do one's scales** practicar or hacer las escalas

-5. scales *(for weighing)* balanza *f*; **a pair** or **set of (kitchen) scales** una balanza (de cocina); **(bathroom) scales** báscula *f* (de baño)

-6. *(scale pan)* platillo *m*

◆ **scale down** *vt sep* **-1.** *(reduce in size)* reducir

-2. *(demands, expectations)* reducir; *(production)* disminuir; *(search)* reducir la intensidad de

◆ **scale up** *vt sep* **-1.** *(increase in size)* aumentar, agrandar

-2. *(prices, demands)* aumentar

scale[3] *vt (climb)* escalar

scalene ['skeɪli:n] *adj GEOM* escaleno(a)

scallion ['skælɪən] *n US* **-1.** *(spring onion)* cebolleta *f* **-2.** *(shallot)* escalonia *f*

scallop, scollop ['skæləp, 'skɒləp] ◇ *n* **-1.** *(shellfish)* vieira *f*; *(shell)* concha *f* (de peregrino) **-2.** *(in sewing)* festón *m*

◇ *vt* **-1.** *(in sewing)* festonear **-2.** *CULIN* gratinar

scalloped ['skɒləpt] *adj* **-1.** *(fabric)* festoneado(a) **-2.** *CULIN* **~ potatoes** *Esp* patatas or *Am* papas gratinadas

scallywag ['skælɪwæg], *US* **scalawag** ['skæləwæg] *n Fam* granuja *mf*, sinvergüenza *mf*; **you little ~!** *(child)* ¡pillín!

scalp [skælp] ◇ *n* **-1.** *(skin of head)* cuero *m* cabelludo; *(as war trophy)* cabellera *f*; *Fig* **the opposition were baying for the minister's ~** la oposición pedía a gritos la cabeza del ministro **-2.** *(victory)* **the local team claimed another important ~ this weekend** el equipo local logró otra importante victoria este fin de semana

◇ *vt* **-1.** *(in war)* cortar la cabellera a; *Fig* **she'll ~ you when she finds out!** cuando se entere te cortará la cabeza **-2.** *Hum (of hairdresser)* pelar **-3.** *US Fam (tickets, securities)* revender

scalpel ['skælpəl] *n MED* bisturí *m*

scalper ['skælpə(r)] *n US Fam (of tickets, securities)* revendedor(ora) *m,f*

scaly ['skeɪlɪ] *adj* **-1.** *(fish)* con escamas; *(skin)* escamoso(a) **-2.** *(kettle, pipe)* con sarro

scam [skæm] ◇ *n Fam* chanchullo *m*, pufo *m*

◇ *vt* timar

scamp [skæmp] *n (rascal)* granuja *mf*; **you little ~!** *(child)* ¡pillín!

scamper ['skæmpə(r)] *vi (child)* ir dando brincos; *(animal)* correr dando saltitos; **the kids scampered up the stairs** los niños subieron las escaleras a saltos; **the squirrel scampered up the tree** la ardilla subió rápidamente al árbol dando saltitos

◆ **scamper away, scamper off** *vi (child)* salir dando brincos; *(animal)* alejarse or irse corriendo dando saltitos

scampi ['skæmpɪ] *n* **-1.** *(as food)* gambas *fpl* rebozadas **-2.** *(in sea)* cigala *f*

scan [skæn] ◇ *vt (pt & pp* **scanned**) **-1.** *(examine closely) (face, crowd)* escrutar, escudriñar; *(the horizon)* otear, escudriñar

-2. *(read quickly)* echar una ojeada a; **he scans the local papers for bargains** ojea los periódicos locales en busca de gangas **-3.** *MED* hacer un escáner a; *(in pregnancy)* hacer una ecografía a

-4. *(glance at) (newspaper, list)* ojear

-5. *(of radar, searchlight)* explorar

-6. *COMPTR* escanear

-7. *LIT* escandir

◇ *vi LIT* **this line doesn't ~** este verso no está bien medido

◇ *n* **-1.** *MED* escáner *m*; *(in pregnancy)* ecografía *f*; **to have a ~** tener un escáner/hacerse una ecografía **-2.** *COMPTR* escaneo *m* **-3.** *(of radar)* exploración *f*

◆ **scan in** *vt sep COMPTR* escanear

scandal ['skændəl] *n* **-1.** *(outrage)* escándalo *m*; **sex/financial/political ~** escándalo sexual/financiero/político; **it's a ~!** ¡es un escándalo!; **to create** or **cause a ~** provocar or ocasionar un escándalo **-2.** *(gossip)* chismorreo *m*, *Esp* cotilleo *m*; **here's a juicy bit of ~** tengo un cotilleo muy jugoso

scandalize ['skændəlaɪz] *vt* escandalizar; **he was scandalized by what she said** se escandalizó por lo que dijo ella

scandalmonger ['skændəlmʌŋgə(r)] *n* murmurador(ora) *m,f*

scandalous ['skændələs] *adj* **-1.** *(conduct)* escandaloso(a); **it's absolutely ~ that they should be allowed to get away with it!** ¡es escandaloso que se salgan con la suya! **-2.** *(price)* escandaloso(a)

scandalously ['skændələslɪ] *adv* **-1.** *(to behave)* escandalosamente **-2.** *(extremely)* **~ expensive** escandalosamente caro(a)

Scandinavia [skændɪ'neɪvɪə] *n* Escandinavia

Scandinavian [skændɪ'neɪvɪən] ◇ *n* escandinavo(a) *m,f*

◇ *adj* escandinavo(a)

scandium ['skændɪəm] n CHEM escandio m

scanner ['skænə(r)] n -1. COMPTR escáner m -2. MED escáner m; (ultrasound) ecógrafo m

scanning ['skænɪŋ] n COMPTR escaneo m; **this fax can also be used for scanning** este fax también sirve para escanear ❑ **~ electron microscope** microscopio m electrónico de escaneo

scansion ['skænʃən] n LIT escansión f

scant [skænt] adj escaso(a); **to pay ~ attention to sth/sb** prestar or dar muy poca atención a algo/alguien; **they showed ~ regard for our feelings** nuestros sentimientos no parecieron importarles mucho; **a ~ teaspoonful** una cucharadita de té escasa

scantily ['skæntɪlɪ] adv (furnished, populated) apenas; **~ clad** or **dressed** ligero(a) de ropa

scanty ['skæntɪ] adj (clothing) exiguo(a); (information) escaso(a); (meal) frugal; (audience) pobre; (praise) escaso(a)

scapegoat ['skeɪpgəʊt] n chivo m expiatorio

scaphoid ['skæfɔɪd] ANAT ◇ n escafoides m inv
◇ adj escafoides

scapula ['skæpjʊlə] (pl **scapulae** ['skæpjʊliː] or **scapulas**) n ANAT escápula f

scar [skɑː(r)] ◇ n -1. (from wound, surgery) cicatriz f; (from acne, smallpox) marca f ❑ **~ tissue** tejido m cicatrizal -2. (emotional) cicatriz f, huella f; **he will carry the scars of this defeat for years to come** esta derrota le marcará durante años -3. (on land) **the mine was an ugly ~ on the landscape** la mina había dejado una horrible cicatriz en el paisaje -4. Br (rocky outcrop) peñasco m
◇ vt (pt & pp **scarred**) -1. (skin, face) (of wound, surgery) dejar cicatrices en; (of acne, smallpox) marcar, dejar marcas en; **his hands were badly scarred** tenía las manos llenas de cicatrices -2. (emotionally) marcar; **to be scarred for life** quedar marcado(a) de por vida -3. (land, countryside) marcar; **a war-scarred country** un país marcado por la guerra
◇ vi (wound) cicatrizar

scarab ['skærəb] n ~ **(beetle)** escarabajo m

scarce ['skeəs] ◇ adj escaso(a); **sugar is ~ at the moment** en este momento escasea el azúcar; **work of this quality is becoming ever scarcer** es cada vez más difícil encontrar un trabajo de esta calidad; IDIOM Fam **to make oneself ~** esfumarse, poner (los) pies en polvorosa
◇ adv Literary apenas

scarcely ['skeəslɪ] adv apenas; **she could ~ speak** apenas podía hablar; **I know ~ any of those people** no conozco a casi ninguna de esas personas; **he has ~ any hair left** apenas le quedan unos pelos; **~ ever/anyone** casi nunca/nadie; **~ had I begun to speak when...** apenas había empezado a hablar cuando..., no había hecho más que empezar a hablar cuando...; **it is ~ likely that...** es muy improbable que...; **I could ~ tell his mother, now could I!** ¿cómo se lo iba a contar a su madre?; **I ~ know where to begin** no sé muy bien por dónde empezar

scarcity ['skeəsɪtɪ], **scarceness** ['skeəsnɪs] n escasez f; **the book has a high ~ value** el libro tiene un gran valor debido a su rareza

scare ['skeə(r)] ◇ n -1. (fright) susto m; **we had a bit of a ~** nos dimos or pegamos un buen susto; **you gave me an awful ~** me has dado un susto tremendo -2. (widespread alarm) alarma f; **a safety/pollution ~** una alarma (social) por razones de seguridad/contaminación; **a bomb ~** una amenaza de bomba; **to use ~ tactics (on sb)** amedrentar (a alguien) ❑ **~ story** historia f alarmista
◇ vt asustar; **you scared me!** ¡qué susto me has dado!; Fam **to ~ the hell** or **the life** or **the living daylights** or **the wits out of sb** pegarle un susto de muerte a alguien; Vulg **to ~ sb shitless** hacer cagarse de miedo a alguien, Esp acojonar a alguien, Méx sacar un pedo a alguien, RP hacer que alguien se cague hasta las patas; **the film scared me stiff!** la película me hizo morirme de miedo
◇ vi asustarse; **I don't ~ easily** no me asusto fácilmente

→ **scare away, scare off** vt sep ahuyentar
→ **scare up** vt sep US Fam (meal) improvisar

scarecrow ['skeəkrəʊ] n -1. (for birds) espantapájaros m inv -2. Fam (badly dressed person) espantajo m -3. Fam (very thin person) fideo m

scared [skeəd] adj asustado(a); **to be ~** estar asustado(a); **to be ~ of** tener miedo de; **I'm ~ of spiders** me dan miedo las arañas; **don't be ~ of me** no me temas, no me tengas miedo; **to be ~ to do sth** tener miedo de hacer algo; Fam **I was ~ out of my wits!** ¡tenía muchísimo miedo!; Vulg **to be ~ shitless** estar cagado(a) de miedo, Esp estar acojonado(a), RP tener un cagazo de la puta madre; **to be ~ stiff, to be ~ to death** estar muerto(a) de miedo

scaredy cat ['skeədɪkæt] n Br Fam gallina mf, Esp miedica mf

scaremonger ['skeəmʌŋgə(r)] n alarmista mf

scaremongering ['skeəmʌŋgərɪŋ] n alarmismo m

scarf [skɑːf] (pl **scarves** [skɑːvz]) n (woollen) bufanda f; (of silk, for head) pañuelo m

scarify ['skærɪfaɪ] vt -1. MED & AGR escarificar -2. Literary (criticize severely) criticar con severidad

scarily ['skeərɪlɪ] adv (unnervingly) estremecedoramente; **we came ~ close to being killed** estuvimos terriblemente cerca de que nos mataran

scarlet ['skɑːlɪt] ◇ n (color m) escarlata m
◇ adj escarlata; **to go** or **turn ~** (with anger, embarrassment) ponerse colorado(a) ❑ **~ fever** escarlatina f; BOT **~ pimpernel** muraje m; **~ rosefinch** camachuelo m carminoso; Old-fashioned **~ woman** mujer f pública

scarp [skɑːp] n escarpadura f, escarpa f

scarper ['skɑːpə(r)] vi Br Fam largarse, Esp darse el piro, Am rajarse; **go on, ~!** ¡vamos, largo!

SCART [skɑːt] n ELEC euroconector m ❑ **~ cable** cable m (de) euroconector; **~ plug** enchufe m (de) euroconector

scary ['skeərɪ] adj Fam (noise, situation) aterrador(ora), espantoso(a); (movie, book) de miedo, de terror; (coincidence) estremecedor(ora), espeluznante; Hum **they're so in love with each other it's ~** están tan enamorados que da miedo

scat[1] [skæt] exclam Fam ¡lárgate!, ¡largo!

scat[2] n MUS = estilo de jazz en el que se improvisan letras sin sentido

scathing ['skeɪðɪŋ] adj (remark, sarcasm) mordaz, cáustico(a); **she was ~ about the security arrangements** criticó con mordacidad las medidas de seguridad; **to give sb a ~ look** lanzarle a alguien una mirada cáustica

scathingly ['skeɪðɪŋlɪ] adv (to remark, speak) con mordacidad

scatological [skætə'lɒdʒɪkəl] adj escatológico(a)

scatology [skæ'tɒlədʒɪ] n escatología f

scatter ['skætə(r)] ◇ vt -1. (disperse) (clouds, demonstrators) dispersar; **my family are scattered all round the country** tengo a la familia dispersa or desperdigada or repartida por todo el país
-2. (strew) (corn, seed) esparcir; **to ~ crumbs/papers all over the place** dejar todo lleno or sembrado de migas/papeles ❑ **~ cushion** cojín m; MATH **~ diagram** diagrama m de dispersión; **~ gun** escopeta f
-3. PHYS (light) dispersar
◇ vi -1. (crowd, clouds) dispersarse; **the birds scattered as soon as the cat approached** en cuanto apareció el gato los pájaros se dispersaron rápidamente -2. (be strewn) **the beads scattered all over the floor** las cuentas se esparcieron or desparramaron por el suelo
◇ n **a ~ of farms on the hillside** algunas granjas dispersas en la ladera de la colina

scatterbrain ['skætəbreɪn] n Fam cabeza mf de chorlito, despistado(a) m,f

scatterbrained ['skætəbreɪnd] adj Fam atolondrado(a), despistado(a)

scattered ['skætəd] adj (dispersed) (villages, houses) disperso(a); (applause, fighting) aislado(a); **there will be ~ showers** habrá chubascos aislados

scattering ['skætərɪŋ] n **a ~ of followers** algunas seguidores aislados; **there was a ~ of farms** había algunas granjas dispersas

scatty ['skætɪ] adj Br Fam atolondrado(a), despistado(a)

scaup [skɔːp] n porrón m bastardo

scavenge ['skævɪndʒ] ◇ vt (material, metals) rebuscar (entre los desperdicios); **he managed to ~ a meal** consiguió rescatar algo para comer
◇ vi **to ~ for sth** rebuscar algo entre los desperdicios; **to ~ in the dustbins** rebuscar en los cubos de basura

scavenger ['skævɪndʒə(r)] n -1. (animal) (animal m) carroñero m -2. (person) = persona que vive de lo que puede rescatar de la basura, Arg ciruja mf

scenario [sɪ'nɑːrɪəʊ] (pl **scenarios**) n -1. (of movie) argumento m -2. (situation) situación f hipotética; **a likely ~ is...** puede muy bien ocurrir que...

scene [siːn] n -1. THEAT & CIN escena f; **Act IV, Scene 2** acto cuarto, escena segunda; **the murder ~** la escena del crimen; IDIOM **to set the ~** describir la escena; **this decision set the ~ for a major confrontation** esta decisión abonó el terreno para un enfrentamiento muy serio
-2. (image, situation) escena f; **a touching/terrifying ~** una escena conmovedora/aterradora; **a ~ of devastation** una escena de destrucción; **there were some nasty scenes at the match** en el partido se produjeron algunas escenas desagradables; **I can picture the ~** me puedo imaginar la escena
-3. THEAT (scenery) decorado m; IDIOM **behind the scenes** entre bastidores ❑ **~ change** cambio m de decorado; **~ painter** pintor(ora) m,f de decorados; **~ shifter** tramoyista mf
-4. (place, spot) escenario m; **the ~ of the crime/accident** el escenario or lugar del crimen/accidente; **a change of ~ would do him good** un cambio de aires le vendría bien; **the police were soon on the ~** la policía no tardó en llegar al lugar de los hechos; **to arrive** or **come on the ~** aparecer (en escena)
-5. ART escena f
-6. (fuss) **to make a ~** hacer una escena, Esp montar un número; **to have a ~ with sb** tener una escena con alguien
-7. (world) **the music ~** la movida musical; **the drug ~** el mundo de la droga; **the political/sporting ~** el panorama político/deportivo; Fam **it's not my ~** no me gusta or Esp va mucho; **the ~** (gay milieu) el ambiente (gay)

scenery ['siːnərɪ] n -1. (in play) decorado m -2. (landscape) paisaje m; Fam **you need a change of ~** necesitas un cambio de aires

scenic ['siːnɪk] adj -1. (picturesque) pintoresco(a); **an area of great ~ beauty** una zona de gran belleza escénica ❑ **~ railway** (train) tren m turístico; **~ route** ruta f turística; Hum **we came by the ~ route** (we got lost) nos perdimos -2. THEAT de decorados

scent [sent] ◇ n -1. (smell) aroma m -2. (perfume) perfume m -3. (in hunting) rastro m; **to pick up the ~** detectar el rastro; **to be on the ~ of** seguir el rastro de; **to lose the ~** perder el rastro; **he threw his pursuers off the ~** despistó a sus perseguidores
◇ vt -1. (smell) olfatear, localizar el rastro de -2. (sense) **to ~ danger** olerse or barruntar el peligro; **to ~ victory** intuir una victoria; **the president's critics could ~ blood** los críticos del presidentes olían su sangre -3. (perfume) perfumar

scented ['sentɪd] adj (fragrant) perfumado(a)
scepter US = sceptre
sceptic, US **skeptic** ['skeptɪk] n escéptico(a) m,f
sceptical, US **skeptical** ['skeptɪkəl] adj escéptico(a)
sceptically, US **skeptically** ['skeptɪklɪ] adv escépticamente, con escepticismo
scepticism, US **skepticism** ['skeptɪsɪzəm] n escepticismo m
sceptre, US **scepter** ['septə(r)] n cetro m
schadenfreude ['ʃɑːdənfrɔɪdə] n **he experienced a degree of ~ at his enemy's demise** la muerte de su enemigo le produjo cierto regocijo
schedule ['ʃedjuːl, US 'skedjuːl] ◇ n **-1.** (plan) programa m, plan m; **to arrive/depart on ~** (train, bus) llegar/salir a la hora; **the train is currently on ~** en este momento el tren circula según el horario previsto; **the work was completed on ~** el trabajo se terminó en el plazo pactado or previsto; **we are currently running ten minutes behind/ahead of ~** (on train, plane) ahora mismo tenemos diez minutos de atraso/adelanto con respecto al horario previsto; **we are ahead of/behind ~ with the project** llevamos el proyecto con adelanto/retraso con respecto a la planificación; **they have fallen behind ~ with the work** se han atrasado con el trabajo; **everything went according to ~** todo fue según las previsiones; **I have a very busy ~ this week** esta semana tengo una agenda muy intensa; **I work to a very tight ~** tengo que cumplir unos plazos muy estrictos
-2. COM (list of prices) lista f or catálogo m de precios
-3. US (timetable) horario m
-4. LAW (to law, articles of association) anexo m, apéndice m
◇ vt programar; **a meeting has been scheduled for 4.00 pm** se ha programado or fijado una reunión para las 4 de la tarde; **we're scheduled to arrive at 21.45** está previsto que lleguemos a las 21:45; **she wasn't scheduled to arrive until Sunday** no estaba previsto que llegara antes del domingo; **which day is the film scheduled for?** ¿para cuándo está programada la película?; **I'm only scheduled to speak for ten minutes** sólo tengo diez minutos para hablar; **the building is scheduled for demolition** está programada la demolición del edificio; **could you ~ a meeting with my lawyer for me?** ¿podría concertarme una reunión con mi abogado?
scheduled ['ʃedjuːld, US 'skedjuːld] adj (services) programado(a); **at the ~ time** a la hora prevista; TV **we announce a change to our ~ programmes** anunciamos un cambio en nuestra programación habitual; **its ~ time of departure is 7.30** su salida está programada para las 7:30 ❑ **~ flight** vuelo m regular
scheduler ['ʃedjuːlə(r), US 'skedjuːlə(r)] n TV responsable mf de la programación
scheduling ['ʃedjuːlɪŋ, US 'skedjuːlɪŋ] n (of events, meetings) programación f, planificación f; TV programación f
schema ['skiːmə] (pl **schemata** [-mətə]) n **-1.** (diagram) esquema m **-2.** PSY esquema m
schematic [skɪ'mætɪk] adj esquemático(a)
schematically [skɪ'mætɪklɪ] adv esquemáticamente
scheme [skiːm] ◇ n **-1.** (arrangement, system) sistema m, método m; **in the (greater) ~ of things** desde una perspectiva general, en un plano global; **where does he fit into the ~ of things?** ¿qué lugar ocupará exactamente?
-2. (plan) plan m, proyecto m; (plot) intriga f; **a ~ to get rich quick** un plan para hacerse rico rápidamente; **government unemployment schemes** programas or planes gubernamentales para el desempleo
◇ vi intrigar; **they schemed against the general** conspiraron contra el general
schemer ['skiːmə(r)] n intrigante mf

scheming ['skiːmɪŋ] ◇ n intrigas fpl
◇ adj intrigante
scherzo ['skeətsəʊ] n MUS scherzo m
schilling ['ʃɪlɪŋ] n (Austrian currency) chelín m (austriaco)
schism ['s(k)ɪzəm] n cisma m
schismatic [s(k)ɪz'mætɪk] ◇ n cismático(a) m,f
◇ adj cismático(a)
schist [ʃɪst] n GEOL esquisto m
schizo ['skɪtsəʊ] Fam ◇ n esquizo mf
◇ adj esquizo
schizoid ['skɪtsɔɪd] ◇ n esquizoide mf
◇ adj esquizoide
schizophrenia [skɪtsə'friːnɪə] n esquizofrenia f
schizophrenic [skɪtsə'frenɪk] ◇ n esquizofrénico(a) m,f
◇ adj esquizofrénico(a)
schlemiel [ʃlə'miːl] n US Fam pelagatos mf inv, desgraciado(a) m,f
schlep(p) [ʃlep] Fam ◇ n **-1.** (journey) caminata f **-2.** US (person) besugo(a) m,f, Arg ganso(a) m,f
◇ vt (carry) acarrear
◇ vi (walk) **to ~ home** pegarse una caminata hasta casa; **I had to ~ to the corner store** arrastré mis huesos hasta la tienda de la esquina
schlock [ʃlɒk] US Fam ◇ n (worthless things) porquerías fpl
◇ adj (worthless) de porquería
schmaltz [ʃmɔːlts] n Fam ñoñería f, sensiblería f
schmaltzy ['ʃmɔːltsɪ] adj Fam sensiblero(a), Esp ñoño(a)
schmo [ʃməʊ] n US Fam (useless person) lelo(a) m,f, Esp memo(a) m,f, RP boludo(a) m,f
schmooze [ʃmuːz] vi Fam chismorrear, Esp cotillear, Am chismear
schmuck [ʃmʌk] n US Fam lelo(a) m,f
schnap(p)s [ʃnæps] n schnapps m inv
schnauzer ['ʃnaʊtsə(r)] n (dog) schnauzer m
schnitzel ['ʃnɪtsəl] n filete m de ternera; **Wiener ~** filete de ternera a la milanesa
schnook [ʃnʊk] n US Fam bobo(a) m,f
schnozz [ʃnɒz], **schnozzle** [ʃnɒzəl] n US Fam napia f, napias fpl
scholar ['skɒlə(r)] n **-1.** (learned person) erudito(a) m,f; (expert) especialista mf; **an Egyptian ~** un egiptólogo; **a Latin ~** un latinista; **I'm not much of a ~** no tengo una gran formación académica **-2.** (award holder) becario(a) m,f
scholarly ['skɒləlɪ] adj **-1.** (person, article, work) erudito(a) **-2.** (approach) científico(a), académico(a)
scholarship ['skɒləʃɪp] n **-1.** EDUC (grant) beca f ❑ **~ holder,** **~ student** becario(a) m,f **-2.** (learning) erudición f
scholastic [skə'læstɪk] ◇ n escolástico(a) m,f
◇ adj **-1.** Formal (academic) académico(a) **-2.** PHIL escolástico(a)
scholasticism [skə'læstɪsɪzəm] n escolasticismo m
school¹ [skuːl] ◇ n **-1.** (for children) (up to 14) colegio m, escuela f; (from 14 to 18) instituto m; **to go to ~** ir al colegio; **what did you do at ~ today?** ¿qué habéis hecho hoy en clase?; **I went to** or **was at ~ with him** fuimos juntos al colegio; **our youngest son is still at ~** nuestro hijo más pequeño aún está en la escuela; **we go back to ~ next week** la semana que viene volvemos a clase; **there is no ~ tomorrow** mañana no hay colegio or clase; **when does ~ start?** ¿cuándo empiezan las clases?; **what are you doing after ~?** ¿qué vas a hacer después de clase?; **I was kept behind after ~** me hicieron quedarme después de clase; **she left ~ at sixteen** dejó de estudiar a los dieciséis; **the whole ~ is invited** está invitado todo el colegio; **of ~ age** en edad escolar; IDIOM **she went to the ~ of hard knocks** estudió en la escuela de la vida; **the ~ of life** la escuela de la vida ❑ Br **~ board** consejo m escolar; **~ book** libro m de texto (escolar); **~ buildings** edificios mpl del colegio; **~ bus** autobús m escolar; **~ day** (hours in school) jornada f escolar; **on**

school days en días de colegio; **~ dinners** almuerzo m escolar; **~ district** distrito m escolar; **~ fees** cuota f del colegio; **~ friend** amigo(a) m,f del colegio; **~ holidays** vacaciones f escolares; **~ hours** horas fpl de clase; **~ leaver** = alumno que ha finalizado sus estudios; **~ magazine** revista f del colegio; **~ meals** almuerzo m escolar; **~ report** libro m de escolaridad; Br **~ run** = horario en el que los padres llevan a sus hijos a la escuela en coche; **~ trip** excursión f escolar; **~ uniform** uniforme m escolar; US **~ yard** patio m de recreo; **~ year** año m escolar or académico
-2. (for driving, languages etc) (private) academia f ❑ **~ of dance, dancing ~** escuela f or academia f de baile
-3. US (college, university) universidad f
-4. (university department) facultad f; **the Business School** la Facultad de Empresariales; **she's at law ~** está estudiando derecho ❑ **~ of art, art ~** escuela f de bellas artes
-5. (of artists, thinkers) escuela f; **~ of thought** corriente or escuela de pensamiento; IDIOM **he's one of the old ~** es de la vieja escuela
◇ vt **-1.** (educate) educar **-2.** (train) (child, mind) instruir, adiestrar; **to ~ sb in sth** instruir a alguien en algo; **she is well schooled in diplomacy** está bien instruida en la diplomacia
school² n (of fish) banco m
schoolbag ['skuːlbæg] n cartera f
schoolboy ['skuːlbɔɪ] n colegial m; **as every ~ knows** como es de todos sabido ❑ **~ humour** humor m de niños
schoolchild ['skuːltʃaɪld] n colegial(ala) m,f
schooldays ['skuːldeɪz] npl años mpl de colegio
schoolfellow ['skuːlfeləʊ] n compañero(a) m,f de colegio
schoolgirl ['skuːlgɜːl] n colegiala f ❑ **~ crush:** **she had the usual ~ crush on the gym teacher** se enamoró como una colegiala del profesor de gimnasia
schoolhouse ['skuːlhaʊs] n colegio m, escuela f
schooling ['skuːlɪŋ] n enseñanza f or educación f escolar; **I have had no formal ~** no he recibido educación formal
schoolkid ['skuːlkɪd] n Fam escolar mf; **stop behaving like an overgrown ~!** ¡deja de comportarte como un niño!
schoolmarm ['skuːlmɑːm] n Fam maestra f
schoolmarmish ['skuːlmɑːmɪʃ] adj Fam **she's very ~** parece una institutriz de las de antes
schoolmaster ['skuːlmɑːstə(r)] n Formal (primary) maestro m; (secondary) profesor m
schoolmate ['skuːlmeɪt] n compañero(a) m,f de colegio
schoolmistress ['skuːlmɪstrɪs] n Formal (primary) maestra f; (secondary) profesora f
schoolroom ['skuːlruːm] n aula f, clase f
schoolteacher ['skuːltiːtʃə(r)] n (primary) maestro(a) m,f; (secondary) profesor(ora) m,f
schoolteaching ['skuːltiːtʃɪŋ] n enseñanza f
schoolwork ['skuːlwɜːk] n trabajo m escolar
schooner ['skuːnə(r)] n **-1.** (ship) goleta f **-2.** (glass) (for sherry) copa f; (for beer) jarra f
schuss [ʃʊs] ◇ n (in skiing) descenso m en línea recta
◇ vi (in skiing) descender en línea recta
schwa [ʃwɑː] n LING schwa f, = sonido vocálico central átono
sciatic [saɪ'ætɪk] adj ANAT ciático(a) ❑ **~ nerve** nervio m ciático
sciatica [saɪ'ætɪkə] n MED ciática f
science ['saɪəns] n ciencia f; EDUC **she's good at ~** se le dan bien las ciencias; **forecasting the stock market is not an exact ~** el pronóstico de los vaivenes de la bolsa no es una ciencia exacta ❑ **~ class** clase f de ciencias; **~ fiction** ciencia f ficción; **~ park** parque m tecnológico universitario; **~ teacher** profesor(ora) m,f de ciencias

scientific [saɪən'tɪfɪk] *adj* científico(a)
scientifically [saɪən'tɪfɪklɪ] *adv* científicamente; **to be ~ minded** tener inclinaciones científicas
scientist ['saɪəntɪst] *n* científico(a) *m,f*
Scientologist [saɪən'tɒlədʒɪst] *n* cienciólogo(a) *m, f*
Scientology® [saɪən'tɒlədʒɪ] *n* cienciología *f*
sci-fi ['saɪfaɪ] *Fam* ◇ *n* ciencia *f* ficción
◇ *adj* de ciencia ficción
Scilly ['sɪlɪ] *n* **the ~ Isles, the Scillies** las Islas Scilly *or* Sorlingas
scimitar ['sɪmɪtə(r)] *n* cimitarra *f*
scintilla [sɪn'tɪlə] *n Formal* atisbo *m*; **there is not a ~ of proof that...** no existe el menor atisbo de prueba de que...
scintillate ['sɪntɪleɪt] *vi* **-1.** *(sparkle) (give off sparks)* chispear; *(shine brightly)* centellear **-2. to ~ with wit** tener un ingenio chispeante
scintillating ['sɪntɪleɪtɪŋ] *adj (conversation, wit)* chispeante; *(performance)* brillante
scion ['saɪən] *n* **-1.** BOT púa *f*, esqueje *m* **-2.** *Formal (offspring)* vástago *m*, descendiente *mf*
Scipio ['skɪpɪəʊ] *pr n* Escipión
scissors ['sɪzəz] *npl* **-1.** *(for cutting)* tijeras *fpl*; **a pair of ~** unas tijeras ❑ **~ kick** *(in soccer) (overhead)* tijereta *f*, chilena *f*; *(in swimming)* patada *f* con tijera **-2.** *(in wrestling)* **~ (hold)** (llave *f*) tijera *f* **-3.** *(in athletics)* **~ (jump)** (salto *m* de) tijera *f* **-4.** *(in rugby)* tijera *f*
sclera ['sklɪərə] *n* ANAT esclerótica *f*
sclerosis [sklɪ'rəʊsɪs] *n* MED esclerosis *f inv*
sclerotic [sklɪ'rɒtɪk] ◇ *n* esclerótica *f*
◇ *adj* MED esclerótico(a)
scoff [skɒf] ◇ *vt Fam (eat)* zamparse; **he scoffed the whole packet** se zampó todo el paquete
◇ *vi (mock)* burlarse, mofarse (**at** de); **you may ~, but it really can be done** tú búrlate lo que quieras, pero se puede hacer
scoffer ['skɒfə(r)] *n* burlón(ona) *m,f*
scofflaw ['skɒflɔː] *n US* = persona que no respeta las normas o leyes, en especial las de tráfico o las del consumo de alcohol
scold [skəʊld] *vt* reñir, regañar (**for** por)
scolding ['skəʊldɪŋ] *n* regañina *f*; **to give sb a ~ (for doing sth)** regañar a alguien (por haber hecho algo), echar una regañina a alguien (por haber hecho algo)
◇ *adj (tone)* severo(a)
scollop = scallop
sconce [skɒns] *n (for candlestick)* candelabro *m* de pared; *(for electric light)* aplique *m*
scone [skɒn, skəʊn] *n* = bollo redondo y bastante seco, dulce o salado, que a veces contiene pasas
scoop [skuːp] ◇ *n* **-1.** *(utensil) (for flour, mashed potato)* paleta *f*; *(for ice cream)* pinzas *fpl* de cuchara; *(for sugar)* cucharilla *f* plana **-2.** *(portion) (of ice cream)* bola *f*; *(of mashed potato, flour)* cucharada *f* **-3.** JOURN primicia *f*; **to get** *or* **to make a ~** conseguir una primicia **-4.** *Br Fam (profit)* ganancia *f*; **to make a ~** forrarse, *RP* juntar la guita a paladas
◇ *vt* **-1.** *(pick up)* **~ the ice-cream into a dish** pon el helado en un plato con la cuchara; **she scooped the papers into her case** recogió como pudo los papeles con sus brazos y los metió en el maletín **-2.** JOURN **to ~ a story** obtener una primicia; **they scooped the other newspapers** obtuvieron la primicia por delante del resto de los periódicos **-3.** *(win) (prize)* llevarse
◆ **scoop out** *vt sep* **-1.** *(take) (with hands)* sacar con las manos; *(with spoon)* sacar con cuchara
-2. *(hollow out) (hole)* excavar; **~ out the flesh from the grapefruit** quítale la pulpa al pomelo
◆ **scoop up** *vt sep (with spoon)* tomar una cucharada de; **he scooped up the papers in his arms** recogió los papeles como pudo entre sus brazos
scoopful ['skuːpfʊl] *n (of ice cream)* bola *f*; *(of mashed potato, flour)* cucharada *f*

scoot [skuːt] *vi Fam* **to ~ (off** *or* **away)** salir disparado(a); **the boat scooted over the water** la lancha se deslizaba rápidamente sobre el agua; **~!** ¡lárgate!
scooter ['skuːtə(r)] *n* **-1.** *(propelled by foot)* patinete *m* **-2. (motor) ~** escúter *m*, Vespa® *f*
scope [skəʊp] *n* **-1.** *(extent)* ámbito *m*, alcance *m*; **does the matter fall within the ~ of the law?** ¿se encuadra esta cuestión dentro del ámbito de la ley?; **it is beyond the ~ of this study** está fuera del alcance de este estudio; **the book is too narrow in ~** el libro tiene una cobertura muy limitada
-2. *(opportunity)* margen *m*, posibilidades *fpl*; **there's ~ for improvement** hay margen para mejorar, se puede mejorar; **to give ~ for...** *(interpretation, explanation)* permitir (la posibilidad de)...; **the job gave him full/little ~ to demonstrate his talents** el puesto le dio amplias/escasas posibilidades de demostrar sus aptitudes; **to give free ~ to one's imagination** dar rienda suelta a la imaginación **-3.** *Fam (telescope)* telescopio *m*
scops owl ['skɒpsaʊl] *n* autillo *m*
scorch [skɔːtʃ] ◇ *n* **~ (mark)** (marca *f* de) quemadura *f*
◇ *vt* chamuscar; **I scorched my shirt** quemé la camisa con la plancha; **the sun scorched the grass** el sol quemó la hierba
◇ *vi* **-1.** *(food)* chamuscarse **-2.** *Fam (move quickly)* **he scorched across the turf** cruzó la hierba a toda velocidad *or Esp* pastilla; **we were scorching along at over 100 mph** íbamos disparados a más de 100 millas por hora
scorched [skɔːtʃt] *adj* chamuscado(a) ❑ **~ earth policy** *(of retreating army)* política *f* de tierra quemada
scorcher ['skɔːtʃə(r)] *n Fam* **-1.** *(hot day)* **tomorrow will be a real ~** mañana hará un calor abrasador, *Arg RP* mañana va a ser un horno **-2.** *(something powerful, fast etc)* **the shot was a ~** el disparo fue un verdadero cañonazo; **she's a real ~** está buenísima
scorching ['skɔːtʃɪŋ] *adj* **-1.** *(weather, surface)* abrasador(ora); **this tea/the sand is ~** este té/la arena está que arde; **it's ~ (hot)** hace un calor abrasador **-2.** *(criticism)* durísimo(a) **-3.** *(powerful, fast, etc)* **a ~ shot** un cañonazo; **a ~ run** una carrera imparable
score [skɔː(r)] ◇ *n* **-1.** *(total) (in sport)* resultado *m*; *(in quiz)* puntuación *f*; **the ~ was five-nil at half time** en el descanso el marcador era 5-0; **the ~ is 5-2 in the second set** van 5-2 en el segundo set; **there was still no ~** no se había movido el marcador; **what's the ~?** *(in game)* ¿cómo van?; *Fam Fig (what's the situation)* ¿qué pasa?; **what was the (final) ~?** ¿cuál fue el resultado (final)?; **to keep (the) ~** llevar el tanteo, IDIOM *Fam* **to know the ~** conocer el percal ❑ **~ draw** *(in football)* empate *m* con goles
-2. *(in rugby) (try or goal)* tanto *m*
-3. *(line)* arañazo *m*
-4. *(quarrel)* **to have a ~ to settle with sb** tener una cuenta que saldar con alguien
-5. *(reason, grounds)* **don't worry on that ~** no te preocupes en ese aspecto; **on that ~ alone** sólo por eso; **he deserved to be rejected on more than one ~** merecía ser rechazado por más de un motivo
-6. MUS partitura *f*; *(for movie)* banda *f* sonora original; **piano/vocal ~** partitura para piano/voces
-7. *Old-fashioned (twenty)* **a ~** una veintena; **three ~ and ten** setenta; *Fam* **there were scores of people there** *(a lot)* había un montón de gente allí
◇ *vt* **-1.** *(in sport) (goal, try)* marcar; *(point, run)* anotar; *Fig (success, victory)* apuntarse; **to ~ a basket** *(in basketball)* encestar; **to ~ a hit** *(hit target)* hacer blanco; *Fig (person, movie)* acertar; **to ~ points off sb** *(in debate)* anotarse puntos a costa de alguien
-2. *(in exam, quiz)* sacar; **I scored 65 percent in the exam** saqué 65 sobre 100 en el examen; **each correct answer scores ten points** cada respuesta correcta vale diez puntos
-3. *(cut line in) (paper, wood, ground)* marcar; *(pastry, meat)* hacer cortes en; **she scored her name on a tree** grabó su nombre en un árbol; **a face scored with lines** una cara llena de arrugas
-4. *(symphony, opera)* componer; *(movie)* escribir la música para
-5. *Fam (buy)* **to ~ drugs** conseguir *or Esp* pillar droga
◇ *vi* **-1.** *(get a goal, point, try)* marcar; *(get a basket)* encestar
-2. *(in quiz)* **he scored well in the first round** sacó una buena puntuación en la primera ronda
-3. *(keep the score)* llevar el tanteo
-4. *(have the advantage)* **her proposal scores on cost** el punto fuerte de su propuesta son los costos; **that's where their plan scores over ours** en eso su plan se lleva la palma sobre el nuestro
-5. *Fam (sexually)* ligar, *RP,Ven* levantar; **to ~ with sb** ligarse *or RP, Ven* levantarse a alguien
-6. *Fam (buy drugs)* conseguir *or Esp* pillar droga
◆ **score off** *vt sep (delete)* tachar; **her name has been scored off the list** su nombre ha sido eliminado de la lista
◆ **score out, score through** *vt sep (delete)* tachar
scoreboard ['skɔːbɔːd] *n* marcador *m*
scorecard ['skɔːkɑːd] *n* tarjeta *f*
scorekeeper ['skɔːkiːpə(r)] *n* encargado(a) *m,f* del marcador
score-line ['skɔːlaɪn] *n* SPORT marcador *m*
scorer ['skɔːrə(r)] *n* **-1.** *(player) (in soccer, hockey)* goleador(ora) *m,f*; *(in basketball, American football, rugby)* anotador(ora) *m,f*; **Beckham was the ~** Beckham marcó el gol; **the team's top ~** el máximo goleador/anotador del equipo **-2.** *(score keeper)* encargado(a) *m,f* del marcador
scoresheet ['skɔːʃiːt] *n* planilla *f*; **to get on the ~** *(score)* marcar
scoring ['skɔːrɪŋ] *adj* **-1.** *(of goals, tries)* **to open the ~** abrir el marcador **-2.** *(scorekeeping)* **I'm not very good at ~** no se me da muy bien llevar el marcador **-3.** *(orchestration)* orquestación *f*
scorn [skɔːn] ◇ *n* desprecio *m*, desdén *m*; **to pour ~ on sth/sb** hablar de algo/alguien con desdén
◇ *vt* despreciar, desdeñar; **to ~ to do sth** no dignarse a hacer algo
scornful ['skɔːnfʊl] *adj* despreciativo(a), desdeñoso(a); **to be ~ of sth** despreciar *or* desdeñar algo
scornfully ['skɔːnfʊlɪ] *adv* con desdén, con aire despreciativo
Scorpio ['skɔːpɪəʊ] *n* **-1.** *(sign of zodiac)* Escorpio *m*, Escorpión *m*; **to be (a) ~** ser Escorpio *or* Escorpión **-2.** *(constellation)* Escorpio *m*, Escorpión *m*
scorpion ['skɔːpɪən] *n* escorpión *m*, alacrán *m* ❑ **~ fish** diablo *m* marino; **~ fly** mosca *f* escorpión
Scot [skɒt] *n* escocés(esa) *m,f*
Scotch [skɒtʃ] ◇ *n (whisky)* whisky *m* escocés
◇ *adj* escocés(esa) ❑ **~ broth** = caldo típico escocés; **~ egg** = bola de fiambre frita y rebozada con un huevo duro en el centro; **~ mist** bruma *f*; **~ pancake** torta *f* gruesa y esponjosa; **~ pine** pino *m* silvestre; *US* **~ tape**® cinta *f* adhesiva, *Esp* celo *m*, *CAm, Méx* Durex® *m*; **~ terrier** terrier *m* escocés; **~ whisky** whisky *m* escocés
scotch [skɒtʃ] *vt (rumour)* desmentir; *(plan, attempt)* arruinar, frustrar
scoter ['skəʊtə(r)] *n* **common ~** negrón *m* común; **velvet ~** negrón *m* especulado
scot-free ['skɒt'friː] *adj Fam* **to get off ~** quedar impune
Scotland ['skɒtlənd] *n* Escocia ❑ **~ Yard** Scotland Yard
Scots [skɒts] ◇ *n (dialect)* = variedad escocesa del inglés
◇ *adj* escocés(esa) ❑ **~ pine** pino *m* albar
Scotsman ['skɒtsmən] *n* escocés *m*
Scotswoman ['skɒtswʊmən] *n* escocesa *f*

Scottie (dog) ['skɒtɪ('dɒg)] n Fam terrier m escocés

Scottish ['skɒtɪʃ] adj escocés(esa) ❑ ~ **gaelic** (gaélico m) escocés m; ~ **terrier** terrier m escocés

scoundrel ['skaʊndrəl] n **-1.** (wicked person) bellaco(a) m,f, canalla mf **-2.** Fam (rascal) sinvergüenzón(ona) m,f, granujilla mf

scour ['skaʊə(r)] vt **-1.** (pot, surface) restregar **-2.** (search) (area) peinar; (house) registrar, rebuscar en **-3.** (erode) erosionar
◆ **scour about** vi Br **to ~ about for sth** buscar algo por todas partes
◆ **scour out** vt sep (pot) restregar

scourer ['skaʊərə(r)] n estropajo m

scourge [skɜːdʒ] ◇ n **-1.** (bane) azote m; **the ~ of war** el azote de la guerra **-2.** (person) azote m **-3.** (whip) azote m
◇ vt **-1.** (afflict) azotar **-2.** (whip) azotar

scouring pad ['skaʊərɪŋpæd] n estropajo m

scouring powder ['skaʊərɪŋpaʊdə(r)] n polvo m limpiador

Scouse [skaʊs] Fam ◇ n **-1.** (dialect) dialecto m de Liverpool **-2.** (person) persona de Liverpool
◇ adj de Liverpool

Scouser ['skaʊsə(r)] n Fam persona de Liverpool

scout [skaʊt] ◇ n **-1.** MIL (person) explorador(ora) m,f; (ship, aircraft) nave f de reconocimiento ❑ ~ **car** vehículo m de reconocimiento **-2. (boy)** ~ boy-scout m, escultista m; US **(girl)** ~ scout f, escultista f ❑ **the ~ movement** el movimiento scout **-3.** SPORT ojeador(ora) m,f; **(talent)** ~ cazatalentos mf inv **-4.** (action) **to have a ~ around (for sth)** buscar (algo)
◇ vi **to ~ ahead** reconocer el terreno; **to ~ around (for sth)** buscar (algo); **to ~ for talent** ir a la caza de talentos
◆ **scout out** vt insep inspeccionar

scoutmaster ['skaʊtmɑːstə(r)] n jefe m de exploradores or boy-scouts

scow [skaʊ] n barcaza f

scowl [skaʊl] ◇ n **to give sb a ~** mirar a alguien con cara de esp Esp enfado or esp Am enojo
◇ vi fruncir el ceño, poner cara de esp Esp enfado or esp Am enojo; **she scowled at me** me frunció el ceño, me miró con esp Esp enfado or esp Am enojo

scowling ['skaʊlɪŋ] adj (look) severo(a)

scrabble ['skræbəl] vi **she was scrabbling for a handhold on the cliff face** buscaba con desesperación un punto al que agarrarse en la pared del precipicio; **to ~ about** or **around for sth** buscar algo a tientas

scrag [skræg] ◇ n ~ **(end)** pescuezo m
◇ vt (pt & pp **scragged**) (grab by the neck) agarrar del cuello

scraggy ['skrægɪ] adj (thin) raquítico(a), esquelético(a)

scram [skræm] (pt & pp **scrammed**) vi Fam largarse, Esp, RP pirarse; **~!** ¡fuera!, ¡largo!

scramble ['skræmbəl] ◇ n **-1.** (rush) desbandada f; (struggle) lucha f **(for** por); **there was a mad ~ for seats** se desató una lucha frenética por conseguir un asiento; **it was a short ~ to the top** para alcanzar la cumbre había que trepar un poco; **there was a ~ for jobs when the factory opened** cuando la fábrica abrió se generó un alboroto tremendo por conseguir empleo **-2.** (motorcycle rally) carrera f de motocross
◇ vt **-1.** (cook) **to ~ some eggs** hacer unos huevos revueltos **-2.** TEL (signal) codificar **-3.** (jumble) mezclar; [IDIOM] Fam **all the alcohol has scrambled his brain** tanto alcohol lo ha dejado hecho un idiota **-4.** SPORT **the defender managed to ~ the ball away** el defensa consiguió despejar la pelota como pudo
◇ vi **-1.** (move) **he scrambled to his feet** se puso de pie como pudo; **to ~ up/down a hill** trepar por/bajar una colina con dificultad **-2.** (struggle, fight) **to ~ for sth** luchar por algo **-3.** (on motorcycle) **to go scrambling** salir a hacer motocross **-4.** MIL despegar con urgencia

scrambled eggs ['skræmbəld'egz] npl huevos mpl revueltos

scrambler ['skræmblə(r)] n TEL distorsionador m (de frecuencias), scrambler m

scrambling ['skræmblɪŋ] n **-1.** (sport) motocross m **-2.** (in rock climbing) ascenso m trepando

scran [skræn] n Br Fam papeo m, RP morfi m

scrap¹ [skræp] ◇ n **-1.** (of material, paper) trozo m; (of information, conversation) fragmento m; **to tear sth into scraps** hacer trizas algo; **scraps** (of food) sobras fpl; **a ~ of evidence** un indicio; **there isn't a ~ of truth in what she says** no hay ni rastro de verdad en lo que dice; **what I say won't make a ~ of difference** lo que yo diga no importará lo más mínimo; **he hasn't done a ~ of work all day** Esp no ha dado (ni) golpe en todo el día, Am no movió un dedo en todo el día ❑ ~ **paper** papel m usado
-2. (metal) ~ **(metal)** chatarra f; **to sell sth for ~** vender algo para chatarra ❑ ~ **dealer** chatarrero(a) m,f; ~ **iron** chatarra f; ~ **merchant** chatarrero(a) m,f; ~ **value** valor m como chatarra
◇ vt (pt & pp **scrapped**) **-1.** (car) mandar a la chatarra; (submarine, missile) desmantelar; (machinery) desguazar **-2.** (project, idea) descartar, abandonar; **I scrapped the first version of the script** descarté la primera versión del guión

scrap² Fam ◇ n (fight) bronca f, pelea f; **to have** or **get into a ~ (with sb)** pelearse (con alguien)
◇ vi (pt & pp **scrapped**) (fight) pelearse; **he scrapped for every point** peleó cada punto

scrapbook ['skræpbʊk] n (for cuttings) álbum m de recortes

scrape [skreɪp] ◇ n **-1.** (action) rascada f; **to give sb a ~** rascar algo **-2.** (mark) arañazo m; (on skin) arañazo m, rasguño m **-3.** (sound) chirrido m **-4.** Fam (adventure) aventura f, lío m; **to get into a ~** meterse en un lío or fregado; **to get sb out of a ~** sacar a alguien de un lío
◇ vt **-1.** (scratch) (paint, wood, side of car) rayar, arañar; **to ~ one's knee** arañarse or rasguñarse la rodilla; **to ~ a hole in the ground** excavar un hoyo en el suelo; **the plane just scraped the surface of the water** el avión apenas rozó la superficie del agua
-2. (clean) (dirt, wallpaper) rascar; (vegetables) raspar; **to ~ the paint off the door** rascar la pintura de la puerta; **to ~ the mud off one's shoes** rascar el barro de los zapatos; **to ~ one's plate clean** rebañar el plato; [IDIOM] **to ~ the bottom of the barrel** tener que recurrir a lo peor; **you took him on? you must really be scraping the bottom of the barrel!** ¿lo has contratado? ¡debes estar desesperado!
-3. (drag) **don't ~ the chair across the floor like that** no arrastres así la silla por el suelo
-4. (barely obtain) **I just ~ a living** me gano la vida como puedo; **to ~ a pass** (in exam) aprobar por los pelos; **we scraped a draw** arañamos un empate
◇ vi **-1.** (rub) rascar, raspar; **branches that ~ against the shutters** ramas que rozan contra las persianas
-2. (make sound) chirriar; **she was scraping away on her fiddle** rascaba el violín con un sonido chirriante
-3. (barely manage) **to ~ home** (in contest) ganar a duras penas; **to ~ into college** entrar en la universidad por los pelos; **the ambulance just scraped past** la ambulancia consiguió pasar por los pelos
◆ **scrape along** vi (financially) arreglárselas
◆ **scrape back** vt sep **she had her hair scraped back** tenía el cabello bien peinado hacia atrás
◆ **scrape by** vi (financially) arregárselas; **she scrapes by on £150 a month** se las arregla con 150 libras por mes
◆ **scrape in** vi (in election) ganar por un pelo
◆ **scrape off** vt sep rascar, raspar

◆ **scrape out** vt sep (saucepan) restregar; (residue) limpiar
◆ **scrape through** ◇ vt insep **-1.** (exam) aprobar por los pelos
-2. (doorway, gap) pasar por los pelos por
◇ vi **-1.** (in exam) aprobar por los pelos, sacar un aprobado pelado **-2.** (through doorway, gap) pasar por los pelos
◆ **scrape together** vt sep (money, resources) reunir a duras penas; (support) conseguir a duras penas
◆ **scrape up** vt sep **-1.** (into pile) (leaves, stones) apilar **-2.** (money, resources) reunir a duras penas; (support) conseguir a duras penas

scraper ['skreɪpə(r)] n **-1.** (tool) rasqueta f **-2.** (for muddy shoes) limpiabarros m inv

scrapheap ['skræphiːp] n montón m de chatarra; [IDIOM] **she is scared of finding herself on the ~** tiene pánico de no conseguir nunca más un empleo; **that idea has been thrown on the ~** la idea ha sido descartada; **he was thrown on the ~ at the age of forty-five** a los cuarenta y cinco años le pusieron punto final a su vida laboral

scrapie ['skreɪpɪ] n escrapie m, tembladera f

scraping ['skreɪpɪŋ] ◇ n (thin layer) **toast with a ~ of butter** tostadas con un poquito de mantequilla untada
◇ npl **scrapings** (food) sobras fpl; (from paint, wood) raspaduras fpl

scrapper ['skræpə(r)] n Br Fam (resilient person) luchador(ora) m,f

scrappy ['skræpɪ] adj (knowledge, performance) rudimentario(a)

scrapyard ['skræpjɑːd] n desguace m, cementerio m de automóviles

scratch [skrætʃ] ◇ n **-1.** (on skin, furniture) arañazo m, rasguño m; (on glass, record) raya f; **it's just a ~** no es más que un rasguño or arañazo; **he came out of it without a ~** salió sin un rasguño
-2. (action) **to give one's nose a ~** rascarse la nariz; **the dog was having a good ~** el perro se estaba rascando con ganas
-3. (sound) rasgueo m
-4. (in golf) scratch m; **to play off ~** jugar sin scratch
-5. US Fam (money) pasta f, Am plata f, RP guita f
-6. [IDIOMS] **she built the business up from ~** construyó el negocio partiendo de cero; **I learnt Italian from ~ in six months** aprendí italiano a partir de cero en seis meses; **to start from ~** partir de cero; **to be** or **come up to ~** dar la talla; **to bring** or **get sth/sb up to ~** poner algo/a alguien a punto
◇ adj **-1.** (meal, team) improvisado(a), de circunstancias **-2.** (for notes) US ~ **pad** bloc m de notas; ~ **paper** papel m usado **-3.** (in golf) **a ~ player** un jugador que tiene scratch
◇ vt **-1.** (damage) (skin, furniture) arañar; (glass, record) rayar; **she scratched her hand on the brambles** se rascó la mano con las zarzas; **he was badly scratched** quedó lleno de arañazos; **he scratched his name on the card** garabateó su nombre en la tarjeta; [IDIOM] **we've only scratched the surface of the problem** no hemos hecho más que empezar a tratar el problema
-2. (rub) (itch, rash) rascar; **to ~ oneself** rascarse; **to ~ one's nose** rascarse la nariz; **I'm scratching my head looking for a solution** me sale humo de la cabeza de tanto buscar una solución; [IDIOM] **you ~ my back and I'll ~ yours** hoy por ti y mañana por mí
-3. (of bird, animal) (ground) arañar
-4. (cancel) (meeting, match) suspender; (sentence, paragraph) eliminar; **to ~ sb's name from a list** quitar or Am sacar a alguien de una lista; **to ~ sb from a team** sacar a alguien de un equipo
◇ vi **-1.** (to relieve itch) (person, animal) rascarse **-2.** (thorns) picar; (new clothes) rascar, raspar **-3.** (animal) **the dog was scratching at the door** el perro estaba arañando la puerta **-4.** (withdraw from competition) retirarse

scratchcard

◆ **scratch about, scratch around** *vi* to ~ about *or* around for ideas buscar desesperadamente ideas

◆ **scratch off** *vt sep* raspar

◆ **scratch out** *vt sep (number, name)* tachar; to ~ sb's eyes out arrancarle a alguien los ojos

scratchcard ['skrætʃkɑːd] *n* tarjeta *f* de rasca y gana, *Arg* ≃ raspadita *f*

scratching ['skrætʃɪŋ] ◇ *n (DJ technique)* scratching *m*
◇ *npl Br* **(pork) scratchings** cortezas *fpl* de cerdo, chicharrones *mpl*

scratchy ['skrætʃɪ] *adj* -1. *(garment, towel)* áspero(a) -2. *(record)* con muchos arañazos -3. *(noisy) (pen)* que hace ruido al escribir

scrawl [skrɔːl] ◇ *n* garabatos *mpl*; her signature is just a ~ su firma es sólo un garabato
◇ *vt* garabatear
◇ *vi* hacer garabatos

scrawly ['skrɔːlɪ] *adj* garabateado(a)

scrawny ['skrɔːnɪ] *adj (person, neck, cat, chicken)* esquelético(a), raquítico(a)

scream [skriːm] ◇ *n* -1. *(of person)* grito *m*, chillido *m*; *(of bird, monkey)* chillido *m*; to let out *or* give a ~ soltar un grito; screams of laughter carcajadas *fpl* -2. *(of tyres)* chirrido *m*; *(of sirens)* aullido *m* -3. *Fam (good fun)* it was a ~ fue para morirse de risa *or Esp* para mondarse; he's a ~ es la monda; you look a ~ in that hat! ¡ese sombrero te queda supergracioso!
◇ *vt* gritar; she screamed herself hoarse se quedó ronca de tanto gritar; to ~ abuse (at sb) lanzar improperios *or* insultos (a alguien); the headlines screamed "guilty" los titulares *or Méx, RP* encabezados clamaban "culpable"
◇ *vi* -1. *(shout) (person, baby)* gritar, chillar; *(bird, monkey)* gritar; stop screaming at me! ¡deja ya de gritarme!; to ~ in pain gritar de dolor; to ~ with laughter reírse a carcajadas -2. *(tyres)* chirriar; *(sirens)* aullar; the jets screamed overhead los reactores pasaron con estruendo; to ~ past *(car, train)* pasar estruendosamente a toda velocidad

◆ **scream out** ◇ *vi* gritar, chillar; to ~ out in pain gritar de dolor; *Fig* to be screaming out for sth pedir algo a gritos

screamer ['skriːmə(r)] *n Br Fam (powerful shot)* cañonazo *m*

screaming ['skriːmɪŋ] ◇ *n* gritos *mpl*, chillidos *mpl*
◇ *adj* a ~ baby un niño berreando

screamingly ['skriːmɪŋlɪ] *adv Fam* ~ funny *Esp* para mondarse de risa, *Am* chistosísimo(a)

scree [skriː] *n* pedruscos *mpl*

screech [skriːtʃ] ◇ *n* -1. *(of bird, person, monkey)* chillido *m*; a ~ of laughter una carcajada; a ~ of rage un grito de furia; a ~ of pain un alarido de dolor ❑ ~ owl autillo *m* americano -2. *(of tyres, brakes)* chirrido *m*; *(of sirens)* aullido *m*
◇ *vt* chillar; to ~ an order dar una orden con un chillido
◇ *vi* -1. *(bird, person, monkey)* chillar; to ~ with laughter soltar una resonante carcajada; to ~ with pain chillar de dolor -2. *(brakes)* chirriar, rechinar; the taxi screeched to a halt el taxi se detuvo chirriando

screeds [skriːdz] *npl* he has written ~ on this subject ha escrito páginas y páginas sobre la materia

screen [skriːn] ◇ *n* -1. *(of TV, cinema, computer)* pantalla *f*; the big/small ~ la gran/pequeña pantalla; on ~ en pantalla; COMPTR to work on ~ trabajar en pantalla; the book was adapted for the ~ se hizo una adaptación del libro para la pantalla ❑ ~ *actor* actor *m* de cine; ~ *actress* actriz *f* de cine; ~ *adaptation* adaptación *f* para la pantalla; COMPTR ~ *capture* captura *f* de pantalla; COMPTR ~ *dump* pantallazo *m*, captura *f* de pantalla; COMPTR ~ *shot* pantallazo *m*, captura *f* de pantalla; CIN ~ *test* prueba *f* (de cámara)
-2. *(barrier)* mampara *f*; *(folding)* biombo *m*; *(in front of fire)* rejilla *f*; *(over window)* mosquitero *m*; the rooms are divided by sliding screens las habitaciones están divididas por tabiques corredizos ❑ *US* ~ *door* puerta *f* con mosquitero; ~ *printing* serigrafía *f*, serigrafiado *m*
-3. *(for hiding)* a ~ of trees una fila de árboles; the shop was just a ~ for her criminal activities la tienda era sólo una pantalla para ocultar sus actividades delictivas
-4. *(sieve)* criba *f*
-5. *(in basketball)* bloqueo *m*
◇ *vt* -1. *(show) (movie)* proyectar; *(TV programme)* emitir
-2. *(protect)* proteger; he screened his eyes from the sun with his hand se protegió los ojos del sol con la mano; to ~ sth from view ocultar algo a la vista
-3. *(check) (staff, applicants)* examinar, controlar; *(samples)* comprobar (for en busca de); *(information)* filtrar; to ~ women for breast cancer realizar controles a mujeres para la detección del cáncer de mama
-4. *(sieve) (coal, grain)* cribar

◆ **screen off** *vt sep* separar (con mampara) (from de)

◆ **screen out** *vt sep* -1. *(rays, light)* bloquear, no permitir el paso de -2. *(person)* descartar, eliminar

screening ['skriːnɪŋ] *n* -1. *(of movie)* proyección *f*; *(of TV programme)* emisión *f*; first ~ estreno *m* -2. *(of staff, applicants)* examen *m*, control *m*; *(of samples)* comprobación *f*; a cancer ~ programme un programa para la detección del cáncer de mama

screenplay ['skriːnpleɪ] *n* CIN guión *m*

screensaver ['skriːnseɪvə(r)] *n* COMPTR salvapantallas *m inv*

screenwriter ['skriːnraɪtə(r)] *n* CIN guionista *mf*

screw [skruː] ◇ *n* -1. *(for fixing)* tornillo *m*; IDIOM *Fam* she's got a ~ loose le falta un tornillo; IDIOM *Fam* to put the screws on sb apretar las clavijas a alguien; IDIOM to turn the ~ apretar las clavijas ❑ ~ *top* (of bottle, jar) tapón *m* de rosca
-2. *(turn)* vuelta *f*; give it a couple more screws dale un par de vueltas más
-3. *(propeller)* hélice *f*
-4. *Br Fam (prison officer)* carcelero *m*, *Esp* boqueras *m inv*
-5. *Vulg (sexual intercourse)* polvo *m*, *Cuba* palo *m*; to have a ~ echar un polvo *or Cuba* palo, *Am* coger; to be a good ~ *(person) Esp* follar *or Am* coger de puta madre
-6. *Br Fam Old-fashioned (salary)* he's on a good ~ *Esp* gana una pasta gansa, *Am* gana una buena plata
-7. *(in snooker, pool)* retroceso *m*; ~ *shot* retroceso
◇ *vt* -1. *(fix)* atornillar (on *or* onto a); to ~ two things together juntar dos cosas atornillándolas; to ~ the lid on a bottle poner la tapa de rosca en una botella; ~ the board down tight atornilla bien la tabla
-2. *(crumple)* I screwed the letter into a ball hice una pelota con la carta; to ~ one's face into a smile sonreír forzadamente
-3. *Vulg (have sex with) Esp* follar, *Am* coger
-4. very *Fam (for emphasis)* go and ~ yourself! ¡vete a la mierda!, *Esp* ¡vete a tomar por culo!, *Méx* ¡vete a la chingada!; ~ you! *Esp* ¡que te den por culo!, *Méx* ¡vete a la chingada!, *RP* ¡andate a la puta que te parió!; ~ the expense! ¡a la mierda con el gasto!
-5. *Fam (cheat)* timar, tangar; to ~ money out of sb desplumar a alguien, *Esp, RP* sacarle la guita a alguien; *Fam* they'll ~ you for every penny you've got van a sacarte hasta el último centavo
-6. *(in snooker, pool)* imprimir un efecto bajo a
◇ *vi Vulg (have sex)* joder, *Esp* follar, *Am* coger

◆ **screw around** ◇ *vt sep Fam* to ~ sb around *(treat badly)* tratar a alguien a patadas; *(waste time of)* traer a alguien al retortero
◇ *vi* -1. *Fam (act foolishly)* hacer tonterías, *RP* hacer boludeces; *(waste time)* rascarla, *RP* boludear -2. *Vulg (be promiscuous) Esp* follar *or Am* coger con todo el mundo

◆ **screw on** ◇ *vt sep* -1. *(with screw)* atornillar -2. *(lid, top)* enroscar; IDIOM *Fam* he's got his head screwed on tiene la cabeza en su sitio
◇ *vi* -1. *(using screws)* it screws on to the wall se atornilla a la pared -2. *(lid, top)* enroscarse

◆ **screw up** ◇ *vt sep* -1. *(make small)* to ~ up a piece of paper arrugar un trozo de papel; she screwed up her eyes apretó los ojos; to ~ up one's face contraer *or* arrugar la cara; to ~ up one's courage armarse de valor
-2. *Fam (spoil)* jorobar; you've really gone and screwed everything up now! ¡ahora sí que has jorobado todo!
-3. *Fam (damage psychologically)* his parents really screwed him up sus padres lo dejaron bien tarado
◇ *vi Fam (fail)* don't ~ up this time esta vez no vayas a jorobarla

screwball ['skruːbɔːl] *US Fam* ◇ *n* -1. *(person)* cabeza *mf* loca, *RP* tiro *m* al aire -2. *(in baseball)* tirabuzón *m*, lanzamiento *m* de tornillo
◇ *adj* chiflado(a) ❑ ~ *comedy* comedia *f* disparatada

screwdriver ['skruːdraɪvə(r)] *n* -1. *(tool)* destornillador *m*, *Am* desatornillador *m* -2. *(drink)* destornillador *m*

screwed [skruːd] *adj Fam (in trouble)* we're ~ la hemos fastidiado

screwed-up ['skruːdʌp] *adj Fam* tarado(a); he's one ~ kid ese niño está bien tarado

screw-loose ['skruːluːs] *adj US Fam* chiflado(a), pirado(a)

screw-on ['skruːɒn] *adj* de rosca

screw-top ['skruːtɒp] ◇ *n* tapón *m* de rosca
◇ *adj* (con tapón) de rosca

screw-up ['skruːʌp] *n Fam* -1. *(mess, failure)* metedura *f* or *Am* metida *f* de pata, cagada *f* -2. *(person)* negado(a) *m,f*

screwy ['skruːɪ] *adj US Fam (person)* rarísimo(a); *(idea)* descabellado(a)

scribble ['skrɪbəl] ◇ *n* garabatos *mpl*; I can't read this ~ no entiendo estos garabatos
◇ *vt* to ~ sth (down) garabatear algo; she scribbled a few lines to her sister le garabateó unas líneas a su hermana
◇ *vi* hacer garabatos

scribbler ['skrɪblə(r)] *n Pej* escritor(ora) *m,f* de poca monta

scribbling ['skrɪblɪŋ] *n* scribblings *Fam (inferior writings)* garabatos *mpl* ❑ ~ *pad* bloc *m* de borrador

scribe [skraɪb] *n* escribano(a) *m,f*, amanuense *mf*

scrimmage ['skrɪmɪdʒ] ◇ *n* -1. *(fight)* tumulto *m*, alboroto *m* -2. *(in American football)* scrimmage *m*
◇ *vi (in American football)* hacer un scrimmage

scrimp [skrɪmp] *vi* to ~ (and save) economizar, hacer economías; she scrimps on food ahorra mucho en comida

scrip [skrɪp] *n* -1. ST EXCH vale *m* canjeable ❑ ~ *issue* emisión *f* de acciones liberadas -2. *Fam (prescription)* receta *f*

script [skrɪpt] ◇ *n* -1. *(for play, movie)* guión *m*; IDIOM to forget to read the ~: the Lakers forgot to read the ~ and won easily los Lakers echaron por tierra las esperanzas de algunos y ganaron con facilidad; ~ *editor* responsable *mf* del guión ❑ ~ *girl* script *f* -2. *(in exam)* ejercicio *m* (escrito), examen *m* -3. *(handwriting)* caligrafía *f*, letra *f*; *(alphabet)* alfabeto *m* -4. *(typeface)* in italic ~ en cursiva -5. COMPTR script *m*
◇ *vt (play, movie)* escribir el guión de

scripted ['skrɪptɪd] *adj (speech, interview, remarks)* escrito(a) de antemano

scriptural ['skrɪptʃərəl] *adj* bíblico(a)

Scripture ['skrɪptʃə(r)] n -1. (holy books) **(Holy) ~, the Scriptures** la Sagrada Escritura -2. (subject) religión f

scriptwriter ['skrɪptraɪtə(r)] n TV & CIN guionista mf

scrofula ['skrɒfjʊlə] n Old-fashioned MED escrófula f

scroll [skrəʊl] ◇ n -1. (of paper, parchment) rollo m; (manuscript) manuscrito m, rollo m; (as award) pergamino m -2. ARCHIT voluta f -3. COMPTR ~ **arrow** flecha f de desplazamiento; ~ **bar** barra f de desplazamiento; **lock (key)** (tecla f de) bloqueo m de desplazamiento
◇ vi COMPTR desplazarse por la pantalla (de arriba a abajo o de un lado a otro)
◆ **scroll down** vi COMPTR bajar
◆ **scroll through** vt insep COMPTR bajar, recorrer
◆ **scroll up** COMPTR ◇ vt to ~ **up a page** subir a la página anterior
◇ vi subir

scrolling ['skrəʊlɪŋ] n COMPTR desplazamiento m por la pantalla

Scrooge [skruːdʒ] n Fam (miser) tacaño(a) m,f, roñoso(a) m,f

scrotum ['skrəʊtəm] n escroto m

scrounge [skraʊndʒ] Fam ◇ n **to be on the ~** andar gorreando or Esp, Méx gorroneando or RP garroneando
◇ vt **to ~ sth from** or **off sb** gorrear or Esp, Méx gorronear or RP garronear algo a alguien; **could I ~ a lift from someone?** ¿me podría llevar alguien?
◇ vi gorrear, Esp, Méx gorronear, RP garronear; **to ~ off sb** vivir a costa de alguien, Esp, Méx vivir de alguien por la gorra; **to ~ around for sth** andar buscando algo

scrounger ['skraʊndʒə(r)] n Fam gorrero(a) m,f, Esp, Méx gorrón(ona) m,f, RP garronero(a) m,f

scrounging ['skraʊndʒɪŋ] n Fam Esp, Méx gorronería f, RP garronería f

scrub [skrʌb] ◇ n -1. (bushes) maleza f, matorral m -2. (wash) **to give the floor a (good)** ~ darle una (buena) fregada al suelo; **can you give my back a ~?** ¿podrías frotarme la espalda? -3. (for skin) limpiador m cutáneo, leche f or crema f limpiadora -4. US SPORT (team) equipo m reserva; (player) reserva mf
◇ vt (pt & pp **scrubbed**) -1. (floor, pots) fregar; (face, back) refregar; **to ~ one's hands** lavarse bien las manos; **to ~ sth clean** fregar algo hasta que quede limpio -2. Fam (cancel) suspender; **~ that last remark, it's not a good idea** olvida esa última observación, no es una buena idea -3. (drop) (from team) echar
◆ **scrub down** vt sep (wall, paintwork) limpiar frotando
◆ **scrub out** vt sep (dirt, stain) quitar con un cepillo; (bucket, pan, cell) fregar
◆ **scrub up** vi MED lavarse (antes de entrar al quirófano)

scrubber ['skrʌbə(r)] n -1. (for dishes) estropajo m -2. Br very Fam (woman) fulana f, putón m (verbenero)

scrubbing brush ['skrʌbɪŋ'brʌʃ] n cepillo m de fregar

scrubby ['skrʌbɪ] adj -1. (land) cubierto(a) de maleza -2. (tree, vegetation) achaparrado(a)

scrubland ['skrʌblænd] n monte m bajo, matorral m

scruff [skrʌf] n -1. (of neck) **to grab sb by the ~ of the neck** agarrar a alguien del cogote -2. Fam (unkempt person) andrajoso(a) m,f, zarrapastroso(a) m,f

scruffily ['skrʌfɪlɪ] adv **to be ~ dressed** vestir andrajosamente or con desaliño

scruffiness ['skrʌfɪnɪs] n (of dress, appearance) desaliño m, descuido m; (of building, area) abandono m; (of handwriting) desorden m

scruffy ['skrʌfɪ] adj (person) desaliñado(a), zarrapastroso(a); (clothes) andrajoso(a); (building, area) abandonado(a); (handwriting) desordenado(a)

scrum [skrʌm] n (in rugby) Esp melé f, Am scrum f; Fig **there was a ~ at the door** hubo apretujones en la puerta ❑ ~ **half** Esp medio (de) melé mf, Am medio scrum mf
◆ **scrum down** vi hacer Esp una melé or Am un scrum; **~ down!** ¡formación!

scrum-cap ['skrʌmkæp] n protector m para las orejas

scrummage ['skrʌmɪdʒ] ◇ n (in rugby) Esp melé f, Am scrum m
◇ vi disputar Esp la melé or Am el scrum

scrummy ['skrʌmɪ] adj Br Fam (food) riquísimo(a), para chuparse los dedos; **he's so ~!** ¡está buenísimo or Méx padrísimo!, Esp ¡está para parar un tren!

scrumptious ['skrʌm(p)ʃəs] adj Fam (food) riquísimo(a), de chuparse los dedos

scrumpy ['skrʌmpɪ] n = sidra seca y fuerte que se elabora en el sudoeste de Inglaterra

scrunch [skrʌn(t)ʃ] ◇ vt -1. (paper) estrujar; (can) aplastar -2. (biscuit, apple, snow, gravel) hacer crujir
◇ vi (make sound) crujir
◆ **scrunch up** vt sep (paper) estrujar; **he scrunched up his face in disgust** arrugó la cara con asco

scrunch-dry ['skrʌntʃdraɪ] vt peinar con secador a mano

scrunchie ['skrʌntʃɪ] n (for hair) coletero m

scruple ['skruːpəl] ◇ n escrúpulo m; **to have no scruples (about doing sth)** no tener escrúpulos (en hacer algo)
◇ vi **not to ~ to do sth** no tener escrúpulos en hacer algo

scrupulous ['skruːpjʊləs] adj escrupuloso(a); **they're very ~ about punctuality** son muy escrupulosos con la puntualidad

scrupulously ['skruːpjʊləslɪ] adv escrupulosamente; **~ clean** impecable

scrupulousness ['skruːpjʊləsnɪs] n escrupulosidad f

scrutineer [skruːtɪ'nɪə(r)] n POL escrutador(ora) m,f

scrutinize ['skruːtɪnaɪz] vt (document, votes) escrutar; (face, painting) examinar

scrutiny ['skruːtɪnɪ] n (of document, votes) escrutinio m; (of face, painting) examen m; **to be under ~** ser objeto de un examen meticuloso; **to come under ~** ser cuidadosamente examinado(a); **her work does not stand up to close ~** un análisis riguroso de su trabajo pone en evidencia sus debilidades

SCSI ['skʌzɪ] n COMPTR (abbr **small computer system interface**) SCSI m

scuba ['skuːbə] n ~ **diver** submarinista mf buceador(ora) m,f (con botellas de oxígeno); ~ **diving** buceo m, submarinismo m; **to go ~ diving** hacer submarinismo

scud [skʌd] vi deslizarse rápidamente; **the clouds scudded across the sky** las nubes se deslizaban vertiginosamente por el cielo; **two boats scudded across the lake** dos lanchas surcaban con rapidez el lago

scuff [skʌf] ◇ n ~ **(mark)** rozadura f, rasguño m
◇ vt -1. (damage) rozar; **she had scuffed her shoes** se había hecho unas rozaduras en los zapatos -2. (drag) **to ~ one's feet** arrastrar los pies

scuffle ['skʌfəl] ◇ n riña f, reyerta f
◇ vi reñir, pelear; **demonstrators scuffled with the police** los manifestantes se enfrentaron con la policía

scull [skʌl] ◇ n -1. (oar) espadilla f; **single/double sculls** (event) scull individual/doble -2. (boat) scull m
◇ vt hacer avanzar remando con espadillas
◇ vi remar con espadillas

scullery ['skʌlərɪ] n Br fregadero m, trascocina f ❑ ~ **maid** fregona f

sculpt [skʌlpt] ◇ vt esculpir
◇ vi esculpir

sculptor ['skʌlptə(r)] n escultor(ora) m,f

sculptress ['skʌlptrɪs] n escultora f

sculptural ['skʌlptʃərəl] adj escultórico(a)

sculpture ['skʌlptʃə(r)] ◇ n -1. (art) escultura f -2. (object) escultura f ❑ ~ **park** jardín m de esculturas
◇ vt esculpir; **she has finely sculptured features** tiene unos rasgos esculturales
◇ vi esculpir

sculptured ['skʌlptʃəd] adj (statue, model) esculpido(a); (hair) bien moldeado(a); (features) torneado(a)

scum [skʌm] n -1. (layer of dirt) capa f de suciedad; (froth) espuma f -2. Fam (worthless people) escoria f; **he's/they're just ~** no es/son más que escoria; **the ~ of the earth** la escoria de la sociedad -3. US Vulg (semen) leche f, Esp lefa f

scumbag ['skʌmbæg] n very Fam -1. (person) cerdo(a) m,f, mamón(ona) m,f -2. US (condom) goma f, Arg forro m

scummy ['skʌmɪ] adj -1. Fam (dirty, worthless) asqueroso(a) -2. (liquid) cubierto(a) de porquería

scupper ['skʌpə(r)] ◇ n NAUT imbornal m
◇ vt -1. (ship) hundir -2. (project) hundir; **we're completely scuppered unless we can find the cash** si no conseguimos el dinero estamos acabados

scurf [skɜːf] n (dandruff) caspa f

scurrilous ['skʌrɪləs] adj injurioso(a), calumnioso(a)

scurrilously ['skʌrɪləslɪ] adv injuriosamente, calumniosamente

scurry ['skʌrɪ] ◇ n (sound) (of feet) correteo m
◇ vi (person) correr apresuradamente; (mouse, beetle) correr rápidamente; **all the animals were scurrying for shelter** todos los animales corrían en busca de refugio
◆ **scurry away, scurry off** vi escabullirse

scurvy ['skɜːvɪ] ◇ n MED escorbuto m
◇ adj (trick) ruin, vil

scut [skʌt] n (of rabbit, hare) colita f, rabo m

scutcheon ['skʌtʃən] n (shield) escudo m de armas, blasón m

scuttle¹ ['skʌtəl] ◇ n **(coal)** ~ cajón m para el carbón
◇ vt -1. (ship) hundir -2. (plan) hundir; (hopes) arruinar, frustrar

scuttle² vi (run) corretear; **a cockroach scuttled across the floor** una cucaracha correteó por el suelo
◆ **scuttle away, scuttle off** vi (person) escabullirse; (animal) huir rápidamente

scuzzy ['skʌzɪ] adj US Fam asqueroso(a), Esp guarrísimo(a)

scythe [saɪð] ◇ n guadaña f
◇ vt segar

scything ['saɪðɪŋ] adj **a ~ tackle** una segada

Scylla ['sɪlə] n MYTHOL ~ **and Charybdis** Escila y Caribdis

SD, S Dak (abbr **South Dakota**) Dakota del Sur

SDI [esdiː'aɪ] n (abbr **Strategic Defence Initiative**) Iniciativa f de Defensa Estratégica

SDLP [esdiːel'piː] n Br (abbr **Social Democratic and Labour Party**) = partido norirlandés que propugna la reintegración en la República de Irlanda por medios pacíficos

SDP [esdiː'piː] n Br Formerly (abbr **Social Democratic Party**) = partido creado en 1981 a raíz de la escisión de una rama moderada del partido laborista y posteriormente fundido con el Partido Liberal

SDRAM [es'diːræm] n COMPTR (abbr **synchronous dynamic random access memory**) (memoria f) SDRAM f

SE (abbr **south east**) SE

SEA [esiː'eɪ] n (abbr **Single European Act**) Acta f Única Europea

sea [siː] n -1. (body of water) mar m or f (note that the feminine is used in literary language, by people such as fishermen with a close connection with the sea, and in some idiomatic expressions); **by the ~** junto al mar; **to go by ~** ir en barco; **to go to ~** (become a sailor) enrolarse de marinero; **to put to ~** zarpar, hacerse a la mar; **to be at ~** estar en la mar; **we've been at ~ for two weeks** llevamos dos semanas navegando; **life at ~** la vida en el mar; **the bedroom looks out to ~** la habitación da al

seaboard / 660 / **seat**

mar; **the little boat was swept** *or* **washed out to ~** el bote fue arrastrado mar adentro; **heavy** *or* **rough seas** mar gruesa; **on the high seas, out at ~** en alta mar; IDIOM **when it comes to computers, I'm all at ~** no tengo ni idea de informática; **he's been all at sea since his wife left him** desde que su mujer lo dejó anda muy perdido ❑ **~ air** aire *m* del mar; **~ anemone** anémona *f* de mar; **~ bass** lubina *f*; **~ battle** batalla *f* naval; **~ bed** fondo *m* del mar, lecho *m* marino; **~ bird** ave *f* marina; **~ bream** besugo *m*; **~ breeze** brisa *f* marina; **~ captain** capitán *m* de la marina mercante; **~ change** *(radical change)* cambio *m* profundo *or* radical; **~ cow** manatí *m*, vaca *f* marina; **~ crossing: Calais is just a 40 minute ~ crossing from Dover** Calais está a 40 minutos de navegación de Dover; **~ cucumber** holoturia *f*; *Fam (sailor)* **~ dog** lobo *m* de mar; **~ eagle** águila *f* pescadora; **~ elephant** elefante *m* marino; **~ floor** lecho *m* del mar; **~ grass** césped *m* marino; **~ green** verde *m* mar; **~ kale** col *f* marina; NAUT **~ lane** ruta *f* marítima; **~ legs: to find** *or* **to get one's ~ legs** dejar de marearse; **~ level** nivel *m* del mar; **above/below ~ level** sobre/bajo el nivel del mar; **~ lion** león *m* marino; *Scot* **~ loch** ría *f* de agua salada; **~ mist** bruma *f*; **~ monster** monstruo *m* marino; **~ otter** nutria *f* de mar; **~ power** *(country)* potencia *f* naval; **~ salt** sal *f* marina; **Sea Scout** scout *m* marino; **~ serpent** serpiente *f* marina; **~ shanty** canción *f* de marineros; **~ slug** babosa *f* de mar; **~ snail** caracol *m* marino; **~ snake** serpiente *f* marina; **Sea of Tranquility** *(on the Moon)* Mar *m* de la Tranquilidad; **~ trout** trucha *f* de mar; **~ urchin** erizo *m* de mar; **~ view** vistas *fpl* al mar; **~ voyage** travesía *f*, viaje *m* por mar; **~ wall** malecón *m*

-2. *(large quantity) (of blood, mud, people, faces)* mar *m*

seaboard ['siːbɔːd] *n* litoral *m*, costa *f*

seaborne ['siːbɔːn] *adj (invasion, troops)* naval; *(goods)* transportado(a) por mar

seafarer ['siːfeərə(r)] *n* marino(a) *m,f*, marinero(a) *m,f*

seafaring ['siːfeərɪŋ] *adj (nation)* marinero(a); *(days, life)* en el mar

seafood ['siːfuːd] *n* marisco *m*, *Am* mariscos *mpl* ❑ **~ platter** mariscada *f*, fuente *f* de marisco; **~ restaurant** marisquería *f*

seafront ['siːfrʌnt] *n* paseo *m* marítimo; **a ~ hotel** un hotel frente al mar

seagoing ['siːgəʊɪŋ] *adj* **-1.** *(nation)* marinero(a); *(days, life)* en el mar **-2.** *(vessel)* de alta mar, de altura

seagull ['siːgʌl] *n* gaviota *f*

seahorse ['siːhɔːs] *n* hipocampo *m*, caballito *m* de mar

seal[1] [siːl] *n (animal)* foca *f*

seal[2] ◇ *n* **-1.** *(stamp)* sello *m*; **to give one's ~ of approval to sth** dar el visto bueno a algo; **to set the ~ on sth** *(alliance, friendship, defeat)* sellar algo; *(fate)* determinar algo **-2.** *(on machine, pipes, connection)* junta *f*; *(on bottle, box, letter)* precinto *m*; *(on lid of jar)* aro *m*; *(on fridge, washing machine, window)* burlete *m*
◇ *vt* **-1.** *(with official seal)* sellar; **sealed with a kiss** sellado(a) con un beso **-2.** *(close) (envelope, frontier)* cerrar; *(with wax)* lacrar **-3.** *(jar)* cerrar herméticamente; *(joint)* sellar; *(door)* colocar burletes a; *(house)* precintar; *(wood)* sellar con tapaporos; **it is sealed in an airtight jar** está guardado en un frasco hermético; **my lips are sealed** soy una tumba **-4.** *(fate)* determinar; *(result, victory)* sentenciar; *(deal)* cerrar

➤ **seal in** *vt sep (flavour)* conservar

➤ **seal off** *vt sep (road, entrance)* cerrar, cortar; **the street had been sealed off** la calle había sido cerrada *or* cortada por la policía

➤ **seal up** *vt sep* **-1.** *(house, container)* precintar; *(window, door)* colocar burletes a; *(hole)* rellenar, tapar **-2.** *(envelope)* cerrar

sealant ['siːlənt] *n* sellador *m* (de junturas)

sealer ['siːlə(r)] *n* **-1.** *(hunter)* cazador(ora) *m,f* de focas **-2.** *(ship)* barco *m* para la caza de focas **-3.** *(paint, varnish)* sellador *m*

sealing ['siːlɪŋ] *n (hunting of seals)* caza *f* de focas

sealing-wax ['siːlɪŋwæks] *n* lacre *m*

sealskin ['siːlskɪn] *n* piel *f* de foca ❑ **~ coat/hat** abrigo *m*/gorro *m* de (piel de) foca

seam [siːm] ◇ *n* **-1.** *(of garment)* costura *f*; *(in metalwork)* unión *f*, juntura *f*; **to be coming apart at the seams** *(clothing)* estar descosiéndose; *(plan, organization)* estar desmoronándose **-2.** *(of coal)* filón *m*, veta *f*
◇ *vt (garment)* coser; *(plastic, metal, wood)* juntar

seaman ['siːmən] *n* **-1.** *(sailor)* marino *m* **-2.** *(in US Navy)* marinero *m* de primera

seamanlike ['siːmənlaɪk] *adj* de buen marinero

seamanship ['siːmənʃɪp] *n* **-1.** *(art)* navegación *f* **-2.** *(of person)* habilidad *f* para la navegación

seamless ['siːmlɪs] *adj* **-1.** *(stocking)* sin costura; *(metal tube)* de una pieza **-2.** *(transition, changeover)* perfecto(a)

seamlessly ['siːmlɪslɪ] *adv* a la perfección

seamstress ['siːmstrɪs] *n* costurera *f*

seamy ['siːmɪ] *adj* sórdido(a)

seance ['seɪɒns] *n* sesión *f* de espiritismo

seaplane ['siːpleɪn] *n* hidroavión *m*

seaport ['siːpɔːt] *n* puerto *m* de mar

sear [sɪə(r)] *vt* **-1.** *(skin)* quemar, abrasar; *(meat, fish)* brasear, dorar (a fuego vivo); **the image was seared on his memory** la imagen le quedó grabada a fuego en la memoria **-2.** *(wither)* marchitar

➤ **sear through** *vt insep (metal, wall)* cortar con calor; **the pain seared through her** el dolor la atravesaba

search [sɜːtʃ] ◇ *n* **-1.** *(hunt)* búsqueda *f* **(for** de); **to be in ~ of** ir en búsqueda *or* busca de; **he went in ~ of food** fue a buscar comida; **to make a ~ of the area** rastrear la zona; **a ~ and rescue operation** una operación de búsqueda y rescate ❑ **~ party** equipo *m* de búsqueda
-2. *(by police, customs)* registro *m*; **the police made a thorough ~ of the offices** la policía registró minuciosamente las oficinas ❑ **~ warrant** orden *f* de registro
-3. COMPTR búsqueda *f*; **to do a ~** hacer una búsqueda; **to do a ~ for sth** buscar algo ❑ **~ engine** *(for Web)* motor *m or* página *f* de búsqueda
◇ *vt* **-1.** *(person, place, bags)* registrar **(for** en búsqueda de); *(records)* revisar, examinar; *(conscience)* examinar; **~ your memory and see if you can remember her name** haz memoria a ver si consigues recordar su nombre; **we've searched the whole house for the keys** hemos revisado toda la casa buscando las llaves; **she searched her bag for a comb** buscó un peine en el bolso; **the spectators were searched before they were let in** registraron a los espectadores antes de dejarlos entrar; **I searched her face for some sign of emotion** busqué en su rostro alguna señal de que sentía algo; IDIOM *Fam* **~ me!** ¡ni idea!, ¡yo qué sé!
-2. COMPTR **to ~ for a file in a directory** buscar un archivo en un directorio
◇ *vi* **-1.** *(hunt)* buscar; **to ~ for sth** buscar algo; **to ~ after the truth** buscar la verdad **-2.** COMPTR **~ and replace** buscar y reemplazar

➤ **search out** *vt sep* **-1.** *(look for)* intentar encontrar a **-2.** *(find)* encontrar, descubrir

➤ **search through** *vt insep (drawer, pockets, case, documents)* buscar en; *(records)* examinar, revisar

searcher ['sɜːtʃə(r)] *n* miembro *m* de una partida de rescate

searching ['sɜːtʃɪŋ] *adj* **-1.** *(question)* penetrante; *(exam)* exigente **-2.** *(gaze)* escrutador(ora); *(look)* penetrante, inquisidor(ora)

searchingly ['sɜːtʃɪŋlɪ] *adv* **-1.** *(to question)* de manera incisiva **-2.** *(to stare)* con mirada escrutadora

searchlight ['sɜːtʃlaɪt] *n* reflector *m*

searing ['sɪərɪŋ] *adj* **-1.** *(pain)* punzante; *(heat)* abrasador(ora) **-2.** *(criticism, indictment)* incisivo(a) **-3.** *(very fast)* **a ~ run** una carrera imparable

seascape ['siːskeɪp] *n* ART marina *f*

seashell ['siːʃel] *n* concha *f* (marina)

seashore ['siːʃɔː(r)] *n* orilla *f* del mar; **on the ~** a la orilla del mar, junto al mar

seasick ['siːsɪk] *adj* **to be ~** estar mareado(a); **to get ~** marearse

seasickness ['siːsɪknɪs] *n* mareo *m* (en barco); **she suffers from ~** se marea en los barcos

seaside ['siːsaɪd] *n* playa *f*; **we spent the afternoon at the ~** pasamos la tarde en la playa; **we live by** *or* **at the ~** vivimos al lado de *or* en la playa; **a ~ holiday** vacaciones en el mar ❑ **~ resort** centro *m* turístico costero; **~ town** pueblo *m* costero *or* de la costa

season[1] ['siːzən] *n* **-1.** *(period of year)* estación *f*; **Season's Greetings** Felices Fiestas
-2. *(for sport, plants, activity)* temporada *f*; **the tourist ~** la temporada turística; **the holiday ~** las vacaciones; *Br* **the football ~** la temporada de fútbol; **the raspberry ~** la época de las frambuesas; **the Christmas ~** las Navidades; **in ~** *(of food)* en temporada; *(of animal)* en celo; **out of ~** *(of food)* fuera de temporada; **the high/low ~** *(for tourism)* la temporada alta/baja ❑ **~ ticket** abono *m*; **~ ticket holder** titular *mf* de un abono, abonado(a) *m,f*
-3. *(of movies)* ciclo *m*; *(for show, actor)* temporada *f*

season[2] *vt* **-1.** *(food)* condimentar, sazonar; *(with salt and pepper)* salpimentar; **~ to taste** condimentar a gusto **-2.** *(wood)* curar **-3.** *(intersperse)* **his speech was seasoned with witty remarks** intercaló comentarios ingeniosos en su discurso

seasonable ['siːzənəbəl] *adj* **-1.** *(appropriate to season)* **~ weather** tiempo propio de la época **-2.** *(help, advice)* oportuno(a)

seasonal ['siːzənəl] *adj (changes)* estacional; *(work, crop)* de temporada ❑ **~ adjustment** fluctuación *f* estacional ajuste *m* estacional; MED **~ affective disorder** trastorno *m* afectivo estacional; **seasonal unemployment** desempleo *m* estacional; **~ worker** temporero(a) *m,f*, trabajador(ora) *m,f* temporero(a)

seasonally ['siːzənəlɪ] *adv* **~ adjusted figures** cifras corregidas estacionalmente

seasoned ['siːzənd] *adj* **-1.** *(food)* condimentado(a), sazonado(a) **-2.** *(wood)* curado(a) **-3.** *(person)* experimentado(a); **a ~ soldier** un soldado veterano

seasoning ['siːzənɪŋ] *n* **-1.** CULIN condimento *m* **-2.** *(of wood)* curación *f*

seat [siːt] ◇ *n* **-1.** *(chair)* (on bus, train, plane) asiento *m*; *(on bicycle)* asiento *m*, sillín *m*; *(in theatre, cinema)* butaca *f*; *(in stadium)* localidad *f*, asiento *m*; **there are no seats left for tonight's screening** no quedan asientos para la proyección de esta noche; **to have** *or* **take a ~** tomar asiento, sentarse; *Formal* **please take your seats for dinner** tengan a bien sentarse para disfrutar de la cena; **please stay in your seats** por favor, permanezcan en sus asientos ❑ **~ belt** cinturón *m* de seguridad
-2. *(part) (of chair, toilet)* asiento *m*; *(of trousers)* parte *f* del trasero; IDIOM **to do sth by the ~ of one's pants** hacer algo intuitivamente
-3. *(in legislature)* escaño *m*; **he kept/lost his ~** perdió/mantuvo su escaño
-4. *Br (constituency)* circunscripción *f* electoral
-5. *(on committee)* lugar *m*, puesto *m*; **to have a ~ on the board** ser miembro del consejo de administración
-6. *(centre) (of government)* sede *f*; *(of disease, infection)* foco *m*; **a ~ of learning** un centro de enseñanza
-7. *Euph (buttocks)* trasero *m*
-8. *(manor)* **(country) ~** *(of aristocrat)* casa *f* de campo
◇ *vt* **-1.** *(cause to sit)* sentar; **to remain**

seated permanecer sentado(a); *Formal* **please be seated** por favor, tome asiento **-2.** *(accommodate)* **the bus seats thirty** el autobús tiene capacidad *or* cabida para treinta pasajeros sentados; **this table seats twelve** en esta mesa caben doce personas **-3.** *(valve)* asentar

seatback ['siːtbæk] *n* respaldo *m* del asiento

-seater [-'siːtə(r)] *suffix* **two/four~** *(car)* para dos/cuatro personas

seating ['siːtɪŋ] *n (seats)* asientos *mpl*; **there's ~ for 300 in the hall** el salón tiene capacidad para 300 personas ❑ **~ accommodation** asientos *mpl*; **~ capacity** *(of cinema, stadium)* aforo *m (de personas sentadas); (on bus, plane)* número *m* de plazas (sentadas); **~ plan** *(in theatre)* plano *m* de ubicación de los asientos; *(at table)* plano *m* de ubicación de los comensales

SEATO ['siːtəʊ] *n Formerly (abbr* **Southeast Asia Treaty Organization)** OTASE *f*

seatwork ['siːtwɜːk] *n US* actividad *f* de pupitre

seaward ['siːwəd] *adj* **in a ~ direction** en dirección al mar; **there was a strong ~ wind** soplaba un viento fuerte del mar

seaward(s) ['siːwəd(z)] *adv* hacia el mar

seawater ['siːwɔːtə(r)] *n* agua *f* de mar

seaway ['siːweɪ] *n* ruta *f* marítima

seaweed ['siːwiːd] *n* algas *fpl* marinas; **a piece of ~** un alga

seaworthiness ['siːwɜːðɪnɪs] *n* condiciones *fpl* para la navegación

seaworthy ['siːwɜːðɪ] *adj (ship)* en condiciones de navegar

sebaceous [sɪ'beɪʃəs] *adj* BIOL sebáceo(a) ❑ ANAT **~ gland** glándula *f* sebácea

SEC [esiː'siː] *n (abbr* **Securities and Exchange Commission)** = comisión del mercado de valores estadounidense

sec ❑ *(abbr* **seconds)** s.

❑ *n* [sek] *Fam (moment)* **just a ~!** ¡un momentín!

SECAM ['siːkæm] *n (abbr* **séquentiel couleur à mémoire)** SECAM *m*

secant ['siːkənt] *n* GEOM secante *f*

secateurs [sekə'tɜːz] *npl* podadera *f*, tijeras *fpl* de podar

secede [sɪ'siːd] *vi* escindirse, separarse **(from de)**

secession [sɪ'seʃən] *n* secesión *f*, escisión *f*

secessionist [sɪ'seʃənɪst] ❑ *n* secesionista *mf*
❑ *adj* secesionista

seclude [sɪ'kluːd] *vt* retirar, apartar; **to ~ oneself (from)** aislarse (de)

secluded [sɪ'kluːdɪd] *adj (place)* apartado(a), retirado(a); *(life)* solitario(a)

seclusion [sɪ'kluːʒən] *n* **-1.** *(state)* retiro *m*; **to live in ~** vivir recluido(a) **-2.** *(act)* reclusión *f*

second¹ ['sekənd] *n* **-1.** *(unit of time)* segundo *m*
❑ **~ hand** *(of clock)* segundero *m* **-2.** *(moment)* segundo *m*, momento *m*; **I won't be a ~** no tardo *or Am* demoro nada; **I'll be with you in a ~** estaré contigo en un segundo *or* momento; **just** *or* **half a ~** un segundo, un momento **-3.** MATH segundo *m*

second² ❑ *n* **-1.** *(in series)* segundo(a) *m,f*; **she was ~** quedó (en) segunda (posición) ❑ **~ in command** segundo de a bordo; MIL **~ strike** respuesta *f* nuclear
-2. *(of month)* **the ~ of May** el dos de mayo; **we're leaving on the ~** nos marchamos el (día) dos
-3. COM **seconds** *(defective goods)* artículos *mpl* defectuosos
-4. SPORT **seconds** *(second team)* segundo equipo *m*
-5. *(in duel)* padrino *m*; *(in boxing)* cuidador(ora) *m,f*; **seconds out, round three!** ¡segundos fuera, tercer asalto!
-6. *Br* UNIV **to get an upper ~** *(in degree)* = licenciarse con la segunda nota más alta en la escala de calificaciones; **to get a lower ~** *(in degree)* = licenciarse con una nota media
-7. *(second gear)* segunda *f*; **in ~** en segunda
-8. *Fam (at meal)* **anyone for seconds?** ¿alguien quiere repetir?
❑ *adj* segundo(a); **the 2nd century** *(written)* el siglo II; *(spoken)* el siglo dos *or* segundo; **twenty-~** vigésimo segundo(a), vigésimo-segundo(a); **would you like a ~ helping?** ¿quieres repetir?; **the ~ largest city in the world** la segunda ciudad más grande del mundo; **this is your ~ offence** es la segunda vez que cometes un delito; **I don't want to have to tell you a ~ time** no me gustaría tener que decírtelo otra vez; **a ~ Picasso** un nuevo Picasso; **every ~ child** uno de cada dos niños; **to be ~ to none** no tener rival; **~ only to...** sólo superado(a) por...; **on ~ thoughts** pensándolo bien; **to have ~ thoughts (about sth)** tener alguna duda (sobre algo); **to do sth without a ~ thought** hacer algo sin pensárselo dos veces; IDIOM **to play ~ fiddle to sb** hacer de comparsa de alguien; **lying is ~ nature to her** las mentiras le salen automáticamente, mentir es algo natural en ella; *Fig* **to take ~ place (to sb)** quedar por debajo (de alguien); IDIOM **she got her ~ wind** le entraron energías renovadas, se recuperó
❑ **~ ballot** segunda *f* votación; **~ base** *(in baseball) (place)* segunda base *f*; *(player)* segunda base *mf*; **~ chance** segunda oportunidad *f*; *Euph* **~ childhood** senilidad *f*; **~ class** *(on train)* segunda *f* (clase *f*); *(for mail)* = en el Reino Unido, tarifa postal de segunda clase, más barata y lenta que la primera; REL **the Second Coming** el Segundo Advenimiento; **~ cousin** primo(a) *m,f* segundo(a); **~ eleven** *(in soccer, cricket)* segundo equipo *m*; **~ floor** *Br* segundo piso *m*; *US* primer piso *m*; AUT **~ gear** segunda *f* (marcha *f*); SPORT **~ half** segunda parte *f*; **~ home** segunda vivienda *f*; **~ language** segunda lengua *f*; **~ leg** *(return match)* partido *m* de vuelta; MIL **~ lieutenant** alférez *mf*; **~ name** apellido *m*; **~ opinion** segunda opinión *f*; GRAM **~ person** segunda persona *f*; **in the ~ person** en segunda persona; **~ row** *(in rugby)* segunda línea *f*; **~ row forward** *(in rugby)* segunda línea *f* de delanteros; **~ sight** clarividencia *f*; SPORT **~ team** segundo equipo *m*; CIN **~ unit** segunda unidad *f*; **Second Vatican Council** concilio *m* Vaticano II; **~ violin** segundo violín *m*; **the Second World War** la Segunda Guerra Mundial; **~ year** *(at school, university)* segundo curso *m*; *(pupil, student)* estudiante *mf* de segundo curso
❑ *adv* **to come ~** *(in race, contest)* quedar segundo(a); **his job comes ~ to his family** su familia le importa más que su trabajo; **you go ~!** ¡tú segundo!; **first, I don't want to and ~, I can't** en primer lugar, no quiero, y en segundo (lugar), no puedo

second³ *vt (motion, speaker)* secundar; **I'll ~ that!** ¡apoyo la moción!

second⁴ [sɪ'kɒnd] *vt (officer, employee)* trasladar temporalmente; **to be seconded** ser trasladado(a)

secondary ['sekəndərɪ] *adj* **-1.** *(less important)* secundario(a); **to be ~ to sth** ser menos importante que algo; **this issue is of ~ importance** este asunto es de importancia secundaria ❑ GEOL **~ era** secundario *m*; **~ glazing** doble ventana *f*; *Br* **~ picketing** = piquete que actúa contra una compañía que sigue trabajando con la compañía cuyos trabajadores están en huelga; **~ road** carretera *f* secundaria; GRAM **~ stress** acento *m* secundario
-2. EDUC *(teacher, student)* de enseñanza secundaria ❑ **~ education** enseñanza *f* secundaria; *Br Formerly* **~ modern (school)** = instituto de enseñanza secundaria con énfasis en conocimientos técnicos; **~ school** instituto *m* (de enseñanza secundaria); **~ school teacher** profesor(ora) *m,f* de enseñanza secundaria
-3. *(industry)* manufacturero(a) **-4.** MED secundario(a)

second-best ['sekənd'best] ❑ *n* segunda opción *f*; **to be content with ~** conformarse con una segunda opción
❑ *adj* **my ~ suit** mi segundo mejor traje
❑ *adv* **to come off ~** caer derrotado(a)

second-class ['sekənd'klɑːs] ❑ *adj* **-1.** *Br (ticket, carriage)* de segunda (clase)
-2. *(postage)* **~ mail** = en el Reino Unido, servicio postal de segunda clase, más barato y lento que la primera clase; **~ stamp** = en el Reino Unido, sello *or Am* estampilla correspondiente a la tarifa postal de segunda clase
-3. *Br* UNIV *(degree)* = con la segunda o tercera calificación posible; **to get an upper ~ degree** = licenciarse con la segunda nota más alta en la escala de calificaciones; **to get a lower ~ degree** = licenciarse con una nota media
-4. *(inferior)* de segunda ❑ **~ citizen** ciudadano(a) *m,f* de segunda (clase)
❑ *adv* **-1.** *Br (on train)* **to travel ~** viajar en segunda **-2.** *(for mail)* **to send a letter ~** enviar una carta utilizando la tarifa postal de segunda clase

second-degree ['sekənddɪ'griː] *adj* **-1.** MED *(burns)* de segundo grado **-2.** *US* LAW *(murder)* en segundo grado, sin premeditación

seconder ['sekəndə(r)] *n* **the ~ of a motion** la persona que secunda una moción

second-generation ['sekənddʒenə'reɪʃən] *adj* **-1.** *(immigrant)* de segunda generación **-2.** *(computer)* de segunda generación

second-guess ['sekənd'ges] *vt* **-1.** *(predict)* predecir, anticiparse a **-2.** *esp US (criticize after the event)* criticar a posteriori

second-hand ['sekənd'hænd] ❑ *adj* **-1.** *(car, clothes, book)* usado(a), de segunda mano ❑ **~ bookshop** *or* **bookstore** librería *f* de lance *or* de ocasión; **~ shop** tienda *f* de artículos usados *or* de segunda mano **-2.** *(news, information)* de segunda mano
❑ *adv* **-1.** *(buy)* de segunda mano **-2.** *(indirectly)* **to hear news ~** enterarse de una noticia a través de terceros

secondly ['sekəndlɪ] *adv* en segundo lugar

secondment [sɪ'kɒndmənt] *n* **to be on ~ (to)** estar trasladado(a) temporalmente (a); *(in civil service, government department)* estar en comisión de servicios (en)

second-rate ['sekənd'reɪt] *adj* de segunda (categoría)

second-string ['sekənd'strɪŋ] *adj* suplente, reserva

secrecy ['siːkrɪsɪ] *n* confidencialidad *f*; **in ~** en secreto; **I was told in the strictest ~** me lo contaron con total confidencialidad; **to swear sb to ~** hacer jurar a alguien que guardará el secreto; REL **the ~ of the confessional** el secreto de confesión

secret ['siːkrɪt] ❑ *n* **-1.** *(information kept hidden)* secreto *m*; **to unlock the secrets of nature** desentrañar los secretos de la naturaleza; **to do sth in ~** hacer algo en secreto; **it's no ~ that she doesn't like him** no es ningún secreto que a ella él no le gusta; **I have no secrets from her** con ella no tengo secretos; **can you keep a ~?** ¿sabes *or* puedes guardar un secreto?; **to let sb into a ~** revelar *or* contar un secreto a alguien; **she makes no ~ of her hatred of him** no oculta su odio por él; **this information must remain a ~** esta información debe permanecer en secreto
-2. *(explanation)* secreto *m*, clave *f*; **the ~ of her success** el secreto *or* la clave de su éxito
❑ *adj* secreto(a); **you have a ~ admirer** tienes un admirador secreto; **to keep sth ~ from sb** ocultar algo a alguien ❑ **~ agent** agente *mf* secreto(a); **~ ballot** voto *m* secreto; **~ police** policía *f* secreta; **the Secret Service** los servicios secretos; *also Fig* **~ weapon** arma *f* secreta

secretaire [sekrɪ'teə(r)] *n* cómoda *f*, bureau *m*, *Arg* secretaire *m*

secretarial [sekrə'teərɪəl] *adj (work)* administrativo(a) ❑ **~ college** escuela *f* de secretariado; **~ course** curso *m* de secretariado; **~ skills** técnicas *fpl* de secretaria

secretariat [sekrɪ'teərɪət] *n* POL secretaría *f*

secretary ['sekrətrɪ] *n* **-1.** *(in office)* secretario(a) *m,f* **-2.** POL ministro(a) *m,f* ❑ *US* **Secretary of State** secretario(a) *m,f* de

Estado; *Br* **the Secretary of State for Employment** el ministro de Trabajo; *Br* **the Secretary of State for Transport** el ministro de Transportes **-3.** ZOOL ~ **bird** secretario *m*

secretary-general ['sekrətrɪ'dʒenərəl] *n* POL secretario(a) *m,f* general

secrete [sɪ'kri:t] *vt* **-1.** *(discharge)* secretar, segregar **-2.** *Formal (hide)* ocultar

secretion [sɪ'kri:ʃən] *n* **-1.** *(discharge)* secreción *f* **-2.** *Formal (act of hiding)* ocultamiento *m*

secretive ['si:krɪtɪv] *adj* reservado(a); **to be ~ about sth** ser reservado(a) respecto a algo

secretively ['si:krɪtɪvlɪ] *adv (to behave)* muy en secreto

secretiveness ['si:krɪtɪvnɪs] *n* reserva *f*, hermetismo *m*

secretly ['si:krɪtlɪ] *adv* en secreto; **I ~ agreed with her** aunque no lo dijera, yo estaba de acuerdo con ella

sect [sekt] *n* secta *f*

sectarian [sek'teərɪən] *adj* sectario(a)

sectarianism [sek'teərɪənɪzəm] *n* sectarismo *m*

section ['sekʃən] <> *n* **-1.** *(part)* sección *f*; *(of book, exam)* parte *f*; *(of road)* tramo *m*; *(of orange)* gajo *m*; **~ B, paragraph 2** *(in report)* sección B, párrafo 2; **the sports ~** *(of newspaper)* la sección de deportes; MUS **the brass/string ~** la sección de metal/cuerda; **the shelves come in easy-to-assemble sections** los estantes vienen en partes de fácil montaje; **all sections of society** todos los sectores de la sociedad **-2.** *(department)* sección *f*; **the children's ~** *(in shop, library)* la sección de niños **-3.** GEOM sección *f* **-4.** MED sección *f* <> **-5.** MIL pelotón *m*
<> *vt* **-1.** *(cut)* seccionar **-2.** *Br (place in psychiatric hospital)* internar en un psiquiátrico

◆ **section off** *vt sep (of police)* acordonar

sectional ['sekʃənəl] *adj* **-1.** *(interests)* particular; *(rivalries)* entre facciones **-2.** GEOM **a ~ drawing** una sección, un corte **-3.** *(furniture)* modular

sector ['sektə(r)] *n* **-1.** *(part)* sector *m*; **whole sectors of society live below the poverty line** sectores enteros de la sociedad se encuentran por debajo del umbral de la pobreza **-2.** ECON sector *m*; **public/private ~** sector público/privado **-3.** COMPTR sector *m* **-4.** MIL sector *m* **-5.** GEOM sector *m*

sectoral ['sektərəl] *adj* ECON sectorial

secular ['sekjʊlə(r)] *adj* **-1.** *(history, art)* secular; *(music)* profano(a); *(education)* laico(a) **-2.** *(life, priest)* seglar

secularism ['sekjʊlərɪzəm] *n* secularismo *m*, laicismo *m*

secularize, -ise ['sekjʊləraɪz] *vt* secularizar

secure [sɪ'kjʊə(r)] <> *adj* **-1.** *(free from anxiety)* seguro(a); **to be financially ~** tener seguridad económica; **~ in the knowledge that...** con la conciencia tranquila sabiendo que...
-2. *(safe) (investment, place, borders)* seguro(a) ❏ COMPTR **~ electronic transaction** transacción *f* electrónica segura; COMPTR **~ server** servidor *m* seguro; *Br* **~ unit** *(for offenders)* = en una cárcel o centro de detención, unidad dotada de medidas de seguridad especiales
-3. *(assured) (future, victory)* asegurado(a); **the third goal meant victory was ~** el tercer gol aseguró la victoria
-4. *(firm) (foothold)* seguro(a); *(foundations)* firme, seguro(a); **all the windows are ~** todas las ventanas están bien cerradas; **to make sth ~** asegurar algo

<> *vt* **-1.** *(make safe) (area)* proteger; **we did everything we could to ~ the boat against or from the storm** hicimos todo lo posible por poner el bote a salvo de la tormenta
-2. *(guarantee) (future, victory)* asegurar
-3. *(fasten) (load)* asegurar, afianzar; *(door, window)* cerrar bien; **~ the ladder against the wall first** asegura primero la escalera contra la pared
-4. *(obtain) (support, promise, loan)* conseguir;

(majority) conseguir; **to ~ sb's release** lograr la liberación de alguien
-5. *(debt, loan)* garantizar

secured [sɪ'kjʊəd] *adj (debt, loan)* garantizado(a) ❏ **~ bond** bono *m* hipotecario *or* con garantía

securely [sɪ'kjʊəlɪ] *adv* **-1.** *(safely)* a buen recaudo **-2.** *(firmly)* firmemente; **the door was ~ fastened** la puerta estaba firmemente cerrada; **make sure your seatbelts are ~ fastened** asegúrense de que los cinturones de seguridad estén bien abrochados

security [sɪ'kjʊərɪtɪ] *n* **-1.** *(safety)* seguridad *f*; **terrorism is a threat to national ~** el terrorismo representa una amenaza para la seguridad nacional ❏ **Security Council** Consejo *m* de Seguridad; **~ risk** peligro *m* para la seguridad del Estado *(persona)*
-2. *(police measures, protection)* seguridad *f*; **there was tight ~ for the President's visit** para la visita del presidente se extremaron las medidas de seguridad ❏ **~ alarm** alarma *f (de seguridad)*; **~ alert** alerta *f* de seguridad; **~ firm** empresa *f* de seguridad; **~ forces** fuerzas *fpl* de seguridad, fuerzas *fpl* del orden (público); **~ guard** guarda *mf* jurado(a); **~ leak** filtración *f* de información secreta; **~ measures** medidas *fpl* de seguridad; **~ officer** agente *mf* de seguridad; **~ system** sistema *m* de seguridad
-3. *(department)* (departamento *m* de) seguridad *f*; **please call ~** por favor, llame a seguridad
-4. *(emotional, financial, in job)* seguridad *f*, tranquilidad *f* ❏ **~ blanket** = objeto que proporciona sensación de seguridad a un niño; **~ of tenure** *(in employment)* seguridad *f* en el cargo; *(in residence)* seguridad *f* de posesión
-5. FIN *(for loan)* garantía *f*, aval *m*; **to stand ~ for sb** avalar a alguien
-6. FIN **securities** valores *mpl* ❏ **Securities and Exchange Commission** = comisión del mercado de valores estadounidense; **securities market** mercado *m* de valores

secy *(abbr* **secretary)** secretario(a) *m,f*

sedan [sɪ'dæn] *n* **-1.** *US* AUT turismo *m* **-2.** HIST **~ (chair)** silla *f* de manos

sedate [sɪ'deɪt] <> *adj* sosegado(a), tranquilo(a)
<> *vt* sedar; **he's heavily sedated** le han administrado un sedante muy fuerte

sedately [sɪ'deɪtlɪ] *adv* sosegadamente

sedation [sɪ'deɪʃən] *n* sedación *f*; **under ~** sedado(a)

sedative ['sedətɪv] <> *n* sedante *m*
<> *adj* sedante

sedentary ['sedəntrɪ] *adj* sedentario(a)

sedge [sedʒ] *n* BOT juncia *f* ❏ **~ warbler** carricerín *m*

sediment ['sedɪmənt] *n* **-1.** *(of wine)* poso *m*; *(in tank)* sedimento *m* **-2.** GEOL sedimento *m*

sedimentary [sedɪ'mentərɪ] *adj* GEOL sedimentario(a)

sedimentation [sedɪmen'teɪʃən] *n* sedimentación *f*

sedition [sɪ'dɪʃən] *n* sedición *f*

seditious [sɪ'dɪʃəs] *adj* sedicioso(a)

seduce [sɪ'dju:s] *vt* **-1.** *(sexually)* seducir **-2.** *(attract)* seducir, atraer; **to ~ sb into doing sth** inducir a alguien a hacer algo; **he was seduced by the large salary** lo que lo sedujo *or* atrajo fue el altísimo sueldo; **she was seduced away from the company** la sedujeron para que dejara la empresa

seducer [sɪ'dju:sə(r)] *n* seductor(ora) *m,f*

seduction [sɪ'dʌkʃən] *n* **-1.** *(sexual)* seducción *f* **-2.** *(attraction)* atractivo *m*

seductive [sɪ'dʌktɪv] *adj (person, smile, dress)* seductor(ora); **a ~ offer** una oferta tentadora

seductively [sɪ'dʌktɪvlɪ] *adv* seductoramente

seductiveness [sɪ'dʌktɪvnɪs] *n (of person, smile)* poder *m* de seducción; *(of offer)* lo atrayente, lo tentador

seductress [sɪ'dʌktrɪs] *n* seductora *f*

sedulous ['sedjʊləs] *adj Formal* diligente, afanoso(a)

sedulously ['sedjʊləslɪ] *adv Formal* con diligencia *or* aplicación

see¹ [si:] *n* REL sede *f* (episcopal)

see² *(pt* **saw** [sɔ:], *pp* **seen** [si:n]) <> *vt* **-1.** *(with eyes, perceive)* ver; **to ~ sb do** *or* **doing sth** ver a alguien hacer algo; **I saw the train leave at six thirty** vi salir el tren a las seis y media; **did you ~ that programme last night?** ¿viste anoche ese programa?; **you were seen near the scene of the crime** te vieron cerca del escenario del crimen; **I don't want to be seen in her company** no quiero que me vean en compañía suya; **there wasn't a single tree to be seen** no se veía ni un solo árbol; **children should be seen and not heard** los niños tienen que estarse callados; **we don't want to be seen to be giving in to their demands** no queremos que parezca que cedemos a sus demandas; **now ~ what you've done!** ¡mira lo que has hecho!; **I ~ you've got a new motorbike** ya he visto que tienes una moto nueva; **to ~ the sights** hacer turismo; **~ page 50** ver *or* véase pág. 50; *Fam* **you ain't seen nothing yet!** ¡y esto no es nada!; **to be seeing things** *(hallucinate)* ver visiones; **it has to be seen to be believed** hay que verlo para creerlo; **I could ~ it coming** lo veía *or* se veía venir; *Fam* **he must have seen you coming** *(he tricked you)* te debe haber visto la cara, *Esp* te ha debido camelar; **he's a very straightforward person, what you ~ is what you get** es una persona muy directa, no engaña; **when will we ~ an end to this conflict?** ¿cuándo veremos el final de este conflicto?; **to ~ the future** ver el futuro; IDIOM **to ~ sense** *or* **reason** atender a razones; **I can't ~ any** *or* **the sense in continuing this discussion** creo que no tiene sentido continuar esta discusión; **I can't ~ a way out of this problem** no le veo solución a este problema; **could you ~ your way (clear) to lending me the money?** ¿crees que podrías prestarme el dinero?
-2. *(understand)* ver, entender; **I don't ~ the joke** no le veo la gracia; **I ~ what you mean** ya veo lo que quieres decir; **I don't ~ the need for...** no veo qué necesidad hay de...; **I don't ~ the point** no creo que tenga sentido; **they think it's great, but I don't ~ it, myself** dicen que es genial, pero no acabo de ver por qué; **I don't ~ why not** no veo por qué no; **now I can ~ her for what she really is** ahora veo lo que realmente es
-3. *(consider, interpret)* ver; **as I ~ it** tal como lo veo yo; **this is how I ~ it** yo lo veo así; **we don't ~ them as a threat** no los consideramos una amenaza; **I don't ~ myself as clever** no me considero inteligente; **his behaviour must be seen against a background of abuse** hay que ver su comportamiento en el contexto de los abusos que ha sufrido
-4. *(envisage, imagine)* creer, imaginarse; **what do you ~ happening next?** ¿qué crees que ocurrirá a continuación?; **I can't ~ them/myself accepting this** no creo que vayan/vaya a aceptar esto; **I can't ~ you as a boxer** no te imagino como *or* de boxeador
-5. *(find out)* **go and ~ who's at the door** ve a ver quién está llamando; **I'll ~ how it goes** ya veré cómo me va; **I'll ~ what I can do** veré qué puedo hacer; **let's ~ what happens if...** veamos qué ocurre si...; **it remains to be seen whether...** está por ver si...
-6. *(like)* **I don't know what you ~ in her** no sé qué ves en ella
-7. *(make sure)* **I shall ~ (to it) that he comes** me encargaré de que venga; **~ (to it) that you don't miss the train!** ¡asegúrate de no perder el tren!; *Fam* **he'll ~ you (all) right** él te echará una mano
-8. *(meet) (person)* ver; *(doctor, solicitor)* ver, visitar; **I'm seeing Bill tomorrow** mañana voy a ver a Bill; **to ~ sb about sth** ver a alguien para hablar de algo; **they've been seeing a lot of each other lately** se han visto mucho últimamente; **~ you (later)!**,

seed

I'll be seeing you! ¡hasta luego!; ~ you soon! ¡hasta pronto!; ~ you tomorrow! ¡hasta mañana!
-9. *(have relationship with)* salir con
-10. *(escort, accompany)* acompañar; **to ~ sb home/to the door** acompañar a alguien a casa/a la puerta
-11. *(witness)* **1945 saw the end of the war** la guerra finalizó en 1945; **these years saw many changes** estos años fueron testigos de muchos cambios; **I've seen it all before** estoy curado de espanto
-12. *(in cards)* ver; **I'll ~ you** las veo
◇ *vi* **-1.** *(with eyes)* ver; **to ~ in the dark** ver en la oscuridad; **as far as the eye can ~** hasta donde alcanza la vista; **~, I told you!** ¡ves, ya te lo dije!; **~ for yourself** míralo tú mismo; **you can ~ for yourself how easy it is** ya verás tú mismo qué fácil es; **so I ~** ya lo veo; **we shall ~** ya veremos
-2. *(understand)* entender, ver; **as far as I can ~** a mi entender; **ah, I ~!** ¡ah, ya veo!; **I won't be able to come — I ~** no podré venir — ya veo; **I'm diabetic, you ~** soy diabético, ¿sabes?
-3. *(examine, consider)* **let me ~, let's ~** veamos, vamos a ver; **can we go to the beach? — we'll ~** ¿podemos ir a la playa? — ya veremos
-4. *(find out)* **I'll go and ~** voy a ver; **I'll ~ if anyone knows** voy a ver si alguien lo sabe; **I'll get my own back, you'll ~!** ¡ya me desquitaré, ya verás!

◆ **see about** *vt insep* **-1.** *(deal with)* encargarse *or* ocuparse de **-2.** *(consider)* ver, pensar; *Fam* **we'll (soon) ~ about that!** ¡eso está por ver!

◆ **see around** ◇ *vt insep (have a look around)* recorrer, ver
◇ *vt sep* **I haven't been introduced to her, but I've seen her around** no me la han presentado, aunque la he visto por ahí; *Fam* **(I'll) ~ you around!** ¡nos vemos!

◆ **see in** *vt sep (escort inside)* acompañar adentro; **to ~ the New Year in** recibir el Año Nuevo

◆ **see off** *vt sep* **-1.** *(say goodbye to)* despedir **-2.** *(chase away)* ahuyentar; *(in fight)* deshacerse de **-3.** *(defeat)* derrotar; *(challenge, threat)* superar

◆ **see out** *vt sep* **-1.** *(escort to door)* acompañar a la puerta; **I'll ~ myself out** ya conozco el camino (de salida), gracias
-2. *(survive)* aguantar; **it is unlikely that they will ~ the year out** es muy poco probable que aguanten todo el año

◆ **see over** *vt insep (view)* visitar, examinar

◆ **see through** ◇ *vt sep* **-1.** *(project)* **to ~ sth through** participar hasta el final **-2.** *(help)* **to ~ sb through sth** ayudar a alguien a pasar algo
◇ *vt insep (not be deceived by) (person)* ver las intenciones de; **I can ~ through your lies** tus mentiras no me engañan

◆ **see to** *vt insep (deal with)* ocuparse de; *(customer)* atender a; **to get sth seen to** hacer que alguien se ocupe de algo; **you should get that leg seen to** deberías ir a que te vieran la pierna; **I'll ~ to it that you're not disturbed** me aseguraré *or* encargaré de que nadie te moleste

seed [si:d] ◇ *n* **-1.** *(for sowing)* semilla *f*; *(of fruit)* pepita *f*; **the price of ~** el precio de las semillas; **to go** *or* **run to ~** *(plant)* granar; *(person)* venirse abajo, abandonarse ❏ **~ corn** simiente *f* de trigo; *Fig* inversión *f* de futuro; **~ merchant** vendedor *m* de semillas; **~ money** capital *m* inicial; **pearl ~** aljófar *m*; **~ pod** vaina *f*; **~ potatoes** *Esp* patatas *fpl or Am* papas *fpl* de siembra; **~ tray** semillero *m*, germinador *m*
-2. *(of doubt, suspicion, rebellion)* germen *m*; **to sow (the) seeds of discord/doubt** sembrar la discordia/duda
-3. SPORT *(in tournament)* cabeza *mf* de serie; **the top ~** el primer cabeza de serie
-4. *Literary (semen)* semilla *f*, semen *m*
-5. *Literary (offspring)* simiente *m*
◇ *vt* **-1.** *(lawn, field)* sembrar **(with** de) **-2.** *(remove seeds from)* despepitar **-3.** SPORT *(in tournament)* **seeded players/teams** jugadores/equipos seleccionados como cabezas de serie; **he's seeded 5** es el cabeza de serie número 5 **-4.** *(clouds)* dispersar
◇ *vi (plant)* dar semilla, granar
seedbed ['si:dbed] *n* semillero *m*
seedcake ['si:dkeɪk] *n* tarta *f* de carvis
seediness ['si:dɪnɪs] *n (of person, appearance, hotel)* lo zarrapastroso; *(of hotel)* lo cochambroso
seedless ['si:dlɪs] *adj* sin pepitas
seedling ['si:dlɪŋ] *n* plantón *m*
seedy ['si:dɪ] *adj* **-1.** *(shabby) (person, appearance)* zarrapastroso(a); *(hotel)* cochambroso(a); *(area)* abandonado(a), sórdido(a) **-2.** *Fam (unwell)* **to feel ~** estar malo(a) *or* pachucho(a) *or Col* maluco(a)
seeing ['si:ɪŋ] ◇ *n* IDIOM **~ is believing** ver para creer
◇ *conj Fam* **~ that** *or* **as** *or* **how...** en vista de que..., ya que...; **~ it's so simple, why don't you do it yourself?** ya que es tan sencillo, ¿por qué no lo haces tú mismo?
seeing-eye dog ['si:ɪŋaɪ'dɒg] *n US* perro *m* lazarillo
seeing-to ['si:ɪŋtu:] *n Br Fam* **to give sb a good ~** *(beat up)* dar una buena paliza a alguien; *(have sex with)* acostarse con alguien, cepillarse a alguien
seek [si:k] *(pt & pp* **sought** [sɔ:t]) ◇ *vt* **-1.** *(look for) (thing lost, job, solution)* buscar; *(friendship, promotion, approval)* buscar; **to ~ one's fortune** buscar fortuna; **he sought revenge on them** buscaba vengarse de ellos; **we sought shelter in a shop doorway** nos guarecimos en la puerta de una tienda
-2. *(request)* **to ~ sth from sb** pedir algo a alguien; **to ~ sb's help/advice** pedir ayuda/consejo a alguien
-3. *(try)* **to ~ to do sth** procurar hacer algo
-4. *(move towards)* buscar
◇ *vi* buscar; **to ~ after sth** ir en busca de algo

◆ **seek out** *vt sep (person, enemy)* ir en búsqueda *or* busca de; **he's all right, but I wouldn't ~ him out** *or* **~ out his company** no me cae mal pero tampoco me muero por verlo
seeker ['si:kə(r)] *n* buscador(ora) *m,f*
seem [si:m] *vi* parecer; **to ~ (to be) tired** parecer cansado(a); **she seemed tired to me** me pareció que estaba cansada; **do what seems best** haz lo que te parezca mejor; **it doesn't ~ right** no me parece bien; **he seemed like** *or* **as if he no longer cared** parecía que no le preocupara ya nada; **it seemed like a dream** parecía un sueño; **it seems like yesterday that...** parece que fue ayer cuando...; **I ~ to have dropped your vase** creo que he tirado tu jarrón; **I ~ to remember that...** creo recordar que...; **I ~ to have been chosen to do it** parece que me han elegido a mí para hacerlo; **I can't ~ to get it right** no consigo que me salga bien; **I know how this must ~, but...** ya sé lo que te va a parecer, pero...; **funny as it may ~...** aunque parezca extraño...; **he is not all he seems** no es lo que parece; **it seems (that** *or* **as if)..., it would ~ (that** *or* **as if)...** parece que...; **it seems likely that...** parece probable que...; **it seems to me that...** me parece que...; **it seems** *or* **would ~ so/not** parece que sí/no; **she's resigning, or so it seems** va a dimitir, o eso parece; **there seems** *or* **would ~ to be a problem** tengo la impresión de que hay un problema; **what seems to be the problem?** dígame, ¿cuál es el problema?
seeming ['si:mɪŋ] *adj* aparente
seemingly ['si:mɪŋlɪ] *adv* aparentemente; **~ so/not** aparentemente sí/no
seemliness ['si:mlɪnɪs] *n Formal* corrección *f*
seemly ['si:mlɪ] *adj Formal* correcto(a), apropiado(a)
seen *pp of* **see**

seep [si:p] *vi* **to ~ into sth** filtrarse en algo; **water was seeping through the cracks in the floor** el agua se filtraba por las grietas del piso

◆ **seep away** *vi* irse apagando *or* agotando

◆ **seep out** *vi* **-1.** *(blood, liquid)* brotar, manar; *(gas, smoke)* emanar **-2.** *(information, secret)* filtrarse
seepage ['si:pɪdʒ] *n* filtración *f*
seer [sɪə(r)] *n Literary* adivino(a) *m,f*, profeta *m*
seersucker ['sɪəsʌkə(r)] *n* sirsaca *f*
seesaw ['si:sɔ:] ◇ *n* balancín *m*, subibaja *m*; **a ~ motion** un balanceo *or* vaivén
◇ *vi (prices, mood)* fluctuar
seethe [si:ð] *vi* **-1.** *(liquid)* borbotar **-2.** *(person)* **to ~ (with anger)** estar a punto de estallar (de cólera) **-3.** *(teem)* bullir; **the streets seethed with shoppers** las calles bullían *or* eran un hervidero de gente haciendo compras
seething ['si:ðɪŋ] *adj* **-1.** *(angry)* furioso(a), colérico(a); **to be ~ (with anger)** estar a punto de estallar (de cólera) **-2.** *(teeming)* **a ~ mass of people** un hervidero de gente
see-through ['si:θru:] *adj* transparente
segment ◇ *n* ['segmənt] *(of circle, worm)* segmento *m*; *(of orange, grapefruit)* gajo *m*; *(of society, economy, organization)* sector *m*
◇ *vt* [seg'ment] *(circle, market)* segmentar; *(orange, grapefruit)* desgajar
segmentation [segmən'teɪʃən] *n* ECON segmentación *f*
segmented [seg'mentɪd] *adj* ECON segmentado(a)
segregate ['segrɪgeɪt] *vt (separate)* segregar **(from** de); *(keep apart)* separar; **he went to a school where the sexes were segregated** iba a una escuela en la que los niños estaban separados de las niñas
segregated ['segrɪgeɪtɪd] *adj (school, beach)* segregado(a)
segregation [segrɪ'geɪʃən] *n* segregación *f*
segregationist [segrɪ'geɪʃənɪst] ◇ *n* segregacionista *mf*
◇ *adj* segregacionista
segue ['segweɪ] ◇ *n* **-1.** MUS enlace *m* (**into** con) **-2.** *(transition)* transición *f* (**into** hacia)
◇ *vi* **-1.** MUS **to ~ into sth** enlazar con algo **-2.** *(merge)* **our honeymoon seemed to ~ into a whole month of parties** después de la luna de miel pasamos sin solución de continuidad a un mes entero de fiestas
Seine [seɪn] *n* **the ~ (River)** el (río) Sena
seine [seɪn] *n* **~ (net)** red *f* de arrastre
seismic ['saɪzmɪk] *adj* **-1.** GEOL sísmico(a) **-2.** *(change, proportions)* dramático(a)
seismograph ['saɪzməgræf] *n* sismógrafo *m*
seismography [saɪz'mɒgrəfɪ] *n* sismografía *f*
seismologist [saɪz'mɒlədʒɪst] *n* sismólogo(a) *m,f*
seismology [saɪz'mɒlədʒɪ] *n* sismología *f*
seize [si:z] *vt* **-1.** *(grab)* agarrar, *Esp* coger; **my mother seized me by the arm** mi madre me agarró del brazo; **to ~ hold of sth** agarrar algo
-2. *(take for oneself) (city, territory, power)* tomar; *(hostage)* tomar; **to ~ control of sth** tomar el control de algo
-3. *(drugs, stolen goods)* incautarse de
-4. *(arrest) (terrorist, smuggler)* arrestar, detener
-5. *(make the most of)* **to ~ the opportunity of doing sth** aprovechar la oportunidad de hacer algo
-6. *(overcome)* apoderarse de; **we were seized with panic/fright** fuimos presa del pánico/miedo; **I was seized with the desire to go to Mexico** me entraron unas ganas tremendas de ir a México

◆ **seize on, seize upon** *vt insep (opportunity, excuse, mistake)* aprovecharse de; *(idea)* aferrarse a

◆ **seize up** *vi (engine, machine)* atascarse; *(back, knees)* agarrotarse; *(traffic)* detenerse, paralizarse

seizure ['si:ʒə(r)] n -1. (of land, city, power) toma f; (of hostage) toma f -2. (of property, goods) incautación f; **a large drugs ~** la incautación de un enorme alijo de drogas -3. MED ataque m; **to have a ~** sufrir un ataque

seldom ['seldəm] adv rara vez, raras veces; **he ~, if ever, visits his mother** muy raras veces visita a su madre; Formal **~ have I been so worried** rara vez he estado tan preocupado

select [sɪ'lekt] ◇ adj -1. (elite) (restaurant, club, neighbourhood) selecto(a); **a ~ few** unos cuantos escogidos ❑ Br PARL **~ committee** comisión f parlamentaria -2. (in quality) (goods, wines) selecto(a)
◇ vt -1. (choose) (team, person) seleccionar; (gift, wine, record) escoger, elegir -2. COMPTR seleccionar

selected [sɪ'lektɪd] adj seleccionado(a); **~ items at half price** algunos artículos a mitad de precio; **~ works** obras escogidas

selection [sɪ'lekʃən] n -1. (act of choosing) (of team, person) selección f; (of gift, wine, record) elección f; **to make a ~** realizar una selección; **make your ~ from among the books on the bottom shelf** elija de entre los libros que hay del estante de abajo ❑ **~ box** (of chocolate bars) surtido m -2. (range) gama f -3. (thing chosen) elección f -4. (of stories, poems) colección f, selección f

selective [sɪ'lektɪv] adj selectivo(a); (school) con examen de ingreso; **to be ~ (about sth)** ser selectivo(a) (con algo); **you should be more ~ in your choice of friends** tendrías que ser un poco más selectivo con los amigos que eliges ❑ **~ breeding** cultivo m selectivo, cría f selectiva

selectively [sɪ'lektɪvlɪ] adv con un criterio selectivo

selectivity [sɪlek'tɪvətɪ] n -1. (elitism) elitismo m -2. ELEC selectividad f

selector [sɪ'lektə(r)] n -1. (of team) miembro m del comité seleccionador -2. TEL selector m

selenite ['selənaɪt] n selenita f

selenium [sɪ'li:nɪəm] n CHEM selenio m

self [self] (pl **selves** [selvz]) n -1. (personality) **he's back to his old** or **usual ~ again** ha vuelto a ser él mismo; **she is a shadow of her former ~** no es ni sombra de lo que era; **she was her usual cheerful ~** se mostró alegre como siempre; **they began to reveal their true selves** comenzaron a mostrarse tal cual eran; **could I ask your good ~ to sit here** ¿puedo pedirle que tenga la gentileza de sentarse aquí? -2. PSY **the ~** el yo, el ser -3. (self-interest) **all she thinks of is ~, ~, ~** sólo piensa en sí misma

self- [self] prefix -1. (of oneself) **~admiration** vanidad f, presunción f -2. (by oneself) auto-; **~financing** que se autofinancia -3. (automatic) auto-; **~lubricating** autolubricante

self-abasement ['selfə'beɪsmənt] n autohumillación f, autodegradación f

self-abnegation ['selfæbnə'geɪʃən] n abnegación f

self-absorbed ['selfəb'zɔ:bd] adj ensimismado(a)

self-abuse ['selfə'bju:s] n Pej (masturbation) masturbación f

self-addressed envelope ['selfə'dres't'envələʊp] n sobre m dirigido a uno mismo

self-adhesive ['selfəd'hi:sɪv] adj autoadhesivo(a)

self-advertisement ['selfəd'vɜ:tɪsmənt] n autopromoción f

self-advocacy ['self'ædvəkəsɪ] n (of disabled people) autoafirmación f

self-aggrandizement ['selfə'grændɪzmənt] n Formal exaltación f de sí mismo(a)

self-analysis ['selfə'næləsɪs] n autoanálisis m inv

self-apparent adj ['selfə'pærənt] obvio(a), evidente

self-appointed ['selfə'pɔɪntɪd] adj autodesignado(a), autoproclamado(a)

self-appraisal ['selfə'preɪzəl] n autoevaluación f

self-approving ['selfə'pru:vɪŋ] adj autocomplaciente

self-assembly ['selfə'semblɪ] ◇ n automontaje m
◇ adj (furniture) para armar uno mismo

self-assertive ['selfə'sɜ:tɪv] adj **you need to be more ~** deberías tener más confianza en ti mismo

self-assertiveness ['selfə'sɜ:tɪvnɪs] n **you need to show more ~** deberías mostrar más confianza en ti mismo; **a course in ~** un curso de autoafirmación

self-assessment ['selfə'sesmənt] n -1. (self-evaluation) autoevaluación f -2. Br (of tax liabilities) autoliquidación f tributaria

self-assurance ['selfə'ʃʊərəns] n seguridad f de sí mismo(a), confianza f en sí mismo(a)

self-assured ['selfə'ʃʊəd] adj seguro(a) de sí mismo(a); **to be ~** estar seguro de sí mismo

self-awareness ['selfə'weənɪs] n conocimiento m de sí mismo(a)

self-belief ['selfbɪ'li:f] n confianza f en sí mismo(a)

self-catering ['self'keɪtərɪŋ] adj (holiday, accommodation) sin servicio de comidas

self-censorship ['self'sensəʃɪp] n autocensura f

self-centred, US **self-centered** ['self'sentəd] adj egoísta

self-coloured, US **self-colored** ['self'kʌləd] adj (of one colour) de un solo color

self-command ['selfkə'mɑ:nd] n autocontrol m, dominio m de sí mismo(a)

self-complacent ['selfkəm'pleɪsənt] adj autocomplaciente

self-composed ['selfkəm'pəʊzd] adj sereno(a)

self-composure ['selfkəm'pəʊʒə(r)] n compostura f

self-conceited ['selfkən'si:tɪd] adj engreído(a), presuntuoso(a)

self-confessed ['selfkən'fest] adj confeso(a)

self-confidence ['self'kɒnfɪdəns] n confianza f en sí mismo(a)

self-confident ['self'kɒnfɪdənt] adj lleno(a) de confianza en sí mismo(a)

self-confidently ['self'kɒnfɪdəntlɪ] adv con gran confianza or seguridad

self-congratulatory ['self'kəngrætjʊ'leɪtərɪ] adj de autosatisfacción

self-conscious ['self'kɒnʃəs] adj -1. (embarrassed) cohibido(a) (**about** por); **he's very ~ about his red hair** está muy acomplejado por ser pelirrojo -2. (affected) afectado(a)

self-consciously ['self'kɒnʃəslɪ] adv -1. (with embarrassment) con inhibición, tímidamente -2. (affectedly) afectadamente, con afectación

self-contained ['selfkən'teɪnd] adj -1. (person) independiente -2. (apartment) independiente

self-contempt ['selfkən'tempt] n desprecio m por uno mismo

self-contradiction ['selfkɒntrə'dɪkʃən] n contrasentido m, contradicción f

self-contradictory ['selfkɒntrə'dɪktərɪ] adj contradictorio(a)

self-control ['selfkən'trəʊl] n autocontrol m; **to lose/regain one's ~** perder/recuperar el control de uno mismo

self-controlled ['selfkən'trəʊld] adj controlado(a)

self-critical ['self'krɪtɪkəl] adj autocrítico(a)

self-criticism ['self'krɪtɪsɪzəm] n autocrítica f

self-deception ['selfdɪ'sepʃən] n autoengaño m

self-defeating ['selfdɪ'fi:tɪŋ] adj contraproducente

self-defence, US **self-defense** ['selfdɪ'fens] n -1. (judo, karate etc) defensa f personal -2. (non-violent action) defensa f propia; **to act in ~** actuar en defensa propia

self-delusion ['selfdɪ'lu:ʒən] n autoengaño m

self-denial ['selfdɪ'naɪəl] n abnegación f

self-deprecating ['self'deprɪkeɪtɪŋ] adj **he's famous for his ~ humour** siempre se ríe de sí mismo

self-destruct ['selfdɪ'strʌkt] ◇ vi autodestruirse
◇ adj IDIOM **to press the ~ button** estropearla

self-destruction ['selfdɪ'strʌkʃən] n autodestrucción f

self-destructive ['selfdɪs'trʌktɪv] adj autodestructivo(a)

self-determination ['selfdɪtɜ:mɪ'neɪʃən] n autodeterminación f

self-discipline ['self'dɪsɪplɪn] n autodisciplina f

self-disciplined ['self'dɪsɪplɪnd] adj autodisciplinado(a)

self-doubt ['self'daʊt] n falta f de confianza (en uno mismo)

self-drive ['self'draɪv] adj sin conductor

self-educated ['self'edjʊkeɪtɪd] adj autodidacta

self-effacing ['selfɪ'feɪsɪŋ] adj modesto(a), humilde

self-employed ['selfɪm'plɔɪd] ◇ adj autónomo(a) ❑ **~ person** trabajador(ora) m,f autónomo(a) or por cuenta propia
◇ npl **the ~** los autónomos

self-employment ['selfɪm'plɔɪmənt] n autoempleo m, trabajo m por cuenta propia

self-esteem ['selfɪ'sti:m] n **to have high/low ~** tener mucho/poco amor propio, tener mucha/poca autoestima

self-evident ['self'evɪdənt] adj evidente, obvio(a)

self-examination ['selfɪgzæmɪ'neɪʃən] n -1. (of conscience) autoexamen m -2. (of breasts, testicles) autoexamen m

self-explanatory ['selfɪk'splænɪtərɪ] adj **to be ~** estar muy claro(a), hablar por sí mismo(a)

self-expression ['selfɪk'spreʃən] n autoexpresión f

self-financing ['selffaɪ'nænsɪŋ] adj autofinanciado(a)

self-fulfilling ['selffʊl'fɪlɪŋ] adj (prophecy, prediction) que se autorrealiza

self-fulfilment, US **self-fulfillment** ['selffʊl'fɪlmənt] n realización f personal

self-governing ['self'gʌvənɪŋ] adj autónomo(a)

self-government ['self'gʌvəmənt] n autogobierno m, autonomía f

self-help ['self'help] n autoayuda f ❑ **~ book** manual m de autoayuda; **~ group** grupo m de apoyo

self-image ['self'ɪmɪdʒ] n imagen f de sí mismo(a)

self-importance ['selfɪm'pɔ:təns] n engreimiento m, presunción f

self-important ['selfɪm'pɔ:tənt] adj engreído(a), presuntuoso(a)

self-importantly ['selfɪm'pɔ:təntlɪ] adv presuntuosamente, con engreimiento

self-imposed ['selfɪm'pəʊzd] adj (prohibition, restriction) autoimpuesto(a); (exile, silence) voluntario(a)

self-improvement ['selfɪm'pru:vmənt] n autosuperación f

self-induced ['selfɪn'dju:st] adj (hysteria, illness) provocado(a) por uno mismo

self-induction coil ['selfɪn'dʌkʃən'kɔɪl] n ELEC bobina f de autoinducción

self-indulgence ['selfɪn'dʌldʒəns] n -1. (quality) autocomplacencia f -2. (luxury) lujo m

self-indulgent ['selfɪn'dʌldʒənt] adj autocomplaciente

self-inflicted ['selfɪn'flɪktɪd] adj autoinfligido(a)

self-interest ['self'ɪntrest] n interés m propio

self-interested ['self'ɪntrestɪd] adj egoísta

selfish ['selfɪʃ] adj egoísta

selfishly ['selfɪʃlɪ] adv egoístamente, con egoísmo

selfishness ['selfɪʃnɪs] n egoísmo m

self-justification ['selfdʒʌstɪfɪ'keɪʃən] n autojustificación f

self-knowledge ['self'nɒlɪdʒ] n conocimiento m de sí mismo(a)
selfless ['selflɪs] adj desinteresado(a), desprendido(a)
selflessly ['selflɪslɪ] adv desinteresadamente, de manera desinteresada
selflessness ['selflɪsnɪs] n desinterés m, generosidad f
self-loathing ['self'ləʊðɪŋ] n desprecio m por uno mismo
self-made man ['selfmeɪd'mæn] n hombre m hecho a sí mismo
self-mockery ['self'mɒkərɪ] n burla f de uno mismo
self-motivated ['self'məʊtɪveɪtɪd] adj automotivado(a)
self-mutilation ['selfmjuːtɪ'leɪʃən] n automutilación f
self-obsessed ['selfəb'sest] adj egocéntrico(a)
self-opinionated ['selfə'pɪnjəneɪtɪd] adj to be ~ querer llevar la razón siempre
self-perpetuating ['selfpə'petʃʊeɪtɪŋ] adj que se autoperpetúa
self-pity ['self'pɪtɪ] n autocompasión f
self-pitying ['self'pɪtɪɪŋ] adj autocompasivo(a)
self-pollination ['selfpɒlɪ'neɪʃən] n BOT autopolinización f
self-portrait ['self'pɔːtreɪt] n autorretrato m
self-possessed ['selfpə'zest] adj sereno(a), dueño(a) de sí mismo(a)
self-possession ['selfpə'zeʃən] n serenidad f, autocontrol m
self-preservation ['selfprezə'veɪʃən] n propia conservación f; **instinct for** ~ instinto de conservación
self-proclaimed ['selfprə'kleɪmd] adj autoproclamado(a)
self-propelled ['selfprə'peld] adj autopropulsado(a)
self-publicist ['self'pʌblɪsɪst] n persona f que se autopromociona; **he's a very accomplished** ~ es un rey de la autopromoción
self-raising flour ['selfreɪzɪŋ'flaʊə(r)], US **self-rising flour** ['selfraɪzɪŋ'flaʊə(r)] n Esp harina f con levadura, Am harina f con polvos de hornear, RP harina f leudante
self-realization ['selfrɪəlaɪ'zeɪʃən] n realización f personal
self-referential ['selfrefə'renʃəl] adj sobre or acerca de uno mismo, lleno(a) de referencias personales; **his style is very** ~ su estilo se caracteriza por la presencia constante de referencias personales
self-regard ['selfrɪ'gɑːd] n autoestima f
self-regulating ['self'regjʊleɪtɪŋ] adj -1. (authority, organization) autorregulado(a) -2. (temperature) autorregulado(a)
self-regulation ['selfregjʊ'leɪʃən] n (of authority, organization) autorregulación f
self-reliance ['selfrɪ'laɪəns] n autosuficiencia f
self-reliant ['selfrɪ'laɪənt] adj autosuficiente
self-replicating ['self'replɪkeɪtɪŋ] adj que se autorreproduce
self-respect ['selfrɪ'spekt] n amor m propio, dignidad f
self-respecting ['selfrɪ'spektɪŋ] adj con dignidad; **no** ~ **person would ever...** nadie con un mínimo de dignidad...; **as any** ~ **baseball fan knows...** como todo aficionado al béisbol que se precie sabe...
self-restraint ['selfrɪs'treɪnt] n autodominio m, autocontrol m
self-righteous ['self'raɪtʃəs] adj santurrón(ona)
self-righteousness ['self'raɪtʃəsnɪs] n santurronería f
self-rising flour US = self-raising flour
self-rule ['self'ruːl] n autonomía f
self-sacrifice ['self'sækrɪfaɪs] n abnegación f
self-sacrificing ['self'sækrɪfaɪsɪŋ] adj abnegado(a)
selfsame ['selfseɪm] adj mismísimo(a)
self-satisfaction ['selfsætɪs'fækʃən] n autocomplacencia f, aires mpl de suficiencia
self-satisfied ['self'sætɪsfaɪd] adj satisfecho(a) or pagado(a) de sí mismo(a); **to be** ~ estar satisfecho(a) or pagado(a) de sí mismo(a)

self-sealing ['self'siːlɪŋ] adj (envelope) autoadhesivo(a)
self-seeking ['self'siːkɪŋ] adj egoísta, interesado(a)
self-service ['self'sɜːvɪs] ◇ n autoservicio m ◇ adj (shop) autoservicio ❑ ~ **restaurant** autoservicio m
self-serving ['self'sɜːvɪŋ] adj egoísta, interesado(a)
self-starter ['self'stɑːtə(r)] n (person) persona f con iniciativa
self-styled ['self'staɪld] adj (president, king) autoproclamado(a); (philosopher, expert) pretendido(a), sedicente
self-sufficiency ['selfsə'fɪʃənsɪ] n (economic) autosuficiencia f; (emotional) independencia f
self-sufficient ['selfsə'fɪʃənt] adj (economically) autosuficiente; (emotionally) independiente; **our country is** ~ **in coal** nuestro país se autoabastece de carbón
self-supporting ['selfsə'pɔːtɪŋ] adj (financially) económicamente independiente
self-taught ['self'tɔːt] adj autodidacta(o)
self-test ['self'test] COMPTR ◇ n autotest m ◇ vi efectuar un autotest
self-willed ['self'wɪld] adj obstinado(a)
self-winding ['self'waɪndɪŋ] adj (watch) de cuerda automática
sell [sel] (pt & pp **sold** [səʊld]) ◇ vt -1. (goods, property) vender (**for** por); **to** ~ **sb sth, to** ~ **sth to sb** vender algo a alguien; **he sold me his bike for $500** me vendió su moto por 500 dólares; **I was sold a faulty washing machine** me vendieron una lavadora que era defectuosa; **the book sold 50,000 copies** el libro vendió 50.000 ejemplares; **scandal sells newspapers** las noticias escandalosas venden bien; **to** ~ **sth at a loss/profit** vender algo con pérdida/ganancia; **they** ~ **the cassettes at £3 each** venden cassettes a 3 libras cada uno; **she was sold into prostitution** la vendieron a un proxeneta; ~ **by 05.12.03.** (on food packaging) fecha límite de venta: 05.12.03; **sold** (sign) vendido(a)
-2. (promote) vender; **to** ~ **sb an idea** vender una idea a alguien; **she tried to** ~ **me some story about running out of petrol** intentó venderme el cuento de que se había quedado sin gasolina; **to be sold on sth** estar convencido(a) de que algo es una buena idea; **he doesn't** ~ **himself very well** no se sabe vender
-3. IDIOMS **to** ~ **one's body** or **oneself** vender el cuerpo, venderse; Fam Hum **he'd** ~ **his own grandmother for a pint of beer** vendería a su madre por una cerveza; **to** ~ **one's soul (to the devil)** vender el alma (al diablo); **to** ~ **sb down the river** traicionar or vender a alguien; Fam **to** ~ **sb short** (cheat) engañar a alguien; **to** ~ **oneself short** infravalorarse, subestimarse
◇ vi -1. (person, shop) vender -2. (product) venderse (**for** por; **at** a); IDIOM **to** ~ **like hot cakes** venderse como rosquillas
◆ **sell off** vt sep (property, stock) liquidar; (shares) vender; (industry) privatizar
◆ **sell on** vt sep revender
◆ **sell out** ◇ vt sep -1. **the concert is sold out** (no tickets remain) no quedan entradas or Am boletos para el concierto; **we are sold out of champagne** se nos ha agotado el champán; **sold out** (sign) agotadas las localidades, no hay localidades or entradas or Am boletos -2. (betray) vender, traicionar
◇ vi -1. (sell all tickets) **they have sold out of tickets** se han agotado las entradas or Am los boletos; **the concert has sold out** no quedan entradas or Am boletos para el concierto -2. (betray beliefs) venderse -3. (sell business) liquidar el negocio; **he sold out to some Japanese investors** les vendió el negocio a unos inversores japoneses
◆ **sell up** ◇ vt sep (business) vender or liquidar el negocio
◇ vi (sell home, business) venderlo todo

sell-by date ['selbaɪ'deɪt] n COM fecha f límite de venta
seller ['selə(r)] n -1. (person) vendedor(ora) m,f ❑ ECON **sellers' market** mercado m de vendedores -2. (product) **these shoes are good/poor sellers** estos zapatos se venden muy bien/mal; **it's one of our biggest sellers** es uno de los que más vendemos
selling ['selɪŋ] n venta f ❑ ~ **point** ventaja f (de un producto); ~ **price** precio m de venta
sell-off ['selɒf] n (of state-owned company) privatización f; (of stocks, shares) liquidación f
Sellotape® ['seləteɪp] Br ◇ n cinta f adhesiva, Esp celo m, CAm, Méx Durex® m ◇ vt pegar con cinta adhesiva or Esp celo or CAm, Méx Durex®
sellout ['selaʊt] n -1. (play, concert) lleno m; **the match was a** ~ se vendieron todas las entradas para el partido -2. (betrayal) traición f
Seltzer ['seltsə(r)] n ~ (**water**) agua f de Seltz
selves pl of **self**
semantic [sɪ'mæntɪk] adj semántico(a)
semantically [sɪ'mæntɪklɪ] adv semánticamente
semantics [sɪ'mæntɪks] n semántica f; Fig **let's not worry about** ~ dejemos a un lado los matices
semaphore ['seməfɔː(r)] n -1. (code) código m alfabético de banderas -2. (device) semáforo m
semblance ['sembləns] n apariencia f; **the** ~ **of a smile** un atisbo or asomo de sonrisa; **to maintain some** ~ **of dignity** mantener cierto asomo de dignidad
semen ['siːmen] n semen m
semester [sɪ'mestə(r)] n UNIV semestre m
semi ['semɪ] n Fam -1. Br (abbr **semi-detached house**) chalet m pareado or semiadosado -2. US (abbr **semitrailer**) semirremolque m -3. (abbr **semifinal**) semifinal f
semi- ['semɪ] prefix (partly) semi-; ~**civilized** semicivilizado(a)
semi-arid ['semɪ'ærɪd] adj semiárido(a)
semiautomatic ['semɪɔːtə'mætɪk] ◇ n semiautomática f ◇ adj semiautomático(a)
semibreve ['semɪbriːv] n Br MUS redonda f
semicircle ['semɪsɜːkəl] n semicírculo m
semicircular ['semɪ'sɜːkjʊlə(r)] adj semicircular ❑ ANAT ~ **canal** conducto m semicircular
semicolon ['semɪ'kəʊlən] n punto m y coma
semiconductor ['semɪkən'dʌktə(r)] n ELEC semiconductor m
semiconscious ['semɪ'kɒnʃəs] adj semiconsciente
semidarkness ['semɪ'dɑːknɪs] n **in** ~ en la penumbra
semi-detached ['semɪdɪ'tætʃt] ◇ n (house) chalet m pareado or semiadosado ◇ adj pareado(a), semiadosado(a)
semifinal ['semɪ'faɪnəl] n semifinal f
semifinalist ['semɪ'faɪnəlɪst] n semifinalista mf
semi-finished ['semɪ'fɪnɪʃt] adj (goods) semiacabado(a), semielaborado(a)
semiliterate ['semɪ'lɪtərət] adj semialfabetizado(a)
semimembranosus ['semɪmembrə'nəʊsəs] n ANAT semimembranoso m
seminal ['semɪnəl] adj -1. (very important) trascendental, fundamental -2. (fluid, duct) seminal
seminar ['semɪnɑː(r)] n seminario m
seminarian [semɪ'neərɪən], **seminarist** ['semɪnərɪst] n seminarista m
seminary ['semɪnərɪ] n seminario m
semiofficial ['semɪə'fɪʃəl] adj semioficial
semiology [semɪ'ɒlədʒɪ] n semiología f
semiotics ['semɪ'ɒtɪks] n semiótica f
semi-permeable ['semɪ'pɜːmɪəbəl] adj ~ **membrane** membrana f semipermeable
semi-precious ['semɪ'preʃəs] adj ~ **stone** piedra f semipreciosa
semi-professional ['semɪprə'feʃənəl] SPORT ◇ n semiprofesional mf ◇ adj semiprofesional

semiquaver ['semɪkweɪvə(r)] n Br MUS semicorchea f

semi-retirement ['semɪrɪ'taɪəmənt] n jubilación f parcial

semi-rough ['semɪ'rʌf] n (in golf) semi-rough m

semi-skilled ['semɪ'skɪld] adj semicualificado(a)

semi-skimmed [semɪskɪmd] adj (milk) semidesnatado(a), semidescremado(a)

Semite ['siːmaɪt] n semita mf

semitendinosus ['semɪtendɪ'nəʊsəs] n ANAT semitendinoso m

Semitic [sɪ'mɪtɪk] adj semita, semítico(a)

semitone ['semɪtəʊn] n Br MUS semitono m

semitrailer ['semɪtreɪlə(r)] n US semirremolque m

semi-tropical ['semɪ'trɒpɪkəl] adj subtropical

semivowel ['semɪvaʊəl] n semivocal f

semolina [semə'liːnə] n -1. (grain) sémola f -2. (dessert) ~ **(pudding)** = postre elaborado con sémola y leche

SEN [esɪ'en] n (abbr **State Enrolled Nurse**) = enfermera británica con una formación profesional que no le autoriza a realizar todas las tareas propias de una plenamente cualificada

Sen. (abbr **Senator**) senador(ora) m, f

senate ['senɪt] n -1. POL the Senate el Senado -2. UNIV rectorado m

---

SENATE

Cámara alta del Congreso estadounidense. Junto con la Cámara de Representantes forma el brazo legislativo del gobierno federal. El **Senate** está compuesto por 100 senadores, dos por cada estado independientemente de su población, quienes son elegidos por un periodo de seis años. En lugar de convocar elecciones para toda la cámara a la vez, éstas se convocan cada dos años para un tercio de la cámara exclusivamente.

---

senator ['senətə(r)] n senador(ora) m, f

senatorial [senə'tɔːrɪəl] adj senatorial, de senador

send [send] (pt & pp **sent** [sent]) ◇ vt -1. (letter, message, person) mandar, enviar; (transmission, signal) enviar; **to ~ sb sth, to ~ sth to sb** enviar algo a alguien; **~ her my love** dale un abrazo de mi parte; **to ~ sb for sth** enviar a alguien a por algo; **to ~ sb on an errand/a course** mandar a alguien a (hacer) un recado/curso; **to ~ sb home** enviar a alguien a casa; **to ~ sb to prison** enviar a alguien a la cárcel; **to ~ word to sb (that...)** avisar or informar a alguien (de que...)

-2. (expressing cause) **to ~ sth/sb flying** mandar or lanzar algo/a alguien por los aires; **the explosion sent us running for cover** la explosión nos obligó a correr a ponernos a cubierto; **it sends me crazy** me vuelve loco; **the news sent share prices down/up** la noticia hizo bajar/subir el precio de las acciones; **it sent a shiver down my spine** me produjo or dio escalofríos; **that sent him into fits of laughter** aquello le provocó un ataque de risa; **to ~ sb to sleep** hacer que alguien se duerma

◇ vi (send message) **she sent to say she'd be late** avisó diciendo que llegaría tarde

◆ **send away** ◇ vt sep **to ~ sb away** mandar or decir a alguien que se marche

◇ vi **to ~ away for sth** pedir algo por correo

◆ **send back** vt sep (purchase, order of food) devolver

◆ **send down** vt sep Br -1. UNIV (expel) expulsar

-2. Fam (send to prison) encarcelar, Esp enchironar, Andes, Col, RP mandar en cana, Méx mandar al bote

◆ **send for** vt insep -1. (help, supplies) mandar traer; (doctor) llamar; **I was sent for by the boss** el jefe mandó que me llamaran

-2. (request by post) pedir, encargar

◆ **send in** vt sep -1. (application, troops, supplies) enviar

-2. (tell to enter) hacer entrar or pasar

◆ **send off** ◇ vt sep -1. (letter, order, person) mandar, enviar

-2. SPORT expulsar

◇ vi **to ~ off (to sb) for sth** pedir algo (a alguien) por correo

◆ **send on** vt sep -1. (forward) (mail) remitir, reexpedir; **we had our belongings sent on ahead** enviamos nuestras pertenencias a nuestro destino antes de partir

-2. (pass on after use) enviar

-3. SPORT (substitute) sacar

◆ **send out** ◇ vt sep -1. (letters, invitations) mandar, enviar; (radio signals) emitir; (shoots) echar; (search party) enviar

-2. (tell to leave room) echar, expulsar

◇ vi **to ~ out for sth** pedir que traigan algo

◆ **send up** vt sep -1. (upstairs) **~ him up** hágalo subir; **I had a pizza sent up to my room** pedí que me subieran una pizza a la habitación

-2. (emit) (smoke) enviar, emitir

-3. Br Fam (parody) parodiar, remedar

sender ['sendə(r)] n remitente mf

sending-off ['sendɪŋ'ɒf] n SPORT expulsión f

send-off ['send'ɒf] n Fam despedida f

send-up ['sendʌp] n Br Fam parodia f, remedo m

Seneca ['senɪkə] pr n Séneca

Senegal [senɪ'gɔːl] n Senegal

Senegalese [senɪgə'liːz] ◇ n senegalés(esa) m, f

◇ adj senegalés(esa)

senile ['siːnaɪl] adj senil; **she's going ~** se está poniendo senil; **he's gone ~** está senil, chochea ❑ MED **~ dementia** demencia f senil

senility [sɪ'nɪlɪtɪ] n senilidad f

senior ['siːnjə(r)] ◇ n -1. (in age) **to be sb's ~** ser mayor que alguien; **she is three years his ~** ella es tres años mayor que él

-2. (in rank) **to be sb's ~** ser el superior de alguien

-3. (student) estudiante mf de último curso

-4. US (senior citizen) persona f de la tercera edad

◇ adj -1. (in age) mayor; **he's two years ~ to me** es dos años mayor que yo; **Thomas Smith, Senior** Thomas Smith, padre ❑ **~ citizen** persona f de la tercera edad

-2. (in rank, position) superior; **she holds a ~ position in the company** ocupa un cargo de responsabilidad en la empresa ❑ **~ executive** alto(a) ejecutivo(a) m, f; Br UNIV **~ lecturer** profesor(ora) m, f titular; **~ management** altos directivos mpl; **~ officer** oficial m superior; **~ partner** (in company) socio m principal

-3. (longer-serving) **the ~ members of staff** los miembros más antiguos de la plantilla; **he's ~ to me** tiene más antigüedad que yo

-4. SCH de los últimos cursos ❑ US **~ high school** colegio m or Esp instituto m de enseñanza secundaria (16-18 años); Br **~ school** colegio m or Esp instituto m de enseñanza secundaria

seniority [siːnɪ'ɒrɪtɪ] n -1. (in age, length of service) antigüedad f; **he became chairman by virtue of ~** lo nombraron presidente debido a su antigüedad -2. (in rank) rango m, categoría f

senna ['senə] n -1. (plant) sena f -2. (laxative) diasén m

sensation [sen'seɪʃən] n -1. (feeling) sensación f; **burning ~** quemazón f; **the cold made me lose all ~ in my hands** el frío me hizo perder la sensibilidad en las manos; **I had the ~ of falling** tenía la sensación de que me caía -2. (excitement) **to be a ~** ser todo un éxito; **to cause a ~** causar sensación

sensational [sen'seɪʃənəl] adj -1. (exaggerated) tremendista, sensacionalista -2. (causing a sensation) sensacional -3. (excellent) sensacional

sensationalism [sen'seɪʃənəlɪzəm] n sensacionalismo m

sensationalist [sen'seɪʃənəlɪst] adj sensacionalista

sensationalize [sen'seɪʃənəlaɪz] vt dar una visión sensacionalista de

sensationally [sen'seɪʃənəlɪ] adv -1. (exaggeratedly) con sensacionalismo -2. (causing a sensation) **~, the champion was defeated** para asombro de todos, el campeón perdió -3. (excellently) de maravilla, estupendamente -4. (extremely) increíblemente; **~ successful** de tremendo éxito

sense [sens] ◇ n -1. (physical faculty) sentido m; **~ of smell/hearing** sentido del olfato/oído; **to come to one's senses** (recover consciousness) recobrar el conocimiento or sentido; (see reason) entrar en razón ❑ **~ organ** órgano m sensorial

-2. (notion) sentido m; **business ~** vista para los negocios; **dress ~** gusto en el vestir; **to lose all ~ of time** perder la noción del tiempo; **he has an overdeveloped ~ of his own importance** se cree mucho más importante de lo que es ❑ **~ of direction** sentido m de la orientación; Fig **to lose one's ~ of direction** perder el rumbo; **~ of duty** sentido m del deber; **~ of humour** sentido m del humor; **~ of the ridiculous** sentido m del ridículo

-3. (feeling) sensación f; **a ~ of achievement** la sensación de haber logrado algo; **a ~ of occasion** la sensación de gran acontecimiento; **the light colours give a ~ of space** los colores claros dan una sensación de amplitud

-4. (rationality, common sense) sensatez f, buen juicio m; **good ~** buen juicio; **there's a lot of ~ in what she says** lo que dice tiene mucho sentido; **to have the (good) ~ to do sth** ser lo suficiente sensato(a) como para hacer algo; **I hope you'll have more ~ than to tell her** espero que seas lo suficientemente sensato como para no contárselo; **he talked a lot of ~** estaba cargado de razón; **to make (no) ~** (no) tener sentido; **it makes good political/business ~** en términos políticos/de negocios tiene mucho sentido; **it makes more ~ to do this first** es más lógico hacer esto primero; **she wasn't making any ~** lo que decía no tenía ningún sentido; **are you out of your senses?, have you taken leave of your senses?** ¿has perdido el juicio?; **to bring sb to their senses** (cause to see reason) hacer entrar en razón a alguien

-5. (point) sentido m; **there's no ~ in staying** no tiene sentido quedarse; **what's or where's the ~ in that?** ¿qué sentido tiene?

-6. (meaning) sentido m; **to make ~ of sth** entender algo; **in a ~** en cierto sentido; **I think we have, in a very real ~, tackled the problem** creo que hemos abordado muy en serio el problema; **in every ~ (of the word)** en el sentido pleno (del término); **in more senses than one** en más de un sentido; **in no ~** de ninguna de las maneras, en modo alguno; **in the ~ that...** en el sentido de que...; **in the strictest ~ of the word** en el más puro sentido de la palabra

-7. (impression) impresión f, sensación f; **what was your ~ of their mood?** ¿de qué humor te ha parecido que estaban?

◇ vt -1. (of person) notar, percibir; **to ~ that...** tener la sensación de que...; **I sensed as much** ya me di cuenta; **I sensed her meaning** entendí lo que quería decir

-2. (of machine) detectar

senseless ['senslɪs] adj -1. (unconscious) inconsciente; **to beat or knock sb ~** golpear a alguien hasta dejarle inconsciente -2. (pointless) absurdo(a); **it's ~ trying to persuade her** no tiene sentido intentar convencerla

senselessly ['senslɪslɪ] adv (pointlessly) de forma absurda, sin sentido

senselessness ['senslɪsnɪs] n (pointlessness) sinsentido m, falta f de sentido

sensibility [sensɪ'bɪlɪtɪ] ◇ n (of artist) sensibilidad f

◇ npl **sensibilities** sensibilidad f; **to offend sb's ~** herir la sensibilidad de alguien

sensible ['sensɪbəl] *adj* **-1.** *(rational) (person, decision)* sensato(a); **the ~ thing to do** lo sensato; **be ~!** ¡sé sensato! **-2.** *(practical) (clothes, shoes)* práctico(a) **-3.** *Formal (aware)* **to be ~ of sth** ser consciente de algo **-4.** *Formal (notable) (change, quantity, difference)* considerable

sensibly ['sensɪblɪ] *adv* **-1.** *(rationally)* sensatamente **-2.** *(practically) (dressed)* cómodamente, de manera práctica

sensitive ['sensɪtɪv] *adj* **-1.** *(physically) (person, skin, film, instrument)* sensible; **to be ~ to sth** ser sensible a algo
-2. *(emotionally aware)* sensible **(to** a**); to be ~ to sb's needs** tener sensibilidad frente a las necesidades de alguien
-3. *(tactful)* delicado(a), cuidadoso(a)
-4. *(touchy)* susceptible; **he's very ~ about his hair** le molesta mucho que le hablen del pelo, es muy susceptible con el tema de su pelo
-5. *(issue, subject)* delicado(a), polémico(a); *(information, document)* confidencial
-6. ~ plant mimosa *f* púdica *or* vergonzosa

sensitively ['sensɪtɪvlɪ] *adv (tactfully)* con delicadeza, con tacto

sensitivity [sensɪ'tɪvɪtɪ] *n* **-1.** *(physical) (of person, skin, film, instrument)* sensibilidad *f* **-2.** *(emotional awareness)* sensibi-lidad *f* **-3.** *(tact)* tacto *m* **-4.** *(touchiness)* susceptibilidad *f*
-5. *(of issue, subject)* carácter *m* polémico; *(of information, document)* confidencialidad *f*

sensitize ['sensɪtaɪz] *vt* **-1.** *(make aware)* sensibilizar **(to** acerca de *or* ante**) -2.** *(photographic film)* sensibilizar

sensor ['sensə(r)] *n* sensor *m*

sensory ['sensərɪ] *adj* sensorial ❏ **~ deprivation** privación *f* sensorial; **~ organs** órganos *mpl* sensoriales

sensual ['sensjʊəl] *adj* sensual

sensuality [sensjʊ'ælɪtɪ] *n* sensualidad *f*

sensually ['sensjʊəlɪ] *adv* sensualmente

sensuous ['sensjʊəs] *adj* sensual

sensuousness ['sensjʊəsnɪs] *n* sensualidad *f*

sent *pt* & *pp of* **send**

sentence ['sentəns] ◇ *n* **-1.** GRAM oración *f*, frase *f* ❏ **~ structure** estructura *f* de la oración **-2.** LAW sentencia *f*; **to pass ~ (on)** dictar sentencia (contra); **she was given a two-year ~ for fraud** la condenaron a dos años (de cárcel) por estafa; **to be under ~ of death** estar condenado(a) a muerte
◇ *vt* LAW sentenciar **(to** a**); he was sentenced to three years' imprisonment** lo condenaron a tres años de cárcel

sententious [sen'tenʃəs] *adj Formal* sentencioso(a)

sententiously [sen'tenʃəslɪ] *adv* sentenciosamente; **he spoke ~ on the subject** habló del tema en un tono sentencioso

sentient ['sentɪənt] *adj* sensitivo(a), sensible

sentiment ['sentɪmənt] *n* **-1.** *(opinion)* parecer *m*; **public ~** el sentir popular; **they should be shot! – my sentiments exactly** ¡deberían ser fusilados! – pienso exactamente lo mismo **-2.** *(feeling)* sentimiento *m* **-3.** *(sentimentality)* sentimentalismo *m*

sentimental [sentɪ'mentəl] *adj* **-1.** *(overemotional)* sentimental **-2.** *(relating to emotions)* sentimental; **the photos have ~ value** las fotos guardan *or* tienen un valor sentimental

sentimentalist [sentɪ'mentəlɪst] *n* sentimental *mf*

sentimentality [sentɪmen'tælɪtɪ] *n* sentimentalismo *m*

sentimentalize [sentɪ'mentəlaɪz] *vt* tratar con sentimentalismo; **one often tends to ~ one's childhood memories** uno tiende a menudo a ponerse sentimental con los recuerdos de infancia

sentimentally [sentɪ'mentəlɪ] *adv* **-1.** *(overemotionally)* sentimentalmente **-2.** *(emotionally)* **to be ~ attached to sb** tener una relación sentimental con alguien; **to be ~ attached to sth** tener cariño a algo

sentinel ['sentɪnəl] *n Literary (sentry)* centinela *m*; *Fig* guardián(ana) *m,f*

sentry ['sentrɪ] *n* MIL centinela *m*; **to be on ~ duty** estar de guardia ❏ **~ box** garita *f*; **~ post** puesto *m* de vigilancia

Seoul [səʊl] *n* Seúl

Sep *(abbr* **September)** sep.

sepal ['sepəl] *n* BOT sépalo *m*

separable ['sepərəbəl] *adj* separable

separate ◇ *adj* ['sepərət] **-1.** *(independent) (parts, box, room)* separado(a); **the canteen is ~ from the main building** la cantina está separada del edificio principal; **fish and meat should be kept ~** hay que guardar la carne y el pescado por separado; **she likes to keep her home life ~ from the office** no le gusta mezclar su vida privada con la oficina; **to lead ~ lives** vivir separados(as); *also Fig* **they went their ~ ways** siguieron cada uno su camino
-2. *(different) (occasion, attempt, category)* distinto(a); *(organization)* independiente; **we asked for ~ receipts** pedimos cuentas separadas; **use a ~ piece of paper for the title** utiliza otro trozo de papel para el título; **the two issues are quite ~** son dos cuestiones bien distintas
◇ *vt* ['sepəreɪt]. **-1.** *(move apart)* separar **(from** de**); the last three coaches will be separated from the rest of the train** los últimos tres vagones serán separados del resto del tren
-2. *(keep apart)* separar **(from** de**); the seriously ill were separated from the other patients** los que estaban gravemente enfermos fueron separados del resto de los pacientes
-3. *(distinguish)* distinguir **(from** de**); the records can be separated into four categories** los discos pueden agruparse en cuatro categorías
◇ *vi* **-1.** *(move apart)* separarse **(from** de**); they separated after the meeting** después de la reunión se separaron **-2.** *(split up) (couple)* separarse; **the party separated into various factions** el partido se escindió en varias facciones **-3.** *(liquids)* disgregarse
◇ *npl* **separates** *(clothes)* = prendas femeninas que se venden por separado y se combinan entre sí

◆ **separate out** ◇ *vt sep (individuals, elements)* separar; *(reasons)* distinguir
◇ *vi (elements, liquids)* disgregarse

◆ **separate up** *vt sep* dividir

separated ['sepəreɪtɪd] *adj* separado(a); **he is ~ from his wife** está separado de su mujer

separately ['sepərətlɪ] *adv* **-1.** *(apart)* por separado; **to live ~** vivir separados(as) **-2.** *(individually)* por separado; **can we pay ~?** ¿podemos pagar por separado?; **they don't sell yogurts ~** no venden yogures sueltos

separation [sepə'reɪʃən] *n* **-1.** *(division)* separación *f* **-2.** *(of couple)* separación *f*

separatism ['sepərətɪzəm] *n* POL separatismo *m*

separatist ['sepərətɪst] ◇ *n* POL separatista *mf*
◇ *adj* separatista

separator ['sepəreɪtə(r)] *n* separador *m*

Sephardi [se'fɑːdiː] *n (pl* **Sephardim** [-dɪm]) *n (person)* sefardí *m*

Sephardic [se'fɑːdɪk] *adj* sefardí, sefardita

sepia ['siːpɪə] *n (colour) (color m)* sepia *m*; **~ photograph** fotografía *f* en color sepia

sepoy ['siːpɔɪ] *n* HIST cipayo *m*

sepsis ['sepsɪs] *n* MED sepsis *f inv*

Sept *(abbr* **September)** sep.

September [sep'tembə(r)] *n* septiembre *m*; *see also* **May**

septet [sep'tet] *n* MUS septeto *m*

septic ['septɪk] *adj* séptico(a); **to go** *or* **become ~** infectarse ❏ **~ tank** fosa *f* séptica

septicaemia, *US* **septicemia** [septɪ'siːmɪə] *n* MED septicemia *f*

septuagenarian [septʊədʒə'neərɪən] ◇ *n* septuagenario(a) *m,f*
◇ *adj* septuagenario(a)

septum ['septəm] *n* ANAT septo *m*, septum *m*

septuplet ['septjʊplet] *n* **-1.** *(baby)* septillizo(a) *m,f* **-2.** MUS septillo *m*

sepulchral [sə'pʌlkrəl] *adj Literary* sepulcral

sepulchre, *US* **sepulcher** ['sepəlkə(r)] *n Literary* sepulcro *m*

sequel ['siːkwəl] *n* **-1.** *(book, movie)* continuación *f* **(to** de**) -2.** *(following event)* secuela *f*; **as a ~ to this event** como consecuencia de este hecho

sequence ['siːkwəns] ◇ *n* **-1.** *(order)* sucesión *f*, secuencia *f*; **the ~ of events** la secuencia de los hechos *or* acontecimientos; **in ~** en sucesión *or* orden; **numbered in ~** ordenados numéricamente; **in historical ~** en orden cronológico; **out of ~** desordenado(a) **-2.** *(of numbers, events)* serie *f* **-3.** *(in movie)* secuencia *f* **-4.** MUS secuencia *f* **-5.** *(in cards)* escalera *f* **-6.** BIOL & CHEM secuencia *f*
◇ *vt* BIOL & CHEM secuenciar

sequencer ['siːkwənsə(r)] *n* MUS secuenciador *m*

sequencing ['siːkwənsɪŋ] *n* BIOL & CHEM secuenciación *f*

sequential [sɪ'kwenʃəl] *adj* secuencial ❏ COMPTR **~ access** acceso *m* secuencial

sequentially [sɪ'kwenʃəlɪ] *adv* secuencialmente

sequester [sɪ'kwestə(r)] *vt* **-1.** *Formal (shut away)* aislar **-2.** LAW *(goods, property)* embargar

sequestrate ['siːkwəstreɪt] *vt* LAW embargar

sequestration [siːkwə'streɪʃən] *n* LAW embargo *m*

sequin ['siːkwɪn] *n* lentejuela *f*

sequined ['siːkwɪnd] *adj* de lentejuelas

sequoia [sɪ'kwɔɪə] *n* sec(u)oya *f*

seraglio [se'rɑːlɪəʊ] *(pl* **seraglios)** *n* serrallo *m*

serape [sə'rɑːpɪ] *n* capote *m* de monte, *RP* poncho *m*

seraph ['serəf] *(pl* **seraphs** *or* **seraphim** ['serəfɪm]) *n* serafín *m*

seraphic [se'ræfɪk] *adj Literary* seráfico(a)

Serb [sɜːb] ◇ *n* serbio(a) *m,f*
◇ *adj* serbio(a)

Serbia ['sɜːbɪə] *n* Serbia

Serbian ['sɜːbɪən] ◇ *n* **-1.** *(person)* serbio(a) *m,f*
-2. *(dialect)* serbio *m*

Serbo-Croat ['sɜːbəʊ'krəʊæt], **Serbo-Croatian** ['sɜːbəʊkrəʊ'eɪʃən] ◇ *n (language)* serbocroata *m*
◇ *adj* serbocroata

serenade [serə'neɪd] ◇ *n* serenata *f*
◇ *vt* dar una serenata a

serendipitous [serən'dɪpɪtəs] *adj* **a ~ discovery** una serendipidad

serendipity [serən'dɪpɪtɪ] *n* serendipidad *f*

serene [sə'riːn] *adj* sereno(a)

serenely [sə'riːnlɪ] *adv (to answer, smile)* con serenidad; **she was ~ unaware of what was going on** estaba completamente tranquila inconsciente de lo que sucedía

serenity [sə'renɪtɪ] *n* serenidad *f*

serf [sɜːf] *n* HIST siervo(a) *m,f* (de la gleba)

serfdom ['sɜːfdəm] *n* HIST servidumbre *f*

serge [sɜːdʒ] ◇ *n* sarga *f*
◇ *adj (cloth, trousers, suit)* de sarga

sergeant ['sɑːdʒənt] *n* **-1.** MIL sargento *mf* **-2.** *(in police)* ≃ oficial *mf* de policía

sergeant-at-arms ['sɑːdʒəntæt'ɑːmz] *n* = funcionario que se encarga de mantener el orden en el parlamento británico

sergeant-major ['sɑːdʒənt'meɪdʒə(r)] *n* MIL sargento *mf* primero

serial ['sɪərɪəl] ◇ *n* **-1.** *(in magazine)* novela *f* por entregas, folletín *m*; **published in ~ form** publicado por entregas ❏ **~ rights** derechos *mpl* de publicación por entregas **-2.** *(on TV)* serial *m*
◇ *adj* **-1.** *(in series)* en serie ❏ **~ killer** asesino(a) *m,f* en serie; **~ killing** asesinato *m* en serie; **~ monogamy** monogamia *f* en serie; **~ number** número *m* de serie **-2.** COMPTR **~ access** acceso *m* en serie; **~ interface** interfaz *f* de serie; **~ port** puerto *m* (en) serie; **~ printer** impresora *f* en serie

serialization [sɪərɪəlaɪ'zeɪʃən] *n* **-1.** *(in newspaper, magazine)* publicación *f* por entregas **-2.** *(on TV)* serialización *f*, adaptación *f* al formato de serie

serialize ['sɪərɪəlaɪz] vt **-1.** (in newspaper, magazine) publicar por entregas **-2.** (on TV) emitir en forma de serie; **the novel is being serialized in six parts** la novela es emitida en seis partes

sericulture [sɪərɪ'kʌltʃə(r)] n sericultura f

series ['sɪəriːz] n **-1.** (sequence) serie f; **to make a ~ of mistakes** cometer toda una serie de errores **-2.** (on TV) serie f; (on radio) serial m **-3.** (of books, stamps, coins) serie f **-4.** (in baseball, rugby, cricket) serie f (de encuentros); (of lectures, films) ciclo m **-5.** ELEC **connected in ~** conectado(a) en serie **-6.** MATH serie f

serif ['serɪf] n TYP serif m

serin ['serɪn] n verdecillo m

serine ['seriːn] n BIOL & CHEM serina f

serious ['sɪərɪəs] adj **-1.** (not frivolous) (person, newspaper, subject, occasion) serio(a); **to be ~ about doing sth** estar decidido(a) a hacer algo; **to be ~ about sb** (boyfriend, girlfriend) ir en serio con alguien; **are you ~?** ¿lo dices en serio?; **it's no joke, I'm quite ~** no es broma, lo digo muy en serio; **you can't be ~!** ¡estás de broma!, ¿no lo dirás en serio?; **it wasn't a ~ suggestion** no lo decía en serio; **the ~ student of astronomy** el estudiante serio de astronomía; **she's a ~ actress** es una actriz seria
-2. (thoughtful) (expression, tone, consideration) serio(a); **don't look so ~** no estés tan serio
-3. (grave) (situation, problem) serio(a), grave; (injury, mistake) grave; **a ~ crime** un delito grave; **doctors described his condition as ~** los médicos informaron que su estado era grave ❏ Br **~ crime squad** = departamento de la policía que se ocupa de los delitos peligrosos
-4. Fam (for emphasis) **we're talking ~ money here** estamos hablando de mucho dinero; **we did some ~ drinking last night** anoche bebimos de lo lindo or Esp a base de bien; **that is one ~ computer** esa sí que es una computadora

seriously ['sɪərɪəslɪ] adv **-1.** (in earnest) seriamente, en serio; **think about it ~** piénsalo seriamente; **to take sth/sb ~** tomar algo/a alguien en serio; **to take oneself too ~** tomarse demasiado en serio; **are you ~ suggesting we sell it?** ¿de verdad sugieres venderlo?; **you don't ~ think I did it on purpose, do you?** no pensarás de verdad que lo hice adrede, ¿no?; **~ though, what are you going to do?** ahora en serio, ¿qué vas a hacer?
-2. (gravely) seriamente, gravemente; (injured) gravemente; **~ ill** seriamente or gravemente enfermo(a); **you are ~ mistaken** estás muy equivocado
-3. Fam (very) **he's ~ gorgeous** está buenísimo; **she's getting ~ fat** se está poniendo supergorda; **he was ~ drunk** estaba borracho a más no poder; **he's ~ rich** está forrado

serious-minded ['sɪərɪəs'maɪndɪd] adj serio(a), sensato(a)

seriousness ['sɪərɪəsnɪs] n **-1.** (earnestness) seriedad f; **in all ~** con toda seriedad, de lo más serio(a) **-2.** (gravity) seriedad f, gravedad f; (of injury, mistake) gravedad f

sermon ['sɜːmən] n **-1.** REL sermón m; **the Sermon on the Mount** el Sermón de la Montaña **-2.** (lecture) sermón m; **he gave me a ~ on the evils of drink** me soltó un sermón sobre los males de la bebida

sermonize ['sɜːmənaɪz] vi soltar un sermón, sermonear

serology [sɪə'rɒlədʒɪ] n serología f

seropositive ['sɪərəʊ'pɒzɪtɪv] adj seropositivo(a)

serotonin [sɪərə'təʊnɪn] n serotonina f

serous ['sɪərəs] adj seroso(a)

serpent ['sɜːpənt] n Literary sierpe f, serpiente f

serpentine ['sɜːpəntaɪn] adj Literary serpenteante, serpentino(a)

SERPS [sɜːps] n Br (abbr **State Earnings Related Pension Scheme**) = sistema público de pensiones contributivas

serrated [sə'reɪtɪd] adj dentado(a)

serried ['serɪd] adj Literary **~ ranks** filas cerradas

serum ['sɪərəm] n MED suero m

servant ['sɜːvənt] n **-1.** (in household) criado(a) m,f, sirviente(a) m,f; Formal Old-fashioned **your most obedient ~** (in correspondence) su seguro servidor ❏ **~ girl** sirvienta f, criada f; **servants' quarters** habitaciones fpl del servicio **-2.** (of leader, country) servidor(ora) m,f

serve [sɜːv] ◇ n (in tennis) servicio m, saque m; **(it's) your ~!** ¡tú sacas!; **to break ~** romper el servicio; **to hold one's ~** mantener el servicio; **first/second ~** primer/segundo servicio
◇ vt **-1.** (be faithful to) (master, cause) servir, estar al servicio de; (one's country) servir a; IDIOM **to ~ two masters** nadar entre dos aguas; **to ~ one's own interests** actuar en interés propio
-2. (be useful to) servir; **it serves me as an office** me sirve de oficina; **what function does it ~?** ¿qué función tiene?; **it would ~ your interests not to say anything** te convendría no decir nada; **it doesn't ~ my purpose(s)** no me sirve; **it serves no useful purpose** no sirve para nada; **it has served me well** me ha hecho un buen servicio; **if my memory serves me right** si mal no recuerdo; IDIOM **it serves her right!** ¡se lo merece!, ¡lo tiene bien merecido!
-3. (complete) (prison sentence, term of office) cumplir; (apprenticeship) realizar, hacer
-4. (customer) atender; **are you being served?** (in shop) ¿le están atendiendo?; (in pub) ¿te sirven?
-5. (meal, drink) servir; **to ~ lunch/dinner** servir el almuerzo/la cena; **breakfast is served in the restaurant** el desayuno se sirve en el restaurante; Formal & Hum **dinner is served!** ¡la cena está en la mesa!; **the buffet car serves a selection of sandwiches** en el vagón restaurante se sirve una selección de Esp bocadillos or Am sandwiches; **serves four** (on packet, in recipe) contiene cuatro raciones
-6. (provide for) **the power station will ~ an area of 500 square miles** la central abastecerá de or suministrará electricidad a un área de 500 millas cuadradas; **the city is served by two airports** la ciudad cuenta con dos aeropuertos
-7. LAW **to ~ notice on sb that...** comunicar oficialmente a alguien que...; **to ~ sb with a summons, to ~ a summons on sb** citar a alguien
-8. (in tennis) (ace) servir; (double fault) hacer
◇ vi **-1.** (carry out duty) servir (**as** como); **he served in the army/in Bosnia** sirvió en el ejército/en Bosnia; **to ~ in a government/on a committee** ser miembro de un gobierno/una comisión; **I served under him during the war** serví bajo sus órdenes durante la guerra
-2. (be used) **to ~ as...** servir de...; **to ~ as an example** servir de ejemplo; **that serves to explain her behaviour** eso explica su comportamiento
-3. (in shop) atender, despachar
-4. (with food, drink) servir; **~ chilled** (on wine) sírvase bien frío
-5. (in tennis) servir, sacar; **Hingis to ~!** ¡al servicio, Hingis!; **to ~ for the match** servir para ganar (el partido)

◆ **serve out** vt sep **-1.** (sentence, notice) cumplir
-2. (food) servir
-3. (in tennis) **she broke her opponent and served out the match** rompió el servicio de su rival y conservó el suyo para ganar el partido

◆ **serve up** vt sep (food) servir; Fig ofrecer

server ['sɜːvə(r)] n **-1.** (in tennis, badminton, squash) jugador(ora) m,f al servicio; **she's a powerful ~** tiene un servicio muy potente
-2. COMPTR servidor m **-3.** (utensil) cubierto m para servir **-4.** (tray) bandeja f **-5.** REL monaguillo m

servery ['sɜːvərɪ] n mostrador m de autoservicio

service ['sɜːvɪs] ◇ n **-1.** (work) (with army, firm) servicio m; **to be at sb's ~** estar al servicio de alguien; **Dan Berry, at your ~** Dan Berry, a su disposición; Formal **to do sb a ~** hacer un favor a alguien; **he offered his services** ofreció sus servicios ❏ MIL **~ stripe** galón m de servicio
-2. (use) **this suitcase has given me good ~** esta maleta me ha durado mucho tiempo; **to be in ~** (ship, plane, machine) estar en funcionamiento; **to be out of ~** (machine) estar fuera de servicio; Formal **to be of ~ to sb** serle a alguien de utilidad
-3. (in shop, restaurant) servicio m; **when are we going to get some ~ round here?** ¿nos atienden o no?; **~ is included** el servicio está incluido; **~ not included** servicio no incluido ❏ **~ charge** (tarifa f por) servicio m
-4. (provided by business, organization) servicio m; **we offer a photocopying ~** ofrecemos un servicio de copistería; **a bus ~ will operate between Newcastle and Durham** un autobús funcionará entre Newcastle y Durham ❏ **~ entrance** entrada f de servicio; **~ industry** industria f de servicios; Br **~ lift** montacargas m inv; **~ road** vía f de servicio; **~ sector** sector m servicios; **~ stairs** escalera f de servicio (en hotel)
-5. COMPTR **~ provider** proveedor m de servicios
-6. (system) **postal/air/train ~** servicios postales/aéreos/de ferrocarril
-7. (maintenance) revisión f ❏ **~ area**, Br **services** (on motorway) área f de servicio; **~ station** estación f de servicio
-8. REL oficio m, servicio m
-9. (set) **tea/dinner ~** servicio de té/mesa
-10. (in tennis, badminton, squash) servicio m, saque m; **first/second ~** primer/segundo servicio; **he lost three ~ games in a row** perdió el servicio tres veces consecutivas ❏ **~ box** (in squash) cuadro m de saque; **~ break** rotura f del servicio; **~ fault** falta f de saque; **~ line** línea f de saque or servicio
-11. Old-fashioned (of servant) **to be in ~** estar de sirviente(a); **to go into ~** entrar a servir
-12. MIL **the services** las fuerzas armadas ❏ **~ corps** intendencia f militar
◇ vt **-1.** (car, computer, TV) revisar
-2. (loan, debt) amortizar los intereses de

serviceable ['sɜːvɪsəbəl] adj **-1.** (in working order) en buen uso **-2.** (useful) útil, práctico(a) **-3.** (durable) duradero(a)

serviceman ['sɜːvɪsmən] n MIL militar m

servicewoman ['sɜːvɪswʊmən] n MIL militar f

servicing ['sɜːvɪsɪŋ] n **-1.** (of heating, car) revisión f **-2.** (of loan, debt) servicio m

serviette [sɜːvɪ'et] n Br servilleta f ❏ **~ ring** servilletero m

servile ['sɜːvaɪl] adj servil

servility [sɜː'vɪlətɪ] n servilismo m

serving ['sɜːvɪŋ] n (portion) ración f ❏ **~ dish** fuente f; **~ hatch** ventanilla f (de cocina); **~ spoon** cuchara f de servir

servitude ['sɜːvɪtjuːd] n esclavitud f

servo ['sɜːvəʊ] ◇ n (pl **servos**) Fam (servomechanism) servomecanismo m
◇ adj AUT **~ brake** servofreno m

servo-assisted ['sɜːvəʊə'sɪstɪd] adj servoasistido(a)

servomechanism ['sɜːvəʊ'mekənɪzəm] n servomecanismo m

servomotor ['sɜːvəʊ'məʊtə(r)] n servomotor m

sesame[1] ['sesəmɪ] n (plant) ajonjolí m, sésamo m ❏ **~ oil** aceite m de sésamo or de ajonjolí; **~ seeds** (semillas fpl de) sésamo m

sesame[2] exclam **open ~!** ¡ábrete, Sésamo!

session ['seʃən] n **-1.** (period of activity) sesión f; **a discussion ~** una sesión de debate; Fam **a drinking ~** una juerga, una borrachera
-2. (meeting) reunión f; **to be in ~** estar reunido(a); **the House is not in ~ during the summer** la cámara no se reúne durante el verano; **to go into secret ~** pasar a celebrarse a puertas cerradas

set

-3. SCH & UNIV *(term)* trimestre *m*; *(year)* curso *m*
-4. MUS ~ ***musician*** músico *m* de sesión

set¹ [set] ◇ *n* -1. *(of keys, boxes, chess pieces, pans)* juego *m*; *(of problems, rules, symptoms)* conjunto *m*; *(of stamps, picture cards, books)* serie *f*, colección *f*; **a chemistry ~** un juego de química; **a train ~** un tren eléctrico de juguete *(con vías, etc.)*; **a ~ of teeth** una dentadura; **they have a different ~ of values** tienen una escala de valores diferente
-2. *(of people)* grupo *m*, círculo *m*
-3. SCH **top/bottom ~ =** grupo de los alumnos más/menos aventajados en cada asignatura a los que se enseña por separado
-4. *(TV, radio)* aparato *m*, receptor *m*; **television ~** televisor, (aparato de) televisión
-5. THEAT & TV *(scenery)* decorado *m*; CIN plató *m*; TV & CIN **on ~** en el plató
-6. *(in tennis)* set *m*, manga *f* ❑ **~ *point*** punto *m* de set
-7. MUS *(performance)* **they played a thirty-minute ~** tocaron durante treinta minutos
-8. *(in hairdressing)* **shampoo and ~** lavar y marcar
-9. *(posture)* **the ~ of sb's shoulders** la postura de los hombros
-10. MATH conjunto *m* ❑ **~ *square*** *(with angles of 45, 45 and 90°)* escuadra *f*; *(with angles of 30, 60 and 90°)* cartabón *m*

◇ *adj* -1. *(fixed) (ideas, price)* fijo(a); **we have to finish by a ~ time** tenemos que acabar a una hora determinada; **to be ~ in one's ways** tener hábitos fijos ❑ **~ *expression*** frase *f* hecha; **~ *lunch*** menú *m* (del día); **~ *meal*** menú *m* del día, *Am* comida *f* corrida *or* corriente; **~ *phrase*** frase *f* hecha; **~ *piece*** *(in play, movie)* = escena clásica e impactante; *(in sport)* jugada *f* ensayada (a balón parado); SCH **~ *text*** lectura *f* obligatoria
-2. *(ready)* **to be (all) ~ for sth/to do sth** estar preparado(a) para algo/para hacer algo; **she is ~ to become the first woman president** va camino de convertirse en la primera presidenta; **the good weather is ~ to continue** va a continuar el buen tiempo; **to get ~ to do sth** prepararse *or Am* alistarse para hacer algo
-3. *(determined)* **to be (dead) ~ against sth** oponerse totalmente a algo; **to be (dead) ~ on doing sth** estar empeñado(a) en hacer algo

◇ *vt (pt & pp set)* -1. *(place)* colocar; **to ~ a trap (for sb)** tender una trampa (a alguien)
-2. *(situate)* **the house is ~ in a picturesque valley** la casa se encuentra *or* está situada en un valle pintoresco; **the movie is ~ in New Orleans/against a background of the war** la película transcurre *or* se desarrolla en Nueva Orleans/durante la guerra; **to ~ sth to music** poner música a algo
-3. *(fix) (date, limit, price, target, standards)* fijar (**at/for** a/para); *(task)* dar, asignar; *(problem)* poner, plantear; *(exam)* poner; *(record)* establecer; *(trend)* imponer; *(precedent)* sentar; **to ~ sb a challenge** desafiar a alguien; SCH **to ~ an essay** mandar (hacer) un trabajo; **to ~ an example (to sb)** dar ejemplo (a alguien); **to ~ a value on sth** poner precio *or* asignar un valor a algo; **her face was ~ in determination** su rostro estaba lleno de determinación; **to ~ one's jaw** apretar la mandíbula
-4. *(adjust, prepare) (watch, clock)* poner en hora; *(controls, dial)* poner (**to** en); *(stage)* preparar; **~ the alarm clock for 8 a.m.** pon el despertador a las ocho; **the alarm is ~ for 2.30** la alarma está puesta para las 2.30; **to ~ the table** poner la mesa
-5. *(cause to start)* **to ~ sb on the road to recovery** hacer que alguien comience a recuperarse; **they ~ us to work on the project immediately** nos pusieron a trabajar en el proyecto inmediatamente; **her performance ~ people talking** su actuación dio que hablar (a la gente); **that ~ me thinking** eso me hizo pensar
-6. *(cause to be)* **to ~ sth alight** *or* **on fire** prender fuego a algo; **to ~ sb free** dejar libre *or* poner en libertad a alguien; **to ~ sth right** *(mistake)* enmendar algo
-7. *(jewel)* engastar; **a brooch ~ with emeralds** un broche con esmeraldas engastadas *or* incrustadas
-8. MED *(bone, fracture)* recomponer
-9. *(in hairdressing)* **to have one's hair ~** marcarse el pelo
-10. TYP componer

◇ *vi* -1. *(sun, moon)* ponerse; **we saw the sun setting** vimos la puesta de sol
-2. *(become firm) (jelly)* cuajar; *(concrete)* endurecerse; *(broken bone)* soldarse
-3. *(begin)* **to ~ to work** comenzar a trabajar

◆ **set about** *vt insep* -1. *(task, job)* emprender; *(problem, situation)* abordar; **to ~ about doing sth** empezar a hacer algo
-2. *(attack)* atacar

◆ **set against** *vt sep* -1. *(cause to oppose)* **to ~ sb against sb** enemistar a alguien con alguien; **she has ~ herself against it** se opone rotundamente a ello
-2. *(compare)* **to ~ sth against sth** comparar algo con algo
-3. *(deduct)* **to ~ expenses against tax** deducir gastos de los impuestos

◆ **set apart** *vt sep* distinguir (**from** de)

◆ **set aside** *vt sep* -1. *(leave) (task, matter, differences)* dejar a un lado
-2. *(save) (money)* ahorrar; *(time)* reservar
-3. *(overturn) (decision, conviction)* anular
-4. EU *(land)* retirar

◆ **set back** *vt sep* -1. *(withdraw)* **the house is ~ back from the road** la casa está apartada de la carretera
-2. *(delay)* retrasar
-3. *(hinder)* **the defeat ~ back their chances of victory** la derrota disminuyó sus oportunidades de ganar; **the scandal has ~ back the modernization of the party by several years** el escándalo ha retrasado la modernización del partido varios años
-4. *Fam (cost)* **that suit must have ~ you back (a bit)** ese traje te debe haber costado un ojo de la cara; **how much did that television ~ you back?** ¿por cuánto te salió ese televisor?

◆ **set down** *vt sep* -1. *(put down) (object)* dejar; *(passenger)* dejar (bajar)
-2. *(land) (plane)* aterrizar
-3. *(stipulate)* **the rules are ~ down in this document** las normas están recogidas en este documento; **to ~ sth down in writing** poner algo por escrito

◆ **set forth** ◇ *vt sep Formal (explain)* exponer
◇ *vi Literary (depart)* partir, ponerse en camino

◆ **set in** *vi (fog, winter)* instalarse; *(night)* caer; *(mood, infection)* arraigar

◆ **set off** ◇ *vt sep* -1. *(alarm)* activar; *(bomb)* hacer explotar; *(argument, chain of events)* desencadenar; **don't ~ him off on that subject** no le saques ese tema que no parará de hablar
-2. *(enhance) (colour, feature)* realzar
◇ *vi (depart)* salir (**for** hacia)

◆ **set on** *vt sep (cause to attack)* **I'll ~ my dog on you!** ¡te soltaré a mi perro!

◆ **set out** ◇ *vt sep (arrange)* disponer; *(ideas, details)* exponer; IDIOM **to ~ out one's stall: the candidates ~ out their stall during the debate** los candidatos expusieron sus planteamientos durante el debate
◇ *vi* -1. *(depart)* salir (**for** hacia)
-2. *(begin) (in job, task)* empezar, comenzar
-3. *(intend)* **to ~ out to do sth** pretender hacer algo

◆ **set to** *vi* -1. *(start working)* empezar *or* ponerse a trabajar
-2. *Fam (start arguing)* meterse *or Esp* enzarzarse en una pelea

◆ **set up** ◇ *vt sep* -1. *(erect) (statue)* erigir; *(tent, barrier)* montar
-2. *(arrange, organize) (meeting, group)* organizar; *(system, company)* establecer; *(fund)* crear; **to ~ up camp** *(pitch tents)* poner el campamento; *Fam Fig (take up residence) Esp* poner la tienda, *Am* instalarse; **to ~ up house** *or* **home** instalarse; **to ~ up shop** montar un negocio; **she ~ herself up as a consultant** se estableció como asesora; **that meal should ~ you up for the journey!** ¡esa comida te preparará para el viaje!; **they are ~ up for life** tienen el porvenir asegurado
-3. *(prepare) (game, equipment)* preparar
-4. *(cause)* provocar
-5. *Fam (frame)* **I've been ~ up!** ¡me han tendido una trampa!

◇ *vi* -1. *(establish oneself)* establecerse (**as** de *or* como); **to ~ up in business** montar un negocio
-2. *(prepare equipment)* prepararse, *Am* alistarse

◆ **set upon** *vt insep (attack)* atacar

set² *n (of badger)* tejonera *f*

set-aside ['setəsaɪd] *n* EU retirada *f or* abandono *m* de tierras

setback ['setbæk] *n* contratiempo *m*, revés *m*; **to suffer a ~** sufrir un revés

settee [se'tiː] *n* sofá *m*

setter¹ ['setə(r)] *n (dog)* setter *m*

setter² *n* -1. *(of test, quiz, crossword)* autor *m*
-2. *(of jewels)* engarzador(ora) *m,f*, montador(ora) *m,f*
-3. *(typesetter)* tipógrafo(a) *m,f*

setting ['setɪŋ] ◇ *n* -1. *(of story, festival)* escenario *m*, marco *m*; **they photographed the foxes in their natural ~** fotografiaron a los zorros en su escenario natural; **the film has Connemara as its ~** el film está ambientado en Connemara
-2. *(of sun)* puesta *f*
-3. *(on machine)* posición *f*; **highest ~** máximo; **lowest ~** mínimo
-4. *(of jewel)* engarce *m*, engaste *m*
-5. **~ *lotion*** *(for hair)* fijador *m*
-6. *(of fracture)* soldadura *f*
-7. *(at table)* cubiertos *mpl*
-8. COMPTR **settings** configuración *f*
-9. MUS arreglo *m*

◇ *adj (sun, star)* poniente

settle ['setəl] ◇ *vt* -1. *(put in place)* colocar, poner; **to ~ one's feet in the stirrups** acomodar el pie en el estribo; **she had settled herself in an armchair** se había instalado cómodamente en un sillón; **to ~ the children for the night** acostar a los niños
-2. *(calm) (nerves)* calmar; *(doubts)* disipar; **I took something to ~ my stomach** tomé algo que me asentara el estómago
-3. *(decide) (day, venue, price)* fijar; **it has been settled that...** se ha acordado que...; **nothing is settled yet** aún no se ha decidido nada; **you must ~ that among yourselves** eso es algo que deben acordar entre ustedes; **that's settled, then!** ¡entonces, ya está (decidido)!; **the party's tomorrow!** ¡no se hable más! la fiesta se hace mañana; **that settles it, he's fired** ésta es la gota que colma el vaso, está despedido
-4. *(problem, dispute, differences)* resolver; **questions not yet settled** asuntos pendientes; **she settled her affairs** resolvió sus asuntos; LAW **to ~ a matter out of court** llegar a un acuerdo extrajudicial
-5. *(pay) (account, debt)* liquidar, saldar; *(claim)* satisfacer
-6. *(colonize)* colonizar
-7. LAW *(money, allowance, estate)* legar; **to ~ an annuity on sb** otorgar una anualidad a alguien

◇ *vi* -1. *(bird, insect, dust)* posarse (**on** en *or* sobre); *(sediment)* depositarse; *(snow)* cuajar; *(liquid, beer)* reposar; **her gaze settled on the book** su mirada se posó en el libro; **an eerie calm settled over the village** una extraña calma descendió sobre el pueblo
-2. *(get comfortable) (in bed, new home)* ponerse cómodo, acomodarse; **to ~ into an armchair** instalarse en un sillón
-3. *(road, wall, foundations)* asentarse; **contents may ~ during transport** *(on packaging)* el contenido puede acumularse en el fondo del paquete durante el transporte

-4. *(go to live) (person, family)* asentarse (**in** en)
-5. *(calm down) (nerves)* calmarse, tranquilizarse; *(stomach)* asentarse; *(crowd, situation)* apaciguarse, tranquilizarse; **the weather is settling** el tiempo se está estabilizando
-6. *(reach agreement)* llegar a un acuerdo; **LAW to ~ (out of court)** llegar a un acuerdo extrajudicial
-7. *(pay up)* saldar cuentas, ajustar cuentas; **to ~ with sb** saldar *or* ajustar cuentas con alguien
◆ **settle back** *vi* acomodarse, arrellanarse
◆ **settle down** ◇ *vt sep* **-1.** *(make comfortable)* acomodar; **she settled the baby down for the night** acomodó al bebé para la noche **-2.** *(make calm)* calmar, tranquilizar
◇ *vi* **-1.** *(make oneself comfortable)* acomodarse, instalarse; **we settled down to wait** nos instalamos a esperar; **to ~ down to work** concentrarse en el trabajo
-2. *(become established)* establecerse; **it took the children some weeks to ~ down in their new school** a los niños les llevó algunas semanas adaptarse a su nueva escuela
-3. *(adopt regular life)* sentar la cabeza; **he's not someone you could imagine settling down with** no es alguien con quien te puedas imaginar haciendo una vida juntos
-4. *(calm down) (situation, excitement, person)* tranquilizarse, calmarse; **~ down, children!** ¡tranquilos, niños!
◆ **settle for** *vt insep (accept)* conformarse con; **I insist on the best quality, I never ~ for (anything) less** yo busco la mejor calidad, nunca me conformo con menos
◆ **settle in** *vi (in new job, school)* adaptarse, aclimatarse; *(in new house)* instalarse
◆ **settle into** *vt insep (new job, school)* adaptarse *or* aclimatarse a; *(new house)* instalarse en; *(routine)* acomodarse a; **he has settled into a nice rhythm** ha encontrado un buen ritmo
◆ **settle on** *vt insep* **-1.** *(decide on, choose)* decidirse por **-2.** *(reach agreement on)* ponerse de acuerdo sobre
◆ **settle up** *vi (pay bill)* pagar; **can we ~ up?** la cuenta, por favor; **to ~ up with sb** pagar a alguien
settled ['setəld] *adj* **-1.** *(stable)* estable; *(team)* estable; **it took me a while to get ~ in my new home** me tomó un tiempo acomodarme en mi nueva casa **-2.** *(weather)* estable **-3.** *(colonized)* poblado(a)
settlement ['setəlmənt] *n* **-1.** *(agreement)* acuerdo *m*; **to reach a ~** llegar a un acuerdo
-2. *(of problem, dispute)* resolución *f*
-3. *(of account, debt)* liquidación *f*; **I enclose a cheque in ~ of your account** adjunto un cheque como liquidación de la cuenta
-4. *(financial gift, dowry)* legado *m*; **to make a ~ on sb** hacer un legado a alguien
-5. *(town, village) (recently built)* asentamiento *m*; *(in isolated area)* poblado *m*
-6. *(of people in a country)* asentamiento *m*; *(colonization)* colonización *f*
settler ['setlə(r)] *n* colono *m*
settling ['setlɪŋ] *n* **-1.** *(of contents)* **there may be some ~ of contents** el contenido puede acumularse en el fondo del paquete **-2.** *(of argument, dispute)* resolución *f* ❑ **~ of scores** ajuste *m* de cuentas **-3.** *(of debt)* liquidación *f*, saldo *m*
settling-in ['setlɪŋ'ɪn] *n* **~ allowance** gastos *mpl* de desplazamiento
set-to ['set'tu:] *(pl* **set-tos**) *n Br Fam (argument, fight)* pelea *f*, trifulca *f*; **to have a ~ (with sb)** tener una trifulca *or RP* agarrada (con alguien)
set-top box ['settɒp'bɒks] *n TV* descodificador *m*
set-up ['setʌp] *n* **-1.** *Fam (organization, arragement)* sistema *m*, montaje *m*; **the project manager explained the ~ to me** el director del proyecto me explicó cómo funcionan

las cosas; **it's an odd ~** *(marriage, relationship)* es un arreglo extraño
-2. *Fam (trap, trick)* montaje *m*, trampa *f*
-3. COMPTR **~ program** programa *m* de configuración
seven ['sevən] ◇ *n* **-1.** *(number)* siete *m* **-2.** *(in rugby)* **sevens** rugby *m* a siete, *RP* sevens *mpl*
◇ *adj* siete ❑ REL **the ~ deadly sins** los siete pecados capitales; **the Seven Wonders of the World** las siete maravillas del mundo; *see also* **eight**
sevenfold ['sevənfəʊld] ◇ *adj* septuplicado(a), séptuplo(a)
◇ *adv* por siete, siete veces
seven-inch ['sevənɪntʃ] *n* **~ (single)** single *m or* sencillo *m (de vinilo)*
seventeen [sevən'ti:n] ◇ *n* diecisiete *m*
◇ *adj* diecisiete; *see also* **eight**
seventeenth [sevən'ti:nθ] ◇ *n* **-1.** *(fraction)* diecisieteavo *m*, decimoséptima parte *f*
-2. *(in series)* decimoséptimo(a) *m,f* **-3.** *(of month)* diecisiete *m*
◇ *adj* decimoséptimo(a); *see also* **eleventh**
seventh ['sevənθ] ◇ *n* **-1.** *(fraction)* séptimo *m*, séptima parte *f* **-2.** *(in series)* séptimo(a) *m,f*
-3. *(of month)* siete *m* IDIOM **to be in ~ heaven** estar en el séptimo cielo ❑ **Seventh Day Adventist** adventista *mf* del Séptimo Día; *see also* **eighth**
seventies ['sevəntiz] *npl* **the ~** los (años) setenta; *see also* **eighties**
seventieth ['sevəntiəθ] ◇ *n* septuagésimo(a) *m,f*
◇ *adj* septuagésimo(a)
seventy ['sevəntɪ] ◇ *n* setenta *m*
◇ *adj* setenta; *see also* **eighty**
seventy-eight ['sevəntɪ'eɪt] *n (record)* disco *m* de 78 r.p.m.
seven-year itch ['sevənjɪə'ɪtʃ] *n Hum* comezón *f* del séptimo año
sever ['sevə(r)] ◇ *vt* **-1.** *(rope, limb)* cortar; **a severed head** una cabeza cortada **-2.** *(relationship, contact)* cortar
◇ *vi* cortarse
several ['sevərəl] ◇ *adj* **-1.** *(in number)* varios(as); **~ thousand dollars** varios miles de dólares **-2.** *(separate)* **they went their ~ ways** cada uno fue por su camino
◇ *pron* varios(as) *m,fpl*; **~ of us/them** varios de nosotros/ellos; **there are ~ of them** hay *or* existen varios
severally ['sevrəlɪ] *adv Formal* por separado, individualmente
severance ['sevərəns] *n* ruptura *f* ❑ IND **~ pay** indemnización *f* por despido
severe [sɪ'vɪə(r)] *adj* **-1.** *(harsh) (person, punishment, criticism)* severo(a); **I gave them a ~ telling-off** les di una servera reprimenda
-2. *(weather)* severo(a); *(winter)* duro(a), severo(a); *(frost)* intenso(a)
-3. *(intense) (pain, storm, pressure, depression)* fuerte, intenso(a); *(competition)* duro(a); **it will be a ~ test of our capabilities** será una dura prueba de nuestras aptitudes
-4. *(serious) (illness, handicap, problem)* grave; *(losses)* serio(a), grave; *(blow)* duro(a); *(shortage)* gran, serio(a); **I've got ~ toothache** tengo un dolor de muelas terrible
-5. *(austere) (style, architecture)* sobrio(a), austero(a)
severely [sə'vɪəlɪ] *adv* **-1.** *(harshly)* con severidad
-2. *(seriously) (injured, ill)* gravemente; *(damaged, limited, reduced)* seriamente; **to be ~ disabled** tener una discapacidad grave; **the vehicle's roadholding was ~ tested by the conditions** las condiciones eran fueron una dura prueba para la adherencia del vehículo; **his patience was ~ tested** su paciencia sufrió una dura prueba
-3. *(austerely)* con sobriedad, con austeridad
severity [sɪ'verɪtɪ] *n* **-1.** *(harshness) (of person, punishment, criticism)* severidad *f* **-2.** *(of weather)* severidad *f*; *(of winter)* dureza *f*, severidad *f* **-3.** *(intensity) (of pain, storm, pressure, depression)* intensidad *f* **-4.** *(seriousness) (of illness, handicap, problem)* gravedad *f*; *(of losses)*

seriedad *f*, gravedad *f*; *(of blow)* dureza *f*; *(of shortage)* gravedad *f* **-5.** *(austerity) (of style, architecture)* sobriedad *f*, austeridad *f*
Seville [sə'vɪl] *n* Sevilla ❑ **~ orange** naranja *f* agria *or* amarga
sew [səʊ] *(pp* **sewn** [səʊn]) ◇ *vt* coser; **to ~ a button on a shirt** coser un botón en una camisa; **you'll have to ~ the pieces together again** tendrás que volver a coser las piezas
◇ *vi* coser
◆ **sew up** *vt sep* **-1.** *(hole)* zurcir, coser; *(wound)* coser, suturar **-2.** *Fam (clinch)* **it's all sewn up** está todo arreglado; **they've got the election all sewn up** ya tienen la elección en el bolsillo
sewage ['su:ɪdʒ] *n* aguas *fpl* residuales ❑ **~ disposal** depuración *f* de aguas residuales; **~ farm** depuradora *f*; **~ system** alcantarillado *m*; **~ works** depuradora *f*
sewer ['su:ə(r)] *n (pipe)* alcantarilla *f*, cloaca *f*; **main ~** colector; IDIOM **he's got a mind like a ~** tiene una mente sucia
sewerage ['su:ərɪdʒ] *n (system)* alcantarillado *m*, cloacas *fpl*
sewing ['səʊɪŋ] *n* **-1.** *(activity)* costura *f*; **to do some ~** coser un rato ❑ **~ basket** costurero *m*, cesta *f* de la costura; **~ kit** equipo *m* de costura; **~ machine** máquina *f* de coser; **~ needle** aguja *f* de coser **-2.** *(items)* labor *m*, costura *f*
sewn *pp of* **sew**
sex [seks] ◇ *n* **-1.** *(intercourse)* sexo *m*; **to have ~** tener relaciones sexuales; **to have ~ with sb** hacer el amor con alguien, acostarse con alguien; **that film contains too much ~** esa película tiene demasiado sexo ❑ **the ~ act** el acto sexual; **~ addict** adicto(a) *m,f* al sexo, sexoadicto(a) *m,f*; **~ aid** artículo *m* erótico; **~ appeal** atractivo *m* sexual; **~ attack** agresión *f* sexual; *Fam* **~ bomb:** **to be a ~ bomb** ser puro sexo, estar como para parar un tren; **~ drive** impulso *m or* deseo *m or* apetito *m* sexual; **to have a low/high ~ drive** tener una libido alta/baja; **~ education** educación *f* sexual; *Fam* **~ god** dios *m* del sexo; *Fam* **~ goddess** diosa *f* del sexo; **~ hormone** hormona *f* sexual; **the ~ industry** la industria del sexo; **~ kitten** gatita *f*; **~ life** vida *f* sexual; *Fam* **~ machine** máquina *f* sexual; **~ maniac** obseso(a) *m,f* (sexual); **~ object** objeto *m* sexual; **~ offender** autor(ora) *m,f* de un delito sexual; **~ organ** órgano *m* sexual; **~ scandal** escándalo *m* sexual; **~ scene** escena *f* de sexo; **~ shop** sex-shop *f*; **~ symbol** símbolo *m* sexual, sex symbol *mf*; **~ therapist** terapeuta *mf* sexual; **~ therapy** terapia *f* sexual; **~ tourism** turismo *m* sexual
-2. *(gender)* sexo *m*; **the war between the sexes** la guerra de (los) sexos; **we do not discriminate according to ~** no discriminamos según el sexo ❑ **~ change** cambio *m* de sexo; **to have a ~ change (operation)** hacerse un cambio de sexo, cambiarse el sexo; **~ chromosome** cromosoma *m* sexual; **~ discrimination** discriminación *f* sexual
◇ *vt (animal)* sexar
sexagenarian [seksədʒɪ'neərɪən] ◇ *n* sexagenario(a) *m,f*
◇ *adj* sexagenario(a)
sex-crazed [seks'kreɪzd] *adj* obsesionado(a) por el sexo
sexed [sekst] *adj* **to be highly ~** tener un gran apetito sexual *or* una libido muy fuerte
sexily ['seksɪlɪ] *adv* de forma sexy, muy sensualmente
sexiness ['seksɪnɪs] *n* atractivo *m* sexual, sensualidad *f*
sexism ['seksɪzəm] *n* sexismo *m*
sexist ['seksɪst] ◇ *n* sexista *mf*
◇ *adj* sexista
sexless ['seksɪs] *adj* **-1.** BIOL asexuado(a) **-2.** *(person) (sexually unattractive)* asexuado(a)
sex-mad ['seks'mæd] *adj Fam* loco(a) por el sexo
sexologist [sek'sɒlədʒɪst] *n* sexólogo(a) *m,f*

sexology [sek'sɒlədʒɪ] *n* sexología *f*
sexploitation [seksplɔɪ'teɪʃən] *n* explotación *f* sexual
sexpot ['sekspɒt] *n Fam* tipo(a) *m,f* muy sexy
sex-starved ['seksstɑːvd] *adj Fam* hambriento(a) de sexo, con ganas de sexo
sextant ['sekstənt] *n NAUT* sextante *m*
sextet [seks'tet] *n MUS* sexteto *m*
sexton ['sekstən] *n REL* sacristán *m*
sextuplet ['sekstjʊplət] *n* **-1.** *(baby)* sextillizo(a) *m,f* **-2.** MUS seisillo *m*, sextillo *m*
sexual ['seksjʊəl] *adj* **-1.** *(relating to intercourse, desire)* sexual ❑ ~ **abuse** abusos *mpl* deshonestos, abuso *m* sexual; **the ~ act** el acto sexual; ~ **assault** agresión *f* sexual; *Fam* ~ **athlete** atleta *mf* sexual; ~ **attraction** atracción *f* sexual; ~ **harassment** acoso *m* sexual; ~ **intercourse** relaciones *fpl* sexuales, el acto sexual; ~ **orientation** orientación *f* sexual; ~ **partner** compañero(a) *m,f* sexual; ~ **prowess** potencia *f* sexual; ~ **reproduction** reproducción *f* sexual; ~ **relations** trato *m* carnal; ~ **relationship** relación *f* sexual; **the ~ revolution** la revolución sexual
-2. *(relating to gender)* sexual ❑ ~ **discrimination** discriminación *f* sexual; ~ **equality** igualdad *f* de sexos; ~ **politics** política *f* de los sexos
sexuality [seksjʊ'ælɪtɪ] *n* sexualidad *f*
sexually ['seksjʊəlɪ] *adv* sexualmente; ~ **abused** víctima de abusos deshonestos; ~ **explicit** con sexo explícito; **to be ~ active** estar teniendo relaciones sexuales ❑ ~ **transmitted disease** enfermedad *f* de transmisión sexual
sexy ['seksɪ] *adj* **-1.** *(sexually attractive) (person)* sexy **-2.** *(sexually arousing) (clothes, talk)* sexy **-3.** *(sexually aroused)* **to feel ~** estar caliente *or Esp, Méx* cachondo(a) **-4.** *Fam (car, idea, object)* excitante
Seychelles [seɪ'ʃelz] *npl* **the ~** las (islas) Seychelles
SF [es'ef] *(abbr* **science fiction)** ciencia *f* ficción
SFA [esef'eɪ] *n (abbr* **Scottish Football Association)** = federación escocesa de fútbol
sforzando [sfɔːt'sændəʊ] *adv MUS* sforzando
sfx [esef'eks] *n (abbr* **special effects)** efectos *mpl* especiales
SGML [esdʒiːem'el] *n COMPTR (abbr* **Standard Generalized Markup Language)** SGML *m*
Sgt MIL *(abbr* **Sergeant)** sargento *mf*
sh [ʃ] *exclam* ¡chsss!, ¡shis(t)!
shabbily ['ʃæbɪlɪ] *adv* **-1.** *(dressed)* desaliñadamente, desastradamente; *(furnished)* cochambrosamente **-2.** *(to behave)* ruinmente, con mezquindad; **he was treated very ~** lo trataron muy mal *or Esp* fatal
shabbiness ['ʃæbɪnɪs] *n* **-1.** *(of clothing)* aspecto *m* raído *or* desgastado; *(of appearance)* desaliño *m*; *(of furniture, house)* aspecto *m* cochambroso **-2.** *(of conduct, treatment)* ruindad *f*, mezquindad *f*
shabby ['ʃæbɪ] *adj* **-1.** *(clothing)* raído(a), desgastado(a); *(appearance)* desaliñado(a), desastrado(a); *(furniture, house)* cochambroso(a) **-2.** *(conduct, behaviour)* ruin, mezquino(a); **a ~ trick** una mala jugada *or* pasada **-3.** *(excuse)* pobre
shack [ʃæk] *n* casucha *f*, *Esp* chabola *f*, *CSur, Ven* rancho *m*
◆ **shack up** *vi Fam* **to ~ up with sb** arrejuntarse *or* vivir arrejuntado(a) con alguien; **they've shacked up together** se han arrejuntado
shackle ['ʃækəl] ◇ *n* **shackles** *(fetters)* grilletes *mpl*; **to free oneself from the shackles of convention** escapar de los convencionalismos
◇ *vt* **-1.** *(prisoner)* poner grilletes a; **he was shackled to the post** estaba encadenado a su puesto **-2.** *(constrain)* atar, constreñir; **to be shackled by convention** ser prisionero(a) de los convencionalismos
shad [ʃæd] *n* sábalo *m*
shade [ʃeɪd] ◇ *n* **-1.** *(shadow)* sombra *f*; **in the ~** a la sombra; **these trees give plenty of ~** estos árboles dan mucha sombra; IDIOM **to put sb in the ~** hacer sombra *or* eclipsar a alguien; **shades of 1968...** *(reminders)* esto recuerda a 1968...
-2. *(lampshade)* pantalla *f* (de lámpara); *(eyeshade)* visera *f*; *US (blind)* persiana *f*
-3. *(nuance) (of colour)* tono *m*, tonalidad *f*; *(of opinion, meaning)* matiz *m*; COMPTR sombreado *m*; **an attractive ~ of blue** un tono azul atractivo; **all shades of political opinion were represented** toda la opinión política estaba representada
-4. ART sombra *f*
-5. a ~ *(slightly)* un poquito, una pizca; **a ~ better/longer** ligeramente mejor/más largo(a)
-6. *Literary (ghost)* espíritu *m*, fantasma *m*
-7. *Fam* **shades** *(sunglasses)* gafas *fpl or Am* anteojos *mpl* de sol
◇ *vt* **-1.** *(protect from sun)* proteger del sol; **she shaded her eyes from the sun with her hand** se protegió los ojos del sol con la mano **-2.** *(drawing)* sombrear **-3.** *(win narrowly)* ganar por escaso margen; **we just shaded it** ganamos por muy poco
◇ *vi (merge)* **the blue shades into purple** el azul se va haciendo púrpura

◆ **shade in** *vt sep (part of drawing)* sombrear

◆ **shade off** *vi* matizarse; **the film shades off into a conventional romance** la película se va decantando hacia los terrenos del romanticismo más convencional

shaded ['ʃeɪdɪd] *adj* **-1.** *(in the shade) (path, ground)* sombreado(a) **-2.** *(coloured in) (drawing, area on diagram)* sombreado(a)
shadiness ['ʃeɪdɪnɪs] *n* **-1.** *(of garden, lane)* sombra *f* **-2.** *(of person)* deshonestidad *f*; *(of behaviour, transaction)* lo turbio, lo oscuro
shading ['ʃeɪdɪŋ] *n (on drawing, map)* sombreado *m*
shadow ['ʃædəʊ] ◇ *n* **-1.** *(dark area)* sombra *f*; **to cast a ~** proyectar una sombra; **in the ~ (of)** a la sombra (de); **to have shadows under one's eyes** tener ojeras; **the ~ of suspicion fell on them** la sombra de la sospecha cayó sobre ellos; **he follows me everywhere like a ~** me sigue a todos lados como una sombra; IDIOM **the news cast a ~ over the occasion** la noticia vino a ensombrecer el acto; IDIOM **she's a ~ of her former self** es apenas una sombra de lo que era; IDIOM **to live in sb's shadow** vivir a la sombra de alguien ❑ ECON ~ **economy** economía *f* sumergida; ~ **puppet** sombra *f* chinesca
-2. *(slightest bit)* **without a ~ of (a) doubt** sin sombra de duda
-3. *(detective)* **he managed to lose his ~** consiguió escabullirse de la persona que lo seguía; **I want a ~ put on him** quiero que lo sigan a sol y sombra
-4. MED *(on lung)* mancha *f*
◇ *adj Br* POL **Shadow Cabinet** gabinete *m* en la sombra; **Shadow Minister** = político de la oposición encargado de un área específica y que probablemente sería ministro de esa área en caso de que su partido formara gobierno
◇ *vt* **-1.** *(follow)* seguir **-2.** *Literary (darken)* oscurecer

SHADOW CABINET

El **Shadow Cabinet** es el conjunto de los dirigentes parlamentarios del partido mayoritario de la oposición. Todos los integrantes del **Shadow Cabinet** están al cargo de una cartera y su función principal es la de actuar como contrapunto a las propuestas y políticas de los ministros que ostentan dichas carteras en el gobierno.

shadow-box ['ʃædəʊbɒks] *vi* practicar boxeo con la propia sombra
shadow-boxing ['ʃædəʊbɒksɪŋ] *n SPORT* boxeo *m* con la propia sombra; *Fig* **a lot of ~ went on between them** los dos se tanteaban para ver cómo reaccionaba el otro

shadowy ['ʃædəʊɪ] *adj* **-1.** *(vague)* vago(a), impreciso(a); **a ~ form** una figura en la oscuridad **-2.** *(dark)* oscuro(a), sombrío(a) **-3.** *(mysterious)* **a ~ figure** una oscura *or* misteriosa figura
shady ['ʃeɪdɪ] *adj* **-1.** *(garden, lane)* sombreado(a), umbrío(a); **I'd rather sit somewhere ~** preferiría sentarme a la sombra **-2.** *Fam (suspicious) (person)* sospechoso(a), siniestro(a); *(transaction)* turbio(a), oscuro(a)
shaft [ʃɑːft] *n* **-1.** *(of spear)* asta *f*, vara *f*; *(of golf club)* vara *f*, barra *f*; *(of tool, axe)* mango *m*; *(of feather)* cañón *m*; *(of bone)* caña *f*; *(of cart)* vara *f* **-2.** *(of mine)* pozo *m*; *(for elevator)* hueco *m* **-3.** *(of light)* rayo *m* **-4.** *(in engine, machine)* eje *m* **-5.** *US Fam* **to give sb the ~** *(cheat)* timar a alguien; **he got the ~** le timaron
◇ *vt* **-1.** *Br Vulg (have sex with)* tirarse, *Esp* follarse, *Am* cogerse, *Méx* chingar; **if he finds out, we're shafted** si se entera, la cagamos **-2.** *Fam (cheat)* timar, *Am* joder; **to get shafted** salir mal parado(a)
shag¹ [ʃæg] *n (tobacco)* picadura *f*
shag² *n (bird)* cormorán *m* moñudo
shag³ *adj (made of long wool)* **a ~ carpet** una alfombra peluda
shag⁴ ◇ *n Br very Fam (sexual intercourse)* **to have a ~** *Esp, Arg* echar un polvo, *Am* coger; **to be a good ~** *(person)* ser bueno(a) en la cama
◇ *vt (pt & pp* **shagged**) **-1.** *Vulg (have sexual intercourse)* *Esp, Arg* echar un polvo a, *Am* cogerse a **-2.** *US (in baseball) (fetch)* recoger
◇ *vi Br Vulg (have sexual intercourse)* *Esp, Arg* echar un polvo, *Am* coger
shagged (out) ['ʃægd('aʊt)] *adj Br very Fam* reventado(a), hecho(a) polvo *or Méx* camotes
shaggy ['ʃægɪ] *adj* **-1.** *(hairy)* peludo(a); *(dog)* lanudo(a) ❑ *Fam* ~ **dog story** chiste *m* interminable *(con final flojo)* **-2.** *(carpet, rug)* peludo(a)
shah [ʃɑː] *n* sha *m*
shake [ʃeɪk] ◇ *n* **-1.** *(action)* sacudida *f*; **give my hand a ~** dame un apretón de manos; **give the bottle a good ~** agita bien la botella; **have another ~ of the dice** sacude de nuevo los dados; **a ~ of the head** *(to say no)* un movimiento negativo de la cabeza; *(with resignation)* un gesto de resignación con la cabeza; **with a ~ in his voice** con la voz temblorosa; *Fam* **he got/has got the shakes** le entró/tiene el tembleque; IDIOM *Fam* **in two shakes (of a lamb's tail)** en un abrir y cerrar de ojos, *Arg* al toque; IDIOM *Fam* **to be no great shakes** no ser gran cosa; **he's no great shakes at painting** *or* **as a painter** no es gran cosa pintando *or* como pintor
-2. *(drink)* **(milk) ~** batido *m*
-3. *US Fam (deal)* **he'll give you a fair ~** te dará un trato justo
◇ *vt (pt* **shook** [ʃʊk]*, pp* **shaken** ['ʃeɪkən]) **-1.** *(person, duster)* sacudir; *(branch, box, bottle)* agitar; *(building)* sacudir, hacer temblar; *(dice)* menear, agitar; **she shook me by the shoulders** me sacudió por los hombros; **she shook the crumbs off her clothes** se sacudió las migas de la ropa; **they shook the apples from the tree** sacudieron el árbol para que cayeran las manzanas; **to ~ vinegar onto sth** echarle chorritos de vinagre a algo; **well before use** *(on packaging)* agítese bien antes de usar; **the dog shook itself dry** el perro se sacudió para secarse; **they shook themselves free** se liberaron dando sacudidas; **to ~ one's fist/a stick at sb** amenazar a alguien con el puño/un palo; **to ~ hands with sb** estrechar *or* dar la mano a alguien; **they shook hands** se dieron la mano; **to ~ hands on a deal** sellar un trato con un apretón de manos; **to ~ one's head** *(to say no)* negar con la cabeza; *(in disbelief)* hacer un gesto de incredulidad con la cabeza; *Fam* ~ **a leg!** *(hurry up)* ¡muévete!, ¡date prisa!, *Am* ¡apúrate!
-2. *(shock emotionally)* afectar, perturbar; *(of*

shakedown | 672 | **shape**

news, revelations) conmocionar; **I felt shaken after the fall** la caída me dejó conmocionado; **the team was shaken by the early goal** el gol tan temprano desconcertó al equipo; **to ~ sb's faith** quebrantar la fe de alguien
◇ *vi* **-1.** *(person, building, voice)* temblar; *(leaves, branches)* agitarse; **to ~ with fear/rage** temblar de miedo/rabia; **to ~ with laughter** retorcerse de risa; [IDIOM] **to be shaking like a jelly** *or* **leaf** temblar como un flan **-2.** *Fam (shake hands)* **to ~ on it** cerrar el trato con un apretón de manos; **let's ~ on it!** ¡choca esos cinco!, ¡venga esa mano!
➤ **shake down** *vt sep US Fam* **-1.** *(search)* cachear **-2.** *(extort money from)* sacar dinero a; **they shook her down for $10,000** le sacaron 10.000 dólares
◇ *vi Fam* **-1.** *(go to bed)* **they had to ~ down on the floor for the night** tuvieron que dormir en el suelo esa noche **-2.** *(adapt) (to new situation, job)* adaptarse, acostumbrarse
➤ **shake off** *vt sep* **-1.** *(sand, snow, water)* sacudir **-2.** *(illness, depression)* salir de, quitarse *or Am* sacarse de encima; *(pursuer)* librarse de
➤ **shake out** *vt sep (tablecloth, rug, bag)* sacudir; **he shook the sand out of his shoes** se sacudió la arena de los zapatos
➤ **shake up** *vt sep* **-1.** *(upset)* trastornar; **they were badly shaken up after the accident** después del accidente quedaron muy conmocionados **-2.** *(reorganize) (system)* reorganizar; *Fam* **you need to ~ your ideas up!** tienes que ponerte las pilas
shakedown ['ʃeɪkdaʊn] *n* **-1.** *US Fam (search)* cacheo *m* **-2.** *US Fam (extortion)* chantaje *m* **-3.** *Fam (of ship, plane) (test)* prueba *f* **-4.** *Fam (bed)* catre *m*
shaken *pp of* **shake**
shake-out ['ʃeɪkaʊt] *n* reestructuración *f*
shaker ['ʃeɪkə(r)] *n (for salt)* salero *m; (for pepper)* pimentero *m; (for sugar)* azucarero *m; (for cocktails)* coctelera *f; (for dice)* cubilete *m*
Shakespearean, Shakespearian [ʃeɪks-'pɪərɪən] *adj* shakespeariano(a)
shake-up ['ʃeɪkʌp] *n (reorganization)* reorganización *f*
shakily ['ʃeɪkɪlɪ] *adv* **-1.** *(to walk, write, speak)* temblorosamente **-2.** *(uncertainly)* con poca firmeza; **the novel starts rather ~, but improves later on** la novela empieza un tanto floja pero después mejora
shakiness ['ʃeɪkɪnɪs] *n* **-1.** *(of table, ladder)* inestabilidad *f; (of handwriting, voice, hand)* temblor *m* **-2.** *(of health, position)* debilidad *f; (of government)* inestabilidad, debilidad *f; (of team, defence, argument)* debilidad *f*, fragilidad *f*
shaky ['ʃeɪkɪ] *adj* **-1.** *(table, ladder)* inestable, inseguro(a); *(handwriting, voice)* tembloroso(a); *(hand)* tembloroso(a), trémulo(a) **-2.** *(health, position)* débil, precario(a); *(government)* inestable, débil; *(team, defence, argument)* flojo(a); **I'm feeling a bit ~** no estoy muy allá; **to get off to a ~ start** comenzar con mal pie, tener un comienzo flojo; **her memory is a bit ~** su memoria es un poco frágil; **his English is ~** habla un inglés precario
shale [ʃeɪl] *n (rock)* esquisto *m* ❑ **~ oil** aceite *m* de esquisto
shall [ʃæl, *unstressed* ʃəl] *modal aux v* **-1.** *(with first person) (expressing intentions, promises, predictions)* **I ~ be there if I can** si puedo, estaré allí; **I shan't say this more than once** esto no lo voy a repetir; **we ~ take note of your comments** tendremos en cuenta sus comentarios; **you ~ have your wish** tendrás lo que deseas; **I want to meet her – you ~** quiero conocerla, lo harás; **I ~ look forward to seeing you again** estoy deseando volver a verle; **as we ~ see** como veremos
-2. *Formal (with 2nd and 3rd person) (expressing determination)* **you ~ pay for this!** ¡me las pagarás *or* vas a pagar!; **we ~ overcome!** ¡venceremos!; **we ~ not be moved!** ¡no nos moverán!; **they ~ not pass** ¡no pasarán!

-3. *(in suggestions, offers)* **~ I open the window?** ¿abro la ventana?; **~ I make some coffee?** ¿preparo café?; **I'll put it here, ~ I?** lo pongo aquí, ¿te parece?; **let's go, ~ we?** vámonos, ¿os parece?
-4. *(indicating rule)* **all members ~ be entitled to vote** todos los socios tendrán derecho al voto; **the term "company property" ~ be understood to include...** se entiende que el término "propiedad de la empresa" comprende...
shallot [ʃə'lɒt] *n* chalota *f*
shallow ['ʃæləʊ] ◇ *n* **shallows** bajío *m*
◇ *adj* **-1.** *(water)* poco profundo(a); *(dish)* llano(a); *(grave)* poco profundo(a); **the ~ end** *(of swimming pool)* la parte poco profunda **-2.** *(breathing)* superficial **-3.** *(person, mind, conversation, argument)* superficial, poco profundo(a)
shallowness ['ʃæləʊnɪs] *n* **-1.** *(of water)* poco profundo(a) **-2.** *(of breathing)* superficialidad *f* **-3.** *(of person, mind, conversation, argument)* superficialidad *f*
shalt [ʃælt] *(2nd person singular of* **shall***) Archaic & REL* **thou ~ not steal** no robarás
sham [ʃæm] ◇ *n* **-1.** *(trial, election)* farsa *f;* **her illness is a ~** su enfermedad es puro teatro *or* cuento **-2.** *(person)* farsante *mf*
◇ *adj (illness, emotion)* fingido(a); **a ~ election was held** se celebraron unas elecciones que fueron una farsa
◇ *vt (pt & pp* **shammed***) (feign)* fingir, simular
◇ *vi* fingir
shaman ['ʃeɪmən] *n* chamán *m*
shamanism ['ʃeɪmənɪzəm] *n* chamanismo *m*
shamateur ['ʃæmətə(r)] *n Fam* = jugador que, siendo teóricamente aficionado, gana mucho dinero a través de contratos con patrocinadores y similares
shamble ['ʃæmbəl] *vi* **to ~ along** caminar arrastrando los pies
shambles ['ʃæmbəlz] *n* desastre *m*, desorden *m;* **this place is a ~!** ¡esto es un desorden!; **what a ~!** ¡qué desastre!; **the party's election campaign was a ~** la campaña electoral del partido fue un desastre
shambling ['ʃæmblɪŋ] *adj* **he has a ~ gait** camina arrastrando los pies
shambolic [ʃæm'bɒlɪk] *adj Fam* desastroso(a)
shame [ʃeɪm] ◇ *n* **-1.** *(disgrace, guilt)* vergüenza *f, Andes, CAm, Carib, Méx* pena *f;* **to my ~** para mi vergüenza; **she hung her head in ~** bajó *or* agachó la cabeza avergonzada *or Andes, CAm, Carib, Méx* apenada; **to have no (sense of) ~** no tener vergüenza; **the ~ of it!** ¡qué vergüenza!; **~ on you!** ¡debería darte vergüenza!; **to bring ~ on sb** traer la deshonra a alguien, deshonrar a alguien; **she works so hard, she puts you to ~** trabaja tanto que realmente te deja mal parado
-2. *(pity)* pena *f;* **it's a ~ Matt can't be here** qué pena que *or* es una pena que Matt no pueda estar aquí; **it would be a ~ to miss it** sería una pena perdérselo; **what a ~!** ¡qué pena!
◇ *vt* **-1.** *(cause to feel ashamed)* avergonzar, *Andes, CAm, Carib, Méx* apenar; **it shames me to admit it** me avergüenza *or* da vergüenza admitirlo; **to ~ sb into doing sth** avergonzar a alguien para que haga algo **-2.** *(bring shame on)* deshonrar, dejar en mal lugar
shamefaced ['ʃeɪm'feɪst] *adj* avergonzado(a), *Andes, CAm, Carib, Méx* apenado(a)
shamefacedly [ʃeɪm'feɪsɪdlɪ] *adv* con vergüenza; *Andes, CAm, Carib, Méx* con pena
shameful ['ʃeɪmfʊl] *adj* vergonzoso(a); **it's ~ the way young people behave these days** es vergonzoso como se comportan los jóvenes hoy en día
shamefully ['ʃeɪmfəlɪ] *adv* vergonzosamente; **she has been treated ~** ha sido tratada de una manera vergonzosa; **he was ~ ignorant about the issue** tenía una ignorancia vergonzosa sobre el tema
shameless ['ʃeɪmlɪs] *adj* desvergonzado(a); **he is ~ about doing it** no le da ninguna vergüenza *or CAm, Carib, Col, Méx* pena hacerlo

shamelessly ['ʃeɪmlɪslɪ] *adv* con desvergüenza, con descaro
shamelessness ['ʃeɪmlɪsnɪs] *n* falta *f* de vergüenza, desvergüenza *f*
shaming ['ʃeɪmɪŋ] *adj* vergonzoso(a), bochornoso(a)
shammy ['ʃæmɪ] *n* **~ (leather)** gamuza *f*
shampoo [ʃæm'puː] ◇ *n* champú *m;* **a ~ and set** un lavado y marcado
◇ *vt (carpet)* limpiar con champú; **to ~ one's hair** lavarse el pelo con champú
shamrock ['ʃæmrɒk] *n* trébol *m*
shamus ['ʃeɪməs] *n US Fam (private detective)* detective *mf* privado
shandy ['ʃændɪ] *n Br* cerveza *f* con gaseosa, *Esp* clara *f*
Shanghai [ʃæŋ'haɪ] *n* Shanghai
shanghai ['ʃæŋhaɪ] *vt Fam* **-1.** NAUT *(kidnap)* = embarcar a alguien por la fuerza *or* emborrachándole **-2.** *(force)* **to ~ sb into (doing) sth** obligar a alguien a (hacer) algo por la fuerza
Shangri-La [ʃæŋgrɪ'lɑː] *n* el paraíso terrenal
shank [ʃæŋk] *n* **-1.** *(of person)* espinilla *f; (of horse)* caña *f; (of lamb, beef)* pierna *f* (deshuesada) **-2.** *(of chisel, drill bit)* pala *f; (of screw, bolt)* vástago *m*, caña *f; (of key)* tija *f; (of anchor)* caña *f*
Shanks's pony ['ʃæŋksɪz'pəʊnɪ], *US* **Shanks's mare** ['ʃæŋksɪz'meə(r)] *n Fam* **to go by ~** ir a pata, ir en el coche de San Fernando (un poquito a pie y otro poquito andando)
shan't [ʃɑːnt] = **shall not**
shanty[1] ['ʃæntɪ] *n (hut)* casucha *f, Esp* chabola *f, CSur, Ven* rancho *m* ❑ **~ town** *Esp* barrio *m* de chabolas, *Am* barriada *f, Andes* pueblo *m* joven, *Arg* villa *f* miseria, *Carib* ranchería *f, Chile* callampa *f, Méx* ciudad *f* perdida, *Urug* cantegril *m*
shanty[2], *US* **chant(e)y** *n (song)* saloma *f* (marinera)
shape [ʃeɪp] ◇ *n* **-1.** *(physical form)* forma *f;* **what ~ is it?** ¿qué forma tiene?; **to be the same ~ as...** tener la misma forma que...; **the room was hexagonal** la habitación tenía forma hexagonal; **in the ~ of a T** en forma de T; **they come in all shapes and sizes** los hay de todo los tipos y tamaños; **he bent the wire into ~** le dio forma al alambre; **my hat was knocked out of ~** se me abolló el sombrero; **my pullover has lost its ~** se me ha deformado el suéter
-2. *(figure, silhouette)* silueta *f*, forma *f;* **vague shapes could be seen in the mist** en la niebla se podían divisar unas vagas formas *or* siluetas
-3. *(abstract form)* perfil *m*, forma *f;* **it's the ~ of things to come** es lo que nos espera; **to take ~** *(plan)* tomar forma
-4. *(guise)* **they won't accept change in any ~ or form** no aceptarán absolutamente ningún tipo de cambio; **in the ~ of...** en forma de...; **help eventually arrived in the ~ of her parents** al final la ayuda llegó a través de sus padres
-5. *(condition)* **to be in good/bad ~** *(person)* estar/no estar en forma; *(company, economy)* estar en buenas/malas condiciones; **she was in pretty bad ~** *(very ill, badly injured)* estaba muy mal; **to get into/keep in ~** *(person)* ponerse/mantenerse en forma; **you're in no ~ to go hiking** no estás en forma como para hacer senderismo; **to be out of ~** no estar en forma; **the economy is in poor ~ at the moment** la economía está bastante mal en estos momentos
-6. *(mould)* molde *m*
◇ *vt* **-1.** *(clay)* modelar, moldear; *(wood)* tallar; **to be shaped like sth** tener forma de algo; **she shaped the clay into rectangular blocks** hizo bloques rectangulares con la arcilla **-2.** *(character, attitude)* moldear, modelar; *(events)* dar forma a; **these events will ~ our country's future** estos acontecimientos darán forma al *or* forjarán el futuro de nuestro país
◇ *vi SPORT* **he shaped as if to shoot** hizo como que iba a tirar
➤ **shape up** *vi* **-1.** *(progress)* **how is she**

shaping up in her new job? ¿qué tal se está adaptando a su nuevo trabajo?; **he is shaping up well** va haciendo progresos; **it's shaping up to be a close contest** se está perfilando una contienda muy reñida **-2.** *(improve oneself)* enmendarse; **you'd better ~ up, young man!** ¡será mejor que te espabiles, jovencito! **-3.** *(get fit)* recuperar la forma

-shaped [-ʃeɪpt] *suffix* **crescent/heart~** con forma de media luna/corazón

shapeless ['ʃeɪplɪs] *adj* informe

shapelessness ['ʃeɪplɪsnɪs] *n* falta *f* de forma

shapeliness ['ʃeɪplɪnɪs] *n (of legs, figure)* forma *f* proporcionada

shapely ['ʃeɪplɪ] *adj (legs, figure)* esbelto(a), torneado(a); **she's very ~** tiene muy buen tipo

shard [ʃɑːd] *n (of pottery)* fragmento *m*; *(of glass)* esquirla *f*

share [ʃeə(r)] ◇ *n* **-1.** *(portion)* parte *f* (**in** de); *(of market)* cuota *f*; **how much does my ~ come to?** ¿cuánto me corresponde?; **divided into equal shares** dividido en *or* a partes iguales; **to have a ~ in sth** participar en algo; **he doesn't do his ~** no hace lo que le corresponde; **she had a ~ in his downfall** tuvo que ver con su caída; **you've had your (fair) ~ of problems/luck** has tenido bastantes problemas/bastante suerte; **he's come in for his (full) ~ of criticism** ha sido muy criticado; *Fam* **to go shares on sth** ir a medias en algo

-2. FIN *(stock)* acción *f* ◻ ***capital*** capital *m* social; **~ certificate** título *m* de acción; **~ dealing** compraventa *f* de acciones; **~ index** índice *m* bursátil, índice *m* de cotización; **~ issue** emisión *f* de acciones; **~ market** mercado *m* de acciones; **~ option** opción *f* sobre acciones; **~ price** cotización *f*

-3. *(stake)* participación *f*; **I have a 10 percent ~ in a villa in Spain** tengo una participación del 10 por ciento en una villa en España

◇ *vt* **-1.** *(divide)* dividir, repartir; *(money, food, chores, blame)* compartir; **he shared the chocolate among the children** repartió *or* dividió el chocolate entre los niños

-2. *(use jointly) (tools, flat, bed)* compartir; **I shared a taxi home with her** volvimos juntos a casa en un taxi

-3. *(have in common) (interest, opinion, characteristic, heritage)* compartir; **we ~ the same name** nos llamamos igual, somos tocayos; **we ~ a passion for opera** nos une la pasión por la ópera

-4. *(tell) (experience, impressions, secrets)* compartir; **to ~ a joke (with sb)** contar un chiste (a alguien)

◇ *vi* compartir; **to ~ in sth** participar de algo; **~ and ~ alike!** ¡hay que compartir las cosas!

◆ **share out** *vt sep* repartir

sharecropper ['ʃeəkrɒpə(r)] *n* aparcero(a) *m,f*

shared [ʃeəd] *adj* compartido(a), común

shareholder ['ʃeəhəʊldə(r)] *n* FIN accionista *mf*; **the shareholders** el accionariado, los accionistas ◻ ***shareholders' meeting*** junta *f* (general) de accionistas

shareholding ['ʃeəhəʊldɪŋ] *n* FIN participación *f* accionarial

share-out ['ʃeəraʊt] *n* reparto *m*

shareware ['ʃeəweə(r)] *n* COMPTR shareware *m*

shark [ʃɑːk] *n* **-1.** *(fish)* tiburón *m* **-2.** *(ruthless person)* buitre *mf*

sharkskin ['ʃɑːkskɪn] *n (leather)* piel *f* de tiburón

sharon fruit ['ʃærɒn'fruːt] *n* caqui *m*

sharp [ʃɑːp] ◇ *n* MUS sostenido *m*

◇ *adj* **-1.** *(knife, point, features, edge, teeth)* afilado(a), *Am* filoso(a); *(needle, pencil, thorn)* puntiagudo(a); **to be ~** *(knife)* estar afilado; **use a ~ knife/pencil** use un cuchillo filoso/lápiz afilado; IDIOM **to be at the ~ end of sth** tener que enfrentarse cara a cara con algo; **the men and women at the ~ end** las personas que están en la línea de fuego;

IDIOM *Hum* **he isn't the sharpest knife in the drawer** *or* **tool in the box** no es precisamente una lumbrera

-2. *(angle, bend)* cerrado(a); *(rise, fall, change)* pronunciado(a)

-3. *(outline, focus, photograph, TV picture)* nítido(a); *(contrast)* acusado(a), fuerte

-4. *(keen) (eyesight, hearing)* agudo(a); **to have a ~ eye for a bargain** tener buen ojo para las oportunidades; **we'll have to keep a ~ eye on them so they don't escape** tendremos que vigilarlos de cerca para que no se escapen; **keep a ~ lookout for any mistakes** revisa muy bien para que no haya errores

-5. *(in intellect) (person)* agudo(a), despierto(a); **that was a pretty ~ move** fue una decisión muy astuta

-6. *(unscrupulous) (trading, lawyer)* sin escrúpulos; **~ practice** tejemanejes, triquiñuelas

-7. *(harsh) (retort, words, person)* mordaz, seco(a); *(criticism)* severo(a), duro(a); **a ~ tongue** una lengua afilada *or* viperina

-8. *(rap, blow)* seco(a); *(shock)* breve y severo(a)

-9. *(quick, brisk) (reflex, pace)* rápido(a); **be ~ (about it)!** ¡hazlo rápido!

-10. *(taste, sauce)* ácido(a)

-11. *(sound, pain)* agudo(a)

-12. *(wind, frost)* fuerte, intenso(a)

-13. *(fashionable) (suit)* fino(a), elegante; **to be a ~ dresser** ser muy fino(a) vistiendo

-14. MUS sostenido(a); **C ~** do sostenido; **to be ~** *(singer, violinist)* desafinar, tocar demasiado alto

◇ *adv* **-1.** *(punctually)* en punto; **at four o'clock ~** a las cuatro en punto **-2.** *(immediately)* **the road turns ~ left** la ruta dobla abruptamente a la izquierda; **turn ~ left when you get to the traffic lights** en cuanto llegues al semáforo dobla a la izquierda **-3.** *(sing, play)* fuera de tono, demasiado alto **-4.** IDIOMS *Fam* **look ~!** ¡espabila!, ¡despabílate!; **to pull up ~** detenerse en seco

sharpen ['ʃɑːpən] ◇ *vt* **-1.** *(knife, tool)* afilar; *(claws)* afilar; *(pencil)* sacar punta a **-2.** *(pain, desire)* agudizar, acentuar; *(appetite)* abrir; *(resolve)* acentuar; *(contrast)* incrementar, aumentar; **to ~ one's wits** agudizar el ingenio

◇ *vi (pain, desire)* agudizarse, acentuarse; *(appetite)* abrirse; *(resolve)* acentuarse; *(contrast)* incrementarse, aumentarse

◆ **sharpen up** ◇ *vt sep* pulir
◇ *vi* mejorar

sharpener ['ʃɑːpnə(r)] *n (for knife)* afilador *m*; *(for pencil)* sacapuntas *m inv*, afilalápices *m inv*

sharper ['ʃɑːpə(r)] *n (con man in general)* estafador(ora) *m,f*; *(card sharp)* tahúr(ura) *m,f*

sharp-eyed ['ʃɑːpaɪd] *adj* observador(ora)

sharpish ['ʃɑːpɪʃ] *adv Br Fam* rapidito

sharply ['ʃɑːplɪ] *adv* **-1.** **~ pointed** *(knife, needle)* puntiagudo(a); *(pencil)* afilado(a); *(features)* pronunciado(a), anguloso(a)

-2. *(to contrast)* acusadamente; **to bring sth ~ into focus** enfocar algo nítidamente

-3. *(to curve, turn)* abruptamente; *(to brake)* en seco; *(to rise, fall, change)* pronunciadamente; **the car took the bend too ~** el auto tomó la curva muy cerrada

-4. *(harshly)* ásperamente; *(speak, reply)* secamente; *(criticize)* severamente, duramente

-5. *(quickly)* rápidamente

-6. *(rap, hit)* con fuerza

sharpness ['ʃɑːpnɪs] *n* **-1.** *(of knife, point)* lo afilado; *(of thorn, needle)* lo puntiagudo; *(of point, features)* agudeza *f*

-2. *(of angle, bend)* lo pronunciado, lo cerrado; *(of rise, fall, change)* lo pronunciado

-3. *(of outline, focus, photograph, TV picture)* nitidez *f*; *(of contrast)* lo marcado

-4. *(of hearing, sight)* agudeza *f*

-5. *(of intellect)* agudeza *f*

-6. *(harshness)* brusquedad *f*; *(of retort, words, person)* mordacidad *f*; *(of criticism)* severidad *f*; dureza *f*

-7. *(of rap, blow)* fuerza *f*

-8. *(quickness, briskness) (of reflex, pace)* rapidez *f*

-9. *(of taste, sauce)* intensidad *f*

-10. *(of pain, sound)* agudeza *f*

-11. *(of wind)* intensidad *f*

sharpshooter ['ʃɑːpʃuːtə(r)] *n* tirador(ora) *m,f* de élite

sharp-sighted ['ʃɑːp'saɪtɪd] *adj* **-1.** *(with good eyes)* con ojos de lince **-2.** *(observant)* observador(ora)

sharp-tongued ['ʃɑːp'tʌŋd] *adj* mordaz

sharp-witted ['ʃɑːp'wɪtɪd] *adj* agudo(a)

shat *pt & pp of* **shit**

shatter ['ʃætə(r)] ◇ *vt* **-1.** *(glass, bone)* hacer añicos **-2.** *(hopes, dreams, confidence)* echar por tierra; *(silence)* romper; *(health, nerves)* destrozar; *(record)* pulverizar; **they were shattered by the news** la noticia los destrozó

◇ *vi (glass, windscreen)* hacerse añicos

shattered ['ʃætəd] *adj Fam* **-1.** *(devastated)* **to be ~** quedarse destrozado(a) **-2.** *Br (exhausted)* **to be ~** estar rendido(a), *Méx* estar camotes

shattering ['ʃætərɪŋ] *adj* **-1.** *(blow, defeat, news)* demoledor(ora), devastador(ora) **-2.** *Fam (exhausting)* agotador(ora), matador(ora)

shatterproof ['ʃætəpruːf] *adj* inastillable

shave [ʃeɪv] ◇ *n* afeitado *m*; **to have a ~** afeitarse; **to give sb a ~** afeitar a alguien; IDIOM **that was a close ~!** ¡ha faltado un pelo!

◇ *vt* **-1.** *(face, legs)* afeitar; **to ~ one's face** afeitarse; **to ~ one's legs** afeitarse las piernas **-2.** *(wood)* cepillar **-3.** *(graze) (of bullet, ball)* rozar, pasar rozando

◇ *vi* afeitarse

◆ **shave off** *vt sep* **-1.** *(cut off)* **he shaved his beard off** se afeitó la barba; **can you ~ some cheese off for me to try?** ¿puedes cortarme una rodaja finísima de queso? **-2.** *(deduct)* recortar; **she has shaved a hundredth of a second off the world record** ha rebajado el récord del mundo en una centésima de segundo

shaven ['ʃeɪvən] *adj* afeitado(a)

shaver ['ʃeɪvə(r)] *n* maquinilla *f* (de afeitar) eléctrica ◻ **~** *Br* **point** *or US* **outlet** enchufe *m* para la maquinilla de afeitar

Shavian ['ʃeɪvjən] *adj* relativo(a) a Bernard Shaw

shaving ['ʃeɪvɪŋ] *n* **-1.** *(for removing hair)* **~ brush** brocha *f* de afeitar; **~ cream** crema *f* de afeitar; **~ foam** espuma *f* de afeitar; **~ mirror** espejo *m* de afeitar; **~ stick** barra *f* de jabón para afeitar **-2.** *(piece of wood, metal)* viruta *f*; *(of chocolate)* rayadura *f*

shawl [ʃɔːl] *n* chal *m*, *Am* rebozo *m*

shawm [ʃɔːm] *n* MUS chirimía *f*

she [ʃiː] ◇ *pron* ella *(usually omitted in Spanish, except for contrast)*; **she's Scottish** es escocesa; **SHE hasn't got it!** ¡ella no lo tiene!; **she's quite old for a cat** para ser una gata es bastante mayor; **she's a beautiful ship** es un barco precioso; **~ likes red wine** le gusta el vino tinto; **who's ~?** *(pointing at sb)* ¿quién es ésa?

◇ *n* **it's a ~** *(of animal)* es hembra

sheaf [ʃiːf] *(pl* **sheaves** [ʃiːvz]*) n (of wheat)* gavilla *f*; *(of arrows)* haz *m*; *(of papers)* manojo *m*

shear [ʃɪə(r)] *(pp* **shorn** [ʃɔːn] *or* **sheared**) ◇ *vt* **-1.** *(sheep)* esquilar; **her blonde locks had been shorn** le habían cortado sus cabellos rubios; **he was shorn of all real power** le quitaron todo el poder **-2.** *(metal)* romper

◇ *vi* **-1.** *(break)* romperse **-2.** *(cut)* **to ~ through sth** atravesar *or* cortar algo

◆ **shear off** *vi* romperse, quebrarse

shearer ['ʃɪərə(r)] *n (person)* esquilador(ora) *m,f*

shearing ['ʃɪərɪŋ] *n* esquila *f*

shears ['ʃɪəz] *npl (for garden)* tijeras *fpl* de podar *(grandes)*; *(for sheep)* tijeras *fpl* de esquilar

shearwater ['ʃɪəwɔːtə(r)] *n* pardela *f* ◻ **Manx ~** pardela *f* pichoneta

sheath [ʃiːθ] *n* **-1.** *(for knife)* funda *f*; *(for sword)* vaina *f* ❑ ~ **dress** vestido *m* tubo; ~ **knife** cuchillo *m* de monte **-2.** *(for cable)* cubierta *f* **-3.** *(contraceptive)* condón *m* **-4.** BOT, ANAT & ZOOL vaina *f*

sheathe [ʃiːð] *vt* **-1.** *(sword, dagger)* envainar **-2.** *(cables)* recubrir, revestir (**in** de)

sheathing [ˈʃiːðɪŋ] *n (of cable)* cubierta *f*

shebang [ʃəˈbæŋ] *n Fam* **the whole** ~ todo, toda la pesca

shebeen [ʃɪˈbiːn] *n Irish, Scot & SAfr* bar *m* ilegal

she'd [ʃiːd] = **she had, she would**

shed¹ [ʃed] *n* **-1.** *(in garden)* cobertizo *m*; *(lean-to)* cobertizo *m* **-2.** *(in factory)* nave *f*, *Andes, Carib, RP* galpón *m*

shed² (*pt & pp* **shed**) *vt* **-1.** *(leaves)* perder; *(clothes)* quitarse; **to ~ its skin** *(snake)* mudar la piel; **to ~ weight** perder peso; **a lorry has ~ its load on the motorway** un camión ha perdido su carga por la autopista **-2.** *(tears, blood)* derramar **-3.** *(workers)* despedir; *(inhibitions)* liberarse de **-4.** *(emit) (smell)* despedir; *Fig* **to ~ light on sth** arrojar luz sobre algo

sheen [ʃiːn] *n* lustre *m*, brillo *m*

sheep [ʃiːp] (*pl* **sheep**) *n* **-1.** *(animal)* oveja *f* ❑ ~ **farmer** criador(ora) *m,f* de ovejas; ~ **farming** ganadería *f* ovina; ~ **station** granja *f* para la cría de ovejas **-2.** IDIOMS **they followed her like** ~ la seguían como borregos; **I may as well be hung for a ~ as a lamb** de perdidos al río; **to separate the ~ from the goats** separar las churras de las merinas; *Old-fashioned* **to make ~'s eyes at sb** mirar a alguien amorosamente

sheep-dip [ˈʃiːpdɪp] *n (liquid)* desinfectante *m* para ovejas

sheepdog [ˈʃiːpdɒg] *n* perro *m* pastor ❑ ~ **trials** = competición en la que los perros ovejeros tienen que demostrar su habilidad conduciendo las ovejas

sheepfold [ˈʃiːpfəʊld] *n* redil *m*

sheepish [ˈʃiːpɪʃ] *adj* avergonzado(a), azarado(a)

sheepishly [ˈʃiːpɪʃlɪ] *adv* tímidamente

sheepshank [ˈʃiːpʃæŋk] *n* pierna *f* or pernil *m* de cordero

sheepskin [ˈʃiːpskɪn] *n* **-1.** *(textile)* piel *f* de oveja ❑ ~ **jacket** zamarra *f* **-2.** *US Fam (diploma)* diploma *m*

sheer [ʃɪə(r)] *adj* **-1.** *(pure, total)* puro(a), verdadero(a); **it's ~ madness** es una verdadera locura; **by ~ accident** or **chance** por pura casualidad; **I achieved it by ~ hard work** lo conseguí a costa de mucho esfuerzo; **we did it out of ~ desperation** lo hicimos por pura desesperación; **the ~ boredom of her job drove her mad** la extrema monotonía de su trabajo la volvió loca or hizo enloquecer; **I was impressed by the ~ size of the building** la sola magnitud del edificio me dejó impresionado
-2. *(steep)* empinado(a), escarpado(a); **it's a ~ 50 metre drop** hay una caída de 50 metros
-3. *(stockings, fabric)* fino(a), transparente
◆ **sheer away** *vi (ship)* desviarse; **to ~ away from a subject** desviarse de un tema
◆ **sheer off** *vi (ship)* desviarse; **when he saw us, he sheered off in the opposite direction** al vernos se desvió en la dirección opuesta

sheet [ʃiːt] *n* **-1.** *(on bed)* sábana *f*; *(tarpaulin)* lona *f*; *Fam* **what's he like between the sheets?** ¿qué tal es en la cama?
-2. *(of paper)* hoja *f*; *(of stamps)* plancha *f* ❑ COMPTR ~ **feeder** alimentador *m* de hojas sueltas; ~ **music** partituras *fpl* sueltas
-3. *(newspaper)* periódico *m*
-4. *(of glass)* hoja *f*; *(of metal, plastic)* lámina *f* ❑ ~ **metal** chapa *f* (de metal)
-5. *(of ice)* capa *f*; *(of flame)* cortina *f*; **the rain came down in sheets** llovía a cántaros ❑ ~ **ice** *(on road)* hielo *m* en capas; ~ **lightning** relámpago *mpl (difusos)*
-6. NAUT escota *f*; IDIOM *Fam* **to be three sheets to the wind** estar como una cuba or *Esp, RP* mamado(a) or *Col* caído(a) (de la perra) or *Méx* ahogado(a) ❑ ~ **anchor** *(of ship)* ancla *f* de la esperanza; *Fig* tabla *f* de salvación

sheeting [ˈʃiːtɪŋ] *n (of metal)* láminas *fpl*, chapas *fpl*; *(of plastic)* laminado *m*

sheik(h) [ʃeɪk] *n* jeque *m*

sheik(h)dom [ˈʃeɪkdəm] *n* dominios *mpl* de un jeque

sheila [ˈʃiːlə] *n Austr & NZ Fam Esp* tía *f*, *Am* tipa *f*, *RP* mina *f*

shekel [ˈʃekəl] *n* **-1.** *(Israeli currency)* shekel *m* **-2.** *Fam* **shekels** *(money) Esp* pasta *f*, *Am* plata *f*

shelduck [ˈʃeldʌk] *n* tarro *f* blanco

shelf [ʃelf] (*pl* **shelves** [ʃelvz]) *n* **-1.** *(in cupboard, bookcase)* estante *m*, balda *f*; *(in oven)* parrilla *f*; *(in fridge)* estante *m*; **(set of) shelves** estantería *f*; **this software can be bought off the ~** este software se puede adquirir en versión estándar; IDIOM **to be left on the ~** quedarse para vestir santos ❑ ~ **life** *(of goods)* vida *f* útil, vida *f* en estantería or expositor; **to have a short ~ life** *(ideas, pop groups)* tener una vida corta; ~ **space** espacio *m* de almacenaje
-2. *(on cliff, rock face)* plataforma *f*, saliente *m*; *(under sea)* plataforma *f* submarina

shell [ʃel] ⟨⟩ *n* **-1.** *(of snail, oyster, on beach)* concha *f*; *(of lobster, crab, tortoise)* caparazón *m*; *(of egg, nut)* cáscara *f*; IDIOM **she soon came out of her ~** rápidamente salió de su concha or caparazón; **he crawled** or **went back into his ~** volvió a meterse en su caparazón ❑ *US* ~ **game** *(game)* = truco que originalmente se hacía con tres cáscaras de nuez y un objeto pequeño en el que los apostadores debían adivinar debajo de cuál de las cáscaras se encontraba el dicho objeto; ~ **suit** *Esp* chándal *m* or *Méx* pants *mpl* or *RP* jogging *m* de nylon
-2. *(of building)* esqueleto *m*, armazón *m* or *f*; *(of car, machine)* armazón *m*, estructura *f*; *(of ship)* casco *m*
-3. *(bomb)* proyectil *m*; *US (cartridge)* cartucho *m*
-4. COMPTR shell *m*
-5. CULIN base *f*
⟨⟩ *vt* **-1.** *(nuts, eggs)* pelar; *(peas)* desgranar; *(prawns)* pelar; *(oyster)* quitarle la concha a
-2. *(bombard)* atacar con fuego de artillería
◆ **shell out** *Fam* ⟨⟩ *vt sep (money)* poner, *Esp* apoquinar
⟨⟩ *vi* poner, *Esp* apoquinar; **to ~ out for sth** pagar algo

she'll [ʃiːl] = **she will, she shall**

shellac [ʃəˈlæk] *n* ~ **(varnish)** laca *f*
⟨⟩ *vt (pt & pp* **shellacked**) **-1.** *(varnish)* laquear **-2.** *US Fam (defeat)* dar una paliza a

shellacking [ʃəˈlækɪŋ] *n US Fam* **-1.** *(defeat)* paliza *f*; **to give sb a ~** dar una paliza a alguien **-2.** *(beating)* paliza *f*; **to give sb a ~** dar una paliza a alguien

shellfire [ˈʃelfaɪə(r)] *n* fuego *m* de artillería; **to be under ~** ser bombardeado(a), estar or encontrarse bajo fuego de artillería

shellfish [ˈʃelfɪʃ] *n* **-1.** *(crustacean)* crustáceo *m*; *(mollusc)* molusco *m* **-2.** *(food)* marisco *m*

shelling [ˈʃelɪŋ] *n* ataque *m* de artillería

shellproof [ˈʃelpruːf] *adj* a prueba de bombas

shell-shock [ˈʃelʃɒk] *n* neurosis *f inv* de guerra

shell-shocked [ˈʃelʃɒkt] *adj (soldier)* que sufre neurosis de guerra; *Fig* **to feel ~** sentirse traumatizado(a)

shelter [ˈʃeltə(r)] ⟨⟩ *n* **-1.** *(protection)* refugio *m*; **to take ~ (from)** refugiarse (de); **we ran for ~** corrimos a refugiarnos; **where can we find ~?** ¿dónde podemos refugiarnos? **-2.** *(accommodation)* **to give sb ~** dar refugio or cobijo a alguien **-3.** *(construction)* refugio *m*; *(for homeless people, battered wives)* refugio *m*
⟨⟩ *vt* **-1.** *((protect) (from rain, sun, bombs)* resguardar, proteger (**from** de); *(from blame, suspicion)* proteger (**from** de) **-2.** *(fugitive, refugee)* proteger, acoger
⟨⟩ *vi* resguardarse, protegerse (**from** de)

sheltered [ˈʃeltəd] *adj (position, garden, waters)* resguardado(a); **he had a ~ childhood** fue un niño muy protegido ❑ *Br* ~ **accommodation** = hogares con atención especial para ancianos; *Br* ~ **housing** = hogares con atención especial para ancianos

shelve [ʃelv] ⟨⟩ *vt (postpone)* aparcar, posponer
⟨⟩ *vi (ground)* descender

shelves *pl of* **shelf**

shelving [ˈʃelvɪŋ] *n (shelves)* estanterías *fpl*

shenanigans [ʃɪˈnænɪɡənz] *npl Fam* **-1.** *(pranks)* travesuras *fpl* **-2.** *(underhand behaviour)* chanchullos *mpl*, tejemanejes *mpl*

shepherd [ˈʃepəd] ⟨⟩ *n* pastor *m* ❑ ~ **boy** niño *m* pastor; **~'s pie** = pastel de carne picada y puré de *Esp* patatas or *Am* papas; **~'s purse** *(plant)* bolsa *f* de pastor, pan *m* y quesillo
⟨⟩ *vt* **-1.** *(sheep)* pastorear **-2.** *(people)* dirigir; **to ~ sb out of a room** conducir a alguien fuera de una habitación; **we were shepherded round the museum in under an hour** nos hicieron recorrer todo el museo en menos de una hora

shepherdess [ʃepəˈdes] *n* pastora *f*

sherbet [ˈʃɜːbət] *n* **-1.** *Br (powder)* = dulce consistente en polvos efervescentes **-2.** *US (sorbet)* sorbete *m*

sheriff [ˈʃerɪf] *n* **-1.** *(in US)* sheriff *m* **-2.** LAW *(in England and Wales)* = representante de la Corona **-3.** LAW *(in Scotland)* ≃ juez *mf* de primera instancia ❑ ~ **court** ≃ juzgado *m* or tribunal *m* de primera instancia

---

SHERMAN'S MARCH

Se trata de una operación llevada a cabo en 1864 por el general nordista William Sherman en Georgia durante la Guerra de Secesión norteamericana con el fin de destruir tantos recursos de los estados del sur como le fuera posible. A la cabeza de 60.000 hombres y después de haber incendiado la ciudad de Atlanta, Sherman alcanzó la costa asolando a su paso toda la infraestructura sureña: vías férreas, cultivos, ganado, edificios, etc. Aún se recuerda el comentario que hizo sobre estos hechos tras la guerra: "War is hell" ("la guerra es un infierno").

Sherpa [ˈʃɜːpə] *n* sherpa *mf*

sherry [ˈʃerɪ] *n* jerez *m* ❑ ~ **glass** copa *f* de jerez

she's [ʃiːz] = **she is, she has**

Shetland [ˈʃetlənd] *n* **the ~ Islands, the ~ Isles, the Shetlands** las Islas Shetland ❑ ~ **pony** pony *m* de Shetland; ~ **wool** lana *f* shetland

shh [ʃ] *exclam* ¡chis!

Shia(h) [ˈʃiːə] ⟨⟩ *n* **-1.** *(religion)* chiísmo *m* **-2.** *(Shiite)* ~ **(Muslim)** chiíta *mf*
⟨⟩ *adj* chiíta

shiatsu [ʃiːˈætsuː] *n* shiatsu *m*

shibboleth [ˈʃɪbəleθ] *n* consigna *f*, rasgo *m* distintivo

shield [ʃiːld] ⟨⟩ *n* **-1.** *(of knight, in heraldry)* escudo *m* **-2.** *(police badge)* placa *f* **-3.** *(trophy)* placa *f* **-4.** *(protective device)* placa *f* protectora **-5.** *Fig (protection)* protección *f*
⟨⟩ *vt (protect)* proteger (**from** de); **to ~ one's eyes** protegerse los ojos

shift [ʃɪft] ⟨⟩ *n* **-1.** *(change)* cambio *m*; **there was a light ~ in the wind** el viento cambió ligeramente de dirección; **there was a sudden ~ in public opinion** hubo un repentino cambio en la opinión pública; **there's been a ~ towards holidaying abroad** ahora hay una nueva tendencia a irse de vacaciones al extranjero; **a ~ in meaning** un cambio de significado; **a ~ to the right/left** *(in politics)* un desplazamiento hacia la derecha/izquierda
-2. IND turno *m*; **to work (in) shifts** trabajar por turnos; **she works long shifts** trabaja turnos largos; **when does** or **do the morning ~ arrive?** ¿a qué hora llegan los del turno de la mañana? ❑ ~ **worker** trabajador(ora) *m,f* por turnos
-3. *(turn)* turno *m*; **to do sth in shifts** hacer algo por turnos

-4. *(dress)* vestido *m* recto; *Old-fashioned (woman's slip)* enagua *f*
-5. *US AUT* ~ **(stick)** (palanca *f* de) cambios *mpl*
-6. COMPTR press ~ presionar la tecla de mayúsculas ▫ ~ **key** tecla *f* de mayúsculas
-7. IDIOM *Fam* **get a ~ on!** *(hurry up)* ¡muévete!

◇ *vt* **-1.** *(move)* mover; *(scenery)* cambiar; **help me ~ the bed nearer the window** ayúdame a mover la cama más cerca de la ventana; *Fam* **~ yourself!** *(move)* ¡apártate!, ¡quita *or Am* saca de en medio!; *(hurry up)* ¡date prisa!, *Esp* ¡aligera!, *Am* ¡apúrate!
-2. *(transfer)* **to ~ allegiance** cambiar de bando; **the latest developments have shifted attention away from this area** los últimos acontecimientos han desplazado el foco de atención a otras áreas; **we're trying to ~ the balance towards exports** estamos intentando redireccionar nuestras actividades hacia las exportaciones; **to ~ the blame onto sb** transferir la culpa a a alguien; **he shifted his weight onto his right leg** pasó el peso de su cuerpo a la pierna derecha
-3. *(remove) (stain)* eliminar
-4. *US AUT* **to ~ gears** cambiar de marcha
-5. *Fam (sell)* vender
-6. *Fam (eat, drink)* cepillarse; **hurry up and ~ that beer!** ¡vamos, cepíllate esa cerveza!, *Arg* ¡dale, mandate esa cerveza!

◇ *vi* **-1.** *(move)* moverse; **he shifted onto his side** se puso de lado; **she kept shifting uneasily from one foot to the other** nerviosa, cambiaba todo el tiempo su pie de apoyo; *Fam* **come on, ~!** *(get out of the way)* vamos, ¡fuera!
-2. *(change)* cambiar; *(wind)* cambiar de dirección; **attention has shifted away from this issue** la atención ya no está centrada en este tema; **the consensus is shifting towards banning the substance** hay cada vez más consenso para prohibir la sustancia
-3. *(stain)* irse
-4. *US AUT* cambiar de marcha; **to ~ into fourth (gear)** meter la cuarta
-5. *Fam (move quickly)* ir a toda mecha; **this bike can really ~!** ¡esta moto va a toda mecha!
-6. to ~ for oneself *(cope)* arreglárselas *or Esp* apañárselas solo(a)

➤ **shift over, shift up** *vi Br* correrse, hacerse a un lado

shiftily ['ʃɪftɪlɪ] *adv (to behave, loiter)* de forma sospechosa; *(to look)* evasivamente
shiftless ['ʃɪftlɪs] *adj* holgazán(ana)
shiftlessness ['ʃɪftlɪsnɪs] *n* holgazanería *f*
shiftwork ['ʃɪftwɜːk] *n* IND 'trabajo *m* por turnos
shifty ['ʃɪftɪ] *adj (person)* sospechoso(a); *(look, eyes)* evasivo(a)
shi(i)take [ʃɪ'tækɪ] *n* ~ **mushroom** shitake *m*
Shiite ['ʃiːaɪt] ◇ *n* chiíta *mf*
◇ *adj* chiíta
shillelagh [ʃɪ'leɪlɪ] *n* cachiporra *f*
shilling ['ʃɪlɪŋ] *n* chelín *m*; *Old-fashioned* **to take the (King's** *or* **Queen's) ~** alistarse en el ejército
shilly-shally ['ʃɪlɪˌʃælɪ] *vi Fam Pej* **stop shilly-shallying around!** ¡deja ya de darle vueltas!
shilly-shallying [ʃɪlɪ'ʃælɪŋ] *n Fam Pej* **after a lot of ~ they eventually came to an agreement** después de darle muchas vueltas llegaron a un acuerdo
shim [ʃɪm] *n* calce *m*, cuña *f*
shimmer ['ʃɪmə(r)] ◇ *n* brillo *m* trémulo
◇ *vi* rielar
shimmering ['ʃɪmərɪŋ] *adj* con brillo trémulo; **a dress of ~ silk** un vestido de seda con un delicado brillo
shimmy ['ʃɪmɪ] *n* **-1.** *(dance)* shimmy *m*
-2. SPORT *(sidestep)* amago *m* **-3.** AUT vibraciones *fpl*

shin [ʃɪn] ◇ *n* **-1.** ANAT espinilla *f*, *RP* canilla *f* ▫ ~ **guard** espinillera *f*; ~ **pad** espinillera *f*, *RP* canillera *f* **-2.** *(of beef)* jarrete *m*, *Arg* pata *f*

◇ *vi (pt & pp* **shinned***) (climb)* **to ~ up/down a tree** trepar a/bajar de un árbol
shinbone ['ʃɪnbəʊn] *n* tibia *f*
shindig ['ʃɪndɪg], **shindy** ['ʃɪndɪ] *n Fam* **-1.** *(party)* fiestón *m*, *RP* fiesticola *f* **-2.** *(din)* jaleo *m*, lío *m*, *Esp* follón *m*; **to kick up a ~** armar un jaleo *or* lío *or Esp* follón
shine [ʃaɪn] ◇ *n* **-1.** *(polish)* brillo *m*, lustre *m*; **to give one's shoes a ~** sacar brillo a los zapatos; IDIOM **to take the ~ off sth** empañar *or* deslucir algo; IDIOM *Fam* **to take a ~ to sb** tomar cariño a alguien **-2.** *US very Fam (black person)* = término ofensivo para referirse a una persona negra

◇ *vt (pt & pp* **shone** [ʃɒn]*)* **-1.** *(light)* **to ~ a torch on sth/sb** enfocar una linterna hacia algo/alguien; **to ~ a light on sth** alumbrar algo; **don't ~ that lamp in my eyes** no me apuntes con esa lámpara **-2.** *(pt & pp* **shined** [ʃaɪnd]*) (polish)* sacar brillo a

◇ *vi* **-1.** *(glow)* brillar; **the sun was shining in my eyes** me daba el sol en los ojos; **there was a light shining in the window** una luz brillaba en la ventana; **her face shone with joy** estaba resplandeciente de alegría **-2.** *(do well)* destacar **(at** en**)**

➤ **shine through** *vi* **-1.** *(light)* filtrarse **-2.** *(courage, skill, generosity)* destacarse, brillar
shiner ['ʃaɪnə(r)] *n Fam (black eye)* ojo *m* morado *or Esp* a la virulé
shingle ['ʃɪŋgəl] *n* **-1.** *(wooden tile)* teja *f* de madera **-2.** *(pebbles)* guijarros *mpl* **-3.** *US (nameplate)* placa *f* con el nombre; IDIOM **to hang out one's ~** abrir un consultorio/despacho/*etc.* **-4.** *(haircut)* corte *m* a lo garçon
shingles ['ʃɪŋgəlz] *n (disease)* herpes *m inv* (zoster); **to have ~** tener un herpes (zoster)
shingly ['ʃɪŋglɪ] *adj (beach)* de guijarros
shininess ['ʃaɪnɪnɪs] *n* brillo *m*
shining ['ʃaɪnɪŋ] *adj (glass, metal, shoes, eyes)* brillante, reluciente; *(face)* brillante, lustroso(a); *Fig* **a ~ example (of)** un ejemplo señero *or* brillante (de)
shinny ['ʃɪnɪ] *vi (pt & pp* **shinnied***) US (climb)* **to ~ up/down a tree** trepar a/bajar de un árbol
Shinto ['ʃɪntəʊ] *n* sintoísmo *m*
shinty ['ʃɪntɪ] *n* = deporte similar al hockey sobre hierba
shiny ['ʃaɪnɪ] *adj* brillante, reluciente; **he has a ~ nose** tiene la nariz lustrosa; **her jacket is ~ at the elbows** los codos de la chaqueta le brillan del desgaste
ship [ʃɪp] ◇ *n* **-1.** *(boat)* barco *m*, buque *m*; **to go by ~** ir en barco; **on (board) ~** a bordo (de la embarcación); **the ship's company** la tripulación; *Fig* **the ~ of the desert** *(camel)* el camello ▫ ~ **broker** agente *mf* marítimo(a) **-2.** *(spaceship)* nave *f* **-3.** IDIOMS **when my ~ comes in** cuando me haga rico(a); **like ships that pass in the night** como aves de paso, como extraños

◇ *vt (pt & pp* **shipped***)* **-1.** COM *(deliver) (goods, order)* despachar **-2.** *(send by sea)* enviar por barco **-3.** *(take on board)* cargar **-4.** NAUT **to ~ oars** levantar los remos; **to ~ water** hacer agua **-5.** SPORT *(concede)* **the team has been shipping goals all season** la defensa ha encajado innumerables goles toda esta temporada

◇ *vi* COM *(goods, order)* ser enviado(a)

➤ **ship off** *vt sep Fam* mandar
➤ **ship out** *vt sep (goods, belongings, troops)* enviar por barco; *(troops)* transportar por barco

shipboard ['ʃɪpbɔːd] *n* NAUT **on ~** a bordo
shipbuilder ['ʃɪpbɪldə(r)] *n* constructor *m* naval *or* de buques
shipbuilding ['ʃɪpbɪldɪŋ] *n* construcción *f* naval; **the ~ industry** la industria naval
shipload ['ʃɪpləʊd] *n* cargamento *m*, carga *f*; *Fig* **by the ~** a montones
shipmate ['ʃɪpmeɪt] *n* NAUT compañero *m* de tripulación

shipment ['ʃɪpmənt] *n* **-1.** *(goods sent)* cargamento *m*; **an illegal arms ~** un cargamento ilegal de armas **-2.** *(sending of goods)* despacho *m*, envío *m*
shipowner ['ʃɪpəʊnə(r)] *n* armador(ora) *m,f*, naviero(a) *m,f*
shipper ['ʃɪpə(r)] *n* consignador(ora) *m,f*
shipping ['ʃɪpɪŋ] *n* **-1.** *(ships)* navíos *mpl*, buques *mpl*; RAD **"attention all ~"** "atención a todas las embarcaciones" ▫ ~ **agent** *(person)* agente *mf* marítimo(a), consignatario(a) *m,f*; *(company)* compañía *f* naviera; ~ **company** compañía *f* naviera; ~ **forecast** parte *m* marítimo; ~ **lane** ruta *f* de navegación; ~ **line** naviera *f* **-2.** *(of goods)* flete *m*, envío *m* ▫ ~ **clerk** expedidor(ora) *m,f*; ~ **documents** documentos *mpl* de embarque
shipshape ['ʃɪpʃeɪp] *adj* ordenado(a), en perfecto orden; **let's try to get this place ~** vamos a ordenar bien este sitio
shipwreck ['ʃɪprek] ◇ *n* **-1.** *(disaster at sea)* naufragio *m* **-2.** *(wrecked ship)* barco *m* naufragado

◇ *vt* **to be shipwrecked** naufragar; **they were shipwrecked on a desert island** después del naufragio, quedaron varados en una isla desierta
shipwrecked ['ʃɪprekt] *adj* náufrago(a); **a ~ woman** una náufraga
shipwright ['ʃɪpraɪt] *n* NAUT carpintero *m* de ribera
shipyard ['ʃɪpjɑːd] *n* astillero *m*
shire ['ʃaɪə(r)] *n* **-1.** *(county)* condado *m*; **the ~ counties, the Shires** los condados del centro de Inglaterra **-2.** *(animal)* ~ **(horse)** (caballo *m*) percherón *m*
shirk [ʃɜːk] ◇ *vt (obligation, task)* eludir
◇ *vi (avoid work)* gandulear
shirker ['ʃɜːkə(r)] *n Fam* vago(a) *m,f*, gandul(ula) *m,f*, *Méx* flojo(a) *m,f*, *RP* vagoneta *mf*
shirt [ʃɜːt] *n* **-1.** *(item of clothing)* camisa *f* ▫ *US* ~ **jacket** camisa *f* chaqueta **-2.** IDIOMS *Fam* **keep your ~ on!** ¡no te sulfures!; **I wouldn't bet** *or* **put my ~ on it** no pondría la mano en el fuego; **to have the ~ off sb's back** quitarle *or Am* sacarle a alguien hasta la camisa; **to lose one's ~** perder hasta la camisa
shirtcollar ['ʃɜːtkɒlə(r)] *n* cuello *m* de (la) camisa
shirt-dress ['ʃɜːtdres] *n* blusa *f*, *RP* chemisier *f*
shirtfront ['ʃɜːtfrʌnt] *n* pechera *f*
shirtless ['ʃɜːtlɪs] *adj* sin camisa, descamisado(a)
shirtmaker ['ʃɜːtmeɪkə(r)] *n* camisero(a) *m,f*
shirtsleeves ['ʃɜːtsliːvz] *npl* **to be in (one's) ~** estar en mangas de camisa
shirt-tail ['ʃɜːtteɪl] *n* faldón *m* de la camisa
shirtwaister ['ʃɜːtweɪstə(r)] *n* blusa *f*, *RP* chemisier *f*
shirty ['ʃɜːtɪ] *adj Br Fam* **to be ~** estar mosqueado(a) *or* de mala uva; **to get ~ (with sb)** mosquearse (con alguien)
shish kebab ['ʃɪʃkəbæb] *n* kebab *m*, pincho *m* moruno
shit [ʃɪt] *Vulg* ◇ *n* **-1.** *(excrement)* mierda *f*; **to** *Br* **have** *or US* **take a ~** cagar; **to have the shits** tener cagalera *or RP* cagadera, *Méx* estar suelto

-2. *(nonsense) Esp* gilipolleces *fpl*, *Am* pendejadas *fpl*, *RP* peloteudeces *fpl*; **that's a load of ~!** *Esp* ¡qué gilipollez!, *RP* ¡es una boludez tremenda!; **he's full of ~** no dice más que *Esp* gilipolleces *or Am* pendejadas; **don't give me that ~!** no me vengas con esas *Esp* gilipolleces *or Am* pendejadas; **to talk ~** decir *Esp* gilipolleces *or Am* pendejadas; **no ~?** ¡no jodas!, ¿en serio?

-3. *(worthless, unpleasant things)* mierda *f*, porquería *f*; **to be a load of ~,** *US* **to be the shits** ser una mierda; **clear all that ~ off your desk** quita toda esa mierda de tu mesa; **I can't eat this ~** esta mierda es incomible

-4. *(unfair treatment)* **to give sb ~** tratar de culo a alguien, *RP* tener cagando a alguien; **don't take any ~ from him!** no permitas que se dé por culo *or RP* que te cague; **I don't need this ~!** ¡no me toques los huevos!

-5. (nasty person) cabrón(ona) m,f, hijo(a) m,f de puta; **he's been a real ~ to her** ha sido un verdadero hijo de puta con ella
-6. (cannabis) chocolate m, Esp mierda f; (heroin) caballo m
-7. IDIOMS **to treat sb like ~** tratar a alguien de puta pena; **to feel like ~** (ill) sentirse de puta pena or Méx de la chingada or RP para la mierda; **he's in the ~** está jodidísimo, Esp tiene un marrón que te cagas; **you've really dropped us in the ~** nos has jodido bien; **he doesn't give a ~** le importa un huevo; **who gives a ~?** ¿a quién cojones le importa?; **I can't see ~** no veo una mierda or Esp un pijo; **he doesn't do ~** se está tocando los huevos constantemente; **to beat** or **kick** or **knock the ~ out of sb** inflar a alguien a hostias; **to bore the ~ out of sb** aburrir muchísimo a alguien, Arg embolar a alguien al mango; **to scare the ~ out of sb** hacer cagarse de miedo a alguien, Esp acojonar a alguien, Méx sacar un pedo a alguien, RP hacer que alguien se cague hasta las patas; **when the ~ hits the fan** cuando la cosa se pone fea or Esp chunga; **to get one's ~ together** ponerse las pilas; **to be up ~ creek (without a paddle)** ir muy mal or de puto culo; **tough ~!** ¡te jodes!, Esp ¡jódete y baila!; **eat ~ (and die)!** ¡vete bien a la mierda!, Arg ¡andate a la concha de tu madre!; **~ happens** hay que joderse y aguantarse

◇ adj (bad) de mierda; **it's a ~ film** es una mierda de película; **he's a ~ driver** conduce de puta pena, RP maneja como el culo; **to feel ~** (ill, guilty) sentirse de puta pena or Méx de la chingada or RP para la mierda; **I had a really ~ time** lo pasé de puta pena or Méx de la chingada or RP para la mierda

◇ vt (pt & pp **shitted** or **shat** [ʃæt]) **-1. to ~ oneself** (defecate) cagarse (encima); (be scared) cagarse or Esp jiñarse de miedo; IDIOM **to ~ a brick** or **bricks** cagarse de miedo **-2.** US **to ~ sb** (lie to, deceive) mentir or RP joder a alguien

◇ vi **-1.** (defecate) cagar; IDIOM **~ or get off the pot** decídete de una maldita vez **-2. to ~ on sb** (treat badly) joder a alguien **-3.** US (react with anger, surprise) cabrearse, Arg ponerse del tomate

◇ exclam ¡mierda!, RP ¡la puta!

shitake = shiitake

shite [ʃaɪt] Br Vulg ◇ n **-1.** (excrement) mierda f
-2. (nonsense) Esp gilipolleces fpl, Am pendejadas fpl, RP pelotudeces fpl; **he's full of ~** no dice más que Esp gilipolleces or Am pendejadas; **to talk ~** decir Esp gilipolleces or Am pendejadas; **that's (a load of) ~!** eso es una Esp gilipollez or Am pendejada
-3. (worthless, unpleasant things) mierda f, porquería f; **to be a load of ~** ser una mierda; **clear all that ~ off your desk** quita toda esa porquería de tu mesa; **I can't eat this ~** esta mierda está incomible
-4. (nasty person) cabrón(ona) m,f, hijo(a) m,f de puta

◇ adj (bad) de mierda; **it's a ~ film** es una mierda de película; **he's a ~ driver** conduce de puta pena, RP maneja como el culo; **to feel ~** (ill, guilty) sentirse de puta pena or Méx de la chingada or RP para la mierda; **I had a really ~ time** lo pasé de puta pena or Méx de la chingada or RP para la mierda

◇ exclam ¡mierda!, RP ¡la puta!

shit-faced ['ʃɪtfeɪst] adj Vulg **-1.** (drunk) **to be ~** estar Esp pedo or Méx ahogado(a) or RP en pedo; **to get ~** ponerse Esp pedo or Méx ahogado(a) or RP en pedo **-2.** (on drugs) **to be ~** estar colocado(a) or Esp pedo or Col trabado(a) or RP falopeado(a); **to get ~** ponerse Esp pedo or Col trabado(a), RP falopearse

shit-for-brains ['ʃɪtfəbreɪnz] n Vulg Esp gilipollas mf inv, Am pendejo(a) m,f

shithead ['ʃɪthed] n Vulg hijo(a) m,f de puta, cabrón(ona) m,f, Méx hijo(a) m,f de la chingada

shit-heel ['ʃɪthi:l] n US Vulg (person) cabrón(ona) m,f, Arg forro(a) m,f

shithole ['ʃɪthəʊl] n Vulg (dirty place) mierda f; **this town's a complete ~** este pueblo es una mierda

shit-hot ['ʃɪthɒt] adj Vulg Esp cojonudo(a), Esp acojonante, Méx chingón(ona)

shithouse ['ʃɪthaʊs] n Vulg (toilet) cagódromo m

shit-kicker ['ʃɪtkɪkə(r)] n US Vulg (farmhand) peón m; (rustic) pueblerino(a) m,f

shitless ['ʃɪtlɪs] adj Vulg **to scare sb ~** hacer cagarse de miedo a alguien, Esp acojonar a alguien, Méx sacar un pedo a alguien, RP hacer que alguien se cague hasta las patas; **to be scared ~** estar cagado(a) de miedo, Esp estar acojonado(a); **he's scared ~ of her brother** su hermano lo tiene cagado de miedo or Esp acojonado, RP le tiene un cagazo bárbaro a su hermano; **to be bored ~** estar más aburrido que la hostia

shitload ['ʃɪtləʊd] n Vulg **he bought a (whole) ~ of** or **shitloads of books** compró una porrada or Esp un huevo or Méx un chingo de libros

shit-scared [ʃɪt'skeəd] adj Vulg **to be ~** estar cagado(a) de miedo, Esp estar acojonado(a)

shit-stirrer ['ʃɪtstɜ:rə(r)] n Vulg camorrero(a) m,f, Esp follonero(a) m,f, Méx buscarriñas mf inv

shitty ['ʃɪtɪ] adj Vulg (weather, job, hotel) de mierda, Esp chungo(a), RP chotísimo(a); (behaviour, remark) muy cabrón(ona); **that was a ~ thing of him to do/say** eso que hizo/dijo fue una cabronada or putada; **to feel ~** sentirse de puta pena or Méx de la chingada or RP para la mierda

shiv [ʃɪv] US Fam ◇ n (knife) cuchillo m
◇ vt (stab) acuchillar a

Shiva ['ʃi:və] pr n REL Siva

shiver ['ʃɪvə(r)] ◇ n (of cold, fear, fever, excitement) escalofrío m; **to give sb the shivers** poner los pelos de punta a alguien; **it sent shivers down my spine** me produjo or dio escalofríos
◇ vi (with cold, fever) tiritar (**with** de); (with fear) temblar (**with** de); (with excitement) estremecerse (**with** de)

shivery ['ʃɪvərɪ] adj (cold) tembloroso(a), (feverish) con escalofríos

shoal [ʃəʊl] n **-1.** (of fish) banco m **-2.** (of people) manada f **-3.** (sandbank) banco m de arena

shock¹ [ʃɒk] n **a ~ of hair** una mata de pelo, una pelambrera

shock² ◇ n **-1.** (surprise) susto m; (emotional blow) conmoción f; **a ~ to the system** un palo enorme; **I got** or **it gave me a real ~ when...** me quedé de piedra cuando...; **you gave me a ~!** ¡qué susto me has dado!; **the party is still in ~ after its election defeat** el partido aún está conmocionado tras la derrota electoral; **they're in for a ~** se van a llevar una tremenda sorpresa; **to come as a ~/as no ~ (to sb)** suponer/no suponer una gran sorpresa (para alguien); Fam Hum **horror!** ¡qué horror! ❑ **~ defeat** derrota f inesperada; US Fam **~ jock** = presentador de programa de radio que busca impactar o generar polémica de manera deliberada; **~ tactics** (in campaign) tácticas fpl sensacionalistas
-2. (impact) sacudida f, (of earthquake) temblor m ❑ **~ absorber** amortiguador m; MIL **~ troops** tropas fpl de choque; **~ wave** onda f expansiva or de choque; **the news sent ~ waves through the scientific community** la noticia sacudió a la comunidad científica
-3. (electric) calambrazo m, descarga f (eléctrica); **to get a ~** recibir una descarga ❑ **~ therapy** terapia f de electrochoque; **~ treatment** terapia f de electrochoque
-4. MED shock m; **to be in (a state of) ~**, **to be suffering from ~** estar en estado de shock; **to go into ~** sufrir un shock
-5. Fam (shock absorber) amortiguador m

◇ vt **-1.** (surprise) dejar boquiabierto(a); (upset) conmocionar; (startle) dar un susto a; **I was shocked to hear that she had left** me quedé impresionada cuando oí que se había ido; **she was deeply shocked by her daughter's death** quedó conmocionada por la muerte de su hija; **to ~ sb into doing sth** amedrentar a alguien para que haga algo; **the news reports shocked them out of their apathy** las noticias los despertaron de su apatía
-2. (scandalize) escandalizar; **he's easily shocked** se escandaliza por nada
◇ vi escandalizar

shockable ['ʃɒkəbl] adj **he's easily/not easily ~** se impresiona/no se impresiona con facilidad

shocked [ʃɒkt] adj **-1.** (surprised) sorprendido(a); (upset) conmocionado(a); **a ~ meeting was told of the takeover** los reunidos se quedaron conmocionados cuando supieron la noticia de la absorción; **they listened in ~ silence to the news of her death** escucharon en dolido silencio la noticia de su muerte **-2.** (scandalized) escandalizado(a)

shocker ['ʃɒkə(r)] n Fam **-1.** (surprise) bombazo m, escándalo m **-2.** (very bad thing) desastre m **-3.** Hum (naughty child) **you little ~!** ¡pequeño granuja!, Arg ¡atorrante!

shocking ['ʃɒkɪŋ] adj **-1.** (scandalous) (prices, behaviour) escandaloso(a) **-2.** (horrifying) (crime, truth) horripilante, espeluznante **-3.** (very bad) (film, actor, performance) pésimo(a); (cough) espantoso(a); (weather) de perros; (pain) insoportable; **his room is in a ~ state** su habitación está en un estado penoso **-4.** (garish) **~ pink** rosa chillón

shockingly ['ʃɒkɪŋlɪ] adv **-1.** (extremely) (bad) espantosamente, terriblemente; (expensive) escandalosamente **-2.** (extremely badly) terriblemente mal

shockproof ['ʃɒkpru:f] adj (watch) antichoque

shod pt & pp of **shoe**

shoddily ['ʃɒdɪlɪ] adv **-1.** (made, built) chapuceramente **-2.** (to behave, treat) de un modo pésimo

shoddiness ['ʃɒdɪnɪs] n **-1.** (of goods) mala calidad f; (of workmanship) lo chapucero **-2.** (of conduct, treatment) lo pésimo

shoddy ['ʃɒdɪ] ◇ adj **-1.** (goods) de mala calidad; (workmanship) chapucero(a) **-2.** (conduct, treatment) pésimo(a)
◇ n (wool) lana f regenerada

shoe [ʃu:] ◇ n **-1.** (for person) zapato m; **a pair of shoes** unos zapatos, un par de zapatos; **the ~ section** (of a shop) la sección de zapatería; **he wasn't wearing any shoes, he didn't have any shoes on** iba descalzo; IDIOM **I wouldn't like to be in his shoes** no me gustaría estar en su pellejo; IDIOM **put yourself in my shoes** ponte en mi lugar; IDIOM **to step into** or **to fill sb's shoes** pasar a ocupar el lugar de alguien ❑ **~ box** caja f de zapatos; **~ cream** betún m; **the ~ industry** la industria or el sector del calzado; **~ leather:** I wore out a lot of **~ leather looking for it** gasté muchos zapatos buscándolo; **~ polish** betún m; **~ shop** zapatería f; **~ size** número m de zapato; **what ~ size do you take?** ¿qué número calza?; **~ tree** horma f
-2. (horseshoe) herradura f
-3. (of brake) zapata f

◇ vt (pt & pp **shod** [ʃɒd]) **-1.** (horse) herrar
-2. Literary (person) **John was shod in sandals** John calzaba sandalias

shoeblack ['ʃu:blæk] n Old-fashioned limpiabotas mf inv, lustrabotas mf inv

shoebrush ['ʃu:brʌʃ] n cepillo m (para zapatos)

shoehorn ['ʃu:hɔ:n] n calzador m

shoelace ['ʃu:leɪs] n cordón m (de zapato); **to tie one's shoelaces** atarse (los cordones de) los zapatos

shoemaker ['ʃu:meɪkə(r)] n zapatero(a) m,f

shoe-polishing machine ['ʃu:pɒlɪʃɪŋməʃi:n] n máquina f para limpiar zapatos

shoeshine ['ʃu:ʃaɪn] n **-1.** (action) **could I get a ~?** ¿me podría sacar brillo a los zapatos? **-2.** US (person) limpiabotas mf inv

shoestring ['ʃu:strɪŋ] n **-1.** IDIOM Fam **on a ~** (cheaply) con cuatro perras, sin mucha Am plata or Méx lana, RP con dos mangos **-2.** US cordón m (de zapato)

shone pt & pp of **shine**

shoo [ʃuː] ⋄ *exclam* ¡fuera!
⋄ *vt* **she shooed the children out of the kitchen** echó a los niños de la cocina
◆ **shoo away, shoo off** *vt sep* espantar
shoo-in [ˈʃuːɪn] *n US Fam* **he was a ~ for the leadership election** tenía asegurada la elección como líder
shook *pt of* **shake**
shook-up [ʃʊkˈʌp] *adj Fam* conmocionado(a)
shoot [ʃuːt] ⋄ *n* -1. *(of plant)* retoño *m*, vástago *m* -2. *(hunting party)* cacería *f*; *(land)* coto *m* de caza -3. *(for photos)* sesión *f* fotográfica; *(for movie)* rodaje *m*
⋄ *pt & pp* **shot** [ʃɒt]) *vt* -1. *(fire) (bullet, gun)* disparar; *(arrow)* lanzar, tirar; *(missile)* lanzar; **to ~ a glance at sb** lanzar una mirada a alguien; **to ~ questions at sb** acribillar a alguien a preguntas; IDIOM *Vulg* **to ~ one's load** *or* **wad** *(ejaculate)* correrse
-2. **to ~ sb** *(wound)* disparar a alguien; *(kill)* matar de un tiro a alguien; *(execute)* fusilar a alguien; **she was shot in the back, they shot her in the back** la dispararon por la espalda; **he was shot through the heart** una bala le atravesó el corazón; **a man was shot dead yesterday** ayer asesinaron a un hombre de un balazo; **if you try to escape you will be shot** si intentas escapar te dispararán; **to ~ oneself** pegarse un tiro; *Fam Hum* **you'll get me shot** vas a hacer que me la cargue; IDIOM **to ~ oneself in the foot** tirar (uno) piedras contra su propio tejado; IDIOM *Fam* **to ~ one's mouth off** dar la nota *or Esp* el cante
-3. *(hunt)* **to ~ rabbits/birds** cazar conejos/aves
-4. *(send)* arrojar, despedir; **the explosion shot debris high into the air** la explosión arrojó desechos por el aire
-5. *(movie, TV programme)* rodar
-6. *(pass rapidly)* **to ~ the rapids** salvar *or* atravesar los rápidos; **to ~ the lights** *(in car)* saltarse el semáforo
-7. *(play)* **to ~ dice/pool** jugar a los dados/al billar americano
-8. *(score) (goal)* marcar; *(basket)* anotar; **to ~ 70** *(in golf)* hacer el recorrido en 70 golpes
-9. *Fam (drugs)* pincharse, *Esp* chutarse
-10. *US Fam* **to ~ the breeze** *or* **the bull** *(chat)* estar de cháchara *or Esp* palique *or Méx* plática
⋄ *vi* -1. *(with gun)* disparar **(at** a); **stop or I'll ~!** ¡alto o disparo!; **to ~ to kill** disparar a matar; **to ~ on sight** disparar sin contemplaciones
-2. *(hunt)* cazar; **to go shooting** ir de cacería
-3. *(in soccer)* tirar, chutar; **to ~ at goal** disparar a puerta
-4. *(move rapidly)* ir a una exhalación; **the bus was shooting along** el autobús iba a toda velocidad; **he shot into/out of the house** entró en/salió de la casa como una exhalación; **she shot out of her seat** se levantó de su asiento como una exhalación; **the pain shot up his left side** le daban punzadas de dolor en el costado izquierdo; **the record shot straight to number three** el disco salió catapultado hasta el número tres de las listas
-5. *(movie)* rodar; **~!** ¡se rueda!
-6. *(plant)* brotar; *(seed)* germinar
-7. *Fam* **can I ask you now? – ~!** ¿puedo preguntar ahora? – ¡desembucha! *or Esp* ¡dispara! *or RP* ¡largá!
⋄ *exclam US Fam* ¡miércoles!, ¡mecachis!, *Méx* ¡chin!
◆ **shoot back** *vi* -1. *(fire back)* responder con disparos -2. *(return quickly)* regresar rápidamente
◆ **shoot down** *vt sep* -1. *(person)* abatir (a tiros) -2. *(plane, pilot)* derribar -3. *(argument)* echar por tierra
◆ **shoot off** *vi* -1. *(leave quickly)* salir a escape -2. *Vulg (ejaculate)* correrse, *RP, Ven* acabar
◆ **shoot out** ⋄ *vt sep* -1. *(extend quickly)* sacar con rapidez; **she shot out a hand** extendió rápidamente una mano -2. **to ~ it out with sb** *(gunman)* emprenderla a tiros con alguien; *(in argument, debate)* resolverlo a tiros con alguien
⋄ *vi (emerge quickly)* salir rápidamente; **the taxi shot out in front of us** el taxi apareció de repente frente a nosotros
◆ **shoot through** ⋄ *vt sep* **to be shot through with irony/humour** estar salpicado(a) de ironía/humor
⋄ *vi Br Fam* largarse corriendo
◆ **shoot up** ⋄ *vt sep Fam* -1. *(drugs)* pincharse, *Esp* chutarse -2. *(saloon, town)* tirotear
⋄ *vi* -1. *(plants, children)* crecer mucho; *(buildings)* levantarse con rapidez -2. *(hand)* levantarse rápidamente -3. *(rocket)* elevarse a gran velocidad; *(flame, geyser)* levantarse -4. *(prices, inflation)* dispararse -5. *Fam (inject drugs)* pincharse, *Esp* chutarse
shoot-'em-up [ˈʃuːtəmʌp] *n (computer game)* = videojuego violento en el que se dispara al enemigo; *(movie)* = película con mucha violencia y muchos tiroteos
shooter [ˈʃuːtə(r)] *n Fam (gun)* pistola *f*, pipa *f*, *Méx* fusca *f*, *RP* fierro *m*
shooting [ˈʃuːtɪŋ] ⋄ *n* -1. *(exchange of gunfire)* tiros *mpl*; **I heard what sounded like ~** me pareció escuchar tiros; **a ~ war** una guerra real ❑ **~ incident** ataque *m* con disparos; *Fam* **~ iron** arma *f* de fuego
-2. *(incident)* ataque *m* con disparos; *(killing)* asesinato *m* (con arma de fuego)
-3. *(sport) (at targets)* tiro *m* al blanco; *(at birds, animals)* caza *f* ❑ **~ gallery** *(at fairground)* galería *f* de tiro al blanco; *Fam (for drug taking)* picadero *m*; **~ range** campo *m* de tiro; **~ stick** bastón *m* asiento
-4. *(of movie, TV programme)* rodaje *m*
⋄ *adj* -1. *(pain)* punzante -2. *(in basketball)* **~ guard** escolta *mf* -3. ASTRON **~ star** estrella *f* fugaz
shooting-match [ˈʃuːtɪŋmætʃ] *n Fam* **the whole ~** todo, toda la pesca
shoot-out [ˈʃuːtaʊt] *n* -1. *(gunfight)* tiroteo *m* -2. *(in soccer)* **penalty ~** lanzamiento *or* tanda de penaltis *or Am* penales
shop [ʃɒp] ⋄ *n* -1. *(for goods)* tienda *f*; **the fruit ~** la frutería; **she's gone out to the shops** ha salido a comprar; **the new book should reach the shops in July** el nuevo libro debería estar en las librerías *or* a la venta en julio ❑ **~ assistant** dependiente(a) *m,f*; **~ window** escaparate *m*, *Am* vidriera *f*, *Chile, Col, Méx* vitrina *f*
-2. *Fam* **to do a ~** *(do shopping)* hacer la compra
-3. *(workshop)* taller *m*; IND **the ~ floor** *(manual workers)* los trabajadores a pie de máquina; **there is unrest on the ~ floor** hay malestar en la línea de producción ❑ **~ steward** delegado(a) *m,f* sindical
-4. *US* SCH taller *m* de manualidades
-5. *Fam* IDIOMS **she got paint all over the ~** tenía pintura por todas partes; **their defence was all over the ~** la defensa del equipo no daba pie con bola; **the government's defence policy is all over the ~** la política de defensa del gobierno es caótica; **to set up ~ (as)** montar un negocio (de); **he's set up ~ as a freelance translator** ahora trabaja como traductor autónomo *or* freelance; **to talk ~** hablar del trabajo *or Esp* del curro *or Méx* de la chamba *or RP* del laburo
⋄ *vt (pt & pp* **shopped**) *Br Fam (betray) Esp* chivarse de, *Col* sapear, *Méx* soplar, *RP* mandar al frente a
⋄ *vi* comprar, hacer compra(s); **I always ~ at the local supermarket** siempre compro en el supermercado del vecindario; **to go shopping** ir de compras; **to ~ or go shopping for sth** ir a comprar algo
◆ **shop around** *vi* comparar precios (en diferentes establecimientos); **our company is shopping around for new premises** nuestra empresa está buscando un nuevo local y está comparando precios; **always ~ around for the best deal** mira siempre en varios sitios hasta que encuentres la mejor oferta
shopaholic [ʃɒpəˈhɒlɪk] *n Fam* consumista *mf*
shopfitter [ˈʃɒpfɪtə(r)] *n Br* diseñador(ora) *m,f* de locales comerciales
shopfront [ˈʃɒpfrʌnt] *n Br* fachada *f* de una tienda
shopgirl [ˈʃɒpɡɜːl] *n* dependienta *f*
shopkeeper [ˈʃɒpkiːpə(r)] *n* tendero(a) *m,f*; **small shopkeepers** los pequeños comerciantes
shoplift [ˈʃɒplɪft] ⋄ *vt* **he got arrested for shoplifting a mobile phone** lo detuvieron por robar un móvil en una tienda
⋄ *vi* robar en las tiendas
shoplifter [ˈʃɒplɪftə(r)] *n* ratero(a) *m,f* (en comercios)
shoplifting [ˈʃɒplɪftɪŋ] *n* hurtos *mpl* (en comercios)
shopper [ˈʃɒpə(r)] *n* comprador(ora) *m,f*; **for the convenience of shoppers** *(sign in shop)* para comodidad de nuestros clientes
shopping [ˈʃɒpɪŋ] *n* -1. *(activity)* compra *f*, *Am* compras *fpl*; **to do the ~** hacer la compra *or Am* las compras; **to do a bit of ~** hacer algunas compras; **this area is good for ~** en esta zona hay muy buenas tiendas ❑ **~ arcade** galería *f* comercial; **~ bag** bolsa *f* de la compra; **~ basket** *(in shop, for Internet shopping)* cesta *f* de la compra; *US* **~ cart** *(in shop, for Internet shopping)* carrito *m* (de la compra); **~ centre** centro *m* comercial; TV **~ channel** canal *m* de compras, teletienda *f*; **~ day:** **there are only three ~ days to Christmas** sólo quedan tres días para hacer las compras antes de Navidad; **~ list** lista *f* de la compra; *US* **~ mall** centro *m* comercial; **~ precinct** área *f* comercial; **~ street** calle *f* comercial; **~ trip** *(visit to shop)* salida *f* de compras; *(organised shopping excursion)* excursión *f* de compras; **~ trolley** *Br (in shop)* carrito *m* (de la compra); *(for taking shopping home)* carro *m* de la compra
-2. *(purchases)* compras *fpl*; **where shall I put the ~?** ¿dónde dejo la compra?
shop-soiled [ˈʃɒpsɔɪld] *adj* deteriorado(a)
shopwalker [ˈʃɒpwɔːkə(r)] *n Br* jefe/a *m,f* de taller
shop-worn [ˈʃɒpwɔːn] *adj* -1. *US (goods)* deteriorado(a) -2. *(cliché)* trillado(a), manido(a)
shore [ʃɔː(r)] ⋄ *n* -1. *(of sea, lake)* orilla *f*; **on the ~ of a lake** a la orilla de un lago; **on ~** en tierra; **to go on ~** *(from ship)* bajar a tierra ❑ *US* CULIN **~ dinner** mariscada *f*; **~ lark** alondra *f* cornuda; **~ leave** permiso *m* en tierra -2. *Literary* **shores** *(country)* tierras *fpl*; **he was one of the first Europeans to set foot on these shores** fue uno de los primeros europeos en pisar estas tierras
◆ **shore up** *vt sep also Fig* apuntalar
shorebird [ˈʃɔːbɜːd] *n (ave f)* zancuda *f*
shoreline [ˈʃɔːlaɪn] *n* costa *f*
shorewards [ˈʃɔːwədz] *adv* en dirección a la costa
shorn *pp of* **shear**
short [ʃɔːt] ⋄ *n* -1. *(short movie)* corto *m*, cortometraje *m*
-2. *(drink)* chupito *m*
-3. *Fam (short circuit)* cortocircuito *m*
⋄ *adj* -1. *(in length)* corto(a); *(person)* bajo(a), *Méx* chaparro(a), *RP* petiso(a); **it's a ~ distance away** está a poca distancia; **it's a ~ walk away** está a poca distancia a pie; **Bill is ~ for William** Bill es el diminutivo de William; **they call me Bill for ~** me llaman Bill para abreviar; **he's ~ of the green** *(in golf)* se ha quedado a poca distancia del green; **to be 10 feet ~ of the target** quedarse a 10 pies del blanco; **to have a ~ temper** *or* **fuse** tener el genio muy vivo; *Fam* **to have sb by the ~ hairs** *or Br* **the ~ and curlies** tener a alguien en un puño *or* bien agarrado(a); IDIOM **to draw** *or* **get the ~ straw** cargar con el muerto; **a ~ back and sides, please** bien corto de atrás y de los lados ❑ **~ corner** *(in hockey)* penalty *m* córner; **~ game** *(in golf)*

shortage 678 **shot**

juego m corto; ~ **story** cuento m; ~ **trousers** pantalón m corto; **that was when I was still in ~ trousers** esto sucedió cuando yo todavía usaba pantalones cortos; RAD ~ **wave** onda f corta

-2. (in time) corto(a), breve; **the ~ answer is "no"** en pocas palabras, la respuesta es "no"; **for a few ~ days** durante unos pocos días; **the days are getting shorter** los días se están haciendo más cortos; ~ **and sweet** conciso(a) y al grano; ~ **sharp shock** castigo ejemplar; **a ~ time** or **while ago** hace muy poco; **at ~ notice** en poco tiempo, con poca antelación; **in ~** en resumen, en pocas palabras; **in the ~ term** a corto plazo; Br **to be on ~ time** trabajar con jornada reducida; **to make ~ work of sth/sb** dar buena cuenta de algo/alguien

-3. (abrupt) seco(a); **to be ~ with sb** ser seco con alguien

-4. (insufficient, lacking) escaso(a); **time/money is ~** hay poco tiempo/dinero; **the change was 50 pence ~** faltaban 50 peniques en la vuelta or Am el vuelto; **we're 50 pence ~** nos faltan 50 peniques; Br Fam **I'm a bit ~ today** (lacking money) hoy estoy or ando escaso de dinero; **to be in ~ supply** (money, water) escasear; **to be ~ of** estar or andar escaso de; **to be ~ of breath** (from running) estar sin aliento; (a condition) tener dificultades respiratorias; **it's little** or **not far ~ of...** (almost) le falta poco para ser...; **it was little ~ of miraculous that she survived** fue poco menos que un milagro que sobreviviera; **he's not far ~ of forty** está or anda cerca de los cuarenta, tiene cerca de cuarenta años; **it's nothing ~ of disgraceful!** ¡es absolutamente indignante!; **their team is ~ on pace** su equipo carece de velocidad

-5. ELEC ~ **circuit** cortocircuito m

◇ adv **-1.** (suddenly) **to bring** or **pull sb up ~** dejar paralizado(a) a alguien; **to stop ~** pararse en seco

-2. (in length, duration) **to cut sth/sb ~** (interrupt) interrumpir algo/a alguien; **they stopped ~ of...** no llegaron a...

-3. (without) **to go ~** pasar privaciones; **to go ~ of sth** pasar sin algo

-4. (expressing insufficiency) **to fall ~** quedarse corto(a); **to fall ~ of** (target, standard, expectations) no alcanzar; **we are running ~ of coffee** se nos está terminando el café; **time is running ~** se nos está acabando el tiempo; **I was taken** or **caught ~** me entraron muchas ganas de ir al cuarto de baño

◇ vt Fam (short-circuit) provocar un cortocircuito en

◇ vi Fam (short-circuit) tener un cortocircuito

◇ **short of** prep ~ **of sacking her, there's little we can do** salvo que la despidamos, no podemos hacer mucho más

shortage ['ʃɔːtɪdʒ] n escasez f; **petrol/food ~** escasez de gasolina or RP nafta/alimentos; **he has no ~ of ideas** no le faltan ideas; **there's no ~ of good restaurants in this town** en esta ciudad no faltan buenos restaurantes

shortbread ['ʃɔːtbred] n = especie de galleta elaborada con mantequilla, ≃ mantecada f

shortcake ['ʃɔːtkeɪk] n **-1.** Br (biscuit) = especie de galleta elaborada con mantequilla, ≃ mantecada f **-2.** US (cake) = bizcocho que generalmente lleva fruta y nata batida

short-change [ʃɔːt'(t)ʃeɪndʒ] vt **-1.** (in shop) devolver de menos a **-2.** (cheat) timar, estafar

short-circuit [ʃɔːt'sɜːkɪt] ◇ vt **-1.** (electrically) producir un cortocircuito en **-2.** Fig (bypass) saltarse

◇ vi tener un cortocircuito

shortcode ['ʃɔːtkəʊd] n TEL código m de marcado abreviado ❑ ~ **dialling** marcado m abreviado

shortcoming ['ʃɔːtkʌmɪŋ] n defecto m

shortcrust pastry [ʃɔːtkrʌst'peɪstrɪ] n pasta f quebrada

shortcut ['ʃɔːtkʌt] n **-1.** (quicker route) atajo m; **to take a ~** tomar un atajo **-2.** (quicker method) atajo m; **there is no ~ to mastering the piano** no existen fórmulas mágicas para aprender a tocar bien el piano **-3.** COMPTR atajo m ❑ ~ **key** tecla f de atajo

short-eared owl ['ʃɔːtɪəd'aʊl] n lechuza f campestre

shorten ['ʃɔːtən] ◇ vt **-1.** (skirt, text) acortar; **the name Kenneth is often shortened to Ken** a menudo se usa Ken en lugar de Kenneth para acortar **-2.** (visit, task) abreviar; **we had to ~ our journey** tuvimos que acortar el viaje; **the new trains will ~ the journey time to London** los nuevos trenes reducirán el tiempo de viaje a Londres **-3.** CULIN (pastry) agregarle mantequilla a

◇ vi acortarse; **the odds on her winning have shortened considerably** las posibilidades que tiene de ganar son ahora mucho mayores

shortening ['ʃɔːtnɪŋ] n CULIN = grasa vegetal o animal utilizada en las masas de pastelería

shortfall ['ʃɔːtfɔːl] n (of money) déficit m; **a ~ in teachers was expected** se preveía que habría una escasez de profesores

short-grain ['ʃɔːtɡreɪn] adj ~ **rice** arroz m de grano corto

shorthaired ['ʃɔːtheəd] adj de pelo corto

shorthand ['ʃɔːthænd] n taquigrafía f; **to take ~** taquigrafiar; **to take notes in ~** tomar notas taquigráficas; Fig **it's ~ for...** es una forma breve de referirse a... ❑ ~ **typing** taquimecanografía f; ~ **typist** taquimecanógrafo(a) m,f

short-handed [ʃɔːt'hændɪd] adj falto(a) de personal; **we're very ~ at the moment** en este momento nos falta (mucho) personal

short-haul [ʃɔːt'hɔːl] adj (flight, aircraft) de corto recorrido

shorthorn [ʃɔːt] n (vaca f) shorthorn f, (vaca f de) Durham f

shortie = shorty

shortish ['ʃɔːtɪʃ] adj **-1.** (in length) cortito(a) **-2.** (in height) bajito(a) **-3.** (in time) cortito(a)

shortlist ['ʃɔːtlɪst] ◇ n **the ~ of novels for the Booker prize** la lista de las novelas preseleccionadas para el premio Booker; **I've been trying to decide which dictionary to buy, and I've drawn up a ~ of three** he estado pensando qué diccionario comprar y he hecho una preselección de tres

◇ vt preseleccionar; **to be shortlisted (for sth)** estar preseleccionado(a) (para algo)

short-lived [ʃɔːt'lɪvd] adj (success, rejoicing) pasajero(a), fugaz; **their celebrations were ~** sus festejos duraron poco

shortly ['ʃɔːtlɪ] adv **-1.** (soon) en seguida, pronto; ~ **after(wards)/before** poco después/antes; **I'll join you ~** enseguida estaré con ustedes; **President Smith who was ~ to be** or **would ~ be re-elected** el presidente Smith, quien poco tiempo después sería reelecto **-2.** (abruptly) secamente, bruscamente

shortness ['ʃɔːtnɪs] n **-1.** (in length) escasa f longitud; (in time) brevedad f **-2.** (lack) ~ **of breath** falta f de aliento **-3.** (of manner) sequedad f

short-order cook ['ʃɔːtɔːdə'kʊk] n = cocinero que prepara platos rápidos or RP minutas

short-range ['ʃɔːtreɪndʒ] adj **-1.** (missile) de corto alcance; (vehicle, aircraft) de poca autonomía **-2.** (prediction, outlook) a corto plazo

shorts [ʃɔːts] npl **-1.** (short trousers) pantalones mpl cortos **-2.** IDIOM Fam **to have the ~** (have little money) estar sin un chavo

short-sheet [ʃɔːt'ʃiːt] vt US **to ~ sb's bed** hacer la petaca a alguien

short-sighted [ʃɔːt'saɪtɪd] adj **-1.** MED (person, gaze) miope, corto(a) de vista **-2.** (ill-considered) (attitude, policy, person) corto(a) de miras

short-sightedly [ʃɔːt'saɪtɪdlɪ] adv **-1.** (to peer) con ojos de miope **-2.** (to act) sin visión, sin amplitud de miras

short-sightedness [ʃɔːt'saɪtɪdnɪs] n **-1.** MED (of person, gaze) miopía f **-2.** (ill-considered nature) (of attitude, policy, person) estrechez f de miras

short-sleeved ['ʃɔːtsliːvd] adj de manga corta

short-staffed [ʃɔːt'stɑːft] adj falto(a) de personal; **we're very ~ at the moment** en este momento nos falta (mucho) personal

short-stay ['ʃɔːtsteɪ] adj (car park) para estancias breves

shortstop ['ʃɔːtstɒp] n US (in baseball) shortstop m, = jugador que intenta interceptar bolas entre la segunda y tercera base

short-tempered [ʃɔːt'tempəd] adj (reply) con mal genio; **he's a very ~ person** tiene muy mal genio; **you're rather ~ today** hoy estás de mal genio

short-term ['ʃɔːttɜːm] adj (solution, prospects, loan, memory) a corto plazo ❑ ~ **bond** bono m de caja; ~ **contract** contrato m temporal

short-termism [ʃɔːt'tɜːmɪzəm] n soluciones fpl a corto plazo

short-time ['ʃɔːttaɪm] adj Br **to be on ~ working** trabajar una jornada reducida

short-track speed skating [ʃɔːttræk'spiːdskeɪtɪŋ] n patinaje m de velocidad en pista corta

short-wave ['ʃɔːtweɪv] adj (radio, programme, broadcasting) de onda corta

short-winded ['ʃɔːt'wɪndɪd] adj **to be ~** ser corto(a) de resuello, tener pocos pulmones

shorty, shortie ['ʃɔːtɪ] n Fam retaco(a) m,f, canijo(a) m,f, Méx chaparrito(a) m,f, RP retacón(ona) m,f

shot [ʃɒt] ◇ n **-1.** (act of firing, sound) tiro m, disparo m; **to fire a ~** disparar; **to fire several shots** hacer varios disparos; IDIOM **a ~ across the bows** un disparo de advertencia; IDIOM **my answer was a ~ in the dark** respondí al azar or a ciegas; IDIOM **to call the shots** dirigir el cotarro; IDIOM **when he saw me he was off like a ~** en cuanto me vio salió disparado; **would you marry him? – like a ~!** ¿te casarías con él? – ¡ahora mismo!

-2. (marksman) **he is a good/bad ~** es un buen/mal tirador

-3. (shotgun pellets) perdigones mpl

-4. (in sports) (in soccer) tiro m, chut(e) m; (in hockey) tiro m; (in basketball) tiro m, lanzamiento m; (in golf, pool, tennis) golpe m; (in darts) lanzamiento m; **two shots ahead/behind** (in golf) dos golpes por encima/debajo; **good ~!** ¡buen golpe!; **it's your ~** (in pool, golf, darts) es tu turno; **his first ~ at goal hit the post** su primer tiro a puerta dio en el poste

-5. (in athletics) **to put the ~** lanzar peso or Am bala ❑ ~ **put** lanzamiento m de peso or Am de bala

-6. (photograph) foto f; (of movie, TV programme) toma f; **in/out of ~** en/fuera de pantalla

-7. Fam (injection) inyección f; **to get one's shots** (before holiday) ponerse las vacunas; IDIOM **a ~ in the arm** un balón de oxígeno

-8. (attempt) intento m, intentona f; **to have a ~ at (doing) sth** intentar (hacer) algo; **I'll give it a ~** probaré, lo intentaré; **you won't get another ~** no tendrás una segunda oportunidad; **to give sth one's best ~** intentar algo esforzándose al máximo

-9. (in betting) **this horse is a 3-1 ~ (for the race)** las apuestas están 3-1 a favor de este caballo (en esta carrera)

-10. (drink) chupito m, dedal m ❑ ~ **glass** vaso m para chupitos

◇ pt & pp of **shoot**

◇ adj **-1.** Br Fam (rid) **to get ~ of sth/sb** quitarse or Am sacarse algo/a alguien de encima; **I can't wait to be ~ of this house** estoy ansioso por deshacerme de esta casa

-2. (fabric) ~ **silk** seda tornasolada

-3. (permeated) **her dress was red ~ through with gold** su vestido era rojo con un jaspeado dorado; **the book is ~ through**

with humour el humor está presente a lo largo de todo el libro
-**4.** esp US Fam (worn out) (person) agotado(a), rendido(a); (tyres, brakes) hecho(a) trizas; **my nerves were ~ (to pieces)** tenía los nervios destrozados

shotgun ['ʃɒtgʌn] n (weapon) escopeta f; Fam **to have a ~ wedding** casarse por haber metido la pata, Esp casarse de penalti, RP casarse de apuro

shot-putter ['ʃɒtpʊtə(r)] n lanzador(ora) m,f de peso

should [ʃʊd, unstressed ʃəd] modal aux v -**1.** (expressing obligations, recommendations, instructions) **you ~ do it at once** deberías hacerlo inmediatamente; **you shouldn't laugh at him** no deberías reírte de él; **you ~ have come earlier** deberías haber venido antes; **he shouldn't have told them** no debería habérselo dicho; **you ~ read the instructions carefully** lea detenidamente las instrucciones; **~ I open the window?** ¿abro la ventana?; **shall I tell her? – I (don't) think you ~** ¿se lo digo? – creo que (no) deberías; **don't do that! – why shouldn't I?** no hagas eso – ¿y por qué no?; **I'm very embarrassed – and so you ~ be!** estoy muy avergonzado or Andes, CAm, Carib, Méx apenado – ¡deberías estarlo!; **everything is as it ~ be** todo va como debería; **you ~ have seen the expression on his face!** ¡tendrías que haber visto la cara que puso!; **a present?, oh you shouldn't have!** ¿un regalo? ¡no tenías que haberte molestado!
-**2.** (expressing probability) **the weather ~ improve from now on** a partir de ahora, el tiempo debería mejorar; **the movie ~ be good** la película promete ser buena; **she ~ have arrived by this time** a estas horas ya debe de haber llegado; **can I come? – I ~ think so** ¿puedo ir? – no veo por qué no; **I ~ know!** ¡me lo dices a mí!
-**3.** (in exclamations, in rhetorical questions) **why ~ you suspect me?** ¿por qué habrías de sospechar de mí?; **who ~ I meet but Martin!** y ¿a quién me encontré? ¡a Martin!; **how ~ I know?** ¿y cómo quieres que lo sepa?; **I ~ hope so!** ¡eso espero!; **I didn't go in – I ~ think not!** no entré – ¡faltaría más!; **he apologized – I ~ think so, too!** se disculpó – ¡es lo mínimo que podía hacer!; **I ~ be so lucky!** ¡ojalá!
-**4.** (in subordinate clauses) **he ordered that they ~ be released** ordenó que los liberaran; **she insisted that he ~ wear his hair short** insistió en que llevase el pelo corto; **it's funny (that) you ~ say that** tiene gracia que digas eso
-**5.** (in conditional clauses) **if he ~ come** or Formal **~ he come, let me know** si viene, avísame; **if you ~ have any difficulty, phone this number** si tuviera algún problema, llame a este número
-**6.** (expressing opinions, preferences) **I ~ like a drink** me gustaría or Esp apetecería tomar algo; **we ~ want to know if there was anything seriously wrong** si algo va muy mal, nos gustaría saberlo; **we ~ have told you earlier if we'd known** te lo habríamos dicho antes si lo hubiéramos sabido; **I ~ demand compensation (if I were you)** yo (en tu lugar) pediría una indemnización; **I shouldn't worry** yo no me preocuparía; **I ~ imagine he was rather angry!** ¡me imagino que estaría bastante esp Esp enfadado or esp Am enojado!; **I ~ have thought you'd have realized that by now** pensaba que a estas alturas ya te habrías dado cuenta de eso; **I shouldn't be surprised if...** no me sorprendería que...

shoulder ['ʃəʊldə(r)] ◇ n -**1.** (of person, garment) hombro m; **~ to ~ hombro con hombro; you can carry it over your ~** puedes llevarlo al hombro; **I looked over my ~** miré por encima del hombro; Fig **the responsibility fell on her shoulders** sobre ella recayó la responsabilidad; Fig **a weight had been lifted from his shoulders** le habían quitado or Am sacado un peso de encima ❑ **~ bag** bolsa f de bandolera; **~ blade** omóplato m; **~ charge** (in ice hockey, rugby) carga f; **~ pad** hombrera f; **~ strap** (of garment) tirante m, CSur bretel m; (of bag) correa f
-**2.** (of meat) paletilla f
-**3.** (along road) Esp arcén m, Méx acotamiento m, RP banquina f, Ven hombrillo m
-**4.** IDIOMS **I just needed a ~ to cry on** necesitaba a alguien a quien agarrar de paño de lágrimas; **to be looking over one's ~** estar inquieto(a); **to put one's ~ to the wheel** arrimar el hombro; **(to give it to sb) straight from the ~** (decírselo a alguien) sin rodeos
◇ vt -**1.** (push) **to ~ one's way through a crowd** abrirse paso a empujones entre la multitud; **to ~ sb aside** apartar a alguien de un empujón (del hombro) -**2.** (put on shoulder) echarse al hombro; **to ~ arms** echar las armas al hombro -**3.** (responsibility, blame) asumir

shoulder-charge ['ʃəʊldətʃɑːdʒ] vt empujar con el hombro

shoulder-high ['ʃəʊldəhaɪ] ◇ adj **we pushed through the ~ grass** avanzamos por entre la hierba que nos llegaba hasta los hombros
◇ adv **to carry sb ~** llevar a alguien en hombros

shoulder-length ['ʃəʊldəleŋθ] adj (hair) hasta los hombros

shouldn't ['ʃʊdnt] = should not
should've ['ʃʊdəv] = should have

shout [ʃaʊt] ◇ n -**1.** (cry) grito m; **shouts of laughter** carcajadas fpl; **give me a ~ when you're leaving** avísame cuando te vayas -**2.** Fam (chance) **to be in with a ~ of qualifying** tener todavía posibilidades de clasificarse
-**3.** Br Fam (turn to buy round of drinks) **it's my ~** ésta me toca a mí
◇ vt gritar; **to ~ sth at sb** gritarle algo a alguien; **he shouted me a warning** me lanzó un grito de aviso; **to ~ insults at sb** insultar a alguien a gritos; **they shouted themselves hoarse** gritaron hasta quedarse roncos
◇ vi gritar; **to ~ at sb** gritar a alguien; **don't ~ at me!** ¡no me grites!; **they were shouting at each other** discutían a gritos; **to ~ for help** gritar pidiendo ayuda; **he shouted to her to be careful** le gritó que tuviera cuidado; Fig **it's nothing to ~ about** no es nada del otro mundo; Fig **to have something to ~ about** tener algo que celebrar
◆ **shout down** vt sep **the minister was shouted down by the crowd** la multitud impidió con sus gritos que el ministro hablara
◆ **shout out** ◇ vt sep gritar
◇ vi gritar, pegar gritos

shouting ['ʃaʊtɪŋ] n griterío m, gritos mpl; **we were within ~ distance of the lifeguard** estábamos en un sitio desde el cual nos podía oír el socorrista; **the debate ended up as a ~ match** el debate acabó a grito pelado; **it's all over bar the ~** es asunto concluido

shove [ʃʌv] ◇ n empujón m; **to give sth/sb a ~** dar un empujón a algo/alguien; IDIOM **to give sb the ~** cortar con alguien; IDIOM **he got the ~** su pareja lo dejó
◇ vt -**1.** (push) empujar; **we shoved all the furniture up against the walls** corrimos todos los muebles contra las paredes; **to ~ sth in/out** meter/sacar algo a empujones; **to ~ sb out of the way** apartar a alguien a empujones -**2.** (insert, put) poner, meter; **~ it in the drawer** ponlo or métedo en el cajón; IDIOM Vulg **~ it up your** Br **arse** or US **ass!** vete a tomar por culo, Arg ¡metételo en el culo or horto!; IDIOM **very Fam you can ~ it!** ¡métetelo donde te quepa!
◇ vi empujar; **to ~ past** pasar a empujones; **stop shoving!** ¡deja or para ya de empujar!
◆ **shove about, shove around** vt sep Fam (bully) abusar de
◆ **shove off** vi -**1.** Fam (leave) largarse; **~ off!** ¡lárgate!, Esp ¡largo! -**2.** (in boat) alejarse de la orilla
◆ **shove over, shove up** vi Fam (make room) correrse, hacerse a un lado

shove-halfpenny ['ʃʌv'heɪpnɪ] n Br = juego que consiste en impulsar con la mano monedas sobre un panel con zonas delineadas

shovel ['ʃʌvəl] ◇ n pala f
◇ vt (pt & pp **shovelled**, US **shoveled**) echar a paladas; **to ~ snow off the path** quitar or Am sacar la nieve del camino a paladas or con la pala; **to ~ food into one's mouth** atiborrarse de comida; Fam **don't ~ your food down!** ¡no comas tan a lo bruto!

shoveler ['ʃʌvələ(r)] n cuchara f común, pato m cuchara

shovelful ['ʃʌvəlfʊl] n palada f

show [ʃəʊ] ◇ n -**1.** (exhibition) exposición f; **to be on ~** exhibirse, estar expuesto(a); **to put sth on ~** exponer algo ❑ **~** Br **flat** or US **apartment** apartamento m or Esp piso m or Arg departamento m piloto; **~ house** casa f piloto; **~ jumper** jinete m/amazona f de pruebas de saltos; **~ jumping** prueba f de saltos (de equitación)
-**2.** (concert, play) espectáculo m; (on TV, radio) programa m; Fam Old-fashioned **good ~!** (well done) ¡bien hecho!; **they put on a good ~** (did their best) hicieron un buen papel; IDIOM **to run the ~** dirigir el cotarro; IDIOM **the ~ must go on** ¡tenemos que continuar a pesar de todo!; Fam **let's get this ~ on the road!** ¡en marcha!, ¡vamos allá! ❑ **~ business** el mundo del espectáculo; **~ business personality** personalidad f del (mundo del) espectáculo; **~ girl** corista f; **~ stopper:** IDIOM Fam **it was a real ~ stopper** fue una auténtica sensación
-**3.** (act of showing) demostración f; **a ~ of unity** una demostración de unidad; **a ~ of hands** una votación a mano alzada
-**4.** (pretence) **it's all ~** es pura fachada; **to do sth for ~** hacer algo por alardear; **all those flashing lights are just for ~** todas esas lucecitas están de decoración; **they made** or **put on a ~ of being interested** hicieron un gran esfuerzo por parecer interesados ❑ Pej **~ trial** juicio m ejemplarizante
◇ vt (pp **shown** [ʃəʊn]) -**1.** (display) mostrar, enseñar; (picture) exponer, exhibir; (courage, talent, knowledge) mostrar, demostrar; **to ~ sb sth, to ~ sth to sb** enseñar or mostrar algo a alguien; **the photo shows them leaving the hotel** en la foto están saliendo del hotel; **he has shown some improvement** ha mejorado algo; **to ~ a profit/loss** registrar or arrojar beneficios/pérdidas; **you're showing your age** estás hecho un carcamal; IDIOM **to ~ one's cards** or **one's hand** mostrar las verdaderas intenciones; **he won't ~ his face here again** no volverá a dejarse ver por aquí; **this is all we've got to ~ for our hard work** esto es todo lo que tenemos después de trabajar tanto; **they had nothing to ~ for all their work** trabajaron mucho para nada; **to ~ oneself** dejarse ver
-**2.** (indicate) mostrar; (time, temperature) indicar, señalar; **to ~ sb the way** mostrar a alguien el camino; **the worst affected areas are shown in red** las áreas más afectadas aparecen en rojo
-**3.** (reveal) **his expression showed his embarrassment** su rostro revelaba su vergüenza or Am pena; **this carpet shows the dirt** el polvo se nota mucho en esta alfombra
-**4.** (prove, demonstrate) mostrar, demostrar; **this shows him to be a liar** esto demuestra lo mentiroso que es; **to ~ oneself to be...** demostrar ser...; **it just goes to ~ that...**, **it just shows that...** eso viene a demostrar que...
-**5.** (teach) enseñar; **to ~ sb how to do sth** enseñar a alguien a hacer algo; **I'll ~ you, just you wait!** ¡tú espera, que te vas a

enterar!; *Fam* **that'll ~ them!** ¡eso les enseñará!
-6. *(movie)* proyectar; *(TV programme)* emitir, poner; **they are showing a Clint Eastwood movie tonight** esta noche ponen *or* echan una película de Clint Eastwood
-7. *(escort, lead)* **to ~ sb to the door** acompañar a alguien a la puerta; **to ~ sb to their room** llevar a alguien a su habitación
-8. *(enter in competition) (dog, cat)* presentar en competición *or Am* competencia
◇ *vi* **-1.** *(be visible)* notarse; **he didn't let his confusion ~** no dejó que se notara su confusión; **I've never done this before – it shows** nunca había hecho esto antes – ya se nota
-2. *(movie)* **what's showing this week?** ¿qué ponen *or* echan esta semana?; **now showing at the Odeon** *(on poster)* en pantalla en el cine Odeon
-3. *Fam (arrive)* aparecer
◆ **show around** *vt sep* = **show round**
◆ **show in** *vt sep (escort in)* acompañar hasta dentro; **~ him in** hágale entrar *or* pasar
◆ **show off** ◇ *vt sep* **-1.** *(show proudly)* **he was showing off his new motorbike** iba enseñando su moto a todo el mundo con orgullo
-2. *(complement)* realzar
◇ *vi* alardear, fanfarronear
◆ **show out** *vt sep (escort out)* acompañar hasta la puerta; **I'll ~ myself out** no hace falta que me acompañe a la puerta
◆ **show over** *vt sep* guiar por
◆ **show round** *vt sep* **let me ~ you round** déjame que te enseñe el lugar/la casa/*etc.*; **to ~ sb round the town/house** enseñarle la ciudad/casa a alguien
◆ **show through** *vi also Fig* transparentarse
◆ **show up** ◇ *vt sep* **-1.** *(reveal)* descubrir, poner al descubierto
-2. *(embarrass)* poner en evidencia
-3. *(escort upstairs)* acompañar hasta arriba; **~ him up** hágale subir
◇ *vi* **-1.** *(stand out)* notarse; **the marks ~ up under infra-red light** la luz infrarroja revela las marcas
-2. *Fam (arrive)* aparecer, presentarse
show-and-tell ['ʃəʊən'tel] *n US* = ejercicio escolar en que un alumno lleva a la clase un objeto de su elección y habla sobre él
showbiz ['ʃəʊbɪz] *n Fam* mundo *m* del espectáculo □ **~ personality** personalidad *f* del (mundo del) espectáculo
showboat ['ʃəʊbəʊt] *esp US Fam* ◇ *n (show-off)* fanfarrón(ona) *m,f*, *Esp* fantasma *mf*
◇ *vi (show off)* fanfarronear
showcase ['ʃəʊkeɪs] ◇ *n* **-1.** *(for displaying objects)* vitrina *f* **-2.** *(for talents, work)* escaparate *m*
◇ *vt* exhibir, servir de escaparate a
showdown ['ʃəʊdaʊn] *n* enfrentamiento *m* (cara a cara)
shower ['ʃaʊə(r)] ◇ *n* **-1.** *(for washing)* ducha *f*, *Col, Méx, Ven* regadera *f*; **to have** *or* **take a ~** ducharse, darse una ducha; **I'm in the ~!** ¡me estoy duchando! □ **~ cap** gorro *m* de baño *or* ducha; **~ curtain** cortinas *fpl* de ducha; **~ gel** gel *m* de baño; **~ head** alcachofa *f* (de ducha); **~ unit** ducha *f*
-2. *(of rain)* chubasco *m*, chaparrón *m*; **snow ~** nevisca
-3. *(of stones, bullets, sparks, insults)* lluvia *f*
-4. *Br Fam (group)* **what a ~!** ¡qué pandilla!, *Esp* ¡menuda cuadrilla!; **you lazy ~!** *Esp* ¡(h)atajo *or Méx* bola *or Méx, RP* manga de vagos!
-5. *US (party)* = fiesta celebrada en honor a una persona que se va a casar o que va a tener un bebé, y a la que todos los invitados traen un regalo
◇ *vt* **to ~ sb with sth, to ~ sth on sb** *(liquid, sparks)* regar a alguien de algo; *(gifts, praise)* colmar a alguien de algo; **to ~ sb with kisses**
llenar a alguien de besos de arriba abajo
◇ *vi* **-1.** *(pour)* llover, caer **-2.** *(take a shower)* ducharse
◆ **shower down** *vi (rocks, sparks, compliments, insults)* llover
showerproof ['ʃaʊəpruːf] *adj* impermeable
showery ['ʃaʊərɪ] *adj* lluvioso(a); **it will be a ~ day tomorrow** mañana lloverá durante todo el día
showgirl ['ʃəʊɡɜːl] *n* chica *f* de revista
showground ['ʃəʊɡraʊnd] *n* recinto *m* de ferial
showily ['ʃəʊɪlɪ] *adv* llamativamente, ostentosamente
showiness ['ʃəʊɪnɪs] *n* lo llamativo, ostentosidad *f*
showing ['ʃəʊɪŋ] *n* **-1.** *(exhibition)* exposición *f*, muestra *f* **-2.** *(of movie)* pase *m*, proyección *f* **-3.** *(performance)* actuación *f*; **on this ~...** ante esta actuación...
showman ['ʃəʊmən] *n* **-1.** *(circus manager)* director *m* de circo **-2.** *(entertaining person)* showman *m*
showmanship ['ʃəʊmənʃɪp] *n* espectacularidad *f*
show-me ['ʃəʊ'miː] *adj* de desconfianza □ **the Show-me State** = apelativo familiar referido al estado de Misuri
shown *pp of* **show**
show-off ['ʃəʊɒf] *n Fam* fanfarrón(ona) *m,f*, *Esp* fantasma *mf*
showpiece ['ʃəʊpiːs] *n* **-1.** *(of collection)* pieza *f* principal **-2.** *(model)* modelo *m*
showplace ['ʃəʊpleɪs] *n* atracción *f* turística
showring ['ʃəʊrɪŋ] *n (at equestrian event)* pista *f* de saltos
showroom ['ʃəʊruːm] *n* sala *f* de exposición; **in ~ condition** como nuevo(a)
show-stopping ['ʃəʊstɒpɪŋ] *adj* sensacional, soberbio(a)
showy ['ʃəʊɪ] *adj* llamativo(a), ostentoso(a)
shrank *pt of* **shrink**
shrapnel ['ʃræpnəl] *n* metralla *f*; **a piece of ~** un trozo de metralla □ **~ wound** herida *f* de metralla
shred [ʃred] ◇ *n* **-1.** *(of paper, fabric)* pedazo *m*; **in shreds** *(clothes)* hecho(a) pedazos; *Fig* **his reputation/confidence was in shreds** su reputación/confianza estaba hecha pedazos *or* trizas; *also Fig* **to tear sth to shreds** hacer pedazos *or* trizas algo; *Fig* **to tear sb to shreds** hacer pedazos *or* trizas a alguien
-2. *(of truth, decency)* pizca *f*; **there isn't a ~ of evidence** no hay ni rastro de pruebas
◇ *vt (pt & pp* **shredded***)* **-1.** *(documents)* triturar **-2.** *(food)* cortar en tiras
shredded ['ʃredɪd] *adj US Fam (drunk)* **to be ~** estar *Esp* bolinga *or Méx* ahogado(a) *or RP* en pedo; **to get ~** ponerse *Esp* bolinga *or Méx* ahogado(a) *or RP* en pedo
shredder ['ʃredə(r)] *n (for paper)* trituradora *f* (de documentos)
shrew [ʃruː] *n* **-1.** *(animal)* musaraña *f* **-2.** *Pej (nagging woman)* bruja *f*
shrewd [ʃruːd] *adj (person)* astuto(a); *(decision)* astuto(a), inteligente; *(decision, investment, guess)* inteligente; **he's a ~ businessman** es un hombre de negocios astuto; **she's a ~ judge of character** tiene buen ojo con la gente; **I had a ~ suspicion that they were up to something** estaba convencido de que tramaban algo
shrewdly ['ʃruːdlɪ] *adv* astutamente
shrewdness ['ʃruːdnɪs] *n (of person)* astucia *f*; *(of decision)* astucia *f*, inteligencia *f*; *(of investment)* inteligencia *f*, astucia *f*
shrewish ['ʃruːɪʃ] *adj Pej* cascarrabias, regañón(ona)
shriek [ʃriːk] ◇ *n* chillido *m*, alarido *m*; **shrieks of joy** chillidos de alegría; **shrieks of laughter** carcajadas; **to give a ~** soltar un chillido *or* alarido
◇ *vt* chillar; **to ~ abuse at sb** lanzar insultos contra alguien
◇ *vi* chillar; **to ~ at sb** dar un chillido a alguien; **to ~ with pain** chillar de dolor; **to ~ with laughter** reírse a carcajadas
shrift [ʃrɪft] *n* **to give sb/sth short ~** prestar escasa atención a alguien/algo; **to get short ~ (from sb)** recibir escasa atención (de alguien)
shrike [ʃraɪk] *n* alcaudón *m*; **great grey ~** alcaudón real; **red-backed ~** alcaudón dorsirrojo
shrill [ʃrɪl] *adj* **-1.** *(voice, tone)* estridente, agudo(a); *(whistle)* chirriante **-2.** *(criticism)* vociferante, estridente
shrillness ['ʃrɪlnɪs] *n* **-1.** *(of voice, tone)* estridencia *f*, agudeza *f*; *(of whistle)* chirrido *m* **-2.** *(of criticism)* estridencia *f*
shrilly ['ʃrɪlɪ] *adv* con estridencia, estridentemente
shrimp [ʃrɪmp] *n* **-1.** *Br (small crustacean)* camarón *m*, quisquilla *f* **-2.** *US (prawn)* gamba *f* □ **~ cocktail** cóctel *m* de gambas **-3.** *Fam (small person)* retaco *m*, renacuajo(a) *m,f*, *Méx* chaparrito(a) *m,f*, *RP* retacón(ona) *m,f*
shrimping ['ʃrɪmpɪŋ] *n* **to go ~** ir a pescar camarones/gambas
shrine [ʃraɪn] *n* **-1.** *(place of worship)* santuario *m* **(to en honor a) -2.** *(tomb)* sepulcro *m* **-3.** *(of famous person, event)* santuario *m* **(to en honor a) -4.** *(container for relics)* relicario *m*
shrink [ʃrɪŋk] ◇ *n Fam (psychiatrist)* psiquiatra *mf*
◇ *vt (pt* **shrank** [ʃræŋk], *pp* **shrunk** [ʃrʌŋk]*)* encoger
◇ *vi* **-1.** *(fabric)* encoger(se); *(wood)* contraerse; *(meat)* encogerse; **to ~ in the wash** encoger(se) al lavar
-2. *(income, budget, size)* reducirse, disminuir; *(economy)* contraerse; *(numbers, amount)* decrecer; **my savings have shrunk (away) to nothing** mis ahorros se han quedado en nada
-3. *(person)* encoger
-4. *(move back)* **to ~ from sth** retroceder ante algo; **to ~ back in horror** retroceder horrorizado(a)
-5. *(shy away)* **she shrank from the thought of meeting him again** se encogía de miedo de pensar que lo vería otra vez; **to ~ from doing sth** no atreverse a hacer algo
shrinkage ['ʃrɪŋkɪdʒ] *n* **-1.** *(of material)* encogimiento *m* **-2.** *(in sales, profits)* reducción *f* **-3.** COM *(through pilferage)* pérdidas *fpl* por robo; *(through damage)* pérdidas *fpl* por daños
shrinking ['ʃrɪŋkɪŋ] *adj Fam* **he's no ~ violet** no se corta un pelo
shrink-wrap ['ʃrɪŋk'ræp] ◇ *n* envoltura *f* de plástico (de polietileno) adherente
◇ *vt* envolver con plástico (de polietileno) adherente
shrink-wrapped ['ʃrɪŋk'ræpt] *adj* empaquetado(a) con plástico (de polietileno) adherente
shrivel ['ʃrɪvəl] *(pt & pp* **shrivelled**, *US* **shriveled***)* ◇ *vt (flower)* marchitar; *(leaf, crops)* secar; *(fruit, vegetables)* arrugar, secar; *(skin)* ajar, arrugar; **a shrivelled old woman** una vieja arrugada
◇ *vi (flower)* marchitarse; *(leaf, crops)* secarse; *(fruit, vegetables)* arrugarse, secarse; *(skin)* ajarse, arrugarse
◆ **shrivel up** *vi (flower)* marchitarse; *(leaf, crops)* secarse; *(fruit, vegetables)* arrugarse, secarse
shroud [ʃraʊd] ◇ *n* **-1.** *(for body)* mortaja *f*, sudario *m* **-2.** *(of mystery)* halo *m*; **a ~ of secrecy surrounds the project** el proyecto está rodeado de un gran secreto **-3.** NAUT obenquillo *m*
◇ *vt* **-1.** *(body)* amortajar **-2.** *(obscure)* envolver; **to be shrouded in sth** estar envuelto(a) en algo; **the town was shrouded in mist/darkness** la ciudad estaba envuelta en la niebla/sumida en la oscuridad; **its origins are shrouded in mystery** sus orígenes están rodeados de misterio
Shrovetide ['ʃrəʊvtaɪd] *n* carnestolendas *fpl*
Shrove Tuesday ['ʃrəʊv'tjuːzdɪ] *n* Martes *m inv* de Carnaval
shrub [ʃrʌb] *n* arbusto *m*
shrubbery ['ʃrʌbərɪ] *n* **-1.** *(in garden)* arbustos *mpl* **-2.** *(scrubland)* maleza *f*, matorrales *mpl*

shrug [ʃrʌg] ◇ n (of shoulders) encogimiento m de hombros; **to give a ~** encogerse de hombros
◇ vt (pt & pp **shrugged**) **to ~ one's shoulders** encogerse de hombros
◇ vi encogerse de hombros
● **shrug off** vt sep (failure, problems) quitar or restar importancia a
shrunk pp of **shrink**
shrunken [ˈʃrʌŋkən] adj encogido(a); **~ with age** (person) encogido(a) con los años
shtook, shtuck [ʃtʊk] n Br Fam **to be in ~** estar metido(a) en un lío
shuck [ʃʌk] US ◇ n Fam (trick) engaño m
◇ vt **-1.** (corn) descascarillar; (peas) pelar; (oysters) abrir, desbullar **-2.** (trick) engañar **-3. to ~ (off)** (bad habit) abandonar; **to ~ (off) one's clothes** quitarse la ropa; **the snake shucked (off) its skin** la serpiente mudó la piel
◇ vi **to ~ (and jive)** (act foolishly) hacerse el/la tonto(a); (speak misleadingly, bluff) contar cuentos
shucks [ʃʌks] exclam US ¡vaya por Dios!, ¡caramba!
shudder [ˈʃʌdə(r)] ◇ n **-1.** (of person) (with fear, pleasure) estremecimiento m; (with cold) escalofrío m; **to give a ~** estremecerse; Fam **it gives me the shudders** me pone los pelos de punta; **it sent a ~ through me** hizo que me estremeciera, hizo que me diera un escalofrío **-2.** (of engine, vehicle) **to give a ~** dar una sacudida
◇ vi **-1.** (person) (with fear, pleasure) estremecerse (**with** de); (with cold) tiritar (**with** de); (with pain) tener escalofríos (**with** por); **I ~ to think what...** tiemblo or me dan escalofríos sólo de pensar qué... **-2.** (engine, vehicle) dar una sacudida; (machinery) dar sacudidas; (building) temblar; **the bus shuddered to a halt** el autobús dio una sacudida y se paró
shuffle [ˈʃʌfəl] ◇ n **-1.** (of feet) **to walk with a ~** caminar arrastrando los pies **-2.** (of cards) **to give the cards a ~** barajar or mezclar las cartas **-3.** (of Cabinet) remodelación f
◇ vt **-1.** (cards) barajar; (dominoes) mover; (papers) revolver **-2.** (rearrange) (cabinet) remodelar; (defence) reordenar **-3.** (drag) **to ~ one's feet** (when walking) arrastrar los pies; (with embarrassment) mover nerviosamente los pies de un lado a otro
◇ vi **-1.** (when walking) arrastrar los pies; **to ~ out/in** salir/entrar arrastrando los pies; **to ~ from one foot to the other** mover nerviosamente los pies de un lado a otro **-2.** (fidget) **the children were shuffling in their seats** los niños no se estaban quietos en sus asientos **-3.** (in cards) barajar
● **shuffle off** ◇ vt sep sacudirse; **to ~ off responsibility for sth onto sb else** sacudir la responsabilidad de algo a otro
◇ vi alejarse arrastrando los pies
shuffling [ˈʃʌflɪŋ] adj (gait) arrastrando los pies
shufty, shufti [ˈʃʌftɪ] n Br Fam **to have** or **take a ~ (at)** echar un ojo (a)
shun [ʃʌn] (pt & pp **shunned**) vt rehuir, evitar; **they were shunned by decent society** la sociedad bien pensante les daba la espalda
shunt [ʃʌnt] ◇ n **-1.** ELEC derivación f **-2.** RAIL cambio m de vías **-3.** Fam (in motor racing) colisión f, Esp enganchada f
◇ vt **-1.** (train, carriages) cambiar de vía **-2.** (move) **we were shunted into another room** nos metieron en otra habitación; **they were shunted about from one prison to another** los llevaban de una cárcel a otra; **they shunted him off to the Fresno office** lo mandaron a la oficina de Fresno
◇ vi (travel) **I spent the day shunting back and forth between the two offices** me tuvieron todo el día de una oficina a otra
shunter [ˈʃʌntə(r)] n locomotora f de arrastre
shush [ʃʌʃ] ◇ vt hacer callar
◇ exclam ¡chis!, ¡sssh!
shut [ʃʌt] ◇ adj cerrado(a); **to be ~** estar cerrado; **the door banged ~** la puerta se cerró de un portazo; **she slammed the door ~** cerró la puerta de un portazo
◇ vt (pt & pp **shut**) cerrar; **to ~ the door on sb** or **in sb's face** dar a alguien con la puerta en las narices; **~ your eyes** cierra los ojos; **to ~ one's finger in the door** pillarse un dedo con la puerta; Fam **~ your mouth** or **face** or **gob!, ~ it!** ¡cierra el pico!
◇ vi (door) cerrarse; (shop) cerrar
● **shut away** vt sep encerrar; **to ~ oneself away** encerrarse
● **shut down** ◇ vt sep **-1.** (close) (shop, factory) cerrar (por completo); (production) suspender
-2. (switch off) (engine, machine) apagar
-3. SPORT (mark closely) marcar de cerca
◇ vi **-1.** (shop, factory) cerrar (por completo)
-2. (computer) apagarse
● **shut in** vt sep (confine) encerrar; **he ~ himself in in his room** se encerró en su habitación
● **shut off** ◇ vt sep **-1.** (electricity, water, funds, flow of arms) cortar; (engine, machine) apagar
-2. (road, exit) cortar
-3. (isolate) aislar; **to ~ oneself off (from)** aislarse (de)
◇ vi (engine, machine) apagarse
● **shut out** vt sep **-1.** (exclude) (person) excluir; (light, view) tapar; (memory, thought) bloquear; **I couldn't ~ out the noise** no conseguía hacer que el ruido no me distrajera; **she keeps shutting me out and won't let me help** se cierra sin dejar que la ayude
-2. (keep outside) dejar fuera; **we had to ~ the children out of the kitchen** tuvimos que cerrar la puerta de la cocina para que no entraran los niños; **to ~ oneself out** quedarse fuera sin llaves
-3. (prevent from scoring) dejar a cero
● **shut up** ◇ vt sep **-1.** (confine) encerrar
-2. (close) cerrar; also Fig **to ~ up shop** cerrar el negocio
-3. Fam (silence) hacer callar; **that ~ him up!** ¡eso le hizo callarse!
◇ vi **-1.** Fam (be quiet) callarse; **~ up!** ¡cállate!; **I wish you'd ~ up about your holiday!** ¡deja de dar la lata con tus vacaciones!
-2. (close shop) cerrar
shutdown [ˈʃʌtdaʊn] n **-1.** (of factory) cierre m **-2.** COMPTR apagado m
shuteye [ˈʃʌtaɪ] n Fam **to get some ~** echar un sueñecito or una cabezadita
shut-in [ˈʃʌtɪn] US ◇ adj encerrado(a)
◇ n = discapacitado o enfermo confinado en su casa
shut-off [ˈʃʌtɒf] n (device) válvula f de cierre; ELEC interruptor m
shutout [ˈʃʌtaʊt] n SPORT **he has had 6 shutouts in the last 10 games** ha conseguido mantener su portería imbatida en 6 de los últimos 10 partidos
shutter [ˈʃʌtə(r)] n **-1.** (on window) contraventana f; (of shop) persiana f; **to put up the shutters** (of shop) cerrar **-2.** (of camera) obturador m ❑ **~ release** disparador m; **~ speed** tiempo m de exposición
shuttered [ˈʃʌtəd] adj (with shutters fitted) con contraventanas; (with shutters closed) con las persianas cerradas
shuttle [ˈʃʌtəl] ◇ n **-1.** (of loom, sewing machine) lanzadera f **-2.** (train, bus) servicio m de conexión; (plane) avión m (de puente aéreo) ❑ **~ bus** autobús m directo; **~ diplomacy** mediación f internacional; **~ service** (of trains, buses) servicio m de conexión; (para distancias cortas); (of planes) puente m aéreo **-3.** (space vehicle) transbordador m or lanzadera f espacial **-4.** (in badminton) volante m
◇ vt trasladar; **to ~ sb back and forth** trasladar a alguien de acá para allá
◇ vi **to ~ between A and B** ir y venir entre A y B
shuttlecock [ˈʃʌtəlkɒk] n volante m

shy [ʃaɪ] ◇ adj **-1.** (timid) (person, smile) tímido(a); (animal, bird) asustadizo(a); **I felt ~ about asking her for money** me daba vergüenza pedirle dinero; **to be ~ of sb** ser vergonzoso(a) con alguien; **most people are ~ of speaking in public** a la mayoría de la gente le da vergüenza hablar en público; **don't be ~ of asking for more** que no te dé vergüenza pedir más; **they're not ~ of letting you know how they feel** no tienen ningún reparo en decir lo que sienten **-2.** US Fam (lacking) escaso(a), corto(a); (**of** de); **we're still a few dollars ~ of the cost** aún nos faltan unos dólares para cubrir el costo; **I'm a couple of months ~ of the minimum age** no llego a la edad mínima por un par de meses
◇ n (throw) tirada f; **to have** or **take a ~ at sth** intentar dar a algo
◇ vi **-1.** (horse) asustarse (**at** de) **-2.** (have throw) apuntar (**at** a)
◇ vt apuntar con (**at** a)
● **shy away** vi **to ~ shy away from doing sth** no atreverse a hacer algo; **to ~ away from sth** eludir algo
shyly [ˈʃaɪlɪ] adv tímidamente, con timidez
shyness [ˈʃaɪnɪs] n (of person, smile) timidez f; (of animal, bird) miedo m
shyster [ˈʃaɪstə(r)] n Fam (politician, businessman) sinvergüenza mf; **~ (lawyer)** picapleitos mf inv, Am abogado(a) m,f buscapleitos
SI [esˈaɪ] n (abbr **Système International (d'Unités)**) SI m ❑ **SI system** sistema m internacional de unidades; **SI unit** unidad f del SI **-2.** (abbr **stroke index**) (in golf) índice m de golpes
Siam [saɪˈæm] n Formerly Siam
Siamese [saɪəˈmiːz] ◇ n (pl **Siamese**) **-1.** (person) siamés(esa) m,f **-2.** (language) siamés m **-3.** (cat) (gato m) siamés m
◇ adj siamés(esa) ❑ **~ cat** gato m siamés; **~ twins** (hermanos(as) m,fpl) siameses(esas) m,fpl; Fam Fig **they're like ~ twins, those two!** ¡esos dos van siempre de la mano!
SIB [esarˈbiː] n (abbr **Securities and Investments Board**) = comisión del mercado de valores londinense
Siberia [saɪˈbɪərɪə] n Siberia
Siberian [saɪˈbɪərɪən] ◇ n siberiano(a) m,f
◇ adj siberiano(a)
sibilance [ˈsɪbɪləns] n sibilancia f
sibilant [ˈsɪbɪlənt] ◇ n sibilante f
◇ adj sibilante
sibling [ˈsɪblɪŋ] n (brother) hermano m; (sister) hermana f; **all his siblings** todos sus hermanos ❑ **~ rivalry** rivalidad f entre hermanos
sibyl [ˈsɪbɪl] n sibila f
sic[1] [sɪk] adv sic
sic[2] vt **-1.** (attack) atacar; **~ 'em, Simba!** ¡ataca, Simba! **-2.** US (incite) **he tried to ~ his dog on us** trató de echarnos al perro encima
Sicilian [sɪˈsɪlɪən] ◇ n (person) siciliano(a) m,f
◇ adj siciliano(a)
Sicily [ˈsɪsɪlɪ] n Sicilia
sick [sɪk] ◇ n Br Fam (vomit) vómito m, devuelto m
◇ npl **the ~** los enfermos
◇ adj **-1.** (ill) enfermo(a); **they care for ~ people** cuidan a los enfermos; **to be ~** estar enfermo(a); US **to fall ~, to get** or **take ~** ponerse enfermo(a); **my secretary is off ~** mi secretaria está de baja (por enfermedad); IDIOM **I was ~ as a dog** (was ill) me puse malísimo; Fig **it makes me ~!** ¡me pone enfermo(a)!; Fig **to be ~ with fear/worry** haberse puesto enfermo de miedo/preocupación; Fig **to be worried ~** estar muerto(a) de preocupación; US Fam **you're so good at it you make me look ~!** ¡lo haces tan bien que a mí me dejas fatal! ❑ **~ bay** enfermería f; **~ building syndrome** síndrome m del edificio enfermo, = trastorno que se suele dar entre oficinistas que trabajan en edificios con mala ventilación; **~ leave** baja f por enfermedad; **~ note** certificado m de baja por enfermedad; **~ pay** paga f por enfermedad
-2. (nauseous) **I feel ~** (about to vomit) voy a

vomitar *or* devolver; *(unwell in stomach)* estoy mareado(a); **to be ~** *(vomit)* vomitar, devolver; **I get ~ at the sight of blood** ver sangre me da náuseas; **oysters make me ~** las ostras me sientan mal; **to make oneself ~** *(deliberately)* provocarse el vómito; **you're going to make yourself ~!** *(eating)* ¡te vas a empachar!; [IDIOM] **I was ~ as a dog** *(vomited)* vomité hasta la primera papilla

-3. *(disgusted)* **it makes me ~!** ¡me pone enfermo(a)!; **you make me ~!** ¡me pones enfermo!; **he's off to the Bahamas on business again – makes you ~, doesn't it?** otra vez se va a la Bahamas en viaje de negocios, ¿no te pone enfermo?; **she felt ~ (to her stomach)** se le revolvía el estómago

-4. *(fed up)* **to be ~ of sth/sb** estar harto(a) de algo/alguien; **he was ~ of living alone** estaba harto de vivir solo; **to grow ~ of sth** hartarse de algo; *Fam* **to be ~ (and tired) or ~ to death of sth/sb** estar hasta la coronilla de algo/alguien; *Fam* **to be ~ of the sight of sth/sb** estar hasta las narices *or Méx* manitas de algo/alguien

-5. *(unhappy, disappointed)* **to feel ~ about sth** sentir mucha angustia por algo; **to be/feel ~ at heart** estar/sentirse destrozado(a); [IDIOM] *Br Fam* **to be (as) ~ as a parrot** haberse llevado un chasco tremendo

-6. *(cruel)* *(humour, joke)* morboso(a), macabro(a); *(person)* retorcido(a); **to have a ~ mind** tener una mente retorcida, ser retorcido

◆ **sick up** *vt sep Br Fam (vomit)* devolver, vomitar

sickbag ['sɪkbæg] *n* bolsa *f* para el mareo; *Br Fam Fig* **pass the ~!** ¡me dan ganas de vomitar!

sickbed ['sɪkbed] *n* lecho *m* de convaleciente

sicken ['sɪkən] ◇ *vt* -1. *(disgust)* poner enfermo(a) -2. *(make ill)* (hacer) enfermar

◇ *vi* -1. *(become ill)* ponerse enfermo(a), enfermar; *Br* **to be sickening for something** estar empezando a ponerse enfermo -2. *(grow tired of, become disgusted with)* **to ~ of sth** hartarse de algo

sickening ['sɪkənɪŋ] *adj* -1. *(nauseating)* repugnante; **a ~ thud/crash** un golpe/estruendo horripilante -2. *(disgusting)* **it's ~ the way the refugees are treated** me pone enfermo la manera en que tratan a los refugiados; *Fam Hum* **she's so talented it's ~!** tiene tanto talento que da asco

sickeningly ['sɪkənɪŋlɪ] *adv* asquerosamente; *Fam Hum* **~, she won all the prizes** qué asco, ganó todos los premios; *Fam Hum* **she's ~ successful** tiene tanto éxito que da asco

sickie ['sɪkɪ] *n Br & Austr Fam* **to take** *or* **throw a ~** llamar al trabajo fingiendo que está uno enfermo

sickle ['sɪkəl] *n* hoz *f*

sickle-cell anaemia ['sɪkəlselə'niːmɪə] *n* anemia *f* (de célula) falciforme

sickly ['sɪklɪ] *adj* -1. *(person, complexion)* enfermizo(a); *(plant)* marchito(a); *(colour, light)* pálido(a), desvaído(a); *(smile)* falso(a) -2. *(taste, sentiment)* empalagoso(a); **~ sweet** empalagoso(a), dulzarrón(ona)

sick-making ['sɪkmeɪkɪŋ] *adj Br Fam* asqueroso(a)

sickness ['sɪknɪs] *n* -1. *(illness)* enfermedad *f*; **in ~ and in health** en la salud y en la enfermedad ❑ **~ benefit** subsidio *m* por enfermedad -2. *(nausea)* mareo *m*; *(vomiting)* vómito *m*

sicko ['sɪkəʊ] *n Fam* pirado(a) *m,f* peligroso(a)

sick-out ['sɪkaʊt] *n US* = forma de huelga en la que los trabajadores se dan de baja por enfermedad

sickroom ['sɪkruːm] *n* habitación *f* del enfermo

side [saɪd] ◇ *n* -1. *(of person)* costado *m*; *(of animal)* ijada *f*; **a ~ of pork** medio cerdo *or* puerco *or Am* chancho; *at* **or by sb's ~** al lado de alguien; **the dog never left her ~** el perro nunca se apartó de ella; **she was lying on her ~** estaba acostada de lado; **~ by ~** uno al lado del otro; **to live/work ~ by ~** vivir/trabajar juntos(as)

-2. *(part)* *(of house, box, triangle, square)* lado *m*; *(of river)* orilla *f*, margen *m or f*; *(of road)* borde *m*, margen *m or f*; *(of mountain)* ladera *f*; **on the south ~ (of the city)** en la parte sur (de la ciudad); **they live on the other ~ of the country/world** viven en el otro lado del país/mundo; *SPORT* **his shot hit the ~ netting** su disparo dio en la parte de fuera de la red ❑ **~ door** puerta *f* lateral; **~ entrance** entrada *f* lateral; **~ view** vista *f* lateral; **~ whiskers** patillas *fpl*

-3. *(of record, sheet of paper, piece of material, coin)* cara *f*; **on the other ~ of the page** en la otra cara *or* carilla de la hoja; **I've written ten sides** he escrito diez caras *or* carillas; [IDIOM] **the other ~ of the coin** la otra cara de la moneda

-4. *(adjacent area)* lado *m*; **the left-hand ~** la izquierda; **the right-hand ~** la derecha; **at** *or* **by the ~ of** al lado de; **on this/that ~ (of)** a este/ese lado (de); **on the other ~ (of sth)** al otro lado (de algo); **on all sides, on every ~** por todos (los) lados; **on both sides, on either ~** a ambos lados; **to stand on** *or* **to one ~** mantenerse al margen; **from all sides, from every ~** desde todas partes; **to move from ~ to ~** moverse de un lado a otro ❑ **~ dish** plato *m* de acompañamiento *or* guarnición; **~ order** ración *f* (como acompañamiento); **~ plate** platito *m* para el pan; **~ salad** ensalada *f* de acompañamiento *or* guarnición

-5. *(of situation, argument, personality)* lado *m*, aspecto *m*; **he showed us his nasty ~** nos enseñó su lado desagradable; **I kept my ~ of the bargain** yo cumplí mi parte del trato; **to hear** *or* **look at both sides of the question** considerar las dos caras de una situación; **let's hear her ~ of the story** escuchemos su versión de la historia; **to look on the bright/gloomy ~ (of things)** mirar el lado positivo/negativo (de las cosas); **on the positive ~...** como aspecto positivo...

-6. *(in game)* equipo *m*; *(in dispute)* parte *f*, bando *m*; **to be on sb's ~** *(defending)* estar de parte de alguien; *(in game)* estar en el equipo de alguien; **he's on our ~** está de nuestro lado; **whose ~ are you on, anyway?** ¿y tú, de parte de quién estás?; **we need to get them on our ~** necesitamos ponerlos de nuestro lado; **we have time/youth on our ~** el tiempo/la juventud está de nuestra parte *or* nuestro lado; **to change sides** cambiar de bando; **to take sb's ~** ponerse del lado *or* de parte de alguien; **to take sides** tomar partido; *also Fig* **he let the ~ down** dejó en mal lugar a los suyos

-7. *Br TV* lado *m*

-8. *(secondary part)* **~ effects** efectos *mpl* secundarios; **~ issue** cuestión *f* secundaria; **~ road** carretera *f* secundaria; **~ street** bocacalle *f*

-9. *(in pool, snooker) (spin)* = efecto que se consigue golpeando un lado de la bola

-10. [IDIOMS] **on his mother's ~** *(of family)* por línea materna; **it's a bit on the expensive/long ~** es un poco caro/largo; **he does a bit of gardening on the ~** hace algunos trabajos extras de jardinería; **I make a bit of money on the ~ by baby-sitting** me saco un dinero extra cuidando niños; *Fam* **to have a bit on the ~** tener un lío (amoroso); **to be on the right/wrong ~ of forty** no llegar a/pasar de los cuarenta; **don't get on the wrong ~ of the law** no te metas en líos con la justicia; **to get on the right ~ of sb** caer en gracia a alguien, complacer a alguien; **to get on the wrong ~ of sb** ganarse la antipatía de alguien, ponerse a mal con alguien; **to keep** *or* **stay on the right ~ of sb** no llevarle la contraria a alguien; **to put sth to one ~** *(money)* apartar algo; *(matter, differences)* dejar algo a un lado; **to take sb to one ~** llevar a alguien aparte; **this ~ of Christmas** antes de las Navidades; **they do the best paella this ~ of Spain** preparan la mejor paella que se puede comer fuera de España; **this ~ of the grave** en vida

◇ *vi* **to ~ with/against sb** ponerse del lado de/en contra de alguien

sidearm ['saɪdɑːm] *n* = arma blanca o de fuego que se puede transportar colgada del cinturón o del hombro

sideboard ['saɪdbɔːd] *n* aparador *m*

sideburns ['saɪdbɜːnz], *Br* **sideboards** ['saɪdbɔːdz] *npl* patillas *fpl*

sidecar ['saɪdkɑː(r)] *n* sidecar *m*

-sided [-'saɪdɪd] *suffix* **three/many~** de tres/múltiples caras; **a steep~ valley** un valle de laderas escarpadas

side-impact bar [saɪd'ɪmpæktbɑː(r)] *n* AUT barra *f* de protección lateral

sidekick ['saɪdkɪk] *n Fam* compinche *mf*

sidelight ['saɪdlaɪt] *n* -1. AUT luz *f* de posición -2. *(information)* detalle *m* incidental

sideline ['saɪdlaɪn] ◇ *n* -1. *(of football pitch)* línea *f* de banda; *(of rugby pitch)* lateral *m*; **her injury kept her on the sidelines all season** la lesión la tuvo en el banquillo toda la temporada; [IDIOM] **to sit on the sidelines** quedarse al margen; [IDIOM] **to watch from the sidelines** mirar desde la barrera -2. COM *(business)* negocio *m* subsidiario; *(job)* segundo empleo *m*

◇ *vt* **the player was sidelined through injury** el jugador se quedó en el banquillo por culpa de una lesión; **the project has been sidelined** el proyecto ha sido aplazado

sidelong ['saɪdlɒŋ] *adj (glance)* de reojo, de soslayo

side-on [saɪd'ɒn] ◇ *adv* de lado
◇ *adj (colisión)* lateral; *(photo)* de perfil

sidereal [saɪ'dɪərɪəl] *adj* ASTRON sideral, sidéreo(a) ❑ **~ year** año *m* sideral

side-saddle ['saɪdsædəl] ◇ *n* jamugas *fpl*, silla *f* de amazona
◇ *adv* **to ride ~** montar a mujeriegas

sideshow ['saɪdʃəʊ] *n* -1. *(at fair)* barraca *f* (de feria) -2. *(less important activity)* cuestión *f* menor *or* secundaria

sideslip ['saɪdslɪp] *(pt & pp* **sideslipped**) ◇ *n* AV deslizamiento *m* lateral
◇ *vi (in skiing)* deslizarse de lado

sidespin ['saɪdspɪn] *n* efecto *m* lateral

side-splitting ['saɪdsplɪtɪŋ] *adj Fam* desternillante, divertidísimo(a)

sidesplittingly ['saɪdsplɪtɪŋlɪ] *adv Fam* **~ funny** desternillante, divertidísimo(a)

sidestep ['saɪdstep] ◇ *n* SPORT regate *m*, quiebro *m*
◇ *vt (pt & pp* **sidestepped**) -1. *(tackle)* esquivar, evitar; *(player)* regatear -2. *(question)* soslayar, eludir
◇ *vi* -1. *(in boxing)* esquivar -2. *(in dancing)* dar un paso a un lado

sidestroke ['saɪdstrəʊk] *n* brazada *f* de costado; **to swim** *or* **do ~** nadar de lado

sideswipe ['saɪdswaɪp] ◇ *n* **to take a ~ at sth/sb** *(criticize)* meterse de pasada con algo/alguien
◇ *vt US* rozar el lateral de

sidetrack ['saɪdtræk] ◇ *vt (person)* distraer; *(enquiry, investigation)* desviar; **we got sidetracked** nos distrajimos
◇ *n US* RAIL apartadero *m*; *(connected at only one end to main track)* vía *f* muerta

sidewalk ['saɪdwɔːk] *n US* acera *f*, *CSur* vereda *f*, *CAm, Méx* banqueta *f* ❑ *US* **~ artist** = dibujante que pinta con tiza sobre la acera; *US* **~ cafe** café *m* con terraza

sidewall ['saɪdwɔːl] *n (of tyre)* flanco *m*

sidewards ['saɪdwədz] *adv* de lado

sideways ['saɪdweɪz] ◇ *adj (movement)* lateral; *(glance)* de reojo; **the job is a ~ move** el puesto es de la misma categoría
◇ *adv (glance)* de reojo; *(lean, walk)* de lado; **to step ~** hacerse a un lado; **I was thrown ~** me caí de lado; **it only goes in ~** sólo entra de lado

sideways-on [saɪdweɪz'ɒn] *adv* de lado

sidewinder ['saɪdwaɪndə(r)] *n US Fam (rattlesnake)* serpiente *f* de cascabel cornuda, crótalo *m* cornudo

siding ['saɪdɪŋ] *n (on railway)* apartadero *m*; *(connected at only one end to main track)* vía *f* muerta

sidle ['saɪdəl] *vi* **to ~ in/out** entrar/salir sigilosamente; **to ~ up to sb** acercarse tímidamente a alguien

Sidon [saɪdən] *n* Sidón

SIDS [sɪdz] *n (abbr* **sudden infant death syndrome)** muerte *f* súbita infantil

siege [siːdʒ] *n* asedio *m*, sitio *m*; **to lay ~ to a town** sitiar una ciudad; **they laid ~ to their opponents' goal** asediaron la portería contraria; **under ~** sitiado(a) ❑ **~ mentality** mentalidad *f* defensiva; **~ warfare** guerra *f* de asedio

sienna ['siːenə] ◇ *n (colour)* siena *m*
◇ *adj* siena

Sierra Leone [siːˈerəliːˈəʊn] *n* Sierra Leona

Sierra Leonean [siːˈerəliːˈəʊnɪən] ◇ *n* sierraleonés(esa) *m,f*
◇ *adj* sierraleonés(esa), de Sierra Leona

siesta [sɪˈestə] *n* siesta *f*; **to have** *or* **take a ~** echar(se) una siesta

sieve [sɪv] ◇ *n (with coarse mesh)* criba *f*, cedazo *m*; *(with fine mesh)* tamiz *m*; *(in kitchen)* colador *m*; IDIOM *Fam* **to have a memory** *or* **mind like a ~** tener una memoria pésima *or* de mosquito
◇ *vt (with coarse mesh)* cribar, cerner; *(with fine mesh)* tamizar; *(in kitchen)* colar

sift [sɪft] ◇ *vt* **-1.** *(flour, sugar)* colar; *(soil)* cribar; **~ a little cocoa powder over the cake** espolvorear un poco de cacao sobre el pastel con ayuda del colador **-2.** *(evidence)* examinar a fondo
◇ *vi (search)* **to ~ through sth** examinar algo cuidadosamente

• **sift out** *vt sep* **-1.** *(remove) (lumps)* separar con el colador; *(debris)* separar con la criba **-2.** *(distinguish)* seleccionar

sigh [saɪ] ◇ *n* suspiro *m*; **to give** *or* **heave a ~** dar *or* exhalar un suspiro, suspirar; **I gave** *or* **heaved a ~ of relief** suspiré aliviado, di un suspiro de alivio
◇ *vi* **-1.** *(person)* suspirar; **to ~ with** *or* **in relief** suspirar aliviado(a), dar un suspiro de alivio; **to ~ for** *or* **over sth/sb** suspirar por algo/alguien **-2.** *(wind)* susurrar
◇ *vt* decir suspirando

sight [saɪt] ◇ *n* **-1.** *(faculty)* vista *f*; **to have good/bad ~** tener buena/mala vista; **to lose one's ~** perder la vista
-2. *(act of seeing)* **it was my first ~ of the Pacific** era la primera vez que veía el Pacífico; **he fainted at the ~ of the blood** se desmayó al ver la sangre; **to catch ~ of sth/sb** ver algo/a alguien; **to lose ~ of sth/sb** perder de vista algo/a alguien; **we mustn't lose ~ of the fact that ...** no debemos perder de vista el hecho de que...; **I can't stand the ~ of blood** no soporto ver la sangre; **I hate** *or* **can't stand the ~ of him** no lo puedo ni ver; **to shoot sb on ~** disparar contra alguien en cuanto se lo ve; **to know sb by ~** conocer a alguien de vista; **he can play music at** *or US* **by ~** es capaz de tocar a simple vista; **to buy sth ~ unseen** comprar algo a ciegas ❑ FIN **~ bill** letra *f* a la vista; FIN **~ draft** giro *m* a la vista; **~ gag** gag *m* visual
-3. *(range of vision)* **the plane was still in ~** todavía se divisaba el avión; **there wasn't a taxi in ~** no había ningún taxi a la vista; **there's still no end in ~ to the conflict** aún no se divisa un final para el conflicto; **to come into ~** aparecer; **to be within ~ (of)** *(able to see)* estar a la vista (de); *(of victory, the end)* estar a un paso (de); *also Fig* **to keep sth/sb in ~** no perder de vista algo/a alguien; **I watched her until she was out of ~** la estuve mirando hasta que la perdí de vista; **to keep out of ~** no dejarse ver; **to keep sth out of ~** quitar algo de la vista; **she never lets him out of her ~** no lo pierde de vista; **to put sth out of ~** quitar algo de la vista; **(get) out of my ~!** ¡fuera de mi vista!; **get that dog out of my ~!** ¡quita ese perro de mi vista!; PROV **out of ~, out of mind** ojos que no ven, corazón que no siente
-4. *(spectacle)* espectáculo *m*; **a familiar/rare ~** algo habitual/singular; **the waterfalls are a ~ worth seeing** las cataratas son un espectáculo digno de ver; **it was not a pretty ~** era un espectáculo bochornoso; IDIOM *Fam* **you're/it's a ~ for sore eyes!** ¡dichosos los ojos que te/lo ven!
-5. *Fam (mess)* **the kitchen was a ~!** ¡la cocina era una guarrada!; **you look a ~!** ¡mira cómo te has puesto!; *(ridiculous)* ¡qué facha *or* pinta que tienes!
-6. *(tourist attraction)* lugar *m* de interés; **the sights** los lugares de interés; **to see/show sb the sights** visitar/enseñar a alguien los lugares de interés
-7. *(of instrument)* visor *m*; *(of gun)* mira *f*, punto *m* de mira; *Fig* **to have sth/sb in one's sights** tener algo/a alguien en el punto de mira; *Fig* **to have** *or* **set one's sights on sth/sb** tener las miras puestas en algo/alguien; *Fig* **to lower one's sights** bajar el listón
-8. *Fam (for emphasis)* **a (damn) ~ longer/harder** muchísimo más largo/duro; **he's a ~ too modest** se pasa de modesto
◇ *vt* **-1.** *(see)* avistar, ver **-2.** *(gun) (aim)* apuntar; *(adjust sights of)* ajustar la mira de

sighted ['saɪtɪd] ◇ *npl* **the ~** las personas sin discapacidades visuales
◇ *adj (person)* sin discapacidades visuales

sighting ['saɪtɪŋ] *n* avistamiento *m*; **several sightings have been reported** se ha informado de varios avistamientos

sightless ['saɪtlɪs] *adj* ciego(a)

sightly ['saɪtlɪ] *adj* **that power station isn't very ~** esa central eléctrica es horrible *or* muy fea

sight-read ['saɪtriːd] *(pt & pp* **sight-read** ['saɪtred]*)* ◇ *vt* repentizar
◇ *vi* repentizar

sight-reading ['saɪtriːdɪŋ] *n* MUS repentización *f*

sightseeing ['saɪtsiːɪŋ] *n* visitas *fpl* turísticas; **to go ~, to do some ~** hacer turismo ❑ **~ tour** visita *f* guiada por los lugares de interés

sightseer ['saɪtsiːə(r)] *n* turista *mf*

sigma ['sɪgmə] *n* sigma *f*

sign [saɪn] ◇ *n* **-1.** *(gesture)* seña *f*, señal *f*; **to make a ~ to sb** hacer una seña *or* señal a alguien; **she made a ~ for me to enter** me hizo una seña *or* señal para que entrara; **to make the ~ of the cross** santiguarse, hacer la señal de la cruz; **when I give the ~, run** cuando te haga la señal, corre ❑ **~ language** *(for the deaf)* lenguaje *m* por señas *or* de signos; **using ~ language, he managed to ask for food** haciendo uso de las señas consiguió pedir algo de comer
-2. *(indication)* indicio *m*, señal *f*; **a red sunset is a ~ of fair weather** una puesta de sol rojiza es indicio *or* señal de buen tiempo; **it's a sure ~ that...** es un indicio inequívoco de que...; **a good/bad ~** una buena/mala señal; **as a ~ of respect** como señal de respeto; **at the first ~ of danger, he disappears** a la primera señal de peligro, desaparece; **a ~ of the times** un signo de los tiempos que corren; **there's no ~ of an improvement** no hay indicios de mejoría; **there is no ~ of him/it** no hay ni rastro de él/ello; **is there any ~ of Amy yet?** ¿se ha sabido algo de Amy ya?; **there's no ~ of her changing her mind** nada hace pensar que vaya a cambiar de idea; **he gave no ~ of having heard** no dio muestras de haberlo oído; **since then, he's given no ~ of life** desde entonces no ha dado señales de vida; **all the signs are that...** todo parece indicar que...; **the situation is showing signs of improvement** la situación muestra indicios de mejora; **the equipment showed signs of having been used** el equipo tenía aspecto de haber sido utilizado
-3. *(notice)* cartel *m*; *(of pub, shop)* letrero *m*, rótulo *m*; *(on road)* señal *f* (de tráfico); *(in demonstration)* pancarta *f*; **follow the signs for baggage reclaim** sigue las indicaciones para la zona de recogida de equipaje ❑ **~ painter** *(for pubs, shops)* rotulista *mf*
-4. *(symbol)* signo *m*; **plus/minus ~** signo más/menos
-5. *(of zodiac)* signo *m*; **what ~ are you?** ¿de qué signo eres? ❑ **~ of the zodiac** signo *m* del zodíaco
◇ *vt* **-1.** *(write signature on)* firmar; **to ~ one's name** firmar; **I ~ myself Jo Davies** firmo como Jo Davies; **a signed photo** una foto autografiada; *US* **do you want to ~ this to your room?** ¿desea que se le cargue esto a la habitación?; **the deal will be signed and sealed tomorrow** el trato será firmado y sellado mañana **-2.** *(in sign language)* indicar (con señas) **-3.** *(in sport)* fichar; *(of record company)* fichar, contratar
◇ *vi* **-1.** *(write signature)* firmar; **~ here, please** firme aquí, por favor **-2.** *(in sport)* fichar **(for** por); *(to record company)* fichar **(to** por), firmar contrato **(to** con) **-3.** *(make gesture)* **she signed for** *or* **to him to come over** le hizo señas para que se acercara **-4.** *(use sign language)* utilizar el lenguaje por señas

• **sign away** *vt sep (rights, land, power)* renunciar a; **I felt I was signing away my freedom** sentía que estaba renunciando a mi libertad

• **sign for** *vt insep (delivery, equipment)* firmar el acuse de recibo de

• **sign in** ◇ *vt sep (guest)* meter en el registro
◇ *vi (in hotel)* firmar en el libro de registro; *(in factory)* firmar a la entrada

• **sign off** *vi* **-1.** *(radio, TV presenter)* despedir la emisión **-2.** *(close letter)* despedirse, terminar

• **sign on** *Br* ◇ *vi* **-1.** *Fam (for unemployment benefit) (initially)* = registrarse para recibir el seguro de desempleo, *Esp* apuntarse al paro; *(regularly)* ir a sellar **-2.** *(enrol)* apuntarse a
◇ *vt sep (student, participant)* apuntar

• **sign out** ◇ *vt sep* **to ~ sth out** *(book, equipment)* registrar *or* consignar el préstamo de algo; **he signed himself out** *(hospital patient)* se fue sin esperar el alta
◇ *vi* firmar a la salida

• **sign over** *vt sep (property, rights)* traspasar

• **sign up** ◇ *vt sep (soldier)* reclutar; *(employee)* contratar; *(in sport)* fichar; *(of record company)* fichar, contratar
◇ *vi* **-1.** *(for course)* apuntarse **(for** a) **-2.** *(soldier)* alistarse

signal ['sɪgnəl] ◇ *n* **-1.** *(indication)* señal *f*; **to give sb the ~ to do sth** dar a alguien la señal de hacer algo; IDIOM **to send the wrong signals** dar una impresión equivocada ❑ **~ flare** bengala *f*; **~ rocket** cohete *m* de señales **-2.** RAIL señal *f* ❑ **~ box** sala *f* de agujas, puesto *m* de señales **-3.** RAD, TEL & TV señal *f*
◇ *adj Formal (success, failure)* significativo(a); **you showed a ~ lack of tact** mostraste una notable falta de tacto
◇ *vt (pt & pp* **signalled**, *US* **signaled)* **-1.** *(indicate)* indicar (mediante señales) a; **to ~ sb to do sth** hacerle una señal a alguien de *or* para que haga algo; **he signalled his approval** dio su aprobación (mediante una señal); **the cyclist signalled a left turn** el ciclista indicó que iba a girar a la izquierda
-2. *(be sign of)* señalar, indicar; **this announcement signals a major change in policy** este anuncio marca *or* indica un importante cambio de política
◇ *vi* **-1.** *(gesture)* **~ to me if you need help** hazme una seña si necesitas ayuda; **she signalled for the bill** pidió la cuenta con una seña *or* haciendo señas; **to ~ to sb to do sth** hacerle una señal a alguien de *or*

signaller

para que haga algo **-2.** AUT *(with indicator)* señalizar, poner el intermitente; *(with arm)* señalizar

signaller ['sɪgnələ(r)] *n* RAIL guardavía *m*

signalling, *US* **signaling** ['sɪgnəlɪŋ] *n* RAIL señalización *f* ❑ **~ failure** *Esp* fallo *m* or *Am* falla *f* en el sistema de señales

signally ['sɪgnəlɪ] *adv* evidentemente; **they ~ failed to do this** está clarísimo que no lo hicieron

signalman ['sɪgnəlmən] *n* RAIL guardavía *m*

signal-to-noise ratio ['sɪgnəltə'nɔɪz'reɪʃɪəʊ] *n* ELEC relación *f* señal-ruido

signatory ['sɪgnətərɪ] *n* signatario(a) *m,f*, firmante *mf*; **Namibia is a ~ to** or **of the treaty** Namibia es uno de los signatarios or firmantes del tratado

signature ['sɪgnətʃə(r)] *n* **-1.** *(name)* firma *f*; **to put one's ~, to** **sth** firmar algo, poner la firma de uno a algo ❑ **~ tune** *(of radio, TV programme)* sintonía *f* **-2.** TYP pliego *m* **-3.** COMPTR *(on e-mail)* firma *f*

signboard ['saɪnbɔːd] *n* letrero *m*

signet ring ['sɪgnɪt'rɪŋ] *n* sello *m (sortija)*

significance [sɪg'nɪfɪkəns] *n* **-1.** *(importance)* importancia *f*; **of no/great ~** de ninguna/gran importancia; **what happened? – nothing of any ~** ¿qué pasó? – nada importante ❑ MATH **~ test** contraste *m* (de hipótesis), test *m* de hipótesis **-2.** *(meaning)* significado *m*

significant [sɪg'nɪfɪkənt] *adj* **-1.** *(important)* importante; MATH **...to two ~ digits** or **figures ...**redondeándolo a dos decimales ❑ **~ other** media naranja *f* **-2.** *(meaningful)* significativo(a)

significantly [sɪg'nɪfɪkəntlɪ] *adv* **-1.** *(appreciably)* sensiblemente; **unemployment figures are not ~ lower** el número de desempleados no ha descendido significativamente **-2.** *(meaningfully)* significativamente; **~, no one mentioned it** es significativo que nadie lo mencionara

signifier ['sɪgnɪfaɪə(r)] *n* LING & PHIL significante *m*

signify ['sɪgnɪfaɪ] ◇ *vt* **-1.** *(indicate)* señalar; *(constitute)* suponer, representar **-2.** *(mean)* significar

◇ *vi US Fam* llevar a cabo un duelo verbal

signing ['saɪnɪŋ] *n* **-1.** *(of document)* firma *f* **-2.** *(sign language)* uso *m* del lenguaje por señas **-3.** SPORT *(transfer, player)* fichaje *m*

signpost ['saɪnpəʊst] ◇ *n* **-1.** *(giving directions)* señal *f* **-2.** *(indication)* indicación *f*

◇ *vt* **-1.** *(place, route)* señalizar; **the village is clearly signposted** el pueblo tiene muy buena señalización **-2.** *(indicate)* señalar

signwriter ['saɪnraɪtə(r)] *n* rotulista *mf*

Sikh [siːk] ◇ *n* sij *mf*

◇ *adj* sij

Sikhism ['siːkɪzəm] *n* sijismo *m*, religión *f* sij

silage ['saɪlɪdʒ] *n* forraje *m*

silence ['saɪləns] ◇ *n* silencio *m*; **to listen/watch in ~** escuchar/observar en silencio; **to call for ~** pedir silencio; **to observe a minute's ~** guardar un minuto de silencio; **~!** ¡silencio!; **~ in court!** ¡silencio en la sala!; **what's my ~ worth to you?** ¿cuánto estás dispuesto a pagar por mi silencio?; PROV **~ is golden** en boca cerrada no entran moscas

◇ *vt* **-1.** *(make quiet) (person)* acallar, hacer callar; *(guns)* silenciar **-2.** *(opposition)* hacer callar; *(conscience, rumours, complaints)* acallar; **to ~ one's critics** silenciar o acallar a los críticos

silencer ['saɪlənsə(r)] *n* **-1.** *(on gun)* silenciador *m* **-2.** *Br (on car)* silenciador *m*

silent ['saɪlənt] ◇ *adj* **-1.** *(place, movements)* silencioso(a); **to be ~** *(not talk)* estar callado(a); **please be ~** por favor, permanezcan en silencio; **he was ~ for a moment** permaneció en silencio un momento; **to fall ~** quedarse en silencio; **to remain** or **keep ~** permanecer callado(a), guardar silencio; **you have the right to remain ~** tiene derecho a guardar silencio or permanecer en silencio; IDIOM **as ~ as the grave** como una tumba ❑ **~ movie** or *Br*

film película *f* muda; **~ movies** or *Br* **films** el cine mudo; **the ~ majority** la mayoría silenciosa; REL **~ order** orden *f* silenciosa; COM **~ partner** socio(a) *m,f* capitalista; **~ protest** protesta *f* silenciosa

-2. *(taciturn)* callado(a); **she's rather ~** es muy callada

-3. *(unspoken) (prayer, emotion, reproach)* silencioso(a)

-4. *(not pronounced) (letter)* mudo(a)

◇ *n* CIN **the silents** el cine mudo

silently ['saɪləntlɪ] *adv* **-1.** *(not speaking)* en silencio **-2.** *(without noise)* sin hacer ruido, silenciosamente

Silesia [saɪ'liːʒɪə] *n* Silesia

silex ['saɪleks] *n* sílex *m*

silhouette [sɪluː'et] ◇ *n* silueta *f*; **he could just see the church in ~** sólo podía ver la silueta de la iglesia

◇ *vt* **she was silhouetted against the light** la luz dibujaba su silueta, su silueta se recortaba al trasluz

silhouettist [sɪluː(ː)'etɪst] *n* = profesional que corta siluetas

silica ['sɪlɪkə] *n* sílice *f* ❑ **~ gel** gel *m* de sílice

silicate ['sɪlɪkeɪt] *n* silicato *m*

siliceous, silicious [sɪ'lɪʃəs] *adj* silíceo(a)

silicic [sɪ'lɪsɪk] *adj* CHEM **~ acid** ácido *m* silícico

silicious = **siliceous**

silicon ['sɪlɪkən] *n* CHEM silicio *m* ❑ **~ carbide** carburo *m* silícico ; **~ chip** chip *m* de silicio; **Silicon Valley** Silicon Valley

silicone ['sɪlɪkəʊn] *n* silicona *f* ❑ **~ implant** implante *m* de silicona

silicosis ['sɪlɪ'kəʊsɪs] *n* silicosis *f inv*

silk [sɪlk] *n* **-1.** *(material)* seda *f*; **a ~ shirt/tie** una camisa/corbata de seda; PROV **you can't make a ~ purse out of a sow's ear** no se puede pedir peras al olmo, aunque la mona se vista de seda, mona se queda ❑ **~ industry** industria *f* de la seda; **~ merchant** mercader *m* de la seda; **~ screen printing** serigrafía *f*

-2. silks *(of jockey)* colores *mpl (de una cuadra)*

-3. *Br* LAW *(barrister)* abogado(a) *m,f* de alto rango; **to take ~** ser nombrado(a) abogado(a) de alto rango de la corona

silken ['sɪlkən] *adj Literary* **-1.** *(material)* de seda **-2.** *(skin, hair)* sedoso(a) **-3.** *(voice)* aterciopelado(a)

silkiness ['sɪlkɪnɪs] *n* **-1.** *(of material)* sedosidad *f* **-2.** *(of skin, hair)* tacto *m* sedoso **-3.** *(of voice)* melosidad *f*

silkworm ['sɪlkwɜːm] *n* gusano *m* de (la) seda

silky ['sɪlkɪ] *adj* **-1.** *(material)* sedoso(a) **-2.** *(skin, hair)* sedoso(a) **-3.** *(voice)* meloso(a) **-4.** SPORT **he demonstrated his ~ ball skills** demostró la maestría y dulzura con la que controla la pelota

sill [sɪl] *n* **-1.** *(of window)* alféizar *m* **-2.** AUT umbral *m*

silliness ['sɪlɪnɪs] *n* tontería *f*, estupidez *f*; **stop this ~!** ¡ya basta de tonterías!

silly ['sɪlɪ] ◇ *adj* tonto(a), estúpido(a); **you ~ idiot!** ¡qué imbécil eres!; **not there, you ~ man!** ¡ahí no, tonto!; **how ~ of me!, ~ me!** ¡qué tonto soy!; **it's ~ to worry** es una tontería preocuparse; **now you're just being ~!** ¡no seas tonto!; **the ~ thing is that...** lo más ridículo es que...; **to make sb look ~** poner a alguien en ridículo; **to say/do something ~** decir/hacer una tontería; **that was a ~ thing to say/do** fue una tontería decir/hacer eso; **there was a new manager every week, it was** or **things were getting ~** cada semana había un jefe nuevo, era ridículo; **to laugh/worry oneself ~** morirse de la risa/de preocupación; **he drank himself ~** se puso como una cuba; **to knock sb ~** dejar a alguien atontado(a) de un mamporro ❑ **the ~ season** = periodo estival en el que los periódicos suplen la ausencia de noticias de índole política con información más o menos banal

◇ *n Fam* tonto(a) *m,f*

silly-billy ['sɪlɪ'bɪlɪ] *n Fam* tonto(a) *m,f* de capirote

silo ['saɪləʊ] *(pl* **silos***) n* silo *m*

silt [sɪlt] *n* limo *m*, sedimentos *mpl* fluviales

◆ **silt up** ◇ *vi* encenagarse

◇ *vt sep* encenagar

Silurian [saɪ'lʊərɪən] *adj* silúrico(a)

silver ['sɪlvə(r)] ◇ *n* **-1.** *(metal)* plata *f* ❑ **~ disc** disco *m* de plata; *Br* **~ foil** *(kitchen foil)* papel *m* de plata; **~ gilt** plata *f* dorada; **~ iodide** yoduro *m* de plata; **~ mine** mina *f* de plata; **~ nitrate** nitrato *m* de plata; *Br* **~ paper** papel *m* de plata; **~ plate** *(coating)* baño *m* de plata; *(articles)* objetos *mpl* plateados; **the ~ screen** la pantalla grande; **~ service** servicio *m* de guante blanco; **the Silver State** = apelativo familiar referido al estado de Nevada

-2. *Br (coins)* monedas *fpl* plateadas *(de entre 5 y 50 peniques)*

-3. *(silverware)* (objetos *mpl* de) plata *f*

-4. *(colour)* plata *f*

-5. SPORT **~ (medal)** medalla *f* de plata

◇ *adj* **-1.** *(made of silver)* de plata **-2.** *(in colour)* **~(-coloured)** plateado(a); **~ haired** con el pelo blanco ❑ **~ birch** abedul *m* blanco; **~ fir** abeto *m* blanco; **~ fox** zorro *m* plateado **-3.** *(twenty-fifth anniversary)* **~ jubilee** vigésimo quinto aniversario; **~ wedding** bodas de plata

◇ *adv* **to go ~** *(record)* convertirse en disco de plata

◇ *vt (metal)* platear, dar un baño de plata a; *(mirror)* azogar

silverfish ['sɪlvəfɪʃ] *n (insect)* lepisma *f*

silver-grey [sɪlvə'greɪ] *adj* gris plata

silver-plate [sɪlvə'pleɪt] *vt* dar un baño de plata a

silver-plated [sɪlvə'pleɪtɪd] *adj* con baño de plata

silverside ['sɪlvəsaɪd] *n Br* babilla *f*

silverskin ['sɪlvəskɪn] *adj* **~ onion** cebollino *m*

silversmith ['sɪlvəsmɪθ] *n* platero(a) *m,f*

silver-tongued [sɪlvə'tʌŋd] *adj* de pico de oro

silverware ['sɪlvəweə(r)] *n* (objetos *mpl* de) plata *f*, vajilla *f* de plata

silverweed ['sɪlvəwiːd] *n* argentina *f*

silverwork ['sɪlvəwɜːk] *n* (trabajo *m* de) platería *f*

silvery ['sɪlvərɪ] *adj* **-1.** *(in colour)* plateado(a); *(hair)* canoso(a) **-2.** *(sound)* argentino(a)

silviculture ['sɪlvɪkʌltʃə(r)] *n* silvicultura *f*

SIM [sɪm] *n (abbr* **subscriber identity module***)* **~ card** *(in mobile phone)* tarjeta *f* SIM

simian ['sɪmɪən] ◇ *n* simio *m*

◇ *adj* simiesco(a)

similar ['sɪmɪlə(r)] *adj* **-1.** *(showing resemblance)* parecido(a), similar **(to** a); **to be ~ to sth/sb** ser parecido(a) or parecerse a algo/alguien; **~ in appearance/size (to)** de parecido aspecto/tamaño (a) **-2.** GEOM semejante

similarity [sɪmɪ'lærɪtɪ] *n* **-1.** *(resemblance)* parecido *m*, similitud *f* **(to** a); **that's where the ~ ends** hasta ahí llega el parecido **-2. similarities** *(features in common)* rasgos *mpl* comunes; **our similarities are more important than our differences** los rasgos que tenemos en común son más importantes que las diferencias

similarly ['sɪmɪləlɪ] *adv* **-1.** *(in a like way)* de forma similar **-2.** *(to the same extent)* igualmente; **we found ourselves ~ puzzled** todos nos quedamos igual de perplejos **-3.** *(likewise)* igualmente, del mismo modo

simile ['sɪmɪlɪ] *n* símil *m*

similitude [sɪ'mɪlɪtjuːd] *n Formal* similitud *f*

SIMM [sɪm] *n* COMPTR *(abbr* **single in-line memory module***)* SIMM *m*

simmer ['sɪmə(r)] ◇ *n* **at a ~** a fuego lento

◇ *vt* cocer a fuego lento

◇ *vi* **-1.** *(liquid)* cocerse a fuego lento **-2.** *(revolt, discontent)* estar a punto de explotar; **she was simmering with rage** estaba a punto de explotar de rabia

◆ **simmer down** *vi* calmarse, tranquilizarse; *Fam* **~ down!** ¡cálmate!

simmering ['sɪmərɪŋ] *adj* a punto de explotar

simnel cake ['sɪmnəlkeɪk] *n Br* = bizcocho tradicional de la Cuaresma, hecho con frutas y mazapán

Simon Says ['saɪmən'sez] n = juego infantil en el que los jugadores han de seguir las instrucciones del cabecilla sólo cuando vayan precedidas por la expresión "Simon says..."

simp [sɪmp] n US Fam simplón(ona) m,f

simpatico [sɪm'pætɪkəʊ] adj US (like-minded) parecido(a)

simper ['sɪmpə(r)] ◇ n sonrisa f afectada ◇ vt decir con una sonrisa afectada ◇ vi sonreír con afectación

simperingly ['sɪmpərɪŋlɪ] adv con una sonrisa afectada

simple ['sɪmpəl] adj **-1.** (uncomplicated) (task, reasons, operation) sencillo(a); **it would be simpler to do it myself** sería más sencillo que lo hiciera yo mismo; **it's a ~ question of telling the truth** se trata simplemente de decir la verdad; **I want a ~ "yes" or "no"** no quiero más que un "sí" o un "no"; **I did it for the ~ reason that I had no choice** lo hice por la sencilla razón de que no tenía elección; **keep it ~** (explanation, meal, design) que sea sencillo(a), no te compliques la vida; **it's as ~ as that** es así de sencillo; **it's ~ to use** es muy fácil de usar, es de fácil manejo; **in ~ terms** sencillamente; **at its simplest...** básicamente..., esencialmente...; **the ~ truth** la pura verdad **-2.** (unsophisticated) (person, dress, meal, wedding) sencillo(a); **~ country folk** gente sencilla del campo **-3.** (naive) inocente, cándido(a); **he's a bit ~** es un poco simplón **-4.** (unintelligent) simple **-5.** (not compound) MATH **~ equation** ecuación f de primer grado; MATH **~ fraction** fracción f ordinaria; MED **~ fracture** fractura f simple; FIN **~ interest** interés m simple; **~ majority** mayoría f simple; GRAM **~ past** pretérito m indefinido; GRAM **~ sentence** oración f simple; GRAM **~ tense** tiempo m simple; MUS **~ tone** tono puro

simple-hearted ['sɪmpəl'hɑːtɪd] adj (person) ingenuo(a), cándido(a)

simple-minded ['sɪmpəl'maɪndɪd] adj (person) simplón(ona); (ideas, belief) ingenuo(a)

simpleton ['sɪmpəltən] n simplón(ona) m,f

simplicity [sɪm'plɪsɪtɪ] n **-1.** (easiness) sencillez f; **it's ~ itself** es de lo más sencillo **-2.** (unsophisticated nature) (of person, dress, meal, wedding) sencillez f **-3.** (naivety) inocencia f, candidez f

simplification [sɪmplɪfɪ'keɪʃən] n simplificación f

simplified ['sɪmplɪfaɪd] adj simplificado(a)

simplify ['sɪmplɪfaɪ] vt simplificar

simplistic [sɪm'plɪstɪk] adj simplista

simplistically [sɪm'plɪstɪklɪ] adv simplísticamente

simply ['sɪmplɪ] adv **-1.** (in uncomplicated manner) con sencillez; **to express oneself ~** expresarse de forma sencilla or simple; **put quite ~, it's a disaster** para que me entiendan, es un desastre **-2.** (absolutely) sencillamente; **I ~ adore pizzas!** ¡las pizzas es que me encantan de verdad!; **she's ~ marvellous** es sencillamente maravillosa; **I ~ HAVE to see him!** ¡sencillamente tengo que verlo!; **you ~ must go and see it!** ¡no te lo pierdas por nada del mundo!; **this behaviour is quite ~ unacceptable** este comportamiento es sencillamente inaceptable **-3.** (just) sólo; **it's ~ a question of time** sólo es una cuestión de tiempo; **she ~ had to snap her fingers and...** sólo con chasquear los dedos...; **we ~ can't go on like this** así es imposible seguir; **~ add water and cook for five minutes** simplemente añade agua y dejar hervir durante cinco minutos

simulate ['sɪmjʊleɪt] vt simular

simulated ['sɪmjʊleɪtɪd] adj **-1.** (leather, marble, fur) de imitación **-2.** (surprise, anger) fingido(a), simulado(a); **a ~ battle** una simulación de una batalla

simulation [sɪmjʊ'leɪʃən] n simulación f

simulator ['sɪmjʊleɪtə(r)] n simulador m

simulcast [Br 'sɪməlkɑːst, US 'saɪməlkæst] vt retransmitir simultáneamente

simultaneity [sɪməltə'nɪətɪ] n simultaneidad f

simultaneous [sɪməl'teɪnɪəs] adj simultáneo(a) ❏ **~ broadcast** retransmisión f simultánea; **~ interpreting** interpretación f simultánea; **~ translation** traducción f simultánea

simultaneously [sɪməl'teɪnɪəslɪ] adv simultáneamente

sin [sɪn] ◇ n pecado m; Fig **a ~ of omission** una falta por omisión; Old-fashioned or Hum **to be living in ~** vivir en pecado; Fam **it would be a ~ to...** sería un pecado...; Hum **for my sins** para mi desgracia ❏ **~ bin** (in hockey, rugby league) banquillo m de castigo ◇ vi (pt & pp **sinned**) pecar

◆ **sin against** vt insep REL pecar contra; Fig (principle, rule) traicionar; **more sinned against than sinning** más víctima que villano

Sinai ['saɪnaɪ] n (region) Sinaí m; **the ~ (Desert)** el (desierto del) Sinaí; **(Mount) ~** el (monte) Sinaí

sin-bin ['sɪnbɪn] vt (in hockey, rugby league) mandar al banquillo de castigo

since [sɪns] ◇ prep desde; **~ his death** desde su muerte; **~ June/1993** desde junio/1993; **~ then** desde entonces; **that was in 1966, ~ when the law has been altered** eso fue en 1966, desde entonces la ley ha cambiado; **~ when have you been in charge?** ¿desde cuándo mandas tú aquí?
◇ adv desde entonces; **I have ~ changed my mind** de entonces a ahora he cambiado de opinión; **long ~** hace mucho; **she left not long ~** no hace mucho que se fue
◇ conj **-1.** (in time) desde que; **it's a long time ~ I saw her** ha pasado mucho tiempo desde que la vi; **it's a year ~ she died** murió hace ya un año; **it's been ages ~ we've gone to a play** hace siglos que no vamos a una obra de teatro; **~ leaving New York, I...** desde que me vine de Nueva York, yo... **-2.** (because) ya que; **I'll do it ~ it's you that's asking** lo haré porque eres tú quien me lo pide; **how much do you weigh? – 70 kilos, ~ you ask** ¿cuánto pesas? – ya que lo preguntas, te diré que 70 kilos

sincere [sɪn'sɪə(r)] adj sincero(a); **please accept my ~ apologies** le ruego que acepte mis sinceras disculpas; **it is my ~ belief that war can be avoided** creo sinceramente que la guerra puede evitarse

sincerely [sɪn'sɪəlɪ] adv sinceramente; **I'm ~ sorry** lo siento en el alma; **I ~ hope so!** ¡así lo espero!; **Yours ~** (ending letter) Atentamente

sincerity [sɪn'serɪtɪ] n sinceridad f; **in all ~ con** toda sinceridad; **I do not doubt your ~, but...** no dudo de su sinceridad, pero...

sine [saɪn] n MATH seno m ❏ **~ wave** onda f pura or sinusoidal

sinecure ['saɪnɪkjʊə(r)] n sinecura f

sine qua non ['sɪnɪkwɑː'nɒn] n Formal condición f sine qua non

sinew ['sɪnjuː] n **-1.** (of person) tendón m; (in meat) nervio m; Fig **I will resist with every ~ of my body** resistiré con todas mis fuerzas **-2.** Literary (source of strength) pilar m

sinewy ['sɪnjuːɪ] adj (person, muscles) fibroso(a); (hands, neck) nervudo(a); (meat) duro(a), con mucho nervio

sinful ['sɪnfʊl] adj **-1.** (person) pecador(ora); (act, thought, life) pecaminoso(a); **a ~ man** un hombre pecador **-2.** (waste) escandaloso(a); **such waste is downright ~!** ¡tanto derroche es un verdadero escándalo!

sinfulness ['sɪnfʊlnɪs] n (of behaviour, act) lo pecaminoso; **a life of ~** una vida pecaminosa

sing [sɪŋ] (pt **sang** [sæŋ], pp **sung** [sʌŋ]) ◇ vt (song) cantar; **to ~ sb to sleep** arrullar a alguien; **who sings tenor?** ¿quién tiene voz de tenor?; **to ~ sth's/sb's praises** cantar las excelencias de algo/alguien; **to ~ one's own praises** alabarse a uno mismo
◇ vi **-1.** (person, bird) cantar **-2.** (kettle) pitar; **the noise made my ears ~** me zumbaban los oídos con el ruido **-3.** Literary **to ~ of** (recount) trovar, cantar **-4.** Fam (confess, inform) cantar

◆ **sing along** vi cantar a coro (**with/to** con/siguiendo)
◆ **sing out** vi (sing loudly) cantar en voz alta; Fam **when you're ready, ~ out** cuando estés listo, péganos un grito
◆ **sing up** vi cantar más fuerte

singalong ['sɪŋəlɒŋ] n canto m a coro, coros mpl; **to have a ~** cantar a coro

Singapore [sɪŋə'pɔː(r)] n Singapur

Singaporean [sɪŋə'pɔːrɪən] ◇ n singapurense mf
◇ adj singapurense

singe [sɪndʒ] ◇ vt chamuscar; **she singed her eyebrows** se chamuscó las cejas
◇ n (mark) quemadura f

singer ['sɪŋə(r)] n cantante mf; **I'm a terrible ~** canto muy mal ❏ **~ songwriter** cantautor(ora) m,f

Singhalese = Sinhalese

singing ['sɪŋɪŋ] n **-1.** (of person, bird) canto m; **his ~ is awful** canta muy mal; **the ~ went on until dawn** los cantos continuaron hasta el amanecer; **we left after the ~ of the national anthem** nos fuimos después de que se entonara el himno nacional; **to have a fine ~ voice** tener una excelente voz ❏ **~ lessons** clases fpl de canto **-2.** (of kettle) pitido m, silbido m; (in ears) pitido m, zumbido m

single ['sɪŋgəl] n **-1.** (record) sencillo m, single m **-2.** Br (ticket) Esp billete m or Am boleto m or Am pasaje m sencillo or de ida **-3.** (hotel room) habitación f sencilla or individual **-4.** (in baseball, cricket) carrera f **-5.** (money) (pound note) billete m de una libra; (pound coin) moneda f de una libra; (dollar bill) billete m de un dólar **-6.** SPORT **singles** (modalidad f de) individuales mpl; **the men's/ladies' singles** los individuales masculinos/femeninos ❏ **singles champion** campeón(ona) m,f individual **-7. singles** (unattached people) gente f sin pareja ❏ **singles bar** bar m de encuentros; **singles club** bar m de encuentros; **~ night** noche f de solteros
◇ adj **-1.** (just one) solo(a); **the report comes in a ~ volume** el informe se presenta en un solo or único volumen; **he gave her a ~ red rose** le dio una (sola) rosa roja; **every ~ day** todos los días; **not a ~ one** ni uno solo; **I can't think of one ~ reason why I should do it** no se me ocurre ni una sola or ninguna razón por la que deba hacerlo; **I couldn't think of a ~ thing to say** no se me ocurrió absolutamente nada que decir; **I haven't seen a ~ soul** no he visto ni un alma; **don't say a ~ word** no digas ni una (sola) palabra; **it's the ~ most important decision of my life** es la decisión más importante de mi vida ❏ FIN **~ currency** moneda f única; EU **the Single European Act** el Acta Única Europea; ECON **~ (European) market** mercado m único (europeo) **-2.** (individual, considered separately) **we sell ~ items at a higher price per unit** vendemos los artículos sueltos a un precio unitario superior; **in any ~ year, sales average ten million** en cualquier año, las ventas alcanzan una media de diez millones ❏ **~ combat** combate m individual **-3.** (not double) **in ~ figures** por debajo de diez; **in ~ file** en fila india ❏ **~ bed** cama f individual; **~ cream** Esp nata f or Am crema f de leche; Br UNIV **~ honours** licenciatura f en una sola especialidad; **~ malt** (whisky) whisky m puro de malta; **~ occupancy rate** tarifa f de ocupación individual; TYP **~ quotes** comillas fpl simples; **~ room** habitación f sencilla or individual; **~ room supplement** suplemento m por habitación sencilla or individual; **~ sheet** sábana f individual, sábana f para cama individual;

single-breasted

TYP ~ **spacing** espacio *m* simple; ~ **transferable vote** voto *m* personal transferible (por listas); ~ **yellow line** *(on road)* = línea continua de color amarillo próxima al bordillo que indica la prohibición total de estacionamiento entre las 8 de la mañana y las 4.30 de la tarde entre semana
   -4. *(not married)* soltero(a); **a ~ woman** una soltera ❑ **~ mother** madre *f* soltera; **~ parent** padre *m*/madre *f* soltero(a); **~ parent family** familia *f* monoparental
   -5. *Br (ticket)* sencillo(a), de ida; *(fare)* de ida
  ◆ **single out** *vt sep* señalar, distinguir; **to ~ sb out for blame/criticism** culpar/criticar a alguien en particular; **she was singled out for special praise** fue distinguida con una mención especial

single-breasted [ˈsɪŋgəlˈbrestɪd] *adj (jacket, suit)* recto(a), no cruzado(a)
single-celled [ˈsɪŋgəlˈseld] *adj* BIOL unicelular
single-decker [ˈsɪŋgəlˈdekə(r)] *n (bus)* autobús *m* de un piso
single-engined [ˈsɪŋgəlˈendʒɪnd] *adj (plane)* de un solo motor
single-entry [ˈsɪŋgəlˈentrɪ] *adj* ~ **bookkeeping** contabilidad *f* por partida simple
single-figure [ˈsɪŋgəlˈfɪgə(r)] *adj* de una cifra
single-handed [ˈsɪŋgəlˈhændɪd] ◇ *adj* **-1.** *(unaided) (voyage)* en solitario; *(achievement)* sin ayuda (de nadie) **-2.** SPORT *(backhand)* a una mano
  ◇ *adv (sail)* en solitario; *(transform, defeat)* sin ayuda (de nadie)
single-handedly [ˈsɪŋgəlˈhændɪdlɪ] *adv (to transform, defeat)* sin ayuda (de nadie)
single-income [ˈsɪŋgəlˈɪŋkəm] *adj (family, couple)* con una única *or* sola fuente de ingresos
single-lane [ˈsɪŋgəlˈleɪn] *adj (traffic)* por un solo carril
single-lens [ˈsɪŋgəlˈlenz] *adj* ~ **camera** cámara *f* de un solo objetivo
single-masted [ˈsɪŋgəlˈmɑːstɪd] *adj* de un solo palo
single-minded [ˈsɪŋgəlˈmaɪndɪd] *adj* resuelto(a), determinado(a)
single-mindedly [ˈsɪŋgəlˈmaɪndɪdlɪ] *adv* con determinación, con empeño
single-mindedness [ˈsɪŋgəlˈmaɪndɪdnɪs] *n* resolución *f*, determinación *f*
single-seater [ˈsɪŋgəlˈsiːtə(r)] *n (plane)* avión *m* monoplaza
single-sex school [ˈsɪŋgəlˈseksˈskuːl] *n (for girls)* colegio *m* para niñas; *(for boys)* colegio *m* para niños
single-spaced [ˈsɪŋgəlˈspeɪst] *adj* TYP a un (solo) espacio
singlet [ˈsɪŋglɪt] *n Br* camiseta *f* (de tirantes *or Am* bretles)
singleton [ˈsɪŋgəltən] *n (in bridge)* semifallo *m*
single-track [ˈsɪŋgəlˈtræk] *adj* ~ **railway** vía *f* única; *Br* ~ **road** carretera *f or* camino *m* de un solo carril
singly [ˈsɪŋglɪ] *adv* **-1.** *(one at a time)* individualmente, uno(a) por uno(a) **-2.** *(individually) (packaged)* individualmente, por separado
singsong [ˈsɪŋsɒŋ] ◇ *n* **-1.** *(voice, tone)* **he spoke in a ~** habló con voz cantarina **-2.** *Br (singing session)* **to have a ~** reunirse para cantar
  ◇ *adj (voice, tone)* cantarín(ina)
singular [ˈsɪŋgjələ(r)] ◇ *n* GRAM singular *m*; **in the ~** en singular
  ◇ *adj* **-1.** GRAM singular **-2.** *Formal (remarkable)* singular, excepcional
singularity [sɪŋgjəˈlærɪtɪ] *n* **-1.** ASTRON singularidad *f* **-2.** *Formal (strangeness)* singularidad *f* **-3.** *Formal (characteristic)* particularidad *f*, singularidad *f*
singularly [ˈsɪŋgjələlɪ] *adv* singularmente, excepcionalmente; **I was ~ unimpressed** no me impresionó lo más mínimo
Sinhalese [sɪnhəˈliːz], **Singhalese** [sɪŋhəˈliːz]
  ◇ *n* **-1.** *(person)* cingalés(esa) *m,f* **-2.** *(language)* cingalés *m*
  ◇ *adj* cingalés(esa)
sinister [ˈsɪnɪstə(r)] *adj* siniestro(a)

sink¹ [sɪŋk] ◇ *n* **-1.** *(in kitchen)* fregadero *m* ❑ ~ **tidy** organizador *m* para el fregadero; ~ **unit** módulo *m or* mueble *m* fregadero **-2.** *(in bathroom)* lavabo *m*, *Am* lavamanos *m inv*
  ◇ *adj Br* ~ **estate** urbanización *f* muy pobre

sink² *(pt* **sank** [sæŋk], *pp* **sunk** [sʌŋk]) ◇ *vt* **-1.** *(ship, submarine)* hundir
  -2. *(well)* cavar; *(shaft)* excavar
  -3. *(plunge) (knife)* hundir, clavar; **to ~ one's teeth into sth** clavar *or* hincar el diente a algo; **they're sinking the piles for the jetty** están enterrando en el suelo los pilares para el embarcadero; **to ~ money into a project** invertir mucho dinero en un proyecto
  -4. *(cause to fail)* hundir, hacer fracasar; **to be sunk** *(in trouble)* estar perdido(a)
  -5. *Br Fam (drink)* **to ~ a pint** *Esp* pimplarse *or Am* tomarse una pinta (de cerveza)
  -6. SPORT *(ball, putt, pot)* meter; *(basket)* encestar
  -7. *(forget)* **they sank their differences** dejaron a un lado *or* enterraron sus diferencias
  -8. *(immerse)* **to be sunk in thought** estar abstraído(a)
  ◇ *vi* **-1.** *(in water, mud)* hundirse; **the bottle sank slowly to the bottom of the pool** la botella se hundió lentamente hasta el fondo de la piscina; **at each step, I sank up to my knees in water** a cada paso que daba, me sumergía en el agua hasta las rodillas; IDIOM **to ~ like a stone** hundirse con rapidez; IDIOM **he's sinking fast** se está yendo por momentos; IDIOM **to be left to ~ or swim** estar (uno) abandonado a su suerte; IDIOM **it was a case of ~ or swim** no quedaba otra alternativa que pelear o morir; *also Fig* **to ~ without trace** hundirse *or* desaparecer sin dejar rastro
  -2. *(drop) (water, level)* descender; *(sun, moon)* ocultarse; **as I climbed, the valley sank out of sight** a medida que ascendía, el valle desaparecía de mi vista; **her voice sank to a whisper** su voz se redujo a un susurro; **to ~ into despair** sumirse en la desesperación; **to ~ into oblivion** sumirse en el olvido; **to ~ into sb's memory** quedar grabado(a) en la memoria de alguien
  -3. *(sag, slump)* **to ~ to the ground** ir cayendo al suelo; **to ~ to one's knees** hincarse de rodillas; **to ~ into an armchair** hundirse en un sillón; **to ~ into a deep sleep** sumirse en un sueño profundo; **her heart sank** se le cayó el alma a los pies; **his spirits sank** se desanimó
  -4. *(decrease) (currency, rate, temperature)* desplomarse; **the euro has sunk to a new low** el euro ha alcanzado un nuevo mínimo
  -5. *(morally)* **he has sunk in my estimation** ha perdido gran parte de mi estima; **how could you ~ so low?** ¿cómo pudiste caer tan bajo?
  -6. *(penetrate) (knife, arrow, teeth)* hundirse, clavarse
  ◆ **sink in** *vi* **-1.** *(liquid, cream, varnish)* penetrar, calar **-2.** *(information)* calar; **it hasn't sunk in yet** todavía no lo he *or* tengo asumido; **I paused to let my words ~ in** hice una pausa para que los oyentes pudieran asimilar mis palabras

sinker [ˈsɪŋkə(r)] *n* **-1.** *(for fishing)* plomo *m*, plomada *f* **-2.** *US Fam (doughnut)* donut *m*
sinking [ˈsɪŋkɪŋ] ◇ *n* **-1.** *(of ship)* hundimiento *m* **-2.** *(of well)* excavación *f*, perforación *f*; *(of shaft)* excavación *f*, profundización *f* **-3.** FIN ~ **fund** fondo *m* de amortización
  ◇ *adj* **with a ~ heart** con creciente desánimo; **to get that ~ feeling** empezar a preocuparse
sinner [ˈsɪnə(r)] *n* pecador(ora) *m,f*
Sinn Féin [ʃɪnˈfeɪn] *n* Sinn Fein *m*
Sino- [ˈsaɪnəʊ] *prefix* chino-; **the ~Japanese War** la guerra chino-japonesa
Sinologist [saɪˈnɒlədʒɪst] *n* sinólogo(a) *m,f*
Sinology [saɪˈnɒlədʒɪ] *n* sinología *f*
sintered [ˈsɪntəd] *adj* de metal en polvo
sinuous [ˈsɪnjʊəs] *adj* sinuoso(a)

sinus [ˈsaɪnəs] *n* seno *m* (nasal) ❑ ~ **infection** sinusitis *f inv*
sinusitis [saɪnəˈsaɪtɪs] *n* sinusitis *f inv*
Sioux [suː] ◇ *n (person)* sioux *mf inv*
  ◇ *adj* sioux
sip [sɪp] ◇ *n* sorbo *m*; **to take a ~ (of sth)** dar un sorbo (a algo)
  ◇ *vt (pt & pp* **sipped***)* sorber, beber a sorbos
  ◇ *vi* **she sipped at her drink** bebió un sorbo a su bebida
siphon [ˈsaɪfən] ◇ *n* sifón *m*
  ◇ *vt (liquid, petrol)* sacar con sifón (**into** a)
  ◆ **siphon off** *vt sep* **-1.** *(liquid)* sacar con sifón **-2.** *(money, supplies, traffic)* desviar
sir [sɜː(r)] *n* **-1.** *(form of address)* señor *m*; *(to teacher)* profesor *m*; **yes, ~!** *(to military officer)* ¡sí, mi teniente/capitán/coronel/*etc*!; *Fam* **pass me those books – yes, ~!** pásame esos libros – ¡sí, señor! *or* ¡lo que usted diga *or* mande!; *Fam* **did you win? – yes ~!** ¿ganasteis? – ¡sí señor!
  -2. *(in letters)* **Dear Sir** Estimado señor, Muy señor mío; **Dear Sirs** Estimados señores, Muy señores míos; **Sir** *(in letter to newspaper)* Señor Director
  -3. *(title)* **Sir Cedric** sir Cedric *(título nobiliario masculino)*
sire [saɪə(r)] ◇ *n* **-1.** *(of animal)* padre *m* **-2.** *Old-fashioned (address to sovereign)* señor *m*, majestad *m*
  ◇ *vt* **-1.** *(horse)* ser el padre de **-2.** *Old-fashioned or Hum (person)* engendrar
siren [ˈsaɪrən] *n* **-1.** *(alarm)* sirena *f* **-2.** *(in mythology)* sirena *f*; *Fig* **who can resist the ~ call of fame and wealth?** ¿quién puede resistirse a la seductora llamada de la fama y el dinero?
Sirius [ˈsɪrɪəs] *n* Sirio
sirloin [ˈsɜːlɔɪn] *n* ~ **(steak)** lomo *m*
sirocco [sɪˈrɒkəʊ] *n* siroco *m*
sirree [sɜːˈriː] *exclam US Fam* **yes/no ~!** ¡sí/no, señor!
sis [sɪs] *n Fam* hermanita *f*, *RP* her *f*
sisal [ˈsaɪzəl] *n (plant)* pita *f*; *(material)* sisal *m* ❑ ~ **grass** pita *f*
siskin [ˈsɪskɪn] *n* lugano *m*
sissy [ˈsɪsɪ] ◇ *n Fam (cowardly male)* blandengue *m*, gallina *m*; *(effeminate male)* mariquita *m*
  ◇ *adj (cowardly)* cobardica, blandengue; *(effeminate)* afeminado(a), amariposado(a)
sister [ˈsɪstə(r)] *n* **-1.** *(sibling)* hermana *f* ❑ *US* ~ **city** ciudad *f* hermanada; ~ **company** empresa *f* asociada; ~ **organization** organización *f* hermana; ~ **ship** buque *m* gemelo
  -2. *(nun)* hermana *f*; ~ **Teresa** sor Teresa, la hermana Teresa; **the Sisters of Mercy** las hermanas de la Caridad
  -3. *(nurse)* enfermera *f* jefe
  -4. *US Fam (fellow black woman)* hermana *f* (negra)
  -5. *Fam (fellow feminist)* hermana *f* (feminista)
  -6. *US Fam (term of address for woman)* amiga *f*, hermana *f*
sisterhood [ˈsɪstəhʊd] *n* **-1.** *(community of nuns)* hermandad *f*, congregación *f* **-2.** *(solidarity)* hermandad *f* (entre mujeres)
sister-in-law [ˈsɪstərɪnˈlɔː] *(pl* **sisters-in-law***)* *n* cuñada *f*
sisterly [ˈsɪstəlɪ] *adj* de hermana
Sistine [ˈsɪstiːn] *n* **the ~ Chapel** la Capilla Sixtina
Sisyphus [ˈsɪsɪfəs] *n* MYTHOL Sísifo
sit [sɪt] *(pt & pp* **sat** [sæt]) ◇ *vt* **-1. to ~ a child on one's knee** sentar a un niño en el regazo
  -2. *Br (exam)* presentarse a
  ◇ *vi* **-1.** *(person) (be seated)* estar sentado(a); *(sit down)* sentarse; **~!** *(to dog)* ¡siéntate!; **are you sitting comfortably?** ¿estás sentado cómodamente?; **~ still!** ¡quédate ahí sentado(a) y no te muevas!; **he was sitting at his desk** estaba sentado en su mesa; **there was a bird sitting on the wall** había un pájaro posado en el muro; **don't just ~ there!** ¡no te quedes ahí (sentado) sin hacer nada!; IDIOM **to ~ on one's hands** quedarse de brazos cruzados;

sitar

[IDIOM] *Fam* **to be sitting pretty** estar en una situación ventajosa; **~ tight and wait till I get back** no te muevas y espera a que vuelva; **we've been advised to ~ tight for the time being** nos han recomendado que por el momento no hagamos nada
-2. *(assembly, court)* reunirse; **the committee is currently sitting** la comisión está reunida en estos momentos
-3. POL **to ~ in parliament** ser diputado(a); **to ~ for Finchley** ser diputado(a) por Finchley, representar a Finchley
-4. *(object)* **to be sitting on the radiator** estar encima del radiador; **I found the book sitting on the shelf** encontré el libro en la estantería; **the house sits on top of a hill** la casa se encuentra en lo alto de una colina
-5. *(as artist's model)* posar (**for** para)
-6. *(baby-sit)* cuidar a los niños, *Esp* hacer de canguro
-7. *(hen)* **the hen is sitting (on its eggs)** la gallina está empollando (los huevos)
-8. *(be suited)* **the jacket sits very well on you** la chaqueta *or Am* el saco te sienta muy bien; **my comments didn't ~ well with them** mis comentarios no les cayeron *or* sentaron muy bien

◆ **sit about, sit around** *vi (be lazy)* gandulear, holgazanear; **I've been sitting about** *or* **around waiting for ages** llevo *or Méx, Ven* tengo una eternidad esperando aquí sentado

◆ **sit back** *vi* -1. *(lean back)* **to ~ back in one's chair** recostarse en la silla -2. *(relax)* relajarse, ponerse cómodo; *(not intervene)* quedarse de brazos cruzados

◆ **sit by** *vi* quedarse de brazos cruzados

◆ **sit down** ◇ *vt sep* **to ~ sb down** sentar a alguien; *Fam* **~ yourself down!** ¡siéntate!

◇ *vi* sentarse; **to be sitting down** estar sentado(a); **we need to ~ down together and find a compromise** tenemos que sentarnos y llegar a un acuerdo

◆ **sit in** *vi* -1. *(at meeting)* estar presente (**on** en) *(como observador)* -2. *(protest)* hacer una sentada

◆ **sit in for** *vt insep* reemplazar a

◆ **sit on** *vt insep* -1. *(be member of) (committee, jury)* formar parte de
-2. *(not deal with)* no tocar; **we have decided to ~ on the results for a while** hemos decidido no revelar por ahora los resultados
-3. SPORT **they mustn't ~ on their one-goal lead** ahora que ganan por un gol, no deben dormirse en los laureles
-4. *Fam (repress)* hacer la vida imposible a
-5. *Fam (of food)* **that meal is sitting on my stomach** tengo el estómago pesado con esa comida

◆ **sit out** ◇ *vt sep* -1. *(not participate in)* saltarse -2. *(put up with)* aguantar hasta el final
◇ *vi (in garden)* sentarse fuera

◆ **sit through** *vt insep* aguantar

◆ **sit up** ◇ *vt sep (help to sitting position)* incorporar
◇ *vi* -1. *(straighten one's back)* sentarse derecho(a); *(from lying position)* incorporarse; *Fig* **to make sb ~ up (and take notice)** hacer reaccionar a alguien
-2. *(not go to bed)* **to ~ up (late)** quedarse levantado(a) hasta tarde

sitar ['sɪtɑː(r)] *n* MUS sitar *m*

sitcom ['sɪtkɒm] *n* TV telecomedia *f* (de situación), comedia *f* de situación

sit-down ['sɪtdaʊn] ◇ *n Fam (rest)* **I could do with a bit of a ~** me vendría bien un pequeño descanso
◇ *adj* -1. *(meal)* a la mesa -2. *(strike)* de brazos caídos

site [saɪt] ◇ *n* -1. *(position)* lugar *m*; *(of monument, building, complex)* emplazamiento *m*; **this forest has been the ~ of several battles** este bosque ha sido escenario de diversas batallas; **on the ~ of** en el emplazamiento de ❑ *Site of Special Scientific Interest* Sitio *m* de Especial Interés Científico
-2. *(of construction)* **(building) ~ obra** *f*; **he is responsible for safety on ~** es el responsable de la seguridad a pie de obra
-3. *(archaeological)* yacimiento *m*
-4. COMPTR sitio *m* ❑ **~ map** mapa *m* del sitio
◇ *vt* emplazar, ubicar; **to be sited** estar situado(a)

sit-in ['sɪtɪn] *n (protest)* sentada *f*; *(strike)* encierro *m*

sitter ['sɪtə(r)] *n* -1. *(babysitter) Esp* canguro *mf*, *Am* babysitter *mf* -2. ART *(model)* modelo *mf* -3. SPORT *(easy chance)* ocasión *f* fácil; **to miss a ~** *(in soccer)* fallar un gol cantado -4. *Br Fam (in horseracing)* gran favorito *m*

sitting ['sɪtɪŋ] ◇ *n (of committee, for portrait)* sesión *f*; *(for meal)* turno *m*; **at one ~** de una sentada ❑ *Sitting Bull* Toro *m* Sentado; *Br* **~ room** *(in house)* salón *m*, sala *f* de estar
◇ *adj* -1. *(seated)* sentado(a); **make sure you are in the ~ position** no olvide que debe estar sentado(a); [IDIOM] *Fam* **to be a ~ duck** *or* **target** ser un blanco fácil -2. *(current)* PARL **the ~ member (for)** el/la actual representante (por) ❑ **~ tenant** inquilino(a) *m,f* titular *or* legal

situate ['sɪtjʊeɪt] *vt* situar, ubicar

situated ['sɪtjʊeɪtɪd] *adj* -1. *(physically)* situado(a); **the house is conveniently ~ for the shops** la casa está situada a muy poca distancia de las tiendas; **the island is strategically ~** la isla tiene un emplazamiento estratégico -2. *(circumstantially)* **he's well ~ to know what's going on** está en un buen sitio para enterarse de lo que pasa

situation [sɪtjʊ'eɪʃən] *n* -1. *(circumstances)* situación *f*; **what would you do in my ~?** ¿qué harías tú en mi caso *or* lugar?; **a crisis ~** una situación de crisis; **it won't work in a classroom ~** no funcionará llevado al ámbito de la clase; *Fam* **what's** *or* **how's the coffee ~?** ¿cómo *or* qué tal estamos *or* andamos de café? ❑ **~ comedy** *(on TV)* telecomedia *f* (de situación); PHIL **~ ethics** ética *f* circunstancial *or* situacionista
-2. *(job)* colocación *f*; **situations vacant/wanted** *(in newspaper)* ofertas *fpl*/demandas *fpl* de empleo
-3. *(location)* situación *f*, ubicación *f*

sit-up ['sɪtʌp] *n* **to do sit-ups** hacer abdominales

Siva ['siːvə] *pr n* REL Siva

six [sɪks] ◇ *n* -1. *(number)* seis *m*
-2. *(in ice hockey) (team)* equipo *m*
-3. *(in cricket)* = seis carreras que se otorgan al bateador cuando éste envía la pelota directamente fuera del perímetro del campo marcado por la cuerda
-4. [IDIOMS] *Fam* **it's ~ of one and half a dozen of the other** viene a ser lo mismo; *Fam* **to be at sixes and sevens** estar hecho(a) un lío; **to give sb ~ of the best** propinar a alguien seis buenos azotes; *Br Fam* **to knock sb for ~** hacer polvo *or* picadillo a alguien
◇ *adj* seis; [IDIOM] *Fam* **to be ~ feet under** estar bajo tierra ❑ *the Six Counties* los seis condados (que forman Irlanda del Norte); *the Six Nations (Championship)* *(in rugby)* el (Torneo de las) Seis Naciones; *see also* **eight**

sixer ['sɪksə(r)] *n Br (of Brownies, Cubs)* = jefe de un grupo de seis scouts

six-figure ['sɪks'fɪgə(r)] *adj* **a ~ sum** una cantidad (de dinero) de seis cifras

sixfold ['sɪksfəʊld] ◇ *adj* sextuplicado(a), séxtuplo(a)
◇ *adv* por seis, seis veces; **the population has increased ~** la población se ha sextuplicado

six-footer [sɪks'fʊtə(r)] *n Fam (person)* **both her sons are six-footers** sus dos hijos rebasan el metro ochenta de estatura

six-pack ['sɪkspæk] *n* -1. *(of beer)* paquete *m* or pack *m* de seis cervezas -2. *Fam (stomach muscles) (of man)* abdominales *mpl*

sixpence ['sɪkspəns] *n Br Formerly (moneda f de)* seis peniques *mpl*; **it can turn on a ~** *(of car)* da la vuelta en una baldosa, tiene un ángulo de giro muy pequeño

six-shooter ['sɪksʃuːtə(r)] *n* revólver *m (de seis disparos)*

sixteen [sɪks'tiːn] ◇ *n* dieciséis *m*
◇ *adj* dieciséis; *see also* **eight**

sixteenth [sɪks'tiːnθ] ◇ *n* -1. *(fraction)* dieciseisavo *m*, decimosexta parte *f* ❑ *US* MUS **~ note** semicorchea *f* -2. *(in series)* decimosexto(a) *m,f* -3. *(of month)* dieciséis *m*
◇ *adj* decimosexto(a); *see also* **eleventh**

sixth [sɪksθ] ◇ *n* -1. *(fraction)* sexto *m*, sexta parte *f* -2. *(in series)* sexto(a) *m,f* -3. *(of month)* seis *m* -4. MUS sexta *f*
◇ *adj* sexto(a); *Br* SCH **the ~ form** = los dos últimos cursos del bachillerato británico previos a los estudios superiores ❑ *Br* SCH **~ former** = estudiante de los dos últimos cursos del bachillerato británico; *Br* SCH **~ form college** = centro de enseñanza secundaria para alumnos a partir de 16 años que cursan sus dos últimos años de bachillerato; **~ sense** sexto sentido *m*; *see also* **eighth**

sixthly ['sɪksθlɪ] *adv* en sexto lugar

sixties ['sɪkstɪz] *npl* **the ~** los (años) sesenta; *see also* **eighties**

sixtieth ['sɪkstɪθ] ◇ *n* sexagésimo(a) *m,f*
◇ *adj* sexagésimo(a)

Sixtus ['sɪkstəs] *pr n* Sixto

sixty ['sɪkstɪ] ◇ *n* sesenta *m*
◇ *adj* sesenta; *see also* **eighty**

sixty-four thousand dollar question ['sɪkstɪfɔː'θaʊzənddɒlə'kwestʃən] *n Fam* pregunta *f* del millón (de dólares)

sixty-nine ['sɪkstɪ'naɪn] *n Fam (sexual position)* sesenta y nueve *m*

six-yard box [sɪks'jɑːdbɒks] *n (in soccer)* área *f* pequeña *or* chica

sizable = **sizeable**

size [saɪz] ◇ *n* -1. *(of place, object)* tamaño *m*; *(of person)* talla *f*, tamaño *m*; *(of problem, undertaking)* envergadura *f*, dimensiones *fpl*; COMPTR *(of file)* tamaño *m*; TYP *(of font)* tamaño *m*; **the two rooms are the same ~** las dos habitaciones son igual de grandes *or* del mismo tamaño; **what ~ is the sofa?** ¿qué dimensiones tiene el sofá?; **it's the ~ of an apple** es del tamaño de una manzana; **this box is half/twice the ~ of the other one** esta caja mide la mitad/el doble de la otra; **it's a city of some ~** es una ciudad de dimensiones considerables; **we weren't expecting a crowd of this ~** no contábamos con tamaña multitud; **it is one cubic metre in ~** mide un metro cúbico; **the budget will have to double in ~** el presupuesto deberá duplicarse; **look at the ~ of that carrot!** ¡mira el tamaño de esa zanahoria!; *Fam* **that's about the ~ of it** así están las cosas
-2. *(of clothes)* talla *f*; *(of shoes)* número *m*; **what ~ do you take?, what ~ are you?** *(of clothes)* ¿qué talla usas *or* gastas?; *(of shoes)* ¿qué número calzas?; **~ 10 shoes** ≃ zapatos del número 44; **it's a couple of sizes too big for me** *(dress)* me queda dos tallas grande, me sobran dos tallas; **to try sth (on) for ~** probarse algo para ver qué tal queda de talla
-3. *(glue) (for leather, textiles)* apresto *m*; *(for paper, plaster)* cola *f*
◇ *vt* -1. *(sort)* clasificar según el tamaño
-2. *(glue) (leather, textiles)* aprestar; *(paper, plaster)* encolar -3. COMPTR cambiar de tamaño

◆ **size up** *vt sep (situation)* calibrar; *(person)* calar; **we all waited outside, sizing each other up** todos esperamos fuera, cada uno intentando adivinar lo que el otro podía dar de sí

sizeable, sizable ['saɪzəbəl] *adj (piece, box, car, town)* bastante grande; *(sum, income, crowd, error, majority)* considerable

-sized [-saɪzd] *suffix* **a fair~ crowd** una nutrida multitud

sizzle ['sɪzəl] ◇ *n* crepitación *f*
◇ *vi* crepitar

sizzler ['sɪzlə(r)] n Fam (hot day) **tomorrow's going to be a ~** mañana va a hacer un calor achicharrante

sizzling ['sɪzlɪŋ] adj **-1.** (sputtering) chisporroteante **-2.** Fam (hot) (day) achicharrante, abrasador(ora) **-3.** Fam (very good) (shot) impresionante

sjambok ['ʃæmbɒk] n = látigo sudafricano de piel de rinoceronte o hipopótamo

SK (abbr Saskatchewan) Saskatchewan

ska [skɑː] n MUS ska m

skag = **scag**

skank [skæŋk] n US Fam coco m, Esp feto m (malayo), Am bagre m

skat [skæt] n = juego de cartas parecido al tresillo

skate¹ [skeɪt] n (fish) raya f

skate² ◇ n (with blade, rollers) patín m; IDIOM Fam **to get** or **put one's skates on** (hurry) ponerse las pilas, aligerar
◇ vi **-1.** SPORT patinar; Fig **to ~ (a)round an issue** eludir una cuestión; **to be skating on thin ice** pisar un terreno peligroso **-2.** (slide) (pen, plate) deslizarse

◆ **skate over** vt insep (deal with superficially) tocar muy por encima

skateboard ['skeɪtbɔːd] ◇ n monopatín m, RP skate m □ **~ park** pista f para monopatines
◇ vi deslizarse sobre un monopatín; **to go ~** ir a montar en monopatín

skateboarder ['skeɪtbɔːdə(r)] n patinador(ora) m,f (en monopatín)

skateboarding ['skeɪtbɔːdɪŋ] n patinaje m en monopatín

skater ['skeɪtə(r)] n patinador(ora) m,f

skating ['skeɪtɪŋ] n (on ice) patinaje m (sobre hielo); (on skates) patinaje m (sobre ruedas); **to go ~** ir a patinar □ **~ rink** pista f de patinaje

skedaddle [skɪ'dædəl] vi Fam esfumarse, Esp darse el piro

skeet [skiːt] n SPORT skeet m, = modalidad del tiro al plato

skeg [skeg] n (on yacht) talón m de quilla; (on surfboard) aleta f

skein [skeɪn] n madeja f

skeletal ['skelɪtəl] adj **-1.** ANAT óseo(a) **-2.** (thin) (person, body) esquelético(a) **-3.** (presentation, report) sucinto(a), escueto(a)

skeleton ['skelɪtən] n **-1.** (of person) esqueleto m; **he was little more than a ~** era poco más que un saco de huesos, estaba prácticamente en los huesos; IDIOM **a ~ in the cupboard** or **closet** un secreto vergonzante □ **~ crew** tripulación f mínima; **~ key** llave f maestra; **~ service** servicios mpl mínimos; **~ staff** personal m mínimo **-2.** (of building) esqueleto m, estructura f **-3.** (outline) (of book, report, strategy) esqueleto m, esquema m

skeptic, skeptical etc US = **sceptic, sceptical** etc

sketch [sketʃ] ◇ n **-1.** (drawing) esbozo m, bosquejo m □ **~ map** esquema m, croquis m inv; **~ pad** bloc m de dibujo **-2.** (description) esbozo m, bosquejo m **-3.** (on stage, TV) episodio m, sketch m
◇ vt **-1.** (draw) esbozar **-2.** (describe) esbozar
◇ vi hacer bocetos

◆ **sketch in** vt sep **-1.** (details, main points) exponer, aclarar **-2.** (draw) esbozar, bosquejar

◆ **sketch out** vt sep (plan) hacer un esquema de

sketchbook ['sketʃbʊk] n cuaderno m de dibujo

sketchily ['sketʃɪlɪ] adv someramente, superficialmente

sketching ['sketʃɪŋ] n dibujo m; **I prefer ~ to painting** prefiero dibujar a pintar □ **~ block** cuaderno m or bloc m de dibujo

sketchy ['sketʃɪ] adj (knowledge) somero(a), básico(a); (account, treatment) esquemático(a), superficial; (details, information) incompleto(a), fragmentario(a); (memories) vago(a), impreciso(a)

skew [skjuː] ◇ n **on the ~** ladeado(a), torcido(a)
◇ vt (distort) distorsionar
◇ vi desplazarse en sentido oblicuo; **the truck skewed across the intersection** el camión invadió el cruce deslizándose en sentido oblicuo
◇ adj **-1.** (crooked) (picture) torcido(a) **-2.** (in statistics) sesgado(a); **~ distribution** distribución asimétrica

skewbald ['skjuːbɔːld] ◇ n caballo m pío
◇ adj pío(a)

skewed [skjuːd] adj (distorted) sesgado(a)

skewer ['skjuːə(r)] ◇ n brocheta f
◇ vt **-1.** (meat) ensartar, espetar **-2.** (person) ensartar

skew-whiff ['skjuː'wɪf] Br Fam ◇ adj torcido(a)
◇ adv de lado

ski [skiː] ◇ n (for person) esquí m; (of plane, vehicle) esquí m; **a pair of skis** unos esquís □ **~ boots** botas fpl de esquí; US Fam **~ bum** fanático(a) m,f del esquí; **~ instructor** monitor(ora) m,f del esquí; **~ jump** (ramp) trampolín m de saltos de esquí; (event, activity) saltos mpl de esquí; **~ jumper** saltador(ora) m,f de esquí; **~ jumping** esquí m de saltos, saltos mpl de esquí; **~ lift** remonte m; **~ mask** pasamontañas m inv; **~ pants** pantalones mpl de esquí; **~ pole** bastón m de esquí; **~ resort** estación f de esquí; **~ run** pista f de esquí; **~ slope** pista f de esquí; **~ stick** bastón m de esquí; **~ suit** traje m de esquí; **~ tow** telearrastre m
◇ vi (pt & pp **skied**) esquiar; **they skied down the slope** bajaron esquiando por la pista

skid [skɪd] ◇ n **-1.** (of car) patinazo m; **to go into a ~** patinar □ Br Fam **~ lid** casco m de moto; **~ mark** (on road) marca f de neumáticos; Fam (on underwear) palomino m; **~ pan** pista f de (prácticas de) derrapaje **-2.** (on plane, helicopter) patín m **-3.** IDIOMS Fam **to put the skids under sth/sb** ocasionar la ruina de algo/alguien; Fam **to be on the skids** estar yéndose a pique; US Fam **to hit the skids** (company, sales, prices) venirse abajo; US Fam **to be on ~ row** pordiosear, vivir en la indigencia
◇ vi (pt & pp **skidded**) patinar; **to ~ off the road** salirse de la carretera patinando; **the truck skidded to a halt** el camión fue patinando hasta que se paró; **his glasses went skidding across the table** sus gafas resbalaron por encima de la mesa

skidoo [skɪ'duː] n motoesquí m or f

skidpan ['skɪdpæn] n Br pista f de pruebas deslizante

skidproof ['skɪdpruːf] adj antideslizante

skier ['skiːə(r)] n esquiador(ora) m,f

skiff [skɪf] n esquife m

skiffle ['skɪfəl] n Br = estilo musical popular en los años cincuenta

skiing ['skiːɪŋ] n esquí m; **to go ~** ir a esquiar □ **~ holiday** vacaciones fpl de esquí; **~ instructor** monitor(ora) m,f de esquí

skilful, US **skillful** ['skɪlfʊl] adj hábil; **she's very ~ with the scissors** es muy habilidosa con las tijeras

skilfully, US **skillfully** ['skɪlfʊlɪ] adv hábilmente

skilfulness, US **skillfullness** ['skɪlfʊlnɪs] n habilidad f

skill [skɪl] n **-1.** (ability) destreza f, habilidad f; (talent) talento m, aptitud f; **the footballer has tremendous ~** el futbolista es muy habilidoso; **a display of ~** un despliegue or una demostración de habilidad; **his ~ as a mediator was crucial** su capacidad mediadora fue crucial; **he showed little ~ at this task** demostró tener pocas aptitudes para esta tarea **-2.** (technique) técnica f, capacidad f; **there's a (special) ~ to it** requiere (cierta) técnica; **to improve sb's language/communication skills** mejorar la capacidad lingüística/de communicación de alguien; **she has poor reading skills** no se le da muy bien la lectura; **she has poor social skills** no es muy sociable; **footballers practising their skills** futbolistas ensayando sus habilidades con el balón

skilled [skɪld] adj **-1.** (able, good) (driver, negotiator) experto(a), hábil; (work) especializado(a); **she's ~ in resolving such problems** se le da muy bien resolver ese tipo de problemas **-2.** IND (labour, jobs) especializado(a), cualificado(a) □ **~ worker** trabajador(ora) m,f cualificado(a)

skillet ['skɪlɪt] n **-1.** US (frying-pan) sartén f **-2.** Br (long-handled pot) cazo m, cacerola f

skillful, skillfully US = **skilful, skilfully**

skim [skɪm] (pt & pp **skimmed**) ◇ vt **-1.** (milk) Esp quitar la nata a, Am sacar la crema a; (soup) espumar
-2. (remove) **to ~ the froth from** or **off a glass of beer** quitarle la espuma a una cerveza
-3. (surface) rozar apenas; **the seagull skimmed the waves** la gaviota voló a ras de las olas, la gaviota voló rozando or acariciando las olas; Fig **we've only skimmed the surface** (of topic) sólo hemos abordado el asunto muy por encima
-4. (throw) **to ~ stones (on the water)** hacer cabrillas or la rana (en el agua)
-5. (text) ojear, echar una ojeada a
◇ vi **to ~ along** or **over the ground** pasar rozando el suelo

◆ **skim off** vt sep **-1.** (fat, cream) retirar; Fig **the accounts department skims off the best recruits** el departamento de contabilidad se reserva los mejores fichajes **-2.** (money) quedarse con

◆ **skim over** vt insep (letter, report) echar una ojeada or un vistazo a

◆ **skim through** vt insep (novel, document) echar una ojeada a

skimmed milk ['skɪmd'mɪlk], US **skim milk** ['skɪm'mɪlk] n leche f desnatada or descremada

skimmer ['skɪmə(r)] n **-1.** (bird) picotijera m, rayador m **-2.** (kitchen utensil) espumadera f

skimp [skɪmp] ◇ vt escatimar
◇ vi **to ~ on sth** escatimar algo

skimpily ['skɪmpɪlɪ] adv **~ dressed** ligero(a) de ropa; **a ~ furnished apartment** un apartamento escasamente amueblado; **the book deals rather ~ with the economic background** el libro trata de manera un tanto superficial el trasfondo económico

skimpy ['skɪmpɪ] adj **-1.** (meal) exiguo(a), escaso(a); (praise, thanks, details) parco(a) **-2.** (clothes) exiguo(a)

skin [skɪn] ◇ n **-1.** (of person, animal) piel f; **she has beautiful ~** tiene una piel muy bonita, tiene un cutis muy bonito; **to have dark/fair ~** tener la piel oscura or morena/clara or blanca; **I always wear cotton next to my ~** siempre llevo tejidos de algodón en contacto con la piel □ **~ cancer** cáncer m de piel; **~ complaint** afección f cutánea; **~ cream** crema f para la piel; **~ disease** enfermedad f cutánea; **~ diver** buceador(ora) m,f (en traje de baño); **~ diving** buceo m (en traje de baño); Fam **~ flick** (porn film) película f porno; MED **~ graft** injerto m de piel; Fam **~ mag** revista f porno; **~ patch** parche m (para la piel); **~ test** cutirreacción f, dermorreacción f; Fam **~ trade** industria f pornográfica
-2. (of fruit, sausage) piel f; (of potato, banana) piel f, cáscara f; (of onion) capa f exterior, piel f
-3. (on milk, sauce) nata f
-4. (of plane) revestimiento m
-5. (for wine) odre m
-6. Fam (skinhead) cabeza mf rapada
-7. Br Fam (cigarette paper) papel m de fumar
-8. US Fam (swindle) **~ game** timo m, estafa f
-9. IDIOMS **to be nothing but** or **all ~ and bone** estar en los huesos; Fam **I nearly jumped out of my ~** casi me muero del susto; Fam **it's no ~ off my nose** me Esp trae or Am tiene sin cuidado or al fresco; **by the ~ of one's teeth** por los pelos; **to save one's (own) ~** salvar el pellejo; Fam **to get under sb's ~** (irritate) terminar por hartar a

skincare alguien; *Fam* **I've got her under my ~** me tiene sorbido el seso; *US Fam* **gimme some ~!** ¡chócala!
◇ *vt (pt & pp* **skinned)** **-1.** *(animal)* despellejar, desollar; IDIOM **if I find him I'll ~ him alive!** ¡si lo encuentro lo voy a despellejar vivo!; PROV **there's more than one way to ~ a cat** hay muchas maneras de hacer las cosas **-2.** *(tomato)* pelar **-3.** *(graze)* **to ~ one's knee** arañarse la rodilla **-4.** *Fam (swindle)* timar

skincare ['skɪnkeə(r)] *n* cuidado *m* de la piel ❑ **~ product** producto *m* para el cuidado de la piel

skin-deep ['skɪn'diːp] *adj* superficial

skinflint ['skɪnflɪnt] *n Fam* rata *mf*, roñoso(a) *m,f*

skinful ['skɪnfʊl] *n* IDIOM *Fam* **to have had a ~** estar como una cuba *or Esp, RP* mamado(a) *or Col* caído(a) (de la perra) *or Méx* ahogado(a)

skinhead ['skɪnhed] *n* cabeza *mf* rapada, rapado(a) *m,f*

-skinned [-skɪnd] *suffix* **she's sallow~** tiene la de piel cetrina

skinny[1] ['skɪnɪ] *adj* **-1.** *(person, legs)* flaco(a) **-2.** *(sweater, T-shirt)* fino(a)

skinny[2] ['skɪnɪ] *n US Fam (inside information)* información *f* confidencial

skinny-dipping ['skɪnɪdɪpɪŋ] *n Fam* baño *m* en cueros; **to go ~** ir a nadar en cueros

skint [skɪnt] *adj Br Fam* **to be ~** estar sin un centavo, estar pelado(a)

skin-tight ['skɪntaɪt] *adj* muy ajustado(a)

skip[1] [skɪp] ◇ *n (jump)* brinco *m* ❑ *US* **~ rope** *Esp* comba *f, Am* cuerda *f* de saltar
◇ *vt (pt & pp* **skipped)** **-1.** *(omit) (page, stage, details)* saltarse; **we decided to ~ lunch/dessert** decidimos saltarnos el almuerzo/postre; **his heart skipped a beat** le dio un vuelco el corazón; *Fam* **~ it!** ¡olvídalo! **-2.** *(not turn up for) (meeting, class)* saltarse; *Fam* **to ~ bail** huir durante la libertad bajo fianza
◇ *vi* **-1.** *(jump) (lamb, person)* brincar; **he skipped out of the way** se apartó de un salto; *Fig* **the book keeps skipping from one subject to another** el libro va saltando de una cuestión a otra **-2.** *(with rope)* saltar a la cuerda *or Esp* comba **-3.** *Fam (go)* escaparse un momento; **we skipped across to Dublin for the weekend** hicimos una escapada a Dublín durante el fin de semana
◆ **skip off** *vi Fam (disappear)* largarse
◆ **skip over** *vt insep* saltarse, pasar por alto

skip[2] *n Br (for rubbish)* contenedor *m* (de escombros)

skipjack ['skɪpdʒæk] *n* **~ (tuna)** bonito *m* de altura, (atún *m*) listado *m*

skipper ['skɪpə(r)] ◇ *n* **-1.** *(of ship)* patrón(ona) *m,f*, capitán(ana) *m,f* **-2.** *(of team)* capitán(ana) *m,f*
◇ *vt* capitanear

skipping ['skɪpɪŋ] *n* **she likes ~** le gusta saltar a la cuerda *or Esp* comba ❑ *Br* **~ rope** *Esp* comba *f, Am* cuerda *f* de saltar

skirmish ['skɜːmɪʃ] ◇ *n* MIL escaramuza *f; Fig* refriega *f*, trifulca *f*
◇ *vi* pelear, luchar

skirt [skɜːt] ◇ *n* **-1.** *(garment)* falda *f, CSur* pollera *f* **-2.** *(part of coat)* faldón *m*, falda *f* **-3.** *very Fam (women)* titis *fpl; Br* **a bit of ~** una titi **-4.** *Br (cut of meat)* falda *f*, delgados *mpl*
◇ *vt (village, hill)* bordear, rodear
◆ **skirt round**, *US* **skirt around** *vt insep (village, hill)* bordear, rodear; **to ~ round** *or* **around a problem** eludir *or* evadir un problema

skirting ['skɜːtɪŋ] *n Br* **~ (board)** zócalo *m*, rodapié *m*

skit [skɪt] *n* parodia *f*; **to do a ~ on sth/sb** hacer una parodia de algo/alguien, parodiar algo/a alguien

skitter ['skɪtə(r)] *vi* **-1.** *(small animal)* moverse de forma muy ligera y rápida **-2.** *(ricochet) (stone)* rebotar

skittish ['skɪtɪʃ] *adj* **-1.** *(person)* locuelo(a), juguetón(ona) **-2.** *(of horse)* asustadizo(a)

skittle ['skɪtəl] *n* bolo *m*; **to have a game of skittles** echar una partida de bolos, jugar a los bolos ❑ **~ alley** bolera *f*

skive [skaɪv] *Br Fam* ◇ *n (easy job)* trabajo *m* fácil, *Esp* chollo *m, Col* camello *m* fácil, *Méx* chamba *f* fácil, *RP* laburo *m* fácil; **she's taking sociology because it's such a ~** ha escogido sociología porque es una maría
◇ *vi (off school) Esp* hacer novillos, *Col* capar colegio, *Méx* irse de pinta, *RP* hacerse la rata; *(off work)* zafarse, *Esp* escaquearse
◆ **skive off** ◇ *vt insep* **to ~ off school** *Esp* hacer novillos, *Col* capar colegio, *Méx* irse de pinta, *RP* hacerse la rata; **to ~ off work** escaquearse del trabajo
◇ *vi Br Fam (off school)* hacer novillos, *Col* capar colegio, *Méx* irse de pinta, *RP* hacerse la rata; *(off work)* zafarse, *Esp* escaquearse

skiver ['skaɪvə(r)] *n Br Fam* holgazán(ana) *m,f*, gandul(ula) *m,f, Méx* flojo(a) *m,f*

skivvies ['skɪvɪz] *npl US Fam* ropa *f* interior, calzoncillos *mpl*

skivvy ['skɪvɪ] *Br Pej* ◇ *n* fregona *f*, criada *f*
◇ *vi* hacer de fregona

skua ['skjuːə] *n* págalo *m*

skulduggery, *US* **skullduggery** [skʌl'dʌgərɪ] *n* tejemanejes *mpl*

skulk [skʌlk] *vi (hide)* esconderse; *(move furtively)* merodear; **to ~ away** *or* **off** hacer mutis por el foro

skull [skʌl] *n* cráneo *m*; **the ~ and crossbones** la calavera y las tibias; *Fam* **can't you get it into your thick ~ that she doesn't like you!** ¡a ver si te entra de una vez en la mollera que no le gustas!; **to be out of one's ~** estar como una cabra ❑ **~ bone** hueso *m* del cráneo

skullcap ['skʌlkæp] *n* casquete *m*; *(of priest)* solideo *m*

skullduggery *US* = **skulduggery**

skunk [skʌŋk] ◇ *n* **-1.** *(animal)* mofeta *f* **-2.** *Fam Pej (person)* miserable *mf, Esp* perro *m*
◇ *vt US Fam (opponent)* dar una paliza a

sky [skaɪ] *n* cielo *m*; **the ~ went dark** el cielo se oscureció; *Fam* **to praise sb to the skies** poner a alguien por las nubes; IDIOM *Fam* **the ~'s the limit** el cielo es el límite, nada es imposible ❑ **~ blue** azul *m* celeste; *US* **~ marshal** = policía federal de paisano cuya función es la de prevenir secuestros en aviones; *Fam* **~ pilot** capellán *m*

sky-blue ['skaɪ'bluː] *adj* azul celeste

skyboarding ['skaɪbɔːdɪŋ] *n* surf *m* aéreo

sky-diver ['skaɪdaɪvə(r)] *n* = persona que practica la caída libre (en paracaídas)

sky-diving ['skaɪdaɪvɪŋ] *n* caída *f* libre (en paracaídas)

Skye terrier [skaɪ'tɪərɪə(r)] *n* terrier *m* (de) Skye

sky-high ['skaɪ'haɪ] ◇ *adj (prices, costs)* astronómico(a), desorbitado(a)
◇ *adv* **to blow sth ~** hacer saltar algo por los aires; **to send sth ~** *(price, costs)* hacer que algo se dispare, poner algo por las nubes

skyjack ['skaɪdʒæk] *vt* secuestrar (en pleno vuelo)

skyjacking ['skaɪdʒækɪŋ] *n Fam* secuestro *m* aéreo

skylark ['skaɪlɑːk] *n* alondra *f*

skylight ['skaɪlaɪt] *n* claraboya *f*

skyline ['skaɪlaɪn] *n* **-1.** *(horizon)* horizonte *m* **-2.** *(of city)* silueta *f*

skyrocket ['skaɪrɒkɪt] ◇ *n (firework)* cohete *m*
◇ *vi Fam (prices)* dispararse, *Esp* ponerse *or Am* irse por las nubes

skyscraper ['skaɪskreɪpə(r)] *n* rascacielos *m inv*

skyward ['skaɪwəd] *adj* hacia el cielo
◇ *adv* = **skywards**

skywards ['skaɪwədz] *adv* hacia el cielo

skywriting ['skaɪraɪtɪŋ] *n* = formación de palabras en el aire con la estela de un avión

slab [slæb] *n* **-1.** *(of stone, concrete)* losa *f*; *(of cake, meat)* trozo *m (grueso); (of chocolate)* tableta *f* **-2.** *(in mortuary)* mesa *f* de amortajamiento

slack [slæk] ◇ *n* **-1.** *(in rope)* **leave a bit of ~ in the rope** deja un poco floja la cuerda; **to take up the ~** tensar la cuerda; *Fig* **to take up the ~ in the economy** aprovechar al máximo la capacidad productiva de la economía; IDIOM **I'm fed up with having to take up your ~** estoy harto de tener que encargarme de tu trabajo; *Fam* **cut me/him some ~, will you?** dame/dale un respiro *or* una tregua, ¿quieres? **-2.** *(coal)* cisco *m*
◇ *adj* **-1.** *(not tight)* flojo(a); **to be ~** estar flojo(a); **to go ~** aflojarse, destensarse **-2.** *(demand, business)* flojo(a), parado(a); **trade is ~** el negocio está flojo; **~ periods** periodos de poca actividad **-3.** *(careless)* dejado(a); **he's becoming very ~ about his work/appearance** se está volviendo muy descuidado en su trabajo/aspecto personal; **she's very ~ about** *or* **at getting orders ready on time** no se toma mucho interés en tener listos los pedidos a su debido tiempo **-4.** *(lax) (discipline, laws, control)* relajado(a), poco severo(a) **-5.** *(slow) (pace)* lento(a), tranquilo(a)
◇ *vi Fam* vaguear
◆ **slack off** *vi (diminish)* aflojar

slacken ['slækən] ◇ *vt* **-1.** *(rope, reins, grip)* aflojar **-2.** *(pace)* aflojar
◇ *vi* **-1.** *(rope)* aflojarse, destensarse; *(grip)* aflojarse, soltarse un poco; *(muscles)* destensarse; relajarse **-2.** *(speed)* reducirse, disminuir; *(storm, wind)* amainar, aflojar; *(energy, enthusiasm)* atenuarse, disminuir; *(demand)* decaer, disminuir; **we must not ~ in our efforts to put an end to this injustice** no debemos cejar en nuestro empeño de poner fin a esta injusticia
◆ **slacken off** *vi (speed)* reducirse, disminuir; *(storm, wind)* amainar, aflojar; *(energy, enthusiasm)* atenuarse, disminuir; *(demand)* decaer, disminuir

slacker ['slækə(r)] *n Fam* vago(a) *m,f*, tirado(a) *m,f, Méx* flojo(a) *m,f*

slackly ['slæklɪ] *adv* **-1.** *(to hang)* flojo **-2.** *(to work)* descuidadamente

slackness ['slæknɪs] *n* **-1.** *(negligence, laziness)* dejadez *f* **-2.** *(of rope)* distensión *f* **-3.** *(of business)* atonía *f*, inactividad *f*

slacks [slæks] *npl Old-fashioned (trousers)* pantalones *mpl* anchos

slag [slæg] *Br* ◇ *n* **-1.** *(from coal mine, volcano)* escoria *f* ❑ **~ heap** escorial *m* **-2.** *very Fam Pej (woman)* fulana *f, Esp* cualquiera *f, Méx* vieja *f, RP* reventadita *f*
◇ *vt Fam* **-1.** *(criticize)* criticar, *Esp* poner a parir *or* como un trapo, *Méx* viborear **-2.** *(make fun of)* burlarse *or Esp* cachondearse de
◆ **slag off** *vt sep Br Fam* **-1.** *(criticize)* criticar, *Esp* poner a parir *or* como un trapo, *Méx* viborear **-2.** *(make fun of)* burlarse *or Esp* cachondearse de

slagging ['slægɪŋ] *n Br Fam* **to give sb a ~** *(make fun of)* burlarse *or Esp* cachondearse de alguien

slain [sleɪn] ◇ *npl* **the ~** las bajas, los fallecidos
◇ *pp of* **slay**

slake [sleɪk] *vt* **-1.** *Literary (desires)* saciar; **to ~ one's thirst** apagar *or* calmar la sed **-2.** *(lime)* apagar ❑ **slaked lime** cal *f* apagada

slalom ['slɑːləm] *n* eslalon *m*

slam [slæm] ◇ *n* **-1.** *(of door)* portazo *m*; **the door swung shut with a ~** la puerta se cerró de un portazo **-2.** *(in bridge)* slam *m*, = contrato que exige ganar todas las bazas menos una (pequeño slam) o todas las bazas (gran slam)
◇ *vt (pt & pp* **slammed)** **-1.** *(door, lid, drawer)* cerrar de un golpe; **to ~ the door shut** cerrar la puerta de un portazo *or* de golpe; **to ~ the door in sb's face** dar con la puerta en las narices a alguien; **she slammed the books on the desk** estampó los libros

slam-dunk

contra la mesa; **to ~ sth down** estampar algo; **he slammed the ball into the net** incrustó la pelota en la red; **to ~ on the brakes** pisar el freno de golpe
-2. *Fam (criticize)* criticar, poner verde a, *Méx* viborear, *RP* verdulear
-3. *Fam (defeat)* dar una paliza a
-4. *US Fam (have sex with)* ventilarse a
-5. *Fam (drink quickly)* ventilarse
◇ *vi (door, window)* cerrarse de golpe; **the door slammed shut** la puerta se cerró de un portazo *or* de golpe
◆ **slam into** *vt insep* estamparse *or* estrellarse contra

slam-dunk ['slæm'dʌŋk] *n (in basketball)* mate *m*

slammer ['slæmə(r)] *n Fam Esp* chirona *f*, *Andes, Cuba, RP* cana *f*, *Méx, Ven* bote *m*

slander ['slɑːndə(r)] ◇ *n* difamación *f*
◇ *vt* difamar

slanderer ['slɑːndərə(r)] *n* difamador(ora) *m,f*

slanderous ['slɑːndərəs] *adj* difamatorio(a)

slang [slæŋ] ◇ *n* argot *m*; **prison ~** lenguaje carcelario
◇ *adj* argótico(a), jergal
◇ *vt Fam (insult)* criticar, poner verde a, *Méx* viborear, *RP* verdulear; *Br* **slanging match** rifirrafe, intercambio de insultos

slangy ['slæŋɪ] *adj Fam* jergal, del argot

slant [slɑːnt] ◇ *n* -1. *(slope)* inclinación *f*; **the table has a ~ or is on a ~** la mesa está inclinada -2. *(emphasis, bias)* sesgo *m*, orientación *f*; **she put a favourable ~ on the information** le dio un cariz *or* sesgo favorable a la información
◇ *vt* -1. *(set at angle)* inclinar -2. *(bias)* enfocar subjetivamente
◇ *vi (slope)* estar inclinado(a); **a ray of sunlight slanted through the window** un rayo de sol entraba de soslayo por la ventana

slanted ['slɑːntɪd] *adj* -1. *(sloped)* inclinado(a) -2. *(emphasised, biased)* sesgado(a), subjetivo(a)

slant-eyed ['slɑːntaɪd] *adj* de ojos rasgados *or* achinados

slanting ['slɑːntɪŋ] *adj* inclinado(a)

slantwise ['slɑːntwaɪz], **slantways** ['slɑːntweɪz] ◇ *adj* inclinado(a)
◇ *adv* de forma inclinada

slap [slæp] ◇ *n* -1. *(with hand)* bofetada *f*, cachete *m*; *also Fig* **a ~ in the face** una bofetada; **a ~ on the back** una palmadita en la espalda; **a ~ on the wrist** *(blow)* un palmetazo en la mano *or* muñeca; *(reprimand)* un tirón de orejas; *Old-fashioned Fam* **(a bit of) ~ and tickle** un revolcón -2. ❑ **~ shot** *(in ice hockey)* tiro *m* de golpe
◇ *adv Fam* **I ran ~ into a tree** me di de lleno contra un árbol; **~ in the middle** justo en el medio
◇ *vt (pt & pp* **slapped***)* -1. *(hit)* dar una palmada en; **to ~ sb's face, to ~ sb in the face** abofetear a alguien, dar una bofetada a alguien; **to ~ sb on the back** dar a alguien una palmada en la espalda; **to ~ sb's wrist** *(hit)* pegar a alguien en la mano *or* muñeca; *(reprimand)* dar un tirón de orejas a alguien; IDIOM **to ~ sb down** hacer callar a alguien
-2. *(put)* **she slapped the files down on the table** puso las carpetas en la mesa dando un golpetazo; **I slapped plenty of butter on the bread** embadurné el pan con abundante mantequilla; **to ~ some paint on sth** dar cuatro brochazos (de pintura) a algo; **hang on, I'll just ~ some make-up on** espera, voy a untarme un poco de maquillaje; **they slapped on a 3 percent surcharge** aplicaron un recargo del 3 por ciento
◆ **slap around** *vt sep (beat)* sacudir

slap-bang [slæp'bæŋ] *adv Fam* -1. *(precisely)* justo; **in the middle** justo en el medio, en el mismísimo centro -2. *(forcefully)* **he drove ~ into the tree** se pegó un tortazo *or* catatazo tremendo contra el árbol

slapdash ['slæpdæʃ] *adj* chapucero(a)

slap-happy ['slæp'hæpɪ] *adj Fam* alegre, despreocupado(a)

slapper ['slæpə(r)] *n Br very Fam* -1. *(promiscuous woman)* fulana *f*, *Esp* pendón *m*, *Col* aviona *f*, *Méx* piruja *f*, *RP* reventada *f* -2. *Pej (woman)* piba *f*, *Esp* tía *f*, *Méx* vieja *f*, *RP* mimita *f*

slapstick ['slæpstɪk] *n* **~ (comedy)** astracanada *f*

slap-up ['slæpʌp] *adj Br Fam* **~ meal** comilona *f*, banquete *m*

slash [slæʃ] ◇ *n* -1. *(cut) (with knife, sword, razor)* tajo *m*, corte *m*; *(on face)* corte *m*; *(in tyres, in cloth)* corte *m*, raja *f*; AGR **~ and burn** = en zonas tropicales, tala y quema de bosque o maleza para su posterior cultivo -2. *(act of cutting) (with knife, sword, razor)* tajo *m*, corte *m* -3. TYP barra *f* -4. *Br very Fam* **to have/go for a ~** echar/ir a echar una meada
◇ *vt* -1. *(cut)* cortar; **to ~ one's wrists** cortarse las venas -2. *(reduce)* recortar *or* reducir drásticamente; **prices slashed** *(sign)* precios por los suelos
◇ *vi* **to ~ at sb (with a knife)** atacar a alguien (con un cuchillo)

slasher ['slæʃə(r)] *n* **~ movie** *or Br* **film** película *f* de casquería, película *f* muy sangrienta

slashing ['slæʃɪŋ] ◇ *n (attack)* acuchillamiento *m*
◇ *adj (budget cut)* drástico(a)

slat [slæt] *n* -1. *(of blind, bench, bed)* listón *m*, tablilla *f* -2. AV *(on wing)* slat *m*

slate [sleɪt] ◇ *n* -1. *(stone)* pizarra *f*; *(tile)* pizarra *f* ❑ **~ grey** gris *m* pizarra; **~ quarry** pizarral *m* -2. *(for writing)* pizarra *f* -3. *US* POL lista *f* de candidatos -4. *(colour)* gris *m* pizarra -5. IDIOMS *Fam* **put it on the ~** anótalo en mi cuenta; **to wipe the ~ clean** hacer borrón y cuenta nueva; *Br Fam* **to have a ~ loose** tener un tornillo suelto, no estar *or* andar bien de la azotea
◇ *adj* -1. *(made of slate)* de pizarra ❑ **~ roof** tejado *m* de pizarra -2. *(in colour)* gris pizarra
◇ *vt* -1. *(cover) (roof)* empizarrar, tejar con pizarras
-2. *US (choose)* elegir, designar; **Magee is slated for President** Magee es la persona designada para ocupar la presidencia
-3. *US (expect)* **the final is slated for January** la final está prevista *or* programada para el mes de enero; **she was slated for a gold medal** *(destined)* era candidata a una medalla de oro
-4. *Fam (criticize)* vapulear, *Esp* poner por los suelos, *Méx* viborear, *RP* dejar por el piso

slate-grey [sleɪt'greɪ] *adj* gris pizarra

slater ['sleɪtə(r)] *n (roofer)* pizarrero(a) *m,f*

slating ['sleɪtɪŋ] *n Fam (severe criticism)* **the play got a ~ in the press** la prensa puso la obra de vuelta y media

slatted ['slætɪd] *adj* de lamas, de listones

slattern ['slætən] *n Formal* sucia harapienta *f*

slatternly ['slætənlɪ] *adj Formal (woman)* harapiento(a); *(behaviour)* desordenado(a)

slaughter ['slɔːtə(r)] ◇ *n* -1. *(of animals)* sacrificio *m* -2. *(of people)* matanza *f*
◇ *vt* -1. *(animals)* sacrificar -2. *(people)* matar -3. *Fam (defeat heavily)* dar una paliza a, *Esp* machacar

slaughtered ['slɔːtəd] *adj Br Fam (drunk)* como una cuba, *Esp, RP* mamado(a), *Col* caído(a) (de la perra), *Méx* ahogado(a)

slaughterer ['slɔːtərə(r)] *n (in abattoir)* matarife *m*

slaughterhouse ['slɔːtəhaʊs] *n* matadero *m*

Slav [slɑːv] ◇ *n* eslavo(a) *m,f*
◇ *adj* eslavo(a)

slave [sleɪv] ◇ *n* esclavo(a) *m,f*; **he treats me like a ~** me trata como a una esclava; **a ~ to fashion** un esclavo de la moda ❑ *Fam Fig* **~ driver** negrero(a) *m,f*, tirano(a) *m,f*; **~ labour: built by ~ labour** construido con mano de obra esclava; **this job is ~ labour!** ¡éste es un trabajo de negros!; **~ ship** barco *m* de esclavos *or* negreros; **~ trade** comercio *m* or trata *f* de esclavos; **~ trader** tratante *mf* de esclavos
◇ *vi* trabajar como un negro; **he slaved (away) over his books all day long** se pasó todo el día estudiando como un burro; **I've been slaving over a hot stove all day!** ¡me he pasado el día bregando en la cocina!

slaver[1] ['sleɪvə(r)] *n* -1. *(trader)* negrero(a) *m,f* -2. *(ship)* barco *m* negrero

slaver[2] ['slævə(r)] ◇ *n (saliva)* baba *f*
◇ *vi* babear; **he slavered over the blonde who had just walked in** se le caía la baba mirando a la rubia que acababa de entrar

slavery ['sleɪvərɪ] *n* esclavitud *f*; **to be sold into ~** ser vendido(a) como esclavo(a)

Slavic ['slɑːvɪk] *adj* eslavo(a)

slavish ['sleɪvɪʃ] *adj* -1. *(mentality, habits)* servil; *(devotion)* ciego(a), absoluto(a) -2. *(imitation)* mero(a), simple

slavishly ['sleɪvɪʃlɪ] *adv* -1. *(to agree)* de un modo servil, servilmente -2. *(exactly)* **to copy sth ~** copiar algo punto por punto

Slavonian grebe [slə'vəʊnɪən'griːb] *n* zampullín *m* cuellirrojo

Slavonic [slə'vɒnɪk] ◇ *n* LING eslavo *m*
◇ *adj* eslavo(a)

slaw [slɔː] *n US* = ensalada de repollo, zanahoria y cebolla con mayonesa

slay [sleɪ] *(pt* **slew** [sluː], *pp* **slain** [sleɪn]*) vt* -1. *Literary (kill)* dar muerte a, matar -2. *Fam (amuse)* **this one will really ~ you** *(joke, story)* con éste(a) te vas a morir de risa; *also Ironic* **you ~ me!** ¡me parto de risa contigo!

slayer ['sleɪə(r)] *n Literary* asesino(a) *m,f*

sleaze [sliːz] *n Fam* -1. *(of politics, politician)* corrupción *f*; **the ~ factor** *Esp* las corruptelas, *Am* los chanchullos -2. *(of place)* sordidez *f*, *Esp* cutrez *f*

sleazebag ['sliːzbæg], **sleazeball** ['sliːzbɔːl] *n Fam* sinvergüenza *mf*, *Esp* pájaro(a) *m,f* (de cuenta)

sleaziness ['sliːzɪnɪs] *n Fam* -1. *(of politics, politician)* corrupción *f*, *Esp* corruptelas *fpl* -2. *(of place)* sordidez *f*, *Esp* cutrez *f*

sleazy ['sliːzɪ] *adj Fam* -1. *(place, bar, hotel) Esp* cutre, *Col* corroncho(a), *Méx* gacho(a), *RP* groncho(a) -2. *(government, politician)* corrupto(a); *(affair, reputation)* escandaloso(a) y sórdido(a)

sled = **sledge**

sledding ['sledɪŋ] *n US* **to be easy/hard ~** ser fácil/difícil

sledge [sledʒ], **sled** [sled] ◇ *n* trineo *m*
◇ *vi* montar en trineo; **children were sledging down the slope** los niños bajaban en trineo por la pendiente

sledgehammer ['sledʒhæmə(r)] ◇ *n* mazo *m*, maza *f*; *Fam* **he's as subtle as a ~!** ¡no tiene ni pizca de delicadeza!; IDIOM **to use a ~ to crack a nut** matar moscas a cañonazos
◇ *adj* **~ blow** mazazo

sledging ['sledʒɪŋ] *n Fam* -1. *(travel by sledge)* paseo *m* en trineo; **to go ~** ir a montar en trineo -2. SPORT = intimidación del contrincante mediante repetidos insultos

sleek [sliːk] *adj* -1. *(hair, fur)* liso(a) y brillante; *(cat)* lustroso(a) -2. *(outline, contour)* elegante -3. *(manner)* bien plantado(a)
◆ **sleek back, sleek down** *vt sep* **to ~ one's hair back** *or* **down** alisarse el pelo

sleekly ['sliːklɪ] *adv* -1. *(to shine)* como la seda -2. *(elegantly) (to dress)* elegantemente -3. *(to behave, smile)* empalagosamente

sleep [sliːp] ◇ *n* -1. *(rest)* sueño *m*; **to be in a deep ~** estar profundamente dormido; **I need my ~** necesito mis horas de sueño; **I only got a couple of hours' ~** sólo he dormido un par de horas; **I couldn't get to ~** no conseguía dormirme; **we must try and get some ~** debemos intentar dormir un poco; **to go to ~** dormirse; **he soon went back to ~** pronto volvió a dormirse; **my foot has gone to ~** se me ha dormido el pie; **to have a ~** echarse un sueño, dormir un poco; *(in afternoon)* echarse una siesta; **did you have a good (night's) ~?** ¿dormiste bien?; **to put sb to ~** *(anaesthetize)* dormir a alguien; **to put an animal to ~** *(kill)* sacrificar a un animal *(para evitar que sufra)*; **to send sb to ~** *(cause to fall asleep)* dejar dormido(a) a alguien, dormir a alguien; *(bore)* dar sueño *or* aburrir a alguien; **to sing a child to ~** arrullar a un niño; **to**

sleeper

walk/talk in one's ~ caminar/hablar en sueños; **I could do it in my ~!** ¡lo podría hacer con los ojos cerrados!; IDIOM **I'm not losing any ~ over it** no me quita el sueño ❑ COMPTR **~ mode** modo *m* de reposo
-2. *(in eye)* legañas *fpl*
◇ *vi (pt & pp* **slept** [slept]) dormir; **I slept (for) six hours** dormí seis horas; **where did you ~ last night?** ¿dónde dormiste anoche?; **the bed had not been slept in** nadie había dormido en la cama; **~ well!** ¡que duermas bien!, ¡que descanses!; **~ tight!** ¡que duermas bien!, ¡que sueñes con los angelitos!; **did you ~ well?** ¿has dormido bien?, ¿has descansado?; **to ~ late** dormir hasta tarde, levantarse tarde; **I'll ~ on it** lo consultaré con la almohada; **to ~ rough** dormir a la intemperie; IDIOM **to ~ like a log** dormir como un tronco
◇ *vt* **-1.** *(accommodate)* **the sofa bed sleeps two** en el sofá cama pueden dormir dos personas; **the cottage sleeps four** el chalé puede albergar a cuatro personas **-2.** *(rest)* **I haven't slept a wink all night** no he pegado ojo en toda la noche
◆ **sleep around** *vi Fam* acostarse con unos(as) y con otros(as)
◆ **sleep away** *vt sep* **he sleeps the day away** se pasa el día durmiendo
◆ **sleep in** *vi (intentionally)* quedarse durmiendo hasta tarde
◆ **sleep off** *vt sep* **he's sleeping off the effects of the journey** está durmiendo para recuperarse del viaje; **to ~ off a hangover, to ~ it off** dormir la mona
◆ **sleep on** *vi* seguir durmiendo; **she slept on until lunchtime** estuvo durmiendo hasta el almuerzo
◆ **sleep out** *vi* **-1.** *(away from home)* pasar la noche fuera (de casa) **-2.** *(out of doors)* dormir al aire libre
◆ **sleep over** *vi US* quedarse a pasar la noche
◆ **sleep through** ◇ *vt insep* **I slept through the alarm** no oí el despertador; **I slept through the whole concert** me quedé dormido durante todo el concierto
◇ *vi* dormir de un tirón *or* sin interrupción
◆ **sleep together** *vi* acostarse juntos
◆ **sleep with** *vt insep (have sex with)* acostarse con

sleeper ['sli:pə(r)] *n* **-1.** *(person)* **to be a light/heavy ~** tener el sueño ligero/profundo
-2. RAIL *(train)* tren *m* de literas; *(sleeping car)* coche *m* cama
-3. *Br (on railway track)* traviesa *f*
-4. *Br (earring)* pendiente *m* de tornillo
-5. *Fam (film, record, book)* = película, disco o libro de escasas ventas al principio, pero que más tarde produce beneficios inesperadamente
-6. *(spy)* = espía infiltrado que no actúa hasta un momento determinado; **a ~ cell** *(of terrorists)* un comando legal *(no identificado)*

sleepily ['sli:pɪlɪ] *adv* somnolientamente

sleepiness ['sli:pɪnɪs] *n* **-1.** *(of person)* somnolencia *f* **-2.** *(of town)* letargo *m*, aletargamiento *m*

sleeping ['sli:pɪŋ] ◇ *n* **the house has ~ accommodation for ten** en la casa pueden dormir diez personas ❑ **~ arrangements: what are the ~ arrangements?** ¿quién va a dormir dónde?; **~ bag** saco *m* de dormir, *Col, Méx* sleeping *m* (bag), *RP* bolsa *f* de dormir; **~ car** *(on train)* coche *m* cama; **~ pill** somnífero *m*, pastilla *f* para dormir; **~ quarters** dormitorios *mpl*; **~ sickness** enfermedad *f* del sueño; **~ tablet** somnífero *m*, pastilla *f* para dormir
◇ *adj* dormido(a); IDIOM **to let ~ dogs lie** no enturbiar las aguas ❑ **Sleeping Beauty** la Bella Durmiente; *Br* **~ partner** *(in company)* socio *m* capitalista *or* comanditario; *Br* **~ policeman** *(in road) Esp* resalto *m* *(de moderación de velocidad)*, *Arg* despertador *m*, *Méx* tope *m*

sleepless ['sli:plɪs] *adj* **to have a ~ night** pasar una noche en blanco

sleeplessness ['sli:plɪsnɪs] *n* insomnio *m*

sleepover ['sli:pəʊvə(r)] *n esp US* = fiesta infantil en la que los niños pasan la noche en casa de otro niño

sleepwalk ['sli:pwɔ:k] *vi* caminar dormido(a) *or* sonámbulo(a)

sleepwalker ['sli:pwɔ:kə(r)] *n* sonámbulo(a) *m,f*

sleepwalking ['sli:pwɔ:kɪŋ] *n* sonambulismo *m*

sleepwear ['sli:pweə(r)] *n* prendas *fpl* de dormir

sleepy ['sli:pɪ] *adj* **-1.** *(person)* adormilado(a), somnoliento(a); *(smile)* adormilado(a); *(yawn)* somnoliento(a); **to be** *or* **feel ~** tener sueño; **you look ~** tienes cara de sueño; **to make sb ~** dar sueño a alguien, dejar a alguien adormilado(a) **-2.** *(place)* **a ~ little village** un pueblecito casi muerto **-3.** *(summer's day, climate)* soporífero(a), amodorrante

sleepyhead ['sli:pɪhed] *n Fam* dormilón(ona) *m,f*

sleet [sli:t] ◇ *n* aguanieve *f*
◇ *vi* **it's sleeting** está cayendo aguanieve

sleety ['sli:tɪ] *adj* **~ rain** aguanieve *f*

sleeve [sli:v] *n* **-1.** *(of shirt, jacket)* manga *f*; **he must have had something up his ~** *(magician)* seguro que tenía algo escondido en la manga; IDIOM **he's still got something up his ~** aún le queda algo escondido en la manga; IDIOM **he's got a surprise up his ~** se reserva una sorpresa **-2.** *(of record)* funda *f* ❑ *Br* **~ notes** notas *fpl* de la funda **-3.** *(of pipe)* manga *f*

sleeveless ['sli:vlɪs] *adj* sin mangas

sleeving ['sli:vɪŋ] *n* ELEC manga *f*

sleigh [sleɪ] ◇ *n* trineo *m* ❑ **~ bell** campanilla *f* de trineo; **~ ride** paseo *m* en trineo
◇ *vi* montar en trineo

sleighing ['sleɪɪŋ] *n* **to go ~** ir a montar en trineo

sleight [slaɪt] *n (manual dexterity)* destreza *f* manual, habilidad *f* manual ❑ **~ of hand** trucos *mpl*, juegos *mpl* de manos; *Fig* **by ~ of hand** con tejemanejes, por arte de birlibirloque

slender ['slendə(r)] *adj* **-1.** *(slim) (person, waist, figure)* esbelto(a); *(fingers)* delgado(a), fino(a); *(neck, stem)* esbelto(a), delgado(a) **-2.** *(slight) (hope)* remoto(a), *(chance)* remoto(a), mínimo(a); *(income, majority)* escaso(a); **of ~ means** de pocos recursos **-3.** **~ loris** loris *m* esbelto

slenderize ['slendəraɪz] *US Fam* ◇ *vt* adelgazar
◇ *vi* adelgazar, perder peso

slenderly ['slendəlɪ] *adv* **~ built** de constitución delgada *or* esbelta

slenderness ['slendənɪs] *n* **-1.** *(of person, waist, figure)* esbeltez *f*; *(of fingers)* delgadez *f*, finura *f*; *(of neck, stem)* esbeltez *f*, delgadez *f* **-2.** *(of hope)* carácter *m* remoto; *(of income, majority, means, resources)* escasez *f*

slept *pt & pp of* **sleep**

sleuth [slu:θ] *n Fam* sabueso *m*, detective *mf*

S-level ['eslevəl] *n (in England and Wales)* = examen optativo simultáneo a un "A level", pero de un nivel más avanzado, cuya finalidad es proporcionar al estudiante una preparación adicional en aquellas materias en las que piensa especializarse en la universidad

slew¹, *US* **slue** [slu:] ◇ *vt (vehicle)* hacer girar *or* virar bruscamente; **he slewed the taxi around** hizo un viraje brusco con el taxi
◇ *vi (skid)* patinar; **it slewed into the ditch** patinó y se salió de la calzada
◇ *n Fam (large number)* **a ~ of, slews of** (un) mogollón de, montones de

slew¹ *pt of* **slay**

slewed [slu:d] *adj Br Fam* como una cuba; **to be/get ~** estar/ponerse como una cuba

slice [slaɪs] ◇ *n* **-1.** *(piece) (of bread)* rebanada *f*; *(of cheese, ham)* loncha *f*; *(of beef)* tajada *f*; *(of salami, cucumber)* rodaja *f*; *(of cake, pizza)* trozo *m*, porción *f*; *(of melon)* raja *f*

-2. *(share)* parte *f*; **a ~ of the profits** una parte de los beneficios; **they want a larger ~ of the cake** quieren un pedazo *or* una porción mayor del pastel *or Am* de la torta; **to get a ~ of the action** tomar parte
-3. *(utensil)* pala *f*
-4. SPORT *(in tennis)* efecto *m* cortado
-5. SPORT *(shot) (in golf)* slice *m*; *(in tennis)* (bola *f*) cortada *f*
◇ *vt* **-1.** *(bread)* cortar *or* partir (en rebanadas); *(cheese, ham)* cortar *or* partir (en lonchas); *(beef)* cortar *or* partir (en lonchas); *(salami, cucumber)* cortar *or* partir (en rodajas); *(cake, pizza)* trocear, cortar *or* dividir (en trozos); *(melon)* cortar (en rajas); **to ~ sth in two** *or* **in half** dividir algo en dos *or* por la mitad; **she sliced the mango open** cortó *or* partió el mango en dos mitades, cortó *or* partió el mango por la mitad; **to ~ the top off sth** recortar algo, quitar *or Am* sacar la punta a algo; *US Fam* **any way you ~ it** lo mires como lo mires
-2. to ~ the ball *(in golf)* golpear la bola de slice; *(in tennis)* dar un golpe cortado a la pelota; **he sliced his drive into the rough** mandó su drive al rough pegando a la bola de slice
◇ *vi* **-1.** *(be cut) (bread)* cortarse **-2.** *(cut)* **the knife sliced into the flesh** el cuchillo se hundió en la carne
◆ **slice off** *vt sep* cortar; **the machine sliced his arm off** la máquina le amputó el brazo
◆ **slice through** *vt insep* surcar
◆ **slice up** *vt sep (bread)* cortar *or* partir (en rebanadas); *(cheese, ham)* cortar *or* partir (en lonchas); *(beef)* cortar *or* partir (en lonchas); *(salami, cucumber)* cortar *or* partir (en rodajas); *(cake, pizza)* trocear, cortar *or* dividir (en trozos); *(melon)* cortar (en rajas)

sliced bread ['slaɪst'bred] *n* pan *m* de molde en rebanadas, *RP* pan *m* lactal en rebanadas; IDIOM *Fam* **it's the best thing since ~** es lo mejor del mundo

slicer ['slaɪsə(r)] *n* máquina *f* de cortar

slick [slɪk] ◇ *n* **-1. (oil) ~** marea *f* negra **-2.** *(in motor racing)* neumático *m* liso
◇ *adj* **-1.** *(skilful) (campaign)* hábil; *(performance)* logrado(a) **-2.** *(cleverly made but superficial) (movie, programme)* realizado(a) con ingenio pero superficial **-3.** *Pej (excuse, reply)* ingenioso(a) pero insincero(a); **a ~ salesman** un vendedor con mucha labia **-4.** *(surface, tyre)* resbaladizo(a); *(hair)* brillante y lacio(a)
◆ **slick back, slick down** *vt sep* **to ~ one's hair back** *or* **down** alisarse el pelo
◆ **slick up** *vi US Fam (dress smartly)* vestir elegantemente

slicker ['slɪkə(r)] *n US (raincoat)* impermeable *m*

slickly ['slɪklɪ] *adv (marketed, organized)* hábilmente; **a ~ made movie** una película hecha con ingenio pero superficial

slickness ['slɪknɪs] *n* **-1.** *(of campaign)* habilidad *f*; *(of performance)* lo logrado **-2.** *(of movie, programme)* lo ingenioso pero superficial **-3.** *Pej (of excuse, reply)* lo ingenioso pero insincero; *(of salesman)* labia *f* **-4.** *(of surface, tyre)* lo resbaladizo; *(of hair)* lisura *f*

slid *pt & pp of* **slide**

slide [slaɪd] ◇ *n* **-1.** *(act of sliding)* deslizamiento *m*
-2. *(landslide)* desprendimiento *m*, deslizamiento *m*
-3. *(fall) (in prices)* caída *f*, desplome *m* **(in** de); *(in popularity, standards)* declive *m*, descenso *m* **(in** de); **this began his ~ into despair/disgrace** esto marcó el comienzo de su caída en la desesperación/en desgracia
-4. *(in playground)* tobogán *m*
-5. *(photographic)* diapositiva *f* ❑ **~ projector** proyector *m* de diapositivas; **~ viewer** visor *m* de diapositivas; *also* COMPTR **~ show** proyección *f* de diapositivas
-6. *(for microscope)* portaobjetos *m inv*, platina *f*

slider

-7. *Br (for hair)* pasador *m* **-8.** MATH **~ rule** regla *f* de cálculo **-9.** MUS *(device for playing guitar)* vara *f* corredera; **~ guitar** guitarra *f* con vara corredera; **~ trombone** trombón *m* de varas

◇ *vt (pt & pp* **slid** [slɪd]*)* pasar, deslizar; **she slid the note under the door** deslizó la nota por debajo de la puerta; **she slid him the money across the table** le acercó el dinero deslizándolo por encima de la mesa; **to ~ the lid off** quitar *or Am* sacar la tapa corriéndola *or* deslizándola; **he slid the door open/shut** abrió/cerró la puerta corriéndola (a un lado)

◇ *vi* **-1.** *(slip)* resbalar; **he slid down the bannisters** descendió por el pasamanos; **the door slid open** la puerta se abrió deslizándose; **to ~ down a rope** deslizarse por una cuerda; **tears slid down her face** las lágrimas resbalaban por su rostro *or* sus mejillas; **the drawer slides out easily** el cajón sale (deslizándose) con facilidad; **the sheet music slid (down) behind the piano** las partituras fueron resbalando por detrás del piano; **he slid into depression** se sumió en la depresión; **she slid slowly into debt** fue endeudándose poco a poco; IDIOM **to let things ~** dejar que las cosas vayan a peor

-2. *(move quietly, smoothly)* deslizarse; **she slid into/out of the room** entró o/salió de la habitación sigilosamente; **the pilot slid into the cockpit** el piloto entró deslizándose en la carlinga

-3. *(fall)* *(prices, value)* caer, bajar

◆ **slide off** *vi* **-1.** *(lid, part)* salir, quitarse **-2.** *(fall)* caerse **-3.** *(sneak away)* escabullirse

◆ **slide over** *vi (move up)* correrse, apartarse

slider ['slaɪdə(r)] *n (sliding control)* mando *m (corredizo)*

sliding ['slaɪdɪŋ] *adj* corredero(a) ❑ **~ door** puerta *f* corredera *or* corrediza; AUT **~ roof** techo *m* corredizo; **~ scale** escala *f* móvil

slight [slaɪt] ◇ *n (affront)* agravio (**on a**)

◇ *adj* **-1.** *(small, unimportant)* ligero(a), pequeño(a); *(accent)* ligero(a); *(cut, graze)* leve, pequeño(a); *(accident)* leve; **he has a ~ stutter/limp** tartamudea/cojea un poco; **she has a ~ cold** tiene un ligero resfriado; **there's a ~ problem** hay un pequeño problema; **there's a ~ chance of some sunshine tomorrow** existe una ligera posibilidad de que mañana brille un poco el sol; **it was at a ~ angle** estaba ligeramente torcido; **she gets angry at the slightest thing** se enfada por cualquier insignificancia *or* menudencia; **not the slightest danger/interest** ni el más mínimo peligro/interés; **I haven't the slightest idea** no tengo (ni) la menor idea; **not in the slightest** en lo más mínimo; **they weren't (in) the slightest bit interested** no tenían el más mínimo interés, no les interesaba lo más mínimo

-2. *(person)* menudo(a); **she is of ~ build** es de constitución menuda

-3. *(inconsequential, lightweight) (novel, work)* intrascendente, de poco peso

◇ *vt (person)* desairar; *(work, efforts)* menospreciar; **to ~ sb's memory** ofender la memoria de alguien

slighting ['slaɪtɪŋ] *adj* despreciativo(a), desdeñoso(a)

slightly ['slaɪtlɪ] *adv* **-1.** *(to a small degree)* ligeramente, un poco; **this one is ~ worse** éste es un poco peor; **could I have ~ less?** ¿podría tomar un poco menos?; **I knew him ~** apenas lo conocía; **I was ever so ~ disappointed** estaba un poquitín decepcionada **-2.** *(lightly)* **~ built** menudo(a)

slightness ['slaɪtnɪs] *n* **-1.** *(of increase, difference)* escasa importancia *f*; *(of damage)* escasa gravedad *f* **-2.** *(of build)* pequeñez *f*, lo menudo

slily = **slyly**

slim [slɪm] ◇ *adj* **-1.** *(person, waist, figure)* delgado(a); *(wrist)* delgado(a), fino(a) **-2.** *(book, volume)* fino(a), delgado(a) **-3.** *(chance,*

hope) pequeño(a); *(majority)* escaso(a); *(pretext)* débil

◇ *vt (pt & pp* **slimmed**) adelgazar

◇ *vi* adelgazar; **I'm slimming** estoy adelgazando

◆ **slim down** ◇ *vt sep (budget)* reducir, recortar; *(company)* reducir plantilla en; *(workforce)* reducir; *(ambitions, plans)* reducir, restringir; **a slimmed-down version of the old model** una versión simplificada del antiguo modelo

◇ *vi* **-1.** *(person)* adelgazar, perder peso **-2.** *(company)* reducir plantilla

slime [slaɪm] *n* **-1.** *(mud)* lodo *m*, cieno *m* **-2.** *(sticky substance)* viscosidad *f*; *(of snail, slug)* baba *f*

slimebag ['slaɪmbæg], **slimeball** ['slaɪmbɔːl] *n Fam* baboso *m*

sliminess ['slaɪmɪnɪs] *n* **-1.** *(of frog, snail)* viscosidad *f* **-2.** *Fam (of person)* empalago *m*, zalamería *f*

slimline ['slɪmlaɪn] *adj* **-1.** *(butter, milk, soft drink)* bajo(a) en calorías **-2.** *(slim) (dishwasher, diary, calculator)* extraplano(a); **the new ~ Gascoigne is a faster player** el nuevo Gascoigne es ahora un jugador más veloz gracias a su régimen de adelgazamiento

slimmer ['slɪmə(r)] *n* = persona que está a régimen

slimming ['slɪmɪŋ] ◇ *n* adelgazamiento *m*; **~ can be bad for you** adelgazar puede ser perjudicial ❑ **~ club** centro *m* de adelgazamiento; **~ diet** régimen *m* de adelgazamiento; **~ exercises** ejercicios *mpl* para adelgazar; **~ pill** pastilla *f* para adelgazar; **~ product** producto *m* para adelgazar; **~ tablet** pastilla *f* para adelgazar

◇ *adj (flattering) (dress, suit, colour)* que hace más delgado(a)

slimness ['slɪmnɪs] *n* **-1.** *(of person, waist, figure)* delgadez *f*; *(of wrist)* delgadez *f*, finura *f* **-2.** *(of book, volume)* escaso grosor *m* **-3.** *(of chance, hope)* carácter *m* remoto; *(of majority)* escasa amplitud *f*

slimy ['slaɪmɪ] *adj* **-1.** *(frog, snail)* viscoso(a), baboso(a); *(mud, substance)* viscoso(a), pegajoso(a); *(wall, surface)* pegajoso(a), gelatinoso(a) **-2.** *(person)* pegajoso(a), empalagoso(a)

sling [slɪŋ] ◇ *n* **-1.** *(for injured arm)* cabestrillo *m*; **she had her arm in a ~** llevaba el brazo en cabestrillo **-2.** *(for baby)* mochila *f* portabebés **-3.** *(for loads)* eslinga *f* **-4.** *(for rifle)* portafusil *m* **-5.** *(weapon)* honda *f*

◇ *vt (pt & pp* **slung** [slʌŋ]*)* **-1.** *(throw)* lanzar, arrojar; *Br Fam* **can you ~ me (over) the salt?** ¿me pasas la sal?; IDIOM *Br Fam* **~ your hook!** ¡piérdete!, ¡lárgate!

-2. *(suspend) (hammock)* colgar (**from** de); **to ~ sth over one's shoulder** echarse algo a la espalda; **the soldiers wore rifles slung across** *or* **over their shoulders** los soldados llevaban rifles colgados del hombro; **I slung the towel over the washing line** eché la toalla por encima de la cuerda del tendedero

-3. *(insults)* lanzar (**at** a, contra)

◆ **sling away** *vt sep Br Fam* tirar, *Am* botar

◆ **sling out** *vt sep Fam* **-1.** *(throw away)* tirar, *Am* botar **-2.** *(person)* echar **-3.** *(suggestion, plan)* rechazar

slingback ['slɪŋbæk] *n* **~ (shoe)** zapato *m* de talón abierto

slingshot ['slɪŋʃɒt] *n US* tirachinas *m inv*

slink [slɪŋk] *(pt & pp* **slunk** [slʌŋk]*)* *vi* **to ~ off** *or* **away** marcharse subrepticiamente; **the naughty dog slunk into his kennel** el perro travieso se retiró a su caseta con el rabo entre las piernas

slinky ['slɪŋkɪ] *adj (figure)* escultural; *(walk)* sensual; **a ~ dress** un vestido que marca las curvas

slip [slɪp] ◇ *n* **-1.** *(fall) (of person)* resbalón *m*; IDIOM **to give sb the ~** dar esquinazo a alguien

-2. *(in prices, standards)* descenso *m* (**in** de)

-3. *(landslide)* corrimiento *m*, deslizamiento *m*

-4. *(error)* desliz *m*; **to make a ~** tener un desliz; **a ~ of the pen** un lapsus (calami); **a ~ of the tongue** un lapsus (linguae); PROV **there's many a ~ twixt cup and lip** del dicho al hecho va mucho trecho

-5. *(form)* hoja *f*; **~ (of paper)** tira *f* de papel, hoja de papel *(pequeña y alargada)*

-6. *Br* AUT **~ road** *(to join motorway)* carril *m* de incorporación *or* aceleración; *(to exit motorway)* carril *m* de salida *or* deceleración

-7. *(undergarment)* combinación *f*

-8. *(cover)* **(pillow) ~** funda *f* (de almohada)

-9. *(in pottery)* barbotina *f*

-10. *(plant cutting)* esqueje *m*

-11. *(slightly-built person)* **a ~ of a girl** una chavalina; **a ~ of a lad** un chavalín

◇ *vt (pt & pp* **slipped**) **-1.** *(escape)* **the dog slipped its leash** el perro se soltó de la correa; **the ship slipped its moorings** el barco se soltó del amarre; **his name has slipped my mind** se me ha ido su nombre de la cabeza; **to ~ sb's attention** escaparse a alguien

-2. *(put)* deslizar; **he slipped his shoes on/off** se puso/se quitó los zapatos; **she slipped the note into my hand** me pasó la nota con sigilo, me puso con sigilo la nota en la mano; **he slipped his hand into hers** juntó su mano con la de ella; **I slipped my arm round her waist** le pasé el brazo por la cintura; **to ~ sth into the conversation** deslizar algo en la conversación

-3. *(pass)* **to ~ sb sth, to ~ sth to sb** pasar algo a alguien; **she slipped the waiter a dollar bill** dio un dólar al camarero disimuladamente

-4. *(dislocate)* **to have slipped a disc** tener una vértebra dislocada, tener una hernia discal; **she slipped a disc playing squash** se dislocó una vértebra jugando al squash ❑ **slipped disc** hernia *f* discal

-5. AUT *(clutch)* mantener apretado(a)

-6. *(in knitting)* **to ~ a stitch** saltarse un punto □ **~ stitch** repulgo *m*

◇ *vi* **-1.** *(slide) (person)* resbalar(se); *(knot)* soltarse, correrse; *(clutch)* patinar; **his foot slipped** le resbaló un pie; **the knife slipped and cut my finger** el cuchillo se me resbaló y me corté el dedo; **my hand slipped and I knocked it over** se me resbaló la mano y lo volqué; **she slipped down the slope** se resbaló por la pendiente; *also Fig* **to ~ from sb's hands** *or* **grasp** escapársele de las manos a alguien; *Fig* **to ~ through sb's fingers** escapársele de las manos a alguien

-2. *(go gradually)* **to ~ into a depression** *(person)* sumirse en una depresión; **to ~ into recession** entrar en recesión; **to ~ into bad habits** caer en malos hábitos

-3. *(move quickly)* **to ~ into** *(bed)* meterse en; *(room)* colarse en; *(clothes, shoes)* ponerse; **some misprints have slipped into the article** se han colado en el artículo algunos errores de imprenta; **to ~ out of** *(bed)* salir de; *(room)* salir disimuladamente de; *(clothes)* quitarse, *Am* sacarse; **the thieves managed to ~ past the roadblocks** los ladrones lograron pasar inadvertidos por los controles de carretera

-4. *(make mistake)* tener un desliz, cometer un error

-5. *(get worse) (standards, profits)* ir a peor, empeorar; **they have slipped to bottom place** han bajado al último puesto; **to let things ~** dejar que las cosas vayan a peor; **I must be slipping** debe de estar fallándome algo; **you're slipping** estás fallando

-6. *(escape)* **she let ~ a few swear words** se le escaparon unas cuantas palabrotas; **you shouldn't let this chance ~** no deberías dejar escapar esta oportunidad; **to let one's guard ~** bajar la guardia; **to let one's concentration ~** desconcentrarse; **he let it ~ that he would be resigning** se le escapó que iba a dimitir

◆ **slip away** *vi* **-1.** *(leave)* desaparecer, desvanecerse; **control of the party was slipping away from her** el control del partido se le estaba escapando de las

manos; **the patient was slipping away** el paciente se estaba apagando *or* muriendo **-2.** *(chances)* esfumarse
* **slip by** *vi (time, years)* pasar
* **slip down** *vi (fall) (picture, socks, skirt)* caerse
* **slip in** ⇔ *vt sep (quotation, word)* incluir, introducir
⇔ *vi* **-1.** *(person)* colarse **-2.** *(mistake)* colarse
* **slip off** ⇔ *vt sep (garment, shoes, ring)* quitarse, *Am* sacarse
⇔ *vi* **-1.** *(leave)* marcharse **-2.** *(fall) (hat, book)* caerse
* **slip on** *vt sep (garment, shoes, ring)* ponerse
* **slip out** *vi* **-1.** *(escape)* escaparse (**of** de); **the glass slipped out of my hand** el vaso se me escurrió *or* escapó de las manos; **it must have slipped out of my pocket** se me ha debido de caer del bolsillo; **it just slipped out** *(remark)* se me escapó **-2.** *(leave quietly)* escabullirse **-3.** *(go quickly)* **to ~ out to the shop** salir un momento a la tienda
* **slip through** ⇔ *vt insep (gap, security control)* colarse por; *Fig* **to ~ through the net** colarse, escaparse
⇔ *vi (mistake, person)* colarse
* **slip up** *vi (make mistake)* tener un desliz, cometer un error; **the leaders slipped up against the second-placed team** el líder patinó frente al segundo clasificado
slipcase ['slɪpkeɪs] *n (for book)* estuche *m*
slipcover ['slɪpkʌvə(r)] *n US* **-1.** *(for furniture)* funda *f* **-2.** *(for book)* estuche *m*
slip-knot ['slɪpnɒt] *n* nudo *m* corredizo
slip-on ['slɪpɒn] ⇔ *n* **-1.** *(shoes)* **slip-ons** zapatos *mpl* sin cordones **-2.** *US (sweater)* suéter *m or Esp* jersey *m or Col* saco *m or RP* pulóver *m* sin botones
⇔ *adj* **~ shoes** zapatos *mpl* sin cordones
slippage ['slɪpɪdʒ] *n* **-1.** *(in value)* desplome *m*, bajón *m* **-2.** *(in standards)* empeoramiento *m*, caída *f* **-3.** *(of land)* corrimiento *m*
slipper ['slɪpə(r)] *n* zapatilla *f*; *Br* **to give sb the ~** pegarle a alguien con la zapatilla
slipperiness ['slɪpərɪnɪs] *n* **-1.** *(of object, surface)* **the ~ of the roads** el estado resbaladizo de las carreteras; **the ~ of the fish** lo escurridizo que estaba el pescado **-2.** *(of person)* mañas *fpl*, artimañas *fpl* **-3.** *(of concept, issue)* ambigüedad *f*
slippery ['slɪpərɪ] *adj* **-1.** *(surface, object)* resbaladizo(a), escurridizo(a) **-2.** *(person)* tramposo(a); *Pej* **a ~ customer** un pájaro de cuenta, una buena pieza; IDIOM **to be on a ~ slope** ir cuesta abajo; IDIOM *Pej* **as ~ as an eel** más falso(a) que Judas **-3.** *(concept, issue)* ambiguo(a), etéreo(a)
slippy ['slɪpɪ] *adj Fam (surface, object)* resbaladizo(a), escurridizo(a)
slipshod ['slɪpʃɒd] *adj* chapucero(a)
slipstream ['slɪpstri:m] ⇔ *n* estela *f*
⇔ *vi (in cycling, motor racing)* ir a rebufo
slip-up ['slɪpʌp] *n (pequeño)* error *m*, desliz *m*
slipway ['slɪpweɪ] *n NAUT* grada *f*
slit [slɪt] ⇔ *n* **-1.** *(cut) (of dress, in paper)* corte *m*, raja *f*; **to make a ~ in sth** hacer un corte a *or* en algo, rajar algo **-2.** *(crack) (in door, wall)* rendija *f*, hendidura *f* **-3.** *Vulg (vagina)* raja *f*
⇔ *adj* **~ skirt** falda *or RP* pollera abierta *or* con raja
⇔ *vt (pt & pp* **slit**) cortar; **the skirt is ~ up the side** la falda *or RP* pollera lleva una raja al costado *or* va abierta por el costado; **to ~ sth open** abrir algo rajándolo; **to ~ an envelope open** abrir un sobre con un abrecartas; **to ~ sb's throat** degollar a alguien; **she ~ her wrists** se cortó las venas
slither ['slɪðə(r)] *vi* deslizarse; **I slithered down the tree** bajé deslizándome por el árbol; **the dog was slithering about on the ice** el perro patinaba sobre el hielo
sliver ['slɪvə(r)] *n (of ham, cheese)* lonchita *f*; *(of glass)* esquirla *f*
Sloane (Ranger) [sləʊn('reɪndʒə(r))] *n Br Fam* niño(a) *m,f* bien, *Esp* pijo(a) *m,f*

slob [slɒb] *n Fam (untidy person)* cerdo(a) *m,f*, *Esp* guarro(a) *m,f*; *(lazy person)* dejado(a) *m,f*
* **slob about, slob around** *vi Fam* holgazanear, gandulear, *Méx* andar de flojo, *RP* hacer fiaca
slobber ['slɒbə(r)] ⇔ *n (dribble)* baba *f*
⇔ *vi babear*; **the dog slobbered all over me** el perro me llenó *or* me puso perdido de baba; *Fam* **they were slobbering over each other** *(lovers)* se estaban besuqueando; *Fam* **he was slobbering over a photo of a Porsche** se le caía la baba mirando la foto de un Porsche
slobbery ['slɒbərɪ] *adj Fam (kiss)* baboso(a)
slobbish ['slɒbɪʃ] *adj Fam (untidy)* abandonado(a), *Esp* guarro(a); *(lazy)* dejado(a), haragán(ana)
sloe [sləʊ] *n (fruit)* endrina *f*; *(tree)* endrino *m*
❑ **~ gin** licor *m* de endrinas, ≃ pacharán *m*
slog [slɒg] *Fam* ⇔ *n* **-1.** *(hard task)* **it was a bit of a ~** fue un aburrimiento *or Esp* tostonazo (de trabajo); **it's a long ~** *(walk)* hay un buen trecho *or Esp* una buena tirada **-2.** *(hit)* batazo *m*
⇔ *vi (pt & pp* **slogged**) **-1.** *(work hard)* trabajar como un(a) negro(a), dar el callo; **to ~ away (at sth)** trabajar como una bestia (en algo) **-2.** *(move with effort)* **to ~ through snow/mud** caminar penosamente *or* trabajosamente por la nieve/el barro; **we slogged slowly up the hill** subimos la colina despacio y con gran esfuerzo
⇔ *vt* **-1.** *(move)* **we slogged our way through the snow** caminamos a duras penas *or* con dificultad por la nieve **-2.** *(hit) (ball, person)* golpear fuertemente; **to ~ it out** *(fight)* pelear a muerte; *(argue)* discutir acaloradamente
* **slog on** *vi Fam (keep working)* seguir currando
slogan ['sləʊgən] *n (political, advertising)* eslogan *m*; *(of demonstrators)* consigna *f*
sloganeering [sləʊgə'nɪərɪŋ] *n Pej* abuso *m* de eslóganes retóricos
slo-mo ['sləʊməʊ] *adj Fam (abbr* **slow-motion**) a cámara lenta
sloop [slu:p] *n (ship)* balandro *m*
slop [slɒp] ⇔ *n* **-1.** *(pig food)* desperdicios *mpl* (para los cerdos *or* puercos) ❑ **~ bucket** *(in prison)* cubo *m* (utilizado como orinal) **-2.** *Pej (bad food)* bazofia *f* **-3.** *Fam (sentimentality)* cursilerías *fpl*
⇔ *vt (pt & pp* **slopped**) derramar
⇔ *vi* derramarse; **the water slopped (over) onto the floor** el agua se derramó por el suelo
* **slop about, slop around** *vi* **-1.** *(liquid)* agitarse **-2.** *(paddle)* chapotear **-3.** *Fam (be lazy)* estar *or* andar (por ahí) tirado(a)
* **slop out** *vi Br (prisoner)* vaciar el orinal
slope [sləʊp] ⇔ *n* **-1.** *(of ground)* cuesta *f*, pendiente *f*; *(of roof)* inclinación *f*; *(mountainside)* ladera *f*, falda *f*; **an upward/downward ~** una cuesta *or* pendiente hacia arriba/abajo **-2.** *(for skiing)* pista *f*
⇔ *vi* **this table slopes** esta mesa está inclinada; **to ~ backwards/forwards** *(handwriting)* inclinarse hacia atrás/delante; **to ~ up/down** *(path)* ascender/descender
* **slope off** *vi Br Fam* escabullirse
sloping ['sləʊpɪŋ] *adj (roof, ground)* en pendiente, inclinado(a) **-2.** *(handwriting)* inclinado(a) **-3.** *(shoulders)* caído(a)
sloppily ['slɒpɪlɪ] *adv* **-1.** *(to work)* chapuceramente, descuidadamente; *(to dress)* descuidadamente, desaliñadamente **-2.** *Fam (sentimental)* de un modo sensiblero
sloppiness ['slɒpɪnɪs] *n* **-1.** *(of work)* dejadez *f*, falta *f* de cuidado **-2.** *Fam (sentimentality)* sensiblería *f*
sloppy ['slɒpɪ] *adj* **-1.** *(careless) (work, worker)* chapucero(a), descuidado(a); *(essay, research)* flojo(a), pobre; *(language)* descuidado(a), empobrecido(a); **to be a ~ dresser** vestir descuidadamente *or* desaliñadamente; **he was guilty of ~ thinking** pecaba de falta de rigor analítico, carecía de rigor

analítico **-2.** *Fam (sentimental) (person, letter)* almibarado(a), empalagoso(a); *(book, film)* sensiblero(a) **-3.** *(kiss)* baboso(a)
sloppy Joe ['slɒpɪ'dʒəʊ] *n* **-1.** *(sweater)* suéter *m or Esp* jersey *m or Col* saco *m or RP* pulóver *m* grande **-2.** *US (food)* = carne picada cocinada con salsa de tomate y especias y servida encima de un trozo de pan
slosh [slɒʃ] ⇔ *vt* **-1.** *Fam* **she sloshed whitewash on** *or* **over the wall** echó cal por toda la pared **-2.** *Br Fam (hit)* pegar
⇔ *vi* **-1.** *(liquid)* chapotear; **the water was sloshing about** *or* **around in the bottom of the bucket** el agua se agitaba ruidosamente en el fondo del cubo **-2.** *(move) (in liquid, mud)* caminar chapoteando; **children sloshing around in the puddles** niños chapoteando en los charcos
sloshed [slɒʃt] *adj Fam* **to be ~** estar como una cuba *or Esp, RP* mamado(a) *or Col* caído(a) (de la perra) *or Méx* ahogado(a); **to get ~** agarrarse un pedo
slot [slɒt] ⇔ *n* **-1.** *(hole) (in box, machine, computer)* ranura *f* ❑ **~ machine** *(for vending)* máquina *f* expendedora; *(for gambling)* (máquina *f*) tragaperras *f inv*; *Br* **~ meter** contador *m* de pago previo **-2.** *(groove)* ranura *f*, muesca *f* **-3.** *(in schedule, list)* hueco *m*; RAD & TV espacio *m*; AV *(for take-off)* turno *m* de despegue **-4.** *(job opening)* plaza *f*
⇔ *vt (pt & pp* **slotted**) **-1.** *(part)* introducir (**into** en) **-2.** *(find time for, fit)* hacer un hueco a (**into** en)
⇔ *vi* **-1.** *(part)* encajar (**into** en) **-2.** *(into timetable, schedule, team)* encajar (**into** en)
* **slot in** ⇔ *vt sep* **-1.** *(part)* introducir **-2.** *(into schedule)* hacer un hueco a
⇔ *vi (part, into team)* encajar
* **slot together** ⇔ *vt sep* ensamblar
⇔ *vi* encajar
sloth [sləʊθ] *n* **-1.** *(laziness)* pereza *f* **-2.** *(animal)* perezoso *m*
slothful ['sləʊθfʊl] *adj* perezoso(a) *m,f*
slotted ['slɒtɪd] *adj US* **~ spatula** pala *f*; **~ spoon** espumadera *f*
slouch [slaʊtʃ] ⇔ *n* **-1.** *(stoop)* **to have a ~** ser de hombros caídos; **to walk with a ~** caminar encorvado(a) **-2.** *Fam* **he's no ~ when it comes to cooking** es un hacha en la cocina
⇔ *vi* **-1.** *(when standing)* encorvarse; **don't ~!** ¡ponte derecho! **-2.** *(on chair)* repantigarse **-3.** *(when moving)* **he slouched into/out of the room** entró en/salió de la habitación caminando encorvado
* **slouch about, slouch around** *vi (laze around)* holgazanear
slough[1] [slaʊ] *n (swamp)* lodazal *m*, barrizal *m*; *Literary* **to be in a ~ of despair** estar sumido(a) en la más profunda desesperación
slough[2] [slʌf] ⇔ *n (skin) (of snake)* piel *m*, camisa *f*; MED escara *f*
⇔ *vt (of reptile)* **to ~ its skin** mudar de piel *or* de camisa
* **slough off** *vt sep* **-1.** *(of reptile)* **to ~ off its skin** mudar de piel *or* de camisa **-2.** *(responsibility)* librarse de; *(bad habit)* deshacerse de
Slovak ['sləʊvæk] ⇔ *n* **-1.** *(person)* eslovaco(a) *m,f* **-2.** *(language)* eslovaco *m*
⇔ *adj* eslovaco(a)
Slovakia [sləʊ'vækɪə] *n* Eslovaquia
Slovakian [sləʊ'vækɪən] ⇔ *n* eslovaco(a) *m,f*
⇔ *adj* eslovaco(a)
Slovene ['sləʊvi:n], **Slovenian** [sləʊ'vi:nɪən] ⇔ *n* **-1.** *(person)* esloveno(a) *m,f* **-2.** *(language)* esloveno *m*
⇔ *adj* esloveno(a)
Slovenia [sləʊ'vi:nɪə] *n* Eslovenia
Slovenian = Slovene
slovenliness ['slʌvənlɪnɪs] *n* **-1.** *(of appearance, dress)* desaliño *m*, dejadez *f* **-2.** *(carelessness)* carácter *m* descuidado
slovenly ['slʌvənlɪ] *adj* **-1.** *(untidy)* desastrado(a), desaliñado(a) **-2.** *(careless)* descuidado(a)

slow [sləʊ] ◇ *adj* **-1.** *(not fast)* lento(a); **to be ~ to do sth** tardar *or Am* demorar en hacer algo; **business is ~** el negocio está flojo; **my watch is ~** mi reloj va atrasado; **my watch is ten minutes ~** mi reloj lleva diez minutos de retraso *or Am* demora; **to be ~ off the mark** *(to start)* tardar *or Am* demorar en arrancar; *(to understand)* ser un poco torpe; CULIN **in a ~ oven** a horno moderado; **we're making ~ progress** avanzamos muy poco; **it's ~ work** lleva *or* demora mucho tiempo; **she's a ~ worker/swimmer** trabaja/nada despacio ❑ *US Fam* **~ burn: to do a ~ burn** mosquearse, *Esp* agarrar un mosqueo; **~ handclap** = palmas lentas de desaprobación; AUT **~ lane** carril *m* lento; **~ loris** loris *m inv* perezoso; CIN & TV **(in) ~ motion** (a) cámara lenta; **~ train** tren *m* lento
 -2. *(stupid)* corto(a) *or* lento(a) de entendederas
 -3. SPORT *(green, court, surface)* lento(a)
 ◇ *adv* despacio, lentamente; **to go ~** *(workers)* hacer huelga de celo
 ◇ *vt (car)* reducir la velocidad de; *(progress, growth, pace)* ralentizar; **the alcohol slowed her reactions** el alcohol redujo su capacidad de reacción
 ◇ *vi (reduce speed)* aminorar la velocidad; **traffic has slowed to a crawl** el tráfico casi se ha paralizado; **to ~ to a halt** ir aminorando la velocidad hasta detenerse; **growth has slowed** el crecimiento se ha ralentizado; **the number of complaints has slowed to a trickle** las quejas llegan ahora con cuentagotas
 ◆ **slow down, slow up** ◇ *vt sep* **-1.** *(reduce speed of) (car)* reducir la velocidad de; **the heart attack has slowed me down a bit** el infarto me ha hecho tomarme las cosas con más calma
 -2. *(delay)* retrasar
 ◇ *vi (reduce speed)* aminorar la velocidad; **~ down** *or* **up, I can't keep up (with you)/understand you!** ¡más despacio, (que) no puedo seguirte/no te entiendo!; **he has slowed down since the heart attack** se ha tomado las cosas con más calma desde el infarto

slow-acting [ˈsləʊˈæktɪŋ] *adj* de efecto retardado

slow-burning [ˈsləʊˈbɜːnɪŋ] *adj (fuse, fuel)* de combustión lenta

slowcoach [ˈsləʊkəʊtʃ] *n Br Fam* tortuga *f*

slowdown [ˈsləʊdaʊn] *n* **-1.** *US (go-slow)* huelga *f* de celo **-2.** *(in productivity, rate)* disminución *f*; *(in economy)* desaceleración *f*

slowly [ˈsləʊlɪ] *adv* despacio, lentamente; **~ but surely** lento, pero seguro; **he's ~ realizing that...** poco a poco se está dando cuenta de que...

slow-motion [ˈsləʊˈməʊʃən] *adj* a cámara lenta ❑ **~ replay** repetición *f* a cámara lenta

slow-moving [ˈsləʊˈmuːvɪŋ] *adj* **-1.** *(person, car, queue, river)* lento(a) **-2.** *(film, plot)* lento(a)

slowness [ˈsləʊnɪs] *n* lentitud *f*

slowpoke [ˈsləʊpəʊk] *n US Fam* tortuga *f*

slow-witted [ˈsləʊˈwɪtɪd] *adj* torpe, obtuso(a)

slow-worm [ˈsləʊwɜːm] *n* lución *m*

SLR [ɛselˈɑː(r)] *n* PHOT *(abbr* **single-lens reflex)** cámara *f* réflex (monoobjetivo)

sludge [slʌdʒ] *n* **-1.** *(mud)* fango *m*, lodo *m* **-2.** *(in engine)* sedimento *m* **-3.** *(sewage)* aguas *fpl* residuales

slue *US* = **slew¹**

slug [slʌɡ] ◇ *n* **-1.** *(mollusc)* babosa *f* ❑ **~ pellet** bolita *f* de veneno para babosas **-2.** *Fam (bullet)* bala *f* **-3.** *Fam (of drink)* trago *m* **-4.** *Fam (blow)* tortazo *m*, castañazo *m* **-5.** *US (fake coin)* ficha *f*
 ◇ *vt (pt & pp* **slugged)** *Fam (hit)* dar un tortazo *or* castañazo a; **to ~ it out** pelear a muerte

slugfest [ˈslʌɡfɛst] *n US Fam* **-1.** *(boxing match)* festival *m* de puñetazos **-2.** *(baseball game)* festival *m* de carreras

sluggard [ˈslʌɡəd] *n* holgazán(ana) *m,f*

slugger [ˈslʌɡə(r)] *n US Fam (boxer)* gran pegador *m*; *(in baseball)* potente bateador *m*

sluggish [ˈslʌɡɪʃ] *adj* **-1.** *(person)* aletargado(a) **-2.** *(response)* lento(a), retardado(a); *(engine)* frío(a); *(pulse)* lento(a); *(growth, economy)* lento(a); *(business, market)* inactivo(a), flojo(a); **at a ~ pace** con paso cansino

sluggishly [ˈslʌɡɪʃlɪ] *adv* **-1.** *(to move)* lentamente, despacio **-2.** *(to respond)* con lentitud, con retardo; *(to beat)* despacio, lentamente; *(to grow)* lentamente

sluggishness [ˈslʌɡɪʃnɪs] *n* **-1.** *(of person)* amuermamiento *m*, aletargamiento *m* **-2.** *(of response)* lentitud *f*, carácter *m* retardado; *(of engine)* enfriamiento *m*; *(of pulse)* lentitud *f*; *(of growth, economy)* lentitud *f*; *(of business, market)* inactividad *f*

sluice [sluːs] *n* **-1.** *(channel)* canal *m* **-2.** *(sluice-gate)* esclusa *f*, compuerta *f* **-3.** *(wash)* **to give sth a ~ (down)** lavar algo echándole agua abundante por encima
 ◆ **sluice down** *vt sep (wash down)* lavar algo echándole abundante agua por encima; **to ~ oneself down with cold water** darse una buena ducha de agua fría
 ◆ **sluice out** *vt sep (rinse) (cup, pot)* enjuagar con agua abundante; **they sluiced out the stable** baldearon el suelo del establo

sluicegate [ˈsluːsɡeɪt] *n* esclusa *f*, compuerta *f*

sluiceway [ˈsluːsweɪ] *n* canal *m*

slum [slʌm] ◇ *n (district)* barrio *m* bajo; *(on outskirts)* arrabal *m*, suburbio *m*; *(house)* tugurio *m* ❑ **~ area** zona *f* urbana deprimida, *Esp* núcleo *m* de chabolismo; **~ clearance** erradicación *f Esp* del chabolismo *or Méx* las ciudades perdidas *or Arg* las villas miseria *or Urug* los cantegriles; **~ dwelling** tugurio *m*; **~ landlord** casero *m* que alquila *or Méx* renta tugurios
 ◇ *vt (pt & pp* **slummed) to ~ it** *(affect poverty)* ir de pobre, llevar vida de pobre; *(lower oneself)* rebajarse

slumber [ˈslʌmbə(r)] ◇ *n* **-1.** *Literary* sueño *m* **-2.** *US* **~ party** = fiesta de adolescentes que se quedan a dormir en casa de quien la organiza
 ◇ *vi Literary* dormir

slum-dweller [ˈslʌmdwelə(r)] *n* habitante *mf* de los barrios bajos

slummy [ˈslʌmɪ] *adj (area)* barriobajero(a)

slump [slʌmp] ◇ *n* **-1.** *(in prices, sales)* desplome *m*, caída *f*; *(in popularity, interest)* bajón *m*, caída *f* **-2.** *(economic depression)* crisis *f inv*, recesión *f* **-3.** *(bad patch) (of player, team)* mala racha *f*, mal momento *m*; **she has suffered a ~ in her form** ha experimentado un bajón en su forma
 ◇ *vi* **-1.** *(physically)* desplomarse; **she slumped into an armchair** se desplomó en un sillón; **her shoulders slumped** dejó caer los hombros bruscamente; **he was found slumped over the table** lo encontraron desplomado sobre la mesa
 -2. *(economy)* hundirse
 -3. *(prices, sales)* desplomarse; *(popularity, interest)* caer
 -4. *(form)* experimentar un bajón; **they have slumped to seventeenth in the table** han descendido de golpe al decimoséptimo puesto en la (tabla de) clasificación

slung *pt & pp* of **sling**

slunk *pt & pp* of **slink**

slur [slɜː(r)] ◇ *n* **-1.** *(insult)* agravio *m*, injuria *f*; **a racial ~** un insulto racista; **it's a ~ on his character** es una afrenta a su personalidad; **to cast a ~ on sb's reputation** manchar la reputación de alguien **-2.** *(in speech)* **she was speaking with a ~** hablaba arrastrando las palabras **-3.** MUS *(sign)* ligadura *f*
 ◇ *vt (pt & pp* **slurred) -1.** *(words)* pronunciar con dificultad **-2.** *(reputation, character)* manchar, empañar **-3.** MUS ligar

slurp [slɜːp] ◇ *n* **-1.** *(noise)* sorbetón *m* **-2.** *Fam (sip, drink)* sorbetón *m*
 ◇ *vt* sorber *(ruidosamente)*; **don't ~ your coffee!** ¡no sorbas el café!
 ◇ *vi* sorber *(ruidosamente)*

slurred [slɜːd] *adj (speech)* mal articulado(a)

slurry [ˈslʌrɪ] *n* **-1.** *(liquid manure)* estiércol *m* líquido **-2.** *(watery cement)* lechada *f*

slush [slʌʃ] *n* **-1.** *(snow)* nieve *f* sucia *(medio derretida)* **-2.** *(drink)* granizado *m* **-3.** *Fam* POL **~ fund** fondos *mpl* para corrupción *or Esp* corruptelas **-4.** *Fam (sentimentality)* sensiblería *f*

slushy [ˈslʌʃɪ] *adj* **-1.** *(snow)* medio derretido(a) **-2.** *(movie, book)* sensiblero(a), sentimentaloide

slut [slʌt] *n Fam* **-1.** *(promiscuous woman)* puta *f* **-2.** *(untidy, dirty woman)* marrana *f*, *Esp* guarra *f*

sluttish [ˈslʌtɪʃ] *adj* **-1.** *(slovenly)* desastrado(a) **-2.** *(behaviour)* de fulana

sly [slaɪ] ◇ *n* **on the ~** subrepticiamente, a hurtadillas
 ◇ *adj* **-1.** *(cunning)* astuto(a) **-2.** *(dishonest)* desaprensivo(a) **-3.** *(mischievous)* malicioso(a) **-4.** *(secretive)* **he's a ~ one!** ¡qué cuco!

slyboots [ˈslaɪbuːts] *n Fam* picarón(ona) *m,f*, mosquita *mf* muerta

slyly, slily [ˈslaɪlɪ] *adv* **-1.** *(cunningly)* astutamente **-2.** *(nastily)* de manera desaprensiva **-3.** *(mischievously)* maliciosamente

slyness [ˈslaɪnɪs] *n* **-1.** *(cunning)* astucia *f* **-2.** *(nastiness)* desaprensión *f* **-3.** *(mischief)* malicia *f*

SM -1. *(abbr* **sado-masochism)** SM, sado *m* **-2.** *(abbr* **Sergeant-Major)** sargento *mf* primero

S & M [ˈɛsənˈem] *n (abbr* **sado-masochism)** SM *m*, sado *m*

smack [smæk] ◇ *n* **-1.** *(blow) (on bottom)* azote *m*; *(in face)* bofetada *f*; **a ~ in the face** una bofetada; **be quiet or I'll give you a ~!** ¡cállate o te doy un azote! **-2.** *(sound)* chasquido *m*; **with a ~ of his lips** relamiéndose **-3.** *Fam (kiss)* besote *m*, besazo *m* **-4.** *(suggestion, hint)* **there is a ~ of hypocrisy about his remarks** hay cierta hipocresía en sus comentarios **-5.** *Fam (heroin)* caballo *m* **-6.** *(boat)* barco *m* de pesca
 ◇ *adv Fam* **to bump ~ into a tree** chocar de lleno con un árbol; **it landed ~ in the middle of the flowerbed** vino a caer justo en el medio del parterre
 ◇ *vt* **-1.** *(hit) (on bottom)* dar un azote a; *(in face)* dar una bofetada a; **to ~ sb's bottom** *(in punishment)* darle una azotaina a alguien; *Br Fam* **to ~ sb in the mouth** darle un puñetazo *or* un mamporro en la cara a alguien
 -2. *(put forcefully)* **she smacked the book down on the table** puso el libro enérgicamente sobre la mesa; **he smacked the ball into the back of the net** metió la pelota de un trallazo hasta el fondo de la red
 -3. to ~ one's lips *(in anticipation)* relamerse
 ◇ *vi (smash)* **the ball smacked against a post** la pelota se estrelló contra un poste
 ◆ **smack of** *vt insep (suggest)* oler a

smacker [ˈsmækə(r)] *n Fam* **-1.** *(big kiss)* besote *m*, besazo *m* **-2. fifty smackers** *(pounds)* cincuenta libras *fpl*; *(dollars)* cincuenta dólares *mpl*

smackeroo [smækəˈruː] *n US Fam (dollar)* dólar *m*

smackhead [ˈsmækhed] *n Fam (heroin addict)* heroinómano(a) *m,f*

small [smɔːl] ◇ *n* **-1.** *(part of body)* **the ~ of the back** la región lumbar, los riñones
 -2. *Br Fam* **smalls** *(underwear)* ropa *f* interior
 ◇ *adj* **-1.** *(not large)* pequeño(a), *Am* chico(a); **these trousers are too ~ for me** estos pantalones me vienen pequeños; **to have a ~ appetite** tener poco apetito; **only a very ~ number of people make it** sólo un número muy reducido de gente lo consigue; **she's a conservative with a ~ "c"** es de ideas conservadoras, no del Partido Conservador, sino tradicionalistas en el sentido más amplio de la palabra; **to make sth smaller** empequeñecer algo; *Br Euph* **the smallest room** escusado, excusado; **it's a ~ world!** ¡el mundo es un pañuelo!; PROV **~ is beautiful** la belleza está en las cosas pequeñas ❑ JOURN **~ ads** anuncios *mpl* breves *or* por palabras; **~ arms** armas *fpl* cortas; **~ business** pequeña empresa *f*; **~**

small-bore *businessman* pequeño empresario *m*; TYP **~ caps** versalita *f*; **~ claims court** tribunal *m* para causas de menor cuantía; **~ game** caza *f* menor; **the ~ hours** la madrugada; **~ intestine** intestino *m* delgado; **~ letters** (letras *fpl*) minúsculas *fpl*; **~ and medium-sized business** pequeña y mediana empresa *f*; **the ~ print** la letra pequeña; **the ~ screen** la pequeña pantalla
-2. *(not important)* pequeño(a); **it made me feel ~** hizo que me sintiera muy poca cosa *or* me avergonzara de mí mismo; **they tried to make me look ~** querían hacerme parecer insignificante; **it was ~ comfort that...** de poco consuelo sirvió que...; **(it's) ~ wonder that...** no es de extrañar que...; **it's no ~ achievement** es un logro nada despreciable; **in a ~ way** a pequeña escala; **I like to help, in my own ~ way** me gusta ayudar, aunque sea modestamente; IDIOM *Fam* **it's ~ beer** *or US* **potatoes** es una *Esp* nadería *or Am* zoncera, es cosa de niños ❑ **~ change** cambio *m*, suelto *m*, *Am* vuelto *m*, *Andes, CAm, Méx* sencillo *m*; **~ claims court** = juzgado en el que se tramitan demandas de poca cuantía; *Fam* **~ fry** gente *f* de poca monta; **~ talk** charla *f or CAm, Méx* plática insustancial; **to make ~ talk** conversar sobre temas triviales
◇ *adv (write)* con letra pequeña; **to chop sth up ~** cortar algo en trozos pequeños; **to start ~** comenzar con poco; **to think ~** planteárse las cosas a pequeña escala

small-bore ['smɔːlbɔː(r)] *adj* de pequeño calibre

smallholder ['smɔːlhəʊldə(r)] *n Br* minifundista *mf*

smallholding ['smɔːlhəʊldɪŋ] *n Br* minifundio *m*

smallish ['smɔːlɪʃ] *adj (house, town)* más bien pequeño(a); *(income)* más bien escaso(a) *or* reducido(a); *(family)* más bien reducido(a), más bien pequeño(a); *(majority)* más bien escaso(a)

small-minded [smɔːl'maɪndɪd] *adj* mezquino(a)

small-mindedness [smɔːl'maɪndɪdnɪs] *n* mezquindad *f*

smallness ['smɔːlnɪs] *n* pequeñez *f*, pequeño tamaño *m*

smallpox ['smɔːlpɒks] *n* viruela *f*

small-scale ['smɔːlskeɪl] *adj* -1. *(model, map)* a pequeña escala -2. *(operation)* de poca envergadura

small-time ['smɔːltaɪm] *adj Fam* de poca monta

small-town ['smɔːltaʊn] *adj (parochial)* provinciano(a), de pueblo

smarm [smɑːm] *Pej* ◇ *n* zalamería *f*
◇ *vt* **to ~ one's way into sth** conseguir algo a base de zalamerías *or* de dar coba
➤ **smarm up** *Pej vi* **to ~ up to sb** dar coba a alguien, *Esp* hacer la pelota a alguien

smarmy ['smɑːmɪ] *adj Pej* zalamero(a)

smart [smɑːt] ◇ *adj* -1. *(clever)* inteligente; *(sharp)* agudo(a), listo(a); **a ~ move** una decisión acertada; **that wasn't very ~, was it?** eso ha sido una tontería, ¿verdad?; **don't try to get ~ with me** no te hagas el listo conmigo; **the ~ money is on Jones to win the election** los entendidos en la materia creen que Jones ganará las elecciones ❑ *Fam* **~ alec(k)** sabelotodo *mf, Esp* listillo(a) *m,f, Méx, RP* vivo(a) *m,f*; **~ bomb** bomba *f* teledirigida; **~ card** tarjeta *f* inteligente; TYP **~ quotes** comillas *fpl* tipográficas
-2. *(elegant)* elegante; **you look very ~ in your new suit** estás muy elegante con tu traje nuevo; **to be a ~ dresser** vestir elegantemente; **the ~ set** la gente guapa
-3. *(quick)* rápido(a), *(hit, blow)* seco(a); **give it a ~ tap** dale un golpecito seco; **look ~ (about it)!** ¡date prisa!, *Am* ¡apúrate!
-4. *Fam (excellent)* genial, *Esp* molón(ona), *Andes, CAm, Carib, Méx* chévere, *Col* tenaz, *Méx* padrísimo(a); *(pretty)* mono(a)
◇ *vi* -1. *(wound, graze)* escocer; *(eyes)* picar, escocer; **my face was still smarting from the blow** todavía me dolía la cara del golpe -2. *(person)* resentirse, dolerse; **they are still smarting from the insult/defeat** todavía están escocidos del insulto/de la derrota
◇ *n US Fam* **smarts** *(intelligence)* mollera *f*
◇ *exclam Fam (excellent)* ¡genial!, ¡fantástico!

smart-alec(k) ['smɑːtˌælɪk], **smart-alecky** ['smɑːtˌælɪkɪ] *adj Fam (reply, comment)* de sabelotodo *or Esp* listillo(a) *or Méx, RP* vivo(a)

smartarse ['smɑːtɑːs], *US* **smartass** ['smɑːtæs] *very Fam* ◇ *n* sabelotodo *mf or Esp* listillo(a) *m,f or Méx, RP* vivo(a) *m,f* de mierda
◇ *adj (reply, comment)* de sabelotodo *or Esp* listillo(a) *or Méx, RP* vivo(a) de mierda

smarten ['smɑːtən]
➤ **smarten up** ◇ *vt sep (place)* arreglar; **to ~ oneself up** acicalarse; *Fam* **you'd better ~ up your ideas** *or* **your act!** ¡a ver si (te) espabilas!
◇ *vi* -1. *(tidy oneself up)* arreglarse -2. *(behave more cleverly)* espabilarse

smartly ['smɑːtlɪ] *adv* -1. *(cleverly)* con inteligencia, inteligentemente; *(sharply)* agudamente -2. *(elegantly)* elegantemente -3. *(quickly)* rápidamente, con rapidez; *(sharply)* secamente; **tap it ~** dale un golpecito seco

smartness ['smɑːtnɪs] *n* -1. *(cleverness)* inteligencia *f*; *(sharpness)* agudeza *f* -2. *(elegance)* elegancia *f* -3. *(briskness)* vivacidad *f*, rapidez *f*

smarty ['smɑːtɪ], **smarty-pants** ['smɑːtɪpænts] *(pl* **smarty-pants)** *n Fam* sabelotodo *mf, Esp* listillo(a) *m,f, Méx, RP* vivo(a)

smash [smæʃ] ◇ *n* -1. *(noise)* estruendo *m*; **the vase fell with a ~** el jarrón cayó estrepitosamente -2. *(blow)* golpe *m*, batacazo *m* -3. *(collision)* choque *m* -4. *(in tennis, badminton, table-tennis)* mate *m*, smash *m* -5. *Fam (record, movie)* **~ (hit)** exitazo *m*
◇ *vt* -1. *(break)* **to ~ sth (to pieces)** hacer algo pedazos *or* añicos; **to ~ sth against sth** destrozar algo contra algo; **to ~ sth open** abrir algo de un golpetazo; **to ~ down a door** derribar una puerta; **to ~ a window in** hacer añicos *or* romper una ventana; *Fam* **to ~ sb's face in** partirle la cara a alguien
-2. *(hit)* she smashed her fist into his face le estampó un puñetazo en la cara; **she smashed him over the head with a chair** le estrelló una silla en la cabeza; **he smashed a shot against the post** disparó un trallazo contra el poste
-3. *(in tennis, badminton, table-tennis)* rematar
-4. *(destroy) (hopes, chances, resistance)* acabar con; **to ~ a drugs ring** desarticular una red de narcotraficantes; **she smashed the world record** pulverizó el récord mundial
◇ *vi* -1. *(collide)* **to ~ into sth** estrellarse contra algo -2. *(shatter)* **to ~ (into pieces)** estallar (en mil pedazos) -3. *(in tennis, badminton, table-tennis)* hacer mates
◇ *adv* **to go ~ into a wall** estrellarse contra una pared
➤ **smash up** *vt sep* destrozar

smash-and-grab (raid) ['smæʃən'græb('reɪd)] *n* = rotura de un escaparate para robar artículos expuestos en él

smashed [smæʃt] *adj Fam* -1. *(drunk)* **to be ~** estar *Esp* mamado(a) *or Méx* ahogado(a) *or RP* en pedo; **to get ~** agarrarse un pedo -2. *(on drugs)* **to be ~** estar colocado(a) *or Esp* pedo *or Col* trabado(a) *or RP* falopeado(a); **to get ~** agarrarse un pedo

smasher ['smæʃə(r)] *n Br Fam* **she's a ~** *(gorgeous)* es un bombón; **the goal was a ~** fue un gol de antología

smashing ['smæʃɪŋ] *adj* -1. *Br Fam (excellent)* genial, *Andes, CAm, Carib, Méx* chévere, *Méx* padre, *RP* bárbaro(a); **we had a ~ time** nos lo pasamos genial -2. *(blow)* violento(a)

smash-up ['smæʃʌp] *n Fam (traffic accident)* colisión *f*, accidente *m* de coche *or Am* carro *or CSur* auto

smattering ['smætərɪŋ] *n* -1. *(of knowledge)* nociones *fpl*; **she has a ~ of Italian** tiene nociones de italiano -2. *(of people, things)* puñado *m*; **there was a ~ of applause** hubo algunos aplausos

SME [esem'iː] *n (abbr* **small and medium-sized enterprise)** PYME *f*

smear [smɪə(r)] ◇ *n* -1. *(stain)* mancha *f* -2. *(slander)* calumnia *f* **(on contra)** ❑ **~ campaign** campaña *f* de difamación; **~ tactics** tácticas *fpl* difamatorias -3. MED *(sample)* frotis *m inv* ❑ **~ (test)** citología *f*
◇ *vt* -1. *(spread)* embadurnar, untar; **he smeared it with grease, he smeared grease over it** lo untó *or* embadurnó de grasa; **to ~ paint on one's face** embadurnarse la cara de pintura; **her face was smeared with grime** tenía la cara llena de mugre -2. *(smudge)* emborronar -3. *(slander)* difamar, calumniar -4. *US Fam (defeat easily)* vapulear
◇ *vi (make-up, ink)* correrse

smegma ['smegmə] *n* esmegma *m*

smell [smel] ◇ *n* -1. *(odour)* olor *m* **(of** a); **there's a bad ~** huele mal; **what a ~!** ¡qué mal olor!, ¡qué peste!; **there's a strong ~ of gas in here** aquí dentro huele mucho a gas; **this chemical has no ~** este producto químico es inodoro; *Fig* **the ~ of fear** el olor a miedo -2. *Fam (sniff)* **to have a ~ of sth** oler algo -3. *(sense)* olfato *m*
◇ *vt (pt & pp* **smelled** *or* **smelt** [smelt]) -1. *(notice an odour of)* oler; **I can ~ burning** huele a quemado; **she could ~ alcohol on his breath** podía percibir el olor a alcohol en su aliento; IDIOM **I ~ a rat** aquí hay gato encerrado -2. *(sense) (trouble, danger)* oler(se), olfatear -3. *(sniff at) (of person)* oler; *(of dog)* olfatear, olisquear
◇ *vi (have odour)* oler; **to ~ of** *or* **like sth** oler a algo; **to ~ nice/horrible** oler bien/muy mal *or Esp* fatal; **it smells stuffy in here** el ambiente está cargado aquí dentro; *Fig* **the whole affair smells of treachery** todo el asunto huele a traición
-2. *(stink)* apestar; **it smells in here!** ¡qué mal huele aquí!; **he smells** apesta, huele mal; **her breath smells** le huele el aliento, tiene mal aliento; **his feet ~** le huelen los pies
-3. *(perceive odour)* oler; **he can't ~** no huele, no puede oler
➤ **smell out** *vt sep* -1. *(trouble, secret, conspiracy)* olfatear, olerse -2. *(of dog) (hunt out)* olfatear (el rastro de) -3. *(stink out)* apestar

smelliness ['smelɪnɪs] *n* pestilencia *f*, tufo *m*

smelling-salts ['smelɪŋ'sɔːlts] *npl* sales *fpl* aromáticas

smelly ['smelɪ] *adj* -1. *(stinky)* apestoso(a), maloliente; **to be ~** oler mal, apestar; **it's a bit ~ in here** aquí hay mal olor, huele mal aquí; **she has ~ feet** le huelen los pies -2. *Br Fam (unpleasant)* apestoso(a); **you can keep your ~ doll!** ¡puedes quedarte con tu muñeca apestosa!

smelt[1] [smelt] *vt (ore)* fundir
smelt[2] [smelt] *n (fish)* eperlano *m*
smelt[3] *pt & pp of* **smell**

smelter ['smeltə(r)] *n* -1. *(industrial plant)* fundición *f* -2. *(worker)* fundidor(ora) *m,f*

smew [smjuː] *n* serreta *f* chica

smidgen ['smɪdʒən] *n Fam* pizca *f*; **could I have just a ~ less sauce?** ¿podría ponerme un poquitín *or Esp* pelín menos de salsa?

smile [smaɪl] ◇ *n* sonrisa *f*; **"of course"** he said with a ~ "por supuesto", dijo sonriente *or* sonriendo; **to give sb a ~** sonreírle a alguien; **she gave me a friendly ~** me sonrió amigablemente; **come on, give us a ~!** ¡vamos, hombre/mujer, sonríe!; **to have a ~ on one's face** estar sonriente, tener cara sonriente; **she was all smiles** *(happy)* estaba muy contenta; *(as a pretence)* se mostraba muy risueña; **to take** *or* **wipe the ~ off sb's face** borrarle la sonrisa a alguien
◇ *vt (approval, agreement)* mostrar con una sonrisa; **to ~ a welcome to sb** obsequiar a alguien con una sonrisa de bienvenida;

smiley

she smiled a sad smile sonrió tristemente or apesadumbradamente
◇ vi sonreír; **to ~ at sb** sonreírle a alguien; **she smiled at his innocence** su ingenuidad le hizo sonreír; **to ~ to oneself** sonreír (uno) para sus adentros; **~!** (for photograph) sonría, por favor; **keep smiling!** ¡que no decaiga el ánimo!; **fortune smiled on them** les sonrió la fortuna
smiley ['smaɪlɪ] n COMPTR Fam emoticón m
smiling ['smaɪlɪŋ] adj sonriente
smilingly ['smaɪlɪŋlɪ] adv con una sonrisa
smirch [smɜːtʃ] Literary ◇ vt (name, reputation) mancillar
◇ n mácula f (**on** en)
smirk [smɜːk] ◇ n sonrisa f complacida (despreciativa)
◇ vi sonreír con satisfacción (despreciativa)
smite [smaɪt] (pt **smote** [sməʊt], pp **smitten** ['smɪtən]) vt **-1.** Literary (strike) golpear **-2.** (affect severely) **they were smitten with cholera** estaban aquejados de cólera; **they were smitten with terror/remorse** les invadía el terror/remordimiento
◆ **smite down** vt sep Literary (kill) ajusticiar
smith [smɪθ] n herrero m
smithereens [smɪðə'riːnz] npl **to smash/blow sth to ~** hacer algo añicos; **the house was blown to smithereens in the explosion** la explosión hizo saltar la casa en mil pedazos
Smithsonian Institution [smɪθ'səʊnɪənɪnstɪ-'tjuːʃən] n Instituto m Smithsoniano
smithy ['smɪðɪ] n (forge) fragua f
smitten ['smɪtən] ◇ adj **-1.** (in love) locamente or perdidamente enamorado(a) (**with** de) **-2.** (keen) **he was quite ~ with the idea** le seducía la idea
◇ pp of smite
smock [smɒk] n **-1.** (of artist, farmer) blusón m **-2.** (maternity dress) vestido m premamá
smocking ['smɒkɪŋ] n nido m de abeja (en fruncido)
smog [smɒg] n niebla f tóxica, hongo m de contaminación
smoggy ['smɒgɪ] adj (day) con una densa niebla tóxica; **it's ~** hay una densa niebla tóxica
smoke [sməʊk] ◇ n **-1.** (from fire, cigarette) humo m; **to go up in ~** (building) ser consumido(a) por las llamas or el fuego; (plans) desbaratarse, malograrse; (hopes) esfumarse, desvanecerse; IDIOM Fam **he had ~ coming out of his ears** echaba or estaba que echaba humo por las orejas, le salía humo por las orejas; PROV **there's no ~ without fire** cuando el río suena, agua lleva □ **~ alarm** detector m de humos; **~ bomb** bomba f de humo; **~ canister** bote m de humo; **~ detector** detector m de humo; **~ ring** aro m or anillo m de humo; also Fig **~ screen** cortina f de humo; **~ signals** señales fpl de humo
-2. (action) **I went outside for a ~** salí a fumarme un cigarrillo; **to have a ~** fumarse un cigarrillo
-3. Fam (cigarette) pitillo m
-4. Fam (cannabis cigarette) canuto m, porro m; (cannabis) picadura f de cannabis
-5. Br Fam **the (Big) Smoke** (London) Londres
◇ vt **-1.** (cigarette, drug) fumar; **to ~ a pipe** fumar en pipa; **to ~ twenty a day** fumarse veinte al día **-2.** (meat, fish, cheese) ahumar **-3.** (glass) ahumar
◇ vi **-1.** (person) fumar; **do you mind if I smoke?** ¿le molesta que fume?; IDIOM Fam **to ~ like a chimney** (person) fumar como un carretero or Méx un chacuaco or RP un escuerzo **-2.** (chimney, oil) echar humo; **I knew she was in because the chimney was smoking** sabía que estaba en casa porque salía humo de la chimenea or la chimenea echaba humo
◆ **smoke out** vt sep **-1.** (insects) ahuyentar con humo; (fugitives, rebels) sacar de su escondite **-2.** (uncover) (spy, traitor, plot) desenmascarar, destapar

◆ **smoke up** vt sep US (room) llenar de humo
smoked [sməʊkt] adj (meat, fish, cheese) ahumado(a) □ **~ glass** vidrio m or Esp cristal m ahumado
smoke-dried ['sməʊkdraɪd] adj ahumado(a)
smokehouse ['sməʊkhaʊs] n ahumadero m
smokeless ['sməʊklɪs] adj **~ fuel** combustible m que no produce humos; **~ zone** = zona con restricción del uso de combustibles que producen humo
smoker ['sməʊkə(r)] n **-1.** (person) fumador(ora) m,f; **he's a cigarette/pipe ~** fuma cigarrillos/en pipa; **to be a heavy ~** ser un/una fumador(ora) empedernido(a) □ **~'s cough** tos f de fumador **-2.** (train compartment) compartimento m de fumadores
smokestack ['sməʊkstæk] n (of factory, ship, steam train) chimenea f □ **~ industry** industria f pesada
smokiness ['sməʊkɪnɪs] n **the ~ of the room** la cantidad de humo que había en el ambiente
smoking ['sməʊkɪŋ] ◇ n **~ can seriously damage your health** el tabaco perjudica seriamente la salud; **I've given up ~** he dejado de fumar, he dejado el tabaco; **no ~** (sign) prohibido fumar □ **~ area** zona f de fumadores; US **~ car**, Br **~ carriage** coche m or vagón m de fumadores; **~ compartment** compartimento m de fumadores; **~ jacket** batín m; **~ room** salón m de fumar
◇ adj **~ or non-smoking?** ¿fumadores o no fumadores? □ **~ gun** (clue) pista f reveladora
smoky ['sməʊkɪ] adj **-1.** (atmosphere, room) lleno(a) de humo; **it's very ~ in here** aquí dentro el ambiente está cargado de humo, aquí hay mucho humo **-2.** (fire, lamp) humeante **-3.** (ceiling, wall) descolorido(a) por el humo **-4.** (taste) ahumado(a) **-5.** (in colour) **~ grey/blue** gris/azul ahumado or humo
smolder, smoldering US = smoulder, smouldering
smooch [smuːtʃ] Fam ◇ n **-1.** (kiss) **to have a ~** besuquearse **-2.** Br (dance) (baile m) agarrado m
◇ vi **-1.** (kiss) besuquearse **-2.** Br (dance) bailar agarrados
smoochy ['smuːtʃɪ] adj Fam **she gave him a ~ kiss** le dio un beso apasionado; **they got all ~** empezaron a besuquearse; **~ music came on** empezó a sonar música romántica para bailar agarrados
smooth [smuːð] ◇ adj **-1.** (not rough) (paper, fabric, skin) liso(a), suave; (pebble, stone) liso(a); (road, surface) llano(a), liso(a); (chin) raso(a), lampiño(a); (sea) en calma; **a ~ shave** un afeitado suave; **the steps were worn ~** los escalones se habían pulido con el uso; IDIOM Br Fam **as ~ as a baby's bottom** (skin, face) tan suave como la piel de un niño; IDIOM **to be as ~ as silk** ser suave como el terciopelo □ ANAT **~ muscle** músculo m de fibra lisa
-2. (in consistency) (sauce) homogéneo(a)
-3. (in taste) (wine, whisky) suave
-4. (movement, flow) fluido(a); (style) fluido(a), suelto(a)
-5. (comfortable) (flight, crossing) tranquilo(a), cómodo(a)
-6. (without problems) (transition, running) sin contratiempos, sin problemas
-7. Pej (person, manner) meloso(a); **he's a ~ talker** tiene el don de la palabra; **to be a ~ operator** ser un águila, saber cómo llevarse el gato al agua
◇ vt **-1.** (tablecloth, sheets, skirt, hair) alisar; **to ~ one's skirt/hair** alisarse la falda/el pelo **-2.** (wood) cepillar, lijar **-3.** (rub) (oil, cream) **to ~ oil into one's skin** aplicarse aceite sobre la piel con un suave masaje **-4.** (make easier) (transition) facilitar, allanar obstáculos en; **to ~ the way for sth/sb** allanarle el camino a algo/alguien
◆ **smooth away** vt sep **-1.** (wrinkles) hacer desaparecer, eliminar **-2.** (problems, fears) eliminar, disipar
◆ **smooth back** vt sep (sheet) estirar; **to ~**

smug

back one's hair alisarse el pelo hacia atrás
◆ **smooth down** vt sep **-1.** (tablecloth, sheets, skirt, hair) alisar; **to ~ down one's skirt/hair** alisarse la falda/el pelo **-2.** (wood) cepillar, lijar **-3.** (person) apaciguar, aplacar
◆ **smooth out** vt sep **-1.** (map, sheets, crease) estirar, alisar **-2.** (difficulty) allanar, resolver
◆ **smooth over** vt sep **-1.** (gravel, sand, soil) allanar, aplanar **-2.** (difficulties) allanar, resolver; **to ~ things over** dulcificar las cosas
smoothie, smoothy ['smuːðɪ] n **-1.** Fam Pej (person) zalamero(a) m,f **-2.** (drink) = zumo de fruta con yogur
smoothly ['smuːðlɪ] adv **-1.** (to operate, drive, move, land) suavemente; **the engine is running ~** el motor funciona con suavidad **-2.** (without problems) **to go ~** transcurrir sin contratiempos; **the project is running ~** el proyecto va viento en popa or sobre ruedas **-3.** Pej (to talk) con mucha labia
smoothness ['smuːðnɪs] n **-1.** (of paper, fabric, pebble, stone) suavidad f, lisura f; (of skin) suavidad f, tersura f; (of road, surface) uniformidad f, lisura f; (of sea) tranquilidad f, calma f
-2. (of sauce) homogeneidad f
-3. (of wine, whisky) suavidad f
-4. (of action, movement) suavidad f, desenvoltura f; (of style) fluidez f, soltura f; (of flow) fluidez f
-5. (of transition, running) ausencia f de obstáculos or dificultades
-6. Pej (of person, manner) hipocresía f, falsedad f
smooth-running [smuːð'rʌnɪŋ] adj **-1.** (engine, machine) que marcha bien, que funciona perfectamente **-2.** (business, organization) que funciona bien or a la perfección
smooth-shaven [smuːð'ʃeɪvən] adj bien rasurado(a)
smooth-spoken [smuːð'spəʊkən] adj Pej zalamero(a)
smooth-talk ['smuːðtɔːk] Pej ◇ n labia f
◇ vt **to ~ sb (into doing sth)** convencer con palabras bonitas a alguien (para que haga algo)
smooth-talking ['smuːðtɔːkɪŋ], **smooth-tongued** ['smuːðtʌŋd] adj Pej con mucha labia
smoothy = smoothie
smorgasbord ['smɔːgəsbɔːd] n **-1.** CULIN bufé m al estilo escandinavo **-2.** (assortment) batiburrillo m
smote pt of smite
smother ['smʌðə(r)] ◇ vt **-1.** (person) ahogar, asfixiar; (fire) ahogar; (cry, yawn, laughter) contener, ahogar **-2.** (scandal, criticism, opposition) acallar, silenciar **-3.** (emotionally) asfixiar, no dejar respirar **-4.** (cover) **to ~ sth in cream/sauce** cubrir algo de Esp nata or Am crema/salsa; **to ~ sb with kisses/attention** colmar a alguien de besos/atenciones
◇ vi (asphyxiate) asfixiarse
smothered ['smʌðəd] adj (cry) apagado(a), ensordecido(a)
smoulder, US **smolder** ['sməʊldə(r)] vi (fire) arder con rescoldo; Fig **to ~ with anger/passion** arder de ira/pasión
smouldering, US **smoldering** ['sməʊldərɪŋ] adj (fire) humeante, con rescoldo; (anger, passion) ardiente, encendido(a); (eyes, look) encendido(a), apasionado(a)
smudge [smʌdʒ] ◇ n mancha f; (of ink) borrón m; (of paint) marca f
◇ vt **-1.** (ink, paper) emborronar; (lipstick) correr **-2.** (face, hands) mancharse **-3.** ART (drawing) difuminar
◇ vi (ink, lipstick) correrse
smudgy ['smʌdʒɪ] adj (writing, outline) borroso(a), difuso(a); (make-up, lipstick) corrido(a); (photo) movido(a)
smug [smʌg] adj (person) engreído(a), petulante; **a ~ grin/expression** una sonrisa/expresión llena de petulancia; **stop looking so ~** deja de darte humos or aires

smuggle ['smʌgəl] ◇ vt (arms, drugs) pasar de contrabando; **to ~ sth through customs** pasar algo de contrabando por la aduana; **to ~ sth into/out of the country** introducir/sacar algo del país de contrabando; **to ~ sb in/out** meter/sacar a alguien clandestinamente
◇ vi contrabandear, ejercer el or dedicarse al contrabando

smuggled ['smʌgld] adj (goods, arms, drugs) de contrabando

smuggler ['smʌglə(r)] n contrabandista mf

smuggling ['smʌglɪŋ] n contrabando m ❑ **~ ring** red f de contrabandistas

smugly ['smʌglɪ] adv con petulancia, con aires de suficiencia

smugness ['smʌgnɪs] n engreimiento m, petulancia f

Smurf [smɜːf] n pitufo m

smut [smʌt] n -1. (soot) hollín m, carbonilla f; (speck of dirt or soot) tizón m -2. (obscenity) cochinadas fpl; **that book's nothing but ~** ese libro sólo contiene indecencias -3. (fungus) tizón m

smuttily ['smʌtɪlɪ] adv obscenamente

smutty ['smʌtɪ] adj -1. (dirty) tiznado(a) -2. (obscene) verde, cochino(a)

snack [snæk] ◇ n -1. (light meal) tentempié m, Esp piscolabis m inv, Méx botana f; **to have a ~** tomarse un tentempié or refrigerio, comer algo ❑ **~ bar** cafetería f -2. (crisps, peanuts etc) aperitivo m, cosa f de picar ❑ **~ food** aperitivos mpl, cosas fpl de picar
◇ vi **to ~ (on sth)** tomarse un tentempié or Esp piscolabis (de algo)

snaffle ['snæfəl] vt Br Fam (pinch) levantar, afanar
◆ **snaffle up** vt sep Br Fam (bargains, cakes, prizes) arramblar con

snafu ['snæfuː] n esp US Fam cagada f

snag [snæg] ◇ n -1. (problem) problema m, inconveniente m; **to come across** or **to run into a ~** topar con un obstáculo; **that's the ~!** ¡ése es el problema!, Esp ¡ésa es la pega! -2. (tear) (in garment, stocking) enganchón m, desgarrón m -3. (sharp protuberance) pincho m, saliente m afilado
◇ vt (pt & pp snagged) **to ~ one's dress on sth** engancharse el vestido en or con algo
◇ vi engancharse

snaggletoothed ['snægəltuːθt] adj con la dentadura estropeada

snail [sneɪl] n caracol m; IDIOM **at a ~'s pace** a paso de tortuga ❑ Fam Hum **~ mail** correo m caracol, correo m tradicional or postal

snake [sneɪk] ◇ n -1. (reptile) (big) serpiente f; (small) culebra f; **a ~ in the grass** un judas; Br **snakes and ladders** ≃ juego m de la oca ❑ **~ charmer** encantador(ora) m,f de serpientes; **~ pit** nido m de víboras or serpientes -2. (person) judas mf inv -3. FIN serpiente f monetaria
◇ vi (road, river) serpentear

snakebird ['sneɪkbɜːd] n anhinga f

snakebite ['sneɪkbaɪt] n -1. (of snake) mordedura f de serpiente -2. (drink) = cerveza rubia con sidra

snakeskin ['sneɪkskɪn] n piel f de serpiente; **~ boots** botas de piel de serpiente

snaky ['sneɪkɪ] adj serpenteante

snap [snæp] ◇ n -1. (bite) mordisco m al aire; **the dog made a ~ at the bone** el perro trató de or quiso morder el hueso
-2. (sound) (of fingers, whip) chasquido m; **to open/close sth with a ~** abrir/cerrar algo con un "clic"
-3. (of weather) **cold ~** ola de frío
-4. Fam (photograph) foto f; **to take a ~ of sb** sacar una foto a alguien
-5. (card game) = juego de naipes en el que se ganan cartas al decir "snap" primero cuando aparecen dos cartas iguales; Fam (in identical situation) **I'm going to Paris – ~!** me voy a París – ¿de veras? or Esp ¡anda!, ¡yo también!
-6. Fam (energy) brío m, ímpetu m; **put some ~ into it!** ¡échale coraje!, ¡ánimo!
-7. US Fam (easy task) **it's a ~!** ¡está chupado!, ¡es pan comido!

-8. (fastener) broche m (presión)
-9. (in American football) saque m entre las piernas
◇ adj (judgement, decision) repentino(a) súbito(a); **to call a ~ election** = adelantar las elecciones para aprovechar una circunstancia favorable; **~ shot** (in hockey, soccer) disparo sin pensar
◇ vt (pt & pp **snapped**) -1. (break) romper, partir; **to ~ sth in two** romper or partir algo en dos
-2. (crack) (whip) restallar, chasquear; **to ~ one's fingers** chasquear los dedos; **he snapped his fingers at the waiter** chasqueó los dedos para llamar la atención del camarero; **she only needs to ~ her fingers and he comes running** lo tiene rendido a sus pies; **she snapped her case shut** cerró la maleta con un "clac"
-3. (say sharply) espetar
-4. Fam (take photograph of) fotografiar
◇ vi -1. (break cleanly) romperse, partirse; (break noisily) quebrarse, romperse (con un chasquido); **the branch snapped in two** la rama se rompió en dos or por la mitad
-2. (bite) **the dog snapped at him** el perro intentó morderle; Fig **several new stars are snapping at the champion's heels** varias figuras noveles están pisándole los talones al campeón
-3. (make cracking sound) (whip) restallar, chasquear; (fingers) chasquear; **to ~ shut** (jaws, lid) cerrarse haciendo un clac
-4. (speak abruptly) **to ~ at sb** hablar en mal tono a alguien; **there's no need to ~!** ¡no hace falta ponerse así!
-5. (move quickly) **they snapped to attention** se cuadraron al instante
-6. (take photos) tomar or sacar fotos
-7. IDIOMS **to ~ out of it** (of depression, apathy) recuperar el ánimo; **~ out of it!** (of sulk) ¡alegra esa cara!, ¡anímate, hombre!; **my patience snapped, I just snapped** perdí los estribos
◇ adv **to go ~** partirse, romperse

◆ **snap back** vi -1. (trigger, elastic) saltar hacia atrás -2. (reply brusquely) replicar bruscamente (**at** a)

◆ **snap off** ◇ vt sep -1. (break) partir, arrancar -2. Fam **to ~ sb's head off** (speak sharply to) soltarle un bufido a alguien, gruñir a alguien
◇ vi partirse, desprenderse

◆ **snap up** vt sep -1. Fam (buy, take quickly) **the new toys were snapped up in no time** los nuevos juguetes se agotaron en un abrir y cerrar de ojos, la gente arrambló con los nuevos juguetes en un santiamén; **if we had enough money to buy that player, we'd ~ him up** si tuviéramos suficiente dinero para comprar ese jugador nos haríamos con él al instante -2. (seize in jaws) agarrar, morder

snapdragon ['snæpdrægən] n (boca f de) dragón m (planta)

snap-fastener ['snæpfæsnə(r)] n broche m (presión)

snap-on ['snæpɒn] adj con broches, que se abrocha

snapper ['snæpə(r)] n (fish) pargo m

snappish ['snæpɪʃ] adj -1. (person, reply) arisco(a), áspero(a) -2. (dog) mordedor(ora), que pega mordiscos

snappy ['snæpɪ] adj -1. (style, prose) chispeante; (slogan) agudo(a), ingenioso(a) -2. (quick) (pace, rhythm) rápido(a), impetuoso(a); Fam **make it ~!** ¡rapidito! -3. Fam (stylish) **to be a ~ dresser** vestirse muy bien -4. (bad-tempered) (person, reply) arisco(a), áspero(a) -5. (dog) mordedor(a), que pega mordiscos

snapshot ['snæpʃɒt] n -1. (photograph) foto f -2. (of situation) imagen f, visión f

snare [sneə(r)] ◇ n -1. (for animals) trampa f -2. (trick, trap) trampa f -3. **(drum)** (in military band) tambor m; (in rock music) caja f
◇ vt -1. (animal) cazar (con trampa) -2. (trick)

the police snared the criminals la policía atrapó a los delincuentes (tendiéndoles una trampa)

snarl [snɑːl] ◇ n -1. (of dog) gruñido m; (of lion, person) rugido m -2. (in thread, wool, hair) enredo m, maraña f; (of traffic) atasco m, embotellamiento m
◇ vt -1. (person) gruñir -2. (thread, rope, hair) **the wool is all snarled** la lana está enredada or enmarañada
◇ vi (dog, person) gruñir; (lion) rugir; **to ~ at sb** (dog, person) gruñirle a alguien; (lion) rugirle a alguien

◆ **snarl up** ◇ vt sep -1. (thread, rope, hair) **to get snarled up** enredarse, enmarañarse -2. (traffic) **the traffic gets snarled up at the traffic lights** se forman embotellamientos or atascos en los semáforos
◇ vi (thread, rope, hair) enredarse, enmarañarse; (traffic) atascarse

snarl-up ['snɑːlʌp] n (of traffic) atasco m, embotellamiento m; (in system) lío m, jaleo m

snatch [snætʃ] ◇ n -1. (of music, conversation) fragmento m, retazo m; **to sleep in snatches** dormir a ratos -2. (grab) **to make a ~ at sth** intentar agarrar or Esp coger algo -3. Br Fam (robbery) robo m -4. (kidnapping) rapto m, secuestro m -5. (in weightlifting) arrancada f -6. Vulg (woman's genitals) Esp coño m, Col cuca f, Méx paloma f, RP concha f, Ven cuchara f
◇ vt -1. (grab) **to ~ sth (from sb)** arrebatar algo (a alguien); **she snatched the document from my hands** me arrebató el documento de las manos
-2. (get quickly) **to ~ something to eat** comer algo apresuradamente; **to ~ some sleep** aprovechar para dormir un poco; **to ~ a glance at sth/sb** tener tiempo de mirar un instante algo/a alguien
-3. (opportunity) no dejar escapar, no desaprovechar
-4. (steal) (wallet, handbag) robar (con tirón); **they snatched victory from the jaws of defeat** se hicieron con la victoria en el último instante
-5. (kidnap) secuestrar
-6. SPORT **he snatched his shot** se precipitó en golpear la bola
◇ vi **don't ~!** ¡las cosas no se quitan de las manos!; **to ~ at sth** (grab) intentar agarrar or Esp coger algo; (opportunity) no dejar escapar algo, no desaprovechar algo; **he snatched at the shot** se precipitó en golpear la bola

◆ **snatch away** vt sep arrebatar

snazzy ['snæzɪ] adj Fam (clothes) vistoso(a) y elegante, Esp chulo(a); **she's a ~ dresser** viste muy bien, tiene mucho gusto vistiendo

sneak [sniːk] ◇ n Br Fam (telltale) Esp chivato(a) m,f, Méx hocicón(ona) m,f, RP buchón(ona) m,f
◇ adj **to get a ~ preview of sth** tener un anticipo en exclusiva de algo ❑ **~ thief** ratero(a) m,f
◇ vt (pt & pp **sneaked,** US **snuck** [snʌk]) **to ~ sth past sb** pasar algo por delante de alguien sin que se dé cuenta; **to ~ sb in/out** introducir/sacar a alguien a hurtadillas; **to ~ a glance or look at sth/sb** mirar furtivamente algo/a alguien; **she sneaked her boyfriend into her bedroom** coló a su novio en su dormitorio or Am cuarto
◇ vi -1. Fam (tell tales) ir con cuentos, Esp chivarse; **to ~ on sb** Esp chivarse de alguien Col sapear a alguien, Méx soplar a alguien, RP botonear a alguien -2. (move furtively) deslizarse; **to ~ in/out** entrar/salir a hurtadillas; **to ~ past sb** colarse sin ser visto por alguien; **to ~ up/down the stairs** subir/bajar las escaleras a escondidas

◆ **sneak about, sneak around** vi (move furtively) andar a escondidas

◆ **sneak away, sneak off** vi escaparse, escabullirse

◆ **sneak up** vi **to ~ up (on sb)** (attacker) acercarse sigilosamente (a alguien); (age,

deadline) echarse encima (a alguien)
sneaker ['sniːkə(r)] *n US* (*running shoe*) playera *f*, zapatilla *f* de deporte
sneakily ['sniːkɪlɪ] *adv Fam* ladinamente, con picardía
sneaking ['sniːkɪŋ] *adj* **to have a ~ admiration/respect for** sentir una secreta admiración/un secreto respeto por; **I had a ~ suspicion that he was guilty all along** todo el tiempo tuve una remota sospecha de que era culpable
sneaky ['sniːkɪ] *adj Fam* ladino(a), artero(a)
sneer ['snɪə(r)] ◇ *n* (*expression*) mueca *f* desdeñosa; (*remark*) comentario *m* despreciativo, burla *f*
◇ *vt* decir con desprecio
◇ *vi* burlarse, reírse; **to ~ at sth/sb** burlarse de algo/alguien
sneering ['snɪərɪŋ] ◇ *n* burlas *fpl*
◇ *adj* burlón(ona)
sneeze [sniːz] ◇ *n* estornudo *m*
◇ *vi* estornudar; IDIOM *Fam* **it's not to be sneezed at** no es moco de pavo
sneezing ['sniːzɪŋ] *n* **~ fit** ataque *m* de estornudos; **~ powder** polvos *mpl* picapica
snick [snɪk] ◇ *n* (*notch*) pequeña incisión *f*, muesca *f*
◇ *vt* (*wood*) hacer una pequeña incisión *or* una muesca en
snicker ['snɪkə(r)] *US* ◇ *n* risilla *f* burlona
◇ *vi* burlarse, reírse (**at** de)
snide [snaɪd] *adj* malicioso(a)
snidely ['snaɪdlɪ] *adv* maliciosamente
sniff [snɪf] ◇ *n* **to take a ~ at sth** olfatear algo; **take three sniffs per day** realice tres inhalaciones diarias; **can I have a ~?** ¿me dejas que huela?; **with a ~ of disgust** con un aire disgustado; **she didn't allow her opponent even a ~ of a chance** no le brindó a su oponente (ni) la más mínima oportunidad
◇ *vt* **-1.** (*smell*) (*of person*) oler, olfatear; (*of animal*) olisquear, olfatear; (*detect*) olfatear; **he sniffed the air and said it would rain** olió el aire y dijo que llovería **-2.** (*inhale*) (*air*) aspirar; (*cocaine, glue*) esnifar **-3.** (*say disdainfully*) decir con desdén
◇ *vi* **-1.** (*inhale*) inspirar; (*because of cold, crying*) sorberse la nariz; **he sniffed and said that there was rain in the air** olió el aire y dijo que (así) anunciaba agua; **to ~ at sth** (*animal*) olisquear algo, olfatear algo; (*person*) oler algo, olfatear algo **-2.** (*disdainfully*) hacer un gesto de desprecio; **to ~ at an idea/a suggestion** menospreciar una idea/sugerencia; IDIOM *Fam* **it's not to be sniffed at** no es moco de pavo
➤ **sniff out** *vt sep* **-1.** (*of dog*) encontrar olfateando **-2.** (*of investigator*) descubrir, dar con
sniffer dog ['snɪfədɒg] *n* perro *m* rastreador
sniffily ['snɪfɪlɪ] *adv Fam* (*disdainfully*) con desdén *or* desprecio
sniffle ['snɪfəl] ◇ *n Fam* (*slight cold*) **to have a ~** *or* **the sniffles** tener un ligero resfriado
◇ *vi* **-1.** (*sniff repeatedly*) sorber **-2.** (*cry quietly*) gimotear
sniffy ['snɪfɪ] *adj Fam* (*disdainful*) desdeñoso(a); **to be ~ about sth** menospreciar algo
snifter ['snɪftə(r)] *n* **-1.** *Fam Old-fashioned* (*drink*) trago *m*, copita *f* **-2.** *US* (*glass*) copa *f* de coñac
snigger ['snɪgə(r)] ◇ *n* risilla *f* burlona
◇ *vi* reírse burlonamente (**at** de)
sniggering ['snɪgərɪŋ] ◇ *n* risitas *fpl* burlonas
◇ *adj* (*tone, children*) guasón(ona), burlón(ona)
snip [snɪp] ◇ *n* **-1.** (*cut*) tijeretazo *m*; *Br Fam* **to have the ~** (*vasectomy*) hacerse una vasectomía **-2.** (*sound*) tijereteo *m*, sonido *m* de la(s) tijera(s) **-3.** (*small piece*) (*of cloth, paper*) recorte *m* **-4.** *Br Fam* (*bargain*) *Esp* chollo *m*, *Am* regalo *m*
◇ *vt* (*pt & pp* **snipped**) cortar
➤ **snip off** *vt sep* cortar
snipe[1] [snaɪp] (*pl* **snipe**) *n* (*bird*) agachadiza *f*

snipe[2] *vi* (*shoot*) disparar (*desde un escondite*); **to ~ at sb** disparar a alguien; *Fig* (*criticize*) criticar a alguien
sniper ['snaɪpə(r)] *n* (*rifleman*) francotirador(ora) *m,f*
sniping ['snaɪpɪŋ] ◇ *n* (*criticism*) critiqueo *m*
◇ *adj* (*criticism, remarks*) sarcástico(a), mordaz
snippet ['snɪpɪt] *n* (*of information, conversation*) fragmento *m*, retazo *m*; **a ~ of news** un dato suelto
snippy ['snɪpɪ] *adj* (*sharp*) desabrido(a), hosco(a); (*insolent*) insolente
snit [snɪt] *n US Fam* **to be in a ~** estar hecho(a) un basilisco
snitch [snɪtʃ] *Fam* ◇ *n* **-1.** (*informer*) *Esp* chivato(a) *m,f*, *Méx* hocicón(ona) *m,f*, *RP* buchón(ona) *m,f* **-2.** *Br* (*nose*) napias *fpl*
◇ *vi* **to ~ on sb** *Esp* chivarse de alguien, *Col* sapear a alguien, *Méx* soplar a alguien, *RP* botonear a alguien
◇ *vt* (*steal*) birlar, *Esp* mangar
snivel ['snɪvəl] (*pt & pp* **snivelled**, *US* **sniveled**) *vi* lloriquear, gimotear
snivelling, *US* **sniveling** ['snɪvəlɪŋ] *adj* llorica
snob [snɒb] *n* presuntuoso(a) *m,f*; **don't be such a ~!** ¡no seas presuntuoso(a)!; **she's a literary ~** presume de saber más que nadie de literatura, se las da de entendida en literatura; **his music has real ~ value** su música tiene mucha aceptación entre los que se las dan de entendidos
snobbery ['snɒbərɪ] *n* presuntuosidad *f*
snobbish ['snɒbɪʃ] *adj* presuntuoso(a)
snobbishness ['snɒbɪʃnɪs] *n* presuntuosidad *f*
snobby ['snɒbɪ] *adj Fam* presuntuoso(a)
snog [snɒg] *Br Fam* ◇ *n* **to have a ~** besuquearse, *Esp* morrear; **give us a ~!** ¡dame un muerdo!
◇ *vt* besuquear, *Esp* morrear con
◇ *vi* (*pt & pp* **snogged**) besuquearse, *Esp* morrear
snood [snuːd] *n* (*for outdoor wear*) redecilla *f*
snook [snuːk] *n* IDIOM **to cock a ~ at sb** hacer burla a alguien con la mano
snooker ['snuːkə(r)] ◇ *n* (*game*) snooker *m*, billar *m* inglés
◇ *vt* **-1. to ~ sb** (*in game*) = dejarle la bola blanca al rival en una posición que impide golpear directamente cualquiera de las otras bolas que tiene permitido golpear; *Fig* ahogar a alguien **-2.** *US Fam* (*swindle, trick*) timar, engañar
snoop [snuːp] *Fam* ◇ *n* **-1.** (*person*) fisgón(ona) *m,f* **-2.** (*look*) **to have a ~ (around)** fisgonear, fisgar
◇ *vi* fisgonear, fisgar; **someone has been snooping (about** *or* **around) in my room** alguien ha andado fisgoneando *or* husmeando en mi habitación
snooper ['snuːpə(r)] *n Fam* fisgón(ona) *m,f*
snootily ['snuːtɪlɪ] *adv Fam* con muchos aires, con presunción
snooty ['snuːtɪ] *adj Fam* presuntuoso(a)
snooze [snuːz] *Fam* ◇ *n Esp* siestecilla *f*, *Am* siestita *f*; **to have a ~** echarse una *Esp* siestecilla *or Am* siestita ❑ **~ button** (*on alarm clock*) = botón para la función de dormitar
◇ *vi* echarse una *Esp* siestecilla *or Am* siestita
snore [snɔː(r)] ◇ *n* ronquido *m*
◇ *vi* roncar
snoring ['snɔːrɪŋ] *n* ronquidos *mpl*
snorkel ['snɔːkəl] ◇ *n* **-1.** (*of swimmer*) esnórkel *m*, tubo *m* para buceo **-2.** (*on submarine*) esnórkel *m*
◇ *vi* (*pt & pp* **snorkelled**, *US* **snorkeled**) bucear con tubo *or* esnórkel
snorkelling ['snɔːkəlɪŋ] *n* buceo *m* con tubo *or* esnórkel; **to go ~** bucear con tubo *or* esnórkel
snort [snɔːt] ◇ *n* **-1.** (*of person, horse, bull*) bufido *m*, resoplido *m*; **he gave a ~ of contempt** dio un resoplido de desprecio **-2.** *Fam* (*of drug*) esnifada *f* **-3.** *Fam* (*drink*) trago *m*
◇ *vt* **-1.** (*in derision*) **"he wants more money?"** he snorted "¿que quiere más

dinero?" bufó él **-2.** *Fam* (*drugs*) esnifar
◇ *vi* (*person, horse, bull*) resoplar, bufar; **to ~ with laughter** soltar una carcajada *or* risotada; **to ~ in derision** bufar sarcásticamente
snorter ['snɔːtə(r)] *n Br Fam* **her second serve was a ~** su segundo saque fue imparable; **a ~ of a problem** un problema muy serio *or* muy difícil de resolver
snot [snɒt] *n Fam* **-1.** (*mucus*) mocos *mpl* **-2.** (*person*) mocoso(a) *m,f*
snottily ['snɒtɪlɪ] *adv* (*arrogantly*) con petulancia
snotty ['snɒtɪ] *adj Fam* **-1.** (*nose, handkerchief*) con mocos **-2.** (*arrogant*) creído(a), petulante
snotty-nosed ['snɒtɪ'nəʊzd] *adj Fam* **-1.** (*child*) mocoso(a) **-2.** (*arrogant*) creído(a), petulante
snout [snaʊt] *n* **-1.** (*of animal*) hocico *m*, morro *m* **-2.** *Fam* (*of person*) napias *fpl* **-3.** (*of gun*) boca *f* **-4.** *Br Fam* (*tobacco*) tabaco *m* **-5.** *Br Fam* (*informer*) soplón(ona) *m,f*
snow [snəʊ] ◇ *n* **-1.** MET nieve *f*; **heavy ~ is forecast** se prevé una fuerte nevada ❑ **~ blindness** deslumbramiento *m* por la nieve; *US Fam* **~ bunny** = mujer joven que se dedica a zascandilear y flirtear en las estaciones de esquí; **~ bunting** escribano *m* nival; **~ cannon** cañón *m* de nieve; **~ chain** cadena *f* para la nieve; **~ goose** ganso *m* de las nieves; **~ hole** (*in mountaineering*) agujero *m* en la nieve; *US Fam* **~ job: to give sb a ~ job** vender la moto a alguien; **~ leopard** pantera *f* de las nieves; **~ line** límite *m* de las nieves perpetuas; *US* **~ pea** tirabeque *m*; **~ report** parte *m* de nieve; *US* **~ route** = calle importante en una ciudad que hay que mantener despejada de coches para que pueda pasar el quitanieves; **~ tyre** neumático *m* para nieve
-2. (*on screen*) nieve *f*, interferencia *f*
-3. *Fam* (*cocaine*) nieve *f*, *Col* perica *f*, *RP* blanca *f*
◇ *vi* nevar; **it's snowing** está nevando
◇ *vt US Fam* (*charm, persuade*) **to snow sb into doing sth** vender la moto a alguien para que haga algo
➤ **snow in** *vt sep* **to be snowed in** estar aislado(a) por la nieve
➤ **snow under** *vt sep* **to be snowed under with work** estar desbordado de trabajo; **to be snowed under with invitations/offers** no dar abasto para atender invitaciones/ofrecimientos
➤ **snow up** *vt sep* **to be snowed up** estar aislado(a) por la nieve
snowball ['snəʊbɔːl] ◇ *n* **-1.** (*made of snow*) bola *f* de nieve; IDIOM *Fam* **she hasn't a ~'s chance (in hell)** lo tiene muy crudo ❑ **~ effect** efecto *m* (de la) bola de nieve; **~ fight** guerra *f* de bolas de nieve **-2.** (*cocktail*) = cóctel con licor de huevo
◇ *vt* arrojar bolas de nieve a
◇ *vi* (*problems*) multiplicarse; (*cost*) crecer vertiginosamente
snow-blind ['snəʊblaɪnd] *adj* **to be ~** estar cegado(a) por el reflejo de la nieve
snowblower ['snəʊbləʊə(r)] *n* (máquina *f*) quitanieves *f inv*
snowboard ['snəʊbɔːd] *n* snowboard *m*
snowboarder ['snəʊbɔːdə(r)] *n* persona *f* que practica el snowboard
snowboarding ['snəʊbɔːdɪŋ] *n* snowboard *m*; **to go ~** hacer snowboard
snowbound ['snəʊbaʊnd] *adj* aislado(a) a causa de la nieve
snowcapped ['snəʊkæpt] *adj* cubierto(a) de nieve
snowdrift ['snəʊdrɪft] *n* nevero *m*, ventisquero *m*
snowdrop ['snəʊdrɒp] *n* (*flower*) campanilla *f* de invierno
snowfall ['snəʊfɔːl] *n* **-1.** (*snow shower*) nevada *f* **-2.** (*amount*) precipitación *f* de nieve
snowfield ['snəʊfiːld] *n* campo *m* nevado *or* de nieve
snowflake ['snəʊfleɪk] *n* copo *m* de nieve

snowman ['snəʊmæn] *n* muñeco *m* de nieve

snowmobile ['snəʊməbi:l] *n* motonieve *f*, moto *f* de nieve

snowplough, *US* **snowplow** ['snəʊplaʊ] ◇ *n* **-1.** *(vehicle)* quitanieves *f inv* **-2.** *(in skiing)* cuña *f*
  ◇ *vi (in skiing)* hacer la cuña

snowshoe ['snəʊʃu:] *n* raqueta *f (de nieve)*

snowstorm ['snəʊstɔ:m] *n* ventisca *f*, tormenta *f* de nieve

snowsuit ['snəʊsu:t] *n* traje *m* de esquí

Snow White ['snəʊ'waɪt] *n* Blancanieves; ~ **and the Seven Dwarfs** Blancanieves y los siete enanitos

snow-white ['snəʊ'waɪt] *adj* blanquísimo(a), blanco(a) como la nieve

snowy ['snəʊɪ] *adj* **-1.** *(landscape, field)* nevado(a) **-2.** *(weather, day)* nevoso(a); *(climate)* nevoso(a), con abundantes nevadas; *(region)* de abundantes nevadas, donde nieva mucho; **it was very ~ in January** nevó mucho en enero **-3.** *(in colour) (hair, beard)* blanco(a) como la nieve, completamente blanco(a) ❑ ~ **owl** búho *m* nival

SNP [esen'pi:] *n (abbr* **Scottish National Party)** Partido *m* Nacionalista Escocés

Snr *(abbr* **Senior) Ivan Fox** ~ Ivan Fox padre

snub [snʌb] ◇ *n* desaire *m*
  ◇ *adj* ~ **nose** nariz *f* respingona y chata
  ◇ *vt (pt & pp* **snubbed)** *(person)* desairar; *(offer)* desdeñar, despreciar

snub-nosed ['snʌb'nəʊzd] *adj* **-1.** *(person)* de nariz respingona y chata **-2.** *(revolver)* corto(a)

snuck *US pt & pp of* **sneak**

snuff [snʌf] ◇ *n* **-1.** *(substance)* rapé *m*; **to take ~** tomar rapé **-2.** CIN *Fam* ~ **movie** snuff movie *f*, = película que contiene escenas de torturas y asesinatos reales
  ◇ *vt* **-1.** *(candle)* apagar **-2.** *Br Fam* **to ~ it** *(die)* estirar la pata **-3.** *US Fam (murder)* cargarse a, liquidar a **-4.** *(sniff)* olisquear

◆ **snuff out** *vt sep* **-1.** *(candle)* apagar **-2.** *(life)* truncar, acabar con; *(opposition)* eliminar, acabar con; *(rebellion)* extinguir, sofocar; *(hopes)* acabar *or* terminar con

snuffbox ['snʌfbɒks] *n* tabaquera *f*, caja *f* para el rapé

snuffer ['snʌfə(r)] *n* **-1.** *(for putting out candle)* apagavelas *m inv*, matacandelas *m inv* **-2.** *(for trimming wick)* snuffers espabiladeras *fpl*

snuffle ['snʌfəl] ◇ *n (sniff)* resoplido *m*; **to have the snuffles** tener un ligero resfriado
  ◇ *vi (sniff)* sorber

snug [snʌg] ◇ *adj* **-1.** *(cosy) (house, room, sleeping bag)* calentito(a) y confortable; **I'm nice and ~ by the fire** estoy calentito y muy a gusto delante de la chimenea; **this bed's very ~** se está muy calentito y muy a gusto en esta cama; ⟨IDIOM⟩ *Fam* **to be (as) ~ as a bug in a rug** estar calentito(a) y en la gloria **-2.** *(tight-fitting)* ajustado(a), ceñido(a); **there should be a ~ fit between the two pieces** las dos piezas deben quedar bien encajadas *or* ajustadas
  ◇ *n Br (in pub)* salón *m* pequeño

snuggle ['snʌgəl] ◇ *vi* acurrucarse
  ◇ *vt (child, kitten)* acurrucar
  ◇ *n* **to have a ~** acurrucarse, arrimarse

◆ **snuggle down** *vi* they snuggled down under the blankets se acurrucaron bajo las mantas

◆ **snuggle up** *vi* **to ~ up to** *or* **against sb** acurrucarse contra alguien; **to ~ up with a good book** sentarse acurrucado(a) a leer un buen libro

snugly ['snʌglɪ] *adv* **-1.** *(cosily)* cómodamente **-2.** *(tightly)* **the skirt fits ~** la falda queda ajustada; **the two parts fit together ~** las dos partes encajan perfectamente

SO *(abbr* **standing order)** domiciliación *f* (bancaria)

so¹ [səʊ] ◇ *adv* **-1.** *(to such an extent)* tan; **it isn't so (very) old** no es tan viejo; **I was so hungry (that) I had three helpings** tenía tantísima hambre que me serví tres veces; **what's so clever about that?** ¿qué tiene de ingenioso?; *Literary* **I have never seen so beautiful a place** nunca he visto un sitio tan bello; **don't fret so!** ¡no te preocupes tanto!; *Literary* **I love her so!** ¡la amo tanto!; **he's not so clever as she is** él no es tan listo como ella; **it is so uncommon as to be irrelevant** es tan inusual que llega a ser intrascendente; **would you be so kind as to...?** ¿sería tan amable de...?; **so few opportunities** tan pocas oportunidades; **so many children** tantos niños; **so much money** tanto dinero; **there's only so much you can do** más no se puede hacer; **it was difficult – so much so that...** ha sido difícil – tanto (es así) que...; **she wasn't so much rude as indifferent** más que grosera fue indiferente; **a little girl so high** una niña así de alta

-2. *(intensive)* **it's so easy** es facilísimo, es muy fácil; **we enjoyed ourselves so much!** ¡nos hemos divertido muchísimo!; **I was so disappointed** me llevé una decepción enorme; **we're so pleased you could come!** ¡qué bien que hayas podido venir!; *Fam* **I so don't want to go there** no me apetece ir ni de coña

-3. *(expressing agreement)* **you're late – so I am!** ¡llegas tarde – ¡pues sí!; **that's a Ferrari! – so it is!** ¡mira, un Ferrari! – ¡anda, es verdad!; **I'm very embarrassed – so you should be!** estoy muy avergonzado *or Andes, CAm, Carib, Méx* apenado – ¡deberías estarlo!

-4. *(referring to statement already mentioned)* **I hope/think/suppose so** espero/creo/supongo que sí, eso espero/creo/supongo; **I don't think so** no creo, me parece que no; **if you don't like it, say so** si no te gusta, dilo; **I told you so** te lo dije; **so I believe** eso creo; **or so I've heard** o eso he oído; **I'm not very organized – so I see!** no me organizo muy bien – ¡ya lo veo!; **so be it!** ¡así sea!; **is that so?** ¿ah, sí?, ¿de verdad?; **it is no longer so** ya no es así; *Fam* **you can't do it – I can so!** ¡no puedes hacerlo – ¡ya lo creo que sí!; **if so,...** si es así,...; **she entered the room, and in so doing...** entró en la habitación, y al hacerlo..., **why** *or* **how so?** ¿y por qué?; **it was fun, more so than we had expected** fue divertido, mucho más de lo que esperábamos; **we were all delighted and none more so than Sarah** estábamos encantados, y Sarah la que más

-5. *(also)* **so am I** yo también; **so do we** nosotros también; **I love cheese – so do I** me encanta el queso – a mí también; **so can they** ellos también (pueden); **so is my brother** mi hermano también; **you seem annoyed – so would you be if you'd had to wait as long as me!** pareces molesto – ¿no lo estarías tú si hubieras tenido que esperar tanto como yo?; **just as the city has changed, so too have its problems** de la misma manera en que ha cambiado la ciudad, también han cambiado sus problemas

-6. *(in this way)* así; **do it (like) so** hazlo así; **the tables have been so arranged as to...** las mesas han sido dispuestas de manera que...; **and so on, and so forth** y cosas así, etcétera

◇ *conj* **-1.** *(because of this)* así que; **she has a bad temper, so be careful** tiene mal genio, así que ten cuidado; **he wasn't there, so I came back again** como no estaba, me volví; **it was dark, so (that) I couldn't see** estaba oscuro, por lo que no podía ver; *Fam* **so there!** *Esp* ¡que lo sepas!, *Am* ¡para que sepas!

-2. *(in order that)* para que; **she sat down so I could see better** se sentó para que yo viera mejor; **we hurried so we wouldn't be late** nos dimos prisa *or Am* nos apuramos para no llegar tarde

-3. *(introducing remark)* **so that's what it is!** ¡así que es eso!; **so you're not coming?** entonces ¿no vienes?; **so what do we do now?** y ahora ¿qué hacemos?; **so what did you think of the movie, then?** ¿y qué te pareció la película?; **so, anyway, I opened the door...** en todo caso, abrí la puerta,...; **so, to go back to what I was saying earlier,...** bueno, volviendo a lo que estaba diciendo...; **so, here we are** pues nada, aquí estamos; **so (what?)** ¿y (qué)?; **so what if she is twenty years younger than me?** ¿y qué pasa si tiene veinte años menos que yo?

◇ *adj* **he likes the house to be just so** le gusta que la casa esté ordenada y limpia

◆ **so as to** *conj* para; **we hurried so as not to be late** nos dimos prisa *or Am* nos apuramos para no llegar tarde

◆ **so that** *conj* para que; **she sat down so that I could see better** se sentó para que yo viera mejor; **we hurried so that we wouldn't be late** nos dimos prisa *or Am* nos apuramos para no llegar tarde

so² [səʊ] *n* MUS sol *m*

soak [səʊk] ◇ *n* **-1.** *(in liquid)* **to give sth a ~** poner algo a *or* en remojo; **I had a nice long ~ in the bath** estuve un buen rato sumergido plácidamente en la bañera **-2.** *Fam (drunkard)* esponja *f*, borrachín(ina) *m,f*
  ◇ *vt* **-1.** *(leave in water)* poner en remojo; **he soaked the shirts in warm water** puso las camisas a remojar en agua tibia **-2.** *(make very wet)* empapar **(with** en *or* de**) -3.** *(immerse)* **to ~ oneself in the history of a period** sumergirse en la historia de una época **-4.** *Fam (charge heavily)* clavar; *(tax heavily)* desplumar
  ◇ *vi (food, clothes)* estar en remojo; **to leave sth to ~** dejar algo en remojo; **to ~ in the bath** darse un buen baño

◆ **soak in** ◇ *vt sep (atmosphere)* empaparse de, impregnarse de
  ◇ *vi (liquid)* absorberse, empaparse

◆ **soak through** *vt sep* **to be soaked through** estar empapado(a), estar calado(a) hasta los huesos
  ◇ *vi (liquid)* calar, penetrar

◆ **soak up** *vt sep* **-1.** *(liquid)* absorber; *Fig* **to ~ up the sun** tostarse al sol; *Fam Hum* **he can really ~ it up** *(drink)* es una auténtica esponja **-2.** *(atmosphere, culture)* empaparse de, impregnarse de

soaked [səʊkt] *adj* empapado(a); **to be ~** estar empapado(a), calarse hasta los huesos; **to get ~** ponerse empapado(a), ponerse hecho(a) una sopa; **~ to the skin** calado(a) hasta los huesos

soaking ['səʊkɪŋ] ◇ *n (of clothes)* remojo *m*; *Fam* **to get a ~** *(in rain)* ponerse como una sopa
  ◇ *adj* calado(a), empapado(a)
  ◇ *adv* ~ **wet** calado(a), empapado(a)

so-and-so ['səʊənsəʊ] *(pl* **so-and-sos)** *n Fam* **-1.** *(unspecified person)* fulanito *m,f*; **Mr/Mrs So-and-so** don fulanito/doña fulanita de tal **-2.** *(unpleasant person)* hijo(a) *m,f* de mala madre; **you greedy old ~!** ¡qué glotón estás hecho!

soap [səʊp] ◇ *n* **-1.** *(for washing)* jabón *m*; **I got her some bars of ~** *or* **some soaps** le conseguí unas pastillas de jabón ❑ ~ **bubble** pompa *f* de jabón; ~ **powder** detergente *m* en polvo **-2.** TV ~ **(opera)** telenovela *f*, culebrón *m*
  ◇ *vt* enjabonar

◆ **soap down** *vt sep* enjabonar bien; **to ~ oneself down** enjabonarse bien

◆ **soap up** *vt sep Fam (flatter)* dar jabón *or* coba a

soapbark ['səʊpbɑ:k] *n (tree)* quillay *m*

soapberry ['səʊpberɪ] *n (tree)* jaboncillo *m*

soapbox ['səʊpbɒks] *n* tribuna *f* improvisada; **get off your ~!** ¡deja de dogmatizar *or* pontificar!

soapdish ['səʊpdɪʃ] *n* jabonera *f*

soapflakes ['səʊpfleɪks] *npl* jabón *m* en escamas

soapstone ['səʊpstəʊn] *n* esteatita *f*

soapsuds ['səʊpsʌdz] *npl* espuma *f* (de jabón)

soapwort ['səʊpwɜ:t] *n* jabonera *f*

soapy ['səʊpɪ] *adj* **-1.** *(water)* jabonoso(a) **-2.** *(hands, face)* enjabonado(a) **-3.** *(taste, smell)* a jabón; **this chocolate tastes ~** este chocolate sabe a jabón

soar [sɔː(r)] *vi* **-1.** *(bird, plane)* remontarse, remontar el vuelo; **the ball soared into the stands** el balón se remontó hasta las gradas
-2. *(building)* elevarse, alzarse; **the mountain soared above us** la montaña se elevaba *or* se alzaba sobre nosotros
-3. *(prices, profits, sales)* desorbitarse, dispararse; *(temperature)* subir vertiginosamente; *(hopes, ambitions)* desbordarse, desorbitarse; *(popularity)* aumentar espectacularmente; **the soldiers' spirits soared** el ánimo de los soldados se elevó por las nubes

soaring ['sɔːrɪŋ] *adj* **-1.** *(prices, profits, sales)* desorbitado(a); *(temperature)* muy elevado(a); *(hopes, ambitions)* desorbitado(a), desmesurado(a); *(popularity)* extraordinario(a), enorme **-2.** *(high)* *(mountain, tower)* elevado(a), eminente; **the ~ flight of the eagle** el planeo del águila

s.o.b. [esəʊˈbiː] *n US Fam* (*abbr* **son of a bitch**) *(person)* hijo(a) *m,f* de su madre; *(thing)* cabrón(ona) *m,f*

sob [sɒb] ◊ *n* sollozo *m* ❏ *Fam* **~ story** dramón *m*
◊ *vi (pt & pp* **sobbed**) sollozar
◊ *vt* "**I can't remember!**" **he sobbed** "¡no me acuerdo!", dijo sollozando; **to ~ oneself to sleep** sollozar hasta quedarse dormido(a); **he was sobbing his heart out** estaba hecho un mar de lágrimas

sobbing ['sɒbɪŋ] *n* sollozos *mpl*, llanto *m*

sober ['səʊbə(r)] *adj* **-1.** *(not drunk)* sobrio(a), sereno(a) **-2.** *(sensible)* serio(a) **-3.** *(in colour, design)* sobrio(a) **-4.** *(atmosphere, occasion)* formal; *(expression, voice)* grave; *(reminder)* serio(a); **the ~ fact is...** la pura verdad es...
◆ **sober down** ◊ *vt sep (calm)* serenar
◊ *vi (calm down)* serenarse
◆ **sober up** ◊ *vt sep (drunk person)* quitar *or Am* sacar la borrachera a
◊ *vi (drunk person)* **by the next day he had sobered up** al día siguiente ya se le había pasado la borrachera

sobering ['səʊbərɪŋ] *adj* **it's a ~ thought** da mucho que pensar; **what she said had a ~ effect on everyone** lo que dijo hizo reflexionar a todo el mundo

soberly ['səʊbəlɪ] *adv* **-1.** *(to act, speak, look)* con seriedad **-2.** *(to dress)* con sobriedad

sober-minded ['səʊbə'maɪndɪd] *adj (serious)* serio(a)

soberness ['səʊbənɪs], **sobriety** [səʊˈbraɪətɪ] *n* **-1.** *(not being drunk)* sobriedad *f* **-2.** *(seriousness)* seriedad *f* **-3.** *(of colour, design)* sobriedad *f*

sobriquet ['səʊbrɪkeɪ] *n Literary* sobrenombre *m*

Soc (*abbr* **society**) asociación *f*

so-called ['səʊˈkɔːld] *adj* **-1.** *(generally known as)* (así) llamado(a) **-2.** *(wrongly known as)* mal llamado(a); **~ progress** el pretendido progreso

soccer ['sɒkə(r)] *n* fútbol *m* ❏ **~ club** club *m* de fútbol; **~ hooligan** hincha *mf* violento(a); **~ match** partido *m* de fútbol; **~ player** futbolista *mf*, jugador(ora) *m,f* de fútbol

sociability [ˌsəʊʃəˈbɪlətɪ] *n* sociabilidad *f*

sociable ['səʊʃəbəl] *adj* sociable; **I had a drink with them just to be ~** me tomé una copa con ellos por cortesía *or* para no mostrarme insociable ❏ **~ weaver** republicano *m*

sociably ['səʊʃəblɪ] *adv* con amabilidad, amigablemente

social ['səʊʃəl] ◊ *adj* **-1.** *(relating to society)* social; **they are not our ~ equals** no son de nuestra clase (social) ❏ **~ accounting** contabilidad *f* social; **~ anthropologist** antropólogo(a) *m,f* social; **~ anthropology** antropología *f* social; **~ audit** auditoría *f* social; *EU* **Social Chapter** capítulo *m* social (de los acuerdos de Maastricht); *EU* **Social Charter** Carta *f* Social; **~ class** clase *f* social; **~ climber** arribista *mf*; **~ climbing** arribismo *m*; **~ compact** concertación *f* social; **~ conscience** conciencia *f* social; **~ contract** concertación *f* social; *POL* **~ democracy** *(system, country)* socialdemocracia *f*; *POL* **~ democrat** socialdemócrata *mf*; *POL* **~ democratic** socialdemócrata(a); *Euph* **~ disease** *(venereal disease)* enfermedad *f* venérea; *(problem in society)* enfermedad *f* social; **~ dumping** dumping *m* social; **~ engineering** ingeniería *f* social, = intento de cambiar la sociedad a través de medidas políticas; **~ exclusion** exclusión *f* social; **~ historian** historiador(ora) *m,f* social; **~ history** historia *f* social; **~ housing** viviendas *fpl* sociales; **~ insurance** seguro *m* social; **~ justice** justicia *f* social; **~ market economy** economía *f* social de mercado; **~ mobility** movilidad *f* social; **~ order** orden *m* social; **~ outcast** marginado(a) *m,f*; **~ psychology** psicología *f* social; **~ realism** realismo *m* social; **~ sciences** ciencias *fpl* sociales; **~ secretary** secretario(a) *m,f* de actividades sociales; **~ security** seguridad *f* social; **to be on ~ security** cobrar subsidios del Estado; **~ security benefit** prestación *f* social; **the ~ services** los servicios sociales; **~ studies** (ciencias *fpl*) sociales *fpl*; **~ welfare** bienestar *m* social, asistencia *f or* ayuda *f* social; **~ work** asistencia *f or* trabajo *m* social; **~ worker** asistente *mf or* trabajador(ora) *m,f* social
-2. *(activities, engagements, event)* social; **his life is one mad ~ whirl** lleva una trepidante vida social; **to pay sb a ~ call** pasarse a saludar a alguien; **she's just a ~ drinker** sólo bebe en compañía de otras personas ❏ **~ club** club *m* social; **~ life** vida *f* social
-3. *(sociable)* sociable
◊ **-4.** *(insect, animal)* social; **she has very poor ~ skills** no es muy sociable
◊ *n (party)* reunión *f*, fiesta *f*

socialism ['səʊʃəlɪzəm] *n* socialismo *m*

socialist ['səʊʃəlɪst] ◊ *n* socialista *mf*
◊ *adj* socialista ❏ **~ realism** realismo *m* socialista

socialistic [ˌsəʊʃəˈlɪstɪk] *adj Pej* socialista, socialistoide, *Esp* sociata

socialite ['səʊʃəlaɪt] *n* personaje *m* de la vida mundana

socialization [ˌsəʊʃəlaɪˈzeɪʃən] *n POL & PSY* socialización *f*

socialize ['səʊʃəlaɪz] ◊ *vt POL & PSY* socializar
◊ *vi* alternar; **to ~ with sb** tener trato *or* alternar con alguien; **I don't ~ much these days** últimamente no salgo mucho *or* no hago mucha vida social

socializing ['səʊʃəlaɪzɪŋ] *n* trato *m* social, relaciones *fpl* sociales; **they do a lot of ~** hacen mucha vida social

socially ['səʊʃəlɪ] *adv* **-1.** *(of society)* socialmente; **it's not ~ acceptable** desde el punto de vista social *or* de la sociedad, es inaceptable; **this company is very ~ aware** esta empresa está muy sensibilizada con las cuestiones sociales; **to be ~ disadvantaged** pertenecer a una clase social desfavorecida
-2. *(relating to social life)* **we don't see each other ~** no tenemos relación fuera del trabajo; **to be ~ inadequate** no ser (nada) sociable
-3. *(in terms of class)* **~ inferior** de (una) clase social inferior

societal [səˈsaɪətəl] *adj Formal* social

society [səˈsaɪətɪ] *n* **-1.** *(community, nation)* sociedad *f*; **he is a danger to ~** es una amenaza para la sociedad, es un peligro público; **Western ~** la sociedad occidental
-2. *(fashionable circles)* **(high) ~** la alta sociedad; **to make one's debut in ~** presentarse en sociedad ❏ **~ column** notas *fpl* de sociedad; **~ wedding** boda *f* de (alta) sociedad
-3. *(club)* asociación *f*, sociedad *f* ❏ *REL* **the Society of Friends** *(Quakers)* los cuáqueros
-4. *Literary (company)* compañía *f*; **in polite ~** entre (la) gente bien *or* de buenas costumbres

sociocultural [ˌsəʊsɪəʊˈkʌltʃərəl] *adj* sociocultural

socioeconomic [ˌsəʊsɪəʊiːkəˈnɒmɪk] *adj* socioeconómico(a)

sociolect [ˌsəʊsɪəˈlekt] *n LING* sociolecto *m*

sociolinguistic [ˌsəʊsɪəʊlɪŋˈgwɪstɪk] *adj* sociolingüístico(a)

sociolinguistics [ˌsəʊsɪəʊlɪŋˈgwɪstɪks] *n* sociolingüística *f*

sociological [ˌsəʊsɪəˈlɒdʒɪkəl] *adj* sociológico(a)

sociologist [ˌsəʊsɪˈɒlədʒɪst] *n* sociólogo(a) *m,f*

sociology [ˌsəʊsɪˈɒlədʒɪ] *n* sociología *f*

sociopath ['səʊsɪəʊpæθ] *n* **-1.** *PSY* = persona con un comportamiento antisocial patológico **-2.** *(psychopath)* psicópata *mf*

sociopolitical [ˌsəʊsɪəʊpəˈlɪtɪkəl] *adj* sociopolítico(a)

sock [sɒk] ◊ *n* **-1.** *(garment)* calcetín *m*, IDIOM *Br Fam* **put a ~ in it!** ¡cierra el pico! **-2.** *Fam (blow)* puñetazo *m* **-3.** *(of horse)* cuartilla *f*
◊ *vt Fam (hit)* **he socked him on the jaw** le arreó *or* estampó un puñetazo en la mandíbula; **I socked him one** le arreó *or* estampé un mamporro; IDIOM **~ it to them!** ¡a por ellos!, ¡valor y al toro!; IDIOM **I've got some bad news – ~ it to me, then** tengo malas noticias – vamos, desembucha (de una vez)

socket ['sɒkɪt] *n* **-1.** *(for plug)* enchufe *m*, toma *f* de corriente; *(for light bulb)* casquillo *m* **-2.** COMPTR *(slot)* zócalo *m* **-3.** *(of eye)* cuenca *f*; *(of limb joint)* cavidad *f*, *Spec* glena *f*; *(of tooth)* alveolo *m*; **her arm was pulled out of its ~** el brazo se le salió de su sitio, se le dislocó el brazo **-4.** *(in carpentry)* encajadura *f*, encaje *m*

Socrates ['sɒkrətiːz] *pr n* Sócrates

Socratic [sɒˈkrætɪk] *adj* socrático(a)

sod[1] [sɒd] *n (of earth)* tepe *m*

sod[2] *Br very Fam* ◊ *n* **-1.** *(obnoxious person)* mamón(ona) *m,f*, *Méx* mamila *mf*, *RP* choto(a) *m,f*; **the stupid ~ lost the keys** el muy mamón perdió las llaves; *Br* **Sod's law** la ley de Murphy
-2. *Br Fam (any person)* tipo(a) *m,f*; **poor ~!** ¡pobre diablo!; **you lucky ~!** ¡eres un tipo/una tipa con suerte!
-3. *(thing)* plomazo *m*, *Esp* jodienda *f*, *Esp* coñazo *m*; **it's a ~ of a job** es un trabajo de lo más jodido *or Esp* de lo más coñazo
-4. IDIOMS **I don't care** *or* **I don't give a ~** me la trae floja, me la suda; **I got ~ all from them** no me dieron ni la hora; **you've done ~ all today** no has dado golpe en todo el día; **they've got ~ all hope of winning** todas sus esperanzas de triunfo se han ido a hacer puñetas
◊ *vt (pt & pp* **sodded**) **~ it!** *Esp* ¡joder!, *Méx* ¡chin!, *RP* ¡la puta!; **~ you/them!** ¡vete/que se vayan a la mierda!; **~ the party, I'm tired** a la mierda la fiesta, yo estoy cansado; **~ the expense, let's just go!** a la mierda *or* a freír puñetas el dinero, ¡vámonos!
◆ **sod off** *vi Br very Fam* abrirse, *Esp, RP* pirarse; **~ off!** *Esp* ¡vete a tomar por saco!, *Méx* ¡vete a la chingada!, *RP* ¡andate a la mierda!

soda ['səʊdə] *n* **-1.** *(mixer)* **~ (water)** (agua *f* de) seltz *m*, soda *f*; **scotch and ~** whisky (escocés) con soda ❏ **~ siphon** sifón *m*
-2. *US (fizzy drink)* refresco *m* (gaseoso) ❏ **~ fountain** *(in shop)* = puesto *m* de helados y refrescos, *Chile,Col, Méx,Ven* fuente *f* de soda; *(siphon)* sifón *m*; *US* **~ pop** refresco *m* con gas
-3. CULIN **~ bread** = pan hecho con bicarbonato sódico y suero de leche; *US* **~ cracker** galleta *f* salada
-4. CHEM sosa *f* ❏ **~ ash** sosa *f* comercial, sosa *f* Solvay; **~ lime** = mezcla sólida de cal y sosa cáustica

sodden ['sɒdən] *adj* empapado(a); **to be ~** estar empapado(a)

sodding ['sɒdɪŋ] *Br very Fam* ◊ *adj* puto(a), *Esp* puñetero(a), *Méx* pinche; **~ hell!** ¡puñeta!, ¡jopé!
◊ *adv (for emphasis)* puñeteramente; **you**

can ~ well do it yourself! ¡que te den morcilla y lo haces tú solo!, *Méx* ¡pues come cuacha, lo haces tú solo!; **don't be so ~ lazy!** ¡no seas tan vago, puñeta!

sodium ['səʊdɪəm] *n* CHEM sodio *m* ❑ **~ bicarbonate** bicarbonato *m* sódico *or* de sodio; **~ carbonate** carbonato *m* sódico *or* de sodio; **~ chloride** cloruro *m* sódico *or* de sodio; **~ hydroxide** hidróxido *m* sódico *or* de sodio; **~ lamp** lámpara *f* de (vapor de) sodio; **~ nitrate** nitrato *m* sódico *or* de sodio; **~ sulphate** sulfato *m* sódico *or* de sodio

Sodom ['sɒdəm] *n* Sodoma; **~ and Gomorrah** Sodoma y Gomorra

sodomite ['sɒdəmaɪt] *n* sodomita *mf*

sodomize ['sɒdəmaɪz] *vt* sodomizar

sodomy ['sɒdəmɪ] *n* sodomía *f*

sofa ['səʊfə] *n* sofá *m* ❑ **~ bed** sofá-cama *m*

Sofia ['səʊfɪə] *n* Sofía

soft [sɒft] *adj* **-1.** *(to touch) (fabric, skin, hair)* suave; **the cream will make your hands ~** la crema te suavizará las manos ❑ **~ toy** peluche *m* (muñeco)
-2. *(yielding, not firm) (pillow, mattress)* blando(a); *(ground, rock, cheese, butter)* blando(a); *(metal)* dúctil, maleable; *(wood, pencil)* blando(a); *(toothbrush)* suave; **to become** *or* **go ~** ablandarse; **this bed is too ~** esta cama es demasiado blanda ❑ **~ centre** *(of chocolate)* relleno *m* blando; **~ coal** carbón *m* bituminoso, hulla *f* grasa; *Br* **~ fruit** bayas *fpl* (fresas, moras, arándanos, etc); *Br* **~ furnishings,** *US* **~ goods** = artículos y materiales de decoración del tipo cortinas, cojines, alfombras, etc; **~ lenses** lentes *fpl* *or Esp* lentillas *fpl* *or Méx* pupilentes *fpl* blandas; **~ landing** *(of aircraft)* aterrizaje *m* suave; *(of economy)* desaceleración *f* suave; ANAT **~ palate** velo *m* del paladar; ANAT **~ tissue** tejido *m* blando; **~ top** *(car)* descapotable *m*, *Am* convertible *m*; AUT **~ verges** *(sign)* arcén *m* no estabilizado
-3. *(not harsh, not strong) (voice, music, rain, colour, breeze)* suave; *(accent)* suave, dulce; *(outline)* desdibujado(a), difuminado(a); *(expression, eyes)* dulce, apacible; **turn the volume up, it's a bit ~** sube el volumen, está un poco bajo ❑ **~ drinks** refrescos *mpl*; **~ drugs** drogas *fpl* blandas; PHOT **~ focus: in ~ focus** ligeramente velado(a) *or* difuminado(a); FIN **~ loan** crédito *m* blando *or* subvencionado; **~ pedal** *(on piano)* pedal *m* suave; *Fam* **~ porn** porno *m* blando *or Méx* ligero *or RP* liviano; COM **~ sell** venta *f* no agresiva
-4. *(kind) (person)* dulce, tierno(a); *(nature)* bondadoso(a), bonachón(ona); **to have a ~ heart** ser bondadoso(a), tener muy buen corazón
-5. *(not strict)* blando(a); **you're too ~ on him** eres demasiado blando con él; **to be ~ on terrorism** ser (demasiado) indulgente *or* transigente con el terrorismo; **to take a ~ line (on sth/with sb)** ser transigente (con algo/con alguien)
-6. *(physically weak)* debilucho, endeble; **you've gone ~!** ¡te has vuelto blandengue *or* demasiado delicado!; IDIOM **to have a ~ spot for sb** tener *or* sentir debilidad por alguien
-7. *Fam (stupid)* tonto(a); IDIOM **to be ~ in the head** ser un(a) tontorrón(ona) *or* bobalicón(ona); **he's going ~ in his old age** está perdiendo la cabeza con los años
-8. *Fam (in love)* **to be ~ on sb** estar colado(a) *or Méx* hasta las manitas por alguien, *RP* estar remetido(a) con alguien
-9. *(easy) (job, life, target)* fácil; *Fam* **to be a ~ touch** ser un poco primo(a) *or Am* bobito(a) ❑ **~ option** opción *f* fácil
-10. *(water)* blando(a)
-11. ECON *(market)* débil ❑ **~ currency** divisa *f* débil
-12. *US* POL **~ money** = fondos destinados a los partidos políticos, y no a los candidatos, durante una campaña electoral
-13. COMPTR **~ copy** copia *f* en formato electrónico; **~ hyphen** guión *m* corto, guión *m* de final de renglón; **~ return** retorno *m* automático
-14. LING *(consonant)* débil
-15. *(in horseracing) (going)* blando(a)

softback ['sɒftbæk] *n* libro *m* de tapa blanda *or* en rústica

softball ['sɒftbɔːl] *n* = juego parecido al béisbol jugado en un campo más pequeño y con una pelota más blanda

soft-boiled ['sɒftbɔɪld] *adj (egg)* pasado(a) por agua

soft-centred ['sɒft'sentəd] *adj* **-1.** *(chocolate)* con relleno blando **-2.** *(person)* bondadoso(a), de buen corazón

soft-core ['sɒftkɔː(r)] *adj (pornography)* blando(a)

soften ['sɒfən] ◇ *vt* **-1.** *(fabric, skin, hair)* suavizar **-2.** *(wax, butter, leather)* ablandar, reblandecer **-3.** *(light, contrast, tone)* suavizar, atenuar **-4.** *(lessen) (pain, impact, shock, effect)* mitigar, atenuar; **to ~ the blow** amortiguar el golpe; **the government has softened its stance on drugs** el gobierno ha flexibilizado su postura frente a las drogas **-5.** *(water)* ablandar, de(s)calcificar
◇ *vi* **-1.** *(fabric, skin, hair)* suavizarse **-2.** *(wax, butter, leather)* ablandarse **-3.** *(light, contrast, tone)* suavizarse, atenuarse **-4.** *(become less severe, firm) (person)* ceder, ablandarse; *(eyes, expression)* dulcificarse; *(opinions, resolve, stance)* suavizarse
◆ **soften up** ◇ *vt sep* **-1.** *(before attack)* debilitar **-2.** *(before request)* ablandar
◇ *vi* **to ~ up on sb** ablandarse ante alguien, ser *or* ponerse blando con alguien

softener ['sɒfnə(r)] *n (for fabric)* suavizante *m*; *(for water)* de(s)calcificador *m*

softening ['sɒfnɪŋ] *n (of attitude, expression, voice)* relajamiento *m* ❑ MED **~ of the brain** reblandecimiento *m* cerebral

soft-focus lens ['sɒftfəʊkəs'lenz] *n* objetivo *m* anacromático

soft-headed ['sɒft'hedɪd] *adj Fam* tontorrón(ona), bobalicón(ona)

soft-hearted ['sɒft'hɑːtɪd] *adj* bondadoso(a), de buen corazón

softie = **softy**

softly ['sɒftlɪ] *adv* **-1.** *(quietly) (to talk)* con voz suave, suavemente; *(to breathe)* suavemente; *(to walk)* sin hacer ruido; *(to move)* suavemente, sin hacer ruido; **she swore ~** juró bajito; **to be ~ spoken** tener la voz suave *or* dulce **-2.** *(gently) (to blow, touch)* suavemente **-3.** *(not harshly)* **to be ~ lit** tener una iluminación tenue *or* suave **-4.** *(fondly) (to smile, look)* dulcemente, con dulzura

softly-softly ['sɒftlɪ'sɒftlɪ] *adj Fam (approach, attitude)* cauteloso(a)

softness ['sɒftnɪs] *n* **-1.** *(of fabric, skin, hair)* suavidad *f*
-2. *(of pillow, mattress)* blandura *f*; *(of ground)* blandura *f*; *(of metal)* ductilidad *f*, maleabilidad *f*; *(of wood, pencil)* blandura *f*; *(of toothbrush)* (grado *m* de) suavidad *f*
-3. *(of voice, music, rain, colour)* suavidad *f*; *(of breeze)* suavidad *f*; *(of accent)* suavidad *f*, dulzura *f*; *(of outline)* carácter *m* desdibujado *or* difuminado; *(of expression, eyes)* dulzura *f*
-4. *(kindness) (of person, nature)* bondad *f*, dulzura *f*
-5. *(leniency)* debilidad *f*, indulgencia *f*
-6. *(weakness)* debilidad *f*, falta *f* de energía
-7. *(easiness) (of job, life, target)* facilidad *f*
-8. *(of water)* blandura *f*

soft-pedal ['sɒft'pedəl] *(pt & pp* **soft-pedalled,** *US* **soft-pedaled)** *vt (minimize)* restar importancia a

soft-soap ['sɒft'səʊp] *vt Fam* dar jabón *or* coba a

soft-spoken ['sɒft'spəʊkən] *adj* de voz suave

software ['sɒftweə(r)] *n* COMPTR software *m*, soporte *m* lógico ❑ **~ developer** desarrollador(ora) *m,f* de software; **~ engineer** ingeniero(a) *m,f* de programas; **~ error** error *m* de software; **~ package** paquete *m* de software; **~ piracy** piratería *f* informática

softwood ['sɒftwʊd] *n* **-1.** *(wood)* madera *f* blanda *or* de conífera **-2.** *(tree)* conífera *f*

softy, softie ['sɒftɪ] *n Fam* **-1.** *(gentle person)* buenazo(a) *m,f* **-2.** *(coward)* gallina *mf*

soggy ['sɒgɪ] *adj (ground, clothes)* empapado(a); *(cardboard)* mojado(a); *(cake, pie)* a medio cocer, medio crudo(a); *(rice)* pasado(a); *(lettuce, tomatoes)* mustio(a)

soh [səʊ] *n* MUS sol *m*

soi-disant ['swɑːdiːˈzɒŋ] *adj* autoproclamado(a)

soil [sɔɪl] ◇ *n* **-1.** *(earth)* tierra *f*; **they live off the ~** viven de los productos de la tierra; **on British ~** en suelo británico; **his native ~** su tierra natal ❑ **~ science** edafología *f* **-2.** *(sewage)* **~ pipe** (tubería *f* de) desagüe *m* del retrete
◇ *vt* **-1.** *(clothes, sheet)* manchar, ensuciar; **to ~ oneself** ensuciarse **-2.** *(reputation)* manchar, empañar; IDIOM **to ~ one's hands** mancharse las manos
◇ *vi (clothes, material)* ensuciarse, mancharse

soiled [sɔɪld] *adj* **-1.** *(bedlinen)* sucio(a), manchado(a) **-2.** *(goods)* manchado(a)

soirée [swɑːˈreɪ] *n* velada *f*, fiesta *f* nocturna

sojourn ['sɒdʒən] ◇ *n Literary Esp, Méx* estancia *f*, *Am* estadía *f*
◇ *vi* pasar una temporada

sol [sɒl] *n* MUS sol *m*

solace ['sɒləs] *n Literary* consuelo *m*; **he found ~ in religion** encontró consuelo en la religión

solar ['səʊlə(r)] *adj* **-1.** *(relating to the sun)* solar ❑ **~ battery** batería *f* solar; **~ cell** pila *f* solar; **~ eclipse** eclipse *m* de sol; **~ energy** energía *f* solar; ASTRON **~ flare** fulguración *f* (cromosférica); **~ heating** calefacción *f* solar; **~ panel** panel *m* *or* placa *f* solar; **~ power** energía *f* solar; **~ power station** central *f* solar; **~ system** sistema *m* solar; ASTRON **~ wind** viento *m* solar **-2.** ANAT **~ plexus** plexo *m* solar

solarium [səˈleərɪəm] *(pl* **solariums** *or* **solaria** [səˈleərɪə]) *n* **-1.** *(sun terrace)* solárium *m* **-2.** *(sunbed)* cama *f* de rayos UVA; *(place with sunbeds)* solárium *m*, solario *m*

solar-powered ['səʊləˈpaʊəd] *adj* por energía solar, alimentado(a) con energía solar

sold *pt & pp of* **sell**

solder ['səʊldə(r)] ◇ *n* soldadura *f*
◇ *vt* soldar

solderer ['sɒldərə(r)] *n* soldador(ora) *m,f*

soldering-iron ['səʊldərɪŋ'aɪən] *n* soldador *m*

soldier ['səʊldʒə(r)] ◇ *n* **-1.** MIL soldado *m*; **he wants to be a ~ when he grows up** quiere ser militar de mayor; **an old ~** un veterano, un excombatiente; *Fam* **don't come** *or* **play the old ~ with me** no me vengas con consejos de sabi; **to play (at) soldiers** *(children)* jugar a los soldados, jugar a la guerra; *Fam* **you poor ~!** ¡pobrecito!, ¡qué lástima! ❑ **~ of fortune** mercenario(a) *m,f*
-2. ZOOL **~ (ant)** soldado *m*
-3. *Br Fam (strip of toast)* = tira fina de pan de molde para untar
◇ *vi* servir como soldado
◆ **soldier on** *vi* seguir adelante

soldierly ['səʊldʒəlɪ] *adv* marcial, castrense

sole¹ [səʊl] ◇ *n* **-1.** *(of foot)* planta *f* **-2.** *(of shoe)* suela *f*; *(of sock)* planta *f*
◇ *vt (shoe)* poner suelas a

sole² *n (fish)* lenguado *m*

sole³ *adj* **-1.** *(only)* único(a) **-2.** *(exclusive)* exclusivo(a); **to have ~ rights on sth** tener la exclusiva *or* los derechos exclusivos de algo ❑ COM **~ agent** agente *mf* en exclusiva; *US* COM **~ proprietor** empresario *mf* individual *Br* COM **~ trader** empresario *mf* individual

solecism ['sɒlɪsɪzəm] *n* **-1.** GRAM solecismo *m* **-2.** *Formal (blunder)* incorrección *f*

-soled [-səʊld] *suffix* **rubber~ shoes** zapatos de suela de goma

solely ['səʊllɪ] *adv* **-1.** *(only)* únicamente **-2.** *(entirely)* exclusivamente, en su totalidad; **to be ~ responsible for sth** ser el único/la única responsable de algo

solemn ['sɒləm] *adj* **-1.** *(face, expression, oath)* solemne; **she looked very ~** parecía muy seria, tenía cierto aire de gravedad **-2.** *(colours, suit)* oscuro(a), serio(a) **-3.** *(occasion, music)* solemne

solemnity [sə'lemnɪtɪ] *n* **-1.** *(of face, expression, oath)* solemnidad *f* **-2.** *(formality)* solemnidad *f* **-3.** *Literary* **solemnities** *(solemn event)* acto *m* or ceremonia *f* solemne

solemnize ['sɒləmnaɪz] *vt Formal (marriage)* celebrar

solemnly ['sɒləmlɪ] *adv* **-1.** *(gravely)* con aire de gravedad, con seriedad **-2.** *(formally)* solemnemente

solenoid ['sɒlənɔɪd] *n* PHYS solenoide *m*

sol-fa [sɒl'fɑː] *n* MUS solfa *f*

solfeggio [sɒl'fedʒɪəʊ] *(pl* **solfeggi** [sɒl'fedʒiː] *or* **solfeggios)** *n* MUS solfeo *m*

solicit [sə'lɪsɪt] ◇ *vt Formal (request)* solicitar; **to ~ sth from sb** solicitar algo a alguien; **they came round soliciting business** vinieron a ofrecer sus servicios profesionales
◇ *vi (prostitute)* abordar clientes; *(beggar)* pedir limosna, mendigar

soliciting [sə'lɪsɪtɪŋ] *n (by prostitutes)* ejercicio *m* de la prostitución en las calles

solicitor [sə'lɪsɪtə(r)] *n* **-1.** *Br* LAW = abogado que hace las veces de notario para contratos de compraventa y testamentos o que actúa de procurador en los juzgados ❑ *Solicitor General (in UK)* Fiscal *m* General del Estado; *(in US)* Subsecretario(a) *m,f* de Justicia **-2.** *US (of town, city)* = asesor jurídico asignado a una unidad territorial administrativa (pueblo, ciudad, etc.)

solicitous [sə'lɪsɪtəs] *adj Formal (attentive)* solícito(a); *(showing concern)* interesado(a) **(about** por)

solicitously [sə'lɪsɪtəslɪ] *adv Formal (attentively)* solícitamente; *(showing concern)* con interés

solicitude [sə'lɪsɪtjuːd] *n Formal (attentiveness)* solicitud *f*; *(concern)* interés *m* **(about** por)

solid ['sɒlɪd] ◇ *n* **-1.** *(object)* sólido *m* **-2.** *solids (food)* alimentos *mpl* sólidos **-3.** CHEM **milk solids** sólidos lácteos; **cocoa solids** sólidos or materia de cacao
◇ *adj* **-1.** *(not liquid)* sólido(a); **to become ~** solidificarse; **it's frozen ~** está totalmente congelado ❑ **~ food** alimentos *mpl* sólidos; **~ fuel** combustible *m* sólido; **~ waste** *(rubbish)* residuos *mpl* sólidos; *(excrement)* heces *fpl* fecales
-2. *(not hollow) (tyres, ball)* macizo(a) ❑ **~ rock** roca *f* sólida
-3. *(of one substance)* puro(a); **my arms are ~ muscle** mis brazos son puro músculo ❑ **~ gold** oro *m* macizo; **~ silver** plata *f* maciza
-4. *(continuous)* seguido(a); *(line)* ininterrumpido(a); **I worked for twelve ~ hours** trabajé (durante) doce horas seguidas; **for a ~ week** durante una semana entera
-5. *(dense, compact)* compacto(a); **the streets were a ~ mass of people** las calles estaban atestadas or abarrotadas de gente; **the traffic was ~ all the way back to the roundabout** el tráfico de vuelta era denso hasta llegar a la rotonda
-6. *(physically sturdy) (structure, table)* sólido(a); **this is good, ~ workmanship** éste es un trabajo sólido, bien hecho; **a man of ~ build** un hombre de complexión fuerte, un hombre robusto; **to be as ~ as a rock** *(structure, table)* ser tan firme como una roca; **their defence was as ~ as a rock** contaban con una férrea defensa or con una defensa de lo más sólida; IDIOM **to be on ~ ground** pisar terreno firme
-7. *(reliable) (support)* fuerte, sólido(a); *(relationship)* sólido(a), firme; *(evidence, proof, argument)* sólido(a); *(reputation)* sólido(a), firme; *(advice)* sensato(a), juicioso(a); *(citizen)* cabal, íntegro(a); *(offer)* formal, en firme; **he's a ~ worker** es un trabajador de fiar
-8. *(unanimous)* **to be ~ for/against sth** estar unánimemente a favor de/en contra de algo
-9. GEOM cúbico(a), tridimensional ❑ **~ geometry** geometría *f* tridimensional
-10. *US Fam (excellent)* súper, fenómeno
◇ *adv* **ten hours ~** diez horas seguidas; **the hall was packed ~** la sala estaba atestada de gente; **we are booked ~ for the next month** estamos completos hasta final del mes que viene

solidarity [sɒlɪ'dærɪtɪ] *n* solidaridad *f* **(with** con); **they went on strike in ~ with the miners** fueron a la huelga por or en solidaridad con los mineros

solid-fuel ['sɒlɪd'fjʊəl] *adj* de combustible sólido

solidification [səlɪdɪfɪ'keɪʃən] *n (of liquid, gas)* solidificación *f*

solidify [sə'lɪdɪfaɪ] ◇ *vi* **-1.** *(liquid, gas)* solidificarse **-2.** *(system, opinion, alliance)* consolidarse
◇ *vt* **-1.** *(liquid, gas)* solidificar **-2.** *(alliance)* consolidar

solidity [sə'lɪdɪtɪ] *n* solidez *f*

solidly ['sɒlɪdlɪ] *adv* **-1.** *(firmly, robustly)* sólidamente; **~ built** *(structure)* de construcción or edificación sólida; *(person)* de complexión fuerte, robusto(a)
-2. *(without interruption)* sin interrupción; **I worked ~ for five hours** trabajé (durante) cinco horas seguidas
-3. *(thoroughly)* firmemente, sobre sólidos pilares; **a ~ reasoned case** un caso razonado de forma convincente
-4. *(reliably)* **the defence played ~** el juego de la defensa fue sólido, la defensa jugó con solidez
-5. *(to vote)* unánimemente

solid-state ['sɒlɪd'steɪt] *adj* **-1.** *(circuitry, device)* de estado sólido, de componentes sólidos **-2.** *(physics)* del estado sólido

solidus ['sɒlɪdəs] *(pl* **solidi** ['sɒlɪdaɪ]) *n* TYP barra *f* oblicua

soliloquize, soliloquise [sə'lɪləkwaɪz] *vi* monologar, hablar a solas

soliloquy [sə'lɪləkwɪ] *n* soliloquio *m*

solipsism ['sɒlɪpsɪzəm] *n* PHIL solipsismo *m*

solipsistic [sɒlɪp'sɪstɪk] *adj* PHIL solipsista

solitaire [sɒlɪ'teə(r)] *n* **-1.** *(diamond)* solitario *m* **-2.** *(game)* solitario *m*; **to play ~** hacer un solitario

solitary ['sɒlɪtərɪ] ◇ *adj* **-1.** *(alone, lonely)* solitario(a) ❑ **~ confinement** aislamiento *m*, incomunicación *f*; **to be in ~ confinement** estar incomunicado(a) **-2.** *(single)* único(a); **we found not a ~ instance of this** no encontramos un solo caso de esto **-3.** *(remote) (of place)* apartado(a), retirado(a)
◇ *n* **-1.** *Fam (solitary confinement)* aislamiento *m*, incomunicación *f* **-2.** *Literary (person)* solitario(a) *m,f*

solitude ['sɒlɪtjuːd] *n* soledad *f*

solo ['səʊləʊ] ◇ *n (pl* **solos) -1.** *(musical)* solo *m*; **a guitar/violin ~** un solo de guitarra/violín **-2.** *(flight)* vuelo *m* en solitario **-3.** *(card game)* **~ (whist)** = juego de baraja parecido al whist en el que un solo jugador puede enfrentarse a los demás
◇ *adj (performance)* en solitario ❑ **~ album** álbum *m* en solitario; **~ flight** vuelo *m* en solitario; **~ guitar** guitarra *f* solista; **~ voice** voz *f* solista
◇ *adv (fly, perform)* en solitario; **to go ~** *(musician)* iniciar una carrera en solitario; *(business partner)* montar el propio negocio; MUS **to play/sing ~** tocar/cantar en solitario

Solo® card ['səʊləʊkɑːd] *n* = tipo de tarjeta de débito

soloist ['səʊləʊɪst] *n* solista *mf*

Solomon ['sɒləmən] *pr n* Salomón ❑ **the ~ Islands, the Solomons** las Islas Salomón

solstice ['sɒlstɪs] *n* solsticio *m*; **the winter/summer ~** el solsticio de invierno/verano

solubility [sɒljə'bɪlɪtɪ] *n* solubilidad *f*

soluble ['sɒljʊbəl] *adj* **-1.** *(solid)* soluble **-2.** *(problem)* soluble

solute ['sɒljuːt] *n* CHEM soluto *m*

solution [sə'luːʃən] *n* **-1.** *(to problem, crime, puzzle)* solución *f* **(to** a) **-2.** *(liquid)* solución *f*; **salt in ~** sal disuelta

solvable ['sɒlvəbəl] *adj* solucionable, soluble

solve [sɒlv] *vt (problem, mystery)* solucionar, resolver; *(crime)* resolver, esclarecer; *(puzzle, equation)* resolver, sacar; *(crossword clue)* resolver; **to ~ a riddle** acertar una adivinanza

solvency ['sɒlvənsɪ] *n* solvencia *f*

solvent ['sɒlvənt] ◇ *n* disolvente *m* ❑ **~ abuse** inhalación *f* de disolventes *(pegamento y otros)*
◇ *adj* **-1.** *(financially)* solvente **-2.** *(substance, liquid)* disolvente

solver ['sɒlvə(r)] *n (of crime)* esclarecedor(ora) *m,f*; *(of riddle)* acertante *mf*; **the first ten solvers of the crossword will get a prize** las diez primeras personas que resuelvan el crucigrama obtendrán un premio

Som *(abbr* Somerset) (condado *m* de) Somerset

Somali(an) [sə'mɑːlɪ(ən)] ◇ *n* **-1.** *(person)* somalí *mf* **-2.** *(language)* somalí *m*
◇ *adj* somalí

Somalia [sə'mɑːlɪə] *n* Somalia

Somalian = Somali

somatic [sə'mætɪk] *adj* somático(a)

sombre, *US* **somber** ['sɒmbə(r)] *adj* **-1.** *(colour)* oscuro(a), sombrío(a); *(place)* sombrío(a), lóbrego(a) **-2.** *(person, mood)* sombrío(a); **what are you looking so ~ about?** ¿por qué tienes ese aspecto tan sombrío or lúgubre?

sombrely, *US* **somberly** ['sɒmbəlɪ] *adv* **-1.** *(to dress)* con tonos oscuros **-2.** *(to speak, predict)* en tono sombrío

sombreness, *US* **somberness** ['sɒmbənɪs] *n* **-1.** *(of colour)* oscuridad *f*; *(of place)* lobreguez *f* **-2.** *(of person, mood)* aspecto *m* sombrío, carácter *m* sombrío

sombrero [sɒm'breərəʊ] *n* sombrero *m* mexicano

some [sʌm] ◇ *pron* **-1.** *(people)* algunos(as), unos(as); **~ believe that...** hay quien cree que...; **~ of my friends** algunos amigos míos; **they went off, ~ one way, ~ another** unos se fueron en una dirección y otros en otra
-2. *(a certain number)* unos(as), algunos(as); *(a certain quantity)* algo; **~ are more difficult than others** unos son más difíciles que otros; **there is ~ left** queda algo; **there are ~ left** quedan algunos; **give me ~** *(a few)* dame unos(as) cuantos(as); *(a bit)* dame un poco; **if you want cake, just take ~** si quieres tarta, sírvete; **would you like coffee? – no thanks, I've already had ~** ¿quieres café? – no, gracias, ya he tomado; **I've made tea, would you like ~?** he preparado té, ¿quieres?; **have ~ of this cheese/these grapes** prueba este queso/estas uvas; **~ of the time** parte del tiempo; **it will probably cost about $1,000 – and then ~** probablemente costará cerca de 1.000 dólares – algo más será
◇ *adj* **-1.** *(certain quantity or number of)* **there are ~ apples in the kitchen** hay manzanas en la cocina; *(a few)* hay algunas or unas pocas manzanas en la cocina; **to drink ~ water** beber agua; **I ate ~ fruit** comí fruta; **can I have ~ money?** ¿me das algo de dinero?; **would you like ~ wine?** ¿quieres vino?; *(a bit)* ¿quieres un poco de vino?; **I've got ~ good news for you** tengo buenas noticias para ti; **could you give me ~ idea of when it will be ready?** ¿me podrías dar una idea de cuándo estará listo?; **I felt ~ uneasiness** sentí un cierto malestar; **I hope this goes ~ way towards making up for it** espero que esto te compense de alguna manera; **I've still got ~ more cards to write** todavía me quedan cartas por escribir; **in ~ ways** en cierto modo; **to ~ extent** hasta cierto punto
-2. *(as opposed to other)* **~ people say...** hay quien dice...; **~ mornings he didn't come in to work at all** algunas mañanas ni siquiera se presentaba a trabajar
-3. *(considerable)* **~ distance away** bastante lejos; **~ miles away** a bastantes millas; **it will be ~ time before we know the results** pasará un tiempo antes de que sepamos los resultados; **we waited for ~ time**

esperamos durante un buen rato; **for ~ time I've been worried about him** llevo bastante tiempo preocupado por él; **~ years previously** unos años antes; **we discussed the matter at ~ length** discutimos el asunto durante mucho tiempo

-4. *(unspecified)* algún(una); **he'll come ~ day** algún día vendrá; **~ fool left the door open** algún idiota dejó la puerta abierta; **at ~ time in the future** en algún momento futuro; **~ day or other** algún día de éstos; **for ~ reason or other** por una razón u otra, por alguna razón; **in ~ book or other** en no sé qué libro, en algún libro

-5. *Fam (for emphasis)* **that was ~ storm/meal!** ¡qué *or Esp* menuda tormenta/comida!; **it would be ~ achievement** sería todo un logro; *Ironic* **~ friend you are!** ¡vaya amigo estás hecho!; *Ironic* **~ hope or chance!** ¡ni lo sueñes!

◇ *adv* **-1.** *(approximately)* unos(as); **~ fifteen minutes** unos quince minutos

-2. *US (slightly)* algo, un poco; **shall I turn it up ~?** ¿lo subo algo *or* un poco?

-3. *Fam (quickly)* **this bike can really go ~** esta moto corre a toda velocidad *or* que se las pela

somebody ['sʌmbədɪ], **someone** ['sʌmwʌn]
◇ *n* **she thinks she's ~** se cree alguien; **I want to be ~** quiero ser alguien
◇ *pron* alguien; **~ told me that...** me dijeron que...; **he's ~ you can trust** se puede confiar en él; **surely ~ must know the answer** alguien tiene que saber la respuesta; **is this ~'s umbrella?** ¿es de alguien este paraguas?; **we need an electrician or ~** necesitamos un electricista o alguien así

somehow ['sʌmhaʊ] *adv* **-1.** *(in some way or other)* de alguna manera; **we'll get the money ~ (or other)** de un modo u otro conseguiremos el dinero; **she'd ~ managed to lock herself in** se las había arreglado, quién sabe cómo, para encerrarse con llave **-2.** *(for some reason or other)* por alguna razón; **~ I knew this would happen** no me preguntes cómo, pero sabía que esto iba a pasar; **it ~ doesn't look right** hay algo aquí que no funciona

someone = somebody
someplace *US* = somewhere
somersault ['sʌməsɔːlt] ◇ *n* *(of person) (jump)* salto *m* mortal; *(roll)* voltereta *f*; *(by car)* vuelta *f* de campana; **to turn** *or* **do a ~** *(person) (jump)* dar un salto mortal; *(roll)* hacer *or* dar una voltereta; *(car)* dar una vuelta de campana/vueltas de campana; **a double/triple ~** un doble/triple salto mortal
◇ *vi* *(person) (jump)* dar un salto mortal/saltos mortales; *(roll)* hacer *or* dar una voltereta/volteretas; *(car)* dar una vuelta de campana/vueltas de campana

something ['sʌmθɪŋ] ◇ *n* **-1.** *(present)* **I've brought you a little ~** te he traído una cosilla

-2. *(food, drink)* **would you like a little ~ (to drink)?** ¿te gustaría tomar algo (de beber)?; **would you like a little ~ (to eat)?** ¿te gustaría comer algo?, *Esp* ¿te gustaría tomar algo (de comer)?

-3. *(important person)* **he thinks he's ~** se cree alguien (importante)

◇ *pron* **-1.** *(in general)* algo; **is ~ wrong?** ¿pasa algo?; **~ to drink/read** algo de beber/para leer; **~ to live for** una razón para vivir; **it's hardly ~ to be proud of** no es como para estar muy orgulloso; **we'll think of ~** ya se nos ocurrirá algo; **she has ~ to do with what happened** está relacionada con lo que ocurrió; **it has ~ to do with his mother** tiene que ver con su madre; **they said ~ about a party** comentaron algo de una fiesta; **there's ~ strange about him** tiene algo raro; **there's ~ about him I don't like** hay algo en él que no me gusta; **~ tells me she'll be there** algo me dice que estará allí; **at least he apologized – that's ~!** al menos pidió disculpas – ¡eso ya es algo!; **that was quite ~!** ¡fue impresionante!; **that singer has really got ~!** ¡ese cantante es genial!; **I think you've got ~ there** *(you have a point)* razón no te falta; **there's ~ in what you say** tienes algo de razón; **it turned out there was ~ in her story after all** al final había algo de verdad en su historia; **there's ~ in that idea** esa idea no deja de estar mal; **he's ~ in publishing** tiene un puesto importante en el mundo editorial; **she's eighty ~** tiene ochenta y tantos años; **in this life you don't get ~ for nothing** en esta vida no te van a regalar nada; *Fam* **he's got ~ going with the secretary** *(relationship)* hay algo entre la secretaria y él; **in the year eleven hundred and ~** en el año mil ciento y algo; **she's got a cold or ~** tiene un resfriado o algo así; **they've got a Mercedes, or ~ like that** tienen un Mercedes, o algo así

-2. *(certain degree)* **it's ~ like a guinea pig** es algo así como un conejillo de Indias; **~ like** *or* **around half of all men...** algo así como la mitad de todos los hombres...; **~ over/under 200** algo por encima/por debajo de 200; **there's been ~ of an improvement** se ha producido una cierta mejora; **I'm ~ of an expert on the subject** soy todo un experto en el tema; **it came as ~ of a shock (to me)** me sorprendió bastante

◇ *adv* *Fam (intensifying)* **it hurt ~ awful** dolía horrores *or Méx* un chorro, *Esp* dolía (una) cosa mala; *Br Fam* **her fancies her rotten** *Esp* le va cosa mala, *Carib, Col, Méx* le provoca harto, *Méx* le provoca un chorro, *RP* le gusta cualquier cantidad

sometime ['sʌmtaɪm] ◇ *adv* **-1.** *(in future)* algún día, alguna vez; **give me a ring ~** llámame algún día *or* alguna vez; **see you ~** ya nos veremos; **~ next week** un día de la semana próxima; **~ before Christmas** en algún momento antes de Navidad; **~ before the end of the year** antes de que acabe el año; **~ in April** (cualquier día) en abril; **~ soon** un día de estos; **~ around the year 2025** allá por el año 2025; **~ or other** tarde o temprano

-2. *(in past)* **~ last week** un día de la semana pasada; **the last time I saw him was ~ in August** la última vez que lo vi fue por el mes de agosto; **~ around 1920** allá por el año 1920

◇ *adj* **-1.** *Formal (former)* antiguo(a) **-2.** *US (occasional)* ocasional

sometimes ['sʌmtaɪmz] *adv* a veces
someway ['sʌmweɪ] *US Fam* = somehow
somewhat ['sʌmwɒt] *adv* un poco, un tanto; **everybody came, ~ to my surprise** vino todo el mundo, lo que, en cierto modo, me sorprendió; **I was in ~ of a hurry to get home** tenía algo de prisa por llegar a casa; **it was ~ of a failure** en cierta medida, fue un fracaso

somewhere ['sʌmweə(r)], *US* **someplace** ['sʌmpleɪs] *adv* **-1.** *(in some place)* en algún sitio, en alguna parte; *(to some place)* a algún sitio, a alguna parte; **it must be ~ else** debe de estar en otra parte; **why don't you go ~ else?** ¿por qué no te vas a otro sitio?; **we must have made a mistake ~** hemos debido cometer un error en alguna parte; **is there ~ quiet where we can talk?** ¿hay algún lugar tranquilo en el que podamos hablar?; **I'm looking for ~ to eat/live** busco un sitio donde comer/vivir; **~ in Spain** en (algún lugar de) España; **~ north of Chicago** (en algún lugar) al norte de Chicago; **shall we go to Paris or ~?** ¿vamos a París o a algún sitio así?; IDIOM **now we're getting ~!** ¡ya parece que las cosas marchan!

-2. *(approximately)* **he is ~ around fifty** tiene unos cincuenta años; **~ around four o'clock** a eso de las cuatro; **~ between 50 and 100 people** entre 50 y 100 personas; **it costs ~ in the region of £500** cuesta alrededor de 500 libras

somnambulism [sɒm'næmbjʊlɪzəm] *n Formal* sonambulismo *m*
somnambulist [sɒm'næmbjʊlɪst] *n Formal* sonámbulo(a) *m,f*

somnolence ['sɒmnələns] *n Formal* somnolencia *f*
somnolent ['sɒmnələnt] *adj Formal* somnoliento(a)
son [sʌn] *n* **-1.** *(male offspring)* hijo *m*; **youngest/eldest ~** hijo menor/mayor; *US very Fam* **~ of a bitch** *(person)* hijo de perra, *Méx* hijo de la chingada; *(thing)* cabrón(ona), *Col, RP* puto(a), *Méx* mugre; **very Fam ~ of a bitch!** *(expresses annoyance)* ¡hijo de perra!; *Fam* **~ of a gun** *(person)* sinvergüenza, granuja; *Fam Hum* **Tony, you old ~ of a gun, how are you?** Tony, cabroncete, ¿cómo estás?; *Fam* **~ of a gun!** *(expresses surprise)* ¡su madre! ❑ **Son of God** hijo *m* de Dios; **Son of Man** hijo *m* del Hombre

-2. *Fam (term of address)* hijo *m*; **how's it going (my) ~?** ¿qué tal te va, hijo (mío)?

sonar ['səʊnɑː(r)] *n* sonar *m* ❑ ***beacon*** baliza *f* sonora
sonata [sə'nɑːtə] *n* sonata *f*
son et lumière [sɒneɪ'luːmjeə(r)] *n* espectáculo *m* de luz y sonido
song [sɒŋ] *n* **-1.** *(piece of music with words)* canción *f*; **give us a ~** anda, cántanos algo ❑ ***book*** libro *m* de canciones; **~ cycle** ciclo *m* de canciones; **the Song of Songs** el Cantar de los Cantares; **~ thrush** zorzal *m* común

-2. *(songs collectively)* canción *f*; **a ~ and dance act** un número de variedades

-3. *(act of singing)* **we raised our voice in ~** nos pusimos a cantar; **to burst** *or* **break into ~** ponerse a cantar

-4. *(of birds)* canto *m*

-5. IDIOMS **to buy sth for a ~** comprar algo a precio de saldo; **it's going for a ~** se vende a precio de saldo; **to make a ~ and dance (about sth)** montar un número (a cuenta de algo); *Br Fam* **to be on ~** estar entonado(a)

songbird ['sɒŋbɜːd] *n* pájaro *m* cantor
songsmith ['sɒŋsmɪθ] *n* cantautor(ora) *m,f*
songster ['sɒŋstə(r)] *n Literary* **-1.** *(singer)* cantor(ora) *m,f* **-2.** *(songbird)* pájaro *m* cantor
songwriter ['sɒŋraɪtə(r)] *n* compositor(ora) *m,f*; *(of lyrics only)* letrista *mf*
sonic ['sɒnɪk] *adj* **-1.** *(of sound)* del sonido **-2.** *of speed of sound)* sónico(a) ❑ *AV* **~ boom** estampido *m* sónico
sonically ['sɒnɪkəlɪ] *adv* desde el punto de vista de la acústica
son-in-law ['sʌnɪnlɔː] *n (pl* **sons-in-law***)* yerno *m*
sonnet ['sɒnɪt] *n* soneto *m*
sonny ['sʌnɪ] *n Fam* hijo *m*, pequeño *m*
sonobuoy ['səʊnəbɔɪ] *n* boya *f* sónica *or* acústica
sonority [sə'nɒrɪtɪ] *n* sonoridad *f*
sonorous ['sɒnərəs] *adj* sonoro(a)
sonorousness ['sɒnərəsnəs] *n* sonoridad *f*
soon [suːn] *adv* **-1.** *(within a short time)* pronto; **we will ~ be moving house** nos mudaremos dentro de poco; **it will ~ be Friday** pronto será viernes; **I ~ realized my mistake** enseguida me di cuenta de mi error; **see you ~!** ¡hasta pronto!; **~ after(wards)** poco después; **~ after four** poco después de las cuatro; **~ after arriving** al poco de llegar; **I couldn't get home ~ enough** no veía la hora de llegar a casa; **you'll find out ~ enough** lo sabrás muy pronto; **as ~ as he arrived, we started work** en cuanto llegó nos pusimos a trabajar; **as ~ as you're better** en que te pongas bueno; **no sooner had she left than the phone rang** en cuanto se fue *or* nada más marcharse sonó el teléfono; IDIOM **no sooner said than done** dicho y hecho

-2. *(early)* pronto; **how ~ can you get here?** ¿cuánto tardarás *or Am* demorarás en llegar?; **how ~ will it be ready?** ¿cuándo estará listo?; **how ~ can I start?** ¿cuándo podría comenzar?; **must you leave so ~?** ¿tienes que irte tan pronto?; **it's too ~ to tell** aún no se puede saber; **none too ~, not a moment too ~** en buena hora; **sooner than we expected** antes de lo que esperábamos; **sooner or later** tarde o

temprano; **the sooner the better** cuanto antes mejor; **the sooner we start, the sooner we will finish** cuanto antes comencemos, antes acabaremos; **as ~ as you can** tan pronto como puedas; **as ~ as possible** lo antes posible ❑ **the Sooner State** = apelativo familiar referido al estado de Oklahoma
-**3.** *(expressing preference)* **I would just as ~ stay** preferiría quedarme; **I would sooner do it alone** preferiría hacerlo yo solo; **I'd as ~ leave as put up with that sort of treatment** antes marcharme que aguantar ese tipo de trato

soonish ['suːnɪʃ] *adv* en un instante
soot [sʊt] *n* hollín *m*
sooth [suːθ] *n Archaic* **in ~** en verdad
soothe [suːð] *vt* **-1.** *(pain, burn, cough)* aliviar, calmar **-2.** *(person, nerves)* calmar, tranquilizar; *(anger)* calmar, aplacar **-3.** *(fears, doubts)* desvanecer, disipar
soothing ['suːðɪŋ] *adj* **-1.** *(pain-relieving)* calmante **-2.** *(relaxing) (music)* relajante, sedante; *(bath)* relajante **-3.** *(comforting) (words, promises)* tranquilizador(ora)
soothingly ['suːðɪŋlɪ] *adv (relaxingly)* de forma relajante; **she spoke ~ to him** le habló con dulzura
soothsayer ['suːθseɪə(r)] *n* adivino(a) *m,f*
soothsaying ['suːθseɪɪŋ] *n* adivinación *f*
sooty ['sʊtɪ] *adj* **-1.** *(covered in soot)* tiznado(a) **-2.** *(black)* negro(a)
sop [sɒp] *n* **-1.** *(concession)* pequeña concesión *f* (**to a**); **she's only doing it as a ~ to her conscience** sólo lo hace para que no le remuerda la conciencia **-2.** *Fam (weak person)* enclenque *m* **-3. sops** *(of bread)* sopas *fpl*
◆ **sop up** *vt sep (with cloth)* secar, absorber; *(with bread)* rebañar
sophism ['sɒfɪzəm] *n* sofismo *m*
sophist ['sɒfɪst] *n* **-1.** *(false reasoner)* sofista *mf* **-2.** *(in ancient Greece)* sofista *m*
sophisticate [sə'fɪstɪkət] *n Formal* sofisticado(a) *m,f*
sophisticated [sə'fɪstɪkeɪtɪd] *adj* **-1.** *(person, taste)* sofisticado(a) **-2.** *(machine, system)* avanzado(a) **-3.** *(subtle) (argument, novel, film)* sutil
sophistication [səfɪstɪ'keɪʃən] *n* **-1.** *(of person, taste)* sofisticación *f* **-2.** *(of machine, system)* complejidad *f*, carácter *m* avanzado **-3.** *(subtlety) (of argument, novel, film)* sutileza *f*
sophistry ['sɒfɪstrɪ] *n Formal* **-1.** *(argumentation)* sofistería *f* **-2.** *(argument)* sofisma *f*
Sophocles ['sɒfəkliːz] *pr n* Sófocles
sophomore ['sɒfəmɔː(r)] *n US UNIV* = estudiante de segundo curso
sophomoric [sɒfə'mɔːrɪk] *adj US* inmaduro(a) y repipi
soporific [sɒpə'rɪfɪk] ◇ *adj Formal* soporífero(a)
◇ *n* somnífero *m*
soppiness ['sɒpɪnɪs] *n Fam (sentimentality)* sensiblería *f*, *Esp* ñoñería *f*
sopping [ʃɒpɪŋ] *adj* **to be ~ (wet)** estar empapado(a)
soppy ['sɒpɪ] *adj Fam* sensiblero(a), *Esp* ñoño(a); **to be ~ about sb** *(in love)* caérsele a alguien la baba con alguien
soprano [sə'prɑːnəʊ] (*pl* **sopranos** *or* **soprani** [sə'prɑːniː]) ◇ *n (singer)* soprano *mf*; **to sing ~** cantar de *or* como soprano
◇ *adj (part)* de *or* para soprano ❑ **saxophone** saxofón *m* soprano; **~ voice** (voz *f* de) soprano *m*
sorbet ['sɔːbeɪ] *n* sorbete *m*
sorbic acid [sɔːbɪk'æsɪd] *n* CHEM ácido *m* sórbico
sorbitol ['sɔːbɪtɒl] *n* sorbitol *m*
Sorbonne [sɔː'bɒn] *n* **the ~** la Sorbona
sorcerer ['sɔːsərə(r)] *n* brujo *m*, hechicero *m*
sorceress ['sɔːsərɪs] *n* bruja *f*, hechicera *f*
sorcery ['sɔːsərɪ] *n* brujería *f*, hechicería *f*
sordid ['sɔːdɪd] *adj* **-1.** *(base)* sórdido(a), despreciable; **spare me the ~ details!** ¡ahórrate los detalles!; **they've got ~ little minds** tienen mentes calenturientas **-2.** *(squalid)* sórdido(a)

sordidness ['sɔːdɪdnɪs] *n* **-1.** *(baseness)* sordidez *f*, ruindad *f* **-2.** *(squalor)* sordidez *f*, inmundicia *f*
sore [sɔː(r)] ◇ *n (wound)* llaga *f*, úlcera *f*
◇ *adj* **-1.** *(painful)* dolorido(a); **his feet were ~** tenía los pies doloridos; **to have a ~ throat** tener dolor de garganta; **I've got a ~ leg/back** me duele la pierna/espalda; **where is it ~?** ¿dónde le/te duele?; **I'm ~ all over** me duele todo el cuerpo; IDIOM **it's a ~ point (with him)** es un tema delicado (para él)
-**2.** *Fam (annoyed) esp Esp* enfadado(a) (**about** por), molesto(a) (**about** por), *esp Am* enojado(a) (**about** por); **are you still ~ at me?** ¿todavía estás enfadado conmigo?; **he got ~** se molestó, se ofendió
-**3.** *Literary (great)* grande, fuerte; **to be in ~ need of sth** necesitar algo desesperadamente
◇ *adv Archaic (very)* asaz
sorehead ['sɔːhed] *n US Fam* cascarrabias *mf inv*
sorely ['sɔːlɪ] *adv (greatly)* enormemente; **she will be ~ missed** se la echará muchísimo de menos, *Am* se la extrañará muchísimo; **to be ~ in need of sth** necesitar algo desesperadamente; **~ tempted** enormemente tentado(a); **we are ~ pressed for time** andamos muy apurados de tiempo; **to be ~ troubled** estar hondamente preocupado(a)
soreness ['sɔːnɪs] *n* dolor *m*
sorghum ['sɔːgəm] *n* sorgo *m*
sorority [sə'rɒrɪtɪ] *n US UNIV* = asociación femenina de estudiantes

SORORITIES

Este tipo de asociaciones de estudiantes (las "Fraternities" para los hombres y las **Sororities** para las mujeres) se crearon en el s. XIX en las universidades del este de EE.UU., y se fueron extendiendo rápidamente por todo el país. Los nombres de las "Fraternities" y **Sororities** se forman con letras del alfabeto griego. Estas asociaciones reúnen estudiantes de nivel cultural y social similares y permiten a sus integrantes trabar amistad fácilmente. Los estudiantes, que deseen de formar parte de una hermandad deben ser apadrinados por miembros de la misma y deben someterse a numerosos ritos iniciáticos. A lo largo de los últimos años el sistema de "Fraternities" y **Sororities** ha sido duramente criticado debido a vejaciones, actitudes racistas y a incidentes relacionados con el consumo excesivo de alcohol que han tenido lugar en su seno.

sorrel ['sɒrəl] ◇ *n* **-1.** BOT & CULIN acedera *f* **-2.** *(colour)* pardo *m* rojizo, color *m* alazán **-3.** *(horse)* alazán *m*
◇ *adj* alazán(ana)
sorrow ['sɒrəʊ] ◇ *n* pena *f* (**at** *or* **for** *or* **over** por); **to my great ~** con gran pesar mío; **I am writing to express my ~ at your sad loss** le escribo para expresarle mi más sentido pésame por tan irreparable pérdida; **his son's failure was a great ~ to him** sintió mucho el fracaso de su hijo; **she said it more in ~ than in anger** lo dijo con más pena que indignación
◇ *vi Formal* sentir pena, penar (**at** *or* **for** *or* **over** por)
sorrowful ['sɒrəfʊl] *adj* afligido(a), apenado(a)
sorrowfully ['sɒrəflɪ] *adv* apenadamente, con tristeza
sorry ['sɒrɪ] *adj* **-1.** *(regretful, disappointed)* **to be ~ about sth** lamentar *or* sentir algo; **I'm ~ about your father** siento lo de tu padre; **(I'm) ~ (that) I couldn't come** siento no haber podido venir; **she's ~ (that) she did it** siente mucho haberlo hecho; **I'm ~ (that) I accepted, now** ahora me arrepiento de haber aceptado; *Fam* **you'll be ~!** ¡te arrepentirás!; **you'll be ~ (that) you didn't try harder** ¡te arrepentirás de no haberte esforzado más!; **(I'm) ~ if I seem ungrateful, but...** no querría parecer desagradecido(a),

pero...; **~ to keep you waiting** siento haberle hecho esperar; **we'll be ~ to see you go** sentiremos que te vayas; **I'm ~ to hear (that)** lamento saber que...; **I'm ~ to say (that) you haven't been chosen** siento tener que decirte que no te han seleccionado; **most of the applicants will not, I'm ~ to say, be offered a job** desafortunadamente, la mayoría de los candidatos no conseguirá un trabajo; **I'm ~** *(regretful)* lo lamento, lo siento; *(apology)* lo siento; **I'm ~, but you're totally wrong** perdona, pero te equivocas por completo; **~!** *(apology)* ¡perdón!; **~?** *(what?)* ¿perdón?, ¿cómo dice(s)?; **~, that room is private!** ¡disculpe, esa habitación es privada!; **~, but could I ask you not to smoke?** disculpe, ¿le importaría no fumar?; **he's called Tim, ~, Tom** se llama Tim, perdón, Tom; **~ about the mess!** ¡ya perdonarás el desorden!; **~ about that!** ¡lo siento!; **to say ~ (to sb)** pedir perdón (a alguien); **say you are ~ for being so rude** pide perdón por haber sido tan grosero
-**2.** *(sympathetic)* **to feel ~ for sb** sentir pena *or* lástima por alguien; **he felt ~ for himself** se compadecía de sí mismo; **stop feeling ~ for yourself!** ¡deja de compadecerte!
-**3.** *(pathetic)* lamentable, penoso(a); **to be a ~ sight** ofrecer un espectáculo lamentable *or* penoso; **to be in a ~ state** estar en un estado lamentable *or* penoso

sort [sɔːt] ◇ *n* -**1.** *(kind)* clase *f*, tipo *m*; **what's your favourite ~ of chocolate?** ¿cuál es tu tipo de chocolate favorito?; **what ~ of tree is that?** ¿qué clase de árbol es éste?; **what ~ of price were you thinking of?** ¿en qué franja de precios estabas pensando?; **what ~ of time do you call this?** ¿qué horas piensas que son éstas?; **it was a ~ of olive green** era una especie de verde oliva; **all sorts of** todo tipo de; *Fam* **they are in all sorts of trouble** tienen muchísimos problemas; **that ~ of thing** ese tipo de cosas; **she's that ~ of person** ella es así; **problems of one ~ or another** problemas de un tipo o de otro; **something of the ~** algo por el estilo; **did you leave this window open? – I did nothing of the ~!** ¿has dejado la ventana abierta? – ¡qué va!; **you will do nothing of the ~!** ¡ni se te ocurra hacer algo así!; **he's so arrogant! – he's nothing of the ~!** ¡es tan arrogante! – ¡qué va a ser arrogante!; **coffee of a ~** *or* **of sorts** café, por llamarlo de alguna forma; **he's a writer of sorts** se le podría llamar escritor; **to be** *or* **feel out of sorts** no encontrarse muy allá
-**2.** *(person)* persona *f*; **she's a good ~** es buena gente; **she's not the ~ to give in easily** no es de las que se rinden fácilmente; **we don't want your ~ here** no queremos gente como tú por aquí; **he's not really my ~** la verdad es que no es mi tipo; *Fam Pej* **you get all sorts in that bar** en ese bar te encuentras todo tipo de gentuza; **it takes all sorts (to make a world)** de todo tiene que haber
-**3.** *(to organize)* **to have a ~ through sth** revisar algo ❑ *Br* **~ code** *(of bank)* número *m* de sucursal
◇ *vt* -**1.** *(classify)* ordenar, clasificar; COMPTR ordenar; **I sorted the books into two piles** puse o dividí los libros en dos montones; **to ~ sth alphabetically** ordenar algo alfabéticamente
-**2.** *Fam (fix)* **we should get the TV sorted** tenemos que arreglar la tele; **we'll get you sorted, don't worry** no te preocupes, que nos encargamos de todo
-**3.** *Fam (solve) (problem)* arreglar
◆ **sort of** *adv Fam (a little)* un poco; *(in a way)* en cierto modo; **this is ~ of embarrassing** esto es un poco embarazoso; **I ~ of expected it** en cierto modo ya me lo esperaba; **I ~ of forgot** me he debido olvidar; **I was ~ of hoping you'd invite me too** estaba como esperando que me invitaras a mí también; **do you like it? – ~**

sorta 705 **sour**

of ¿te gusta? – bueno, más o menos; **it was ~ of like a big, bright sphere** era una especie de esfera grande y brillante
◆ **sort out** *vt sep* **-1.** *(organize)* ordenar; **she sorted out the clothes she wanted to keep** separó la ropa que no quería tirar *or Am* botar; *Fam* **I should be able to ~ a room out for you** seguro que te encuentro una habitación; **you need to ~ yourself out** necesitas reorganizar tu vida *or* aclararte las ideas
-2. *(problem)* arreglar; **it took us ages to ~ out who owed what** nos llevó una eternidad determinar quién debía qué; **things will ~ themselves out, don't worry** todo se arreglará, no te preocupes
-3. *Fam* **to ~ sb out** *(punish)* poner a alguien en su sitio; *(beat up)* darle una paliza *or Esp* un repaso a alguien
◆ **sort through** *vt insep* revisar
sorta ['sɔːtə] *Fam* = sort of
sorted ['sɔːtɪd] *Br Fam* ◇ *adj* **-1.** *(having everything one needs)* **if I get that pay rise, I'll be ~** si consigo ese aumento de sueldo, me daré por contento(a) *or* satisfecho(a); **to be ~ for sth** *(have enough)* estar surtido(a) de algo **-2.** *(psychologically)* equilibrado(a), centrado(a); **she's the most ~ person I know** es la persona más equilibrada *or* centrada que conozco
◇ *exclam* ¡listo!, ¡arreglado!
sorter ['sɔːtə(r)] *n (in post office)* clasificador(ora) *m,f*
sortie ['sɔːtiː] *n* **-1.** MIL incursión *f*; **30 sorties were flown today** hoy se han realizado 30 incursiones aéreas **-2.** *(outing)* incursión *f*, salida *f*; *Hum* **I sometimes make the odd ~ to the pub** algunas veces hago alguna que otra escapadita al pub
sorting ['sɔːtɪŋ] *n* selección *f*, clasificación *f* ❑ **~ office** oficina *f* de clasificación de correo
sort-out ['sɔːtaʊt] *n Br Fam (tidying session)* limpieza *f* general
SOS [esəʊ'es] *n* S.O.S. *m*; **we received an ~ call** *or* **message** recibimos un S.O.S.; *Fig* **aid organizations are sending out an ~ for food and clothing** las organizaciones de ayuda humanitaria han hecho un llamamiento de emergencia solicitando alimentos y ropa
so-so ['səʊ'səʊ] *Fam* ◇ *adj* regular; **it was only ~** fue regularcillo
◇ *adv* así así, regular
sot [sɒt] *n Old-fashioned* borracho(a) *m,f*
sotto voce ['sɒtəʊ'vəʊtʃɪ] *adv* sotto voce, en voz baja, *Am* despacio
soufflé ['suːfleɪ] *n* suflé *m*; **cheese ~** suflé de queso ❑ **~ dish** fuente *f* para suflé
sough [saʊ] *Literary* ◇ *n* susurro *m*, murmullo *m*
◇ *vi* susurrar, murmurar
sought *pt & pp of* seek
sought-after ['sɔːtɑːftə(r)] *adj* solicitado(a); **a much ~ award** un premio muy codiciado
souk [suːk] *n* zoco *m*
soul [səʊl] *n* **-1.** *(spirit)* alma *f*; **to sell one's ~** venderse, vender el alma; **I hope with all my ~ that he is punished** deseo con toda mi alma que reciba un castigo; *Old-fashioned* **upon my ~!** ¡válgame el cielo!; *Fig* **it's good for the ~** tonifica el espíritu; **All Souls' Day** el día de (los) difuntos
-2. *(emotional depth)* **her singing lacks ~** a su cante le falta garra *or* sentimiento; **the building is certainly large, but it has no ~** es un edificio realmente grande, pero le falta personalidad
-3. *(person)* alma *f*; **not a ~** ni un alma; **I didn't tell/know a ~** no se lo dije/no conocía a nadie; **he's a good ~** es (una) buena persona; **she's a happy ~** es la alegría personificada; **poor ~!** ¡pobrecillo!
-4. *(epitome)* **she's the ~ of discretion** es la discreción en persona
-5. MUS *(music)* soul *m* ❑ **~ singer** cantante *mf* de soul
-6. *US (referring to black people)* **~ brother** hermano *m* (negro); **~ food** = comida tradicional de los negros del sur de Estados Unidos; **~ sister** hermana *f* (negra)
soul-destroying ['səʊldɪstrɔɪɪŋ] *adj* desmoralizador(ora)
soulful ['səʊlfʊl] *adj* emotivo(a), conmovedor(ora)
soulfully ['səʊlfʊlɪ] *adv* conmovedoramente
soulless ['səʊlɪs] *adj* **-1.** *(person)* inhumano(a), desalmado(a) **-2.** *(place)* impersonal; *(work)* insulso(a), anodino(a)
soulmate ['səʊlmeɪt] *n* alma *f* gemela
soul-searching ['səʊlsɜːtʃɪŋ] *n* examen *m* de conciencia, reflexión *f*; **after much ~ she decided to leave** tras una profunda reflexión, decidió marcharse
sound¹ [saʊnd] ◇ *n* **-1.** *(in general)* sonido *m*; *(individual noise)* ruido *m*; **not a ~ could be heard** no se oía nada; **we could hear the ~ of cannons/voices in the distance** se oía el ruido de cañones/se oían voces a lo lejos; **we danced to the ~ of the music** bailamos al son de la música; **don't make a ~** no hagas ni un ruido; **to turn the ~ up/down** *(on TV, radio)* subir/bajar el volumen; **he likes the ~ of his own voice** le gusta escucharse a sí mismo; *Fig* **I don't like the ~ of it** no me gusta nada como suena; **he's angry, by** *or* **from the ~ of it** parece que está *esp Esp* enfadado *or esp Am* enojado ❑ **~ archives** fonoteca *f*; **~ barrier** barrera *f* del sonido; **~ bite** frase *f* lapidaria *(en medios de comunicación)*; COMPTR **~ card** tarjeta *f* de sonido; **~ check** prueba *f* de sonido; **~ effects** efectos *mpl* sonoros *or* de sonido; **~ engineer** ingeniero(a) *m,f* de sonido; **~ mixer** mezclador *m* de sonido; **~ system** equipo *m* de sonido; **~ wave** onda *f* sonora
-2. *Fam* **sounds** *(music)* música *f*
-3. GEOG *(inlet)* brazo *m* de mar; *(channel)* estrecho *m*
◇ *vt* **-1.** *(trumpet)* tocar; AUT **to ~ one's horn** tocar el claxon *or* la bocina; **to ~ the alarm** *(set off device)* hacer sonar la alarma; *Fig* **dar la voz de alarma**; *Fig* **to ~ the retreat** batirse en retirada
-2. *(express)* **to ~ a note of caution** llamar a la cautela; **to ~ a warning** lanzar una advertencia
-3. *(pronounce)* pronunciar; **the "h" is not sounded** la "h" no se pronuncia
-4. *(measure depth of)* sondar, sondear
-5. MED *(chest)* auscultar
◇ *vi* **-1.** *(make sound) (trumpet, bell, alarm)* sonar
-2. *(seem)* parecer; **you ~ as if** *or* **though you could use a holiday** parece que no te irían mal unas vacaciones; **it sounds to me as if** *or* **though they're telling the truth** me parece que dicen la verdad; **that sounds like trouble!** eso suena a que puede haber problemas; **that sounds like a good idea** eso me parece muy buena idea; **from what people say, he sounds (like) a nice guy** por lo que dicen, parece buena gente *or Esp* un tío majo; **how does that ~ to you?** *(referring to suggestion)* ¿a ti qué te parece?
-3. *(seem from voice, noise made)* sonar; **she sounds French** suena francesa; **it sounds like Mozart** suena a *or* parece Mozart; **he sounded pleased** sonaba contento; **you ~ as if** *or* **though you've got a cold** suenas como si estuvieras resfriado
◆ **sound off** *vi Fam* despotricar *(about* de)
◆ **sound out** *vt sep* **to ~ sb out (about sth)** sondear *or* tantear a alguien (acerca de algo)
sound² ◇ *adj* **-1.** *(healthy)* sano(a); **he is of ~ mind** tiene pleno uso de sus facultades mentales; IDIOM **to be ~ as a bell** estar más sano(a) que una pera
-2. *(solid) (foundations, structure)* sólido(a); *(in good condition)* en buen estado
-3. *(argument, reasoning, basis)* sólido(a); *(strategy, approach)* coherente, racional; *(knowledge, understanding)* profundo(a), sólido(a); **he showed ~ judgment in refusing** demostró estar en su sano juicio diciendo que no; **a ~ piece of advice** un consejo sensato; **it makes good ~ sense** parece de lo más razonable
-4. *(reliable) (investment, business)* seguro(a), sólido(a); *(person)* competente, válido(a); **is she politically ~?** ¿es una persona válida en lo que respecta a sus ideas políticas?
-5. *(acceptable)* aceptable; **environmentally ~** respetuoso(a) con el medio ambiente
-6. *(sleep)* profundo(a); **to be a ~ sleeper** tener el sueño profundo
-7. *(severe) (hiding, thrashing)* duro(a), fuerte; *(defeat)* rotundo(a), contundente
-8. *Br Fam (excellent)* genial, *Esp* guay, *Andes, CAm, Carib, Méx* chévere, *Andes, RP* macanudo(a), *Méx* padre
◇ *adv* **to be ~ asleep** estar profundamente dormido(a)
sound-box ['saʊndbɒks] *n (of stringed instrument)* caja *f* de resonancia
-sounding [-'saʊndɪŋ] *suffix* **a foreign-~ name** un nombre que suena extranjero
sounding-board ['saʊndɪŋbɔːd] *n (on pulpit, stage)* tornavoz *m*; *Fig* **I used John as a ~** pongo a prueba mis ideas contándoselas a John
soundings ['saʊndɪŋz] *npl Fig* **to take ~** tantear *or* sondear el terreno
soundlessly ['saʊndlɪslɪ] *adv (silently)* calladamente, en silencio
soundly ['saʊndlɪ] *adv* **-1.** *(solidly) (built)* sólidamente
-2. *(logically) (to say, argue)* razonablemente
-3. *(deeply) (to sleep)* profundamente; *Fig* **we can all sleep ~ (in our beds) now that we know that the murderer has been caught** ahora que sabemos que el asesino ya no anda suelto, podremos dormir a pierna suelta
-4. *(thoroughly)* **to thrash sb ~** dar a alguien una buena paliza; **the team was ~ beaten** el equipo sufrió una rotunda *or* contundente derrota
soundness ['saʊndnɪs] *n* **-1.** *(of body, mind)* salud *m*, equilibrio *m*; *(of health)* buen estado *m* **-2.** *(solidity) (of foundations, structure)* solidez *f*; *(good condition)* buen estado *m* **-3.** *(of argument, reasoning)* solidez *f*; *(of strategy, approach)* coherencia *f*, racionalidad *f*; *(of judgement)* lo sensato, lo juicioso; *(of advice)* lo acertado **-4.** *(reliability) (of investment, business)* seguridad *f*, solidez *f*; *(of person)* competencia *f*, valía *f*
soundproof ['saʊndpruːf] ◇ *adj* insonorizado(a)
◇ *vt* insonorizar
soundproofing ['saʊndpruːfɪŋ] *n* insonorización *f*, aislamiento *m* acústico
soundtrack ['saʊndtræk] *n* banda *f* sonora
soup [suːp] *n* sopa *f*; IDIOM *Fam* **to be in the ~** estar en un aprieto; IDIOM *US Fam* **from ~ to nuts** de cabo a rabo, de punta a cabo ❑ **~ kitchen** comedor *m* popular; **~ ladle** cucharón *m*; **~ plate** plato *m* hondo *or* sopero; **~ spoon** cuchara *f* sopera; **~ tureen** sopera *f*
◆ **soup up** *vt sep Fam (engine, car)* trucar
soupçon ['suːpsɒn] *n (of salt)* pizca *f*, pellizco *m*; *(of milk)* poquitín *m*; **I detected a ~ of sarcasm in her voice** detecté un asomo de *or* cierto sarcasmo en su voz
soupy ['suːpɪ] *adj (atmosphere)* denso(a), cargado(a)
sour ['saʊə(r)] ◇ *adj* **-1.** *(fruit, wine)* ácido(a), agrio(a); IDIOM **it's (a case of) ~ grapes** es cuestión de despecho **-2.** *(milk)* agrio(a), cortado(a); **to go** *or* **turn ~** *(milk)* cortarse, agriarse; *Fig (situation, relationship)* agriarse, echarse a perder ❑ **~ cream** *Esp* nata *f* agria, *Am* crema *f* de leche agria **-3.** *(person, character)* agrio(a), áspero(a); *(look)* agrio(a), despreciable; *(face)* agrio(a), de mal genio
◇ *vt* **-1.** *(milk)* cortar, agriar; *(wine)* avinagrar, agriar **-2.** *(atmosphere, relationship)* agriar, echar a perder; *(person, character)* agriar, amargar; **the experience soured his view of life** la experiencia le amargó su visión de la vida

source

◇ vi **-1.** *(milk)* cortarse, agriarse; *(wine)* avinagrarse, agriarse **-2.** *(atmosphere, relationship)* agriarse, echarse a perder

source [sɔːs] *n* **-1.** *(of river)* nacimiento *m* **-2.** *(origin)* fuente *f*; *(of infection, discontent)* foco *m*; **to trace the ~ of sth** buscar el origen de algo; **he's a constant ~ of amusement** es una fuente continua de entretenimiento; **it's our only ~ of income** es nuestra única fuente de ingresos; **tax is deducted at ~** el impuesto se deduce en origen *or* en la fuente **-3.** *(of information)* fuente *f*; **reliable/official sources** fuentes fidedignas/oficiales; **a ~ close to the government** fuentes cercanas al gobierno; **I have it from a good ~ that...** sé de buena tinta que... **-4.** *(text)* **the ~ of the play** la fuente de la obra ❑ **~ material** documentación *f* **-5.** COMPTR **~ file** archivo *m* fuente; **~ program** programa *f* fuente

sourcing [ˈsɔːsɪŋ] *n* COM adquisiciones *fpl*

sourdough [ˈsaʊədəʊ] *n* US masa *f* fermentada

sour-faced [ˈsaʊəˈfeɪst] *adj* con cara de vinagre *or* de pocos amigos

sourly [ˈsaʊəlɪ] *adv (to say)* con acritud, agriamente; *(to look)* con mirada agria, agriamente

sourness [ˈsaʊənɪs] *n* **-1.** *(of fruit, wine)* acidez *f*; *(of milk)* sabor *m* agrio **-2.** *(of person, remark)* acritud *f*, amargura *f*

sourpuss [ˈsaʊəpʊs] *n Fam* amargado(a) *m,f*

sousaphone [ˈsuːzəfəʊn] *n* = instrumento parecido a la tuba

sous chef [ˈsuːʃef] *n* subjefe(a) *m,f*

souse [saʊs] ◇ *n Fam (drunkard)* borrachín(ina) *m,f*

◇ *vt* **-1.** *(drench)* empapar; **he soused himself with cold water** se echó abundante agua fría (por encima) **-2.** CULIN adobar, escabechar

soused [saʊst] *adj* **-1.** *(pickled)* **~ herrings** arenques en vinagre **-2.** *Fam (drunk)* **to be/get ~** estar/ponerse como una cuba

south [saʊθ] ◇ *n* sur *m*; **to the ~ (of)** al sur (de); **the South of Spain** el sur de España; **the South** *(region)* el Sur; *US* HIST los estados del sur; *(less affluent countries)* el Sur; **I was born in the ~** nací en el sur; **the wind is in** *or* **(coming) from the ~** el viento sopla del sur

◇ *adj* **-1.** *(direction, side, wall)* (del) sur; **~ London** el sur de Londres; **the ~ coast** la costa sur ❑ **~ wind** viento *m* del sur

-2. *(in names)* **South Africa** Sudáfrica; **South America** Sudamérica, América del Sur; **South Australia** Australia Meridional; **the South Bank** = distrito londinense en la margen sur del Támesis, centro cultural de la capital; **South Carolina** Carolina del Sur; **the South China Sea** el mar de China (meridional); **South Dakota** Dakota del Sur; **South Island** *(in New Zealand)* Isla del Sur; **South Korea** Corea del Sur; **the South Pacific** el Pacífico Sur; **the South Pole** el Polo Sur; HIST **the South Sea Bubble** la burbuja del Mar del Sur; **the South Sea Islands** las islas de los mares del Sur; **the South Seas** los mares del Sur; *Formerly* **South Vietnam** Vietnam del Sur; **South Wales** = la zona sur de Gales

◇ *adv* hacia el sur, en dirección sur; **it's (3 miles) ~ of here** está (a 3 millas) al sur de aquí; **they live down ~** viven en el sur; **~ by east/by west** Sur cuarta al Sudeste/Sudoeste; **to face ~** *(person)* mirar hacia el sur; *(room)* estar orientado(a) *or* mirar al sur; **to go ~** ir hacia el sur

South African [saʊθˈæfrɪkən] ◇ *n* sudafricano(a) *m,f*

◇ *adj* sudafricano(a)

South American [saʊθəˈmerɪkən] ◇ *n* sudamericano(a) *m,f*

◇ *adj* sudamericano(a)

southbound [ˈsaʊθbaʊnd] *adj (train, traffic)* en dirección sur; **the ~ carriageway** la calzada en dirección sur

south-east [saʊθˈiːst] ◇ *n* sudeste *m*, sureste *m*; **they live in the ~** viven en el sudeste

◇ *adj (side)* sudeste; *(wind)* del sudeste ❑ **South-east Asia** el sudeste asiático

◇ *adv* hacia el sudeste, en dirección sudeste

south-easterly [saʊθˈiːstəlɪ] ◇ *n (wind)* viento *m* del sudeste

◇ *adj (wind)* del sudeste; **in a ~ direction** en dirección sudeste, rumbo al sudeste

south-eastern [saʊθˈiːstən] *adj (region, accent)* del sudeste, sudoriental; **in ~ France** en el sudeste de Francia, en la Francia sudoriental

southeastward [saʊθˈiːstwəd] ◇ *adj* hacia el sudeste; **in a ~ direction** en dirección sudeste, rumbo al sudeste

◇ *adv* hacia el sudeste, en dirección sudeste

southeastwardly [saʊθˈiːstwədlɪ] ◇ *adj* hacia el sudeste; **in a ~ direction** en dirección sudeste, rumbo al sudeste

◇ *adv* hacia el sudeste, en dirección sudeste

southeastwards [saʊθˈiːstwədz] *adv* hacia el sudeste, en dirección sudeste

southerly [ˈsʌðəlɪ] ◇ *n (wind)* viento *m* del sur

◇ *adj (wind)* del sur; **in a ~ direction** en dirección sur, rumbo al sur; **the most ~ point** el punto más meridional

southern [ˈsʌðən] *adj* **-1.** *(region, accent)* del sur, meridional; **~ Spain/Europe** el sur de España/Europa, la España/Europa meridional ❑ **~ Africa** (el) África austral *or* meridional; ASTRON **the Southern Cross** la Cruz del Sur; **the ~ hemisphere** el hemisferio sur; **the ~ lights** la aurora austral **-2.** *(in American Civil War)* sureño(a), del Sur

southerner [ˈsʌðənə(r)] *n* sureño(a) *m,f*

southernmost [ˈsʌðənməʊst] *adj* más meridional, más al sur; **the ~ island of the archipelago** la isla más meridional del archipiélago

southernwood [ˈsʌðənwʊd] *n* abrótano *m* (macho)

south-facing [ˈsaʊθfeɪsɪŋ] *adj* orientado(a) al sur

South Korean [saʊθkəˈrɪən] ◇ *n* surcoreano(a) *m,f*

◇ *adj* surcoreano(a)

southpaw [ˈsaʊθpɔː] *n Fam* zurdo(a) *m,f*, *Esp* zocato(a) *m,f*

south-southeast [saʊθsaʊθˈiːst] *adv* con dirección sursudeste

south-southwest [saʊθsaʊθˈwest] *adv* con dirección sursudoeste

South Vietnamese [ˈsaʊθvɪetnəˈmiːz] ◇ *n* sudvietnamita *mf*

◇ *adj* sudvietnamita

southward [ˈsaʊθwəd] ◇ *adj* hacia el sur; **in a ~ direction** en dirección sur, rumbo al sur

◇ *adv* hacia el sur, en dirección sur

southwardly [ˈsaʊθwədlɪ] ◇ *adj* hacia el sur; **in a ~ direction** en dirección sur, rumbo al sur

◇ *adv* hacia el sur, en dirección sur

southwards [ˈsaʊθwədz] *adv* hacia el sur, en dirección sur

south-west [saʊθˈwest] ◇ *n* sudoeste *m*, suroeste *m*; **they live in the ~** viven en el sudoeste

◇ *adj (side)* sudoeste; *(wind)* del sudoeste

◇ *adv* hacia el sudoeste, en dirección sudoeste

south-westerly [saʊθˈwestəlɪ] ◇ *n (wind)* (viento *m* del) sudoeste *m*

◇ *adj (wind)* del sudoeste; **in a ~ direction** en dirección sudoeste, rumbo al sudoeste

◇ *adv* hacia el sudoeste, en dirección sudoeste

south-western [saʊθˈwestən] *adj (region, accent)* del sudoeste, sudoccidental; **in ~ France** en el sudoeste de Francia, en la Francia sudoccidental

southwestward [saʊθˈwestwəd] ◇ *adj* hacia el sudoeste; **in a ~ direction** en dirección sudoeste, rumbo al sudoeste

◇ *adv* hacia el sudoeste, en dirección sudoeste

southwestwardly [saʊθˈwestwədlɪ] ◇ *adj* hacia el sudoeste; **in a ~ direction** en dirección sudoeste, rumbo al sudoeste

◇ *adv* hacia el sudoeste, en dirección sudoeste

southwestwards [saʊθˈwestwədz] *adv* hacia el sudoeste, en dirección sudoeste

souvenir [suːvəˈnɪə(r)] *n* recuerdo *m*; **he had a black eye as a ~ of the fight** le quedó un ojo morado de *or* como recuerdo de la pelea ❑ **~ shop** tienda *f* de recuerdos

sou'wester [saʊˈwestə(r)] *n* **-1.** *(hat)* sueste *m* **-2.** *(wind)* viento *m* sudoeste

sovereign [ˈsɒvrɪn] ◇ *n* **-1.** *(monarch)* soberano(a) *m,f* **-2.** *(coin)* soberano *m*

◇ *adj* **-1.** POL soberano(a) ❑ **~ state** estado *m* soberano **-2.** *Literary (utmost) (scorn, indifference)* soberano(a)

sovereignty [ˈsɒvrɪntɪ] *n* soberanía *f*

Soviet [ˈsəʊvɪet] *Formerly* ◇ *n (person)* soviético(a) *m,f*; **the Soviets** los soviéticos

◇ *adj* soviético(a) ❑ **the ~ Bloc** el bloque soviético; **the ~ Union** la Unión Soviética

soviet [ˈsəʊvɪet] *n* HIST *(council)* soviet *m*

sovietologist [səʊvɪəˈtɒlədʒɪst] *n* sovietólogo(a) *m,f*

sow[1] [səʊ] *(pt* sowed [səʊd], *pp* sown [səʊn] *or* sowed) ◇ *vt* **-1.** *(seeds)* sembrar; **to ~ a field with wheat** sembrar trigo en un campo; IDIOM **to ~ one's (wild) oats** darse la gran vida de joven **-2.** *(cause) (discord, terror)* sembrar; **to ~ (the seeds of) doubt in sb's mind** sembrar la duda en la mente de alguien

◇ *vi* PROV **as you ~ so shall you reap** se recoge lo que se siembra, según siembres, así recogerás

sow[2] [saʊ] *n (female pig)* cerda *f*, puerca *f*, *Am* chancha *f* ❑ **~ thistle** cerraja *f*

sower [ˈsəʊə(r)] *n* **-1.** *(person)* sembrador(ora) *m,f* **-2.** *(machine)* sembradora *f*

sown *pp of* **sow**[1]

sox [sɒks] *npl US Fam* calcetines *mpl*, *RP* zoquetes *mpl*

soy [sɔɪ] *n esp US* soja *f* ❑ **~ bean** semilla *f* de soja; **~ bean oil** aceite *m* de soja; **~ sauce** (salsa *f* de) soja *f*

soya [ˈsɔɪə] *n* soja *f* ❑ **~ bean** semilla *f* de soja; **~ bean oil** aceite *m* de soja; **~ milk** leche *f* de soja

sozzled [ˈsɒzəld] *adj Fam* **to be ~** estar como una cuba, *or Esp* mamado(a) *or Col* caído(a) de la perra *or Méx* ahogado(a) *or RP* en pedo; **to get ~** agarrarse un pedo

SP [esˈpiː] *n (abbr* **starting price**) *(in horse racing)* precio *m* de las apuestas a la salida; *Br Fam* **to give sb the SP on sth** contarle a alguien de qué va la película, decirle a alguien de qué va algo

spa [spɑː] *n* **-1.** *(resort)* balneario *m* **-2.** *(spring)* manantial *m* de aguas termales **-3.** *(whirlpool bath)* baño *m* de hidromasaje **-4.** *(health club)* centro *m* de salud y belleza

space [speɪs] ◇ *n* **-1.** *(room)* espacio *m*, sitio *m*; **the town has a lot of open ~** la ciudad tiene muchos espacios abiertos; **the house has plenty of storage ~** la casa tiene mucho espacio *or* sitio para guardar cosas; **to make ~ for sth/sb** hacer sitio para algo/alguien; **to take up a lot of ~** ocupar mucho espacio *or* sitio; *Fig* **I need you to give me more ~** necesito que me des más tiempo para mí

-2. *(individual place)* sitio *m*; *(on printed form)* espacio *m* (en blanco); **leave a ~ between the lines** deja un espacio entre las líneas; **a parking ~** un sitio para estacionar *or Esp* aparcar; **wide open spaces** grandes extensiones; **she cleared a ~ on her desk** hizo un sitio en su mesa; **watch this ~ for more details** les seguiremos informando ❑ **~ bar** *(on keyboard)* barra *f* espaciadora; **~ heater** radiador *m*

-3. *(area all around)* espacio *m*; **~ and time**

space-age

espacio y tiempo; **to stare into ~** mirar al vacío
-4. *(gap)* hueco *m*
-5. *(period of time)* espacio *m*, intervalo *m*; **a short ~ of time** un breve espacio de tiempo; **in the ~ of a year** en el espacio de un año
-6. *(outer space)* espacio *m*; **in ~** en el espacio ❑ **the ~ age** la era espacial; **~ blanket** manta *f* espacial; *Fam* **~ cadet** *or US* **case**: **he's a bit of a ~ cadet** *or US* **case** está un poco colgado, está *or* anda siempre como alucinado; **~ capsule** cápsula *f* espacial; **~ centre** centro *m* espacial; **~ exploration** exploración *f* espacial *or* del espacio; **~ flight** *(travel)* viajes *mpl* espaciales *or* por el espacio; *(journey)* vuelo *m* espacial; **Space Invaders®** marcianitos *mpl*; **~ module** módulo *m* espacial; **~ platform** plataforma *f* espacial; **~ probe** sonda *f* espacial; **~ program(me)** programa *f* espacial; **the ~ race** la carrera espacial; **~ rocket** cohete *m* espacial; **~ shuttle** transbordador *m* espacial; **~ sickness** enfermedad *f* del espacio; **~ station** estación *f* espacial; **~ suit** traje *m* espacial; **~ travel** viajes *mpl* espaciales; **~ walk** paseo *m* espacial
◇ *vt* espaciar; **the buildings are closely/widely spaced** los edificios están muy juntos/separados, hay muy poco/mucho espacio entre los edificios; **she has widely spaced eyes** tiene los ojos muy separados

◆ **space out** ◇ *vt sep (arrange with gaps)* espaciar, separar; **the seminars are spaced out over several weeks** los seminarios se celebrarán a lo largo de varias semanas
◇ *vi (move apart)* apartarse

space-age ['speiseidʒ] *adj* **-1.** *(relating to space travel)* de la era espacial **-2.** *Fam (futuristic)* futurista

spacecraft ['speiskrɑ:ft] *n* nave *f* espacial, astronave *f*

spaced-out ['speist'aʊt] *adj Fam* **to be** *or* **feel ~** *(dazed)* estar atontado(a); *(after taking drugs)* estar colocado(a) *or* colgado(a)

space-filler ['speisfɪlə(r)] *n (in newspaper)* cuña *f* informativa

spacelab ['speislæb] *n* laboratorio *m* espacial

spaceman ['speismæn] *n* **-1.** *(astronaut)* astronauta *m* **-2.** *(extraterrestrial)* hombre *m* del espacio (exterior)

space-saving ['speis'seiviŋ] *adj* que ahorra *or* permite ahorrar espacio

spaceship ['speiʃip] *n* nave *f* espacial

space-sick ['speissik] *adj* **to be ~** padecer la enfermedad del espacio

space-time ['speis'taim] *n* espacio-tiempo *m* ❑ **~ continuum** espacio-tiempo *m*

spacewoman ['speiswʊmən] *n (astronaut)* astronauta *f*

spacey ['speisi] *adj Fam* **-1.** *(music)* sideral, intergaláctico(a) **-2.** *(person)* **to be ~** vivir en otro planeta

spacing ['speisiŋ] *n* TYP *(horizontal)* espacio *m*; *(vertical)* interlineado *m*; **typed in double ~** escrito a doble espacio

spacious ['speiʃəs] *adj (house, room, office)* espacioso(a); *(park, garden)* amplio(a), extenso(a)

spaciousness ['speiʃəsnɪs] *n (of house, room, office)* espaciosidad *f*; *(park, garden)* amplitud *f*, gran extensión *f*

spade [speid] *n* **-1.** *(tool)* pala *f*; IDIOM **to call a ~ a ~** llamar a las cosas por su nombre, llamar al pan pan y al vino vino **-2.** *(in cards)* pica *f*; **spades** picas *fpl*; **ace/nine of spades** as/nueve de picas; IDIOM *Fam* **to have sth in spades** tener algo en cantidades industriales *or* a porrillo **-3.** *very Fam Old-fashioned (black person)* = término ofensivo para referirse a un negro

spadeful ['speidfʊl] *n* palada *f*; *Fam* **by the ~** a punta de pala

spadework ['speidwɜ:k] *n* trabajo *m* previo *or* preliminar

spaghetti [spə'geti] *n* espaguetis *mpl*; *Fam Fig* **it's like Spaghetti Junction around here!** ¡qué tráfico más caótico hay aquí! ❑ **~ bolognese** espaguetis *mpl* a la boloñesa; **~ western** spaghetti western *m*

Spain [speɪn] *n* España

spake [speik] *Archaic pt of* **speak**

Spam® [spæm] *n* = fiambre de cerdo en conserva ❑ **~ fritter** = fritura de fiambre de cerdo enlatado

spam [spæm] COMPTR ◇ *n* correo *m* basura
◇ *vt* enviar correo basura a
◇ *vi* enviar correo basura

span¹ [spæn] ◇ *n* **-1.** *(of hand)* palmo *m*; *(of wing)* envergadura *f* **-2.** *(of arch)* luz *f*, vano *m*; *(of bridge)* arcada *f*, ojo *m* **-3.** *(of time)* período *m*, lapso *m*; **his work covers a ~ of twenty years** su obra abarca un período de veinte años **-4.** *(of knowledge, interests)* repertorio *m*, gama *f* **-5.** *(unit of measurement)* palmo *m* **-6.** *(of horses)* tronco *m*; *(of oxen)* yunta *f*
◇ *vt (pt & pp spanned)* **-1.** *(of life, knowledge)* abarcar; **his career spanned half a century** su carrera abarcó medio siglo **-2.** *(of bridge)* atravesar, cruzar **-3.** *(build bridge over)* **they spanned the river with a bridge** tendieron un puente sobre el río

span² *pt of* **spin**

Spandex® ['spændeks] *n* tejido *m* de poliuretano

spangle ['spæŋgəl] *n* lentejuela *f*

spangled ['spæŋgəld], **spangly** ['spæŋglɪ] *adj* de lentejuelas

Spanglish ['spæŋglɪʃ] *n* spanglish *m*

spangly = **spangled**

Spaniard ['spænjəd] *n* español(ola) *m,f*

spaniel ['spænjəl] *n* spaniel *m*

Spanish ['spænɪʃ] ◇ *npl (people)* **the ~** los españoles
◇ *n (language)* español *m*, castellano *m*; **~ class/teacher** clase/profesor(ora) de español
◇ *adj* español(ola) ❑ **~ America** Hispanoamérica *f*; **~ American** hispanoamericano(a) *m,f*; **the ~ Armada** la Armada Invencible; **~ broom** retama *f* de olor; **the ~ Civil War** la guerra civil española; **~ fly** *(substance)* cantárida *f*; **~ guitar** guitarra *f* española; **the ~ Inquisition** la (Santa) Inquisición; **~ moss** musgo *m* negro; **~ omelette** tortilla *f* española *or* de *Esp* patatas *or Am* papas; **~ onion** cebolla *f* española; **~ pointer** perdiguero de Burgos

Spanish-speaking ['spænɪʃ'spi:kɪŋ] *adj* hispanohablante

spank [spæŋk] ◇ *n* **to give sb a ~** darle un azote a alguien
◇ *vt (once)* dar un azote *or* una palmada a; *(several)* dar unos azotes a, azotar; **she threatened to ~ his bottom** lo amenazó con calentarle el trasero

spanking ['spæŋkɪŋ] ◇ *n* azotaina *f*; **to give sb a ~** dar a alguien una azotaina
◇ *adj Fam (breeze)* fuerte; **to go at a ~ pace** ir a galope tendido *or Esp* a toda pastilla
◇ *adv Fam* **~ new** flamante; **~ clean** como los chorros del oro, reluciente; **they had a ~ good time** se lo pasaron bomba *or* en grande

spanner ['spænə(r)] *n Br* llave *f* plana *(herramienta)*; IDIOM **to throw a ~ in the works** fastidiar el asunto

spar¹ [spɑ:(r)] *n* **-1.** *(on ship)* palo *m*, verga *f* **-2.** *(mineral)* espato *m*

spar² *(pt & pp* **sparred)** *vi* **to ~ with sb** *(in boxing)* entrenar con alguien como sparring; *(argue)* discutir en tono cordial con alguien

spare ['speə(r)] ◇ *n* **-1.** *(spare part)* (pieza *f* de) recambio *m or* repuesto *m*; *(tyre)* rueda *f* de repuesto *or RP* de auxilio, *Méx* llanta *f* de refacción
-2. *(in bowling)* semipleno *m*
◇ *adj* **-1.** *(available)* de más; *(surplus)* sobrante; **do you have a ~ pencil?** ¿tienes un lápiz de más?; **a ~ moment** un rato libre; **I always take a ~ pair of socks with me** siempre llevo un par de calcetines de más; **we've got plenty of ~ sheets** tenemos muchos juegos de sábanas de sobra; **is this seat ~?** ¿está libre este asiento?; **to be going ~** sobrar ❑ **~ key** llave *f* extra *or* adicional; **~ parts** recambios *m*, repuestos *m*, piezas *fpl* de recambio *or* repuesto; **~ ribs** costillas *fpl* de cerdo *or* puerco *or Am* chancho; **~ room** habitación *f* de invitados; **~ time** tiempo *m* libre; **~ tyre** rueda *f* de repuesto *or RP* de auxilio, *Méx* llanta *f* de refacción; *Br Fam Fig (around waist)* michelines *mpl*, *Méx* llantas *fpl*, *RP* rollos *mpl*; **~ wheel** rueda *f* de repuesto *or RP* de auxilio, *Méx* llanta *f* de refacción
-2. *(frugal) (meal, style, room)* sobrio(a), sencillo(a)
-3. *Literary (tall and lean) (person, build)* enjuto(a)
-4. *Br Fam (angry)* **to go ~** subirse por las paredes, *Méx* ponerse como agua para chocolate, *RP* ponerse verde; **to drive sb ~** hacer perder los estribos a alguien
◇ *vt* **-1.** *(go without)* **can you ~ the time?** ¿tienes tiempo?; **thank you for sparing the time to talk to me** gracias por sacar tiempo para hablar conmigo; **could you ~ me some milk?** ¿puedes dejarme un poco de leche?; **can you ~ me some change, please?** ¿me podría dar algo, por favor?; **I'm afraid we can't ~ you next week** me temo que no podemos prescindir de ti la próxima semana; **to ~ a thought for sb** acordarse de alguien; **have you got any paper to ~?** ¿no te sobrará algo de papel?; **to have no time to ~** no tener ni un minuto libre, no poder entretenerse; **they arrived with five minutes to ~** llegaron cinco minutos antes; **they won with plenty to ~** ganaron sin despeinarse; PROV **~ the rod and spoil the child** hay que recurrir al castigo para lograr resultados
-2. *(in negative constructions)* **to ~ no expense/effort** no reparar en gastos/esfuerzos
-3. *(save)* **to ~ sb the trouble of doing sth** ahorrar a alguien las molestias de hacer algo; **at least we were spared that indignity** al menos nos libramos de esa indignidad; **~ me the details!** ¡ahórrame los detalles!; *Br* **to ~ sb's blushes** ahorrarle el bochorno a alguien
-4. *(show mercy towards)* **we begged him to ~ us** le pedimos que se apiadara de nosotros; **nobody was spared** no perdonaron a nadie; **not one of the buildings was spared by the storm** ningún edificio se libró de la tormenta; **to ~ sb's life** perdonarle la vida a alguien; **to ~ sb's feelings** ahorrar sufrimientos a alguien

spare-part surgery ['speə'pɑ:t'sɜ:dʒəri] *n* cirugía *f* de transplantes

spare-time ['speə'taim] *adj* de ocio

sparing ['speəriŋ] *adj* parco(a) **(with** en); **to be ~ with the salt** no derrochar la sal; **they've been rather ~ with the marzipan on this cake** han escatimado mazapán en este pastel, a este pastel no le han puesto mucho mazapán, que digamos; **to be ~ with praise** no prodigarse mucho en elogios, ser parco(a) en elogios; **the author makes ~ use of metaphors** el autor hace un uso limitado *or* restringido de la metáfora

sparingly ['speəriŋli] *adv (to use)* con moderación, en pequeñas dosis; *(to eat)* con moderación, con mesura; *(to praise)* moderadamente; **apply the glue ~** aplicar una pequeña cantidad de cola

spark [spɑ:k] ◇ *n* **-1.** *(electrical, from fire)* chispa *f*; IDIOM **sparks flew** salían chispas; **sparks will fly when he learns of this** va a echar chispas cuando se entere de esto
-2. *(trace) (of intelligence, enthusiasm)* chispa *f*, pizca *f*; **he hasn't a ~ of imagination** no tiene ni gota *or* chispa de imaginación
-3. *(liveliness)* **he has genuine ~** tiene auténtica chispa
-4. AUT **~ coil** bobina *f* de inducción; **~ plug** bujía *f*
-5. *Br Fam* **sparks** *(electrician)* chispas *mf inv*

sparking plug

◇ vi **-1.** (produce sparks) echar chispas **-2.** (spark plug, ignition) producir el encendido; **the game sparked into life in the second half** el partido empezó a ponerse entusiasmante en la segunda mitad
◆ **spark off** vt sep desencadenar
sparking plug ['spɑːkɪŋplʌg] n Br AUT bujía f
sparkle ['spɑːkəl] ◇ n **-1.** (of light, eyes, diamond) destello m; **she has a ~ in her eye** tiene una mirada vivaracha or picaresca **-2.** (liveliness) chispa f; **the ~ had gone out of their marriage** su matrimonio ya no tenía ninguna chispa
◇ vi **-1.** (light, eyes, diamond) destellar; **his eyes sparkled with mischief** en sus ojos brillaba un destello de picardía **-2.** (person, conversation) brillar, ser chispeante
sparkler ['spɑːklə(r)] n **-1.** (firework) bengala f **-2.** Fam (diamond) diamante m
sparkling ['spɑːklɪŋ] adj **-1.** (light, eyes, diamond) centelleante, brillante **-2.** (conversation, wit) chispeante, lleno(a) de ingenio; (performance) brillante, fulgurante **-3.** (effervescent) (mineral water) con gas; **~ wine** vino m espumoso
sparklingly ['spɑːklɪŋlɪ] adv **-1.** (clean) relucientemente, resplandecientemente **-2.** (witty) extraordinariamente
sparring ['spɑːrɪŋ] n (in boxing) pelea f con sparring; (debating) enfrentamiento m dialéctico amistoso, discusión f amistosa ❑ **~ match** (debate) contienda f dialéctica amistosa; **~ partner** (in boxing) sparring m; (in debate) adversario(a) m,f or contrincante mf dialéctico(a)
sparrow ['spærəʊ] n gorrión m
sparrowhawk ['spærəʊhɔːk] n gavilán m
sparse [spɑːs] adj (vegetation) escaso(a), exiguo(a); (population) disperso(a); (crowd, audience) escaso(a), reducido(a); (information) somero(a), escaso(a); (hair) ralo(a); (furnishings) escaso(a), exiguo(a)
sparsely ['spɑːslɪ] adv (populated) poco, dispersamente; (covered) escasamente, someramente; **~ furnished** poco amueblado(a)
sparseness ['spɑːsnɪs] n (of vegetation) escasez f, exigüidad f; (of population) dispersión f, escasa densidad f; (of crowd, audience) lo poco nutrido; (of information) carácter m somero; (of hair) escasez f, escasa abundancia f; (of furnishings) escasez f, exigüidad f
Sparta ['spɑːtə] n HIST Esparta
Spartacus ['spɑːtəkəs] pr n Espartaco
Spartan ['spɑːtən] HIST ◇ n espartano(a) m,f
◇ adj espartano(a)
spartan ['spɑːtən] ◇ n (ascetic person) espartano(a) m,f
◇ adj (ascetic) espartano(a)
spasm ['spæzəm] n **-1.** MED espasmo m; **his leg went into ~** sufrió una contractura muscular **-2.** (fit) (of coughing, jealousy, anger) ataque m; (of activity) arranque m; **she went into spasms of laughter** le dio un ataque de risa; Br **I tend to work in spasms** tiendo a trabajar por rachas
spasmodic [spæz'mɒdɪk] adj **-1.** (irregular) intermitente **-2.** MED espasmódico(a)
spasmodically [spæz'mɒdɪklɪ] adv (irregularly) intermitentemente
spastic ['spæstɪk] ◇ n **-1.** MED enfermo(a) m,f de parálisis cerebral **-2.** very Fam (idiot) subnormal m,f
◇ adj **-1.** MED espástico(a) **-2.** very Fam (idiotic) (de) subnormal
spat[1] [spæt] n **-1.** Fam (quarrel) rifirrafe m, bronca f **-2.** (worn over shoe) polaina f **-3.** (shellfish spawn) hueva f de molusco (especialmente ostra)
spat[2] pt & pp of **spit**[2]
spate [speɪt] n (of letters, crimes) oleada f; **to be in full ~** (river) estar or bajar muy crecido; (speaker) estar en plena arenga
spatial ['speɪʃəl] adj espacial ❑ **~ awareness** percepción f espacial, conciencia f del espacio
spatio-temporal [speɪʃɪəʊ'tempərəl] adj espaciotemporal

spatter ['spætə(r)] ◇ n **-1.** (stain) salpicadura f **-2.** (sound) (of rain, oil) repiqueteo m; **a ~ of applause rippled round the stadium** unos aplausos aislados se extendieron por el estadio
◇ vt salpicar (**with** de); **he spattered ink on** or **over the table** salpicó de tinta la mesa
◇ vi salpicar
-spattered [-'spætəd] suffix **blood/mud~** salpicado(a) de sangre/barro
spatula ['spætjʊlə] n **-1.** (kitchen utensil) espátula f **-2.** MED depresor m
spawn [spɔːn] ◇ n **-1.** (of frog, fish) hueva f **-2.** (of mushrooms) micelio m (de champiñón utilizado como semilla) **-3.** Pej (of humans) hijos mpl, progenie f
◇ vt (give rise to) generar
◇ vi (fish) desovar
spawning-ground ['spɔːnɪŋ'graʊnd] n **-1.** ZOOL zona f de desove **-2.** (for ideas, gossip) caldo m de cultivo
spay [speɪ] vt esterilizar (animales hembras)
spaz [spæz], **spazzy** ['spæzɪ] n very Fam subnormal mf
SPCA [espiːsiː'eɪ] n US (abbr **Society for the Prevention of Cruelty to Animals**) ≃ Sociedad Protectora de Animales
SPCC [espiːsiː'siː] n US (abbr **Society for the Prevention of Cruelty to Children**) = asociación para la protección de la infancia
speak [spiːk] ◇ vt (pt **spoke** [spəʊk], pp **spoken** ['spəʊkən]) **-1.** (utter) pronunciar; **she always speaks her mind** siempre dice lo que piensa; **to ~ the truth** decir la verdad; **nobody spoke a word** nadie dijo nada
-2. (language) hablar; **to ~ Spanish** hablar español; **Spanish spoken** (sign) se habla español
◇ vi **-1.** (talk) hablar, esp Am conversar, Méx platicar; **to ~ to** or **with sb** (**about**) hablar or esp Am conversar or Méx platicar con alguien (de); **I'll ~ to him about it** (tell off) hablaré con él al respecto; **~ to me!** ¡háblame!; **I'm not speaking to him** no me hablo con él; **they're not speaking (to each other)** no se hablan; **I know her to ~ to** la conozco lo bastante como para hablar con ella; **~ when you're spoken to** habla solamente cuando te dirijan la palabra; REL **to ~ in tongues** hablar lenguas extrañas; **to ~ too soon** hablar antes de tiempo; **legally/morally speaking** (hablando) en términos legales/morales; **so to ~** por así decirlo
-2. (on phone) **could I ~ to Melissa?** ¿podría hablar con Melissa?; **we spoke (on the phone) yesterday** hablamos (por teléfono) ayer; **who's speaking?** ¿de parte de quién?; **Mr Curry? – yes, speaking** ¿el señor Curry? – sí, soy yo or al aparato
-3. (give a speech) dar una charla; **to ~ for/against a motion** hablar a favor de/en contra de una moción; **she spoke for over an hour** habló durante más de una hora; **he spoke on the subject of...** el tema de su charla fue...
◇ n Pej **computer/advertising ~** jerga informática/publicitaria
◆ **speak for** vt insep **-1.** (talk on behalf of) hablar en nombre de; **I'm quite capable of speaking for myself!** ¡que sé hablar!; **~ for yourself!** ¡no pluralices!; **the facts ~ for themselves** los hechos hablan por sí solos or mismos
-2. (claim) **the remaining places have all been spoken for** los sitios que quedan ya han sido adjudicados; **I'm spoken for** (I have a boyfriend/girlfriend) estoy ocupado(a)
◆ **speak of** vt insep **-1.** (talk about) hablar de; **speaking of holidays...** hablando de vacaciones...; **speaking of which...** hablando de lo cual...; **we haven't got any savings to ~ of** no tenemos ningunos ahorros dignos de mención; **there was no snow to ~ of** apenas había nieve; **it's not much** or **nothing to ~ of** no es nada del otro mundo
-2. (indicate) **her performance speaks of a**

great future su actuación anuncia un gran futuro
◆ **speak out** vi hablar abiertamente (**against** en contra de)
◆ **speak up** vi **-1.** (talk louder) hablar más alto, levantar la voz
-2. (express opinion) hablar; **to ~ up for sb** hablar en favor de alguien
speakeasy ['spiːkiːzɪ] n = bar clandestino durante la ley seca
speaker ['spiːkə(r)] n **-1.** (person) (in conversation, on radio) interlocutor(ora) m,f; (at meeting) orador(ora) m,f; (at conference) conferenciante mf, orador(ora) m,f, Am conferencista mf; **she's a good ~** es (una) buena oradora **-2.** (of language) hablante mf; **a Spanish ~** un(a) hispanohablante mf; **my parents are Welsh speakers** mis padres hablan galés **-3.** PARL **the Speaker** (in UK) el/la presidente(a) de la Cámara de los Comunes; (in US) el/la presidente(a) de la Cámara de Representantes **-4.** (of hi-fi system) bafle m; (loudspeaker) altavoz m, Am altoparlante m, Am parlante m, Méx bocina f

SPEAKER OF THE HOUSE

El **Speaker** de la Cámara de Representantes, una de las personalidades políticas más importantes de EE. UU., es escogido por el partido con mayoría en la cámara y se encuentra en segunda posición para reemplazar al presidente en caso de fuerza mayor. Entre sus responsabilidades cabe destacar la de moderar los debates y nombrar a los miembros de las comisiones parlamentarias.
En el Reino Unido el **Speaker** de la Cámara de los Comunes es elegido por todos los parlamentarios y su función es por lo general la de moderar los debates.

-speaking [-'spiːkɪŋ] suffix **-1.** (person) **they're both German/Spanish~** los dos son germanohablantes/hispanohablantes **-2.** (country) **French/English~ countries** países francófonos/anglófonos
speaking ['spiːkɪŋ] ◇ n (skill) oratoria f
◇ adj (doll, robot) parlante; THEAT & CIN **a ~ part** un papel con diálogo; **she has a good ~ voice** tiene buena voz para la oratoria; **to be on ~ terms** (after a quarrel) haber hecho las paces; **we're barely on ~ terms** apenas nos dirigimos la palabra ❑ **~ clock** información f horaria
spear [spɪə(r)] ◇ n **-1.** (for thrusting) lanza f; (for throwing) jabalina f **-2. asparagus spears** (puntas fpl de) espárragos mpl
◇ vt **-1.** (fish) pescar con arpón, arponear **-2.** (food) pinchar; **he speared a piece of meat with his fork** pinchó un trozo de carne con el tenedor
speargun ['spɪəgʌn] n arpón m submarino
spearhead ['spɪəhed] ◇ n **-1.** (tip of spear) punta f de lanza **-2.** (of attack, campaign) punta f de lanza
◇ vt (attack, campaign) encabezar
spearmint ['spɪəmɪnt] ◇ n **-1.** (plant) hierbabuena f **-2.** (flavour) menta f
◇ adj (toothpaste, chewing gum) con sabor a menta, mentolado(a)
spearwort ['spɪəwɜːt] n flámula f
spec [spek] n Fam **-1.** (specification) características fpl técnicas **-2.** IDIOM **to do sth on ~** hacer algo por si acaso; **he bought it on ~** lo compró sin verlo
speccy ['spekɪ] Br Fam ◇ n cuatro ojos mf inv, Esp gafotas mf inv, Méx cuatro lámparas mf inv, RP anteojudo(a) m,f
◇ adj gafudo(a)
special ['speʃəl] ◇ n **-1.** (on menu) **today's/the chef's ~** el plato del día; **the house ~** la especialidad de la casa **-2.** (TV programme) (programa m) especial m; (magazine, newspaper) número m extraordinario **-3.** (train) tren m especial **-4.** (special offer) oferta f especial; US **to be on ~** estar de or en oferta
◇ adj **-1.** (particular, specific) especial; **pay attention to the details** presta especial

atención a los detalles; **you need ~ permission** necesitas un permiso especial; **we have no ~ plans** no tenemos ningún plan en especial ❑ **~ education** educación f especial; **~ educational needs** necesidades fpl educativas especiales; **~ interest group** grupo m con intereses especiales; **~ needs** necesidades fpl especiales; **~ school** escuela f para alumnos con necesidades especiales; **~ teams** (in American football) = equipos de jugadores especializados en determinadas jugadas

-2. (important) especial; **on ~ occasions** en ocasiones especiales; **what's so ~ about the 9th of November?** ¿qué tiene de especial el 9 de noviembre? ❑ **~ agent** agente mf especial; **Special Air Service** = comando de operaciones especiales del ejército británico, Esp ≃ GEO m; **~ assignment** comisión f de servicio; **to be on ~ assignment** estar en comisión de servicio; Br **Special Branch** = servicio policial de seguridad del Estado; **~ constable** (in UK) policía mf de reserva; **~ correspondent** enviado(a) m,f especial; **~ delivery** envío m urgente, Esp ≃ postal exprés m; **to send sth ~ delivery** enviar algo por correo urgente; **~ envoy** enviado(a) m,f extraordinario(a)

-3. (valued) **you're very ~ to me** tienes un lugar muy especial en mi corazón; **she's a very ~ person** es alguien muy especial; **is there anyone ~ in your life at the moment?** ¿hay alguien especial en tu vida en este momento? ❑ POL **the ~ relationship** = la relación especial existente entre Gran Bretaña y Estados Unidos

-4. (privileged) (treatment) especial, privilegiado(a) ❑ **~ licence** = licencia que permite el matrimonio sin correr las amonestaciones

-5. (unusual) especial, fuera de lo común; **we didn't do anything ~** (on holiday, at weekend) no hicimos nada especial or nada de particular; **it's nothing ~** no es nada del otro mundo; **she thinks she's something ~** se cree muy importante or especial ❑ **~ edition** (of newspaper, magazine) edición f extraordinaria; CIN **~ effects** efectos mpl especiales; **~ offer** oferta f especial; **to be on ~ offer** estar en oferta especial; LAW **~ pleading** alegatos mpl especiosos; POL **~ powers** competencias fpl extraordinarias; **~ stage** (in rallying) etapa f especial

-6. (very good) especial, único(a); **this player is ~** este jugador es único

THE SPECIAL RELATIONSHIP

Esta expresión se utiliza a menudo en el Reino Unido para designar los estrechos lazos que unen a este país con EE.UU. sobre todo en el ámbito diplomático y político. Los lazos forjados por los dos países durante la Segunda Guerra Mundial y a lo largo de la guerra fría hicieron del Reino Unido el aliado privilegiado de la superpotencia americana. La **Special Relationship** vivió su apogeo durante los años 80, con Margaret Thatcher siguiendo una política decididamente proamericana, en detrimento de las relaciones con sus socios europeos. Tras la caída del comunismo los líderes británicos han realizado esfuerzos para respaldar a EE.UU. en situaciones como las de la Guerra del Golfo y tras los ataques del 11 de septiembre de 2001 en nombre de la **Special Relationship**.

specialism ['speʃəlɪzəm] n (subject) especialidad f

specialist ['speʃəlɪst] ◇ n **-1.** (expert) especialista mf **-2.** MED especialista mf; **heart ~** cardiólogo(a); **cancer ~** oncólogo(a)
◇ adj (knowledge, work, publication) especializado(a) ❑ **~ subject** especialidad f

speciality [speʃɪ'ælɪtɪ], US **specialty** ['speʃəltɪ] n **-1.** (service, product) especialidad f; **the ~ of the house** la especialidad de la casa; **a ~ of the region** una especialidad típica de la región **-2.** (area of study) especialidad f

specialization [speʃəlaɪ'zeɪʃən] n **-1.** (process) especialización f **-2.** (subject) especialidad f

specialize ['speʃəlaɪz] vi especializarse (**in en**)

specialized ['speʃəlaɪzd] adj especializado(a)

specially ['speʃəlɪ] adv (in particular) especialmente; **it isn't ~ interesting/entertaining** no es especialmente interesante/divertido; **she had a dress ~ made** le hicieron un vestido para la ocasión

specialty US = speciality

specie ['spiːʃɪ] n FIN (coins) monedas fpl; **in ~** con or en monedas

species ['spiːʃiːz] (pl **species**) n especie f ❑ **~ barrier** barrera f de las especies; **to cross the ~ barrier** cruzar la barrera de las especies

specific [spɪ'sɪfɪk] ◇ npl **specifics** detalles mpl; **let's get down to the specifics** entremos en (los) detalles
◇ n MED específico m
◇ adj **-1.** (particular) (case, task, sequence) específico(a); **for no ~ reason** sin ningún motivo en particular; **in this ~ case** en este caso concreto; **to be ~ to** ser específico(a) or propio(a) de; **what did he say? – nothing ~** ¿qué dijo? – nada en especial or de particular ❑ PHYS **~ gravity** peso m específico

-2. (explicit) (command, instructions) preciso(a), concreto(a); **to be ~,...** para ser más precisos,...; **to be ~ about sth** ser claro(a) respecto a algo; **could you be more ~?** ¿podrías especificar or concretar más?

specifically [spɪ'sɪfɪklɪ] adv **-1.** (expressly) específicamente; **I asked for a window seat** especifiqué que quería un asiento de ventanilla; **we were ~ forbidden to tell her** nos prohibieron expresamente que le dijéramos nada **-2.** (precisely) precisamente, concretamente; **she's studying physics, or more ~, quantum mechanics** está estudiando física, más concretamente, mecánica cuántica

specification [spesɪfɪ'keɪʃən] n **-1.** (technical details) especificación f; **made to the client's ~** hecho(a) según las exigencias (específicas) del cliente; **specifications** (of machine) especificaciones fpl or características fpl técnicas **-2.** (stipulation) especificación f, estipulación f

specify ['spesɪfaɪ] ◇ vt especificar; **the rules ~ a 5-minute break** el reglamento estipula cinco minutos de descanso; **as specified** (in rules, agreement) de acuerdo con lo estipulado; **on a date to be specified** en la fecha en que se determine; **unless otherwise specified** salvo que se indique lo contrario
◇ vi **which colour do they want? – they didn't ~** ¿qué color quieren? – no lo han especificado

specimen ['spesɪmɪn] n **-1.** (sample) (of mineral, handwriting, blood, urine) muestra f ❑ **~ bottle** frasco m (de recogida) de orina; **~ copy** ejemplar m de muestra; **~ signature** modelo m de firma **-2.** (single example) espécimen m, ejemplar m; **this butterfly is a superb ~** éste es un magnífico ejemplar de mariposa **-3.** Fam Pej (person) **he's an odd ~** es un bicho raro; Hum **he's a fine ~!** ¡es un buen ejemplar!

specious ['spiːʃəs] adj Formal especioso(a), engañoso(a)

speciousness ['spiːʃəsnɪs] n Formal carácter m especioso or engañoso

speck [spek] ◇ n **-1.** (particle) (of dust, dirt) mota f **-2.** (stain) (of paint, ink, blood) salpicadura f, pequeña mancha f **-3.** (distant dot) **a ~ on the horizon** un punto en el horizonte **-4.** (tiny amount) (of salt, milk) pizca f; **there isn't a ~ of truth in the rumour** no hay ni un asomo de verdad en el rumor
◇ vt **his trousers were specked with paint** tenía los pantalones salpicados (de pequeñas manchas) de pintura

speckle ['spekəl] ◇ n mota f, pinta f
◇ vt motear

speckled ['spekəld] adj (egg) moteado(a); (hen) pinto(a)

specs [speks] npl Fam **-1.** (spectacles) gafas fpl; **a pair of ~** unas gafas **-2.** (of machine) especificaciones fpl or características fpl técnicas

spectacle ['spektəkəl] n **-1.** (show) espectáculo m **-2.** (sight) espectáculo m; **he was a sorry or sad ~** dio un espectáculo lamentable; **to make a ~ of oneself** dar el espectáculo, dar el número **-3.** **spectacles** (glasses) gafas fpl, Am lentes fpl, Am anteojos mpl; **a pair of spectacles** unas gafas ❑ **~ case** (hard) estuche m de gafas; (soft) funda f de gafas

spectacled ['spektəkld] adj **-1.** (person) con gafas **-2.** ZOOL de anteojos ❑ **~ bear** oso m de anteojos

spectacular [spek'tækjʊlə(r)] ◇ n THEAT gran espectáculo m
◇ adj espectacular

spectacularly [spek'tækjʊləlɪ] adj (improve, increase) espectacularmente, de forma espectacular; (big, beautiful) espectacularmente; **to fail ~** fracasar estrepitosamente; **the movie was ~ bad** la película era tremendamente mala; **the play was ~ successful** la obra tuvo un éxito espectacular

spectate [spek'teɪt] vi ser espectador(ora)

spectator [spek'teɪtə(r)] n espectador(ora) m,f; **the spectators** el público, los espectadores ❑ **~ sport** deporte m para espectadores

specter US = spectre

spectra pl of spectrum

spectral ['spektrəl] adj espectral

spectre, US **specter** ['spektə(r)] n **-1.** (ghost) espectro m **-2.** (threat) **the ~ of war/famine** el espectro de la guerra/del hambre

spectrogram ['spektrəgræm] n espectrograma m

spectrograph ['spektrəgrɑːf] n espectrógrafo m

spectrography [spek'trɒgrəfɪ] n espectrografía f

spectrometer [spek'trɒmɪtə(r)] n espectrómetro m

spectrometry [spek'trɒmɪtrɪ] n espectrometría f

spectroscope ['spektrəskəʊp] n espectroscopio m

spectroscopy [spek'trɒskəpɪ] n espectroscopia f

spectrum ['spektrəm] (pl **spectra** ['spektrə]) n **-1.** PHYS espectro m ❑ **~ analysis** análisis m espectroscópico

-2. (range) espectro m; **the whole ~ of political views** todo el espectro or abanico de ideas políticas; **there is agreement on this issue right across the political ~** existe unanimidad sobre este asunto en todo el espectro político; **at the other end of the ~, we have the atheists** en el otro extremo del espectro se encuentran los ateos

speculate ['spekjʊleɪt] vi **-1.** FIN especular (**on** en); **to ~ on the stock market** especular en (la) bolsa, jugar a or en bolsa **-2.** (conjecture) especular (**about** sobre); **what her motives were, we can only ~** sólo podemos hacer especulaciones sobre cuáles fueron sus motivos; **it is widely speculated that...** se especula mucho sobre la posibilidad de que...

speculation [spekjʊ'leɪʃən] n **-1.** FIN especulación f **-2.** (conjecture) especulación f; **it's pure ~** no son más que conjeturas; **there's been a lot of ~ in the press about her motives** se ha especulado mucho en la prensa sobre cuáles han sido sus razones

speculative ['spekjʊlətɪv] adj (figures, investment) especulativo(a); (suggestion) especulativo(a), teórico(a); (shot, attempt) aventurado(a)

speculatively ['spekjʊlətɪvlɪ] adv (to invest) de forma especulativa, haciendo especulaciones; (to suggest) especulativamente, de manera especulativa; (to shoot) aventuradamente

speculator ['spekjʊleɪtə(r)] n FIN especulador(ora) m,f

speculum ['spekjʊləm] (pl **specula** ['spekjʊlə]) n MED espéculo m

sped pt & pp of **speed**

speech [spiːtʃ] n **-1.** (faculty) habla f; **to recover one's ~** recobrar el habla; **she chose to express herself in ~** optó por expresarse verbalmente ❑ **~ bubble** bocadillo m; **~ defect** defecto m del habla or de dicción; **~ impediment** defecto m del habla or de dicción; COMPTR **~ recognition** reconocimiento m del habla; **~ synthesis** síntesis f del habla; **~ synthesizer** sintetizador m de voz; **~ therapist** logopeda mf; **~ therapy** logopedia f
-2. (manner of speaking) habla f; **his ~ was slurred** tenía un habla dificultosa
-3. (language) habla f, lenguaje m; **things which people say in everyday ~** cosas que se dicen en el habla cotidiana ❑ **~ pattern** modelo m de dicción
-4. (of politician, at conference) discurso m; THEAT parlamento m; **to give** or **make a ~** dar or pronunciar un discurso; **~! ~!** ¡que hable!, ¡que hable! ❑ Br SCH **~ day** ceremonia f de fin de curso
-5. GRAM **part of ~** categoría gramatical; **direct/indirect ~** estilo directo/indirecto
-6. LING **~ act** acto m de habla; **~ community** comunidad f lingüística

speechify ['spiːtʃɪfaɪ] vi Fam soltar un rollo, perorar

speechless ['spiːtʃlɪs] adj sin habla; **she was ~ with admiration/anger** se quedó muda de admiración/furia; **I'm ~!** ¡me he quedado boquiabierto(a) or sin habla!; **to be left ~** quedarse sin habla

speechlessly ['spiːtʃlɪslɪ] adv estupefacto(a), con estupefacción

speechmaking ['spiːtʃmeɪkɪŋ] n **-1.** (public speaking) oratoria f, arte m de hablar en público **-2.** Pej (speechifying) perorata f

speechwriter ['spiːtʃraɪtə(r)] n redactor(ora) m,f de discursos

speed [spiːd] ◇ n **-1.** (rate of movement) velocidad f; **the ~ of light/of sound** la velocidad de la luz/del sonido; **typing ~** velocidad escribiendo a máquina; **to do a ~ of 100 km/h** ir or circular a una velocidad de 100 kilómetros por hora; **what ~ was he going at** or **doing?** ¿a qué velocidad iba?, ¿qué velocidad llevaba?; **at ~** a gran velocidad; **at top** or **full ~** (to drive, work) a toda velocidad; **you'll never finish at that ~** a ese paso no vas a terminar nunca; **to gather** or **pick up ~** ganar or cobrar velocidad; **to lose ~** perder velocidad; IDIOM Fam **to be up to ~ on sth** estar al tanto or corriente de algo; IDIOM **to bring sb up to ~ (on sth)** poner al corriente or al día (de algo) a alguien ❑ **~ bump** Esp resalto m (de moderación de velocidad), Arg despertador m, Méx tope m; **~ camera** cámara f de control de velocidad; **~ dialling** marcado m rápido; Fam **~ cop** policía mf de tráfico or RP caminera (en carretera); **~ gun** medidor m de velocidad, tacómetro m; **~ limit** límite m de velocidad; Fam **~ merchant** (driver) loco(a) m,f del volante; (fast runner) bala f; **~ skater** patinador(ora) m,f de velocidad; **~ skating** patinaje m de velocidad; **~ trap** control m de velocidad por radar
-2. (quickness) rapidez f; **the ~ with which the building was completed** la rapidez con que se concluyó el edificio
-3. (gear) marcha f, velocidad f; **a five-~ gearbox** una caja de cambios de cinco marchas
-4. PHOT (of film) sensibilidad f, velocidad f de la emulsión; (of shutter) tiempo m de exposición
-5. COMPTR (of processor, clock) velocidad f; **a 32 x CD-ROM** un CD-ROM de velocidad 32 x
-6. Fam (drug) anfetas fpl, speed m

◇ vi (pt & pp **sped** [sped] or **speeded**) **-1.** (go fast) avanzar rápidamente; (hurry) precipitarse; **to ~ along** ir muy rápido; **we sped across the field** atravesamos el campo a toda velocidad; **to ~ away** marcharse rápidamente; **to ~ past/by** pasar a toda velocidad; **the torpedo sped through the water** el torpedo avanzó velozmente por el agua
-2. AUT (exceed speed limit) sobrepasar el límite de velocidad; **I was caught speeding** Esp me cogieron conduciendo demasiado deprisa, Am me agarraron manejando demasiado deprisa
-3. Fam (on drugs) **to be speeding** estar or ir puesto(a) de speed

◇ vt (person) **to ~ sb on his/her way** darle la despedida a alguien, despedir a alguien

◆ **speed off** ◇ vt sep **they sped him off to hospital** se lo llevaron rápidamente al hospital
◇ vi salir disparado(a)

◆ **speed up** ◇ vt sep (process) acelerar; (person) apresurar
◇ vi (car) acelerar; (process) acelerarse; (person) apresurarse, Am apurarse

speedball ['spiːdbɔːl] n Fam speed ball m

speedboat ['spiːdbəʊt] n motora f, planeadora f

speeder ['spiːdə(r)] n **-1.** (fast driver) conductor(ora) m,f que va a toda velocidad **-2.** (convicted driver) infractor(ora) m,f del límite de velocidad

speedily ['spiːdɪlɪ] adv rápidamente; **I hope you recover ~** espero que te recuperes rápidamente

speediness ['spiːdɪnɪs] n rapidez f

speeding ['spiːdɪŋ] n AUT **I was stopped for ~** me pararon por exceso de velocidad ❑ **~ conviction** sentencia f condenatoria por exceso de velocidad; **~ ticket** multa f por exceso de velocidad

speedo ['spiːdəʊ] (pl **speedos**) n Br Fam AUT velocímetro m

speedometer [spiː'dɒmɪtə(r)] n AUT velocímetro m

speedster ['spiːdstə(r)] n Fam **-1.** (fast car) bólido m **-2.** (driver) loco(a) m,f del volante

speed-up ['spiːdʌp] n aceleramiento m, aceleración f (in de)

speedway ['spiːdweɪ] n **-1.** (racing) carreras fpl de motos **-2.** (track) pista f de carreras **-3.** US (expressway) autopista f

speedwell ['spiːdwel] n BOT verónica f

speedy ['spiːdɪ] adj **-1.** (fast) rápido(a) **-2.** (prompt) (answer) pronto(a); **to wish sb a ~ recovery** desearle a alguien una pronta recuperación

speleologist [spiːlɪ'ɒlədʒɪst] n espeleólogo(a) m,f

speleology [spiːlɪ'ɒlədʒɪ] n espeleología f

spell[1] [spel] n (magic words) conjuro m, fórmula f mágica; **to cast a ~ over sb, to put a ~ on sb** hechizar or encantar a alguien; **to say a ~** pronunciar un conjuro or una fórmula mágica; Fig **to break the ~** romper la magia del momento; Fig **to be under a ~** estar hechizado(a); Fig **to be under sb's ~** estar cautivado(a) or hipnotizado(a) por alguien

spell[2] n **-1.** (period) periodo m, temporada f; **a good/bad ~** una buena/mala racha; **it's his second ~ in prison** es la segunda vez que está en la cárcel; **she did** or **had a ~ as a reporter** trabajó una temporada como reportera
-2. (of weather) periodo m, intervalo m; **a cold ~** una ola de frío; **sunny spells** intervalos soleados
-3. (turn) turno m; **she offered to do a ~ at the wheel** se ofreció para conducir or Am manejar un rato
-4. MED **he had a dizzy ~** le dio un mareo

spell[3] (pt & pp **spelt** [spelt] or **spelled**) ◇ vt **-1.** (write correctly) deletrear; **how do you ~ it?** ¿cómo se escribe?; **shall I ~ my name for you?** ¿le deletreo mi nombre?; **C-O-U-G-H spells "cough"** la palabra "cough" se deletrea C-O-U-G-H
-2. (signify) suponer; **to ~ disaster** suponer un desastre; **her discovery could ~ success for the business** su descubrimiento podía representar or suponer un éxito para la empresa

◇ vi escribir sin faltas; **he can't ~** tiene muchas faltas de ortografía

◆ **spell out** vt sep **-1.** (word) deletrear **-2.** (explain explicitly) explicar claramente; **do I have to ~ it out for you?** ¿cómo te lo tengo que decir?

spellbinding ['spelbaɪndɪŋ] adj cautivador(ora), fascinante

spellbound ['spelbaʊnd] adj hechizado(a); **the movie held me ~ from start to finish** la película me tuvo embelesado desde el principio hasta el fin

spell-check ['speltʃek] COMPTR ◇ n **to do** or **run a ~ on a text** pasar el corrector ortográfico a un texto
◇ vt corregir or revisar la ortografía de

spell-checker ['speltʃekə(r)] n COMPTR corrector m ortográfico

speller ['spelə(r)] n **-1.** (person) **he is a good/bad ~** tiene buena/mala ortografía **-2.** US (book) manual m de ortografía

spelling ['spelɪŋ] n **-1.** (correct way of writing word) ortografía f; **what is the correct ~ of this word?** ¿cuál es la grafía correcta de esta palabra? **-2.** (ability to spell, subject) ortografía f; **to be good/bad at ~** tener buena/mala ortografía ❑ **~ bee** concurso m de ortografía; COMPTR **~ checker** corrector m ortográfico; **~ mistake** falta f de ortografía; **~ test** prueba f de ortografía

spelt pt & pp of **spell**[3]

spelunker [spɪ'lʌŋkə(r)] n US espeleólogo(a) m,f

spelunking [spe'lʌŋkɪŋ] n espeleología f

spend [spend] (pt & pp **spent** [spent]) ◇ vt **-1.** (money) gastar (**on** en); **the stadium needs a lot of money spending on it** es preciso realizar una fuerte inversión en el estadio; **I consider it money well spent** lo considero un dinero bien empleado or una buena inversión; IDIOM Euph **to ~ a penny** (go to lavatory) hacer sus necesidades
-2. (pass) (time) pasar; **she spent several years in Canada** pasó varios años en Canadá; **I spent the day studying** me pasé el día estudiando; **how do you ~ your weekends?** ¿qué haces or a qué te dedicas los fines de semana?; IDIOM **to ~ the night with sb** pasar la noche con alguien
-3. (devote) (time, effort) dedicar; **I've spent a lot of time and effort on it** le he dedicado mucho tiempo y esfuerzo; **she spent her life helping the underprivileged** se pasó la vida ayudando a los menos privilegiados
-4. (exhaust) agotar; **the storm had spent its force** la tormenta había amainado; **her strength was all but spent** apenas le quedaban fuerzas

◇ vi gastar; **with her it's just ~, ~, ~!** ¡no hace más que gastar y gastar!, ¡sólo sabe gastar!

spender ['spendə(r)] n **to be a high/low ~** gastar mucho/poco

spending ['spendɪŋ] n gasto m; **~ on health** el gasto sanitario; **cuts in defence ~** recortes en los gastos de defensa; **consumer ~** el gasto or consumo privado; **public ~** el gasto público; **to go on a ~ spree** salir a gastar a lo loco ❑ **~ money** dinero m para gastos; **~ power** poder m adquisitivo

spendthrift ['spendθrɪft] ◇ n despilfarrador(ora) m,f, manirroto(a) m,f
◇ adj despilfarrador(ora), derrochador(ora)

spent [spent] ◇ adj **-1.** (fuel, ammunition) usado(a) **-2.** (exhausted) agotado(a); **to be a ~ force** estar acabado(a)
◇ pt & pp of **spend**

sperm [spɜːm] n **-1.** (semen) esperma m, semen m ❑ **~ bank** banco m de semen; **~ count** recuento m espermático or de espermatozoides; **~ donor** donante m de semen **-2.** (spermatozoon) espermatozoide m **-3.** ZOOL **~ oil** esperma m or f de ballena; **~ whale** cachalote m

spermaceti [spɜːmə'setɪ] n esperma m or f de ballena

spermatozoon [spɜːmətəˈzəʊɒn] (*pl* **spermatozoa** [spɜːmətəˈzəʊə]) *n* BIOL espermatozoide *m*, espermatozoo *m*

spermicidal [spɜːmɪˈsaɪdəl] *adj* espermicida

spermicide [ˈspɜːmɪsaɪd] *n* espermicida *m*

spew [spjuː] ⬥ *n Fam (vomit)* vómito *m*

⬥ *vt* **-1.** *(of chimney, volcano)* arrojar **-2.** *Fam (vomit)* devolver, vomitar

⬥ *vi* **-1.** *(pour out)* salir (a borbotones); **lava spewed everywhere** la lava salía a borbotones por todas partes **-2.** *Fam (vomit)* devolver, vomitar

◆ **spew up** *Fam* ⬥ *vt sep* devolver, vomitar; **to ~ one's guts up** echar *or* devolver hasta la primera papilla

⬥ *vi* devolver, vomitar

SPF [espiːˈef] *n (abbr* **sun protection factor**) FPS *m*, factor *m* de protección solar

sphagnum [ˈsfægnəm] *n* ~ **(moss)** musgo *m* esfagnáceo, esfagno *m*

sphenoid [ˈsfiːnɔɪd] ANAT ⬥ *n* ~ **(bone)** esfenoides *m*

⬥ *adj* esfenoides

sphere [sfɪə(r)] *n* **-1.** *(globe)* esfera *f* **-2.** *(of interest, activity)* esfera *f*, ámbito *m*; **that's outside my ~** eso está fuera de mi ámbito; **an important personality in the public ~** *(politics)* una importante personalidad de la vida pública; **~ of influence** ámbito *m* de influencia

spherical [ˈsferɪkəl] *adj* esférico(a) ❑ ~ **aberration** aberración *f* de esfericidad

spheroid [ˈsfɪərɔɪd] *n* esferoide *m*

sphincter [ˈsfɪŋktə(r)] *n* ANAT esfínter *m*

sphinx [sfɪŋks] *n* esfinge *f*; **the Sphinx** la Esfinge

spic, spick [spɪk] *n US very Fam* = término ofensivo para referirse a un latino

spice [spaɪs] ⬥ *n* **-1.** *(seasoning)* especia *f* ❑ *Formerly* **the Spice Islands** las Islas de las Especias; ~ **rack** especiero *m* **-2.** *(interest, excitement)* chispa *f*; **to add ~ to a story** darle *or* añadirle salsa a una historia

⬥ *vt* **-1.** *(food)* sazonar, especiar **-2.** *(make more exciting)* **the story is spiced with political anecdotes** la historia está aderezada con anécdotas políticas

◆ **spice up** *vt sep (make more exciting)* dar chispa a

spicebush [ˈspaɪsbʊʃ] *n* BOT pimienta *f* salvaje

spiciness [ˈspaɪsɪnɪs] *n* **-1.** *(of food)* sabor *m* picante **-2.** *(of story, adventure)* lo jugoso *or* sustancioso, lo picante

spick¹ [spɪk] *adj* ~ **and span** *(room, house)* como los chorros del oro; *(appearance, person)* impecable, pulcro(a)

spick² = spic

spicy [ˈspaɪsɪ] *adj* **-1.** *(food) (seasoned with spices)* especiado(a), sazonado(a); *(hot)* picante **-2.** *(story, gossip)* jugoso(a), picante

spider [ˈspaɪdə(r)] *n* **-1.** *(animal)* araña *f* ❑ ~ **crab** centollo *m*, centolla *f*; ~ **monkey** mono *m* araña; ~ **plant** cinta *f*; *Br* ~ **'s** *or US* ~ **web** tela *f* de araña, telaraña *f* **-2.** *Br (for luggage)* pulpo *m*

spiderwort [ˈspaɪdəwɜːt] *n* tradescantia *f*

spidery [ˈspaɪdərɪ] *adj* ~ **handwriting** letra *de* trazos largos y finos

spiel [spiːl] *n Fam* rollo *m*; **he gave me some ~ about having been held up at the airport** me contó el rollo de que lo habían entretenido en el aeropuerto

spiffing [ˈspɪfɪŋ] *adj Br Fam Old-fashioned* fenomenal

spifflicate [ˈspɪflɪkeɪt] *vt Br Hum* hacer trizas, dar una soberana paliza a

spiffy [ˈspɪfɪ] *adj US* con estilo

spigot [ˈspɪgət] *n* **-1.** *(plug)* espita *f* **-2.** *(tap) Esp* grifo *m*, *Chile, Col, Méx* llave *f*, *RP* canilla *f*

spike [spaɪk] ⬥ *n* **-1.** *(point) (on iron railings)* barrote *m* (terminado en punta); *(on helmet)* pincho *m*; *(on barbed wire)* púa *f*; *(cactus)* espina *f*; *(on athletics shoe)* clavo *m*; *(for picking up paper)* pinchapapeles *m inv* **-2.** *(peak) (on graph)* pico *m* **-3.** **spikes** *(running shoes)* zapatillas *fpl* de clavos **-4.** *(in volleyball)* remate *m*

⬥ *vt* **-1.** *(impale) (litter)* pinchar; **I spiked my arm on the railing** me clavé el brazo en la verja **-2.** *(add alcohol to)* **to ~ sb's drink** añadir licor a la bebida de alguien **-3.** *(thwart) (plan)* frustrar; *(rumour)* acallar; IDIOM **to ~ sb's guns** chafarle los planes a alguien

spiked [spaɪkt] *adj (shoes)* con clavos

spikenard [ˈspaɪknɑːd] *n* BOT nardo *m*

spiky [ˈspaɪkɪ] *adj* **-1.** *(cactus, branch)* espinoso(a) **-2.** *(hair)* **he has ~ hair** tiene *or* lleva el pelo punta **-3.** *Br Fam (bad-tempered)* susceptible

spill [spɪl] ⬥ *vt (pt & pp* **spilt** [spɪlt] *or* **spilled**) **-1.** *(liquid, salt)* derramar; **she spilt coffee down** *or* **over her dress** se derramó café en el vestido, se manchó el vestido de café; IDIOM **to ~ blood** derramar sangre; *Fam* **to ~ the beans** descubrir el pastel, *Am* destapar la olla; IDIOM *esp US Fam* **to ~ one's guts** *(under interrogation)* cantar, desembuchar

-2. *(unseat) (rider)* desmontar, derribar

⬥ *vi* **-1.** *(liquid, salt)* derramarse **-2.** *(audience, crowd)* **to ~ onto the street** invadir la calle

⬥ *n* **-1.** *(of liquid)* derrame *m* **-2.** *(fall)* **to take a ~** tener una caída **-3.** *(of wood)* astilla *f*; *(of paper)* rollito *m* de papel

◆ **spill out** *vi (audience, crowd)* **to ~ out onto the street** invadir la calle; **the schoolchildren spilled out of the train** los colegiales salieron del tren en tropel

◆ **spill over** *vi* **-1.** *(liquid)* derramarse; *(pan)* desbordarse **-2.** *(overflow) (conflict)* extenderse (**into** a); **the city's population has spilled over into the surrounding villages** la población de la ciudad se ha extendido a los pueblos periféricos; **her work spills over into her family life** el trabajo invade su vida familiar

spillage [ˈspɪlɪdʒ] *n* derrame *m*

spillway [ˈspɪlweɪ] *n* desagüe *m*, aliviadero *m*

spilt *pt & pp of* **spill**

spin [spɪn] ⬥ *n* **-1.** *(turning movement)* giro *m*; **to give sth a ~** hacer girar algo, hacer que algo dé vueltas; **to go into a ~** *(car)* empezar a dar vueltas; *(plane)* entrar en barrena; IDIOM **to go into a (flat) ~** atolondrarse

-2. *(in washing machine)* centrifugado *m*; **long/short ~ (cycle)** (ciclo de) centrifugado largo/corto; **give the washing another ~** dale otro centrifugado a la ropa, centrifuga otra vez la ropa

-3. *(short drive)* **to go for a ~** ir a dar una vuelta; **would you like to give the car a ~?** ¿quiere (ir a) probar el coche *or Am* carro *or CSur* auto?

-4. *(on ball)* efecto *m*; **to put ~ on a ball** dar efecto a una pelota

-5. POL *(on news story)* sesgo *m*; **to put the right ~ on a story** dar el sesgo adecuado a una noticia; **the government has been criticized for indulging in too much ~** el gobierno ha sido criticado por llevar a cabo demasiadas operaciones de maquillaje ❑ ~ **doctor** asesor(ora) *m,f* político(a) (para dar buena prensa a un partido o político)

⬥ *vt (pt* **spun** [spʌn] *or* **span** [spæn], *pp* **spun**) **-1.** *(wool, cotton)* hilar; *Fig* **she spun some yarn about the buses being on strike** contó no sé qué cuento sobre los autobuses en huelga; *Fig* **he spins a good yarn** sabe contar historias

-2. *(web)* tejer

-3. *(wheel, top)* (hacer) girar; **to ~ a coin** tirar una moneda al aire; *(to decide something)* echar a cara o cruz *or Chile, Col* cara o sello *or Méx* águila o sol *or RP* cara o seca

-4. *(spin-dry)* centrifugar

-5. *(ball)* dar efecto a

⬥ *vi* **-1.** *(wheel, spinning top, dancer)* dar vueltas, girar; **my head's spinning** me da vueltas la cabeza; **these figures make your head ~** estos guarismos le ponen a uno la cabeza como un bombo; **the room's spinning** todo me da vueltas

-2. *(using spinning wheel)* hilar

-3. *(washing machine)* centrifugar

-4. *(move quickly)* **the taxi span out of control** el taxi comenzó a dar trompos; **the blow sent me spinning across the room** el golpe me mandó dando tumbos *or* bandazos de un extremo al otro de la habitación **-5.** *(ball)* girar; **the ball span off a defender and into the net** el balón rebotó en un defensa y fue a parar a la red

◆ **spin off** *vt sep (product)* comercializar como subproducto *or* derivado (**from** de)

◆ **spin out** *vt sep (speech, debate)* alargar; *(money)* estirar

◆ **spin round** ⬥ *vt sep (wheel)* girar (en redondo), dar la vuelta (completa); *(person)* dar *or* hacer darse la vuelta; **the Earth spins round the Sun** la Tierra gira alrededor del Sol

⬥ *vi (wheel)* girar (en redondo), dar la vuelta (completa); *(person)* girarse, darse la vuelta

spina bifida [ˈspaɪnəˈbɪfɪdə] *n* MED espina *f* bífida

spinach [ˈspɪnɪtʃ] *n* **-1.** *(food)* espinacas *fpl* **-2.** *(plant)* espinaca *f*

spinal [ˈspaɪnəl] *adj* ANAT espinal ❑ ~ **anaesthesia** anestesia *f* epidural; ~ **column** columna *f* vertebral; ~ **cord** médula *f* espinal; ~ **injury** lesión *f* de columna; *US* MED ~ **tap** punción *f* lumbar

spindle [ˈspɪndəl] *n* **-1.** TEX huso *m* **-2.** TECH eje *m*

spindly [ˈspɪndlɪ] *adj (legs)* largo(a) y delgado(a), espigado(a); *(person)* larguirucho(a), espigado(a); *(plant, tree)* alto(a) y esbelto(a), espigado(a)

spin-drier *n* = spin-dryer

spin-dry [ˈspɪnˈdraɪ] *vt* centrifugar

spin-dryer [ˈspɪnˈdraɪə(r)] *n* centrifugadora *f*

spine [spaɪn] *n* **-1.** *(backbone)* columna *f* (vertebral) **-2.** *(of book)* lomo *m* **-3.** *(spike) (of plant, fish)* espina *f*; *(of hedgehog)* púa *f*

spine-chiller [ˈspaɪntʃɪlə(r)] *n (book)* libro *m* de terror; *(movie)* película *f* de terror

spine-chilling [ˈspaɪntʃɪlɪŋ] *adj* escalofriante, espeluznante

spineless [ˈspaɪnlɪs] *adj* **-1.** *(weak)* pusilánime, débil **-2.** ZOOL invertebrado(a)

spinelessly [ˈspaɪnlɪslɪ] *adv (weakly)* débilmente

spinet [spɪˈnet] *n* espineta *f*

spinnaker [ˈspɪnəkə(r)] *n* spinnaker *m*

spinner [ˈspɪnə(r)] *n* **-1.** *(spin-dryer)* centrifugadora *f* **-2.** *(of textiles) (person)* hilandero(a) *m,f* **-3.** *(in angling)* cucharilla *f* **-4.** MKTG expositor *m* giratorio

spinney [ˈspɪnɪ] *n Br* bosquecillo *m*, boscaje *m*

spinning [ˈspɪnɪŋ] *n* **-1.** *(of wool, cotton)* hilado *m* ❑ ~ **jenny** Spinny Jenny *f*, hiladora *f* mecánica; ~ **wheel** rueca *f* **-2.** ~ **top** peonza *f*

spin-off [ˈspɪnɒf] *n* **-1.** *(by-product)* (producto *m*) derivado *m*, subproducto *m* **-2.** *(TV programme)* secuela *f* televisiva

spinster [ˈspɪnstə(r)] *n* LAW soltera *f*; *Pej* solterona *f*

spinsterish [ˈspɪnstərɪʃ] *adj Pej* con pinta de solterona

spiny [ˈspaɪnɪ] *adj* espinoso(a) ❑ ~ **anteater** equidna *m*; ~ **lobster** langosta *f*

spiraea [spaɪˈriːə] *n* BOT espirea *f*

spiral [ˈspaɪərəl] ⬥ *n* espiral *f*; **a ~ of violence** una espiral de violencia; ECON **the wage-price ~** la espiral de precios y salarios

⬥ *adj (motif)* en (forma de) espiral; *(shape)* espiral, de espiral; *(descent)* en espiral ❑ ~ **galaxy** galaxia *f* espiral; ~ **notebook** cuaderno *m* de espiral; ~ **staircase** escalera *f* de caracol

⬥ *vi (pt & pp* **spiralled**, *US* **spiraled**) **-1.** *(smoke, stairs)* ascender en espiral **-2.** *(prices)* subir vertiginosamente; **inflation has spiralled out of control** la inflación se ha disparado por las nubes

◆ **spiral down** *vi (plane)* descender en espiral; *(leaf, feather)* caer dibujando una espiral

◆ **spiral up** *vi (smoke, stairs)* ascender en espiral; *(prices)* subir vertiginosamente

spiral-bound ['spaɪrəl'baʊnd] *adj* encuadernado(a) con canutillo de espiral ❑ ~ **notebook** cuaderno *m* de espiral

spire ['spaɪə(r)] *n (of church)* aguja *f*

spirit ['spɪrɪt] *n* **-1.** *(soul)* espíritu *m*; **he is with us in ~** está con nosotros en espíritu; **the ~ is willing but the flesh is weak** el espíritu está por la labor, pero la carne es débil **-2.** *(ghost)* espíritu *m*; **evil spirits** espíritus malignos; **the ~ world** el mundo de los espíritus *or* de ultratumba; **the Holy Spirit** el Espíritu Santo **-3.** *(person)* alma *f*, ser *m*; **he is a generous ~** es un alma generosa **-4.** *(mood, attitude)* espíritu *m*; **that was not the ~ of the agreement** ése no era el espíritu del acuerdo; **we could do with a bit more Christmas ~ round here** no nos vendría mal un poco más de espíritu navideño; **to do sth in a ~ of fun** hacer algo en *or* de broma; **she entered into the ~ of the occasion** se puso a tono con la ocasión, participó del acontecimiento; **to take sth in the right/wrong ~** tomar(se) algo a bien/mal; *Fam* **that's the ~!** ¡eso es! **-5.** *(deep meaning)* **the ~ of the law** el espíritu de la ley **-6.** *(courage)* valor *m*, coraje *m*; *(energy)* brío *m*; **to show ~** mostrar valor *or* coraje; **to break sb's ~** desmoralizar a alguien; **to say sth with ~** decir algo con arrestos **-7. spirits** *(mental state)* ánimo *m*, moral *f*; **to be in good/poor spirits** tener la moral alta/baja; **to be in high spirits** estar muy animado(a) *or* de muy buen ánimo; **to keep sb's spirits up** mantener elevada la moral de alguien, dar(le) ánimo *or* moral a alguien; **I kept my spirits up by humming a tune** tarareé una canción para infundirme *or* darme ánimos; **the news raised their spirits** la noticia les levantó el ánimo **-8. spirits** *(drinks)* licores *mpl*; *(pure alcohol)* alcohol *m* ❑ ~ **lamp** lámpara *f* de alcohol; ~ **stove** estufa *f* or infiernillo *m* de alcohol **-9.** ~ **level** *(instrument)* nivel *m* de burbuja **-10.** ~ **gum** *(adhesive)* pegamento *m (para postizos)*

◆ **spirit away, spirit off** *vt sep* hacer desaparecer

spirited ['spɪrɪtɪd] *adj (person)* valeroso(a), con arrestos; *(horse)* brioso(a), fogoso(a); *(defence, attack, reply)* enérgico(a); *(performance) (by musician)* enérgico(a), vigoroso(a); *(by team)* lleno(a) de nervio *or* garra

spiritless ['spɪrɪtlɪs] *adj* **-1.** *(lifeless) (performance)* sin brío, sin garra **-2.** *(depressed)* deprimido(a), abatido(a) **-3.** *(cowardly)* cobarde

spiritual ['spɪrɪtjʊəl] ◇ *n* MUS **(negro)** ~ espiritual *m* negro
◇ *adj* espiritual; **France is my ~ home** Francia es mi patria espiritual; **the ~ heir to Thatcher** el heredero espiritual de Thatcher ❑ ~ **adviser** consejero(a) *m,f* espiritual

spiritualism ['spɪrɪtjʊəlɪzəm] *n* REL espiritismo *m*

spiritualist ['spɪrɪtjʊəlɪst] REL ◇ *n* espiritista *mf*
◇ *adj* espiritista

spirituality ['spɪrɪtjʊ'ælɪtɪ] *n* espiritualidad *f*

spiritually ['spɪrɪtjʊəlɪ] *adv* espiritualmente

spirituous ['spɪrɪtjʊəs] *adj Formal* espirituoso(a), espiritoso(a)

spirochaete ['spaɪərəʊkiːt] *n* BIOL espiroqueta *f*

spit[1] [spɪt] *n* **-1.** *(for cooking)* espetón *m*, asador *m* ❑ ~ **roast** espetón *m* de carne asada **-2.** *(of land)* lengua *f*; *(of sand)* banco *m*

spit[2] ◇ *n* **-1.** *(saliva)* saliva *f*; *Fam* ~ **and polish** limpieza *f*, pulcritud *f* **-2.** [IDIOMS] **there was just a ~ of rain** estaban cayendo unas gotas, estaba chispeando; *Br Fam* **to be the (very) ~ of sb** ser el vivo retrato de alguien
◇ *vt (pt & pp* **spat** [spæt], *US* **spit**) **-1.** *(blood, food)* escupir **-2.** *(say venomously)* **"I'd rather die," he spat** "preferiría morirme", espetó; **to ~ curses at sb** proferir maldiciones contra alguien
◇ *vi* **-1.** *(person, cat)* escupir; **to ~ at sb** escupirle a alguien; **to ~ in sb's face** escupirle a *or* en la cara a alguien **-2.** *(hot fat)* chisporrotear, saltar; *(fire)* chisporrotear, despedir chispas; **the sausages were spitting in the pan** las salchichas chisporroteaban en la sartén **-3.** *(rain)* **it's spitting (with rain)** está chispeando

◆ **spit out** *vt sep (food, medicine, words)* escupir; *(insults)* espetar, proferir; *Fam* ~ **it out!** *(say what you want to)* ¡suéltalo!

◆ **spit up** *vt sep (blood)* expulsar, echar (por la boca)

spit-and-sawdust ['spɪtən'sɔːdʌst] *adj Br Fam (pub, bar)* de andar por casa, sin grandes lujos

spitball ['spɪtbɔːl] *n US* **-1.** *(paper)* pelotita *f* de papel (humedecida con saliva) **-2.** *(baseball)* = lanzamiento ilegal con mucho efecto conseguido ensalivando un lado de la pelota

spite [spaɪt] ◇ *n* **-1.** *(malice)* rencor *m*; **out of** *or* **from ~** por rencor **-2. in ~ of...** *(despite)* a pesar de...; **in ~ of the fact that...** a pesar de que...; **to do sth in ~ of oneself** no poder evitar hacer algo
◇ *vt* fastidiar

spiteful ['spaɪtfʊl] *adj (person, character)* rencoroso(a); *(remark)* malintencionado(a), malévolo(a); **to be ~ to sb** ser malévolo(a) con alguien; **to have a ~ tongue** tener una lengua viperina

spitefully ['spaɪtfəlɪ] *adv* maliciosamente

spitfire ['spɪtfaɪə(r)] *n (person)* persona *f* irascible *or* furibunda

spit-roasted ['spɪt'rəʊstɪd] *adj* asado(a) en un pincho *or* espetón

spitting ['spɪtɪŋ] *n* **no ~** *(on sign)* prohibido escupir; [IDIOM] *Fam* **to be in** *or* **within ~ distance (of)** estar a un paso (de); [IDIOM] *Fam* **he's the ~ image of his father** es el vivo retrato de su padre

spittle ['spɪtəl] *n* saliva *f*, baba *f*

spittoon [spɪ'tuːn] *n* escupidera *f*

spitz [spɪts] *n (dog)* perro(a) *m,f* de la raza Spitz, Spitz *mf*

spiv [spɪv] *n Br Fam (flashy person)* **he's a ~** tiene pinta de gánster

splash [splæʃ] ◇ *n* **-1.** *(of liquid, mud)* salpicadura *f*; [IDIOM] *Fam* **to make a ~** causar sensación **-2.** *(noise)* **there was a loud ~** se oyó un fuerte ruido de algo cayendo al agua; **to fall into the water with a ~** caer al agua salpicando **-3.** *(of colour, light)* toque *m* **-4. a ~** *(small amount)* un poco; *(of soda, whisky)* un chorrito
◇ *vt* **-1.** *(with water, mud)* salpicar; **stop splashing me!** ¡no me salpiques!; **the bus splashed us with mud** el autobús nos salpicó de barro; **to ~ water on** *or* **over sth/sb** salpicar de agua algo/a alguien; **I splashed my face with cold water** me eché agua fría en la cara **-2.** *(stain)* **she splashed wine on** *or* **over her dress** se manchó *or* salpicó el vestido de vino **-3.** *(in newspaper, magazine)* **a photo was splashed across the front page** publicaron una gran foto en la portada
◇ *vi* **-1.** *(water, waves)* salpicar; **the tea splashed onto the floor** el té (se derramó y) salpicó el suelo **-2.** *(person)* chapotear; **he splashed through the mud** atravesó el barro chapoteando

◆ **splash about, splash around** ◇ *vt sep (money)* dilapidar, despilfarrar
◇ *vi* chapotear

◆ **splash down** *vi (spacecraft)* amerizar

◆ **splash out** *Fam* ◇ *vt insep* gastarse (**on en**)
◇ *vi* gastarse un dineral (**on en**); **I'm really going to ~ out this Christmas** estas Navidades voy a tirar la casa por la ventana

splashback ['splæʃbæk] *n* salpicadero *m*

splashdown ['splæʃdaʊn] *n* amerizaje *m*

splashguard ['splæʃgɑːd] *n US Esp, RP* guardabarros *m inv*, *Andes, CAm, Carib* guardafango *m*, *Méx* salpicadera *f*

splashy ['splæʃɪ] *adj US Fam* llamativo(a), ostentoso(a)

splat [splæt] ◇ *n* **it hit the ground with a ~** hizo "plaf" al chocar contra el suelo
◇ *adv* **to go ~ into the wall** hacer "plaf" contra la pared

splatter ['splætə(r)] ◇ *n* **-1.** *(stain)* salpicadura *f* ❑ *Fam* ~ **movie** película *f* de casquería, película *f* muy sangrienta **-2.** *(sound) (of rain)* repiqueteo *m*
◇ *vt* **to ~ sb with mud** salpicar a alguien de barro
◇ *vi (rain)* repiquetear; *(mud)* salpicar; **the tomato splattered against the wall** el tomate se despachurró *or* (se) reventó contra la pared

splay [spleɪ] ◇ *vt* abrir, separar; **he splayed his legs** abrió *or* separó sus piernas
◇ *vi (legs)* abrirse, separarse; *(fingers)* separarse

◆ **splay out** *vi* **-1.** *(feet)* separarse **-2.** *(pipe)* ensancharse

splay-footed ['spleɪ'fʊtɪd] *adj* con los pies hacia fuera

spleen [spliːn] *n* **-1.** ANAT bazo *m* **-2.** *Formal (anger)* rabia *f*, ira *f*; **she vented her ~ on him** descargó toda su rabia sobre él

splendid ['splendɪd] ◇ *adj* **-1.** *(very good)* espléndido(a), magnífico(a); **we had a ~ time** lo pasamos fenomenal; **that's ~!** ¡espléndido!, ¡estupendo!; **he sat in ~ isolation** estaba sentado en perfecta soledad **-2.** *(beautiful, imposing) (dress, setting, decor)* suntuoso(a), magnífico(a)
◇ *exclam* ¡espléndido!, ¡estupendo!

splendidly ['splendɪdlɪ] *adv* **-1.** *(very well)* estupendamente **-2.** *(beautifully, imposingly)* espléndidamente, magníficamente

splendiferous [splen'dɪfərəs] *adj Fam Hum* magnífico(a)

splendour, *US* **splendor** ['splendə(r)] *n* esplendor *m*; **to live in ~** vivir con gran esplendor; **the splendours of India** las maravillas de la India

splenetic [splɪ'netɪk] *adj* atrabiliario(a), malhumorado(a)

splenius ['spliːnɪəs] *n* ANAT esplenio *m*

splice [splaɪs] ◇ *n (in rope, tape)* empalme *m*
◇ *vt* **-1.** *(rope, tape, movie)* empalmar **-2.** *Fam* **to get spliced** *(marry)* casarse

splicer ['splaɪsə(r)] *n* empalmadora *f*

spliff [splɪf] *n Fam* porro *m*, canuto *m*

splint [splɪnt] *n (for broken limb)* tablilla *f*; **in splints** entablillado(a); **to put sb's arm in splints** entablillarle el brazo a alguien
◇ *vt* entablillar

splinter ['splɪntə(r)] ◇ *n (of wood, bone)* astilla *f*; *(of glass)* esquirla *f*; **I've got a ~ in my finger** me he clavado una astilla en el dedo ❑ POL ~ **group** grupo *m* disidente *or* escindido
◇ *vt* astillar
◇ *vi* **-1.** *(wood, bone, glass)* astillarse **-2.** *(political party)* escindirse

splinter-proof ['splɪntəpruːf] *adj (glass)* inastillable

split [splɪt] ◇ *n* **-1.** *(in wood, rock)* grieta *f* **-2.** *(in garment) (tear)* raja *f*; *(intentional)* abertura *f* **-3.** *(division)* división *f*, separación *f*; **the ~ between rich and poor nations** la brecha entre naciones ricas y pobres; **there was a three-way ~ in the voting** los votos se repartieron prácticamente por igual entre las tres fuerzas; **they suggested a fifty-fifty ~ of the profits** propusieron un reparto de las ganancias al cincuenta por ciento **-4.** *(in group, party)* escisión *f* **-5.** *(in gymnastics)* **to do the splits** abrirse totalmente de piernas, hacer el espagat **-6.** *(in athletics, swimming, cycling)* ~ **(time)** tiempo *m* parcial *or* intermedio
◇ *adj* **-1.** *(wood, lip)* partido(a) ❑ ~ **ends** *(in hair)* puntas *fpl* abiertas; **I've got ~ ends** tengo las puntas (del pelo) abiertas; GRAM ~ **infinitive** = intercalación de un adverbio o locución adverbial entre el "to" y la forma verbal; ~ **peas** *Esp* guisantes *m* or *Méx* chícharos *mpl* secos partidos, *Am* arvejas *fpl* secas partidas; ~ **personality** doble personalidad *f*; TECH ~ **pin** chaveta *f*;

split-level / spoon

~ screen pantalla *f* partida; **~ second:** in a **~ second** en una fracción de segundo; IND **~ shift** turno *m* partido
-2. *(divided)* **the party is ~ over Europe** el partido está dividido en lo que respecta a Europa ❑ **~ decision** *(in boxing)* decisión *f* no unánime
◇ *vt (pt & pp* **split***)* **-1.** *(make break in) (wood)* partir, rajar; *(stone)* partir; *(cloth)* rajar; **to ~ the atom** desintegrar el átomo; **I've ~ my trousers** me han estallado los pantalones, me ha estallado *or* se me ha abierto la costura del pantalón; **to ~ sth in two** *or* **in half** partir algo en dos *or* por la mitad; **she ~ the melon open with a knife** partió el melón por la mitad con un cuchillo; **to ~ one's head open** hacerse una brecha en la cabeza; IDIOM *Fam* **to ~ one's sides (laughing), to ~ a gut** partirse *or* troncharse de risa; IDIOM **to ~ hairs** buscarle tres pies al gato
-2. *(cause division in) (party, group)* dividir; **to ~ the vote** dividir el voto
-3. *(divide) (money, profits)* dividir, repartir; **to ~ the profits four ways** repartir las ganancias entre cuatro; **they decided to ~ the work between them** decidieron repartirse el trabajo; **to ~ a bottle** compartir *or* repartirse una botella (entre dos), beberse una botella a medias; **to ~ the difference** dividir *or* repartirse la diferencia a partes iguales
◇ *vi* **-1.** *(wood, stone)* partirse; *(cloth)* rajarse; **to ~ in two** partirse en dos *or* por la mitad; **my trousers have ~** me han estallado los pantalones, me ha estallado *or* se me ha descosido la costura del pantalón; **the bag ~ open** la bolsa estalló *or* reventó; *Fam* **my head's splitting** me va a estallar la cabeza
-2. *(divide) (cell)* dividirse; *(road, railway)* bifurcarse; **the hikers ~ into three groups** los excursionistas se dividieron en tres grupos
-3. *(political party)* escindirse; *(band)* separarse
-4. *Fam (leave)* abrirse, *Esp, RP* pirarse, *Méx, RP* rajarse
-5. *Br Fam (inform)* ir con cuentos, *Esp* chivarse

◆ **split away, split off** ◇ *vt sep (branch, piece)* arrancar, partir
◇ *vi* **-1.** *(branch, splinter)* desprenderse **(from** de) **-2.** *(person)* separarse **(from** de); *(group)* escindirse **(from** de)

◆ **split on** *vt insep Br Fam* **to ~ on sb** *Esp* chivarse de alguien, *Col* sapear a alguien, *Méx* soplar a alguien, *RP* botonear a alguien

◆ **split up** ◇ *vt sep* **-1.** *(money, work)* dividir; **he ~ the chocolate up into small pieces** dividió el chocolate en trozos pequeños **-2.** *(people fighting)* separar; *(crowd, gathering)* dispersar, disolver
◇ *vi* **-1.** *(couple, band)* separarse; **I've ~ up with my boyfriend** he roto con mi novio **-2.** *(divide)* **the search party ~ up into three groups** el grupo de búsqueda se dividió en tres

split-level ['splɪt'levəl] *adj (house, flat)* de dos niveles ❑ **~ cooker** cocina *f* con parrilla en la parte superior

split-second ['splɪt'sekənd] *adj (decision)* instantáneo(a); *(timing)* al milímetro

splitting ['splɪtɪŋ] ◇ *n (of the atom)* desintegración *f*
◇ *adj (headache)* atroz

split-up ['splɪtʌp] *n (of couple, partnership)* ruptura *f*; *(of band)* separación *f*

splodge [splɒdʒ] *n Fam* **-1.** *(stain)* manchurrón *m*, manchón *m* **-2.** *(dollop) (of cream, jam)* pegote *m*

splosh [splɒʃ] *Fam* ◇ *n* **he fell into the swimming pool with a ~** sonó una fuerte zambullida cuando cayó a la piscina
◇ *vi (splash) (liquid)* **the water sploshed on the floor** el agua se derramó de golpe por el suelo
◇ *vt (pour) (water, disinfectant)* echar, volcar

splurge [splɜːdʒ] *Fam* ◇ *n* **-1.** *(spending spree)* derroche *m*, despilfarro *m*; **to go on** *or* **have a ~** echar la casa por la ventana, despilfarrar **-2.** *(large amount)* **the book came out in a ~ of publicity** el libro salió a la luz en medio de una ostentosa campaña publicitaria
◇ *vt* derrochar, malgastar

splutter ['splʌtə(r)] ◇ *n* **-1.** *(of person)* farfulla *f* **-2.** *(of candle)* chisporroteo *m*; *(of engine)* resoplido *m*
◇ *vt* farfullar
◇ *vi* **-1.** *(person)* farfullar **-2.** *(candle)* chisporrotear; *(engine)* resoplar

spluttering ['splʌtərɪŋ] ◇ *n* **-1.** *(of person)* farfulla *f* **-2.** *(of candle)* chisporroteo *m*; *(of engine)* resoplido *m*
◇ *adj* **a ~ rage** un farfulleo de rabia

spoil [spɔɪl] ◇ *vt (pt & pp* **spoilt** [spɔɪlt] *or* **spoiled)* **-1.** *(ruin)* estropear; **the bad weather spoiled our day** el mal tiempo nos aguó *or* nos echó a perder el día; **don't ~ it for everyone else** no le agües la fiesta a los demás, no se lo estropees a los demás; **to ~ sb's fun** aguarle la fiesta a alguien; **to ~ sb's appetite** quitarle *or Am* sacarle las ganas de comer a alguien; **to ~ the view** afear *or* estropear la vista; POL **they spoilt their ballot papers** anularon sus papeletas de voto
-2. *(indulge) (person)* mimar, consentir; **to ~ sb rotten** mimar *or* consentir demasiado a alguien; **I decided to ~ myself and have champagne** decidí darme un capricho especial y tomar champán; **to be spoilt for choice** tener mucho donde elegir
◇ *vi* **-1.** *(fruit, fish)* estropearse **-2.** IDIOM **to be spoiling for a fight** tener ganas de pelea

spoiled = spoilt

spoiler ['spɔɪlə(r)] *n* **-1.** *(on car)* spoiler *m*, alerón *m*; *(on plane)* aerofreno *m* **-2.** *(newspaper story)* maniobra *f* intencionada (para desviar la atención) **-3.** *(on Internet, in magazine)* información *f* anticipatoria

spoils [spɔɪlz] *npl (of war, crime)* botín *m*; **to claim one's share of the ~** reclamar uno una parte de su botín ❑ *US* POL **~ system** amiguismo *m*

spoilsport ['spɔɪlspɔːt] *n Fam* aguafiestas *mf inv*

spoilt[1] [spɔɪlt], **spoiled** [spɔɪld] *adj* **-1.** *(child)* mimado(a) **-2.** POL **~ ballot** voto *m* nulo, papeleta *f* nula, *Méx, RP* boleta *f* nula

spoilt[2], **spoiled** *pt & pp of* spoil

spoke[1] [spəʊk] *n (of wheel)* radio *m*; IDIOM *Br* **to put a ~ in sb's wheel** poner trabas a alguien

spoke[2] *pt of* speak

spoken[1] ['spəʊkən] *adj (dialogue, language)* oral, hablado(a)

spoken[2] *pp of* speak

spokeshave ['spəʊkʃeɪv] *n* raedera *f*

spokesman ['spəʊksmən] *n* portavoz *m* **(for** de)

spokesperson ['spəʊkspɜːsən] *n* portavoz *mf* **(for** de)

spokeswoman ['spəʊkswʊmən] *n* portavoz *f* **(for** de)

spondee ['spɒndiː] *n* LIT espondeo *m*

sponge [spʌndʒ] ◇ *n* **-1.** *(for bath)* esponja *f*; IDIOM **to throw in the ~** tirar la toalla ❑ **~ bag** bolsa *f* de aseo; **~ bath** = lavado que se practica a un paciente postrado en cama; **~ cloth** bayeta *f* absorbente **-2.** ZOOL esponja *f* **-3.** *(cake)* **~ (cake)** bizcocho *m* ❑ **~ finger** galleta *f* de bizcocho, soletilla *f*; **~ pudding** budín *m* de bizcocho (al baño María)
◇ *vt* **-1.** *(wash)* limpiar *(con una esponja)*; **she sponged his face** le lavó la cara con una esponja **-2.** *Fam (scrounge)* **to ~ sth off** *or* **from sb** gorrear *or Esp, Méx* gorronear *or RP* garronear algo a alguien
◇ *vi Fam (scrounge) Esp, Méx* vivir de gorra, *RP* vivir de arriba

◆ **sponge down** *vt sep (wash)* lavar *(con una esponja)*

◆ **sponge off** *vt insep Fam (scrounge from)* vivir a costa de

◆ **sponge up** *vt sep (liquid)* absorber, secar

sponger ['spʌndʒə(r)] *n Fam* gorrero(a) *m,f*, *Esp, Méx* gorrón(ona) *m,f*, *RP* garronero(a) *m,f*

sponginess ['spʌndʒɪnɪs] *n* esponjosidad *f*

sponging ['spʌndʒɪŋ] *n Fam (scrounging) Esp, Méx* gorronería *f*, *RP* garronería *f*

spongy ['spʌndʒɪ] *adj* esponjoso(a)

sponsor ['spɒnsə(r)] ◇ *n* **-1.** *(of team, exhibition, TV programme)* patrocinador(ora) *m,f* **-2.** *(for charity)* patrocinador(ora) *m,f* **-3.** *(of student, club member) (man)* padrino *m*; *(woman)* madrina *f* **-4.** *(of proposed law, bill)* ponente *mf* **-5.** *US (of godchild) (man)* padrino *m*; *(woman)* madrina *f*
◇ *vt* **-1.** *(team, exhibition, TV programme)* patrocinar **-2.** *(for charity)* patrocinar; **I sponsored him to swim 10 miles** patrociné sus diez millas a nado **-3.** *(student)* subvencionar; *(club member)* recomendar, presentar **-4.** *(proposed law, bill)* presentar, proponer

sponsored ['spɒnsəd] *adj (team, TV programme, exhibition)* patrocinado(a); *(research, student)* subvencionado(a); *Br* **~ walk** = recorrido a pie con el fin de recaudar fondos para una organización benéfica

SPONSORED EVENTS

La organización de **sponsored events** es uno de los métodos empleados por un gran número de organizaciones benéficas británicas ("charities") que trabajan por causas tan diversas como la investigación médica, la ayuda a los niños desfavorecidos o la creación de centros para animales abandonados. Cuando alguien desea participar en una campaña para recaudar fondos, se compromete con sus "sponsors" o patrocinadores (generalmente amigos, vecinos y compañeros de trabajo) a cumplir una prueba a cambio de una cantidad de dinero determinada. Puede tratarse de una prueba física ("sponsored walk", "sponsored swim"), de una apuesta absurda como ir a trabajar en pijama, o incluso de guardar silencio durante todo un día ("sponsored silence"). Los centros de enseñanza y clubes deportivos también organizan **sponsored events** con el fin de obtener fondos para comprar material.

sponsorship ['spɒnsəʃɪp] *n* **-1.** *(of athlete, team, festival)* patrocinio *m*, financiación *f*, *Am* financiamiento *m*; **under the ~ of** patrocinado(a) por ❑ **~ deal** *(of athlete, team)* contrato *m* con un patrocinador **-2.** *(of candidate)* apoyo *m* **(of** a) **-3.** *(of proposed law, bill)* respaldo *m*

spontaneity [spɒntə'neɪɪtɪ] *n* espontaneidad *f*

spontaneous [spɒn'teɪnɪəs] *adj* espontáneo(a) ❑ MED **~ abortion** aborto *m* espontáneo *or* natural; **~ combustion** combustión *f* espontánea; **~ generation** generación *f* espontánea

spontaneously [spɒn'teɪnɪəslɪ] *adv (to act, answer, smile)* espontáneamente; **it ~ combusted** se consumió por combustión espontánea

spoof [spuːf] ◇ *n* **-1.** *(parody)* parodia *f*, burla *f* **(on** *or* **of** de) **-2.** *(hoax)* broma *f*
◇ *adj (hoax)* de *or* en broma
◇ *vt* **-1.** *(parody) (book, style)* parodiar **-2.** *esp US (tease) (person)* gastar una broma a, tomar el pelo a
◇ *vi esp US* bromear

spook [spuːk] ◇ *n* **-1.** *Fam (ghost)* fantasma *m* **-2.** *US Fam (spy)* espía *mf* **-3.** *US very Fam (black person)* = término ofensivo para referirse a un negro
◇ *vt* poner los pelos de punta a

spooky ['spuːkɪ] *adj Fam* espeluznante, escalofriante; **it's really ~ in the graveyard at night** la noche en el cementerio es realmente espeluznante

spool [spuːl] *n (of film, tape)* carrete *m*, rollo *m*; *(of thread)* bobina *f*; *(for fishing)* carrete *m*

spoon [spuːn] ◇ *n* **-1.** *(utensil)* cuchara *f* **-2.** *(spoonful)* cucharada *f*
◇ *vt* **to ~ sauce onto sth** rociar salsa

spoonbill

sobre algo con una cuchara; **he spooned the ice cream into a bowl** puso el helado en un cuenco ayudándose de una cuchara; **he spooned the soup into the child's mouth** dio la sopa al niño con una cuchara
◆ **spoon out** vt sep (serve) servir (ayudándose de una cuchara)
spoonbill ['spuːnbɪl] n espátula f (ave)
spoonerism ['spuːnərɪzəm] n = trastocamiento involuntario de las iniciales de dos palabras contiguas que produce un efecto cómico
spoon-feed ['spuːnfiːd] (pt & pp **spoon-fed** ['spuːnfed]) vt **-1.** (baby, sick person) dar de comer con (una) cuchara **-2.** (help too much) dar las cosas hechas or masticadas a
spoonful ['spuːnfʊl] n cucharada f
spoor [spʊə(r)] n rastro m
sporadic [spəˈrædɪk] adj esporádico(a)
sporadically [spəˈrædɪklɪ] adv esporádicamente
spore [spɔː(r)] n (of fungus) espora f
sporran ['spɒrən] n = taleguilla de piel que cuelga por delante de la falda en el traje típico escocés
sport [spɔːt] ◇ n **-1.** (activity) deporte m; **she's keen on ~** le gusta el deporte; **to be good at ~** or **sports** ser buen(a) deportista; **the ~ of kings** (horse racing) el deporte de los reyes, las carreras de caballos
-2. Fam (person) **to be a (good) ~** Esp ser un(a) tío(a) grande, Am ser buena gente; **to be a bad ~** (bad loser) ser mal perdedor, Esp tener mal perder; **go on, be a ~!** ¡vamos, pórtate or Esp enróllate!
-3. Old-fashioned (fun) diversión f; **to say sth in ~** decir algo en broma; **to make ~ of sth/sb** burlarse de algo/alguien
-4. Austr Fam (form of address) Esp colega m, Andes, CAm, Carib, Méx mano m, RP flaco m
◇ vt (wear) lucir, llevar
◇ vi Literary (play, frolic) juguetear, retozar
sporting ['spɔːtɪŋ] adj **-1.** (related to sport) deportivo(a) **-2.** (fair) deportivo(a); **to give sb a ~ chance** dar una oportunidad seria a alguien **-3.** (kind, generous) **it's very ~ of you to let me have it** es un gesto muy bonito de tu parte el que me permitas tenerlo
sportingly ['spɔːtɪŋlɪ] adv **-1.** (fairly) deportivamente **-2.** (kindly, generously) amablemente, gentilmente
sports [spɔːts] ◇ npl (athletics meeting) reunión f atlética
◇ adj (equipment, facilities) deportivo(a); (programme) de deportes, deportivo(a) ❏ **~ bag** bolsa f de deportes; **~ bra** sostén m or Esp sujetador m or Carib, Col, Méx brasier m or RP corpiño m deportivo; **~ car** coche m or Am carro m or CSur auto m deportivo; **~ centre** polideportivo m; **~ club** club m deportivo; **~ commentator** comentarista mf deportivo(a); SCH **~ day** día m dedicado a competiciones or Am competencias deportivas; **~ desk** redacción f de deportes; **~ editor** redactor(ora) m,f deportivo(a); **~ ground** campo m de deportes; **~ hall** pabellón m de deportes, palacio m de deportes; Br **~ jacket** chaqueta f or Am saco m de sport; JOURN **~ pages** páginas f or sección f de deportes; **~ reporter** periodista mf deportivo(a); **~ science** ciencia f deportiva; **~ scientist** experto(a) m,f en ciencia deportiva; **~ shoe** zapatilla f deportiva or de deporte; **~ shop** tienda f de deportes; **~ writer** cronista mf deportivo(a)
sportscast ['spɔːtskɑːst] n US retransmisión f deportiva
sportscaster ['spɔːtskɑːstə(r)] n US comentarista mf deportivo(a)
sportsman ['spɔːtsmən] n **-1.** (player of sport) deportista m **-2.** (fair person) gentilhombre m, caballero m
sportsmanlike ['spɔːtsmənlaɪk] adj deportivo(a) (cortés)
sportsmanship ['spɔːtsmənʃɪp] n deportividad f
sportsperson ['spɔːtspɜːsən] n deportista mf

sportswear ['spɔːtsweə(r)] n **-1.** (for playing sport) ropa f deportiva **-2.** (for casual wear) ropa f de sport
sportswoman ['spɔːtswʊmən] n **-1.** (player of sport) deportista f **-2.** (fair person) dama f, señora f
sport-utility vehicle ['spɔːtjuːˈtɪlɪtɪviːɪkəl] n US todoterreno m utilitario
sporty ['spɔːtɪ] adj **-1.** (person) deportista, aficionado(a) al deporte **-2.** (clothes) deportivo(a) **-3.** (car) deportivo(a)
spot [spɒt] ◇ n **-1.** (place) lugar m, sitio m; **we found a shady ~** encontramos un lugar sombreado; **I have a tender ~ on my leg** tengo un punto sensible en la pierna; IDIOM Fam **to be in a (tight) ~** estar en un aprieto; **she bought it on the ~** lo compró allí mismo; **to decide/fire sb on the ~** decidirlo/despedir a alguien en el acto; **he was killed on the ~** murió en el acto; **reporters were on the ~ within ten minutes** los periodistas acudieron al lugar de los hechos en cuestión de diez minutos; **she was jogging on the ~** marchaba a trote corto sin moverse del lugar; IDIOM Fam **to put sb on the ~** poner a alguien en un aprieto; IDIOM **that hit the ~** ¡qué bien me ha sentado! ❏ Fam **~ cash** dinero m al contado, dinero m contante y sonante; **~ check** inspección f al azar; FIN **~ market** mercado m al contado or a término; FIN **~ price** precio m al contado
-2. (on shirt, tie, leopard) lunar m; (on giraffe) mancha f; **I've got spots before my eyes** tengo motas en la vista, veo manchas
-3. (stain) mancha f; **how did you get these spots of blood on your shirt?** ¿cómo te has manchado de sangre la camisa?
-4. (pimple) grano m; (beauty spot) lunar m; **he came out in spots** le salieron granos, le salió un sarpullido
-5. (blemish) (on character, reputation) mancha f
-6. Br Fam (small amount) (of wine, milk) gota f; **a ~ of lunch** algo de comer; **a ~ of bother** un problemilla; **we haven't had a ~ of rain all summer** no ha caído ni una sola gota de agua en todo el verano, no ha llovido (nada) en todo el verano; **she hardly did a ~ of work** apenas trabajó
-7. (aspect, feature, moment) **the only bright ~ of the week** el único momento agradable de la semana, la única alegría de la semana
-8. (spotlight) foco m
-9. TV RAD (in schedule) espacio m; (advertisement) anuncio m, spot m; **he has a ~ on the Margie Warner show** (as singer, comedian) tiene un espacio en el show de Margie Warner, actúa en el show de Margie Warner
-10. (in soccer) punto m de penalti ❏ **~ kick** (lanzamiento m de) penalti m
-11. (in billiards, snooker) punto m
-12. TYP **~ colour** color m plano or directo
◇ vt (pt & pp **spotted**) **-1.** (stain, mark) salpicar
-2. (notice) (person, object, mistake) localizar, ver; (opportunity) encontrar, descubrir; (winner) pronosticar; **I spotted her in the crowd** la divisé en medio de la muchedumbre; **the missing woman was spotted in the pub** la mujer desaparecida fue vista en el bar; **can you ~ the difference?** ¿te das cuenta or ves dónde está la diferencia?; **to ~ sb doing sth** ver a alguien hacer algo; **well spotted!** ¡buena observación!; **you could ~ the ending a mile off!** ¡se veía venir el final a mil leguas!
-3. (place on spot) (in soccer) colocar en el punto de penalti; (in billiards, snooker) colocar sobre el punto
◇ vi (rain lightly) **it's spotting (with rain)** está chispeando **-2.** (woman) **to be spotting** estar manchando
spot-check ['spɒttʃek] vt inspeccionar al azar
spotless ['spɒtlɪs] adj **-1.** (room, appearance, clothes) impecable **-2.** (reputation) intachable
spotlessly ['spɒtlɪslɪ] adv **~ clean** limpio(a) como una patena

spray

spotlight ['spɒtlaɪt] ◇ n (in theatre) foco m, reflector m; (in house) foco m; Fig **to be in the ~** estar en el candelero; Fig **to turn the ~ on sth** centrar la atención en algo
◇ vt **-1.** (castle, statue) iluminar con focos or reflectores **-2.** (concentrate on) (personality, talent) centrar la atención en, dedicar la atención a **-3.** (pinpoint) (flaws, changes) poner de manifiesto
spot-on ['spɒt'ɒn] Br ◇ adj Fam **your guess was ~** acertaste plenamente or de lleno, diste en el clavo; **you were ~ with your description** hiciste una descripción perfecta, lo describiste al pie de la letra
◇ adv (guess) con toda exactitud
◇ exclam ¡exacto!
spotted ['spɒtɪd] adj **-1.** (tie, dress) de lunares **-2.** ZOOL **~ flycatcher** papamoscas m inv gris; **~ grouper** cabrilla f; **~ sandpiper** andarríos m inv maculado **-3.** CULIN Br **~ dick** = budín de pasas de Corinto cocido al vapor que se come con crema
spotter ['spɒtə(r)] n MIL observador(ora) m,f ❏ **~ plane** avión m de reconocimiento
spotty ['spɒtɪ] adj **-1.** (pimply) con acné **-2.** (fabric, tie) moteado(a), de lunares **-3.** (patchy) (performance) desigual
spot-weld ['spɒtweld] ◇ n soldadura f por puntos
◇ vt soldar por puntos
spouse [spaʊs] n cónyuge mf
spout [spaʊt] ◇ n **-1.** (of teapot, kettle, watering can) pitorro m **-2.** (pipe) (of fountain) caño m; (of gutter) canalón m, gárgola f; IDIOM Br Fam **to be up the ~** (plans, finances) haberse ido al garete or Am carajo; (pregnant) estar con bombo; **now we're really up the ~** ahora sí que la hemos hecho buena, ahora sí que la llevamos cruda **-3.** (jet of liquid) chorro m
◇ vt **-1.** (liquid) chorrear; (fire, smoke) arrojar, lanzar bocanadas de **-2.** Fam (speech, nonsense) soltar
◇ vi **-1.** (liquid) chorrear; (fire, smoke) salir bocanadas de **-2.** Fam (person) largar, enrollarse
sprain [spreɪn] ◇ n (injury) torcedura f, esguince m
◇ vt **to ~ one's ankle/wrist** torcerse el tobillo/la muñeca
sprained [spreɪnd] adj (ankle, wrist) torcido(a)
sprang pt of **spring**
sprat [spræt] n (fish) espadín m; IDIOM **to use a ~ to catch a mackerel** dar poco para obtener mucho a cambio
sprawl [sprɔːl] ◇ n **-1.** (position) **he lay in an ungainly ~** estaba tendido todo despatarrado **-2.** (of city) aglomeración f
◇ vi **-1.** (person) despatarrarse; **she was sprawling in the armchair/on the bed** estaba toda despatarrada en el sillón/la cama; **the blow sent him sprawling** el golpe lo dejó tumbado **-2.** (town, plant) extenderse
sprawling ['sprɔːlɪŋ] adj **-1.** (person) despatarrado(a) **-2.** (town) desperdigado(a) **-3.** (handwriting) desgarbado(a)
spray[1] [spreɪ] n (of flowers) ramo m
spray[2] ◇ n **-1.** (liquid) rociada f; (from sea) rocío m del mar, roción m
-2. (act of spraying) rociada f; **to give sth a ~** (flowers, crops) rociar algo; (room) rociar algo con ambientador; **I'll just give my hair a quick ~** voy a echarme un poco de laca en el pelo
-3. (device) aerosol m, spray m; (for perfume) atomizador m ❏ **~ can** aerosol m, spray m; **~ gun** (for paint) pistola f (pulverizadora); **~ paint** pintura f en aerosol
◇ vt **-1.** (liquid, room, crops) rociar (**with** de); **he sprayed the deodorant under his arms** se echó desodorante en las axilas; **three layers of paint are sprayed onto the metal** el metal lleva tres capas de pintura pulverizada; **a slogan sprayed on a wall** una pintada con espray en una pared **-2.** (with bullets) **he sprayed the room with bullets** acribilló la habitación a balazos
◇ vi (liquid) salpicar; **the water sprayed**

sprayer

onto the floor el agua salpicó por el suelo; **the oil sprayed over them** el aceite les salpicó

sprayer ['spreɪə(r)] n **-1.** (for perfume) pulverizador m, atomizador m; (spray gun) pistola f pulverizadora **-2.** AGR (machine) aspersor m, equipo m de aspersión; (plane) avión m fumigador

spray-on ['spreɪɒn] adj en aerosol

spray-paint ['spreɪpeɪnt] vt (with spray can) pintar con aerosol; (with spray gun) pintar a pistola

spread [spred] ◇ n **-1.** (of wings, sails) envergadura f
-2. (of products, ages, opinions) gama f; (of opinions) variedad f; (of investments) abanico m
-3. (of disease, fire) propagación f; (of doctrine) difusión f
-4. Fam (big meal) banquete m, comilona f
-5. (in newspaper) **a full-page ~** una plana entera; **a two-page ~** una página doble
-6. (paste) **cheese ~** queso para untar; **chocolate ~** crema de cacao
-7. US (ranch) rancho m
◇ vt (pt & pp **spread**) **-1.** (extend) (map, newspaper, wings) desplegar, extender; **she ~ a tablecloth on the table** extendió un mantel sobre la mesa; **to ~ one's arms/legs** extender los brazos/las piernas; IDIOM **to ~ one's wings** emprender el vuelo
-2. (distribute) (sand, straw) extender, esparcir; (disease) propagar; (news, doctrine, gossip) difundir; (terror, panic) sembrar; **the votes were evenly ~** los votos se distribuyeron uniformemente; **we'll ~ the work across the different departments** repartiremos el trabajo entre los diferentes departamentos; **to ~ payments over several months** distribuir los pagos a lo largo de varios meses; **to ~ the load** repartir el trabajo; IDIOM Br Fam **to ~ it** or **oneself around** or **about** (be sexually promiscuous) acostarse con unos y con otros; **to ~ the word** correr la voz
-3. (apply) (butter, ointment) untar; (glue, paint) extender; **~ the bread with butter** untar el pan con mantequilla; **to ~ a surface with sth** untar algo en una superficie; IDIOM **to ~ oneself too thinly** intentar abarcar demasiado
◇ vi **-1.** (extend) (forest, oil slick, stain) extenderse; (disease, fire) propagarse; (news, doctrine, gossip) difundirse; (terror, panic) cundir; **a smile ~ across his face** una sonrisa recorrió su cara; **the infection has ~ to her lungs** la infección se ha extendido a los pulmones; **the custom ~ to the rest of Europe** la costumbre se extendió por el resto de Europa
-2. (butter) extenderse

◆ **spread out** ◇ vt sep (map, newspaper) desplegar, extender
◇ vi **-1.** (person) (on floor, bed) estirarse **-2.** (search party) desplegarse **-3.** (city, oil slick) extenderse

spread-eagle ['spredi:gəl] vt (knock flat) tumbar, dejar tumbado despatarrado)

spread-eagled ['spredi:gəld] adj despatarrado(a), con los miembros extendidos

spreader ['spredə(r)] n **-1.** (for fertilizer, manure) máquina f esparcidora, distribuidora f de abono **-2.** (for putty, plaster) espátula f

spreadsheet ['spredʃi:t] n COMPTR hoja f de cálculo

spree [spri:] n Fam **to go on a ~** (go drinking) ir de juerga or parranda; **to go on a shopping/spending ~** salir a comprar/gastar a lo loco; **a killing ~** una carnicería, una matanza

sprig [sprɪg] n ramita f

sprightliness ['spraɪtlɪnɪs] n (of person) vivacidad f; (of tune) alegría f

sprightly ['spraɪtlɪ] adj (person) vivaz, vivaracho(a); (tune) alegre

spring [sprɪŋ] ◇ n **-1.** (of water) manantial m; **hot** or **thermal springs** fuentes termales, manantial de aguas termales ❑ **~ water** agua f de manantial
-2. (season) primavera f; **in (the) ~** en primavera; IDIOM Fam **he's no ~ chicken** ya no es ningún niño or Esp mozo; IDIOM **~ is in the air** la primavera la sangre altera ❑ **~ fever** fiebre f primaveral or de primavera; Br **~ greens** hojas fpl de col jóvenes; **~ onion** cebolleta f, RP cebolla f de verdeo; **~ roll** rollo m or rollito m de primavera, RP arrollado m or arrolladito m de primavera; **~ tide** marea f viva (de primavera)
-3. (metal coil) muelle m; (in watch) resorte m; (in car) ballesta f ❑ **~ balance** dinamómetro m; **~ lock** cerradura f de golpe or resbalón; **~ mattress** colchón m de muelles
-4. (leap) brinco m, salto m
-5. (elasticity) elasticidad f; **he walked with a ~ in his step** caminaba con paso alegre
◇ vt (pt **sprang** [spræŋ], pp **sprung** [sprʌŋ]) **-1.** (reveal unexpectedly) **to ~ sth on sb** soltarle algo a alguien; **he doesn't like people springing surprises on him** no le gusta que le den sorpresas
-2. (develop) **to ~ a leak** (container) empezar a tener una fuga; (boat) empezar a hacer agua
-3. (trap) (of animal) hacer saltar, accionar; **to ~ a trap on sb** sorprender con una trampa a alguien
-4. Fam (free) **to ~ sb out of jail** ayudar a alguien a escapar de la cárcel
-5. (jump over) (hedge, brook) saltar por encima de
◇ vi **-1.** (jump) brincar, saltar; **to ~ at sb** (dog, attacker) abalanzarse sobre alguien; **she sprang back in horror** retrocedió de un brinco horrorizada; **the branch sprang back** la rama retrocedió de golpe a su posición inicial, la rama saltó hacia atrás; **the lid sprang open/shut** la tapa se abrió/cerró de golpe; **the cat sprang out of the armchair** el gato saltó del sillón; **he sprang out of the way just in time** se quitó de en medio de un salto justo a tiempo; **to ~ to attention** ponerse firme; **to ~ to one's feet** levantarse de un brinco; **to ~ into action** entrar inmediatamente en acción; **to ~ to sb's defence** lanzarse a la defensa de alguien; **the engine sprang to** or **into life** el motor arrancó de golpe; **to ~ to mind** venir(se) a la cabeza
-2. (originate, come into being) **to ~ from** provenir de, proceder de; **to ~ into existence** aparecer de pronto; Fam **where did you ~ from?** ¿de dónde has salido?

◆ **spring up** vi **-1.** (jump to one's feet) levantarse de un brinco **-2.** (appear suddenly) (town, factory, company) aparecer, surgir (de la noche a la mañana); (plants) brotar, nacer; (doubt, rumour, friendship) surgir, aparecer; (breeze) levantarse **-3.** (grow in size, height) **hasn't Lisa sprung up this year!** ¡qué estirón ha pegado Lisa!

springboard ['sprɪŋbɔ:d] n **-1.** SPORT trampolín m **-2.** (starting point) trampolín m (**for** para)

springbok ['sprɪŋbɒk] n springbok m; SPORT **the Springboks** = la selección de rugby de Sudáfrica

spring-clean ['sprɪŋ'kli:n] ◇ n limpieza f a fondo
◇ vt (house) limpiar a fondo
◇ vi hacer limpieza a fondo

spring-cleaning ['sprɪŋ'kli:nɪŋ] n limpieza f a fondo; **to do the ~** hacer una limpieza a fondo

springer spaniel ['sprɪŋə'spænjəl] n springer spaniel m

springiness ['sprɪŋɪnɪs] n (of material, ground, mattress, hair) elasticidad f

springlike ['sprɪŋlaɪk] adj (weather, day) primaveral

springtail ['sprɪŋteɪl] n colémbolo m

springtide ['sprɪŋtaɪd] n Literary primavera f

springtime ['sprɪŋtaɪm] n primavera f

springy ['sprɪŋɪ] adj **-1.** (material) elástico(a); (ground, mattress) mullido(a), flexible; (of hair) flexible **-2.** (step) ligero(a)

sprinkle ['sprɪŋkəl] ◇ n (of rain) gotas fpl de lluvia, llovizna f
◇ vt **-1.** (with liquid) rociar (**with** con); **he sprinkled vinegar on** or **over his chips** roció las Esp patatas or Am papas fritas con vinagre
-2. (with salt, flour) espolvorear (**with** con); **to ~ sth over sth** espolvorear algo por encima de algo; **I sprinkled sugar on** or **over my cereal, I sprinkled my cereal with sugar** espolvoreé los cereales con azúcar, les eché azúcar por encima a los cereales
-3. (strew, dot) **the sky was sprinkled with stars** el cielo estaba tachonado de estrellas; **a speech sprinkled with metaphors** un discurso salpicado de metáforas
◇ vi (rain) lloviznar, chispear

sprinkler ['sprɪŋklə(r)] n **-1.** (for lawns, fields) aspersor m **-2.** (to extinguish fires) rociador m contra incendios ❑ **~ system** sistema m de rociadores contra incendios **-3.** (for sugar) azucarero m, dosificador m de azúcar
-4. ~ **(head)** (of shower, watering can) alcachofa f

sprinkling ['sprɪŋklɪŋ] n (small quantity) (of sugar, salt) pizca f, poco m; (of rain) gotas fpl; (of snow) copos mpl; **there was a ~ of new faces** había unas cuantas caras nuevas; **her speech contained a liberal ~ of witty references** su discurso estuvo abundantemente salpicado de ingeniosas alusiones

sprint [sprɪnt] ◇ n **-1.** (fast run) carrera f; (in cycling) esprint m; **to break into a ~** echar a correr; **to make a ~ for sth** echar una carrera hasta algo; **he was overtaken in the ~ for the line** lo adelantaron en el esprint final ❑ **~ finish** (of race) final m al esprint; (of athlete) esprint m final **-2.** (running race) carrera f or prueba f de velocidad; **the 60 metre ~** los 60 metros lisos
◇ vt (run fast) cubrir or recorrer a toda velocidad
◇ vi **-1.** (run fast) correr a toda velocidad; (in cycling) esprintar, hacer un esprint; **he sprinted after her** corrió tras ella a toda velocidad; **to ~ off** salir corriendo a toda velocidad **-2.** (in athletics) correr al esprint

sprinter ['sprɪntə(r)] n (athlete, cyclist) velocista mf, esprínter mf

sprite [spraɪt] n (in folklore) duendecillo(a) m,f

spritsail ['sprɪtseɪl] n NAUT cebadera f

spritzer ['sprɪtsə(r)] n vino m blanco con soda

sprocket ['sprɒkɪt] n **-1.** (cog) diente m (de engranaje) ❑ **~ holes** (in film) perforación f lateral **-2.** **~ (wheel)** rueda f dentada

sprog [sprɒg] n Br Fam Hum (child) mocoso(a) m,f; **to drop a ~** echar al mundo un churumbel

sprout [spraʊt] ◇ n **-1.** (of plant) brote m **-2.** (vegetable) **(Brussels) sprouts** coles fpl or CSur repollitos mpl de Bruselas
◇ vt **-1.** (leaves) echar **-2.** (grow) **he's starting to ~ a beard** (for first time) le está saliendo barba; **the ram is sprouting horns** al carnero le están saliendo los cuernos; **the town centre has sprouted several new cafés** han aparecido de repente varias cafeterías nuevas en el centro de la ciudad
◇ vi **-1.** (grow) (leaves, hair) brotar **-2.** (germinate) (bean, seed, onion) germinar **-3.** (appear suddenly) aparecer de repente

◆ **sprout up** vi (plant, child) crecer rápidamente; (new buildings, businesses) surgir (de la noche a la mañana)

spruce[1] [spru:s] n **-1.** (tree) picea f **-2.** (wood) (madera f de) picea f

spruce[2] adj (tidy) pulcro(a); (smart) elegante

◆ **spruce up** vt sep (room) adecentar; **to ~ oneself up** arreglarse, acicalarse

sprucely ['spru:slɪ] adv (dressed) impecablemente

sprung [sprʌŋ] ◇ adj (mattress) de muelles
◇ pp of **spring**

spry [spraɪ] adj vivaz, vivaracho(a)

SPUC [spʌk] (abbr **Society for the Protection of the Unborn Child**) = asociación británica antiabortista

spud [spʌd] n Br Fam (potato) Esp patata f, Am papa f

spud-bashing ['spʌd'bæʃɪŋ] n Br Fam = castigo aplicado en el ejército y consistente en pelar Esp patatas or Am papas

spume [spju:m] n Literary espuma f

spun [spʌn] ◇ adj ~ **glass** vidrio m hilado, lana f de vidrio; ~ **gold** hilo m de oro; ~ **silk** hilado m de seda; ~ **sugar** caramelo m hilado
◇ pt & pp of **spin**

spunk [spʌŋk] n **-1.** Fam (courage) agallas fpl, arrestos mpl **-2.** Br Vulg (semen) leche f, Esp lefa f

spunky ['spʌŋkɪ] adj Fam (performance) valiente, con agallas; **he's a ~ character** es un tipo con agallas, tiene agallas

spur [spɜ:(r)] ◇ n **-1.** (for riding) espuela f; IDIOM **he won his spurs** demostró su valía **-2.** (stimulus) acicate m, incentivo m; **the ~ of competition drove her to new heights** el estímulo de la competición la llevó a superar listones cada vez más altos; **on the ~ of the moment** sin pararse a pensar **-3.** (of cock) espolón m **-4.** (of land, rock) estribación f **-5.** RAIL (branch line) ramal m
◇ vt (pt & pp **spurred**) **-1.** (horse) espolear **-2.** (stimulate) **to ~ sb (on) to do sth** espolear a alguien para que haga algo; **he was spurred on by the crowd** fue espoleado por la muchedumbre; **to ~ sb into action** hacer que alguien pase a la acción

spurge [spɜ:dʒ] n tártago m ❑ ~ **laurel** lauréola f, adelfilla f

spurious ['spjʊərɪəs] adj **-1.** (ill-founded) (argument, reasoning, objection) falso(a), espurio(a) **-2.** (insincere) (enthusiasm, sympathy, compliment) fingido(a), falso(a)

spuriously ['spjʊərɪəslɪ] adv (to argue, object) sin fundamentos legítimos

spuriousness ['spjʊərɪəsnɪs] n **-1.** (of argument, reasoning, objection) falta f de fundamentos legítimos **-2.** (of enthusiasm, sympathy, compliment) carácter m fingido, falsedad f

spurn [spɜ:n] vt desdeñar

spurned [spɜ:nd] adj desdeñado(a)

spur-of-the-moment ['spɜ:əvðə'məʊmənt] adj (purchase, phone call, decision) impensado(a), indeliberado(a)

spurt [spɜ:t] ◇ n **-1.** (of liquid) chorro m; (of flame) llamarada f; (of gunfire) ráfaga f **-2.** (of action, energy) arranque m; (of speed) arrancada f; **to put on a ~** acelerar; **her inspiration came in spurts** le llegaban ráfagas repentinas de inspiración
◇ vt (liquid) lanzar chorros de
◇ vi **-1.** (liquid) chorrear; (flames) salir despedido(a) **-2.** (go quickly) apretar el paso, acelerar

Sputnik ['spʊtnɪk] n Sputnik m

sputter ['spʌtə(r)] vi (fire, flame, candle) crepitar; (motor) pegar explosiones; **he sputtered angrily** barbotó furioso

sputum ['spju:təm] n MED expectoración f, esputo m

spy [spaɪ] ◇ n espía mf ❑ ~ **plane** avión m espía or de espionaje; ~ **ring** red f de espionaje; ~ **satellite** satélite m espía or de espionaje; ~ **story** historia f de espías or de espionaje
◇ vt (notice) ver; **she had spied a flaw in his reasoning** había captado un error en su razonamiento
◇ vi espiar (**for** para); **to ~ on sb** espiar a alguien
◆ **spy out** vt sep **to ~ out the land** reconocer el terreno

spycatcher ['spaɪkætʃə(r)] n Fam contraespía mf

spyglass ['spaɪglɑ:s] n catalejo m

spyhole ['spaɪhəʊl] n mirilla f

spying ['spaɪɪŋ] n espionaje m

Sq (abbr **Square**) Pl.

sq MATH (abbr **square**) cuadrado(a)

sq. ft. (abbr **square foot** or **feet**) pie(s) m(pl) cuadrado(s), m

SQL [ˌeskju:'el] n COMPTR (abbr **structured query language**) SQL m

squab [skwɒb] n (young pigeon) pichón m

squabble ['skwɒbl] ◇ n riña f, pelea f
◇ vi reñir, pelear (**over** or **about** por)

squabbling ['skwɒblɪŋ] n riñas fpl, peleas fpl

squacco ['skwækəʊ] n ~ (**heron**) garcilla f cangrejera

squad [skwɒd] n **-1.** (of athletes, players) plantilla f; **the first-team ~** el primer equipo; **he's been included in the England ~ for Saturday's match** ha sido incluido en la plantilla de la selección inglesa para el partido del sábado; **they are taking a thirty-man ~ to Australia** la plantilla que viajará a Australia está compuesta por treinta jugadores **-2.** (of soldiers) escuadra f **-3.** (of police force) brigada f ❑ ~ **car** coche m patrulla **-4.** (of workmen) brigada f, cuadrilla f

squaddie ['skwɒdɪ] n Br Fam soldado m raso

squadron ['skwɒdrən] n MIL **-1.** (of planes) escuadrón m ❑ ~ **leader** comandante mf de aviación **-2.** (of ships) escuadra f **-3.** (in armoured regiment, cavalry) escuadrón m

squalid ['skwɒlɪd] adj **-1.** (dirty) mugriento(a), inmundo(a) **-2.** (sordid) (details, affair) sórdido(a)

squall [skwɔ:l] ◇ n **-1.** (of wind) turbión m, ventarrón m; (rain shower) aguacero m **-2.** (cry) berrido m **-3.** (argument) tempestad f, borrasca f
◇ vi (cry) berrear

squalling ['skwɔ:lɪŋ] adj (child) berreón(ona), chillón(ona)

squally ['skwɔ:lɪ] adj (weather, day) borrascoso(a), ventoso(a); (showers) tormentoso(a)

squalor ['skwɒlə(r)] n **-1.** (dirtiness) inmundicia f; **to live in ~** vivir en la miseria **-2.** (sordidness) (of details, affair) sordidez f

squander ['skwɒndə(r)] vt (money, time, talents) despilfarrar, malgastar; (opportunity) desperdiciar

square [skweə(r)] ◇ n **-1.** (shape) cuadrado m; **he folded the napkin into a ~** dobló la servilleta formando un cuadrado **-2.** (of chocolate) onza f; (of paper, material) (trozo m) cuadrado m; **cut the cake into squares** parte el pastel en (trozos) cuadrados **-3.** (on chessboard) escaque m; (in crossword) casilla f; (on map) recuadro m; IDIOM **to be back at** or **to ~ one** haber vuelto al punto de partida **-4.** MATH (of number) cuadrado m **-5.** (of town, village) plaza f; (smaller) plazoleta f; MIL (parade ground) patio m **-6.** (instrument) escuadra f **-7.** Fam (unfashionable person) carca mf
◇ adj **-1.** (in shape) cuadrado(a); **to have ~ shoulders** estar cuadrado(a) de hombros; **to have a ~ jaw** tener la mandíbula cuadrada; IDIOM Hum **you'll get ~ eyes if you keep watching TV all day** se te van a poner los ojos cuadrados si sigues viendo la tele todo el día; IDIOM **she felt like a ~ peg in a round hole** se sentía fuera de lugar ❑ ~ **bracket** corchete m; ~ **dance** baile m de figuras or en cuadrilla; **the Square Mile** = el barrio financiero y bursátil de Londres; ~ **sail** vela f cuadra **-2.** (forming right angle) **the shelves aren't ~** la estantería no está cuadrada con la pared, la estantería no está en ángulo recto con la pared; **to be ~ with** or **to sth** estar cuadrado(a) con, estar en ángulo recto con ❑ ~ **corner** esquina f en ángulo recto **-3.** MATH cuadrado(a); **10 ~ kilometres** 10 kilómetros cuadrados; **the room is 5 metres ~** la habitación mide 5 x 5 metros ❑ ~ **root** raíz f cuadrada **-4.** Fam (unfashionable) carca **-5.** (honest, fair) **to be ~ with sb** ser claro(a) con alguien; **a ~ deal** un trato justo **-6.** (even) **the teams are (all) ~** los equipos van empatados or igualados; **we're ~** (having settled debt) estamos en paz; **to get ~ with sb** (get revenge) desquitarse or tomarse la revancha con alguien **-7.** (satisfying) **a ~ meal** una buena comida **-8.** (in soccer) (defence, player) alineado(a), en línea; (pass, ball) lateral
-9. US Fam ~ **shooter** (person) persona f de fiar, Esp tío(a) m, f legal
◇ adv **-1.** (directly) directamente; **she hit him ~ on the jaw** le dio de lleno en la mandíbula; **he hit the ball ~ in the middle of the racket** le dio a la pelota de lleno con la raqueta; **to look sb ~ in the eye** mirar a alguien fijamente a los ojos
-2. (in soccer) (pass) lateralmente; **their defence was caught ~** sorprendió a la defensa del equipo contrario alienada or en línea
◇ vt **-1.** (make square) cuadrar; **to ~ one's shoulders** ponerse recto(a); IDIOM **it's like trying to ~ the circle** es como intentar la cuadratura del círculo or como intentar cuadrar el círculo
-2. MATH (number) elevar al cuadrado; **three squared is nine** tres (elevado) al cuadrado es nueve
-3. (settle) **to ~ accounts with sb** arreglar cuentas con alguien
-4. (reconcile) casar, hacer encajar (**with** con); **how do you ~ it with your convictions/conscience?** ¿cómo lo haces encajar con tus convicciones/conciencia?
-5. SPORT (level) (match, series) nivelar, igualar
-6. (in soccer) **to ~ the ball** hacer un pase lateral
◇ vi (agree) cuadrar, concordar; **his story doesn't ~ with the facts** su historia no cuadra con los hechos
◆ **square off** vt sep **-1.** (piece of paper) cuadricular **-2.** (corner, log) cuadrar
◆ **square up** vi **-1.** (settle debts) hacer or saldar cuentas (**with** con) **-2.** (fighters) ponerse en guardia; Fig **to ~ up to a problem/an opponent** hacer frente a un problema/un adversario

square-bashing ['skweə'bæʃɪŋ] n Fam instrucción f en el patio de armas

squared [skweəd] adj (paper) cuadriculado(a)

square-eyed ['skweəraɪd] adj Fam Hum teleadicto(a), con los ojos cuadrados de ver tanta tele

square-eyes ['skweəraɪz] n Fam Hum teleadicto(a) m, f; **come on ~! never mind the television** ¡apaga la tele, que se te van a poner los ojos cuadrados!

squarely ['skweəlɪ] adv **-1.** (directly) directamente; **to look sb ~ in the eye** mirar a alguien fijamente a los ojos; **she hit the ball ~ in the middle of the racket** le dio a la pelota de lleno con la raqueta; **the blow landed ~ on his nose** el golpe le dio de lleno or plano en la nariz; **the responsibility for the disaster rests ~ on their shoulders** la responsabilidad del desastre recae directamente sobre sus hombros
-2. (honestly) con franqueza

square-rigged ['skweə'rɪɡd] adj con aparejo de cruz

square-shouldered ['skweə'ʃəʊldəd] adj de hombros cuadrados, cuadrado(a) de hombros

square-toed ['skweə'təʊd] adj (shoes) con las puntas cuadradas, de puntera cuadrada

squash[1] [skwɒʃ] ◇ n **-1.** (crush) apretones mpl; **it was a ~, but everyone got into the taxi** nos tuvimos que apretar, pero entramos todos en el taxi
-2. Br (drink) **orange/lemon ~** (bebida a base de) concentrado de naranja/limón
-3. (sport) squash m ❑ ~ **ball** pelota f de squash; ~ **club** club m de squash; ~ **court** pista f or cancha f de squash; ~ **racket** raqueta f de squash; Br ~ **rackets** (game) squash m
◇ vt **-1.** (crush) aplastar; **you're squashing me!** ¡me estás estrujando!; **we were squashed in the hold like sardines** íbamos en la bodega como sardinas en lata; **I can ~ one more person in the back** cabe una persona más atrás (si todos se aprietan un poco)
-2. (objection, opposition) acallar; (hopes) dar al traste con; (rebellion) aplastar; **I felt utterly squashed by her contemptuous**

squash ... **stab**

dismissal me dejó totalmente chafado con aquel rechazo desdeñoso
◇ vi **to ~ into a room/a taxi** apretujarse en una habitación/un taxi
◆ **squash in** vi (people) meterse apretujándose
◆ **squash together** ◇ vt sep apretar
◇ vi (people) apretujarse, apretarse
◆ **squash up** vi apretujarse, apretarse
squash² n US (vegetable) cucurbitácea f
squashy ['skwɒʃɪ] adj (ground, fruit) blando(a)
squat [skwɒt] ◇ n -1. Br (illegally occupied dwelling) casa f ocupada (ilegalmente) -2. (crouch) postura f en cuclillas ❑ ~ **thrust** (exercise) flexión f or estiramiento m en cuclillas -3. US Fam (nothing) **I didn't get ~** no conseguí ni un pimiento
◇ adj (person) chaparro(a), achaparrado(a); (object, building) muy bajo(a)
◇ vi (pt & pp **squatted**) -1. (crouch down) agacharse, ponerse de cuclillas -2. (occupy dwelling illegally) ocupar una vivienda ilegalmente
◆ **squat down** vi agacharse, ponerse de cuclillas
squatter ['skwɒtə(r)] n ocupante mf ilegal
squaw [skwɔː] n = mujer india norteamericana
squawk [skwɔːk] ◇ n -1. (of bird) graznido m -2. US Fam (complaint) queja f
◇ vi -1. (bird) graznar -2. Fam (person, baby) chillar
squeak [skwiːk] ◇ n (of animal, person) chillido m; (of door, wheel) chirrido m; (of floorboard) crujido m; (of shoes) crujido m; **to let out** or **to give a ~ of pleasure** pegar un chillido de alegría; Fam **I don't want to hear another ~ out of you** no quiero oírte decir ni pío; Fam **have you heard from her? – not a ~** ¿sabes algo de ella? – nada en absoluto
◇ vt (say in high voice) chillar
◇ vi -1. (animal, person) chillar (**with** de); (door, wheel) chirriar, rechinar; (floorboard) crujir; (shoes) crujir -2. Fam (succeed narrowly) **the team squeaked into the semi-finals** el equipo se metió en las semifinales por los pelos
◆ **squeak through** vi Fam -1. (pass through) pasar por los pelos -2. (succeed narrowly) pasar por los pelos
squeaky ['skwiːkɪ] adj (voice) chillón(ona); (door, wheel) chirriante; (floorboard) que cruje; (shoes) que crujen; **~ clean** (person, image) impoluto(a)
squeal [skwiːl] ◇ n (of person, animal) chillido m; (of tyres, brakes) chirrido m; **squeals of laughter** grandes carcajadas
◇ vt chillar
◇ vi -1. (person, animal) chillar; (tyres, brakes) chirriar; **to ~ with pain** chillar de dolor; **to ~ with laughter** reír(se) con estridentes carcajadas -2. Fam (complain) **to ~ (about sth)** quejarse (de algo) -3. Fam (inform) **to ~ (on sb)** dar el soplo (sobre alguien), Col sapear (a alguien), Méx soplar (a alguien), RP botonear (a alguien)
squealer ['skwiːlə(r)] n Fam soplón(ona) m,f, Esp chivato(a) m,f
squeamish ['skwiːmɪʃ] adj -1. (physically) aprensivo(a); **to be ~ about sth** ser (muy) aprensivo(a) con algo; **I'm very ~ about blood** la sangre me da mucha aprensión -2. (morally) **we cannot afford to be ~ about sacking them** no podemos andarnos con escrúpulos a la hora de despedirlos
squeamishness ['skwiːmɪʃnɪs] n -1. (physical) aprensión f -2. (moral) escrúpulos mpl
squeegee ['skwiːdʒiː] n escobilla f de goma ❑ Fam ~ **merchant** limpiacristales mf inv de semáforo
squeeze [skwiːz] ◇ n -1. (pressure) apretón m, apretujón m; **to give sth a ~** apretar algo, dar un apretón a algo; **he gave my hand a ~** me apretó la mano; **to give sb a ~** (hug) dar un achuchón a alguien; Fam **we all got in but it was a tight ~** cupimos or entramos todos, pero tuvimos que apretujarnos bastante; IDIOM Fam **to put the ~ on sb** (pressurize) apretarle las tuercas a alguien;
IDIOM **to feel the ~** sentir la presión
-2. (restriction) reducción f; **credit/profits ~** reducción del crédito/de los beneficios
-3. (small amount) **a ~ of lemon** un chorrito de limón; **a ~ of toothpaste** un poquito de dentífrico
-4. Fam (difficult situation) apuro m, situación f apurada; **in a ~ you can always stay at my place** si te ves en un apuro, siempre puedes quedarte en mi casa
-5. Fam (boyfriend, girlfriend) novio(a) m,f, novietea m,f
◇ vt -1. (press) (tube, trigger) apretar; (sponge) estrujar; (lemon) exprimir; (spot) sacar; (pimple) reventar; **to ~ sb's hand** apretar la mano de alguien; **I kept my eyes squeezed tight shut** mantuve los ojos fuertemente cerrados
-2. (extract) **I squeezed some toothpaste onto the brush** puse un poquito de dentífrico en el cepillo de dientes; **to ~ money out of sb** sacarle dinero a alguien
-3. (fit) **to ~ sth into a box** meter algo en una caja apretando; **they're squeezing more and more circuits onto microchips** cada vez consiguen meter más circuitos en un microchip; **twenty men were squeezed into one small cell** hacinaron a veinte hombres en una pequeña celda; **he squeezed his way under the fence** consiguió colarse por debajo de la cerca
-4. (put pressure on) presionar; **profits have been squeezed by foreign competition** los beneficios se han visto mermados por la competencia extranjera
◇ vi -1. (press) apretar -2. (fit) **to ~ into a place** meterse a duras penas en un sitio; **try and ~ into these trousers** intenta ponerte estos pantalones; **to ~ through a gap** lograr colarse or deslizarse por un hueco; **the ball squeezed past the keeper and into the net** el balón encontró un resquicio entre el palo y el portero y se coló en la red
◆ **squeeze in** ◇ vi (get in) **I had to ~ in past six people to reach my seat** tuve que pasar apretujándome entre seis personas hasta llegar a mi asiento; **I think I can just ~ in if they move up a bit** creo que quepo si se aprietan un poco or me hacen un pequeño hueco
◇ vt sep (in schedule) **she's hoping to ~ in a trip to Rome too** espera encontrar también un hueco en su agenda para hacer una escapadita a Roma; **I think we can just ~ you in** creo que te podemos hacer un hueco
◆ **squeeze out** vt sep -1. (juice) exprimir; **to ~ the juice out of a lemon** exprimir un limón, sacarle el jugo a un limón; **to ~ the water out of a sponge** exprimir una esponja -2. (sponge, wet clothes) exprimir, escurrir -3. (exclude) excluir; **he was squeezed out in the race for the presidency** lograron dejarlo fuera de la carrera presidencial
◆ **squeeze up** vi tell them to ~ up a bit diles que se aprieten or corran un poco
squeeze-box ['skwiːzbɒks] n Fam acordeón m
squeezer ['skwiːzə(r)] n exprimidor m
squelch [skweltʃ] ◇ vt US Fam (idea, creativity) acabar con, silenciar
◇ vi -1. (person) chapotear; **to ~ through the mud** atravesar el lodo chapoteando -2. (water, mud) chapaletear; **I heard something soft ~ beneath my foot** sentí algo blando despachurrarse bajo mi pie
squelchy ['skweltʃɪ] adj (ground, carpet) empapado(a); (sound) de chapoteo
squib [skwɪb] n (firework) petardo m
squid [skwɪd] n (pl **squid**) (animal) calamar m; (as food) calamares mpl
squidgy ['skwɪdʒɪ] adj blando(a) y húmedo(a)
squiffy ['skwɪfɪ] adj Br Old-fashioned Fam alegre, Esp piripi
squiggle ['skwɪɡəl] n -1. (scrawl, doodle) garabato m -2. (wavy line) línea f serpenteante
squiggly ['skwɪɡlɪ] adj ondulante, serpenteante
squint [skwɪnt] ◇ n -1. (eye defect) **to have a ~** tener estrabismo, ser estrábico(a) -2. Br Fam (quick look) ojeada f, vistazo m; **to have a ~ at sth** echar una ojeada a algo
◇ vi -1. (have an eye defect) tener estrabismo -2. (narrow one's eyes) entrecerrar or entornar los ojos; **to ~ at sth/sb** (look sideways) mirar algo/a alguien de reojo
squint-eyed ['skwɪntaɪd] adj estrábico(a), bizco(a)
squire ['skwaɪə(r)] n -1. (landowner) terrateniente m -2. HIST escudero m -3. Br Fam (term of address) **evening, ~!** ¡buenas tardes, jefe!
squirm [skwɜːm] vi -1. (wriggle) retorcerse; **he squirmed out of my grasp** se me escapó de las manos; **to ~ out of doing sth** escabullirse or Esp escaquearse de hacer algo; **don't try to ~ out of it!** ¡no te escaquees ahora!, ¡no escurras el bulto ahora!
-2. (feel embarrassed) **to ~ (with embarrassment)** sentirse violento(a); **his speech was so bad it made me ~** su discurso fue tan malo que sentí vergüenza ajena
squirrel ['skwɪrəl, US 'skwɜːrəl] n ardilla f ❑ ~ **monkey** mono m ardilla
◆ **squirrel away** (pt & pp **squirrelled**) vt sep acumular, ir poniendo a buen recaudo
squirrelly ['skwɜːrəlɪ] adj US Fam tocado(a) del ala, Esp majara
squirt [skwɜːt] ◇ n -1. (of liquid) chorro m -2. Fam (insignificant person) mequetrefe mf
◇ vt (liquid) lanzar un chorro de; **to ~ sb with sth** echar un chorro de algo a alguien; **~ some oil on the hinges** engrasa las bisagras
◇ vi (liquid) chorrear; **some lemon juice squirted into my eye** me entró un chorro de limón en el ojo
squish [skwɪʃ] vt Fam (crush) despachurrar; **the cake got all squished** el pastel se despachurró entero
squishy ['skwɪʃɪ] adj (ground) empapado(a); (fruit, mess) blando(a) y húmedo(a); (sound) de chapoteo
squit [skwɪt] n Br Fam -1. (unpleasant, insignificant person) pelagatos mf inv -2. **to have the squits** (diarrhoea) tener cagaleras
Sr -1. (abbr **Senior**) **Thomas Smith, Sr** Thomas Smith, padre -2. (abbr **Sister**) sor f, hermana f
Sri Lanka [sriː'læŋkə] n Sri Lanka
Sri Lankan [sriː'læŋkən] ◇ n ceilandés(esa) m,f
◇ adj ceilandés(esa), de Sri Lanka
SRN [esɑːr'en] n Br (abbr **State Registered Nurse**) = enfermera británica con la máxima cualificación profesional
SRU [esɑː'juː] n (abbr **Scottish Rugby Union**) = federación escocesa de rugby
SS [es'es] n -1. (abbr **steamship**) (buque m de) vapor m -2. HIST (abbr **Schutzstaffel**) **the SS** las S.S.; **an SS officer** un oficial de las S.S. -3. REL (abbr **Saints**) santos
SSE (abbr **south-southeast**) SSE
ssh [ʃ] exclam ¡chis!
SSL [eses'el] n COMPTR (abbr **secure sockets layer**) SSL m
SSM (abbr **surface-to-surface missile**) misil m superficie-superficie or tierra-tierra
SSSI [eseses'aɪ] n Br (abbr **Site of Special Scientific Interest**) Sitio m de Especial Interés Científico
SSW (abbr **south-southwest**) SSO
St -1. (abbr **Street**) c/ -2. (abbr **Saint**) S./Sto./Sta.; **St Kitts and Nevis** (island group) San Cristóbal y Nieves; **St Lucia** (island) Santa Lucía; **St Petersburg** San Petersburgo; **St Vincent and the Grenadines** (island group) San Vicente y las Granadinas
st Br (abbr **stone**) = unidad de peso equivalente a 6,35 kg
stab [stæb] ◇ n -1. (with knife) cuchillada f; (with dagger) puñalada f; **he made a ~ at me with the broken bottle** trató de apuñalarme con la botella rota; **he had received several ~ wounds (to the chest)** había recibido varias puñaladas (en el pecho);

stabbing

Fig **it was a ~ in the back** fue una puñalada por la espalda
-2. *(of pain, envy)* punzada *f*
-3. *(attempt) Fam* **to have a ~ at (doing) sth** intentar (hacer) algo; **a ~ in the dark** una respuesta al azar *or* a(l) voleo
◇ *vt (pt & pp* **stabbed)** -1. *(with knife)* acuchillar; *(with dagger)* apuñalar; *(food)* pinchar, ensartar; **he stabbed me in the arm** me clavó un arma en el brazo; **to ~ sb to death** matar a alguien a puñaladas; *also Fig* **to ~ sb in the back** darle a alguien una puñalada por la espalda
-2. *(thrust, jab)* **to ~ one's finger at sth** señalar algo con el dedo; **I stabbed my finger in his eye** le clavé *or* hundí el dedo en el ojo; **he stabbed his fork into the sausage** pinchó la salchicha con el tenedor
◇ *vi* **she stabbed at him with a knife** intentó clavarle un cuchillo, intentó acuchillarlo; **he stabbed at the map with his finger** señaló el mapa clavando el dedo en él

stabbing ['stæbɪŋ] ◇ *n (attack)* apuñalamiento *m*
◇ *adj (pain)* punzante

stability [stə'bɪlɪtɪ] *n* estabilidad *f*

stabilization [steɪbɪlaɪ'zeɪʃən] *n* estabilización *f* ❏ ECON **~ policy** política *f* de estabilización

stabilize ['steɪbɪlaɪz] ◇ *vt* estabilizar
◇ *vi* estabilizarse

stabilizer ['steɪbɪlaɪzə(r)] *n* -1. *(on bicycle)* estabilizador *m*, ruedín *m (para bicicleta infantil)*
-2. *(on plane, ship)* estabilizador *m* -3. *(in processed food)* estabilizante *m*, estabilizador *m*

stable[1] ['steɪbəl] ◇ *n* -1. *(for horses)* cuadra *f*, establo *m*; [IDIOM] **to lock the ~ door after the horse has bolted** tomar medidas demasiado tarde ❏ **~ boy** mozo *m* de cuadra; **~ girl** moza *f* de cuadra; **~ lad** mozo *m* de cuadra -2. *(of sports people, actors)* escuela *f*
◇ *vt (keep in stable)* guardar en cuadra

stable[2] *adj* -1. *(marriage, job, situation)* estable
-2. *(person)* equilibrado(a) -3. *(object, structure)* fijo(a), seguro(a) -4. *(medical condition)* estacionario(a); **the patient** *or* **the patient's condition is ~** el paciente permanece estable *or* está estabilizado, el estado del paciente se ha estabilizado -5. CHEM & PHYS estable

stablemate ['steɪbəlmeɪt] *n* -1. *(horse)* compañero(a) *m,f* de cuadra -2. *(person)* compañero(a) *m,f* de escuela

staccato [stə'kɑːtəʊ] ◇ *adj* -1. MUS en staccato -2. *(voice)* entrecortado(a)
◇ *adv* MUS en staccato

stack [stæk] ◇ *n* -1. *(of wood, plates)* pila *f*, montón *m*; *(of hay)* almiar *m*; *(of rifles)* pabellón *m*; *(of planes)* = aviones que se mantienen en espera para aterrizar sobrevolando el aeropuerto a diferente altura
-2. *Fam (large amount)* **stacks of time/money** un montón de tiempo/dinero
-3. *(chimney)* chimenea *f*
-4. *(hi-fi system)* equipo *m* de música
-5. *(in library)* **the stack(s)** = los estantes en los que se guardan los libros y a los que no tiene acceso el público
-6. COMPTR pila *f*
◇ *vt* -1. *(wood, plates)* apilar; **the shelves were stacked with cans of film** en los estantes se apilaban las latas de películas
-2. *(planes)* = asignar distintas alturas a los aviones que esperan para aterrizar en un aeropuerto
-3. *(deck of cards)* colocar *(haciendo trampa)*; **the odds** *or* **cards were stacked against them** tenían todo en contra de ellos; **the elections are heavily stacked against the smaller parties** los partidos más pequeños no tienen muchas posibilidades de éxito *or* están en una situación desventajosa en las elecciones

➤ **stack up** ◇ *vt sep* apilar
◇ *vi* -1. *(chairs, boxes)* apilarse -2. *(mount up)* **the evidence was stacking up against**

him se iban amontonando pruebas contra él -3. *(compare)* **how does he ~ up against** *or* **with the other candidates?** ¿qué tal es con respecto a los otros candidatos?; **our product stacks up well against theirs** nuestro producto compite a un buen nivel respecto to del suyo

stacked [stækt] *adj* -1. *(shoe heels)* reforzado(a)
-2. *very Fam (woman)* **she's ~** está jamona

stacker ['stækə(r)] *n (in supermarket)* repositor(ora) *m,f*

stadium ['steɪdɪəm] *n* estadio *m* ❏ **~ rock** rock *m* para grandes estadios; **~ rocker** cantante *mf* de macroconciertos

staff[1] [stɑːf] ◇ *n* -1. *(personnel)* personal *m*; **we have ten lawyers on the ~** tenemos diez abogados en plantilla; **teaching/nursing ~** personal docente/de enfermería; **is he a member of ~?** ¿forma parte del *or* pertenece al personal?, ¿es miembro del personal?; **the ~/student ratio** la relación profesorado/alumnado ❏ **~ association** asociación *f* del personal; **~ meeting** reunión *f* del personal; MED **~ nurse** enfermero(a) *m,f*; SCH **~ room** sala *f* de profesores; **~ training** formación *f* del personal
-2. MIL Estado *m* Mayor ❏ **~ college** academia *f* or escuela *f* militar superior; **~ corps** cuerpo *m* de oficiales; **~ officer** oficial *m* del Estado Mayor; *Br* **~ sergeant** sargento *mf* primero
◇ *vt* proveer de personal; **the office is staffed by volunteers** el personal de la oficina está formado por voluntarios; **the desk is staffed at all times** el mostrador está atendido en todo momento; **the shop is well staffed** la tienda está bien dotada de personal

staff[2] -1. *(pl* **staffs** *or* **staves** [steɪvz]*) (stick)* bastón *m*; *(of shepherd)* cayado *m*; *(of bishop)* báculo *m*; *(of flag)* asta *f*; **the ~ of life** *(bread)* el pan nuestro de cada día -2. MUS *(pl* **staves** [steɪvz]*)* pentagrama *m*

staffer ['stɑːfə(r)] *n Fam* empleado(a) *m,f*

staffing ['stɑːfɪŋ] *n (recruiting)* dotación *f* de personal, contratación *f* (de personal); **the delay is due to ~ difficulties** el retraso se debe a problemas de personal ❏ **~ levels** número *m* de empleados

Staffs *(abbr* **Staffordshire)** *(condado m de)* Staffordshire

stag [stæg] *n* -1. *(animal)* ciervo *m* ❏ **~ beetle** ciervo *m* volante; **~ night** despedida *f* de soltero; **~ party** despedida *f* de soltero -2. *Br* ST EXCH especulador(ora) *m,f* ciervo

stage [steɪdʒ] ◇ *n* -1. *(platform) (in theatre)* escenario *m*; *(more generally)* estrado *m*; **the ~** *(profession, activity)* el (mundo del) teatro; THEAT **to exit/enter ~ left/right** salir *or* entrar en escena por la izquierda/derecha; **I never feel nervous on ~** nunca me pongo nervioso(a) en el escenario; **to come/go on ~** subir al escenario, salir a escena; **to go on the ~** *(become actor)* hacerse actor/actriz; **he first appeared on the ~ in 1920** la primera vez que actuó en un escenario fue en 1920; *Fig* **on the world ~** en el plano internacional; [IDIOM] **to set the ~ for sth** preparar el terreno para algo; [IDIOM] **the ~ is set (for)** se dan todas las condiciones (para) ❏ **~ adaptation** adaptación *f* teatral *or* para la escena; **~ business** pirueta *f* escénica; **~ design** escenografía *f*; **~ designer** escenógrafo(a) *m,f*; **~ directions** acotaciones *fpl*; **~ door** entrada *f* de artistas; **~ fright** miedo *m* escénico; **~ manager** director(ora) *m,f* de escena, regidor(ora) *m,f*; **~ name** nombre *m* artístico; **~ presence** presencia *f* en el escenario; THEAT **~ setting** decorado *m*; **~ whisper** aparte *m*
-2. *(phase)* etapa *f*, fase *f*; **the conflict is still in its early stages** el conflicto se encuentra todavía en su fase inicial *or* en su primera fase; **at an early ~** en un primer momento, en una primera fase; **at a later ~** más adelante; **at one ~ it looked like he was going to win** en cierto momento pareció que iba a ganar; **at some ~** en algún

momento; **at this ~ of the negotiations** en esta fase de las negociaciones; **at this ~ it's too early to tell if she'll recover** en este momento es demasiado pronto para poder decir si se recuperará o no; **there's nothing we can do at this late ~** no hay nada que podamos hacer a estas alturas; **by that ~** por entonces; **I'd reached the ~ where I didn't care any more** había llegado a tal punto que ya nada me importaba; **to do sth in stages** hacer algo por etapas
-3. *(in cycling)* etapa *f* ❏ **~ race** carrera *f* por etapas
-4. *(of space rocket)* fase *f*
-5. *(stagecoach)* diligencia *f*
◇ *vt* -1. *(play)* llevar a escena, representar; **Macbeth was very well staged** la puesta en escena de Macbeth fue muy buena
-2. *(demonstration, invasion, coup)* llevar a cabo; *(festival, ceremony)* organizar; **the team staged a remarkable comeback** el equipo llevó a cabo una espectacular remontada
-3. *(fake)* fingir; **the murder was staged to look like a suicide** el asesinato se presentó de forma que pareciese un suicidio

stagecoach ['steɪdʒkəʊtʃ] *n* diligencia *f*

stagecraft ['steɪdʒkrɑːft] *n* THEAT arte *m* escénico

stagehand ['steɪdʒhænd] *n* THEAT tramoyista *mf*, sacasillas *mf inv*

stage-manage ['steɪdʒ'mænɪdʒ] *vt* -1. THEAT dirigir -2. *(event, demonstration)* orquestar

stage-struck ['steɪdʒstrʌk] *adj* THEAT **to be ~** estar enamorado(a) de las tablas

stagey, stagy ['steɪdʒɪ] *adj (mannerisms)* teatral; *(performance)* efectista

stagflation [stæg'fleɪʃən] *n* ECON estanflación *f*

stagger ['stægə(r)] ◇ *n (totter)* **he got up with a ~** se tambaleó al ponerse en pie
◇ *vt* -1. *(astound)* dejar anonadado(a) -2. *(work, holidays)* escalonar; **employees' vacation times are staggered over the summer months** las vacaciones de los empleados se distribuyen escalonadamente a lo largo de los meses de verano
◇ *vi (stumble)* tambalearse; **to ~ along** ir tambaleándose; **to ~ to one's feet** levantarse tambaleándose

staggered ['stægəd] *adj* -1. *(amazed)* atónito(a), estupefacto(a); **I was ~ to learn of his decision** me quedé pasmado(a) al oír su decisión -2. *(in stages)* escalonado(a) ❏ SPORT **~ start** salida *f* escalonada

staggering ['stægərɪŋ] *adj* asombroso(a); **the price is a ~ $500,000** cuesta la friolera de 500.000 dólares

staggers ['stægəz] *n (animal disease)* modorra *f*

staginess ['steɪdʒɪnɪs] *n (of mannerisms)* teatralidad *f*; *(of performance)* efectismo *m*

staging ['steɪdʒɪŋ] *n* -1. THEAT montaje *m*, puesta *f* en escena -2. *(scaffolding)* andamiaje *m* -3. **~ post** *(on journey, route)* escala *f*

stagnancy ['stægnənsɪ] *n* -1. *(of water, pond, air)* estancamiento *m* -2. *(of economy, career, society)* estancamiento *m*

stagnant ['stægnənt] *adj* -1. *(water, pond, air)* estancado(a) -2. *(economy, career, society)* estancado(a)

stagnate [stæg'neɪt] *vi* -1. *(water, pond, air)* estancarse -2. *(economy, career, society)* estancarse

stagnation [stæg'neɪʃən] *n* -1. *(of water, pond, air)* estancamiento *m* -2. *(of economy, career, society)* estancamiento *m*

stagy = stagey

staid [steɪd] *adj (person)* formal, estirado(a); *(colours, clothes)* austero(a), serio(a)

staidness ['steɪdnɪs] *n (of person)* formalidad *f*; *(of colours, clothes)* austeridad *f*, seriedad *f*

stain [steɪn] ◇ *n* -1. *(mark)* mancha *f* ❏ **~ remover** quitamanchas *m inv* -2. *(blemish)* **it was a ~ on her character** aquello manchó *or* empañó su reputación -3. *(dye)* tinte *m*
◇ *vt* -1. *(mark)* manchar; **smoking stains your teeth** (el) fumar mancha los dientes
-2. *(character, reputation)* manchar, empañar
-3. *(dye) (wood, cell specimen)* teñir
◇ *vi* -1. *(liquid)* dejar mancha, manchar -2. *(fabric)* mancharse

-stained [-steɪnd] *suffix* **nicotine/sweat~** manchado(a) de nicotina/sudor

stained-glass ['steɪnd'glɑːs] *n* vidrio *m* de colores ❑ **~ window** vidriera *f*

stainless ['steɪnlɪs] *n* **-1.** *(rust-resistant)* **~ steel** acero *m* inoxidable **-2.** *(character, reputation)* intachable, sin tacha

stair ['steə(r)] *n* **-1.** *(single step)* escalón *m*, peldaño *m*
  -2. *(staircase)* escalera *f*; *Fam* **she lives on our ~** vive en nuestra escalera ❑ **~ carpet** alfombra *f* de escalera; **~ rod** varilla *f* para alfombra de escalera
  -3. *(flight)* **stairs** escalera(s) *f(pl)*; **to run up/down the stairs** subir/bajar las escaleras corriendo, correr escaleras arriba/abajo; **at the top of the stairs** en lo alto de las escaleras

staircase ['steəkeɪs] *n* escalera *f*

stairway ['steəweɪ] *n* escalera *f*

stairwell ['steəwel] *n* hueco *m* de la escalera

stake [steɪk] ◇ *n* **-1.** *(piece of wood, metal)* estaca *f*; *(for plant)* guía *f*, rodrigón *m*; **to die** *or* **be burned at the ~** morir quemado(a) en la hoguera
  -2. *(bet)* apuesta *f*; **the stakes are high** hay mucho en juego; **the two multinationals are playing for high stakes** ambas multinacionales tienen mucho en juego *or* se juegan mucho; **to be at ~** estar en juego; **she has a lot at ~** se juega mucho, es mucho lo que se juega
  -3. *(share)* **to have a ~ in sth** *(interest)* tener intereses en algo; *(shareholding)* tener una participación (accionarial) en algo; **she has a 10 percent ~ in the company** tiene una participación del 10 por ciento en la sociedad; **we all have a ~ in the education of the young** a todos nos concierne la educación de los jóvenes
  -4. stakes *(horse race)* = carrera en la que los propietarios de los caballos que compiten contribuyen al premio en metálico; *Fig* **the party is riding high in the popularity stakes** el partido mantiene un elevado índice de popularidad
  ◇ *vt* **-1.** *(bet) (money)* apostar **(on** a); *(one's reputation, job)* jugarse **(on** en); **I'd ~ my life on it** pondría la mano en el fuego
  -2. *(register)* **to ~ a claim (to sth)** reivindicar el derecho (a algo); **with this novel she stakes her claim to being one of the greatest writers of the century** con esta novela reivindica el derecho a figurar entre los mejores escritores del siglo
  -3. *(mark out with stakes) (piece of land)* estacar, señalar (el límite de) *or* delimitar con estacas
  -4. *(fasten) (boat)* amarrar a un madero; *(animal)* atar a un poste
  -5. *(support) (plant, vine)* arrodrigonar, enrodrigonar

  ◆ **stake out** *vt insep* **-1.** *(piece of land)* estacar, señalar (el límite de) *or* delimitar con estacas; *Fig* **she was quick to ~ out her intentions on this issue** no tardó en dejar bien claro cuáles eran sus intenciones en este asunto **-2.** *(home, suspect)* tener vigilado(a)

stakeholder ['steɪkhəʊldə(r)] *n (in company)* parte *f* interesada, partícipe *mf*; **the stakeholders in a project** las personas con interés en un proyecto ❑ *Br* **~ pension** = plan de pensiones regulado por el gobierno británico para complementar el estatal; **~ society** sociedad *f* cooperativa *or* participativa

stakeholding ['steɪkhəʊldɪŋ] *n* participación *f*

stakeout ['steɪkaʊt] *n* vigilancia *f*; **to be on ~** montar vigilancia

stalactite ['stæləktaɪt] *n* estalactita *f*

stalag ['stælæg] *n* = campamento de prisioneros de guerra alemán durante la Segunda Guerra Mundial

stalagmite ['stæləgmaɪt] *n* estalagmita *f*

stale [steɪl] *adj* **-1.** *(bread)* rancio(a), duro(a); *(cake)* rancio(a), echado(a) a perder; *(cheese, butter)* rancio(a); *(beer)* pasado(a), sin fuerza; *(air)* viciado(a); *(smell)* rancio(a); *(breath)* podrido(a), maloliente; **to go ~** *(bread)* ponerse rancio(a) *or* duro(a); *(cake)* ponerse rancio(a), echarse a perder; *(cheese, butter)* ponerse rancio(a); *(beer)* perder la fuerza
  -2. *(ideas, jokes)* manido(a); *(social life, relationship)* anquilosado(a); **to get ~** *(person)* anquilosarse

stalemate ['steɪlmeɪt] ◇ *n* **-1.** *(in chess)* tablas *fpl* **-2.** *(impasse) (in negotiations)* punto *m* muerto, estancamiento *m*; **to reach a ~** llegar a un punto muerto; **the announcement broke the ~ in the negotiations** el anuncio puso fin a la fase de paralización que habían alcanzado las negociaciones; **the match ended in ~** el partido acabó en empate
  ◇ *vt* **-1.** *(in chess)* forzar a acabar en tablas a **-2.** *(negotiations)* llevar a un punto muerto, paralizar

staleness ['steɪlnɪs] *n* **-1.** *(of bread, cake, cheese, butter)* rancidez *f*, ranciedad *f*; *(of beer)* falta *f* de fuerza, poca fuerza *f*; *(of air)* lo viciado; *(of breath)* lo podrido, lo maloliente **-2.** *(of ideas, jokes)* lo manido; *(of social life, relationship)* anquilosamiento *m*

Stalin ['stɑːlɪn] *pr n* Stalin

Stalingrad ['stɑːlɪŋgræd] *n Formerly* Stalingrado

Stalinism ['stɑːlɪnɪzəm] *n* estalinismo *m*

Stalinist ['stɑːlɪnɪst] ◇ *n* estalinista *mf*
  ◇ *adj* estalinista

stalk[1] [stɔːk] ◇ *vt* **-1.** *(hunt) (of person, animal)* acechar, estar al acecho de **-2.** *(track) (of private detective)* seguir con sigilo **-3.** *(obsessively) (of stalker)* seguir obsesivamente a, vigilar obsesivamente a
  ◇ *vi (walk angrily)* **she stalked out of the room** salió *esp Esp* enfadada *or esp Am* enojada de la habitación; **to ~ off** marcharse airadamente

stalk[2] *n (of plant, flower)* tallo *m*; *(of fruit)* rabo *m*; *(of cabbage, cauliflower)* troncho *m*

stalker ['stɔːkə(r)] *n* = persona que sigue o vigila obsesivamente a otra

stalking ['stɔːkɪŋ] *n (of person)* acecho *m*, = seguimiento o vigilancia obsesiva de una persona

stalking-horse ['stɔːkɪŋ'hɔːs] *n (in political contest)* candidato(a) *m,f* de paja; *(pretext)* tapadera *f*, pretexto *m*

stall [stɔːl] ◇ *n* **-1.** *(in market)* puesto *m*; *(at fair, exhibition)* caseta *f*, stand *m*; **I bought some tulips at a flower ~** compré algunos tulipanes en un puesto de flores **-2.** *(in stable)* casilla *f* **-3.** *(in horseracing)* **the (starting) stalls** los cajones de salida **-4.** *Br* CIN & THEAT **the stalls** el patio de butacas, la platea **-5.** *(in church)* **the (choir) stalls** la sillería (del coro)
  ◇ *vt* **-1.** *(car, engine) Esp* calar
  -2. *(campaign, talks)* paralizar, estancar; **the negotiations have been stalled for weeks** las negociaciones llevan semanas paralizadas *or* estancadas
  -3. *(hold off)* entretener, distraer; **I'll ~ her in the lobby while you grab a taxi** la entretendré en el vestíbulo mientras te subes a un taxi; **I can't ~ them (off) for much longer** no puedo seguir entreteniéndolos por mucho más tiempo
  ◇ *vi* **-1.** *(car, engine)* calarse, pararse; *(plane)* entrar en pérdida **-2.** *(campaign, negotiations)* estancarse, quedarse estancado(a) **-3.** *(delay)* **to ~ (for time)** intentar ganar tiempo; **stop stalling and tell me the truth** deja de andarte por las ramas y cuéntame la verdad

stallholder ['stɔːlhəʊldə(r)] *n* dueño(a) *m,f* de un puesto, *Am* puestero(a) *m,f*

stalling ['stɔːlɪŋ] *n* evasivas *fpl*, rodeos *mpl* ❑ **~ tactics** tácticas *fpl* dilatorias

stallion ['stæljən] *n* **-1.** *(horse)* caballo *m* semental *m* **-2.** *Fam (man)* semental *m*

stalwart ['stɔːlwət] ◇ *n* incondicional *mf*
  ◇ *adj* **-1.** *(supporter, believer)* acérrimo(a); *(faith)* inquebrantable **-2.** *(strongly built) (person)* robusto(a), rollizo(a)

stamen ['steɪmən] *n* BOT estambre *m*

stamina ['stæmɪnə] *n* resistencia *f*, aguante *m*; **I don't have the ~ to study law** no tengo la capacidad de esfuerzo necesaria para estudiar Derecho

stammer ['stæmə(r)] ◇ *n* tartamudeo *m*; **to have** *or* **speak with a (bad) ~** tartamudear (mucho)
  ◇ *vt* balbucir, farfullar
  ◇ *vi* tartamudear

  ◆ **stammer out** *vt sep* balbucir, farfullar

stammerer ['stæmərə(r)] *n* tartamudo(a) *m,f*

stamp [stæmp] ◇ *n* **-1.** *(on letter)* sello *m*, *Am* estampilla *f*, *CAm, Méx* timbre *m* ❑ **~ album** álbum *m* de sellos; **~ book** *(of postage stamps)* libreta *f* de sellos; *(for trading stamps)* libreta *f* de puntos; **~ collecting** filatelia *f*; **~ collector** coleccionista *mf* de sellos; **~ hinge** fijasellos *m inv*; **~ machine** máquina *f* expendedora de sellos
  -2. *(mark)* sello *m*; **he has an Israeli ~ in his passport** tiene un sello de Israel en el pasaporte; *Fig* **~ of approval** aprobación *f*, beneplácito *m*; *Fig* **to bear the ~ of genius** tener el sello *or* la marca inconfundible del genio; *Fig* **poverty has left its ~ on him** la pobreza lo ha dejado marcado
  -3. *(device)* tampón *m*, sello *m*; *(for metal)* cuño *m*
  -4. *(on legal documents)* póliza *f*, timbre *m* ❑ FIN **~** *Br* **duty** *or US* **tax** póliza *f* del Estado
  -5. *(voucher) (for free food)* cupón *m*
  -6. *(type, ilk)* **we need more teachers of her ~** necesitamos más profesores como ella, necesitamos más profesores de su talla
  -7. *(noise) (of boots)* **he heard the ~ of boots** oyó el estampido de unas botas; **"no!" he cried with a ~ of his foot** "¡no!" gritó dando un zapatazo
  ◇ *vt* **-1.** *(letter)* **a stamped addressed envelope** un sobre franqueado y con el domicilio
  -2. *(put mark on)* estampar; *(passport)* sellar; **he stamped the firm's name on each document** le puso el sello de la empresa a cada uno de los documentos
  -3. *(imprint) (leather, metal)* estampar, grabar; **a design is stamped on the butter** la mantequilla lleva un sello estampado *or* grabado en relieve; *Fig* **as editor she stamped her personality on the magazine** como directora le imprimió a la revista su sello personal; **recent events have stamped the president as indecisive** los últimos acontecimientos han hecho que se tilde al presidente de indeciso
  -4. *(hit on ground)* **to ~ one's foot** patear; **he stamped the snow off his boots** se sacudió la nieve de las botas dando zapatazos *or* golpes en el suelo con los pies
  ◇ *vi* **-1.** *(in one place) (person)* patear, dar zapatazos; *(horse)* piafar **-2.** *(walk)* **to ~ upstairs** subir ruidosamente las escaleras; **he stamped off in a rage** se marchó *esp Esp* enfadado *or esp Am* enojado

  ◆ **stamp down** *vt sep (loose earth, snow)* apisonar, aplastar con el pie

  ◆ **stamp on** *vt insep* **-1.** *(step on)* pisotear, pisar; **she stamped on my foot** me dio un pisotón **-2.** *(dissent, opponents, rebellion)* aplastar

  ◆ **stamp out** *vt sep* **-1.** *(fire)* apagar con el pie **-2.** *(resistance, dissent, corruption, crime)* acabar *or* terminar con **-3.** *(hole, pattern)* troquelar

stampede [stæm'piːd] ◇ *n (of animals)* estampida *f*, desbandada *f* **-2.** *(of people)* desbandada *f*, huida *f* precipitada; **there was a ~ for the door** hubo una desbandada hacia la puerta
  ◇ *vt* **-1.** *(animals)* hacer salir en estampida **-2.** *(pressurize)* **to ~ sb into doing sth** empujar *or* impulsar a alguien a hacer algo
  ◇ *vi* **-1.** *(animals)* salir de estampida **-2.** *(people)* salir en desbandada, huir precipitadamente; **the crowd stampeded for the exit** el gentío huyó precipitadamente en busca de la salida, el gentío salió en desbandada en busca de la salida

stamping-ground ['stæmpɪŋgraʊnd] *n Fam* lugar *m* predilecto

stance [stæns] *n* **-1.** *(physical position)* postura *f* **-2.** *(view)* postura *f*; **they have changed their ~ on abortion** han cambiado su postura con respecto al aborto **-3.** *Scot (in bus station)* andén *m*

stanch *US* = **staunch**

stanchion ['stænʃən] *n* puntal *m*; *(of soccer goal)* palo *m* trasero

stand [stænd] ⬦ *n* **-1.** *(view)* postura *f* (**on** sobre); **to take a ~** adoptar una postura **-2.** *(of lamp)* soporte *m*; *(for books, postcards)* expositor *m*; *(for sheet music)* atril *m*; *(for coats)* perchero *m* **-3.** *(stall) (in open air)* puesto *m*, tenderete *m*; *(at exhibition)* stand *m*, puesto *m*; **newspaper ~** quiosco (de periódicos) **-4.** *(at stadium)* **stand(s)** gradas *fpl*, *Esp* graderío *m* **-5.** *US (witness box)* estrado *m*; **to take the ~** subir al estrado **-6.** *(taxi rank)* parada *f* de taxis **-7.** *(battle, resistance)* **they made their last ~ on the bridge** presentaron batalla por última vez en el puente; **to make a ~** resistir al enemigo
⬦ *vt (pt & pp* **stood** [stʊd]) **-1.** *(place)* colocar; **he stood the ladder against the wall** apoyó la escalera contra la pared; *Fig* **this discovery stands previous theories on their head** este descubrimiento invalida por completo las teorías previas **-2.** *(endure)* soportar, aguantar; **he can't ~ her** no la soporta *or* aguanta; **built to ~ rough treatment/high temperatures** construido para soportar un trato duro/altas temperaturas; **I can't ~ people calling me that** no soporto *or* aguanto que me llamen eso; **to ~ comparison with** poder compararse con; **the allegation does not ~ closer examination** la acusación no se sostiene ante un análisis detallado; **to ~ one's ground** mantenerse firme **-3.** *(pay for)* **to ~ sb a drink** invitar a alguien a una copa **-4.** *(have)* **to ~ a chance (of doing sth)** tener posibilidades (de hacer algo); **he doesn't ~ a chance!** ¡no tiene ninguna posibilidad! **-5.** *LAW* **to ~ trial** ser procesado(a)
⬦ *vi* **-1.** *(person) (get up)* ponerse de pie, levantarse, *Am* pararse; *(be upright)* estar de pie *or Am* parado(a); *(remain upright)* quedarse de pie *or Am* parado(a); **I could hardly ~** casi no me tenía en pie; **we had to ~ the whole way** tuvimos que ir de pie *or Am* parados todo el trayecto; **we couldn't see anything from where we were standing** desde donde estábamos no se veía nada; *Fig* **it sounds like a good idea from where I'm standing** desde mi perspectiva parece una buena idea; **don't just ~ there!** ¡no te quedes ahí parado(a)!; **we stood there shivering** estábamos ahí de pie *or Am* parados tiritando; **we stood and watched the plane take off** nos quedamos ahí de pie *or Am* parados y vimos despegar el avión; **they were standing against the wall** estaban de pie *or Am* parados contra la pared; **he was standing at the door** estaba junto a la puerta; **~ in a line!** ¡pónganse en fila!; **to ~ in sb's way** *(obstruct)* estorbar a alguien; *(try to stop)* ponerse delante de alguien; **a picture of them standing on the beach** una foto de ellos ahí de pie *or Am* parados en la playa; **I can reach it if I ~ on a chair** lo alcanzo si me subo a una silla; **he stood on my foot** me pisó; **to ~ still** *(person)* quedarse quieto(a); *(time)* detenerse; **we cannot afford to ~ still whilst our competitors catch us up** no podemos cruzarnos de brazos mientras nuestros competidores nos ganan terreno; **he stands two metres tall** mide dos metros; **~ and deliver!** ¡la bolsa o la vida!; *Fig* **the government will ~ or fall by the success of its policies** el futuro del gobierno dependerá del éxito o fracaso de sus políticas; **to ~ on one's hands** hacer el pino *(sin apoyar la cabeza en el suelo)*; **to ~ on one's head** hacer el pino *(apoyando la cabeza en el suelo)*; ⓘⅅⅈⓄⓂ **I could do it standing on my head!** ¡lo podría hacer con los ojos vendados!; **I had to ~ on my toes to see** me tuve que poner de puntillas para poder ver; ⓘⅅⅈⓄⓂ **the boss didn't ~ on his dignity and helped us move the filing cabinets** el hecho de que fuera el jefe no impidió que nos ayudara a mover los archivadores; ⓘⅅⅈⓄⓂ **to ~ on one's own two feet** ser autosuficiente, valerse (uno) por sí mismo; ⓘⅅⅈⓄⓂ **we're standing right behind you** estamos de tu lado; **to ~ fast** *or* **firm** mantenerse firme **-2.** *(be situated) (building)* estar situado(a) *or* ubicado(a); *(object)* estar colocado(a); **there's a taxi standing outside the entrance** hay un taxi esperando a la entrada; **the house stands on a hill** la casa se encuentra en una colina; **a vase stood on the table** había un jarrón en la mesa; **the train now standing at platform 11** el tren estacionado en la vía 11; *US* **no standing** *(sign)* = prohibido detenerse **-3.** *(remain upright) (building, tree)* **not a single tree was left standing** no quedó en pie ni un árbol **-4.** *(be in situation)* **as things ~** tal y como están las cosas; **to know how things ~** saber cómo están las cosas; **I don't know where I ~** no sé a qué atenerme; **you always know where you ~ with him** él siempre deja las cosas claras; **inflation/the debt stands at...** la inflación/la deuda asciende a *or* se sitúa en...; **the Mavericks are currently standing third in the table** los Mavericks están clasificados actualmente en tercera posición; **to ~ accused of sth** ser acusado(a) de algo; **I ~ corrected** corrijo lo dicho; **the house is standing empty** la casa está vacía; **the machine has been standing idle** la máquina ha estado inactiva; **we ~ united** estamos unidos(as); **they ~ very high in our esteem** los tenemos en gran estima; **you ~ in danger of getting killed** corres el peligro de que te maten; **to ~ in need of...** tener necesidad de...; **you ~ to lose/gain $5,000** puedes perder/ganar 5.000 dólares; **it stands to reason that...** se cae por su propio peso que... **-5.** *(remain motionless) (liquid, mixture)* reposar **-6.** *(contest elections)* **to ~ for Parliament/the presidency** presentarse (como candidato) a las elecciones parlamentarias/a la presidencia; **to ~ against sb (in an election)** enfrentarse a alguien (en unas elecciones) **-7.** *(be valid)* seguir en pie; **the offer still stands** la oferta sigue en pie **-8.** *(have opinion)* **where do you ~ on this issue?** ¿cuál es tu postura ante este tema?

➤ **stand about, stand around** *vi* **we were standing about** *or* **around chatting** estábamos ahí de pie *or Am* parados charlando *or CAm, Méx* platicando

➤ **stand apart from** *vt sep (be different to)* **what makes our candidate ~ apart from the rest** lo que diferencia *or* distingue a nuestro candidato del resto

➤ **stand aside** *vi (move aside)* hacerse a un lado; *(withdraw opposition)* retirarse

➤ **stand back** *vi* **-1.** *(move away)* alejarse (**from** de); **~ back!** ¡atrás! **-2.** *(in order to reflect)* distanciarse

➤ **stand by** ⬦ *vt insep* **-1.** *(friend)* apoyar **-2.** *(promise, prediction)* mantener
⬦ *vi* **-1.** *(be ready)* estar preparado(a) (**for** para); **~ by for takeoff!** ¡preparados para el despegue *or Am* decolaje! **-2.** *(not get involved)* mantenerse al margen; *(do nothing)* quedarse sin hacer nada

➤ **stand down** *vi (retire)* retirarse

➤ **stand for** *vt insep* **-1.** *(mean)* significar, querer decir; *(represent)* representar **-2.** *(tolerate)* aguantar, soportar

➤ **stand in for** *vt insep* sustituir a

➤ **stand out** *vi* **-1.** *(be prominent)* destacar; **she stood out from the other candidates** destacaba del resto de los candidatos; *Fam* **it stands out a mile!** ¡se nota *or* se ve a la legua! **-2.** *(show opposition)* **to ~ out against sth** oponerse a algo

➤ **stand over** *vt insep* **there's no need for you to ~ over me while I do it** no hace falta que estés ahí (de pie *or Am* parado(a)) vigilándome mientras lo hago

➤ **stand together** *vi (agree)* estar de acuerdo (**on** en)

➤ **stand up** ⬦ *vt sep Fam* **to ~ sb up** *(on date)* dar plantón a alguien
⬦ *vi* **-1.** *(get up)* levantarse, ponerse de pie, *Am* pararse; *(be upright)* estar de pie; *(remain upright)* quedarse de pie *or Am* parado(a); *Fig* **to ~ up and be counted** *(express opinion)* hacerse oír **-2.** *(stick up)* **his hair stands up** tiene el pelo de punta **-3.** *(argument, theory)* sostenerse; **the allegation does not ~ up to closer examination** la acusación no resiste un análisis detallado; **his confession will never ~ up in court** su confesión no serviría como prueba en un juicio; **they stood up well under intense pressure** aguantaron bien bajo la intensa presión

➤ **stand up for** *vt insep* defender; **to ~ up for oneself** defenderse

➤ **stand up to** *vt insep (not be intimidated by)* hacer frente a

stand-alone ['stændələʊn] *adj COMPTR* independiente, autónomo(a)

standard ['stændəd] ⬦ *n* **-1.** *(norm) (for weight, measurement)* norma *f*; *(to judge performance, success)* criterio *m*; **we have high safety standards** disponemos de excelentes medidas de seguridad; **we apply the same standards to all candidates** medimos con el mismo rasero a todos los candidatos; *FIN* **gold/dollar ~** patrón oro/dólar; **their salaries are low by European standards** sus salarios están por debajo de los niveles europeos; **it was a success by any standards** fue un éxito de todas todas, fue a todas luces un éxito **-2.** *(required level)* nivel *m*; **to be up to/below ~** estar al nivel/por debajo del nivel exigido; **to have high/low standards** *(at work)* ser muy/poco exigente; *(morally)* tener muchos/pocos principios; **he sets high standards for himself** se pone alto el listón, se exige mucho; **her performance has set the ~ for all the other competitors** su actuación ha colocado el listón bien alto a los demás competidores; **this vehicle sets a new ~ for its class** este vehículo marca un nuevo hito dentro de su clase **-3.** *(quality)* calidad *f*; **the ~ of the workmanship was excellent** la calidad del trabajo era excelente; **to be of a high ~** ser de excelente calidad ❑ **~ of living** nivel *m* de vida **-4.** *(moral principle)* **young people don't have any standards any more** hoy día la juventud carece de valores (morales); **I won't do it, I have my standards!** no lo haré, ¡tengo mis principios! **-5.** *(flag)* estandarte *m* ❑ *also Fig* **~ bearer** abanderado(a) *m,f* **-6.** *(pole) (for flag)* mástil *m*; *(for lamp)* pie *m* ❑ **~ lamp** lámpara *f* de pie **-7.** *(tune)* clásico *m*
⬦ *adj* **-1.** *(normative) (length, width, measure)* estándar; *(pronunciation, spelling)* estándar; **it's the ~ work on the subject** es la obra de referencia clásica sobre el tema ❑ **Standard English** inglés *m* normativo; *RAIL* **~ gauge** (ancho *m* de) vía *f* normal; *Scot EDUC* **Standard grade** = examen de grado medio tras el cuarto curso de enseñanza secundaria; **~ size** tamaño *m* estándar *or* normal; **~ time** hora *f* oficial **-2.** *(usual) (method, procedure, reaction)* habitual; **the ~ model has 64 MB memory** el modelo estándar *or* corriente tiene 64 MB de memoria; **the ~ return fare is $500** el

standardization 721 **stare**

precio normal de ida y vuelta es de 500 dólares; **headrests are fitted as ~** viene equipado con reposacabezas de serie; **it is ~ practice** es la práctica habitual; **we got the ~ response** nos dieron la respuesta habitual en estos casos

-3. *(ordinary, average)* corriente, común; **it was just a ~ hotel room** era una habitación de hotel normal y corriente; **the food is fairly ~** la comida es bastante normalita ❑ *Br* **~ class** *(on train)* segunda *f* clase

-4. *(in statistics)* **~ deviation** desviación *f* típica *or* estándar; **~ error** error *m* típico

standardization [ˌstændədaɪˈzeɪʃən] *n* normalización *f*, estandarización *f*

standardize [ˈstændədaɪz] *vt* normalizar, estandarizar

stand-by [ˈstændbaɪ] ◇ *n* -1. *(money, fuel, food)* reserva *f*; *(person)* suplente *mf*; **eggs are a great ~ in the kitchen** es muy socorrido tener siempre huevos en la cocina; **to have sth as a ~** tener algo de reserva; **to be on ~** *(troops, emergency services)* estar en alerta; **troops are on 24-hour ~** las tropas están en alerta permanente; **to be on ~ duty** *(doctor, emergency repairman)* estar de guardia ❑ **~ generator** generador *m* auxiliar; COMPTR **~ mode** modo *m* de reposo, modo *m* de suspensión del sistema

-2. *(for air travel) (passenger)* pasajero(a) *m,f* en lista de espera *or* stand-by; **to be on ~** estar en lista de espera *or* stand-by ❑ **~ passenger** pasajero(a) *m,f* en lista de espera *or* stand-by; **~ ticket** *Esp* billete *m or Am* boleto *m or Am* pasaje *m* de lista de espera *or* stand-by

◇ *adv (to travel)* mediante el sistema de lista de espera, con tarifas "standby"

standee [stænˈdiː] *n US (in theatre)* espectador(ora) *m,f* sin derecho a asiento; *(in public transport)* pasajero(a) *m,f* sin derecho a asiento

stand-in [ˈstændɪn] ◇ *n (substitute)* suplente *mf*, sustituto(a) *m,f*; *(stunt person)* doble *mf*
◇ *adj* suplente

standing [ˈstændɪŋ] ◇ *n* -1. *(position)* posición *f*; *(status)* reputación *f*; **an economist of considerable ~** un economista de reconocido prestigio; **people of lower/higher social ~** personas de posición social inferior/superior; **enquiries were made into his financial ~** se investigó su posición económica; **in good ~ (with)** con reputación (entre)

-2. *(duration)* **friends of long ~** amigos de hace mucho tiempo; **an agreement of long ~** un acuerdo que viene de lejos; **an employee of ten years' ~** un empleado con diez años de antigüedad

-3. *(ranking)* **her ~ in the opinion polls is at its lowest yet** su posición en las encuestas de opinión es la más baja hasta la fecha; **the latest standings show that he has moved up to fourth in the world** las últimas listas de clasificación indican que ha subido al cuarto puesto mundial

◇ *adj* -1. *(upright)* vertical, derecho(a); **there was ~ room only** *(on train, bus, in room)* no quedaban asientos ❑ **~ count** *(in boxing)* = cuenta realizada a un púgil que ya se ha levantado; **~ jump** salto *m* sin carrera; **~ ovation** ovación *f* cerrada (de público puesto) en pie; **the audience gave her a ~ ovation** el público la ovacionó en pie; **~ start** SPORT salida *f* de pie *or* en posición vertical; AUT **it accelerates to 100 km/h from a ~ start in four seconds** se pone de cero a cien en cuatro segundos; **~ stone** menhir *m*

-2. *(permanent)* permanente; **you have a ~ invitation** estás invitado a venir cuando quieras; **it's a ~ joke in the office** es una de las bromas de siempre en la oficina ❑ **~ army** ejército *m* permanente; **~ committee** comisión *f* permanente; *Br* FIN **~ order** domiciliación *f* (bancaria); **I pay my gas bill by ~ order** tengo domiciliado el recibo del gas; **~ order(s)** *(of body, committee)* reglamento *m*

-3. *(stagnant) (water)* estancado(a)

stand-off [ˈstændɒf] *n* -1. *(deadlock)* punto *m* muerto; **the ~ between the two armies didn't last long** la tregua entre los dos ejércitos no duró mucho tiempo -2. *(in rugby)* **~ (half)** medio *m* (de) apertura -3. *US* SPORT *(tie)* empate *m*

stand-offish [ˌstændˈɒfɪʃ] *adj* distante

stand-offishness [ˌstændˈɒfɪʃnɪs] *n* postura *f* distante

standout [ˈstændaʊt] ◇ *n* **the third track is a real ~** el tercer tema del disco es el mejor con diferencia
◇ *adj* excelente, superior

standpipe [ˈstændpaɪp] *n (in street)* = surtidor provisional de agua instalado en la calle

standpoint [ˈstændpɔɪnt] *n* punto *m* de vista

standstill [ˈstændstɪl] *n* **to be at a ~** estar paralizado(a); **to bring sth to a ~** paralizar algo; **to come to a ~** pararse, detenerse; **the country came to a ~** el país se paralizó

stand-up [ˈstændʌp] ◇ *n* **~ (comedy)** humorismo que consiste en salir solo al escenario con un micrófono y contar chistes
◇ *adj* -1. *(comedian)* de micrófono, = que basa su actuación en contar chistes al público solo desde el escenario -2. *(meal)* de pie -3. *(collar)* alto(a), subido(a) -4. *(passionate)* **a ~ argument** una violenta discusión; **a ~ fight** una batalla campal, una pelea salvaje -5. *US (decent, honest)* decente

stank *pt of* **stink**

Stanley knife® [ˈstænlɪnaɪf] *n* cúter *m*

stanza [ˈstænzə] *n* -1. *(in poetry)* estrofa *f* -2. *US* SPORT cuarto *m*

stapes [ˈsteɪpiːz] *n* ANAT estribo *m*

staphylococcus [ˌstæfɪləˈkɒkəs] *n* BIOL estafilococo *m*

staple¹ [ˈsteɪpəl] ◇ *n* -1. *(for paper)* grapa *f*, *Chile* corchete *m*, *Col* gancho *m*, *RP* ganchito *m* ❑ **~ gun** grapadora *f* industrial; **~ remover** quitagrapas *m inv* -2. *(for cables)* grapa *f*
◇ *vt* grapar, *Chile* corchetear, *Méx* engrapar, *RP* abrochar; **to ~ sth together** grapar *or Chile* corchetear *or Méx* engrapar *or RP* abrochar algo

staple² ◇ *n* -1. *(basic food)* alimento *m* básico; *(raw material)* materia *f* prima -2. COM & ECON *(main product)* producto *m* básico *or* de primera necesidad -3. *(regular element)* **such stories are a ~ of the tabloid press** esas historias son el pan de cada día en la prensa amarilla -4. *(fibre)* **~ (fibre)** fibra *f* focalada
◇ *adj (food, commodity)* básico(a), de primera necesidad; *(diet)* básico(a); *(export, crop)* básico(a); **violence is a ~ feature of the sport** la violencia es un elemento característico de ese deporte

stapler [ˈsteɪplə(r)] *n* grapadora *f*, *Chile* corchetera *f*, *RP* abrochadora *f*

star [stɑː(r)] ◇ *n* -1. *(heavenly body)* estrella *f*; **to sleep (out) under the stars** dormir al relente, dormir bajo el manto de las estrellas; IDIOM **his ~ is rising/on the wane** su estrella está empezando a brillar/apagarse; IDIOM **to have stars in one's eyes** estar lleno(a) de sueños e ilusiones; IDIOM **to reach for the stars** *(aspire)* apuntar al cielo; IDIOM **to see stars** *(after blow to head)* ver las estrellas ❑ ASTRON **~ cluster** cúmulo *m* de estrellas, asociación *f* de estrellas; **the Stars and Stripes** las barras y estrellas, = la bandera estadounidense; **~ system** *(in space)* galaxia *f*, sistema *m* estelar; MIL **Star Wars** la Guerra de las Galaxias

-2. *(shape)* estrella *f* ❑ **~ anise** anís *m* estrellado; **Star of David** estrella *f* de David; **~ jump** *(exercise)* = salto en el que se estiran los brazos y las piernas semejando una estrella

-3. *(actor, singer, sportsperson)* estrella *f*; **movie** *or Br* **film ~** estrella de cine; **she's my ~ student** es mi mejor alumna, es la más brillante de mis alumnas; **thanks for your help, you're a ~!** ¡gracias por tu ayuda, campeón! ❑ **~ attraction** atracción *f* estelar; **~ billing** rango *m* de estrella; **~ player** estrella *f or* figura *f* del equipo; **~ prize** premio *m* estrella; **~ quality** madera *f or* hechuras *fpl* de estrella; **~ system** *(in Hollywood)* star-system *m*, promoción *f* de estrellas de cine; **~ turn** atracción *f* principal, actuación *f* estelar; **~ witness** principal testigo *mf*

-4. *Fam* **stars** *(horoscope)* horóscopo *m*; **I like reading my stars in the paper** me gusta leer mi horóscopo en el periódico; **it's (written) in the stars** lo dicen las estrellas ❑ **~ chart** carta astral; **~ sign** signo *m* del zodiaco

-5. *(as indicator of quality)* estrella *f*; SCH estrella *f*; **a five-~ hotel** un hotel de cinco estrellas; *Br* **four-~ petrol** gasolina *or RP* nafta súper

-6. *(symbol)* estrella *f* ; *(asterisk)* asterisco *m*

◇ *vt (pt & pp* **starred***) (of movie)* estar protagonizado(a) por; **Casablanca, starring Humphrey Bogart and Ingrid Bergman** Casablanca, protagonizada por Humphrey Bogart e Ingrid Bergman

◇ *vi* **to ~ in a movie** protagonizar una película; **he's starring in a new TV serial** protagoniza una nueva serie de televisión; **he starred as a gangster in The Godfather** protagonizó El Padrino haciendo de gángster

---

STARS AND STRIPES

Es el apelativo con que se conoce a la bandera nacional estadounidense. Toma su nombre de las 50 estrellas, que representan a los 50 estados americanos, y las 13 barras, que representan a las 13 colonias que lucharon por la independencia de EE.UU., las cuales forman el diseño de la misma. También se conoce a la bandera por el sobrenombre "Star-spangled banner" (bandera de estrellas centelleantes), título, a su vez, del himno nacional estadounidense.

---

starboard [ˈstɑːbəd] ◇ *n* NAUT estribor *m*; **vessel to ~!** ¡barco a estribor!
◇ *adj* de estribor

starch [stɑːtʃ] ◇ *n* -1. *(for shirts)* almidón *m* -2. *(in food)* fécula *f*, almidón *m*; **you eat too much ~** tomas demasiada fécula *or* demasiado almidón
◇ *vt (shirt)* almidonar

starchily [ˈstɑːtʃɪlɪ] *adv (to reply, react)* con rigidez

starch-reduced [ˈstɑːtʃrɪˌdjuːst] *adj (bread, diet)* de bajo contenido en almidón *or* fécula

starchy [ˈstɑːtʃɪ] *adj* -1. *(food)* feculento(a) -2. *Fam (person, manner)* estirado(a), rígido(a)

star-crossed [ˈstɑːkrɒst] *adj* malhadado(a), infortunado(a)

stardom [ˈstɑːdəm] *n* estrellato *m*; **to achieve ~** alcanzar el estrellato

stardust [ˈstɑːdʌst] *n* quimeras *fpl*, ilusiones *fpl*; **to have ~ in one's eyes** hacerse grandes ilusiones

stare [steə(r)] ◇ *n* mirada *f* fija; **to give sb a hostile/an incredulous ~** quedarse mirando a alguien con ojos hostiles/de incredulidad

◇ *vt* **her steely eyes stared him into submission** lo subyugó clavándole sus ojos acerados; **the answer was staring me in the face** tenía la solución delante de las narices; **ruin was staring us in the face** nos enfrentábamos a la ruina

◇ *vi* **to ~ (at sth/sb)** mirar fijamente (algo/a alguien); **she stared at me in disbelief** se me quedó mirando con ojos incrédulos; **what are you staring at?** *(as challenge)* ¿y tú qué miras?; **stop it, people are staring!** ¡estate quieto(a), la gente nos está mirando *or* no deja de mirarnos!; **he stared straight ahead** dirigió la mirada al frente, miró al frente; **I stared into his eyes** lo miré a los ojos, clavé mi mirada en la suya; **to ~ into the distance** mirar al vacío; **it's rude to ~** es de mala educación quedarse mirando (con descaro)

starfish

◆ **stare down, stare out** vt sep hacer apartar la vista a
starfish ['stɑːfɪʃ] n estrella f de mar
starfruit ['stɑːfruːt] n carambola f (fruto)
stargazer ['stɑːgeɪzə(r)] n **-1.** (astronomer) astrónomo(a) m,f **-2.** (astrologer) astrólogo(a) m,f **-3.** (daydreamer) soñador(ora) m,f
stargazing ['stɑːgeɪzɪŋ] n **-1.** (astronomy) astronomía f **-2.** (astrology) astrología f **-3.** (daydreaming) ensoñación f
staring ['steərɪŋ] adj he had ~ **eyes** tenía los ojos fuera de las órbitas
stark [stɑːk] ◇ adj **-1.** (light, colours) frío(a); (landscape) desolado(a); (beauty) austero(a), sobrio(a)
 -2. (truth, facts) crudo(a); (contrast, warning, reminder) claro(a), inequívoco(a); (choice) difícil, arduo(a); **the ~ reality is we have no choice** la cruda realidad es que no tenemos elección; **the ~ simplicity of the plan** la brutal simplicidad del plan
 -3. (utter) (brutality, terror, poverty) puro(a), absoluto(a); **his remarks today are in ~ contrast to what he said last week** sus comentarios de hoy chocan radicalmente con lo que dijo la semana pasada
 ◇ adv ~ **naked** completamente desnudo(a); ~ **raving** or **staring mad** completamente loco(a)
starkers ['stɑːkəz] adj Br Fam en pelotas, en cueros, Chile piluchos(a)
starkly ['stɑːklɪ] adv **-1.** (lit) fríamente; (beautiful) austeramente, sobriamente **-2.** (to tell, demonstrate) claramente, inequívocamente; (deny) categóricamente, rotundamente; **this contrasts ~ with what she said last week** esto choca radicalmente con lo que dijo la semana pasada
starkness ['stɑːknɪs] n **-1.** (of light, colours) frialdad f; (of landscape) desolación f; (of beauty) austeridad f, sobriedad f **-2.** (of choice) dificultad f, lo arduo **-3.** (of brutality, terror, poverty) carácter m absoluto; (of contrast) claridad f
starless ['stɑːlɪs] adj sin estrellas
starlet ['stɑːlɪt] n (young actress) actriz f incipiente
starlight ['stɑːlaɪt] n luz f de las estrellas; **by ~** a la luz de las estrellas
starling ['stɑːlɪŋ] n estornino m (pinto)
starlit ['stɑːlɪt] adj iluminado(a) por las estrellas
starry ['stɑːrɪ] adj (night, sky) estrellado(a)
starry-eyed ['stɑːrɪ'aɪd] adj (idealistic, naive) cándido(a), idealista; (lovers) embelesado(a), embobado(a); **the children stood ~ in front of the Christmas tree** los niños se quedaron extasiados delante del árbol de Navidad
Star-Spangled Banner ['stɑːspæŋgəld'bænə(r)] n **the ~** (anthem) el himno estadounidense; (flag) las barras y estrellas, = la bandera estadounidense
star-studded ['stɑːstʌdɪd] adj (sky) cuajado(a) de estrellas, tachonado(a) de estrellas; **a ~ cast** un reparto estelar, un reparto plagado de estrellas
START [stɑːt] n (abbr **Strategic Arms Reduction Talks**) Negociaciones fpl sobre reducciones de armas estratégicas
start [stɑːt] n **-1.** (beginning) principio m, comienzo m; (starting place, of race) salida f; **our team had a good/bad ~** nuestro equipo tuvo un buen/mal comienzo; **at the ~** al principio; **at the ~ of the month** a principios de mes; **for a ~** para empezar; **from the ~** desde el principio; **from ~ to finish** de principio a fin; **the evening got off to a good/bad ~** la noche empezó bien/mal; **he lent her £500 to give her a ~** le prestó 500 libras para ayudarla a empezar; **to give sb a good ~ in life** dar a alguien una buena base para el futuro; **to give sb a 60 metre(s)/ten minute(s) ~** dar a alguien una ventaja de 60 metros/diez minutos; **she has made a promising ~ in her new job** ha tenido un comienzo prometedor en su nuevo trabajo; **we want to make an early ~** (to journey) queremos salir temprano; **to make a ~ on sth** empezar con algo ❏ **~ hut** (in skiing) caseta f de salida
 -2. (sudden movement) sobresalto m; **to wake with a ~** despertarse sobresaltado(a); **I gave a ~** me sobresalté; **to give sb a ~** (frighten) sobresaltar a alguien, dar un susto a alguien
 ◇ vt **-1.** (begin) empezar, comenzar; (conversation, talks) entablar, iniciar; **to ~ school** empezar el colegio; **to ~ work** (work for first time) empezar or comenzar a trabajar; (begin working day) empezar or comenzar or entrar a trabajar; **the restaurant started life as a café** el restaurante empezó or comenzó como cafetería; **to ~ a family** empezar a tener hijos; **to ~ doing sth, to ~ to do sth** empezar or comenzar a hacer algo; **it's just started raining** acaba de ponerse a or empezar a llover; **they've started shouting again** han vuelto a ponerse a gritar; **to get started** empezar, comenzar; **here's $10 to get you started** aquí tienes 10 dólares para que vayas comenzando
 -2. (cause to begin) (campaign, war) empezar, comenzar; (club, fund) crear, formar; (fashion) comenzar; (rumour) poner en circulación; (fire, avalanche) provocar, ocasionar; (a business) montar; **to ~ a fight (with sb)** empezar or comenzar una pelea (con alguien); **his comment started me thinking** su comentario me hizo ponerme a pensar; Fam **you started it!** ¡has empezado tú!
 -3. (cause to work) (machine, engine, car) arrancar, poner en marcha
 -4. (give signal to begin) (race) dar la salida a
 ◇ vi **-1.** (begin) empezar, comenzar; **please ~!** (begin eating) ¡comiencen a comer, por favor!; **she had started as a doctor** había comenzado trabajando como médica; **to ~ at the beginning** empezar por el principio; **prices ~ at** or **from £20** (in advert) precios desde 20 libras; **to ~ by doing sth** comenzar haciendo algo; **you have 60 seconds starting from now** tienes 60 segundos empezando a contar desde ya; **to ~ with** (in the first place) para empezar; (at the beginning) al comienzo or principio; **what would you like to ~ (with)?** (in restaurant) Esp ¿qué tomarán para empezar?, Am ¿qué se van a servir para empezar?; **now don't you ~!** ¡no empieces (otra vez)!, ¡no empecemos (otra vez)!
 -2. (make sudden movement) sobresaltarse (at con); **I started from my seat** me levanté de mi asiento sobresaltado, **to ~ out of one's sleep** despertarse sobresaltado(a)
 -3. (begin journey) salir, partir; Fig **we're back where we started** hemos vuelto al punto de partida
 -4. (car, engine) arrancar

◆ **start back** vi (begin to return) **we'd better ~ back soon** sería mejor que vayamos volviendo

◆ **start off** ◇ vt sep (argument, debate) suscitar, provocar; **to ~ sb off** (in business) dar un primer empujón a alguien; (on a subject) dar cuerda a alguien; **what started them off laughing?** ¿qué les hizo ponerse a reír?
 ◇ vi (begin) empezar, comenzar; (on journey) salir; **we started off down the road** nos pusimos en camino; **to ~ off by doing sth** comenzar haciendo algo

◆ **start on** ◇ vt insep (begin) empezar
 ◇ vt sep **they've started me on a special diet** me han puesto una dieta especial
 ◇ vi Fam (complain) **my mother started on at me about not cleaning my room** mi madre empezó a darme la lata or Col, Méx dar lata por no haber limpiado mi habitación

◆ **start out** vi **-1.** (begin) empezar; **she started out as a secretary** empezó de secretaria **-2.** (on journey) salir, partir

◆ **start over** vi US volver a empezar

◆ **start up** ◇ vt sep (car, machine) arrancar, poner en marcha; (computer) arrancar; (club, fund) crear, formar; (business) montar, poner
 ◇ vi (begin) empezar, comenzar; (engine) arrancar, ponerse en marcha; (computer) arrancar; **to ~ up in business** poner or montar un negocio

starter ['stɑːtə(r)] n **-1.** (competitor) (person) competidor(ora) m,f; (horse) caballo m que comienza una carrera
 -2. (official) juez mf de salida; **they're under ~'s orders, and they're off** (in horseracing) están esperando la orden de salida del juez, y allá van; **~'s gun** (signal) pistoletazo de salida
 -3. (person) **to be a late ~** (child) llevar retraso or Am demora (en el aprendizaje); **to be a slow ~** tardar or Am demorar en ponerse en marcha ❏ Br **~ home** primera vivienda f; COMPTR **~ pack** (for Internet connection) kit m de conexión
 -4. (device) **~ (motor)** motor m de arranque
 -5. (in meal) entrada f, entrante m, primer plato m; **for starters** (in meal) de primero; Fig (for a start) para empezar

starting ['stɑːtɪŋ] n **-1.** (beginning) **~ place** punto m de partida; **~ point** punto m de partida; **~ salary** salario m or sueldo m inicial
 -2. SPORT **~ block** (in athletics) tacos mpl or puesto m de salida; (in swimming) podio m de salida; **~ gate** (in horseracing) puerta f de los cajones de salida; **~ grid** (in car racing) parrilla f de salida; **~ line** línea f de salida; **~ line-up** alineación f; **~ pistol** pistola f para dar la salida; **~ post** (in horseracing) puesto m de salida; **~ price** (in betting) precio m de las apuestas a la salida; (at auction) precio m de salida (a subasta); **~ stalls** (in horseracing) cajones mpl de salida

startle ['stɑːtəl] vt sobresaltar; **I didn't mean to ~ you** no pretendía asustarte; **the noise startled him out of his reverie** el ruido lo hizo bajar repentinamente de las nubes

startled ['stɑːtəld] adj (look, cry) de sobresalto; (silence) sobrecogedor(ora); **to look/seem ~** parecer sobresaltado(a)

startling ['stɑːtlɪŋ] adj **-1.** (noise) que sobresalta; (news, event) sorprendente **-2.** (contrast, resemblance) llamativo(a), asombroso(a)

start-up ['stɑːtʌp] n **-1.** COM puesta f en marcha ❏ **~ company** empresa f de reciente creación, nueva empresa f; **~ costs** gastos mpl de puesta en marcha; **~ loan** préstamo m para la puesta en marcha de un negocio **-2.** COMPTR arranque m ❏ **~ disk** disco m de arranque; **~ screen** pantalla f de arranque

starvation [stɑːˈveɪʃən] n inanición f; **to die of ~** morir de inanición or hambre ❏ **~ diet** dieta f miserable; **~ wages** salario m mísero

starve [stɑːv] ◇ vt **-1.** (not give food) privar de alimentos; **he starved himself to feed his child** se quitaba el pan de la boca para dar de comer a su hijo; **to ~ sb to death** matar a alguien de inanición; **to ~ sb into surrender** hacer rendirse a alguien por el hambre; Fam **I'm starved!** ¡me muero de hambre!
 -2. (deprive) **to be starved of sth** estar privado(a) de algo; **the club has been starved of success for many years** el club se ha visto privado de éxito durante muchos años
 ◇ vi (lack food) pasar mucha hambre; **to ~ (to death)** morir de inanición or hambre

◆ **starve out** vt sep (rebels, people in garrison) obligar a rendirse por hambre a

starving ['stɑːvɪŋ] adj famélico(a), hambriento(a); Fam **I'm ~** me muero de hambre

stash [stæʃ] Fam ◇ n **-1.** (hidden supply) reserva f; (of drugs) alijo m, cargamento m; **a ~ of money** dinero escondido **-2.** (hiding place) escondrijo m

◇ vt (hide) **it was stashed (away) under the bed** estaba muy bien escondido debajo de la cama; **he's got a lot of money stashed (away) in an offshore bank account** tiene mucho dinero bien guardado en una cuenta bancaria en el extranjero
stasis ['steɪsɪs] n **-1.** MED estasis f **-2.** Formal (total inactivity) estasis f
state [steɪt] ◇ n **-1.** (condition, situation) estado m; **look at the ~ of this room!** ¡qué desastre de habitación!; Fam **my hair's (in) a ~!** ¡tengo el pelo hecho un revoltijo or Esp follón!; **~ of affairs** situación f; **given the current ~ of affairs** dadas las actuales circunstancias; **it's an embarrassing ~ of affairs** es una situación embarazosa; **the ~ of the art** el último grito, lo último or más moderno; **a ~ of emergency** un estado de emergencia; **~ of health** estado de salud; **~ of mind** estado anímico; **~ of play** (situation) situación f; **to be in a good/poor ~ of repair** estar en buen/mal estado; **in a ~ of shock** en estado de shock; **a ~ of siege** un estado de sitio; **the country is in a ~ of terror** el país vive aterrorizado; **I am not in a fit ~ to travel** no estoy en condiciones de viajar; **to be in a good/terrible ~** estar en buen estado/en un estado terrible; Fam **she was in a real ~** (upset) estaba hecha un manojo de nervios; Fam **I got into a ~ about my exams** los exámenes me pusieron nerviosísimo ❑ US **the State of the Union address** el discurso sobre el estado de la nación
-2. (country, administrative region) estado m; Fam **the States** (the USA) (los) Estados Unidos
-3. (ceremony) pompa f, boato m; **to lie in ~** (before funeral) yacer en la capilla ardiente; **to travel in ~** viajar con mucho ceremonial ❑ **~ funeral** funeral m de estado; **~ occasion** ceremonia f de gala; **the ~ opening of Parliament** = apertura anual del parlamento británico presidida por la reina; **~ visit** viaje m oficial or de Estado
◇ adj **-1.** (of country) estatal, del estado ❑ POL **State Department** Departamento m de Estado, = Ministerio de Asuntos or Am Relaciones Exteriores estadounidense; **~ education** enseñanza f pública; **~ school** colegio m estatal or público; **~ secret** secreto m de Estado; **~ sector** sector m público
-2. (of administrative region) estatal, del estado ❑ US **~ attorney** fiscal mf de distrito; US **~ control** control m estatal; US **State's evidence: to turn State's evidence** = inculpar a un cómplice ante un tribunal a cambio de recibir un trato indulgente; US **~ highway** ≃ carretera f nacional; US **~ line** frontera f interestatal; US **~ trooper** policía m estatal
◇ vt (declare) declarar; (one's name and address) indicar; (reasons, demands, objections) exponer; **~ the nature of the problem** indique la naturaleza del problema; **~ why you are applying for the post** exponga por qué solicita el puesto; **to ~ (that)...** declarar que...; **it states in paragraph six that...** en el párrafo seis se dice que...; **to ~ the obvious** decir una obviedad; **as stated earlier/above** como se hizo constar antes/más arriba

STATE'S RIGHTS
Se refiere al principio, recogido en la décima enmienda a la constitución estadounidense, por el que cada estado tiene la facultad de promulgar su propia legislación en determinados ámbitos, y por el que también gozan de su propio cuerpo de policía. Este aspecto de la constitución ha sido uno de los más controvertidos a lo largo de la historia política del país. A él se acogieron los estados del sur para legitimizar la esclavitud durante el s. XIX y para oponerse a los programas gubernamentales pro derechos humanos en el s. XX.

STATE OF THE UNION ADDRESS
La constitución estadounidense estipula que el presidente debe mantener informado al Congreso sobre el estado de la nación. Por ello, cada año el presidente pronuncia un discurso que es radiotelevisado, en el que recoge los puntos principales de su gestión y las medidas que su administración tiene previstas adoptar en el futuro.

state-controlled ['steɪtkən'trəʊld] adj (industry, company) estatal, controlado(a) por el Estado
statecraft ['steɪtkrɑːft] n (political skill) arte m de gobernar, habilidad f política
stated ['steɪtɪd] adj **-1.** (intentions) **our ~ aim is to cut inflation by three percent** nuestro objetivo manifiesto es reducir la inflación en un tres por ciento **-2.** (purpose, amount, dose) indicado(a); (date, price) fijado(a)
statehood ['steɪthʊd] n condición f de estado
stateless ['steɪtlɪs] adj apátrida
stateliness ['steɪtlɪnɪs] n majestuosidad f
stately ['steɪtlɪ] adj imponente, majestuoso(a); **she proceeded at a ~ pace** avanzó con paso majestuoso ❑ **~ home** casa f solariega
statement ['steɪtmənt] n **-1.** (of opinion) declaración f; **to make a ~** (spokesperson) hacer una declaración; **punks were making a ~ by the way they dressed** la forma de vestir de los punkis decía mucho de ellos; **his actions are a political ~** sus actos son una declaración política
-2. LAW declaración f; **to make a ~** (witness) prestar declaración; **to take sb's ~** tomar declaración a alguien
-3. (act of stating) (of theory, opinions, aims) manifestación f, exposición f; **a ~ of the facts** una exposición de los hechos
-4. (from bank) extracto m (bancario)
-5. FIN **~ of accounts** (of company) estado m de cuentas; (of client) extracto m de cuenta
state-of-the-art ['steɪtəvðɪ'ɑːt] adj de vanguardia; **the equipment we use is ~** el equipo que utilizamos es de lo más moderno ❑ **~ technology** tecnología f punta
state-owned ['steɪt'əʊnd] adj público(a), estatal
stateroom ['steɪtruːm] n **-1.** (on ship) camarote m de lujo **-2.** (in palace) salón m principal
state-run ['steɪt'rʌn] adj estatal
Stateside ['steɪtsaɪd] adv Fam (to be) en Estados Unidos, en América; **to go ~** ir a Estados Unidos or América
statesman ['steɪtsmən] n estadista m, hombre m de Estado
statesmanlike ['steɪtsmənlaɪk] adj (behaviour, speech) digno(a) de un gran hombre de Estado; **he's not very ~** le falta la gravedad propia de un hombre de Estado
statesmanship ['steɪtsmənʃɪp] n **-1.** (art) arte m de gobernar **-2.** (political skill) **he showed great ~ in dealing with the problem** demostró una gran habilidad política en la forma en que abordó el problema
statesperson ['steɪtspɜːsən] n estadista mf
stateswoman ['steɪtswʊmən] n estadista f
state-wide ['steɪtwaɪd] US ◇ adj (support, protest, celebration) de ámbito estatal, a escala estatal
◇ adv en or por todo el estado
static ['stætɪk] ◇ n **-1.** (electricity) electricidad f estática **-2.** (on radio, TV) interferencias fpl **-3.** US Fam (complaints, objections) **you can expect plenty of ~ from mom** ya verás como mamá te va a dar la lata
◇ adj **-1.** (stationary, unchanging) estático(a); **prices have remained ~** los precios no se han alterado, los precios han permanecido inalterables **-2.** ELEC estático(a) ❑ **~ electricity** electricidad f estática
station ['steɪʃən] ◇ n **-1.** (for trains, buses) estación f ❑ US **~ wagon** (car) ranchera f
-2. (establishment, building) **(police) ~** comisaría f (de policía); **they took me to the ~ for questioning** me llevaron a comisaría para interrogarme ❑ US **~ house** (of police)

comisaría f; (of fire department) parque m or cuartel m de bomberos
-3. (channel) **(radio) ~** emisora f (de radio); **(television) ~** canal m (de televisión)
-4. MIL (post) puesto m; **to take up one's ~** ocupar uno su puesto, apostarse
-5. (social condition) posición f; **to marry above/below one's ~** casarse con alguien de posición social superior/inferior a la de uno; **to have ideas above one's ~** tener demasiadas aspiraciones
-6. REL **the Stations of the Cross** el vía crucis
◇ vt **-1.** (position) (person) colocar; (soldier, guard) apostar; **to ~ oneself** apostarse **-2.** MIL (garrison) destacar
stationary ['steɪʃənərɪ] adj **-1.** (not moving) inmóvil; (vehicle) parado(a); **to remain ~** permanecer inmóvil **-2.** (fixed) fijo(a), anclado(a)
stationer ['steɪʃənə(r)] n **~'s (shop)** papelería f
stationery ['steɪʃənərɪ] n **-1.** (writing materials) artículos mpl de papelería **-2.** (writing paper) papel m de carta **-3.** Br **the Stationery Office** = imprenta del Estado
stationmaster ['steɪʃənmɑːstə(r)] n jefe m de estación
statism ['steɪtɪzəm] n estatismo m
statist ['steɪtɪst] adj propio(a) del estatismo
statistic [stə'tɪstɪk] n dato m (estadístico); **statistics** (facts) estadísticas, datos estadísticos; (science) estadística f; **he may be just another ~ to the police, but he was my brother** puede que para la policía no sea más que otro número en las estadísticas, pero era mi hermano
statistical [stə'tɪstɪkəl] adj estadístico(a); **it's a ~ certainty** se trata de un hecho estadístico, es un hecho estadísticamente comprobado
statistically [stə'tɪstɪklɪ] adv estadísticamente; **a ~ insignificant number** un número insignificante en términos estadísticos, un número estadísticamente insignificante; **it has been ~ proven that...** se ha demostrado por medio de estadísticas que..., está estadísticamente comprobado que...
statistician [stætɪs'tɪʃən] n estadístico(a) m,f
stative ['steɪtɪv] adj **~ verb** verbo m de estado
stats [stæts] n Fam (facts) estadísticas fpl, datos mpl (estadísticos); (subject) estadística f
statuary ['stætʃʊərɪ] n **-1.** (statues) estatuas fpl **-2.** (art) estatuaria f
statue ['stætjuː] n estatua f ❑ **the Statue of Liberty** la estatua de la libertad

STATUE OF LIBERTY
La estatua de la libertad de Nueva York fue un presente de Francia al pueblo estadounidense en 1884, para conmemorar las revoluciones francesa y americana. En Liberty Island y dominando el puerto de Nueva York, la estatua representa una figura femenina sosteniendo en alto una antorcha que simboliza la libertad. Era lo primero que veían los millones de emigrantes que cruzaban el Atlántico en pos de una nueva vida. En la base de la estatua hay inscrito un poema que contiene los famosos versos: "Give me your tired, your poor/ Your huddled masses yearning to breathe free" ("Dadme vuestros seres pobres y cansados/ Dadme esas masas ansiosas de ser libres").

statuesque [stætjʊ'esk] adj escultural
statuette [stætjʊ'et] n estatuilla f
stature ['stætʃə(r)] n **-1.** (physical build) estatura f **-2.** (reputation) talla f, estatura f; **she is a politician of ~** es una renombrada or prestigiosa política; **he has grown or increased in ~ during the tournament** ha mejorado su categoría a lo largo del torneo
status ['steɪtəs] n **-1.** (in society, profession) categoría f, posición f; **she enjoys celebrity ~** goza de popularidad, es un personaje famoso
-2. (prestige) categoría f, prestigio m ❑ **~ symbol** símbolo f de prestigio or estatus
-3. (situation, condition) situación f, estado m;

status quo

what is their financial ~? ¿cuál es su situación económica?; **is his HIV ~ positive or negative?** ¿es seropositivo o seronegativo? ❑ **~ enquiry** (about creditworthiness) petición f de informe sobre la capacidad de endeudamiento; **~ report** informe m de la situación
-4. LAW estado m; **it has no legal/official ~** carece de validez legal/oficial
-5. COMPTR **~ bar** barra f de estado

status quo [ˈsteɪtəsˈkwəʊ] n statu quo m

statute [ˈstætjuːt] n ley f; **by ~** por ley; **the club's statutes say that...** los estatutos del club establecen que... ❑ **~ book** legislación f, código m de leyes; **to reach the ~ book** convertirse en ley; **~ law** derecho m escrito; LAW **~ of limitations** (estatuto m de) prescripción f legal; **~ mile** milla f terrestre

statutorily [ˈstætjʊtərɪlɪ] adv según (lo establecido por) la ley, de acuerdo or conformidad con (lo establecido por) la ley

statutory [ˈstætjʊtərɪ] adj legal; **the ~ regulations say that...** la normativa jurídica establece que...; **the ~ penalty for this offence is a £100 fine** la multa reglamentaria es de 100 libras; **this is a ~ offence** éste es un delito castigado por la ley; **it is a ~ requirement for all dog owners to have a licence** es un requisito marcado por la ley que los propietarios de perros posean una licencia ❑ **~ duty** obligación f legal; **~ holidays** días mpl festivos oficiales; US LAW **~ rape** relaciones fpl sexuales con un/una menor; **~ rights** derechos mpl legales; **~ sick pay** subsidio m por enfermedad

staunch[1] [stɔːntʃ], US **stanch** [stɑːntʃ] vt (blood, flow) cortar; (wound) restañar

staunch[2] adj (supporter, ally) fiel, leal; (socialist, Catholic) fervoroso(a), comprometido(a)

staunchly [ˈstɔːntʃlɪ] adv firmemente, fielmente

staunchness [ˈstɔːntʃnɪs] n (of support) lealtad f, firmeza f

stave [steɪv] n **-1.** (of barrel) duela f **-2.** MUS pentagrama m **-3.** (stanza) estrofa f
◆ **stave in** (pt & pp staved or stove [stəʊv]) vt sep romper, quebrar
◆ **stave off** vt sep **-1.** (postpone) (problem, disaster) aplazar, retrasar; **to ~ off one's hunger** espantar el hambre **-2.** (avoid) (defeat, illness, questions) evitar, impedir

staves MUS pl of **staff**[2]

stay [steɪ] ◇ n **-1.** (visit) Esp, Méx estancia f, Am estadía f; **we hope you enjoyed your ~** esperamos que haya disfrutado de su Esp, Méx estancia or Am estadía **-2.** LAW **~ of execution** aplazamiento m de sentencia **-3.** (for mast) estay m **-4. stays** (corset) corsé m
◇ vt **-1.** (endure) **to ~ the course** or **distance** aguantar hasta el final **-2.** Literary (stop) detener
◇ vi **-1.** (remain in place) quedarse; **~ where you are!** ¡no te muevas de donde estás!; **~!** (to dog) ¡quieto!; **she stayed late at work** se quedó en el trabajo hasta tarde; **I can't ~ long** no puedo quedarme mucho tiempo; **to ~ for** or **to dinner** quedarse a cenar; **it looks like mobile phones are here to ~** parece que los teléfonos móviles no son una moda pasajera
-2. (remain in state) permanecer, quedarse; Fam **to ~ put** no moverse; **to ~ still** quedarse quieto(a), permanecer inmóvil; **~ still!** ¡no te muevas!; **the picture won't ~ straight** el cuadro no se quiere quedar derecho; **to ~ awake** permanecer despierto(a); Fam **~ cool!** ¡tranqui!; **to ~ fit** mantenerse en forma; **I hope we can ~ friends** ojalá sigamos siendo amigos; **we ~ open all night** estamos abiertos toda la noche; **it will ~ sunny all day** el sol seguirá brillando todo el día; **~ tuned!** ¡siga con nosotros!; **we have stayed within our budget** nos hemos ajustado al presupuesto
-3. (reside temporarily) quedarse; **we have some friends coming to ~** unos amigos van a venir a quedarse con nosotros; **to ~ overnight** or **the night** quedarse a pasar la noche or por la noche; **I'm staying at a hotel** estoy (alojado) en un hotel; **to ~ with sb** estar (alojado) en casa de alguien; **I usually ~ with my sister over New Year** normalmente paso el Año Nuevo en casa de mi hermana
-4. Scot (live) vivir
◆ **stay ahead** vi mantenerse por delante
◆ **stay away** vi **~ away from the fire!** ¡no te acerques al fuego!; **I'd ~ away from him if I were you** yo de ti no me acercaría a él; **~ away from my wife!** ¡no te acerques a mi mujer!; **spectators stayed away from the match** los espectadores dieron la espalda al partido
◆ **stay behind** vi quedarse
◆ **stay in** vi (person) quedarse en casa
◆ **stay on** vi (remain longer) quedarse
◆ **stay out** vi **-1.** (stay outside) quedarse or permanecer fuera; **to ~ out all night** estar fuera toda la noche
-2. (strikers) permanecer en huelga
-3. (not interfere) **to ~ out of sth** mantenerse al margen de algo; **to ~ out of trouble** no meterse en líos; **~ out of this!** ¡no te metas en esto!
◆ **stay over** vi pasar la noche
◆ **stay up** vi (not go to bed) quedarse levantado(a)

stay-at-home [ˈsteɪəthəʊm] ◇ n Br Fam Pej persona f casera or hogareña, ermitaño(a) m,f
◇ adj ermitaño(a)

stayer [ˈsteɪə(r)] n **-1.** SPORT **this runner/horse is a ~** es un atleta de fondo/un caballo para carreras de fondo **-2.** (person who perseveres) **she's a real ~** es una persona con verdadero tesón

staying power [ˈsteɪɪŋˈpaʊə(r)] n resistencia f

staysail [ˈsteɪseɪl] n vela f de estay

STD [estiːˈdiː] n **-1.** MED (abbr **sexually transmitted disease**) enfermedad f de transmisión sexual **-2.** Br (abbr **subscriber trunk dialling**) = línea directa de larga distancia sin necesidad de operadora ❑ **~ code** prefijo m, indicativo m

stead [sted] n **it will stand you in good ~** te será de gran utilidad; **I went in his ~** fui en su lugar

steadfast [ˈstedfɑːst] adj **-1.** (support, determination) firme; (refusal, opposition) rotundo(a), firme; **to be ~ in adversity** mantenerse incólume ante las adversidades **-2.** (gaze) fijo(a)

steadfastly [ˈstedfɑːstlɪ] adv **-1.** (to support, refuse) con firmeza; (opposed) rotundamente **-2.** (to gaze) fijamente

steadfastness [ˈstedfɑːstnɪs] n **-1.** (of support, determination) firmeza f; (of refusal, opposition) rotundidad f, firmeza f **-2.** (of gaze) fijeza f

Steadicam® [ˈstedɪkæm] n CIN steadycam® f

steadily [ˈstedɪlɪ] adv **-1.** (at regular rate) (change, grow) constantemente; (to work) a buen ritmo; (to breathe) con regularidad; **her health grew ~ worse** su salud empeoraba irremisiblemente; **a ~ falling number of jobs** un índice de empleo en continuo descenso **-2.** (non-stop) (to rain) sin parar, ininterrumpidamente **-3.** (firmly) (to walk) con paso firme; (to look) fijamente

steadiness [ˈstedɪnɪs] n **-1.** (stability) (of ladder, chair) estabilidad f **-2.** (calmness) (of voice, gaze) serenidad f; (of nerves) imperturbabilidad f **-3.** (regularity) (of rate, growth, pace, pulse) regularidad f; (of progress) continuidad f; (of breathing) ritmo m constante **-4.** (reliability) (of worker, character) formalidad f

steady [ˈstedɪ] ◇ adj **-1.** (stable) firme, estable; **try to keep the camera ~** intenta que no se mueva la cámara; **hold the ladder ~ for me** sujétame firmemente la escalera; **to be ~ on one's feet** caminar or Esp andar con paso firme; **to have a ~ hand** tener buen pulso; IDIOM **to be ~ as a rock** ser firme como una roca
-2. (calm) (gaze) sereno(a), imperturbable; (nerves) imperturbable, templado(a); **in a ~ voice** con voz tranquila
-3. (regular) (rate, growth, pace) constante; (progress) continuo(a); (income) regular; (pulse) constante, regular; (breathing) constante; **~ girlfriend/boyfriend** novia/novio estable; **to have a ~ job** tener un trabajo fijo; **to drive at a ~ 50 mph** ir a una velocidad constante de 50 mph; **we have received a ~ stream of enquiries** hemos recibido un incesante flujo de preguntas ❑ ASTRON **state theory** teoría f del estado estacionario or de la creación continua
-4. (non-stop) (rain) ininterrumpido(a)
-5. (reliable) (worker, character) formal, responsable
◇ adv **go ~ on the salt** no te excedas con la sal; **they are going ~** son novios formales
◇ vt **-1.** (stabilize) estabilizar, afianzar; **I reached out to ~ the vase** me apresuré a sujetar el jarrón para que no se tambalease; **to ~ oneself** (physically) afianzarse; (mentally) reunir fuerzas; IDIOM **to ~ the ship** controlar la situación **-2.** (calm) **marriage has steadied him** su matrimonio lo ha vuelto más sosegado; **drink this, it'll ~ your nerves** bébete esto, te tranquilizará
◇ vi **-1.** (pulse, breathing) estabilizarse **-2.** (prices, stock market) estabilizarse
◇ exclam ¡tranquilo!; Fam **~ (on)!** ¡calma!

steadying [ˈstedɪɪŋ] adj **to have a ~ influence on sb** ejercer una influencia tranquilizadora en or sobre una persona

steak [steɪk] n **-1.** (piece of beef) filete m, bistec m, RP bife m ❑ **~ knife** cuchillo m de carne; **~ tartare** steak tartare m, bistec m tártaro or a la tártara **-2.** (beef) (for stews, casseroles) trozos mpl de carne ❑ **~ and kidney pie** empanada f de ternera y riñones; **~ and kidney pudding** pastel m or Col, CSur torta f de ternera y riñones **-3.** (of fish) filete m; (of gammon) loncha f a la plancha

steakhouse [ˈsteɪkhaʊs] n parrilla f, RP churrasquería f

steal [stiːl] ◇ vt (pt **stole** [stəʊl], pp **stolen** [ˈstəʊlən]) **-1.** (money, property, idea) robar; **to ~ sth from sb** robar algo a alguien; **I've had my purse stolen** me han robado el monedero; **she stole my boyfriend off me!** ¡me robó el novio!
-2. IDIOMS **to ~ a glance at sb** dirigir una mirada furtiva a alguien; **to ~ sb's heart** robarle or arrebatarle el corazón a alguien; **to ~ a kiss** (lovers) darse un beso furtivo; **to ~ a kiss from sb** robarle un beso a alguien, darle a alguien un beso furtivo; **to ~ a march on sb** ganar por la mano a alguien; **to ~ the show** acaparar toda la atención; **to ~ sb's thunder** arrebatarle todo el protagonismo a alguien
◇ vi **-1.** (rob) robar (**from** a)
-2. (move quietly) **to ~ away/in/out** alejarse/entrar/salir furtivamente; **he stole in between the two central defenders to score** se coló entre los dos defensas centrales y marcó; **to ~ over sb** (tiredness, feeling) invadir a alguien; **to ~ up on sb** acercarse furtivamente a alguien; **middle age steals up on you** cuando te quieres dar cuenta, eres una persona de mediana edad
◇ n **-1.** Fam **to be a ~** (very cheap) ser baratísimo(a), estar tirado(a) de precio **-2.** SPORT (in basketball) recuperación f

stealing [ˈstiːlɪŋ] n robo m

stealth [stelθ] n sigilo m; **to do sth by ~** hacer algo sigilosamente or con sigilo ❑ **~ bomber** avión m or bombardero m invisible

stealthily [ˈstelθɪlɪ] adv subrepticiamente, furtivamente

stealthiness [ˈstelθɪnɪs] n sigilo m

stealthy [ˈstelθɪ] adj subrepticio(a), furtivo(a)

steam [stiːm] ◇ n **-1.** (vapour) vapor m; (on window, mirror) vaho m; **to get up** or **to pick up ~** (vehicle) calentar calderas, coger velocidad; (campaign) despegar, empezar a tomar impulso ❑ **~ bath** baño m de vapor; **~ boiler** caldera f de vapor; **~ engine** máquina f de vapor; **~ iron** plancha f de vapor; **~ power** energía f de vapor; **~ shovel** excavadora f; **~ turbine** turbina f

steamboat de vapor
-2. IDIOMS **to let off ~** desfogarse; **to run out of ~** (lose momentum) perder fuelle; **she did it under her own ~** lo hizo por sus propios medios
◇ vt -1. CULIN cocinar al vapor -2. (unstick with steam) **to ~ open an envelope** abrir un sobre exponiéndolo al vapor; **~ the stamps off the envelope** despega los sellos del sobre con or por medio de vapor
◇ vi -1. (give off steam) despedir vapor
-2. (travel under steam power) **the liner steamed into the harbour** el transatlántico entró en el puerto echando vapor
-3. (move quickly) **we were steaming along at 180 km/h** íbamos a todo gas, manteniendo una velocidad de 180 kilómetros por hora; **he steamed past the athlete in front of him** adelantó en dos zancadas al atleta que le precedía, adelantó a toda marcha al atleta que le precedía; **our party has steamed ahead in the polls** nuestro partido se ha colocado rápidamente a la cabeza de las encuestas
-4. CULIN cocer al vapor
◆ **steam up** ◇ vt sep -1. (window, glasses) empañar -2. Fam (infuriate) **what's he all steamed up about?** ¿por qué está que echa humo or echando humo?, ¿qué tripa se le ha roto ahora?; **to get all steamed up (about sth)** acalorarse (con algo)
◇ vi (window, glasses) empañarse
steamboat ['sti:mbəʊt] n barco m de vapor
steam-driven ['sti:mdrɪvən] adj de or a vapor, accionado(a) por vapor de agua
steamed [sti:md] adj (vegetables) al vapor ❑ **~ pudding** budín m al vapor
steamer ['sti:mə(r)] n -1. (ship) barco m de vapor -2. CULIN (pot) olla f para cocinar al vapor; (basket inside pan) rejilla f para cocción al vapor
steaming ['sti:mɪŋ] ◇ n -1. CULIN cocción f al vapor -2. Br Fam (crime) = robo a mano armada perpetrado en los transportes públicos por bandas de delincuentes juveniles
◇ adj -1. (very hot) humeante -2. Br Fam (drunk) como una cuba, Esp cocido(a), Col caído(a) (de la perra), Méx ahogado(a), RP en pedo -3. US Fam (angry) que echa humo
◇ adv **~ hot** ardiendo, humeante
steamroller ['sti:mrəʊlə(r)] ◇ n CONSTR apisonadora f; Fig **to use ~ tactics** aplicar el rodillo
◇ vt **to ~ sb into doing sth** forzar a alguien a hacer algo; **to ~ a bill through Parliament** aprobar un proyecto de ley aplicando el rodillo parlamentario
steamship ['sti:mʃɪp] n barco m de vapor
steamy ['sti:mɪ] adj -1. (room) lleno(a) de vapor; (window, mirror) empañado(a) -2. Fam (novel, movie) erótico(a); (relationship) ardiente, apasionado(a)
steed [sti:d] n Literary corcel m
steel [sti:l] ◇ n -1. (metal) acero m; **nerves of ~** nervios de acero; **the ~ industry** la industria del acero ❑ **~ band** (musical) = grupo de percusión caribeño que utiliza bidones de metal; **~ blue** azul m acero; **~ engraving** grabado m en acero; **~ grey** gris m acero; **~ guitar** guitarra f hawaiana; **~ mill** fundición f de acero; **~ wool** estropajo m de acero
-2. (for sharpening knives) afilador m
-3. (resoluteness) temple m (de acero)
-4. Literary (sword) acero m
◇ adj (made of steel) de acero
◇ vt **to ~ oneself to do sth** armarse de valor para hacer algo; **to ~ oneself against sth** armarse de valor para enfrentarse con algo; **I had steeled myself for the worst** me había preparado para lo peor
steel-blue ['sti:l'blu:] adj azul acerado
steel-grey ['sti:l'greɪ] adj gris acerado
steel-plated ['sti:l'pleɪtɪd] adj chapado(a) en acero
steelworker ['sti:lwɜ:kə(r)] n trabajador(ora) m,f del acero
steelworks ['sti:lwɜ:ks] n acería f

steely ['sti:lɪ] adj (glint) acerado(a); (glare) duro(a); (determination) férreo(a), inflexible; **~ blue/grey** azul/gris acerado
steelyard ['sti:ljɑ:d] n romana f
steely-eyed ['sti:lɪ'aɪd] adj (person) de ojos acerados, de mirada acerada; (gaze) acerado(a), inflexible
steenbok ['sti:nbɒk] n raficero m común
steep[1] [sti:p] adj -1. (path, hill, climb, staircase) empinado(a); **the plane went into a ~ dive** el avión comenzó a descender en Esp picado or Am picada -2. (rise, fall) pronunciado(a) -3. Fam (expensive) abusivo(a) -4. Fam (unreasonable) **it's a bit ~ asking us to do all that work by Friday** ¡se ha pasado al pedirnos que hagamos todo ese trabajo para el viernes!
steep[2] ◇ vt (clothes) dejar en remojo; (food) macerar; **to be steeped in history/tradition** rezumar historia/tradición; **a culture that is steeped in prejudice** una cultura impregnada de prejuicios
◇ vi (clothes) estar en remojo
steepen ['sti:pən] vi (path) empinarse
steeple ['sti:pəl] n (of church) torre f
steeplechase ['sti:pəltʃeɪs] n SPORT carrera f de obstáculos
steeplechaser ['sti:pəltʃeɪsə(r)] n -1. (horse) caballo m (para carreras) de obstáculos -2. (runner) corredor(ora) m,f (de carreras) de obstáculos; (jockey) jinete mf de carreras de obstáculos
steeplejack ['sti:pəldʒæk] n = persona que arregla torres y chimeneas
steeply ['sti:plɪ] adv -1. (to rise) pronunciadamente; **~ banked** con pronunciados or abruptos terraplenes; **the field slopes ~ down to the lake** el terreno desciende abruptamente hasta el lago -2. (to increase, decrease) acusadamente, de forma pronunciada; **prices rose ~** los precios experimentaron una acusada or pronunciada subida
steepness ['sti:pnɪs] n -1. (of slope, hill) **the ~ of the descent/rise** lo empinado del descenso/ascenso -2. (of increase, decrease) lo acusado, lo pronunciado
steer[1] [stɪə(r)] ◇ vt -1. (car) Esp conducir, Am manejar; (ship) gobernar; **she nearly steered the taxi into a tree** por poco dio con el taxi contra un árbol; **he steered the boat away from the reef** alejó el barco del arrecife; **she steered her way through the crowd** se abrió paso entre la multitud; Fig **it's a dangerous course you're steering** vas por un camino bastante peligroso
-2. (guide) **she steered me over to the sofa** me condujo hasta el sofá; **to ~ sb out of trouble** sacar a alguien de un aprieto; **he steered us towards a more expensive model** trató de vendernos un modelo más caro; **she steered the conversation away from such sensitive subjects** llevó la conversación a terrenos menos espinosos
◇ vi -1. (person) (in car) conducir, Am manejar; (in boat) timonear, manejar el timón; **I steered carefully into the garage** metí el coche or Am carro or CSur auto en el garaje con cuidado; **to ~ for sth** (boat) llevar rumbo a algo; IDIOM **to ~ clear of sth/sb** evitar algo/a alguien -2. (ship, car) manejarse
steer[2] n (bull) buey m
steerage ['stɪərɪdʒ] n tercera clase f
steering ['stɪərɪŋ] n (mechanism) dirección f; **there's something wrong with the ~** a la dirección le pasa algo ❑ AUT **~ column** columna f de dirección; POL **~ committee** comisión f directiva; **~ lock** AUT (turning circle) ángulo m de giro; (antitheft device) inmovilizador m antirrobo, antirrobo m de volante; AUT **~ wheel** volante m, Andes timón m
steersman ['stɪəzmən] (pl **steersmen** ['stɪəzmən]) n timonel m
stegosaurus [stegə'sɔ:rəs] n estegosaurio m
stein ['staɪn] n jarra f de cerveza de barro cocido
stellar ['stelə(r)] adj -1. ASTRON estelar -2. (cast, performance) estelar

St Elmo's fire [sənt'elməʊz'faɪə(r)] n fuego m de san Telmo
stem [stem] ◇ n -1. (of plant, flower) tallo m; (of fruit) rabo m, rabillo m; (of leaf) pedúnculo m ❑ **~ ginger** trozos mpl cristalizados de jengibre
-2. (of glass) pie m; (of tobacco pipe) tubo m
-3. (vertical stroke) (of letter) trazo m vertical, palito m; (of musical note) plica f
-4. (on watch winder) tija f, eje m
-5. (of word) raíz f
-6. (of ship) **from ~ to stern** de proa a popa
-7. **~ turn** (in skiing) media cuña f
-8. US Fam **stems** (legs) piernas fpl
-9. BIOL **~ cell** célula f madre
◇ vt (pt & pp **stemmed**) (halt) (bleeding) cortar, detener; (spread, flooding) contener; (increase) frenar, contener; **they are trying to ~ the tide of protest** están intentando frenar or contener la oleada de protestas
◇ vi **to ~ from** derivarse de
-stemmed [-stemd] suffix **a long/short~ plant** una planta de tallo largo/corto; **a long/short~ glass** una copa de pie alto/bajo
stench [stentʃ] n hedor m, tufo m (**of a**); Fig **the ~ of corruption pervaded the organization** el hedor or tufo de la corrupción había invadido la organización
stencil ['stensəl] ◇ n -1. ART plantilla f -2. (for typing) cliché m, clisé m
◇ vt (pt & pp **stencilled**, US **stenciled**) estarcir
Sten gun ['stengʌn] n metralleta f ligera
steno ['stenəʊ] (pl **stenos**) n US Fam -1. (stenographer) taquígrafo(a) m,f -2. (stenography) taquigrafía f
stenographer [stə'nɒgrəfə(r)] n US taquígrafo(a) m,f
stenography [stə'nɒgrəfɪ] n taquigrafía f
Stenotype® ['stenəʊtaɪp] n (machine) estenotipia f
stentorian [sten'tɔ:rɪən] adj Literary (voice) estentóreo(a)
step [step] ◇ n -1. (movement, sound) paso m; **to take a ~** dar un paso; **at ~ with every ~** a cada paso; **every ~ of the way** en todo momento; **~ by ~, one ~ at a time** paso a paso; **to keep (in) ~** (in dance) seguir el ritmo; **to march in ~** llevar el paso; **I fell into ~ with the rest of the troop** me puse al ritmo del resto de la tropa; **he was walking out of ~ with the others** no llevaba el paso de los otros; **the government is in/out of ~ with public opinion** el gobierno está al tanto/desconectado de la opinión pública; also Fig **to watch one's ~** andarse con cuidado; Fig **a ~ backwards/forwards** un paso atrás/adelante; **to stay one ~ ahead of the competition** mantenerse por delante de la competencia; IDIOM **one ~ forward, two steps back** un paso adelante y dos paso atrás, como los cangrejos
-2. Literary (gait) **with weary ~** con paso cansino
-3. (action, measure) medida f; **to take steps (to do sth)** tomar medidas (para hacer algo); **the next ~ is to...** el siguiente paso es...; **a ~ in the right direction** un paso en la dirección correcta
-4. (of staircase) escalón m, peldaño m; (of stepladder) peldaño m; (on outside of building) escalón m; **(flight of) steps** (tramo m de) escalera f; Br **steps** (stepladder) escalera f de tijera; **we were standing on the front steps** estábamos en las escaleras de delante; **mind the ~** cuidado con el escalón; Fig **the new job is a ~ up for me** el nuevo trabajo me supone un ascenso
-5. (exercise) **~ (aerobics)** step m, aerobic m con escalón ❑ **~ class** clase f de step
-6. US MUS tono m
◇ vi (pt & pp **stepped**) (take a step) dar un paso; (walk) caminar; **~ this way** pasa por aquí; **I stepped down from the ladder** bajé de la escalera; **I stepped in a puddle** pisé un charco; **I stepped into the boat** subí al barco; **she stepped into the room** entró en la habitación; **to ~ on sb's foot** pisarle un pie a alguien; IDIOM Fam **to ~ on it** (hurry up)

aligerar, darse prisa, *Am* apurarse; *(driver)* pisar a fondo; **we stepped out into the street** salimos a la calle; **he stepped through the door** entró por la puerta; **I stepped up onto the stage** subí al escenario

◆ **step aside** *vi (move aside)* hacerse a un lado; *(resign)* dimitir

◆ **step back** *vi* **-1.** *(move away)* alejarse (**from** de); **~ back!** ¡atrás! **-2.** *(in order to reflect)* **to ~ back from a situation** dar un paso atrás para considerar una situación objetivamente

◆ **step down** ◇ *vt sep (production, efforts)* reducir
◇ *vi (resign)* dimitir

◆ **step forward** *vi (volunteer)* presentarse, ofrecerse

◆ **step in** *vi (intervene)* intervenir

◆ **step into** *vt insep (role)* asumir; **to ~ into sb's shoes** tomar el relevo de alguien

◆ **step out** *vi* **-1.** *Old-fashioned (court)* salir (**with** con) **-2.** *(walk quickly)* apretar el paso

◆ **step up** *vt sep (production, efforts, pressure)* aumentar; *(pace)* aumentar, acelerar

stepbrother ['stepbrʌðə(r)] *n* hermanastro *m*

step-by-step ['stepbaɪ'step] *adj (guide, explanation)* paso a paso; *(approach)* progresivo(a), gradual

stepchild ['steptʃaɪld] *n* hijastro(a) *m,f*; **stepchildren** hijastros

stepdaughter ['stepdɔːtə(r)] *n* hijastra *f*

step-down transformer ['stepdaʊntrænz'fɔːmə(r)] *n* transformador *m* reductor (de voltaje)

stepfather ['stepfɑːðə(r)] *n* padrastro *m*

Stephen ['stiːvən] *pr n* **~ I/II** Esteban I/II

stepladder ['steplædə(r)] *n* escalera *f* de tijera

stepmother ['stepmʌðə(r)] *n* madrastra *f*

step-parent ['steppeərənt] *n (man)* padrastro *m*; *(woman)* madrastra *f*; **step-parents** padrastros *mpl*

steppe [step] *n* estepa *f* ❑ **~ eagle** águila *f* esteparia or de las estepas

stepping-stone ['stepɪŋ'stəʊn] *n* **-1.** *(in river)* (piedra *f* de) pasadera *f* **-2.** *(aid)* **a ~ to success** un trampolín hacia el éxito

stepsister ['stepsɪstə(r)] *n* hermanastra *f*

stepson ['stepsʌn] *n* hijastro *m*

step-up transformer ['stepʌptrænz'fɔːmə(r)] *n* transformador *m* elevador (de voltaje)

stereo ['sterɪəʊ] ◇ *n (pl* **stereos**) **-1.** *(equipment)* equipo *m* de música **-2.** *(sound)* estéreo *m*, sonido *m* estereofónico; **in ~** en estéreo
◇ *adj* estéreo, estereofónico(a)

stereogram ['sterɪəgræm] *n Br Old-fashioned* equipo *m* estereofónico

stereophonic [sterɪə'fɒnɪk] *adj* estereofónico(a)

stereoscope ['sterɪəʊskəʊp] *n* estereoscopio *m*

stereoscopic [sterɪə'skɒpɪk] *adj (vision)* estereoscópico(a)

stereotype ['sterɪətaɪp] ◇ *n* estereotipo *m*
◇ *vt* estereotipar

stereotyped ['sterɪətaɪpt] *adj* estereotipado(a)

stereotypical [sterɪə'tɪpɪkəl] *adj* estereotipado(a); **a ~ reaction** una reacción típica

sterile ['steraɪl] *adj* **-1.** *(germ-free)* estéril **-2.** *(unable to have babies)* estéril **-3.** *(barren) (land)* estéril **-4.** *(unoriginal) (ideas, imagination)* estéril

sterility [stə'rɪlɪtɪ] *n* **-1.** *(absence of germs)* esterilidad *f* **-2.** *(inability to have babies)* esterilidad *f* **-3.** *(of land)* esterilidad *f* **-4.** *(of ideas, imagination)* esterilidad *f*

sterilization [sterɪlaɪ'zeɪʃən] *n* **-1.** *(to remove germs)* esterilización *f* **-2.** *(man, woman, animal)* esterilización *f*

sterilize ['sterɪlaɪz] *vt* **-1.** *(remove germs from)* esterilizar **-2.** *(man, woman, animal)* esterilizar

sterilized ['sterəlaɪzd] *adj (germ-free)* esterilizado(a)

sterilizer ['sterɪlaɪzə(r)] *n* esterilizador *m*

sterling ['stɜːlɪŋ] ◇ *n (British currency)* libra *f* esterlina; **~ rose against the dollar** la libra esterlina subió con respecto al dólar; **to pay in ~** pagar en libras (esterlinas); **twenty thousand pounds ~** veinte mil libras (esterlinas)
◇ *adj* **-1.** *(silver)* de ley **-2.** *(relating to British currency) (reserves)* de libras esterlinas; *(traveller's cheques)* en libras esterlinas **-3.** *(effort, quality)* admirable, excelente; **he has done his country ~ service as a diplomat** ha prestado un admirable or excelente servicio a su país como diplomático

stern[1] [stɜːn] *adj (person, look, measure, punishment)* severo(a), duro(a); *(warning)* muy serio(a); **we are made of sterner stuff** somos duros de pelar

stern[2] *n* NAUT popa *f*

sternly ['stɜːnlɪ] *adv (to reprimand, look)* severamente, duramente; *(to warn)* muy seriamente

sternness ['stɜːnnɪs] *n (of person, look, measure, punishment)* severidad *f*, dureza *f*; *(of warning)* seriedad *f*

sternum ['stɜːnəm] *n* ANAT esternón *m*

steroid ['sterɔɪd] *n* esteroide *m*

stertorous ['stɜːtərəs] *adj Formal (breathing)* estertóreo(a)

stet [stet] TYP ◇ *n* vale *m*
◇ *vt* dejar como estaba

stethoscope ['steθəskəʊp] *n* MED fonendoscopio *m*, estetoscopio *m*

stetson ['stetsən] *n* **~ (hat)** sombrero *m* vaquero

stevedore ['stiːvədɔː(r)] *n* estibador *m*

stew [stjuː] ◇ *n* CULIN guiso *m*; **fish ~** guiso de pescado; IDIOM *Fam* **to be/get in a ~ (about sth)** estar/ponerse hecho(a) un manojo de nervios (por algo)
◇ *vt (meat)* guisar, cocer; *(fruit)* hacer compota de
◇ *vi* **-1.** *(meat)* guisarse, cocer; *(fruit)* hacerse compota **-2.** *Br (tea)* **don't let the tea ~** no dejes que el té repose demasiado **-3.** IDIOMS *Fam* **to let sb ~ (in his/her own juice)** dejar a alguien que sufra; *Br Fam* **it's stewing in here** *(very hot)* hace un calor que te asas

steward ['stjuːəd] *n* **-1.** *(on estate)* administrador *m* **-2.** *(on plane)* auxiliar *m* de vuelo; *(on ship)* camarero *m* **-3.** *(at concert, demonstration, in motor racing)* auxiliar *mf* de la organización **-4.** *(in athletics)* juez *mf* **-5.** *Br (in horseracing)* juez(a) *m,f* ❑ **~'s enquiry** = dilucidaciones realizadas por el juez de la carrera para decidir sobre la descalificación de alguno de los participantes

stewardess [stjuːə'des] *n (on plane)* auxiliar *f* de vuelo, azafata *f*, *Am* aeromoza *f*; *(on ship)* camarera *f*

stewardship ['stjuːədʃɪp] *n* administración *f*, gestión *f*; **only through sensible ~ of the environment will we save the planet** sólo por medio de una gestión adecuada del medio ambiente podremos salvar el planeta

stewed [stjuːd] *adj* **this tea is ~** este té ha reposado demasiado; *Fam* **~ (to the gills)** como una cuba, *Esp, RP* mamado(a), *Col* caído(a) (de la perra), *Méx* ahogado(a) ❑ **~ beef** carne *f* de vaca guisada; **~ fruit** compota *f*

stewing steak ['stjuːwɪŋ'steɪk] *n* carne *f* de vaca para guisar

St. Ex. *(abbr* **stock exchange)** Bolsa *f*

stg *(abbr* **sterling**) esterlina

stick[1] [stɪk] *n* **-1.** *(of wood, for kindling)* palo *m*; *(for walking)* bastón *m*; *(for drum)* baqueta *f*, palillo *m*; *(for lollipop)* palo *m*; **a few sticks of furniture** unos cuantos muebles; **she had legs like sticks** tenía las piernas como palillos; *Fig* **the threat of redundancy has become a ~ with which industry beats the unions** la amenaza del despido se ha convertido en una baza con la que la industria ataca a los sindicatos; IDIOM *Fam* **to get (hold of) the wrong end of the ~** coger el rábano por las hojas; PROV **sticks and stones may break my bones (but names will never hurt me)** a palabras necias oídos sordos ❑ **~ insect** insecto *m* palo; **~ man** muñeco *m* hecho con palotes **-2.** *(of chewing gum, glue, deodorant, rock, liquorice)* barra *f*; *(of dynamite)* cartucho *m*; *(of celery, rhubarb)* tallo *m*, rama *f*; *(of cinnamon)* rama *f*; **a ~ of chalk** una tiza, un trozo de tiza **-3.** *(for hockey, ice hockey)* stick *m*, bastón *m* **-4.** *US* AUT **~ shift** *(system)* palanca *f* de cambio manual; *(vehicle)* vehículo *m* con cambio manual **-5.** *Fam* **the sticks** el campo; **he lives out in the sticks** vive en el quinto infierno or *Esp* pino **-6.** *Br Fam (criticism)* **to give sb ~ for sth** poner verde a alguien por algo; **to get** or **take a lot of ~** llevarse muchos palos or críticas **-7.** *Br Fam (teasing)* **to give sb ~ about sth** burlarse de alguien por algo, *Esp, Carib, Méx* vacilar a alguien por algo; **to get a lot of ~ about sth** recibir mucha caña por algo; **I got a lot of stick about my new haircut/girlfriend** me metieron mucha caña con mi nuevo corte de pelo/nueva novia **-8.** *Br Fam Old-fashioned (person)* tipo(a) *m,f*; **he's a dry old ~** es un poco soso, el pobre **-9.** IDIOM *Br Fam* **to be up the ~** *(pregnant)* llevar un bombo, estar preñada

stick[2] *(pt & pp* **stuck** [stʌk]) ◇ *vt* **-1.** *(insert)* **to ~ sth in(to) sth** clavar algo en algo; **he stuck a skewer through the meat** atravesó la carne con un pincho **-2.** *Fam (put)* poner; **I'll just ~ it in my suitcase** lo meto en la maleta; **~ your things over there** pon tus bártulos por ahí; **they stuck another £100 on the price** subieron el precio otras 100 libras; **~ it on my bill** póngalo en mi cuenta; IDIOM *Vulg* **~ it up your** *Br* **arse** or *US* **ass!** ¡metételo por el culo!; IDIOM *Fam* **you can ~ your job!** ¡métete el trabajo por donde te quepa!; IDIOM *very Fam* **she told me where I could ~ it**, **she told me to ~ it where the sun don't shine** me ha dicho que me lo meta por donde me quepa **-3.** *(attach with glue)* pegar (**on** a); **make sure you ~ the edges down** asegúrate de que pegas bien los bordes; **I stuck the photo in my album** pegué la foto en mi álbum **-4.** *Fam (endure)* aguantar, soportar; **I can't ~ him** no lo aguanto or soporto
◇ *vi* **-1.** *(adhere)* pegarse (**to** a); **my T-shirt was sticking to my back** tenía la camiseta or *Chile* polera or *RP* remera pegada a la espalda; *Fig* **they couldn't make the charges ~** no consiguieron que los cargos contra ella se mantuvieran; *Fig* **the name stuck** el nombre tuvo éxito, se quedó con el nombre **-2.** *(become jammed)* atascarse; **his words stuck in my mind** sus palabras se me quedaron grabadas en la memoria; IDIOM **it sticks in my throat** se me atraganta **-3.** *(be inserted)* **there's something sticking into my toe** tengo algo que se me está clavando en el dedo del pie **-4.** *(in cards)* plantarse

◆ **stick around** *vi Fam* quedarse

◆ **stick at** *vt insep (persevere with)* perseverar en; *Fam* **to ~ at nothing** no reparar en nada

◆ **stick by** *vt insep (friend)* apoyar; *(promise, statement)* mantener

◆ **stick on** *vt sep Fam (clothes)* ponerse

◆ **stick out** ◇ *vt sep* **-1.** *(cause to protrude)* sacar; **she stuck her head out of the window** sacó su cabeza por la ventana; **he stuck a leg out and tripped me up** extendió una pierna y me puso la zancadilla; **she stuck her tongue out at me** me sacó la lengua; *Fam* **to ~ one's neck out** arriesgar el pellejo
-2. *Fam (endure)* **to ~ it out** aguantar
◇ *vi* **-1.** *(protrude)* sobresalir; **his legs were sticking out from under the table** sus piernas sobresalían por debajo de la mesa; **my teeth/ears ~ out** tengo los dientes salidos/las orejas salidas
-2. *Fam (be noticeable)* verse a la legua, *Esp* cantar; IDIOM **it sticks out a mile** se ve a la

stickball

legua; IDIOM **it sticks out like a sore thumb** se ve a la legua, *Esp* canta un montón
◆ **stick out for** *vt insep* insistir en conseguir
◆ **stick to** *vt insep* **-1.** *(stay close to) (person)* seguir, pegarse a; *(path, road)* seguir **-2.** *(restrict oneself to) (rules, budget)* atenerse a; **I'll ~ to wine, thanks** seguiré con el vino, gracias; **to ~ to the basics** centrarse en lo esencial; **to ~ to the facts** atenerse a los hechos; **to ~ to the point** no salirse del tema **-3.** *(not abandon) (beliefs, story, promise, decision)* ser fiel a; **to ~ to one's guns** mantenerse en sus trece; **she stuck to her principles** fue fiel a sus principios
◆ **stick together** ◇ *vt sep* pegar
◇ *vi* **-1.** *(with glue)* pegarse **-2.** *(friends) (stay close to each other)* mantenerse unidos(as); *(support each other)* apoyarse
◆ **stick up** *vt sep* **-1.** *(sign, poster)* pegar; *Fam* **~ 'em up!** ¡manos arriba! **-2.** *Fam (rob)* atracar
◇ *vi (point upwards) (building, shoots)* sobresalir; **her hair sticks up** tiene el pelo de punta
◆ **stick up for** *vt insep (person, rights)* defender; **to ~ up for oneself** defenderse
◆ **stick with** *vt insep* **-1.** *(not give up)* seguir con **-2.** *(remain with) (person)* seguir con; **his words have stuck with me ever since** sus palabras se me quedaron grabadas desde entonces

stickball [ˈstɪkbɔːl] *n US* béisbol *m* callejero
sticker [ˈstɪkə(r)] *n* **-1.** *(with information, price)* etiqueta *f* **-2.** *(with slogan, picture)* pegatina *f* **-3.** *Fam (determined person)* **she's a ~** es tenaz
stickiness [ˈstɪkɪnɪs] *n* **-1.** *(of material)* pegajosidad *f* **-2.** *(of weather)* bochorno *m*
sticking-plaster [ˈstɪkɪŋˈplɑːstə(r)] *n Br (to cover wound) Esp* tirita® *f*, *Am* curita *m or f*; *(to keep bandage in place)* esparadrapo *m*
sticking-point [ˈstɪkɪŋpɔɪnt] *n* escollo *m*
stick-in-the-mud [ˈstɪkɪnðəmʌd] *n Fam* carroza *mf*
stickleback [ˈstɪkəlbæk] *n* espinoso *m* (de agua dulce)
stickler [ˈstɪklə(r)] *n* **to be a ~ for detail/discipline/tradition** estar obsesionado con el detalle/la disciplina/la tradición
stick-on [ˈstɪkɒn] *adj* adhesivo(a)
stickpin [ˈstɪkpɪn] *n US* **-1.** *(tie-pin)* alfiler *m* de corbata **-2.** *(for woman)* prendedor *m*
stick-up [ˈstɪkʌp] *n Fam (robbery)* atraco *m* (a mano armada); **this is a ~!** ¡esto es un atraco!
sticky [ˈstɪkɪ] *adj* **-1.** *(substance, hands, fingers, surface)* pegajoso(a); *(label)* adhesivo(a); IDIOM *Fam* **to have ~ fingers** *(steal things)* tener la mano muy larga ❑ *Fam* **~ bun** bollo *m* dulce; **~ tape** cinta *f* adhesiva; **~ toffee pudding** = postre a base de bizcocho mojado en caramelo
-2. *(climate, weather)* bochornoso(a)
-3. *(sweaty) (person)* sudoroso(a)
-4. *Fam (awkward)* problemático(a); **to come to a ~ end** tener un final sangriento; **to be in a ~ situation** estar en una situación delicada, estar en un brete; **their relationship is going through a ~ patch** su relación está pasando por un mal momento; IDIOM *Br* **to be (batting) on a ~ wicket** estar en un atolladero
sticky-fingered [ˈstɪkɪˈfɪŋɡəd] *adj* **-1.** *(children)* con dedos pegajosos **-2.** *Fam (thieving)* ratero(a), *Esp* chorizo(a)
stiff [stɪf] ◇ *adj* **-1.** *(rigid)* tieso(a), rígido(a); **a ~ brush** un cepillo de cerdas duras; IDIOM **as ~ as a board** tieso(a) como un palo; IDIOM **to keep a ~ upper lip** mantenerse incólume **-2.** *(paste)* consistente; *(egg whites)* a punto de nieve
-3. *(joint)* agarrotado(a), anquilosado(a); **to be ~** *(after exercise) Esp* tener agujetas; **I'm ~ from sitting at my desk all morning** necesito estirarme después de pasar toda la mañana sentado a la mesa; **I have a ~ back** *(in general)* tengo la espalda dolorida; *(after exercise) Esp* tengo agujetas en la espalda; **to have a ~ neck** tener tortícolis
-4. *(handle, hinge, drawer)* duro(a); **the lock is rather ~** la cerradura está un poco dura, la cerradura se atasca un poco
-5. *(severe) (fine, competition, prison sentence)* duro(a); *(exam, test)* difícil; **to encounter ~ resistance** enfrentarse a una fuerte oposición, encontrar gran resistencia
-6. *(strong) (breeze, drink)* fuerte; **she poured herself a ~ whisky** se sirvió un buen vaso de whisky
-7. *(formal) (person, manner)* rígido(a), estirado(a); *(bow)* rígido(a); *(smile, style)* forzado(a)
-8. *US Fam (drunk)* como una cuba, *Esp* mamado(a), *Col* caído(a) (de la perra), *Méx* ahogado(a)
-9. *(high) (price, bill)* caro(a)
◇ *adv* **to be bored/scared/frozen ~** estar muerto(a) de aburrimiento/miedo/frío; **to be worried ~** estar tremendamente preocupado
◇ *n Fam* **-1.** *(corpse)* fiambre *m* **-2.** *US (tramp)* vagabundo(a) *m,f* **-3.** *US (worker)* trabajador(ora) *m,f*, *Esp* currante *mf*
◇ *vt US Fam (not pay)* **the customer stiffed me!** ¡el cliente se largó sin pagar!
stiffen [ˈstɪfən] ◇ *vt* **-1.** *(fabric, paper)* aprestar, endurecer; *(collar)* almidonar **-2.** *(paste, sauce)* espesar **-3.** *(resolve, resistance)* reforzar
◇ *vi* **-1.** *(limb, joint, person)* agarrotarse **-2.** *(paste, egg whites, sauce)* espesar **-3.** *(corpse)* ponerse rígido(a) **-4.** *(tense, stop moving)* ponerse tenso(a); **everybody in the room suddenly stiffened** de repente todo el mundo que había en la habitación se puso tenso **-5.** *(become stronger) (opposition)* endurecerse; *(breeze)* hacerse más fuerte
stiffener [ˈstɪfənə(r)] *n* **-1.** *(in shirt collar)* varilla *f* **-2.** *(substance)* apresto *m* **-3.** *Br Fam (drink)* pelotazo *m* para coger ánimos
stiffening [ˈstɪfənɪŋ] ◇ *n (in garment)* entretela *f*
◇ *adj (resistance, opposition)* creciente
stiffly [ˈstɪflɪ] *adv* **-1.** *(to move)* con rigidez; **the soldier stood ~ to attention** el soldado se puso rígidamente firme; **he rose ~ from his chair** se levantó de la silla con rigidez **-2.** *(to bow)* con rigidez; *(to answer, greet, smile)* forzadamente
stiff-necked [ˈstɪfˈnekt] *adj (stubborn) (person)* obstinado(a); *(opposition)* tenaz
stiffness [ˈstɪfnɪs] *n* **-1.** *(of fabric, paper, collar)* rigidez *f* **-2.** *(of egg whites)* punto *m* de nieve **-3.** *(of muscles)* agarrotamiento *m*; *(of joints)* anquilosamiento *m* **-4.** *(of manner, person)* rigidez *f*; *(of bow)* rigidez *m*, poca flexibilidad *f*; *(of smile, style)* rigidez *f* **-5.** *(of fine, competition, prison sentence)* dureza *f*; *(of exam, test)* dificultad *f*
stiffy [ˈstɪfɪ] *n Br Vulg* **he got a ~** se le puso dura, *Esp* se le empalmó; **to have a ~** tenerla dura, *Esp* estar empalmado
stifle [ˈstaɪfəl] ◇ *vt* **-1.** *(suffocate) (person)* ahogar, asfixiar **-2.** *(cries, yawn)* ahogar, reprimir; *(laughter)* contener; *(flames)* sofocar, apagar; *(anger)* reprimir, contener **-3.** *(rebellion)* sofocar; *(creativity)* reprimir; *(progress)* detener; **all this bureaucracy stifles innovation** tanta burocracia acaba con cualquier intento de innovación
◇ *vi* asfixiarse, ahogarse
stifled [ˈstaɪfəld] *adj (cry)* entrecortado(a)
stifling [ˈstaɪflɪŋ] *adj* **-1.** *(heat)* bochornoso(a); **open the window, it's ~ in here!** ¡abre la ventana, hay mucho bochorno!; **it was a ~ hot day** hacía un día bochornoso **-2.** *(oppressive) (atmosphere)* cargado(a)
stigma [ˈstɪɡmə] *n* **-1.** *(disgrace)* estigma *m*, deshonra *f* **-2.** *(of flower)* estigma *m*
stigmata [stɪɡˈmɑːtə] *npl (of saint)* estigmas *mpl*
stigmatize [ˈstɪɡmətaɪz] *vt* estigmatizar; **she was stigmatized as a traitor** le colgaron el sambenito de traidora
stile [staɪl] *n (in fence, hedge)* escalones *mpl*
stiletto [stɪˈletəʊ] *n (pl* **stilettos)** *n* **-1.** *(dagger)* estilete *m* **-2.** *(shoe)* zapato *m* de tacón *or Am* taco de aguja ❑ **~ heels** tacones *mpl or Am* tacos *mpl* de aguja

still¹ [stɪl] ◇ *n* **-1.** *(calm)* **in the ~ of the night** en el silencio de la noche **-2.** CIN fotograma *m*
◇ *adj* **-1.** *(motionless)* quieto(a); PROV **~ waters run deep** tras una fachada silenciosa se ocultan fuertes emociones ❑ ART **~ life** bodegón *m*, naturaleza *f* muerta **-2.** *(calm)* sereno(a); *(silent)* silencioso(a); *(air, day)* sin viento **-3.** *(uncarbonated) (orange juice)* natural; *(mineral water)* sin gas
◇ *adv* **to be/sit/stand ~** estar quieto(a); **be ~!** ¡estate quieto!; **try to hold the camera ~** intenta no mover la cámara; **just hold ~ a moment** estese quieto un momento; **keep ~!** ¡no te muevas!
◇ *vt Formal* **-1.** *(calm) (person)* calmar, tranquilizar; **to ~ sb's fears** ahuyentar los temores de alguien **-2.** *(silence)* acallar, silenciar
still² *adv* **-1.** *(up to given point in time)* todavía, aún, *Am* siempre; **I ~ have $50** aún me quedan 50 dólares; **it is ~ to be decided whether...** está por decidir si...; **I ~ think/say that...** sigo creyendo/diciendo que...
-2. *(even)* aún, incluso, todavía; **~ more/better** aún *or* incluso *or* todavía más/mejor; **better ~, we could watch a movie** mejor aún *or* incluso *or* todavía, podríamos ver una película; **she could be injured or, worse ~, dead** podría estar herida o, peor aún *or* incluso *or* todavía, muerta
-3. *(nonetheless)* de todas formas, aún así; **she's ~ your mother, despite everything** sigue siendo tu madre, a pesar de todo; **are you ~ coming to the party?** ¿sigues pensando *or Am* siempre piensas venir a la fiesta?; **I missed the train, ~, never mind** perdí el tren, en fin, no importa
still³ *n (distilling equipment)* alambique *m*
stillage [ˈstɪlɪdʒ] *n* base *f* de madera
stillbirth [ˈstɪlbɜːθ] *n* nacimiento *m* de un niño muerto; **the number of stillbirths has risen** el número de bebés nacidos muertos se ha incrementado
stillborn [ˈstɪlbɔːn] *adj* **the child was ~** el niño nació muerto; *Fig* **the project was ~** el proyecto estaba condenado a fracasar
stillness [ˈstɪlnɪs] *n* **-1.** *(motionlessness)* silencio *m* **-2.** *(calm)* calma *f*, quietud *f*
stilt [stɪlt] *n* **-1.** *(for walking)* zanco *m*; **to walk on stilts** andar con zancos **-2.** *(for building)* poste *m*, pilote *m* **-3.** *(bird)* **black-winged ~** cigüeñela *f*
stilted [ˈstɪltɪd] *adj (style, manner)* forzado(a); *(language)* artificioso(a), rebuscado(a); *(delivery, acting)* falto(a) de naturalidad
Stilton [ˈstɪltən] *n* **~ (cheese)** queso *m* Stilton
stimulant [ˈstɪmjʊlənt] *n* **-1.** *(substance, drug)* estimulante *m* **-2.** *(stimulus)* estímulo *m*
stimulate [ˈstɪmjʊleɪt] *vt* **-1.** *(organism, circulation)* estimular **-2.** *(person, mind, appetite)* estimular; **to ~ sb to do sth** animar a alguien a hacer algo **-3.** *(enthusiasm, interest)* suscitar; *(production, demand)* estimular
stimulating [ˈstɪmjʊleɪtɪŋ] *adj* **-1.** *(work, conversation, experience)* estimulante **-2.** *(medicine, drug)* estimulante
stimulation [stɪmjʊˈleɪʃən] *n* **-1.** *(action)* estimulación *f* **-2.** *(result)* estímulo *m* **-3.** *(stimulus)* estímulo *m*
stimulus [ˈstɪmjʊləs] *(pl* **stimuli** [ˈstɪmjʊlaɪ]) *n* estímulo *m*
sting [stɪŋ] ◇ *n* **-1.** *(of bee, scorpion) (organ)* aguijón *m*
-2. *(wound) (of bee, scorpion, nettle)* picadura *f*
-3. *(sensation)* escozor *m*, quemazón *f*; **he felt the ~ of the whip on his back** sintió la quemazón del látigo en la espalda; **the ~ of remorse** la quemazón del remordimiento
-4. *Fam (swindle) Esp* timo *m*, *Am* chanchullo *m*; *(robbery)* golpe *m*
-5. *Fam (police operation)* operación *f* policial
-6. IDIOMS **to have a ~ in the tail** *(story)* tener un final sorpresa muy fuerte; **to take the ~ out of sth** hacer algo menos traumático(a)
◇ *vt (pt & pp* **stung** [stʌŋ]) **-1.** *(of bee, scorpion, jellyfish)* picar; *(of nettle)* pinchar

stingily 728 **stock**

-2. (of vinegar, acid) quemar; (of disinfectant) hacer escocer; (of whip) quemar; **the whip stung his back** el látigo le quemó la espalda; **the rain stung our faces** la lluvia nos hacía daño en la cara; **the smoke stung my eyes** me picaban los ojos del humo

-3. (of remark) herir; **she was stung by their criticisms** se sintió herida por sus críticas; IDIOM **to ~ sb into action** espolear a alguien para que pase a la acción

-4. Fam (swindle) timar; **I got stung** me timaron; **they stung him for £10** le clavaron 10 libras

◇ vi **-1.** (bee, scorpion, jellyfish, nettle) picar **-2.** (vinegar, acid) quemar; (disinfectant) escocer **-3.** (eyes, skin) escocer; **my eyes are stinging** me escuecen los ojos **-4.** (blow) hacer daño; **the blow to his face really stung** el puñetazo que le dieron le hizo daño de verdad **-5.** (remark, criticism) **her remarks really stung** sus comentarios lo hirieron de verdad

stingily ['stɪndʒɪlɪ] adv con tacañería or racanería

stinginess ['stɪndʒɪnɪs] n (of person, budget) tacañería f, racanería f; (of portions) miseria f

stinging ['stɪŋɪŋ] adj **-1.** (insect) que pica **-2.** (pain) punzante ❑ **~ nettle** ortiga f **-3.** (remark, criticism) hiriente, despiadado(a)

stingray ['stɪŋreɪ] n (raya f) pastinaca f

stingy ['stɪndʒɪ] adj (person) tacaño(a), rácano(a); (portion) mísero(a), raquítico(a); **to be ~ with food/praise** ser tacaño(a) con la comida/los elogios

stink [stɪŋk] ◇ n **-1.** (smell) peste f, hedor m; Fam **what a ~!** ¡qué peste! ❑ **~ bomb** bomba f fétida **-2.** Fam (scandal, fuss) **there was a terrible ~ about it** se armó un fenomenal escándalo con eso; **to raise** or **make** or Br **kick up a ~ (about sth)** montar un escándalo (por algo)

◇ vi (pt **stank** [stæŋk] or **stunk** [stʌŋk], pp **stunk**) **-1.** (smell bad) apestar (**of** a); **to ~ to the heavens** apestar, oler a rayos; Fig **to ~ of corruption** apestar or oler a corrupción **-2.** Fam (be very bad) **this movie stinks!** ¡esta película no vale un pimiento or Am nada!; **this town stinks!** ¡esta ciudad es un churro!

◆ **stink out, stink up** vt sep (fill with a bad smell) apestar, dejar mal olor en

stinker ['stɪŋkə(r)] n Fam **-1.** (unpleasant person) mamón(ona) m,f, Méx mamila mf, RP choto(a) m,f **-2.** (unpleasant thing) hueso m; **to be a real ~** (question, exam) ser muy Esp chungo(a) or Am feo(a); **to have a ~ of a cold** tener un resfriado de mil demonios or Esp de (tres pares de) narices **-3.** (worthless thing) **the film/match was a ~** la película/el partido fue un churro

stinkhorn ['stɪŋkhɔ:n] n (fungus) falo m hediondo

stinking ['stɪŋkɪŋ] ◇ adj **-1.** (smelly) apestoso(a) **-2.** Fam (very bad, disgusting) asqueroso(a); **a ~ cold** un resfriado espantoso; **I'm going to leave this ~ town!** ¡me voy de esta ciudad de mierda!

◇ adv Fam **to be ~ rich** estar podrido(a) de dinero, Méx tener un chorro de lana; **to be ~ drunk** estar como una cuba

stinkweed ['stɪŋkwi:d] n estramonio m

stinky ['stɪŋkɪ] adj Fam (smelly) apestoso(a)

stint¹ [stɪnt] ◇ n **-1.** (period) período m; **to take a ~ at the wheel** tomar el relevo al volante; **he had a two-year ~ in the army** sirvió por un período de dos años en el ejército **-2.** (share) **we expect everybody to do their ~** esperamos que todos colaboren con la parte que les toca **-3.** Formal (limitation) **without ~** (give, spend) sin restricciones

◇ vt escatimar; **to ~ oneself** privarse de algunas cosas (en beneficio de otras personas)

◇ vi **to ~ on sth** escatimar algo

stint² n correlimos m inv; **little ~** correlimos m inv menudo; **long-toed ~** correlimos m inv chico

stipend ['staɪpend] n REL & UNIV estipendio m

stipendiary [staɪ'pendɪərɪ] adj estipendiario(a), estipendial ❑ **~ magistrate** magistrado(a) m,f estipendiario(a)

stipple ['stɪpəl] vt puntear, motear

stippled ['stɪpəld] adj salpicado(a) (**with** de)

stipulate ['stɪpjʊleɪt] ◇ vt estipular

◇ vi Formal **to ~ for sth** estipular algo

stipulation [stɪpjʊ'leɪʃən] n estipulación f

stir [stɜ:(r)] ◇ n **-1.** (action) **to give sth a ~** remover or revolver algo **-2.** (excitement) **to cause** or **create** or **make a ~** causar (un gran) revuelo **-3.** Fam (prison) **to be in ~** estar en Esp chirona or Andes, Col, RP la cana or Méx el bote

◇ vt (pt & pp **stirred**) **-1.** (liquid, mixture) remover, revolver; **~ the flour into the sauce** añadir la harina a la salsa removiendo

-2. (move) (leaves) agitar; Fam **~ yourself!** ¡muévete!

-3. (move emotionally) (person) conmover, emocionar

-4. (arouse) (emotion) provocar; (curiosity, sympathy) despertar; **to ~ sb to do sth** mover a alguien a hacer algo; **to ~ sb into action** incitar a alguien a actuar

-5. Br Fam **she's just stirring it!** (making trouble) ¡sólo está metiendo cizaña!

◇ vi **-1.** (move) moverse; **the audience were stirring in their seats** el público se movía impaciente en sus asientos; **nobody stirred until well into the afternoon** nadie se movió hasta bien entrada la tarde; **I shan't ~ from my bed until midday** no me sacan de la cama hasta el mediodía

-2. (be roused) (feeling, anger) despertar; **he felt new emotions stirring within him** sentía como se le despertaban nuevos sentimientos

-3. Fam (make trouble) meter cizaña or RP púa

◆ **stir up** vt sep **-1.** (dust, leaves) levantar

-2. (incite) (rebellion, dissent, anger) provocar; (workers, crowd) agitar; **to ~ it** or **things up** meter cizaña

-3. (awaken) (memories) resucitar, traer de nuevo; (emotions) despertar, traer de nuevo; **seeing her again stirred up old memories** verla otra vez le resucitó or trajo viejos recuerdos; **seeing her again stirred up emotions which had lain dormant for several years** verla otra vez le despertó or le trajo de nuevo emociones que habían estado dormidas durante años

stir-crazy ['stɜ:kreɪzɪ] adj Fam **to be/go ~** estar/volverse loco or Esp majara

stir-fry ['stɜ:fraɪ] CULIN ◇ n = salteado de (carne y) verduras típico de la cocina china

◇ adj salteado(a)

◇ vt saltear, rehogar a fuego vivo

stirrer ['stɜ:rə(r)] n Fam (trouble-maker) cizañero(a) m,f, RP metepúas mf inv

stirring ['stɜ:rɪŋ] ◇ n **the first stirrings of...** los primeros indicios de...; **he felt vague stirrings of guilt** empezó a notar un ligero remordimiento

◇ adj (speech, movie) conmovedor(ora), emocionante; **the movie is ~ stuff** la película es muy emocionante

stirrup ['stɪrəp] n (on saddle) estribo m ❑ **~ iron** estribo m; **~ leather** correa f del estribo **-2.** ANAT **~ (bone)** (in ear) estribo m **-3.** **~ pump** (for water) bomba f de mano **-4.** MED **stirrups** soportes mpl

stitch [stɪtʃ] ◇ n **-1.** (individual) (in sewing) puntada f; (in knitting) punto m; (style) punto m; Fam **she didn't have a ~ on** estaba en cueros or en pelotas; PROV **a ~ in time saves nine** una puntada a tiempo ahorra ciento

-2. MED punto m (de sutura); **she had to have ten stitches in her face** le tuvieron que dar diez puntos en la cara

-3. (sharp pain) **to have a ~** tener flato; **I got a ~ and I had to stop** me dio or entró flato y tuve que parar

-4. US Fam (amusing person, thing) **to be a ~** ser muy gracioso(a), Esp ser la monda

-5. IDIOMS Fam **we were in stitches** (laughing) nos partíamos (de risa); **she had us in stitches** nos partíamos (de risa) con ella

◇ vt **-1.** (clothing) coser; **he stitched the button back on his shirt** cosió el botón que se le había caído a su camisa **-2.** MED suturar, coser

◇ vi (sew) coser

◆ **stitch up** vt sep **-1.** (material, shirt, hem) coser **-2.** MED coser **-3.** Fam (falsely incriminate) **they stitched him up** hicieron un montaje para que cargara con el muerto **-4.** Fam (deal) cerrar

stitching ['stɪtʃɪŋ] n **-1.** (in sewing) (stitches) cosido m; (ornamental) costura f; **the ~'s come undone on my hem** se ha soltado la costura del dobladillo, se me ha descosido el dobladillo **-2.** (of book) cosido m

stoat [stəʊt] n armiño m

stock [stɒk] ◇ n **-1.** (supply) reservas fpl; **fish stocks are declining** la población de peces está disminuyendo; **the housing ~** el número de viviendas; **we got in a ~ of food for the holiday** hicimos acopio de comida para las vacaciones; **she always has a wonderful ~ of funny stories** siempre cuenta con un fantástico repertorio de divertidas historias

-2. COM existencias fpl, stock m; **the red ones are in ~** tenemos los rojos en almacén or en stock; **we keep a wide range of books in ~** tenemos una amplia gama de libros en almacén or en stock; **the red ones are out of ~** los rojos están agotados; **I'm afraid we're out of ~ (of red ones)** lo siento, en estos momentos no nos quedan de (los rojos); Fig **to take ~** hacer balance; **I've been taking ~ of my life** he estado haciendo un repaso a mi vida; **we took ~ of the situation** hicimos balance de la situación ❑ **~ check** balance m de inventario; **~ control** control m de existencias or stock; **~ items** artículos mpl en stock; **~ list** inventario m; **~ size** talla f de muestra; **~ take** balance m de inventario

-3. (livestock) ganado m ❑ **~ breeder** ganadero(a) m,f; **~ breeding** ganadería f; **~ farm** explotación f ganadera; **~ farmer** ganadero(a) m,f; **~ farming** ganadería f

-4. FIN (share) valor m; (total share value) (capital m en) acciones fpl; **he owns 27 percent of the company's ~** es el propietario del 27 por ciento de las acciones de la empresa; **stocks and shares** valores; Fig **her ~ is going up/down** está ganando/perdiendo crédito ❑ US **~ certificate** título m de acción; US **~ company** sociedad f anónima; **~ exchange** bolsa f (de valores); **he lost a fortune on the ~ exchange** perdió una fortuna en la bolsa; **~ market** mercado m bursátil or de valores; **he lost a fortune on the ~ market** perdió una fortuna en la bolsa; **~ market index** índice m bursátil

-5. (descent) ascendencia f, origen m; **she's of German ~** es de origen alemán; **he is** or **comes of good ~** es de buena familia

-6. (of rifle) culata f

-7. (of whip, fishing rod) mango m

-8. **stocks** (for punishment) picota f

-9. (in cooking) caldo m; **chicken/vegetable ~** caldo de pollo/verduras ❑ **~ cube** pastilla f or cubito m de caldo (concentrado); **~ pot** olla f

-10. BOT (flower) alhelí m

-11. (tree trunk) tronco m

-12. (stem receiving graft) patrón m; (plant from which graft is taken) planta f madre

-13. (in card games) montón m

-14. SPORT **~ car** stock-car m, = automóvil adaptado para carreras en pista de tierra con muchos choques; **~ car racing** carreras fpl de stock-cars

-15. US THEAT (repertory) repertorio m ❑ **~ company** compañía f de repertorio

-16. ZOOL **~ dove** paloma f zurita

◇ adj (argument, excuse) tópico(a); (question, answer) habitual; (phrase, expression) típico(a)

❑ CIN ~ **footage** imágenes fpl de archivo; ~ **phrase** tópico m, cliché m
◇ vt **-1.** (have in stock) (goods) **I'm afraid we don't ~ that item any more** lo siento, pero ya no vendemos ese artículo **-2.** (supply) (shop) surtir, abastecer (**with** de); **the shop is well stocked** la tienda está bien surtida or abastecida; **they have a well stocked wine cellar** tienen una bodega bien abastecida **-3.** (lake) (with fish) repoblar
◆ **stock up** vi aprovisionarse (**with** or **on** de)

stockade [stɒ'keɪd] n **-1.** (enclosure) empalizada f **-2.** US (military prison) prisión f militar
stockbroker ['stɒkbrəʊkə(r)] n FIN corredor(ora) m,f de bolsa ❑ Br Fam ~ **belt** = cinturón formado por zonas residenciales exclusivas que rodean una gran ciudad
stockbroking ['stɒkbrəʊkɪŋ] n correduría f de bolsa
stockfish ['stɒkfɪʃ] n pescado m seco y salado
stockholder ['stɒkhəʊldə(r)] n FIN accionista mf
Stockholm ['stɒkhəʊm] n Estocolmo ❑ ~ **syndrome** síndrome m de Estocolmo
stockily ['stɒkɪlɪ] adv ~ **built** bajo(a) y robusto(a)
stockiness ['stɒkɪnɪs] n constitución f baja y robusta
stockinet, stockinette [stɒkɪ'net] n (fabric) punto m de media
stocking ['stɒkɪŋ] n media f; **a pair of stockings** un par de medias; **stockings and suspenders** medias y liguero ❑ Br ~ **filler** regalito m de Navidad; ~ **mask** máscara f de media; ~ **stitch** punto m de media
stockinged ['stɒkɪŋd] adj **in one's ~ feet** sin zapatos, descalzo(a)
stock-in-trade ['stɒkɪn'treɪd] n (speciality) especialidad f; **charm is part of a politician's ~** el encanto forma parte de las armas de un político
stockist ['stɒkɪst] n COM distribuidor(ora) m,f
stockjobber ['stɒkdʒɒbə(r)] n FIN **-1.** Br Formerly agente m (libre) de Bolsa **-2.** US Pej corredor(ora) m,f de Bolsa
stockman ['stɒkmən] (pl **stockmen** ['stɒkmən]) n (cowherd) mozo m; (breeder) ganadero m
stock-market ['stɒkmɑːkɪt] adj (crash, prices) bursátil
stockpile ['stɒkpaɪl] ◇ n reservas fpl; **America's nuclear ~** la reserva nuclear de Estados Unidos
◇ vt acumular, hacer acopio de
stockroom ['stɒkruːm] n almacén m
stock-still ['stɒk'stɪl] adv **to stand ~** quedarse inmóvil
stocktaking ['stɒkteɪkɪŋ] n **-1.** COM inventario m, balance m de existencias; **to do the ~** hacer inventario; **closed for ~** (sign) cerrado por inventario **-2.** (evaluation) **to do some ~** hacer balance
stocky ['stɒkɪ] adj bajo(a) y robusto(a)
stockyard ['stɒkjɑːd] n corral m (de ganado)
stodge [stɒdʒ] n Fam **-1.** (food) mazacote m **-2.** (writing) pesadez f, Esp muermo m
stodgy ['stɒdʒɪ] adj Fam **-1.** (food) pesado(a) **-2.** (book, style, person) pesado(a)
stogie, stogy ['stəʊgɪ] (pl **stogies**) n US Fam puro m
Stoic ['stəʊɪk] PHIL ◇ n estoico(a) m,f
◇ adj estoico(a)
stoic ['stəʊɪk] ◇ n estoico(a) m,f
◇ adj estoico(a)
stoical ['stəʊɪkəl] adj estoico(a)
stoically ['stəʊɪklɪ] adv estoicamente
Stoicism ['stəʊɪsɪzəm] n PHIL estoicismo m
stoicism ['stəʊɪsɪzəm] n estoicismo m
stoke [stəʊk] vt **-1.** (add fuel to) alimentar **-2.** (emotions, anger, controversy) alimentar
◆ **stoke up** ◇ vt sep **stoke**
◇ vi Br Fam (fill one's stomach) **to ~ up (on** or **with sth)** llenarse la barriga (de algo)
stokehold ['stəʊkhəʊld] n cuarto m de calderas
stoke-hole ['stəʊkhəʊl] n **-1.** (opening in furnace) boca f, Spec tragante m **-2.** = **stokehold**
stoker ['stəʊkə(r)] n fogonero(a) m,f

STOL [stɒl] n AV (abbr **short take-off and landing**) despegue m or Am decolaje m y aterrizaje rápido or en corto
stole[1] [stəʊl] n **-1.** (worn by woman) estola f **-2.** (worn by priest) estola f
stole[2] pt of **steal**
stolen ['stəʊlən] ◇ adj **-1.** (car, property) robado(a) **-2.** (kiss, moment) furtivo(a)
◇ pp of **steal**
stolid ['stɒlɪd] adj imperturbable
stolidly ['stɒlɪdlɪ] adv imperturbablemente
stolidness ['stɒlɪdnɪs] n imperturbabilidad f
stomach ['stʌmək] ◇ n **-1.** (internal organ) estómago m; **on an empty ~** con el estómago vacío; **to have an upset ~** tener mal el estómago; **I have a pain in my ~** me duele el estómago; **it turns my ~** me revuelve el estómago; IDIOM **to have no ~ for sth** no tener el ánimo para algo ❑ ~ **infection** infección f estomacal; ~ **pains** dolores mpl en el estómago; ~ **pump** sonda f gástrica; ~ **ulcer** úlcera f gástrica or de estómago; ~ **upset** molestias fpl estomacales, trastorno m gástrico; **to have a ~ upset** tener mal el estómago
-2. (belly) vientre m, tripa f, barriga f; **to be lying on one's ~** estar tendido(a) boca abajo; **to punch sb in the ~** dar un puñetazo en la tripa a alguien ❑ ~ **muscles** músculos mpl del abdomen
◇ vt **-1.** (tolerate) soportar; **I can't ~ his sister** no soporto a su hermana **-2.** (digest) digerir
stomach-ache ['stʌməkeɪk] n **to have (a) ~** tener dolor de estómago
stomp [stɒmp] vi dar fuertes pisadas; **to ~ about** ir or andar por ahí dando fuertes pisotones; **to ~ in/out** entrar/salir airadamente
stone [stəʊn] ◇ n **-1.** (material) piedra f; Fig **are you made of ~?** ¿es que estás hecho de piedra? ❑ **the Stone Age** la Edad de Piedra; ~ **curlew** alcaraván m; ~ **marten** garduña f; ~ **pine** pino m piñonero; ~ **quarry** cantera f de piedra
-2. (piece of rock) piedra f; **the plane fell out of the sky like a ~** el avión se desplomó; IDIOM **to leave no ~ unturned** no dejar piedra por mover; IDIOM **a ~'s throw from here** a un tiro de piedra (de aquí) ❑ ~ **circle** crómlech m, crónlech m
-3. (on grave) lápida f
-4. (gem) piedra f
-5. (of fruit) hueso m, RP carozo m
-6. (in kidney) piedra f
-7. (British unit of weight) = unidad de peso equivalente a 6,35 kg
◇ adj de piedra
◇ vt **-1.** (fruit, olive) deshuesar **-2.** (person) apedrear; **he was stoned to death** murió lapidado; Fam Old-fashioned ~ **me!,** ~ **the crows!** ¡caramba!, Méx ¡ándale!, RP ¡mirá vos!
Stone-Age ['stəʊneɪdʒ] adj de la Edad de Piedra
stone-blind ['stəʊn'blaɪnd] adj totalmente ciego(a)
stone-broke ['stəʊn'brəʊk] adj US Fam **to be ~** estar sin un centavo or Esp duro
stonechat ['stəʊntʃæt] n tarabilla f (común)
stone-cold ['stəʊn'kəʊld] ◇ adj helado(a)
◇ adv **to be ~ sober** estar totalmente sobrio(a)
stonecrop ['stəʊnkrɒp] n BOT uva f de gato
stone-cutter ['stəʊnkʌtə(r)] n (person) cantero(a) m,f, picapedrero(a) m,f
stoned [stəʊnd] adj Fam **-1.** (on drugs) colocado(a); **to be ~** estar colocado(a); **to get ~** colocarse **-2.** Fam Old-fashioned (drunk) trompa **-3.** (fruit) con hueso
stone-dead ['stəʊn'ded] adj Fam **to be ~** estar tieso(a) or seco(a); **to kill sb ~** dejar a alguien tieso(a) or seco(a); Fig **this revelation killed the proposal ~** esta revelación acabó de seco con la propuesta
stone-deaf ['stəʊn'def] adj Fam sordo(a) como una tapia; **to be ~** estar sordo(a) como una tapia
stonefish ['stəʊnfɪʃ] n pez m piedra

stoneground ['stəʊngraʊnd] adj (flour) molido(a) artesanalmente
Stonehenge ['stəʊnhendʒ] n Stonehenge, = conjunto arqueológico megalítico situado al sur de Inglaterra formado por una serie de monolitos organizados en dos círculos concéntricos y relacionados con el culto al sol
stonemason ['stəʊnmeɪsən] n cantero(a) m,f (que labra la piedra)
stonewall ['stəʊnwɔːl] vi **-1.** (in inquiry) entorpecer, andarse con evasivas **-2.** (in game) jugar a la defensiva

STONEWALL
Este término hace referencia a un bar neoyorquino frecuentado por homosexuales, en el cual las continuas redadas de la policía en 1969 provocaron los altercados que fueron el preludio del nacimiento de un movimiento a favor de la igualdad de derechos para los homosexuales.

stonewalling [stəʊn'wɔːlɪŋ] n (in inquiry) entorpecimiento m
stoneware ['stəʊnweə(r)] n (cerámica f de) gres m
stonewashed ['stəʊnwɒʃt] adj (denim) lavado(a) a la piedra
stonework ['stəʊnwɜːk] n obra f de cantería
stonily ['stəʊnɪlɪ] adv con frialdad, fríamente
stoning ['stəʊnɪŋ] n (of person) lapidación f
stonker ['stɒŋkə(r)] n Br Fam **their new album's a ~!** ¡su nuevo disco es Esp una pasada or Andes, CAm, Carib, Méx super chévere or Méx padrísimo or RP bárbaro!
stony ['stəʊnɪ] adj **-1.** (ground, beach) pedregoso(a); IDIOM **to fall on ~ ground** caer en saco roto **-2.** (look, silence) glacial; (reception) frío(a)
stony-broke ['stəʊnɪ'brəʊk] adj Br Fam **to be ~** estar sin un centavo or Esp duro
stony-faced ['stəʊnɪ'feɪst] adj impertérrito(a), impasible
stony-hearted ['stəʊnɪ'hɑːtɪd] adj insensible
stood pt & pp of **stand**
stooge [stuːdʒ] n Fam **-1.** (comedian's fall-guy) comparsa mf **-2.** (minion) títere m, secuaz mf
stook [stʊk] ◇ n gavillas fpl, garbera f
◇ vt hacer gavillas con
stool [stuːl] n **-1.** (seat) banqueta f; (with short legs) taburete m; IDIOM **to fall between two stools** quedarse nadando entre dos aguas ❑ Fam ~ **pigeon** (informer) soplón(ona) m,f **-2.** MED (faeces) stools heces fpl; **he examined my ~** examinó mis heces
stoolie ['stuːlɪ] n Fam soplón(ona) m,f
stoop[1] [stuːp] ◇ n **to have a ~** ser cargado(a) de espaldas; **to walk with a ~** caminar encorvado(a)
◇ vi **-1.** (bend down) agacharse, agachar el cuerpo; **she stooped to pick up her pen** se agachó para recoger la pluma **-2.** (stand, walk with a stoop) encorvarse **-3.** (abase oneself) **to ~ to (doing) sth** rebajarse a (hacer) algo; **she would ~ to anything** no le importa rebajarse y hacer lo que sea; **I never thought they'd ~ so low (as to...)** nunca pensé que caerían tan bajo (como para...)
◇ vt **he stooped his head to go through the door** agachó la cabeza para poder pasar por la puerta
stoop[2] n US (verandah) porche m
stooped ['stuːpt] adj encorvado(a)
stooping ['stuːpɪŋ] adj (back, shoulders, figure) encorvado(a)
stop [stɒp] ◇ n **-1.** (halt) parada f; **she brought the vehicle to a ~** detuvo el vehículo; **to come to a ~** detenerse; **to put a ~ to sth** poner fin a algo ❑ AUT ~ **sign** (señal f de) stop m
-2. (pause) (in work, journey) parada f; (of plane) escala f; **to make a ~** parar, detenerse; **ten minutes' ~** una parada de diez minutos
-3. (stopping place) (of bus, train) parada f
-4. SPORT (save) parada f
-5. (full stop) punto m; (in telegram) stop m

-6. MUS *(on organ)* registro *m*; IDIOM **to pull out all the stops** tocar todos los registros
-7. PHOT **~ bath** baño *m* de paro *or* parada

◇ *vt (pt & pp* **stopped)** **-1.** *(halt) (person, vehicle, machine)* parar, detener; *(taxi)* parar; *(conversation)* interrumpir; *(spread, advance, bleeding)* detener; *(corruption, abuse)* poner fin a; *(cheque)* bloquear; *(wages, aid, funding)* suspender; *(standing order, subscription)* cancelar; *(fire)* extinguir; **the referee stopped the fight** el árbitro detuvo la pelea; **he stopped his opponent after two rounds** noqueó a su contrincante en dos asaltos
-2. *(cease)* parar; **I ~ work at five** acabo de trabajar a las cinco; **we stopped what we were doing** dejamos lo que estábamos haciendo; **~ it** *or* **that!** ¡basta ya!, *Esp* ¡vale ya!; **to ~ doing sth** dejar de hacer algo; **to ~ smoking/drinking** dejar de fumar/beber *or Am* tomar; **she couldn't ~ crying** no podía dejar de llorar
-3. *(prevent)* impedir; **to ~ sb (from) doing sth** impedir que alguien haga algo; **taking these tablets stops me (from) getting seasick** estas pastillas evitan que me maree; **the only thing that stopped me (from) hitting him was...** la única razón por la que no le pegué fue...; **there's nothing to ~ you (from) asking** nada te impide preguntar; **I couldn't ~ myself** no podía contenerme; **nothing can ~ us now** nada nos detendrá
-4. *(fill in) (hole, gap)* taponar, tapar; **to ~ one's ears** taparse las orejas
-5. SPORT *(save)* parar

◇ *vi* **-1.** *(halt) (moving person, vehicle)* parar(se), detenerse; *(watch)* pararse; *(heart)* pararse, dejar de latir; **~, who goes there?** ¡alto!, ¿quién va ahí?; **this train stops at all stations to Durham** este tren va a Durham y para en todas las estaciones; *Fig* **we never stopped to think what might happen** nunca nos paramos a pensar lo que podría pasar; **~, thief!** ¡al ladrón!
-2. *(cease) (speaker, worker)* parar; *(road)* acabarse, terminar; *(music, shouting)* terminar, cesar; **the rain has stopped** ha dejado de llover; **the pain has stopped** ya no me duele; **our responsibility stops there** nuestra responsabilidad llega hasta ahí; **he doesn't know when to ~** *(when drinking)* no sabe decir basta; **this has got to ~** esto tiene que acabarse; **she did not ~ at that** no se contentó con eso; **he'll ~ at nothing** no se detendrá ante nada; **to ~ short** *or* **dead** pararse en seco
-3. *(stay)* quedarse; **we can't ~** no podemos quedarnos

◆ **stop by** ◇ *vt insep (visit briefly)* pasarse por

◇ *vi (visit briefly)* pasarse; **I'll ~ by at your place tomorrow** me pasaré mañana por tu casa

◆ **stop down** *vi* PHOT reducir la apertura del diafragma

◆ **stop in** *vi* **-1.** *(visit briefly)* pasarse **(at** por**)**
-2. *Br (stay in)* quedarse en casa

◆ **stop off** *vi (stay briefly)* parar, hacer una parada; **could you ~ off at the baker's for me?** ¿podrías hacerme el favor de pasarte por el panadero?

◆ **stop out** *vi Br (stay out)* quedarse *or* permanecer fuera; **to ~ out all night** estar fuera toda la noche

◆ **stop over** *vi* **-1.** AV hacer escala **-2.** *Br (spend the night)* pasar la noche

◆ **stop round** *vi* pasarse

◆ **stop up** ◇ *vt sep (hole)* taponar, tapar; *(sink, pipe)* atascar

◇ *vi Br (stay up)* quedarse levantado(a)

stop-and-go *US* = **stop-go**
stop-and-search [stɒpən'sɜːtʃ] *adj* **the police have been given special ~ powers** la policía ha recibido poderes especiales para detener y registrar
stopcock ['stɒpkɒk] *n* llave *f* de paso

stopgap ['stɒpɡæp] *n (thing)* recambio *m*, repuesto *m (provisional)*; *(person)* sustituto(a) *m,f (temporal)* ❑ **~ measure** medida *f* provisional
stop-go ['stɒp'ɡəʊ], *US* **stop-and-go** [stɒpən'ɡəʊ] *adj* ECON de frenado y aceleración
stoplight ['stɒplaɪt] *n US* **-1.** *(traffic light)* semáforo *m* **-2.** *(brake light)* luz *f* del freno, luz *f* de frenado
stop-off ['stɒpɒf] *n* parada *f*
stop-out ['stɒpaʊt] *n Br Hum Fam* **dirty ~** crápula *mf*, calavera *mf*
stopover ['stɒpəʊvə(r)] *n (break in any journey)* parada *f*; *(in journey by plane)* escala *f*
stoppage ['stɒpɪdʒ] *n* **-1.** *(of flow, traffic)* retención *f*, detención *f*; *(of work)* interrupción *f*; SPORT interrupción *f* del juego ❑ SPORT **~ time** tiempo *m* de descuento **-2.** *(strike)* paro *m* **-3.** *(blockage) (in pipe, intestine)* obstrucción *f* **-4.** FIN *(deduction)* retención *f*
stopper ['stɒpə(r)] ◇ *n* tapón *m*

◇ *vt* poner el tapón a
stopping ['stɒpɪŋ] *n* AUT **~ distance** distancia *f* de frenado; **~ place** sitio *m* para parar; *Br* **~ train** tren *m* con paradas en todas las estaciones
stop-press ['stɒppres] JOURN ◇ *n* noticias *fpl* de última hora

◇ *adj* **~ news** noticias de última hora
stopwatch ['stɒpwɒtʃ] *n* cronómetro *m*
storage ['stɔːrɪdʒ] *n* **-1.** *(putting into store)* almacenamiento *m*, almacenaje *m*; **the goods were damaged in ~** las mercancías sufrieron daños en el almacén; **our furniture is in ~** tenemos todas nuestras cosas en un guardamuebles; **to put sth into ~** almacenar algo ❑ ELEC **~ battery** acumulador *m*; **~ charges** gastos *mpl* de almacenaje; **~ heater** acumulador *m* de calor; **~ room** trastero *m*; **~ space** sitio *m* or espacio *m* para guardar cosas; **~ tank** depósito *m*
-2. COMPTR almacenamiento *m* ❑ **~ capacity** capacidad *f* de almacenamiento; **~ device** dispositivo *m* de almacenamiento
-3. *(costs)* almacenaje *m*
store [stɔː(r)] ◇ *n* **-1.** *(supply) (of goods, food)* reserva *f*, provisión *f*; *(of knowledge, wisdom)* caudal *m*, cúmulo *m*; *(of jokes)* repertorio *m*; **we keep a ~ of tins in case of emergency** guardamos una provisión de latas en caso de emergencia; **to hold** *or* **keep sth in ~** tener algo guardado(a) *or* reservado(a); **we should get in** *or* **lay in a ~ of coal** deberíamos hacernos con una buena reserva de carbón; **stores** *(supplies)* reservas *fpl*; MIL reserva *f*
-2. *(warehouse)* almacén *m*; **our furniture is in ~** tenemos los muebles en un almacén; **to put sth into ~** almacenar algo ❑ **~ cupboard** almacén *m* con estanterías
-3. *esp US (shop)* tienda *f*
-4. *(large shop)* **(department) ~** grandes almacenes *mpl*, *Am* grandes tiendas *fpl* ❑ **~ card** tarjeta *f* de compra (a crédito); **~ detective** vigilante *m* de paisano *(de establecimiento comercial)*; **~ manager** director(ora) *m,f* del establecimiento
-5. IDIOMS **I have a surprise in ~ for her** le tengo reservada *or* guardada una sorpresa; **who knows what's in ~ for us?** ¿quién sabe lo que nos espera *or Esp* aguarda?; **to set** *or* **lay great ~ by sth** dar mucha importancia a algo

◇ *vt* **-1.** *(put in storage)* almacenar; *(facts, ideas)* almacenar **-2.** *(keep)* guardar; **~ in a cool place** consérvese en lugar fresco; **to ~ sth away** guardar algo **-3.** COMPTR almacenar **-4.** *(electricity, heat)* almacenar; **the body stores energy in the form of fat** el cuerpo almacena energía en forma de grasa **-5.** *(fill with provisions)* llenar **(with** de**)**

◇ *vi (goods)* conservarse

◆ **store up** *vt sep* acumular; **he's just storing up trouble for himself by keeping silent** al permanecer callado se está metiendo en un lío
store-bought ['stɔːbɔːt] *adj US (cake)* comprado(a); *(clothes)* de confección

storefront ['stɔːfrʌnt] *n US* fachada *f (de tienda)*
❑ **~ church** = iglesia en una zona comercial
storehouse ['stɔːhaʊs] *n* **-1.** *(warehouse)* almacén *m* **-2.** *(of information)* mina *f*
storekeeper ['stɔːkiːpə(r)] *n US (shopkeeper)* tendero(a) *m,f*
storeman ['stɔːmən] *n* almacenista *mf*, almacenero(a) *m,f*
storeroom ['stɔːruːm] *n (in office, shop, factory)* almacén *m*; *(at home)* trastero *m*; NAUT bodega *f*
storey, *US* **story** ['stɔːrɪ] *(pl* **storeys,** *US* **stories)** *n* piso *m*, planta *f*; **a single-~/four-~ building** un edificio de una planta *or* un piso/de cuatro plantas *or* pisos
-storeyed, *US* **-storied** ['stɔːrɪd] *suffix* **a single~/four~ building** un edificio de una planta *or* un piso/de cuatro plantas *or* pisos
stork [stɔːk] *n* cigüeña *f*
storm [stɔːm] ◇ *n* **-1.** *(bad weather)* tormenta *f*; IDIOM **a ~ in a teacup** una tormenta en un vaso de agua ❑ *US* **~ cellar** refugio *m* para ciclones; **~ clouds** nubes *fpl* de tormenta; *Fig* **the ~ clouds are gathering over the peace process** unos nubarrones de tormenta se ciernen sobre el proceso de paz; **~ cock** zorzal *m* charlo, cagaaceite *m*; **~ damage** daños *mpl* causados por el temporal; **~ door** doble puerta *f*, contrapuerta *f*; **~ lantern** farol *m*; **~ petrel** paíño *m* europeo; **~ warning** aviso *m* de tormenta; **~ window** contraventana *f*
-2. *(scandal)* tormenta *f*; *(of insults, protest, criticism)* aluvión *m*; **the arms deal caused a political ~** el acuerdo armamentístico causó una tormenta política; **she left the stage to a ~ of applause** dejó el escenario bajo una salva de aplausos
-3. MIL *(frontal attack)* **to take a town/a fortress by ~** tomar una ciudad/una fortaleza por asalto; *Fig* **the show took Broadway by ~** el espectáculo arrasó en Broadway ❑ **~ troops** tropas *fpl* de asalto

◇ *vt* **-1.** *(town, fortress)* asaltar; *(house)* invadir **-2.** *(shout angrily)* **"get out!" he stormed** "¡fuera!" vociferó

◇ *vi* **-1.** *(be angry)* enfurecerse; **to ~ at sb** gritar a alguien
-2. *(go angrily)* **to ~ in/out** entrar/salir furiosamente; **she stormed off without saying a word** se marchó enfurecida y sin decir una palabra; **she was storming about the place like a madwoman** iba de un sitio para otro hecha una furia
-3. *(move quickly)* **he stormed past the defender and scored** pasó como una flecha por delante del defensa y marcó
-4. *(wind, gale)* arreciar
stormbound ['stɔːmbaʊnd] *adj (airport)* cerrado(a) por el temporal; *(town)* aislado(a) por el temporal
stormily ['stɔːmɪlɪ] *adv* de manera violenta
storminess ['stɔːmɪnɪs] *n* **-1.** *(of weather)* lo tormentoso **-2.** *(of relationship, meeting, career)* tempestuosidad *f*
storming ['stɔːmɪŋ] ◇ *n (attack, capture)* asalto *m*; **the ~ of the Bastille** la toma de la Bastilla

◇ *adj Fam (performance, speech)* arrollador(ora)
Stormont ['stɔːmənt] *n* Stormont, = sede del gobierno de Irlanda del Norte
stormproof ['stɔːmpruːf] *adj* a prueba de temporales
storm-tossed ['stɔːmtɒst] *adj* zarandeado(a) por el vendaval
stormtrooper ['stɔːmtruːpə(r)] *n* soldado *m* (de las tropas) de asalto
stormy ['stɔːmɪ] *adj* **-1.** *(weather, day, sky)* tormentoso(a); *(sea)* tempestuoso(a); **it's ~ today** hoy hay tormentas **-2.** *(of relationship, meeting, career)* tempestuoso(a)
story[1] ['stɔːrɪ] *n* **-1.** *(account) (fictional)* cuento *m*; *(factual)* historia *f*; **a ghost/murder ~** un relato de fantasmas/crímenes; **the book/movie tells the ~ of...** el libro/la película narra la historia de...; **the witness changed his ~** el testigo cambió su declaración;

story

that's not the whole ~, that's only part of the ~ eso no es todo; **there's a ~ behind** or **attached to every exhibit in the museum** cada objeto expuesto en el museo tiene una historia detrás; **that's (quite) another ~** eso ya es otra cosa; **it's the same old ~** es la historia de siempre; **he told us his life ~** nos contó la historia de su vida; *Fam* **it's the ~ of my life!** ¡siempre me pasa lo mismo!; **it's a long ~** es muy largo de contar; **to cut a long ~ short,...** para resumir,...; **end of ~** y no hay más que hablar; **that's my ~ and I'm sticking to it** así pasó y así lo cuento; **let me tell you my side of the ~** deja que te cuente mi versión de los hechos; **these bruises tell their own ~** estos moratones hablan por sí mismos

-2. *(plot) (of novel, play)* argumento *m*; **the ~ is set in wartime London** la historia se desarrolla en el Londres de la guerra
-3. *(joke)* chiste *m*
-4. *(in newspaper)* artículo *m*; **the paper is running a ~ on corruption** el periódico publica un artículo sobre la corrupción; **what's the ~?** ¿qué ha pasado aquí?
-5. *(rumour)* rumor *m*; **there's a ~ going about that...** circula el rumor de que...; **the ~ goes that...** se dice or cuenta que...
-6. *(lie)* cuento *m*; **to tell stories** contar cuentos

story² *US* = **storey**

storyboard ['stɔ:rɪbɔ:d] *n* CIN storyboard *m*, = dibujo de los planos que se van a rodar

storybook ['stɔ:rɪbʊk] *n* libro *m* de cuentos; **a ~ ending** un final de cuento

storyline ['stɔ:rɪlaɪn] *n (of book, play, movie)* argumento *m*

storyteller ['stɔ:rɪtelə(r)] *n* -1. *(narrator)* narrador(ora) *m,f*; **to be a good/bad ~** ser buen/mal contador de historias -2. *(liar)* cuentista *mf*

stoup [stu:p] *n* pila *f* de agua bendita

stout [staʊt] ◇ *n (beer)* cerveza *f* negra
◇ *adj* -1. *(fat) (person)* rechoncho(a) -2. *(solid) (door, shoes, stick)* resistente -3. *(brave) (person, resistance)* valeroso(a); *(support)* firme

stouthearted ['staʊtˈhɑːtɪd] *adj Literary* denodado(a), valeroso(a)

stoutly ['staʊtlɪ] *adv* -1. *(to resist)* denodadamente; *(to support)* firmemente -2. *(to maintain, deny)* a toda costa -3. *(solidly) (built)* sólidamente; *(made)* resistentemente

stoutness ['staʊtnɪs] *n* -1. *(of person, figure)* rechonchez *f* -2. *(of door, shoes, stick)* solidez *f* -3. *(of person, resistance)* aguante *m*; *(of support)* firmeza *f*

stove¹ [stəʊv] *n* -1. *(for cooking)* cocina *f*, *Col, Méx, Ven* estufa *f* -2. *(for heating)* estufa *f*

stove² *pt & pp of* **stave**

stovepipe ['stəʊvpaɪp] *n* -1. *(on stove)* tubo *m* de estufa -2. *Fam ~* **(hat)** chistera *f*

stow [stəʊ] *vt (put away)* guardar; NAUT estibar; **he stowed the keys behind the clock** *(hid)* escondió las llaves detrás del reloj; IDIOM *Br Fam ~* **it!** *(stop)* ¡para ya!; *(shut up)* ¡calla ya!

◆ **stow away** ◇ *vt (hide)* esconder
◇ *vi (on ship)* ir or viajar de polizón

stowage ['stəʊɪdʒ] *n* -1. *(of goods)* almacenamiento *m*; NAUT estiba *f* -2. *(space)* sitio *m* or espacio *m* para guardar cosas; NAUT bodega *f*

stowaway ['stəʊəweɪ] *n* polizón *m*

straddle ['strædl] *vt* -1. *(horse, wall)* sentarse a horcajadas en
-2. *(span)* **the bridge straddles the river** el puente une las dos orillas del río; **their empire straddled the Mediterranean** su imperio alcanzaba a todo el Mediterráneo; **his career has straddled the worlds of politics and the stage** su carrera se ha desarrollado a caballo entre la política y el teatro
-3. *US Fam* **to ~ the fence** *(be noncommittal)* no pronunciarse, nadar entre dos aguas

strafe [streɪf] *vt (with machine guns)* ametrallar desde el aire

straggle ['strægl] *vi* -1. *(lag behind)* rezagarse; **she was straggling behind all the others** se estaba quedando rezagada del resto; **to straggle in/out** entrar/salir poco a poco
-2. *(spread untidily) (roots, creepers)* extenderse desordenadamente; **her hair straggled over her forehead** le caían mechones sueltos de pelo sobre la frente; **the houses ~ along the river** las casas están diseminadas a lo largo del río

straggler ['stræglə(r)] *n* rezagado(a) *m,f*

straggly ['stræglɪ] *adj (hair)* desgreñado(a); *(beard)* muy descuidada; *(roots, creepers)* extendido(a) desordenadamente; **a ~ line of refugees** una cola caótica de refugiados

straight [streɪt] ◇ *n* -1. *(moral rectitude)* **to keep to the ~ and narrow** seguir por el buen camino
-2. *(in sport)* recta *f*
-3. *Fam (heterosexual)* heterosexual *mf*
-4. *US Fam (conventional person)* persona *f* convencional; **don't be such a ~!** ¡no seas tan convencional!

◇ *adj* -1. *(not curved) (line, back, skirt)* recto(a); *(hair)* liso(a); **in a ~ line** en línea recta; IDIOM **~ as a ramrod** tieso(a) como una vela or palo; **to keep a ~ face** contener la sonrisa ❏ ~ **angle** ángulo *m* llano
-2. *(level, not sloping) (picture, tie)* derecho(a)
-3. *(tidy) (room)* arreglado(a), en orden; **to put one's hair ~** arreglarse el pelo
-4. *(clear)* **let me get this ~** a ver si te entiendo; **next time, get your facts ~ before you start criticizing** la próxima vez procura informarte bien antes de criticar; **to put** or **set things ~** aclarar las cosas; **to put** or **set sb ~** aclararle las cosas a alguien
-5. *(simple) (choice, swap)* simple; **it's a ~ fight between Mitchell and Davies** es una lucha entre, Mitchell y Davies
-6. *(basic, plain)* ordinario(a)
-7. *(undiluted)* solo(a); **to drink ~ vodkas** beber vodka a palo seco
-8. *(consecutive)* consecutivo(a); **three ~ wins** tres victorias consecutivas; **to win in ~ sets** ganar sin ceder un solo set; **I got ~ As in my exams** saqué sobresaliente en todos mis exámenes ❏ ~ **flush** *(in cards)* escalera *f* de color
-9. *(honest) (person, answer)* franco(a); **to be ~ with sb** ser franco(a) con alguien; IDIOM **to be as ~ as an arrow** or **a die** actuar sin dobleces ❏ *US Fam* ~ **arrow** tipo(a) *m,f* convencional; *US Fam* ~ **shooter** persona *f* de fiar, *Esp* tío(a) *m,f* legal; ~ **talk:** teenagers appreciate ~ talk about drug issues a los adolescentes les gusta que les hablen sin rodeos sobre las drogas
-10. *(conventional)* convencional ❏ ~ **man** *(in comedy act)* = en una pareja, el cómico con el papel serio
-11. *Fam (heterosexual)* heterosexual
-12. *Fam (of addict)* **I'm ~ now** *(not on drugs)* ya no me drogo; *(I don't drink)* ya no bebo or Am tomo
-13. *Fam (not owing money)* **are we ~ now?** ¿estamos en paz?

◇ *adv* -1. *(in straight line)* recto, en línea recta; **sit up ~!** ¡siéntate derecho!; **I can't walk ~** no puedo caminar recto or en línea recta; **it's ~ ahead, it's ~ in front of us** está justo delante de nosotros; **to look ~ ahead** mirar hacia adelante; **go ~ on** sigue todo recto or derecho; **he was coming ~ towards me** venía derecho hacia mí; IDIOM **to go ~** *(criminal)* reformarse
-2. *(level)* recto(a); **have I hung the picture ~?** ¿he colgado el cuadro recto?
-3. *(clearly)* **to see/think ~** ver/pensar con claridad
-4. *(honestly)* **tell me ~ (out)** cuéntamelo sin rodeos; *Br Fam* ~ **up** en serio
-5. *(immediately)* inmediatamente, en seguida; ~ **after(wards)** inmediatamente después; ~ **away** or **off** inmediatamente; **to get ~ down to business** ponerse a trabajar inmediatamente or en seguida
-6. *(directly)* directamente; **to cut ~ through sth** atravesar algo; **I'll come ~**

strain

back vuelvo en seguida; **come ~ home** ven directamente a casa; **she walked ~ past me** pasó por delante de mí sin detenerse; **to come** or **get ~ to the point** ir directamente al grano; **to come ~ out with sth** decir algo sin rodeos; IDIOM ~ **from the shoulder** sin ambages
-7. *(continuously)* **for 24 hours ~** durante 24 horas ininterrumpidas

straight-arm ['streɪtɑːm] ◇ *adj* ~ **tackle** placaje *m* con el brazo estirado
◇ *vt* placar con el brazo estirado a

straightaway [ˌstreɪtəˈweɪ] *adv* inmediatamente, *Méx* ahorita, *Andes, RP* al tiro
◇ *n US* recta *f*

straightedge ['streɪtedʒ] *n (ruler)* regla *f*

straighten ['streɪtn] ◇ *vt* -1. *(bent nail, rod)* enderezar; *(wheel)* enderezar; *(hair)* peinar; *(picture, tie, hat)* poner derecho(a); *(hem)* igualar; *(sheets, tablecloth)* alisar; **to ~ one's back** enderezar la espalda; **she's having her teeth straightened** le están enderezando los dientes -2. *(tidy) (room, papers, desk)* ordenar
◇ *vi (person)* ponerse derecho(a); *(road)* hacerse recto(a)

◆ **straighten out** ◇ *vt sep* -1. *(leg, arm)* estirar; *(bent object)* enderezar; *(sheets, tablecloth)* alisar -2. *(problem)* resolver; *(mess, confusion)* esclarecer; *(misunderstanding)* aclarar; *(one's affairs)* poner en orden -3. *Fam (help)* poner bien a; *(punish)* poner firme a; **I'll soon ~ her out!** ¡a ésa sí que la voy a poner firme pronto!
◇ *vi (road)* hacerse recto(a); *(hair)* alisarse

◆ **straighten up** ◇ *vt sep* -1. *(room, papers)* ordenar -2. *(affairs)* poner en orden
◇ *vi* -1. *(person)* ponerse derecho(a) -2. *(tidy up)* recoger

straight-faced ['streɪtfeɪst] *adj* con la cara seria

straightforward [streɪtˈfɔːwəd] *adj* -1. *(honest)* franco(a); **it's impossible to get a ~ answer out of her** es imposible sacarle una respuesta directa -2. *(simple)* sencillo(a)

straightforwardly [streɪtˈfɔːwədlɪ] *adv* -1. *(honestly)* con franqueza, claramente -2. *(simply)* de forma sencilla, con sencillez; **the meeting did not go off quite as ~ as hoped** la reunión no se desarrolló con la facilidad que habíamos esperado

straightforwardness [streɪtˈfɔːwədnɪs] *n* -1. *(honesty)* franqueza *f* -2. *(simplicity)* sencillez *f*

straight-out ['streɪtaʊt] *adj esp US Fam* -1. *(answer)* sin rodeos; *(refusal)* rotundo(a) -2. *(utter) (liar, hypocrite)* profesional; *(lie, dishonesty)* evidente; *(opponent, supporter)* acérrimo(a)

straight-to-video ['streɪtəˈvɪdɪəʊ] *adv* CIN **it went ~** fue comercializado directamente en *Esp* vídeo or *Am* video

strain¹ [streɪn] ◇ *n* -1. *(on beam, rope) (from pressure, pushing)* presión *f*; *(from tension, pulling)* tensión *f*; **the rope snapped under the ~** la cuerda se rompió por la presión; **the weight put too much ~ on the rope** la carga puso la cuerda demasiado tensa; **the girder isn't designed to take so much ~** la viga no está preparada para aguantar tanta presión or peso; **this prop takes the ~ off the girder** este puntal reduce la presión de la viga
-2. *(on economy)* tensión *f*; *(on friendship)* tirantez *f*; **to put a ~ on** *(economy, friendship)* crear tensiones en; **watching so much TV is a ~ on the eyes** ver tanta televisión cansa la vista; **the war is putting a great ~ on the country's resources** la guerra está llevando al límite los recursos del país
-3. *(mental pressure)* agobio *m*; **to be under a lot of ~** estar muy agobiado(a); **to put sb under a lot of ~** someter a alguien a mucha presión; **he's beginning to feel/show the ~ of working such late hours** está empezando a sentir/mostrar el estrés que le causa trabajar hasta tan tarde; **the arrival of a new secretary took the ~ off me** la llegada

de la nueva secretaria me quitó el estrés de encima; **the ~ of making polite conversation** la tensión de mantener una conversación formal; **he can't take the ~ anymore** no puede soportar más la presión **-4.** (of muscle) distensión f; (of ankle) torcedura f
◇ vt **-1.** (put strain on) (beam, rope) ejercer presión sobre
-2. (economy, friendship) crear tensiones en; (resources, budget) llevar al límite a; **to ~ sb's patience** agotar la paciencia de alguien; **it would be straining the truth to call the play a masterpiece** sería forzar la verdad llamar a esto una obra maestra
-3. (force) **he strained his ears to hear what they were saying** aguzó al máximo el oído para oír lo que decían; **to ~ one's eyes to see sth** afinar la vista para ver algo; **to ~ every nerve** or **sinew to do sth** hacer todo lo imposible por conseguir hacer algo
-4. (hurt, damage) **to ~ a muscle** distenderse un músculo; **to ~ one's ankle** torcerse el tobillo; **to ~ one's back** hacerse daño en la espalda; **reading small print strains your eyes** leer la letra pequeña cansa la vista; **mind you don't ~ yourself lifting that desk** ten cuidado, no te hagas daño al levantar el escritorio; *Ironic* **don't ~ yourself!** ¡ten cuidado, no te vayas a herniar or quebrar!
-5. CULIN (liquid) colar; (vegetables) escurrir; **to ~ sth off** colar algo
◇ vi **-1.** (pull) **to ~ at a rope/door** tirar de una cuerda/puerta; *Fig* **to be straining at the leash (to do sth)** estar impaciente (por hacer algo)
-2. (struggle) **the beam strained under the weight** la viga se combó por el peso; **she was straining under the weight of rucksack** apenas podía con el peso de la mochila
-3. (strive) **to ~ to do sth** hacer un esfuerzo por hacer algo; **he tends to ~ after** or **for effect** tiende a emplear recursos demasiado efectistas

strain² n **-1.** (variety) (of virus) cepa f; (of plant) variedad f **-2.** (streak) **a ~ of madness** un toque de locura; **there's a strong ~ of fantasy in his novels** hay un importante componente de fantasía en sus novelas
-3. (style) **in the same ~** en la misma línea
-4. strains (of music) compases mpl

strained [streɪnd] adj **-1.** (muscle) distendido(a); **to have a ~ ankle** tener un tobillo torcido; **to have a ~ neck** tener tortícolis **-2.** (tired) (eyes) cansado(a) **-3.** (tense) (atmosphere, conversation, relations) tenso(a), tirante; (expression) cansado(a) **-4.** (forced) (humour, smile, laugh, style) forzado(a) **-5.** CULIN (yoghurt) espeso(a); (baby food) pasado(a) por el pasapurés

strainer ['streɪnə(r)] n colador m

strait [streɪt] n estrecho m; **to be in dire** or **desperate straits** (in serious difficulty) estar en serios aprietos ▫ **the Strait(s) of Gibraltar** el estrecho de Gibraltar; **the Strait(s) of Hormuz** el estrecho de Ormuz; **the Strait(s) of Magellan** el estrecho de Magallanes; **the Strait(s) of Messina** el estrecho de Mesina

straitened ['streɪtənd] adj *Formal* **to be in ~ circumstances** pasar calamidades or estrecheces

straitjacket ['streɪtdʒækɪt] n camisa f de fuerza; *Fig* **the financial ~ imposed by the government** las restricciones económicas impuestas por el gobierno

straitlaced ['streɪt'leɪst] adj mojigato(a)

strand¹ [strænd] vt (ship) varar; **to be stranded** quedar varado(a); **a whale was stranded on the beach** una ballena quedó varada en la playa; **we were stranded at Laguardia for 15 hours** nos quedamos atrapados en Laguardia durante 15 horas; **we were left stranded in the middle of nowhere** nos dejaron tirados en mitad de la nada

strand² n **-1.** (of rope) cabo m; (of cotton) hebra f; (of wire) hilo m; (of hair) pequeño mechón m **-2.** (of plot) hilo m (argumental) **-3.** *Literary* (beach) playa f

strange [streɪndʒ] adj **-1.** (odd) (person, behaviour) raro(a), extraño(a); **he didn't tell his wife – how ~!** no se lo contó a su mujer – ¡qué raro or extraño!; **it felt ~ to be back in Canada** se hacía raro estar de nuevo en Canadá; **it's bound to feel a little ~ at first** seguramente se te hará raro or extraño al principio; **it's ~ he hasn't phoned** es raro que no haya llamado, me extraña que no haya llamado; **the ~ thing is, I'm sure she recognized me** lo raro es que estoy seguro de que me reconoció; **the strangest thing happened to me today** hoy me ha pasado una cosa extrañísima; **for some ~ reason I can't seem to remember her name** por alguna extraña razón parece que no puedo acordarme de su nombre; **~ as it may seem,...** por extraño que parezca,...; **to say, I've never been there** aunque suene extraño, nunca he estado allí
-2. (unfamiliar) (person, place) desconocido(a), extraño(a); **I was surrounded by ~ faces** estaba rodeado de caras desconocidas or extrañas; **I woke up to find a ~ man in my room** me desperté y encontré un extraño en mi habitación; **she awoke in a ~ bed** se despertó en una cama extraña; **he is still ~ to city life** todavía se le hace rara la vida en la ciudad
-3. (unwell) **I feel rather ~** me siento un poco raro
-4. PHYS (particle) extraño(a) ▫ **~ attractor** atractor m extraño

strangely ['streɪndʒlɪ] adv (to behave, dress) de modo extraño; **~ familiar** extrañamente familiar; **~ enough,...** aunque parezca raro or extraño,...

strangeness ['streɪndʒnɪs] n **-1.** (oddness) rareza f **-2.** (unfamiliarity) lo desconocido **-3.** PHYS extrañeza f

stranger ['streɪndʒə(r)] n **-1.** (unknown person) desconocido(a) m,f, extraño(a) m,f; **a perfect ~** un perfecto desconocido; **we are complete strangers** no nos conocemos en absoluto; **she is no ~ to controversy** la polémica no le es ajena, la polémica le acompaña; **I'm something of a ~ to the subject** el tema me es bastante desconocido; *Fam* **hello ~!** ¡dichosos los ojos!
-2. (person from other place) forastero(a) m,f; **I'm a ~ here myself** yo tampoco soy de aquí

strangle ['stræŋgəl] vt **-1.** (person) estrangular; **he should have been strangled at birth** mejor que no hubiera nacido, maldita sea la hora en que nació **-2.** (economy) estrangular; (opposition, originality) acabar con

strangled ['stræŋgəld] adj (voice, cry) ahogado(a)

stranglehold ['stræŋgəlhəʊld] n **-1.** (in wrestling, fight) llave f al cuello; **to have sb in a ~** tener a alguien inmovilizado(a) con una llave al cuello **-2.** (control) **to have a ~ on sth/sb** tener un control absoluto sobre algo/alguien; **he is hoping to break Sampras' ~ on the singles title** espera acabar con el dominio de Sampras en la categoría de individuales

strangler ['stræŋglə(r)] n estrangulador(ora) m,f

strangling ['stræŋglɪŋ] n **-1.** (asphyxiation) asfixia f **-2.** (case of murder by strangulation) estrangulamiento m

strangulated ['stræŋgjʊleɪtɪd] adj (cry) ahogado(a) ▫ MED **~ hernia** hernia f estrangulada

strangulation [stræŋgjʊ'leɪʃən] n estrangulamiento m

strap [stræp] ◇ n **-1.** (of watch, bag) correa f; (of shoe) tira f; (on dress, bra) tirante m, *Am* bretel m; (of helmet) correa f **-2.** (as punishment) **to give sb the ~** dar a alguien con la correa; **to get the ~** ser castigado(a) con la correa **-3.** (on bus, underground) agarradera f

◇ vt (pt & pp **strapped**) **-1.** (tie with straps) **to ~ sth to sth** sujetar algo con correas a algo **-2.** (wound) vendar
➤ **strap down** vt sep sujetar con correas
➤ **strap in** vt sep **to ~ oneself in** abrocharse or ponerse el cinturón (de seguridad); **he strapped the child in** le abrochó or puso el cinturón (de seguridad) al niño
➤ **strap up** vt sep (wound) vendar

strap-hanger ['stræphæŋə(r)] n *Fam* usuario(a) m,f del transporte público

strap-hanging ['stræphæŋɪŋ] n *Fam* = viajar de pie en el transporte público

strapless ['stræplɪs] adj (dress, bra) sin tirantes or *Am* breteles

strap-on ['stræpɒn] adj con correaje

strapped [stræpt] adj *Fam* **to be ~ (for cash)** estar sin un centavo, estar pelado(a)

strapping ['stræpɪŋ] adj fornido(a)

Strasbourg ['stræzbɜːg] n Estrasburgo

strata pl of **stratum**

stratagem ['strætədʒəm] n estratagema f

strategic [strə'tiːdʒɪk] adj estratégico(a) ▫ **~ business unit** unidad f estratégica de negocio; **Strategic Defense Initiative** Iniciativa f de Defensa Estratégica

strategically [strə'tiːdʒɪklɪ] adv estratégicamente; **our company is ~ placed to benefit from this development** nuestra compañía está estratégicamente situada para aprovechar este cambio

strategist ['strætədʒɪst] n estratega mf

strategy ['strætədʒɪ] n estrategia f

stratification [strætɪfɪ'keɪʃən] n estratificación f

stratified ['strætɪfaɪd] adj **-1.** (rock) estratificado(a) **-2.** (society) estamental, estratificado(a) ▫ **~ sample** muestra f estratificada

stratify ['strætɪfaɪ] ◇ vt estratificar
◇ vi estratificarse

stratocumulus [strætəʊ'kjuːmjʊləs] (pl **stratocumuli** [strætəʊ'kjuːmjʊlaɪ]) n MET estratocúmulo m

stratosphere ['strætəsfɪə(r)] n estratosfera f

stratospheric [strætə'sferɪk] adj **her popularity has reached ~ heights** su popularidad ha alcanzado cotas estratosféricas

stratum ['strɑːtəm] (pl **strata** ['strɑːtə]) n **-1.** (rock) estrato m **-2.** (of society) estamento m, estrato m

stratus ['streɪtəs] (pl **strati** ['streɪtaɪ]) n MET estrato m

straw [strɔː] n **-1.** (dry stalks) paja f ▫ **~ hat** sombrero m de paja; *Fig* **~ man** hombre m de paja; **~ mat** felpudo m; **~ mattress** colchón m de paja; **~ poll** sondeo m informal
-2. (for drinking) pajita f, *Méx* popote m
-3. IDIOMS **it's a ~ in the wind** puede ser un indicio de cómo van a ser las cosas; **to clutch** or **grasp at straws** agarrarse a un clavo ardiendo; **that's the last ~!** ¡es el colmo!; **the ~ that broke the camel's back** la gota que colmó el vaso

strawberry ['strɔːbərɪ] n (fruit, plant) fresa f, *CSur* frutilla f; **~ jam** mermelada de fresa or *CSur* frutilla ▫ **~ blonde** rubio(a) m,f bermejo(a); **~ field** fresal m; **~ mark** antojo m (en la piel)

straw-coloured ['strɔːkʌləd] adj pajizo(a)

stray [streɪ] ◇ n **-1.** (dog) perro m callejero; (cat) gato m callejero **-2.** (child) golfillo(a) m,f
◇ adj **-1.** (dog, cat) callejero(a); (cow, sheep) descarriado(a) **-2.** (bullet) perdido(a); (memory) aislado(a), desconectado(a); **a few ~ birds flew by** pasó algún que otro pájaro **-3.** (curl, hair) suelto(a)
◇ vi **-1.** (move) desviarse; **some sheep had strayed onto the railway line** algunas ovejas se habían descarriado y estaban en la vía del tren; **to ~ onto sb's property** meterse sin querer en la propiedad de alguien; **to ~ from** (person) desviarse de; (animal) descarriarse de; **her thoughts strayed (back) to her days in Japan** sus pensamientos vagaron hasta (remontarse a) sus días en Japón
-2. (digress) **to ~ from the point** divagar

streak [striːk] ◇ n -1. *(stripe)* raya f, lista f; *(in hair)* mecha f; *(in marble, of ore)* vena f, veta f; *(of dirt, blood, paint)* tira f, chorro m; **a ~ of lightning** un rayo
-2. *(run)* **a ~ of luck** una racha de suerte; **to be on a winning/losing ~** tener una buena/mala racha
-3. *(character trait)* vena f; **to have a cruel ~** tener una vena de crueldad; **there's a ~ of Indian blood in the family** hay gotas de sangre india en la familia
-4. *Fam (naked dash)* **to do a ~** correr desnudo(a)
◇ vt **streaked with dirt** manchado(a) *(con tiras o chorros de suciedad)*; **streaked with tears** cubierto(a) de lágrimas; **his hair is streaked with silver** tiene mechones grises; **marble streaked with red** mármol veteado de or en rojo; **to have one's hair streaked** hacerse mechas en el pelo
◇ vi -1. *(move quickly)* **to ~ in/out** entrar/salir a toda prisa; **to ~ off** salir disparado(a); **to ~ past** pasar a toda velocidad -2. *Fam (run naked)* correr desnudo(a)

streaker [ˈstriːkə(r)] n *Fam* = espontáneo que irrumpe corriendo desnudo en un espectáculo público

streaking [ˈstriːkɪŋ] n *Fam* streaking m, = acto de exhibirse corriendo desnudo en un espectáculo público

streaky [ˈstriːkɪ] adj *(surface, pattern)* veteado(a); **her make-up had gone ~** se le había corrido el maquillaje ❏ **~ bacon** tocino m or *Esp* bacon m entreverado

stream [striːm] ◇ n -1. *(brook)* arroyo m, riachuelo m
-2. *(current)* corriente f; *(of thoughts, ideas)* corriente f; *Fig* **to go with/against the ~** dejarse llevar por/nadar contra la corriente
-3. *(of light, blood, water)* chorro m; *(of lava)* flujo m; *(of tears, insults)* torrente m; *(of people)* oleada f; *(of traffic)* oleada f, torrente m; *(of applications, complaints)* alud m; **there was a continuous ~ of visitors** había un continuo torrente de visitantes; **to come on ~** *(industrial plant)* entrar en funcionamiento ❏ **~ of consciousness** LIT monólogo m interior; PSY flujo m de la consciencia
-4. *Br* SCH = cada una de las divisiones del alumnado en grupos por niveles de aptitud
◇ vt -1. *(spurt) (blood)* chorrear; **her eyes were streaming tears** sus ojos chorreaban lágrimas -2. *Br* SCH **to ~ pupils** dividir en grupos a los alumnos según su capacidad
◇ vi -1. *(flow)* **the water streamed out** el agua salía a chorros; **blood streamed from his wounds** le chorreaba or manaba la sangre de las heridas; **people streamed into the stadium** la gente entraba en masa al estadio; **the light streamed in through the window** la luz entraba a raudales por la ventana; **his eyes were streaming** le lloraban los ojos; **the walls were streaming with water** las paredes estaban chorreando de agua, las paredes chorreaban agua; **tears streamed down her cheeks** le resbalaban las lágrimas por las mejillas
-2. *(hair, banner)* ondear

streamer [ˈstriːmə(r)] n -1. *(paper decoration)* serpentina f -2. *(banner)* banderola f -3. *(in newspaper)* gran titular m

streamertail [ˈstriːməteɪl] n colibrí m gallardete

streaming [ˈstriːmɪŋ] ◇ n *Br* SCH = sistema de división del alumnado en grupos por niveles de aptitud
◇ adj **to have a ~ cold** tener un fuerte resfriado

streamline [ˈstriːmlaɪn] vt -1. *(vehicle)* hacer más aerodinámico(a) -2. *(system, department, industry)* racionalizar

streamlined [ˈstriːmlaɪnd] adj -1. *(vehicle)* aerodinámico(a) -2. *(system, department, industry)* racionalizado(a)

street [striːt] n -1. *(road)* calle f; **it's on** or *Br* **in Main Street** está en la calle Main Street; **on** or *Br* **in the ~** en la calle; **at ~ level** (al) nivel de la calle; **the whole ~ knows about it** toda la calle lo sabe; **thousands of protesters took to the streets** miles de manifestantes salieron a la calle ❏ **~ art** arte m callejero; **~ atlas** plano m de calles; **~ cleaner** *(person)* barrendero(a) m,f; *(machine)* camión m barrecalles; **~ corner** esquina f; **~ directory** plano m de calles; **~ door** puerta f principal; **~ fighting** peleas fpl callejeras; **~ furniture** mobiliario m urbano; **~ guide** plano m de calles; **~ hockey** hockey m callejero; **~ lighting** alumbrado m público; **~ map** plano m de calles; *(book)* callejero m; **~ market** mercado m en la calle; **~ musician** músico m callejero; **~ party** fiesta f en la calle; **~ plan** plano m de calles; **~ sweeper** barrendero(a) m,f; **~ theatre** teatro m callejero; *Old-fashioned* **~ urchin** golfillo(a) m,f; **~ value** *(of drugs)* valor m en la calle; *US* **~ vendor** vendedor(ora) m,f callejero(a)
-2. IDIOMS **Fam to be on the ~** or **streets** *(homeless person)* estar en la calle, no tener un techo; *(prostitute)* hacer la calle; **to put** or **to turn sb out into the ~** echar a alguien de casa; **to walk the streets** *(prostitute)* hacer la calle; **the man in the ~** el hombre de la calle; **she's streets ahead of the rest of the class at French** da cien vueltas al resto de la clase en francés; **the company is streets ahead of the competition** la empresa está muy por delante de la competencia; *Fam* **that's right up my ~** eso es lo mío, *Esp* eso es lo que me va; *Fam* **the band hasn't lost their ~ credibility** el grupo no ha perdido nada de su carisma; *Fam* **wear a jacket like that and there goes your ~ cred!** ponte una chaqueta como ésa y vas a perder enteros

streetcar [ˈstriːtkɑː(r)] n *US* tranvía m

streetlamp [ˈstriːtlæmp], **streetlight** [ˈstriːtlaɪt] n farola f

streetwalker [ˈstriːtwɔːkə(r)] n *Old-fashioned* prostituta f

streetwise [ˈstriːtwaɪz] adj espabilado(a), *RP* canchero(a)

strength [streŋθ] n -1. *(physical power)* *(of person, animal, muscle)* fuerza f; **I don't have the ~ to lift these boxes** no me veo con fuerzas para levantar estas cajas; **she doesn't know her own ~** no se da cuenta de la fuerza que tiene; **I pushed the door with all my ~** empujé la puerta con todas mis fuerzas; **to get one's ~ back** *(after illness)* recobrar las fuerzas; **his ~ failed him** le fallaron las fuerzas; **I'm saving my ~ for later** estoy reservando fuerzas para más tarde; IDIOM **to go from ~ to ~** ir cada vez mejor
-2. *(of emotion)* intensidad f; *(of faith, opinion, determination)* firmeza f; **she showed great ~ of character** mostró una gran firmeza; **they have great ~ of purpose** tienen una gran determinación; **~ of will** fuerza de voluntad; **give me ~!** ¡Señor, dame fuerzas!
-3. *(of alcohol)* graduación f; *(of solution)* concentración f; **the cheese is graded into five strengths** el queso está graduado en una escala de cinco niveles del más suave al más fuerte; **maximum-~** extrafuerte
-4. *(of light, sound)* intensidad f; *(of earthquake, wind)* intensidad f; *(of voice, lens, magnet)* potencia f; *(of current)* fuerza f
-5. *(resistance, durability)* *(of nail, rope)* resistencia f
-6. *(of currency, economy)* fortaleza f; *(of claim, position, relationship)* solidez f; *(of argument, protest)* validez f; **on the ~ of...** atendiendo a...
-7. *(strong point)* punto m fuerte
-8. *(full number)* **the current ~ of the workforce is 20,000** en este momento, el número total de empleados es de 20.000; **to be at full ~** *(department, regiment)* tener el cupo completo; *(team)* disponer de todos los jugadores; **to be below full ~** or **under ~** *(department, regiment)* estar por debajo del cupo; *(team)* no disponer de todos los jugadores; **in ~** en gran número

strengthen [ˈstreŋθən] ◇ vt -1. *(body, muscles)* fortalecer; *(voice, eyesight, hearing)* mejorar; *Fig* **he has strengthened his grip on the country** ha reforzado su control del país
-2. *(wall, building, material)* reforzar
-3. *(company, nation, team)* reforzar, fortalecer; *(friendship, relationship, links)* consolidar; *(determination)* reafirmar; *(position)* reforzar, afianzar; *(belief, argument)* reafirmar; **I felt strengthened by the experience** aquella experiencia me hizo más fuerte
-4. *(currency, economy)* fortalecer
-5. *(increase concentration of)* *(solution)* condensar
◇ vi -1. *(body, muscles)* fortalecerse; *Fig* **his grip on the country has strengthened** su control del país se ha reforzado -2. *(emotion)* aumentar; *(friendship)* consolidarse; *(determination)* reafirmarse; *(faith)* reafirmarse -3. *(wind, current)* incrementarse -4. *(currency, economy)* fortalecerse

strenuous [ˈstrenjʊəs] adj -1. *(activity, exercise, lifestyle)* agotador(ora); **it was a long, ~ climb** fue una larga y ardua escalada -2. *(opposition)* enérgico(a); *(denial)* tajante; *(protests)* vehemente; **to make ~ efforts to do sth** esforzarse denodadamente por hacer algo

strenuously [ˈstrenjʊəslɪ] adv -1. *(to campaign)* enérgicamente -2. *(to oppose, resist)* enérgicamente; *(to deny)* tajantemente; *(to protest)* con vehemencia

strep throat [ˈstrepˈθrəʊt] n *US Fam* inflamación f de garganta

streptococcus [ˌstreptəˈkɒkəs] *(pl* **streptococci** [ˌstreptəˈkɒkaɪ]*)* n estreptococo m

streptomycin [ˌstreptəˈmaɪsɪn] n estreptomicina f

stress [stres] ◇ n -1. *(nervous tension)* estrés m; **to suffer from ~** sufrir de estrés; **she's been under a lot of ~ lately** últimamente ha estado sometida a mucho estrés; **it puts our relationship under ~** pone nuestra relación bajo tensión; **how does he react under ~?** ¿cómo reacciona en situaciones de estrés?; **I always play better under ~** siempre juego mejor bajo presión; **a ~ factor** un factor de estrés; **the stresses and strains of city life** el estrés de la vida urbana ❏ **~ management** control m del estrés
-2. *(physical pressure)* presión f; **can the girders take the ~?** ¿resistirán la presión las vigas? ❏ MED **~ fracture** fractura f por presión
-3. *(emphasis)* énfasis m; **to put** or **lay ~ on sth** hacer hincapié en algo
-4. LING acento m; **the ~ is** or **falls on the third syllable** el acento cae en la tercera sílaba ❏ **~ mark** signo m de acento fonético
◇ vt -1. *(emphasize)* subrayar, hacer hincapié en; **she stressed that no decision had yet been taken** subrayó que todavía no se había tomado ninguna decisión; **this point cannot be stressed enough** este punto es de vital importancia -2. LING acentuar; **it's stressed on the second syllable** lleva acento en la segunda sílaba -3. *(concrete, metal)* ejercer presión sobre
◇ vi *Fam* estresarse
◆ **stress out** vt sep *Fam* **to ~ sb out** agobiar or estresar a alguien

stressed [strest] adj -1. *(person)* estresado(a)
-2. LING acentuado(a)

stressed-out [ˈstrestˈaʊt] adj *Fam* agobiado(a), estresado(a)

stressful [ˈstresfʊl] adj estresante

stress-related [ˈstresrɪˈleɪtɪd] adj relacionado(a) con el estrés

stretch [stretʃ] ◇ n -1. *(of body)* **to have a ~** estirarse; *Fig* **by no ~ of the imagination** de ningún modo ❏ **~ marks** estrías fpl
-2. *(of material)* elasticidad f ❏ **~ fabric** tejido m elástico; *Fam* **~ limo** limusina f ampliada
-3. *(of water, land)* extensión f; *(of road, river, coast)* tramo m, trecho m; *(of countryside)* trozo m; *(of text)* fragmento m; *(of time, silence)* período m; **the final ~** *(in race)* la recta

stretcher

final; **for ten hours at a ~** durante diez horas seguidas
-4. *(capacity)* **to be at full ~** *(factory)* estar a pleno rendimiento; *(player, team)* emplearse a fondo
-5. *Fam (term of imprisonment)* temporada *f*; **he did a five-year ~** pasó cinco años a la sombra

◇ *vt* **-1.** *(extend) (elastic, belt)* estirar; *(arm, hand)* estirar, extender; *(lead, advantage)* aumentar; **we stretched the banner across the road** desplegamos la pancarta a lo ancho de la carretera; **to ~ one's legs** estirar las piernas; **to ~ oneself** estirarse; **we are stretching the limits of what is possible** estamos apurando los límites de lo posible; **to ~ a point** *(make exception)* hacer una excepción; **it's stretching a point to call him a lawyer** llamarle abogado es pasarse un poco; **to ~ the rules** ser flexible en la interpretación de las reglas; **to ~ it** *or* **the truth** apurar *or* forzar las cosas
-2. *(pull, strain) (muscle)* **I've stretched my calf muscle** me he estirado un gemelo
-3. *(put demands on) (person)* exigir mucho a; *(resources)* mermar mucho; *(sb's patience)* abusar de; **we're fully stretched at the moment** en este momento estamos trabajando al límite (de nuestras posibilidades); **his schoolwork never really stretched him** el trabajo escolar nunca le obligó a esforzarse; **I didn't have to ~ myself** no tuve que esforzarme demasiado; **our budget is stretched to the limit** nuestro presupuesto está estirado al máximo; **the police are stretched too thin at the moment** en estos momentos la policía tiene recursos insuficientes
-4. *(make last) (income, supplies)* estirar

◇ *vi* **-1.** *(rope, elastic)* estirarse; *(clothing)* estirarse, dar de sí; **my T-shirt stretched in the wash** mi camiseta se estiró al lavarla
-2. *(person)* estirarse; *(when warming up)* hacer estiramientos
-3. *(road, time)* extenderse; **the desert stretches for several hundred miles** el desierto se extiende por varios cientos de millas; **her unbeaten run stretches back to January** su racha triunfal se remonta a enero
-4. *(resources, budget)* dar de sí (**to** para); *Fam* **could you ~ to $20?** ¿podrías subir hasta 20 dólares?

◆ **stretch out** ◇ *vt sep* **-1.** *(extend)* **to ~ out one's arm** estirar el brazo; **to ~ out one's hand** tender la mano **-2.** *(resources, budget)* estirar; *(payments)* extenderse

◇ *vi* **-1.** *(person)* tenderse **-2.** *(road, time)* extenderse

stretcher ['stretʃə(r)] *n* **-1.** MED camilla *f* ❑ **~ case** *(wounded person)* herido(a) *m,f*/enfermo(a) *m,f* trasladado(a) en camilla **-2.** *(for shoes)* horma *f*; *(for gloves)* ensanchador *m* **-3.** *(brick)* ladrillo *m* colocado a soga

◆ **stretcher off** *vt sep* SPORT **to ~ sb off** sacar a alguien en camilla *(del terreno de juego)*

stretcher-bearer ['stretʃə(r)'beərə(r)] *n* camillero(a) *m,f*

stretchy ['stretʃɪ] *adj* elástico(a)

strew [struː] (*pp* **strewed** *or* **strewn** [struːn]) *vt* **-1.** *(objects)* dispersar (**over** *or* **around** por); **the guests strewed confetti over the bride** los invitados tiraron confeti a la novia **-2.** *(surface)* cubrir (**with** de); **the path was strewn with leaves/litter** el camino estaba cubierto de hojas/desperdicios

strewth [struːθ] *exclam Austr, Br Fam* ¡por Dios!, ¡madre mía!

striated [straɪ'eɪtɪd] *adj* GEOL estriado(a)

-stricken [-'strɪkən] *suffix* **grief~** afligido(a); **terror~** aterrado(a)

stricken ['strɪkən] *adj* **-1.** *(with grief, guilt)* afligido(a) (**with** por); *(with illness, by disaster)* gravemente afectado(a) (**with** *or* **by** por) **-2.** *(damaged) (ship, convoy)* dañado(a); **our ~ economy** nuestra maltrecha economía; **the ~ city may never be rebuilt** puede que la devastada ciudad nunca sea reconstruida **-3.** *(sad, grieving)* **to look ~** parecer muy desolado(a)

strict [strɪkt] *adj* **-1.** *(person, instruction, discipline)* estricto(a); **~ morals** moral estricta; **a ~ Moslem** un musulmán ortodoxo; **she's a ~ vegetarian** es vegetariana estricta; **you have to be very ~ with them** tienes que ser muy estricto con ellos; **I gave ~ orders not to be disturbed** di órdenes estrictas de que no me molestaran; **I'm on a ~ diet** sigo una dieta estricta
-2. *(precise) (meaning, minimum)* estricto(a); **in the ~ sense of the word** en el sentido estricto de la palabra
-3. *(absolute) (accuracy, hygiene)* absoluto(a); **to tell sb sth in strictest confidence** contar algo a alguien en el más riguroso secreto; **the meeting took place in ~ secrecy** la reunión se celebró en el más absoluto secreto

strictly ['strɪktlɪ] *adv* **-1.** *(severely) (to treat, bring up)* estrictamente
-2. *(exactly)* rigurosamente; **the rules must be ~ observed** las normas deben ser cumplidas rigurosamente; **~ speaking** en un sentido estricto
-3. *(absolutely)* **~ confidential** estrictamente confidencial; **~ forbidden** terminantemente prohibido(a); **it was ~ a business meeting** era estrictamente una reunión de negocios; **not ~ true** no del todo *or* rigurosamente cierto; **~ between you and me** exclusivamente entre tú y yo

strictness ['strɪktnɪs] *n* **-1.** *(of discipline, rules)* rigor *m*; *(of person, upbringing)* severidad *f*
-2. *(of criteria, definition)* rigurosidad *f*

stricture ['strɪktʃə(r)] *n* **-1.** *(criticism)* invectiva *f* (**on** contra), censura *f* (**on** a) **-2.** *(restriction)* prohibición *f* **-3.** MED estrictura *f*

stride [straɪd] ◇ *n* **-1.** *(step)* zancada *f*; **in a single ~** de una zancada; **to shorten/lengthen one's ~** acortar/alargar la zancada; **she recognized him by his purposeful ~** lo reconoció por sus decididas zancadas
-2. IDIOMS **to get into** *or* **hit one's ~** agarrar *or Esp* coger el ritmo; **to make great strides** progresar a pasos agigantados; **to put sb off their ~** hacer perder la concentración a alguien; **to take sth in one's ~** asumir algo bien; **she takes everything in her ~** no deja que nada la perturbe

◇ *vi* (*pt* **strode** [strəʊd], *pp* **stridden** ['strɪdən]) **to ~ in/out/off** entrar/salir/alejarse a grandes zancadas

◇ *vt (streets, fields, deck)* recorrer a grandes zancadas

stridency ['straɪdənsɪ] *n* **-1.** *(of voice, sound)* estridencia *f* **-2.** *(of colour)* estridencia *f* **-3.** *(of protests, demands)* clamor *m*

strident ['straɪdənt] *adj* **-1.** *(voice, sound)* estridente **-2.** *(colour)* chillón(ona) **-3.** *(protests, demands)* clamoroso(a)

stridently ['straɪdəntlɪ] *adv* **-1.** *(to cry, sing, ring)* con estridencia **-2.** *(to protest, demand)* clamorosamente

strife [straɪf] *n* conflictos *mpl*; **the cause of much domestic ~** la causa de muchos conflictos domésticos

strike [straɪk] ◇ *n* **-1.** IND huelga *f*; **teachers'/miners' ~** huelga de profesores/de mineros; **to be on ~** estar en huelga; **to go on ~** declararse en huelga ❑ **~ ballot** = voto para decidir si se va a la huelga; **~ fund** caja *f* de resistencia; **~ pay** subsidio *m* de huelga
-2. *(discovery) (of ore, oil)* descubrimiento *m*
-3. MIL ataque *m* ❑ MIL **~ force** fuerza *f* de combate
-4. SPORT *(shot)* golpe *m*
-5. *(in baseball)* strike *m*
-6. *(in bowling)* pleno *m*, strike *m*

◇ *vt* (*pt & pp* **struck** [strʌk]) **-1.** *(hit)* golpear; *(ball)* golpear; **to ~ sb in the face** golpear a alguien en la cara; **to ~ sb a blow** pegar un golpe a alguien; *Fig* **to ~ a blow for freedom** romper una lanza a favor de la libertad; **to ~ a shot** disparar
-2. *(collide with)* chocar contra; *(of missile, bomb)* dar en, alcanzar; *(of bullet)* alcanzar; *(of light)* caer sobre; **her head struck the floor** su cabeza chocó contra el suelo; **he was struck by a car** lo atropelló un coche *or Am* carro *or CSur* auto; **the tree was struck by lightning** el árbol fue alcanzado por un rayo
-3. *(a match)* encender, *Am* prender
-4. *(mint) (coin, medal)* acuñar
-5. *(make sound)* **the clock struck ten/the hour** el reloj dio las diez/la hora; IDIOM **to ~ the right note** *(speech, remark)* calar hondo; IDIOM **to ~ the wrong note** *(speech, remark)* dar una nota discordante
-6. *(impress, surprise)* chocar, sorprender; **I was struck by her voice** lo que me chocó mucho fue su voz; **I was struck by his calm** me llamó la atención su calma; *Fam* **I wasn't very struck with her boyfriend** su novio no me hizo demasiada gracia
-7. *(occur to)* **it strikes me that...** se me ocurre que...; **I was struck by the thought that...** se me ocurrió que...
-8. *(seem to)* parecer; **it doesn't ~ me as being very difficult** no me parece muy difícil; **he strikes me as a reasonable person** me da la impresión de que es una persona razonable; **how does their reaction ~ you?** ¿qué te parece su reacción?
-9. *(discover) (gold, oil)* descubrir; *Fig* **to ~ gold** *(find source of wealth)* descubrir una mina; *(win gold medal)* conquistar el oro; *Fam* **to ~ it lucky** tener un golpe de suerte; *Fam* **to ~ it rich** hacerse rico(a)
-10. *(cause to be)* **he was struck dead by a heart attack** murió de un ataque cardíaco; **to be struck dumb** quedarse mudo(a), no poder articular palabra; **to ~ terror into sb** aterrorizar a alguien
-11. *(affect)* *(of disaster, earthquake, disease)* sacudir
-12. *(reach)* **to ~ a balance** encontrar un equilibrio; **to ~ a bargain** *or* **deal** hacer un trato
-13. *(adopt) (pose, attitude)* adoptar
-14. *(delete)* tachar (**from** de)
-15. *(take down)* **to ~ camp** levantar el campamento

◇ *vi* **-1.** *(attack) (enemy, criminal)* atacar; *(earthquake)* sobrevenir; *(lightning)* caer; **disaster struck** sobrevino un desastre; *Fig* **to ~ at the heart of sth** atacar directamente a algo; **to ~ home** *(missile, blow)* dar en el blanco; *(comment, message)* dar en la diana; IDIOM **~ while the iron is hot** aprovecha ahora que estás a tiempo
-2. SPORT *(score)* marcar
-3. *(clock)* dar las horas; **midnight struck** dieron las doce de la medianoche
-4. *(go on strike)* hacer huelga, declararse en huelga; *(be on strike)* estar en huelga; **to ~ against/for sth** estar en huelga contra/por algo
-5. *(collide)* **to ~ against sth** golpear contra algo

◆ **strike back** *vi* **-1.** *(retaliate)* devolver el ataque **-2.** SPORT *(score in response)* **they struck back within minutes of conceding a goal** respondieron marcando a los pocos minutos de encajar un gol

◆ **strike down** *vt sep* **-1.** *(of disease)* abatir, abatirse sobre; *(of lightning, bullet)* alcanzar; **she was struck down by cancer** *(killed)* un cáncer acabó con ella **-2.** *US* LAW revocar

◆ **strike off** *vt sep (doctor, lawyer)* inhabilitar; **to ~ sb off a list** tachar a alguien de una lista

◆ **strike on** *vt insep (idea, plan)* dar con

◆ **strike out** ◇ *vt sep* **-1.** *(delete)* tachar **-2.** *(in baseball)* eliminar a *(por cometer tres strikes), Am* ponchar

◇ *vi* **-1.** *(hit out)* **to ~ out at sb** arremeter contra alguien; **he struck out in all directions** arremetió en todas direcciones
-2. *(leave)* partir (**for** hacia); *(start swimming)* ponerse a nadar (**for** hacia); **to ~ out in a new direction** tomar un nuevo rumbo; **to ~ out on one's own** independizarse
-3. *(in baseball)* quedar eliminado(a) *(por*

strikebound ['straɪkbaʊnd] *adj* paralizado(a) por una huelga

strikebreaker ['straɪkbreɪkə(r)] *n* esquirol *mf*

strikeout ['straɪkaʊt] *n (in baseball)* strikeout *m*

striker ['straɪkə(r)] *n* **-1.** *(striking worker)* huelguista *mf* **-2.** *(in soccer)* delantero(a) *m,f* centro, ariete *mf*

strike-through ['straɪkθruː] *n* COMPTR ~ **mode** efecto *m* de tachado

striking ['straɪkɪŋ] *adj* **-1.** *(noticeable, surprising)* chocante, sorprendente; *(impressive)* deslumbrante; **it bears a ~ resemblance to...** guarda un parecido increíble *or* asombroso con...; **a ~ example of Baroque architecture** un ejemplo deslumbrante de arquitectura barroca; **the ~ thing about this is...** lo chocante del asunto es...; **the most ~ feature of his work is...** el rasgo más notable de su obra es...; **she's very ~** es una mujer (de una belleza) fuera de lo común
-2. *(worker)* en huelga
-3. IDIOMS **she lives within ~ distance of London** vive a un tiro de piedra de Londres; **they are within ~ distance of finding a solution** tienen la solución al alcance de la mano

strikingly ['straɪkɪŋlɪ] *adv (obvious, similar, original)* sorprendentemente; **a ~ beautiful woman** una mujer increíblemente hermosa

strimmer ['strɪmə(r)] *n* desbrozadora *f*

Strine [straɪn] *n* Hum argot *m* australiano

string [strɪŋ] ◇ *n* **-1.** *(substance)* cuerda *f*; **a (piece of) ~** una cuerda ❑ **~ bag** bolsa *f* de red; *US* **~ tie** lazo *m*; *Br* **~ vest** camiseta *f* interior de rejilla
-2. *(of puppet)* hilo *m*; *(on apron, pyjamas)* tira *f*, cordón *m*; IDIOM *Fam* **to have sb on a ~** tener a alguien a los pies; IDIOM **with no strings attached** sin compromiso; IDIOM **to pull strings** mover hilos
-3. *(of tennis racket, archer's bow)* cuerda *f*
-4. MUS *(of violin, guitar)* cuerda *f*; **the strings** la sección de cuerda, las cuerdas; IDIOM **to have more than one ~ to one's bow** tener varios recursos ❑ **~ band** *(of popular music)* rondalla *f*; **~ instrument** instrumento *m* de cuerda; **~ orchestra** orquesta *f* de cuerda; **~ quartet** cuarteto *m* de cuerda; **~ section** sección *f* de cuerda
-5. *(row)* (of garlic, onions, sausages) ristra *f*; *(of pearls, beads)* sarta *f*; *(of lights)* guirnalda *f*; *(of islands)* rosario *m*
-6. *(series) (of words, defeats, mistakes)* serie *f*; *(of wins)* racha *f*; *(of insults, lies)* retahíla *f*, sarta *f*; **we have had a ~ of visitors over the past few weeks** en las últimas semanas hemos recibido una visita tras otra
-7. *(group) (of shops)* grupo *m*; *(of racehorses)* cuadra *f*
-8. COMPTR *(of characters)* cadena *f*
-9. *(of plant, bean)* hebra *f* ❑ **~ bean** Esp judía *f* verde, *Bol, RP* chaucha *f*, *Chile* poroto *m* verde, *Carib, Col* habichuela *f*, *Méx* ejote *m*
-10. PHYS cuerda *f* ❑ **~ theory** teoría *f* de cuerdas

◇ *vt (pp & pt* **strung** [strʌŋ]) **-1.** *(violin, guitar, tennis racket, bow)* encordar; **I like my tennis racket tightly strung** me gusta que mi raqueta tenga el cordaje muy tenso
-2. *(pearls, beads)* ensartar
-3. *(hang)* **Christmas lights had been strung across the street** habían colgado las luces de Navidad de un lado a otro de la calle; **they strung him from a lamppost** lo colgaron de una farola
-4. *(beans)* deshebrar

◆ **string along** *Fam* ◇ *vt sep* dar falsas esperanzas a
◇ *vi (tag along)* **do you mind if I ~ along (with you)?** ¿te importa si me apunto?

◆ **string out** *vt sep* **-1.** *(in space)* **the houses are strung out along the roadside** las casas se extienden alineadas a lo largo de la carretera **-2.** *(in time)* prolongar, alargar; **theTV series was strung out over six weeks** alargaron la serie de televisión seis semanas

◆ **string together** *vt sep* **they have finally managed to ~ a couple of wins together** al fin han conseguido encadenar un par de victorias consecutivas; **I was so drunk, I couldn't ~ two sentences together** estaba tan borracho que apenas podía hilvanar una frase; *Fam* **he can't ~ two words together** *(in foreign language)* no sabe ni jota, no puede hilar dos palabras

◆ **string up** *vt sep* **-1.** *(lights)* colgar **-2.** *Fam (criminal)* ahorcar

-stringed [-strɪŋd] *suffix* **a five~ instrument** un instrumento de cinco cuerdas

stringed [strɪŋd] *adj (instrument)* de cuerda

stringency ['strɪndʒənsɪ] *n* **-1.** *(severity)* rigor *m*, severidad *f* **-2.** ECON rigor *m*, austeridad *f*

stringent ['strɪndʒənt] *adj* **-1.** *(rules)* riguroso(a), estricto(a) **-2.** ECON *(measures, conditions)* riguroso(a), austero(a); **in today's ~ economic climate** en el actual clima de austeridad económica

stringently ['strɪndʒəntlɪ] *adv (to test, enforce)* rigurosamente

stringer ['strɪŋə(r)] *n* **-1.** *(beam)* riostra *f* **-2.** JOURN coresponsal *mf* local *or* de zona

string-pulling ['strɪŋpʊlɪŋ] *n* Esp enchufismo *m*, Am palanca *f*

stringy ['strɪŋɪ] *adj* **-1.** *(meat)* fibroso(a); *(vegetable)* con muchas hebras **-2.** *(hair)* lacio(a)

strip¹ [strɪp] *n* **-1.** *(of cloth, paper, metal)* tira *f*; *(of land)* franja *f*; *(of water)* brazo *m*; AV *(landing strip)* pista *f* de aterrizaje; **tear the paper into strips** rompe el papel en tiras; IDIOM *Fam* **to tear sb off a ~**, **to tear a ~ off sb** echar un rapapolvo a alguien, *Méx* repelar a alguien, *RP* pegar un levante a alguien ❑ **~ light** fluorescente *m*; **~ lighting** iluminación *f* con fluorescentes; **~ mining** explotación *f* minera a cielo abierto
-2. *Br (of sports team)* indumentaria *f*, equipaje *m*
-3. **~ (cartoon)** tira *f* cómica

strip² ◇ *n* **to do a ~** *(undress)* hacer un striptease ❑ **~ club** club *m* de striptease; *Fam* **~ joint** club *m* de striptease; **~ poker** strip póquer *m*; **~ show** (espectáculo *m* de) striptease *m*

◇ *vt (pt & pp* **stripped**) **-1.** *(undress) (person)* desnudar; **they were stripped to the waist** los desnudaron de cintura para arriba; **to ~ sb naked** desnudar a alguien
-2. *(paint, wallpaper)* rascar, quitar, Am sacar; *(door, furniture, walls)* raspar; *(bed)* deshacer (quitando las sábanas); *(house, room)* vaciar; **the ants had stripped the tree of its bark/leaves** las hormigas habían dejado el árbol sin corteza/hojas; **thieves have stripped the house bare** los ladrones han vaciado la casa
-3. *(deprive)* **to ~ sb of sth** *(rank, honour)* despojar a alguien de algo; **stripped of its captain, the team lacked cohesion** privado de su capitán, el equipo carecía de cohesión
-4. *(dismantle) (engine, gun)* desmontar
-5. *(damage) (gear)* dejar desgranado(a)
-6. *(sell off) (assets)* vender, liquidar

◇ *vi* **-1.** *(undress)* desnudarse; **to ~ to the waist** desnudarse de cintura para arriba
-2. *(do striptease)* hacer striptease

◆ **strip down** *vt sep (car engine)* desmontar

◆ **strip off** ◇ *vt sep* **-1.** *(clothes)* quitar, Am sacar; **he stripped off his shirt** se quitó la camisa **-2.** *(paint, wallpaper)* rascar, quitar, Am sacar; **the ants stripped the bark/leaves off the tree** las hormigas dejaron el árbol sin corteza/hojas
◇ *vi* **-1.** *(undress)* desnudarse, desvestirse
-2. *(paint)* desconcharse

◆ **strip out** *vt sep (wiring)* quitar

stripe [straɪp] *n* **-1.** *(on cloth, animal's coat)* raya *f*, lista *f* **-2.** *(indicating rank)* galón *m*; **to get/to lose one's stripes** ganarse/perder los galones **-3.** *(kind)* **they are of the same political ~** tienen las mismas ideas políticas

striped [straɪpt] *adj* a rayas; **~ with blue** a rayas azules

stripling ['strɪplɪŋ] *n* mozalbete *m*

strippagram, strippergram ['strɪpəɡræm] *n* = regalo consistente en contratar a un/ una artista de striptease que actúe para la persona homenajeada

stripped [strɪpt] *adj (pine)* natural, sin barnizar

stripped-down ['strɪpt'daʊn] *adj* desmontado(a); **a ~ version** una versión simplificada *or* básica

stripper ['strɪpə(r)] *n* **-1.** *(striptease artist)* artista *mf* de striptease **-2.** *(for paint) (liquid)* aguarrás *m inv*; *(tool)* rascador *m*

strippergram = strippagram

strip-search ['strɪpsɜːtʃ] ◇ *n* registro *m* integral
◇ *vt* **to ~ sb** someter a alguien a un registro integral

striptease ['strɪptiːz] *n* strip-tease *m* ❑ **~ artist** artista *mf* de striptease

stripy ['straɪpɪ] *adj* a *or* de rayas; **its coat is ~** tiene el pelaje a rayas

strive [straɪv] *(pt* **strove** [strəʊv], *pp* **striven** ['strɪvən]) *vi* esforzarse; **to ~ to do sth** esforzarse por hacer algo; **to ~ for** *or* **after sth** luchar por algo; **to ~ for effect** buscar el efecto a toda costa; **to ~ against sth** luchar contra algo

strobe [strəʊb] *n* **-1.** *(in disco)* **~ (light)** luz *f* estroboscópica ❑ **~ lighting** luces *fpl* estroboscópicas **-2.** *(stroboscope)* estroboscopio *m*

stroboscope ['strəʊbəskəʊp] *n* estroboscopio *m*

strode *pt of* stride

stroganoff, stroganov ['strɒɡənɒf] *n* **(beef) ~** ternera *f* strogonoff

stroke [strəʊk] ◇ *n* **-1.** *(tennis shot, in golf)* golpe *m* ❑ **~ index** *(in golf)* índice *m* de golpes
-2. *(movement in swimming)* brazada *f*; *(swimming style)* estilo *m*
-3. *(in rowing) (movement)* palada *f*; *(oarsman)* cabo *mf*; IDIOM **to put sb off their ~** desconcentrar a alguien ❑ **~ rate** número *m* de brazadas por minuto
-4. *(blow)* golpe *m*; **he was given 50 strokes** le dieron 50 azotes; **a ~ of lightning** un rayo
-5. *(of clock, bell)* campanada *f*; **on the ~ of nine** al dar las nueve
-6. *(of brush)* ART pincelada *f*; *(of decorator)* brochazo *m*; *(of pen)* trazo *m*; *(of letter, character)* rabo *m*
-7. *(of piston)* tiempo *m*
-8. TYP *(oblique)* barra *f* inclinada
-9. *(piece, example)* **a ~ of genius** una genialidad; **a ~ of luck** un golpe de suerte; **by a ~ of luck, she had remembered to take the key** por suerte, se había acordado de coger la llave; **she hasn't done a ~ of work** no ha dado ni golpe; **at a ~** de un golpe
-10. *(caress)* caricia *f*; **to give sth/sb a ~** acariciar algo/a alguien
-11. MED derrame *m* cerebral, apoplejía *f*; **to have a ~** sufrir un derrame cerebral

◇ *vt* **-1.** *(caress)* acariciar; **he stroked his chin pensively** se acarició la barbilla pensativamente; *Fig* **to ~ sb's ego** alimentar el ego de alguien **-2.** *(ball) (in soccer)* tocar; *(in tennis, golf)* golpear con suavidad

strokeplay ['strəʊkpleɪ] *n (in golf)* stroke play *m*, juego *m* por golpes

stroll [strəʊl] ◇ *n* paseo *m*; **to go for a ~** ir a dar un paseo
◇ *vi* caminar; **I strolled down to the beach** fui caminando tranquilamente a la playa; **to ~ in/out** entrar/salir tranquilamente; **she strolled up to me and asked if I was all right** se me acercó tranquilamente y me preguntó cómo estaba

stroller ['strəʊlə(r)] *n* **-1.** *(walker)* paseante *mf*
-2. *US* silla *f or* sillita *f* de paseo

strong [strɒŋ] ◇ adj **-1.** (physically or mentally powerful) fuerte; (friendship) sólido(a), estrecho(a); (links) estrecho(a); **he's the ~, silent type** es de esos tipos fuertes y callados **-2.** (healthy) (person, heart) sano(a), fuerte; **she has a ~ constitution** es de constitución fuerte; **I feel much stronger now** ahora me siento mucho más fuerte **-3.** (intense) (colour, light) intenso(a); (smell, drink, taste, medicine) fuerte; (glasses, lens, magnet) potente; (emotions, desire) intenso(a); (belief, support) firme; (protest, measures, language, impact, temptation) fuerte; **I feel a ~ sense of responsibility towards her** me siento muy responsable por lo que le pueda pasar **-4.** (forceful) (wind, current, personality) fuerte; (opinions) firme; **he expressed himself in the strongest terms** utilizó términos tajantes or contundentes ❑ PHYS **~ nuclear force** fuerza f nuclear fuerte **-5.** (durable) (rope, cloth, shoes) fuerte, resistente; (nerves) de acero **-6.** (pronounced) (nose, chin) pronunciado(a); (resemblance, accent, tendency) marcado(a), fuerte; **there is a ~ possibility that he will resign** es muy probable que dimita; **there is a ~ element of truth in what you say** hay mucho de verdad en lo que dices **-7.** (convincing) (evidence, argument, reasons) convincente **-8.** (good) (team, currency, economy) fuerte; (eyesight, memory) muy bueno(a); **several ~ candidates applied** se presentaron varios candidatos muy bien preparados; **he's a ~ swimmer** es un buen nadador; **she's ~ at physics** se le da muy bien la física; **they are in a ~ position (to win the league)** están en una posición muy favorable (para ganar la liga) ❑ **~ point** (punto m) fuerte m; **~ suit** (punto m) fuerte m **-9.** (referring to number) **the group is thirty ~** el grupo cuenta con treinta miembros **-10.** LING (verb) irregular
◇ adv **to be still going ~** (person) estar todavía en forma; (company, institution) seguir funcionando muy bien; Fam **to come on ~ to sb** (sexually) pasarse de la raya con alguien
◇ npl **the ~** los fuertes

strongarm ['strɒŋɑːm] ◇ adj implacable, inflexible; **to use ~ tactics** emplear mano dura
◇ vt **to ~ sb into doing sth** obligar por la fuerza a alguien a hacer algo

strongbox ['strɒŋbɒks] n caja f fuerte

stronghold ['strɒŋhəʊld] n **-1.** (fortress) fortaleza f **-2.** (of political party, religion) baluarte m, bastión m

strongly ['strɒŋlɪ] adv **-1.** (robustly) fuertemente; **~ built** (wall, structure) sólidamente construido(a); (person) de complexión robusta **-2.** (forcefully) (to oppose, endorse) rotundamente, fuertemente; (to attack, criticize) con vehemencia; (to deny) categóricamente, tajantemente; **I cannot emphasize ~ enough how important this is** no me cansaré de repetir lo importante que es esto; **a ~ worded letter** una carta escrita en un tono fuerte; **wearing a seatbelt is ~ recommended** se recomienda encarecidamente llevar el cinturón de seguridad abrochado; **I ~ advise you to reconsider** le ruego encarecidamente que recapacite; **I ~ disagree with you** estoy totalmente en desacuerdo contigo; **to be ~ in favour of sth** estar completamente a favor de algo; **to argue ~ for** apoyar sin reservas; **to argue ~ against** oponerse totalmente a **-3.** (deeply) (to believe) firmemente; (to regret) de veras; **he feels very ~ about it** (es un tema que) le preocupa mucho **-4.** (intensely) **the kitchen smelt ~ of bleach** la cocina despedía un fuerte olor a lejía; **he smelled ~ of drink** despedía un fuerte aliento a alcohol; **it's ~ reminiscent of his earlier work** recuerda mucho a sus primeras obras; **I am ~ tempted to say yes** tengo la enorme tentación de decir que sí; **I am ~ attracted to him** me siento enormemente atraída hacia él **-5.** (prominently) **rail travel features ~ in the government's transport plan** el ferrocarril figura de manera destacada en el plan de transportes del gobierno

strongman ['strɒŋmæn] n **-1.** (in circus) forzudo m **-2.** (dictator) caudillo m

strong-minded ['strɒŋ'maɪndɪd] adj decidido(a), resuelto(a)

strong-mindedly [strɒŋ'maɪndɪdlɪ] adv resueltamente

strongroom ['strɒŋruːm] n cámara f acorazada

strong-willed ['strɒŋ'wɪld] adj tenaz, tozudo(a)

strontium ['strɒntɪəm] n CHEM estroncio m

strop [strɒp] n **-1.** (leather strap) asentador m **-2.** Br Fam (bad temper) **to be in a ~** estar de mal humor or Esp de mal café
◇ vt (razor) afilar

stroppy ['strɒpɪ] adj Br Fam **to be ~** (by nature) tener mal genio or Esp mal café; (in a mood) estar de mal humor or Esp de mal café; **there's no need to get ~ about it!** ¡no hay por qué ponerse así!

strove pt of **strive**

struck pt & pp of **strike**

structural ['strʌktʃərəl] adj estructural; **we are making some ~ improvements to the house** estamos mejorando la estructura de la casa ❑ ECON **~ adjustment programme** programa m de ajuste estructural; **~ damage** daños mpl estructurales; **~ engineer** ingeniero(a) m,f estructural; EU **~ funds** fondos mpl estructurales; **~ linguistics** lingüística f estructural; **~ survey** peritaje m or tasación f de estructuras; **~ unemployment** desempleo m or Esp paro m estructural

structuralism ['strʌktʃərəlɪzəm] n estructuralismo m

structuralist ['strʌktʃərəlɪst] ◇ n estructuralista m
◇ adj estructuralista

structurally ['strʌktʃərəlɪ] adv (similar, well written) estructuralmente; **there's nothing wrong with the house ~, the house is ~ sound** no hay ningún problema con la estructura de la casa

structure ['strʌktʃə(r)] ◇ n **-1.** (composition) estructura f **-2.** (building, monument) construcción f
◇ vt estructurar, articular

structured ['strʌktʃəd] adj estructurado(a) ❑ COMPTR **~ query language** lenguaje m estructurado de consulta

strudel ['struːdəl] n strudel m, = rollo de hojaldre relleno de pasas y fruta y espolvoreado con canela

struggle ['strʌɡəl] ◇ n (effort) lucha f (**for** por); (physical fight) forcejeo m; **armed ~** lucha armada; **life is a ~** la vida es una lucha constante; **it was a ~ to get there on time** nos costó mucho llegar allí a tiempo; **without a ~** sin oponer resistencia; **I finally succeeded but not without a ~** al final lo conseguí, pero me costó lo mío; **she won't give up without a ~** no dará su brazo a torcer fácilmente; **to put up a ~** ofrecer resistencia
◇ vi **-1.** (try hard) luchar (**for** por); **to ~ to do sth** luchar por hacer algo **-2.** (move with effort) **to ~ free** forcejear hasta lograr liberarse; **he struggled back up onto the raft** consiguió a duras penas volver a subir a la balsa; **to ~ to one's feet** levantarse a duras penas; **they struggled through the gap** pasaron por la abertura no sin esfuerzo; **he struggled into his clothes** se hizo un lío al ponerse la ropa **-3.** (fight physically) forcejear (**with** con); **to ~ with one's conscience** luchar con la conciencia de uno **-4.** (have difficulty) **he struggled with the lock** tuvo problemas con la cerradura; **to be struggling** (person, company) estar pasándolo muy mal; **he was struggling to finish the assignment** le estaba costando mucho terminar la tarea; **he was obviously struggling for** or **to find the right word** obviamente le costaba encontrar la palabra adecuada

◆ **struggle along** vi (in life, with work) ir tirando

◆ **struggle on** vi (keep trying) perseverar

◆ **struggle through** vi (in difficult situation) apañárselas

struggling ['strʌɡlɪŋ] adj **-1.** (in difficulty) (company, team) en apuros **-2.** (hard up) (painter, writer) sin recursos

strum [strʌm] (pt & pp **strummed**) ◇ vt (guitar) rasguear; **to ~ a tune** rasguear una melodía (a la guitarra)
◇ vi **she started strumming on her guitar** se puso a rasguear la guitarra; **to ~ along to a melody** acompañar una melodía rasgueando la guitarra

strumpet ['strʌmpɪt] n Old-fashioned or Hum cualquiera f, mujer f de vida alegre

strung pt & pp of **string**

strung-out ['strʌŋ'aʊt] adj Fam **-1.** (addicted) enganchado(a) (**on** a) **-2.** (tense) tenso(a), agobiado(a)

strung-up ['strʌŋ'ʌp] adj Fam (tense) tenso(a), agobiado(a)

strut[1] [strʌt] n **-1.** (for building, roof) puntal m **-2.** AV montante m

strut[2] (pt & pp **strutted**) ◇ vt IDIOM Fam **to ~ one's stuff** (dancer, model) menearse con sensualidad
◇ vi pavonearse; **he struts about as if he owns the place** se pasea de aquí para allá todo ufano como si fuera el rey del mambo; **to ~ in/out** entrar/salir pavoneándose

strychnine ['strɪkniːn] n estricnina f

Stuart ['stjʊət] pr n **the Stuarts** los Estuardo

stub [stʌb] ◇ n **-1.** (of pencil) punta f final; (of cigarette) colilla f; (of candle) cabo m **-2.** (of cheque, ticket) matriz f
◇ vt (pt & pp **stubbed**) **to ~ one's toe (on** or **against sth)** darse un golpe en el dedo gordo (contra algo)

◆ **stub out** vt sep (cigarette) apagar, aplastar

stubble ['stʌbəl] n **-1.** (in field) rastrojo m **-2.** (on face) barba f incipiente

stubbly ['stʌblɪ] adj (beard) de unos días; (chin) con barba incipiente

stubborn ['stʌbən] adj **-1.** (person) testarudo(a), terco(a); (animal) terco(a); (determination, resistance, refusal) obstinado(a), pertinaz; (silence) obstinado(a); IDIOM **as ~ as a mule** terco(a) como una mula **-2.** (stain, cold, cough) persistente

stubbornly ['stʌbənlɪ] adv (obstinately) (of person) testarudamente, tercamente; (of animal) tercamente; **she was ~ determined to finish** se obstinaba or se empeñaba en terminar; **he ~ refused to listen to me** se negó testarudamente a escucharme; **the stain ~ refuses to wash out** la mancha se empeña en no desaparecer

stubbornness ['stʌbənnɪs] n **-1.** (of person) testarudez f; (of animal) terquedad f; (of determination, resistance, refusal) obstinación f **-2.** (of cold, cough) persistencia f

stubby ['stʌbɪ] adj (person, finger) regordete(a); (tail) corto(a); (pencil) gastado(a)

stucco ['stʌkəʊ] ◇ n estuco m; **a ~ ceiling** un techo de estuco
◇ vt estucar

stuccoed ['stʌkəʊd] adj estucado(a)

stuck [stʌk] ◇ adj **-1.** (jammed, immobile) atascado(a); **the window was ~** la ventana estaba atascada; **to get ~** atascarse; **he got his hand ~ inside the jar** se le quedó la mano atascada en el tarro; Fig **I got ~ on the last question** me quedé atascado en la última pregunta; **to be ~ at home** estar metido(a) en casa sin poder salir; **to be ~ in traffic** estar atrapado(a) en un atasco; **they were** or **they got ~ at the airport overnight** tuvieron que pasar la noche en el aeropuerto; Fig **to be ~ in a boring job** estar atrapado(a) en un trabajo aburrido

stuck-up

-2. *Fam* (*without*) **he's never ~ for an answer** tiene respuestas para todo; **to be ~ for cash** *Esp* estar sin blanca, *Am* andar sin plata; **to be ~ for something to say/do** no saber qué decir/hacer
-3. *Fam* (*lumbered*) **to be ~ with sth/sb** tener que cargar con algo/alguien; **it's not a very good plan but we're ~ with it** no es muy buen plan, pero tendremos que apañarnos
-4. *Fam* (*fond, keen*) **to be ~ on sb** estar loco(a) por alguien; **I'm not exactly ~ on the idea** no me entusiasma la idea
-5. IDIOMS *Fam* **to get ~ into sb** (*physically*) *Esp* emprenderla a golpes con alguien, *Am* empezar a los golpes con alguien; (*verbally*) arremeter contra alguien; *Fam* **to get ~ into sth** darle a algo; *Fam* **get ~ in!** ¡al ataque!
◇ pt & pp of **stick**[2]

stuck-up ['stʌk'ʌp] *adj Fam* creído(a), engreído(a)

stud[1] [stʌd] ◇ n -1. (*fastener*) (*for collar, shirt*) automático m, corchete m -2. (*for decoration*) tachón m -3. (*on soccer, rugby boots*) *Esp* taco m, *RP* tapón m -4. (*earring*) *Esp* pendiente m, *Am* arete m
◇ vt (*shoes, belt, door, chest*) tachonar; *Fig* **stars studded the night sky** el cielo estaba tachonado de estrellas

stud[2] n -1. (*farm*) ~ (**farm**) cuadra f -2. (*stallion*) semental m -3. *Fam* (*man*) semental m -4. (*card game*) **poker** ~ póquer m descubierto

studbook ['stʌdbʊk] n libro m de registro de pedigrí

-studded [-'stʌdɪd] *suffix* **diamond~** incrustado(a) de diamantes; **star~** (*sky*) tachonado(a) de estrellas; **a star~ cast** un reparto estelar, un reparto plagado de estrellas

studded ['stʌdɪd] *adj* (*jacket, belt*) tachonado(a); **to be ~ with** estar tachonado(a) con *or* de

student ['stju:dənt] n (*at university*) estudiante mf; (*at school*) alumno(a) m,f, estudiante mf; **law/medical ~** estudiante de derecho/medicina; **in her ~ days** en sus días de estudiante; **a ~ of human nature** un estudioso de la naturaleza humana ❑ *esp US* **the ~ body** el cuerpo estudiantil; **~ card** carné m de estudiante; *US* **~ driver** conductor(ora) m,f en prácticas; **~ grant** beca f de estudios; **~ life** la vida estudiantil; **~ loan** préstamo m para estudiantes; **~ nurse** estudiante mf de enfermería; **~ teacher** profesor(ora) m,f en prácticas; **students' union** (*association*) = en una universidad, asociación que organiza actividades, asesora y representa a los estudiantes; (*place*) = edificio para los estudiantes que cuenta con bares, discoteca, servicios y oficinas

studentship ['stju:dəntʃɪp] n *Br* (*scholarship*) beca f

studenty ['stju:dəntɪ] *adj* (*area, bar*) de estudiantes, estudiantil

studhorse ['stʌdhɔ:s] n semental m

studied ['stʌdɪd] *adj* (*manner, politeness, ease*) estudiado(a)

studio ['stju:dɪəʊ] (*pl* **studios**) n -1. (*of TV, movie company*) estudio m, plató m ❑ TV **~ audience** público m en estudio -2. (*for recording music*) estudio m -3. (*of artist, photographer*) estudio m -4. (*flat, apartment*) **~ (apartment** *or Br* **flat)** (apartamento m) estudio m ❑ **~ couch** sofá m cama

studious ['stju:dɪəs] *adj* -1. (*diligent*) estudioso(a) -2. (*deliberate*) (*avoidance, indifference*) deliberado(a), cuidadoso(a) -3. (*painstaking*) (*attention, effort*) concienzudo(a)

studiously ['stju:dɪəslɪ] *adv* -1. (*diligently*) afanosamente, diligentemente -2. (*deliberately*) (*to ignore, avoid*) deliberadamente, cuidadosamente; **he remained ~ indifferent to her offer** se mostró deliberadamente indiferente ante su oferta

studiousness ['stju:dɪəsnɪs] n (*eagerness to study*) estudiosidad f

study ['stʌdɪ] ◇ n -1. (*academic work*) estudio m; **she devotes most evenings to ~** dedica casi todas las tardes al estudio; **how are your studies going?** ¿cómo te van los estudios? ❑ **~ group** grupo m de estudio; *US* **~ hall** (*room*) sala f de estudio *or* estudios; (*period*) hora f de estudio; **~ period** hora f de estudio; **~ room** sala f de estudio *or* estudios; **~ trip** excursión f de estudios; **~ tour** viaje m de estudio
-2. (*investigation*) estudio m, investigación f; (*written report*) estudio m, informe m, *CAm, Méx* reporte m; **to make a ~ of sth** realizar un estudio sobre algo; **the plan is under ~** el plan se está estudiando; **business studies** (ciencias) empresariales; **peace studies** estudios sobre la paz
-3. (*by artist*) estudio m; *Fig* **her face was a ~ in disbelief** su cara era la viva imagen de la incredulidad
-4. (*room*) (cuarto m de) estudio m
◇ vt -1. (*at school, university*) estudiar; **I'm studying French** estudio francés -2. (*investigate*) estudiar; **the problem hasn't been studied very much** el problema no se ha estudiado en detalle -3. (*examine*) (*plan, evidence, situation*) estudiar, analizar; (*expression, reactions*) estudiar, observar con detenimiento
◇ vi estudiar; **to ~ for an exam** prepararse un examen, estudiar para un examen; **he's studying for a degree in history** está estudiando para ser licenciado en historia; **to ~ to be a lawyer** estudiar para abogado; **she studied under Messiaen** estudió con Messiaen

stuff [stʌf] ◇ n -1. *Fam* (*substance*) cosa f; (*objects, possessions*) cosas fpl; **what's this ~?** ¿qué es esto?; **what's that black ~ on your trousers?** ¿qué es eso negro que tienes en los pantalones?; **I've got a lot of ~ to do tonight** tengo que hacer un montón de cosas esta noche; **he reads all that intellectual ~** se dedica a leer todas esas cosas de intelectuales; **marriage and all that ~** el matrimonio y todo ese rollo; **caviar? I hate the ~** ¿caviar?, me da asco; **this wine is good ~** este vino es del bueno; **she writes good ~** escribe bien; **good ~!** ¡genial!, *Andes, CAm, Carib, Méx* ¡chévere!, *Méx* ¡padrísimo!, *RP* ¡bárbaro!; **he knows his ~** conoce bien el tema; IDIOM **that's the ~!** ¡sí señor!, ¡eso es!; **go on, do your ~!** ¡vamos, tú, a lo tuyo!; **~ and nonsense!** ¡déjate de lloriqueos!
-2. *Formal* (*topic, matter*) **this is the very ~ of politics** en esto consiste la política; **his ability to take his drink was the ~ of legend** su capacidad para beber *or Am* tomar era legendaria
-3. *Old-fashioned* (*cloth*) tejido m
-4. *Fam* (*drugs*) material m, mandanga f, *RP* merca f
◇ vt -1. (*fill*) & CULIN rellenar (**with** con); (*cushion*) forrar, rellenar (**with** con); (*pockets*) llenar (**with** de); (*dead animal*) disecar; **to ~ sth into sth** meter algo dentro de algo; **a suitcase stuffed with clothes** una maleta *or Am* valija hasta arriba de ropa; *Fam* **to ~ oneself** *or* **one's face** atiborrarse, ponerse las botas
-2. *Fam* (*defeat heavily*) dar una paliza *or Esp* un repaso a
-3. *Br very Fam* (*expressing anger*) **~ him/them!** ¡que le/les den!; **~ it, we can do it tomorrow!** ¡a la mierda *or Esp* a tomar por saco, lo haremos mañana!; **you can ~ your money!** ¡te puedes meter tu dinero por donde te quepa!; **get stuffed!** ¡que te den!
-4. *Vulg* (*have sex with*) *Esp* follarse a, *Am* cogerse a, *Méx* chingarse a

stuffed [stʌft] *adj* -1. (*pepper, mushroom, olive*) relleno(a) -2. (*toy*) de peluche -3. (*animal*) disecado(a) -4. *Fam* (*full*) **I'm ~!** ¡estoy llenísimo(a)!, ¡no me cabe más! -5. *Fam Fig* **~ shirt** (*pompous person*) petulante mf, estirado(a) m,f

stuffily ['stʌfɪlɪ] *adv* (*to say, reply*) petulantemente, altaneramente

stuffiness ['stʌfɪnɪs] n -1. (*of room*) ambiente m cargado -2. (*of person*) carácter m retrógrado

stuffing ['stʌfɪŋ] n -1. (*for furniture, toys*) relleno m; IDIOM *Fam* **to knock the ~ out of sb** (*blow*) dejar hecho(a) polvo a alguien; (*news, disappointment*) dejar a alguien con la moral por los suelos, *Am* dejar a alguien los ánimos por el piso -2. (*for chicken*) relleno m

stuffy ['stʌfɪ] *adj* -1. (*room*) cargado(a); **it's a bit ~ in here** está un poco cargado el ambiente -2. (*person*) retrógrado(a), anticuado(a); (*atmosphere*) altanero(a); (*remark*) petulante -3. (*nose*) taponado(a), tapado(a); **my nose is ~** tengo la nariz tapada

stultify ['stʌltɪfaɪ] vt *Formal* -1. (*make stupid*) (*person, mind*) idiotizar -2. (*stifle*) (*creativity, talent*) atrofiar

stultifying ['stʌltɪfaɪɪŋ] *adj Formal* tedioso(a)

stumble ['stʌmbəl] ◇ n tropezón m
◇ vi -1. (*when walking*) tropezar; **to ~ along** ir tropezando, ir a tropicones; **to ~ into sth/sb** tropezar *or* toparse con algo/alguien; **he stumbled over the toys in the hall** tropezó con los juguetes que había en el recibidor; **he was stumbling about in the dark** iba tropezando con todo en la oscuridad
-2. (*when speaking*) trastabillar (**over** con); **he managed to ~ through his lecture** consiguió acabar la conferencia a trancas y barrancas

➤ **stumble across, stumble (up)on** vt insep (*find*) tropezar con, toparse con

stumbling-block ['stʌmblɪŋblɒk] n escollo m

stump [stʌmp] ◇ n -1. (*of tree*) tocón m; (*of arm, leg*) muñón m; (*of tail*) muñón m; (*of tooth*) raíz f; (*of pencil*) punta f final; (*of candle*) cabo m -2. (*in cricket*) estaca f -3. *US* POL **to be on the ~** estar de campaña electoral
◇ vt -1. (*baffle*) dejar perplejo(a); **I'm stumped** (*don't know answer*) no tengo ni idea; (*don't know what to do*) no se me ocurre nada; **to be stumped for an answer** no saber qué contestar -2. *US* POL (*constituency, state*) recorrer en campaña electoral
◇ vi (*move heavily*) **to ~ off** marcharse dando grandes pisotones; **to ~ in/out** entrar/salir airadamente

➤ **stump up** *Br Fam* ◇ vt insep **to ~ up the money (for sth)** poner *or Esp* apoquinar el dinero para algo
◇ vi (*pay*) poner dinero, *Esp* apoquinar; **come on, ~ up!** ¡vamos, a poner dinero!, *Esp* ¡venga, a apoquinar!

stumpy ['stʌmpɪ] *adj* (*person*) rechoncho(a); (*arms, legs*) regordete(a); (*pencil*) gastado(a)

stun [stʌn] (*pt & pp* **stunned**) vt -1. (*make unconscious*) dejar sin sentido ❑ **~ grenade** granada f aturdidora; **~ gun** pistola f inmovilizadora -2. (*shock*) dejar de piedra; **we were stunned by the news of their death** la noticia de su muerte nos dejó de piedra

stung pt & pp of **sting**

stunk pp of **stink**

stunned [stʌnd] *adj* (*person, expression*) atónito(a); **I was too ~ to reply** me quedé tan atónito que no supe qué responder; **they watched in ~ silence** miraban en silencio, estupefactos

stunner ['stʌnə(r)] n *Br Fam* (*person*) bombón m; (*car*) cochazo m; **the goal was a ~** fue un golazo

stunning ['stʌnɪŋ] *adj* -1. (*blow*) contundente; *Fig* **this has dealt a ~ blow to the party** esto ha asestado un duro golpe al partido -2. (*performance, goal*) soberbio(a); (*woman, figure, outfit*) imponente; (*news, event*) sensacional; (*success, victory*) espectacular; **the model is absolutely ~** la modelo es absolutamente despampanante; **you look ~ in that dress** estás preciosa en ese vestido

stunningly ['stʌnɪŋlɪ] *adv* **a ~ good-looking man/beautiful woman** un hombre/una mujer imponente; **~ beautiful countryside**

stunt

una campiña sobrecogedoramente hermosa; **a ~ simple idea** una idea de una sencillez pasmosa

stunt¹ [stʌnt] *vt (person, growth)* atrofiar; *(intelligence)* afectar irreversiblemente

stunt² *n* **-1.** *(in movie)* escena *f* peligrosa; **to do a ~** rodar una escena peligrosa ❑ **~ double** doble *mf*; **~ man** especialista *m*, doble *m*; **~ woman** especialista *f*, doble *f* **-2.** *(in plane)* acrobacia *f* aérea ❑ **~ pilot** piloto *mf* acrobático **-3.** *(trick)* truco *m*; *(for publicity)* truco *m* publicitario; *Fam* **to pull a ~ (on sb)** gastar una broma pesada (a alguien)

stunted ['stʌntɪd] *adj (person)* raquítico(a); *(growth)* truncado(a); *(plant)* esmirriado(a)

stupefaction [stjuːpɪ'fækʃən] *n* estupefacción *f*

stupefied ['stjuːpɪfaɪd] *adj* **-1.** *(tired, bored)* hastiado(a) **-2.** *(amazed)* estupefacto(a)

stupefy ['stjuːpɪfaɪ] *vt* **-1.** *(of alcohol, drugs, tiredness, blow)* aturdir **-2.** *(of behaviour)* dejar perplejo(a); *(of news)* dejar sobrecogido(a)

stupefying ['stjuːpɪfaɪɪŋ] *adj* **-1.** *(boring)* embotante **-2.** *(amazing)* asombroso(a)

stupendous [stjuː'pendəs] *adj* extraordinario(a), impresionante; **we had a ~ time** nos lo pasamos en grande

stupendously [stjuː'pendəslɪ] *adv* extraordinariamente

stupid ['stjuːpɪd] ◇ *adj* **-1.** *(person, suggestion)* estúpido(a), tonto(a); **don't be ~!** ¡no seas estúpido!; **how ~ of me!** ¡qué tonto soy!; **you ~ idiot!** ¡idiota!; **I was ~ enough to believe her** fui tan tonto que la creí; **it was ~ of me to forget** fue una estupidez que se me olvidara; **he's always saying/doing ~ things** siempre está diciendo/haciendo tonterías; **what a ~ thing to do!** ¡menuda estupidez!; **don't do anything ~, will you?** no hagas ninguna tontería, ¿de acuerdo?; **to make sb feel/look ~** dejar en ridículo a alguien, hacer que alguien se sienta/parezca un imbécil; **I look ~ in this dress** estoy ridícula en este vestido
-2. *Fam (expressing irritation)* dichoso(a), condenado(a); **take your ~ book!** ¡toma tu dichoso or maldito libro!
-3. *(unconscious)* **to knock sb ~** dejar a alguien inconsciente; **to drink oneself ~** beber hasta perder el conocimiento; **I was bored ~** me aburría como una ostra
◇ *n Fam* **I'm only joking, ~!** ¡lo digo en broma, tonto!
◇ *adv* **to talk ~** decir tonterías

stupidity [stjuː'pɪdɪtɪ] *n* estupidez *f*, imbecilidad *f*

stupidly ['stjuːpɪdlɪ] *adv (to grin, gawp)* tontamente; **I ~ forgot to phone them** tonto de mí, olvidé llamarlos; **he had ~ left the gas on** el muy burro se había dejado el gas encendido

stupor ['stjuːpə(r)] *n* aturdimiento *m*

sturdily ['stɜːdɪlɪ] *adv* **-1.** *(solidly)* **to be ~ built** *(person)* ser robusto(a) or fornido(a); *(furniture)* ser resistente or sólido(a); *(house)* ser sólido(a) **-2.** *(firmly)* *(to deny, refuse, oppose)* categóricamente, tajantemente

sturdiness ['stɜːdɪnɪs] *n* **-1.** *(of person, limbs)* robustez *f*; *(of table, tree, shoes)* resistencia *f*, solidez *f* **-2.** *(of opposition, resistance)* firmeza *f*, solidez *f*

sturdy ['stɜːdɪ] *adj* **-1.** *(person, limbs)* robusto(a), fornido(a); *(table, tree, shoes)* resistente, sólido(a) **-2.** *(opposition, resistance)* firme, sólido(a); **with ~ determination** inasequible al desaliento

sturgeon ['stɜːdʒən] *n* esturión *m*

stutter ['stʌtə(r)] ◇ *n* tartamudeo *m*; **to have** or **speak with a ~** tartamudear
◇ *vi (person)* tartamudear; *Fig* **the engine stuttered into life** el motor traqueteó hasta ponerse en marcha
◇ *vt* balbucear; **she stuttered (out) an apology** balbuceó unas disculpas

stutterer ['stʌtərə(r)] *n* tartamudo(a) *m,f*

stuttering ['stʌtərɪŋ] ◇ *n* tartamudeo *m*
◇ *adj* **-1.** *(person, apology)* balbuceante **-2.** *(inconsistent)* *(start, performance)* titubeante, vacilante

stutteringly ['stʌtərɪŋlɪ] *adv (to say, apologize)* balbuceantemente

STV [estiː'viː] *n* **-1.** *(abbr* **single transferable vote)** voto *m* personal transferible (por listas) **-2.** *(abbr* **Scottish Television)** = canal privado de televisión en Escocia

St Valentine's Day [seɪntˈvæləntaɪnzdeɪ] *n* día *m* de San Valentín, día *m* de los enamorados

sty¹ [staɪ] *n* **-1.** *(pigsty)* pocilga *f* **-2.** *Fam (dirty place)* pocilga *f*

sty², **stye** [staɪ] *n (eye infection)* orzuelo *m*

Stygian ['stɪdʒɪən] *adj Literary* estigio(a)

-style [-staɪl] *suffix* **a sixties'~ haircut** un corte de pelo al estilo de los (años) sesenta

style [staɪl] ◇ *n* **-1.** *(manner)* estilo *m*; **he has a more aggressive management ~** tiene un estilo de dirección más agresivo; **I like your ~** me gusta tu estilo; **lying isn't his ~** mentir no es propio de él; **this is entertainment, nineties ~** esto es espectáculo, al estilo de los 90
-2. *(of writer, artist, musician)* estilo *m*; **in the ~ of Rubens** al estilo or a la manera de Rubens
-3. *(design)* diseño *m*; *(hairstyle)* peinado *m*; **a new ~ of dress** un nuevo estilo de vestido; **the boots come in two styles** hay dos modelos de estas botas
-4. *(fashion)* moda *f*; **to be dressed in the latest ~** estar vestido(a) a la última (moda); **to be in ~** estar de moda; **to go out of ~** pasarse de moda; **to come back into ~** volver a estar de moda; **that dress isn't your ~** ese vestido no te pega
-5. *(sophistication)* estilo *m*; **she has ~** tiene estilo; **to celebrate in ~** celebrar a lo grande or por todo lo alto; **to live/travel in ~** vivir/viajar con lujo; **he won the race in ~** ganó la carrera de calle; **he keeps me in the ~ to which I am accustomed** él me mantiene en el lujo al que estoy acostumbrada
-6. TYP *(in editing)* estilo *m*; **house ~** estilo (editorial) de la casa ❑ **~ book** libro *m* de estilo
-7. COMPTR estilo *m* ❑ **~ sheet** hoja *f* de estilos
-8. BOT estilo *m*
◇ *vt* **-1.** *(design)* diseñar; *(hair)* peinar **-2.** *Formal (name)* denominar; **...as it is now styled** ...como se le llama or denomina ahora; **she styles herself "countess"** se hace llamar "condesa"

style-conscious ['staɪlˌkɒnʃəs] *adj* preocupado(a) por la moda

styling ['staɪlɪŋ] *n (of dress, car)* diseño *m* ❑ **~ brush** rizador *m*; **~ gel** gel *m* moldeador; **~ mousse** espuma *f* (moldeadora)

stylish ['staɪlɪʃ] *adj (person, clothes, hotel, area)* elegante; *(book, film)* efectista; **he's a ~ dresser** se viste con mucho estilo

stylishly ['staɪlɪʃlɪ] *adv (to dress)* elegantemente, con estilo; *(to live)* a todo lujo; *(written, filmed)* de manera efectista

stylishness ['staɪlɪʃnɪs] *n (of person, clothes, hotel, area)* elegancia *f*; *(of book, film)* efectismo *m*

stylist ['staɪlɪst] *n* **-1.** *(hairdresser)* peluquero(a) *m,f*, estilista *mf* **-2.** *(designer)* diseñador(ora) *m,f* **-3.** *(writer)* estilista *mf*

stylistic [staɪ'lɪstɪk] *adj* estilístico(a)

stylistically [staɪ'lɪstɪklɪ] *adv* desde el punto de vista estilístico

stylistics [staɪ'lɪstɪks] *n* LING estilística *f*

stylization [staɪlaɪ'zeɪʃən] *n* carácter *m* convencional or estereotipado

stylized ['staɪlaɪzd] *adj* estilizado(a)

stylophone ['staɪləfəʊn] *n* estilófono *m*

stylus ['staɪləs] *n* **-1.** *(for engraving)* estilo *m*, punzón *m*; *(on record player)* aguja *f*

stymie ['staɪmɪ] *vt* **-1.** *(in golf)* obstaculizar **-2.** *Fam (obstruct)* bloquear; **their refusal to help stymied our efforts** su negativa a

subculture

cooperar truncó or frustró todos nuestros esfuerzos; **now we're really stymied!** ¡ahora sí que estamos apañados!

styptic ['stɪptɪk] ◇ *n* astringente *m*
◇ *adj* astringente ❑ **~ pencil** barrita *f* astringente

Styrofoam® ['staɪrəfəʊm] *n esp US* espuma *f* de poliestireno

Styx [stɪks] *n (in mythology)* **the (River) ~** el río Estigio, la laguna Estigia

suave [swɑːv] *adj* **-1.** *(polite, charming)* fino(a), cortés; *Pej (smooth)* zalamero(a), lisonjero(a) **-2.** *(elegant) (clothes, dress sense)* elegante

suavely ['swɑːvlɪ] *adv* **-1.** *(politely, charmingly)* cortésmente; *Pej (smoothly)* con zalamería **-2.** *(elegantly) (dressed)* elegantemente

suaveness ['swɑːvnɪs], **suavity** ['swɑːvətɪ] *n* **-1.** *(politeness, charm)* finura *f*, cortesía *f*; *Pej (smoothness)* zalamería *f* **-2.** *(elegance) (of dress)* elegancia *f*

sub- [sʌb-] *prefix* sub-; **to run a ~four minute mile** correr la milla por debajo de los cuatro minutos

sub [sʌb] *Fam* ◇ *n* **-1.** *(to newspaper, magazine)* suscripción *f*; *(to club, trade union)* cuota *f*; **to pay one's subs** *(to newspaper, magazine)* pagar la cuota (de suscripción); *(to club, trade union)* pagar la cuota
-2. *(substitute)* suplente *mf*; **to be on the subs' bench** estar en el banquillo de suplentes
-3. *(submarine)* submarino *m*
-4. JOURN redactor(ora) *m,f*
-5. *Br Fam (small loan)* préstamo *m or Méx* prestamiento *m* pequeño; *(advance payment)* anticipo *m*
-6. *US (sandwich)* Esp flauta *f*, = Esp bocadillo or Am sándwich hecho con una barra de pan larga y estrecha
◇ *vt (pt & pp* **subbed)** **-1.** JOURN corregir **-2.** *Br Fam (lend)* prestar; **can you ~ me a fiver?** ¿me prestas un billete de cinco?
◇ *vi (substitute)* **to ~ for sb** reemplazar or sustituir a alguien

subalpine [sʌb'ælpaɪn] *adj* subalpino(a) ❑ **~ warbler** curruca *f* carrasqueña

subaltern ['sʌbəltən] *n Br* MIL (oficial *m*) subalterno *m (por debajo de capitán)*

subaqua [sʌb'ækwə] *adj (club, gear)* de submarinismo ❑ **~ diving** submarinismo *m*

subaquatic [sʌbə'kwætɪk] *adj* subacuático(a)

subarctic [sʌb'ɑːktɪk] *adj* GEOG subártico(a)

sub-assembly ['sʌbəsemblɪ] *n* subensamblaje *m*

subatomic [sʌbə'tɒmɪk] *adj* subatómico(a) ❑ PHYS **~ particle** partícula *f* subatómica

subbasement ['sʌbbeɪsmənt] *n* subsótano *m*

subcategory ['sʌbkætəgərɪ] *n* subcategoría *f*

subclass ['sʌbklɑːs] *n* BIOL subclase *f*

subclause ['sʌbklɔːz] *n (in contract)* subcláusula *f*

subclavian [sʌb'kleɪvɪən], **subclavicular** [sʌbklə'vɪkjələ(r)] *adj* ANAT subclavicular

subclinical [sʌb'klɪnɪkəl] *adj* MED en fase latente, subclínico(a)

subcommittee ['sʌbkəmɪtɪ] *n* subcomité *m*

subcompact [sʌbkəm'pækt] *n US* miniutilitario *m*

subconscious [sʌb'kɒnʃəs] ◇ *n* subconsciente *m*
◇ *adj* subconsciente; **the ~ mind** el subconsciente

subconsciously [sʌb'kɒnʃəslɪ] *adv* inconscientemente, subconscientemente

subcontinent [sʌb'kɒntɪnənt] *n* subcontinente *m*; **the (Indian) Subcontinent** el subcontinente asiático or indio

subcontract ◇ *n* [sʌb'kɒntrækt] subcontrato *m*
◇ *vt* ['sʌbkən'trækt] subcontratar; **they ~ some of the work (out) to local firms** subcontratan parte del trabajo a empresas locales

subcontractor ['sʌbkən'træktə(r)] *n* subcontratista *mf*

subcortex [sʌb'kɔːteks] *n* ANAT subcórtex *m*

subcortical [sʌb'kɔːtɪkəl] *adj* ANAT subcortical

subcritical [sʌb'krɪtɪkəl] *adj* subcrítico(a)

subculture ['sʌbkʌltʃə(r)] *n* subcultura *f*; **the drugs ~** la subcultura de las drogas

subcutaneous [sʌbkjʊˈteɪnɪəs] *adj* subcutáneo(a)
subcutaneously [sʌbkjuːˈteɪnjəslɪ] *adv* por vía subcutánea
subdirectory [ˈsʌbdɪrektərɪ] *n* COMPTR subdirectorio *m*
subdivide [sʌbdɪˈvaɪd] ◇ *vt* subdividir
◇ *vi* subdividirse
subdivision [ˈsʌbdɪvɪʒən] *n* subdivisión *f*
subdominant [sʌbˈdɒmɪnənt] *n* MUS subdominante *f*
subdue [səbˈdjuː] *vt* **-1.** *(enemy, rebels, nation)* someter, subyugar; *(resistance)* doblegar **-2.** *(emotions)* dominar, controlar
subdued [səbˈdjuːd] *adj* **-1.** *(person, audience, mood)* apagado(a); **you're very ~, what's the matter?** te veo muy apagado, ¿qué te pasa? **-2.** *(voice, tone, colours)* apagado(a) **-3.** *(light, sound)* tenue
subedit [sʌbˈedɪt] *vt* JOURN corregir
subediting [sʌbˈedɪtɪŋ] *n* JOURN correcciones *fpl*
subeditor [sʌbˈedɪtə(r)] *n* JOURN redactor(ora) *m,f*
subentry [sʌbˈentrɪ] *n* TYP subentrada *f*
subfamily [ˈsʌbfæməlɪ] *n* **-1.** BIOL subfamilia *f* **-2.** LING subfamilia *f*
subfolder [ˈsʌbfəʊldə(r)] *n* COMPTR subcarpeta *f*
subgenus [sʌbˈdʒiːnəs] *n* BIOL subgénero *m*
subglacial [sʌbˈgleɪsɪəl] *adj* GEOG subglacial
subgroup [ˈsʌbgruːp] *n* subgrupo *m*
subharmonic [sʌbhɑːˈmɒnɪk] *n* subarmónico *m*
subhead(ing) [ˈsʌbhed(ɪŋ)] *n* subtítulo *m*
subhuman [sʌbˈhjuːmən] ◇ *n* bestia *mf*
◇ *adj* infrahumano(a)
subject [ˈsʌbdʒɪkt] ◇ *n* **-1.** *(topic) (of conversation, book, picture)* tema *m*; *(of e-mail message)* asunto *m*; **~: recruitment of new staff** *(on letter or memo)* asunto: contratación de nuevo personal; **it was the ~ of much debate** fue objeto de un intenso debate; **a paper on the ~ of string theory** un trabajo sobre la teoría de cuerdas; **on the ~ of money, I hope you haven't forgotten that you owe me ten dollars** hablando de dinero, espero que no te hayas olvidado de que me debes diez dólares; **while we are on the ~,...** ya que hablamos del tema,...; **to change the ~** cambiar de tema; **let's come** *or* **get back to the ~** volvamos al tema; **to keep off** *or* **avoid the ~** no tocar el tema, eludir hablar del asunto ❑ **~ catalogue** *(of books)* catálogo *m* temático *or* por materias; **~ heading** *(in catalogue, index)* epígrafe *m*; **~ index** *(in book)* índice *m* por materias; **~ matter** *(of letter, book)* tema *m*, asunto *m*
-2. *(at school, university)* asignatura *f*, materia *f*
-3. GRAM sujeto *m*
-4. *(of artist, photographer)* sujeto *m*
-5. *(of experiment, test)* sujeto *m*
-6. MED *(patient)* sujeto *m*
-7. *(of monarch)* súbdito(a) *m,f*; **she is a British ~** es súbdita británica
◇ *adj* **-1.** *(prone)* **to be ~ to illness/jealousy/depression** ser propenso(a) a las enfermedades/los celos/la depresión; **to be ~ to delay/a fine of £50** estar sujeto(a) a retrasos *or Am* demoras/una multa de 50 libras; **the terms are ~ to alteration without notice** los términos están sujetos a cambios sin previo aviso; **the price is ~ to a handling charge** el precio está sujeto a una tarifa por gastos de gestión
-2. ~ to *(dependent on)* sujeto(a) a; **~ to your passing the exam** siempre y cuando apruebes el examen
-3. *(subordinate) (state, country)* sometido(a); **they are ~ to my authority** están sometidos a mi autoridad
◇ *vt* [səbˈdʒekt] **-1.** *(subjugate) (people, nation)* someter, subyugar **-2.** *(force to undergo)* **to ~ sb to sth** someter a alguien a algo; **their plans were subjected to much criticism** sus planes fueron objeto de muchas críticas

subjection [səbˈdʒekʃən] *n* **-1.** *(act of subjecting)* sometimiento *m* **-2.** *(subjugation)* sometimiento *m*; **we lived in ~ to his wishes** vivíamos sometidos a sus deseos
subjective [səbˈdʒektɪv] *adj* **-1.** *(not impartial)* subjetivo(a) **-2.** GRAM *(pronoun, case)* subjetivo(a)
subjectively [səbˈdʒektɪvlɪ] *adv* subjetivamente
subjectivism [səbˈdʒektɪvɪzəm] *n* subjetivismo *m*
subjectivity [sʌbdʒekˈtɪvɪtɪ] *n* subjetividad *f*
sub judice [ˈsʌbˈdʒuːdɪsɪ] *adj* LAW sub iudice, sub júdice
subjugate [ˈsʌbdʒʊgeɪt] *vt* **-1.** *(people, nation)* someter, subyugar **-2.** *(feelings)* reprimir
subjugation [sʌbdʒʊˈgeɪʃən] *n* **-1.** *(of people, nation)* sometimiento *m*, subyugación *f* **-2.** *(feelings)* represión *f*
subjunctive [səbˈdʒʌŋktɪv] GRAM ◇ *n* subjuntivo *m*; **in the ~** en subjuntivo
◇ *adj* subjuntivo(a) ❑ **the ~ mood** el modo subjuntivo
sublease [ˈsʌbˈliːs] *vt* realquilar, subarrendar
sub-lessee [ˈsʌbleˈsiː] *n* subarrendatario(a) *m,f*
sub-lessor [ˈsʌbleˈsɔː(r)] *n* subarrendador(ora) *m,f*
sublet [ˈsʌbˈlet] *(pt & pp* **sublet)** ◇ *vt* realquilar, subarrendar
◇ *vi* subarrendar (**from** de)
◇ *n (apartment, house)* subarriendo *m*; **our house is a ~** nuestra casa es subarrendada
sub-letting [ˈsʌbˈletɪŋ] *n* subarrendamiento *m*
sublieutenant [ˈsʌblefˈtenənt] *n* alférez *mf* de navío
sublimate ◇ *n* [ˈsʌblɪmət] CHEM sublimado *m*
◇ *vt* [ˈsʌblɪmeɪt] *(desire)* sublimar
sublimation [sʌblɪˈmeɪʃən] *n (of desire)* sublimación *f*
sublime [səˈblaɪm] ◇ *n* **from the ~ to the ridiculous** de lo sublime a lo ridículo
◇ *adj* **-1.** *(beauty)* sublime; **you look ~** estás divina **-2.** *(very good) (performance, goal, food)* sublime **-3.** *Ironic (ignorance)* supino(a); *(indifference)* absoluto(a); *(contempt)* olímpico(a)
sublimely [səˈblaɪmlɪ] *adv* **-1.** *(extremely)* **~ beautiful** divinamente hermoso(a) **-2.** *(very well) (to perform, flavour)* extraordinariamente **-3.** *(utterly) (ignorant, indifferent)* completamente; *(contemptuous)* olímpicamente
subliminal [səbˈlɪmɪnəl] *adj* PSY subliminal ❑ **~ advertising** publicidad *f* subliminal
submachine gun [ˈsʌbməˈʃiːngʌn] *n* metralleta *f*
submarine [sʌbməˈriːn] ◇ *n* **-1.** *(vessel)* submarino *m* **-2.** *US* **~ (sandwich)** *Esp* flauta *f*, = *Esp* bocadillo *or Am* sándwich hecho con una barra de pan larga y estrecha
◇ *adj (cable, volcano)* submarino(a)
submariner [səbˈmærɪnə(r)] *n* tripulante *mf* de submarino, submarinista *mf*
submenu [ˈsʌbmenjuː] *n* COMPTR submenú *m*
submerge [səbˈmɜːdʒ] ◇ *vt* **-1.** *(immerse)* sumergir; *Fig* **to ~ oneself in one's work** encerrarse en el trabajo **-2.** *(flood, cover)* inundar; **the rocks were soon submerged by the tide** la marea cubrió rápidamente las rocas
◇ *vi (submarine, diver)* sumergirse
submerged [səbˈmɜːdʒd] *adj (field)* anegado(a); *(submarine)* sumergido(a); *(reef, volcano)* submarino(a)
submersible [səbˈmɜːsɪbəl] ◇ *n* sumergible *m*
◇ *adj* sumergible
submersion [səbˈmɜːʃən] *n* **-1.** *(in liquid, submarine)* inmersión *f* **-2.** *(flooding)* anegamiento *m*
submicroscopic [sʌbmaɪkrəˈskɒpɪk] *adj* submicroscópico(a)
submission [səbˈmɪʃən] *n* **-1.** *(to person's will, authority)* sumisión *f*; **to starve sb into ~** someter a alguien dejándole sin comer; **to beat sb into ~** someter a alguien a golpes
-2. *(submissiveness)* sumisión *f*
-3. *(in wrestling)* rendición *f*
-4. *(handing in) (of documents)* entrega *f*
-5. *(report)* ponencia *f*
-6. *(proposal, competition entry)* propuesta *f*; LAW alegato *m*
-7. *Formal (opinion)* parecer *m*; **it is my ~ that...** sostengo que...
submissive [səbˈmɪsɪv] *adj* sumiso(a)
submissively [səbˈmɪsɪvlɪ] *adv* de forma sumisa
submissiveness [səbˈmɪsɪvnɪs] *n* sumisión *f*
submit [səbˈmɪt] ◇ *vt* **-1.** *(present)* presentar; **to ~ sth for approval/inspection** presentar algo para su aprobación/inspección **-2.** *(yield)* **to ~ oneself to sth/sb** someterse a algo/alguien **-3.** *Formal (argue, contend)* **to ~ that...** sostener que...
◇ *vi (to person, authority)* someterse (**to** a); **they refused to ~** se negaban a rendirse; **we shall never ~ to such demands** jamás cederemos ante tales exigencias
subnormal [ˈsʌbˈnɔːməl] *adj* **-1.** *(person)* subnormal; **educationally ~ children** niños subnormales **-2.** *(temperatures)* por debajo de lo normal
suborbital [ˈsʌbˈɔːbɪtəl] *adj* ANAT suborbital
suborder [ˈsʌbɔːdə(r)] *n* BIOL suborden *m*
subordinate [səˈbɔːdɪnət] ◇ *n* subordinado(a) *m,f*
◇ *adj* **-1.** *(rank)* inferior; *(role)* inferior; **to be ~ to sb** estar subordinado(a) a alguien; **that is ~ to the main problem** eso es secundario con respecto al problema principal **-2.** GRAM subordinado(a) ❑ **~ clause** oración *f* subordinada
◇ *vt* [səˈbɔːdɪneɪt] subordinar; **we must ~ speed to safety** la velocidad debe estar subordinada a la seguridad, debemos anteponer la seguridad a la velocidad
subordinating conjunction [səˈbɔːdɪneɪtɪŋkənˈdʒʌŋkʃən] *n* GRAM conjunción *f* subordinada
subordination [səbɔːdɪˈneɪʃən] *n* subordinación *f* (**to** a)
suborn [səˈbɔːn] *vt Formal* sobornar
sub-paragraph [sʌbˈpærəgræf] *n* subpárrafo *m*
subplot [ˈsʌbplɒt] *n* trama *f* secundaria
subpoena [səˈpiːnə] LAW ◇ *n* citación *f*
◇ *vt* citar
sub-polar [sʌbˈpəʊlə(r)] *adj* GEOG subpolar
sub-post-office [sʌbˈpəʊstɒfɪs] *n Br* = oficina de correos que no ofrece todos los servicios y suele hallarse dentro de una tienda
subrogate [ˈsʌbrəgeɪt] *vt* LAW subrogar
subrogation [sʌbrəˈgeɪʃən] *n* LAW subrogación *f*
sub rosa [sʌbˈrəʊzə] *adv* en secreto
subroutine [ˈsʌbruːtiːn] *n* COMPTR subrutina *f*
sub-Saharan [ˈsʌbsəˈhɑːrən] *adj* subsahariano(a)
subscribe [səbˈskraɪb] ◇ *vi* **-1. to ~ to** *(newspaper, magazine)* suscribirse a; *(to telephone, Internet service)* abonarse a; *(to charity)* dar donativos a; **I ~ to several magazines** estoy suscrito a varias revistas **-2.** *Formal* **to ~ to** *(opinion, theory)* suscribir; **I don't ~ to that view** yo no suscribo esa opinión **-3.** FIN **to ~ for shares in a company** suscribir acciones de una compañía
◇ *vt* **-1.** *(donate)* donar **-2.** *(apply for)* **a heavily subscribed share issue** una emisión de acciones con muchas solicitudes; **I'm afraid this course is already fully subscribed** me temo que la matrícula para este curso ya está al completo **-3.** *Formal (sign) (name, signature)* adherir; *(document)* firmar
subscriber [səbˈskraɪbə(r)] *n* **-1.** *(to newspaper, magazine)* suscriptor(ora) *m,f*; *(to telephone)* abonado(a) *m,f*; *(to Internet service)* usuario(a) *m,f*, cliente *mf*; *(to charity)* donador(ora) *m,f* ❑ *Br* **~ trunk dialling** = línea directa de larga distancia sin necesidad de operadora **-2.** FIN *(for shares)* solicitante *mf* **-3.** *Formal (to opinion, belief)* adepto(a) *m,f*, partidario(a) *m,f*
subscript [ˈsʌbskrɪpt] *n* TYP subíndice *m*; **~ "a"** "a" escrita como subíndice
subscription [səbˈskrɪpʃən] *n (to newspaper, magazine)* suscripción *f*; *(to club)* cuota *f*; *(to Internet service)* cuota *f* de conexión; *(to char-*

ity) donativo *m*; **to take out a ~ to a magazine** suscribirse a una revista ❑ **~ fee** *(to newspaper, magazine)* suscripción *f*; *(to club)* cuota *f*; *(to Internet service)* cuota *f* de conexión; *(for share purchase)* tarifa *f* de reserva; **~ form** boletín *m* de suscripción

subsection ['sʌbsekʃən] *n (of document)* apartado *m*

subsequent ['sʌbsɪkwənt] *adj* posterior; **~ to this,...** con posterioridad a esto,...

subsequently ['sʌbsɪkwəntlɪ] *adv* posteriormente

subservience [səb'sɜːvɪəns] *n* **-1.** *(servility)* servilismo *m* **(to** hacia**) -2.** *(subjugation)* sometimiento *m*

subservient [səb'sɜːvɪənt] *adj* **-1.** *(servile)* servil **(to** hacia**) -2.** *(subjugated)* sometido(a) **(to** a**) -3.** *(secondary)* accesorio(a) **(to** a**)**

subset ['sʌbset] *n* subconjunto *m*

subside [səb'saɪd] *vi* **-1.** *(ground, building)* hundirse **-2.** *(water)* bajar (de nivel); *(blister, bump)* bajar, deshincharse **-3.** *(storm)* amainar; *(excitement, fever, pain, anger)* calmarse; *(fever)* remitir; *(anger)* aplacarse; *(shooting, laughter, applause)* ir apagándose **-4.** *(person)* **I subsided into the nearest armchair** me dejé caer en el primer sillón que vi; **we subsided into helpless laughter** no pudimos contener ya la risa

subsidence [səb'saɪdəns] *n* **-1.** *(of ground, building)* hundimiento *m* **-2.** *(of water)* bajada *f*

subsidiarity [səbsɪdɪ'ærɪtɪ] *n* subsidiariedad *f*

subsidiary [səb'sɪdjərɪ] ◇ *n (company)* filial *f*
◇ *adj* **-1.** *(secondary)* secundario(a) ❑ **~ company** filial *f* **-2.** *(supplementary) (income)* adicional

subsidization [sʌbsɪdaɪ'zeɪʃən] *n* subvenciones *f*

subsidize ['sʌbsɪdaɪz] *vt* subvencionar; **why should I carry on subsidizing your extravagant lifestyle?** ¿por qué tengo que pagarte yo tu vida de derroche?

subsidized ['sʌbsɪdaɪzd] *adj* subvencionado(a)

subsidy ['sʌbsɪdɪ] *n* subvención *f*

subsist [səb'sɪst] *vi* **-1.** *(survive) (person)* subsistir; **to ~ on** subsistir a base de **-2.** *Formal (remain in existence) (custom)* pervivir

subsistence [səb'sɪstəns] *n* subsistencia *f* ❑ COM **~ allowance** dietas *fpl*; **~ crop** cultivo *m* de subsistencia; **~ economy** economía *f* de subsistencia; **~ farming** agricultura *f* de subsistencia; **~ level** nivel *m* mínimo de subsistencia; **to live at ~ level** vivir en el nivel mínimo de subsistencia; **~ wage** salario *m* exiguo

subsoil ['sʌbsɔɪl] *n* GEOL subsuelo *m*

subsonic ['sʌb'sɒnɪk] *adj* subsónico(a)

subspecies ['sʌbspiːʃiːz] *n* BIOL subespecie *f*

substance ['sʌbstəns] *n* **-1.** *(matter)* sustancia *f*
❑ *Formal* **~ abuse** abuso *m* de narcóticos
-2. *(essential element) (of article, argument)* esencia *f*; **in ~, that is what he said** en esencia, eso es lo que dijo; **I agree in ~** esencialmente, estoy de acuerdo **-3.** *(physical solidity)* consistencia *f*; **the meal lacked ~** a la comida le faltaba sustancia **-4.** *(significance, weight)* sustancia *f*; **these developments add ~ to our hypothesis** estos acontecimientos dan peso a nuestra hipótesis; **the accusations lack ~** las acusaciones no tienen fundamento; **there is little of ~ in the book** el libro no tiene mucha enjundia *or* sustancia; **it is a case of style over ~** es un ejemplo de estilo por encima de contenido **-5.** *Literary (wealth)* **a woman of ~** una mujer acaudalada

substandard ['sʌb'stændəd] *adj* **-1.** *(work, meal, goods, housing)* deficiente **-2.** LING no estándar *inv*

substantial [səb'stænʃəl] *adj* **-1.** *(significant) (progress, difference)* sustancial, significativo(a); *(reason, evidence)* de peso; **a ~ number of...** una cantidad considerable de...; **for a ~ sum** por una suma considerable; **we have reached ~ agreement on the matter** hemos alcanzado un acuerdo sustancial en este asunto **-2.** *(sum of money, profit)* sustancioso(a), considerable **-3.** *(meal)* abundante; **I need something ~ to eat** necesito comer algo sustancioso **-4.** *(solid) (structure, building, furniture)* sólido(a) **-5.** *(book)* enjundioso(a) **-6.** *Literary (rich)* acaudalado(a)

substantially [səb'stænʃəlɪ] *adv* **-1.** *(considerably) (better, worse)* significativamente, considerablemente; **taxes have been cut ~** se han reducido los impuestos considerablemente **-2.** *(for the most part)* esencialmente; **the accusations are ~ true** las acusaciones son en esencia *or* en su mayor parte verdaderas **-3.** *(solidly)* firmemente; **he is ~ built** es de complexión sólida

substantiate [səb'stænʃɪeɪt] *vt (statement, claim)* probar

substantiation [səbstænʃɪ'eɪʃən] *n (proof)* prueba *f*

substantive [səb'stæntɪv] ◇ *n* GRAM sustantivo *m*
◇ *adj (measures, issue, role)* significativo(a); *(proof, evidence)* fehaciente; *(reason)* de peso

substation ['sʌbsteɪʃən] *n* ELEC subestación *f*

substitute ['sʌbstɪtjuːt] ◇ *n* **-1.** *(person)* sustituto(a) *m,f*; SPORT suplente *mf*; **he's no ~ for our previous teacher** no está a la altura de nuestro anterior profesor; SPORT **to be on the substitutes' bench** estar en el banquillo (de los suplentes) ❑ **~ goalkeeper** portero *m* suplente; *US, Irish* **~ teacher** profesor(ora) *m,f* suplente *or* interino(a)
-2. *(thing)* sustituto *m*; **coffee/milk ~** sucedáneo de café/leche; **there's no ~ for the real thing** como lo auténtico no hay nada, nada puede reemplazar a lo auténtico; **tapes are a poor ~ for live music** las cintas no pueden sustituir a la música en directo; **accept no ~** rechace imitaciones
◇ *vt* **-1.** *(thing)* sustituir, reemplazar (**for** por); **margarine may be substituted for butter** se puede sustituir la mantequilla por margarina **-2.** SPORT sustituir, cambiar
◇ *vi* **to ~ for sth/sb** sustituir *or* reemplazar a algo/alguien

substitution [sʌbstɪ'tjuːʃən] *n* **-1.** *(of one thing for another)* sustitución *f*; **the ~ of the old system by a new one** la sustitución del viejo sistema por uno nuevo **-2.** SPORT sustitución *f*, cambio *m*; **to make a ~** hacer una sustitución *or* un cambio

substrate ['sʌbstreɪt] *n* sustrato *m*

substratum ['sʌb'strɑːtəm] (*pl* **substrata** ['sʌb'strɑːtə]) *n* sustrato *m*

substructure ['sʌbstrʌktʃə(r)] *n* **-1.** CONSTR subestructura *f* **-2.** *(of society, organization)* subestructura *f*

subsume [səb'sjuːm] *vt Formal* englobar, incluir (**into** *or* **under** en *or* bajo)

subsystem ['sʌbsɪstəm] *n* subsistema *m*

subteen [sʌb'tiːn] *n US* preadolescente *mf*

subtenancy [sʌb'tenənsɪ] *n* subarrendamiento *m*

subtenant ['sʌbtenənt] *n* subarrendatario(a) *m,f*

subtend [səb'tend] *vt* GEOM subtender

subterfuge ['sʌbtəfjuːdʒ] *n* **-1.** *(trickery)* subterfugios *mpl*; **to achieve sth by ~** lograr algo mediante subterfugios **-2.** *(trick)* subterfugio *m*

subterranean [sʌbtə'reɪnɪən] *adj* subterráneo(a)

subtext ['sʌbtekst] *n* trasfondo *m*

subtitle ['sʌbtaɪtl] ◇ *n* subtítulo *m*
◇ *vt* subtitular

subtitled ['sʌbtaɪtəld] *adj (film)* subtitulado(a)

subtitling ['sʌbtaɪtlɪŋ] *n* subtitulación *f*

subtle ['sʌtəl] *adj* **-1.** *(delicate, gentle)* sutil; **a ~ flavour** un delicado sabor; **a ~ shade of blue** un discreto tono azul **-2.** *(not obvious)* sutil, fino(a); **a ~ distinction** una sutil distinción **-3.** *(indirect, tactful)* sutil, discreto(a); **that wasn't very ~ of you** no fue muy sutil de tu parte; **to drop sb a ~ hint** lanzar una sutil indirecta a alguien **-4.** *(ingenious)* sutil, perspicaz

subtlety ['sʌtəltɪ] *n* **-1.** *(delicacy, gentleness)* sutileza *f*; **the ~ of the flavour** la delicadeza del sabor **-2.** *(lack of obviousness)* sutileza *f*, sutilidad *f* **-3.** *(indirectness, tact)* sutilidad *f*, discreción *f* **-4.** *(ingenuity)* sutileza *f*, perspicacia *f*; **to lack ~** *(person)* carecer de sutileza *or* perspicacia; *(book, movie)* carecer de sutileza **-5.** *(detail, distinction)* pormenor *m*

subtly ['sʌtlɪ] *adv* **-1.** *(delicately, gently)* sutilmente **-2.** *(not obviously)* sutilmente; **they are ~ different** hay una sutil diferencia entre ellos **-3.** *(indirectly, tactfully)* sutilmente, discretamente **-4.** *(ingeniously)* con sutileza, con perspicacia

subtonic [sʌb'tɒnɪk] *n* MUS subtónica *f*

subtotal ['sʌbtəʊtəl] ◇ *n* subtotal *m*
◇ *vt* subtotalizar

subtract [səb'trækt] ◇ *vt* restar, sustraer; **to ~ five from ten** restarle a diez cinco, restarle cinco a diez
◇ *vi* restar

subtraction [səb'trækʃən] *n* resta *f*, sustracción *f*

subtropical ['sʌb'trɒpɪkəl] *adj* subtropical

subtype ['sʌbtaɪp] *n* subtipo *m*

suburb ['sʌbɜːb] *n* = zona residencial en la periferia de una ciudad; **the suburbs** las zonas residenciales de la periferia

suburban [sə'bɜːbən] *adj* **-1.** *(area)* periférico(a); *(population)* del área periférica ❑ **~ train** tren *m* de cercanías **-2.** *Pej (attitudes, life)* aburguesado(a)

suburbanite [sə'bɜːbənaɪt] *n* habitante *mf* de barrio residencial (periférico)

suburbia [sə'bɜːbɪə] *n* zonas *fpl* residenciales de la periferia

subvention [səb'venʃən] *n Formal* FIN subvención *f*

subversion [səb'vɜːʃən] *n* subversión *f*

subversive [səb'vɜːsɪv] ◇ *n* subversivo(a) *m,f*
◇ *adj* subversivo(a)

subvert [səb'vɜːt] *vt* **-1.** *(established order)* subvertir; *(government)* minar **-2.** *(belief, loyalty)* quebrantar

subway ['sʌbweɪ] *n* **-1.** *Br (underpass)* paso *m* subterráneo **-2.** *US (underground railway)* metro *m*, *RP* subte *m* ❑ **~ train** tren *m* de metro; **~ station** estación *f* de metro

subzero ['sʌbzɪərəʊ] *adj* bajo cero; **~ temperatures** temperaturas bajo cero

succeed [sək'siːd] ◇ *vt (follow)* suceder a; **I succeeded him as editor** lo sucedí en el cargo de editor; *Literary* **as month succeeded month** mientras un mes sucedía a otro mes
◇ *vi* **-1.** *(be successful) (person)* tener éxito; *(plan)* tener éxito, funcionar; *(in life)* triunfar; **to ~ in business** triunfar en los negocios; **the first attack did not ~** el primer ataque no tuvo éxito; **I tried to convince her, but didn't ~** intenté convencerla, pero no lo conseguí; **to ~ in doing sth** conseguir *or* lograr hacer algo; **he succeeded in annoying everyone** consiguió *or* logró enojar a todo el mundo; PROV **nothing succeeds like success** el éxito llama al éxito; PROV **if at first you don't ~, try again** en la perseverancia está el éxito
-2. *(monarch)* **to ~ to the throne** suceder al *or* en el trono

succeeding [sək'siːdɪŋ] *adj* **-1.** *(following) (weeks, years)* siguiente; **each ~ year saw their number fall** con cada año que pasaba, su número disminuía **-2.** *(future) (generations)* venidero(a)

success [sək'ses] *n* **-1.** *(good result)* éxito *m*; **~ in your career isn't everything** el éxito profesional no lo es todo; **did you have any ~ in finding him?** ¿conseguiste *or* lograste encontrarlo?; **we have had a lot of ~ with this approach** hemos tenido muy buenos resultados con este enfoque; **to meet with ~** *or* **achieve ~** tener éxito; **without ~** sin éxito; **I wish you every ~ in your new job** te deseo mucho éxito en tu nuevo trabajo; **the school has a high ~ rate at getting pupils through exams** la escuela posee un alto índice *or* porcentaje de aprobados ❑ **~**

successful

story éxito *m*
-2. *(successful thing, person)* éxito *m*; **to be a ~** *(plan, product)* ser un éxito; *(person)* tener éxito; **the canapés were a great ~ with the guests** los canapés tuvieron mucho éxito con los invitados; **to make a ~ of sth** tener éxito con algo

successful [səkˈsesfʊl] *adj* **-1.** *(thriving) (project, movie, novel)* de éxito, exitoso(a); **to be ~** tener éxito; **she's a ~ businesswoman** es una empresaria de éxito; **one of the most ~ British authors** uno de los autores británicos de más éxito
-2. *(achieving desired result) (attempt, negotiations, partnership, meeting, day)* fructífero(a); *(plan, operation, experiment)* exitoso(a); *(outcome)* positivo(a); **~ applicants** los candidatos elegidos; **I tried to convince her – and were you ~?** intenté convencerla – ¿y lo conseguiste?; **to be ~ in doing sth** conseguir *o* lograr hacer algo; **she was not ~ in her application for the post** no tuvo éxito con su candidatura para el puesto; **she was able to bring the project to a ~ conclusion** al final consiguió llevar el proyecto a buen puerto

successfully [səkˈsesfəlɪ] *adv* con éxito; **I ~ avoided the issue** conseguí evitar el asunto; **students who ~ complete the course are awarded a certificate** a los alumnos que aprueban el curso se les entrega un certificado

succession [səkˈseʃən] *n* **-1.** *(sequence, series)* sucesión *f*; **a ~ of disasters/visitors** una serie de desastres/de visitantes; **we won three years in ~** ganamos durante tres años seguidos; **for two years in ~** durante dos años consecutivos; **in quick** *or* **rapid ~** inmediatamente uno tras otro
-2. *(to throne)* sucesión *f*; **she's first in ~ (to the throne)** es la primera en la línea de sucesión (al trono)

successive [səkˈsesɪv] *adj (attempts, generations, governments)* sucesivo(a); **on four ~ days** durante cuatro días consecutivos; **with each ~ year the problem gets worse** cada año que pasa el problema se agrava

successively [səkˈsesɪvlɪ] *adv* sucesivamente; **~ more right-wing governments** gobiernos cada vez más de derechas

successor [səkˈsesə(r)] *n* sucesor(ora) *m,f*

succinct [səkˈsɪŋkt] *adj* sucinto(a), escueto(a)

succinctly [səkˈsɪŋktlɪ] *adv* de forma sucinta, escuetamente

succinctness [səkˈsɪŋktnɪs] *n* concisión *f*

succor *US* = **succour**

succotash [ˈsʌkətæʃ] *n* = plato de la cocina india de Norteamérica consistente en maíz y alubias con pimientos *o* cerdo

succour, *US* **succor** [ˈsʌkə(r)] *Formal* ◇ *n* socorro *m*, auxilio *m*; **to give ~ to sb** socorrer *o* auxiliar a alguien
◇ *vt* socorrer, auxiliar

succubus [ˈsʌkjʊbəs] *(pl* **succubi** [ˈsʌkjʊbaɪ]*) n* súcubo *m*

succulence [ˈsʌkjʊləns] *n* jugosidad *f*

succulent [ˈsʌkjʊlənt] ◇ *n* BOT planta *f* carnosa *or* suculenta
◇ *adj* **-1.** *(juicy)* suculento(a) **-2.** BOT *(plant, leaves)* carnoso(a)

succumb [səˈkʌm] *vi* sucumbir **(to a)**

such [sʌtʃ] ◇ *pron* **if ~ were the case** en tal caso; **~ is the role of men in the nineties** tal es el papel del hombre de los noventa; **~ is life!** ¡así es la vida!; **and ~** *y otros(as) por* el estilo; **philosophy as ~ is not taught in our schools** la filosofía, como tal (asignatura), no se enseña en nuestros colegios; **the text as ~ is fine but...** el texto en sí está bien pero...; **I wasn't scared as ~** asustado, lo que se dice asustado, no estaba; **she is a criminal and should be dealt with as ~** es una criminal y se la debería tratar como tal
◇ *adj* tal; **~ a man** un hombre así, semejante hombre; **~ ignorance** tamaña *or* semejante ignorancia; **how can you tell ~ lies?** ¿cómo puedes mentir de esa manera?; **in ~ situations** en situaciones así; **in ~ detail** en tal detalle; *Formal* **we took with us ~ possessions as we were able to rescue** nos llevamos tantas cuantas posesiones pudimos rescatar; **how will they cope with ~ a setback as this?** ¿cómo se las arreglarán ante este revés?; **did you ever see ~ a thing!** ¿has visto alguna vez algo parecido *o* semejante?; **do you have ~ a thing as a screwdriver?** ¿no tendrás un destornillador?; **we can't afford ~ things (as caviar)** no podemos permitirnos cosas tales (como el caviar); **he called me an idiot, or some ~ thing** me llamó idiota, o algo por el estilo; **their problems are ~ that...** sus problemas son tales *or* de tal calibre que...; **the lion, the tiger and other ~ animals** el león, el tigre, y otros animales similares; **animals ~ as the lion or the tiger** animales (tales) como el león y el tigre; **there are several alternatives – ~ as?** hay varias alternativas – ¿como cuáles?; **there's the church, ~ as it is** ahí está la iglesia, que *or* aunque no es gran cosa; **there is no ~ thing** eso no existe; **there's no ~ thing as a unicorn** el unicornio no existe; **he will do no ~ thing!** ¡no lo hará!; **I said no ~ thing** yo no dije tal cosa *or* nada de eso; **in ~ a way that...** de tal forma que..., de forma tal que...; **on ~ and ~ a day** tal día; *Formal* **until ~ time as may be convenient** en tanto resulte conveniente
◇ *adv* tan; **I had never seen ~ a big house** nunca había visto una casa tan grande; **you're ~ an idiot!** ¡mira que eres idiota!; **I had never heard ~ good music** nunca había escuchado una música tan buena; **it was ~ a long time ago** pasó hace tanto tiempo; **it's ~ a long way away** está tan lejos; **we had ~ a good time!** ¡nos lo pasamos tan bien!; **they have ~ a lot of money!** ¡tienen tantísimo dinero!

such-and-such [ˈsʌtʃənsʌtʃ] ◇ *pron* tal y tal
◇ *adj* tal (y tal); **you'll be told to turn up on ~ a day at ~ a time** te dirán que vengas tal día a tal hora

suchlike [ˈsʌtʃlaɪk] *Fam* ◇ *pron* **frogs, toads and ~** ranas, sapos y tal
◇ *adj* **paella, risotto and ~ dishes** paella, risotto y platos por el estilo

suck [sʌk] ◇ *vt* **-1.** *(lollipop, finger)* chupar; *(liquid)* succionar; *(mother's milk)* mamar; *(air) (of machine)* aspirar; *(blood) (of insect, leech)* succionar, chupar; **she was sucking water through a straw** bebía agua con una pajita; **to ~ the poison out of a wound** chupar el veneno de una herida; **to ~ one's thumb** chuparse el dedo; *Fig* **it's a case of ~ it and see** es un ejemplo de probar y ver qué pasa; *Fig* **to ~ sb dry** exprimir a alguien
-2. *(pull)* succionar; **the pump sucks the water out of the tank** la bomba succiona el agua del depósito; **the whirlpool sucked him to the bottom of the sea** el remolino lo arrastró al fondo del mar; *Fig* **we found ourselves sucked into the conflict against our will** nos vimos arrastrados al conflicto contra nuestra voluntad
◇ *vi* **-1.** *(to draw in air, liquid)* **to ~ on** *or* **at** *(straw, pipe)* chupar; *(tube)* aspirar por; **the child was sucking at her breast** el bebé estaba mamando de su pecho **-2.** *esp US very Fam* **that movie/idea sucks!** ¡esa película/idea es una mierda!; **I've got to work all weekend – that sucks!** tengo que trabajar todo el fin de semana – ¡vaya mierda!
◇ *n* chupada *f*; **to have a ~ at sth** chupar algo; **to give ~ to** *(baby)* dar de mamar a

◆ **suck down** *vt sep (quicksand, whirlpool)* tragarse; **the quicksand sucked him down** las arenas movedizas se lo tragaron

◆ **suck in** *vt sep* **-1.** *(gas)* aspirar; *(liquid)* succionar; *Fig* **we tried to avoid getting sucked in** intentamos que no nos metieran en ese asunto **-2.** *(one's cheeks, stomach)* encoger; **he sucked his stomach in** metió el estómago

◆ **suck off** *vt sep Vulg* chupársela a, *Esp* hacer una mamada a

◆ **suck up** ◇ *vt sep (liquid)* succionar; *(dust)* aspirar

◇ *vi Fam* **to ~ up to sb** *Esp* hacer la pelota a *or Col* pasar el cepillo a *or Méx* lambisconear a *or RP* chuparle las medias a alguien

sucker [ˈsʌkə(r)] ◇ *n* **-1.** *(of octopus, leech)* ventosa *f*; *(made of rubber)* ventosa *f*
-2. *(of plant)* chupón *m*, vástago *m*
-3. *Fam (gullible person)* pringado(a) *m,f*, primo(a) *m,f*; **he's a ~ for blondes/fancy chocolates** las rubias/los bombones caros le chiflan; **you really are a ~ for punishment, aren't you?** eres un poco masoquista, ¿no?; *Fig* **they fell for the ~ punch** cayeron en la trampa más vieja del mundo
-4. *US Fam (object)* cachivache *m*
-5. *US (lollipop)* piruleta *f*
◇ *vt US Fam (trick, swindle)* timar, estafar; **she suckered him out of $300** le estafó 300 dólares

sucking pig [ˈsʌkɪŋpɪg] *n* lechón *m*

suckle [ˈsʌkəl] ◇ *vt (child, young)* amamantar
◇ *vi (baby, animal)* mamar

suckling [ˈsʌklɪŋ] ◇ *n (animal)* cría *f* de leche; *(child)* bebé *mf* lactante
◇ *adj* **~ pig** lechón *m*

Sucre [ˈsuːkreɪ] *n* Sucre

sucrose [ˈsuːkrəʊs] *n* sacarosa *f*

suction [ˈsʌkʃən] *n* succión *f* □ **~ cup** ventosa *f*; **~ pad** ventosa *f*; **~ pump** bomba *f* aspirante *or* de succión; **~ valve** válvula *f* de aspiración *or* succión

Sudan [suːˈdɑːn] *n* Sudán

Sudanese [suːdəˈniːz] ◇ *n* sudanés(esa) *m,f*
◇ *adj* sudanés(esa)

sudden [ˈsʌdən] *adj* repentino(a), súbito(a); **don't make any ~ moves** no hagas ningún movimiento brusco; **she had a ~ change of heart** cambió de opinión repentinamente *or* súbitamente; **there's nothing ~ about this decision** esta decisión no tiene nada de precipitado; **all of a ~** de repente; **this is all very ~!** ¡por qué tan de repente? ❏ **~ death** *(in match, contest)* muerte *f* súbita; **~ death play-off** *(in golf)* play-off *m* a muerte súbita; MED **~ infant death syndrome** muerte *f* súbita (infantil)

suddenly [ˈsʌdənlɪ] *adv* **-1.** *(all of a sudden)* de repente, de pronto; **~, she was no longer there** de repente, ya no estaba allí **-2.** *(unexpectedly)* inesperadamente; **he died ~ in the night** murió durante la noche repentinamente **-3.** *(quickly)* **it happened so ~** todo sucedió tan deprisa

suddenness [ˈsʌdənnɪs] *n* **-1.** *(unexpectedness)* **the ~ of her death/decision** lo repentino de su muerte/decisión **-2.** *(speed)* **the ~ of the attack surprised us** la rapidez del ataque nos sorprendió

suds [sʌdz] *npl* **-1.** *(of soap)* espuma *f* (de jabón) **-2.** *(soapy water)* agua *f* con jabón **-3.** *US Fam (beer)* birra *f*

sue [suː] ◇ *vt* LAW demandar **(for por)**; **he's being sued for libel** lo han demandado por libelo; **she's suing him for divorce** le ha presentado una demanda de divorcio
◇ *vi* **-1.** LAW ir a juicio; **to ~ for divorce** solicitar el divorcio **-2.** *(request)* **to ~ for peace** pedir la paz

suede [sweɪd] *n* ante *m*; **a ~ jacket** una chaqueta de ante

suet [ˈsuːɪt] *n* sebo *m*, unto *m* ❏ **~ pudding** = budín con base de sebo y relleno dulce o salado

Suez [ˈsuːez] *n* **the ~ Canal** el Canal de Suez; **the ~ crisis** la crisis del Canal de Suez

Suff *(abbr* **Suffolk***)* (condado *m* de) Suffolk

suffer [ˈsʌfə(r)] ◇ *vt* **-1.** *(loss, defeat, consequences, setback, decline)* sufrir; *(pain, sorrow)* sufrir, padecer; *(hunger, thirst)* pasar; **we suffered great hardship during the war** sufrimos grandes penalidades durante la guerra
-2. *(tolerate)* aguantar, soportar; **she doesn't ~ fools gladly** no les da ningún cuartel a los tontos
-3. *Formal (allow)* **he wouldn't ~ them to touch him** no les permitía tocarlo
◇ *vi* **-1.** *(experience pain, punishment)* sufrir **(for por)**; **someone is going to ~ for this!** ¡alguien va a pagar muy caro por esto!; **I'll**

sufferance

make you ~ for this! ¡me las pagarás por lo que has hecho!; **he drank too much and suffered for it the next day** bebió demasiado y al día siguiente pagó las consecuencias; **she has no choice but to ~ in silence** no puede hacer más que aguantarse y callar
-2. (from illness) sufrir, padecer (**from** de); **to ~ from rheumatism/diabetes** ser reumático(a)/diabético(a); **she was taken to hospital suffering from shock** la llevaron al hospital en estado de shock; **she suffers from an inferiority complex** tiene complejo de inferioridad; Fig **he is suffering from a severe case of self-delusion** sufre de un serio caso de autoengaño
-3. (be affected) **the low-paid will be the first to ~** los que tienen los sueldos más bajos serán los primeros en verse afectados; **the garden is suffering from neglect** este jardín necesita un poco más de cuidado; **the industry suffers from a lack of skilled workers** la industria necesita más trabajadores cualificados
-4. (deteriorate) (profits, sales) resentirse, verse afectado(a); **your health/work will ~** se resentirá tu salud/trabajo
-5. (be disadvantaged) **this film suffers by comparison with his earlier work** esta película no llega a la altura de sus anteriores trabajos

sufferance ['sʌfərəns] n **you are only here on ~** tolero tu presencia, pero nada más; **to admit sb on ~** tolerar la presencia de alguien

sufferer ['sʌfərə(r)] n enfermo(a) m,f; **a cancer ~** un enfermo de cáncer; **an arthritis ~** un artrítico

suffering ['sʌfərɪŋ] n sufrimiento m

suffice [sə'faɪs] Formal ◇ vt **that should ~ us** con eso nos será suficiente
◇ vi bastar, ser suficiente; **~ (it) to say that...** baste decir que...

sufficiency [sə'fɪʃənsɪ] n Formal cantidad f suficiente; **the country already had a ~ of oil** el país tenía suficiente petróleo

sufficient [sə'fɪʃənt] adj suficiente; **to be ~** bastar, ser suficiente; **this will be quite ~ for my purposes** con esto tengo más que suficiente, con esto tengo de sobra; **$5 should be ~** debería bastar con 5 dólares

sufficiently [sə'fɪʃəntlɪ] adv suficientemente, bastante; **to be ~ big** ser (lo) suficientemente or lo bastante grande; **she has improved ~ to turn professional** ha mejorado lo bastante para pasar a ser profesional

suffix ['sʌfɪks] n GRAM sufijo m

suffocate ['sʌfəkeɪt] ◇ vt **-1.** (kill) asfixiar **-2.** (repress, inhibit) sofocar
◇ vi asfixiarse; Fig **open the window, I'm suffocating in here!** ¡abre la ventana, que me ahogo!

suffocating ['sʌfəkeɪtɪŋ] adj **-1.** (heat, smoke, fumes) asfixiante; Fig **it's ~ in here** hace un calor asfixiante aquí dentro **-2.** (love, relationship, atmosphere) asfixiante

suffocation [sʌfə'keɪʃən] n asfixia f; **to die from ~** morir asfixiado(a)

suffragan ['sʌfrəgən] n **~ (bishop)** obispo m sufragáneo

suffrage ['sʌfrɪdʒ] n POL sufragio m, derecho m de voto; **universal/women's ~** sufragio universal/femenino

suffragette [sʌfrə'dʒet] n HIST sufragista f

suffuse [sə'fju:z] vt Literary **suffused with light** bañado(a) de luz; **the clouds were suffused with a rosy glow** las nubes estaban teñidas de un fulgor rosáceo

Sufi ['su:fɪ] n sufí mf

Sufism ['su:fɪzəm] n sufismo m

sugar ['ʃʊɡə(r)] ◇ n **-1.** (food) azúcar m or f; **two sugars, please** dos cucharaditas/terrones de azúcar, por favor ❑ **~ almond** peladilla f; Br **~ basin** azucarero m; **~ beet** remolacha f (azucarera), Méx betabel m (azucarero); **~ bowl** azucarero m; **~ candy** azúcar m cande or candi; **~ cane** caña f de azúcar; **~ cube** terrón m de azúcar, azucarillo m; Fam **~ daddy** = hombre maduro que tiene una joven mantenida; **~ industry** industria f azucarera; **~ loaf** pan m de azúcar; **~ lump** terrón m de azúcar, azucarillo m; **~ maple** arce m sacarino; **~ pea** = variedad de tirabeque; **~ plantation** plantación f de azúcar; **~ refinery** azucarera f, refinería f de azúcar; **~ snap pea** = variedad de tirabeque; **~ soap** jabón m decapante; **~ tongs** pinzas fpl para el azúcar
-2. Fam (term of address) cielo m, cariño m
◇ vt (coffee, tea) echar azúcar a; IDIOM **to ~ the pill** dorar la píldora
◇ exclam Br Fam Euph ¡miércoles!

sugar-coated ['ʃʊɡə'kəʊtɪd] adj (pills, sweets) azucarado(a)

sugared ['ʃʊɡəd] adj **-1.** CULIN **~ almonds** peladillas **-2.** (voice, tones) almibarado(a)

sugar-free ['ʃʊɡə'fri:] adj sin azúcar

sugar-plum ['ʃʊɡəplʌm] n **-1.** (sweet) confite m **-2.** (term of endearment) cielito m, corazón m

sugary ['ʃʊɡərɪ] adj **-1.** (of drink, food) azucarado(a); (of taste) dulzón(ona) **-2.** (smile, tone) almibarado(a); (sentimentality) empalagoso(a)

suggest [sə'dʒest] vt **-1.** (propose) sugerir; **to ~ (that)...** sugerir que...; **I ~ (that) we discuss it tomorrow** sugiero que lo discutamos mañana; **what do you ~ we do about it?** ¿qué sugieres or propones que hagamos al respecto?; **I suggested an alternative plan** propuse un plan alternativo; **I suggested going for a pizza** propuse que nos comiéramos una pizza; **can you ~ someone for the job?** ¿se te ocurre a alguien para el puesto?; **can you ~ where we might find one?** ¿se te ocurre dónde podríamos encontrar uno?; **might I ~ that they are taking advantage of you** no te ofendas, pero creo que se están aprovechando de ti; **no easy solution suggests itself to me** no se me ocurre ninguna solución sencilla
-2. (insinuate, imply) insinuar; **just what are you suggesting?** ¿qué insinuas?; **are you suggesting (that) I lied to you?** ¿insinúas que te mentí?
-3. (indicate) indicar; **this suggests that it was an accident** esto indica que fue un accidente; **her expression suggested a lack of interest** su expresión denotaba falta de interés; **these marks ~ you haven't been trying** estas notas dan a entender or indican que no te has esforzado
-4. (evoke) sugerir, hacer pensar en; **what does this picture ~ to you?** ¿qué te sugiere este dibujo?; **the music suggests a sense of elation** la música sugiere or comunica una sensación de euforia

suggestibility [sədʒestə'bɪlətɪ] n sugestionabilidad f

suggestible [sə'dʒestɪbəl] adj sugestionable

suggestion [sə'dʒestʃən] n **-1.** (proposal) sugerencia f; **to make a ~** hacer una sugerencia; **to be open to suggestions** estar abierto(a) a sugerencias; **have you any suggestions about how to help him?** ¿se te ocurre cómo podemos ayudarle?; **my ~ would be to ignore them** yo sugeriría que no les hicieras caso; **at your ~** a sugerencia tuya, a instancias tuyas; **suggestions box** buzón de sugerencias
-2. (insinuation, hint) insinuación f
-3. (indication) **there is no ~ that he might be guilty** no hay indicios de que pueda ser culpable; **her expression gave no ~ of what she was really thinking** por la expresión de su cara era imposible saber qué pensaba en realidad; **she has just a ~ of a foreign accent** tiene un ligerísimo acento extranjero; **there's just the faintest ~ of garlic** hay un levísimo saborcillo a ajo
-4. PSY sugestión f; **the power of ~** el poder de la sugestión

suggestive [sə'dʒestɪv] adj **-1.** (reminiscent) sugerente; **to be ~ of sth** sugerir algo **-2.** (thought-provoking) sugerente **-3.** (erotic) insinuante

suggestively [sə'dʒestɪvlɪ] adv de forma insinuante

suggestiveness [sə'dʒestɪvnɪs] n **-1.** (evocativeness) (of picture, image) poder m de evocación **-2.** (erotic nature) tono m insinuante

suicidal [su:ɪ'saɪdəl] adj also Fig suicida; **to be ~** (person) tener tendencias suicidas; (action, policy) ser un suicidio or una locura, ser suicida potencial; **to feel ~** tener ganas de suicidarse; **a ~ policy/idea** una política/idea suicida

suicide ['su:ɪsaɪd] n **-1.** (act) suicidio m; **to commit ~** suicidarse; Fig **to commit commercial ~** cometer un suicidio económico; Fig **it would be ~ to do that** sería un suicidio hacer eso ❑ **~ attempt** tentativa f de suicidio; **~ bombing** atentado m suicida con bomba; **~ mission** misión f suicida; **~ note** = nota que deja un suicida; **~ pact** = pacto para cometer un suicidio colectivo; **~ squad** comando m suicida
-2. Literary (person) suicida mf

sui generis [su:i:'dʒenərɪs] adj Formal **to be ~** ser único(a)

suit [su:t] ◇ n **-1.** (clothing) traje m, Andes, RP terno m ❑ **~ of armour** armadura f
-2. (in cards) palo m; **to follow ~** (in cards) seguir el palo; Fig (do likewise) seguir el ejemplo; IDIOM **politeness is not his strong ~** la amabilidad no es su fuerte
-3. LAW pleito m, demanda f; **to bring or to file a ~ against sb** presentar una demanda contra alguien
-4. Fam Pej (person) oficinista mf de corbata
-5. Literary (courtship) cortejo m; (appeal) petición f; **I decided to press or plead my ~** (ask to marry) decidí pedirle la mano
◇ vt **-1.** (of clothes, colours) sentar bien a; **blue/this hat suits you** el azul/este sombrero te sienta bien; **black clothes ~ his pale complexion** la ropa negra le sienta bien a su tez pálida
-2. (of arrangement, time, job) convenir a, venir bien a; **would next Friday ~ you?** ¿le viene bien el viernes próximo?; **that doesn't ~ me at all** eso no me viene nada bien; **tomorrow would ~ me best** mañana es cuando mejor me viene; Fam **that suits me down to the ground** (eso) me viene a pedir de boca; **if they want to do all the work, that suits me fine** si quieren hacer ellos todo el trabajo, por mí, estupendo; **~ yourself** haz lo que quieras
-3. (agree with) **life in the country obviously suits her** está claro que la vida en el campo le sienta muy bien
-4. (be appropriate) **the role suits her perfectly** ese papel está hecho a su medida; **clothes to ~ all tastes** ropas para (satisfacer) todos los gustos; **to be suited to** or **for sth** (purpose, job) ser indicado(a) para algo; **they are well suited (to each other)** están hechos el uno para el otro
-5. (adapt) **to ~ sth to sth** adecuar algo a algo
◇ vi (be satisfactory) **would some time next week ~?** ¿le iría bien la semana que viene?

➤ **suit up** vt sep **to get suited up** (diver, astronaut) ponerse el traje

suitability [su:tə'bɪlɪtɪ] n **-1.** (convenience) (of arrangement) conveniencia f **-2.** (appropriateness) (of comment, dress) conveniencia f; **they doubt his ~ for the post** dudan que sea la persona adecuada para el puesto

suitable ['su:təbəl] adj **-1.** (convenient) conveniente; **would Friday be ~ (for you)?** ¿le viene bien el viernes?
-2. (appropriate) adecuado(a), apropiado(a); **these shoes are ~ for all occasions** estos zapatos son para todas las ocasiones; **the movie is not ~ for children** la película no es apta para menores; **this is hardly a ~ time to bring that subject up** éste no es el mejor momento para sacar a relucir ese asunto; **the most ~ person for the job** la persona más adecuada or indicada para el trabajo; **that young ruffian is not ~ for our daughter** ese rufián no es conveniente para nuestra hija

suitably ['suːtəblɪ] *adv (to behave, dress)* adecuadamente; **I tried to look ~ surprised** intenté parecer tan sorprendido como correspondía; **she was ~ impressed** estaba impresionada como correspondía

suitcase ['suːtkeɪs] *n* maleta *f*, *Am* valija *f*

suite [swiːt] *n* **-1.** *(of rooms)* suite *f* **-2.** *(of furniture)* **(three-piece) ~** tresillo *m*, conjunto *m* de sofá y (dos) sillones; **bedroom ~** juego de dormitorio; **bathroom ~** = conjunto de bañera, lavabo e inodoro **-3.** MUS suite *f* **-4.** COMPTR *(of software)* paquete *m* integrado **-5.** *(staff, followers)* séquito *m*

suited ['suːtɪd] *adj (wearing a suit)* con traje

suiting ['suːtɪŋ] *n* tela *f* de traje

suitor ['suːtə(r)] *n* **-1.** *Literary (admirer)* pretendiente *m* **-2.** LAW demandante *m*

sukiyaki [suːkɪ'jækɪ] *n* CULIN sukiyaki *m*, = plato japonés de carne con verduras rehogadas

sulfa, sulfate *US* = sulpha, sulphate

sulfide, sulphite *US* = sulphide, sulphite

sulfonamide *US* = sulphonamide

sulfur, sulfuric, sulfurous *US* = sulphur, sulphuric, sulphurous

sulk [sʌlk] ◇ *n* **to be in a ~** estar enfurruñado(a); *Fam* **to have the sulks** haber cogido un berrinche *or* una rabieta
◇ *vi* enfurruñarse; **stop sulking!** ¡déjate de rabietas!

sulkily ['sʌlkɪlɪ] *adv* enrabietadamente

sulkiness ['sʌlkɪnɪs] *n* berrinches *mpl*

sulky ['sʌlkɪ] *adj (expression, reply, voice)* enfurruñado(a), enrabietado(a); **to be ~** *(person) (temporarily)* tener un berrinche *or* una rabieta; *(permanent characteristic)* estar siempre de mal humor

sullen ['sʌlən] *adj* **-1.** *(person, look, silence, remark)* huraño(a), hosco(a) **-2.** *(clouds, sky)* amenazador(ora), hosco(a)

sullenly ['sʌlənlɪ] *adv* hoscamente

sullenness ['sʌlənnɪs] *n (of person, look, silence, remark)* hosquedad *f*

sully ['sʌlɪ] *vt Literary (reputation)* manchar; *Fig* **to ~ one's hands (with sth)** mancharse las manos (con algo)

sulpha, *US* **sulfa** ['sʌlfə] *n* PHARM sulfamida *f*

sulphate, *US* **sulfate** ['sʌlfeɪt] *n* CHEM sulfato *m*

sulphide, *US* **sulfide** ['sʌlfaɪd] *n* CHEM sulfuro *m*

sulphite, *US* **sulfite** ['sʌlfaɪt] *n* sulfito *m*

sulphonamide, *US* **sulfonamide** [sʌl'fɒnəmaɪd] *n* PHARM sulfamida *f*

sulphur, *US* **sulfur** ['sʌlfə(r)] *n* CHEM azufre *m*
□ **~ dioxide** dióxido *m* de azufre

sulphuric, *US* **sulfuric** [sʌl'fjʊərɪk] *adj* CHEM sulfúrico(a) □ **~ acid** ácido *m* sulfúrico

sulphurous, *US* **sulfurous** ['sʌlfərəs] *adj (smell)* sulfúreo(a)

sultan ['sʌltən] *n* sultán *m*

sultana [sʌl'tɑːnə] *n* **-1.** *esp Br (raisin)* pasa *f* sultana, pasa *f* de Esmirna **-2.** *(woman)* sultana *f*

sultanate ['sʌltəneɪt] *n* sultanato *m*

sultriness ['sʌltrɪnɪs] *n* **-1.** *(of weather)* bochorno *m*, sofoco *m* **-2.** *(of look, smile, person)* sensualidad *f*

sultry ['sʌltrɪ] *adj* **-1.** *(heat, weather)* bochornoso(a), sofocante **-2.** *(look, smile, person)* sensual

sum [sʌm] ◇ *n* **-1.** *(amount of money)* suma *f*; **it's going to cost us a considerable ~ (of money)** nos va a costar una suma considerable (de dinero)
-2. *(mathematical problem)* suma *f*; **to do sums** hacer cuentas; **he's very weak at sums** se le dan mal los números; **the government will need to get its sums right** el gobierno tendrá que hacer bien las cuentas **-3.** *(total)* suma *f*, total *m*; **the ~ of my efforts** el resultado *or* la suma de mis esfuerzos; **in ~** en suma; **one medal was the ~ total of our achievements at the Olympics** la suma total de nuestros logros en los juegos olímpicos es una medalla; **is that the ~ total of what you've done today?** ¿eso es todo lo que has hecho hoy?
◇ *vt (add)* **to ~ two totals together** sumar dos totales

◆ **sum up** *(pt & pp* **summed)** ◇ *vt sep* **-1.** *(summarize)* resumir; **one word sums the matter up: corruption** el asunto se resume en una palabra: corrupción **-2.** *(assess quickly)* evaluar
◇ *vi (summarize)* resumir; *(in debate, trial)* recapitular; **to ~ up I would say that...** a modo de recapitulación, diré que...

sumac(h) ['suːmæk] *n* BOT zumaque *m*

Sumatra [sʊ'mɑːtrə] *n* Sumatra

Sumerian [sʊ'mɪərɪən] ◇ *n* **-1.** *(person)* sumerio(a) *m,f* **-2.** *(language)* sumerio *m*
◇ *adj* sumerio(a)

summa cum laude ['sʌməkʊm'laʊdeɪ] *adv US* **to graduate ~** = licenciarse con la nota más alta en la escala de calificaciones

summarily ['sʌmərɪlɪ] *adv* sumariamente

summarize ['sʌməraɪz] ◇ *vt* resumir
◇ *vi* resumir; **to ~, then...** resumiendo,..., en resumen,...

summary ['sʌmərɪ] ◇ *n* resumen *m*; TV & RAD **news ~** resumen de noticias
◇ *adj* **-1.** *(trial, execution)* sumario(a) □ **~ dismissal** despido *m* inmediato; LAW **~ offence** falta *f* **-2.** *(brief) (description)* sumario(a)

summation [sʌ'meɪʃən] *n* **-1.** LAW *(summing-up)* conclusiones *fpl* **-2.** *Formal (addition)* suma *f* **-3.** *Formal (final result)* resultado *m*; **the book is a ~ of her life's work** el libro es el resultado de una vida de trabajo

summer ['sʌmə(r)] ◇ *n* verano *m*; **in (the) ~** en verano; **we spend our summers there** veraneamos allí; **a summer('s) day** un día de verano; **we basked in the ~ sun** nos tumbamos al sol veraniego; *Literary* **a youth of fifteen summers** un mancebo de quince primaveras □ **~ camp** colonia *f* de verano; **~ holidays** vacaciones *fpl* de verano; **~ job** trabajo *m* de verano; *Br* **~ pudding** = postre frío que se elabora con frutas (normalmente, bayas) colocadas sobre una base de pan, bañadas en el jugo ha empapado la base; **~ resort** lugar *m* de veraneo; **~ school** escuela *f* de verano; **~ season** temporada *f* de verano, estación *f* veraniega; **~ solstice** solsticio *m* de verano; **~ term** tercer trimestre *m*; **~ time** *(by clock)* horario *m* de verano
◇ *vi (people)* veranear; *(birds)* pasar el verano

summerhouse ['sʌməhaʊs] *n (in garden)* glorieta *f*, cenador *m*

summertime ['sʌmətaɪm] *n (summer)* verano *m*; **in (the) ~** en verano

summery ['sʌmərɪ] *adj (dress, weather, day)* veraniego(a); **you look very ~ in that dress** vas muy veraniega con ese vestido

summing-up ['sʌmɪŋ'ʌp] *n* LAW recapitulación *f*, conclusiones *fpl*

summit ['sʌmɪt] *n* **-1.** *(of mountain)* cima *f*, cumbre *f* **-2.** *(of career, power)* cima *f*, cumbre *f*; **he is a player at the ~ of his powers** es un jugador en la cima de sus facultades **-3.** *(meeting)* cumbre *f*; **to hold a ~** celebrar una (reunión en la) cumbre □ **~ conference** *(*conferencia *f* en la) cumbre; **~ meeting** cumbre *f*

summon ['sʌmən] *vt* **-1.** *(police, doctor, waiter, servant)* llamar; *(help)* pedir; **we were summoned to the headmaster's office** nos llamaron al despacho del director **-2.** *(meeting)* convocar **-3.** LAW *(witness)* citar **-4.** *(courage)* armarse de; **I couldn't ~ the strength to stand up** no tenía fuerzas para levantarme

◆ **summon up** *vt sep* **-1.** *(courage)* armarse de; *(support)* reunir; *(interest)* despertar; **to ~ up one's strength** hacer acopio de fuerzas; **I couldn't ~ up the courage to ask her out** me faltó valor para pedirle salir **-2.** *(evoke) (memories, thoughts)* evocar **-3.** *(spirits)* invocar

summons ['sʌmənz] *n (pl* **summonses** ['sʌmənzɪz]) LAW citación *f*; **he received** *or* **got a ~ for speeding** recibió una citación por exceso de velocidad; *Fig* **I received a ~ from the chief executive** fui convocado al despacho del director general; **to serve sb with a ~, to serve a ~ on sb** hacer entrega a alguien de una citación
◇ *vt* LAW citar

sumo ['suːməʊ] *n* sumo *m* □ **~ wrestler** luchador *m* de sumo; **~ wrestling** sumo *m*

sump [sʌmp] *n* **-1.** AUT cárter *m* inferior **-2.** *(in mining)* sumidero *m* **-3.** *(cesspool)* pozo *m* negro

sumptuous ['sʌmptjʊəs] *adj* suntuoso(a)

sumptuously ['sʌmptjʊəslɪ] *adv* suntuosamente

sumptuousness ['sʌmptʃʊəsnɪs] *n* suntuosidad *f*

Sun *(abbr* **Sunday)** dom.

sun [sʌn] ◇ *n* sol *m*; **the ~ is shining** brilla el sol; **in the ~** al sol; **don't stay out in the ~ too long** no estés mucho tiempo al sol; **let's get out of the ~** vayamos a la sombra; **you've caught the ~** te ha dado el sol; **the living room gets the ~ in the afternoon** el sol entra en el salón por la tarde; **the ~ is in my eyes** me da el sol en los ojos; **I've tried everything under the ~** he intentado todo lo habido y por haber; IDIOM **every species under the ~** todas las especies conocidas; IDIOM **every subject under the ~** todos los temas imaginables; IDIOM **there's nothing new under the ~** no queda nada por descubrir; IDIOM *Fam* **she thinks the ~ shines out of him** lo tiene en un pedestal; IDIOM *Vulg* **he thinks the ~ shines out of his arse** se cree el rey del mambo, *Méx* se cree el gran chingón □ **~ bear** oso *m* malayo; **~ bittern** ave *f* sol; **~ bonnet** cofia *f*, papalina *f*; **~ cream** crema *f* solar; **~ dress** vestido *m* (corto) de tirantes *or Am* breteles; **~ god** dios *m* sol; **the Sun King** el Rey Sol; **~ lamp** lámpara *f* de rayos UVA; **~ lotion** loción *f* bronceadora; **~** *Br* **lounge** *or US* **parlor** solárium *m*; AUT **~ shield** parasol *m*; AUT **~ visor** parasol *m*
◇ *vt (pt & pp* **sunned)** **to ~ oneself** *(person)* tomar el sol; *(animal)* estar tumbado(a) al sol

sunbaked ['sʌnbeɪkt] *adj* abrasado(a), agostado(a)

sunbathe ['sʌnbeɪð] *vi* tomar el sol

sunbather ['sʌnbeɪðə(r)] *n* **there were hundreds of sunbathers on the beach** había cientos de personas tomando el sol en la playa

sunbathing ['sʌnbeɪðɪŋ] *n* baños *mpl* de sol; **I like ~** me gusta tomar el sol; **to do some ~** tomar el sol

sunbeam ['sʌnbiːm] *n* rayo *m* de sol

sunbed ['sʌnbed] *n* **-1.** *(for tanning)* cama *f* de rayos UVA **-2.** *(sun-lounger)* tumbona *f*

Sunbelt ['sʌnbelt] *n* **the ~** = los estados del sur y suroeste de Estados Unidos

sunbird ['sʌnbɜːd] *n* nectarínido *m*, nectarinia *f*

sunblind ['sʌnblaɪnd] *n Br* toldo *m*

sunblock ['sʌnblɒk] *n* pantalla *f* solar, crema *f* solar de protección total

sunburn ['sʌnbɜːn] *n* quemaduras *fpl* (por el sol)

sunburnt ['sʌnbɜːnt], **sunburned** ['sʌnbɜːnd] *adj* quemado(a) (por el sol); **I get ~ easily** el sol me quema en seguida

sunburst ['sʌnbɜːst] *n* **-1.** *(through cloud)* rayo *m* de sol **-2.** *(design)* motivo *m* en forma de rayos solares

sundae ['sʌndeɪ] *n* = copa de helado con fruta y nueces

Sunday ['sʌndeɪ] *n (day)* domingo *m*; *Br* **the Sundays** *(newspapers)* los dominicales □ **~ best** traje *m* de los domingos; **they were wearing their ~ best** llevaban el traje de los domingos; *Pej* **~ driver** (conductor(ora) *m,f*) dominguero(a) *m,f*; **~ opening** apertura *f* de las tiendas en domingo; **~ painter** pintor(ora) *m,f* aficionado(a); **~ paper** periódico *m* dominical *or* del domingo; **~ roast** = el rosbif que se come tradicionalmente los domingos; REL **~ school** catequesis *f inv* dominical; **~ supplement** suplemento *m* dominical; **~ trading** apertura *f* de comercios en domingos; **~ trading laws** normativa *f* sobre la apertura de comercios en domingos; *see also* **Saturday**

sundeck ['sʌndek] *n (on ship)* cubierta *f* superior

sunder ['sʌndə(r)] *vt Literary* desgajar

sundew ['sʌndju:] *n* BOT rosela *f*, rosolí *m*

sundial ['sʌndaɪəl] *n* reloj *m* de sol

sundown ['sʌndaʊn] *n* puesta *f* de sol, atardecer *m*; **at ~** al atardecer

sundowner ['sʌndaʊnə(r)] *n* -1. *Br Fam (drink)* = bebida alcohólica tomada con la puesta de sol -2. *Austr (tramp)* vagabundo(a) *m,f*

sun-drenched ['sʌndrenʃt] *adj* bañado(a) de sol

sun-dried ['sʌndraɪd] *adj* secado(a) al sol ❑ **~ tomatoes** tomates *mpl* or *Méx* jitomates *mpl* secos

sundry ['sʌndrɪ] ◇ *n* -1. **all and ~** *(everyone)* propios y extraños; **she told all and ~ about it** se lo contó a propios y extraños -2. COM **sundries** *(items)* artículos *mpl* varios; *(costs)* gastos *mpl* diversos
◇ *adj* diversos(as)

sunfish ['sʌnfɪʃ] *n* pez *m* luna

sunflower ['sʌnflaʊə(r)] *n* girasol *m* ❑ **~ oil** aceite *m* de girasol; **~ seeds** pipas *fpl* de girasol; **the Sunflower State** = apelativo familiar referido al estado de Kansas

sung *pp of* **sing**

sunglasses ['sʌnɡlɑ:sɪz] *npl* gafas *fpl* or *Am* anteojos *mpl* de sol

sunhat ['sʌnhæt] *n* pamela *f*

sunk [sʌŋk] ◇ *adj Fam* **if she finds out, we're ~** como se entere, se va todo al carajo
◇ *pp of* **sink²**

sunken ['sʌŋkən] *adj* -1. *(in water) (ship, treasure)* hundido(a); *(rock)* sumergido(a) -2. *(in hollow) (eyes, cheeks)* hundido(a) ❑ **~ garden** jardín *m* a un nivel más bajo

sun-kissed ['sʌnkɪst] *adj (beach)* bañado(a) por el sol

sunlight ['sʌnlaɪt] *n (luz f del)* sol *m*; **in the ~** al sol

sunlit ['sʌnlɪt] *adj* soleado(a)

sun-lounger ['sʌnlaʊndʒə(r)] *n Br* tumbona *f*

Sunni ['sʊnɪ] *n* -1. *(religion)* sunnismo *m* -2. *(person)* sunnita *mf*

sunnily ['sʌnɪlɪ] *adv (to remark, smile)* radiantemente

Sunnite ['sʌnaɪt] *n* sunnita *mf*

sunny ['sʌnɪ] *adj* -1. *(day, place)* soleado(a); **it's ~** hace sol; **there will be ~ intervals** or **periods** habrá intervalos de sol; **~ side** *(of street)* lado donde da el sol; **to look on the ~ side (of things)** buscar el lado bueno (de las cosas); **~ side up** *(eggs)* frito(a) sólo por debajo de la yema -2. *(face, personality)* radiante; **she has a ~ disposition** es de un carácter muy jovial

sunray lamp ['sʌnreɪˈlæmp] *n* lámpara *f* de rayos UVA

sunrise ['sʌnraɪz] *n* amanecer *m*; **at ~** al amanecer ❑ ECON **~ industry** industria *f* de tecnología punta

sunroof ['sʌnru:f] *n* AUT techo *m* solar

sunscreen ['sʌnskri:n] *n* pantalla *f* solar, crema *f* solar de protección total

sunseeker ['sʌnsi:kə(r)] *n* amante *mf* del sol

sunset ['sʌnset] *n* puesta *f* de sol, atardecer *m*; **at ~** al atardecer

sunshade ['sʌnʃeɪd] *n* -1. *(for table)* sombrilla *f* -2. *(over shop window)* toldo *m*

sunshine ['sʌnʃaɪn] *n* -1. *(sunlight)* sol *m*; **five hours' ~** cinco horas de sol; **to lie in the ~** estar tumbado(a) al sol; **the Sunshine State** *(Florida)* = apelativo familiar referido al estado de Florida; *(California)* = apelativo familiar referido al estado de California -2. *Br Fam (term of address)* querido(a) *m,f*, nene(a) *m,f*; **watch it, ~!** ¡cuidado, nene or chico!

sun-soaked ['sʌnsəʊkt] *adj (beach)* bañado(a) por el sol

sunspot ['sʌnspɒt] *n* -1. ASTRON mancha *f* solar -2. *Fam (holiday resort)* lugar *m* (costero) de veraneo

sunstroke ['sʌnstrəʊk] *n* MED insolación *f*; **to have/get ~** padecer/coger una insolación

suntan ['sʌntæn] *n* bronceado *m*; **to get a ~** broncearse ❑ **~ lotion** loción *f* bronceadora; **~ oil** aceite *m* bronceador

sun-tanned ['sʌntænd] *adj* bronceado(a)

suntrap ['sʌntræp] *n* solana *f*, solanera *f (lugar)*

sun-up ['sʌnʌp] *n US* amanecer *m*; **at ~** al amanecer

sun-worshipper ['sʌnwɜ:ʃɪpə(r)] *n (sunbather)* amante *mf* del sol

sup [sʌp] *(pt & pp* **supped**) ◇ *vt (drink)* beber a sorbos
◇ *vi Old-fashioned (have supper)* tomar la cena; **they supped on** or **off some leftovers** cenaron restos
▸ **sup up** *vi (drink up)* ir terminando

super ['su:pə(r)] ◇ *n* -1. *(petrol)* (gasolina *f* or *RP* nafta *f*) súper *f* -2. *US (of apartment building)* portero(a) *m,f* -3. *Fam (police superintendent)* subinspector(ora) *m,f* jefe
◇ *adj Fam (excellent)* genial, *Andes, CAm, Carib, Méx* chévere, *Méx* padre, *RP* bárbaro(a); **we had a ~ time** lo pasamos bomba en grande; **that's ~, thanks** estupendo or *CAm, Carib, Col, Méx* chévere or *RP* bárbaro(a), gracias, *Méx* qué padre, gracias; **it was ~ of them to help** fue todo un detalle or *Esp* un detallazo por su parte que echaran una mano ❑ **Super Bowl** Superbowl *f,* = la final de la temporada de fútbol americano; **~ Giant** or **G** *(in skiing)* súper gigante *m*; *Br* **Super League** *(in rugby league)* = la primera división del rugby a trece británico
◇ *adv Fam (very)* **his family is ~ rich** su familia es superrica
◇ *exclam Fam* ¡estupendo!, *CAm, Carib, Col, Méx* ¡chévere!, *RP* ¡bárbaro!

superabundance [su:pərəˈbʌndəns] *n* superabundancia *f*

superabundant [su:pərəˈbʌndənt] *adj* superabundante

superannuate [su:pəˈrænjʊeɪt] *vt (person)* jubilar

superannuated [su:pəˈrænjʊeɪtɪd] *adj* -1. *(job, post)* con plan de jubilación incluido -2. *(obsolete)* anticuado(a), obsoleto(a)

superannuation [su:pərænjʊˈeɪʃən] *n (pension)* pensión *f* (de jubilación) ❑ **~ contribution** cotización *f* a la pensión; **~ scheme** plan *m* de jubilación

superb [su:ˈpɜ:b] *adj* magnífico(a), maravilloso(a) ❑ **~ lyrebird** ave *f* lira real

superbly [su:ˈpɜ:blɪ] *adv* de maravilla; **they did ~ well in their exams** los exámenes les salieron de maravilla; **a ~ made movie** una película magníficamente realizada; **the team performed ~** el equipo jugó de maravilla; **a ~ clever solution** una solución extraordinariamente ingeniosa

superbug ['su:pəbʌɡ] *n* supermicrobio *m*

supercargo ['su:pəkɑ:ɡəʊ] *(pl* **supercargoes** or **supercargos**) *n* sobrecargo *m*

supercharge ['su:pətʃɑ:dʒ] *vt (engine)* sobrealimentar

supercharged ['su:pətʃɑ:dʒd] *adj* -1. *(engine)* sobrealimentado(a) -2. *(atmosphere)* muy caldeado(a)

supercharger ['su:pətʃɑ:dʒə(r)] *n (in car, plane)* sobrealimentador *m*

supercilious [su:pəˈsɪlɪəs] *adj* arrogante, altanero(a)

superciliously [su:pəˈsɪlɪəslɪ] *adv* con arrogancia or altanería

superciliousness [su:pəˈsɪlɪəsnɪs] *n* arrogancia *f*, altanería *f*

supercomputer ['su:pəkəmpju:tə(r)] *n* COMPTR *Esp* superordenador *m*, *Am* supercomputador *m*

superconductive [su:pəkənˈdʌktɪv] *adj* PHYS superconductor(ora)

superconductor ['su:pəkəndʌktə(r)] *n* PHYS superconductor *m*

supercontinent ['su:pəˈkɒntɪnənt] *n* supercontinente *m*

supercool ['su:pəˈku:l] *vt* PHYS *(liquid)* sobreenfriar, someter a subfusión

supercooled ['su:pəˈku:ld] *adj* PHYS *(liquid)* sobreenfriado(a)

super-duper ['su:pəˈdu:pə(r)] *adj Fam* genial, *Esp* superguay, *Andes, Carib* cheverísimo(a), *Méx* padrísimo(a), *RP* regenial

superego ['su:pərɪˈɡəʊ] *(pl* **superegos**) *n* PSY superyó *m*, superego *m*

superficial [su:pəˈfɪʃəl] *adj* -1. *(wound, burn, damage)* superficial -2. *(knowledge, differences)* superficial; **it bears a ~ resemblance to...** se parece un poco a... -3. *(cursory) (inspection, glance)* superficial, por encima -4. *(person)* superficial

superficiality [su:pəfɪʃɪˈælɪtɪ] *n* -1. *(of knowledge, differences)* superficialidad *f* -2. *(of person)* superficialidad *f*

superficially [su:pəˈfɪʃəlɪ] *adv* -1. *(to wound, burn, damage)* superficialmente -2. *(to know, learn, differ, resemble)* superficialmente -3. *(to inspect, glance)* superficialmente, por encima

superfine ['su:pəfaɪn] *adj* -1. *(quality, product)* superfino(a) -2. *(distinction)* muy sutil

superfluity [su:pəˈflʊətɪ] *n* -1. *(superfluousness)* superfluidad *f* -2. *(excess)* superabundancia *f*

superfluous [su:ˈpɜ:flʊəs] *adj* superfluo(a); **it is ~ to say that...** huelga decir que...; **I'm starting to feel a bit ~** comienzo a sentirme un poco innecesario

superfluously [su:ˈpɜ:flʊəslɪ] *adv* superfluamente

superfluousness [su:ˈpɜ:flʊəsnɪs] *n* superfluidad *f*

supergiant ['su:pədʒaɪənt] *n* ASTRON supergigante *f*

superglue ['su:pəɡlu:] ◇ *n* pegamento *m* rápido
◇ *vt* pegar con pegamento rápido

supergrass ['su:pəɡrɑ:s] *n Br Fam* supersoplón(ona) *m,f*, *Méx* hocicón(ona) *m,f*, *RP* buchón(ona) *m,f*

supergroup ['su:pəɡru:p] *n* supergrupo *m*

superheat ['su:pəhi:t] *vt* sobrecalentar

superheavyweight [su:pəˈheviweit] ◇ *adj (in boxing)* del peso superpesado
◇ *n (in boxing)* peso *m* superpesado

superhero ['su:pəhɪərəʊ] *n* superhéroe *m*

superhighway ['su:pəˈhaɪweɪ] *n* -1. *US (motorway)* autopista *f* -2. COMPTR **(information) ~** autopista *f* de la información

superhuman [su:pəˈhju:mən] *adj* sobrehumano(a)

superimpose [su:pərɪmˈpəʊz] *vt* superponer **(on a)**

superintend [su:pərɪnˈtend] *vt* supervisar

superintendent [su:pərɪnˈtendənt] *n* -1. *(supervisor) (of institution)* supervisor(ora) *m,f*, director(ora) *m,f*; *(of swimming pool)* supervisor(ora) *m,f* ❑ **~ of schools** = administrador a cargo de todas las escuelas de un distrito -2. *(police officer) (in UK)* comisario(a) *m,f*; *(in US)* comisario(a) *m,f*, jefe -3. *US (of apartment building)* portero(a) *m,f*

superior [su:ˈpɪərɪə(r)] ◇ *n* -1. *(senior)* superior *m*; **to be sb's ~** ser el superior de alguien -2. *(in ability)* **to be sb's ~** ser mejor que alguien
◇ *adj* -1. *(more senior)* superior; **his ~ officer** su (oficial) superior; **I am ~ to him** soy su superior -2. *(better)* superior; **a ~ wine** un vino (de calidad) superior; **~ in numbers/quality** superior en número/calidad; **of ~ quality** de primera (calidad), de calidad superior; **it's far ~ (to)** es muy superior (a) -3. *Pej (supercilious) (person)* engreído(a); **stop being so ~!** ¡no seas tan creído!; **a ~ smile** una sonrisa (con aires) de superioridad -4. *(upper)* superior

superiority [su:pɪərɪˈɒrɪtɪ] *n* -1. *(higher amount, worth)* superioridad *f*; **their ~ in numbers was beginning to tell** su superioridad numérica comenzaba a pasar factura -2. *Pej (superciliousness)* engreimiento *m* ❑ **~ complex** complejo *m* de superioridad

superlative [su:ˈpɜ:lətɪv] ◇ *n* -1. GRAM superlativo *m*; **in the ~** en superlativo -2. *(when praising)* superlativo *m*; **she always speaks in superlatives** siempre habla con superlativos
◇ *adj* -1. *(excellent)* excelente; **workmanship**

superlatively / **supporting** — 745

of ~ quality trabajo de calidad suprema **-2.** *(overwhelming) (indifference, joy)* absoluto(a); *(ignorance)* supino(a) **-3.** GRAM superlativo(a)

superlatively [suːˈpɜːlətɪvlɪ] *adv (good, efficient)* extremadamente, extraordinariamente; **the team played ~ (well)** el equipo jugó extraordinariamente (bien)

Superman [ˈsuːpəmæn] *n (comic book hero)* Supermán

superman [ˈsuːpəmæn] *n (very strong, skilful man)* superhombre *m*

supermarket [ˈsuːpəmɑːkɪt] *n* supermercado *m* ❑ **~ trolley** carrito *m* de supermercado

supermodel [ˈsuːpəmɒdəl] *n* supermodelo *f*, top model *f*

supernatural [suːpəˈnætʃərəl] ◇ *n* **the ~** lo sobrenatural
◇ *adj* sobrenatural

supernova [suːpəˈnəʊvə] *n* ASTRON supernova *f*; **to go ~** explotar y convertirse en una (estrella) supernova

supernumerary [suːpəˈnjuːmərərɪ] *Formal* ◇ *n* **-1.** *(actor)* THEAT figurante *mf*; CIN & TV extra *mf* **-2.** *(worker)* trabajador(ora) *m,f* temporal; *(in army)* reservista *mf*
◇ *adj (additional)* extra, adicional

superordinate [suːpəˈrɔːdɪnət] ◇ *n* término *m* genérico
◇ *adj* superior

superposition [suːpəpəˈzɪʃən] *n* **-1.** GEOL superposición *f* **-2.** PHYS **~ of states** superposición *f* de estados

superpower [ˈsuːpəpaʊə(r)] *n* superpotencia *f*

supersaturated [ˈsuːpəˈsætʃəreɪtɪd] *adj (liquid, vapour)* sobresaturado(a)

superscript [ˈsuːpəskrɪpt] *n* TYP superíndice *m*; **~ "a"** "a" escrita como superíndice

supersede [suːpəˈsiːd] *vt* sustituir; **these methods have been superseded** estos métodos han sido superados

supersonic [suːpəˈsɒnɪk] *adj* AV supersónico(a)

superstar [ˈsuːpəstɑː(r)] *n* superestrella *f*

superstardom [ˈsuːpəstɑːdəm] *n* superestrellato *m*

superstition [suːpəˈstɪʃən] *n* superstición *f*

superstitious [suːpəˈstɪʃəs] *adj* supersticioso(a) **(about** respecto a**)**

superstitiously [suːpəˈstɪʃəslɪ] *adv* supersticiosamente

superstore [ˈsuːpəstɔː(r)] *n* COM hipermercado *m*, gran superficie *f*

superstring [ˈsuːpəstrɪŋ] *n* PHYS supercuerda *f* ❑ **~ theory** teoría *f* de la supercuerda

superstructure [ˈsuːpəstrʌktʃə(r)] *n* superestructura *f*

supertanker [ˈsuːpətæŋkə(r)] *n* NAUT superpetrolero *m*

supertax [ˈsuːpətæks] *n* impuesto *m* adicional

supertitle = surtitle

supervene [suːpəˈviːn] *vi Formal* advenir

supervise [ˈsuːpəvaɪz] *vt* **-1.** *(children)* vigilar **-2.** *(work, workers)* supervisar **-3.** *(research student)* dirigir

supervision [suːpəˈvɪʒən] *n* **-1.** *(of children)* vigilancia *f*; **the children must be under the ~ of qualified staff at all times** los niños tienen que estar en todo momento bajo la supervisión de personal cualificado ❑ *Br* LAW **~ order** = orden de acogimiento bajo la tutela de una institución **-2.** *(of work, workers)* supervisión *f* **-3.** *(of research student)* dirección *f*

supervisor [ˈsuːpəvaɪzə(r)] *n* **-1.** *(of work, workers)* supervisor(ora) *m,f* **-2.** *(of research student)* director(ora) *m,f* (de tesis)

supervisory [suːpəˈvaɪzərɪ] *adj (body, post)* de supervisión; **in a ~ capacity** en calidad de supervisor(ora)

superwoman [ˈsuːpəwʊmən] *n Fam* supermujer *f*

supine [ˈsuːpaɪn] ◇ *n* GRAM supino *m*
◇ *adj Formal* **-1.** *(on one's back)* **to be (lying) in a ~ position** estar tendido(a) en decúbito supino **-2.** *Pej (passive)* apático(a)
◇ *adv Formal* **to lie ~** yacer de espaldas

supper [ˈsʌpə(r)] *n* **-1.** *(evening meal)* cena *f*; **to have ~** cenar; **we had fish for ~** cenamos pescado; **you can stay to ~ if you like** si quieres, puedes quedarte a cenar **-2.** *(snack before going to bed)* = refrigerio que se toma antes de ir a la cama

suppertime [ˈsʌpətaɪm] *n* la hora de cenar

supplant [səˈplɑːnt] *vt (theory, method)* desbancar; **she supplanted her rival** arrebató el puesto a su rival

supple [ˈsʌpəl] *adj (person, limbs)* ágil; *(leather)* flexible; *(mind)* flexible

supplement ◇ *n* [ˈsʌplɪmənt] **-1.** *(addition)* complemento *m*; **a small ~ to my income** un pequeño complemento a mis ingresos; **a vitamin ~** un suplemento vitamínico **-2.** *(extra charge)* suplemento *m* **-3.** *(of newspaper, book)* suplemento *m*
◇ *vt* [ˈsʌplɪment] complementar; **he supplements his diet with vitamins** complementa su dieta con vitaminas

supplementary [sʌplɪˈmentərɪ] *adj* complementario(a), suplementario(a) ❑ *Formerly Br* **~ benefit** = subsidio estatal dado a personas con bajos ingresos, sustituido en 1988 por el "income support"

suppleness [ˈsʌpəlnɪs] *n (of person, limbs)* agilidad *f*; *(of leather)* flexibilidad *f*; *(of mind)* flexibilidad *f*

suppletion [səˈpliːʃən] *n* LING supleción *f*

suppliant [ˈsʌplɪənt], **supplicant** [ˈsʌplɪkənt] *Literary* ◇ *n* suplicante *mf*
◇ *adj* suplicante

supplicate [ˈsʌplɪkeɪt] *Formal* ◇ *vt (forgiveness, mercy)* suplicar; **to ~ sb to do sth** suplicar a alguien que haga algo
◇ *vi* **to ~ for forgiveness/mercy** suplicar perdón/piedad

supplication [sʌplɪˈkeɪʃən] *n Formal* súplica *f*

supplier [səˈplaɪə(r)] *n* proveedor *m*

supply [səˈplaɪ] ◇ *n* **-1.** *(provision)* abastecimiento *m*, suministro *m*; **they won a contract for the ~ of 10,000 computers to schools** consiguieron un contrato para proveer a las escuelas de 10.000 ordenadores; **the domestic hot water ~** el suministro de agua caliente a las casas ❑ MIL **~ lines** líneas *fpl* de abastecimiento; NAUT **~ ship** buque *m* nodriza; *Br* SCH **~ teacher** profesor(ora) *m,f* suplente; *Br* SCH **~ teaching**: **to do ~ teaching** hacer suplencias de profesor(ora)
-2. *(stocks)* reservas *fpl*; *(of food)* provisiones *fpl*; **a week's/month's ~ (of sth)** reservas (de algo) para una semana/un mes; **our supplies of ammunition/food are running low** se nos están acabando las reservas de munición/comida; **we urgently need more medical supplies** necesitamos urgentemente más provisiones médicas; **we have a limited ~ of this special edition model** tenemos existencias limitadas de este modelo especial; **he has an endless ~ of funny stories** es una fuente inagotable de historias divertidas; **water is in short ~** escasea el agua
-3. ECON oferta *f*; **~ and demand** la oferta y la demanda
◇ *vt* **to ~ sb with sth, to ~ sth to sb** suministrar algo a alguien; **she supplied us with vital information** nos proporcionó información de vital importancia; **they ~ all the local retailers** abastecen a todos los pequeños comerciantes locales; **all toys are supplied with batteries** todos los juguetes vienen con las pilas incluidas; **to ~ sb's needs** satisfacer las necesidades de alguien

supply-side [səˈplaɪsaɪd] *adj* ECON de la oferta

support [səˈpɔːt] ◇ *n* **-1.** *(backing)* apoyo *m*, respaldo *m* **(for** a**)**; **he looked towards me for ~** me miró buscando apoyo; **the ~ from the crowd was terrific** el apoyo de la hinchada fue magnífico; **to give sb emotional ~** dar apoyo emocional a alguien; **there is no ~ for this measure** esta medida carece de apoyo, nadie apoya *or* respalda esta medida; **there is growing ~ for this policy** esta política recibe cada vez mayor apoyo *or* respaldo; **they are striking in ~ of the miners** están haciendo huelga en apoyo *or* favor de los mineros; **to speak in ~ of a motion** hablar a favor de una moción; **to give** *or* **provide ~ to sth/sb, to lend one's ~ to sth/sb** apoyar *or* respaldar algo/a alguien; **you have my full ~ on this matter** tienes mi apoyo incondicional en este asunto ❑ **~ band** MUS (grupo *m*) telonero *m*; **~ group** *(for victims)* grupo *m* de apoyo; MUS (grupo *m*) telonero *m*
-2. *(financial)* ayuda *f*; **a concert in ~ of the war orphans** un concierto a beneficio de los huérfanos de guerra; **my son is my only means of ~** mi hijo es mi único sostén económico ❑ **~ price** precio *m* subvencionado
-3. *(holding up)* soporte *m*; **I was holding his arm for ~** me agarraba de su brazo para sostenerme; **this bra gives good ~** este sostén *or* Esp sujetador da una buena sujeción ❑ **~ hose** medias *fpl* de compresión
-4. *(corroboration)* argumento *m*; **the investigation found no ~ for this view** la investigación no encontró ninguna base para esa hipótesis; **another piece of evidence in ~ of this theory is...** otro argumento en favor de esta teoría es...
-5. *(person, thing supporting)* soporte *m*; **the steel supports had buckled** los soportes de acero se habían combado; **she's been a great ~ to me** ella ha estado en todo momento a mi lado
-6. MED *(device)* soporte *m* elástico; *(strapping)* venda *f* elástica
-7. *(supporters)* **the home/away ~** la hinchada local/visitante
-8. *(for a product)* servicio *m* post-venta; **we provide 24-hour technical ~** ofrecemos un servicio de asistencia técnica las 24 horas del día ❑ **~ line** línea *f* de asistencia técnica
-9. *(in rugby, soccer)* apoyo *m*
-10. MIL refuerzos *mpl* ❑ **~ troops** tropas *fpl* de apoyo
-11. COMPTR soporte *m*
◇ *vt* **-1.** *(hold up)* sostener, soportar; **I supported him with my arm** lo sujeté con mi brazo; **she held on to the table to ~ herself** se agarró a la mesa para poder sostenerse; **to ~ the weight of sth** aguantar *or* resistir el peso de algo
-2. *(back, aid)* apoyar; **I can't ~ their decision** no puedo apoyar su decisión; **she supports the Labour Party** vota al Partido Laborista; **his wife has supported him through all his difficulties** su esposa le ha estado apoyando mientras atravesaba dificultades; **the star was ably supported by a talented cast** el actor principal estaba muy bien respaldado por un excelente reparto; MUS **Oasis were supported by a band from Liverpool** Oasis tuvo como telonero a un grupo de Liverpool
-3. *(financially) (family)* mantener; *(company, project)* financiar; **his parents supported him through college** sus padres lo mantuvieron durante sus estudios universitarios; **to ~ oneself** ganarse la vida, mantenerse
-4. *(sustain)* sustentar; **the atmosphere on the planet could not ~ life** la atmósfera en el planeta no podría sostener la vida
-5. SPORT **he supports Lazio** es del Lazio; **which team do you ~?** ¿de qué equipo eres?
-6. *(corroborate) (theory, claim)* respaldar, corroborar
-7. COMPTR soportar; **this package is supported by all workstations** este paquete se puede utilizar en todas las estaciones de trabajo; **56K supported** con acceso a 56k
-8. FIN *(price, currency)* apoyar

supporter [səˈpɔːtə(r)] *n* **-1.** *(of opinion, party)* partidario(a) *m,f* **-2.** *(of team)* seguidor(ora) *m,f*; **I'm a Leeds ~** soy del Leeds

supporting [səˈpɔːtɪŋ] *adj* **-1.** MUS **~ act** teloneros *mpl*; CIN **~ actor** actor *m* secundario *or* de reparto; **~ actress** actriz *f* secundaria *or* de reparto; **~ band** teloneros *mpl*; CIN &

supportive

THEAT ~ **cast** actores mpl secundarios or de reparto; CIN ~ **programme** pase m previo **-2.** (wall, pillar) maestro(a); (structure) de soporte **-3.** (evidence) fehaciente

supportive [sə'pɔːtɪv] adj **he was ~ (of)** apoyó mucho (a), fue muy comprensivo (con); **I have very ~ parents** tengo unos padres que siempre me apoyan

supportively [sə'pɔːtɪvlɪ] adv en señal de apoyo

supportiveness [sə'pɔːtɪvnɪs] n apoyo m

suppose [sə'pəʊz] vt **-1.** (assume) suponer; **I ~ so** supongo (que sí); **I ~ not, I don't ~ so** supongo que no; **I ~ you won't be coming** supongo que no vendrás; **I ~ you think that's clever** supongo que te parece inteligente; **it was easier than I had supposed** fue más fácil de lo que había supuesto; **let us ~ that...** supongamos que...; ~ or **supposing he came back** supongamos or suponiendo que volviera; **I'm worried about granny, ~** or **supposing she falls over?** me preocupa la abuelita, imagina que se cae; **~** or **supposing they find out?** ¿y qué pasa si se enteran?; **~ we change the subject?** ¿qué te parece si cambiamos de tema?; **~** or **supposing you say please?** ¿y qué tal si lo pides por favor?; **I don't ~ you'd consider sharing it?** ¿no te importaría compartirlo?; **I don't ~ you could help me?** ¿no te importaría ayudarme?, ¿no me podrías ayudar?

-2. (think) creer; **you don't ~ she could be angry with me, do you?** no estará esp Esp enfadada or esp Am enojada conmigo, ¿verdad?; **when do you ~ they'll arrive?** ¿cuándo crees que llegarán?; **who do you ~ I saw?** ¿a que no te imaginas a quién vi?; **what sort of way to behave do you ~ this is?** ¿pero qué manera de comportarte te has creído que es ésta?

-3. Formal (require) suponer; **a plan of this nature would ~ a major investment** un plan de este género supondría una inversión de primer orden

supposed [sə'pəʊzd] adj **-1.** (expressing duty) **to be ~ to do sth** tener que hacer algo; **you were ~ to wash the dishes** tenías que fregar los platos; **you're not ~ to smoke in here** aquí dentro no se puede fumar; **you're not ~ to do it that way, it can damage the engine** no debes hacerlo de esa forma, puedes estropear el motor

-2. (meant, intended) **there's ~ to be a meeting today** se supone que hoy hay reunión; **there is ~ to be a well in the garden** tendría que haber un pozo en el jardín; **it's ~ to be a house** se supone que es una casa; **this wasn't ~ to happen** esto no estaba previsto que ocurriera; **the engine's not ~ to make a noise like that** no es normal que el motor haga ese ruido; **what's that ~ to mean?** ¿qué quieres decir con eso?; **how am I ~ to know?** ¿cómo quieres que lo sepa?; **how am I ~ to work in conditions like these!** ¡cómo puedo trabajar en estas condiciones?; **am I ~ to understand all that?** ¿se supone que tengo que entender todo eso?

-3. (reputed) **the film's ~ to be very good** se supone que es una película muy buena; **it's ~ to be good for you** dicen que es bueno para la salud; **you're ~ to be my friend!** pensaba que eras mi amigo

-4. (alleged) supuesto(a); **the ~ advantages** las supuestas ventajas

supposedly [sə'pəʊzɪdlɪ] adv supuestamente

supposing [sə'pəʊzɪŋ] conj **~ he came back** supongamos or suponiendo que volviera; **we'll invite him, ~ he still wants to go, of course** lo invitaremos, suponiendo que todavía quiera venir; **~ you're wrong, what then?** ¿y si no tienes razón, qué?; **~ you tried being nice for a change** ¿qué tal si, para variar, intentas ser simpático?; **...always ~ he arrives in time** ...siempre y cuando llegue a la hora; **even ~ she does come** aun suponiendo que venga; **just ~,**

(for the sake of argument)... pongamos por caso que..., digamos, es un suponer, que...

supposition [sʌpə'zɪʃən] n suposición f; **the ~ is that...** se supone que...; **it's pure ~** no son más que suposiciones; **on the ~ that...** dando por supuesto que...

suppository [sə'pɒzɪtrɪ] n MED supositorio m

suppress [sə'pres] vt **-1.** (put an end to) (revolt, dissent) reprimir, sofocar **-2.** (ban) (newspaper) prohibir **-3.** (conceal) (fact, evidence, scandal) ocultar; (report) prohibir **-4.** (delete) (passage of text, scene) suprimir **-5.** (feelings, emotions, smile) reprimir; (cough) ahogar; (sneeze, yawn) reprimir

suppressant [sə'presənt] n inhibidor m

suppressed [sə'prest] adj (emotion) reprimido(a)

suppression [sə'preʃən] n **-1.** (of revolt, dissent) represión f **-2.** (of newspaper) prohibición f **-3.** (of fact, evidence, scandal) ocultación f; (of report) prohibición f **-4.** (of passage of text, scene) supresión f **-5.** (of feelings, emotions) represión f

suppressor [sə'presə(r)] n ELEC supresor m

suppurate ['sʌpjʊreɪt] vi MED supurar

suppuration [sʌpjʊ'reɪʃən] n MED supuración f

supra- ['suːprə] prefix supra-

supranational ['suːprə'næʃənəl] adj supranacional

suprarenal [suːprə'riːnəl] adj ANAT **~ gland** glándula suprarrenal

supremacist [sə'preməsɪst] n = persona que cree en la supremacía racial, sexual, etc., de un grupo; **white ~** racista blanco(a)

supremacy [sə'preməsɪ] n supremacía f; **to achieve air ~** conseguir la supremacía aérea

supreme [suː'priːm] adj supremo(a); **her ~ ambition was to...** su mayor ambición era...; **to make a ~ effort** hacer un esfuerzo supremo; **it would be an act of ~ folly to do that now** sería una soberana estupidez hacer eso ahora; **she handles politicians with ~ skill** maneja a los políticos con suma habilidad; **to reign ~** (person) no tener rival; (justice, ideology) imperar; IDIOM **to make the ~ sacrifice** dar or entregar la vida ❑ REL **the Supreme Being** el Ser Supremo; MIL **Supreme Commander** comandante m en jefe; US LAW **Supreme Court** Tribunal m Supremo, Am Corte f Suprema; **Supreme Soviet** soviet m supremo

supremely [suː'priːmlɪ] adv sumamente; **she was ~ indifferent to their plight** era completamente indiferente a su sufrimiento

supremo [suː'priːməʊ] (pl **supremos**) n Fam mandamás mf, jefazo(a) m,f

Supt (abbr **superintendent**) inspector(ora) m,f jefe

surcharge ['sɜːtʃɑːdʒ] ◊ n recargo m
◊ vt cobrar con recargo a

surd [sɜːd] n MATH número m irracional

sure [ʃʊə(r)] ◊ adj **-1.** (certain, convinced) seguro(a); **to be ~ of** or **about sth** estar seguro(a) de algo; **is there anything you're not ~ of** or **about?** ¿hay algo que no te quede claro?; **are you ~ of** or **about your facts?** ¿estás seguro de que tienes la información correcta?; **I won't have any more, thanks – are you ~?** no quiero más, gracias – ¿estás seguro?; **I'm ~ (that) I didn't tell them** estoy seguro de que no se lo dije; **I'm not ~ how to tell you this** no sé cómo decirte esto; **I'm not ~ whether** or **if I'll be able to come** no estoy seguro de que pueda venir; **I feel ~ (that) it's the right decision** estoy convencido de que es la decisión adecuada; **for ~** (for certain) con (toda) seguridad; US (expressing agreement) claro que sí; **they won't be happy, that's for ~** no les va a gustar, de eso puedes estar seguro; **one thing's for ~, he won't call you stupid again** al menos puedes estar seguro de que no te volverá a llamar estúpido; **to be ~** (undoubtedly) sin duda alguna

-2. (confident) seguro(a); **I'm not very ~**

surface

about him no sé muy bien qué pensar de él; **you can be ~ of Tony** puedes confiar en Tony; **we cannot be ~ of arriving on time** no podemos garantizar que lleguemos puntuales; **she is very ~ of herself** está muy segura de sí misma; **what makes you so ~ (that) I'll accept it?** ¿qué te hace estar tan seguro de que voy a aceptarlo?

-3. (guaranteed, infallible) **it's a ~ sign of old age** es un signo claro de la vejez; **it's a ~ way of getting noticed** es una manera muy efectiva de atraer la atención; **they are ~ of a place in the final** se han asegurado un lugar en la final; **she's ~ to win** ganará sin duda; **you are ~ to find something to your taste** seguro que encontrarás algo que te guste; **be ~ to tell us how you get on** no te olvides de contarnos qué tal te va; **to make ~ of sth** asegurarse de algo; **to make ~ (that)...** asegurarse de que...; Fam **~ thing!** ¡desde luego!; Fam **to be a ~ thing** ser una apuesta segura

-4. (secure, firm) **to have a ~ hold** estar agarrado(a) firmemente; **to have a ~ touch** tener un pulso firme; **to have a ~ understanding of sth** tener sólidos conocimientos de algo

◊ adv **-1.** US Fam (certainly) **it ~ is cold** qué frío que hace; **are you tired? – I ~ am** ¿estás cansado? – ya lo creo or y tanto; **it ~ seems so** ya lo creo; **I ~ don't want to have to do that again!** ¡por nada del mundo querría hacer eso de nuevo!; **~, it seems like a good idea now, but...** ya, or Esp vale, ahora parece una buena idea, pero...; **I ~ as hell won't let her do that again!** ¡te juro por Dios que no se lo volveré a dejar hacer!

-2. (yes) claro; **do you like it? – I do** ¿te gusta? – pues sí; Ironic **I think I can win – oh, ~!** creo que puedo ganar – ¡seguro que sí!

-3. US Fam (it's a pleasure) **thanks – ~** gracias – de nada

◊ **sure enough** adv **~ enough he was there** efectivamente estaba allí

sure-fire ['ʃʊəfaɪə(r)] adj (success) asegurado(a); (winner) seguro(a); (method) infalible

surefooted ['ʃʊə'fʊtɪd] adj **to be ~** (when walking) moverse con paso seguro; (politician, performance) ser convincente

surely ['ʃʊəlɪ] adv **-1.** (expressing doubt, disbelief) **they ~ can't have forgotten** me imagino que no se habrán olvidado, ¿no?; **you're not suggesting it was my fault?** supongo que no estarás insinuando que fue culpa mía; **~ it's more complex than that?** tiene que ser más complicado que eso, ¿no?; **it's better if you do it this way?** me imagino que es mejor hacerlo así, ¿no?; **~ you don't believe that!** ¡no me digas que te crees eso!; **~ not!** ¡no me digas!

-2. (certainly) seguramente, sin duda; **they will ~ win** sin duda van a ganar

-3. (in a sure manner) **slowly but ~** lento pero seguro

-4. (of course) **can I have one? – ~!** ¿me das uno? – ¡pues claro!; US **are you interested? – I ~ am!** ¿te interesa? – ¡claro que sí!

sureness ['ʃʊənɪs] n **-1.** (certainty) certeza f, certidumbre f **-2.** (steadiness) (of aim) lo certero; **he handled the problem with great ~ of touch** se enfrentó al problema con gran aplomo

surety ['ʃʊərətɪ] n LAW **-1.** (money) fianza f, garantía f **-2.** (person) fiador(ora) m,f, garante mf; **to stand ~ (for sb)** ser fiador(ora) or garante (de alguien)

surf [sɜːf] ◊ n **-1.** (waves) oleaje m **-2.** (foam) espuma f **-3.** CULIN **~ and turf** = plato consistente en un bistec con gambas **-4.** MUS **~ (music)** música f surf

◊ vt COMPTR **to ~ the Net** navegar por Internet

◊ vi **-1.** (on surfboard) hacer surf **-2.** COMPTR navegar

surface ['sɜːfɪs] ◊ n **-1.** (exterior, face) superficie f; **the road ~** el pavimento; **the submarine/diver came to the ~** el submarino/buceador salió a la superficie; **all the old**

surface-to-air missile

tensions came or rose to the ~ when they met todas las viejas rencillas salieron a la superficie cuando se encontraron ❑ ~ **feeder** (duck) pato m nadador; **by ~ mail** por correo por superficie; ~ **noise** (on record player) ruido m de superficie; LING ~ **structure** estructura f superficial; ~ **temperature** temperatura f de la superficie; PHYS ~ **tension** tensión f superficial; ~ **water** aguas fpl superficiales
-2. (area) área f, superficie f ❑ ~ **area** área f, superficie f
-3. (outward appearance) apariencia f; **on the ~, it seems like a simple problem to solve** a primera vista, parece un problema de fácil solución; **on the ~ she seems nice enough** en apariencia, es bastante simpática; **there was a feeling of anxiety lying beneath** or **below the ~** había un sentimiento de preocupación bajo una aparente normalidad
◇ vt (road) pavimentar, revestir
◇ vi -1. (submarine, whale, diver) salir a la superficie -2. (emotion) surgir, aparecer; (rumour) surgir -3. (person) (appear, reappear) surgir, aparecer; **he surfaced again after many years of obscurity** reapareció de nuevo tras muchos años de anonimato; Fam **he didn't ~ till 11 o'clock** no se levantó hasta las 11

surface-to-air missile ['sɜːfɪstə'eə'mɪsaɪl] n MIL misil m superficie-aire or tierra-aire

surface-to-surface missile ['sɜːfɪstə'sɜːfɪs'mɪsaɪl] n MIL misil m superficie-superficie or tierra-tierra

surfactant [sɜː'fæktənt] n CHEM agente m tensioactivo or de superficie

surfboard ['sɜːfbɔːd] n tabla f de surf

surfboarder ['sɜːfbɔːdə(r)] n surfista mf

surfboarding ['sɜːfbɔːdɪŋ] n surf m; **to go ~** hacer surf

surfeit ['sɜːfɪt] n exceso m (**of** de); **there is a ~ of imported goods** hay un exceso de importaciones

surfer ['sɜːfə(r)] n surfista mf

surfing ['sɜːfɪŋ] n surf m; **I like ~** me gusta el surf; **to go ~** ir a hacer surf

surge [sɜːdʒ] ◇ n -1. (of electricity) sobrecarga f (temporal) ❑ ~ **protector** protector m de sobrecarga
-2. (of enthusiasm, support, hatred) oleada f; **a ~ in demand** un incremento repentino de la demanda; **he felt a ~ of pride at the sight of his novel in the bookshop** se sintió lleno de orgullo cuando vio su novela en la librería
-3. (rush, stampede) tropel m; **there was a sudden ~ for the exit** hubo una inmediata avalancha hacia la salida
◇ vi -1. (electricity) experimentar una sobrecarga (temporal)
-2. (demand, support) incrementarse repentinamente
-3. (rise suddenly) (sea) encresparse; **anger surged (up) inside her** empezó a hervir de rabia
-4. (move forward) (crowd) abalanzarse; **to ~ past/through sth** pasar en tropel por delante de/a través de algo; **to ~ into the lead** (runner, competitor) avanzar con fuerza hasta la primera posición; **to ~ forward** (crowd) avanzar en tropel

surgeon ['sɜːdʒən] n cirujano(a) m,f ❑ ~ **fish** pez m cirujano; **Surgeon General** (in USA) director(ora) m,f general de sanidad pública; ~'s **mask** mascarilla f (quirúrgica)

surgery ['sɜːdʒəri] n -1. (surgical treatment, field of medicine) cirugía f; **he'll need major/minor ~** necesitará una intervención quirúrgica importante/sin importancia; **to have brain/heart ~** ser intervenido(a) quirúrgicamente en el cerebro/el corazón; **to perform ~ on sb** realizar una operación a alguien; **to undergo ~** ser intervenido(a) quirúrgicamente
-2. Br (of doctor, dentist, vet) (premises) consultorio m, consulta f; (consultation time) consulta f; **the doctor holds his ~ in the afternoons** el doctor pasa consulta por las tardes ❑ ~ **hours** horas fpl de consulta
-3. Br POL = tiempo que los miembros del Parlamento dedican cada semana para hablar en persona con sus electores sobre los problemas de éstos

surgical ['sɜːdʒɪkəl] adj -1. (medical) quirúrgico(a) ❑ ~ **appliance** aparato m ortopédico; ~ **collar** collarín m; ~ **corset** faja f ortopédica; ~ **dressing** gasa f esterilizada; ~ **instruments** instrumental m quirúrgico; ~ **mask** máscara f quirúrgica; ~ **spirit** alcohol m desinfectante; ~ **stocking** media f ortopédica
-2. (precise) **with ~ precision** con una precisión milimétrica ❑ MIL ~ **strike** ataque m controlado (de objetivos específicos)

surgically ['sɜːdʒɪklɪ] adv quirúrgicamente

Surinam(e) [sʊərɪ'næm] n Surinam

Surinamese [sʊərɪnæ'miːz] ◇ n (person) surinamés(esa) m,f; **the ~** los surinameses
◇ adj surinamés(esa)

surliness ['sɜːlɪnɪs] n hosquedad f

surly ['sɜːlɪ] adj hosco(a), arisco(a)

surmise [sɜː'maɪz] Formal ◇ vt presumir, figurarse
◇ n conjetura f

surmount [sɜː'maʊnt] vt -1. (obstacle, difficulty) vencer, superar -2. ARCHIT **the building is surmounted by a large dome** el edificio está coronado por una gran cúpula

surmountable [sɜː'maʊntəbəl] adj superable

surname ['sɜːneɪm] n apellido m

surpass [sɜː'pɑːs] vt -1. (rival) aventajar, sobrepasar; **you've really surpassed yourself this time!** (doing well) ¡esta vez te has superado a ti misma!; Ironic (doing badly) ¡esta vez sí que la has hecho buena! -2. (expectation, record) superar; (understanding) estar or ir más allá de

surpassing [sə'pɑːsɪŋ] adj Literary **a woman of ~ beauty** una mujer de indescriptible belleza

surplice ['sɜːplɪs] n REL sobrepelliz f

surplus ['sɜːpləs] ◇ n ECON (of goods) excedente m; (of trade, budget) superávit m inv
◇ adj (items) excedente; **pour off any ~ liquid** vierta todo el líquido sobrante; **to be ~ to requirements** sobrar ❑ ~ **stock** excedentes mpl; ~ **value** plusvalía f

surprise [sə'praɪz] ◇ n -1. (unexpected event, experience) sorpresa f; **it was** or **came as no ~** no fue ninguna sorpresa; **to come as a ~ (to sb)** ser or suponer una sorpresa (para alguien); **to give sb a ~** dar una sorpresa a alguien; **what a ~!** ¡qué sorpresa!; **you're in for (a bit of) a ~!** te espera una buena sorpresa; Ironic ~! ¡mira por dónde!, ¡sorpresa sorpresa!
-2. (astonishment) sorpresa f; **he looked at me in ~** me miró sorprendido; **imagine my ~ when she offered me the job** imagina cómo me sorprendí cuando me ofreció el trabajo; **to my great ~, much to my ~** para gran sorpresa mía
-3. (catching unawares) sorpresa f; **the element of ~ is on our side** tenemos la baza del factor sorpresa; **to take sb by ~** Esp coger or Am agarrar a alguien por sorpresa
◇ adj (attack) (por) sorpresa; (defeat, victory) sorprendente; (announcement) inesperado(a) ❑ ~ **party** fiesta f sorpresa
◇ vt -1. (astonish) sorprender; **you seem surprised** pareces sorprendida; **I was pleasantly surprised** me sorprendió gratamente; **I'm not surprised that...** no me extraña que...; **it wouldn't ~ me if they lost** no me extrañaría que perdieran; **don't be surprised if she doesn't come** no te extrañe que no venga; **I surprised myself by how calm I was** yo mismo me sorprendí de lo tranquilo que estaba; **you'd be surprised at how difficult it was** te sorprenderías de lo difícil que era; **I'm surprised at you!** ¡me sorprendes!, ¡me dejas sorprendido!
-2. (catch unawares) Esp coger or Am agarrar por sorpresa

surprised [sə'praɪzd] adj (look, expression) sorprendido(a)

surprising [sə'praɪzɪŋ] adj sorprendente; **it's not** or **it's hardly ~ (that) he left** no es de extrañar que se fuera; **it would be ~ if they didn't feel that way** lo raro sería que no se sintieran así

surprisingly [sə'praɪzɪŋli] adv sorprendentemente; **it's ~ easy to make this mistake** es sorprendente lo fácil que resulta cometer este error; ~, **he was the first to finish** sorprendentemente, fue el primero en acabar; ~ **enough** sorprendentemente; **not ~** como era de esperar

surreal [sə'riːəl] ◇ n **the ~** el surrealismo
◇ adj surrealista

surrealism [sə'riːəlɪzəm] n surrealismo m

surrealist [sə'riːəlɪst] ◇ n surrealista mf
◇ adj surrealista

surrealistic [sərɪə'lɪstɪk] adj surrealista

surrender [sə'rendə(r)] ◇ n -1. (of army) rendición f; **the government's ~ to the unions** la capitulación del gobierno ante los sindicatos; **no ~!** ¡no nos rendiremos! -2. (of weapons, documents) entrega f; (of right, possessions) renuncia f ❑ LAW ~ **of property** cesión f de bienes -3. (of insurance policy) rescate m ❑ ~ **value** valor m de rescate
◇ vt -1. (fortress, town) rendir, entregar -2. (weapons, documents) entregar; (right, possessions) renunciar a; (advantage) perder; **to ~ control of sth** entregar el control de algo; **to ~ oneself to sth** sucumbir a algo -3. (hand in) (ticket, coupon) entregar
◇ vi (to enemy) rendirse; (to a), (to police) entregarse; Fig **to ~ to temptation** caer en la tentación

surreptitious [sʌrəp'tɪʃəs] adj subrepticio(a), clandestino(a)

surreptitiously [sʌrəp'tɪʃəsli] adv subrepticiamente, clandestinamente

surrogacy ['sʌrəgəsi] n MED alquiler m de úteros

surrogate ['sʌrəgət] ◇ n -1. (substitute) sustituto(a) m,f -2. Br REL obispo m auxiliar
◇ adj (parents, family) sustituto(a) ❑ ~ **mother** madre f de alquiler; ~ **motherhood** maternidad f de alquiler

surround [sə'raʊnd] ◇ n -1. (border, edging) marco m -2. MUS ~ **sound** sonido m envolvente
◇ vt rodear; **surrounded by...** rodeado(a) de or por...; **the president surrounded himself with advisers** el presidente se rodeó de consejeros; **there is a great deal of controversy surrounding the budget cuts** hay una gran polémica acerca de los recortes presupuestarios

surrounding [sə'raʊndɪŋ] adj (countryside, mountains) circundante

surroundings [sə'raʊndɪŋz] npl -1. (environment) entorno m; **to be in familiar ~** estar en un entorno conocido; **he was brought up in beautiful ~** se crió en medio de hermosos parajes -2. (surrounding area) **the ~ of the village/school** los alrededores de la aldea/escuela

surtax ['sɜːtæks] FIN ◇ n impuesto m adicional
◇ vt aplicar un impuesto adicional a

surtitle ['sʌrtaɪtəl], **supertitle** ['suːpətaɪtəl] n THEAT sobretítulo m (en ópera)

surveillance [sɜː'veɪləns] n vigilancia f; **under ~** bajo vigilancia

survey ◇ n ['sɜːveɪ] -1. (study) (of subject, situation) estudio m; (of opinions) encuesta f; **according to a recent ~,...** según una encuesta reciente,... -2. (overview) visión f -3. (of building) (inspection) inspección f, peritaje m; (report) informe m, peritaje m; **to have a ~ done** encargar un peritaje -4. (of land) estudio m topográfico
◇ vt [sə'veɪ] -1. (topic, subject) estudiar; (in opinion poll) encuestar -2. (give overview of) analizar -3. (building) tasar, peritar -4. (land) medir -5. Literary (look at) contemplar

surveying [sə'veɪɪŋ] n -1. (of building) tasación f, peritaje m -2. (of land) agrimensura f

surveyor [sə'veɪə(r)] n -1. (of building) tasador(ora) m,f or perito(a) m,f de la propiedad -2. (of land) agrimensor(ora) m,f ❑ ~'s **cross** escuadra f de agrimensor

survival [sə'vaɪvəl] *n* **-1.** *(continued existence)* supervivencia *f*; **what are their chances of ~?** ¿cuántas *or* qué posibilidades tienen de sobrevivir?; **the ~ of the fittest** la supervivencia del más apto ❑ **~ bag** manta *f* térmica *or* de supervivencia; **~ *instinct*** instinto *m* de supervivencia; **~ *kit*** equipo *m* de supervivencia; **~ *skills*** técnicas *fpl* de supervivencia **-2.** *(relic)* vestigio *m*

survive [sə'vaɪv] ◇ *vt* **-1.** *(live through) (accident, illness, experience, war)* sobrevivir a; **few of the soldiers survived the battle** pocos soldados sobrevivieron a la batalla
-2. *(withstand)* resistir; **few buildings survived the earthquake intact** pocos edificios quedaron intactos tras el terremoto
-3. *(cope with, get through)* superar; **I never thought I'd ~ the evening!** ¡no sé cómo soporté aquella noche!
-4. *(outlive)* **she is survived by her husband and two sons** deja un marido y dos hijos, le sobreviven un marido y dos hijos
◇ *vi* **-1.** *(remain alive)* sobrevivir
-2. *(continue in existence)* sobrevivir; **the custom survives to this day** la costumbre ha perdurado *or* se ha mantenido hasta hoy; **those toys wouldn't ~ two minutes with our kids** con nuestros hijos, esos juguetes no durarían ni dos minutos
-3. *(manage)* sobrevivir; **my pay is barely enough to ~ on** mi sueldo apenas llega para sobrevivir; **I survived on (a diet of) rice** sobrevivía *or* me mantenía a base de arroz; *Fam* **how's things? – I'm surviving** ¿qué tal te va? – voy tirando; *Fam* **is the injury serious? – he'll ~** ¿es una herida seria? – sobrevivirá

surviving [sə'vaɪvɪŋ] *adj* superviviente; **her only ~ relative** su único pariente vivo; **one of the few ~ examples of his work** uno de los pocos ejemplos que sobreviven de su obra

survivor [sə'vaɪvə(r)] *n* superviviente *mf*; *Fam* **he's a real ~** siempre sale adelante, *Esp* es absolutamente incombustible

susceptibility [səseptɪ'bɪlɪtɪ] *n* **-1.** *(to illness, infection)* propensión *f* (**to** a); *(to criticism, pressure, noise, flattery)* sensibilidad *f* (**to** a) **-2. susceptibilities** *(feelings)* sensibilidad *f*

susceptible [sə'septɪbəl] *adj* (**to** criticism, pressure, noise) sensible (**to** a); *(to illness, infection)* propenso(a) (**to** a); **he's not ~ to flattery** con él la adulación no funciona; *Formal* **her decisions are ~ of modification** sus decisiones son susceptibles de ser modificadas

sushi ['suːʃɪ] *n* sushi *m* ❑ **~ *bar*** bar *m* de sushi

suspect ['sʌspekt] ◇ *n (person)* sospechoso(a) *m,f*; **the cause of death is unclear, but a stroke is the prime ~** se desconoce la causa de su muerte, pero se sospecha que fue un derrame cerebral
◇ *adj* sospechoso(a); **his ankle is still rather ~** tiene el tobillo un poco débil todavía
◇ *vt* [sə'spekt] **-1.** *(person)* sospechar de; **to ~ sb of having done sth** sospechar que alguien ha hecho algo; **to be suspected of sth** ser sospechoso(a) de algo
-2. *(mistrust) (motives)* recelar de
-3. *(have intuition of)* **does your husband ~ anything?** ¿sospecha algo tu marido?; **to ~ the truth** sospechar (cuál es) la verdad
-4. *(consider likely)* **arson is suspected** se sospecha que el incendio pudo ser provocado; **I suspected there would be trouble** sospechaba que habría problemas; **I ~ you're right** sospecho que tienes razón; **I suspected as much!** ¡ya me lo imaginaba!; **(it's) just as I suspected!** ¡(es) justo lo que yo pensaba!

suspected [sə'spektɪd] *adj* supuesto(a); **a ~ murderer/terrorist** un presunto asesino/terrorista; **he's undergoing tests for a ~ tumour** le están haciendo pruebas porque se sospecha que puede tener un tumor

suspend [sə'spend] *vt* **-1.** *(hang)* suspender, colgar (**from** de); **particles of radioactive dust were suspended in the atmosphere** quedaron suspendidas en el aire partículas de polvo radioactivo
-2. *(service, employee)* suspender; **he was suspended from school** lo expulsaron temporalmente del colegio
-3. *(discontinue) (licence, hostilities, work)* suspender
-4. *(defer)* **to ~ judgement (until)** aplazar *or* posponer el veredicto (hasta); **to ~ one's disbelief** dejar de *or* a un lado la incredulidad

suspended [sə'spendɪd] *adj (service, employee)* suspendido(a); *(schoolchild)* expulsado(a) temporalmente; LAW **to give sb a ~ sentence** conceder a alguien una suspensión condicional de la pena ❑ **~ *animation*** muerte *f* aparente; **the scheme is in a state of ~ animation** el proyecto está en estado de animación suspendida

suspender [sə'spendə(r)] *n* **-1.** *Br (for stocking, sock)* liga *f* ❑ **~ *belt*** liguero *m* **-2.** *US* **suspenders** *(for trousers)* tirantes *mpl*, *Am* breteles *mpl*

suspense [sə'spens] *n (uncertainty)* incertidumbre *f*; *(in movie) Esp* suspense *m*, *Am* suspenso *m*; **to keep sb in ~** tener a alguien en suspenso; *Fam* **the ~ is killing me!** ¡me muero por saberlo! ❑ FIN **~ *account*** cuenta *f* transitoria

suspenseful [sə'spensfʊl] *adj (uncertain)* de incertidumbre; *(movie)* lleno(a) de *Esp* suspense *or Am* suspenso

suspension [sə'spenʃən] *n* **-1.** *(of car)* suspensión *f*
-2. *(hanging)* suspensión *f* ❑ **~ *bridge*** puente *m* colgante; **~ *file*** archivo *m* colgante
-3. *(of service, employee)* suspensión *f*; **~ on full pay** suspensión de empleo
-4. *(from school)* expulsión *f* (temporal)
-5. *(discontinuation) (of licence, hostilities, work)* suspensión *f* ❑ **~ *of payments*** suspensión *f* de pagos
-6. *(liquid, gas)* suspensión *f*; **in ~** en suspensión
-7. *esp US* **~ *points*** puntos *mpl* suspensivos

suspicion [sə'spɪʃən] *n* **-1.** *(belief of guilt)* sospecha *f*; **to be under ~** estar bajo sospecha; **to be above** *or* **beyond ~** estar libre de sospecha; **he was arrested on ~ of drug trafficking** lo arrestaron bajo sospecha de tráfico de drogas; **I have my suspicions about him** tengo mis sospechas sobre él; **to arouse ~** despertar sospechas
-2. *(notion, feeling)* presentimiento *m*; **I had a ~ you'd be here** tenía el presentimiento de que estarías aquí
-3. *(small amount)* asomo *m*; **there was a ~ of a smile on her lips** tenía un asomo de sonrisa en los labios

suspicious [sə'spɪʃəs] *adj* **-1.** *(arousing suspicion) (fact, behaviour, circumstances)* sospechoso(a); **it is ~ that she didn't phone the police** es sospechoso que no llamara a la policía
-2. *(having suspicions) (person, mind)* receloso(a) (**of** *or* **about** de); *(look)* desconfiado(a); **I'm ~ of his motives** desconfío de sus motivos; **she became ~ when he refused to give his name** comenzó a sospechar de él cuando se negó a dar su nombre; **his behaviour made me ~** su comportamiento me hizo sospechar

suspiciously [sə'spɪʃəslɪ] *adv* **-1.** *(to behave)* sospechosamente; **she was ~ keen to leave** estaba sospechosamente impaciente por irse; **~ similar** sospechosamente similares; **it looks ~ like malaria** mucho me temo que es malaria **-2.** *(to watch, ask)* recelosamente, con suspicacia

suss [sʌs] *Br Fam* ◇ *n* **to arrest sb on ~** detener a alguien bajo sospecha
◇ *vt* **-1.** *(suspect, sense)* olerse **-2.** *(work out)* enterarse de; **to have (got) sb sussed** tener calado(a) a alguien; **to have (got) sth sussed** *Esp* haber cogido el truco *or* el tranquillo a algo, *Am* haber agarrado la onda a algo

◆ **suss out** *vt sep Br Fam (person)* calar; *(system)* enterarse de; **I haven't sussed out how it works yet** todavía no me he enterado *or Esp* coscado de cómo funciona

sussed [sʌst] *adj Br Fam (astute)* listo(a); **he's pretty ~** es la mar de listo, se las sabe todas

sustain [sə'steɪn] *vt* **-1.** *(weight, growth, life)* sostener; *(conversation)* mantener; *(efforts, pressure)* mantener; **to ~ (one's) interest in sth** mantener el interés por algo
-2. *(nourish)* mantener; **they had only fruit and water to ~ them** sólo tenían fruta y agua para mantenerse
-3. *(suffer) (loss, attack, damage, injury)* sufrir; **he sustained a serious blow to the head** sufrió un fuerte golpe en la cabeza
-4. LAW *(motion, claim)* admitir; **objection sustained** se admite la protesta **-5.** MUS *(note)* sostener

sustainable [sə'steɪnəbəl] *adj* sostenible ❑ **~ *development*** desarrollo *m* sostenible

sustained [sə'steɪnd] *adj* **-1.** *(efforts, growth, pressure)* continuo(a), sostenido(a); **~ applause** aplauso prolongado **-2.** MUS *(note)* alargado(a)

sustain(ing) pedal [sə'steɪn(ɪŋ)'pedəl] *n (on piano)* pedal *m* derecho

sustenance ['sʌstɪnəns] *n* sustento *m*; **there is little ~ in such foods** ese tipo de comida no alimenta; **means of ~** medio de vida

suture ['suːtʃə(r)] MED ◇ *n* **-1.** *(stitch)* sutura *f* **-2.** *(thread)* hilo *m*
◇ *vt* suturar

Suva ['suːvə] *n* Suva

suzerain ['suːzəreɪn] *n* **-1.** *(feudal overlord)* señor *m* **-2.** *(state)* estado *m* protector

suzerainty ['suːzəreɪntɪ] *n* POL protectorado *m*

svelte [svelt] *adj* esbelto(a)

Svengali [svɛn'ɡɑːlɪ] *n* = persona que ejerce un poderoso influjo o dominio sobre otra

SVGA [esviːdʒiː'eɪ] COMPTR *(abbr* **super video graphics array**) SVGA

SVQ [esviː'kjuː] *n (abbr* **Scottish Vocational Qualification**) = en Escocia, título de formación profesional

SW -1. *(abbr* **south west**) SO **-2.** RAD *(abbr* **Short Wave**) SW, OC

swab [swɒb] ◇ *n* MED **-1.** *(cotton wool)* torunda *f* **-2.** *(sample)* muestra *f* (en torunda) **-3.** *(mop)* fregona *f*
◇ *vt (pt & pp* **swabbed**) **-1.** *(wound)* limpiar **-2.** *(floor)* fregar

swaddle ['swɒdəl] *vt* envolver (**in** en *or* con)

swaddling clothes ['swɒdlɪŋkləʊðz] *npl Literary* pañales *mpl*

swag [swæɡ] *n Fam (of thief)* botín *m*

swagger ['swæɡə(r)] ◇ *n* pavoneo *m*; **he entered the room with a ~** entró pavoneándose en la habitación ❑ **~ *stick*** bastón *m* de mando
◇ *vi (strut)* pavonearse; **to ~ in/out** entrar/salir pavoneándose

swaggering ['swæɡərɪŋ] *adj (gait, attitude)* presuntuoso(a); *(person)* fanfarrón(ona)

swagman ['swæɡmæn] *n Austr* temporero *m*

Swahili [swə'hiːlɪ] ◇ *n (language)* suahili *m*
◇ *adj* suahili

swain [sweɪn] *n* **-1.** *Literary (peasant youth)* mozo *m* **-2.** *Hum (suitor)* pretendiente *m*

SWALK [swɔːlk] *adj (abbr* **sealed with a loving kiss**) *Fam* sellado(a) con un beso

swallow¹ ['swɒləʊ] ◇ *n (of drink)* trago *m*; *(of food)* bocado *m*
◇ *vt* **-1.** *(food, drink)* tragar, tragarse; **to ~ sth whole** tragar algo sin masticar; **to ~ one's tongue** tragarse la lengua; *Fig* **to ~ one's words** tragarse las palabras
-2. *Fam (believe)* tragarse; **she swallowed the story whole** se tragó toda la historia
-3. *(accept unprotestingly)* **I find it hard to ~** me cuesta aceptarlo y quedarme de brazos cruzados
-4. *(repress) (anger, disappointment)* reprimir, contener; **to ~ one's pride** tragarse el orgullo
-5. *(absorb)* **they were soon swallowed by the crowd** la multitud se los tragó rápidamente

◇ *vi* tragar; **to ~ hard** *(when nervous, afraid)* tragar saliva

◆ **swallow up** *vt sep (company, country)*

swallow

absorber; *(budget, savings)* tragarse; **they were swallowed up in the crowd** se los tragó la multitud

swallow² *n (bird)* golondrina *f*; PROV **one doesn't make a summer** una golondrina no hace verano ❏ *Br* ~ **dive** salto *m* del ángel

swallowtail ['swɔːləʊteɪl] *n* **-1.** *(butterfly)* macaón *m* **-2.** *(coat)* levita *f*

swam *pt of* **swim**

swami ['swɑːmɪ] *n* = título honorífico concedido a un maestro religioso hindú

swamp [swɒmp] ⬦ *n (of freshwater)* pantano *m (generalmente tropical)*; *(of seawater)* marisma *f (generalmente tropical)* ❏ ~ **fever** *(malaria)* paludismo *m*, malaria *f*; *(horse disease)* anemia *f* infecciosa equina
⬦ *vt* **-1.** *(flood)* anegar, inundar; **the boat was swamped by the waves** *(sank)* las olas se tragaron al barco **-2.** *(overwhelm)* **we were swamped with calls** nos inundaron con llamadas; **to be swamped with work** estar desbordado(a) de trabajo; **we were swamped by applications/offers of help** nos llovían las solicitudes/los ofrecimientos de ayuda

swampland ['swɒmplænd] *n (of freshwater)* zona *f* pantanosa *(generalmente tropical)*; *(of seawater)* marismas *fpl (generalmente tropical)*

swampy ['swɒmpɪ] *adj* pantanoso(a)

swan [swɒn] ⬦ *n* cisne *m* ❏ *US* ~ **dive** salto *m* del ángel; *Fig* ~ **song** canto *m* de(l) cisne
⬦ *vi (pt & pp* **swanned**) *Fam* **to** ~ **in/out** entrar/salir despreocupadamente; **they spent a year swanning round Europe** pasaron un año vagando por Europa; **you can't just go swanning off to the pub, we're too busy** no puedes irte al bar tan tranquilo, tenemos mucho que hacer
➤ **swan about, swan around** *vi Fam* pasearse (por ahí) a la buena de Dios

swank [swæŋk] *Fam* ⬦ *n* **-1.** *(ostentation)* fanfarronería *f* **-2.** *(ostentatious person)* fanfarrón(ona) *m,f*, figurón *m*
⬦ *vi* fanfarronear

swanky ['swæŋkɪ] *adj Fam* **-1.** *(person) (boastful)* fanfarrón(ona); *(posh) Esp* pijo(a), *Méx* fresa, *RP* (con)cheto(a), *Ven* sifrino(a) **-2.** *(restaurant, hotel)* fastuoso(a), pomposo(a)

swansdown ['swɒnzdaʊn] *n* **-1.** *(feathers)* plumón *m* **-2.** *(fabric)* fustán *m*, bombasí *m*

swap, swop [swɒp] ⬦ *n* **-1.** *(exchange)* trueque *m*, intercambio *m*; **to do a** ~ hacer un trueque **-2.** *(duplicate) (stamp)* sello *m* repetido; *(picture card)* cromo *m* repetido
⬦ *vt (pt & pp* **swapped**) ~ **sth for sth** cambiar algo por algo; **I'll** ~ **you this marble for one of your toy soldiers** te cambio esta canica por uno de tus soldaditos; **to** ~ **partners** *(in game, dance)* cambiar de pareja; *(in relationship)* hacer un intercambio de parejas; **to** ~ **places with sb** *(change seat)* cambiarse de sitio con alguien; *(change roles)* intercambiar papeles con alguien; **to** ~ **insults/ideas** intercambiar insultos/ideas
⬦ *vi* hacer un intercambio; **my seat's better than yours, do you want to** ~? mi asiento es mejor que el tuyo, ¿quieres que cambiemos?
➤ **swap over, swap round** ⬦ *vt sep* cambiar de sitio; **she swapped their glasses over** *or* **round when he left the room** cuando él salió, ella cambió los vasos de sitio
⬦ *vi* **do you mind swapping over** *or* **round so I can sit next to Max?** ¿te importaría cambiarnos el sitio para que pueda sentarme al lado de Max?

SWAPO ['swɑːpəʊ] *(abbr* **South West Africa People's Organization**) SWAPO *m*

sward [swɔːd] *n Literary* prado *m*

swarf [swɔːf] *n* virutas *fpl*

swarm [swɔːm] ⬦ *n* **-1.** *(of bees)* enjambre *m*; *(of mosquitoes)* nube *f*; **a** ~ **of ants** una marabunta **-2.** *(of people)* nube *f*, bombasí *m*
⬦ *vi* **-1.** *(bees)* volar en enjambre **-2.** *(people)* apelotonarse, ir en masa;

Oxford was swarming with tourists Oxford era un hervidero de turistas; **the place was swarming with flies** el sitio estaba plagado de moscas; **they swarmed up the ramp** subieron la rampa en tropel; **children were swarming round the ice cream van** los niños se arremolinaban alrededor del camión de los helados
-3. *(climb)* **she swarmed up the tree** trepó al árbol

swarthiness ['swɔːðɪnɪs] *n* morenez *f*

swarthy ['swɔːðɪ] *adj* moreno(a)

swashbuckler ['swɒʃbʌklə(r)] *n (adventurer)* aventurero *m* espadachín

swashbuckling ['swɒʃbʌklɪŋ] *adj (hero)* intrépido(a); *(movie, story)* de espadachines

swastika ['swɒstɪkə] *n* esvástica *f*, cruz *f* gamada

SWAT [swɒt] *n US (abbr* **Special Weapons and Tactics**) = unidad armada de la policía estadounidense especializada en intervenciones peligrosas, *Esp* ≃ GEO *m*

swat [swɒt] *(pt & pp* **swatted**) ⬦ *n* **-1.** *(device)* matamoscas *m inv* **-2.** *(swipe)* **he took a** ~ **at the fly** intentó aplastar la mosca de un golpe
⬦ *vt (insect)* aplastar; *Fig* **he swatted the ball past his opponent** superó a su oponente con un golpe fortísimo a la pelota
⬦ *vi* **to** ~ **at sth (with sth)** tratar de darle a algo (con algo)

swatch [swɒtʃ] *n* **-1.** *(sample)* muestra *f* **-2.** *(book of samples)* muestrario *m*

swath [swɔːθ] *n* = **swathe**

swathe [sweɪð] ⬦ *n (strip of cloth, land)* faja *f*, banda *f*; **great swathes of the country have been affected by the problem** grandes áreas del país se han visto afectadas por el problema; *Fig* **the cannons had cut great swathes through the troops** los cañones hicieron estragos en las tropas; *Fig* **he cut a** ~ **through their defence** cruzó la defensa como una exhalación
⬦ *vt* **to** ~ **sth in bandages** vendar algo, envolver algo en vendajes; **the town was swathed in mist** la ciudad estaba envuelta en brumas

swatter ['swɒtə(r)] *n* matamoscas *m inv*

sway [sweɪ] ⬦ *n* **-1.** *(movement)* vaivén *m*, balanceo *m* **-2.** *(control, power)* dominio *m*; **he was under her** ~ estaba bajo su yugo; **to hold** ~ **over** ejercer dominio sobre; **the economic theories that hold** ~ **today** las teorías económicas que predominan actualmente
⬦ *vt* **-1.** *(move) (hips, body)* balancear **-2.** *(influence, persuade)* hacer cambiar (de opinión); **to refuse to be swayed** negarse a cambiar de postura; **don't be swayed by his charm** no dejes que su encanto te influya
⬦ *vi* balancearse; **to** ~ **from side to side** balancearse de un lado a otro; **the poplars swayed in the wind** los álamos se balanceaban al viento; **he swayed towards her** se le acercó haciendo eses; *Fig* **opinion was swaying towards the Liberals** la opinión pública se iba decantando por los liberales

swaying ['sweɪɪŋ] *adj (motion)* balanceante

Swazi ['swɑːzɪ] ⬦ *n* **-1.** *(person)* suazi *mf* **-2.** *(language)* suazi *m*
⬦ *adj* suazi

Swaziland ['swɑːzɪlænd] *n* Suazilandia

swear [sweə(r)] *(pt* **swore** [swɔː(r)], *pp* **sworn** [swɔːn]) ⬦ *vt* **-1.** *(vow)* jurar; **to** ~ **allegiance to the King** jurar lealtad al Rey; LAW **to** ~ **an oath** prestar juramento; **I** ~ **I'll never do it again!** ¡juro que no lo volveré a hacer!; **he swears he's never seen her before** jura que nunca la había visto; **I could have sworn I'd seen him somewhere before** hubiera jurado que ya lo había visto antes en alguna parte; **to** ~ **to do sth** jurar hacer algo; **to** ~ **blind that...** jurar por lo más sagrado que...
-2. *(make sb pledge)* **to** ~ **sb to secrecy** hacer prometer a alguien que guardará el secreto

⬦ *vi* **-1.** *(use swearwords)* jurar, decir palabrotas; **to** ~ **at sb** insultar a alguien; **they started swearing at each other** empezaron a insultarse; IDIOM *Fam* **to** ~ **like a trooper** jurar como un carretero
-2. *(take oath)* **he swore on the Bible** juró sobre la Biblia
-3. *(solemnly assert)* **to** ~ **to sth** jurar algo; **I wouldn't** ~ **to it, but I think it was him** creo que fue él, pero no pondría la mano en el fuego
➤ **swear by** *vt insep* **-1.** *(invoke)* jurar por; **he swore by his honour** juró por su honor
-2. *(have total confidence in)* confiar ciegamente en
➤ **swear in** *vt sep (jury, witness, president)* tomar juramento a; **the new president will be sworn in tomorrow** mañana se tomará juramento al nuevo presidente
➤ **swear off** *vt insep (alcohol, cigarettes)* prometer renunciar a

swearing ['sweərɪŋ] *n* palabrotas *fpl*; ~ **is rude** decir palabrotas es de mala educación; **there's too much** ~ **in the book** hay demasiadas palabrotas en el libro, el libro posee un lenguaje demasiado vulgar

swearing-in ['sweərɪŋ'ɪn] *n (of jury, witness, president)* juramento *m*

swearword ['sweəwɜːd] *n* palabrota *f*, *Esp* taco *m*

sweat [swet] ⬦ *n (perspiration)* sudor *m*; **she awoke in a** ~ se despertó empapada en sudor; **no** ~! ¡no hay problema!; IDIOM **by the** ~ **of one's brow** con el sudor de la frente ❏ ~ **gland** glándula *f* sudorípara; ~ **pants** pantalón *m* de deporte *or* de *Esp* chándal
-2. *Br Fam (anxious state)* **to be in a** ~ **about sth** estar apurado(a) por algo; **there's no need to get into a** ~ **about it!** ¡no hay por qué apurarse por eso!
-3. *Fam (hard task)* currada *f*; **picking strawberries is a real** ~ recoger fresas es una currada
-4. *(on wall, surface)* condensación *f*
-5. *Br Old-fashioned Fam* **(old)** ~ *(veteran)* veterano(a) *m,f*
⬦ *vt* **-1.** *(exude)* sudar; IDIOM *Fam* **to** ~ **buckets** sudar a chorros *or* la gota gorda; IDIOM **to** ~ **blood (over sth)** sudar tinta (con algo)
-2. CULIN rehogar
⬦ *vi* **-1.** *(perspire)* sudar; IDIOM *Fam* **to** ~ **like a pig** sudar como un cerdo **-2.** *Fam (worry)* sufrir, angustiarse; **I'm going to make him** ~ voy a dejarlo que sufra **-3.** *(work hard)* sudar tinta **-4.** *(walls, surface)* transpirar; *(cheese)* sudar
➤ **sweat off** *vt insep (excess weight)* adelgazar sudando
➤ **sweat out** *vt sep* **-1.** *(cold, fever)* sudar **-2.** *(wait uncomfortably)* **they'll have to** ~ **it out until the rescuers arrive** tendrán que aguantar hasta que llegue el equipo de rescate; **let's leave him to** ~ **it out** vamos a dejarlo que sufra

sweatband ['swetbænd] *n* **-1.** SPORT *(on head)* banda *f (para la frente)*; *(on wrist)* muñequera *f* **-2.** *(in hat)* cinta *f* para la cabeza

sweated ['swetɪd] *adj* ~ **labour** *(staff)* mano de obra explotada; *(work)* trabajo forzado

sweater ['swetə(r)] *n* suéter *m*, *Esp* jersey *m*, *Col* saco *m*, *RP* pulóver *m*

sweatiness ['swetɪnɪs] *n* transpiración *f*, sudoración *f*

sweating ['swetɪŋ] *n* transpiración *f*, sudoración *f*

sweatshirt ['swetʃɜːt] *n* sudadera *f*, *Col, CSur* buzo *m*

sweatshop ['swetʃɒp] *n* = fábrica donde se explota al trabajador

sweatsuit ['swetsuːt] *n US Esp* chándal *m*, *Méx* pants *mpl*, *RP* jogging *m*

sweaty ['swetɪ] *adj* **-1.** *(person, face, hands, feet)* sudoroso(a); *(clothes)* sudado(a); **to be** ~ *(person)* estar sudoroso(a); *(clothes)* estar sudado(a); **a** ~ **smell** un olor a sudor **-2.** *(weather, place)* caluroso(a) **-3.** *(cheese)* que suda **-4.** *(work, climb)* fatigoso(a)

Swede ['swiːd] *n (person)* sueco(a) *m,f*
swede [swiːd] *n esp Br (vegetable)* colinabo *m*
Sweden ['swiːdən] *n* Suecia
Swedish ['swiːdɪʃ] ◇ *npl (people)* **the ~** los suecos
◇ *n (language)* sueco *m*
◇ *adj* sueco(a)
sweep [swiːp] ◇ *n* **-1.** *(action)* barrido *m*, *Am* barrida *f*; **to give the floor a ~** barrer el suelo; *Fig* **at one ~** de una pasada
-2. *(movement)* **with a ~ of the arm** moviendo el brazo extendido; **he cut his head off with a ~ of his sword** le cortó la cabeza de un sablazo
-3. *(search) (of radar, searchlight)* barrido *m*; **the police made a ~ of the area** la policía peinó la zona; **her eyes made a ~ of the room** recorrió la habitación con la mirada
-4. *(of road, river)* curva *f*; **from there we could see the whole ~ of the bay** desde allí se podía ver toda la curva de la bahía
-5. *(extent, range) (of land, knowledge)* extensión *f*; *(of opinion)* porcentaje *m*, proporción *f*; **the vast ~ of the work** el enorme alcance de la obra
-6. *Fam (chimney sweep)* deshollinador(ora) *m,f*
-7. *Fam (sweepstake)* porra *f (juego)*
◇ *vt (pt & pp* **swept** [swept]) **-1.** *(with brush, broom) (floor, street)* barrer; *(chimney)* deshollinar; **she swept the leaves into a corner** fue barriendo las hojas hacia un rincón; **I swept the broken glass into the dustpan** recogí los *Esp* cristales *or Am* vidrios rotos con el recogedor; IDIOM **to ~ sth under the carpet** *or US* **rug** soterrar algo
-2. *(with hand)* **he swept the crumbs off the table** despejó la mesa de migas con la mano; **she swept the coins off the table into her bag** arrastró las monedas hasta el borde de la mesa y las dejó caer en el bolso; **he wears his long hair swept back** lleva el pelo recogido por detrás
-3. *(brush lightly)* **her dress swept the ground** su vestido rozaba el suelo
-4. *(move through, over)* **the storms which are sweeping the country** las tormentas que asolan el país; **the flu epidemic which swept Europe in 1919** la epidemia de gripe que asoló Europa en 1919; **the latest craze to ~ the country** la última moda que está haciendo furor en todo el país; IDIOM **to ~ the board** *(in competition)* arrasar
-5. *(carry)* **the wind swept his hat into the river** el viento se llevó su sombrero al río; **a wave swept him overboard** lo arrastró una ola y cayó al mar; **they were swept out to sea** se los llevó el mar; *Fig* **he was swept to power on a wave of popular discontent** una ola de descontento generalizado lo llevó hasta el poder; *Fig* **the victorious army swept all before it** el ejército vencedor arrasó con todo lo que le salió al paso; *Fig* **he swept her off to Paris for the weekend** la sorprendió llevándosela a París para el fin de semana; IDIOM **he swept her off her feet** se enamoró perdidamente de él
-6. *(scan, survey) (of police, radar, searchlight)* barrer; **to ~ the sky with a telescope** barrer el cielo con un telescopio; **her eyes swept the room** recorrió la habitación con la mirada
-7. *(mines, sea, channel)* barrer
-8. *(win easily) (election, tournament)* barrer en
◇ *vi* **-1.** *(with broom)* barrer
-2. *(move rapidly)* **fierce winds swept across the planet's surface** vientos huracanados barrían la superficie del planeta; **to ~ in/out** *(person)* entrar/salir con gallardía; **to ~ through sth** atravesar a toda velocidad algo; **the fire swept through the upper floors** el fuego se propagó por los pisos superiores; **a wave of nationalism swept through the country** una ola de nacionalismo recorrió el país; **to ~ to power** subir al poder de forma arrasadora
-3. *(curve)* describir una curva; **the fields ~ down to the lake** los campos describen una pronunciada curva en su descenso hasta el lago

◆ **sweep aside** *vt sep* **-1.** *(opposition)* barrer; *(criticism)* hacer caso omiso de **-2.** *(defeat easily)* barrer

◆ **sweep away** *vt sep* **-1.** *(with brush, broom) (dust, snow)* barrer **-2.** *(of wind, tide, crowd)* arrastrar, llevarse; **she was swept away by a huge wave** fue arrastrada por una ola enorme; *Fig* **I was swept away by her enthusiasm** me arrastró su entusiasmo **-3.** *(usher away)* llevar *or* conducir apresuradamente

◆ **sweep up** ◇ *vt sep* **-1.** *(dust, leaves)* barrer; **he swept the leaves up into a pile** barrió las hojas hasta hacer un montón **-2.** *(pick up)* **she swept up her two babies in her arms and left** recogió rápidamente a un bebé con cada brazo y se fue **-3.** *(hair)* **she wears her hair swept up in a bun** lleva el pelo recogido en un moño
◇ *vi (clean up)* barrer

sweeper ['swiːpə(r)] *n* **-1.** *(device) (for streets)* camión *m or* vehículo *m* de limpieza; **(carpet) ~** cepillo *m* mecánico **-2.** *(person)* barrendero(a) *m,f* **-3.** *(in soccer)* líbero *m* **-4.** *(in cycle race)* **~ van** coche *m* escoba

sweeping ['swiːpɪŋ] *adj* **-1.** *(gesture)* amplio(a); *(view)* panorámico(a) **-2.** *(statement)* (demasiado) generalizador(ora); *(generalization)* desmesurado(a) **-3.** *(changes, reforms)* radical **-4.** *(gains, cuts)* significativo(a)

sweepings ['swiːpɪŋz] *npl (dirt)* basura *f*

sweepstake ['swiːpsteɪk] *n* **-1.** *(lottery)* porra *f (juego)* **-2.** *(horse race)* = carrera de caballos en la que el ganador se lleva todo el dinero de las apuestas

sweet [swiːt] ◇ *n* **-1.** *Br (confectionery)* dulce *m*, caramelo *m* □ **~ shop** confitería *f* **-2.** *Br (dessert)* postre *m* □ **~ trolley** carro *m or* carrito *m* de (los) postres **-3.** *(term of address)* **my ~** cariño
◇ *adj* **-1.** *(in taste) (honey, tea, fruit, wine)* dulce; **this tea is too ~ for me** este té es demasiado dulce para mí; **to taste ~** saber dulce; **he eats too many ~ things** come demasiado dulce; IDIOM **as ~ as honey** dulce como la miel; IDIOM **to have a ~ tooth** ser goloso(a) □ **~ basil** albahaca *f* fina; **~ brier** eglantina *f*; **~ cherry** cereza *f* dulce; **~ chestnut** castaño *m*; *US* **~ cider** *(unfermented apple juice) Esp* zumo *m or Am* jugo *m* de manzana; **~ flag** cálamo *m*; BOT **~ pea** *Esp* guisante *m or Am* arveja *f or Méx* chícharo *m* de olor; **~ pepper** pimiento *m* morrón, *RP* ají *m*; **~ potato** batata, *Esp, Cuba, Urug* boniato *m*, *CAm, Méx* camote *m*; BOT **~ william** minutisa *f*
-2. *(pleasant) (smell)* fragante; *(water)* refrescante; *(sound, voice)* agradable; **the roses smell so ~!** ¡qué bien huelen las rosas!; **~ dreams!** ¡que sueñes con los angelitos!; IDIOM **the ~ smell of success** las mieles del éxito
-3. *(cute) (baby, dress)* rico(a), mono(a); **how ~!** ¡qué mono!
-4. *(kind, generous) (person, nature)* amable, dulce; **that's very ~ of you** eres muy amable; **to keep sb ~** tener contento(a) a alguien; **to whisper ~ nothings to sb** susurrar palabras de amor a alguien □ **~ talk** coba *f*
-5. *(satisfying) (victory, revenge)* dulce
-6. *(good, well executed) (shot, forehand)* preciso(a), limpio(a) □ **~ spot** *(on golf club, tennis racket)* punto *m* ideal (de contacto)
-7. *Fam (in love)* **to be ~ on sb** estar colado(a) por alguien
-8. *Fam (for emphasis)* **he'll please his own ~ self** hará lo que le dé la real gana; **~ Jesus!** ¡Jesús!; *Br Fam* **~ fanny adams, ~ FA** nada de nada, *Esp* nasti de plasti

sweet-and-sour ['swiːtən'saʊə(r)] *adj (sauce, pork)* agridulce

sweetbreads ['swiːtbredz] *npl* mollejas *fpl*

sweetcorn ['swiːtkɔːn] *n* maíz *m* tierno, *Andes, RP* choclo *m*, *Méx* elote *m*

sweeten ['swiːtən] *vt* **-1.** *(food, drink)* endulzar **-2.** *(improve smell of) (air)* perfumar; *(breath)* refrescar **-3.** *(mollify, soften) (person)* ablandar; **to ~ sb's temper** aplacar el mal humor de alguien **-4.** *Fam (bribe)* untar **-5.** *(make more pleasant) (process, task)* endulzar, dorar; *(offer)* hacer más atractivo(a)

◆ **sweeten up** *vt sep* ablandar

sweetener ['swiːtnə(r)] *n* **-1.** *(in food)* edulcorante *m* **-2.** *Fam (bribe)* propina *f*

sweetheart ['swiːthɑːt] *n* **-1.** *Old-fashioned (girlfriend, boyfriend)* novio(a) *m,f*; **he married his childhood ~** se casó con su amor de la infancia **-2.** *(form of address)* corazón *m*, cariño *m*

sweetie ['swiːtɪ] *n Fam* **-1.** *Br (confectionery)* golosina *f* **-2.** *(darling)* cariño *m*; **he's such a ~** es un encanto

sweetie-pie ['swiːtɪ'paɪ] *n Fam (term of address)* cariño *m*

sweetly ['swiːtlɪ] *adv* **-1.** *(kindly) (to smile)* con dulzura; **he very ~ agreed to help us** accedió muy amablemente a ayudarnos **-2.** *(to sing, play)* con dulzura **-3.** *(smoothly) (to hit ball)* suavemente; **a ~ struck penalty** un penalti ejecutado con gran precisión

sweetmeat ['swiːtmiːt] *n Old-fashioned* dulce *m*

sweet-natured ['swiːt'neɪtʃəd] *adj* amable, dulce

sweetness ['swiːtnɪs] *n* **-1.** *(in taste)* dulzura *f*, dulzor *m* **-2.** *(of smell)* fragancia *f*; *(of water)* frescura *f*; *(of sound, voice)* suavidad *f*, dulzura *f* **-3.** *(kindness, generosity) (of person, nature)* amabilidad *f*, dulzura *f*; IDIOM **to be all ~ and light** estar de lo más amable

sweet-scented ['swiːt'sentɪd] *adj* fragante

sweet-smelling ['swiːt'smelɪŋ] *adj* fragante

sweet-talk ['swiːt'tɔːk] *vt Fam* **to ~ sb into doing sth** engatusar a alguien para que haga algo

sweet-tempered ['swiːt'tempəd] *adj* apacible

sweet-toothed ['swiːt'tuːθt] *adj* goloso(a)

swell [swel] ◇ *n* **-1.** *(of sea)* oleaje *m* **-2.** *(bulge) (of sails, belly, breasts)* redondez *f* **-3.** *(increase) (in numbers)* aumento *m*; *(of anger, opposition, sympathy)* incremento *m* **-4.** MUS *(crescendo)* crescendo *m* diminuendo; *(device)* caja *f* de expresión **-5.** *Fam Old-fashioned (dandy)* petimetre *m*
◇ *vt (pp* **swollen** ['swəʊlən] *or* **swelled**) **-1.** *(distend)* hinchar; **her eyes were swollen with tears** tenía los ojos hinchados de llorar; **the wind swelled the sails** el viento hinchaba las velas **-2.** *(increase) (numbers, crowd)* aumentar; **he is now swelling the ranks of the unemployed** ha pasado a engrosar las listas de desempleados *or Esp* parados **-3.** *(river)* hacer subir el caudal de
◇ *vi* **-1.** *(distend) (part of body, lentils)* hincharse; *(wood)* abombarse; **his leg swelled** se le hinchó la pierna; **to ~ with pride** henchirse de orgullo **-2.** *(increase) (number, crowd)* aumentar, crecer **-3.** *(river)* tener una crecida **-4.** *(grow louder)* **the applause/music swelled to a crescendo** la ovación/la música fue subiendo in *or* en crescendo
◇ *adj US Fam (excellent)* genial, *Andes, CAm, Carib, Méx* chévere, *Méx* padre, *RP* bárbaro(a); **we had a ~ time** nos lo pasamos genial
◇ *exclam US Fam* ¡genial!

◆ **swell up** *vi (part of body)* hincharse; **her leg had swollen up** se le había hinchado la pierna

swellhead ['swelhed] *n US Fam* creído(a) *m,f*, engreído(a) *m,f*

swellheaded ['swel'hedɪd] *adj US Fam* creído(a), engreído(a)

swelling ['swelɪŋ] *n* hinchazón *f*

swelter ['sweltə(r)] *vi* sofocarse (de calor), achicharrarse

sweltering ['sweltərɪŋ] *adj (day, heat)* asfixiante, sofocante; **it's ~ in here!** hace un calor asfixiante aquí dentro

swelteringly ['sweltərɪŋlɪ] *adv* **a ~ hot day** un día (de un calor) asfixiante

swept *pt & pp of* **sweep**

sweptback ['sweptbæk] *adj* **-1.** *(hair)* peinado(a) hacia atrás **-2.** AV *(wing)* en flecha

sweptwing ['sweptwɪŋ] *adj* AV de alas en flecha

swerve [swɜːv] ◇ n (of car) giro m or desplazamiento m brusco; (on ball) efecto m; (of player) regate m
◇ vt (car) girar bruscamente; (ball) golpear con efecto
◇ vi (car, driver) desplazarse bruscamente; (player) regatear; (ball) ir con efecto; **I had to ~ to avoid the cyclist** tuve que girar bruscamente para no arrollar al ciclista

swift [swɪft] ◇ n (bird) vencejo m
◇ adj -1. (runner, horse) veloz, rápido(a) -2. (reaction, reply) rápido(a), pronto(a); **she was ~ to reply** respondió rápidamente; **the government was ~ to deny the rumours** el gobierno se apresuró a desmentir los rumores; *Br Fam* **do you fancy a ~ pint?** ¿te apetece una cerveza rapidita?

swift-flowing [ˈswɪftˌfləʊɪŋ] adj (river) torrencial

swift-footed [ˌswɪftˈfʊtɪd] adj rápido(a)

swiftly [ˈswɪftlɪ] adv -1. (to run, move) velozmente, rápidamente; **the meeting moved ~ to its conclusion** se dio rápidamente por concluida la reunión -2. (to react, reply) con rapidez, con prontitud

swiftness [ˈswɪftnɪs] n -1. (of movement, runner) rapidez f -2. (of reaction, reply) rapidez f, prontitud f

swig [swɪg] *Fam* ◇ n trago m; **he took a ~ from the bottle** dio un trago de la botella
◇ vt (pt & pp **swigged**) *Esp* pimplar, *Am* tomar

swill [swɪl] ◇ n -1. (food) (for pigs) sobras fpl para los cerdos or puercos or *Am* chanchos; *Pej* (for people) bazofia f, bodrio m -2. (rinse) **to give sth a ~** dar un enjuague a algo
◇ vt -1. (wash) **he swilled the floor (down)** echó un cubo de agua por el suelo; **go and ~ the glass under the tap** vete a enjuagar el vaso -2. *Fam* (drink) *Esp* tragar, *Am* tomar
◆ **swill about, swill around** vi (liquid) agitarse
◆ **swill out** vt sep (rinse) enjuagar, *Esp* aclarar

swim [swɪm] ◇ n baño m; **to go for** or **have a ~** ir a nadar, ir a darse un baño; **it's a good 20-minute ~ out to the island** se tarda por lo menos 20 minutos en nadar hasta la isla; **that was her fastest ~ this year** ése fue el mejor tiempo de la nadadora este año; [IDIOM] *Fam* **to be in/out of the ~ (of things)** estar/no estar al día ⬜ ~ **bladder** vejiga f natatoria
◇ vt (pt **swam** [swæm], pp **swum** [swʌm]) (distance, length) nadar; **to ~ the breaststroke** *Esp* nadar a braza, *Am* nadar pecho; **to ~ the Channel** atravesar el Canal de la Mancha a nado
◇ vi -1. (in water) (person, fish) nadar; **I can't ~!** ¡no sé nadar!; **to go swimming** ir a nadar; **to ~ across a river** atravesar un río a nado; **to ~ for the shore** nadar hacia la costa; **he managed to ~ to safety** consiguió nadar hasta ponerse a salvo; **the raft sank and they had to ~ for it** la balsa se hundió y tuvieron que nadar para salvarse; [IDIOM] **to ~ with the tide** seguir la corriente; [IDIOM] **to ~ against the tide** nadar contra corriente
-2. (be soaked, flooded) **the floor was swimming with water** el suelo estaba anegado or inundado de agua; **the sausages were swimming in grease** las salchichas nadaban en grasa
-3. (be dizzy) **my head is swimming** me da vueltas la cabeza

swimmer [ˈswɪmə(r)] n nadador(ora) m,f; **I'm a strong/weak ~** nado bien/mal

swimming [ˈswɪmɪŋ] n natación f; **I like ~** me gusta la natación; **to go ~** ir a nadar ⬜ ~ **bath(s)** *Br* piscina f or *Méx* alberca f or *RP* pileta f cubierta; ~ **cap** gorro m de baño or de piscina; ~ **costume** bañador m, traje m de baño, *RP* malla f; ~ **gala** concurso m de natación; ~ **hat** gorro m de baño; ~ **instructor** monitor(ora) m,f de natación; ~ **lesson** clase f de natación; ~ **pool** piscina f, *Méx* alberca f, *RP* pileta f; ~ **trunks** traje m de baño (de hombre), *Esp* bañador m (de hombre), *RP* malla f

swimmingly [ˈswɪmɪŋlɪ] adv *Fam* **(to get on) estupendamente; everything's going ~** todo va viento en popa

swimsuit [ˈswɪmsuːt] n traje m de baño, *Esp* bañador m, *RP* malla f

swimwear [ˈswɪmweə(r)] n moda f de baño

swindle [ˈswɪndəl] ◇ n timo m, estafa f
◇ vt timar, estafar; **to ~ sb out of sth** estafarle algo a alguien

swindler [ˈswɪndlə(r)] n timador(ora) m,f, estafador(ora) m,f

swine [swaɪn] (pl **swine**) n -1. (pig) cerdo m, puerco m, *Am* chancho m ⬜ ~ **fever** peste f porcina -2. *Fam* (unpleasant person) cerdo(a) m,f, canalla mf; **he's a lazy ~!** ¡es un vago asqueroso! -3. *Fam* (difficult thing) tarea f de titanes; **it's a ~ of a job** es una currada

swineherd [ˈswaɪnhɜːd] n *Old-fashioned* porquero(a) m,f

swing [swɪŋ] ◇ n -1. (movement) (of rope, chain) vaivén m, balanceo m; (of pendulum) oscilación f; **he released the ball with a ~ of his arm** lanzó la pelota balanceando la mano; [IDIOM] **to be in full ~** ir a toda marcha; [IDIOM] *Fam* **everything went with a ~** todo fue sobre ruedas; [IDIOM] *Fam* **to get into the ~ of things** agarrar or *Esp* coger el ritmo ⬜ ~ **bin** cubo m de la basura con tapa oscilante; ~ **bridge** puente m giratorio; ~ **door** puerta f pendular or basculante; *US Fam* ~ **shift** (work period, people) turno m de tarde y noche
-2. (in golf) swing m
-3. (arc) **the plane came round in a wide ~** el avión se acercó describiendo un gran arco
-4. *Fam* (attempted punch) **to take a ~ at sb** intentar darle un golpe a alguien
-5. (change) (in opinion, mood) cambio m repentino (**in** de); **a ~ to the left/against the government** un giro a la izquierda/en contra del gobierno; **the swings of the stock market** los altibajos del mercado de valores; **the party needs a 10 percent ~ to win the election** el partido necesita arrancar un 10 por ciento de votos a sus rivales para ganar las elecciones
-6. (in playground) (object) columpio m; **can I have a ~?** ¿puedo columpiarme un rato?; [IDIOM] **it's swings and roundabouts, what you lose on the swings you gain on the roundabouts** lo que se pierde aquí, se gana allá
-7. (rhythm) ritmo m
-8. (style of jazz) swing m ⬜ ~ **band** banda f de swing
◇ vt (pt & pp **swung** [swʌŋ]) -1. (move in a curve) (racket, bat, axe) balancear; **he swung a rope over the branch** hizo pasar una cuerda sobre la rama; **to ~ sth/sb onto one's shoulder** echarse algo/a alguien al hombro; **he swung the suitcase onto the bed** echó la maleta or *Am* valija encima de la cama; **I swung myself (up) into the saddle** me monté en la silla; **she swung the door shut** cerró la puerta
-2. (cause to sway) balancear; **he walked along swinging his arms** caminaba balanceando los brazos; **to ~ one's hips** menear las caderas; [IDIOM] *Old-fashioned* **to ~ the lead** acudir a un subterfugio
-3. (turn) (steering wheel, vehicle) hacer girar
-4. (cause to change) **that swung the decision our way/against us** eso cambió la decisión en nuestro favor/nuestra contra; **to ~ the vote** alterar el sentido del voto
-5. *Fam* (arrange) **to ~ it so that...** agenciárselas para que...; **to ~ a deal** cerrar un trato
◇ vi -1. (move to and fro) balancearse; (pendulum) oscilar; (on playground swing) columpiarse; **he walked along with his arms swinging** caminaba balanceando los brazos; **the gate was swinging in the wind** el viento abría y cerraba la puerta; **a long rope swung from the ceiling** una larga cuerda se balanceaba colgada del techo; *Fam* **he should ~ for this** (be hanged) deberían colgarlo por esto; [IDIOM] *Fam* **to ~ both ways** (be bisexual) ser bisexual

-2. (pivot) **to ~ open/shut** (door) abrirse/cerrarse; **the boom swung round and hit me in the face** la botavara giró y me dio en la cara
-3. (move along) **to ~ from tree to tree** columpiarse de árbol en árbol; **I swung into the saddle** me monté en la silla; *Fig* **to ~ into action** entrar en acción
-4. (change direction) girar, torcer; **the car swung left** el coche or *Am* carro or *CSur* auto giró a la izquierda
-5. (change opinion, mood) **to ~ to the left/right** (electorate, public opinion) virar a la izquierda/derecha; **she swings between depression and elation** oscila entre la depresión y el júbilo
-6. (hit out, aim blow) **to ~ for** or **at sb** tratar de pegar a alguien; **he swung at the ball but missed** intentó dar a la pelota, pero falló
-7. *Fam* (musician, music) tener ritmo
-8. *Fam* (be lively) (club, disco) estar muy animado(a); **the party was really swinging** la fiesta estaba muy animada
-9. *Fam* (exchange sexual partners) hacer intercambio de parejas
◆ **swing round** ◇ vt sep (vehicle) dar media vuelta a; (person) dar la vuelta a -2. (change) (public opinion) dar un vuelco a; **he managed to ~ her round to his point of view** consiguió hacerla adoptar su punto de vista
◇ vi -1. (turn round) (person) dar media vuelta; (vehicle) dar un giro de 180 grados -2. (public opinion, person) dar un vuelco

swingboat [ˈswɪŋbəʊt] n góndola f, = columpio de feria en forma de barca

swingeing [ˈswɪndʒɪŋ] adj *Br* (cuts, rise, fall) drástico(a); (criticism) demoledor(ora); (victory, majority) abrumador(ora)

swinger [ˈswɪŋə(r)] n *Fam* -1. (sociable person) *Esp* marchoso(a) m,f, *Am* parrandero(a) m,f -2. (who swaps sexual partners) = persona que participa en intercambios de pareja

swinging [ˈswɪŋɪŋ] adj -1. (motion) oscilante; (gait) saltarín(ina) -2. *Fam* (trendy) *Esp* marchoso(a), *Am* parrandero(a) ⬜ ~ **London** = el Londres efervescente de los años sesenta; **the ~ sixties** los locos or febriles años sesenta

swingometer [swɪŋˈɒmətə(r)] n *Br* = mecanismo con una rueda y una aguja utilizado en televisión para mostrar la oscilación de votos y escaños en unas elecciones

swing-wing [ˈswɪŋˌwɪŋ] adj AV de geometría variable

swinish [ˈswaɪnɪʃ] adj canallesco(a)

swipe [swaɪp] ◇ n (with fist, stick) **to take a ~ at sb** intentar dar un golpe a alguien; *Fig* **the programme takes a ~ at the rich and famous** el programa arremete contra los ricos y famosos ⬜ ~ **card** tarjeta f con banda magnética
◇ vt -1. *Fam* (hit) dar un golpe a, *Esp* atizar -2. *Fam* (steal) afanar, birlar, *Méx* bajar -3. (card) pasar
◇ vi **to ~ at sth/sb** intentar dar un golpe a algo/alguien

swirl [swɜːl] ◇ n (of cream) rizo m; (of smoke) voluta f; (of leaves, dust, water) remolino m
◇ vt revolver
◇ vi (leaves, dust, person, skirt) arremolinarse

swirling [ˈswɜːlɪŋ] adj (leaves, dust) arremolinado(a)

swish [swɪʃ] ◇ n -1. (sound) (of cane, whip) silbido m; (of dress, silk) frufrú m, (sonido m del) roce m; (of water) susurro m; (of scythe) sonido m cortante -2. (movement) **the cow flicked the flies away with a ~ of its tail** la vaca sacudió el rabo para espantar las moscas -3. *US Fam* (effeminate homosexual) mariquita f
◇ adj *Fam* -1. (elegant, smart) distinguido(a), refinado(a) -2. *US* (effeminate) mariquita
◇ vt (cane, whip) hacer silbar; **to ~ its tail** (animal) menear or agitar la cola
◇ vi (dress, silk) sonar al rozar; (cane, whip) silbar; (water) susurrar

swishy ['swɪʃɪ] *adj US Fam (effeminate)* mariquita

Swiss [swɪs] ◇ *n* suizo(a) *m,f*
◇ *npl* **the ~** los suizos
◇ *adj* suizo(a) ❏ **~ army knife** navaja *f* (suiza) multiusos; **~ chard** acelga *f*; **~ cheese** queso *m* suizo; **~ cheese plant** costilla *f* de hombre; **~ Guard** *(Pope's bodyguards)* Guardia *f* Suiza; *(person)* guardia *m* suizo; *Br* **~ roll** brazo *m* de gitano

Swiss-French [swɪs'frentʃ] ◇ *n (dialect)* dialecto *m* suizo del francés
◇ *adj* franco-suizo(a)

Swiss-German [swɪs'dʒɜːmən] ◇ *n (dialect)* dialecto *m* suizo del alemán
◇ *adj* suizo-alemán(ana)

Switch® [swɪtʃ] *n Br* **to pay by ~** pagar con tarjeta Switch ❏ **~ card** = tipo de tarjeta de débito

switch [swɪtʃ] ◇ *n* **-1.** *(electrical)* interruptor *m*; **is the ~ on/off?** ¿está encendido/apagado el interruptor?
-2. *(changeover) (to new system, position)* cambio *m*; *(in policy, opinion)* cambio *m*, viraje *m*; **the ~ to the new equipment went very smoothly** el cambio al nuevo equipamiento se produjo sin ningún problema; **to make a ~** hacer un cambio; **the country has successfully made the ~ from totalitarianism to democracy** el país ha realizado con éxito la transición de un sistema totalitario a la democracia
-3. *(swap)* cambiazo *m*; **to make a ~** dar el cambiazo
-4. *(stick)* vara *f*; *(riding crop)* fusta *f*
-5. *US* RAIL agujas *fpl*
◇**-6.** *(hairpiece)* postizo *m*
◇ *vt* **-1.** *(change)* cambiar; **he switched channels/jobs** cambió de canal/trabajo; **the fixture has been switched to next Wednesday** han cambiado la fecha del partido al miércoles que viene; **the government has switched its policy from prevention to cure** el gobierno ha pasado de una política de prevención a una de cura
-2. *(exchange)* intercambiar; **the two employees asked to ~ jobs** los dos empleados solicitaron intercambiar sus puestos; **to ~ seats with sb** cambiarse de asiento con alguien; **somebody had switched their drinks** alguien les había cambiado las bebidas; **he switched the case with the banknotes for an empty one** cambió el maletín con los billetes por uno vacío
-3. *(transfer)* trasladar (**to** a); **he's been switched to another department** lo han trasladado a otro departamento; **they switched their attention to something else** dirigieron su atención a otra cosa
-4. ELEC **~ the heater to "low"** pon el calentador al mínimo
-5. *US* RAIL **the train was switched to another track** cambiaron el tren de vía
◇ *vi* **-1.** *(change)* cambiar (**to** a); **to ~ to a new system** cambiar *or* cambiarse a un sistema nuevo; **can I ~ to another channel?** ¿puedo cambiar de canal?; COMPTR **press this key to ~ between screens** pulse esta tecla para moverse entre pantallas; **to ~ from gas to electricity** cambiar el gas por la electricidad, pasarse del gas a la electricidad; **he switches effortlessly from one language to another** pasa de una lengua a otra sin ningún esfuerzo; **the player switched from defence to midfield** el jugador pasó de la defensa al mediocampo
-2. *(exchange)* cambiarse
-3. *(be transferred)* trasladarse

◆ **switch around** = switch round
◆ **switch back** *vi (revert to)* **to ~ back from electricity to gas** volver a pasar de la electricidad al gas; **to ~ back to BBC2** volver a cambiar a la BBC2
◆ **switch off** ◇ *vt sep (appliance, heating, light, engine)* apagar; **the printer switches itself off after half an hour** la impresora se desconecta automáticamente después de media hora
◇ *vi* **-1.** *(appliance, heating, light)* apagarse **-2.** *Br (TV viewer, radio listener)* apagar **-3.** *Fam (stop paying attention)* desconectar
◆ **switch on** *vt sep (appliance, heating, light, engine)* encender, *Am* prender; **it switches itself on** se enciende *or Am* prende solo; *Fig* **to ~ on the charm** ponerse encantador(ora)
◇ *vi* **-1.** *(appliance, heating, light)* encenderse, *Am* prenderse **-2.** *(TV viewer)* encender *or Am* prender la televisión; *(radio listener)* sintonizar
◆ **switch over** *vi* **-1.** *(change TV or radio channel)* cambiar de cadena/emisora **-2.** *(change)* **to ~ over to gas** pasarse *or* cambiar al gas
◆ **switch round** *vt sep* **-1.** *(swap round)* cambiar de sitio **-2.** *(rearrange) (furniture)* cambiar de sitio; **the manager has switched the team round again** el entrenador ha vuelto a cambiar la alineación
◇ *vi (two people)* cambiarse

switchback ['swɪtʃbæk] *n* **-1.** *(road)* carretera *f* en zigzag **-2.** *Br (rollercoaster)* montaña *f* rusa
switchblade ['swɪtʃbleɪd] *n US* navaja *f* automática
switchboard ['swɪtʃbɔːd] *n* centralita *f*, *Am* conmutador *m* ❏ **~ operator** telefonista *mf*
switched-on [swɪtʃ't'ɒn] *adj Fam (aware of fashion)* a la última
switchgear ['swɪtʃgɪə(r)] *n* dispositivo *m* de distribución
switch-hitter ['swɪtʃhɪtə(r)] *n US* **-1.** *(in baseball)* bateador(ora) *m,f* ambidextro(a) **-2.** *very Fam (bisexual)* bisexual *mf*, *RP* bi *mf*
switchman ['swɪtʃmən] *n US* RAIL guardagujas *m inv*
switchover ['swɪtʃəʊvə(r)] *n (to different method, system)* cambio *m* (**from/to** de/a)
switchyard ['swɪtʃjɑːd] *n US* patio *m* de maniobras
swither ['swɪðə(r)] *vi (hesitate)* vacilar, titubear (**about** *or* **over** sobre)
Switzerland ['swɪtsələnd] *n* Suiza
swivel ['swɪvəl] ◇ *n* cabeza *f* giratoria ❏ **~ chair** silla *f* giratoria
◇ *vt (pt & pp* **swivelled**, *US* **swiveled**) hacer girar
◇ *vi* girar; **he swivelled (round) and shot** giró sobre sí mismo y disparó
swizz [swɪz] *n Br Fam* timo *m*; **what a ~!** ¡qué timo!
swizzle ['swɪzəl] *n* **~ stick** agitador *m*, varilla *f* de cóctel
swollen ['swəʊlən] ◇ *pp of* **swell**
◇ *adj* **-1.** *(foot, ankle)* hinchado(a); *(gland)* inflamado(a); **her eyes were red and ~ with crying** tenía los ojos rojos e hinchados de llorar; *Fig* **to have a ~ head** ser un(a) creído(a) **-2.** *(river)* crecido(a)
swollen-headed ['swəʊlən'hedɪd] *adj Fam* creído(a), engreído(a)
swoon [swuːn] ◇ *n Literary (fainting fit)* desmayo *m*, desvanecimiento *m*; **to go** *or* **fall into a ~** desmayarse, desvanecerse
◇ *vi* **-1.** *Literary (faint)* desmayarse, desvanecerse **-2.** *(become ecstatic)* derretirse
◆ **swoon over** *vt insep* deshacerse con, derretirse por
swoop [swuːp] ◇ *n* **-1.** *(of bird, plane)* (vuelo *m* en) picado *m* **-2.** *(of police)* redada *f*
◇ *vi (bird, plane)* volar en *Esp* picado *or Am* picada; **the hawk swooped down on its prey** el halcón se lanzó en *Esp* picado *or Am* picada sobre su presa; *Fig* **critics were quick to ~ on his mistake** los críticos no tardaron en echarse encima suyo por su error **-2.** *(police)* hacer una redada (**on** en)
swoosh [swuːʃ] ◇ *n* silbido *m*
◇ *vi* silbar, cortar el aire; **the express train swooshed past** el expreso pasó cortando el aire
◇ *adv* **to go ~** silbar, cortar el aire
swop = swap
sword [sɔːd] *n* espada *f*; **to put sb to the ~** pasar a alguien por las armas; IDIOM **to beat** *or* **turn swords into ploughshares** forjar de las espadas azadones, abrazar la paz; PROV **those that live by the ~ shall die by the ~** quien a hierro mata, a hierro muere ❏ **~ of Damocles** espada *f* de Damocles; **~ dance** danza *f* del sable; **~ fight** duelo *m* de espadas
sword-and-sandals ['sɔːdən'sændəlz] *adj Fam (film)* de romanos
swordbill ['sɔːdbɪl] *n* colibrí *m* pico de espada
swordcraft ['sɔːdkrɑːft] *n* esgrima *f*
swordfish ['sɔːdfɪʃ] *n* pez *m* espada
swordplay ['sɔːdpleɪ] *n* esgrima *f*
swordsman ['sɔːdzmən] *n* espadachín *m*
swordsmanship ['sɔːdzmənʃɪp] *n* destreza *f* en el manejo de la espada
swordstick ['sɔːdstɪk] *n* bastón *m* de estoque
sword-swallower ['sɔːd'swɒləʊə(r)] *n* tragaespadas *mf inv*
swordtail ['sɔːdteɪl] *n* xifo *m*
swore *pt of* **swear**
sworn [swɔːn] ◇ *adj* **-1.** *(committed)* **~ enemy** enemigo(a) *m,f* encarnizado(a) **-2.** LAW **~ statement** declaración *f* jurada
◇ *pp of* **swear**
swot [swɒt] *Br Fam* ◇ *n Pej (studious pupil) Esp* empollón(ona) *m,f*, *Méx* matado(a) *m,f*, *RP* traga *mf*
◇ *vi (pt & pp* **swotted**) *(study hard)* matarse estudiando, *Esp* empollar, *RP* tragar (**for** para)
◆ **swot up on** *vt insep Br Fam (subject)* matarse estudiando, *Esp* empollarse, *RP* tragarse
SWOT analysis ['swɒtə'næləsɪs] *n* ECON análisis *m inv* de las fuerzas, debilidades, oportunidades y amenazas
swotting ['swɒtɪŋ] *n Br Fam* **to do some ~ (for sth)** empollar (para algo)
swum *pp of* **swim**
swung [swʌŋ] ◇ *adj* TYP **~ dash** tilde *f*
◇ *pt & pp of* **swing**
sybarite ['sɪbəraɪt] *n Literary* sibarita *mf*
sybaritic [sɪbə'rɪtɪk] *adj Literary* sibarita
sycamore ['sɪkəmɔː(r)] *n* **-1.** *Br (maple)* plátano *m* falso, sicomoro *m* **-2.** *US (plane tree)* plátano *m*
sycophancy ['sɪkəfænsɪ] *n Pej* adulación *f*
sycophant ['sɪkəfænt] *n Pej* adulador(ora) *m,f*
sycophantic [sɪkə'fæntɪk] *adj Pej* adulador(ora)
Sydney ['sɪdnɪ] *n* Sidney
syllabic [sɪ'læbɪk] *adj* silábico(a)
syllable ['sɪləbəl] *n* sílaba *f*; *Fig* **I had to explain it to him in words of one ~** se lo tuve que explicar de forma muy clarita
syllabub ['sɪləbʌb] *n* = postre dulce de crema o leche batida y vino
syllabus ['sɪləbəs] *n* plan *m* de estudios, programa *m* de estudios
syllogism ['sɪlədʒɪzəm] *n* silogismo *m*
syllogistic [sɪlə'dʒɪstɪk] *adj* silogístico(a)
sylph [sɪlf] *n* **-1.** *(mythical being)* sílfide *f* **-2.** *Literary (slender woman)* sílfide *f*
sylph-like ['sɪlflaɪk] *adj Literary (woman)* esbelto(a); *(figure)* de sílfide; *Hum* **you're looking positively ~, my dear** estás hecha una sílfide, cariño
sylvan ['sɪlvən] *adj Literary* silvano(a)
symbiosis [sɪmbaɪ'əʊsɪs] *n* simbiosis *f inv*
symbiotic [sɪmbaɪ'ɒtɪk] *adj* simbiótico(a)
symbol ['sɪmbəl] *n* símbolo *m*
symbolic [sɪm'bɒlɪk] *adj* simbólico(a); **to be ~ of sth** simbolizar algo ❏ **~ logic** lógica *f* simbólica
symbolically [sɪm'bɒlɪklɪ] *adv* simbólicamente, de forma simbólica
symbolism ['sɪmbəlɪzəm] *n* **-1.** *(use of symbols)* simbolismo *m* **-2.** *(artistic movement)* simbolismo *m*
symbolist ['sɪmbəlɪst] ART ◇ *n* simbolista *mf*
◇ *adj* simbolista
symbolize ['sɪmbəlaɪz] *vt* simbolizar
symmetrical [sɪ'metrɪkəl] *adj* simétrico(a)
symmetrically [sɪ'metrɪklɪ] *adv* simétricamente
symmetry ['sɪmɪtrɪ] *n* **-1.** MATH simetría *f* **-2.** *(harmony)* simetría *f*

sympathetic [sɪmpə'θetɪk] *adj* **-1.** *(understanding)* comprensivo(a); *(compassionate)* compasivo(a); **they weren't very ~ (towards me)** no se compadecieron mucho (de mí) **-2.** *(favourably inclined)* **to be ~ to** *or* **towards a proposal/cause** simpatizar con una propuesta/causa; **he was ~ to my request for a loan** se mostró abierto *or* dispuesto a concederme un préstamo; **a ~ audience** un público bien dispuesto **-3.** *(character in novel, movie)* simpático(a) **-4.** *(favourable)* *(environment, atmosphere)* propicio(a) **-5.** ANAT simpático(a)

sympathetically [sɪmpə'θetɪklɪ] *adv* **-1.** *(with understanding)* comprensivamente; *(with compassion)* compasivamente **-2.** *(in favourable light)* con indulgencia; **she received his request ~** accedió a su petición con indulgencia

sympathize ['sɪmpəθaɪz] *vi* **-1.** *(show sympathy)* compadecerse **(with** de**); poor Emma, I really ~ with her!** ¡pobre Emma!, la comprendo perfectamente **-2.** *(understand)* **to ~ (with sth/sb)** comprender (algo/a alguien) **-3.** *(support)* **to ~ (with sth/sb)** simpatizar (con algo/alguien); **I cannot ~ with that point of view** no puedo estar de acuerdo con esa opinión

sympathizer ['sɪmpəθaɪzə(r)] *n (political)* simpatizante *mf*; **a communist ~** un simpatizante comunista

sympathy ['sɪmpəθɪ] *n* **-1.** *(pity, compassion)* compasión *f*; *(understanding)* comprensión *f*; **to feel ~ for sb** simpatizar con alguien; **I have nothing but ~ for you** te comprendo perfectamente; **if you do break your leg don't expect any ~ from me!** ¡si te partes la pierna, luego no me vengas llorando!; **he showed no ~ for the children** no mostró ninguna compasión por los niños **-2.** *(condolences)* **our sympathies are with the families of the dead** enviamos nuestro pésame a las familias de los fallecidos; *Formal* **you have my deepest ~** le doy mi más sincero pésame ❑ **~ card** tarjeta *f* de condolencia **-3.** *(support)* apoyo *m*, solidaridad *f*; **I have no ~ for** *or* **with terrorism** estoy en contra del terrorismo; **to come out in ~ with sb** *(workers)* declararse en huelga de solidaridad con alguien ❑ IND **~ strike** huelga *f* de solidaridad *or* apoyo **-4.** *sympathies (leanings)* inclinación *f*; **she has strong left-wing sympathies** es muy de izquierdas **-5.** *(affinity)* afinidad *f*

symphonic [sɪm'fɒnɪk] *adj* sinfónico(a) ❑ **~ poem** poema *m* sinfónico

symphony ['sɪmfənɪ] *n* MUS sinfonía *f* ❑ **~ orchestra** orquesta *f* sinfónica

symposium [sɪm'pəʊzɪəm] *(pl* **symposia** [sɪm'pəʊzɪə]*) n* simposio *m*

symptom ['sɪm(p)təm] *n* **-1.** MED síntoma *m* **-2.** *(sign)* síntoma *m*; **the team is showing symptoms of decline** el equipo muestra síntomas de declive

symptomatic [sɪm(p)tə'mætɪk] *adj* sintomático(a) (**of** de)

synaesthesia, *US* **synesthesia** [sɪnɪs'θi:zjə] *n* PSY sinestesia *f*

synagogue ['sɪnəgɒg] *n* sinagoga *f*

synapse ['saɪnæps] *n* ANAT sinapsis *f inv*

synaptic [sɪ'næptɪk] *adj* ANAT sináptico(a)

sync(h) [sɪŋk] *n Fam* sincronización *f*; **to be in/out of ~ with** CIN & TV estar/no estar sincronizado(a) con; *(with person, electorate)* estar/no estar en sintonía con, *RP* sintonizar/no sintonizar el mismo canal que

synchromesh ['sɪŋkrəʊmeʃ] *n* AUT sincronizador *m* (de velocidades) ❑ **~ gears** transmisión *f* sincronizada

synchronic [sɪŋ'krɒnɪk] *adj* LING sincrónico(a)

synchronicity [sɪŋkrə'nɪsɪtɪ] *n* sincronicidad *f*

synchronization [sɪŋkrənaɪ'zeɪʃən] *n* sincronización *f*

synchronize ['sɪŋkrənaɪz] ◇ *vt* sincronizar ◇ *vi* estar sincronizado(a) (**with** con)

synchronized ['sɪŋkrənaɪzd] *adj* sincronizada(a) ❑ **~ swimming** natación *f* sincronizada

synchronous ['sɪŋkrənəs] *adj* **-1.** *(simultaneous)* sincrónico(a) **-2.** COMPTR sincrónico(a)

synchrotron ['sɪŋkrətrɒn] *n* PHYS sincrotrón *m*

syncopate ['sɪŋkəpeɪt] *vt* MUS sincopar

syncopated ['sɪŋkəpeɪtɪd] *adj* MUS sincopado(a)

syncopation [sɪŋkə'peɪʃən] *n* MUS síncopa *f*

syncope ['sɪŋkəpɪ] *n* **-1.** MED síncope *m* **-2.** LING síncopa *f*

syncretism ['sɪŋkrɪtɪzəm] *n* PHIL sincretismo *m*

syndicalism ['sɪndɪkəlɪzəm] *n* POL sindicalismo *m* (revolucionario)

syndicate ◇ *n* ['sɪndɪkət] **-1.** COM agrupación *f*; *(in lottery)* peña *f*; **crime ~** organización criminal **-2.** JOURN agencia *f* de noticias ◇ *vt* ['sɪndɪkeɪt] JOURN **her column is syndicated to all the major newspapers** su columna aparece en los principales periódicos; **syndicated columnist** = columnista que publica simultáneamente en varios medios

syndication [sɪndɪ'keɪʃən] *n* JOURN = producción independiente para su publicación conjunta por diferentes medios

syndrome ['sɪndrəʊm] *n* **-1.** MED síndrome *m* **-2.** *(symptoms)* síndrome *m*

synecdoche [sɪ'nekdəkɪ] *n* LIT sinécdoque *f*

synergy ['sɪnədʒɪ] *n* sinergia *f*

synesthesia *US* = **synaesthesia**

synod ['sɪnəd] *n* REL sínodo *m*

synonym ['sɪnənɪm] *n* sinónimo *m*; **her name is a ~ for professionalism** su nombre es sinónimo de profesionalidad

synonymous [sɪ'nɒnɪməs] *adj* sinónimo(a) **(with** de**); her name is ~ with professionalism** su nombre es sinónimo de profesionalidad

synonymy [sɪ'nɒnəmɪ] *n* sinonimia *f*

synopsis [sɪ'nɒpsɪs] *(pl* **synopses** [sɪ'nɒpsi:z]*) n* sinopsis *f inv*, resumen *m*

synoptic [sɪ'nɒptɪk] *adj* sinóptico(a); **the Synoptic Gospels** los evangelios sinópticos

synovial [saɪ'nəʊvɪəl] *adj* ANAT sinovial ❑ **~ fluid** líquido *m* sinovial

synovitis ['saɪnəvaɪtɪs] *n* MED sinovitis *f inv*

syntactic(al) [sɪn'tæktɪk(əl)] *adj* sintáctico(a)

syntagm ['sɪntæm] *n* LING sintagma *m*

syntax ['sɪntæks] *n* LING sintaxis *f inv* ❑ COMPTR **~ error** error *m* de sintaxis

synth [sɪnθ] *n Fam* sintetizador *m* ❑ **~ pop** pop *m* electrónico

synthesis ['sɪnθəsɪs] *(pl* **syntheses** ['sɪnθəsi:z]*) n* síntesis *f inv*

synthesize ['sɪnθəsaɪz] *vt* sintetizar

synthesizer ['sɪnθəsaɪzə(r)] *n* sintetizador *m*

synthetic [sɪn'θetɪk] ◇ *npl* **synthetics** fibras *fpl* sintéticas ◇ *adj* **-1.** *(fibre, rubber)* sintético(a) ❑ **~ drug** droga *f* sintética **-2.** *(electronically produced) (speech)* sintético(a) **-3.** *Pej (food)* sintético(a) **-4.** LING sintético(a) **-5.** PHIL sintético(a)

synthetically [sɪn'θetɪklɪ] *adv* sintéticamente

syphilis ['sɪfɪlɪs] *n* sífilis *f inv*

syphilitic [sɪfɪ'lɪtɪk] ◇ *n* sifilítico(a) *m,f* ◇ *adj* sifilítico(a)

syphon = **siphon**

Syria ['sɪrɪə] *n* Siria *f*

Syrian ['sɪrɪən] ◇ *n* sirio(a) *m,f* ◇ *adj* sirio(a)

syringa [sɪ'rɪŋgə] *n* celinda *f*, jeringuilla *f*

syringe [sɪ'rɪndʒ] ◇ *n* jeringuilla *f* ◇ *vt (ears)* destaponar

syrup ['sɪrəp] *n* **-1.** *(of sugar)* almíbar *m* **-2.** *(medicinal)* jarabe *m* ❑ **~ of figs** jarabe *m* de higos

syrupy ['sɪrəpɪ] *adj* **-1.** *(liquid, mixture)* espeso(a) **-2.** *(smile, music)* almibarado(a)

system ['sɪstəm] *n* **-1.** *(structure)* sistema *m*; **the education ~** el sistema educativo **-2.** *(method)* sistema *m*; **there's no ~ to it** no sigue ningún método, no es nada sistemático **-3.** **the System** *(established order)* el sistema; **you can't beat the ~** no hay forma de burlar al sistema **-4.** ANAT & PHYSIOL sistema *m*; **digestive ~** aparato digestivo; **nervous ~** sistema nervioso; IDIOM *Fam* **to get sth/sb out of one's ~** quitarse *or Am* sacarse algo/a alguien de la cabeza **-5.** *(equipment, devices)* sistema *m*; **he's got a new (hi-fi) ~** tiene un nuevo equipo (de alta fidelidad); **all systems go** ¡allá vamos!, ¡vamos allá! ❑ **systems engineer** ingeniero(a) *m,f* de sistemas; **system(s) engineering** ingeniería *f* de sistemas **-6.** COMPTR sistema *m* ❑ **systems analysis** análisis *m inv* de sistemas; **systems analyst** analista *mf* de sistemas; **~ disk** disco *m* de sistema; **~ program** programa *m* del sistema; **~ software** software *m* de sistema **-7.** *(in gambling)* sistema *m* **-8.** ASTRON sistema *m*

systematic [sɪstə'mætɪk] *adj* sistemático(a)

systematically [sɪstə'mætɪklɪ] *adv* sistemáticamente

systematization [sɪstɪmətaɪ'zeɪʃən] *n* sistematización *f*

systematize ['sɪstəmətaɪz] *vt* sistematizar

systemic [sɪs'temɪk] *adj* BIOL & MED sistémico(a)

systole ['sɪstəlɪ] *n* PHYSIOL sístole *f*

systolic [sɪ'stɒlɪk] *adj* PHYSIOL sistólico(a)

Tt

T, t [tiː] n -1. (letter) T, t f -2. IDIOMS **that's you to a T** (of impersonation) es clavado a ti; **it suits me to a T** me viene como anillo al dedo

t (abbr **ton(s)**) tonelada(s) f(pl) (Br = 1.016 kilos, US = 907 kilos)

TA [tiːˈeɪ] n Br (abbr **Territorial Army**) = cuerpo militar de reservistas voluntarios que reciben instrucción en su tiempo libre

ta [tɑː] exclam Br Fam gracias; **ta very much!** muchas gracias

tab [tæb] ◇ n -1. (on garment) (label) etiqueta f; (on file) ceja f; (on cassette, diskette) pestaña f; IDIOM **to keep tabs on sth/sb** vigilar de cerca algo/a alguien
  -2. US (on can) anilla f
  -3. (on typewriter, word processor) tabulador m; ~ **(key)** tecla f de tabular, tabulador m ❏ ~ **character** tabulador m
  -4. US Fam (bill) cuenta f; **put it on my** ~ apúntemelo en la cuenta; **to pick up the** ~ (at restaurant) pagar (la cuenta); (company) correr con los gastos; Fig **we have had to pick up the** ~ **for their mismanagement** hemos tenido que pagar el pato por su mala administración
  ◇ vt (text) tabular

tabard [ˈtæbəd] n tabardo m

Tabasco® [təˈbæskəʊ] n ~ **(sauce)** tabasco m

tabbouleh [təˈbuːleɪ] n tabule m, = ensalada de trigo, hierbabuena, perejil y pepino, procedente de Oriente Próximo

tabby [ˈtæbɪ] n ~ **(cat)** gato m atigrado

tab-delimited [ˈtæbdɪˈlɪmɪtɪd] adj COMPTR separado(a) por tabuladores

tabernacle [ˈtæbənækəl] n -1. (church) tabernáculo m -2. (on altar) sagrario m

table [ˈteɪbəl] ◇ n -1. (furniture) mesa f; **to clear the** ~ recoger la mesa; **to lay** or **set the** ~ poner la mesa; **at** ~ a la mesa; **it's rude to yawn at the** ~ es de mala educación bostezar en la mesa ❏ ~ **dancing** striptease m (en el que las bailarinas se acercan a las mesas); Br ~ **football** fútbol m de mesa, Esp futbolín m, Arg metegol m, Chile taca-taca m, Méx, Urug futbolito m; ~ **knife** cuchillo m de mesa; ~ **lamp** lámpara f de mesa; ~ **leg** pata f de la mesa; ~ **licence** = permiso para la venta de bebidas alcohólicas sólo con la comida; ~ **linen** mantelería f; ~ **manners** modales mpl (en la mesa); ~ **mat** salvamanteles m inv; ~ **napkin** servilleta f; ~ **salt** sal f de mesa; ~ **talk** conversación f ligera; ~ **tennis** ping-pong m, tenis m de mesa; Br ~ **tennis bat** pala f de ping-pong; US ~ **tennis paddle** pala f de ping-pong; ~ **tennis player** jugador(ora) m,f de ping-pong; ~ **top** tablero m; **give the** ~ **top a wipe down** limpia la mesa; ~ **wine** vino m de mesa
  -2. (people seated) mesa f
  -3. Formal (food) menú m; **she keeps an excellent** ~ en su casa se come excelentemente
  -4. (of facts, figures) tabla f; Br **(league)** ~ (tabla f de) clasificación f (de la liga); **they are currently top/bottom of the** ~ van a la cabeza/cola de la clasificación; ~ **of contents** tabla de materias, índice m; MATH **twelve times** ~ tabla (de multiplicar) del doce
  -5. GEOG (plateau) meseta f ❏ **Table Mountain** Montaña f de la Tabla
  -6. IDIOMS **the offer is still on the** ~ la oferta está aún sobre la mesa; **they put a better offer on the** ~ pusieron una oferta mejor sobre la mesa; **now that we have all the different parties around the (negotiating)** ~ ahora que tenemos a todos los partidos sentados a la mesa (de negociaciones); Fam **to drink sb under the** ~ dejar a alguien tumbado(a) bebiendo or Am tomando, aguantar la bebida mucho más que alguien; Fam **two drinks and I'm under the** ~ dos copas y ya no me tengo en pie; **he offered me £100 under the** ~ me ofreció 100 libras bajo mano; **to turn the tables on sb** cambiarle or volverle las tornas a alguien
  ◇ vt -1. POL **to** ~ **a motion/proposal** Br (present) someter a discusión una moción/propuesta; US (postpone) posponer la discusión de una moción/propuesta -2. (schedule) **the discussion is tabled for 4 o'clock** el debate está programado para las 4

tableau [ˈtæbləʊ] n cuadro m, escena f ❏ ~ **vivant** cuadro m vivo

tablecloth [ˈteɪbəlklɒθ] n mantel m

table d'hôte menu [ˈtæbləˈdəʊtˈmenjuː] n menú m del día

table-hop [ˈteɪbəlhɒp] (pt & pp **table-hopped**) vi US ir de mesa en mesa

tableland [ˈteɪbəllænd] n GEOG meseta f, altiplano m

tablespoon [ˈteɪbəlspuːn] n -1. (utensil) cuchara f de servir -2. (measurement) cucharada f (grande)

tablespoonful [ˈteɪbəlspuːnfʊl] n cucharada f (grande)

tablet [ˈtæblɪt] n -1. (pill) comprimido m, pastilla f -2. (of stone) (inscribed) lápida f; (for writing on) tablilla f; IDIOM **to be set in** or **written on tablets of stone** ser inamovible -3. (of paper) (small notepad) taco m de notas; (loose-leaf pad) bloc m de anillas -4. Br (bar) (of soap) pastilla f; (of chocolate) tableta f -5. COMPTR tableta f

tableware [ˈteɪbəlweə(r)] n servicio m de mesa, vajilla f

tabloid [ˈtæblɔɪd] n (newspaper) diario m popular or sensacionalista (de formato tabloide); **the** ~ **press, the tabloids** la prensa popular or sensacionalista; Pej ~ **journalism** periodismo sensacionalista

TABLOIDS

Los periódicos británicos y estadounidenses de formato pequeño o tabloide se consideran dirigidos a un público más popular que los periódicos de formato grande, tanto por su contenido como por su estilo. En el Reino Unido, el principal periódico de formato tabloide es el "Sun", con una tirada de más de tres millones de ejemplares diarios, seguido por el "Daily Mirror", con más de dos millones. En comparación, el periódico de gran formato con mayor tirada es el "Daily Telegraph", con algo más de un millón de ejemplares diarios. Los tabloides británicos suelen dedicar muchas columnas a las vidas de personajes televisivos o del mundo del deporte, a pesar de lo cual se les considera muy influyentes políticamente, sobre todo durante las elecciones, por lo que algunos políticos escriben regularmente su propia sección en ellos. En EE.UU., los llamados "supermarket **tabloids**" son aún más sensacionalistas, y sus artículos incluyen desde la vida de los famosos a algunas historias totalmente absurdas; el "Weekly World News" es un buen ejemplo.

taboo [təˈbuː] ◇ n (pl **taboos**) tabú m
  ◇ adj tabú; **these subjects are** ~ estos temas son tabú or intocables

tabular [ˈtæbjʊlə(r)] adj **in** ~ **form** en forma tabular

tabulate [ˈtæbjʊleɪt] vt (arrange in table) tabular

tabulation [tæbjʊˈleɪʃən] n (arranging into tables) tabulación f

tabulator [ˈtæbjʊleɪtə(r)] n tabulador m ❏ ~ **key** (tecla f del) tabulador m

tachograph [ˈtækəɡrɑːf] n AUT tacógrafo m

tachometer [tæˈkɒmɪtə(r)] n AUT tacómetro m

tachycardia [tækɪˈkɑːdɪə] n MED taquicardia f

tachymeter [tæˈkɪmɪtə(r)] n taquímetro m

tacit [ˈtæsɪt] adj tácito(a)

tacitly [ˈtæsɪtlɪ] adv tácitamente

taciturn [ˈtæsɪtɜːn] adj taciturno(a), retraído(a)

taciturnity [tæsɪˈtɜːnɪtɪ] n taciturnidad f

tack[1] [tæk] ◇ n -1. (small nail) tachuela f -2. (thumbtack) Esp chincheta f, Am chinche m -3. (in sewing) hilván m -4. NAUT bordada f -5. (direction) **to change** ~ cambiar de enfoque; **let's try a different** ~ vamos a probar con otro enfoque; **he went off on a quite different** ~ cambió de tema por completo -6. Fam (tacky things) cosas fpl de mal gusto, Esp horteradas fpl, RP mersadas fpl
  ◇ vt -1. (fasten) (with nail) clavar; (with thumbtack) sujetar con Esp chincheta or Am chinche; Fig **to** ~ **sth on** (add) añadir algo a posteriori -2. (in sewing) **to** ~ **up a hem** hilvanar un dobladillo
  ◇ vi NAUT dar bordadas

tack[2] n (saddle, harness, bridle) arreos mpl

tackiness [ˈtækɪnɪs] n -1. (stickiness) pegajosidad f -2. Fam (tastelessness) chabacanería f, mal gusto m

tacking [ˈtækɪŋ] n (in sewing) hilvanes mpl ❏ ~ **stitch** hilvanado m; ~ **thread** hilo m de hilvanar

tackle [ˈtækəl] ◇ n -1. (equipment) equipo m; **(fishing)** ~ aparejos mpl de pesca
  -2. (ropes and pulleys) (for lifting) aparejo m
  -3. NAUT (rigging) aparejos mpl
  -4. (challenge) (in soccer, hockey) entrada f; (in rugby, American football) placaje m, Am tackle m; **sliding** ~ (in soccer) entrada en plancha; **late** ~ (in soccer) entrada a destiempo; ~ **from behind** (in soccer) entrada por detrás
  -5. (position in American football) tackle m
  -6. Br Fam Hum **(wedding)** ~ las vergüenzas fpl
  ◇ vt -1. (deal with) (task, issue, problem) abordar; **I'm going to** ~ **"War and Peace" during the holidays** voy a meterle mano a "Guerra y paz" durante las vacaciones; **he tried to** ~ **the blaze on his own** intentó apagar el fuego él solo
  -2. (confront) enfrentarse a; **to** ~ **sb about sth** plantear algo a alguien, abordar a alguien para tratar algo; **if you're not happy with his work, you ought to** ~ **him**

tackler ['tæklə(r)] *n* **-1.** *(in soccer, hockey)* **he's a good ~** es bueno robando pelotas **-2.** *(in rugby, American football)* placador(ora) *m,f*, *Am* tackleador(ora) *m,f*

tacky ['tækı] *adj* **-1.** *(sticky)* pegajoso(a) **-2.** *Fam (tasteless)* chabacano(a), ordinario(a), *Esp* hortera, *Méx* gacho(a), *RP* mersa

taco ['tækəʊ] *n* CULIN taco *m*

tact [tækt] *n* tacto *m*, discreción *f*

tactful ['tæktfʊl] *adj* discreto(a), diplomático(a); **she's a very ~ person** es una persona con mucho tacto; **the ~ thing would have been to say nothing** lo más adecuado hubiera sido no decir nada

tactfully ['tæktfʊlı] *adv* discretamente, con tacto; **I ~ said nothing** fui discreto y no dije nada

tactic ['tæktɪk] *n* táctica *f*; **tactics** táctica *f*; **to change one's tactics** cambiar de táctica

tactical ['tæktɪkəl] *adj* táctico(a) ❑ **~ (nuclear) weapons** armamento *m* táctico (nuclear); POL **~ voting** el voto útil

tactically ['tæktɪklı] *adv* tácticamente; **the home team was ~ superior** la táctica del equipo de casa fue mejor

tactician [tæk'tɪʃən] *n* MIL & SPORT estratega *mf*

tactile ['tæktaɪl] *adj* táctil; **the French are very ~** a los franceses les gusta mucho el contacto físico

tactless ['tæktlɪs] *adj* falto(a) de tacto, indiscreto(a); **he's a very ~ person** es una persona con muy poco tacto; **what a ~ thing to say/do!** ¡qué falta de tacto decir/hacer eso!

tactlessly ['tæktlɪslı] *adv* indiscretamente, sin tacto alguno

tactlessness ['tæktlɪsnɪs] *n* indiscreción *f*, falta *f* de tacto

tad [tæd] *n Fam (small bit)* **a ~** un poquitín, *Esp* un pelín, *Am* un chiquitín; **a ~ short** un poquitín *or Esp* pelín *or Am* chiquitín corto

tadpole ['tædpəʊl] *n* renacuajo *m*

Tadzhik, Tajik [tɑː'dʒiːk] ❖ *n (person)* tayiko(a) *m,f*
❖ *adj* tayico(a)

Tadzhiki [tɑː'dʒiːkı] *n (language)* tayico *m*
❖ *adj* tayico(a)

Tadzhikistan, Tajikistan [tædʒɪkı'stɑːn] *n* Tayikistán

taekwondo [taɪkwɒn'dəʊ] *n* taekwondo *m*

taffeta ['tæfɪtə] *n* tafetán *m*

Taffy ['tæfı] *n Br Fam (Welshman)* galés *m*

taffy ['tæfı] *n US* caramelo *m* de melaza

tag [tæg] ❖ *n* **-1.** *(label)* etiqueta *f*
-2. *(on shoelace)* herrete *m*
-3. *(for offender)* dispositivo *m* electrónico de control *m (para personas que cumplen condena fuera de un recinto penitenciario)*
-4. COMPTR *(code)* etiqueta *f*
-5. *(game)* **to play ~** jugar a pillarse *or* al corre que te pillo
-6. GRAM interrogación *f* de confirmación ❑ **~ question** cláusula *f* final interrogativa
-7. *US* **~ line** frase *f* característica, muletilla *f*
❖ *vt (pt & pp* **tagged**) **-1.** *(fix label to)* etiquetar; *US* **it was tagged at $39.95** la etiqueta marcaba 39,95 dólares
-2. *(offender)* colocar un dispositivo electrónico de control a
-3. COMPTR etiquetar
-4. *(brand)* **he was tagged as a troublemaker** lo tildaron de alborotador
-5. *US (follow)* seguir
-6. *(in baseball)* = eliminar entre bases a un jugador tocándolo con la bola

◆ **tag along** *vi* pegarse a; **to ~ along with sb** pegarse a alguien; **do you mind if I ~ along?** ¿te importa si me apunto?

◆ **tag on** ❖ *vt sep* añadir (a posteriori)
❖ *vi* **to ~ on to sb** pegarse a alguien

Tagalog [tə'gɑːlɒg] *n (language)* tagalo *m*

tagliatelle [tæglɪə'telı] *n* tallarines *mpl*

Tagus ['teɪgəs] *n* **the (River) ~** el (río) Tajo

tahini [tə'hiːnı] *n* tahín *m*, = pasta de semillas de sésamo

Tahiti [tə'hiːtı] *n* Tahití

Tahitian [tə'hiːʃən] ❖ *n* tahitiano(a) *m,f*
❖ *adj* tahitiano(a)

tai chi [taɪ'tʃiː] *n* tai-chi *m*

taiga ['taɪgə] *n* taiga *f*

tail [teɪl] ❖ *n* **-1.** *(of birds, fish, most mammals)* cola *f*; *(of bull, lizard)* rabo *m* ❑ **~ end** *(of conversation, movie, summer)* final *m*; *(of procession, movie, summer)* cola *f*; *(of storm)* final *m*; **~ feather** pluma *f* de la cola
-2. *(of plane)* cola *f* ❑ **~ assembly** ensamble *m* de la cola
-3. *(of shirt)* faldón *m*; *(of coat)* cola *f*; **he was wearing tails** llevaba un frac ❑ **~ coat** frac *m*
-4. *(of comet)* cola *f*
-5. *(of procession, queue)* cola *f*
-6. tails *(of coin)* cruz *f*, *Chile, Col* sello *m*, *Méx* sol *m*, *RP* ceca *f*
-7. *Fam (person following)* perseguidor(ora) *m,f*; **to put a ~ on sb** hacer seguir a alguien
-8. *Fam (buttocks)* trasero *m*; **he worked his ~ off** sudó la gota gorda
-9. *US very Fam (woman)* **a piece of ~** *Esp* una chorba, *Méx* una vieja, *RP* una piba; **he's looking for some ~** está buscando un chocho
-10. IDIOMS **with his ~ between his legs** con el rabo entre las piernas; **to be on sb's ~** pisarle los talones a alguien; *Fam* **to turn ~** salir corriendo *or Esp* por piernas; **it's a case of the ~ wagging the dog** es una situación en la que el que menos pinta es el que tiene la sartén por el mango
❖ *vt Fam (follow)* seguir; **I think we're being tailed** creo que nos están siguiendo

◆ **tail away** = **tail off**

◆ **tail back** *vi Br (traffic)* formar caravana; **the traffic tailed back for 10 miles** había retenciones de más de 10 millas

◆ **tail off** *vi (attendance)* decrecer; *(performance)* decaer; *(demand, interest)* disminuir; *(voice)* desvanecerse

tailback ['teɪlbæk] *n Br* AUT caravana *f*

tailboard ['teɪlbɔːd] *n* AUT puerta *f* trasera

-tailed [teɪld] *suffix* **short/long~** de cola corta/larga

tailender [teɪl'endə(r)] *n (in race)* rezagado(a) *m,f*

tailgate ['teɪlgeɪt] AUT ❖ *n esp US* puerta *f* trasera ❑ *US* **~ party** = fiesta previa a un partido de fútbol americano celebrada en el parking del estadio
❖ *vt Esp* conducir *or Am* manejar pegado a, pisar los talones a

tailings ['teɪlɪŋz] *npl (from mining)* ganga *f*

tailless ['teɪllɪs] *adj* sin cola

tail-light ['teɪllaɪt] *n US* AUT luz *f* trasera

tailor ['teɪlə(r)] ❖ *n* sastre *m*; **~'s (shop)** sastrería *f* ❑ **~'s chalk** jaboncillo *m* (de sastre); **~'s dummy** maniquí *m*
❖ *vt* **-1.** *(suit)* confeccionar **-2.** *(adapt)* adaptar (**to** a); **this product can be tailored to our customer's specific requirements** este producto puede ser adaptado a los requerimientos específicos de nuestro cliente

tailored ['teɪləd] *adj* **-1.** *(tailor-made)* hecho(a) a medida **-2.** *(fitted)* entallado(a)

tailor-made ['teɪləmeɪd] *adj* **-1.** *(suit)* hecho(a) a medida **-2.** *(product)* diseñado(a) a medida *or* ex profeso; **the job was ~ for her** el trabajo parecía hecho a su medida

tailpiece ['teɪlpiːs] *n* **-1.** *(of plane)* cola *f* **-2.** *(of stringed instrument)* cordal *m* **-3.** *(concluding part)* coletilla *f*, colofón *m*

tailpipe ['teɪlpaɪp] *n US* AUT tubo *m* de escape

tailplane ['teɪlpleɪn] *n* AV plano *m* de cola

tailspin ['teɪlspɪn] *n* AV barrena *f*; *Fig* **to go into a ~** entrar en barrena

tailwind ['teɪlwɪnd] *n* viento *m* de cola

taint [teɪnt] ❖ *n* **-1.** *(contamination)* impureza *f*, contaminación *f* **-2.** *(of sin, corruption)* mancha *f*
❖ *vt* **-1.** *(contaminate)* contaminar **-2.** *(reputation)* manchar; **his personal life is tainted with scandal** su vida privada está marcada por el escándalo

tainted ['teɪntɪd] *adj* **-1.** *(contaminated)* contaminado(a) **-2.** *(reputation)* manchado(a); **a ~ politician** un político con la reputación manchada

Taipei [taɪ'peɪ] *n* Taipei

Taiwan [taɪ'wɑːn] *n* Taiwán

Taiwanese [taɪwə'niːz] ❖ *n* taiwanés(esa) *m,f*
❖ *adj* taiwanés(esa)

Tajik = **Tadzhik**

Tajikistan = **Tadzhikistan**

take [teɪk] ❖ *vt (pt* **took** [tʊk], *pp* **taken** ['teɪkən])
-1. *(grasp)* tomar, agarrar, *Esp* coger; **let me ~ your coat** dame el abrigo; **to ~ hold of sth** agarrar algo; **to ~ sb's arm, to ~ sb by the arm** agarrar *or Esp* coger a alguien del brazo; **to ~ sb in one's arms** agarrar *or Esp* coger en brazos a alguien; **he took the ball on his chest** paró la pelota con el pecho; **to ~ the opportunity to do sth** aprovechar la oportunidad para hacer algo
-2. *(remove, steal)* sacar, *Esp* coger; **to ~ sth from sb** quitarle *or Am* sacarle algo a alguien; **she took an envelope from her pocket** sacó un sobre del bolsillo; **the music is taken from an opera by Puccini** la música está sacada de una ópera de Puccini; MATH **~ six from ten** resta seis a diez; **to ~ sth out of sth** sacar algo de algo; **to ~ the credit for sth** apuntarse el mérito de algo, *RP* anotarse los puntos de algo
-3. *(capture) (town)* tomar, POL *(seat)* conquistar; *(chess piece)* comer(se); **to ~ first prize/the first set** ganar el primer premio/el primer set; **to ~ power** hacerse con el poder, tomar el poder; **to ~ sb prisoner** hacer prisionero a alguien
-4. *(record) (temperature, notes)* tomar; **to ~ sb's details** tomar los datos a alguien; **to ~ a letter** tomar nota de una carta; **to ~ sb's pulse** tomar el pulso a alguien
-5. *(earn) (money)* hacer
-6. *(bring, lead, carry)* llevar; **don't forget to ~ your keys (with you)** no te olvides de llevar *or Esp* coger las llaves; **to ~ flowers to sb, to ~ sb flowers** llevarle flores a alguien; **to ~ sb home/to a restaurant** llevar a alguien a casa/a un restaurante; **this road will ~ you to their house** esta carretera va *or* te llevará hasta su casa; *Fam* **I can't ~ you anywhere** no se te puede llevar a ningún sitio *or* sacar de casa; **I will ~ my business elsewhere** no volveré a comprar aquí; **she took me shopping** me llevó de compras; **to ~ the dog for a walk** sacar a pasear al perro; **her job takes her all over the world** su trabajo la hace viajar por todo el mundo; **to ~ sb to court** llevar a alguien a juicio; **this takes the total to 250** esto sube el total a 250; **if you can get the money we'll ~ it from there** si consigues el dinero, entonces veremos
-7. *(tolerate) (heat, pressure)* soportar, aguantar; **he can/can't ~ his drink** sabe/no sabe beber *or Am* tomar; **she can't ~ criticism/a joke** no sabe aguantar *or* aceptar una crítica/broma; **I can't ~ being treated like this** no soporto que me traten así; **I can't ~ (it) any more** no (lo) aguanto más
-8. *(accept)* aceptar; *(blame, responsibility)* asumir; **will you ~ a cheque?** ¿se puede pagar con cheque?, ¿aceptan cheques?; **does this machine ~ pound coins?** ¿esta máquina acepta monedas de una libra?; **it only takes diesel** sólo funciona con gasoil; **this bus takes fifty passengers** en este autobús caben cincuenta pasajeros; **~ my advice and don't do it** sigue mi consejo y no lo hagas; **she is unable to ~ your call** ahora no puede contestar *or* atenderla(o); **do you want milk? – I'll ~ it as it comes** ¿quieres leche? – me da igual, como te venga mejor; **I ~ people as they come** *or* **as I**

find them acepto a las personas tal como son; **~ it or leave it!** ¡lo tomas o lo dejas!; **you can ~ it from me that...** créeme cuando te digo que...; **~ that!** *(when hitting sb)* ¡toma ésa!
-9. *(react to)* **to ~ sth well/badly** tomarse algo bien/mal; **to ~ sth/sb seriously** tomar algo/a alguien en serio; **to ~ sth the wrong way** malinterpretar algo; **I don't know how to ~ her** no sé qué pensar de ella
-10. *(assume)* **I ~ it that...** supongo que...; **can I ~ it (that) you no longer need me?** ¿debo suponer que ya no me necesitas?; **you'll be leaving early, I ~ it** *Esp* te irás pronto, imagino, *Am* me imagino que te vas a ir temprano; **we took her to be your sister** pensábamos que era tu hermana; **he is generally taken to be the favourite for the job** se supone que es el favorito para conseguir el trabajo
-11. *(require)* *(effort, dedication, strength)* requerir; **it took four of us to carry him** hicimos falta cuatro para llevarlo; **it takes courage to...** hace falta valor *or Am* coraje para...; **how long does it ~?** ¿cuánto tiempo lleva *or Am* demora?; **learning a language takes a long time** aprender un idioma lleva mucho tiempo; **it took me an hour to get here** tardé *or Am* demoré una hora en llegar; **I won't ~ long** no tardaré *or Am* demoraré mucho; **this verb takes the subjunctive** este verbo lleva subjuntivo; **that will ~ some explaining** eso va a ser complicado de explicar; **he didn't ~ much convincing** no costó mucho convencerlo; **he's got what it takes** tiene lo que hay que tener; [IDIOM] *Fam Pej* **it takes one to know one!** ¡mira quién fue a hablar!
-12. *(consume)* *(tablet, medicine)* tomar; **to ~ drugs** tomar drogas; **do you ~ sugar in your tea?** ¿tomas el té con azúcar?; *Formal* **we will ~ tea in the garden** tomaremos el té en el jardín
-13. *(wear)* *(shoe size)* calzar; *(dress size)* usar
-14. *(buy)* comprar; **I'll ~ the red one** me quedo con el rojo; **we ~ the "Guardian"** compramos el "Guardian"
-15. *Br* *(rent)* *(holiday home, apartment)* alquilar, *Méx* rentar
-16. *(get on)* *(bus, train, plane, road)* tomar, *esp Esp* coger; **I decided not to ~ the train** decidí no ir en tren, *esp Esp* decidí no coger el tren; **~ the first turning on the left** gira *or* dobla *or* tuerce por la primera a la izquierda
-17. *(adopt)* *(precautions, measures)* tomar; **to ~ legal advice** consultar a un abogado; **I ~ the view that...** yo soy de la opinión de que...
-18. *(use as example)* **~ the Germans...** los alemanes, por ejemplo...; **to ~ sth as an example** tomar algo como ejemplo
-19. *(have)* **to ~ a bath** darse un baño; **to ~ a break** descansar; **to ~ a holiday** tomarse unas vacaciones; **to ~ a look at sth** echar un vistazo a algo; **to ~ a seat** sentarse, tomar asiento; **to ~ a walk** dar un paseo
-20. *Br EDUC* *(subject, course)* hacer; *(exam)* hacer, *RP* rendir; **he takes them for English** *(teaches them)* les da inglés
-21. SPORT *(penalty)* lanzar; *(corner)* lanzar, botar; **to ~ a throw-in** *Esp, CAm, Méx* sacar *or* lanzar de banda, *Andes, RP* sacar de costado
-22. *(make)* **to ~ a photograph of sth/sb** hacer *or* sacar una fotografía a algo/alguien
-23. *(negotiate)* *(bend)* tomar; *(fence)* saltar
-24. *(start to suffer from)* **to ~ fright** asustarse; **to be taken ill** ponerse enfermo(a)
-25. *(show)* **to ~ an interest in sth/sb** interesarse por algo/alguien; **to ~ pity on sb** apiadarse *or* compadecerse de alguien
-26. *(have sex with)* poseer

◇ *vi* *(be successful)* *(fire)* prender; *(plant cutting)* arraigar, *RP* prender; *(dye)* agarrar, *Esp* coger; *(innovation)* cuajar; **the graft didn't take** el injerto fue rechazado *or RP* no prendió

◇ *n* **-1.** *(recording)* *(of film, music)* toma *f*; **~ six** toma (número) seis **-2.** *(money)* recaudación *f*; [IDIOM] *Fam* **to be on the ~** llenarse los bolsillos, *Esp* engordar el bolsillo **-3.** *(interpretation)* **what's your ~ on events?** ¿cuál es tu versión de los hechos? **-4.** *(in hunting)* captura *f*

◆ **take after** *vt insep* *(resemble)* parecerse a
◆ **take against** *vt insep* *(come to dislike)* tomar *or Esp* coger manía a
◆ **take along** *vt sep* llevar
◆ **take apart** *vt* **-1.** *(dismantle)* *(machine, engine)* desmontar **-2.** *(criticize)* *(argument)* destrozar; *(person)* vapulear **-3.** *(defeat easily)* destrozar
◆ **take away** ◇ *vt sep* *(remove)* quitar, *Am* sacar; MATH restar (**from** de); **to ~ sth away from sb** quitar *or Am* sacar algo a alguien; **guards, ~ him away!** ¡guardias, lléveselo!
◇ *vi* **-1.** *Br* *(food)* **is it to eat in or to ~ away?** ¿es para comer aquí o para llevar? **-2.** *(detract)* **to ~ away from the pleasure/value of sth** restar placer/valor a algo
◆ **take back** *vt sep* **-1.** *(return)* devolver; **I'll ~ you back to your house** te llevaré de vuelta a tu casa; **that takes me back to my childhood** eso me hace volver a la infancia; **that photo takes me back** esa foto me trae muchos recuerdos
-2. *(accept again)* *(former employee)* readmitir; *(faulty goods)* admitir (devolución de); **she's a fool to ~ him back** es tonta por dejarle volver
-3. *(withdraw)* *(remark)* retirar; **~ that back!** ¡retira eso!
◆ **take down** *vt sep* **-1.** *(remove)* *(from shelf)* bajar; *(poster, curtains)* quitar, *Am* sacar **-2.** *(lower)* **to ~ down one's trousers** bajarse los pantalones **-3.** *(dismantle)* *(tent, scaffolding)* desmontar; *(wall, barricade)* desmantelar; *(decorations, Christmas tree)* quitar, *Am* sacar **-4.** *(lengthen)* *(hem)* sacar; *(skirt)* alargar **-5.** *(record)* anotar, apuntar, *(notes)* tomar
◆ **take for** *vt sep* **I took him for somebody else** lo tomé por *or* lo confundí con otro; **what do you ~ me for?** ¿por quién me tomas?
◆ **take in** *vt sep* **-1.** *(lead, carry)* *(person)* conducir dentro; *(harvest, washing)* recoger
-2. *(orphan)* acoger; *(lodgers)* admitir; **the police have taken him in for questioning** la policía se lo ha llevado para interrogarlo
-3. *(garment)* meter
-4. *(include)* abarcar, cubrir; **the tour takes in all the major sights** el recorrido cubre todos los principales puntos de interés
-5. *(understand)* asimilar; **to ~ in the situation** hacerse cargo de la situación; **it's a lot to ~ in all at once** es mucho como para asimilarlo todo de golpe
-6. *US (watch)* *(movie, play)* ir a ver
-7. *(deceive)* engañar, embaucar
-8. *(ingest)* *(food, liquid)* ingerir
◆ **take off** ◇ *vt sep* **-1.** *(remove)* *(lid, sheets)* quitar, *Am* sacar; **to ~ off one's clothes/make-up** quitarse *or Am* sacarse la ropa/el maquillaje; **to ~ sth off sb** quitar *or Am* sacar algo a alguien; **~ your feet off the table!** ¡quita *or Am* saca los pies de la mesa!; **the contaminated product was taken off the shelves** retiraron el producto contaminado de las tiendas; **he never took his eyes off us** no apartó la mirada de nosotros; **he took £10 off (the price)** rebajó 10 libras (del precio); **to ~ sth off sb's hands** quitar *or Am* sacar algo de las manos a alguien; **to ~ years off sb** *(clothes, diet)* quitar *or Am* sacarle a alguien años de encima
-2. *(lead)* *(person)* llevar; **to ~ oneself off** retirarse
-3. *(mimic)* imitar
-4. *(not work)* **to ~ the day off** tomarse el día libre; **he suggested that I ~ some time off work** me sugirió que me tomara unos días de vacaciones
-5. SPORT *(player)* sustituir; **to ~ a player off** sustituir a un jugador
◇ *vi* **-1.** *(leave)* *(aircraft)* despegar, *Am* decolar; *Fam* *(person)* marcharse, irse **-2.** *Fam* *(succeed)* empezar a cuajar; **it never took off** nunca cuajó
◆ **take on** *vt sep* **-1.** *(accept)* *(task, responsibility, work)* aceptar
-2. *(confront)* *(problem, opponent)* enfrentarse a; **I'll ~ you on at chess!** ¡te desafío a una partida de ajedrez!
-3. *(load up)* *(supplies)* reponer; *(fuel)* repostar; *(passengers)* recoger
-4. *(hire)* *(worker)* contratar
-5. *(acquire)* tomar, adquirir; **her face took on an anxious appearance** su cara tomó una apariencia de ansiedad
◆ **take out** *vt sep* **-1.** *(remove)* sacar; **he took a gun out of his pocket** sacó una pistola del bolsillo; **to ~ money out of one's account** sacar dinero de la cuenta; **her job really takes it out of her** su trabajo la deja totalmente agotada; **to ~ it out on sb** pagarla *or* desahogarse con alguien; *Br* **I tried to ~ him out of himself** *(cheer up)* intenté animarle
-2. *(invite)* *(person)* sacar; **to ~ sb out for a meal/to a restaurant** llevar a alguien a comer/a un restaurante
-3. *(delete)* *(passage of text)* suprimir
-4. *(destroy)* liquidar, eliminar; *Fam (kill)* asesinar a, cepillarse a
-5. *(obtain)* *(licence)* sacarse; *(insurance policy)* contratar, suscribir; *(advert)* poner; *(injunction)* obtener; **to ~ out a subscription** suscribirse; **I had to ~ out a loan to pay for my studies** tuve que pedir un préstamo para pagarme los estudios
◆ **take over** ◇ *vt sep* **-1.** *(become responsible for)* hacerse cargo de; **I'll ~ over the driving if you like** ya conduciré *or Am* manejaré yo si quieres **-2.** *(take control of)* *(place)* tomar; *(company)* absorber, adquirir; *(government, country)* apoderarse de
◇ *vi* **-1.** *(assume power)* tomar el poder; *(in job)* tomar posesión **-2.** *(relieve)* tomar el relevo (**from** de)
◆ **take through** *vt sep* *(explain)* **to ~ sb through sth** explicar algo a alguien
◆ **take to** *vt insep* **-1.** *(go to)* **to ~ to one's bed** meterse en la cama; **to ~ to the hills** echarse al monte; **protesters took to the streets** los manifestantes se echaron a la calle
-2. *(adopt habit of)* **to ~ to doing sth** adquirir la costumbre de hacer algo, empezar a hacer algo; **to ~ to drink** darse a la bebida
-3. *(like)* **I took to them** me cayeron bien; **I've taken to Canada** le he tomado *or Esp* cogido cariño a Canadá; **I don't ~ kindly to that sort of treatment** no me sabe nada bien que me traten así
◆ **take up** *vt sep* **-1.** *(carry)* subir
-2. *(lead)* *(person)* llevar, subir
-3. *(pick up, take hold of)* agarrar, *Esp* coger
-4. *(lift)* *(carpet, floorboards, paving stones)* levantar
-5. *(shorten)* *(skirt, hem)* subir, acortar
-6. *(accept)* *(challenge, offer, suggestion)* aceptar; **to ~ sb up on an offer** aceptar una oferta de alguien; **I'll ~ you up on that!** ¡te tomo la palabra!
-7. *(address)* *(subject, problem)* discutir (**with** con); *(cause)* adoptar; **I am taking the matter up with the authorities** voy a informar *or CAm, Méx* reportar del asunto a las autoridades; **can I ~ you up on that last point?** ¿podría pedirle que me explicara con más detalle ese último punto?
-8. *(assume)* *(position)* tomar; *(post, duties)* asumir
-9. *(continue with)* *(tune, song)* retomar; **she paused and I took up the story** hizo una pausa y yo continué con la historia; **we ~**

takeaway

up the story just after... retomamos la historia justo después de...
-10. *(hobby, studies)* **she's taken up fencing/psychology** ha empezado a practicar esgrima/estudiar psicología
-11. *(occupy)* *(space, time, attention)* ocupar; **most of the document is taken up with tables of statistics** la mayor parte del documento está lleno de tablas estadísticas
◆ **take upon** *vt sep* **she took it upon herself to tell him my secret** decidió por su cuenta contarle mi secreto
◆ **take up with** *vt insep (become friendly with)* trabar amistad con

takeaway ['teɪkəweɪ] *Br* ◇ *n* **-1.** *(restaurant)* establecimiento *m* de comida para llevar **-2.** *(meal)* comida *f* para llevar; **shall we go out for dinner, or just phone for a ~?** ¿salimos a cenar o encargamos algo para llevar?
◇ *adj (food)* para llevar ❑ **~ restaurant** establecimiento *m* de comida para llevar

take-home pay ['teɪkhəʊm'peɪ] *n* paga *f* neta

taken ['teɪkən] ◇ *adj* **-1.** *(occupied)* **is this seat ~?** ¿está ocupado este asiento? **-2.** *(impressed)* **I was very ~ with him/it** me impresionó mucho
◇ *pp of* **take**

takeoff ['teɪkɒf] *n* **-1.** *(imitation)* imitación *f*; **to do a ~ of sb** imitar a alguien **-2.** *(of plane)* despegue *m*, *Am* decolaje *m*; **keep your seatbelts fastened during ~** mantengan los cinturones de seguridad abrochados durante el despegue *or Am* decolaje **-3.** *(of economy, campaign)* despegue *m* **-4.** *(of high-jumper, long-jumper)* impulso *m*

takeout ['teɪkaʊt] *US* ◇ *n (meal)* comida *f* para llevar
◇ *adj (food)* para llevar ❑ **~ restaurant** establecimiento *m* de comida para llevar

takeover ['teɪkəʊvə(r)] *n* **-1.** COM *(of company)* absorción *f*, adquisición *f* ❑ **~ bid** oferta *f* pública de adquisición (de acciones), OPA *f* **-2.** *(of power)* usurpación *f* del poder; **there has been a military ~ in Rwanda** ha habido un golpe militar en Ruanda

taker ['teɪkə(r)] *n* **-1.** *(of suggestion, offer)* **there were no takers** nadie aceptó la oferta; **any takers?** ¿hay alguien interesado? **-2.** *(user)* **takers of drugs are the highest-risk group** los consumidores de drogas son el grupo de mayor riesgo

take-up ['teɪkʌp] *n* **-1.** *(of share offer)* grado *m* de aceptación; *(of benefits)* número *m* de solicitudes; **~ of the new benefit has been poor** la nueva prestación social ha tenido muy poca demanda; **there has been a 10 percent ~ of the grants** se han otorgado el 10 por ciento de las becas **-2.** *(on tape recorder)* **~ spool** carrete *m* de rebobinado

taking ['teɪkɪŋ] *n* **-1.** *(of city)* toma *f*; **the job is yours for the ~** el trabajo es para ti, si lo quieres; **the game was hers for the ~, but she blew it** el partido ya era suyo *or* ya tenía el partido en sus manos, pero lo echó todo a perder **-2.** *Br* COM **takings** recaudación *f*

talc [tælk] *n* talco *m*

talcum powder ['tælkəm'paʊdə(r)] *n* polvos *mpl* de talco

tale [teɪl] *n* **-1.** *(story)* historia *f*; *(legend)* cuento *m*; **he told us the ~ of his escape** nos contó cómo se escapó; **she lived to tell the ~** vivió para contarlo; **the scars on his back tell their own ~** las cicatrices de su espalda hablan por sí mismas; **how did you come to possess this elephant's tusk? – ah, thereby hangs a ~!** ¿cómo conseguiste este colmillo de elefante? – bueno, es una larga historia; **she told me her ~ of woe** me contó sus penas
-2. *(lie)* cuento *m*, patraña *f*; **to tell tales (about** *or* **on sb)** contar patrañas (sobre alguien)

talent ['tælənt] *n* **-1.** *(ability)* talento *m*, dotes *fpl* **(for** para**); she has a ~ for music** tiene talento *or* dotes para la música; *Ironic* **he has a ~ for saying the wrong thing** tiene

el don de decir lo que no debe; **I see you have hidden talents!** ¡qué callado lo tenías! **-2.** *(person with ability)* talento *m*; *(people with ability)* gente *f* con talento ❑ MUS & SPORT **~ scout** cazatalentos *mf inv*; MUS & SPORT **~ spotter** cazatalentos *mf inv*
-3. *Br Fam (attractive people)* ganado *m*; **he's gone to a nightclub to check out the ~** ha ido a una discoteca a ver cómo está el ganado

talented ['tæləntɪd] *adj* con talento; **she's really ~** tiene mucho talento; **one of our most ~ musicians** uno de nuestros músicos con más talento

Taliban ['tælɪbæn] ◇ *n* talibán *m*; **the ~** los talibanes
◇ *adj* talibán

talisman ['tælɪzmən] *n* talismán *m*

talismanic [tælɪz'mænɪk] *adj* talismánico(a)

talk [tɔːk] ◇ *n* **-1.** *(conversation)* conversación *f*, charla *f*, *CAm, Méx* plática *f*; **to have a ~ with sb** hablar con alguien; **it's women's ~** son cosas de mujeres; **that's the sort of ~ we usually hear from the government** esa es la típica forma de hablar del gobierno; **all this ~ is getting us nowhere** tanto hablar no nos lleva a ninguna parte; **I don't believe what they said, I think it's just ~** no me creo lo que dijeron, son más que habladurías; IDIOM *Fam* **to be all (and no action)** hablar mucho (y no hacer nada) ❑ TV & RAD **~ show** programa *m* de entrevistas
-2. talks *(negotiations)* conversaciones *fpl*
-3. *(gossip)* habladurías *fpl*; *(speculation)* especulaciones *fpl*; **there is some ~ of his returning** se dice que va a volver; **it's the ~ of the town** es la comidilla local
-4. *(lecture)* conferencia *f*, charla *f*
◇ *vt* **-1.** *(speak) (a language)* hablar; *Fam* **we're talking serious money** hablamos de un montón de *Esp* pasta *or Am* plata; **to ~ nonsense** *or Br* **rubbish** decir tonterías; **to ~ politics** hablar de política; **to ~ (common) sense** hablar con sensatez *or* con sentido común; **to ~ (some) sense into sb** hacer entrar en razón a alguien; **to ~ the ~** saber cómo venderse; **she can ~ her way out of anything** sabe salir con palabras de cualquier situación; IDIOM *US Fam* **to ~ a blue streak** hablar como una cotorra; IDIOM *US Fam* **to ~ turkey** hablar de cosas serias
-2. *(convince)* **to ~ sb into/out of doing sth** persuadir a alguien para que haga/para que no haga algo; **she talked me into it** me convenció; **she wanted to tell them, but I talked her out of it** quería contárselo, pero la convencí para que no lo hiciera
◇ *vi* **-1.** *(speak)* hablar, *esp Am* conversar, *Méx* platicar **(to/about** con/de**); to make a prisoner ~** hacer hablar a un prisionero; **can we ~ a moment?** ¿podríamos hablar *or esp Am* conversar *or Méx* platicar un momento?; **we're not talking (to each other)** *(have fallen out)* no nos hablamos; **once we got talking, I started to like her** una vez que empezamos a hablar *or esp Am* conversar *or Méx* platicar, comenzó a gustarme; **what are you talking about?** ¡pero qué dices!; **I don't know what you're talking about** no sé de qué me hablas; **she knows what she's talking about** sabe de lo que habla; **~ about stupid/luck!** ¡qué estúpido/suerte!; **to ~ of** *or* **about doing sth** hablar de hacer algo; **talking of embarrassing situations...** hablando de situaciones embarazosas...; **I'm talking to you, young man!** ¡le hablo a usted, jovencito!; **to ~ to oneself** hablar solo; *Fam* **now you're talking!** ¡así se habla!; *Fam* **you can ~!, look who's talking!, you're a fine one to ~!** ¡mira quién fue a hablar!; **to ~ big** farolear; **to ~ dirty** decir obscenidades; **to ~ tough** hablar con contundencia
-2. *(gossip)* murmurar, *Esp* cotillear; **people will ~ if we do that** si hacemos eso la gente murmurará
-3. *(give lecture)* dar una conferencia **(on** sobre**)**

◆ **talk around**, *Br* **talk round** ◇ *vt insep (problem, issue)* eludir
◇ *vt sep (convince)* convencer
◆ **talk at** *vt insep* **he doesn't so much ~ TO you as AT you** más que hablarte, te suelta su monólogo
◆ **talk back** *vi* responder, replicar
◆ **talk down** ◇ *vt sep* **-1.** *(detract from)* menospreciar **-2.** *(coax)* **air traffic control talked him down** la torre de control le dio instrucciones por radio sobre cómo aterrizar; **the policeman talked him down from the top of the building** el policía le convenció para que no saltara desde lo alto del edificio
◇ *vi* **to ~ down to sb** hablar con aires de superioridad a alguien
◆ **talk out** *vt sep (resolve)* **we need to ~ out our problems** tenemos que hablar hasta encontrar una solución a nuestros problemas
◆ **talk over** *vt sep* hablar de, tratar de
◆ **talk round** = **talk around**
◆ **talk through** ◇ *vt insep* IDIOM *Fam* **to ~ through one's hat** hablar sin conocimiento de causa
◇ *vt sep* **-1.** *(explain)* **to ~ sb through sth** explicarle algo a alguien **-2.** *(discuss in detail)* discutir en detalle
◆ **talk up** *vt sep (chances, possibility)* exagerar

talkative ['tɔːkətɪv] *adj* hablador(ora), locuaz; **you're not very ~, what's wrong?** estás muy callado, ¿qué es lo que pasa?

talkativeness ['tɔːkətɪvnɪs] *n* locuacidad *f*

talker ['tɔːkə(r)] *n* hablador(ora) *m,f*; **he's not much of a ~** no habla mucho, es más bien reservado; **she's a brilliant ~** habla muy bien (en público), es buena comunicadora

talkie ['tɔːkɪ] *n Fam Old-fashioned* película *f* sonora; **the talkies** el cine sonoro

talking ['tɔːkɪŋ] ◇ *n* **there's too much ~** se habla demasiado; **leave the ~ to me** deja que hable yo; **he did all the ~** él se encargó de hablar; **no ~!** ¡silencio!
◇ *adj* **~ book** audiolibro *m*, = cinta grabada con la lectura de un libro; TV **~ head** busto *m* parlante; **~ pictures** cine *m* sonoro; **~ point** tema *m* de conversación; *Br Fam* **~ shop** = sitio u organización donde se habla mucho y se hace poco

talking-to ['tɔːkɪŋtuː] *n (pl* **talking-tos**) *n Fam* sermón *m*, *Esp* rapapolvo *m*; **to give sb a ~** echarle a alguien un buen sermón *or Esp* rapapolvo

tall [tɔːl] ◇ *adj (person, building, tree, grass)* alto(a); **how ~ are you?** ¿cuánto mides?; **how ~ is that building?** ¿cuánto mide ese edificio?; **I'm six foot ~** mido un metro ochenta; **the building is sixty metres ~** el edificio mide sesenta metros de altura; **I'm two centimetres taller than her** le saco dos centímetros de altura, mido dos centímetros más que ella; **she's grown a lot taller in the past year** ha crecido mucho durante el ultimo año; IDIOM **that's a ~ order** eso es mucho pedir; **a ~ story** un cuento chino ❑ **~ ship** gran velero *m*
◇ *adv* **to walk** *or* **stand ~** ir *or* andar con la cabeza bien alta

tallboy ['tɔːlbɔɪ] *n* cómoda *f* alta

Tallin ['tælɪn] *n* Tallin

tallness ['tɔːlnɪs] *n (of person, tree, building, grass)* altura *f*

tallow ['tæləʊ] *n* sebo *m*

tally ['tælɪ] ◇ *n* **-1.** *(record)* cuenta *f*; **to keep a ~ of sth** llevar la cuenta de algo; **to keep a ~ of the score** llevar la cuenta de los puntos ❑ NAUT **~ clerk** medidor(ora) *m,f*, controlador(ora) *m,f* de carga **-2.** *(total) (of goals, points)* total *m*
◇ *vt* hacer el recuento (final) de
◇ *vi (figures, report)* encajar, concordar

tally-ho ['tælɪ'həʊ] *exclam* ¡hala! *(en caza)*

Talmud ['tælmʊd] *n* **the ~** el Talmud

talon ['tælən] *n* **-1.** *(of animal)* garra *f* **-2.** *(of person)* uña *f* extremadamente larga

talus ['teɪləs] n **-1.** GEOL talud m **-2.** ANAT hueso m del talón
tamable = tameable
tamale [tə'mɑːlɪ] n CULIN tamal m
tamarind ['tæmərɪnd] n tamarindo m
tamarisk ['tæmərɪsk] n tamarisco m
tambour ['tæmbʊə(r)] n (in sewing) tambor m
tambourine [tæmbə'riːn] n MUS pandereta f
tame [teɪm] ◇ adj **-1.** (lion, tiger) manso(a); (birds, squirrels) dócil; **the lion had become ~ in captivity** el león se había amansado en cautividad **-2.** (unadventurous) soso(a); **the team's ~ capitulation in the second half** la dócil capitulación del equipo en la segunda parte
  ◇ vt **-1.** (lion, tiger) domar **-2.** (person) domar **-3.** (emotion, passion) dominar, controlar **-4.** (nature) domesticar; (river) controlar
tameable, tamable ['teɪməbəl] adj (animal) domable
tamely ['teɪmlɪ] adv (to accept, agree to) dócilmente; (to give up, capitulate) sin ofrecer resistencia; **~ worded** pusilánime, blando(a); **the novel ends ~** la novela tiene un final insulso
tameness ['teɪmnɪs] n **-1.** (of lion, tiger) mansedumbre f; (of bird, squirrel) docilidad f **-2.** (of ending, style, movie, party) falta f de emoción, insulsez f; **the ~ of the team's capitulation** la dócil capitulación del equipo
tamer ['teɪmə(r)] n domador(ora) m,f
Tamil ['tæmɪl] ◇ n **-1.** (person) tamil mf **-2.** (language) tamil m
  ◇ adj tamil
tam-o'-shanter [tæmə'ʃæntə(r)] n boina f tradicional escocesa
tamp [tæmp] vt **to ~ (down)** (earth) apisonar; (tobacco) apretar
Tampax® ['tæmpæks] n támpax® m
tamper ['tæmpə(r)]
  ◆ **tamper with** vt insep **-1.** (lock) intentar forzar; (brakes, machinery) manipular; (documents, records) manipular, falsear; (product) manipular; (system) modificar **-2.** US (witness, jury) manipular
tamper-evident [tæmpər'evɪdənt] adj a prueba de manipulación, inviolable
tamper-proof ['tæmpəpruːf] adj imposible de manipular
tampon ['tæmpɒn] n tampón m
tam-tam ['tæmtæm] n tam-tam m
tan¹ [tæn] n MATH (abbr **tangent**) tangente f
tan² ◇ n **-1.** (from sun) bronceado m, Esp moreno m; **I came back from my trip with a good ~** volví de viaje con un buen bronceado; **to lose one's ~** perder el bronceado **-2.** (colour) marrón m claro
  ◇ adj (colour) marrón m claro
  ◇ vt (pt & pp **tanned**) **-1.** (leather) curtir; IDIOM Fam **to ~ sb, to ~ sb's hide** dar una paliza a alguien, Esp zurrarle a alguien la badana **-2.** (of sun) (skin) broncear, tostar
  ◇ vi (person, skin) broncearse, ponerse moreno(a)
tanager ['tænədʒə(r)] n **magpie ~** tangará m overo; **scarlet ~** tangará m escarlata
tandem ['tændəm] ◇ n **-1.** (bicycle) tándem m **-2.** IDIOM **to do sth in ~ (with sb)** hacer algo en conjunto or Esp al alimón (con alguien); **the two devices work in ~** los dos dispositivos funcionan complementariamente
  ◇ adv **to ride ~** montar en tándem
tandoori [tæn'dʊərɪ] n tandori m, = método indio de asar la carne en un horno de barro ❑ **~ chicken** pollo m (al) tandori
tang [tæŋ] n **-1.** (strong taste) sabor m fuerte; (acid taste) acidez f, sabor m ácido **-2.** (smell) olor m penetrante
tanga ['tæŋɡə] n tanga m
tangent ['tændʒənt] n MATH tangente f; IDIOM **to go off at** or **on a ~** irse por las ramas
tangential [tæn'dʒenʃəl] adj **-1.** MATH tangencial **-2.** ASTRON tangencial **-3.** Formal (secondary) tangencial (**to** a)
tangentially [tæn'dʒenʃəlɪ] adv Formal tangencialmente, de manera tangencial

tangerine [tændʒə'riːn] ◇ n **-1.** (fruit) mandarina f **-2.** (tree) mandarino m **-3.** (colour) mandarina m
  ◇ adj (colour) naranja, mandarina
tangible ['tændʒɪbəl] adj **-1.** (object) tangible ❑ FIN **~ assets** (activo m) tangible **-2.** (substantial) (proof) tangible, palpable; (difference) palpable
tangibly ['tændʒɪblɪ] adv claramente
Tangier(s) [tæn'dʒɪə(z)] n Tánger m
tanginess ['tæŋɪnɪs] n (strong taste) sabor m fuerte; (acid taste) acidez f, sabor m ácido
tangle ['tæŋɡəl] ◇ n **-1.** (of threads, hair) maraña f, lío m; **this wool is in an awful ~** esta lana está totalmente enmarañada or hecha un lío; **my hair got into a ~** se me enredó el pelo **-2.** (muddle) lío m; **to be in a ~** estar hecho(a) un lío; **I got into a ~ over my accounts** me hice un lío con las cuentas **-3.** Fam (disagreement) follón m
  ◇ vt **-1.** (wire, wool) enmarañar, hacer un lío con; (hair) enredar; **to get tangled (in sth)** quedarse enredado(a) (en algo)
  ◇ vi **-1.** (wire) enmarañarse, hacerse un lío; (hair) enredarse **-2.** Fam (fight, argue) liarla
  ◆ **tangle up** vt sep **-1.** (wire, wool) enmarañar, hacer un lío con; (hair) enredar; **to get tangled up (in sth)** quedarse enredado(a) (en algo); **she had got tangled up in some barbed wire** se enredó en una alambrada de púas
  -2. (involve) **to get tangled up (in sth)** verse involucrado(a) (en algo)
  -3. (confuse) **I got very tangled up trying to understand the system** me hice un auténtico lío tratando de entender el sistema
  ◆ **tangle with** vt insep Fam (quarrel, fight with) buscarse un lío con
tangled ['tæŋɡəld] adj **-1.** (wire, wool) enmarañado(a), liado(a); (hair) enredado(a) **-2.** (complex) (story, love life) complicado(a), enmarañado(a)
tangleweed ['tæŋɡəlwiːd] n alga f parda, feofita f
tango ['tæŋɡəʊ] ◇ n (pl **tangos**) (dance) tango m
  ◇ vi bailar el tango; IDIOM Fam **he may have started it, but it takes two to ~** puede que haya empezado él, pero tiene que haber sido cosa de dos
tangy ['tæŋɪ] adj **-1.** (taste) (strong) fuerte; (acid) ácido(a) **-2.** (smell) penetrante
tank [tæŋk] n **-1.** (container) depósito m; (on truck, train) cisterna f ❑ (Br **petrol** or US **gas**) **~** depósito m, tanque m de gasolina; (**fish**) **~** pecera f ❑ US RAIL **~ car** vagón m cisterna; RAIL **~ engine** locomotora f cisterna; Br RAIL **~ wagon** vagón m cisterna
  -2. (tankful) (of petrol) **how much does a ~ of petrol cost?** ¿cuánto cuesta llenar el depósito or tanque?
  -3. MIL tanque m, carro m de combate; IDIOM Fam **to be built like a ~** estar cuadrado(a), ser una mula ❑ **~ regiment** regimiento m de tanques
  -4. (clothing) **~ top** Br (sweater) chaleco m de lana; US (shirt) camiseta f de tirantes or sin mangas
  -5. US Fam (jail) cárcel f, Esp chirona f, Andes, RP cana f, Méx bote m
  ◆ **tank along** vi Fam ir a toda máquina or Esp pastilla
  ◆ **tank up** vi **-1.** AUT llenar el depósito or tanque **-2.** Fam (with alcohol) darle a la botella, empinar el codo
tankard ['tæŋkəd] n jarra f, bock m
tanked (up) ['tæŋkt('ʌp)] adj Fam **to get ~** agarrarse or Esp cogerse un pedo, Méx ponerse una peda
tanker ['tæŋkə(r)] n **-1.** (ship) (in general) buque m cisterna; (for oil) petrolero m; (for gas) metanero m **-2.** (truck) (camión m) cisterna f **-3.** (train wagon) vagón m cisterna **-4.** (plane) avión m cisterna
tankful ['tæŋkfʊl] n **-1.** (of petrol) depósito m lleno; **half a ~** medio depósito **-2.** (of water) tanque m (entero), depósito m (entero)

tanned [tænd] adj **-1.** (person, face, complexion) moreno(a), bronceado(a); **to be ~** estar moreno(a) or bronceado(a) **-2.** (leather) curtido(a)
tanner ['tænə(r)] n **-1.** (of leather) curtidor(ora) m,f **-2.** Br Fam Formerly (sixpence) = antigua moneda de seis peniques
tannery ['tænərɪ] n curtiduría f, tenería f
tannic acid ['tænɪk'æsɪd] n tanino m
tannin ['tænɪn] n tanino m
tanning ['tænɪŋ] n **-1.** (of skin) bronceado m ❑ **~ lotion** crema f bronceadora; **~ studio** salón m de bronceado, solarium m **-2.** (of hides) curtido m **-3.** Fam Old-fashioned (beating) zurra f; **to give sb a ~** dar una zurra a alguien
tannoy® ['tænɔɪ] n Br (sistema m de) megafonía f; **over the ~** por megafonía
tansy ['tænzɪ] n tanaceto m
tantalize ['tæntəlaɪz] vt **-1.** (excite) incitar (**with** con) **-2.** (torment) atormentar (**with** con)
tantalizing ['tæntəlaɪzɪŋ] adj (smell, sight) sugerente, estimulante; (offer, prospect) atractivo(a), prometedor(ora)
tantalizingly ['tæntəlaɪzɪŋlɪ] adv **the cool water was ~ near** la proximidad del agua fresca era una tortura; **they came ~ close to winning** estuvieron a punto de or en un tris de ganar
tantalum ['tæntələm] n CHEM tantalio m
Tantalus ['tæntələs] n MYTHOL Tántalo
tantamount ['tæntəmaʊnt] adj equivalente; **to be ~ to** equivaler a
tantrum ['tæntrəm] n rabieta f; **to have** or **throw a ~** agarrar or Esp coger una rabieta
Tanzania [tænzə'nɪə] n Tanzania
Tanzanian [tænzə'nɪən] ◇ n tanzano(a) m,f
  ◇ adj tanzano(a)
Taoiseach ['tiːʃəx] n primer(a) ministro(a) m,f (de Irlanda)
Taoism ['taʊɪzəm, 'daʊɪzəm] n taoísmo m
Taoist ['taʊɪst, 'daʊɪst] ◇ n taoísta m,f
  ◇ adj taoísta
tap¹ [tæp] ◇ n **-1.** Br (for water) Esp grifo m, Chile, Col, Méx llave f, RP canilla f; (for gas) llave f (de paso); (on barrel) espita f, Esp grifo m; **the hot/cold ~** Esp el grifo or Chile, Col, Méx la llave or RP la canilla del agua caliente/fría; **to leave the ~ running** dejar Esp el grifo abierto or Chile, Col, Méx la llave or RP la canilla abierta; **on ~** (beer) de barril; Fig **to be on ~** (available) estar disponible; **they seem to have funds on ~** parece que sus fondos no se acaban ❑ **~ water** agua f del Esp grifo or Chile, Col, Méx de la llave or RP de la canilla
  -2. (listening device) **to put a ~ on the phone** intervenir or pinchar el teléfono; **who authorized the ~?** ¿quién ha autorizado a intervenir or pinchar el teléfono?
  -3. MED punción f, drenaje m
  ◇ vt (pt & pp **tapped**) **-1.** (tree) sangrar
  -2. (liquid) (from barrel, cask) sacar (con una espita)
  -3. (gas, water main) hacer una toma de
  -4. (resources) aprovechar, explotar; Fam **to ~ sb for money** tratar de sacar dinero a alguien or dar un sablazo a alguien; Fam **to ~ sb for information** intentar sonsacar información a alguien
  -5. (phone) intervenir, pinchar; **the phones are tapped** los teléfonos están intervenidos or pinchados
  -6. MED hacer una punción en, drenar
tap² ◇ n **-1.** (light blow) golpecito m; **to give sth a ~** darle un golpecito a algo; **to give sb a ~ on the shoulder** darle un golpecito en el hombro a alguien; **we heard a ~ at the door** alguien llamó con suavidad a la puerta **-2.** (dancing) **~ (dance** or **dancing)** claqué m ❑ **~ dancer** bailarín(ina) m,f de claqué **-3.** (on shoe) tapa f
  ◇ vt (pt & pp **tapped**) **-1.** (strike lightly) dar un golpecito a; **I tapped him on the shoulder** le di un golpecito en el hombro **-2.** (drum) **she was tapping her fingers on the table** tamborileaba con los dedos sobre la mesa; **he tapped his feet to the rhythm** seguía el ritmo con los pies

tapas

◇ vi **to ~ at** or **on the door** llamar suavemente a la puerta; **to ~ on the window** dar unos golpecitos en la ventana; **she was tapping away at the computer** estaba a teclear en *Esp* el ordenador or *Am* la computadora

◆ **tap in** *vt sep* COMPTR introducir

◆ **tap out** *vt sep* **-1.** *(pipe)* **to ~ out one's pipe** vaciar la pipa con unos golpecitos **-2.** *(rhythm)* reproducir dando golpes; **he tapped out a message in Morse** envió un mensaje en morse

tapas ['tæpəs] *npl* CULIN raciones *fpl*, tapas *fpl* ❑ **~ bar** = restaurante especializado en raciones de comida española y mediterránea

tap-dance ['tæpdɑːns] *vi* bailar claqué

tape [teɪp] ◇ *n* **-1.** *(ribbon)* cinta *f*; **(adhesive** or *Fam* **sticky) ~** cinta adhesiva; SPORT **the (finishing) ~** la (cinta de) meta; **~ (measure)** cinta *f* métrica

-2. *(for recording)* cinta *f* (magnetofónica); *(cassette, recording)* cinta *f*; **on ~** en cinta; **to do a ~ for sb** grabar una cinta a alguien; **will you do me a ~ of that album?** ¿me puedes grabar una cinta de ese disco? ❑ **~ deck** pletina *f*, platina *f*, *Am* casetera *f*; **~ head** cabezal *m* (de casete or cinta); **~ recorder** grabadora *f*, casete *m*; **~ recording** grabación *f* (magnetofónica); **~ unit** unidad *f* de cinta

◇ *vt* **-1.** *(stick with tape)* pegar con cinta adhesiva (**to** a); IDIOM **I've got him/it taped** lo tengo controlado or *Esp* pillado **-2.** *(record)* grabar; **would you ~ me that album?** ¿me puedes grabar ese album?

◇ *vi* grabar

◆ **tape together** *vt sep (fix)* pegar con cinta adhesiva

◆ **tape up** *vt sep* **-1.** *(fasten) (parcel)* sellar con cinta adhesiva **-2.** *(close) (letterbox, hole)* sellar or tapar con cinta adhesiva **-3.** *US (bandage up)* poner una venda a, vendar

taper ['teɪpə(r)] ◇ *n* **-1.** *(candle)* cerillo *m*, vela *f* delgada **-2.** *(for lighting fires) (of wood)* astilla *f* **-3.** *(decrease in diameter)* ángulo *m* de estrechamiento

◇ *vi* estrecharse; **to ~ to a point** acabar en punta

◆ **taper off** *vi* **-1.** *(object)* estrecharse **-2.** *(production, numbers, demand)* disminuir progresivamente or paulatinamente; *(noise)* desaparecer progresivamente or paulatinamente; *(conversation)* apagarse progresivamente or paulatinamente

tape-record ['teɪprɪkɔːd] *vt* grabar (en cinta)

tapered ['teɪpəd] *adj (table leg, stick)* en punta; *(fingers)* afilado(a); *(clothes)* estrecho(a)

tapestried ['tæpɪstrɪd] *adj* con tapices

tapestry ['tæpɪstrɪ] *n* **-1.** *(wall hanging)* tapiz *m* **-2.** *(art)* tapicería *f* **-3.** *(of fields)* manto *m*, tapiz *m*; *(of characters)* cuadro *m*; **life's rich ~** las cosas de la vida

tapeworm ['teɪpwɜːm] *n* tenia *f*, solitaria *f*

tapioca [tæpɪ'əʊkə] *n* tapioca *f* ❑ **~ pudding** = postre elaborado a base de tapioca y leche

tapir ['teɪpɪə(r)] *n* tapir *m*

tappet ['tæpɪt] *n* AUT taqué *m*

tapping ['tæpɪŋ] *n (sound)* golpeteo *m*

taproom ['tæprʊm] *n Br* bar *m*

taproot ['tæpruːt] *n* raíz *f* principal or primaria

taps [tæps] *n US* MIL *(at funeral)* toque *m* de difuntos; *(at night)* toque *m* de retreta

tar [tɑː(r)] ◇ *n* **-1.** *(substance) (for roads, in cigarettes)* alquitrán *m*; *(for ships, in soap)* brea *f* ❑ **the Tar Heel State** = apelativo familiar referido al estado de Carolina del Norte; *US* **~ paper** papel *m* de alquitrán **-2.** *Fam Old-fashioned (sailor)* marinero *m*

◇ *vt (pt & pp* **tarred)** *(road, roof)* alquitranar; *(boat)* brear; **to ~ and feather sb** emplumar a alguien; IDIOM **we have all been tarred with the same brush** nos han metido a todos en el mismo saco

taramasalata [tærəmæsə'lɑːtə] *n* taramasalata *f*, = paté de huevas de pescado, especialmente bacalao, de color rosado

tarantella [tærən'telə] *n* tarantela *f*

tarantula [tə'ræntjʊlə] *n* tarántula *f*

tardily ['tɑːdɪlɪ] *adv Formal* **-1.** *(late)* tardíamente **-2.** *(slowly)* lentamente

tardiness ['tɑːdɪnɪs] *n Formal* **-1.** *(delay)* tardanza *f*, *Am* demora *f* **-2.** *(slowness)* lentitud *f*

tardy ['tɑːdɪ] *adj Formal* **-1.** *(late)* tardío(a) **-2.** *(slow)* lento(a)

tare [teə(r)] *n* COM *(weight of vehicle)* tara *f*

target ['tɑːgɪt] ◇ *n* **-1.** *(in archery, shooting)* diana *f*, blanco *m* ❑ **~ practice** prácticas *fpl* de tiro; **~ shooting** tiro *m* al blanco **-2.** *(in soccer, hockey)* **his shot was on/off ~** su disparo iba/no iba dirigido a portería or *Am* al arco; **he should at least have hit the ~** su disparo al menos tendría que haber ido (dirigido) a portería or *Am* al arco

-3. *(of attack, joke, criticism)* blanco *m*, objetivo *m*; **he had become an easy ~ for the press** se había convertido en un blanco fácil para la prensa; **she was right on ~ with her criticisms** acertó con sus críticas, sus críticas fueron muy acertadas

-4. *(aim, goal)* objetivo *m*, meta *f*; **sales ~** objetivo(s) de ventas; **to set oneself a ~** trazarse una meta; **my ~ weight is 65 kilos** me he propuesto quedarme en 65 kilos; **sales are on ~** las ventas van según lo previsto; **to be on ~ to do sth** ir camino de hacer algo ❑ TV, RAD & COM **~ audience** audiencia *f* a la que está orientada la emisión; **~ group** = sector o grupo al que va destinado algo; LING **~ language** lengua *f* de destino or llegada; COM **~ market** mercado *m* objeto or objetivo; **~ price** objetivo *m* de precio; **~ readership: what is the ~ readership of the newspaper?** ¿a qué lectores va dirigido el periódico?

◇ *vt* **-1.** *(aim)* **to ~ sth at sth** *(missile)* apuntar algo hacia or a algo; *(campaign, TV programme, benefits)* destinar algo a algo

-2. *(aim at)* apuntar a, tener como objetivo; **she has been targeted as the best person for the job** ha sido elegida or designada como la persona ideal para el puesto; **they have targeted the government's environmental policy as a possible weakness** han encontrado en la política medioambiental un posible punto débil del gobierno

targeted ['tɑːgɪtɪd] *adj* específico(a)

targeting ['tɑːgɪtɪŋ] *n (of funds, resources, benefits)* selección *f* or fijación *f* de objetivo(s)

tariff ['tærɪf] *n* **-1.** *(tax)* arancel *m* ❑ **~ barrier** barrera *f* arancelaria; **~ wall** barrera *f* arancelaria **-2.** *(price list)* tarifa *f* **-3.** *Br (rate) (of gas, electricity)* tarifa *f*

tarmac® ['tɑːmæk] ◇ *n* **-1.** *(asphalt)* asfalto *m* **-2.** *(runway)* pista *f*; *(road)* asfalto *m*, piso *m*

◇ *vt (pt & pp* **tarmacked)** asfaltar

tarmacadam® ['tɑːmə'kædəm] *n* asfalto *m*

tarn [tɑːn] *n* laguna *f* (de montaña)

tarnish ['tɑːnɪʃ] ◇ *vt* **-1.** *(metal)* quitar el brillo a, deslucir **-2.** *(reputation)* empañar

◇ *vi (metal)* empañarse, deslucirse

tarnished ['tɑːnɪʃt] *adj* **-1.** *(metal)* sin brillo, deslucido(a) **-2.** *(reputation)* empañado(a)

tarot ['tærəʊ] *n* tarot *m* ❑ **~ card** carta *f* de(l) tarot

tarp [tɑːp] *n US Fam* lona *f* (recauchutada)

tarpaulin [tɑː'pɔːlɪn] *n* **-1.** *(material)* lona *f* recauchutada **-2.** *(sheet)* lona *f* (recauchutada)

tarpon ['tɑːpɒn] *n* tarpón *m*

tarragon ['tærəgən] *n* estragón *m*

tarry[1] ['tærɪ] *vi Literary* **-1.** *(delay)* demorarse **-2.** *(remain)* quedarse

tarry[2] ['tɑːrɪ] *adj* **-1.** *(like tar)* alquitranado(a) **-2.** *(covered or stained with tar)* lleno(a) de alquitrán

tarsus ['tɑːsəs] *n* ANAT tarso *m*

tart [tɑːt] ◇ *n* **-1.** *(cake) (large)* tarta *f*; *(small)* pastelillo *m* **-2.** *Fam Pej (promiscuous woman, prostitute)* fulana *f*

◇ *adj* **-1.** *(in taste)* agrio(a) **-2.** *(in tone) (remark)* áspero(a)

◆ **tart up** *vt sep Br Fam (room, building)* retocar, hacer retoques en; **to ~ oneself up** emperifollarse; **it's just a tarted up version of the old model** no es más que una

taste

versión retocada del antiguo modelo

tartan ['tɑːtən] *n* **-1.** *(fabric)* tartán *m*, tela *f* de cuadros escoceses; **~ tie** corbata *f* de cuadros escoceses **-2.** *(design)* tartán *m*, diseño *m* de tartán

Tartar, Tatar ['tɑːtə(r)] *n* tártaro(a) *m,f*

tartar ['tɑːtə(r)] *n* **-1.** *(on teeth)* sarro *m* **-2.** *Br (fearsome person)* fiera *f*

tartar(e) sauce ['tɑːtə'sɔːs] *n* salsa *f* tártara

tartaric acid [tɑː'tærɪk'æsɪd] *n* ácido *m* tartárico

tartlet ['tɑːtlɪt] *n Br* tartaleta *f*

tartly ['tɑːtlɪ] *adv* ásperamente

tartness ['tɑːtnɪs] *n* **-1.** *(of flavour)* acidez *f* **-2.** *(of remark)* aspereza *f*, acritud *f*

tarty ['tɑːtɪ] *adj Fam (clothes)* de fulana; **to look ~** parecer una fulana

Tarzan ['tɑːzæn] *pr n* Tarzán

Tashkent [tæʃ'kent] *n* Tashkent *m*

task [tɑːsk] ◇ *n* **-1.** *(job)* tarea *f*; **convincing them will be no easy ~** convencerlos no será tarea fácil; **to take sb to ~ for (doing) sth** reprender a alguien por (haber hecho) algo **-2.** COMPTR tarea *f*

◇ *vt* COM **to ~ sb to do sth** or **with doing sth** encomendar a alguien la tarea de hacer algo

taskbar ['tɑːskbɑː(r)] *n* COMPTR barra *f* de tareas

taskforce ['tɑːskfɔːs] *n* **-1.** MIL destacamento *m*; **a naval ~** un destacamento naval **-2.** *(committee)* grupo *m* de trabajo

taskmaster ['tɑːskmɑːstə(r)] *n* **he's a hard ~** es muy exigente

Tasmania [tæz'meɪnɪə] *n* Tasmania

Tasmanian [tæz'meɪnɪən] *n* tasmano(a) *m,f*

◇ *adj* tasmano(a) ❑ **~ devil** diablo *m* de Tasmania

Tasman Sea ['tæzmən'siː] *n* **the ~** el Mar de Tasmania

tassel ['tæsəl] *n* borla *f*

tasselled ['tæsəld] *adj* con borlas

taste [teɪst] ◇ *n* **-1.** *(flavour)* sabor *m*, gusto *m* (**of** a); *(sense of)* **~** (sentido *m* del) gusto *m*; IDIOM **it left a bad** or **bitter ~ in my mouth** me dejó un mal sabor de boca ❑ ANAT **~ bud** papila *f* gustativa

-2. *(sample)* **to have a ~ of sth** probar algo; **I'll just have a ~ of the ice cream** sólo quiero un poquito de helado; **now that I've had a ~ of success, I want more** ahora que ya he saboreado el éxito, quiero más; **a ~ of things to come** una muestra de lo que vendrá; IDIOM **to give sb a ~ of their own medicine** pagar a alguien con su misma moneda

-3. *(liking, preference)* afición *f*, gusto *m* (**for** por); **to acquire** or **develop a ~ for sth** aficionarse a algo; **I've got a ~ for some olives** me gustaría comerme unas aceitunitas, *Esp* me apetecen or *Carib, Col, Méx* me provocan or *Méx* se me antojan unas aceitunas; **I've lost my ~ for sweet things** ha dejado de gustarme el or lo dulce; **her ~ in furniture/men** su gusto en cuestión de muebles/hombres; **add sugar to ~** añada azúcar a (su) gusto; **it's a matter of ~** es una cuestión de gustos; **I have expensive tastes** tengo gustos caros; **he's a bit short for my ~** es un poco bajo para mi gusto; **classical music is more to my ~** me gusta or *Esp* va más la música clásica; **violent films are not to my ~** las películas violentas no son de mi gusto

-4. *(judgement)* gusto *m*; **they have awful or no ~** tienen un gusto malísimo or *RP* espantoso; **in bad** or **poor ~** de mal gusto; **everything was in the best possible ~** todo era de un gusto exquisito

◇ *vt* **-1.** *(detect flavour of)* notar (un sabor a); **can you ~ the thyme?** ¿notas el (sabor a) tomillo?; **I can't ~ my food because of my cold** con este *Esp, CAm, Carib, Méx* resfriado or *Andes, RP* resfrío la comida no me sabe a nada

-2. *(sample)* probar; *(of expert taster)* degustar; *(wine)* catar; *Fig* **to ~ success/despair** probar el éxito/la desesperación; *Fig* **to ~ freedom** disfrutar de la libertad

tasteful
◇ vi saber, tener sabor (**of** or **like** a); **it tastes delicious** sabe delicioso; **it tastes fine to me** a mí me sabe bien

tasteful ['teɪstfʊl] adj de buen gusto

tastefully ['teɪstfəlɪ] adv con buen gusto

tastefulness ['teɪstfəlnɪs] n buen gusto m

tasteless ['teɪstlɪs] adj **-1.** (food) insípido(a) **-2.** (remark) de mal gusto **-3.** (clothes, decor) con poco gusto

tastelessly ['teɪstlɪslɪ] adv (decorated) con poco gusto

tastelessness ['teɪstlɪsnɪs] n **-1.** (of food) falta de sabor, insipidez f **-2.** (of remark) mal gusto m; (of clothes, decor) falta f de gusto

taster ['teɪstə(r)] n **-1.** (person) catador(ora) m,f **-2.** (sample) **would you like a ~?** ¿te gustaría probarlo? **-3.** (foretaste) muestra f, anticipo m

tastiness ['teɪstɪnɪs] n (of food) **he complimented her on the ~ of the meal** la felicitó por lo rica or buena que estaba la comida

tasting ['teɪstɪŋ] n degustación f; **wine ~** cata de vinos

tasty ['teɪstɪ] adj **-1.** (delicious) sabroso(a), rico(a); **these pies are really ~** estos pasteles están muy sabrosos or ricos **-2.** (gossip) jugoso(a) **-3.** Fam (good-looking) **she's really ~** está muy buena, está como un tren

tat [tæt] n Fam porquerías fpl, Esp chorradas fpl

ta-ta [tə'tɑː] exclam Br Fam ¡chao!, Am ¡chau!

Tatar = Tartar

tater ['teɪtə(r)] n Fam Esp patata f, esp Am papa f

tattered ['tætəd] adj (person, clothes) andrajoso(a); (page) hecho(a) pedazos; (reputation) arruinado(a)

tatters ['tætəz] npl (rags) harapos mpl; **to be in ~** (clothes) estar hecho(a) jirones; (reputation, plan) haber quedado arruinado(a); (defence) haber quedado desmembrado(a)

tatting ['tætɪŋ] n encaje m

tattle ['tætəl] ◇ n (gossip) habladurías fpl, chismes mpl
◇ vi **-1.** (gossip) chismorrear, Am chismear, Col, Méx chismosear **-2.** (tell tales) **now don't ~ to my parents** no le vayas con el cuento a mis padres **-3.** (chat) charlar

tattler ['tætlə(r)] n (gossip) chismoso(a) m,f

tattoo¹ [tə'tuː] (pl **tattoos**) n **-1.** (on drum) retreta f **-2.** (military show) = espectáculo con bandas militares

tattoo² n (pl **tattoos**) (design) tatuaje m; **to get a ~** hacerse un tatuaje
◇ vt tatuar

tattooist [tə'tuːɪst] n tatuador(ora) m,f

tatty ['tætɪ] adj Fam (furniture, clothes) gastado(a); (book) manoseado(a)

taught [tɔːt] ◇ adj (course) con profesor
◇ pt & pp of **teach**

taunt [tɔːnt] ◇ n (words) pulla f
◇ vt mofarse de, hacer mofa de; **they taunted him with his speech defect** se mofaban or burlaban de él porque tenía un defecto al hablar

taunting ['tɔːntɪŋ] ◇ n pullas fpl
◇ adj hiriente, burlón(ona)

tauntingly ['tɔːntɪŋlɪ] adv en tono de mofa or burla

taupe [təʊp] ◇ n taupe m
◇ adj taupe

Taurean [tɔː'rɪən] ASTROL ◇ n **to be a ~** ser Tauro
◇ adj Tauro

Taurus ['tɔːrəs] n **-1.** (sign of zodiac) Tauro m; **to be (a) ~** ser Tauro **-2.** (constellation) Tauro m

taut [tɔːt] adj **-1.** (rope, muscles, string) tenso(a), tirante; (skin) tirante **-2.** (nervous) (situation, person, face) tenso(a) **-3.** (firm) (legs, thighs) firme **-4.** (style, writing) conciso(a)

tauten ['tɔːtən] ◇ vt tensar
◇ vi **-1.** (rope, muscles) tensarse, ponerse tirante; (skin) ponerse tirante **-2.** (nerves) ponerse tenso(a)

tautness ['tɔːtnɪs] n **-1.** (of rope, muscles, string) tensión f, tirantez f; (of skin) tirantez f **-2.** (nervousness) (of situation, person, face) tensión f **-3.** (firmness) (of legs, thighs) firmeza f **-4.** (of style, writing) concisión f

tautological [tɔːtə'lɒdʒɪkəl], **tautologous** [tɔː'tɒlədʒəs] adj tautológico(a)

tautology [tɔː'tɒlədʒɪ] n tautología f

tavern ['tævən] n Literary taberna f

tawdriness ['tɔːdrɪnɪs] n **-1.** (of decor) chabacanería f; (of jewellery) carácter m oropelesco **-2.** (of conduct, motive) sordidez f

tawdry ['tɔːdrɪ] adj **-1.** (decor) chabacano(a); (jewellery) de oropel, oropelesco(a) **-2.** (conduct, motive) sórdido(a)

tawny ['tɔːnɪ] adj leonado(a) ❑ **~ pipit** bisbita m campestre; **~ port** oporto m tawny

tax [tæks] ◇ n **-1.** (levy) impuesto m, tributo m; (taxation) impuestos mpl; **to levy** or **to put a 10 percent ~ on sth** gravar algo con un 10 por ciento de impuestos; **baby food is free of ~** los alimentos para recién nacidos están libres de impuestos; **I have to keep receipts for ~ purposes** tengo que guardar los recibos para la declaración de la renta; **to pay ~** ser un/una contribuyente, pagar impuestos; **I don't pay much ~** no pago muchos impuestos; **I paid over $5,000 in ~** he pagado más de 5.000 dólares de impuestos; **before/after ~** antes/después de impuestos ❑ Br **~ allowance** exención f tributaria or fiscal; **~ avoidance** elusión f fiscal; **~ base** (people) contribuyentes mpl; (money) recaudación f tributaria; **~ benefit** ventaja f fiscal; **~ bill** cotización f a Hacienda; **~ bracket** banda f impositiva, tramo m impositivo; **~ break** ventaja f fiscal; **~ burden** presión f fiscal; **~ ceiling** máxima cantidad f a abonar en impuestos; **~ code** código m impositivo; **~ collection** recaudación f de impuestos; **~ collector** recaudador(ora) m,f de impuestos; **~ consultant** asesor(ora) m,f fiscal; **~ cut** reducción f fiscal; Br **~ disc** (on vehicle) pegatina f del impuesto de circulación; Fam **~ dodge** trampa f para engañar a Hacienda; Fam **a ~ dodger** un defraudador fiscal; **~ evasion** fraude m or evasión f fiscal; **~ exemption** exención f fiscal; **~ exile** (person) exiliado(a) m,f fiscal; **~ form** declaración f de la renta; **~ haven** paraíso m fiscal; **~ holiday** periodo m de exención fiscal, vacaciones fpl fiscales; Br **~ inspector** inspector(ora) m,f de Hacienda; **~ law** derecho m fiscal; **~ liability** (of person) deuda f fiscal, impuesto m a pagar; **~ loophole** laguna f fiscal; **~ offence** delito m fiscal; **~ office** oficina f de Hacienda; **~ rate** tipo m impositivo; **~ rebate** devolución f fiscal; **~ refund** devolución f fiscal; **~ relief** desgravación f fiscal; **to claim ~ relief on sth** desgravar algo; **~ return** declaración f de la renta; **~ revenue** cantidad f recaudada por Hacienda; **~ shelter** refugio m or amparo m fiscal; **~ system** régimen m fiscal; **~ year** año m fiscal
-2. (strain) (on strength, resources) pesada carga f (**on** para); **it was a ~ on even her patience** puso a prueba incluso su paciencia
◇ vt **-1.** FIN (goods, income) gravar; (people) cobrar impuestos a; (company) imponer una carga fiscal a; **the rich should be more heavily taxed** los que más tienen deberían pagar más impuestos; **luxury goods are taxed at 28 percent** los artículos de lujo tienen una carga fiscal del 28 por ciento; **our wages are taxed at source** nos descuentan los impuestos de la nómina; **companies are being taxed out of business** los elevados impuestos están haciendo que cierren algunas empresas
-2. Br AUT **to ~ one's car** pagar el impuesto de circulación
-3. (resources, patience, knowledge, strength) poner a prueba
-4. Formal (accuse) **he was taxed with having lied** se le imputó haber mentido

taxable ['tæksəbəl] adj gravable, imponible ❑ **~ income** ingresos mpl sujetos a gravamen, **~ base** f imponible

taxation [tæk'seɪʃən] n **-1.** (system) fiscalidad f, sistema m fiscal or tributario **-2.** (taxes) **an increase in ~** un aumento de los impuestos

tax-deductible ['tæksdɪ'dʌktɪbəl] adj desgravable

taxeme ['tæksiːm] n LING taxema f

tax-exempt [tæksɪg'zempt] adj (goods, income, savings) exento(a) de impuestos

tax-free ['tæks'friː] ◇ adj libre de impuestos ❑ **~ shop** tienda f exenta de impuestos
◇ adv sin pagar impuestos

taxi ['tæksɪ] ◇ n taxi m ❑ **~ driver** taxista mf; Br **~ rank** parada f de taxis; US **~ stand** parada f de taxis
◇ vi (aircraft) rodar

taxicab ['tæksɪkæb] n taxi m

taxidermist ['tæksɪdɜːmɪst] n taxidermista mf

taxidermy ['tæksɪdɜːmɪ] n taxidermia f

taximeter ['tæksɪmiːtə(r)] n taxímetro m

taxing ['tæksɪŋ] adj difícil, arduo(a); **a physically/mentally ~ task** una tarea que conlleva un importante esfuerzo físico/mental

taxiway ['tæksɪweɪ] n AV pista f de rodaje

taxman ['tæksmæn] n **the ~** (tax authority) el fisco, Hacienda

taxonomic [tæksə'nɒmɪk] adj taxonómico(a)

taxonomist [tæk'sɒnəmɪst] n taxonomista mf

taxonomy [tæk'sɒnəmɪ] n taxonomía f

taxpayer ['tækspeɪə(r)] n contribuyente mf

TB [tiː'biː] n (tuberculosis) tuberculosis f inv ❑ Fam **TB jab** vacuna f de la tuberculosis

TBA (abbr **to be announced**) se comunicará próximamente

T-bar (lift) ['tiːbɑː(r)(lɪft)] n (for skiers) telesquí m, telearrastre m

T-bone (steak) ['tiːbəʊn('steɪk)] n chuleta f (con hueso en forma de T), RP costilla f

tbs, tbsp (abbr **tablespoon** or **tablespoonful**) cucharada f (grande)

T-cell ['tiːsel] n MED linfocito m or célula f T

TCP® [tiːsiː'piː] n (abbr **trichlorophenylmethyliodosalicyl**) = compuesto antiséptico y desinfectante, utilizado para pequeñas heridas, limpieza de la boca, etc.

TCP/IP n COMPTR (abbr **transmission control protocol/Internet protocol**) TCP/IP m

TD [tiː'diː] n (abbr **touchdown**) ensayo m

te [tiː] n MUS si m

tea [tiː] n **-1.** (plant, drink) té m; **I prefer ~ to coffee** prefiero el té al café; IDIOM **not for all the ~ in China** ni por todo el oro del mundo; IDIOM **and sympathy** una taza de té y un poco de comprensión ❑ **~ bag** bolsita f de té; Br **~ break** descanso m para el té; **~ caddy** lata f de té; US **~ cart** carrito m, Esp camarera f; **~ chest** caja f para embalaje; Br **~ cloth** trapo m or paño m de cocina, RP repasador m; Br **~ cosy** cubretetera m; US **~ cozy** cubretetera m; **~ dance** = baile con merienda a media tarde; Br **~ lady** = señora encargada de preparar y servir el té; **~ leaves** (dry) hojas fpl de té; (in bottom of cup) posos mpl de té; **a ~ party** una reunión para tomar el té; **~ plantation** plantación f de té; **~ rose** rosa f de té; **~ service** servicio m de té; **~ set** servicio m de té; **~ strainer** colador m (pequeño); Br **~ towel** trapo m or paño m de cocina, RP repasador m; **~ tray** bandeja f para el té; Br **~ trolley** carrito m, Esp camarera f; **~ urn** tetera f enorme (de uso industrial); US **~ wagon** carrito m, Esp camarera f
-2. (cup of tea) (taza f de) té m
-3. (herbal infusion) infusión f, té m; **camomile ~** manzanilla f
-4. Br (evening meal) cena f; **to have (one's) ~** cenar, tomar la cena; **to ask sb to ~** invitar a alguien a cenar
-5. (afternoon meal) **(afternoon) ~** ≃ merienda f; **to have** or Formal **take ~** ≃ merendar

TEA

Aunque en ciertos círculos se ha visto sustituido recientemente por el café, el té sigue siendo una bebida de gran popularidad, tanto en Gran Bretaña como en Irlanda. El ritual del té continúa cumpliendo un papel prominente en la mayoría de los hogares, a pesar de que vayan desapareciendo

teacake 761 **teasing**

algunas tradiciones como el "afternoon **tea**" (la costumbre de tomar el té con sandwiches y pasteles a media tarde) o las "**tea ladies**" (señoras que se dedicaban a servir el té en el lugar de trabajo). A pesar de todos estos cambios "a nice cup of **tea**" ("una buena taza de té") continúa siendo la solución ideal para cualquier problema.

teacake ['tiːkeɪk] n Br bollito m de pasas
teach [tiːtʃ] (pt & pp **taught** [tɔːt]) ◇ vt **-1.** (in class) enseñar; **to ~ sb sth, to ~ sth to sb** enseñar algo a alguien; **I ~ Spanish** enseño español, doy clases de español; **he taught me Spanish at school** me daba clases de español en el colegio; **she teaches primary school children** es maestra de escuela (primaria); **this course is taught by an eminent professor** este curso lo imparte un ilustre catedrático; **she taught herself French/to play the piano** aprendió francés/a tocar el piano ella sola; US **to ~ school** ser profesor(ora); Fig **to ~ sb a lesson** darle una lección a alguien
-2. (show by example) enseñar; **to ~ sb (how) to do sth** enseñarle a alguien a hacer algo; **didn't anyone ever ~ you not to interrupt people?** ¿nadie te ha enseñado a no interrumpir a los demás cuando están hablando?; **I'll ~ you to be rude to your elders!** (as threat) ¡yo te voy a enseñar a responder así a tus padres!; **that'll ~ him!** ¡así aprenderá!; **that'll ~ you to go around telling lies!** ¡eso te enseñará a ir por ahí contando mentiras!; **to ~ sb a thing or two** (advise) enseñarle a alguien alguna que otra cosa; (punish) darle una buena lección a alguien; IDIOM **to ~ one's grandmother to suck eggs** enseñar a orar a un monje, darle lecciones al que se las sabe todas
◇ vi (be a teacher, give classes) dar clase(s); **what do you do? – I ~** ¿a qué te dedicas? – soy profesor or doy clases
teacher ['tiːtʃə(r)] n profesor(ora) m,f; (at primary school) maestro(a) m,f; **she's a good ~** sabe enseñar, es una buena profesora; **French ~** profesor(ora) de francés; **teachers are threatening to strike** los profesores amenazan con ir a la huelga; **~-pupil ratio** proporción profesor-alumno ❏ US **~'s college** escuela f de magisterio; **~'s pet** favorito(a) m,f del profesor; **~ training** formación f pedagógica or de profesorado; Br **~ training college** escuela f de magisterio
teach-in ['tiːtʃɪn] n seminario m
teaching ['tiːtʃɪŋ] n **-1.** (profession) enseñanza f, docencia f; **to go into ~** dedicarse a la enseñanza ❏ **the ~ profession** la enseñanza; **~ staff** profesorado m, personal m docente
-2. (action) enseñanza f; **the ~ at that school is very poor** el nivel (de enseñanza) en este colegio es muy malo ❏ **~ aid** ayuda f pedagógica, herramienta f pedagógica; **~ hospital** hospital m clínico or universitario; **~ material** material m pedagógico; **~ practice** prácticas fpl de enseñanza
-3. (hours taught) clase f; **she only does a few hours' ~ a week** sólo da unas cuantas horas de clase a la semana
-4. (doctrine) enseñanza f; **the teachings of the Church on this matter** las enseñanzas or la doctrina de la Iglesia en esta materia
teach-yourself book ['tiːtʃjəˈself'bʊk] n libro m de autoenseñanza
teacup ['tiːkʌp] n taza f de té
tea-drinker ['tiːdrɪŋkə(r)] n bebedor(ora) m,f de té
teahouse ['tiːhaʊs] n salón m de té
teak [tiːk] n teca f; **~ furniture** mobiliario m (de madera) de teca
teal [tiːl] n **-1.** (duck) cerceta f; **blue-winged ~** cerceta aliazul **-2.** (colour) azul m ánade (verdoso)
team [tiːm] ◇ n **-1.** (of players, workers) equipo m; **a ~ effort** una labor de equipo; **we make a good ~** formamos un buen equipo ❏ **~ classification** (in cycling) clasificación f por equipos; **~ game** juego m de equipo;

~ member miembro mf or integrante mf de un equipo; **~ player** buen(a) trabajador(ora) m,f en equipo; **~ pursuit** (in cycling) persecución f por equipos; **~ spirit** espíritu m de equipo; SPORT **~ talk** charla f (con todo el equipo); **~ time trial** (in cycling) contrarreloj f por equipos
-2. (of horses) tiro m; (of oxen) yunta f
◇ vt (workers, players) **to ~ sb with sb** agrupar or poner a alguien con alguien
◆ **team up** ◇ vt sep (workers, players) poner (**with** con); **the manager has teamed Adams up with Campbell in central defence** el entrenador ha puesto a Adams con Campbell en el centro de la defensa
◇ vi unirse (**with** a)
team-mate ['tiːmmeɪt] n SPORT compañero(a) m,f de equipo
teamster ['tiːmstə(r)] n US camionero(a) m,f; **the Teamsters (Union)** = sindicato norteamericano de camioneros
teamwork ['tiːmwɜːk] n trabajo m en or de equipo
teapot ['tiːpɒt] n tetera f
tear[1] [tɪə(r)] n (when crying) lágrima f; **to be in tears** estar llorando; **to burst into tears** echar(se) or romper a llorar; **she was crying tears of joy** lloraba de alegría; **he had tears** or **there were tears in his eyes** tenía lágrimas en los ojos; **it brought tears to his eyes** hizo que se le saltaran las lágrimas; **it will end in tears** acabará mal; **I was moved to tears by her performance** se me saltaron las lágrimas con su representación ❏ ANAT **~ duct** conducto m lacrimal; **~ gas** gas m lacrimógeno
tear[2] [teə(r)] ◇ n (in material) desgarrón m; (of muscle) desgarro m; **this page has a ~ in it** esta página está rota or rasgada
◇ vt (pt **tore** [tɔː(r)], pp **torn** [tɔːn]) **-1.** (rip) rasgar; **to ~ sth in two** or **in half** romper algo en dos; **I tore (a hole in) my jacket on a nail** me rasgué or rompí la chaqueta or me hice un roto en la chaqueta con un clavo; **he tore a hole in the paper** hizo un agujero en el papel; **to ~ a muscle** tener un desgarro muscular; **the lion was tearing the meat from the zebra's carcass** el león arrancaba con sus garras la carne de la cebra; **I managed to ~ myself from his grasp** conseguí librarme de sus garras; **she tore open the letter/wrapping** abrió la carta (rasgándola)/abrió el regalo (rasgando el envoltorio); also Fig **to ~ sth to pieces** or **shreds** hacer trizas algo; **the fox was torn to pieces by the hounds** los perros de caza destrozaron al zorro; Fig **to ~ sb to pieces** or **shreds** hacer trizas a alguien; IDIOM Br Fam **that's torn it!** ¡estamos Esp apañados or Am fritos!
-2. (divide) **the party was torn by infighting** el partido se hallaba dividido por las luchas internas; **a nation torn by civil war** una nación dividida por la guerra civil; **she was torn between going and staying** tenía unas dudas tremendas sobre si irse o quedarse; **he is torn between his job and his family** tiene que elegir entre su trabajo y su familia
-3. (snatch) arrancar; **she tore the bag out of his hands** le arrancó la bolsa de las manos; **the door had been torn from its hinges by the wind** el viento había arrancado la puerta de cuajo; Fig **sorry to ~ you from your reading, but I need your help** perdona que te saque de tu lectura, pero necesito que me ayudes
◇ vi **-1.** (material) rasgarse; (muscle) desgarrarse
-2. (person) **to ~ at sth** desgarrar algo; **~ along the dotted line** (on form) rásguese or sepárese or recórtese por la línea de puntos; **I managed to ~ free from his grasp** me las apañé para escapar de sus garras
-3. (move quickly) **to ~ along/past/away** ir/pasar/alejarse muy deprisa; **the dog tore after the rabbit** el perro salió tras el conejo como una exhalación; **she came**

tearing into the garden entró en el jardín como una exhalación
-4. (hurry) **he tore through the book/report** le dio una pasada rápida al libro/informe
◆ **tear apart** vt sep **-1.** (rip to pieces) (of wild animal) hacer pedazos, destrozar; Fig **the thieves tore the place apart looking for the diamond** los ladrones lo pusieron todo patas arriba or manga por hombro buscando el diamante **-2.** (emotionally) (person) partir el alma a **-3.** (divide) (party, country) desmembrar; (two people) dividir **-4.** (criticize) poner or tirar por los suelos
◆ **tear away** vt sep **-1.** (remove by tearing) arrancar **-2.** (move away) **to ~ oneself away from sth** despegarse de algo; **I couldn't ~ him away from the television** no lograba despegarlo del televisor
◆ **tear down** vt sep **-1.** (building, statue) derribar **-2.** (poster) arrancar
◆ **tear into** vt insep **-1.** (attack) **to ~ into sb** (physically) arrojarse sobre alguien; (verbally) arremeter contra alguien; **the boxers tore into each other** los boxeadores la emprendieron a golpes **-2.** (of teeth, saw) clavarse en
◆ **tear off** ◇ vt sep (detach by tearing) arrancar; **he tore off his trousers and jumped into the water** se quitó los pantalones de un tirón y saltó al agua; **he had had one of his arms torn off by a machine** una máquina le había arrancado un brazo
◇ vi (run away) salir pitando
◆ **tear out** vt sep arrancar; Fig **to ~ one's hair out** tirarse de los pelos
◆ **tear up** vt sep **-1.** (document, photo) romper, rasgar; Fig **the two sides have torn up the peace agreement** las dos partes han roto or anulado el acuerdo de paz **-2.** (plant, floorboards) arrancar
tearaway ['teərəweɪ] n Br alborotador(ora) m,f, Esp elemento(a) m,f
teardrop ['tɪədrɒp] n lágrima f
tearful ['tɪəfʊl] adj **-1.** (expression, voice) lloroso(a), sollozante; **I'm feeling a bit ~** se me saltan las lágrimas **-2.** (goodbye, reunion) lacrimoso(a)
tearfully ['tɪəfəlɪ] adv entre lágrimas, lacrimosamente
tearing ['teərɪŋ] adj Fam **to be in a ~ hurry** tener muchísima prisa, Am tener muchísimo apuro
tearjerker ['tɪədʒɜːkə(r)] n Fam **it's a real ~** (movie, book) es lacrimógeno or Chile cebollero a más no poder
tearjerking ['tɪədʒɜːkɪŋ] adj Fam lacrimógeno(a), Chile cebollero(a)
tear-off ['teərɒf] adj (reply slip, coupon) recortable ❏ **~ calendar** calendario m de taco
tearoom ['tɪəruːm] n salón m de té
tearstained ['tɪəsteɪnd] adj **her face was ~** tenía un rastro de lágrimas en la cara
tease [tiːz] ◇ n **-1.** (person) (joking) guasón(ona) m,f, bromista mf; (sexually) coqueto(a) m,f **-2.** (behaviour) **to do sth for a ~** hacer algo en broma
◇ vt **-1.** (person) (joking) tomar el pelo a (**about** por); (sexually) coquetear con, provocar **-2.** (animal) provocar, hacer rabiar a **-3.** (fabric, wool) cardar **-4.** (coax) **he teased the wire through the hole** consiguió meter el alambre por el agujero **-5.** US (hair) cardar
◇ vi bromear; **I was only teasing!** ¡sólo era una broma!
◆ **tease out** vt sep **-1.** (untangle) (hair, wool) sacar con cuidado **-2.** (information) sonsacar, extraer
teasel ['tiːzəl] n **-1.** BOT cardencha f **-2.** TEX carda f
teaser ['tiːzə(r)] n **-1.** Fam (problem) rompecabezas m inv **-2.** (person) (joking) guasón(ona) m,f, bromista mf; (sexually) coqueto(a) m,f **-3.** (advertisement) enigma m
teashop ['tiːʃɒp] n salón m de té, tetería f
teasing ['tiːzɪŋ] ◇ n burlas fpl, pitorreo m
◇ adj burlón(ona)

teasingly ['ti:zɪŋlɪ] *adv* de broma, en tono burlón

Teasmade® ['ti:zmeɪd] *n Br* = aparato con temporizador para preparar té sin tener que levantarse de la cama

teaspoon ['ti:spu:n] *n* **-1.** *(utensil)* cucharilla *f* **-2.** *(measurement)* cucharadita *f (de las de café)*

teaspoonful ['ti:spu:nfʊl] *n* cucharadita *f* (de las de café)

teat [ti:t] *n* **-1.** *(of animal)* teta *f* **-2.** *(of feeding bottle, dummy)* tetina *f*

teatime ['ti:taɪm] *n esp Br (in afternoon)* hora *f* del té; *(in evening)* hora *f* de la cena *or* de cenar

TEC [tek] *n (abbr* **Training and Enterprise Council)** = organismo encargado de la formación y apoyo a la iniciativa empresarial de los jóvenes en Inglaterra y Gales

tech [tek] *n Fam* **-1.** *Br (abbr* **technical college)** centro *m* de formación profesional *(a partir de los 16 años)* **-2.** *US (technician)* técnico(a) *m,f*, chispas *mf inv*

techie ['tekɪ] *n Fam* **-1.** COMPTR *(person)* experto(a) *m,f* en informática **-2.** *US (technician)* técnico(a) *m,f*, chispas *mf inv*

technical ['teknɪkəl] *adj* técnico(a); **I'll try not to get too ~ in my explanation** intentaré no utilizar demasiados tecnicismos *or* detalles técnicos; **he was acquitted on a ~ point** lo absolvieron por un defecto de forma; **it is not possible for ~ reasons** no es posible por motivos técnicos ❑ *Br* EDUC **~ college** centro *m* de formación profesional *(a partir de los 16 años)*; SCH **~ drawing** dibujo *m* técnico; **~ foul** *(in basketball)* falta *f* técnica *f*; **~ hitch** *Esp* fallo *m* técnico, *Am* falla *f* técnica; **~ knockout** *(in boxing)* K.O. *m* técnico; **~ merit** *(in ice skating)* mérito *m* técnico; COMPTR **~ support** servicio *m* de asistencia técnica

technicality [teknɪ'kælɪtɪ] *n* **-1.** *(detail)* detalle *m* técnico; **he was acquitted on a ~** lo absolvieron por un defecto de forma **-2.** *(technical nature)* carácter *m* técnico

technically ['teknɪklɪ] *adv* **-1.** *(in technical terms)* técnicamente; **to be ~ minded** ser bueno(a) para las cuestiones técnicas **-2.** *(in terms of technique)* técnicamente; **a ~ superb player** un intérprete técnicamente genial *or* con un genial dominio de la técnica **-3.** *(in theory)* estrictamente hablando; **~, they are still married** estrictamente hablando, siguen casados

technician [tek'nɪʃən] *n* técnico(a) *m,f*

Technicolor® ['teknɪkʌlə(r)] *n* tecnicolor® *m*; **in ~** en tecnicolor®

technique [tek'ni:k] *n* técnica *f*

techno ['teknəʊ] *n (music)* tecno *m*

technobabble ['teknəʊbæbəl] *n Fam* jerga *f* tecnológica, *Esp* palabros *mpl* tecnológicos

technocracy [tek'nɒkrəsɪ] *n* tecnocracia *f*

technocrat ['teknəkræt] *n* tecnócrata *mf*

technocratic [teknə'krætɪk] *adj* tecnocrático(a)

technological [teknə'lɒdʒɪkəl] *adj* tecnológico(a)

technologically [teknə'lɒdʒɪklɪ] *adv* tecnológicamente

technologist [tek'nɒlədʒɪst] *n* tecnólogo(a) *m,f*

technology [tek'nɒlədʒɪ] *n* tecnología *f* ❑ **~ park** parque *m* tecnológico; **~ transfer** transferencia *f* de tecnología

technophile ['teknəfaɪl] *n* partidario(a) *m,f* de las nuevas tecnologías

technophobe ['teknəfəʊb] *n* enemigo(a) *m,f* de las nuevas tecnologías

technophobia [teknə'fəʊbɪə] *n* rechazo *m* de las nuevas tecnologías

technothriller ['teknəʊθrɪlə(r)] *n* tecnothriller *m*, = thriller que utiliza elementos de alta tecnología y ciencia ficción

tectonic [tek'tɒnɪk] *adj* GEOL tectónico(a) ❑ **~ plates** placas *fpl* tectónicas

tectonics [tek'tɒnɪks] *n* GEOL tectónica *f*

teddy ['tedɪ] *n* **-1.** *(toy)* **~ (bear)** osito *m* de peluche **-2.** *(underwear)* body *m* **-3.** *Br (person)* **~ boy** teddy-boy *m*

tedious ['ti:dɪəs] *adj (activity, speech, journey)* pesado(a), tedioso(a); *(person)* pesado(a)

tediously ['ti:dɪəslɪ] *adv* de forma pesada *or* tediosa; **the journey was ~ long** el viaje fue largo y pesado

tediousness ['ti:dɪəsnɪs] *n (of activity, speech, journey)* pesadez *f*, tedio *m*

tedium ['ti:dɪəm] *n* tedio *m*

tee [ti:] *n* **-1.** *(peg)* tee *m* ❑ **~ peg** tee *m* **-2.** *(area)* salida *f* (del hoyo), tee *m*; **on the ~** en el tee ❑ **~ shot** golpe *m* de salida

◆ **tee off** ◇ *vi* **-1.** *(in golf)* dar el primer golpe **-2.** *(begin)* tomar como punto de partida
◇ *vt sep US Fam (annoy)* mosquear, poner negro(a); **to be teed off about sth** estar mosqueado(a) por algo

◆ **tee up** ◇ *vt sep (in golf)* colocar en el tee; *(in soccer)* preparar, colocar
◇ *vi* colocar la bola en el tee

tee-hee ['ti:'hi:] *exclam Fam* ¡ja, ja, ja!

teem [ti:m] *vi* **-1.** *(rain)* **it was teeming (down)** llovía a cántaros **-2. to ~ with** *(insects, ideas)* rebosar de; **the streets were teeming (with people)** las calles estaban atestadas *or* repletas de gente

teeming ['ti:mɪŋ] *adj (streets)* atestado(a); *(crowds)* numeroso(a)

teen [ti:n] ◇ *n* adolescente *mf*
◇ *adj* (de) adolescente ❑ **~ idol** ídolo *m* juvenil

teenage ['ti:neɪdʒ] *adj (person)* adolescente; *(fashion, literature)* juvenil; **~ boys and girls** (chicos y chicas) adolescentes; **~ pregnancies** embarazos de adolescentes; **in my ~ years** en (los años de) mi adolescencia

teenager ['ti:neɪdʒə(r)] *n* adolescente *mf*

teens [ti:nz] *npl* adolescencia *f*; **to be in one's ~** ser (un) adolescente; **she's in her early/late ~** está al principio/al final de la adolescencia

teen(s)y ['ti:n(z)ɪ] *adj Fam* chiquitín(ina), *Esp* pequeñín(ina); **a ~ bit of...** un poquitín *or Am* un chiquitín de...

teen(s)y-ween(s)y ['ti:n(z)ɪ'wi:n(z)ɪ] *adj Fam* chiquitín(ina), *Esp* pequeñín(ina); **a ~ bit of...** un poquitín *or Am* un chiquitín de...

teenybopper ['ti:nɪbɒpə(r)] *n Fam* = quinceañera seguidora de la música pop y sus modas

teepee = tepee

teeshirt ['ti:ʃɜ:t] *n* camiseta *f*, *Chile* polera *f*, *RP* remera *f*

teeter ['ti:tə(r)] *vi* tambalearse; *Fig* **to ~ on the brink of war/a nervous breakdown** estar al borde de la guerra/una crisis nerviosa

teeter-totter ['ti:tətɒtər] *n US* balancín *m*, subibaja *m*

teeth *pl of* **tooth**

teethe [ti:ð] *vi* **to be teething** estar echando los dientes

teething ['ti:ðɪŋ] *n* dentición *f* ❑ **~ ring** mordedor *m*; **~ troubles** *(of project)* problemas *mpl* de partida

teetotal [ti:'təʊtəl] *adj (person)* abstemio(a); *(organization)* antialcohólico(a); *(party)* sin alcohol

teetotalism [ti:'təʊtəlɪzəm] *n* abstinencia *f*

teetotaller, *US* **teetotaler** [ti:'təʊtələ(r)] *n* abstemio(a) *m,f*

TEFL ['tefəl] *n (abbr* **Teaching English as a Foreign Language)** enseñanza *f* del inglés como lengua extranjera

Teflon® ['teflɒn] *n* teflón® *m*; *Fig Hum* **a ~ politician** un(a) político(a) acorazado(a)

Tegucigalpa [təguːsɪ'gælpə] *n* Tegucigalpa

tegument ['tegjʊmənt] *n* tegumento *m*

Teh(e)ran [teə'rɑ:n] *n* Teherán

tel *(abbr* **telephone)** tel.

Tel Aviv ['telə'vi:v] *n* Tel Aviv

telebanking ['telɪbæŋkɪŋ] *n* banca *f* telefónica, telebanca *f*

telecast ['telɪkɑ:st] ◇ *n* emisión *f* (televisiva)
◇ *vt* televisar, emitir por televisión

telecom(s) ['telɪkɒm(z)] *n (abbr* **telecommunications)** telecomunicaciones *fpl*

telecommunications ['telɪkəmju:nɪ'keɪʃənz] *n* telecomunicaciones *fpl* ❑ **the ~ industry** la industria *or* el sector de las telecomunicaciones; **~ satellite** satélite *m* de telecomunicaciones

telecommute ['telɪkəmju:t] *vi* teletrabajar

telecommuter ['telɪkəmju:tə(r)] *n* teletrabajador(a) *m,f*

telecommuting ['telɪkə'mju:tɪŋ] *n* teletrabajo *m*

teleconference ['telɪkɒnfərəns] *n* teleconferencia *f*

teleconferencing ['telɪ'kɒnfərənsɪŋ] *n* teleconferencias *fpl*

telecottage ['telɪkɒtɪdʒ] *n Br* = casa en el campo usada por teletrabajadores

telefax ['telɪfæks] *n* fax *m inv*, telefax *m inv*

telegenic [telɪ'dʒenɪk] *adj* telegénico(a)

telegram ['telɪgræm] *n* telegrama *m*

telegraph ['telɪgrɑ:f] ◇ *n* **-1.** *(system)* telégrafo *m* ❑ **~ pole** poste *m* telegráfico; **~ post** poste *m* telegráfico; **~ wire** tendido *m* telegráfico **-2.** *(message)* telegrama *m*
◇ *vt* **-1.** *(news)* telegrafiar; *(money)* girar; **she telegraphed us to say she couldn't come** nos telegrafió *or* mandó un telegrama para decir que no podía venir **-2.** SPORT **he telegraphed his pass** fue un pase muy inocente

telegrapher [tə'legrəfə(r)] *n* telegrafista *mf*

telegraphese [telɪgrə'fi:z] *n* estilo *m* telegráfico

telegraphic [telɪ'græfɪk] *adj* **-1.** TEL telegráfico(a) **-2.** *(style, speech)* telegráfico(a)

telegraphist [tə'legrəfɪst] *n* telegrafista *mf*

telegraphy [tə'legrəfɪ] *n* telegrafía *f*

telekinesis ['telɪkɪ'ni:sɪs] *n* telequinesia *f*, telequinesis *f*

telemark ['telɪmɑ:k] *n* **~ landing** *(in ski jumping)* posición *f* de telemark; **~ skiing** telemark *m*; **~ skis** esquís *mpl* de telemark

telemarketing ['telɪmɑ:kɪtɪŋ] *n* COM telemarketing *m*, ventas *fpl* por teléfono

telematics [telɪ'mætɪks] *n* telemática *f*

Telemessage® ['telɪmesɪdʒ] *n Br* = teletipo enviado por télex o por teléfono

telemeter [tə'lemɪtə(r)] *n* telémetro *m*

telemetry [tɪ'lemɪtrɪ] *n* telemetría *f*

teleology [telɪ'ɒlədʒɪ] *n* teleología *f*

telepath ['telɪpæθ] *n* telépata *mf*

telepathic [telɪ'pæθɪk] *adj* telepático(a); **they have a ~ understanding** tienen telepatía; **I must be ~!** ¡debo de tener telepatía!

telepathically [telɪ'pæθɪklɪ] *adv (to communicate)* por telepatía, telepáticamente

telepathy [tɪ'lepəθɪ] *n* telepatía *f*

telephone ['telɪfəʊn] ◇ *n* teléfono *m*; **to be on the ~** *(talking)* estar al teléfono; *(have a telephone)* tener teléfono; **the boss is on the ~ for you** tienes al jefe al teléfono, te llama el jefe; **to get sb on the ~** contactar con alguien por teléfono; **to get on the ~ to sb** llamar a alguien por teléfono; **to discuss sth on** *or* **over the ~** discutir algo por teléfono; **you're wanted on the ~** te llaman por teléfono ❑ **~ answering machine** contestador *m* automático; COM **~ banking** telebanca *f*, banca *f* telefónica; **~ bill** factura *f* del teléfono; **~ book** guía *f* telefónica, listín *m* de teléfonos, *Am* directorio *m* de teléfonos; **~ booking** reserva *f* telefónica *or* por teléfono; **~ booth** cabina *f* telefónica; *Br* **~ box** cabina *f* telefónica; **~ call** llamada *f* telefónica, *Am* llamado *m* telefónico; **~ conversation** conversación *f* telefónica *or* por teléfono; **~ directory** guía *f* telefónica, listín *m* de teléfonos, *Am* directorio *m* de teléfonos; **~ exchange** central *f* telefónica; **~ interview** encuesta *f* telefónica; *Br* **~ kiosk** cabina *f* telefónica; **~ line** línea *f* telefónica; **~ manner** trato *m* por teléfono; **a good ~ manner is essential for somebody working in a call centre** para trabajar de teleoperador es imprescindible ser amable por teléfono; **~ message** mensaje *m* telefónico; **~ number** número *m* de teléfono; *Fig* **his salary is a ~ number** tiene un sueldo astronómico; **~ operator** telefonista *mf*, operador(ora)

telephonic | 763 | **temper**

m,f; **~ order** pedido *m* por teléfono; *US* **~ pole** poste *m* de telégrafos; **~ receiver** auricular *m, RP, Ven* tubo *m*; **~ sales** venta *f* telefónica, televenta *f*, telemarketing *m*; **~ sex** sexo *m* telefónico *or* por teléfono; **~ sex line** línea *f* erótica *o* caliente, teléfono *m* erótico; **~ subscriber** abonado(a) *m,f* al teléfono; **~ tapping** escuchas *fpl* telefónicas

◇ *vt* **to ~ sb** telefonear a alguien, llamar a alguien (por teléfono); **to ~ the United States/home** telefonear a Estados Unidos/a casa, llamar (por teléfono) a Estados Unidos/a casa

◇ *vi* telefonear, llamar (por teléfono); **shall I ~ for a taxi?** ¿llamo a un taxi?

telephonic [telə'fɒnɪk] *adj* telefónico(a)
telephonist [tɪ'lefənɪst] *n Br* telefonista *mf*
telephony [tɪ'lefənɪ] *n* telefonía *f*
telephoto lens ['telɪfəʊtəʊ'lenz] *n* teleobjetivo *m*
teleplay ['telɪpleɪ] *n* guión *m* televisivo *or* de televisión
teleport ['telɪpɔːt] *vt* teletransportar
teleprinter ['telɪprɪntə(r)] *n* teletipo *m*, teleimpresor *m*
teleprocessing [telɪ'prəʊsesɪŋ] *n COMPTR* teleproceso *m*, tratamiento *m* de datos a distancia
Teleprompter® ['telɪprɒmptə(r)] *n US* teleapuntador *m*
telesales ['telɪseɪlz] *npl COM* televenta *f*, venta *f* telefónica, telemarketing *m*
telesalesperson [telɪ'seɪlzpɜːsən] *n COM* televendedor(ora) *m,f*
telescope ['telɪskəʊp] ◇ *n ASTRON* telescopio *m*; *NAUT* catalejo *m*

◇ *vt (condense) (description, report)* resumir, condensar (**into** en)

◇ *vi* plegarse (como un telescopio)

telescopic [telɪ'skɒpɪk] *adj* **-1.** *(relating to vision)* telescópico(a) ❑ **~ lens** lente *f* telescópica; **~ sight** *(of rifle)* mira *f* telescópica **-2.** *(expanding) (ladder)* extensible; *(aerial)* telescópico(a); *(umbrella)* plegable
telescopy [tɪ'leskəpɪ] *n ASTRON* técnica *f* telescópica
teleshopping ['telɪʃɒpɪŋ] *n COM* telecompra *f*
teletext ['telɪtekst] *n TV* teletexto *m*
telethon ['telɪθɒn] *n* maratón *m* benéfico televisivo
Teletype® ['telɪtaɪp] *n* teletipo *m*
teletypewriter [telɪ'taɪpraɪtə(r)] *n US* teletipo *m*, teleimpresor *m*
televangelism [telɪ'vændʒəlɪzəm] *n* predicación *f* evangelista por televisión
televangelist [telɪ'vændʒəlɪst] *n* telepredicador(ora) *m,f* (evangelista)
televise ['telɪvaɪz] *vt* televisar; **we will be televising the game live** el partido será retransmitido en directo
television [telɪ'vɪʒən] *n* **-1.** *(system, broadcasts)* televisión *f*; **on (the) ~** en *or* por (la) televisión; **I was on (the) ~ yesterday** salí en *or* por (la) televisión ayer; **to watch ~** ver la televisión; **it makes/doesn't make good ~** es muy/poco televisivo; **the ~ industry** el sector de la televisión, la industria televisiva ❑ **~ advertisement** anuncio *m* de televisión, spot *m* (publicitario); **~ advertising** publicidad *f* televisiva; **~ broadcast** retransmisión *f* por televisión; **~ broadcaster** presentador(ora) *m,f* de televisión; **~ camera** cámara *f* de televisión; **~ channel** cadena *f* de televisión, canal *m* de televisión; **~ commercial** anuncio *m* de televisión, spot *m* (publicitario); **~ drama** programa *m* dramático; **~ film** telefilme *m*, telefilm *m*; **~ guide** guía *f* de la programación (de televisión); **~ interview** entrevista *f* por televisión; **~ journalist** periodista *mf* de televisión; *Br* **~ licence** = certificado de haber pagado el impuesto que autoriza a ver la televisión, con el que se financian las cadenas públicas; **~ lounge** sala *f* de televisión; **~ movie** telefilme *m*, telefilm *m*; **~ network** cadena *f* de televisión; **~ news** noticias *fpl* de la televisión; **~ personality** figura *f* de la televisión; **~ programme** programa *m* de televisión; **~ rights** derechos *mpl* de retransmisión (por televisión); **~ room** sala *f* de televisión; **~ show** programa *m* de televisión; **~ studio** estudio *m* de televisión; **~ viewer** telespectador(ora) *m,f*, televidente *mf*

-2. *(set)* televisor *m*, (aparato *m* de) televisión *f* ❑ **~ screen** pantalla *f* de televisión; **~ set** televisor *m*, (aparato *m* de) televisión *f*; **~ tube** tubo *m* de imagen

-3. *(industry)* televisión *f*; **I want a career in ~** quiero dedicarme a la televisión *or* a hacer televisión

televisual [telɪ'vɪʒʊəl] *adj* televisivo(a)
teleworker ['telɪwɜːkə(r)] *n* teletrabajador(ora) *m,f*
teleworking ['telɪwɜːkɪŋ] *n* teletrabajo *m*
telex ['teleks] ◇ *n* télex *m inv*

◇ *vt (message)* enviar por télex; **we telexed her as soon as we found out** le enviamos *or* pusimos un télex tan pronto como lo supimos

tell [tel] *(pt & pp* **told** [təʊld]*)* ◇ *vt* **-1.** *(say to, inform)* decir; **to ~ sb sth, to ~ sth to sb** contarle algo a alguien; **I am delighted to be able to ~ you that you have passed** tengo el placer de comunicarle que ha aprobado; **I told myself not to worry** me dije que no tenía que preocuparme; **to ~ sb about sth** contar algo a alguien; *Formal* **to ~ sb of sth** relatar algo a alguien; **to ~ sb how to do sth** decir *or* explicar a alguien cómo hacer algo; **to ~ sb (that)...** decir *or* contar a alguien que...; **can you ~ me the way to the station?** ¿me puede decir cómo se va a la estación?; **a sign telling us where the exit is** un cartel indicando dónde está la salida; **his expression told us the answer** la expresión de su cara nos reveló la respuesta; **what does this reaction ~ us about her character?** ¿qué nos revela su reacción sobre su personalidad?; **to ~ the time** *(clock)* indicar *or* dar la hora; **she hasn't learned to ~ the time yet** todavía no ha aprendido a leer las horas; **they ~ the time using sundials** utilizan relojes de sol para saber la hora; **to ~ sb the time** *(person)* decir la hora a alguien; **we are told that...** se dice que...; **~ me, do you come here often?** dime, ¿vienes mucho por aquí?; **I told you so!** ¡te lo dije!; **I can't ~ you how grateful I am** no sabes lo agradecido que estoy; **don't ~ me you've forgotten!** ¡no me digas que te has olvidado!; **don't ~ me, she's late** no hace falta que me lo digas, no ha llegado todavía; **I'll ~ you one thing** *or* **something...** te voy a decir una cosa...; **you're telling me!** ¡a mí me lo vas a contar!; **let me ~ you, I was frightened!** te confieso que estaba asustado; *Fam Ironic* **~ me about it!** *(I know)* ¡dímelo a mí!; *Fam* **(I'll) ~ you what, let's have a cup of tea** oye *or Méx* ándale *or RP* dale, vamos a tomarnos un té; *Fam* **~ you what** mira, verás

-2. *(story, joke, secret)* contar; **to ~ the truth/a lie** decir la verdad/una mentira; **to ~ (you) the truth...** a decir verdad...; **she tells it like it is** dice las cosas claramente; *Fam Ironic* **~ me another!** ¡no me vengas con cuentos!, *Esp* ¡a otro perro con ese hueso!

-3. *(order)* **to ~ sb to do sth** decir a alguien que haga algo; **do as you are told!** ¡haz lo que te dicen *or* mandan!; **a sign telling us not to enter** un cartel prohibiéndonos la entrada; **I'm not asking you, I'm telling you!** no es una petición *or Am* pedido, ¡es una orden!; **she wouldn't be told** no hacía caso de lo que le decían

-4. *(discern) (attitude, mood)* ver, saber; **can you ~ what this says?** ¿puedes leer lo que pone aquí?; **can you ~ how long it will take?** ¿sabes cuánto te llevará?; **we couldn't ~ if he was angry or not** no se sabía si estaba *esp Esp* enfadado *or esp Am* enojado o no; **you can ~ (that) she's lived abroad** se nota que ha vivido en el extranjero; **there's no telling what she'll do next** no hay manera de saber qué hará a continuación; **as** *or* **so far as I can ~** por lo que yo sé

-5. *(distinguish)* distinguir (**from** de); **to ~ two people/things apart** distinguir entre dos personas/cosas; **to ~ right from wrong** distinguir lo que está bien de lo que está mal; **I can't ~ the difference** no veo la diferencia

-6. *POL (count)* escrutar; *Fig* **all told** en total

◇ *vi* **-1.** *(reveal secret)* **please don't ~!** ¡no te chives!; **I'm not telling!** ¡no te lo voy a contar!; **that would be telling!** ¡eso sería contar demasiado!

-2. *(discern)* **how can you ~?** ¿cómo lo sabes?; **it's difficult** *or* **hard to ~** es difícil de saber; **it's too early to ~** es demasiado pronto para saberlo; **you could ~ by** *or* **from her expression that she was annoyed** se veía que estaba *esp Esp* enfadada *or esp Am* enojada por su cara; **you never can ~** nunca se sabe

-3. *(have effect)* hacerse notar; **his inexperience told against him** su inexperiencia le perjudicó; **the hard work was starting to ~ on her** el intenso trabajo comenzaba a afectarla

-4. *Literary (speak)* **he told of distant lands** nos habló de tierras distantes

◆ **tell off** *vt sep Fam (scold)* **to ~ sb off (about/for)** echar una reprimenda *or Esp* bronca a alguien (por), dar *Méx* una jalada *or RP* un rezongo a alguien (por)

◆ **tell on** *vt insep Fam (inform on) Esp* chivarse de, *Méx* soplar a, *RP* botonear a

teller ['telə(r)] *n* **-1.** *(in bank)* cajero(a) *m,f* **-2.** *(of votes)* escrutador(ora) *m,f* **-3.** *(of story)* narrador(ora) *m,f*
telling ['telɪŋ] ◇ *n (of story)* narración *f*, relato *m*; **it loses nothing in the ~** no pierde nada al contarlo

◇ *adj* **-1.** *(blow, contribution)* decisivo(a); *(argument)* contundente **-2.** *(revealing)* revelador(ora)

tellingly ['telɪŋlɪ] *adv* **-1.** *(decisively)* de forma decisiva **-2.** *(revealingly)* de forma reveladora
telling-off ['telɪŋ'ɒf] *n Fam* reprimenda *f, Esp* bronca *f, Méx* jalada *f, RP* rezongo *m*; **to give sb a ~** echar una reprimenda *or Esp* bronca a alguien, dar *Méx* una jalada *or RP* un rezongo a alguien
telltale ['telteɪl] ◇ *n (person)* acusica *mf, Esp* chivato(a) *m,f*

◇ *adj (sign, odour)* revelador(ora)

tellurium [te'ljʊərɪəm] *n CHEM* telurio *m*, teluro *m*
telly ['telɪ] *n Br Fam* tele *f*; **on (the) ~** en *or* por la tele ❑ **~ addict** teleadicto(a) *m,f*
telnet ['telnet] *n COMPTR* telnet *m*
temazepam® [tə'mæzəpæm] *n* temazepán *m*
temblor ['temblɔː(r)] *n* terremoto *m*, temblor *m* de tierra
temerity [tɪ'merɪtɪ] *n* osadía *f*, atrevimiento *m*; **to have the ~ to do sth** tener la osadía de hacer algo
temp[1] [temp] *Fam* ◇ *n* trabajador(ora) *m,f* temporal (administrativo(a)); **to be a ~** hacer trabajo temporal de administrativo(a)

◇ *vi* hacer trabajo temporal de administrativo(a)

temp[2] *(abbr* **temperature)** temp.
temper ['tempə(r)] ◇ *n* **-1.** *(character)* carácter *m*; **to have an even ~** ser pacífico(a) *or* tranquilo(a), tener un carácter pacífico *or* tranquilo; **to have a quick** *or* **hot ~** tener mal genio

-2. *(mood)* humor *m*; **to be in a good/bad ~** estar de buen/mal humor

-3. *(bad mood)* mal humor; **to be in a ~** estar de mal humor; **to fly into a ~** ponerse hecho(a) una furia; **tempers were rising** los ánimos se estaban caldeando ❑ **~ tantrum** rabieta *f*

-4. *(calm, patience)* **to keep one's ~** mantener la calma; **to lose one's ~** perder los estribos; **I finally lost my ~ with him** al final me hizo perder los estribos; **to have a**

tempera

short ~ tener mal genio; Fam **~, ~!** ¡calma, calma!
-5. *(of metal)* temple *m*
◇ *vt* -1. *(steel)* templar -2. *(action)* moderar; *(passions, enthusiasm)* atemperar; *(suffering)* mitigar

tempera ['tempərə] *n* témpera *f*

temperament ['tempərmənt] *n* -1. *(character)* temperamento *m* -2. *(moodiness)* mal genio *m*, temperamento *m* difícil

temperamental [temprə'mentəl] *adj* -1. *(person)* temperamental -2. *(machine)* **this TV is a bit ~** este televisor funciona cuando quiere; **his knee has been a bit ~ since his accident** desde el accidente, la rodilla le ha seguido molestando a ratos -3. *(relating to one's character)* natural, innato(a)

temperamentally [temprə'mentəlɪ] *adv* -1. *(to behave)* caprichosamente; **the TV has been behaving rather ~ recently** últimamente la televisión funciona cuando quiere
-2. *(in terms of character)* temperamentalmente, por temperamento; **to be ~ unsuited to sth** no tener el temperamento adecuado para algo; **they were ~ unsuited** *(couple)* por su carácter no congeniaban

temperance ['tempərəns] *n* -1. *(moderation)* moderación *f*, sobriedad *f* -2. *(abstinence from alcohol)* abstinencia *f* (del alcohol) ❑ HIST **~ movement** liga *f* antialcohólica

temperate ['tempərət] *adj* -1. *(climate, zone)* templado(a) ❑ **~ zones** zonas *fpl* templadas -2. *(language, criticism, person)* moderado(a), mesurado(a)

temperately ['tempərətlɪ] *adv* con moderación, moderadamente

temperature ['temprətʃə(r)] *n* -1. *(heat, cold)* temperatura *f*; **what ~ is the swimming pool?** ¿a qué temperatura está la piscina?, ¿qué temperatura hay en la piscina?; **temperatures will be in the low twenties** las temperaturas se mantendrán ligeramente por encima de los veinte grados; *Fig* **her contribution certainly raised the ~ of the debate** su intervención caldeó bastante el debate ❑ **~ gauge** indicador *m* de temperatura
-2. *(of body)* temperatura *f*; **to take sb's ~** tomar la temperatura a alguien; **to have** or **to run a ~** tener fiebre; **to have a ~ of 100** tener casi 38 de fiebre ❑ **~ chart** gráfica *f* de temperaturas

tempered ['tempəd] *adj* -1. *(steel)* templado(a) -2. MUS *(scale)* temperado(a)

tempest ['tempɪst] *n Literary* tempestad *f*; *US* **it was a ~ in a teapot** fue una tormenta en un vaso de agua

tempestuous [tem'pestjʊəs] *adj* -1. *(relationship, meeting)* tempestuoso(a), tormentoso(a) -2. *Literary (weather, night)* tempestuoso(a); *(seas)* proceloso(a), tempestuoso(a)

temping ['tempɪŋ] *n* trabajo *m* temporal (administrativo) ❑ **~ agency** empresa *f* de trabajo temporal, ETT *f*

Templar ['templə(r)] *n* HIST **(Knight) ~** (caballero *m*) templario *m*

template ['templeɪt] *n* -1. *(pattern)* plantilla *f* -2. COMPTR plantilla *f*

temple[1] ['tempəl] *n (place of worship)* templo *m*
temple[2] *n (side of head)* sien *f*

templet ['templɪt] *n* plantilla *f*

tempo ['tempəʊ] (*pl* **tempos**) *n* -1. MUS tempo *m*
-2. *(speed)* ritmo *m*; **to up the ~** incrementar el ritmo

temporal ['tempərəl] *adj* -1. *(power)* temporal, terrenal -2. GRAM temporal -3. *(relating to time)* temporal -4. ANAT **~ lobe** lóbulo *m* temporal

temporarily [tempə'rerɪlɪ] *adv* temporalmente, *Am* temporariamente

temporary ['tempərərɪ] *adj (employment)* temporal, *Am* temporario(a); *(office, arrangement, repairs)* provisional, *Am* temporario(a); **to employ sb on a ~ basis** hacer un contrato temporal *or* contratar temporalmente a alguien; **he suffered ~ hearing loss** sufrió una pérdida de audición transitoria *or* temporal ❑ **~ contract** contrato *m* temporal; **~ job** trabajo *m* temporal; COMPTR **~**

storage almacenamiento *m* temporal; **~ surface** *(of road)* firme *m* provisional; **~ work** trabajo *m* temporal *or* eventual; **~ worker** trabajador(ora) *m,f* temporal

temporize ['tempəraɪz] *vi Formal* procurar ganar tiempo

tempt [tem(p)t] *vt* tentar; **to ~ sb to do sth** *or* **into doing sth** tentar a alguien a hacer algo; **I'm tempted to accept** me siento tentado de aceptar; **did you hit him? – no, but I was sorely tempted** ¿le pegaste? – no, pero ganas me dieron *or* no me faltaron; **can I ~ you to** *or* **with a piece of cake?** ¿te apetece un trozo de tarta?; *Hum* **you should tell him what you think of him – don't ~ me!** deberías decirle lo que opinas de él – ¡no me tientes!; **a rival company tried to ~ him away** una empresa rival le hizo proposiciones para que se fuera con ellos; **to ~ fate** *or* **providence** tentar (a) la suerte

temptation [tem(p)'teɪʃən] *n* tentación *f*; **to give in to ~** caer en la tentación; **she couldn't resist the ~ to make a nasty remark** no pudo resistir la tentación de soltar una pulla; **lead us not into ~** *(in the Lord's Prayer)* no nos dejes caer en la tentación

tempter ['temptə(r)] *n (person)* seductor *m*; *Fam (thing)* tentación *f*; **the offer was a real ~** la oferta era verdaderamente tentadora; **the Tempter** *(Satan)* el Tentador, el diablo

tempting ['tem(p)tɪŋ] *adj* tentador(ora); **it's ~ to suggest that he had it coming** uno se siente tentado de decir que se lo andaba buscando

temptingly ['tem(p)tɪŋlɪ] *adv* de un modo tentador; **it looks ~ easy** parece tan fácil que dan ganas de probar

temptress ['tem(p)trɪs] *n Literary* seductora *f*, mujer *f* fatal

tempura ['tempərə] *n* CULIN tempura *m or f*, témpura *m or f*, = plato japonés de marisco o verdura rebozados y fritos

ten [ten] ◇ *n* -1. *(number)* diez *m*; **tens of thousands of refugees** decenas de miles de refugiados -2. IDIOMS **they're ~ a penny** los hay a patadas; **to one he'll find out** me apuesto el cuello a que lo descubrirá
◇ *adj* diez; **the Ten Commandments** los Diez Mandamientos; *see also* **eight**

tenable ['tenəbəl] *adj* -1. *(argument, position)* defendible, sostenible -2. *(post)* ostentable; **the appointment is ~ for a five-year period** la duración del cargo será de cinco años

tenacious [tə'neɪʃəs] *adj* tenaz

tenaciously [tə'neɪʃəslɪ] *adv* tenazmente, con tenacidad

tenacity [tə'næsɪtɪ] *n* tenacidad *f*

tenancy ['tenənsɪ] *n* LAW -1. *(right)* arrendamiento *m*, alquiler *m* ❑ **~ agreement** contrato *m* de alquiler *or* arrendamiento -2. *(period)* periodo *m* de alquiler; **during my ~ of the house** mientras estuve de alquiler *or* de inquilino en la casa -3. *(property)* **a council ~** una vivienda municipal de alquiler

tenant ['tenənt] *n (of house)* inquilino(a) *m,f*; *(of land)* arrendatario(a) *m,f* ❑ **~ farmer** agricultor(ora) *m,f* arrendatario(a), = aparcero(a) *m,f*; **~ farming** arrendamiento *m* agrícola, ≃ aparcería *f*

tench [tentʃ] *n* tenca *f*

tend[1] [tend] *vt (look after) (person, sheep)* cuidar (de), atender; *(garden)* ocuparse de, atender; **to ~ sb's wounds** curar las heridas a alguien; *US* **to ~ bar** atender en el bar
◆ **tend to** *vt insep (look after) (wounds)* curar; *(business, guests)* atender; **she tended to his every wish** sus palabras eran órdenes para ella

tend[2] *vi* -1. *(be inclined)* tender **(towards** *a* or hacia); **his writings ~ towards exoticism** sus escritos tienden *or* tienen tendencia al exotismo; **to ~ to do sth** soler hacer algo, tender a hacer algo; **the number of road accidents tends to increase in summer** el número de accidentes de tráfico tiende a *or* suele incrementarse en verano; **some**

people like that kind of movie, but I ~ not to hay gente a la que le gusta esa clase de cine, pero en general no es mi caso; **that does ~ to be the case** efectivamente, eso suele ocurrir; **I ~ to agree (with you)** yo me inclino a pensar lo mismo (que usted); **I ~ to think (that)...** me inclino a pensar (que)...
-2. *(colour)* **red tending to orange** rojo tirando a naranja

tendency ['tendənsɪ] *n* -1. *(inclination)* tendencia *f*, inclinación *f*; **to have a ~ to (do) sth** tener tendencia a (hacer) algo; **he has suicidal/criminal tendencies** tiene inclinaciones suicidas/delictivas, tiene propensión al suicidio/delito -2. *(trend)* tendencia *f*; **an upward ~ in prices** una tendencia alcista de los precios -3. POL tendencia *f*, corriente *f*

tendentious [ten'denʃəs] *adj Formal* tendencioso(a)

tendentiously [ten'denʃəslɪ] *adv Formal* de manera tendenciosa, tendenciosamente

tendentiousness [ten'denʃəsnɪs] *n Formal* tendenciosidad *f*

tender[1] ['tendə(r)] *n* -1. NAUT barcaza *f* -2. RAIL ténder *m*

tender[2] *adj* -1. *(gentle, affectionate) (person, smile, look)* cariñoso(a), tierno(a); **I need a bit of ~ loving care** me hace falta un poquito de mimo *or* cariño; IDIOM *Ironic* **I left him to the ~ mercies of the schoolmaster** lo dejé a merced del profesor
-2. *(sensitive) (part of body)* dolorido(a); *(subject)* delicado(a); **is it ~ when I touch you here?** ¿si te toco aquí te duele?
-3. *(meat, vegetables)* tierno(a), blando(a)
-4. *(young)* **a boy of his ~ years** un niño de tan corta edad; **at the ~ age of...** a la tierna edad de...

tender[3] ◇ *n* COM *(bid)* oferta *f*, licitación *f*; **to make** *or* **put in a ~ (for sth)** presentarse a concurso con una oferta (para algo), licitar (por algo); **to put sth out to ~, to invite tenders for sth** sacar a concurso algo
◇ *vt Formal (offer) (one's services, apologies)* ofrecer; **to ~ one's thanks** dar las gracias; **to ~ one's resignation** presentar la dimisión; **please ~ the exact fare** *(sign)* se ruega abonar el importe exacto
◇ *vi* COM **to ~ for a contract** presentarse a una licitación de contrata

tenderfoot ['tendəfʊt] *n US (novice)* novato(a) *m,f*, principiante *mf*

tenderhearted [tendə'hɑːtɪd] *adj* bondadoso(a)

tenderheartedness [tendə'hɑːtɪdnɪs] *n* bondad *f*, buen corazón *m*

tenderize ['tendəraɪz] *vt (meat)* ablandar

tenderizer ['tendəraɪzə(r)] *n* -1. *(instrument)* maja *f*, maza *f* (para ablandar la carne) -2. *(substance)* ablandador *m*

tenderloin ['tendəlɔɪn] *n (of beef, pork)* solomillo *m*

tenderly ['tendəlɪ] *adv (affectionately)* con ternura, cariñosamente

tenderness ['tendənɪs] *n* -1. *(affection) (of person, smile, look)* ternura *f*, cariño *m* -2. *(soreness)* **there's still some ~** todavía duele un poco -3. *(of vegetables)* blandura *f*; **he complimented me on the ~ of the meat** me felicitó por lo tierna que estaba la carne

tendinitis, tendonitis [tendə'naɪtɪs] *n* MED tendinitis *f inv*

tendon ['tendən] *n* ANAT tendón *m*

tendril ['tendrɪl] *n* BOT zarcillo *m*

tenebrism ['tenəbrɪzəm] *n* ART tenebrismo *m*

tenebrous ['tenɪbrəs] *adj Literary* tenebroso(a)

tenement ['tenɪmənt] *n* **(building)** bloque *m* de apartamentos *or Esp* pisos *or Arg* departamentos ❑ **~ flat** apartamento *m*, *Esp* piso *m*, *Arg* departamento *m*

Tenerife [tenə'riːf] *n* Tenerife

tenet ['tenɪt] *n* principio *m*, postulado *m*

tenfold ['tenfəʊld] ◇ *adj* **there has been a ~ increase in applications** se ha multiplicado por diez el número de solicitudes
◇ *adv* por diez, diez veces; **to increase ~** multiplicarse por diez

ten-gallon hat ['tengælən'hæt] n sombrero m de vaquero (de copa alta)

Tenn. (abbr **Tennessee**) Tennessee

tenner ['tenə(r)] n Fam **-1.** Br (ten-pound note) billete m de diez libras; **it cost me a ~** me costó diez libras **-2.** US (ten-dollar note) billete m de diez dólares

Tennessee [tenɪ'siː] n Tennessee

tennis ['tenɪs] n tenis m; **to play ~** jugar al tenis ❑ **~ ball** pelota f de tenis; **~ club** club m de tenis; **~ court** pista f or cancha f de tenis; MED **~ elbow** codo m de tenista; **~ player** tenista mf; **~ racket** raqueta f de tenis; **~ racquet** raqueta f de tenis; **~ shoe** zapatilla f de tenis; **~ whites** ropa f blanca or uniforme m blanco de tenis

tenon ['tenən] n espiga f ❑ **~ saw** serrucho m (de costilla)

tenor ['tenə(r)] ◇ n **-1.** MUS tenor m; **I sing ~ in the choir** canto de tenor en el coro **-2.** (content, sense) tenor m
◇ adj MUS (part, voice) de tenor; (aria) para tenor ❑ **~ clef** clave f de do en cuarta; **~ sax(ophone)** saxo m tenor

tenosynovitis ['tenəʊsaɪnəʊ'vaɪtɪs] n MED tenosinovitis f inv

tenpence ['tenpəns] n Br Old-fashioned diez peniques mpl

tenpin bowling ['tenpɪn'bəʊlɪŋ] n Br bolos mpl; **to go ~** ir a jugar a los bolos

tenpins ['tenpɪnz] n US bolos mpl

tense¹ [tens] n GRAM tiempo m; **in the present/future ~** en (tiempo) presente/futuro

tense² ◇ adj **-1.** (nervous) (person, atmosphere, situation) tenso(a); (smile) nervioso(a), tenso(a); **the audience was ~ with excitement** entre el público había una tensa emoción; **her voice was ~ with emotion** tenía la voz agarrotada por la emoción; **things were getting ~ at the meeting** la cosa se puso tensa en la reunión
-2. (taut) (person, muscles) tenso(a); (wire, rope) tenso(a), tirante; **my neck was very ~** tenía el cuello muy tenso; **his muscles became ~** se le tensaron or se le pusieron tensos los músculos
◇ vt tensar; **to ~ oneself** ponerse tenso(a)
◇ vi tensarse, ponerse tenso(a)
◆ **tense up** vi ponerse tenso(a)

tensely ['tenslɪ] adv (nervously) tensamente

tenseness ['tensnɪs] n (of person, atmosphere, situation, smile) tensión f

tensile strength ['tensaɪl'streŋθ] n PHYS resistencia f a la tracción, resistencia f última

tension ['tenʃən] n **-1.** (of person, atmosphere, situation, smile) tensión f ❑ **~ headache** dolor m de cabeza (de carácter) nervioso, jaqueca f nerviosa **-2.** (of muscles) tensión f; (of wire, rope) tensión f, tirantez f **-3.** ELEC tensión f **-4.** (in knitting) tensión f

tensor ['tensə(r)] n **-1.** ANAT (músculo m) tensor m **-2.** MATH tensor m

ten-spot ['tenspɒt] n US Fam billete m de diez dólares

tent [tent] n tienda f de campaña, Am carpa f ❑ **~ peg** piqueta f, clavija f; **~ pole** mástil m (de tienda or Am carpa)

tentacle ['tentəkəl] n tentáculo m

tentative ['tentətɪv] adj **-1.** (uncertain) (person) vacilante, titubeante; (steps) inseguro(a), vacilante; (smile) tímido(a); **could I make a ~ suggestion?** ¿me permites (hacerte) una pequeña sugerencia? **-2.** (provisional) (arrangement, conclusions, offer) provisional

tentatively ['tentətɪvlɪ] adv **-1.** (hesitantly) (to behave, say) con vacilación, con titubeo; (to smile) tímidamente; (to walk) de modo inseguro, con paso vacilante; **he ~ stuck his head above the parapet** con precaución or cuidado asomó la cabeza por encima del parapeto; **could I ~ suggest a different approach?** ¿puedo sugerir, si se me permite, un enfoque distinto?
-2. (provisionally) provisionalmente

tenterhooks ['tentəhʊks] npl **to be on ~** estar sobre ascuas; **to keep sb on ~** tener a alguien sobre ascuas

tenth [tenθ] ◇ n **-1.** (fraction) décimo m, décima parte f **-2.** (in series) décimo(a) m,f **-3.** (of month) diez m **-4.** MUS (intervalo m de) décima f
◇ adj décimo(a); see also **eighth**

tenth-rate ['tenθ'reɪt] adj Fam de tres al cuarto, de poca monta

tenuous ['tenjʊəs] adj **-1.** (connection, link) vago(a), tenue; (argument) flojo(a), débil; (evidence) poco concluyente, endeble; (comparison) traído(a) por los pelos; **I have only a ~ grasp of the subject** tengo un conocimiento bastante somero del tema **-2.** (thread) tenue; (voice) tenue

tenuously ['tenjʊəslɪ] adv (connected, linked) vagamente, tenuemente; **her remarks were only ~ connected with the discussion** sus comentarios sólo tenían una vaga relación con lo que se discutía

tenuousness ['tenjʊəsnɪs] n **-1.** (of connection, link) vaguedad f; (of argument, evidence) falta f de solidez; (of comparison) falta f de conexión **-2.** (of thread) finura f, consistencia f tenue; (of voice) debilidad f, tenuidad f

tenure ['tenjə(r)] n **-1.** (of land) arriendo m **-2.** (of office) ocupación f; **during his ~ as chairman** durante su mandato como presidente **-3.** UNIV titularidad f; **to have ~** ser profesor(ora) numerario(a) or titular

tenured ['tenjəd] adj UNIV (post) permanente, de (profesor) titular

tepee, teepee ['tiːpiː] n tipi m

tepid ['tepɪd] adj **-1.** (of water) tibio(a), templado(a); **to be ~** estar tibio(a) or templado(a) **-2.** (welcome, thanks, reaction) tibio(a), poco caluroso(a)

tepidity [te'pɪdɪtɪ], **tepidness** ['tepɪdnɪs] n **-1.** (of water) tibieza f **-2.** (of welcome, thanks, reaction) tibieza f, falta f de entusiasmo

tepidly ['tepɪdlɪ] adv (to welcome, thank, react) tibiamente, sin demasiado entusiasmo

tequila [tə'kiːlə] n tequila m or f ❑ **~ slammer** coscorrón m de tequila, Méx muppet m; **~ sunrise** tequila sunrise m

Ter (abbr **terrace**) = abreviatura escrita en las direcciones de una calle compuesta por una hilera de casas adosadas

terabyte ['terəbaɪt] n COMPTR terabyte m

terbium ['tɜːbɪəm] n CHEM terbio m

tercentenary [tɜːsen'tiːnərɪ] n tricentenario m

tercet ['tɜːsɪt] n terceto m

teriyaki [terɪ'jækɪ] n CULIN teriyaki m, = plato japonés de pescado o carne en adobo y a la plancha

term [tɜːm] ◇ n **-1.** (word, expression) término m; **a ~ of abuse** un insulto; **a ~ of endearment** un apelativo cariñoso; **in economic/real terms** en términos económicos/reales; **in terms of salary/pollution** en cuanto a salario/contaminación; **consider it in terms of the environmental damage it will cause** considera el daño medioambiental que causará; **I was thinking in terms of around £30,000** estaba pensando en algo en la región de las 30.000 libras; **in his terms, this is unacceptable** según su manera de ver las cosas, esto es inaceptable; **I must object in the strongest terms** quiero hacer constar mi más enérgica protesta; **I told her in no uncertain terms** se lo dije en términos muy claros
-2. (relations) **I'm on good/bad terms with her** me llevo bien/mal con ella; **we're on good/bad terms** nos llevamos bien/mal; **to be on friendly terms with sb** llevarse bien con alguien, estar en buenos términos con alguien; **they aren't on speaking terms** no se hablan; **to come to terms with sth** llegar a aceptar algo
-3. (conditions) **terms** (of contract) términos mpl, condiciones fpl; **he offered me favourable terms** me ofreció unas condiciones favorables; **terms of employment** condiciones de contrato; **terms of payment** condiciones de pago; **terms of reference** (of commission) competencias; (of report) ámbito; **I'll do it, but on my (own) terms** lo haré, pero yo fijaré las condiciones; **to compete on equal** or **the same terms** competir en condiciones de igualdad
-4. (period) **a ~ of imprisonment, a prison ~** un periodo de reclusión; **he was given a five-year prison ~** fue condenado a cinco años de reclusión; **~ (of office)** (of politician) mandato m; **her pregnancy has reached (full) ~** ha salido de cuentas, RP está con un embarazo a término; **in the long/short/medium ~** a largo/corto/medio plazo
-5. SCH & UNIV (of three months) trimestre m; (of four months) cuatrimestre m ❑ US UNIV **~ paper** trabajo m trimestral
-6. MATH término m
-7. LAW (duration of contract) vigencia f
◇ vt denominar, llamar; **I would ~ their remarks irrelevant** yo calificaría sus comentarios de irrelevantes

terminal ['tɜːmɪnəl] ◇ n **-1.** ELEC (of battery) polo m **-2.** (for train, bus, at airport) terminal f; **smoking is not permitted inside the ~ building** está prohibido fumar dentro (del edificio) de la terminal **-3.** COMPTR terminal m
◇ adj **-1.** MED (phase) terminal; (illness, patient) (en fase) terminal; Fig **an industry in ~ decline** una industria en vías de desaparecer or en fase de desaparición; Fam Hum **I think I'm suffering from ~ boredom** creo que lo que pasa es que me aburro como una ostra **-2.** (final) **~ station** fin de trayecto, final de línea, estación terminal **-3.** PHYS **~ velocity** velocidad f terminal or límite

terminally ['tɜːmɪnəlɪ] adv **he is ~ ill** está en fase terminal, es un enfermo terminal; **she's ~ ill with cancer** tiene cáncer en fase terminal; **~ ill patient** enfermo(a) terminal

terminate ['tɜːmɪneɪt] ◇ vt **-1.** (contract) rescindir; (project) suspender; (relationship, conversation, meeting) poner fin a; **his employment with the company has been terminated as of today** con fecha de hoy causa baja como empleado de la empresa **-2.** (pregnancy) interrumpir **-3.** (make redundant) (employee) prescindir de los servicios de **-4.** Fam (kill) eliminar, liquidar
◇ vi **-1.** (contract) finalizar, cumplir; (relationship, conversation, meeting, project) terminar, concluir; **his employment with us terminated last year** causó baja en nuestra empresa el año pasado **-2.** (bus, train) **the train terminates here/at Glasgow** ésta/Glasgow es la última parada del tren

termination [tɜːmɪ'neɪʃən] n **-1.** (of contract) rescisión f; (of project) suspensión f ❑ **~ of employment** despido m **-2.** MED **(of pregnancy)** interrupción f (voluntaria) del embarazo; **to have a ~** abortar

terminological [tɜːmɪnə'lɒdʒɪkəl] adj terminológico(a)

terminologist [tɜːmɪ'nɒlədʒɪst] n terminólogo(a) m,f

terminology [tɜːmɪ'nɒlədʒɪ] n terminología f

terminus ['tɜːmɪnəs] n **-1.** (final stop) (of bus) última parada f, final m de trayecto; (of train) estación f terminal **-2.** (building) (of bus, train) (estación f) terminal f

termite ['tɜːmaɪt] n termes m inv, termita f

termtime ['tɜːmtaɪm] n periodo m lectivo; **her ~ address** su dirección durante el curso

tern [tɜːn] n charrán m (común)

ternary ['tɜːnərɪ] adj MATH ternario(a)

Terr (abbr **terrace**) = abreviatura escrita en las direcciones de una calle compuesta por una hilera de casas adosadas

terrace ['terɪs] ◇ n **-1.** (outside cafe, hotel) terraza f **-2.** (on hillside) terraza f **-3.** Br **the terraces** (in sports ground) las gradas **-4.** Br (of houses) hilera f de casas adosadas ❑ **~ house** casa f adosada
◇ vt (hillside) hacer terrazas en

terraced ['terɪst] adj **-1.** (hillside) en terrazas **-2.** Br (house, row) adosado(a)

terracotta ['terə'kɒtə] ◇ n **-1.** (earthenware) terracota f, barro m cocido **-2.** (colour) color m terracota, rojo m arcilloso
◇ adj **-1.** (pottery) de terracota, de barro cocido **-2.** (colour) rojo(a) arcilloso(a)

terra firma ['terə'fɜːmə] n tierra f firme

terrain [tə'reɪn] n terreno m

Terramycin® [terə'maɪsɪn] n PHARM terramicina f

terrapin ['terəpɪn] n galápago m, tortuga f acuática

terrarium [tə'reərɪəm] n (for plants, reptiles) terrario m

terrazzo [tə'rætsəʊ] n terrazo m

terrestrial [tɪ'restrɪəl] adj terrestre ❏ **~ globe** esfera f terrestre; **~ television** or **TV** televisión f (por vía) terrestre

terrible ['terəbl] adj **-1.** (severe) (accident, storm, heat, pain) terrible, tremendo(a); (shock) tremendo(a); **it caused ~ damage** causó destrozos terribles or tremendos; **it was a ~ blow** fue un golpe terrible or muy duro
-2. (very bad) (meal, performance, smell, conditions) horrible, espantoso(a); (headache, cold) terrible, espantoso(a); (mistake) terrible, tremendo(a); **she has a ~ memory** tiene una memoria horrible, tiene muy mala memoria; **I'm ~ at French, my French is ~** se me da muy mal or Esp fatal el francés; **what a ~ thing to say/do!** ¡está muy feo decir/hacer eso!; **to feel ~** (ill) encontrarse muy mal or Esp fatal; **I feel ~ about leaving them on their own** me sabe muy mal dejarlos solos, Esp me siento fatal dejándolos solos; **I've had a ~ week at work** he tenido una semana horrible en el trabajo; **I had a ~ time** lo pasé horrible or Esp fatal; **to look ~** (ill, unhappy, unattractive) tener muy mal aspecto; **to smell ~** oler horrible or Esp fatal; **we only get two weeks holiday – that's ~!** sólo nos dan dos semanas de vacaciones – ¡qué mal!; Fam **the ~ twos** la edad crítica de los dos años
-3. (shocking) (noise, sight) tremendo(a), horrible
-4. (for emphasis) **it's a ~ shame!** ¡es una verdadera or auténtica pena!; **he's a ~ gossip** es tremendamente chismoso; **the food was a ~ disappointment** la comida fue verdaderamente decepcionante; **he's had ~ trouble with his washing machine** ha tenido muchísimos problemas con su lavadora
-5. Literary (frightening) (person, gaze) temible, amedrentador

terribly ['terɪblɪ] adv **-1.** (badly) (to perform, play, behave) tremendamente mal, Esp fatal
-2. (very) tremendamente; **I'm ~ sorry** no sabes cuánto lo siento, lo siento en el alma; **I'm not ~ interested** no es que me interese demasiado; **that's ~ kind of you** es muy amable de or por tu parte; **the food here is ~ good** aquí la comida es buenísima or extraordinaria; **I've been ~ ill** he estado muy enfermo; **she did ~ well in her exams** le salieron muy bien los exámenes; **our plan went ~ wrong** el plan nos salió tremendamente mal or Esp fatal
-3. (a lot) **I'll miss you ~** te voy a echar muchísimo de menos; **his wound hurt ~** la herida le dolía muchísimo

terrier ['terɪə(r)] n **-1.** (dog) terrier m **-2.** (persistent person) batallador(ora) m,f

terrific [tə'rɪfɪk] adj **-1.** Fam (very good) (food, book, weather, performance) estupendo(a), genial, Andes, CAm, Carib, Méx chévere, Méx padre, RP bárbaro(a); **you look ~ in that dress** estás fantástica con ese vestido; **we had a ~ time** lo pasamos genial or estupendamente; **I've got tickets for the concert – (that's) ~!** tengo entradas para el concierto – ¡estupendo or genial!; Ironic **that's just ~!** ¡mira qué bien!, Esp ¡pues sí que estamos apañados!
-2. (very great) (amount, size, speed, bang, shock) tremendo(a); **it was a ~ disappointment to lose in the semi-final** la decepción por perder en la semifinal fue tremenda or mayúscula

terrifically [tə'rɪfɪklɪ] adv Fam **-1.** (very) tremendamente; **~ exciting** superemocionante; **~ fast** superrápido(a); **it was ~ hot** hacía un calor tremendo **-2.** (very well) (to sing, act) estupendamente, genial; **you did ~ just to finish the race** que terminaras la carrera fue ya todo un logro; **they get along ~ (well)** se llevan estupendamente or fantásticamente

terrified ['terɪfaɪd] adj aterrorizado(a), aterrado(a); **to be ~ of sth/sb** tener terror a algo/alguien; **to be ~ of doing sth** tener terror a hacer algo; **he was ~ of offending his father** le daba terror el que pudiera ofender a su padre; **I was ~ that he might never return** me aterraba la idea de que no regresara

terrify ['terɪfaɪ] vt aterrar, aterrorizar; **it terrifies me to think that it could have been me instead of him** me aterra pensar que yo podría haber estado en su lugar

terrifying ['terɪfaɪɪŋ] adj aterrador(ora); **what a ~ thought!** ¡qué horrible!, ¡qué horror or espanto!

terrifyingly ['terɪfaɪɪŋlɪ] adv aterradoramente

terrine [tə'riːn] n terrina f, tarrina f

territorial [terɪ'tɔːrɪəl] ◇ n Br **the Territorials** = cuerpo militar de reservistas voluntarios que reciben instrucción en su tiempo libre
◇ adj **-1.** POL territorial ❏ SPORT **~ advantage** superioridad f territorial; Br **the Territorial Army** = cuerpo militar de reservistas voluntarios que reciben instrucción en su tiempo libre; **~ waters** aguas fpl territoriales or jurisdiccionales
-2. (animal, person) **it's very ~** tiene un gran sentido de la territorialidad; **he's very ~** no le gusta nada que invadan su terreno

territory ['terɪtərɪ] n **-1.** (land) territorio m
-2. (dependency) territorio m
-3. (of animal) territorio m; (of salesperson) zona f
-4. SPORT **in terms of ~**, **Wales had the advantage** Gales gozó de superioridad territorial
-5. (area of activity) ámbito m; **I'm afraid customer relations isn't really my ~** me temo que la atención al cliente cae fuera de mi responsabilidad; **the book covers what will be familiar ~ for his regular readers** el libro se adentra en terreno ya conocido por sus lectores habituales; **late nights go with the ~ in this job** en este trabajo ya se sabe que hay que trasnochar

terror ['terə(r)] n **-1.** (fear) terror m; **she cried out in ~** gritó aterrorizada; **the whole country was living in ~** el país entero vivía aterrorizado; **to live in ~ of (doing) sth** tener terror a (hacer) algo, vivir aterrorizado(a) pensando en la posibilidad de (hacer) algo; **she was in ~ of her life** temía por su propia vida; **I have a ~ of flying** me da pánico volar; **a reign of ~** un imperio del terror ❏ **~ group** grupo m terrorista
-2. (frightening thing) **the terrors of the night** los horrores de la noche; **to hold no terrors for sb** no inspirar ningún miedo a alguien
-3. Fam (person) **that child is a ~** ese niño es un demonio or diablo

terrorism ['terərɪzəm] n terrorismo m

terrorist ['terərɪst] ◇ n terrorista mf
◇ adj terrorista; **a ~ attack/group** un atentado/grupo terrorista

terrorize ['terəraɪz] vt aterrorizar; **they terrorized the local people into leaving their homes** hicieron que los lugareños huyeran despavoridos de sus casas

terror-stricken ['terəstrɪkən], **terror-struck** ['terəstrʌk] adj aterrado(a); **to be ~** estar aterrado(a)

terry ['terɪ] n **~ (towelling** or US **cloth)** (material) toalla f de rizo ❏ Br **~ nappy** pico m, pañal m lavable (de toalla)

terse [tɜːs] adj seco(a)

tersely ['tɜːslɪ] adv con sequedad; **a ~ worded statement** unas declaraciones secas y escuetas

terseness ['tɜːsnɪs] n sequedad f

tertiary ['tɜːʃərɪ] ◇ n GEOL **the Tertiary** el Terciario
◇ adj **-1.** Br EDUC superior ❏ **~ education** enseñanza f superior **-2.** IND terciario(a), de servicios **-3.** GEOL **Tertiary** terciario(a)

Terylene® ['terɪliːn] n Br fibra f Terilene; **a ~ shirt** una camiseta de fibra Terilene

TESL ['tesəl] n (abbr **teaching English as a second language**) enseñanza f del inglés como segunda lengua

TESOL ['tiːsɒl] n (abbr **Teaching English to Speakers of Other Languages**) enseñanza f del inglés a hablantes de otras lenguas

TESSA ['tesə] n Br FIN (abbr **tax-exempt special savings account**) = plan de ahorro que permite unos máximos anuales de inversión y de capitalización de intereses exentos de tributación fiscal

tessellated ['tesəleɪtɪd] adj teselado(a), de teselas

tessellation [tesɪ'leɪʃən] n (mosaic) (mosaico m) teselado m, mosaico m de teselas

test [test] ◇ n **-1.** SCH examen m, control m; (for job) prueba f; **French ~** examen or control de francés; **all applicants have to complete a written ~** todos los solicitantes deberán realizar una prueba escrita; **there was a general knowledge ~ in the paper** en el examen había un test de cultura general; **I had to do** or **sit** or **take a ~ at the interview** tuve que hacer una prueba durante la entrevista ❏ **~ paper** (exam) examen m
-2. AUT **(driving) ~** examen m de Esp conducir or Am manejar; **have you passed your ~ yet?** ¿has aprobado ya el examen de Esp conducir or Am manejar?
-3. MED análisis m inv, prueba f; **blood ~** análisis de sangre; **eye ~** revisión de la vista; **he is still undergoing tests** aún le están haciendo pruebas ❏ **~ battery** batería f de pruebas
-4. (of equipment, product, quality) prueba f; **to carry out tests on sth** realizar pruebas con algo ❏ **~ ban** suspensión f or prohibición f de pruebas or ensayos nucleares; **~ ban treaty** tratado m de prohibición de pruebas or ensayos nucleares; Br **~ card** (on television) carta f de ajuste; LAW **~ case** resolución f or precedente judicial que sienta jurisprudencia; **~ drive** prueba f en carretera; **to go for a ~ drive** hacer una prueba en carretera; **~ flight** vuelo m de prueba; CHEM **~ paper** papel m indicador or reactivo; US **~ pattern** carta f de ajuste; **~ pilot** piloto mf de pruebas; **~ run** (trial) prueba f, ensayo m; **~ tube** tubo m de ensayo
-5. (of character, endurance, resolve) prueba f; **the strike will be a ~ of union solidarity** la huelga pondrá a prueba la solidaridad sindical; **the game will be a good ~ of how far the team has progressed** el partido servirá de piedra de toque para comprobar los progresos del equipo; **to pass the ~** superar la prueba; **to put sth/sb to the ~** poner algo/a alguien a prueba; **to stand the ~ of time** resistir la prueba del tiempo
-6. SPORT **~ (match)** (in cricket) encuentro m internacional de cinco días; (in rugby) encuentro m or partido m internacional ❏ **~ team** equipo m or selección f nacional
◇ vt **-1.** (examine) (pupil, applicant) hacer una prueba a; **to ~ sb's knowledge/ability** poner a prueba los conocimientos/la capacidad de alguien; **she was tested on her knowledge of plants** le hicieron una prueba de sus conocimientos sobre plantas; **would you ~ me on my Latin verbs?** ¿me preguntas los verbos en latín?
-2. MED (sight, hearing) revisar; (blood, urine) analizar; (reflexes) probar, hacer una prueba de; **to have one's eyes tested** hacerse una revisión de la vista; Fam Fig **you need your eyes testing!** ¡que Dios te conserve el oído, porque lo que es la vista...!; **to ~ sb for drugs/AIDS** hacer a alguien la prueba antidoping/del sida
-3. (equipment, product, quality) probar; (pressure, suspension) revisar, comprobar; (weapon, drug) probar, hacer pruebas con; (soil, water) analizar; **none of our products are tested on animals** ninguna prueba experimental de nuestros productos se realiza con animales; **the water was tested**

testament

for phosphates se analizó el agua en busca de fosfatos; IDIOM **to ~ the water(s)** tantear el terreno
-4. *(character, endurance, patience, resolve)* poner a prueba; **it tested our friendship to the limit** aquello puso verdaderamente a prueba nuestra amistad
◇ *vi* **-1.** *(make examination)* **to ~ for Aids** hacerse la prueba del sida; **we are testing for phosphates in the water** estamos analizando el agua en busca de fosfatos; **we will be testing for an ability to work under pressure** se harán pruebas para comprobar la capacidad de trabajar sometido a presión; *Fam Hum* **just testing!** ¡sólo lo decía por si las moscas!
-2. *(show test result)* **to ~ positive/negative (for drugs/AIDS)** dar positivo/negativo (en la prueba antidoping/del sida)
-3. RAD & TEL **testing, testing!** ¡probando, probando!

◆ **test out** *vt sep (idea, scheme)* poner a prueba

testament ['testəmənt] *n* **-1.** LAW *(will)* testamento *m* **-2.** *(tribute)* testimonio *m*; **to be a ~ to** dar testimonio de **-3.** REL **the Old/New Testament** el Antiguo/Nuevo Testamento

testate ['testeɪt] *adj* LAW testado(a); **to die ~** morir testado(a)

testator [te'steɪtə(r)] *n* LAW testador(ora) *m,f*

testatrix [te'steɪtrɪks] *n* LAW testadora *f*

test-bed ['testbed] *n* banco *m* de pruebas

test-drive ['testdraɪv] *vt* AUT probar en carretera

tester ['testə(r)] *n* **-1.** *(person)* verificador(ora) *m,f*, comprobador(ora) *m,f*; *(quality controller)* técnico(a) *m,f* de control de calidad; *(machine)* tester *m* **-2.** *(sample)* muestra *f* **-3.** *(difficult thing)* prueba *f* de fuego

testes *pl of* **testis**

test-fly ['testflaɪ] *vt (plane)* hacer un vuelo de prueba a

testicle ['testɪkəl] *n* ANAT testículo *m*

testicular [tes'tɪkjʊlə(r)] *adj* testicular ▫ **~ cancer** cáncer *m* de testículo(s) *or* testicular

testify ['testɪfaɪ] LAW ◇ *vt* **to ~ that...** testificar *or* atestiguar que...
◇ *vi* testificar, declarar **(for/against** a favor de/en contra de); *Fig* **to ~ to sth** *(be proof of)* atestiguar algo

testily ['testɪlɪ] *adv* irritadamente, con irritación

testimonial [testɪ'məʊnɪəl] *n* **-1.** *(character reference)* referencias *fpl* **-2.** SPORT **~ (match)** partido *m* de homenaje

testimony ['testɪmənɪ] *n* **-1.** LAW testimonio *m* **-2.** *(proof)* testimonio *m* **(to** *or* **of** de); **to bear ~ to sth** atestiguar algo

testiness ['testɪnɪs] *n (of person, mood, manner)* susceptibilidad *f*, irritabilidad *f*; *(of tone)* irritación *f*

testing ['testɪŋ] ◇ *n (of machine, bridge)* prueba *f*; *(of weapons)* pruebas *fpl*, ensayos *mpl* ▫ **~ ground** campo *m* de pruebas
◇ *adj (problem)* difícil, arduo(a); **these have been ~ times** han sido tiempos difíciles; **he had a ~ time of it at full back** pasó muchos apuros en el lateral de la defensa

testis ['testɪs] *(pl* **testes** ['testɪːz]) *n* ANAT testículo *m*

test-market ['testmɑːkɪt] *vt* hacer pruebas de mercado a

testosterone [tes'tɒstərəʊn] *n* BIOL testosterona *f*

test-tube baby ['testˌtjuːb'beɪbɪ] *n* niño(a) *m,f* probeta

testy ['testɪ] *adj (person, mood, manner)* susceptible, irritable; *(tone)* irritado(a); **to be ~** *(by nature)* ser susceptible *or* irritable; *(temporarily)* estar irritado(a) *or* irritable

tetanus ['tetənəs] *n* MED tétanos *m inv* ▫ **~ injection** *(vacuna f)* antitetánica *f*

tetchily ['tetʃɪlɪ] *adv* irritadamente, con irritación

tetchiness ['tetʃɪnɪs] *n* susceptibilidad *f*, irritabilidad *f*

tetchy ['tetʃɪ] *adj* susceptible, irritable; **to be ~** estar susceptible *or* irritable

tête-à-tête ['tetɑː'tet] *n* conversación *f* a solas

tether ['teðə(r)] ◇ *n (for tying animal)* correa *f*, atadura *f*
◇ *vt (animal)* atar

tetra ['tetrə] *n* tetra *m (pez tropical de colores)*

tetrachloromethane [tetrəklɔːrəʊ'miːθeɪn] *n* CHEM tetracloruro *m* de carbono, tetraclorometano *m*

tetracycline [tetrə'saɪkliːn] *n* PHARM tetraciclina *f*

tetrahedron [tetrə'hiːdrən] *n* GEOM tetraedro *m*

tetralogy [te'trælədʒɪ] *n* tetralogía *f*

tetrameter [te'træmɪtə(r)] *n* tetrámetro *m*

tetraplegia [tetrə'pliːdʒɪə] *n* tetraplejía *f*, tetraplejia *f*

tetraplegic [tetrə'pliːdʒɪk] ◇ *n* tetrapléjico(a) *m,f*
◇ *adj* tetrapléjico(a)

Teutonic [tjuː'tɒnɪk] *adj* teutón(ona)

Tex *(abbr* **Texas)** Texas, Tejas

Texan ['teksən] ◇ *n* tejano(a) *m,f*
◇ *adj* tejano(a)

Texas ['teksəs] *n* Texas, Tejas

Tex-Mex ['teks'meks] ◇ *n* **-1.** *(food)* comida *f* tex-mex **-2.** *(music)* (música *f*) tex-mex *m*
◇ *adj* tex-mex, tejano-mejicano(a)

text [tekst] ◇ *n* **-1.** *(writing, piece of writing, contents)* texto *m*; **the ~ of his speech was published in the newspapers** el texto de su discurso fue publicado por la prensa ▫ COMPTR **~ editing** edición *f* de textos; COMPTR **~ editor** editor *m* de textos; COMPTR **~ field** campo *m* de texto; COMPTR **~ file** archivo *m* de texto; **~ message** *(sent by mobile phone)* mensaje *m* de texto; **~ messaging** *(on mobile phones)* envío *m* de mensajes de texto; COMPTR **~ mode** modo *m (de)* texto; COMPTR **~ processing** procesado *m or* tratamiento *m* de textos; COMPTR **~ wrap** contorneo *m* de texto
-2. *(textbook)* (libro *m* de) texto *m*
-3. REL *(from Bible)* pasaje *m*
◇ *vt (send text message to)* enviar un mensaje de texto a
◇ *vi (send text messages)* enviar mensajes de texto

textbook ['tekstbʊk] *n* libro *m* de texto; *Fig* **a ~ example** un ejemplo modélico *or* de libro; *Fig* **that was a ~ backhand smash** ha sido un mate de revés como mandan los cánones *or* de libro

textile ['tekstaɪl] ◇ *n* tejido *m*; **the ~ industry** la industria textil
◇ *adj* textil

texting ['tekstɪŋ] *n* *Fam* *(on mobile phones)* envío *m* de mensajes de texto

textual ['tekstjʊəl] *adj* textual ▫ **~ analysis** comentario *m* de texto

texture ['tekstʃə(r)] *n* textura *f*

textured ['tekstʃəd] *adj* texturizado(a) ▫ **~ vegetable protein** proteína *f* vegetal texturizada, = alimento proteínico a base de soja texturizada que se utiliza como sustituto de la carne

T&G ['tiːən'dʒiː] *n (abbr* **Transport and General Workers' Union)** = sindicato británico compuesto por trabajadores de diversos sectores del transporte y la industria

TGIF [tiːdʒiːaɪ'ef] *n* *Fam Hum (abbr* **thank God it's Friday!)** ¡por fin es viernes!

TGWU [tiːdʒiːdʌbəljuː'juː] *n* *Formerly (abbr* **Transport and General Workers' Union)** = sindicato británico compuesto por trabajadores de diversos sectores del transporte y la industria

Thai [taɪ] ◇ *n* **-1.** *(person)* tailandés(esa) *m,f* **-2.** *(language)* tailandés *m*
◇ *adj* tailandés(esa) ▫ **~ boxing** boxeo *m* tailandés

Thailand ['taɪlænd] *n* Tailandia

thalamus ['θæləməs] *n* ANAT tálamo *m*

thalassotherapy [θælæsəʊ'θerəpɪ] *n* talasoterapia *f*

thali ['tɑːlɪ] *n* CULIN = plato variado de comida india

thalidomide [θə'lɪdəmaɪd] *n* PHARM talidomida *f* ▫ **~ baby** = bebé expuesto a la talidomida

thallium ['θælɪəm] *n* CHEM talio *m*

Thames [temz] *n* **the (River) ~** el (río) Támesis

than [ðæn, *unstressed* ðən] ◇ *conj (in general)* que; *(with numbers, amounts)* de; **he's taller ~ me** es más alto que yo; **he was taller ~ I had expected** era más alto de lo que me esperaba; **she stands a better chance of winning ~ she did last year** tiene más posibilidades de ganar (de las) que (tuvo) el año pasado; **I'd rather die ~ admit that** antes morirme que admitir eso; **no sooner had I arrived ~ I realized she wasn't there** nada más llegar *or RP* en cuanto llegué me di cuenta de que no estaba allí; **he is more ~ a friend** es más que un amigo; **more/less ~ ten** más/menos de diez; **more ~ once** más de una vez
◇ *prep US* **different ~** diferente de

thane [θeɪn] *n* HIST *(in England)* noble *m* vasallo del rey; *(in Scotland)* señor *m* feudal

thank [θæŋk] *vt* dar las gracias a; **I thanked everybody** se lo agradecí a todo el mundo; **to ~ sb for sth** agradecer algo a alguien, dar las gracias a alguien por algo; **to ~ sb for doing sth** agradecer a alguien que haya hecho algo, dar gracias a alguien por haber hecho algo; **she thanked us for coming** nos dio las gracias por haber ido, nos agradeció que hubiéramos ido; **I can't ~ you enough for what you've done** te estoy agradecidísimo por lo que has hecho, no sabes cuánto te agradezco lo que has hecho; **how can I ever ~ you for your help?** ¿cómo podré agradecerte tu ayuda?; **~ God!** ¡gracias a Dios!; **~ God** *or* **goodness** *or* **heaven(s) they didn't see us!** ¡menos mal que no nos vieron!; **~ you** gracias; **~ you very much** muchas gracias; **no, ~ you** no, gracias; **~ you for coming** gracias por venir; **~ you for all your help** gracias por tu ayuda; **to say ~ you to sb** dar las gracias a alguien; *Ironic* **I'll ~ you to mind your own business!** te agradecería que te ocuparas de tus asuntos; **we have Michael to ~ for this** esto se lo tenemos que agradecer a Michael; *Ironic* esto ha sido cosa de Michael, la culpa de esto la tiene Michael; *Ironic* **you have only yourself to ~ for that!** ¡tú te lo has buscado!, ¡la culpa no es más que tuya!; **he won't ~ you for that** eso le va a sentar muy mal; **he won't ~ you for disturbing him** le va a sentar muy mal que lo molestes, como no lo molestes se va a acordar de ti

thankful ['θæŋkfʊl] *adj* agradecido(a); **to be ~ to sb for sth** estar agradecido(a) a alguien por algo; **we are very ~ to you for your help** te estamos muy agradecidos por tu ayuda; **to be ~ that...** dar gracias de que...; **you should be ~ for what you have got** deberías dar gracias por lo que tienes; **I'm ~ not to have to go back** menos mal que no tengo que volver

thankfully ['θæŋkfəlɪ] *adv* **-1.** *(with gratitude)* agradecidamente **-2.** *(fortunately)* afortunadamente

thankfulness ['θæŋkfʊlnɪs] *n* agradecimiento *m*

thankless ['θæŋklɪs] *adj* ingrato(a)

thanks [θæŋks] ◇ *npl* gracias *fpl*; **I'd like to express my ~ to...** me gustaría expresar mi agradecimiento *or* gratitud a...; **words of ~** palabras de agradecimiento; **received with ~** *(on statement)* recibí; **to give ~ to sb for sth** darle a alguien las gracias por algo; **give him my ~** dale las gracias de mi parte; **I save his life, and this is (all) the ~ I get!** ¡le salvé la vida y mira cómo me lo agradece!; REL **~ be to God** te alabamos, Señor; **~ him/to his help** gracias a él/a su ayuda; **no ~ to you/them!** a pesar de ti/ellos
◇ *exclam* ¡gracias!; **~ very much** muchas gracias; **~ a million** muchísimas gracias, un millón de gracias; **many ~** muchas gracias; **~ for all your help** gracias por tu

thanksgiving ayuda; **no ~ no**, gracias; **~ for coming** gracias por venir; *Ironic* **~ for nothing!** ¡gracias por nada!; *Ironic* **~ a lot** *or* **a bunch** *or* **a bundle!** ¡muchas gracias!

thanksgiving [ˈθæŋksˌɡɪvɪŋ] *n* agradecimiento *m*; *US* **Thanksgiving (Day)** día *m* de acción de gracias

---
THANKSGIVING

Con la celebración del **Thanksgiving** el cuarto jueves de noviembre se conmemora el asentamiento de los primeros colonos en Norteamérica; se suele celebrar con una cena en familia, que consiste tradicionalmente en un pavo asado con salsa de arándanos, acompañado de boniatos como guarnición y de postre una tarta de calabaza.

---

thank you [ˈθæŋkjuː] *n* agradecimiento *m*; **I have a few thank yous to say** debo expresar mi agradecimiento a varias personas; **I'd like to say a special ~ to Jenny** quisiera expresar mi agradecimiento de manera especial a Jenny; **she left without so much as a ~** se marchó sin dar ni las gracias ❏ **~ letter** carta *f* de agradecimiento; *see also* **thank**

that [ðæt] ◇ *demonstrative adj* (*pl* **those** [ðəʊz]) (*masculine*) ese; (*further away*) aquel; (*feminine*) esa; (*further away*) aquella; **~ man standing in front of you** ese hombre (que está) delante de ti; **~ man right at the back** aquel hombre del fondo; **compare ~ edition with these two** compara esa edición con estas dos; **later ~ day** ese mismo día (más tarde); **~ woman I met** esa mujer que conocí; **we went to ~ restaurant by the river** fuimos a ese restaurante que hay al lado del río; **~ one** (*masculine*) ése; (*further away*) aquél; (*feminine*) ésa; (*further away*) aquélla; **~ at ~ time** en aquella época; **~ fool of a teacher** ese *or* aquel profesor tan tonto; *Fam* **~ sister of yours is nothing but trouble** esa hermana tuya no da más que problemas; *Fam* **well, how's ~ leg of yours?** a ver, ¿cómo va esa pierna?; **what about ~ drink you owe me?** ¿qué pasa con esa copa que me debes?

◇ *demonstrative pron* (*pl* **those**) (*in near to middle distance*) (*indefinite*) eso; (*masculine*) ése; (*feminine*) ésa; (*further away*) (*indefinite*) aquello; (*masculine*) aquél; (*feminine*) aquélla; **give me ~** dame eso; **this is new and ~'s old** éste es nuevo y ése es viejo; **~'s my husband over there** ése es mi marido; **what's ~?** ¿qué es eso?; **who's ~?** (*pointing*) ¿quién es ése/ésa?; (*who are you?*) ¿quién es?; **who's ~ at the back in the blue coat?** ¿quién es aquél del fondo con el abrigo azul?; **is ~ all the luggage you're taking?** ¿es ése todo el equipaje que llevas?; **is ~ you, Julie?** (*on phone*) ¿eres tú, Julie?; **is ~ you screaming, John?** ¿eres tú el que grita, John?; **~'s where he lives** ahí es donde vive; **~'s why we lost** por eso perdimos; **you say you disagree... why is ~?** dices que no estás de acuerdo... ¿por qué?; **~ was a delicious meal!** ¡qué comida más deliciosa!; **1967, ~ was a great year** 1967, ¡qué año aquél!; **~ was two years ago** eso fue hace dos años; **I've got some gloves like ~** tengo unos guantes como ésos; *Formal* **a storm like ~ of ten years ago** una tormenta como la de hace diez años; *Formal* **~ which has no explanation** aquello que no tiene explicación; **~'s strange/terrible!** ¡qué raro/terrible!, ¡es extraño/terrible!; **~'s true** es verdad; **take your medicine, ~'s a good boy!** sé bueno y tómate la medicina; **~'s the French (for you)!** ¡así son los franceses!; **~ is (to say)** esto es; **~'s all** eso es todo; **~'s enough of ~!** ¡ya basta!; **~'s more like it!** ¡así está mejor!; **~'s it** (*it's over*) ¡no es nada!; **~'s it, I'm leaving!** (*expressing anger*) ¡ya no aguanto más, me marcho!; **~'s right!**, **~'s it!** (*that's correct*) ¡eso es!; **~'s ~!** ¡ya está!; **we locked the door, and ~ was ~** cerramos la puerta, y eso fue todo; **all ~ about my family** lo de *or* aquello de mi familia; *Fam* **they were very friendly and (all) ~** fueron

muy amables y todo eso; **for all ~ I still love her...** por mucho que la quiera...; **can you run as fast as ~?** ¿puedes correr así de deprisa?; **it was a long journey and a tedious one at ~** fue un viaje largo y, encima, tedioso; **what do you mean by ~?** ¿qué quieres decir con eso?; **with ~ she turned and left** con eso, dio media vuelta y se marchó

◇ *adv* **-1.** (*in comparisons*) así de; **~ high** así de alto; **can you run ~ fast?** ¿puedes correr así de deprisa?; **~ many** tantos(as); **~ much** tanto

-2. (*so, very*) tan; **it isn't ~ good** no es tan bueno; **is she ~ tall?** ¿tan alta es?; **I'm not ~ keen on it** no me entusiasma demasiado; *Fam* **he's ~ stupid (~)** he... es tan estúpido que...; **there weren't ~ many there** no había muchos; **I haven't played this game ~ much** no he jugado demasiado a este juego

◇ [unstressed ðət] *relative pron*

El pronombre relativo **that** puede omitirse salvo cuando es sujeto de la oración subordinada.

-1. (*introducing subordinate clause*) que; **the letter ~ came yesterday** la carta que llegó ayer; **the letters ~ I sent you** las cartas que te envié; **you're the only person ~ can help me** eres la única persona que puede ayudarme; **the reason ~ I'm telling you** la razón por la que te lo digo

-2. (*with following preposition*) que; **the envelope ~ I put it in** el sobre en que lo guardé; **the woman ~ we're talking about** la mujer de quien *or* de la que estamos hablando; **the person ~ I gave it to** la persona a quien *or* a la que se lo di; **the people ~ I work with** la gente con la que trabajo

-3. (*when*) que; **the last time ~ I saw him** la última vez que lo vi; **the day ~ I left** el día (en) que me fui

◇ [unstressed ðət] *conj*

---
that se puede omitir cuando introduce una oración subordinada.

-1. (*introducing subordinate clause*) que; **she said ~ she would come** dijo que vendría; **I'll see to it ~ everything is ready** me ocuparé de que todo esté listo; **my opinion is ~ you should stay** opino que debes quedarte; **the fact ~ he told you** el hecho de que te lo contara

-2. *Formal* (*so that*) **let's explain, ~ she might understand our actions** expliquémonos para que así comprenda nuestras acciones

-3. *Literary* (*in exclamations*) **~ it should have come to this!** ¡que hayamos tenido que llegar a esto!; **oh ~ it were possible!** ¡ojalá fuese posible!

thatch [θætʃ] ◇ *n* **-1.** (*on roof*) paja *f* **-2.** *Fam* (*of hair*) mata *f*
◇ *vt* (*roof*) cubrir con paja

thatched [θætʃt] *adj* **~ cottage** casa de campo con techo de paja; **~ roof** techo de paja

thatcher [ˈθætʃə(r)] *n* techador(ora) *m,f*, chamicero(a) *m,f*

Thatcherism [ˈθætʃərɪzəm] *n* thatcherismo *m*
Thatcherite [ˈθætʃəraɪt] ◇ *n* thatcherista *mf*
◇ *adj* thatcherista

thatching [ˈθætʃɪŋ] *n* **-1.** (*material*) paja *f* para techumbre, chamiza *f* **-2.** (*skill*) techado *m* con paja *or* chamiza

that's [ðæts] = **that is, that has**

thaw [θɔː] ◇ *n* deshielo *m*; *Fig* **a ~ in relations** una mejora de las relaciones
◇ *vt* **-1.** (*snow, ice*) fundir, derretir **-2.** (*food*) descongelar
◇ *vi* **-1.** (*to melt*) (*snow, ice*) derretirse, fundirse; **it's beginning to ~** está empezando el deshielo **-2.** (*food*) descongelarse **-3.** (*get warmer*) (*hands, feet*) entrar en calor **-4.** (*person, manner, atmosphere*) relajarse; (*relations*) distenderse; **she seems finally to be thawing towards me** parece que por fin me trata con más cariño

▸ **thaw out** ◇ *vt sep* **-1.** (*food*) desconge-

lar **-2.** (*feet, hands*) hacer entrar en calor a
◇ *vi* **-1.** (*lake*) deshelarse **-2.** (*food*) descongelarse **-3.** (*person*) (*in. front of fire*) entrar en calor

the [before consonant sounds ðə, before vowel sounds ðɪ, stressed ðiː] *definite article* **-1.** (*singular*) (*masculine*) el; (*feminine*) la; (*plural*) (*masculine*) los; (*feminine*) las; **~ book** el libro; **~ table** la mesa; **~ books** los libros; **~ tables** las mesas; **~ cold water** el agua fría; **~ same thing** la misma cosa, lo mismo; **to/from ~ airport** al/del aeropuerto; **~ good/beautiful** (*as concepts*) lo bueno/bello; **~ impossible** lo imposible; **I'll see him in ~ summer** lo veré en verano; **later in ~ week** esta semana (más adelante), *RP* más entrada la semana; **she's got ~ measles/~ flu** tiene (el) sarampión/(la) gripe *or Col, Méx* gripa; **I've been ~ president of this company for many years** he sido (el) presidente de esta compañía durante muchos años; **~ best** el/la mejor; **~ longest** el/la más largo(a); **I like this one ~ most** éste es el que más me gusta

-2. (*specifying*) **~ reason I asked is...** el motivo de mi pregunta es...; **I was absent at ~ time** yo no estaba en ese momento; **~ Europe of today** la Europa actual; **~ minute I saw her** en cuanto la vi; **it hit me on ~ head** me golpeó en la cabeza; *Fam* **how's ~ knee?** ¿qué tal esa rodilla?; *Fam* **~ wife's been ill** la *Esp* parienta *or Am* vieja *or RP* patrona ha estado enferma

-3. (*denoting class, group*) **~ poor/blind** los pobres/ciegos; **~ French** los franceses; **~ tiger is threatened with extinction** el tigre está en peligro de extinción; **~ Wilsons** los Wilson

-4. (*with musical instruments*) **to play ~ piano** tocar el piano

-5. (*with titles*) **Edward ~ Eighth** (*written* Edward VIII) Eduardo Octavo (*escrito* Eduardo VIII); **Catherine ~ Great** Catalina la Grande

-6. (*proportions, rates*) **to be paid by ~ hour** cobrar por hora(s); **15 kilometres to ~ litre** 15 kilómetros por *or* el litro; **20 pesos to ~ pound** 20 pesos por libra

-7. (*in exclamations*) **~ arrogance/stupidity of it!** ¡qué arrogancia/estupidez!; **~ lucky devil!** ¡qué suertudo(a)!; *Fam* **he's gone and borrowed my bike, ~ cheeky so-and-so!** ¡el muy caradura se ha ido y se ha llevado mi bicicleta

-8. [stressed ðiː] **not THE Professor Brown?** ¿no será el famosísimo Profesor Brown?; **it's THE car for the young professional** es el coche de los jóvenes profesionales; **it's THE place to be seen** es el lugar de moda

-9. (*in comparisons*) **~ sooner ~ better** cuanto antes, mejor; **~ less we argue, ~ more work we'll get done** cuanto menos discutamos, más trabajaremos; **I was all ~ more puzzled by his calmness** lo que más me extrañaba era su tranquilidad; **she felt all ~ better for having told him** se sentía mucho mejor por habérselo dicho; **I feel none ~ worse for ~ experience** a pesar de la experiencia me siento perfectamente

-10. (*with dates*) **~ ninth of June** el nueve de junio; **~ sixties** los sesenta; **~ eighteen hundreds** el siglo diecinueve; **she arrived on ~ Friday** llegó el viernes

-11. (*enough*) **she hasn't got ~ time/money to do it** no tiene (el) dinero/(el) tiempo para hacerlo

theatre, *US* **theater** [ˈθɪətə(r)] *n* **-1.** (*building*) teatro *m*; **to go to the ~** ir al teatro ❏ **~ ticket** entrada *f or Col, Méx* boleto *m* para el teatro

-2. (*art*) teatro *m*; **Greek/modern ~** teatro griego/moderno; **~ of the absurd** el teatro del absurdo ❏ **~ company** compañía *f* de teatro; **~ critic** crítico(a) *m,f* teatral *or* de teatro

-3. (*profession*) teatro *m*; **he has spent his life in the ~** ha consagrado su vida al (mundo del) teatro

-4. *US* (*for movies*) cine *m*

theatre-goer

-5. Br MED (operating) ~ quirófano m
-6. (lecture hall) aula f
-7. MIL ~ of war escenario de guerra

theatre-goer, US **theater-goer** ['θɪətə-gəʊə(r)] n aficionado(a) m,f al teatro

theatre-going, US **theater-going** ['θɪətəgəʊɪŋ] ◇ n afición f al teatro; **my pastimes include ~ and crosswords** entre mis pasatiempos están el teatro y los crucigramas
◇ adj **the ~ public** los aficionados al teatro, los espectadores de teatro

theatre-in-the-round ['θɪətəɪnðə'raʊnd] n teatro m con escenario central

theatrical [θɪ'ætrɪkəl] ◇ n **theatricals** THEAT montajes mpl or representaciones fpl teatrales; (exaggerated behaviour) teatralidad f; **amateur ~** teatro aficionado
◇ adj **-1.** THEAT teatral ❑ **~ agency** empresa f de contratación artística; **~ agent** agente mf teatral; **~ company** compañía f teatral **-2.** (exaggerated) (gesture, behaviour) teatral; **why do you always have to be so ~ about everything?** ¿por qué siempre tienes que echarle tanto teatro a todo?

theatricality [θɪætrɪ'kælɪtɪ] n teatralidad f

theatrically [θɪ'ætrɪklɪ] adv **-1.** THEAT teatralmente **-2.** (in exaggerated fashion) teatralmente; **to behave ~** hacer mucho teatro

theatrics [θɪ'ætrɪks] npl **-1.** THEAT teatro m **-2.** (contrived effects) tramoya f, golpes mpl de efecto

Thebes [θi:bz] n HIST Tebas

thee [ði:] pron **-1.** Literary te; (after preposition) ti **-2.** REL te; (after preposition) ti

theft [θeft] n robo m; (less serious) hurto m

theftproof ['θeftpru:f] adj (vehicle, door) a prueba de robo, antirrobo

their [ðeə(r)] possessive adj **-1.** (singular) su; (plural) sus; **~ dog** su perro; **~ parents** sus padres; **we went to ~ house** fuimos a su casa; **it wasn't THEIR idea!** ¡la idea no fue de ellos!; **we were upset at ~ mentioning it** nos disgustó que lo mencionaran; **~ understanding was that we would share the cost** ellos habían entendido que compartiríamos los costos
-2. (for parts of body, clothes) (translated by definite article) su; **~ eyes are blue** tienen los ojos azules; **they both forgot ~ hats** los dos se olvidaron el sombrero; **they washed ~ faces** se lavaron la cara; **they put ~ hands in ~ pockets** se metieron las manos en los bolsillos; **someone stole ~ clothes** alguien les robó la ropa
-3. (indefinite use) su; **somebody called but they didn't leave ~ name** ha llamado alguien, pero no ha dejado su nombre; **someone's left ~ umbrella** alguien se ha dejado el paraguas

theirs [ðeəz] possessive pron **-1.** (singular) el/la suyo(a); (plural) los/las suyos(as); **our house is big but ~ is bigger** nuestra casa es grande, pero la suya es mayor; **he didn't have a book so we gave him ~** como no tenía libro le dimos el de ellos; **it must be one of ~** debe de ser uno de los suyos; **it wasn't my fault, it was THEIRS** la culpa no fue mía sino suya or de ellos; **~ is the work she admires most** el trabajo que más admira es el de ellos or suyo
-2. (used attributively) (singular) suyo(a); (plural) suyos(as); **this book is ~** este libro es suyo; **a friend of ~** un amigo suyo; **that wretched dog of ~** ese maldito perro que tienen
-3. (indefinite use) **if anyone hasn't got ~ they can use mine** si alguien no tiene el suyo, puede usar el mío

theism ['θi:ɪzəm] n REL teísmo m

theist ['θi:ɪst] ◇ n teísta mf
◇ adj teísta

theistic [θi:'ɪstɪk] adj teísta

them [ðem, unstressed ðəm] ◇ pron **-1.** (direct object) los mpl, las fpl; **I hate ~** los odio; **I like ~** me gustan; **kill ~!** ¡mátalos!; **I can forgive their son but not THEM** puedo perdonar a su hijo, pero no a ellos
-2. (indirect object) les; **I gave ~ the book** les

769

---

di el libro; **I gave it to ~** se lo di; **give it to ~** dáselo
-3. (after preposition) ellos mpl, ellas fpl; **I'm thinking of ~** estoy pensando en ellos; **it was meant for you, not for THEM** iba dirigido a ti, no a ellos; **we must avoid seeing things in terms of ~ and us** debemos evitar ver las cosas en términos de ellos por un lado y nosotros por el otro
-4. (as complement of verb "to be") ellos mpl, ellas fpl; **it's ~!** ¡son ellos!; **it was ~ who did it** fueron ellos los que lo hicieron; **the décor isn't really ~** la decoración no va or pega mucho con ellos
-5. (indefinite use) **if anyone comes, tell ~ ...** si viene alguien, dile que...
◇ adj Fam (considered incorrect) (those) esos; **give us one of ~ sweets** dame uno de esos caramelos

thematic [θɪ'mætɪk] adj temático(a)

thematically [θɪ'mætɪklɪ] adv por temas, temáticamente

theme [θi:m] n **-1.** (subject) tema m, asunto m ❑ **~ park** parque m temático; **~ pub** bar m temático **-2.** (in literature, music) tema m ❑ **~ music** tema m (musical); **~ song** sintonía f; **~ tune** sintonía f **-3.** LING tema m

themed [θi:md] adj (restaurant, bar, evening) temático(a)

themselves [ðəm'selvz] pron **-1.** (reflexive) se; **they've hurt ~** se han hecho daño; **they introduced ~** se presentaron; **they bought ~ some flowers** se compraron unas flores; **they consider ~ lucky** se consideran afortunados; **they could see ~ reflected in the water** vieron su imagen reflejada or se vieron reflejados en el agua
-2. (unaided, alone) ellos mpl solos, ellas fpl solas; **they can do it ~** (ellos) pueden hacerlo solos, pueden hacerlo ellos solos; **did they do all the work ~?** ¿hicieron todo el trabajo ellos solos?
-3. (emphatic) ellos mpl mismos, ellas fpl mismas; **they told me ~** me lo dijeron ellos mismos; **they ~ saw him leave** ellos mismos lo vieron salir
-4. (their usual selves) **they'll soon feel ~ again** en breve or pronto se volverán a sentir los de siempre; **they don't seem ~ today** hoy no se les ve nada bien; **they should just be ~** (act naturally) deberían comportarse tal como son
-5. (after preposition) **they were talking about ~** estaban hablando de sí mismos; **they shared the money among ~** se repartieron el dinero; **they sorted it out among ~** lo arreglaron entre ellos; **they did it by ~** lo hicieron ellos mismos or ellos solos; **they were all by ~** estaban ellos solos; **they live by ~** viven solos; **they bought it for ~** se lo compraron para ellos; **they kept the best seats for ~** se quedaron con los mejores asientos
-6. (replacing "them") **it is meant for people like ~** está pensado para gente como ellos

then [ðen] ◇ adv **-1.** (at that time) entonces, Am en aquel momento or entonces; **it was better ~** era mejor entonces or aquella época; **I'll be back on Monday – I'll see you ~** volveré el lunes – nos veremos entonces; **before ~** antes (de eso); **by ~** para entonces; **from ~ on** desde entonces, a partir de entonces, de ahí en adelante; **just or right ~** justo entonces, justo en ese momento; **since/until ~** desde/hasta entonces; **I decided to tell them ~ and there** decidí decírselo en aquel momento; **he was sacked ~ and there** lo despidieron en el acto
-2. (next) luego; **what ~?** y luego or después, ¿qué?
-3. (in addition) luego; **and ~ there's the cost** y luego está el costo; **it must have cost a million and ~ some** debe de haber costado un millón largo or y pico; **~ again, but ~** pero por otra parte
-4. (in that case) entonces; **~ stop complaining** pues deja de quejarte; **if you don't like it, ~ choose another one** si no te gusta, elige otro; **all right, ~** bueno, Esp vale or Arg

---

there

está bien or Méx órale
-5. (so, therefore) entonces; **are you coming, ~?** entonces ¿qué?, ¿vas a venir?, RP ¿y?, ¿venís o no?; **you already knew, ~?** entonces, ¿ya lo sabías?; **if x = 2, ~ y = 6** si x = 2, y = 6
◇ adj **the ~ President** el entonces presidente

thence [ðens] adv Formal **-1.** (from there) de allí, de ahí; **we went to Paris and ~ to Rome** fuimos a París y de ahí a Roma **-2.** (because of that) de ahí

thenceforth [ðens'fɔ:θ], **thenceforward** [ðens'fɔ:wəd] adv Formal desde entonces (en adelante)

theocracy [θɪ'ɒkrəsɪ] n teocracia f

theocratic [θɪə'krætɪk] adj teocrático(a)

theodolite [θɪ'ɒdəlaɪt] n teodolito m

theologian [θɪə'ləʊdʒən] n teólogo(a) m,f

theological [θɪə'lɒdʒɪkəl] adj teológico(a) ❑ **~ college** seminario m

theologically [θɪə'lɒdʒɪklɪ] adv teológicamente, desde el punto de vista teológico

theology [θɪ'ɒlədʒɪ] n teología f

theorem ['θɪərəm] n MATH teorema m

theoretical [θɪə'retɪkəl] adj **-1.** (physics, course) teórico(a) **-2.** (hypothetical) teórico(a)

theoretically [θɪə'retɪklɪ] adv **-1.** (relating to theory) en la teoría, teóricamente **-2.** (hypothetically) en teoría, teóricamente; **it's ~ possible** en teoría es posible

theoretician [θɪərɪ'tɪʃən] n teórico(a) m,f

theorist ['θɪərɪst] n teórico(a) m,f

theorize ['θɪəraɪz] ◇ vt formular como teoría
◇ vi teorizar (**about** sobre)

theorizing ['θɪəraɪzɪŋ] n teorías fpl, especulaciones fpl

theory ['θɪərɪ] n teoría f; **in ~** en teoría; **my ~ is that he never wanted you to succeed** mi teoría es que nunca quiso que triunfaras; **she's studying musical ~** estudia teoría musical ❑ **the ~ of evolution** la teoría de la evolución; **the ~ of relativity** la teoría de la relatividad

theosophy [θɪ'ɒsəfɪ] n teosofía f

therapeutic [θerə'pju:tɪk] adj **-1.** MED terapéutico(a) ❑ **~ abortion** aborto m terapéutico **-2.** (relaxing) terapéutico(a)

therapeutically [θerə'pju:tɪklɪ] adv con fines terapéuticos

therapeutics [θerə'pju:tɪks] n terapéutica f

therapist ['θerəpɪst] n terapeuta mf

therapy ['θerəpɪ] n terapia f; **to be in ~** (psychotherapy) recibir tratamiento psíquico

there [ðeə(r), unstressed ðə(r)] ◇ pron **~ is/are** hay; Fam **~'s a few things I'm not happy with** hay unas cuantas cosas con las que no estoy muy contento; **~ was plenty of food** había mucha comida; **~ was a bang** hubo una explosión; **~ were no apples** no había manzanas; **~ were several explosions** hubo varias explosiones; **~ will be** habrá; **~ must be a reason** tiene que haber una razón; **~'s a page missing** falta una página; **~ are** or Fam **~'s two apples left** quedan dos manzanas; **~ isn't any – yes, ~ is!** no hay – sí que hay; **~ are four of us** somos cuatro; **~'s no doubt that... no cabe duda de que...**; **I don't want ~ to be any arguing** no quiero que discutamos; **~'s no denying it...** no se puede negar...; **~'s no going back now** ya no podemos dar marcha atrás; **now ~'s a surprise!** ¡vaya or qué sorpresa!; **~'s a good dog!** ¡qué buen perro!; **close the window for me, ~'s a dear!** sé bueno y cierra la ventana; **~ appears or seems to be a problem** parece que hay un problema; **~ comes a time when...** llega un momento en que...; **~ followed a period of calm** siguió un periodo de calma; **~ remains the prospect of...** queda la posibilidad de...; **~ once lived or was a princess...** (in children's stories) érase una vez una princesa...
◇ adv **-1.** (referring to place) ahí; (more distant) (at precise point) allí, esp Am allá; (more vaguely) allá; **give me that book ~** dame ese libro de ahí; **I'm going ~ tomorrow** voy

thereabouts

para allá mañana; **I've never been ~** no he estado nunca (allí); **when will we get ~?** *(arrive)* ¿cuándo llegaremos?; **you'll get ~ eventually** *(succeed)* al final lo conseguirás; *(understand)* al final lo entenderás; **we went to Paris and from ~ to Rome** fuimos a París, y de allí a Roma; **somewhere near ~** por allí cerca; **out/in ~** allí fuera/dentro, *Am* allá afuera/adentro; **put it over ~** ponlo ahí; **up/down ~** ahí arriba/abajo; **do we have time to get ~ and back?** ¿tenemos tiempo de ir (allí *or Am* allá) y volver?; **it's ten miles ~ and back** hay diez millas entre la ida y la vuelta; **I decided to tell them ~ and then** decidí decírselo en aquel momento; **he was sacked ~ and then** lo despidieron en el acto; *Fam* **hi, ~!** ¡hola!; **hey! you ~!** ¡oye, tú!, *RP* ¡che, vos!; **~ they are!** ¡ahí están!; **~ she goes!** ¡por ahí va!, ¡allá va!; **~ he goes again, complaining about the food!** ¡ya está otra vez quejándose de la comida!; **~ goes the phone again!** ¡otra vez el teléfono!; **~ go our chances of winning!** ¡adiós a nuestras oportunidades de ganar!; **I lost, but ~ you go** perdí, pero qué le vamos a hacer; **~ you go** *or* **are!** *(when giving sb sth)* ¡ahí tienes!; **~ (you go** *or* **are), I told you so** ¿ves?, ya te lo dije; *Fig* **I've been ~ (before)** *(experienced that)* ya sé lo que es eso

-2. *(present)* **most of my family were ~** estaba (ahí) la mayoría de mi familia; **they're not ~** no están (ahí); **the opportunity is ~ if we can take it** la oportunidad está ahí, si sabemos aprovecharla; **is anybody ~?** ¿hay alguien ahí?; **who's ~?** *(after knock on door)* ¿quién es?; **is Paul ~?** *(on phone)* ¿está Paul?; *Fam* **he's not all ~** no está bien de la cabeza; **she was ~ for me when I needed her** estuvo a mi lado *or Am* conmigo cuando la necesité

-3. *(at that point)* **we'll stop ~ for today** lo dejamos aquí por hoy; **I'll have to ask you to stop ~** tengo que pedirle que lo deje ahí; **~'s the difficulty** ahí está la dificultad; **I agree with you ~** en ese punto estoy de acuerdo contigo; *Fam* **~ you have me!, you've got me ~!** *(I don't know the answer)* *Esp* ¡ahí me has pillado!, *Am* ¡ahí me agarraste!

◇ *exclam* **~ now, that's done!** *Esp* ¡hala, ya está!, *Am* ¡bueno, está pronto!; **~, ~! don't worry!** *Esp* ¡venga, no te preocupes!, *Am* ¡bueno, no te preocupes!

◇ **there again** *adv* por otra parte

thereabouts ['ðeərə'bauts], *US* **thereabout** ['ðeərə'baut] *adv* **-1.** *(with place)* **(or) ~** (o) por ahí **-2.** *(with number, quantity, distance)* **50 people, or ~** más o menos 50 personas, 50 personas o por ahí **-3.** *(with time)* **at 10 p.m. or ~** a eso de las diez de la noche

thereafter [ðeər'ɑ:ftə(r)] *adv Formal* **-1.** *(in time)* en lo sucesivo, a partir de ahí **-2.** *(in document)* en adelante; **in paragraph 6 and the paragraphs ~** en el párrafo 6 y párrafos subsiguientes

thereby ['ðeəbaɪ] *adv Formal* así, de ese modo; IDIOM **~ hangs a tale!** y el asunto tiene miga

therefore ['ðeəfɔ:(r)] *adv* por (lo) tanto, por consiguiente; MATH **x = 10, ~ y = 5** x = 10, luego y = 5; **I think, ~ I am** pienso, luego existo

therein [ðeə'rɪn] *adv* **-1.** *Formal (inside)* dentro **-2.** LAW dentro **-3.** *Formal (in that point)* ahí; **~ lies the problem** ahí radica el problema

thereof [ðeə'rɒv] *adv Formal* de éste/ésta/esto; **the principal disadvantage ~ is...** la principal desventaja de esto es...; **the republic and all the citizens ~** la república y todos sus ciudadanos *or* todos los ciudadanos de ésta

thereon [ðeə'rɒn] *adv Formal* & LAW en él/ella/ello; **the property and all the buildings ~** el terreno y todos los inmuebles sitos en él

there's [ðeəz] = **there is, there has**

Theresa [tə'ri:zə] *pr n* **Saint ~ (of Avila)** Santa Teresa; **Mother ~ (of Calcutta)** la madre Teresa (de Calcuta)

thereto [ðeə'tu:] *adv* **-1.** *Formal* a él/ella/ello **-2.** LAW a el/ella/ello

thereunder [ðeər'ʌndə(r)] *adv* **-1.** *Formal* bajo él/ella/ello **-2.** LAW bajo él/ella/ello

thereupon [ðeərə'pɒn] *adv Formal* **-1.** *(then)* acto seguido **-2.** *(on that subject)* sobre el/la mismo(a), al respecto

therm [θɜ:m] *n* PHYS termia *f*

thermal ['θɜ:məl] ◇ *n* **-1.** MET corriente *f* de aire ascendente, (corriente *f*) térmica *f* **-2.** *Fam* **thermals** *(thermal underwear)* ropa *f* interior térmica

◇ *adj* térmico(a) □ **~ baths** baños *mpl* termales; PHYS **~ conductivity** conductividad *f or* conductancia *f* calorífica; **~ energy** energía *f* térmica; **~ imaging** imagen *f or* visualización *f* térmica; COMPTR **~ paper** papel *m* térmico; COMPTR **~ printer** impresora *f* térmica; **~ reactor** reactor *m* (nuclear) térmico; GEOL **~ springs** manantial *m* de aguas termales; **~ underwear** ropa *f* interior térmica

thermionic [θɜ:maɪ'ɒnɪk] *adj* PHYS term(o)iónico(a) □ **~** *Br* **valve** *or US* **tube** válvula *f* term(o)iónica, tubo *m* term(o)iónico

thermobaric [θɜ:məʊ'bærɪk] *n* PHYS termobárico(a) □ MIL **~ weapon** arma *f* termobárica

thermocouple ['θɜ:məʊkʌpəl] *n* PHYS termopar *m*

thermodynamic [θɜ:məʊdaɪ'næmɪk] *adj* PHYS termodinámico(a)

thermodynamics [θɜ:məʊdaɪ'næmɪks] *n* PHYS termodinámica *f*

thermoelectric [θɜ:məʊɪ'lektrɪk] *adj* PHYS termoeléctrico(a)

thermometer [θə'mɒmɪtə(r)] *n* termómetro *m*

thermonuclear [θɜ:məʊ'nju:klɪə(r)] *adj* termonuclear

thermopile ['θɜ:məʊpaɪl] *n* PHYS termopila *f*, pila *f* termoeléctrica

thermoplastic [θɜ:məʊ'plæstɪk] ◇ *n* termoplástico *m*

◇ *adj* termoplástico(a)

Thermos® ['θɜ:məs] *n* **~ (flask)** termo *m*

thermosetting ['θɜ:məʊsetɪŋ] *adj* termoendurecible

thermostat ['θɜ:məstæt] *n* termostato *m*

thermostatic [θɜ:mə'stætɪk] *adj* termostático(a)

thermostatically [θɜ:məʊ'stætɪklɪ] *adv* por termostato

thesaurus [θɪ'sɔ:rəs] *n* **-1.** *(book)* *(thematic)* diccionario *m* ideológico *or* de ideas afines; *(alphabetical)* diccionario *m* de sinónimos **-2.** COMPTR diccionario *m* de sinónimos

these [ði:z] ◇ *adj* estos(as); **~ ones** éstos(as); **~ ones here** éstos de aquí *or Am* acá; *Fam* **I met ~ Germans** conocí a unos alemanes; *Fam* **he used to wear ~ funny trousers** solía llevar unos pantalones bien raros

◇ *pron* éstos(as); **~ are the ones I want** éstos son los que quiero; **~ here** éstos de aquí *or Am* acá

Theseus ['θi:sju:s] *n* MYTHOL Teseo

thesis ['θi:sɪs] *n* (*pl* **theses** ['θi:si:z]) *n* **-1.** *(for doctorate)* tesis *f inv* **-2.** *Formal (theory)* tesis *f inv*, teoría *f*

thespian ['θespɪən] *Literary or Hum* ◇ *n* actor *m*, actriz *f*, farandulero(a) *m,f*

◇ *adj* teatral, dramático(a); **his ~ friends** sus amigos faranduleros *or* de la farándula

theurgy ['θi:ɜ:dʒɪ] *n* *(divine intervention)* obra *f* divina

they [ðeɪ] *pron* **-1.** *(personal use)* ellos *mpl*, ellas *fpl* (*usually omitted in Spanish, except for contrast*); **they're Scottish** son escoceses; **~ like red wine** les gusta el vino tinto; **who are ~?** *(pointing)* ¿quiénes son ésos?; THEY **haven't got it!** ¡ellos no lo tienen!; **~ alone know** sólo ellos lo saben

-2. *(indefinite use)* **nobody ever admits they've lied** la gente nunca reconoce que ha mentido; **they're going to cut interest rates** van a reducir los tipos *or Am* las tasas de interés; **~ say (that)...** dicen que...

they'd [ðeɪd] = **they had, they would**

they'll [ðeɪl] = **they will, they shall**

they're [ðeə(r)] = **they are**

they've [ðeɪv] = **they have**

thiamin ['θaɪəmɪn], **thiamine** ['θaɪəmi:n] *n* tiamina *f*

thick [θɪk] ◇ *n* **in the ~ of the forest** en la espesura del bosque; **he was always to be found in the ~ of the fighting** siempre se encontraba allá donde la lucha era más encarnizada; **in the ~ of it** *or* **of things** en primera línea, IDIOM **to stand by sb through ~ and thin** estar con alguien a las duras y a las maduras *or* para lo bueno y para lo malo

◇ *adj* **-1.** *(in size)* grueso(a); **the wall is a metre ~** el muro tiene un metro de espesor *or* grosor; **how ~ is the wall?** ¿qué espesor *or* grosor tiene la pared?; **he has ~ lips** tiene labios gruesos *or* carnosos; **the boots have a ~ fur lining** las botas llevan un tupido forro de piel; IDIOM **to have a ~ skin** tener mucha correa *or* mucho aguante *(ante críticas o insultos)*; IDIOM *Fam* **to give sb a ~ ear** dar a alguien un coscorrón

-2. *(dense) (forest)* espeso(a); *(hair)* tupido(a), abundante; *(beard, eyebrows)* poblado(a), tupido(a); *(fur, carpet)* tupido(a), **to have ~ hair** tener mucho pelo; **the snow was ~ on the ground** había una espesa capa de nieve (en el suelo); *Fig* **to be ~ on the ground** *(plentiful)* ser abundante

-3. *(mist, smoke)* denso(a); **the air is rather ~ in here** el ambiente está muy cargado aquí dentro

-4. *(full)* **the air was ~ with smoke** un humo espeso invadía el aire; **the shelves were ~ with dust** los estantes estaban llenos de polvo; **the streets were ~ with police** las calles estaban abarrotadas de policía, en la calle había policía por todas partes

-5. *(soup, paint, sauce)* espeso(a)

-6. *(accent)* acusado(a), marcado(a)

-7. *(of voice) (after drinking)* pastoso(a); *(from tiredness, fear)* confuso(a); **a voice ~ with emotion** una voz quebrada por la emoción

-8. *Fam (stupid)* corto(a), lerdo(a); IDIOM **to be as ~ as two short planks** *or* **a brick** no tener dos dedos de frente

-9. *Br Fam (unreasonable)* **that's a bit ~!** ¡eso es un poco fuerte!; **it's a bit ~ expecting us to take them to the airport!** ¡me parece demasiado *or* el colmo que esperen que los llevemos al aeropuerto!

-10. *Fam (intimate)* **he's very ~ with the boss** es uña y carne con el jefe, está a partir un piñón con el jefe; **they're as ~ as thieves** son uña y carne, están a partir un piñón

◇ *adv* **to cut the bread ~** cortar el pan en rebanadas gruesas; **to spread the butter ~** untar mucha mantequilla; **arrows started falling ~ and fast around them** empezaron a lloverles flechas por todas partes; **to come ~ and fast** llegar a raudales; *Fam* **to lay it on a bit ~** cargar las tintas

thicken ['θɪkən] ◇ *vt (sauce)* espesar

◇ *vi (fog, smoke, sauce)* espesarse; *(bushes, forest)* hacerse más espeso(a); *(crowd)* apiñarse; IDIOM *Hum* **the plot thickens** la cosa se complica

thickener ['θɪknə(r)] *n* espesante *m*

thicket ['θɪkɪt] *n* matorral *m*

thickhead ['θɪkhed] *n Fam* burro(a) *m,f*, tarugo(a) *m,f*

thick-headed [θɪk'hedɪd] *adj Fam* **-1.** *(stupid)* burro(a), tarugo(a) **-2.** *(groggy)* atontado(a)

thickie ['θɪkɪ], **thicko** ['θɪkəʊ] *n Fam* burro(a) *m,f*, tarugo(a) *m,f*

thick-lipped ['θɪk'lɪpt] *adj* de labios gruesos *or* carnosos

thickly ['θɪklɪ] *adv* **-1.** *(in thick pieces)* **~ cut slices of cheese** lonchas de queso gruesas; **to spread butter ~** untar una gruesa capa de mantequilla **-2.** *(densely)* **a ~ wooded area** una zona de espesos bosques; **~ populated** densamente poblado(a); **the snow fell ~** nevaba intensamente **-3.** *(to speak)* con la voz quebrada

thickness ['θɪknɪs] *n* **-1.** *(of wall, layer)* grosor *m*, espesor *m*; *(of lips)* grosor, carnosidad *f* **-2.** *(layer)* capa *f*; **wrap it in three thicknesses of paper** envuélvalo en una capa triple *or* en tres capas de papel **-3.** *(of forest, hair,*

thicko *beard)* espesura *f; (of fur, carpet)* lo tupido **-4.** *(of mist, smoke)* densidad *f* **-5.** *(of sauce)* consistencia *f* **-6.** *(of accent)* carácter *m* marcado

thicko = thickie

thickset ['θɪkˈset] *adj (person)* corpulento(a), fornido(a)

thick-skinned ['θɪkˈskɪnd] *adj Fig* **to be ~** tener mucha correa *or* mucho aguante *(ante críticas o insultos)*

thick-sliced ['θɪkˈslaɪst] *adj (bread)* en rebanadas gruesas

thief [θiːf] *(pl* **thieves** [θiːvz]*) n* ladrón(ona) *m,f;* **stop ~!** ¡al ladrón!; PROV **set a ~ to catch a ~** = nadie como el ladrón sabe cómo atrapar a otro ladrón

thieve [θiːv] ◇ *vt* robar
◇ *vi* robar

thieving ['θiːvɪŋ] ◇ *n* robo *m*
◇ *adj* ladrón(ona); *Fam* **keep your ~ hands off my piece of cake!** ¡las manos quietas, que ese trozo de tarta es mío!

thigh [θaɪ] *n* muslo *m*

thighbone ['θaɪbəʊn] *n* fémur *m*

thigh-length ['θaɪleŋθ] *adj (dress)* corto(a); **a ~ coat** un chaquetón ❏ **~ boots** botas *fpl* altas (de medio muslo)

thimble ['θɪmbəl] *n* dedal *m*

thimbleful ['θɪmbəlfʊl] *n* dedal *m*, chorrito *m*; **just a ~ of whisky for me, please** para mí un dedito *or* una gotita de whisky, por favor

thin [θɪn] ◇ *adj* **-1.** *(not thick) (slice, layer, wire)* fino(a), delgado(a); *(blanket, clothing)* ligero(a), fino(a); *(carpet)* fino(a), poco grueso(a); **my jacket is wearing ~ at the elbows** me empiezan a clarear los codos de la chaqueta, tengo los codos de la chaqueta muy desgastados
-2. *(not fat) (person, face, arm)* delgado(a); *(lips)* fino(a), delgado(a); **to get** *or* **grow** *or* **become thinner** *(person)* adelgazar
-3. *(sparse) (hair, beard)* ralo(a), escaso(a); *(crowd, vegetation)* escaso(a), disperso(a); *Fam* **he's getting a bit ~ on top** se está quedando calvo
-4. *(fog, mist)* ligero(a), tenue; **the higher up the mountain you go, the thinner the air gets** cuanto más se asciende por la montaña, más se enrarece el aire
-5. *(soup)* claro(a); *(paint, sauce)* aguado(a), de consistencia líquida
-6. *(voice, sound)* flojo(a), apagado(a)
-7. *(feeble) (smile)* desganado(a), tibio(a); *(excuse, argument)* pobre, endeble; *(storyline, plot)* flojo(a), endeble
-8. *(profits)* escaso(a), exiguo(a)
-9. IDIOMS **to be as ~ as a rake** estar como un *or* hecho(a) un palillo; **he had vanished into ~ air** había desaparecido como por arte de magia; **she managed to conjure a meal out of ~ air** se las apañó para hacer una comida prácticamente de la nada; **they saw this demand as the ~ end of the wedge** consideraron que esta demanda era sólo el principio (y luego pedirían más); **to have a ~ skin** ser muy susceptible; **to have a ~ time (of it)** estar en horas bajas; **to be ~ on the ground** *(scarce)* ser escaso(a)
◇ *adv* **to slice sth ~** cortar algo en rodajas finas; **to spread sth ~** *(butter, jam)* untar una capa fina de algo; **our resources are spread very ~** nuestros recursos se hallan demasiado repartidos
◇ *vt (pt & pp* **thinned**) **-1.** *(sauce)* aclarar, aguar; *(paint)* diluir, aclarar **-2.** *(plants)* aclarar, entresacar
◇ *vi (crowd)* dispersarse; *(fog, mist)* despejarse; **his hair is thinning** está empezando a perder pelo

◆ **thin down** ◇ *vt sep (sauce)* aclarar, aguar; *(paint)* diluir, aclarar
◇ *vi (person)* adelgazar

◆ **thin out** ◇ *vt sep (plants)* aclarar, entresacar
◇ *vi (traffic)* disminuir; *(crowd)* dispersarse; *(trees)* hacerse menos denso(a); **my hair is starting to ~ out** estoy empezando a quedarme calvo *or* perder pelo

thine [ðaɪn] *Literary & REL* ◇ *adj* tu
◇ *pron (singular)* tuyo(a) *m,f;* *(plural)* tuyos(as) *m,fpl*

thing [θɪŋ] *n* **-1.** *(object)* cosa *f; Fam* **what's that ~?** ¿qué es eso *or* ese chisme *or CAm, Carib, Col* esa vaina *or RP* esa cosa?; **I don't like sweet things** no me gusta el dulce; **he kept his painting things in a box** guardaba sus cosas de pintar en una caja; **let's wash up the breakfast things** vamos a lavar las cosas *or Esp* los cacharros *or Andes, CAm, Carib, Méx* trastes del desayuno; *Fam* **we need one of those modem things** necesitamos un módem de esos *or RP* uno de esos módems; **my/your things** *(clothes)* mi/tu ropa; *(belongings)* mis/tus cosas; **to be just the ~** *or* **the very ~** venir de perlas *or* como anillo al dedo; IDIOM *Hum* **things that go bump in the night** fantasmas, *RP* mengues
-2. *(action, remark, fact)* cosa *f;* **that's a ~ I very rarely do** eso es algo que yo casi nunca hago; **a terrible ~ has happened** ha ocurrido algo terrible; **that was a nice ~ to do/say!** ¡qué amable!; **that was a silly ~ to do/say** hacer/decir eso fue una tontería; **of all the stupid things to do!** ¡a quién se le ocurre hacer una cosa así!; **it's not an easy ~ to do** no es fácil de hacer, no es fácil hacerlo; **the important ~ is that...** lo importante es que...; **the first/next ~ we need to do is...** lo primero/lo siguiente que tenemos que hacer es...; **it's the only ~ we can do** es lo único que podemos hacer; **he did the right/wrong ~** hizo lo que debía/lo que no debía; **let's forget the whole ~** olvidémoslo, dejémoslo así; **the ~ to do/realize is...** lo que hay que hacer/entender es...; **the ~ that annoys me is...** lo que me da rabia es...; *Fam* **he's obsessed with this abseiling ~** está obsesionado con eso del rappel; **and another ~, why were you late?** y, otra cosa, ¿por qué llegaste tarde?; **that's quite another ~** *or* **another ~ altogether** eso es algo completamente distinto; **it's the done ~ to curtsy** se hace una reverencia, hay que hacer una reverencia; **smoking at work isn't the done ~** en el trabajo no se fuma; **that's now a ~ of the past** eso ha pasado a la historia; **it's just one of those things** son cosas que pasan; **all things considered,** *Br* **taking one ~ with another** teniendo todo en cuenta; **all (other) things being equal** en condiciones normales; **in all things** siempre, en toda ocasión; **he bought me a spade, of all things!** me regaló una pala, ¡tiene cada ocurrencia!; *Fam* **they tortured us and things** nos torturaron y eso; **for one ~** para empezar; **if there's one ~ you should avoid...** lo que hay que evitar a toda costa; **it's one ~ to admire him, quite another to vote for him** una cosa es admirarlo y otra muy distinta votar por él; **what with one ~ and another** entre unas cosas y otras; **it's been one ~ after another** *(we've been busy)* no hemos parado; *(we've had lots of problems)* hemos tenido miles de problemas; **if it's not one ~ it's another** cuando no es una cosa, es otra; **the ~ is...** el caso es que..., lo que pasa es que...; **the ~ about** *or* **with her is...** lo que pasa con ella es que...; **she usually does her own ~** normalmente va *or* se ocupa de lo suyo; **you're imagining things** eso son imaginaciones *or RP* ideas tuyas; **to know a ~ or two (about)** saber bastante (de); **I could teach him a ~ or two (about)** a ése podría enseñarle yo unas cuantas cosas (de); **there's no need to make a (big) ~ out of** *or* **about it** no es para tanto, no hay que darle tanta importancia; **let's take one ~ at a time** tomémonos las cosas con calma, vamos por partes, *RP* despacito por las piedras
-3. things *(situation)* las cosas; **things are going badly** las cosas van mal; **the way things are at the moment** tal y como están las cosas; *Fam* **how are things (with you)?, how's things?** ¿qué tal van las cosas?, ¿cómo te va?; **things aren't what they used to be** las cosas ya no son lo que eran; **I can make things difficult/easy for you if...** te puedo hacer la vida imposible/más fácil si...; **you take things too seriously** te tomas las cosas demasiado en serio
-4. *(anything)* **they didn't eat a ~** no comieron nada; **I don't have a ~ to wear** no tengo qué *or* nada que ponerme; **she didn't say/couldn't see a ~** no dijo/veía nada; **I don't know a ~ about algebra** no tengo ni idea de álgebra; **there isn't a ~ we can do about it** no podemos hacer nada
-5. *Fam (person, animal)* **(the) poor ~!** ¡(el) pobre!; **she's a clever little ~** es una chica muy lista; **you lucky ~!** ¡vaya suerte que tienes!; **you silly ~!** ¡qué bobo/ eres!
-6. *(monster)* cosa *f*, monstruo *m*
-7. *Fam (strong feelings)* **she has a ~ about...** *(likes)* le encanta..., *Esp* le mola cantidad *or* le priva..., *RP* le copa pila...; *(dislikes)* le tiene manía..., *RP* la mata...; **she's got a ~ about tidiness/punctuality** es muy maniática con la limpieza/puntualidad
-8. *(fashion)* **the latest ~ in shoes** lo último en zapatos; **these hats are quite the ~ at the moment** estos sombreros están muy de moda
-9. *(interest)* **classical music is my ~** lo mío es la música clásica
-10. *Fam (penis)* pito *m*, cola *f*, *Chile* pico *m*, *Méx* pájaro *m*

thingumabob ['θɪŋəmɪbɒb], **thingumajig** ['θɪŋəmɪdʒɪg], **thingummy** ['θɪŋəmɪ], **thingy** ['θɪŋɪ] *n Fam (object)* chisme *m*, *CAm, Carib, Col* vaina *f*, *RP* coso *m*; *(person)* fulanito(a) *m,f*, mengano(a) *m,f*

think [θɪŋk] ◇ *n* **to have a ~ about sth** pensarse algo; **I'll have a ~ and let you know tomorrow** me lo pensaré y te lo diré mañana; IDIOM *Fam* **you've got another ~ coming!** ¡estás muy equivocado(a)!
◇ *vt (pt & pp* **thought** [θɔːt]) **-1.** *(have in mind)* **to ~ (that)...** pensar que...; **what are you thinking?** ¿en qué estás pensando?; **to ~ evil/kind thoughts** tener pensamientos malévolos/benévolos; **"what an idiot," I thought (to myself)** "menudo idiota", pensé (para mis adentros); **let me ~ what I can do to help** a ver (que piense) cómo podría ayudar; **I can't ~ who could have done it** no se me ocurre quién puede haberlo hecho; **did you ~ to bring any money?** ¿se te ha ocurrido traer algo de dinero?
-2. *(believe, have as opinion)* creer, pensar; **to ~ (that)...** creer que...; **he thinks (that) he knows everything** se cree que lo sabe todo; **I ~ (that) I'll have a nap** creo que me voy a echar una siesta; **do you ~ (that) I could borrow your bike?** ¿me prestas tu bici?; **I thought we could maybe watch a movie** ¿qué te parece la idea de ver una película?; **she's upstairs, I ~** creo que está arriba; **all this is very sad, don't you ~?** todo esto es muy triste, ¿no crees?; **what do you ~, should I accept?** ¿tú qué crees?, ¿debería aceptar?; **that's what you ~!** eso es lo que tú te crees; **I ~ so** creo que sí; **I ~ not** no creo; **he hadn't arrived, or so I thought** no había llegado, o así lo creía yo; **I thought so, I thought as much** ya me lo figuraba; **we'll be there by nine, I should ~** yo creo que estaremos allí a las nueve; **I shouldn't ~ so** no creo; **anyone would ~ she was asleep** cualquiera hubiera creído que está dormida; **what do you ~ you are doing?** pero, ¿qué haces?; **who does she ~ she's kidding?** ¿a quién pretende engañar?; **who do you ~ you are?** ¿quién te has creído que eres?; **I thought it (to be) a bit expensive** me pareció un poco caro; **I ~ it important to remember that...** considero importante recordar que...; **do you ~ me a fool?** ¿me tomas por tonto?; **it is thought that...** se cree que...; **he is thought to have escaped through the window** se cree que escapó por una ventana; **they were thought to be rich** se les creía *or* consideraba ricos
-3. *(imagine)* imaginarse; **~ what we could**

think

do with all that money! ¡imagínate lo que podríamos hacer con todo ese dinero!; **I (really) can't ~ what/where/why...** no se me ocurre qué/dónde/por qué...; **it's better than I had thought possible** es mejor de lo que creía posible; **who'd have thought it!** ¡quién lo hubiera pensado!; **to ~ (that) he's only twenty!** ¡y pensar que sólo tiene veinte años!

-4. (*expect*) creer, esperarse; **it was easier than I thought** fue más fácil de lo que creía *or* me esperaba; **you'd ~ *or* you would have thought they'd have waited!** ¡podían haber esperado!; **I should ~ so too!** ¡faltaría más!

◇ *vi* pensar; **let me ~...** déjame que piense..., a ver...; **I did it without thinking** lo hice sin darme cuenta; **sorry, I didn't ~** *or* **I wasn't thinking** perdona, no me di cuenta; **she has to learn to ~ for herself** tiene que aprender a pensar por sí misma; **we would ask you to ~ again** le pediríamos que reconsiderase su decisión; **if you ~ I'll help you do it, you can ~ again!** ¡vas listo si crees que te voy a ayudar!; **to ~ ahead** planear con anticipación; **to ~ aloud** pensar en voz alta; **do as you ~ best** haz lo que te parezca mejor; **I was going to protest, but thought better of it** iba a protestar, pero después lo pensé mejor; *Fam* **to ~ big** ser ambicioso(a); **to ~ on one's feet** improvisar, discurrir sobre la marcha; **to ~ (long and) hard about sth** pensarse algo muy bien; **I wasn't thinking straight** no estaba yo en mis cabales; **it makes you ~** da que pensar; IDIOM **I could hardly** *or* **couldn't hear myself ~** el ruido era ensordecedor

➤ **think about** *vt insep* **-1.** (*consider, reflect upon*) pensar en; **to ~ about a problem** reflexionar sobre un problema; **to ~ about doing sth** pensar en hacer algo; **it's quite cheap when you ~ about it** si lo piensas bien, sale bastante barato; **thinking about it, you may be right** ahora que lo pienso, puede que tengas razón; **I'll ~ about it** me lo pensaré; **all she ever thinks about is men** sólo piensa en los hombres; **I'd ~ twice** *or* **again about that, if I were you** yo, en tu lugar, me lo pensaría dos veces; **that will give them something to ~ about** eso les dará qué pensar

-2. (*take into account*) tener en cuenta; **I've got my family to ~ about** debo tener en cuenta a mi familia

-3. (*have opinion about*) opinar de, pensar de; **what do you ~ about my new dress?** ¿qué te parece mi vestido nuevo?

➤ **think back** *vi* thinking back, **I don't know how I managed** la verdad es que no sé cómo pude hacerlo; **to ~ back to sth** recordar algo

➤ **think of** *vt insep* **-1.** (*consider, reflect upon*) **come to ~ of it, I DID see her that night** ahora que caigo *or* que lo pienso, sí que la vi aquella noche; **just ~ of it ... a holiday in the Caribbean!** ¡imagínate... unas vacaciones en el Caribe!

-2. (*have in mind*) pensar en; **to ~ of doing sth** pensar en hacer algo; **what were you thinking of giving her?** ¿qué estabas pensando regalarle?; **what (on earth) were you thinking of when you said that?** ¿cómo (demonios) se te ocurrió decir una cosa así?

-3. (*take into account*) pensar en, tener en cuenta; **you've thought of everything!** ¡has pensado en todo!; **I can't ~ of everything!** ¡no puedo ocuparme de *or* estar en todo!

-4. (*recall*) recordar; **I can't ~ of the answer** no se me ocurre cuál es la respuesta

-5. (*find, come up with*) (*idea, solution, excuse, name*) **~ of a number** piensa un número; **I can't ~ of anyone who could help** no se me ocurre quién podría ayudar; **I hadn't thought of that** no se me había ocurrido; **whatever will they ~ of next!** ¡qué se les ocurrirá ahora!

-6. (*have opinion about*) opinar de, pensar de; **what do you ~ of my new dress?** ¿qué te parece mi vestido nuevo?; **to ~ well/badly of sb** tener buena/mala opinión de alguien; **I try to ~ the best of people** trato de ver el lado bueno de la gente; **I ~ an awful lot of you** me pareces una persona fantástica; **I ~ of you as a friend** te considero un amigo; **I ~ of it as my duty** lo considero mi obligación; **I don't ~ much of the idea** la idea no me parece muy buena; **I didn't ~ much of her behaviour** su comportamiento no me pareció nada bien

➤ **think out** *vt sep* meditar; **their strategy has been well thought out** han meditado mucho su estrategia

➤ **think over** *vt sep* reflexionar sobre, pensar sobre; **I'll ~ it over** me lo pensaré

➤ **think through** *vt sep* pensar *or* meditar bien

➤ **think up** *vt sep* idear; (*excuse*) inventar; **where did you get that idea? – I just thought it up** ¿de dónde has sacado esa idea? – se me ocurrió así por las buenas

thinkable ['θɪŋkəbəl] *adj* **it is scarcely** *or* **barely ~ that** resulta poco menos que inimaginable *or* inconcebible que...

thinker ['θɪŋkə(r)] *n* pensador(ora) *m,f*

thinking ['θɪŋkɪŋ] *n* **-1.** (*process of thought*) pensamiento *m*; **to do some ~** pensar un poco; **I've done some serious** *or* **hard ~ about the situation** he pensado *or* reflexionado detenidamente sobre la situación; **his life was saved thanks to the nurse's quick ~** la rapidez de ideas de la enfermera le salvó la vida; **good ~!** ¡buena idea!, ¡bien pensado!

-2. (*opinion*) opinión *f*, parecer *m*; **the government's current ~ on this issue** la postura *or* línea actual del gobierno en lo referente a este asunto; **to my (way of) ~...** en mi opinión...; **she finally came round to my way of ~** terminó siendo de la misma opinión *or* pensando igual que yo

◇ *adj* (*person*) inteligente, con cerebro; **the ~ man's cover girl** una belleza con cerebro; **the novel is the ~ man's answer to pulp fiction** la novela es la réplica intelectual a la literatura de consumo; IDIOM **to put on one's ~ cap** estrujarse el cerebro, devanarse los sesos

think-tank ['θɪŋktæŋk] *n* grupo *m* de expertos, equipo *m* de cerebros

thin-lipped ['θɪn'lɪpt] *adj* (*person*) de labios finos; **she looked at him in ~ disapproval** lo miró frunciendo los labios en un gesto de desaprobación

thinly ['θɪnlɪ] *adv* **-1.** (*in thin amounts*) **to spread sth ~** extender una capa fina de algo; **to slice sth ~** cortar algo en rodajas finas **-2.** (*not densely*) **~ populated** escasamente poblado(a) **-3.** (*to smile*) con desgana, tibiamente **-4.** (*poorly*) **~ disguised** (*criticism, description*) sin tapujos; (*emotions*) apenas disimulado(a)

thinner ['θɪnə(r)] *n* disolvente *m*

thinness ['θɪnnɪs] *n* **-1.** (*of slice, layer, wire*) finura *f*, delgadez *f*; (*of blanket, clothing*) ligereza *f*; (*of carpet*) poco grosor *m*

-2. (*of person, face, arms*) delgadez *f*; (*of lips*) finura *f*, delgadez *f*

-3. (*of hair, beard*) escasez *f*; (*of crowd, vegetation*) escasez *f*

-4. (*of fog, mist*) poca densidad *f*; (*of air*) enrarecimiento *m*

-5. (*of soup*) fluidez *f*; (*of paint, sauce*) consistencia *f* líquida

-6. (*of voice, sound*) falta *f* de fuerza, flojedad *f*

-7. (*of smile*) desgana *f*, tibieza *f*; (*of excuse, argument*) pobreza *f*, endeblez *f*; (*of storyline, plot*) endeblez *f*, falta *f* de solidez

thin-skinned ['θɪn'skɪnd] *adj* **to be ~** ser muy susceptible

third [θɜːd] ◇ *n* **-1.** (*fraction*) tercio *m*; **two thirds of the Earth's surface/the people surveyed** dos tercios *or* dos terceras partes de la superficie terrestre/los encuestados

-2. (*in series*) tercero(a) *m,f*; **Edward the Third** (*written*) Eduardo III; (*spoken*) Eduardo tercero

-3. (*of month*) tres *m*; **the ~ of May** el tres de mayo; **we're leaving on the ~** nos vamos el (día) tres

-4. MUS tercera *f*

-5. AUT (*third gear*) tercera *f*; **in ~** en tercera

-6. *Br* UNIV **to get a ~** (*in degree*) = licenciarse con la nota mínima en la escala de calificaciones

-7. SPORT (*of pitch*) tercio *m* (del terreno de juego)

◇ *adj* tercero(a); (*before masculine singular noun*) tercer; **the ~ century** el siglo tercero *or* tres; **I was ~ in the race** llegué el tercero en la carrera, IDIOM *Fam* **to give sb the ~ degree** someter a alguien a un duro interrogatorio; PROV **~ time lucky** a la tercera va la vencida ❏ **the Third Age** la tercera edad, los ancianos; MED **~ degree burns** quemaduras *fpl* de tercer grado; **~ estate** estado *m* llano, tercer estado *m*; AUT **~ gear** tercera *f* (marcha *f*); LAW **~ party** tercero *m*; **~ party cover** seguro *m* a terceros; **~ party insurance** seguro *m* a terceros; GRAM **~ person** tercera persona *f*; **in the ~ person** en tercera persona; **~ quarter** (*of financial year*) tercer trimestre *m*; (*of American football game*) tercer cuarto *m*; **the Third Reich** el tercer Reich; *Br* POL **the Third Way** la tercera vía; **the Third World** el Tercer Mundo

◇ *adv* (*thirdly*) en tercer lugar, tercero

third-class [θɜːdˈklɑːs] ◇ *adj* **-1.** *US* **~ mail** clase económica de correo que se emplea sobre todo para enviar publicidad **-2.** *Formerly* (*ticket, travel, seats*) de tercera (clase) **-3.** *Br* UNIV **to get a ~ degree** = licenciarse con la nota mínima en la escala de calificaciones **-4.** *Pej* (*inferior*) de tercera (clase)

◇ *adv* **-1.** *US* (*mail*) = mediante la clase económica de correo que se emplea sobre todo para enviar publicidad **-2.** *Formerly* (*to travel*) en tercera (clase)

thirdly ['θɜːdlɪ] *adv* en tercer lugar

third-rate ['θɜːdˈreɪt] *adj* (*mediocre*) de tercera (categoría)

third-world ['θɜːdˈwɜːld] *adj* del tercer mundo, tercermundista

thirst [θɜːst] ◇ *n* **-1.** (*for drink*) sed *f*; **all that hard work has given me a ~** con tanto trabajo me ha entrado la sed **-2.** (*desire*) **the ~ for knowledge** la sed de conocimientos

◇ *vi* **-1.** (*for drink*) **he was thirsting for a beer** tenía unas ganas enormes de tomarse una cerveza **-2.** (*have desire*) (*for knowledge, revenge*) tener sed (**for** de)

thirstily ['θɜːstɪlɪ] *adv* con avidez

thirst-quenching ['θɜːstkwentʃɪŋ] *adj* **a ~ drink** una bebida que quita la sed

thirsty ['θɜːstɪ] *adj* **-1.** (*for drink*) **to be ~** tener sed; **I feel very ~** tengo mucha sed, estoy sediento; **she felt ~** le entró sed; **salted peanuts make you ~** los cacahuetes salados dan mucha sed

-2. (*causing thirst*) **all this talking is ~ work** tanto hablar da sed

-3. (*plant, soil*) necesitado(a) de agua, sediento(a); **those plants look ~** a esas plantas parece que se les hace falta agua

-4. (*for knowledge, adventure, revenge*) sediento(a), ávido(a) (**for** de)

-5. *Fam* (*car*) **my motorbike is very ~** mi moto chupa mucha gasolina

thirteen [θɜːˈtiːn] ◇ *n* trece *m*

◇ *adj* trece; *see also* **eight**

thirteenth [θɜːˈtiːnθ] ◇ *n* **-1.** (*fraction*) treceavo *m*, treceava parte *f* **-2.** (*in series*) decimotercero(a) *m,f* **-3.** (*of month*) trece *m*

◇ *adj* decimotercero(a); (*before masculine singular noun*) decimotercer; *see also* **eleventh**

thirties ['θɜːtiːz] *npl* **the ~** los (años) treinta; *see also* **eighties**

thirtieth ['θɜːtɪɪθ] ◇ *n* **-1.** (*fraction*) treceavo *m*, treceava parte *f* **-2.** (*in series*) trigésimo(a) *m,f* **-3.** (*of month*) treinta *m*; **(on) the ~ of**

thirty May el treinta de mayo; **we're leaving on the ~** nos vamos el (día) treinta
◇ *adj* trigésimo(a)

thirty ['θɜːtɪ] ◇ *n* treinta *m*
◇ *adj* treinta; *see also* **eighty**

thirty-first ['θɜːtɪ'fɜːst] ◇ *n* **-1.** *(in series)* trigésimo(a) *m,f* primero(a) **-2.** *(of month)* treinta y uno *m*
◇ *adj* trigésimo(a) primero(a); *(before masculine singular noun)* trigésimo primer

thirty-one ['θɜːtɪ'wʌn] ◇ *n* treinta y uno *m*
◇ *adj* treinta y uno(a); *(before masculine noun)* treinta y un

thirty-second note [θɜːtɪ'sekənd'nəʊt] *n US* MUS fusa *f*

thirty-something ['θɜːtɪ'sʌmθɪŋ] *n* = persona treintañera con un buen empleo y una buena posición económica

this [ðɪs] ◇ *demonstrative adj (pl* **these** [ðiːz]) este(a); **~ one** éste(a); **~ book** este libro; **~ question** esta pregunta; **~ book here** este libro de aquí; **I saw him ~ morning** lo vi esta mañana; **the meeting is ~ Tuesday** la reunión es este martes; **stop that ~ instant!** ¡para ahora mismo!; **by ~ time, it was already too late** para entonces ya era demasiado tarde; *Fam* **~ leg of mine is killing me!** ¡esta pierna me está matando!; *Fam* **I met ~ German** conocí a un tipo alemán; *Fam* **he used to wear ~ funny hat** llevaba *or Am* usaba siempre un sombrero muy raro
◇ *demonstrative pron (pl* **these**) éste(a); *(indefinite)* esto; **what's ~?** ¿qué es esto?; **who's ~?** ¿quién es éste?; **~ is Jason Wallace** *(introducing another person)* te presento a Jason Wallace; *(introducing self on telephone)* soy Jason Wallace; *(said by news reporter)* **~ is Jason Wallace for CNN** Jason Wallace para la CNN; **~ is Radio Four** Radio Cuatro; **~ is ridiculous!** ¡esto es ridículo!; **~ is what she told me** eso es lo que ella me dijo; **~ is where I live** aquí es donde vivo, vivo aquí; **~ is why I'm worried** por eso estoy preocupado; **~ is it!** *(when arriving somewhere)* ¡ya estamos aquí!, *Am* ¡llegamos!; *(before doing sth)* ¡ha llegado el momento de la verdad!; *(expressing agreement)* ¡exacto!; **is ~ all the luggage you're taking?** ¿es éste todo el equipaje que llevas?; **listen to ~** escucha esto; **drink some of ~** toma un poco (de esto); **what's (all) ~ I hear about you resigning?** ¿qué es eso de que vas a dimitir?; **they seem disappointed... why is ~?** parecen decepcionados, ¿por qué será?; **at ~, he started laughing** entonces *or* ante esto empezó a reírse; **we had expected to finish before ~** esperábamos terminar antes; **I've got some gloves like ~** tengo unos guantes como estos; **do it like ~** hazlo así; **in a case like ~** en un caso así; *Fam* **we talked about ~ and that** *or* **~, that and the other** hablamos de todo un poco
◇ *adv* **~ high/far** tan alto/lejos; *(gesturing with hands)* así de alto/lejos; **about ~ much** más o menos así; **it was ~ much bigger** era un tanto así más grande; **~ much is certain...** esto es cierto *or* seguro...; **I can tell you ~ much...** una cosa es segura...

thistle ['θɪsl] *n* cardo *m*

thistledown ['θɪsldaʊn] *n* vilano *m* (de cardo)

thither ['ðɪðə(r)] *adv Literary* allá; **to run hither and ~** correr de aquí para allá

thitherto [ðɪðə'tuː] *adv Literary* hasta entonces

tho' [ðəʊ] = **though**

thole [θəʊl], **tholepin** ['θəʊlpɪn] *n* tolete *m*, escálamo *m*

Thomas ['tɒməs] *pr n* **Saint ~ Aquinas** Santo Tomás de Aquino

thong [θɒŋ] *n* **-1.** *(for fastening)* correa *f* **-2.** *(underwear, swimming costume)* tanga *f* **-3.** *Austr, US (sandal)* chancleta *f*, chancla *f*

Thor [θɔː(r)] *n* MYTHOL Tor, Thor

thoracic [θɔː'ræsɪk] *adj* ANAT torácico(a)

thorax ['θɔːræks] *n* ANAT tórax *m inv*

thorium ['θɔːrɪəm] *n* CHEM torio *m*

thorn [θɔːn] *n* **-1.** *(prickle)* espina *f*; *Fig* **to be a ~ in sb's flesh** *or* **side** no dar tregua a alguien ❑ **~ apple** estramonio *m* **-2.** *(tree, shrub)* espino *m*, zarza *f*

thornback ['θɔːnbæk] *n* raya *f* (de clavos) *(pez)*

thornbill ['θɔːnbɪl] *n* colibrí *m* pico espina

thornbush ['θɔːnbʊʃ] *n* espino *m*, zarza *f*

thorny ['θɔːnɪ] *adj* **-1.** *(plant, bush)* espinoso(a) **-2.** *(problem, issue)* espinoso(a)

thorough ['θʌrə] *adj* **-1.** *(search, work)* minucioso(a), concienzudo(a); *(worker)* meticuloso(a), concienzudo(a); *(cross-examination, revision)* exhaustivo(a), a fondo; *(knowledge)* profundo(a); **to give sth a ~ cleaning** limpiar algo a fondo *or* a conciencia; **to do** *or* **make a ~ job of it** hacerlo con mucho esmero; **they were given a ~ telling-off** les cayó una buena reprimenda
-2. *(for emphasis)* **a ~ scoundrel** un perfecto canalla; **what a ~ bore this book is!** ¡este libro es un auténtico *or* verdadero tostón!; **to make a ~ nuisance of oneself** ponerse de lo más pesado(a)

thoroughbred ['θʌrəbred] ◇ *n* **-1.** *(horse)* purasangre *m* **-2.** *(person)* fuera de serie *mf*, superclase *mf*
◇ *adj* **-1.** *(horse)* purasangre **-2.** *(person)* nato(a), fuera de serie

thoroughfare ['θʌrəfeə(r)] *n* vía *f* (pública); **no ~** *(sign)* *(no entry)* prohibido el paso; *(cul-de-sac)* calle sin salida

thoroughgoing ['θʌrəgəʊɪŋ] *adj (search, revision, inspection)* minucioso(a), concienzudo(a); *(knowledge)* profundo(a); *(selfishness)* puro(a); **he's a ~ nuisance** es un auténtico *or* verdadero pelmazo

thoroughly ['θʌrəlɪ] *adv* **-1.** *(with care, in detail) (to search, work)* minuciosamente, concienzudamente; *(to cross-examine, revise)* exhaustivamente, a fondo; *(to clean, rinse, wash)* a fondo, bien; *(to mix)* bien; **make sure the meat is ~ cooked** asegúrate de que la carne esté *or* quede bien hecha; **read all the questions ~** lea detenidamente *or* con atención todas las preguntas
-2. *(entirely)* completamente; **it's ~ disgraceful** es una auténtica vergüenza *or* un verdadero escándalo; **I can ~ recommend it** lo recomiendo de todo corazón; **I ~ enjoyed myself** (me) lo pasé estupendamente

thoroughness ['θʌrənɪs] *n (of search, work)* minuciosidad *f*; *(of worker)* meticulosidad *f*; *(of cross-examination, revision)* exhaustividad *f*; *(of knowledge)* profundidad *f*

those [ðəʊz] ◇ *(plural of* **that**) ◇ *adj* esos(as); *(further away)* aquellos(as); **~ ones** ésos(as); *(further away)* aquéllos(as); **~ ones over there** aquellos de allí *or esp Am* allá; **~ men in front of you** esos hombres que están delante de ti; **~ men right at the back** aquellos hombres del fondo; **~ parcels that were at the bottom of the bag got crushed** los paquetes del fondo de la bolsa se aplastaron; *Fam* **~ sisters of yours are nothing but trouble** esas hermanas tuyas no dan más que problemas; *Fam* **how are ~ eyes of yours?** ¿cómo van esos ojos?
◇ *pron* ésos(as); *(further away)* aquéllos(as); **~ over there** aquéllos de allá; **~ are my children over there** aquéllos de allá son mis hijos; **what are ~?** ¿qué son esos?; **~ requiring assistance should stay here** los que *or* quienes necesiten ayuda, que se queden aquí; **their leader was amongst ~ killed** su jefe se encontraba entre los fallecidos; **the hardest years were ~ after the war** los años más duros fueron los que siguieron a la guerra; **I've got some gloves like ~** tengo unos guantes como esos; *Formal* **floods like ~ of ten years ago** (unas) inundaciones como las de hace diez años; **~ of us who remember the war** aquéllos *or* los que recordamos la guerra; **~ of us who were present** los que estuvimos presentes; **~ were the days** ¡qué tiempos aquellos!

thou[1] [ðaʊ] *pron* **-1.** *Literary* tú **-2.** REL tú

thou[2] [ðaʊ] *n Fam (abbr* **thousand**) mil del ala

though [ðəʊ] ◇ *conj* aunque; **~ young, she's very mature** aunque joven *or* a pesar de su juventud, es muy madura; **it's an excellent book, ~ I say so myself** es un libro excelente, aunque no esté bien que yo lo diga; **kind ~ she was, we never really got on** aunque era muy amable, nunca nos llevamos bien; **strange ~ it may seem** aunque parezca raro; **even ~ you'll laugh at me** aunque te rías de mí; **as ~** como si
◇ *adv* **it's nice, ~, isn't it?** pero está bueno, ¿no?; **he's not very clever – he's rich, ~** no es muy listo – pero es rico; *Fam* **did she like it? – did she ~!** ¿le gustó? – ¡ya lo creo que le gustó!

thought [θɔːt] ◇ *n* **-1.** *(act of thinking)* pensamiento *m*; **he hadn't given my proposal a single ~** no había pensado en mi propuesta ni por un momento; **I didn't give it another** *or* **a second ~** no me lo pensé dos veces; **don't give it another ~** no lo pienses más, no le des más vueltas; **without a ~ for his own safety** sin reparar *or* sin pararse a pensar en su propia seguridad; **his first ~ was for her safety** lo primero que le preocupó era si le había pasado algo a ella; **my thoughts went back to the time I had spent in Tunisia** me vinieron a la mente recuerdos de la época que pasé en Túnez; **my thoughts were elsewhere** estaba pensando en otra cosa; **our thoughts are with you at this difficult time** pensamos mucho en ti en este difícil trance
-2. *(idea)* idea *f*; **the mere ~ of it** sólo (de) pensar en ello; **I've had a ~, why don't we have a party?** se me acaba de ocurrir una idea, ¿por qué no hacemos una fiesta?; **the ~ had crossed my mind** ya se me había pasado por la cabeza; **that's** *or* **there's a ~!** ¡qué buena idea!; **it's quite a ~!** *(pleasant)* ¡sería genial!; *(unpleasant)* ¡sería horrible!; **that's a nice** *or* **happy ~** ¡qué gusto (de sólo pensar en ello)!; **what a kind ~!** ¡qué detalle tan amable!; **it's just a ~, but what if we went tomorrow instead?** sólo es una idea, pero ¿y si (en lugar de eso) vamos mañana?; **I can't bear the ~ that...** no puedo soportar la idea de que..., no soporto pensar que...; **the ~ occurred to me that you might like to come** se me ocurrió que tal vez quisieras venir
-3. *(reflection)* reflexión *f*; **a decision that requires careful ~** una decisión que merece cierta reflexión; **are animals capable of ~?** ¿tienen capacidad de raciocinio *or* son capaces de razonar los animales?; **after much ~** tras mucho reflexionar; **to give a great deal of ~ to sth** reflexionar mucho sobre algo; **I've never given the matter much ~** nunca me he parado a pensar en el asunto; **we gave some ~ to the matter** reflexionamos sobre el asunto; **he just did it without giving any ~ to the consequences** lo hizo sin pararse a pensar en las consecuencias; **she put a lot of ~ into his present** se estuvo pensando mucho qué regalarle; **she was deep** *or* **lost in ~** estaba sumida en sus pensamientos ❑ **~ process** proceso *m* mental
-4. *(opinion)* **what are your thoughts on the matter?** ¿qué es lo que piensas del asunto?; **she keeps her thoughts to herself** se calla lo que piensa, se reserva sus opiniones
-5. *(intention)* **I had no ~ of offending you** no tenía intención de ofenderte; **her one ~ was to reach the summit before nightfall** lo único que tenía en mente *or* su única idea era alcanzar la cima antes del anochecer; **you must give up all thought(s) of seeing him** olvida la idea de verlo; **it's the ~ that counts** la intención es lo que cuenta
-6. *(doctrine, ideology)* pensamiento *m*; **according to contemporary political ~** según el pensamiento político contemporáneo
◇ *pt & pp of* **think**

thoughtful ['θɔːtful] *adj* **-1.** *(pensive) (person)* pensativo(a), meditabundo(a) **-2.** *(considerate)* considerado(a), atento(a); **it was very**

thoughtfully

~ of them to send the flowers fueron muy atentos al mandar flores, fue todo un detalle por su parte mandar flores **-3.** *(book)* serio(a), meditado(a); *(writer)* serio(a), reflexivo(a)

thoughtfully ['θɔːtfəlɪ] *adv* **-1.** *(pensively)* pensativamente, con aire pensativo *or* meditabundo **-2.** *(considerately)* consideradamente; **she very ~ offered to help** tuvo la consideración *or* el detalle de ofrecer su ayuda **-3.** *(with careful thought)* **it's a ~ written article** es un artículo muy serio *or* meditado

thoughtfulness ['θɔːtfʊlnɪs] *n* **-1.** *(consideration)* consideración *f*; **she was touched by his ~ in remembering her birthday** le llegó al alma que tuviera el detalle de acordarse de su cumpleaños **-2.** *(pensiveness)* aire *m* pensativo *or* meditabundo **-3.** *(careful reasoning)* *(of book, writer)* seriedad *f*

thoughtless ['θɔːtlɪs] *adj* **-1.** *(inconsiderate)* desconsiderado(a); **that was really ~ of her** fue una falta de consideración por su parte; **what a ~ thing to do!** ¡qué poca consideración! **-2.** *(rash)* *(decision, action)* irreflexivo(a), precipitado(a); *(person)* irreflexivo(a), atropellado(a)

thoughtlessly ['θɔːtlɪslɪ] *adv* **-1.** *(inconsiderately)* desconsideradamente; **he very ~ left the door locked** sin consideración alguna, dejó la puerta cerrada **-2.** *(rashly)* sin pensar, precipitadamente

thoughtlessness ['θɔːtlɪsnɪs] *n* **-1.** *(lack of consideration)* falta *f* de consideración, desconsideración *f* **-2.** *(rashness)* *(of decision, action, person)* irreflexión *f*, precipitación *f*

thought-out ['θɔːt'aʊt] *adj* **well/poorly ~** *(plan, scheme)* bien/mal meditado(a)

thought-provoking ['θɔːtprəvəʊkɪŋ] *adj* intelectualmente estimulante

thousand ['θaʊzənd] ◊ *n* **a** *or* **one ~** mil; **three ~** tres mil; **in the year two ~** en el (año) dos mil *or* 2000; **a ~ and one** mil uno; *Fig* **to have a ~ and one things to do** tener mil cosas que hacer; **thousands of people** millares *or* miles de personas; **in thousands** a millares; *Fig* **she's one in a ~** hay pocas como ella
◊ *adj* mil; *Fig* **I've told you a ~ times** te lo he dicho mil veces *or* miles de veces; **a ~ years** mil años ❑ **Thousand Island dressing** salsa *f* rosa

thousandfold ['θaʊzndfəʊld] ◊ *adj* **a ~ increase (in)** un aumento por mil (de)
◊ *adv* por mil, mil veces; **to increase a ~** multiplicarse por mil

thousandth ['θaʊzənθ] ◊ *n* **-1.** *(fraction)* milésima *f*, milésima parte *f* **-2.** *(in series)* milésimo(a) *m,f*
◊ *adj* milésimo(a)

Thrace [θreɪs] *n* HIST Tracia

Thracian ['θreɪʃən] HIST ◊ *n* tracio(a) *m,f*
◊ *adj* tracio(a)

thraldom, *US* **thralldom** ['θrɔːldəm] *n* Literary esclavitud *f*, cautiverio *m*

thrall [θrɔːl] *n* Literary **-1.** *(state)* **to be in ~ to sth/sb** ser esclavo(a) de algo/alguien; **to hold sb in ~** tener a alguien esclavizado(a) **-2.** *(person)* esclavo(a) *m,f*

thrash [θræʃ] ◊ *vt* **-1.** *(hit)* golpear; *(as punishment)* dar una paliza a; **he threatened to ~ us within an inch of our lives** nos amenazó con darnos una paliza que no olvidáramos en nuestra vida **-2.** *Fam (defeat)* dar una paliza a, vapulear **-3.** *(move vigorously)* **to ~ one's arms/legs** agitar con violencia los brazos/las piernas **-4.** *Br Fam (car)* *Esp* conducir *or Am* manejar a lo bestia
◊ *n* **-1.** *(music)* **~ (metal)** thrash *m* **-2.** *Br Fam (party)* fiestón *m*, jolgorio *m*

◆ **thrash about, thrash around** ◊ *vt sep* **to ~ one's arms and legs about** agitar con violencia los brazos y las piernas
◊ *vi (move furiously)* agitarse *or* revolverse (con violencia)

◆ **thrash out** *vt sep* **-1.** *(agree on)* *(solution)* alcanzar por fin **-2.** *(try to agree on)* **they are still thrashing out an agreement** todavía están luchando por un acuerdo

thrasher ['θræʃə(r)] *n (bird)* cuitlacoche *m*

thrashing ['θræʃɪŋ] *n* **-1.** *(beating)* **to give sb a ~** dar una paliza a alguien; **to get a ~** llevarse una paliza **-2.** *Fam (defeat)* paliza *f*; **to give sb a ~** dar una paliza a alguien; **to get a ~** recibir una paliza

thread [θred] ◊ *n* **-1.** *(of cotton, nylon)* hilo *m*; **a (piece of) ~** un hilo; **polyester ~** hilo *or* fibra de poliéster; IDIOM **to hang by a ~** pender de un hilo
-2. *(of spider)* hilo *m*, hebra *f*
-3. *(of screw, bolt)* rosca *f*
-4. *(sequence)* *(of argument, reasoning)* hilo *m*; **to lose the ~ of the conversation/of what one was saying** perder el hilo de la conversación/de lo que uno estaba diciendo; **she gradually began to pick up the threads of her life again** poco a poco comenzó a rehacer su vida
-5. COMPTR *(in newsgroup)* hilo *m* de discusión
◊ *vt* **-1.** *(needle)* enhebrar; *(beads)* ensartar; **she threaded the cotton through the needle** introdujo *or* ensartó el hilo de algodón por el agujero de la aguja, enhebró la aguja con el hilo de algodón; **you have to ~ the elastic through the loops** hay que introducir *or* colar el elástico por las trabillas; **to ~ one's way between the desks** avanzar sorteando las mesas; **he threaded a pass between the two central defenders** coló *or* introdujo un pase entre los dos centrales
-2. *(screw)* roscar
◊ *vi (pass)* **the tape threads through the slot** la cinta se introduce por la ranura

threadbare ['θredbeə(r)] *adj* **-1.** *(clothes, carpet)* raído(a) **-2.** *(argument, joke)* trillado(a)

threadworm ['θredwɜːm] *n* lombriz *f* (intestinal), *Spec* oxiuro *m*

threat [θret] *n* amenaza *f*; **he's a ~ to our society** es una amenaza para nuestra sociedad; **to make threats against sb** amenazar a alguien, lanzar amenazas contra alguien; **to be under ~** estar *or* verse amenazado(a)

threaten ['θretən] ◊ *vt* **-1.** *(make threats against)* *(person)* amenazar; **the government threatened drastic measures** el gobierno amenazó con tomar medidas drásticas; **to ~ to do sth** amenazar con hacer algo; **to ~ sb with sth** amenazar a alguien con algo; **we were threatened with the sack** se nos amenazó con el despido *or* con despedirnos
-2. *(endanger)* amenazar, poner en peligro; **our jobs are threatened** nuestros empleos corren peligro; **the threatened strike didn't come off** la amenaza de huelga no se llevó a cabo; **the species is threatened with extinction** la especie está amenazada de extinción *or* en peligro de extinción; **the factory is threatened with closure** la fábrica corre peligro de cierre
-3. *(show signs of)* **it's threatening to snow** parece que va a nevar; **the election is threatening to become a farce** las elecciones amenazan con convertirse en una farsa
◊ *vi (danger, storm)* amenazar

threatened ['θretənd] *adj* **to feel ~ (by sb/sth)** sentirse amenazado(a) (por alguien/algo)

threatening ['θretənɪŋ] *adj (gesture, look, letter)* amenazador(ora), amenazante; *(behaviour)* intimidatorio(a); *(clouds, sky)* amenazador(ora), amenazante

threateningly ['θretənɪŋlɪ] *adv (to look)* con aire amenazador; *(to say)* en tono amenazador; *(to behave)* intimidatoriamente

three [θriː] ◊ *n* tres *m inv*
◊ *adj* tres; **~ cheers for...** tres hurras por... ❑ **the Three Kings** los Reyes Magos; **the ~ Rs** la lectura, la escritura y la aritmética; *US Fam* **~ strikes law** = ley que penaliza con cadena perpetua la comisión de un tercer delito grave; **the Three Wise Men** los Reyes Magos; *see also* **eight**

three-act ['θriːækt] *adj (play)* en tres actos

three-card trick ['θriːkɑːd'trɪk] *n* trile(s) *m(pl)* (con cartas)

thresh

three-colour(ed), *US* **three-color(ed)** ['θriː'kʌləd] *adj* de tricromía, a tres tintas; **~ printing** tricromía

three-cornered ['θriː'kɔːnəd] *adj* triangular ❑ **~ hat** sombrero *m* de tres picos

three-course meal ['θriːkɔːs'miːl] *n* comida *f* con primer y segundo platos, y postre

three-D ['θriː'diː] ◊ *n* **in ~** en tres dimensiones
◊ *adj* tridimensional, en 3-D

three-day event ['θriːdeɪə'vent] *n* SPORT prueba *f or* concurso *m* de tres días

three-dimensional ['θriːdaɪ'menʃənəl] *adj* tridimensional

threefold ['θriːfəʊld] ◊ *adj* triplicado(a); **a ~ increase (in)** un aumento por tres (de)
◊ *adv* por tres, tres veces; **to increase ~** triplicarse

three-legged ['θriː'legɪd] *adj (stool)* de tres patas ❑ **~ race** = carrera por parejas con un pie atado

three-line whip ['θriːlaɪn'wɪp] *n Br* PARL = despacho enviado a un diputado por su portavoz de grupo en el que le recuerda la gran importancia de determinada votación y la obligatoriedad de su asistencia a la misma

threepence ['θrepəns] *n Br Formerly* tres peniques *mpl* (antiguos)

threepenny ['θrepənɪ] *adj Br Formerly (stamp)* de tres peniques (antiguos) ❑ **~ bit** moneda *f* (antigua) de tres peniques; **~ piece** moneda *f* (antigua) de tres peniques

three-phase ['θriː'feɪz] *adj* ELEC **~ current** corriente *f* trifásica

three-piece ['θriː'piːs] ◊ *n (band)* trío *m*
◊ *adj* **~ band** trío *m*; **~ suit** terno *m*; **~ suite** tresillo *m*, sofá *m* y dos sillones

three-pin ['θriː'pɪn] *adj* **~ plug** enchufe *m* (macho) de tres clavijas *or* patillas

three-ply ['θriː'plaɪ] ◊ *n (wood)* contrachapado *m* de tres capas
◊ *adj (wood)* de tres capas; *(wool)* de tres hebras

three-point ['θriː'pɔɪnt] *adj* **-1.** AUT **~ turn** cambio *m* de sentido con marcha atrás **-2.** **~ line** *(in basketball)* línea *f* de seis veinticinco

three-pointer ['θriː'pɔɪntə(r)] *n (in basketball)* triple *m*

three-quarter-length [θriː'kwɔːtələŋθ] *adj* **~ coat** tres cuartos *m inv*; **~ sleeve** manga *f* (de) tres cuartos

three-quarters [θriː'kwɔːtəz] ◊ *pron (amount)* tres cuartos *mpl*, tres cuartas partes *fpl*; **~ of voters voted against** tres cuartas partes del electorado votaron en contra; **it took me ~ of an hour** me llevó tres cuartos de hora
◊ *npl (in rugby)* tres cuartos *mf pl*
◊ *adv* **~ full/finished** lleno(a)/terminado(a) en sus tres cuartas partes

three-ring circus ['θriːrɪŋ'sɜːkəs] *n US (confusing situation)* **it's a real ~ in here** es un auténtico desbarajuste, aquí no hay quien se aclare

threescore ['θriːskɔː(r)] *adj Literary* sesenta; **~ (years) and ten** setenta (años)

three-sided ['θriː'saɪdɪd] *adj (shape)* de tres lados, *Spec* trilátero(a)

threesome ['θriːsəm] *n* **-1.** *(group)* trío *m*; **we went as a ~** fuimos los tres juntos **-2.** *(in golf)* threesome *m*, partido *m* a tres; *(in cards)* partida *f* de tres (jugadores) **-3.** *(for sex)* ménage à trois *m*, trío *m*

three-speed ['θriːspiːd] *adj (gears)* de tres marchas *or* velocidades

three-star ['θriːstɑː(r)] *adj (hotel)* de tres estrellas

three-way ['θriːweɪ] *adj (division)* en tres partes; *(discussion)* a tres bandas, entre tres; *(switch)* de tres posiciones ❑ **~ calling** llamada *f* a tres

three-wheeler ['θriː'wiːlə(r)] *n (car)* automóvil *m* de tres ruedas; *(tricycle)* triciclo *m*

threnody ['θrenədɪ] *n (ode)* elegía *f*; *(song)* canto *m* fúnebre, *Spec* treno *m*

thresh [θreʃ] *vt* trillar

thresher ['θreʃə(r)] n -1. (person) trillador(ora) m,f -2. (machine) trilladora f -3. ~ (shark) zorro m marino

threshing ['θreʃɪŋ] n trilla f ❑ ~ **floor** era f; ~ **machine** trilladora f

threshold ['θreʃhəʊld] n -1. (doorway) umbral m; **to cross the** ~ franquear el umbral -2. (verge) **to be on the** ~ **(of)** estar en el umbral or en puertas (de) -3. (limit) umbral m, límite m; **the government has raised tax thresholds** el gobierno ha elevado los umbrales impositivos; **to have a low/high pain** ~ tener un umbral de dolor bajo/alto, soportar poco/mucho dolor; **to have a low boredom** ~ aburrirse a la mínima ❑ ~ **price** precio m umbral; Br IND ~ **(wage) agreement** acuerdo m de actualización or revalorización salarial automática

threw pt of **throw**

thrice [θraɪs] adv Literary tres veces

thrift [θrɪft] n -1. (care with money) ahorro m, frugalidad f ❑ US ~ **institution** ≃ caja f de ahorros; US ~ **shop** = tienda perteneciente a una entidad benéfica en la que normalmente se venden artículos de segunda mano; US ~ **store** = tienda perteneciente a una entidad benéfica en la que normalmente se venden artículos de segunda mano -2. US (savings bank) ≃ caja f de ahorros -3. BOT armeria f (de mar)

thriftiness ['θrɪftɪnɪs] n ahorro m, frugalidad f

thriftless ['θrɪftlɪs] adj derrochador(ora)

thrifty ['θrɪftɪ] adj (person) ahorrativo(a); (meal, habits) frugal

thrill [θrɪl] ◇ n -1. (excitement) emoción f; **it was a real** ~ **to meet the president** fue verdaderamente emocionante conocer al presidente, me hizo mucha ilusión conocer al presidente; **he gets a** ~ **out of ordering people about** disfruta dando órdenes a la gente; **to do sth for the** ~ **of it** hacer algo por gusto; **thrills and spills** emoción y aventura -2. (trembling) estremecimiento m; **the touch of his hand sent a** ~ **through her** el contacto de su mano le hizo estremecerse; **a** ~ **of excitement went down his spine** sintió un estremecimiento que le recorrió la espalda
◇ vt encantar, entusiasmar
◇ vi Literary estremecerse (**to** con)

thrilled [θrɪld] adj encantado(a), contentísimo(a); **he was** ~ **with his present** estaba encantado or contentísimo con su regalo; **I'm** ~ **for you** me alegro muchísimo por ti; **I'm not exactly** ~ **at the prospect** no es que la idea me vuelva loco precisamente; Fam **to be** ~ **to bits** estar loco(a) de contento

thriller ['θrɪlə(r)] n -1. (novel) novela f de Esp suspense or Am suspenso, thriller m; (movie) thriller m, película f de Esp suspense or Am suspenso -2. (exciting game) encuentro m emocionantísimo or no apto para cardiacos

thrilling ['θrɪlɪŋ] adj apasionante, emocionante; Ironic **today we will be looking at sales figures —** ~! hoy nos ocuparemos de las cifras de ventas – ¡oh, qué apasionante! or ¡oh, qué ilusión!

thrillingly ['θrɪlɪŋlɪ] adv apasionantemente, emocionantemente

thrips [θrɪps] n trips m inv

thrive [θraɪv] (pt **thrived** or **throve** [θrəʊv]) vi (business, person) prosperar; (plant) crecer muy bien; **the plants** ~ **in peaty soil** las plantas crecen muy bien or lozanas en mantillo de turba; **young children** ~ **on a diet of milk** los lácteos son muy buenos para el desarrollo de los niños; **how's she getting on in her new job? – she's thriving** ¿cómo le va en su nuevo trabajo? – (le va) mejor que nunca or como nunca; **to** ~ **on other people's misfortunes** aprovecharse de las desgracias ajenas; **some people** ~ **on stress** algunas personas se crecen con el estrés

thriving ['θraɪvɪŋ] adj (plant) lozano(a); (business) próspero(a), floreciente

thro' [θruː] Literary = **through**

throat [θrəʊt] n -1. (gullet) garganta f; (neck) cuello m; **to cut sb's** ~ degollar a alguien, cortar el cuello a alguien; **to grab sb by the** ~ agarrar a alguien por el cuello; **to clear one's** ~ carraspear, aclararse la garganta; Hum **get this drink down your** ~! ¡métete esto entre pecho y espalda! -2. IDIOMS Fam **he never misses the chance to ram** or **shove his success down my** ~ nunca pierde ocasión de pasarme or restregarme or refregarme su éxito por las narices; Fam **there's no need to jump down my** ~! ¡no hay motivo para que me eches así los perros!; Fam **they're always at each other's throats** siempre se están tirando los trastos (a la cabeza)

throaty ['θrəʊtɪ] adj (cough, voice) ronco(a); (chuckle) cavernoso(a), gutural

throb [θrɒb] ◇ n -1. (of heart) palpitación f, latido m -2. (of engine) zumbido m; (of drums) vibración f
◇ vi (pt & pp **throbbed**) -1. (heart) palpitar, latir; **my head/finger is throbbing** me dan punzadas (de dolor) en la cabeza/el dedo -2. (engine) zumbar; (drums) vibrar; **the city was throbbing with activity** la ciudad era un hervidero, la ciudad bullía de actividad

throbbing ['θrɒbɪŋ] adj -1. (rhythm) vibrante, palpitante; (engine, machine) vibrante -2. (heart) palpitante -3. (pain) punzante; **I've got a** ~ **headache** me dan punzadas en la cabeza

throes [θrəʊz] npl **the** ~ **of death, death** ~ **la** agonía de la muerte, los últimos estertores; **a country in the** ~ **of revolution** un país en plena revolución, un país sumido en una revolución; **he's in the** ~ **of a divorce** está pasando por el trance de divorciarse; **we're in the** ~ **of moving house** estamos pasando la agonía de mudarnos de casa

thrombosis [θrɒm'bəʊsɪs] n MED trombosis f inv

thrombus ['θrɒmbəs] (pl **thrombi** ['θrɒmbaɪ]) n trombo m

throne [θrəʊn] n trono m; **he had designs on the French** ~ aspiraba a hacerse con el trono francés or la corona francesa; **to be on the** ~ (monarch) reinar, ocupar el trono; **to come to** or **ascend** or **mount the** ~ acceder or subir al trono ❑ ~ **room** sala f del trono

throng [θrɒŋ] ◇ n muchedumbre f, gentío m; **throngs of people were doing their Christmas shopping** había multitud de gente haciendo las compras de Navidad
◇ vt atestar, abarrotar; **demonstrators thronged the streets** las calles estaban atestadas or abarrotadas de manifestantes
◇ vi (gather) aglomerarse, apelotonarse; **to** ~ **round sb** apiñarse en torno a alguien; **crowds of supporters thronged towards the stadium** multitud de aficionados iban en tropel or en masa hacia el estadio; **people thronged to see the procession** la gente acudió en masa a presenciar la procesión

thronging ['θrɒŋɪŋ] adj **the crowd was a** ~ **mass** la multitud era un torbellino de gente apiñada

throttle ['θrɒtəl] ◇ n (grip) gas m; (valve) estrangulador m; (in plane) palanca f de gases; **to step on the** ~ pisar el acelerador; **to open/close the** ~ abrir/soltar el gas; IDIOM **at full** ~ a toda velocidad
◇ vt (strangle) estrangular; Fam Fig **I could have throttled her!** ¡la hubiera estrangulado allí mismo!
◆ **throttle back, throttle down**
◇ vt sep **to** ~ **back** or **down the engine** decelerar, desacelerar
◇ vi (in vehicle) decelerar, desacelerar

through [θruː] ◇ prep -1. (with place) a través de; **to go** ~ **a tunnel** atravesar un túnel, pasar a través de un túnel; **to go** ~ **a door** pasar por una puerta; **we went** ~ **Belgium** fuimos atravesando Bélgica; **they went** or **drove** ~ **a red light** se saltaron or RP comieron un semáforo (en rojo); **the bullet went** ~ **his heart** el proyectil le atravesó el corazón; **what was going** ~ **your mind?** ¿en qué estabas pensando?; **she came in/looked** ~ **the window** entró/miró por la ventana; **she cut** ~ **the rope** cortó la cuerda; **I fell** ~ **the ice into the freezing water** el hielo se rompió y caí al agua helada; **the ball flew** ~ **the air** la pelota voló por los aires; **it took ages to get** ~ **the crowd** nos llevó siglos atravesar la muchedumbre; **he wouldn't let me** ~ **the door** no me dejaba pasar por la puerta; **to look** ~ **a hole** mirar por un agujero; **put your finger** ~ **this loop** mete el dedo por este agujero; **we walked** ~ **the fields** atravesamos los campos a pie; **I wandered** ~ **the streets** vagué por las calles
-2. (from start to finish of) **she looked after me** ~ **those years** me cuidó (durante) aquellos años; **all** ~ **his life** durante toda su vida; **halfway** ~ **a book/a movie** a or RP en mitad de un libro/una película; **three quarters of the way** ~ **the race** a los tres cuartos de carrera, cuando llevaba recorridas tres cuartas partes de la carrera; **she cried right the way** ~ **the whole way** ~ **the movie** lloró durante toda la película; **to get** ~ **sth** (finish) terminar algo; (exams) aprobar algo; **I don't know how I got** ~ **those years** no sé cómo sobreviví aquellos años; **I'll have a look** ~ **it** le echaré un vistazo; **they searched** ~ **the files** revisaron los archivos; Fam **he's been** ~ **a lot** ha pasado mucho
-3. (by means of) **to send sth** ~ **the mail** mandar algo por correo; **I found out** ~ **my brother** me enteré por mi hermano; **I got the job** ~ **a friend** conseguí el trabajo por medio de un amigo; **they won** ~ **sheer effort** ganaron a base de puro esfuerzo
-4. (because of) por; ~ **ignorance/carelessness** por ignorancia/descuido; **I was late, but** ~ **no fault of my own** llegué tarde, pero no fue por culpa mía
-5. US (until) **Tuesday** ~ **Thursday** desde el martes hasta el jueves inclusive
◇ adv -1. (to other side) **please come** ~ pase, por favor; **the emergency services couldn't get** ~ los servicios de emergencia no pudieron llegar hasta allí; **to get** ~ **to the front** llegar hasta la parte de delante or Am adelante; **to get** ~ **to the final** llegar or pasar a la final; **to go** ~ (bullet, nail) traspasar, pasar al otro lado; **I went** ~ **into the living room** pasé a la sala de estar; **this train goes** ~ **to Cambridge** este tren va hasta Cambridge; **to let sb** ~ dejar pasar a alguien
-2. (from start to finish) **to sleep all night** ~ dormir de un tirón; **we had to stop halfway** ~ tuvimos que parar a mitad de camino; **to read a book right** ~ leerse un libro de principio a fin; **she cried right the way** ~ **the whole way** ~ no paró de llorar en todo el camino; **I've only had a quick look** ~ sólo le he echado un vistazo; **I worked** ~ **until midnight** trabajé sin parar hasta las 12 de la noche
-3. (completely) **to be wet** ~ estar calado(a); ~ **and** ~ de pies a cabeza, de cabo a rabo
-4. (in contact) **to get** ~ **to sb** (on phone) conseguir contactar or Esp comunicar con alguien; Fam (make oneself understood) comunicarse con alguien; **I'll put you** ~ **to him** (on phone) le comunico or paso or Esp pongo con él
◇ adj -1. (finished) **to be** ~ **(with sth/sb)** haber terminado (con algo/alguien) -2. (direct) Br **no** ~ **road**, US **no** ~ **traffic** (sign) = señal de tráfico que indica carretera sin salida ❑ ~ **ticket** billete m or Am boleto m or esp Am pasaje m directo; ~ **traffic** tráfico m de paso; ~ **train** tren m directo

throughout [θruː'aʊt] ◇ prep -1. (place) por todo(a); ~ **the country** por todo el país -2. (time) durante todo(a), a lo largo de todo(a); ~ **her life** durante toda su vida; ~ **the year** a lo largo del año

throughput

◇ *adv* **-1.** *(place)* en su totalidad; **the house has been repainted ~** la casa se ha vuelto a pintar en su totalidad o *de* de arriba abajo **-2.** *(time)* en todo momento; **she was silent ~** estuvo callada en todo momento *or* todo el tiempo

throughput ['θruːpʊt] *n* **-1.** *(total production) (of factory)* (volumen *m* de) producción *f* **-2.** COMPTR rendimiento *m*, capacidad *f* de procesamiento

throughway = **thruway**

throve *pt of* **thrive**

throw [θrəʊ] ◇ *n* **-1.** *(of dice, darts)* tirada *f*; *(of ball, javelin, discus)* lanzamiento *m*; *(in wrestling)* derribo *m*; **it's my ~** *(in dice)* me toca tirar (a mí) **-2.** *(cloth, cover)* = tela decorativa que se coloca sobre camas, sillones, etc. **-3.** *Fam (item)* **they're £10 a ~** están a 10 libras

◇ *vt (pt* **threw** [θruː], *pp* **thrown** [θrəʊn]) **-1.** *(with hands) (in general)* tirar, *Am* aventar; *(ball, javelin)* lanzar; **the rioters began throwing stones** los alborotadores empezaron a arrojar piedras; **she threw a six** *(with dice)* sacó un seis; **he threw 120/a bull's-eye** *(in darts)* hizo 120 puntos/diana; **to ~ sb sth, to ~ sth to sb** lanzarle algo a alguien; **to ~ sth at sth/sb** tirarle algo a algo/alguien; **to ~ a punch (at sb)** dar un puñetazo (a alguien); *Fig* **we won't solve the problem just by throwing money at it** no solucionaremos el problema sólo con dinero **-2.** *(hurl)* lanzar; **I was thrown across the room by the explosion** la explosión me lanzó al otro lado de la habitación; **she threw her arms around him** le echó los brazos al cuello; **to ~ (sb) forwards/backwards** lanzar (a alguien) hacia delante/atrás; **they threw us in a dungeon** nos echaron en una mazmorra; **to ~ sth in sb's face** arrojar algo a alguien en la cara; *Fig* echar en cara algo a alguien; **she threw her clothes on the floor** tiró *or Am* botó su ropa al suelo; **he threw her to the ground** la tiró al suelo; **to ~ oneself off a bridge/under the table** tirarse de un puente/debajo de la mesa; **to ~ oneself into** *(river)* tirarse a; *(chair)* tirarse en; *Fig (undertaking, work)* entregarse a; *Fig* **she threw herself at him** prácticamente se echó en sus brazos; *Fig* **she threw herself at his feet** se echó a sus pies; **to ~ oneself on sb's mercy** ponerse a merced de alguien; *Fig* **to ~ sth back in sb's face** echarle algo en cara a alguien; **we were thrown back on our own resources** tuvimos que valernos de nuestros recursos; *Fig* **to ~ good money after bad** tirar el dinero por la ventana; **to ~ sb into confusion/a panic** sumir a alguien en la confusión/el pánico; *Fig* **to ~ sth overboard** tirar *or Am* botar algo por la borda **-3.** SPORT *(in wrestling)* derribar; **the horse threw its rider** el caballo desmontó al jinete **-4.** *(glance)* lanzar **(at** a) **-5.** *(project) (image, shadow, voice)* proyectar; *Fig* **to ~ doubt on sth** poner algo en duda; *Fig* **to ~ light on sth** arrojar luz sobre algo **-6.** *(turn on)* **to ~ a switch** dar al interruptor **-7.** *(have)* **to ~ a fit** *(get angry)* ponerse hecho(a) una furia; **to ~ a party** dar una fiesta **-8.** *Fam (disconcert)* desconcertar **-9.** *Fam (lose intentionally)* **he threw the game/fight** se dejó ganar **-10.** *(in pottery)* tornear

◇ *vi* **it's your turn to ~** te toca tirar; **he threw for 240 yards** *(in American football)* dio pases sumando un total de 240 yardas

◆ **throw about, throw around** *vt sep* **the kids were throwing a ball about** los niños estaban jugando con una pelota; **stop throwing your toys around** deja ya de tirar los juguetes por todas partes; *Fig* **to ~ money around** despilfarrar el dinero

◆ **throw away** *vt sep* **-1.** *(discard)* tirar, *Am* botar **-2.** *(opportunity, life, money)* desperdiciar

◆ **throw in** *vt sep* **-1.** *(into a place)* echar, tirar; IDIOM **to ~ in one's hand** *or* **one's cards** *or* **the towel** tirar la toalla; *Fig* **he threw in his lot with the rebels** unió su destino al de los rebeldes **-2.** *(add)* añadir; *(include as extra)* incluir (como extra)

◆ **throw off** *vt sep* **-1.** *(cold)* librarse de, deshacerse de **-2.** *(pursuer)* despistar **-3.** *(clothing)* quitarse rápidamente

◆ **throw on** *vt sep (clothes)* ponerse

◆ **throw out** *vt sep* **-1.** *(eject) (person)* echar; *(thing)* tirar; *(proposal)* rechazar; **to ~ sb out of work** echar a alguien del trabajo; LAW **the judge threw out the charges** el juez desestimó *or* rechazó los cargos **-2.** *(emit) (light, heat)* despedir

◆ **throw over** *vt sep (partner)* abandonar

◆ **throw together** *vt sep (assemble or gather hurriedly)* juntar a la carrera; *(make hurriedly)* pergeñar; **chance had thrown us together** el azar quiso que nos conociéramos

◆ **throw up** ◇ *vt sep* **-1.** *(raise)* **to ~ up one's hands** *(in horror, dismay)* echarse las manos a la cabeza **-2.** *(reveal) (facts, information)* poner de manifiesto **-3.** *(abandon) (career)* abandonar

◇ *vi Fam (vomit)* devolver, echar la papilla

throwaway ['θrəʊəweɪ] *adj* **-1.** *(disposable)* desechable; **we live in a ~ culture** *or* **society** vivimos en la sociedad consumista del usar y tirar **-2.** *(casual) (line, remark)* insustancial, pasajero(a)

throwback ['θrəʊbæk] *n* **-1.** BIOL regresión *f*, salto *m* atrás; **he's a ~ to his great-grandfather** *(strongly resembles)* es la viva imagen de su bisabuelo, es clavado a su bisabuelo **-2.** *(of fashion, custom)* regreso *m*, vuelta *f*; **those new hats are a ~ to the 1930s** esos nuevos sombreros suponen un regreso *or* una vuelta a los años treinta

throw-in ['θrəʊɪn] *n (in soccer)* saque *m* de banda, *Andes, RP* saque *m* de costado; **to take a ~** sacar de banda, *Andes, RP* sacar de costado

thrown *pp of* **throw**

thru [θruː] ◇ *prep US Fam* = **through**

◇ *adv US Fam* = **through**

thrum [θrʌm] ◇ *vt (guitar)* rasguear

◇ *vi (engine, machine)* ronronear; *(rain)* repiquetear

thrush[1] [θrʌʃ] *n (bird)* tordo *m*, zorzal *m*

thrush[2] *n (disease)* candidiasis *f inv*

thrust [θrʌst] ◇ *n* **-1.** *(with knife)* cuchillada *f*; *(in fencing)* estocada *f* **-2.** *(attack) (of army)* ofensiva *f*; SPORT incursión *f*, penetración *f* **-3.** *(of campaign, policy)* objetivo *m*; **the main ~ of his argument was that...** lo que pretendía demostrar con su argumento era que... **-4.** AV empuje *m*

◇ *vt (pt & pp* **thrust**) *(push, shove) (sword, stick, finger)* clavar, hundir **(into** en); **I ~ the stick into the sand** clavé *or* hundí el palo en la arena; **he ~ his hands into his pockets** hundió las manos en los bolsillos; **she ~ the letter into my hands** me echó la carta en las manos; **he ~ his head out of the window** sacó *or* asomó la cabeza de golpe por la ventana; **she ~ me to the front of the crowd** me fue arrimando hasta las primeras filas; **he ~ her into the cell** la arrojó al calabozo de un empujón; **she ~ the money towards him** le tendió el dinero con brusquedad; **he was suddenly ~ into a position of responsibility** se vio de repente en un puesto de responsabilidad

◇ *vi* **-1.** *(with sword, knife)* **to ~ at sth/sb (with a knife)** lanzar una cuchillada a algo/alguien **-2.** *(move)* **to ~ past sb** *(rudely)* pasar apartando a alguien de un empujón; *(quickly)* sortear *or* rebasar con rapidez a alguien

◆ **thrust aside** *vt sep* **-1.** *(person, thing)* apartar de un empujón **-2.** *(suggestion)* rechazar, descartar

◆ **thrust forward** *vt sep (push forward)* empujar (hacia delante); **to ~ oneself forward** *(for job, to gain attention)* hacerse notar

◆ **thrust on** *vt sep* **fame was ~ on him** la fama le cayó encima; **the job was ~ on me** el trabajo me vino impuesto; **he ~ himself on them** tuvieron que cargar con él

◆ **thrust out** *vt sep (one's arm, leg)* extender de golpe; **to ~ out one's chest** sacar pecho

◆ **thrust upon** = **thrust on**

thrusting ['θrʌstɪŋ] *adj Br* agresivamente ambicioso(a)

thruway, throughway ['θruːweɪ] *n US* AUT autopista *f*

thud [θʌd] ◇ *n* golpe *m* sordo

◇ *vi (pt & pp* **thudded**) hacer un ruido sordo; **we could hear the cannon thudding in the distance** se oía el retumbar del cañón en la lejanía; **his fist thudded into my stomach** su puñetazo me alcanzó el estómago con un golpe sordo; **my heart was thudding** el corazón me latía *or* palpitaba con fuerza; **we could hear him thudding about** se oía el ruido sordo de sus pisadas

thug [θʌg] *n* matón *m*

thuggery ['θʌgərɪ] *n* matonismo *m*, chulería *f*

thuggish ['θʌgɪʃ] *adj* de matón, chulesco(a)

thulium ['θuːlɪəm] *n* CHEM tulio *m*

thumb [θʌm] ◇ *n* **-1.** *(digit)* pulgar *m* □ **~ index** uñero *m*, índice *m* recortado **-2.** IDIOMS **she's got him under her ~, he's under her ~** lo tiene completamente dominado; *Fam* **he's all (fingers and) thumbs** es un torpe *or* manazas; *Fam* **to give sth/sb the thumbs up** dar el visto bueno a algo/alguien; *Fam* **to give sth/sb the thumbs down** no dar el visto bueno a algo/alguien

◇ *vt* **-1.** *(book)* hojear; **a well thumbed book** un libro manoseado; IDIOM **to ~ one's nose at sb** hacerle burla a alguien **-2.** *Fam (hitch)* **to ~ a lift** *or* **ride** hacer dedo, *CAm, Méx, Perú* pedir aventón; **I thumbed a ride to Chicago** fui a Chicago a dedo

◇ *vi* **to ~ through sth** hojear algo

thumbnail ['θʌmneɪl] *n* **-1.** *(of finger)* uña *f* del pulgar ❑ **~ sketch** reseña *f*, descripción *f* somera **-2.** TYP miniatura *f*

thumbprint ['θʌmprɪnt] *n* huella *f* del pulgar

thumbscrew ['θʌmskruː] *n* **-1.** HIST empulgueras *fpl* **-2.** *(screw)* tornillo *m* de mariposa

thumbtack ['θʌmtæk] *n US Esp* chincheta *f*, *Am* chinche *m*

thump [θʌmp] ◇ *n* **-1.** *(blow)* porrazo *m* **-2.** *(sound)* ruido *m* seco

◇ *vt* **-1.** *(hit)* dar un porrazo a; **he thumped me in the stomach** me dio un puñetazo en el estómago; **to ~ sb on the back** palmotear a alguien en la espalda, dar fuertes palmadas a alguien en la espalda; **he thumped his fist on the table** dio un puñetazo en la mesa; **he thumped his bag down on the floor** soltó la bolsa de golpe en el suelo **-2.** *Fam (defeat heavily)* machacar, dar una paliza *or* un palizón a

◇ *vi* **-1.** *(hit)* **to ~ on the door/table** aporrear la puerta/mesa **-2.** *(make loud noise)* **I could hear him thumping around upstairs** lo oía dar fuertes pisadas en el apartamento *or Esp* piso de arriba **-3.** *(heart)* **my heart was thumping** el corazón me latía con fuerza

◆ **thump out** *Fam* ◇ *vt sep* **to ~ out a tune on the piano** tocar una canción aporreando el piano

◇ *vi (music)* sonar a todo volumen

thumping ['θʌmpɪŋ] *Fam* ◇ *n (heavy defeat)* paliza *f*, palizón *m*

◇ *adj (very large)* enorme, tremendo(a)

◇ *adv* **a ~ great book/house** un pedazo de libro/casa, un libro/una casa de aquí te espero; **that was a ~ good show!** ¡ha sido un pedazo de espectáculo!

thunder ['θʌndə(r)] ◇ *n* **-1.** MET truenos *mpl*; **there was a lot of ~ last night** anoche hubo *or* se oyeron muchos truenos; **a clap of ~** un trueno; **~ and lightning** aparato eléctrico, IDIOM **with a face like ~** con el rostro encendido por la ira **-2.** *(of applause)* estallido *m*; *(of engine, traffic, waves, hooves)* estruendo *m*; *(of guns)* estallido *m*, estampido *m*

thunderbolt 777 **tidy**

thunderbolt ◇ vt (order, threat) vociferar; (applause) estallar or prorrumpir en; **"damn them!" he thundered** "¡malditos sean!", vociferó or rugió él

◇ vi **-1.** (during storm) tronar; **it's thundering** hay truenos, está tronando **-2.** (guns, waves) retumbar; **applause thundered from the crowd as he finished his performance** al terminar su actuación el público estalló or prorrumpió en aplausos; **the tanks/cavalry thundered past** los tanques pasaron/la caballería pasó con gran estruendo; **to ~ along** (train, lorry) pasar con estrépito

-3. (speaker) tronar, vociferar

thunderbolt ['θʌndəbəʊlt] n **-1.** MET rayo m **-2.** (news) mazazo m

thunderclap ['θʌndəklæp] n trueno m

thundercloud ['θʌndəklaʊd] n nube f de tormenta

thundering ['θʌndərɪŋ] ◇ adj **-1.** Old-fashioned (very large) tremendo(a), enorme; **to be in a ~ rage** estar hecho(a) una furia **-2.** (very powerful) **a ~ shot** un cañonazo, un trallazo; **a ~ goal** un gol de fuerte or potente disparo

◇ adv Old-fashioned **it's a ~ good read** da gusto leerlo, es un pedazo de libro

thunderous ['θʌndərəs] adj (voice, applause) atronador(ora)

thunderstorm ['θʌndəstɔːm] n tormenta f

thunderstruck ['θʌndəstrʌk] adj pasmado(a), atónito(a); **she was ~ by the news** la noticia la dejó pasmada or atónita

thundery ['θʌndərɪ] adj MET (weather, showers) tormentoso(a); (storms) con aparato eléctrico

Thur, Thurs (abbr Thursday) jves., J.

Thuringia [θjʊəˈrɪndʒɪə] n Turingia

Thursday ['θɜːzdeɪ] n jueves m inv; see also Saturday

thus [ðʌs] adv Formal **-1.** (in this way) así, de este modo; **put your hands on your head, ~** ponga las manos sobre la cabeza de este modo; **it was ever ~** siempre ha sido así **-2.** (therefore) por consiguiente; **he resigned, ~ provoking great panic** dimitió, generando así los consiguientes ataques de pánico **-3. ~ far** (up to now) hasta el momento; (up to here) hasta aquí

thwack [θwæk] ◇ n (blow, sound) golpetazo m

◇ vt (hit) dar un golpetazo a, Esp atizar; **the player thwacked the ball into the crowd** el jugador estrelló el balón contra el público

thwart [θwɔːt] vt (person, plan) frustrar; **I was thwarted in my attempts to leave the country** mis intentos de abandonar el país se vieron frustrados

thy [ðaɪ] adj **-1.** Literary tu **-2.** REL tu; **love ~ neighbour** amarás al prójimo

thyme [taɪm] n tomillo m

thymus ['θaɪməs] n ANAT **~ (gland)** timo m

thyroid ['θaɪrɔɪd] ANAT ◇ n **~ (gland)** (glándula f) tiroides m inv

◇ adj tiroideo(a)

thyself [ðaɪˈself] pron **-1.** Literary tú mismo(a); **for ~** para ti mismo **-2.** REL tú mismo(a)

ti [tiː] n MUS si m

Tiananmen Square ['tjænənmenˈskweə(r)] n la plaza de Tiananmen

tiara [tɪˈɑːrə] n (jewellery) diadema f; (of Pope) tiara f

Tiber ['taɪbə(r)] n **the (River) ~** el (río) Tíber

Tiberius [taɪˈbɪərɪəs] n Tiberio

Tibet [tɪˈbet] n (el) Tíbet

Tibetan [tɪˈbetən] ◇ n **-1.** (person) tibetano(a) m,f **-2.** (language) tibetano m

◇ adj tibetano(a)

tibia ['tɪbɪə] n ANAT tibia f

tic [tɪk] n tic m; **a nervous ~** un tic nervioso

tick[1] [tɪk] n (parasite) garrapata f

tick[2] n Br Fam (credit) **to buy sth on ~** comprar algo fiado

tick[3] ◇ n **-1.** (of clock) tictac m

-2. Br Fam (moment) momentín m, segundo m; **just a ~!** ¡un momentín or segundo!; **I'll be with you in (half) a ~** or **in two ticks!** ¡estoy contigo en un momentín or segundo!

-3. (mark) marca f, señal f de visto bueno; **put a ~ against the name of your preferred candidate** marque con una señal el nombre del candidato elegido

-4. TEX (for mattress, pillow) funda f; (ticking) terliz m, cutí m (para colchones)

◇ vi (clock) hacer tictac; **the minutes are ticking by** or **away** los minutos pasan; IDIOM **I don't know what makes him ~** no sé qué es lo que le mueve

◇ vt (mark) (name, answer, box) marcar (con una señal); SCH marcar con una señal de visto bueno, marcar como corregido(a)

◆ **tick off** vt sep **-1.** (on list) marcar con una señal de visto bueno **-2.** (count) (reasons, chapters) enumerar **-3.** Br Fam (reprimand) echar regañina **-4.** US Fam (irritate) fastidiar, mosquear; **to be ticked off (with sb)** estar mosqueado(a) (con alguien)

◆ **tick over** vi **-1.** (engine) estar al ralentí **-2.** (business) ir tirando; **it keeps my brain ticking over** mantiene mi mente fresca or despierta

ticker ['tɪkə(r)] n **-1.** Fam (heart) corazón m **-2.** US (printer) teletipo m or teleimpresor m de cotizaciones (bursátiles)

ticker tape ['tɪkəteɪp] n cinta f de cotizaciones (bursátiles); **a ~ parade** un desfile de recibimiento multitudinario

ticket ['tɪkɪt] ◇ n **-1.** (for train, bus, plane) billete m, Am boleto m, esp Am pasaje m; (for theatre, cinema, museum, game) entrada f, Col, Méx boleto m; (for lottery) billete m, boleto m; (to car park) tíquet m, ticket m; (for left luggage, from cloakroom, dry cleaner's, pawnshop) resguardo m, tíquet m, ticket m; IDIOM Fam **it was just the ~!** ¡era justo lo que necesitaba! ❑ **~ agency** (for theatre, pop concerts) punto m or agencia f de venta de entradas or Col, Méx boletos; **~ barrier** (at train station, airport) (puesto m de) control m de billetes or Am boletos or esp Am pasajes; **~ collector** revisor(ora) m,f; **~ desk** (at airport) mostrador m de venta de billetes or Am boletos or esp Am pasajes; **~ holder** (for train, bus, plane) poseedor(ora) m,f de billete or Am boleto or esp Am pasaje; (for theatre, cinema, museum, game) poseedor(ora) m,f de entrada or Col, Méx boleto; Br **~ inspector** revisor(ora) m,f; **~ machine** (at train station, airport) máquina f expendedora de billetes or Am boletos or esp Am pasajes; **~ office** taquilla f, despacho m de billetes, Am boletería f; Br **~ tout** reventa mf; **~ window** ventanilla f

-2. (for membership) (of library) carné m or carnet m (de socio)

-3. (fine) (for parking illegally, speeding) multa f; **I got a (parking) ~** me pusieron una multa (de estacionamiento)

-4. (label) **(price) ~** etiqueta f (de precio)

-5. POL (list of candidates) candidatura f; **his vice-presidential running mate on the Democratic ~** su número dos y candidato a la vicepresidencia por los demócratas; **she ran on an anti-corruption ~** se presentó bajo la bandera de la anticorrupción

◇ vt **-1.** (goods) etiquetar **-2.** US (fine) multar, poner una multa

ticketless ['tɪkɪtlɪs] adj **~ travel** viaje m sin billete or Am boleto or esp Am pasaje

ticking ['tɪkɪŋ] n **-1.** (of clock) tictac m **-2.** TEX terliz m, cutí m (para colchones)

ticking-off [ˈtɪkɪŋˈɒf] n Br Fam (reprimand) Esp rapapolvo m, Am regaño m; **to give sb a ~** echar Esp un rapapolvo or Am un regaño a alguien

tickle ['tɪkəl] ◇ n cosquillas fpl; **to give sb a ~** hacer cosquillas a alguien; **to have a ~ in one's throat** tener picor de garganta

◇ vt **-1.** (of person, garment) hacer cosquillas a; **don't ~ my feet!** ¡no me hagas cosquillas en los pies!; IDIOM Hum **to ~ the ivories** darle a las teclas, tocar el piano **-2.** (amuse) divertir; IDIOM **to ~ sb's fancy** atraer or Esp apetecer or Carib, Col, Méx provocar or Méx antojársele a alguien; IDIOM **to be tickled pink** estar encantado(a) **-3.** (arouse)

(curiosity) picar, despertar

◇ vi (wool, material) picar; **stop tickling!** ¡deja de hacerme cosquillas!

tickler ['tɪklə(r)] n **-1.** Br Fam (tricky problem) problemón m, papeleta f; **it's a bit of a ~** el asunto tiene miga(s) **-2.** US (memorandum book) bloc m de notas (para recordatorios)

tickling ['tɪklɪŋ] adj **I felt a ~ sensation in my feet** sentía cosquilleo en los pies

ticklish ['tɪkəlɪʃ] adj **-1.** (person) **to be ~** tener cosquillas; **I have ~ feet** tengo cosquillas en los pies **-2.** Fam (situation, problem) delicado(a), peliagudo(a), Méx pelón **-3.** Fam (touchy) (person) picajoso(a), susceptible

tickly ['tɪklɪ] adj Fam **a ~ blanket/beard** una manta/barba que pica; **I've got a ~ throat** tengo la garganta tomada, me pica la garganta

tick-tack-toe [tɪktækˈtəʊ] n US tres en raya m

ticktock ['tɪktɒk] n (of clock) tictac m

ticky-tacky ['tɪkɪtækɪ] US Fam ◇ n materiales mpl baratos

◇ adj **-1.** (dull) soso(a) **-2.** (cheaply made) de chichinabo, de chicha y nabo

tidal ['taɪdəl] adj (estuary, river) con mareas; (current, force) de las mareas; **the river is ~ as far as Newtown** la marea llega hasta Newtown ❑ **~ basin** dársena f de marea; **~ energy** energía f mareomotriz; **~ wave** (tsunami) maremoto m; (of protest, sympathy) oleada f, avalancha f

tidbit US = titbit

tiddler ['tɪdlə(r)] n Br Fam **-1.** (small fish) pececillo m **-2.** (child) renacuajo(a) m,f, Méx cosita f, RP piojo m

tiddly ['tɪdlɪ] adj Br Fam **-1.** (small) minúsculo(a) **-2.** (tipsy) achispado(a)

tiddlywinks ['tɪdlɪwɪŋks] n (juego m de la) pulga f

tide [taɪd] n **-1.** (of sea) marea f; **high/low ~** marea alta/baja; **at high/low ~** con la marea alta/baja, en pleamar/bajamar; **the ~ is in/out** ha subido/bajado la marea ❑ **~ table** tabla f or anuario m de mareas

-2. (of events) rumbo m, curso m; **the rising ~ of discontent** la creciente ola de descontento; **to go** or **swim against the ~** ir contra (la) corriente; **to go** or **drift with the ~** dejarse llevar (por la corriente); **to swim with the ~** seguir la corriente; **the ~ has turned** se han vuelto las tornas; **the ~ of public opinion has turned against the government** la corriente de opinión se ha vuelto contra el gobierno; **you cannot turn back the ~ of progress** es imposible frenar la máquina del progreso

◆ **tide over** vt sep **to ~ sb over** (of money) sacar a alguien del apuro; **I lent him some money to ~ him over till payday** le presté un poco de dinero para que llegara hasta el día de cobro; **to ~ sb over a difficult patch** ayudar a alguien a superar un bache or una mala racha

tideless ['taɪdlɪs] adj sin mareas

tidemark ['taɪdmɑːk] n **-1.** (mark left by tide) línea f de la marea **-2.** Br Fam (in bath) marca f de suciedad

tidewater ['taɪdwɔːtə(r)] n **-1.** Br (water) agua f de (la) marea **-2.** US (land) marisma f

tideway ['taɪdweɪ] n zona f de mareas

tidily ['taɪdɪlɪ] adv ordenadamente

tidiness ['taɪdɪnɪs] n (of room, habits) orden m; (of garden) aspecto m cuidado; (of appearance) pulcritud f, aseo m; (of hair) buen arreglo m; (of schoolwork, writing) pulcritud f, esmero m

tidings ['taɪdɪŋz] npl Literary nuevas fpl, noticias fpl

tidy ['taɪdɪ] adj **-1.** (room, habits) ordenado(a); (garden) cuidado(a); (appearance) arreglado(a), aseado(a); (hair) arreglado(a); (schoolwork, writing) pulcro(a), esmerado(a) **-2.** (mind) metódico(a) **-3.** Fam (considerable) (sum) bonito(a); (profit) bueno(a), considerable

◇ vt (room, desk) ordenar; (garden, hair) arreglar

◇ n **-1.** (receptacle) = recipiente con compartimentos para utensilios de escritorio

-2. *(clean)* limpieza *f*; **I'm just going to give my bedroom a quick ~** voy a arreglar *or* ordenar un poco la habitación
◆ **tidy away** *vt sep* recoger; **I tidied the books away in a cupboard** guardé los libros en un armario
◆ **tidy out** *vt sep (drawer, wardrobe, garden shed)* hacer limpieza en, ordenar
◆ **tidy up** ◇ *vt sep* **-1.** *(room, desk, clothes)* ordenar; **~ your things up** *(put them away)* recoge tus cosas **-2.** *(in appearance)* **to ~ oneself up** arreglarse
◇ *vi* **-1.** *(in room)* ordenar **-2.** *(in appearance)* arreglarse

tidy-up ['taɪdʌp] *n Fam* limpieza *f*; **to have a ~** hacer limpieza, ordenar

tie [taɪ] ◇ *n* **-1.** *(item of clothing)* corbata *f* ❏ **~ clip** pasador *m* de corbata, pasacorbatas *m inv*; *US* **~ tack** alfiler *m* de corbata
-2. *(fastener) (for closing bag)* atadura *f*, = cierre flexible de alambre plastificado para bolsas de plástico, cables enrollados, etc.; *(for curtain)* alzapaño *m (cinta)*; *(on apron)* cinta *f*, lazo *m*
-3. *(link)* lazo *m*, vínculo *m*; **he has no ties to the place** no hay nada que lo una *or* lo ligue al lugar
-4. *(restriction)* atadura *f*; **pets can be a ~** los animales de compañía pueden ser una atadura *or* pueden atar mucho
-5. SPORT *(draw)* empate *m*; **the game ended in a ~** el partido acabó en *or* con empate
-6. SPORT *(game)* eliminatoria *f*, partido *m* de clasificación; **their fourth round (cup) ~ against Wolves was postponed** su eliminatoria *or* partido de copa contra los Wolves fue aplazado
-7. *US* RAIL traviesa *f*
-8. CONSTR **~ beam** tirante *m*
-9. MUS ligadura *f*
◇ *vt* **-1.** *(shoelace, piece of string)* atar; **to ~ a knot (in sth)** atar *or* hacer un nudo (a *or* en algo); **to ~ one's shoelaces** atarse (los cordones de) los zapatos; **to ~ a scarf round one's neck** anudarse *or* atarse un pañuelo al cuello; **she tied the ribbon in a bow** hizo un lazo con la cinta; **they tied his hands and feet** lo ataron *or* amarraron de pies y manos; **she tied a ribbon in her hair** se ató un lazo al pelo; **to ~ sth to sth** atar algo a algo; **they tied him to a tree** lo ataron *or* amarraron a un árbol; IDIOM **to have one's hands tied** *(have no alternative)* tener las manos atadas
-2. *(restrict)* **they're tied to** *or* **by the conditions of the contract** se deben atener a las condiciones del contrato; **she's tied to the house because of the children** se pasa el día encerrada en casa por los niños; **she felt tied by a sense of duty** se sentía obligada por sentido del deber; **he was tied to his desk** estaba atado a su trabajo
-3. *(link)* **to be tied to sth** ir ligado(a) a algo, estar vinculado(a) a algo
-4. SPORT *(game)* empatar
◇ *vi* **-1.** *(be fastened)* **the dress ties at the back** el vestido se ata por detrás **-2.** *(in race, contest)* empatar; **they tied for third place** quedaron empatados en tercer lugar
◆ **tie back** *vt sep (hair, curtains)* recoger; **her hair was tied back in a bun** llevaba el pelo recogido en un moño
◆ **tie down** *vt sep* **-1.** *(with string, rope)* atar
-2. *(restrict)* **children ~ you down** los hijos atan mucho; **she doesn't want to feel tied down** no quiere ataduras, no quiere sentirse atada
-3. *(commit)* **try and ~ him down to a specific date** intenta que se comprometa a una fecha concreta; **I don't want to be tied down** *or* **to ~ myself down to a specific date** no quiero comprometerme a una fecha concreta
◆ **tie in** ◇ *vt sep* relacionar; **how is this tied in with your previous experiments?** ¿cómo encaja esto con tus experimentos anteriores?, ¿qué relación guarda con tus experimentos anteriores?; **she's trying to ~ her work experience in with her research** trata de que su experiencia laboral esté relacionada *or* guarde relación con sus investigaciones
◇ *vi (facts, story)* encajar, concordar; **this ties in with what I said before** esto concuerda *or* viene al hilo de lo que dije antes
◆ **tie on** *vt* **-1.** *(attach)* atar **-2.** *US Fam* **to ~ one on** *(get drunk)* agarrarse una buena (curda), *Méx* ponerse una peda
◆ **tie together** ◇ *vt sep (papers, sticks)* atar; **to ~ sb's hands/feet together** atar las manos/los pies a alguien
◇ *vi (make sense)* cuadrar, encajar; **it all ties together** todo encaja *or* cuadra *or* concuerda
◆ **tie up** ◇ *vt sep* **-1.** *(prisoner, animal, parcel)* atar; *(boat)* amarrar; **to ~ up one's shoelaces** atarse (los cordones de) los zapatos
-2. *(finalize) (deal)* cerrar; **I'd like to get everything tied up before the holidays** me gustaría dejarlo todo (atado y) bien atado antes de las vacaciones
-3. *(money)* **my capital is tied up in property** tengo mi capital metido *or* invertido en bienes inmuebles; **her inheritance is tied up until her 21st birthday** su herencia está inmovilizada hasta que cumpla veintiún años
-4. *(connect)* **to be tied up with sth** estar íntimamente ligado(a) a algo
-5. *(busy)* **to be tied up** estar muy ocupado(a); **he's tied up in a meeting until 5** está reunido *or* tiene una reunión hasta las 5
-6. *(impede) (traffic)* congestionar; *(progress, production)* paralizar
◇ *vi* **-1.** *(be connected)* relacionarse, estar relacionado(a) **(with** con**)**; **it's all beginning to ~ up** todo empieza a encajar *or* cuadrar **-2.** NAUT atracar, echar amarras

tieback ['taɪbæk] *n (for curtain)* alzapaño *m (cordón, cinta)*

tie-break(er) ['taɪbreɪk(ər)] *n (in tennis)* tie-break *m*, muerte *f* súbita; *(in quiz, competition)* desempate *m*

tied [taɪd] *adj* **-1.** SPORT **to be ~** *(players)* estar *or* ir empatados(as); *(game)* estar empatado(a); **they are ~ for the lead** van empatados en cabeza
-2. *(by obligation, duties)* atado(a); **he doesn't want to feel ~** no quiere tener ataduras, no quiere sentirse atado ❏ *Br* **~ cottage** = casa de campo alquilada por un agricultor a sus trabajadores; *Br* **~ house** *(pub)* = "pub" británico que pertenece a una cervecera y vende principalmente su cerveza
-3. MUS *(note)* ligado(a)

tied-up ['taɪdʌp] *adj* **~ capital** capital *m* inmovilizado

tie-dyed ['taɪdaɪd] *adj* teñido(a) con nudos

tie-in ['taɪɪn] *n* **-1.** *(link)* relación *f* **(with** con**) -2.** COM **a movie/TV ~** = un producto a veces promocional relacionado con una nueva película/programa televisivo

tie-on ['taɪɒn] *adj (label)* de *or* para colgar, colgante

tie-pin ['taɪpɪn] *n* alfiler *m* de corbata

tier [tɪə(r)] *n* **-1.** *(of theatre)* fila *f*; *(of stadium)* grada *f*; **we arranged the seats in tiers** colocamos los asientos escalonados *or* en gradas **-2.** *(of wedding cake)* piso *m* **-3.** *(administrative)* nivel *m*; *Pej* **a two-~ health service** un sistema sanitario que distingue entre ciudadanos de primera y de segunda clase

tiered ['tɪəd] *adj* **-1.** *(seating) (in theatre)* escalonado(a), sobre gradas; **~ seating** *(in stadium)* gradas, *Esp* graderío **-2.** *(of wedding cake)* **a three-~ cake** una tarta de tres pisos
-3. *(system, approach)* de varios niveles, multilateral

tie-up ['taɪʌp] *n* **-1.** *(connection)* nexo *m* (de unión), vínculo *m* **-2.** *US (traffic jam)* atasco *m*, embotellamiento *m*

TIFF [tɪf] *n* COMPTR *(abbr* **tagged image file format**) TIFF *m*

tiff [tɪf] *n Fam* riña *f*, desavenencia *f*; **they had a lover's ~** tuvieron una pelea *or* riña de novios

tig [tɪg] *n (game)* **to play ~** jugar a pillarse *or* al corre que te pillo

tiger ['taɪgə(r)] *n* tigre *m*; **to fight like a ~** luchar como una fiera *or* con uñas y dientes ❏ **~ cub** cachorro *m* de tigre; **~ economy** tigre *m* asiático; **~ lily** lirio *m* naranja, azucena *f* atigrada; **~ moth** mariposa *f* tigre; **~ prawn** langostino *m* tigre *or* rayado *or* jumbo; **~ shark** tiburón *m* tigre

tigerish ['taɪgərɪʃ] *adj (performance)* esforzado(a); *(tackling)* duro(a); *(sportsman)* batallador(ora), peleón(ona)

tiger's-eye ['taɪgəzaɪ] *n (stone)* ojo *m* de tigre

tight [taɪt] ◇ *adj* **-1.** *(clothes) (close-fitting)* ajustado(a), ceñido(a); *(uncomfortable)* justo(a), prieto(a), estrecho(a); **she likes wearing ~ trousers** le gusta llevar pantalones ajustados; **these shoes are a bit ~** estos zapatos me quedan un poco justos *or* me aprietan un poco; **my tie was too ~** llevaba la corbata demasiado apretada *or* prieta; **to ~ a fit** *(clothes)* quedar muy justo(a); **there was just enough room in the car, but it was a ~ squeeze** cabíamos en el coche, pero íbamos muy apretados *or* apiñados
-2. *(stiff) (screw, lid)* apretado(a), prieto(a)
-3. *(taut) (rope)* tenso(a), tirante; *(knot)* apretado(a), prieto(a); **her face looked ~ and drawn** tenía el rostro tenso y demacrado; **my chest is feeling ~** siento una opresión en el pecho
-4. *(firm) (grip, embrace)* fuerte, firme; **to keep a ~ hold on sth** tener algo bien agarrado; *Fig* **we need to keep a ~ hold on expenditure** hay que ejercer un riguroso *or* estricto control de los gastos; **they huddled together in a ~ bunch** se agruparon formando una piña; *Fig* **the dictator kept a ~ grip on power** el dictador detentaba el poder con mano firme
-5. *(hermetic) (seal)* hermético(a)
-6. *(bend)* cerrado(a)
-7. *(strict) (restrictions)* severo(a); *(control)* riguroso(a), estricto(a); **there will be ~ security at the summit** habrá fuertes *or* estrictas medidas de seguridad durante la cumbre
-8. *(limited) (budget)* justo(a), limitado(a); **money's a bit ~ at the moment** ahora estoy un poco justo de dinero; **we're a bit ~ for time** vamos un poco cortos *or* justos de tiempo
-9. *(close) (race, finish)* reñido(a)
-10. *(schedule)* apretado(a); **to work to a ~ schedule** trabajar con un calendario estricto; **it was ~ but I made it in time** apenas tenía margen, pero llegué a tiempo
-11. *Fam (miserly)* agarrado(a), roñoso(a)
-12. *Fam (drunk)* alegre, *Esp* piripi; **to get ~** ponerse alegre *or Esp* piripi
-13. MUS *(band, playing)* sólido(a), conjuntado(a)
-14. SPORT **~ end** *(in American football)* tight end *m*; **~ head prop** *(in rugby)* pilar *mf* derecho(a), cabeza *mf* cerrada
-15. IDIOMS **to be in a ~ spot** *or* **corner** estar en un aprieto; **to run a ~ ship** llevar el timón con mano firme
◇ *adv (to hold, squeeze)* con fuerza; *(to seal, shut)* bien; **pull the thread ~** pon el hilo bien tirante; **make sure you screw the lid on ~** deja la tapa bien cerrada *or* apretada; **hold ~!** ¡agárrate fuerte!; **the stands were packed ~** las gradas estaban abarrotadas *or* a rebosar de gente, la gente se apelotonaba en las gradas; **sleep ~!** ¡que descanses!

tight-arsed ['taɪt'ɑːst], *US* **tight-assed** ['taɪt'æst] *adj very Fam (repressed)* estrecho(a)

tighten ['taɪtn] ◇ *vt* **-1.** *(screw, knot)* apretar
-2. *(rope)* tensar; *(belt, strap)* apretar; **to ~ one's grip on** *(rope, handle)* asir con más fuerza; *Fig* **he tightened his grip on the organization** incrementó su control sobre la organización; *Fig* **to ~ one's belt** apretarse

tightening — **time**

el cinturón **-3.** *(restrictions, security)* intensificar, incrementar; *(conditions, rules)* endurecer

◇ *vi* **-1.** *(knot)* apretarse **-2.** *(rope, muscles)* tensarse; **his throat/stomach tightened** se le hizo un nudo en la garganta/el estómago **-3.** *(restrictions, security)* intensificarse, incrementarse; *(rules)* endurecerse

◆ **tighten up** ◇ *vt sep* **-1.** *(screw)* apretar **-2.** *(restrictions, security)* intensificar, incrementar; *(law, regulations)* endurecer

◇ *vi* **-1.** *(become stricter)* ponerse más duro(a) *or* severo(a) **(on** con) **-2.** *(runner)* flaquear, desfallecer

tightening ['taɪtnɪŋ] *n (of restrictions, security)* intensificación *f*

tight-fisted ['taɪt'fɪstɪd] *adj Fam* agarrado(a), rata

tight-fitting ['taɪt'fɪtɪŋ] *adj (item of clothing)* ajustado(a), ceñido(a); **you need a ~ lid for the saucepan** te hace falta una tapa que encaje *or* ajuste bien en la cacerola

tight-knit ['taɪt'nɪt] *adj (community)* muy integrado(a)

tight-lipped ['taɪt'lɪpt] *adj* **to be ~ (about sth)** *(silent)* no soltar prenda (sobre algo); *(angry)* estar enfurruñado(a) (por algo); **she sat in ~ silence** estaba sentada en silencio sin decir esta boca es mía

tightly ['taɪtlɪ] *adv* **-1.** *(to hold, squeeze)* con fuerza; *(to seal, close)* bien; **he held his daughter ~ to him** abrazó fuertemente *or* firmemente a su hija contra sí; **we held on ~ to the rail** nos agarramos con fuerza *or* firmemente a la baranda; **make sure you screw the lid on ~** deja la tapa bien cerrada *or* apretada; **keep your eyes ~ shut** mantenga los ojos bien cerrados; **the lecture hall was ~ packed** el salón de actos estaba abarrotado

-2. *(to control)* rigurosamente, de manera estricta

tightness ['taɪtnɪs] *n* **-1.** *(of clothing) (close-fitting design)* carácter *m* ceñido *or* ajustado; *(uncomfortable nature)* estrechez *f*

-2. *(of screw, lid)* dureza *f*; **the ~ of the lid meant she couldn't get it off** la tapa estaba tan ajustada que no podía abrirla

-3. *(of rope, knot)* tirantez *f*; *(in chest)* opresión *f*

-4. *(of grip, embrace)* fuerza *f*, firmeza *f*

-5. *(of bend)* ángulo *m* cerrado

-6. *(of restrictions)* severidad *f*; *(of control, security)* rigurosidad *f*, carácter *m* estricto

-7. *(of budget, resources)* escasez *f*

-8. *(of schedule)* **the ~ of the president's schedule** la apretada agenda del presidente

tightrope ['taɪtrəʊp] *n* cuerda *f* floja; *Fig* **to be walking a ~** estar en la cuerda floja ❑ **~ walker** funambulista *mf*

tights [taɪts] *npl* **-1.** *Br (nylon, silk)* medias *fpl*, pantis *mpl* **-2.** *(woollen)* leotardos *mpl*, *Col* medias *fpl* veladas, *RP* cancanes *mpl*

tightwad ['taɪtwɒd] *n Fam* rata *mf*, roñoso(a) *m,f*

tigress ['taɪgrɪs] *n* tigresa *f*

Tigris ['taɪgrɪs] *n* **the (River) ~** el (río) Tigris

tikka ['tiːkə] *n* CULIN **chicken ~** pollo *m* (al estilo) tikka, = pollo troceado, adobado con yogur, pimentón y especias, y hecho al horno

'til [tɪl] = **until**

tilbury ['tɪlbərɪ] *n (carriage)* tílburi *m*

tilde ['tɪldə] *n* tilde *f (sobre la ñ)*

tile [taɪl] ◇ *n (on roof)* teja *f*; *(on floor)* baldosa *f*; *(on wall)* azulejo *m*

◇ *vt* **-1.** *(put tiles on) (roof)* tejar; *(floor)* embaldosar; *(walls)* poner azulejos en, *Esp* alicatar **-2.** COMPTR *(windows)* poner en mosaico

tiled [taɪld] *adj (floor)* embaldosado(a); *(wall)* con azulejos, *Esp* alicatado(a); **a ~ roof** un tejado

tiler ['taɪlə(r)] *n (of roof)* techador(ora) *m,f*; *(of floor)* solador(ora) *m,f*; *(of wall)* = albañil que coloca azulejos, *Esp* alicatador(ora) *m,f*

tiling ['taɪlɪŋ] *n (tiles) (on floor)* embaldosado *m*; *(on wall)* azulejos *mpl*, *Esp* alicatado *m*

till¹ [tɪl] *vt (field, soil)* labrar

till² *n (cash register)* caja *f* (registradora); **please pay at the ~** *(sign)* los productos se abonan en caja; IDIOM **to be caught with one's hand** *or* **fingers in the ~** ser atrapado(a) haciendo un desfalco ❑ **~ receipt** recibo *m* de caja, tíquet *m* de compra

till³ = **until**

tiller ['tɪlə(r)] *n (on boat)* caña *f* del timón

tilt [tɪlt] ◇ *n* **-1.** *(angle)* inclinación *f*; **she wore her hat at a ~** llevaba el sombrero ladeado; **I'm sure that picture's on a ~** estoy seguro de que ese cuadro está torcido **-2.** *(speed)* **at full ~** a toda marcha; **he ran full ~ into the door** se estrelló contra la puerta **-3.** HIST *(jousting tournament)* justa *f*, torneo *m*; *(thrust with lance)* lanzada *f*; *Fig* **to have a ~ at sb** arremeter contra alguien *(de palabra)*

◇ *vt* inclinar; **to ~ one's head** inclinar la cabeza; **to ~ one's chair (back)** inclinarse hacia atrás en la silla; *Fig* **this may ~ the odds in our favour** esto puede inclinar la balanza a nuestro favor

◇ *vi* **-1.** *(incline)* inclinarse; **to ~ forwards/backwards** inclinarse hacia delante/hacia atrás; **don't ~ back on your chair** no te inclines en la silla hacia atrás, no te inclines hacia atrás en la silla ❑ COMPTR **~ and swivel base** *(of monitor)* base *f* inclinable y giratoria **-2.** IDIOM **to ~ at windmills** arremeter contra molinos de viento

◆ **tilt over** ◇ *vi* **-1.** *(lean)* inclinarse **-2.** *(overturn)* volcarse

tilting ['tɪltɪŋ] *adj (window, seat)* basculante; *(computer screen)* desplegable

timbale [tæm'bæl] *n* CULIN timbal *m*; *(mould)* (molde *m* de) timbal *m*

timber ['tɪmbə(r)] *n* **-1.** *(wood)* madera *f* (de construcción) ❑ *Br* **~ merchant** maderero *m*; **the ~ trade** el sector maderero, la industria maderera

-2. *(trees)* árboles *mpl* (madereros *or* maderables); **to fell ~** talar árboles; **~!** ¡árbol va! ❑ **~ line** límite *m* superior de la vegetación arbórea; **~ wolf** lobo *m* gris

-3. *(beam) (in house)* viga *f* de madera, madero *m*; *(in ship)* cuaderna *f*

-4. IDIOM **to be presidential/managerial ~** tener madera de presidente/jefe

timbered ['tɪmbəd] *adj (house)* de madera; *(land)* arbolado(a)

timbering ['tɪmbərɪŋ] *n (of mine shaft)* entibado *m*, entibación *f*

timberland ['tɪmbəlænd] *n US* bosques *mpl* madereros *or* maderables

timberyard ['tɪmbəjɑːd] *n Br* almacén *m* maderero, maderería *f*, *RP* barraca *f* maderera

timbre ['tæmbə(r)] *n* MUS timbre *m*

Timbuktu [tɪmbʌk'tuː] *n* GEOG Tombuctú; *Fig* **they might as well live in ~** es como si vivieran en la Conchinchina

time [taɪm] ◇ *n* **-1.** *(in general)* tiempo *m*; **space and ~** el espacio y el tiempo; **~ is getting on** no queda mucho tiempo; **I spend most of my ~ filling in forms** paso casi todo el tiempo rellenando impresos *or* formularios *or Méx* formas; **he wants some ~ to himself** quiere tener tiempo para él; **now that my ~ is my own** ahora que tengo todo el tiempo del mundo; **~'s up!** ¡se acabó el tiempo!; **as ~ goes by** *or* **on I find myself becoming more and more intolerant** a medida que pasa el tiempo me vuelvo más intolerante; *Literary* **for all ~** por siempre jamás; **in ~** *(eventually)* con el tiempo; **in ~ for sth/to do sth** a tiempo para algo/para hacer algo; **I was just in ~ to see it** llegué justo a tiempo para verlo; **in good ~** *(early)* con tiempo; **all in good ~!** cada cosa a su (debido) tiempo, *RP* todo se andará; **she'll do it in her own good ~** lo hará a su ritmo; **he did it in his own ~** *(out of working hours)* lo hizo fuera de las horas de trabajo; *(at his own pace)* lo hizo a su ritmo *or Esp* aire; **in no ~ at all, in next to** *or* **less than no ~** en un abrir y cerrar de ojos; **she is the greatest tennis player of all ~** es la mejor tenista de todos los tiempos; **over** *or* **with ~** con el tiempo; **given ~, I'll succeed** si me dan tiempo lo conseguiré; **to have (the) ~ to do sth** tener tiempo para hacer algo; **when I have** *or* **I've got (the) ~** cuando tenga tiempo; **to have all the ~ in the world** tener todo el tiempo del mundo; **I've a lot of ~ for him** me cae muy bien; **I've no ~ for him** no me cae nada bien; **I've a lot of/no ~ for her novels** me encantan/no me gustan sus novelas; **there's no ~ to lose** no hay tiempo que perder; **I've taken a lot of ~ over it** le he dedicado mucho tiempo; **she took her ~ (doing it)** se tomó su tiempo (para hacerlo); **take your ~!** ¡tómate tu tiempo!; **you took your ~!** ¡has tardado *or Am* demorado mucho!; **it takes ~** lleva su tiempo; **to take ~ off work** tomarse tiempo libre; **to take ~ out (from sth/to do sth)** sacar tiempo (de algo/para algo); **she took ~ out from her studies** interrumpió sus estudios; *Fig* **to be in a ~ warp** seguir anclado(a) en el pasado; *Fam* **to do** *or* **serve ~** *(go to prison)* pasar una temporada a la sombra; **to have ~ on one's hands** tener tiempo de sobra; **we have ~ on our side, ~ is on our side** tenemos el tiempo a nuestro favor, el tiempo está de nuestro lado; **if I had my ~ over again** si pudiera vivir otra vez; **(only) ~ will tell** el tiempo lo dirá; **~ is of the essence** hay que actuar rápidamente; PROV **~ is a great healer, ~ heals all wounds** el tiempo todo lo cura; PROV **~ is money** el tiempo es oro; PROV **~ flies** el tiempo vuela; PROV **~ flies when you're having fun** el tiempo vuela cuando lo estás pasando bien; PROV **~ and tide wait for no man** el paso del tiempo es inexorable ❑ **~ bomb** bomba *f* de relojería *or Am* tiempo; *Fig* **to be sitting on a ~ bomb** estar (sentado(a)) sobre un volcán; **~ machine** máquina *f* del tiempo; **~ off** tiempo *m* libre

-2. *(period)* **during their ~ in office** durante el tiempo que pasaron en el poder; **after my ~ in Italy** después de estar en Italia, *Am* después de mi estadía en Italia; **there were more good times than bad times** hubo más épocas buenas que malas; **to take a long ~ over sth/to do sth** tomarse mucho tiempo *or Am* demorarse mucho para algo/para hacer algo; **a long ~ ago** hace mucho tiempo; **some ~ ago** hace algún tiempo; **a short ~ later** poco (tiempo) después; **after a ~** después de un tiempo; **all the ~** *(frequently)* constantemente, todo el rato; *(all along)* en todo momento, *Am* todo el tiempo; **for a ~** durante un tiempo; **for a long ~** durante mucho tiempo; **I waited for a long ~** esperé mucho tiempo; **I had to wait for a short ~** tuve que esperar un rato; **the fighting lasted only a short ~** la pelea duró poco tiempo; **that's the best meal I've had for** *or* **in a long ~** es lo mejor que he comido en mucho tiempo, *Esp* es la mejor comida que he tomado en mucho tiempo; *US Fam* **to make ~ with sb** *(chat up)* intentar ligar con alguien, *Col, RP, Ven* intentar levantar a alguien; *(embrace, pet) Esp* darse el lote, *Am* manosearse, *RP* amasijar; **for some ~** durante bastante tiempo; **I've been coming here for some ~ now** vengo aquí desde hace algún tiempo; **it won't start for some ~ yet** todavía falta rato para que empiece; **for the ~ being** por ahora, por el momento; **in a short ~** *(soon)* dentro de poco; *(quickly)* en poco tiempo; **in three weeks' ~** dentro de tres semanas; **in record ~** *(very quickly)* en un tiempo récord; **most of the ~** la mayor parte del tiempo, casi todo el tiempo; **the whole ~** todo el tiempo

-3. *(age)* época *f*; **at the ~ of the First World War** en la época de la Primera Guerra Mundial; **in Roman times** en tiempos de los romanos; **in times gone by/to come** en tiempos *Esp* pretéritos *or Am* pasados/futuros; **in times of war** en tiempos de guerra; **she is one of the best artists of our time(s)** es una de las mejores artistas de nuestra época; **times are changing** los tiempos están cambiando; **times were hard in those days** aquellos fueron tiempos

time

duros; **to be ahead of one's ~** estar por delante de su tiempo, ser un adelantado de su tiempo; **the invention was ahead of its ~** ese invento se adelantó a su tiempo; **to be behind the times** no andar con los tiempos; **that was before my ~** *(before I was born)* eso fue antes de nacer yo; **he grew old before his ~** envejeció antes de tiempo *or* prematuramente; **she was a good singer in her ~** en sus tiempos fue una gran cantante; **she's seen a few things in her ~** ha visto unas cuantas cosas en su vida; **since** *or* **from ~ out of mind** desde tiempos inmemoriales; **to move with the times** ir con los tiempos; **~ was when...** hubo un tiempo en que... ❑ **~ capsule** = recipiente que contiene objetos propios de una época y que se entierra para que futuras generaciones puedan conocer cómo se vivía entonces

-4. *(moment)* momento *m*; **at that ~** en aquel momento *or* entonces; **at that ~ of (the) year** por aquellas fechas, a esa altura del año; **it's cold for the ~ of year** hace frío para esa época del año; **at this ~ of night** a estas horas de la noche; **I didn't know it at the ~** en aquel momento *or* entonces no lo sabía; **at the present ~**, **at this ~** en el momento presente; **at the same ~** al mismo tiempo; **we arrived at the wrong ~** llegamos en un momento inoportuno; **at all times** en todo momento; **smoking is not allowed at any ~** está prohibido fumar (en todo momento); **at any one** *or* **given ~** en un momento dado; **at no ~** en ningún momento; **at one ~**, **it was different** hubo un tiempo en que era distinto; **at some ~ or other** alguna vez; **at my ~ of life** a mi edad; **any ~ now** en cualquier momento; **by that ~** para entonces; **by the ~ we arrived** (para) cuando llegamos; **from that ~ (onwards)** desde entonces (en adelante); **from the ~ we arrived to the ~ we left** desde que llegamos hasta que nos fuimos; **this ~ next year** el año que viene por estas fechas; **it's ~ for a change** es hora de cambiar; **the ~ is ripe for...** es un momento propicio para...; **the ~ for talking is past** la ocasión de hablar ya ha pasado; **the ~ has come to...** ha llegado la hora de...; **when the ~ comes (to...)** cuando llegue el momento (de...), llegado el momento (de...); **our ~ has come** ha llegado nuestra hora; **and about ~ too!**, **not before ~!** ¡ya era hora!; **it's about** *or* **high ~!** ¡ya era hora!; **it's about** *or* **high ~ (that) you told her!** ¡ya era hora de que se lo dijeras!; **this is neither the ~ nor the place for such remarks** no es ni el lugar ni el momento para ese tipo de comentarios; **this is no ~** *or* **hardly the ~ to have second thoughts** este no es momento para volverse atrás; **there's no ~ like the present** no dejes para mañana lo que puedas hacer hoy

-5. *(on clock)* hora *f*; **what's the ~?**, **what is it?** ¿qué hora es?, *Am* ¿qué horas son?; **what ~ does it start?** ¿a qué hora empieza?; **what ~ (of day) suits you?** ¿a qué hora te viene bien?; **what ~ do you** *Br* **make it** *or US* **have?** ¿qué horas tienes?; **the ~ is six o'clock** son las seis (en punto); **it's 6.30 local ~** son las 6:30, hora local; *Fam* **is that the ~!**, **look at the ~!** ¡qué tarde es!, ¡qué tarde se me ha hecho!; **it's ~ for bed/to get up** es hora de irse a la cama/de levantarse; **it's ~ we left** es hora de que nos vayamos; **have you got the ~ (on you)?** ¿tienes hora?; **this ~ tomorrow** mañana a estas horas; **see you next week, same ~, same place** nos vemos la semana que viene, en el mismo lugar, a la misma hora; **between times** el resto del tiempo; **on ~** a la hora en punto; **to be on ~** llegar a la hora; *Br* **~, please!** *(in pub)* ¡vamos a cerrar!; **to keep good ~** *(clock)* estar siempre en hora; [IDIOM] **I wouldn't give him the ~ of day** a él no le daría ni la hora *or* ni los buenos días; [PROV] **there's a ~ and a place for everything** todo tiene su momento y su lugar ❑ IND **~ card**

tarjeta *f (para fichar)*; **~ check** *(in cycling, skiing, motor racing)* control *m* (de tiempos parciales); IND **~ clock** reloj *m (de fichar)*; **~ code** *(on photograph, video)* código *m* de tiempo; **~ difference** diferencia *f* horaria; PHOT **~ exposure** tiempo *m* de exposición; **~ frame** plazo *m* de tiempo; **~ lag** lapso *m*; **~ limit:** **there's a ~ limit of three weeks** hay un plazo de tres semanas; **there's no ~ limit** no hay límite de tiempo; **~ lock** sistema *m* de apertura retardada; IND **~ sheet** ficha *f* de horas trabajadas; **~ signal** señal *f* horaria; **~ slot** *(in TV schedule)* franja *f* horaria; **~ switch** temporizador *m*; **~ trial** *(in cycling)* contrarreloj *f*; *(in rallying)* prueba *f* cronometrada; **~ trial specialist** *(in cycling)* contrarrelojista *mf*; **~ zone** huso *m* horario, franja *f* horaria

-6. *(occasion)* vez *f*; **do you remember the ~ I broke my leg?** te acuerdas de la vez que me rompí la pierna?; **there are times when I wish I had never been born** hay ocasiones en las que desearía no haber nacido; **you can borrow it any ~** tómalo prestado cuando quieras; *Fam* **thanks – any ~** gracias – para eso estamos; **at times** a veces; **one at a ~, please** de uno en uno, por favor, *RP* de a uno, por favor; **he went down the stairs three at a ~** bajó las escaleras de tres en tres, *RP* bajó las escaleras de a tres escalones; **let's look at your comments one at a ~** examinemos tus comentarios uno por uno *or RP* de a uno; **I often heard nothing from her for months at a ~** a menudo pasaban meses enteros sin que supiera nada de ella; **he does the same thing every ~** siempre hace lo mismo; **every** *or* **each ~ she looks at me** cada vez que me mira; *Br Fam* **the times I've told you not to do that!** ¿cuántas veces te tengo que decir que no hagas eso?; **I don't like these foreign cheeses, give me cheddar every ~** no me gustan esos quesos extranjeros, donde esté el cheddar que se quite todo lo demás *or* prefiero mil veces el cheddar; **from ~ to ~** de vez en cuando, de cuando en cuando; **(the) last ~ I was here...** la última vez que estuve aquí...; **next ~** la próxima vez; **I had to tell him a second ~** se lo tuve que repetir; **I'll let you off this ~** (por) esta vez no te castigaré; **~ and (~) again, ~ after ~** una y otra vez; **third ~ lucky** a la tercera va la vencida, *RP* la tercera es la vencida

-7. *(experience)* **to give sb a hard ~** hacer pasar a alguien un mal rato; **to have a good/bad ~** pasarlo bien/mal; **I had a hard ~ convincing them** me costó mucho convencerlos; **to have the ~ of one's life** pasarlo en grande

-8. *(in race)* tiempo *m*; **she recorded the fastest ~ in the world this year** hizo el tiempo récord de este año

-9. IND **to get paid ~ and a half** cobrar una vez y media el sueldo normal

-10. RAD & TV *(airtime)* tiempo *m* de emisión

-11. *(in multiplication)* **four times two is eight** cuatro por dos son ocho; **three times as big (as)** tres veces mayor (que); *Fig* **the food here is ten times better than it used to be** la comida de aquí es diez veces mejor que antes

-12. MUS tiempo *m*, compás *m*; **in 3/4 ~** *Esp* al *or Am* en compás de tres por cuatro; **to sing in ~ to** *or* **with the music** cantar al compás de la música; **to sing out of ~** cantar descompasadamente; **the drums are out of ~** la batería está descompasada; **to beat ~** llevar *or RP* marcar el ritmo *or* compás; **to keep ~** seguir el ritmo *or* compás ❑ **~ signature** compás *m*

◊ *vt* -1. *(person, race)* cronometrar; **the winner was timed at 9.87 seconds** el ganador hizo un tiempo de 9,87 segundos; **I timed how long it took to get there** cronometré el tiempo que llevó llegar hasta allí

-2. *(meeting, visit)* programar; **the bomb was timed to go off at 7.30** la bomba estaba

programada para estallar a las 7:30; **I timed my holidays to coincide with the World Cup** programé mis vacaciones para que coincidieran con el mundial

-3. *(remark, action)* **well timed** oportuno(a); **badly timed** inoportuno(a); **she timed the punch line beautifully** la pausa que hizo dio un gran efecto al chiste

-4. SPORT **he timed his pass perfectly** hizo el pase en el momento exacto; **she timed her backhand beautifully** conectó un revés impecable

time-and-motion study [taɪmən'məʊʃən'stʌdɪ] *n* = estudio del aprovechamiento del tiempo en una empresa para mejorar la productividad

time-consuming ['taɪmkənsjuːmɪŋ] *adj* **a ~ task** una tarea que lleva mucho tiempo; **to be ~** llevar mucho tiempo

time-honoured ['taɪmɒnəd] *adj (ancient)* ancestral; *(long-standing)* antiguo(a); **a ~ tradition** una tradición de gran raigambre; **they greeted their guest in the ~ manner** saludaron a su invitado a la manera tradicional

timekeeper ['taɪmkiːpə(r)] *n* -1. SPORT cronometrador(ora) *m,f* -2. *(clock, watch)* **to be a good ~** ser preciso(a) -3. *(person)* **I have always been a good/bad ~** siempre/nunca he sido muy puntual

timekeeping ['taɪmkiːpɪŋ] *n* -1. IND *(in factory)* control *m* de puntualidad -2. *Br (punctuality)* puntualidad *f*; **good/poor ~** mucha/poca puntualidad; **your ~ needs to improve** hay que ser más puntual *or* tener mayor puntualidad

time-lapse ['taɪmlæps] *adj* **~ photography** = montaje cinematográfico formado por planos tomados a intervalos regulares para mostrar procesos lentos como el crecimiento de una planta

timeless ['taɪmlɪs] *adj* **a ~ classic** un clásico imperecedero; **a ~ summer afternoon** una tarde de verano en la que el tiempo parecía haberse detenido

timelessness ['taɪmlɪsnɪs] *n (of music, writing)* intemporalidad *f*, atemporalidad *f*

timeliness ['taɪmlɪnɪs] *n* oportunidad *f*

timely ['taɪmlɪ] *adj* oportuno(a)

time-out [taɪm'aʊt] *n* SPORT tiempo *m* muerto; *Fig* **to take a ~** tomarse un descanso

timepiece ['taɪmpiːs] *n* reloj *m*

timer ['taɪmə(r)] *n* -1. *(for cooking time) (on oven, microwave)* reloj *m* automático, temporizador *m*; *(clockwork)* temporizador *m* -2. *(for central heating, lighting)* programador *m*, temporizador *m*; *(on video)* programador *m*; *(on bomb)* temporizador *m*, mecanismo *m or* dispositivo *m* de relojería

time-saver ['taɪmseɪvə(r)] *n* **the dishwasher is a great ~** el lavavajillas (te) ahorra mucho tiempo

time-saving ['taɪmseɪvɪŋ] *adj (device, method)* que ahorra tiempo

timescale ['taɪmskeɪl] *n* plazo *m* (de tiempo)

time-served ['taɪmsɜːvd] *adj (trained)* formado(a), experto(a)

timeserver ['taɪmsɜːvə(r)] *n* oportunista *mf*

time-share ['taɪmʃeə(r)] *n* -1. *(system)* multipropiedad *f* -2. *(holiday home)* (vivienda *f* en) multipropiedad *f*

time-sharing ['taɪmʃeərɪŋ] *n* -1. *(of holiday home)* multipropiedad *f* -2. COMPTR tiempo *m* compartido

timespan ['taɪmspæn] *n* plazo *m*

timetable ['taɪmteɪbəl] ◊ *n* -1. *(for buses, trains, school)* horario *m*

-2. *(for event, project)* programa *m*; *(for talks, reform)* calendario *m*; **the government has set a five-year ~ for Britain to join the euro** el gobierno ha establecido un calendario *or* programa de cinco años para adherirse al euro; **she has a very busy ~** tiene una agenda muy apretada; **to work to a ~** trabajar con unos plazos determinados
◊ *vt* programar

timewaster ['taɪmweɪstə(r)] *n* **no timewasters, please** *(in advertisement)* por favor, abstenerse curiosos

time-wasting ['taɪmweɪstɪŋ] n **-1.** (messing around) pérdida f de tiempo; **that's enough ~!** ¡vale ya de perder el tiempo! **-2.** SPORT pérdida f de tiempo

timeworn ['taɪmwɔːn] adj (custom, phrase) gastado(a); (person, face) desgastado(a)

timid ['tɪmɪd] adj tímido(a)

timidity [tɪ'mɪdɪtɪ] n timidez f

timidly ['tɪmɪdlɪ] adv tímidamente

timidness ['tɪmɪdnɪs] n timidez f

timing ['taɪmɪŋ] n **-1.** (of announcement, election) (elección f del) momento m, oportunidad f; **the ~ of the visit was unfortunate** la fecha de la visita fue desafortunada
-2. (of remark, action) **how's that for ~!** we've finished one day before the deadline ¡qué precisión! hemos terminado un día antes de la fecha límite; **that was good ~, we needed an extra hand!** ¡qué oportuno! or ¡qué a tiempo!, justo ahora nos hacía falta una mano; **her remarks were good/bad ~** sus comentarios vinieron en buen/mal momento
-3. (of musician) compás m, (sentido m del) ritmo m; (of playing) compás m; (of tennis player, shot) coordinación f; **the comedian's ~ was perfect** el humorista hizo un uso perfecto de las pausas y del ritmo
-4. (timekeeping) cronometraje m ❏ **~ device** (for bomb) temporizador m, mecanismo m or dispositivo m de relojería; (for lights) programador m, temporizador m; **~ gear** engranaje m de distribución; **~ mechanism** (for bomb) mecanismo m or dispositivo m de relojería, temporizador m

Timor ['tiːmɔː(r)] n Timor

timorous ['tɪmərəs] adj timorato(a), temeroso(a)

timpani, tympani ['tɪmpənɪ] npl MUS timbales mpl

timpanist, tympanist ['tɪmpənɪst] n MUS timbalero(a) m,f

tin [tɪn] ◇ n **-1.** (metal) estaño m; (tin plate) hojalata f; **the ~** (of squash court) la chapa; IDIOM esp US **he's got a ~ ear** no tiene oído (para la música) ❏ **~ can** lata f; Pej **~ god** endiosado(a) m,f, engreído(a) m,f; **~ hat** (of soldier) casco m (de acero); US (of worker) casco m (protector); Fam Old-fashioned **~ lizzie** cafetera f, cacharro m; **~ mine** mina f de estaño; **Tin Pan Alley** la industria de la música pop; **~ plate** hojalata f; **~ soldier** soldadito m de plomo; **~ whistle** flautín m
-2. esp Br (can) lata f; **to live out of tins** comer (comida) de lata, alimentarse a base de latas ❏ **~ opener** abrelatas m inv
-3. (for storing) (caja f de) lata f, bote m
-4. (mould) molde m; **cake ~** molde (para bizcocho, plum-cake, etc.)
◇ vt **-1.** (can) (food) enlatar **-2.** (plate) revestir de estaño, estañar

tinamou ['tɪnəmuː] n tinamú m

tincture ['tɪŋktjʊə(r)] n **-1.** MED tintura f ❏ **~ of iodine** tintura f de yodo **-2.** (trace) (of colour, flavour) toque m

tinder ['tɪndə(r)] n yesca f

tinderbox ['tɪndəbɒks] n **-1.** (box) caja f de la yesca **-2.** (explosive situation) **the country is a ~** el país es un polvorín

tinder-dry ['tɪndə'draɪ] adj más seco(a) que la mojama

tine [taɪn] n (of fork) diente m; (of antler) candil m, asta f (terminal)

tinea ['tɪnɪə] n MED tiña f

tinfoil ['tɪnfɔɪl] n papel m (de) aluminio

ting [tɪŋ] ◇ n tintineo m
◇ vi tintinear

ting-a-ling ['tɪŋəlɪŋ] ◇ n tilín m
◇ adv tilín

tinge [tɪndʒ] ◇ n (of colour, emotion) matiz m
◇ vt **tinged with** (colour) con un matiz de; (emotion) teñido(a) de

tingle ['tɪŋgəl] ◇ n (physical sensation) hormigueo m; (of fear, excitement) estremecimiento m
◇ vi **my hands are tingling** siento un hormigueo en las manos; **my whole body was tingling after my swim in the cold lake** la sangre me bullía por todo el cuerpo después de nadar en las aguas frías del lago; **to ~ with fear/excitement** estremecerse de miedo/emoción

tingling ['tɪŋglɪŋ] ◇ n (physical sensation) hormigueo m; (of fear, excitement) estremecimiento m
◇ adj **a ~ sensation** (physical) una sensación de hormigueo, un hormigueo; (from fear, excitement) un estremecimiento

tingly ['tɪŋglɪ] adj **a ~ sensation** (physical) una sensación de hormigueo, un hormigueo; (from fear, excitement) un estremecimiento; **my fingers have gone all ~** me ha entrado un hormigueo en los dedos; **the cold shower made me feel ~ all over** la ducha fría me entonó el cuerpo

tinhorn ['tɪnhɔːn] US Fam ◇ n fanfarrón(ona) m,f, Esp fantasma mf
◇ adj fanfarrón(ona), Esp fantasma

tininess ['taɪnɪnɪs] n pequeñez f

tinker ['tɪŋkə(r)] ◇ n **-1.** (pot mender) calderero(a) m,f, quincallero(a) m,f; (gypsy) gitano(a) m,f; IDIOM Fam **he doesn't give a ~'s damn** or **cuss** le importa un rábano **-2.** Br Fam Old-fashioned (child) perillán(ana) m,f, pillastre mf
◇ vi **to ~ with sth** (adjust, modify) retocar or reajustar algo; (interfere) enredar con algo; **he has been tinkering with his drive to try and improve it** ha estado probando con su drive or reajustando su drive para mejorarlo; **he wastes hours tinkering with that bike** se pasa horas enredando con la moto; **so far you've only been tinkering with the problem** hasta ahora lo único que has hecho es ponerle parches al problema

◆ **tinker about** vi Pej enredar (**with** con)

tinkle ['tɪŋkəl] ◇ n **-1.** (of bell) tintineo m; Br Fam **I'll give you a ~** (on phone) te daré un toque or telefonazo, Méx te pego un grito **-2.** Br Fam (act of urinating) **to go for** or **have a ~** hacer pipí
◇ vi **-1.** (bell) tintinear **-2.** Br Fam (urinate)

tinkling ['tɪŋklɪŋ] ◇ n (of bell) tintineo m
◇ adj (bell) tintineante; (water) cantarín(ina)

tinkly ['tɪŋklɪ] adj tintineante

tinned [tɪnd] adj (food) de lata; **~ meat/fruit** carne/fruta en conserva or en lata

tinnitus ['tɪnɪtəs] n MED zumbido m de oídos

tinny ['tɪnɪ] adj Pej **-1.** (sound) a lata, metálico(a) **-2.** (taste) a lata **-3.** Fam (poor quality) de pacotilla, de tres al cuarto

tinpot ['tɪnpɒt] adj Fam (dictator, regime, company) de pacotilla, de tres al cuarto

tinsel ['tɪnsəl] n **-1.** (for Christmas tree) espumillón m **-2.** (false glamour) oropel m, relumbrón m

tinsmith ['tɪnsmɪθ] n hojalatero(a) m,f

tint [tɪnt] ◇ n **-1.** (colour) matiz m **-2.** (in hair) tinte m
◇ vt **-1.** (colour) **blue-tinted walls** paredes con tonalidad azul or con un tono azulado **-2.** (hair) teñir; **she tints her hair** lleva el pelo teñido, se tiñe el pelo

tinted ['tɪntɪd] adj (glass, lenses) tintado(a)

tinware ['tɪnweə(r)] n objetos mpl or cacharros mpl de hojalata

tiny ['taɪnɪ] adj diminuto(a), minúsculo(a); **a ~ bit** un poquitín ❏ **tot** pequeño(ina) m,f

tip¹ [tɪp] ◇ n (end) punta f; (on walking stick, umbrella) contera f; (on snooker cue) suela f; **the northernmost ~ of the island** el extremo septentrional de la isla; **to stand on the tips of one's toes** ponerse de puntillas; **I scrubbed him down from ~ to toe** lo lavé (bien) de pies a cabeza; Fig **the ~ of the iceberg** la punta del iceberg; IDIOM **to have sth on the ~ of one's tongue** tener algo en la punta de la lengua; IDIOM **to be honest to the tips of one's fingers** ser honrado(a) a carta cabal
◇ vt (pt & pp **tipped**) **it was tipped with steel** tenía la punta de acero; **arrows tipped with poison** flechas envenenadas or con la punta envenenada

tip² ◇ n **-1.** (payment) propina f; **she gave me a generous ~** me dio una buena or generosa propina; **how much ~ shall I leave?** ¿cuánto dejo de propina?, ¿cuánta propina dejo?
-2. (piece of advice) consejo m; (for horse race) pronóstico m, favorito m, RP fija f; **my ~ for the 3.45 is Orlando** mi favorito para la carrera de las 3:45 es Orlando; **take a ~ from me and don't accept the job** hazme caso or sigue mi consejo y no aceptes ese empleo
◇ vt (pt & pp **tipped**) **-1.** (give money to) dar (una) propina a; **she tipped him $5** le dio 5 dólares de propina, le dio una propina de 5 dólares; **how much should I ~?** ¿cuánto doy or cuánto se da de propina?
-2. (predict) **to ~ a winner** (person) pronosticar quién será el ganador; (horse) pronosticar qué caballo será el ganador; **our racing expert has tipped Orlando to win the 2.30** (el pronóstico de) nuestro experto en carreras hípicas da como favorito or RP fija a Orlando para la de las 2:30; **to ~ sb for promotion** pronosticar que alguien será ascendido(a); **he is strongly tipped to become Home Secretary** figura en todos los pronósticos como el próximo or futuro ministro de Interior
◇ vi (give money) dar or dejar propina

tip³ ◇ n Br (dump) (for rubbish, coal) vertedero m; Fam **this room's a ~!** ¡esta habitación es una pocilga, or Méx un mugrero or RP un chiquero!
◇ vt (pt & pp **tipped**) **-1.** (tilt, lean) **she tipped her head to one side** ladeó la cabeza, inclinó la cabeza hacia un lado; **don't ~ your chair back!** ¡no te inclines hacia atrás en la silla!, ¡no inclines la silla hacia atrás!; **to ~ one's hat to sb** saludar a alguien con el sombrero; **to ~ the scales at 95 kg** (weigh) pesar 95 kg; IDIOM **to ~ the scales** or **balance (in sb's favour)** inclinar la balanza (a favor de alguien)
-2. (pour) verter; **she tipped the sugar into the bowl** vertió or echó el azúcar en el cuenco
-3. (upset, overturn) **I was tipped off my stool** me tiraron del taburete inclinándolo or volcándolo
◇ vi **-1.** (tilt) **to ~ forwards** inclinarse hacia delante; **to ~ to the left** inclinarse or ladearse hacia la izquierda **-2.** (overturn) volcarse **-3.** Br (rubbish) **no tipping** (sign) prohibido verter or arrojar basura(s)

◆ **tip down** Fam ◇ vt sep **it's tipping it down** están cayendo chuzos de punta, Méx está lloviendo duro, RP están cayendo soretes de punta
◇ vi **it's tipping down** están cayendo chuzos de punta, Méx está lloviendo duro, RP están cayendo soretes de punta

◆ **tip in** vt sep **-1.** (in basketball) palmear **-2.** TYP cortar y pegar

◆ **tip off** vt sep (warn) avisar, prevenir

◆ **tip out** vt sep (container) vaciar (volcando); **he tipped out the suitcase onto the bed** vació la maleta volcándola sobre la cama; **she tipped the coins out into my hand** me echó las monedas en la mano

◆ **tip over** ◇ vt sep volcar
◇ vi volcarse

◆ **tip up** ◇ vt sep **-1.** (seat, table) plegar **-2.** (turn upside down) (bottle, barrel) poner boca abajo, dar la vuelta a
◇ vi (cinema seat) plegarse

tip-in ['tɪpɪn] n (in basketball) palmeo m

tip-off ['tɪpɒf] n **-1.** (warning) soplo m; **to give sb a ~** dar a alguien el soplo **-2.** (in basketball) salto m inicial

tipped [tɪpt] adj (cigarette) con boquilla

-tipped [tɪpt] suffix **a steel~ cane** un bastón con (la) contera de acero; **the bird has black~ wings** el pájaro tiene alas de puntas negras, el pájaro tiene las alas negras por los extremos

tipper ['tɪpə(r)] n **-1.** (vehicle) ~ **(truck)** volquete m **-2.** (customer) **he's a generous ~** siempre da or deja buenas propinas

Tipp-Ex® ['tɪpeks] ◇ n Tipp-Ex® m, corrector m
◇ vt **to ~ sth out** borrar algo con Tipp-Ex®

tipple ['tɪpəl] Fam ◇ n **-1.** (drink) **he likes a ~ now and then** le gusta tomarse una copa or copita de vez en cuando; **what's your ~?** ¿qué bebes or Am tomas? **-2.** (favourite drink) bebida f preferida
◇ vi beber, empinar el codo, Am tomar

tippler ['tɪplə(r)] n Fam **he's quite a ~** se toma sus copitas

tippy-toe ['tɪpɪtəʊ] US Fam = **tiptoe**

tipsily ['tɪpsɪlɪ] adv Fam **he got ~ to his feet** medio borracho, se puso en pie

tipstaff ['tɪpstɑːf] n Br LAW (person) alguacil mf

tipster ['tɪpstə(r)] n pronosticador(ora) m,f

tipsy ['tɪpsɪ] adj achispado(a); **to be ~** estar achispado(a); **to get ~** achisparse ❑ Br **~ cake** (bizcocho A) borracho m

tiptoe ['tɪptəʊ] ◇ n **to walk/stand on ~** caminar or andar/ponerse de puntillas
◇ vi caminar or andar de puntillas; **to ~ in/out** entrar/salir de puntillas

tiptop ['tɪptɒp] adj inmejorable, perfecto(a); **in ~ condition** en inmejorables condiciones

tip-up ['tɪpʌp] adj (seat) plegable

TIR [tiːaɪ'ɑː(r)] n (abbr **transports internationaux routiers**) TIR m, transporte m internacional por carretera

tirade [taɪ'reɪd] n invectiva f, diatriba f

Tirana, Tiranë [tɪ'rɑːnə] n Tirana

tire¹ US = **tyre**

tire² ['taɪə(r)] ◇ vt **-1.** (exhaust) cansar, fatigar **-2.** (bore) cansar, aburrir
◇ vi **-1.** (become exhausted) cansarse, fatigarse; **she tires easily** se cansa or se fatiga con facilidad **-2.** (become bored) **to ~ of (doing) sth** cansarse de (hacer) algo; **he never tires of teasing me** no se cansa jamás de tomarme el pelo

▸ **tire out** vt sep (exhaust) agotar; **you'll ~ yourself out moving all those boxes** te vas a agotar or quedar agotado de mover tantas cajas

tired ['taɪəd] adj **-1.** (exhausted) cansado(a), fatigado(a); **to be or feel ~** estar cansado(a) or fatigado(a); **to get ~** cansarse, fatigarse; **you look ~** pareces cansado; **I'm ~ out!** ¡estoy agotado or cansadísimo!; **my eyes are ~** tengo los ojos cansados or cargados; **in a ~ voice** con voz cansina; Br Hum Euph **~ and emotional** (drunk) beodo(a), bebido(a) **-2.** (fed up) **to be ~ of (doing) sth** estar cansado or harto de (hacer) algo; **I'm ~ of you and your complaining** estoy cansado or harto de ti y de tus quejas; **I'm ~ of telling them not to do it** estoy cansado or harto de decirles que no lo hagan; **I got rather ~ of playing cards** me harté or cansé de jugar a las cartas **-3.** (hackneyed) **a ~ old cliché** un lugar común muy manido **-4.** (old) (lettuce, vegetables) mustio(a); (upholstery, springs) gastado(a)

tiredly ['taɪədlɪ] adv (to say) con voz cansina, cansinamente; (to move) pesadamente; (to walk) con paso cansino; (to smile, nod) con aire cansado

tiredness ['taɪədnɪs] n **-1.** (fatigue) cansancio m, fatiga f **-2.** (of style, image, idea) falta f de originalidad

tireless ['taɪəlɪs] adj (worker, campaigner) incansable, infatigable; (efforts) incesante, inagotable

tirelessly ['taɪəlɪslɪ] adv incansablemente, infatigablemente

tiresome ['taɪəsəm] adj pesado(a); **how ~!** ¡qué fastidio!

tiresomely ['taɪəsəmlɪ] adv de la manera más pesada

tiring ['taɪərɪŋ] adj cansado(a), pesado(a); **it's ~ work** cansa mucho

tiro = **tyro**

Tirol, Tirolean = **Tyrol, Tyrolean**

'tis [tɪz] Literary = **it is**

tissue ['tɪsjuː] n **-1.** BIOL tejido m ❑ **~ culture** cultivo m de tejidos; MED **~ typing** tipificación f de tejidos **-2.** (paper handkerchief) kleenex® m inv, pañuelo m de papel; Fig **a ~ of lies** una sarta de mentiras **-3.** (for wrapping, decoration) **~ (paper)** papel m de seda

tit¹ [tɪt] n (bird) paro m (carbonero o herrerillo)

tit² n **~ for tat** donde las dan, las toman; **to give sb ~ for tat** pagar a alguien con la misma moneda

tit³ n very Fam **-1.** (breast) teta f, Esp dominga f, Méx chichi f, RP lola f; IDIOM Br **to get on sb's tits** hincharle las pelotas a alguien **-2.** Br (idiot) Esp gilipollas mf inv, Am pendejo(a) m,f, RP boludo(a) m,f

Titan ['taɪtən] n **-1.** ASTRON Titán **-2.** MYTHOL **the Titans** los titanes

titan ['taɪtən] n (person, company) coloso m, titán m, gigante m

titanic [taɪ'tænɪk] adj (conflict, struggle) titánico(a), descomunal

titanium [taɪ'teɪnɪəm] n CHEM titanio m

titbit ['tɪtbɪt], US **tidbit** ['tɪdbɪt] n **-1.** (snack) tentempié m, refrigerio m **-2.** (small piece) **a ~ of gossip** un chismorreo or Esp cotilleo; **a ~ of information** una noticia jugosa

titch [tɪtʃ] n Br Fam (small person) renacuajo(a) m,f

titchy ['tɪtʃɪ] adj Br Fam diminuto(a), minúsculo(a)

tit-for-tat ['tɪtfə'tæt] adj (killing, expulsion) en represalia

tithe [taɪð] n HIST diezmo m

Titian ['tɪʃən] pr n Tiziano

titillate ['tɪtɪleɪt] ◇ vt excitar
◇ vi excitar, provocar excitación

titillating ['tɪtɪleɪtɪŋ] adj excitante

titillation [tɪtɪ'leɪʃən] n excitación f

titivate ['tɪtɪveɪt] vt Fam (person, room) arreglar; **to ~ oneself** arreglarse, acicalarse

titivation [tɪtɪ'veɪʃən] n Fam arreglo m

title ['taɪtəl] ◇ n **-1.** (of book, chapter) título m ❑ COMPTR **~ bar** barra f de título; **~ page** portada f (página interior); CIN & THEAT **~ role: she plays the ~ role in the movie** interpreta el personaje que da título a la película; MUS **~ track** (of album) canción f que da título al disco **-2.** (of person) título m; (of noble) título m nobiliario; (form of address) tratamiento m **-3.** SPORT título m; **he holds the world heavyweight boxing ~** tiene el título de campeón mundial de boxeo de los pesos pesados ❑ **~ fight** combate m por el título **-4.** (book) título m **-5.** LAW (to property) título m de propiedad ❑ **~ deed** escritura f, título m de propiedad **-6.** CIN & TV **the titles** los títulos (de crédito)
◇ vt titular; **the first chapter is titled "Alpha"** el primer capítulo se titula "Alpha"

titled ['taɪtəld] adj (person) con título nobiliario

titleholder ['taɪtəlhəʊldə(r)] n SPORT campeón(ona) m,f

titmouse ['tɪtmaʊs] (pl **titmice**) n paro m (carbonero o herrerillo)

Tito ['tiːtəʊ] pr n **(Marshal) ~** (el mariscal) Tito

titrate ['taɪtreɪt] vt CHEM valorar, titular

titration [taɪ'treɪʃən] n CHEM valoración f, titulación f, análisis m volumétrico

titre, US **titer** ['taɪtə(r)] n CHEM (concentration) título m, concentración f volumétrica

titter ['tɪtə(r)] ◇ n risilla f
◇ vi reírse tontamente

tittle ['tɪtəl] n (small amount) **not one jot or ~** ni un ápice, ni lo más mínimo

tittle-tattle ['tɪtəltætəl] Fam ◇ n habladurías fpl, chismes mpl
◇ vi chismorrear, Am chismear, Col, Méx chismosear

titty ['tɪtɪ] n very Fam teta f, Esp dominga f, Méx chichi f, RP lola f

titular ['tɪtjələ(r)] adj nominal

Titus ['taɪtəs] pr n Tito

tizz [tɪz], **tizzy** ['tɪzɪ] n Fam **to be in a ~ (about sth)** estar histérico(a) (con or por algo); **to get into a ~** ponerse histérico(a)

T-joint ['tiːdʒɔɪnt] n junta f or empalme m en T

T-junction ['tiːdʒʌnkʃən] n Br intersección f en forma de T

TKO [tiːkeɪ'əʊ] n (abbr **technical knockout**) (in boxing) K.O. m técnico

TLC [tiːel'siː] n Fam (abbr **tender loving care**) mimo m, cariño m

TLS [tiːel'es] n Br (abbr **Times Literary Supplement**) = revista literaria británica

T-lymphocyte ['tiː'lɪmfəsaɪt] n MED linfocito m or célula f T

TM [tiː'em] n **-1.** (abbr **trademark**) marca f registrada **-2.** (abbr **transcendental meditation**) meditación f trascendental

T-man ['tiːmæn] n US Fam agente mf del Tesoro or de delitos fiscales

TN (abbr **Tennessee**) Tennessee

tnpk US (abbr **turnpike**) autopista de peaje

TNT [tiːen'tiː] n CHEM (abbr **trinitrotoluene**) TNT m

to [tuː, unstressed tə] ◇ prep **-1.** (towards) a; **to go to France** ir a Francia; **to go to church/to school** ir a misa/a la escuela; **to go to bed/to the toilet** ir a la cama/al baño; **to point to sth** señalar algo; **the road to Rome** la carretera a or Esp de Roma; **to the front** al or Esp hacia el frente; **to the left/right** a la izquierda/derecha; **to the north/south** al norte/sur; **she had her back to us** nos daba la espalda; **to travel from country to country** viajar de un país a otro
-2. (touching) **to stick sth to sth** pegar algo a algo; **he held her to his breast** la apretó contra su pecho; **she put her ear to the wall** pegó la oreja a la pared, puso la oreja contra la pared
-3. (until) hasta; **open from 9 to 5** abierto(a) de 9 a 5; **from here to the capital** de aquí a la capital; **everything from paintbrushes to easels** de todo, desde pinceles hasta caballetes; **to this day** hasta el día de hoy; **a year to the day** hoy hace exactamente un año; **to count (up) to ten** contar hasta diez; **the total has risen to fifty** el total ha ascendido hasta cincuenta; **there were twenty to thirty people there** había entre veinte y treinta or de veinta a treinta personas; **they starved to death** murieron de hambre; **she nursed me back to health** sus cuidados me devolvieron la salud; **it drove me to despair** me llevó a la desesperación; **it was smashed to pieces** se rompió en pedazos
-4. Br (when telling the time) **it's ten to (six)** Esp, RP son (las seis) menos diez, Andes, CAm, Carib, Méx faltan diez (para las seis)
-5. (with indirect object) a; **to give sth to sb** dar algo a alguien; **give it to me** dámelo; **what did he do to you?** ¿qué te hizo?; **to be nice to sb** ser amable con alguien; **to speak to sb** hablar con alguien; **a threat to us** una amenaza para nosotros
-6. (regarding) **how did they react to that?** ¿cómo reaccionaron ante eso?; Fam **what's it to you?** ¿y a ti qué?, RP ¿y vos qué te metés?
-7. (with result) **to my surprise/joy** para mi sorpresa/alegría; **to my horror, I discovered that...** cuál no sería mi horror al descubrir que...; **it is to our advantage** redunda en beneficio nuestro; **is it to your liking?** ¿es de su agrado?
-8. (in opinion of) para; **to me, she's telling the truth** para mí que dice la verdad; **it seems to me that...** me parece (a mí) que...; **$1,000 is nothing to her** para ella mil dólares no son nada
-9. (compared with) **that's nothing to what it was last year** eso no es nada comparado con cómo fue el año pasado; **they had ten players to our eleven** ellos tenían diez jugadores, mientras que nosotros teníamos once
-10. (expressing a proportion) a; **by six votes to four** por seis votos a cuatro; **forty miles to the gallon** cuarenta millas por galón (de

toad

combustible), ≃ 7 litros a los 100 km; **there are 10 pesos to the dollar** un dólar equivale a 10 pesos
-11. *(at the same time as)* **to dance to music** bailar al compás de la música; **she entered to the sound of cheers** fue recibida con ovaciones
-12. *(for)* para; **suppliers to the Royal Family** proveedores de la Casa Real; **he has a whole desk to himself** tiene una mesa entera para él; **To Sue** *(on envelope)* (Para) Sue
-13. *(of)* **the key to the front door** la llave de la puerta de entrada; **it has a dangerous look to it** tiene aspecto peligroso; **I can't see the funny side to it** no le veo la gracia
-14. *(involved in)* **there's an element of danger to it** tiene un elemento de peligro; **there's a lot to the book** es un libro con mucha enjundia; **there's nothing to it** es facilísimo
-15. *(in invitations)* a; **to invite sb to dinner** invitar a alguien a cenar
-16. *(in honour of)* **a toast to sb** un brindis por alguien; **dedicated to...** dedicado(a) a...
-17. *(in betting odds)* **twelve to one** doce a uno

◇ *adv* **to push the door to** cerrar la puerta del todo; **to and fro** de aquí para allá; **to go to and fro** ir y venir (de un lado para otro)

◇ *particle* **-1.** *(with the infinitive)* **to go** ir; **I have a lot to do** tengo mucho que hacer; **I have nothing to do** no tengo nada que hacer; **there's also the expense to consider** también hay que considerar el gasto que supone; **I have/want to go** tengo que/quiero ir; **I want him to know** quiero que lo sepa; **I was the first person to do it** yo fui la primera persona que lo hizo; **to be honest...** sinceramente...; **I hope to be finished by tomorrow** espero terminar mañana; **I hope I live to see it finished** espero vivir para verlo terminado; **I woke up to find myself in a cell** al despertar me encontré en una celda; **she's old enough to go to school** ya tiene edad para ir al colegio; **it's too hot to drink** está demasiado caliente para beberlo; **I was reluctant to ask her** me resistía a preguntarle; **it's unlikely to happen** es improbable que ocurra; **an attempt to do sth** un intento de hacer algo; **to have reason to do sth** tener motivos para hacer algo; **to be betrayed like that, it's so upsetting!** una traición así... ¡me ha dolido tanto!
-2. *(representing verb)* **I want to** quiero (hacerlo); **you ought to** deberías hacerlo; **I was told to** me dijeron que lo hiciera; **have you phoned them? – I've tried to** ¿los has llamado? – lo he intentado; **will you be going? – I hope to** ¿irás allí? – eso espero; **can you come to my party? – I'd love to** ¿quieres venir a mi fiesta? – me encantaría
-3. *(in order to)* para; **he came to help me** vino a ayudarme; **I'm going to visit my aunt** voy a visitar a mi tía; **it is designed to save fuel** está diseñado para ahorrar combustible
-4. *(forming future tense)* **wages are to be cut** se van a recortar los salarios; **he was never to be seen again** nunca se lo volvió a ver; **government to cut interest rates** *(newspaper headline)* el gobierno recortará los tipos *or Am* las tasas de interés
-5. *(in orders)* **I told them to do it** les dije que lo hicieran; **you are not to do that** no debes hacer eso

toad [təʊd] *n* **-1.** *(animal)* sapo *m* **-2.** *Fam Pej (person)* gusano *m*; **you lying ~!** ¡embustero!, ¡rata mentirosa! **-3.** *Br CULIN* **~ in the hole** = masa al horno compuesta de salchichas rebozadas en harina, huevo y leche

toadflax ['təʊdflæks] *n* BOT linaria *f*

toadstool ['təʊdstu:l] *n Esp* seta *f* venenosa, *Am* hongo *m* venenoso

toady ['təʊdɪ] *Fam* ◇ *n Esp* pelotillero(a) *m,f*, *Am* arrastrado(a) *m,f*, *Col* cepillero(a) *m,f*, *Méx* lambiscón(ona) *m,f*, *RP* chupamedias *mf inv*

◇ *vi* **to ~ to sb** *Esp* hacer la pelota a alguien, *Col* pasar el cepillo a alguien, *Méx* lambisconear a alguien, *RP* chupar las medias a alguien

toadying ['təʊdɪɪŋ] *n Fam* adulación *f*, *Esp* peloteo *m*, *Méx* lambisconeo *m*

toast [təʊst] ◇ *n* **-1.** *(toasted bread)* pan *m* tostado; **a slice** *or* **piece of ~** una tostada; **don't burn the ~** que no se te quemen las tostadas; **cheese on ~** tostada de queso (fundido) ❑ **~ *rack*** portatostadas *m inv*
-2. *(tribute)* brindis *m inv*; **to drink a ~ to sb** hacer un brindis a la salud de alguien; **I'd like to propose a ~ to the bride and groom** quisiera proponer *or* hacer un brindis por los novios
-3. *(person)* **tonight, the actress is the ~ of Hollywood** esta noche, la actriz es la reina de Hollywood

◇ *vt* **-1.** *(bread)* tostar; **toasted cheese** tostada de queso (fundido); **toasted sandwich** sándwich (caliente); *Fig* **he was toasting his feet by the fire** se estaba calentando los pies junto al fuego **-2.** *(pay tribute to)* *(person)* brindar a la salud de, brindar por; *(success, win)* brindar por; **they toasted her victory in champagne** celebraron su triunfo con champán

toaster ['təʊstə(r)] *n* tostador(ora) *m,f*

toastie ['təʊstɪ] *n Br Fam* sándwich *m* (caliente)

toasting-fork ['təʊstɪŋfɔ:k] *n* = tenedor largo para tostar

toastmaster ['təʊstmɑ:stə(r)] *n* maestro *m* de ceremonias

toasty ['təʊstɪ] *adj Fam (warm)* **it's ~ in here** ¡qué calorcito hace aquí!, ¡qué calentito se está aquí!

tobacco [tə'bækəʊ] *n* **-1.** *(for smoking)* tabaco *m* ❑ **~ *industry*** industria *f* tabacalera *or* del tabaco; **~ *pouch*** petaca *f*; **~ *tin*** lata *f* de tabaco, tabaquera *f* **-2.** *(plant)* (planta *f* del) tabaco *m* ❑ **~ *leaf*** hoja *f* de tabaco; **~ *plantation*** tabacal *m*, plantación *f* de tabaco

tobacconist [tə'bækənɪst] *n* estanquero(a) *m,f*; **~'s (shop)** estanco *m*, *CSur* quiosco *m*, *Méx* estanquillo *m*

Tobago [tə'beɪɡəʊ] *n* Tobago

-to-be [təbi:] *suffix* **mother~** futura madre; **father~** futuro padre

toboggan [tə'bɒɡən] ◇ *n* tobogán *m* *(trineo)* ❑ **~ *run*** pista *f* de) tobogán *m*

◇ *vi* tirarse en tobogán *(en pista de nieve)*

tobogganing [tə'bɒɡənɪŋ] *n* **to go ~** tirarse en tobogán *(en pista de nieve)*

toby jug ['təʊbɪdʒʌɡ] *n* = jarra de cerveza con forma de hombre gordo con un sombrero de tres picos

toccata [tə'kɑ:tə] *n* MUS tocata *f*

tocsin ['tɒksɪn] *n Literary* **to sound the ~** tocar a rebato

tod [tɒd] *n Br Fam* **to be on one's ~** estar solateras, *RP* estar solitari

today [tə'deɪ] ◇ *n* **-1.** *(this day)* hoy *m*; **what day is it ~?** ¿a qué estamos hoy?, ¿qué día es hoy?; **a week from ~** dentro de una semana; **as from ~** a partir de hoy; **~'s date/paper** la fecha/el periódico de hoy **-2.** *(this era)* hoy *m*; **the youth of ~**, **~'s youth** los jóvenes de hoy

◇ *adv* **-1.** *(on this day)* hoy; **~ is Tuesday, it's Tuesday ~** hoy es martes; **he resigned earlier ~** ha presentado su dimisión hoy; **she's arriving a week ~** llega dentro de una semana *or* de aquí a una semana; **a week ago ~** hace (hoy) una semana; **why did you have to do it ~ of all days?** ¿por qué tenías que hacerlo precisamente hoy?; **many new bands are here ~ and gone tomorrow** muchos nuevos grupos son flor de un día
-2. *(in this era)* hoy

toddle ['tɒdəl] *vi* **-1.** *(infant)* dar los primeros pasos; **he managed to ~ across the room** con paso vacilante logró cruzar la habitación **-2.** *Fam (go)* **could you just ~ down to the shops for me?** ¿me harías el favor de acercarte a la tienda?; **he toddled off** se largó

toddler ['tɒdlə(r)] *n* niño(a) *m,f* pequeño(a) *(que aprende a caminar)*

toddy ['tɒdɪ] *n* **(hot) ~** = ponche hecho con una bebida alcohólica, azúcar, agua caliente, zumo de limón y especias

to-do [tə'du:] *n (pl* **to-dos)** *n Fam* escandalera *f*; **she made a great ~ about it** armó una escandalera por eso

toe [təʊ] ◇ *n* **-1.** *(of foot)* dedo *m* del pie; **big ~** dedo gordo del pie; **little ~** meñique del pie; **to stand on one's toes** ponerse de puntillas ❑ **~ *loop*** *(in figure skating)* toe loop *m*, bucle *m* picado
-2. *(of sock, shoe)* puntera *f*
-3. IDIOMS **to be on one's toes** estar alerta; **to keep sb on his/her toes** no dar tregua a alguien; **to make sb's toes curl** *(with embarrassment)* hacer que alguien se muera de vergüenza *or Am* pena; *(with pleasure)* hacer que alguien se derrita de gusto; **to tread** *or* **step on sb's toes** meterse en el terreno de alguien

◇ *vt* **-1.** *(ball)* dar de puntera a, tocar con la puntera **-2.** IDIOMS **to ~ the line** acatar las normas, portarse como es debido; **he is not the sort of politician to ~ the party line** no es de esa clase de políticos que siguen a rajatabla la disciplina de partido

toecap ['təʊkæp] *n* puntera *f*

-toed [təʊd] *suffix* **six~** de seis dedos *(en el pie)*; **square~ shoes** de puntera cuadrada

toehold ['təʊhəʊld] *n (in climbing)* punto *m* de apoyo; *Fig* **to gain a ~ in the market** lograr introducirse en el mercado

toenail ['təʊneɪl] *n* uña *f* del pie ❑ **~ *clipper(s)*** cortauñas *m inv*

toepoke ['təʊpəʊk] SPORT ◇ *n* punterazo *m*
◇ *vt* dar un punterazo a

toerag ['təʊræɡ] *n Br Fam* sinvergüenza *mf*

toff [tɒf] *n Br Fam Esp* pijo(a) *m,f*, *Méx* fresa *mf*, *RP* copetudo(a) *m,f*

toffee ['tɒfɪ] *n* **-1.** *(small sweet)* (caramelo *m* de) tofe *m* **-2.** *(substance)* caramelo *m*; IDIOM *Br Fam* **he can't sing/act for ~** no tiene ni idea de cantar/actuar ❑ **~ *apple*** manzana *f* de caramelo

toffee-nosed ['tɒfɪ'nəʊzd] *adj Br Fam* presumido(a), engreído(a)

tofu ['təʊfu:] *n* CULIN tofu *m*

tog [tɒɡ] *n (of duvet)* = unidad de medida del grado de aislamiento térmico

◆ **tog out, tog up** *(pt & pp* **togged)** *vt sep Fam* trajear, emperifollar; **he hates getting togged up for special occasions** odia tener que trajearse *or* emperifollarse para las grandes ocasiones; **to ~ oneself out** *or* **up** trajearse, emperifollarse

toga ['təʊɡə] *n* toga *f* ❑ **~ *party*** = fiesta juvenil a la que se acude envuelto en una sábana a modo de toga sin apenas ropa debajo

together [tə'ɡeðə(r)] ◇ *adv* **-1.** *(in general)* juntos(as); **~, we earn over $120,000** entre los dos ganamos más de 120.000 dólares; **~ with** junto(a) con; **all ~** todos(as) juntos(as); **we were ~ at university** íbamos juntos a la universidad; **to act ~** obrar al unísono; **to add/mix two things ~** sumar/mezclar dos cosas; **to bang two things ~** hacer chocar dos cosas; **to get ~ again** *(couple, partners)* volver a juntarse; **to get it** *or* **one's act ~** ponerse manos a la obra; **the spectators were packed ~ inside the stadium** los espectadores abarrotaban el estadio; **to stick sth back ~** volver a pegar algo
-2. *(at the same time)* al mismo tiempo, a un tiempo; **pull both levers ~** acciona las dos palancas al mismo tiempo; **all ~ now!** *(when singing)* ¡todos juntos!; *(when pulling, pushing)* ¡todos a una!

◇ *adj Fam (well-balanced)* equilibrado(a)

togetherness [tə'ɡeðənɪs] *n* unidad *f*, unión *f*

toggle ['tɒɡəl] ◇ *n* **-1.** *(on coat)* botón *m* de trenca **-2.** COMPTR ~ ***key*** = tecla o botón que permite activar o desactivar una función; COMPTR ~ ***switch*** = tecla o botón que

permite activar o desactivar una función **-3.** NAUT cazonete *m*
◇ *vi* COMPTR = activar o desactivar una función con la misma tecla; **you can ~ between the two applications** puedes pasar de una aplicación a otra pulsando una tecla

◆ **toggle off** *vt sep* COMPTR desactivar utilizando una tecla

◆ **toggle on** *vt sep* COMPTR activar utilizando una tecla

Togo ['təʊgəʊ] *n* Togo

Togolese [təʊgə'li:z] ◇ *n* togolés(esa) *m,f*
◇ *adj* togolés(esa)

togs [tɒgz] *npl Fam (clothes)* ropa *f*; **don't forget your swimming ~** ¡no te olvides del traje de baño!

toil [tɔɪl] ◇ *n Literary* esfuerzo *m*
◇ *vi* **-1.** *(work hard)* trabajar arduamente; **to ~ away at sth** esforzarse mucho en algo; **he spent years toiling over his novel** pasó años trabajando arduamente en su novela **-2.** *(go with difficulty)* **to ~ up a hill** escalar penosamente una montaña; **they toiled on over the rough ground** siguieron avanzando con dificultad por aquel áspero terreno

toile [twɑ:l] *n (fabric)* = tela fina de lino o algodón

toiler ['tɔɪlə(r)] *n* trabajador(ora) *m,f* incansable

toilet ['tɔɪlɪt] *n* **-1.** *Br (room) (in house)* cuarto *m* de baño, retrete *m*; *(in public place)* baño(s) *m(pl), Esp* servicio(s) *m(pl), CSur* toilette *f*; **he's on the ~** está en el cuarto de baño; **to go to the ~** *(in house)* ir al baño; *(in public place)* ir al baño *or Esp* al servicio *or CSur* a la toilette; **the nearest (public) toilets are in the park** los servicios (públicos) más cercanos están en el parque; **Toilets** *(sign)* Servicio(s), Aseo(s) ❑ **~ humour** humor *m* escatológico; **~ paper** papel *m* higiénico *or Chile* confort; **~ roll** rollo *m* de papel higiénico; **~ roll holder** portarrollos *m inv* (de baño); **~ tissue** papel *m* higiénico *or Chile* confort

-2. *(object)* váter *m*, inodoro *m*; **the ~ won't flush** no funciona la cisterna; **he threw it down the ~** lo tiró al váter *or* por el váter ❑ **~ bowl** taza *f* (del váter *or* retrete); **~ seat** asiento *m* del váter; **~ training** aprendizaje *m* de ir solo al baño
-3. *Fam (dirty place)* pocilga *f*, agujero *m* inmundo
-4. *Old-fashioned (washing and dressing)* toilette *f*, aseo *m* personal; **to be at one's ~** estar haciéndose la toilette ❑ **~ bag** bolsa *f* de aseo; **~ soap** jabón *m* de tocador; **~ water** (agua *f* de) colonia *f*
-5. IDIOMS *Br Fam* **to go down the ~** *(plan, career, work)* irse al garete; *Br Fam* **that's our holidays down the ~!** ¡nuestras vacaciones a la porra *or Am* por el piso *or RP* a la miércoles!

toiletries ['tɔɪlɪtrɪz] *npl* artículos *mpl* de tocador

toilette [twɑ:'let] *n Old-fashioned* toilette *f*, aseo *m*; **to perform one's ~** hacerse la toilette, asearse

toilet-train ['tɔɪlɪttreɪn] *vt* enseñar a ir al baño

toilsome ['tɔɪlsəm] *adj* laborioso(a), arduo(a)

to-ing and fro-ing [tu:ɪŋən'frəʊɪŋ] *n (activity)* trasiego *m*, idas y venidas *fpl*

toke [təʊk] *Fam* ◇ *n Esp* calada *f, Am* pitada *f* *(a un porro)*; **to have** *or* **take a ~ on a joint** dar una *Esp* calada *or Am* pitada a un porro
◇ *vi* **to ~ on a joint** dar *Esp* caladas *or Am* pitadas a un porro

token ['təʊkən] ◇ *n* **-1.** *(indication)* señal *f*, muestra *f*; **as a ~ of respect** como señal *or* muestra de respeto; **a love ~** una prenda de amor; **by the same ~** de la misma manera **-2.** *(for vending machine)* ficha *f*; *(paper)* vale *m*; **a record ~** un vale para discos **-3.** *(souvenir)* recuerdo *m*
◇ *adj (resistance, effort, gesture)* simbólico(a); **I don't want to be the ~ woman on the committee** no quiero estar en la comisión para cubrir el porcentaje femenino; **the prime minister made a ~ appearance at the event** el primer ministro hizo una aparición testimonial en el acto

tokenism ['təʊkənɪzəm] *n* **the appointment of a woman to the board was nothing but ~** el nombramiento de una mujer para el consejo fue un mero formulismo *or* un hecho meramente testimonial

Tokyo ['təʊkɪəʊ] *n* Tokio

tolbooth = tollbooth

told *pt & pp of* **tell**

tolerable ['tɒlərəbəl] *adj* **-1.** *(pain, discomfort)* soportable, tolerable **-2.** *(behaviour, effort)* aceptable; *(food)* pasable

tolerably ['tɒlərəblɪ] *adv* aceptablemente; **~ well** aceptablemente *or* razonablemente bien; **they were ~ pleased with the results** se hallaban razonablemente contentos con los resultados

tolerance ['tɒlərəns] *n* **-1.** *(of behaviour, beliefs, opinions)* tolerancia *f*; **they showed great ~ towards us** se mostraron muy tolerantes con nosotros **-2.** *(to drug, alcohol)* tolerancia *f*; **to have a high/low ~ to sth** tolerar bien/mal algo, tener un alto/bajo nivel de tolerancia a algo **-3.** TECH (margen *m* de) tolerancia *f*

tolerant ['tɒlərənt] *adj* **-1.** *(of person, attitudes, society)* tolerante (**of** con) **-2.** *(to drug, alcohol)* **to be ~ to sth** tolerar algo

tolerantly ['tɒlərəntlɪ] *adv* con tolerancia

tolerate ['tɒləreɪt] *vt* **-1.** *(put up with, accept) (behaviour, views)* tolerar **-2.** *(stand) (heat, pain)* soportar **-3.** *(drug, alcohol)* tolerar

toleration [tɒlə'reɪʃən] *n* tolerancia *f*

toll¹ [tɒl] *n* **-1.** *(charge)* peaje *m, Méx* cuota *f* ❑ **~ road** carretera *f* de peaje *or Méx* cuota; **~ tunnel** túnel *m* de peaje *or Méx* cuota
-2. *US* TEL **~ call** llamada *f or Am* llamado *m* de larga distancia, *Esp* conferencia *f*
-3. *(of dead, injured)* **the death ~ has risen to 100** el número de víctimas ha ascendido a 100; **the disease had taken its** *or* **a heavy ~** la enfermedad había hecho estragos; **the years have taken their ~ on him** los años le han pasado factura

toll² *n (of bell)* tañido *m*; **the first ~ of the bell** la primera campanada
◇ *vt (bell)* tañer; **the church clock tolled midday** el reloj de la iglesia dio las doce
◇ *vi (bell)* doblar; **to ~ for the dead** tocar a muerto, doblar por un difunto

tol(l)booth ['tɒlbu:θ] *n* cabina *f (donde se paga el peaje)*

tollbridge ['tɒlbrɪdʒ] *n* puente *m* de peaje *or Méx* cuota

toll-free [tɒl'fri:] *US* ◇ *adj* **~ number** (número *m* de) teléfono *m* gratuito
◇ *adv (to call)* gratuitamente

tollgate ['tɒlgeɪt] *n* control *m* de peaje *or Méx* cuota

tollway ['tɒlweɪ] *n US* autopista *f* de peaje *or Méx* cuota

toluene ['tɒljʊi:n] *n* CHEM tolueno *m*

Tom [tɒm] *n* IDIOM *Fam* **every** *or Br* **any ~, Dick or Harry** cualquier mequetrefe ❑ **~ Collins** *(drink)* Tom Collins *m inv*, = cóctel hecho con ginebra, limón, soda y azúcar

tom [tɒm] *n Fam* gato *m* (macho)

tomahawk ['tɒməhɔ:k] *n* hacha *f* india

tomato [tə'mɑ:təʊ, *US* tə'meɪtəʊ] *(pl* **tomatoes***) n* **-1.** *(fruit)* tomate *m, Méx* jitomate *m*; *(plant)* tomatera *f* ❑ **~ juice** *Esp* zumo *m or Am* jugo *m* de tomate *or Méx* jitomate; **~ ketchup** ketchup *m*, catchup *m*; **~ plant** tomatera *f*; **~ purée** concentrado *m* de tomate *or Méx* jitomate; **~ salad** ensalada *f* de tomate; **~ sauce** *(for pasta)* salsa *f* de tomate *or Méx* jitomate *m*; *(ketchup)* (tomate) ketchup *m*, catchup *m*; **~ soup** crema *f* de tomate *or Méx* jitomate
-2. *US Fam (beautiful woman)* **she's a real ~** está buenísima

tomb [tu:m] *n* tumba *f*

tombola [tɒm'bəʊlə] *n* tómbola *f*

tomboy ['tɒmbɔɪ] *n* marimacho *m*

tomboyish ['tɒmbɔɪɪʃ] *adj* marimacho(a)

tombstone ['tu:mstəʊn] *n* lápida *f*

tomcat ['tɒmkæt] *n* gato *m* (macho)

tome [təʊm] *n Formal (book)* tomo *m*, volumen *m*; *Hum* **that's a hefty ~ you're reading!** ¡menudo tocho *or* libraco te estás leyendo!

tomfool ['tɒmfʊl] *adj (idea, suggestion)* tonto(a)

tomfoolery [tɒm'fu:lərɪ] *n Fam* tonterías *fpl*, niñerías *fpl*

Tommy ['tɒmɪ] *n Br Fam Old-fashioned* soldado *m* raso (británico)

tommygun ['tɒmɪgʌn] *n* metralleta *f*

tommy-rot ['tɒmɪrɒt] *n Br Fam Old-fashioned* tonterías *fpl*, disparates *mpl*; **~!** ¡tonterías!, ¡qué tontería!

tomography [tə'mɒgrəfɪ] *n* MED tomografía *f*

tomorrow [tə'mɒrəʊ] ◇ *n* **-1.** *(day after today)* mañana *m*; **there's just time for a look at ~'s newspaper headlines** nos queda el tiempo justo para echar un vistazo a los titulares de la prensa de mañana; **what's ~'s date?** ¿qué fecha es mañana?, ¿a qué (fecha) estamos mañana?; **the day after ~** pasado mañana; **a week from ~** en una semana a partir de mañana; **~ is another day** mañana será otro día; **~ may never come** no dejes para mañana lo que puedas hacer hoy; IDIOM *Fam* **she was eating like there was no ~** comía como si se fuese a acabar el mundo; PROV **never put off till ~ what you can do today** no dejes para mañana lo que puedas hacer hoy
-2. *(future)* mañana *m*, futuro *m*; **she is one of the stars of ~** es una de las estrellas del mañana *or* futuro
◇ *adv* **-1.** *(on day after today)* mañana; **see you ~** ¡hasta mañana!; **~ morning/evening** mañana por la mañana/tarde; **they will arrive a week ~** llegarán en una semana a partir de mañana **-2.** *(in future)* mañana; **what will the world be like ~?** ¿cómo será el mundo en el futuro?

tomtit ['tɒmtɪt] *n (blue tit)* herrerillo *m* (común)

tom-tom ['tɒmtɒm] *n* MUS tam-tam *m inv*

ton [tʌn] *n* **-1.** *(weight)* tonelada *f* (aproximada) *(Br = 1.016 kilos, US = 907 kilos)*; *Fam* **this suitcase weighs a ~** esta maleta pesa una tonelada *or* un quintal; *Fam* **tons of...** *(lots of)* montones de...; *Fam* **this one is tons better than the old one** este es mejor que el antiguo con diferencia; IDIOM **to come down on sb like a ~ of bricks** poner firme a alguien, cantarle las cuarenta a alguien
-2. *Fam (100 mph)* **he was doing a ~** iba a cien millas por hora

tonal ['təʊnəl] *adj* **-1.** MUS tonal **-2.** *(of colour)* tonal

tonality [tə'nælɪtɪ] *n* **-1.** MUS tonalidad *f* **-2.** *(of colour)* tonalidad *f*

tone [təʊn] ◇ *n* **-1.** *(sound)* tono *m*; **~ of voice** tono de voz; **to raise/lower the ~ of one's voice** alzar/bajar la voz *or* el tono de voz; **don't talk to me in that ~ of voice!** ¡no me hables en ese tono!; **I don't like your ~!** ¡no me gusta (que me hables en) ese tono!
-2. *(quality of sound)* timbre *m*; **the rich bass tones of his voice** la sonoridad de su voz en las notas bajas ❑ **~ arm** *(on record player)* brazo *m* (del tocadiscos); **~ control** *(on radio, stereo)* mando *m* de graves y agudos
-3. *(on phone)* señal *f*, tono *m*; **speak after the ~** hable después de la señal
-4. *(colour)* tono *m*
-5. *(mood)* tono *m*; **to raise/lower the ~** *(of place, occasion)* elevar/bajar el tono; **this set the ~ for the whole debate** esto marcó la tónica *or* pauta de todo el debate
-6. MUS *(interval)* tono *m* ❑ MUS **~ poem** poema *m* sinfónico
-7. *US* MUS *(note)* nota *f*
-8. *(of muscles)* tono *m* (muscular)
-9. LING tono *m* ❑ **~ language** lengua *f* tonal
◇ *vt (muscles, body)* tonificar, entonar; *(skin)* tonificar
◇ *vi (harmonize)* ir bien, armonizar (**with** con)

◆ **tone down** *vt sep* **-1.** *(colour)* rebajar el tono de **-2.** *(remarks, criticisms)* bajar el tono de; *(views, language)* moderar

◆ **tone in** *vi (harmonize)* ir bien, armonizar (**with** con)

tone up vt sep (muscles, body) tonificar, entonar

tone-deaf ['təʊn'def] adj **to be ~** tener mal oído

toneless ['təʊnlɪs] adj (voice) monótono(a)

tonelessly ['təʊnlɪslɪ] adv (to say, speak) con tono monótono

toner ['təʊnə(r)] n **-1.** (for printer) tóner m ❑ **~ cartridge** cartucho m de tóner **-2.** (for skin) tónico m

Tonga ['tɒŋgə] n Tonga

Tongan ['tɒŋgən] ◇ n **-1.** (person) tongano(a) m,f **-2.** (language) tongano m
◇ adj de Tonga, tongano(a)

tongs [tɒŋz] npl (for coal, heavy objects) tenazas fpl; (for food, smaller objects) pinzas fpl; **a pair of ~** unas tenazas/pinzas; **(curling) ~** (for hair) tenacillas fpl de rizar

tongue [tʌŋ] n **-1.** (in mouth) lengua f; **to stick one's ~ out (at sb)** sacar la lengua (a alguien); **his ~ was practically hanging out** (in eagerness) se le caía la baba ❑ **~ depressor** depresor m de lengua; **~ twister** trabalenguas m inv
-2. CULIN lengua f
-3. (of land) lengua f; (of shoe) lengüeta f; (of bell) badajo m
-4. (of flame) lengua f
-5. (language) idioma m, lengua f
-6. IDIOMS **he seems to have found his ~ again** parece que ha recuperado el habla; **to get one's ~ round** or **around sth** llegar a pronunciar algo; **she has a cruel ~** tiene una lengua viperina; **hold your ~!** ¡cierra la boca!; **try to keep a civil ~ in your head!** intenta que no se te vaya la lengua; **have you lost your ~?** ¿se te ha comido la lengua el gato?; **to say sth ~ in cheek** decir algo en broma; Fam **tongues will wag** van a correr rumores; **the news set tongues wagging** la noticia hizo que se soltaran las malas lenguas

tongue-and-groove (joint) ['tʌŋən'gru:v(dʒɔɪnt)] n machihembrado m

tongue-in-cheek ['tʌŋɪn'tʃi:k] adj (remark, article) en broma

tongue-lashing ['tʌŋlæʃɪŋ] n reprimenda f; **to give sb a ~** echar una reprimenda a alguien

tongue-tied ['tʌŋtaɪd] adj mudo(a); **to be ~** quedarse mudo(a); **I get ~ when he's there** se me traba la lengua or me corto delante de él

tonguing ['tʌŋɪŋ] n MUS lengüeo m

tonic ['tɒnɪk] ◇ n **-1.** (medicine) tónico m, reconstituyente m; Fig **it was a real ~ to see her again** fue tonificante volver a verla **-2.** (drink) **~ (water)** (agua f) tónica f **-3.** MUS tónica f
◇ adj **-1.** (healthy) **the sea air had a ~ effect on her** la brisa del mar tuvo un efecto tonificante en ella or fue de nuevas fuerzas **-2.** MUS tónico(a) **-3.** LING tónico(a)

tonight [tə'naɪt] ◇ n esta noche; **~'s headlines** los titulares del día or de hoy
◇ adv esta noche; **the game kicks off at seven o'clock ~** el partido (de hoy) empieza a las siete de la tarde

tonnage ['tʌnɪdʒ] n NAUT (of ship) tonelaje m

tonne [tʌn] n tonelada f (métrica)

-tonner ['tʌnə(r)] suffix **a 10~** (lorry) un camión de 10 toneladas; **a 700~** (ship) un 700 toneladas

tonsil ['tɒnsəl] n amígdala f; **to have one's tonsils out** operarse de las amígdalas

tonsillectomy [tɒnsɪ'lektəmɪ] n MED amigdalectomía f

tonsillitis [tɒnsɪ'laɪtɪs] n MED amigdalitis f inv

tonsorial [tɒn'sɔ:rɪəl] adj Hum barberil

tonsure ['tɒnʃə(r)] n tonsura f

tony ['təʊnɪ] adj US Fam fino(a), distinguido(a)

too [tu:] adv **-1.** (excessively) demasiado; **it's ~ difficult** es demasiado difícil; **~ many** demasiados(as); **I've got one ~ many** tengo uno de más; **~ much** demasiado; **you're ~ kind** es usted muy amable; **I know her all** or **only ~ well** la conozco demasiado bien; **I'd be only ~ pleased to help** estaré encantado de ayudar; Fam **~ right!** ¡desde luego!
-2. (also) también
-3. (moreover) además; **it was a great performance, and by a beginner, ~!** fue una actuación brillante, sobre todo para un principiante
-4. (very, especially) demasiado, muy; **he's not ~ well today** no se encuentra muy or demasiado bien hoy; **I'm not ~ sure about it** no estoy seguro del todo or del todo seguro
-5. Fam (for emphasis) **I'm not a nationalist! – you are ~!** ¡no soy nacionalista! – ¡claro que sí! or Esp ¡no, qué va!

toodle-oo [tu:dəl'u:] exclam Br Fam Hum or Old-fashioned ¡adiosito!

took pt of take

tool [tu:l] ◇ n **-1.** (implement) herramienta f; **(set of) tools** (juego m de) herramientas fpl; **gardening tools** útiles de jardinería f; **the tools of the trade** las herramientas de trabajo ❑ **~ bag** bolsa f de herramientas; COMPTR **~ bar** barra f de herramientas; **~ belt** cinturón m de herramientas; COMPTR **~ kit** juego m de herramientas; **~ shed** cobertizo m para los aperos
-2. (means, instrument) instrumento m; **this scheme is a useful ~ for fighting unemployment** este programa es una herramienta útil en la lucha contra el desempleo; **he was nothing but a ~ of the government** no era más que un instrumento del gobierno
-3. very Fam (penis) nabo m, Chile pico m, Méx pájaro m, RP pija f
◇ vt labrar

tool along vi Fam **we were tooling along at 160 km/h when the tyre burst** conducíamos alegremente a 160 km/h cuando se reventó el neumático

tool around vi Fam perder el tiempo

tool up vt sep **-1.** (factory) equipar **-2.** Br Fam **to be tooled up** (carrying gun) ir armado(a)

toolbox ['tu:lbɒks] n caja f de herramientas

tooled [tu:ld] adj (leather, book cover) labrado(a)

tooling ['tu:lɪŋ] n **-1.** (on leather, book cover) labrado m **-2.** (equipping) equipamiento m

toolmaker ['tu:lmeɪkə(r)] n fabricante m de herramientas

toolroom ['tu:lrʊm] n almacén m de herramientas

toot [tu:t] ◇ n **-1.** (on horn) bocinazo m; (on trumpet) trompetazo m **-2.** Fam (of cocaine) raya f **-3.** US Fam (drinking spree) **to go out on a ~** ir de copas
◇ vt (horn, trumpet) tocar
◇ vi (car) tocar la bocina or el claxon, pitar; (train) pitar; (driver) tocar la bocina or el claxon, pitar; (horn, trumpet) sonar; **he tooted at me** me tocó la bocina or el claxon, me pitó

tooth [tu:θ] (pl **teeth** [ti:θ]) n **-1.** (of person) diente m; (molar) muela f; **(set of) teeth** dentadura f; **our son is cutting his teeth** a nuestro hijo le están saliendo los dientes, nuestro hijo está echando los dientes; **to have good/bad teeth** tener buena/mala dentadura; **he had a ~ out** le sacaron una muela ❑ **~ decay** caries f inv; **the ~ fairy** ≃ el ratoncito Pérez; **~ glass** vaso m (para el cepillo de dientes); **~ mug** vaso m de plástico (para el cepillo de dientes)
-2. (of comb) púa f; (of saw) diente m, (of gear wheel) piñón m
-3. IDIOMS **armed to the teeth** armado(a) hasta los dientes; **the government implemented the plan in the teeth of fierce opposition** el gobierno puso en marcha el plan pese a la fortísima oposición; Br Fam **I'm fed up** or **sick to the back teeth with him** estoy hasta la coronilla de él; **I cut my teeth on the more straightforward tasks** me curtí en las tareas más simples, empecé haciendo las tareas más simples; **to fight ~ and nail** luchar con uñas y dientes; **to get one's teeth into sth** hincar el diente a algo; **the play gives you nothing to get your teeth into** la obra carece de sustancia; **the amendment will give the law some teeth** la enmienda hará que la ley sea efectiva; **the new regulation has no teeth** la nueva normativa carece de medios para que sea cumplida; **to lie through one's teeth** mentir como un(a) bellaco(a); **to set sb's teeth on edge** (noise) dar dentera a alguien; (habit, behaviour) poner enfermo(a) a alguien

toothache ['tu:θeɪk] n dolor m de muelas; **I've got ~** me duelen las muelas

toothbrush ['tu:θbrʌʃ] n cepillo m de dientes ❑ **~ moustache** bigote m de cepillo

toothed [tu:θt] adj (wheel) dentado(a)

toothless ['tu:θlɪs] adj **-1.** (person, animal, grin) desdentado(a) **-2.** (law, organization) inoperante, ineficaz; (team) sin poder ofensivo; **their ~ attack** su falta de poder ofensivo

toothpaste ['tu:θpeɪst] n dentífrico m, pasta f de dientes ❑ **~ tube** tubo m del dentífrico or de la pasta de dientes

toothpick ['tu:θpɪk] n palillo m (de dientes)

toothpowder ['tu:θpaʊdə(r)] n polvo m dentífrico

toothsome ['tu:θsəm] adj Hum (food, dish) sabroso(a), apetitoso(a)

toothy ['tu:θɪ] adj **a ~ grin** una sonrisa que enseña todos los dientes

tootle ['tu:təl] vi Fam **-1.** (on trumpet, flute) **she was tootling away on a trumpet** estaba tocando la trompeta **-2.** (go) **I'm going to ~ into town** voy a acercarme al centro; **well, I'll ~ along now** bueno, me largo ya

toots [tu:ts] n Fam (term of address) cariño m

tootsy, tootsie ['tu:tsɪ] n Fam **-1.** (in children's language) (toe) dedito m del pie **-2.** (term of address) cariño m

top[1] [tɒp] n (spinning toy) peonza f, trompo m

top[2] ◇ n **-1.** (highest part) parte f superior, parte f de arriba; (of tree) copa f; (of mountain) cima f; (of sb's head) coronilla f; (of bus) piso m superior; (of list) cabeza f; (of table, bed) cabecera f; **at the ~ of the page** en la parte superior de la página; **at the ~ of the stairs/building** en lo alto de la escalera/del edificio; **at the ~ of the street** al final de la calle; **right at the ~** arriba del todo; **to be (at the) ~ of the class/league** ser el primero/la primera de la clase/liga; **to be (at the) ~ of the list of things to do** encabezar la lista de cosas que hacer; **she is at the ~ of her profession** se encuentra en la cima de su profesión; **at the ~ of one's voice** a grito pelado; **from ~ to bottom** de arriba abajo; **from ~ to toe** de la cabeza a los pies; **let's take it from the ~!** desde el principio; **fill my glass up right to the ~** lléname el vaso hasta el borde or hasta arriba; **the corruption goes right to the ~** la corrupción se extiende hasta los más altos niveles; **off the ~ of my/his** etc **head** (at a guess) a ojo; (without thinking) así de repente; (without preparation) improvisadamente; **I can't say off the ~ of my head** así de repente no sabría decir; Fig **to make it to** or **reach the ~** llegar a la cumbre; IDIOM Br **to be at the ~ of the tree** haber llegado a la cima; IDIOM **life at the ~** la vida en las altas esferas; IDIOM **over the ~** (excessive) exagerado(a); **to go over the ~** MIL entrar en acción; Fig pasarse de la raya; IDIOM Fam **he's got nothing up ~** es un cabeza de chorlito or una cabeza hueca; IDIOM **he's got plenty up ~** es más listo que el hambre
-2. (lid) tapa f; (of bottle, tube) tapón m; (of pen) capucha f
-3. (upper surface) superficie f
-4. (garment) (T-shirt) camiseta f, Chile polera f, Méx playera f, RP remera f; (blouse) blusa f; (of pyjamas, bikini) parte f de arriba
-5. (of vegetable) parte f de arriba
-6. Fam (topspin) = efecto que se obtiene al golpear la pelota por la parte de arriba
-7. (in baseball) **at the ~ of the fifth (inning)** en la primera parte del quinto turno de bateo
-8. Fam Old-fashioned **it's (the) tops** (excellent) es pistonudo(a)

◇ adj **-1.** *(highest)* de más arriba, más alto(a); *(in pile)* de encima; *(layer)* superior; *(rung)* último(a); **the ~ part of sth** la parte superior de algo; **the ~ right-hand corner of the page** la esquina superior derecha de la página; **they are in the ~ half of the league** se encuentran en la primera mitad de la clasificación de la liga; **our ~ priority** nuestra prioridad absoluta; *Fig* **out of the ~ drawer** *(upper-class)* de alta extracción social; *(top-quality)* de primera (clase); *Fig* **the ~ rung of the ladder** el nivel más alto del escalafón ❑ **~ copy** original *m*; *Br* **~ deck** *(of bus)* piso *m* superior or de arriba; *(of ship)* cubierta *f* A, cubierta *f* superior; **~ floor** último piso *m*; *Br* AUT **~ gear** *(fourth)* cuarta *f*, directa *f*; *(fifth)* quinta *f*, directa *f*; *Fig* **the Bulls moved into ~ gear** los Bulls metieron la directa; **~ hat** sombrero *m* de copa; SPORT **~ scorer** *(in basketball, American football, rugby)* máximo(a) anotador(ora) *m,f*; *(in soccer, hockey)* máximo(a) goleador(ora) *m,f*; *Br* **~ security prison** cárcel *f* de alta seguridad; **~ sheet** sábana *f* encimera; **~ speed** velocidad *f* máxima; *also Fig* **at ~ speed** a toda velocidad
-2. *(best)* mejor; *(major)* más importante; **~ quality products** productos de primera calidad; **a ~ sprinter** un esprínter de primera línea; **~ executive** alto(a) ejecutivo(a); **a ~ job** un alto puesto; **one of London's ~ restaurants** uno de los mejores restaurantes de Londres; **one of America's ~ earners** una de las personas que más dinero gana de América; **to get ~ marks** obtener or sacar las mejores notas; **my ~ choice** mi primera opción; **the ~ people** *(in society)* la flor y nata; *(in an organization)* los jefes; **the ~ ten** *(in general)* los diez mejores; *(in music charts)* el top diez, los diez primeros; **she came ~ in history** fue la mejor en historia; *US Fam* **to pay ~ dollar (for sth)** pagar *Esp* un pastón or *Méx* un chorro de lana or *RP* un vagón de guita (por algo); **to be on ~ form** estar en plena forma; *Br Fam* **to pay/earn ~ whack** pagar/ganar lo máximo (posible); [IDIOM] *Fam* **to be ~ dog** or *US* **~ banana** ser el mandamás ❑ *Fam* **the ~ brass** *(army officers)* los altos mandos; **~ management** los altos directivos; *Br* **the ~ table** la mesa de honor

◇ *vt (pt & pp* **topped***)* **-1.** *(place on top of)* cubrir (**with** de); **ice cream topped with hazelnuts** helado con avellanas por encima
-2. *(exceed)* superar, sobrepasar; *(an offer)* mejorar; **~ that!** ¡toma ya!; **to ~ it all** para colmo
-3. *(be at top of) (list, class)* encabezar; **to ~ the bill** encabezar el cartel; **to ~ the charts** *(of record, singer)* estar or ir a la cabeza de las listas de éxitos
-4. *Br (cut ends off)* **to ~ and tail beans** cortarle los extremos a las *Esp* judías verdes or *Bol, RP* chauchas or *Chile* porotos verdes or *Col* habichuelas or *Méx* ejotes
-5. *Br Fam (kill)* asesinar a, *Esp* cargarse a; **to ~ oneself** matarse
-6. *Literary (reach summit of) (hill, rise)* coronar

◇ **on top** *adv* encima; *Fam Fig* **he's getting a bit thin on ~** se está quedando calvo; [IDIOM] **to be on ~** dominar el juego; [IDIOM] **to come out on ~** salir victorioso(a)

◇ **on top of** *prep* **-1.** *(above)* encima de, sobre; *(in addition to)* además de; **on ~ of everything else** encima de todo **-2.** [IDIOMS] **to be on ~ of sth** tener algo bajo control; **to be** or **feel on ~ of the world** estar en la gloria; **you mustn't let things get on ~ of you** no debes dejar que las cosas te agobien

◇ **tops** *adv Fam (at the most)* como máximo, como mucho

◆ **top off** *vt sep (round off)* poner la guinda a

◆ **top up** *vt sep (glass, tank)* rellenar, llenar; *(sum of money)* complementar; **can I ~ your beer up for you?** ¿te pongo más cerveza?; *Fam* **shall I ~ you up?** ¿te lleno?

topaz ['təʊpæz] *n* topacio *m*

top-class ['tɒp'klɑːs] *adj* de primera (categoría)

topcoat ['tɒpkəʊt] *n* **-1.** *Old-fashioned (clothing)* sobretodo *m* **-2.** *(of paint)* última mano *f*

top-down ['tɒp'daʊn] *adj* **a ~ management style** un estilo de dirección jerárquico; **~ processing** proceso descendente

top-drawer ['tɒp'drɔː(r)] *adj (excellent)* de primera (clase)

top-dressing ['tɒp'dresɪŋ] *n (fertilizer)* fertilizante *m* superficial

topee = topi

top-flight ['tɒpflaɪt] *adj* de primera (categoría)

topgallant [tɒp'gælənt, tə'gælənt] *n* NAUT **-1.** *(mast)* mastelero *m* de juanete **-2.** *(sail)* juanete *m*

top-heavy ['tɒp'hevɪ] *adj* **-1.** *(structure)* sobrecargado(a) en la parte superior **-2.** *(organization)* **the company is ~** la empresa cuenta con demasiados altos cargos **-3.** *Fam (woman)* **to be ~** tener mucha delantera, tener mucho de arriba

topi ['təʊpɪ] *n* **-1.** *(pith helmet)* salacot *m* **-2.** *(antelope)* damalisco *m*

topiary ['təʊpɪərɪ] *n* poda *f* ornamental *(de setos y arbustos)*

topic ['tɒpɪk] *n* tema *m*, asunto *m*; **~ of conversation** tema *m* de conversación

topical ['tɒpɪkəl] *adj* **-1.** *(relating to present)* actual, de actualidad; **it's a very ~ issue** es un tema de actualidad **-2.** MED tópico(a)

topicality [tɒpɪ'kælɪtɪ] *n* actualidad *f*

topically ['tɒpɪklɪ] *adv* **-1.** *(relating to present)* **...he said ~** ...dijo con una referencia muy de actualidad **-2.** MED tópicamente

topknot ['tɒpnɒt] *n (in hairstyle)* moño *m*, *Méx* chongo *m*, *RP* rodete *m*

topless ['tɒplɪs] *adj (person)* en topless; *(beach, bar)* de topless; **to go ~** hacer topless

top-level ['tɒp'levəl] *adj* de alto nivel

top-loader ['tɒpləʊdə(r)] *n (washing machine)* lavadora *f* de carga superior

topmast ['tɒpmɑːst] *n* NAUT mastelero *m*

topmost ['tɒpməʊst] *adj* superior, más alto(a); *(in pile)* de encima

top-notch ['tɒp'nɒtʃ] *adj* de primera

top-of-the-range ['tɒpəvðə'reɪndʒ], *US* **top-of-the-line** ['tɒpəvðə'laɪn] *adj* de gama alta; **it is our ~ model** es el modelo más alto de la gama

topographer [tə'pɒgrəfə(r)] *n* topógrafo(a) *m,f*

topographic(al) [tɒpə'græfɪk(əl)] *adj* topográfico(a)

topography [tə'pɒgrəfɪ] *n* topografía *f*

topological [tɒpə'lɒdʒɪkəl] *adj* GEOM topológico(a)

topology [tə'pɒlədʒɪ] *n* GEOM topología *f*

toponymy [tə'pɒnɪmɪ] *n* toponimia *f*

topper ['tɒpə(r)] *n Fam (hat)* sombrero *m* de copa

topping ['tɒpɪŋ] ◇ *n (for pizza)* ingrediente *m*; **cake with cream ~** pastel con *Esp* nata or *Am* crema de leche encima; **ice cream with raspberry ~** helado con frambuesa líquida por encima

◇ *adj Br Fam Old-fashioned* excelente

topple ['tɒpəl] ◇ *vt* **-1.** *(cause to fall) (structure)* derribar, derrumbar; *(person)* derribar **-2.** *(government)* derribar

◇ *vi* **-1.** *(fall) (pile)* venirse abajo, derrumbarse; **he toppled over the edge of the cliff** perdió el equilibrio y se cayó precipicio abajo **-2.** *(government)* derrumbarse

◆ **topple over** *vi (pile, person)* venirse abajo

top-quality ['tɒp'kwɒlətɪ] *adj* de primera (clase)

top-ranking ['tɒp'ræŋkɪŋ] *adj* de alto nivel

topsail ['tɒpseɪl] *n* NAUT gavia *f*

top-secret ['tɒp'siːkrɪt] *adj* altamente confidencial

top-security ['tɒpsɪ'kjʊərɪtɪ] *adj (prison, prisoner)* de alta seguridad

top-shelf ['tɒpʃelf] *adj Br Euph (magazine)* para adultos

topside ['tɒpsaɪd] *n* **-1.** *(cut of beef)* redondo *m* **-2.** *(part of ship)* obra *f* muerta

topsoil ['tɒpsɔɪl] *n (capa f superficial del)* suelo *m*

topspin ['tɒpspɪn] ◇ *n* efecto *m* liftado; **she puts a lot of ~ on the ball** lifta mucho la pelota, golpea la pelota muy liftada

◇ *adj* liftado(a); **~ lob** globo or lob liftado

topsy-turvy ['tɒpsɪ'tɜːvɪ] *adj* **-1.** *(untidy)* manga por hombro **-2.** *(confused)* enrevesado(a); **the whole world's turned ~** el mundo entero está patas arriba

top-up ['tɒpʌp] *n Br (for drink)* **can I give you a ~?** ¿quieres que te lo llene? ❑ **~ card** *(for mobile phone)* tarjeta *f* de recarga; **~ loan** *(for students)* préstamo *m* suplementario

tor [tɔː(r)] *n* peñasco *m*

Torah ['tɔːrə] *n* REL **the ~** la tora

torch [tɔːtʃ] ◇ *n* **-1.** *(burning stick)* antorcha *f*; **to put a ~ to sth** prender fuego a algo; *Fig* **the movement has carried the ~ of democracy throughout the dictatorship** el movimiento ha mantenido viva la democracia a lo largo de la dictadura; [IDIOM] *Old-fashioned* **to carry a ~ for sb** estar enamorado(a) or prendado(a) de alguien ❑ **~ song** canción *f* romántica popular, ≃ copla *f*
-2. *Br (electric light)* linterna *f*
-3. *(for welding, soldering)* quemador *m*

◇ *vt* prender fuego a

torchbearer ['tɔːtʃbeərə(r)] *n* portador(ora) *m,f* de la antorcha; *Fig (leader)* abanderado(a) *m,f*

torchlight ['tɔːtʃlaɪt] *n* **by ~** con luz de linterna ❑ **~ procession** procesión *f* de antorchas

tore *pt of* **tear**

toreador ['tɒrɪədɔː(r)] *n* torero *m*

tori *pl of* **torus**

torment ◇ *n* ['tɔːment] **-1.** *(suffering)* tormento *m*; **to be in ~** sufrir **-2.** *(ordeal)* **the torments of love** los sufrimientos del amor **-3.** *(pest)* **that child is a real ~** ese niño es un auténtico tormento

◇ *vt* [tɔː'ment] **-1.** *(cause suffering to)* atormentar; **he was tormented by doubt** la duda lo atormentaba **-2.** *(annoy, harass)* hacer rabiar a

tormentil ['tɔːməntɪl] *n* BOT tormentil(l)a *f*

tormentor [tɔː'mentə(r)] *n* torturador(ora) *m,f*

torn *pp of* **tear**

tornado [tɔː'neɪdəʊ] *(pl* **tornadoes***) n* tornado *m*

Toronto [tə'rɒntəʊ] *n* Toronto

torpedo [tɔː'piːdəʊ] ◇ *n (pl* **torpedoes***)* **-1.** MIL torpedo *m* ❑ **~ boat** lancha *f* torpedera, torpedero *m*; **~ tube** tubo *m* lanzatorpedos **-2.** *US Fam (sandwich) Esp* flauta *f*, ≃ *Esp* bocadillo or *Am* sándwich hecho con una barra de pan larga y estrecha

◇ *vt* **-1.** MIL torpedear **-2.** *(plans, negotiations)* echar por tierra, torpedear

torpid ['tɔːpɪd] *adj Formal* aletargado(a)

torpor ['tɔːpə(r)] *n* letargo *m*

torque [tɔːk] *n* **-1.** PHYS par *m* de torsión; AUT par *m* motor ❑ **~ wrench** llave *f* dinamométrica or de torsión **-2.** *(necklace)* torque *m*, torques *f inv*

torrent ['tɒrənt] *n* torrente *m*; **it's raining in torrents** llueve torrencialmente; *Fig* **a ~ of abuse** un torrente de insultos

torrential [tə'renʃəl] *adj* torrencial; **we've had ~ rain all week** hemos tenido lluvias torrenciales toda la semana

torrentially [tə'renʃəlɪ] *adv* torrencialmente, de forma torrencial

torrid ['tɒrɪd] *adj* **-1.** *(weather)* tórrido(a) ❑ GEOG **~ zone** zona *f* tórrida **-2.** *(affair)* ardiente, apasionado(a) **-3.** *Br (very difficult)* **to give sb a ~ time** hacer pasar por un aprieto a alguien, poner a alguien en apuros

torsion ['tɔːʃən] *n* TECH torsión *f* ❑ **~ balance** balance *m* de torsión; **~ bar** barra *f* de torsión

torso ['tɔːsəʊ] *(pl* **torsos***) n* **-1.** *(of person)* torso *m* **-2.** *(statue)* torso *m*

tort [tɔːt] *n* LAW agravio *m*, acto *m* civil ilícito

torte [tɔːt] *n* tarta *f*

tortellini [tɔːtə'liːnɪ] *npl* CULIN tortellini *mpl*

tortilla [tɔːˈtiːjə] *n* tortilla *f* ❏ **~ chips** chips *mpl* de tortilla

tortoise [ˈtɔːtəs] *n* tortuga *f* (terrestre)

tortoiseshell [ˈtɔːtəsʃel] *n* **-1.** *(substance)* carey *m* ❏ **~ glasses** gafas *fpl* de carey **-2.** *(animal)* **~ (cat)** = gato con manchas negras y marrones **-3.** *(butterfly)* ninfálida *f*

tortuous [ˈtɔːtjʊəs] *adj* **-1.** *(path)* tortuoso(a) **-2.** *(explanation)* enrevesado(a); *(argument, mind)* retorcido(a)

tortuously [ˈtɔːtjʊəslɪ] *adv* **-1.** *(to wind) (path)* tortuosamente **-2.** *(to explain, argue)* enrevesadamente

torture [ˈtɔːtʃə(r)] ◇ *n* tortura *f*; **the prisoners were subjected to ~** los prisioneros fueron torturados *or* sufrieron torturas; *Fig* **it was sheer ~!** ¡fue una auténtica tortura!, ¡fue un tormento! ❏ **~ chamber** cámara *f* de torturas
◇ *vt* **-1.** *(inflict pain on)* torturar **-2.** *(torment)* atormentar; **she was tortured by remorse** la atormentaba *or* no la dejaban vivir los remordimientos; **stop torturing yourself, there's nothing you could have done** deja de torturarte, no hubieras podido hacer nada

torturer [ˈtɔːtʃərə(r)] *n* torturador(ora) *m,f*

torus [ˈtɔːrəs] *n (pl* **tori** [ˈtɔːraɪ]*)* **-1.** GEOM toro *m* **-2.** PHYS toro *m*

Tory [ˈtɔːrɪ] *Br* ◇ *n* tory *mf*, miembro *mf* del partido conservador británico
◇ *adj* tory, del partido conservador británico

Toryism [ˈtɔːrɪɪzəm] *n Br* conservadurismo *m*

tosh [tɒʃ] *n Br Fam Esp* chorradas *fpl*, *Am* güevadas *fpl*; **don't talk ~!** ¡no digas *Esp* chorradas *or Am* güevadas!

toss [tɒs] ◇ *n* **-1.** *(of ball)* lanzamiento *m* **-2.** *(of coin)* **to decide sth on the ~ of a coin** decidir algo a cara o cruz *or Chile, Col* cara o sello *or Méx* águila o sol *or RP* cara o seca; SPORT **our team won/lost the ~** nuestro equipo ganó/perdió el sorteo inicial **-3.** *(of head)* sacudida *f* **-4.** IDIOMS *Br* **to argue the ~** discutir inútilmente; *Br very Fam* **he couldn't give a ~** le importa un carajo, *Méx* le vale madre
◇ *vt* **-1.** *(throw) (ball)* lanzar; **to ~ sth to sb** echar algo a alguien; **I tossed some herbs into the soup** le eché unas hierbas a la sopa; **the horse nearly tossed its rider into the ditch** el caballo casi tiró al jinete a la cuneta; **he was tossed by the bull** el toro lo zarandeó en el aire
-2. *(spin)* **to ~ a coin** tirar una moneda al aire; *(to decide something)* echar a cara o cruz *or Chile, Col* cara o sello *or Méx* águila o sol *or RP* cara o seca; **who's going to pay? — I'll ~ you for it** ¿quién paga? – lo echaremos a suertes; **to ~ a pancake** dar la vuelta a una crepe lanzándola por el aire
-3. *(salad)* remover; **pasta tossed in olive oil** pasta aderezada con aceite de oliva
-4. *(shake)* **to ~ one's head** sacudir la cabeza; **the ship was tossed by the sea** el mar sacudía *or* zarandeaba el barco
◇ *vi* **-1.** *(with coin)* **to ~ for sth** jugarse algo a cara o cruz *or Chile, Col* cara o sello *or Méx* águila o sol *or RP* cara o seca **-2.** *(move around)* **to ~ and turn (in bed)** dar vueltas en la cama; **the boat was pitching and tossing in the storm** el barco cabeceaba y daba bandazos con la tormenta

◆ **toss about, toss around** *vt sep* **-1.** *(ship)* zarandear **-2.** *(ball)* pasarse, lanzarse **-3.** *(ideas, figures)* barajar

◆ **toss aside, toss away** *vt sep* **-1.** *(throw away)* tirar **-2.** *(person)* deshacerse de

◆ **toss off** ◇ *vt sep* **-1.** *Fam (write quickly)* escribir rápidamente **-2.** *Br Vulg (masturbate)* **to ~ oneself off** hacerse una *or Am* la paja; **to ~ sb off** hacer una *or Am* la paja a alguien
◇ *vi Br Vulg (masturbate)* hacerse una *or Am* la paja; **~ off!** ¡vete a la mierda!

◆ **toss out** *vt sep* tirar

◆ **toss up** *vt sep (throw up)* **she tossed the ball up into the air** lanzó la pelota al aire

◇ *vi (with coin)* **to ~ up for sth** jugarse algo a cara o cruz *or Chile, Col* cara o sello *or Méx* águila o sol *or RP* cara o seca

tosser [ˈtɒsə(r)], **tosspot** [ˈtɒspɒt] *n Br very Fam Esp* gilipollas *mf inv*, *Am* pendejo(a) *m,f*, *RP* boludo(a) *m,f*

toss-up [ˈtɒsʌp] *n* **-1.** *(with coin)* **to have a ~** decidir a cara o cruz *or Chile, Col* cara o sello *or Méx* águila o sol *or RP* cara o seca
-2. *Fam (fifty-fifty situation)* **it's a ~ between the bar and the cinema** igual vamos al bar que vamos al cine; **it's a ~ whether he'll say yes or no** lo mismo dice que sí o dice que no; **it's a ~ as to which of the two teams will win** los dos equipos tienen las mismas posibilidades de ganar

tot [tɒt] *n* **-1.** *(child)* pequeñín(ina) *m,f* **-2.** *(of whisky, rum)* chupito *m*

◆ **tot up** *(pt & pp* **totted***) ◇ vt sep* sumar; **I'll ~ up your bill** yo te haré la cuenta
◇ *vi* **that tots up to $30** eso suma 30 dólares

total [ˈtəʊtəl] ◇ *n* total *m*; **in ~** en total; **she wrote a ~ of ten books** escribió un total de diez libros; **that comes to a ~ of £25** eso hace un total de 25 libras
◇ *adj* **-1.** *(number, amount)* total; **the ~ cost of the damage will be over a million dollars** los daños ascenderán a un total de más de un millón de dólares
-2. *(complete)* total; **she had ~ recall of the events** recordaba los acontecimientos con detalle; **a ~ ban on exports** una prohibición total de exportar; **his translation was a ~ mess** su traducción era un lío tremendo; **he was a ~ stranger to me** era un perfecto desconocido para mí; **it was a ~ failure** fue un rotundo fracaso; **that's ~ nonsense!** ¡eso es una enorme tontería!; **it's a ~ waste of money** es un auténtico desperdicio de dinero ❏ ASTRON **~ eclipse** eclipse *m* total
◇ *vt (pt & pp* **totalled**, *US* **totaled***)* **-1.** *(amount to)* ascender a; **prizes totalling $5,000** premios por un total de *or* que ascienden a un total de 5.000 dólares; **his collection now totals 500 CDs** tiene una colección de 500 CDs **-2.** *(count up)* sumar **-3.** *US Fam (car)* cargarse, *Esp* jeringar, *Méx* dar en la madre, *RP* hacer bolsa

◆ **total up** *vt sep* sumar

totalitarian [ˌtəʊtælɪˈteərɪən] *adj* totalitario(a)

totalitarianism [ˌtəʊtælɪˈteərɪənɪzəm] *n* totalitarismo *m*

totality [təʊˈtælɪtɪ] *n* **-1.** *(completeness)* totalidad *f*, conjunto *m*; **in its ~** en su totalidad
-2. ASTRON (fase *f* de) totalidad *f*

Totalizator [ˈtəʊtəlaɪzeɪtə(r)] *n Br (in betting)* totalizador *m*

totally [ˈtəʊtəlɪ] *adv* totalmente, completamente; **I'm not ~ happy with it** no estoy del todo contento con ello; **what she said was ~ without justification** lo que dijo estaba totalmente injustificado

tote[1] [təʊt] *n (in betting)* totalizador *m*

tote[2] ◇ *n US* **~ bag** bolsa *f* (de la compra)
◇ *vt Fam (carry)* pasear, cargar con; *(gun)* portar

totem [ˈtəʊtəm] *n* **-1.** *(in Native American culture)* tótem *m* ❏ **~ pole** tótem *m* **-2.** *(symbol)* símbolo *m*

totemic [təʊˈtemɪk] *adj (symbolic)* simbólico(a)

totter [ˈtɒtə(r)] *vi* **-1.** *(person, pile, vase)* tambalearse, bambolearse; **to ~ in/out** entrar/salir tambaleándose **-2.** *(government)* tambalearse

tottering [ˈtɒtərɪŋ] *adj* **-1.** *(steps, building)* poco seguro(a) **-2.** *(government)* inestable

totty [ˈtɒtɪ] *n Br Fam (attractive women)* tipazas *fpl*, *Esp* tías *fpl* buenas, *Méx* viejas *fpl* bien buenas

toucan [ˈtuːkæn] *n* tucán *m*

touch [tʌtʃ] ◇ *n* **-1.** *(act of touching)* toque *m*; *(lighter)* roce *m*; **I felt a ~ on my arm** noté que me tocaban el brazo; **at the ~ of a button** con sólo apretar un botón; **it was ~ and go whether...** no era seguro si...; **it was ~ and go for a while, but eventually they won** durante un rato parecía que iban a perder, pero al final ganaron ❏ **~ football** = modalidad de fútbol americano en la que en lugar de placar, basta con tocar al contrario; **~ rugby** = modalidad de rugby en la que en lugar de placar, basta con tocar al contrario; COMPTR **~ screen** pantalla *f* táctil
-2. *(sense, feel)* tacto *m*; **I found the light switch by ~** encontré el interruptor de la luz al tacto; **hard/soft to the ~** duro(a)/blando(a) al tacto
-3. *(finesse, skill)* **he has great ~** juega con mucha finura; **she writes with a light ~** escribe con un estilo ágil; **he's lost his ~** ha perdido facultades
-4. *(detail)* toque *m*; **there were some nice touches in the movie** la película tenía algunos buenos detalles
-5. *(small amount)* toque *m*, pizca *f*; **a ~ (too) strong/short** un poquito fuerte/corto; **a ~ of flu/frost** una ligera gripe *or Am* gripa/helada; **there was a ~ of irony in his voice** había una nota de ironía en su voz
-6. *(communication)* **to be/get in ~ with sb** estar/ponerse en contacto con alguien; **to keep** *or* **stay in/lose ~ with sb** mantener/perder el contacto con alguien; **we'll be in ~** estaremos en contacto; **I'm in ~ with my feelings** estoy en contacto con mis sentimientos; **to be in ~/out of ~ with public opinion** estar/no estar al corriente de la opinión del hombre de la calle; **to be in ~/out of ~ with events** estar/no estar al corriente de los acontecimientos; **the government are out of ~** el gobierno ha perdido el contacto con los ciudadanos; **to keep sb in ~ with a situation** mantener a alguien informado de una situación; **to lose ~ with reality** desconectarse de la realidad
-7. *(in soccer, rugby)* **the ball has gone into ~** la pelota ha salido a lateral; **to find ~, to kick the ball into ~** *(in rugby)* sacar la pelota a lateral; **to kick for ~** *(in rugby)* patear a lateral; **first ~** *(in soccer)* primer toque; **he controlled the ball with his first ~** controló la pelota al primer toque ❏ **~ judge** *(in rugby)* juez *m* de lateral; **~ kick** *(in rugby)* puntapié *m* a lateral
◇ *vt* **-1.** *(physically)* tocar; *(more lightly)* rozar; **she touched my arm, she touched me on the arm** me tocó (en) el brazo; **can you ~ your toes?** ¿puedes tocarte los dedos de los pies?; **I didn't ~ him!** ¡no lo toqué!; **I never ~ wine** nunca pruebo el vino; **she didn't even ~ her dinner** ni tocó la cena; *Fig* **everything he touches turns to gold** convierte en oro todo lo que toca; **to be touched with genius** tener momentos geniales; **to ~ bottom** *(ship, economy)* tocar fondo; IDIOM **to ~ a (raw) nerve** poner el dedo en la llaga; IDIOM *Br Fam* **~ wood!** ¡toquemos madera!
-2. *(affect)* afectar; **the law can't ~ her** la ley no puede tocarla
-3. *(emotionally)* conmover
-4. *(equal)* **his paintings can't ~ those of Miró** sus cuadros no son comparables a los de Miró; **there's nothing to ~ it** no tiene rival
-5. *(reach) (speed, level)* llegar a, alcanzar
-6. *Fam* **to ~ sb for sth** sacar algo a alguien; **can I ~ you for $10?** ¿me dejas 10 dólares?
◇ *vi* **our legs were touching** nuestras piernas se rozaban; **don't ~!** ¡no toques eso!

◆ **touch down** *vi* **-1.** *(plane)* aterrizar **-2.** *(in rugby) (score try)* marcar un ensayo

◆ **touch off** *vt sep (cause to start)* desencadenar

◆ **touch on** *vt insep* tocar, mencionar

◆ **touch up** *vt sep* **-1.** *(picture, make-up)* retocar **-2.** *Br Fam (molest)* manosear, sobar

◆ **touch upon** *vt insep* = **touch on**

touchback [ˈtʌtʃbæk] *n (in American football)* touchback *m*

touchdown [ˈtʌtʃdaʊn] *n* **-1.** *(of plane) (on land)* aterrizaje *m*; *(on sea)* amerizaje *m* **-2.** *(in American football)* ensayo *m*

touché [tuːˈʃeɪ] *exclam (in fencing)* ¡touché!; *Hum & Fig* ¡touché!, ¡es verdad!

touched [tʌtʃt] *adj* **-1.** *(emotionally moved)* conmovido(a) **-2.** *Fam (mad) Esp* tocado(a) del ala, *Am* zafado(a)

touchily ['tʌtʃɪlɪ] *adv (to say, answer)* con susceptibilidad

touchiness ['tʌtʃɪnɪs] *n* **-1.** *(of person)* susceptibilidad *f* **-2.** *(of subject)* carácter *m* espinoso *or* peliagudo

touching ['tʌtʃɪŋ] ◇ *adj (moving)* conmovedor(ora)
  ◇ *prep Formal* en lo tocante a

touchingly ['tʌtʃɪŋlɪ] *adv* de un modo conmovedor; **~, he always remembered her birthday** era conmovedor cómo siempre se acordaba de su cumpleaños

touch-in goal ['tʌtʃɪnˈɡəʊl] *n (in rugby)* anulada *f*, *Arg* touch in goal *m*

touchline ['tʌtʃlaɪn] *n (in soccer, rugby, hockey)* línea *f* de banda

touchpaper ['tʌtʃpeɪpə(r)] *n* mecha *f* (de fuego artificial)

touch-sensitive ['tʌtʃˈsensɪtɪv] *adj* COMPTR táctil ❑ **~ screen** pantalla *f* táctil

touchstone ['tʌtʃstəʊn] *n* **-1.** *(standard)* piedra *f* de toque **-2.** *(stone)* piedra *f* de toque

touch-tone telephone ['tʌtʃtəʊnˈtelɪfəʊn] *n* teléfono *m* de tonos *or* de marcado por tonos

touch-type ['tʌtʃtaɪp] *vi* mecanografiar al tacto

touch-typing ['tʌtʃtaɪpɪŋ] *n* mecanografía *f* al tacto

touch-up ['tʌtʃʌp] *n (improvement)* retoque *m*

touchy ['tʌtʃɪ] *adj* **-1.** *(person)* susceptible; **she's ~ about her height** no le molesta que le mencionen la altura **-2.** *(subject)* espinoso(a), peliagudo(a)

touchy-feely ['tʌtʃɪfiːlɪ] *adj Fam Pej (overly sensitive) (person)* **my counsellor is very ~** mi psicólogo es un tipo supercomprensivo que no deja de toquetearte

tough [tʌf] ◇ *n* matón *m*
  ◇ *adj* **-1.** *(material)* resistente, fuerte; *(meat, skin)* duro(a); IDIOM *Fam* **the steak was as ~ as old boots** el filete estaba más duro que una piedra
  -2. *(person) (resilient)* resistente, fuerte; *(hard, violent)* duro(a); **she's a ~ competitor** es una dura oponente; **a ~ guy** un tipo duro; *Fam* **to be as ~ as old boots** *(person)* ser fuerte como un roble, ser duro(a) como el acero
  -3. *(harsh) (rule, policy)* duro(a); *(boss)* duro(a), exigente; *(negotiations)* duro(a), difícil; **to be ~ on sb** ser duro(a) con alguien; **to get ~ (with sb)** ponerse duro (con alguien); **the boss takes a ~ line with people who are late** el jefe se pone duro con los que llegan tarde; **there was some ~ talking** hubo palabras muy duras ❑ **~ love** = el amor paterno que en ocasiones requiere dureza en beneficio de los hijos
  -4. *(difficult)* difícil; **she had a ~ life** llevaba una vida dura; **we had a ~ time convincing her to agree** nos costó Dios y ayuda convencerla; **she made it ~ for him** se lo puso difícil; **he's a ~ act to follow** ha dejado el listón muy alto; **I find the work ~ going** me parece que el trabajo es duro
  -5. *(unfair)* injusto(a); **it's ~ on you** no es justo; *Fam* **~ luck!** ¡mala suerte!; *very Fam* **titty!** ¡a aguantarse (tocan)!; *Vulg* **~ shit!** ¡te jodes *or Méx* chingas!
  ◇ *adv* **to act ~** hacerse el/la duro(a); **the government has been talking ~ on drugs** el gobierno ha hecho unas declaraciones muy duras sobre las drogas
  ◇ *exclam Fam* ¡mala suerte!

◆ **tough out** *vt sep (crisis, period of time)* aguantar, resistir; **to ~ it out** capear el temporal

toughen ['tʌfən] ◇ *vt* **-1.** *(metal, leather)* hacer más resistente; **toughened glass** vidrio reforzado **-2.** *(person)* hacer más fuerte **-3.** *(stance, rules)* endurecer
  ◇ *vi* **-1.** *(metal, leather)* hacerse más resistente **-2.** *(stance, rules)* endurecerse

◆ **toughen up** ◇ *vt sep* **-1.** *(person)* hacer más fuerte **-2.** *(stance, rules)* endurecer
  ◇ *vi (person)* hacerse más fuerte

toughened ['tʌfənd] *adj (glass)* reforzado(a)

toughie ['tʌfɪ] *n Fam* **-1.** *(person)* matón(ona) *m,f* **-2.** *(question)* **that's a bit of a ~** qué pregunta más difícil

toughly ['tʌflɪ] *adv* **to battle ~** oponer una gran resistencia

tough-minded ['tʌfˈmaɪndɪd] *adj (person)* que no se deja llevar por los sentimientos; **we need to adopt a ~ approach** no debemos dejarnos llevar por los sentimientos

toughness ['tʌfnɪs] *n* **-1.** *(of material)* resistencia *f*; *(of meat, skin)* dureza *f* **-2.** *(of person) (resilience)* fortaleza *f*; *(hardness, violence)* dureza *f* **-3.** *(of rule, policy, boss)* dureza *f*; *(of negotiations)* dificultad *f*, dureza *f* **-4.** *(difficulty)* dureza *f*

toupee ['tuːpeɪ] *n* bisoñé *m*

tour [tʊə(r)] ◇ *n* **-1.** *(of country, region)* recorrido *m*, viaje *m*; **to go on a ~** hacer un recorrido turístico; **we're going on a ~ of Eastern Europe** vamos a hacer un recorrido *or* viaje por Europa del Este; **they're off on a world ~** están dando la vuelta al mundo; **the president went on a ~ of the area hit by the earthquake** el presidente visitó la zona afectada por el terremoto ❑ **~ guide** *(person)* guía *mf* turístico(a); *(book)* guía *f* turística; **~ of inspection** *(recorrido m de)* inspección *f*; **~ operator** tour operador *m*, operador *m* turístico
  -2. *(short visit) (of castle, factory)* visita *f*; **would you like a ~ of the garden?** ¿quieres que te dé una vuelta *or* te enseñe el jardín?; **we went on a guided ~ of the city** hicimos un recorrido turístico con guía por la ciudad, hicimos una visita guiada por la ciudad
  -3. *(by entertainer, sports team)* gira *f*; **to be/go on ~** estar/irse de gira; **she's taking the play on ~** van a hacer una gira con la obra ❑ SPORT **~ manager** organizador(ora) *m,f* de la gira
  -4. MIL **~ of duty** periodo *m* de servicio en el extranjero
  -5. SPORT *(circuit)* circuito *m*; **the European ~** *(in golf)* el circuito europeo
  -6. *(in cycling)* vuelta *f*; **the Tour de France** el Tour de Francia; **the Tour of Italy** el Giro de Italia; **the Tour of Spain** la Vuelta (ciclista) a España
  ◇ *vt* **-1.** *(country)* recorrer; **they're touring Italy** están recorriendo Italia **-2.** *(hospital, factory)* recorrer **-3.** *(of entertainer, sports team)* ir de gira por; **the orchestra is touring the north of the country** la orquesta está haciendo una gira por el norte del país
  ◇ *vi* **-1.** *(tourist)* hacer turismo **-2.** *(entertainer, sports team)* estar de gira; **we spent the whole summer touring** pasamos todo el verano de gira

tour de force ['tʊədəˈfɔːs] *n* tour de force *m*, creación *f* magistral

tourer ['tʊərə(r)] *n* vehículo *m* descapotable

Tourette's syndrome [tʊəˈrets'sɪndrəʊm] *n* MED síndrome *m* de Tourette

touring ['tʊərɪŋ] ◇ *n* **-1.** *(of tourist)* **we're going to do a bit of ~ in Portugal** vamos a hacer un recorrido por Portugal **-2.** *(of sports team, theatre company)* giras *fpl*; **I enjoy ~** me gustan las giras
  ◇ *adj (sports team, theatre company)* de gira; *(exhibition, play)* itinerante ❑ **~ bicycle** bicicleta *f* de paseo; SPORT **~ car** turismo *m* de competición; THEAT **~ company** compañía *f* itinerante; SPORT **the ~ party** los seleccionados para ir de gira

tourism ['tʊərɪzəm] *n* turismo *m*

tourist ['tʊərɪst] *n* **-1.** *(holidaymaker)* turista *mf* ❑ **~ attraction** atracción *f* turística; **~ board** patronato *m* de turismo; AV **~ class** clase *f* turista; **~ destination** destino *m* turístico; **~ guide** *(person)* guía *mf* turístico(a); *(book)* guía *f* turística; **the ~ industry** la industria del turismo, el sector turístico; **~ information centre, ~ (information) office** oficina *f* de (información y) turismo; **~ resort** centro *m* turístico; **~ route** ruta *f* turística; **~ season** temporada *f* turística; **the ~ trade** el sector turístico; *Fam* **~ trap:** **that restaurant is a ~ trap** ese restaurante es sólo para turistas
  -2. SPORT **the tourists won 27-15** el equipo visitante ganó 27 a 15

touristy ['tʊərɪstɪ] *adj Fam (place)* muy turístico; *(activity)* típico(a) de turistas

tournament ['tʊənəmənt] *n* **-1.** SPORT torneo *m*; **the ~ favourite** el/la favorito(a) del torneo **-2.** HIST torneo *m*

tournedos ['tʊənədəʊ] *n* CULIN tournedós *m inv*

tourney ['tʊənɪ] *n* **-1.** *US* SPORT torneo *m* **-2.** HIST torneo *m*

tourniquet ['tʊənɪkeɪ] *n* MED torniquete *m*

tousle ['taʊzəl] *vt (hair)* alborotar

tousled ['taʊzəld] *adj (hair)* alborotado(a)

tout [taʊt] ◇ *n* **-1.** *Br* **(ticket) ~** reventa *mf* **-2.** *(for bar, hotel, timeshare)* buscador(ora) *m,f* de clientes **-3.** *(in racing)* = persona que vende información privilegiada sobre las apuestas en las carreras de caballos
  ◇ *vt* **-1.** *(goods)* tratar de vender; *Br (tickets)* revender; **she had touted her article around all the newspapers** tuvo que ir ofreciendo su artículo de periódico en periódico **-2.** *(promote)* **he is being touted as a future prime minister** lo están promocionando como futuro presidente
  ◇ *vi* **-1.** *(solicit)* **to ~ for custom** tratar de captar clientes **-2.** *(in racing)* captar información relacionada con las apuestas de caballos

tow [taʊ] ◇ *n* **-1.** *(action)* **to give sth/sb a ~** remolcar algo/a alguien; *Br* **on** *or US* **in** *or* **under ~** *(sign)* vehículo remolcado; **he took us in ~** nos llevó a remolque, nos remolcó; *Fam* **to have someone in ~** llevar a alguien detrás ❑ **~ truck** grúa *f (automóvil)* **-2.** TEX estopa *f*
  ◇ *vt* remolcar, llevar a remolque; **the vehicle was towed away** la grúa se llevó el vehículo

towage ['taʊɪdʒ] *n (fee)* costo *m or Esp* coste *m* de la retirada del vehículo

toward(s) [təˈwɔːd(z)] *prep* hacia; **to point ~ sth** señalar hacia algo; **his attitude ~ this issue** su actitud con respecto a este asunto; **her feelings ~ me** sus sentimientos por *or* hacia mí; **there has been some progress ~ an agreement** se ha avanzado hacia la consecución de un acuerdo; **they behaved strangely ~ us** se comportaron de un modo extraño con nosotros; **to contribute ~ the cost of...** contribuir a costear...; **it counts ~ your final mark** cuenta para la nota final; **we're getting ~ spring** ya falta poco para la primavera; **15 percent of the budget will go** *or* **be directed ~ improving safety** el 15 por ciento del presupuesto estará dedicado a mejoras en la seguridad; **this money can go ~ your new bicycle** aquí tienes una contribución para tu nueva bicicleta; **it went a long way ~ appeasing them** contribuyó en gran medida a calmarlos; **we are working ~ this goal** estamos trabajando para conseguir ese objetivo

towaway zone ['taʊəweɪˈzəʊn] *n US* = zona de estacionamiento prohibido de la que se retiran los vehículos

towbar ['taʊbɑː(r)] *n (on car)* barra *f* de remolque

towel ['taʊəl] ◇ *n* toalla *f*; IDIOM **to throw in the ~** tirar la toalla ❑ *US* **~ bar** toallero *m*; *Br* **~ rail** toallero *m*; **~ ring** toallero *m (en forma de anilla)*
  ◇ *vt (pt & pp* **towelled,** *US* **toweled)** **to ~ sb/oneself (down** *or* **dry)** secar a alguien/secarse (con la toalla)

towelling, *US* **toweling** ['taʊəlɪŋ] *n (tejido m de)* toalla *f*; **~ bathrobe** albornoz

tower ['taʊə(r)] ◇ *n* **-1.** *(building, pile)* torre *f*; **church ~** torre de iglesia; IDIOM **she's a ~ of strength** es un apoyo sólido como una roca ❑ **the Tower of Babel** la torre de Babel; *Br* **~ block** torre *f*, bloque *m* alto *(edificio)* **-2.** COMPTR **~ (system)** torre *f*

towering

◇ *vi* **to ~ above** *or* **over sth** elevarse por encima de algo; **to ~ above** *or* **over sb** ser mucho más alto que alguien; *Fig* **she towers above** *or* **over her contemporaries** destaca por encima de *or* entre todos sus contemporáneos

towering ['taʊərɪŋ] *adj* **-1.** *(very tall)* *(building, tree, figure)* imponente **-2.** *(achievement)* enorme **-3.** *(very strong)* **he was in a ~ rage** montaba en cólera

tow-headed ['təʊhedɪd] *adj* rubio(a)

towline ['təʊlaɪn] *n* cuerda *f* para remolcar

town [taʊn] *n* *(big)* ciudad *f*; *(smaller)* pueblo *m*; **they do the best pizzas in ~** hacen las mejores pizzas de la ciudad; **he is back in ~** ha vuelto a la ciudad; **to go into ~** ir al centro (de la ciudad); **it's situated out of ~** está en las afueras (de la ciudad); **he's out of ~** está fuera (de la ciudad); **the whole ~ was opposed to the bypass** toda la ciudad estaba en contra de la circunvalación; **~ and gown** los lugareños y la gente de la universidad; IDIOM *Fam* **to be/go out on the ~** estar/ir de fiesta *or* juerga; IDIOM *Fam* **to go to ~** *(in celebration)* tirar la casa por la ventana; *(in explanation, description)* explayarse ❑ **~ centre** centro *m* urbano; **~ clerk** secretario(a) *m,f* del municipio *or* ayuntamiento; *Br* **~ council** municipio *m*, ayuntamiento *m*; *Br* **~ councillor** concejal(ala) *m,f*; **~ crier** pregonero(a) *m,f*; **~ hall** municipio *m*, ayuntamiento *m*; **~ house** *(terraced house)* casa *f* adosada; *(not in country)* casa *f* de la ciudad; *US* **~ meeting** = asamblea de vecinos que se reúne para discutir asuntos de interés público; **~ planner** urbanista *mf*; **~ planning** urbanismo *m*

town-dweller ['taʊndwelə(r)] *n Br* habitante *mf* de ciudad, urbanita *mf*

townee, townie ['taʊniː] *n Fam* urbanita *mf*, *RP* bicho *m* de ciudad

townscape ['taʊnskeɪp] *n* paisaje *m* urbano

townsfolk ['taʊnzfəʊk] *npl* habitantes *mpl*, ciudadanos *mpl*

township ['taʊnʃɪp] *n* **-1.** *(in US)* ≃ municipio *m* **-2.** *Formerly (in South Africa)* = área urbana reservada para la población negra

townsman ['taʊnzmən] *n* ciudadano *m*

townspeople ['taʊnzpiːpəl] *npl* ciudadanos *mpl*; **my fellow ~** mis conciudadanos

townswoman ['taʊnzwʊmən] *n* ciudadana *f*

towpath ['təʊpɑːθ] *n* camino *m* de sirga

towrope ['təʊrəʊp] *n* cuerda *f* para remolcar

toxaemia, *US* **toxemia** [tɒkˈsiːmɪə] *n* MED toxemia *f*

toxic ['tɒksɪk] *adj* tóxico(a) ❑ MED **~ shock syndrome** síndrome *m* del shock tóxico; **~ waste** residuos *mpl* tóxicos

toxicity [tɒkˈsɪsɪtɪ] *n* toxicidad *f*

toxicological [tɒksɪkəˈlɒdʒɪkəl] *adj* toxicológico(a)

toxicologist [tɒksɪˈkɒlədʒɪst] *n* toxicólogo(a) *m,f*

toxicology [tɒksɪˈkɒlədʒɪ] *n* toxicología *f*

toxin ['tɒksɪn] *n* toxina *f*

toy [tɔɪ] *n* juguete *m* ❑ **~ car** coche *m* or *Am* carro *m* or *CSur* auto *m* de juguete; **~ dog** perro *m* faldero, perrito *m*; **~ gun** pistola *f* de juguete; **~ poodle** caniche *m* enano; **~ shop** juguetería *f*; **~ soldier** soldadito *m* de juguete; **~ train** tren *m* de juguete

◇ *vi* **to ~ with one's food** juguetear con la comida; **to ~ with sb** jugar con alguien; **to ~ with an idea** darle vueltas a una idea; **to ~ with sb's affections** jugar con los sentimientos de alguien

toyboy ['tɔɪbɔɪ] *n Br Fam* amiguito *m*, = amante muy joven

TQM [tiːkjuːˈem] *n* COM *(abbr* **total quality management***)* gestión *f* de calidad total

trace [treɪs] ◇ *n* **-1.** *(sign)* rastro *m*, pista *f*; **they found no traces of life on the Moon's surface** no encontraron ningún rastro de vida sobre la superficie de la Luna; **there was no ~ of them when we got there** no había ni rastro de ellos cuando llegamos; **the ship had sunk without ~** el barco se había hundido sin dejar ningún resto; **the fraudster disappeared** *or* **vanished without ~** el timador desapareció sin dejar rastro; **we've lost all ~ of her** le hemos perdido completamente la pista

-2. *(small amount)* rastro *m*, resto *m*; **traces of cocaine were found in his blood** le encontraron restos de cocaína en la sangre; **she didn't even show a ~ of nervousness** no mostró ni la más mínima señal de nerviosismo; **there was the ~ of a smile on her face** su rostro esbozaba una ligera sonrisa ❑ CHEM **~ element** oligoelemento *m*

-3. *(on screen, graph)* traza *f*

-4. TEL **to put a ~ on a call** averiguar de dónde procede una llamada

◇ *vt* **-1.** *(draw)* trazar; *(with tracing paper)* calcar

-2. *(track)* *(person)* seguir la pista *or* el rastro a; *(phone call)* localizar; **they traced the murder to him** las investigaciones del asesinato llevaron hasta él; **we eventually traced the problem to a computer error** al final averiguamos que el problema se debía a un error informático

-3. *(find)* localizar; **they traced the lost shipment** localizaron el cargamento desaparecido

-4. *(development, history)* trazar; **the movie traces her rise to power** la película reconstruye su ascenso al poder

◆ **trace back** *vt sep* **this practice can be traced back to medieval times** esta costumbre se remonta a tiempos medievales; **she has traced her ancestry back to the 15th century** su árbol genealógico se remonta hasta el siglo XV; **the cause of the epidemic was traced back to an infected water supply** la causa de la epidemia fue localizada en una fuente de agua infectada

traceable ['treɪsəbəl] *adj* localizable

tracer ['treɪsə(r)] *n* **-1.** MIL **~ (bullet)** bala *f* trazadora ❑ **~ fire** fuego *m* de balas trazadoras **-2.** MED trazador *m* radiactivo

tracery ['treɪsərɪ] *n* **-1.** ARCHIT tracería *f* **-2.** *(pattern)* filigrana *f*

trachea [trəˈkiːə] *(pl* **tracheae** [trəˈkiːiː]*) n* ANAT tráquea *f*

tracheotomy [trækɪˈɒtəmɪ] *n* MED traqueotomía *f*; **to perform a ~ (on sb)** hacer una traqueotomía (a alguien)

trachoma [trəˈkəʊmə] *n* MED tracoma *m*

tracing ['treɪsɪŋ] *n* *(picture, process)* calco *m* ❑ **~ paper** papel *m* de calcar *or* de calco

track [træk] ◇ *n* **-1.** *(single mark)* huella *f*; *(set of marks)* rastro *m*; **tyre tracks** rodada; **the terrorists had covered their tracks well** los terroristas no habían dejado ningún rastro; **to keep ~ of sb** seguirle la pista a alguien; **I want to keep ~ of developments** quiero estar al corriente de lo que vaya ocurriendo; **we'll have to keep ~ of the time** tendremos que estar al tanto *or* pendientes de la hora; **I've lost ~ of her** le he perdido la pista; **don't lose ~ of those files** no te olvides de dónde están estos ficheros; **I've lost ~ of how much money I've spent** he perdido la cuenta del dinero que llevo gastado; **I lost ~ of the time** no me daba cuenta de qué hora era; **he lost ~ of what he was saying** perdió el hilo de lo que estaba diciendo; IDIOM *Fam* **to make tracks largarse**, *Esp, RP* pirarse; **to put** *or* **throw sb off the ~** despistar a alguien; **to stop sb in his tracks** hacer que alguien se pare en seco

-2. *(path)* senda *f*, camino *m*; *(of planet, missile, storm)* trayectoria *f*; *Fig* **to be on the right/wrong ~** ir por (el) buen/mal camino; **we're back on ~ to finish the project by May** volvemos a estar en condiciones de acabar el proyecto en mayo

-3. *(for race)* pista *f*; *Br* **motor-racing ~** circuito de carreras ❑ **~ cycling** ciclismo *m* en pista; **~ events** atletismo *m* en pista, carreras *fpl* de atletismo; **~ and field** atletismo *m*; *US* **~ meet** reunión *f* atlética; **~ racing** *(in cycling)* carrera *f* en pista; **~ record** *(previous performance)* historial *m*, antecedentes *mpl*; **a company with a good/poor ~ record in winning export orders** una empresa con buen/mal historial en cuanto al número de pedidos de exportación; **~ shoes** zapatillas *fpl* de deporte; **~ star** estrella *f* de la pista

-4. *(on record, CD)* *(song)* tema *m*, canción *f*; *(for recording)* pista *f*

-5. COMPTR pista *f*

-6. *(of tank, tractor)* oruga *f*; *(distance between wheels)* distancia *f* entre ejes

-7. *(railway line)* vía *f*; **six miles of ~ had to be relaid** tuvieron que volver a tender seis millas de vía; IDIOM **from the wrong side of the tracks** de origen humilde ❑ **~ bed** asiento *m* de la vía

-8. *(for curtain, spotlight)* riel *m*

-9. *US* SCH = cada una de las divisiones del alumnado en grupos por niveles de aptitud

◇ *vt* **-1.** *(follow)* *(animal, person)* seguir la pista de; *(rocket)* seguir la trayectoria de; **to ~ sb's movements** seguir los movimientos de alguien **-2.** *US (bring on shoes)* **don't ~ mud into the house!** ¡no dejes barro por la casa!

◇ *vi* **-1.** CIN hacer un travelling **-2.** *(stylus)* seguir los surcos

◆ **track back** *vi (in soccer)* recuperar la posición

◆ **track down** *vt sep (locate)* localizar, encontrar

◆ **track in** *vi* CIN acercar la cámara

◆ **track out** *vi* CIN alejar la cámara

trackball ['trækbɔːl] *n* COMPTR trackball *f*, seguibola *f*

tracked [trækt] *adj (vehicle)* de oruga

tracker ['trækə(r)] *n (person)* rastreador(ora) *m,f* ❑ **~ dog** perro *m* rastreador

tracking ['trækɪŋ] *n* **-1.** *(following) (of person, plane, satellite)* seguimiento *m* ❑ **~ device** dispositivo *m* de seguimiento; CIN **~ shot** travelling *m*; **~ station** *(for satellites)* estación *f* de seguimiento **-2.** *US* SCH = sistema de división del alumnado en grupos por niveles de aptitud **-3.** COMPTR tracking *m*, espacio *m* entre palabras

tracklaying ['træklɛɪɪŋ] *adj* **~ vehicle** vehículo *m* oruga

trackless ['træklɪs] *adj (jungle, desert)* sin pistas *or* caminos

tracklist ['træklɪst] *n (of CD, cassette)* lista *f* de temas *or* canciones

trackpad ['trækpæd] *n* COMPTR trackpad *m*

tracksuit ['træks(j)uːt] *n Esp* chándal *m*, *Méx* pants *mpl*, *RP* jogging *m* ❑ **~ bottoms** pantalones *mpl* de *Esp* chándal *or RP* jogging, *Méx* pants *mpl*; **~ trousers** pantalones *mpl* de *Esp* chándal *or RP* jogging, *Méx* pants *mpl*

tract[1] [trækt] *n* **-1.** *(of land)* tramo *m*; **vast tracts of forest have been felled** enormes extensiones de bosque han sido taladas **-2.** ANAT **respiratory ~** vías respiratorias; **digestive ~** tubo digestivo **-3.** *US* **~ house** = casa en una urbanización en la que todas las viviendas son iguales

tract[2] *n (pamphlet)* panfleto *m*

tractable ['træktəbəl] *adj Formal* **-1.** *(person, animal)* dócil, manejable; *(problem)* de fácil solución **-2.** *(metal)* maleable, dúctil

traction ['trækʃən] *n* **-1.** *(force)* tracción *f* ❑ **~ engine** locomotora *f* de tracción **-2.** MED **to have one's leg in ~** tener la pierna en alto *(por lesión)*

tractor ['træktə(r)] *n* **-1.** *(vehicle)* tractor *m* **-2.** COMPTR **~ feed** alimentación *f* automática de papel *(por arrastre)*

tractor-drawn ['træktədrɔːn] *adj* arrastrado(a) por un tractor

tractor-trailer ['træktəˈtreɪlə(r)] *n US* camión *m* articulado

trad [træd] *n* **(jazz)** jazz *m* tradicional

trade [treɪd] ◇ *n* **-1.** *(commerce)* comercio *m* **(in** de); **domestic/foreign ~** el comercio interior/exterior; **~ has been brisk this Christmas** las ventas han sido muy buenas estas Navidades; **the warm weather is**

traded option / **trailing**

good for ~ el buen tiempo es bueno para las ventas; **they've been doing a good** or **roaring** ~ han hecho buen negocio últimamente ❑ **~ agreement** acuerdo *m* comercial; **~ ban** embargo *m* comercial; **~ barriers** barreras *fpl* comerciales; **~ cycle** ciclo *m* económico; **~ deficit** déficit *m* comercial; *Br* **Trade Descriptions Act** = ley que prohíbe a las empresas hacer uso de la publicidad engañosa; *Br Fig Hum* **calling this a strawberry tart is against the Trade Descriptions Act, there are hardly any strawberries in it!** llamar a esto tarta de fresas es una estafa *or* tomadura de pelo ¡si apenas hay fresas!; **~ discount** descuento *m* comercial; **~ embargo** embargo *m* comercial; **~ fair** feria *f* (de muestras); **~ figures** cifras *fpl* comerciales; **~ gap** déficit *m* de la balanza comercial; **~ name** (of product) nombre *m* comercial; (of company) razón *f* social; *Br* **~ plates** (for car) matrícula *f* or placa *f* temporal; **~ policy** política *f* comercial; **~ price** precio *m* al por mayor; **~ restrictions** restricciones *fpl* comerciales; **~ route** (of ship) ruta *f* comercial; **~ secret** COM secreto *m* profesional; *Fig Hum* (of person) secreto *m* profesional; **~ war** guerra *f* comercial; GEOG **~ winds** vientos *mpl* alisios
-2. (industry) sector *m*, industria *f*; **the building/hotel ~** el sector *or* la industria de la construcción/hostelería; **the drug/arms ~** el tráfico de drogas/armas; **the retail/wholesale ~** el comercio al por menor/mayor ❑ **~ association** asociación *f* gremial; **~ directory** guía *f* por profesiones; **~ journal** publicación *f* gremial *or* del sector; **~ press** prensa *f* del sector
-3. (profession) oficio *m*; **he's an electrician by ~** su oficio es el de electricista; **people in the ~** la gente del oficio, los profesionales; **as we say in the ~** como decimos los del oficio ❑ **~ union** sindicato *m*; *Br* **the Trades Union Congress** = confederación nacional de sindicatos británicos; **~ unionism** sindicalismo *m*; **~ unionist** sindicalista *mf*
-4. (people in the industry) **we only sell to the ~** solo vendemos al por mayor
-5. (customers) **most of our sales come from passing ~** la mayoría de nuestras ventas son a clientes no habituales *or* que vienen de paso
-6. (swap) intercambio *m*; **to do a ~ (with sb)** hacer un intercambio (con alguien)
◇ *vt* **to ~ sth (for sth)** intercambiar algo (por algo); **to ~ places with sb** cambiarse de sitio con alguien; **to ~ insults/blows** intercambiar insultos/golpes; *US* **to ~ gossip (with sb/about sth)** chismorrear *or Esp* cotillear (con alguien/sobre algo)
◇ *vi* -1. (buy and sell) comerciar; **the firm ceased trading a year ago** la empresa cerró *or* se dio de baja hace un año; **we do not ~ with this country** no tenemos relaciones comerciales con ese país; **farmers have been forced to ~ at a loss** han obligado a los agricultores a vender con pérdidas; **he trades in clothing** se dedica a la compraventa de ropa; **what name does the company ~ under?** ¿bajo qué nombre funciona la empresa?
-2. (exchange) intercambiar, trocar
-3. (be sold) (shares, commodity) cotizar (**at** a)
◆ **trade in** *vt sep* entregar como parte del pago
◆ **trade off** *vt sep* sacrificar (**against** por)
◆ **trade on** *vt insep* (exploit) aprovecharse de
◆ **trade up** *vi* (car owner) **buy the cheapest model, and ~ up later** compra el modelo más barato, y cámbialo por uno mejor más adelante
traded option ['treɪdɪd'ɒpʃən] *n* FIN = opción negociada en un mercado financiero
trade-in ['treɪdɪn] *n* COM = artículo usado que se entrega como parte del pago; **they took my old refrigerator as a ~** se quedaron con el frigorífico antiguo como parte del pago

❑ **~ price** = cantidad que se recibe por un artículo viejo al comprar uno nuevo; **~ value** = valor que se le da a un artículo viejo al comprar uno nuevo
trademark ['treɪdmɑːk] *n* -1. COM marca *f* comercial *or* registrada -2. (of person) sello *m* personal; **he was there with his ~ cigar** estaba ahí con su característico puro
trade-off ['treɪdɒf] *n* **there is a ~ between speed and accuracy** al aumentar la velocidad se sacrifica la precisión, y viceversa; **the slightly higher cost is an acceptable ~ for the increase in quality** vale la pena pagar un poco más porque, a cambio, la calidad es superior
trader ['treɪdə(r)] *n* -1. (of goods) comerciante *mf* -2. (on stock exchange) operador(ora) *m,f* de bolsa -3. (ship) mercante *m*
tradescantia [trædɪ'skæntɪə] *n* tradescantia *f*
tradesfolk ['treɪdzfəʊk], **tradespeople** ['treɪdzpiːpəl] *npl* comerciantes *mpl*
tradesman ['treɪdzmən] *n* -1. (shopkeeper) pequeño comerciante *m*, tendero *m* -2. (electrician, plumber) trabajador(ora) *m,f* manual; **~'s entrance** (in building) entrada de servicio
tradeswoman ['treɪdzwʊmən] *n* (shopkeeper) pequeña comerciante *f*, tendera *f*
trading ['treɪdɪŋ] *n* -1. COM comercio *m* ❑ **~ account** cuenta *f* de explotación; *Br* **~ estate** polígono *m* industrial; **~ hours** horario *m* comercial; **~ links** relaciones *fpl* comerciales; **~ loss** pérdidas *fpl* comerciales; **~ partner** socio(a) *m,f* comercial; **~ post** = establecimiento comercial en zonas remotas o de colonos; **~ profit** beneficios *mpl* comerciales; **~ results** resultados *mpl* comerciales; **~ stamp** cupón *m*, vale *m*; **~ standards authority** = organismo que vela por el cumplimiento de la normativa comercial
-2. (on stock exchange) compraventa *f* de acciones; **~ was heavy today** el volumen de negocio ha sido muy alto hoy ❑ **~ floor** parquet *m*
tradition [trə'dɪʃən] *n* tradición *f*; **~ has it that you get a present when you leave the firm** la costumbre es dar un regalo a los que se van de la empresa; **a comedian in the ~ of Chaplin** un cómico que sigue la tradición de Charlot; **this year's event was in the best ~ of office parties** el acto de este año seguía la línea de las fiestas de oficina por excelencia
traditional [trə'dɪʃənəl] *adj* tradicional; **it is ~ to sing a song together** es tradición cantar juntos una canción
traditionalism [trə'dɪʃənəlɪzəm] *n* tradicionalismo *m*
traditionalist [trə'dɪʃənəlɪst] ◇ *n* tradicionalista *mf*
◇ *adj* tradicionalista
traditionally [trə'dɪʃənəlɪ] *adv* tradicionalmente
traduce [trə'djuːs] *vt Formal* calumniar, difamar
traffic ['træfɪk] *n* ◇ -1. (vehicles) tráfico *m*; **road/air ~** tráfico rodado/aéreo; **the ~ is heavy/light** el tráfico es muy denso/fluido; **watch out for ~ when crossing the road!** ¡cuidado con el tráfico al cruzar la calle!; **eastbound ~ is moving slowly** el tráfico en dirección este avanza muy lentamente ❑ **~ accident** accidente *m* de tráfico; *US* **~ block** atasco *m*; **~ calming (measures)** medidas *fpl* para reducir la velocidad del tráfico; *US* **~ circle** rotonda *f*, *Esp* glorieta *f*; **~ cone** cono *m* de señalización; *Fam* **~ cop** policía *m* or *Esp* guardia *mf* de tráfico; **~ island** refugio *m*, isleta *f*; **~ jam** atasco *m*, embotellamiento *m*; **~ lights** semáforo *m*; **~ offence** infracción *f* de tráfico; **~ police** policía *f* de tráfico; **~ policeman** policía *m* de tráfico; **~ sign** señal *f* de tráfico; *US* **~ violation** infracción *f* de tráfico; *Br* **~ warden** = agente que pone multa por estacionamiento indebido
-2. (trade) (in drugs, slaves) tráfico *m* (**in** de)
◇ *vt* traficar con
◇ *vi* traficar (**in** en)

trafficker ['træfɪkə(r)] *n* traficante *mf* (**in** de)
trafficking ['træfɪkɪŋ] *n* tráfico *m* (**in** de)
tragacanth ['trægəkænθ] *n* tragacanto *m*
tragedian [trə'dʒiːdɪən] *n* -1. (actor) (actor *m*) trágico *m* -2. (writer) trágico(a) *m,f*, dramaturgo(a) *m,f*
tragedienne [trədʒiːdɪ'en] *n* (actress) (actriz *f*) trágica *f*
tragedy ['trædʒɪdɪ] *n* -1. (tragic event) tragedia *f*; **the ~ of the whole affair is that...** lo trágico de todo este asunto es que... -2. THEAT tragedia *f*
tragic ['trædʒɪk] *adj* -1. (very sad) trágico(a) -2. THEAT (actor, actress) trágico(a) ❑ **~ hero** héroe *m* trágico; **~ irony** ironía *f* trágica -3. *Fam* (very bad) horroroso(a)
tragically ['trædʒɪklɪ] *adv* trágicamente; **the mission went ~ wrong** la misión acabó en tragedia; **he died at a ~ early age** fue una tragedia que muriera tan joven
tragicomedy [trædʒɪ'kɒmədɪ] *n* tragicomedia *f*
tragicomic [trædʒɪ'kɒmɪk] *adj* tragicómico(a)
tragopan ['trægəpæn] *n* tragopán *m*
trail [treɪl] ◇ *n* -1. (of animal, person) rastro *m*, huellas *fpl*; **to be on the ~ of sth/sb** estar sobre la pista de algo/alguien; **to pick up the ~** encontrar el rastro; **to put** or **throw sb off the ~** despistar a alguien, dar pistas falsas a alguien
-2. (of smoke, blood) rastro *m*; **they had left a ~ of footprints in the snow** habían dejado un rastro *or* sendero de huellas sobre la nieve; **the storm left a ~ of destruction** la tormenta dejó una estela de destrucción; **she leaves a ~ of broken hearts behind her wherever she goes** va rompiendo corazones allí donde va
-3. (path) camino *m*, senda *f*; *Fig* **he hit the campaign ~** emprendió la campaña electoral ❑ **~ bike** moto *f* de trial *or* motocross; *US* **~ hiker** excursionista *mf*; **~ mix** mezcla *f* de frutos secos; **~ riding** trail *m*
◇ *vt* -1. (drag) arrastrar; **he was trailing a sack of coal behind him** iba arrastrando *or* tirando de un saco de carbón; **she trailed her hand through the water** iba cortando el agua con la mano
-2. (bring on shoes) **they trailed mud all over the carpet** dejaron restos de barro por toda la alfombra
-3. (follow) seguir la pista de
-4. (in competition, game) ir por detrás de; **they were trailing the Liberals by fifteen points** iban quince puntos por delante del partido liberal
◇ *vi* -1. (drag) arrastrar; **your skirt is trailing (on the ground)** te arrastra la falda (por el suelo)
-2. (move in line) **smoke trailed from the chimney** una columna de humo salía de la chimenea
-3. (move slowly) avanzar con paso cansino; **to ~ in and out** entrar y salir con desgana; **the British athlete trailed in in last place** el atleta británico consiguió alcanzar la meta en ultimo lugar
-4. (be losing) ir perdiendo; **they are trailing in the polls** van por detrás *or* perdiendo en las encuestas
-5. (vine, plant) trepar
◆ **trail along** *vi* (walk slowly) caminar con desgana
◆ **trail away**, **trail off** *vi* (voice, sound) ir debilitándose; **he trailed off in mid sentence** perdió el hilo en mitad de la frase
trailblazer ['treɪlbleɪzə(r)] *n* innovador(ora) *m,f*, pionero(a) *m,f*
trailblazing ['treɪlbleɪzɪŋ] *adj* innovador(ora), pionero(a)
trailer ['treɪlə(r)] *n* -1. (vehicle) remolque *m*, tráiler *m* -2. *US* (caravan) caravana *f*, roulotte *f* ❑ **~ park** camping *m* para caravanas *or* roulottes -3. (for movie) avance *m*, tráiler *m*, *Arg* cola *f*; (for TV programme) avance *m*
trailing ['treɪlɪŋ] *adj* (long garment) que arrastra; (plant) rastrero(a) ❑ **~ edge** (of plane wing) borde *m* de ataque

train [treɪn] ◇ n -1. *(means of transport)* tren m; **to go/travel by ~** ir/viajar en tren; **to transport goods by ~** transportar mercancías en tren *or* por ferrocarril; **I met a friend on the ~** me encontré con un amigo en el tren; **the ~ times** el horario de trenes; **the ~ journey took three hours** el viaje en tren duró tres horas ❑ **~ crash** accidente m ferroviario; Br **~ driver** conductor(ora) m,f del tren, maquinista mf; **~ fare** precio m del billete *or* Am boleto *or* Am pasaje de tren; **~ service** servicio m de trenes; **~ set** tren m de juguete; **~ station** estación f de tren; **~ timetable** guía f de ferrocarriles
-2. *(series)* (of events) serie f; **~ of thought** pensamientos; **I can't quite follow your ~ of thought** no entiendo tu razonamiento; **I lost my ~ of thought** me he perdido; Formal **to set sth in ~** poner algo en marcha
-3. *(retinue)* séquito m; *(of mules)* reata f; *(of camels)* caravana f; Formal **the famine brought disease in its ~** el hambre vino acompañada de las enfermedades; Formal **the evils that follow in the ~ of war** los males que acarrea la guerra
-4. *(of dress)* cola f
-5. *(of gears)* tren m
-6. *(of gunpowder)* reguero m
◇ vt -1. *(person)* dar formación a, formar; *(animal)* adiestrar; *(voice, ear)* educar; *(soldier)* dar instrucción a; *(in sport)* entrenar; **to ~ sb for sth/to do sth** adiestrar a alguien para algo/para hacer algo; **we've trained the dog to go for the paper** hemos enseñado al perro a que recoja el periódico; **I was trained in Germany** *(studied)* recibí mi formación en Alemania; **our troops are trained to resist interrogation** nuestras tropas están preparadas para resistir un interrogatorio; **he had trained his mind** *or* **himself to block out distractions** se había preparado mentalmente para no sufrir distracciones; **he has been trained in the use of explosives** ha sido entrenado para manejar explosivos; **to ~ sb in a trade/a new skill** formar a alguien en un oficio/una técnica
-2. *(gun, telescope)* dirigir (**on** hacia); **she kept the gun trained on us while we spoke** nos apuntaba con el arma mientras nos hablaba; **the TV cameras were all trained on the star** las cámaras de televisión enfocaban al protagonista
-3. *(plant)* dirigir el crecimiento de
-4. Fam *(travel by train)* **to ~ it** ir en tren
◇ vi -1. *(study)* estudiar; **to ~ as a nurse/teacher** estudiar para (ser) enfermero(a)/maestro(a); **I trained as an electrician** aprendí el oficio de electricista -2. SPORT entrenar(se) (**for** para)
➤ **train up** vt sep capacitar

trained [treɪnd] adj *(person)* cualificado(a); *(animal)* entrenado(a); *(voice)* educado(a); **he's not ~ for this job** no está preparado para este trabajo; **our workers are ~ in a wide range of skills** nuestros trabajadores están formados en una amplia variedad de técnicas; **her ~ eye spotted the mistake** su ojo experto detectó el error; Hum **her husband is very well ~!** ¡tiene muy bien enseñado a su marido!

trainee [treɪˈniː] n *(in trade)* aprendiz(iza) m,f, aprendiz mf; *(in profession)* persona f en formación; *(at lawyer's)* pasante mf; *(at accountant's)* Esp contable mf *or* Am contador(ora) m,f en prácticas; **a ~ hairdresser** un(a) aprendiz de peluquería; **a ~ translator/manager** un traductor/gerente en formación

traineeship [treɪˈniːʃɪp] n *(in trade)* aprendizaje m; *(in profession)* formación f; *(at lawyer's)* pasantía f; *(at accountant's)* prácticas fpl

trainer [ˈtreɪnə(r)] n -1. *(of athletes, racehorses)* entrenador(ora) m,f; *(of sports team)* preparador(ora) m,f físico(a) -2. *(teacher)* (on training scheme) tutor(ora) m,f, instructor(ora) m,f -3. *(in circus)* domador(ora) m,f -4. AV ~ **(aircraft)** avión m de entrenamiento -5. Br *(shoe)* zapatilla f de deporte

training [ˈtreɪnɪŋ] n -1. *(for job)* formación f; **he is a lawyer by ~** tiene el título de abogado, estudió derecho; MIL **to do one's basic ~** hacer la instrucción; Fig **it's good ~ for when you're a parent** te sirve de preparación para cuando tengas un hijo ❑ MIL **~ camp** campamento m de instrucción; **~ centre** centro m de formación; Br **~ college** *(for pilots)* centro m de formación de vuelo; *(for teachers)* escuela f de magisterio; **~ course** cursillo m de formación; **~ manual** manual m de formación; **~ officer** jefe(a) m,f de formación; **~ programme** programa m de formación; **~ scheme** programa m de formación; **~ ship** buque m escuela; **~ of trainers** formación f de instructores; **~ video** vídeo m *or* Am video m de formación
-2. *(in sport)* entrenamiento m; **to be in ~ (for sth)** estar entrenando (para algo); **to be out of ~** estar desentrenado(a), no estar en forma ❑ **~ camp** lugar m de concentración; **~ ground** campo m de entrenamiento; **~ shoes** zapatillas fpl de deporte

trainload [ˈtreɪnləʊd] n **a ~ of...** un tren cargado *or* lleno de...; **supporters were arriving by the ~** llegaban varios trenes llenos de seguidores

trainman [ˈtreɪnmæn] n US ferroviario m, empleado m del tren

trainspotter [ˈtreɪnspɒtə(r)] n Br -1. *(rail enthusiast)* = aficionado a los trenes que se dedica a apuntar y coleccionar el número del modelo de las locomotoras -2. Fam *(boring, pedantic person)* petardo(a) m,f

trainspotting [ˈtreɪnspɒtɪŋ] n Br = afición consistente en apuntar y coleccionar números de modelos de locomotoras

traipse [treɪps] ◇ n **it's quite a ~ to the castle** hay un buen trecho hasta el castillo
◇ vi Fam **they traipsed from one museum to another** fueron de un museo a otro de mala gana; **we all traipsed off to school** fuimos al colegio sin ganas; **to ~ round the shops** patearse las tiendas

trait [treɪt] n rasgo m

traitor [ˈtreɪtə(r)] n traidor(ora) m,f; **you're a ~ to your country/the cause** eres un traidor a tu país/a la causa

traitorous [ˈtreɪtərəs] adj Literary traicionero(a)

traitress [ˈtreɪtrɪs] n traidora f

trajectory [trəˈdʒektərɪ] n trayectoria f

tram [træm] n Br -1. *(in street)* tranvía m; **to go by ~** ir en tranvía ❑ **~ driver** conductor(ora) m,f del tranvía -2. *(in mine)* vagoneta f

tramcar [ˈtræmkɑː(r)] n Br tranvía m

tramline [ˈtræmlaɪn] n -1. Br *(track)* carril m de tranvía; *(route)* línea f de tranvía -2. *(in tennis)* **tramlines** líneas fpl laterales

trammel [ˈtræməl] ◇ n Literary **the trammels of society** las trabas sociales; **the trammels of routine** las obligaciones impuestas por la rutina
◇ vt *(pt & pp* **trammelled**, US **trammeled**) *(hinder)* obstaculizar, poner trabas a

tramp [træmp] ◇ n -1. *(vagabond)* vagabundo(a) m,f -2. US Fam *(promiscuous woman)* fulana f, Méx piruja f, RP reventada f -3. *(boat)* **~ (steamer)** carguero m -4. *(long walk)* caminata f -5. *(sound of feet)* pisada f fuerte
◇ vt **to ~ the streets** recorrer a pie las calles
◇ vi caminar con pasos pesados, marchar; **she tramped up the road** subió la carretera caminando con pasos pesados; **they had tramped all over the carpet in their muddy shoes** habían pisoteado toda la alfombra con los zapatos llenos de barro
➤ **tramp down** vt sep *(earth)* apelmazar (a pisotones)

trample [ˈtræmpəl] vt -1. *(stamp on)* pisotear; **they were trampled to death** murieron pisoteados -2. *(feelings, rights)* hacer caso omiso de, ignorar
➤ **trample on** vt insep -1. *(stamp on)* pisotear -2. *(feelings, rights, objections)* hacer caso omiso de, ignorar
➤ **trample over** vt insep **he trampled over anyone who opposed him** pasaba por encima de cualquiera que se le opusiera

trampoline [ˈtræmpəliːn] n cama f elástica

trampolining [ˈtræmpəliːnɪŋ] n saltos mpl en cama elástica; **to go ~** hacer saltos en cama elástica

tramway [ˈtræmweɪ] n Br -1. *(track)* carril m de tranvía -2. *(system)* (línea f de) tranvía m

trance [trɑːns] n -1. *(state)* trance m; **to go into a ~** entrar en trance; **the hypnotist put me into a ~** el hipnotizador me hizo entrar en trance -2. MUS **~ (music)** (música f) trance m

tranche [trɒnʃ] n FIN *(of shares)* paquete m; *(of loan)* tramo m

trannie, tranny [ˈtrænɪ] n Fam -1. Br *(abbr* **transistor radio**) radio f -2. *(abbr* **transvestite, transexual**) travesti mf, Esp travestí mf

tranquil [ˈtræŋkwɪl] adj tranquilo(a)

tranquillity, US **tranquility** [træŋˈkwɪlɪtɪ] n tranquilidad f

tranquillize, US **tranquilize** [ˈtræŋkwɪlaɪz] vt *(with drug)* sedar

tranquillizer, US **tranquilizer** [ˈtræŋkwɪlaɪzə(r)] n tranquilizante m

tranquilly [ˈtræŋkwɪlɪ] adv tranquilamente

transact [trænˈzækt] vt *(deal)* realizar, llevar a cabo; **to ~ business with sb** llevar a cabo negocios con alguien

transaction [trænˈzækʃən] n -1. *(financial operation)* transacción f; **there is a charge for credit card transactions** hay un cargo por las transacciones *or* operaciones realizadas con la tarjeta de crédito
-2. *(act of transacting)* **the ~ of government business** el ejercicio de las funciones del gobierno; **we are open for the ~ of business from 9 a.m.** la negociación comienza a las nueve de la mañana
-3. *(of learned society)* **transactions** actas fpl

transalpine [trænzˈælpaɪn] adj transalpino(a)

transaminase [trænzˈæmɪneɪz] n BIOCHEM transaminasa f

transatlantic [trænzətˈlæntɪk] adj transatlántico(a); Br Hum **our ~ cousins** nuestros vecinos del otro lado del Atlántico

transceiver [trænˈsiːvə(r)] n COMPTR transceptor m

transcend [trænˈsend] vt ir más allá de, superar

transcendence [trænˈsendəns], **transcendency** [trænˈsendənsɪ] n trascendencia f

transcendent [trænˈsendənt] adj trascendente

transcendental [trænsenˈdentəl] adj trascendental ❑ **~ meditation** meditación f trascendental

transcendentalism [trænsenˈdentəlɪzəm] n trascendentalismo m

transcontinental [trænzkɒntɪˈnentəl] adj transcontinental

transcribe [trænˈskraɪb] vt -1. *(write exact copy of)* transcribir, copiar; **to ~ sth phonetically** transcribir algo fonéticamente -2. *(in shorthand)* taquigrafiar -3. MUS transcribir -4. *(audio recording)* transcribir

transcript [ˈtrænskrɪpt] n -1. *(of speech, tapes)* transcripción f -2. US SCH & UNIV expediente m académico

transcription [trænsˈkrɪpʃən] n transcripción f

transducer [trænzˈdjuːsə(r)] n ELEC transductor m

transect [trænˈsekt] vt cortar transversalmente

transept [ˈtrænsept] n nave f lateral del crucero

transexual [trænˈsekʃʊəl] ◇ n transexual mf
◇ adj transexual

transfer ◇ n [ˈtrænsfɜː(r)] -1. *(move)* *(of employee, department, prisoners)* traslado m; *(of passengers)* transporte m, traslado m; *(of sports player)* fichaje m; *(of money, funds)* transferencia f; *(of ownership, property)* transmisión f; **~ of power** traspaso de poderes; **he has asked for a ~** *(employee, prisoner)* ha pedido un traslado; *(player)* ha pedido que lo traspasen; SPORT **to be on the ~ list** ser transferible ❑ SPORT **~ deadline** cierre m del plazo de fichajes; **~ desk** *(at airport)* mostrador m para pasajeros en tránsito;

transferable

SPORT ~ **fee** fichaje m; ~ **lounge** (in airport) sala f de tránsito; SPORT ~ **market** mercado m de fichajes; ~ **passengers** pasajeros mpl en tránsito or de paso; COMPTR ~ **rate** velocidad f de transferencia; COMPTR ~ **speed** velocidad f de transmisión
-2. (sticker) calcomanía f
-3. US (ticket) = billete válido para efectuar un transbordo a otro autobús, tren, etc.
◇ vt [træns'fɜ:(r)] -1. (employee, department, prisoners) trasladar; (passengers) transportar, llevar; (sports player) traspasar; (funds) transferir; (ownership, property) transmitir; (power, responsibility) traspasar, transferir; (attention, affection) trasladar; ~ **the mixture to a greased baking tin** pase or traspase la mezcla a una fuente de horno previamente engrasada; **can this ticket be transferred to another airline?** ¿se puede utilizar este pasaje con otra línea aérea?; **the disease can be transferred from one species to another** la enfermedad se puede transmitir de una especie a otra; **we have been transferring our film archives to digital media** hemos estado transfiriendo nuestros archivos filmados a un soporte digital; **they transferred their allegiance to another candidate** han trasladado su lealtad a otro candidato
-2. (phone call) pasar, transferir; **I'll ~ you** (caller) le paso
◇ vi -1. (within organization) trasladarse; **she transferred to another school** se trasladó a otro colegio; **I'm transferring to a different course** me voy a cambiar de asignatura
-2. (between planes, trains) hacer transbordo; **we had to ~ from the train to a bus** nos pasaron de un tren a un autobús

transferable [trænz'fɜ:rəbəl] adj transferible ❑ POL ~ **vote** voto m transferible

transference [trænz'fɜ:rəns] n -1. (of money, funds) transferencia f; ~ **of power** traspaso m de poderes -2. PSY transferencia f

transfer-listed ['trænzfɜ:lɪstɪd] adj Br SPORT **to be ~** estar en la lista de traspasos

transfiguration [trænzfɪgə'reɪʃən] n Formal transfiguración f; REL **the Transfiguration** la transfiguración

transfigure [trænz'fɪgə(r)] vt Formal transfigurar

transfix [trænz'fɪks] vt -1. (pierce) atravesar -2. (paralyze) **they were transfixed with fear** estaban paralizados por el miedo

transform [trænz'fɔ:m] vt -1. (change) transformar; **to ~ sth into sth** transformar algo en algo; **she was completely transformed by her experience** la experiencia la transformó completamente; **the new manager has transformed the team's fortunes** el nuevo seleccionador ha hecho que cambie la suerte del equipo -2. ELEC transformar -3. MATH transformar

transformation [trænzfə'meɪʃən] n -1. (change) transformación f; **the new manager has brought about a ~ in the team's fortunes** el nuevo seleccionador ha traído consigo una transformación en la suerte del equipo -2. MATH transformación f -3. LING transformación f

transformational [trænzfɔ:'meɪʃənəl] adj LING (rule) transformacional ❑ ~ **grammar** gramática f transformacional

transformer [trænz'fɔ:mə(r)] n ELEC transformador m

transfuse [trænz'fju:z] vt -1. (blood) transfundir -2. (permeate) **in a voice transfused with emotion** con una voz impregnada de emoción

transfusion [trænz'fju:ʒən] n (blood) ~ transfusión f (de sangre); **they gave him a (blood) ~** le hicieron una transfusión (de sangre)

transgenic [trænz'dʒi:nɪk] adj transgénico(a)

transgress [trænz'gres] Formal ◇ vt (law) transgredir, infringir
◇ vi -1. (violate law) infringir la ley -2. (sin) pecar

transgression [trænz'greʃən] n Formal -1. (violation of law) transgresión f -2. (sin) pecado m

transgressor [trænz'gresə(r)] n Formal -1. (of law) transgresor(ora) m,f -2. (sinner) pecador(ora) m,f

transience ['trænzɪəns] n transitoriedad f

transient ['trænzɪənt] ◇ n -1. US (tramp) sin techo mf -2. (temporary resident) residente mf temporal -3. ELEC transiente m
◇ adj pasajero(a), transitorio(a)

transistor [træn'zɪstə(r)] n -1. ELEC transistor m -2. ~ **(radio)** transistor m

transistorized [træn'zɪstəraɪzd] adj transistorizado(a)

transit ['trænzɪt] n -1. (passing) tránsito m; **in ~** en tránsito; **goods lost in ~** mercancías perdidas durante el traslado ❑ ~ **camp** campo m provisional; ~ **lounge** (at airport) sala f de tránsito; ~ **passenger** pasajero(a) m,f en tránsito; ~ **visa** visado m or Am visa f de tránsito -2. US (transport) transporte m -3. (airport transfer vehicle) monorraíl m de conexión

transition [træn'zɪʃən] n transición f; **the ~ to democracy** la transición a la democracia; **the country has made the ~ from dictatorship to democracy** el país ha superado la transición de la dictadura a la democracia ❑ CHEM ~ **element** elemento m de transición; ~ **period** periodo m de transición

transitional [træn'zɪʃənəl] adj de transición

transitive ['trænzɪtɪv] adj GRAM transitivo(a)

transitively ['trænzɪtɪvlɪ] adv GRAM transitivamente

transitory ['trænzɪtərɪ] adj transitorio(a)

translatable [trænz'leɪtəbəl] adj traducible

translate [trænz'leɪt] ◇ vt -1. (language, word, text) traducir (**from/into** de/a); **to ~ sth from Spanish into English** traducir algo del español al inglés; **how do you ~ "hunger"?** ¿cómo se traduce "hunger"?, ¿qué traducción tiene "hunger"?; **the title has been translated as...** el título se ha traducido como...
-2. (convert) **I'll attempt to ~ these figures into an easily understandable graph** intentaré pasar estas cifras a un gráfico de fácil comprensión; **how will we ~ these ideas into action?** ¿cómo podemos llevar estas ideas a la práctica?
-3. REL (cleric, relics) trasladar
◇ vi -1. (person) traducir -2. (word, expression) traducirse (**as** por); **this word doesn't ~** esta palabra no tiene traducción -3. (convert) **these savings ~ into a 5 percent rise in profitability** estos ahorros dan un 5 por ciento de beneficios

translation [trænz'leɪʃən] n -1. (of word, text, book) traducción f; **to read sth in ~** leer la traducción de algo; **the text loses something in (the) ~** el texto pierde algo en la traducción ❑ ~ **agency** agencia f de traducción -2. REL (of cleric, relics) traslado m

translator [trænz'leɪtə(r)] n traductor(ora) m,f

transliterate [trænz'lɪtəreɪt] vt LING transliterar

transliteration [trænzlɪtə'reɪʃən] n LING transliteración f

translucence [trænz'lu:səns] n translucidez f

translucent [trænz'lu:sənt] adj traslúcido(a)

transmigrate [trænzmaɪ'greɪt] vi (soul) transmigrar

transmigration [trænzmaɪ'greɪʃən] n (of souls) transmigración f

transmissible [trænz'mɪsəbəl] adj transmisible

transmission [trænz'mɪʃən] n -1. (of information, disease) transmisión f -2. (broadcasting) transmisión f -3. (broadcast) (on TV, radio) transmisión f, emisión f -4. AUT transmisión f ❑ ~ **shaft** árbol m de transmisión

transmit [trænz'mɪt] ◇ vt -1. (information, disease, sense of unease) transmitir (**to** a) -2. TV & RAD (TV, radio programme) transmitir
◇ vi transmitir

transmitter [trænz'mɪtə(r)] n (emitter) emisora f; (relay station) repetidor m

transmogrify [trænz'mɒgrɪfaɪ] vt Hum transformar (como por arte de magia)

transmutable [trænz'mju:təbəl] adj transmutable

transmutation [trænzmju:'teɪʃən] n -1. Formal (transformation) transmutación f, transformación f -2. (by alchemy) transmutación f -3. PHYS transmutación f

transmute [trænz'mju:t] vt -1. Formal (transform) transmutar, transformar -2. (by alchemy) transmutar

transnational ['trænznæʃənəl] adj transnacional ❑ ~ **company** compañía f multinacional

transoceanic [trænzəʊsɪ'ænɪk] adj (flight, voyage) transoceánico(a)

transom ['trænsəm] n (above door) dintel m, travesaño m; ~ **(window)** montante m

transparency [trænz'pærənsɪ] n -1. (of material) transparencia f -2. (of process, accounts) transparencia f -3. (photographic slide) diapositiva f -4. (for overhead projector) transparencia f

transparent [trænz'pærənt] adj -1. (of material) transparente -2. (of process, accounts) transparente -3. (of person) **you're so ~!** ¡se te ve a la legua!; **a ~ lie** una mentira flagrante; **a ~ attempt to deceive us** un intento descarado de engañarnos

transparently [trænz'pærəntlɪ] adv **it's ~ obvious that...** está clarísimo que...; **a ~ mendacious reply** una respuesta de una mendacidad flagrante

transpiration [trænspɪ'reɪʃən] n (of plant, person) transpiración f

transpire [trænz'paɪə(r)] ◇ vt -1. (become apparent) **it transpired that...** se supo que... -2. (of plant, person) transpirar
◇ vi -1. (happen) ocurrir, pasar -2. (plant, person) transpirar

transplant ◇ n ['trænsplɑ:nt] (operation) trasplante m; **she's had a kidney ~** le hicieron un trasplante de riñón ❑ ~ **operation** (operación f de) trasplante m; ~ **patient** (after operation) paciente mf trasplantado(a); ~ **surgery** cirugía f de trasplantes
◇ vt [trænz'plɑ:nt] -1. (organ) trasplantar -2. (plant) trasplantar -3. (population) trasladar

transplantation [trænsplɑ:n'teɪʃən] n -1. (organ) trasplante m -2. (of plant) trasplante m

transponder [træns'pɒndə(r)] n transponedor m

transport ◇ n ['trænspɔ:t] -1. (of people, goods) transporte m; **road/rail ~** transporte por carretera/ferrocarril; **have you got ~ for tonight?** ¿tienes forma de ir/venir esta noche?; **you need your own ~ for the job** se necesita vehículo propio para el empleo ❑ ~ **authority** = organismo que gestiona el transporte; Br ~ **café** ≃ bar m de carretera; ~ **costs** gastos mpl de transporte; ~ **plane** avión m de transporte; ~ **ship** buque m de transporte; ~ **system** sistema m de transportes
-2. Literary (rapture) **to be in a ~** or **transports of delight** no caber en sí de gozo; **it sent him into a ~ of rage** lo sacó de quicio
-3. (ship) buque m de transporte; (plane) avión m de transporte
◇ vt [træns'pɔ:t] -1. (people, goods) transportar -2. HIST (as punishment) deportar -3. (take) **the music transports you to a different world** la música te transporta a un mundo diferente; **I was transported back in time** me llevaron atrás en el tiempo -4. Literary (with emotion) **I was transported with delight** estaba extasiado

transportable [træns'pɔ:təbəl] adj transportable

transportation [trænspɔ:'teɪʃən] n -1. (of people, goods) transporte m -2. HIST (as punishment) deportación f

transporter [træns'pɔ:tə(r)] n (for cars) camión m para el transporte de vehículos

transpose [træns'pəʊz] vt -1. (words) invertir -2. TYP transponer -3. (music) transportar

transposition [trænspə'zɪʃən] n -1. (of words) trasposición f -2. (of music) trasposición f

transsexual [trænz'sekʃʊəl] ◇ n transexual mf
◇ adj transexual

transsexuality [trænzsekʃʊ'ælɪtɪ] n transexualidad f

transshipment [trænzˈʃɪpmənt] *n* transbordo *m*

Trans-Siberian [ˈtrænzsəˈbɪərɪən] *adj* **the ~ Railway** la línea transiberiana

transubstantiation [trænsəbstænʃɪˈeɪʃən] *n* REL transubstanciación *f*

transuranic [trænzjʊˈrænɪk] *adj* transuránico(a)

Transvaal [ˈtrɒnzvɑːl] *n* **the ~** la región de Transvaal

transversal [trænzˈvɜːsəl] *n* GEOM transversal *f*

transverse [ˈtrænzvɜːs] *adj* transversal ❑ MED **~ colon** colon *m* transverso; **~ flute** flauta *f* travesera; PHYS **~ wave** onda *f* transversal

transvestism [trænzˈvestɪzəm] *n* travestismo *m*

transvestite [trænzˈvestaɪt] *n* travestido(a) *m,f*, travesti *mf*, *Esp* travestí *mf*

Transylvania [trænzɪlˈveɪnɪə] *n* Transilvania

trap [træp] ◇ *n* **-1.** *(in hunting)* trampa *f*; **they set a ~ for the foxes** tendieron *or* pusieron una trampa para zorros
-2. *(trick) (for person)* trampa *f*; **to set a ~ for sb** tender *or* poner una trampa a alguien; **to fall** *or* **walk straight into the ~** caer en la trampa; **we mustn't fall into the ~ of underestimating them** no debemos caer en la trampa de subestimarlos
-3. *Fam (mouth)* **shut your ~!** ¡cierra el pico!; **to keep one's ~ shut** no decir ni mu, mantener cerrado el pico
-4. *(vehicle)* carrito *m*, carretón *m*
-5. *(in clay pigeon shooting)* lanzaplatos *m inv* ❑ **~ shooting** tiro *m* al plato
-6. *(in greyhound racing)* cajón *m* de salida
-7. *(in golf)* búnker *m*
-8. *(in drain)* sifón *m*
◇ *vt (pt & pp* **trapped**) **-1.** *(animal)* atrapar
-2. *(catch, immobilize) (person)* atrapar; **they got trapped in the lift** quedaron atrapados en el ascensor; **they were trapped in the rubble** estaban atrapados entre los escombros; **I trapped my leg** *or* **my leg got trapped under the table** se me quedó la pierna pillada debajo de la mesa; **she trapped her fingers in the door** se pilló los dedos con la puerta; **some air was trapped in the pipe** se formó una cámara de aire en la tubería; **she was/felt trapped in a loveless marriage** estaba/se sentía atrapada en un matrimonio sin amor
-3. *(trick)* **to ~ sb into saying/doing sth** engañar a alguien para que diga/haga algo
-4. *(hold back) (water, gas, heat)* retener

trapdoor [ˈtræpdɔː(r)] *n* trampilla *f* ❑ **~ spider** migala *f* or migale *f* albañil

trapeze [trəˈpiːz] *n* trapecio *m* ❑ **~ artist** trapecista *mf*

trapezium [trəˈpiːzɪəm] (*pl* **trapeziums** *or* **trapezia** [trəˈpiːzɪə]) *n* GEOM **-1.** *Br (with two parallel sides)* trapecio *m* **-2.** *US (with no parallel sides)* trapezoide *m*

trapezius [trəˈpiːzɪəs] *n* ANAT (músculo *m*) trapecio *m* ❑ **~ muscle** músculo *m* trapecio

trapezoid [ˈtræpəzɔɪd] *n* **-1.** *Br (with no parallel sides)* trapezoide *m* **-2.** *US (with two parallel sides)* trapecio *m*

trapper [ˈtræpə(r)] *n* (hunter) trampero *m*

trappings [ˈtræpɪŋz] *npl* **-1.** *(of power, success)* parafernalia *f*; **she had all the ~ of power, but wielded little real influence** tenía todos los atributos del poder, pero ejercía muy poca influencia real **-2.** *(harness)* jaeces *mpl*

Trappist [ˈtræpɪst] ◇ *n* trapense *mf*
◇ *adj (monastery, beer)* trapense ❑ **~ monk** monje *m* trapense

trash [træʃ] ◇ *n* **-1.** *(worthless objects)* bazofia *f*, basura *f*; **the products they sell are a load of ~** los productos que venden no son más que basura; **that book/movie is a load of ~** ese libro/esa película es pura bazofia
-2. *(nonsense)* bobadas *fpl*; **he's talking ~** no dice más que bobadas *or* estupideces
-3. *US (refuse)* basura *f*; **to put sth in the ~** tirar algo a la basura ❑ **~ can** cubo *m* de la basura; COMPTR papelera *f* (de reciclaje); **~ heap** vertedero *m*

-4. *Fam (people)* gentuza *f* (baja); **he's just ~** no es más que escoria
◇ *vt Fam* **-1.** *(vandalize)* destrozar **-2.** *(criticize) (book, movie, ideas)* poner *or* dejar por los suelos, *Esp* poner a parir, *Méx* viborear, *RP* dejar por el piso

trashed [træʃt] *adj Fam (drunk) Esp, Méx* pedo *inv*, *Col* caído(a), *RP* en pedo; *(on drugs)* colocado(a), *Esp* ciego(a), *Col* trabado(a), *Méx* pingo(a), *RP* falopeado(a)

trashman [ˈtræʃmæn] *n US* basurero *m*

trashy [ˈtræʃɪ] *adj Fam (magazine, book, programme)* de pacotilla, *Esp* cutre, *Méx* gacho(a), *RP* groncho(a)

trauma [ˈtrɔːmə] *n* **-1.** MED traumatismo *m* **-2.** *(psychological, emotional)* trauma *m*

traumatic [trɔːˈmætɪk] *adj* traumático(a)

traumatism [ˈtrɔːmətɪzəm] *n* traumatismo *m*

traumatize [ˈtrɔːmətaɪz] *vt* traumatizar

travail [ˈtræveɪl] *n Literary* penalidad *f*

travel [ˈtrævəl] ◇ *n* **-1.** *(journeys)* viajes *mpl*; **foreign ~ is increasingly popular** los viajes al extranjero tienen cada vez mayor demanda; **can I invoice them for ~ to and from the airport?** ¿les puedo presentar factura por los desplazamientos del aeropuerto?; **what do you spend on ~ to work?** ¿cuánto te gastas en transporte para ir al trabajo?; **it's two days' ~ from here** desde aquí son dos días de viaje; **~ broadens the mind** viajando se amplían horizontes, viajando se hace uno más abierto; **on my travels** en mis viajes; **the team has yet to win on its travels** el equipo todavía tiene que ganar fuera de casa *or* a domicilio ❑ **~ agency** agencia *f* de viajes; **~ agent** empleado(a) *m,f* de una agencia de viajes; **~ agent's** agencia *f* de viajes; **~ bag** bolsa *f* de viaje; **~ book** libro *m* de viajes; **~ brochure** folleto *m* turístico; **~ bureau** agencia *f* de viajes; **~ clock** despertador *m* de viaje; **~ company** tour operador *m*, operador *m* turístico; **~ documents** documentación *f* para el viaje; **~ expenses** gastos *mpl* de viaje; **~ grant** bolsa *f* de viaje; **~ insurance** seguro *m* de (asistencia en) viaje; **~ news** noticias *fpl* para los viajeros; *Br* **~ pass** bono *m* (de viaje); **~ rug** manta *f* de viaje; **~ sickness** mareo *m*; **~ writer** autor(ora) *m,f* de libros de viajes
-2. *(of piston)* recorrido *m*
◇ *vt (pt & pp* **travelled**, *US* **traveled**) *(road, country)* viajar por; **they had to ~ a long way** tuvieron que viajar desde muy lejos; **I travelled 50 kilometres to get here** recorrí 50 kilómetros para llegar hasta aquí
◇ *vi* **-1.** *(journey) (person, animal)* viajar; **to ~ by air** *or* **by plane** viajar en avión; **we decided to ~ there by train/boat** decidimos ir allí en tren/barco; **to ~ by land/sea** viajar por tierra/por mar; **to ~ overland** viajar por tierra; **passengers travelling to Chicago, please go to gate 8** los pasajeros con destino Chicago, por favor procedan por la puerta 8; **after graduating she travelled around South America** después de acabar los estudios, viajó por América del Sur; **to ~ round the world** viajar por todo el mundo, dar la vuelta al mundo; **to ~ light** viajar ligero(a) de equipaje; **let's ~ back in time to 1940** regresemos en el tiempo hasta 1940
-2. *(move) (aircraft)* volar, ir; *(car)* circular, ir; *(train, boat)* ir; *(sound, light, electricity)* propagarse; *(piston)* recorrer; **we were travelling at an average speed of 90 km/h** íbamos a una (velocidad) media de 90 km/h; **the electricity travels along this wire** la electricidad circula *or* se desplaza por este cable; **the Earth travels round the Sun** la Tierra gira alrededor del Sol; **news travels fast round here** por aquí las noticias vuelan
-3. *(wine, humour)* **it doesn't ~ well** no es fácilmente exportable
-4. *(sports team)* **they don't ~ well** no juegan bien fuera de casa
-5. *Fam (go fast) Esp* ir a toda pastilla *or Méx* hecho la raya *or RP* a todo lo que da; **this car certainly travels!** ¡este coche sí que corre!
-6. *(in basketball)* hacer pasos

travelator, travolator [ˈtrævəleɪtə(r)] *n* tapiz *m* deslizante, pasillo *m* móvil

travelled, *US* **traveled** [ˈtrævəld] *adj* **he's a widely ~ man** es un hombre que ha viajado mucho; **this is a much ~ road** esta carretera está muy transitada

traveller, *US* **traveler** [ˈtrævələ(r)] *n* **-1.** *(in general)* viajero(a) *m,f*; **I'm not a good ~** no me sientan bien los viajes; **rail travellers** usuarios del ferrocarril ❑ *Br* **~'s cheque**, *US* **~'s check** cheque *m* de viaje; BOT **~'s joy** hierba *f* de los pordioseros
-2. *(salesman)* viajante *mf* (de comercio)
-3. *Br* **(New Age) ~** = persona que vive en una tienda o caravana sin lugar fijo de residencia y que lleva un estilo de vida contrario al de la sociedad convencional

travelling, *US* **traveling** [ˈtrævəlɪŋ] ◇ *n* **-1.** *(in general)* viajes *mpl*; **I do a lot of ~** hago muchos viajes, viajo mucho; **I love ~** me encanta viajar ❑ **~ bag** bolsa *f* de viaje; **~ companion** compañero(a) *m,f* de viaje; **~ expenses** gastos *mpl* de viaje; **~ rug** manta *f* de viaje **-2.** *(in basketball)* pasos *mpl*
◇ *adj (theatre company, exhibition, preacher)* itinerante ❑ **~ folk** gentes *fpl* itinerantes; **~ people** gentes *fpl* itinerantes; **~ salesman** viajante *mf* (de comercio)

travelogue, *US* **travelog** [ˈtrævəlɒg] *n (film)* documental *m* sobre viajes

travel-sick [ˈtrævəlsɪk] *adj Br* mareado(a); **to be** *or* **feel ~** estar mareado(a); **I get ~ on buses** me mareo en los autobuses

travel-weary [ˈtrævəlwɪərɪ] *adj* cansado(a) por el viaje

traverse [trəˈvɜːs] ◇ *n (in mountaineering, skiing) (path)* travesía *f*
◇ *vt* **-1.** *Literary (cross)* atravesar, cruzar **-2.** *(in skiing, mountaineering)* cruzar transversalmente
◇ *vi (in skiing, mountaineering)* **to ~ across a slope** cruzar una ladera transversalmente

travesty [ˈtrævəstɪ] ◇ *n* farsa *f*, parodia *f* burda; **the trial was a ~ of justice** el juicio fue una auténtica farsa
◇ *vt* parodiar (burdamente)

travolator = travelator

trawl [trɔːl] ◇ *n* **-1.** *(net)* red *f* de arrastre **-2.** *(search)* rastreo *m*; **he had a ~ through the records** hizo un rastreo de los archivos
◇ *vt* **-1.** *(sea)* hacer pesca de arrastre en **(for** de) **-2.** *(search through)* rastrear, rebuscar; **to ~ sth for** *or* **in search of sth** rastrear algo en busca de algo
◇ *vi* **-1.** *(fish)* hacer pesca de arrastre **(for** de) **-2.** *(search)* **to ~ through sth** rebuscar en *or* rastrear algo

trawler [ˈtrɔːlə(r)] *n* **-1.** *(ship)* (barco *m*) arrastrero *m* **-2.** *(fisherman)* arrastrero(a) *m,f*, pescador *m* de arrastre

trawling [ˈtrɔːlɪŋ] *n* (pesca *f* de) arrastre *m*

trawl-net [ˈtrɔːlnet] *n* red *f* de arrastre, traíña *f*

tray [treɪ] *n* **-1.** *(for carrying)* bandeja *f* **-2.** *(for papers, mail)* bandeja *f*; *(of printer)* bandeja *f* **-3.** *(in box of chocolates)* bandeja *f*

treacherous [ˈtretʃərəs] *adj* **-1.** *(person)* traicionero(a); *(action)* traidor(ora) **-2.** *(road, ice, water)* traicionero(a); **driving conditions are ~** es peligroso conducir en estas condiciones

treacherously [ˈtretʃərəslɪ] *adv* **-1.** *(to act)* a traición, traicioneramente **-2.** *(dangerously)* peligrosamente; **the currents are ~ strong** las corrientes son fuertes y traicioneras

treachery [ˈtretʃərɪ] *n* traición *f*; **it was an act of ~** fue una traición

treacle [ˈtriːkəl] *n* melaza *f* ❑ *Br* **~ pudding** dulce *m* de melaza; *Br* **~ tart** tarta *f* de melaza

treacly [ˈtriːklɪ] *adj* **-1.** *(sweet)* meloso(a) **-2.** *(sentimental)* meloso(a), sensiblero(a)

tread [tred] ◇ *n* **-1.** *(sound of footsteps)* pisadas *fpl*, pasos *mpl* **-2.** *(footstep)* **to walk with a heavy ~** caminar fatigosamente **-3.** *(of tyre)* banda *f* de rodadura, dibujo *m*; *(of shoe)*

treadle

dibujo m **-4.** (of stair) peldaño m, escalón m
◇ vt (pt **trod** [trɒd], pp **trodden** ['trɒdən]) **-1.** (trample) (ground, grapes) pisar; **a path had been trodden through the grass** había un camino de hierba pisada; **to ~ sth underfoot** pisotear algo; **to ~ dirt into the carpet** ensuciar la Esp moqueta or Am alfombra con suciedad pegada al zapato; **to ~ water** (when swimming) flotar moviendo las piernas; (be going nowhere) estar en un punto muerto
-2. (walk) (path) recorrer; (streets) patear, recorrer; Fig **this path has been trodden by previous governments** esta vía ya la han probado los gobiernos anteriores; Fig **he is treading a fine line between aggression and foul play** está en el límite de la agresión y el juego sucio; IDIOM **to ~ the boards** (appear on stage) pisar las tablas
◇ vi caminar; **~ lightly so you don't disturb the wildlife** camine con cuidado para no molestar a los animales; **they trod wearily home** con paso cansino regresaron a casa; **to ~ on/in sth** pisar algo; Fig **to ~ on sb's heels** ir a la zaga de alguien; **to ~ on sb's toes** pisar (el pie) a alguien; Fig meterse en los asuntos de alguien; Fig **to ~ carefully** or **warily** ir or andar con pies de plomo

◆ **tread down** vt sep pisar

treadle ['tredəl] n pedal m

treadmill ['tredmɪl] n **-1.** (in gym) tapiz m rodante, cinta f de footing or de correr **-2.** HIST (in prison) noria f; IDIOM **to be on a ~** sentirse esclavizado(a) por la rutina

treason ['tri:zən] n traición f

treasonable ['tri:zənəbəl] adj (offence, act) de alta traición

treasure ['treʒə(r)] ◇ n **-1.** (gold, silver, jewels, etc) tesoro m; **buried ~** tesoro enterrado ❑ **~ hunt** juego m de las pistas, caza f del tesoro; **the Treasure State** = apelativo familiar referido al estado de Montana
-2. (valuable thing) tesoro m, joya f; (valuable person) joya f; **the museum has many treasures of Renaissance art** el museo tiene muchas joyas del Renacimiento; **his works are a ~ house of language** sus obras son una mina or un tesoro de la lengua
-3. Fam (term of address) tesoro m, cielo m
◇ vt (friendship, gift, memory, moment) apreciar de verdad; **my most treasured possession** mi bien más preciado

treasurer ['treʒərə(r)] n tesorero(a) m,f

treasure-trove ['treʒətrəʊv] n **-1.** LAW tesoro m encontrado **-2.** (museum, shop) descubrimiento m

treasury ['treʒərɪ] n **-1.** (in castle, church, palace) tesorería f, sala f del tesoro
-2. POL **the Treasury** (in UK) el tesoro (público), ≃ (el Ministerio de) Economía; **the Department of the Treasury** (in US) el tesoro (público), ≃ (el Ministerio de) Hacienda ❑ Br **Treasury bench** escaños mpl del gobierno, Esp ≃ banco m azul; **Treasury bill** letra f del tesoro; **Treasury bond** bono m del tesoro; **Treasury note** pagaré m del tesoro

---
TREASURY

Éste es el nombre que recibe el Ministerio de Economía británico, encargado de la fiscalidad y el gasto público. A la cabeza del ministerio se encuentra el "Chancellor of the Exchequer", aunque al primer ministro le corresponde también el título de "First Lord of the Treasury".
En EE.UU., donde recibe la misma denominación que en Australia, "Department of **Treasury**" o "**Treasury** Department", este ministerio no sólo se encarga de la política económica y fiscal y de la emisión de monedas y billetes, sino que además es responsable de hacer cumplir la ley y de los servicios secretos que velan por la seguridad del presidente.

---

treat [tri:t] ◇ n **-1.** (pleasure) alegría f; **it's a ~ for us to see you looking so happy** para nosotros es una alegría verte tan contenta; **to give oneself a ~** darse un capricho; **you've got a real ~ in store** te espera algo bueno; **watching this team play is a real ~** ver jugar a este equipo es un gustazo; IDIOM Br Fam **the renovation of our house is coming on a ~** la reforma de la casa va que da gusto; IDIOM Br Fam **this beer is going down a ~** esta cerveza sienta de maravilla; IDIOM Br Fam **it worked a ~** (plan) funcionó a las mil maravillas
-2. (gift) regalo m; **as a special ~ we were taken to the zoo** como premio nos llevaron al zoo; **I bought him tickets to go and see his favourite band as a birthday ~** le compré entradas para que fuera a ver a su grupo favorito como regalo de cumpleaños; **it's my ~** (I'm paying) invito yo
◇ vt **-1.** (deal with) (person) tratar; **to ~ sb well/badly** tratar bien/mal a alguien; **to ~ sb like an idiot** tomar a alguien por imbécil, tratar a alguien como a un(a) imbécil; **the hostages said that they had been well treated** los rehenes dijeron que los habían tratado bien; **you ~ this place like a hotel!** ¡te comportas como si esto fuera un hotel!; **how's life been treating you?** ¿cómo te va?
-2. (handle) (substance, object) manejar; **the weedkiller needs to be treated with great care** los herbicidas deben ser manejados con mucho cuidado
-3. (consider) (problem, question, situation) tratar; **to ~ sth as a joke** tomarse algo a broma; **she treated the subject rather superficially** trató or abordó el tema bastante superficialmente; **they treated my offer with suspicion/contempt** acogieron mi oferta con recelo/desdén; **police are treating this as a very serious matter** la policía le está dando mucha importancia a este asunto
-4. (patient, illness) tratar; **to ~ sb for sth** tratar a alguien de algo; **she was treated for minor cuts and bruises** la atendieron para curarle pequeñas heridas y golpes; **the condition can be treated successfully using antibiotics** la enfermedad se puede curar con antibióticos
-5. (material, timber, crops, sewage) tratar; **the land has been treated with fertilizer** la tierra ha sido tratada or abonada con fertilizantes
-6. (give as a present) **to ~ sb to sth** invitar a alguien a algo; **I'll ~ you** te invito; **to ~ oneself to sth** darse el capricho de comprarse algo; **go on, ~ yourself!** ¡vamos or Esp venga, date el gustazo!; Ironic **she treated us to one of her tantrums** nos deleitó con una de sus rabietas
◇ vi Formal **-1.** (negotiate) negociar (**with** con) **-2.** (be about) **the book treats of love** el libro versa sobre el amor

treatable ['tri:təbəl] adj tratable, curable

treatise ['tri:tɪz] n tratado m (**on** sobre)

treatment ['tri:tmənt] n **-1.** (behaviour towards) (of prisoner, animal) trato m; **his ~ of the prisoners** el trato que daba a los prisioneros; **I got very good ~** me trataron muy bien; **preferential ~** trato de favor; IDIOM Fam **to give sb the (full) ~** (treat well) nos trataron como reyes; (beat up) dar una paliza or Esp un buen repaso a alguien
-2. MED (of patient) tratamiento m; **she was sent to Toronto for ~** la enviaron a Toronto para el tratamiento; **to be given** or **undergo ~** recibir tratamiento; **he is not responding to ~** no está respondiendo al tratamiento; **he spent most of the year on the ~ table** pasó la mayor parte del año en recuperación
-3. (of problem, question, situation) tratamiento m; **the government was criticized for its ~ of the matter** el gobierno fue criticado por el tratamiento que le dieron al asunto; **Cézanne's ~ of colour** la forma de tratar el color de Cézanne
-4. (of material, timber, crops, sewage) tratamiento m

treaty ['tri:tɪ] n tratado m; **the Maastricht Treaty** el Tratado de Maastricht ❑ **the Treaty of Amsterdam** el Tratado de Amsterdam; **the Treaty of Rome** el Tratado de Roma; **the Treaty of Versailles** el Tratado de Versalles (1919)

treble ['trebəl] ◇ n **-1.** MUS (person, voice) soprano m, tiple m **-2.** (on hi-fi) agudos mpl **-3.** (in darts) triple m **-4.** Br (in soccer) **to do the ~** hacer or conseguir el triplete **-5.** (bet) = apuesta acumulada a tres caballos de diferentes carreras
◇ adj **-1.** (triple) triple; Br **~ six** (when reading numbers) seis seis seis ❑ Br **~ chance** triple apuesta f **-2.** MUS (part, voice) de soprano or tiple ❑ **~ clef** clave f de sol
◇ vt (value, number) triplicar
◇ vi triplicarse
◇ adv **~ the amount** el triple, tres veces la cantidad

trebuchet ['trebjuʃet] n trabuco m

tree [tri:] n **-1.** (plant) árbol m; **a pear ~** un peral; **a plum ~** un ciruelo; **an oak ~** un roble; IDIOM **to get to the top of the ~** llegar a lo más alto; IDIOM Fam **to be out of one's ~** (crazy) estar como una cabra; (drunk) estar como una cuba; (on drugs) tener un buen colocón ❑ **~ fern** helecho m arbóreo; **~ fox** zorro m gris; **~ frog** rana f de San Antonio; **~ house** cabaña f (en la copa de un) árbol; **~ of knowledge** árbol m de la ciencia; **~ of life** árbol m de la vida; **~ line** límite m superior de la vegetación arbórea; **~ pipit** bisbita m arbóreo; **~ snake** serpiente f arborícola; **~ sparrow** gorrión m molinero; **~ stump** tocón m (de árbol); **~ surgeon** arboricultor(ora) m,f; **~ trunk** tronco m (de árbol)
-2. COMPTR árbol m
-3. MATH & LING **~ diagram** (diagrama m en) árbol m

treecreeper ['tri:kri:pə(r)] n agateador m norteño ❑ **short-toed ~** agateador m

treeless ['tri:lɪs] adj sin árboles

tree-lined ['tri:laɪnd] adj bordeado(a) de árboles

treetop ['tri:tɒp] n copa f de árbol; **in the treetops** en las copas or en lo alto de los árboles

trefoil ['trefɔɪl] n **-1.** BOT trébol m **-2.** ARCHIT trifolio m

trek [trek] ◇ n (long walk) caminata f; (long journey) largo camino m; Fam **it's quite a ~ into town** hasta el centro hay un buen trecho or Esp una buena tirada
◇ vi **to ~ over the hills** recorrer las montañas; **to ~ home** recorrer el largo camino hasta casa; Fam **to ~ to the shops** darse una caminata hasta las tiendas

trekking ['trekɪŋ] n senderismo m, excursionismo m; **to go ~** hacer senderismo or excursionismo

trellis ['trelɪs] n espaldar m, guía f

trellis-work ['trelɪswɜːk] n enrejado m

trematode ['tremətəʊd] n trematodo m

tremble ['trembəl] ◇ n temblor m; Br **to be all of a ~** estar temblando como un flan
◇ vi (vibrate) temblar; **his hands were trembling** le temblaban las manos; **to ~ with fear** temblar de miedo; **her voice trembled with emotion** la voz le temblaba de la emoción; Fig **she trembled at the thought of what they might get up to** temblaba con pensar lo que estarían tramando

trembling ['tremblɪŋ] adj (body, hands) tembloroso(a); **she spoke in a ~ voice** hablaba con (la) voz temblorosa ❑ **~ poplar** álamo m temblón

tremendous [trɪ'mendəs] adj **-1.** (big) (amount, size, noise) tremendo(a); **it was a ~ success** fue un éxito tremendo, fue todo un éxito; **you've been a ~ help** has sido de una enorme ayuda
-2. (excellent) (book, holiday, writer) extraordinario(a), estupendo(a), Andes, CAm, Carib, Méx chévere, Méx padre, RP bárbaro(a); **we had a ~ time** lo pasamos de maravilla

tremendously *or* estupendamente; **she looks ~ in black** el negro le sienta estupendamente; **he scored a ~ goal** marcó un gol de antología
tremendously [trɪˈmendəslɪ] *adv* **-1.** *(very)* enormemente, tremendamente; **he did ~ well** le fue estupendamente (bien); **I'm not ~ keen on his plays** no me vuelve loco su obra teatral; **you've been ~ kind** has sido muy amable **-2.** *(very much)* **we enjoyed it ~** nos gustó muchísimo
tremolo [ˈtremələʊ] *n* MUS trémolo *m*
tremor [ˈtremə(r)] *n* **-1.** *(of person)* temblor *m*; **she spoke with a ~ in her voice** hablaba con (la) voz temblorosa; **a ~ of anticipation ran through the audience** se notaba entre el público la emoción de que se acercaba el momento **-2.** *(earthquake)* temblor *m* de tierra
tremulous [ˈtremjʊləs] *adj Literary* **-1.** *(quivering) (person, hands, voice)* trémulo(a) **-2.** *(timid) (person, manner, smile)* apocado(a)
tremulously [ˈtremjʊləslɪ] *adv Literary* **-1.** *(to answer, sing)* de forma trémula **-2.** *(to smile)* apocadamente
trench [trentʃ] *n* **-1.** *(ditch)* zanja *f* **-2.** MIL trinchera *f* ▫ **~ coat** trinchera *f*; **~ fever** fiebre *f* de las trincheras; **~ foot** = afección de los pies producida por la estancia prolongada en terreno húmedo; **~ warfare** guerra *f* de trincheras
trenchant [ˈtrentʃənt] *adj* mordaz
trenchantly [ˈtrentʃəntlɪ] *adv* mordazmente
trencherman [ˈtrentʃəmən] *n Hum* tragaldabas *mf inv*
trend [trend] ◇ *n* tendencia *f*; **the latest trends in fashion** las últimas tendencias de la moda; **the ~ is towards decentralization** se tiende a la descentralización; **there is a ~ away from going abroad for holidays** las vacaciones en el extranjero están disminuyendo; **house prices are on an upward ~ again** la tendencia de los precios de la vivienda está otra vez al alza; **to set/start a ~** establecer/iniciar una tendencia
◇ *vi (prices)* tender; *(opinion)* inclinarse
trendily [ˈtrendɪlɪ] *adv (to dress)* a la última (moda)
trendiness [ˈtrendɪnɪs] *n (of clothes, style, idea)* lo moderno, estilo *m* a la última (moda); *(of person)* modernidad *f*; *(of bar, district)* lo moderno
trendsetter [ˈtrendsetə(r)] *n* **he's a ~ for the young** marca estilo entre los jóvenes
trendsetting [ˈtrendsetɪŋ] *adj* rompedor(ora); **a ~ idea** una idea rompedora
trendy [ˈtrendɪ] ◇ *n Br Fam Pej (person)* modernillo(a) *m,f*, *RP* modernoso(a) *m,f*; **the bar was full of trendies** el bar estaba lleno de gente que iba de moderna
◇ *adj (clothes, style)* de moda; *(person, idea)* moderno(a); *(bar, district)* de moda; **it's very ~ to do that** está muy de moda hacer eso; **he's a very ~ dresser** viste a la última *or* muy a la moda ▫ *Pej* **~ lefty** progre *mf*
trepan [trɪˈpæn] MED ◇ *n* trépano *m*
◇ *vt* trepanar
trepidation [trepɪˈdeɪʃən] *n Formal* inquietud *f*, miedo *m*; **he stood there in ~ before the headmaster** estaba atemorizado ante el director; **it was with some ~ that I entered the room** entré con un cierto temor en la habitación
trespass [ˈtrespəs] ◇ *vi* **-1.** LAW entrar sin autorización; **no trespassing** *(sign)* prohibido el paso **-2.** REL **to ~ against** pecar contra
◇ *n* **-1.** LAW entrada *f* no autorizada **-2.** REL **forgive us our trespasses** perdona nuestras ofensas *or* deudas
◆ **trespass on** *vt insep* **-1.** *(sb's property)* invadir, entrar sin autorización en; **you're trespassing on my property** estás invadiendo mi propiedad
-2. *(encroach on) (sb's privacy, business)* inmiscuirse en; **I don't want to ~ on your time** no quiero quitarte tu tiempo; **he's trespassing on my area of responsibility** se está inmiscuyendo *or* entrometiendo en mis responsabilidades; **to ~ on sb's rights** violar los derechos de alguien

trespasser [ˈtrespəsə(r)] *n* LAW intruso(a) *m,f*; **trespassers will be prosecuted** *(sign)* prohibido el paso (bajo sanción)
tress [tres] *n Literary (lock of hair)* mechón *m*; **tresses** *(hair)* melena *f*, cabellera *f*
trestle [ˈtresəl] *n* caballete *m* ▫ **~ bridge** puente *m* de caballete; **~ table** mesa *f* de caballetes
trews [truːz] *npl* = pantalones ceñidos de tela escocesa
tri- [traɪ] *prefix* tri-
triable [ˈtraɪəbəl] *adj* LAW enjuiciable, procesable
triad [ˈtraɪæd] *n* **-1.** *(trio)* tríada *f*, terna *f* **-2.** MUS tríada *f* **-3.** CHEM tríada *f* **-4.** *(Chinese secret society)* **Triad (Society)** tríada *f* china
triage [ˈtriːɑːʒ] *n* selección *f* de prioridades *(en la atención a víctimas de guerra, catástrofes, etc.)*
trial [ˈtraɪəl] ◇ *n* **-1.** LAW juicio *m*; **to be on ~ (for)** estar siendo juzgado(a) (por); **he is still awaiting ~** está todavía en espera de juicio; **to bring sb to ~, to put sb on ~** llevar a alguien a juicio; **to come** *or* **go to ~** ir a juicio; **to give sb a fair ~** dar a alguien un juicio justo; **to go on ~ for sth** ir a juicio por algo ▫ **~ by jury** juicio *m* con jurado; *Fam Pej* **~ by television** juicio *m* paralelo (en los medios)
-2. *(test)* ensayo *m*, prueba *f*; **the new drug is still undergoing trials** el nuevo fármaco está todavía a prueba; **to give sb a ~** *(for a job)* tener a alguien a prueba; **it was a ~ of strength between the government and the unions** fue una prueba de fuerza entre el gobierno y los sindicatos; **we are using the system on a ~ basis** tenemos el sistema a prueba; **on ~** a prueba, en prueba; **~ and error** ensayo y error, tanteo; **we found the right amount by ~ and error** dimos con la cantidad adecuada después de hacer varias pruebas ▫ FIN **~ balance** balance *m* de comprobación; **~ flight** vuelo *m* de prueba; **~ offer** *(of product)* oferta *f* especial de lanzamiento; **~ period** periodo *m* de prueba; **~ run** ensayo *m*; **~ separation** *(of married couple)* separación *f* de prueba
-3. SPORT *(with club)* periodo *m* de prueba; **trials** *(competition)* pruebas *fpl* de selección ▫ **trials riding** trial *m*
-4. *(ordeal)* suplicio *m*, calvario *m*; **the trials of married life** las dificultades de la vida de casado; **my boss is a real ~!** ¡aguantar a mi jefe es un verdadero suplicio *or* calvario!; **the child is a real ~ to his parents** el niño es un auténtico martirio para sus padres; **trials and tribulations** penas y desventuras, tribulaciones
◇ *vt (test)* probar; **the product is still being trialled** el producto está todavía a prueba
trialist [ˈtraɪəlɪst] *n* SPORT deportista *mf* en periodo de prueba
triangle [ˈtraɪæŋɡəl] *n* **-1.** *(shape)* triángulo *m*; **a ~ of cheese** un quesito, una porción de queso **-2.** MUS triángulo *m* **-3.** *US* MATH *(set square) (with angles of 45, 45 and 90°)* escuadra *f*; *(with angles of 30, 60 and 90°)* cartabón *m*
triangular [traɪˈæŋɡjʊlə(r)] *adj* triangular
triangulate [traɪˈæŋɡjʊleɪt] *vt* triangular
triangulation [traɪæŋɡjʊˈleɪʃən] *n* GEOG triangulación *f* ▫ **~ pillar** vértice *m* geodésico; **~ point** vértice *m* geodésico
Triassic [traɪˈæsɪk] ◇ *n* **the ~** el triásico
◇ *adj* triásico(a)
triathlete [traɪˈæθliːt] *n* triatleta *mf*
triathlon [traɪˈæθlɒn] *n* triatlón *m*
tribal [ˈtraɪbəl] *adj* tribal
tribalism [ˈtraɪbəlɪzəm] *n* POL tribalismo *m*
tribally [ˈtraɪbəlɪ] *adv* por tribus
tribe [traɪb] *n* **-1.** *(social group)* tribu *f* **-2.** BIOL tribu *f*
tribesman [ˈtraɪbzmən] *n* miembro *m* de una tribu; **a Tutsi ~** un tutsi
tribespeople [ˈtraɪbzpiːpəl] *n* miembros *mpl* de una tribu
tribeswoman [ˈtraɪbzwʊmən] *n* mujer *f* de una tribu; **a Tutsi ~** una tutsi
tribulation [trɪbjʊˈleɪʃən] *n Formal* tribulación *f*

tribunal [traɪˈbjuːnəl] *n* **-1.** *(court)* tribunal *m* **-2.** *Br (committee)* comisión *f* investigadora
tribune [ˈtrɪbjuːn] *n* **-1.** HIST **~ of the people** tribuno *m* (de la plebe) **-2.** *Br* PARL **Tribune group** = corriente izquierdista moderada del partido laborista
Tribunite [ˈtrɪbjuːnaɪt] *Br* POL ◇ *n* = miembro del "Tribune group"
◇ *adj* = del sector izquierdista moderado del partido laborista
tributary [ˈtrɪbjʊtərɪ] ◇ *n* **-1.** *(of river)* afluente *m* **-2.** *(state)* estado *m* tributario
◇ *adj (stream)* tributario(a)
tribute [ˈtrɪbjuːt] *n* **-1.** *(homage)* tributo *m*; **to pay ~ to** rendir tributo a; **to be a ~ to sth** *(indication of)* hacer honor a algo, ser el mejor testimonio de algo; **that the project succeeded is a ~ to his organizational skills** el éxito del proyecto hace honor a su talento organizativo ▫ **~ band** grupo *m* de imitación **-2.** HIST *(payment)* tributo *m*
trice [traɪs] *n* **in a ~** en un santiamén
tricentenary [traɪsenˈtiːnərɪ], *US* **tricentennial** [traɪsenˈtenɪəl] *n* tricentenario *m*
triceps [ˈtraɪseps] *n* ANAT tríceps *m inv*
triceratops [traɪˈserətɒps] *n* triceratops *m inv*
trichinosis [trɪkɪˈnəʊsɪs] *n* MED triquinosis *f inv*
trichloride [traɪˈklɔːraɪd] *n* CHEM tricloruro *m*
trichloroethylene [traɪklɔːrəʊˈeθɪliːn] *n* CHEM tricloroetileno *m*
trick [trɪk] *n* **-1.** *(ruse, deceitful behaviour)* artimaña *f*; **it was just a ~ to get you to open the door** fue una artimaña para que abrieras la puerta; **to obtain sth by a ~** conseguir algo con engaños; **a ~ of the light made her look like my mother** con el efecto de la luz se parecía a mi madre ▫ **~ cyclist** acróbata *mf* del monociclo; *Fam (psychiatrist)* psiquiatra *mf*; **~ photograph** fotografía *f* trucada; **~ photography** fotografía *f* trucada, montaje *m* fotográfico; **~ question** pregunta *f* con trampa
-2. *(practical joke)* broma *f*; **to play a ~ on sb** gastar una broma a alguien; **my memory is/my eyes are playing tricks on me** la memoria/la vista me juega malas pasadas; **a nasty ~** una jugarreta; *US* **~ or treat** = frase que pronuncian los niños que van de casa en casa en la noche de Halloween cuando se les abre la puerta
-3. *(by magician)* truco *m*; **a ~ spider/finger** una araña/un dedo de plástico *or* de mentira
-4. *(piece of skill)* truco *m*; **we've taught the dog to do tricks** hemos enseñado al perro a hacer algunas cosas; **he performed a few tricks with a football** hizo unas cuantas virguerías con el balón
-5. *(knack, system)* truquillo *m*; **there's a special ~** to it tiene su truquillo; **the ~ is not to add too much water** el truco *or* secreto está en no añadir demasiada agua
-6. *(habit)* **he has a ~ of always being in the right place at the right time** tiene el don de estar en el momento preciso en el lugar adecuado
-7. *(in card game)* mano *f*, baza *f*; **to take** *or* **make a ~** ganar una mano *or* una baza
-8. *Fam (prostitute's client)* cliente *m*; **to turn a ~** hacer una carrera; **to turn tricks** hacer la calle
-9. IDIOMS **he's been up to his old tricks again** ha vuelto a las andadas, ha vuelto a hacer de las suyas; **that should do the ~** esto debería servir; **that glass of brandy really did the ~** esa copa de coñac me vino *or* sentó muy bien; **she knows all the tricks** se las sabe todas; **the tricks of the trade** los trucos del oficio; **every ~ in the book** todos los trucos habidos y por haber, toda clase de estratagemas; **that's the oldest ~ in the book** ése es el viejo truco; **she doesn't miss a ~** no se le escapa una; *Fam* **how's tricks?** ¿qué pasa?, *Esp* ¿cómo lo llevas?
◇ *vt (deceive)* engañar; **to ~ sb into doing sth** engañar a alguien para que haga algo; **to ~ sb out of sth** quitar *or Am* sacarle algo a alguien a base de engaños; **to ~ sth out of sb** *(admission, information)* sacar algo a

trickery

alguien con malas artes
⬥ *adj US (weak) (knee, leg)* débil, delicado(a)
◆ **trick out, trick up** *vt sep Literary* engalanar
trickery ['trɪkərɪ] *n* **-1.** *(deceit)* engaños *mpl*, trampas *fpl*; **by ~** con malas artes **-2.** *(skill)* virguería(s) *f(pl)*, destreza *f* en el juego
trickiness ['trɪkɪnɪs] *n (of task, situation, subject)* lo delicado; *(of question)* dificultad *f*
trickle ['trɪkəl] ⬥ *n* **-1.** *(of blood, water) (thin stream)* hilo *m*, reguero *m*; *(drops)* goteo *m* **-2.** *(of complaints, letters)* goteo *m*; **the new attraction has received little more than a ~ of visitors** los visitantes que ha recibido la nueva atracción han venido con cuentagotas; **enquiries have slowed to a ~** ya sólo se atienden unas pocas consultas **-3.** AUT **~ charger** cargador *m* de goteo
⬥ *vt (liquid)* derramar un hilo de; **to ~ sand through one's fingers** dejar caer la arena por entre los dedos
⬥ *vi* **-1.** *(liquid)* **water/sweat trickled down my face** me corrían unas gotas de agua/sudor por la cara **-2.** *(move slowly)* **to ~ in/out** *(people)* ir entrando/saliendo poco a poco; **the ball trickled into the net** la pelota llegó mansamente hasta el fondo de la red; **news is beginning to ~ through** la noticia está empezando a filtrarse
◆ **trickle away** *vi* **-1.** *(liquid)* **the water trickled away down the plughole** el agua se iba colando por el desagüe **-2.** *(money, savings)* **our savings had gradually trickled away** nuestros ahorros se habían ido consumiendo
trickle-down theory ['trɪkəldaʊnθɪərɪ] *n* = teoría según la cual la riqueza de unos pocos termina por revertir en toda la sociedad
trickster ['trɪkstə(r)] *n* timador(ora) *m,f*
tricksy ['trɪksɪ] *adj* **-1.** *(mischievous)* bromista; **she's very ~** le gusta mucho gastar bromas **-2.** *(sly)* astuto(a)
tricky ['trɪkɪ] *adj* **-1.** *(task, situation, subject)* delicado(a); *(question)* difícil; **this is where things start to get ~** aquí es donde la cosa empieza a complicarse; **conditions were ~** las condiciones eran difíciles **-2.** *(sly)* **he's a ~ customer** es un elemento de cuidado *or* un pájaro (de cuenta)
tricolour, *US* **tricolor** ['trɪkələ(r)] *n* bandera *f* tricolor
tricorn(e) ['traɪkɔːn] *n* **~ (hat)** tricornio *m*
tricycle ['traɪsɪkəl] *n* triciclo *m*
tricyclic [traɪ'saɪklɪk] *n* (antidepresivo *m*) tricíclico *m*
trident ['traɪdənt] *n* tridente *m*
tried-and-tested ['traɪdən'testɪd] *adj* probado(a)
triennial [traɪ'enɪəl] ⬥ *n* trienio *m*
⬥ *adj* trienal
triennially [traɪ'enjəlɪ] *adv* cada tres años
trier ['traɪə(r)] *n Fam* **to be a ~** tener mucho tesón
trifle ['traɪfəl] *n* **-1.** *(insignificant thing)* nadería *f*; **she doesn't worry over trifles like money** no se preocupa por nimiedades de ésas; **I bought it for a ~** lo compré por muy poco; **$500 is a mere ~ to them** 500 dólares no es nada para ellos; **a ~ wide/short** un poquito ancho(a)/corto(a) **-2.** *esp Br* CULIN = postre de frutas en gelatina y bizcocho cubiertas de crema y nata
◆ **trifle with** *vt insep (affections)* jugar con; **a person not to be trifled with** una persona con la que no se puede jugar
trifling ['traɪflɪŋ] *adj* insignificante; *Ironic* **the ~ sum of £10,000** la insignificante cantidad de 10.000 libras
trifoliate [traɪ'fəʊlɪət] *adj* BOT trifoliado(a)
trig [trɪg] *n* **-1.** MATH *Fam* trigonometría *f* **-2.** GEOG **~ point** vértice *m* geodésico
trigger ['trɪgə(r)] ⬥ *n* **-1.** *(of gun)* gatillo *m*; **to pull the ~** apretar el gatillo; *Fam* **to be ~-happy** tener el gatillo demasiado ligero
❑ **~ finger** *(index finger)* (dedo *m*) índice *m*; *(medical problem)* dedo *m* engatillado **-2.** *(of*

change, decision) factor *m* desencadenante, detonante *m*; **the strike was the ~ for nationwide protests** la huelga provocó una cadena de protestas por toda la nación
⬥ *vt (reaction)* desencadenar; *(revolution, protest)* hacer estallar
◆ **trigger off** *vt sep* desencadenar
triggerfish ['trɪgəfɪʃ] *n* pez *m* gatillo
triglyceride [traɪ'glɪsəraɪd] *n* CHEM triglicérido *m*
trigonometric [trɪgənə'metrɪk] *adj* trigonométrico(a)
trigonometry [trɪgə'nɒmɪtrɪ] *n* trigonometría *f*
trike [traɪk] *n Fam (tricycle)* triciclo *m*
trilateral [traɪ'lætərəl] *adj* **-1.** *(figure)* de tres caras, trilátero(a) **-2.** *(talks)* trilateral
trilby ['trɪlbɪ] *n Br* sombrero *m* de fieltro
trilingual [traɪ'lɪŋgwəl] *adj* **-1.** *(person)* trilingüe **-2.** *(document, conference)* trilingüe, en tres idiomas
trill [trɪl] ⬥ *n* **-1.** *(of bird)* trino *m* **-2.** MUS trino *m* **-3.** LING vibración *f*
⬥ *vt* **-1.** MUS hacer vibrar **-2.** *(say in high-pitched voice)* gorjear **-3.** LING *(consonant)* hacer vibrar
⬥ *vi (bird)* trinar
trillion ['trɪljən] *n* (10^{12}) billón *m*; *Br* (10^{18}) trillón *m*; *Fam* **I've got trillions of things to do!** ¡tengo millones de cosas que hacer!
trilogy ['trɪlədʒɪ] *n* trilogía *f*
trim [trɪm] ⬥ *n* **-1.** *(of hedge)* recorte *m*; *(of beard)* arreglo *m*; **to give sth a ~** recortar algo; **to give sb a ~** cortar las puntas del pelo a alguien; **just a ~, please** sólo (un poco por) las puntas, por favor
-2. *(fit condition)* **to be/keep in ~** estar/mantenerse en forma; **to get in** *or* **into ~** ponerse en forma
-3. *(neat state)* **to be in good ~** estar *or* conservarse en buen estado
-4. *(decoration, finish)* *(on clothes)* ribetes *mpl*; *(on car)* embellecedores *mpl*, *Chile* tapas *fpl*, *RP* tazas *fpl*
⬥ *adj* **-1.** *(neat)* *(of person)* aseado(a); *(of beard)* recortado(a); *(of garden)* cuidado(a)
-2. *(svelte)* **to have a ~ figure** tener buen tipo
⬥ *vt (pt & pp* **trimmed)** **-1.** *(cut) (hedge)* recortar; *(beard)* arreglar; *(wick)* cortar; *(meat)* quitar *or Am* sacar la grasa a; *(paper, photo)* recortar; **to have one's hair trimmed** cortarse las puntas del pelo; **to ~ one's nails** cortarse las uñas; **~ the edges off the material** recorta los bordes de la tela
-2. *(reduce) (text, expenditure)* recortar
-3. *(decorate) (hat, dress)* adornar **(with** con); *(on edges)* ribetear **(with** con)
-4. *(sails)* orientar; *(ship)* equilibrar; IDIOM **to ~ one's sails** apretarse el cinturón
◆ **trim away** *vt sep* recortar, quitar
◆ **trim down** *vt sep* **-1.** *(wick)* cortar **-2.** *(text, expenditure)* recortar; *(company)* racionalizar
◆ **trim off** *vt sep (edge)* recortar; *(fat)* quitar; **the vet trimmed off the fur around the injury** el veterinario recortó el pelo alrededor de la herida; **she trimmed just under a second off the world record** consiguió rebajar el récord del mundo en poco menos de un segundo
trimaran ['traɪməræn] *n* trimarán *m*
trimester ['traɪmestə(r)] *n* trimestre *m*
trimmer ['trɪmə(r)] *n* **-1.** *(tool) (for hedges)* máquina *f* de podar **-2.** *Fam (person)* oportunista *mf*, *Esp* chaquetero(a) *m,f*
trimming ['trɪmɪŋ] *n* **-1.** *(on clothes)* adorno *m*; *(on edge)* ribete *m* **-2.** CULIN **turkey with all the trimmings** pavo con la guarnición clásica *(patatas asadas, coles de bruselas, caldo de carne, etc.)* **-3.** *(cutting)* **trimmings** recortes *mpl*
Trinidad and Tobago ['trɪnɪdædəntə'beɪgəʊ] *n* Trinidad y Tobago
Trinidadian [trɪnɪ'dædɪən] ⬥ *n* trinidense *mf*
⬥ *adj* de Trinidad, trinidense
Trinitarian [trɪnɪ'teərɪən] ⬥ *n* trinitario(a) *m,f*
⬥ *adj* trinitario(a)

trinitrotoluene [traɪnaɪtrəʊ'tɒljʊiːn] *n* trinitrotolueno *m*
Trinity ['trɪnɪtɪ] *n* REL **the (Holy) ~** la (Santísima) Trinidad ❑ **~ Sunday** (día *m* de la) Trinidad *f*; *Br* UNIV **~ term** último trimestre *m*
trinket ['trɪŋkɪt] *n* baratija *f*, chuchería *f*
trio ['triːəʊ] *n (pl* **trios)** **-1.** MUS trío *m* **-2.** *(group of three)* trío *m*
trip [trɪp] ⬥ *n* **-1.** *(journey)* viaje *m*; **a train ~** un viaje en tren; **a ~ round the world** una vuelta al mundo; **it took several trips for us to move everything** tuvimos que hacer varios viajes para llevarlo todo; **I'm going on a long ~** voy a hacer un largo viaje
-2. *(excursion)* excursión *f*; **a ~ to the beach** una excursión *or* salida a la playa; **to go on a birdwatching ~** hacer una excursión para observar las aves
-3. *(outing)* **a ~ into town/to the theatre** una salida al centro (de la ciudad)/al teatro; **I have to make a ~ to the dentist's tomorrow** tengo que ir mañana al dentista
-4. *(stumble)* tropezón *m*
-5. *(causing stumble)* zancadilla *f*; **he was booked for a ~ on the winger** fue sancionado por ponerle la zancadilla al extremo
❑ TECH **~ hammer** martinete *m*; **~ switch** interruptor *m* diferencial; **~ wire** = cable tendido para hacer tropezar a quien pase
-6. *Fam (on drugs)* viaje *m*, *Esp* flipe *m*; **to have a good/bad ~** tener un buen/mal viaje
-7. *Fam (experience)* **to be on a guilt ~** sentirse muy culpable; **to be on a power ~** estar ebrio de poder
-8. MUS **~ hop** trip hop *m*
⬥ *vt (pt & pp* **tripped)** **-1.** *(cause to stumble)* poner la zancadilla a; **the coil of rope on the floor tripped me** tropecé con el rollo de cuerda que había en el suelo **-2.** *(switch, alarm)* hacer saltar **-3.** IDIOM *Hum* **to ~ the light fantastic** mover el esqueleto
⬥ *vi* **-1.** *(stumble)* tropezar; **I tripped on a pile of books on the floor** tropecé con un montón de libros que había en el suelo
-2. *(step lightly)* brincar, danzar; **to ~ in/out** entrar/salir con paso ligero; *Fig* **to ~ off the tongue** *(word, name)* pronunciarse fácilmente; *Fig* **her name doesn't exactly ~ off the tongue** su nombre no es precisamente fácil de pronunciar
-3. *Fam (on drugs)* **to be tripping on acid** ir de tripi
◆ **trip along** *vi* caminar a saltitos
◆ **trip over** ⬥ *vt insep* tropezar con
⬥ *vi* tropezar
◆ **trip up** ⬥ *vt sep* **-1.** *(cause to fall)* poner la zancadilla a; **the coil of rope tripped me up** tropecé con el rollo de cuerda **-2.** *(cause to make mistake)* hacer caer; **a trick question designed to ~ people up** una pregunta con trampa para hacer caer a la gente
⬥ *vi* **-1.** *(stumble)* tropezar **-2.** *(make a mistake)* equivocarse, meter la pata
tripartite [traɪ'pɑːtaɪt] *adj* tripartito(a)
tripe [traɪp] *n* **-1.** CULIN mondongo *m*, *Esp* callos *mpl*, *Chile* chunchules *mpl* **-2.** *Fam (nonsense)* tonterías *fpl*, bobadas *fpl*; **what a load of ~!** ¡qué montón de tonterías!; **the film is absolute ~!** ¡la película es una porquería!
triphthong ['trɪfθɒŋ] *n* triptongo *m*
triplane ['traɪpleɪn] *n* triplano *m*
triple ['trɪpəl] ⬥ *n (in baseball)* triple *m*
⬥ *adj* triple; **the organization serves a ~ purpose** la organización tiene tres propósitos *or* cometidos; **a ~ whisky** un whisky triple ❑ **~ axle** *(in figure skating)* triple axle *m*; *Br***Triple Crown** *(in rugby)* triple corona *f*; **~ crown** *(Pope's tiara)* tiara *f* pontificia; **~ glazing** triple acristalamiento *m*; **~ jump** triple salto *m*; **~ jumper** saltador(ora) *m,f* de triple salto; MUS **~ time** compás *m* ternario; **~ vaccine** vacuna *f* triple
⬥ *adv* **~ the amount (of)** el triple (de)
⬥ *vt* triplicar, multiplicar por tres
⬥ *vi* triplicarse, multiplicarse por tres
triplet ['trɪplɪt] *n* **-1.** *(child)* trillizo(a) *m,f* **-2.** MUS tresillo *m* **-3.** LIT terceto *m*

triplicate ['trɪplɪkət] ◇ *n* **in ~** por triplicado
◇ *adj (copies)* triplicado(a)
triply ['trɪplɪ] *adv* triplemente
tripod ['traɪpɒd] *n* trípode *m*
Tripoli ['trɪpəlɪ] *n* Trípoli
tripper ['trɪpə(r)] *n Br* excursionista *mf*
triptych ['trɪptɪtʃ] *n* ART tríptico *m*
trireme ['traɪriːm] *n* trirreme *m*
trisect [traɪ'sekt] *vt* trisecar
trishaw ['traɪʃɔː] *n* rickshaw *m* de tres ruedas
trisyllabic [traɪsɪ'læbɪk] *adj* trisílabo(a), trisilábico(a)
trisyllable [traɪ'sɪləbəl] *n* trisílabo *m*
trite [traɪt] *adj* manido(a)
tritely ['traɪtlɪ] *adv* de forma poco original
tritium ['trɪtɪəm] *n* CHEM tritio *m*
Triton ['traɪtən] *n* **-1.** *(in mythology)* Tritón **-2.** ASTRON Tritón
triumph ['traɪəmf] ◇ *n* **-1.** *(victory)* triunfo *m*; **she gave him a look of ~** lo miró con aire triunfal; **the ~ of reason over passion** el triunfo de la razón sobre la pasión; **to return in ~** regresar triunfalmente; **the musical was an absolute ~** el musical fue un auténtico éxito **-2.** *(in ancient Rome)* desfile *m* triunfal
◇ *vi* triunfar (**over** sobre); **to ~ over adversity** vencer a la adversidad
triumphal [traɪ'ʌmfəl] *adj* triunfal ❑ **~ arch** arco *m* de triunfo
triumphalism [traɪ'ʌmfəlɪzəm] *n* triunfalismo *m*
triumphalist [traɪ'ʌmfəlɪst] *adj* triunfalista
triumphant [traɪ'ʌmfənt] *adj* **-1.** *(victorious) (team, army)* triunfador(ora), victorioso(a); *(return)* triunfal **-2.** *(proud) (look, smile)* triunfante **-3.** *(success)* clamoroso(a)
triumphantly [traɪ'ʌmfəntlɪ] *adv* **-1.** *(victoriously) (to march, return)* triunfalmente **-2.** *(to look, smile, say)* con aire triunfal
triumvir [traɪ'ʌmvə(r)] *n* triunviro *m*
triumvirate [traɪ'ʌmvɪrɪt] *n* triunvirato *m*
trivalent [traɪ'veɪlənt] *adj* CHEM trivalente
trivet ['trɪvɪt] *n (on table)* salvamanteles *m inv (de metal)*
trivia ['trɪvɪə] *npl* trivialidades *fpl* ❑ **~ quiz** concurso *m* de preguntas triviales
trivial ['trɪvɪəl] *adj* **-1.** *(insignificant) (sum, reason, offence, problem)* insignificante, trivial **-2.** *(banal) (story, duty)* banal **-3.** *(superficial) (person)* superficial
triviality [trɪvɪ'ælɪtɪ] *n* **-1.** *(insignificance) (of sum, reason, offence, problem)* insignificancia *f*, trivialidad *f* **-2.** *(insignificant thing)* nimiedad *f*, trivialidad *f*
trivialize ['trɪvɪəlaɪz] *vt* trivializar
trivium ['trɪvɪəm] *n* HIST trivio *m*, trívium *m*
trochaic [trəʊ'keɪɪk] *adj* trocaico(a)
trochanter [trəʊ'kæntə(r)] *n* ANAT trocánter *m*
trochee ['trəʊkiː] *n* troqueo *m*
trod *pt of* tread
trodden *pp of* tread
troglodyte ['trɒglədaɪt] *n* troglodita *mf*
troika ['trɔɪkə] *n* **-1.** *(carriage)* troika *f*, troica *f* **-2.** POL troika *f*, troica *f*
Trojan ['trəʊdʒən] HIST ◇ *n* troyano(a) *m,f*; IDIOM **to work like a ~** trabajar como una mula
◇ *adj* troyano(a) ❑ **~ Horse** HIST caballo *m* de Troya; COMPTR troyano *m*; **the ~ War** la guerra de Troya
troll [trəʊl] *n* troll *m*, trasgo *m*
trolley ['trɒlɪ] *n* **-1.** *Br (in supermarket, for luggage)* carro *m*; *(for food, drinks)* carrito *m*; IDIOM *Fam* **to be off one's ~** *(mad)* estar chalado(a) *or Col, Méx* zafado(a) *or RP* rayado(a) **-2.** *(in mine)* vagoneta *f* **-3.** *Br (in hospital) (bed)* camilla *f* **-4.** *US* **(car)** tranvía *m*
trolleybus ['trɒlɪbʌs] *n* trolebús *m*
trollop ['trɒləp] *n Old-fashioned or Hum (promiscuous woman)* fulana *f*, *Esp* pendón *m*
trombone [trɒm'bəʊn] *n* MUS trombón *m*
trombonist [trɒm'bəʊnɪst] *n* MUS trombonista *mf*
trompe l'oeil [trɒmp'lœːj] *n* ilusión *f* óptica
troop [truːp] ◇ *n* **-1.** MIL *(unit) (of cavalry)* escuadrón *m*; *(of armoured cars)* batería *f*; **troops** *(soldiers)* tropas *fpl*; **Britain has sent 1,000 troops to the area** el Reino Unido ha enviado 1.000 soldados a la zona ❑ **~ carrier** vehículo *m* para el transporte de tropas; **~ ship** buque *m* de transporte militar; **~ train** tren *m* para el transporte de tropas
-2. *(of people)* grupo *m*, batallón *m*
-3. *(of Scouts)* tropa *f*
◇ *vt Br* **to ~ the colour** desfilar ceremonialmente con la bandera
◇ *vi* **to ~ in/out** entrar/salir en tropel; **the children trooped off to school** los niños se dirigieron en grupo hacia el colegio
trooper ['truːpə(r)] *n* **-1.** *(soldier)* soldado *m (de caballería o división acorazada)* **-2.** *US (policeman)* policía *mf*
trooping ['truːpɪŋ] *n Br* **Trooping the Colour** = ceremonia de presentación de la bandera a la Reina en su cumpleaños
trope [trəʊp] *n* LIT tropo *m*
trophic ['trɒfɪk] *adj* trófico(a)
trophy ['trəʊfɪ] *n* trofeo *m* ❑ **~ cabinet** vitrina *f* de trofeos; *Fam* **~ wife** = esposa joven de un hombre maduro de la que éste hace ostentación
tropic ['trɒpɪk] *n* trópico *m*; **the tropics** *(region)* el trópico, los trópicos ❑ **Tropic of Cancer** trópico *m* de Cáncer; **Tropic of Capricorn** trópico *m* de Capricornio
tropical ['trɒpɪkəl] *adj* **-1.** *(region, climate, medicine)* tropical ❑ **~ rainforest** selva *f* tropical **-2.** *Fam (hot)* tropical
tropicbird ['trɒpɪkbɜːd] *n* **yellow-billed ~** rabijunco *m*
troposphere ['trɒpəsfɪə(r)] *n* troposfera *f*
Trot [trɒt] *n Br Fam Pej* POL trosco(a) *m,f*
trot [trɒt] ◇ *n* trote *m*; **to go/set off at a ~** ir/salir al trote; **to break into a ~** echar a trotar; *Fam* **to go for a ~** *(run)* ir a correr; IDIOM *Br Fam* **on the ~**: **they have won ten matches on the ~** han ganado diez partidos seguidos; **for six years on the ~** por sexto año consecutivo
◇ *vi (pt & pp* **trotted***)* **-1.** *(horse)* trotar **-2.** *(person)* ir a paso de trote; **I'll just ~ over to the office with this** voy un momento a la oficina con esto
◇ *vt (horse)* hacer trotar
◆ **trot along** *vi* **-1.** *(horse)* trotar **-2.** *Fam (person) (leave)* largarse; **I must be trotting along** me tengo que ir
◆ **trot out** *vt sep Fam (excuses, information)* salir con
◆ **trot over** *vi Fam (person)* **why don't you ~ over to see me some time?** ¿por qué no te pasas un día a verme?
troth [trəʊθ] *n Old-fashioned* **by my ~!** ¡doy mi palabra!
trots [trɒts] *npl Fam* **to have the ~** estar suelto(a), tener *Esp* cagalera *or RP* cagadera
Trotskyism ['trɒtskɪɪzəm] *n* trotskismo *m*
Trotskyist ['trɒtskɪɪst], **Trotskyite** ['trɒtskaɪt]
◇ *n* trotskista *mf*
◇ *adj* trotskista
trotter ['trɒtə(r)] *n* CULIN **(pig's) trotters** manitas *fpl or* pies *mpl (de cerdo)*
troubadour ['truːbədɔː(r)] *n* HIST trovador *m*
trouble ['trʌbəl] ◇ *n* **-1.** *(problem)* problema *m*; *(problems)* problemas *mpl*; **what's** *or* **what seems to be the ~?** ¿cuál es el problema?; **the plane developed engine ~** el avión tuvo problemas con el motor; **I've had back ~** he tenido problemas de espalda; *Fam* **man/woman ~** mal de amores; **her troubles are over** se han acabado sus problemas; **the ~ is that...** el problema es que...; **the ~ with answerphones/Jane is that...** el problema de los contestadores/con Jane es que...; **he won without too much ~** no tuvo demasiados problemas para ganar; **to have ~ with sth/sb** tener problemas con algo/alguien; **to have ~ doing sth** tener dificultades para hacer algo; **I had ~ convincing them** me costó convencerlos; **it has been nothing but ~** no ha traído (nada) más que problemas; **to be in ~** *(in difficulty)* tener problemas; **I'm in ~ with the police** tengo problemas con la policía; **I'm in ~ with my dad** mi padre está muy *esp Esp* enfadado *or esp Am* enojado conmigo; **you'll be in ~** *or* **there will be ~ if they find out** *Esp* como se enteren, te la vas a ganar, *Am* si se enteran, vas a tener problemas; **that's asking for ~** está/estás/ *etc.* buscando problemas; **to cause ~** crear *or* dar *or* causar problemas; **to get into ~** meterse en líos; **to get sb into ~** *(cause to be in bad situation)* meter a alguien en un lío; *Old-fashioned Euph (make pregnant)* dejar a alguien en estado; **to get out of ~** salir de un apuro; **to get sb out of ~** sacar a alguien de un apuro; **my leg has been giving me ~** la pierna me ha estado molestando; **you're heading for ~** vas a tener problemas; **to keep** *or* **stay out of ~** no meterse en líos; **to keep sb out of ~** evitar que alguien se salga del buen camino; **to make ~** causar problemas; **to mean ~ (for sb)** causar problemas (a alguien); *Fam* **here comes ~!** ¡mira quién está aquí!; PROV **a ~ shared is a ~ halved** contando las cosas uno se siente mejor ❑ *Br Fam Hum* **~ and strife** esposa *f*, *Esp* parienta *f*, *CSur* patrona *f*
-2. *(inconvenience)* molestia *f*; **(it's) no ~** no es molestia; **the dog is no ~** el perro no es ninguna molestia; **if it isn't too much ~** si no es demasiada molestia; **it's more ~ than it's worth** no merece la pena el esfuerzo; **it's not worth the ~** no merece la pena; **to go to the ~ of doing sth** tomarse la molestia de hacer algo; **you shouldn't have gone to all that** *or* **to so much ~** no deberías haberte tomado tantas molestias; **to put sb to a lot of ~** causarle muchas molestias a alguien; **to take the ~ to do sth** tomarse la molestia de hacer algo; **to take a lot of ~ over sth** esmerarse en algo
-3. *(disorder, violence)* conflictos *mpl*; **we don't want any ~** no queremos problemas; **to be looking for ~** estar buscando pelea; **crowd ~** disturbios; **the Troubles** *(in Northern Ireland)* = el conflicto político de Irlanda del Norte ❑ **~ spot** punto *m* conflictivo
◇ *vt* **-1.** *(worry)* preocupar, inquietar; **to ~ oneself about sth** preocuparse por algo
-2. *(inconvenience, bother)* molestar; **to be troubled by an injury** tener una lesión; *Formal* **may I ~ you for a match** *or* **to give me a match?** ¿sería tan amable de darme un fósforo?
-3. **to ~ (oneself) to do sth** tomarse la molestia de hacer algo
troubled ['trʌbəld] *adj* **-1.** *(worried) (person, look)* preocupado(a), inquieto(a); *(conscience, mind)* intranquilo(a) **-2.** *(psychologically disturbed) (person)* traumatizado(a); *(childhood)* traumático(a) **-3.** *(period, region)* agitado(a); *(relationship)* turbulento(a); **we live in ~ times** vivimos tiempos difíciles **-4.** *(sleep, night, breathing)* agitado(a)
trouble-free ['trʌbəlfriː] *adj (installation, operation)* sencillo(a), sin complicaciones; *(stay, holiday, period)* tranquilo(a)
troublemaker ['trʌbəlmeɪkə(r)] *n* alborotador(ora) *m,f*
troubleshooter ['trʌbəlʃuːtə(r)] *n* **-1.** *(for organizational problems)* = experto contratado para localizar y resolver problemas financieros, estructurales, etc. **-2.** *(for machines)* técnico *m,f* (en averías)
troubleshooting ['trʌbəlʃuːtɪŋ] *n* **-1.** *(for organizational problems)* localización *f* de problemas **-2.** *(for machines)* reparación *f* de averías **-3.** COMPTR resolución *f* de problemas
troublesome ['trʌbəlsəm] *adj (person, child, situation)* problemático(a); *(cough, toothache)* molesto(a); *(job, task)* difícil
troubling ['trʌblɪŋ] *adj (worrying)* preocupante
trough [trɒf] *n* **-1.** *(for food)* comedero *m*; *(for drink)* abrevadero *m* **-2.** *(of wave)* seno *m*; *(in land)* hoya *f* **-3.** *(on graph)* depresión *f* **-4.** *(in weather front)* banda *f* de bajas presiones **-5.** *(low point)* mala racha *f*
trounce [traʊns] *vt* aplastar, arrollar

troupe ['tru:p] n (of actors, dancers) compañía f; (in circus) troupe f

trouper ['tru:pə(r)] n THEAT miembro m de una compañía (de teatro); [IDIOM] Fam **he's a real ~** siempre da la cara, se puede contar con él

trouser ['traʊzə(r)] n **~ leg** pierna f del pantalón; **~ pocket** bolsillo m del pantalón; **~ press** prensa f para pantalones, percha f planchadora; **~ suit** traje m de chaqueta y pantalón (para mujer)

trousers ['traʊzəz] npl -1. (garment) pantalones mpl; **a pair of ~** unos pantalones; **I need some new ~** necesito unos pantalones nuevos -2. [IDIOMS] Fam **she's the one who wears the ~** ella es la que lleva los pantalones en casa; Fam **he was caught with his ~ down** lo pillaron en bragas

trousseau ['tru:səʊ] n ajuar m

trout [traʊt] (pl **trout**) n -1. (fish) trucha f ◻ **~ farm** criadero m de truchas; **~ fishing** pesca f de la trucha -2. Br Fam (woman) **(old) ~** (vieja) bruja f

trowel ['traʊəl] n (for gardening) pala f de jardinero, desplantador m; (for building) llana f, paleta f

Troy [trɔɪ] n Troya

troy [trɔɪ] n **~ (weight)** sistema m troy (de pesos)

truancy ['tru:ənsɪ] n ausentismo m or Esp absentismo m escolar

truant ['tru:ənt] n niño(a) m,f que hace novillos or Col capa clase or Méx se va de pinta or RP se hace la rabona; **to play ~** faltar a clase, Esp hacer novillos, Col capar clase, Méx irse de pinta, RP hacerse la rabona

truce [tru:s] n also Fig tregua f; **to call a ~** hacer una tregua

truck [trʌk] ◇ n -1. (lorry) camión m ◻ **~ driver** camionero(a) m,f; **~ stop** bar m de carretera
-2. Br (rail wagon) vagón m de mercancías
-3. (trolley) carretilla f
-4. US (produce) productos mpl ◻ **~ farm** explotación f agrícola; **~ farmer** horticultor(ora) m,f; **~ farming** horticultura f; **~ garden** huerto m
-5. Fam (dealings) **I'll have no ~ with him/it** no pienso tener nada que ver con él/ello
◇ vt (goods) transportar en camión
◇ vi US (drive a truck) Esp conducir or Am manejar un camión; Fam **keep on trucking!** ¡sigue dándole!

trucker ['trʌkə(r)] n US (lorry driver) camionero(a) m,f

trucking ['trʌkɪŋ] n transporte m en or por carretera ◻ **~ company** empresa f de transporte en or por carretera

truckle ['trʌkəl] ◇ n -1. **~ bed** carriola f (cama) -2. (cheese) queso m entero (con forma de tambor)
◇ vi Literary **to ~ to sb** someterse a alguien; **to ~ to sth** ceder ante algo

truckload ['trʌkləʊd] n **a ~ of...** un camión cargado de...; Fam **by the ~** (in large amounts) en cantidades industriales

truculence ['trʌkjʊləns] n agresividad f

truculent ['trʌkjʊlənt] adj agresivo(a)

truculently ['trʌkjʊləntlɪ] adv con agresividad

trudge [trʌdʒ] ◇ n (long walk) caminata f
◇ vt (streets, land) patear, recorrer fatigosamente
◇ vi caminar fatigosamente; **to ~ along/through/over** marchar/cruzar/pasar fatigosamente

true [tru:] ◇ adj -1. (factually correct) cierto(a); **is that ~?** ¿de verdad?; **it is ~ that... es** cierto or verdad que...; **this is especially ~ of boys** esto es especialmente cierto en el caso de los chicos; **the same is ~ of other countries** lo mismo ocurre en otros países; **if ~** en caso de ser cierto(a); **how ~!** ¡cuánta razón tienes or Esp llevas!; **she has no experience – ~, but...** no tiene experiencia – cierto or es verdad, pero...; **~ or false?** ¿verdadero o falso?; **to come ~** (wish) hacerse realidad, realizarse; **this holds or is ~ for...** esto vale para...; **as long as this remains ~...** mientras siga siendo el caso; Fam **he's so stupid it's not ~** es tonto como él solo; [PROV] **there's many a ~ word spoken in jest** a veces las cosas más serias se dicen en broma ◻ **~ story** historia f real
-2. (real) (reason, feelings, owner) verdadero(a); **the ~ horror of his crimes** el verdadero horror de sus crímenes; **she discovered her ~ self** se descubrió a sí misma; **in ~ British style, he said he didn't mind** en un estilo genuinamente británico dijo que no le importaba ◻ **~ love** amor m verdadero; **~ north** norte m geográfico
-3. (genuine) verdadero(a); **a ~ friend/gentleman** un verdadero amigo/caballero; **it is not a ~ vegetable** no es realmente una verdura
-4. (faithful) leal, fiel; **a ~ believer** un creyente fiel; **to be ~ to sb** ser leal a alguien; **to be ~ to oneself** ser fiel a sí mismo; **she was ~ to her principles** era fiel a sus principios; **he was ~ to his word** cumplió su palabra or lo prometido; **~ to life** fiel a la realidad; **~ to form** or **type** como era de esperar
-5. (accurate) exacto(a); (picture, reflection) acertado(a); **his aim was ~** acertó, dio en el blanco
-6. (level, straight) derecho(a)
◇ n **out of ~** torcido(a)

true-blue ['tru:blu:] Br ◇ n conservador(ora) m,f acérrimo(a)
◇ adj (loyal) leal; **a ~ Tory** un conservador acérrimo

trueborn ['tru:bɔ:n] adj (Englishman) de pura cepa; (gentleman) auténtico(a)

truebred ['tru:brɛd] adj (racehorse) de raza

truehearted [tru:'hɑ:tɪd] adj Literary leal, fiel

true-life ['tru:laɪf] adj (story) real

truelove ['tru:lʌv] n Literary amado(a) m,f

truffle ['trʌfəl] n -1. (fungus) trufa f -2. (chocolate) trufa f

trug [trʌg] n Br canastillo m

truism ['tru:ɪzəm] n tópico m, lugar m común

truly ['tru:lɪ] adv -1. (really) verdaderamente, realmente; **I'm ~ sorry** lo siento en el alma, de verdad que lo siento; **do you ~ love me?** ¿me quieres de verdad?; **can we ~ say that this is the case?** ¿verdaderamente podemos decir que se trata de eso?
-2. (as intensifier) (delicious, amazing) verdaderamente, realmente; **it was a ~ awful movie** fue una película verdaderamente or realmente horrorosa
-3. (sincerely) **yours ~** (at end of letter) atentamente; Fam (myself) este menda, un servidor

trump [trʌmp] ◇ n (in cards) **~ (card)** triunfo m; **what's trumps?** ¿(en) qué pintan?; **spades are trumps** pintan picas; **to play a ~** jugar un triunfo; [IDIOM] **she played her ~ card** jugó su mejor baza or Fam el as que escondía en la manga; [IDIOM] Fam **to come** or Br **turn up trumps** cumplir
◇ vt -1. (in cards) (card) matar (con un triunfo) -2. (surpass) superar
● **trump up** vt sep (invent) (excuse, charge) inventar

trumped-up ['trʌmptʌp] adj falso(a)

trumpet ['trʌmpɪt] ◇ n -1. (instrument) trompeta f ◻ **~ call** toque m de trompeta; Fig llamamiento m a la movilización -2. (trumpeter) trompeta mf -3. (of elephant) barrito m
◇ vt (success, achievements) pregonar
◇ vi (elephant) barritar

trumpeter ['trʌmpɪtə(r)] n trompetista mf ◻ **~ finch** camachuelo m trompetero; **~ swan** cisne m trompetero

truncate [trʌŋ'keɪt] vt -1. (make shorter) truncar -2. COMPTR truncar

truncated [trʌŋ'keɪtɪd] adj truncado(a); **it was published in a ~ form** fue publicado en una versión abreviada ◻ **~ cone** cono m truncado, tronco m de cono

truncation [trʌŋ'keɪʃən] n -1. (shortening) truncamiento m -2. COMPTR truncamiento m

truncheon ['trʌn(t)ʃən] n Br porra f

trundle ['trʌndəl] ◇ vt (push) empujar lentamente; (pull) tirar lentamente de; **he trundled the barrel across the courtyard** cruzó el patio haciendo rodar el barril lentamente
◇ vi -1. (vehicle) rodar; **the lorries trundled past** los camiones circulaban lenta y ruidosamente -2. Fam (person) arrastrarse; **I have to ~ off home now** ahora me toca pegarme la caminata hasta casa; **the athlete trundled in in last place** al atleta le costó llegar en el último lugar
● **trundle out** vt sep (theory, excuse) salir con; **they trundled out a few war heroes to lend dignity to the occasion** sacaron a unos cuantos héroes de guerra para dar un poco de dignidad a la ocasión

trunk [trʌŋk] n -1. (of tree) tronco m ◻ Br TEL **~ call** llamada f or Am llamado m de larga distancia, Esp conferencia f; **~ line** TEL línea f principal; RAIL línea f troncal; Br AUT **~ road** carretera f troncal -2. (of body) tronco m -3. (case) baúl m -4. US (of car) maletero m, CAm, Méx cajuela f, RP baúl m -5. (of elephant) trompa f -6. **trunks** (swimming costume) traje m de baño (de hombre), Esp bañador m (de hombre), RP malla f (de hombre)

truss [trʌs] ◇ n -1. MED braguero m -2. (for roof, bridge) apuntalamiento m, armadura f -3. (of hay) haz m; (of fruit) racimo m
◇ vt -1. (tie up) (person, poultry) atar -2. (roof, bridge) apuntalar
● **truss up** vt sep (person) atar

trust [trʌst] ◇ n -1. (belief) confianza f; **I have complete ~ in them** tengo plena confianza en ellos; **he put** or **placed his ~ in them** depositó su confianza en ellos; **to take sth on ~** dar por cierto algo
-2. (responsibility) **a position of ~** un puesto de confianza or responsabilidad
-3. (care) **to give** or **place sth into sb's ~** confiar algo a alguien
-4. LAW (agreement) fideicomiso m; (organization) fundación f; **a charitable ~** una fundación benéfica; **in ~** en fideicomiso; **the money was held in ~ until her eighteenth birthday** el dinero se mantuvo en fideicomiso hasta que cumplió los dieciocho años ◻ **~ account** cuenta f de fideicomiso o de custodia; **~ company** compañía f fiduciaria; **~ deed** contrato m or escritura f de fideicomiso; **~ fund** fondo m fiduciario or de fideicomiso
-5. COM (group of companies) trust m
-6. Br MED **~ hospital** = hospital estatal con autonomía económica
◇ vt -1. (believe in) confiar en; **I don't ~ her/the data** no me fío de ella/de los datos; **you can ~ me** puedes confiar en mí; **to ~ sb's judgement** fiarse de la opinión de alguien; **to ~ one's instincts** fiarse de los propios instintos; **he can't be trusted** no se puede uno fiar de él, no es de fiar; **to ~ sb to do sth** confiar en que alguien haga algo; **I'm trusting you to tell me if you need help** confío que me pedirás ayuda si la necesitas; **you can't ~ this motorbike to start first time** no es seguro que esta moto arranque a la primera; **I couldn't ~ myself not to say anything** no estoy seguro de que pueda contenerme; Fam **~ him to say/do that!** ¡típico de él!; Fam **I'm afraid I deleted the file by accident – ~ you!** me temo que he borrado el fichero sin darme cuenta – ¡hombre, cómo no!; [IDIOM] Fam **I wouldn't ~ him as far as I could throw him** yo no me fío de él (ni) un pelo
-2. (entrust) **to ~ sb with sth** confiar algo a alguien; **I would ~ him with my life** tengo plena confianza en él; **she can't be trusted with a credit card** tiene mucho peligro con las tarjetas de crédito
-3. Formal (hope) **to ~ (that)...** confiar en que...; **I ~ (that) you arrived home safely** confío en que llegaste bien a casa; **will they arrive late? – I ~ not** ¿llegarán tarde? – confío en que no
◇ vi **to ~ in sth/sb** tener confianza or confiar en algo/alguien; **to ~ to luck** confiar en la suerte

trusted ['trʌstɪd] adj (friend, adviser, method) de confianza ◻ COMPTR **~ third party** (for Internet transactions) tercero m de confianza

trustee [trʌsˈtiː] n **-1.** (of fund, property) fideicomisario(a) m,f, administrador(ora) m,f fiduciario(a) **-2.** (of charity, institution) miembro m del consejo de administración

trusteeship [trʌsˈtiːʃɪp] n **-1.** (of fund, property) fideicomiso m, administración f fiduciaria **-2.** (of charity, institution) administración f fiduciaria

trustful [ˈtrʌstfʊl], **trusting** [ˈtrʌstɪŋ] adj confiado(a); **he's too ~ of people** se fía demasiado de la gente, es demasiado confiado

trustfully [ˈtrʌstfʊlɪ], **trustingly** [ˈtrʌstɪŋlɪ] adv con confianza; **she smiled at me ~** me sonrió confiada

trustworthiness [ˈtrʌstwɜːðɪnɪs] n (of person) honradez f, Am confiabilidad f; (of source, information, data) fiabilidad f, Am confiabilidad f

trustworthy [ˈtrʌstwɜːðɪ] adj (person) fiable, de confianza, Am confiable; (source, information, data) fidedigno(a), fiable, Am confiable

trusty [ˈtrʌstɪ] ◇ n (prisoner) recluso(a) m,f de confianza
◇ adj Literary or Hum fiel, leal

truth [truːθ] n verdad f; **to tell the ~** decir la verdad; **to tell you the ~, I can't remember** a decir verdad or si quieres que te diga la verdad, no me acuerdo; **the ~ is (that) I don't care** la verdad es que me da igual; **is there any ~ in the allegations?** ¿hay algo de verdad en las alegaciones?; **there isn't a grain** or **an ounce of ~ in what he says** no hay ni un ápice de verdad en lo que dice; **there is no ~ in the rumour** no hay nada de cierto en el rumor; **there's some ~ in what she says** lleva parte de razón; **if the ~ be told,...** a decir verdad,..., para ser sinceros,...; Literary **~ to tell, in ~** a decir verdad; **the ~ will out** la verdad siempre se descubre; **he learned some fundamental truths** descubrió ciertas verdades fundamentales; LAW **I swear to tell the ~, the whole ~, and nothing but the ~** juro decir la verdad, toda la verdad y nada más que la verdad; PROV **~ is stranger than fiction** la realidad supera a la ficción ❑ Fam **~ drug** suero m de la verdad

truthful [ˈtruːθfʊl] adj (person) sincero(a); (answer, statement) veraz; (story) veraz, verídico(a); (portrait) fiel; **I wasn't entirely ~ with you** no fui totalmente sincero contigo

truthfully [ˈtruːθfʊlɪ] adv con sinceridad, sinceramente; **I can ~ say that...** puedo asegurar, sin temor a equivocarme, que...

truthfulness [ˈtruːθfʊlnɪs] n (of answer, statement) veracidad f; (of story) veracidad f, lo verídico m; (of portrait) fidelidad f; **in all ~** con toda sinceridad

try [traɪ] ◇ n **-1.** (attempt) intento m; **good ~, you nearly did it!** ¡bien, casi lo conseguiste!; **to give sth a ~** intentar algo; **let's give that new bar a ~** a ver qué tal está ese nuevo bar; **to have a ~ at doing sth** probar a hacer algo; **it's worth a ~** merece la pena intentarlo
-2. (in rugby) ensayo m ❑ **~ line** línea f de marca
◇ vt **-1.** (sample) probar; **I'll ~ anything once** estoy dispuesto a probar todo una vez
-2. (attempt) intentar; **to ~ to do sth,** Fam **to ~ and do sth** tratar de or intentar hacer algo; **~ putting it here** prueba a ponerlo aquí; **you should ~ being nice to people for once** deberías intentar ser amable con la gente por una vez; **have you tried the drugstore?** ¿has probado en la farmacia?; **have you tried Steve?** ¿le has preguntado a Steve?; **I tried my best** or **hardest** lo hice lo mejor que pude
-3. (attempt to open) (door, window, lock) probar a abrir
-4. LAW (case) ver; (person) juzgar
-5. (test) (person, patience) poner a prueba; **I've decided to ~ my luck at acting** he decidido probar suerte como actriz; **this machine would ~ the patience of a saint!** ¡con esta máquina hay que tener más paciencia que un santo!

◇ vi intentarlo; **he didn't really ~** no lo intentó de veras; **the Rangers weren't trying very hard** los Rangers no estaban esforzándose mucho; **you must ~ harder** debes esforzarte más; **I'll ~ again later** (on phone) volveré a intentarlo más tarde; **just you ~!** ¡inténtalo y verás!; Fam **you couldn't do it if you tried!** ¡no podrías hacerlo en la vida!; **~ as I might, I couldn't do it** por mucho que lo intenté, no pude hacerlo

◆ **try for** vt insep intentar conseguir; **we're trying for a baby** estamos intentando tener un hijo

◆ **try on** vt sep **-1.** (clothes) probarse; **why don't you ~ this skirt on for size?** ¿por qué no te pruebas esta falda a ver si te queda bien?; Fig **~ this on for size** (idea) ¿qué te parece?
-2. Fam **the children tried it on with their teacher** los niños pusieron a prueba al profesor; **stop trying it on with me!** ¡conmigo eso no va a colar!; **she's just trying it on** está probando a ver si cuela

◆ **try out** vt sep (method, machine) probar; **to ~ sth out on sb** probar algo con alguien

◆ **try out for** vt insep US ser seleccionado(a) para

trying [ˈtraɪɪŋ] adj (experience) difícil; **these are ~ times** corren tiempos difíciles; **he can be really ~** a veces pone a prueba la paciencia de cualquiera

try-on [ˈtraɪɒn] n Br Fam vacilada f, tomadura f de pelo

try-out [ˈtraɪaʊt] n prueba f; **he was given a ~** le hicieron una prueba

trypanosome [ˈtrɪpənəsəʊm] n tripanosoma m

tryst [trɪst] n Literary **-1.** (arrangement to meet) cita f (amorosa) **-2.** (place) rincón m (de encuentro)

tsar [zɑː(r)] n zar m

tsarina [zɑːˈriːnə] n zarina f

tsarist [ˈzɑːrɪst] ◇ n zarista mf
◇ adj zarista

tsetse [ˈt(s)etsɪ] n **(fly)** mosca f tse-tsé

T-shaped [ˈtiːʃeɪpt] adj en forma de T

T-shirt [ˈtiːʃɜːt] n camiseta f, Chile polera f, RP remera f; Hum **been there, done that, got the ~** ya he pasado por ésas

tsk [tsk] exclam ¡vaya (por Dios)!

tsp (abbr **teaspoon(ful)**) cucharadita f (de las de café)

T-square [ˈtiːskweə(r)] n escuadra f en forma de T

tsunami [suːˈnɑːmɪ] n tsunami m

TT [ˈtiːˈtiː] ◇ n (abbr **teetotaller**) abstemio(a) m,f
◇ adj (abbr **teetotal**) abstemio(a)

TTP [ˈtiːtiːˈpiː] n COMPTR (abbr **trusted third party**) tercero m de confianza

TU [ˈtiːˈjuː] n (abbr **trade union**) sindicato m

Tuareg [ˈtwɑːreg] ◇ n (person) tuareg mf; **the ~** (people) los tuaregs
◇ adj tuareg

tub [tʌb] n **-1.** (for washing clothes) tina f; (for liquids) cuba f **-2.** (bath) bañera f, Am tina f, Am bañadera f **-3.** (for ice cream, margarine) tarrina f **-4.** Fam (boat) cascarón m

tuba [ˈtjuːbə] n MUS tuba f ❑ **~ player** tuba m

tubal [ˈtjuːbəl] adj MED (pregnancy) tubárico(a)
❑ **~ ligation** ligadura f de trompas

tubby [ˈtʌbɪ] adj Fam (person) rechoncho(a)

tube [tjuːb] n **-1.** (pipe) tubo m; IDIOM Fam **to go down the tubes** irse a pique; **that's £500 down the tubes** ¡qué manera de tirar or malgastar 500 libras! ❑ US **~ top** = top ajustado sin mangas ni tirantes
-2. (container) (of glue, toothpaste, paint) tubo m
-3. ANAT **(Fallopian) ~** trompa f (de Falopio); **I've had my tubes tied** me han hecho una ligadura de trompas
-4. (in tyre) cámara f
-5. (cathode-ray tube) tubo m de imagen or catódico
-6. Fam (TV) **the ~** la tele
-7. Br Fam **the ~** (underground railway) el metro, RP el subte; **to go by ~, to take the ~** ir en metro, tomar el metro ❑ **~ map**

plano m del metro; **~ station** estación f de metro or RP subte; **~ train** metro m, RP subte m

tubeless [ˈtjuːblɪs] adj (tyre) sin cámara

tuber [ˈtjuːbə(r)] n BOT tubérculo m

tubercle [ˈtjuːbəkəl] n **-1.** (on lung) tubérculo m ❑ **~ bacillus** bacilo m tuberculoso or de Koch **-2.** (on skin, bone, plant) tubérculo m

tubercular [tjʊˈbɜːkjʊlə(r)] adj MED tuberculoso(a)

tuberculin [tjʊˈbɜːkjʊlɪn] n MED tuberculina f

tuberculin-tested [tjʊˈbɜːkjʊlɪnˈtestɪd] adj que ha pasado la prueba de la tuberculina

tuberculosis [tjʊbəkjʊˈləʊsɪs] n MED tuberculosis f inv

tuberculous [tjʊˈbɜːkjʊləs] adj MED tuberculoso(a)

tuberose [ˈtjuːbərəʊs] n BOT nardo m, tuberosa f

tuberous [ˈtjuːbərəs] adj BOT (root) tuberoso(a)

tubing [ˈtjuːbɪŋ] n (tubes) tuberías fpl; **a piece of rubber/glass ~** un trozo de tubo de goma/vidrio

tub-thumper [ˈtʌbθʌmpə(r)] n demagogo(a) m,f

tub-thumping [ˈtʌbθʌmpɪŋ] ◇ n demagogia f
◇ adj (speech) demagógico(a)

tubular [ˈtjuːbjʊlə(r)] adj tubular ❑ MUS **~ bells** campanas fpl tubulares

tubule [ˈtjuːbjuːl] n ANAT túbulo m

TUC [ˈtiːjuːˈsiː] n (abbr **Trades Union Congress**) = confederación nacional de sindicatos británicos

tuck [tʌk] ◇ n **-1.** (in sewing) pinza f, pliegue m; **to put** or **to make a ~ in sth** hacer un pliegue a algo **-2.** Br Fam (food) chucherías fpl ❑ **~ box** fiambrera f; **~ shop** (in school) puesto m de golosinas **-3.** (in diving) **a triple somersault with ~** un salto mortal con el cuerpo encogido **-4.** (cosmetic surgery) retoque m
◇ vt **-1.** (put) **to ~ one's trousers into one's socks** remeterse los pantalones en los calcetines; **she tucked the sheets under the mattress** remetió las sábanas por debajo del colchón; **he tucked his briefcase under his arm** se encajó la cartera bajo el brazo; **to ~ sth into a drawer** guardar algo en un cajón **-2.** (in sewing) hacer un pliegue a, alforzar

◆ **tuck away** vt sep **-1.** (hide) esconder; **the house was tucked away in the hills** la casa estaba oculta entre los montes **-2.** (put away) (money) guardar, reservar; **he tucked the contract away in his pocket** se guardó el contrato en el bolsillo **-3.** Fam (eat) manducar, Esp, Ven papear; **she really can ~ it away!** ¡no sé dónde le cabe! **-4.** (in soccer) (chance, penalty) aprovechar bien

◆ **tuck in** ◇ vt sep **-1.** (sheets) remeter; **~ your shirt in** (re)métete la camisa por dentro **-2.** (children in bed) arropar **-3.** (stomach) meter
◇ vi Fam (eat) manducar or Esp, Ven papear sin cortarse; **~ in!** ¡come, come!

◆ **tuck into** vt insep Fam (meal) manducar or Esp, Ven papear con ganas

◆ **tuck up** vt sep **to ~ sb up in bed** arropar a alguien en la cama

tucker [ˈtʌkə(r)]
◆ **tucker out** vt sep US Fam (exhaust) rendir, moler

tuckered-out [tʌkəˈdaʊt] adj US Fam (exhausted) rendido(a), molido(a)

tuck-in [ˈtʌkɪn] n Br Fam **we had a good ~** nos dimos un atracón

Tudor [ˈtjuːdə(r)] ◇ n HIST **the Tudors** los Tudor ❑ **~ rose** rosa f de los Tudor
◇ adj Tudor

Tue(s) (abbr **Tuesday**) mart.

Tuesday [ˈtjuːzdeɪ] n martes m inv; see also Saturday

tufa [ˈtjuːfə] n toba f

tuft [tʌft] n (of hair) mechón m; (of feathers) cresta f; (of grass) mata f

tufted duck [ˈtʌftɪdˈdʌk] n porrón m moñudo

tug [tʌg] ◇ *n* **-1.** *(pull)* tirón *m*; **to give sth a ~** dar un tirón a algo ❑ *Fam* **~ of love** enfrentamiento *m* por amor; **~ of war** *(game)* = juego en el que dos equipos tiran de una soga; *Fig* lucha *f* a brazo partido **-2.** *(attraction)* **the ~ of the sea was too strong for him to resist** no pudo resistirse a la llamada del mar **-3.** NAUT remolcador *m*
◇ *vt* (*pt & pp* **tugged**) **-1.** *(rope, handle)* tirar de; **he tugged the heavy crate along the path** iba arrastrando la pesada caja por el camino **-2.** NAUT remolcar
◇ *vi* **to ~ at** *or* **on sth** dar un tirón a algo
tugboat [ˈtʌgbəʊt] *n* remolcador *m*
tuition [tjuːˈɪʃən] *n* **-1.** *(instruction)* clases *fpl* (**in** de) **-2.** UNIV **(fees)** matrícula *f*
tulip [ˈtjuːlɪp] *n* tulipán *m* ❑ **~ tree** tulipero *m*
tulle [tjuːl] *n* tul *m*
tum [tʌm] *n* (*in children's language*) tripita *f*, barriga *f*, *Chile* guata *f*
tumble [ˈtʌmbl] ◇ *n* (*fall*) *(accidental)* caída *f*, revolcón *m*; *(of gymnast, acrobat)* volteretas *fpl*; **to take a ~** *(person)* caer, caerse; *(prices)* caer en *Esp* picado *or Am* picada ❑ **~ turn** *(in swimming)* vuelta *f* de campana, giro *m* sobre sí mismo(a)
◇ *vt* (*knock down, push*) (*person*) derribar; **she tumbled me into the pool** me empujó para que cayera a la piscina
◇ *vi* **-1.** *(fall)* *(accidentally)* caer, caerse; *(gymnast, acrobat)* dar volteretas; **he tumbled down the stairs** cayó rodando por las escaleras; **he reluctantly tumbled out of bed** se dejó caer de la cama sin ganas; **the clothes tumbled out of the cupboard when I opened it** la ropa se cayó a la vez del armario al abrirlo; **the barrel went tumbling down the hill** el barril fue rodando cuesta abajo; **the pile of books tumbled over** la pila de libros se vino abajo; **her long golden hair tumbled across her face** sus largos cabellos dorados se dejaban caer sobre su cara
-2. *(prices)* caer en *Esp* picado *or Am* picada
-3. *(rush)* **the kids tumbled out of the bus** los niños salieron del autobús en tropel
◆ **tumble down** *vi* *(wall, building)* desmoronarse; *Fig* **his whole business empire came tumbling down** todo su imperio comercial se desmoronó
◆ **tumble to** *vt insep Fam* caer en (la cuenta de), percatarse de
tumbledown [ˈtʌmbəldaʊn] *adj (house)* ruinoso(a), en ruinas
tumble-drier [ˈtʌmbəlˈdraɪə(r)] *n* secadora *f*
tumble-dry [ˈtʌmbəlˈdraɪ] *vt* secar (en la secadora)
tumbler [ˈtʌmblə(r)] *n* **-1.** *(glass)* vaso *m* **-2.** *(acrobat)* volteador(ora) *m,f* **-3.** *(in lock)* gacheta *f*, fiador *m* **-4.** *(tumble-drier)* secadora *f* **-5.** *(pigeon)* pichón *m* volteador
tumbleweed [ˈtʌmbəlwiːd] *n* planta *f* rodadora
tumefaction [tjuːmɪˈfækʃən] *n* tumefacción *f*
tumescent [tjuːˈmesənt] *adj Formal* tumefacto(a)
tumid [ˈtjuːmɪd] *adj* MED tumefacto(a)
tummy [ˈtʌmɪ] *n Fam* tripita *f*, barriga *f*, *Chile* guata *f*; **to have (a) ~ ache** tener dolor de tripa *or* de barriga *or Chile* de guata ❑ *Br* **~ button** ombligo *m*
tumour, *US* **tumor** [ˈtjuːmə(r), *US* ˈtuːmər] *n* MED tumor *m*
tumuli *pl of* **tumulus**
tumult [ˈtjuːmʌlt] *n* tumulto *m*; **my thoughts were in a ~** estaba confusa
tumultuous [tjuːˈmʌltjʊəs] *adj* (*crowd, noise*) tumultuoso(a); **~ applause** aplausos enfervorecidos
tumulus [ˈtjuːmjʊləs] (*pl* **tumuli** [ˈtjuːmjʊlaɪ]) *n* túmulo *m*
tun [tʌn] *n* tonel *m*
tuna [ˈtjuːnə, *US* ˈtuːnə] *n* atún *m* ❑ **~ fish** atún *m*; *US* **~ melt** = tostada de atún con queso fundido por encima
tundra [ˈtʌndrə] *n* tundra *f*

tune [tjuːn] ◇ *n* **-1.** *(melody)* melodía *f*; **the song's cheerful ~ contrasts with the sad words** la alegre melodía de la canción contrasta con la letra triste; **jazz music has no ~ to it** el jazz no tiene mucha melodía; **give us a ~ on the mouth organ** tócanos algo con la armónica; **they marched to the ~ of the national anthem** marchaban al ritmo del himno nacional
-2. *(correct pitch)* **I can't sing in ~** desafino al cantar; **the violins are not in ~ with the piano** los violines desentonan con el piano; **to be out of ~** *(instrument)* estar desafinado(a); *(person)* desafinar; **to sing out of ~** desafinar (al cantar)
-3. IDIOMS **to be in ~ with one's surroundings** estar a tono con el entorno; **he is completely in ~ with public opinion** está totalmente en sintonía con la opinión pública; **the minister was out of ~ with the rest of his party** el ministro no sintonizaba con el resto del partido; **to call the ~** llevar la batuta; **to the ~ of** por valor de; **we have received EU funds to the ~ of £50,000** hemos recibido fondos de la UE por valor de 50.000 libras esterlinas
◇ *vt* **-1.** *(musical instrument)* afinar **-2.** *(engine)* poner a punto **-3.** *(TV, radio)* sintonizar; **we can't ~ our TV to that channel** no podemos sintonizar ese canal en nuestro televisor; **stay tuned!** permanezcan en nuestra sintonía **-4.** *(adapt, tailor)* ajustar, adaptar
◆ **tune in** ◇ *vt sep* **to be tuned in to sb's needs/way of thinking** sintonizar con las necesidades/con la manera de pensar de alguien
◇ *vi* RAD & TV **to ~ in to sth** sintonizar (con) algo; **make sure you ~ in next week** vuelva a sintonizarnos la próxima semana
◆ **tune out** *US* ◇ *vt sep (ignore)* desconectar de
◇ *vi (stop listening)* desconectar
◆ **tune up** *vt sep* **-1.** MUS afinar **-2.** *(engine)* poner a punto
◇ *vi* MUS afinar
tuneful [ˈtjuːnfʊl] *adj* melodioso(a)
tunefully [ˈtjuːnfʊlɪ] *adv* melodiosamente
tuneless [ˈtjuːnlɪs] *adj* sin melodía
tunelessly [ˈtjuːnlɪslɪ] *adv* sin melodía, desafinadamente
tuner [ˈtjuːnə(r)] *n* **-1.** RAD & TV sintonizador *m* **-2.** *(of piano)* *(person)* afinador(ora) *m,f*
tune-up [ˈtjuːnʌp] *n (of engine)* puesta *f* a punto
tungsten [ˈtʌŋstən] *n* CHEM tungsteno *m* ❑ **~ lamp** lámpara *f* de tungsteno; **~ steel** acero *m* de tungsteno
tunic [ˈtjuːnɪk] *n* túnica *f*
tuning [ˈtjuːnɪŋ] *n* **-1.** *(of musical instrument)* afinamiento *m*, afinación *f* ❑ **~ fork** diapasón *m*; **~ key** llave *f* de afinación **-2.** RAD & TV sintonización *f* ❑ **~ dial** dial *m*; **~ knob** sintonizador *m* **-3.** *(of car engine)* puesta *f* a punto
Tunis [ˈtjuːnɪs] *n* Túnez *(ciudad)*
Tunisia [tjuːˈnɪzɪə] *n* Túnez *(país)*
Tunisian [tjuːˈnɪzɪən] ◇ *n* tunecino(a) *m,f*
◇ *adj* tunecino(a)
tunnel [ˈtʌnəl] ◇ *n* túnel *m*; *(underpass)* paso *m* subterráneo; *(in stadium)* túnel *m* de vestuarios; *(in mine)* galería *f*; *(of mole, badger)* túnel *m* ❑ PHYS **~ effect** efecto *m* túnel; **~ vision** MED visión *f* en túnel; *Fig* estrechez *f* de miras
◇ *vt (pt & pp* **tunnelled**, *US* **tunneled**) **to ~ one's way out of prison** escapar de la cárcel haciendo un túnel; **a secret passage tunnelled by the prisoners** un túnel secreto excavado por los prisioneros
◇ *vi (make one's way)* **to ~ through/under sth** abrir un túnel a través de/por debajo de algo
tunny [ˈtʌnɪ] *n* atún *m* ❑ **~ fish** atún *m*
tuppence, twopence [ˈtʌpəns] *n Br* **-1.** *(coin)* moneda *f* de dos peniques **-2.** IDIOMS *Fam* **it isn't worth ~** no vale un pimiento, no vale nada; *Fam Old-fashioned* **she doesn't give** *or* **care ~** le importa un comino

tuppenny, twopenny [ˈtʌpənɪ] *adj Br* de dos peniques; IDIOM *Fam* **I couldn't give a ~ damn** me importa un comino
Tupperware® [ˈtʌpəweə(r)] *n* Tupperware® *m* ❑ **~ party** reunión *f* de Tupperware®
turban [ˈtɜːbən] *n* turbante *m*
turbid [ˈtɜːbɪd] *adj* turbio(a)
turbine [ˈtɜːbaɪn] *n* turbina *f* ❑ **~ engine** motor *m* de turbina
turbo [ˈtɜːbəʊ] (*pl* **turbos**) ◇ *n* **-1.** *(car)* turbo *m* **-2.** *(turbocharger)* turbo *m*
◇ *adj* **-1.** *(of car)* turbo *inv* **-2.** *Fam (more powerful) (version, model)* turbo *inv*
turbo-charged [ˈtɜːbəʊtʃɑːdʒd] *adj* turbo *inv*
turbo-charger [ˈtɜːbəʊtʃɑːdʒə(r)] *n* turbo *m*, turbocompresor *m*
turbodiesel [ˈtɜːbəʊdiːzəl] *adj (engine)* turbodiésel
turboelectric [tɜːbəʊɪˈlektrɪk] *adj* turboeléctrico(a)
turbofan [ˈtɜːbəʊfæn] *n* turboventilador *m*
turbogenerator [ˈtɜːbəʊdʒenəreɪtə(r)] *n* turbogenerador *m*
turbojet [ˈtɜːbəʊdʒet] *n (engine, plane)* turborreactor *m*
turboprop [ˈtɜːbəʊprɒp] *n (engine)* turbopropulsor *m*, turbohélice *f*; *(plane)* avión *m* turbopropulsado
turbosupercharger [tɜːbəʊˈsuːpətʃɑːdʒə(r)] *n* turbosobrealimentador *m*
turbot [ˈtɜːbət] *n* rodaballo *m*
turbulence [ˈtɜːbjʊləns] *n* **-1.** *(in air)* turbulencia *f*; **some ~** turbulencias *-fpl.* PHYS turbulencia *f* **-3.** *(unrest)* turbulencia *f*
turbulent [ˈtɜːbjʊlənt] *adj* **-1.** *(crowd, period, emotions)* turbulento(a) **-2.** *(air, sea)* turbulento(a)
turd [tɜːd] *n very Fam* **-1.** *(excrement)* cagada *f*, mierda *f* **-2.** *(person)* *Esp* gilipollas *mf inv*, *Am* pendejo(a) *m,f*, *RP* boludo(a) *m,f*
tureen [tjʊəˈriːn] *n* sopera *f*
turf [tɜːf] ◇ *n* **-1.** *(surface)* césped *m*; **a piece of ~** un tepe; *Fig* **they are very hard to beat on their own ~** son muy difíciles de batir en su propio campo **-2.** *(peat)* (tepe *m* de) turba *f* **-3.** *Fam (territory) (of gang)* territorio *m* **-4. the ~** *(horse racing)* las carreras de caballos ❑ *Br* **~ accountant** corredor *m* de apuestas
◇ *vt* **-1.** *(with grass)* cubrir de césped **-2.** *Br Fam (throw)* tirar
◆ **turf out** *vt sep Br Fam* **-1.** *(person)* echar **-2.** *(unwanted item)* tirar, *Am* botar
turgid [ˈtɜːdʒɪd] *adj (style)* ampuloso(a)
turgidly [ˈtɜːdʒɪdlɪ] *adv (written)* de forma ampulosa
Turin [tjʊəˈrɪn] *n* Turín ❑ **the ~ Shroud** la sábana Santa (de Turín)
Turk [tɜːk] *n* turco(a) *m,f*
Turkestan, Turkistan [tɜːkɪˈstɑːn] *n* Turquestán
Turkey [ˈtɜːkɪ] *n* Turquía
turkey [ˈtɜːkɪ] *n* **-1.** *(bird)* pavo *m*, *Méx* guajolote *m*; IDIOM *Fam* **to talk ~** ir al grano ❑ **~ buzzard** gallinazo *m* común; **~ cock** pavo *m*, *Méx* guajolote *m*; **~ hen** pava *f*; **~ vulture** gallinazo *m* común **-2.** *(meat)* pavo *m* **-3.** *Fam (bad play, movie)* fracaso *m* **-4.** *Fam (person)* pavo(a) *m,f*
Turkish [ˈtɜːkɪʃ] ◇ *n (language)* turco *m*
◇ *adj* turco(a) ❑ **~ bath** baño *m* turco; **~ carpet** alfombra *f* turca; **~ coffee** café *m* turco; **~ delight** delicias *fpl* turcas, = dulce gelatinoso recubierto de azúcar en polvo
Turkmen [ˈtɜːkmen] ◇ *n* **-1.** *(person)* turcomano(a) *m,f* **-2.** *(language)* turcomano *m*
◇ *adj* turcomano(a)
Turkmenistan [tɜːkmenɪˈstɑːn] *n* Turkmenistán
turmeric [ˈtɜːmərɪk] *n* cúrcuma *f*
turmoil [ˈtɜːmɔɪl] *n (estado m de)* confusión *f or* agitación *f*; **the country is in (a) ~** reina la confusión en el país; **his mind was in (a) ~** tenía la mente trastornada
turn [tɜːn] ◇ *n* **-1.** *(of wheel, screw)* vuelta *f*; **the meat is done to a ~** la carne está en su punto
-2. *(change of direction)* giro *m*; *(in road, river)*

turn curva *f*; **to make a left ~** girar a la derecha; **no right ~** *(on sign)* prohibido girar a la derecha; **at the ~ of the year/century** a principios de año/siglo; *Fig* **at every ~** a cada paso; **he was by turns charming and rude** se mostraba alternativamente encantador y maleducado; **my luck is on the ~** mi suerte está cambiando; **to take a ~ for the better/worse** cambiar a mejor/peor; **events took an unexpected ~** los acontecimientos tomaron un cariz *or* rumbo inesperado; **a dangerous ~ of events** un giro peligroso de los acontecimientos; *Br* **he has a good ~ of speed** tiene una buena punta de velocidad; **the ~ of the tide** el cambio de marea; *Fig* el punto de inflexión ❑ *US* AUT **~ signal** intermitente *m*
-**3.** *(in game, sequence)* turno *m*; **it's my ~** me toca a mí; **to miss a ~** *(in game)* perder un turno; **you can take** *or* **have your ~ on the video game first** puedes jugar tú primero con el videojuego; **to take turns (at doing sth)**, *Br* **to take it in turns (to do sth)** turnarse (para hacer algo); **I, in ~, told her** yo, a mi vez, se lo dije a ella; **they asked each of us in ~ our name** nos preguntaron el nombre a uno detrás de otro; **to speak** *or* **talk out of ~** decir una inconveniencia
-**4.** *Fam (fit)* ataque *m*; **it gave me quite a ~** *(fright)* me dio un buen susto; **she had a funny ~** *(felt faint)* le dio un mareo
-**5.** THEAT número *m*
-**6.** *(service)* **to do sb a good ~** hacer un favor a alguien; PROV **one good ~ deserves another** amor con amor se paga
-**7.** *(tendency)* **people of a religious ~ of mind** personas con tendencias religiosas ❑ **~ of phrase** modo *m* de expresión
-**8.** *Old-fashioned (stroll)* **to take a ~ in the park** dar un paseo por el parque
◇ *vt* -**1.** *(cause to move) (wheel, handle, dial)* girar; *(page)* pasar; *(key, omelette)* dar la vuelta a; **~ the sofa to face the door** gira el sofá y déjalo mirando hacia la puerta; **~ the control to "off"** pon el mando en la posición "apagado"; **to ~ one's head/eyes** volver la cabeza/la vista; IDIOM **success has turned her head** el éxito se le ha subido a la cabeza; IDIOM **she was the sort of woman who turned heads** era un monumento de mujer
-**2.** *(direct)* **I turned my gaze on them** dirigí la mirada hacia ellos; *also Fig* **to ~ one's back on sb** volver la espalda a alguien; **they turned their guns on us** nos apuntaron con sus armas; **they turned their anger on us** dirigieron su ira hacia nosotros; **I turned my attention/thoughts** *or* **mind to...** centré mi atención/mis pensamientos en...; **to ~ the conversation to...** encauzar la conversación hacia...
-**3.** *(go round, past)* **to ~ the corner** doblar *or Am* voltear la esquina; *Fig* superar la crisis; **she's turned forty** ha cumplido cuarenta años; **it has just turned six o'clock** acaban de dar las seis (en punto)
-**4.** *(twist)* **to ~ one's ankle** torcerse un tobillo
-**5.** *(change, convert)* **to ~ sth into sth** convertir algo en algo; **to ~ sth green/black** poner *or* volver algo verde/negro
-**6.** *(perform) (cartwheel, somersault)* dar, hacer
-**7.** *(on lathe)* tornear
◇ *vi* -**1.** *(rotate) (wheel, planet, key)* girar; **the earth turns on its axis** la Tierra gira sobre su eje
-**2.** *(change direction) (person)* volverse; *(tide)* empezar a bajar/subir; **the car turned into/up/down a side street** el vehículo se metió por una calle lateral; **to ~ (to the) right/left** *(person, car)* girar *or* torcer *or* doblar a la derecha/izquierda; *(road, path)* girar a la derecha/izquierda; **~ to page 12** *(said by teacher)* continúa en la página 12; *(on page)* continúa en la página 12; **she turned to** *or* **towards me, she turned to face me** se volvió hacia mí; **to ~ to sb (for help/advice)** acudir a alguien (en búsqueda *or* busca de ayuda/consejo); **I had no one to ~ to** no tenía a quién acudir *or* recurrir; **he turned to drugs** se refugió en las drogas; **we now ~ to the issue of funding** vamos a pasar al tema de la financiación; **my thoughts often ~ to this subject** pienso en este asunto a menudo; *Fig* **he can ~ on a** *Br* **sixpence** *or US* **dime** tiene muy buen golpe de cintura, es capaz de girar muy bruscamente
-**3.** *(change) (weather, luck)* cambiar; *(leaves)* cambiar de color; *(game)* dar un giro; **the mood turned from optimism to despair** los ánimos pasaron del optimismo a la desesperación; **our optimism turned to despair** nuestro optimismo se tornó en desesperación
-**4.** *(become)* **to ~ blue** *(change colour)* ponerse azul; **her fingers had turned blue (with cold)** se le habían puesto los dedos azules (de frío); **it has turned cold** *(weather)* hace más frío; **to ~ nasty** *(person)* ponerse agresivo(a); *(situation, weather)* ponerse feo(a); **to ~ pale** empalidecer; **to ~ professional** hacerse profesional; **to ~ red** *(sky, water)* ponerse rojo(a), enrojecer; *(person)* ponerse colorado(a); **to ~ sour** *(milk)* cortarse, agriarse; *(relationship)* deteriorarse; **he turned traitor and told the enemy their plan** les traicionó contando su plan al enemigo; **he's an actor turned politician** es un actor que se metió a político
-**5.** *(milk)* cortarse, agriarse

◆ **turn about** *vi* girar
◆ **turn against** ◇ *vt insep* volverse contra
◇ *vt sep* volver contra
◆ **turn around** = **turn round**
◆ **turn aside** ◇ *vt* desviar
◇ *vi* retirarse, apartarse
◆ **turn away** ◇ *vt sep (refuse entry)* prohibir la entrada a; *(reject)* rechazar
◇ *vi* **she turned away from him** *(rotated whole body)* le volvió la espalda; *(looked away)* desvió la mirada; **to ~ away from sth/sb** *(reject, abandon)* volver la espalda a algo/alguien
◆ **turn back** ◇ *vt sep* -**1.** *(person)* hacer volver -**2.** *(reset)* **to ~ the clocks back** atrasar los relojes; *Fig* retroceder en el tiempo, regresar al pasado -**3.** *(sheets, blankets)* **to ~ back the covers** abrir la cama
◇ *vi* volver; **~ back to page 12** *(said by teacher)* vayan a la página 12; *(on page)* continúa en la página 12; *Fig* **we can't ~ back now** ahora no podemos volvernos atrás
◆ **turn down** *vt sep* -**1.** *(volume, radio, heat)* bajar -**2.** *(with clothes)* **to ~ one's collar down** bajarse el cuello -**3.** *(request, application, person, job)* rechazar
◆ **turn forward** *vt sep (clocks)* adelantar
◆ **turn in** ◇ *vt sep* -**1.** *(lost property)* entregar; *(person)* entregar a la policía; **to ~ oneself in** entregarse -**2.** *(results)* dar; **she turned in a fantastic performance** tuvo una actuación brillante
◇ *vi Fam* irse a dormir
◆ **turn into** *vt insep (become)* convertirse en; **autumn turned into winter** al otoño siguió el invierno
◆ **turn off** ◇ *vt insep (leave) (road, path)* salir de
◇ *vt sep* -**1.** *(water, gas)* cerrar; *(light, TV, engine)* apagar -**2.** *Fam (cause to lose excitement)* cortar el rollo a; **it really turns me off** me corta el rollo totalmente
◇ *vi* -**1.** *(leave road, path)* salir -**2.** *(switch off)* apagarse
◆ **turn on** ◇ *vt sep* -**1.** *(water, gas)* abrir; *(light, TV, engine)* encender, *Am* prender; *Pej* **to ~ the charm on** hacerse el(la) encantador(ora); **she knows how to ~ the tears on** puede ponerse a llorar cuando le conviene; **Ríos really turned it on in the second set** Ríos sacó todo su talento a relucir en el segundo set
-**2.** *Fam (excite)* entusiasmar; *(sexually)* excitar, *Esp, Méx* poner cachondo(a) a; **whatever turns you on** sobre gustos no hay nada escrito, si eso le/te/*etc.* hace ilusión
◇ *vt insep* -**1.** *(attack)* volverse contra -**2.** *(depend on)* **it all turns on...** todo depende de...
◇ *vi* -**1.** *(switch on)* encenderse, *Am* prenderse -**2.** *Fam (take drugs)* drogarse
◆ **turn out** ◇ *vt sep* -**1.** *(eject) (person)* echar; **~ the jelly out onto a plate** volcar la gelatina en un plato -**2.** *(pocket, container)* vaciar -**3.** *(light)* apagar; *(gas)* cerrar -**4.** *(produce)* producir; **to be well turned out** *(person)* ir muy arreglado(a)
◇ *vi* -**1.** *(appear, attend)* acudir, presentarse -**2.** *(result)* salir; **to ~ out well/badly** salir bien/mal; **it has turned out nice today** hoy hace un buen día; **he turned out to be a cousin of mine** resultó ser primo mío; **it turns out that...** resulta que...; **as it turns out...** resulta que...
◆ **turn over** ◇ *vt sep* -**1.** *(flip over)* dar la vuelta a; *(page)* volver; **to ~ sth over (in one's mind)** dar vueltas a algo; IDIOM **to ~ over a new leaf** hacer borrón y cuenta nueva
-**2.** *(hand over)* **to ~ sth/sb over to sb** entregar algo/a alguien a alguien
-**3.** *(rob)* **our house got turned over** nos entraron a robar en casa; **the old lady was turned over** atracaron a la anciana
-**4.** FIN facturar
◇ *vi* -**1.** *(person)* darse la vuelta; *(car)* volcarse -**2.** AUT **keep the engine turning over** deja el motor encendido *or Am* prendido -**3.** *(move to next page)* pasar la página -**4.** *(change TV channels)* cambiar de cadena
◆ **turn round** ◇ *vt sep* -**1.** *(car, table)* dar la vuelta a -**2.** *(economy, situation, company)* enderezar -**3.** *(question, sentence)* dar la vuelta a -**4.** *(finish, get done)* terminar, hacer; COM **to ~ round an order** procesar un pedido
◇ *vi (wheel)* girar, dar vueltas; *(car)* dar la vuelta; *(person)* darse la vuelta; *Fig* **you can't just ~ round and say you're not interested any more** no puedes agarrar *or Esp* coger y decirme que ya no te interesa; *Fig* **before you could ~ round** en un santiamén
◆ **turn up** ◇ *vt sep* -**1.** *(trousers)* meter (de abajo); **to ~ one's collar up** subirse el cuello -**2.** *(volume, radio, heat)* subir -**3.** *(discover)* encontrar
◇ *vi (person)* presentarse, aparecer; *(lost object)* aparecer; **to ~ up late** llegar *or* presentarse tarde; **something is sure to ~ up** seguro que algo aparecerá

turnabout ['tɜːnəbaʊt] *n (in situation, opinion)* vuelco *m*, giro *m*

turnaround ['tɜːnəraʊnd] *n* -**1.** *(in situation, opinion)* vuelco *m*, giro *m* -**2.** *(improvement)* mejoría *f* radical -**3.** *(of ship, plane) (loading time)* tiempo *m* de carga y descarga -**4.** COM **~ time** tiempo *m* de respuesta

turn-around ['tɜːnəraʊnd] *adj* **~ jump shot** *(in basketball)* tiro a la media vuelta

turncoat ['tɜːnkəʊt] *n Esp* chaquetero(a) *m,f*, *Am* oportunista *mf*, *RP* camaleón *m*

turned-down ['tɜːndaʊn] *adj (collar)* vuelto(a) (hacia abajo)

turned-up ['tɜːndʌp] *adj (collar)* subido(a); *(nose)* respingón(ona)

turner ['tɜːnə(r)] *n (lathe operator)* tornero(a) *m,f*

turning ['tɜːnɪŋ] *n* -**1.** *(off road) (in country)* giro *m*, desviación *f*; *(in town)* bocacalle *f*; **take the third ~ on the right** tome la tercera bocacalle a la derecha; **we must have missed the ~** se nos debe de haber pasado la calle, nos debemos haber pasado de calle -**2.** AUT **~ circle** *(capacidad f de)* giro *m* -**3.** *(change)* **~ point** punto *m* de inflexión, momento *m* decisivo

turnip ['tɜːnɪp] *n* nabo *m*

turnkey ['tɜːnkiː] ◇ n Old-fashioned (jailer) carcelero(a) m,f
◇ adj (project, factory) llave en mano inv

turn-off ['tɜːnɒf] n -1. (on road) salida f, desvío m; **we must have missed the ~** se nos debe de haber pasado la salida or el desvío -2. Fam **it's a ~** me corta el rollo, Méx es un bajón, RP es una pálida, Ven es un aguaje

turn-on ['tɜːnɒn] n Fam **it's a ~ for him** (sexually) le vuelve loco, Esp le pone a cien

turnout ['tɜːnaʊt] n -1. (attendance) concurrencia f, asistencia f; **there was a good ~ at the meeting** la reunión tuvo un alto nivel de asistencia -2. (for election) (índice m de) participación f -3. Br (clearout) **we had a good ~ of the attic** hicimos una limpieza a fondo en el desván -4. US (off road) apartadero m

turnover ['tɜːnəʊvə(r)] n -1. COM facturación f, volumen m de negocio -2. (of stock) movimiento m -3. (of staff) rotación f; (of tenants) rotación f, movimiento m -4. CULIN **apple ~** = especie de empanada de hojaldre rellena de compota de manzana -5. (in basketball, American football) pérdida f

turnpike ['tɜːnpaɪk] n -1. US (road) autopista f de peaje -2. HIST (barrier) barrera f de portazgo

turnround ['tɜːnraʊnd] esp US = **turnaround**

turnstile ['tɜːnstaɪl] n torniquete m, torno m (de entrada); **the number of people going through the turnstiles has fallen** el número de personas que acuden al estadio ha disminuido

turnstone ['tɜːnstəʊn] n vuelvepiedras m inv

turntable ['tɜːnteɪbəl] n -1. (part of record player) plato m, giradiscos m inv; (record player) plato m -2. (in microwave oven) plato m giratorio -3. RAIL placa f giratoria

turn(-)up ['tɜːnʌp] n -1. Br (on trousers) vuelta f -2. Fam **what a ~ (for the books)!** ¡eso sí que es una sorpresa!

turpentine ['tɜːpəntaɪn] n trementina f

turpitude ['tɜːpɪtjuːd] n Formal bajeza f, vileza f

turps [tɜːps] n Fam trementina f

turquoise ['tɜːkwɔɪz] ◇ n -1. (colour) (azul m) turquesa m -2. (stone) turquesa f
◇ adj -1. (bracelet, ring) de turquesa -2. (in colour) turquesa

turret ['tʌrɪt] n -1. (on building) torrecilla f -2. (on tank, warship) **(gun)** ~ torreta f

turtle ['tɜːtəl] n -1. (aquatic animal) tortuga f (marina); IDIOM **to turn ~** (ship) volcar ▫ **~ soup** sopa f de tortuga -2. US (tortoise) tortuga f

turtledove ['tɜːtəldʌv] n tórtola f

turtleneck ['tɜːtəlnek] n (collar) cuello m alto; **~ (sweater)** suéter m or Esp jersey m de cuello alto

Tuscan ['tʌskən] ◇ n -1. (person) toscano(a) m,f -2. (dialect) toscano m
◇ adj toscano(a)

Tuscany ['tʌskənɪ] n (la) Toscana

tush [tʊʃ] n esp US Fam (buttocks) trasero m

tusk [tʌsk] n colmillo m

tussle ['tʌsəl] also Fig ◇ n pelea f; **to have a ~ with sb** tener una pelea con alguien
◇ vi **to ~ (with sb for sth)** pelearse (con alguien por algo)

tussock ['tʌsək] n mata f

tut [tʌt] ◇ vi quejarse (con un chasquido de la lengua); **she tutted with disapproval** chasqueó la lengua en señal de desaprobación
◇ exclam ¡vaya (por Dios)!

Tutankhamen [tuːtənˈkɑːmən] pr n Tutankamón

tutelage ['tjuːtəlɪdʒ] n Formal tutela f

tutor ['tjuːtə(r)] ◇ n -1. Br (at university) tutor(ora) m,f -2. Fam (private teacher) **(private) ~** profesor(ora) m,f particular
◇ vt **to ~ sb in French** dar clases particulares de francés a alguien

tutorial [tjuːˈtɔːrɪəl] n -1. Br UNIV seminario m -2. COMPTR tutorial m ▫ **~ program** tutorial m

tutti-frutti ['tuːtɪˈfruːtɪ] ◇ n (flavour) tutti-frutti m
◇ adj (ice cream) de tutti frutti

tut-tut [tʌtˈtʌt] ◇ vi quejarse (con un chasquido de la lengua); **she tut-tutted with disapproval** chasqueó la lengua en señal de desaprobación
◇ exclam ¡vaya (por Dios)!

tutu ['tuːtuː] n tutú m

Tuvalu [tuːˈvɑːluː] n (las islas) Tuvalu

tu-whit tu-whoo [tuːˈwɪtəˈwuː] exclam = canto del búho

tux [tʌks] n US Fam esmoquin m

tuxedo [tʌkˈsiːdəʊ] (pl **tuxedos**) n esmoquin m

TV [tiːˈviː] n -1. (system, broadcasts) televisión f; **on (the) TV** en or por (la) televisión; **to watch TV** ver la televisión; **it makes/doesn't make good TV** es muy/poco televisivo; **the TV industry** el sector de la televisión, la industria televisiva ▫ **TV advertisement** anuncio m de televisión, spot m (publicitario); **TV advertising** publicidad f en televisión; **TV broadcast** retransmisión f por televisión; **TV broadcaster** presentador(ora) m,f de televisión; **TV camera** cámara f de televisión; **he always performs well in front of theTV cameras** siempre sale muy bien delante de las cámaras; **TV channel** cadena f de televisión, canal m de televisión; **TV commercial** anuncio m de televisión, spot m (publicitario); **TV on demand** televisión f a la carta; **TV dinner** = menú completo precocinado y congelado que sólo necesita calentarse en el mismo envase; **TV drama** programa m dramático; **TV film** telefilme m, telefilm m; **TV guide** guía f de la programación (de televisión); **TV interview** entrevista f por televisión; **TV journalist** periodista mf de televisión; Br **TV licence** = certificado de haber pagado el impuesto que autoriza a ver la televisión, con el que se financian las cadenas públicas; **TV lounge** sala f de televisión; **TV movie** telefilme m, telefilm m; **TV news** noticias fpl de la televisión; **TV personality** figura f de la televisión; **TV programme** programa m de televisión; **TV rights** derechos mpl de retransmisión (por televisión); **TV room** sala f de televisión; **TV show** programa m de televisión; **TV studio** estudio m de televisión; **TV viewer** telespectador(ora) m,f, televidente mf
-2. (set) televisor m, (aparato m de) televisión f ▫ **TV screen** pantalla f de televisión; **TV set** televisor m, (aparato m de) televisión f
-3. (industry) televisión f; **I want a career in TV** quiero dedicarme a la televisión
-4. Fam (abbr **transvestite**) travesti mf, travestido(a) m,f

TVA [tiːviːˈeɪ] n (abbr **Tennessee Valley Authority**) = organismo responsable de la construcción y gestión de presas hidroeléctricas en el estado de Tennessee

TVP [tiːviːˈpiː] n CULIN (abbr **textured vegetable protein**) proteína f vegetal texturizada, = alimento proteínico a base de soja texturizada que se utiliza como sustituto de la carne

twaddle ['twɒdəl] n Fam tonterías fpl, sandeces fpl; **what she said was a load of ~** lo que dijo no fueron más que tonterías or sandeces

twain [tweɪn] n Literary dos m; IDIOM **...and ne'er the ~ shall meet** ...y están condenados a no entenderse

twang [twæŋ] ◇ n -1. (of string, guitar) sonido m gangoso; **the ~ of country guitar** el sonido gangoso de la guitarra country -2. (of voice) **a nasal ~** una entonación nasal; **he has a slight Australian ~** tiene un ligero deje australiano
◇ vt (string) pulsar; (guitar, banjo) tañer, pulsar las cuerdas de
◇ vi (string) producir un sonido gangoso

'twas [twɒz] Literary = **it was**

twat [twæt] n Vulg -1. (woman's genitals) Esp conejo m, Col cuca f, Méx paloma f, RP concha f, Ven cuchara f -2. (person) Esp gilipollas mf inv, Am pendejo(a) m,f, RP boludo(a) m,f

tweak [twiːk] ◇ n -1. **to give sb's ear a ~** dar a alguien un tirón de orejas -2. (to text, computer programme) **to give sth a ~** hacer un pequeño ajuste en algo
◇ vt -1. (nose, ear) pellizcar -2. (text, computer programme) ajustar

twee [twiː] adj Br Fam Pej cursi

tweed [twiːd] n -1. (cloth) tweed m; **a ~ skirt** una falda de tweed -2. **tweeds** (suit) traje m de tweed

'tween [twiːn] Literary = **between**

tweet [twiːt] ◇ n pío m, gorjeo m
◇ vi piar, gorjear

tweeter ['twiːtə(r)] n (hi-fi speaker) altavoz m de agudos

tweezers ['twiːzəz] npl pinzas fpl; **a pair of ~** unas pinzas

twelfth [twelfθ] ◇ n -1. (fraction) doceavo m, doceava parte f -2. (in series) duodécimo(a) m,f -3. (of month) doce m
◇ adj duodécimo(a) ▫ *Twelfth Night* noche f de Reyes; see also **eleventh**

twelve [twelv] ◇ n doce m
◇ adj doce; see also **eight**

twelve-hour clock ['twelvaʊəˈklɒk] n reloj m de doce horas

twelve-inch ['twelvɪntʃ] n (record) maxisingle m

twelvemonth ['twelvmʌnθ] n Br Literary año m

twelve-string guitar ['twelvstrɪŋgɪˈtɑː(r)] n guitarra f de doce cuerdas

twelve-tone ['twelvtəʊn] adj MUS dodecafónico(a)

twenties ['twentɪz] npl **the ~** los (años) veinte; see also **eighties**

twentieth ['twentɪəθ] ◇ n -1. (fraction) veinteavo m, vigésima parte f -2. (in series) vigésimo(a) m,f -3. (of month) veinte m
◇ adj vigésimo(a); see also **eleventh**

twenty ['twentɪ] ◇ n veinte m
◇ adj veinte; see also **eighty**

twenty-first ['twentɪˈfɜːst] ◇ n -1. (in series) vigésimo(a) primero(a) m,f -2. (of month) veintiuno m -3. Fam (birthday, celebration) vigésimo primer cumpleaños m; **it's Jim's ~** Jim cumple veintiuno
◇ adj vigésimo(a) primero(a); (before masculine singular noun) vigésimo primer; see also **eleventh**

twenty-four-hour clock [twentɪˈfɔːraʊəˈklɒk] n reloj m de veinticuatro horas

twenty-four/seven ['twentɪfɔːsevən] adv Fam las veinticuatro horas del día

twenty-one ['twentɪˈwʌn] ◇ n -1. (number) veintiuno m -2. US (card game) veintiuna f
◇ adj veintiuno(a); (before masculine singular noun) veintiún

twenty-twenty vision ['twentɪˈtwentɪˈvɪʒən] n **to have ~** tener una vista perfecta

twerp, twirp [twɜːp] n Fam lerdo(a) m,f, Esp memo(a) m,f

twice [twaɪs] adv dos veces; **~ as big as...** el doble de grande que...; **~ as slow** el doble de lento(a); **it would cost ~ as much** or **~ the price** costaría el doble; **he's ~ your age** te dobla en edad, tiene el doble de años que tú; **he's almost ~ your height** es casi el doble de alto que tú; **~ 3 is 6** 2 por 3 son 6; **the programme is shown ~ a week** or **~ weekly** el programa se emite dos veces a la semana; **~ over** dos veces; **to think ~ before doing sth** pensárselo dos veces antes de hacer algo; **he didn't have to be asked ~** no hubo que pedírselo dos veces; **he's ~ the man you are!** ¡es el doble de hombre que tú!

twiddle ['twɪdəl] ◇ n **give the knob a ~** gira un poco el mando
◇ vt (knob, dial) dar vueltas a, girar; **to ~ one's thumbs** (move thumbs in circle) girar los pulgares; **I had to sit there twiddling my thumbs for an hour** tuve que estar allí sentado una hora de brazos cruzados
◇ vi **to ~ with sth** juguetear or trastear con algo

twig[1] [twɪg] n (small branch) ramita f; **we gathered some twigs to make a fire** recogimos unas ramitas para hacer un fuego

twig² (*pt & pp* **twigged**) *Br Fam* ⋄ *vt (realize)* darse cuenta de, coscarse
⋄ *vi (realize)* darse cuenta, coscarse; **to ~ to sth** darse cuenta de algo, coscarse de algo

twiglet ['twɪglɪt] *n Br (small twig)* ramita *f* pequeña

twilight ['twaɪlaɪt] *n* **-1.** *(time of day)* crepúsculo *m*; **at ~** al ponerse el sol ▫ MED ***sleep*** estado *m* crepuscular; **~ world** mundo *m* nebuloso; **~ zone** *(of city)* barrio *m* marginal; *Fig* mundo *m* nebuloso **-2.** *(half-light)* penumbra *f*; **I could hardly see you in the ~** apenas podía verte en la penumbra **-3.** *(last stages, end)* **he is in the ~ of his career** está en el ocaso de su carrera profesional

twilit ['twaɪlɪt] *adj* en penumbra

twill [twɪl] *n* sarga *f*

twin [twɪn] ⋄ *n (identical)* gemelo(a) *m,f*; *(non-identical)* mellizo(a) *m,f*
⋄ *adj* **-1.** *(child, sibling)* **they have ~ boys/girls** *(identical)* tienen gemelos/gemelas; *(non-identical)* tienen mellizos/mellizas ▫ **~ brother** *(identical)* hermano *m* gemelo; *(non-identical)* hermano *m* mellizo; **~ sister** *(identical)* hermana *f* gemela; *(non-identical)* hermana *f* melliza
-2. *(paired) (aims, evils)* dos; **the ~ towers overlooking the bay** las dos torres con vistas a la bahía ▫ **~ beds** camas *fpl* gemelas; *US* **Twin Cities** = apelativo familiar referido a las ciudades de Minneapolis y St Paul; **~ town** ciudad *f* hermanada; **~ tub** *(washing machine)* lavadora *f* de doble tambor
⋄ *vt (pt & pp* **twinned**) *(towns)* hermanar; **Glasgow is twinned with...** Glasgow está hermanada con...

twin-bedded ['twɪn'bedɪd] *adj (room)* con *o* de dos camas

twin-cam ['twɪnkæm] *adj* AUT de doble árbol de levas

twin-cylinder ['twɪn'sɪlɪndə(r)] *adj (engine)* de dos cilindros

twine [twaɪn] ⋄ *n (string)* (hilo *m* de) bramante *m*
⋄ *vt* **the creeper had twined itself round the tree** la enredadera se había enroscado *o* enrollado alrededor del árbol; **to ~ one's arms around sth/sb** rodear algo/a alguien con los brazos
⋄ *vi* **-1.** *(stem, ivy)* enroscarse (**around** alrededor de) **-2.** *(path, river)* serpentear

twin-engine(d) ['twɪn'endʒɪn(d)] *adj* **~ aircraft** (avión *m*) bimotor *m*

twinge [twɪndʒ] *n (of pain)* punzada *f*; **a ~ of conscience** un remordimiento (de conciencia); **a ~ of envy** una punzada de envidia; **a ~ of guilt** una sensación de culpa

twinjet ['twɪndʒet] *n* birreactor *m*

twinkle ['twɪŋkəl] ⋄ *n* **-1.** *(of stars, lights)* parpadeo *m* **-2.** *(of eyes)* brillo *m*; IDIOM *Hum* **when he was just a ~ in his father's eye** cuando ni siquiera lo había encargado
⋄ *vi* **-1.** *(star, light)* parpadear **-2.** *(eyes)* brillar

twinkling ['twɪŋklɪŋ] *n* IDIOM **in the ~ of an eye** en un abrir y cerrar de ojos

twinning ['twɪnɪŋ] *n (of towns)* hermanamiento *m*

twinset ['twɪnset] *n Br* conjunto *m* de suéter y rebeca

twirl [twɜːl] ⋄ *n (movement)* giro *m*, vuelta *f*; *Fam* **give us a ~!** ¡date la vuelta, que te veamos!
⋄ *vt* girar; **she twirled her parasol as she walked along** giraba la sombrilla al caminar; **he twirled his moustache** se retorció el bigote
⋄ *vi (person)* **to ~ round** dar vueltas sobre sí mismo(a)

twirly ['twɜːlɪ] *adj* retorcido(a)

twirp = **twerp**

twist [twɪst] ⋄ *n* **-1.** *(action)* **to give sth a ~** retorcer algo; **with a ~ of the wrist** con un giro de muñeca ▫ TECH **~ drill** broca *f* helicoidal; **~ grip** *(accelerator)* puño *m* del acelerador; *(gear change)* palanca *f* de cambios
-2. *(bend) (in river, staircase, rope, wire)* curva *f*; **there's a ~ in the tape** la cinta se ha doblado; **twists and turns** *(of road)* vueltas y revueltas; *(of events)* avatares; IDIOM *Br Fam* **to be round the ~** estar *Esp* majara *or Col, Méx* zafado(a) *or RP* rayado(a); IDIOM *Br Fam* **to go round the ~** *Esp* volverse majara, *Col, Méx* zafarse, *RP* rayarse; IDIOM *Br Fam* **to drive sb round the ~** volver loco(a) *or Esp* majara a alguien; IDIOM **to get (oneself) into a ~ about sth** *(get angry)* salirse de sus casillas por algo; *(get agitated)* ponerse nervioso(a) por algo
-3. *(in story, plot)* giro *m* inesperado; **the book gives a new ~ to the old story** el libro da un nuevo giro a la vieja historia; **by a strange ~ of fate...** por una de esas vueltas que da la vida...
-4. *(piece)* **a ~ of lemon** un trozo de peladura de limón retorcida; **a ~ of paper** un envoltorio de papel retorcido en los extremos; **a ~ of thread** un torzal de hilo; **a ~ of tobacco** una cuerda de tabaco
-5. *(dance)* twist *m*; **to do the ~** bailar el twist
-6. *(in diving)* giro *m*
⋄ *vt* **-1.** *(thread, rope, wire)* retorcer; **to get twisted** *(rope, cable)* retorcerse; **the railings were twisted out of shape** la valla quedó completamente retorcida; **she twisted her hair into a bun** se recogió el pelo en un moño; *Fig* **her face was twisted with pain** tenía el rostro retorcido de dolor; **to ~ sb's arm** retorcerle el brazo a alguien; *Fig* presionar a alguien
-2. *(turn) (lid, handle)* girar, dar vueltas a; **you have to ~ the lid clockwise** tienes que girar la tapa hacia la derecha; IDIOM **to ~ the knife (in the wound)** remover la herida
-3. *(injure)* **to ~ one's ankle/wrist** torcerse el tobillo/la muñeca
-4. *(wrench)* **he twisted the keys from my hand** me arrancó las llaves de la mano; **he twisted himself free** se retorció hasta que pudo escapar
-5. *(distort) (sb's words, meaning of text)* tergiversar
⋄ *vi* **-1.** *(bend) (road)* torcer; *(smoke)* elevarse en espirales; **the road twists back on itself** la carretera gira en redondo; **to ~ and turn** *(road)* serpentear
-2. *(turn)* girar; **to ~ and turn** *(person)* ir cambiando bruscamente de dirección
-3. *(wrench)* **she managed to ~ free of him** se retorció hasta que pudo escapar de él; **his mouth twisted into a grimace** torció la boca en una mueca
-4. *(dance)* bailar el twist
-5. *(in pontoon)* **~!** ¡carta!
◆ **twist off** ⋄ *vt sep (lid)* desenroscar; *(branch)* arrancar retorciendo
⋄ *vi (lid)* desenroscarse

twisted ['twɪstɪd] *adj* **-1.** *(piece of metal, string)* retorcido(a) **-2.** *(smile, grin, features)* torcido(a) **-3.** *(mind, logic, argument)* retorcido(a)

twister ['twɪstə(r)] *n* **-1.** *Br Fam (dishonest person)* marrullero(a) *m,f* **-2.** *esp US Fam (tornado)* tornado *m*

twisting ['twɪstɪŋ] *adj (path)* sinuoso(a)

twist-off ['twɪstɒf] *adj* de rosca

twit [twɪt] *n Br Fam* lerdo(a) *m,f*, *Esp* memo(a) *m,f*

twitch [twɪtʃ] ⋄ *n* **-1.** *(pull)* tirón *m* **-2.** *(tic)* **to have a nervous ~** tener un tic nervioso
⋄ *vt* **-1.** *(pull)* dar un tirón a **-2.** *(contract) (nose)* contraer; *(ears)* menear
⋄ *vi (nose)* contraerse; *(ears, tail)* menearse; **his hands twitched nervously** contraía las manos nerviosamente; **his right eye twitches** tiene un tic en el ojo

twitchy ['twɪtʃɪ] *adj Fam* tenso(a), nervioso(a); **to get ~** ponerse tenso(a) *or* nervioso(a)

twite [twaɪt] *n* pardillo *m* piquigualdo

twitter ['twɪtə(r)] ⋄ *n* **-1.** *(of birds)* gorjeo *m* **-2.** *Fam (of person)* parloteo *m*; IDIOM **to be in a ~** estar agitado(a)
⋄ *vi* **-1.** *(bird)* gorjear **-2.** *Fam (person)* parlotear; **to ~ on** *or* **away** no parar de darle a la lengua

twittery ['twɪtərɪ] *adj Fam* **to go all ~** ponerse como unas Pascuas *or* como unas castañuelas

'twixt [twɪkst] *prep Literary* entre

two [tuː] ⋄ *n (pl* **twos**) dos *m*; **to break/fold sth in ~** romper/doblar algo en dos; **to walk in twos, to walk ~ by ~** caminar de dos en dos; IDIOM **to put ~ and ~ together** atar cabos; **she put ~ and ~ together, and made five** fue atando cabos y llegó a la conclusión equivocada; *Fam* **that makes ~ of us** ya somos dos; **it takes ~ to start a fight/an argument** no hay pelea/discusión si dos no quieren; IDIOM **to be ~ of a kind** ser tal para cual; PROV **~'s company, three's a crowd** dos son compañía, tres son multitud
⋄ *adj* dos; **a drink or ~** alguna que otra copa, un par de copas; IDIOM **for ~ pins** de buena gana; **for ~ pins I'd let the whole thing drop** de buena gana lo dejaba todo; IDIOM **he doesn't care ~ pins about it** le importa tres pepinos; IDIOM **there are no ~ ways about it** *(there's no argument)* no hay más que hablar; *(there's no avoiding it)* no hay vuelta de hoja ▫ **~ pairs** *(in poker)* doble pareja *f*; *see also* **eight**

two-bit ['tuː'bɪt] *adj US Fam (insignificant)* de tres al cuarto, *RP* de morondanga

two-by-four ['tuːbaɪ'fɔː(r)] *n* tablón *m* alargado de dos por cuatro *(pulgadas de grosor y anchura respectivamente)*

two-colour ['tuː'kʌlə(r)] *adj* de dos colores

two-cycle ['tuː'saɪkəl] *adj US (engine)* de dos tiempos

two-cylinder ['tuː'sɪlɪndə(r)] *adj (engine)* de dos cilindros

two-dimensional ['tuːdaɪ'menʃənəl] *adj* **-1.** *(shape)* bidimensional **-2.** *Pej (character, film)* superficial, plano(a)

two-door ['tuː'dɔː(r)] *adj (car)* de *o* con dos puertas

two-edged ['tuː'edʒd] *adj* **-1.** *(blade)* de doble filo **-2.** *(remark)* de doble filo; IDIOM **to be a ~ sword** ser un arma de doble filo

two-faced ['tuː'feɪst] *adj Fam* falso(a)

twofold ['tuːfəʊld] ⋄ *adj* doble; **a ~ plan** un doble plan; **a ~ rise** una subida del doble, una duplicación
⋄ *adv* por dos, dos veces; **to increase ~** duplicarse

two-handed ['tuː'hændɪd] *adj* **-1.** *(sword, axe)* para dos manos **-2.** *(saw)* con dos mangos **-3.** *(in tennis)* con las dos manos; **a ~ volley** una volea con las dos manos

two-horse race ['tuː'hɔːs'reɪs] *n esp Br Fig* mano a mano *m*

two-legged ['tuː'legɪd] *adj* bípedo(a)

two-one ['tuː'wʌn] *n Br* UNIV **to get a ~** = licenciarse con la segunda nota más alta en la escala de calificaciones

two-party ['tuː'pɑːtɪ] *adj (coalition, system)* bipartidista

twopence = **tuppence**

twopenny = **tuppenny**

two-phase ['tuː'feɪz] *adj* ELEC **~ current** corriente *f* de dos fases

two-piece ['tuː'piːs] *adj* **~ (suit)** traje *m*; **~ (swimsuit)** biquini *m*

two-pin ['tuː'pɪn] *adj (plug, socket)* de dos clavijas

two-ply ['tuː'plaɪ] ⋄ *n (wood)* madera *f* de dos capas
⋄ *adj (wood, tissue)* de dos capas; *(wool)* de dos hebras

two-point ['tuː'pɔɪnt] *adj* **~ basket** *(in basketball)* tiro *m* de dos (puntos)

two-seater ['tuː'siːtə(r)] ⋄ *n* **-1.** *(plane)* (avión *m*) biplaza *m* **-2.** *(car)* biplaza *m*
⋄ *adj* biplaza *inv*

two-sided ['tuː'saɪdɪd] *adj* **-1.** *(problem, argument)* de doble vertiente *or* dos vertientes **-2.** *(photocopy)* por las dos caras

twosome ['tuːsəm] *n* **-1.** *(pair, couple)* dúo *m* **-2.** *(in golf)* partido *m* a dos

two-speed ['tuːspiːd] *adj* **a ~ Europe** una Europa de dos velocidades

two-star ['tu:stɑ:(r)] ◇ adj **-1.** (hotel) de dos estrellas **-2.** Br (petrol) normal
◇ n Br (petrol) normal f
two-step ['tu:step] n (dance) = baile de salón con un ritmo de 2 por 4
two-stroke ['tu:strəʊk] adj (engine) de dos tiempos
two-time ['tu:taɪm] vt Fam **to ~ sb** engañar or Esp pegársela a alguien
two-timer [tu:'taɪmə(r)] n Fam infiel mf
two-timing ['tu:taɪmɪŋ] adj Fam **that ~ boyfriend of hers** ese novio que la está engañando con otra or Esp que se la está pegando con otra
two-tone ['tu:təʊn] ◇ n (musical style) ska m
◇ adj **-1.** (in colour) bicolor, de dos colores **-2.** (in sound) de dos notas **-3.** (of musical style) ska inv
two-two ['tu:'tu:] n Br UNIV **to get a ~** = licenciarse con una nota media
'twould [twʊd] Literary = **it would**
two-way ['tu:weɪ] adj (agreement, process) mutuo(a) ❑ **~ mirror** espejo m espía; **~ radio** aparato m emisor y receptor de radio; **~ street** calle f de doble sentido; **~ switch** conmutador m de dos vías
TX (abbr **Texas**) Texas, Tejas
tycoon [taɪ'ku:n] n magnate m
tyke [taɪk] n **-1.** (dog) chucho m **-2.** Br Fam (rough person) bruto(a) m,f, Esp basto(a) m,f **-3.** US Fam (naughty child) pilluelo(a) m,f, Esp pillastre(a) m,f
tympani, tympanist = **timpani, timpanist**
tympanum ['tɪmpənəm] n ANAT tímpano m
type [taɪp] ◇ n **-1.** (kind) tipo m, clase f; **a cream suitable for all skin types** una crema adecuada para todo tipo de piel; **a new ~ of mobile phone** un nuevo tipo de teléfono móvil; **it's not my ~ of movie** no me gusta mucho ese tipo de películas; **that ~ of thing** ese tipo de cosas; **it's a ~ of big sparrow** es una especie de gorrión grande; **you know the ~ of thing I mean** ya sabes a lo que me refiero
-2. (person) **an athletic/intellectual ~** un individuo atlético/intelectual; **she's the thoughtful ~** es de esa (clase de) gente (que es) atenta; **she's not that ~ (of person)** no es de esa clase de personas; **he's not the ~ to complain** no es de los que se quejan; **I know their ~** conozco a los de su calaña; Fam **he's not my ~** no es mi tipo
-3. (typical example) **he's the very ~ of the** **punctilious bureaucrat** es el burócrata puntilloso por excelencia; **he was cast against ~** le dieron un papel opuesto al que acostumbra a representar
-4. TYP tipo m, letra f; **in large/small ~** en letra grande/pequeña; **in bold ~** en negrita ❑ **~ size** tamaño m de la letra
◇ vt **-1.** (with typewriter) escribir a máquina, mecanografiar; (with word processor) escribir or introducir en Esp el ordenador or Am la computadora; **to ~ a letter on the computer** escribir una carta en Esp el ordenador or Am la computadora **-2.** MED (blood sample) clasificar
◇ vi escribir a máquina, mecanografiar
◆ **type out** vt sep escribir a máquina
◆ **type up** vt sep (with typewriter) escribir a máquina; (with word processor) escribir en Esp el ordenador or Am la computadora
typecast ['taɪpkɑ:st] (pt & pp **typecast**) vt encasillar; **he is always ~ as a villain** siempre lo encasillan en el papel de malo
typeface ['taɪpfeɪs] n tipo m, letra f
typescript ['taɪpskrɪpt] n copia f mecanografiada
typeset ['taɪpset] vt componer
typesetter ['taɪpsetə(r)] n **-1.** (person) tipógrafo(a) m,f **-2.** COMPTR filmadora f
typesetting ['taɪpsetɪŋ] n composición f (tipográfica)
typewriter ['taɪpraɪtə(r)] n máquina f de escribir
typewriting ['taɪpraɪtɪŋ] n mecanografía f
typewritten ['taɪprɪtən] adj escrito(a) a máquina, mecanografiado(a)
typhoid ['taɪfɔɪd] n MED **~ (fever)** fiebre f tifoidea
typhoon [taɪ'fu:n] n tifón m
typhus ['taɪfəs] n MED tifus m inv
typical ['tɪpɪkəl] adj típico(a) (**of** de); **this dog is ~ of the breed** este perro es un ejemplar típico de su raza; **on a ~ day** en un día normal; **isn't that ~ (of him/her)!** ¡típico (en él/ella)!; **your letter took six days to get here – ~!** tu carta tardó seis días en llegar aquí – ¡para variar!; **in ~ fashion** como es costumbre, como de costumbre
typically ['tɪpɪklɪ] adv **-1.** (characteristically) **to act ~** comportarse como de costumbre; **~, she changed her mind at the last minute** como de costumbre, en el último minuto cambió de opinión **-2.** (usually) normalmente; **~, this would cost around $500** normalmente esto costaría unos 500 dólares
typify ['tɪpɪfaɪ] vt **-1.** (exemplify) tipificar **-2.** (embody) representar
typing ['taɪpɪŋ] n (by typewriter) mecanografía f; (by word processor) introducción f (de datos) en Esp el ordenador or Am la computadora; **his ~ isn't very good** no escribe muy bien a máquina; **I'll help you once I've finished this ~** en cuanto haya pasado esto a máquina, te ayudo ❑ **~ error** error m mecanográfico; **~ paper** papel m para escribir a máquina; **~ pool** sección f de mecanografía; **~ speed** velocidad f de mecanografiado
typist ['taɪpɪst] n mecanógrafo(a) m,f
typo ['taɪpəʊ] n Fam error m tipográfico
typographer [taɪ'pɒɡrəfə(r)] n tipógrafo(a) m,f
typographic(al) [taɪpə'ɡræfɪk(əl)] adj tipográfico(a)
typography [taɪ'pɒɡrəfɪ] n tipografía f
typological [taɪpə'lɒdʒɪkəl] adj tipológico(a)
typology [taɪ'pɒlədʒɪ] n tipología f
tyrannical [tɪ'rænɪkəl] adj tiránico(a)
tyrannize ['tɪrənaɪz] ◇ vt tiranizar
◇ vi **to ~ over sb** tiranizar a alguien
tyrannosaurus [tɪrænə'sɔ:rəs] n tiranosaurio m
tyrannous ['tɪrənəs] adj tiránico(a)
tyranny ['tɪrənɪ] n tiranía f
tyrant ['taɪrənt] n tirano(a) m,f
Tyre ['taɪə(r)] n Tiro
tyre, US **tire** ['taɪə(r)] n neumático m, Am llanta f, Arg goma f ❑ **~ chain** cadena f (para la nieve); **~ gauge** manómetro m; **~ marks** rodada f; **~ pressure** presión f de los neumáticos or de las ruedas; **~ valve** válvula f de neumático
tyro, tiro ['taɪrəʊ] n principiante mf
Tyrol [tɪ'rɒl] n Tirol
Tyrolean, Tirolean [tɪrə'lɪən] ◇ n tirolés(esa) m,f
◇ adj tirolés(esa) ❑ **~ hat** sombrero m tirolés
Tyrrhenian Sea [tɪ'ri:nɪən'si:] n mar m Tirreno
tzar, tzarina etc = **tsar, tsarina** etc
tzatziki [tsæt'si:ki:] n CULIN tzatziki m, = crema griega hecha con yogur, pepino, ajo y menta

U u

U, u [ju:] n (letter) U, u f ☐ **U bend** sifón m; **U boat** submarino m (alemán)

U [ju:] adj Br **-1.** CIN (abbr **universal**) ≃ (apta) para todos los públicos **-2.** Br Fam (upper-class) (expression, activity) finolis inv

UAE [ju:eɪˈiː] n (abbr **United Arab Emirates**) EAU mpl

UAW [ju:eɪˈdʌbəlju:] n US (abbr **United Automobile Workers**) UAW m or f, = sindicato de trabajadores del sector automovilístico

UB40 [ju:biːˈfɔːti] n Br (abbr **Unemployment Benefit form 40**) ≃ cartilla f de desempleado, Esp ≃ cartilla f del paro

ubiquitous [ju:ˈbɪkwɪtəs] adj omnipresente, ubicuo(a); **a ~ TV personality** un personaje de la televisión omnipresente; **there is no escape from the ~ mobile phone** es imposible escapar del omnipresente teléfono móvil

ubiquitousness [ju:ˈbɪkwɪtəsnɪs], **ubiquity** [ju:ˈbɪkwɪti] n Formal ubicuidad f, omnipresencia f

UCAS [ˈjuːkæs] n Br (abbr **Universities and Colleges Admissions Service**) = centro de admisiones y matriculaciones universitarias

UCL [ju:siːˈel] n Br UNIV (abbr **University College, London**) UCL m or f, = una de las universidades de Londres

UCLA [ˈʌklə] n US UNIV (abbr **University of California at Los Angeles**) UCLA f, = universidad de California en Los Ángeles

UDA [ju:di:ˈeɪ] n (abbr **Ulster Defence Association**) UDA f, Asociación f para la Defensa del Ulster, = organización paramilitar norirlandesa partidaria de la permanencia en el Reino Unido

udder [ˈʌdə(r)] n ubre f

UDI [ju:di:ˈaɪ] n POL (abbr **Unilateral Declaration of Independence**) declaración f unilateral de independencia

UDR [ju:di:ˈɑː(r)] n Formerly (abbr **Ulster Defence Regiment**) = regimiento del ejército británico estacionado en Irlanda del Norte

UEFA [ju:ˈeɪfə] n (abbr **Union of European Football Associations**) UEFA f ☐ **the ~ Cup** la Copa de la UEFA

UFO [ˈjuːfəʊ, juːˈeɪˈəʊ] (pl **UFOs**) n (abbr **unidentified flying object**) OVNI m

ufologist [juːˈfɒlədʒɪst] n ufólogo(a) m,f

ufology [juːˈfɒlədʒɪ] n ufología f

Uganda [juːˈgændə] n Uganda

Ugandan [juːˈgændən] ◇ n ugandés(esa) m,f
◇ adj ugandés(esa)

ugh [ʌx] exclam ¡puaj!

ugli (fruit)® [ˈʌglɪ(fruːt)] n = tipo de cítrico caribeño híbrido de pomelo, naranja y mandarina

uglify [ˈʌglɪfaɪ] vt Fam (city, building) afear

ugliness [ˈʌglɪnɪs] n **-1.** (in appearance) fealdad f **-2.** (of mood, situation) carácter m desagradable

ugly [ˈʌglɪ] adj **-1.** (in appearance) (person, building, place) feo(a); IDIOM **as ~ as sin** más feo(a) que Picio ☐ **~ duckling** (person) patito m feo; **the Ugly Sisters** (in Cinderella) las hermanastras (de Cenicienta)
-2. (unpleasant) (wound, custom) feo(a), desagradable; (rumour) siniestro(a); **there were ~ scenes at the airport** hubo escenas muy desagradables en el aeropuerto; **things were taking an ~ turn** las cosas se estaban poniendo muy feas; **to be in an ~ mood** estar de muy mal humor; **the ~ truth is...** la verdad, por desagradable que parezca, es...; **he's an ~ customer** es un tipo peligroso

UHF [ju:eɪtʃˈef] n RAD (abbr **ultrahigh frequency**) UHF m or f

uh-huh [ʌˈhʌ] exclam Fam (yes) ajá

UHT [ju:eɪtʃˈtiː] adj (abbr **ultra heat treated**) **~ milk** leche f uperisada or UHT

uh-uh [ʌʌ] exclam Fam (no) tch tch

UK [ju:ˈkeɪ] (abbr **United Kingdom**) ◇ n Reino m Unido; **in the UK** en el Reino Unido; **the UK representative** el representante del Reino Unido
◇ adj del Reino Unido

UKAEA [ju:keɪeɪiːˈeɪ] (abbr **United Kingdom Atomic Energy**) = consejo de seguridad nuclear británico

ukelele = ukulele

Ukraine [ju:ˈkreɪn] n **(the) ~** Ucrania

Ukrainian [ju:ˈkreɪnɪən] ◇ n **-1.** (person) ucraniano(a) m,f **-2.** (language) ucraniano m
◇ adj ucraniano(a)

ukulele [ju:kəˈleɪlɪ], **ukelele** [ju:kəˈleɪlɪ] n ukelele m

Ulan-Bator [u:lɑːnˈbɑːtɔː(r)] n Ulan-Bator

ulcer [ˈʌlsə(r)] n (in stomach) úlcera f; (in mouth, on body) úlcera f, llaga f

ulcerate [ˈʌlsəreɪt] ◇ vt (stomach) ulcerar; (mouth, skin) ulcerar, llagar
◇ vi (stomach) ulcerarse; (mouth, skin) ulcerarse, llagarse

ulcerated [ˈʌlsəreɪtɪd] adj (stomach) ulcerado(a); (mouth, skin) ulcerado(a), llagado(a)

ulceration [ʌlsəˈreɪʃən] n ulceración f

ulcerous [ˈʌlsərəs] adj ulceroso(a)

ulna [ˈʌlnə] n ANAT cúbito m

Ulster [ˈʌlstə(r)] n el Ulster ☐ **the ~ Defence Association** Asociación f para la Defensa del Ulster, = organización paramilitar norirlandesa partidaria de la permanencia en el Reino Unido; **the ~ Democratic Unionist Party** el Partido Unionista Democrático del Ulster; **the ~ Unionists** el Partido Unionista del Ulster; **the ~ Volunteer Force** la Fuerza de Voluntarios del Ulster

Ulsterman [ˈʌlstəmən] n = hombre del Ulster

Ulsterwoman [ˈʌlstəwʊmən] n = mujer del Ulster

ulterior [ʌlˈtɪərɪə(r)] adj **~ motive** motivo encubierto

ultimate [ˈʌltɪmət] ◇ n Fam **the ~ in hi-fi equipment** lo mejor en or Esp el no va más en equipos de alta fidelidad; **for the ~ in comfort, try our special new beds** si busca el máximo confort, pruebe nuestras nuevas camas especiales
◇ adj **-1.** (eventual, final) (responsibility, decision, objective) final; **her tragic illness and ~ death** su trágica enfermedad y posterior fallecimiento; **I believe in the party's ~ victory** tengo fe en que, un día, nuestro partido ganará
-2. (basic, fundamental) (cause, source, constituent) último(a); **the ~ meaning of life** el sentido último de la vida; **the ~ deterrent** la medida disuasoria or Am disuasiva definitiva
-3. (supreme) (authority) máximo(a); **the ~ hi-fi** lo mejor en or Esp el no va más en alta fidelidad; **the ~ holiday** las vacaciones más especiales; **the ~ humiliation** la mayor de las humillaciones, el colmo de la humillación; **the ~ stupidity** el colmo de la estupidez; **she made the ~ sacrifice** realizó el sacrificio supremo
-4. Literary (furthest) último(a)

ultimately [ˈʌltɪmətlɪ] adv **-1.** (finally) en última instancia; **a solution will ~ be found** en última instancia se hallará una solución; **responsibility ~ lies with you** en última instancia la responsabilidad es tuya **-2.** (basically) básicamente; **~ it's a question of how much we can afford** en esencia se trata de cuánto podemos permitirnos

ultimatum [ʌltɪˈmeɪtəm] n ultimátum m; **to deliver** or **issue an ~ (to sb)** dar un ultimátum (a alguien)

ultra- [ˈʌltrə] prefix ultra-

ultraconservative [ʌltrəkənˈsɜːvətɪv] adj (in politics) ultraconservador(ora), muy de derechas; (in morals, dress) muy tradicional

ultra-fashionable [ʌltrəˈfæʃnəbəl] adj de ultimísima moda

ultrahigh frequency [ˈʌltrəhaɪˈfriːkwənsɪ] n RAD & PHYS frecuencia f ultraalta

ultralight ◇ n [ˈʌltrəlaɪt] ultraligero m
◇ adj [ʌltrəˈlaɪt] ultraligero(a)

ultramarine [ʌltrəməˈriːn] ◇ n azul m de ultramar
◇ adj azul de ultramar

ultramodern [ʌltrəˈmɒdən] adj ultramoderno(a)

ultrasensitive [ʌltrəˈsensɪtɪv] adj ultrasensible

ultrashort [ʌltrəˈʃɔːt] adj PHYS ultracorto(a)

ultrasonic [ʌltrəˈsɒnɪk] adj PHYS & MED ultrasónico(a)

ultrasound [ˈʌltrəsaʊnd] n PHYS & MED ultrasonido m ☐ **~ scan** ecografía f; **~ scanner** ecógrafo m

ultraviolet [ʌltrəˈvaɪələt] adj ultravioleta

ululate [ˈjuːljʊleɪt] vi Literary (wolf, dog) ulular

Ulysses [ˈjuːlɪsɪz, juːˈlɪsɪz] n MYTHOL Ulises

um [ʌm] Fam ◇ exclam ee, Esp esto, Méx, RP este
◇ vi **to um and aah** titubear

umbelliferous [ʌmbeˈlɪfərəs] adj umbelífero(a)

umber [ˈʌmbə(r)] ◇ n **-1.** (pigment) tierra f de sombra **-2.** (colour) pardo m oscuro
◇ adj pardo(a) oscuro(a)

umbilical cord [ʌmˈbɪlɪkəlˈkɔːd] n cordón m umbilical

umbilicus [ʌmˈbɪlɪkəs] n ANAT ombligo m

umbra [ˈʌmbrə] n ASTRON umbra f

umbrage [ˈʌmbrɪdʒ] n **to take ~ (at sth)** sentirse ofendido(a) (por algo)

umbrella [ʌmˈbrelə] n (against rain) paraguas m inv, Col sombrilla f; Fig **under the ~ of...** al amparo de..., bajo la protección de... ☐ **~ bird** pájaro m paraguas; **~ plant** paraguas m inv; **~ stand** paragüero m **-2.** (body) **~ (group** or **organization)** organización f aglutinante **-3.** MIL cortina f de protección

umlaut [ˈʊmlaʊt] n (mark) umlaut m

umpire [ˈʌmpaɪə(r)] ◇ n (in tennis) juez mf de silla; (in cricket, baseball) árbitro(a) m,f
◇ vt arbitrar
◇ vi (in tennis, cricket, baseball) dirigir

umpteen [ʌmp'tiːn] *adj Fam* **to have ~ things to do** tener montones de cosas que hacer; **I've told you ~ times** te lo he dicho mil veces

umpteenth [ʌmp'tiːnθ] *adj Fam* enésimo(a); **for the ~ time** por enésima vez

UMW [juːem'dʌbəljuː] *n US (abbr* **United Mineworkers of America)** UMW *m or f*, = sindicato de mineros de EE.UU.

UN [juː'en] *n (abbr* **United Nations) the UN** la ONU ❑ **UN peacekeeping forces** fuerzas *fpl* de paz de las Naciones Unidas *or* de la ONU; **UN resolution** resolución *f* de las Naciones Unidas *or* de la ONU; **UN Security Council** Consejo *m* de Seguridad de las Naciones Unidas *or* de la ONU

'un [ʌn] *pron Fam* **the little 'uns** los pequeñajos; **this horse is a good 'un** este caballo vale

unabashed [ʌnə'bæʃt] *adj* descarado(a); **to be ~ (by** *or* **at)** no sentir vergüenza *or Am* pena (de *or* por); **to carry on ~** seguir impasible

unabated [ʌnə'beɪtɪd] *adj* **the noise continued ~ for most of the night** el ruido continuó sin descanso casi toda la noche; **their enthusiasm was ~** su entusiasmo no se enfrió

unable [ʌn'eɪbəl] *adj* **to be ~ to do sth** *(owing to lack of skill, knowledge)* ser incapaz de hacer algo; *(owing to lack of time, money)* no poder hacer algo; **children who are ~ to read/swim** niños que no saben leer/nadar; **I'm ~ to understand why we can't do as I suggest** soy incapaz de entender por qué no hacemos lo que he sugerido

unabridged [ʌnə'brɪdʒd] *adj* íntegro(a)

unacademic [ʌnækə'demɪk] *adj (approach, piece of research)* poco riguroso(a)

unaccented [ʌnək'sentɪd] *adj* **-1.** LING *(syllable)* átono(a), inacentuado(a) **-2.** MUS *(beat)* débil

unacceptability [ʌnəkseptəbɪlɪti] *n* inadmisibilidad *f*

unacceptable [ʌnək'septəbəl] *adj* inadmisible, inaceptable

unacceptably [ʌnək'septəblɪ] *adv* inadmisiblemente; **the movie was ~ violent** la violencia de la película era inadmisible *or* inaceptable; **to behave ~** comportarse de una manera inadmisible *or* inaceptable

unaccommodating [ʌnə'kɒmədeɪtɪŋ] *adj (person)* poco dispuesto(a) a ayudar

unaccompanied [ʌnə'kʌmpənɪd] ⬦ *adj* **-1.** *(child)* no acompañado(a) **-2.** *(violin, singer)* solo(a), sin acompañamiento
⬦ *adv* **-1. to travel ~** viajar solo(a) **-2. to play/sing ~** tocar/cantar sin acompañamiento

unaccomplished [ʌnə'kʌmplɪʃt] *adj (unimpressive)* mediocre

unaccountable [ʌnə'kaʊntəbəl] *adj* **-1.** *Formal (not answerable)* **to be ~ (to sb)** no tener que rendir cuentas (a alguien) **-2.** *(puzzling)* inexplicable; **for some ~ reason** por alguna razón inexplicable

unaccountably [ʌnə'kaʊntəblɪ] *adv* inexplicablemente

unaccounted for [ʌnə'kaʊntɪd'fɔː(r)] *adj* **-1.** *(money)* sin contabilizar; **that leaves a further $2,000 still ~** con eso nos quedan aún 2.000 dólares que no aparecen **-2.** *(person)* **there are several people still ~** siguen sin aparecer varias personas

unaccredited [ʌnə'kredɪtɪd] *adj* no acreditado(a)

unaccustomed [ʌnə'kʌstəmd] *adj* **-1.** *(unused)* **to be ~ to sth** no estar acostumbrado(a) a algo **-2.** *(not usual)* inusual, desacostumbrado(a)

unachievable [ʌnə'tʃiːvəbəl] *adj* inalcanzable

unacknowledged [ʌnək'nɒlɪdʒd] ⬦ *adj* no reconocido(a)
⬦ *adv* **to go ~** *(talent, achievement)* no ser reconocido(a); *(letter)* no recibir respuesta

unacquainted [ʌnə'kweɪntɪd] *adj* **to be ~ with sth** estar familiarizado(a) con algo; **to be ~ with sth** no conocer a alguien; **we are not ~ with the phenomenon** no desconocemos el fenómeno

unaddressed [ʌnə'drest] *adj (letter, envelope)* sin dirección

unadjusted [ʌnə'dʒʌstɪd] *adj (figures)* no corregido(a)

unadopted [ʌnə'dɒptɪd] *adj Br (road)* = cuya reparación no corre a cargo de las autoridades locales, sino de los usuarios

unadorned [ʌnə'dɔːnd] *adj* **-1.** *(beauty)* sin adornos **-2.** *(truth)* sin tapujos

unadulterated [ʌnə'dʌltəreɪtɪd] *adj* **-1.** *(food)* natural, no adulterado(a) **-2.** *(absolute) (joy)* absoluto(a); **that book is ~ rubbish!** ¡ese libro es una verdadera porquería!

unadventurous [ʌnəd'ventʃərəs] *adj (person)* poco atrevido(a), convencional; *(decision, choice, player)* poco arriesgado(a); *(performance)* sin riesgos, poco arriesgado(a); **she is an ~ cook** es una cocinera poco innovadora

unadvertised [ʌn'ædvətaɪzd] *adj (appearance, visit)* no anunciado(a)

unadvisable [ʌnəd'vaɪzəbəl] *adj* desaconsejable

unaffected [ʌnə'fektɪd] *adj* **-1.** *(sincere) (person, style)* poco afectado(a), natural; *(joy)* espontáneo(a) **-2.** *(not touched, damaged)* **he was ~** no se vio afectado; **most of the city was ~ by the earthquake** la mayor parte de la ciudad no se vio afectada por el terremoto **-3.** *(resistant)* **this material is ~ by heat** a este material no le afecta el calor

unaffectionate [ʌnə'fekʃənət] *adj (person, kiss)* poco afectuoso(a)

unaffiliated [ʌnə'fɪlɪeɪtɪd] *adj* no afiliado(a)

unaffordable [ʌnə'fɔːdəbəl] *adj* inasequible

unafraid [ʌnə'freɪd] *adj* **to be ~ of sth/sb** no temer algo/a alguien; **he was quite ~** no tuvo miedo

unaided [ʌn'eɪdɪd] *adv* sin ayuda

unalarmed [ʌnə'lɑːmd] *adj (not anxious)* **to be ~** no preocuparse

unalike [ʌnə'laɪk] *adj* **the two sisters are quite ~** las dos hermanas no se parecen en nada

unallocated [ʌn'æləkeɪtɪd] *adj (money, grants)* no asignado(a); *(places)* vacante

unalloyed [ʌnə'lɔɪd] *adj Formal* puro(a)

unalterable [ʌn'ɔːltərəbəl] *adj (fact, truth)* inmutable; *(decision)* irrevocable

unaltered [ʌn'ɔːltəd] *adj* **to remain ~** *(weather, opinion)* permanecer igual; **her appearance was ~** su aspecto no había cambiado en lo más mínimo

unambiguous [ʌnæm'bɪgjʊəs] *adj* inequívoco(a); **she was ~ in the way she told him** la forma en que se lo dijo no dejaba lugar a dudas

unambiguously [ʌnæm'bɪgjʊəslɪ] *adv* inequívocamente, de forma inequívoca

unambitious [ʌnæm'bɪʃəs] *adj (person, project)* poco ambicioso(a)

unamended [ʌnə'mendɪd] *adj* sin enmiendas

un-American [ʌnə'merɪkən] *adj (not typical of America)* poco americano(a); *(against America)* antiamericano(a) ❑ POL **~ activities** actividades *fpl* antiamericanas

unamused [ʌnə'mjuːzd] *adj* **he was ~** no le hizo gracia

unanimity [juːnə'nɪmɪti] *n* unanimidad *f*

unanimous [juː'nænɪməs] *adj* unánime; **passed by a ~ vote** aprobado por unanimidad; **they were ~ in condemning the plan** condenaron unánimemente el plan

unanimously [juː'nænɪməslɪ] *adv* unánimemente; **she was elected ~** fue elegida por unanimidad

unannounced [ʌnə'naʊnst] ⬦ *adj (arrival)* no anunciado(a)
⬦ *adv* **to turn up** *or* **arrive ~** llegar sin previo aviso

unanswerable [ʌn'ɑːnsərəbəl] *adj (argument)* incontestable, irrefutable; **the question is ~ without further information** sin más datos la pregunta es imposible de contestar

unanswered [ʌn'ɑːnsəd] ⬦ *adj* **-1.** *(question, letter)* sin contestar; **I left two questions ~ in the exam** dejé dos preguntas del examen sin contestar **-2.** *(mystery, puzzle)* sin resolver
⬦ *adv* **to go ~** *(question, letter)* quedar sin respuesta

unanticipated [ʌnæn'tɪsɪpeɪtɪd] *adj* inesperado(a)

unapologetic [ʌnəpɒlə'dʒetɪk] *adj* **to be ~ (about sth)** no tener intención de disculparse (por algo)

unappealing [ʌnə'piːlɪŋ] *adj* poco atractivo(a)

unappetizing [ʌn'æpɪtaɪzɪŋ] *adj* **-1.** *(food)* poco apetitoso(a) **-2.** *(prospect)* poco halagüeño(a)

unappreciated [ʌnə'priːʃɪeɪtɪd] ⬦ *adj (effort, contribution)* no reconocido(a); **to feel ~** sentirse poco valorado(a)
⬦ *adv* **his efforts went ~** no se valoraron sus esfuerzos

unappreciative [ʌnə'priːʃɪetɪv] *adj (audience, response)* poco agradecido(a); **to be ~ of sth** no valorar algo

unapproachable [ʌnə'prəʊtʃəbəl] *adj* **-1.** *(person, manner)* inaccesible **-2.** *(place)* inaccesible

unarguable [ʌn'ɑːgjʊəbəl] *adj* indiscutible

unarguably [ʌn'ɑːgjʊəblɪ] *adv* indiscutiblemente

unarmed [ʌn'ɑːmd] *adj* desarmado(a) ❑ **~ combat** combate *m* sin armas

unashamed [ʌnə'ʃeɪmd] *adj (curiosity, greed, lie)* descarado(a); **he was completely ~ about it** no le dio ninguna vergüenza *or Am* pena, **I sighed with ~ relief** suspiré con un alivio no disimulado

unashamedly [ʌnə'ʃeɪmɪdlɪ] *adv (brazenly)* descaradamente; *(openly)* abiertamente; **he was ~ in favour of taking tough measures** estaba abiertamente a favor de tomar medidas más duras

unasked [ʌn'ɑːskt] *adj (advice)* no solicitado(a); **to do sth ~** hacer algo por propia iniciativa, hacer algo sin que se lo pidan a uno; **the question remained ~** la pregunta seguía sin formularse

unassailable [ʌnə'seɪləbəl] *adj* **-1.** *(castle, position)* inexpugnable; **she had built up an ~ lead** había cobrado una ventaja inalcanzable **-2.** *(argument, theory)* irrebatible; *(reputation)* intachable

unassisted [ʌnə'sɪstɪd] ⬦ *adj* en solitario
⬦ *adv* sin ayuda

unassuming [ʌnə'sjuːmɪŋ] *adj* modesto(a)

unassumingly [ʌnə'sjuːmɪŋlɪ] *adv* modestamente

unattached [ʌnə'tætʃt] *adj* **-1.** *(loose)* suelto(a) **-2.** *(without a partner)* **to be ~** no tener pareja

unattainable [ʌnə'teɪnəbəl] *adj* inalcanzable

unattended [ʌnə'tendɪd] *adj* desatendido(a); **to leave sth ~** dejar algo desatendido(a); **to leave sb ~** dejar solo(a) a alguien; **please do not leave your luggage ~** les rogamos no se separen de su equipaje; **she was always leaving customers ~** siempre hacía esperar a los clientes

unattractive [ʌnə'træktɪv] *adj* poco atractivo(a)

unattractiveness [ʌnə'træktɪvnɪs] *n* falta *f* de atractivo

unauthenticated [ʌnɔː'θentɪkeɪtɪd] *adj* no verificado(a)

unauthorized [ʌn'ɔːθəraɪzd] *adj* no autorizado(a)

unavailable [ʌnə'veɪləbəl] *adj* **-1.** *(information, services)* no disponible; *(product)* agotado(a), no disponible; **to be ~** *(telephone number)* no estar disponible
-2. *(person)* no disponible; **Mr Fox is ~ at the moment, shall I get him to call you back?** Mr Fox no está disponible en este momento, ¿quiere que le diga que lo llame más tarde?; **the minister was ~ for comment** el ministro no quiso hacer declaraciones

unavailing [ʌnə'veɪlɪŋ] *adj Formal (effort)* inútil, vano(a)

unavailingly [ʌnə'veɪlɪŋlɪ] *adv Formal* vanamente, en vano

unavoidable [ʌnə'vɔɪdəbəl] *adj* inevitable

unavoidably [ʌnə'vɔɪdəblɪ] *adv* inevitablemente; **we were ~ delayed** nos fue imposible llegar a la hora

unaware [ʌnəˈweə(r)] *adj* **-1.** *(ignorant)* **to be ~ of sth** no ser consciente de algo, ignorar algo; **we are not ~ of the need for reform** somos conscientes de *or* no ignoramos la necesidad de reforma; **I was ~ that they had arrived** no me había dado cuenta de que habían llegado; **he seemed quite ~ that he was being watched** no parecía darse cuenta de que lo estaban mirando **-2.** *(uninformed)* **to be politically/environmentally ~** no estar concienciado políticamente/medioambientalmente, no tener conciencia política/medioambiental

unawares [ʌnəˈweəz] *adv* **-1.** *(by surprise)* **to catch sb ~** agarrar *or Esp* coger a alguien desprevenido(a) **-2.** *Literary (without realizing)* inadvertidamente

unbalance [ʌnˈbæləns] *vt* desequilibrar

unbalanced [ʌnˈbælənst] *adj* **-1.** *(mentally)* desequilibrado(a) **-2.** *(report)* sesgado(a), parcial **-3.** *(diet)* poco equilibrado(a) **-4.** FIN **~ accounts** cuentas que no cuadran

unbandage [ʌnˈbændɪdʒ] *vt* quitar la venda a

unbar [ʌnˈbɑː(r)] *(pt & pp* **unbarred)** *vt (door, gate)* desatrancar; *Fig* **the decision could ~ the way to a lasting solution** la decisión podría abrir las puertas a una solución duradera

unbearable [ʌnˈbeərəbəl] *adj* insoportable

unbearably [ʌnˈbeərəblɪ] *adv (to behave)* de forma insoportable; **he's ~ arrogant** es de una arrogancia insoportable; **it's ~ hot** hace un calor insoportable

unbeatable [ʌnˈbiːtəbəl] *adj* **-1.** *(team, position)* invencible, imbatible **-2.** *(product, value, price)* insuperable

unbeaten [ʌnˈbiːtən] *adj* **they remained ~ for the rest of the season** siguieron sin perder un partido hasta el final de la temporada; **his ~ record stretches back to 1999** sigue imbatible desde 1999

unbecoming [ʌnbɪˈkʌmɪŋ] *adj Old-fashioned* **-1.** *(behaviour)* impropio(a) **(to** de) **-2.** *(dress)* poco favorecedor(ora)

unbefitting [ʌnbɪˈfɪtɪŋ] *adj Formal* **he behaved in a manner ~ a member of parliament** se comportó de manera impropia en un parlamentario

unbeknown(st) [ʌnbɪˈnəʊn(st)] *adv* **~ to me** sin mi conocimiento, sin que yo lo supiera

unbelief [ˈʌnbɪliːf] *n Formal (religious)* descreimiento *m*

unbelievable [ʌnbɪˈliːvəbəl] *adj* **-1.** *(extraordinary)* increíble; **that was an ~ piece of good fortune** aquello fue un golpe de suerte increíble; **you're ~!** ¡eres el colmo! **-2.** *(implausible)* increíble; **his story was totally ~** su historia no había quien se la creyera

unbelievably [ʌnbɪˈliːvəblɪ] *adv (extraordinarily)* increíblemente; **~, he didn't even say hello** fue increíble, ni siquiera saludó; **we were ~ lucky** tuvimos una suerte increíble

unbeliever [ʌnbəˈliːvə(r)] *n Formal (religious)* no creyente *mf*, descreído(a) *m,f*

unbelieving [ʌnbɪˈliːvɪŋ] *adj (listeners, eyes)* incrédulo(a)

unbend [ʌnˈbend] ◇ *vt (fork, wire)* enderezar ◇ *vi (person)* relajarse

unbending [ʌnˈbendɪŋ] *adj (person, attitude)* inflexible; *(will)* férreo(a)

unbias(s)ed [ʌnˈbaɪəst] *adj* imparcial

unbidden [ʌnˈbɪdən] *adv Formal* sin querer, de forma espontánea; **they arrived ~** vinieron sin ser invitados

unbind [ʌnˈbaɪnd] *(pt & pp* **unbound** [ʌnˈbaʊnd]) *vt (prisoner)* desatar

unbleached [ʌnˈbliːtʃt] *adj (fabric, T-shirt, paper, flour)* sin blanquear

unblemished [ʌnˈblemɪʃt] *adj* **-1.** *(skin)* sin defectos **-2.** *(reputation)* intachable; **the team has an ~ record so far this year** hasta ahora el equipo ha tenido una trayectoria impecable

unblinking [ʌnˈblɪŋkɪŋ] *adj* impasible

unblock [ʌnˈblɒk] *vt* **-1.** *(sink, pipe)* desatascar **-2.** *(road)* desbloquear **-3.** *(nose, ear)* destapar

unblushing [ʌnˈblʌʃɪŋ] *adj* declarado(a)

unbolt [ʌnˈbəʊlt] *vt (door)* abrir el cerrojo de

unborn [ʌnˈbɔːn] *adj* **generations yet ~** generaciones venideras ❑ **~ *child*** niño *m* (aún) no nacido

unbosom [ʌnˈbʊzəm] *vt Literary (secret)* confesar; *(emotions)* desahogar; **to ~ oneself to sb** desahogarse con alguien

unbothered [ʌnˈbɒðəd] *adj* **-1.** *(not disturbed)* **I was ~ by the noise** el ruido no le molestaba **-2.** *(indifferent)* **I'm ~ about it** me trae sin cuidado

unbound [ʌnˈbaʊnd] ◇ *adj* **-1.** *(untied)* desatado(a), suelto(a) **-2.** *(book, pages)* sin encuadernar
◇ *pt & pp of* **unbind**

unbounded [ʌnˈbaʊndɪd] *adj* ilimitado(a), sin límites

unbowed [ʌnˈbaʊd] *adj (head)* erguido(a); **their heads remained ~** mantuvieron la cabeza erguida *or* bien alta; **they emerged from the struggle, bloody but ~** salieron maltrechos de la lucha pero con la moral intacta

unbreakable [ʌnˈbreɪkəbəl] *adj* **-1.** *(plate, toy)* irrompible **-2.** *(spirit, alliance)* inquebrantable

unbreathable [ʌnˈbriːðəbəl] *adj (air)* irrespirable

unbridgeable [ʌnˈbrɪdʒəbəl] *adj (gap)* insalvable

unbridled [ʌnˈbraɪdəld] *adj (passion, aggression)* desatado(a); *(enthusiasm, optimism)* desbocado(a)

un-British [ʌnˈbrɪtɪʃ] *adj* poco británico(a)

unbroken [ʌnˈbrəʊkən] *adj* **-1.** *(intact) (crockery, seal)* intacto(a); *(record)* imbatido(a) **-2.** *(uninterrupted) (line, expanse, peace, tradition)* ininterrumpido(a) **-3.** *(undefeated)* **their spirit remains ~** mantienen la moral alta **-4.** *(horse)* sin domar

unbuckle [ʌnˈbʌkəl] *vt* desabrochar (la hebilla de)

unburden [ʌnˈbɜːdən] *vt* **-1.** *Formal (of load)* **can I ~ you of your bags?** ¿le ayudo con las bolsas? **-2.** *(of emotions)* **to ~ one's conscience** descargar la conciencia; **to ~ oneself** *or* **one's heart to sb** desahogarse con alguien

unburied [ʌnˈberɪd] *adj* sin enterrar

unbusinesslike [ʌnˈbɪznɪslaɪk] *adj* poco profesional

unbutton [ʌnˈbʌtən] *vt* desabrochar, desabotonar; **to ~ one's shirt** desabrocharse la camisa

unbuttoned [ʌnˈbʌtənd] *adj* **-1.** *(shirt)* desabrochado(a), desabotonado(a) **-2.** *(relaxed, informal)* informal, desenfadado(a)

uncalled-for [ʌnˈkɔːldfɔː(r)] *adj* **to be ~** *(behaviour, remark)* estar fuera de lugar; **that was totally ~!** ¡eso estaba totalmente fuera de lugar!, ¡eso fue una salida de tono!

uncannily [ʌnˈkænɪlɪ] *adv* asombrosamente; **~ accurate** de una precisión asombrosa

uncanny [ʌnˈkænɪ] *adj (coincidence, similarity, resemblance)* asombroso(a), extraño(a); *(knack, ability)* inexplicable; **it's ~ how she always seems to know what I'm about to say** no me explico cómo siempre parece saber lo que voy a decir

uncap [ʌnˈkæp] *vt (pen)* quitar *or Am* sacar la capucha a

uncapped [ʌnˈkæpt] *adj (player)* debutante

uncared-for [ʌnˈkeədfɔː(r)] *adj (house, garden, child)* abandonado(a), descuidado(a); *(appearance)* descuidado(a)

uncaring [ʌnˈkeərɪŋ] *adj* desafecto(a), indiferente; **an ~ mother** una madre poco afectuosa

uncarpeted [ʌnˈkɑːpɪtɪd] *adj Esp, RP* sin enmoquetar, *Am* sin alfombrar

uncashed [ʌnˈkæʃt] *adj (cheque)* sin cobrar

uncatalogued [ʌnˈkætəlɒgd] *adj* sin catalogar

unceasing [ʌnˈsiːsɪŋ] *adj* incesante

unceasingly [ʌnˈsiːsɪŋlɪ] *adv* incesantemente, sin cesar

uncensored [ʌnˈsensəd] *adj* sin censurar, íntegro(a)

unceremonious [ʌnserəˈməʊnɪəs] *adj* brusco(a), poco ceremonioso(a)

unceremoniously [ʌnserəˈməʊnɪəslɪ] *adv* sin contemplaciones

uncertain [ʌnˈsɜːtən] *adj* **-1.** *(doubtful, unclear)* incierto(a); **to be ~ about sth** no estar seguro(a) de algo; **they were ~ how to begin** no estaban seguros de cómo empezar; **I feel ~ about him** tengo mis dudas sobre él; **it is ~ if...** no se sabe si...; **it is ~ whether they will succeed** no es seguro *or* no está claro que vayan a lograrlo; **the minister's future is ~** el futuro del ministro es incierto; **in no ~ terms** en términos bien claros
-2. *(unconfident) (voice, steps)* inseguro(a), vacilante; **to be ~ of oneself** no estar seguro(a) de sí mismo(a)
-3. *(unknown)* **the cause of her death is still ~** todavía se desconocen las causas de su muerte
-4. *(undecided) (plans)* sin decidir

uncertainly [ʌnˈsɜːtənlɪ] *adv (to smile, enter)* de forma vacilante; **...he said ~** ...dijo vacilante *or* inseguro

uncertainty [ʌnˈsɜːtəntɪ] *n* incertidumbre *f*; **today's statement put an end to the ~ about her future** la declaración de hoy ha puesto fin a la incertidumbre sobre su futuro; **there's still some ~ as to what was actually said** todavía no se sabe con certeza qué fue lo que dijeron en realidad; **I am in some ~ as to whether I should tell him** estoy en duda sobre si debería decírselo; **despite this clarification a number of uncertainties remain** a pesar de esta aclaración quedan ciertas dudas ❑ PHYS **~ *principle*** principio *m* de indeterminación *or* incertidumbre

unchain [ʌnˈtʃeɪn] *vt* desencadenar

unchallengeable [ʌnˈtʃælɪndʒəbəl] *adj (argument, right)* incuestionable; *(evidence, proof)* irrefutable; **he has built up an ~ lead** ya nadie puede disputarle el liderazgo

unchallenged [ʌnˈtʃælɪndʒd] ◇ *adj* **-1.** *(authority, leader)* **his position as party leader is ~** nadie le disputa su puesto como líder del partido; **her authority remains ~** nadie le disputa aún su autoridad **-2.** *(assumption)* no cuestionado(a); **he did not want to leave the accusations ~** no quiso dejar las acusaciones sin desmentir
◇ *adv* **her decisions always go ~** nunca se cuestionan sus decisiones; **he let this claim pass ~** dejó pasar esa afirmación sin cuestionarla

unchanged [ʌnˈtʃeɪndʒd] *adj* igual, sin cambios; **he was completely ~ by his experience** aquella experiencia no le cambió en absoluto; **to remain ~** no haber cambiado

unchanging [ʌnˈtʃeɪndʒɪŋ] *adj* inmutable

uncharacteristic [ʌnkærəktəˈrɪstɪk] *adj* atípico(a), poco característico(a) **(of** de); **it's ~ for her to make a mistake like that** no es normal en ella cometer un error como ése

uncharacteristically [ʌnkærəktəˈrɪstɪklɪ] *adv* **he was ~ generous/cheerful** mostraba una generosidad/alegría atípica *or* poco normal en él; **to behave ~** comportarse de una manera atípica *or* rara

uncharitable [ʌnˈtʃærɪtəbəl] *adj* mezquino(a)

uncharitably [ʌnˈtʃærɪtəblɪ] *adv* sin conmiseración

uncharted [ʌnˈtʃɑːtɪd] *adj (region, forest, ocean)* inexplorado(a), sin explorar; *Fig* **these are ~ waters for us** para nosotros es un territorio inexplorado

unchastened [ʌnˈtʃeɪsənd] *adj* no escarmentado(a); **he was ~ by his experience** no escarmentó con la experiencia

unchecked [ʌnˈtʃekt] ◇ *adj* **-1.** *(not restrained) (growth, expansion, anger)* incontrolado(a) **-2.** *(not verified)* sin comprobar
◇ *adv* **to go ~** *(corruption, epidemic)* avanzar sin control; **if left ~, this outbreak could turn into an epidemic** si no se controla a tiempo, este brote podría convertirse en una epidemia

unchivalrous [ʌnˈʃɪvəlrəs] *adj* descortés, poco caballeroso(a)

unchristian [ʌnˈkrɪstʃən] *adj* poco cristiano(a)

uncircumcised [ʌnˈsɜːkəmsaɪzd] *adj (penis, person)* incircunciso(a)

uncivil [ʌnˈsɪv(ɪ)l] *adj* maleducado(a), descortés; **to be ~ to sb** ser maleducado(a) con alguien

uncivilized [ʌnˈsɪvɪlaɪzd] *adj* **-1.** *(tribes, peoples)* primitivo(a), sin civilizar; *(regions)* sin civilizar **-2.** *(behaviour)* poco civilizado(a), incivilizado(a) **-3.** *(inconvenient)* **at an ~ hour** a una hora intempestiva

unclaimed [ʌnˈkleɪmd] ◇ *adj (money, baggage, prize)* no reclamado(a) ❏ LAW **~ estate** herencia *f* yacente
◇ *adv* **to go ~** *(money, baggage, prize)* no ser reclamado por nadie

unclasp [ʌnˈklɑːsp] *vt (buckle, brooch)* desabrochar; *(hands)* descruzar

unclassifiable [ʌnklæsɪˈfaɪəbəl] *adj* inclasificable

unclassified [ʌnˈklæsɪfaɪd] *adj* **-1.** *(not secret)* desclasificado(a), no confidencial **-2.** *(uncategorized)* sin clasificar

uncle [ˈʌŋkəl] *n* tío *m*; **all my uncles and aunts were there** todos mis tíos estaban allí ❏ US **Uncle Sam** el Tío Sam; *Fam Pej* **Uncle Tom** = persona de raza negra que muestra una actitud sumisa ante los blancos

---
UNCLE TOM

Este término proviene del título de la famosa novela de Harriet Beecher Stowe "**Uncle Tom's Cabin**", ("La cabaña del tío Tom"), publicada en 1852. En la actualidad, algunos críticos consideran que el esclavo fiel y santurrón del título es un modelo perjudicial para los negros. Asimismo, la expresión **Uncle Tom** ha acabado adquiriendo connotaciones negativas para referirse a una persona de raza negra que muestra una excesiva deferencia hacia la clase dirigente blanca, o que simplemente desea formar parte de ella.

---

unclean [ʌnˈkliːn] *adj* **-1.** *(dirty)* sucio(a); **to feel ~** sentirse sucio(a) **-2.** *(sinful) (thoughts, food)* impuro(a)

unclear [ʌnˈklɪə(r)] *adj* **-1.** *(confused, ambiguous) (thinking, instructions, reason)* confuso(a), poco claro(a); **I'm still ~ about what happened** todavía no tengo muy claro lo que pasó **-2.** *(uncertain) (future, outcome)* incierto(a); **it's still ~ who will win** aún no está claro quién va a ganar **-3.** *(indistinct) (sound, speech)* confuso(a), poco claro(a)

unclearly [ʌnˈklɪəlɪ] *adv* **-1.** *(to describe, explain, think)* de forma confusa *or* poco clara **-2.** *(to hear, speak)* de forma confusa *or* poco clara

unclench [ʌnˈklentʃ] *vt (fist, teeth)* relajar

uncloak [ʌnˈkləʊk] *vt (mystery, plans)* revelar; *(impostor)* descubrir

unclog [ʌnˈklɒg] *vt* desatascar

unclothed [ʌnˈkləʊðd] *adj* desvestido(a), desnudo(a)

unclouded [ʌnˈklaʊdɪd] *adj* **-1.** *(sky)* despejado(a) **-2.** *(thinking, vision)* despejado(a); **a future ~ by financial worries** un futuro no ensombrecido por preocupaciones económicas

uncluttered [ʌnˈklʌtə(d)] *adj* **-1.** *(room, desk)* despejado(a); *(design, layout)* no recargado(a) **-2.** *(mind, thinking)* claro(a)

uncoil [ʌnˈkɔɪl] ◇ *vt* desenrollar
◇ *vi* desenrollarse

uncollected [ʌnkəˈlektɪd] *adj (tax)* no recaudado(a)

uncoloured, US **uncolored** [ʌnˈkʌləd] *adj (impartial)* imparcial

uncombed [ʌnˈkəʊmd] *adj* despeinado(a)

uncomfortable [ʌnˈkʌmftəbəl] *adj* **-1.** *(physically) (person, bed, clothes)* incómodo(a); **to be** *or* **feel ~** estar incómodo(a)
-2. *(uneasy)* **to be** *or* **feel ~** sentirse incómodo(a) *or* violento(a); **I'd feel ~ (about) asking my parents for money** me sentiría incómodo *or* violento si tuviera que pedir dinero a mis padres; **there was an ~ silence** se produjo un silencio incómodo *or* violento; **I've an ~ feeling this isn't going to work** tengo la desagradable sensación de que esto no va a salir bien; **to make life** *or* **things ~ for sb** complicar la vida a alguien
-3. *(unpleasant) (fact, truth)* incómodo(a)

uncomfortably [ʌnˈkʌmftəblɪ] *adv* **-1.** *(physically) (to lie, sit, stand)* incómodamente; **to be ~ dressed** llevar una ropa incómoda; **it was ~ hot** hacía un calor incómodo; **the train was ~ crowded** el tren era incómodo por lo abarrotado que estaba
-2. *(uneasily)* incómodamente, violentamente; **I was ~ aware of him watching me** me sentía incómoda *or* violenta al saber que me estaba mirando
-3. *(worryingly)* **this sounds ~ close to...** esto tiene un alarmante parecido con...; **we came ~ close to losing** es preocupante lo cerca que estuvimos de perder

uncommercial [ʌnkəˈmɜːʃəl] *adj* poco comercial

uncommitted [ʌnkəˈmɪtɪd] *adj* **-1.** *(voter)* indeciso(a) **-2.** *(funds)* no comprometido(a)

uncommon [ʌnˈkɒmən] *adj* **-1.** *(rare, unusual)* poco frecuente; **it's not ~ for this sort of thing to happen** no es raro que ocurran cosas como ésta **-2.** *Formal (exceptional)* singular

uncommonly [ʌnˈkɒmənlɪ] *adv* **-1.** *(infrequently)* con poca frecuencia; **not ~** con relativa frecuencia **-2.** *Formal (extremely)* extraordinariamente; **the food was ~ good** la comida estaba absolutamente exquisita

uncommunicative [ʌnkəˈmjuːnɪkətɪv] *adj* reservado(a), poco comunicativo(a)

uncompetitive [ʌnkəmˈpetɪtɪv] *adj* **-1.** *(product, company, economy)* poco competitivo(a) **-2.** *(person)* poco competitivo(a), sin espíritu competitivo

uncomplaining [ʌnkəmˈpleɪnɪŋ] *adj* **she accepted the extra work with ~ resignation** aceptó el trabajo extra resignada y sin quejarse

uncomplainingly [ʌnkəmˈpleɪnɪŋlɪ] *adv* sin quejarse

uncompleted [ʌnkəmˈpliːtɪd] *adj* incompleto(a)

uncomplicated [ʌnˈkɒmplɪkeɪtɪd] *adj* sencillo(a)

uncomplimentary [ʌnkɒmplɪˈmentərɪ] *adj* crítico(a); **to be ~ about sth/sb** ser crítico(a) con algo/alguien

uncomprehending [ʌnkɒmprɪˈhendɪŋ] *adj* **to be ~ of sth** no entender algo; **with an ~ look** con cara de no haber comprendido

uncomprehendingly [ʌnkɒmprɪˈhendɪŋlɪ] *adv* con aire *or* un gesto de incomprensión

uncompromising [ʌnˈkɒmprəmaɪzɪŋ] *adj (inflexible)* intransigente; *(resolute)* inquebrantable; **we took an ~ stance on the proposals** no transigimos ante las propuestas; **an ~ defense of free speech** una defensa sin concesiones de la libertad de expresión; **the documentary takes an ~ look at the subject** el documental enfoca el tema sin concesiones

uncompromisingly [ʌnˈkɒmprəmaɪzɪŋlɪ] *adv* sin concesiones, de manera inquebrantable; **to be ~ honest** ser de una honradez inquebrantable

unconcealed [ʌnkənˈsiːld] *adj* indisimulado(a), manifiesto(a)

unconcern [ʌnkənˈsɜːn] *n* **-1.** *(indifference)* indiferencia *f* **-2.** *(lack of worry)* despreocupación *f*, tranquilidad *f*

unconcerned [ʌnkənˈsɜːnd] ◇ *adj* **-1.** *(indifferent)* indiferente; **he seemed quite ~ about their problems** parecía indiferente a sus problemas **-2.** *(unworried)* **to be ~ about sth** no inquietarse *or* preocuparse por algo; **she seemed ~ by the danger** parecía no inquietarle *or* preocuparle el peligro
◇ *adv* **to watch/wait ~** mirar/esperar con indiferencia

unconcernedly [ʌnkənˈsɜːnɪdlɪ] *adv* **-1.** *(indifferently)* con indiferencia **-2.** *(calmly)* despreocupadamente

unconditional [ʌnkənˈdɪʃənəl] *adj* incondicional ❏ LAW **~ discharge** libertad *f* incondicional; **~ surrender** rendición *f* incondicional

unconditionally [ʌnkənˈdɪʃənəlɪ] *adv (to support)* incondicionalmente; *(to surrender, accept)* sin condiciones; **to agree ~ to sb's terms** aceptar sin condiciones los términos impuestos por alguien

unconditioned [ʌnkənˈdɪʃənd] *adj* **~ response** respuesta *f* incondicionada

unconfident [ʌnˈkɒnfɪdənt] *adj (not self-assured)* inseguro(a)

unconfirmed [ʌnkənˈfɜːmd] *adj* no confirmado(a)

uncongenial [ʌnkənˈdʒiːnjəl] *adj (surroundings, atmosphere)* poco agradable; *(person, personality)* poco amigable

unconnected [ʌnkəˈnektɪd] *adj* inconexo(a), sin relación; **two ~ facts** dos hechos inconexos *or* sin relación; **to be ~ (with sth)** no estar relacionado(a) (con algo); **the two incidents are not ~** hay una relación entre ambos incidentes

unconscionable [ʌnˈkɒnʃənəbəl] *adj Formal* **-1.** *(amount, demand)* desmesurado(a), desorbitado(a) **-2.** *(liar)* redomado(a)

unconscious [ʌnˈkɒnʃəs] ◇ *n* PSY **the ~** el inconsciente
◇ *adj* **-1.** *(not awake)* inconsciente; **to be ~** estar inconsciente; **to become ~** quedarse inconsciente; **to knock sb ~** dejar a alguien inconsciente de un golpe **-2.** *(unaware)* **to be ~ of sth** no ser consciente de algo; **I was ~ of having offended you** no era consciente de haberte ofendido **-3.** *(unintentional)* inintencionado(a) **-4.** PSY inconsciente; **the ~ mind** el inconsciente

unconsciously [ʌnˈkɒnʃəslɪ] *adv* inconscientemente

unconsciousness [ʌnˈkɒnʃəsnɪs] *n* MED inconsciencia *f*; **he lapsed into ~** perdió el conocimiento, se quedó inconsciente

unconsidered [ʌnkənˈsɪdəd] *adj* **-1.** *(action, remark)* irreflexivo(a) **-2.** *Formal (insignificant)* sin importancia

unconstitutional [ʌnkɒnstɪˈtjuːʃənəl] *adj* inconstitucional, anticonstitucional

unconstitutionally [ʌnkɒnstɪˈtjuːʃənəlɪ] *adv* inconstitucionalmente, anticonstitucionalmente

unconstrained [ʌnkənˈstreɪnd] *adj (laughter, joy)* incontenible

unconstricted [ʌnkənˈstrɪktɪd] *adj (breathing, movement)* sin restricciones

unconsummated [ʌnˈkɒnsəmeɪtɪd] *adj (marriage)* no consumado(a)

uncontaminated [ʌnkənˈtæmɪneɪtɪd] *adj* sin contaminar

uncontested [ʌnkənˈtestɪd] *adj (right, superiority)* indisputado(a); POL **~ seat** escaño con un solo candidato

uncontrollable [ʌnkənˈtrəʊləbəl] *adj (rage, excitement, situation)* incontrolable; *(desire, urge)* irrefrenable; *(laughter)* incontenible; **their children are quite ~** a sus hijos no hay forma de controlarlos

uncontrollably [ʌnkənˈtrəʊləblɪ] *adv* incontrolablemente; **they laughed ~** no podían parar de reírse; **prices are rising ~** los precios están aumentando de forma incontrolable

uncontrolled [ʌnkənˈtrəʊld] *adj* **-1.** *(fall, rise, emotion)* incontrolado(a), sin control **-2.** *(experiment)* incontrolado(a), sin control

uncontroversial [ʌnkɒntrəˈvɜːʃəl] *adj* anodino(a), nada polémico(a)

unconventional [ʌnkənˈvenʃənəl] *adj* poco convencional

unconventionally [ʌnkənˈvenʃənəlɪ] *adv* de forma poco convencional

unconvinced [ʌnkənˈvɪnst] *adj* **to be ~ (of sth)** no estar convencido(a) (de algo); **I remain ~** sigo sin convencerme

unconvincing [ʌnkənˈvɪnsɪŋ] *adj* poco convincente

unconvincingly [ʌnkənˈvɪnsɪŋlɪ] *adv (to argue, lie, perform)* de forma poco convincente; **they won ~** su victoria no fue convincente

uncooked [ʌnˈkʊkt] *adj* crudo(a)

uncool [ʌnˈkuːl] *adj Fam* **-1.** *(unfashionable)* poco enrollado(a), *Méx* nada suave, *RP* nada copado(a), *Ven* aguado(a); **what an ~ thing to do!** ¡qué mal *Esp* rollo *or Am* mala onda! **-2.** *(not accepted)* **I think it's a bit ~ to smoke in here** creo que no está bien visto fumar aquí

uncooperative [ʌnkəʊˈɒpərətɪv] *adj* **to be ~** no estar dispuesto(a) a cooperar

uncoordinated [ʌnkəʊˈɔːdɪneɪtɪd] *adj* **-1.** *(efforts)* descoordinado(a) **-2.** *(person, movements)* falto(a) de coordinación, torpe

uncork [ʌnˈkɔːk] *vt* descorchar

uncorrected [ʌnkəˈrektɪd] *adj (exercise, proof, error)* sin corregir

uncorroborated [ʌnkəˈrɒbəreɪtɪd] *adj* no confirmado(a)

uncountable [ʌnˈkaʊntəbəl] *adj* GRAM incontable

uncouple [ʌnˈkʌpəl] *vt (railway carriage)* desenganchar

uncouth [ʌnˈkuːθ] *adj* basto(a)

uncover [ʌnˈkʌvə(r)] *vt* **-1.** *(remove cover from)* destapar **-2.** *(unearth) (buried treasure)* descubrir **-3.** *(discover) (evidence, plot)* descubrir

uncovered [ʌnˈkʌvəd] *adj* **-1.** *(food, pot)* destapado(a) **-2.** *(uninsured) (person)* **to be ~** no estar cubierto(a)

uncritical [ʌnˈkrɪtɪkəl] *adj* poco crítico(a); **to be ~ of sth/sb** no ser crítico(a) con algo/alguien

uncross [ʌnˈkrɒs] *vt* **to ~ one's legs** descruzar las piernas

uncrossed [ʌnˈkrɒst] *adj Br (cheque)* sin cruzar

uncrowded [ʌnˈkraʊdɪd] *adj* sin aglomeraciones

uncrowned [ʌnˈkraʊnd] *adj* sin corona; **the ~ king of movie directors** el rey sin corona de los directores de cine

UNCTAD [ˈʌŋktæd] *n (abbr* **United Nations Conference on Trade and Development)** UNCTAD *f*

unction [ˈʌŋkʃən] *n* **-1.** *Formal (of manner)* untuosidad *f*, empalago *m* **-2.** REL unción *f*

unctuous [ˈʌŋktjʊəs] *adj Pej* untuoso(a), empalagoso(a)

unctuously [ˈʌŋktjʊəslɪ] *adv Pej* con maneras untuosas, empalagosamente

unctuousness [ˈʌŋktjʊəsnɪs] *n Pej* untuosidad *f*, maneras *fpl* untuosas

uncultivated [ʌnˈkʌltɪveɪtɪd] *adj* **-1.** *(land)* sin cultivar **-2.** *(person, manners)* inculto(a)

uncultured [ʌnˈkʌltʃəd] *adj* inculto(a)

uncured [ʌnˈkjʊəd] *adj (meat, fish)* fresco(a)

uncurl [ʌnˈkɜːl] ◇ *vt (rope)* desenrollar; **to ~ one's fingers** estirar los dedos
◇ *vi (leaf)* desenrollarse; *(cat, snake)* desenroscarse

uncut [ʌnˈkʌt] *adj* **-1.** *(grass, hair, nails)* sin cortar; *(wheat)* sin segar **-2.** *(gem)* en bruto **-3.** *(pages)* sin cortar **-4.** *(text, movie)* íntegro(a) **-5.** *(drugs)* sin cortar

undamaged [ʌnˈdæmɪdʒd] *adj* intacto(a)

undamped [ʌnˈdæmpt] *adj* **their enthusiasm was ~ by this minor setback** este pequeño contratiempo no les había desalentado

undated [ʌnˈdeɪtɪd] *adj* no fechado(a)

undaunted [ʌnˈdɔːntɪd] *adj* imperturbable; **he carried on ~** continuó imperturbable; **to be ~ by sth** no amilanarse *or* arredrarse por algo

undead [ʌnˈded] *npl* **the ~** *(the living)* los vivos; *(zombies, vampires)* los muertos vivientes

undeceive [ʌndəˈsiːv] *vt Formal* desengañar

undecided [ʌndɪˈsaɪdɪd] *adj* **-1.** *(question, problem)* sin resolver; **that's still ~** todavía está por decidir **-2.** *(person)* indeciso(a); **to be ~ about sth** estar indeciso(a) sobre algo; **he is ~ whether to stay or go, he is ~ as to whether he should stay or go** está indeciso sobre si irse o quedarse

undecipherable [ʌndɪˈsaɪfərəbəl] *adj (writing)* indescifrable

undeclared [ʌndɪˈkleəd] *adj (war, income, payment)* no declarado(a); *(love)* secreto(a), no declarado(a)

undefeated [ʌndɪˈfiːtɪd] *adj* invicto(a); **she is ~ in twenty matches** lleva veinte partidos invicta

undefended [ʌndɪˈfendɪd] *adj (fort, town)* indefenso(a); *(goal)* desguarnecido(a), vacío(a)

undefinable [ʌndɪˈfaɪnəbəl] *adj* indefinible

undefined [ʌndɪˈfaɪnd] *adj (feeling)* vago(a), indefinido(a)

undelete [ʌndɪˈliːt] *vt* COMPTR restaurar

undelivered [ʌndɪˈlɪvəd] *adj (letter)* **if ~ please return to...** en caso de no encontrarse el destinatario, devolver a...

undemanding [ʌndɪˈmɑːndɪŋ] *adj (job)* fácil, que exige poco esfuerzo; *(person)* poco exigente

undemocratic [ʌndeməˈkrætɪk] *adj* antidemocrático(a)

undemonstrative [ʌndɪˈmɒnstrətɪv] *adj* reservado(a)

undeniable [ʌndɪˈnaɪəbəl] *adj* innegable

undeniably [ʌndɪˈnaɪəblɪ] *adv* innegablemente; **it is ~ true that...** es innegable que...

under [ˈʌndə(r)] ◇ *prep* **-1.** *(beneath)* debajo de, bajo, *Am* abajo de; *(with verbs of motion)* bajo, abajo; **~ the table/the stairs** debajo *or* abajo de la mesa/las escaleras; **to walk ~ a ladder** pasar por debajo *or* abajo de una escalera; **to look at sth ~ the microscope** mirar algo al microscopio; *Fig* escudriñar algo; **I was born ~ Aries** nací bajo el signo de Aries
-2. *(less than)* menos de; **in ~ ten minutes** en menos de diez minutos; **a number ~ ten** un número menor que diez; **he's ~ thirty** tiene menos de treinta años; **children ~ (the age of) five** niños menores de cinco años; **he's two ~ par** *(in golf)* está dos bajo par
-3. *(controlled by)* **he has a hundred men ~ him** tiene cien hombres a su cargo; **Spain ~ Franco** la España de Franco; **~ the Conservatives** bajo el gobierno conservador; **I work ~ a German** mi jefe es alemán; **she came ~ his influence** él empezó a influenciarla
-4. *(subject to)* **to be ~ anaesthetic** estar bajo los efectos de la anestesia; **to be ~ the impression that...** tener la impresión de que...; **to be ~ orders to do sth** tener órdenes de hacer algo; **to be ~ pressure** estar bajo presión; **to be ~ suspicion** ser sospechoso(a); **to be ~ threat** estar amenazado(a); **~ these conditions/circumstances** en estas condiciones/circunstancias
-5. *(in the process of)* **he's ~ attack** están atacándolo; **~ construction/observation** en construcción/observación; **the matter is ~ investigation** se está investigando el asunto; **to be ~ treatment (for)** estar en tratamiento (contra); **to be ~ way** *(meeting, campaign)* estar en marcha; **to get ~ way** *(meeting, campaign)* ponerse en marcha, arrancar
-6. *(as a result of)* **it snapped ~ the strain** se rompió por la presión
-7. *(according to)* según; **~ the terms of the agreement** según el acuerdo
-8. *(using)* **~ a false name** con un nombre falso; **published ~ the title of...** publicado con el título de...
-9. *(in classifications)* **this item comes ~ overheads** esta cifra va con los gastos generales; **I filed it ~ "pending"** lo archivé bajo el epígrafe de "asuntos pendientes"
◇ *adv* **-1.** *(underneath)* debajo, *Am* abajo; *(underwater)* bajo el agua, debajo *or Am* abajo del agua; **to go ~** *(ship, company)* hundirse; IDIOM **when I'm six feet ~** cuando esté criando malvas
-2. *(less)* **for £5 or ~** por 5 libras o menos; **children of seven and ~** niños menores de ocho años; **he's two ~** *(in golf)* está dos bajo par
-3. *(anaesthetized)* anestesiado(a), bajo los efectos de la anestesia

under-21 [ˈʌndətwentɪˈwʌn] ◇ *n* **the under-21s** los sub-21
◇ *adj* sub-21

underachieve [ʌndərəˈtʃiːv] *vi* tener un bajo rendimiento

underachievement [ʌndərəˈtʃiːvmənt] *n* bajo rendimiento *m*

underachiever [ʌndərəˈtʃiːvə(r)] *n* = persona que rinde por debajo de sus posibilidades

under-age [ʌndəˈreɪdʒ] *adj* **to be ~** ser menor de edad ❑ **~ drinking** consumo *m* de alcohol de los menores; **~ sex** relaciones *fpl* sexuales entre menores

underarm [ˈʌndərɑːm] ◇ *adj* **-1.** *(hair)* de las axilas; *(deodorant)* para las axilas **-2.** SPORT **~ serve** saque *m* de cuchara
◇ *adv* **to throw a ball ~** = lanzar una pelota con el brazo extendido hacia abajo; **to serve a ball ~** servir una pelota de cuchara

underbelly [ˈʌndəbelɪ] *n* **-1.** *(of animal, fish)* panza *f*, vientre *m* **-2.** *(vulnerable part)* bajo vientre *m*; **the soft ~ of Europe/the economy** el punto flaco de Europa/la economía

underblanket [ˈʌndəblæŋkɪt] *n (non-electric)* cubrecolchones *m inv*; *(electric)* manta *f* eléctrica

underbody [ˈʌndəbɒdɪ] *n* **-1.** *(of animal)* parte *f* inferior **-2.** *(of car)* bajos *mpl*

underbrush [ˈʌndəbrʌʃ] *n US* maleza *f*

undercapitalization [ʌndəkæpɪtəlaɪˈzeɪʃən] *n* FIN descapitalización *f (parcial)*

undercapitalized [ʌndəˈkæpɪtəlaɪzd] *adj* FIN descapitalizado(a) *(parcialmente)*

undercarriage [ˈʌndəkærɪdʒ] *n* AV tren *m* de aterrizaje

undercharge [ʌndəˈtʃɑːdʒ] *vt* cobrar de menos; **she undercharged him by $6** le cobró 6 dólares de menos

underclass [ˈʌndəklɑːs] *n* clase *f* marginal

underclothes [ˈʌndəkləʊðz] *npl* ropa *f* interior

underclothing [ˈʌndəkləʊðɪŋ] *n* ropa *f* interior

undercoat [ˈʌndəkəʊt] *n* **-1.** *(of paint)* primera mano *f (de pintura)* **-2.** *(type of paint)* pintura *f* base

undercook [ʌndəˈkʊk] *vt* dejar poco hecho(a); **to be undercooked** no estar lo suficientemente hecho(a)

undercover ◇ *adj* [ˈʌndəkʌvə(r)] *(agent, investigation)* secreto(a)
◇ *adv* [ʌndəˈkʌvə(r)] **to work ~** trabajar de incógnito

undercurrent [ˈʌndəkʌrənt] *n* **-1.** *(in sea)* corriente *f* submarina **-2.** *(of emotion, unrest)* corriente *f* subyacente

undercut [ˈʌndəkʌt] *(pt & pp* **undercut)** *vt* **-1.** COM **to ~ the competition** vender a precios más baratos que los de la competencia; **they ~ us by £500** hicieron un presupuesto 500 libras más barato que el nuestro **-2.** *(undermine) (efforts)* socavar

underdeveloped [ʌndədɪˈveləpt] *adj* **-1.** *(economy, country)* subdesarrollado(a) **-2.** *(body, muscles, foetus)* poco desarrollado(a) **-3.** *(argument, idea)* poco desarrollado(a) **-4.** *(film, print)* subrevelado(a)

underdevelopment [ʌndədɪˈveləpmənt] *n* **-1.** *(of economy, country)* subdesarrollo *m* **-2.** *(of body, muscles, foetus)* falta *f* de desarrollo

underdog [ˈʌndədɒg] *n* **-1.** *(in contest)* = jugador o equipo considerado probable perdedor; **England are the underdogs** Inglaterra no sale como favorita; **the underdogs won 5-2** los que no eran favoritos ganaron 5-2 **-2.** *(in society)* **the ~** los débiles y oprimidos

underdone [ʌndəˈdʌn] *adj* poco hecho(a)

underdressed [ʌndəˈdrest] *adj* no lo suficientemente elegante; **I felt distinctly ~ in my shorts** con aquellos pantalones cortos tenía la sensación de no ir vestido para la ocasión

underemphasize [ʌndəˈremfəsaɪz] *vt* restar importancia a

underemployed [ʌndərɪmˈplɔɪd] *adj* **-1.** *(skills, resources)* infrautilizado(a) **-2.** *(worker)* subempleado(a)

underemployment [ʌndərɪmˈplɔɪmənt] *n* **-1.** *(of skills, resources)* infrautilización *f* **-2.** *(of workers)* subempleo *m*

underestimate ◇ n [ˌʌndəˈrestɪmɪt] to say $200 was a huge ~ decir que iban a ser 200 dólares era subestimarlo mucho
◇ vt [ˌʌndəˈrestɪmeɪt] (difficulty, strength, time) subestimar; (person) infravalorar; **we underestimated the size of the problem** subestimamos la magnitud del problema; **they seriously underestimated the cost of the repairs** subestimaron gravemente el costo de las reparaciones

underestimation [ˌʌndərestɪˈmeɪʃən] n infravaloración f

underexposed [ˌʌndərɪkˈspəʊzd] adj PHOT subexpuesto(a)

underexposure [ˌʌndərɪkˈspəʊʒə(r)] n PHOT subexposición f

underfed [ˌʌndəˈfed] adj desnutrido(a), malnutrido(a)

underfeed [ˌʌndəˈfiːd] (pt & pp **underfed** [ˌʌndəˈfed]) vt subalimentar

underfelt [ˈʌndəfelt] n Br = protección de fieltro colocada debajo de las moquetas

underfinanced [ˌʌndəˈfaɪnænst] adj (scheme, service) **to be ~** no tener la financiación necesaria

underfloor [ˌʌndəˈflɔː(r)] adj ~ **pipes** tuberías que van bajo el suelo ❑ ~ **heating** calefacción f por debajo del suelo

underfoot [ˌʌndəˈfʊt] ◇ adj **the ~ conditions are slippery** el terreno está resbaladizo
◇ adv **it's wet ~** el suelo está mojado; **to trample sth ~** pisotear algo

underfunded [ˌʌndəˈfʌndɪd] adj infradotado(a), sin suficientes fondos

underfunding [ˌʌndəˈfʌndɪŋ] n financiación f insuficiente

undergarment [ˈʌndəɡɑːmənt] n Formal prenda f (de ropa) interior; **she removed her undergarments** se quitó la ropa interior

undergo [ˌʌndəˈɡəʊ] (pt **underwent** [ˌʌndəˈwent], pp **undergone** [ˌʌndəˈɡɒn]) vt **-1.** (experience) (change, revival) experimentar; (pain) sufrir **-2.** (test, operation) ser sometido(a) a; (training) recibir; **to ~ treatment** (patient) recibir tratamiento; **the rail network is undergoing modernization** la red ferroviaria está siendo modernizada

undergrad [ˈʌndəɡræd] n Fam universitario(a) m,f (sin licenciatura)

undergraduate [ˌʌndəˈɡrædjʊnt] ◇ n estudiante mf universitario(a) (sin licenciatura); **she was an ~ at Manchester** hizo la carrera en Mánchester
◇ adj (course, life, accommodation, studies) universitario(a) ❑ ~ **student** estudiante mf universitario(a) (sin licenciatura)

underground [ˈʌndəɡraʊnd] ◇ n **-1.** Br (railway system) metro m, RP subte m ❑ ~ **station** estación f de metro or RP subte; ~ **train** tren m del metro or RP subte **-2.** (resistance movement) resistencia f (clandestina) **-3.** (avant-garde) (in literature, music, theatre) underground m, vanguardia f
◇ adj **-1.** (cables, passage, car park, lake) subterráneo(a) **-2.** (movement, newspaper) clandestino(a) **-3.** (avant-garde) (literature, music, theatre) underground inv, de vanguardia
◇ adv **-1.** (to work, live) bajo tierra **-2.** (in hiding) **to go ~** pasar a la clandestinidad

undergrowth [ˈʌndəɡrəʊθ] n maleza f

underhand(ed) [ˌʌndəˈhænd(ɪd)] adj (behaviour, scheme, trick) turbio(a), poco honrado(a); (person) poco honrado(a)

underhandedly [ˌʌndəˈhændɪdlɪ] adv poco honradamente

underinsured [ˌʌndərɪnˈʃɔːd] adj **to be ~** no tener el seguro suficiente

underinvestment [ˌʌndərɪnˈvestmənt] n inversión f insuficiente

underlay [ˈʌndəleɪ] n (for carpet) refuerzo m (debajo de las moquetas)

underlie [ˌʌndəˈlaɪ] (pt **underlay** [ˌʌndəˈleɪ], pp **underlain** [ˌʌndəˈleɪn]) vt subyacer bajo

underline [ˌʌndəˈlaɪn] vt **-1.** (text, word) subrayar **-2.** (emphasize) subrayar

underling [ˈʌndəlɪŋ] n Pej subordinado(a) m,f

underlining [ˌʌndəˈlaɪnɪŋ] n subrayado m

underlying [ˌʌndəˈlaɪɪŋ] adj subyacente

undermanned [ˌʌndəˈmænd] adj (factory) sin personal suficiente, escaso(a) de personal; (ship) con tripulación insuficiente

undermanning [ˌʌndəˈmænɪŋ] n (of factory) insuficiencia f de personal

undermentioned [ˈʌndəmenʃənd] adj Formal abajo mencionado(a) or citado(a)

undermine [ˌʌndəˈmaɪn] vt (authority, health, confidence) minar, socavar

undermost [ˈʌndəməʊst] adj (in heap) de abajo del todo; (in depth) más profundo(a)

undernamed [ˌʌndəˈneɪmd] Formal ◇ adj abajo citado(a)
◇ n **the ~** los/las abajo citados(as)

underneath [ˌʌndəˈniːθ] ◇ n parte f inferior or de abajo
◇ prep debajo de, bajo; (with verbs of motion) bajo; **he crawled ~ the fence** se arrastró por debajo de la valla
◇ adv debajo; **I've got a shirt on ~** llevo una camisa debajo; Fig ~, **he's quite shy** en el fondo es muy tímido

undernourished [ˌʌndəˈnʌrɪʃt] adj desnutrido(a)

undernourishment [ˌʌndəˈnʌrɪʃmənt] n desnutrición f

underpaid [ˌʌndəˈpeɪd] adj mal pagado(a)

underpants [ˈʌndəpænts] npl calzoncillos mpl, Chile fundillos mpl, Col pantaloncillos mpl, Méx calzones mpl; **a pair of ~** unos calzoncillos or Chile fundillos or Col pantaloncillos or Méx calzones

underparts [ˈʌndəpɑːts] npl (of animal) parte f inferior; (of car) bajos mpl

underpass [ˈʌndəpɑːs] n (for cars, pedestrians) paso m subterráneo

underpay [ˌʌndəˈpeɪ] vt pagar mal

underpayment [ˌʌndəˈpeɪmənt] n pago m insuficiente

underperform [ˌʌndəpəˈfɔːm] vi **-1.** (person, team) rendir por debajo de sus posibilidades **-2.** (shares) tener un bajo rendimiento

underperformance [ˌʌndəpəˈfɔːməns] n **-1.** (of person, team) bajo rendimiento m **-2.** (of shares) bajo rendimiento m

underpin [ˌʌndəˈpɪn] (pt & pp **underpinned**) vt **-1.** CONSTR apuntalar **-2.** (support) (theory, policy) sustentar

underpinning [ˌʌndəˈpɪnɪŋ] n CONSTR apuntalamiento m

underplay [ˌʌndəˈpleɪ] vt restar importancia a; **to ~ the importance of sth** restar importancia a algo; IDIOM **to ~ one's hand** quitarse importancia

underpopulated [ˌʌndəˈpɒpjʊleɪtɪd] adj poco poblado(a)

underprepared [ˌʌndəprɪˈpeəd] adj poco preparado(a)

underpriced [ˌʌndəˈpraɪst] adj demasiado barato(a)

underprivileged [ˌʌndəˈprɪvɪlɪdʒd] ◇ npl **the ~** los (sectores) desfavorecidos
◇ adj desfavorecido(a)

underproduction [ˌʌndəprəˈdʌkʃən] n ECON producción f insuficiente

underqualified [ˌʌndəˈkwɒlɪfaɪd] adj **to be ~** no estar suficientemente cualificado(a)

underquote [ˌʌndəˈkwəʊt] vt (competitor) presupuestar más barato que

underrate [ˌʌndəˈreɪt] vt subestimar, infravalorar

underrated [ˌʌndəˈreɪtɪd] adj infravalorado(a)

under-rehearsed [ˌʌndərɪˈhɜːst] adj MUS & THEAT (play) poco ensayado(a); **they were ~** no habían ensayado suficiente

underrepresented [ˌʌndəreprəˈzentɪd] adj infrarrepresentado(a)

underripe [ˌʌndəˈraɪp], **underripened** [ˌʌndəˈraɪpənd] adj verde, poco maduro(a)

underscore [ˌʌndəˈskɔː(r)] vt **-1.** (word, text) subrayar **-2.** (emphasize) subrayar, poner de relieve

undersea ◇ adj [ˈʌndəsiː] submarino(a)
◇ adv [ˌʌndəˈsiː] bajo el mar

underseal [ˈʌndəsiːl] n Br AUT anticorrosivo m

under-secretary [ˌʌndəˈsekrətrɪ] n **-1.** (in UK) viceministro(a) m,f **-2.** (in US) subsecretario(a) m,f

undersell [ˌʌndəˈsel] vt **-1.** (product, goods) malvender; (competitor) vender más barato que; **they claimed they were never undersold** aseguraban que vendían más barato que nadie **-2.** (be too modest about) **to ~ oneself** ser demasiado modesto(a)

undersexed [ˌʌndəˈsekst] adj con la libido baja

undersheet [ˈʌndəʃiːt] n cubrecolchón m

undershirt [ˈʌndəʃɜːt] n US camiseta f

undershoot [ˌʌndəˈʃuːt] vt AV **to ~ the runway** aterrizar antes del comienzo de la pista; Fig **we undershot our sales target by $50,000** nos hemos quedado a 50.000 dólares de nuestro objetivo de ventas

undershorts [ˈʌndəʃɔːts] npl US calzoncillos mpl, boxers mpl

underside [ˈʌndəsaɪd] n parte f inferior

undersigned [ˌʌndəˈsaɪnd] ◇ adj abajo firmante
◇ n **we the ~** los abajo firmantes

undersized [ˌʌndəˈsaɪzd] adj demasiado pequeño(a)

underskirt [ˈʌndəskɜːt] n enaguas fpl

undersoil [ˈʌndəsɔɪl] n subsuelo m ❑ ~ **heating** calefacción f subterránea

underspend [ˌʌndəˈspend] ◇ n FIN superávit m (de gastos)
◇ vt gastar por debajo de

understaffed [ˌʌndəˈstɑːft] adj **to be ~** no tener suficiente personal

understaffing [ˌʌndəˈstɑːfɪŋ] n escasez f de personal

understand [ˌʌndəˈstænd] (pt & pp **understood** [ˌʌndəˈstʊd]) ◇ vt **-1.** (comprehend) entender, comprender; (language) entender; **they ~ each other** se entienden mutuamente; **I can ~ her being upset** entiendo que esté molesta; **what do you ~ by this word?** ¿qué entiendes por esta palabra?; **what I can't ~ is why...** lo que no llego a entender es por qué...; **is that understood?, do you ~?** ¿entendido?; **I tried to make myself understood** intenté hacerme entender **-2.** (believe, assume) entender; **I ~ that...** tengo entendido que...; **are we to ~ that...?** ¿quiere eso decir or eso quiere decir que...?, ¿debemos entender (con eso) que...?; **it was understood that few of us would survive** se entendía or se daba por sabido que pocos sobreviviríamos; **I understood her to mean that...** yo entendí que lo que quería decir era...; **he is understood to have left her his fortune** se entiende que le dejó a ella su fortuna; **as I ~ it...** según yo lo entiendo, ...; **so I ~** eso parece; **to give sb to ~ that...** dar a entender a alguien que...
◇ vi entender, comprender

understandable [ˌʌndəˈstændəbəl] adj **-1.** (speech, writing, theory) comprensible; **easily ~** fácil de entender **-2.** (natural) lógico(a); **their ~ reluctance to participate** su lógica falta de disposición a tomar parte; **they refused to help – that's ~** se negaron a ayudar – es lógico; **it's ~ that they should be annoyed** es lógico que se enfadaran

understandably [ˌʌndəˈstændəblɪ] adv **-1.** (to speak, write) comprensiblemente **-2.** (naturally) ~ **(enough), he was very annoyed**, **he was ~ very annoyed** como es lógico or natural, estaba muy enojado

understanding [ˌʌndəˈstændɪŋ] ◇ n **-1.** (comprehension) comprensión f, entendimiento m; **she has a good ~ of electronics** entiende mucho de electrónica; **we now have a better ~ of the physics of black holes** ahora entendemos mejor la física de los agujeros negros; **they have little ~ of what the decision involves** apenas llegan a entender lo que implica esa decisión; **it's beyond all ~** no tiene ninguna lógica, es incomprensible
-2. (interpretation) interpretación f; **that wasn't my ~ of what we agreed** no era así como yo interpretaba lo que habíamos acordado; **my ~ of the matter is that he's resigned** a mi modo de ver, lo que ha hecho es dimitir
-3. (belief) **it is our ~ that they have now left the country** tenemos entendido que

han abandonado el país
-**4.** *(sympathy)* comprensión *f*; **we work to promote international ~** trabajamos para fomentar el entendimiento internacional
-**5.** *(agreement)* acuerdo *m*; **to come to** *or* **to reach an ~ (about sth/with sb)** llegar a un acuerdo (sobre algo/con alguien); **to have an ~ with sb** tener un acuerdo con alguien; **on the ~ that...** a condición de que...
◇ *adj (person, smile)* comprensivo(a)

understandingly [ˌʌndəˈstændɪŋlɪ] *adv* **he smiled at me ~** me sonrió comprensivo

understate [ˌʌndəˈsteɪt] *vt* minimizar (la importancia de); **he understated the size of the problem** minimizó la magnitud del problema; **to say she has done well would be to ~ her achievement** decir que lo ha hecho bien es quedarse corto

understated [ˌʌndəˈsteɪtɪd] *adj (clothes, design)* discreto(a); *(performance)* sobrio(a), *Esp* comedido(a)

understatement [ˌʌndəˈsteɪtmənt] *n* **that's an ~!** ¡eso es quedarse corto!; **it would be an ~ to call it bad** llamarlo malo es quedarse corto, malo es poco: era más que malo; **he is a master of ~** es un maestro del comedimiento en la expresión; **with typical British ~, he said it wasn't bad** con la mesura típica de los británicos, dijo que no estaba mal

understocked [ˌʌndəˈstɒkt] *adj* **to be ~** *(shop)* tener poco stock *or* pocas existencias

understood *pt & pp of* **understand**

understudy [ˈʌndəstʌdɪ] ◇ *n* THEAT (actor(triz) *m,f*) suplente *mf*
◇ *vt* **to ~ a role** prepararse un papel para una posible sustitución; **to ~ an actor** prepararse el papel de un actor para una posible sustitución

undersubscribed [ˌʌndəsəbˈskraɪbd] *adj* **the share issue was ~** la emisión de acciones no fue suscrita en su totalidad; **the course was heavily ~** muy poca gente se matriculó para el curso

undertake [ˌʌndəˈteɪk] (*pt* **undertook** [ˌʌndəˈtʊk], *pp* **undertaken** [ˌʌndəˈteɪkən]) *vt Formal* -**1.** *(project, journey)* emprender; *(experiment)* poner en marcha; **we will ~ repairs on most makes of vehicle** realizamos reparaciones en vehículos de casi todas las marcas; **to ~ responsibility for sth** asumir la responsabilidad de algo -**2.** *(agree, promise)* **to ~ to do sth** encargarse de hacer algo

undertaker [ˈʌndəteɪkə(r)] *n* encargado(a) *m,f* de funeraria; **the ~'s** *(company)* la funeraria

undertaking [ˌʌndəˈteɪkɪŋ] *n* -**1.** *(enterprise)* empresa *f*, proyecto *m* -**2.** *(promise)* compromiso *m*; **she gave an ~ that she wouldn't intervene** se comprometió a no intervenir; **we had their solemn ~ that they would do it** se comprometieron solemnemente a realizarlo

under-the-counter [ˈʌndəðəˈkaʊntə(r)] ◇ *adj* ilícito(a)
◇ *adv (to sell)* bajo cuerda, de forma ilícita

underthings [ˈʌndəθɪŋz] *npl* ropa *f* interior

undertone [ˈʌndətəʊn] *n* -**1.** *(low voice)* voz *f* baja; **in an ~** en voz baja -**2.** *(hint, suggestion)* tono *m*; **the situation had distinctly comic undertones** la situación tenía unos visos claramente cómicos -**3.** *(in colour)* viso *m*

undertook *pt of* **undertake**

undertow [ˈʌndətəʊ] *n* resaca *f*

underuse ◇ *n* [ˌʌndəˈjuːs] infrautilización *f*
◇ *vt* [ˌʌndəˈjuːz] infrautilizar

underused [ˌʌndəˈjuːzd] *adj* infrautilizado(a)

underutilize [ˌʌndəˈjuːtɪlaɪz] *vt* infrautilizar

underutilized [ˌʌndəˈjuːtɪlaɪzd] *adj* infrautilizado(a)

undervalue [ˌʌndəˈvæljuː] *vt* -**1.** *(property, goods, currency)* infravalorar -**2.** *(person, contribution)* infravalorar, minusvalorar

underwater ◇ *adj* [ˈʌndəwɔːtə(r)] submarino(a)
◇ *adv* [ˌʌndəˈwɔːtə(r)] **to swim ~** bucear; **to film sth ~** filmar algo bajo el agua; **I can stay ~ for up to three minutes** yo puedo aguantar hasta tres minutos bajo el agua

underwear [ˈʌndəweə(r)] *n* ropa *f* interior

underweight [ˌʌndəˈweɪt] *adj* -**1.** *(person)* **to be ~** estar muy delgado(a); **I'm five kilos ~** peso cinco kilos menos de lo que debería -**2.** *(goods)* **to be ~** pesar menos de lo indicado

underwent *pt of* **undergo**

underwhelmed [ˌʌndəˈwelmd] *adj Hum* **I was distinctly ~ by the film** la película no me emocionó que digamos

underwhelming [ˌʌndəˈwelmɪŋ] *adj Hum* **it was distinctly ~** no me emocionó que digamos

underwired [ˌʌndəˈwaɪəd] *adj (bra)* de aros

underworld [ˈʌndəwɜːld] ◇ *n* -**1.** *(in mythology)* **the Underworld** el Hades -**2.** *(of criminals)* **the ~** el hampa, los bajos fondos
◇ *adj (boss, character)* del hampa, de los bajos fondos

underwrite [ˈʌndəraɪt] (*pt* **underwrote** [ˌʌndəˈrəʊt], *pp* **underwritten** [ˌʌndəˈrɪtən]) *vt* -**1.** *(insure)* asegurar -**2.** *(share issue)* subscribir -**3.** *(pay for) (project, scheme)* financiar

underwriter [ˈʌndəraɪtə(r)] *n* -**1.** *(in insurance)* asegurador(ora) *m,f* -**2.** *(of share issue)* subscriptor(ora) *m,f*

undeserved [ˌʌndɪˈzɜːvd] *adj* inmerecido(a)

undeservedly [ˌʌndɪˈzɜːvɪdlɪ] *adv* inmerecidamente

undeserving [ˌʌndɪˈzɜːvɪŋ] *adj* **to be ~ of sth** no merecer algo; **he seems an ~ candidate for the award** no parece un candidato merecedor del premio *or* que merezca el premio; **the ~ poor** los pobres indignos de ayuda

undesirable [ˌʌndɪˈzaɪərəbəl] ◇ *n* indeseable *mf*
◇ *adj* indeseable; **it has ~ side-effects** tiene efectos secundarios no deseados

undesired [ˌʌndɪˈzaɪəd] *adj* no deseado(a)

undetected [ˌʌndɪˈtektɪd] ◇ *adj* no detectado(a)
◇ *adv* **to go ~** no ser detectado(a); **to remain ~** seguir sin ser detectado(a)

undetermined [ˌʌndɪˈtɜːmɪnd] *adj* indeterminado(a); **to be ~** *(cause)* no estar determinado(a)

undeterred [ˌʌndɪˈtɜːd] ◇ *adj* **to be ~ by sth** no desanimarse por algo; **~ by the weather, he went out for a walk** salió a dar un paseo, sin importarle el mal tiempo
◇ *adv* **he carried on ~** siguió sin arredrarse

undeveloped [ˌʌndɪˈveləpt] *adj* -**1.** *(unexploited) (resources, potential)* sin explotar; **~ land** tierra sin explotar -**2.** *(muscles, organs)* no desarrollado(a) -**3.** PHOT sin revelar

undid *pt of* **undo**

undies [ˈʌndɪz] *npl Fam* ropa *f* interior

undigested [ˌʌnd(a)ɪˈdʒestɪd] *adj also Fig* no digerido(a)

undignified [ʌnˈdɪɡnɪfaɪd] *adj* poco digno(a), indecoroso(a); **he made an ~ exit from the government** salió del gobierno por la puerta de atrás

undiluted [ˌʌndaɪˈluːtɪd] *adj* -**1.** *(liquid)* no diluido(a) -**2.** *(pleasure, malice)* puro(a), absoluto(a); **the film was ~ rubbish** la película es una absoluta porquería

undiminished [ˌʌndɪˈmɪnɪʃt] *adj* no disminuido(a); **to remain ~** no haber disminuido

undiplomatic [ˌʌndɪpləˈmætɪk] *adj* poco diplomático(a)

undiscerning [ˌʌndɪˈsɜːnɪŋ] *adj* poco entendido(a)

undischarged [ˌʌndɪsˈtʃɑːdʒd] *adj (bankrupt)* no rehabilitado(a); *(debt)* no saldado(a), no liquidado(a)

undisciplined [ʌnˈdɪsɪplɪnd] *adj* indisciplinado(a)

undisclosed [ˌʌndɪsˈkləʊzd] *adj* no revelado(a)

undiscovered [ˌʌndɪsˈkʌvəd] ◇ *adj* sin descubrir
◇ *adv* **to go/remain ~** estar/permanecer sin descubrir

undiscriminating [ˌʌndɪsˈkrɪmɪneɪtɪŋ] *adj (person, taste)* poco entendido(a); **to be ~** no hacer distinciones, no distinguir

undisguised [ˌʌndɪsˈɡaɪzd] *adj* no disimulado(a)

undismayed [ˌʌndɪsˈmeɪd] *adj* **he seemed quite ~ by his defeat** su derrota no parecía haberle desmoralizado

undisputed [ˌʌndɪsˈpjuːtd] *adj (truth, fact)* indiscutible; **the ~ champion** *(in general)* el campeón indiscutible; *(in boxing)* el campeón absoluto

undistinguished [ˌʌndɪsˈtɪŋɡwɪʃt] *adj* mediocre

undistributed [ˌʌndɪsˈtrɪbjʊtɪd] *adj (profits, earnings)* no distribuido(a)

undisturbed [ˌʌndɪsˈtɜːbd] *adj* -**1.** *(uninterrupted) (sleep)* tranquilo(a); **I want to be left ~ for a while** quiero que me dejen tranquilo un rato
-**2.** *(untroubled)* **she was ~ by the news** la noticia no la preocupó; **village life has gone on here ~ for centuries** la vida de este pueblo apenas ha cambiado a través de los siglos
-**3.** *(untouched)* **the tomb had lain ~ for centuries** la tumba había permanecido intacta durante siglos; **she left his papers ~** dejó sus papeles tal como estaban

undivided [ˌʌndɪˈvaɪdɪd] *adj (loyalty)* completo(a); **my ~ love** todo mi amor; **he gave me his ~ attention** me prestó toda su atención

undo [ʌnˈduː] (*pt* **undid** [ʌnˈdɪd], *pp* **undone** [ʌnˈdʌn]) *vt* -**1.** *(knot, bow, knitting)* deshacer; *(button, dress, buckle)* desabrochar; *(parcel, zip)* abrir; *(shoelaces)* desatar -**2.** *(mistake)* corregir; *(damage)* reparar -**3.** *(ruin)* echar a perder; **your carelessness has undone all our hard work** con tu falta de atención has echado a perder todo nuestro trabajo -**4.** COMPTR *(command)* deshacer

undock [ʌnˈdɒk] ◇ *vt (spacecraft)* desacoplar
◇ *vi (spacecraft)* desacoplarse

undoing [ʌnˈduːɪŋ] *n* perdición *f*; **greed was his ~** la codicia fue su perdición

undone [ʌnˈdʌn] *adj* -**1.** *(jacket, buttons)* desabrochado(a); *(shoelaces)* desatado(a); *(zip, flies)* abierto(a); **to come ~** *(jacket, buttons)* desabrocharse; *(shoelaces)* desatarse; *(zip, flies)* abrirse; *(bow, knot)* deshacerse -**2.** *(incomplete)* sin hacer; **to leave sth ~** dejar algo sin hacer

undoubted [ʌnˈdaʊtɪd] *adj* indudable

undoubtedly [ʌnˈdaʊtɪdlɪ] *adv* indudablemente

undramatic [ˌʌndrəˈmætɪk] *adj* poco dramático(a)

undrawn [ʌnˈdrɔːn] *adj (curtains)* abierto(a); **they had left the curtains ~** se habían dejado las cortinas abiertas

undreamed-of [ʌnˈdriːmdɒv], **undreamt-of** [ʌnˈdremtɒv] *adj* inimaginable

undress [ʌnˈdres] ◇ *n* **in a state of ~** desvestido(a), desnudo(a)
◇ *vt* desvestir, desnudar
◇ *vi* desvestirse, desnudarse

undressed [ʌnˈdrest] *adj* -**1.** *(person)* desnudo(a), desvestido(a); **to get ~** desvestirse, desnudarse -**2.** *(wound)* sin vendar -**3.** *(salad)* sin aderezar *or* aliñar

undrinkable [ʌnˈdrɪŋkəbəl] *adj (unpleasant-tasting)* imbebible; *(unfit for human consumption)* no potable

undue [ʌnˈdjuː] *adj* excesivo(a) ❑ LAW **~ influence** influencia *f* indebida

undulate [ˈʌndjʊleɪt] *vi* ondular

undulating [ˈʌndjʊleɪtɪŋ] *adj* ondulante

undulation [ˌʌndjʊˈleɪʃən] *n* ondulación *f*

unduly [ʌnˈdjuːlɪ] *adv* excesivamente; **it wasn't ~ difficult** no fue excesivamente difícil

undyed [ʌnˈdaɪd] *adj (fabric, wool)* sin teñir

undying [ʌnˈdaɪɪŋ] *adj* eterno(a)

unearned [ʌnˈɜːnd] *adj* -**1.** *(reward, fame, punishment)* inmerecido(a) -**2.** FIN **~ income** rendimientos *mpl* del capital, renta *f* no salarial

unearth [ʌnˈɜːθ] *vt* -**1.** *(buried object)* desenterrar -**2.** *(information, secret)* descubrir

unearthly [ʌnˈɜːθlɪ] *adj* -**1.** *(presence, silence, beauty)* sobrenatural -**2.** *Fam (ridiculous, extreme)* **at an ~ hour** a una hora intempestiva;

unease [ʌnˈiːz], **uneasiness** [ʌnˈiːzɪnɪs] *n* **-1.** *(nervousness)* inquietud *f*, desasosiego *m*; **there was an air of ~ in the room** se respiraba cierta inquietud *or* cierto desasosiego en la sala **-2.** *(unrest)* malestar *m*; **there was some ~ at the announcement of the new appointment** el anuncio del nuevo nombramiento ha generado cierto malestar

uneasily [ʌnˈiːzɪlɪ] *adv* con inquietud; **they eyed each other ~ across the room** se miraron inquietos *or* incómodos cada uno desde un lado de la habitación

uneasy [ʌnˈiːzɪ] *adj* **-1.** *(troubled) (person)* inquieto(a); *(conscience)* intranquilo(a); **to be ~ (about sth)** estar inquieto(a) (por algo); **I was ~ about leaving all the work to them** no me quedaba tranquilo dejándoles todo el trabajo; **he seemed ~ with this decision** no parecía conforme con esta decisión; **I've got an ~ feeling that the plan is going to go wrong** tengo la desagradable sensación de que va a salir mal el plan **-2.** *(disturbed) (sleep)* agitado(a) **-3.** *(embarrassed) (person, silence)* violento(a), tenso(a) **-4.** *(uncertain)* **an ~ peace** una paz precaria

uneatable [ʌnˈiːtəbəl] *adj* **-1.** *(not edible)* incomestible **-2.** *(unpalatable)* incomible

uneaten [ʌnˈiːtən] *adj* sin comer; **he left his meal ~** no probó bocado de la comida

uneconomic [ʌniːkəˈnɒmɪk] *adj (unprofitable)* carente de rentabilidad, antieconómico(a)

uneconomical [ʌniːkəˈnɒmɪkəl] *adj (wasteful, inefficient)* ineficaz desde el punto de vista económico, poco rentable

unedifying [ʌnˈedɪfaɪɪŋ] *adj (unpleasant)* nada edificante

unedited [ʌnˈedɪtɪd] *adj (text)* sin editar

uneducated [ʌnˈedjʊkeɪtɪd] *adj (person)* sin estudios; *(accent, speech)* popular

unelectable [ʌnɪˈlektəbəl] *adj (party, person)* inelegible

unelected [ʌnɪˈlektɪd] *adj* no electo(a)

unemancipated [ʌnɪˈmænsɪpeɪtɪd] *adj (woman)* no emancipada; *(man, attitudes)* machista

unembarrassed [ʌnɪmˈbærəst] *adj* **he was ~ by the experience** la experiencia no le había resultado violenta; **she gave me an ~ grin** me sonrió ampliamente sin sentirse violenta

unembellished [ʌnɪmˈbelɪʃt] *adj (account, story)* sin adornos

unemotional [ʌnɪˈməʊʃənəl] *adj (person)* frío(a), insensible; *(reaction)* frío(a); *(account, style)* desapasionado(a); **..., she said in her ~ voice** ..., dijo sin transmitir ninguna emoción en su voz

unemotionally [ʌnɪˈməʊʃənəlɪ] *adv* fríamente; **he watched ~** miró sin transmitir ninguna emoción

unemployable [ʌnɪmˈplɔɪəbəl] *adj* **to be ~** no ser apto(a) para trabajar

unemployed [ʌnɪmˈplɔɪd] ◇ *npl* **the ~** los desempleados, *Esp* los parados, *Am* los desocupados
◇ *adj* **-1.** *(person)* desempleado(a), *Esp* parado(a), *Am* desocupado(a); **to be ~** estar desempleado(a) *or Esp* en (el) paro *or Am* desocupado(a) **-2.** *(resources)* sin utilizar, sin emplear

unemployment [ʌnɪmˈplɔɪmənt] *n* desempleo *m*, *Esp* paro *m*, *Am* desocupación *f*; **~ stands at 10 percent** la tasa de desempleo *or Esp* de paro *or Am* la desocupación se sitúa en el 10 por ciento ❏ **~ benefit** subsidio *m* de desempleo *or Am* de desocupación; *US* **~ compensation** subsidio *m* de desempleo *or Am* de desocupación; *US* **~ insurance** seguro *m* de desempleo *or Am* de desocupación

unencumbered [ʌnɪnˈkʌmbəd] *adj* **he was ~ by children or a mortgage** no tenía hijos ni una hipoteca que le atase

unending [ʌnˈendɪŋ] *adj* interminable

unendurable [ʌnɪnˈdjʊərəbəl] *adj* insoportable

unenforceable [ʌnɪnˈfɔːsəbəl] *adj (rule, law)* imposible de hacer cumplir

un-English [ʌnˈɪŋglɪʃ] *adj* poco inglés(esa)

unenjoyable [ʌnɪnˈdʒɔɪəbəl] *adj* poco agradable

unenlightened [ʌnɪnˈlaɪtənd] *adj* **-1.** *(backward) (person, decision)* retrógrado(a) **-2.** *(unclear)* **I remained completely ~ by her explanation** su explicación no me aclaró nada

unenlightening [ʌnɪnˈlaɪtnɪŋ] *adj* poco ilustrativo(a)

unenterprising [ʌnˈentəpraɪzɪŋ] *adj (person, approach)* poco emprendedor(ora); *(measure)* poco ambicioso(a); *(player, team)* conservador(ora)

unenthusiastic [ʌnɪnθjuːzɪˈæstɪk] *adj (reaction, response)* tibio(a), poco entusiasta; *(person)* poco entusiasmado(a) (**about** por)

unenthusiastically [ʌnɪnθjuːzɪˈæstɪklɪ] *adv* sin entusiasmo

unenviable [ʌnˈenvɪəbəl] *adj* desagradable, nada envidiable

unequal [ʌnˈiːkwəl] *adj* **-1.** *(uneven) (amounts, sizes, contest)* desigual; **an ~ struggle** una lucha desigual **-2.** *(incapable)* **he was ~ to the challenge** no estuvo a la altura de lo exigido

unequalled, *US* **unequaled** [ʌnˈiːkwəld] *adj* sin par

unequally [ʌnˈiːkwəlɪ] *adv (to divide, share out)* desigualmente; **to be ~ matched** no estar de igual a igual, tener niveles muy distintos

unequivocal [ʌnɪˈkwɪvəkəl] *adj Formal* inequívoco(a); **she was completely ~** no dejó lugar a dudas

unequivocally [ʌnɪˈkwɪvəklɪ] *adv Formal* inequívocamente, de modo inequívoco

unerring [ʌnˈɜːrɪŋ] *adj (aim, accuracy, judgement)* infalible

UNESCO [juːˈneskəʊ] *n (abbr* **United Nations Educational, Scientific and Cultural Organization)** UNESCO *f*

unessential [ʌnɪˈsenʃəl] *adj* prescindible, no esencial

unethical [ʌnˈeθɪkəl] *adj* poco ético(a)

unethically [ʌnˈeθɪklɪ] *adv* de forma poco ética

uneven [ʌnˈiːvən] *adj* **-1.** *(not level) (surface, road, teeth)* irregular; **the floorboards are ~** los tablones del suelo están desnivelados **-2.** *(not regular) (breathing, pulse)* irregular **-3.** *(not consistent) (performance, quality)* irregular **-4.** *(unequal) (distribution, contest)* desigual

unevenly [ʌnˈiːvənlɪ] *adv* **-1.** *(not level)* de forma irregular **-2.** *(irregularly) (to breathe, beat)* irregularmente, de forma irregular **-3.** *(inconsistently) (to perform)* de forma irregular **-4.** *(unequally) (divided, spread)* de forma desigual; **to be ~ matched** no estar de igual a igual, tener niveles muy distintos

unevenness [ʌnˈiːvənnɪs] *n* **-1.** *(of surface, road, ground)* irregularidad *f* **-2.** *(of breathing, pulse)* irregularidad *f* **-3.** *(of performance, quality)* irregularidad *f* **-4.** *(of distribution, contest)* desigualdad *f*

uneventful [ʌnɪˈventfʊl] *adj (without unfortunate incidents)* sin incidentes; *(without unusual incidents)* sin acontecimientos de interés; **she led an ~ life** hubo pocos acontecimientos de interés en su vida

uneventfully [ʌnɪˈventfʊlɪ] *adv* **the week went by ~** *(without unfortunate incidents)* la semana transcurrió sin incidentes; *(without unusual incidents)* la semana transcurrió sin que ocurriera nada de interés

unexceptionable [ʌnɪkˈsepʃənəbəl] *adj* irreprochable

unexceptional [ʌnɪkˈsepʃənəl] *adj* mediocre; **to be ~** no tener nada de especial

unexcited [ʌnɪkˈsaɪtɪd] *adj* no muy animado(a) (**about** con)

unexciting [ʌnɪkˈsaɪtɪŋ] *adj* anodino(a), insulso(a)

unexpected [ʌnɪksˈpektɪd] ◇ *adj* inesperado(a); **this is all so ~!** ¡esto sí que no me lo esperaba!
◇ *n* **the ~** lo inesperado

unexpectedly [ʌnɪksˈpektɪdlɪ] *adv* inesperadamente, de forma inesperada; **her parents arrived ~** sus padres se presentaron de improviso; **an ~ high number of...** un número sorprendentemente elevado de...

unexplained [ʌnɪksˈpleɪnd] *adj* inexplicado(a); **the reason for their decision remains ~** se desconocen aún las causas de su decisión; **we cannot allow mistakes like this to go ~** no podemos permitir que no se den explicaciones a errores como éste

unexploded [ʌnɪkˈspləʊdɪd] *adj* sin explotar, sin estallar

unexploited [ʌnɪksˈplɔɪtɪd] *adj* sin explotar

unexplored [ʌnɪksˈplɔːd] *adj* **-1.** *(place)* inexplorado(a) **-2.** *(solution, possibility)* sin investigar

unexposed [ʌnɪksˈpəʊzd] *adj (film)* virgen

unexpressed [ʌnɪkˈsprest] *adj* tácito(a)

unexpurgated [ʌnˈekspəgeɪtɪd] *adj* sin expurgar

unfailing [ʌnˈfeɪlɪŋ] *adj (hope, courage)* firme, inconmovible; *(punctuality)* infalible; *(patience, good humour, supply)* inagotable; *(loyalty, support)* inquebrantable

unfailingly [ʌnˈfeɪlɪŋlɪ] *adv* indefectiblemente

unfair [ʌnˈfeə(r)] *adj* injusto(a); **it was ~ of them to do that** fue una injusticia que hicieran eso; **it's so ~!** ¡no es justo!; **it's ~ on us** para nosotros es injusto; **to be ~ to sb** ser injusto con alguien; **he has been put at an ~ disadvantage** lo han puesto en una situación injusta de desventaja ❏ COM **~ competition** competencia *f* desleal; IND **~ dismissal** despido *m* improcedente *(que viola los derechos de los trabajadores)*

unfairly [ʌnˈfeəlɪ] *adv* injustamente; COM **they were accused of competing ~** los acusaron de competencia desleal; IND **to be ~ dismissed** ser despedido(a) injustamente *or* de forma improcedente

unfairness [ʌnˈfeənɪs] *n* injusticia *f*

unfaithful [ʌnˈfeɪθfʊl] *adj (spouse)* infiel; **to be ~ (to sb)** ser infiel (a alguien)

unfaithfulness [ʌnˈfeɪθfʊlnɪs] *n* infidelidad *f*

unfaltering [ʌnˈfɔːltərɪŋ] *adj (speech, steps, gaze)* decidido(a); *(support, optimism)* inquebrantable; **she was ~ in her support of the reform** dio su apoyo inquebrantable a la reforma

unfalteringly [ʌnˈfɔːltərɪŋlɪ] *adv (to speak, walk, gaze)* con decisión; *(to support)* sin fisuras; **she is ~ optimistic** es de un optimismo inquebrantable

unfamiliar [ʌnfəˈmɪlɪə(r)] *adj* **-1.** *(face, person, surroundings)* extraño(a), desconocido(a) **-2.** *(unacquainted)* **to be ~ with sth** no estar familiarizado(a) con algo; **I'm ~ with that theory** desconozco esa teoría

unfamiliarity [ʌnfəmɪlɪˈærɪtɪ] *n* **-1.** *(strangeness)* **the ~ of their surroundings** lo desconocido del entorno **-2.** *(lack of knowledge)* desconocimiento *m* (**with** de), falta *f* de familiarización (**with** con)

unfancied [ʌnˈfænsɪd] *adj (player, team, racehorse)* no favorito(a)

unfashionable [ʌnˈfæʃənəbəl] *adj* **-1.** *(clothes, ideas)* pasado(a) de moda; **to be ~** no estar de moda; **to become ~** pasar de moda **-2.** *(area, restaurant, writer)* **to be ~** no estar de moda

unfashionably [ʌnˈfæʃənəblɪ] *adv* **to dress ~** llevar ropa que no está de moda; **he has ~ liberal attitudes** su actitud liberal no se lleva hoy en día

unfasten [ʌnˈfɑːsən] *vt (dress, button, buckle)* desabrochar; *(knot)* desatar, deshacer; *(door)* abrir; **to ~ one's belt** desabrocharse el cinturón

unfathomable [ʌnˈfæðəməbəl] *adj* **-1.** *(depths)* insondable **-2.** *(inexplicable)* **why he did it is quite ~** por qué lo hizo es algo totalmente inexplicable

unfathomed [ʌnˈfæðəmd] *adj (mystery)* sin resolver

unfavourable, *US* **unfavorable** [ʌnˈfeɪvərəbəl] *adj* **-1.** *(weather, conditions)* desfavorable, poco favorable; **the conditions were ~ for sailing** las condiciones eran desfavorables

Música / Music

Deportes

Aparatos — Equipment

Réflex 24x36 con zoom / 24x36 reflex with zoom lens
- cristal de enfoque / focusing lens
- visor / viewfinder
- flash incorporado / built-in flash
- cámara desechable / disposable camera
- anillo del diafragma / diaphragm ring
- anillo de enfoque / focus ring
- enfoque / focusing
- disparador / shutter release
- espejo / mirror
- objetivo / lens

Prismáticos / Prism binoculars
- ocular / eyepiece
- rueda de enfoque / focusing knob
- lentes / lenses
- anillo de corrección de dioptrías / dioptric correction ring
- prisma / prism
- prisma / prism
- lente / lens

Videocámara (portátil) / Camcorder
- interruptor / on-off switch
- botón de grabación / recording button
- visor / viewfinder
- luz / light
- función de programación automática / self-programming function
- objetivo / lens
- botón del zoom / zoom button
- micrófono / microphone
- pantalla de cristal líquido / liquid crystal display

Teléfono móvil / Mobile phone
- antena / UK aerial, US antenna
- interruptor / on-off button
- pantalla / display
- pantalla / screen
- teclas / keys
- tecla de desplazamiento / scroll button
- receptor / receiver

Ordenador / Computer
- ranura de expansión / expansion slot
- microprocesador / microchip
- tarjeta gráfica / graphics card
- disco duro / hard disk
- monitor / monitor
- alimentador de corriente / power supply unit
- unidad central de proceso (CPU) / central processing unit (CPU)
- pantalla / screen
- disquetera / (floppy) disk drive
- altavoz / speaker
- lector de CD-ROM / CD-ROM drive
- bus / bus
- alfombrilla del ratón / mouse mat
- teclas de función / function keys
- ratón / mouse
- teclado / keyboard
- teclado numérico / numerical keypad
- memoria de acceso aleatorio (RAM) / RAM (random access memory)

unfavourably *or* no eran favorables para la navegación **-2.** *(review, reaction)* desfavorable, poco favorable; **the week's events have shown the minister in a very ~ light** los sucesos de esta semana han sido muy desfavorables para la imagen del ministro

unfavourably, *US* **unfavorably** [ʌnˈfeɪvərəblɪ] *adv* desfavorablemente; **the play was received ~** la obra tuvo una acogida negativa; **they reacted ~ to my suggestion** reaccionaron negativamente a mi propuesta; **this novel compares ~ with her previous one** su última novela sale perdiendo en comparación con la anterior

unfazed [ʌnˈfeɪzd] *adj Fam* **he was ~ by the experience** la experiencia no le afectó lo más mínimo

unfeasible [ʌnˈfiːzɪbəl] *adj (plan, suggestion)* inviable

unfeeling [ʌnˈfiːlɪŋ] *adj (person)* insensible; *(remark, attitude)* falto(a) de sensibilidad

unfeigned [ʌnˈfeɪnd] *adj* no fingido(a), real

unfeminine [ʌnˈfemɪnɪn] *adj* poco femenino(a)

unfermented [ʌnfəˈmentɪd] *adj* sin fermentar

unfertilized [ʌnˈfɜːtɪlaɪzd] *adj (egg)* no fertilizado(a)

unfettered [ʌnˈfetəd] *adj (person)* desembarazado(a) **(by** de); *(imagination)* desbocado(a)

unfinished [ʌnˈfɪnɪʃt] *adj* **-1.** *(incomplete)* inacabado(a); **to leave sth ~** dejar algo sin terminar; **~ business** asunto(s) pendiente(s); **the Unfinished Symphony** la Sinfonía Inacabada **-2.** *(rough)* *(furniture, wood)* sin pulir

unfit [ʌnˈfɪt] *adj* **-1.** *(unsuitable)* inadecuado(a), inapropiado(a); **he's an ~ person to be left in charge of children** es una persona a la que no se puede confiar el cuidado de un niño; **she is ~ to hold such an important position** no es la persona apropiada para ostentar un cargo de tanta importancia; **to be ~ for sth** no ser apto(a) para algo; **~ for human consumption** no apto(a) para el consumo humano; **this house is ~ for habitation** esta casa no reúne las condiciones de habitación necesarias
-2. *(in poor physical condition)* bajo(a) de forma; *(injured)* lesionado(a); **three of our players have been declared ~** tres de nuestros jugadores no han pasado el examen físico

unfitness [ʌnˈfɪtnɪs] *n (unsuitability)* **~ for public office** no apto(a) para un cargo público

unfitted [ʌnˈfɪtɪd] *adj (unsuitable)* **to be ~ for sth/to do sth** no reunir las condiciones para algo/para hacer algo

unfitting [ʌnˈfɪtɪŋ] *adj (remarks, behaviour)* inapropiado(a)

unflagging [ʌnˈflægɪŋ] *adj (enthusiasm, support)* infatigable; *(interest)* inagotable

unflappable [ʌnˈflæpəbəl] *adj* impasible, imperturbable

unflattering [ʌnˈflætərɪŋ] *adj (clothes)* poco favorecedor(ora); *(description, remark)* poco halagüeño(a); **the programme shows him in an ~ light** el programa da una imagen poco favorecedora de él

unflatteringly [ʌnˈflætərɪŋlɪ] *adv (to dress)* de forma poco favorecedora; *(to portray, speak)* en términos poco halagüeños; **she was ~ dressed in baggy trousers** llevaba unos pantalones amplios que no la favorecían

unfledged [ʌnˈfledʒd] *adj* **-1.** *(bird)* sin plumas **-2.** *(person)* novato(a), bisoño(a)

unflinching [ʌnˈflɪntʃɪŋ] *adj (resolve, courage)* a toda prueba; *(loyalty, support)* inquebrantable; **he was ~ in his support of the prime minister** dio su apoyo inquebrantable al primer ministro

unflinchingly [ʌnˈflɪntʃɪŋlɪ] *adv (to support)* sin reservas; **she took the injection ~** recibió la inyección sin inmutarse

unflustered [ʌnˈflʌstəd] *adj* imperturbable

unfocus(s)ed [ʌnˈfəʊkəst] *adj* **-1.** *(discussion, project, person)* descentrado(a) **-2.** *(eyes, gaze)* perdido(a)

unfold [ʌnˈfəʊld] ◇ *vt* **-1.** *(newspaper, map)* desdoblar **-2.** *(wings)* desplegar; **she unfolded her arms** descruzó los brazos **-3.** *(story, proposal)* revelar
◇ *vi* **-1.** *(wings)* desplegarse **-2.** *(story, events)* desarrollarse; **a spectacular view unfolded before us** ante nosotros se abría un paisaje espectacular

unforced [ʌnˈfɔːst] *adj (natural)* espontáneo(a) ❑ SPORT **~ error** error *m* no forzado

unforeseeable [ʌnfəˈsiːəbəl] *adj* imprevisible

unforeseen [ʌnfɔːˈsiːn] *adj* imprevisto(a)

unforgettable [ʌnfəˈgetəbəl] *adj* inolvidable

unforgettably [ʌnfəˈgetəblɪ] *adv* inolvidablemente; **an ~ moving experience** una experiencia conmovedora difícil de olvidar

unforgivable [ʌnfəˈgɪvəbəl] *adj* imperdonable

unforgivably [ʌnfəˈgɪvəblɪ] *adv* imperdonablemente; **an ~ stupid mistake** un error estúpido e imperdonable

unforgiving [ʌnfəˈgɪvɪŋ] *adj* implacable

unformatted [ʌnˈfɔːmætɪd] *adj (disk)* sin formatear

unformed [ʌnˈfɔːmd] *adj* **-1.** *(idea, plan)* sin formar **-2.** *(limb)* sin formar

unforthcoming [ʌnfɔːθˈkʌmɪŋ] *adj (person)* reservado(a); **to be ~ with information/assistance** ser reacio(a) a dar información/prestar ayuda; **to be ~ about sth** no dar muchos detalles sobre algo

unfortunate [ʌnˈfɔːtʃənət] ◇ *n* desdichado(a) *m,f*
◇ *adj* **-1.** *(unlucky) (person, mistake)* desafortunado(a); *(accident, event)* desgraciado(a); **he's been extremely ~** ha tenido muy mala fortuna; **she was ~ enough to be caught in the storm** tuvo la mala fortuna de que la pillara la tormenta
-2. *(regrettable)* **it is ~ that things turned out this way** es una lástima que las cosas hayan salido así; **how ~!** ¡qué lástima!
-3. *(inappropriate) (choice, remark)* desafortunado(a); *(moment)* poco oportuno(a); **he has an ~ turn of phrase** se expresa de una forma poco afortunada

unfortunately [ʌnˈfɔːtʃənətlɪ] *adv* **-1.** *(regrettably)* desgraciadamente, por desgracia; **~ not** desgraciadamente, no **-2.** *(unluckily)* desafortunadamente; **~ for him** por desgracia para él **-3.** *(inappropriately) (worded, phrased)* de forma poco afortunada

unfounded [ʌnˈfaʊndɪd] *adj* infundado(a)

unframed [ʌnˈfreɪmd] *adj* sin marco

unfreeze [ʌnˈfriːz] ◇ *vt* **-1.** *(defrost)* descongelar **-2.** FIN *(prices, wages)* descongelar
◇ *vi* descongelarse

unfrequented [ʌnfrɪˈkwentɪd] *adj* poco frecuentado(a)

unfriendliness [ʌnˈfrendlɪnɪs] *n (of person)* antipatía *f*; *(of reception, tone, voice)* hostilidad *f*

unfriendly [ʌnˈfrendlɪ] *adj (person)* arisco(a), antipático(a); *(reception, tone, voice)* hostil; **to be ~ to** *or* **towards sb** ser antipático(a) con alguien

unfrock [ʌnˈfrɒk] *vt (priest)* expulsar del sacerdocio

unfruitful [ʌnˈfruːtfʊl] *adj (efforts, search)* infructuoso(a)

unfulfilled [ʌnfʊlˈfɪld] *adj (promise)* incumplido(a); *(desire, ambition)* insatisfecho(a); *(potential)* desaprovechado(a); **to feel ~** sentirse insatisfecho(a)

unfunny [ʌnˈfʌnɪ] *adj* **to be ~** no tener ninguna gracia

unfurl [ʌnˈfɜːl] ◇ *vt (flag, sails)* desplegar
◇ *vi* desplegarse

unfurnished [ʌnˈfɜːnɪʃt] *adj* sin amueblar ❑ **~ accommodation** vivienda *f* sin amueblar

unfussy [ʌnˈfʌsɪ] *adj* sencillo(a)

ungainly [ʌnˈgeɪnlɪ] *adj* desgarbado(a)

ungallant [ʌnˈgælənt] *adj (person, behaviour)* poco galante

ungenerous [ʌnˈdʒenərəs] *adj* **-1.** *(allowance, person)* mezquino(a); **the offer was not ~** era una oferta nada desdeñable **-2.** *(criticism, remark)* mezquino(a)

ungentlemanly [ʌnˈdʒentəlmənlɪ] *adj (attitude, conduct, remark)* poco caballeroso(a)

unget-at-able [ʌnˌgetˈætəbəl] *adj Fam (place, person)* inaccesible

unglamorous [ʌnˈglæmərəs] *adj* **-1.** *(unalluring) (person, clothes)* poco atractivo(a) **-2.** *(unexciting) (lifestyle, career, place)* poco glamoroso(a)

unglazed [ʌnˈgleɪzd] *adj* **-1.** *(window)* sin *Esp* cristal *or Am* vidrio **-2.** *(paper, print)* mate **-3.** *(porcelain, brick)* sin vidriar

ungloved [ʌnˈglʌvd] *adj* sin guantes

ungodly [ʌnˈgɒdlɪ] *adj* **-1.** *(immoral)* impío(a) **-2.** *(noise)* infernal; *Hum* **at an ~ hour** a una hora intempestiva

ungovernable [ʌnˈgʌvənəbəl] *adj* **-1.** *(people, country)* ingobernable **-2.** *(feelings)* incontrolable

ungracious [ʌnˈgreɪʃəs] *adj (impolite)* descortés; *(unwilling)* displicente; **it would be ~ not to go** sería una descortesía no ir; **I was surprised by his ~ acceptance of the trophy** me sorprendió el que aceptara el trofeo tan de mala gana

ungraciously [ʌnˈgreɪʃəslɪ] *adv (impolitely)* descortésmente; *(unwillingly)* con displicencia, de mala gana

ungrammatical [ʌngrəˈmætɪkəl] *adj (sentence, construction)* incorrecto(a) (gramaticalmente)

ungrateful [ʌnˈgreɪtfʊl] *adj (person)* desagradecido(a); **to be ~ to sb** ser desagradecido(a) con alguien

ungratefully [ʌnˈgreɪtfʊlɪ] *adv* con desagradecimiento

ungrudging [ʌnˈgrʌdʒɪŋ] *adj* sincero(a); **to be ~ in one's praise/support** no escatimar elogios/apoyo

ungrudgingly [ʌnˈgrʌdʒɪŋlɪ] *adv* con franqueza, abiertamente

unguarded [ʌnˈgɑːdɪd] *adj* **-1.** *(place)* desprotegido(a); *(prisoner)* no vigilado(a) **-2.** *(fire)* desatendido(a); *(machinery, mechanism)* sin protección (de seguridad) **-3.** *(remark)* imprudente; **in an ~ moment** en un momento de despiste

ungulate [ˈʌŋgjʊleɪt] ◇ *adj* ungulado(a)
◇ *n* ungulado *m*

unhallowed [ʌnˈhæləʊd] *adj* REL *(ground)* no consagrado(a)

unhampered [ʌnˈhæmpəd] *adj (movement)* libre, sin trabas; **the press is ~ by censorship** la prensa no tiene las trabas de la censura

unhand [ʌnˈhænd] *vt Literary* soltar; **~ me, sir!** ¡suélteme, señor!

unhappily [ʌnˈhæpɪlɪ] *adv* **-1.** *(sadly)* tristemente; **they're ~ married** su matrimonio tiene problemas **-2.** *(unfortunately)* por desgracia

unhappiness [ʌnˈhæpɪnɪs] *n* **-1.** *(sadness)* infelicidad *f*, desdicha *f*; **her departure caused me great ~** su partida me causó gran tristeza **-2.** *(dissatisfaction)* descontento *m*

unhappy [ʌnˈhæpɪ] *adj* **-1.** *(sad) (person, childhood)* infeliz, desdichado(a); *(day, ending, face)* triste; **after years in an ~ marriage** tras años de infelicidad en su matrimonio; **I've been very ~ recently** lo he pasado muy mal últimamente; **it makes me so ~** me pone tan triste, me da tanta pena; **a deeply ~ childhood** una niñez muy desdichada
-2. *(worried)* **I'm ~ about leaving the child alone** me preocupa dejar al niño solo
-3. *(not pleased, not satisfied)* **to be ~ about** *or* **with sth** estar descontento(a) *or* no estar contento(a) con algo; **she was ~ about me spending so much money** no le gustaba que yo gastara tanto dinero
-4. *(unfortunate) (choice, remark)* desafortunado(a), poco atinado(a); **an ~ turn of phrase** una frase poco afortunada; **it's a most ~ state of affairs** es una situación lamentable

unharmed [ʌnˈhɑːmd] *adj (person)* indemne, ileso(a); *(object)* intacto(a); **to escape ~** escapar ileso(a)

unharness [ʌnˈhɑːnɪs] *vt (remove harness from)* quitar los arneses a; *(unhitch)* desenganchar

unhatched [ʌnˈhætʃt] *adj (egg)* sin eclosionar

UNHCR [juːˈenɛɪtʃsiːˈɑː(r)] n (abbr **United Nations High Commission for Refugees**) ACNUR m

unhealthily [ʌnˈhelθɪlɪ] adv de forma poco saludable; **to be ~ thin/pale** ser de una delgadez/palidez enfermiza

unhealthiness [ʌnˈhelθɪnɪs] n -1. (of person) mala salud f; (of complexion) aspecto m enfermizo -2. (conditions, climate) insalubridad f; **because of the ~ of their diet/lifestyle** por tener una dieta/un estilo de vida tan poco saludable or sano -3. (unwholesome nature) (of curiosity, interest) naturaleza f malsana or enfermiza; (of influence, relationship) naturaleza f malsana, nocividad f

unhealthy [ʌnˈhelθɪ] adj -1. (ill) (person, appearance) enfermizo(a); **to have an ~ complexion** tener un cutis de aspecto enfermizo -2. (diet, lifestyle) poco saludable, poco sano(a); (conditions, surroundings, climate) insalubre; **it's ~ to stay indoors all day** no es sano estar encerrado en casa todo el día -3. (unwholesome) (curiosity, interest) malsano(a), enfermizo(a); (influence, relationship) malsano(a), nocivo(a)

unheard [ʌnˈhɜːd] adj -1. (not heard) **a previously ~ recording** una grabación nunca escuchada antes -2. (not heeded) **his cries for help went ~** nadie escuchó sus gritos de socorro; **the opinions of the immigrant population go ~** no se escuchan las opiniones de la población inmigrante

unheard-of [ʌnˈhɜːdɒv] adj -1. (unknown) desconocido(a); **several previously ~ painters** varios pintores hasta ahora desconocidos; **foreign holidays were ~ in my youth** ir de vacaciones al extranjero era impensable cuando yo era joven -2. (unprecedented) insólito(a), inaudito(a); **such an occurrence is quite ~** un hecho como éste es totalmente insólito or inaudito

unheated [ʌnˈhiːtɪd] adj (food) sin calentar; (room, house) sin calefacción

unheeded [ʌnˈhiːdɪd] adj desoído(a), desatendido(a); **to go ~** ser desoído(a), caer en saco roto

unhelpful [ʌnˈhelpfʊl] adj -1. (unwilling to help) **I find the staff very ~** el personal me parece muy poco dispuesto a ayudar -2. (of little use) **to be ~** (person) no ayudar mucho; (criticism, advice, map) no servir de mucho

unhelpfully [ʌnˈhelpfʊlɪ] adv **"I haven't got a clue," he said ~** "no tengo ni idea", dijo poco dispuesto a ayudar; **~, no date is given** no aparece ninguna fecha, lo cual no ayuda mucho

unheralded [ʌnˈherəldɪd] adj (unannounced) no anunciado(a); (unexpected) inesperado(a)

unheroic [ʌnhɪˈrəʊɪk] adj (person, behaviour) poco heroico(a)

unhesitating [ʌnˈhezɪteɪtɪŋ] adj (support) decidido(a); (reply) inmediato(a); (belief) firme, inquebrantable

unhesitatingly [ʌnˈhezɪteɪtɪŋlɪ] adv con decisión, decididamente

unhindered [ʌnˈhɪndəd] adj **to work ~** trabajar sin estorbos; **to travel ~ by heavy luggage** viajar sin el estorbo que supone un equipaje pesado

unhinged [ʌnˈhɪndʒd] adj (mad) trastornado(a)

unhip [ʌnˈhɪp] adj Fam Esp nada enrollado(a), Méx nada suave, RP nada copado(a), Ven aguado(a)

unhitch [ʌnˈhɪtʃ] vt (unfasten) desenganchar

unholy [ʌnˈhəʊlɪ] adj -1. (evil) profano(a); (words) blasfemo(a); (thoughts) impuro(a) ❑ **~ alliance** alianza f contra natura -2. Fam **an ~ mess/noise** un desorden/ruido espantoso

unhook [ʌnˈhʊk] vt -1. (trailer) desenganchar; (window) abrir -2. (garment) desabrochar

unhoped-for [ʌnˈhəʊptfɔː(r)] adj inesperado(a)

unhorse [ʌnˈhɔːs] vt derribar

UNHRC [juːenɛɪtʃɑːˈsiː] n (abbr **United Nations Human Rights Commission**) UNHRC f

unhurried [ʌnˈhʌrɪd] adj (person, manner) pausado(a)

unhurt [ʌnˈhɜːt] adj ileso(a); **to be ~** (after accident) salir ileso; **to escape ~** escapar ileso(a)

unhygienic [ʌnhaɪˈdʒiːnɪk] adj antihigiénico(a)

unhyphenated [ʌnˈhaɪfəneɪtɪd] adj sin guión

unicameral [juːnɪˈkæmərəl] adj unicameral

UNICEF [ˈjuːnɪsef] n (abbr **United Nations International Children's Emergency Fund**) UNICEF m or f

unicellular [juːnɪˈseljʊlə(r)] adj BIOL unicelular

unicorn [ˈjuːnɪkɔːn] n unicornio m

unicycle [ˈjuːnɪsaɪkəl] n monociclo m

unidentifiable [ʌnaɪdentɪˈfaɪəbəl] adj imposible de identificar

unidentified [ʌnaɪˈdentɪfaɪd] adj no identificado(a) ❑ **~ flying object** objeto m volador no identificado

unidirectional [juːnɪdɪˈrekʃənəl] adj unidireccional

unification [juːnɪfɪˈkeɪʃən] n unificación f ❑ **Unification Church** Iglesia f de la Unificación

uniform [ˈjuːnɪfɔːm] ◇ n uniforme m; **to be in ~** ir de uniforme; **in school ~** con el uniforme escolar; **to wear ~** llevar uniforme
◇ adj (colour, size) uniforme; (temperature) constante

uniformed [ˈjuːnɪfɔːmd] adj uniformado(a)

uniformity [juːnɪˈfɔːmɪtɪ] n uniformidad f

uniformly [ˈjuːnɪfɔːmlɪ] adv uniformemente

unify [ˈjuːnɪfaɪ] ◇ vt unificar
◇ vi unificarse

unilateral [juːnɪˈlætərəl] adj unilateral ❑ **Unilateral Declaration of Independence** declaración f unilateral de independencia; **~ disarmament** desarme m unilateral

unilateralism [juːnɪˈlætərəlɪzəm] n política f de desarme unilateral

unilaterally [juːnɪˈlætərəlɪ] adv unilateralmente

unimaginable [ʌnɪˈmædʒɪnəbəl] adj inimaginable

unimaginative [ʌnɪˈmædʒɪnətɪv] adj **to be ~** (person) tener poca imaginación, ser poco imaginativo(a); (book, meal, choice) ser muy poco original, ser poco imaginativo(a)

unimaginatively [ʌnɪˈmædʒɪnətɪvlɪ] adv con poca imaginación, poco imaginativamente

unimpaired [ʌnɪmˈpeəd] adj **his health was ~** se conservaba en perfecta salud; **her eyesight/faculties remained ~** no había perdido vista/facultades

unimpeachable [ʌnɪmˈpiːtʃəbəl] adj (character, reputation) irreprochable; (source) fidedigno(a); (evidence) fehaciente

unimpeded [ʌnɪmˈpiːdɪd] adj libre, sin trabas

unimportant [ʌnɪmˈpɔːtənt] adj poco importante; **to be ~** no importar

unimpressed [ʌnɪmˈprest] adj **to be ~ by sth** no quedar convencido(a) con algo

unimpressive [ʌnɪmˈpresɪv] adj (performance) mediocre; (person) insignificante; **their record is ~** su trayectoria es más bien mediocre

unimproved [ʌnɪmˈpruːvd] adj -1. (condition) **to be ~** no haber mejorado -2. (land) agreste

uninflected [ʌnɪnˈflektɪd] adj GRAM no flexivo(a)

uninformative [ʌnɪnˈfɔːmətɪv] adj (book, leaflet, bulletin) poco informativo(a); **he was most ~** me dio muy poca información

uninformed [ʌnɪnˈfɔːmd] adj (person) desinformado(a); **to be ~ about sth** no estar informado(a) de algo; **contrary to ~ opinion** en contra de lo que opinan los poco informados

uninhabitable [ʌnɪnˈhæbɪtəbəl] adj inhabitable

uninhabited [ʌnɪnˈhæbɪtɪd] adj desierto(a)

uninhibited [ʌnɪnˈhɪbɪtɪd] adj (person, behaviour, reaction, laughter) desinhibido(a)

uninitialized [ʌnɪˈnɪʃəlaɪzd] adj (disk) sin inicializar

uninitiated [ʌnɪˈnɪʃɪeɪtɪd] ◇ npl **to the ~** para los profanos (en la materia)
◇ adj no iniciado(a), profano(a)

uninjured [ʌnˈɪndʒəd] adj (person) ileso(a); **miraculously she was ~** salió milagrosamente ilesa

uninspired [ʌnɪnˈspaɪəd] adj poco inspirado(a)

uninspiring [ʌnɪnˈspaɪərɪŋ] adj anodino(a), mediocre

uninstall [ʌnɪnˈstɔːl] vt COMPTR desinstalar

uninsured [ʌnɪnˈʃʊəd] adj no asegurado(a) (**against** contra)

unintelligent [ʌnɪnˈtelɪdʒənt] adj poco inteligente; **he's not an ~ lad** no le falta inteligencia al chico

unintelligible [ʌnɪnˈtelɪdʒɪbəl] adj ininteligible

unintelligibly [ʌnɪnˈtelɪdʒɪblɪ] adv ininteligiblemente

unintended [ʌnɪnˈtendɪd] adj no deseado(a)

unintentional [ʌnɪnˈtenʃənəl] adj no intencionado(a); **any implied criticism was ~** no fue nuestra intención insinuar una crítica

unintentionally [ʌnɪnˈtenʃənəlɪ] adv sin querer; **the scene is ~ comic** la escena resulta cómica sin pretenderlo

uninterested [ʌnˈɪntrestɪd] adj poco interesado(a); **to be ~ in sth/sb** no estar interesado(a) en algo/alguien; **he was completely ~** no le interesaba en absoluto

uninteresting [ʌnˈɪntrestɪŋ] adj (subject, book, person) falto(a) de interés, sin interés

uninterrupted [ʌnɪntəˈrʌptɪd] adj ininterrumpido(a); **their affair continued ~ for several years** su aventura continuó varios años sin interrupción; **to work ~** trabajar sin interrupciones or sin ser interrumpido(a)

uninterruptible [ʌnɪntəˈrʌptəbəl] adj COMPTR **~ power supply** sistema m de alimentación ininterrumpida

uninvited [ʌnɪnˈvaɪtɪd] ◇ adj (comment, advice) no solicitado(a); **there were a few ~ guests** algunos de los presentes no habían sido invitados
◇ adv **to arrive ~** llegar sin haber sido invitado(a)

uninviting [ʌnɪnˈvaɪtɪŋ] adj (place) inhóspito(a); (food) nada apetitoso(a); (prospect) desagradable

union [ˈjuːnjən] n -1. (of countries) unión f; **the Union** (in US) los estados de la Unión; Formerly **the Union of South Africa** la Unión de Sudáfrica ❑ **Union flag, Union Jack** bandera f del Reino Unido
-2. (marriage) enlace m
-3. IND sindicato m; **unions and management** los sindicatos y la patronal ❑ **~ card** carnet m de sindicato; **~ official** sindicalista mf, dirigente mf sindical; **~ shop** = empresa o fábrica en que la afiliación sindical es obligatoria
-4. (at university) **(students') ~** sindicato m de estudiantes

unionism [ˈjuːnjənɪzəm] n -1. (trade unionism) sindicalismo m -2. (in Northern Ireland) unionismo m

unionist [ˈjuːnjənɪst] n -1. (trade unionist) sindicalista mf -2. (in Northern Ireland) unionista mf

unionize [ˈjuːnjənaɪz] ◇ vt sindicar
◇ vi sindicarse

unionized [ˈjuːnjənaɪzd] adj sindicado(a)

unique [juːˈniːk] adj -1. (sole, exclusive) único(a); **to be ~ to** ser exclusivo(a) de -2. (exceptional) único(a), excepcional; **his work is quite ~** su obra no tiene parangón

uniquely [juːˈniːklɪ] adv excepcionalmente; **a ~ talented individual** un individuo de un talento único or excepcional; **he is ~ placed to get this information** está en una situación privilegiada para conseguir esta información

uniqueness [juːˈniːknɪs] n singularidad f

unisex [ˈjuːnɪseks] adj unisex

UNISON [ˈjuːnɪsən] n = sindicato británico de funcionarios

unison [ˈjuːnɪsən] n **in ~** al unísono

unit [ˈjuːnɪt] n -1. (subdivision) unidad f; **the course is divided into six units** el curso consta de seis unidades or partes; **family ~** unidad familiar ❑ FIN **~ of account** unidad f de cuenta; Br FIN **~ trust** fondo m de inversión mobiliaria

-2. *(in amounts, measurement)* unidad *f*; **~ of length/time** unidad de longitud/tiempo; **a glass of wine equals one ~ of alcohol** una copa de vino equivale a una unidad de alcohol ❏ **~ of currency** unidad *f* monetaria; **~ of measurement** unidad *f* de medida
-3. *(section) (in hospital, university)* unidad *f*; *(in army)* unidad *f*, sección *f*; **office units** módulos de oficina
-4. *(item of furniture)* **(kitchen) ~** módulo *m* (de cocina)
-5. COM *(item)* unidad *f* ❏ **~ cost** costo *m* or *Esp* coste *m* unitario; **~ price** precio *m* por unidad; **~ pricing** precio *m* al peso

Unitarian [juːnɪˈteərɪən] ◇ *n* REL unitario(a) *m,f* ◇ *adj* REL unitario(a)

Unitarianism [juːnɪˈteərɪənɪzəm] *n* REL unitarismo *m*

unitary [ˈjuːnɪtərɪ] *adj* unitario(a)

unite [juːˈnaɪt] ◇ *vt* **-1.** *(join, link) (forces)* unir **-2.** *(unify) (country, party)* unir; **more unites us than separates us** nos unen más cosas de las que nos separan; **common interests that ~ two countries** intereses comunes que unen a dos países **-3.** *(bring together) (people, relatives)* unir **-4.** *Formal (marry)* unir
◇ *vi* unirse; **the two countries united in opposing oppression** los dos países se unieron para enfrentarse a la opresión; **they united in their efforts to defeat the enemy** aunaron esfuerzos para derrotar al enemigo

united [juːˈnaɪtɪd] *adj* **-1.** *(joined)* unido(a); **to be ~ against sth/sb** estar unido(a) contra algo/alguien; **to present a ~ front** presentar un frente común; **to be ~ in grief** estar unidos por el dolor; PROV **we stand, divided we fall** unidos venceremos
-2. *(in proper names)* **the United Arab Emirates** los Emiratos Árabes Unidos; **the United Kingdom (of Great Britain and Northern Ireland)** el Reino Unido (de Gran Bretaña e Irlanda del Norte); **the United Nations** las Naciones Unidas; **the United States (of America)** los Estados Unidos (de América)

───── UNITED KINGDOM ─────
Así se denomina en contextos oficiales a la entidad política que comprende Inglaterra, Gales, Escocia e Irlanda del Norte, a la que a menudo se hace referencia simplemente con la abreviatura UK. Su nombre completo es "the **United Kingdom** of Great Britain and Northern Ireland".

unity [ˈjuːnɪtɪ] *n* **-1.** *(union)* unidad *f*; **national/political ~** unidad nacional/política; **to have ~ of purpose** estar unidos por el mismo objetivo; PROV **~ is strength** la unión hace la fuerza **-2.** THEAT **the dramatic unities** las unidades dramáticas

universal [juːnɪˈvɜːsəl] *adj* universal; **a ~ truth** una verdad universal; **topics of ~ interest** temas de interés universal; **the bombing met with ~ condemnation** el atentado fue condenado de forma unánime; **this practice is now almost ~** esta práctica es hoy prácticamente generalizada ❏ **~ coupling** junta *f* universal; **~ declaration of human rights** declaración *f* universal de los derechos humanos; PHYS **~ gravitation** gravitación *f* universal; **~ joint** junta *f* universal; **~ suffrage** sufragio *m* universal

universality [juːnɪvɜːˈsælɪtɪ] *n* universalidad *f*

universalize, -ise [juːnɪˈvɜːsəlaɪz] *vt* universalizar

universally [juːnɪˈvɜːsəlɪ] *adv* universalmente; **a ~ held opinion** una opinión mantenida por todos; **he is ~ liked/admired** es querido/admirado por todos

universe [ˈjuːnɪvɜːs] *n* universo *m*

university [juːnɪˈvɜːsɪtɪ] *n* universidad *f*; **to be** *Br* **at** *or US* **at the ~** estar en la universidad; **to go to ~** ir a la universidad; *Fig* **I studied at the ~ of life** aprendí en la escuela de la calle ❏ **~ degree** título *m* universitario; **~ education** enseñanza *f* universitaria; **to have (had) a ~ education** tener estudios universitarios; **~ graduate** titulado(a) *m,f* superior; **~ professor** *Br* catedrático(a) *m,f* de universidad; *US* profesor(ora) *m,f* de universidad; **~ student** (estudiante *mf*) universitario(a) *m,f*; **~ town** ciudad *f* con universidad

UNIX [ˈjuːnɪks] *n* COMPTR *(abbr* **Uniplexed Information and Computing System)** UNIX *m*

unjam [ʌnˈdʒæm] *vt* desatascar

unjust [ʌnˈdʒʌst] *adj* injusto(a); **to be ~ to sb** ser injusto(a) con alguien

unjustifiable [ʌnˈdʒʌstɪfaɪəbəl] *adj* injustificable

unjustifiably [ʌnˈdʒʌstɪfaɪəblɪ] *adv* injustificablemente, sin justificación

unjustified [ʌnˈdʒʌstɪfaɪd] *adj* *(optimism, accusation, criticism)* injustificado(a)

unjustly [ʌnˈdʒʌstlɪ] *adv* injustamente

unkempt [ʌnˈkem(p)t] *adj* *(hair)* revuelto(a); *(beard, appearance)* descuidado(a)

unkind [ʌnˈkaɪnd] *adj* *(unpleasant)* antipático(a), desagradable; *(uncharitable)* cruel; *(thought, remark)* mezquino(a); **to be ~ (to sb)** ser antipático(a) or desagradable (con alguien); **to say ~ things to sb** decir cosas feas or desagradables a alguien; **the years since his death have been ~ to his reputation** en los años transcurridos desde su muerte su reputación se ha visto mermada

unkindly [ʌnˈkaɪndlɪ] *adv* *(harshly)* con dureza, duramente; **to behave ~ towards sb** estar desagradable con alguien; **it wasn't meant ~** no iba con mala intención

unkindness [ʌnˈkaɪndnɪs] *n* *(of person)* antipatía *f*; *(of comment, manner)* mezquindad *f*

unknot [ʌnˈnɒt] *(pt & pp* **unknotted***) vt* desanudar

unknowingly [ʌnˈnəʊɪŋlɪ] *adv* inconscientemente, inadvertidamente

unknown [ʌnˈnəʊn] ◇ *n* **-1.** *(person)* desconocido(a) *m,f* **-2. the ~** *(place, things)* lo desconocido **-3.** MATH la incógnita
◇ *adj* **-1.** *(not known)* desconocido(a); **such cases are not ~** esos casos se dan; LAW **murder by person or persons ~** asesinato *m* por parte de persona o personas desconocidas; IDIOM **he's an ~ quantity** es una incógnita ❏ **the Unknown Soldier** el soldado desconocido **-2.** *(obscure) (cause, place, actor)* desconocido(a)
◇ *adv* **~ to the rest of us** sin que lo supiéramos los demás

unlabelled [ʌnˈleɪbəld] *adj* *(item, luggage)* sin etiqueta

unlace [ʌnˈleɪs] *vt* desatar

unladylike [ʌnˈleɪdɪlaɪk] *adj* *(behaviour)* impropio(a) de una señorita/señora; **she's very ~** su comportamiento es impropio de una señorita/señora

unlamented [ʌnləˈmentɪd] *adj* no lamentado(a); **his death was ~, he died ~** nadie lamentó su muerte

unlatch [ʌnˈlætʃ] *vt* *(door)* descorrer el pestillo de; **the door had been left unlatched** la puerta no tenía el pestillo echado

unlawful [ʌnˈlɔːfʊl] *adj* ilegal, ilícito(a) ❏ LAW **~ arrest** detención *f* or arresto *m* ilegal; LAW **~ assembly** reunión *f* ilícita; LAW **~ entry** violación *f* de domicilio; LAW **~ killing** homicidio *m*

unlawfully [ʌnˈlɔːfʊlɪ] *adv* ilegalmente, ilícitamente

unleaded [ʌnˈledɪd] ◇ *n* gasolina *f* or *RP* nafta *f* sin plomo
◇ *adj* **~ petrol** gasolina *f* or *RP* nafta *f* sin plomo

unlearn [ʌnˈlɜːn] *(pt & pp* **unlearned** *or* **unlearnt** [ʌnˈlɜːnt]*) vt* desaprender

unleash [ʌnˈliːʃ] *vt* **-1.** *(dog)* soltar **-2.** *Fig (forces, criticism, anger)* desencadenar

unleavened [ʌnˈlevənd] *adj* **~ bread** pan *m* ácimo or ázimo

unless [ʌnˈles] *conj* a no ser que, a menos que; **don't move — I tell you to** no te muevas a no ser que or a menos que yo te lo mande; **~ I hear to the contrary** a no ser que or a menos que me digan lo contrario;

~ otherwise stated a no ser que or a menos que se indique lo contrario; **~ I'm mistaken** si no me equivoco

unlet [ʌnˈlet] *adj* *(house, flat)* sin alquilar, no alquilado(a)

unliberated [ʌnˈlɪbəreɪtɪd] *adj* *(attitudes)* poco liberal; **the ~ woman** la mujer no emancipada

unlicensed [ʌnˈlaɪsənst] *adj* *(parking, sale)* sin autorización; *(fishing, hunting)* sin licencia or permiso; *(premises)* sin licencia para vender bebidas alcohólicas

unlike [ʌnˈlaɪk] ◇ *prep* **to be ~ sth/sb** no parecerse a algo/alguien; **he's not ~ his sister** se parece bastante a su hermana; **it's ~ him to do such a thing** no es propio de él hacer algo así; **it's ~ you to turn down the offer of a free meal** tú no eres de los que rechazan una invitación a comer; **~ his father,...** a diferencia de su padre,...
◇ *adj* distinto(a), diferente

unlikelihood [ʌnˈlaɪklɪhʊd] *n* improbabilidad *f*

unlikely [ʌnˈlaɪklɪ] *adj* **-1.** *(not likely to happen)* improbable; **it's ~ to happen** no es probable que suceda; **it's very ~** or **most ~ that it will rain** es muy improbable que llueva; **he's ~ to do it** no es probable que lo haga; **in the ~ event of an accident** en el caso improbable de un accidente
-2. *(not likely to be true)* inverosímil; **~ as it may seem,...** aunque parezca inverosímil,...
-3. *(bizarre)* **an ~ couple** una extraña pareja; **the director chose the most ~ person to run the department** el director puso al frente del departamento a la persona más insospechada; **we found the ring in a very ~ place** encontramos el anillo en un lugar insospechado; **he seems an ~ choice to lead the party** no parece la persona apropiada para dirigir el partido

unlimited [ʌnˈlɪmɪtɪd] *adj* **-1.** *(supply, funds, patience, power, time)* ilimitado(a); **to be ~** no tener límite; **with ~ mileage** *(of hired car)* sin límite de kilometraje; **this pass gives you ~ travel in twenty countries** con este abono se puede hacer un número ilimitado de viajes en veinte países **-2.** *Br* COM *(liability)* ilimitado(a); *(company)* de responsabilidad ilimitada

unlined [ʌnˈlaɪnd] *adj* **-1.** *(paper)* sin rayas **-2.** *(garment)* sin forro **-3.** *(face)* sin líneas de expresión

unlisted [ʌnˈlɪstɪd] *adj* **-1.** FIN **~ company** compañía *f* que no cotiza en bolsa; **~ securities** títulos *mpl* no cotizados **-2.** *US (phone number)* que no figura en la guía (telefónica)

unlit [ʌnˈlɪt] *adj* *(fire, cigarette)* sin encender, *Am* sin prender; *(place)* sin iluminar

unload [ʌnˈləʊd] ◇ *vt* *(boat, gun, goods, film)* descargar; **have you unloaded the washing machine?** ¿has vaciado ya la lavadora?; *Fig* **he always unloads his problems onto me** siempre me viene con sus problemas
◇ *vi* *(lorry, ship)* descargar

unloaded [ʌnˈləʊdɪd] *adj* *(gun)* descargado(a)

unlock [ʌnˈlɒk] ◇ *vt* *(door)* abrir; COMPTR *(file, diskette)* desbloquear; *Fig (mystery)* desvelar; **the door was unlocked** la puerta no estaba cerrada con llave or no tenía echada la llave
◇ *vi* *(door)* abrirse

unlooked-for [ʌnˈlʊktfɔː(r)] *adj* *(unexpected)* inesperado(a), imprevisto(a)

unloose [ʌnˈluːs], **unloosen** [ʌnˈluːsən] *vt* aflojar; **he unloosened his tie** se aflojó la corbata

unlovable [ʌnˈlʌvəbəl] *adj* desagradable

unloved [ʌnˈlʌvd] *adj* **to feel ~** no sentirse querido(a)

unlovely [ʌnˈlʌvlɪ] *adj* poco atractivo(a), nada agraciado(a)

unluckily [ʌnˈlʌkɪlɪ] *adv* por desgracia, desgraciadamente; **~ for us, it rained** por desgracia para nosotros, llovió

unlucky [ʌnˈlʌkɪ] *adj (person)* sin suerte; *(coincidence)* desafortunado(a); *(day)* funesto(a), aciago(a); *(number, colour)* que trae or da mala suerte; **to be ~** *(have bad luck)* tener mala suerte; *(bring bad luck)* traer or dar mala suerte; **I was ~ enough to miss the train** tuve la mala suerte de perder el tren; **it was ~ for him that she arrived just at that moment** tuvo la mala suerte de que ella llegara justo en ese momento; **to be ~ in love** tener mala suerte en cuestiones amorosas; **it's supposed to be ~ to break a mirror** dicen que romper un espejo trae mala suerte

unmade [ˈʌnmeɪd] *adj (bed)* deshecho(a), sin hacer

unmanageable [ʌnˈmænɪdʒəbəl] *adj (person)* rebelde, díscolo(a); *(situation)* ingobernable; *(hair)* rebelde

unmanly [ʌnˈmænlɪ] *adj (effeminate)* poco viril; *(cowardly)* pusilánime

unmanned [ʌnˈmænd] *adj (spacecraft)* no tripulado(a); *(lighthouse)* automático(a); **the switchboard was ~** no había operador en la centralita

unmannerly [ʌnˈmænəlɪ] *adj (person, behaviour)* descortés

unmapped [ʌnˈmæpt] *adj* sin cartografiar; **we are now entering ~ territory** entramos ahora en territorio sin explorar

unmarked [ʌnˈmɑːkt] *adj* **-1.** *(without scratches, cuts) (person)* incólume; *(object, surface)* inmaculado(a) **-2.** *(unidentified) (grave)* sin lápida; *(police car)* camuflado(a) **-3.** *(uncorrected)* sin corregir **-4.** *Br* SPORT *(player)* desmarcado(a)

unmarketable [ʌnˈmɑːkɪtəbəl] *adj* no comercializable

unmarried [ʌnˈmærɪd] *adj (person)* soltero(a); **an ~ couple** una pareja no casada, una pareja de hecho ❑ **~ mother** madre *f* soltera

unmask [ʌnˈmɑːsk] *vt (criminal)* desenmascarar; *(plot)* descubrir

unmatched [ʌnˈmætʃt] *adj* inigualable; **she is ~ as a novelist** como novelista es inigualable

unmatured [ʌnməˈtʃʊəd] *adj (wine, spirits)* no envejecido(a); *(cheese, wine, spirits)* sin madurar

unmemorable [ʌnˈmemərəbəl] *adj* poco memorable

unmentionable [ʌnˈmenʃənəbəl] *adj (subject)* vedado(a), innombrable

unmerciful [ʌnˈmɜːsɪfʊl] *adj* inmisericorde; **to be ~ to** or **towards sb** no tener piedad con alguien

unmercifully [ʌnˈmɜːsɪfʊlɪ] *adv* sin piedad, despiadadamente

unmerited [ʌnˈmerɪtɪd] *adj* inmerecido(a)

unmet [ʌnˈmet] *adj (target, requirement)* no cumplido(a), *(quota)* no cubierto(a)

unmindful [ʌnˈmaɪndfʊl] *adj Formal* **to be ~ of sth** *(unaware)* no ser consciente de algo; *(uncaring)* hacer caso omiso de algo; **we are not ~ of the risk you are undertaking** somos conscientes del riesgo que corres

unmissable [ʌnˈmɪsəbəl] *adj* imprescindible; **this movie is ~** nadie debe perderse esta película

unmistakable [ʌnmɪsˈteɪkəbəl] *adj (smell, sound, symptom)* inconfundible

unmistakably [ʌnmɪsˈteɪkəblɪ] *adv* indudablemente, sin lugar a dudas; **an ~ Russian accent** un acento ruso inconfundible

unmitigated [ʌnˈmɪtɪgeɪtɪd] *adj (disaster, failure)* completo(a), absoluto(a)

unmolested [ʌnməˈlestɪd] *adj* tranquilo(a), sin problemas; **to leave sb ~** *(not bother)* dejar a alguien tranquilo(a)

unmotivated [ʌnˈməʊtɪveɪtɪd] *adj (act)* sin motivo; *(person)* sin motivación; **his actions were ~ by any desire for personal glory** la búsqueda de gloria personal no motivó sus actos

unmourned [ʌnˈmɔːnd] *adj* **he died ~** nadie lamentó or lloró su muerte

unmoved [ʌnˈmuːvd] ◇ *adj* **she was ~ by his appeal** sus súplicas no la conmovieron; **the music left me ~** la música no me emocionó
◇ *adv* **to watch/listen ~** observar/escuchar impertérrito(a)

unmusical [ʌnˈmjuːzɪkəl] *adj* **-1.** *(sound)* poco melodioso(a) **-2.** *(person)* sin talento para la música

unnamed [ʌnˈneɪmd] *adj* no mencionado(a)

unnatural [ʌnˈnætʃərəl] *adj* **-1.** *(abnormal)* anormal; **it's ~ to... no es normal...; it's ~ for a boy of his age to spend all his time at home** no es normal que un chico de su edad pase tanto tiempo en casa **-2.** *(affected) (manner, tone, smile)* forzado(a), poco natural **-3.** *(perverse) (love, passion)* antinatural

unnaturally [ʌnˈnætʃərəlɪ] *adv* **-1.** *(abnormally)* anormalmente; **she was ~ quiet that evening** aquella noche estaba más callada de lo normal; **not ~, he decided to resign** naturalmente, decidió de renunciar **-2.** *(affectedly)* sin naturalidad

unnecessarily [ʌnnesɪˈserɪlɪ] *adv* innecesariamente; **we don't want to worry them ~** no queremos preocuparles sin necesidad; **they died ~** murieron en vano

unnecessary [ʌnˈnesɪsərɪ] *adj* innecesario(a); **it's quite ~** *(declining help, favour)* no hace falta; **don't go to any ~ trouble** no te molestes más de lo estrictamente necesario

unneighbourly, *US* **unneighborly** [ʌnˈneɪbəlɪ] *adj* **to be ~** no mostrar consideración con los vecinos

unnerve [ʌnˈnɜːv] *vt* poner nervioso(a), desconcertar

unnerving [ʌnˈnɜːvɪŋ] *adj (event, experience)* inquietante

unnervingly [ʌnˈnɜːvɪŋlɪ] *adv* inquietantemente; **there was something ~ quiet about the village** la calma que reinaba en el pueblo tenía algo de inquietante

unnoticed [ʌnˈnəʊtɪst] ◇ *adj* inadvertido(a)
◇ *adv* **to pass** or **go ~** pasar desapercibido(a) or inadvertido(a)

UNO [ˌjuːenˈəʊ] *n (abbr* **United Nations Organization)** ONU *f*

unobservant [ʌnəbˈzɜːvənt] *adj* **to be ~** ser poco observador(ora); **you're so ~!** ¡qué poca atención pones!

unobserved [ʌnəbˈzɜːvd] *adv* **to do sth ~** hacer algo sin ser visto(a); **to pass** or **go ~** pasar desapercibido(a)

unobstructed [ʌnəbˈstrʌktɪd] *adj (exit, view)* despejado(a)

unobtainable [ʌnəbˈteɪnəbəl] *adj* **to be ~** *(product)* no poderse obtener, ser inasequible; *(on phone)* no estar disponible

unobtrusive [ʌnəbˈtruːsɪv] *adj* discreto(a)

unobtrusively [ʌnəbˈtruːsɪvlɪ] *adv* discretamente

unoccupied [ʌnˈɒkjʊpaɪd] *adj* **-1.** *(person)* desocupado(a) **-2.** *(seat)* libre; *(house)* desocupado(a) **-3.** MIL *(territory)* no ocupado(a)

unofficial [ʌnəˈfɪʃəl] *adj* extraoficial; **to be ~** no ser oficial; **in an ~ capacity** extraoficialmente, de forma oficiosa; **from an ~ source** de fuentes extraoficiales or oficiosas ❑ IND **~ strike** huelga *f* no apoyada por los sindicatos

unofficially [ʌnəˈfɪʃəlɪ] *adv* extraoficialmente, de forma no oficial

unopened [ʌnˈəʊpənd] *adj* sin abrir

unopposed [ʌnəˈpəʊzd] ◇ *adj* **to be ~** no tener oposición
◇ *adv* **to go ~** no encontrar oposición; **to be elected ~** salir elegido(a) sin oposición

unorganized [ʌnˈɔːɡənaɪzd] *adj* **-1.** *(disorganized)* desorganizado(a) **-2.** *(workforce, labour)* sin sindicar

unoriginal [ʌnəˈrɪdʒənəl] *adj* poco original

unorthodox [ʌnˈɔːθədɒks] *adj* poco ortodoxo(a)

unostentatious [ʌnɒstenˈteɪʃəs] *adj (person, behaviour, house, party)* discreto(a), poco ostentoso(a); *(dress)* discreto(a)

unpack [ʌnˈpæk] ◇ *vt (suitcase)* deshacer, *esp Am* desempacar; *(contents)* desembalar; **I have six boxes to ~** tengo que sacar las cosas de seis cajas; **to get unpacked** *(after travelling)* deshacer las maletas, *esp Am* desempacar; *(after moving)* desembalar
◇ *vi (after travelling)* deshacer las maletas, *esp Am* desempacar; *(after moving)* desembalar

unpaid [ʌnˈpeɪd] *adj* **-1.** *(work, volunteer)* no retribuido(a) ❑ **~ leave** baja *f* no retribuida or sin sueldo **-2.** *(bill, debt)* impagado(a); **the money is still ~** aún no se ha pagado

unpalatable [ʌnˈpælətəbəl] *adj* **-1.** *(food)* intragable **-2.** *(truth, idea)* desagradable, difícil de aceptar

unparalleled [ʌnˈpærəleld] *adj (growth, decline, disaster)* sin precedentes; *(success)* sin igual; **a place of ~ beauty** un lugar de una belleza incomparable

unpardonable [ʌnˈpɑːdənəbəl] *adj* imperdonable

unparliamentary [ʌnpɑːlɪˈmentərɪ] *adj (behaviour, language)* contrario(a) a la cortesía parlamentaria

unpasteurized [ʌnˈpɑːstʃəraɪzd] *adj (milk, beer)* sin pasteurizar

unpatriotic [ʌnpeɪtrɪˈɒtɪk] *adj* antipatriótico(a)

unpaved [ʌnˈpeɪvd] *adj (street)* sin pavimentar

unperceptive [ʌnpəˈseptɪv] *adj (person)* poco perspicaz; *(remark)* poco atinado(a)

unperturbed [ʌnpəˈtɜːbd] ◇ *adj* **she seemed ~ by the news** no parecieron afectarla las noticias
◇ *adv* **to remain ~** permanecer impasible

unpick [ʌnˈpɪk] *vt (stitches, hem)* descoser

unpin [ʌnˈpɪn] *vt (sewing)* quitar los alfileres a; *(label)* quitar

unplaced [ʌnˈpleɪst] *adj (in race) (horse, dog)* no colocado(a); *(athlete)* fuera de los puestos de honor

unplanned [ʌnˈplænd] *adj (result, visit)* imprevisto(a); **an ~ pregnancy** un embarazo no planeado

unplayable [ʌnˈpleɪəbəl] *adj (shot, ball)* imposible de golpear; *(serve)* imposible de restar; **the pitch was ~** el terreno de juego no estaba en condiciones

unpleasant [ʌnˈplezənt] *adj* desagradable; **there's no need to be so ~ about it!** ¡no hace falta ponerse así (de desagradable or antipático) por eso!

unpleasantly [ʌnˈplezəntlɪ] *adv* desagradablemente; **it was ~ hot** hacía un calor desagradable; **the wine was ~ sweet** el vino tenía un dulzor desagradable

unpleasantness [ʌnˈplezəntnɪs] *n* **the ~ of...** lo desagradable de...; **to cause ~** crear una situación desagradable; **I could have done without the ~ over the tickets** no hacía falta ponerse así (de desagradable or antipático) por lo de las entradas

unplug [ʌnˈplʌg] *(pt & pp* **unplugged)** *vt* desenchufar

unplugged [ʌnˈplʌgd] *adj (acoustic)* desenchufado(a), acústico(a)

unplumbed [ʌnˈplʌmd] *adj (depths of knowledge)* insondable

unpolished [ʌnˈpɒlɪʃt] *adj* **-1.** *(shoes, surface)* deslustrado(a) **-2.** *(imperfect) (performance)* deslucido(a); *(style)* tosco(a); *(manners)* no refinado(a), tosco(a)

unpolluted [ʌnpəˈluːtɪd] *adj* no contaminado(a), limpio(a)

unpopular [ʌnˈpɒpjʊlə(r)] *adj (politician, decision)* impopular; **an ~ child** un niño con pocos amigos; **he was ~ with his colleagues** sus compañeros no le tenían mucho aprecio; **to make oneself ~** granjearse enemistades; **an ~ make of car** una marca de automóviles que se vende poco; **this style is ~ with the younger generation** este estilo no se lleva entre los más jóvenes

unpopularity [ʌnpɒpjʊˈlærɪtɪ] *n* impopularidad *f*

unpractical [ʌnˈpræktɪkəl] *adj* poco práctico(a)

unpractised, US **unpracticed** [ʌn'præktɪst] *adj* con poca experiencia; **to be ~ in the art of public speaking** tener poca experiencia en el arte de hablar en público; **to the ~ ear/eye** para el oído/ojo no acostumbrado

unprecedented [ʌn'presɪdentɪd] *adj* sin precedente(s); **to an ~ degree** hasta un punto inusitado; **such a situation is ~** una situación así no tiene precedentes

unpredictability [ʌnprɪdɪktə'bɪlətɪ] *n* the ~ of lo imprevisible *or* impredecible de

unpredictable [ʌnprɪ'dɪktəbəl] *adj (person, mood, weather)* imprevisible, impredecible

unpredictably [ʌnprɪ'dɪktəblɪ] *adv* de manera imprevisible *or* impredecible

unprejudiced [ʌn'predʒʊdɪst] *adj (unbigoted)* sin prejuicios, libre de prejuicios; *(unbiased)* imparcial; **to be ~** *(unbigoted)* no tener prejuicios; *(unbiased)* ser imparcial

unpremeditated [ʌnpri:'medɪteɪtɪd] *adj* sin premeditación; **to be ~** no ser premeditado(a)

unprepared [ʌnprɪ'peəd] *adj (speech)* improvisado(a); **to be ~ for sth** *(not ready, not expecting)* no estar preparado(a) para algo

unprepossessing [ʌnpri:pə'zesɪŋ] *adj (person, appearance, place)* poco atractivo(a)

unpresentable [ʌnprɪ'zentəbəl] *adj* impresentable

unpretentious [ʌnprɪ'tenʃəs] *adj (person, tastes, house)* sin pretensiones, modesto(a)

unprincipled [ʌn'prɪnsɪpəld] *adj (person)* sin principios; **to be ~** no tener principios; **they were criticized for their ~ behaviour during the elections** les criticaron su falta de principios durante las elecciones

unprintable [ʌn'prɪntəbəl] *adj (offensive)* impublicable

unproblematic(al) [ʌnprɒblə'mætɪk(əl)] *adj* no problemático(a); **to be ~** no ser problemático(a)

unproductive [ʌnprə'dʌktɪv] *adj (land, work)* improductivo(a); *(meeting, conversation, effort)* infructuoso(a)

unprofessional [ʌnprə'feʃənəl] *adj* poco profesional

unprofessionally [ʌnprə'feʃənəlɪ] *adv* con poca profesionalidad

unprofitable [ʌn'prɒfɪtəbəl] *adj (company, industry)* no rentable; *(meeting)* infructuoso(a), poco productivo(a); **coalmining became ~** el carbón dejó de ser rentable

unpromising [ʌn'prɒmɪsɪŋ] *adj* poco prometedor(ora); **that's an ~ start** no es un comienzo prometedor

unprompted [ʌn'prɒmptɪd] *adj (action, words)* espontáneo(a); **his actions were quite ~ by any self-interest** no le movía ningún interés personal en sus acciones

unpronounceable [ʌnprə'naʊnsəbəl] *adj* impronunciable

unprotected [ʌnprə'tektɪd] *adj* desprotegido(a) ❏ **~ sex** sexo *m* sin protección *or* sin preservativo

unproved, unproven [ʌn'pru:vd, ʌn'pru:vən] *adj* **-1.** *(not proved) (accusation, allegation)* no probado(a); *(theory)* no demostrado(a), no probado(a) **-2.** *(untried) (product, procedure)* no probado(a)

unprovoked [ʌnprə'vəʊkt] *adj* espontáneo(a), no provocado(a)

unpublished [ʌn'pʌblɪʃt] *adj (manuscript, book, author)* no publicado(a), inédito(a)

unpunctual [ʌn'pʌŋktʃʊəl] *adj* impuntual, poco puntual

unpunctuality [ʌnpʌŋktʃʊ'ælɪtɪ] *n* impuntualidad *f*, falta *f* de puntualidad

unpunished [ʌn'pʌnɪʃt] ◇ *adj* impune ◇ *adv* **to go ~** quedar impune

unputdownable [ʌnpʊt'daʊnəbəl] *adj Fam (book)* absorbente, que se lee de una sentada

unqualified [ʌn'kwɒlɪfaɪd] *adj* **-1.** *(doctor, teacher)* sin titulación; **I'm quite ~ to talk about it** no estoy cualificado para hablar de ello **-2.** *(support, praise)* incondicional; *(success, disaster)* completo(a), sin paliativos

unquenchable [ʌn'kwentʃəbəl] *adj (curiosity, desire, thirst)* insaciable

unquestionable [ʌn'kwestʃənəbəl] *adj* indiscutible, indudable

unquestionably [ʌn'kwestʃənəblɪ] *adv* indiscutiblemente, indudablemente

unquestioning [ʌn'kwestʃənɪŋ] *adj (trust, obedience)* ciego(a); *(support)* incondicional

unquestioningly [ʌn'kwestʃənɪŋlɪ] *adv (to trust, obey)* ciegamente; *(to support)* incondicionalmente

unquiet [ʌn'kwaɪət] *adj Literary (mind)* intranquilo(a); *(period)* turbulento(a); **he lies in an ~ grave** no reposa en paz

unquote [ʌn'kwəʊt] *adv* **quote ~** entre comillas

unquoted [ʌn'kwəʊtɪd] *adj* FIN **~ shares/company** acciones que no cotizan/empresa que no cotiza en bolsa

unravel [ʌn'rævəl] *(pt & pp* **unravelled**, US **unraveled***)* ◇ *vt* **-1.** *(wool)* desenredar **-2.** *(plot, mystery)* desentrañar
◇ *vi* **-1.** *(wool)* desenredarse; *(garment)* deshilacharse **-2.** *(plan)* desbaratarse; *(mystery)* desentrañarse

unread [ʌn'red] *adj* **-1.** *(book, leaflet)* sin leer; **he left the magazine on the table ~** dejó la revista sin leer sobre la mesa **-2.** *(person)* inculto(a), poco leído(a)

unreadable [ʌn'ri:dəbəl] *adj* **-1.** *(handwriting, signature)* ilegible; *(book, author)* de difícil lectura, incomprensible **-2.** COMPTR *(file, data)* no leíble

unreal [ʌn'rɪəl] *adj* **-1.** *(illusory, imaginary)* irreal **-2.** *Fam (unbelievable)* increíble; **this is ~!** ¡esto es de lo que no hay! **-3.** *Fam (excellent)* Esp guay, Andes, CAm, Carib, Méx chévere, Méx padre, RP bárbaro(a)

unrealistic [ʌnrɪə'lɪstɪk] *adj* poco realista; **it's ~ to expect any news so soon** no sería realista esperar que hubiera noticias tan pronto

unreality [ʌnrɪ'ælɪtɪ] *n* irrealidad *f*

unrealized [ʌn'rɪəlaɪzd] *adj* **-1.** *(wish, ambition)* insatisfecho(a); **her hopes remain ~** sus esperanzas no se han hecho realidad **-2.** FIN *(capital)* no realizado(a)

unreasonable [ʌn'ri:zənəbəl] *adj* **-1.** *(person)* poco razonable, irrazonable; **he was being totally ~** no estaba siendo razonable; **it's not ~ to expect that...** es razonable esperar que... **-2.** *(demand, price)* poco razonable

unreasonably [ʌn'ri:zənəblɪ] *adv (to behave)* de forma poco razonable; **they argue, not ~, that...** arguyen, no sin razón, que...; **the price is ~ high** el precio es excesivo

unreceptive [ʌnrɪ'septɪv] *adj (audience, student)* poco receptivo(a); **to be ~ to sth** ser poco receptivo(a) a algo

unreciprocated [ʌnrɪ'sɪprəkeɪtɪd] *adj (love, feelings)* no correspondido(a)

unrecognizable [ʌnrekəg'naɪzəbəl] *adj* irreconocible

unrecognized [ʌn'rekəgnaɪzd] ◇ *adj (talent, government)* no reconocido(a)
◇ *adv* **to go ~** *(talent, famous person)* pasar desapercibido(a)

unrecorded [ʌnrɪ'kɔ:dɪd] *adj* **many of these crimes go ~** de muchos de estos delitos no queda constancia

unredeemed [ʌnrɪ'di:md] *adj* **-1.** REL *(unsaved)* irredento(a) **-2.** *(uncompensated)* **the movie is ~ by the slightest flicker of humour** no asoma el más leve atisbo de humor que logre salvar a la película **-3.** FIN *(bond)* sin cobrar; *(pawned item)* sin desempeñar

unreel [ʌn'ri:l] *vt* desenrollar

unrefined [ʌnrɪ'faɪnd] *adj* **-1.** *(sugar, oil)* sin refinar **-2.** *(person, taste)* poco refinado(a)

unreflective [ʌnrɪ'flektɪv] *adj* **-1.** *(mind, person)* irreflexivo(a) **-2.** *(surface)* no reflectante

unreformed [ʌnrɪ'fɔ:md] *adj (person, system, law)* no reformado(a)

unregenerate [ʌnrɪ'dʒenərət] *Formal* ◇ *n* persona *f* contumaz *or* incorregible
◇ *adj* contumaz, incorregible

unregistered [ʌn'redʒɪstəd] *adj (worker, immigrant)* sin papeles; *(voter)* no inscrito(a); *(birth)* no registrado(a)

unregulated [ʌn'regjʊleɪtɪd] *adj (access, market, economy, competition)* no regulado(a)

unrehearsed [ʌnrɪ'hɜ:st] *adj* **-1.** *(improvised)* improvisado(a) **-2.** MUS & THEAT sin ensayar, no ensayado(a)

unrelated [ʌnrɪ'leɪtɪd] *adj* **-1.** *(events)* inconexo(a); **the two incidents are ~** no existe relación entre los dos hechos **-2.** *(people)* no emparentado(a)

unreleased [ʌnrɪ'li:st] *adj (song, record)* inédito(a); *(movie)* sin estrenar

unrelenting [ʌnrɪ'lentɪŋ] *adj (criticism, pressure, persecution)* implacable; *(struggle)* sin tregua; **the rain was ~** la lluvia era incesante

unreliability ['ʌnrɪlaɪə'bɪlətɪ] *n (of method, machine, statistics)* falta *f* de fiabilidad; *(of person)* informalidad *f*

unreliable [ʌnrɪ'laɪəbəl] *adj (machine, equipment, method)* poco fiable; *(memoirs, statistics, source of information)* poco fidedigno(a), poco fiable; *(person)* informal

unrelieved [ʌnrɪ'li:vd] *adj (boredom, ugliness, gloom)* absoluto(a); *(pain)* sin alivio

unremarkable [ʌnrɪ'mɑ:kəbəl] *adj* corriente

unremitting [ʌnrɪ'mɪtɪŋ] *adj (activity)* incesante; *(efforts)* infatigable; *(demands, opposition)* sin tregua

unremittingly [ʌnrɪ'mɪtɪŋlɪ] *adv (to work, rain)* sin cesar; **to be ~ opposed to sth** oponerse a algo sin tregua

unremunerative [ʌnrɪ'mju:nərətɪv] *adj (work, industry, sector)* poco remunerativo(a)

unrepeatable [ʌnrɪ'pi:təbəl] *adj* **-1.** *(words)* irrepetible, irreproducible **-2.** *(offer)* irrepetible

unrepentant [ʌnrɪ'pentənt] *adj (sinner)* impenitente; **to die ~** morir sin arrepentirse; **to be ~ (about)** no arrepentirse (de)

unreported [ʌnrɪ'pɔ:tɪd] ◇ *adj* **an ~ incident/problem** un incidente/problema del que no se ha informado *or* CAm, Méx reportado
◇ *adv* **many crimes go ~** muchos delitos no se denuncian *or* CAm, Méx reportan

unrepresentative [ʌnreprɪ'zentətɪv] *adj* no representativo(a) **(of** de); **it's completely ~ of the style of the period** no es nada representativo del estilo de la época

unrepresented [ʌnreprɪ'zentɪd] *adj* no representado(a), sin representación

unrequited love ['ʌnrɪkwaɪtɪd'lʌv] *n* amor *m* no correspondido

unreserved [ʌnrɪ'zɜ:vd] *adj* **-1.** *(praise, support)* sin reservas; **she was ~ in her praise** no escatimó elogios **-2.** *(seat, table)* libre, no reservado(a)

unreservedly [ʌnrɪ'zɜ:vɪdlɪ] *adv (to recommend, praise, support)* sin reservas; *(to apologize)* profusamente

unresolved [ʌnrɪ'zɒlvd] *adj (issue, problem)* sin resolver

unresponsive [ʌnrɪ'spɒnsɪv] *adj* **-1.** *(showing no reaction) (person, audience)* indiferente **(to** ante); **the patient was ~ to the treatment** el paciente no respondió al tratamiento **-2.** *(sexually)* indiferente

unrest [ʌn'rest] *n (unease)* malestar *m*; *(disturbances)* desórdenes *mpl*, disturbios *mpl*; *(in labour relations)* conflictividad *f*; **social ~** desórdenes sociales

unrestrained [ʌnrɪ'streɪnd] *adj (anger, growth, joy)* desmedido(a); **the ~ use of force** el uso desmedido de la fuerza

unrestricted [ʌnrɪ'strɪktɪd] *adj (access, power, growth)* ilimitado(a), sin restricciones

unrewarded [ʌnrɪ'wɔ:dɪd] *adj* **to be** *or* **go ~** no verse recompensado(a)

unrewarding [ʌnrɪ'wɔ:dɪŋ] *adj (financially)* poco rentable; *(intellectually)* poco gratificante

unrig [ʌn'rɪg] *vt* desmantelar

unripe [ʌn'raɪp] *adj* verde; **to be ~** estar verde

unrivalled, US **unrivaled** [ʌn'raɪvəld] *adj (person, brilliance, beauty)* incomparable; **to be ~** ser inigualable

unroll [ʌn'rəʊl] *vt* desenrollar
vi desenrollarse

unromantic [ʌnrə'mæntɪk] *adj* poco romántico(a)

unruffled [ʌnˈrʌfəld] *adj (person, manner)* sereno(a), imperturbable; *(water surface)* en calma; **she appeared to be ~ by the experience** no parecía afectada por la experiencia

unruliness [ʌnˈruːlɪnɪs] *n (of children, mob, behaviour)* rebeldía *f*, falta *f* de disciplina

unruly [ʌnˈruːlɪ] *adj (children, mob, behaviour)* revoltoso(a); *(hair)* rebelde

UNRWA [ˈʌnrɔː] *(abbr* **United Nations Relief and Works Agency)** UNRWA *f*, = agencia de cooperación de las Naciones Unidas

unsaddle [ʌnˈsædəl] *vt (horse)* desensillar

unsafe [ʌnˈseɪf] *adj* **-1.** *(dangerous)* peligroso(a); **it's ~ to eat** no se puede comer **-2.** *(at risk)* inseguro(a), en peligro **-3.** LAW *(conviction, verdict)* infundado(a)

unsaid [ʌnˈsed] *adj* **to leave sth ~** no decir algo; **it's better left ~** es mejor no decirlo

unsalaried [ʌnˈsælərɪd] *adj (person)* no asalariado(a); *(post)* no remunerado(a)

unsalted [ʌnˈsɔːltɪd] *adj* sin sal

unsatisfactory [ʌnsætɪsˈfæktərɪ] *adj (situation, outcome, performance)* insatisfactorio(a), poco satisfactorio(a); **this result was ~ for all concerned** el resultado no satisfizo a ninguna de las partes; **an ~ explanation** una explicación poco convincente

unsatisfied [ʌnˈsætɪsfaɪd] *adj* insatisfecho(a); **to be ~ with sth** no estar satisfecho(a) con algo

unsatisfying [ʌnˈsætɪsfaɪɪŋ] *adj (explanation)* insatisfactorio(a); *(ending, meal)* decepcionante; *(experience)* poco gratificante

unsaturated [ʌnˈsætʃəreɪtɪd] *adj* CHEM insaturado(a), no saturado(a) ❏ **~ fats** grasas *fpl* no saturadas

unsavoury, US **unsavory** [ʌnˈseɪvərɪ] *adj (person)* indeseable; *(reputation)* dudoso(a)

unsay [ʌnˈseɪ] *vt* desdecirse de, retractarse de

unscathed [ʌnˈskeɪðd] *adj* **-1.** *(person) (physically)* ileso(a); *(reputation)* indemne, intacto(a); **luckily he emerged ~ from the experience** por suerte la experiencia no lo marcó **-2.** *(building)* intacto(a); **the city survived the bombing relatively ~** la ciudad quedó relativamente intacta del bombardeo

unscented [ʌnˈsentɪd] *adj (soap)* sin perfume

unscheduled [ʌnˈʃedjuːld, US ʌnˈskedjuːld] *adj* no programado(a), imprevisto(a)

unschooled [ʌnˈskuːld] *adj Formal (person)* sin escolarizar, no escolarizado(a); **he is ~ in such matters** es lego en la materia

unscientific [ʌnsaɪənˈtɪfɪk] *adj (method, approach)* poco científico(a)

unscramble [ʌnˈskræmbəl] *vt* **-1.** *(decode) (code, message)* descifrar; *(TV signals)* descodificar **-2.** *Fam (thoughts)* desenmarañar

unscrew [ʌnˈskruː] ◇ *vt* **-1.** *(remove screws from)* desatornillar, destornillar **-2.** *(twist off)* desenroscar
◇ *vi (lid, cap)* desenroscarse

unscripted [ʌnˈskrɪptɪd] *adj (speech, remark)* improvisado(a)

unscrupulous [ʌnˈskruːpjʊləs] *adj (person, behaviour, methods)* sin escrúpulos

unscrupulously [ʌnˈskruːpjʊləslɪ] *adv* sin escrúpulos

unseal [ʌnˈsiːl] *vt (letter)* abrir

unsealed [ʌnˈsiːld] *adj* abierto(a)

unseasonable [ʌnˈsiːzənəbəl] *adj* atípico(a) para la época del año

unseasonably [ʌnˈsiːzənəblɪ] *adv* **an ~ cold night** una noche anormalmente fría para la época del año

unseasoned [ʌnˈsiːzənd] *adj* **-1.** *(food)* sin condimentar *or* sazonar **-2.** *(wood)* verde, no estacionado(a)

unseat [ʌnˈsiːt] *vt* **-1.** *(rider)* derribar **-2.** *(government, ruler)* derrocar, derribar; **he was unseated in the last election** perdió su escaño en las últimas elecciones

unsecured [ʌnsɪˈkjʊəd] *adj* **-1.** *(door, window) (unlocked)* sin candar; *(open)* mal cerrado(a) **-2.** FIN *(loan, overdraft)* no garantizado(a), sin garantía

unseeded [ʌnˈsiːdɪd] *adj* SPORT que no es cabeza de serie

unseemly [ʌnˈsiːmlɪ] *adj (behaviour, language)* inapropiado(a)

unseen [ʌnˈsiːn] *adj* **~ by the guards** sin ser visto por los guardias ❏ *Br* SCH **~ translation** traducción *f* directa sin preparación

unselfconscious [ʌnselfˈkɒnʃəs] *adj (person, manner)* natural; *(laughter)* espontáneo(a), natural; **he's got a birth mark on his face but he's quite ~ about it** tiene una mancha de nacimiento en la cara pero no le preocupa para nada

unselfconsciously [ʌnselfˈkɒnʃəslɪ] *adv (to speak, behave)* con naturalidad; *(to laugh)* con espontaneidad *or* naturalidad

unselfish [ʌnˈselfɪʃ] *adj (person, act)* desinteresado(a), generoso(a)

unselfishly [ʌnˈselfɪʃlɪ] *adv* desinteresadamente, con generosidad

unselfishness [ʌnˈselfɪʃnɪs] *n* generosidad *f*

unsentimental [ʌnsentɪˈmentəl] *adj* poco sentimental; **the novel is an ~ account of family life** la novela describe la vida familiar sin sentimentalismos

unserviceable [ʌnˈsɜːvɪsəbəl] *adj (aircraft, vehicle, machine)* inutilizable

unsettle [ʌnˈsetəl] *vt* **-1.** *(make nervous)* desasosegar, intranquilizar **-2.** *(make sick) (stomach)* revolver

unsettled [ʌnˈsetəld] *adj* **-1.** *(restless) (person)* inquieto(a) **-2.** *(unstable) (conditions, situation, weather)* inestable **-3.** *(unresolved) (issue, dispute)* sin resolver **-4.** *(unpaid) (account, bill)* sin pagar **-5.** *(sick) (stomach)* revuelto(a)

unsettling [ʌnˈsetlɪŋ] *adj (news, experience, prospect)* desestabilizador(ora)

unsexy [ʌnˈseksɪ] *adj (person, underwear)* nada sexy; **to be ~** no ser sexy

unshackle [ʌnˈʃækəl] *vt* desencadenar; *Fig* liberar

unshak(e)able [ʌnˈʃeɪkəbəl] *adj (belief, determination, faith)* inquebrantable

unsheathe [ʌnˈʃiːð] *vt (sword)* desenvainar

unshockable [ʌnˈʃɒkəbəl] *adj* imperturbable

unshod [ʌnˈʃɒd] *adj* **-1.** *(horse)* sin herrar **-2.** *(person)* descalzo(a)

unsightliness [ʌnˈsaɪtlɪnɪs] *n* fealdad *f*

unsightly [ʌnˈsaɪtlɪ] *adj* feo(a)

unsigned [ʌnˈsaɪnd] *adj* **-1.** *(contract)* sin firmar **-2.** *(band)* sin contrato

unsinkable [ʌnˈsɪŋkəbəl] *adj* **to be ~** *(ship)* no poder hundirse; *Fig (person)* ser invencible

unskilful, US **unskillful** [ʌnˈskɪlfʊl] *adj* torpe, desmañado(a)

unskilled [ʌnˈskɪld] *adj (worker)* no cualificado(a); *(job, work)* no especializado(a); **he is ~ at such work** se le da mal ese tipo de trabajos

unskillful US = **unskilful**

unsling [ʌnˈslɪŋ] *(pt & pp* **unslung** [ʌnˈslʌŋ]*) vt (gun, bow, hammock)* descolgar

unsmiling [ʌnˈsmaɪlɪŋ] *adj (person, face)* serio(a), adusto(a); **she stood there ~** siguió allí de pie sin sonreír

unsmoked [ʌnˈsməʊkt] *adj* fresco(a), sin ahumar

unsociable [ʌnˈsəʊʃəbəl] *adj* insociable; **don't be so ~!** ¡no seas tan poco sociable!

unsocial [ʌnˈsəʊʃəl] *adj Br* **to work ~ hours** trabajar a deshoras

unsold [ʌnˈsəʊld] *adj* sin vender; **to remain ~** seguir sin venderse

unsolicited [ʌnsəˈlɪsɪtɪd] *adj (comment, contribution, application)* no solicitado(a); **the advice was ~** nadie había pedido ese consejo

unsolved [ʌnˈsɒlvd] *adj (mystery, problem)* sin resolver; **the crime remains ~** el crimen sigue sin resolverse

unsophisticated [ʌnsəˈfɪstɪkeɪtɪd] *adj* **-1.** *(person) (in dress, tastes, attitudes)* sencillo(a) **-2.** *(method, technology)* simple, sencillo(a) **-3.** *(novice, inexperienced)* inexperimentado(a)

unsound [ʌnˈsaʊnd] *adj* **-1.** *(health)* frágil; LAW **to be of ~ mind** no estar en plena posesión de las facultades mentales **-2.** *(building)* poco sólido(a); **it's structurally ~** el edificio tiene problemas estructurales **-3.** *(decision, advice)* poco sensato(a); *(argument)* poco sólido(a); FIN *(investment)* poco seguro(a); **to be scientifically ~** ser poco científico(a); **he was regarded as politically ~** no le consideraban una persona de confianza políticamente; **this method of waste disposal is environmentally ~** este método para la eliminación de desechos puede ser nocivo para el medio ambiente

unsparing [ʌnˈspeərɪŋ] *adj* **to be ~ of one's time/efforts** no escatimar tiempo/esfuerzo

unspeakable [ʌnˈspiːkəbəl] *adj (conditions, squalor)* atroz; *(pain)* atroz, indecible

unspeakably [ʌnˈspiːkəblɪ] *adv (rude, cruel, arrogant)* indeciblemente

unspecified [ʌnˈspesɪfaɪd] *adj* sin especificar

unspoiled [ʌnˈspɔɪld], **unspoilt** [ʌnˈspɔɪlt] *adj (countryside, beach)* virgen; **they were ~ by fame** la fama no se les había subido a la cabeza

unspoken [ʌnˈspəʊkən] *adj (fear)* oculto(a), no expresado(a); *(threat)* velado(a); *(agreement)* tácito(a); **although his name remained ~...** aunque no se mencionó su nombre...

unsporting [ʌnˈspɔːtɪŋ], **unsportsmanlike** [ʌnˈspɔːtsmənlaɪk] *adj* antideportivo(a); **it was ~ of him just to quit like that** abandonar así fue muy poco deportivo

unstable [ʌnˈsteɪbəl] *adj* **-1.** *(structure, government)* inestable **-2.** *(person)* inestable **-3.** *(currency, prices)* inestable **-4.** CHEM *(compound)* inestable

unstatesmanlike [ʌnˈsteɪtsmənlaɪk] *adj (behaviour)* impropio(a) de un estadista *or* un hombre de estado

unsteadily [ʌnˈstedɪlɪ] *adv (to move, walk)* con paso inseguro; *(to speak)* con voz temblorosa

unsteadiness [ʌnˈstedɪnɪs] *n (of table, chair)* inestabilidad *f*; *(voice, hand)* temblor *m*; *(of step)* inseguridad *f*

unsteady [ʌnˈstedɪ] *adj (table, chair)* inestable, inseguro(a); *(hand, voice)* tembloroso(a); **he was ~ on his feet** andaba inseguro(a) *or* con paso vacilante

unsterilized [ʌnˈsterɪlaɪzd] *adj* no esterilizado(a), sin esterilizar

unstinting [ʌnˈstɪntɪŋ] *adj (praise, effort)* generoso(a); **to be ~ in one's praise (of sth/sb)** no escatimar elogios (a algo/alguien); **the firm has been ~ in its efforts to help us** la empresa no ha escatimado esfuerzos para ayudarnos

unstitch [ʌnˈstɪtʃ] *vt* descoser; **to come unstitched** descoserse

unstoppable [ʌnˈstɒpəbəl] *adj (force, ambition, drive)* incontenible; *(flow, rise)* imparable, incontenible

unstrap [ʌnˈstræp] *(pt & pp* **unstrapped***) vt* desabrochar

unstreamed [ʌnˈstriːmd] *adj Br* EDUC *(schoolchildren)* = que no están divididos en grupos según sus niveles de aptitud

unstressed [ʌnˈstrest] *adj* LING no acentuado(a), sin acento

unstructured [ʌnˈstrʌktʃəd] *adj (essay, plan)* deslavazado(a), poco estructurado(a); *(meeting)* poco estructurado(a)

unstuck [ʌnˈstʌk] *adj* **to come ~** *(stamp, label)* despegarse; *Fig (person)* fracasar, darse un batacazo; *(plan)* fallar

unstudied [ʌnˈstʌdɪd] *adj (natural)* natural, espontáneo(a)

unsubsidized [ʌnˈsʌbsɪdaɪzd] *adj (industry, sector)* no subvencionado(a)

unsubstantiated [ʌnsəbˈstænʃɪeɪtɪd] *adj (accusation, rumour)* no probado(a)

unsubtle [ʌnˈsʌtəl] *adj (person, humour)* poco sutil; **she's so ~!** ¡qué falta de sutileza!

unsuccessful [ʌnsəkˈsesfʊl] *adj* **-1.** *(not achieving desired result) (attempt)* fallido(a); *(candidate)* no elegido(a); **to be ~** *(operation)* no tener éxito, fracasar; **your application has been ~** no ha sido seleccionado para el puesto **-2.** *(not flourishing) (project, company, writer)* sin éxito

unsuccessfully [ʌnsəkˈsesfʊlɪ] *adv* sin éxito

unsuitability [ʌns(j)uːtəˈbɪlɪtɪ] n the ~ of (arrangement, behaviour, language, climate) lo inadecuado or inapropiado de; **she commented on the ~ of his clothes** comentó que la ropa que llevaba no era adecuada or apropiada; **this seems proof of his ~ for the job** esto parece demostrar que no es la persona adecuada or apropiada para el puesto

unsuitable [ʌnˈs(j)uːtəbəl] adj (arrangement, behaviour, language, climate) inadecuado(a), inapropiado(a) (**for** para); (time) inoportuno(a) (**for** para); **he's ~ for the job** no es la persona adecuada or apropiada para el trabajo; **this movie is ~ for children** esta película no es apta para menores; **the land is ~ for farming** la tierra no es apta para la agricultura

unsuitably [ʌnˈs(j)uːtəblɪ] adv inadecuadamente

unsuited [ʌnˈs(j)uːtɪd] adj **to be ~ to sth** (of person) no servir para algo; (of machine, tool) no ser adecuado(a) para algo; **he's ~ to politics/teaching** no sirve para la política/dar clases; **as a couple they seem totally ~ (to each other)** como pareja son incompatibles

unsullied [ʌnˈsʌlɪd] adj Literary (reputation) inmaculado(a), incólume; **he was ~ by fame** la fama no lo había contaminado

unsung [ʌnˈsʌŋ] adj **to go ~** no ser reconocido(a), no tener ningún eco; **~ hero** héroe olvidado

unsupervised [ʌnˈsuːpəvaɪzd] adj **they were ~ for an hour** no los supervisó nadie durante una hora; **to leave sb ~** dejar solo(a) a alguien; **~ minors not admitted** (sign) no se admiten menores sin la supervisión de un adulto

unsupported [ʌnsəˈpɔːtɪd] adj **-1.** (statement, charges) sin pruebas de apoyo; **the theories were ~ by any evidence** las teorías no estaban corroboradas por pruebas **-2.** (structure) **to be ~** no tener apoyo; **to walk ~** (invalid) caminar sin ayuda **-3.** Fig (person) (financially, emotionally) **to be ~** no recibir ayuda económica

unsure [ʌnˈʃʊə(r)] adj inseguro(a); **to be ~ of or about sth** no estar seguro(a) de algo; **to be ~ of oneself** no tener seguridad en uno(a) mismo(a), sentirse inseguro(a)

unsurpassed [ʌnsəˈpɑːst] adj sin igual, insuperable; **to be ~ (in** or **at sth)** ser insuperable (en algo)

unsurprising [ʌnsəˈpraɪzɪŋ] adj comprensible, poco sorprendente

unsurprisingly [ʌnsəˈpraɪzɪŋlɪ] adv **~, this suggestion was rejected** lógicamente or como era de esperar, la sugerencia fue rechazada

unsuspected [ʌnsəsˈpektɪd] adj insospechado(a); **her treason was ~ by her superiors** sus superiores nunca sospecharon de su traición

unsuspecting [ʌnsəsˈpektɪŋ] adj **to be quite ~ (of)** no sospechar nada (de)

unsweetened [ʌnˈswiːtənd] adj (without sugar) sin azúcar; (without sweeteners) sin edulcorantes

unswerving [ʌnˈswɜːvɪŋ] adj (devotion, loyalty, determination) inquebrantable, sin fisuras

unswervingly [ʌnˈswɜːvɪŋlɪ] adv **to be ~ loyal** ser de una lealtad inquebrantable or sin fisuras; **to support a party ~** apoyar a un partido sin vacilaciones

unsympathetic [ʌnsɪmpəˈθetɪk] adj **-1.** (lacking sympathy) poco comprensivo(a) (**to** con) **-2.** (not favourable) **they are ~ to such requests** no ven ese tipo de peticiones con mucha simpatía; **to be ~ to a cause** no simpatizar con una causa **-3.** (unlikable) antipático(a)

unsympathetically [ʌnsɪmpəˈθetɪklɪ] adv (to speak, behave, react) de forma poco comprensiva

unsystematic [ʌnsɪstəˈmætɪk] adj poco sistemático(a)

untainted [ʌnˈteɪntɪd] adj (water) no contaminado(a); (reputation) intachable; **to be ~ by corruption** no estar contaminado(a) por la corrupción

untalented [ʌnˈtæləntɪd] adj sin talento

untamed [ʌnˈteɪmd] adj **-1.** (animal) salvaje; (wilderness) agreste **-2.** Fig (person, spirit) indomable

untangle [ʌnˈtæŋgəl] vt (hair, ropes) desenredar, desenmarañar; (mystery) desentrañar; (confusion) aclarar

untapped [ʌnˈtæpt] adj (resources, talent, market) sin explotar

untarnished [ʌnˈtɑːnɪʃt] adj (silver) no deslucido(a); Fig (reputation) intachable

untaxed [ʌnˈtækst] adj (items) libre or exento(a) de impuestos; (income) no gravado(a), exento(a) de impuestos

untempered [ʌnˈtempəd] adj sin templar

untenable [ʌnˈtenəbəl] adj insostenible

untenanted [ʌnˈtenəntɪd] adj Literary sin inquilinos, vacío(a)

untended [ʌnˈtendɪd] adj (sick person, garden) desatendido(a)

untested [ʌnˈtestɪd] adj (employee, method, theory, product) no puesto(a) a prueba; **to be ~** no haber sido puesto(a) a prueba

unthinkable [ʌnˈθɪŋkəbəl] ◇ n **the ~** lo impensable, lo inimaginable; **to think the ~** pensar lo impensable
◇ adj impensable

unthinking [ʌnˈθɪŋkɪŋ] adj irreflexivo(a)

unthinkingly [ʌnˈθɪŋkɪŋlɪ] adv irreflexivamente, de forma irreflexiva

unthought-of [ʌnˈθɔːtɒv] adj **an ~ possibility** una posibilidad en la que no se había pensado

unthreatening [ʌnˈθretənɪŋ] adj (person, manner, atmosphere, environment) no intimidatorio(a)

untidily [ʌnˈtaɪdɪlɪ] adv desordenadamente; **he was ~ dressed** iba muy desaliñado or descuidado

untidiness [ʌnˈtaɪdɪnɪs] n (of place, work) desorden m; **he was well-known for his ~** tenía fama de ser muy desordenado

untidy [ʌnˈtaɪdɪ] adj (person, place, desk, work) desordenado(a); **~ appearance** aspecto desaliñado or descuidado

untie [ʌnˈtaɪ] vt desatar

until [ʌnˈtɪl] ◇ prep hasta; **~ ten o'clock** hasta las diez; **open from 9 – 5** abierto de 9 a 5; **~ now/then** hasta ahora/entonces; **not ~ tomorrow** hasta mañana, no
◇ conj hasta que; **~ she gets back** hasta que vuelva; **we waited ~ the rain stopped** esperamos a que escampara; **he won't come ~ he's invited** no vendrá mientras no lo invitemos; **can I leave? – not ~ the bell rings** ¿puedo irme? – cuando suene el timbre; **I laughed ~ I cried** lloré de la risa

untimely [ʌnˈtaɪmlɪ] adj **-1.** (inopportune) (remark, visit) intempestivo(a), inoportuno(a) **-2.** (premature) (death) prematuro(a); **to meet** or **come to an ~ end** tener un final prematuro

untiring [ʌnˈtaɪərɪŋ] adj incansable

untitled [ʌnˈtaɪtəld] adj (painting) sin título

unto [ˈʌntuː] prep Literary **-1.** (to) a; **and he said ~ them** y les dijo **-2.** (until) hasta; **~ death** hasta la muerte

untold [ʌnˈtəʊld] adj (wealth) inconmensurable; (beauty) indecible; (suffering) indecible; **~ millions were lost in such speculation** se perdieron millones incontables con aquella especulación

untouchable [ʌnˈtʌtʃəbəl] ◇ n intocable mf
◇ adj intocable

untouched [ʌnˈtʌtʃt] adj **-1.** (undisturbed) (meal) intacto(a); (countryside, beach) virgen; **~ by human hand** no tocado(a) por la mano del hombre; **he left the meal ~** dejó la comida intacta **-2.** (unaffected) **to be ~ by the influence of television** no haber sufrido la influencia de la televisión

untoward [ʌntəˈwɔːd] adj Formal (unlucky) desafortunado(a); (unusual) inusual, fuera de lo común; **I hope nothing ~ has happened** espero que no haya sucedido ninguna desgracia

untrained [ʌnˈtreɪnd] adj **-1.** (person) sin preparación; **to the ~ eye/ear** para el ojo/oído poco avezado **-2.** (animal) sin adiestrar

untrammelled, US **untrammeled** [ʌnˈtræməld] adj Literary sin trabas; **~ by convention** no atado(a) por las convenciones sociales

untranslatable [ʌntrænzˈleɪtəbəl] adj intraducible

untreatable [ˈʌnˈtriːtəbəl] adj (condition, illness) intratable

untreated [ˈʌnˈtriːtɪd] adj **-1.** (unprocessed) (food, wood, sewage) sin tratar **-2.** (infection, tumour) sin tratar; **her condition will worsen if left ~** su estado empeorará si no se la trata

untried [ʌnˈtraɪd] adj **-1.** (untested) **to be ~** (system, person) no haber sido puesto(a) a prueba **-2.** LAW (person, case) pendiente de juicio

untroubled [ʌnˈtrʌbəld] adj tranquilo(a), despreocupado(a); **to be ~ (by)** no estar afectado(a) (por)

untrue [ʌnˈtruː] adj **-1.** (false) falso(a) **-2.** (unfaithful) desleal (**to** a); **he has been ~ to his principles** no ha sido fiel a sus principios; **to be ~ to one's spouse** ser infiel al cónyuge, no serle fiel al cónyuge

untrustworthy [ʌnˈtrʌstwɜːðɪ] adj (person) indigno(a) de confianza; (information) poco fiable

untruth [ʌnˈtruːθ] n Formal falsedad f

untruthful [ʌnˈtruːθfʊl] adj (person) embustero(a), mentiroso(a); (story, reply) falso(a)

untruthfully [ʌnˈtruːθfʊlɪ] adv con mentiras, con falsedad

untuned [ʌnˈtjuːnd] adj (instrument) desafinado(a)

untutored [ʌnˈtjuːtəd] adj (person) sin estudios; (eye) no avezado(a)

untypical [ʌnˈtɪpɪkəl] adj atípico(a) (**of** de); **it's very ~ of her (to be so sulky)** es muy raro en ella (estar de tan mal humor)

untypically [ʌnˈtɪpɪklɪ] adv **it was ~ sunny** hacía más sol de lo normal; **the streets were ~ quiet** en las calles había un silencio que no era normal; **~, he didn't have anything to say** en contra de lo habitual, no tenía nada que decir

unusable [ʌnˈjuːzəbəl] adj inutilizable, inservible

unused [ʌnˈjuːzd] adj **-1.** (not in use) sin usar **-2.** (never yet used) sin estrenar **-3.** [ʌnˈjuːst] **to be ~ to sth** no estar acostumbrado(a) a algo

unusual [ʌnˈjuːʒʊəl] adj (not common) poco corriente, inusual, (strange) raro(a); **it's ~ to have snow at this time of year** no es normal que nieve en esta época del año; **an ~ occurrence** un hecho poco corriente; **it's not ~ for him to take two hours for lunch** no es nada raro que se tome dos horas para almorzar; **it's ~ of her not to notice** es raro que no se dé cuenta

unusually [ʌnˈjuːʒʊəlɪ] adv **-1.** (abnormally) **she was ~ dressed** iba vestida de una forma rara; **his speech was ~ long** su discurso fue más largo de lo normal; **she slept for an ~ long time** durmió mucho más de lo normal; **~ for him, he hesitated** dudó, algo que es poco frecuente en él **-2.** (very) extraordinariamente; **she was ~ intelligent** su inteligencia era excepcional

unutterable [ʌnˈʌtərəbəl] adj Formal indescriptible

unvaried [ʌnˈveərɪd] adj monótono(a), uniforme

unvarnished [ʌnˈvɑːnɪʃt] adj sin barnizar; Fig **the ~ truth** la verdad desnuda

unveil [ʌnˈveɪl] vt (statue, plaque) descubrir; Fig (product, plan) revelar, desvelar

unveiling [ʌnˈveɪlɪŋ] n (of statue, plaque) descubrimiento m, inauguración f; Fig (of product, plan) revelación f ❑ **~ ceremony** inauguración f

unverifiable [ʌnverɪˈfaɪəbəl] adj inverificable

unversed [ʌnˈvɜːst] adj poco ducho(a) or versado(a) (**in** en)

unvoiced [ʌnˈvɔɪst] adj **-1.** LING sordo(a) **-2.** (unspoken) no expresado(a); **an ~ fear** un temor oculto

unwaged [ʌnˈweɪdʒd] *Br* ⬦ *npl* **the ~** los desempleados, *Am* los desocupados ⬦ *adj (not earning money)* desempleado(a), *Am* desocupado(a)

unwanted [ʌnˈwɒntɪd] *adj (baby, pregnancy)* no deseado(a); **he was given an ~ responsibility** le dieron una responsabilidad que él no quería; **we accept donations of ~ clothes or toys** aceptamos donaciones de ropa o juguetes usados; **to remove ~ hair** eliminar el vello superfluo; **to feel ~** sentirse rechazado(a)

unwarrantable [ʌnˈwɒrəntəbəl] *adj Formal* injustificable

unwarranted [ʌnˈwɒrəntɪd] *adj* injustificado(a)

unwary [ʌnˈweərɪ] *adj* incauto(a)

unwashed [ʌnˈwɒʃt] *adj* sucio(a), sin lavar; *Hum* **the great ~** la plebe

unwatchable [ʌnˈwɒtʃəbəl] *adj* insoportable

unwavering [ʌnˈweɪvərɪŋ] *adj (loyalty, support)* inquebrantable, sin fisuras; *(gaze)* fijo(a); *(concentration)* intenso(a)

unwaveringly [ʌnˈweɪvərɪŋlɪ] *adv (to believe, support)* sin vacilaciones; *(to look, stare)* sin parpadear, fijamente

unwelcome [ʌnˈwelkəm] *adj (visit, visitor)* inoportuno(a); *(news)* desagradable; *(attention)* no deseado(a); **to make sb feel ~** hacer que alguien se sienta incómodo(a); **the extra money was not ~** el dinero extra no vino mal

unwelcoming [ʌnˈwelkəmɪŋ] *adj (place)* muy poco acogedor(ora); *(person)* frío(a), hostil

unwell [ʌnˈwel] *adj* indispuesto(a), enfermo(a); **to be ~** estar indispuesto(a) *or* enfermo(a); **to look ~** tener mal aspecto

unwholesome [ʌnˈhəʊlsəm] *adj (food, climate)* insalubre; *(activity, habits, thoughts)* malsano(a)

unwieldy [ʌnˈwiːldɪ] *adj (tool)* poco manejable; *(object, system)* aparatoso(a)

unwilling [ʌnˈwɪlɪŋ] *adj* reacio(a); **I was their ~ accomplice** fui su cómplice a pesar mío; **to be ~ to do sth** ser reacio(a) a hacer algo

unwillingly [ʌnˈwɪlɪŋlɪ] *adv* de mala gana

unwillingness [ʌnˈwɪlɪŋnɪs] *n* reticencia *f*

unwind [ʌnˈwaɪnd] *(pt & pp* **unwound** [ʌnˈwaʊnd]*) vt* desenrollar
⬦ *vi* **-1.** *(string, wool)* desenrollarse **-2.** *Fam (relax)* relajarse

unwise [ʌnˈwaɪz] *adj* imprudente; **an ~ choice** una mala elección; **it would be ~ to ignore this advice** no sería prudente desoír este consejo

unwisely [ʌnˈwaɪzlɪ] *adv* imprudentemente, con mal criterio

unwitting [ʌnˈwɪtɪŋ] *adj (accomplice, victim, ally)* involuntario(a)

unwittingly [ʌnˈwɪtɪŋlɪ] *adv* sin querer, involuntariamente

unwonted [ʌnˈwəʊntɪd] *adj Formal (not customary)* desacostumbrado(a), inusitado(a)

unworkable [ʌnˈwɜːkəbəl] *adj* impracticable

unworldly [ʌnˈwɜːldlɪ] *adj* **-1.** *(spiritual)* espiritual **-2.** *(naive)* ingenuo(a)

unworried [ʌnˈwʌrɪd] *adj* despreocupado(a)

unworthiness [ʌnˈwɜːðɪnɪs] *n* **I was conscious of my ~** era consciente de que no lo merecía

unworthy [ʌnˈwɜːðɪ] *adj* indigno(a) **(of** de); **such behaviour is ~ of you!** semejante actitud no es digna de ti; **the subject is ~ of further attention** el tema no merece mayor atención

unwound *pt & pp of* **unwind**

unwrap [ʌnˈræp] *(pt & pp* **unwrapped***) vt* desenvolver

unwritten [ʌnˈrɪtən] *adj (language, law)* no escrito(a); *(agreement)* tácito(a), verbal; **an ~ rule** una regla no escrita

unyielding [ʌnˈjiːldɪŋ] *adj (person, attitude)* inflexible; *(opposition)* férreo(a); *(resistance)* pertinaz

unyoke [ʌnˈjəʊk] *vt* quitar el yugo a, desuncir; *Fig* liberar

unzip [ʌnˈzɪp] *(pt & pp* **unzipped***) vt* **-1.** *(clothes, bag)* abrir la cremallera *or Am* el cierre de; **to ~ one's trousers** bajarse la cremallera *or Am* el cierre de los pantalones **-2.** COMPTR descomprimir

up [ʌp] ⬦ *adv* **-1.** *(with motion)* hacia arriba; **to come/go up** subir; **the sun has come up** ha salido el sol; **prices have gone up** los precios han subido; **to go up north** ir hacia el norte; **to go up to Canada** subir *or* ir a Canadá; **the bird flew up into the sky** el pájaro se elevó en el cielo; **up you get!** ¡levántate!; **she jumped up** se levantó de un salto; **the path leads up into the forest** el camino lleva al bosque; **to pick sth up** recoger algo; **to put one's hand up** levantar la mano; **to put a poster up** pegar un cartel; **I ran up** subí corriendo; **could you take this suitcase up?** *(upstairs)* ¿podrías subir esta maleta?; **we took the** *Br* **lift** *or US* **elevator up** subimos en ascensor; *Fig* **the economy is on its way up again** la economía está recuperándose; **to jump up and down** pegar brincos *or* saltos; **she was pacing up and down** caminaba de arriba a abajo; *Fig* **I've been a bit up and down since the divorce** he tenido bastantes altibajos después del divorcio
-2. *(with position)* arriba; **up above** arriba; **up here/there** aquí/allí arriba; **up in the sky/mountains** en el cielo/las montañas; *Fam* **people are friendlier up North** la gente del norte es más simpática; **further up** más arriba; **from 3,000 metres up** a partir de 3.000 m de altitud; **place it bottom up** colócalo boca abajo; **which way up does it go?** ¿cuál es la parte de arriba?; **it's up there with the best performances of all time** se encuentra entre las mejores interpretaciones de todos los tiempos; IDIOM *Fam* **he's a bit funny up there** está un poco tocado del ala *or Am* zafado
-3. *(ahead)* **to be one goal/five points up** ir ganando por *or Esp* un gol/cinco puntos; **to be three up with two to play** *(in golf)* ir ganando por tres hoyos cuando quedan dos por jugar; **he went two sets up** se puso dos sets por delante
⬦ *prep* **-1.** *(with motion)* **to climb up a hill** subir una colina; **to go up the stairs** subir las escaleras; **I ran up the hill** subí la colina corriendo; **we swam up the river** nadamos río arriba; **to walk up the street** caminar *or Esp* andar por la calle; **I got water up my nose** me entró agua por la nariz; **he stuffed the cushion up his sweater** se metió el almohadón bajo el suéter; **she paced up and down the corridor** recorría el pasillo de arriba a abajo; **supermarkets up and down the country** los supermercados de todo el país; *Vulg* **up yours!** vete a la mierda!
-2. *(with position)* **up a tree/ladder** en lo alto de un árbol/una escalera; **my room is up the stairs** mi habitación está arriba; **halfway up the mountain** a mitad de camino hacia la cumbre de la montaña; **she lives up the street from me** vive en la misma calle que yo
⬦ *adj* **-1.** *(higher)* **prices/sales are up** los precios/las ventas han subido; **unemployment is at 10 percent, up 1 percent on last year** la tasa de desempleo es del diez por ciento, un uno por ciento mayor que la del año pasado
-2. *(out of bed)* **he isn't up** no está levantado, no se ha levantado; **I was up all night** pasé toda la noche levantado; **I was up at six** me levanté a las seis; **to be up and about** *(in morning)* estar levantado(a); *(after illness)* estar recuperado(a)
-3. *(visible)* **the sun is up** ya ha salido el sol
-4. *(optimistic)* **she seemed quite up when I saw her** parecía de bastante buen humor cuando la vi
-5. *(tied)* **I prefer you with your hair up** me gustas más con el pelo recogido
-6. *Fam (wrong)* **what's up?** ¿qué pasa?; **what's up with you/him?** ¿qué te/le pasa?; **something's up** algo pasa *or* ocurre; **there's something up with the TV** le pasa algo a la tele
-7. *Fam* **what's up?** *(what's happening)* ¿qué pasa?; *US (as greeting)* ¿qué (te) cuentas?
-8. *(finished)* **your time's up** se te ha terminado el tiempo; **the two weeks were nearly up** ya casi habían transcurrido las dos semanas
-9. *(functioning)* **how long before the network's up again?** ¿cuándo va a volver a funcionar la red?; **to be up and running** *(machine, project)* estar en marcha
-10. *Br (being repaired)* **the road is up at the moment** la carretera está en obras
-11. *Fam (on trial)* **he was up before the magistrate on Wednesday** el juez vio su causa el miércoles; **he was up for theft** lo juzgaron por robo
-12. *Fam (informed)* **to be (well) up on sth** estar (muy) enterado de algo
-13. *Fam (ready)* **tea's up!** ¡el té está listo!
-14. *(intended, available)* **that is not up for negotiation** eso no es negociable; **to be up for re-election** presentarse a la reelección; **to be up for sale** estar en venta; *Br Fam* **I'm up for it if you are** si tú te apuntas yo también; *Br very Fam* **to be up for it** *(sexually eager)* estar caliente
-15. *(level)* **to be up with the leaders** estar entre los líderes; **we're currently up to target** de momento estamos cumpliendo nuestros objetivos
-16. COMPTR **~ arrow** flecha *f* arriba; **~ arrow key** tecla *f* de flecha arriba
⬦ *n* **life's ups and downs** los altibajos de la vida; IDIOM **to be on the up and up** *Br (improving)* ir a mejor; *US Fam (honest)* ser *Esp* legal *or Am* recto(a)
⬦ *vt (pt & pp* **upped***)* **-1.** *Fam (increase) (price)* subir; *(offer)* mejorar; **to up the tempo** acelerar el ritmo **-2.** IDIOM *Fam* **to ~ stakes** *or* **sticks** *(move house)* levantar el campamento
⬦ *vi Fam* **to up and leave** *or* **go** *Esp* coger y marcharse, *Am* agarrar e irse
⬦ *exclam Br* **up the Rovers!** ¡ánimo Rovers!, *Esp* ¡aúpa Rovers!, *Am* ¡dale Rovers!

⬦ **up against** *prep* **put it up against the wall** colócalo *or Am* páralo contra la pared; **to be up against sth** *(confronted with)* enfrentarse a algo; **they came up against stiff opposition** encontraron una fuerte oposición; IDIOM **to be up against it** tenerlo muy difícil

⬦ **up to** *prep* **-1.** *(until, as far as)* hasta; **up to now** hasta ahora; **up to £100 a week** hasta 100 libras semanales; **up to the age of seven** hasta los siete años; **up to fifty people may have died** pueden haberse producido hasta cincuenta muertes; **the water came up to their necks** el agua les llegaba hasta el cuello; **to go up to sb** acercarse a alguien; **I'm up to here (with sth)** *(work, things to do)* estoy hasta arriba (de algo); *(fed up)* estoy hasta la coronilla (de algo)
-2. *(equal to)* **he's not up to the job** no está a la altura del puesto; **I don't feel up to it** no me siento en condiciones de hacerlo; **it's not up to its usual standard** no está tan bueno de costumbre; *Fam* **it's not up to much** *(not very good)* no es gran cosa
-3. *(doing)* **what have you been up to?** ¿qué has estado haciendo?; **I'm sure he's up to something!** ¡estoy seguro de que prepara algo!; **what are the children up to?** ¿qué están tramando los niños?
-4. *(indicating responsibility, decision)* **it's up to you to do it** te corresponde a ti hacerlo; **it's up to you whether you tell her** depende de ti si se lo dices o no; **shall we tell her? – it's up to you** ¿se lo decimos? – como tú quieras; **if it was up to me, I'd sell it** si dependiera de mí, lo vendería

⬦ **up until** *prep* hasta

up-and-coming [ˌʌpənd'kʌmɪŋ] *adj* **an ~ athlete/novelist** un atleta/novelista prometedor; **the ~ generation of politicians** la nueva generación de políticos

upbeat ◇ *n* ['ʌpbiːt] MUS último tiempo *m* del compás
◇ *adj* [ʌp'biːt] *(optimistic)* optimista

upbraid [ʌp'breɪd] *vt Formal* recriminar; **to ~ sb for sth** recriminar algo a alguien

upbringing ['ʌpbrɪŋɪŋ] *n* educación *f*

upchuck ['ʌptʃʌk] *vi Fam* devolver, echar la papilla

upcoming ['ʌpkʌmɪŋ] *adj (event)* próximo(a); *(book, movie)* próximo(a), de próxima aparición

up-country ◇ *adj* ['ʌpkʌntrɪ] del interior
◇ *adv* [ʌp'kʌntrɪ] *(to go, move)* al interior, tierra adentro; *(to live)* en el interior, tierra adentro

update ◇ *n* ['ʌpdeɪt] **-1.** *(new information)* **to give sb an ~ on sth** poner a alguien al corriente *or* al día de algo; **our reporter has an ~ on the crisis** nuestro reportero tiene nueva información sobre la crisis **-2.** COMPTR actualización *f*
◇ *vt* [ʌp'deɪt] **-1.** *(records)* actualizar, poner al día; **to ~ sb on sth** poner a alguien al corriente *or* al día de algo **-2.** COMPTR actualizar

upend [ʌp'end] *vt* **-1.** *(turn upside down)* poner boca abajo; **she upended the contents of the box over the table** derramó el contenido de la caja sobre la mesa **-2.** *(knock over)* derribar

upfront [ʌp'frʌnt] ◇ *adj* **-1.** *Fam (frank)* claro(a), franco(a); **he's very ~ about the whole thing** habla sin tapujos del tema **-2.** COM *(costs)* inicial
◇ *adv (to pay)* por adelantado

upgradable [ʌp'greɪdəbəl] *adj* COMPTR *(hardware, system)* actualizable; *(memory)* ampliable

upgrade ◇ *n* ['ʌpgreɪd] **-1.** COMPTR *(of hardware, system)* actualización *f*; *(of memory)* ampliación *f* ❑ **~ kit** kit *m* de actualización **-2.** US *(slope)* subida *f*
◇ *vt* [ʌp'greɪd] **-1.** *(improve)* mejorar; **they plan to ~ the facilities at the airport** tienen pensado mejorar las instalaciones del aeropuerto **-2.** *(promote) (officer, employee)* ascender; **the department has been upgraded to a ministry** el departamento ha ascendido de categoría y ha pasado a ser un ministerio; **I was upgraded to business class** *(on plane)* me pasaron a clase business **-3.** COMPTR *(hardware, system)* actualizar; *(memory)* ampliar

upheaval [ʌp'hiːvəl] *n* trastorno *m*, conmoción *f*; **moving from the country to the city was a great ~ for the family** mudarse del campo a la ciudad fue un verdadero trastorno *or* una verdadera conmoción para la familia; **emotional ~** tensión emocional; **a time of great political ~** una época de mucha agitación *or* gran convulsión política

upheld *pt & pp* of **uphold**

uphill ◇ *adj* ['ʌphɪl] *(road)* cuesta arriba; **it's ~ all the way** es todo cuesta arriba; *Fig* es una lucha continua; **it was an ~ struggle to convince him** nos costó Dios y ayuda convencerle
◇ *adv* [ʌp'hɪl] cuesta arriba

uphold [ʌp'həʊld] *(pt & pp* **upheld** [ʌp'held]*) vt* **-1.** *(opinion, principle)* defender; **to ~ the law** hacer respetar la ley **-2.** LAW *(decision, verdict)* confirmar

upholstered [ʌp'həʊlstəd] *adj* tapizado(a); *Hum* **to be well ~** tener buenas sentaderas

upholsterer [ʌp'həʊlstərə(r)] *n* tapicero(a) *m,f*

upholstery [ʌp'həʊlstrɪ] *n* **-1.** *(filling)* relleno *m*; *(covering)* tapicería *f* **-2.** *(craft, trade)* tapicería *f*

UPI [ˌjuːpiː'aɪ] *(abbr* **United Press International***)* UPI *f*, United Press *f*

upkeep ['ʌpkiːp] *n (of property)* mantenimiento *m*; **he paid nothing towards the ~ of the children** no pasó dinero alguno para los gastos de manutención de los hijos

upland ['ʌplənd] ◇ *n* **the upland(s)** las tierras altas
◇ *adj* de las tierras altas

uplift ◇ *n* ['ʌplɪft] subida *f* de ánimo; **to give sth/sb an ~** animar algo/a alguien ❑ *Br* **~ bra** sostén *m or Esp* sujetador *m or Carib, Col, Méx* brasier *m or RP* corpiño *m* armado
◇ *vt* [ʌp'lɪft] *(emotionally)* animar, levantar el espíritu a

uplifted [ʌp'lɪftɪd] *adj* **-1.** *(morally, spiritually)* **he felt ~ by the music** la música le había levantado el espíritu **-2.** *(face)* vuelto(a) hacia arriba

uplifting [ʌp'lɪftɪŋ] *adj* **an ~ experience/story** una experiencia/historia que levanta el espíritu; **I found the music very ~** la música me levantó el espíritu

uplighter [ʌp'laɪtə(r)] *n* = lámpara o luz que ilumina hacia arriba

upload ['ʌpləʊd] COMPTR ◇ *n* carga *f*
◇ *vt* cargar, subir

upmarket ['ʌpmɑːkɪt] ◇ *adj (neighbourhood, restaurant)* elegante; *(newspaper, program)* dirigido(a) a un público selecto
◇ *adv* **this place has gone ~ since I was last here** este local ha subido de categoría desde la última vez que estuve aquí; **the newspaper wants to move ~** el periódico quiere atraer a un público más selecto

upmost = **uppermost**

upon [ə'pɒn] *prep* **-1.** *(on)* en, sobre; **~ the table** sobre la mesa; **the ring ~ her finger** el anillo que llevaba en el dedo; **she had a sad look ~ her face** su rostro tenía un aire triste; **suddenly, the dogs were ~ us** de pronto, teníamos a los perros encima; IDIOM *Old-fashioned* **~ my word!** ¡caramba! **-2.** *(indicating imminence)* **autumn is nearly ~ us** ya casi estamos en otoño, tenemos el otoño encima **-3.** *Formal (immediately after)* **~ our arrival in Rome** a nuestra llegada a Roma; **~ realizing what had happened...** al darse cuenta de lo ocurrido... **-4.** *(indicating large amount)* **thousands ~ thousands** miles y miles; **mile ~ mile of desert** kilómetros y kilómetros de desierto

upper ['ʌpə(r)] ◇ *n* **-1.** *(of shoe)* empeine *m*; IDIOM *Br Fam* **to be on one's uppers** estar sin un centavo *or Esp* duro **-2.** *Fam (drug)* estimulante *m*, excitante *m*
◇ *adj* superior; **the ~ echelons of society/the army** los escalones más altos del escalafón social/militar; **the ~ reaches** *or* **waters of the Nile** el curso alto del Nilo; **temperatures are in the ~ 30s** las temperaturas están cerca de 40 grados; **models at the ~ end of the range** los modelos más altos de gama; IDIOM **to gain the ~ hand** tomar la delantera; IDIOM **to have the ~ hand** llevar ventaja ❑ MET **~ atmosphere** atmósfera *f* superior; TYP **~ case** mayúsculas *fpl*; **~ class** clase *f* alta; **~ deck** *(of bus)* piso *m* superior *or* de arriba; *(of ship)* cubierta *f* superior; POL **the Upper House** la cámara alta; **~ limit** límite *m* superior, tope *m*; COMPTR **~ memory** memoria *f* superior; **~ middle class** clase *f* media alta; EDUC **~ sixth** el segundo de los dos últimos cursos del bachillerato en Inglaterra, Gales e Irlanda del Norte; *Formerly* **Upper Volta** el Alto Volta

upper-case [ˌʌpə'keɪs] *adj* en mayúsculas

upper-class [ˌʌpə'klɑːs] *adj* de clase alta

upper-crust [ˌʌpə'krʌst] *adj Fam (person, accent)* de clase alta, de postín

uppercut ['ʌpəkʌt] *n (in boxing)* uppercut *m*; **left/right ~** uppercut de izquierda/derecha

uppermost ['ʌpəməʊst], **upmost** ['ʌpməʊst] *adj (in position)* superior; *Fig* **it was ~ in my mind** era una cuestión prioritaria para mí

uppity ['ʌpɪtɪ] *adj Fam* creído(a), engreído(a); **to get ~** darse aires

upright ['ʌpraɪt] ◇ *n (beam) (of door, bookshelf)* montante *m*; *(of goal post)* poste *m*
◇ *adj* **-1.** *(vertical)* vertical, derecho(a) ❑ **~ freezer** congelador *m* vertical; **~ piano** piano *m* vertical; **~ vacuum cleaner** aspiradora *f* vertical **-2.** *(honest)* honrado(a)
◇ *adv* **-1.** *(to put)* vertical, derecho(a); **to put/place sth ~** poner/colocar algo vertical *or* derecho **-2.** *(to sit, stand)* derecho(a), erguido(a); **he sat bolt ~** se sentó bien derecho *or* erguido

uprising ['ʌpraɪzɪŋ] *n* levantamiento *m*

upriver [ʌp'rɪvə(r)] ◇ *adj* río arriba
◇ *adv (to be, move, swim)* río arriba

uproar [ʌprɔː(r)] *n (noise)* alboroto *m*; *(protest)* escándalo *m*; **the meeting was in an ~** se armó un gran alboroto en la reunión; **his speech caused quite an ~** su discurso provocó un escándalo

uproarious [ʌp'rɔːrɪəs] *adj (noisy)* escandaloso(a); *(funny)* divertidísimo(a)

uproariously [ʌp'rɔːrɪəslɪ] *adv (to laugh)* a carcajadas; **~ funny** divertidísimo(a), hilarante

uproot [ʌp'ruːt] *vt (plant)* arrancar de raíz, desarraigar; *(person)* desarraigar

UPS [ˌjuːpiː'es] *n* **-1.** COMPTR *(abbr* **uninterruptible power supply***)* SAI *m* **-2.** *(abbr* **United Parcel Service***)* = empresa estadounidense de paquetería

ups-a-daisy ['ʌpsədeɪzɪ] *exclam Fam* ¡epa!

upset ◇ *n* ['ʌpset] **-1.** *(disturbance)* trastorno *m*; **the result caused a major political ~** el resultado causó un importante trastorno político **-2.** *(surprise)* resultado *m* inesperado **-3.** US **~ price** precio *m* mínimo de subasta
◇ *vt* [ʌp'set] *(pt & pp* **upset***)* **-1.** *(liquid)* tirar, derramar; *(container, chair)* tirar, volcar; *(boat)* volcar
-2. *(person)* disgustar; **the least thing upsets him** se disgusta por cualquier cosa; **to ~ oneself** disgustarse; **it's not worth upsetting yourself over** no vale la pena disgustarse por eso
-3. *(plans, schedule)* trastornar, alterar
-4. *(make ill)* **sea food always upsets my stomach** los mariscos siempre me sientan *or* caen mal
◇ *adj* [ʌp'set] **-1.** *(unhappy)* disgustado(a) **(about** por); **what are you so ~ about?** ¿por qué estás tan disgustado?; **she was ~ by the pictures** las imágenes la impresionaron; **to get ~ (about sth)** disgustarse (por algo) **-2. to have an ~ stomach** tener el estómago mal

upsetting [ʌp'setɪŋ] *adj* **being criticized in public can be very ~** puede ser demoledor que te critiquen en público; **he found it ~ that they hadn't even bothered to phone him** le dolió que ni siquiera le llamasen; **viewers might find some of these scenes ~** algunas escenas pueden herir la sensibilidad de los espectadores

upshot ['ʌpʃɒt] *n* resultado *m*; **the ~ of it all was that he resigned** el resultado de todo fue que él dimitió; **what was the ~ of it all?** ¿cómo terminó *or* acabó la cosa?, ¿en qué quedó la cosa?

upside down [ˌʌpsaɪd'daʊn] ◇ *adj (cup, glass, picture)* al *or* del revés
◇ *adv* **to hang ~** *(person, animal)* colgar cabeza abajo; **to turn sth ~** *(object)* poner algo al *or* del revés; *Fig (house, room)* poner algo patas arriba; *(life, world)* dar un vuelco a algo

upstage [ʌp'steɪdʒ] ◇ *adv* THEAT *(to move)* hacia el fondo del escenario; *(to enter, exit)* por el fondo del escenario; **to be** *or* **stand ~ of sb** estar en segundo plano respecto a alguien
◇ *vt* THEAT & *Fig* dejar en segundo plano

upstairs ◇ *adj* ['ʌpsteəz] *(room, window, neighbour)* de arriba; **the ~ apartment/bathroom** el apartamento/cuarto de baño de arriba
◇ *adv* [ʌp'steəz] **-1.** *(ascending stairs)* arriba; **to come/go ~** subir (la escalera) **-2.** *(on upper floor)* **he lives ~** vive en el apartamento *or Esp* piso de arriba; **I'll take your bags ~** te llevo las maletas arriba; IDIOM *Fam* **he hasn't got much ~** tiene la cabeza llena de serrín *or Am* aserrín **-3.** *Old-fashioned (in house with masters and servants)* arriba

upstanding ⋄ *n* [ʌpˈstɪəz] **-1.** *(of house)* **we rent out the ~** alquilamos la parte de arriba **-2.** *Old-fashioned (in house with masters and servants)* los de arriba, los amos

upstanding [ʌpˈstændɪŋ] *adj* **-1.** *(honest)* honrado(a), recto(a) **-2.** *Formal (on one's feet)* **would you please be ~** en pie, por favor

upstart [ˈʌpstɑːt] *n* advenedizo(a) *m,f*

upstate *US* ⋄ *adj* [ˈʌpsteɪt] del norte del estado; **~ New York** el norte del estado de Nueva York
⋄ *adv* [ʌpˈsteɪt] al norte del estado; **to go upstate** ir al norte del estado

upstream [ˈʌpstriːm] ⋄ *adv* **-1.** *(to live, row, swim)* río arriba; **~ of the village** aguas arriba del pueblo **-2.** IND en una fase previa, aguas arriba
⋄ *adj (on river)* río arriba

upstroke [ˈʌpstrəʊk] *n* **-1.** *(in engine)* movimiento *m* ascendente, *Spec* carrera *f* ascendente **-2.** *(in writing)* trazo *m* hacia arriba

upsurge [ˈʌpsɜːdʒ] *n* aumento *m* (**in** de)

upswing [ˈʌpswɪŋ] *n* **-1.** *(movement)* alza *f* **-2.** *(improvement)* mejora *f*, alza *f* (**in** en); **the stock market is on the ~** la bolsa está en alza

uptake [ˈʌpteɪk] *n* **-1.** IDIOM *Fam* **to be quick/slow on the ~** ser/no ser muy espabilado(a) **-2.** PHYSIOL *(of oxygen, nutrients)* asimilación *f* **-3.** *Br (of offer, allowance)* **they want to improve the ~ of these benefits** quieren animar a más gente que tiene derecho a estas prestaciones a que la pidan

uptight [ʌpˈtaɪt] *adj Fam* **-1.** *(nervous)* tenso(a) (**about** por); **he gets so ~ whenever I mention it** se pone muy tenso cuando lo menciono **-2.** *(strait-laced)* puritano(a); **to be ~ about sex** ser puritano(a) en cuestiones sexuales

up-to-date [ʌptəˈdeɪt] *adj (news, information)* reciente, actualizado(a); *(method, approach)* moderno(a); **to bring sb ~ (on sth)** poner a alguien al día (sobre algo); **they brought the reports ~** actualizaron los informes; **I try to keep ~ on the news** intento estar informado *or* al día de lo que pasa

up-to-the-minute [ˈʌptəðəˈmɪnɪt] *adj (modern, fashionable)* a la última; *(recent)* al día

uptown [ʌpˈtaʊn] *US* ⋄ *n* zona *f* residencial
⋄ *adj (area)* residencial; **~ New York** las zonas residenciales de Nueva York; **~ traffic** el tráfico que sale del centro
⋄ *adv* [ʌpˈtaʊn] *(to be, live)* fuera del centro

upturn [ˈʌptɜːn] *n* mejora *f* (**in** de)

upturned [ʌpˈtɜːnd] *adj* **-1.** *(bucket, box) (face down)* boca abajo; *(on its side)* volcado(a) **-2.** *(facing upwards)* **~ faces** caras vueltas hacia arriba **-3.** *(nose)* respingón(ona)

upward [ˈʌpwəd] *adj (direction, movement, path)* ascendente; **the figures show an ~ trend** las cifras muestran una tendencia al alza ❏ COMPTR **~ compatibility** compatibilidad *f* con versiones anteriores; **~ mobility** ascenso *m* en la escala social
⋄ *adv* = **upwards**

upward-compatible [ˈʌpwədkəmˈpætɪbəl] *adj* COMPTR compatible con versiones anteriores

upwardly mobile [ˈʌpwədlɪˈməʊbaɪl] *adj* que va ascendiendo en la escala social

upward(s) [ˈʌpwəd(z)] *adv* **-1.** *(to move, look)* hacia arriba; **we will have to revise our estimates ~** tendremos que revisar al alza nuestros cálculos; **prices are climbing ~** los precios van en aumento
-2. *(facing up)* **she placed the photos (face) ~ on the table** puso las fotos boca arriba sobre la mesa
-3. *(onwards)* **from 15 years ~** a partir de los 15 años; **from $100 ~** a partir de 100 dólares; **~ of** más de, por encima de

upwind [ʌpˈwɪnd] ⋄ *adj* [ˈʌpwɪnd] **luckily, the village is ~ of the factory** por suerte el viento no sopla del lado de la fábrica
⋄ *adv* [ʌpˈwɪnd] contra el viento

Urals [ˈjʊərəlz] *npl* **the ~** los Urales

uranium [jʊˈreɪnɪəm] *n* CHEM uranio *m*

Uranus [jʊˈreɪnəs, ˈjʊərənəs] *n (planet)* Urano

urban [ˈɜːbən] *adj (area, community)* urbano(a); **~ life** la vida en la ciudad ❏ *Br* **~ district** distrito *m* urbano; *Br Formerly* **~ district council** = municipio que corresponde a varios centros urbanos; **~ guerrilla** guerrillero(a) *m,f* urbano(a); **~ legend** leyenda *f* urbana; **~ myth** leyenda *f* urbana; **~ renewal** renovación *f* urbana; **~ sprawl** aglomeración *f* urbana

urbane [ɜːˈbeɪn] *adj* muy bien educado(a)

urbanely [ɜːˈbeɪnlɪ] *adv* con muy buena educación

urbanity [ɜːˈbænɪtɪ] *n Formal* urbanidad *f*

urbanization [ɜːbənaɪˈzeɪʃən] *n (process)* urbanización *f*

urbanized [ˈɜːbənaɪzd] *adj* urbanizado(a)

urchin [ˈɜːtʃɪn] *n (child)* pilluelo(a) *m,f*, golfillo(a) *m,f* ❏ **~ cut** corte *m* a lo garçon

Urdu [ˈʊəduː] *n* urdu *m*

urea [jʊˈrɪə] *n* BIOCHEM urea *f*

ureter [jʊˈriːtə(r)] *n* ANAT uréter *m*

urethra [jʊˈriːθrə] *n* ANAT uretra *f*

urethritis [jʊərɪˈθraɪtɪs] *n* MED uretritis *f inv*

urge [ɜːdʒ] ⋄ *n* impulso *m*, deseo *m* irresistible; **to have** *or* **feel an ~ to do sth** sentir la necesidad de hacer algo; **sexual urges** impulsos sexuales
⋄ *vt* **-1.** *(encourage)* **to ~ sb to do sth** instar a alguien a hacer algo; **she urged us to take advantage of the opportunity** nos instó a que aprovecháramos la oportunidad; **I ~ you to reconsider** le ruego encarecidamente que recapacite
-2. *(recommend)* **they urged the need for new schools** insistieron en la necesidad de construir nuevas escuelas; **they urged acceptance of the treaty** insistieron en que se aceptara el tratado; **she urged caution** instó a ser cautos
-3. *(goad, incite)* **he urged his men into battle** incitó a sus hombres a entrar en batalla; **to ~ a horse forward** espolear a un caballo
⋄ *vi* **to ~ for sth** instar a algo; **he urged against a hasty decision** instó a no tomar una decisión apresurada; **he needed no urging** no hizo falta que le insistieran mucho

◆ **urge on** *vt sep (person, troops)* alentar, animar; **to ~ sb on to do sth** alentar *or* animar a alguien a hacer algo

urgency [ˈɜːdʒənsɪ] *n* urgencia *f*; **there was a note of ~ in his voice** había un tono apremiante en su voz; **it's a matter of ~** es muy urgente; **as a matter of ~** urgentemente, con la mayor urgencia; **there's no great ~** no es muy urgente

urgent [ˈɜːdʒənt] *adj (matter, need, message)* urgente; **it needs some ~ repairs** necesita repararse urgentemente; **in an ~ tone of voice** con un tono de voz apremiante; **to be in ~ need of sth** necesitar algo urgentemente; **this is ~** esto es urgente

urgently [ˈɜːdʒəntlɪ] *adv* urgentemente; **supplies are ~ needed** se necesitan provisiones con urgencia *or* urgentemente

uric [ˈjʊərɪk] *adj* BIOCHEM úrico(a) ❏ **~ acid** ácido *m* úrico

urinal [jʊəˈraɪnəl] *n* urinario *m*

urinary [ˈjʊərɪnərɪ] *adj* ANAT urinario(a) ❏ **~ infection** infección *f* urinaria; **~ tract** vías urinarias

urinate [ˈjʊərɪneɪt] *vi* orinar

urination [jʊərɪˈneɪʃən] *n* micción *f*

urine [ˈjʊərɪn] *n* orina *f*; **~ analysis/sample** análisis/muestra de orina

urinogenital [jʊərɪnəʊˈdʒenɪtəl] *adj* PHYSIOL urogenital

URL [juːɑːˈrel] *n* COMPTR *(abbr* **uniform resource locator)** URL *m*

urn [ɜːn] *n* **-1.** *(decorative)* urna *f* **-2.** *(for ashes)* urna *f* (cineraria) **-3.** *(for tea)* = recipiente grande de metal con un grifo para el té

urogenital [jʊərəʊˈdʒenɪtəl] *adj* PHYSIOL urogenital

urologist [jʊˈrɒlədʒɪst] *n* urólogo(a) *m,f*

urology [jʊˈrɒlədʒɪ] *n* MED urología *f*

urticaria [ɜːtɪˈkeərɪə] *n* MED urticaria *f*

Uruguay [ˈjʊərəgwaɪ] *n* Uruguay

Uruguayan [jʊərəˈgwaɪən] ⋄ *n* uruguayo(a) *m,f*
⋄ *adj* uruguayo(a)

US [juːˈes] *(abbr* **United States)** ⋄ *n* EE.UU. *mpl*
⋄ *adj* estadounidense

us [ʌs, *unstressed* əs] *pron* **-1.** *(direct object)* nos; **they hate us** nos odian; **they like us** les gustamos; **she forgave our son but not us** perdonó a nuestro hijo, pero no a nosotros
-2. *(indirect object)* nos; **she gave us the book** nos dio el libro; **she gave it to us** nos lo dio; **give it to us** dánoslo
-3. *(after preposition)* nosotros; **they are thinking of us** están pensando en nosotros; **it was meant for them, not for us** iba dirigido a ellos, no a nosotros; **all four of us went** fuimos los cuatro; **there are three of us** somos cuatro
-4. *(as complement of verb "to be")* nosotros; **it's us!** ¡somos nosotros!; **it was us who did it** fuimos nosotros los que lo hicimos; **the décor isn't really us** la decoración no va *or* pega mucho con nosotros
-5. *Br Fam (me)* **lend us a fiver** préstame cinco libras; **let's have a go** déjame probar
-6. *US Fam* **let's go and get us some guns/ice cream** vamos a ver si nos hacemos con unas pistolas/un poco de helado

USA [juːesˈeɪ] *n* **-1.** *(abbr* **United States of America)** EE.UU. **-2.** *(abbr* **United States Army)** ejército *m* de los Estados Unidos

usable [ˈjuːzəbəl] *adj* utilizable; **it's no longer ~** ya no sirve

USAF [juːeseɪˈef] *n* *(abbr* **United States Air Force)** fuerzas *fpl* aéreas de los Estados Unidos

usage [ˈjuːsɪdʒ] *n* **-1.** *(use)* uso *m* **-2.** *(custom)* uso *m*, costumbre *f* **-3.** GRAM uso *m*; **correct ~** uso correcto

USB [juːesˈbiː] *n* COMPTR *(abbr* **Universal Serial Bus)** USB *m*

USCG [juːesiːˈdʒiː] *n* *(abbr* **United States Coast Guard)** = guardacostas de Estados Unidos

USDA [juːesdiːˈeɪ] *n* *(abbr* **United States Department of Agriculture)** = ministerio de agricultura de Estados Unidos

USDAW [ˈʌzdɔː] *(abbr* **Union of Shop, Distributive and Allied Workers)** = sindicato británico de trabajadores del sector secundario

use ⋄ *n* [juːs] **-1.** *(utilization)* uso *m*; *(consumption) (of water, resources)* consumo *m*; **drug ~** consumo de drogas; **to wear out with ~** gastarse con el uso; **the dishes are for everyday ~** estos platos son para uso diario; **ready for ~** listo(a) para usar; **to make (good) ~ of sth** hacer (buen) uso de algo, aprovechar algo; **to put sth to (good) ~** dar (buen) uso a algo, aprovechar algo; **for staff ~ only** sólo para empleados; **for ~ in case of emergency** *(sign)* usar en caso de emergencia; **it is intended for ~ as an analgesic** está pensado para usarse como analgésico; **to be in ~** *(machine, system, phrase)* estar en uso, usarse; **to come into ~** empezar a usarse; **not to be in ~, to be out of ~** *(machine, system)* no usarse; **the word is no longer in ~** esta palabra ha caído en desuso; **to go out of ~** dejar de usarse; **directions** *or* **instructions for ~** instrucciones de uso; MED **for external/internal ~ only** *(on packaging)* para uso externo/interno
-2. *(ability, permission to use)* **he lost the ~ of his arm** se le quedó un brazo inutilizado; **he only has the ~ of one arm** sólo puede usar un brazo; **she has full ~ of her faculties** está en plena posesión de sus facultades; **to have the ~ of the bathroom** poder usar el cuarto de baño
-3. *(usefulness)* **to be of ~** ser útil; **can I be of any ~ to you?** ¿te puedo ser útil en algo?; *Ironic* **a lot of ~ you were!** ¡sí que ayudaste mucho!; **it's not much ~** no sirve de mucho; **he's not much ~ as a secretary** como secretario no sirve de mucho; **it's (of) no ~** no sirve de nada; **it's (of) no ~ to me** no me sirve para nada; **it's no ~, I can't do it!** ¡es inútil, no puedo hacerlo!; **it's** *or* **there's no ~ crying** llorar no sirve de nada; *Fam*

use

he's no ~ es un inútil; **they were no ~ at all during the move** no ayudaron nada en la mudanza; IDIOM **to be no ~ to man nor beast** ser un inútil completo; **to have no ~ for sth** no tener necesidad de algo; **we have no ~ for lazy workers here** aquí no nos hacen falta holgazanes; **being able to do karate must be nice – it has its uses** ¡qué bien, saber hacer kárate! – tiene su utilidad; *Hum* **your husband's well-trained, making us a cup of tea – he has his uses** tienes bien amaestrado a tu marido, nos ha preparado el té – sí, no es tan malo como parece; **what's the ~ of** *or* **what ~ is worrying?** ¿de qué sirve preocuparse?; *Fam* **oh, what's the ~?** ¿para qué insistir?
-4. *(practical application)* uso *m*; **this tool has many uses** esta herramienta tiene muchos usos; **do you have any ~ for that box?** ¿usas esa caja para algo?; **we'll find a ~ for it** ya le encontraremos alguna utilidad *or* uso
-5. *(sense) (of word)* uso *m*; **that's an old-fashioned ~** es un uso anticuado
-6. REL rito *m*
◇ *vt* [juːz] -1. *(utilize)* usar, utilizar; **to explain to sb how to ~ sth** explicar a alguien cómo usar algo; **this cup has been used** esta taza está sucia; **is anyone using this book?** ¿alguien está usando este libro?; **can I ~ the** *Br* **toilet** *or US* **bathroom?** ¿puedo ir al cuarto de baño?; **I always ~ public transport** siempre uso el transporte público; **we ~ this room as an office** usamos esta habitación de oficina; **I'd like to ~ my language skills more** me gustaría usar más los idiomas; **to ~ force/diplomacy** hacer uso de la fuerza/la diplomacia; **he used his influence to get me a job** empleó su influencia para conseguirme un trabajo; **he used every means at his disposal** empleó todos los medios a su alcance; **it may be used in evidence against you** se puede utilizar como prueba contra usted; **~ a bit of imagination!** ¡échale un poco de imaginación!; **~ your head!** ¡piensa un poco!; *Fam* **I could ~ some help carrying these boxes** me vendría bien que alguien me ayudara a cargar estas cajas; *Fam* **I could ~ some sleep** me vendría bien dormir un poco
-2. *(make the most of) (opportunity)* aprovechar; **he used the time well** aprovechó bien el tiempo
-3. *(exploit)* utilizar; **I feel I've been used** me siento utilizado
-4. *(consume) (drugs)* consumir
-5. *(run on) (petrol, electricity)* usar
-6. *(finish)* **have you used all the shampoo?** ¿has usado todo el champú?; **~ by Nov 2003** *(on packaging)* consumir antes del fin de nov. 2003
-7. *Formal (treat)* tratar; **I consider I was ill used** considero que me han tratado mal
◇ *vi Fam (take drugs)* ponerse
◇ *v aux* **used to** ['juːstə]

> Como verbo auxiliar, aparece siempre en la forma **used to**. Se traduce al español por el verbo principal en pretérito imperfecto, o por el pretérito imperfecto de **soler** más infinitivo.

we used to live abroad antes vivíamos en el extranjero; **you used to be able to leave your door unlocked all night** antes se podía dejar la puerta sin cerrojo toda la noche; **I used not to** *or* **didn't ~ to like him** antes no me caía bien; **I used to eat there a lot** solía comer *or* comía allí muy a menudo; **do you travel much? – I used to** ¿viajas mucho? – antes sí; **people don't tip like they used to** la gente ya no da tanta propina como antes; **things aren't what they used to be** las cosas ya no son lo que eran

➤ **use up** *vt sep (food, fuel, soap)* acabar; *(money)* gastar; *(resources, energy, ideas)* agotar; **she used up the leftovers in a soup** con las sobras hizo una sopa

use-by date ['juːzbaɪdeɪt] *n* COM fecha *f* de caducidad
used [juːzd] *adj* -1. *(second-hand)* usado(a); *(car, book)* usado(a), de ocasión
-2. *(exploited)* **to feel ~** sentirse utilizado(a)
-3. [juːst] *(accustomed)* **to be ~ to (doing) sth** estar acostumbrado(a) a (hacer) algo; **I'm not ~ to being told what to do** no estoy acostumbrado a que me digan lo que tengo que hacer; **to be ~ to sb** estar acostumbrado(a) a alguien; **to get ~ to sth/sb** acostumbrarse a algo/alguien; **it takes a bit of getting ~ to** cuesta un poco acostumbrarse
useful ['juːsfʊl] *adj (person, addition, accessory)* útil; *(discussion, advice, experience)* útil, provechoso(a); *Br* **it will come in very ~** va a venir muy bien; **he could be ~ to us** podría sernos útil; **does it serve any ~ purpose?** ¿tiene alguna utilidad?; **she's a ~ person to know** puede venir bien conocerla; *Fam* **to be ~ with one's fists** saber valerse con los puños; *Fam* **he's a very ~ player** es un jugador muy versátil; **to make oneself ~:** **he makes himself ~ about the house** ayuda en casa; **make yourself ~ and clean the sink** haz algo, limpia el fregadero ❑ **~ life** vida *f* útil
usefully ['juːsfəlɪ] *adv (profitably)* provechosamente; **you could ~ spend more time on the introduction** sería útil que le dedicaras más tiempo a la introducción; **his free time is ~ employed** aprovecha su tiempo libre
usefulness ['juːsfʊlnɪs] *n* utilidad *f*; **it has outlived its ~** ha dejado de ser útil
useless ['juːslɪs] *adj* -1. *(not useful)* inservible; **to be ~** *(system, method)* no servir para nada
-2. *(incompetent)* **to be ~ (at sth)** ser un(a) negado(a) (para algo); **to be ~ when it comes to spelling** ser un(a) negado(a) para la ortografía -3. *(futile)* inútil; **it would be ~ to try** de nada serviría intentarlo, sería inútil intentarlo
uselessly ['juːslɪslɪ] *adv* inútilmente
uselessness ['juːslɪsnɪs] *n* inutilidad *f*; **his general ~** lo inútil que es
Usenet ['juːznet] *n* COMPTR Usenet *f*
user ['juːzə(r)] *n* -1. *(of road, public service, dictionary)* usuario(a) *m,f* -2. COMPTR usuario(a) *m,f* ❑ **~ group** grupo *m* de usuarios; **~ ID** nombre *m* de usuario; **~ interface** interfaz *m* *or* *f* de usuario; **~ language** lenguaje *m* de usuario; **~ manual** manual *m* del usuario; **~ name** nombre *m* de usuario -3. *Fam (of drugs)* consumidor(ora) *m,f*
user-definable [juːzədɪ'faɪnəbəl] *adj* COMPTR definible por el usuario
user-friendliness [juːzə'frendlɪnɪs] *n* also COMPTR facilidad *f* de manejo
user-friendly [juːzə'frendlɪ] *adj also* COMPTR de fácil manejo
usher ['ʌʃə(r)] ◇ *n* -1. *(in theatre, cinema)* acomodador *m* -2. *(in court)* ujier *m* -3. *(at wedding)* = persona encargada de indicar a los invitados dónde deben sentarse
◇ *vt* **to ~ sb in** hacer pasar a alguien; **to ~ sb out** acompañar a alguien afuera; **I ushered them to their seats** los acompañé hasta sus asientos; *Fig* **to ~ sth in** abrir las puertas a algo
usherette [ʌʃə'ret] *n (in cinema, theatre)* acomodadora *f*
USIA [juːesaɪ'eɪ] *n (abbr* **United States Information Agency***)* = organismo encargado de promover la cultura estadounidense en el extranjero
USM [juːes'em] *n* -1. *(abbr* **United States Mail***)* = servicio estadounidense de correos -2. *(abbr* **United States Mint***)* = organismo estadounidense encargado de la fabricación de billetes y monedas, *Esp* ≃ Fábrica *f* Nacional de Moneda y Timbre
USMC [juːesem'siː] *n (abbr* **United States Marine Corps***)* = cuerpo de infantería de marina de Estados Unidos
USN [juːes'en] *n (abbr* **United States Navy***)* armada *f* estadounidense

utmost

USO [juːes'əʊ] *n (abbr* **United Service Organization***)* = organización de apoyo a los militares estadounidenses y sus familias en el extranjero
USP [juːes'piː] *n* COM *(abbr* **unique selling point** *or* **proposition***)* rasgo *m* distintivo (del producto)
USPGA [juːespiːdʒiː'eɪ] *n (abbr* **United States Professional Golfers Association***) (organization)* PGA *f* estadounidense; *(tournament)* torneo *m* de la PGA estadounidense
USPHS [juːespiːeɪtʃ'es] *n US (abbr* **United States Public Health Service***)* = servicio de salud pública de EE.UU.
USS [juːes'es] *n* NAUT *(abbr* **United States Ship***)* = título que precede a los nombres de buques de la marina estadounidense
USSR [juːeses'ɑː(r)] *n Formerly (abbr* **Union of Soviet Socialist Republics***)* URSS *f*
usual ['juːʒʊəl] ◇ *n Fam (in bar)* **the ~** lo de siempre
◇ *adj* habitual, acostumbrado(a); **it's the ~ problem** es el problema de siempre; **at the ~ time/place** a la hora/en el sitio de siempre *or* costumbre; *Hum* **the ~ suspects** los de siempre, los sospechosos habituales; **you're not your ~ cheery self today** hoy no estás tan alegre como de costumbre; **she's her ~ self again** vuelve a ser ella misma; **it's not ~ for him to be this late** no suele llegar tan tarde; **it's ~ to pay in advance** se suele pagar por adelantado; **earlier/later than ~** más pronto/tarde de lo normal; **more/less than ~** más/menos que de costumbre; **as is ~ in these cases** como suele ocurrir en estos casos; **as ~** como de costumbre; **business as ~** *(during building work)* seguimos abiertos al público; *Fam* **as per ~** como de costumbre
usually ['juːʒʊəlɪ] *adv* habitualmente, normalmente; **I'm ~ in bed by ten** normalmente *or* habitualmente estoy en la cama antes de las diez, suelo estar en la cama antes de las diez; **are they ~ this late?** ¿llegan siempre así de tarde?; **he was more than ~ polite** estuvo más amable que de costumbre
usufruct ['juːzjʊfrʌkt] *n* LAW usufructo *m*
usurer ['juːʒərə(r)] *n* usurero(a) *m,f*
usurious [juː'zjʊərɪəs] *adj* de usura, abusivo(a)
usurp [juː'zɜːp] *vt* usurpar
usurper [juː'zɜːpə(r)] *n* usurpador(ora) *m,f*
usury ['juːʒʊrɪ] *n* usura *f*
UT *(abbr* **Utah***)* Utah
Utah ['juːtɑː] *n* Utah
ute [juːt] *n Austr Fam* camioneta *f*
utensil [juː'tensɪl] *n* utensilio *m*; **kitchen utensils** utensilios de cocina
uterine ['juːtəraɪn] *adj* ANAT uterino(a)
uterus ['juːtərəs] *n* ANAT útero *m*
utilitarian [juːtɪlɪ'teərɪən] ◇ *n (in philosophy)* utilitarista *mf*
◇ *adj* -1. *(approach)* pragmático(a); *(design)* funcional, práctico(a) -2. *(in philosophy)* utilitarista
utilitarianism [juːtɪlɪ'teərɪənɪzəm] *n* utilitarismo *m*
utility [juː'tɪlɪtɪ] *n* -1. *(usefulness)* utilidad *f* ❑ *US* **~ man** *(in company)* empleado *m* de mantenimiento; *(in theatre)* = persona que desempeña funciones de utilero y actor de reparto de papeles pequeños; SPORT **~ player** jugador(ora) *m,f* comodín *or* polivalente; COMPTR **~ program** utilidad *f*; **~ room** = cuarto utilizado para planchar, lavar, etc; *Austr* **~ truck** camioneta *f*; *Austr* **~ vehicle** camioneta *f* -2. *(company)* **(public) ~**; servicio *m* público -3. *US* **utilities** *(service charges)* servicio *m*
utilization [juːtɪlaɪ'zeɪʃən] *n* utilización *f*, empleo *m*
utilize ['juːtɪlaɪz] *vt* utilizar
utmost ['ʌtməʊst], **uttermost** ['ʌtəməʊst] ◇ *n* **to the ~** al máximo; **she did her ~ to persuade them** hizo todo lo que pudo para convencerlos
◇ *adj* -1. *(greatest)* sumo(a); **with the ~ con-**

utopia tempt con el mayor desprecio; **it is of the ~ importance that...** es de suma importancia que...; **with the ~ ease** con suma facilidad **-2.** *(furthest)* **the ~ ends of the earth** los últimos confines de la tierra
utopia [juːˈtəʊpɪə] *n* utopía *f*
utopian [juːˈtəʊpɪən] ◇ *n* utópico(a) *m,f*
◇ *adj* utópico(a)
utter¹ [ˈʌtə(r)] *adj* total, completo(a); **it's ~ madness** es una auténtica locura; **the movie is ~ garbage** la película es una verdadera porquería; **to her ~ amazement** para su completo desconcierto
utter² *vt* **-1.** *(cry)* lanzar, dar; *(word)* decir, pronunciar; **he didn't ~ a sound for the rest of the journey** no dijo esta boca es mía durante el resto del viaje **-2.** LAW *(libel)* difundir; *(counterfeit money)* poner en circulación

utterance [ˈʌtərəns] *n* **-1.** *(act)* **to give ~ to sth** manifestar *or* expresar algo **-2.** *(words spoken)* expresión *f*; **the child's first utterances** las primeras palabras del niño **-3.** LING enunciado *m*
utterly [ˈʌtəlɪ] *adv* completamente, totalmente; **I ~ detest it** lo odio con toda mi alma
uttermost = utmost
U-turn [ˈjuːtɜːn] *n (in car)* cambio *m* de sentido; *Fig* giro *m* radical *or* de 180 grados; **to do** *or* **make a ~** *(in car)* cambiar de sentido; *Fig* dar un giro radical *or* de 180 grados; **the government were accused of doing** *or* **making a ~ on health policy** se acusó al gobierno de haber dado un giro de 180 grados en sanidad
UV [juːˈviː] *adj* PHYS *(abbr* **ultra-violet**) ultravioleta ❑ **UV radiation** radiación *f* ultravioleta; **UV rays** rayos *mpl* ultravioleta

UVF [juːviːˈef] *n (abbr* **Ulster Volunteer Force**) Fuerza *f* de Voluntarios del Ulster, = organización paramilitar norirlandesa partidaria de la permanencia en el Reino Unido
uvula [ˈjuːvjələ] *n* ANAT úvula *f*
uvular [ˈjuːvjələ(r)] *adj* ANAT, LING uvular
uxorious [ʌkˈsɔːrɪəs] *adj Formal* **he's ~** *(devoted to his wife)* siente excesiva devoción por su esposa; *(dominated by his wife)* está excesivamente sometido a su esposa
uxoriousness [ʌkˈsɔːrɪəsnɪs] *n Formal* **his ~** *(devotion to his wife)* la excesiva devoción que le profesa a su esposa; *(submission to his wife)* el excesivo sometimiento a su esposa
Uzbek [ˈʊzbek] ◇ *n* **-1.** *(person)* uzbeko(a) *m,f* **-2.** *(language)* uzbeko *m*
◇ *adj* uzbeko(a)
Uzbekistan [ʊzbekɪˈstɑːn] *n* Uzbekistán

Vv

V, v [viː] n (letter) V, v f ▫ **V sign** (for victory) uve f de la victoria; Br (as insult) = gesto ofensivo que se forma mostrando el dorso de los dedos índice y corazón en forma de uve a la persona insultada
V ELEC (abbr **volt**) V; **240 V** 240 V
v [viː] **-1.** (abbr **very**) muy **-2.** (abbr **versus**) contra **-3.** (abbr **verse**) (pl **vv**) versículo m **-4.** (abbr **vide**) vid.
V & A [viːənˈeɪ] n (abbr **Victoria and Albert**) = el museo Victoria and Albert de Londres
VA n **-1.** [viːˈeɪ] US (abbr **Veterans Administration**) = organismo estadounidense que se ocupa de los veteranos de guerra **-2.** (abbr **Virginia**) Virginia
vac [væk] n Br Fam UNIV vacaciones fpl
vacancy [ˈveɪkənsɪ] n **-1.** (position, job) (puesto m) vacante f; **to fill a ~** cubrir una vacante **-2.** (at hotel) habitación f libre; **no vacancies** (sign) completo **-3.** (lack of intelligence) vacuidad f **-4.** (emptiness) vacío m
vacant [ˈveɪkənt] adj **-1.** (job) vacante; **an administrative job became** or **fell ~** quedó vacante un puesto administrativo **-2.** (seat, space, house, room) libre; **to be ~** (seat, space) estar libre ▫ US **~ lot** solar m (sin edificar); Br **~ possession** propiedad f desocupada or libre de inquilinos **-3.** (expression, look) vacío(a), inexpresivo(a)
vacantly [ˈveɪkəntlɪ] adv (absentmindedly) distraídamente; (expressionlessly) sin expresión
vacate [vəˈkeɪt] vt Formal (seat, apartment) dejar libre; (room, building) desalojar; (one's post) dejar vacante
vacation [vəˈkeɪʃən] ◇ n **-1.** US (holiday) vacaciones fpl; **to take a ~** tomarse unas vacaciones; **to be on ~** estar de vacaciones; **to go on ~** irse de vacaciones ▫ **~ resort** centro m turístico, lugar m de veraneo **-2.** UNIV vacaciones fpl; Br LAW periodo m vacacional ▫ **~ course** curso m de verano; **~ work** empleo m or trabajo m de vacaciones
◇ vi US pasar las vacaciones; (in summer) veranear
vacationer [vəˈkeɪʃənə(r)] n US turista mf; (in summer) veraneante mf
vaccinate [ˈvæksɪneɪt] vt MED vacunar (**against** contra)
vaccination [væksɪˈneɪʃən] n MED **-1.** (act of vaccinating) vacunación f; **to have a ~** vacunarse **-2.** (vaccine) vacuna f
vaccine [ˈvæksiːn] n MED vacuna f; **smallpox ~** vacuna de la viruela
vaccinee [væksɪˈniː] n US vacunado(a) m,f
vacillate [ˈvæsɪleɪt] vi vacilar, titubear
vacillation [væsɪˈleɪʃən] n vacilación f, titubeos mpl
vacuity [vəˈkjuːɪtɪ], **vacuousness** [ˈvækjʊəsnɪs] n Formal vacuidad f
vacuous [ˈvækjʊəs] adj (person, remark, book) vacuo(a), vacío(a); (look, expression) vacío(a), vago(a)
vacuum [ˈvækjʊm] ◇ n **-1.** (void) vacío m; **his death left a ~ in my life** su muerte dejó un vacío en mi vida; **a political ~** un vacío político; **it doesn't exist in a ~** no tiene lugar aisladamente
-2. PHYS vacío m ▫ US **~ bottle** termo m; **~ brake** freno m de vacío; Br **~ flask** termo m; **~ pump** bomba f de vacío; ELEC **~ tube** tubo m de vacío

-3. (when cleaning) **I gave the room a quick ~** pasé la aspiradora rápidamente por la habitación ▫ **~ cleaner** aspiradora f, aspirador m
◇ vt pasar la aspiradora por, aspirar
◇ vi pasar la aspiradora, aspirar
vacuum-clean [ˈvækjʊmkliːn] vt pasar la aspiradora por
vacuum-packed [ˈvækjʊmˈpækt] adj envasado(a) al vacío
vade mecum [vɑːdɪˈmeɪkʊm] (pl **vade mecums**) n vademécum m
Vaduz [væˈdʊts] n Vaduz
vagabond [ˈvægəbɒnd] n vagabundo(a) m,f
vagaries [ˈveɪɡərɪz] npl **the ~ of...** los avatares or caprichos de...
vagina [vəˈdʒaɪnə] n vagina f
vaginal [vəˈdʒaɪnəl] adj vaginal ▫ **~ discharge** flujo m vaginal; **~ mucus** moco m vaginal; **~ smear** frotis m inv vaginal
vaginitis [vædʒɪˈnaɪtɪs] n MED vaginitis f inv
vagrancy [ˈveɪɡrənsɪ] n LAW vagabundeo m
vagrant [ˈveɪɡrənt] n mendigo(a) m,f, vagabundo(a) m,f
vague [veɪɡ] adj **-1.** (ill-defined, unclear) (feeling, recollection, statement) vago(a); (instructions, description) impreciso(a), poco preciso(a); (shape, outline) vago(a), borroso(a); **I haven't the vaguest idea** no tengo ni la más remota idea; **he was rather ~ about it** no precisó mucho; **to bear a ~ resemblance to sth/sb** parecerse or recordar vagamente a algo/alguien **-2.** (person, expression) distraído(a)
vaguely [ˈveɪɡlɪ] adv **-1.** (not clearly) vagamente; **I ~ remember him** lo recuerdo vagamente; **it tastes ~ of coffee** tiene un dejo a café; **she ~ resembles her aunt** recuerda or se parece vagamente a su tía **-2.** (absent-mindedly) distraídamente; **he looked ~ around him** miró distraídamente a su alrededor
vagueness [ˈveɪɡnɪs] n **-1.** (of feeling, recollection, statement) vaguedad f; (of instructions, description) imprecisión f **-2.** (absent-mindedness) distracción f
vain [veɪn] ◇ n **in ~** en vano; **thou shalt not take my name in ~** no tomarás mi nombre en vano; Hum **are you taking my name in ~ again?** ¡me vais a gastar el nombre!
◇ adj **-1.** (conceited) vanidoso(a), vano(a); **he's very ~ about his looks** es muy presumido **-2.** (futile) vano(a) **-3.** Literary (empty, worthless) vano(a)
vainglorious [veɪnˈɡlɔːrɪəs] adj Literary vanaglorioso(a)
vainly [ˈveɪnlɪ] adv **-1.** (conceitedly) vanidosamente, con vanidad **-2.** (unsuccessfully) en vano
vainness [ˈveɪnnɪs] n (futility) inutilidad f
valance [ˈvæləns] n (round bed frame) doselera f; (round shelf, window) cenefa f
vale [veɪl] n Literary valle m; Fig **a ~ of tears** un valle de lágrimas
valediction [vælɪˈdɪkʃən] n Formal **-1.** (farewell) despedida f **-2.** (speech) alocución f or discurso m de despedida
valedictory [vælɪˈdɪktərɪ] ◇ n US UNIV discurso m de despedida
◇ adj Formal (speech) de despedida
valence US = **valency**
Valencia [vəˈlensɪə] n Valencia

Valencian [vəˈlensɪən] ◇ n valenciano(a) m,f
◇ adj valenciano(a)
valency [ˈveɪlənsɪ], US **valence** [ˈveɪləns] n CHEM valencia f
valentine [ˈvæləntaɪn] n **-1. Saint Valentine** san Valentín **-2.** (beloved) **will you be my ~?** = fórmula que se emplea en las tarjetas de San Valentín para expresar los sentimientos hacia alguien ▫ **Valentine's Day** día m de San Valentín, día m de los enamorados **-3.** (card) **~ (card)** = tarjeta para el día de los enamorados
valerian [vəˈlɪərɪən] n valeriana f
valet ◇ n [ˈvæleɪ] **-1.** (manservant) ayuda m de cámara **-2.** (in hotel) valet m, mozo m de hotel ▫ **~ parking** servicio m de aparcacoches; **~ service** servicio m de planchado
◇ vt [ˈvæleɪ] **-1.** (car) lavar y limpiar **-2.** (clothes) planchar
Valetta [vəˈletə] n La Valetta
valetudinarian [vælɪtjuːdɪˈneərɪən] Literary ◇ adj valetudinario(a)
◇ n valetudinario(a) m,f
Valhalla [vælˈhælə] n Valhala
valiant [ˈvælɪənt] adj Literary valeroso(a), valiente; **she made a ~ effort to pull herself together** hizo un enorme esfuerzo por recobrar la compostura
valiantly [ˈvælɪəntlɪ] adv valerosamente, con valor
valid [ˈvælɪd] adj (excuse, argument, reason) válido(a), legítimo(a); (licence) en vigor; (contract) legal; **~ for six months** válido or valedero(a) durante seis meses; **no longer ~** caducado(a)
validate [ˈvælɪdeɪt] vt **-1.** (theory, claim, argument) validar **-2.** (document, ticket) dar validez a **-3.** (contract) validar, dar validez a
validation [vælɪˈdeɪʃən] n validación f
validity [vəˈlɪdɪtɪ] n validez f
validly [ˈvælɪdlɪ] adv legítimamente
valise [væˈliːz] n US (small suitcase) maleta f de fin de semana
Valium® [ˈvælɪəm] n valium® m; **to be on Valium**® tomar valium®
Valkyrie [vælˈkɪərɪ] n valquiria f
Valletta [vəˈletə] n La Valeta
valley [ˈvælɪ] n valle m

VALLEY FORGE

En este lugar del estado de Pensilvania se instalaron los campamentos del ejército de George Washington en el invierno de 1777-1778, durante la Guerra de la Independencia estadounidense. Debido al gran valor demostrado por las tropas frente a las duras condiciones de la vida en los campamentos, llegó a convertirse en un emplazamiento de gran importancia simbólica para la nación.

---

valor US = **valour**
valorous [ˈvælərəs] adj Literary valeroso(a)
valour, US **valor** [ˈvælə(r)] n Literary valor m
valuable [ˈvæljʊəbəl] ◇ n **valuables** objetos mpl de valor
◇ adj valioso(a)
valuation [væljʊˈeɪʃən] n **-1.** (act) tasación f; valoración f; **to get a ~ of sth** hacer tasar or valorar algo **-2.** (price) valoración f, tasación f

value ['vælju:] ◇ n **-1.** *(monetary worth)* valor m; **to the ~ of...** hasta un valor de...; **of great/little ~** muy/poco valioso(a); **of no ~** sin valor; **to be of ~** tener valor; **to be good/poor ~ (for money)** tener buena/mala relación calidad-precio; **to increase/decrease in ~** aumentar/disminuir de valor; **to set** *or* **put a ~ on sth** poner precio a algo; **they put a ~ of £90,000 on the house** valoraron *or* tasaron la casa en 90.000 libras ❏ **~ judgement** juicio m de valor; **to make a ~ judgement** hacer un juicio de valor
-2. *(merit, importance)* valor m, importancia f; **they place a high ~ on punctuality** valoran mucho la puntualidad, le dan mucha importancia a la puntualidad
-3. *(principle)* **values** valores mpl; **a sense of values** una escala de valores; **moral values** valores morales
-4. LING, MATH & MUS valor m
◇ vt **-1.** *(evaluate)* valorar, tasar; **to get sth valued** pedir una valoración de algo **-2.** *(appreciate)* apreciar; **he values your friendship highly** valora (en) mucho tu amistad
value-added tax ['vælju:ædɪd'tæks] n Br impuesto m sobre el valor añadido *or* Am agregado
valued ['vælju:d] *adj (friend)* estimado(a), apreciado(a); *(contribution)* valioso(a)
valueless ['vælju:lɪs] *adj* sin valor
valuer ['vælju:ə(r)] n tasador(ora) m,f
valve [vælv] n **-1.** ANAT & TECH válvula f **-2.** MUS pistón m **-3.** BOT & ZOOL valva f **-4.** Br ELEC válvula f
vamoose [və'mu:s] vi US Fam **~!** ¡largo *or* fuera (de aquí)!
vamp [væmp] ◇ n **-1.** *(woman) Fam* vampiresa f **-2.** *(of shoe)* empeine m
◇ vt *(of woman) (man)* encandilar
◇ vi *(improvise)* improvisar
◆ **vamp up** vt sep **-1.** Br *(refurbish)* arreglar, redecorar; *(story, music)* retocar, hacer arreglos a **-2.** *(of woman)* **to ~ it up** hacer *or* ir de mujer fatal *or* vampiresa
vampire ['væmpaɪə(r)] n vampiro m ❏ **~ bat** vampiro m
van¹ [væn] n **-1.** AUT camioneta f, furgoneta f ❏ **~ driver** conductor(ora) m,f de camioneta **-2.** Br RAIL furgón m
van² [væn] n **-1.** MIL *(vanguard)* vanguardia f; **in the ~** en la vanguardia **-2.** *(cutting edge)* **in the ~ of abstract art** en la vanguardia del arte abstracto
vanadium [və'neɪdɪəm] n CHEM vanadio m
Vancouver [væn'ku:və(r)] n Vancouver
Vandal ['vændəl] n HIST vándalo(a) m,f
vandal ['vændəl] n *(hooligan)* vándalo m, Esp gamberro(a) m,f
vandalism ['vændəlɪzəm] n vandalismo m, Esp gamberrismo m
vandalize ['vændəlaɪz] vt destrozar adrede
vane [veɪn] n **-1.** *(for indicating wind direction)* **(weather) ~** veleta f **-2.** *(of propeller, turbine)* paleta f **-3.** *(of feather)* barba f
vanguard ['væŋɡɑːd] n vanguardia f; **to be in the ~** ir en vanguardia, estar a la vanguardia
vanilla [və'nɪlə] n vainilla f; **~ ice cream** helado de vainilla ❏ **~ pod** vainilla f *(fruto)*
vanish ['vænɪʃ] vi desaparecer; **to ~ into thin air** esfumarse
vanishing ['vænɪʃɪŋ] *adj* IDIOM **to do a ~ act** *(disappear)* desaparecer ❏ *Old-fashioned* **~ cream** crema f (hidratante) de día; **~ point** punto m de fuga; **profits have dwindled to ~ point** los beneficios han disminuido hasta casi desaparecer
vanity ['vænɪtɪ] n **-1.** *(conceit)* vanidad f ❏ **~ bag** bolsa f de aseo, neceser m; **~ case** bolsa f de aseo, neceser m; **~ mirror** espejo m de cortesía; *US* **~ plate** matrícula f personalizada; **~ publishing** edición f propia *(costeada por el autor)*; Br **~ unit** lavabo m *or* Am lavamanos m inv empotrado **-2.** *Literary (futility)* vanidad f; **all is ~** todo es vanidad
vanload ['vænləʊd] n **a ~ of...** una camioneta *or* furgoneta cargada de...

vanquish ['væŋkwɪʃ] vt *Literary* vencer, derrotar
vantage point ['vɑːntɪdʒ'pɔɪnt] n atalaya f; Fig posición f ventajosa
Vanuatu [vænu:'ætu:] n Vanuatú
vapid ['væpɪd] *adj (person)* insulso(a); *(conversation, remark)* insustancial
vapidity [və'pɪdɪtɪ] n *(of conversation, remark)* insustancialidad f; *(of person)* insulsez f
vapor US = **vapour**
vaporize ['veɪpəraɪz] ◇ vt evaporar
◇ vi evaporarse
vaporizer ['veɪpəraɪzə(r)] n **-1.** *(for water)* vaporizador m; *(for perfume, spray)* pulverizador m, vaporizador m **-2.** MED *(inhaler)* inhalador m; *(for throat)* espray m para la garganta
vapour, *US* **vapor** ['veɪpə(r)] n vapor m; IDIOM **to have (an attack of) the vapours** ponerse de los nervios ❏ **~ trail** *(from plane)* estela f
Varanasi [və'rɑːnəsɪ] n Benarés
variability [veərɪə'bɪlɪtɪ] n variabilidad f
variable ['veərɪəbəl] ◇ n variable f
◇ *adj* variable ❏ COM **~ costs** costos mpl *or* Esp costes mpl variables; FIN **~ interest rate** tipo m *or* tasa f de interés variable; ASTRON **~ star** estrella f variable
variable-interest ['veərɪəbəl'ɪntrest] *adj* FIN *(securities, shares)* de renta variable; *(mortgage)* (con tipo *or* tasa) de interés variable
variance ['veərɪəns] n **-1.** *(difference)* discrepancia f; **to be at ~ with sth/sb** discrepar de algo/alguien **-2.** *(in statistics)* varianza f
variant ['veərɪənt] ◇ n **-1.** variante f **-2.** LING variante f
◇ *adj* **-1.** *(different)* alternativo(a), distinto(a) **-2.** LING *(form, pronunciation)* alternativo(a); **~ spelling** variante f ortográfica
variation [veərɪ'eɪʃən] n **-1.** *(discrepancy, difference)* variación f; **there is considerable ~ between individuals** hay gran variación *or* grandes diferencias de un individuo a otro **-2.** *(different version)* variación f, variedad f; **variations on a theme** variaciones sobre un tema *or* sobre el mismo tema **-3.** MUS variación f **-4.** BIOL variación f, mutación f
varicose vein ['værɪkəʊs'veɪn] n MED variz f, vena f varicosa
varied ['veərɪd] *adj* variado(a)
variegated ['veərɪɡeɪtɪd] *adj (leaf)* moteado(a), jaspeado(a); *(plant)* colorido(a); *(foliage, plumage)* abigarrado(a), colorido(a)
variety [və'raɪətɪ] n **-1.** *(number, assortment)* variedad f; **~ of reasons** diversos motivos; **in a ~ of ways** de diversas maneras; **the dresses come in a ~ of sizes** tenemos los vestidos en varias tallas *or* RP varios talles; **there is a wide ~ of colours/styles to choose from** hay una amplia variedad de colores/estilos para elegir
-2. *(diversity)* variedad f; **for ~** para variar; **he needs more ~ in his diet** necesita una dieta más variada; **the work lacks ~** el trabajo es muy monótono; **meeting lots of different people adds ~ to the job** conocer a mucha gente diferente hace el trabajo más entretenido; PROV **~ is the spice of life** en la variedad está el gusto
-3. *(of plant, species)* variedad f
-4. THEAT & TV **variedades** fpl ❏ **~ show** espectáculo m de variedades
varifocals [veərɪ'fəʊkəlz] npl lentes fpl progresivas
various ['veərɪəs] *adj (different)* diversos(as), diferentes; *(several)* varios(as); **at ~ times** en distintas *or* diversas ocasiones
variously ['veərɪəslɪ] *adv* **~ described as a hero and a bandit** descrito por unos como héroe y por otros como bandido; **he was ~ known as soldier, king and emperor** según el caso, fue conocido como soldado, como rey y como emperador; **the number of cases has been ~ estimated at between 2,000 and 8,000** se han hecho estimaciones muy diversas sobre el número de casos, que van desde el 2.000 a 8.000
varlet ['vɑːlɪt] n **-1.** *Archaic (servant)* valet m **-2.** *Pej Literary* villano m, bellaco m
varmint ['vɑːmɪnt] n *US Fam (animal)* bicho m; *(person)* sabandija m

varnish ['vɑːnɪʃ] ◇ n **-1.** *(for wood, oil painting)* barniz m **-2.** Br *(for nails)* esmalte m (de uñas)
◇ vt **-1.** *(wood, painting)* barnizar **-2.** Br **to ~ one's nails** darse esmalte en las uñas
◆ **varnish over** vt sep Fig maquillar, disfrazar
varsity ['vɑːsɪtɪ] n **-1.** *US (university team)* equipo m universitario **-2.** Br Fam Old-fashioned universidad f ❏ **~ match** encuentro m universitario
vary ['veərɪ] ◇ vt variar
◇ vi variar (**in** de); **opinions ~** hay diversas opiniones; **the students ~ considerably in ability** el nivel de los alumnos varía notablemente; **attitudes ~ greatly** las actitudes varían mucho; **his routine never varies** su rutina nunca cambia; **how often do you go? – it varies** ¿con qué frecuencia va? – depende
varying ['veərɪɪŋ] *adj (amount)* diverso(a); **with ~ degrees of success** con mayor o menor éxito
vascular ['væskjʊlə(r)] *adj* BIOL vascular ❏ **~ disease** enfermedad f vascular
vas deferens [væs'defərənz] n ANAT conducto m *or* vaso m deferente
vase [vɑːz, *US* veɪs] n jarrón m
vasectomy [və'sektəmɪ] n MED vasectomía f; **to have a ~** hacerse una vasectomía
Vaseline® ['væsɪliːn] n vaselina f
vasoconstrictor [veɪzəʊkən'strɪktə(r)] n MED vasoconstrictor m
vasodilator [veɪzəʊdaɪ'leɪtə(r)] n MED vasodilatador m
vassal ['væsəl] n **-1.** HIST vasallo(a) m,f **-2.** *(dependent person)* súbdito(a) m,f; *(dependent nation)* estado m satélite ❏ **~ state** estado m *or* país m satélite
vast [vɑːst] *adj* **-1.** *(area)* vasto(a); **it's a ~ country** es un país inmenso **-2.** *(majority, number)* inmenso(a); *(experience, improvement)* enorme; *(difference)* abismal; **it's a ~ improvement on his last performance** su rendimiento ha mejorado enormemente con respecto a la última vez; **~ sums of money** enormes *or* incalculables sumas de dinero
vastly ['vɑːstlɪ] *adv* enormemente; **his books are ~ overrated** sus libros están enormemente sobrevalorados; **it's ~ different/superior** es infinitamente distinto/superior
vastness ['vɑːstnɪs] n inmensidad f
VAT [viː'eɪ'tiː, væt] n Br *(abbr* **value-added tax**) IVA m
vat [væt] n *(container)* tina f, cuba f
Vatican ['vætɪkən] n **the ~** el Vaticano ❏ **~ City** Ciudad f del Vaticano; **First ~ Council** el Concilio Vaticano I *or* Primero; **Second ~ Council** el Concilio Vaticano II *or* Segundo
vaudeville ['vɔːdəvɪl] n *US* THEAT vodevil m
vault¹ [vɔːlt] n **-1.** ARCHIT bóveda f; *Literary* **the ~ of heaven** la bóveda celeste **-2.** *(cellar)* sótano m **-3.** *(for burial)* cripta f; **the family ~** el panteón familiar **-4.** *(of bank)* cámara f acorazada, *Am* bóveda f de seguridad
vault² ◇ n *(in gymnastics) (event)* salto m de caballo; *(jump)* salto m
◇ vt saltar
◇ vi saltar; **to ~ over sth** saltar por encima de algo
vaulted ['vɔːltɪd] *adj (ceiling)* abovedado(a)
vaulting ['vɔːltɪŋ] n ARCHIT abovedado m
◇ *adj* **-1.** SPORT *(pole)* de salto ❏ **~ horse** plinto m, caballo m sin arcos **-2.** *Fig Literary (arrogance, ambition)* desmesurado(a), desmedido(a)
vaunt [vɔːnt] vt *Formal* alardear de, hacer alarde de; **his much vaunted reputation as...** su tan cacareada reputación de...
VC [viː'siː] n **-1.** *(abbr* **Vice-Chairman**) vicepresidente(a) m,f **-2.** Br MIL *(abbr* **Victoria Cross**) = la más alta condecoración militar británica **-3.** *US* MIL *Fam (abbr* **Vietcong**) Vietcong m
V-chip ['viːtʃɪp] n COMPTR & TV chip m antiviolencia, = dispositivo que bloquea la recepción de programas con escenas de sexo o violencia

VCR [ˌviːsiːˈɑː(r)] n (abbr **video cassette recorder**) (aparato m de) vídeo m or Am video m

VD [ˌviːˈdiː] n (abbr **venereal disease**) enfermedad f venérea

VDT [ˌviːdiːˈtiː] n COMPTR (abbr **visual display terminal**) monitor m

VDU [ˌviːdiːˈjuː] n COMPTR (abbr **visual display unit**) monitor m ❑ ~ **operator** persona f trabajando en pantalla

veal [viːl] n (carne f de) ternera f blanca

vector [ˈvektə(r)] n **-1.** MATH vector m ❑ ~ **space** espacio m vectorial **-2.** MED vector m

VE day [ˌviːˈiːdeɪ] n = fecha que marca el triunfo aliado en Europa el 8 de mayo de 1945

veep [viːp] n US Fam vicepresidente(a) m,f

veer [ˈvɪə(r)] vi **-1.** (vehicle, road) torcer, girar; (ship) virar; (wind) cambiar de dirección, Spec rolar; **to ~ to the left/right** (road) torcer a la izquierda/derecha; **the taxi veered off into the ditch** el taxi dio un viraje y cayó en la zanja; **the ship veered off course** el barco se desvió de su rumbo; **the wind has veered (round) to the east** el viento ha cambiado or Spec rolado al este **-2.** Fig **the party has veered to the left** el partido ha dado un giro a la izquierda; **the speaker kept veering off the subject** el disertante se salía del tema constantemente; **her mood veers between euphoria and black depression** su estado de ánimo va de la euforia a la depresión más absoluta

➤ **veer round** vi (wind) cambiar de dirección, Spec rolar

veg [vedʒ] n Br Fam verduras fpl; **meat and two ~** carne con dos tipos de verdura

➤ **veg out** vi Fam rascarse la barriga, Esp tocarse las narices

vegan [ˈviːgən] ◇ n vegetaliano(a) m,f, vegetalista mf, = vegetariano estricto que no come ningún producto de origen animal ◇ adj vegetaliano(a), vegetalista

vegeburger [ˈvedʒɪbɜːgə(r)] n hamburguesa f vegetariana

Vegemite® [ˈvedʒɪmaɪt] n Austr = crema para untar hecha de levadura y extractos vegetales

vegetable [ˈvedʒɪtəbəl] n **-1.** (plant) hortaliza f; **vegetables** verdura f, verduras fpl; **eat up your vegetables** cómete la verdura ❑ ~ **fat** grasa f vegetal; ~ **garden** huerto m; ~ **kingdom** reino m vegetal; ~ **marrow** = especie de calabacín or CSur zapallito or Méx calabacita de gran tamaño; ~ **matter** materia f vegetal; ~ **oil** aceite m vegetal; ~ **patch** huerto m; ~ **soup** sopa f de verduras **-2.** (brain-damaged person) vegetal m

vegetarian [ˌvedʒɪˈteərɪən] ◇ n vegetariano(a) m,f
◇ adj vegetariano(a)

vegetarianism [ˌvedʒɪˈteərɪənɪzəm] n vegetarianismo m

VEGETARIANISM

Ya sea por razones éticas, religiosas o dietéticas, el vegetarianismo se ha extendido en el Reino Unido más que en el resto de países europeos o que en EE.UU. Actualmente la mayoría de los restaurantes disponen de menús que incluyen uno o varios platos vegetarianos, y en los hogares británicos es frecuente que se pregunte con antelación a los invitados que se esperan para comer o cenar si son vegetarianos o no.

---

vegetate [ˈvedʒɪteɪt] vi vegetar

vegetation [ˌvedʒɪˈteɪʃən] n vegetación f

vegetative [ˈvedʒɪtətɪv] adj MED (condition) vegetativo(a)

veggie, veggy [ˈvedʒɪ] n Fam **-1.** (vegetarian) vegetariano(a) m,f **-2.** (vegetable) **veggies** verdura f, verduras fpl

vehemence [ˈviːməns] n vehemencia f

vehement [ˈviːmənt] adj vehemente; **she launched a ~ attack on the government** lanzó un furibundo ataque contra el gobierno

vehemently [ˈviːməntlɪ] adv (to speak) vehementemente, con vehemencia; (to deny) rotundamente; (to gesticulate) ostensiblemente; (to attack) con furia

vehicle [ˈviːɪkəl] n **-1.** (transport) vehículo m ❑ Br **Vehicle Registration Document** permiso m de circulación **-2.** Fig (means) vehículo m; **the movie was conceived as a ~ for his comic talent** la película se concibió como un escaparate para su talento cómico; **the newspaper is merely a ~ for state propaganda** el periódico no es más que un vehículo or medio de propaganda oficial

vehicular [vɪˈhɪkjʊlə(r)] adj de vehículos ❑ ~ **access** acceso m para vehículos; US ~ **homicide** homicidio m por atropello; ~ **traffic** tráfico m de vehículos or rodado

veil [veɪl] ◇ n velo m; **a ~ of smoke** una cortina de humo; REL **to take the ~** tomar los hábitos, hacerse monja; IDIOM **to draw a ~ over sth** correr un tupido velo sobre algo; Fig **under a ~ of secrecy** rodeado(a) de un halo de secreto or misterio
◇ vt **-1.** (person) cubrir con un velo **-2.** (truth, feelings, intentions) velar, ocultar; **veiled in secrecy** rodeado(a) de un halo de secreto or misterio

veiled [veɪld] adj **-1.** (wearing veil) con velo; **to be ~** llevar velo **-2.** (threat, allusion) velado(a); **thinly ~ hostility** hostilidad apenas disimulada

vein [veɪn] n **-1.** ANAT (in body) vena f; **she has Polish blood in her veins** tiene sangre polaca, lleva sangre polaca en sus venas **-2.** (of leaf) nervio m **-3.** (in rock) filón m, veta f; (in wood, marble) veta f; **a rich ~ of irony runs through the book** el libro tiene una fuerte carga de ironía **-4.** IDIOMS **in a lighter ~** en un tono más ligero; **in a similar ~** en la misma línea, en el mismo tono

veined [veɪnd] adj **-1.** (hand, skin) venoso(a), de venas marcadas **-2.** (leaf) nervado(a) **-3.** (cheese, stone) veteado(a); **green-~ marble** mármol de vetas verdes

velar [ˈviːlə(r)] adj ANAT & LING velar

Velcro® [ˈvelkrəʊ] n velcro® m

veld(t) [velt] n veld m, = altiplano estepario sudafricano

vellum [ˈveləm] n pergamino m, vitela f ❑ ~ **paper** papel m pergamino

velocity [vɪˈlɒsɪtɪ] n velocidad f

velodrome [ˈvelədrəʊm] n velódromo m

velour [vəˈlʊə(r)] ◇ n veludillo m, velvetón m
◇ adj de veludillo, de velvetón

velum [ˈviːləm] n ANAT velo m del paladar

velvet [ˈvelvɪt] n terciopelo m; **as smooth as ~** (skin) suave como el terciopelo, aterciopelado(a); ~ **jacket** chaqueta de terciopelo; IDIOM **an iron fist** or **hand in a ~ glove** mano dura bajo un manto de aparente bondad

velveteen [ˈvelvɪtiːn] n pana f lisa

velvety [ˈvelvɪtɪ] adj aterciopelado(a)

venal [ˈviːnəl] adj Formal venal, corrupto(a)

venality [viːˈnælɪtɪ] n Formal venalidad f

vendetta [venˈdetə] n vendetta f; **to carry on** or **wage a ~ against sb** llevar a cabo una campaña para destruir a alguien

vending machine [ˈvendɪŋməˌʃiːn] n máquina f expendedora

vendor [ˈvendɔː(r)] n vendedor(ora) m,f; LAW parte f vendedora

veneer [vəˈnɪə(r)] n **-1.** (of wood) laminado m, chapa f, enchapado m **-2.** Fig (appearance) pátina f, barniz m

venerable [ˈvenərəbəl] adj venerable

venerate [ˈvenəreɪt] vt venerar

veneration [ˌvenəˈreɪʃən] n veneración f

venereal [vɪˈnɪərɪəl] adj venéreo(a) ❑ ~ **disease** enfermedad f venérea

Venetian [vɪˈniːʃən] ◇ n veneciano(a) m,f
◇ adj veneciano(a) ❑ ~ **blind** persiana f veneciana; ~ **glass** cristal m de Murano

Veneto [ˈvenetəʊ] n el Véneto

Venezuela [ˌvenəˈzweɪlə] n Venezuela

Venezuelan [ˌvenəˈzweɪlən] ◇ n venezolano(a) m,f
◇ adj venezolano(a)

vengeance [ˈvendʒəns] n venganza f; **to take** or **wreak ~ on sb** vengarse de alguien; **to seek ~ for sth** buscar venganza por algo; Fig **the problem has returned with a ~** el problema se ha presentado de nuevo con agravantes; **by then it was raining with a ~** para entonces llovía con ganas or fuerza; **to work with a ~** trabajar denodadamente

vengeful [ˈvendʒfʊl] adj vengativo(a)

venial [ˈviːnɪəl] adj (sin) venial; (error) leve

Venice [ˈvenɪs] n Venecia

venison [ˈvenɪsən] n (carne f de) venado m

Venn diagram [ˈvenˌdaɪəgræm] n MATH diagrama m de Venn

venom [ˈvenəm] n also Fig veneno m

venomous [ˈvenəməs] adj venenoso(a); (look, criticism) envenenado(a), ponzoñoso(a); **he has a ~ tongue** tiene una lengua viperina

venous [ˈviːnəs] adj MED venoso(a)

vent [vent] ◇ n **-1.** (opening) orificio m de ventilación, respiradero m; (duct) conducto m de ventilación; (in chimney) tiro m; (in volcano) chimenea f; **to give ~ to sth**: **she gave ~ to her feelings** se desahogó, dio rienda suelta a sus sentimientos; **he gave full ~ to his anger** descargó toda su ira **-2.** (in jacket, skirt) abertura f **-3.** (of bird, fish) cloaca f, ano m
◇ vt **she vented her anger on him** descargó su ira sobre él

ventilate [ˈventɪleɪt] vt **-1.** (room) ventilar; MED (blood) oxigenar; **a well/badly ventilated room** una habitación bien/mal ventilada **-2.** (subject) airear

ventilation [ˌventɪˈleɪʃən] n ventilación f ❑ ~ **shaft** (in mine) pozo m de ventilación

ventilator [ˈventɪleɪtə(r)] n **-1.** (in building) ventilador m **-2.** MED respirador m; **to be on a ~** estar conectado a un respirador, estar con respiración asistida

ventral [ˈventrəl] adj ventral ❑ ~ **fin** aleta f pelviana or abdominal

ventricle [ˈventrɪkəl] n ANAT ventrículo m

ventriloquism [venˈtrɪləkwɪzəm] n ventriloquía f

ventriloquist [venˈtrɪləkwɪst] n ventrílocuo(a) m,f ❑ ~'s **dummy** muñeco m de ventrílocuo

venture [ˈventʃə(r)] ◇ n **-1.** (undertaking) aventura f, iniciativa f; **it's his first ~ into politics/fiction** es su primera incursión en política/la literatura de ficción ❑ Br **Venture Scout** = scout de entre 16 y 20 años, ≃ pionero(a) m,f **-2.** (in business) empresa f, operación f ❑ FIN ~ **capital** capital m de riesgo
◇ vt **-1.** (stake, life) arriesgar; **to ~ to do sth** aventurarse or atreverse a hacer algo; **he ventured to contradict her** se atrevió a contradecirla; PROV **nothing ventured, nothing gained** el que no se arriesga no pasa la mar **-2.** (comment) aventurar; **to ~ a suggestion** aventurarse a sugerir algo; **if I may ~ a guess/an opinion** si se me permite aventurar una hipótesis/opinión
◇ vi aventurarse; **he ventured into the woods** se aventuró en el interior del bosque; **I wouldn't ~ out of doors in this weather** yo no me aventuraría a salir con este tiempo; **the government has ventured on a new defence policy** el gobierno se ha embarcado en una nueva política de defensa; **to ~ into politics** aventurarse en política

➤ **venture forth** vi Literary aventurarse

➤ **venture on, venture upon** vt insep aventurarse en, meterse en

➤ **venture out** vi aventurarse a salir

venturesome [ˈventʃəsəm] adj Literary (person) audaz; (action) arriesgado(a)

venue [ˈvenjuː] n **-1.** (for meeting) lugar m; (for concert) local m (de conciertos), sala f (de conciertos); (for sports game) estadio m; **they've changed the ~ for tonight's meeting** han cambiado de sitio or lugar la reunión de esta noche; **the band have played at all of the biggest London venues** la banda ha tocado en las salas (de conciertos) más importantes de Londres **-2.** LAW jurisdicción f

Venus ['vi:nəs] *n* **-1.** *(goddess)* Venus *f* **-2.** *(planet)* Venus *m* **-3.** ~ **flytrap** dionea *f*, atrapamoscas *f inv*

veracity [vəˈræsɪtɪ] *n Formal* veracidad *f*

veranda(h) [vəˈrændə] *n* porche *m*, galería *f*

verb [vɜ:b] *n* verbo *m* ❑ LING ~ **phrase** sintagma *m* verbal

verbal ['vɜ:bəl] *adj* **-1.** *(oral) (account, confession)* oral; *(promise, agreement)* verbal ❑ ~ **abuse** insultos *mpl*; *Fam* ~ **diarrhoea** verborrea *f*; **to have** ~ **diarrhoea** hablar por los codos, enrollarse como las persianas; ~ **skills** expresión *f* verbal **-2.** LING verbal

verbalize ['vɜ:bəlaɪz] *vt* expresar con palabras

verbally ['vɜ:bəlɪ] *adv* **-1.** *(orally)* de palabra, verbalmente; **to be** ~ **abused** ser insultado(a) **-2.** LING verbalmente, con función verbal *or* de verbo

verbatim [vɜ:ˈbeɪtɪm] <> *adj* literal <> *adv* literalmente

verbena [vɜ:ˈbi:nə] *n* verbena *f (planta)*

verbiage ['vɜ:bɪɪdʒ] *n* palabrería *f*, verborrea *f*

verbose [vɜ:ˈbəʊs] *adj* verboso(a), prolijo(a)

verbosity [vɜ:ˈbɒsɪtɪ] *n* verbosidad *f*, verborrea *f*

verdant ['vɜ:dənt] *adj Literary* verde

verdict ['vɜ:dɪkt] *n* LAW & *Fig* veredicto *m*; **to return a** ~ **of guilty/not guilty** pronunciar un veredicto de culpabilidad/inocencia; **to reach a** ~ llegar a un veredicto final; **what's your** ~ **on the play?** ¿qué le ha parecido la obra?, ¿qué opinión le merece la obra?

verdigris ['vɜ:dɪgri:] *n* cardenillo *m*, verdín *m*

verdin ['vɜ:dɪn] *n* pájaro *m* moscón verde

verdure ['vɜ:djə(r)] *n Literary* verdor *m*

verge [vɜ:dʒ] *n* **-1.** *(edge)* borde *m*, margen *m* **-2.** *Br (of road)* borde *m*; *(beside road)* franja *f* de hierba *or* césped **-3.** *(threshold)* **on the** ~ **of...** al borde de...; **to be on the** ~ **of bankruptcy/a nervous breakdown** estar al borde de la quiebra/una crisis nerviosa; **to be on the** ~ **of tears** estar a punto de echarse a llorar; **to be on the** ~ **of doing sth** estar a punto de hacer algo

◆ **verge on** *vt insep* rayar en; **verging on...** rayano *or* rayando en; **they were verging on hysteria** estaban al borde de la histeria; **she's verging on forty** está a punto de cumplir los cuarenta; **green verging on blue** verde casi azul, verde tirando a azul

verger ['vɜ:dʒə(r)] *n* sacristán *m (de la Iglesia anglicana)*

verifiable [verɪˈfaɪəbəl] *adj* verificable

verification [verɪfɪˈkeɪʃən] *n (confirmation)* corroboración *f*, confirmación *f*; *(checking)* verificación *f*, comprobación *f*

verify ['verɪfaɪ] *vt (confirm)* corroborar, confirmar; *(check)* verificar, comprobar

verisimilitude [verɪsɪˈmɪlɪtju:d] *n Formal* verosimilitud *f*

veritable ['verɪtəbəl] *adj Formal* verdadero(a)

verity ['verɪtɪ] *n Literary* verdad *f*; **the eternal verities** las verdades eternas

vermicelli [vɜ:mɪˈtʃelɪ] *n* fideos *mpl*

vermilion [vəˈmɪljən] <> *n* bermellón *m* <> *adj* bermejo(a) ❑ ~ **flycatcher** churrinche *m*

vermin ['vɜ:mɪn] *npl* **-1.** *(insects)* bichos *mpl*, sabandijas *fpl*; *(bigger animals)* alimañas *fpl* **-2.** *Pej (people)* escoria *f*, gentuza *f*

verminous ['vɜ:mɪnəs] *adj* **-1.** *(infested) (person)* piojoso(a); *(clothes, mattress)* lleno(a) de pulgas/piojos/chinches **-2.** *(disgusting)* detestable

Vermont [vɜ:ˈmɒnt] *n* Vermont

vermouth ['vɜ:məθ] *n* vermú *m*, vermut *m*

vernacular [vəˈnækjʊlə(r)] <> *n* **-1.** LING lengua *f* vernácula; *(spoken language)* lenguaje *m* de la calle; **in the local** ~ en el habla local **-2.** *(jargon)* jerga *f*; **the sporting** ~ la jerga deportiva **-3.** ARCHIT arquitectura *f* local <> *adj (language)* vernáculo(a); *(architecture)* local; *(literature)* en lengua vernácula; **in** ~ **speech** en lenguaje cotidiano, en el habla corriente

vernal ['vɜ:nəl] *adj* ASTRON ~ **equinox** equinoccio *m* de primavera *or Spec* vernal

veronica [vəˈrɒnɪkə] *n* BOT verónica *f*

verruca [vəˈru:kə] *n* MED verruga *f (especialmente en las plantas de los pies)*

Versailles [vɜ:ˈsaɪ] *n* Versalles

versatile ['vɜ:sətaɪl] *adj (person)* polifacético(a), versátil *f*; *(mind)* abierto(a), flexible; *(object)* polivalente, multiuso(s) *inv*; *(dress, jacket)* versátil, que da mucho juego; *(ingredient)* polivalente, con múltiples aplicaciones; **a** ~ **player** un jugador polivalente

versatility [vɜ:səˈtɪlɪtɪ] *n (of person)* versatilidad *f*, carácter *m* polifacético; *(of object, ingredient)* versalitidad *f*, polivalencia *f*

verse [vɜ:s] *n* **-1.** *(poetry)* poesía *f*, verso *m*; **written in** ~ escrito en verso ❑ ~ **drama** teatro *m* en verso; ~ **translation** traducción *f* en verso **-2.** *(stanza)* estrofa *f* **-3.** *(of Bible)* versículo *m*

versed [vɜ:st] *adj* **to be (well)** ~ **in sth** estar (muy) versado(a) *or* ducho(a) en algo

version ['vɜ:ʃən] *n* **-1.** *(account)* versión *f*; **he gave us his** ~ **of events** nos dio su versión de los hechos **-2.** *(model)* modelo *m*; **the deluxe/economy** ~ *(of car, computer)* el modelo de lujo/económico; *Fig* **he looks like a younger** ~ **of his father** es igual(ito) que su padre cuando era joven **-3.** *(form) (of book, song)* versión *f*; **the screen** *or* **film** ~ **of the book** la versión fílmica del libro

verso ['vɜ:səʊ] *n* TYP *(of page)* verso *m*

versus ['vɜ:sɪz] *prep* **-1.** LAW & SPORT *(against)* contra **-2.** *(compared with)* frente a, en contraposición a

vertebra ['vɜ:tɪbrə] *(pl* **vertebrae** ['vɜ:tɪbri:])* *n* ANAT vértebra *f*

vertebral column ['vɜ:tɪbrəlˈkɒləm] *n* ANAT columna *f* vertebral

vertebrate ['vɜ:tɪbrət] <> *n* vertebrado(a) *m,f* <> *adj* vertebrado(a)

vertex ['vɜ:teks] *(pl* **vertices** ['vɜ:tɪsi:z])* *n* MATH vértice *m*

vertical ['vɜ:tɪkəl] <> *n* vertical *f* <> *adj* vertical; **there was a** ~ **drop to the sea below** había una caída en vertical hasta el mar ❑ COMPTR ~ **justification** justificación *f* vertical; COMPTR ~ **orientation** orientación *f* vertical; AV ~ **take-off (and landing)** despegue *m or Am* decolaje *m (y* aterrizaje) vertical

vertically ['vɜ:tɪklɪ] *adv* verticalmente

vertiginous [vɜ:ˈtɪdʒɪnəs] *adj Formal* vertiginoso(a)

vertigo ['vɜ:tɪgəʊ] *n* MED vértigo *m*

verve [vɜ:v] *n* nervio *m*, energía *f*

Very ['verɪ] *n* ~ **light** bengala *f* (de color) Very; ~ **pistol** pistola *f* de bengalas (de color) Very

very ['verɪ] <> *adv* **-1.** *(extremely)* muy; ~ **good/little** muy bueno/poco, buenísimo/poquísimo; **it isn't** ~ **difficult** no es muy difícil; **I'm** ~ **sorry** lo siento mucho; **there's nothing** ~ **special about it** no tiene nada demasiado especial; ~ **much** mucho; **I** ~ **much hope you'll come and visit us** espero de verdad que vengas a visitarnos; **it** ~ **much depends** depende mucho; **did you like it?** – ~ **much so** ¿te gustó? – muchísimo; **was it good?** – **yes,** ~**/not** ~ ¿fue bueno? – sí, mucho/no mucho; **are you hungry?** – **yes,** ~**/not** ~ ¿tienes hambre? – sí, mucha/no mucha; **how** ~ **annoying/stupid!** ¡qué fastidio/estupidez más grande!; REL **the Very Reverend John Green** el reverendo John Green ❑ RAD ~ **high frequency** frecuencia *f* muy alta

-2. *(emphatic use)* **the** ~ **first/best** el primero/el mejor de todos; **I did my** ~ **best** me esforcé al máximo; **we're the** ~ **best of friends** somos amiguísimos; **the** ~ **latest technology** lo ultimísimo en tecnología; **the** ~ **next day** precisamente el día siguiente; **the** ~ **same day** justo ese mismo día; **my** ~ **own bike** una bici sólo para mí; **I** ~ **nearly died** estuve a punto de morir; **at the** ~ **least/latest** como muy poco/tarde; **at the** ~ **most** como máximo; **I'm telling you for the** ~ **last time** esta es la última vez que te lo digo

<> *adj (emphatic use)* **you're the** ~ **person I was looking for** eres precisamente la persona a quien estaba buscando; **this is the** ~ **thing for the job** esto es precisamente lo que necesitábamos; **in this** ~ **house** en esta misma casa; **by its** ~ **nature** por su propia naturaleza; **at the** ~ **top of the mountain** en lo más alto de la montaña; **at the** ~ **beginning** al principio de todo; **this** ~ **day** este mismo día; **those were his** ~ **words** esas fueron sus palabras exactas; **she's the** ~ **opposite of me** es opuesta a mí en todo; **the** ~ **fact that you lied to me** precisamente el hecho de que me mintieras; **the** ~ **thought of it was enough to turn my stomach** sólo de pensarlo se me revolvía el estómago

vesicle ['vesɪkəl] *n* MED vesícula *f*

vespers ['vespəz] *n* REL vísperas *fpl*

vessel ['vesəl] *n* **-1.** NAUT buque *m*, navío *m* **-2.** *(receptacle)* vasija *f*, recipiente *m* **-3.** ANAT vaso *m*

vest [vest] <> *n* **-1.** *Br (sleeveless shirt)* camiseta *f* de tirantes *or Am* breteles **-2.** SPORT camiseta *f* (de tirantes *or Am* breteles) **-3.** *US (waistcoat)* chaleco *m*

<> *vt Formal* **to** ~ **sth in sb** conferir algo a alguien; **legislative authority is vested in Parliament** el poder legislativo se hace recaer sobre el parlamento; **by the power vested in me...** por los poderes que me han sido conferidos...; **to** ~ **sb with sth** investir a alguien con *or* de algo

vestal virgin ['vestəlˈvɜ:dʒɪn] *n* vestal *f*

vested ['vestɪd] *adj* **to have a** ~ **interest in sth** *(personal involvement)* tener un interés personal en algo; *(money invested)* tener dinero invertido en algo; ~ **interests** *(advantages, privileges)* intereses *mpl* creados; **the** ~ **interests in society** *(privileged groups)* los poderes establecidos de la sociedad *or* del sistema; **there are** ~ **interests in industry opposed to reform** hay (grupos con) intereses creados en el sector industrial que se oponen a la reforma

vestibule ['vestɪbju:l] *n* **-1.** vestíbulo *m* **-2.** ANAT vestíbulo *m* **-3.** *US* RAIL fuelle *m* de conexión

vestige ['vestɪdʒ] *n* **-1.** *(remnant)* vestigio *m*; **there's not a** ~ **of evidence that he was involved in the conspiracy** no existe el menor indicio de que estuviera involucrado en la conspiración; **not a** ~ **of the original building remains** no queda ni el menor rastro *or* vestigio del edificio original **-2.** ANAT & ZOOL rudimento *m*, vestigio *m*; **the** ~ **of a tail** el vestigio de una cola, una cola rudimentaria *or* vestigial

vestigial [vesˈtɪdʒɪəl] *adj* **-1.** *Formal (remaining)* residual; **some** ~ **sense of decency prevented him from doing it** algún vestigio de decencia que le quedaba le impidió hacerlo **-2.** BIOL *(tail)* rudimentario(a), vestigial

vestments ['vestmənts] *npl* REL vestiduras *fpl* (sacerdotales)

vestry ['vestrɪ] *n* REL sacristía *f*

Vesuvius [vəˈsu:vɪəs] *n* **(Mount)** ~ el Vesubio

vet[1] [vet] *n* veterinario(a) *m,f*

vet[2] *(pt & pp* **vetted**) *vt (person)* someter a investigación; *(application)* investigar; *(book, speech)* revisar, examinar; *(claims, figures)* revisar, contrastar

vet[3] *n US* MIL *Fam (veteran)* excombatiente *mf*, veterano(a) *m,f*

vetch [vetʃ] *n* arveja *f*

veteran ['vetərən] <> *n* MIL excombatiente *mf*, veterano(a) *m,f*; *Fig* veterano(a) *m,f* <> *adj* veterano(a) ❑ ~ **car** coche *m* antiguo *or* de época *(fabricado antes de 1905)*; *US* **Veterans' Day** día *m* del Armisticio

veterinarian [vetərɪˈneərɪən] *n US* veterinario(a) *m,f*

veterinary ['vetərɪnərɪ] *adj* veterinario(a) ❑ ~ **medicine** veterinaria *f*; *Br* ~ **surgeon** veterinario(a) *m,f*

veto ['vi:təʊ] ⋄ n (pl **vetoes**) veto m; **right or power of ~** derecho de veto; **to use one's ~** hacer uso del derecho de veto; **to impose a ~ on sth** vetar algo
⋄ vt vetar

vetting ['vetɪŋ] n investigación f (del historial) personal

vex [veks] vt (annoy) molestar, disgustar; (anger) esp Esp enfadar, esp Am enojar

vexation [vek'seɪʃən] n (annoyance) disgusto m, molestia f; (anger) esp Esp enfado m, esp Am enojo m

vexatious [vek'seɪʃəs] adj Formal molesto(a), enojoso(a)

vexed [vekst] adj -1. (annoyed) molesto(a), disgustado(a); (angry) esp Esp enfadado(a), esp Am enojado(a); **to become ~** esp Esp enfadarse, esp Am enojarse; **to be ~ with sb** estar esp Esp enfadado or esp Am enojado con alguien; **she was ~ at his behaviour** estaba muy disgustada por su comportamiento -2. (much debated) **a ~ question** una cuestión controvertida

vexing ['veksɪŋ] adj (annoying) molesto(a); (infuriating) enojoso(a)

VGA [ˌvi:dʒi:'eɪ] COMPTR (abbr **video graphics array**) VGA; **Super ~** Super VGA

VHF [ˌvi:eɪtʃ'ef] adj RAD (abbr **very high frequency**) VHF

VHS [ˌvi:eɪtʃ'es] n (abbr **video home system**) VHS m

via [vaɪə] prep -1. (travel) vía, por -2. (using) a través de; **~ satellite** vía or por satélite

viability [ˌvaɪə'bɪlɪtɪ] n viabilidad f

viable ['vaɪəbəl] adj viable

viaduct ['vaɪədʌkt] n viaducto m

Viagra® [vaɪ'ægrə] n Viagra® m or f

vial ['vaɪəl] n PHARM ampolla f, vial m; (of perfume) frasquito m

viands ['vaɪəndz] npl Archaic or Literary viandas fpl

vibes [vaɪbz] npl Fam -1. (feelings) vibraciones fpl, Esp rollo m, Am onda f; **I got good/bad ~ from that place** aquel lugar me daba buenas/malas vibraciones or Esp buen/mal rollo or Am buenas/malas ondas -2. (vibraphone) vibráfono m

vibrancy ['vaɪbrənsɪ] n (of sound, voice) vibración f, sonoridad f; (of colours) viveza f, brillo m; (of scene, city, atmosphere) animación f; (of personality) pujanza f

vibrant ['vaɪbrənt] adj (sound, voice) vibrante, sonoro(a); (colour) vivo(a), brillante; (scene, city, atmosphere) vibrante, lleno(a) de animación; (personality) pujante

vibraphone ['vaɪbrəfəʊn] n vibráfono m

vibrate [vaɪ'breɪt] vi vibrar

vibration [vaɪ'breɪʃən] n -1. (motion) vibración f -2. Fam **vibrations** (feelings) vibraciones fpl

vibrato [vɪ'brɑːtəʊ] n MUS vibrato m

vibrator [vaɪ'breɪtə(r)] n vibrador m

vicar ['vɪkə(r)] n (in Church of England) párroco m ⋄ **Vicar of Christ** (pope) vicario m de Cristo

vicarage ['vɪkərɪdʒ] n (in Church of England) casa f del párroco

vicarious [vɪ'keərɪəs] adj indirecto(a); **cinema allows us to gain ~ experience of extreme situations** el cine constituye una forma indirecta or pasiva de experimentar situaciones extremas; **reading travel guides can be a form of ~ travel** leer guías de viajes puede ser un sucedáneo de viajar; **to get ~ pleasure from sth** disfrutar de algo de forma indirecta, disfrutar de algo sin tomar parte en ello

vicariously [vɪ'keərɪəslɪ] adv indirectamente

vice[1] [vaɪs] n (immorality) vicio m; Hum **it's my only ~** es el único vicio que tengo ⋄ **~ ring** red f de delincuencia; **the Vice Squad** la brigada antivicio

vice[2], US **vise** n (for wood or metalwork) torno m or tornillo de banco

vice-chairman [vaɪs'tʃeəmən] n vicepresidente m

vice-chairwoman [vaɪs'tʃeəwʊmən] n vicepresidenta f

vice-chancellor [vaɪs'tʃɑːnsələ(r)] n Br (of university) ≃ rector(ora) m,f

vice-consul [vaɪs'kɒnsəl] n vicecónsul mf

vicelike ['vaɪslaɪk] adj **held in a ~ grip** sujeto(a) con mucha fuerza, fuertemente aferrado(a) or atenazado(a)

vice-premier [vaɪs'premɪə(r)] n viceprimer(era) ministro(a) m,f

vice-president [vaɪs'prezɪdənt] n -1. (of country) vicepresidente(a) m,f -2. US COM (of company) vicepresidente(a) m,f

vice-presidential [vaɪs'prezɪ'denʃəl] adj vicepresidencial ⋄ **~ candidate** el candidato a la vicepresidencia

viceroy ['vaɪsrɔɪ] n virrey m

vice versa [vaɪs'vɜːsə] adv viceversa

vicinity [vɪ'sɪnɪtɪ] n Formal -1. (surrounding area, neighbourhood) cercanías fpl, inmediaciones fpl; **in the ~** en las cercanías; **he's somewhere in the ~** está por aquí cerca; **in the ~ of the town centre** en las inmediaciones del centro de la ciudad -2. (proximity) proximidad f, cercanía f; Formal **one good thing about the house is its ~ to the station** una de las ventajas de la casa es su proximidad a la estación -3. (approximate figures, amounts) **a sum in the ~ of £25,000** una cantidad que ronda las 25.000 libras

vicious ['vɪʃəs] adj -1. (violent) (person) brutal, cruel; (animal, struggle) feroz; (blow, attack) brutal; **she has a ~ temper** tiene un carácter terrible -2. (malicious, cruel) (comment, criticism) despiadado(a); (gossip) malintencionado(a); (person) cruel; **he has a ~ tongue** tiene una lengua viperina; **a ~ circle** un círculo vicioso

viciously ['vɪʃəslɪ] adv (to attack, kick) brutalmente, con saña; (to criticize) despiadadamente; (to gossip) con mala intención

viciousness ['vɪʃəsnɪs] n -1. (violence) (of person, attack) brutalidad f, saña f; (of animal) ferocidad f, fiereza f -2. (cruelty, malice) (of criticism) crueldad f; (of gossip) mala intención f

vicissitude [vɪ'sɪsɪtjuːd] n Formal vicisitud f

victim ['vɪktɪm] n víctima f; **victims of cancer, cancer victims** víctimas del cáncer; **the flood/earthquake victims** (casualties) las víctimas de la inundación/del terremoto; (survivors) los damnificados por la inundación/el terremoto; **to be the ~ of** ser víctima de; **he was a ~ of his own success** fue víctima de su propio éxito; **to fall ~ to sth** (disease, recession) ser víctima de algo; **to fall ~ to sb's charms** caer rendido(a) ante los encantos de alguien

victimization [ˌvɪktɪmaɪ'zeɪʃən] n persecución f, trato m injusto

victimize ['vɪktɪmaɪz] vt perseguir, tratar injustamente; **he was victimized at school** en la escuela se metían con él; **this law victimizes the lower-paid** esta ley castiga a aquellos con los sueldos más bajos

victimless ['vɪktɪmlɪs] adj **~ crime** delito m sin víctima or sin dolo

victor ['vɪktə(r)] n vencedor(ora) m,f

Victoria [vɪk'tɔːrɪə] pr n (Queen) **~** (la reina) Victoria ⋄ **~ Cross** = la más alta condecoración militar británica; **~ sandwich** bizcocho m relleno

Victorian [vɪk'tɔːrɪən] ⋄ n victoriano(a) m,f
⋄ adj victoriano(a); **a return to ~ values** una vuelta a los valores victorianos

---

VICTORIAN

El sentido del deber y la estricta moralidad que caracterizaron la época de la reina Victoria se convirtieron en símbolos del puritanismo del siglo XIX británico. Su reinado coincidió con el apogeo del Imperio británico y de la prosperidad económica del país. En los años 80, Margaret Thatcher apelaba a los "**Victorian** values" ("valores victorianos") del trabajo y de la autosuficiencia económica. Su sucesor, John Major, empleó durante su campaña electoral el eslogan "back to basics" ("vuelta a lo fundamental") en un deseo de regresar a los valores tradicionales de la era victoriana (espíritu de iniciativa, espíritu de empresa y espíritu de familia) como antídoto a la permisividad de los años 60. Esta tentativa, sin embargo, se volvió contra el gobierno a raíz de una serie de escándalos protagonizados por varios ministros del gobierno conservador al principio de la década de los años 90.

Victoriana [vɪkˌtɔːrɪ'ɑːnə] npl antigüedades fpl de la época victoriana

victorious [vɪk'tɔːrɪəs] adj victorioso(a); **to be ~ over sb** triunfar sobre alguien; **to emerge ~** salir victorioso

victory ['vɪktərɪ] n victoria f; **a ~ for common sense** un triunfo del sentido común; **to gain or win a ~ over sb** vencer a alguien, triunfar sobre alguien ⋄ **~ celebrations** celebración f de la victoria; **~ sign** señal f de la victoria

victualler ['vɪtlə(r)] n **(licensed) ~** = dueño/encargado de un bar con licencia para la venta y consumo de bebidas alcohólicas

victuals ['vɪtlz] npl Old-fashioned (food) vituallas fpl

videlicet [vɪ'diːlɪset] adv Formal a saber

video ['vɪdɪəʊ] ⋄ n (pl **videos**) -1. (medium) vídeo m, Am video m; **to have sth on ~** tener algo (grabado) en vídeo or Am video ⋄ **~ arcade** sala f (recreativa) de videojuegos; **~ art** arte m en vídeo or Am video, videoarte m; **~ camera** cámara f de vídeo or Am video, videocámara f; **~ clip** videoclip m, vídeo m, Am video m; **~ console** videoconsola f; **~ disc** videodisco m; **~ game** videojuego m; **~ game console** consola f de videojuegos; **~ installation** videoinstalación f; Fam **~ nasty** = vídeo de violencia extrema; **~ recording** grabación f en vídeo or Am video, videograbación f
-2. (cassette) vídeo m, Am video m ⋄ **~ cassette** cinta f de vídeo or Am video, videocinta f; **~ library** videoteca f; **~ piracy** piratería f de vídeos or Am videos; **~ player** aparato m or reproductor m de vídeo or Am video; **~ shop** videoclub m; US **~ store** videoclub m
-3. (recorder) vídeo m, Am video m; **have you set the ~?** ¿has programado el vídeo or Am video? ⋄ **~ (cassette) recorder** (aparato m or reproductor m de) vídeo m or Am video m
-4. COMPTR vídeo m, Am video m ⋄ **~ accelerator** acelerador m de vídeo or Am video; **~ adapter** adaptador m de vídeo or Am video; **~ board** placa f de vídeo or Am video; **~ card** tarjeta f de vídeo or Am video
⋄ vt -1. (with VCR) grabar (en vídeo or Am video) -2. (with camera) hacer un vídeo or Am video de

videoconference ['vɪdɪəʊkɒnfrəns] n videoconferencia f

videoconferencing ['vɪdɪəʊkɒnfrənsɪŋ] n videoconferencias fpl

video-on-demand ['vɪdɪəʊɒndə'mɑːnd] n vídeo m or Am video m a la carta

videophone ['vɪdɪəʊfəʊn] n videoteléfono m

videotape ['vɪdɪəʊteɪp] ⋄ n cinta f de vídeo or Am video, videocinta f
⋄ vt -1. (record) grabar (en vídeo or Am video) -2. (film) hacer un vídeo or Am video de

videotext ['vɪdɪəʊtekst] n videotexto m ⋄ **~ terminal** terminal m videotexto

video-wall ['vɪdɪəʊwɔːl] n panel m de pantallas de vídeo or Am video

vie [vaɪ] (pt & pp **vied** [vaɪd], continuous **vying**) vi **to ~ with sb (for sth/to do sth)** rivalizar con alguien (por algo/para hacer algo); **the two children vied with each other for attention** los dos niños pugnaban por acaparar la atención; **several companies were vying with each other to sponsor the event** varias empresas competían or rivalizaban por patrocinar el acontecimiento; **to ~ for control of sth** disputarse el control de algo, competir por hacerse con el control de algo

Vienna [vɪ'enə] n Viena f

Viennese [vɪə'niːz] ⋄ n vienés(esa) m,f
⋄ adj vienés(esa)

Vietnam [vɪet'næm] n Vietnam ❏ *the ~ War* la guerra de Vietnam

---
THE VIETNAM SYNDROME

Durante los largos años que duró la Guerra de Vietnam la voces en contra del gobierno estadounidense fueron aumentando constantemente debido al elevado número de bajas y a la crueldad del conflicto. Tras la derrota estadounidense, la opinión pública del país se mostró rotundamente contraria a cualquier tipo de intervención bélica de EE.UU. Este temor a verse involucrados en nuevos conflictos bélicos, denominado **The Vietnam Syndrome** ("el síndrome de Vietnam") ha reducido la capacidad de maniobra de los dirigentes del país en ciertas ocasiones, como por ejemplo durante la década de los años 80 en el caso de Centroamérica. Hoy en día sigue siendo un factor considerable que todos los presidentes estadounidenses han de sopesar en sus decisiones sobre política exterior.

Vietnamese [vjetnə'miːz] ◇ *n* **-1.** *(person)* vietnamita *mf* **-2.** *(language)* vietnamita *m*
◇ *npl* **the ~** los vietnamitas
◇ *adj* vietnamita

view [vjuː] ◇ *n* **-1.** *(sight)* vista *f*; **to come into ~** empezar a verse, aparecer; **to disappear from ~** dejar de verse, perderse de vista; **to be hidden from ~** estar escondido(a), no estar a la vista; **the house was hidden from ~ by the trees** los árboles no dejaban ver la casa; **in ~**, **in full ~ of** delante de, a la vista de; **on ~** *(painting)* expuesto(a) al público; **out of ~** fuera de la vista
-2. *(scene, prospect)* vista *f*; **a room with a ~** una habitación con vistas; **you're blocking my ~** no me dejas ver; **to have a good ~ of sth** *(in general)* ver bien algo; *(scenery, landscape)* tener una buena vista de algo; **you get a better ~ from here** desde aquí verás mejor; **a side ~ of the building** una vista lateral del edificio
-3. *(opinion)* opinión *f*; **what is your ~ on the matter?** ¿qué opina *or* cuál es su opinión sobre el asunto?; **to take the ~ that...** ser de la opinión de que...; **I don't take that ~** no comparto esa opinión; **in my ~** en mi opinión, a mi parecer, bajo mi punto de vista
-4. *(way of considering)* visión *f*, perspectiva *f*; **I take a very serious ~ of this matter** me tomo este asunto muy en serio; **she took a poor** *or* **dim ~ of his behaviour** su comportamiento le merecía una pobre opinión; **to take the long ~ of sth** mirar algo desde una perspectiva amplia; **in ~ of...** en vista de..., teniendo en cuenta...; **in ~ of the fact that...** en vista de que..., teniendo en cuenta que...
-5. *(intention)* **with this in ~** con esto en mente, con este propósito; **there appears to be no solution in ~** no parece vislumbrarse una solución; **with a ~ to doing sth** con vistas a hacer algo; **they bought the house with a ~ to their retirement** compraron la casa pensando en su jubilación
-6. *(picture, photograph)* imagen *f*, vista *f*; **views of Venice** imágenes de Venecia; **an aerial ~ of New York** una vista aérea de Nueva York
◇ *vt* **-1.** *(inspect, look at)* ver; **the house may be viewed at weekends only** la casa sólo se puede ver los fines de semana
-2. *(consider)* ver, considerar; **she viewed it as a mistake** lo veía *or* consideraba un error; **viewed in this light, his behaviour seems more understandable** (visto) desde esta perspectiva, su forma de actuar se entiende un poco más; **he was viewed with some suspicion by the leadership** la directiva no se fiaba de él; **to ~ sth with horror/delight** contemplar algo con horror/placer
-3. COMPTR *(codes, document)* visualizar

viewdata ['vjuːdeɪtə] *n* videotexto *m*

viewer ['vjuːə(r)] *n* **-1.** TV telespectador(ora) *m,f*, televidente *mf* **-2.** *(for slides)* visor *m* **-3.** COMPTR visualizador *m*

viewfinder ['vjuːfaɪndə(r)] *n* PHOT visor *m*

viewing ['vjuːɪŋ] *n* **-1.** *(of movie, TV programme)* **the movie stands up to repeated ~** la película no pierde cuando se ve en repetidas ocasiones; **for home ~** para ver en casa; **this programme is essential ~** no te debes/se debe perder este programa ❏ **~ figures** índices *mpl* de audiencia, rating *m*; **~ hours:** during peak **~ hours** en horario de máxima audiencia; **~ public** televidentes *mpl*, público *m* telespectador **-2.** *(of house)* visita *f*

viewpoint ['vjuːpɔɪnt] *n* punto *m* de vista; **from another ~** desde otro punto de vista

vigil ['vɪdʒɪl] *n* vigilia *f*; **to keep ~** REL observar la vigilia; *(guard, watch)* estar en vela, velar

vigilance ['vɪdʒɪləns] *n* vigilancia *f*; **to escape sb's ~** *(person)* escapar del control de alguien; *(mistake)* escapársele a alguien; **to relax one's ~** bajar la guardia ❏ *US* **~ committee** patrulla *f* vecinal

vigilant ['vɪdʒɪlənt] *adj* alerta

vigilante [vɪdʒɪ'læntɪ] *n* miembro *m* de una patrulla vecinal ❏ **~ group** patrulla *f* vecinal

vigilantly ['vɪdʒɪləntlɪ] *adv* atentamente

vignette [vɪn'jet] *n* PHOT viñeta *f*; *Fig (picture)* escena *f*; *(in writing)* estampa *f*

vigor *US* = **vigour**

vigorous ['vɪgərəs] *adj* **-1.** *(strong and healthy)* vigoroso(a) **-2.** *(energetic)* enérgico(a); *(lifestyle)* dinámico(a); *(exercise)* intenso(a) **-3.** *(forceful) (opposition, protest, criticism)* fuerte, enérgico(a); *(campaign)* intenso(a), enérgico(a); *(support, denial)* rotundo(a)

vigorously ['vɪgərəslɪ] *adv* **-1.** *(healthily) (to grow)* vigorosamente **-2.** *(energetically) (to exercise)* intensamente; **he nodded his head ~** asintió enérgicamente *or* vigorosamente con la cabeza **-3.** *(forcefully) (to oppose, protest, campaign)* enérgicamente; *(to support, deny)* rotundamente

vigour, *US* **vigor** ['vɪgə(r)] *n* **-1.** *(health, strength) (of person)* vigor *m* **-2.** *(energy)* intensidad *f* **-3.** *(forcefulness) (of criticism)* rotundidad *f*, fuerza *f*; *(of denial)* rotundidad *f*

Viking ['vaɪkɪŋ] ◇ *n* vikingo(a) *m,f*
◇ *adj* vikingo(a)

vile [vaɪl] *adj* **-1.** *(despicable)* vil; **a ~ deed** una vileza, un acto vil **-2.** *(awful)* horroroso(a), espantoso(a); **it smells/tastes ~** ¡huele/sabe horrible!; **to be in a ~ temper** estar de un humor de perros

vileness ['vaɪlnəs] *n* **-1.** *(of deed, accusation)* vileza *f*, bajeza *f* **-2.** *(of smell, taste)* repugnancia *f*; *(of weather)* pésimo estado *m*

vilification [vɪlɪfɪ'keɪʃən] *n Formal* vilipendio *m*

vilify ['vɪlɪfaɪ] *vt Formal* vilipendiar, denigrar

villa ['vɪlə] *n* **-1.** *(in ancient Rome)* villa *f* **-2.** *(residential) (in country)* chalé *m*, casa *f* de campo; *(in town)* chalé *m* **-3.** *(luxurious holiday home)* chalé *m*

village ['vɪlɪdʒ] *n* pueblo *m*; *(smaller)* aldea *f* ❏ **~ green** espacio *m* verde comunal; **~ hall** centro cultural y social de un pueblo; **~ idiot** tonto(a) *m,f* del pueblo; **~ life** la vida en el pueblo; **~ weaver** *(bird)* tejedor *m* familiar

villager ['vɪlɪdʒə(r)] *n* lugareño(a) *m,f*

villain ['vɪlən] *n* **-1.** *(scoundrel)* canalla *mf*, villano(a) *m,f* **-2.** THEAT & CIN malo(a) *m,f*; *Hum* **the ~ of the piece** el malo de la película **-3.** *Br Fam (criminal)* maleante *mf*

villainous ['vɪlənəs] *adj* vil, infame

villainy ['vɪlənɪ] *n Formal* villanía *f*, infamia *f*

Vilnius ['vɪlnɪəs] *n* Vilna, Vilnius

vim [vɪm] *n Fam* brío *m*, ganas *fpl*; **full of ~ (and vigour)** lleno(a) de vitalidad

vinaigrette [vɪnə'gret] *n* (salsa) *f* vinagreta *f*

vindaloo [vɪndə'luː] *n* vindaloo *m*, = plato indio muy picante y especiado a base de carne o pescado

vindicate ['vɪndɪkeɪt] *vt* **-1.** *(decision, action)* justificar **-2.** *(person, regime)* (re)vindicar, defender

vindication [vɪndɪ'keɪʃən] *n* **-1.** *(of decision, action)* justificación *f* **-2.** *(of person, regime)* (re)vindicación *f*, defensa *f*

vindictive [vɪn'dɪktɪv] *adj* vengativo(a)

vindictively [vɪn'dɪktɪvlɪ] *adv* de un modo vengativo, con afán de venganza

vindictiveness [vɪn'dɪktɪvnɪs] *n* afán *m* de venganza; **that was sheer ~!** ¡eso no eran más que ganas de vengarse!

vine [vaɪn] *n (in vineyard)* vid *f*; *(decorative)* parra *f* ❏ **~ leaf** hoja *f* de parra

vinegar ['vɪnɪgə(r)] *n* vinagre *m* ❏ **~ fly** mosca *f* de la fruta

vinegary ['vɪnəgərɪ] *adj (taste)* a vinagre, avinagrado(a); *(wine)* avinagrado(a)

vineyard ['vɪnjəd] *n* viñedo *m*

vino ['viːnəʊ] *n Fam* vinito *m*, *Esp* morapio *m*

vintage ['vɪntɪdʒ] ◇ *n* **-1.** *(crop)* cosecha *f*; **1986 was an excellent ~** la de 1986 fue una cosecha excelente; **this claret is an excellent ~** este burdeos es de una cosecha excelente; *Fig* **a ~ year for comedy** un año excepcional en cuanto a comedias
-2. *(period)* época *f*; **an old radio of pre-war ~** una vieja radio de antes de la guerra; *Hum* **our parents are of the same ~** nuestros padres son de la misma quinta ❏ **~ car** coche *m* antiguo *or* de época *(especialmente de entre 1919 y 1930)*
◇ *adj* **-1.** *(wine, port, champagne)* de buena cosecha. **-2.** *(classic, superior)* excelente; **a season of ~ films** un ciclo de clásicos del cine; **it was ~ Agatha Christie** era un clásico exponente de la mejor Agatha Christie **-3.** *Fam (old)* prehistórico(a), del año de la polca

vintner ['vɪntnə(r)] *n Formal* vinatero(a) *m,f*

vinyl ['vaɪnɪl] *n* vinilo *m*

viola [vɪ'əʊlə] *n* viola *f*

violate ['vaɪəleɪt] *vt* **-1.** *(law, treaty, right)* violar, vulnerar; *(frontier, property)* violar, invadir; **to ~ a country's territorial waters** violar las aguas territoriales de un país **-2.** *(silence)* romper, perturbar; **to ~ sb's privacy** violar *or* invadir la intimidad de alguien **-3.** *(tomb, sanctuary)* violar, profanar **-4.** *Formal (rape)* violar, ultrajar

violation [vaɪə'leɪʃən] *n* **-1.** *(of law, treaty, right)* violación *f*, vulneración *f*; *(of frontier, property)* violación *f*, invasión *f*; **to be in ~ of sth** violar algo; **~ of territorial waters** violación de aguas territoriales
-2. *(of peace, silence)* perturbación *f*
-3. *(of tomb, sanctuary)* violación *f*, profanación *f*
-4. *US* LAW infracción *f*; **traffic ~** infracción de tráfico
-5. *(in basketball)* violación *f*; **three-second ~** violación *f* de los tres segundos
-6. *Formal (rape)* violación *f*, ultraje *m*

violence ['vaɪələns] *n* **-1.** *(physical)* violencia *f*; **acts/scenes of ~** actos/escenas de violencia; **to resort to ~** recurrir a la violencia; **the men of ~** *(terrorists)* los terroristas, los violentos; LAW **crimes of ~** delitos con violencia; IDIOM **to do ~ to sth** dañar algo **-2.** *(of language, passion, storm)* violencia *f*

violent ['vaɪələnt] *adj* **-1.** *(place, person, movie)* violento(a); **to get** *or* **become ~** *(person, situation)* ponerse violento(a); **to die a ~ death** tener una muerte violenta; **an increase in ~ crime** un aumento en la cantidad de delitos con violencia
-2. *(emotions, passion, storm)* violento(a); *(language)* fuerte, violento(a); **to be in a ~ temper** estar fuera de sí; **to take a ~ dislike to sb** tomar *or Esp* coger una enorme antipatía a alguien; **to have a ~ headache/toothache** tener un dolor de cabeza/de muelas terrible

violently ['vaɪələntlɪ] *adv* violentamente; **to disagree ~** estar fuertemente en desacuerdo; **to be ~ ill** vomitar muchísimo

violet ['vaɪələt] ◇ *n* **-1.** *(plant)* violeta *f* **-2.** *(colour)* violeta *m*
◇ *adj* **~(-coloured)** (de color) violeta

violin [vaɪə'lɪn] *n* violín *m* ❏ **~ case** estuche *m* de violín

violinist [vaɪə'lɪnɪst] *n* violinista *mf*

violoncellist [vaɪələn'tʃelɪst] *n* violonchelista *mf*

violoncello [vaɪələn'tʃeləʊ] *n* violonchelo *m*

VIP [viːaɪˈpiː] n (abbr **very important person**) VIP mf; **to get a ~ treatment** recibir tratamiento de persona importante ▫ **~ box** (in theatre, stadium) palco m de autoridades; **~ lounge** sala f VIP

viper [ˈvaɪpə(r)] n víbora f; IDIOM **a ~'s nest** un nido de víboras; IDIOM **to be nurturing a ~ in one's bosom** estar alimentando a un monstruo

viperish [ˈvaɪpərɪʃ] adj viperino(a)

virago [vɪˈrɑːɡəʊ] n Literary virago f

viral [ˈvaɪrəl] adj MED vírico(a), viral

Virgil [ˈvɜːdʒɪl] pr n Virgilio

virgin [ˈvɜːdʒɪn] ◇ n virgen mf; **the (Blessed) Virgin** la (Santísima) Virgen ▫ **the Virgin Birth: they believe in the Virgin Birth of Christ** creen que Cristo nació de Virgen; **the Virgin Islands** las Islas Vírgenes; **the Virgin Mary** la Virgen María
◇ adj virgen ▫ **~ forest** selva f virgen; **~ snow** nieve f virgen, nieve f sin tocar; **~ territory** territorio m virgen; Fig **this market is ~ territory for the company** este mercado es nuevo or desconocido para la compañía; **~ wool** lana f virgen

virginal [ˈvɜːdʒɪnəl] adj virginal

Virginia [vəˈdʒɪnɪə] n Virginia ▫ **~ creeper** parra f or hiedra f virgen; **~ tobacco** tabaco m de Virginia, tabaco m rubio

virginity [vəˈdʒɪnɪtɪ] n virginidad f; **to lose/keep one's ~** perder/conservar la virginidad

Virgo [ˈvɜːɡəʊ] n (sign of zodiac) virgo m; **to be (a) ~** ser virgo

virile [ˈvɪraɪl] adj viril

virility [vɪˈrɪlɪtɪ] n virilidad f

virologist [vɪˈrɒlədʒɪst] n MED virólogo(a) m,f

virology [vaɪˈrɒlədʒɪ] n MED virología f

virtual [ˈvɜːtjʊəl] adj -1. (near total) virtual; **the ~ extinction of the wild variety** la práctica desaparición de la variedad silvestre; **it's a ~ impossibility** es virtualmente or prácticamente imposible; **it's a ~ dictatorship** es una dictadura de hecho; **the organization was in a state of ~ collapse** la organización se hallaba prácticamente al borde del hundimiento
-2. COMPTR (disk, image) virtual ▫ **~ memory** memoria f virtual; **~ reality** realidad f virtual; **~ reality game** juego m de realidad virtual

virtually [ˈvɜːtjʊəlɪ] adv prácticamente, virtualmente; **it's ~ finished** está prácticamente terminado; **I'm ~ certain** estoy casi seguro; **~ nothing is known about the origins of the virus** prácticamente no se sabe nada acerca de los orígenes del virus

virtue [ˈvɜːtjuː] ◇ n virtud f; **it has the added ~ of being quicker** cuenta con la virtud añadida de ser más rápido(a); **she at least has the ~ of being discreet** ella tiene al menos el don de la discreción; IDIOM **to make a ~ of necessity** hacer de la necesidad una virtud; PROV **~ is its own reward** la satisfacción del deber cumplido es en sí misma una recompensa
◇ **by virtue of** prep en virtud de; **by ~ of her age** en virtud de su edad; **by ~ of being the eldest** en virtud de ser el mayor

virtuosity [vɜːtjʊˈɒsɪtɪ] n virtuosismo m

virtuoso [vɜːtjʊˈəʊzəʊ] (pl **virtuosos** or **virtuosi** [vɜːtjʊˈəʊziː]) n MUS virtuoso(a) m,f; also Fig **a ~ performance** una actuación digna de un virtuoso

virtuous [ˈvɜːtjʊəs] adj virtuoso(a)

virulence [ˈvɪr(j)ʊləns] n (of disease, attack, hatred) virulencia f

virulent [ˈvɪr(j)ʊlənt] adj virulento(a)

virus [ˈvaɪrəs] n MED & COMPTR virus m inv ▫ COMPTR **~ check** detección f de virus; COMPTR **~ detector** detector m de virus

virus-free [ˈvaɪrəsfriː] adj COMPTR sin virus

visa [ˈviːzə] n visado m, Am visa f

visage [ˈvɪzɪdʒ] n Literary rostro m, semblante m

vis-à-vis [viːzɑːˈviː] ◇ n -1. (person or thing opposite) = persona o cosa que se tiene enfrente -2. (counterpart) colega mf, homólogo(a) m,f
◇ prep (in comparison with) en comparación con, frente a; (in relation to) en relación con, con relación or respecto a

viscera [ˈvɪsərə] npl ANAT vísceras fpl

visceral [ˈvɪsərəl] adj Formal visceral

viscose [ˈvɪskəʊs] n viscosa f

viscosity [vɪsˈkɒsɪtɪ] n viscosidad f

viscount [ˈvaɪkaʊnt] n vizconde m

viscountess [ˈvaɪkaʊntɪs] n vizcondesa f

viscous [ˈvɪskəs] adj viscoso(a)

vise US = **vice**

Vishnu [ˈvɪʃnuː] n Visnú

visibility [vɪzɪˈbɪlɪtɪ] n visibilidad f; **good/poor ~** buena/mala visibilidad; **~ was down to a few yards** no se veía más allá de unos pocos metros

visible [ˈvɪzɪbəl] adj -1. (able to be seen) visible; **clearly ~ to the naked eye** visible a simple vista; **only ~ under a microscope** sólo visible or observable al microscopio; **the beach is not ~ from the road** la playa no se ve desde la carretera ▫ PHYS **~ spectrum** espectro m visible
-2. (evident) evidente; **his nervousness was clearly ~** su nerviosismo era más que evidente; **it serves no ~ purpose** no cumple ningún propósito claro; **with no ~ means of support** sin ingresos conocidos, sin medios económicos aparentes

visibly [ˈvɪzɪblɪ] adv visiblemente

Visigoth [ˈvɪzɪɡɒθ] n HIST visigodo(a) m,f

vision [ˈvɪʒən] n -1. (eyesight) visión f, vista f; **to have good/poor ~** estar bien/mal de la vista
-2. (plan) **he presented his ~ for the company** presentó sus planes de futuro para la empresa
-3. (image, idea) visión f; **a ~ of a future without poverty** una visión del futuro donde no exista la pobreza
-4. (perception) **a man/woman of ~** un hombre/una mujer con visión de futuro; **a player of great ~** un jugador con mucha visión de juego
-5. (apparition) visión f, aparición f; **to have a ~** tener una visión; **she claimed to have had a ~ of the Virgin Mary** aseguraba que se le había aparecido la Virgen María; **to have** or **see visions** ver visiones; **I had visions of being left homeless** ya me veía sin un techo y durmiendo en la calle; Fig **she was a ~ in white lace** estaba hermosa vestida con encaje blanco
-6. BrTV & CIN **sound and ~** imagen y sonido ▫ **~ mixer** (person) ingeniero(a) m,f de imagen; (machine) mezclador m de imagen

visionary [ˈvɪʒənərɪ] ◇ n visionario(a) m,f
◇ adj visionario(a)

visit [ˈvɪzɪt] ◇ n visita f; **I had a ~ from your aunt last week** la semana pasada me hizo una visita or me vino a ver tu tía; **you should make regular visits to your dentist** debería visitar or acudir a su dentista con regularidad; **this is my first ~ to New York** esta es la primera vez que vengo a Nueva York; **to pay sb a ~** hacer una visita a alguien; **you must pay them a return ~** debes devolverles la visita; **I haven't paid a ~ to the cathedral yet** aún no he visitado la catedral, aún no he ido a ver la catedral; **to be on a ~** estar de visita; **she's on a ~ to her aunt's** está de visita en casa de su tía; **she's on a ~ to Amsterdam** está visitando Amsterdam; **the President is on an official ~ to Australia** el presidente se halla de or en visita oficial por Australia
◇ vt -1. (go to see) visitar; **to ~ the doctor** ir al médico; **she went to ~ her aunt in hospital** fue a visitar a su tía al hospital; **to ~ a museum/the sick** visitar un museo/a los enfermos
-2. Literary (inflict) infligir (**on** or **upon** a); **the city was visited by the plague in the 17th century** la ciudad fue asolada por la peste en el siglo XVII; **the sins of the fathers are visited upon their sons** los hijos cargan con los pecados de los padres
◇ vi **to be visiting** estar de visita

◆ visit on vt sep Literary **to ~ sth on sb** infligir algo a alguien

◆ visit with vt insep US charlar or CAm, Méx platicar con
◇ vt sep Literary **to ~ sb with sth** castigar a alguien con algo

visitant [ˈvɪzɪtənt] n -1. Literary (ghost) aparición f -2. (bird) ave f de paso

visitation [vɪzɪˈteɪʃən] n Formal -1. (official visit) visita f oficial; Hum **we're having a ~ from the managing director next week** la semana próxima nos hará una de sus visitas el director general -2. (of vengeance, punishment) azote m, castigo m -3. (supernatural) aparición f

visiting [ˈvɪzɪtɪŋ] ◇ n **I want to do some ~ while I'm in Madrid** mientras estoy en Madrid quiero hacer unas visitas; **hospital ~** visitas a hospitales ▫ **~ card** tarjeta f de visita; Hum Euph **the dog left its ~ card** el perro dejó su regalito; **~ hours** horas fpl de visita, horario m de visita(s); LAW **~ rights** (of divorced parent) derecho m de visita (a los hijos)
◇ adj (team) visitante ▫ **~ lecturer** profesor(ora) m,f invitado(a); US **~ nurse** = enfermera de un hospital o de los servicios sociales que realiza visitas a enfermos

visitor [ˈvɪzɪtə(r)] n (guest, in hospital) visita f; (tourist) turista mf, visitante mf; **you have a ~** tienes (una) visita; **we have visitors next weekend** la semana que viene tenemos invitados; **they are not allowed any visitors after 10 p.m.** no se permiten recibir visitas después de las diez de la noche; **this species is a winter ~ to Britain** esta especie migratoria pasa el invierno en Gran Bretaña ▫ **visitors' book** libro m de visitas; **~ centre** (in park, at tourist attraction) centro m de atención al visitante; Br Formerly **~'s passport** pasaporte m provisional

visor [ˈvaɪzə(r)] n (of helmet, cap) visera f

VISTA [ˈvɪstə] n US (abbr **Volunteers in Service to America**) = programa nacional de voluntarios para la enseñanza de oficios en zonas deprimidas

vista [ˈvɪstə] n vista f, panorama m; Fig horizonte m; **to open up new vistas** abrir nuevos horizontes, ampliar el horizonte

visual [ˈvɪʒʊəl] adj visual ▫ **~ aids** medios mpl visuales; **the ~ arts** las artes plásticas; COMPTR **~ display unit** monitor m; **~ field** campo m visual; **~ handicap** deficiencia f or discapacidad f visual; **~ memory** memoria f visual

visualize [ˈvɪʒʊəlaɪz] vt -1. (picture) visualizar, imaginar; **I remember the name but I can't ~ his face** recuerdo el nombre pero no su cara -2. (foresee) prever; **I don't ~ any major changes** no creo que se vayan a dar grandes cambios

visually [ˈvɪʒʊəlɪ] adv visualmente; **the ~ handicapped** or **impaired** las personas con discapacidad visuales

vital [ˈvaɪtəl] adj -1. (essential) vital; Fig **the ~ ingredient** el ingrediente esencial; **to play a ~ role** jugar un papel vital or decisivo; **their involvement is ~ to the success of the operation** su participación es vital para el éxito de la operación; **of ~ importance (to...)** de vital importancia (para...); **tonight's game is ~** el partido de esta noche es crucial ▫ **~ organ** órgano m vital; MED **~ signs** constantes fpl vitales; **~ statistics** (of country) datos mpl demográficos; Hum (of woman) medidas fpl
-2. (vigorous) vital, lleno(a) de vida

vitality [vaɪˈtælɪtɪ] n vitalidad f

vitally [ˈvaɪtəlɪ] adv **supplies are ~ needed** se necesitan suministros urgentemente; **~ important** de vital importancia

vitamin [ˈvɪtəmɪn, US ˈvaɪtəmɪn] n vitamina f; **with added vitamins** enriquecido(a) con vitaminas ▫ **~ complex** complejo m vitamínico; **~ content** aporte m vitamínico; **~ deficiency** insuficiencia f vitamínica; **~ pill** píldora f or pastilla f de vitaminas; **~ supplement** suplemento m vitamínico; **~ tablet** comprimido m vitamínico

vitiate ['vɪʃɪeɪt] vt Formal **-1.** (spoil quality, effect) menoscabar, perjudicar **-2.** (make invalid) viciar

viticulture ['vɪtɪkʌltʃə(r)] n viticultura f

vitreous ['vɪtrɪəs] adj **~ enamel** esmalte m (vítreo); ANAT **~ humour** humor m vítreo

vitrify ['vɪtrɪfaɪ] ◇ vt vitrificar
  ◇ vi vitrificarse

vitriol ['vɪtrɪəl] n **-1.** (acid) vitriolo m **-2.** (vicious remarks) causticidad f; **a stream of ~** un torrente de comentarios cáusticos or corrosivos

vitriolic [vɪtrɪ'ɒlɪk] adj cáustico(a), corrosivo(a)

vituperate [vɪ'tju:pəreɪt] Formal vi lanzar vituperios, injuriar; **to ~ against sth/sb** vituperar algo/a alguien

vituperation [vɪtju:pə'reɪʃən] n Formal vituperios mpl

vituperative [vɪ'tju:pərətɪv] adj Formal injurioso(a)

viva = viva voce

vivacious [vɪ'veɪʃəs] adj vivaracho(a), vivaz

vivacity [vɪ'væsɪtɪ] n vivacidad f

vivarium [vaɪ'veərɪəm] (pl **vivariums** or **vivaria** [vaɪ'veərɪə]) n (with earth) terrario m; (with water) vivero m

viva (voce) ['vaɪvə('vəʊtʃɪ)] n UNIV (of thesis) defensa f de la tesis; (after written exam) examen m oral

vivid ['vɪvɪd] adj (description, memory, impression) vívido(a); (imagination) muy vivo(a); (colour) vivo(a), intenso(a); **he paints a ~ picture of 18th century life** retrata muy vívidamente la vida en el siglo XVIII

vividly ['vɪvɪdlɪ] adv (to remember, describe) vívidamente; **~ coloured** de vivos or llamativos colores

vividness ['vɪvɪdnɪs] n (of colour) viveza f, intensidad f; (of description, image, memory) carácter m vívido

viviparous [vɪ'vɪpərəs] adj ZOOL vivíparo(a)

vivisection [vɪvɪ'sekʃən] n vivisección f

vivisectionist [vɪvɪ'sekʃənɪst] n **-1.** (practitioner) vivisector(ora) m,f **-2.** (advocate) partidario(a) m,f de la vivisección

vixen ['vɪksən] n **-1.** ZOOL zorra f **-2.** Pej (woman) arpía f

Viyella® [vaɪ'elə] n viyela® f

viz [vɪz] adv (abbr **videlicet**) a saber

vizier [vɪ'zɪə(r)] n visir m

VJ day [vi:'dʒeɪdeɪ] n = fecha que marca la victoria aliada sobre Japón el 15 de agosto de 1945

VLF [vi:el'ef] adj RAD (abbr **very low frequency**) VLF

V-neck ['vi:nek] ◇ n (of garment) cuello m de pico, escote m en pico; (pullover) suéter m or Esp jersey m or Col saco m or RP pulóver m de (cuello de) pico
  ◇ adj **V-neck(ed)** de (cuello de) pico

VOA [vi:əʊ'eɪ] n (abbr **Voice of America**) = cadena de radio exterior estadounidense

vocab ['vəʊkæb] n Fam vocabulario m

vocabulary [və'kæbjʊlərɪ] n vocabulario m

vocal ['vəʊkəl] ◇ n MUS **vocals** voces fpl; **on vocals** como vocalista
  ◇ adj **-1.** (music) vocal ❑ ANAT **~ cords** cuerdas fpl vocales **-2.** (outspoken) vehemente, explícito(a); **a ~ minority** una minoría muy ruidosa; **to be very ~ in one's criticism** expresar las críticas muy a las claras

vocalic [vəʊ'kælɪk] adj LING vocálico(a)

vocalist ['vəʊkəlɪst] n MUS vocalista mf

vocalize ['vəʊkəlaɪz] vt expresar, manifestar

vocally ['vəʊkəlɪ] adv **-1.** (vehemently) vehementemente, explícitamente **-2.** (with the voice) vocalmente; **he did not express his thoughts ~** no expresó sus pensamientos con la voz

vocation [vəʊ'keɪʃən] n vocación f; **to have a ~ (for sth)** tener vocación (para algo); **he has no ~ for acting** no tiene vocación de actor; **you missed your ~!** ¡te equivocaste de profesión!

vocational [vəʊ'keɪʃənəl] adj (course, qualification) de formación profesional ❑ **~ guidance** orientación f profesional; **~ training** formación f profesional

vocationally [vəʊ'keɪʃənəlɪ] adv **~ oriented** de formación profesional; **~ relevant subjects** materias relacionadas con el mundo profesional

vocative ['vɒkətɪv] GRAM ◇ n vocativo m
  ◇ adj vocativo(a)

vociferous [və'sɪfərəs] adj ruidoso(a), vehemente; **to be ~ in one's criticism of something** criticar fuertemente algo

vociferously [və'sɪfərəslɪ] adv ruidosamente, vehementemente

vodka ['vɒdkə] n vodka m

vogue [vəʊg] n moda f (**for** de); **to be in ~** estar de moda or en boga; **to come into ~** ponerse de moda ❑ **~ word** palabra f de moda

voice [vɔɪs] ◇ n **-1.** (of person) voz f; **we heard the sound of voices** oímos (ruido de) voces; **in a low/loud ~** en voz baja/alta; **to raise/lower one's ~** levantar/bajar la voz; **don't you raise your ~ at me!** ¡a mí no me levantes la voz!; **keep your voices down!** ¡hablen en voz baja!, ¡bajen la voz!; **at the top of one's ~** a voz en grito; also Fig **to make one's ~ heard** hacerse oír; **to be in fine ~** (of singer) tener bien la voz; **to hear voices** (gen) & REL escuchar voces; **to lose one's ~** quedarse afónico(a) ❑ **~ box** laringe f; **~ mail** buzón m de voz; COMPTR **~ recognition** reconocimiento m de voz; COMPTR **~ synthesizer** sintetizador m de voz
  -2. (say) opinión f, voz f; **we have no ~ in the matter** en ese tema no tenemos voz; **proportional representation would give small parties a greater ~** la representación proporcional daría a los partidos minoritarios mayor participación
  -3. GRAM **active/passive ~** voz activa/pasiva
  -4. IDIOMS **the ~ of reason** la voz de la razón; **with one ~** unánimemente; **to give ~ to one's feelings** expresar or manifestar los sentimientos; **he likes the sound of his own ~** le encanta escucharse a sí mismo, le encanta el sonido de su propia voz
  ◇ vt **-1.** (opinion, feelings) expresar **-2.** LING (consonant) sonorizar

voice-activated ['vɔɪsæktɪveɪtɪd] adj activado(a) por la voz

voiced [vɔɪst] adj LING sonoro(a)

voiceless ['vɔɪslɪs] adj LING sordo(a)

voice-over ['vɔɪsəʊvə(r)] n CIN & TV voz f en off

voiceprint ['vɔɪsprɪnt] n espectrograma m

void [vɔɪd] ◇ n vacío m; **to fill a ~** llenar un vacío; **her husband's death left an aching ~ in her life** la muerte de su marido dejó en su vida un vacío difícil de llenar
  ◇ adj **-1.** (empty) **~ of** carente de **-2.** LAW (deed, contract) **(null and) ~** nulo(a) y sin valor **-3.** (in cards) **to be ~ in hearts** no tener ningún corazón
  ◇ vt **-1.** Formal (empty) **to ~ one's bowels** evacuar **-2.** LAW invalidar, anular

voile [vwɑ:l] n gasa f

vol n (abbr **volume**) **-1.** (sound) vol. **-2.** (book) vol.

volatile ['vɒlətaɪl] adj **-1.** (person) temperamental, de carácter voluble; **he has a ~ temper** tiene un pronto muy fuerte, salta a la mínima **-2.** (situation, economy, market) inestable, volátil **-3.** CHEM volátil

volatility [vɒlə'tɪlɪtɪ] n **-1.** (of person) carácter m temperamental or voluble **-2.** (of situation, economy, market) inestabilidad f, volatilidad f **-3.** CHEM volatilidad f

vol-au-vent ['vɒləʊvɒŋ] n volován m

volcanic [vɒl'kænɪk] adj volcánico(a)

volcano [vɒl'keɪnəʊ] (pl **volcanoes**) n volcán m

volcanologist [vɒlkə'nɒlədʒɪst] n vulcanólogo(a) m,f

volcanology [vɒlkə'nɒlədʒɪ] n vulcanología f

vole [vəʊl] n ratón m de campo

volition [və'lɪʃən] n Formal **of one's own ~** por propia voluntad

volley ['vɒlɪ] ◇ n **-1.** (of gunfire) ráfaga f; (of blows, stones) lluvia f; (of insults) torrente m; (of applause) salva f, lluvia f **-2.** (in tennis, soccer) volea f
  ◇ vt (in tennis, soccer) volear, golpear de volea; **to ~ the ball** golpear la pelota de volea

volleyball ['vɒlɪbɔ:l] n voleibol m, balonvolea m

volt [vəʊlt] n ELEC voltio m

voltage ['vəʊltɪdʒ] n ELEC voltaje m ❑ **~ drop** caída f de tensión

volte-face ['vɒltfɑ:s] n viraje m or giro m radical

voltmeter ['vəʊltmi:tə(r)] n ELEC voltímetro m

volubility [vɒljʊ'bɪlɪtɪ] n locuacidad f

voluble ['vɒljʊbəl] adj locuaz

volubly ['vɒljʊblɪ] adv con locuacidad

volume ['vɒlju:m] n **-1.** PHYS volumen m
  -2. (capacity) capacidad f
  -3. (amount) (of trade, traffic) volumen m; **to increase in ~** aumentar en volumen; **the ~ of traffic has greatly increased** el volumen or la intensidad del tráfico se ha incrementado enormemente; **a huge ~ of work** un enorme volumen de trabajo; **the ~ of business/imports** el volumen de negocio/importaciones
  -4. (of sound) volumen m; **to turn the ~ up/down** (on TV, radio) subir/bajar el volumen; **at full ~** a todo volumen ❑ **~ control** mando m del volumen
  -5. (book) volumen m; (one of series) tomo m, volumen m; IDIOM **to speak volumes (for)** decir mucho (de); **the look on her face spoke volumes** su rostro hablaba por sí solo; **it speaks volumes for his discretion** deja bien a las claras su discreción
  -6. COMPTR volumen m

voluminous [və'lju:mɪnəs] adj voluminoso(a)

voluntarily [vɒlən'terɪlɪ] adv voluntariamente

voluntary ['vɒləntərɪ] adj voluntario(a) ❑ **~ muscle** músculo m de contracción voluntaria; **~ redundancy** despido m voluntario, baja f voluntaria or incentivada; Br **Voluntary Service Overseas** = agencia de voluntariado para la cooperación con países en vías de desarrollo; **~ work** voluntariado m, trabajo m voluntario; **to do ~ work** trabajar como voluntario(a); **~ worker** voluntario(a) m,f

volunteer [vɒlən'tɪə(r)] ◇ n voluntario(a) m,f; **can I have a ~ from the audience?** ¿algún voluntario entre el público? ❑ **the Volunteer State** = apelativo familiar referido al estado de Tennessee
  ◇ vt **-1.** (information, advice) ofrecer (voluntariamente); **he volunteered his services** ofreció sus servicios; **to ~ to do sth** ofrecerse a hacer algo **-2.** (suggest) **"he might be at home,"** someone volunteered "puede que esté en casa", se atrevió a sugerir alguien
  ◇ vi ofrecerse (voluntariamente) (**for** para); **to ~ for the Marines** alistarse como voluntario en la infantería de marina

voluptuous [və'lʌptjʊəs] adj voluptuoso(a)

voluptuously [və'lʌptjʊəslɪ] adv voluptuosamente

vomer ['vəʊmə(r)] n ANAT vómer m

vomit ['vɒmɪt] ◇ n vómito m
  ◇ vt vomitar
  ◇ vi vomitar

voodoo ['vu:du:] ◇ n vudú m
  ◇ adj de vudú

voracious [və'reɪʃəs] adj (eater, appetite) voraz; **he's a ~ reader** lee todo lo que cae en sus manos

voraciously [və'reɪʃəslɪ] adv (to eat) vorazmente; (to read) ávidamente

voracity [və'ræsɪtɪ] n voracidad f

vortex ['vɔ:teks] (pl **vortices** [və'tɪsi:z]) n torbellino m, remolino m; Fig vorágine f

Vorticism ['vɔ:tɪsɪzəm] n vorticismo m

votary ['vəʊtərɪ] n **-1.** REL devoto(a) m,f **-2.** Formal (follower, enthusiast) incondicional mf

vote [vəʊt] ◇ n **-1.** (choice) voto m; (voting) votación f; **votes in favour/against** votos afirmativos or a favor/negativos or en

voter contra; **to put sth to the ~, to take a ~ on sth** someter algo a votación; **they got 52 percent of the ~** obtuvieron un *or* el 52 por ciento de los votos; **the ~ went in the government's favour/against the government** el resultado de la votación fue favorable/desfavorable para el gobierno; **they've got my ~** voy a votarlos a ellos, cuentan con mi voto; **to count the votes** contar los votos, realizar el escrutinio (de los votos); **one member, one ~** un voto por miembro ❑ **~ of confidence** voto *m* de confianza; **~ of no confidence** voto *m* de censura; **~ of thanks: to propose a ~ of thanks for sb** pedir el agradecimiento para alguien; **~ rigging** fraude *m* electoral **-2.** *(suffrage)* sufragio *m*, elección *f*; **to have the ~** tener el derecho a votar *or* al voto; **to get the ~** obtener el derecho al voto; **to give the ~ to sb** otorgar a alguien el derecho a votar *or* al voto

◇ *vt* **-1.** *(in ballot)* **to ~ Communist** votar a los comunistas; **~ Malone!** ¡vote a Malone!; **to ~ yes/no** votar a favor/en contra, votar sí/no; **to ~ to do sth** votar hacer algo; **to ~ a proposal down** rechazar una propuesta en votación

-2. *(elect, depose)* **to ~ sb in** elegir a alguien (en votación); **to ~ sb out** rechazar a alguien (en votación); **to ~ sb into office** votar a alguien para que ocupe un cargo; **to ~ sb out of office** votar para que alguien sea relevado de su cargo; **she was voted president** fue elegida presidenta; **to ~ sb off a committee** expulsar a alguien de un comité por votación

-3. *(propose)* **I ~ (that) we go** voto por ir, voto (por) que vayamos

-4. *(declare)* **they voted the holiday a success** coincidieron en que las vacaciones habían sido un éxito

◇ *vi* votar **(for/against** por/en contra de); **to ~ on sth** someter algo a votación; **to ~ in favour of/against sth** votar a favor/en contra de algo; **Spain is voting this weekend** este fin de semana España acude a las urnas; **to ~ by a show of hands** votar levantando la mano, votar a mano alzada; ⌐IDIOM¬ **to ~ with one's feet** desmarcarse, hacer boicot

voter ['vəʊtə(r)] *n* votante *mf* ❑ **~ registration** inscripción *f* en el padrón *or* censo electoral

voting ['vəʊtɪŋ] ◇ *n* votación *f*; **~ takes place on Sunday** las elecciones son el domingo ❑ **~ booth** cabina *f* electoral; **~ paper** papeleta *f* (de voto), voto *m*, *Col* tarjetón *m*, *Méx, RP* boleta *f*
◇ *adj (member)* con voto

votive ['vəʊtɪv] *adj* REL votivo(a) ❑ **~ offering** exvoto *m*

vouch [vaʊtʃ]
↪ **vouch for** *vt insep (person)* responder de; *(quality, truth)* dar fe de

voucher ['vaʊtʃə(r)] *n* **-1.** *Br (for restaurant, purchase, petrol)* vale *m*, cupón *m*; **(gift) ~** vale *m* de regalo **-2.** *(receipt)* comprobante *m*, resguardo *m*

vouchsafe [vaʊtʃ'seɪf] *vt Literary* conceder; **to ~ to do sth** dignarse a hacer algo; **to ~ an answer** dignarse a dar una respuesta

vow [vaʊ] ◇ *n* **-1.** REL voto *m*; **to take a ~ of chastity/poverty/silence** hacer voto de castidad/pobreza/silencio; **to take one's vows** hacer *or* tomar los votos **-2.** *(promise)* promesa *f*; **to make a ~ to do sth** prometer solemnemente hacer algo
◇ *vt* prometer solemnemente, jurar; **to ~ to do sth** jurar hacer algo; **she vowed never to return** *or* **that she would never return** juró que nunca volvería, juró no volver nunca; **to ~ revenge on sb** jurarle venganza a alguien

vowel ['vaʊəl] *n* vocal *f* ❑ **~ shift** cambio *m* vocálico; **~ sound** sonido *m* vocálico

vox pop ['vɒks'pɒp] *n Br Fam* encuesta *f* en la calle

voyage ['vɔɪɪdʒ] ◇ *n* travesía *f*, viaje *m (largo, marítimo o espacial)*; **to go on a ~** embarcarse en una travesía *or* un viaje; *Fig* **great voyages of discovery** grandes viajes (en busca) de descubrimientos
◇ *vi* viajar; **they voyaged across the Atlantic** cruzaron el Atlántico; **to ~ round the world** dar la vuelta al mundo navegando

voyager ['vɔɪɪdʒə(r)] *n Literary* viajero(a) *m,f*

voyeur [vɔɪ'jɜː(r)] *n* voyeur *mf*

voyeuristic [vɔɪjɜː'rɪstɪk] *adj* voyeurista

VP *(abbr* **Vice-President)** vicepresidente(a) *m,f*

VR [viː'ɑː(r)] *n (abbr* **virtual reality**) VR

VRAM ['viːræm] *n* COMPTR *(abbr* **video random access memory**) VRAM *f*

VRML [viːɑːrem'el] *n* COMPTR *(abbr* **virtual reality modelling language**) VRML *m*

vs *(abbr* **versus**) contra

v-shaped ['viːʃeɪpt] *adj* en forma de V *or* de cuña

VSO [viːes'əʊ] *n Br (abbr* **Voluntary Service Overseas**) = agencia de voluntariado para la cooperación con países en vías de desarrollo

VT *(abbr* **Vermont**) Vermont

VTOL [viːtiːɔʊ'el] *n* AV *(abbr* **vertical take-off and landing**) despegue *m or Am* decolaje *m* (y aterrizaje) vertical

VTR [viːtiː'ɑː(r)] *n (abbr* **video tape recorder**) (aparato *m* de) vídeo *m or Am* video *m*

Vulcan ['vʌlkən] *n* MYTHOL Vulcano

vulcanize ['vʌlkənaɪz] *vt* vulcanizar ❑ **vulcanized rubber** caucho *m* vulcanizado

vulgar ['vʌlgə(r)] *adj* **-1.** *(rude)* vulgar, grosero(a); **don't be ~!** ¡no seas grosero! **-2.** *(in poor taste)* vulgar, ordinario(a), chabacano(a) **-3.** MATH **~ fraction** fracción *f*, quebrado *m* **-4.** *(popular)* **Vulgar Latin** latín *m* vulgar; **the ~ tongue** la lengua vulgar *or* vernácula

vulgarian [vʌl'geərɪən] *n* chabacano(a) *m,f*, ordinario(a) *m,f*

vulgarism ['vʌlgərɪzəm] *n* **-1.** *(coarse expression)* palabra *f* vulgar *or* malsonante, palabrota *f* **-2.** *(mistaken usage)* vulgarismo *m*

vulgarity [vʌl'gærɪtɪ] *n* **-1.** *(rudeness)* vulgaridad *f*, grosería *f* **-2.** *(poor taste)* vulgaridad *f*, ordinariez *f*, chabacanería *f*

vulgarization [vʌlgəraɪ'zeɪʃən] *n* vulgarización *f*

vulgarize ['vʌlgəraɪz] *vt* vulgarizar

vulgarly ['vʌlgəlɪ] *adv* **-1.** *(coarsely)* vulgarmente, groseramente **-2.** *(popularly)* vulgarmente

vulnerability [vʌlnərə'bɪlɪtɪ] *n* vulnerabilidad *f*

vulnerable ['vʌlnərəbəl] *adj* **-1.** vulnerable (**to** a); **this left them ~ on their eastern border** esto los hizo vulnerables en su frontera oriental **-2.** *(in bridge)* vulnerable

vulpine ['vʌlpaɪn] *adj* **-1.** *(foxlike)* zorruno(a) **-2.** *(crafty)* ladino(a), artero(a)

vulture ['vʌltʃə(r)] *n* buitre *m*

vulturine guinea fowl ['vʌltʃəraɪn'gɪnɪfaʊl] *n* pintada *f* vulturina

vulva ['vʌlvə] *n* vulva *f*

vv -1. *(abbr* **versus**) contra **-2.** *(abbr* **vice versa**) viceversa

W w

W, w [ˈdʌbəlju:] *n* **-1.** *(letter)* W, w *f* **-2.** *(abbr* **west)** O

W ELEC *(abbr* **watts)** W

W2 [ˈdʌbəljuːˈtuː] *n US (form)* certificado *m* (anual) de ingresos y retenciones impositivas

W3 *n* COMPTR *(abbr* **World Wide Web)** W3 *f*, WWW *f*

WA -1. *(abbr* **Washington)** Washington **-2.** *(abbr* **Western Australia)** Australia Occidental

WAAC [wæk] *n* HIST *(abbr* **Women's Army Auxiliary Corps)** = sección femenina del ejército británico durante la Segunda Guerra Mundial

WAAF [wæf] *n* HIST *(abbr* **Women's Auxiliary Air Force)** = sección femenina de las fuerzas aéreas británicas durante la Segunda Guerra Mundial

wackiness [ˈwækɪnɪs] *n Fam (of person, behaviour)* extravagancia *f*, excentricidad *f*; *(of sense of humour, comedian)* excentricidad *f*, carácter *m* estrambótico

wacko [ˈwækəʊ] *Fam* ◇ *n* pirado(a) *m,f*, *Am* zafado(a) *m,f*, *RP* rayado(a) *m,f*
◇ *adj* pirado(a), *Am* zafado(a), *RP* rayado(a)

wacky [ˈwækɪ] *adj Fam (person, behaviour, dress sense)* estrafalario(a); *(sense of humour, comedian)* estrambótico(a) ❑ *Hum* ~ **baccy** *(marijuana)* maría *f*, hierba *f*; *(hashish)* chocolate *m*, costo *m*

wad [wɒd] *n* **-1.** *(of cotton)* bolita *f* **-2.** *(of paper)* taco *m* **-3.** *(of tobacco, chewing gum)* bola *f*

wadding [ˈwɒdɪŋ] *n (for packing)* relleno *m*

waddle [ˈwɒdəl] *vi (duck)* caminar, *Esp* andar; *(person)* caminar *or Esp* andar como un pato, anadear; **he waddled along the street** caminaba como un pato por la calle; **he waddled into the room** entró en la sala con paso torpe y pesado

wade [weɪd] *vi (in water)* caminar en el agua; **to ~ across a stream** vadear un riachuelo; **she waded out to the boat** caminó por el agua hasta el bote; *Fig* **to ~ in** entrometerse
➤ **wade into** *vt insep Fig (task)* acometer; *(person)* arremeter contra
➤ **wade through** *vt insep* **-1.** *(water)* caminar por **-2.** *Fig (paperwork)* leerse

wader [ˈweɪdə(r)] *n* **-1.** *(bird)* (ave *f*) zancuda *f* **-2. waders** *(boots)* botas *fpl* altas de agua

wadi [ˈwɒdɪ] *n* uadi *m*, = en Arabia y Norteáfrica río seco todo el año salvo en la estación de lluvias

wading pool [ˈweɪdɪŋˈpuːl] *n US* piscina *f* or *Méx* alberca *f* or *RP* pileta *f* para niños

wafer [ˈweɪfə(r)] *n* **-1.** *(biscuit)* barquillo *m* **-2.** REL hostia *f* **-3.** COMPTR & TECH oblea *f* or disco *m* de silicio **-4.** *(seal)* oblea *f*

wafer-thin [ˈweɪfəˈθɪn] *adj* muy fino(a); *Fig (majority)* ajustadísimo(a)

waffle[1] [ˈwɒfəl] *n (food) Esp* gofre *m*, *Am* wafle *m* ❑ ~ **iron** *Esp* gofrera *f*, *Am* waflera *f*

waffle[2] *Br Fam* ◇ *n (wordiness)* verborrea *f*, palabrería *f*; *(in written text)* paja *f*, *Am* palabrerío *m*; **it's just a load of ~** es pura palabrería
◇ *vi* enrollarse
➤ **waffle on** *vi* enrollarse; **he waffled on for ages about his thesis** se enrolló a hablar de su tesis y no paraba

waft [wɒft] ◇ *vt* llevar, hacer flotar
◇ *vi* flotar; **a delicious smell wafted into the room** un delicioso aroma se deslizó en la habitación; **her voice wafted gently down the stairs** su voz llegaba suave desde la parte de arriba

wag[1] [wæg] ◇ *n (action)* meneo *m*; **with a ~ of its tail** meneando la cola
◇ *vt (pt & pp* **wagged)** menear, agitar; **to ~ one's finger at sb** advertir a alguien con el dedo
◇ *vi* menearse

wag[2] *n Fam (joker)* bromista *mf*, guasón(ona) *m,f*

wage [weɪdʒ] ◇ *n (pay)* **wage(s)** salario *m*, sueldo *m*; **daily ~** jornal; **his employers took it out of his wages** sus jefes se lo descontaron de su sueldo; *Fig (in bible)* **the wages of sin is death** el pecado se paga con la muerte ❑ ~ **agreement** convenio *m* or acuerdo *m* salarial; ~ **claim** reivindicación *f* or demanda *f* salarial; ~ **cut** recorte *m* salarial; ~ **differential** diferencia *f* salarial; ~ **earner** asalariado(a) *m,f*; **they are both ~ earners** trabajan los dos; ~ **freeze** congelación *f* salarial; ~ **packet** *(envelope)* sobre *m* de la paga; *(money)* salario *m*; ~ **rise** incremento *m* or aumento *m* salarial; ~ **scale** escala *f* salarial; ~ **settlement** convenio *m* or acuerdo *m* salarial; ~ **slave** *(in Marxism)* esclavo(a) *m,f* del trabajo; *Ironic* **I'm fed up with being a ~ slave** estoy harto de estar esclavizado al trabajo; ~ **slip** nómina *f*, recibo *m* de sueldo
◇ *vt* **to ~ war (on)** librar una guerra (contra); **to ~ a campaign against smoking** emprender una campaña contra el tabaco

wager [ˈweɪdʒə(r)] *Formal* ◇ *n* apuesta *f*; **to make** *or* **lay a ~** hacer una apuesta
◇ *vt* apostar; **I'll ~ £10 that he'll come** te apuesto 10 libras a que viene

wageworker [ˈweɪdʒwɜːkə(r)] *n US* asalariado(a) *m,f*

waggish [ˈwægɪʃ] *adj (sense of humour, remark)* jocoso(a); *(person)* guasón(ona)

waggle [ˈwægəl] *Fam* ◇ *vt* mover
◇ *vi* menearse

waggly [ˈwæglɪ] *adj Fam (tooth)* medio suelto(a), flojo(a)

wag(g)on [ˈwægən] *n* **-1.** *(horse-drawn)* carro *m* ❑ ~ **train** caravana *f* de carretas **-2.** *Br* RAIL vagón *m* **-3.** *US (drinks trolley)* carrito *m* **-4.** IDIOMS *Fam* **to be on the ~** *(alcoholic)* haber dejado de beber *or Am* tomar; *Fam* **to be off** *or* **have fallen off the ~** haber vuelto a beber *or Am* tomar, *RP* haber volcado

wagoner [ˈwægənə(r)] *n* carretero(a) *m,f*

wagonload [ˈwægənlæd] *n* vagón *m* (cargado)

wagtail [ˈwægteɪl] *n* lavandera *f*

wah-wah [ˈwɑːwɑː] *n* MUS wah-wah *m* ❑ ~ **pedal** pedal *m* del wah-wah

waif [weɪf] *n* niño(a) *m,f* abandonado(a); **waifs and strays** criaturas desamparadas

waif-like [ˈweɪflaɪk] *adj* frágil

wail [weɪl] ◇ *n (of person)* gemido *m*, lamento *m*; *(of siren)* sonido *m*, aullido *m*; *(of wind)* aullido *m*
◇ *vt* gemir; **"you've broken it!" she wailed** "¡lo has roto!", protestó ella con un gemido
◇ *vi (person)* gemir; *(siren)* sonar, aullar; *(wind)* aullar

wailing [ˈweɪlɪŋ] ◇ *n (of people, children)* gemidos *mpl*, lamentos *mpl*; *(of siren, wind)* aullido *m*
◇ *adj* ~ **children** niños gimiendo; ~ **sirens** sirenas aullando ❑ **the Wailing Wall** el Muro de *Esp* las Lamentaciones *or Am* los Lamentos

wainscot [ˈweɪnskɒt], **wainscotting** [ˈweɪnskɒtɪŋ] *n* zócalo *m* de madera

waist [weɪst] *n (of person, garment)* cintura *f*, talle *m*; **he measures 80 cm around the ~, his ~ measures 80 cm** de cintura mide *or* tiene 80 cm; **he put his arm around her ~** le rodeó la cintura *or* el talle con el brazo; **it's too tight at** *or* **round the ~** está muy apretado *or* ceñido de cintura; **he was up to the** *or* **his ~ in water** el agua le llegaba a la cintura

waistband [ˈweɪstbænd] *n* cinturilla *f*

waistcoat [ˈweɪstkəʊt] *n Br* chaleco *m*

waist-deep [ˈweɪstˈdiːp] *adj* **to be ~ in mud** estar metido(a) en el barro hasta la cintura

-waisted [ˈweɪstɪd] *suffix* **a low/high~ dress** un vestido de cintura baja/alta, un vestido bajo/alto de cintura; **to be slim/thick~** ser estrecho/ancho de cintura, tener una cintura estrecha/ancha

waist-high [ˈweɪstˈhaɪ] *adj* **the grass was ~** la hierba llegaba a (la altura de) la cintura

waistline [ˈweɪstlaɪn] *n* cintura *f*; **to watch one's ~** cuidar la línea

wait [weɪt] ◇ *n* espera *f*; **we had a long ~** esperamos mucho; **it was worth the ~** mereció la pena esperar; **to lie in ~ for sb** acechar a alguien
◇ *vt* **-1.** *(wait for)* **I'm waiting my chance** estoy esperando mi oportunidad; **you must ~ your turn** debes esperar tu turno **-2.** *US (serve at)* **to ~ table(s)** ser camarero(a) *or Am* mesero(a) *or RP* mozo(a) **-3.** *US Fam (delay)* **don't ~ dinner for me** no me esperes para cenar
◇ *vi* **-1.** *(in general)* esperar; **I'm waiting to use the phone** estoy esperando para llamar por teléfono; **to ~ for sth/sb** esperar algo/a alguien; **~ for me!** ¡espérame!; **a parcel was waiting for me when I got back** cuando volví había un paquete esperándome; **to ~ for sth to happen** esperar a que ocurra algo; **to ~ for sb to do sth** esperar que alguien haga algo; **it was worth waiting for** mereció la pena esperar; **what are you waiting for, ask him!** ¿a qué esperas? ¡pregúntale!; **what are we waiting for, let's start!** ¿a qué esperamos? ¡empecemos!; *Fam* **~ for it!** *(before sth happens)* ¡espera!; *(before telling sb sth)* ¡agárrate!; **to keep sb waiting** tener a alguien esperando, hacer esperar a alguien; **~ a minute** *or* **second!** ¡espera un momento!; **we must ~ and see** tendremos que esperar a ver (qué pasa); **I can't ~ to see her** estoy impaciente por verla; *also Ironic* **I can hardly ~** estoy impaciente; **I can hardly ~ till they get here** estoy impaciente por que lleguen; **~ till you**

hear what I just did! ¿a que no adivinas lo que acabo de hacer?; **(just) you ~!** ¡espera y verás!; **repairs while you ~** *(sign)* arreglos en el acto
-2. *(be postponed)* **can't it ~?** ¿no puede esperar?; **it will have to ~ until tomorrow** tendrá que esperar hasta mañana
-3. *(serve) Br* **to ~ at table** ser camarero(a) *or Am* mesero(a) *or RP* mozo(a)
◆ **wait about, wait around** *vi* esperar
◆ **wait behind** *vi* quedarse atrás
◆ **wait in** *vi Br* quedarse en casa esperando, esperar en casa
◆ **wait on** *vt insep* **-1.** *(serve)* servir; **to ~ on sb hand and foot** traérselo todo en bandeja a alguien **-2.** *Scot (wait for)* esperar
◆ **wait out** *vt sep* **we waited out the storm** esperamos a que pasara la tormenta
◆ **wait up** *vi* **-1.** *(stay up)* **to ~ up for sb** esperar a alguien levantado(a) **-2.** *US (hold on)* **~ up!** ¡un momento!
wait-and-see ['weɪtænd'siː] *adj* **~ approach** *or* **policy** política *f* de esperar y ver qué pasa
Waitangi [waɪ'tæŋiː] *n* **~ Treaty** Tratado *m* de Waitangi

---

TREATY OF WAITANGI

Cuando los líderes tribales maoríes y el gobernador de la colonia de Nueva Zelanda firmaron el Tratado de Waitangi en 1840, el pueblo maorí se comprometió a aceptar la soberanía del Reino Unido. A cambio, se les concedió la ciudadanía británica y el derecho a la propiedad de la tierra. Sin embargo, el parlamento neocelandés nunca ha ratificado oficialmente este tratado, que ha sido a menudo una fuente de disenso y discordia, especialmente en lo relativo a los derechos sobre la propiedad de la tierra. El seis de febrero, día del aniversario de la firma del tratado, se celebra el "Waitangi Day", la fiesta nacional de Nueva Zelanda.

---

waiter ['weɪtə(r)] *n* camarero *m*, *Andes, RP* mozo *m*, *Chile, Ven* mesonero *m*, *Col, Guat, Méx, Salv* mesero *m*
waiting ['weɪtɪŋ] *n* **-1.** espera *f*; **after two hours of ~** después de dos horas de espera; *Br* AUT **no ~** *(sign)* = prohibido detenerse; **they are playing a ~ game** están dejando que transcurra el tiempo a ver qué pasa ❑ **~ list** lista *f* de espera; **he's on the ~ list** está en lista de espera; **~ room** sala *f* de espera **-2.** *Formal (attendance)* **to be in ~ on sb** estar al servicio de alguien
waitlist ['weɪtlɪst] *vt US* colocar en lista de espera; **I'm waitlisted for the next flight** estoy en lista de espera para el próximo vuelo
waitress ['weɪtrɪs] *n* camarera *f*, *Andes, RP* moza *f*, *Chile, Ven* mesonera *f*, *Col, Guat, Méx, Salv* mesera *f*
waive [weɪv] *vt* **-1.** *(rights, claim)* renunciar a **-2.** *(rule, requirement)* obviar, pasar por alto
waiver ['weɪvə(r)] *n* **-1.** *(document)* renuncia *f*; **to sign a ~** firmar una renuncia, renunciar por escrito **-2.** *(of right, claim)* renuncia *f* **-3.** *(of rule, requirement)* exención *f*
wake¹ [weɪk] *n (of ship)* estela *f*; *Fig* **in the ~ of sth** a raíz de algo; **famine followed in the ~ of the drought** a la sequía le siguió la hambruna; **the destruction left in the ~ of the storm** la destrucción que la tormenta dejó a su paso; **the war brought chaos and misery in its ~** la guerra dejó tras de sí un rastro *or* una estela de caos y penuria; **he left the other athletes trailing in his ~** dejó atrás *or* rezagados a los demás atletas; *Fig* **to follow in sb's ~** seguir los pasos de alguien
wake² *n (on night before funeral)* velatorio *m*, *Am* velorio *m*
wake³ *(pt* **woke** [wəʊk], *pp* **woken** ['wəʊkən])
◇ *vt* despertar; **the noise was enough to ~ the dead** había un ruido infernal
◇ *vi* despertarse, despertar; **he woke to the news that war had broken out** despertó con la noticia de que había estallado la guerra; **they woke to find themselves famous** amanecieron famosos
◆ **wake up** ◇ *vt sep* **-1.** *(rouse from sleep)* despertar **-2.** *(make alert)* despertar; **a little exercise will ~ you up!** ¡un poco de ejercicio te despertará *or* espabilará!; **the accident woke us up to the dangers of nuclear power** el accidente nos hizo tomar conciencia de los peligros de la energía nuclear
◇ *vi* **-1.** *(from sleep)* despertarse, despertar **-2.** *(become alert)* **~ up!** ¡espabila!; **to ~ up to the truth** abrir los ojos a la realidad; **it took him a long time to ~ up to what was going on** tardó mucho en darse cuenta *or* tomar conciencia de lo que pasaba
wakeful ['weɪkfʊl] *adj* **-1.** *(sleepless)* desvelado(a); **to be ~** estar desvelado(a); **to have a ~ night** pasar la noche en vela **-2.** *(vigilant)* alerta; **to be ~** estar alerta
waken ['weɪkən] ◇ *vt* despertar
◇ *vi* despertar
wake-up call ['weɪkʌp'kɔːl] *n* **-1.** *(on phone)* **I asked the operator for a ~** le pedí a la operadora que me despertara **-2.** *(warning)* llamada *f or Am* llamado *m* de atención
wakey ['weɪkɪ] *exclam Br Fam* **~, ~!** ¡despierta ya!, ¡arriba!
waking ['weɪkɪŋ] *adj* **~ hours** horas que uno pasa despierto
Wales [weɪlz] *n* (País *m* de) Gales
walk [wɔːk] ◇ *n* **-1.** *(short)* paseo *m*; *(long)* caminata *f*; **it's a ten-minute ~ away** está a diez minutos a pie (de aquí); **to go for** *or* **take a ~** (ir a) dar un paseo; **to go on a ~** hacer una marcha; **to take the children/dog for a ~** sacar a los niños de paseo; sacar a pasear al perro; IDIOM *Fam* **it was a ~ in the park** *(very easy)* fue pan comido *or* un paseo, fue coser y cantar; *US Fam* **take a ~!** ¡vete a paseo!
-2. *(gait)* andares *mpl*, manera *f* de caminar *or Esp* andar
-3. *(speed)* **at a ~** al paso, paseando; **to slow to a ~** reducir el paso (y continuar caminando)
-4. *(path)* paseo *m*, sendero *m*; **there's an interesting forest ~ there** hay una ruta de senderismo interesante en ese bosque
-5. *(profession, condition)* **people from all walks of life** gente de toda condición
-6. SPORT marcha *f*
-7. *(in baseball)* paso *m* a primera base *(caminando)*
◇ *vt* **-1.** *(cover on foot)* caminar, *Esp* andar, recorrer caminando *or* a pie *or Esp* andando; **I walked the three miles to the station** caminé las tres millas que hay hasta la estación; **to ~ it** *(go on foot)* ir a pie; **the baby can ~ a few steps** el niño da algunos pasos; **to ~ the plank** = caminar por un tablón colocado sobre la borda hasta caer al mar; **to ~ the streets** caminar por las calles; *Euph (prostitute)* hacer la calle; IDIOM **to ~ the talk** cumplir
-2. *(accompany)* **to ~ sb home** acompañar a alguien a casa; **to ~ the dog** sacar *or* pasear al perro
-3. *Br Fam (win easily)* ganar con mucha facilidad *or Esp* de calle; *(exam)* aprobar con facilidad *or Esp* con la gorra *or RP* de taquito; **to ~ it** *(win easily)* llevárselo con mucha facilidad *or Esp* de calle; *(in exam)* aprobar con facilidad *or Esp* con la gorra *or RP* de taquito
-4. *(move)* **we walked the wardrobe into the room** llevamos el armario a la habitación adelantando un lado y después el otro
◇ *vi* **-1.** *(move on foot)* caminar, *Esp* andar; *(for exercise, pleasure)* pasear, caminar; **let's ~ instead of taking the train** vamos caminando *or Esp* andando en lugar de en tren; **we walked back** volvimos caminando; **I was walking down the street** iba caminando *or Esp* andando por la calle; **to ~ home** ir caminando *or Esp* andando a casa; **she walked right past me** pasó por mi lado; **to ~ up** *or* **over to sb** acercarse a alguien; *US* **~** *(sign)* = señal que autoriza a los peatones a cruzar; *US* **don't ~** *(sign)* = señal que prohíbe cruzar a los peatones; IDIOM **to be walking on air** estar en el séptimo cielo, estar más feliz que unas castañuelas
-2. *(in baseball)* = avanzar a una base cuando el pítcher comete cuatro bolas
◆ **walk about, walk around** *vi* pasear
◆ **walk away** *vi* irse (caminando *or Esp* andando); *Fig* **she walked away (unharmed) from the accident** salió ilesa del accidente; IDIOM **you can't just ~ away from the problem** no puedes lavarte las manos así; *Fig* **to ~ away with a prize** salir premiado(a), llevarse un premio; *Fig* **they walked away with the championship** se hicieron con el título de campeones
◆ **walk by** *vi* pasarse
◆ **walk in** *vi* entrar
◆ **walk in on** *vt insep* **I walked in on them** los pillé *or Am* agarré
◆ **walk into** *vt insep* **-1.** *(enter)* entrar en; *(difficult situation)* meterse en; *(trap)* caer en **-2.** *(collide with)* chocar con **-3.** *(obtain easily) (job)* conseguir fácilmente
◆ **walk off** ◇ *vt sep* **we walked off our dinner** fuimos a dar un paseo para bajar la cena; **I'm going to see if I can ~ off my headache** voy a dar un paseo a ver si se me quita *or Am* saca el dolor de cabeza
◇ *vi* marcharse; **to ~ off with sth** *(steal, win easily)* llevarse algo
◆ **walk out** *vi* salir; IND *(go on strike)* ponerse *or* declararse en huelga; **they walked out of the talks** abandonaron la mesa de negociaciones; **to ~ out on sb** *(leave)* dejar *or* abandonar a alguien; **to ~ out on a deal** abandonar un pacto
◆ **walk out with** *vt insep Br Old-fashioned* salir con
◆ **walk over** *vt insep Fam* **to ~ all over sb** *(treat badly)* pisotear a alguien; *(defeat easily)* dar una paliza a
◆ **walk through** ◇ *vt insep (practise)* practicar, ensayar
◇ *vt sep* **to ~ sb through sth** *(show how to do)* enseñar algo a alguien paso a paso
walkabout ['wɔːkəbaʊt] *n Br (of politician)* paseo *m* entre la gente; **to go on a ~** caminar entre la gente
walkaway ['wɔːkəweɪ] *n US Fam* paseo *m* (triunfal); **the race was a ~ for him** la carrera fue pan comido *or* un paseo (triunfal) para él
walker ['wɔːkə(r)] *n* caminante *mf*; SPORT marchador(ora) *m,f*; **are you a keen ~?** ¿te gusta caminar?; **she's a fast/slow ~** camina rápido/lento
walkies ['wɔːkɪz] *npl Br Fam* **to go (for) ~** *(with dog)* sacar a pasear al perro
walkie-talkie [wɔːkɪ'tɔːkɪ] *n* RAD walkie-talkie *m*
walk-in ['wɔːkɪn] ◇ *n* **-1.** *(customer in hotel)* cliente(a) *m,f* sin reserva; *esp US (patient)* paciente *mf* sin cita previa **-2.** *US Fam (victory)* paseo *m* triunfal, triunfo *m* (electoral) aplastante
◇ *adj (safe)* lo bastante grande para meterse dentro; *Br* **the house is in ~ condition** la casa se puede ocupar *or* habitar de inmediato, la casa está para entrar ❑ *US* **~ apartment** apartamento *m or Esp* piso *m or Arg* departamento *m* con acceso directo a la calle; **~ cupboard** *(for clothes)* armario *m* vestidor, *(for food)* despensa *f*
walking ['wɔːkɪŋ] ◇ *n* **-1. I like ~** me gusta caminar; **we do a lot of ~** caminamos *or Esp* andamos mucho; **~ is the best form of exercise** caminar es el mejor ejercicio; **it's within ~ distance** se puede ir caminando *or* a pie *or Esp* andando; **within five minutes' ~ distance** a cinco minutos a pie; IDIOM *Fam* **to give sb their ~ papers** *(employee)* poner a alguien de patitas en la calle; *(lover)* mandar a paseo a alguien; **he got his ~ papers** *(employee)* lo pusieron de

Walkman

patitas en la calle; *(lover)* lo mandó a paseo ❏ **~ boots** botas *fpl* de montaña *or* senderismo; **~ frame** andador *m*; **~ shoes** botas *fpl* (de senderismo); **~ stick** *(cane)* bastón *m*; *US (insect)* insecto *m* palo
-2. SPORT marcha *f* atlética
◇ *adj* **at ~ pace** al paso, paseando; **a ~ holiday** unas vacaciones con excursiones a pie; *Fam* **she's a ~ encyclopedia** es una enciclopedia ambulante *or* andante; **the ~ wounded** los heridos que aún pueden caminar

Walkman® ['wɔːkmən] *n* walkman® *m*

walk-on (part) ['wɔːkɒn('pɑːt)] *n* CIN & THEAT papel *m* de figurante

walkout ['wɔːkaʊt] *n (strike)* huelga *f*, plante *m*; *(from meeting)* abandono *m* (en señal de protesta); **to stage a ~** *(workers)* abandonar el puesto de trabajo *or* realizar un plante en señal de protesta; *(negotiators, students)* abandonar la sala en señal de protesta

walkover ['wɔːkəʊvə(r)] *n* **-1.** *Fam (easy win)* paseo *m*; **it was a ~** fue un paseo *or* pan comido **-2.** *(win by default)* victoria *f* por incomparecencia (del contrario)

walk-through ['wɔːkθruː] *n* **-1.** THEAT ensayo *m* **-2.** COMPTR explicación *f* paso a paso

walkup ['wɔːkʌp] *n US (building)* edificio *m* sin ascensor

walkway ['wɔːkweɪ] *n (between buildings)* pasadizo *m*, pasaje *m*

wall [wɔːl] *n* **-1.** *(interior)* pared *f*; *(exterior, freestanding)* muro *m*; *(partition)* tabique *m*; *(of garden, around building)* tapia *f*; *(of town, city)* muralla *f*; **within/outside the city walls** dentro/fuera de la ciudad, intramuros/extramuros; *Fig* **a ~ of silence** un muro de silencio; *Fig* **a ~ of fire** una cortina de fuego; **the prisoners went over the ~** los prisioneros escaparon trepando el muro; **people like him should be put up against a ~ and shot** a la gente como él habría que llevarla al paredón (y fusilarla) ❏ **~ bars** espalderas *fpl*; **~ chart** (gráfico *m*) mural *m*; **~ cupboard** alacena *f*; **~ hanging** tapiz *m*; **~ lamp** aplique *m* (de luz); **~ light** aplique *m* (de luz); **~ painting** pintura *f* mural; **Wall Street** Wall Street; HIST **the Wall Street Crash** el crack *or* crash de 29; **~ unit** mueble *m* mural
-2. *(of artery, stomach)* pared *f*
-3. *(in soccer)* barrera *f*
-4. IDIOMS **to go to the ~** irse al traste; *Fam* **to be up the ~** estar como una cabra, *Esp* estar majareta; *Fam* **to drive sb up the ~** hacer que alguien se suba por las paredes; **walls have ears** las paredes oyen; **this is between you, me and the four walls** que esto quede entre nosotros (y estas cuatro paredes)
◆ **wall in** *vt sep (surround with wall)* tapiar; *(enclose)* encerrar, rodear; **the park was walled in by high buildings** el parque estaba cercado por altos edificios
◆ **wall off** *vt sep* separar con un muro
◆ **wall up** *vt sep* condenar, tapiar

wallaby ['wɒləbɪ] *n* wallaby *m*, valabí *m*

wallah ['wɒlə] *n Br Old-fashioned Fam* señor *m*

walled [wɔːld] *adj (garden, enclosure)* tapiado(a); *(city)* amurallado(a)

wallet ['wɒlɪt] *n* **-1.** *(for money, cards)* cartera *f*
-2. *(for documents)* carpeta *f*

walleyed ['wɔːlaɪd] *adj* **-1.** *(with clouded eye)* con leucoma **-2.** *(with squint)* bizco(a), estrábico(a)

wallflower ['wɔːlflaʊə(r)] *n (plant)* alhelí *m*; IDIOM **to be a ~** no tener con quien bailar

wall-mounted ['wɔːlmaʊntɪd] *adj (clock, telephone)* de pared

Walloon [wɒˈluːn] ◇ *n* valón(ona) *m,f*
◇ *adj* valón(ona)

wallop ['wɒləp] *Fam* ◇ *n* **-1.** *(blow)* tortazo *m*, trompazo *m*, *Méx* madrazo *m*; **to give sth/sb a ~** dar un tortazo a algo/alguien **-2.** *(impact)* **she fell down with a ~** se dio un porrazo *or* trompazo al caer **-3.** *Br (beer)* cerveza *f*
◇ *vt* **-1.** *(hit)* dar un tortazo *or* trompazo a
-2. *(defeat)* dar una buena paliza a

walloping ['wɒləpɪŋ] *Fam* ◇ *n* **-1.** *(beating)* paliza *f* **-2.** *(defeat)* paliza *f*
◇ *adv (for emphasis)* **a ~ great pay rise** *Esp* una subida de sueldo de aquí te espero, *Am* un aumento de sueldo que para qué te cuento

wallow ['wɒləʊ] ◇ *n* **to have a ~ in sth** *(bath, mud)* revolcarse en algo; *(self-pity)* recrearse *or* regodearse en algo
◇ *vi* revolcarse; **to ~ in self-pity** recrearse *or* regodearse en la autocompasión

wallpaper ['wɔːlpeɪpə(r)] ◇ *n* **-1.** *(on walls)* papel *m* pintado **-2.** COMPTR papel *m* tapiz
◇ *vt* empapelar

wall-to-wall ['wɔːltəwɔːl] *adj* **~ carpeting** *Esp* enmoquetado *m*, *Esp* moqueta *f*, *Am* alfombra *f*; *Fig* **~ coverage** cobertura *f* total

wally ['wɒlɪ] *n Br Fam (idiot)* idiota *mf*, imbécil *mf*, *Esp* chorra *mf*; **I felt a bit of a ~** me sentí como un auténtico idiota *or* imbécil

walnut ['wɔːlnʌt] *n* **-1.** *(nut)* nuez *f* ❏ **~ cake** pastel *m* de nueces **-2.** *(tree, wood)* nogal *m*

walrus ['wɔːlrəs] *n* morsa *f* ❏ **~ moustache** mostacho *m*

waltz [wɔːlts] ◇ *n* vals *m*
◇ *vt (dance)* llevar (a alguien) al compás de un vals; **he waltzed her round the room** la llevó por todo el salón al compás de un vals
◇ *vi* bailar el vals; *Fam* **she waltzed into the room** entró en la habitación como si tal cosa; *Fam* **to ~ off with sth** llevarse algo
◆ **waltz through** *vt insep (exam, interview)* pasar sin problema

waltzer ['wɔːltsə(r)] *n (fairground ride)* látigo *m*

Waltzing Matilda ['wɔːltsɪŋmə'tɪldə] *n* = nombre del himno nacional australiano

WAN ['dʌbəljuːeɪ'en] *n* COMPTR *(abbr* **wide area network)** red *f* de área extensa

wan [wɒn] *adj (face, person)* macilento(a), pálido(a); *(smile)* lánguido(a); *(light, star)* tenue

wand [wɒnd] *n* varita *f*

wander ['wɒndə(r)] ◇ *n* vuelta *f*; **to go for a ~** ir a dar una vuelta
◇ *vt (streets, world)* vagar por
◇ *vi* **-1.** *(roam) (directionless)* deambular, vagar **(around** por); *(casually)* pasear **(around** por); **she wandered into a café** entró en un café; **she had wandered from the path** se había alejado del camino; **to ~ off** alejarse, apartarse; **don't ~ too far, the bus will be here in ten minutes** no te vayas muy lejos, el autobús estará aquí en diez minutos
-2. *(verbally, mentally)* distraerse; **to ~ from the subject** desviarse del tema, divagar; **my thoughts were wandering** mi mente empezaba a divagar, tenía la cabeza en otro sitio; **I can't concentrate, my mind keeps wandering** no me puedo concentrar, no hago más que distraerme; **my mind wandered back to when we first met** me volvió a la mente el momento en que nos conocimos; **his eyes wandered over the scene** su mirada recorría la escena
-3. *(become confused)* desvariar; **her mother's mind** *or* **her mother has begun to ~** su madre ha empezado a desvariar un poco

wanderer ['wɒndərə(r)] *n* trotamundos *mf inv*; IDIOM **the ~ returns!** ¡vuelve el hijo pródigo!

wandering ['wɒndərɪŋ] *adj (person, life)* errante, errabundo(a); *(tribe)* nómada; *(path, stream)* sinuoso(a); IDIOM *Hum* **to have ~ hand trouble** ser un pulpo ❏ **~ albatross** albatros *m* viajero; **~ Jew** *(plant)* tradescantia *f*; **the Wandering Jew** *(person)* el judío errante

wanderlust ['wɒndəlʌst] *n* pasión *f* por viajar

wane [weɪn] ◇ *n* **to be on the ~** *(moon)* estar menguando; *(popularity, enthusiasm, power)* ir decayendo; *(empire, civilization)* estar en decadencia; *(beauty)* ir desapareciendo
◇ *vi* **-1.** *(moon)* menguar **-2.** *(popularity, enthusiasm, power)* decaer; *(empire, civilization)* estar en decadencia; *(beauty)* ir desapareciendo

wangle ['wæŋgəl] *vt Fam* agenciarse; **he wangled it so that...** se las arregló *or Esp* apañó para que...; **could you ~ me a ticket?** ¿podrías comprarme *or Esp* pillarme una entrada?; **he wangled his way into the job** se las arregló *or Esp* apañó para conseguir el empleo

waning ['weɪnɪŋ] ◇ *n (of moon)* menguante *m*; *(of interest, power)* pérdida *f*; *(of empire)* decadencia *f*
◇ *adj (moon)* menguante; *(interest, power)* cada vez menor, decreciente; *(empire)* en decadencia, decadente

wank [wæŋk] *Br Vulg* ◇ *n* **to have a ~** hacerse una *or Am* la paja
◇ *vi* hacerse una *or Am* la paja
◆ **wank off** *Br Vulg* ◇ *vt sep* **to ~ sb off** hacer una *or Am* la paja a alguien; **to ~ oneself off** hacerse una *or Am* la paja
◇ *vi* hacerse una *or Am* la paja

wanker ['wæŋkə(r)] *n Br Vulg Esp* gilipollas *mf inv*, *Am* pendejo(a) *m,f*, *RP* pelotudo(a) *m,f*

wanna *Fam* ['wɒnə] **-1.** = **want to -2.** = **want a**

wannabe ['wɒnəbiː] *n Fam* aprendiz(iza) *m,f*; **Brad Pitt wannabes** Brad Pitts de pacotilla

want [wɒnt] ◇ *n* **-1.** *(need, poverty)* necesidad *f*; *Formal* **to be in ~ of sth** carecer de algo ❏ *US* **~ ad** demanda *f*
-2. *(lack)* falta *f*, carencia *f* **(of** de); **for ~ of anything better to do** a falta de algo mejor que hacer; **for ~ of a better word** a falta de una palabra mejor; **it wasn't for ~ of trying** no será porque no lo intentamos
◇ *vt* **-1.** *(wish, desire)* querer; **to ~ to do sth** querer hacer algo; **I ~ to say how grateful I am** deseo expresar mi gratitud; **to ~ sb to do sth** querer que alguien haga algo; **I don't ~ you watching** no quiero que mires; **I ~ the room cleaned by tomorrow** quiero la habitación limpia mañana; *Fam* **~ a drink?** ¿quieres una bebida?; **she knows what she wants** sabe lo que quiere; **that's the last thing we ~!** ¡sólo nos faltaba eso!; **I ~ my money back** quiero que me devuelvan mi dinero; **how much do you ~ for the book?** ¿cuánto quieres por el libro?; **what do you ~ in a man/out of life?** ¿qué buscas en los hombres/la vida?; **what does he ~ with** *or* **of me?** ¿qué quiere de mí?; **what do you ~ with an exercise bike?** ¿para qué quieres una bicicleta estática?
-2. *(need)* necesitar; **it wants a bit more salt** necesita un poco más de sal; **the lawn wants cutting** hay que cortar el césped; **she wants taking down a peg or two** necesita que le bajen los humos; *Fam* **you ~ your head seeing to!** ¡tú estás mal de la cabeza!; **you ~ to be careful with him** deberías tener cuidado con él; *Fam* **you don't ~ to do that** es mejor que no hagas eso
-3. *(seek)* **she's wanted by the police (for questioning)** la busca la policía (para interrogarla); **the boss wants you in her office** el jefe te llama a su despacho; **you're wanted on the phone** te llaman por teléfono; **will I be wanted tomorrow?** ¿me necesitarán mañana?; **I know when I'm not wanted** sé perfectamente cuándo estoy de más; **wanted, a good cook** *(advertisement)* se necesita buen cocinero; **wanted** *(sign above photo of criminal)* se busca
-4. *(wish to have sex with)* desear
◇ *vi* **he wants for nothing** no le falta de nada
◆ **want in** *vi Fam* **-1.** *(wish to come in)* querer entrar **-2.** *(wish to participate)* querer participar **(on** en)
◆ **want out** *vi Fam* **-1.** *(wish to go out)* querer salir **-2.** *(no longer wish to participate)* querer salirse **(of** de)

wanted ['wɒntɪd] *adj (criminal)* buscado(a) por la policía

wanting ['wɒntɪŋ] *adj* **he is ~ in intelligence** le falta inteligencia; **to be found ~** *(person)* no dar la talla; *(technology, theory, argument)* ser deficiente, tener carencias

wanton ['wɒntən] *adj* **-1.** *(unjustified)* injustificado(a), sin sentido; *(cruelty)* gratuito(a) **-2.** *Old-fashioned (licentious)* licencioso(a) **-3.** *(unrestrained)* descontrolado(a)

wantonly ['wɒntənlɪ] *adv* **-1.** *(without good reason)* gratuitamente, de manera injustificada **-2.** *Old-fashioned (licentiously)* licenciosamente

wantonness ['wɒntənnɪs] *n* **-1.** *(of insult, destruction)* falta *f* de justificación, gratuidad *f* **-2.** *Old-fashioned (licentiousness)* licenciosidad *f*

WAP [wæp] *n* COMPTR *(abbr* **Wireless Application Protocol)** WAP *m* ❑ **~ phone** teléfono *m* WAP

war [wɔː(r)] *n* guerra *f*; **to be at ~ (with)** estar en guerra (con); **to go to ~ (with/over)** entrar en guerra (con/por); **he fought in the ~** estuvo *or* luchó en la guerra; **the ~ to end all wars** la guerra que pondría fin a todas las guerras; **to have a good ~** *(soldier)* salir victorioso(a) de la guerra; *(businessman)* hacer negocio con la guerra; **a ~ of nerves** una guerra de nervios; *Fig* **the ~ on crime/drugs** lucha contra la delincuencia/la droga; *Fig* **a ~ of words** una batalla dialéctica, un combate verbal; IDIOM *Fam* **you look as if you've been in the wars** parece que volvieras de la guerra; *Fam Hum* **that carpet (looks like it) has been through the wars!** ¡a esa alfombra se le ha dado ya mucho trote! ❑ **~ baby** niño(a) *m,f* de la guerra; **~ cabinet** gabinete *m* de guerra; **~ chest** *US* POL fondos *mpl* recaudados para la campaña electoral; *Fig* fondos *mpl* especiales; **~ correspondent** corresponsal *mf* de guerra; **~ crime** crimen *m* de guerra; **~ criminal** criminal *mf* de guerra; **~ cry** grito *m* de guerra; **~ dance** danza *f* de guerra; **the ~ effort** el esfuerzo bélico; **~ games** MIL maniobras *fpl*; *(with model soldiers)* juegos *mpl* de estrategia (militar); **~ memorial** monumento *m* a los caídos (en la guerra); **~ toys** juguetes *mpl* bélicos; **~ widow** viuda *f* de guerra; **~ zone** zona *f* de guerra

warble ['wɔːbəl] ◇ *n* trino *m*
◇ *vi* trinar

warbler ['wɔːblə(r)] *n* **garden ~** curruca *f* mosquitera; **melodious ~** zarcero *m* común; **reed ~** carricero *m* común; **thick-billed ~** carricero *m* picogordo

ward [wɔːd] *n* **-1.** *(in hospital)* sala *f*; **cancer ~** sala de oncología ❑ **round** ronda *f* de visitas **-2.** *(electoral division)* distrito *m* electoral ❑ *US Fam Pej* **~ heeler** = adepto que hace campaña para un candidato **-3.** LAW *(person)* tutelado(a) *m,f*; *(guardianship)* custodia *f*, tutela *f*; **to be in ~** estar bajo tutela ❑ **~ of court** pupilo(a) *m,f* bajo tutela (judicial)

◆ **ward off** *vt sep (blow)* rechazar, parar; *(danger, evil spirits)* ahuyentar; *(illness)* prevenir

warden ['wɔːdən] *n* **-1.** *(of park)* guarda *mf* **-2.** *(of institution, hostel)* guardián(ana) *m,f*, vigilante *mf* **-3.** *US (of prison)* director(ora) *m,f*, alcaide(esa) *m,f* **-4.** *US* UNIV rector(ora) *m,f*

warder ['wɔːdə(r)] *n Br (in prison)* vigilante *mf*

wardrobe ['wɔːdrəʊb] *n* **-1.** *(cupboard)* armario *m*, ropero *m* **-2.** *(clothes)* guardarropa *m*; **to have a large ~** tener un amplio guardarropa **-3.** CIN & THEAT *(costumes)* vestuario *m*; **Elizabeth Taylor's ~ by...** el vestuario de Elizabeth Taylor es de... ❑ **~ master** (encargado *m* del) guardarropa *m*; **~ mistress** (encargada *f* del) guardarropa *f*

wardroom ['wɔːdruːm] *n* NAUT sala *f* de oficiales

warehouse ['weəhaʊs] *n* almacén *m* ❑ **~ club** = almacén de venta al por mayor en el que sólo pueden comprar los socios; **~ party** fiesta *f* en una nave

warehouseman ['weəhaʊsmən] *n (employee, owner)* almacenista *mf*, almacenero(a) *m,f*; *(manager)* jefe(a) *m,f* de almacén

warehousing ['weəhaʊzɪŋ] *n (of goods)* almacenaje *m*; *(of goods in bond)* depósito *m*

wares [weəz] *npl* mercaderías *fpl*, mercancías *fpl*

warfare ['wɔːfeə(r)] *n* guerra *f*; **modern/guerrilla ~** la guerra moderna/de guerillas; **class/psychological ~** guerra de clases/psicológica; **open ~** guerra abierta

warhead ['wɔːhed] *n* cabeza *f* explosiva, ojiva *f*

warhorse ['wɔːhɔːs] *n Fig* **an old ~** un veterano, un perro viejo

warily ['weərɪlɪ] *adv* cautelosamente; **they eyed the newcomer ~** miraban al recién llegado con recelo *or* desconfianza; **to tread ~** proceder con cautela, ir con pies de plomo

wariness ['weərɪnɪs] *n* cautela *f*, precaución *f*

warlike ['wɔːlaɪk] *adj* agresivo(a), belicoso(a)

warlock ['wɔːlɒk] *n* brujo *m*

warlord ['wɔːlɔːd] *n* señor *m* de la guerra

warm [wɔːm] ◇ *adj* **-1.** *(iron, oven, bath)* caliente; *(water)* templado(a); *(weather)* cálido(a); *(garment)* de abrigo; **it's ~** *(weather)* hace calor; **to be ~** *(person)* tener calor; *(water)* estar templado(a); *(house)* ser caliente; **it's nice and ~ in here** aquí se está calentito; **the weather is ~** hace calor; **this soup is barely ~** esta sopa está medio fría; **are you ~ enough?** ¿vas bien abrigado?; **does that jacket keep you ~?** ¿te abriga esa chaqueta?; **to get ~** *(person)* entrar en calor; *(room, water)* calentarse; **the weather is getting warmer** está haciendo más calor; **you're getting warmer** *(in guessing game)* ¡caliente, caliente! ❑ COMPTR **~ boot** arranque *m* en caliente; MET **~ front** frente *m* cálido
-2. *(welcome, applause)* caluroso(a), cálido(a); *(greeting)* caluroso(a), cordial; *(person)* afectuoso(a); **give my warmest wishes to your wife** haga llegar mis más cordiales saludos a su esposa
-3. *(colour)* cálido(a)
◇ *vt* calentar; **to ~ oneself by the fire** calentarse junto al fuego; **she warmed her hands by the fire** se calentó las manos con el fuego
◇ *vi* **to ~ to sb** *(take liking to)* tomar afecto *or* cariño a alguien; **you'll soon ~ to the idea** la idea pronto te parecerá interesante, ya te irá seduciendo la idea; **the speaker began to ~ to his subject** el disertante hablaba del tema cada vez con mayor vehemencia
◇ *n* **come into the ~** ven, que aquí se está calentito; **to give sth a ~** calentar algo

◆ **warm over** *vt sep US* **-1.** *(food)* recalentar **-2.** *Pej (idea)* hacer un refrito de

◆ **warm up** ◇ *vt sep (food, room)* calentar; **this will ~ you up** esto te hará entrar en calor, esto hará que entres en calor
◇ *vi* **-1.** *(dancer, athlete)* calentar **-2.** *(engine, room)* calentarse **-3.** *(party)* animarse

warm-blooded [wɔːm'blʌdɪd] *adj* de sangre caliente

warm-hearted [wɔːm'hɑːtɪd] *adj* cariñoso(a), amable

warming pan ['wɔːmɪŋpæn] *n* calentador *m* (de cama)

warmly ['wɔːmlɪ] *adv* **-1.** *(retaining heat)* **~ dressed** abrigado(a) **-2.** *Fig (to applaud, welcome)* calurosamente, *(to thank)* de todo corazón; **his suggestion was not ~ welcomed** su propuesta no fue muy bien recibida; **the film was ~ received by the critics** la película tuvo muy buena acogida entre la crítica

warmonger ['wɔːmʌŋgə(r)] *n* belicista *mf*

warmongering ['wɔːmʌŋgərɪŋ] ◇ *n (activities)* actividad *f* bélica; *(attitude)* belicismo *m*
◇ *adj* belicista

warmth [wɔːmθ] *n* **-1.** *(heat)* calor *m*; **we huddled together for ~** nos acurrucamos los unos contra los otros en busca de calor **-2.** *(of welcome, applause)* calidez *f*, calor *m*; *(of greeting)* cordialidad *f*, afectuosidad *f*; *(of person's character)* calidez *f*, afectuosidad *f*; *(of affection)* cariño *m* **-3.** *(of colour)* calidez *f*

warm-up ['wɔːmʌp] *n (of dancer, athlete)* calentamiento *m* ❑ **~ exercises** ejercicios *mpl* de (pre)calentamiento; **~ lap** *(in motor racing)* vuelta *f* de calentamiento

warn [wɔːn] *vt* **-1.** *(caution)* advertir; **to ~ sb about sth** advertir a alguien de algo; **he warned her not to go** le advirtió que no fuese; **stop that, I'm warning you!** ¡te lo advierto, basta ya!; **you have been warned!** ¡quedas advertido!
-2. *(alert, inform)* avisar, advertir; **she warned them that she would be late** les avisó que llegaría tarde; **I did ~ you that this might happen** ya te advertí que esto podía pasar; **she had been warned in advance** la habían avisado de antemano

◆ **warn against** ◇ *vt insep* **to ~ against (doing) sth** desaconsejar (hacer) algo; **he warned against complacency at such a critical time** previno a todos del peligro de caer en la autocomplacencia en momentos tan cruciales
◇ *vt sep* **to ~ sb against sth** prevenir a alguien contra algo; **to ~ sb against doing sth** prevenir a alguien contra algo; **people have been warned against travelling to the region** se ha advertido a la gente que no viaje a la región, se ha desaconsejado viajar a la región

◆ **warn of** *vt insep* avisar de; **I warned them of the danger** les previne *or* avisé (acerca) del peligro

◆ **warn off** *vt sep* **we wanted to go there last summer but a friend warned us off** queríamos ir allí el verano pasado pero un amigo nos quitó la idea de la cabeza; **he warned them off his land** les advirtió que se fueran de su tierra; **the doctor has warned him off alcohol** el médico le advirtió que dejara de beber; **to ~ sb off doing sth** tratar de disuadir a alguien de hacer algo, advertir a alguien que deje de hacer algo

warning ['wɔːnɪŋ] *n* **-1.** *(caution)* advertencia *f*, aviso *m*; **to give sb a ~** hacer una advertencia a alguien, dar un toque de atención a alguien; **to issue a ~ against sth** hacer pública una advertencia acerca de los riesgos implícitos en algo; **there was a note of ~ in her voice** la manera en que lo dijo tenía cierto tono de advertencia; **let that be a ~ to you** que esto te sirva de advertencia; **this is your last ~** *(to child)* es la última vez que te lo digo; *(to worker)* es el último aviso ❑ **~ light** chivato *m*; **~ shot** disparo *m* de aviso *or* advertencia; **~ sign** señal *f* de alarma; AUT **~ triangle** triángulo *m* de peligro
-2. *(advance notice)* aviso *m*; **we need a few day's ~** necesitamos que nos avisen con unos días de antelación; **without ~** sin previo aviso

warp [wɔːp] ◇ *n* **-1.** TEX *(of yarn)* urdimbre *f* **-2.** *(fault)* *(in wood)* alabeo *m*, comba *f*; *(in metal, plastic)* comba *f*; **there's a slight ~ in the door** la puerta está un poco combada
◇ *vt* **-1.** *(wood, metal)* alabear, combar **-2.** *(person, mind)* corromper, pervertir
◇ *vi (wood, metal)* alabearse, combarse

warpaint ['wɔːpeɪnt] *n* **-1.** *(of warrior)* pintura *f* de guerra **-2.** *Fam Hum (make-up)* pintura *f*, maquillaje *m*

warpath ['wɔːpɑːθ] *n* IDIOM **to be on the ~** *(ready for battle)* estar en pie de guerra; *Fam (angry, belligerent)* estar con ganas de guerra, estar con un humor de perros

warped [wɔːpt] *adj* **-1.** *(wood, metal)* alabeado(a), combado(a) **-2.** *(person, mind)* degenerado(a), pervertido(a); *(sense of humour)* retorcido(a)

warplane ['wɔːpleɪn] *n* avión *m* de guerra

warrant ['wɒrənt] ◇ *n* **-1.** LAW mandamiento *m or* orden *f* judicial; **a ~ for sb's arrest** una orden de detención *or* arresto contra alguien; **there's a ~ out for his arrest** hay una orden de detención *or* arresto contra él, sobre él pesa una orden de detención *or* arresto

warrantable 838 **waste**

-**2.** MIL ~ **officer** ≃ subteniente *mf*
-**3.** COM & FIN *(for payment)* comprobante *m*, resguardo *m*; *(guarantee)* garantía *f*; *(for shares)* bono *m* de suscripción, warrant *m*
-**4.** *Formal (justification)* justificación *f*
◇ *vt* -**1.** *(justify)* justificar; *(deserve)* merecer -**2.** *Old-fashioned* (declare with certainty) garantizar; **I'll ~ (you) that's the last we see of her** te puedo garantizar que es la última vez que la vemos

warrantable ['wɒrəntəbəl] *adj Formal (justifiable)* justificable; **to be ~** estar justificado(a)

warrantee [wɒrən'tiː] *n* COM titular *mf* de una garantía

warrantor [wɒrən'tɔː(r)] *n* COM garante *mf*

warranty ['wɒrəntɪ] *n (document)* garantía *f*; **this printer has a five-year ~** esta impresora tiene cinco años de garantía; **under ~** en garantía; **on-site ~** garantía in situ; **return-to-base ~** garantía de reparación en el taller del proveedor ❑ **~ certificate** certificado *m* de garantía

warren ['wɒrən] *n (of rabbit)* red *f* de madrigueras *or* conejeras; *Fig* laberinto *m*

warring ['wɔːrɪŋ] *adj (nations, tribes)* en guerra; *(couple, family)* enfrentado(a); **~ factions within the Labour Party** facciones enfrentadas *or* antagónicas en el seno del partido laborista

warrior ['wɒrɪə(r)] *n* guerrero(a) *m,f*

Warsaw ['wɔːsɔː] *n* Varsovia ❑ *Formerly* **~ Pact** Pacto *m* de Varsovia

warship ['wɔːʃɪp] *n* buque *m* or barco *m* de guerra

wart [wɔːt] *n* verruga *f*; IDIOM **warts and all: he loves me, warts and all** me quiere tal como soy, con todos mis defectos; **a biography of Margaret Thatcher, warts and all** una biografía de Margaret Thatcher que muestra lo bueno y lo malo

warthog ['wɔːthɒg] *n* facóquero *m*, jabalí *m* verrugoso

wartime ['wɔːtaɪm] *n* tiempos *mpl* de guerra; **in ~** en tiempos de guerra; **~ London** Londres durante la guerra

war-torn ['wɔːtɔːn] *adj* desvastado(a) por la guerra

wary ['weərɪ] *adj (person, attitude)* cauteloso(a), precavido(a); *(look)* cauteloso(a); **to be ~ of sth/sb** recelar de algo/alguien; **the people were ~ of the new regime** el pueblo desconfiaba del nuevo régimen; **I'm ~ about employing people like that** no me convence del todo la idea de contratar a ese tipo de gente; **he kept a ~ eye on the dog** miraba al perro con desconfianza

was pt of **be**

Wash *(abbr* **Washington**) Washington

wash [wɒʃ] ◇ *n* -**1.** *(action)* lavado *m*; **to have a ~** lavarse; **to give sth a ~** lavar algo; **give the floor a good ~** friega bien el suelo; **this floor needs a good ~** a este suelo le hace falta un buen fregado; **give your hands a ~** lávate las manos; **to do a ~** lavar la ropa, *Esp* hacer la colada; **your shirt is in the ~** *(is going to be washed)* tu camisa está para lavar; *(is being washed)* tu camisa está lavándose; **the stain came out in the ~** la mancha salió con el lavado; IDIOM **it will all come out in the ~** *(become known)* todo se aclarará; *(be all right)* todo se arreglará ❑ **~ cycle** programa *m* de lavado
-**2.** *(from boat)* estela *f*
-**3.** *(sound of waves)* batir *m*
-**4.** ART = capa fina de agua o acuarela ❑ **~ drawing** aguada *f*
-**5.** *(of paint)* mano *m*

◇ *vt* -**1.** *(clean)* lavar; *(floor)* fregar; **to ~ oneself** lavarse; **to ~ one's face/one's hands** lavarse la cara/las manos; **to ~ one's hair** lavarse la cabeza *or* el pelo; **to ~ the dishes** fregar *or* lavar los platos; **~ in cold/hot water** *(on clothing label)* lavar en agua fría/caliente
-**2.** *(carry)* **the cargo was washed ashore** el mar arrastró el cargamento hasta la costa; **he was washed overboard** un golpe de mar lo tiró *or Am* botó del barco
-**3.** *(paint)* dar una mano de pintura a
-**4.** MIN *(gold, ore)* lavar
-**5.** IDIOMS **to ~ one's hands of sth/sb** desentenderse de algo/alguien, lavarse las manos en relación con algo/alguien; **to ~ one's dirty linen in public** sacar a relucir los trapos sucios

◇ *vi* -**1.** *(wash oneself)* lavarse; IDIOM *Fam* **that won't ~!** *(won't be believed)* ¡eso no se lo cree nadie!, *Esp* ¡eso no va a colar!; **his story doesn't ~ with me!** ¡a mí no me la da con esa historia! -**2.** *(do dishes)* **you ~ and I'll dry** tú lavas y yo seco -**3.** *(sea, tide)* **to ~ against sth** batir *or* romper contra algo; **I let the music ~ over me** me dejé llevar por la música

◆ **wash away** *vt sep* -**1.** *(bridge, house)* arrastrar, llevarse (por delante); *(road)* arrasar -**2.** *(dirt)* quitar, *Am* sacar; *Fig* **to ~ one's sins away** lavar los pecados

◆ **wash down** *vt sep* -**1.** *(clean with water)* lavar bien -**2.** *(food)* regar, acompañar; **roast beef washed down with Burgundy wine** carne asada regada con borgoña

◆ **wash off** ◇ *vt sep* lavar, quitar *or Am* sacar lavando
◇ *vi* salir, quitarse

◆ **wash out** ◇ *vt sep* -**1.** *(cup, bottle)* enjuagar -**2.** *(cause to be cancelled)* provocar la suspensión de; **the game was washed out** el partido tuvo que ser suspendido por la lluvia
◇ *vi* -**1.** *(disappear)* salir, quitarse -**2.** *US Fam (fail to qualify) Esp* catear, *Am* reprobar, *Méx* tronar, *RP* desaprobar; **he washed out of college** le fue mal en la facultad

◆ **wash over** *vt insep (of waves)* batir contra; **anything I say just washes over her** cualquier cosa que diga le entra por una oreja y le sale por la otra

◆ **wash up** ◇ *vt sep* -**1.** *Br (clean)* fregar, lavar -**2.** *(bring ashore) (of sea)* arrastrar hasta la costa
◇ *vi* -**1.** *Br (do dishes)* fregar *or* lavar los platos -**2.** *US (have a wash)* lavarse

washable ['wɒʃəbəl] *adj* lavable

wash-and-wear ['wɒʃən'weə(r)] *adj* que no necesita plancha

washbasin ['wɒʃbeɪsən] *n (sink)* lavabo *m*, *Am* lavamanos *m inv*; *(basin)* palangana *f*

washboard ['wɒʃbɔːd] *n* tabla *f* de lavar

washbowl ['wɒʃbəʊl] *n US* palangana *f*

washcloth ['wɒʃklɒθ] *n US (face cloth)* toallita *f* (para la cara)

washday ['wɒʃdeɪ] *n* día *m* de lavar la ropa *or Esp* de la colada

washed-out [wɒʃt'aʊt] *adj* -**1.** *(person)* extenuado(a) -**2.** *(fabric)* descolorido(a) -**3.** *(sports event)* suspendido(a) por el mal tiempo

washed-up [wɒʃt'ʌp] *adj Fam* **to be (all) ~** *(person)* estar acabado(a); *(plan)* haberse ido al traste *or* al garete

washer ['wɒʃə(r)] *n* -**1.** *(washing machine)* lavadora *f*, *RP* lavarropas *m inv* -**2.** *(for screw)* arandela *f*; *(rubber)* zapata *f*, junta *f*

washer-dryer ['wɒʃə'draɪə(r)] *n* lavadora secadora *f*

washerwoman ['wɒʃəwʊmən] *n* lavandera *f*

washhouse ['wɒʃhaʊs] *n* lavadero *m*

washing ['wɒʃɪŋ] *n* -**1.** *(action)* **to do the ~** lavar la ropa, *Esp* hacer la colada ❑ *Br* **~ line** cuerda *f* de tender la ropa; *Br* **~ liquid** detergente *m*; **~ machine** lavadora *f*, *RP* lavarropas *m inv*; **~ powder** jabón *m or* detergente *m* (en polvo); **~ soda** sosa *f* para lavar -**2.** *(dirty clothes)* ropa *f* sucia; *(clean clothes)* ropa *f* limpia

Washington ['wɒʃɪŋtən] *n* -**1.** *(city)* **~ (DC)** Washington (DC) -**2.** *(state)* Washington

washing-up [wɒʃɪŋ'ʌp] *n Br* **to do the ~** fregar *or* lavar los platos ❑ **~ bowl** palangana *f or Esp* barreño *m* (para lavar los platos); **~ liquid** lavavajillas *m inv* (detergente)

washout ['wɒʃaʊt] *n* -**1.** *Fam (fiasco)* fiasco *m*, desastre *m* -**2.** *US Fam (failed student) Esp* suspenso(a) *m,f*, *Am* reprobado(a) *m,f*

washrag ['wɒʃræg] *n US (face cloth)* toallita *f* (para la cara)

washroom ['wɒʃruːm] *n US* baño *m*, *Esp* servicios *mpl*, *CSur* toilette *f*

washstand ['wɒʃstænd] *n* aguamanil *m*, palanganero *m*

washtub ['wɒʃtʌb] *n (for laundry)* tina *f* de lavar

wasn't [wɒznt] = **was not**

WASP [wɒsp] *n (abbr* **white Anglo-Saxon Protestant)** WASP *mf*, = persona de raza blanca, origen anglosajón y protestante

WASP

Este término se usa en Estados Unidos, a veces con tono despectivo, para referirse a una persona de raza blanca con antepasados protestantes originarios del norte de Europa, principalmente del Reino Unido. A pesar de la imagen de crisol de culturas que proyecta el país americano, los **WASP** han constituido tradicionalmente la élite social y política, manteniendo el monopolio del poder. De tal forma esto ha sido así que la victoria de John F. Kennedy, católico de origen irlandés, en las elecciones a la presidencia de 1962, fue vista como un hito histórico, signo de que las personas de un origen social o étnico distinto ya no eran ciudadanos de segunda.

wasp [wɒsp] *n* avispa *f*; **wasps' nest** avispero ❑ **~ waist** cintura *f* de avispa

waspish ['wɒspɪʃ] *adj (person, mood, remark)* mordaz, hiriente

wasp-waisted [wɒsp'weɪstɪd] *adj* con cintura de avispa

wassail ['wɒseɪl] *Archaic or Literary* ◇ *n* -**1.** *(drink) (beer)* = bebida ceremonial hecha con cerveza; *(wine)* = bebida ceremonial dulce hecha con vino aromatizado, manzana asada y especias -**2.** *(festivity)* parranda *f* -**3.** *(toast)* brindis *m inv*
◇ *vi* festejar; **to go wassailing** irse de parranda

wastage ['weɪstɪdʒ] *n (of material, heat, time)* desperdicio *m*; *(of money)* despilfarro *m* ❑ **~ rate** tasa *f or* índice *m* de abandonos *(en universidad, profesión)*

waste [weɪst] ◇ *n* -**1.** *(of money, time)* pérdida *f*, derroche *m*; *(of effort)* desperdicio *m*; **to go to ~** desperdiciarse; **what a ~!** ¡qué desperdicio!; **that book was a complete ~ of money** comprar ese libro fue tirar el dinero; **it's a ~ of time talking to her** hablar con ella es perder el tiempo; **what a ~ of time!** ¡qué manera de perder el tiempo!; *Fam* **to be a ~ of space** ser un/una inútil
-**2.** *(unwanted material)* desechos *mpl*; *(radioactive, toxic)* residuos *mpl*; **household ~** basura *f* ❑ *Br* **~ bin** balde *m or Esp* cubo *m* de la basura; **~ collection** recogida *f* de basura; **~ disposal** eliminación *f* de residuos; *Br* **~ disposal unit** trituradora *f* de basuras; **~ dumping** vertido *m* de residuos; **~ incinerator** (planta *f*) incineradora *f*; **~ pipe** tubo *m* de desagüe; **~ segregation** selección *f or* separación *f* de residuos reciclables
-**3. wastes** *(desert)* erial *m*, desierto *m*; **the snowy wastes of Alaska** las vastas extensiones de terreno nevado de Alaska ❑ **~ ground** descampado *m*, (terreno *m*) baldío *m*

◇ *adj (heat, water)* residual; *(fuel)* de desecho ❑ **~ material** material *m* de desecho; **~ matter** residuos *mpl*; **~ paper** papel *m* usado; **~ product** IND producto *m or* material *m* de desecho; PHYSIOL excrementos *mpl*

◇ *vt* -**1.** *(squander) (money, energy)* malgastar, derrochar; *(time)* perder; *(opportunity, talent, food)* desperdiciar; **this wine would be wasted on them** no sabrían apreciar este vino; **stop wasting my time!** ¡deja ya de hacerme perder el tiempo!; **she wasted no time (in) telling me** le faltó tiempo para decírmelo; **he felt that he had wasted his life** sintió que había desperdiciado su vida; **you're wasting your breath!**

estás gastando saliva; **don't ~ your breath trying to convince them** no gastes saliva intentando convencerlos; PROV **~ not, want not** no malgastes y nada te faltará

-2. *(wear away) (limb, muscle)* atrofiar; *(body, person)* consumir; **her body was completely wasted by cancer** estaba consumida por el cáncer

-3. *Fam (kill) Esp* cargarse, *Am* sacar de en medio a

◆ **waste away** *vi* consumirse

wastebasket ['weɪstbɑːskɪt] *n* **-1.** *(for paper etc)* papelera *f*, cesto *m* de los papeles, *Arg, Méx* cesto *m*, *Méx* bote *m* **-2.** COMPTR papelera *f*

wasted ['weɪstɪd] *adj* **-1.** *(effort, opportunity)* desperdiciado(a), desaprovechado(a) **-2.** *Fam (drunk) Esp, Méx* pedo *inv, Esp, RP* mamado(a), *Col* caído(a); *(on drugs)* colocado(a), *Esp* ciego(a), *Col* trabado(a), *Méx* pingo(a), *RP* falopeado(a) **-3.** *(emaciated) (limb)* atrofiado(a), *(figure, person)* consumido(a)

wasteful ['weɪstfʊl] *adj* **to be ~** *(method)* ser un derroche; *(person)* ser despilfarrador(ora); **~ expenditure** despilfarro; **a ~ use of natural resources** un uso indiscriminado *or* un derroche de los recursos naturales

wastefully ['weɪstfʊlɪ] *adv* de manera poco económica; **to spend money ~** derrochar dinero; **we spend our time so ~** perdemos el tiempo demasiado, usamos muy mal nuestro tiempo

wastefulness ['weɪstfʊlnɪs] *n* despilfarro *m*

wasteland ['weɪstlænd] *n (disused land)* terreno *m* baldío; *(uncultivated land)* erial *m*; *Fig* **a cultural ~** un páramo cultural

wastepaper [weɪst'peɪpə(r)] *n* papel *m* usado ❑ **~ basket** papelera *f*, cesto *m* de los papeles, *Arg, Méx* cesto *m*, *Méx* bote *m*; **~ bin** papelera *f*, cesto *m* de los papeles, *Arg, Méx* cesto *m*, *Méx* bote *m*

waster ['weɪstə(r)] *n Fam (idle person)* inútil *mf*

wasting asset ['weɪstɪŋæset] *n* FIN activo *m* amortizable, posesión *f* que genera pérdidas

wasting disease ['weɪstɪŋdɪ'ziːz] *n* = enfermedad debilitante que consume los tejidos

wastrel ['weɪstrəl] *n Literary* holgazán(ana) *m,f*

watch [wɒtʃ] ◇ *n* **-1.** *(timepiece)* reloj *m* ❑ **~ battery** pila *f* (de) botón; **~ chain** correa *f* de reloj

-2. *(period of guard duty)* turno *m* de vigilancia; *(guard)* guardia *f*; **to keep ~** hacer la guardia; **we kept him under close ~** lo teníamos bien vigilado; **to keep a close ~ on sth/sb** vigilar de cerca algo/a alguien; **to be on ~** estar de guardia; **make sure you're on the ~ for** *or* **you keep a ~ out for any houses for sale** estate al tanto por si ves alguna casa en venta

◇ *vt* **-1.** *(observe)* mirar, observar; *(movie, game, programme, video)* ver; **to ~ television** ver la televisión; **~ this!** ¡mira!; *Fam* **I don't believe you'll do it – just ~ me!** no me creo que lo vayas a hacer – ¿que no?, ¡mira!; **we are being watched** nos están observando; **to ~ sb doing** *or* **do sth** ver *or* observar a alguien hacer algo; **I watched her prepare the meal** la miraba mientras preparaba la comida; **~ her run!** ¡mira cómo corre!; **I spent the afternoon watching the clock** me pasé la tarde mirando el reloj; **~ this space for more details** les seguiremos informando; **I have to ~ the time** tenemos que estar al tanto de la hora

-2. *(keep an eye on) (children, luggage)* vigilar; **I'll have to ~ myself, to make sure I don't tell them** tendré que tener cuidado para que no se me escape delante de ellos

-3. *(be careful of)* tener cuidado con; **~ (that) you don't get your clothes dirty!** ¡ten cuidado de no mancharte la ropa!; **~ what you're doing with that knife!** ¡a ver qué haces con ese cuchillo!; **you'd better ~ your back** ándate con cuidado; **~ your language!** ¡cuidado con ese lenguaje!; **I've been watching my weight recently** últimamente he estado vigilando mi peso; *Fam* **~ it!** ¡ojo (con lo que haces)!; *Fam* **~ yourself!** *(be careful)* ¡ten cuidado!

◇ *vi* mirar, observar; **you ~, they'll never agree to it** ya verás como no acceden

◆ **watch for** *vt insep (opportunity)* esperar, aguardar

◆ **watch out** *vi* tener cuidado; **~ out!** ¡cuidado!; **to ~ out for sth** estar al tanto de algo; **~ out for sharp bends in the road** ten cuidado que en la carretera hay curvas cerradas; **~ out for this horse in tomorrow's race** al tanto con ese caballo en la carrera de mañana

◆ **watch over** *vt insep* vigilar

watchable ['wɒtʃəbəl] *adj* **-1.** *(viewable)* **some scenes are barely ~** hay escenas que apenas se pueden ver **-2.** *Fam (enjoyable)* **it's quite ~** se deja ver muy bien

watchband ['wɒtʃbænd] *n US* correa *f* de reloj

watchcase ['wɒtʃkeɪs] *n* estuche *m* de reloj

watchdog ['wɒtʃdɒg] *n* **-1.** *(dog)* perro *m* guardián **-2.** *(organization)* organismo *m* regulador

watcher ['wɒtʃə(r)] *n* observador(ora) *m,f*; *(spectator)* espectador(ora) *m,f*; *(idle onlooker)* curioso(a) *m,f*; **CIA/Kremlin watchers** observadores de la CIA/del Kremlin

watchful ['wɒtʃfʊl] *adj* vigilante, alerta; **under the teacher's ~ eye** bajo la atenta mirada del profesor; **to keep a ~ eye on sth/sb** observar algo/a alguien atentamente, vigilar algo/a alguien de cerca

watching ['wɒtʃɪŋ] *adj* **~ brief** LAW = seguimiento de un caso por una parte no interesada; *Fig* papel *m* de observador(ora)

watchmaker ['wɒtʃmeɪkə(r)] *n* relojero(a) *m,f*

watchman ['wɒtʃmən] *n* vigilante *m*

watchnight ['wɒtʃnaɪt] *n* REL **~ service** *(on Christmas Eve)* misa *f* del gallo; *(on New Year's Eve)* = misa oficiada a medianoche el 31 de diciembre

watchout ['wɒtʃaʊt] *n US* **to keep a ~ for sth/sb** cuidar algo/a alguien

watchspring ['wɒtʃsprɪŋ] *n* muelle *m* real, resorte *m* principal

watchstrap ['wɒtʃstræp] *n Br* correa *f* de reloj

watchtower ['wɒtʃtaʊə(r)] *n* atalaya *f*

watchword ['wɒtʃwɜːd] *n* **-1.** *(slogan)* consigna *f* **-2.** *(password)* contraseña *f*

water ['wɔːtə(r)] ◇ *n* **-1.** *(liquid, element)* agua *f*; **to be under ~** *(flooded)* estar inundado(a); *Formal* **to pass ~** *(urinate)* orinar ❑ **~ beetle** escarabajo *m* de agua; **~ bird** ave *f* acuática; **~ biscuit** galleta *f* sin sal; **~ blister** ampolla *f*; *Br* **~ board** = organismo responsable del suministro de agua; **~ boatman** chinche *f* acuática *or* de agua; **~ bottle** cantimplora *f*; MED **~ on the brain** hidrocefalia *f*; **~ buffalo** búfalo *m* de agua; *Br* **~ butt** contenedor *m (para recoger el agua de lluvia)*; **~ cannon** cañón *m* de agua; **~ chestnut** castaña *f* de agua; **~ chute** *(in swimming pool)* tobogán *m*; **~ clock** clepsidra *f*, reloj *m* de agua; *Old-fashioned* **~ closet** retrete *m*; **~ cooler** refrigerador *m* del agua; **~ cooler show** programa *m* que causa furor; **~ gauge** indicador *m* del nivel del agua; **~ hammer** golpe *m* de ariete; **~ heater** calentador *m* de agua; *Br Old-fashioned* **~ ice** *(sorbet)* sorbete *m*; **~ jump** *(in horseracing, athletics)* ría *f*; MED **~ on the knee** líquido *m* en la rodilla, *Spec* derrame *m* sinovial (en la rodilla); **~ level** nivel *m* del agua; **~ lily** nenúfar *m*; **~ main** cañería *f* principal; **~ meadow** = prado en la proximidad de un río que se inunda con frecuencia; **~ meter** contador *m* del agua; **~ mill** molino *m* de agua; *US* **~ moccasin** mocasín *m* de agua; **~ nymph** náyade *f*; **~ pipe** tubería *f* *or* cañería *f* del agua; **~ pipit** bisbita *m* ribereño alpino; **~ pistol** pistola *f* de agua; **~ pollution** contaminación *f* del agua; **~ polo** waterpolo *m*; **~ power** energía *f* hidráulica; **~ pump** bomba *f* de agua; **~ purification plant** *(planta f)* depuradora *f* (de aguas); **~ rat** rata *f* de agua; *Br* **~ rates** tarifa *f* del agua; **~ resources** recursos *mpl* hídricos; **~ shortage** escasez *f* de agua; **~ snake** serpiente *f* de agua; **~ softener** descalcificador *m*; **~ sports** deportes *mpl* acuáticos *or* náuticos; **~ supply** suministro *m* de agua; **~ table** nivel *m* freático, capa *f* freática; **~ tank** depósito *m* de agua; **~ torture** = tortura consistente en dejar caer gotas de agua sobre la cabeza de la víctima; **~ tower** depósito *m* de agua; **~ treatment** purificación *f* del agua; **~ turbine** turbina *f* hidráulica; **~ vapour** vapor *m* de agua; **~ vole** rata *f* de agua; **~ wheel** noria *f*; **~ wings** manguitos *mpl*, flotadores *mpl*

-2. waters *(of country, river, lake)* aguas *fpl*; *Fig* **to enter uncharted waters** navegar por mares desconocidos

-3. *(of spring)* **to take the waters** tomar las aguas

-4. *(of pregnant woman)* **her waters broke** rompió aguas

-5. *(of fabric)* aguas *fpl*

-6. IDIOMS **it's like ~ off a duck's back** por un oído le entra y por el otro le sale; **to spend money like ~** gastar dinero a manos llenas; **that's all ~ under the bridge now** todo eso es agua pasada; **a lot of ~ has passed** *or* **flowed under the bridge since then** ha llovido mucho desde entonces; **the argument doesn't hold ~** ese argumento no se tiene en pie; **to keep one's head above ~** mantenerse a flote

◇ *vt* **-1.** *(fields, plants)* regar **-2.** *(horse)* dar de beber a

◇ *vi (eyes)* llorar, empañarse; **my eyes are watering** me lloran los ojos; **it makes my mouth ~** me hace la boca agua

◆ **water down** *vt sep (dilute)* aguar, diluir; *Fig (criticism, legislation)* atenuar, dulcificar

water-based ['wɔːtəbeɪst] *adj* al agua

waterbed ['wɔːtəbed] *n* cama *f* de agua

waterborne ['wɔːtəbɔːn] *adj* **-1.** *(goods) (by sea)* transportado(a) por mar; *(by river)* transportado(a) por río **-2.** *(disease)* transmitido(a) por el agua

watercolour ['wɔːtəkʌlə(r)] ◇ *n* ART acuarela *f*; **painted in watercolours** pintado(a) con *or* a la acuarela

◇ *adj (paint)* a la acuarela; *(landscape, portrait)* en acuarela

watercolourist ['wɔːtəkʌlərɪst] *n* pintor(ora) *m,f* de acuarelas, acuarelista *mf*

water-cooled ['wɔːtəkuːld] *adj* refrigerado(a) por agua

watercourse ['wɔːtəkɔːs] *n (river)* curso *m* de agua

watercress ['wɔːtəkres] *n* berros *mpl*

water-diviner ['wɔːtədɪvaɪnə(r)] *n Br* zahorí *mf*

watered-down ['wɔːtəd'daʊn] *adj Fig* descafeinado(a), light *inv*

waterfall ['wɔːtəfɔːl] *n (small)* cascada *f*, salto *m* de agua; *(larger)* catarata *f*

waterfinder ['wɔːtəfaɪndə(r)] *n US* zahorí *mf*

waterfowl ['wɔːtəfaʊl] *(pl* **waterfowl***) n* ave *f* acuática

waterfront ['wɔːtəfrʌnt] *n (promenade)* paseo *m* marítimo, **on the ~** *(at harbour)* en los muelles; *(on seafront)* a la orilla del mar; **a ~ development** = viviendas u oficinas ubicadas junto al mar, a un río o a un lago

waterhole ['wɔːtəhəʊl] *n* abrevadero *m*, bebedero *m*

wateriness ['wɔːtərɪnɪs] *n* **-1.** *(of soup, beer)* lo aguado **-2.** *(of colour)* palidez *f*, claridad *f*

watering ['wɔːtərɪŋ] *n* **-1.** *(of garden, fields, plants)* riego *m*; **azaleas need daily ~** las azaleas hay que regarlas a diario ❑ **~ can** regadera *f* **-2.** *(of animals)* abrevado *m* ❑ **~ hole** *(for animals)* abrevadero *m*, bebedero *m*; *Fam (bar)* bar *m*; **~ place** *Br (spa)* balneario *m*; *(seaside resort)* balneario *m* marítimo, centro *m* turístico costero; *(waterhole)* abrevadero *m*, bebedero *m*

waterline ['wɔːtəlaɪn] *n* **-1.** NAUT línea *f* de flotación **-2.** *(left by river)* marca *f* del nivel del agua; *(left by tide)* marca *f* de la marea

waterlogged ['wɔːtəlɒgd] *adj (shoes, clothes)* empapado(a); *(land)* anegado(a); *(pitch)* (totalmente) encharcado(a)

Waterloo [wɔːtə'luː] *n* IDIOM *Br* **to meet one's ~** conocer el amargo sabor de la derrota

watermark ['wɔːtəmɑːk] *n* **-1.** *(in paper)* filigrana *f* **-2.** *(left by river)* marca *f* del nivel de agua; *(left by tide)* marca *f* de la marea
watermelon ['wɔːtəmelən] *n* sandía *f*
watermill ['wɔːtəmɪl] *n* molino *m* de agua
waterproof ['wɔːtəpruːf] ◇ *n* impermeable *m*; **he was wearing waterproofs** llevaba ropa impermeable
◇ *adj (fabric, garment)* impermeable; *(watch)* sumergible
◇ *vt* impermeabilizar
water-repellent ['wɔːtərəpelənt] *adj* hidrófugo(a)
water-resistant ['wɔːtərɪzɪstənt] *adj (watch)* sumergible; *(fabric)* impermeable
watershed ['wɔːtəʃed] *n* **-1.** GEOG (línea *f*) divisoria *f* de aguas **-2.** *(turning point)* punto *m* de inflexión **-3.** *Br* TV **the (nine o'clock) ~** = las nueve de la noche, hora antes de la cual no se recomienda la emisión de programas no aptos para niños
waterside ['wɔːtəsaɪd] ◇ *n* orilla *f*; **on the ~** en la orilla
◇ *adj (house)* junto al mar/río/lago, a la orilla del mar/río/lago; *(path, resident)* ribereño(a)
water-ski ['wɔːtəskiː] *vi* hacer esquí acuático *or* náutico
water-skiing ['wɔːtəskiːɪŋ] *n* esquí *m* acuático *or* náutico; **to go ~** hacer esquí acuático *or* náutico
water-soluble ['wɔːtəˈsɒljʊbəl] *adj* soluble en agua
waterspout ['wɔːtəspaʊt] *n* tromba *f* marina
watertight ['wɔːtətaɪt] *adj* **-1.** *(seal)* hermético(a); *(compartment)* estanco(a) **-2.** *(argument, alibi)* irrefutable
waterway ['wɔːtəweɪ] *n* vía *f* fluvial, curso *m* de agua navegable
waterworks ['wɔːtəwɜːks] *n* **-1.** *(for treating water)* central *f* de abastecimiento de agua **-2.** *Br Euph (urinary system)* **how are the ~?** ¿tiene problemas al orinar? **-3.** IDIOM *Fam* **to turn on the ~** *(cry)* ponerse a llorar (con ganas)
watery ['wɔːtərɪ] *adj* **-1.** *(like water)* acuoso(a); **he ended in a ~ grave** se lo llevó el mar, el mar fue su tumba **-2.** *(soup, beer)* aguado(a) **-3.** *(eyes)* lloroso(a), acuoso(a) **-4.** *(colour)* pálido(a), claro(a); *(light)* tenue
watt [wɒt] *n* ELEC vatio *m*
wattage ['wɒtɪdʒ] *n* ELEC potencia *f* en vatios
wattle ['wɒtəl] *n* zarzo *m* □ **~ and daub** cañas *fpl* y adobe *m*
wave [weɪv] ◇ *n* **-1.** *(of water)* ola *f*; IDIOM **to make waves** alborotar, armar jaleo □ **~ energy** energía *f* de las olas; **~ power** energía *f* de las olas
-2. *(gesture)* saludo *m* (con la mano); **to give sb a ~** *(in greeting)* saludar con la mano a alguien; *(in farewell)* decir adiós a alguien con la mano; **with a ~ of the hand** con un gesto de *or* con la mano; **with a ~ of her magic wand** con un movimiento de su varita mágica
-3. *(rush, movement) (of troops, refugees, crime)* oleada *f*; *(of emotion)* arranque *m*; **a ~ of attacks/strikes** una ola de atentados/huelgas
-4. *(in hair)* onda *f*; **her hair has a natural ~ to it** su cabello es ondulado
-5. PHYS onda *f* □ **~ mechanics** mecánica *f* ondulatoria; **~ motion** movimiento *m* ondulatorio *or* de ondulación
◇ *vt* **-1.** *(flag, stick)* agitar; **to ~ one's arms about** agitar los brazos; **to ~ goodbye to sb** decir adiós a alguien con la mano; **he waved his magic wand over the box** agitó su varita mágica sobre la caja; **the policeman waved us through the crossroads** el policía nos hizo señas en el cruce para que pasáramos **-2. to have one's hair waved** ondularse el pelo
◇ *vi* **-1.** *(person)* saludar (con la mano); **to ~ to sb** *(in greeting)* saludar a alguien con la mano; *(in farewell)* decir adiós a alguien con la mano; **he waved vaguely towards the door** hizo un gesto vago con la mano hacia la puerta **-2.** *(flag)* ondear; *(branches)* agitarse

◆ **wave aside** *vt insep (objection, criticism)* rechazar, desechar

◆ **wave down** *vt sep* **to ~ sb down** *(car driver)* hacer señas *or* señales con la mano a alguien para que se detenga

◆ **wave off** *vt sep* despedir (diciendo adiós con la mano)

◆ **wave on** *vt sep* **to ~ sb on** hacer señas *or* señales con la mano a alguien para que continúe (la marcha)

waveband ['weɪvbænd] *n* RAD banda *f* de frecuencias
waveform ['weɪvfɔːm], **waveshape** ['weɪvʃeɪp] *n* PHYS forma *f* de onda
wavelength ['weɪvleŋθ] *n* RAD longitud *f* de onda; IDIOM **we're not on the same ~** no estamos en la misma onda
wavelike ['weɪvlaɪk] *adj* ondulado(a)
waver ['weɪvə(r)] *vi* **-1.** *(person)* vacilar, titubear; *(courage)* flaquear **-2.** *(voice)* temblar; *(flame, shadow)* oscilar
waverer ['weɪvərə(r)] *n* indeciso(a) *m,f*
wavering ['weɪvərɪŋ] *adj* **-1.** *(person)* vacilante; *(confidence, courage)* que flaquea **-2.** *(voice)* tembloroso(a); *(flame, shadow)* oscilante; *(temperature)* cambiante
waviness ['weɪvɪnɪs] *n (of hair)* ondulación *f*
wavy ['weɪvɪ] *adj* ondulado(a)
wax¹ [wæks] ◇ *n* **-1.** *(for candles, polishing, skis)* cera *f* □ **~ crayon** lápiz *m* de cera; **~ museum** museo *m* de cera; **~ paper** papel *m* de cera **-2.** *(in ear)* cera *f*, cerumen *m*
◇ *vt* **-1.** *(polish) (floor, furniture)* encerar **-2.** *(skis)* encerar **-3. to have one's legs waxed** hacerse la cera en las piernas, depilarse las piernas (con cera)
wax² *vi* **-1.** *(moon)* crecer; **to ~ and wane** tener altibajos **-2.** *(become)* **to ~ lyrical (about)** ponerse lírico(a) *or* poético(a) (hablando de)
waxbill ['wæksbɪl] *n* estrilda *f* ondulada
waxed [wækst] *adj (cloth, paper)* encerado(a); **a ~ jacket** una chaqueta impermeable de algodón
waxen ['wæksən] *adj* **-1.** *(resembling wax) (complexion)* céreo(a) **-2.** *(made of wax) (candle, figure)* de cera
waxwing ['wækswɪŋ] *n* ampelis *m inv*
waxwork ['wækswɜːk] *n* **(dummy)** figura *f* de cera; **waxworks** museo *m* de cera
waxy ['wæksɪ] *adj* céreo(a)
way [weɪ] ◇ *n* **-1.** *(route) also Fig* camino *m*; **the ~ to the station** el camino a *or Esp* de la estación; **could you tell me the ~ to the station?** ¿me podría decir dónde queda la estación?; **we went back the ~ we came** volvimos por donde habíamos venido; **investment is the ~ forward for our company** la inversión es el futuro de nuestra empresa; **the ~ in** la entrada; **the ~ out** la salida; **to ask the ~** preguntar cómo se va, preguntar el camino; **we couldn't find a ~ across the river** no encontramos un lugar por donde vadear el río; **to find one's ~ to a place** encontrar el camino (para llegar) a un sitio; **how did this book find its ~ here?** ¿cómo ha venido a parar aquí este libro?; *Fig* **to find a ~ out of** *or* **around a problem** encontrar la solución a un problema; *Br* AUT **give ~** *(sign)* ceda el paso; *Br* AUT **to give ~ to sth/sb** ceder el paso a algo/alguien; *(give in)* ceder ante algo/alguien; **our excitement gave ~ to nervousness** nuestra ilusión dio paso al nerviosismo; **to give ~** *(break)* ceder; **to go the wrong ~** equivocarse de camino; **I'm going your ~, I'll give you a ride** voy en la misma dirección que tú, te llevo; *Fig* **she can go her own (sweet) ~** puede hacer lo que le venga en gana, puede hacer lo que se le antoje; **the two companies have decided to go their separate ways** las dos empresas han decidido irse cada una por su lado; **my girlfriend and I have gone our separate ways** mi novia y yo lo hemos dejado; **their latest plan went the ~ of all the others** su último plan corrió la misma suerte que los demás; **to know one's ~ about** *or* **around** *(area)* conocer la zona; *(job, subject)* conocer el tema; **to lead the ~** mostrar el camino; *Fig* marcar la pauta; **to lose one's ~** perderse; *Fig* despistarse; **to make one's ~ to a place** dirigirse a un lugar; **we made our own ~ there** fuimos cada uno por nuestra cuenta; **to make one's ~ through the crowd** abrirse paso entre la multitud; *Fig* **to make one's ~ in the world** abrirse camino en el mundo; *also Fig* **to make ~ for sth/sb** dejar vía libre a algo/alguien; **to show sb the ~** indicar el camino a alguien; **he ate his ~ through two loaves of bread** devoró dos barras de pan; *also Fig* **to be in the ~** estar en medio, *Am* estar en el medio del camino; **am I in your ~?** ¿te estorbo?; **that table is in the ~ of the door** esa mesa bloquea la puerta; **a barrier blocked our ~** una barrera nos impedía el paso; *also Fig* **to get in the ~** ponerse en medio, *Am* ponerse en el medio del camino; **to stand in sb's ~** cerrar el paso a alguien; *Fig* interponerse en el camino de alguien; **I won't let anything stand** *or* **get in the ~ of our victory** no dejaré que nada se interponga en nuestro camino hacia la victoria; **on the ~** *(during journey)* en el camino; **we saw them on the ~ to the station** los vimos camino de la estación; **I can take you there, it's on my ~** te puedo llevar, me queda de camino; **I'm on my ~!** (¡ya) voy!; **he was on his ~ to Seville** iba camino *Esp* de *or Am* a Sevilla; **I bought a paper on my ~ home** compré un periódico camino *Esp* de *or Am* a casa; **close the door on your ~ out** cierra la puerta cuando salgas; **monetarist ideas are on the** *or* **their ~ out** las ideas monetaristas están pasando de moda; **he reached the final, beating two former champions on** *or* **along the ~** alcanzó la final, derrotando a dos antiguos campeones en *or* por el camino; **they've got a baby on the ~** van a tener un bebé; **elections are on the ~** va a haber elecciones; **there's a postcard on its ~ to you** te he mandado una postal; **he's on the ~ to recovery** se está recuperando; **she is well on the ~ to success** va camino del éxito; **we're well on the ~ to finishing the project** el proyecto está bien avanzado; **I must be on my ~** debo irme ya; **we were soon on our ~ again** nos pusimos en camino al poco rato; **out of the ~** *(isolated)* retirado(a), apartado(a); **it's out of my ~, but I'll take you there** no me queda de camino, pero te llevaré, *RP* me queda trasmano, pero te llevo; *also Fig* **to get out of the ~** quitarse de en medio, *RP* salir del medio; **get out of my ~!** ¡quítate de en medio!, *RP* ¡salí del medio!; **I'd rather get the hard part out of the ~ first** preferiría quitarme *or Am* sacarme de en medio primero la parte difícil; *also Fig* **to keep out of the ~** mantenerse alejado(a); **stay out of my ~** mantente alejado(a) de mí; *Fig* **he went out of his ~ to help her** se esforzó por ayudarla; IDIOM **to go the ~ of all flesh** pasar a mejor vida □ REL **Way of the Cross** vía crucis *m inv*; *US* RAIL **~ station** apeadero *m*

-2. *(distance)* **it's quite a ~ to the station** hay un buen camino hasta la estación; **to go a part of/all the ~** hacer parte del/todo el camino; **a quarter of the ~ through the movie** al cuarto de película; **move a little ~ forwards** muévete un poco hacia delante; **we've walked a long ~ today** hemos caminado mucho hoy; **to be a long ~ from...** estar muy lejos de...; *Fig* **we have come a long ~ since then** hemos progresado mucho desde entonces; **we've still got a long ~ to go, we have a ~ to go yet** todavía nos queda mucho camino por delante; **a little of this polish goes a long ~** este betún rinde *or Esp* cunde mucho; **you have to go a long ~ back to find a better player** habría que remontarse a muchos años atrás para encontrar un jugador mejor; **to be a little/long ~ off** *(in distance)* estar un poco/muy lejos; *(when guessing)* ir un poco/muy desencaminado(a); **my birthday is still a long ~ off** todavía queda mucho tiempo para mi cumpleaños; **her apology went a long ~ towards healing the rift** sus disculpas contribuyeron en buena medida a cerrar la brecha; **it is the best, by a long ~** es, con mucho, el mejor; **she has come all the ~ from Australia** ha venido ni más ni menos que desde Australia; **I've come all this ~ for nothing** he recorrido todo este camino para nada *or* en balde; **he ran all the ~ to the top** subió corriendo hasta arriba del todo; **she took her complaint all the ~ to the president** llevó su queja hasta el mismísimo presidente; **I read the article all the ~ through** leí el artículo de principio a fin; **they range all the ~ from Catholics to Buddhists** hay desde católicos hasta budistas; *Fam* **did you go all the ~ *or* the whole ~?** *(have sex)* ¿llegaste a hacerlo?; IDIOM **I'm with you all the ~** tienes todo mi apoyo

-3. *(direction)* dirección *f*; **this/that ~** por aquí/allí; **which ~...?** ¿en qué dirección...?; **which ~ is the station?** ¿por dónde *or* cómo se va a la estación?; **which ~ did you come here?** ¿por dónde viniste?; **it is unclear which ~ they will vote in the presidential elections** no está claro por quién votarán en las elecciones presidenciales; **which ~ up does it go?** ¿se pone hacia arriba o hacia abajo?; **your sweater is the wrong ~ round** llevas el suéter del *or* al revés; **you've put the slides in the wrong ~ round** has puesto las diapositivas al revés; **turn it the other ~ round** dale la vuelta, *RP* dalo vuelta; **to look the other ~** *(in opposite direction)* mirar hacia el otro lado; *(ignore sth)* hacer la vista gorda; *Fam* **down our ~** donde vivo yo; **if the chance comes your ~** si se te presenta la ocasión; **I don't like the ~ things are going** no me gusta cómo van las cosas; **things are going our ~** las cosas nos están saliendo bien; **I was expected to win but the vote went the other ~** se esperaba que ganara yo, pero ganó el otro candidato; **we split the money three ways** dividimos el dinero en tres partes

-4. *(manner, method)* manera *f*, modo *m*, forma *f*; **he spoke to me in a threatening ~** me habló de modo *or* de forma amenazante; **in the same/this ~** de la misma/de esta manera; **in such a ~ that...** de tal manera *or* modo *or* forma que...; **this/that ~ así**; **to find a ~ of doing sth** hallar la manera de hacer algo; **to go about sth the wrong ~** hacer algo de forma equivocada; **do it the ~ I told you** hazlo (tal y) como te dije; **I don't like the ~ he interrupts me all the time** no me gusta que me interrumpa todo el tiempo; **it's fascinating the ~ it can change colour** es fascinante cómo cambia de color; **that's always the ~ with young children** esto pasa siempre con niños pequeños; **that's the ~!** ¡así se hace!; **she prefers to do things her (own) ~** prefiere hacer las cosas a su manera; **let's try it your ~** hagámoslo a tu manera; **have it your ~, then!** *Esp* venga pues *or Am* está bien, como tú quieras; **you can't have it all your (own) ~** no te puedes salir siempre con la tuya; **in her own ~ she's quite nice** a su manera es buena chica; **trust should work both ways** la confianza debe ser mutua; **you can't have it both ways** o una cosa o la otra, pero no puedes tenerlo todo; **there's no ~ of knowing** no hay forma de saberlo, *Esp* no se puede saber; **there's no ~ I can help** me es imposible ayudar; **that's no ~ to treat your brother!** ¡no trates así a tu hermano!; **one ~ or another** *(somehow or other)* de un modo u otro; **I don't mind one ~ or the other** me da igual; **it's old and unreliable, but I wouldn't have it any other ~** es viejo y poco fiable, pero no lo cambiaría por nada; **~ of life** *(lifestyle)* estilo de vida; **it has become a ~ of life to them** se ha convertido en un hecho cotidiano para ellos; **to my ~ of thinking, the ~ I see it** para mí, a mi parecer; **he doesn't mean to be rude, it's just his ~** no pretende ser grosero, es simplemente su manera de ser; *US Fam* **~ to go!** ¡bien hecho! ▫ **ways and means** métodos *mpl*; **there are ways and means of...** existen maneras de...; *US* POL ***ways and means committee*** = comisión presupuestaria de la Cámara de Representantes estadounidense

-5. *(habit, custom)* **the ways of our ancestors** las costumbres de nuestros antepasados; **I don't like her and her city ways** no me gustan ni ella ni sus costumbres urbanas; **to change one's ways** enmendarse, enmendar la plana; **to get used to sb's ways** acostumbrarse a la manera de ser de alguien; **to get into the ~ of doing sth** acostumbrarse a hacer algo; **these things have a ~ of happening to me** estas cosas siempre me pasan a mí; **as is the ~ with these events...** como suele ocurrir en estos acontecimientos...

-6. *(street)* calle *f*; **over *or* across the ~** enfrente

-7. *(respect)* sentido *m*; **in a ~** en cierto sentido; **in every ~** en todos los sentidos; **in more ways than one** en más de un sentido; **in many ways** en muchos sentidos; **in no ~** de ningún modo; **in one ~** en cierto sentido; **in some ways** en cierto sentido, *Esp* en ciertos sentidos; **I hope I have helped, in some small ~** espero haber ayudado de alguna manera o de otra; **there are no two ways about it** no hay duda alguna *or* lugar a dudas

-8. *(state, condition)* **to be in a good/bad ~** *(business)* marchar bien/mal; **to be in a bad ~** *(person)* estar mal

-9. *(skill, talent)* **he has a ~ with children** se le dan bien los niños, se lleva muy bien con los niños; **she has a ~ with words** tiene facilidad de palabra, *Esp* tiene un pico de oro

-10. *(wish)* **he got his (own) ~** se salió con la suya; **if I had my ~...** si por mí fuera...; *Fam* **to have one's (wicked) ~ with sb** hacer el amor *or Esp* hacérselo *or RP* fifar con alguien

-11. *US Fam (distance)* **it's a ways from here** está a una buena tirada de aquí

◇ *adv Fam* mucho; **~ ahead/behind** mucho más adelante/atrás; **the German is ~ ahead/behind** el alemán va muy destacado/retrasado; **their technology is ~ ahead of/behind ours** su tecnología está mucho más avanzada/retrasada que la nuestra; **~ back in the 1920s** allá en los años 20; **we go ~ back** nos conocemos desde hace mucho (tiempo); **~ down south** muy al sur; **~ off in the distance** muy a lo lejos; **your guess was ~ out** ibas muy desencaminado; **it's ~ past my bedtime** normalmente a estas horas ya llevaría dormido un buen rato; **it was ~ too easy** fue exageradamente fácil; **she drinks ~ too much** bebe *or Am* toma en exceso

◇ **by the way** *adv* a propósito, por cierto

◇ **by way of** *prep* **-1.** *(via)* por, vía; **we went by ~ of Amsterdam** fuimos por *or* vía Amsterdam, pasamos por Amsterdam **-2.** *(serving as)* **by ~ of an introduction/a warning** a modo de introducción/advertencia

◇ **in the way of** *prep* **we don't have much in the ~ of food** no tenemos mucha comida; **what do you have in the ~ of desserts?** ¿qué postres tienen?

◇ **no way** *adv Fam* **can I borrow it? – no ~!** ¿me lo dejas? – ¡ni hablar! *or Esp* ¡de eso nada!; *US* **we're getting married – no ~!** *(expressing surprise)* nos vamos a casar – ¡no me digas *or Esp* fastidies!; **no ~ am I going to help them** ni de casualidad les voy a ayudar; *Fam* **no ~, José!** de eso nada, monada

waybill ['weɪbɪl] *n (in road transport)* hoja *f* de ruta; *(in air or sea transport)* conocimiento *m* de embarque (aéreo/marítimo)

wayfarer ['weɪfeərə(r)] *n Literary* caminante *mf*

wayfaring ['weɪfeərɪŋ] *adj Literary* caminante, viajero(a); **a ~ life** una vida errante

waylay [weɪ'leɪ] (*pt & pp* **waylaid** [weɪ'leɪd]) *vt (attack)* atracar, asaltar; *Fig (stop)* abordar, detener; **sorry I'm late, I got waylaid** perdón por el retraso *or* la demora, pero es que me han entretenido

way-out [weɪ'aʊt] *adj Fam* extravagante

wayside ['weɪsaɪd] *n* borde *m* de la carretera; IDIOM **to fall by the ~** irse a paseo

wayward ['weɪwəd] *adj* rebelde, desmandado(a)

waywardness ['weɪwədnɪs] *n* rebeldía *f*

WBA [dʌbəljuːbiː'eɪ] *n (abbr* **World Boxing Association**) AMB *f*, Asociación *f* Mundial de Boxeo

WBC [dʌbəljuːbiː'siː] *n (abbr* **World Boxing Council**) CMB *m*, Consejo *m* Mundial de Boxeo

WBO [dʌbəljuːbiː'əʊ] *n (abbr* **World Boxing Organization**) OMB *f*, Organización *f* Mundial de Boxeo

WC [dʌbəljuː'siː] *n (abbr* **water closet**) váter *m*, retrete *m*

WCC [dʌbəljuːsiː'siː] (*abbr* **World Council of Churches**) = asamblea ecuménica de iglesias, excluida la católica romana

we [wiː] *pron* **-1.** *(first person plural)* nosotros(as) *(usually omitted in Spanish, except for contrast)*; **we're Scottish** somos escoceses; **we like red wine** nos gusta el vino tinto; **WE haven't got it!** ¡nosotros no lo tenemos!; **~ alone know** sólo lo sabemos nosotros; **as we say in Canada** como decimos en Canadá; **as we saw in Chapter 5** como vimos en el capítulo 5; **we Spanish are...** (nosotros) los españoles somos...

-2. *Formal (first person singular) (used by royalty)* **we do not agree** no estamos de acuerdo; *Hum* **I hope he was using the royal "we"** espero que estuviera hablando en primera persona, espero que no nos estuviera incluyendo a todos nosotros

-3. *Fam (second person singular)* **we don't want you getting your clothes dirty, do we?** no te vayas a ensuciar la ropa, ¿eh?; **and how are we today?** ¿cómo estamos hoy?

WEA [dʌbəljuːiː'eɪ] *n Br (abbr* **Workers' Educational Association**) = asociación para la educación de adultos

weak [wiːk] *adj* **-1.** *(physically) (person)* débil; *(structure)* endeble, frágil; **to grow ~** debilitarse; **to have a ~ heart** estar mal del corazón; **she managed a ~ smile** pudo esbozar una débil *or* tímida sonrisa; **she answered in a ~ voice** contestó débilmente, contestó con un hilo de voz; *Old-fashioned* **the weaker sex** el sexo débil; *Fig* **she went ~ at the knees** le empezaron a temblar las piernas; **he's the ~ link in the chain** es el eslabón más débil de la cadena; **he has a ~ chin** tiene el mentón poco marcado ▫ *also Fig* **~ *spot*** punto *m* débil *or* flaco

-2. *(emotionally, intellectually)* débil; **to be ~ in the head** ser corto(a) de entendederas; **one of the weaker students in the class** uno de los alumnos más flojos de la clase; **to be ~ at physics** estar flojo en física; **in a ~ moment** en un momento de debilidad ▫ **~ *point*** punto *m* débil *or* flaco

-3. *(excuse, reasoning, case)* flojo(a), pobre; *(army, government, institution, leader)* débil

-4. *(tea)* flojo(a); *(beer)* suave; *(alcoholic drink, coffee)* poco(a) cargado(a)

-5. ECON *(currency, economy)* débil

-6. GRAM & LING *(verb)* regular; *(syllable)* átono(a)

weaken ['wiːkən] ◇ *vt* **-1.** *(person, health, structure, government)* debilitar; **to ~ sb's hold on power** socavar la posición de poder de alguien; **this weakens your case** esto hace que tu argumentación se tambalee; **to ~ sb's resolve** hacer flaquear a alguien **-2.** ECON *(currency, economy)* debilitar

◇ *vi* **-1.** *(person, health, determination)* debilitarse; **to ~ in one's resolve (to do sth)**

weakening

flaquear (a la hora de hacer algo) **-2.** ECON *(currency, economy)* debilitarse; **the dollar has weakened against the euro** el dólar ha perdido terreno *or* se ha debilitado frente al euro

weakening ['wi:kənɪŋ] *adj* **-1.** *(debilitating)* debilitante **-2.** *(losing strength) (powers)* en declive; *(resolve)* menguante

weak-kneed [wi:k'ni:d] *adj Fig* débil de carácter, pusilánime

weakling ['wi:klɪŋ] *n* enclenque *mf*, canijo(a) *m,f*

weakly ['wi:klɪ] *adv (to speak)* débilmente, con un hilo de voz; *(to smile)* débilmente, tímidamente; *(to protest)* sin convicción

weak-minded ['wi:k'maɪndɪd] *adj* **-1.** *(simple-minded)* corto(a) de entendederas **-2.** *(lacking willpower)* con poco carácter

weakness ['wi:knɪs] *n* **-1.** *(lack of strength) (of person)* debilidad *f*; *(of structure, defences)* endeblez *f*, fragilidad *f* **-2.** *(of leadership)* fragilidad *f*, debilidad *f*; ~ **of character** falta de personalidad; **in a moment of ~** en un momento de debilidad **-3.** *(of argument, reasoning)* pobreza *f* **-4.** *(weak point)* punto *m* débil, defecto *m*; **to have a ~ for sth/sb** *(liking)* sentir *or* tener debilidad por algo/alguien

weak-willed ['wi:k'wɪld] *adj* sin fuerza de voluntad

weal [wi:l] *n* **-1.** *(mark on skin)* señal *f*, verdugón *m* **-2.** *Archaic or Literary (wellbeing)* bienestar *m*; **the common** *or* **public ~** el bien común

wealth [welθ] *n* **-1.** *(riches)* riqueza *f*; **a man of great ~** un hombre muy rico *or* con una gran fortuna ❑ **~ creation** generación *f* de riqueza; **~ tax** impuesto *m* sobre el patrimonio **-2.** *(large quantity)* (gran) abundancia *f*, profusión *f*; **he provided them with a ~ of information about the area** les facilitó un amplio caudal de información sobre la zona

wealthy ['welθɪ] ⋄ *npl* **the ~** los ricos
⋄ *adj (person, family)* rico(a), pudiente; *(country, city)* rico(a)

wean [wi:n] *vt (baby)* destetar; *Fig* **a generation of children weaned on Hollywood movies** una generación de niños que ha crecido *or* que se ha criado viendo películas de Hollywood; *Fig* **to ~ sb from** *or* **off a bad habit** quitar *or Am* sacarle una mala costumbre a alguien; **he was trying to ~ himself off cigarettes** estaba intentando dejar el tabaco

weapon ['wepən] *n* arma *f*; **weapons of mass destruction** armas de destrucción masiva; *Fig* **high interest rates are seen as a ~ against inflation** los tipos de interés altos se tienen por herramientas para combatir la inflación

weaponry ['wepənrɪ] *n* armamento *m*

wear [weə(r)] ⋄ *n* **-1.** *(clothing)* ropa *f*; **evening/casual ~** ropa de noche/de esport
-2. *(use)* uso *m*; **it still has a bit more ~ left in it** todavía debería durar una temporada; **to get a lot of ~ out of sth** aprovechar mucho algo
-3. *(damage)* **~ (and tear)** deterioro *m*, desgaste *m*
⋄ *vt (pt* **wore** [wɔ:(r)], *pp* **worn** [wɔ:n]) **-1.** *(garment, glasses, seat belt, watch)* llevar (puesto(a)); *(perfume)* llevar; **what are you going to ~ (to the wedding)?** ¿qué te vas a poner (para la boda)?; **I've got nothing to ~ to the wedding** no tengo nada que ponerme para la boda; **to ~ black** ir de negro; **to ~ a beard** llevar barba; **to ~ one's hair long** llevar el pelo largo
-2. *(expression)* **she wore a frown** fruncía el ceño; **he wore a bemused expression** tenía una expresión de perplejidad
-3. *(erode)* desgastar; **to ~ a hole in sth** terminar haciendo un agujero en algo
-4. *Br Fam (accept)* **she won't ~ it** por ahí no va a pasar
⋄ *vi* **this sweater is starting to ~ at the elbows** este suéter está comenzado a desgastarse en los codos; **to ~ thin** *(clothes)* gastarse, desgastarse; **that excuse is wearing thin** esa excusa ya no sirve; **that joke is wearing thin** esa broma ha dejado de tener gracia; **my patience is wearing thin** se me está acabando la paciencia; **to ~ well** *(person)* envejecer bien; **the movie has not worn well** la película no ha aguantado el paso del tiempo

◆ **wear away** ⋄ *vt sep* gastar, desgastar
⋄ *vi* desgastarse

◆ **wear down** ⋄ *vt sep* **-1.** *(erode)* gastar, desgastar **-2.** *(tire)* agotar, extenuar; **he tried to ~ his opponent down** intentó agotar a su rival
⋄ *vi (erode)* desgastarse

◆ **wear off** *vi (pain, effect)* pasar; *(enthusiasm, novelty)* desvanecerse

◆ **wear on** *vi (time)* transcurrir, pasar

◆ **wear out** ⋄ *vt sep* **-1.** *(clothes)* gastar, desgastar; *(batteries)* gastar **-2.** *(person)* agotar; **to ~ oneself out** agotarse
⋄ *vi (clothes)* gastarse, desgastarse; *(batteries)* gastarse

◆ **wear through** ⋄ *vt sep* agujerear
⋄ *vi* agujerearse; **my sweater has worn through at the elbows** se me han agujereado los codos del suéter

wearer ['weərə(r)] *n* **wearers of glasses** los que llevan gafas *or Am* anteojos *or Am* lentes; **these gloves protect the ~ from getting burned** estos guantes protegen al que los lleva puestos de quemaduras

wearily ['wɪərɪlɪ] *adv (to walk)* cansinamente, *(to lean, sit down)* con aire de cansancio; *(to sigh)* fatigosamente

weariness ['wɪərɪnɪs] *n (tiredness)* fatiga *f*, cansancio *m*; *(boredom)* hastío *m*, cansancio *m*

wearing ['weərɪŋ] *adj (tiring)* fatigoso(a); *(annoying)* exasperante; **to be ~ on the nerves** sacar de quicio

wearisome ['wɪərɪsəm] *adj (boring)* tedioso(a); *(tiring)* fatigoso(a); *(annoying)* exasperante

weary ['wɪərɪ] ⋄ *adj (physically tired)* fatigado(a), cansado(a) **(of** de**)**; *(bored)* hastiado(a), cansado(a) **(of** de**)**; **to grow ~ of sth** hastiarse *or* cansarse de algo
⋄ *vt (tire)* fatigar, cansar; *(annoy)* hastiar
⋄ *vi* hartarse, cansarse **(of** de**)**

wearying ['wɪərɪɪŋ] *adj* **I find her/city life quite ~** ella/la vida en la ciudad me cansa *or* hastía

weasel ['wi:zəl] *n* comadreja *f*; *Pej (person)* zorrón(ona) *m,f* ❑ *Fam Pej* **~ words** términos *mpl* ambiguos

weather ['weðə(r)] ⋄ *n* tiempo *m*; **what's the ~ like?** ¿qué (tal) tiempo hace?; **the ~ is good/bad** hace buen/mal tiempo; **in this ~** con este tiempo; **in hot ~** con calor, cuando hace calor; **in all weathers** haga frío o calor; **~ permitting** si el tiempo lo permite; IDIOM **to keep a ~ eye open for sth** estar atento(a) a algo; IDIOM **I'll keep a ~ eye on the kids** no perderé de vista a los niños; IDIOM **to make heavy ~ of sth** hacer una montaña de algo; IDIOM **to be/feel under the ~** *(ill)* estar/encontrarse pachucho(a) ❑ **~ balloon** globo *m* sonda; *US* **~ bureau** servicio *m or* instituto *m* meteorológico; **~ conditions** condiciones *fpl* atmosféricas *or* meteorológicas; **~ forecast** pronóstico *m* del tiempo, boletín *m or* parte *m* meteorológico; **~ forecaster** meteorólogo(a) *m,f*; **~ map** mapa *m* del tiempo; **~ report** pronóstico *m* del tiempo, boletín *m or* parte *m* meteorológico; **~ station** estación *f* meteorológica, observatorio *m* meteorológico; **~ vane** veleta *f*
⋄ *vt (rock)* erosionar; *Fig (crisis, scandal)* capear; **to ~ the storm** capear el temporal
⋄ *vi (rock)* erosionarse

weatherbeaten ['weðəbi:tən] *adj (person, face)* curtido(a); *(cliff, rock)* erosionado(a)

weatherboard ['weðəbɔ:d] *n* tabla *f* superpuesta

weather-bound ['weðəbaʊnd] *adj (ships, planes, people)* detenido(a) por el mal tiempo; *(port, town, airport)* paralizado(a) por el mal tiempo

weathercock ['weðəkɒk] *n* **-1.** *(weather vane)* veleta *f* **-2.** *(changeable person)* veleta *mf*

weathered ['weðəd] *adj (face)* curtido(a); *(wall)* deteriorado(a) por las inclemencias del tiempo

weathergirl ['weðəgɜ:l] *n* mujer *f* del tiempo

weathering ['weðərɪŋ] *n* GEOL erosión *f*

weatherlady ['weðəleɪdɪ] *n* mujer *f* del tiempo

weatherman ['weðəmæn] *n* hombre *m* del tiempo

weatherproof ['weðəpru:f] *adj (paint, building, windows)* resistente (a las inclemencias del tiempo); *(clothing)* impermeable

weather-worn ['weðəwɔ:n] *adj (features, visage)* curtido(a); *(house)* deteriorado(a) por las inclemencias del tiempo

weave [wi:v] ⋄ *n (pattern)* tejido *m*
⋄ *vt (pt* **weaved** *or* **wove** [wəʊv], *pp* **weaved** *or* **woven** ['wəʊvən]) *(cloth, web, basket)* tejer; *(garland)* hacer; **to ~ the threads together** entretejer los hilos; *Fig* **a skilfully woven plot** una trama muy bien urdida; **he managed to ~ all the facts together in his report** logró relacionar todos los datos en su informe; **political elements have been woven into the plot** en el argumento se han intercalado cuestiones políticas
⋄ *vi* **-1.** *(make cloth)* tejer **-2.** *(move)* **to ~ through the traffic** avanzar zigzagueando entre el tráfico

weaver ['wi:və(r)] *n* tejedor(ora) *m,f* ❑ **~ bird** tejedor *m*

weaving ['wi:vɪŋ] *n* tejeduría *f*

web [web] *n* **-1.** *(of spider)* telaraña *f*, tela *f* de araña; *Fig (of lies, intrigue)* trama *f* **-2.** *(of duck, frog)* membrana *f* interdigital **-3.** COMPTR **the Web** la Web ❑ **~ address** dirección *f* web; **~ browser** navegador *m*; **~ cam** cámara *f* web; **~ designer** diseñador(ora) *m,f* de páginas web; **~ page** página *f* web; **~ server** servidor *m* web; **~ space** espacio *m* web

webbed [webd] *adj (foot)* palmeado(a)

webbing ['webɪŋ] *n (on chair, bed)* cinchas *fpl*

web-footed [web'fʊtɪd] *adj (bird)* palmípedo(a); *(animal)* con membrana interdigital

Webmaster ['webmɑ:stə(r)] *n* COMPTR administrador(ora) *m,f* de (sitio) web, webmaster *mf*

website ['websaɪt] *n* COMPTR sitio *m* web

Wed (*abbr* **Wednesday**) mier.

wed [wed] *(pt & pp* **wedded**) ⋄ *vt* **-1.** *(marry) (of bride, groom)* casarse con; *(of priest)* desposar, casar; **lawfully wedded wife** legítima esposa; **lawfully wedded husband** legítimo esposo; **the newly wedded couple** los recién casados
-2. *(combine, link)* **to ~ sth to sth** casar *or* enlazar algo con algo; **to be wedded to** *(principle, cause, one's work)* estar entregado(a) en cuerpo y alma a; **the fate of the project was wedded to that of the Chairman** la suerte del proyecto estaba ligada directamente a la del presidente; **intelligence wedded to beauty** inteligencia aliada con *or* acompañada de belleza
⋄ *vi* casarse, desposarse

we'd [wi:d] = **we had, we would**

wedding ['wedɪŋ] *n* boda *f*, *Andes* matrimonio *m*, *RP* casamiento *m*; **to have a church ~** casarse por la iglesia, *Andes, RP* casarse por iglesia; **we had a quiet ~** la boda se celebró en la intimidad ❑ **~ anniversary** aniversario *m* de boda *or Andes* matrimonio *or RP* casamiento; **~ breakfast** banquete *m* de bodas *or Andes* matrimonio *or RP* casamiento; **~ cake** tarta *f or* pastel *m* de boda, *Andes* torta *f* de matrimonio, *RP* torta *f* de casamiento; **~ day** día *m* de la boda *or Andes* del matrimonio *or RP* del casamiento; **~ dress** traje *m or* vestido *m* de novia; **~ invitation** invitación *f* de boda *or Andes* matrimonio *or RP* casamiento; **~ list** lista *f* de boda *or Andes* matrimonio *or RP* casamiento; **~ march** marcha *f* nupcial; **~ night** noche *f* de bodas; **~ reception** banquete *m* de boda *or Andes* matrimonio *or RP* casamiento; **~ ring** alianza *f*, anillo *m* de

wedge boda or Andes matrimonio or RP casamiento; Fam Hum ~ **tackle** (man's genitals) las vergüenzas

wedge [wedʒ] ◇ n **-1.** (for door, wheel) cuña f, calzo m; (for splitting stone, wood) cuña f; IDIOM **it has driven a ~ between them** los ha enemistado **-2.** (of cake, pie) trozo m grande; (of cheese) trozo m **-3.** (golf club) cucharilla f **-4.** (shoe heel) alza f, tacón m de cuña, Andes, RP taco m chino

◇ vt (insert) encajar; **to ~ a door open** calzar una puerta para dejarla abierta; **he wedged his foot in the door** puso un pie en la puerta para que no se cerrara; **to be wedged between two things** estar encajado(a) or encajonado(a) entre dos cosas; **she sat wedged between her two aunts** se sentaba apretujada entre sus dos tías; **to be wedged into sth** estar encajado(a) en algo

wedlock ['wedlɒk] n LAW matrimonio m; **to be born out of ~** nacer fuera del matrimonio

Wednesday ['wenzdɪ] n miércoles m inv; see also **Saturday**

wee¹ [wi:] adj Irish & Scot Fam pequeño(a), chiquito(a); **a ~ bit** un poquito; **a ~ boy** un niñito, un chavalín; **the ~ small hours** la madrugada

wee² Br Fam ◇ n **to do** or **have a ~** (urinate) hacer pipí
◇ vi hacer pipí

weed [wi:d] ◇ n **-1.** (plant) mala hierba f **-2.** Br Fam (weak person) (physically) debilucho(a) m,f; (lacking character) blandengue mf **-3.** Fam **the ~** (tobacco) el tabaco, Esp el fumeque **-4.** Fam (marijuana) hierba f, maría f
◇ npl **weeds** (ropa f de) luto m; **in widow's weeds** vestida de luto
◇ vt (garden) escardar

◆ **weed out** vt sep Fig (people, applications) descartar; (mistakes) eliminar

weeding ['wi:dɪŋ] n escarda f, limpieza f de las malas hierbas; **to do the ~** escardar, limpiar las malas hierbas

weedkiller ['wi:dkɪlə(r)] n herbicida m

weedy ['wi:dɪ] adj Fam (person) enclenque

week [wi:k] n semana f; **next ~** la semana que viene; **last ~** la semana pasada; **every ~** todas las semanas; **during the ~** (not at weekend) entre semana; **yesterday ~**, **a ~ yesterday** hace ayer una semana; **Monday ~**, **a ~ on Monday** una semana a partir del lunes, este lunes no, el otro; **once/twice a ~** una vez/dos veces a la or por semana; **a three/four day ~** una semana laboral de tres/cuatro días; **the working ~** la semana laboral; **within a ~** en el plazo de una semana; **in a ~**, **in a ~'s time** dentro de una semana; **I haven't seen her for** or **in weeks** no la he visto desde hace semanas; **~ in out**, **~ after ~** semana tras semana; **tomorrow/Tuesday ~** de mañana/del martes en ocho días

weekday ['wi:kdeɪ] n día m entre semana, día m laborable; **weekdays only** sólo laborables; **on ~ mornings** entre semana or los días laborables por la mañana

weekend [wi:k'end] n fin m de semana; Br **at** or US **on the ~** el fin de semana; **have a good ~!** ¡(que tengas un) buen fin de semana!; **a long ~** un fin de semana largo, ≃ un puente ❑ **~ break** vacaciones fpl de fin de semana

weekender [wi:k'endə(r)] n visitante mf de fin de semana

weekly ['wi:klɪ] ◇ adj semanal; **these incidents were an almost ~ occurrence** este tipo de incidentes tenía lugar casi todas las semanas
◇ adv semanalmente; **twice ~** dos veces por semana or a la semana
◇ n (newspaper) semanario m

weeknight ['wi:knaɪt] n noche f de entre semana

weenie ['wi:nɪ], **wiener** ['wi:nə(r)] n US Fam **-1.** (frankfurter) salchicha f (de Fráncfort) **-2.** (penis) pito m, pilila f

weeny ['wi:nɪ] adj Fam chiquitín(ina), chiquitito(a)

weep [wi:p] ◇ n **to have a good ~** desahogarse llorando
◇ vt (pt & pp **wept** [wept]) **to ~ tears of joy/anger** llorar de alegría/rabia; **she wept bitter tears** lloró lágrimas de amargura
◇ vi **-1.** (person) llorar (**for/over** por); **it's enough to make you ~** es como para echarse a llorar; **to ~ with joy** llorar de alegría **-2.** (wound, sore) supurar

weeping ['wi:pɪŋ] ◇ n llanto m
◇ adj lloroso(a) ❑ **~ willow** sauce m llorón

weepy ['wi:pɪ] Fam ◇ n (book, film) obra f lacrimógena or Chile cebollera
◇ adj (book, film, ending) lacrimógeno(a), Chile cebollero(a); **to be ~** (person) estar lloroso(a)

weevil ['wi:vɪl] n gorgojo m

wee(-)wee ['wi:wi:] n Fam **to do a ~** (urinate) hacer pipí

weft [weft] n TEX trama f

weigh [weɪ] ◇ vt **-1.** (measure) pesar; **to ~ oneself** pesarse
-2. (consider) sopesar; **he weighed his words carefully** midió bien sus palabras; **to ~ one thing against another** sopesar una cosa frente a otra, contraponer una cosa a otra; **to ~ the consequences** estudiar or sopesar las consecuencias
-3. NAUT **to ~ anchor** levar anclas
◇ vi pesar; **it weighs 2 kilos** pesa 2 kilos; **how much do you ~?** ¿cuánto pesas?; **it's weighing on my conscience** me remuerde la conciencia; **her experience weighed in her favour** su experiencia inclinó la balanza a su favor; **the evidence weighs heavily against him** las pruebas están claramente en su contra

◆ **weigh down** vt sep cargar; **the branches were weighed down with snow** las ramas estaban dobladas bajo el peso de la nieve; **all the extra equipment was weighing me down** todo el equipo adicional me pesaba mucho; Fig **to be weighed down with grief** estar abrumado(a) por la pena

◆ **weigh in** vi **-1.** (boxer, jockey) pesarse; **to ~ in at...** dar un peso de... **-2.** Fam (join in) tomar parte

◆ **weigh out** vt sep pesar

◆ **weigh up** vt sep (situation, chances) sopesar; **to ~ up the pros and cons** sopesar los pros y los contras

weighbridge ['weɪbrɪdʒ] n báscula f de puente

weigh-in ['weɪɪn] n (in boxing, horse racing) pesaje m

weight [weɪt] ◇ n **-1.** (of person, object) peso m; **they're the same ~** pesan lo mismo; **what a ~!** ¡cómo or cuánto pesa!; **that case must be quite a ~** esa maleta debe de pesar mucho; **to lose ~** adelgazar, perder peso; **to put on** or **gain ~** engordar, ganar peso; **to have a ~ problem** tener problemas de peso; **she's watching her ~** está cuidándose para no engordar; Hum **take the ~ off your feet** siéntate y descansa
-2. (for scales, of clock) pesa f; **weights and measures** pesos y medidas; **to lift weights** levantar pesas; **don't lift any heavy weights** no levante cosas pesadas ❑ **~ training** gimnasia f con pesas
-3. (load) peso m, carga f
-4. IDIOMS **that's a ~ off my mind** me he quitado or Am sacado un peso de encima; **to carry ~** influir, tener peso; **to lend ~ to an argument** dar consistencia a un argumento; **to take the ~ off one's feet** descansar un rato; **she tends to throw her ~ about** or **around** suele abusar de su autoridad; **she threw her ~ behind the candidate/project** utilizó su influencia para apoyar al candidato/el proyecto; **she's worth her ~ in gold** vale su peso en oro
◇ vt **-1.** (make heavier) cargar **-2.** (bias) **the system is weighted in his favour** el sistema juega a su favor or le favorece; **the electoral system is weighted against them** el sistema electoral juega en su contra or los perjudica

◆ **weight down** vt sep sujetar (con un peso)

weighted ['weɪtɪd] adj (mean, average) ponderado(a)

weighting ['weɪtɪŋ] n Br FIN ponderación f; **London ~** (in salary) = compensación salarial que sirve para equilibrar el coste de la vida en Londres

weightless ['weɪtlɪs] adj ingrávido(a)

weightlessness ['weɪtlɪsnɪs] n ingravidez f

weightlifter ['weɪtlɪftə(r)] n levantador(ora) m,f de pesas

weightlifting ['weɪtlɪftɪŋ] n halterofilia f, levantamiento m de pesas; **to do ~** levantar pesas

weightwatcher ['weɪtwɒtʃə(r)] n persona f a dieta

weighty ['weɪtɪ] adj **-1.** (load, object) pesado(a) **-2.** (problem, matter) grave; (reason) de peso

weir [wɪə(r)] n presa f

weird [wɪəd] adj **-1.** Fam (odd) raro(a), extraño(a); **one of his ~ and wonderful schemes** uno de sus descabellados y maravillosos planes; **it felt ~ to be back in his home town again** le parecía extraño estar en su pueblo natal otra vez **-2.** (eerie, uncanny) (atmosphere, figure) fantasmagórico(a), misterioso(a)

weirdly ['wɪədlɪ] adv **-1.** Fam (oddly) extrañamente; **she was ~ dressed** iba vestida de forma extravagante **-2.** (eerily, uncannily) fantasmagóricamente

weirdness ['wɪədnɪs] n extravagancia f, rareza f

weirdo ['wɪədəʊ] (pl **weirdos**) n Fam bicho m raro

welch = **welsh**

welcome ['welkəm] ◇ n bienvenida f; **she said a few words of ~** pronunció unas palabras de bienvenida; **they gave him a warm ~** le dieron una calurosa bienvenida or un caluroso recibimiento, lo recibieron calurosamente
◇ adj **-1.** (person) bienvenido(a); (news, change) grato(a); **I don't feel ~ here** siento que no soy bienvenido(a) aquí; **a cold beer is always ~ on a day like this** una cerveza bien fresca siempre sienta bien en días así; **that would be most ~** (food, drink etc) vendría muy bien, sería muy de agradecer; **to make sb ~** ser hospitalario(a) con alguien; **to give sth/sb a warm ~** dar una calurosa acogida a algo/alguien; **thank you very much – you're ~!** muchas gracias – de nada or no hay de qué; **you're always ~** siempre serás bienvenido; **you're ~ to borrow it** tómalo or Esp cógelo prestado cuando quieras; **he's ~ to it** es todo suyo; **that's ~ news** es una buena noticia; **it's a ~ change from housework/proofreading!** ¡cómo se agradece dejar un poco las tareas domésticas/la corrección de pruebas!
-2. (in greetings) **~ home!** ¡bienvenido(a) a casa!; **~ to Mexico!** ¡bienvenido(a) a México!
◇ vt (person) dar la bienvenida a; (news, change) acoger favorablemente; **she welcomed them warmly** les dio una calurosa bienvenida or un caluroso recibimiento, los recibió calurosamente; **we welcomed him with open arms** lo recibimos con los brazos abiertos; **would you please ~ Tiger Woods!** (to audience) ¡les pido un fuerte aplauso para Tiger Woods!; **we ~ this change** este cambio nos parece muy positivo; **we ~ the opportunity to work with a new company** nos complace poder trabajar con una nueva empresa; **she welcomed any comments on her presentation** invitó a los presentes a aportar comentarios sobre su presentación; **his comments weren't welcomed** sus comentarios no fueron bien recibidos

◆ **welcome back** vt sep recibir de nuevo, dar la bienvenida a; **we welcomed her back after her illness** le dimos la bienvenida después de su enfermedad; RAD & TV **I am pleased to ~ back Billy Bragg** me complace recibir una vez más *or* dar de nuevo la bienvenida a Billy Bragg

welcoming ['welkəmɪŋ] *adj (person, attitude)* afable, hospitalario(a); **a ~ party met them at the airport** un grupo de personas los recibió *or* les dio la bienvenida en el aeropuerto ❑ **~ *committee*** comité *m* de bienvenida

weld [weld] ◇ *n* soldadura *f*
◇ *vt* soldar; **to ~ parts together** soldar piezas; **a set of policies that will ~ the party into a united political force** un programa político que aúne *or* unifique al partido

welder ['weldə(r)] *n* soldador(ora) *m,f*

welding ['weldɪŋ] *n* soldadura *f*

welfare ['welfeə(r)] *n* **-1.** bienestar *m*; **I am concerned about** *or* **for her ~** me preocupa su bienestar ❑ **~ *officer*** trabajador(ora) *m,f* social; **the ~ *state*** el estado del bienestar; **~ *work*** trabajo *m* social; **~ *worker*** trabajador(ora) *m,f* social
-2. *US (social security)* **to be on ~** recibir un subsidio del estado; **people on ~** las personas que reciben un subsidio del estado ❑ *US* **~ *check*** cheque *m* del subsidio del estado; **~ *payment*** subsidio *m* del estado

welfare-to-work ['welfeə(r)tuːwɜːk] *n Br* POL = trabajos para la comunidad o cursos de formación de carácter obligatorio para desempleados con subsidio

well¹ [wel] *n* **-1.** *(for water, oil)* pozo *m* **-2.** *(for lift, stairs)* hueco *m*
◆ **well up** *vi (tears)* brotar

well² *(comparative* **better** ['betə(r)], *superlative* **best** [best]*)* ◇ *adj* **to be ~** estar bien; **to get ~** ponerse bien; **how are you? – ~, thank you** ¿cómo estás? – bien, gracias; **it is just as ~** menos mal; **that's all very ~, but...** todo eso está muy bien, pero...
◇ *adv* **-1.** *(satisfactorily)* bien; **to speak ~ of sb** hablar bien de alguien; **I did as ~ as I could** lo hice lo mejor que pude; **to be doing ~** *(after operation)* ir recuperándose; **~ done!** ¡bien hecho!; **you would do ~ to say nothing** harías bien en no decir nada; **to come out of sth ~** salir bien parado(a) de algo; **he apologized, as ~ he might** se disculpó, y no era para menos; **very ~!** *(OK)* ¡muy bien!, *Esp* ¡vale!, *Méx* ¡órale!
-2. *(for emphasis)* bien; **I know her ~** la conozco bien; **it is ~ known that...** todo el mundo sabe que..., es bien sabido que...; **it's ~ worth trying** bien vale la pena intentarlo; **she's ~ able to look after herself** es perfectamente capaz de valerse por sí misma; **I can ~ believe it** no me extraña nada; *Br Fam* **he was ~ away** *(drunk)* estaba borracho como una cuba; **I am ~ aware of that** soy perfectamente consciente de eso; **~ before/after** mucho antes/después; **to leave ~ alone** dejar las cosas como están
-3. *(also)* **as ~** también; **as ~ as** *(in addition to)* además de
-4. *Br Fam (very)* **the club was ~ cool** la disco era supergenial *or Esp* superguay *or Méx* de poca; **~ hard** superduro
◇ *exclam* **~, who was it?** ¿y bien?, ¿quién era?; **~, here we are (at last)!** bueno, ¡por fin hemos llegado!; **~, ~!** ¡vaya, vaya!; **~ I never!** ¡caramba!; **~, that's life!** en fin, ¡así es la vida!

we'll [wiːl] = **we will, we shall**

well-acquainted [welə'kweɪntɪd] *adj* muy familiarizado(a) **(with** con**); they are ~ (with one another)** se conocen bien

well-adjusted [welə'dʒʌstɪd] *adj (person)* equilibrado(a)

well-advised [weləd'vaɪzd] *adj* sensato(a), prudente; **you'd be ~ to stay indoors today** hoy lo mejor sería no salir de casa

well-aimed [wel'eɪmd] *adj (shot, criticism, remark)* certero(a)

well-appointed [welə'pɔɪntɪd] *adj Br Formal (house, room)* bien acondicionado(a)

well-argued [wel'ɑːgjuːd] *adj* bien argumentado(a)

well-attended [welə'tendɪd] *adj* muy concurrido(a); **the meeting was ~** a la reunión acudió *or* asistió mucha gente; **the classes were not ~** no iban muchos asistentes a las clases

well-balanced [wel'bælənst] *adj (person, diet)* equilibrado(a)

well-behaved [welbɪ'heɪvd] *adj* (bien) educado(a); **to be ~** portarse bien

wellbeing [wel'biːɪŋ] *n* bienestar *m*; **he felt a sense of ~** sintió cierto bienestar

well-born [wel'bɔːn] *adj* de buena familia, de noble cuna

well-bred [wel'bred] *adj* (bien) educado(a)

well-built [wel'bɪlt] *adj (building)* bien construido(a); *(person)* fornido(a)

well-chosen [wel'tʃəʊzən] *adj* acertado(a)

well-connected ['welkə'nektɪd] *adj* bien relacionado(a), con buenos contactos; **to be ~** tener buenos contactos

well-defined [weldɪ'faɪnd] *adj (outline, shape)* nítido(a); *(fear, problem, features, types)* bien definido(a); *(path)* bien marcado(a)

well-deserved [weldɪ'zɜːvd] *adj* (bien) merecido(a)

well-designed [weldɪ'zaɪnd] *adj* bien diseñado(a)

well-developed [weldɪ'veləpt] *adj (muscles, body, person)* muy desarrollado(a)

well-disposed [weldɪs'pəʊzd] *adj* **to be ~ towards sb** tener buena disposición hacia alguien

well-done [wel'dʌn] *adj (steak)* muy hecho(a)

well-dressed [wel'drest] *adj* elegante; **to be ~** ir bien vestido(a)

well-earned [wel'ɜːnd] *adj* (bien) merecido(a)

well-educated [wel'edjʊkeɪtɪd] *adj* culto(a), instruido(a)

well-endowed [welɪn'daʊd] *adj Fam Hum (woman)* pechugona, con una buena delantera; *(man)* muy bien dotado

well-equipped [welɪ'kwɪpt] *adj* bien equipado(a), con los medios necesarios; **to be ~ to do sth** estar bien equipado(a) *or* contar con los medios necesarios para hacer algo

well-established [welɪ'stæblɪʃt] *adj (principle, procedure)* establecido(a); *(custom, tradition)* arraigado(a); *(company)* de sólida reputación

well-favoured [wel'feɪvəd] *adj Old-fashioned* bien plantado(a), bien parecido(a)

well-fed [wel'fed] *adj* bien alimentado(a)

well-fixed [wel'fɪksd] *adj US Fam* ricachón(ona), forrado(a), *Esp* con pelas, *Am* con plata; **to be ~** estar forrado(a), tener *Esp* muchas pelas *or Am* mucha plata

well-formed [wel'fɔːmd] *adj* LING bien construido(a)

well-founded [wel'faʊndɪd] *adj (suspicion, fear)* fundado(a)

well-groomed [wel'gruːmd] *adj (person, hair)* arreglado(a); *(horse, lawn)* (bien) cuidado(a)

wellhead ['welhed] *n* manantial *m*

well-heeled [wel'hiːld] *adj Fam* ricachón(ona), forrado(a), *Esp* con pelas, *Am* con plata; **to be ~** estar forrado(a), tener *Esp* muchas pelas *or Am* mucha plata

well-hung [wel'hʌŋ] *adj very Fam (man)* bien dotado, *Esp* con un buen paquete, *RP* bien armado

wellie = **welly**

well-informed [welɪn'fɔːmd] *adj* (bien) informado(a) **(about** de**); he's very ~ about current affairs** está muy al tanto *or* al corriente de los temas de actualidad

Wellington ['welɪŋtən] *n* Wellington

wellington ['welɪŋtən] *n Br* **wellingtons, ~ boots** botas *fpl* de agua *or* de goma *or Méx, Ven* de caucho

well-intentioned [welɪn'tenʃənd] *adj* bienintencionado(a)

well-judged [wel'dʒʌdʒd] *adj (remark, performance)* acertado(a); *(shot)* medido(a), bien calculado(a)

well-kept [wel'kept] *adj* **-1.** *(nails, hair)* (bien) arreglado(a), *RP* prolijo(a); *(garden, house)* (bien) cuidado(a) **-2.** *(secret)* bien guardado(a)

well-known [wel'nəʊn] *adj* conocido(a), famoso(a); **it is ~** *or* **it is a ~ fact that she disagrees with the policy** es bien sabido *or* es de todos sabido que no está de acuerdo con esta política; **what is less ~ is that she's an accomplished actress** lo que ya no se conoce tanto es que es una excelente actriz

well-liked [wel'laɪkt] *adj* querido(a), apreciado(a)

well-loved [wel'lʌvd] *adj* muy querido(a)

well-made [wel'meɪd] *adj* bien hecho(a)

well-mannered [wel'mænəd] *adj* con buenos modales, educado(a)

well-matched [wel'mætʃt] *adj (opponents)* igualado(a); **they're a ~ couple** hacen buena pareja

well-meaning [wel'miːnɪŋ] *adj* bienintencionado(a); **these people are ~, but naive** esta gente tiene buenas intenciones, pero pecan de inocentes

well-meant [wel'ment] *adj* bienintencionado(a)

well-nigh ['welnaɪ] *adv* casi, prácticamente

well-off [wel'ɒf] ◇ *adj (wealthy)* acomodado(a), rico(a); *Fig* **you don't know when you're ~** no sabes lo afortunado que eres
◇ *npl* **the ~** la gente acomodada *or* de dinero; **the less ~** los que tienen menos, los pobres

well-oiled [wel'ɔɪld] *adj* **-1.** *(machinery)* bien engrasado(a); *Fig* **the party's ~ electoral machine** la perfecta maquinaria electoral del partido **-2.** *Fam (drunk)* como una cuba, *Méx, RP* remamado(a)

well-ordered [wel'ɔːdəd] *adj* ordenado(a)

well-padded [wel'pædɪd] *adj Fam Euph* rellenito(a), rechoncho(a)

well-paid [wel'peɪd] *adj* bien pagado(a)

well-placed [wel'pleɪst] *adj* bien situado(a); **to be ~ to do sth** estar en una buena posición para hacer algo; **she's not very ~ to criticize the government** no está en condiciones de criticar al gobierno

well-preserved [welprɪ'zɜːvd] *adj (object, building)* bien conservado(a); *Fig* **to be ~** *(person)* conservarse bien

well-proportioned [wel'prə'pɔːʃnd] *adj (building, room, person)* bien proporcionado(a), con buenas proporciones

well-read [wel'red] *adj* leído(a), culto(a); **she's very ~** es una persona muy leída

well-rounded [wel'raʊndɪd] *adj* **-1.** *(figure)* torneado(a), curvilíneo(a) *-2.* *(education)* completo(a); *(personality)* equilibrado(a)

well-spoken [wel'spəʊkən] *adj* bienhablado(a)

well-spoken-of [wel'spəʊkənɒv] *adj* **she's very ~ in business circles** se habla muy bien de ella en círculos empresariales

wellspring ['welsprɪŋ] *n* **-1.** *(spring, fountain)* manantial *m* **-2.** *Literary* fuente *f* inagotable

well-stacked [wel'stækt] *adj Fam* **she's ~** está jamona

well-stocked [wel'stɒkt] *adj (cupboard, shop)* bien surtido(a)

well-thought-of [wel'θɔːtɒv] *adj* prestigioso(a)

well-thumbed [wel'θʌmd] *adj (book)* manoseado(a), ajado(a)

well-timed [wel'taɪmd] *adj* oportuno(a)

well-to-do ['weltədu:] *adj* acomodado(a), próspero(a)

well-travelled, *US* **well-traveled** [wel'trævəld] *adj (person)* que ha viajado mucho

well-trodden [wel'trɒdən] *adj also Fig* (muy) trillado(a)

well-turned [wel'tɜːnd] *adj (phrase)* bien construido(a); *(ankle)* proporcionado(a)

well-upholstered [welʌp'həʊlstəd] *adj Fam (plump)* rellenito(a), rechoncho(a)

well-versed [wel'vɜːst] *adj* **to be ~ in sth** estar muy versado(a) en algo, ser docto(a) en algo

well-wisher ['welwɪʃə(r)] *n* simpatizante *mf*, admirador(ora) *m,f*; **the family received thousands of messages of support from well-wishers** la familia recibió miles de mensajes de apoyo y solidaridad

well-woman clinic ['wel'wʊmən'klɪnɪk] n Br = clínica de atención y orientación sanitaria y ginecológica para la mujer

well-worn [wel'wɔːn] adj **-1.** (garment) gastado(a) **-2.** (argument) manido(a); (phrase) manido(a), trillado(a)

well-written [wel'rɪtən] adj bien escrito(a)

welly ['welɪ] n Br Fam **-1.** ~(-boot) bota f de agua or de goma or Méx, Ven de caucho **-2.** (effort) **give it some ~!** ¡con ganas!, ¡échale ganas!

Welsh [welʃ] ◇ npl (people) **the ~** los galeses
◇ n (language) galés m
◇ adj galés(esa) ❑ **the ~ Assembly** el parlamento autónomo de Gales; **~ dresser** aparador m; **~ rarebit** tostada f de queso fundido

welsh, welch [welʃ] vi imcumplir
➤ **welsh on, welch on** vt insep Br Fam (debt) no pagar; (agreement) imcumplir

Welshman ['welʃmən] n galés m

Welshwoman ['welʃwʊmən] n galesa f

welt [welt] n (mark on skin) señal f, verdugón m

welter ['weltə(r)] n **a ~ of...** un aluvión de..., una ingente cantidad de...

welterweight ['weltəweɪt] n SPORT (peso m) welter m

wen [wen] n **-1.** MED quiste m sebáceo **-2.** Br Literary **the Great Wen** la gran urbe londinense

wench [wentʃ] n Old-fashioned or Hum moza f

wend [wend] vt Literary **they wended their way homewards** con paso lento pusieron rumbo a casa

Wendy house ['wendɪhaʊs] n Br casita f de juguete (para meterse dentro)

went pt of **go**

wept pt & pp of **weep**

we're [wɪə(r)] = **we are**

were pt of **be**

weren't [wɜːnt] = **were not**

werewolf ['wɪəwʊlf] n hombre m lobo

west [west] ◇ n oeste m; **to the ~ (of)** al oeste (de); **in the ~ of Canada** en el oeste de Canadá; **the West of Spain** el oeste de España; **the West** (direction, region) el oeste; (as opposed to Asia or the former Soviet Bloc) Occidente; **the wind is in** or **(coming) from the ~** el viento sopla or viene del oeste
◇ adj **-1.** (direction, side) oeste, occidental; **the ~ coast** la costa oeste; **~ London** la parte oeste or el oeste de Londres ❑ **~ wind** viento m de poniente or del oeste
-2. (in names) **West Africa** África Occidental; **West African** africano(a) m,f occidental; **the West Bank** Cisjordania; Formerly **West Berlin** Berlín oeste or occidental; **the West Country** el suroeste de Inglaterra; **the West End** (of London) = zona de Londres famosa por sus comercios y teatros; Formerly **West German** alemán(ana) m,f or germano(a) m,f occidental; Formerly **West Germany** Alemania Occidental; **West Highland terrier** terrier m blanco escocés; **West Indian** antillano(a) m,f; **the West Indies** las Antillas; **the West Midlands** el oeste de la región de Midlands (en el centro de Inglaterra); **the West Side** el barrio oeste de Manhattan; **West Virginia** Virginia Occidental
◇ adv hacia el oeste, en dirección oeste; **it's (3 miles) ~ of here** está (a 3 millas) al oeste de aquí; **they live out ~** viven en el oeste; **drive west until you come to a main road** continúe hacia el oeste hasta que llegue a una carretera principal; **~ by north/by south** oeste cuarta al noroeste/suroeste; **to face ~** dar or mirar al oeste; **to go ~** ir hacia el oeste; Fig (TV, car) romperse, estropearse

westbound ['westbaʊnd] adj (train, traffic) en dirección oeste; **the ~ carriageway** el carril que va hacia el oeste

westerly ['westəlɪ] ◇ n (wind) viento m de poniente or del oeste
◇ adj (direction) hacia el oeste; **in a ~ direction** en dirección oeste, rumbo al oeste; **the most ~ point** el punto más occidental;

~ wind viento de poniente or del oeste; **a room with a ~ aspect** una habitación que da al oeste

western ['westən] ◇ n (movie) película f del oeste, western m; (novel) novela f del oeste
◇ adj occidental; **the ~ side of the city** la parte oeste de la ciudad; **~ Spain** la España occidental ❑ **Western Australia** Australia Occidental; **Western Europe** Europa occidental; **the ~ hemisphere** el hemisferio occidental; **the Western Isles** (of Scotland) las Hébridas; **Western Sahara** el Sáhara Occidental; **Western Samoa** Samoa Occidental; **Western Samoan** samoano(a) m,f occidental; **the Western world** el mundo occidental, Occidente

westerner ['westənə(r)] n occidental mf

westernization [westənaɪ'zeɪʃən] n occidentalización f

westernize ['westənaɪz] vt occidentalizar

westernized ['westənaɪzd] adj occidentalizado(a); **to become ~** occidentalizarse

westernmost ['westənməʊst] adj más occidental, más al oeste; **the ~ island of the archipelago** la isla más occidental or al oeste del archipiélago

Westminster [west'mɪnstə(r)] n (as seat of administration) Westminster, el parlamento británico

WESTMINSTER
Este distrito de Londres fue en su origen una villa independiente al oeste de la ciudad que creció en torno a una abadía medieval. En la actualidad, es el centro del gobierno británico, ya que en él se encuentran el parlamento y el palacio de Buckingham, por lo que el nombre de **Westminster** también se emplea para designar al propio parlamento. En él se encuentra además el "West End" la zona de treatros, museos y tiendas por excelencia de Londres.

west-northwest ['westnɔːθ'west] ◇ adj (direction) al oesnoroeste; (wind) del oesnoroeste
◇ adv al oesnoroeste

west-southwest ['westsaʊθ'west] ◇ adj (direction) al oesuroeste; (wind) del oesuroeste
◇ adv al oesuroeste

westward ['westwəd] ◇ adj hacia el oeste
◇ adv hacia el oeste

westwards ['westwədz] adv hacia el oeste

wet [wet] ◇ adj **-1.** (damp) húmedo(a); (soaked) mojado(a); **to be ~** (damp) estar húmedo(a); (soaked) estar mojado(a); (ink, paint) estar fresco(a); **to get ~** mojarse; **I got my feet ~** se me mojaron los pies; **to be ~ through** (person) estar calado(a) (hasta los huesos), estar empapado(a); (clothes, towel) estar empapado(a); **~ paint** (sign) recién pintado; IDIOM **to be ~ behind the ears** (inexperienced) estar un poco verde, ser novato(a) ❑ US **~ bar** bar m or barra f (con fregadero); Fig **~ blanket** aguafiestas mf inv; Fam **~ dream** polución f nocturna, Am orgasmo m nocturno; **~ fish** pescado m fresco; **~ nurse** nodriza f, ama f de cría or de leche; **~ suit** traje m de buzo or de submarinismo
-2. (rainy) lluvioso(a); **it's ~ outside** fuera está lloviendo; **a ~ weekend** un fin de semana pasado por agua; IDIOM Fam **to look like a ~ weekend** estar Esp amuermado(a) or Méx apachurrado(a) or RP embolado(a) or Ven aguado(a)
-3. Br Fam (feeble) blandengue, soso(a); **he thinks it's ~ to discuss emotions** piensa que hablar de sentimientos es de blandengues
-4. US Fam (wrong, misguided) **to be all ~** equivocarse de medio a medio, estar totalmente equivocado(a)
-5. Br POL conservador(ora) moderado(a)
-6. US (state, town) no prohibicionista
◇ vt (pt & pp **wet** or **wetted**) (dampen) humedecer; (soak) mojar; **to ~ one's lips** humedecerse los labios; **to ~ the bed** mojar la cama, orinarse en la cama; Fam

to ~ oneself mearse (encima); Fam **I nearly ~ myself laughing!** ¡casi me meo de la risa!; IDIOM Fam **to ~ one's whistle** mojarse el gaznate
◇ n **-1.** (dampness) humedad f; (rain) lluvia f; **come in out of the ~** pasa, no te quedes ahí, que está lloviendo **-2.** Br POL conservador(ora) m,f moderado(a) **-3.** Br Fam (feeble person) pusilánime mf, soso(a) m,f

wetback ['wetbæk] n US Fam Pej espalda mf mojada, Méx mojado(a) m,f

wetland ['wetlænd] ◇ n **wetlands** terreno m pantanoso, Spec humedal(es) m(pl)
◇ adj de los pantanos, Spec de los humedales

wet-look ['wetlʊk] adj (fabric) satinado(a); (hair gel) brillante

wetness ['wetnɪs] n **-1.** (of weather, climate) humedad f, carácter m lluvioso **-2.** (of surface, clothes) humedad f

WEU ['dʌbljuːiː'juː] n (abbr **Western European Union**) UEO f

we've [wiːv] = **we have**

whack [wæk] ◇ n **-1.** (blow) porrazo m, Méx madrazo m
-2. Fam (attempt) intento m; **to have a ~ at sth** intentar algo, probar suerte con algo
-3. Fam (share) parte f; **he paid more than his ~** pagó más de lo que le correspondía
-4. Fam (amount, rate) **you're already earning the top ~ for this job** ya estás ganando un dineral con este trabajo; **they charge top ~** cobran un riñón, cobran muchísimo
-5. US Fam **to be out of ~** (out of shape) estar deformado(a); (out of order) estar estropeado(a) or Esp cascado(a), no funcionar; **to be out of ~ with sth** no ir a la par or no estar en sincronía con algo
◇ vt (hit) (person) dar un porrazo or Méx madrazo a; (ball) golpear, dar un golpe a; **he whacked the ball across the tennis court** pasó la pelota al otro lado de la pista de un raquetazo; **to ~ sb on** or **over the head** dar un tortazo or Esp porrazo or Méx madrazo a alguien en la cabeza

whacked [wækt] adj Fam (exhausted) reventado(a), molido(a)

whacking ['wækɪŋ] ◇ n **-1.** (beating) paliza f, tunda f; **his father gave him a ~** su padre le dio una paliza or tunda; **to get a ~** recibir una paliza **-2.** (defeat) **we gave them a ~** los ganamos, les dimos una paliza; **to get a ~** ser derrotado or vencido
◇ adv Fam **a ~ great increase/fine** un subida/una multa descomunal

whacko = **wacko**

whacky = **wacky**

whale [weɪl] n **-1.** (mammal) ballena f ❑ **~ oil** aceite m de ballena; **~ shark** tiburón m ballena **-2.** Fam (as intensifier) **we had a ~ of a time** nos lo pasamos bomba

whalebone ['weɪlbəʊn] n ballena f (material)

whaler ['weɪlə(r)] n (vessel) ballenero m; (person) ballenero(a) m,f

whale-watching ['weɪlwɒtʃɪŋ] n observación f de ballenas; **to go ~** ir a observar ballenas

whaling ['weɪlɪŋ] n caza f de ballenas; **to go ~** ir a cazar ballenas ❑ **~ industry** industria f ballenera; **~ ship** (barco m) ballenero m

wham [wæm] Fam ◇ vt (pt & pp **whammed**) estampar, pegar un golpe con
◇ vi estamparse, pegarse un golpe
◇ exclam ¡zas!; IDIOM **it was ~, bam, thank you ma'am** fue aquí te pillo aquí te mato, fue sólo un polvo de una noche

wharf [wɔːf] (pl **wharves** [wɔːvz]) n embarcadero m

what [wɒt] ◇ adj **-1.** (in questions) qué; **~ sort do you want?** ¿qué tipo quieres?; **tell me ~ books you want** dime qué libros quieres; **~ colour/size is it?** ¿de qué color/talla or RP talle es?; **~ good is that?** ¿de qué sirve eso?; **~ time are they arriving?** ¿a qué hora llegarán?
-2. (in relative constructions) **he took ~ little I had left** se llevó lo poco que me quedaba; **I'll give you ~ money I have** te daré todo el dinero que tengo

what-d'ye-call-her

◇ *pron* **-1.** *(in questions)* qué; **~ do you want?** ¿qué quieres?; **he asked her ~ she wanted** le preguntó qué quería; **~ are you doing here?** ¿qué haces aquí?; **~'s that?** ¿qué es eso?; **~'s your phone number?** ¿cuál es tu (número de) teléfono?; **~ are the main reasons?** ¿cuáles son las principales razones?; **~'s to be done about this problem?** ¿qué podemos hacer para resolver este problema?; **~ did I tell you?** ¿qué te dije?; **~ will people say?** ¿qué va a decir la gente?; **~ do I care?** ¿y a mí qué me importa?; **~ did it cost?** ¿cuánto costó?; **~'s she called?** ¿cómo se llama?; **~'s the Spanish for "dog"?** ¿cómo se dice "dog" en español?; **~'s he/she/it like?** ¿cómo es?; *Fam* **~'s in it for me?** ¿y yo qué gano con eso?; *Fam* **~?** *(pardon?)* ¿qué?; **I'm resigning – ~?** voy a dimitir – ¿renunciar – ¿qué (dices)?; **that's an increase of, ~, 50 percent** es un incremento de, vamos a ver, el 50 por ciento; **~ about the money I lent you?** ¿y el dinero que te presté?; **~ about me?** ¿y yo qué?; **we've bought all her presents, now ~ about his?** hemos comprado todos los regalos de ella, ¿qué hacemos con los de él?; **~ about a game of bridge?** ¿*Esp* te apetece *or Carib, Col, Méx* te provoca *or Méx* se te antoja echar una partida de bridge?, *CSur* ¿querés jugar una partida de bridge?; **~ about this shirt here?** ¿qué te parece esta otra camisa?; **~ if they find out?** ¿y qué pasa si se enteran?; **~ if I come too?** ¿y qué tal si voy yo también?; **~ if that doesn't work, ~ then?** y si eso no funciona, ¿qué?; *Fam* **d'you think I'm mad or ~?** ¿te crees que estoy loco o qué?; *Fam* **now is that clever or ~?** no está nada mal, ¿eh?; *Fam* **so ~?, ~ of or about it?** ¿y qué?; *Fam* **you ~?** *(pardon?)* ¿qué?; *(expressing surprise, indignation)* ¿qué (dices)?; **I sold it – you did ~?** lo vendí – ¿hiciste qué? *or* ¿que qué?; *Fam* **paper, pens, pencils, and ~ not** *or* **~ have you** papel, bolígrafos, lápices y todo *or* y toda la pesca *or RP* y la mar en coche

-2. *(relative)* qué; **I don't know ~ has happened** no sé qué ha pasado; **they can't decide ~ to do** no consiguen decidir qué hacer; **she told me ~ she knew** me contó lo que sabía; **it is ~ is known as an aneurism** es lo que se conoce como aneurisma; **~ is more,...** (lo que) es más,...; **~ is most remarkable is that...** lo más sorprendente es que...; **I like is a good detective story** lo que más me gusta son las novelas policíacas; **guess ~!** ¡adivina qué!, *RP* ¿adiviná lo que pasó?; **I know ~, let's watch a video** tengo una idea, pongamos un vídeo *or Am* video; **I'll tell you ~, why don't we go out for a meal?** escucha, ¿por qué no salimos a comer?; **I'll tell you ~, it may be expensive, but it will never let you down** te voy a decir una cosa, puede que sea caro, pero no te fallará; **~ with having to look after the children and everything...** entre (tener que) cuidar a los niños y todo eso...; IDIOM *Fam* **he knows ~'s ~** tiene la cabeza *Esp* sobre los hombros *or Am* bien puesta

-3. ~ for? *(for what purpose)* ¿para qué?; *(why)* ¿por qué?; **~'s that for?** ¿para qué es eso?; **~ did he do that for?** ¿por qué hizo eso?; **tell me ~ you're crying for** dime por qué lloras; IDIOM *Fam* **to give sb ~ for** *(verbally)* cantarle a alguien las cuarenta; *(physically)* darle una zurra a alguien

-4. *(in exclamations)* **~ an idea!** ¡menuda idea!, ¡qué idea!; **~ a fool he is!** ¡qué tonto es!; **~ a lot of people!** ¡cuánta gente!; **~ a shame!** ¡qué vergüenza *or CAm, Carib, Col, Méx* pena!; **~ a beautiful view!** ¡qué vista tan bonita!; **~ an odd thing to say!** ¿por qué habrá dicho eso?; **~ nonsense!** ¡tonterías!, ¡qué tontería!

◇ *exclam* **~, you didn't check the dates?** ¿qué?, ¿que no comprobaste las fechas?; **~, aren't you interested?** ¿qué (pasa)?, ¿no te interesa?; **~ next (I ask myself)!** ¡me pregunto con qué saldrán ahora!

what-d'ye-call-her ['wɒtjəkɔːlə(r)] *n Fam (person)* fulanita *f*, menganita *f*

what-d'ye-call-him ['wɒtjəkɔːlɪm] *n Fam (person)* fulanito *m*, menganito *m*

what-d'ye-call-it ['wɒtjəkɔːlɪt] *n Fam (thing)* chisme *m*, *CAm, Carib, Col* vaina *f*, *RP* coso *m*

whatever [wɒt'evə(r)] ◇ *pron* **do ~ you like** haz lo que quieras; **give him ~ he wants** dale lo que quiera; **~ it is, ~ it may be** sea lo que sea; **~ happens** pase lo que pase; **~ you do, don't tell Eric** hagas lo que hagas, no llames a Eric; **it's a quasar, ~ that is** es un cuásar, pero no me preguntes más *or* sea lo que sea eso; **~ you say** *(expressing acquiescence)* lo que tú digas; **~ I say, he always disagrees** siempre está en desacuerdo con cualquier cosa que yo diga; **~ you may think, I am telling the truth** pienses lo que pienses, estoy diciendo la verdad; **~ does that mean?** ¿y eso qué significa?; **~ are they doing?** ¿qué es lo que hacen?; **~ the reason** cualquiera que sea *or* sea cual sea la razón; **~ next!** ¡lo que faltaba!

◇ *adj* **-1.** *(no matter what)* **I regret ~ harm I may have done** pido disculpas por el daño que pueda haber ocasionado; **~ doubts I had were gone** todas mis dudas se habían disipado, las pocas dudas que me quedaban se habían disipado; **he gave up ~ ambitions he still had** abandonó cualquier *or* toda ambición que pudiera quedarle; **pay ~ price they ask** paga el precio que sea; **if, for ~ reason,...** si por cualquier razón *or* motivo,..., si por la razón *or* el motivo que sea,...

-2. *(emphatic)* **for no reason ~** sin motivo alguno; **none/nothing ~** absolutamente ninguno(a)/nada

◇ *exclam* lo que tú digas, sí, lo que sea

whatnot ['wɒtnɒt] *n* **-1.** *Fam* **...and ~** ...y cosas así, ...y cosas por el estilo **-2.** *(ornament shelf)* rinconera *f*

what's-her-face ['wɒtsəfeɪs], **what's-his-face** ['wɒtsɪzfeɪs], **what's-its-face** ['wɒtsɪtsfeɪs] *n Fam* = **what-d'ye-call-her/him/it**

what's-her-name ['wɒtsəneɪm], **what's-his-name** ['wɒtsɪzneɪm], **what's-its-name** ['wɒtsɪtsneɪm] *n Fam* = **what-d'ye-call-her/him/it**

whatsit ['wɒtsɪt] *n Fam* chisme *m*, *CAm, Carib, Col* vaina *f*, *RP* coso *m*

whatsoever [wɒtsəʊ'evə(r)] *adj* **for no reason ~** sin motivo alguno; **none/nothing ~** absolutamente ninguno(a)/nada

wheat [wiːt] *n* trigo *m*; IDIOM **to separate** *or* **sort out the ~ from the chaff** separar la paja del grano *or* las churras de las merinas ❑ **~ germ** germen *m* de trigo

wheatear ['wiːtɪə(r)] *n* collalba *f* gris ❑ **black-eared ~** collalba rubia

wheaten ['wiːtən] *adj (loaf, roll)* de trigo

wheatfield ['wiːtfiːld] *n* trigal *m*

wheatsheaf ['wiːtʃiːf] *n* gavilla *f* de trigo

wheedle ['wiːdəl] *vt* **to ~ sth out of sb** sacar algo a alguien con halagos; **to ~ sb into doing sth** hacer zalamerías a alguien para que haga algo; **he wheedled his way into the old lady's confidence** se ganó *or* se granjeó la confianza de la anciana

wheedling ['wiːdlɪŋ] ◇ *n* zalamerías *fpl*
◇ *adj* zalamero(a), adulador(ora)

wheel [wiːl] ◇ *n* **-1.** *(on vehicle, in mechanism)* rueda *f*; **the ~ of fortune** la rueda de la fortuna ❑ **~ clamp** cepo *m*; **~ clamping** inmovilización *f* de vehículos con cepo
-2. *(for steering) (of car)* volante *m*, *Andes* timón *m*; *(of boat)* timón *m*; **to be at** *or* **behind the ~** ir al volante
-3. IDIOMS **to set the wheels in motion** ponerse manos a la obra; **the ~ has come full circle** volvemos a estar donde empezamos; **there are wheels within wheels** hay muchos entresijos

◇ *npl* **wheels** *Fam (car)* coche *m*, *Am* carro *m*, *CSur* auto *m*; **have you got wheels?** ¿tienes coche *or Am* carro *or CSur* auto?

◇ *vt (push) (bicycle, cart)* empujar, hacer rodar; **she wheeled the baby around the park** paseaba al bebé por el parque

◇ *vi* **-1.** *(turn)* girar, dar vueltas; *(vultures)* volar en círculo; *(marching soldiers)* girar en redondo **-2.** *Fam* **to ~ and deal** *(scheme, negotiate)* andarse con chanchullos *or* tejemanejes

◆ **wheel about, wheel around** ◇ *vi*
-1. *(turn)* dar media vuelta, girar sobre los talones; *(procession, birds)* cambiar de repente de dirección; *(horse)* dar media vuelta; **she wheeled around to face him** se dio la vuelta para mirarlo de frente **-2.** *(circle)* **vultures wheeling about in the sky** buitres volando en círculo

◇ *vt sep (turn)* hacer girar en círculo a; *(dancing partner)* hacer dar vueltas como un trompo a

◆ **wheel in** *vt sep* **-1.** *(trolley, person in wheelchair)* meter **-2.** *Fam (produce)* sacar

◆ **wheel out** *vt sep* **-1.** *(trolley, person in wheelchair)* sacar **-2.** *Fam (produce)* echar mano de; **he wheeled out the same old excuses** echó mano de las excusas de siempre

◆ **wheel round** *vi* dar media vuelta, girar sobre los talones

wheelbarrow ['wiːlbærəʊ] *n* carretilla *f*

wheelbase ['wiːlbeɪs] *n* AUT distancia *f* entre ejes, batalla *f*

wheelchair ['wiːltʃeə(r)] *n* silla *f* de ruedas; **she'll be in a ~ (for) the rest of her life** tendrá que ir en silla de ruedas el resto de su vida ❑ **~ access** acceso *m* para minusválidos

-wheeled [wiːld] *suffix* **two/three/etc ~** de dos/tres/etc. ruedas

wheeler-dealer ['wiːlə'diːlə(r)] *n Fam* chanchullero(a) *m,f*, trapichero(a) *m,f*

wheeler-dealing ['wiːlə'diːlɪŋ] *n Fam* chanchullos *mpl*, tejemanejes *mpl*

wheelhouse ['wiːlhaʊs] *n (on boat)* timonera *f*, caseta *f* del timón

wheeling ['wiːlɪŋ] *n Fam* **~ and dealing** chanchullos, tejemanejes

wheelspin ['wiːlspɪn] *n* **the system prevents ~** el sistema evita que las ruedas patinen

wheelwright ['wiːlraɪt] *n* carretero(a) *m,f*

wheeze [wiːz] ◇ *n* **-1.** *(noise)* resuello *m*, resoplido *m* **-2.** *Br Fam (trick)* truco *m*, trampa *f*

◇ *vt* **"call the doctor," he wheezed** "llama al médico", dijo con la respiración entrecortada

◇ *vi (breathe heavily)* resollar, resoplar

wheezily ['wiːzɪlɪ] *adv* resollando

wheezy ['wiːzɪ] *adj (voice)* jadeante, con resuello; *(cough)* con silbido; **he had a ~ chest** le sonaba el pecho (al respirar)

whelk [welk] *n* bu(c)cino *m*

whelp [welp] ◇ *n* **-1.** *(dog)* cachorro *m* **-2.** *(person)* mocoso(a) *m,f*

◇ *vi* tener cachorros

when [wen] ◇ *adv* cuándo; **~ will you come?** ¿cuándo vienes?; **tell me ~ it happened** dime cuándo ocurrió; **~ will it be ready?** ¿(para) cuándo estará listo?; **since ~ do you tell me what to do?** ¿desde cuándo me das órdenes?; **until ~ can you stay?** ¿hasta cuándo te puedes quedar?; *Fam* **say ~!** *(when pouring drink)* dime basta

◇ *conj* **-1.** *(with time)* cuando; **I had just gone to bed ~ the phone rang** acababa de acostarme cuando sonó el teléfono; **tell me ~ you've finished** avísame cuando hayas terminado; **the day ~ Kennedy was shot** el día en que mataron a Kennedy; **~ I was a boy...** cuando era un niño..., de niño...; **what's the good of talking ~ you never listen?** ¿de qué sirve hablarte si nunca escuchas?; **~ using this device, care must be taken to...** al utilizar este aparato hay que tener cuidado de...; **~ finished, it will be the highest building in Lima** una vez terminado, será el edificio más alto de Lima; **~ compared with other children of his age** comparado con otros niños de su edad

-2. *(whereas)* cuando; **she said it was black,**

~ it was really white dijo que era negro, cuando en realidad era blanco -**3.** *(considering that)* cuando; **how can you say that ~ you don't even know me?** ¿cómo puedes decir eso cuando ni siquiera *or* si ni siquiera me conoces?

whence [wens] *adv Literary* de dónde

whenever [wen'evə(r)] ◇ *conj* -**1.** *(every time that)* cada vez que, siempre que; **I go ~ I can** voy siempre que puedo; **~ possible** siempre que sea posible -**2.** *(no matter when)* **come ~ you like** ven cuando quieras; **you can leave ~ you're ready** en cuanto estén listos pueden marcharse; **on her birthday, ~ that is** en su cumpleaños, que no sé cuando cae
◇ *adv (referring to unspecified time)* cuando sea; **Sunday, Monday, or ~** el domingo, el lunes o cuando sea -**2.** *(in questions)* cuándo; **~ did you find the time to do all that?** ¿de dónde sacaste tiempo para hacer todo eso?

where [weə(r)] ◇ *adv (in questions)* dónde; **~ are you going?** ¿adónde *or* dónde vas?; **~ does he come from?** ¿de dónde es?; **~ should I start?** ¿por dónde empiezo?; **~ am I?** ¿dónde estoy?; **tell me ~ she is** dime dónde está; **tell me ~ to go** dime adónde ir; **~ did I go wrong?** ¿en qué *or* dónde me equivoqué?; **do you see the company in ten years' time?** ¿dónde crees que estará la compañía dentro de diez años?; **~ did you get that idea?** ¿de dónde has sacado esa idea?; **~ would we be if...?** ¿dónde estaríamos si...?; **now, ~ was I?** veamos, ¿por dónde iba?
◇ *conj* -**1.** *(in general)* donde; **I'll stay ~ I am** me quedaré donde estoy; **go ~ you like** ve a donde quieras; **the house ~ I was born** la casa donde *or* en que nací; **near ~ I live** cerca de donde vivo; **they went to Paris, ~ they stayed a week** fueron a París, donde permanecieron una semana; **that is ~ you are mistaken** ahí es donde te equivocas; **I've reached the point ~ I no longer care** he llegado a un punto en el que ya no me importa; **I can see ~ this line of argument is leading** ya veo adónde nos lleva esta lógica; **I am prepared to fire people ~ necessary** estoy dispuesto a despedir gente cuando haga falta; **~ there is disagreement, seek legal advice** en caso de disputa, pide asesoría jurídica *or* asesoramiento jurídico
-**2.** *(whereas)* mientras (que); **~ most people see a cruel dictator, she sees a man who cares about his country** mientras (que) la mayoría de la gente ve a un dictador cruel, ella ve a un hombre que se preocupa por su país

whereabouts ◇ *npl* ['weərəbaʊts] *(location)* nobody knows her ~, her ~ are unknown está en paradero desconocido
◇ *adv* [weərə'baʊts] *(where)* dónde; **~ in Los Angeles do you live?** ¿en qué parte de Los Ángeles vives?

whereas [weə'ræz] *conj* -**1.** *(on the other hand)* mientras que -**2.** LAW considerando que

whereat [weə'ræt] *conj Formal* **the bell rang, ~ he rose to leave** sonó la campana y se dispuso a salir

whereby [weə'baɪ] *adv Formal* por el/la cual, en virtud del/de la cual; **the rules ~ social conduct is regulated** las reglas que rigen el comportamiento *or* la conducta social; **the means ~ society can be transformed** los medios a través de los cuales se puede transformar la sociedad

wherefore [weə'fɔː(r)] *Formal* ◇ *conj* por qué
◇ *n* **the whys and wherefores** el cómo y el porqué

wherein [weə'rɪn] *adv Formal* donde; **the issue ~ they found most agreement** el asunto en el que más de acuerdo estaban

whereof [weə'rɒf] *pron Formal* del que, de la que

wheresoever [weəsəʊ'evə(r)] *adv Formal* allá donde, dondequiera que

whereupon [weərə'pɒn] *conj Literary* tras lo cual

wherever [weə'revə(r)] ◇ *conj* -**1.** *(everywhere that)* allá donde, dondequiera que; **I see him ~ I go** lo veo vaya donde vaya, siempre lo veo; **~ we went, he complained about the food** en todos los sitios adonde íbamos, se quejaba de la comida; **I corrected the mistakes ~ I could** corregí los errores que pude; **~ possible** (allá) donde sea posible -**2.** *(no matter where)* dondequiera que; **we'll go ~ you want** iremos donde quieras; **he takes work ~ he can find it** acepta trabajo venga de donde venga; **~ there is poverty there are social problems** (allá) donde hay pobreza, hay problemas sociales
◇ *adv* -**1.** *(referring to unknown or unspecified place)* en cualquier parte; **at home, in the office, or ~** en casa, en la oficina o donde sea; **it's in Antananarivo, ~ that is** está en Antananarivo, dondequiera que quede eso -**2.** *(in questions)* **~ can he be?** ¿dónde puede estar?; **~ has he gone?** ¿adónde ha ido?; **~ did you get that idea?** ¿de dónde has sacado esa idea?

wherewithal ['weəwɪðɔːl] *n* **the ~ (to do sth)** los medios (para hacer algo)

whet [wet] *(pt & pp whetted)* *vt* -**1.** *(tool, blade)* afilar -**2.** *(appetite)* despertar, abrir; *Fig* **to ~ sb's appetite (for sth)** despertar el interés de alguien (por algo); **her few days holiday only whetted her appetite for more** esos pocos días de vacaciones no hicieron más que despertarle las ganas de repetir

whether ['weðə(r)] *conj* -**1.** *(referring to doubt, choice)* si; **I don't know ~ it's true** no sé si es verdad; **I was unsure ~ to go or stay** no estaba seguro de si ir o quedarme; **the decision ~ to go or stay is yours** la decisión de ir o quedarte es tuya; **I doubt ~ they'll agree** dudo que vayan a estar de acuerdo; **I don't know ~ or not to tell them** no sé si contárselo o no
-**2.** *(no matter if)* **~ it's you or me doesn't matter** no importa que seas tú o que sea yo; **she won't come, ~ you ask her or I do** no vendrá, se lo pidas tú o se lo pida yo; **~ she comes or not, we shall leave** nos iremos, venga ella o no; **~ or not this is true** sea eso verdad o no

whetstone ['wetstəʊn] *n* piedra *f* de afilar

whew [hjuː] *exclam* -**1.** *(expressing relief, fatigue)* ¡uf! -**2.** *(expressing astonishment)* ¡hala!

whey [weɪ] *n* suero *m*

whey-faced ['weɪfeɪst] *adj* pálido(a)

which [wɪtʃ] ◇ *adj* -**1.** *(in questions)* qué; **~ colour do you like best?** ¿qué color te gusta más?; **~ books have you read?** ¿qué libros has leído?; **~ way do we go?** ¿hacia dónde vamos?; **~ country would you rather go to?** ¿a qué país preferirías ir?; **he asked her ~ colour she preferred** le preguntó qué color prefería; **~ one?** ¿cuál?; **~ ones?** ¿cuáles?
-**2.** *(in relative constructions)* **I was there for a week, during ~ time...** estuve allí una semana, durante la cual...; **she came at noon, by ~ time I had left** llegó a mediodía, pero para entonces yo ya me había marchado *or* ido
◇ *pron* -**1.** *(in questions)* *(singular)* cuál; *(plural)* cuáles; **~ have you chosen?** ¿cuál/cuáles has escogido?; **~ of the two is prettier?** ¿cuál de las dos es más bonita?; **~ of you is going?** ¿cuál de *Esp* vosotros *or Am* ustedes va?; **he asked her ~ she preferred** le preguntó cuál prefería; **it's red or blue, but I've forgotten ~** es rojo o azul, ya no me acuerdo de cuál; **I can never remember ~ is ~** nunca me acuerdo (de) cuál es cuál
-**2.** *(relative)* que; **the house ~ is for sale** la casa que está en venta; **this is the one ~ I mentioned** éste es el que mencioné; **the house, ~ has been empty for years** la casa, que lleva años vacía
-**3.** *(referring back to whole clause)* lo cual; **he's getting married, ~ surprises me** se va a casar, lo cual *or* cosa que me sorprende; **she was back in London, ~ annoyed me** estaba de vuelta en Londres, y eso me molestaba; **I met an old school friend, ~ was nice** me encontré con un antiguo compañero de colegio, *Esp* lo que estuvo bien *or Am* lo cual fue muy bueno; **she said she'd be on time, ~ I doubt** dijo que llegaría a la hora *or RP* en hora, lo que dudo
-**4.** *(with prepositions)* **the house of ~ I am speaking** la casa de la que estoy hablando; **the countries ~ we are going to** los países a los que vamos a ir; **the town ~ we live in** la ciudad en (la) que vivimos; **I have three exams, the first of ~ is tomorrow** tengo tres exámenes, el primero de los cuales es mañana; **I made several suggestions, most of ~ were rejected** hice varias sugerencias, la mayoría de las cuales fueron rechazadas; **I was shocked by the anger with ~ she said this** me sorprendió el *esp Esp* enfado *or esp Am* enojo con (el) que dijo esto; **after ~ he went out** tras lo cual, salió

whichever [wɪtʃ'evə(r)] ◇ *adj* -**1.** *(indicating the specified choice or preference)* **take ~ book you like best** toma *or Esp* coge el libro que prefieras; **we'll travel by ~ train is fastest** viajaremos en el tren que sea más rápido
-**2.** *(no matter what)* **~ job you take, it will mean a lot of travelling** cualquiera que sea el empleo que aceptes, supondrá viajar mucho; **~ party is in power** cualquiera que sea el partido que gobierne; **~ way we do it there'll be problems** lo hagamos como lo hagamos habrá problemas; **~ way you look at it** lo mires como lo mires
◇ *pron* -**1.** *(the one that)* el que, la que; **take ~ you prefer** toma el que prefieras; **will ~ of you arrives first turn on the heating?** el que llegue primero, que haga el favor de encender la calefacción; **the 30th or the last Friday, ~ comes first** el día 30 o el último viernes, lo que venga antes
-**2.** *(no matter which one)* **~ you choose, it will be a bargain** elijas el que elijas, será una ganga; **~ of the houses you buy it will be a good investment** cualquiera que sea la casa que compres, será una buena inversión

whiff [wɪf] *n* -**1.** *(smell)* olorcillo *m* **(of** a**)**; **she caught a ~ of it** le llegó el olorcillo; *Fig* **a ~ of scandal/hypocrisy** un tufillo a escándalo/hipocresía; **a ~ of failure has clung to him since his involvement in this fiasco** el fracaso le ha perseguido desde que se vio envuelto en este fiasco
-**2.** *(inhalation)* **one ~ of this gas could kill you!** una mínima inhalación de este gas podría matarte; **take a ~ of this!** ¡huele esto!

whiffy ['wɪfɪ] *adj Fam* maloliente, apestoso(a); **it's a bit ~ in here, don't you think?** qué mal huele aquí *or Arg* qué baranda, ¿no?

Whig [wɪg] *n* HIST liberal *mf*, whig *mf*

while [waɪl] ◇ *n* -**1.** *(time)* *(minutes, hours)* rato *m*; *(days, months, years)* tiempo *m*; **a short ~** little ~ un rato/tiempo; **a good ~, quite a ~** un buen rato/tiempo; **it happened a ~ ago** ocurrió hace bastante tiempo; **after a ~** después de un rato/tiempo; **all the ~** todo el rato/tiempo; **for a ~** *(durante)* un rato/tiempo; **I haven't been there for a ~** hace tiempo que no voy por allí; **in a ~** dentro de un rato; **it's the first time in a ~ that I've had the chance** es la primera vez en mucho tiempo que he tenido la oportunidad; **once in a ~** de vez en cuando
-**2.** *(effort)* **it's not worth my ~** no (me) merece la pena; **I'll make it worth your ~** te recompensaré
◇ *conj* -**1.** *(during the time that)* mientras; **I fell asleep ~ reading** me quedé dormido mientras leía; **I met her ~ in Spain** la conocí (cuando estaba) en España; **it won't happen ~ I'm in charge!** ¡esto no ocurrirá mientras yo esté al cargo!; **if you're going to the shop, could you get me some apples ~ you're there?** ya que vas a la tienda, ¿por qué no me traes unas manzanas?; **you may as well clean the bathroom ~ you're at it** ya que estás en ello podrías aprovechar para limpiar el baño
-**2.** *(although)* si bien; **~ I admit it's diffi-**

whilst [waɪlst] *conj Br* = **while**

whim [wɪm] *n* capricho *m*; **to do sth on a ~** hacer algo por capricho; **it's just one of his little whims** es sólo uno de sus caprichos; **she indulges his every ~** le consiente todos los caprichos; **arrangements are altered at the ~ of the king** los planes se modifican a capricho del rey

whimbrel ['wɪmbrəl] *n* zarapito *m* trinador

whimper ['wɪmpə(r)] ◇ *n* gimoteo *m*; *Fig* **without a ~** sin rechistar; **I don't want to hear a ~ out of you** no te quiero oír (más)
◇ *vi* gemir, gimotear

whimpering ['wɪmpərɪŋ] ◇ *n* gimoteo *m*, lloriqueo *m*; **stop your ~!** ¡deja ya de gimotear *or* lloriquear!
◇ *adj (voice)* sollozante; *(person)* que gimotea *or* lloriquea

whimsical ['wɪmzɪkəl] *adj (person, behaviour)* caprichoso(a); *(remark, story)* curioso(a), inusual

whimsically ['wɪmzɪklɪ] *adv (capriciously)* caprichosamente; *(playfully)* juguetonamente; *(to smile)* de una manera enigmática, enigmáticamente

whimsy ['wɪmzɪ] *n* capricho *m*; **a piece of pure ~** no es nada más que un capricho *or* una extravagancia

whinchat ['wɪntʃæt] *n* tarabilla *f* norteña

whine [waɪn] ◇ *n* -**1.** *(of person, animal)* gemido *m* -**2.** *(of machine)* chirrido *m*
◇ *vt (of person)* decir gimiendo; *(of child)* decir lloriqueando; **"I'm hungry," she whined** "tengo hambre", rezongó *or* se quejó
◇ *vi* -**1.** *(dog)* gemir, aullar -**2.** *(in pain)* gimotear -**3.** *(complain)* quejarse (**about** de)

whinge [wɪndʒ] *vi Br Fam (complain)* quejarse (**about** de)

whinger ['wɪndʒə(r)] *n Br Esp* quejica *mf*, *Méx, RP* quejoso(a) *m,f*

whining ['waɪnɪŋ] ◇ *n* -**1.** *(of person)* quejidos *mpl*; *(of dog)* gemidos *mpl*, aullidos *mpl*; **I've had enough of your ~!** ¡estoy harto de tus quejas! -**2.** *(of machinery, engine)* chirrido *m*
◇ *adj (person)* quejumbroso(a), quejoso(a); *(voice)* quejumbroso(a); *(dog)* que gime *or* aúlla lastimeramente

whinny ['wɪnɪ] ◇ *n* relincho *m*
◇ *vi* relinchar

whiny ['waɪnɪ] *adj (voice)* quejumbroso(a)

whip [wɪp] ◇ *n* -**1.** *(for punishment)* látigo *m*; *(for horse)* fusta *f*; IDIOM **to have the ~ hand** tener la sartén por el mango; **to have the ~ hand over sb** tener control sobre alguien
-**2.** POL *(person)* = encargado de mantener la disciplina de un partido político en el parlamento
-**3.** *Br* PARL *(document)* = despacho enviado a un diputado por su portavoz de grupo en el que se le insta a asistir al parlamento para votar en un asunto determinado; **to break the ~** romper la disciplina de voto
◇ *vt (pt & pp* **whipped***)* -**1.** *(lash, hit)* azotar; *(horse)* fustigar; *Fig* **he whipped the crowd into a frenzy** exaltó al gentío; *Fig* **I'll soon ~ the team into shape** en poco tiempo pondré en forma al equipo
-**2.** CULIN *(egg whites, cream)* batir; **whipped cream** *Esp* nata montada, *Am* crema batida
-**3.** *Fam (defeat)* dar una soberana paliza a
-**4.** *Fam (steal)* afanar, *Esp* mangar
-**5.** *(move quickly)* **she whipped it out of sight** lo hizo desaparecer en un abrir y cerrar de ojos; **she was whipped into hospital** se la llevaron rápidamente al hospital
◇ *vi (move quickly)* moverse rápidamente; **the taxi whipped along the road** el taxi pasó a toda velocidad por la calle; **she whipped around the corner** dobló rápidamente la esquina; **the sound of bullets whipping through the air** el sonido de las balas que atravesaban el aire; **the ball whipped past him into the net** la pelota pasó junto a él como una exhalación y se estrelló en la red; **I'll just ~ down to the shop** voy corriendo *or* en un momento a la tienda

◆ **whip off** *vt sep (cover, tablecloth)* quitar, *Am* sacar; *(one's clothes)* quitarse, *Am* sacarse

◆ **whip out** *vt sep* sacar rápidamente; **she whipped out a gun** de pronto sacó una pistola

◆ **whip round** *vi Br (turn quickly)* darse la vuelta rápidamente, *Méx* voltearse rápidamente

◆ **whip through** *vt insep Fam (book)* echar una rápida ojeada a; *(task)* despachar por la vía rápida

◆ **whip up** *vt sep* -**1.** *(provoke)* **to ~ up one's audience** entusiasmar al público; **to ~ up support (for sth)** recabar apoyo (para algo); **they found it hard to ~ up interest in the subject** les costaba mucho despertar interés en el tema -**2.** *Fam (meal)* **I'll ~ you up something to eat** te prepararé algo de comer

whipcord ['wɪpkɔːd] *n* -**1.** *(cloth)* pana *f (diagonal)* -**2.** *(cord)* tralla *f*

whiplash ['wɪplæʃ] *n* MED **~ (injury)** esguince *m* cervical

whipper-in [wɪpə'rɪn] *n (in hunting)* montero(a) *m,f* de traílla

whippersnapper ['wɪpəsnæpə(r)] *n Fam* mocoso(a) *m,f*

whippet ['wɪpɪt] *n* lebrel *m*

whipping ['wɪpɪŋ] *n* azotes *mpl*; **to give sb a ~** *(punish)* azotar a alguien; *Fam (defeat)* dar una soberana paliza a alguien ❑ **~ boy** cabeza *mf* de turco; **~ cream** *Esp* nata *f or Am* crema *f* de leche líquida para montar

whippoorwill ['wɪpəwɪl] *n* chotacabras *m or f inv* americano(a)

whipround ['wɪpraʊnd] *n Br Fam* **to have a ~ (for sb)** hacer una colecta (para alguien)

whipsaw ['wɪpsɔː] ◇ *n* sierra *f* abrazadera, sierra *f* cabrilla
◇ *vt* aserrar

whir = **whirr**

whirl [wɜːl] ◇ *n* remolino *m*; **a ~ of activity** un torbellino de actividad; **the social ~** el torbellino de la vida social; **my head's in a ~** tengo una gran confusión mental; *Fam* **let's give it a ~** probémoslo
◇ *vt* **to ~ sth/sb around** hacer girar algo/a alguien
◇ *vi (dust, smoke, leaves)* arremolinarse; *(person)* girar vertiginosamente; **snowflakes whirled past the window** los copos de nieve pasaban arremolinados frente a la ventana; **my head's whirling** me da vueltas la cabeza

◆ **whirl along** *vi (car, train)* avanzar rápidamente

◆ **whirl round** *vi* volverse *or* darse la vuelta rápidamente

whirligig ['wɜːlɪɡɪɡ] *n Br* -**1.** *(top)* peonza *f*, trompo *m*; *(toy windmill)* molinillo *m*, molinete *m* -**2.** *(merry-go-round)* tiovivo *m*, carrusel *m*, *RP* calesita *f* ❑ **~ beetle** escribano *m* de(l) agua

whirlpool ['wɜːlpuːl] *n* remolino *m* ❑ **~ bath** bañera *f* de hidromasaje

whirlwind ['wɜːlwɪnd] *n* torbellino *m*; *Fig* **he went through the office accounts like a ~** revisó volando las cuentas de la oficina; **he came into the room like a ~** entró en la habitación como un torbellino ❑ **~ romance** romance *m* arrebatado; **~ tour** *(of city, museum)* visita *f* relámpago

whirlybird ['wɜːlɪbɜːd] *n Fam Old-fashioned* helicóptero *m*

whir(r) [wɜː(r)] ◇ *n (of helicopter, fan, machine)* zumbido *m*, runrún *m*; *(of bird's wings)* (sonido *m* del) aleteo *m*
◇ *vi (helicopter, fan, machine)* zumbar; *(bird's wings)* aletear

whisk [wɪsk] ◇ *n* -**1.** CULIN batidor *m* (manual) -**2. (fly) ~** matamoscas *m inv* -**3.** *(of tail)* sacudida *f*; *(of broom)* golpe *m*; **the horse gave a ~ of its tail** el caballo sacudió la cola
◇ *vt* -**1.** *(eggs, cream, egg whites)* batir; **~ in the cream** agregue crema sin dejar de batir; **~ the egg whites until stiff** bata las claras a punto de nieve -**2.** *(move quickly)* **she whisked the crumbs onto the floor** sacudió las migas al suelo; **he was whisked into hospital** lo llevaron apresuradamente *or* a toda prisa al hospital
◇ *vi (move quickly)* **she whisked past me** pasó zumbando a mi lado

◆ **whisk away, whisk off** *vt sep* llevarse rápidamente; **the president was whisked away in a helicopter** al presidente se lo llevaron rápidamente en helicóptero; **a car whisked us away to the embassy** un coche nos trasladó rápidamente a la embajada

whisker ['wɪskə(r)] *n* -**1.** *(hair)* **whiskers** *(of cat, mouse)* bigotes *mpl*; *(of man)* patillas *fpl* -**2.** IDIOMS *Fam* **to win by a ~** ganar por un pelo; **within a ~ (of)** a punto (de), en un tris (de)

whisky, *US & Irish* **whiskey** ['wɪskɪ] *n* whisky *m*; **a ~ and soda** un whisky con soda; **a ~ on the rocks** un whisky con hielo *or* on the rocks

whisper ['wɪspə(r)] ◇ *n* -**1.** *(of voice)* susurro *m*; **to speak in a ~** hablar en voz baja *or Am* despacio; **and remember, not a ~ of it to anyone!** y recuerda, ¡ni una palabra a nadie! -**2.** *(of leaves, wind)* murmullo *m*, susurro *m*, rumor *m* -**3.** *Br (rumour)* rumor *m*; **I've heard whispers that...** he oído rumores de que...
◇ *vt* -**1.** *(person)* susurrar; **to ~ sth to sb** susurrar algo a alguien -**2.** *Br (rumour)* **it is being whispered that...** se rumorea que...
◇ *vi* -**1.** *(speak in low voice)* susurrar; **stop whispering at the back of the class!** ¡basta ya de cuchichear ahí atrás! -**2.** *(wind)* **the wind was whispering in the trees** el viento susurraba entre los árboles

whispering ['wɪspərɪŋ] *n* -**1.** *(of people, voices)* cuchicheo *m* ❑ **~ campaign** campaña *f* de difamación; ARCHIT **~ gallery** galería *f* con eco -**2.** *(of leaves, water, wind)* murmullo *m*, susurro *m*, rumor *m*

whist [wɪst] *n* whist *m* ❑ *Br* **~ drive** torneo *m* de whist

whistle ['wɪsəl] ◇ *n* -**1.** *(noise) (of person, bird)* silbido *m*; *(of kettle, train)* silbido *m*, pitido *m* -**2.** *(musical instrument)* pífano *m*, flautín *m*; *(of referee, policeman)* silbato *m*, pito *m*; **to blow a ~** hacer sonar un silbato; IDIOM **as clean as a ~** *(place)* (limpio(a)) como una patena; *(person)* con un historial intachable
◇ *vt (tune)* silbar
◇ *vi (person, bird)* silbar; *(kettle, train)* silbar, pitar; **if you need me, just ~** si me necesitas, sólo tienes que silbar; **the porter whistled for a taxi** el portero llamó a un taxi con un silbido; **he whistles at all the girls** les silba a todas las muchachas; **the audience booed and whistled** el público abucheaba y silbaba; **the bullet whistled past his ear** la bala le pasó silbando junto al oído; IDIOM *Fam* **he can ~ for his money** puede esperar sentado su dinero

◆ **whistle up** *vt sep Br* -**1.** *(by whistling)* llamar con un silbido; **I'll ~ up a cab** llamaré a un taxi (de un silbido) -**2.** *(find)* conseguir; **I managed to ~ up a van for the move** conseguí una camioneta para la mudanza; **I can't ~ up the money just like that!** no puedo reunir el dinero como por arte de magia

whistle-blower ['wɪsəlbləʊə(r)] *n (in company, government)* denunciante *mf (de ilegalidades o corruptelas)*

whistle-stop ['wɪsəlstɒp] ◇ *n* -**1.** *(brief appearance)* visita *f or* aparición *f* relámpago ❑ **~ tour: a ~ tour of Europe** un recorrido rápido *or* una gira relámpago por Europa -**2.** *US (station)* apeadero *m*; *(town)* pueblo *m* con apeadero

Whit ◇ *vi US* POL = hacer campaña electoral en tren deteniéndose a dar mítines en todas las estaciones

Whit [wɪt] *n* Pentecostés *m* ❑ ~ **Sunday** domingo *m* de Pentecostés

whit [wɪt] *n* **not a** ~ ni pizca; **he hasn't changed a** ~ no ha cambiado un ápice; **I don't care a** ~ **what people think** me tiene sin cuidado lo que la gente piense; **it won't make a** ~ **of a difference** va a dar exactamente igual

white [waɪt] ◇ *n* **-1.** *(colour)* blanco *m*; **the bride wore** ~ la novia iba (vestida) de blanco; **he was dressed all in** ~ estaba *or* iba vestido de blanco **-2.** *(person)* blanco(a) *m,f* **-3.** *(of egg)* clara *f* **-4.** *(of eyes)* blanco *m* **-5.** *(in chess)* (las) blancas

◇ *npl* **whites** *(sportswear)* equipo *m* blanco, ropa *f* blanca (de deporte); *(linen)* ropa *f* blanca *or* de cama

◇ *adj* blanco(a); **to turn** *or* **go** ~ ponerse blanco(a), empalidecer; IDIOM **(to show the)** ~ **feather** (demostrar) falta de agallas; ~ **with fear** pálido(a) de miedo; IDIOM ~ **as a ghost** *or* **sheet** blanco(a) como la nieve ❑ ~ **admiral** *(butterfly)* ninfa *f* de bosque; ~ **ant** termita *f*, hormiga *f* blanca; ~ **blood cell** glóbulo *m* blanco, leucocito *m*; ~ **chocolate** chocolate *m* blanco; ~ **Christmas** Navidades *fpl* blancas; ~ **coffee** café *m* con leche; PHYSIOL ~ **corpuscle** glóbulo *m* blanco, leucocito *m*; ASTRON ~ **dwarf** enana *f* blanca; Fig ~ **elephant** mamotreto *m* inútil; *Br* ~ **elephant stall** puesto *m* de venta de objetos usados; **White Ensign** = bandera de los barcos de la marina británica; *Br* HIST ~ **feather** = pluma blanca utilizada como símbolo de cobardía en Gran Bretaña durante la Primera Guerra Mundial; **to show the** ~ **feather** actuar con cobardía; ~ **fish** pescado *m* blanco; ~ **flag** bandera *f* blanca; ~ **flour** harina *f* (refinada); **White Friar** monje *m* carmelita(no); ~ **gold** oro *m* blanco; ~ **goods** *(linen)* ropa *f* blanca *or* de cama; *(kitchen appliances)* línea *f* blanca (de electrodomésticos); ~ **heat** calor *m* blanco, rojo *m* blanco; ~ **hope** gran esperanza *f*; **he's the great** ~ **hope of British car racing** es la gran esperanza *or* promesa del automovilismo británico; ~ **horses** *(on wave)* cabrillas *fpl*; *US* **the White House** la Casa Blanca; ~ **lead** albayalde *m*; ~ **lie** mentira *f* piadosa; ~ **light** luz *f* blanca; ~ **magic** magia *f* blanca; **a** ~ **man** un hombre blanco; ~ **meat** carne *f* blanca; ~ **noise** ruido *m* blanco; *US* **White Out**® líquido *m* corrector; *US* **the White Pages** la guía telefónica, las páginas blancas; PARL ~ **paper** libro *m* blanco; ~ **pepper** pimienta *f* blanca; ~ **pudding** = morcilla blanca a base de sebo y avena; HIST **White Russian** ruso(a) *m,f* blanco(a); ~ **sauce** (salsa *f*) bechamel *f*, Col, CSur salsa *f* blanca; ~ **slave trade** trata *f* de blancas; ~ **slavery** trata *f* de blancas; *Br* ~ **spirit** aguarrás *m*; ~ **stick** bastón *m* de ciego; ~ **stork** cigüeña *f* blanca; ~ **sugar** azúcar *f* blanquilla; ~ **supremacist** defensor(ora) *m,f* de la supremacía (de la raza) blanca; ~ **supremacy** supremacía *f* (de la raza) blanca; ~ **tie** *(formal dress)* frac *m* y *Esp* pajarita blanca *or Méx* corbata de moño blanca *or RP* moñito blanco; *US Fam Pej* ~ **trash** gentuza *f* blanca; ~ **water** aguas *fpl* bravas; ~ **water rafting** descenso *m* de aguas bravas; ~ **wedding** boda *f or Andes* matrimonio *m or RP* casamiento *m* de blanco; ~ **whale** beluga *f*; ~ **wine** vino *m* blanco; ~ **witch** bruja *f* buena *or* blanca

➤ **white out** *vt sep (word, sentence, text)* borrar con líquido corrector

whitebait ['waɪtbeɪt] *n* pescadito *m*; **deep-fried** ~ pescadito frito

whitebeam ['waɪtbi:m] *n* serbal *m* (de montaña)

whiteboard ['waɪtbɔ:d] *n* pizarra *f* blanca

white-collar ['waɪtkɒlə] *adj (job)* de oficina, administrativo(a); ~ **worker** oficinista *mf*

whited ['waɪtɪd] *adj Literary* ~ **sepulchre** sepulcro *m* blanqueado

whitefaced ['waɪtfeɪst] *adj* pálido(a)

whitefly ['waɪtflaɪ] *n* mosca *f or* mosquita *f* blanca

white-haired ['waɪt'heəd] *adj* canoso(a), de pelo cano ❑ *US Fig* ~ **boy** niño *m* bonito *or* mimado, favorito *m*

white-headed ['waɪt'hedɪd] *adj (person)* canoso(a), de pelo cano; *(animal, bird)* de cabeza blanca ❑ *US Fig* ~ **boy** niño *m* bonito *or* mimado, favorito *m*

Whitehall ['waɪthɔ:l] *n* = nombre de la calle de Londres donde se encuentra la administración central británica

---WHITEHALL---
Esta calle londinense reúne numerosos organismos gubernamentales, como por ejemplo las sedes de los ministerios de Economía, Asuntos Exteriores y Defensa, además de la residencia oficial del primer ministro, por lo que su nombre se emplea a menudo para designar al propio gobierno.
---

white-hot ['waɪt'hɒt] *adj* candente

white-knuckle ['waɪt'nʌkəl] *adj* ~ **ride** atracción *f* que pone los pelos de punta

whiten ['waɪtən] ◇ *vt* blanquear

◇ *vi (hair)* encanecer, ponerse blanco(a); *(face)* palidecer, ponerse pálido(a) *or* blanco(a); *(sky)* clarear

whitener ['waɪtnə(r)] *n* **-1.** *(in toothpaste, detergent)* blanqueador *m* **-2.** *(for tea, coffee)* sucedáneo *m* de leche

whiteness ['waɪtnɪs] *n* blancura *f*

white-out ['waɪtaʊt] *n* = pérdida total de visibilidad durante una tormenta de nieve

whitethroat ['waɪtθrəʊt] *n* curruca *f* zarcera

whitewash ['waɪtwɒʃ] ◇ *n* **-1.** *(paint)* cal *f*, lechada *f* **-2.** *Fam (cover-up)* encubrimiento *m*

◇ *vt* **-1.** *(wall, fence)* encalar **-2.** *Fam (cover up)* echar tierra sobre, tapar

whitewashed ['waɪtwɒʃt] *adj (wall, house)* encalado(a), blanqueado(a)

whitewood ['waɪtwʊd] *n* madera *f* blanca

whitey ['waɪtɪ] *n Fam Pej* blanco(a) *m,f*

whither ['wɪðə(r)] *adv Literary* adónde; ~ **Christianity?** *(in headlines, titles)* ¿adónde va el cristianismo?; **I shall go** ~ **fate leads me** iré donde me lleve el destino

whiting ['waɪtɪŋ] *n* **-1.** *(fish)* pescadilla *f* **-2.** *(chalk)* blanco *m* (de) España

whitish ['waɪtɪʃ] *adj* blancuzco(a), blanquecino(a)

whitlow ['wɪtləʊ] *n* MED panadizo *m*

Whitsun ['wɪtsən] *n* Pentecostés *m*

whittle ['wɪtəl] *vt (carve)* tallar; *(sharpen)* sacar punta a, pelar

➤ **whittle away** ◇ *vt sep* **his savings had been gradually whittled away** sus ahorros se habían visto mermados gradualmente; **their rights were being whittled away** poco a poco les iban despojando de sus derechos

◇ *vi* **inflation had whittled away at their savings** la inflación había ido mermando sus ahorros

➤ **whittle down** *vt sep* **to** ~ **sth down** ir reduciendo algo; **we've whittled down the number of candidates to four** hemos reducido hasta cuatro el número de candidatos; **to be whittled down to** quedar reducido(a) a

whizz [wɪz] ◇ *n* **-1.** *(hissing sound)* silbido *m*, zumbido *m* **-2.** *Fam (expert)* genio *m* (**at** de); **a computer** ~ un genio de la informática ❑ ~ **kid** joven *mf* prodigio

◇ *vi (bullet)* silbar, zumbar; *(person, car)* ir corriendo, ir zumbando; **a bullet whizzed past her ear** una bala le pasó silbando junto a la oreja; **to** ~ **past** pasar zumbando; **the holiday has just whizzed by** las vacaciones se pasaron volando; **he whizzed through the work** hizo el trabajo a toda velocidad

WHO [ˈdʌbəljuːeɪtʃˈəʊ] *n (abbr* **World Health Organization)** OMS *f*

who [huː] *pron* **-1.** *(in questions) (singular)* quién; *(plural)* quiénes; ~ **is it?** ¿quién es?; ~ **are they?** ¿quiénes son?; ~ **with?** ¿con quién es?; ~ **is it for?** ¿para quién es?; **I asked** ~ **it was for** pregunté para quién era; ~ **should I ask?** ¿a quién debo preguntar?; ~ **am I to criticize?** ¿quién so yo para criticar?; **why did she do it? –** ~ **knows?** ¿por qué lo hizo? – ¿quién sabe?, *RP* andá a saber; ~ **did you say was there?** ¿quién has dicho que estaba allí?; **I met someone called Paul Major – Paul** ~? conocí a alguien llamado Paul Major – ¿Paul qué?; ~ **does he think he is?** ¿quién se cree que es?; **I haven't quite worked out** ~**'s** ~ **in the office yet** todavía no tengo muy claro quién es quién en la oficina; **Who's Who** *(book)* = libro que contiene información sobre gente famosa; **the meeting was like a Who's Who of British politics** la reunión concentró a todos los que son alguien en la política británica

-2. *(relative)* que; **the people** ~ **came yesterday** las personas que vinieron ayer; **it is I** ~ **did it** fui yo el que lo hizo; **those** ~ **have already paid can leave** los que ya hayan pagado pueden marcharse *or* irse; **Louise's father,** ~ **is a doctor, was there** el padre de Louise, que es médico, estaba allí

whoa [wəʊ] *exclam (to horse)* ¡so!; *(to person)* ¡quieto(a)!

whodun(n)it [huːˈdʌnɪt] *n Fam (book)* novela *f* de *Esp* suspense *or Am* suspenso *(centrada en la resolución de un caso de asesinato)*; *(film)* película *f* de *Esp* suspense *or Am* suspenso *(centrada en la resolución de un caso de asesinato)*

whoever [huːˈevə(r)] *pron* **-1.** *(anyone that) (singular)* quienquiera; *(plural)* quienesquiera; ~ **finds it may keep it** quienquiera que lo encuentre *or* quien lo encuentre, puede quedarse con ello; **invite** ~ **you like** invita a quien quieras; **I'll give it to** ~ **needs it most** se lo daré a quien más lo necesite

-2. *(the person or people who)* ~ **wrote that letter** el que escribió esa carta; ~ **is responsible will be punished** sea quien sea el responsable será castigado

-3. *(no matter who)* **tell** ~ **you like** díselo a quien quieras *or* a quien te dé la gana; ~ **you are, speak!** habla, quienquiera que seas; ~ **it is, don't let them in** no le abras; **it's by George Eliot,** ~ **he was** es de un tal George Eliot, que no sé quien fue; *Fam* **ask Simon or Chris or** ~ pregúntale a Simon, a Chris o a quien sea

-4. *(in questions)* ~ **can that be?** ¿quién puede ser?; ~ **heard such nonsense!** ¡habráse visto tamaña tontería!

whole [həʊl] ◇ *n* totalidad *f*; **the** ~ **of the village/month** todo el pueblo/el mes; **the** ~ **is greater than the sum of the parts** el todo es más grande que la suma de sus partes; **as a** ~ en conjunto; **on the** ~ en general

◇ *adj* **-1.** *(entire, intact)* entero(a); **he swallowed it** ~ se lo tragó entero; **to last a** ~ **week** durar toda una semana *or* una semana entera; **we have a** ~ **range of products** tenemos toda una gama de productos; **the** ~ **day** todo el día, el día entero; **that's the** ~ **point** de eso se trata; **that's not the** ~ **story** ahí no acaba la historia *or* todo; **I find the** ~ **affair most worrying** me parece todo muy preocupante; **all she does is complain the** ~ **time** no hace otra cosa que quejarse todo el tiempo; **to tell the** ~ **truth** decir toda la verdad; **the** ~ **world** todo el mundo ❑ ~ **milk** leche *f* entera; *US* MUS ~ **note** semibreve *f*, *Am* redonda *f*; MATH ~ **number** número *m* entero; *US* ~ **wheat flour** harina *f* de trigo integral

-2. *Fam* **the** ~ **lot of them** todos ellos; **for a** ~ **lot of reasons** por un montón de razones; **it's a** ~ **lot better than the last one** es mucho mejor que el último

◇ *adv (completely)* completamente; **it gives a** ~ **new meaning to the word "charity"** concede un significado completamente nuevo a la palabra "caridad"

wholefood ['həʊlfuːd] *n* alimentos *mpl* integrales ❑ **~ restaurant** restaurante *m* macrobiótico; **~ shop** tienda *f* naturista, ≃ herbolario *m*

wholegrain ['həʊlgreɪn] *adj* (bread, flour) integral

wholehearted [həʊl'hɑːtɪd] *adj* (support, agreement) incondicional, sin reservas; **he is a ~ supporter of their cause** apoya su causa de manera incondicional

wholeheartedly [həʊl'hɑːtɪdlɪ] *adv* (to support, agree) incondicionalmente, sin reservas; **I agree ~** estoy plenamente de acuerdo; **he flung himself ~ into his new job** se metió de lleno y sin reservas en su nuevo trabajo

wholemeal ['həʊlmiːl] *adj* Br **~ bread** pan *m* integral; **~ flour** harina *f* integral

wholesale ['həʊlseɪl] ⬦ *n* COM venta *f* al por mayor, *Am* mayoreo *m*; **~ and retail** (ventas) al por mayor y al por menor
⬦ *adj* **-1.** (price, dealer) al por mayor; **the ~ sector** el sector de la compraventa al por mayor **-2.** (rejection) rotundo(a); (slaughter) indiscriminado(a); **the ~ destruction of the rainforests** la destrucción a gran escala de las selvas tropicales
⬦ *adv* **-1.** COM al por mayor **-2.** (to reject) rotundamente; **villages have been destroyed ~** pueblos enteros han sido destruidos

wholesaler ['həʊlseɪlə(r)] *n* mayorista *mf*

wholesome ['həʊlsəm] *adj* (food, life, environment) sano(a), saludable; **a ~ family image** una imagen de familia feliz

wholewheat ['həʊlwiːt] *adj* integral ❑ **~ bread** pan *m* integral

wholly ['həʊlɪ] *adv* enteramente, completamente

whom [huːm] *pron Formal*

> En la actualidad, sólo aparece en contextos formales. **Whom** se puede sustituir por **who** en todos los casos salvo cuando va después de preposición.

-1. (in questions) (singular) quién; (plural) quiénes; **~ did you see?** ¿a quién viste?; **to ~ were you speaking?** ¿con quién estabas hablando?; **to ~ it may concern** (in letter) a quien corresponda
-2. (relative) que; **the woman ~ you saw** la mujer que viste; **the man to ~ you gave the money** el hombre al que diste el dinero; **somebody to ~ he could talk** alguien con quien pudiera hablar; **the person of ~ we were speaking** la persona de la que hablábamos; **the men, both of ~ were quite young,...** los dos hombres, que eran bastante jóvenes,...

whomever [huː'mevə(r)] *pron Formal* quienquiera; **I will contact ~ we need for this** hablaré con quien sea necesario para esto

whoop [wuːp] ⬦ *n* grito *m*, alarido *m*; **whoops of delight came from the audience** del público llegaban gritos de regocijo
⬦ *vi* (shout) gritar

whoopee *Fam* ⬦ *n* ['wʊpiː] *US Old-fashioned* **to make ~** (have fun) pasarlo genial *or Esp* teta *or Méx* de pelos; (have sex) echar un polvo *or* casquete ❑ **~ cushion** = cojín de goma que emite el sonido de una ventosidad
⬦ *exclam* [wʊ'piː] ¡yupi!, ¡yuju!

whooper ['huːpə(r)] *n* **~ (swan)** cisne *m* cantor

whooping ['huːpɪŋ] *n* **-1. ~ cough** tos *f* ferina **-2. ~ crane** grulla *f* cantora

whoops [wʊps] *exclam* ¡huy!

whoops-a-daisy ['wʊpsədeɪzɪ] *exclam* ¡huy!

whoosh [wʊʃ] ⬦ *n* (of plane) zumbido *m*; (of air) ráfaga *f*; (of water) chorro *m*; **there was a ~ of flame** hubo una fuerte llamarada
⬦ *vi* (plane) pasar zumbando; (water) salir a chorro; **the taxi whooshed through the puddles** el taxi pasó velozmente por los charcos salpicando

whopper ['wɒpə(r)] *n Fam* **-1.** (huge thing) enormidad *f*, *Esp* pasada *f* (de grande); **what a ~!** ¡qué grande!; **he's got a ~ of a**

nose tiene un buen narigón *or* unas buenas napias; **he caught a real ~** (fish) pescó uno enorme **-2.** (lie) cuento *m*, bola *f*

whopping ['wɒpɪŋ] *adj Fam* **~ (great)** enorme

whore [hɔː(r)] *Fam* ⬦ *n* puta *f*
⬦ *vi* (frequent prostitutes) ir(se) de putas; (prostitute oneself) hacer la calle; **to go whoring** ir(se) de putas
➤ **whore after** *vt sep* ir *or* andar detrás de

whorehouse ['hɔːhaʊs] *n Fam* casa *f* de putas, burdel *m*

whoremonger ['hɔːmʌŋə(r)] *n Archaic* putero *m*, putañero *m*

whorl [wɔːl] *n* **-1.** (on leaf) verticilo *m* **-2.** (on shell) espira *f* **-3.** (on finger) espiral *f*

whortleberry ['wɜːtəlberɪ] *n* arándano *m*

whose [huːz] ⬦ *possessive pron* (in questions) (singular) de quién; (plural) de quiénes; **~ are these gloves?** ¿de quién son estos guantes?; **tell me ~ they are** dime de quién son
⬦ *possessive adj* **-1.** (in questions) (singular) de quién; (plural) de quiénes; **~ daughter are you?** ¿de quién eres hija?; **~ fault is it?** ¿de quién es la culpa? **-2.** (relative) cuyo(a); **the pupil ~ work I showed you** el alumno cuyo trabajo te enseñé; **the man to ~ wife I gave the money** el hombre a cuya esposa entregué el dinero; **the girl, both of ~ parents had died, lived with her aunt** la chica, cuyos padres habían fallecido, vivía con su tía

whosoever [huːsəʊ'evə(r)] *pron Formal* (singular) quienquiera; (plural) quienesquiera

why [waɪ] ⬦ *adv* **-1.** (in questions) por qué; **~ didn't you say so?** ¿por qué no lo dijiste?; **~ not?** ¿por qué no?; **~ not tell him?** ¿por qué no se lo dices?; **~ get angry?** ¿para qué *esp Esp* enfadarse *or esp Am* enojarse?; **give me that! — ~ should I?** ¡dame eso! — ¿por qué?; **~ is it (that) you're always late?** ¿por qué (razón) llegas siempre tarde?; **answer the phone, Rob — ~ me?** contesta el teléfono, Rob — ¿por qué yo?; **~ oh ~ didn't you say so earlier?** ¡pero por qué no lo has dicho antes!
-2. (in suggestions) por qué; **~ don't you phone him?** ¿por qué no lo llamas?; **~ don't I come with you?** ¿y si voy contigo?
⬦ *conj* (relative) por qué; **I'll tell you ~ I don't like her** te diré por qué no me gusta; **that is ~ I didn't say anything** (es) por eso (por lo que) no dije nada; **I'm not coming, and this is ~** no voy, y éste es el porqué; **she's an Aries, which is ~ she's so impulsive** es *Esp* Aries *or Am* de Aries, por eso es tan impulsiva; **the reason ~ she can't come** la razón por la que no puede venir; **tell me the reason ~** dime la razón *or* por qué
⬦ *npl* **the whys and wherefores (of sth)** el cómo y el porqué (de algo)
⬦ *exclam* **~, it's** *or* **if it isn't David!** ¡vaya, si es David!; **~, certainly!** ¡claro que sí!

WI *n* **-1.** ['dʌbəljuː'aɪ] *Br* (abbr **Women's Institute**) = asociación de mujeres del medio rural que organiza diversas actividades **-2.** (abbr **Wisconsin**) Wisconsin

wick [wɪk] *n* **-1.** (of lamp, candle) pabilo *m* **-2.** IDIOMS *Br Fam* **he gets on my ~** me saca de mis casillas; *very Fam* **to dip one's ~** mojar (el churro), meterla en caliente, *RP* mojar el bizcocho

wicked ['wɪkɪd] ⬦ *adj* **-1.** (evil) perverso(a), malo(a); (dreadful) horroroso(a), horrible; **~ witch** bruja malvada; **it was a ~ thing to do** esas cosas no se hacen, fue una mala pasada; IDIOM *Hum* **to have one's ~ way with sb** llevar a alguien al huerto, seducir a alguien
-2. *Fam* (appalling) asqueroso(a); **he's got a ~ temper** tiene muy malas pulgas; **prices have gone up something ~** los precios han subido una barbaridad
-3. (mischievous) (smile, wink) pícaro(a); **a ~ sense of humour** un sentido del humor con mucha picardía *or* retranca
-4. *Fam* (excellent) genial, *Esp* guay, *Andes, CAm, Carib, Méx* chévere, *Col* tenaz, *Méx* muy padre, *Ven* arrecho(a), *RP* bárbaro(a)

⬦ *exclam Fam* (excellent) ¡genial!, *Esp* ¡guay!, *Andes, CAm, Carib, Méx* ¡chévere!, *Col* ¡tenaz!, *Méx* ¡muy padre!, *RP* ¡bárbaro!
⬦ *npl* IDIOM **(there's) no peace** *or* **rest for the ~!** ¡a trabajar tocan!

wickedness ['wɪkɪdnɪs] *n* maldad *f*, perversidad *f*; **he spoke of the ~ in the world** habló de la maldad *or* del mal en el mundo

wicker ['wɪkə(r)] *n* mimbre *m*; **~ chairs** sillas de mimbre

wickerwork ['wɪkəwɜːk] *n* (baskets) cestería *f*

wicket ['wɪkɪt] *n* **-1.** (in cricket) (stumps) palos *mpl*; (pitch) = parte del terreno de juego comprendida entre el lugar de bateo y el de lanzamiento; IDIOM *Br Fig* **to be on a sticky ~** verse en un apuro *or* aprieto **-2.** (gate) portillo *m* **-3.** *US* (window) ventanilla *f*

wicketkeeper ['wɪkɪtkiːpə(r)] *n* (in cricket) cátcher *mf*

wide [waɪd] ⬦ *adj* **-1.** (broad) ancho(a); (plain, area) amplio(a); (ocean) vasto(a); (grin, smile) amplio(a); **it's 4 metres ~** tiene 4 metros de ancho; **how ~ is it?** ¿qué ancho tiene?, ¿cuánto mide de ancho?; **to get wider** ensancharse; **they're making the street wider** están ensanchando la calle; **in the whole ~ world** en todo el ancho mundo; **her eyes were ~ with surprise** los ojos se le pusieron como platos de la sorpresa ❑ COMPTR **~ area network** red *f* de área extensa; *Br Fam* **~ boy** pájaro *m* de cuenta, vivales *m inv*; **~ receiver** (in American football) receptor(ora) *m,f*, receiver *mf*; CIN & TV **~ screen** pantalla *f* ancha
-2. (range, experience, gap) amplio(a), extenso(a); (variation) amplio(a); (support, publicity, appeal) generalizado(a); (aims) muy diversos(as); **to take a wider view** tomar una perspectiva más amplia; **there are wider issues at stake here** aquí hay cosas más importantes en juego; **I'm using the word in its widest sense** estoy usando la palabra en su más amplio significado; **he has very ~ interests** tiene intereses muy diversos; **she has a ~ knowledge of music/politics** sabe mucho *or* tiene amplios conocimientos de música/política; **the model is available in a ~ variety of colours** el modelo viene en una amplia variedad de colores
-3. (off target) **to be ~** ir *or* salir desviado(a)
⬦ *adv* **-1.** (fully) **to open sth ~** (eyes, mouth) abrir algo mucho; (door) abrir algo de par en par; **open ~!** (said by dentist) ¡abra bien la boca!; **his mouth was ~ open** se quedó boquiabierto(a); **the tournament is still ~ open** el torneo sigue muy abierto; **to be ~ open to criticism** estar muy expuesto(a) a la crítica; **he spread his arms ~** extendió del todo los brazos; **~ apart** muy separado(a); **she stood with her legs ~ apart** estaba de pie *or Am* parado(a) con las piernas muy abiertas; **to be ~ awake** estar completamente despierto(a)
-2. (off target) **the shot went ~** el tiro salió desviado; **his guess was ~ of the mark** su conjetura iba totalmente descaminada

wide-angle ['waɪd'æŋɡəl] *adj* PHOT **~ lens** gran angular *m*; CIN & TV **~ shot** toma *f* con gran angular

wide-bodied ['waɪd'bɒdɪd] *adj* (aircraft) de fuselaje ancho

wide-eyed ['waɪdaɪd] *adj* con los ojos muy abiertos *or* como platos; **he looked at me in ~ astonishment** me miró con los ojos como platos (de asombro)

widely ['waɪdlɪ] *adv* **-1.** (generally) en general; **she is ~ expected to resign** la opinión generalizada es que dimitirá; **~ known** ampliamente conocido; **the drug is now ~ available** ahora el medicamento se consigue fácilmente; **this herb is ~ used in cooking** esta hierba se utiliza mucho para cocinar; **it is ~ believed that...** existe la creencia generalizada de que...
-2. (at a distance) **~ spaced** muy espaciado(a)
-3. (a lot) **to read ~** leer de todo; **a ~ read author/newspaper** un autor/diario muy leído; **to travel ~** viajar mucho; **opinions**

differ ~ hay muchas y muy diversas opiniones; **the students came from ~ differing backgrounds** los estudiantes provenían de medios muy diversos

wide-mouthed [waɪdˈmaʊðd] *adj* de boca ancha

widen [ˈwaɪdən] ◇ *vt* (road, garment) ensanchar, ampliar; (influence, limits) ampliar, extender; (scope) ampliar; **this policy will ~ the gap between rich and poor** esta política ampliará la brecha existente entre los ricos y los pobres
◇ *vi* (river) ensancharse; (gap) acrecentarse
◆ **widen out** *vi* ensancharse

widening [ˈwaɪdənɪŋ] ◇ *n* **-1.** (of road, channel) ensanchamiento *m* **-2.** (of influence) aumento *m*, ampliación *f*
◇ *adj* (gap) creciente; **a ~ range of options** una creciente gama de opciones, una gama de opciones cada vez mayor *or* más amplia

wide-open [ˌwaɪdˈəʊpən] *adj* (door, window, mouth) bien abierto(a); **the ~ spaces of Australia** los grandes espacios abiertos de Australia

wide-ranging [waɪdˈreɪndʒɪŋ] *adj* (report, survey, reforms) amplio(a), de gran alcance; **he has ~ interests** tiene intereses muy diversos

widescreen [ˈwaɪdskriːn] *adj* CIN en cinemascope, de pantalla ancha ❑ **~ TV** televisor *m* panorámico *or* de pantalla ancha

widespread [ˈwaɪdspred] *adj* extendido(a), generalizado(a); **to become ~** extenderse, generalizarse

widgeon = **wigeon**

widget [ˈwɪdʒɪt] *n* **-1.** (in beer can) = mecanismo adherido al fondo de una lata de cerveza que hace que tenga espuma al servirla **-2.** *Fam* (manufactured item) cacharro *m*, chisme *m*, *CAm, Carib, Col* vaina *f*, *RP* coso *m*

widow [ˈwɪdəʊ] ◇ *n* **-1.** (person) viuda *f*; **she was left a ~ at the age of thirty** quedó viuda a los treinta (años) ❑ *Literary* **the ~'s mite** el óbolo de la viuda; **~'s peak** (hair) = pico de pelo en la frente; **~'s pension** pensión *f* de viudedad; **~'s weeds** luto *m* **-2.** TYP viuda *f*
◇ *vt* **to be widowed** enviudar, quedarse viudo(a); **she is twice widowed** ha enviudado dos veces

widowed [ˈwɪdəʊd] *adj* viudo(a)

widower [ˈwɪdəʊə(r)] *n* viudo *m*

widowhood [ˈwɪdəʊhʊd] *n* viudez *f*, viudedad *f*

width [wɪdθ] *n* **-1.** (dimension) anchura *f*; **the room was ten metres in ~** la sala tenía diez metros de ancho **-2.** (in swimming pool) ancho *m*

widthways [ˈwɪdθweɪz], **widthwise** [ˈwɪdθwaɪz] ◇ *adj* a lo ancho
◇ *adv* a lo ancho

wield [wiːld] *vt* **-1.** (sword) blandir, empuñar; (pen) manejar **-2.** (power, influence) ejercer

wiener = **weenie**

Wiener schnitzel [ˈviːnəˈʃnɪtsəl] *n* escalope *m* (de ternera) a la milanesa

wienerwurst [ˈwiːnərwʊərst] *n* US (frankfurter) salchicha *f* (de Fráncfort)

wife [waɪf] (*pl* **wives** [waɪvz]) *n* mujer *f*, esposa *f*; *Fam* **the ~** *Esp* la parienta, *Am* la vieja, *RP* la doña

wifely [ˈwaɪflɪ] *adj* de esposa, conyugal

wife-swapping [ˈwaɪfswɒpɪŋ] *n* *Fam* intercambio *m* de parejas

wig [wɪɡ] *n* peluca *f*

wigeon, widgeon [ˈwɪdʒən] *n* ánade *m* silbón

wigging [ˈwɪɡɪŋ] *n* *Br* (scolding) regañina *f*

wiggle [ˈwɪɡəl] ◇ *n* meneo *m*
◇ *vt* (toes) menear, mover; (hips) contonear
◇ *vi* (toes) menearse, moverse; (hips) contonearse

wiggly [ˈwɪɡəlɪ] *adj* *Fam* (line) ondulado(a)

wigmaker [ˈwɪɡmeɪkə(r)] *n* fabricante *mf* de pelucas

wigwam [ˈwɪɡwæm] *n* tipi *m*, tienda *f* india

wilco [ˈwɪlkəʊ] *exclam* TEL ¡enterado!

wild [waɪld] ◇ *n* **in the ~** (animal) en estado salvaje; **in the wilds of Alaska** en los remotos parajes de Alaska
◇ *adj* **-1.** (not domesticated) (plant) silvestre; (animal) salvaje; (countryside) agreste; **~ beast** fiera, bestia salvaje; IDIOM (to send sb on) **a ~ goose chase** (enviar a alguien a hacer) una búsqueda inútil; *Fam* **~ horses wouldn't drag it out of me** no me lo sacarán *Esp* ni a tiros *or Am* ni que me maten ❑ **~ boar** jabalí *m*; **~ flowers** flores *fpl* silvestres; **~ goat** cabra *f* montés; **~ mushroom** *Esp* seta *f or esp Am* hongo *m* silvestre; **~ oats** avena *f* loca; **~ rice** arroz *m* salvaje *or* silvestre; **~ rose** (dog rose) escaramujo *m*, rosa *f* silvestre; (sweetbrier) eglantina *f*; **the Wild West** el salvaje oeste (americano)
-2. (unrestrained) (fury, passion) salvaje; (enthusiasm, applause, life) descontrolado(a), desenfrenado(a); (person) descontrolado(a); (party) desenfrenado(a), loco(a); (tackle) violento(a); (shot) alocado(a); (hair) rebelde; (promise, rumour, accusation) descabellado(a); (imagination) desbordante; (fluctuations) extremo(a); **~ eyes** ojos desorbitados; **she has a ~ look in her eyes** tiene una mirada rebelde; **to drive sb ~** poner a alguien fuera de sí; **to go ~** (get angry) ponerse hecho(a) una furia; **the audience went ~ (with excitement)** el público se desmelenó *or* enfervorizó; **it is beyond my wildest dreams** es mejor de lo que jamás habría soñado
-3. (stormy) (wind) furioso(a); (weather, day, night) borrascoso(a)
-4. (random) (estimate) descabellado(a); **it was just a ~ guess** fue un intento de acertar al tuntún
-5. (in cards) **sevens are ~** los siete son comodines ❑ **~ card** COMPTR comodín *m*; SPORT (player) = deportista invitado a tomar parte en una competición a pesar de no haberse clasificado; (in American football) = equipo que se clasifica para la fase final sin ganar su grupo
-6. *Fam* (enthusiastic) **to be ~ about sth/sb** estar loco(a) por algo/alguien; **I'm not ~ about it** no me entusiasma mucho
-7. *Fam* (excellent) alucinante
-8. *Fam* (strange, unusual) **(that's) ~!** ¡(qué) alucinante!
◇ *adv* **to grow ~** (plant) crecer silvestre; **to run ~** (children, criminals) descontrolarse; **they allowed the garden to run ~** descuidaron el jardín; **she allowed her imagination to run ~** dio rienda suelta a su imaginación

wildcat [ˈwaɪldkæt] *n* **-1.** (animal) gato *m* montés; *Fig* **she's a real ~** es una mujer de armas tomar **-2.** IND **~ strike** huelga *f* salvaje

wildebeest [ˈwɪldəbiːst] (*pl* **wildebeest** *or* **wildebeests**) *n* ñu *m*

wilderness [ˈwɪldənɪs] *n* desierto *m*, yermo *m*; **a ~ of snow and ice** un páramo de hielo y nieve; **his warnings came like a voice in the ~** sus advertencias eran como predicar en el desierto; *Fig* **she's been relegated to the political ~** ha sido relegada (fuera de) la vida política; *Fig* **his years in the ~** los años que pasó en el ostracismo; *Fig* **a cultural ~** un páramo *or* desierto cultural

wildfire [ˈwaɪldfaɪə(r)] *n* **to spread like ~** extenderse como un reguero de pólvora

wildfowl [ˈwaɪldfaʊl] (*pl* **wildfowl**) *n* aves *fpl* de caza

wildlife [ˈwaɪldlaɪf] *n* flora *f* y fauna *f* ❑ **~ park** parque *m* natural; TV **~ programme** programa *m* sobre naturaleza; **~ sanctuary** reserva *f or* santuario *m* natural

wildly [ˈwaɪldlɪ] *adv* **-1.** (to behave) descontroladamente; (to cheer, applaud) enfervorizadamente, vehementemente; **to rush about ~** ir de aquí para allá como un/una loco(a); **exchange rates fluctuated ~** los tipos de cambio fluctuaban dramáticamente
-2. (at random) al azar; **"you're a Scorpio, aren't you?" I said, guessing ~** "eres escorpio, ¿no?", dije un poco al tuntún
-3. (for emphasis) (expensive, funny, enthusiastic) enormemente, tremendamente; **~ inaccurate** disparatado(a); **~ exaggerated** exageradísimo(a); **to be ~ jealous/happy** ser increíblemente celoso(a)/inmensamente feliz

wildness [ˈwaɪldnɪs] *n* **-1.** (of country, landscape) carácter *m* agreste; (of animal) estado *m* salvaje **-2.** (of applause) fervor *m*, vehemencia *f*; (of ideas, words) extravagancia *f*, excentricidad *f* **-3.** (of wind, waves, storm) furia *f*, violencia *f*

wiles [waɪlz] *npl* artimañas *fpl*, engaños *mpl*; **he fell victim to her feminine ~** cayó en la trampa de sus encantos femeninos

wilful, *US* **willful** [ˈwɪlfʊl] *adj* **-1.** (stubborn) obstinado(a), tozudo(a) **-2.** (deliberate) premeditado(a), deliberado(a) ❑ LAW **~ murder** asesinato *m* premeditado

wilfully, *US* **willfully** [ˈwɪlfəlɪ] *adv* **-1.** (stubbornly) obstinadamente, tozudamente **-2.** (deliberately) deliberadamente

wilfulness, *US* **willfulness** [ˈwɪlfʊlnɪs] *n* **-1.** (stubbornness) obstinación *f*, tozudez *f* **-2.** (deliberateness) premeditación *f*, deliberación *f*

will[1] [wɪl] ◇ *n* **-1.** (resolve, determination) voluntad *f*; **the ~ to live** las ganas de vivir; **to show good ~** demostrar buena voluntad; **with the best ~ in the world** con la mejor voluntad del mundo; **he imposed his ~ on them** les impuso su voluntad; **it is the ~ of the people that...** es (la) voluntad del pueblo que...; **this computer has a ~ of its own** *Esp* este ordenador *or Am* esta computadora hace lo que le da la gana; **he had to do it against his ~** tuvo que hacerlo contra su voluntad; **at ~** a voluntad, libremente; **to fire at ~** abrir fuego *or* disparar a discreción; PROV **where there's a ~ there's a way** quien la sigue, la consigue
-2. LAW testamento *m*; **the last ~ and testament of...** la última voluntad de...; **to leave sb sth in one's ~** dejar algo en herencia a alguien; **to make one's ~** hacer testamento
◇ *vt* **-1.** (urge) **he was willing her to win** deseaba con todas sus fuerzas que ganara; **I could feel the crowd willing me on** podía sentir al público dándome fuerzas; **she was willing herself to do it** apeló a toda su fuerza de voluntad para hacerlo **-2.** *Formal* (wish) desear **-3.** (leave in one's will) **to ~ sth to sb** legar algo a alguien
◇ *vi Formal* **as you ~** como guste; **if you ~** si lo prefiere

will[2] *modal aux v* **-1.** (expressing future tense) **I'll do it tomorrow** lo haré mañana; **it won't take long** no llevará *or Am* demorará mucho tiempo; **I'll be forty tomorrow** mañana cumpliré cuarenta; **persuading my parents ~ be difficult** va a ser difícil convencer a mi padres; **the programme ~ have finished by then** el programa ya habrá acabado para entonces; **you'll write to me, won't you?** me escribirás, ¿verdad?; **you won't forget, ~ you?** no te olvides, por favor; **~ you be there? – yes I ~/no I won't** ¿vas a ir? – sí/no; **anyone be there? – I ~** ¿habrá alguien allí? – yo sí
-2. (expressing wish, determination) **I won't allow it! – oh yes you ~** ¡no lo permitiré! – ya lo creo que sí; **you ~ stop shouting at once!** ¡callaos ahora mismo!; **~ you help me?** ¿me ayudas?; **she won't let me see him** no me deja verlo; **it won't open** no se abre; **won't you sit down?** ¿no se quiere sentar?; **~ you have another chocolate?** ¿quiere otro bombón?; **be quiet a minute, ~ you?** estate callado un momento, ¿quieres?; **she WILL insist on doing everything herself, so it's hardly surprising she's exhausted** no me sorprende nada que esté agotada, siempre insiste en hacerlo todo ella; **WILL you go away!** ¡quieres hacer el favor de irte!
-3. (expressing general truth) **the restaurant ~ seat a hundred people** el restaurante puede albergar a cien personas; **the male**

willful

~ usually return to the nest within hours el macho acostumbra a volver al nido a las pocas horas; **one moment she'll be angry, the next she'll be all smiles** en un instante pasa de estar *esp Esp* enfadada *or esp Am* enojada a muy contenta; **the truth ~ out** la verdad siempre se descubre; **accidents ~ happen** le puede pasar a cualquiera; **these things ~ happen** son cosas que pasan
-4. *(conjecture)* **you'll be tired** debes de estar cansado; **they'll be home by now** ya deben de haber llegado a casa; **that'll be the electrician** debe de ser el electricista; **you ~/won't have heard the news** has/no has debido de oír las noticias
-5. *(when saying price)* **that'll be £15, please** son 15 libras, por favor

willful, willfully *etc US* = **wilful, willfully** *etc*

William *pr n* – **I/II** Guillermo I/II; **~ the Conqueror** Guillermo I el Conquistador; **~ of Orange** Guillermo III (de Nassau); **~ Tell** Guillermo Tell

willie ['wɪlɪ] *n Br Fam (penis)* pito *m*, pilila *f*

willies ['wɪlɪz] *npl Fam* **to have the ~** tener canguelo *or Col* culillo *or Méx* mello *or RP* cagazo; **this place gives me the ~** este lugar me da canguelo *or Col* culillo *or Méx* mello *or RP* cagazo

willing ['wɪlɪŋ] *adj (assistant)* muy dispuesto(a); *(accomplice)* voluntario(a); **she was a ~ participant** participó de muy buena gana; **to be ~ to do sth** estar dispuesto(a) a hacer algo; **they were more than ~ to help** tenían muchas ganas de ayudar; **God ~** si Dios quiere; **to show ~** mostrar buena disposición

willingly ['wɪlɪŋlɪ] *adv* **-1.** *(happily)* de buena gana, gustosamente; **I would ~ help** ayudaría gustoso **-2.** *(voluntarily)* por propia voluntad

willingness ['wɪlɪŋnɪs] *n* buena disposición *f*; **~ to compromise** disposición a alcanzar un compromiso; **the soldiers were surprised at the enemy's ~ to fight** los soldados se sorprendieron de las ganas de pelear que tenía el enemigo; **he admired her ~ to sacrifice her own happiness** él admiraba que estuviera dispuesta a sacrificar su propia felicidad

will-o'-the-wisp [wɪləðə'wɪsp] *n* **-1.** *(light)* fuego *m* fatuo **-2.** *(elusive aim)* quimera *f*

willow ['wɪləʊ] *n* **~ (tree)** sauce *m* ❑ **~ grouse** lagópodo *m* escandinavo; **~ pattern** *(on pottery)* = diseño de cerámica en colores azules sobre fondo blanco en el que suele aparecer un paisaje chino con un sauce; **~ tit** carbonero *m* sibilino; **~ warbler** mosquitero *m* musical

willowy ['wɪləʊɪ] *adj (person, figure)* esbelto(a)

willpower ['wɪlpaʊə(r)] *n* fuerza *f* de voluntad; **he lacks ~** le falta fuerza de voluntad; **she succeeded through sheer ~** consiguió triunfar sólo con su fuerza de voluntad

willy ['wɪlɪ] *n Br Fam (penis)* pito *m*, pilila *f*

willy-nilly ['wɪlɪ'nɪlɪ] *adv* **-1.** *(like it or not)* a la fuerza, quieras o no **-2.** *(haphazardly)* a la buena de Dios

wilt [wɪlt] *vi* **-1.** *(plant)* marchitarse **-2.** *(person)* desfallecer, flaquear; **he wilted under her fierce gaze** él se arrugaba ante su fiera mirada

Wilts *(abbr* Wiltshire) (condado *m* de) Wiltshire

wily ['waɪlɪ] *adj* astuto(a), taimado(a)

WIMP [wɪmp] COMPTR *n (abbr* **windows, icons, menus and pointing device** *or* **pointer)** **~ (interface)** interfaz *f* WIMP

wimp [wɪmp] *n Fam (physically)* debilucho(a) *m,f*; *(lacking character)* blandengue *mf*; **don't be such a ~!** ¡no seas blandengue!, ¡no te arrugues!

◆ **wimp out** *vi Fam* rajarse; **to ~ out of sth/doing sth** rajarse de algo/de hacer algo

wimpish ['wɪmpɪʃ], **wimpy** ['wɪmpɪ] *adj Fam* blandengue

wimple ['wɪmpəl] *n* griñón *m*

wimpy = **wimpish**

win [wɪn] ◇ *n* victoria *f*, triunfo *m*; **my lottery ~ changed my life** ganar la lotería cambió mi vida

◇ *vt (pt & pp* **won** [wʌn]) **-1.** *(battle, race, prize, election)* ganar; *(contract, order, scholarship)* obtener, conseguir; *(parliamentary seat)* obtener, sacar; **he won first prize** ganó el primer premio; **he won £100 at poker** ganó 100 libras jugando al poker; **to ~ an argument** salir victorioso(a) en una discusión; **to ~ money off** *or* **from sb** ganarle dinero a alguien; **they won the seat from Labour** le arrebataron el escaño a los laboristas; *Fam* **you can't ~ them all, you ~ some you lose some** a veces se gana y a veces se pierde
-2. *(acquire, secure) (friendship, confidence, love)* conseguir, ganarse; *(sympathy, popularity, recognition)* ganarse, granjearse; **to ~ sb's heart** conquistar el corazón de alguien; **to ~ the right to do sth** obtener el derecho de hacer algo; **it won us a lot of friends** nos hizo ganar un montón de amigos; **she was desperate to ~ his favour** trataba desesperadamente de congraciarse con él; **intransigence has won him many enemies** su intransigencia le ha granjeado muchos enemigos; **his impartiality has won him the respect of his colleagues** con su imparcialidad se ha ganado el respeto de sus compañeros; **he has finally won recognition for his work** finalmente ha conseguido que le reconozcan su trabajo

◇ *vi* ganar; **Chile are winning 2-0** Chile gana por dos a cero; **she always wins at chess** siempre gana al ajedrez; **he won by only one point** ganó por sólo un punto; **to let sb ~** dejar ganar a alguien; *Fam* **you (just) can't ~** no hay forma de salir ganando; *Fam* **I can't ~, if I do it my way she gets annoyed, if I do it her way she accuses me of copying her** con ella es imposible ganar, si lo hago a mi manera se *esp Esp* enfada *or esp Am* enoja, si lo hago a la suya me acusa de copiarle; **OK, you ~!** de acuerdo *or Esp* vale, tú ganas

◆ **win back** *vt sep* recuperar; **they were determined to ~ back the Cup from the Australians** estaban decididos a volver a ganar la copa que los australianos les arrebataron

◆ **win out** *vi (succeed)* triunfar (**over** frente a)

◆ **win over, win round** *vt sep* convencer, ganarse (el apoyo de); **I won him over** *or* **round to my point of view** lo convencí de que yo tenía razón

◆ **win through** *vi (succeed)* triunfar; **they won through against impossible odds** triunfaron contra todo pronóstico

◆ **win through to** *vt insep (qualify for)* clasificarse para

wince [wɪns] ◇ *n (of pain)* mueca *f* de dolor; *(of embarrassment)* cara *f* de vergüenza

◇ *vi (with pain)* hacer una mueca de dolor; *(with embarrassment)* poner cara de vergüenza

winch [wɪntʃ] ◇ *n* torno *m*, cabrestante *m*; NAUT manubrio *m*

◇ *vt* levantar con un torno *or* cabrestante; **to ~ sth/sb up** alzar algo/a alguien con un torno; **the survivors were winched to safety** un torno alzó a los supervivientes hasta un lugar seguro

Winchester disk ['wɪntʃestə'dɪsk] *n* disco *m* Winchester

wind[1] [wɪnd] ◇ *n* **-1.** *(air current)* viento *m*; **to sail into** *or* **against the ~** navegar contra el viento; *Fig* **with a fair ~** si los hados nos son favorables; **the cold ~ of recession** los vientos de recesión ❑ **~ chimes** móvil *m* sonoro; **~ cone** manga *f* (catavientos); **~ energy** energía *f* eólica; **~ farm** parque *m* eólico, central *f* eólica; **~ gauge** anemómetro *m*; **~ machine** ventilador *m* (de atrezo); **~ pollination** polinización *f* anemófila; **~ power** energía *f* eólica; **~ pump** bomba *f* eólica; **~ tunnel** túnel *m* aerodinámico; **~ turbine** aerogenerador *m*, turbina *f* eólica
-2. *(breath)* aliento *m*, resuello *m*; **let me get my ~ back** deja que recupere el aliento; **to get one's second ~** recobrar fuerzas, recuperarse
-3. *(abdominal)* gases *mpl*; **to break ~** soltar una ventosidad; **the boy's got ~** el niño tiene gases
-4. MUS **the ~ (section)** la sección de viento, los vientos; **the ~ is** *or* **are too loud** los vientos suenan demasiado fuerte ❑ MUS **~ instrument** instrumento *m* de viento
-5. IDIOMS *Fam* **to put the ~ up sb** meter miedo a alguien; **to sail close to the ~** lindar con lo prohibido; **to take the ~ out of sb's sails** bajar la moral a alguien; **to wait and see which way the ~ is blowing** esperar a ver por dónde van los tiros; **to get ~ of sth** enterarse de algo; **a ~ of change** nuevos aires, aires de cambio; **to be in the ~** avecinarse; **to be scattered to the four winds** estar diseminado(a) por todas partes *or* en todas direcciones

◇ *vt* **-1. to ~ sb** *(with punch)* dejar a alguien sin respiración; **to be winded** *(after falling)* quedarse sin respiración **-2.** *(baby)* hacer eructar, sacar el aire

wind[2] [waɪnd] *(pt & pp* **wound** [waʊnd]) ◇ *n* **-1.** *(turn)* **give the clock/watch a ~** dar cuerda al reloj; **she gave the handle another ~** le dio otra vuelta al picaporte **-2.** *(bend) (of road, river)* curva *f*, recodo *m*

◇ *vt* **-1.** *(thread, string)* enrollar; **to ~ sth into a ball** hacer un ovillo con algo **-2.** *(handle)* dar vueltas a; *(clock, watch)* dar cuerda a; **to ~ a tape on/back** pasar rápidamente/ rebobinar una cinta

◇ *vi (path, river)* serpentear, zigzaguear; **the road winds up/down the hill** la carretera sube/baja la colina haciendo eses

◆ **wind around** = **wind round**

◆ **wind down** ◇ *vt sep* **-1.** *(car window)* bajar, abrir **-2.** *(reduce) (production)* ir reduciendo; *(company)* ir reduciendo la actividad de

◇ *vi* **-1.** *(party, meeting)* perder animación **-2.** *Fam (person)* relajarse

◆ **wind round** *vt sep* **to ~ sth round sth** enrollar algo alrededor de algo; **she wound the scarf round her neck** se enrolló la bufanda al cuello; IDIOM *Fam* **she's got him wound round her little finger** lo tiene en un puño, hace con él lo que quiere

◆ **wind up** ◇ *vt sep* **-1.** *(car window)* subir, cerrar **-2.** *(toy, clock)* dar cuerda a **-3.** *(bring to an end) (meeting)* concluir; *(company)* liquidar, disolver **-4.** *Br Fam (tease)* tomar el pelo a, *Esp, Carib, Méx* vacilar; *(annoy)* mosquear

◇ *vi* **-1.** *(end speech, meeting)* concluir **-2.** *Fam (end up)* acabar, terminar; **we wound up in the same bar** acabamos en el mismo bar

windbag ['wɪndbæg] *n Fam* charlatán(ana) *m,f*

windborne ['wɪndbɔːn] *adj (pollen, seeds)* transportado(a) por el viento

windbreak ['wɪndbreɪk] *n* pantalla *f* contra el viento

windburn ['wɪndbɜːn] *n* enrojecimiento *m* de la piel por el viento; **her face showed signs of ~** tenía la cara algo quemada por el viento

windcheater ['wɪndtʃiːtə(r)] *n (jacket)* cazadora *f*, *CSur* campera *f*, *Méx* chamarra *f*

windchill factor ['wɪndtʃɪlfæktə(r)] *n* = bajada de la temperatura producida por el viento

winder ['waɪndə(r)] *n* **-1.** *(on watch)* cuerda *f* **-2.** *(on car door)* manivela *f*

windfall ['wɪndfɔːl] *n* **-1.** *(of fruit)* fruta *f* caída **-2.** *(of money)* dinero *m* caído del cielo ❑ FIN **~ profits** *(of company)* beneficio *m* inesperado; **~ tax** = impuesto sobre ingresos extraordinarios

winding ['waɪndɪŋ] *adj (path, stream)* serpenteante, zigzagueante ❑ **~ staircase** escalera *f* de caracol

winding-sheet ['waɪndɪŋʃiːt] *n Literary* sudario *m*, mortaja *f*

winding-up ['waɪndɪŋʌp] *n (of meeting)* conclusión *f*; *(of company)* liquidación *f*, disolución *f*

windlass ['wɪndləs] *n* torno *m*, molinete *m*

windmill ['wɪndmɪl] *n* molino *m* de viento

window ['wɪndəʊ] *n* **-1.** *(of house)* ventana *f*; *(of vehicle)* ventana *f*, ventanilla *f*; *(of shop)* escaparate *m*, *Am* vidriera *f*, *Chile, Col, Méx* vitrina *f*; *(at bank, ticket office)* ventanilla *f*; **he jumped out of the ~** se tiró por la ventana; **she looked out of the ~** miró por la ventana ❑ **~ box** jardinera *f*; **~ cleaner** *(person)* limpiacristales *mf inv*; *(liquid)* limpiacristales *m inv*; **~ frame** marco *m* de ventana; **~ ledge** alféizar *m*, antepecho *m*; **~ seat** *(in room)* asiento *m* junto a una ventana; *(on train, plane)* asiento *m* de ventana; AUT **~ winder** *(handle)* manivela *f* de la ventanilla; *(electric)* elevalunas *m inv*
-2. COMPTR ventana *f*
-3. *(on envelope)* ventanilla *f*
-4. IDIOMS **to provide a ~ on sth** dar una idea de algo; **a ~ of opportunity** una ocasión *or* oportunidad única; *Fam* **that's my holiday out of the ~** ya puedo decir adiós a *or* despedirme de las vacaciones

window-dresser ['wɪndəʊdresə(r)] *n (in shop)* escaparatista *mf*

window-dressing ['wɪndəʊdresɪŋ] *n* **-1.** *(in shop)* escaparatismo *m* **-2.** *(ornamentation)* decoración *f* **-3.** *Fig (pretence, facade)* fachada *f*; **that's just ~** eso es pura fachada; **no amount of ~ can hide the fact that they are in crisis** por mucho que intenten dar una buena imagen no pueden ocultar que están en crisis

windowpane ['wɪndəʊpeɪn] *n* vidrio *m or Esp* cristal *m* (de ventana)

window-shopper ['wɪndəʊʃɒpə(r)] *n* **the streets were full of window-shoppers** las calles estaban llenas de gente mirando escaparates

window-shopping ['wɪndəʊʃɒpɪŋ] *n* **to go ~** ir a mirar escaparates

windowsill ['wɪndəʊsɪl] *n* alféizar *m*, antepecho *m*

windpipe ['wɪndpaɪp] *n* tráquea *f*

windscreen ['wɪndskriːn], *US* **windshield** ['wɪndʃiːld] *n* parabrisas *m inv* ❑ **~ wiper** limpiaparabrisas *m inv*

windsock ['wɪndsɒk] *n* manga *f* (cataviento s)

windstorm ['wɪndstɔːm] *n* vendaval *m*

windsurf ['wɪndsɜːf] *vi* hacer windsurf

windsurfer ['wɪndsɜːfə(r)] *n (board)* tabla *f* de windsurf; *(person)* windsurfista *mf*

windsurfing ['wɪndsɜːfɪŋ] *n* windsurf *m*; **to go ~** ir a hacer windsurf

windswept ['wɪndswept] *adj (hillside, scene)* azotado(a) por el viento; **~ hair** pelo revuelto por el viento

wind-up ['waɪndʌp] ◇ *n Br Fam* vacilada *f*, tomadura *f* de pelo; **this has to be a ~!** ¡esto no puede ir en serio!
◇ *adj (mechanism)* **a ~ toy/watch** un juguete/reloj de cuerda

windward ['wɪndwəd] ◇ *n* **to ~** hacia *or* a barlovento
◇ *adj* de barlovento ❑ **the Windward Islands** las Islas de Barlovento

windy[1] ['wɪndɪ] *adj* **-1.** *(day)* ventoso(a); *(place)* expuesto(a) al viento; **it's ~** hace viento; **it's a very ~ place** hace mucho viento en ese sitio ❑ **the Windy City** = apelativo familiar referido a la ciudad de Chicago **-2.** *(rhetoric, speech)* lleno(a) de verborrea

windy[2] ['waɪndɪ] *adj (road)* serpenteante, zigzagueante

wine [waɪn] ◇ *n* vino *m*; **red/white ~** vino tinto/blanco ❑ **~ bar** bar *m* (especializado en vinos y con una pequeña carta de comidas); **~ bottle** botella *f* de vino; **~ cellar** bodega *f*; **~ cooler** refrescador *m* de vino; **~ glass** copa *f* de vino; **~ grower** viticultor(ora) *m,f*; **~ gum** pastilla *f* de goma, *Esp* ≃ gominola *f*; **~ list** carta *f* de vinos; **~ merchant** *(shopkeeper)* bodeguero(a) *m,f*, vinatero(a) *m,f*; *(wholesaler)* mayorista *mf* de vinos; **~ rack** botellero *m*; **~ snob** = persona que se las da de entendida en vinos; **~ tasting** cata *f* de vinos; **~ vinegar** vinagre *m* de vino; **~ waiter** sumiller *m*, som(m)elier *m*
◇ *vt* **to ~ and dine sb** agasajar a alguien

wineglass ['waɪnɡlɑːs] *n* copa *f* de vino

winepress ['waɪnpres] *n* lagar *m*

winery ['waɪnərɪ] *n US* bodega *f*

wineskin ['waɪnskɪn] *n* HIST odre *m*, pellejo *m* de vino

wing [wɪŋ] ◇ *n* **-1.** *(of bird, plane)* ala *f*; **on the ~** en vuelo; *Literary* **to take ~** alzar el vuelo; *Fig Literary* **desire/fear gave *or* lent him wings** el deseo/miedo le dio alas; IDIOM **to take sb under one's ~** poner a alguien bajo la propia tutela, encantador(ora); **to spread *or* stretch one's wings** emprender el vuelo; IDIOM **on a ~ and a prayer** a la buena de Dios, encomendándose a todos los santos ❑ **~ case** *(of insect)* élitro *m*; **~ chair** sillón *m* de orejas; **~ collar** cuello *m* de esmoquin; **~ commander** ≃ teniente *mf* coronel de aviación; **~ nut** palomilla *f*, tuerca *f* de mariposa
-2. *Br (of car)* aleta *f* ❑ **~ mirror** *(espejo m)* retrovisor *m* lateral
-3. *(of building, hospital)* ala *f*; **the west ~** el ala oeste
-4. *(in soccer, hockey, rugby) (area)* banda *f*; *(player)* extremo *mf*, lateral *mf* ❑ **~ back** *(in soccer)* carrilero(a) *m,f*; **~ forward** *(in rugby)* ala *m* delantero
-5. *(in theatre)* **the wings** los bastidores; **to be waiting in the wings** *(actor)* esperar entre bastidores; *Fig* esperar la ocasión *or* oportunidad
-6. POL **the left/right ~** la izquierda/derecha; **the political ~ of the IRA** el brazo político del IRA
-7. *Br (in RAF)* **a fighter/bomber ~** un ala de cazas/bombarderos
-8. AV & MIL *(insignia)* alas *fpl or* insignia *f* de piloto; **to win one's wings** obtener la categoría de piloto
◇ *vt* **-1.** *(injure) (bird)* herir en el ala; *(person)* herir en el brazo **-2.** *Fam (improvise)* **to ~ it** improvisar **-3.** *(fly) (of bird)* **to ~ its way towards** volar hacia; *Fig* **my report should be winging its way towards you** mi informe *or CAm, Méx* reporte ya está en camino
◇ *vi Literary (fly)* **the plane winged over the mountains** el avión sobrevoló las montañas

wingding ['wɪŋdɪŋ] *n US Fam* fiestorro *m*, *Am* pachanga *f*

winged [wɪŋd] *adj (insect)* con alas, alado(a)

winger ['wɪŋə(r)] *n (in soccer, rugby)* extremo *mf*

wingless ['wɪŋlɪs] *adj (insect)* sin alas

wingspan ['wɪŋspæn] *n* envergadura *f* (de alas)

wink [wɪŋk] ◇ *n* guiño *m*; **to give sb a ~** guiñarle un ojo a alguien; *Fam* **I didn't sleep a ~** no pegué ojo; **in the ~ of an eye**, **as quick as a ~** en un abrir y cerrar de ojos; IDIOM **to tip sb the ~** poner sobre aviso a alguien
◇ *vi* **-1.** *(eye)* guiñar, hacer un guiño; IDIOM **it's as easy as winking** es facilísimo **-2.** *(star, light)* titilar
◆ **wink at** *vt insep (person)* guiñar a, hacer un guiño a; *Fig (abuse, illegal practice)* hacer la vista gorda ante

winker ['wɪŋkə(r)] *n Br* AUT *(luz f)* intermitente *m*

winkle ['wɪŋkəl] *n* **-1.** *(mollusc)* bígaro *m* **-2.** *Br Fam (penis)* pito *m*, pilila *f*
◆ **winkle out** *vt sep Fam* **to ~ sth out of sb** sacarle *or* extraerle algo a alguien

winkle-picker ['wɪŋkəlpɪkə(r)] *n Br Fam* zapato *m* puntiagudo

winnable ['wɪnəbəl] *adj* **to be ~** poderse ganar

winner ['wɪnə(r)] *n (of prize)* ganador(ora) *m,f*; *(of lottery)* acertante *mf*; *(of competition)* vencedor(ora) *m,f*, ganador(ora) *m,f*; **this book will be a ~** este libro será un éxito; **there will be neither winners nor losers in this war** no habrá vencedores ni vencidos en esta guerra; **to be on to a ~** tener un éxito entre manos; **to back a ~** *(in horserace)* apostar por un favorito; *Fig* apostar por algo seguro; **to score the ~** anotar el tanto de la victoria; **~ takes all** el que gana se lo lleva todo ❑ *Br* **~'s enclosure** *(at racecourse)* recinto *m* de ganadores

winning ['wɪnɪŋ] ◇ *adj* **-1.** *(victorious) (team, person)* ganador(ora), vencedor(ora); *(goal)* de la victoria; *(ticket, number)* premiado(a) ❑ **~ post** meta *f*; **~ streak** racha *f* de suerte; **to be on a ~ streak** tener una buena racha, estar en racha **-2.** *(attractive)* encantador(ora); **she has a very ~ manner** es una persona encantadora
◇ *npl* **winnings** ganancias *fpl*

winnow ['wɪnəʊ] *vt (grain)* aventar; *Fig* **to ~ out fact from fiction** separar la realidad de la ficción

wino ['waɪnəʊ] *(pl* **winos***) n Fam (alcoholic)* borracho(a) *m,f* (indigente)

winsome ['wɪnsəm] *adj Literary* encantador(ora), atractivo(a)

winter ['wɪntə(r)] ◇ *n* invierno *m*; **a cold ~'s day** un frío día de invierno; **in (the) ~** en invierno ❑ **~ break** vacaciones *fpl* de invierno; **~ clothing** ropa *f* de invierno; *Br* **the ~ of discontent** = el invierno de 1978, época en que Gran Bretaña sufrió una oleada de huelgas y que supuso la derrota del partido laborista en las siguientes elecciones; **~ garden** jardín *m* de invierno; **the Winter Olympics** los Juegos Olímpicos de invierno; **~ solstice** solsticio *m* de invierno; **~ sports** deportes *mpl* de invierno
◇ *vi* pasar el invierno

wintergreen ['wɪntəɡriːn] *n* gaulteria *f*; **oil of ~** aceite de gaulteria

winterize ['wɪntəraɪz] *vt US (car, home)* preparar para el invierno

wintertime ['wɪntətaɪm] *n* invierno *m*

wint(e)ry ['wɪntərɪ] *adj* **-1.** *(weather)* invernal **-2.** *(smile)* gélido(a)

wipe [waɪp] ◇ *n* **-1.** *(action)* **to give sth a ~** limpiar algo con un paño, pasar el paño a algo **-2.** *(moist tissue)* toallita *f* húmeda
◇ *vt* **-1.** *(table, plate)* pasar un paño por *or* a; **to ~ one's nose** limpiarse la nariz; **he wiped his hands on the towel** se secó las manos con la toalla; **to ~ one's feet *or* shoes on the mat** limpiarse los zapatos en el felpudo; **she wiped the sweat from his brow** le limpió *or* enjugó el sudor de la frente; **he wiped his knife clean** limpió el cuchillo con un paño; **she wiped the plate dry** secó el plato (limpio) con un paño; IDIOM *Fam Br* **to ~ the floor with sb**, *US* **to ~ up the floor with sb** dar un buen repaso *or* una buena paliza a alguien
-2. *(recording tape)* borrar
◆ **wipe away** *vt sep (tears)* enjugar; *(mark)* limpiar, quitar, *Am* sacar
◆ **wipe down** *vt sep* pasar un trapo a, limpiar
◆ **wipe off** ◇ *vt sep* limpiar; **she wiped the oil off her hands** se limpió *or* quitó *or Am* sacó el aceite de las manos; IDIOM *Fam* **~ that smile *or* grin off your face!** ¡deja ya de sonreír así!; *Fam* **that'll ~ the smile off his face!** ¡eso le borrará la sonrisa de la cara!
◇ *vi (stain)* irse, quitarse
◆ **wipe out** *vt sep* **-1.** *(erase) (memory)* borrar; *(debt)* saldar; *(lead)* hacer desaparecer, borrar **-2.** *(destroy) (family)* acabar con; *(species)* hacer desaparecer, exterminar; *(disease)* erradicar; *(enemy)* aniquilar; *Fam* **he was wiped out in the last financial crash** lo perdió todo con la última crisis financiera **-3.** *Fam (exhaust)* **I was** *or* **felt wiped out** estaba molido
◆ **wipe up** *vt sep* limpiar

wipeout ['waɪpaʊt] *n Fam* **-1.** *(in surfing)* caída *f* **-2.** *(failure)* debacle *f*

wiper ['waɪpə(r)] *n* AUT limpiaparabrisas *m inv*

wire ['waɪə(r)] ◇ *n* **-1.** *(in general)* alambre *m*; *(electrical)* cable *m* ❑ **~ brush** cepillo *m* de púas metálicas; **~ fence** alambrada *f*; **~**

mesh tela *f* metálica; **~ netting** tela *f* metálica; **~ rope** cable *m* (de alambre); **~ wool** estropajo *m* de aluminio
-2. *US (telegram)* telegrama *m*
-3. *US Fam (hidden microphone)* micrófono *m* oculto
-4. IDIOMS *Fam* **we got our wires crossed** tuvimos un cruce de cables y no nos entendimos; **the contest went right down to the ~** el desenlace del concurso no se decidió hasta el último momento; **he got his application in just under the ~** entregó la solicitud justo en el último momento
◇ *vt* **-1.** *(house)* cablear, tender el cableado de; *(plug, appliance)* conectar el cable a; **to ~ sth to sth** *(connect electrically)* conectar algo a algo (con un cable); *(attach with wire)* sujetar algo a algo con un alambre **-2.** *(send telegram to)* mandar un telegrama a; **to ~ money to sb** mandar un giro telegráfico a alguien **-3.** *US Fam (police officer, detective)* colocar un micrófono oculto a
◆ **wire up** *vt sep* **-1.** *(connect)* cablear **-2.** *US Fam (make nervous)* poner histérico(a); **he gets all wired up before exams** se pone hecho un manojo de nervios antes de los exámenes
wirecutters ['waɪəkʌtəz] *npl* cizallas *fpl*; **a pair of ~** unas cizallas
wired [waɪəd] *adj Fam* **-1.** *(highly strung)* histérico(a), hecho(a) un manojo de nervios **-2.** *(after taking drugs)* muy acelerado(a), *Esp* espídico(a)
wire-haired ['waɪə'heəd] *adj (dog)* de pelaje duro *or* áspero
wireless ['waɪəlɪs] *n Old-fashioned* **~ (set)** radio *f*
wirepulling ['waɪəpʊlɪŋ] *n US Fam* enchufismo *m*; **he did some ~ for me** él medió me enchufó
wirestripper ['waɪəstrɪpə(r)] *n* pelacables *m inv*
wiretap ['waɪətæp] *US* ◇ *n* escucha *f* telefónica
◇ *vt (pt & pp* **wiretapped***) (telephone)* intervenir
wiretapping ['waɪətæpɪŋ] *n US* intervención *f* de la línea
wiring ['waɪərɪŋ] *n (electrical)* instalación *f* eléctrica
wiry ['waɪərɪ] *adj* **-1.** *(hair)* basto(a) y rizado(a) *or Méx* quebrado(a) **-2.** *(person)* fibroso(a)
Wis *(abbr* **Wisconsin)** Wisconsin
Wisconsin [wɪs'kɒnsɪn] *n* Wisconsin
wisdom ['wɪzdəm] *n* **-1.** *(knowledge)* sabiduría *f*; *(judgement)* sensatez *f*, cordura *f*; *Hum* **Donald, in his ~, decided we should cancel** Donald decidió, sabe Dios por qué, que debíamos suspenderlo ❏ **~ tooth** muela *f* del juicio
-2. *(of action, behaviour, decision)* carácter *m* acertado; **he questioned the ~ of this decision** puso en duda lo acertado de esta decisión; **I have my doubts about the ~ of moving house this year** tengo mis dudas sobre si será una buena idea mudarnos este año
wise [waɪz] ◇ *adj* **-1.** *(knowledgeable)* sabio(a); **a ~ man** un sabio; *Fam Pej* **a ~ guy** un sabelotodo; *Fam* **so who's the ~ guy who left the door open?** ¿y quién ha sido el listo que se ha dejado la puerta abierta?; **the Three Wise Men** los Reyes Magos; IDIOM **to be ~ after the event** verlo todo claro a posteriori; **to be none the wiser** quedarse igual; **do it while he's out, he'll be none the wiser** hazlo cuando no esté, no se va a enterar
-2. *(sensible)* sensato(a), prudente; **you'd be ~ to take my advice** sería sensato *or* prudente que siguieras mi consejo; **it wouldn't be ~ to do it** no sería aconsejable hacerlo; **the president made a ~ move in dismissing the attorney general** el presidente tomó una decisión acertada al destituir al ministro de justicia; **she decided that the wisest course of action was to apologize** decidió que pedir disculpas era la medida más sensata a tomar
-3. *Fam (aware)* **to be ~ to sth** conocer algo;

to get ~ to a fact percatarse de un hecho; **to get ~ to sb** calar a alguien; **to put sb ~ to sth** poner a alguien al corriente de algo; **to put sb ~ to sb** advertir a alguien sobre alguien
◇ *n Literary (way)* modo *m*, manera *f*; **he is in no ~** *or* **not in any ~ satisfied with his new position** no está en absoluto satisfecho con su nuevo puesto
◆ **wise up** *vi Fam* **to ~ up to sb** calar a alguien; **to ~ up to the fact that...** darse cuenta de que...; **~ up!** ¡espabílate!
-wise [waɪz] *suffix Fam (with reference to)* **health/salary~** en cuanto a la salud/al sueldo
wiseacre ['waɪzeɪkə(r)] *n* sabelotodo *mf*, sabihondo(a) *m,f*
wisecrack ['waɪzkræk] *Fam* ◇ *n* chiste *m*, salida *f* ingeniosa
◇ *vi* soltar un chiste, tener una salida ingeniosa
wisecracking ['waɪzkrækɪŋ] *adj Fam* chistoso(a), con muchas salidas (ingeniosas)
wisely ['waɪzlɪ] *adv (sensibly)* sensatamente
wish [wɪʃ] ◇ *n* **-1.** *(desire)* deseo *m*; **my greatest ~ is...** mi mayor deseo es...; **his last** *or* **dying ~** su última voluntad; **I got my ~** conseguí mi deseo; **to have no ~ to do sth** no tener ningún deseo de hacer algo; **I've no great ~ to see them suffer** no tengo ganas particulares de verles sufrir; **to make a ~** pedir un deseo; **to do sth against sb's wishes** hacer algo en contra de los deseos de alguien; *Hum* **your ~ is my command** tus deseos son órdenes; **number one on my ~ list would be...** lo que más desearía sería...
-2. *(greeting)* **they send you their best wishes** te envían saludos *or CAm, Col, Ecuad* saludes; **(with) best wishes** *(in letter, on card)* un saludo cordial *or* afectuoso
◇ *vt* **-1.** *(want)* desear, querer; **to ~ to do sth** desear *or* querer hacer algo; **those people wishing to leave early should inform me** aquéllos que deseen salir antes deben informarme; **I don't ~ to sound greedy, but...** no quiero parecer codicioso, pero...; **do you ~ me to leave?** ¿desea que me vaya?; **I wished myself somewhere else** deseé haber estado en alguna otra parte; **it is to be wished that she succeeds** sería deseable que tuviera éxito; **to ~ sb luck/a pleasant journey** desear a alguien suerte/un buen viaje; **I don't ~ you any harm** no te deseo ningún mal; **wishing you a Merry Christmas** *(on card)* Felices Navidades; **to ~ sb well** desear a alguien lo mejor; **I wouldn't ~ that on anyone** no se lo deseo a nadie; **I ~ you joy of it** que lo disfrutes con salud
-2. *(want something impossible, unlikely)* **I ~ (that) I had seen it!** ¡ojalá lo hubiera visto!; **I ~ (that) I hadn't left so early** ojalá no me hubiera marchado tan pronto; **when will it be ready? – I ~ I knew!** ¿cuándo estará listo? – ¡ojalá lo supiera!; **I ~ (that) I was younger** ¡ojalá fuera más joven!; **I ~ (that) you were going to be there** ¡ojalá pudieras estar allí!; **I ~ you'd stop doing that!** ¡quieres hacer el favor de dejar eso!; **I ~ you'd pay attention!** ¿por qué no prestas atención?; **she wishes (that) she had told them earlier** se arrepiente de no habérselo dicho antes; **I wished (that) I would never have to see him again** deseé no tener que volver a verle nunca más; **~ you were here!** *(on postcard)* te echo de menos, *Am* te extraño
◇ *vi* **to ~ for sth** *(want)* desear algo; *(by magic)* pedir algo; **it was the best birthday I could have wished for** fue el mejor cumpleaños que podría haber soñado nunca; **what more could you ~ for?** ¿qué más se puede pedir *or* desear?; **as you ~** como quieras; **if you ~** si usted quiere; *Fam* **I think she fancies me – you ~!** creo que le voy – ¡ya te gustaría!
◆ **wish away** *vt sep* **you can't just ~ your problems away** no puedes esperar que

desaparezcan tus problemas como por arte de magia
wishbone ['wɪʃbəʊn] *n* espoleta *f (hueso de ave)*
wishful ['wɪʃfʊl] *adj* **that's just ~ thinking** no son más que ilusiones
wish-fulfilment ['wɪʃfʊlfɪlmənt] *n PSY* realización *f* de deseos subconscientes
wishing well ['wɪʃɪŋwel] *n* pozo *m* de los deseos
wishy-washy ['wɪʃɪ'wɒʃɪ] *adj Fam* vacilante
wisp [wɪsp] *n (of straw)* brizna *f*; *(of hair, wool)* mechón *m*; *(of smoke)* voluta *f*; *(of cloud)* jirón *m*; *Fig* **a ~ of a girl** un suspiro de niña; **there wasn't a ~ of cloud** no había ni rastro de nubes
wispy ['wɪspɪ] *adj (hair)* ralo(a), a mechones; *(clouds)* tenue
wisteria [wɪs'tɪərɪə] *n* glicinia *f*
wistful ['wɪstfʊl] *adj* nostálgico(a)
wistfully ['wɪstfʊlɪ] *adv* con nostalgia
wit [wɪt] ◇ *n* **-1.** *(intelligence, presence of mind)* inteligencia *f*, lucidez *f*; **he hasn't the ~ to see it** no tiene la lucidez suficiente *or* las luces suficientes para verlo; **to have quick wits** tener rapidez mental; **to have lost one's wits** haber perdido la razón; **to have/keep one's wits about one** ser/estar espabilado(a); **to collect** *or* **gather one's wits** poner en orden las ideas; **to be at one's ~'s end** estar al borde de la desesperación; **to live by one's wits** ser un pícaro; **to scare sb out of his wits** dar un susto de muerte a alguien
-2. *(humour)* ingenio *m*, agudeza *f*; **to have a quick** *or* **ready ~** ser muy ingenioso(a) *or* agudo(a)
-3. *(witty person)* ingenioso(a) *m,f*
◇ *vi LAW or Formal* **to ~,...** a saber,...
witch [wɪtʃ] *n* **-1.** *(sorceress)* bruja *f* ❏ **a ~'s brew** una pócima *or* un brebaje (de bruja); **~ doctor** hechicero *m*, curandero *m*; **~ hazel** *(tree)* ocozol *m* americano; *(lotion)* liquidámbar *m*; **~'s sabbath** aquelarre *m*
-2. *Fam (unpleasant woman)* bruja *f*
witchcraft ['wɪtʃkrɑːft] *n* brujería *f*, hechicería *f*
witchetty ['wɪtʃətɪ] *n Austr* **~ (grub)** = larva de ciertas mariposas que comen los aborígenes australianos
witch-hunt ['wɪtʃhʌnt] *n* caza *f* de brujas
witching hour ['wɪtʃɪŋaʊə(r)] *n Literary* **the ~ hour** la hora de las brujas, medianoche
with [wɪð, wɪθ] *prep* **con; ~ me** conmigo; **~ you** contigo; **~ himself/herself** consigo; **does it have all the software ~ it?** ¿viene con todo el software?; **to travel/work ~ sb** viajar/trabajar con alguien; **he is staying ~ friends** se queda con *or* en casa de unos amigos; **Humphrey Bogart starred ~ Lauren Bacall in the movie** Humphrey Bogart protagonizó la película junto con Lauren Bacall; **she came in ~ a suitcase** entró con una maleta en la mano; **he's in bed ~ a cold** está en cama con un *Esp, CAm, Carib, Méx* resfriado *or Andes, RP* resfrío; **a girl ~ blue eyes** una chica de ojos azules; **the man ~ the beard** el hombre de la barba; **a house ~ no garden** una casa sin jardín; **covered ~ snow** cubierto de nieve; **she was trembling ~ cold** temblaba de frío; **payments vary ~ age** los pagos varían con *or* según la edad; **he greeted them ~ a smile** los recibió con una sonrisa *or* sonriendo; **I've been ~ the company for ten years** llevo *or Am* tengo diez años en la compañía; **we're ~ Chemical Bank** tenemos nuestras cuentas en el Chemical Bank; **to part ~ sth** desprenderse de algo; **I was left ~ nobody to talk to** me quedé sin nadie con quien hablar; **I started off ~ nothing** cuando comencé no tenía nada; **~ the elections only a week away...** a una semana de las elecciones...; **~ Brazil out of the competition, Italy are now favourites** con Brasil eliminado, Italia es la favorita; **~ all her faults, I still love her** a pesar de todos sus defectos, sigo queriéndola; **it improves ~ age** mejora con la edad; **~ that, she left** y con eso, se

withdraw marchó or se fue; **away ~ them!** ¡que se los lleven!; **off to bed ~ you!** ¡a la cama!; **this problem will always be ~ us** siempre tendremos este problema; **the wind is ~ us** tenemos el viento a favor; **I'm ~ you** (I support you) estoy contigo; **they voted ~ the government** votaron con el gobierno; **I'm not ~ you** (I don't understand) no te sigo; **how are things ~ you?** ¿qué tal te van las cosas?, RP ¿qué tal te va?; Fam **what's ~ you today?** (what's wrong?) ¿qué te pasa hoy?; Fam **what's ~ the long face?** ¿a qué viene esa cara tan larga?; Fam **to be ~ it** (fashionable) (person) ser enrollado(a) or Méx suave or RP copado(a); (clothing) estar en la onda; Fam **I'm not really ~ it today** (alert) hoy no estoy muy allá or RP demasiado avispado; **to get ~ it** espabilar

withdraw [wɪð'drɔː] (pt **withdrew** [wɪð'druː], pp **withdrawn** [wɪð'drɔːn]) ⋄ vt **-1.** (troops, offer, support) retirar; (product) retirar del mercado; (statement, accusation) retirar, retractarse de; **he withdrew his hand from his pocket** (se) sacó la mano del bolsillo; **it has been withdrawn from sale** ya no se vende **-2.** (money) sacar, retirar (**from** de)
⋄ vi retirarse; **to ~ in favour of sb** dejar paso a alguien; **he has decided to ~ from politics** ha decidido retirarse de la política; **she withdrew into herself** se encerró en sí misma

withdrawal [wɪð'drɔːəl] n **-1.** (of troops, offer, support, statement) retirada f; (of product) retirada f del mercado ❑ **~ method** coitus m inv interruptus, marcha f atrás
-2. (from bank) reintegro m, Esp retirada f, Am retiro m; **to make a ~** efectuar un reintegro ❑ **~ slip** justificante m de reintegro
-3. PSY introversión f, retraimiento m; **the boy is showing signs of ~** el niño se muestra muy retraído
-4. MED (from drugs) síndrome m de abstinencia; **to experience ~** tener el síndrome de abstinencia ❑ **~ symptoms** síndrome m de abstinencia

withdrawn [wɪð'drɔːn] ⋄ adj (person) retraído(a)
⋄ pp of **withdraw**

withdrew pt of **withdraw**

wither ['wɪðə(r)] vi (plant) marchitarse; (limb) atrofiarse; **to ~ away** marchitarse; IDIOM **to ~ on the vine** quedar(se) en agua de borrajas

withered ['wɪðəd] adj (plant) marchito(a); (limb) atrofiado(a)

withering ['wɪðərɪŋ] adj (look) fulminante; (tone) mordaz

withers ['wɪðəz] npl (of horse) cruz f

withhold [wɪð'həʊld] (pt & pp **withheld** [wɪð'held]) vt (consent, help) negar (**from** a); (money) retener (**from** a); (payment) aplazar, suspender (**from** a); (information, evidence) ocultar (**from** a)

withholding [wɪð'həʊldɪŋ] n **-1.** (of help, aid) denegación f; (of loan, taxes) retención f **-2.** (of information, facts) ocultación f ❑ FIN **~ tax** (on non-resident's income) retención f (fiscal) a no residentes; US retención f a cuenta

within [wɪð'ɪn] ⋄ prep **-1.** (inside) dentro de; **the man's role ~ the family is changing** el papel del hombre en la familia está cambiando; **problems ~ the party** problemas en el seno del partido; **a play ~ a play** una obra de teatro dentro de otra
-2. (not beyond) **he lives ~ a few kilometres of the city centre** vive a pocos kilómetros del centro; **~ a radius of ten miles** en un radio de diez millas; **it's ~ walking distance (of)** se puede ir caminando or Esp andando (desde); **accurate to ~ 20 cm** con un margen de precisión de 20 cm; **it is well ~ her abilities** es más que capaz de hacerlo, puede hacerlo de sobra; **~ the law** dentro de la legalidad; **~ limits** dentro de un orden, hasta cierto punto; **to live ~ one's means** vivir dentro de sus posibilidades; **~ reason** dentro de lo razonable; **~ sight** a la vista; IDIOM Fam **to come ~ an inch of doing sth** estar a punto de or en un tris de hacer algo
-3. (time) en menos de; **~ an** or **the hour** en menos de una hora; **~ hours of the announcement** a las pocas horas del anuncio; **~ twenty-four hours** en las siguientes veinticuatro horas, en el plazo de veinticuatro horas; **use ~ two days of purchase** (on packaging) consúmase antes de transcurridos dos días después de la fecha de compra; **~ the past few minutes we have learnt that...** en los últimos minutos hemos sabido que...; **~ the next five years** (during) (in future) durante los próximos cinco años; (in past) durante los cinco años siguientes; (before end of) dentro de un plazo de cinco años; **they died ~ a few days of each other** murieron con pocos días de diferencia
⋄ adv **from ~** desde dentro

without [wɪð'aʊt] ⋄ prep **-1.** (lacking) sin; **you look better ~ a beard** estás or quedas mejor sin barba; **~ any money/difficulty** sin dinero/dificultad; **a journey ~ end** un viaje sin fin; **~ doing sth** sin hacer algo; **I did it ~ their knowledge** lo hice sin que lo supieran; **I took it ~ them** or **their realizing** me lo llevé sin que se dieran cuenta; **~ wishing to sound ungrateful,...** sin querer parecer un desagradecido,...; **it's hard enough as it is, ~ you distracting me** ya es lo suficientemente difícil para que encima me distraigas; **it's not ~ its attractions** no deja de tener sus atractivos; **he left ~ so much as a goodbye** se marchó sin (ni) siquiera decir adiós; **I wouldn't be ~ my mobile phone** no podría pasar sin mi teléfono móvil; **to do** or **go ~ sth** pasar or arreglárselas sin algo; **it goes ~ saying that...** huelga decir que...
-2. Archaic or Literary (outside) fuera de
⋄ adv **-1.** (not having) **do you want milk in your coffee? – I prefer it ~** ¿quieres leche en el café? – mejor no; **those ~ will be left to fend for themselves** los que se queden sin nada tendrán que valerse por sí mismos **-2.** Formal (outside) **from ~** desde fuera or Am afuera

withstand [wɪð'stænd] (pt & pp **withstood** [wɪð'stʊd]) vt soportar, aguantar; **to ~ the test of time** aguantar bien el paso del tiempo

witless ['wɪtlɪs] adj (person, remark) necio(a), simple; **to scare sb ~** helar la sangre en las venas a alguien

witness ['wɪtnɪs] ⋄ n **-1.** (in trial) testigo mf; **to call sb as ~** llamar a alguien a testificar; **~ for the defence/prosecution** testigo de descargo/de cargo ❑ **~ box** estrado m del testigo; **~ stand** estrado m del testigo
-2. (to marriage, contract) testigo mf; **two people must be witnesses to my signature/will** dos personas deben figurar como testigos de mi firma/en mi testamento
-3. (testimony) **to bear ~ (to sth)** (person) dar testimonio (de algo); (facts) dar fe or cuenta (de algo); REL **to bear false ~** levantar falso testimonio
⋄ vt (scene) ser testigo de, presenciar; **did she ~ the accident?** ¿presenció or vio el accidente?; **I witnessed the whole thing** yo fui testigo de todo, yo lo vi todo; **the house has witnessed many changes** la casa ha sido testigo de muchos cambios; **recent years have witnessed a rapid growth in exports** en los últimos años se ha visto un rápido crecimiento de las exportaciones; **to ~ sb's signature** firmar en calidad de testigo de alguien
⋄ vi LAW **to ~ to sth** dar testimonio de algo; **she witnessed to finding the body** ella dio testimonio de haber encontrado el cadáver

witter ['wɪtə(r)] vi Fam **to ~ (on)** no parar de hablar; **he's always wittering on about his time in the army** se pasa el día hablando de cuando estuvo en el ejército

witticism ['wɪtɪsɪzəm] n ocurrencia f, agudeza f

wittily ['wɪtɪlɪ] adv ingeniosamente

wittiness ['wɪtɪnɪs] n (of person, joke) ingenio m, agudeza f

wittingly ['wɪtɪŋlɪ] adv (intentionally) adrede, intencionadamente

witty ['wɪtɪ] adj (person, remark) ingenioso(a), agudo(a)

wives pl of **wife**

wizard ['wɪzəd] ⋄ n **-1.** (sorcerer) brujo m, mago m **-2.** Fam (genius) genio m; **a financial/political ~** un genio de las finanzas/la política **-3.** COMPTR asistente m
⋄ exclam Br Old-fashioned Fam ¡formidable!

wizardry ['wɪzədrɪ] n **-1.** (sorcery) brujería f, magia f **-2.** Fam (skill) genialidad f; **financial ~** genio m para las finanzas; **that was sheer ~ with the ball** eso fue una auténtica genialidad or floritura con el balón

wizened ['wɪzənd] adj marchito(a), arrugado(a)

wiz(z) [wɪz] n Fam genio m (**at** de)

wk (abbr **week**) semana f

WNW (abbr **west-north-west**) ONO

WO (abbr **Warrant Officer**) ≃ subteniente mf

woad [wəʊd] n **-1.** (plant) glasto m, (hierba f) pastel m **-2.** (dye) = tinte semejante al añil, que se obtiene del glasto

wobble ['wɒbəl] ⋄ n tambaleo m; **the chair has got a bit of a ~** la silla cojea or baila or se tambalea un poco
⋄ vi (chair, table) cojear, bailar; (pile of objects, cyclist) tambalearse; (jelly) temblar, agitarse; (voice) temblar; **the stone wobbled as I stood on it** la piedra se movió cuando la pisé

wobbly ['wɒblɪ] ⋄ n IDIOM Br Fam **to throw a ~** ponerse como una fiera or hecho(a) un basilisco or Méx como agua para el chocolate
⋄ adj **-1.** (chair, table) cojo(a); (shelf, ladder) tambaleante; (jelly) temblón(ona) **-2.** (hand, voice) tembloroso(a); **to be ~ (on one's legs)** tambalearse, caminar con paso inseguro; **I feel a bit ~** me siento un poco inseguro al andar

wodge [wɒdʒ] n **-1.** (of paper, banknotes) fajo m **-2.** (of bread, cake) cacho m

woe [wəʊ] n Literary infortunio m, desdicha f; **he gave me a tale of ~** me contó una sarta de desgracias; Old-fashioned **~ betide you** ¡ay de ti!; **~ is me!** ¡ay de mí!

woebegone ['wəʊbɪgɒn] adj (look, expression) desconsolado(a)

woeful ['wəʊfʊl] adj **-1.** (sad) (person, look) apesadumbrado(a), desconsolado(a); (news) aciago(a) **-2.** (terrible) penoso(a), deplorable; **~ ignorance** ignorancia supina

woefully ['wəʊfʊlɪ] adv **-1.** (sadly) apesadumbradamente, con pesadumbre **-2.** (extremely) terriblemente, extremadamente; **our funds are ~ inadequate** la absoluta insuficiencia de nuestros fondos es deplorable

wog [wɒg] n Br very Fam = término ofensivo para referirse a una persona que no es de raza blanca, especialmente afrocaribeña

wok [wɒk] n wok m, = sartén china con forma de cuenco

woke pt of **wake**

woken pp of **wake**

wold [wəʊld] n llanura f ondulada

wolf [wʊlf] ⋄ (pl **wolves** [wʊlvz]) n **-1.** (animal) lobo m ❑ **~ cub** lobezno m, lobato m; **~ pack** jauría f de lobos; **~ spider** licosa f, araña f corredora; **~ whistle** silbido m (como piropo)
-2. IDIOMS **to earn enough to keep the ~ from the door** ganar lo suficiente como para ir tirando; **to throw sb to the wolves** arrojar a alguien a las fieras; **a ~ in sheep's clothing** un lobo con piel de cordero; **to cry ~** dar una falsa voz de alarma
◆ **wolf down** vt sep tragar, engullir

wolfhound ['wʊlfhaʊnd] n perro m lobo

wolfish ['wʊlfɪʃ] adj (appearance) lobuno(a); (appetite) feroz

wolverine ['wʊlvəriːn] n glotón m ❑ **the Wolverine State** = apelativo familiar referido al estado de Michigan

woman ['wʊmən] (*pl* **women** ['wɪmɪn]) *n* **-1.** (*adult female*) mujer *f*; **a young ~** una chica; **an old ~** una señora mayor, una anciana; **don't be such an old ~!** (*said to man*) ¡no seas tan quejica!; **I'm a busy/lucky ~** soy una mujer muy ocupada/afortunada; *Fam* **I can't stand the ~ myself** a ésa es que no la aguanto; *Br Old-fashioned* **my (dear** *or* **good) ~!** ¡mi querida señorita!; **a ~'s hat/bicycle** un sombrero/una bicicleta de mujer; **a ~'s watch** un reloj de señora; **the women's 100 metres** los 100 metros femeninos; *Old-fashioned* **a ~ of the streets** (*prostitute*) una mujer de la calle; **a ~ of the world** una mujer de mundo, una mujer con mucho mundo; **a ~ of the people** una mujer del pueblo; **she's a ~ of her word** es una mujer de palabra; **she's a ~ of few words** es mujer de pocas palabras; **she's just the ~ for the job** es la mujer indicada (para el trabajo); **they have a ~ who comes in to clean once a week** tienen una mujer que viene a limpiar una vez por semana; **the ~ of the moment** la figura del momento; **to be one's own ~** ser dueña de sí misma; **she's a working/career ~** es una mujer trabajadora/con una carrera profesional; **women and children first** las mujeres y los niños primero; PROV **a ~'s work is never done** una mujer nunca acaba su jornada ❑ **~ driver** conductora *f*; *Br* **Women's Institute** ≃ Instituto *m* de la Mujer; **women's lib** *or* **liberation** la liberación de la mujer; **women's magazine** revista *f* femenina; **the women's movement** el movimiento feminista; **women's page** páginas *fpl* femeninas; *Euph* **women's problems** (*gynaecological*) problemas *mpl* femeninos; **women's refuge** centro *m* de acogida para mujeres (maltratadas); **women's rights** los derechos de la mujer; *US* **women's room** lavabo *m* or *Esp* servicio *m* de señoras
 -2. (*wife*) mujer *f*; *Fam* (*girlfriend*) novia *f*; *Fam* **to have ~ trouble** tener problemas de faldas *or RP* polleras; **the ~ in my life** la mujer de mi vida

womanhood ['wʊmənhʊd] *n* **-1.** (*maturity*) edad *f* adulta (de mujer); **to reach ~** hacerse mujer **-2.** (*femininity*) femin(e)idad *f* **-3.** (*women collectively*) las mujeres

womanish ['wʊmənɪʃ] *adj* (*typical of women*) mujeril; (*effeminate*) afeminado(a)

womanizer ['wʊmənaɪzə(r)] *n* mujeriego *m*

womankind [wʊmən'kaɪnd] *n* las mujeres, la mujer

womanly ['wʊmənlɪ] *adj* femenino(a)

womb [wuːm] *n* matriz *f*, útero *m*

wombat ['wɒmbæt] *n* wombat *m*

women *pl of* **woman**

womenfolk ['wɪmɪnfəʊk] *n* mujeres *fpl*

won *pt* & *pp of* **win**

wonder ['wʌndə(r)] ◇ *n* **-1.** (*miracle*) milagro *m*; **to work** *or* **do wonders** hacer milagros; **it has worked** *or* **done wonders for my confidence** ha mejorado muchísimo mi seguridad en mí mismo; **it's a ~ (that) he hasn't lost it** es un milagro *or* es increíble que no lo haya perdido; **the ~ (of it) is that...** lo increíble (del asunto) es que...; **no ~ the plan failed, it's little** *or* **small ~ (that) the plan failed** no es de extrañar que el plan haya fracasado; **I broke it – no ~!** lo rompí – ¡no me sorprende *or* extraña!; **the Seven Wonders of the World** las Siete Maravillas del Mundo; *Fam* **the band were a one-hit ~** fue un grupo de un solo éxito; **ah, the wonders of modern technology!** ¡ah!, ¡qué maravilla la tecnología moderna!; IDIOM *Hum* **wonders will never cease!** ¡vivir para ver! ❑ **~ child** niño(a) *m,f* prodigio; **~ drug** droga *f* milagrosa
 -2. *Fam* (*person*) **thanks, you're a ~!** ¡gracias, eres una maravilla!
 -3. (*astonishment*) asombro *m*; **they were filled with ~** se quedaron asombrados; **in ~** con asombro, asombrado(a)
 ◇ *vt* **-1.** (*ask oneself*) preguntarse; **I ~ how they did it/what she means** me pregunto cómo lo hicieron/qué quiere decir; **I ~ if** *or* **whether I could ask you a favour?** ¿te importaría hacerme un favor?, ¿podrías hacerme un favor?; **I ~ if** *or* **whether you could help me?** ¿te importaría ayudarme?, ¿podrías ayudarme?; **I was wondering if** *or* **whether you were free tonight** ¿por (alguna) casualidad no estarás libre esta noche?; **it made me ~ if** *or* **whether she was telling the truth** me hizo cuestionarme si decía o no la verdad; **one wonders whether...** me pregunto si...
 -2. (*be surprised that*) **I ~ (that) they didn't ring earlier** me sorprende que no hayan llamado antes; **I don't ~ (that) they got into trouble** no me sorprende que se hayan metido en líos
 ◇ *vi* **-1.** (*be curious*) **will she come, I ~?** me pregunto si vendrá; **can they win? – I ~** ¿tienen posibilidades de ganar? – eso mismo me pregunto yo; **why do you ask? – I was just wondering** ¿por qué lo preguntas? – por curiosidad; **it makes you ~** te hace pensar; **it set me wondering** me dio que pensar; **where are they? – in the garden, I shouldn't ~** ¿dónde están? – en el jardín, imagino; **to ~ about sth** (*motives*) preguntarse por algo; **I've been wondering about what to do** me he estado preguntando qué debo hacer; **I ~ about her sometimes** (*don't understand her*) hay veces que no la entiendo; (*don't trust her*) a veces no sé si fiarme de ella; **some players have wondered out loud about the decision** algunos jugadores han expresado abiertamente sus dudas sobre la decisión
 -2. (*be amazed*) asombrarse (**at** de); **you can't help but ~ at their sheer cheek** no deja de asombrar su descaro

wonderful ['wʌndəfʊl] *adj* maravilloso(a); **to have a ~ time** pasárselo de maravilla; **you passed? that's ~!** ¿aprobaste? ¡qué bien!; **what ~ news!** ¡qué buena *or* estupenda noticia!; **she has some ~ ideas** tiene unas ideas estupendas; **you look ~** estás estupenda *or* maravillosa

wonderfully ['wʌndəfʊlɪ] *adv* de maravilla, maravillosamente; **he looks ~ well** se lo ve de maravilla

wondering ['wʌndərɪŋ] *adj* pensativo(a)

wonderingly ['wʌndərɪŋlɪ] *adv* "so what he said was true after all," he said – "o sea, que lo que dijo resultó ser verdad", dijo pensativo

wonderland ['wʌndəlænd] *n* paraíso *m*; **Alice in Wonderland** Alicia en el país de las maravillas

wonderment ['wʌndəmənt] *n* asombro *m*; **to watch in ~** observar asombrado(a) *or* con asombro

wondrous ['wʌndrəs] *adj* maravilloso(a)

wonky ['wɒŋkɪ] *adj Br Fam* (*wheel, floorboards*) flojo(a); (*table*) cojo(a), *Am* chueco(a); **this sentence is a bit ~** esta frase no suena bien

wont [wəʊnt] *Formal* ◇ *n* costumbre *f*; **as is his ~** como acostumbra
 ◇ *adj* **to be ~ to do sth** ser dado(a) a hacer algo

won't [wəʊnt] = **will not**

wonted ['wəʊntɪd] *adj Formal* (*customary*) acostumbrado(a)

woo [wuː] *vt* **-1.** (*woman*) cortejar **-2.** (*supporters, investors*) atraer; **they tried to ~ the voters with promises of lower taxes** intentaron captar votantes con la promesa de bajar los impuestos

wood [wʊd] *n* **-1.** (*material*) madera *f*; (*for fire*) leña *f*; **made of ~** de madera ❑ **~ alcohol** alcohol *m* metílico; **~ carving** (*object*) talla *f* (en madera); **~ engraving** xilografía *f* (a contrafibra); **~ pulp** pasta *f* de papel; **~ stain** tinte *m* para la madera
 -2. (*forest*) bosque *m*; **the woods** el bosque ❑ **~ anemone** anémona *f* de los bosques; **~ nymph** ninfa *f* de los bosques, dríada *f*; **~ sandpiper** andarríos *m inv* bastardo; **~ stork** tántalo *m* americano; **~ warbler** mosquitero *m* silbador
 -3. (*in golf*) madera *f*; **a 3/5 ~** una madera del 3/5
 -4. (*in bowls*) bolo *m*
 -5. (*casks, barrels*) **matured in the ~** envejecido(a) en barrica; **drawn from the ~** de barril, sacado(a) del barril
 -6. IDIOMS **she can't see the ~ for the trees** los árboles no le dejan ver el bosque; **we're not out of the woods yet** todavía no hemos salido del túnel

woodbine ['wʊdbaɪn] *n* (*plant*) (*honeysuckle*) madreselva *f*; *US* (*Virginia creeper*) parra *f or* hiedra *f* virgen

woodblock ['wʊdblɒk] *n* (*for parquet floor*) tablilla *f* de lámina *f* de madera; **a ~ floor** un suelo de parqué *or* parquet

woodchat ['wʊdtʃæt] *n* ~ **(shrike)** alcaudón *m*

woodchip ['wʊdtʃɪp] *n* = papel pintado con trocitos de madera para dar textura

woodchuck ['wʊdtʃʌk] *n* marmota *f* de Norteamérica

woodcock ['wʊdkɒk] *n* chocha *f* perdiz

woodcut ['wʊdkʌt] *n* (*print*) grabado *m* en madera, xilografía *f*; (*woodblock*) plancha *f* de madera grabada

woodcutter ['wʊdkʌtə(r)] *n* leñador(ora) *m,f*

wooded ['wʊdɪd] *adj* cubierto(a) de árboles, boscoso(a)

wooden ['wʊdən] *adj* **-1.** (*made of wood*) de madera ❑ **~ horse** caballo *m* de madera; **the Wooden Horse of Troy** el caballo de Troya; **~ leg** pata *f* de palo; *Fam Hum* **~ overcoat** (*coffin*) traje *m* de madera; **~ spoon** cuchara *f* de palo; SPORT cuchara *f* de madera; SPORT **to get the ~ spoon** ser el farolillo rojo **-2.** (*actor, performance*) acartonado(a)

wooden-headed [wʊdən'hedɪd] *adj Fam* estúpido(a)

woodenly ['wʊdənlɪ] *adv* (*unexpressively*) envaradamente

woodland ['wʊdlənd] ◇ *n* bosque *m*
 ◇ *adj* (*fauna*) del bosque; **~ walks** paseos por el bosque

woodlark ['wʊdlɑːk] *n* totovía *f*

woodlouse ['wʊdlaʊs] (*pl* **woodlice** ['wʊdlaɪs]) *n* cochinilla *f*, *RP* bicho *m* bolita

woodman = **woodsman**

woodpecker ['wʊdpekə(r)] *n* pájaro *m* carpintero ❑ **great spotted ~** pico *m* picapinos; **lesser spotted ~** pico *m* menor

woodpigeon ['wʊdpɪdʒən] *n* paloma *f* torcaz

woodpile ['wʊdpaɪl] *n* montón *m* de leña

woodruff ['wʊdrʌf] *n* asperilla *f*, reina *f* de los bosques

woodscrew ['wʊdskruː] *n* tornillo *m* para madera

woodshed ['wʊdʃed] *n* leñera *f*

wood(s)man ['wʊd(z)mən] *n* (*woodcutter*) leñador *m*; (*forest officer*) guarda *m* forestal; (*inhabitant*) hombre *m* del bosque

woodsy ['wʊdzɪ] *adj US Fam* (*smell*) a madera; (*area*) de bosques

woodwind ['wʊdwɪnd] *n* MUS (*section of orchestra*) sección *f* de (instrumentos de) viento de madera ❑ **~ instrument** instrumento *m* de viento de madera

woodwork ['wʊdwɜːk] *n* **-1.** (*craft*) carpintería *f* **-2.** (*of house, room*) madera *f*, carpintería *f*; **they hit the ~ three times** (*in soccer*) estrellaron tres disparos contra los palos; IDIOM **to come** *or* **crawl out of the ~** salir de las sombras, surgir de la nada

woodworm ['wʊdwɜːm] *n* carcoma *f*; **the sideboard has got ~** el aparador está carcomido

woody ['wʊdɪ] *adj* **-1.** (*countryside*) boscoso(a), arbolado(a) **-2.** (*plant*) leñoso(a) ❑ **~ nightshade** dulcamara *f* **-3.** (*taste, smell*) a madera

woof [wʊf] *exclam* (*of dog*) ¡guau!

woofer ['wʊfə(r)] *n* (*hi-fi speaker*) altavoz *m* or *Am* altoparlante *m or Méx* bocina *f* de graves

wool [wʊl] ◇ *n* lana *f*; **pure new ~** pura lana virgen; IDIOM *Fam* **to pull the ~ over sb's eyes** embaucar *or Esp* dar el pego a alguien
 ◇ *adj* (*jacket*) de lana

wooliness *US* = **wooliness**

woollen ['wʊlən] ⬥ *adj (dress)* de lana ❑ **~ mill** fábrica *f* de lana
⬥ *npl* **woollens** prendas *fpl* de lana

woolliness, *US* **wooliness** ['wʊlɪnɪs] *n (of reasoning, style)* carácter *m* farragoso; *(of ideas, theories)* vaguedad *f*, carácter *m* confuso

woolly ['wʊlɪ] ⬥ *adj* **-1.** *(sweater)* de lana; *(sheep)* lanudo(a); *Fig (clouds)* aborregado(a) **-2.** *(idea, theory)* confuso(a), vago(a); *(reasoning, style)* farragoso(a)
⬥ *n Br Fam (jumper)* suéter *m or Esp* jersey *m or Col* saco *m or RP* pulóver *m* de lana; **woollies** ropa *f or* prendas *fpl* de lana

Woolsack ['wʊlsæk] *n Br* **the ~** = escaño que ocupa el presidente de la cámara de los lores

woozy ['wuːzɪ] *adj Fam (dazed)* aturdido(a), atontado(a)

wop [wɒp] *n very Fam* = término despectivo para referirse a personas de origen italiano, *RP* tano(a) *m,f*

Worcester(shire) sauce ['wʊstə(ʃə)'sɔːs] *n* salsa *f* Perrins®

word [wɜːd] ⬥ *n* **-1.** *(in general)* palabra *f*; **what's the ~ for "bottle" in German?** ¿cómo se dice "botella" en alemán?; **I didn't understand a ~ (of it)** no entendí ni una (sola) palabra; **it is written as one ~** se escribe (todo) junto; **in a ~** en una palabra; **in other words** en otras palabras; **she said it in her own words** lo dijo con sus propias palabras; **not in so many words** no con esas palabras; **I had to explain it to him in words of one syllable** se lo tuve que explicar muy clarito; **I can't put it into words** no lo puedo expresar con palabras; **he's a man of few words** es hombre de pocas palabras; **without a ~** sin mediar palabra; **~ for ~** *(to repeat, quote)* al pie de la letra; *(to translate)* palabra por palabra; **I couldn't get a ~ in (edgeways)** no pude meter baza *or RP* pasar ni un aviso; **don't say** *or* **breathe a ~ about it** no digas ni una palabra; **take my ~ for it** te lo aseguro; **I'll take your ~ for it** daré por cierto lo que (me) dices; **I took him at his ~** me fié de su palabra; **it was too ridiculous for words** no se puede imaginar nada más ridículo; **I'm too disappointed for words** no te puedes imaginar lo decepcionado que estoy; *Old-fashioned* **(upon) my ~!** ¡Virgen Santa!; **are you nervous? – nervous isn't the ~!** ¿estás nervioso? – ¡nervioso es poco!; **the Word (of God)** la palabra de Dios, la palabra divina; **the printed/written ~** la palabra impresa/escrita ❑ **~ association** asociación *f* de ideas a través de las palabras; COMPTR **~ count** cuenta *f or Am* conteo *m* de palabras; **~ game** juego *m or* pasatiempo *m* a base de palabras; GRAM **~ order** orden *m* de las palabras; **~ play** juegos *mpl* de palabras; COMPTR **~ processing** tratamiento *m or* procesamiento *m* de textos; COMPTR **~ processor** procesador *m* de textos; COMPTR **~ wrap** salto *m* de línea automático
-2. *(remarks, conversation)* **to have a ~** *or* **a few words with sb** hablar con alguien; **could I have a quick ~?** ¿podríamos hablar un momento?; *Fam* **to have words with sb** *(argue)* discutir con alguien; **to have a ~ in sb's ear** hablar con alguien en privado; **I'd like to say a ~ about punctuation** querría hacer un comentario sobre la puntualidad; **you're putting words in(to) my mouth** me estás atribuyendo cosas que no he dicho; **you've taken the words (right) out of my mouth** me has quitado *or Am* sacado la palabra de la boca; **she wants a ~ with you** quiere hablar contigo; **he never has a good ~ for anyone** nunca tiene buenas palabras para nadie; **to put in a good ~ for sb** decir algo en favor de alguien; **a ~ of advice, a ~ to the wise** un consejo; **a ~ of caution** un consejo; **a ~ of encouragement** unas palabras de aliento; **to say a ~ of thanks to sb** decir unas palabras de agradecimiento a alguien; **a ~ of warning** una advertencia

-3. *(news)* **~ of the scandal was leaked to the press** se filtraron a la prensa noticias del escándalo; **we got ~ of the decision from an inside source** nos enteramos de la decisión por una fuente interna; **I left ~ with reception that I'd be back late** dejé dicho *or Col, Méx, Ven* razón en recepción que volvería tarde; **to put the ~ about** *or* **around** *or* **out that...** hacer circular la voz de que...; **to receive** *or* **have ~ from sb** tener noticias de alguien; **we have received** *or* **had no ~ from them** no hemos sabido nada de ellos, no hemos tenido noticias suyas; **to send sb ~ of sth** avisar a alguien de algo; **they sent ~ to say that they were safe** enviaron un mensaje *or Col, Méx, Ven* mandaron razón diciendo que estaban a salvo; **to spread** *or* **pass the ~** correr la voz; **the ~ is that...**, **the ~ has it that...** se rumorea que...; **the ~ is out that Bob and Liz are to divorce** se rumorea que Bob y Liz se van a divorciar; **~ got around that there were going to be redundancies** corrió la voz de que iba a haber despidos; **by ~ of mouth** de palabra, de boca en boca
-4. *(promise)* palabra *f*; **he broke** *or* **went back on his ~** no cumplió con su palabra; **I give you my ~, you have my ~** te doy mi palabra; **I give you my ~ that I won't tell anyone** te doy mi palabra de que no se lo diré a nadie; **I always keep my ~** yo siempre mantengo mi palabra; **to take sb at their ~** fiarse de la palabra de alguien; **~ of honour** palabra de honor
-5. *(command)* **do it as soon as you receive ~ from headquarters** hazlo tan pronto como recibas órdenes del cuartel general; **to give sb the ~** avisar a alguien; **just say the ~ and I'll do it** no tienes más que pedirlo, y lo haré; **start running at my ~** comienza a correr cuando te lo diga
-6. words *(lyrics)* letra *f*; **I'm learning my words** estoy aprendiendo mi papel; **he forgot his words** se olvidó de lo que tenía que decir
⬥ *vt* expresar; *(in writing)* redactar; **a carefully-worded letter** una carta muy (bien) medida

word-blindness ['wɜːdblaɪndnɪs] *n* alexia *f*
wordfinder ['wɜːdfaɪndə(r)] *n* **-1.** *(puzzle)* sopa *f* de letras **-2.** *(word index)* diccionario *m* de sinónimos

wording ['wɜːdɪŋ] *n* **to change the ~ of sth** redactar algo de otra forma; **the ~ was ambiguous** estaba escrito de forma ambigua

word-perfect [wɜːd'pɜːfɪkt] *adj* al dedillo
wordsearch ['wɜːdsɜːtʃ] *n (puzzle)* sopa *f* de letras

wordsmith ['wɜːdsmɪθ] *n* artífice *mf* de la palabra

wordy ['wɜːdɪ] *adj* verboso(a)
wore *pt of* **wear**

work [wɜːk] ⬥ *n* **-1.** *(labour)* trabajo *m*; **~ in progress** *(sign)* trabajos en curso; **to be at ~ (on sth)** estar trabajando (en algo); **to be at ~** *(workplace)* estar en el trabajo; **men at ~** *(sign)* obras; **you can see his Cubist influences at ~ in this painting** en este cuadro se observan *or* se ponen de manifiesto sus influencias cubistas; **to get to ~** *(begin working)* ponerse a trabajar; *(arrive at workplace)* llegar al trabajo; **to go to ~** *(begin working)* ponerse a trabajar; *(go to workplace)* ir al trabajo; **she put** *or* **set them to ~ cleaning the kitchen** los puso a trabajar limpiando la cocina; **when do you start/finish ~?** ¿cuándo comienzas a/ acabas de trabajar?; **they have finished ~ on the new bus station** ya han acabado las obras de la nueva estación de autobuses; **the house needs a lot of ~** la casa necesita muchas reformas; PROV **all ~ and no play (makes Jack a dull boy)** no conviene obsesionarse con el trabajo ❑ **~ camp** campo *m* de trabajo; **~ clothes** ropa *f* de trabajo; **the ~ ethic** la ética del trabajo; **~ study** estudio *m* de trabajo; **~ surface: there aren't enough ~ surfaces in this kitchen** no hay suficientes superficies para trabajar en esta cocina
-2. *(employment)* trabajo *m*, empleo *m*; **to look for/find ~** buscar/encontrar empleo *or* trabajo; **I'm looking for secretarial ~** busco (un) trabajo de secretaria; **I started ~ at the age of sixteen** comencé a trabajar a los dieciséis (años); **to be in ~** tener trabajo; **to be out of ~** no tener trabajo, *Esp* estar parado(a) ❑ **~ contract** contrato *m* laboral *or* de trabajo; **~ experience** *(previous employment)* experiencia *f* laboral; *Br (placement)* prácticas *fpl* (laborales); **~ permit** permiso *m* de trabajo
-3. *(effort)* esfuerzo *m*; **to put a lot of ~ into sth** poner mucho esfuerzo en algo; **it will take a lot of ~** costará mucho trabajo; **take the ~ out of doing the washing-up!** ¡olvídese del trabajo de fregar!
-4. *(tasks)* trabajo *m*; **to have ~ to do** tener trabajo (que hacer); **let's get down to ~!** ¡manos a la obra!; IDIOM **to have one's ~ cut out** tenerlo bastante difícil; IDIOM **to make quick** *or* **short ~ of sth** despachar algo en seguida; IDIOM **it's all in a day's ~** es el pan nuestro de cada día
-5. *(product, achievement)* obra *f*; **a ~ of art** una obra de arte; **is this all your own ~?** ¿lo has hecho todo tú mismo?; **this is the ~ of a professional killer** ha sido obra de un asesino a sueldo; **good** *or* **nice ~!** ¡buen trabajo!
-6. *(research)* trabajo *m*
-7. IND **a cement works** una fábrica *or Am* planta *f* de cemento, una cementera; **£300 ex works** 300 libras más gastos de envío; **works outing** excursión anual (de los trabajadores de una empresa) ❑ **works council** comité *m* de empresa
-8. works *(construction)* obras *fpl*
-9. works *(mechanism)* mecanismo *m*
-10. *Fam* **the works** *(everything)* todo; **to give sb the works** *(beating)* dar una paliza a alguien; *(luxury treatment)* tratar a alguien a cuerpo de rey
-11. *Fam* **works** *(drug paraphernalia)* material *m* (para ponerse)
-12. PHYS trabajo *m*
⬥ *vt* **-1.** *(hours, days)* trabajar; **I ~ a six-day week** trabajo seis días a la semana; **to ~ one's passage** pagarse el pasaje trabajando en el barco
-2. *(cause to labour)* **to ~ sb hard** hacer trabajar mucho a alguien; **to ~ sb/oneself to death** matar a alguien/matarse a trabajar
-3. *(operate) (machine)* manejar, hacer funcionar; **the machine is worked by turning this handle** la máquina se acciona girando esta manivela; **do you know how to ~ this VCR?** ¿sabes manejar este vídeo *or Am* video?
-4. *(bring about) (miracle, cure)* hacer, obrar; **to ~ a change on sth/sb** operar un cambio en algo/alguien; **the landscape soon worked its magic on us** el paisaje no tardó *or Am* demoró en cautivarnos; **to ~ oneself into a frenzy** ponerse frenético(a); **I'll ~ it** *or* **things so that they pay in advance** lo arreglaré de forma que paguen por adelantado
-5. *(move)* **to ~ one's hands free** lograr soltarse las manos; **he worked his way to the front of the crowd** se abrió paso hasta el frente de la multitud; **to ~ one's way through a book** ir avanzando en la lectura de un libro; **she worked her way up through the company** fue ascendiendo en la escalafón de la empresa
-6. *(do work in)* **I ~ the north of the town** cubro la zona norte de la ciudad
-7. *(exploit) (mine, quarry)* explotar; *(land)* labrar
-8. *(shape) (clay, metal, dough)* trabajar; **to ~ sth into sth** transformar algo en algo
⬥ *vi* **-1.** *(person)* **to ~ as a translator** trabajar de *or* como traductor; **to ~ for sb** trabajar para alguien; **to ~ for oneself** trabajar por cuenta propia; **to ~ towards**

work

an agreement trabajar para alcanzar un acuerdo; **she works with disabled people** trabaja con discapacitados; IND **to ~ to rule** hacer huelga de celo; **we worked until we dropped** trabajamos hasta el agotamiento
-2. *(function)* (machine, system) funcionar; **my brain was working frantically** mi cerebro estaba trabajando a tope; **it works off** or **on solar power** funciona con energía solar
-3. *(have effect)* (medicine) hacer efecto; (plan, method) funcionar; **the sax solo doesn't really ~** el solo de saxo no queda nada bien; IDIOM **to ~ like magic** or **a charm** funcionar de maravilla
-4. *(count)* **her age works against her/in her favour** la edad juega en su contra/en su favor
-5. *(move)* **the screw worked loose** el tornillo se soltó
◆ **work at** *vt insep (try to improve)* intentar mejorar
◆ **work in** *vt sep (include)* añadir, incluir; **~ the butter in slowly** ve incorporando la mantequilla poco a poco
◆ **work into** *vt sep (include)* añadir, incluir; **~ the butter into the flour** mezcla la mantequilla con la harina
◆ **work off** *vt sep* -1. *(get rid of)* **he worked off 5 kilos** con el esfuerzo perdió 5 kilos; **she worked off her frustration** desahogó su frustración -2. *(debt)* trabajar para amortizar
◆ **work on** ◇ *vt insep* -1. *(try to improve)* **to ~ on sth** trabajar en algo -2. *(try to influence)* **I'll ~ on my brother to see if I can get him to help us** trabajaré a mi hermano para que nos ayude -3. *(base oneself on)* **to ~ on the assumption that...** partir de la base de que...
◇ *vi (continue to work)* seguir trabajando
◆ **work out** ◇ *vt sep* -1. *(cost, total)* calcular; *(plan)* elaborar; *(compromise)* llegar a; *(details)* precisar; **to ~ out the answer** dar con la solución; **she won't tell us the answer, so we'll have to ~ it out for ourselves** no quiere decirnos la respuesta, por lo que la tendremos que sacar por nosotros mismos; **to ~ out how to do sth** dar con la manera de hacer algo; **I finally worked out what was going on** al final conseguí entender lo que pasaba; **we need to ~ out who does what** necesitamos establecer quién hace qué; **I can't ~ out where I went wrong** no consigo descubrir dónde me he equivocado; **we need to ~ out a way of letting them know** tenemos que idear una manera de decírselo; **I've got it all worked out** lo tengo todo planeado; **I'm sure we can ~ this thing out** estoy seguro de que lo podemos arreglar; **I can't ~ her out** no consigo entenderla
-2. *(solve)* **it'll all ~ itself out** todo se arreglará
-3. *(complete)* **I can't start my new job until I've worked out my notice** no puedo empezar mi nuevo trabajo hasta que no cumpla mis obligaciones contractuales con el que tengo ahora
◇ *vi* -1. *(problem, situation)* **it all** or **things worked out in the end** al final todo salió bien; **to ~ out well/badly (for sb)** salir bien/mal (a alguien); **how are things working out with your new boyfriend?** ¿qué tal te van las cosas con tu nuevo novio?; **my new job isn't really working out** mi nuevo trabajo no está resultando
-2. *(total)* salir; **it works out a bit more expensive** sale un poco más caro; **it works out at $150 each** sale a 150 dólares por cabeza
-3. *(exercise)* hacer ejercicios
◆ **work over** *vt sep Fam (beat up)* dar una paliza a
◆ **work up** *vt sep* -1. *(acquire, build up)* **to ~ up enthusiasm/interest for sth** ir entusiasmándose con/interesándose por algo; **to ~ up the courage to do sth** reunir el valor

para hacer algo; **I've worked up an appetite after all that walking** después de tanto caminar me ha entrado el apetito; **I worked up a sweat on the exercise bike** sudé mucho en la bicicleta estática; *Fig* **he won the competition without working up a sweat** ganó el campeonato sin despeinarse
-2. *(upset)* **to be worked up (about sth)** estar alterado(a) (por algo); **to get worked up (about sth), to ~ oneself up (about sth)** alterarse (por algo); **to ~ oneself up into a frenzy** ponerse frenético(a)
-3. *(develop)* **she worked the notes up into an article** convirtió las notas en un artículo
◆ **work up to** ◇ *vt insep* prepararse or *Am* alistarse para
◇ *vt sep* **I'm working myself up to asking her out** me estoy mentalizando para pedirle salir

workable [ˈwɜːkəbəl] *adj* -1. *(solution, plan, proposal)* viable, factible -2. *(mine)* explotable; *(field)* cultivable

workaday [ˈwɜːkədeɪ] *adj (clothes)* de diario; *(routine)* diario(a), de todos los días

workaholic [ˌwɜːkəˈhɒlɪk] *n Fam* **to be a ~** estar obsesionado(a) con el trabajo

workbag [ˈwɜːkbæɡ] *n* bolsa *f* de la labor

workbasket [ˈwɜːkbɑːskɪt] *n* cesta *f* de la labor, costurero *m*

workbench [ˈwɜːkbentʃ] *n* banco *m* de carpintero

workbook [ˈwɜːkbʊk] *n* libro *m* de ejercicios

workbox [ˈwɜːkbɒks] *n* cesta *f* de la labor, costurero *m*

workday [ˈwɜːkdeɪ] *n US* jornada *f* laboral

worked [wɜːkt] *adj* trabajado(a), elaborado(a); **a ~ example** *(in textbook)* un ejemplo resuelto

worker [ˈwɜːkə(r)] *n* trabajador(ora) *m,f*; **skilled workers** mano *f* de obra cualificada; **to be a fast/slow ~** trabajar rápido/lento; **he's a hard ~** es muy trabajador ❏ **~ ant** hormiga *f* obrera; **~ bee** abeja *f* obrera; **~ participation** = participación de los trabajadores en la gestión de la empresa; **~ priest** sacerdote *m* or cura *m* obrero

workfare [ˈwɜːkfeə(r)] *n US* = trabajos para la comunidad o cursos de formación de carácter obligatorio para desempleados con subsidio

workforce [ˈwɜːkfɔːs] *n* -1. *(working population)* población *f* activa -2. *(employees)* trabajadores *mpl*, mano *f* de obra

workhorse [ˈwɜːkhɔːs] *n* -1. *(horse)* caballo *m* de tiro -2. *(person)* burro *m* de carga; *(machine)* principal herramienta *f*

workhouse [ˈwɜːkhaʊs] *n* HIST = institución pública en la que los pobres trabajaban a cambio de comida y albergue

work-in [ˈwɜːkɪn] *n (by employees)* encierro *m*

working [ˈwɜːkɪŋ] ◇ *n* -1. *(operation)* *(of machine)* funcionamiento *m* -2. **workings** *(mechanism)* mecanismo *m*, maquinaria *f*; *Fig (of government, system)* funcionamiento *m*; **it's difficult to understand the workings of his mind** es difícil entender los entresijos de su mente
◇ *adj* -1. *(person)* trabajador(ora); **a relaxed ~ environment** un ambiente de trabajo tranquilo; **we have a close ~ relationship** nos compenetramos bien en el trabajo ❏ **the ~ class** la clase trabajadora or obrera; **~ clothes** ropa *f* de trabajo; **~ conditions** condiciones *fpl* de trabajo; **~ day** *(hours of work in a day)* jornada *f* laboral; *(not holiday)* día *m* laborable; *Euph* **~ girl** *(prostitute)* chica *f* de la calle; **~ hours** horario *m* laboral or de trabajo; **~ life** vida *f* laboral; **~ lunch** almuerzo *m* de trabajo; *Br* **~ men's club** club *m* social de trabajadores; **~ population** población *f* activa; **~ week** semana *f* laboral
-2. *(functioning)* *(farm, factory)* en funcionamiento; **to be in ~ order** funcionar bien; **to have a ~ knowledge of French** tener un conocimiento básico de francés ❏ **~ agreement** acuerdo *m* tácito; FIN **~ capital**

world

capital *m* circulante; **~ hypothesis** hipótesis *f inv* de trabajo; **~ majority** mayoría *f* suficiente; **~ model** prototipo *m*; **~ party** comisión *f* de trabajo

working-class [ˌwɜːkɪŋˈklɑːs] *adj (person, accent)* de clase trabajadora or obrera; *(community, district)* obrero(a); **he's ~** es de clase obrera

workload [ˈwɜːkləʊd] *n* cantidad *f* de trabajo; **he has a very heavy ~** tiene mucho trabajo

workman [ˈwɜːkmən] *n* obrero *m*; PROV **a bad ~ always blames his tools** el mal trabajador siempre le echa la culpa a sus herramientas

workmanlike [ˈwɜːkmənlaɪk] *adj* competente, profesional

workmanship [ˈwɜːkmənʃɪp] *n* confección *f*, factura *f*; **a fine piece of ~** un trabajo de excelente factura; **many of the problems can be traced back to poor ~** muchos de los problemas pueden tener su origen en la falta de profesionalidad or el trabajo mal hecho

workmate [ˈwɜːkmeɪt] *n Br* compañero(a) *m,f* de trabajo

work-out [ˈwɜːkaʊt] *n* sesión *f* de ejercicios

workplace [ˈwɜːkpleɪs] *n* lugar *m* de trabajo

workroom [ˈwɜːkruːm] *n* taller *m*

worksharing [ˈwɜːkʃeərɪŋ] *n* reparto *m* del trabajo

worksheet [ˈwɜːkʃiːt] *n (detailing work plan)* hoja *f* de trabajo; *(of exercises)* hoja *f* de ejercicios

workshop [ˈwɜːkʃɒp] *n* -1. *(for repairs)* taller *m* -2. EDUC taller *m*

workshy [ˈwɜːkʃaɪ] *adj* perezoso(a)

workspace [ˈwɜːkspeɪs] *n* espacio *m* de trabajo

workstation [ˈwɜːksteɪʃən] *n* COMPTR estación *f* de trabajo

worktable [ˈwɜːkteɪbəl] *n* mesa *f* de trabajo

worktop [ˈwɜːktɒp] *n (in kitchen)* encimera *f*

work-to-rule [ˌwɜːktəˈruːl] *n* IND huelga *f* de celo

workwear [ˈwɜːkweə(r)] *n* ropa *f* de trabajo

world [wɜːld] ◇ *n* -1. *(the earth)* mundo *m*; **the best/biggest in the ~** el mejor/más grande del mundo; **workers of the ~, unite!** proletarios del mundo, ¡uníos!; **to go round the ~** dar la vuelta al mundo; **to sail round the ~** circunnavegar el mundo; **to see the ~** ver mundo; **the ~ over, all over the ~** en todas partes; **people from all over the ~** gente de todas partes ❏ **the World Bank** el Banco Mundial; **~ champion** campeón(ona) *m,f* mundial; **~ championship(s)** campeonato *m* mundial, campeonatos *mpl* mundiales; **World Council of Churches** Consejo *m* Mundial de Iglesias; **the World Cup** *(of soccer)* el Mundial (de fútbol), los Mundiales (de fútbol); *(of cricket, rugby, basketball)* el Mundial, el Campeonato del Mundo; *US* **~'s fair** exposición *f* universal; **World Health Organization** Organización *f* Mundial de la Salud; **~ language** lenguaje *m* universal; **~ map** mapamundi *m*; **~ music** música *f* étnica; **~ power** *(country)* potencia *f* mundial; **~ record** récord *m* mundial or del mundo; **World Series** Serie *f* Mundial, = final a siete partidos entre los dos campeones de las ligas de béisbol en Estados Unidos; **World Service** *(of BBC)* = división de la BBC que emite programas para el extranjero; **World Trade Organization** Organización *f* Mundial del Comercio; **~ war** guerra *f* mundial; **World War One** la Primera Guerra Mundial; **World War Two** la Segunda Guerra Mundial; **the World Wide Web** la (World Wide) Web; **World Wildlife Fund** Fondo *m* Mundial para la Naturaleza
-2. *(sphere of activity)* mundo *m*; **the literary/business ~** el mundo literario/de los negocios
-3. *(kingdom)* **the animal/plant ~** el mundo animal/vegetal
-4. *(society)* **to create a better ~** crear un mundo mejor; **to come down in the ~** venir

world-beater

a menos; **to go up in the ~** prosperar; **a man of the ~** un hombre de mundo; **the ~ at large** el mundo en general ❑ → **view** visión f del mundo

-5. *(for emphasis)* **there's a ~ of difference between the two parties** hay una diferencia abismal *or* enorme entre los dos partidos; **that will do you the** *or* **a ~ of good** te vendrá la mar de bien; **I'd give the ~ to...** daría cualquier cosa *or* lo que fuera por...; **you mean (all) the ~ to me** lo eres todo para mí; **she thinks the ~ of him** lo quiere como a nada en el mundo; **they carried on for all the ~ as if nothing had happened** siguieron tranquilamente como si nada hubiera pasado; **I wouldn't do that for anything in** *or* **all the ~** no lo haría ni por todo el oro del mundo; **nothing in the ~ can stop them** nada en el mundo los detendrá; **what/where/who in the ~....?** ¿qué/dónde/quién demonios...?

-6. IDIOMS *Fam Hum* **all the ~ and his wife** *or* **her husband were there** todo Dios estaba allí; **to watch the ~ go by** ver a la gente pasar; **they are worlds apart** media un abismo entre ellos/ellas; **he's not long for this ~** le queda poco, está con un pie en la tumba; **the ~ is your oyster** el mundo es tuyo; **to bring a child into the ~** traer un niño al mundo; *Literary* **to come into the ~, to enter this ~** venir al mundo; **what is the ~ coming to?** ¿adónde vamos a ir a parar?; **he wants to have the best of both worlds** quiere estar en misa y repicando, quiere nadar y guardar la ropa; **he's got the ~ at his feet** tiene el mundo a sus pies; **she lives in a ~ of her own** vive en su propio mundo; **her ~ came crashing down (about her** *or* **her ears)** se le vino el mundo abajo; **love makes the ~ go round** el amor lo puede todo; **to set the ~ alight** *or* **on fire** causar sensación; **in the next ~** en el otro mundo; **in this ~ and the next** en esta y en la próxima vida; **multinationals like the General Motors of this ~** las multinacionales como la General Motors; *Fam* **it's out of this ~** es una maravilla

◇ *adj (peace, economy, statesman)* mundial; *(history)* del mundo, universal

world-beater ['wɜːldbiːtə(r)] *n (sportsperson)* fuera de serie mf; *(product)* producto m fuera de serie

world-class ['wɜːldklɑːs] *adj* SPORT de talla mundial *or* internacional; *Ironic* de marca mayor

world-famous ['wɜːld'feɪməs] *adj* mundialmente famoso(a)

worldliness ['wɜːldlɪnɪs] *n* sofisticación f, mundanería f

worldly ['wɜːldlɪ] *adj (person)* mundano(a); *(pleasure)* mundano(a), terrenal; **she was very ~ for one so young** había visto mucho mundo para alguien de su edad ❑ **~ goods** bienes mpl terrenales; **~ wisdom** gramática f parda

worldly-wise ['wɜːldlɪ'waɪz] *adj* **to be ~** tener mucha experiencia de *or* en la vida

world-shattering ['wɜːldʃætərɪŋ], **world-shaking** ['wɜːldʃeɪkɪŋ] *adj* extraordinariamente trascendental

world-weary ['wɜːldwɪərɪ] *adj* hastiado(a) (del mundo)

worldwide ['wɜːldwaɪd] ◇ *adj* mundial
◇ *adv* en todo el mundo

worm [wɜːm] ◇ *n* **-1.** *(in general)* gusano m; *(earthworm)* lombriz f (de tierra); **to have worms** *(intestinal)* tener lombrices **-2.** COMPTR gusano m **-3.** IDIOMS **he's a ~** es un miserable *or* un gusano; **the ~ has turned!** ¡finalmente el perro enseña los dientes!; **a ~'s eye view** una visión humilde de las cosas

◇ *vt* **-1.** *(cat, dog)* administrar vermífugos a **-2.** *(wriggle)* **she wormed her way out of the situation** se las ingenió para salir del paso; *Pej* **to ~ oneself into sb's favour/confidence** apañárselas para ganarse el favor/la confianza de alguien **-3.** *(extract)* **to ~ a secret out of sb** sonsacar un secreto a alguien

wormcast ['wɜːmkɑːst] *n* = cúmulo dejado por una lombriz de tierra

worm-eaten ['wɜːmiːtən] *adj (wood)* carcomido(a); *(fruit)* agusanado(a)

wormhole ['wɜːmhəʊl] *n* **-1.** *(in wood, fruit)* agujero m de gusano **-2.** ASTRON agujero m de gusano

wormwood ['wɜːmwʊd] *n* **-1.** *(plant)* ajenjo m **-2.** *Literary (bitterness)* amargura f

worn ◇ *pp* of **wear**
◇ *adj* **-1.** *(shoes, rug, tyre)* gastado(a) **-2.** *(weary)* *(person)* agotado(a)

worn out [wɔːn'aʊt] *adj* **-1.** *(person)* rendido(a), extenuado(a) **-2.** *(object)* gastado(a); *(idea)* trillado(a)

worried ['wʌrɪd] *adj (person)* preocupado(a); **a ~ expression/look** una expresión/mirada de preocupación; **I'm ~ that I won't remember** me preocupa que se me olvide; **to be ~ (about)** estar preocupado (por); **I'm ~ about the future** me preocupa el futuro; **to be ~ sick** *or* **to death** estar muerto(a) de preocupación; **they are ~ for his safety** están preocupados por su seguridad, les preocupa su seguridad; **you had me ~ for a minute** por un momento me llegaste a preocupar

worriedly ['wʌrɪdlɪ] *adv* con preocupación

worrier ['wʌrɪə(r)] *n* **to be a ~** preocuparse por todo; **he's a born ~** siempre se ha preocupado demasiado por todo

worrisome ['wʌrɪsəm] *adj* preocupante

worry ['wʌrɪ] ◇ *n* **-1.** *(anxiety)* preocupación f; **it's causing me a lot of ~** me tiene muy preocupado; **money is a constant source of ~** el dinero es una fuente constante de preocupaciones
-2. *(concern, problem)* preocupación f; **he doesn't seem to have any worries** no parece tener ninguna preocupación; **her sons are a constant ~ to her** sus hijos son una preocupación constante para ella; **that's the least of my worries** eso es lo que menos me preocupa ❑ **~ beads** = sarta de cuentas que se manipula para calmar los nervios

◇ *vt* **-1.** *(cause anxiety to)* preocupar; **it doesn't ~ me** no me preocupa; **he was worried by her sudden disappearance** estaba preocupado por su repentina desaparición, su repentina desaparición lo tenía preocupado; **it doesn't seem to ~ you if other people get killed** parece que te trae sin cuidado que otros puedan morir; **to ~ oneself sick (about sth)** angustiarse (por algo)
-2. *(of dog)* *(sheep)* perseguir, acosar; *(bone)* roer

◇ *vi* preocuparse (**about** de *or* por); **what's the use of worrying?** ¿de qué sirve preocuparse?; **don't (you) ~ about me** no te preocupes por mí; **I ~ about him finding out** me preocupa que se entere; **I'll pay it back next week – no, don't ~ about it!** te lo pago la semana que viene – ¡no te preocupes!; **there's** *or* **it's nothing to ~ about** no hay de qué *or* por qué preocuparse; **not to ~!** ¡no pasa nada!; **they'll be found, don't you ~** los encontrarán, ya lo verás; *Ironic* **YOU should ~!** ¡mira quién fue a preocuparse!, ¡tú no tienes problema!

◆ **worry at** *vt insep (bone)* roer; *(scab)* tocarse; *(problem)* darle vueltas a

worrying ['wʌrɪɪŋ] *adj* preocupante; **the ~ thing is that it could happen again** lo preocupante es que podría volver a pasar

worryingly ['wʌrɪɪŋlɪ] *adv* de forma preocupante, preocupantemente; **~, there has been no improvement** es muy preocupante que no haya habido ninguna mejora; **even more ~,...** lo que es aún más preocupante es que...

worrywart ['wʌrɪwɔːt] *n US Fam Esp* angustias mf inv, *Am* angustiado(a) m,f

worse [wɜːs] ◇ *n* **there was ~ to come, ~ was to follow** lo peor no había llegado aún; **I've seen ~** he visto cosas peores; **a change for the ~** un cambio a *or* para peor

◇ *adj (comparative of "bad")* peor (**than** que); **there's nothing ~ than...** no hay nada peor que...; **it's ~ than we thought** es peor de lo que pensábamos; **it's now ~ than useless** ya no sirve *or* vale para nada; **to get ~** empeorar; **the wind got ~** el viento comenzó a soplar con más fuerza; **the rain got ~** comenzó a llover más fuerte; **it could have been ~** podría haber sido peor; **rubbing your eyes will only make them ~** frotándote los ojos no arreglas nada; **it only made things ~** sólo empeoró las cosas; **to go from bad to ~** ir de mal en peor; **I'm none the ~ for the experience** me siento perfectamente a pesar de la experiencia; **he's lost a couple of kilos but he's none the ~ for it** ha perdido un par de kilos y le ha sentado muy bien; **so much the ~ for them!** ¡peor para ellos!; **she was the ~ for drink** estaba bastante bebida; *Fam* **to be the ~ for wear** estar para tirar, estar para el arrastre; *Fam* **it was none the ~ for wear** tampoco estaba tan mal; **and, what's ~,...** y, lo que es peor,...; *Fam* **I can't go, ~ luck!** ¡no puedo ir, por desgracia!; PROV **things happen at sea** más se perdió en la guerra (de Cuba), hay cosas peores

◇ *adv (comparative of "badly")* peor; **you could do (a lot) ~ than accept their offer** harías bien en aceptar su oferta; **he may not be terribly handsome, but you could do (a lot) ~** puede que no sea muy atractivo, pero los hay peores; **I don't think any ~ of her for it** no tengo peor concepto de ella por eso; **he is ~ off than before** *(in less advantageous situation)* las cosas le van peor que antes; *(poorer)* está peor económicamente que antes; **I'm $100 ~ off than before** tengo 100 dólares menos que antes

worsen ['wɜːsən] ◇ *vt* empeorar
◇ *vi* empeorar

Worship ['wɜːʃɪp] *n* **His/Her ~** *(referring to judge)* Su Señoría; **His ~ the Mayor** el excelentísimo señor alcalde

worship ['wɜːʃɪp] ◇ *n (of deity)* adoración f (**of** de), culto m (**of** a); *(of person)* adoración f (**of** por); **freedom of ~** libertad f de culto; **place of ~** templo m; **an act of ~** un rito religioso, una ceremonia religiosa; **the rock star has become an object of ~** las estrellas del rock se han convertido en personajes de culto; **the ~ of wealth and power** el culto a la riqueza y al poder

◇ *vt (pt & pp* **worshipped**, *US* **worshiped**) *(deity)* adorar, rendir culto a; *(person)* adorar; *(money)* rendir culto a; **they worshipped the ground she walked on** besaban el suelo que ella pisaba

◇ *vi* rezar; **the church where she worshipped for ten years** la iglesia adonde acudió (a rezar) durante diez años; **they worshipped at the temple of Apollo** eran devotos del templo de Apolo

worshipper, *US* **worshiper** ['wɜːʃɪpə(r)] *n* **-1.** *(of deity)* fiel mf, devoto(a) m,f; **thousands of worshippers came to the shrine** miles de fieles acudieron al santuario **-2.** *(of person)* admirador(ora) m,f; **worshippers of material possessions** los que rinden culto a los bienes materiales

worst [wɜːst] ◇ *n* **the ~** lo peor; *(plural)* los peores; **he's the ~ of them all** es el peor de todos; **the ones that refuse to cooperate are the ~** los que se niegan a cooperar son los peores; **that's the ~ I've ever played** nunca había jugado tan mal; **the ~ that could happen** lo peor que podría suceder; **the ~ of it is that...** lo peor de todo es que...; **he's prepared for the ~** está preparado para lo peor; **the ~ is yet to come** lo peor aún está por llegar; **the ~ is over** ya ha pasado lo peor; **she's at her ~ in the mornings** la mañana es su peor momento del día; **an example of communism at its ~** un ejemplo de lo peor del comunismo; **at (the) ~** en el peor de los casos; **he brings out the ~ in me** hace aflorar lo peor de mí mismo(a); *Fam Fam* **do your ~!** ¡aquí te espero!, *Esp* ¡ven a por mí si puedes!; **we have taken all possible precautions, so let**

worsted

the hurricane do its ~! hemos tomado todas las precauciones posibles, ¡ya puede venir el huracán!; **she got** or **had the ~ of it** (in quarrel, fight) se llevó la peor parte; [IDIOM] **if it** or **the ~ comes to the ~** en el peor de los casos

◇ adj (superlative of "bad") peor; **the ~ book** el peor libro; **the ~ movie** la peor película; **his ~ mistake** su error más grave; **the ~ one** el/la peor; **the ~ ones** los/las peores; **the ~ thing was...** lo peor fue...; **this is a ~ case scenario** esto es lo que ocurriría en el peor de los casos

◇ adv (superlative of "badly") peor; **the North has been ~ hit by the storms** el Norte ha sufrido los peores efectos de las tormentas; **~ of all,...** y lo que es peor,...; **the elderly are the ~ off** (in least advantageous situation) los ancianos son los que peor están; (poorest) los ancianos son los que menos dinero tienen; **he came off ~** se llevó la peor parte, fue quien salió peor parado

◇ vt Old-fashioned derrotar

worsted ['wɜːstɪd] n TEX estameña f

worth [wɜːθ] ◇ n valor m; **give me $30 ~ of gasoline** póngame 30 dólares de gasolina or RP nafta; **a week's ~ of fuel** combustible para una semana; **men of such ~ are few and far between** hombres tan valiosos se pueden contar con los dedos de una mano; **to get one's money's ~** sacar partido al or del dinero; **he always wants to get his money's ~** siempre quiere sacarle el máximo partido a su dinero; **you should know your own ~** deberías saber lo que vales; **she has proved** or **shown her ~** ha desmostrado su valía

◇ prep **-1.** (having a value of) **to be ~ £150/a lot of money** valer 150 libras/mucho dinero; **how much is it ~?** ¿qué valor tiene?; **prizes ~ $10,000** premios por valor de 10.000 dólares; **is it really ~ all that money?** ¿vale la pena pagar ese precio?; **it was (well) ~ the money we paid for it** justificó el dinero que pagamos por él; **it must be ~ a fortune** debe costar or valer una fortuna; **this watch is ~ a lot to me** tengo muchísimo aprecio a este reloj; Fam **can I borrow your bike? – what's it ~?** ¿me prestas tu bici? – ¿a cambio de qué?; Fam **he's ~ at least 50 million** tiene por lo menos 50 millones; **he was pulling for all he was ~** tiraba con todas sus fuerzas; **we exploited the loophole for all it was ~** aprovechamos el vacío legal al máximo; **that's my opinion, for what it's ~** esa es mi opinión, si sirve de algo; **for what it's ~, we wouldn't have won anyway** total, para lo que importa, no hubiéramos ganado de ninguna manera; [IDIOM] **it's not ~ the paper it's written on** no vale siquiera el papel en el que está escrito, Esp es papel mojado; [IDIOM] **you're ~ your weight in gold** vales tu peso en oro

-2. (meriting) **it's ~ it** merece or vale la pena; **it isn't ~ it** no merece or vale la pena; **her achievement was ~ a mention in the local paper** su logro mereció una mención en el periódico local; **it was ~ a try** mereció or valió la pena intentarlo; **the museum is ~ a visit** merece or vale la pena visitar el museo; **it was (well) ~ the effort** el esfuerzo (ciertamente) mereció or valió la pena; **this book is not ~ buying** no merece or vale la pena comprar este libro; **he isn't ~ crying about** no merece or vale la pena que llores por él; **it's ~ reading the instructions first** conviene leer primero las instrucciones; **it's ~ remembering/mentioning that...** cabe recordar/mencionar que...; **it's ~ thinking about** es algo a tener en cuenta

worthiness ['wɜːðɪnɪs] n (of person) valía f; (of cause, project, contribution) mérito m

worthless ['wɜːθlɪs] adj **to be ~** (thing) no valer nada, no tener ningún valor; (advice, suggestion) no servir para nada; **he's completely ~** es un perfecto inútil

worthlessness ['wɜːθlɪsnɪs] n (of thing) insignificancia f; (of advice, person) inutilidad f

worthwhile [wɜːθ'waɪl] adj **to be ~** merecer or valer la pena; **this makes it all ~** esto hace que valga la pena; **all the hard work was well ~** todas las horas de trabajo merecieron la pena

worthy ['wɜːðɪ] ◇ n **the town worthies** los notables or las fuerzas vivas de la ciudad

◇ adj (person, life) virtuoso(a); (winner) digno(a), merecido(a); **it's for a ~ cause** es para una causa justa; **to be ~ of sth** ser digno de algo; **~ of respect** digno(a) de respeto; **other features ~ of mention are...** otras características dignas de mención son...; **her remarks are ~ of contempt** sus comentarios no merecen otra cosa que desprecio; **the town has no museum ~ of the name** la ciudad no tiene un museo digno de tal nombre; **it isn't ~ of him** eso le desmerece; **he's not ~ of her** él no se la merece, él no es digno de ella

wotcha ['wɒtʃə], **wotcher** ['wɒtʃə(r)] exclam Br Fam ¡qué tal!, ¡qué pasa!, CAm, Col, Méx ¡qué hubo!

would [wʊd] ◇ modal aux v **-1.** (expressing conditional tense) **she ~ come if you invited her** si la invitases, vendría; **had he let go** or **if he had let go, he ~ have fallen** si (se) hubiera soltado, se habría caído; **it ~ be too dangerous** sería demasiado peligroso; **they ~ never agree to such conditions** nunca aceptarían unas condiciones así; **~ you do it? – yes I ~/no I wouldn't** ¿lo harías? – sí/no; **you wouldn't do it, ~ you?** tú no lo harías, ¿verdad?; **I ~ if I could** lo haría si pudiera

-2. (in reported speech) **she told me she ~ be there** me dijo que estaría allí; **I said I ~ do it** dije que lo haría; **I asked him to leave, and he said he ~/but he said he wouldn't** le pedí que se marchara, y dijo que sí/pero dijo que no

-3. (expressing wish, determination) **I wouldn't do it for anything** no lo haría por nada del mundo; **I ~ like to know** me gustaría saberlo; **she wouldn't let me speak to him** no me dejaba hablar con él; **they wouldn't say who did it** no querían decir quién lo había hecho; **what ~ you have me do?** ¿qué quieres que haga?; **the wound wouldn't heal** la herida no cicatrizaba

-4. (in polite requests) **~ you pass the mustard please?** ¿me pasas la mostaza, por favor?; **~ you let me know as soon as possible?** ¿me lo podrías decir cuanto antes?; **~ you like a drink?** ¿Esp te apetece or Carib, Col, Méx te provoca or Méx se te antoja or CSur tenés ganas de tomar algo?; **~ you mind if I smoked?** ¿te importaría que fumara?; **be quiet, ~ you!** haz el favor de callarte, ¿quieres?; **you wouldn't let me borrow your bike, ~ you?** ¿no te importaría dejarme prestada tu moto, no?; **I'll do it – ~ you?** lo haré yo – ¿de verdad?

-5. (expressing polite opinion) **I ~ suggest that...** yo sugeriría que...; **it's not what I ~ have hoped for** no es lo que había esperado; **I ~ have thought you ~ know the answer** alguien como tú debería saber la respuesta; **I wouldn't have said that was the way to do it, actually** me parece que esa no es la manera de hacerlo

-6. (expressing preference) **I'd rather go later** preferiría ir más tarde; **I'd sooner** or **just as soon not tell them** preferiría no contárselo

-7. (expressing advice) **I'd let the boss know about it** yo se lo diría al jefe; **I wouldn't take any notice of her** yo no le haría ningún caso

-8. (expressing conjecture) **why ~ he say such a thing?** ¿por qué habrá dicho algo así?; **~ that be my pencil you're using?** ¿no será ese lápiz que estás usando el mío?; **he was a tall man with a red beard – that ~ be Phil** era un hombre alto con barba roja – debió ser Phil; **that ~ have been before your time** eso debe de haber sido antes de tu época; **I wouldn't know** no sé

wrap

-9. (for emphasis) **you WOULD insist on going!** ¡pero tú tenías que insistir en ir!; **it WOULD have to happen today of all days!** ¡y precisamente tenía que ocurrir hoy!; **I forgot – you WOULD** se me olvidó – ¡cómo no!; **they WOULD say that!** ¡qué iban a decir si no!

-10. (expressing past habit) **she ~ often return home exhausted** solía volver agotada a casa; **there ~ always be some left over** siempre sobraba algo

◇ **would that** conj Literary ¡ojalá!; **~ that she were mine!** ¡ojalá fuera mía!

would-be ['wʊdbiː] adj **a ~ actor/politician** un aspirante a actor/político

wouldn't ['wʊdənt] = **would not**

wound¹ [wuːnd] ◇ n **-1.** (physical) herida f; **a bullet/knife ~** una herida de bala/navaja; **he had serious head wounds** tenía graves heridas en la cabeza **-2.** (emotional) herida f; **he was still suffering from deep psychological wounds** aún tenía profundas heridas psicológicas; **to reopen an old ~** abrir una vieja herida

◇ vt **-1.** (physically) herir; **she was wounded in the shoulder** estaba herida en el hombro **-2.** (emotionally) herir; **he was deeply wounded by their criticism** sus críticas lo afectaron or hirieron profundamente; **to ~ sb's pride** herir el orgullo de alguien

wound² pt & pp of **wind²**

wounded ['wuːndɪd] ◇ npl **the ~** los heridos
◇ adj (person, animal, pride) herido(a); **to be ~** estar herido(a)

wounding ['wuːndɪŋ] adj hiriente

wove pt of **weave**

woven pp of **weave**

wow [waʊ] Fam ◇ vt encandilar, deslumbrar
◇ exclam ¡hala!, RP ¡uau!

WP ['dʌbəljuːpiː] n COMPTR **-1.** (abbr **word processor**) procesador m de textos **-2.** (abbr **word processing**) tratamiento m de textos

WPC ['dʌbəljuːpiːsiː] n Br (abbr **woman police constable**) agente f de policía

wpm ['dʌbəljuːpiːem] (abbr **words per minute**) palabras fpl por minuto

WRAC [ræk] n Br (abbr **Women's Royal Army Corps**) = sección femenina del ejército británico

WRAF [ræf] (abbr **Women's Royal Air Force**) = sección femenina de las fuerzas aéreas británicas

wraith [reɪθ] n Literary espectro m

wraithlike ['reɪθlaɪk] adj Literary fantasmagórico(a), espectral

wrangle ['ræŋgəl] ◇ n disputa f; **a long legal ~ over the amount of damages** una larga disputa legal acerca de la cantidad a percibir en concepto de daños

◇ vt US (cattle, horses) arrear

◇ vi pelear, reñir (**about** or **over** por)

wrangler ['ræŋglə(r)] n US (cowboy) vaquero m

wrangling ['ræŋglɪŋ] n riñas fpl, disputas fpl; **there was a lot of ~ over who to give the job to** hubo mucho tira y afloja acerca de a quién debía dársele el puesto

wrap [ræp] ◇ n **-1.** (shawl) chal m **-2.** (cover) envoltorio m; [IDIOM] **to keep sth under wraps** mantener algo en secreto; [IDIOM] **to take the wraps off** sacar a la luz **-3.** CIN **it's a ~** se acabó **-4.** (sandwich) = tipo de Esp bocadillo o Am sándwich doblado por la mitad

◇ vt (pt & pp **wrapped**) envolver (**in** en or con); **the baby was wrapped in a blanket** el bebé iba envuelto en una manta; **he wrapped the vase in tissue paper** envolvió el jarrón con papel de seda; **she had a towel wrapped around her head** llevaba la cabeza envuelta en or con una toalla; **she wrapped the bandage round his head** le puso la venda alrededor de la cabeza; **she wrapped her arms around him** lo estrechó entre sus brazos, lo rodeó con sus brazos; **she wrapped her legs around him** lo rodeó con sus piernas; **would you like it wrapped?** ¿quiere que se lo envuelva?,

¿se lo envuelvo?, *Arg* ¿es para regalo?; *Fig* **wrapped in mystery** rodeado(a) de misterio; *Fam Fig* **he wrapped the car round a tree** estrelló el auto contra un árbol

◆ **wrap up** ◇ *vt sep* **-1.** *(parcel, present)* envolver; *Fig* **to be wrapped up in sth** *(absorbed)* estar embebido(a) en algo; **she's very wrapped up in herself** piensa demasiado en sí misma **-2.** *Fam (bring to an end)* finiquitar, poner punto final a; **that wraps up business for today** con esto terminamos por hoy **-3.** *US (summarize)* resumir; **she wrapped up her talk with three points** resumió su charla en tres puntos

◇ *vi* **-1.** *(dress warmly)* abrigarse **-2.** *Br Fam (be quiet)* callarse; **~ up!** ¡cállate (la boca)!

wraparound ['ræpəraʊnd] ◇ *n* **-1.** *(skirt)* falda *f* or *RP* pollera *f* cruzada; *(blouse)* blusa *f* cruzada **-2.** COMPTR contorneo *m*

◇ *adj (skirt, blouse)* cruzado(a) ❏ **~ sunglasses** gafas *fpl* de sol aerodinámicas, *Am* anteojos *mpl* de sol aerodinámicos

wrapper ['ræpə(r)] *n* **-1.** *(of sweet, parcel, cigar)* envoltorio *m* **-2.** *(cover) (on book)* sobrecubierta *f*; *(on magazine, newspaper)* faja *f* **-3.** *US (dressing-gown)* salto *m* de cama

wrapping ['ræpɪŋ] *n* envoltura *f*, envoltorio *m* ❏ **~ paper** *(for gifts)* papel *m* de regalo; *(for parcels, packages)* papel *m* de embalar or embalaje

wrath [rɒθ] *n Literary* ira *f*, cólera *f*

wrathful ['rɒθfʊl] *adj Literary* iracundo(a), colérico(a)

wrathfully ['rɒθfʊlɪ] *adv Literary* coléricamente, de manera iracunda

wreak [ri:k] *vt* **to ~ havoc (on)** causar estragos (en); **the strike wreaked havoc with my holiday plans** la huelga hizo trizas mis planes para las vacaciones; **to ~ vengeance on sb** vengarse de alguien

wreath [ri:θ] *n* **-1.** *(of flowers)* corona *f* (de flores); **the President laid a ~ at the war memorial** el presidente depositó una corona de flores en el monumento a los caídos **-2.** *(of mist, smoke)* espiral *f*, columna *f*

wreathe [ri:ð] *vt* rodear con una corona; **the pulpit was wreathed with holly** el púlpito estaba adornado con una corona de acebo; **to be wreathed in mist/cloud** estar envuelto(a) en bruma/nubes; **to be wreathed in smiles** ser todo sonrisas

wreck [rek] ◇ *n* **-1.** *(remains) (of ship)* restos *mpl* del naufragio; *(of car, train, plane)* restos *mpl* del accidente; **the car was a ~** el auto era un montón de chatarra; **the burnt-out ~ of a bus** los restos calcinados de un autobús
-2. *(destruction) (of ship)* naufragio *m*, hundimiento *m*; *(of career)* ruina *f*; *(of hopes)* derrumbe *m*
-3. *US (accident)* accidente *m*; **a train ~** un accidente ferroviario or de tren
-4. *(person)* **to be a physical ~** estar destrozado(a) físicamente; *Fig* **to be a nervous ~** tener los nervios destrozados; **I must look a ~** debo de estar hecho un desastre

◇ *vt (ship)* hundir; *(car, room, house)* destrozar; *(plans, hopes, happiness)* dar al traste con; *(marriage, career)* destruir, arruinar; **to ~ one's health** destrozarse la salud

wreckage ['rekɪdʒ] *n (of ship)* restos *mpl* del naufragio; *(of car, train, plane)* restos *mpl* del accidente; **the ~ of the plane** los restos del avión siniestrado

wrecked [rekt] *adj Fam* **-1.** *(exhausted)* molido(a), hecho(a) polvo **-2.** *(drunk) Esp, Méx* pedo *inv*, *Esp*, *RP* mamado(a), *Col* caído(a); **to get ~** agarrarse un pedo **-3.** *(on drugs)* colocado(a), *Esp* ciego(a), *Col* trabado(a), *Méx* pingo(a), *RP* falopeado(a)

wrecker ['rekə(r)] *n* **-1.** *US (salvage vehicle)* grúa *f* **-2.** *(saboteur)* saboteador(ora) *m,f*

wrecking ['rekɪŋ] *n* **-1.** *(destruction) (of ship)* naufragio *m* ❏ **~ ball** bola *f* de demolición
-2. *(of relationship, hopes)* derrumbamiento *m*
-3. *US (salvaging)* rescate *m* de barcos naufragados/vehículos siniestrados

wren [ren] *n* chochín *m*

wrench [rentʃ] ◇ *n* **-1.** *(pull)* tirón *m*; *(to ankle, shoulder)* torcedura *f*; **to give sth a ~** dar un tirón a, tirar fuerte de algo; *Fig* **it was a ~ to leave** me partía el corazón or era muy doloroso tener que irme **-2.** *(spanner)* llave *f*; *(adjustable spanner)* llave *f* inglesa; IDIOM *US* **he threw a ~ into the works** lo arruinó todo, lo echó todo a perder

◇ *vt* **-1.** *(pull)* dar un tirón a; **to ~ sth out of sb's hands** arrancarle algo a alguien de las manos; **she wrenched the door open** abrió la puerta de un tirón; **to ~ one's ankle/shoulder** torcerse un tobillo/hombro **-2.** *Fig* **I couldn't ~ my gaze (away) from the horrible sight** no podía quitar or apartar la vista de aquel horrible espectáculo; **nothing could ~ her away from her book** no había nada que la arrancara del libro

◆ **wrench away** *vt sep* arrancar, despegar

wrest [rest] *vt* **to ~ sth from sb** arrebatar or arrancar algo a alguien; **they are trying to ~ control of the party** están intentando hacerse con el control del partido; *Fig* **he wrested the truth from her** le arrancó la verdad

wrestle ['resəl] ◇ *vt* **to ~ sb to the floor** or **ground** tumbar or derribar a alguien

◇ *vi* **-1.** *(fight, in sport)* luchar **(with** con**) -2.** *(struggle)* **to ~ with a problem** lidiar con un problema; **to ~ with one's conscience** batallar or debatirse con la conciencia

wrestler ['reslə(r)] *n* luchador(ora) *m,f* (de lucha libre)

wrestling ['reslɪŋ] *n* lucha *f* libre ❏ **~ match** combate *m* de lucha libre; *Fig* combate *m*

wretch [retʃ] *n* **-1.** *(unfortunate person)* miserable *mf*, desgraciado(a) *m,f* **-2.** *Literary or Hum (scoundrel)* sinvergüenza *mf*; **the ~ who stole my suitcase** el desgraciado que me robó la maleta **-3.** *(child)* pillo(a) *m,f*; **you little ~!** ¡pillín(ina)!

wretched ['retʃɪd] *adj* **-1.** *(very bad) (weather, state, conditions)* horrible, pésimo(a); *(life, childhood)* miserable, desdichado(a); **what ~ luck!** ¡qué desgracia!; **to feel ~** *(ill)* sentirse muy mal; *(depressed)* estar muy deprimido(a); **she felt ~ about what she had done** se sentía muy mal por lo que había hecho **-2.** *(unhappy)* abatido(a) **-3.** *(for emphasis)* **I can't find the ~ umbrella!** ¡no encuentro el maldito paraguas!

wretchedly ['retʃɪdlɪ] *adv* **-1.** *(poorly) (to live, dress)* miserablemente, de manera miserable **-2.** *(unhappily) (to cry, look)* desconsoladamente, amargamente; **he was ~ lonely/unhappy** se sentía terriblemente solo/infeliz **-3.** *(abominably) (to behave, play, perform)* pésimamente, horriblemente mal; **a ~ small amount** una cantidad nimia or insignificante

wretchedness ['retʃɪdnɪs] *n* **-1.** *(of surroundings)* inmundicia *f*, miseria *f*; *(of life, childhood)* desdicha *f*; *(of weather)* pésimo estado *m*; **they lived in conditions of such ~ that disease was rife** vivían en medio de tal miseria que las enfermedades eran moneda corriente **-2.** *(unhappiness)* abatimiento *m*

wriggle ['rɪgəl] ◇ *n* **to give a ~** *(snake)* serpentear; *(fish)* serpentear; *(person)* menearse, retorcerse; **with a ~ the rabbit shook itself free from the trap** el conejo se liberó de la trampa con un movimiento

◇ *vt* **-1.** *(toes)* menear **-2.** *(manoeuvre)* **to ~ one's way out of a situation** lograr escurrir el bulto (de una situación); **I'd like to see him ~ his way out of that!** me gustaría ver cómo se libra or zafa de ésta

◇ *vi* **to ~ (about)** menearse, retorcerse; **to ~ along** *(worm, snake)* deslizarse serpenteando; **stop wriggling!** ¡quédate quieto!; **to ~ through a hole** conseguir colarse por un agujero; **to ~ out of (doing) sth: he wriggled out of paying the fine** se las ingenió para no pagar la multa; **he should have been held responsible but he managed to ~ out of it** debería haber cargado con la responsabilidad pero logró escurrir el bulto

wriggly ['rɪglɪ] *adj* serpenteante

wring [rɪŋ] *(pt & pp* **wrung** [rʌŋ]*) vt (clothes)* escurrir, estrujar; **he wrung the towel dry** escurrió la toalla; **to ~ one's hands** retorcerse las manos; **it's no use sitting there wringing your hands** de nada sirve que te quedes ahí lamentándote sin hacer nada; *Fam* **I'd like to ~ his neck** me gustaría retorcerle el pescuezo; *Fig* **to ~ sth from sb** lograr sacarle algo a alguien; **to ~ sb's heart** partir el corazón a alguien

◆ **wring out** *vt sep (clothes)* escurrir, estrujar; **to ~ the water out of sth** escurrir el agua a algo; **to ~ a confession/the truth out of sb** lograr sacarle una confesión/la verdad a alguien

wringer ['rɪŋə(r)] *n* escurridor *m* de rodillos; IDIOM *Fam* **to put sb through the ~** hacer pasar un mal trago or las de Caín a alguien; **after the interrogation he really felt he had been put through the ~** tras el interrogatorio, verdaderamente se sentía como si lo hubieran puesto a prueba

wringing ['rɪŋɪŋ] *adj* **to be ~ (wet)** estar empapado(a)

wrinkle ['rɪŋkəl] ◇ *n* **-1.** *(in cloth, skin)* arruga *f*; *Fig* **there are still some wrinkles in the plan which need ironing out** aún hay que pulir algunos aspectos del plan **-2.** *Fam (tip, hint)* truquillo *m*

◇ *vt* **-1.** *(nose)* arrugar; *(brow)* fruncir **-2.** *(cloth, paper)* arrugar

◇ *vi* arrugarse

wrinkled ['rɪŋkəld] *adj* arrugado(a); **to get ~** arrugarse

wrinkly ['rɪŋklɪ] ◇ *n Br Fam (old person)* vejestorio *m*, pureta *mf*, *Méx* ruco(a) *m,f*

◇ *adj* arrugado(a)

wrist [rɪst] *n* muñeca *f* ❏ COMPTR **~ rest** apoyamuñecas *m inv*, reposamuñecas *m inv*

wristband ['rɪstbænd] *n (on sleeve)* puño *m*; *(sweatband)* muñequera *f*

wristwatch ['rɪstwɒtʃ] *n* reloj *m* (de pulsera)

writ [rɪt] ◇ *n* LAW mandato *m* judicial; **to serve a ~ on sb** entregar un mandato judicial a alguien ❏ **~ of attachment** (orden *f* de) embargo *m*; **~ of execution** auto *m* de ejecución; **~ of habeas corpus** procedimiento *m* de hábeas corpus; **~ of possession** auto *m* de posesión, orden *f* de desahucio; **~ of subpoena** citación *f*

◇ *adj* **~ large** *(taken to an extreme)* llevado(a) a sus últimas consecuencias; *(on a large scale)* a gran escala; **astonishment was ~ large on everybody's face** el asombro era evidente en el rostro de todos

write [raɪt] *(pt* **wrote** [rəʊt], *pp* **written** ['rɪtən]*)*
◇ *vt* **-1.** *(answer, letter, software, music)* escribir; *(will)* redactar; **to ~ (sb) a cheque/prescription** extender un cheque/una receta (a nombre de alguien); **she had guilt written all over her face** su rostro era el vivo retrato de la culpabilidad
-2. *US (send letter to)* **to ~ sb** escribir a alguien
-3. COMPTR *(CD-ROM)* grabar; **~ the changes to disk** guarda los cambios en el disco duro

◇ *vi* escribir; **I am writing regarding the matter of my pension** *(in letter)* me dirijo a usted en relación a mi pensión; **I ~ (for a living)** soy escritor(ora); **to ~ for a newspaper** escribir or colaborar en un periódico; **to ~ in ink/pencil** escribir con tinta/a lápiz; *Br* **to ~ sb** escribir a alguien; IDIOM *Fam* **it's/he's nothing to ~ home about** no es nada del otro mundo; IDIOM *US Fam* **that was all she wrote** se acabó lo que se daba; IDIOM *US Fam* **he wrote the book on that** es un maestro en eso

◆ **write away for** *vt insep* **to ~ away (to sb) for sth** escribir (a alguien) pidiendo algo

◆ **write back** *vi* responder, contestar *(por carta)*

◆ **write down** *vt sep* **-1.** *(make note of)*

write-off

escribir, anotar **-2.** FIN rebajar, amortizar
- **write in** ◇ vt sep **-1.** (name, answer) escribir **-2.** US POL = en las elecciones, votar por un candidato que no aparece en la papeleta escribiendo su nombre
  ◇ vi (send letter) escribir
- **write into** vt sep **this speech was written into the play specially for her** este parlamento fue añadido a la obra especialmente para ella; **he has a guarantee written into his contract that...** su contrato incorpora una garantía que...
- **write off** ◇ vt sep **-1.** (debt) condonar **-2.** Fam (car) cargarse, Méx dar en la madre, RP hacer bolsa **-3.** (person) descartar; **we wrote the plan off as a waste of time** descartamos el plan por ser una pérdida de tiempo; **to ~ sb off as a has-been** considerar que alguien está acabado
  ◇ vi **to ~ off (to sb) for sth** escribir (a alguien) pidiendo algo
- **write out** vt sep **-1.** (instructions, recipe) escribir, copiar; (cheque) extender; **~ it out neatly** pásalo a limpio **-2.** (remove from script) **to ~ sb out of a programme** eliminar a alguien de un programa
- **write up** vt sep **-1.** (notes, thesis) redactar; (diary, journal) poner al día **-2.** (review) **the movie was written up in the paper** la película fue reseñada en el periódico

write-off ['raɪtɒf] n **-1.** (of debt) condonación f **-2.** Fam (car) siniestro m total

write-protected ['raɪtprə'tektɪd] adj COMPTR protegido(a) contra escritura

writer ['raɪtə(r)] n (by profession) escritor(ora) m,f; (of article, book) autor(ora) m,f □ **~'s block** bloqueo m mental (al escribir); **~'s cramp** calambre m en la muñeca (de escribir)

write-up ['raɪtʌp] n (review) crítica f; (report) artículo m, informe m, CAm, Méx reporte m; **the play got a good ~** la obra recibió buenas críticas

writhe [raɪð] vi retorcerse; **to ~ in agony** or **pain** retorcerse de dolor; **to ~ with embarrassment** morirse de vergüenza or Am pena; **her remarks made him ~** (in disgust) sus comentarios le parecieron de lo peor; (in embarrassment) sus comentarios le hicieron sentir vergüenza ajena

writing ['raɪtɪŋ] n **-1.** (action) **at the time of ~** en el momento de escribir estas líneas; **the thesis was five years in the ~** escribir la tesis llevó cinco años □ **~ case** recado m de escribir; **~ desk** escritorio m; **~ materials** material m de papelería, artículos mpl de escritorio; **~ pad** bloc m de notas; **~ paper** papel m de escribir; **~ skills** expresión f escrita
-2. (handwriting) letra f, escritura f; **her ~ is terrible** tiene muy mala letra; **I can't read his ~** no entiendo su letra
-3. (written words) escritura f; **there's some ~ on the side of the box** hay algo escrito en un lateral de la caja; **the ~ has rubbed off** se ha borrado lo que decía; **in ~** por escrito; **legally, you are required to have permission in ~** de acuerdo con la ley, necesitas un permiso (por) escrito; **to put sth in ~** poner algo por escrito; IDIOM **the ~ on the wall: the ~ is on the wall for him** tiene los días contados; **he saw the ~ on the wall** vio lo que se avecinaba
-4. (literature) literatura f; **I enjoy his ~** me gusta cómo escribe, me gusta lo que escribe; **it's a good piece of ~** es un trabajo bien escrito; **his later writings** sus últimos escritos; **the collected writings of...** las obras completas de...

written ['rɪtən] ◇ adj (text, examination) escrito(a); (confirmation, consent) escrito(a), por escrito; **her ~ Spanish is not as good as her oral Spanish** su español escrito no es tan bueno como el oral, no escribe español tan bien como lo habla □ **~ accent** acento m gráfico or ortográfico; **the ~ word** la palabra escrita
  ◇ pp of **write**

WRNS [renz] n Br (abbr **Women's Royal Naval Service**) = sección femenina de la marina británica

wrong [rɒŋ] ◇ n (immoral action) mal m; **we have suffered many wrongs** hemos sufrido muchos males; **to know right from ~** distinguir el bien del mal; **he can do no ~** lo hace todo bien; **I have done no ~** no he hecho ningún mal; **to do sb (a) ~** agraviar a alguien; **to right a ~** deshacer un entuerto; **to be in the ~** tener la culpa; PROV **two wrongs don't make a right** vengándose no se consigue nada
  ◇ adj **-1.** (morally bad) malo(a); **stealing is ~** robar está mal; **it was ~ of you not to tell me** hiciste mal en no decírmelo; **it's ~ that their work should go unrewarded** no está bien or no es justo que no se recompense su trabajo; **I hope you're not marrying me for the ~ reasons** espero que tengas buenos motivos para casarte conmigo
-2. (incorrect, mistaken) erróneo(a), incorrecto(a); **to be ~** (person) estar equivocado(a); (answer) ser erróneo(a); **my watch is ~** mi reloj va or está mal; **I was ~ about the date/her** me equivoqué con respecto a la fecha/a ella; **you are ~ in thinking** or **to think that...** te equivocas si piensas que...; **that's the ~ one, it's this one** no es ése, es éste; **you chose the ~ one** elegiste mal; **that's the ~ answer** (in quiz) respuesta incorrecta; (that's not what I wanted to hear) mal contestado; **they made the ~ decision** tomaron la decisión equivocada; **don't get the ~ idea** no te equivoques; **you have the ~ number** (on phone) se ha equivocado (de número); **they kidnapped the ~ person** los secuestradores se equivocaron de víctima; **to drive on the ~ side of the road** conducir or Am manejar por el lado contrario de la carretera; **I did/said the ~ thing** hice/dije lo que no debía; **we took a ~ turning** nos equivocamos de giro, RP doblamos mal or en la esquina equivocada; **it went down the ~ way** (food, drink) se me/le/etc. atragantó; **to go about it the ~ way** hacerlo mal; **they took what I said the ~ way** se tomaron a mal lo que dije; IDIOM **to back the ~ horse** apostar por el perdedor; IDIOM **to catch sb on the ~ foot** Esp coger or Am agarrar a alguien desprevenido(a); IDIOM **to start** or **get off on the ~ foot** empezar con mal pie or RP con el pie izquierdo
-3. (inappropriate) (place, climate) inadecuado(a); **you chose the ~ moment** no escogiste or elegiste el momento oportuno; **he's the ~ person for this job** no es la persona adecuada or indicada para este trabajo; **doing that would send out the ~ signal** si hiciéramos eso daríamos una impresión equivocada; **it's the ~ time of year to go skiing** no es la época del año para ir a esquiar; IDIOM **it wasn't her fault, she was just in the ~ place at the ~ time** no fue culpa suya, simplemente estaba en el lugar y momento equivocados
-4. (amiss) **what's ~?** ¿qué pasa?; **what's ~ with you?** ¿qué te pasa?; **what's ~ with liking jazz?** ¿qué tiene de malo que me/te/etc. guste el jazz?; **is anything ~?** ¿pasa algo?; **there's nothing ~ with the motor** el motor está perfectamente bien; **there's nothing ~ with liking jazz** no tiene nada de malo que me/te/etc. guste el jazz; **there's something ~ with this machine** a este aparato le pasa algo; **he has something ~ with his heart** su corazón no está bien; **something feels ~** da la impresión de que algo está mal; IDIOM Fam **to be ~ in the head** estar chiflado(a) or Am zafado(a) or RP rayado(a)
-5. (undesirable) **to live on the ~ side of town** vivir en uno de los barrios malos de la ciudad; **to mix with the ~ people** mezclarse con malas compañías; **we don't want this information to fall into the ~ hands** no queremos que esta información caiga en malas manos
  ◇ adv **-1.** (morally) mal; **he admitted he had done ~ to...** admitió que había hecho mal en...
-2. (incorrectly) mal; **I got the date ~** me equivoqué de fecha; **sorry, I got it ~, it's on Tuesday** perdona, me equivoqué, es el martes; **you've got it all ~, it's just a joke** lo has entendido mal, no es más que una broma; **don't get me ~, I like her** no me malentiendas, (ella) me cae bien; **to go ~** (machine, watch) estropearse, romperse; (plan) salir mal; (make mistake) equivocarse; **it's simple, you can't go ~** es sencillo, no te puedes equivocar; **things started to go ~ that morning** las cosas comenzaron a estropearse or a andar mal aquella mañana; **where did our relationship go ~?** ¿dónde ha fallado nuestra relación?; **to guess ~** no acertar, equivocarse; **if you thought that, you thought ~** si pensaste eso, pensaste mal
  ◇ vt agraviar, tratar injustamente

wrongdoer ['rɒŋduːə(r)] n malhechor(ora) m,f

wrongdoing ['rɒŋduːɪŋ] n (immoral actions) desmanes mpl; (crime) delincuencia f; **he denies any ~** niega haber hecho nada malo

wrong-foot [rɒŋ'fʊt] vt **-1.** (in tennis, soccer) Esp coger or Am agarrar a contrapié a **-2.** (opponent, critic) despistar

wrongful ['rɒŋfʊl] adj injusto(a) □ **~ arrest** detención f ilegal; **~ dismissal** despido m improcedente (que incumple el contrato); **~ imprisonment** encarcelamiento m ilegal

wrongfully ['rɒŋfʊlɪ] adv (accused) injustamente; (dismissed) de forma improcedente

wrong-headed [rɒŋ'hedɪd] adj empecinado(a)

wrongly ['rɒŋlɪ] adv **-1.** (unjustly) injustamente **-2.** (incorrectly) erróneamente; **to be informed ~** estar mal informado; **this word is spelt ~** esta palabra está mal escrita

wrote pt of **write**

wrought [rɔːt] Literary or Old-fashioned ◇ adj **the damage ~ by the hurricane** los daños acarreados or ocasionados por el huracán; **the changes ~ by the weather** los cambios originados por el estado del tiempo □ **~ iron** hierro m forjado
  ◇ pt & pp of **work**

wrought-iron ['rɔːtaɪən] adj de hierro forjado

wrought-up ['rɔːtʌp] adj **to be ~ (about sth)** estar muy alterado(a) (por algo)

WRULD ['dʌbəljuːɑːjuːˈeldiː] n MED (abbr **work-related upper limb disorder**) trastorno m musculoesquelético de origen laboral de las extremidades superiores

wrung pt & pp of **wring**

WRVS ['dʌbəljuːɑːviːˈes] n (abbr **Women's Royal Voluntary Service**) = organización británica de voluntarias para ayuda a los necesitados y en estados de emergencia

wry [raɪ] adj (comment, humour) irónico(a), socarrón(ona); (smile, joke) irónico(a), sarcástico(a); **she made a ~ face** puso mala cara, hizo un gesto de desagrado

wrybill ['raɪbɪl] n chorlito m piquivuelto

wryly ['raɪlɪ] adv irónicamente

WSW (abbr **west-south-west**) OSO

wt (abbr **weight**) peso m

WTO ['dʌbəljuːtiːˈəʊ] (abbr **World Trade Organization**) OMC f

wunderkind ['wʌndəkɪnd] n niño(a) m,f prodigio

wuss [wʊs] n Fam (physically) debilucho(a) m,f; (lacking character) blandengue mf

WV (abbr **West Virginia**) Virginia Occidental

WW (abbr **World War**) **WWI/II** la Primera/Segunda Guerra Mundial

WWF ['dʌbəljuːdʌbəljuːˈef] n (abbr **World Wildlife Fund, Worldwide Fund for Nature**) WWF m

WWW n COMPTR (abbr **World Wide Web**) WWW f

WY (abbr **Wyoming**) Wyoming

Wyoming [waɪˈəʊmɪŋ] n Wyoming

WYSIWYG ['wɪzɪwɪg] n COMPTR (abbr **what you see is what you get**) WYSIWYG, = se imprime lo que ves

X x

X, x [eks] *n (letter)* X, x *f*; **for x number of years** durante un número x de años, durante x años; **Mr X** el señor X, fulano; *Br Formerly* **X (certificate) film** película *f* para mayores de 18 años
x-axis ['eksæksıs] *n* MATH eje *m* de abscisas, abcisa *f*
X-chromosome ['ekskrəʊməsəʊm] *n* BIOL cromosoma *m* X
xenon ['zenɒn] *n* CHEM xenón *m*
xenophile ['zenəfaɪl] *n* xenófilo(a) *m,f*
xenophobe ['zenəfəʊb] *n* xenófobo(a) *m,f*
xenophobia [zenə'fəʊbɪə] *n* xenofobia *f*
xenophobic [zenə'fəʊbɪk] *adj* xenófobo(a)

xenotransplant ['zenəʊtrænsplɑːnt] *n* MED xenotrasplante *m*
xenotransplantation ['zenəʊtrænsplɑːn'teɪʃən] *n* MED xenotrasplante *m*
xerography [zɪə'rɒgrəfɪ] *n* xerografía *f*
Xerox® ['zɪərɒks] ◇ *n* fotocopia *f*, xerocopia *f* ◇ *vt* fotocopiar
xiphoid ['zɪfɔɪd] *n* ANAT **~ cartilage** xifoides *m*; **~ process** xifoides *m*
XL *(abbr* **extra large)** XL, (talla *f*) muy grande
Xmas ['krɪsməs, 'eksməs] *n (abbr* **Christmas)** Navidad *f*
XML [eksem'el] *n* COMPTR *(abbr* **extensible markup language)** XML *m*

X-rated ['eksreɪtɪd] *adj Fam* fuerte; **~ movie** *or Br* **film** *(pornographic)* película X; *Formerly (with adult certificate)* película *f* para mayores de 18 años
X-ray ['eksreɪ] ◇ *n (radiation)* rayo *m* X; *(picture)* radiografía *f*; **to have an ~** hacerse una radiografía; **to take an ~ of sth** tomar *or* hacer una radiografía de algo ❑ **~ examination** examen *m* por rayos X; **~ eyes** rayos *mpl* X en los ojos
◇ *vt* radiografiar
xylene ['zaɪliːn] *n* xileno *m*, xilol *m*
xylophone ['zaɪləfəʊn] *n* xilófono *m*, xilofón *m*

Y y

Y, y [waɪ] n (letter) Y, y f
Y2K [waɪtuː'keɪ] (abbr **year 2000**) ◇ n el año dos mil
◇ adj COMPTR ~ **compliant** or **compatible** adaptado(a) al or a prueba del efecto 2000
yacht [jɒt] n (sailing boat) velero m; (large private boat) yate m □ ~ **club** club m náutico; ~ **race** regata f
yachting ['jɒtɪŋ] n (navegación f a) vela f; **to go ~** practicar la vela, hacer vela
yachtsman ['jɒtsmən] n (in race) tripulante m; (round-the-world) navegante m
yachtswoman ['jɒtswʊmən] n (in race) tripulante f; (round-the-world) navegante f
yack [jæk] Fam ◇ n **to have a ~** charlar, Esp cascar, CAm, Méx platicar
◇ vi charlar, Esp cascar, CAm, Méx platicar
yackety-yak [jækətɪ'jæk] Fam ◇ n charla f ◇ vi charlar, Esp cascar, CAm, Méx platicar
◇ adv **to go ~** charlar, Esp cascar, CAm, Méx platicar
yah [jɑː] exclam Br Fam ¡sí!
yahoo [jɑːˈhuː] exclam Fam ¡yupi!
yak[1] [jæk] n (animal) yak m, yac m
yak[2] = yack
Yale® [jeɪl] n ~ **key** llave f plana; ~ **lock** cerradura f de cilindro
yam [jæm] n **-1.** (vegetable) ñame m **-2.** US (sweet potato) batata f, Esp boniato m, Am camote m
yammer ['jæmə(r)] vi Fam (whine) gimotear, quejarse; (chatter) parlotear
Yangtze ['jæŋtsɪ] n **the ~** el Yangtsé
Yank [jæŋk] n Br Fam yanqui mf, gringo(a) m,f
yank [jæŋk] Fam ◇ n **to give sth a ~** dar un tirón a algo
◇ vt **to ~ the door open** abrir la puerta de un tirón; **to ~ sth out/off** sacar/arrancar algo de un tirón; **he was yanked to his feet** lo pusieron de pie de un tirón
Yankee ['jæŋkɪ] Fam ◇ n **-1.** Br (person from the USA) yanqui mf, gringo(a) m,f **-2.** US (person from north-eastern USA) = estadounidense del nordeste **-3.** US HIST (soldier) (soldado m) yanqui m **-4.** ~ **Doodle** (song) = canción considerada como típicamente nacional de Estados Unidos
◇ adj Br yanqui, gringo(a)
Yaoundé [jæˈʊndeɪ] n Yaoundé, Yaundé
yap [jæp] (pt & pp **yapped**) vi **-1.** (dog) ladrar (de forma aguda) **-2.** Fam (person) parlotear
yappy ['jæpɪ] adj **a ~ dog** un perro que da ladridos agudos
yard[1] [jɑːd] n (measurement) yarda f (0,914 m); **it was about ten yards away** estaba como a nueve metros de distancia □ ~ **of ale** (container) = recipiente estrecho y alargado de cristal que se utiliza en los concursos de beber cerveza
yard[2] n **-1.** (of house, school) patio m; (of farm) corral m **-2.** US (garden) jardín m □ ~ **sale** = venta de objetos particulares en el jardín de una casa **-3.** (for working) taller m (al aire libre); (ship) ~ astillero m **-4.** (for storage) almacén m, depósito m (al aire libre); **(builder's)** ~ almacén m de materiales de construcción **-5.** Br Fam **the Yard** Scotland Yard
yardarm ['jɑːdɑːm] n NAUT penol m
Yardie ['jɑːdɪ] n gán(g)ster mf jamaicano(a)
yardstick ['jɑːdstɪk] n (standard) patrón m (de medida)

yarmulka, yarmulke [jɑːˈmʊlkə] n kipá f, kipa f
yarn [jɑːn] n **-1.** TEX hilo m **-2.** Fam (story) batallita f, historia f
yarrow ['jærəʊ] n milenrama f
yashmak ['jæʃmæk] n velo m musulmán
yaw [jɔː] vi (ship, aircraft) guiñar, hacer una guiñada
yawl [jɔːl] n **-1.** (sailing boat) yola f (a vela) **-2.** (carried on ship) bote m or yola f de remos
yawn [jɔːn] ◇ n **-1.** (of tiredness, boredom) bostezo m; **to give a big ~** dar un gran bostezo **-2.** Fam (boring thing) plomazo m; **what a ~!** ¡qué plomazo!
◇ vt (utter with yawn) decir bostezando; Fam **she was yawning her head off** no paraba de bostezar
◇ vi **-1.** (person) bostezar **-2.** (chasm) abrirse
yawning ['jɔːnɪŋ] adj **-1.** (person) que bosteza **-2.** (gap, chasm, hole) enorme
y-axis ['waɪæksɪs] n MATH eje m de ordenadas, ordenada f
Y-chromosome ['waɪkrəʊməsəʊm] n BIOL cromosoma m Y
yds (abbr **yards**) yardas fpl
ye [jiː] ◇ pron Literary = **you**
◇ definite article Hum = **the**
yea [jeɪ] ◇ n **yeas and nays** votos mpl a favor y en contra; ~ **or nay** sí o no
◇ adv Archaic or Literary **-1.** = **yes -2.** (truly) en verdad
yeah [jeə] Fam ◇ adv sí; **oh ~?** (in disbelief, challenging) ¿ah, sí?
◇ exclam ¡sí!; Ironic ~, **right!** ¡sí, claro!, ¡ya, claro!
year [jɪə(r)] n **-1.** (of calendar) año m; **in the ~ 1931** en el año 1931; **this ~** este año; **last ~** el año pasado; **next ~** el año que viene; **the ~ after next** el año que viene no, el otro; **every ~** todos los años; **twice a ~** dos veces al año; **to earn $30,000 a ~** ganar 30.000 dólares al año; **he got five years** (prison sentence) le cayeron cinco años; **for (many) years** durante (muchos) años; ~ **after** ~ año tras año, todos los años; ~ **in,** ~ **out** año tras año; **over the years** con el paso de los años; **years ago** hace años; **in years to come** en los años sucesivos or venideros; **1996 was a good ~ for the team** 1996 fue un buen año para el equipo; **after thirty years in politics he has decided to retire** después de treinta años en política, ha decidido retirarse; **in all my years as a social worker** en todos mis años (de experiencia) como trabajador(ora) social; IDIOM Fam **since the ~ dot** desde tiempos de Maricastaña, desde el año de la pera or polca or nana; REL or Old-fashioned ~ **of grace** or **our Lord** año de gracia or de nuestro Señor; **it's years since I saw him, I haven't seen him for** or **in years** hace años que no lo veo; COMPTR ~ **2000 compliant** adaptado(a) al or a prueba del efecto 2000
-2. (in age) año m; **to be ten years old** tener diez años; **to look years older/younger** parecer mucho más mayor/joven; **from his earliest years** desde temprana edad; **she's old for her years** (child) es muy madura para la edad que tiene or para su edad; (adult) está avejentada; **it takes years**

off you (dress, hairstyle) te quita or Am saca años de encima, te hace parecer más joven; **smoking can take years off your life** fumar puede quitarte años de vida; **it put years on him** lo avejentó, le echó años encima; **to be getting on in years** empezar a hacerse viejo(a); **she died in her seventieth ~** murió a la edad de setenta (años)
-3. (at school, university) curso m; **she was in the ~ above/below me** iba un curso por encima/por debajo de mí
yearbook ['jɪəbʊk] n **-1.** (of club, society) anuario m **-2.** US (from high school) anuario m (con la fotografías de los estudiantes de una escuela)

YEARBOOK

Al final de cada año académico los centros de enseñanza de Estados Unidos publican un **yearbook** (anuario) que resume lo ocurrido a los alumnos que cursan el último año de sus estudios; también incluye sus respectivas fotografías, y a menudo predicciones sobre su futuro. Últimamente los **yearbooks** han comenzado a aparecer en sitios web, con lo que se facilita su actualización y permite a los antiguos alumnos mantenerse en contacto.

---

year-end [jɪə'end] ◇ n final m or fin m de año; **at the ~** al final del año, a final(es) de año
◇ adj FIN (accounts) de cierre de ejercicio; (profits, losses) al final del año, al cierre del ejercicio
yearling ['jɪəlɪŋ] n **-1.** (animal) añal m **-2.** (in horse racing) potranco(a) m,f
yearlong ['jɪəlɒŋ] adj de un año; **a ~ wait** una espera de un año
yearly ['jɪəlɪ] ◇ adj anual
◇ adv anualmente, cada año; **twice ~** dos veces al año; **two/three-~** cada dos/tres años
yearn [jɜːn] vi **to ~ for sth/to do sth** anhelar algo/hacer algo; **he yearned for sleep** anhelaba poder dormir; **he yearned for home** añoraba su casa
yearning ['jɜːnɪŋ] n anhelo m (**for** de); **I felt a sudden ~ for company** de repente sentí una gran necesidad de estar acompañado(a); **I felt a sudden ~ for my hometown** de repente sentí una gran añoranza de mi pueblo
year-on-year ['jɪərɒnjɪə(r)] ◇ adj interanual
◇ adv (to increase) interanualmente
year-round ['jɪəraʊnd] ◇ adj de todo el año
◇ adv todo el año
yeast [jiːst] n levadura f □ US ~ **cake** torta f de levadura; CULIN ~ **extract** extracto m de levadura
yeasty ['jiːstɪ] adj **-1.** (taste, smell) a levadura **-2.** (frothy) espumoso(a)
yell [jel] ◇ n grito m, chillido m; **to give a ~** dar un grito
◇ vt gritar, chillar; Fam **he was yelling his head off** gritaba or chillaba como un loco
◇ vi gritar, chillar; **to ~ in** or **with pain** gritar de dolor; **to ~ at sb** gritarle or chillarle a alguien; **to ~ at the top of one's voice** desgañitarse gritando or chillando
yelling ['jelɪŋ] n griterío m, chillidos mpl; **stop that ~!** ¡deja ya de gritar or chillar!

yellow ['jeləʊ] ◇ n amarillo m
◇ adj **-1.** (in colour) amarillo(a); **to turn or go ~** amarillear, ponerse amarillo ❑ **~ card** (in soccer, rugby) tarjeta f amarilla; MED **~ fever** fiebre f amarilla; **~ flag** (plant) lirio de agua m; **~ iris** lirio de agua m; **the ~ jersey** (in cycling) el maillot amarillo; **~ line** (on road) línea f amarilla; **to park on a ~ line** estacionar or Esp aparcar sobre la línea amarilla (de estacionamiento restringido); **~ ochre** ocre m amarillo; TEL **the Yellow Pages** las páginas amarillas; Old-fashioned **the Yellow Peril** la amenaza amarilla; Old-fashioned **the ~ press** la prensa sensacionalista or amarilla; US **~ ribbon** = cinta amarilla que simboliza la bienvenida a los que regresan sanos y salvos a casa; **the Yellow River** el río Amarillo; **the Yellow Sea** el mar Amarillo; **~ wagtail** lavandera f boyera
-2. Fam (cowardly) gallina, cagueta, IDIOM **to have a ~ streak** ser un(a) gallina or Esp cagueta
◇ vi amarillear, ponerse amarillo(a)
yellow-bellied ['jeləʊbelɪd] adj Fam gallina, cagón(ona), cagueta
yellow-belly ['jeləʊbelɪ] n Fam gallina mf, cagón(ona) m,f, cagueta mf
yellowhammer ['jeləʊhæmə(r)] n escribano m cerillo ❑ **the Yellowhammer State** = apelativo familiar referido al estado de Alabama
yellowish ['jeləʊɪʃ], **yellowy** ['jeləʊɪ] adj amarillento(a)
yellowness ['jeləʊnɪs] n (colour) color m amarillo, amarillez f; (of person, complexion) tono m amarillento, amarillez f
yelp [jelp] ◇ n (of dog, person) chillido m, aullido m
◇ vi (dog, person) chillar, aullar
Yemen ['jemən] n Yemen
Yemeni ['jemənɪ] ◇ n yemení mf
◇ adj yemení
yen[1] [jen] (pl **yen**) n (Japanese currency) yen m
yen[2] n Fam **to have a ~ for sth/to do sth** tener muchas ganas de algo/de hacer algo
yeoman ['jəʊmən] n **-1.** HIST **~ (farmer)** = pequeño propietario rural **-2.** HIST (soldado) = soldado del regimiento de voluntarios de caballería británico ❑ **~ of the guard** = alabardero de la casa real británica
yeomanry ['jəʊmənrɪ] n **-1.** HIST (farmers) = pequeños propietarios rurales **-2.** MIL = regimiento de voluntarios de caballería británico
yep [jep] exclam Fam ¡sí!
Yerevan [jerə'væn] n Ereván, Yereván
yes [jes] ◇ n sí m
◇ adv sí; **he said ~** dijo que sí; **didn't you hear me? – ~, I did** ¿no me has oído? – sí; **you didn't give it to me – ~, I did!** a mí no me lo diste – ¡sí que te lo di; **~?** (to sb waiting to speak) ¿sí?; (answering phone) ¿sí?, Esp ¿diga?, Esp ¿dígame?, Am ¿aló?, Carib, RP ¿oigo?, Méx ¿bueno?, RP ¿hola?; **did they enjoy the cruise? – oh, ~!** ¿les gustó el crucero? – ¡(sí,) mucho!; **I went to see the new Woody Allen movie on Saturday – oh ~?** el sábado fui a ver la última película de Woody Allen – ah, ¿sí?; **I won't go – oh ~ you will!** no voy a ir – ¡sí que vas a ir or claro que vas a ir!; **do you like him? – well, ~ and no** ¿te cae bien? – pues, sí y no
yes-man ['jesmæn] n adulador(ora) m,f, cobista mf
yesterday ['jestədeɪ] ◇ n ayer m; Fam **he's ~'s man** está acabado(a)
◇ adv ayer; **the day before ~** anteayer; **~ morning/evening** ayer por la mañana/por la tarde; **a week (ago) ~,** Br **~ week** hace ayer una semana; **it seems like (only) ~** parece que fue ayer; IDIOM **I wasn't born ~** yo no nací ayer, yo no me he caído de un guindo
yesteryear ['jestəjɪə(r)] n Formal & Literary el ayer; **of ~** de antaño
yet [jet] ◇ adv **-1.** (still) todavía, aún; **I haven't finished (just) ~** todavía or aún no he terminado; **don't go (just) ~** no te vayas todavía or aún; **it'll be some time ~ before we finish** todavía or aún tardaremos or Am demoraremos en acabar; **it may ~ happen** puede que todavía or aún ocurra, Am todavía or aún puede suceder; **it's the best ~** es el mejor hasta el momento; **our worst result ~** nuestro peor resultado por or hasta el momento; **they have ~ to be convinced** todavía or aún están sin convencer, Am todavía or aún falta convencerlos; **the best is ~ to come** todavía or aún no hemos visto lo mejor; **I'll catch her ~!** ¡ya la atraparé!; **there's hope for me ~!** ¡todavía or aún me quedan esperanzas!; **as ~** hasta ahora, por el momento; **not (just) ~** todavía or aún no; **~ again** una vez más; **~ more** todavía or aún más; **~ another mistake** otro error más
-2. (in questions) ya; **have they decided ~?** ¿han decidido ya?
◇ conj aunque, sin embargo; **small ~ strong** pequeño aunque fuerte; **and ~ I like him** y, sin embargo, me gusta
yeti ['jetɪ] n yeti m
yew [juː] n **~ (tree)** tejo m
Y-fronts® ['waɪfrʌnts] n slip m, eslip m
YHA [waɪeɪtʃ'eɪ] (abbr **Youth Hostels Association**) Asociación f de Albergues Juveniles
Yid [jɪd] n Fam = término ofensivo para referirse a un judío, RP ruso(a) m,f
Yiddish ['jɪdɪʃ] ◇ n yiddish m
◇ adj yiddish
yield [jiːld] ◇ n **-1.** (of field) cosecha f; (of mine, interest) rendimiento m **-2.** FIN (profit) beneficio m
◇ vt **-1.** (results) proporcionar; (crop) dar, producir; (interest) rendir, producir; **to ~ a profit** proporcionar beneficios; **their research has yielded some interesting results** su investigación ha dado (como fruto) algunos resultados interesantes; **these remarks ~ an insight into his motives** esos comentarios permiten entender algo mejor sus motivos **-2.** (territory) ceder; (right) conceder
◇ vi **-1.** (surrender) ceder (**to** ante), rendirse (**to** a); **to ~ to temptation** ceder a la tentación; **to ~ to pressure/blackmail** ceder ante la presión/el chantaje; **I had to ~ to them on that point** en ese punto tuve que ceder ante ellos; **as the train approached London the countryside yielded to suburbia** a medida que el tren se acercaba a Londres, el paisaje rural daba or dejaba paso a los barrios residenciales
-2. (break, bend) ceder; **the ice yielded under his weight** el hielo cedió bajo su peso; **the door began to ~ under the pressure** la puerta comenzó a ceder ante la presión
-3. US **~** (traffic sign) ceda el paso
▶ **yield up** vt sep Br **-1.** (surrender) (town, prisoner) entregar; **he yielded himself up to the police** se entregó a la policía **-2.** (reveal) (secret) revelar; **divers have made the ocean ~ up its treasures** los submarinistas han hecho que el océano nos revele or descubra sus tesoros
yin and yang [jɪnənd'jæŋ] n el yin y el yang
yippee [jɪ'piː] exclam ¡yupi!, ¡viva!
YMCA [waɪemsiː'eɪ] n (abbr **Young Men's Christian Association**) ACJ f, Asociación f Cristiana de Jóvenes (que regenta hostales económicos)
yo [jəʊ] exclam Fam ¡hola!, ¡qué pasa!
yob [jɒb], **yobbo** [jɒbəʊ] n Br Fam vándalo m, Esp gamberro m, Perú, RP patotero m
yobbish ['jɒbɪʃ] adj Br Fam (behaviour) vandálico(a), Esp gamberro(a), Perú, RP patotero(a)
yodel ['jəʊdəl] vi cantar a la tirolesa
yoga ['jəʊgə] n yoga m
yog(h)urt ['jɒgət] n yogur m
yoke [jəʊk] ◇ n **-1.** (for oxen) yugo m **-2.** (for carrying) balancín m **-3.** Fig (burden, domination) yugo m; **under the ~ of tyranny/imperialism** bajo el yugo de la tiranía/del imperialismo; **a country struggling to cast off the ~ of foreign domination** un país que lucha por liberarse del yugo extranjero
◇ vt (oxen) uncir (al yugo); Fig **to be yoked to...** estar uncido al yugo de...
yokel ['jəʊkəl] n Pej or Hum palurdo(a) m,f, Esp paleto(a) m,f
yolk [jəʊk] n yema f (de huevo) ❑ ZOOL **~ sac** saco m vitelino, membrana f vitelina
Yom Kippur [jɒmkɪ'pʊə(r)] n REL Yom Kippur m
yonder ['jɒndə(r)] Literary ◇ adv (over) **~** allá; IDIOM **to disappear into the wide blue ~** esfumarse sin dejar rastro
◇ adj **~ tree** aquel árbol, el árbol aquel
yonks [jɒŋks] npl Br Fam **I haven't done that for ~** hace un montón de tiempo que no hago eso; **~ ago** hace la tira or Méx un chorro or RP un toco (de tiempo)
yoo-hoo ['juːhuː] exclam ¡eh!, ¡yuju!
YOP [jɒp] n Br Formerly (abbr **Youth Opportunities Programme**) **-1.** (programme) = plan de empleo juvenil **-2.** (worker) = joven empleado(a) a través del plan de empleo juvenil
yore [jɔː(r)] n Literary **in days of ~** antaño
Yorkie ['jɔːkɪ] n Yorkshire terrier m
Yorks (abbr **Yorkshire**) (condado m de) Yorkshire
Yorkshire ['jɔːkʃə(r)] n Yorkshire ❑ **~ pudding** = masa horneada de harina, huevos y leche que se sirve con el rosbif; **~ terrier** Yorkshire terrier m
you [juː] pron

> In Spanish, the formal form **usted** takes a third person singular verb and **ustedes** takes a third person plural verb. In Latin America, **ustedes** is the standard form of the second person plural both in formal and non-formal contexts, while the informal form **vos** can be used as an alternative to **tu**. This is the norm in the River Plate area, but is found elsewhere, for example in Central America and in the Andean region.

-1. (subject) (usually omitted in Spanish, except for contrast) (singular) tú, esp RP vos, Formal usted; (plural) Esp vosotros(as), Am or Formal ustedes; **~ seem happy** (singular) pareces feliz, Formal parece feliz; (plural) Esp parecéis felices, Am or Formal parecen felices; **do ~ like red wine?** (singular) ¿te gusta el vino tinto?, Formal ¿le gusta el vino tinto?; (plural) Esp ¿os gusta el vino tinto?, Am or Formal ¿les gusta el vino tinto?; **have YOU got it?** (singular) ¿lo tienes tú?, Formal ¿lo tiene usted?; (plural) Esp ¿lo tenéis vosotros?, Am or Formal ¿lo tienen ustedes?; **~ alone know** (singular) sólo lo sabes tú, Formal sólo lo sabe usted; (plural) Esp sólo lo sabéis vosotros, Am or Formal sólo lo saben ustedes; **~ French are...** Esp vosotros los franceses sois..., Am or Formal ustedes los franceses son...; **come here, ~ two!** Esp ¡venid aquí, vosotros dos!, Am ¡vengan acá, ustedes dos!
-2. (direct object) (singular) te, Formal lo(la); (plural) Esp os, Am or Formal los(las); **they hate ~** (singular) te odian, Formal lo odian; (plural) Esp os odian, Am or Formal los odian; **I can understand your son but not YOU** (singular) a tu hijo lo entiendo, pero a ti no, Formal a su hijo lo entiendo, pero a usted no; (plural) Esp a vuestro hijo lo entiendo, pero a vosotros no, Am or Formal a su hijo lo entiendo, pero a ustedes no
-3. (indirect object) (singular) te, Formal le; (plural) Esp os, Am or Formal les; **I gave ~ the book** (singular) te di el libro, Formal le di el libro; (plural) Esp os di el libro, Am or Formal les di el libro; **I told ~** (singular) te lo dije, Formal se lo dije; (plural) Esp os lo dije, Am or Formal se lo dije
-4. (after preposition) (singular) ti, Formal usted; (plural) Esp vosotros(as), Am or Formal ustedes; **I'm thinking of ~** (singular) pienso en ti, Formal pienso en usted; (plural) Esp pienso en vosotros, Am or Formal pienso en ustedes; **with ~** (singular) contigo, Formal con usted; (plural) Esp con vosotros, Am or Formal con ustedes

-5. *(impersonal)* **~ don't do that kind of thing** esas cosas no se hacen; **~ never know** nunca se sabe; **this account gives ~ a higher rate of interest** esta cuenta da más intereses; **exercise is good for ~** es bueno hacer ejercicio; **~ have to be careful with him** hay que *or* uno tiene que tener cuidado con él

-6. *(as complement of verb "to be")* **oh, it's ~!** *(singular)* ¡ah, eres tú!, *Formal* ¡ah, es usted!; *(plural) Esp* ¡ah, sois vosotros!, *Am or Formal* ¡ah, son ustedes!; **it was ~ who did it** *(singular)* fuiste tú quien lo hiciste, *Formal* fue usted quien lo hizo; *(plural) Esp* fuisteis vosotros quienes lo hicisteis, *Am or Formal* fueron ustedes quienes lo hicieron

-7. *(with interjections)* **poor old ~!** ¡pobrecito!; **~ idiot!** ¡idiota!; **hey, ~ with the beard!** ¡eh, tú, el de la barba!; **don't ~ forget!** ¡no te olvides!

-8. *(in apposition)* **~ men are all the same!** ¡todos los hombres *Esp* sois *or Am* son iguales!

-9. *(with imperative)* **sit down here** *(singular)* tú siéntate aquí; *(plural) Esp* vosotros sentaos aquí, *Am* ustedes siéntense acá; **don't ~ dare!** ¡ni se te ocurra!

you'd [ju:d] = **you had, you would**

you-know-who [ju:nəʊ'hu:] *n* he was talking to ~ estaba hablando ya sabes con quién

you'll [ju:l] = **you will, you shall**

young [jʌŋ] ◇ *npl* **-1.** *(people)* **the ~** los jóvenes; **a game suitable for ~ and old alike** un juego apto tanto para chicos como para grandes **-2.** *(animals)* crías *fpl*; **to be with ~** estar preñada
◇ *adj* **-1.** *(person, animal)* joven; **she's (two years) younger than me** es (dos años) menor que yo; **~ man** chico, joven; **now listen to me, ~ man!** ¡escúchame bien, jovencito!; **~ woman** chica, joven; **the ~ men and women of today** los jóvenes de hoy; **~ lady** joven; **now listen to me, ~ lady!** ¡escúchame bien, jovencita!; **she's quite the ~ lady now** ya es toda una señorita; **~ people** los jóvenes, la gente joven; **when I was a ~ man** cuando era joven; **my younger brother** mi hermano menor; **the younger generation** la nueva generación; **~ in spirit** *or* **at heart** joven de espíritu; **in his younger days** en su juventud; **he's ~ for his age** *(immature, youthful)* parece más joven *or* aparenta ser más joven de lo que es; **she's ~ for her year** *(at school, university)* va adelantada de curso; **you're only ~ once** sólo se es joven una vez en la vida; **I'm not getting any younger** me estoy haciendo mayor; **the night is ~!** ¡la noche es joven!
❑ *Fig* **~ blood** savia *f* nueva; **~ offender** delincuente *mf* juvenil; **~ turk** radical *mf*

-2. *(appearance, style)* juvenil

-3. *(recent) (vegetables, wine)* joven; **a ~ country/company** un país/una compañía joven

youngish ['jʌŋɪʃ] *adj* más bien joven

youngster ['jʌŋstə(r)] *n* joven *mf*

your [jɔ:(r)] *possessive adj* **-1.** *(of one person)* tu, *Formal* su; **~ house** tu casa, *Formal* su casa; **~ books** tus libros, *Formal* sus libros; **what's ~ name?** ¿cómo te llamas?, *Formal* ¿cómo se llama?; **it wasn't YOUR idea!** ¡no fue idea tuya!, *Formal* ¡no fue idea suya!; **we were upset at ~ mentioning it** nos disgustó que lo mencionaras, *Formal* nos disgustó que lo mencionase; **what was ~ understanding?** ¿cómo lo interpretaste?, *Formal* ¿cómo lo interpretó?

-2. *(of more than one person) Esp* vuestro(a), *Am or Formal* su; **~ house** *Esp* vuestra casa, *Am or Formal* su casa; **~ books** *Esp* vuestros libros, *Am or Formal* sus libros; **what are ~ names?** *Esp* ¿cómo os llamáis?, *Am or Formal* ¿cómo se llaman?; **it wasn't YOUR idea!** *Esp* ¡no fue idea vuestra!, *Am or Formal* ¡no fue idea suya *or* de ustedes!; **we were upset at ~ mentioning it** *Esp* nos disgustó que lo mencionarais, *Am or Formal* nos disgustó que lo mencionaran; **what was ~ understanding?** *Esp* ¿cómo lo interpretasteis?, *Am or Formal* ¿cómo lo interpretaron?

-3. *(for parts of body, clothes) (translated by definite article)* **you forgot ~ hat** te olvidaste el sombrero, *Formal* se olvidó el sombrero; **why did you put ~ hand in ~ pocket?** ¿por qué te metiste la mano en el bolsillo?, *Formal* ¿por qué se metió la mano en el bolsillo?; **someone stole ~ clothes** *(singular)* te han robado la ropa, *Formal* le han robado la ropa; *(plural) Esp* os han robado la ropa, *Am or Formal* les han robado la ropa; **~ eyes are beautiful** tienes unos ojos preciosos, *Formal* tiene unos ojos preciosos

-4. *(impersonal)* **you should buy ~ ticket first** hay que comprar la entrada antes; **you have to take ~ chances** hay que aprovechar las oportunidades; **smoking is bad for ~ health** el tabaco perjudica la salud; *Fam* **~ average Frenchman** el francés medio; *Fam* **it was not ~ usual holiday in the sun** no fueron las típicas vacaciones al sol

you're [jɔː(r)] = **you are**

yours [jɔːz] *possessive pron*

> In Spanish, the forms **tuyo(a)**, **suyo(a)** and **vuestro(a)** require a definite article in the singular and in the plural when they are the subject of the phrase.

-1. *(of one person) (singular)* tuyo(a), *Formal* suyo(a); *(plural)* tuyos(as), *Formal* suyos(as); **my house is big but ~ is bigger** mi casa es grande, pero la tuya/suya es mayor; **this book is ~** este libro es tuyo/suyo; **these books are ~** estos libros son tuyos/suyos; **she didn't have a book so we gave her ~** ella no tenía libro, así que le dimos el tuyo/suyo; **it must be one of ~** debe de ser uno de los tuyos/suyos; **it wasn't our fault, it was YOURS** no fue culpa nuestra, sino tuya/suya; **~ is the work I admire most** tu/su obra es la que más admiro; **a friend of ~** un amigo tuyo/suyo; **where's that brother of ~?** ¿dónde está *or* anda ese hermano tuyo/suyo?; **that wretched dog of ~** ese maldito perro tuyo/suyo; **it's all ~!** ¡todo tuyo/suyo!; *(at end of letter)* saludos; **~ sincerely, ~ faithfully** atentamente, le saluda muy atentamente

-2. *(of more than one person) (singular) Esp* vuestro(a), *Am or Formal* suyo(a); *(plural) Esp* vuestros(as), *Am or Formal* suyos(as); **this book is ~** *Esp* este libro es vuestro, *Am or Formal* este libro es suyo; **these books are ~** *Esp* estos libros son vuestros, *Am or Formal* estos libros son suyos

yourself [jɔː'self] *pron* **-1.** *(reflexive)* te, *Formal* se; **have you hurt ~?** ¿te has hecho daño?, *Formal* ¿se ha hecho daño?; **you can introduce ~** te puedes presentar, *Formal* se puede presentar; **buy ~ some flowers** cómprate unas flores, *Formal* cómprese unas flores; **you can see ~ reflected in the water** puedes verte reflejado *or* ver tu imagen reflejada en el agua, *Formal* puede verse reflejado *or* ver su imagen reflejada en el agua

-2. *(unaided, alone)* tú solo(a), *Formal* usted solo(a); **you can do it ~** lo puedes hacer tú solo, *Formal* lo puede hacer usted solo; **did you do all the work ~?** ¿has hecho todo el trabajo tú solo?, *Formal* ¿ha hecho todo el trabajo usted solo?

-3. *(emphatic)* tú mismo(a), *Formal* usted mismo(a); **you told me ~** me lo dijiste tú mismo, *Formal* me lo dijo usted mismo; **you ~ don't have to go** no hace falta que vayas tú, *Formal* no hace falta que vaya usted

-4. *(your usual self)* **you'll soon feel ~ again** en breve te volverás a sentir el/la de siempre, *Formal* en breve se volverá a sentir el/la de siempre; **you don't seem ~ today** hoy no se te nota nada bien, *Formal* hoy no se le nota nada bien; **just be ~** *(act naturally)* sé tú mismo, actúa con naturalidad, *Formal* sea usted mismo, actúe con naturalidad

-5. *(after preposition)* ti, *Formal* usted; **you shouldn't talk about ~** no deberías hablar de ti, *Formal* no debería hablar de usted; **did you do this by ~?** ¿lo has hecho tú solo?, *Formal* ¿lo ha hecho usted solo?; **do you live by ~?** ¿vives solo?, *Formal* ¿vive solo?; **were you all by ~?** ¿estabas completamente solo?, *Formal* ¿estaba completamente solo?; **did you buy it for ~?** ¿te lo has comprado para ti?, *Formal* ¿se lo ha comprado para usted?; **did I hear you talking to ~?** ¿estabas hablando solo?, *Formal* ¿estaba hablando solo?

-6. *(replacing "you")* **it is meant for people like ~** es para gente como tú, *Formal* es para gente como usted; *Fam* **I'll have a brandy... and ~?** yo voy a tomar un coñac... ¿y tú?

-7. *Fam (oneself)* **you can hurt ~ doing that** te puedes hacer daño al hacer eso

yourselves [jɔː'selvz] *pron*

> In Latin America, **se/ustedes** is the standard form of the second person plural and is not considered formal. The peninsular Spanish informal forms **os/vosotros** are occasionally found in religious liturgy, but would sound quaint and old-fashioned elsewhere.

-1. *(reflexive) Esp* os, *Am or Formal* se; **have you hurt ~?** *Esp* ¿os habéis hecho daño?, *Am or Formal* ¿se han hecho daño?; **you can introduce ~** *(to each other, to the others) Esp* podéis presentaros, *Am or Formal* pueden presentarse; **you can see ~ reflected in the water** *Esp* podéis veros reflejados en el agua, *Am or Formal* pueden verse reflejados en el agua

-2. *(unaided, alone) Esp* vosotros(as) solos(as), *Am or Formal* ustedes solos(as); **did you do all the work ~?** *Esp* ¿hicisteis todo el trabajo vosotros solos?, *Am or Formal* ¿hicieron todo el trabajo ustedes solos?

-3. *(emphatic) Esp* vosotros(as) mismos(as), *Am or Formal* ustedes mismos(as); **you told me ~** *Esp* me lo dijisteis vosotros, *Am or Formal* me lo dijeron ustedes

-4. *(your usual selves)* **you'll soon feel ~ again** *Esp* en breve os volveréis a sentir los de siempre, *Am or Formal* en breve se volverán a sentir los de siempre; **you don't seem ~ today** *Esp* hoy no se os nota nada bien, *Am or Formal* hoy no se les nota nada bien; **just be ~** *(act naturally) Esp* sed vosotros mismos, actuad con naturalidad, *Am or Formal* sean ustedes mismos, actúen con naturalidad

-5. *(after preposition) Esp* vosotros(as), *Am or Formal* ustedes; **you shouldn't talk about ~** *Esp* no deberíais hablar de vosotros, *Am or Formal* no deberían hablar de ustedes; **share the money among ~** *Esp* repartíos el dinero, *Am or Formal* repártanse el dinero; **sort it out among ~** *Esp* arregladlo entre vosotros, *Am or Formal* arréglenlo entre ustedes; **did you do this by ~?** *Esp* ¿lo habéis hecho vosotros solos?, *Am or Formal* ¿lo han hecho ustedes solos?; **were you all by ~?** *Esp* ¿estabais completamente solos?, *Am or Formal* ¿estaban completamente solos?; **did you buy it for ~?** *Esp* ¿os lo habéis comprado para vosotros?, *Am or Formal* ¿se lo han comprado para ustedes?; **you've kept the best seats for ~** *Esp* os habéis quedado con los mejores asientos, *Am or Formal* se han quedado con los mejores asientos

-6. *(replacing you)* **it is meant for people like ~** es para gente como *Esp* vosotros *or Am or Formal* ustedes; *Fam* **we're having the lamb... and ~?** nosotros vamos a comer cordero, ¿y *Esp* vosotros *or Am* ustedes?

youth [ju:θ] *n* **-1.** *(period)* juventud *f*; **in his early ~** en su (primera) juventud; **he is no longer in his first ~** ya no es tan joven

-2. *(young man)* joven *m*

-3. *(young people)* juventud *f*; **the ~ of today** los jóvenes *or* la juventud de hoy ❑ **~ club** club *m* juvenil; **~ culture** la cultura juvenil; *Br* **~ custody centre** = centro preventivo y de formación para delincuentes juveniles; ~ **hostel** albergue m juvenil or de juventud; ~ **hostel card** carné m de alberguista; ~ **hosteller** alberguista mf; ~ **hostelling:** **to go ~ hostelling** ir de viaje parando en albergues juveniles; Br Formerly **Youth Training Scheme** = plan de formación y ocupación para jóvenes en busca del primer empleo; ~ **unemployment** desempleo m juvenil; ~ **worker** asistente mf social para la juventud

youthful ['ju:θfʊl] adj (person) joven; (looks, enthusiasm) juvenil; **to look ~** tener un aspecto juvenil, parecer joven; ~ **good looks** aspecto juvenil y atractivo; **he is a ~ fifty-two** es un joven de 52

youthfulness ['ju:θfʊlnɪs] n juventud f

you've [ju:v] = **you have**

yowl [jaʊl] ◇ n aullido m, chillido m ◇ vi aullar, chillar

yo-yo ['jəʊjəʊ] (pl **yo-yos**) n yoyó m; **to go up and down like a ~** no parar de subir y bajar

yr (abbr **year**) año m

yrs -1. (abbr **years**) años mpl **-2.** Fam (abbr **yours**) (in letter writing) saludos

YTS [waɪtiː'es] n Br Formerly (abbr **Youth Training Scheme**) = plan de formación y ocupación para jóvenes en busca del primer empleo

ytterbium [ɪ'tɜ:bɪəm] n CHEM iterbio m

yttrium ['ɪtrɪəm] n CHEM itrio m

yuan [ju:'æn] n (Chinese currency) yuan m

Yucatan [ju:kə'tɑ:n] n Yucatán

yucca ['jʌkə] n yuca f

yuck [jʌk] exclam Fam ¡puaj!, ¡aj!

yucky ['jʌkɪ] adj Fam asqueroso(a)

Yugoslav ['ju:gəʊslɑ:v] ◇ n yugoslavo(a) m,f ◇ adj yugoslavo(a)

Yugoslavia [ju:gəʊ'slɑ:vɪə] n Yugoslavia

Yugoslavian [ju:gəʊ'slɑ:vɪən] adj yugoslavo(a)

yuk [jʌk] exclam Fam ¡puaj!, ¡aj!

yukky ['jʌkɪ] adj Fam asqueroso(a)

Yule [ju:l] n Old-fashioned or Literary Natividad f, Navidad f

yuletide ['ju:ltaɪd] n Navidad f

yum(-yum) [jʌm('jʌm)] exclam Fam ¡ñam, ñam!, RP ¡miam, miam!

yummy ['jʌmɪ] adj Fam rico(a)

yup [jʌp] exclam Fam ¡sí!

yuppie, yuppy ['jʌpɪ] ◇ n Fam yupi mf; **a ~ restaurant** un restaurante de yupis ❑ ~ **flu** la gripe or Am gripa del yupi (encefalomielitis miálgica)
◇ adj (lifestyle) de yupi; (area) yuppie, yupi

yuppification [jʌpɪfɪ'keɪʃən] n Fam transformación f en yuppie or yupi

yuppify ['jʌpɪfaɪ] vt Fam (place) convertir en yuppie or yupi

YWCA [waɪ'dʌbəlju:siː'eɪ] n (abbr **Young Women's Christian Association**) ACJ f, Asociación f Cristiana de Jóvenes (que regenta hostales económicos)

Z, z [zed, US zi:] n (letter) Z, z f; IDIOM US Fam **to get** or **score some z's** echar una cabezada or un sueñecito, echarse una siestecita
Zaire [zɑː'ɪə(r)] n Formerly Zaire
Zairean [zɑː'ɪərɪən] ◇ n zaireño(a) m,f
◇ adj zaireño(a)
Zambezi [zæm'biːzɪ] n **the ~** el Zambeze
Zambia ['zæmbɪə] n Zambia
Zambian ['zæmbɪən] ◇ n zambiano(a) m,f
◇ adj zambiano(a)
zaniness ['zeɪnɪnɪs] n Fam (of humour, movie) carácter m disparatado; (of person) chifladura f
zany ['zeɪnɪ] adj Fam (humour, movie) disparatado(a); (person) chiflado(a), Am zafado(a), RP rayado(a)
Zanzibar ['zænzɪbɑː(r)] n Zanzíbar
zap [zæp] (pt & pp **zapped**) Fam ◇ vt **-1.** (destroy, disable) fulminar **-2.** COMPTR (delete) borrar
◇ vi **-1.** (change TV channels) zapear, hacer zapping **-2.** (go quickly) ir a todo correr or a toda mecha or Esp a toda pastilla; **I'll ~ over to see her** voy corriendo or disparado a verla
Zapotec ['zæpətek], **Zapotecan** [zæpə'tekən]
◇ n zapoteca mf
◇ adj zapoteca
zapper ['zæpə(r)] n Fam (TV remote control) mando m a distancia, telemando m
zappy ['zæpɪ] (comparative **zappier**, superlative **zappiest**) adj Br Fam brioso(a)
z-axis ['zedæksɪs] n MATH eje m Z
Z-car ['zedkɑː(r)] n Br Old-fashioned coche m patrulla, Esp zeta m
zeal [ziːl] n celo m; **political/religious ~** fervor político/religioso; **her ~ for justice/reform** su afán por la justicia/reforma
zealot ['zelət] n fanático(a) m,f
zealotry ['zelətrɪ] n fanatismo m
zealous ['zeləs] adj celoso(a); **the authorities have been overly ~ in their application of this law** las autoridades han aplicado la ley con un exceso de celo
zealously ['zeləslɪ] adv celosamente
zebra ['ziːbrə, 'zebrə] n cebra f ❑ Br AUT ~ **crossing** paso m de cebra
zed [zed], US **zee** [ziː] n **-1.** (letter) zeta f **-2.** IDIOM Fam **to catch some** Br **zeds** or US **zees** echar una cabezada or un sueñecito, echarse una siestecita
Zeitgeist ['zaɪtgaɪst] n espíritu m
Zen [zen] n zen m ❑ **~ Buddhism** budismo m zen
zenith ['zenɪθ] n ASTRON & Fig cenit m; **at the ~ of his fame** en el apogeo de su fama; **she was at the ~ of her influence** su influencia estaba en el punto más alto
zephyr ['zefə(r)] n Literary céfiro m
zeppelin ['zepəlɪn] n zepelín m
zero ['zɪərəʊ] ◇ n (pl **zeros** or **zeroes**) **-1.** (number) cero m; **22 degrees below ~** 22 grados bajo cero; Fam **his chances are ~** no tiene ninguna posibilidad ❑ ASTRON **~ gravity** gravedad f cero, ingravidez f; MIL **~ hour** hora f cero or H; MIL **~ option** opción f cero; **~ tolerance** cero m, inflexibilidad f absoluta; **to have a ~ tolerance approach to crime/vagrancy** tener una política de tolerancia cero or ser absolutamente inflexible con el delito/la mendicidad

-2. US Fam (person) cero m a la izquierda
◇ adj Fam nulo(a); **to have ~ charm** no tener el más mínimo encanto
◇ vi **to ~ in on sth** (weapon) apuntar hacia algo; (person) centrarse en algo
zero-rated ['zɪərəʊreɪtɪd] adj FIN (for VAT) con una tasa de IVA del 0 por ciento
zest [zest] n **-1.** (eagerness) entusiasmo m; **her ~ for life** sus ganas de vivir or disfrutar de la vida; **he set about the task with real ~** emprendió la tarea con muchas ganas or con mucho brío; **to add ~ to sth** dar emoción a algo **-2.** CULIN (of orange, lemon) peladura f
zestful ['zestfʊl] adj (enthusiastic) brioso(a), entusiasta
zesty ['zestɪ] adj **-1.** (piquant) fuerte **-2.** (enthusiastic) brioso(a), entusiasta
zeugma ['zjuːgmə] n GRAM zeugma m
Zeus [zjuːs] n MYTHOL Zeus
ziggurat ['zɪgʊræt] n zigurat m
zigzag ['zɪgzæg] ◇ n zigzag m
◇ adj (path, line) en zigzag, zigzagueante; (pattern) en zigzag
◇ vi (pt & pp **zigzagged**) zigzaguear; **the road zigzags through the valley** la carretera atraviesa el valle haciendo zigzag
zilch [zɪltʃ] n Fam nada de nada; **there's ~ on TV** no hay nada de nada en la tele
zillion ['zɪljən] n Fam Hum millón m, montón m; **I have told you a ~ times** te lo he dicho tropecientas or Méx chorrocientas or RP chiquicientas mil veces; **zillions of** montones de, Esp mogollón de
Zimbabwe [zɪm'bɑːbweɪ] n Zimbabue
Zimbabwean [zɪm'bɑːbweɪən] ◇ n zimbabuense mf
◇ adj zimbabuense
Zimmer frame ['zɪməfreɪm] n andador m ortopédico
zinc [zɪŋk] n CHEM cinc m, zinc m ❑ **~ ointment** ungüento m de cinc; **~ oxide** óxido m de cinc; **~ white** blanco m de cinc
zing [zɪŋ] ◇ n **-1.** (sound) silbido m **-2.** Fam (vitality) chispa f
◇ vt US Fam (tease) tomar el pelo a
◇ vi (of projectile) silbar; **the bullet zinged past me** la bala pasó silbando junto a mí
zinnia ['zɪnɪə] n BOT cinnia f
Zion ['zaɪən] n Zión
Zionism ['zaɪənɪzəm] n sionismo m
Zionist ['zaɪənɪst] ◇ n sionista mf
◇ adj sionista
zip [zɪp] ◇ n **-1.** Br **~ (fastener)** cremallera f, Am cierre m **-2.** Fam (vigour) nervio m, brío m **-3.** US **~ code** código m postal **-4.** COMPTR **Zip® disk** disco m zip **-5.** US Fam (nothing) nada de nada; **the score was already four-~** ya iban cuatro a cero **-6.** (sound) (of bullets) silbido m
◇ vt (pt & pp **zipped**) **-1.** (with zip fastener) **to ~ sth open/shut** abrir/cerrar la cremallera or Am el cierre de algo; **I zipped myself into my sleeping bag** me metí en el saco de dormir y cerré la cremallera **-2.** COMPTR comprimir **-3.** Fam **~ it!** (keep quiet) ¡cállate!, ¡cierra el pico!
◇ vi **to ~ past** (car, bullet) pasar zumbando; **she zipped out to get a paper** salió corriendo a comprar un periódico
➤ **zip through** vt insep Fam **I zipped**

through the last chapters me liquidé los últimos capítulos en un periquete
➤ **zip up** ◇ vt sep (clothes, bag) cerrar la cremallera or Am el cierre de; **can you ~ me up?** ¿me puedes subir la cremallera or Am el cierre?
◇ vi cerrarse con cremallera or Am cierre
zipper ['zɪpə(r)] n US cremallera f, Am cierre m
zippy ['zɪpɪ] adj Fam animado(a)
zip-up ['zɪpʌp] adj (bag, coat) con cremallera or Am cierre
zircon ['zɜːkɒn] n GEOL circón m
zirconium [zɜː'kəʊnɪəm] n CHEM circonio m
zit [zɪt] n Fam grano m
zither ['zɪðə(r)] n MUS cítara f
zodiac ['zəʊdɪæk] n zodiaco m, zodíaco m
zombie ['zɒmbɪ] n zombi mf; **he walks about like a ~** anda por ahí como un zombi
zonal ['zəʊnəl] adj por zonas, zonal
zone [zəʊn] ◇ n (area, sector) zona f; MIL **the occupied ~** la zona ocupada; MIL **battle/war ~** zona de combate/guerra ❑ **~ defence** (in basketball) defensa f en zona
◇ vt (town, area) dividir en zonas; US (administratively) zonificar; **they zoned the area for industrial development** la zona fue calificada como área industrial
zonked (out) [zɒŋkt('aʊt)] adj Fam **to be ~** (exhausted) estar molido(a) or hecho(a) polvo; (drugged) colocado(a), Esp flipado(a), Col trabado(a), Méx pingo(a), RP falopeado(a); (drunk) estar mamado(a) or pedo
zoo [zuː] n (pl **zoos**) n zoo m, zoológico m
zookeeper ['zuːkiːpə(r)] n guardián(ana) m,f de zoológico
zoological [zəʊə'lɒdʒɪkəl] adj zoológico(a) ❑ **~ garden(s)** parque m zoológico
zoologist [zəʊ'ɒlədʒɪst] n zoólogo(a) m,f
zoology [zəʊ'ɒlədʒɪ] n zoología f
zoom [zuːm] ◇ n **-1.** (noise) zumbido m **-2.** PHOT **~ lens** zoom m
◇ vi **to ~ along/past** pasar zumbando or a toda velocidad; **inflation zoomed upwards** la inflación se disparó
➤ **zoom in** vi CIN & TV enfocar en primer plano (**on** a)
➤ **zoom off** vi salir pitando
➤ **zoom out** vi CIN & TV cambiar de primer plano a plano general
zoot suit ['zuːtsuːt] n Fam traje m años cuarenta (con chaqueta larga de hombreras)
Zoroastrian [zɒrəʊ'æstrɪən] REL ◇ n zoroastra mf, zoroástrico(a) m,f
◇ adj zoroástrico(a)
zucchini [zuː'kiːnɪ] (pl **zucchini** or **zucchinis**) n US calabacín m
Zulu ['zuːluː] ◇ n zulú mf
◇ adj zulú
Zululand ['zuːluːlænd] n Zululandia
Zurich ['zʊərɪk] n Zurich, Zúrich
zygomatic [zaɪgəʊ'mætɪk] adj ANAT cigomático(a)
zygote ['zaɪgəʊt] n BIOL zigoto m, cigoto m
zymogen ['zaɪməʊdʒen] n BIOL cimógeno m, zimógeno m
zymotic [zaɪ'mɒtɪk] adj **-1.** (relating to fermentation) de la fermentación, zimótico(a) **-2.** Old-fashioned MED cimótico(a)

SUPLEMENTO
SUPPLEMENT

Guía sobre los países de habla inglesa [3-36]
Verbos irregulares ingleses [37-39]
Spanish verb tables [41-56]

GUÍA SOBRE LOS PAÍSES DE HABLA INGLESA

En esta guía sobre los países que tienen el inglés como principal lengua oficial se recoge información de tipo geográfico, político, económico e histórico de cada uno de ellos, con el objetivo de ayudar al estudiante de inglés en su comprensión del entorno real en el que se habla este idioma.
Acompañan al texto mapas de cada país con topónimos en inglés como complemento de la información dada en español.

ÍNDICE

Antigua y Barbuda	[4]
Australia	[5]
Bahamas	[7]
Barbados	[8]
Belice	[8]
Canadá	[9]
Dominica	[12]
Estados Unidos de América	[13]
Territorios y departamentos	[17]
Granada	[19]
Irlanda	[20]
Jamaica	[22]
Nueva Zelanda	[22]
Reino Unido	[23]
Territorios dependientes	[28]
San Cristóbal y Nieves	[32]
Santa Lucía	[33]
San Vicente y las Granadinas	[34]
Sudáfrica	[34]
Trinidad y Tobago	[36]

ANTIGUA Y BARBUDA

Nombre oficial Antigua y Barbuda
Nombre habitual en inglés Antigua and Barbuda
Ubicación geográfica tres islas tropicales independientes que forman parte del grupo de Barlovento, en las Antillas menores, en el este del mar Caribe: Antigua, Barbuda y la deshabitada Redonda
Superficie 442 km²
Capital Saint John's
Ciudad más importante Codrington (en Barbuda)

Población 64.200 h. (estimada en 1999)
Zona horaria GMT –4
Moneda 1 dólar del Caribe Oriental (EC$) = 100 centavos
Idioma inglés
Religiones cristianismo 96% (protestantismo 87%, catolicismo 9%), rastafarianismo 1%, otras 2%, ninguna 1%
Grupos étnicos de ascendencia africana 92%, británicos 4%, otros 4%

Características físicas

La parte occidental de Antigua alcanza los 470 m en el pico Boggy. Barbuda es una isla de coral de escasa altura que sólo alcanza los 44 m en su punto más alto, y en cuya margen occidental se encuentra una extensa laguna.

Clima

Tropical, con temperaturas que oscilan entre los 24°C en enero y los 27°C en agosto-septiembre. Las precipitaciones medias anuales son de 1000 mm.

Forma de gobierno

El jefe de Estado es el monarca británico, quien es representado por un gobernador general. El parlamento bicameral está constituido por un Senado que consta de 17 miembros y una Cámara de Representantes de igual número de miembros que son elegidos por periodos de cinco años.

Economía

La economía del país está basada en la producción de ron, azúcar (que experimentó una marcada caída en la década del 60 y ahora muestra signos de recuperación) y algodón, así como en el turismo (que representa el 40 % del ingreso nacional).

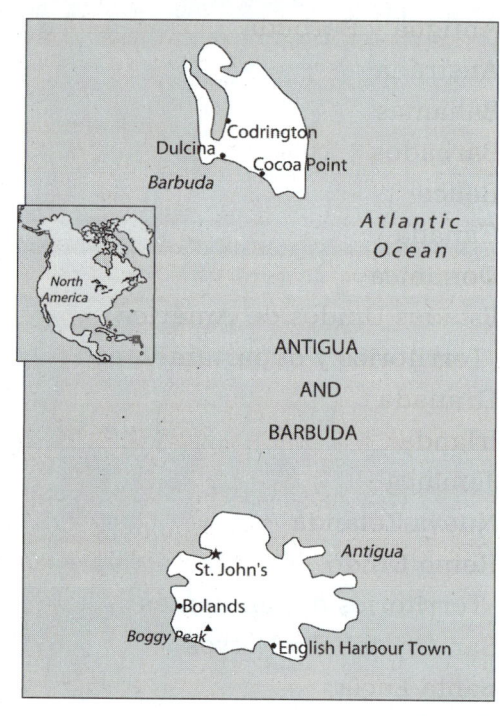

Historia

Antigua fue descubierta por Cristóbal Colón en 1493, colonizada en 1632 por los ingleses y cedida a Inglaterra en 1667. La colonización de Barbuda se llevó a cabo en 1661 desde Antigua. Administrada desde 1871 hasta 1956 como parte de la Federación de las Islas Sotavento, en 1967 se convirtió en estado asociado al Reino Unido y finalmente consiguió la independencia plena en 1981. Con ella, Vere Cornwall Bird, del Partido Laborista de Antigua, fue designado primer ministro y permaneció en el cargo hasta que en 1994 fue sucedido por su hijo, Lester Bird.

AUSTRALIA

Nombre oficial Commonwealth de Australia
Nombre habitual en inglés Australia
Ubicación geográfica el menor continente del mundo, ubicado enteramente en el hemisferio sur
Superficie 7.692.300 km²
Capital Canberra
Ciudades principales Melbourne, Brisbane, Perth, Adelaida, Sydney
Población 18.784.000 h. (estimada en 1999)
Zona horaria GMT +8/10,5
Moneda 1 dólar australiano ($A) = 100 centavos
Idioma inglés

Características físicas

Casi el 40% de su masa continental se encuentra al norte del trópico de Capricornio; el continente australiano está compuesto principalmente por llanuras y mesetas con una altura media sobre el nivel del mar de 600 m. La meseta australiana occidental ocupa casi la mitad del territorio y en su centro se elevan las cordilleras MacDonnell, alcanzando sus alturas máximas en el monte Liebig (1.524 m) y el monte Zeil (1.510 m); en el noroeste la meseta Kimberley alcanza los 936 m en el monte Ord, y en el oeste las cordilleras Hamersley llegan a los 1.226 m en el monte Bruce; la mayor parte de la meseta es desierto seco, del que son claros ejemplos el desierto de Gibson en el oeste, el Gran Desierto de Arena del noroeste, el Gran Desierto de Victoria en el sur y el desierto de Simpson en la zona central. En el sur se encuentra la llanura de Nullarbor; la Gran Cordillera Divisoria se extiende en paralelo a la costa oriental y alcanza una altura de 2.228 m en el monte Kosciusko, en los Alpes Australianos. Entre la meseta occidental y la Gran Cordillera Divisoria yace una amplia zona baja que se extiende hacia el sur en dirección a las llanuras de Murray-Darling; cerca de la costa noreste y con una extensión de más de 1.900 km se encuentra la Gran Barrera de Arrecifes. La isla de Tasmania, la extensión sur de la Gran Cordillera Divisoria, alcanza los 1.617 m en el monte Ossa y está separada de la masa territorial por el estrecho de Bait. El Murray es el río más largo de Australia y sus principales afluentes son el Darling, el Murrumbidgee y el Lachlan. Las tierras fértiles con clima templado y precipitaciones estables se limitan a las zonas bajas y los valles cercanos a la costa en el este y sudeste, además de a una pequeña extensión del vértice sudoccidental. La población se concentra en estas dos regiones.

Clima

Más de una tercera parte de Australia recibe menos de 260 mm de lluvia por año y menos de un tercio recibe más de 500 mm; más de la mitad del país tiene una variabilidad en las precipitaciones superior al

30% y muchas zonas sufren prolongadas sequías. La temperatura media diaria de Darwin va de 26°C a 34°C en noviembre y de 19°C a 31°C en julio; las precipitaciones oscilan entre 386 mm en enero y cero en julio. La temperatura media diaria de Melbourne va de los 6°C a los 13°C en julio y de 14°C a 26°C en enero-febrero, con precipitaciones medias mensuales de 48 a 66 mm. En Tasmania las condiciones climáticas varían mucho entre las montañas y la zona costera; las precipitaciones son mucho más elevadas en el oeste (en algunos lugares, superiores a los 2.500 mm anuales) que en el este (500 a 700 mm al año).

Forma de gobierno

El poder ejecutivo consta desde 1980 de un parlamento federal bicameral compuesto por un Senado de 64 miembros, elegidos por un periodo de seis años, y una Cámara de Representantes de 125 miembros elegidos por un periodo de tres años. El primer ministro y el gabinete de ministros son responsables ante la Cámara; un gobernador general, que representa a monarca británico, preside un consejo ejecutivo. El Territorio del Norte es autónomo desde 1978.

Economía

Cerca del 26% del total del territorio no se utiliza productivamente (siendo principalmente desierto). Aproximadamente el 67% se destina a la agricultura, incluyendo pastoreo árido (44%) y no árido (17%). El país es el mayor productor de lana del mundo y uno de los principales exportadores de carne de vacuno y ovino; el trigo es su cultivo más importante y otros cereales importantes son la cebada, la avena, el maíz y el sorgo. El descubrimiento a principios de la década del 60 de reservas petrolíferas y yacimientos de bauxita, níquel, plomo, cinc, cobre, estaño, uranio, mineral de hierro y otros minerales ha convertido a Australia en un importante productor de minerales. La producción de petróleo a escala comercial comenzó en 1964; la cuenca de Gippsland produce casi el 70% del petróleo de Australia y la mayor parte del gas natural, pero también se han descubierto importantes reservas cerca de la costa noroccidental. El sector manufacturero se ha expandido rápidamente desde 1945, en especial en las áreas de ingeniería, construcción naval, industria automotriz, metales, textiles, la industria del vestido, el sector químico, la elaboración de alimentos y el vino.

Historia

Se piensa que los aborígenes llegaron a Australia provenientes del sudeste asiático hace aproximadamente 40.000 años. Los primeros europeos que llegaron al continente fueron los holandeses, quienes exploraron el golfo de Carpentaria en 1606 y desembarcaron en 1642. El capitán James Cook llegó a la bahía Botany en 1770, y reclamó para Gran Bretaña la costa oriental del territorio. Nueva Gales del Sur fue establecida como colonia penal en 1788. Todo el territorio que hoy se conoce como Australia fue constituido en 1829 como dependencia británica. Inicialmente, se desarrolló como un grupo de colonias diseminadas, con mayores vínculos con Gran Bretaña que entre sí. Crecientes números de colonos llegaron a Australia, en especial con la introducción de la raza de ovejas merinas. En 1851 se descubrió oro en Nueva Gales del Sur y Victoria y en 1892 en Australia Occidental. El traslado de convictos al este de Australia finalizó en 1840, pero continuó realizándose hasta 1853 y 1868 desde Tasmania y Australia Occidental respectivamente. Durante este período, las colonias redactaron sus propias constituciones y establecieron sus respectivos gobiernos: Nueva Gales del Sur (1855), Tasmania y Victoria (1856), Australia Meridional (1857), Queensland (1860) y Australia Occidental (1890). En 1901 se estableció por acuerdo de las colonias una confederación Australiana, cuya capital sería Canberra. Desde fines del siglo XIX hasta 1974 estuvo en vigor una política tendiente a evitar la inmigración no blanca al territorio. El creciente movimiento en pos de la independencia que se desarrolló en los últimos años culminó con el compromiso de Paul Keating de convertir Australia en una república en el año 2001, sujeto a referéndum, con lo que la reina Isabel II estuvo de acuerdo. En 1996, el Partido Laborista de Keating perdió el poder pero la coalición del Partido Nacional con el Partido Liberal encabezada por John Howard siguió adelante con el movimiento independentista. En febrero de 1998 una convención constitucional votó a favor de adoptar un sistema republicano de gobierno y la propuesta fue presentada a los australianos en noviembre de 1999. El fracaso de la propuesta, a la que el primer ministro se oponía, no se debió a que los australianos dudaran de su capacidad de poder elegir su propio jefe de Estado sino a que su dirigentes políticos, ansiosos por preservar el sistema político existente, no les ofrecieron esa opción. Los partidarios del republicanismo estaban tan interesados como cualquier otro sector político en que el presidente fuera nombrado por los políticos y no por el pueblo.

Religiones

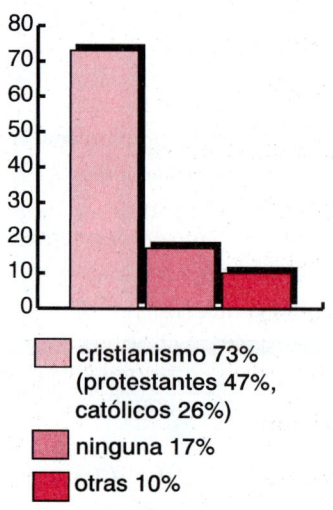

cristianismo 73% (protestantes 47%, católicos 26%)
ninguna 17%
otras 10%

Grupos étnicos

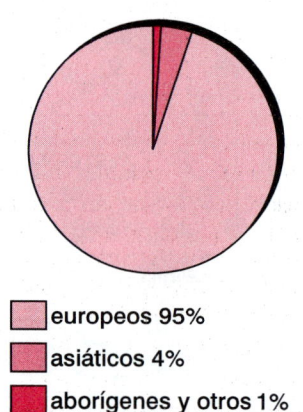

europeos 95%
asiáticos 4%
aborígenes y otros 1%

GUÍA SOBRE LOS PAÍSES DE HABLA INGLESA

Estados y territorios

Nombre	Superficie Km²	Millas²	Capital del estado
Australia Meridional	984.376	380.070	Adelaida
Australia Occidental	2.525.500	976.096	Perth
Nueva Gales del Sur	801.427	309.431	Sydney
Queensland	1.732.700	668.995	Brisbane
Tasmania	68.331	26.383	Hobart
Territorio de la capital australiana	2.432	939	Canberra
Territorio del Norte	1.346.200	519.768	Darwin
Victoria	227.600	87.876	Melbourne

BAHAMAS

Nombre oficial Commonwealth de las Bahamas
Nombre habitual en inglés Bahamas
Ubicación geográfica archipiélago de aproximadamente 700 islas de escasa altura y más de 2.000 cayos que forman una cadena que se extiende unos 800 km al sudoeste de la costa de Florida.
Superficie 13.934 km²
Capital Nassau
Ciudad principal Freeport

Población 283.700 h. (estimada en 1999)
Zona horaria GMT –5
Moneda 1 dólar de las Bahamas (BA$, B$) = 100 centavos
Idioma inglés
Religiones cristianismo 95% (protestantismo y otras 74%, catolicismo 21%), ninguna 3%, otras 2%
Grupos étnicos negros 85%, blancos 15%

Características físicas
Las islas coralinas de piedra caliza de las Bahamas comprenden los dos bancos oceánicos de Pequeña Bahama y Gran Bahama; el punto más alto se encuentra a sólo 120 metros sobre el nivel del mar.

Clima
Subtropical con temperaturas medias de 21°C en invierno y 27°C en verano. Las precipitaciones medias anuales son de 750-1500 mm; de junio a noviembre son frecuentes los huracanes.

Forma de gobierno
Asamblea bicameral compuesta por una Asamblea de 49 miembros electos y un Senado de 16 miembros nominados. El jefe de Estado, el monarca británico, es representado por un gobernador general.

Economía
El turismo constituye la principal fuente de ingresos, en especial en Nueva Providencia (Nassau e Isla Paraíso) y Gran Bahamas. Las Bahamas son un importante centro financiero (considerado paraíso fiscal). Otras actividades importantes son el refinado de petróleo, la pesca, la destilación de ron y licores, el cemento, la industria farmacéutica, la construcción de caños de acero, la producción de frutas y vegetales.

Historia
Las Bahamas fueron descubiertas en 1492 por Cristóbal Colón pero el primer asentamiento europeo permanente, compuesto por refugiados religiosos ingleses y de las Bermudas, sólo tuvo lugar en 1647. En 1717 el país se convirtió en colonia de la corona británica. Notorio lugar de encuentro de bucaneros y piratas, las Bahamas consiguieron su independencia en 1973. Una vez obtenida, Lynden Pindling fue designado primer ministro y fue sucedido por Hubert Ingraham en 1992.

BARBADOS

Nombre oficial Barbados
Nombre habitual en inglés Barbados
Ubicación geográfica la más oriental de las islas Antillas, en el océano Atlántico
Superficie 430 km²
Capital Bridgetown
Ciudad principal Speightstown
Población 259.200 h. (estimada en 1999)

Zona horaria GMT –4
Moneda 1 dólar de Barbados (BD$) = 100 centavos
Idioma inglés
Religiones cristianismo 71% (protestantismo y otras 67%, catolicismo 4%), ninguna 17%, otras 12%
Grupos étnicos negros 80%, blancos 4%, otros 16%

Características físicas
Pequeña isla triangular de 32 km de largo (en dirección noroeste a sudeste) que alcanza una altura de 340 m en el monte Hillaby. Barbados está rodeada por un arrecife de coral.

Clima
Tropical, con una temperatura media anual de 27°C y precipitaciones anuales medias de 1.420 mm.

Forma de gobierno
El representante del poder ejecutivo es el primer ministro, quien es nombrado por el gobernador general como representante del monarca británico. El Senado está compuesto por 21 miembros y la Asamblea, por 27 miembros electos.

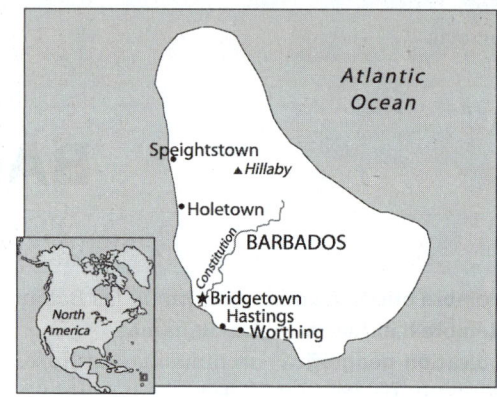

Economía
La producción de caña de azúcar, ron, melaza, algodón, bananas, verduras, gas natural, artículos electrónicos y eléctricos, suministros médicos y el turismo son las principales fuentes de ingresos.

Historia
Barbados fue colonizada en 1627 por los ingleses y alcanzó su autonomía en 1961, convirtiéndose en estado soberano independiente miembro de la Commonwealth en 1966.

BELICE

Nombre oficial Belice
Nombre habitual en inglés Belize
Ubicación geográfica limita al norte con México, al oeste y sur con Guatemala y al este con el mar Caribe
Superficie 22.963 km²
Capital Belmopan
Ciudades principales Ciudad de Belice, Dangriga, Punta Gorda, San Ignacio
Población 235.800 h. (estimada en 1999)

Zona horaria GMT –6
Moneda 1 dólar de Belice (BZ$) = 100 centavos
Idioma inglés; también se habla español y otras lenguas mayas locales
Religiones cristianismo 92% (catolicismo 62%, protestantismo 30%), otras 6%, ninguna 2%
Grupos étnicos mestizos 44%, criollos 30%, mayas 11%, garifunas 7%, otros 8%

Características físicas
El país tiene una extensa llanura costera, pantanosa en la zona norte y más fértil en el sur. Bordeadas por cadenas de pinos, selvas tropicales, sabanas y tierras cultivables, las montañas Maya se extienden hacia la costa este y alcanzan una altura de 1.120 m en el pico Victoria. El río Belice fluye de oeste a este; las aguas costeras internas están protegidas por una barrera de arrecife de coral que es la segunda del mundo en longitud.

Clima

Generalmente subtropical pero moderado por vientos alisios. Las temperaturas costeras van de los 10°C a los 36°C, con una mayor amplitud en la zona de montaña. Las precipitaciones son variables y alcanzan una media de 1.295 mm en el norte y 4.445 mm en el sur; la estación de lluvias va de mayo a febrero. Belice se encuentra en una zona de huracanes, que han causado importantes daños.

Forma de gobierno

El gobernador general representa al monarca británico y designa al primer ministro. La Asamblea Nacional bicameral está compuesta por un Senado de ocho miembros y una Cámara de Representantes de 29.

Economía

Tradicionalmente basada en la industria maderera y los productos forestales, aunque en épocas más recientes la agricultura, en especial la producción de azúcar, frutos cítricos, cacao, arroz, tabaco, bananas y también la ganadería han ocupado un lugar muy importante; la pesca, la construcción naval, la elaboración de alimentos, la industria textil, la fabricación de muebles y la producción de baterías y cigarrillos también contribuyen a la economía de Belice.

Historia

Existen pruebas de la existencia de antiguos asentamientos mayas en Belice, cuyas costas fueron colonizadas cerca del siglo XVII por náufragos británicos y soldados jamaicanos, quienes defendieron el territorio de los españoles. En 1862 fue creada como colonia británica y administrada desde Jamaica pero los lazos con esta última fueron interrumpidos en 1884. En 1961 se introdujo un sistema ministerial de gobierno y en 1964 Belice obtuvo su autonomía. En 1973 el país cambió su nombre original de Honduras Británica por Belice y en 1981 consiguió su independencia; el Partido Unido del Pueblo continuó en el gobierno bajo la dirección del primer ministro George Price. Las reclamaciones territoriales de Guatemala sobre Belice llevaron a una presencia militar británica hasta que, a principios de la década del 90, Guatemala estableció relaciones diplomáticas con el país. Belice se sumó a la Organización de Estados Americanos (OEA) en 1991 y, aunque el monarca británico continúa siendo su jefe de Estado a través de un gobernador general, en 1993 se retiró del país prácticamente toda presencia oficial británica.

CANADÁ

Nombre oficial Canadá

Nombre habitual en inglés Canada

Ubicación geográfica limita al sur con los Estados Unidos, al oeste con el océano Pacífico, al noroeste con Alaska, al norte con el océano Ártico y la bahía de Baffin, al noreste con el estrecho de Davis y al este con el mar del Labrador y el océano Atlántico.

Superficie 9.970.610 km²

Capital Ottawa

Ciudades principales Calgary, Edmonton, Montreal, Quebec, Toronto, Vancouver, Victoria, Winnipeg

Población 31.006.000 h. (estimada en 1999)

Zona horaria GMT –3,5/8

Moneda 1 dólar canadiense (C$, Can$) = 100 centavos

Idiomas inglés, francés

Características físicas

El territorio canadiense está dominado en el noreste por el Escudo Canadiense precámbrico mientras que en el este se elevan las montañas de Nueva Escocia y Nueva Brunswick. Las fértiles llanuras de San Lorenzo ocupan el sur de Quebec y Ontario mientras que al sur y al oeste del Escudo, extendiéndose hacia la cordillera Occidental, que incluye las montañas Rocosas, Cassiar y Mackenzie, se encuentran las llanuras interiores del país. Las montañas Costeras bordean la costa escarpada y muy accidentada y alcanzan una altura de 5.959 m en el monte Logan, el pico más alto de Canadá. Los principales ríos son el Yukón y el Mackenzie en el oeste; el Saskatchewan norte, el Saskatchewan sur, el Saskatchewan y el Athabasca en el centro y el Ottawa y el San Lorenzo en el este. Los Grandes Lagos ocupan la zona sudeste de Ontario.

GUÍA SOBRE LOS PAÍSES DE HABLA INGLESA

Clima
Con excepción de la bahía de Hudson (que permanece congelada casi nueve meses al año), la costa norte de Canadá se encuentra permanentemente congelada u obstruida por témpanos de hielo. En invierno y primavera los vientos fríos del Ártico soplan hacia el sur y el oeste. La costa occidental y algunos valles internos de la Columbia Británica disfrutan de inviernos benignos y veranos cálidos mientras que las temperaturas invernales en las costas del océano Atlántico son más altas que las de las regiones internas, pero en verano las temperaturas son más bajas. Gran parte del interior sureño goza de veranos cálidos e inviernos largos y fríos.

Forma de gobierno
Canadá cuenta con un parlamento federal bicameral que incluye un Senado formado por 104 miembros designados y una Cámara de los Comunes que cuenta con 301 miembros electos. Las provincias administran y legislan sobre educación, derecho de la propiedad, derecho civil, salud y demás cuestiones locales. El monarca británico es el jefe de Estado y está representado por un gobernador general, quien por lo general es designado por un periodo de cinco años.

Economía
Tradicionalmente ha estado basada en la explotación de los recursos naturales y la agricultura. El país es el segundo exportador mundial de trigo; sus bosques cubren el 44% del territorio y la abundancia de minerales ha convertido a Canadá en el mayor productor de amianto, cinc, plata y níquel y en el segundo mayor productor de potasio, yeso, molibdenio y azufre. La energía hidroeléctrica, el petróleo (en especial en la provincia de Alberta) y el gas natural son también una importante fuente de recursos para el país. En las últimas décadas, la economía canadiense ha experimentado un importante crecimiento en los siguientes sectores: elaboración de alimentos, industria automotriz y de autopartes, productos químicos y maquinaria. La industria metalúrgica y de productos derivados del petróleo; la pesca y el turismo (este último proveniente principalmente de los Estados Unidos) son también importantes en la economía canadiense, que está experimentando una clara reorientación hacia el sector de servicios.

Religiones

cristianismo 89 %
(católicos 47 %,
protestantes 41 %,
ortodoxos 1 %)

ninguna 8 %

otras 3 %

Historia
Existen pruebas arqueológicas de asentamientos vikingos en el territorio que hoy es Canadá cerca del año 1000. En 1497, Giovanni Caboto llegó a las costas del territorio y en 1528 estableció St John's, Terranova, como la base costera de las pesquerías inglesas. El río San Lorenzo fue explorado en 1534 por Jacques Cartier en nombre de Francia y en 1583 Inglaterra reclamó Terranova, convirtiéndola así en la primera colonia inglesa de ultramar. Samuel de Champlain fundó la ciudad de Quebec en 1608. En 1670 se fundó la Compañía de la Bahía de Hudson y hacia fines del siglo XVII comenzaron los conflictos entre los británicos y los colonos de

Nueva Francia. El Tratado de Utrecht de 1713 concedió a Gran Bretaña enormes extensiones de territorio. Después de la Guerra de los Siete Años, durante la cual James Wolfe capturó Quebec (1759), el Tratado de París permitió que Gran Bretaña tomara posesión de casi todos los territorios franceses en Norteamérica. En 1774 se creó la provincia de Quebec y la migración de colonos leales a la corona británica desde los Estados Unidos después de la guerra de la Independencia estadounidense dio lugar a la división de la provincia en Alto Canadá y Bajo Canadá, que se reunificó como Canadá en 1841. En 1867 la confederación de Quebec, Ontario, Nueva Escocia y Nueva Brunswick creó el Dominio de Canadá. La Tierra de Rupert y los Territorios del Noroeste fueron comprados en 1869-70 a la Compañía de la Bahía de Hudson, a los que luego se sumaron Manitoba (1870), la Columbia Británica (1871, con la promesa de construir un ferrocarril transcontinental), la Isla del Príncipe Eduardo (1873), Yukón (1898, tras la fiebre del oro de Klondike), Alberta y Saskatchewan (1905) y Terranova (1949). En 1982 se aprobó una nueva constitución. En las últimas décadas, el movimiento separatista francocanadiense de Quebec y la búsqueda de autonomía de las poblaciones esquimales y de los indios norteamericanos han producido recurrentes tensiones políticas. En 1992, un referéndum popular permitió la creación del extenso territorio autónomo de Nunavut para los pueblos inuit, el cual adquirió estatus territorial el 1 de abril de 1999. Canadá se sumó a la Organización de Estados Americanos (OEA) en 1990.

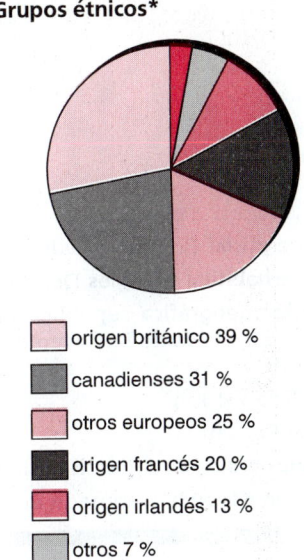

Grupos étnicos*

- origen británico 39 %
- canadienses 31 %
- otros europeos 25 %
- origen francés 20 %
- origen irlandés 13 %
- otros 7 %
- amerindios 4 %

* la suma de los porcentajes supera el 100% debido a que algunos sectores de la población se identifican con más de un grupo étnico

Provincias

	Superficie		
	Km²	Millas²	Capital de la provincia
Alberta	661.848	255.472	Edmonton
Columbia Británica	944.735	364.667	Victoria
Isla del Príncipe Eduardo	5.660	2.185	Charlottetown
Manitoba	647.797	250.050	Winnipeg
Nueva Brunswick	72.908	28.148	Fredericton
Nueva Escocia	55.284	21.340	Halifax
Nunavut	2.093.190	807.971	Iqaluit
Ontario	1.076.395	415.488	Toronto
Quebec	1.542.056	595.234	Quebec
Saskatchewan	651.036	251.300	Regina
Terranova y Labrador	405.212	156.412	St John's
Territorios del Noroeste	1.346.106	519.597	Yellowknife
Territorio del Yukón	482.443	186.223	Whitehorse

DOMINICA

Nombre oficial Commonwealth de Dominica
Nombre habitual en inglés Dominica
Ubicación geográfica república independiente situada en las Islas de Barlovento en el mar Caribe oriental
Superficie 751 km²
Capital Roseau
Ciudades principales Porstmouth, Grand Bay
Población 64.900 h. (estimada en 1999)

Zona horaria GMT –4
Moneda 1 dólar del Caribe Oriental (EC$) = 100 centavos
Idiomas inglés, francés criollo
Religiones cristianismo 93% (catolicismo 77%, protestantismo 16%), otras 7%
Grupos étnicos africanos/mestizos africano-europeos 97%, amerindios 2%, otros 1%

Características físicas

Dominica es una isla de origen volcánico en la que hay una gran cantidad de fumarolas y lagos que emanan gases sulfurosos; es de forma rectangular, con una costa muy accidentada. Tiene unos 50 km de longitud y 26 km de anchura. La altura máxima, 1.447 m, se encuentra en Morne Diablotin. La isla cuenta con una cadena montañosa central, con ramales laterales y valles profundos y varios ríos. El 67% del territorio está cubierto de bosques.

Clima

Cálido y húmedo. Las temperaturas medias mensuales van de 26° a 32°C. Las precipitaciones medias anuales alcanzan los 1.750 mm en la costa y 6.259 mm en las montañas. Fuertes huracanes causaron serios daños que afectaron la economía del lugar en 1979 y 1980.

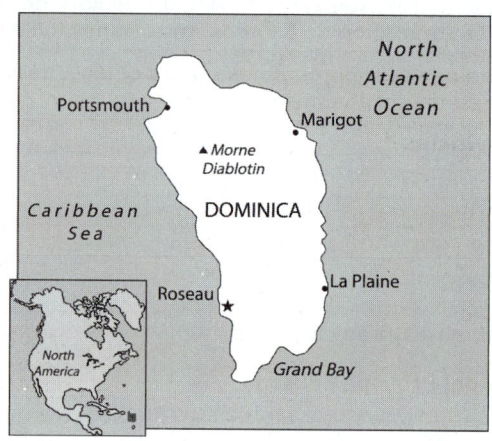

Forma de gobierno

República independiente dentro de la Commonwealth. El gobierno de Dominica está constituido por una Asamblea de 30 miembros, 21 de los cuales son elegidos por un periodo de 5 años; el primer ministro preside un gabinete ministerial y un presidente electo es el jefe de Estado.

Economía

La principal actividad económica es la agricultura y la industria más importante es la dedicada a la elaboración de productos agrícolas. En Dominica también se elaboran productos a base de coco, cigarros y ron y se embotella agua; también se explotan cítricos (en especial limas), bananas, cocos, cacao, aceite de lima y de laurel, piedra pómez y copra. También el turismo genera ingresos.

Historia

Dominica fue descubierta en 1493 por Cristóbal Colón y tanto Francia como Gran Bretaña intentaron colonizarla en el siglo XVIII. En 1805 se convirtió en colonia de la Corona Británica; desde 1958 hasta 1962 formó parte de la Federación de las Indias Occidentales hasta conseguir su independencia en 1978. En 1998, Vernon Shaw se convirtió en presidente del país y en 2000 Pierre Charles pasó a ser primer ministro.

ESTADOS UNIDOS DE AMÉRICA

Nombre oficial Estados Unidos de América

Nombre habitual en inglés United States of America

Ubicación geográfica república federal de Norteamérica y cuarto país del mundo en cuanto a su extensión. El país incluye Alaska y Hawai, estados que se encuentran geográficamente separados de los restantes 48. La masa territorial de los Estados Unidos limita al norte con Canadá, al este con el océano Atlántico, al sur con el golfo de México y al oeste con el océano Pacífico.

Superficie 9.160.454 km²

Capital Washington

Ciudades principales Nueva York, Chicago, Los Ángeles, Filadelfia, Detroit, Houston

Población 285.897.000 h. (estimada en 2002)

Zona horaria GMT –5/10

Moneda 1 dólar estadounidense ($, US$) = 100 centavos

Idioma inglés; una importante minoría habla español

Características físicas

Detrás de la llanura costera del Atlántico, en el este, se levantan los montes Apalaches. Éstos se extienden desde los Grandes Lagos en el norte hasta Alabama en el sur. Esta serie de cadenas paralelas incluye los montes Allegheny, Blue Ridge y Catskill. Hacia el sur, la llanura se extiende hacia el golfo de México y penetra en la península de Florida. Hacia el oeste, las llanuras del golfo de México se extienden al norte para encontrarse más allá de las montañas Ozark con las Grandes Llanuras, de mayor elevación. Más hacia el oeste, las montañas Rocosas alcanzan una altura que supera los 4.500 m y su punto más alto, el monte McKinley (6.194 m), se encuentra en Alaska; el punto más bajo de las Rocosas está situado en el Valle de la Muerte (86 m). En el norte, las aguas fluyen hacia el río San Lorenzo o los Grandes Lagos; en el este, es en dirección a los ríos Hudson, Delaware y Potomac mientras que otros ríos fluyen hacia el este en el océano Atlántico. Las llanuras centrales de los Estados Unidos son drenadas por el gran sistema formado por los ríos Red–Misuri–Misisipí y por otros ríos que fluyen hacia el golfo de México; en el oeste, los principales ríos son el Columbia y el Colorado.

Clima

El clima de este vasto país va del clima desértico, propio de los desiertos secos tropicales, en el sudoeste, al clima típico de las regiones árticas continentales. La mayoría de las regiones se ven afectadas por depresiones del oeste que generan tiempo inestable.

Las precipitaciones son más abundantes en la costa noroeste que en la noreste. En las Grandes Llanuras la gran amplitud térmica es el resultado de masas de aire frío provenientes del Ártico y de aire cálido tropical proveniente del golfo de México. En la costa occidental la influencia del océano Pacífico hace que la variación de temperatura entre invierno y verano sea menor. Las temperaturas invernales de la costa este del país experimentan un ascenso gradual hacia el sur. Los estados que bordean el golfo de México sufren huracanes y tornados que se desplazan desde el mar Caribe en dirección noreste.

Forma de gobierno

El Congreso de los Estados Unidos está formado por dos cámaras: una Cámara de Representantes de 435 miembros elegidos por periodos de dos años y un Senado de 100 miembros elegidos por periodos de seis años. El presidente, elegido cada cuatro años por un Colegio de Representantes, designa a su gabinete ministerial y éste, a su vez, es responsable ante el Congreso. Los Estados Unidos están divididos en 50 estados federales y el distrito de Columbia, y cada estado cuenta con su propio sistema bicameral y un gobernador.

Economía

En el siglo XX los Estados Unidos se han convertido en el país más industrializado del mundo. Cuenta con enormes recursos minerales y agrícolas y una economía muy diversificada. Sus sistemas de comunicaciones y transporte se encuentran sumamente desarrollados. El incremento del consumo interno que tuvo lugar en la década de los 80 llevó al país a un déficit en la balanza comercial, lo que obligó a una reducción en el gasto público.

Religiones

- 56 % protestantes
- 28 % católicos
- 10 % ninguna
- 2 % otras
- 2 % judaismo
- 2 % islam

GUÍA SOBRE LOS PAÍSES DE HABLA INGLESA

GUÍA SOBRE LOS PAÍSES DE HABLA INGLESA

Historia

Las primeras migraciones, provenientes de Asia, tuvieron lugar hace más de 25.000 años. Estos indígenas americanos no se vieron perturbados por otros pueblos hasta que el país fue explorado por los nórdicos en el siglo IX y los españoles en el XVI, quienes se establecieron en la zona de Florida y México. En el siglo XVII tuvieron lugar asentamientos británicos, franceses, holandeses, alemanes y suecos. Un gran número de africanos fueron trasladados como mano de obra esclava para las plantaciones. Durante el siglo siguiente, el control británico sobre la región se fue acrecentando. El levantamiento de las colonias de habla inglesa que dio lugar a la guerra de la Independencia estadounidense (1775-83) tuvo como resultado la creación de los Estados Unidos de América, cuyo territorio entonces estaba delimitado por los Grandes Lagos, la cuenca del Misisipí y Florida. La Declaración de Independencia tuvo lugar el 4 de julio de 1776. En 1803, Luisiana fue vendida por Francia a los Estados Unidos y así comenzó la colonización del oeste. Florida fue cedida por España en 1819, y otros estados hasta entonces españoles se sumaron a la Unión entre 1821 y 1853. En 1860-61, once estados del sur, donde la esclavitud era legal, abandonaron la Unión en desacuerdo por este asunto con los estados del norte y formaron la Confederación. La Guerra civil, que tuvo lugar entre 1861 y 1865, concluyó con la victoria del norte y más tarde los estados sureños volvieron a formar parte de la Unión. A causa de la victoria del norte, la esclavitud fue abolida en 1865. En 1867 los Estados Unidos compraron Alaska a Rusia, y se anexionaron las islas Hawaii en 1898. Ambos territorios fueron admitidos como estados en 1959. En 1917 los Estados Unidos tomaron parte en la Primera Guerra Mundial apoyando a las fuerzas aliadas. En 1924 los indígenas del país obtuvieron el derecho de convertirse en ciudadanos estadounidenses. En 1929 la bolsa de Wall Street quebró, causando la Gran Depresión. El ataque japonés a Pearl Harbor en 1941 motivó la entrada de los Estados Unidos en la Segunda Guerra Mundial. Durante la década de los 60 se gestó y desarrolló el movimiento en defensa de los derechos civiles de los negros, que suscitó muchos disturbios en la sociedad. De 1964 hasta 1975, los Estados Unidos intervinieron en la guerra de Vietnam apoyando a Vietnam del Sur, país no comunista. En las décadas de los 60 y los 70, el país se situó a la vanguardia del programa de exploración espacial y en 1969 el astronauta estadounidense Neil Armstrong fue la primera persona en pisar el suelo lunar. El escándalo de Watergate (1972-24) obligó a la renuncia del presidente Nixon. En 1986 tuvo lugar un nuevo escándalo por la venta de armas a Irán, que servía para armar a la Contra nicaragüense. La guerra fría entre los Estados Unidos y la Unión Soviética finalizó en 1990 y desde entonces las tropas del país se han desplegado en misiones de las Naciones Unidas para el mantenimiento de la paz en diversos países. En la Guerra del Golfo (1991), las tropas estadounidenses lideraron el ataque contra Saddam Hussein, después de que éste invadiera Kuwait. En 1992 tuvo lugar una serie de disturbios en Los Angeles y otras ciudades vinculados al problema racial. Tras siete años de gobierno demócrata, presidido por Bill Clinton (1993-2000), el candidato republicano George W. Bush fue declarado presidente en unas elecciones cuyo resultado fue en un pricipio poco claro y que dieron lugar a cinco semanas de litigios hasta que el candidato demócrata Al Gore admitió su derrota. El 11 de septiembre del año 2001 las Torres Gemelas del World Trade Center de Nueva York sucumbían tras chocar contra ellas sendos aviones secuestrados por fundamentalistas islámicos, lo cual llevó al ataque estadounidense contra el gobierno talibán de Agfanistán y a un refuerzo de la lucha internacional contra el terrorismo.

Grupos étnicos

- blancos (incluyendo hispanos) 84 %
- negros 12 %
- asiáticos 3 %
- amerindios 1 %

Estados de EE. UU.

Los datos de población corresponden al censo del año 2000.

A continuación del nombre de cada estado se dan dos abreviaturas: la primera corresponde a la forma abreviada más utilizada y la segunda al código postal.

Estado	Fecha de ingreso a la Unión	Población	Superficie	Capital
Alabama (Ala; AL)	1819 (22°)	4.447.100 h.	131.443 km² 50.750 millas²	Montgomery
Alaska (Alaska; AK)	1959 (49°)	626.932 h.	1.477.268 km² 570.373 millas²	Juneau
Arizona (Ariz; AZ)	1912 (48°)	5.130.632 h.	295.276 km² 114.006 millas²	Phoenix
Arkansas (Ark; AR)	1836 (31°)	2.673.400 h.	137.754 km² 53.187 millas²	Little Rock
California (Calif; CA)	1850 (31°)	33.871.648 h.	403.971 km² 155.973 millas²	Sacramento
Carolina del Norte (NC; NC)	1789 (12°)	8.049.313 h.	126.180 km² 48.718 millas²	Raleigh
Carolina del Sur (SC; SC)	1788 (8°)	4.012.012 h.	77.988 km² 30.111 millas²	Columbia

GUÍA SOBRE LOS PAÍSES DE HABLA INGLESA

Estado	Fecha de ingreso a la Unión	Población	Superficie	Capital
Colorado (Colo; CO)	1876 (38°)	4.301.261 h.	268.658 km^2 103.729 millas^2	Denver
Connecticut (Conn; CT)	1788 (5°)	3.405.565 h.	12.547 km^2 4.844 millas^2	Hartford
Dakota del Norte (N Dak; ND)	1889 (39°)	642.200 h.	178.695 km^2 68.994 millas^2	Bismarck
Dakota del Sur (S Dak; SD)	1889 (40°)	754.844 h.	196.576 km^2 75.898 millas^2	Pierre
Delaware (Del; DE)	1787 (1°)	783.600 h.	5133 km^2 1.985 millas^2	Dover
Distrito de Columbia (DC; DC)		572.059 h.	159 km^2 61 millas^2	Washington
Florida (Fla; FL)	1845 (27°)	15.982.378 h.	139.697 km^2 53.937 millas^2	Tallahassee
Georgia (Ga; GA)	1788 (4°)	8.186.453 h.	152.571 km^2 58.908 millas^2	Atlanta
Hawai (Hawaii; HI)	1959 (50°)	1.211.537 h.	16.636 km^2 6.423 millas^2	Honolulú
Idaho (Idaho; ID)	1890 (43°)	1.293.953 h.	214.325 km^2 82.751 millas^2	Boise
Illinois (Ill; IL)	1818 (21°)	12.419.293 h.	144.123 km^2 55.646 millas^2	Springfield
Indiana (Ind; IN)	1816 (19°)	6.080.485 h.	92.903 km^2 35.870 millas^2	Indianápolis
Iowa (Iowa; IA)	1846 (29°)	2.926.324 h.	144.716 km^2 55.875 millas^2	Des Moines
Kansas (Kans; KS)	1861 (34°)	2.688.418 h.	211.922 km^2 81.823 millas^2	Topeka
Kentucky (Ky; KY)	1792 (15°)	4.041.769 h.	102.907 km^2 39.732 millas^2	Frankfort
Luisiana (La; LA)	1812 (18°)	4.468.976 h.	112.836 km^2 43.566 millas^2	Baton Rouge
Maine (Maine; ME)	1820 (23°)	1.274.923 h.	79.931 km^2 30.861 millas^2	Augusta
Maryland (Md; MD)	1788 (7°)	5.296.486 h.	25.316 km^2 9.775 millas^2	Annapolis
Massachusetts (Mass; MA)	1788 (6°)	6.349.097 h.	20.300 km^2 7.838 millas^2	Boston
Michigan (Mich; MI)	1837 (26°)	9.938.444 h.	150.544 km^2 58.125 millas^2	Lansing
Minnesota (Minn; MN)	1858 (32°)	4.919.479 h.	206.207 km^2 79.617 millas^2	Saint Paul
Misisipí (Miss; MS)	1817 (20°)	2.844.658 h.	123.510 km^2 47.687 millas^2	Jackson
Misuri (Mo; MO)	1821 (24°)	5.595.211 h.	178.446 km^2 68.898 millas^2	Jefferson City
Montana (Mont; MT)	1889 (41°)	902.195 h.	376.991 km^2 145.556 millas^2	Helena
Nebraska (Nebr; NE)	1867 (37°)	1.711.263 h.	199.113 km^2 76.878 millas^2	Lincoln
Nevada (Nev; NV)	1864 (36°)	1.998.287 h.	273.349 km^2 105.540 millas^2	Carson City
New Hampshire (NH; NH)	1788 (9°)	1.235.786 h.	23.292 km^2 8.993 millas^2	Concord

GUÍA SOBRE LOS PAÍSES DE HABLA INGLESA

Estado	Fecha de ingreso a la Unión	Población	Superficie	Capital
Nueva Jersey (NJ; NJ)	1787 (3°)	8.414.350 h.	19.210 km^2 7.417 millas^2	Trenton
Nueva York (NY; NY)	1788 (11°)	18.976.457 h.	122.310 km^2 47.224 millas^2	Albany
Nuevo México (N Mex; NM)	1912 (47°)	1.819.046 h.	314.334 km^2 121.364 millas^2	Santa Fe
Ohio (Ohio; OH)	1803 (17°)	11.353.140 h.	106.067 km^2 40.952 millas^2	Columbus
Oklahoma (Okla; OK)	1907 (46°)	3.450.654 h.	177.877 km^2 68.6678 km^2	Oklahoma City
Oregón (Oreg; OR)	1859 (33°)	3.421.399 h.	251.385 km^2 97.060 millas^2	Salem
Pensilvania (Pa; PA)	1787 (2°)	12.281.054 h.	116.083 km^2 44.820 millas^2	Harrisburg
Rhode Island (RI; RI)	1790 (13°)	1.048.319 h.	2707 km^2 1.045 millas^2	Providence
Tennessee (Tenn; TN)	1796 (16°)	5.689.283 h.	106.759 km^2 41.220 millas^2	Nashville
Texas (Tex; TX)	1845 (28°)	20.851.820 h.	678.358 km^2 261.914 millas^2	Austin
Utah (Utah; UT)	1896 (45°)	2.233.169 h.	212.816 km^2 82.168 millas^2	Salt Lake City
Vermont (Vt; VT)	1791 (14°)	608.827 h.	23.955 km^2 9.249 millas^2	Montpelier
Virginia (Va; VA)	1788 (10°)	7.078.515 h.	102.558 km^2 39.598 millas^2	Richmond
Washington (Wash; WA)	1889 (42°)	5.894.121 h.	172.447 km^2 66.582 millas^2	Olympia
Virginia Occidental (W Va; WV)	1863 (35°)	1.808.344 h.	62.758 km^2 24.231 millas^2	Charleston
Wisconsin (Wis; WI)	1848 (30°)	5.363.675 h.	145.431 km^2 56.151 millas^2	Madison
Wyoming (Wyo; WY)	1890 (44°)	493.782 h.	251.501 km^2 97.105 millas^2	Cheyenne

Territorios y departamentos

❏ SAMOA AMERICANA

Ubicación geográfica territorio de los Estados Unidos en el océano Pacífico Sur ubicado a unos 3.500 km al noreste de Nueva Zelanda
Superficie 197 km^2

Capital Pago Pago
Población 63.800 h. (estimada en 1999)
Zona horaria GMT −11

Forma de gobierno

En 1948 se estableció en el país un parlamento bicameral, denominado *Fono*, constituido por el Senado (18 miembros elegidos cada cuatro años a través de las administraciones de los condados, siguiendo la costumbre samoana) y la Cámara de Representantes (20 miembros más uno sin voto, elegidos cada dos años por votación popular). A cargo del poder ejecutivo se encuentra el gobernador.

Economía

Los principales cultivos son el taro, el fruto del árbol del pan, la batata, las bananas y los cocos; también contribuyen a la economía del país las conservas de pescado, la pesca del atún, la pesca costera y la artesanía.

Historia

Los Estados Unidos adquirieron los derechos sobre Samoa en 1899 y las islas fueron cedidas por sus jefes en 1900-1925. En la actualidad, Samoa constituye un territorio estadounidense no incorporado, administrado por el Ministerio del Interior de los Estados Unidos.

GUÍA SOBRE LOS PAÍSES DE HABLA INGLESA

❏ ESTADO LIBRE ASOCIADO DE PUERTO RICO

Ubicación geográfica la isla más oriental de las Antillas Mayores, situada entre la República Dominicana en el oeste y las Islas Vírgenes estadounidenses en el este. Puerto Rico se encuentra a aproximadamente 1.600 km al sudeste de Miami.

Superficie 8.897 km^2
Capital San Juan
Ciudades principales Ponce, Bayamón, Mayaguez
Población 3.888.000 h. (estimada en 1999)
Zona horaria GMT −4

Forma de gobierno

Al frente del poder ejecutivo hay un gobernador, quien es elegido por un periodo de cuatro años. La Asamblea Legislativa bicameral consta de un Senado de 27 miembros y una Cámara de Representantes de 51 miembros, todos ellos elegidos cada cuatro años. Un comisionado residente, miembro de la Cámara de Representantes de los Estados Unidos, es elegido cada cuatro años.

Economía

El sector manufacturero es el más importante de la economía de Puerto Rico; entre las actividades principales se encuentran la fabricación de prendas de vestir y de equipamiento eléctrico y electrónico, así como la elaboración de alimentos; también destacan las industrias petroquímica, textil, láctea y del turismo; los cultivos importantes son azúcar, tabaco, café, ananá y coco; la ganadería aporta también recursos a la economía portorriqueña.

Historia

Originalmente, la isla estaba habitada por los indios caribes y los arawaks. En 1493 fue descubierta por Cristóbal Colón; fue colonia española hasta que fue cedida a los Estados Unidos en 1898. En las décadas de 1940 y 1950 tuvo lugar una fuerte corriente migratoria hacia los Estados Unidos. En 1952 se convirtió en Estado Libre Asociado. La inversión estadounidense y el comercio con el país vecino tienen gran importancia para Puerto Rico.

❏ ISLAS MARIANAS DEL NORTE

Ubicación geográfica territorio de ultramar de EE.UU. que comprende un grupo de 14 islas en el noroeste del océano Pacífico a unos 2.400 km al este de las Filipinas.

Superficie 471 km^2
Capital Saipan
Población 69.398 h. (estimada en 1999)
Zona horaria GMT +10

Forma de gobierno

Al frente del poder ejecutivo se encuentra un gobernador, cuyo mandato se extiende por un periodo de cuatro años. El poder legislativo está compuesto por un Senado de nueve miembros y una Cámara de Representantes de 18.

Economía

La economía de las islas se basa en la producción de caña de azúcar, coco y café y en el turismo.

Historia

En 1947, por mandato de las Naciones Unidas, las islas entraron a formar parte del Territorio de las Islas del Pacífico administrado por Estados Unidos. En 1978, las islas Marianas del Norte se incorporaron a EE.UU. en régimen de estado asociado.

❏ ISLAS VÍRGENES DE LOS ESTADOS UNIDOS

Ubicación geográfica territorio no incorporado de EE.UU que comprende un grupo de más de 50 islas a el sur y a oeste del grupo de las islas Vírgenes, en las Antillas Menores del mar Caribe a 64 km al este de Puerto Rico. Las tres islas principales son St Croix, St Thomas y St John
Superficie 342 km^2
Capital Charlotte
Población 119.800 h. (estimada en 1999)
Zona horaria GMT −4

Forma de gobierno

El poder ejecutivo es presidido por un gobernador, quien ocupa el cargo por un periodo de cuatro años. El poder legislativo está formado por una única cámara de 15 miembros electos.

Economía

La principal industria de las islas es el turismo. En St Croix también se desarrollan las siguientes actividades: explotación petrolera, procesamiento de óxido de aluminio, fabricación de relojes, elaboración de perfumes, ron y productos farmacéuticos, producción de verduras, frutas y sorgo.

Historia

St Thomas y St John fueron colonizadas por Dinamarca en 1671, país que compró St Croix a Francia en 1733. Las tres islas fueron adquiridas por los Estados Unidos en 1917.

❏ TERRITORIO DE GUAM

Ubicación geográfica territorio de EE.UU., la mayor de las islas meridionales de las islas Marianas en el océano Pacífico
Superficie 541 km

Capital Agaña
Población 151.700 h. (estimada en 1999)
Zona horaria GMT +10

Forma de gobierno

El gobierno de Guam está constituido por un gobernador electo y un parlamento unicameral de 21 miembros.

Economía

Aunque la economía del país depende en gran medida de las actividades gubernamentales, también se desarrollan proyectos comerciales e industriales tendientes a diversificar las fuentes de ingresos. Las siguientes actividades contribuyen a la economía de Guam: refinamiento de petróleo, elaboración de productos lácteos, fabricación de prendas de vestir, trabajos de impresión, fabricación de muebles y relojes, producción de copra y aceite de palma y procesamiento de pescado. El turismo es una industria en franca expansión. Las instalaciones militares ocupan el 35% de la isla.

Historia

Guam fue ocupada por Japón desde 1941 hasta 1944.

GRANADA

Nombre oficial Granada
Nombre habitual en inglés Grenada
Ubicación geográfica monarquía constitucional independiente de las Indias Occidentales y la más austral de las islas de Barlovento, en el mar Caribe oriental.
Superficie 344 km^2
Capital St George's
Ciudades principales Gouyave, Victoria, Grenville

Población 97.000 h. (estimada en 1999)
Zona horaria GMT −4
Moneda 1 dólar del Caribe Oriental (EC$) = 100 centavos
Idioma inglés
Religiones cristianismo 90% (catolicismo 52%, protestantismo 38%), otras 10%
Grupos étnicos de origen africano 83%, mestizos 13%, hindúes 3%, europeos 1%

Características físicas

El territorio del país está compuesto por la isla de Granada (con una longitud de 34 km y 19 km de ancho) y las Granadinas del Sur (incluyendo a Carriacou), un grupo de pequeñas islas que se extiende al norte de Granada hasta San Vicente. Granada es de origen volcánico y está recorrida en toda su extensión por una cadena de montañas que alcanza en su punto más alto, en el monte Sainte Catherine, de 843 m.

Clima

Subtropical. La temperatura media anual es de 23°C y la media de las precipitaciones anuales oscila entre los 1.270 mm en la costa y los 5.000 mm en el interior de la isla.

Forma de gobierno

La constitución de 1973 de Granada reconoce al monarca británico como jefe de Estado. El poder legislativo está compuesto por un Senado de 13 miembros designados y una Cámara de Representantes de 15 miembros electos. El primer ministro preside un gabinete de 15 ministros.

Economía

La principal actividad económica es la agricultura y los cultivos más importantes son el cacao, la nuez moscada y las bananas. Con la implantación de un programa de diversificación agrícola se ha comenzado a cultivar otros productos, como la guayaba, los cítricos, la palta, la ciruela, el mango y la castaña de cajú. También se elaboran productos agrícolas y sus derivados, como el azúcar, el ron, el aceite de coco, el jugo de lima y la miel.

Historia

La isla fue descubierta por Cristóbal Colón en 1498 y llamada Concepción. A mediados del siglo XVII fue colonizada por los franceses, para ser cedida a los británicos en 1763 por el Tratado de París. En 1779 Francia volvió a tomarla, y la cedió nuevamente a Gran Bretaña en 1783. En 1877 se convirtió en colonia de la corona británica y obtuvo su independencia en 1974 durante el gobierno del primer ministro Eric Gairy. El éxito de la revolución popular encabezada por Maurice Bishop en 1979 llevó a éste a ocupar el cargo de primer ministro pero años después fue asesinado en un nuevo levantamiento que tuvo lugar en 1983. Las tropas estadounidenses invadieron la isla en octubre de 1983 con el objetivo de restaurar el orden institucional. La administración de Herbert Blaize condujo los destinos de Granada de 1984 a 1989. En 1995 el Nuevo Partido Nacional liderado por Keith Mitchell llegó al poder al derrotar en los comicios al gobierno del Congreso Nacional Demócrata del premier Nicholas Braithwaite.

IRLANDA

Nombre oficial República de Irlanda
Nombre habitual en inglés Ireland
Ubicación geográfica república que ocupa el sur, el noroeste y el centro de la isla de Irlanda y que se encuentra separada de Gran Bretaña por el mar de Irlanda y el canal de San Jorge. Limita al noreste con Irlanda del Norte, que es parte del Reino Unido
Superficie 70.282 km²

Capital Dublín
Ciudades principales Cork, Limerick, Waterford, Galway, Drogheda, Dundalk, Sligo
Población 3.663.000 h. (estimada en 1999)
Zona horaria GMT
Moneda 1 euro (€) = 100 céntimos
Idiomas inglés, gaélico irlandés. Las regiones en las que se habla gaélico se conocen como *Gaeltacht*

Características físicas

Los paisajes montañosos del oeste forman parte del sistema caledónico de Escandinavia y Escocia y sus picos de cuarzo se han convertido, debido a la erosión, en montañas cónicas como, por ejemplo, Croagh Patrick (765 m). Un sistema montañoso más reciente crea en el sur un paisaje de colinas y valles. Las llanuras del este son regadas por ríos lentos como el Shannon, el Liffey y el Slaney. En la zona sur hay extensos valles en dirección este-oeste.

Clima

Irlanda tiene un clima benigno y estable con escasas variaciones térmicas. Las precipitaciones son mayores en el oeste, a menudo superando los 3.000 mm, mientras que el este es más seco. Las precipitaciones medias anuales en Dublín son de 785 mm.

Forma de gobierno

El jefe de Estado es el presidente, quien es elegido por un periodo de siete años. El Parlamento nacional (*Oireachtas*) consta de una Cámara de Representantes (*Dáil Éireann*) de 166 miembros electos y un Senado (*Seanad Éireann*) de 60 miembros. El primer ministro es el jefe de Gobierno.

Economía

Casi el 70% del territorio corresponde a tierras cultivadas destinadas en gran medida a la producción forrajera, mientras que el restante 30% se destina al pastoreo de ovejas y vacas. A partir de la década de los 50, la industria forestal ha experimentado un importante desarrollo. Otra área importante de la economía irlandesa es la pesca y los sectores principales de su industria son el metalúrgico, la alimentación, las bebidas, el tabaco y el textil. En los últimos tiempos se ha desarrollado la ingeniería de la iluminación, la fabricación de fibras sintéticas y productos electrónicos, la industria farmacéutica y los plásticos. Los principales ríos del país producen energía hidroeléctrica; algunas centrales térmicas generan energía a partir de la turba y en las inmediaciones Cork se encuentra el yacimiento de gas natural de Kinsale. El turismo también aporta ingresos a la economía irlandesa.

Historia

Irlanda fue ocupada en la Edad de Hierro por celtas de lengua goidélica y en el siglo II se estableció una alta realeza, con Tara (en el actual condado de Meath) como capital. Tras la conversión al cristianismo impulsada por San Patricio en el siglo V, Irlanda se convirtió en un centro de aprendizaje y actividad misionera.

En el siglo IX el sudeste de la isla fue asolado por los vikingos. En 1171, Enrique I de Inglaterra se autoproclamó Señor de Irlanda y como consecuencia de la expansión anglonormanda se creó el señorío de Irlanda, que llegó a dominar gran parte de la isla hasta que el resurgimiento del sentimiento nacional de los siglos XIV y XV lo circunscribió a Munster y Leinster. En 1542 Enrique VIII adoptó el título de Rey de Irlanda, pero el dominio directo de la corona se limitó al área en torno de Dublín, conocida como el Pale, aunque el control ejercido a través de los vasallos anglonormandos se extendía mucho más. La conquista isabelina logró unificar a la isla bajo el control inglés, que fue sacudido por una rebelión católica durante la Guerra de los Tres Reinos en 1640. En 1649-50, fuerzas parlamentarias al mando de Oliver Cromwell reconquistaron la Irlanda católica. Las comunidades protestantes del Ulster sobrevivieron a esta agitación, como lo hicieron más tarde cuando seguidores del depuesto rey católico Jacobo II fueron derrotados por Guillermo de Orange en la batalla del Boyne en 1690. Después de un siglo de sometimiento, la lucha por la liberación de Irlanda se desarrolló en los siglos XVIII y XIX, e incluyó movimientos revolucionarios como la Sociedad de Irlandeses Unidos (1796-8), fundada por Wolfe Tone, y años después Irlanda Joven (1848) y el movimiento Feniano (1866-7). En 1801 entró en vigor el Acta de Unión, que unía formalmente a Irlanda y Gran Bretaña; el Acta de Ayuda a los Católicos de 1829 fue un paso en emancipación de los católicos y permitió a éstos tener una representación parlamentaria; por su parte, nuevas leyes promulgadas entre 1870 y 1903 buscaron aliviar la pobreza del país tras la hambruna que asoló a Irlanda de 1845 a 1847 por el fracaso de las cosechas, diezmando su población. En 1886 y 1893 el primer ministro británico, William Gladstone, creó sendos Estatutos de Autonomía y un tercero fue aprobado en 1914 pero nunca entró en vigor debido al estallido de la Primera Guerra Mundial.

En 1916 tuvo lugar otra revuelta armada en contra del dominio británico (que se conoció como el levantamiento de Pascua) y en 1919 el Sinn Féin proclamó la República de Irlanda. Como respuesta, el gobierno británico propuso un año después la división de la isla pero la nueva república no prestó atención a dicha propuesta. El tratado firmado en 1921 permitió la proclamación del Estado Libre de Irlanda pero también dejó expreso el derecho de Irlanda del Norte de separarse. Ésta hizo uso de este derecho y en 1925 se acordó el trazado de una frontera.

Religiones

- cristianismo 91 % (católicos 88 %, protestantes 3 %)
- ninguna 5 %
- otras 4 %

Grupos étnicos

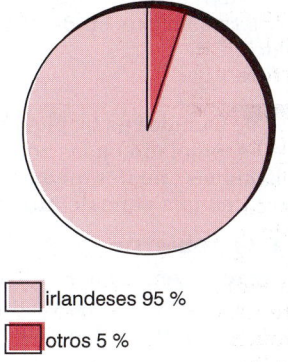

- irlandeses 95 %
- otros 5 %

La constitución irlandesa de 1937 dio un nuevo nombre al país, el Eire, y lo declaró estado soberano, independiente y democrático, representado por un presidente elegido por votación directa, un Senado, aunque con menor poder que antes, y un Dáil Éireann elegido por representación proporcional. Todos los lazos constitucionales existentes hasta entonces entre la República de Irlanda y el Reino Unido fueron suprimidos con la declaración de la república en 1948, que entró en vigor en 1949 con el Acta de la República de Irlanda. Este acontecimiento cambió la relación entre ambos países. La República retuvo algunos acuerdos especiales en lo referente a ciudadanía y comercio pero abandonó la Commonwealth. Westminster aprobó el Acta de Irlanda, en el que se ratificaba que los ciudadanos irlandeses gozaban en el Reino Unido de ciertos beneficios especiales pero en el que también se declaraba que Irlanda del Norte permanecería siendo parte del mismo hasta que sus ciudadanos decidieran lo contrario. Desde 1973 Irlanda es miembro de la Comunidad Europea. Durante la década del 90, los primeros ministros Albert Reynolds (1992-4), John Bruton (1994-7) y Bertie Ahern (1997-) participaron en el proceso de paz de Irlanda del Norte. Mary Robinson fue la presidenta de Irlanda desde 1990 hasta 1997, fecha en la que fue sucedida por Mary McAleese.

JAMAICA

Nombre oficial Jamaica
Nombre habitual en inglés Jamaica
Ubicación geográfica isla de las Antillas en el mar Caribe
Superficie 10.957 km²
Capital Kingston
Ciudades principales Montego Bay, Spanish Town
Población 2.652.000 h. (estimada en 1999)
Zona horaria GMT −5

Moneda 1 dólar de Jamaica (J$) = 100 centavos
Idioma inglés, criollo
Religiones cristianismo 61% (protestantismo 25%, Iglesia de Dios 21%, catolicismo 6%, otras 9%), rastafarianismo 6%, otras 15%, ninguna 18%
Grupos étnicos negros 90%, hindúes 2%, mestizos 7%, otros 1%

Características físicas

Jamaica es la tercera isla del mar Caribe en tamaño. Su longitud máxima es de 234 km y su ancho va de los 35 km a los 82 km. La isla tiene un territorio montañoso y accidentado, en especial en el este, donde los Montes Azules alcanzan los 2.256 m y los más de cien pequeños ríos abastecen de energía hidroeléctrica a la población.

Clima

El clima de Jamaica es tropical y húmedo al nivel del mar y más templado en las zonas altas. Las temperaturas de la costa oscilan entre los 21°C y los 34°C y las precipitaciones anuales medias son de 1.980 mm. En las llanuras del sur y sudoeste apenas llueve. La isla se encuentra en una zona de huracanes.

Forma de gobierno

El gobernador general nombra al primer ministro y a los miembros del gabinete. El parlamento bicameral está compuesto por una Cámara de Representantes de 60 miembros electos y un Senado de 21 miembros designados. El monarca británico continúa siendo el jefe de Estado.

Economía

Las plantaciones aún emplean cerca del 30% de la mano de obra local. El cultivo principal es la caña de azúcar; otros cultivos también importantes son bananas, cítricos, café, cacao, jengibre, cocos y pimentón. Jamaica ocupa el segundo lugar en la producción mundial de bauxita y también son importantes la producción de aluminio, yeso, cemento y fertilizantes, la industria textil, la elaboración de alimentos, ron y productos químicos. La principal fuente de divisas es el turismo.

Historia

Colón llegó a Jamaica en 1494 y en 1509 la isla fue ocupada por los españoles. A partir de 1640 se comenzaron a importar esclavos del oeste de África para trabajar en las plantaciones de azúcar. En 1655 la isla fue ocupada por los ingleses. En 1944 Jamaica obtuvo su autonomía y en 1962 logró su independencia durante el gobierno del primer ministro Alexander Bustamante.

NUEVA ZELANDA

Nombre oficial Nueva Zelanda
Nombre habitual en inglés New Zealand
Ubicación geográfica estado independiente que comprende un grupo de islas del océano Pacífico al sudeste de Australia
Superficie 268.812 km²
Capital Wellington
Ciudades principales Auckland, Christchurch, Dunedin, Hamilton

Población 3.662.000 h. (estimada en 1999)
Zona horaria GMT +12
Moneda 1 dólar neozelandés (NZ$) = 100 centavos
Idiomas inglés, maorí
Religiones cristianismo 67% (protestantismo 52%, catolicismo 15%), otras 17%, ninguna 16%
Grupos étnicos europeos 83%, maoríes 15%, procedentes de otras islas del Pacífico 6%, asiáticos 5% *

* la suma de los porcentajes supera el 100% debido a que algunos sectores de la población se identifican con más de un grupo étnico

Características físicas

Las dos islas principales de Nueva Zelanda, Norte y Sur, están separadas por el estrecho de Cook; la isla Stewart se encuentra al sur de ambas. Desde su extremo septentrional hasta el punto más al meridional, el país tiene una longitud de 1.770 km. La isla Norte es montañosa en el centro y cuenta con numerosas fuentes de aguas termales y su pico más alto, el monte Ruapehu, alcanza los 2.797 m. La isla Sur está dominada por montañas que llegan a alcanzar los 3.753 m en el monte Cook de los Alpes neozelandeses; la isla cuenta con una gran cantidad de glaciares y lagos de montaña y, en su parte oriental, con la extemsa llanura de Canterbury.

Clima

Nueva Zelanda tiene un clima sumamente inestable y la humedad es moderada a lo largo de todos los meses del año. El clima es subtropical en el norte y en la costa este, con inviernos suaves y veranos cálidos y húmedos. La temperatura media diaria de Auckland oscila entre 8°C y 13°C en julio y 16° y 23°C en enero. Las precipitaciones medias mensuales son de 145 mm en julio y 79 mm en el periodo que va de diciembre a enero. En la isla Sur, las temperaturas son generalmente más bajas.

Forma de gobierno

El gobierno de Nueva Zelanda está formado por un primer ministro, un gabinete ministerial y una Cámara de Representantes de 120 miembros. Las elecciones se realizan cada tres años. El monarca británico continúa siendo el jefe de Estado, quien está representado por un gobernador general.

Economía

Basada en la producción agropecuaria, en especial en la cría de ganado lanar y vacuno. Nueva Zelanda es uno de los exportadores más importantes de productos lácteos y ocupa el tercer lugar en exportación de lana; también comercializa kiwis, carne de venado y mohair. Las industrias textil, maderera y de elaboración de alimentos ocupan asimismo un lugar importante en la economía del país. La energía hidroeléctrica aporta el 80% de la electricidad que se consume en Nueva Zelanda, que cuenta además con importantes reservas de carbón y gas natural. La industria del turismo se encuentra en franco crecimiento.

Historia

Se cree que Nueva Zelanda fue poblada inicialmente por exploradores polinesios hace cerca de 1000 años. El primer avistamiento europeo fue realizado por Abel Tasman en 1642, quien llamó al lugar Staten Landt. El territorio luego fue conocido como Nieuw Zeeland, tomando el nombre de la provincia holandesa. El capitán Cook avistó el territorio en 1769 y el primer asentamiento tuvo lugar en 1792. Hasta 1841 el país fue una dependencia de Nueva Gales del Sur. Durante las décadas de 1840 y 1860, las guerras entre los maoríes y los inmigrantes, conocidas como las Guerras Maoríes, fueron desastrosas para estos últimos, quienes perdieron gran parte de sus tierras a manos de los triunfadores. En 1907 el país se convirtió en el dominio autónomo de Nueva Zelanda y pasó a ser un miembro activo de la Commonwealth. En la década de los 90, activistas maoríes exigieron una compensación por las tierras que les habían sido arrebatadas por los colonos europeos y el gobierno acordó bien pagar una compensación monetaria o bien una restitución de tierras.

REINO UNIDO

Nombre oficial Reino Unido de Gran Bretaña e Irlanda del Norte

Nombre habitual en inglés United Kingdom

Ubicación geográfica reino de Europa del oeste que comprende a Inglaterra, Escocia, Gales e Irlanda del Norte

Superficie 244.755 km²

Capital Londres

Ciudades principales Belfast, Birmingham, Cardiff, Edimburgo, Glasgow, Liverpool, Manchester, Newcastle upon Tyne

Población 59.500.900 h. (estimada en 1999)

Zona horaria GMT

Moneda 1 libra esterlina (£) = 100 peniques

Idioma inglés; galés y gaélico hablado por minorías

GUÍA SOBRE LOS PAÍSES DE HABLA INGLESA

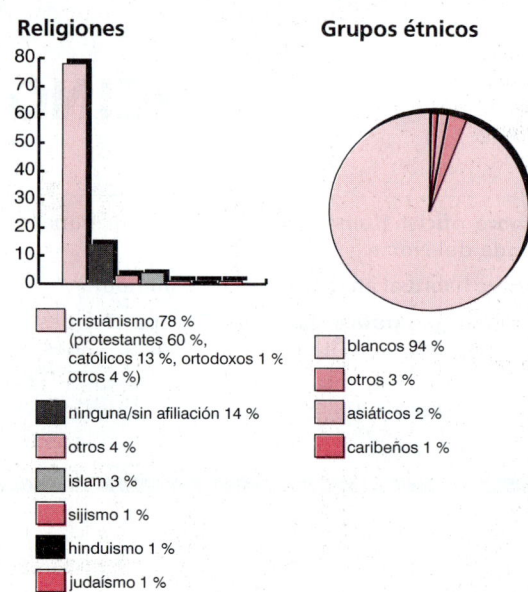

Clima

El clima de las islas es templado y marítimo, moderado por vientos preponderantes del sudoeste. En términos generales, el oeste es más húmedo y más cálido.

Forma de gobierno

Es un reino con un monarca como jefe de Estado. El parlamento bicameral está compuesto por la Cámara de los Comunes, de 659 miembros, y la Cámara de los Lores, formada por lores vitalicios, pares, obispos anglicanos y miembros del Tribunal Supremo, aunque está en proceso de reforma. La designación del gabinete ministerial es responsabilidad del primer ministro.

Historia

Gales fue incorporado oficialmente a Inglaterra en 1301, en 1603 Escocia también se sumó al reino con la unificación de las coronas escocesa e inglesa (a nivel parlamentario la unión se hizo efectiva en 1707) e Irlanda hizo lo propio en 1801 (dando así lugar al

Religiones

- cristianismo 78 % (protestantes 60 %, católicos 13 %, ortodoxos 1 % otros 4 %)
- ninguna/sin afiliación 14 %
- otros 4 %
- islam 3 %
- sijismo 1 %
- hinduismo 1 %
- judaísmo 1 %

Grupos étnicos

- blancos 94 %
- otros 3 %
- asiáticos 2 %
- caribeños 1 %

Reino de Gran Bretaña e Irlanda). El nombre actual data de 1922, como consecuencia de la declaración ese año del Estado Libre de Irlanda. El país ingresó a la Comunidad Económica Europea en 1973.

❏ ESCOCIA

Superficie 78.742 km^2
Capital Edimburgo
Ciudades principales Glasgow, Dundee, Aberdeen
Población 5.119.200 h.

Características físicas

Escocia puede dividirse en tres regiones fisiográficas: la zona montañosa meridional (Southern Uplands), que alcanza una altura de 843 m en el pico Merrick; las llanuras del centro (Central Lowlands), el área más densamente poblada del país, y la zona montañosa del norte (Northern Highlands), dividida en dos partes por la depresión de Glen More y con una altura máxima de 1.344 m en Ben Nevis, en los montes Grampianos. El territorio escocés cuenta además con 787 islas, la mayoría de las cuales se encuentra cerca de la accidentada costa occidental y apenas unas 60 de ellas tienen una superficie superior a los 8 km^2. En la costa oriental hay tres grandes estuarios: Forth, Tay y Moray. En el interior del territorio hay una gran cantidad de lagos de agua dulce entre los que se cuentan Loch Lomond (el más extenso, de 70 km^2 y Loch Molar (el de mayor profundidad: 310 m). Con 192 km, el Tay es el río más largo del país.

Economía

La zona situada entre Glasgow y Edimburgo concentra la mayor actividad industrial pero la industria pesada (como la construcción naval, las acerías y la industria automovilística) experimentó una severa caída en la década del 80, cuando se cerraron también muchas minas de carbón. Otras áreas importantes de la economía escocesa son la producción de whisky, el área de servicios asociados con la industria petrolera en la costa este, la fabricación de productos electrónicos, la industria textil, la agricultura y la explotación forestal, la pesca, la piscicultura y el turismo.

Historia

Los romanos intentaron poner fin a las incursiones de las tribus del norte con la construcción en el 142 de la era cristiana de la Muralla de Antonino, que se extendía desde el estuario de Forth hasta el río Clyde, y de la Muralla de Adriano, levantada en los años 122-128 d.C., que cruzaba el territorio desde el estuario de Solway hasta el río Tyne y constituía la principal frontera del norte de la provincia romana de Bretaña. En el siglo IX hubo algunos intentos de unificación con Inglaterra, pero ambos países estuvieron en guerra durante la Edad Media hasta que Robert Bruce restauró la independencia de Escocia, que fue reconocida por Inglaterra en 1328. En el siglo XIV los Estuardos accedieron al trono y unificaron ambos reinos en 1603. El Acta de Unión de 1707 unificó los respectivos parlamentos. A pesar de la impopularidad de esta medida, el país floreció cultural y económicamente durante los siglos XVIII y XIX. Un referéndum que se llevó a cabo en 1979 con la propuesta de una mayor autonomía para Escocia no logró el apoyo mayoritario de la población aunque sí lo hizo la consulta popular de 1997, en la que hubo una abrumadora mayoría a favor de ella. Además de tener un sistema educativo y legal independiente, así como otras instituciones diferenciadas de las de Gales e Inglaterra, en 1999 fue elegido un Parlamento escocés con atribuciones impositivas.

❏ GALES

Superficie 20.761 km^2
Capital Cardiff
Ciudades principales Swansea, Wrexham
Población 2.936.900 h.

Características físicas

El montañoso territorio de Gales alcanza una altura de 1.085 m en el macizo Snowdon de la cadena Snowdonia, en el noroeste; en el centro se encuentran las montañas Cambrianas y, en el sur, el macizo Brecon Beacons. El país es irrigado por los ríos Severn, Clwyd, Conwy, Dee, Dovey, Taff, Tawe, Teifi, Towy, Usk y Wye.

Economía

Los valles del sur y la llanura costera están más industrializados, mientras que en el norte y el noroeste la industria del turismo explota las ciudades y pueblos costeros y las montañas de la región. Las siguientes actividades contribuyen también a la generación de recursos: la explotación de pizarra, plomo y acero, la ingeniería y el refinamiento de petróleo, la pesca, la explotación florestal, la ganadería bovina y la elaboración de productos lácteos. En las últimas décadas la industria ligera experimentó un marcado desarrollo tras la caída sufrida por las industrias del carbón y el acero. La Real Casa de la Moneda está ubicada en Llantrisant.

Historia

Los primeros habitantes de Gales, de origen celta, que habían logrado resistir los avances de Roma, vieron incrementada su población en el siglo IV cuando los invasores anglosajones empujaron a los celtas que habitaban en el sur de Inglaterra hacia Gales, llamándolos *Waelisc*, que significa "extranjero". En el siglo VIII parte del territorio galés fue ocupado por Offa, rey de Mercia, quien construyó un dique como frontera

GUÍA SOBRE LOS PAÍSES DE HABLA INGLESA

desde el río Dee en el norte hasta el río Wye, en el centro del país y en el siglo IX Rhodri Mawr unió a los galeses contra los sajones, los nórdicos y los daneses. Eduardo I de Inglaterra impuso su autoridad sobre Gales en los siglos XII y XIII. En 1301 su hijo, quien luego se convertiría en Eduardo II, fue el primero en usar el título de Príncipe de Gales. A principios del siglo XV tuvo lugar un levantamiento galés contra Enrique IV encabezado por Owen Glendower. La unión política de Gales con Inglaterra quedó sellada con el Acta de Unión de 1535. En el siglo XVIII el país se convirtió en el epicentro de la disidencia protestante frente a la Inglesia Anglicana. El movimiento político nacionalista cobró fuerza y dio lugar al partido Plaid Cymru, que ocupó un escaño en el parlamento británico por primera vez en 1966. En 1979 se llevó a cabo un referéndum en el que se consultaba a la población acerca de la posible autonomía de Gales; la respuesta fue negativa pero el resultado de un nuevo referéndum en 1997 fue favorable y en junio de 1999 tuvo lugar la sesión inaugural de la Asamblea galesa.

❏ INGLATERRA

Superifice 130.357 km²
Capital Londres
Ciudades principales Birmingham, Liverpool, Manchester, Newcastle upon Tyne
Población 49.752.900 h.

Características físicas

El territorio inglés está compuesto mayormente por tierras que se elevan en el sur hacia las colinas Mendips, Cotswolds, Chilterns y North Downs, en el norte hacia la cadena de los Peninos y en el noroeste hacia los montes Cambrianos. Los ríos Tyne, Tees, Humber, Ouse y Támesis riegan Inglaterra en el este y en el oeste lo hacen los ríos Eden, Ribble, Mersey y Severn. Los lagos Derwent Water, Ullswater, Windermere y Bassenthwaite forman parte del Distrito de los Lagos en el noroeste del país.

Economía

Cuenta con minerales (estaño, carbón, caolín, mineral de plomo, mineral de hierro, sal, potasio), petróleo y gas del mar del Norte. En el sector manufacturero destacan las industrias automovilística, petroquímica, electrónica, farmacéutica y textil; también ocupan un lugar importante las grandes obras de ingeniería, la elaboración de alimentos, las telecomunicaciones, la industria editorial y la producción de cerveza, además de agricultura, ganadería, pesca, horticultura, turismo y cerámica.

Historia

Julio César invadió el territorio en el año 55 a. C. Ya en siglo V, tribus nórdicas invadieron la región y muchos grupos celtas se vieron obligados a retirarse hacia Cornualles y Gales. La unificación de Inglaterra tuvo lugar en 924-39 y en 1066 el país fue conquistado por Guillermo I el Conquistador. La Carta Magna, que marcó el inicio del desarrollo constitucional del país, fue firmada durante el reinado de Juan sin Tierra en 1215. Bajo Eduardo I Inglaterra logró conquistar Gales en 1283. La Guerra de las Rosas, que tuvo lugar de 1455 a 1485, dio como resultado el mantenimiento de la Casa Tudor en el trono hasta 1603. En el siglo XVI, el reino experimentó una importante expansión colonial. En el siglo siguiente tuvo lugar una guerra civil que se prolongó por espacio de siete años entre los realistas y los parlamentaristas y cuya culminación fue la ejecución de Carlos I en 1649. En 1707 se unieron los parlamentos de Inglaterra y Escocia. Un nuevo estatuto, firmado en 1800, unió a estos dos países con Irlanda creando así el Reino Unido.

❏ IRLANDA DEL NORTE

Superficie 14.120 km²
Capital Belfast
Ciudades principales Londonderry, Armagh
Población 1.691.900 h.

Características físicas

Irlanda del Norte ocupa la zona noreste de la isla. El lago Neagh domina el centro del territorio y hacia el norte y el este se encuentra el macizo de Antrim, mientras que las montañas Mourne se levantan en el sudeste.

Economía

Las siguientes actividades y sectores son importantes en la economía del país: agricultura, construcción naval, ingeniería, la industria textil, la industria de servicios y la elaboración de productos químicos. La economía se ha visto afectada por los disturbios que tienen lugar desde 1969.

Historia

La población protestante, mayoritaria, es en general partidaria de la unión con Gran Bretaña, mientras que gran parte de la minoría católica busca la reunificación con la República de Irlanda. La violencia que se produjo entre las dos comunidades a partir de 1968 tuvo como consecuencia la eventual supresión, en 1972, de Stormont, el parlamento propio creado en 1920. El poder legislativo quedó pues en manos de un Secretario de Estado del gobierno de Londres. En dos ocasiones (1973 y 1982) se creó una Asamblea de 78 miembros elegida por representación proporcional, que en ambos casos acabó disolviéndose bien por el boicot de los parlamentarios nacionalistas, bien tras la oposición de los parlamentarios unionistas a los acuerdos entre el Reino Unido y la República de Irlanda a los que se llegó para fomentar la cooperación entre ambos países en la política de Irlanda del Norte. Tras años de negociaciones directas entre los partidos, los gobiernos del Reino Unido e Irlanda llegaron a un acuerdo concreto en 1993. El IRA (Ejército Republicano Irlandés) anunció un alto el fuego definitivo en 1997 y al año siguiente, y como resultado de nuevas conversaciones interpartidarias, se firmó el Acuerdo del Viernes Santo para llegar a una solución política, acuerdo que continuaba negociándose en el año 2000.

Islas del Reino Unido

❑ ISLAS DEL CANAL

Ubicación geográfica grupo de islas del Canal de la Mancha situadas al oeste de Normanía.
Superficie 194 km^2
Capital St Helier (Jersey) y St Peter Port (Guernsey)
Población 157.800 h. (estimada en 1999)
Zona horaria GMT
Islas principales Guernsey, Jersey, Alderney, y Sark

Forma de Gobierno
Las islas cuentan con asambleas parlamentarias y un sistema legal propio y están divididas administrativamente en los dominios de Jersey y de Guernsey. Un representante de la corona preside la Asamblea Representativa y el Tribunal de Justicia.

Economía
La economía de las islas se basa en la producción de frutas y verduras, floricultura, elaboración de productos lácteos, ganadería y turismo. Las islas son un paraíso fiscal.

Historia
Las islas son la única parte de Normandía que siguió formando parte de Inglaterra después de 1204. Fueron ocupadas por Alemania en la Segunda Guerra Mundial.

❑ ISLA DE MAN

Ubicación geográfica dependencia de la corona británica en el mar de Irlanda, entre Inglaterra e Irlanda del Norte
Superficie 572 km^2
Capital Douglas
Población 75.700 h. (estimada en 1999)
Zona horaria GMT

Forma de gobierno
La isla cuenta con parlamento bicameral propio, conocido como la Corte de Tynwald, compuesta por una Cámara electa (conocida como House of Keys) y el Consejo Legislativo (formado por el vicegobernador, el presidente, el obispo lord de Sodor y Man, el Ministro de Justicia y siete miembros electos por la Cámara). Las leyes aprobadas por el parlamento británico generalmente no se aplican en la Isla de Man.

Economía
Son aspectos importantes de la economía de la isla el turismo, la agricultura y la ingeniería de la iluminación. La Isla de Man es un paraíso fiscal.

Historia
Fue dominada por los galeses del siglo VI al IX, luego pasó a manos de los escandinavos, escoceses e ingleses. La isla fue parcialmente adquirida por el gobierno británico en 1765 y totalmente en 1828. El idioma local, el manx, se siguió utilizando de forma cotidiana hasta el siglo XIX.

Territorios dependientes

❑ ANGUILA

Ubicación geográfica la más septentrional de las islas de Sotavento en el este del mar Caribe
Superficie 155 km^2
Capital The Valley
Población 11.500 h. (estimada en 1999)
Zona horaria GMT –4

Forma de gobierno
El soberano británico designa al gobernador de la isla, cuya Asamblea Legislativa cuenta con 11 miembros.

Economía
Las principales actividades económicas son la producción de arvejas, maíz, batatas y sal; la construcción naval, la pesca y el turismo contribuyen también a su economía.

GUÍA SOBRE LOS PAÍSES DE HABLA INGLESA

Historia

Anguila fue colonizada en 1650 por pobladores ingleses provenientes de San Cristóbal. Fue incorporada a la colonia de San Cristóbal y Nieves hasta que se separó en 1980.

❑ BERMUDAS

Ubicación geográfica grupo de unas 150 islas coralinas e islotes de poca altura en el oeste del océano Atlántico a 900 km de Carolina del Norte
Superficie 53 km^2

Capital Hamilton
Población 62.500 h. (estimada en 1999)
Zona horaria GMT –4

Forma de gobierno

Un gobernador general representa al monarca británico. El gobierno está compuesto por un Senado de 11 miembros, una Asamblea de 40 miembros electos y un gabinete ministerial encabezado por un primer ministro.

Economía

La principal actividad económica es el turismo, además de ser una importante base de empresas internacionales. Se elaboran productos derivados del petróleo, farmacéuticos y suministros para aviones. Cuentan también la fabricación y la reparación naval, la producción de verduras, cítricos y bananas y el procesamiento de pescado.

Historia

Fue descubierta por el español Juan Bermúdez a principios del XVI; en 1612 fue colonizada por los ingleses. Fue una importante base naval y, hasta 1862, también colonia penal. En 1968 una nueva constitución otorgó el autogobierno al país. En la década de los 70, el movimiento independentista generó graves tensiones, que incluyeron el asesinato del gobernador general en 1973.

❑ GEORGIA DEL SUR

Ubicación geográfica isla árida, montañosa con nieves perpetuas del océano Atlántico sur, ubicada a unos 500 km al este de las islas Malvinas

Superficie 3.750 km^2 aproximadamente

Forma de gobierno

La isla está administrada directamente desde las islas Malvinas.

Economía

La pesca de bajura y el comercio de sellos postales conmemorativos son sus fuentes de ingreso.

Historia

La isla fue descubierta en 1675 por un comerciante londinense. El capitán James Cook desembarcó ella en 1775. El imperio británico la anexionó en 1908 y 1917. Fue un centro ballenero y foquero hasta 1965 y en 1982 fue invadida por Argentina y recuperada por el Reino Unido. Mantiene una estación científica.

❑ GIBRALTAR

Ubicación geográfica estrecha península al sur de España, en el extremo oriental del estrecho de Gibraltar. Es un punto estratégico para el control del oeste del Mediterráneo

Superficie 5,9 km^2
Población 29.200 h. (estimada en 1999)
Zona horaria GMT +1

Forma de gobierno

Un gobernador y una Cámara de la Asamblea de 18 miembros representan al monarca británico.

Economía

Depende casi enteramente de la presencia del ejército británico. Los astilleros, servicios de transbordo y abastecimiento de combustible naval y el turismo también contribuyen a su economía.

Historia

Ocupada por los árabes en 711, pasó a manos españolas en 1462 y a británicas 1713, convirtiéndose en colonia de la corona en 1830. Tuvo un papel central en las operaciones navales de los aliados durante ambas guerras mundiales. España continúa reclamando su soberanía.

GUÍA SOBRE LOS PAÍSES DE HABLA INGLESA

❏ ISLAS CAMÁN

Ubicación geográfica archipiélago del mar del Caribe a unos 240 km al sur de Cuba, que comprende las islas de Gran Caimán, Caimán Brac y Pequeña Caimán

Superficie 260 km^2
Capital George Town
Población 39.300 h. (estimada en 1999)
Zona horaria GMT –4

Forma de gobierno
Un gobernador representa al soberano británico y preside una Asamblea Legislativa de 15 miembros.

Economía
Su economía está principalmente basada en el turismo. Es también un centro financiero internacional y más de 450 bancos y empresas fiduciarias están establecidos en las islas. Otras actividades de importancia son el mercado inmobiliario, el tráfico de cruceros y el transbordo de mercancías y cuenta también con artesanía, joyas, ganadería y avicultura, verduras, peces tropicales y productos derivados de las tortugas marinas.

Historia
Fueron descubiertas por Cristóbal Colón en 1503; cedidas a Gran Bretaña en 1670 y posteriormente colonizadas por británicos procedentes de Jamaica. Se convirtieron en colonia británica en 1959.

❏ ISLAS MALVINAS

Ubicación geográfica las islas están ubicadas en el océano Atlántico sur, a aproximadamente 650 km al noreste del estrecho de Magallanes
Superficie 12.200 km^2

Capital Puerto Stanley
Población 2.750 h. (estimada 1999)
Zona horaria GMT –4

Forma de gobierno
Los asuntos externos y la defensa de las islas son responsabilidad del gobierno británico, que designa comisionados civiles y militares. Un Consejo Ejecutivo y uno Legislativo se encargan de los asuntos internos.

Economía
Principalmente agrícola. También contribuyen a la economía local la cría de ovejas, el cultivo de avena y los servicios ofrecidos al ejército permanente de la isla.

Historia
Las islas fueron avistadas por distintos navegantes, entre los que se cuenta el capitán John Strong, quien las avistó en 1689-90 y les dio su nombre. En 1764 tuvieron lugar algunos asentamientos franceses; en 1765 se estableció una base militar británica; en 1767 los franceses cedieron su asentamiento a los españoles; en 1820 fueron ocupadas en nombre de la República de Buenos Aires; el Reino Unido afirmó su posesión en 1833 y la anexión formal a la corona se realizó en 1908 y 1917. La reivindicación argentina de la soberanía de las islas tuvo como punto de máxima tensión la invasión de las mismas por parte del ejército argentino en abril 1982; las islas pasaron de nuevo a ser de dominio británico en junio del mismo año.

❏ ISLAS PITCAIRN

Ubicación geográfica grupo de islas en el sudeste del océano Pacífico, al este de la Polinesia francesa. El mismo comprende la isla Pitcairn y las deshabitadas Duce, Henderson y Oeno
Superficie 27 km^2

Capital Adamstown
Población 49 h. (estimada 1999)
Zona horaria GMT –8,5

Forma de gobierno
Un magistrado de la isla preside un Consejo de 10 miembros.

Economía
La economía de la isla se basa en la venta de sellos postales conmemorativos, la producción de cultivos tropicales y subtropicales, las artesanías y la explotación forestal.

Historia
Los británicos llegaron a estas islas en 1767 y en 1790 fueron ocupadas por nueve de los tripulantes que se amotinaron en el buque *Bounty*. La sobrepoblación obligó a que en 1856 emigraran a la isla de Norfolk pero algunos de ellos regresaron ocho años más tarde. En 1952 el control de la isla fue transferido al gobernador de Fiji. Las islas son ahora una colonia británica administrada por un alto comisionado desde Nueva Zelanda.

GUÍA SOBRE LOS PAÍSES DE HABLA INGLESA

❏ ISLAS SANDWICH DEL SUR

Ubicación geográfica grupo de islas pequeñas y deshabitadas en el océano Atlántico sur a unos 720 km al sudeste de la isla Georgia del Sur
Superficie 1.152 km^2

Forma de gobierno
Las Islas Sandwich del Sur son administradas desde las Islas Malvinas.

Economía
No se desarrolla actividad económica alguna.

Historia
Las islas fueron descubiertas por el capitán James Cook en 1775 y anexionadas al imperio británico en 1908 y 1917.

❏ ISLAS TURCAS Y CAICOS

Ubicación geográfica colonia británica que comprende un par de grupos de islas que forman el archipiélago sudeste de la cadena de las Bahamas. Turcas y Caicos se encuentra a 920 km al sudeste de Miami.
Superficie 500 km^2
Capital Cockburn Town (en la isla Grand Turk)
Población 16.900 h. (estimada en 1999)
Zona horaria GMT –5

Forma de gobierno
El monarca británico es representado a través de un gobernador, quien preside un Consejo compuesto por ocho miembros.

Economía
La producción de maíz y frijoles y la pesca constituyen la base de la economía de las islas, aunque el turismo es una industria que está experimentando una rápida expansión.

❏ ISLAS VÍRGENES BRITÁNICAS

Ubicación geográfica grupo de islas del extremo noroccidental de las Antillas Menores al este del mar Caribe
Superficie 153 km^2
Capital Road Town (isla Tórtola)
Población 19.200 h. (estimada en 1999)
Zona horaria GMT –4

Forma de gobierno
El soberano británico está representado por un gobernador. El Consejo Ejecutivo consta de seis miembros y el Consejo Legislativo de once.

Economía
El turismo representa más de la mitad de los ingresos del país. Otras actividades importantes para la economía local son la industria de la construcción, la extracción de roca y grava, la elaboración de ron, la fabricación de pintura, la ganadería y la pesca, así como la explotación de coco, caña de azúcar, frutas y verduras.

Historia
Tórtola fue colonizada en 1666 por pobladores británicos. En 1774 se le concedió un gobierno constitucional; en 1872 se convirtió en parte de las Islas de Sotavento y en 1956 se constituyó en colonia británica.

❏ MONTSERRAT

Ubicación geográfica isla volcánica de las islas de Sotavento en las Antillas Menores, en el este del mar Caribe
Superficie 106 km^2
Capital Plymouth
Población 12.800 h. (estimada en 1999)
Zona horaria GMT –4

Forma de gobierno
Un gobernador administra la isla y representa al soberano británico. El Consejo Ejecutivo de Montserrat consta de siete miembros y el Consejo Legislativo de doce.

Economía
La principal actividad económica de la isla es el turismo, que supone el 25% del total de los ingresos nacionales. Otras actividades importantes para la economía de Montserrat son el cultivo de algodón y

pimientos, la producción de verduras a escala no industrial, la ganadería, el montaje de productos electrónicos, las artesanías, la destilación de ron y los sellos postales conmemorativos.

Historia
Colón llegó a Montserrat en 1493. Colonos ingleses e irlandeses poblaron la isla en 1632. La economía, basada en las plantaciones, estaba basada en mano de obra esclava. Montserrat se convirtió en colonia británica en 1871 y en 1958-62 se unió a la Federación de las Indias Occidentales.

❏ SANTA HELENA

Ubicación geográfica isla volcánica del oceánico Atlántico sur que se encuentra a 1.920 km de la costa sudoccidental de África
Superficie 122 km²

Capital Jamestown
Población 7.100 h. (estimada 1999)
Zona horaria GMT

Forma de gobierno
Un gobernador representa al soberano británico. El Consejo Legislativo consta de 15 miembros y el Consejo Ejecutivo de nueve.

Economía
La economía de Santa Helena se basa en el procesamiento de pescado, la producción de café y la artesanía.

Historia
La isla fue descubierta por los portugueses en 1502 en el día de Santa Helena, anexionada por los holandeses en 1633 y luego por la Compañía de las Indias Orientales en 1659. Napoleón se exiló en Santa Helena de 1815 a 1821. En 1922 Ascensión y Tristán da Cunha se constituyeron en dependencias del imperio británico.

❏ TERRITORIO ANTÁRTICO BRITÁNICO

Ubicación geográfica territorio colonial británico que incluye las Islas Orcadas del Sur, las Islas Shetland del Sur, la península de Graham Land y la masa continental que se extiende hacia el Polo Sur.

Forma de gobierno
El territorio es administrado por un alto comisionado desde las islas Malvinas.

Economía
El territorio, ubicado entre los 20° y los 80° de longitud oeste y al sur de los 60°, está habitado exclusivamente por científicos del Servicio Antártico Británico. Aunque no en gran escala, el turismo y la venta de sellos postales conmemorativos constituyen una fuente de ingresos.

Historia
El territorio fue avistado por primera vez en el siglo XIX por navegantes británicos. Formaba parte de las dependencias de las islas Malvinas cuando el Servicio Antártico Británico comenzó a realizar trabajos de investigación en 1943-4, y en 1962 se convirtió en el Territorio Antártico Británico.

❏ TERRITOTIO BRITÁNICO DEL OCÉANO ÍNDICO

Ubicación geográfica territorio británico del océano Índico ubicado a 1.900 km al noreste de Mauricio. Está compuesto por el archipiélago Chagos
Superficie 60 km²

Forma de gobierno
El territorio es administrado por un alto comisionado con sede en Londres, en la Oficina de Relaciones Exteriores para la Commonwealth

Economía
La economía está basada en obras y servicios logísticos de apoyo de la base militar de Diego García.

Historia
Adquirido por Francia en el siglo XVIII, el territorio fue anexionado al Reino Unido en 1814 y fue hasta 1965 una dependencia de Mauricio. Se estableció para responder a las necesidades de defensa del Reino Unido y los Estados Unidos en el océano Índico. En Diego García hay una unidad de apoyo logístico naval para ambos países.

SAN CRISTÓBAL Y NIEVES

Nombre oficial Federación de San Cristóbal y Nieves

Nombre habitual en inglés St Kitts and Nevis

Ubicación geográfica estado independiente de las Islas de Barlovento del norte, en el mar Caribe. Comprende las islas de San Cristóbal, Nieves y Sombrero

Superficie 269 km^2

Capital Basseterre

Población 42.800 h. (estimada en 1999)

Zona horaria GMT –4

Moneda 1 dólar del Caribe Oriental (EC$) = 100 centavos

Idioma inglés

Religiones cristianismo 78% (protestantismo 71%, catolicismo 7%), otras 22%

Grupos étnicos negros 93%, mulatos 4%, blancos 1%, otros 2%

Características físicas
San Cristóbal tiene una longitud de 37 km y una superficie total de 168 km^2. La isla está atravesada por una cadena montañosa que alcanza, en el monte Misery, una altura de 1.156 m. Nieves, con una longitud de 3 km en dirección sudeste, tiene una superficie de 93 km^2 y su pico más alto, que domina la isla, tiene una altura de 985 m.

Clima
Cálido, con una temperatura media anual de 26°C, precipitaciones medias anuales de 1.375 mm y poca humedad.

Forma de gobierno
Un gobernador general representa al monarca británico. El jefe de gobierno es el primer ministro, quien preside las dos cámaras legislativas: la Asamblea Nacional de 14 miembros y la Asamblea de la Isla de Nieves, de ocho miembros.

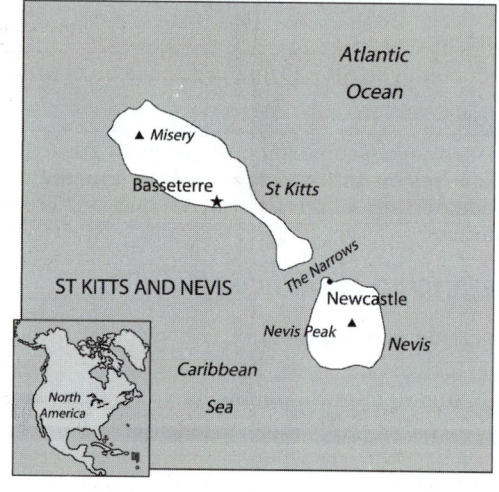

Economía
Casi el 60% de las exportaciones corresponde a la producción de azúcar y sus derivados. Otras fuentes generadoras de ingresos son la producción de copra y algodón, la fabricación de aparatos eléctricos, calzado e indumentaria y el turismo.

Historia
Habitadas originalmente por los caribes, las islas vieron la llegada de Cristóbal Colón en 1493, quien dio a la mayor el nombre de San Cristóbal. En 1623 éste fue acortado a St Kitts por los colonos ingleses cuando la isla se convirtió en la primera colonia británica de las Antillas. Durante los siglos XVII y XVIII, Francia y Gran Bretaña se disputaron el control de San Cristóbal, que fue finalmente cedida a los ingleses en 1783. En 1882 se unificaron San Cristóbal y Nieves, a las que se sumó Anguila (que se convirtió en dependencia británica en 1980). En 1967 las islas se convirtieron en estado asociado al Reino Unido y en 1983 obtuvieron su independencia como estado miembro de la Commonwealth. En 1997, el gobierno de Nieves votó a favor de la separación de San Cristóbal pero en un referéndum del 10 de agosto de 1998 no se logró la mayoría de dos tercios que se requería para obtener la independencia.

SANTA LUCÍA

Nombre oficial Santa Lucía

Nombre habitual en inglés St Lucia

Ubicación geográfica monarquía constitucional independiente y segunda en tamaño de las Islas de Barlovento ubicada en las Antillas al sudeste del mar Caribe.

Superficie 616 km^2

Capital Castries

Ciudades principales Vieux Fort, Soufrière

Población 154.000 h. (estimada en 1999)

Zona horaria GMT –4

Moneda 1 dólar del Caribe Oriental (EC$) = 100 centavos

Idioma inglés, pero también se habla un dialecto local (patois) del francés

Religiones cristianismo 100% (catolicismo 90%, protestantismo 10%)

Grupos étnicos negros 90%, mestizos 6%, hindúes 3%, blancos 1%

Características físicas

La isla tiene una longitud de 43 km y una anchura de 23 km. El centro de la isla es montañoso y alcanza los 950 m en el monte Gimie. Los picos volcánicos gemelos Gros y Petit Gros se elevan abruptamente desde el mar en la costa sudoccidental de la isla.

Clima

Tropical. Las temperaturas anuales oscilan entre 18°C y 34°C. La época de lluvias va de junio a diciembre y las precipitaciones medias anuales son de 1.500 mm en la costa norte y 4.000 mm en el interior de la isla.

Forma de gobierno

El gobernador general representa al monarca británico. La Asamblea, de 17 miembros, es elegida cada cinco años y el Senado consta de 11 miembros.

Economía

El turismo es el sector de la economía que ha experimentado el mayor crecimiento. Otras importantes fuentes de recursos son la producción de bananas, cacao, copra, cítricos y aceite de coco; la industria textil y de indumentaria; la fabricación de componentes electrónicos, bebidas, cajas de cartón corrugado y otros productos de papel; también se generan ingresos a través del refinamiento de petróleo y el transbordo de mercancías.

Historia

Los indios caribes desplazaron a los arawak que habitaban originalmente Santa Lucía, isla que según parece fue descubierta por Cristóbal Colón en 1502. Aunque en un principio los británicos no pudieron establecerse en la isla, que fue colonizada por los franceses, a partir de 1659 los dos países se disputaron su posesión. En 1814 se convirtió en colonia de la corona británica y en 1979 obtuvo su independencia como miembro de la Commonwealth.

SAN VICENTE Y LAS GRANADINAS

Nombre oficial San Vicente y las Granadinas
Nombre habitual en inglés St Vincent and the Grenadines
Ubicación geográfica país insular de las Antillas ubicado al este del mar Caribe
Superficie 390 km²
Capital Kingstown
Población 120.500 h. (estimada en 1999)

Zona horaria GMT −4
Moneda 1 dólar del Caribe Oriental (EC$) = 100 centavos
Idioma inglés
Religiones cristianismo 81% (protestantismo 62%, catolicismo 19%), otras 19%
Grupos étnicos negros 81%, mestizos 15%, otros 4%

Características físicas

El país está formado por la isla de San Vicente (con una longitud de 29 km y una anchura de 16 km) y las Islas Granadinas septentrionales. San Vicente es de origen volcánico y su pico más alto es el Soufrière, un volcán activo que alcanza una altura de 1.234 m. La erupción más reciente del volcán tuvo lugar en 1997.

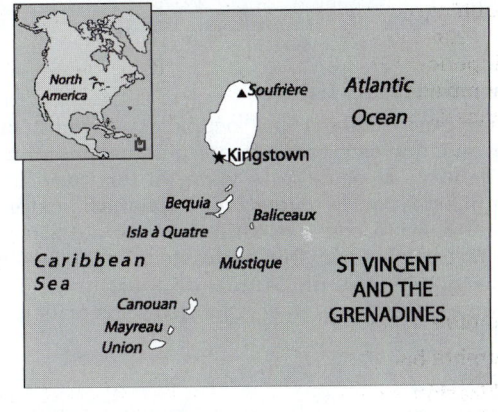

Clima

Tropical, con una temperatura media anual de 25°C y precipitaciones medias de 1.500 mm en la costa y 3.800 mm en el interior.

Forma de Gobierno

El monarca británico está representado por un gobernador general. El primer ministro preside la Asamblea de 21 miembros, 15 de los cuales son elegidos por votación popular.

Economía

La agricultura es la actividad económica más importante del país. Los principales cultivos son banana, arrurruz (es el mayor productor mundial), coco, nuez moscada, macis, cacao y caña de azúcar. El país también elabora alimentos, cigarrillos y bebidas. Otras actividades generadoras de ingresos son las industrias textil, del mueble y del turismo.

Historia

Cristóbal Colón llegó a San Vicente en 1498. El primer asentamiento europeo, en 1762, fue británico. Los colonos entraron en conflicto con los caribes y los franceses y derrotaron a ambos. En 1797, la mayoría de los caribes fueron deportados y se importaron africanos negros como mano de obra esclava. De 1880 a 1958 San Vicente y las Granadinas formó parte de la colonia de las Antillas y desde entonces hasta 1962 fue parte de la Federación de las Antillas. De 1871 a 1956 fue colonia británica y en 1979 obtuvo su independencia durante el gobierno del primer ministro Milton Cato. En 2001 Ralph Gonsalves fue elegido primer ministro.

SUDÁFRICA

Nombre oficial República de Sudáfrica

Nombre habitual en inglés South Africa

Ubicación geográfica república meridional del continente africano dividida en nueve provincias: Cabo Oriental, Estado Libre, Gautleng, KwaZulu-Natal, Mpumalanga, Cabo Septentrional, Provincia del Norte, Provincia del Noroeste y Cabo Occidental. Sudáfrica limita al noroeste con Namibia, al norte con Botsuana, al noreste con Zimbabue, Mozambique y Suazilandia, al este y sudeste con el océano Índico y al sudoeste y oeste con el océano Atlántico; Lesoto es un estado independiente dentro del territorio sudafricano.

Superficie 1.233.404 km^2

Capital administrativa Pretoria

Ciudades principales Durban, Johannesburg, Port Elizabeth

Población 43.426.000 h. (estimada en 1999)

Zona horaria GMT +2

Moneda 1 rand (R) = 100 centavos

Idiomas afrikaans, inglés, isiNdebele, isiXosa, isiZulu, sepedi, sosetho, siSwati, setswana, tshivenda, xitsonga

Características físicas

El territorio sudafricano ocupa el extremo meridional de la meseta africana, que está rodeada por pliegues montañosos y una franja costera de llanuras al oeste, este y sur; el territorio interior septentrional está compuesto por la cuenca del Kalahari, extensiones de matorrales y desierto árido con una altura de 650 a 1.250 m; las zonas montañosas periféricas alcanzan una altura de 1.200 m. La Gran Escarpadura se eleva hacia el este con una altura de 3.482 m en Thabana Ntlenyana. El río Orange desemboca en el Atlántico y sus principales afluentes son el Vaal y el Caledon.

Clima

Subtropical en el este, con vegetación exuberante. Las precipitaciones medias mensuales en Durban son de 28 mm en julio y 130 mm en marzo y la media anual llega a los 1.101 mm. En la costa oeste el clima es extremadamente seco y las precipitaciones medias anuales en Ciudad del Cabo son de 510 mm, con temperaturas diarias mínimas de 7°C en julio y medias máximas de 26°C en enero y febrero. Hacia el norte, el territorio se convierte en desierto y las precipitaciones medias anuales son inferiores a los 30 mm.

Religiones

- cristianismo 62 % (protestantes y otros 54 %, católicos 8 %)
- creencias tradicionales 35 %
- hinduismo 2 %
- islam 1 %

Forma de gobierno

El poder ejecutivo está compuesto por el primer ministro y el gabinete ministerial, el poder judicial está representado por un parlamento bicameral compuesto por una Asamblea Nacional y un Consejo Nacional de provincias.

Economía

El descubrimiento de oro y diamantes en el siglo XIX impulsó el desarrollo industrial del país y en la actualidad el oro genera más de la mitad de los ingresos por exportaciones. También son actividades importantes la producción de cereales, lana, azúcar, tabaco, algodón, cítricos y la elaboración de productos lácteos; el ganado, la pesca y, en el sector manufacturero, la fabricación de vehículos, maquinaria, productos electrónicos y computadoras; la elaboración de productos químicos, fertilizantes; la industria textil y de indumentaria; la elaboración de productos de metal; el turismo; la explotación de uranio, amianto y otros minerales.

Historia

Los primeros habitantes de Sudáfrica fueron tribus Khoisan y cerca del año 1000 llegaron al territorio provenientes del norte diversas tribus bantúes. Los portugueses llegaron al Cabo de Buena Esperanza hacia fines del siglo XV y los holandeses colonizaron la región en 1652. Los británicos llegaron en 1795 y se anexionaron el Cabo en 1814. En 1836 los boers o afrikáners emprendieron la Gran Travesía al noreste a través del río Orange hasta llegar a Natal, donde en 1839 se fundó la primera república boer. En 1846 los británicos se anexionaron Natal pero las repúblicas boer de Transvaal (fundada en 1852) y el Estado Libre de Orange (1854) fueron reconocidas como tales. El descubrimiento de diamantes en 1866 y oro en 1886 generó la rivalidad entre los británicos y los boers, que dio lugar a las Guerras de los Boers (1880-81 y 1899-1902). En 1910 Transvaal, Natal, el Estado Libre de Orange y la Provincia del Cabo se unieron para formar la Unión de Sudáfrica, un dominio del imperio británico que en 1931 se convirtió en estado soberano de la Commonwealth y, en 1961, constituyó una república independiente. Botsuana y Lesoto consiguieron la independencia en 1966 y Suazilandia hizo lo propio dos años más tarde. Aunque no fue reconocida internacionalmente, Sudáfrica otorgó la independencia al Transkei en 1976, Bophuthatsuana en 1977, Venda en 1979 y Ciskei en 1981. La cuestión del trato dispensado a la mayoría no blanca del país fue ganando cada vez más espacio en la política interna del país. Entre 1948 y 1991 la política del apartheid llevó a la creación de instituciones políticas separadas para los distintos grupos raciales. Como ejemplo se puede señalar que los africanos negros eran considerados ciudadanos permanentes de los "homelands" asignados a cada tribu y carecían de representación parlamentaria. La incesante violencia racial y las huelgas condujeron a la declaración en 1986 del estado de emergencia. Varios países impusieron a Sudáfrica sanciones económicas y culturales, en especial en los deportes, en oposición al régimen del apartheid. A partir de 1990, el gobierno de F.W. de Klerk comenzó un progresivo desmantelamiento del régimen de segregación racial, pero las negociaciones en busca de una democracia que incluyera a las mayorías negras estuvieron marcadas por continuos enfrentamientos violentos. En 1993, una nueva constitución otorgó el derecho de voto a todos los adultos sudafricanos y, en 1994, las elecciones libres que se celebraron tuvieron como resultado la formación de un gobierno multirracial liderado por el Congreso Nacional Africano, con Nelson Mandela como presidente. El mismo año, Sudáfrica volvió a formar parte de la Commonwealth. Mandela fue sucedido por Thabo Mbeki en mayo de 1999.

Grupos étnicos

- negros 75 %
- blancos 14 %
- mulatos 9 %
- asiáticos 2 %

TRINIDAD Y TOBAGO

Nombre oficial República de Trinidad y Tobago

Nombre habitual en inglés Trinidad and Tobago

Ubicación geográfica república insular que comprende el sector más meridional de las Antillas Menores en el sudeste del mar Caribe, cerca de la costa de de Sudamérica.

Superficie 5.128 km²

Capital Puerto España

Ciudades principales San Fernando, Arima, Scarborough

Población 1.102.000 h. (estimada en 1999)

Zona horaria GMT –4

Moneda 1 dólar de Trinidad y Tobago (TT$) = 100 centavos

Idioma inglés

Religiones cristianismo 60% (catolicismo 32%, protestantismo 28%) hinduismo 24%, islamismo 6%, otras 5%, ninguna 5%

Grupos étnicos negros 40%, hindúes 40%, mestizos 14%, otros 6%

GUÍA SOBRE LOS PAÍSES DE HABLA INGLESA

Características físicas

Trinidad es una isla que está separada de la costa venezolana por el golfo de Paria, de 11 km de anchura. Tres cadenas de montañas la atraviesan y el Cerro del Aripo, ubicado en la cadena más septentrional, alcanza los 940 m de altura. El resto del territorio es de poca altura y a lo largo de la costa hay grandes extensiones de manglares. El lago Pitch, ubicado en el sudoeste de la isla, contiene la mayor reserva del mundo de asfalto natural. Tobago se encuentra a 30 km al noreste de Trinidad y la cadena Main, que cubre prácticamente toda la isla, cuenta con una altura máxima de 576 m.

Clima

Tropical, con una temperatura media anual de 29°C. Las precipitaciones anuales son de 1.270 mm en el oeste mientras que en el noreste llegan a los 3.048 mm.

Forma de gobierno

El gobierno está compuesto por un presidente, elegido por un periodo de cinco años, y un parlamento bicameral formado por un Senado de 31 miembros y una Cámara de Representantes de 36.

Economía

La economía del país está basada en el petróleo y el gas; en la costa occidental de Trinidad hay un complejo industrial entre cuyas actividades se cuentan la producción de acero, amoníaco, metanol y urea. La producción de cemento y asfalto y el refinamiento de petróleo y la petroquímica son otras industrias generadoras de recursos. Los cultivos más importantes son caña de azúcar, cacao, café y frutas. El centro turístico más importante del país se encuentra en Tobago.

Historia

Habitadas originalmente por los indios arawak y los caribes, las islas vieron la llegada de Colón en 1498. Trinidad fue colonizada por España en el siglo XVI, asolada por los holandeses y los franceses en el siglo XVII cuando se establecieron las plantaciones de tabaco y azúcar que eran trabajadas por esclavos traídos de África, y cedidas a Gran Bretaña en 1802 a través del Tratado de Amiens. Tobago pasó ser en colonia británica en 1814. En 1899, Trinidad y Tobago se convirtieron en una colonia unificada de la corona británica y en 1962 se constituyeron en miembro independiente de la Commonwealth. En 1976, bajo el liderazgo de Eric Williams, Trinidad y Tobago se convirtió en una república.

VERBOS IRREGULARES INGLESES

INFINITIVO	PASADO	PARTICIPIO
arise	arose	arisen
awake	awoke	awoken
awaken	awoke, awakened	awakened, awoken
be	were/was	been
bear	bore	borne
beat	beat	beaten
become	became	become
begin	began	begun
bend	bent	bent
beseech	besought, beseeched	besought, beseeched
bet	bet, betted	bet, betted
bid	bade, bid	bidden, bid
bind	bound	bound
bite	bit	bitten
bleed	bled	bled
blow	blew	blown
break	broke	broken
breed	bred	bred
bring	brought	brought
build	built	built
burn	burnt, burned	burnt, burned
burst	burst	burst
bust	bust, busted	bust, busted
buy	bought	bought
cast	cast	cast
catch	caught	caught
chide	chided, chid	chided, chidden
choose	chose	chosen
cleave	cleaved, cleft, clove	cleaved, cleft, cloven
cling	clung	clung
clothe	clad, clothed	clad, clothed
come	came	come
cost	cost	cost
creep	crept	crept
crow	crowed, crew	crowed
cut	cut	cut
deal	dealt	dealt
dig	dug	dug
dive	dived, *US* dove	dived
do	did	done
draw	drew	drawn
dream	dreamt, dreamed	dreamt, dreamed
drink	drank	drunk
drive	drove	driven
dwell	dwelt	dwelt
eat	ate	eaten
fall	fell	fallen
feed	fed	fed
feel	felt	felt
fight	fought	fought
find	found	found
flee	fled	fled
fling	flung	flung
fly	flew	flown
forget	forgot	forgotten
forgive	forgave	forgiven

VERBOS IRREGULARES INGLESES

INFINITIVO	PASADO	PARTICIPIO
forsake	forsook	forsaken
freeze	froze	frozen
get	got	got, *US* gotten
gild	gilded, gilt	gilded, gilt
gird	girded, girt	girded, girt
give	gave	given
go	went	gone
grind	ground	ground
grow	grew	grown
hang	hung/hanged	hung/hanged
have	had	had
hear	heard	heard
hew	hewed	hewn, hewed
hide	hid	hidden
hit	hit	hit
hold	held	held
hurt	hurt	hurt
keep	kept	kept
kneel	knelt	knelt
knit	knitted, knit	knitted, knit
know	knew	known
lay	laid	laid
lead	led	led
lean	leant, leaned	leant, leaned
leap	leapt, leaped	leapt, leaped
learn	learnt, learned	learnt, learned
leave	left	left
lend	lent	lent
let	let	let
lie	lay	lain
light	lit	lit
lose	lost	lost
make	made	made
mean	meant	meant
meet	met	met
mow	mowed	mown
pay	paid	paid
plead	pleaded, *US* pled	pleaded, *US* pled
prove	proved	proved, proven
put	put	put
quit	quit, quitted	quit, quitted
read [ri:d]	read [red]	read [red]
rend	rent	rent
rid	rid	rid
ride	rode	ridden
ring	rang	rung
rise	rose	risen
run	ran	run
saw	sawed	sawn, sawed
say	said	said
see	saw	seen
seek	sought	sought
sell	sold	sold
send	sent	sent
set	set	set
sew	sewed	sewn
shake	shook	shaken
shear	sheared	shorn, sheared
shed	shed	shed
shine	shone	shone
shit	shitted, shat	shitted, shat
shoe	shod	shod
shoot	shot	shot

VERBOS IRREGULARES INGLESES

INFINITIVO	PASADO	PARTICIPIO
show	showed	shown
shrink	shrank	shrunk
shut	shut	shut
sing	sang	sung
sink	sank	sunk
sit	sat	sat
slay	slew	slain
sleep	slept	slept
slide	slid	slid
sling	slung	slung
slink	slunk	slunk
slit	slit	slit
smell	smelled, smelt	smelled, smelt
smite	smote	smitten
sneak	sneaked, *US* snuck	sneaked, *US* snuck
sow	sowed	sown, sowed
speak	spoke	spoken
speed	sped, speeded	sped, speeded
spell	spelt, spelled	spelt, spelled
spend	spent	spent
spill	spilt, spilled	spilt, spilled
spin	span	spun
spit	spat, *US* spit	spat, *US* spit
split	split	split
spoil	spoilt, spoiled	spoilt, spoiled
spread	spread	spread
spring	sprang	sprung
stand	stood	stood
stave in	staved in, stove in	staved in, stove in
steal	stole	stolen
stick	stuck	stuck
sting	stung	stung
stink	stank, stunk	stunk
strew	strewed	strewed, strewn
stride	strode	stridden
strike	struck	struck
string	strung	strung
strive	strove	striven
swear	swore	sworn
sweep	swept	swept
swell	swelled	swollen, swelled
swim	swam	swum
swing	swung	swung
take	took	taken
teach	taught	taught
tear	tore	torn
tell	told	told
think	thought	thought
thrive	thrived, throve	thrived
throw	threw	thrown
thrust	thrust	thrust
tread	trod	trodden
wake	woke	woken
wear	wore	worn
weave	wove, weaved	woven, weaved
weep	wept	wept
wet	wet, wetted	wet, wetted
win	won	won
wind	wound	wound
wring	wrung	wrung
write	wrote	written

SPANISH VERB TABLES

This guide to Spanish verbs opens with the three regular conjugations (verbs ending in "-ar", "-er" and "-ir"), followed by the two most common auxiliary verbs: **haber**, which is used to form the perfect tenses, and **ser**, which is used to form the passive. These five verbs are given in full.

These are followed by a list of Spanish irregular verbs, numbered 3-72. A number refers you to these tables after irregular verbs in the main part of the dictionary.

The first person of each tense is always shown, even if it is regular. Of the other forms, only those which are irregular are given. An *etc* after a form indicates that the other forms of that tense use the same irregular stem, e.g. the future of **decir** is **yo diré** *etc*, i.e.: **yo diré, tú dirás, él dirá, nosotros diremos, vosotros diréis, ellos dirán**.

When the first person of a tense is the only irregular form, then it is not followed by *etc*, e.g. the present indicative of **placer** is **yo plazco** (irregular), but the other forms (**tú places, él place, nosotros placemos, vosotros placéis, ellos placen**) are regular and are thus not shown.

In Latin America the **vosotros** forms are rarely used. The **ustedes** forms are used instead, even in informal contexts. In the imperative, the plural form is therefore not the "-d" form (i.e. **comed**) but instead the same as the third person plural of the present subjunctive (i.e. **coman**).

SPANISH VERB TABLES

	INDICATIVE Present	Imperfect	Preterite	Future	CONDITIONAL Present
Regular "-ar" amar	yo amo tú amas él ama nosotros amamos vosotros amáis ellos aman	yo amaba tú amabas él amaba nosotros amábamos vosotros amabais ellos amaban	yo amé tú amaste él amó nosotros amamos vosotros amasteis ellos amaron	yo amaré tú amarás él amará nosotros amaremos vosotros amaréis ellos amarán	yo amaría tú amarías él amaría nosotros amaríamos vosotros amaríais ellos amarían
Regular "-er" temer	yo temo tú temes él teme nosotros tememos vosotros teméis ellos temen	yo temía tú temías él temía nosotros temíamos vosotros temíais ellos temían	yo temí tú temiste él temió nosotros temimos vosotros temisteis ellos temieron	yo temeré tú temerás él temerá nosotros temeremos vosotros temeréis ellos temerán	yo temería tú temerías él temería nosotros temeríamos vosotros temeríais ellos temerían
Regular "-ir" partir	yo parto tú partes él parte nosotros partimos vosotros partís ellos parten	yo partía tú partías él partía nosotros partíamos vosotros partíais ellos partían	yo partí tú partiste él partió nosotros partimos vosotros partisteis ellos partieron	yo partiré tú partirás él partirá nosotros partiremos vosotros partiréis ellos partirán	yo partiría tú partirías él partiría nosotros partiríamos vosotros partiríais ellos partirían
[1] haber	yo he tú has él ha nosotros hemos vosotros habéis ellos han	yo había tú habías él había nosotros habíamos vosotros habíais ellos habían	yo hube tú hubiste él hubo nosotros hubimos vosotros hubisteis ellos hubieron	yo habré tú habrás él habrá nosotros habremos vosotros habréis ellos habrán	yo habría tú habrías él habría nosotros habríamos vosotros habríais ellos habrían
[2] ser	yo soy tú eres él es nosotros somos vosotros sois ellos son	yo era tú eras él era nosotros éramos vosotros erais ellos eran	yo fui tú fuiste él fue nosotros fuimos vosotros fuisteis ellos fueron	yo seré tú serás él será nosotros seremos vosotros seréis ellos serán	yo sería tú serías él sería nosotros seríamos vosotros seríais ellos serían
[3] acertar	yo acierto tú aciertas él acierta ellos aciertan	yo acertaba	yo acerté		yo acertaré	yo acertaría
[4] actuar	yo actúo tú actúas él actúa ellos actúan	yo actuaba	yo actué	yo actuaré	yo actuaría
[5] adquirir	yo adquiero tú adquieres él adquiere ellos adquieren	yo adquiría	yo adquirí	yo adquiriré	yo adquiriría
[6] agorar	yo agüero tú agüeras él agüera ellos agüeran	yo agoraba	yo agoré	yo agoraré	yo agoraría

SPANISH VERB TABLES

SUBJUNCTIVE		IMPERATIVE	PARTICIPLE	
Present	**Imperfect**		**Present**	**Past**
yo ame	yo amara *or* amase		amando	amado
tú ames	tú amaras *or* amases	ama (tú)		
él ame	él amara *or* amase	ame (usted)		
nosotros amemos	nosotros amáramos *or* amásemos	amemos (nosotros)		
vosotros améis	vosotros amarais *or* amaseis	amad (vosotros)		
		amen (ustedes)		
ellos amen	ellos amaran *or* amasen			
yo tema	yo temiera *or* temiese		temiendo	temido
tú temas	tú temieras *or* temiese	teme (tú)		
él tema	él temiera *or* temiese	tema (usted)		
nosotros temamos	nosotros temiéramos *or* temiésemos	temamos (nosotros)		
vosotros temáis	vosotros temierais *or* temieseis	temed (vosotros)		
		teman (ustedes)		
ellos teman	ellos temieran *or* temiesen			
yo parta	yo partiera *or* partiese		partiendo	partido
tú partas	tú partieras *or* partieses	parte (tú)		
él parta	él partiera *or* partiese	parta (usted)		
nosotros partamos	nosotros partiéramos *or* partiésemos	partamos (nosotros)		
vosotros partáis	vosotros partierais *or* partieseis	partid (vosotros)		
		partan (ustedes)		
ellos partan	ellos partieran *or* partiesen			
yo haya	yo hubiera *or* hubiese		habiendo	habido
tú hayas	tú hubieras *or* hubieses	he (tú)		
él haya	él hubiera *or* hubiese	haya (usted)		
nosotros hayamos	nosotros hubiéramos *or* hubiésemos	hayamos (nosotros)		
vosotros hayáis	vosotros hubierais *or* hubieseis	habed (vosotros)		
		hayan (ustedes)		
ellos hayan	ellos hubieran *or* hubiesen			
yo sea	yo fuera *or* fuese		siendo	sido
tú seas	tú fueras *or* fueses	sé (tú)		
él sea	él fuera *or* fuese	sea (usted)		
nosotros seamos	nosotros fuéramos *or* fuésemos	seamos (nosotros)		
vosotros seáis	vosotros fuerais *or* fueseis	sed (vosotros)		
		sean (ustedes)		
ellos sean	ellos fueran *or* fuesen			
yo acierte	yo acertara *or* acertase	acierta (tú)	acertando	acertado
tú aciertes				
él acierte				
ellos acierten				
yo actúe	yo actuara *or* actuase	actúa (tú)	actuando	actuado
tú actúes				
él actúe				
ellos actúen				
yo adquiera	yo adquiriera *or* adquiriese	adquiere (tú)	adquiriendo	adquirido
tú adquieras				
él adquiera				
ellos adquieran				
yo agüere	yo agorara *or* agorase	agüera (tú)	agorando	agorado
tú agüeres				
él agüere				
ellos agüeren				

SPANISH VERB TABLES

	INDICATIVE Present	Imperfect	Preterite	Future	CONDITIONAL Present
[7]	**andar**				
	yo ando	yo andaba	yo anduve tú anduviste él anduvo nosotros anduvimos vosotros anduvisteis ellos anduvieron	yo andaré	yo andaría
[8]	**argüir**				
	yo arguyo tú arguyes él arguye ellos arguyen	yo argüía	yo argüí él arguyó ellos arguyeron	yo argüiré	yo argüiría
[9]	**asir**				
	yo asgo	yo asía	yo así	yo asiré	yo asiría
[10]	**avergonzar**				
	yo avergüenzo tú avergüenzas él avergüenza ellos avergüenzan	yo avergonzaba	yo avergoncé	yo avergonzaré	yo avergonzaría
[11]	**averiguar**				
	yo averiguo	yo averiguaba	yo averigüé	yo averiguaré	yo averiguaría
[12]	**caber**				
	yo quepo	yo cabía	yo cupe tú cupiste él cupo nosotros cupimos vosotros cupisteis ellos cupieron	yo cabré *etc*	yo cabría *etc*
[13]	**caer**				
	yo caigo	yo caía	yo caí tú caíste él cayó nosotros caímos vosotros caísteis ellos cayeron	yo caeré	yo caería
[14]	**cazar**				
	yo cazo	yo cazaba	yo cacé	yo cazaré	yo cazaría
[15]	**cocer**				
	yo cuezo tú cueces él cuece ellos cuecen	yo cocía	yo cocí	yo coceré	yo cocería
[16]	**colgar**				
	yo cuelgo tú cuelgas él cuelga ellos cuelgan	yo colgaba	yo colgué	yo colgaré	yo colgaría
[17]	**comenzar**				
	yo comienzo tú comienzas él comienza ellos comienzan	yo comenzaba	yo comencé	yo comenzaré	yo comenzaría

SUBJUNCTIVE Present	Imperfect	IMPERATIVE	PARTICIPLE Present	Past
yo ande	yo anduviera or anduviese etc	anda (tú)	andando	andado
yo arguya etc	yo arguyera or arguyese etc	arguye (tú)	arguyendo	argüido
yo asga etc	yo asiera or asiese	ase (tú)	asiendo	asido
yo avergüence tú avergüences él avergüence nosotros avergoncemos vosotros avergoncéis ellos avergüencen	yo avergonzara or avergonzase	avergüenza (tú)	avergonzando	avergonzado
yo averigüe etc	yo averiguara or averiguase	averigua (tú)	averiguando	averiguado
yo quepa etc	yo cupiera or cupiese etc	cabe (tú)	cabiendo	cabido
yo caiga etc	yo cayera or cayese etc	cae (tú)	cayendo	caído
yo cace etc	yo cazara or cazase	caza (tú)	cazando	cazado
yo cueza tú cuezas él cueza nosotros cozamos vosotros cozáis ellos cuezan	yo cociera or cociese	cuece (tú)	cociendo	cocido
yo cuelgue tú cuelgues él cuelgue nosotros colguemos vosotros colguéis ellos cuelguen	yo colgara or colgase	cuelga (tú)	colgando	colgado
yo comience tú comiences él comience nosotros comencemos vosotros comencéis ellos comiencen	yo comenzara or comenzase	comienza (tú)	comenzando	comenzado

SPANISH VERB TABLES

	INDICATIVE Present	Imperfect	Preterite	Future	CONDITIONAL Present
[18] conducir	yo conduzco	yo conducía	yo conduje tú condujiste él condujo nosotros condujimos vosotros condujisteis ellos condujeron	yo conduciré	yo conduciría
[19] conocer	yo conozco	yo conocía	yo conocí	yo conoceré	yo conocería
[20] dar	yo doy	yo daba	yo di tú diste él dio nosotros dimos vosotros disteis ellos dieron	yo daré	yo daría
[21] decir	yo digo tú dices él dice ellos dicen	yo decía	yo dije tú dijiste él dijo nosotros dijimos vosotros dijisteis ellos dijeron	yo diré *etc*	yo diría *etc*
[22] delinquir	yo delinco	yo delinquía	yo delinquí	yo delinquiré	yo delinquiría
[23] desosar	yo deshueso tú deshuesas él deshuesa ellos deshuesan	yo desosaba	yo desosé	yo desosaré	yo desosaría
[24] dirigir	yo dirijo	yo dirigía	yo dirigí	yo dirigiré	yo dirigiría
[25] discernir	yo discierno tú disciernes él discierne ellos disciernen	yo discernía	yo discerní	yo discerniré	yo discerniría
[26] distinguir	yo distingo	yo distinguía	yo distinguí	yo distinguiré	yo distinguiría
[27] dormir	yo duermo tú duermes él duerme ellos duermen	yo dormía	yo dormí él durmió ellos durmieron	yo dormiré	yo dormiría
[28] erguir	yo irgo *or* yergo tú irgues *or* yergues él irgue *or* yergue nosotros erguimos vosotros erguís ellos irguen *or* yerguen	yo erguía	yo erguí él irguió ellos irguieron	yo erguiré	yo erguiría

| SUBJUNCTIVE | | | IMPERATIVE | PARTICIPLE | |
Present	Imperfect			Present	Past
yo conduzca *etc*	yo condujera *or* condujese *etc*		conduce (tú)	conduciendo	conducido
yo conozca *etc*	yo conociera *or* conociese		conoce (tú)	conociendo	conocido
yo dé él dé	yo diera *or* diese *etc*		da (tú)	dando	dado
yo diga *etc*	yo dijera *or* dijese *etc*		di (tú)	diciendo	dicho
yo delinca *etc*	yo delinquiera *or* delinquiese		delinque (tú)	delinquiendo	delinquido
yo deshuese tú deshueses él deshuese ellos deshuesen	yo desosara *or* desosase		deshuesa (tú)	desosando	desosado
yo dirija *etc*	yo dirigiera *or* dirigiese		dirige (tú)	dirigiendo	dirigido
yo discierna tú disciernas él discierna ellos disciernan	yo discerniera *or* discerniese		discierne (tú)	discerniendo	discernido
yo distinga *etc*	yo distinguiera *or* distinguiese		distingue (tú)	distinguiendo	distinguido
yo duerma tú duermas él duerma nosotros durmamos vosotros durmáis ellos duerman	yo durmiera *or* durmiese *etc*		duerme (tú)	durmiendo	dormido
yo irga *or* yerga tú irgas *or* yergas él irga *or* yerga nosotros irgamos vosotros irgáis ellos irgan *or* yergan	yo irguiera *or* irguiese		irgue *or* yergue (tú)	irguiendo	erguido

SPANISH VERB TABLES

INDICATIVE Present	Imperfect	Preterite	Future	CONDITIONAL Present
[29] errar				
yo yerro	yo erraba	yo erré	yo erraré	yo erraría
tú yerras				
él yerra				
ellos yerran				
[30] estar				
yo estoy	yo estaba	yo estuve	yo estaré	yo estaría
tú estás		tú estuviste		
él está		él estuvo		
nosotros estamos		nosotros estuvimos		
vosotros estáis		vosotros estuvisteis		
ellos están		ellos estuvieron		
[31] forzar				
yo fuerzo	yo forzaba	yo forcé	yo forzaré	yo forzaría
tú fuerzas				
él fuerza				
ellos fuerzan				
[32] guiar				
yo guío	yo guiaba	yo guié	yo guiaré	yo guiaría
tú guías				
él guía				
ellos guían				
[33] hacer				
yo hago	yo hacía	yo hice	yo haré *etc*	yo haría *etc*
		tú hiciste		
		él hizo		
		nosotros hicimos		
		vosotros hicisteis		
		ellos hicieron		
[34] huir				
yo huyo	yo huía	yo huí	yo huiré	yo huiría
tú huyes				
él huye		él huyó		
ellos huyen		ellos huyeron		
[35] ir				
yo voy	yo iba	yo fui	yo iré	yo iría
tú vas		tú fuiste		
él va		él fue		
nosotros vamos		nosotros fuimos		
vosotros vais		vosotros fuisteis		
ellos van		ellos fueron		
[36] jugar				
yo juego	yo jugaba	yo jugué	yo jugaré	yo jugaría
tú juegas				
él juega				
ellos juegan				
[37] leer				
yo leo	yo leía	yo leí	yo leeré	yo leería
		tú leíste		
		él leyó		
		nosotros leímos		
		vosotros leísteis		
		ellos leyeron		

SPANISH VERB TABLES

SUBJUNCTIVE Present	Imperfect	IMPERATIVE	PARTICIPLE Present	Past
yo yerre tú yerres él yerre ellos yerren	yo errara *or* errase	yerra (tú)	errando	errado
yo esté tú estés él esté ellos estén	yo estuviera *or* estuviese *etc*	está (tú)	estando	estado
yo fuerce tú fuerces él fuerce nosotros forcemos vosotros forcéis ellos fuercen	yo forzara *or* forzase	fuerza (tú)	forzando	forzado
yo guíe tú guíes él guíe ellos guíen	yo guiara *or* guiase	guía (tú)	guiando	guiado
yo haga *etc*	yo hiciera *or* hiciese *etc*	haz (tú)	haciendo	hecho
yo huya *etc*	yo huyera *or* huyese *etc*	huye (tú)	huyendo	huido
yo vaya *etc*	yo fuera *or* fuese *etc*	ve (tú)	yendo	ido
yo juegue tú juegues él juegue nosotros juguemos vosotros juguéis ellos jueguen	yo jugara *or* jugase	juega (tú)	jugando	jugado
yo lea	yo leyera *or* leyese *etc*	lee (tú)	leyendo	leído

SPANISH VERB TABLES

INDICATIVE Present	Imperfect	Preterite	Future	CONDITIONAL Present
[38] llegar				
yo llego	yo llegaba	yo llegué	yo llegaré	yo llegaría
[39] lucir				
yo luzco	yo lucía	yo lucí	yo luciré	yo luciría
[40] mecer				
yo mezo	yo mecía	yo mecí	yo meceré	yo mecería
[41] mover				
yo muevo	yo movía	yo moví	yo moveré	yo movería
tú mueves				
él mueve				
ellos mueven				
[42] nacer				
yo nazco	yo nacía	yo nací	yo naceré	yo nacería
[43] negar				
yo niego	yo negaba	yo negué	yo negaré	yo negaría
tú niegas				
él niega				
ellos niegan				
[44] oír				
yo oigo	yo oía	yo oí	yo oiré	yo oiría
tú oyes				
él oye		él oyó		
ellos oyen		ellos oyeron		
[45] oler				
yo huelo	yo olía	yo olí	yo oleré	yo olería
tú hueles				
él huele				
ellos huelen				
[46] parecer				
yo parezco	yo parecía	yo parecí	yo pareceré	yo parecería
[47] pedir				
yo pido	yo pedía	yo pedí	yo pediré	yo pediría
tú pides				
él pide		él pidió		
ellos piden		ellos pidieron		
[48] placer				
yo plazco	yo placía	yo plací	yo placeré	yo placería
		él plació *or* plugo		
		ellos placieron *or* pluguieron		
[49] poder				
yo puedo	yo podía	yo pude	yo podré *etc*	yo podría *etc*
tú puedes		tú pudiste		
él puede		él pudo		
		nosotros pudimos		
		vosotros pudisteis		
ellos pueden		ellos pudieron		

SPANISH VERB TABLES

SUBJUNCTIVE Present	Imperfect	IMPERATIVE	PARTICIPLE Present	Past
yo llegue *etc*	yo llegara *or* llegase	llega (tú)	llegando	llegado
yo luzca *etc*	yo luciera *or* luciese	luce (tú)	luciendo	lucido
yo meza *etc*	yo meciera *or* meciese	mece (tú)	meciendo	mecido
yo mueva tú muevas él mueva ellos muevan	yo moviera *or* moviese	mueve (tú)	moviendo	movido
yo nazca *etc*	yo naciera *or* naciese	nace (tú)	naciendo	nacido
yo niegue tú niegues él niegue nosotros neguemos vosotros neguéis ellos nieguen	yo negara *or* negase	niega (tú)	negando	negado
yo oiga *etc*	yo oyera *or* oyese *etc*	oye (tú)	oyendo	oído
yo huela tú huelas él huela ellos huelan	yo oliera *or* oliese	huele (tú)	oliendo	olido
yo parezca *etc*	yo pareciera *or* pareciese	parece (tú)	pareciendo	parecido
yo pida *etc*	yo pidiera *or* pidiese *etc*	pide (tú)	pidiendo	pedido

yo plazca
tú plazcas
él plazca *or* plegue
nosotros plazcamos
vosotros plazcáis
ellos plazcan
	yo placiera *or* placiese
	él placiera, placiese,
	  pluguiera *or* pluguiese
	
	ellos placieran, placiesen,
	  pluguieran *or* pluguiesen
		place (tú)	placiendo	placido

yo pueda tú puedas él pueda ellos puedan	yo pudiera *or* pudiese *etc*	puede (tú)	pudiendo	podido

SPANISH VERB TABLES

INDICATIVE Present	Imperfect	Preterite	Future	CONDITIONAL Present
[50] poner				
yo pongo	yo ponía	yo puse	yo pondré *etc*	yo pondría *etc*
		tú pusiste		
		él puso		
		nosotros pusimos		
		vosotros pusisteis		
		ellos pusieron		
[51] predecir				
yo predigo	yo predecía	yo predije	yo prediciré	yo prediciría
tú predices		tú predijiste		
él predice		él predijo		
		nosotros predijimos		
		vosotros predijisteis		
ellos predicen		ellos predijeron		
[52] proteger				
yo protejo	yo protegía	yo protegí	yo protegeré	yo protegería
[53] querer				
yo quiero	yo quería	yo quise	yo querré *etc*	yo querría *etc*
tú quieres		tú quisiste		
él quiere		él quiso		
		nosotros quisimos		
		vosotros quisisteis		
ellos quieren		ellos quisieron		
[54] raer				
yo rao, raigo *or* rayo	yo raía	yo raí	yo raeré	yo raería
		tú raíste		
		él rayó		
		nosotros raímos		
		vosotros raísteis		
		ellos rayeron		
[55] regir				
yo rijo	yo regía	yo regí	yo regiré	yo regiría
tú riges				
él rige		él rigió		
ellos rigen		ellos rigieron		
[56] reír				
yo río	yo reía	yo reí	yo reiré	yo reiría
tú ríes				
él ríe		él rió		
ellos ríen		ellos rieron		
[57] roer				
yo roo, roigo *or* royo	yo roía	yo roí	yo roeré	yo roería
		él royó		
		ellos royeron		
[58] saber				
yo sé	yo sabía	yo supe	yo sabré *etc*	yo sabría *etc*
		tú supiste		
		él supo		
		nosotros supimos		
		vosotros supisteis		
		ellos supieron		
[59] sacar				
yo saco	yo sacaba	yo saqué	yo sacaré	yo sacaría

SUBJUNCTIVE Present	Imperfect	IMPERATIVE	PARTICIPLE Present	Past
yo ponga *etc*	yo pusiera *or* pusiese *etc*	pon (tú)	poniendo	puesto
yo prediga *etc*	yo predijera *or* predijese *etc*	predice (tú)	prediciendo	predicho
yo proteja *etc*	yo protegiera *or* protegiese	protege (tú)	protegiendo	protegido
yo quiera tú quieras él quiera ellos quieran	yo quisiera *or* quisiese *etc*	quiere (tú)	queriendo	querido
yo raiga *or* raya *etc*	yo rayera *or* rayese *etc*	rae (tú)	rayendo	raído
yo rija *etc*	yo rigiera *or* rigiese *etc*	rige (tú)	rigiendo	regido
yo ría tú rías él ría nosotros riamos vosotros riáis ellos rían	yo riera *or* riese *etc*	ríe (tú)	riendo	reído
yo roa, roiga *or* roya *etc*	yo royera *or* royese *etc*	roe (tú)	royendo	roído
yo sepa *etc*	yo supiera *or* supiese *etc*	sabe (tú)	sabiendo	sabido
yo saque *etc*	yo sacara *or* sacase	saca (tú)	sacando	sacado

SPANISH VERB TABLES

	INDICATIVE				CONDITIONAL
	Present	**Imperfect**	**Preterite**	**Future**	**Present**
[60] salir	yo salgo	yo salía	yo salí	yo saldré *etc*	yo saldría *etc*
[61] seguir	yo sigo tú sigues él sigue ellos siguen	yo seguía	yo seguí él siguió ellos siguieron	yo seguiré	yo seguiría
[62] sentir	yo siento tú sientes él siente ellos sienten	yo sentía	yo sentí él sintió ellos sintieron	yo sentiré	yo sentiría
[63] sonar	yo sueno tú suenas él suena ellos suenan	yo sonaba	yo soné	yo sonaré	yo sonaría
[64] tender	yo tiendo tú tiendes él tiende ellos tienden	yo tendía	yo tendí	yo tenderé	yo tendería
[65] tener	yo tengo tú tienes él tiene ellos tienen	yo tenía	yo tuve tú tuviste él tuvo nosotros tuvimos vosotros tuvisteis ellos tuvieron	yo tendré *etc*	yo tendría *etc*
[66] traer	yo traigo	yo traía	yo traje tú trajiste él trajo nosotros trajimos vosotros trajisteis ellos trajeron	yo traeré	yo traería
[67] trocar	yo trueco tú truecas él trueca ellos truecan	yo trocaba	yo troqué	yo trocaré	yo trocaría
[68] valer	yo valgo	yo valía	yo valí	yo valdré *etc*	yo valdría *etc*
[69] venir	yo vengo tú vienes él viene ellos vienen	yo venía	yo vine tú viniste él vino nosotros vinimos vosotros vinisteis ellos vinieron	yo vendré *etc*	yo vendría *etc*
[70] ver	yo veo	yo veía *etc*	yo vi	yo veré	yo vería
[71] yacer	yo yazco, yazgo *or* yago	yo yacía	yo yací	yo yaceré	yo yacería
[72] zurcir	yo zurzo	yo zurcía	yo zurcí	yo zurciré	yo zurciría

SUBJUNCTIVE Present	Imperfect	IMPERATIVE	PARTICIPLE Present	Past
yo salga etc	yo saliera or saliese	sal (tú)	saliendo	salido
yo siga etc	yo siguiera or siguiese etc	sigue (tú)	siguiendo	seguido
yo sienta tú sientas él sienta nosotros sintamos vosotros sintáis ellos sientan	yo sintiera or sintiese etc	siente (tú)	sintiendo	sentido
yo suene tú suenes él suene ellos suenen	yo sonara or sonase	suena (tú)	sonando	sonado
yo tienda tú tiendas él tienda ellos tiendan	yo tendiera or tendiese	tiende (tú)	tendiendo	tendido
yo tenga etc	yo tuviera or tuviese etc	ten (tú)	teniendo	tenido
yo traiga etc	yo trajera or trajese etc	trae (tú)	trayendo	traído
yo trueque tú trueques él trueque ellos truequen	yo trocara or trocase	troca (tú)	trocando	trocado
yo valga etc	yo valiera or valiese	vale (tú)	valiendo	valido
yo venga etc	yo viniera or viniese etc	ven (tú)	viniendo	venido
yo vea etc	yo viera or viese	ve (tú)	viendo	visto
yo yazca, yazga or yaga etc	yo yaciera or yaciese	yace or yaz (tú)	yaciendo	yacido
yo zurza etc	yo zurciera or zurciese	zurce (tú)	zurciendo	zurcido

Español-Inglés
Spanish-English

Aa

A, a [a] *nf (letra)* A, a; EXPR **si por a o por be...** if for any reason...

A -1. *(abrev de* **autopista***) Br* M, *US* freeway **-2.** *(abrev de* **alfil***) (en notación de ajedrez)* B

a *prep*

> a combines with the article **el** to form the contraction **al** (e.g. **al centro** to the centre).

-1. *(indica dirección)* to; **voy a Perú** I'm going to Peru; **me voy al extranjero** I'm going abroad; **gira a la derecha/izquierda** turn right/left; **¡vete a casa!** go home!; **llegó a Caracas/a la fiesta** he arrived in Caracas/at the party; **se cayó al pozo** he fell into the well

-2. *(indica posición)* **está a la derecha/izquierda** it's on the right/left; **nos veremos a la salida del trabajo** we'll meet outside after work; **se encuentra al sur de la ciudad** it's to the south of the city; **vivimos al sur del país** we live in the south of the country; **a orillas del mar** by the sea; **escribe al margen** write in the margin; **sentarse a la mesa** to sit down at the table; **se puso a mi lado** she stood by my side

-3. *(indica distancia, tiempo)* **está a más de cien kilómetros** it's more than a hundred kilometres away; **está a cinco minutos de aquí** it's five minutes (away) from here; **está a tres días de viaje** it's a three-day journey away

-4. *(después de)* **a las pocas semanas** a few weeks later; **al mes de casados** a month after they were married; **a los quince minutos de juego** fifteen minutes into the game

-5. *(hasta)* to; **de Segovia a Madrid** from Segovia to Madrid; **abierto de lunes a viernes** open from Monday to Friday; **de aquí al día de la boda pueden pasar muchas cosas** a lot can happen between now and the wedding day

-6. *(momento preciso)* at; **a las siete** at seven o'clock; **a los 11 años** at the age of 11; **al caer la noche** at nightfall; **a la hora de la cena** at dinnertime; **al día siguiente** the following day; **a mediados de año** halfway through the year; *Arg* **a la mañana/tarde** in the morning/afternoon; *Arg* **a la noche** at night; *Arg* **ayer salimos a la noche** we went out last night; **¿a cuánto estamos? – a 15 de febrero** what is the date today? – (it's) 15 February; **al oír la noticia se desmayó** on hearing the news, she fainted; **al oírla la reconocí** when I heard her voice, I recognized her; **me di cuenta al volver** I realized when I returned; **iremos al cine a la salida del trabajo** we're going to the cinema after work

-7. *(indica frecuencia)* per, every; **40 horas a la semana** 40 hours per *o* a week; **tres veces al día** three times a day

-8. *(con complemento indirecto)* to; **dáselo a Juan** give it to Juan; **dile a Juan que venga** tell Juan to come; **les enseño informática a mis compañeros** I'm teaching my colleagues how to use computers; **se lo compré a un vendedor ambulante** I bought it from a hawker

-9. *(con complemento directo)* **busco a mi hermano** I'm looking for my brother; **quiere a sus hijos/a su gato** she loves her children/her cat; **me tratan como a un hijo** they treat me as if I was their son; **estudio a Neruda** I'm studying Neruda

-10. *(cantidad, medida, precio)* **a cientos/miles/docenas** by the hundred/thousand/dozen; **a... kilómetros por hora** at... kilometres per hour; **¿a cuánto están las peras?** how much are the pears?; **tiene las peras a 2 euros** she's selling pears for *o* at 2 euros; **tocamos a cinco por cabeza** we should get five each; **ganaron por tres a cero** they won three zero

-11. *(indica modo)* **lo hace a la antigua** he does it the old way; **a lo bestia** rudely; **al compás (de la música)** in time (with the music); **pagar al contado** to pay cash; **una camisa a cuadros/a lunares** a check/polka-dot shirt; **comieron a discreción** they ate as much as they wanted; **a escondidas** secretly; **a lo grande** in style; **a lo Mozart** after Mozart; **a oscuras** in the dark; **ir a pie/a caballo** to walk/ride, to go on foot/on horseback; **poner algo a remojo** to leave sth to soak; **cortar algo a rodajas** to cut sth in slices, to slice sth; **un folleto a todo color** a full-colour brochure; **a trompicones** in fits and starts; **merluza a la vasca/gallega** Basque-style/Galician-style hake; **pollo al ajillo** = chicken fried with garlic

-12. *(instrumento)* **escribir a máquina** to type; **a lápiz** in pencil; **a mano** by hand; **afeitarse a navaja** to shave wet, to shave with a razor; **pasar un documento a ordenador** to type a document (up) on the computer; **avión a reacción** jet (plane); **olla a presión** pressure cooker

-13. *(indica finalidad)* to; **aprender a nadar** to learn to swim; **a beneficio de los más necesitados** for the benefit of those most in need; *Fam* **¿a qué tanto ruido?** what's all this noise about?

-14. *(complemento de nombre)* **sueldo a convenir** salary to be agreed; **temas a tratar** matters to be discussed

-15. *(indica condición)* **a no ser por mí, hubieses fracasado** had it not been *o* if it hadn't been for me, you would have failed; **a decir verdad, no valió la pena** to tell the truth, it wasn't worth it; **a juzgar por lo visto...** judging from what I can see...; **a la luz de la información disponible** in the light of the available information

-16. *(en oraciones imperativas)* **¡a la cama!** go to bed!; **¡a callar todo el mundo!** quiet, everyone!; **¡a bailar!** let's dance!; **¡a trabajar!** let's get to work!

-17. *(en comparación)* **prefiero el té al café** I prefer tea to coffee; **prefiero pasear a ver la tele** I prefer going for walks to watching the TV

-18. *(indica contacto, exposición)* **ir con el pecho al aire** to go barechested; **se disuelve al contacto con el agua** it dissolves on (coming into) contact with water; **al influjo de** under the influence of; **al calor del fuego** by the fire; **a la sombra de un árbol** in the shade of a tree; **estar expuesto al sol** to be in the sun

-19. *(en busca de)* **ir a por pan** to go for bread; **voy a por el periódico** I'm going to go for *o* get the paper

-20. *(en cuanto a)* **a bruto no le gana nadie** he's as stupid as they come

-21. *(indica desafío)* **¿a que te caes?** be careful or you'll fall over; **¿a que no adivinas quién ha venido?** I bet you can't guess who has come, guess who has come; **¿a que no lo haces? – ¿a que sí?** I bet you can't do it! – bet I can!; **¿a que se han marchado sin esperarme?** don't tell me, they've left without waiting for me; **¿a que te llevas una bofetada?** do you want to get smacked?

AA *nmpl (abrev de* **Alcohólicos Anónimos***)* AA

AAA ['triple'a] *nf (abrev de* **Alianza Anticomunista Argentina***)* = right-wing death squad, principally active in the period leading up to the 1976 military coup in Argentina

AA. EE. *(abrev de* **Asuntos Exteriores***)* **Ministerio de AA. EE.** Ministry of Foreign Affairs, *Br* ≃ Foreign Office, *US* ≃ State Department

Aaiún *n* **(el) ~** Laayoune

Aarón *n pr* Aaron

ababol *nm* **-1.** *(amapola)* poppy **-2.** *Fam (simplón)* fool, idiot

abacá *nm* **-1.** BOT abaca **-2.** TEX Manila hemp

abacería *nf* grocery store

abacial *adj* **iglesia ~** abbey (church)

ábaco *nm* **-1.** *(para contar)* abacus **-2.** ARQUIT abacus

abad *nm* abbot

abadejo *nm* cod

abadesa *nf* abbess

abadía *nf* **-1.** *(iglesia)* abbey **-2.** *(territorio)* abbacy

abajeño, -a, abajero, -a *Am* ◇ *adj* lowland; **la población abajeña** the lowland population, lowlanders
◇ *nm,f* lowlander

abajo ◇ *adv* **-1.** *(posición) (en general)* below; *(en edificio)* downstairs; **boca ~** face down; **de ~** bottom; **el estante de ~** the bottom shelf; **si no quieres subir hasta la cumbre, espérame ~** if you don't want to climb to the top, wait for me at the bottom; **tengo el coche ~ en la calle** my car is parked down in the street; **vive (en el piso de) ~** she lives downstairs; **está aquí/allí ~** it's down here/there; **~ del todo** right at the bottom; **más ~ further** down; **la parte de ~** the bottom; **Italia va dos puntos ~** Italy are two points down, Italy are losing by two points; **echar** *o* **tirar ~** *(pared)* to knock down; **venirse ~** *(proyecto, edificio)* to fall down, to collapse; *(persona)* to go to pieces

-2. *(dirección)* **ve ~** *(en edificio)* go downstairs; **hacia** *o* **para ~** down, downwards; **tirar hacia ~** to pull down; **calle/escaleras ~** down the street/the stairs; **cuesta ~** downhill; **tres portales más ~** three doors further along; **río ~** downstream

abalanzar

-3. *(en una escala)* **niños de diez años para ~** children aged ten or under; **de tenientes para ~** everyone of the rank of lieutenant and below; **~ de** less than
-4. *(en un texto)* below; **la dirección se encuentra más ~** the address is given below; **el ~ citado...** the undermentioned...; **el ~ firmante** the undersigned; **los ~ firmantes** the undersigned
◇ *interj* **¡~...!** down with...!; **¡~ la dictadura!** down with the dictatorship!
◆ **abajo de** *loc prep Am* below, under; **el gato se escondió ~ de la mesa** the cat hid under the table; **una fiesta así no te va a salir ~ del millón de pesos** you won't be able to organize a party like that for under a million pesos

abalanzar [14] ◇ *vt (lanzar)* to fling, to hurl
◆ **abalanzarse** *vpr* -1. *(lanzarse)* to rush, to hurl oneself; **me abalancé hacia la salida** I rushed towards the exit; **el policía se abalanzó sobre el atracador** the policeman pounced on the robber; **los niños se abalanzaron sobre la comida** the children fell upon the food -2. *(precipitarse)* to rush in; **no te abalances, piensa antes de actuar** don't just rush in, think before doing anything

abaleado, -a *Andes, CAm, Ven* ◇ *adj* **tres personas abaleadas** three people with bullet wounds
◇ *nm,f* **los abaleados fueron trasladados al hospital** the gunshot victims were taken to hospital

abalear *vt Andes, CAm, Ven (tirotear)* to shoot at
abaleo *nm Andes, CAm, Ven (tiros)* shooting; *(intercambio de disparos)* shootout; **en el ~ murieron dos personas** two people were killed in the shooting

abalizar [14] *vt* NÁUT to buoy, to mark with buoys

abalorio *nm* -1. *(cuenta)* glass bead -2. *(bisutería)* trinket

abancalar *vt* to terrace

abanderado, -a *nm,f* -1. *(quien lleva la bandera)* standard-bearer -2. *(defensor, portavoz)* champion; **un ~ de los derechos de los inmigrantes** a champion of immigrant rights

abanderamiento *nm* -1. NÁUT registration -2. *(defensa)* championing

abanderar *vt* -1. NÁUT to register -2. *(defender)* to champion

abandonado, -a *adj* -1. *(desierto)* deserted; **una casa abandonada** *(desocupada)* a deserted house; *(en mal estado)* a derelict house; **viven en un cobertizo ~** they live in a disused shed
-2. *(niño, animal, vehículo)* abandoned
-3. *(descuidado) (persona)* unkempt; *(jardín, casa)* neglected; **es muy ~** he neglects o doesn't look after his appearance; **tiene muy abandonados a sus plantas** she's been neglecting o hasn't been looking after her plants; **tiene la tesis muy abandonada** he has hardly done any work on his thesis (recently)
-4. *Perú (depravado)* depraved

abandonar ◇ *vt* -1. *(lugar)* to leave; *(barco, vehículo)* to abandon; **abandonó la sala tras el discurso** she left the hall after the speech; **abandonó su pueblo para trabajar en la ciudad** she left her home town for a job in the city; **~ el barco** to abandon ship; **¡abandonen el barco!** abandon ship!; **~ algo a su suerte** o **destino** to abandon sth to its fate; **los cascos azules abandonarán pronto la región** the UN peacekeeping troops will soon be pulling out of the region
-2. *(persona)* to leave; *(hijo, animal)* to abandon; **abandonó a su hijo** she abandoned her son; **~ a alguien a su suerte** o **destino** to abandon sb to their fate; **¡nunca te abandonaré!** I'll never leave you!
-3. *(estudios)* to give up; *(proyecto)* to abandon; **abandonó la carrera en el tercer año** she dropped out of university in her third year, she gave up her studies in her third year; **han amenazado con ~ las negociaciones** they have threatened to walk out of the negotiations; **han amenazado con ~ la liga** they have threatened to pull out of the league; **~ la lucha** to give up the fight
-4. *(sujeto: suerte, buen humor)* to desert; **lo abandonaron las fuerzas y tuvo que retirarse** his strength gave out and he had to drop out; **nunca la abandona su buen humor** she never loses her good humour
◇ *vi* -1. *(en carrera, competición)* to pull out, to withdraw; *(en ajedrez)* to resign; *(en boxeo)* to throw in the towel; **abandonó en el primer asalto** his corner threw in the towel in the first round; **una avería lo obligó a ~ en la segunda vuelta** a mechanical fault forced him to retire on the second lap
-2. *(rendirse)* to give up; **no abandones ahora que estás casi al final** don't give up now you've almost reached the end
◆ **abandonarse** *vpr* -1. *(de aspecto)* to neglect oneself, to let oneself go -2. **abandonarse a** *(desesperación, dolor)* to succumb to; *(placer, sentidos)* to abandon oneself to; *(vicio)* to give oneself over to; **se abandona con facilidad a la desesperación** she is quick to despair

abandono *nm* -1. *(descuido) (de aspecto, jardín)* state of abandon; *(de estudios, obligaciones)* neglect; **la iglesia se encontraba en estado de ~** the church was derelict
-2. *(de lugar)* **los bomberos ordenaron el ~ del edificio** the firemen instructed everyone to leave the building, the firemen had the building evacuated; **el ~ de su puesto le costó un arresto al soldado** the soldier was placed in confinement for abandoning his post
-3. *(de hijo, proyecto)* abandonment; **el ~ de animales se incrementa tras las Navidades** there is a rise in the number of animals abandoned after Christmas; **el movimiento defiende el ~ de la energía nuclear** the movement is in favour of abolishing the use of nuclear energy; **han anunciado el ~ de la violencia** they have announced that they are going to give up violence; **su desilusión lo llevó al ~ de la profesión** he was so disillusioned that he left the profession ❑ DER **~ de hogar** desertion *(of family, spouse)*; UE **~ de tierras**: **el gobierno está fomentando el ~ de tierras** the government is promoting land set-aside
-4. *(entrega)* abandon, abandonment; **se entregó con ~ a su amante** she gave herself with abandon to her lover
-5. *(de competición, carrera)* withdrawal; **el ~ se produjo en el kilómetro 10** he pulled out after 10 kilometres; **ganar por ~** to win by default

abanicar [59] ◇ *vt* to fan
◆ **abanicarse** *vpr* -1. *(con abanico)* to fan oneself; **se abanicó la cara** she fanned her face -2. EXPR *Chile Fam* **abanicarse con algo**: **el jefe se abanica con tus problemas** the boss couldn't care less about your problems

abanicazo *nm* **me dio un ~ en la cabeza** she hit me on the head with her fan

abanico *nm* -1. *(para abanicarse)* fan; **hizo un ~ con los naipes** he fanned out the cards; **los soldados se abrieron en ~** the soldiers fanned out
-2. *(gama)* range; **tenemos un amplio ~ de modelos** we have a wide range of models; **un ~ de precios** a range of prices; **se dieron cita un enorme ~ de culturas** people from a vast diversity of cultures came together
-3. GEOL **~ aluvial** alluvial fan
-4. *(en ciclismo)* **los ciclistas se movían haciendo abanicos** the cyclists fanned out

abanique *etc ver* **abanicar**
abaniqueo *nm (con abanico)* fanning
abarajar *vt RP Fam (agarrar)* to catch in flight

abaratamiento *nm* reduction o fall in price; **el ~ de los precios** the reduction o fall in prices

abaratar ◇ *vt (precio, coste)* to bring down, to reduce; *(artículo)* to reduce the price of
◆ **abaratarse** *vpr (precio, coste)* to fall; *(artículo)* to go down in price, to become cheaper

abarca *nf* = type of sandal worn by country people

abarcar [59] *vt* -1. *(incluir)* to cover; **nuestra hacienda abarca un tercio de la comarca** our estate covers a third of the district; **este artículo intenta ~ demasiado** this article tries to cover too much; **el libro abarca cinco siglos de historia de Latinoamérica** the book covers o spans five centuries of Latin American history; PROV **quien mucho abarca poco aprieta** don't bite off more than you can chew
-2. *(ver)* to be able to see, to have a view of; **desde la torre se abarca todo el valle** you can see the whole valley from the tower; **hasta donde abarca la vista** as far as the eye can see
-3. *(rodear)* **no consigo abarcar el tronco con los brazos** I can't get my arms around the tree trunk

abaritonado, -a *adj* MÚS baritone
abarque *etc ver* **abarcar**
abarquillar ◇ *vt (madera)* to warp
◆ **abarquillarse** *vpr (madera)* to warp
abarrajar *Perú* ◇ *vt (tirar)* to hurl, to throw
◆ **abarrajarse** *vpr* -1. *(tropezarse)* to trip, to stumble -2. *(depravarse)* to become corrupt
abarrajo *nm Perú* fall, stumble

abarrotado, -a *adj* -1. *(lleno) (teatro, autobús)* packed **(de** with); *(desván, baúl)* crammed **(de** with) -2. *Ven* **estar ~ de trabajo** to have a lot of work

abarrotar *vt* -1. *(teatro, autobús)* to pack **(de** o **con** with); *(desván, baúl)* to cram full **(de** o **con** of); **los curiosos abarrotaban la estancia** the room was packed with onlookers -2. *CAm, Méx* COM to monopolize, to buy up

abarrotería *nf CAm, Méx* grocer's (shop), grocery store
abarrotero, -a *nm,f CAm, Méx* grocer
abarrotes *nmpl Andes, CAm, Méx* -1. *(mercancías)* groceries -2. **(tienda de) ~** grocer's shop, grocery store

abastecedor, -ora *nm,f* supplier
abastecer [46] ◇ *vt* to supply **(de** with); **~ de agua a la ciudad** to supply the city with water; **esa región nos abastece de materias primas** that region supplies o provides us with raw materials
◆ **abastecerse** *vpr* to stock up **(de** on); **tienen problemas para abastecerse de combustible** they have problems in obtaining fuel; **se abastecen de agua en el pozo de la plaza** they get their water from the well in the square

abastecido, -a *adj* supplied, stocked **(de** with); **una tienda bien abastecida** a well-stocked store

abastecimiento *nm* supplying; **se ha interrumpido el ~** they've cut off the supply ❑ **~ de aguas** water supply

abastezco *etc ver* **abastecer**
abasto *nm* -1. *(provisión, suministro)* supply -2. *Ven (tienda)* grocer's (store) -3. EXPR **no dar ~** to be unable to cope; **no da ~ con tanto trabajo** she can't cope with so much work

abatatar *RP Fam* ◇ *vt (turbar, confundir)* to frighten, to scare
◆ **abatatarse** *vpr (acobardarse, avergonzarse)* to become embarrassed

abate *nm* abbé *(title given to French or Italian priest)*

abatible *adj* **mesa ~** foldaway table; **asientos abatibles** *(en coche)* = seats that tip forwards or fold flat; *(en tren)* tip-up seats

abatido, -a *adj* dejected, downhearted; **está muy ~ por la muerte de su padre** he's feeling very down because of his father's

abatimiento

death; **"no me quiere", respondió ~** "she doesn't love me," he said dejectedly *o* downheartedly

abatimiento *nm (desánimo)* low spirits, dejection; **el ~ se instaló en las almas de los soldados** an air of despondency set in amongst the soldiers; **con ~** dejectedly, downheartedly

abatir ◇ *vt* **-1.** *(derribar) (muro)* to knock down; *(avión)* to shoot down; **el atracador fue abatido a tiros** the robber was gunned down **-2.** *(desanimar)* to depress, to dishearten
• **abatirse** *vpr* **-1.** *(caer)* **abatirse sobre algo/alguien** to pounce on sth/sb; **la desesperación se abatió sobre ellos** they were overcome by a feeling of despair; **la desgracia se abatió sobre la región** the region has been struck *o* hit by disaster; **el halcón se abatió sobre su presa** the falcon swooped down on its prey; **una tormenta de nieve se abatió sobre la cumbre** the summit was hit by a snowstorm
-2. *(desanimarse)* to become dejected *o* disheartened; **no te dejes ~ por tan poca cosa** don't let yourself be upset by something so trivial

abazón *nm* ZOOL cheek pouch

Abderramán *n pr* Abd ar-Rahman, = name of five Moorish rulers of Cordoba between 756 and 1024

abdicación *nf (de monarca)* abdication

abdicar [59] ◇ *vt (trono, corona)* to abdicate; **~ el trono (en alguien)** to abdicate the throne (in favour of sb)
◇ *vi* **-1.** *(monarca)* to abdicate **-2. ~ de** *(principios, ideales)* to renounce; **abdicó de su derecho a apelar** she gave up her right to appeal

abdomen *nm (de persona, insecto)* abdomen

abdominal *adj* abdominal; **dolores abdominales** abdominal pains

abdominales *nmpl* **-1.** *(ejercicios)* sit-ups **-2.** *(músculos)* stomach muscles

abducción *nf* abduction

abductor *nm* ANAT abductor

abecé *nm* **-1.** *(abecedario)* ABC; **todavía no han aprendido el ~** she still hasn't learnt the alphabet *o* her ABC **-2.** *(fundamentos)* **no sabe ni el ~ de lingüística** he doesn't know the first thing about linguistics; **esa obra es el ~ de la jardinería** that book covers the basics of gardening

abecedario *nm* **-1.** *(alfabeto)* alphabet; **ya se sabe el ~** she already knows the *o* her alphabet **-2.** *(libro)* spelling book

abedul *nm (de* birch (tree) ❏ **~ *blanco*** silver birch

abeja *nf* bee ❏ **~ *obrera*** worker bee; **~ *reina*** queen bee

abejar *nm* apiary

abejarrón *nm* bumble-bee

abejaruco *nm* bee-eater

abejorro *nm* bumble-bee

Abel *n pr* Abel

abelmosco *nm* musk mallow

aberración *nf* **-1.** *(desviación de la norma)* **me parece una ~** I find it ridiculous; **echó gaseosa al champán, ¡qué ~!** he put lemonade in the champagne, that's sacrilege! ❏ **~ *sexual*** sexual perversion **-2.** FOT aberration **-3.** FÍS aberration

aberrante *adj* **-1.** *(absurdo)* ridiculous, idiotic **-2.** *(perverso)* perverse **-3.** *(anormal)* abnormal, aberrant

abertura *nf* **-1.** *(agujero)* opening; *(ranura)* crack **-2.** FOT aperture ❏ **~ *del diafragma*** aperture

abertzale [aβerˈtʃale], **aberzale** [aβerˈθale] *Esp* POL ◇ *adj* = radical Basque nationalist
◇ *nmf* = radical Basque nationalist

abeto *nm* fir ❏ **~ *blanco*** silver fir; **~ *rojo*** Christmas tree, common spruce

abey *nm* jacaranda

abicharse *vpr CSur (fruta)* to become worm-eaten

abichón *nm* silverside

Abidjan = Abiyán

abiertamente *adv (claramente)* clearly; *(en público)* openly

abierto, -a ◇ *participio ver* **abrir**
◇ *adj* **-1.** *(puerta, boca, tienda)* open; **dejar el grifo ~** to leave the tap on *o* running; **bien** *o* **muy ~** wide open; **~ de par en par** wide open; **~ de 9 a 5** *(en letrero)* opening hours: 9 to 5; **hasta tarde** open late; **~ al público** open to the public; **la cabaña está en pleno campo ~** the cabin is in the open country
-2. *(herida)* open
-3. *(desabrochado)* undone; **llevas abierta la camisa** your shirt is undone
-4. INFORMÁT *(archivo)* open
-5. *(cheque)* open
-6. *(claro)* open; **mostró su abierta oposición al proyecto** he was openly opposed to the project; **existe una abierta enemistad entre los dos políticos** the two politicians are quite openly enemies
-7. LING *(vocal)* open
-8. *(liberal, tolerante)* open-minded; **tiene una mentalidad muy abierta** she's very open-minded; **estar ~ a cualquier sugerencia** to be open to suggestions
-9. *(franco, sincero)* open; **es una persona muy abierta, nunca oculta nada** she's very open, she never hides anything
-10. *(sin decidir)* open; **promete ser una final muy abierta** it promises to be a very open *o* evenly contested final
-11. TV **un programa en ~** = on pay TV, a programme which is not scrambled so that non-subscribers may also watch it
-12. *Ven (generoso)* generous
◇ *nm* **-1.** DEP open (tournament) ❏ **el ~ *británico*** the British Open; **el ~ *USA*** the US Open
-2. *Col (terreno)* cleared land

abietácea *nf* BOT ◇ *nf (planta)* fir
◇ *nfpl* **abietáceas** *(familia)* **las abietáceas** the fir family

abietáceo, -a *adj* BOT of the fir family

abigarrado, -a *adj* **-1.** *(mezclado)* **la habitación está abigarrada** the room is a real jumble of different things **-2.** *(multicolor)* multicoloured

abigeato *nm* cattle rustling

ab intestato, abintestato *adv* DER *(sin testamento)* intestate

abisal *adj* **fosa ~** ocean trough; **pez ~** abyssal fish; **las profundidades abisales** the depths of the ocean

Abisinia *n Antes* Abyssinia

abisinio, -a *Antes* ◇ *adj* Abyssinian
◇ *nm,f* Abyssinian

abismal *adj* **-1.** *(diferencia, distancia)* vast, colossal; **una caída ~ de los precios** a huge *o* massive drop in prices **-2.** *(del abismo)* abyssal; **las profundidades abismales** the depths of the ocean

abismante *adj Andes, RP* dramatic

abismar ◇ *vt Formal* **~ a alguien en la desesperación** to plunge sb into despair
• **abismarse** *vpr* **-1.** *abismarse en (lectura)* to become engrossed in **-2.** *Andes, RP (sorprenderse)* to be amazed **-3.** *Carib (arruinarse)* to be ruined

abismo *nm* **-1.** *(profundidad)* abyss; EXPR **estar al borde del ~** to be on the brink of ruin *o* disaster **-2.** *(diferencia)* gulf; **entre su sueldo y el mío hay un ~** there's a huge difference between our salaries

Abiyán, Abidjan *n* Abidjan

abjuración *nf Formal* abjuration, renunciation

abjurar *Formal* ◇ *vt (fe, creencias)* to abjure, to renounce
◇ *vi* **~ de** *(fe, creencias)* to abjure, to renounce

ablación *nf* MED *(de tejido, órgano)* excision, surgical removal ❏ **~ *del clítoris*** female circumcision

ablandador *nm* softener; **~ de carne** (meat) tenderizer

ablandamiento *nm* **-1.** *(de objeto, material)* softening **-2.** *(de persona)* softening

ablandar ◇ *vt* **-1.** *(objeto, material)* to soften **-2.** *(persona)* to soften; **sus ruegos no lo ablandaron** her pleas were not sufficient to make him relent **-3.** *CSur, Cuba* AUT to run in; **hicimos 1.000 km para ~ el auto nuevo** we drove for 1,000 km to run the new car in
• **ablandarse** *vpr* **-1.** *(objeto, material)* to soften, to become softer **-2.** *(actitud, rigor)* to soften; **su padre se ablandó cuando la vio llorar** her father relented when he saw her crying

ablande *nm CSur, Cuba* AUT running in; **el auto está en ~** I'm/we're running the car in

ablativo *nm* GRAM ablative ❏ **~ *absoluto*** ablative absolute

ablución *nf* REL **hizo sus abluciones** he performed his ablutions

ablusado, -a *adj (vestido, camisa)* loose, baggy

abnegación *nf* abnegation, self-denial; **trabajó toda su vida con ~** she worked selflessly all her life

abnegadamente *adv* selflessly

abnegado, -a *adj* selfless, unselfish

abnegarse [43] *vpr* to deny oneself

abobadamente *adv Fam* blankly, bewilderedly

abobado, -a *adj Fam* **-1.** *(estupefacto)* blank, uncomprehending; **se quedó ~ al enterarse** he was astounded *o* speechless when he found out **-2.** *(estúpido)* stupid

abocado, -a *adj* **-1.** *(destinado)* **estar ~ a** to be heading for; **este proyecto está ~ al fracaso** this project is heading for failure **-2.** *(vino)* = blended from sweet and dry wines **-3.** *CSur (dedicado)* allocated (**a** to); **el presupuesto ~ a la investigación** the research budget, the budgetary resources allocated to research

abocarse [59] *vpr CSur, Ven* **~ a algo** *(dedicarse a)* to dedicate oneself to sth; **hace dos meses se abocó al estudio** she's been taking her studies seriously for the last two months; **tenemos que abocarnos a la promoción de las energías renovables** we have to seriously set about promoting renewable forms of energy

abocetar *vt* to sketch

abochornado, -a *adj* **-1.** *(avergonzado)* embarrassed **-2.** *Chile (tiempo)* stifling, muggy

abochornar ◇ *vt* **-1.** *(avergonzar)* to embarrass **-2.** *(acalorar)* **¡este calor abochorna a cualquiera!** this heat is stifling!
• **abochornarse** *vpr* **-1.** *(avergonzarse)* to get embarrassed **-2.** *(acalorarse)* to swelter **-3.** *Chile (tiempo)* to become stifling *o* muggy

abofetear *vt* to slap *(in the face)*; **el viento lo abofeteaba en la cara** the wind buffeted him in the face

abogacía *nf* legal profession; **ejercer la ~** to practise law; **estudiar ~** to study law

abogado, -a *nm,f* **-1.** DER *Br* lawyer, *US* attorney ❏ **~ *criminalista*** criminal lawyer; **~ *defensor*** counsel for the defence; **~ *del Estado*** public prosecutor; **~ *laboralista*** labour lawyer; **~ *matrimonialista*** divorce lawyer; **~ *de oficio*** legal aid lawyer
-2. *(intercesor)* intermediary; *(defensor)* advocate; **siempre ha sido un ~ de los pobres** he has always stood up for the poor ❏ **~ *del diablo*** devil's advocate; **hacer de ~ *del diablo*** to play devil's advocate

abogar [38] *vi* **-1.** DER **~ por alguien** to represent sb **-2.** *(defender)* **~ por algo** to advocate *o* champion sth; **~ por alguien** to stand up for sb, to defend sb

abolengo *nm* lineage; **de (rancio) ~** of noble lineage

abolición *nf* abolition

abolicionismo *nm* HIST abolitionism

abolicionista HIST ◇ *adj* abolitionist
◇ *nmf* abolitionist

abolir *vt* to abolish

abollado, -a *adj* dented

abolladura *nf* dent; **el automóvil estaba lleno de abolladuras** the car was dented all over

abollar ⬦ *vt* to dent
- **abollarse** *vpr* to get dented

abombado, -a ⬦ *adj* **-1.** *(hacia fuera)* buckled; **la lata está un poco abombada** the tin has buckled slightly outwards; **una pared abombada** a wall bulging outwards **-2.** *Andes, RP Fam (aturdido)* dopey
⬦ *nm,f Andes, RP Fam* hothead, scatterbrain

abombar ⬦ *vt* to buckle (outwards)
- **abombarse** *vpr* **-1.** *(pared)* to buckle (outwards) **-2.** *Am (estropearse)* to spoil, to go off **-3.** *Andes, RP Fam (aturdirse)* to be dazed; **siempre se abomba cuando ocurre algo así** whenever something like that happens his brains get scrambled *o* he's all over the place

abominable *adj* abominable **el ~ hombre de las nieves** the abominable snowman

abominablemente *adv* abominably

abominación *nf* abomination

abominar ⬦ *vt (detestar)* to abhor, to abominate
⬦ *vi* **~ de** *(condenar)* to condemn, to criticize

abonable *adj (pagadero)* payable

abonado, -a *nm,f* **-1.** *(a revista, canal de televisión)* subscriber; *(a teléfono, de gas, electricidad)* customer **-2.** *(al fútbol, teatro, transporte)* season-ticket holder

abonar ⬦ *vt* **-1.** *(pagar)* to pay; **~ algo en la cuenta de alguien** to credit sb's account with sth; **¿cómo desea abonarlo?** how would you like to pay?; **¿desea ~ con tarjeta o en efectivo?** would you like to pay by credit card or in cash?
-2. *(fertilizar)* to fertilize
-3. *(suscribir)* **~ a alguien a una revista** to get sb a subscription to a magazine
-4. *(acreditar)* **lo abona un brillante pasado** he brings with him an outstanding reputation
- **abonarse** *vpr* **-1.** *(a revista)* to subscribe (**a** to) **-2.** *(al fútbol, teatro, transporte)* to buy a season ticket (**a** for)

abonaré *nm* promissory note

abonero, -a *nm,f Méx* hawker, street trader

abono *nm* **-1.** *(pase)* season ticket; **un ~ de diez viajes** a ten-journey ticket ❏ **~ transporte** season ticket *(for bus, train and underground)*
-2. *(fertilizante)* fertilizer ❏ **~ orgánico** organic fertilizer; **~ químico** artificial *o* chemical fertilizer
-3. *(pago)* payment; **realizar un ~** to make a payment; **no existe cuota de ~ mensual** there is no monthly fee
-4. COM credit entry
-5. *Méx (plazo)* instalment; **pagar en abonos** to pay by instalments

aboque *etc ver* **abocar**

abordable *adj (persona)* approachable; *(tema)* that can be tackled; *(tarea)* manageable

abordaje *nm* NÁUT boarding; **¡al ~!** attack!; **los piratas entraron al ~** the pirates boarded them

abordar *vt* **-1.** *(barco)* to board *(in attack)*
-2. *(persona)* to approach; **nos abordaron unos maleantes** we were accosted by some undesirables
-3. *(resolver)* to tackle, to deal with; **no saben cómo ~ el problema** they don't know how to deal with *o* tackle the problem
-4. *(plantear)* to bring up; **el artículo aborda el problema del racismo** the article deals with the issue of racism
-5. *Méx, Ven (avión, barco)* to board; *(tren, autobús)* to get on; *(coche)* to get into

aborigen ⬦ *adj (indígena)* indigenous, native; *(de Australia)* Aboriginal
⬦ *nm (población indígena)* native; *(de Australia)* Aborigine; **aborígenes** indigenous population, natives; *(de Australia)* Aborigines

aborrascarse [59] *vpr* to become stormy

aborrecer [46] *vt* **-1.** *(odiar)* to abhor, to loathe; **me hizo ~ la comida picante** it really put me off spicy food; **aborrece la soledad** she loathes being on her own **-2.** *(crías)* to reject

aborrecible *adj* abhorrent, loathsome

aborrecido, -a *adj* loathed, hated

aborrecimiento *nm* loathing, hatred

aborregado, -a *adj* **-1.** *Fam (adocenado)* **estar ~** to be like sheep **-2. cielo ~** mackerel sky

aborregarse [38] *vpr* **-1.** *Fam (adocenarse)* to become like sheep **-2.** *(cielo)* to become covered with fleecy clouds

aborrezco *etc ver* **aborrecer**

abortar ⬦ *vt* **-1.** *(feto)* to abort **-2.** *(misión, aterrizaje)* to abort; *(atentado)* to foil; **abortaron la operación antes de que empezara** they called off the operation before it had started **-3.** INFORMÁT *(programa)* to abort
⬦ *vi (espontáneamente)* to have a miscarriage, to miscarry; *(intencionadamente)* to have an abortion

abortista ⬦ *adj* pro-abortion
⬦ *nmf* abortionist

abortivo, -a ⬦ *adj* abortifacient; **sustancia abortiva** abortifacient; **fue acusada de prácticas abortivas** she was accused of carrying out illegal abortions
⬦ *nm* abortifacient

aborto *nm* **-1.** *(espontáneo)* miscarriage; *(intencionado)* abortion; **tuvo un ~** she had a miscarriage; **le practicaron un ~** she had an abortion ❏ **~ clandestino** backstreet abortion; **~ eugénico** therapeutic abortion; **el ~ libre** abortion on demand; **~ terapéutico** therapeutic abortion **-2.** *(feto)* aborted foetus **-3.** *muy Fam (persona fea)* freak

abotagado, -a, abotargado, -a *adj* **-1.** *(hinchado)* swollen; *(cara)* puffy **-2.** *(atontado)* **tengo la mente abotargada** my mind has gone fuzzy

abotagarse, abotargarse [38] *vpr* **-1.** *(hincharse)* to swell (up) **-2.** *(atontarse)* to become dull

abotinado, -a *adj* **zapato ~** boot

abotonar ⬦ *vt* to button up
- **abotonarse** *vpr* to do one's buttons up; **abotonarse la camisa** to button one's shirt up; **este vestido se abotona por detrás** this dress buttons up the back

abovedado, -a *adj* vaulted

abovedar *vt* to arch, to vault

ABRA ['aβra] *nf (abrev* **Asociación de Bancos de la República Argentina)** = Argentinian banking organization

abra *nf*

> Takes the masculine articles **el** and **un**.

-1. *(bahía)* bay **-2.** *(valle)* valley **-3.** *(grieta)* fissure **-4.** *Col (de puerta)* leaf; *(de ventana)* pane **-5.** *RP (en bosque)* clearing

abracadabra *nm* abracadabra

abrace *etc ver* **abrazar**

Abraham, Abrahán *n pr* Abraham

abrasado, -a *adj* burned, scorched; **murió ~** he (was) burned to death

abrasador, -ora *adj* burning; **pasión abrasadora** burning passion

abrasar ⬦ *vt* **-1.** *(quemar) (casa, bosque)* to burn down; *(persona, mano, garganta)* to burn **-2.** *(desecar)* to scorch; **el sol abrasó los campos** the sun parched the fields **-3.** *(consumir)* to consume; **lo abrasaba el deseo** he was consumed by desire
⬦ *vi (café, sopa)* to be boiling hot; **este sol abrasa** the sun is really hot today
- **abrasarse** *vpr (casa, bosque)* to burn down; *(persona)* to burn oneself; **me abrasé los brazos** I burnt my arms; **los campos se abrasaron con el calor** the heat parched the fields

abrasilerado, -a *RP* ⬦ *adj* influenced by Brazil, Brazilianized; **el habla abrasilerada de la frontera** the Brazilian-influenced border dialect; **los ritmos abrasilerados de su música** the Brazilianized rhythms of his music
⬦ *nm,f* **es un ~** he's adopted lots of Brazilian ways *o* habits

abrasión *nf* **-1.** *(fricción)* abrasion **-2.** MED *(por fricción)* abrasion; *(por agente corrosivo)* burn

abrasivo, -a ⬦ *adj* abrasive
⬦ *nm* abrasive

abrazadera *nf* **-1.** TEC brace, bracket **-2.** *(en carpintería)* clamp

abrazar [14] ⬦ *vt* **-1.** *(rodear con los brazos)* to hug, to embrace **-2.** *(doctrina)* to embrace **-3.** *(profesión)* to go into
- **abrazarse** *vpr* to hug, to embrace; **abrazarse a alguien** to hug sb, to cling to sb; **se abrazó a un árbol** he clung to a tree; **se abrazaron con pasión** they embraced passionately

abrazo *nm* hug, embrace; **dar un ~ a alguien** to hug sb, to give sb a hug; **nos fundimos en un ~** we fell into each other's arms; **un (fuerte) ~** *(en carta formal)* Yours, Best wishes; *(a un amigo)* Love; **Marina te manda un ~** Marina sends you her love; **dale un ~ de mi parte** give her my love

abreboca *nm*, **abrebocas** *nm inv Andes, CAm, Carib, Méx* appetizer

abrebotellas *nm inv* bottle opener

abrecartas *nm inv* paper knife, letter opener

abrechapas *nm inv* bottle opener

abrecoches *nm inv* commissionaire, doorman

abrelatas *nm inv* can opener, *Br* tin opener

abrevadero *nm (construido)* drinking trough; *(natural)* watering place

abrevar *vt* to water, to give water to

abreviación *nf* **-1.** *(de proceso, explicación)* shortening; *(de viaje, estancia)* cutting short **-2.** *(de texto)* abridgement **-3.** *(de palabra)* abbreviation

abreviadamente *adv* briefly, succinctly

abreviado, -a *adj (texto)* abridged

abreviar ⬦ *vt* **-1.** *(proceso, explicación)* to shorten; *(viaje, estancia)* to cut short **-2.** *(texto)* to abridge **-3.** *(palabra)* to abbreviate
⬦ *vi (darse prisa)* to hurry up; **para ~** *(al hacer algo)* to keep it quick; *(al narrar algo)* to cut a long story short; **¡venga, abrevia!** come on, keep it short!
- **abreviarse** *vpr CAm* to hurry, to make haste

abreviatura *nf* abbreviation

abridor *nm* **-1.** *(abrebotellas)* (bottle) opener **-2.** *(abrelatas)* (can) opener, *Br* (tin) opener

abrigado, -a *adj* **-1.** *(persona)* well wrapped-up; **va muy bien ~** he's wrapped-up nice and warm; **si te metes en la cama estarás más ~** you'll be warmer if you get into bed **-2.** *(lugar)* sheltered (**de** from) **-3.** *Am (prenda)* warm

abrigador, -ora ⬦ *adj Andes, Méx (prenda)* warm
⬦ *nm,f Méx (cómplice)* accessory (after the fact)

abrigar [38] ⬦ *vt* **-1.** *(arropar)* to wrap up; *(calentar)* to keep warm **-2.** *(albergar) (esperanza)* to cherish; *(sospechas, malas intenciones)* to harbour
⬦ *vi (ropa, manta)* to be warm; **esta chaqueta no abriga nada** this jacket is useless at keeping you warm
- **abrigarse** *vpr* **-1.** *(arroparse)* to wrap up; **abrígate más, así vas a tener frío** wrap up warmer, you'll be cold like that **-2.** *(resguardarse)* to shelter (**de** from)

abrigo *nm* **-1.** *(prenda)* coat ❏ **~ de piel** *o* **pieles** fur coat **-2.** *(defensa contra el frío)* **ropa de ~** warm clothing; **esta manta me es de mucho ~** this blanket keeps me nice and warm **-3.** *(refugio)* shelter; **al ~ de** *(peligro, ataque)* safe from; *(lluvia, viento)* sheltered from; *(ley)* under the protection of; **creció al ~ de sus abuelos** she was brought up in her grandparents' care

abrigue *etc ver* **abrigar**

abril *nm* April; **tiene catorce abriles** he is fourteen (years of age); PROV **en ~, aguas mil** March winds, April showers; *ver también* **septiembre**

abrillantado, -a ◇ *adj RP (fruta)* glazed ◇ *nm (acción)* polish; **~ de suelos** floor polishing

abrillantador *nm (sustancia)* polish

abrillantadora *nf (máquina)* polisher

abrillantar *vt* -1. *(zapatos, suelo)* to polish -2. *(piedra preciosa)* to cut

abrir ◇ *vt* -1. *(en general)* to open; *(alas)* to spread; *(agua, gas)* to turn on; *(cerradura)* to unlock, to open; INFORMÁT *(archivo)* to open; *(cremallera)* to undo; *(melón, sandía)* to cut open; *(paraguas)* to open; *(cortinas)* to open, to draw; *(persianas)* to raise; *(frontera)* to open (up); **ella abrió la caja** she opened the box; **abre el grifo** turn the tap on; **~ un libro** to open a book; **~ la licitación/sesión** to open the bidding/session; EXPR **en un ~ y cerrar de ojos** in the blink *o* twinkling of an eye -2. *(túnel)* to dig; *(canal, camino)* to build; *(agujero, surco)* to make; **la explosión abrió un gran agujero en la pared** the explosion blasted a big hole in the wall; **le abrieron la cabeza de un botellazo** they smashed his head open with a bottle -3. *(iniciar)* *(cuenta bancaria)* to open; *(investigación)* to open, to start -4. *(inaugurar)* to open; **van a ~ un nuevo centro comercial** they're going to open a new shopping centre -5. *(apetito)* to whet; **la natación abre el apetito** swimming makes you hungry -6. *(signo ortográfico)* to open; **~ comillas/paréntesis** to open inverted commas/brackets -7. *(encabezar)* *(lista)* to head; *(manifestación, desfile)* to lead -8. *(mentalidad)* to open; **viajar le ha abierto la mente** travelling has opened her mind *o* made her more open-minded -9. *(posibilidades)* to open up; **el acuerdo abre una nueva época de co-operación** the agreement paves the way for a new era of co-operation; **la empresa intenta ~ nuevos mercados en el exterior** the company is trying to open up new markets abroad -10. *(comenzar)* to open; **el discurso del Presidente abrió el congreso** the President's speech opened the congress; **abrió su participación en el torneo con una derrota** she opened *o* started the tournament with a defeat -11. **~ fuego (sobre** *o* **contra)** *(disparar)* to open fire (on) -12. *también Fig* **~ paso** *o* **camino** to clear the way; **su dimisión abre paso a una nueva generación** his resignation clears the way for a new generation -13. DEP **~ el juego** to play a more open *o* expansive game -14. *Fam (operar)* **tuvieron que ~ al paciente para sacarle la bala** they had to cut the patient open to remove the bullet -15. *Col, Cuba (desbrozar)* to clear

◇ *vi* -1. *(en general)* to open; **la tienda abre a las nueve** the shop opens at nine (o'clock); **abrimos también los domingos** *(en letrero)* also open on Sundays -2. *(abrir la puerta)* to open the door; **abre, que corra un poco el aire** open the door and let a bit of air in here; **¡abra, policía!** open up, it's the police! -3. *(en juego de cartas)* to open; **me toca ~ a mí** it's my lead -4. *Fam (en operación)* **será una intervención sencilla, no hará falta ~** it's a straightforward procedure, we won't need to cut her open

◆ **abrirse** *vpr* -1. *(puerta, caja)* to open; *(cremallera, chaqueta)* to come undone; **este bote no se abre** this jar won't open; **la puerta se abre fácilmente** the door opens easily; **se te ha abierto la camisa** your shirt has come undone; **la pared se abrió a causa del terremoto** the earthquake caused a crack to appear in the wall -2. *(empezar)* *(película, función)* to open, to begin; **el libro se abre con una escena muy violenta** the book opens with a very violent scene; **el debate se abrió con una intervención del ministro** the debate began with a speech by the minister -3. *(periodo)* to begin; **cuando se abra el plazo para presentar solicitudes** when they start accepting applications -4. *(sincerarse)* to open up; **abrirse a alguien** to open up to sb, to confide in sb; **tienes que abrirte más a la gente** you should be more open with people -5. *(posibilidades)* to open up; **tras su marcha se abrieron nuevas posibilidades** after she left, new opportunities arose -6. *(cielo)* to clear -7. *(flores)* to blossom -8. *(vehículo en una curva)* to go wide; **se abrió demasiado en la curva y se cayó de la bici** he went too wide on the bend and fell off his bike -9. DEP **se abrió por la banda para esquivar a la defensa** he moved out onto the wing to get behind the defence -10. *(rajarse)* to split open; **se cayó del caballo y se abrió la cabeza** she fell off her horse and split her head open -11. *también Fig* **abrirse paso** *o* **camino** to make one's way -12. *Fam (irse)* to clear off; **nosotros nos abrimos ya** it's time for us to be off -13. *Am Fam (retirarse)* to back out

abrochadora *nf RP (grapadora)* stapler

abrochar ◇ *vt* -1. *(botones, camisa)* to do up; *(cinturón)* to fasten -2. *RP (grapar)* to staple

◆ **abrocharse** *vpr (botones, camisa)* to do up; *(cinturón)* to fasten; **abrocharse la camisa** to do up one's shirt; **este vestido se abrocha por detrás** this dress does up at the back; **¡abróchate!** *(el abrigo)* do your coat up!; **abróchense los cinturones de seguridad** fasten your seat belts

abrogación *nf* DER abrogation, repeal

abrogar [38] *vt* DER to abrogate, to repeal

abrojo *nm* -1. BOT caltrop -2. NÁUT **abrojos** reefs, sharp rocks

abroncar [59] *vt* -1. *(reprender)* to tell off -2. *(abuchear)* to boo

abrótano *nm* **~ (macho)** southernwood ❏ **~ hembra** santolina

abrumado, -a *adj (agobiado)* overwhelmed; *(molesto)* annoyed; **~ por el trabajo** overwhelmed *o* swamped with work

abrumador, -ora *adj (mayoría, superioridad)* overwhelming; *(victoria)* crushing; **sus productos dominan de forma abrumadora el mercado** their products completely dominate the market

abrumar *vt (agobiar)* to overwhelm; **lo abruma tanta responsabilidad** he is overwhelmed by all the responsibility; **tantas atenciones la abruman** she finds all that attentiveness overwhelming; **me abruma estar entre mucha gente** I find being in large crowds oppressive

abruptamente *adv* abruptly

abrupto, -a *adj* -1. *(escarpado)* sheer; *(accidentado)* rugged -2. *(brusco)* abrupt, sudden

ABS *nm (abrev de* **anti-lock braking system**) ABS; **frenos ~** anti-lock brakes

Absalón *n pr* Absalom

absceso *nm* MED abscess

abscisa *nf* MAT x-axis

absenta *nf (bebida)* absinthe

absentismo *nm Esp* -1. *(de terrateniente)* absentee landownership -2. *(de trabajador, alumno)* **~ escolar** truancy; **~ laboral** *(justificado)* absence from work; *(injustificado)* absenteeism

absentista *Esp* ◇ *adj* absentee
◇ *nmf* absentee

ábside *nm* apse

absolución *nf* -1. DER acquittal -2. REL absolution; **dar la ~ a alguien** to give sb absolution

absolutamente *adv (completamente)* absolutely, completely; **es ~ imprescindible acabar antes del viernes** it is absolutely essential to finish before Friday; **no me costó ~ nada** it didn't cost me anything at all; **eso es ~ falso** that's completely untrue

absolutismo *nm* absolutism

absolutista ◇ *adj* absolutist
◇ *nmf* absolutist

absoluto, -a ◇ *adj* -1. *(no relativo)* absolute -2. *(completo)* *(verdad, mayoría)* absolute; *(silencio)* total, absolute; *(reposo)* complete; **tengo una confianza absoluta en ellos** I have complete *o* every confidence in them; **es el campeón ~ de este torneo** he's the overall winner of the tournament; **es un ~ sinvergüenza** he's completely shameless -3. *(monarca)* absolute -4. LING *(ablativo, superlativo)* absolute; **ablativo ~** ablative absolute -5. FILOSOFÍA **lo ~** the absolute

◇ **en absoluto** *loc adv* **nada en ~** nothing at all; **no me gustó en ~** I didn't like it at all; **¿te importa? – en ~** do you mind? – not at all

absolutorio, -a *adj* absolutory, absolving

absolver [41] *vt* -1. DER to acquit; **lo absolvieron de los cargos** he was acquitted of the charges -2. REL **lo absolvió (de sus pecados)** he absolved him of his sins

absorbencia *nf* absorbency; **una tela de gran ~** a very absorbent cloth

absorbente ◇ *adj* -1. *(esponja, material)* absorbent -2. *(persona, carácter)* demanding -3. *(actividad)* absorbing
◇ *nm* absorbent

absorber *vt* -1. *(líquido, gas, calor)* to absorb; **esta aspiradora no absorbe el polvo muy bien** this vacuum doesn't pick up dust very well; **absorbió el refresco con la pajita** he sucked the soft drink through a straw; **esta crema se absorbe muy bien** this cream works into the skin very well -2. *(consumir)* to take up, to soak up; **esta tarea absorbe mucho tiempo** this task takes up a lot of time -3. *(atraer, dominar)* **este trabajo me absorbe mucho** this job takes up a lot of my time; **su mujer lo absorbe mucho** his wife is very demanding; **la televisión los absorbe** television dominates their lives -4. *(empresa)* to take over; **Roma Inc. absorbió a su mayor competidor** Roma Inc. took over its biggest rival

absorbible *adj* absorbable

absorción *nf* -1. *(de líquido, gas, calor)* absorption; **con gran poder de ~** highly absorbent -2. *(de empresa)* takeover

absorto, -a *adj* absorbed **(en** in**)**; **se quedó ~ en la contemplación de las llamas** he was absorbed in his contemplation of the flames

abstemio, -a ◇ *adj* teetotal
◇ *nm,f* teetotaller

abstención *nf* abstention; **hubo mucha ~** *(en elecciones)* there was a low turnout; **se espera un nivel de ~ del 30 por ciento** 30 percent of the electorate are expected not to vote

abstencionismo *nm* abstentionism

abstencionista ◇ *adj* abstentionist
◇ *nmf* abstentionist

abstenerse [65] *vpr* -1. *(guardarse)* to abstain **(de** from**)**; **se abstuvo de mencionar su embarazo** she refrained from mentioning her pregnancy; **nos abstuvimos de beber** we didn't touch a drop; **el médico le recomendó que se abstuviera de fumar** the doctor advised her to refrain from smoking -2. *(en votación)* to abstain; **me abstuve en las últimas elecciones** I didn't vote in the last election

abstinencia *nf* abstinence

abstracción *nf* abstraction; **la capacidad de ~** the capacity for abstract thought; **el concepto de número es una ~** number is an abstract concept

abstraccionismo *nm* abstractionism

abstracto, -a ◇ *adj* abstract
  ◇ **en abstracto** *loc adv* in the abstract
abstraer [66] ◇ *vt* to consider separately, to detach
  ◆ **abstraerse** *vpr* to detach oneself (**de** from)
abstraídamente *adv* **miraba el paisaje ~** he gazed at the landscape, lost in thought
abstraído, -a *adj* lost in thought; **estaba ~ en la lectura** he was engrossed in his reading
abstruso, -a *adj* abstruse
abstuviera *etc ver* **abstenerse**
absuelto, -a *participio ver* **absolver**
absuelvo *etc ver* **absolver**
absurdo, -a ◇ *adj* absurd; **lo ~ sería que no lo hicieras** it would be absurd for you not to do it
  ◇ *nm* **decir/hacer un ~** to say/do something ridiculous o idiotic; **reducción al ~** reductio ad absurdum; **el teatro del ~** the Theatre of the Absurd
abubilla *nf* hoopoe
abuchear *vt* to boo
abucheo *nm* booing; **recibió un ~ del público** she was booed by the audience
Abu Dabi, Abu Dhabi *n* Abu Dhabi
abuelito, -a *nm,f Fam* grandpa, *f* grandma
abuelo, -a *nm,f* **-1.** *(familiar)* grandfather, *f* grandmother; **abuelos** grandparents; EXPR *Fam* **¡cuéntaselo a tu abuela!** pull the other one!; EXPR *Fam* **éramos pocos y parió la abuela** that was all we needed; EXPR *Fam* **no necesitar abuela** to be full of oneself ❏ **~ materno** maternal grandfather; **~ paterno** paternal grandfather
  -2. *(anciano)* *(hombre)* old man, old person; *(mujer)* old woman, old person; **tenga, ~, siéntese aquí** here, have this seat
abuhardillado, -a *adj* **habitación abuhardillada** attic room
Abuja *n* Abuja
abulense ◇ *adj* of/from Avila (Spain)
  ◇ *nmf* person from Avila (Spain)
abulia *nf* apathy, lethargy; **hacer algo con ~** to do sth apathetically o lethargically
abúlico, -a ◇ *adj* apathetic, lethargic
  ◇ *nm,f* apathetic o lethargic person
abulón *nm* abalone
abultado, -a *adj* **-1.** *(paquete)* bulky; *(labios)* thick; *(frente)* prominent; **estómago ~** potbelly **-2.** *(beneficios, factura)* sizeable; **ganaron por una abultada mayoría** they won by a large majority; **sufrieron una abultada derrota** they suffered a heavy defeat
abultamiento *nm (bulto)* bulkiness
abultar ◇ *vt* **-1.** *(mejillas)* to puff out **-2.** *(cifras, consecuencias)* to exaggerate
  ◇ *vi* **-1.** *(ocupar mucho espacio)* to be bulky; **el equipaje abulta mucho** the luggage takes up a lot of room **-2.** *(formar un bulto)* to bulge; **la pistola le abulta debajo de la americana** you can see the bulge of his gun under his jacket
abundamiento *nm Formal* **la situación era difícil y, a mayor ~, los nervios estaban a flor de piel** it was a difficult situation and, what is more, people's nerves were on edge; **a mayor ~, presenté las cifras** I provided the figures for further clarification
abundancia *nf* **-1.** *(gran cantidad)* abundance; **la región posee petróleo en ~** the region is rich in oil; **teníamos comida en ~** we had plenty of food; **un área de gran ~ biológica** an area rich in animal and plant life **-2.** *(riqueza)* plenty, prosperity; **una época de ~** a time of plenty; EXPR **nadar** o **vivir en la ~** to be filthy rich
abundante *adj* abundant; **teníamos comida ~** we had plenty of food; **una zona ~ en petróleo** an area that is rich in oil; **luce una ~ cabellera** she has a fine head of hair; **habrá nubosidad ~ en el norte del país** there will be heavy cloud in the north
abundantemente *adv* abundantly; **comimos ~** we ate our fill

abundar *vi* **-1.** *(ser abundante)* to abound; **aquí abundan los camaleones** there are lots of chameleons here; **este año abundan las naranjas** the oranges have done very well this year
  -2. ~ en *(tener en abundancia)* to be rich in; **la región abunda en recursos naturales** the region is rich in natural resources
  -3. ~ en *(insistir)* to insist on; **en su discurso abundó en la necesidad de recortar gastos** in her speech she insisted on the need to cut costs
  -4. ~ en *(estar de acuerdo con)* to agree completely with; **abundo en vuestra opinión** I entirely agree with you
abundoso, -a *adj Andes, CAm, Carib, Méx* abundant
aburguesado, -a *adj* bourgeois
aburguesamiento *nm* bourgeoisification
aburguesarse *vpr* to adopt middle-class ways; **se han aburguesado mucho desde que se casaron** they've become very bourgeois o middle-class since they married
aburrición *nf Col, Méx* boredom; **hasta la ~** to the point of boredom; **¡qué ~!, ¡vámonos!** this is so boring!, let's leave!; **¡qué ~ de película!** what a boring film!
aburrido, -a ◇ *adj* **-1.** *(harto, fastidiado)* bored; **estar ~ de hacer algo** to be fed up with doing sth; **estoy ~ de esperar** I'm fed up with o tired of waiting; **me tiene muy ~ con sus constantes protestas** I'm fed up with her constant complaining; EXPR *Fam* **estar ~ como una ostra** to be bored stiff
  -2. *(que aburre)* boring; **este libro es muy ~** this book is very boring; **la fiesta está muy aburrida** it's a very boring party
  ◇ *nm,f* bore; **¡eres un ~!** you're so boring!
aburridor, -ora *Am* ◇ *adj* boring
  ◇ *nm,f* bore; **¡es un ~!** he's so boring!
aburrimiento *nm* boredom; **hasta el ~** to the point of boredom; **¡qué ~!, ¡vámonos!** this is so boring!, let's leave!; **¡qué ~ de película!** what a boring film!
aburrir ◇ *vt* to bore; **este trabajo me aburre** this job is boring; **aburre a todo el mundo con sus batallitas** he bores everyone with his old stories; **me aburre tener que madrugar todos los días** it's really tiresome having to get up early every day
  ◆ **aburrirse** *vpr* to get bored; **cuando no tengo nada que hacer me aburro** I get bored when I haven't got anything to do; **se aburrieron muchísimo en la fiesta** they were really bored at the party; EXPR *Fam* **aburrirse como una ostra** to be bored stiff
abusado, -a *Méx Fam* ◇ *adj* smart, sharp; **esos niños son bien abusados, saben cómo sacarle dinero a sus padres** those kids are really smart, they know how to get money out of their parents; **si no te pones ~ te quedarás sin comer** if you don't watch out there won't be anything left for you to eat
  ◇ *interj* look out!; **¡abusada, fíjate en el tráfico antes de cruzar!** look out! watch what the traffic is doing before you start crossing the road!; **con el excusado, ¡no es basurero!** *(en letrero)* be careful how you use the toilet – it's not a *Br* dustbin o *US* trashcan!
abusar *vi* **-1.** *(excederse)* to go too far; **~ de algo** to abuse sth; **~ del alcohol** to drink to excess; **no le conviene ~ de la bebida** he shouldn't drink too much; **puedes comer dulces, pero sin ~** you can eat sweets, but don't overdo it
  -2. *(aprovecharse)* **~ de alguien** to take advantage of sb; **abusan de su generosidad** they take advantage of o abuse her generosity
  -3. *(sexualmente)* **~ de alguien** *(forzar)* to sexually abuse sb
abusivamente *adv* improperly
abusivo, -a *adj* **-1.** *(trato)* **recibimos un trato ~** we were treated like dirt; **la policía infligió tratos abusivos a los detenidos** the police mistreated the detainees **-2.** *(precio)* extortionate

abuso *nm* **-1.** *(uso excesivo)* abuse (**de** of) ❏ **~ de autoridad** abuse of authority; **~ de confianza** breach of confidence; DER **abusos deshonestos** indecent assault; **~ de poder** abuse of power; COM **~ de posición dominante** abuse of a position of dominance; **abusos sexuales** sexual abuse **-2.** *(atropello)* scandal, outrage; **¡esto es un ~!** this is outrageous!
abusador, -ora *Am* ◇ *adj* selfish; **no seas ~, ya te presté plata ayer** don't push your luck, I already lent you some money yesterday
  ◇ *nm,f* **-1.** *(caradura)* selfish person **-2.** *(matón)* bully
abusón, -ona *Esp Fam* ◇ *adj* **-1.** *(caradura)* selfish; **no seas ~, que los demás no han comido** don't be selfish o greedy, the others haven't eaten yet **-2.** *(matón)* bullying
  ◇ *nm,f* **-1.** *(caradura)* selfish person **-2.** *(matón)* bully
abyección *nf Formal (bajeza)* vileness; **¿cómo se puede cometer una ~ así?** how could anybody do something so vile?
abyecto, -a *adj Formal (despreciable)* vile; **un crimen ~** a heinous crime
a. C. *(abrev de* **antes de Cristo***)* BC
A.C.A. ['aka] *nm (abrev de* **Automóvil Club Argentino***)* = Argentinian automobile association, *Br* ≃ AA, RAC, *US* ≃ AAA
acá *adv* **-1.** *(lugar)* here; **de ~ para allá** back and forth; **más ~** closer; **¡ven ~!** come (over) here!; **entra por ~** come in this way; **acércate un poco para ~** come a bit closer **-2.** *(tiempo)* **de una semana ~** during the last week; **de un tiempo ~** recently; **del año pasado ~ han pasado muchas cosas** a lot has happened since last year
acabado, -a ◇ *adj* **-1.** *(terminado)* finished **-2.** *(completo)* perfect, consummate **-3.** *(fracasado)* finished, ruined; **como ciclista está ~** he's finished as a cyclist, his career as a cyclist is over
  ◇ *nm* **-1.** *(de producto)* finish ❏ **~ mate** matt finish; **~ satinado** satin finish **-2.** *(de piso)* décor
acabamiento *nm Ven* exhaustion
acabar ◇ *vt (terminar)* to finish; **hemos acabado el trabajo** we've finished the work; **todavía no ha acabado el primer plato** he still hasn't finished his first course; **acabamos el viaje en Canadá** our journey ended in Canada; **la bufanda está sin ~** the scarf hasn't been finished yet; EXPR *RP Fam* **¡acabala!** that's enough!
  ◇ *vi* **-1.** *(terminar)* to finish, to end; **el cuchillo acaba en punta** the knife ends in a point; **el asunto acabó mal o de mala manera** the affair finished o ended badly; **detesto las películas que acaban bien** I hate films that have a happy ending; **acabó sus días en el exilio** he ended his days in exile; **ése acabará en la cárcel** he'll end up in jail; **cuando acabes, avísame** tell me when you've finished; **~ de hacer algo** to finish doing sth; **~ de trabajar/comer** to finish working/eating; **~ con algo** to finish with sth; **¿has acabado con el martillo?** have o are you finished with the hammer?; **~ por hacer algo, ~ haciendo algo** to end up doing sth; **acabarán por llamar** o **llamando** they'll call eventually o sooner or later; **para ~ de arreglarlo** to cap it all; *Fam* **¡acabáramos!** so that's what it was!
  -2. *(haber hecho recientemente)* **~ de hacer algo** to have just done sth; **acabo de llegar** I've just arrived
  -3. ~ con *(destruir) (enemigo)* to destroy; *(salud)* to ruin; *(violencia, crimen)* to put an end to; **~ con la paciencia de alguien** to exhaust sb's patience; **está acabando con mi paciencia** she's trying my patience; **acabaron con todas las provisiones** they used up all the provisions; **la droga acabó con él** drugs killed him; **¡ese niño va a ~ conmigo!** that boy will be the death of me!
  -4. *(volverse)* to end up; **~ loco** to end up (going) mad

acabóse

-5. *(en construcciones con infinitivo)* **no acabo de entenderlo** I can't quite understand it; **no acaba de parecerme bien** I don't really think it's a very good idea; **no acaba de gustarme del todo** I just don't really like it; **el plan no me acaba de convencer** I'm not totally convinced by the plan
-6. *RP, Ven Fam (tener un orgasmo)* to come
-7. EXPR **de nunca ~** never-ending; **este proyecto es el cuento de nunca ~** this project just seems to go on and on
◆ **acabarse** *vpr* -1. *(agotarse)* to be used up, to be gone; **se nos ha acabado la gasolina** we're out of petrol; **se ha acabado la comida** there's no more food left; **se ha acabado la leche** the milk has run out, we've run out of milk; **no corras tanto, se te acabarán las fuerzas** don't run so fast, you'll run out of energy
-2. *(terminar) (guerra, película)* to finish, to be over
-3. *(consumir) (comida)* to eat up; **¡acábatelo todo y no dejes ni una miga!** make sure you eat it all up!
-4. *RP, Ven Fam (tener un orgasmo)* to come
-5. EXPR **¡se acabó!** *(¡basta ya!)* that's enough!; *(se terminó)* that's it, then!; **¡te quedarás en casa y (san) se acabó!** you'll stay at home and that's that *o* that's the end of it!; **se acabó lo que se daba** that is/was the end of that; *Méx Fam* **no acabársela: no me la acabo con la cantidad de trabajo que hay** I can't deal with the amount of work we've got

acabóse *nm* **¡es el ~!** it really is the limit!
acachado, -a *adj Chile Fam* **estoy acachada de trabajo** I'm up to my eyes in work
acacia *nf* acacia ❏ **~ espinosa** mimosa thorn
academia *nf* -1. *(colegio)* school, academy ❏ **~ de baile** dance school; *RP* **~ de choferes** driving school; **~ de idiomas** language school; **~ de informática** = private institution offering courses in computing; **voy a una ~ de informática** I'm doing a computer course; **~ militar** military academy -2. *(sociedad)* academy; **la Academia de las Ciencias** the Academy of Science -3. *RP (universidad)* **la ~** academia
académicamente *adv* academically
academicismo *nm* academicism
académico, -a ◇ *adj* -1. *(año, título)* academic -2. *(estilo)* academic -3. *(de la Academia)* of/from the Academy; **el diccionario ~** the Academy dictionary
◇ *nm,f* academician ❏ **~ de número** full academy member
acadio, -a ◇ *adj* Akkadian
◇ *nm,f (persona)* Akkadian
◇ *nm (lengua)* Akkadian
acaecer [46] *vi Formal* to take place, to occur; **sucesos acaecidos años atrás** events which took place years ago; **el terremoto acaeció de madrugada** the earthquake occurred early in the morning
acahualillo *nm* Mexican tea, goosefoot
acalambrante *adj RP Fam* **hace un frío ~** it's freezing cold; **son de una ignorancia ~** they're unbelievably ignorant; **los precios ahí son acalambrantes** the prices there would make your hair stand on end
acalambrarse *vpr* to get cramp
acallar *vt (protestas, críticas, armas)* to silence; *(rumores)* to put an end to; *(miedos)* to calm; **una propuesta para ~ a los rebeldes en el partido** a proposal designed to silence the party rebels
acaloradamente *adv (debatir)* heatedly; *(defender)* passionately, fervently
acalorado, -a *adj* -1. *(por calor)* hot -2. *(por esfuerzo)* flushed (with effort) -3. *(apasionado) (debate)* heated; *(persona)* hot under the collar; *(defensor)* fervent
acaloramiento *nm* -1. *(calor)* heat -2. *(pasión)* passion, ardour; **discutieron con ~** they argued heatedly

acalorar ◇ *vt* -1. *(dar calor)* to (make) warm -2. **~ a alguien** *(excitar)* to make sb hot under the collar
◆ **acalorarse** *vpr* -1. *(coger calor)* to get hot -2. *(excitarse)* to get hot under the collar
acampada *nf (acción)* camping; **ir/estar de ~** to go/be camping; **(zona de) ~ libre** *(en letrero)* free campsite
acampanado, -a *adj (pantalones)* flared
acampar *vi* to camp; **prohibido ~** *(en letrero)* no camping
ácana *nm o nf*

Takes the masculine articles **el** and **un**.

= hard, reddish Cuban wood
acanalado, -a *adj* -1. *(columna)* fluted -2. *(tejido)* ribbed -3. *(hierro)* corrugated
acanaladura *nf (en columna)* groove, fluting
acanalar *vt* -1. *(terreno)* to dig channels in -2. *(plancha)* to corrugate
acantilado *nm* cliff
acanto *nm* acanthus
acantonamiento *nm MIL* -1. *(acción)* billeting -2. *(lugar)* billet
acantonar *MIL* ◇ *vt* to billet
◆ **acantonarse** *vpr* to be billeted
acantopterigio, -a *adj ZOOL* acanthopterygian
acaparador, -ora ◇ *adj* greedy
◇ *nm,f* hoarder
acaparamiento *nm* -1. *(monopolio)* monopolization -2. *(en tiempo de escasez)* hoarding
acaparar *vt* -1. *(monopolizar)* to monopolize; *(mercado)* to corner; **acaparaba las miradas de todos** all eyes were upon her; **los atletas alemanes acapararon las medallas** the German athletes swept the board; **una vez más las elecciones acapararon el interés de la prensa** once more the newspapers were dominated by the elections -2. *(aprovisionarse de)* to hoard
acápite *nm* -1. *Am (párrafo)* paragraph -2. *CAm (título)* title
acapulquense *adj, nmf* = **acapulqueño**
acapulqueño, -a ◇ *adj* of/from Acapulco (Mexico)
◇ *nm,f* person from Acapulco (Mexico)
acaramelado, -a *adj* -1. *Fam (pareja)* loveydovey; **los vi muy acaramelados en un banco del parque** I saw them being all loveydovey on one of the park benches -2. *Fam (afectado)* sugary (sweet) -3. *(con caramelo)* covered in caramel
acaramelar ◇ *vt* to cover in caramel
◆ **acaramelarse** *vpr Fam* to go *o* get (all) lovey-dovey
acariciador, -ora *adj* caressing
acariciar ◇ *vt* -1. *(persona)* to caress; *(animal, pelo, piel)* to stroke; **la brisa acariciaba su piel** the breeze caressed her skin -2. *(idea, proyecto)* to cherish
◆ **acariciarse** *vpr (mutuamente)* to caress (each other); **se acarició el pelo** she stroked her hair
ácaro *nm* mite
acarraladura *nf Perú (en la media)* run, *Br* ladder
acarreador *nm Chile (cargador)* porter
acarrear ◇ *vt* -1. *(ocasionar)* to give rise to; **el abuso del medicamento acarrea problemas musculares** if this medicine is not used in the correct dosage it can give rise to muscular problems; **los hijos acarrean muchos gastos** bringing up children involves a lot of expense; **el cambio de ciudad le acarreó muchos problemas** moving to another city created a lot of problems for her; **un delito que puede ~ penas de cárcel** a crime which can carry a prison sentence -2. *(transportar)* to carry; *(carbón)* to haul
◆ **acarrearse** *vpr Chile Fam* **acarrearse con algo** to run off with sth
acarreo *nm* -1. *(transporte)* transporting; **animales de ~** beasts of burden, draught animals -2. INFORMÁT carry
acarroñarse *vpr Col Fam (acobardarse)* to chicken out

acartonado, -a *adj* -1. *(piel)* wizened; **tengo la piel acartonada** my skin feels dry -2. *(tela)* stiff -3. *(estilo, personaje)* wooden -4. *Am (persona)* stiff
acartonar ◇ *vt* -1. *(piel)* **los años le han acartonado la piel** the years have left her skin wizened -2. *(tela)* to make stiff
◆ **acartonarse** *vpr* to become wizened
acaso ◇ *adv* -1. *(quizá)* perhaps; **es ~ su mejor película** it is perhaps his best film -2. *(en preguntas)* **¿~ no lo sabías?** are you trying to tell me you didn't know?; **¿no estoy haciendo ~ lo que me pediste?** am I not doing what you asked me to?
◇ **si acaso** *loc adv* **¿te traigo algo? – si ~, una botella de vino** can I get you anything? – you could get me a bottle of wine, if you like; **no creo que vengan muchos, si ~ algún amigo** I don't think many people will come, one or two friends, perhaps *o* maybe; **si ~ lo vieras, dile que me llame** if you should see him, ask him to phone me
◆ **por si acaso** *loc adv* just in case; **llévatelo por si ~** take it just in case; **por si ~ no te veo mañana, toma la llave ahora** (just) in case I don't see you tomorrow, take the key now
acatamiento *nm* compliance (**de** with)
acatar *vt* -1. *(normas)* to respect, to comply with; *(órdenes)* to obey; **se negó a ~ el fallo del tribunal** she refused to comply with *o* observe the court's decision; **~ la Constitución** to abide by the Constitution -2. *CAm (oír)* to hear
acatarrado, -a *adj* **estar ~** to have a cold
acatarrarse *vpr* to catch a cold
acaudalado, -a *adj* well-to-do, wealthy
acaudalar *vt* to accumulate, to amass
acaudillamiento *nm* leadership, command
acaudillar *vt (ejército, revuelta)* to lead
ACB *nf (abrev de* **Asociación de Clubes de Baloncesto***)* = Spanish basketball association; **la Liga ~** = Spanish basketball premier league
acceder *vi* -1. *(consentir)* to agree; **~ a una petición** to grant a request; **accedió a venir** she agreed to come; **accedieron a las demandas de los secuestradores** they agreed to *o* acceded to the kidnappers' demands -2. *(tener acceso)* **~ a algo** to enter sth, to gain entry to sth; INFORMÁT **~ a una base de datos** to access a database; **se puede ~ directamente a la sala por la puerta trasera** there is direct access to the hall by the rear entrance; **por esa puerta se accede a la cripta** that door leads to the crypt; **desde la biblioteca se puede ~ a Internet** you can log on to the Internet at the library; **las sillas de ruedas accederán por una rampa** there is wheelchair access via a ramp
-3. *(alcanzar)* **~ al trono** to accede to the throne; **~ al poder** to come to power; **accedió al cargo de presidente** he became president; **este título permite ~ a los estudios de posgrado** this qualification enables you to go on to do postgraduate studies
accesibilidad *nf* accessibility; **mejorar la ~ de los discapacitados a edificios públicos** to improve disabled access to public buildings
accesible *adj* -1. *(lugar)* accessible -2. *(persona)* approachable -3. *(texto, explicación)* accessible -4. *(precio)* affordable; **una oferta ~ a los pequeños inversores** an offer which is affordable for small investors
accésit *nm inv* second prize *(in literary, artistic or scientific competition)*
acceso *nm* -1. *(entrada)* entrance (**a** to); **la policía vigila todos los accesos a la capital** the police are watching all the approaches to the capital
-2. *(paso)* access (**a** to); **un edificio con ~ para sillas de ruedas** a building with wheelchair access; **esta escalera da ~ a los pisos superiores** this staircase gives access to the upper floors; **tener ~ a algo** to have access to sth; **tiene ~ a información confidencial** she has access to confidential information; **quieren facilitar el ~ de los**

jóvenes a la vivienda they want to make it easier for young people to find a place of their own (to live)
-**3.** *(a persona)* access; **es un profesor de fácil ~** he's a very accessible teacher
-**4.** *(ataque)* fit; *(de fiebre, gripe)* bout; **un ~ de celos/de locura** a fit of jealousy/madness
-**5.** *Formal* **~ carnal** *(acto sexual)* sexual act
-**6.** INFORMÁT access; *(a página Web)* hit; **~ a Internet** Internet access ❑ **~ aleatorio** random access; **~ directo** direct access; **~ remoto** remote access; **~ secuencial** sequential access

accesorio, -a ◇ *adj* incidental, of secondary importance
◇ *nm (utensilio)* accessory
◇ *nmpl* **accesorios** *(de moda, automóvil)* accessories

accidentado, -a ◇ *adj* -**1.** *(vida)* turbulent; *(viaje, fiesta)* eventful -**2.** *(terreno, camino)* rough, rugged -**3.** *(vehículo)* **el avión ~** the plane involved in the crash
◇ *nm,f* injured person; **los accidentados** the people injured in the accident

accidental[1] *adj* -**1.** *(circunstancial)* accidental; **tuvo una caída ~** she accidentally fell -**2.** *(no esencial)* incidental, of secondary importance -**3.** *(imprevisto)* chance, unforeseen

accidental[2] *nm* MÚS accidental

accidentalmente *adv* accidentally, by accident

accidentarse *vpr* to be involved in *o* have an accident

accidente *nm* -**1.** *(suceso)* accident; **tener** *o* **sufrir un ~** to have an accident ❑ **~ aéreo** plane crash; **~ de automóvil** car crash; **~ automovilístico** car crash; **~ de aviación** plane crash; **~ de avión** plane crash; **~ de carretera** road *o* traffic accident; **~ de circulación** road *o* traffic accident; **~ de coche** car crash; **~ ferroviario** railway accident; **~ laboral** industrial accident; **~ mortal** fatal accident; **~ nuclear** nuclear accident; **~ de trabajo** industrial accident; **~ de tráfico** road *o* traffic accident
-**2. por ~** *(por casualidad)* by accident, accidentally; **es músico por ~** he became a musician by accident
-**3.** *(irregularidad)* **los accidentes del terreno** the unevenness of the terrain ❑ **~ geográfico** geographical feature
-**4.** GRAM accidence
-**5.** MÚS accidental

acción ◇ *nf* -**1.** *(efecto de hacer)* action; **en ~** in action, in operation; **entrar** *o* **ponerse en ~** *(persona)* to go into action; **pasar a la ~** to take action; **puso la maquinaria en ~** she switched on the machinery; **películas de ~** action movies *o Br* films; **un hombre de ~** a man of action ❑ POL **~ directa** direct action
-**2.** *(hecho)* deed, act; **una buena ~** a good deed ❑ REL **~ de gracias** thanksgiving
-**3.** *(influencia)* effect, action; **la ~ de la luz sobre los organismos marinos** the effect of sunlight on marine organisms; **rocas erosionadas por la ~ del viento** rocks eroded by the wind ❑ **~ detergente** detergent effect; **~ y reacción** action and reaction
-**4.** *(combate)* action
-**5.** *(de relato, película)* action; **la ~ tiene lugar en Venezuela** the action takes place in Venezuela
-**6.** FIN share; **acciones** *esp Br* shares, *esp US* stock ❑ **acciones en cartera** *Br* shares *o US* stock in portfolio; **acciones liberadas** paid-up *Br* shares *o US* stock; **acciones ordinarias** *Br* ordinary shares, *US* common stock; **~ de oro** golden share; **~ al portador** bearer share; **acciones preferentes** *Br* preference shares, *US* preferred stock; **acciones de renta fija** *Br* fixed-interest shares, *US* fixed-income stock
-**7.** DER **~ civil** civil action; **~ legal** lawsuit; **iniciar acciones legales contra alguien** to take legal action against sb; **~ popular** action brought by the People
◇ *interj* action!; **¡luces!, ¡cámaras!, ¡~!** lights!, camera!, action!

accionable *adj* **~ por control remoto** remote-controlled

accionamiento *nm* activation

accionar ◇ *vt* -**1.** *(mecanismo, palanca)* to activate -**2.** *Am* DER to bring a suit against
◇ *vi (gesticular)* to gesture, to gesticulate

accionariado *nm* FIN *Br* shareholders, *US* stockholders

accionarial, *Am* **accionario, -a** *adj* FIN *esp Br* share, *esp US* stock; **paquete** *o* **participación ~** *Br* shareholding *o US* stockholding

accionista *nmf* FIN *Br* shareholder, *US* stockholder; **~ mayoritario/minoritario** majority/minority *Br* shareholder *o US* stockholder

Accra *n* Accra

ace[1] *nm (en tenis)* ace

ace[2] *nm Perú* washing powder

acebo *nm (árbol)* holly bush *o* tree; **hojas de ~** holly

acebuche *nm* wild olive tree

acechanza *nf* observation, surveillance

acechar *vt* to watch, to spy on; **el cazador acechaba a su presa** the hunter was stalking his prey

acecho *nm* observation, surveillance; **estar al ~ de** to lie in wait for; *Fig* to be on the lookout for

acecinar *vt* to cure

acedarse *vpr Méx Fam* to go off

acedera *nf* sorrel

acedía *nf* -**1.** *(pez)* little sole -**2.** MED heartburn

acéfalo, -a *adj* -**1.** *(sin cabeza)* headless -**2.** *(estado, organización)* leaderless

aceitada *nf* -**1.** *Am (lubricación)* **hay que darle una ~ a esas bisagras** those hinges need oiling -**2.** *Chile Fam (soborno)* **dar una ~ a alguien** to grease sb's palm

aceitar *vt* -**1.** *(motor)* to lubricate -**2.** *(comida)* to pour oil onto -**3.** *Chile Fam (sobornar)* **~ a alguien** to grease sb's palm

aceite *nm (para cocinar, lubricar)* oil; **este coche pierde ~** this car is leaking oil ❑ **~ de ballena** whale oil; **~ de cacahuete** peanut oil; **~ de coco** coconut oil; **~ de colza** rapeseed oil; **~ esencial** essential oil; **~ de girasol** sunflower oil; **~ de hígado de bacalao** cod-liver oil; **~ de linaza** linseed oil; *Am* **~ de lino** linseed oil; **~ lubricante** lubricating oil; **~ de maíz** corn oil; **~ de oliva** olive oil; **~ de oliva virgen** virgin olive oil; **~ de oliva virgen extra** extra virgin olive oil; **~ de palma** palm oil; **~ de parafina** paraffin oil; **~ de ricino** castor oil; **~ de sésamo** sesame oil; **~ de soja** soybean oil; **~ para el sol** suntan oil; **~ vegetal** vegetable oil

aceitera *nf* -**1.** *(para llevar aceite)* oil bottle *o* can *(for salad oil)* -**2. aceiteras** *(para servir aceite)* cruet set *(for oil and vinegar)* -**3.** *(empresa)* cooking oil company

aceitero, -a ◇ *adj* cooking oil; **el sector ~** the cooking oil-producing industry; **una región aceitera** a cooking oil-producing region; **las exportaciones aceiteras** cooking oil exports
◇ *nm (ave)* oilbird

aceitoso, -a *adj* oily

aceituna *nf* olive ❑ **~ gordal** queen olive, = type of large olive often used for marinating; **~ negra** black olive; **~ rellena** stuffed olive; **~ verde** green olive

aceitunado, -a *adj* olive; **piel aceitunada** olive skin

aceitunero, -a *nm,f* -**1.** *(recogedor)* olive picker -**2.** *(vendedor)* olive merchant

aceituno *nm* -**1.** *(árbol)* olive tree -**2.** *Esp Fam (Guardia Civil)* = informal name for member of the Guardia Civil

aceleración *nf* acceleration ❑ FÍS **~ centrípeta** centripetal acceleration; FÍS **~ lineal** linear acceleration

acelerada *nf Am (acelerón)* acceleration, burst of speed

aceleradamente *adv* at top speed

acelerado, -a *adj* -**1.** *(rápido)* rapid, quick -**2.** FÍS accelerated -**3.** *Fam* **estar ~** *(persona)* to be hyper -**4.** AUT **el motor está ~** the engine is racing

acelerador, -ora ◇ *adj* accelerating
◇ *nm* -**1.** *(de automóvil)* accelerator; **pisar el ~** to step on the accelerator; *Fig* to step on it ❑ FÍS **~ lineal** linear accelerator; FÍS **~ de partículas** particle accelerator -**2.** INFORMÁT accelerator ❑ **~ gráfico** graphic accelerator; **~ de vídeo** video accelerator

aceleramiento *nm* acceleration, speeding up

acelerar ◇ *vt* -**1.** *(proceso)* to speed up -**2.** *(vehículo)* to accelerate; *(motor)* to gun; **tendremos que ~ la marcha si no queremos llegar tarde** we'll have to step up the pace if we don't want to be late -**3.** *Fam (persona)* to get hyper
◇ *vi* -**1.** *(conductor)* to accelerate -**2.** *(darse prisa)* to hurry (up); **acelera, que llegamos tarde** hurry up, we're late!
◆ **acelerarse** *vpr* -**1.** *(proceso)* to speed up -**2.** *(motor)* to accelerate -**3.** *Fam (persona)* to get hyper

acelerón *nm (de corredor, coche)* burst of speed; **no des tantos acelerones** stop accelerating suddenly like that; **el ~ de la demanda ha hecho subir los precios** the sudden surge in demand has forced prices up

acelga *nf* chard

acendrado, -a *adj Formal* untarnished, pure

acendrar *vt Formal (cualidad, sentimiento)* to refine

acento *nm* -**1.** *(entonación)* accent; **tener ~ andaluz** to have an Andalusian accent; **habla con ~ colombiano** she speaks with a Colombian accent
-**2.** *(ortográfico)* accent; **mármol lleva ~ en la "a"** "mármol" has an accent on the "a" ❑ **~ agudo** acute accent; **~ circunflejo** circumflex accent; **~ grave** grave accent; **~ ortográfico** written accent; **~ primario** primary stress; **~ prosódico** prosodic stress
-**3.** *(énfasis)* emphasis; **poner el ~ en algo** to emphasize sth, to put the emphasis on sth

acentor *nm* dunnock ❑ **~ alpino** alpine accentor

acentuable *adj* GRAM that should have an accent; **las mayúsculas son acentuables** capital letters should be accented *o* should have an accent

acentuación *nf* -**1.** *(de palabra, sílaba)* accentuation -**2.** *(intensificación)* intensification; *(de problema)* worsening; **una ~ de las actitudes racistas** a rise in racist attitudes

acentuadamente *adv (marcadamente)* markedly, distinctly

acentuado, -a *adj* -**1.** *(sílaba)* stressed; *(vocal)* *(con tilde)* accented -**2.** *(marcado)* marked, distinct

acentuar [4] ◇ *vt* -**1.** *(palabra, letra)* *(al escribir)* to accent, to put an accent on; *(al hablar)* to stress -**2.** *(intensificar)* to accentuate; **la inflación acentuó la crisis** inflation made the recession even worse; **el maquillaje acentúa su belleza** the make-up enhances her beauty -**3.** *(recalcar)* to stress, to emphasize; **~ la necesidad de hacer algo** to emphasize the need to do sth
◆ **acentuarse** *vpr* -**1.** *(intensificarse)* to deepen, to increase -**2.** *(llevar acento)* **las consonantes nunca se acentúan** consonants never have an accent

aceña *nf* -**1.** *(rueda)* waterwheel -**2.** *(molino)* watermill

acepción *nf (de palabra, frase)* meaning, sense

aceptabilidad *nf* -**1.** *(de propuesta, explicación, comportamiento)* acceptability -**2.** GRAM acceptability

aceptable *adj* -**1.** *(propuesta, explicación, comportamiento)* acceptable -**2.** GRAM acceptable

aceptablemente *adv* acceptably, tolerably (well)

aceptación nf **-1.** (aprobación) acceptance **-2.** (éxito) success, popularity; **tener gran ~ (entre)** to be very popular (with o among) **-3.** COM & FIN acceptance

aceptar vt **-1.** (regalo) to accept **-2.** (admitir) to accept; **no aceptaron sus condiciones** they didn't accept her conditions; **¿aceptas a Enrique como tu legítimo esposo?** do you take Enrique to be your lawful wedded husband?; **no aceptará un "no" por respuesta** he won't take no for an answer; **no se aceptan cheques** (en letrero) we do not take cheques; **se aceptan donativos** (en letrero) donations welcome

aceptor nm **-1.** FÍS acceptor **-2.** QUÍM acceptor

acequia nf irrigation channel o ditch

acera nf **-1.** (para peatones) Br pavement, US sidewalk; EXPR Fam **ser de la otra ~, ser de la ~ de enfrente** (ser homosexual) to be one of them, to be queer **-2.** (lado de la calle) side of the street; **el colegio está en la ~ de los pares/de la derecha** the school is on the even-numbered/right-hand side of the street

acerado, -a adj **-1.** (con acero) containing steel **-2.** (fuerte, resistente) steely, tough **-3.** (mordaz) cutting, biting

acerar vt **-1.** (poner aceras) to pave **-2.** (convertir en acero) to turn into steel

acerbidad nf Formal (mordacidad) caustic o cutting nature

acerbo, -a adj Formal **-1.** (áspero) bitter **-2.** (mordaz) caustic, cutting

acerca: acerca de loc prep about

acercamiento nm **-1.** (a un lugar) **reclaman el ~ de los presos a su región de origen** they are calling for the prisoners to be moved nearer to their home region **-2.** (entre países) rapprochement; **se produjo un ~ entre sus posturas** their positions moved closer to each other

acercar [59] ◇ vt **-1.** (aproximar) to bring nearer; **acerca la mesa a la pared** (sin tocar la pared) move the table closer to the wall; (tocando la pared) push o move the table up against the wall; **acércame el pan** could you pass me the bread?
-2. (llevar) **la acercó a la estación en moto** he gave her a Br lift o US ride to the station on his bike; **¿te importaría acercarme a mi casa?** would you mind giving me a Br lift o US ride home?; **te acercaré el cortacésped mañana** I'll bring you the lawnmower over tomorrow
-3. (personas, posturas) **la desgracia común los acercó** shared misfortune brought them together; **han acercado posturas tras dos semanas de negociaciones** after two weeks of negotiations the two sides are now closer to each other
◆ **acercarse** vpr **-1.** (en el espacio) to come closer, to approach; **acércate más, que no te oigo** come closer, I can't hear you; **acércate un poco más a la ventana** move a bit closer to the window; **acércate a ver esto** come and have a look at this; **no te acerques al precipicio** don't go near the edge; **se me acercó una mujer para preguntarme la hora** a woman came up to me and asked me the time, Fig **se acercó a él en busca de protección** she turned to him for protection
-2. (ir) to go; **se acercó a la tienda a por pan** she popped out to the shops for some bread; **acércate por aquí un día de estos** come over and see us some time
-3. (en el tiempo) (fecha, estación, elecciones) to draw nearer, to approach; **se acerca la Navidad** Christmas is coming; **nos acercamos al verano** it will soon be summer
-4. (parecerse) **acercarse a** to resemble; **su estilo se acerca más a la poesía que a la prosa** his style is closer to poetry than to prose
-5. (en negociaciones) (países, bandos) to come closer; **sus posturas se han acercado**

mucho en las últimas semanas the differences between them have narrowed considerably over recent weeks

ácere nm maple

acería nf steelworks (singular)

acerico nm pincushion

acero nm **-1.** (metal) steel; **nervios de ~** nerves of steel ❑ **~ al carbono** carbon steel; **~ galvanizado** galvanized steel; **~ inoxidable** stainless steel **-2.** (espada) blade

acerola nf haw

acerolo nm hawthorn

acerque etc ver **acercar**

acérrimamente adv staunchly, fervently

acérrimo, -a adj (defensor) diehard, fervent; (enemigo) bitter

acertadamente adv **-1.** (correctamente) correctly **-2.** (oportunamente, adecuadamente) wisely, sensibly

acertado, -a adj **-1.** (certero) (respuesta) correct; (disparo) on target; (comentario) appropriate **-2.** (oportuno) good, clever; **estuvo muy ~ en su elección** he made a very clever choice

acertante ◇ adj winning
◇ nmf winner; **sólo ha habido dos acertantes de seis** only two people got all six numbers right; **los máximos acertantes** (de lotería) the entrants with the most right numbers; (de quiniela) the entrants with the highest number of score draws

acertar [3] ◇ vt **-1.** (adivinar) to guess (correctly); **acerté dos respuestas** I got two answers right; (blanco) to hit
◇ vi **-1.** (al contestar, adivinar) to be right; (al escoger, decidir) to make a good choice; **acerté a la primera** I got it right first time; **acertó al elegir esa profesión** she made the right decision when she chose that career; **acertaste con su regalo** you chose her present well, you chose just the right present for her; Fam **no ~ una: a la hora de comprar regalos no acierta una** when it comes to buying presents she never gets it right
-2. (en blanco) **acertó en la diana** she hit the bull's-eye; **el disparo le acertó en la cabeza** the bullet hit him in the head
-3. (conseguir) **~ a hacer algo** to manage to do sth; **no acierto a entenderlo** I can't understand it at all
-4. (ocurrir casualmente) **acertaba a pasar por allí** she happened to pass that way; **acertó a nevar cuando llegamos al pueblo** it happened to start snowing when we reached the village
-5. **~ con** (hallar) to find; **acertamos con el desvío correcto** we found the right turn-off

acertijo nm riddle; **poner un ~ a alguien** to ask sb a riddle

acervo nm UE **~ comunitario** acquis communautaire; **~ cultural** (de una nación, región) cultural heritage; **~ genético** gene pool; **~ génico** gene pool; **~ popular** popular culture

acetaldehído nm QUÍM acetaldehyde

acetato nm QUÍM acetate

acético, -a adj QUÍM acetic

acetilcolina nf BIOQUÍM acetylcholine

acetileno nm QUÍM acetylene

acetilo nm QUÍM acetyl

acetona nf **-1.** QUÍM acetone **-2.** (quitaesmaltes) nail-polish remover

acevía nf yellow o eyed sole

achacable adj attributable (a to)

achacar [59] vt to attribute (a to); **achacó la intoxicación al marisco** she blamed the food poisoning on the seafood; **siempre achaca las culpas a los demás** she always blames everyone else

achacoso, -a, achaquiento, -a adj **-1.** (persona) **está muy ~** he's got a lot of aches and pains **-2.** (cosa) faulty, defective

achaflanar vt to chamfer, to bevel

achampañado, -a adj sparkling

achamparse vpr Andes **-1.** (quedarse con) to retain (another's property) **-2.** (establecerse) to settle, to put down roots

achanchar ◇ vt Chile (en damas) to trap
◆ **achancharse** vpr **-1.** Am Fam (apoltronarse) to get lazy **-2.** Andes, RP Fam (engordar) to get fat

achantado, -a adj Fam **-1.** Ven (quedado) **anda muy ~** he has no enthusiasm for anything **-2.** RP (vulgar) tacky; **esta calle está muy achantada** this street has really gone down market

achantar Fam ◇ vt to put the wind up; **a ese no lo achanta nada** nothing gets him scared
◆ **achantarse** vpr to get the wind up; **no se achanta ante nada** she doesn't get frightened by anything

achaparrado, -a adj squat

achaparrarse vpr **-1.** (árbol) to grow squat **-2.** (engordar) to get chubby

achaplinado, -a nm,f Chile Fam faint-heart, waverer; **no invitemos a ese gallo, es un ~** let's not invite that guy, he's such a wet blanket

achaplinarse vpr Chile Fam to have second thoughts, to get cold feet

achaque ◇ ver **achacar**
◇ nm **achaques** aches and pains; **son los achaques propios de la vejez** they're just the usual aches and pains you get when you're old; **siempre tiene algún ~** she's always got something wrong with her

achaquiento, -a = **achacoso**

achatado, -a adj flattened; **la Tierra está achatada por los polos** the Earth is flattened at the poles

achatar ◇ vt to flatten
◆ **achatarse** vpr to level out

achicador nm bailer

achicar [59] ◇ vt **-1.** (empequeñecer) to make smaller **-2.** (acobardar) to intimidate **-3.** (agua) (de barco) to bail out; (de mina) to pump out **-4.** Méx (cubrir con miel) to (cover in) honey
◆ **achicarse** vpr **-1.** (empequeñecer) to grow smaller **-2.** (acobardarse) to be intimidated

achicharrado, -a adj **-1.** (quemado) burnt to a crisp **-2.** (acalorado) boiling (hot)

achicharrante adj (calor, sol) boiling, roasting

achicharrar ◇ vt **-1.** (quemar) to burn **-2.** (a preguntas) to plague, to overwhelm (**a** with) **-3.** Andes (aplastar, estrujar) to squash
◇ vi (sol, calor) to be boiling
◆ **achicharrarse** vpr Fam **-1.** (quemarse) to fry, to get burnt **-2.** (de calor) to be boiling (hot) **-3.** (volverse loco) to go mad

achichincle, achichinque nm Méx Fam Pey lackey

achicopalar Méx Fam ◇ vt **no te dejes ~ por él** don't let him walk all over you
◆ **achicopalarse** vpr to get down, to get the blues; **no quiere achicopalarse** he wants to stay upbeat; **¡no se achicopale!** don't get down in the dumps

achicoria nf **-1.** (hierba) chicory **-2.** (infusión) chicory **-3.** RP Fam (pobreza) poverty

achinado, -a adj **-1.** (ojos) slanting **-2.** (persona) Chinese-looking **-3.** RP (aindiado) (facciones) Indian-looking

achiote nm annatto

achiotillo nm achiotillo

achique ◇ ver **achicar**
◇ nm **-1.** NÁUT bailing out **-2.** (en fútbol) offside trap

achiquillado, -a adj Méx childish

achiquitar Am Fam ◇ vt to diminish, to make smaller
◆ **achiquitarse** vpr to become diminished, to get smaller

achís interj (estornudo) atchoo!, atishoo!

achispado, -a adj Fam tipsy

achispar Fam ◇ vt to make tipsy
◆ **achisparse** vpr to get tipsy

Achkabad n Ashkhabad

achoclonarse vpr Andes Fam to crowd round

achocolatado, -a adj Am **leche achocolatada** drinking chocolate

acholado, -a adj **-1.** Bol, Chile, Perú Pey (mestizo) (físicamente) Indian-looking, mestizo; (culturalmente) = who has adopted Indian ways **-2.** Perú Fam Pey (ordinario) common, vulgar **-3.** Ecuad (avergonzado) ashamed, red in the face; **no seas ~, ¡cántanos algo!** don't be shy o embarrassed, give us a song!

acholamiento nm Bol, Chile, Perú Fam Pey **le preocupaba el ~ progresivo de su familia** he was concerned by the way more and more of his family were marrying mestizos; **se mudaron cuando empezó el ~ del barrio** they moved out when mestizos started to move into the neighbourhood

acholar ◇ vt Bol, Chile, Perú to embarrass, to make blush
  ◆ **acholarse** vpr **-1.** Bol, Chile, Perú Fam Pey (acriollarse) to go native; **te estás acholando en tus elecciones** you're getting a bit common, your tastes are going a bit down market **-2.** Ecuad (avergonzarse) to be ashamed **-3.** Bol, Chile, Perú (atemorizarse) to get scared; (acobardarse) to get cold feet; **hay que estar muy seguro para no acholarse** you have to be very sure of yourself not to get scared

achorado, -a adj Fam **-1.** Chile (valiente) gutsy **-2.** Perú (canalla) loutish, Br yobbish

achorarse vpr Fam **-1.** Chile (envalentonarse) to pluck up courage **-2.** Perú (encanallarse) to turn into a lout o Br yob

achuchado, -a adj RP (con frío) shivering; (con fiebre) feverish

achuchar Fam ◇ vt **-1.** (abrazar) to hug **-2.** (estrujar) to push and shove, to jostle **-3.** (presionar) to be on at, to badger
  ◆ **achucharse** (abrazarse) to hug, to cuddle; **se pasaron la tarde achuchándose en el sofá** they spent the afternoon cuddling on the sofa

achucharrar ◇ vt Col, Hond to crush, to squash
  ◆ **achucharrarse** vpr **-1.** Méx (desanimarse) to be disheartened, to be discouraged **-2.** Col, Méx (quemarse) (carne) to burn o get burnt; (planta) to wither (in the sun)

achuchón nm Fam **-1.** (abrazo) big hug; **me dio un ~** he gave me a big hug **-2.** (estrujón) push, shove; **había achuchones para entrar** there was pushing and shoving to get in **-3.** (indisposición) mild illness; **le dio un ~** he came over all funny

achucutar, achucuyar ◇ vt **-1.** CAm, Col, Cuba, Ecuad (abatir) to dishearten **-2.** CAm, Col, Cuba, Ecuad (humillar) to humble **-3.** Guat (marchitar) to wither, to fade
  ◆ **achucutarse, achucuyarse** vpr **-1.** CAm, Col, Cuba, Ecuad (abatirse) to be disheartened **-2.** CAm, Col, Cuba, Ecuad (humillarse) to humble oneself **-3.** Guat (marchitarse) to wither, to fade

achulado, -a adj Esp cocky

achunchado, -a adj Andes Fam **-1.** (avergonzado) embarrassed, red in the face **-2.** (atemorizado, acobardado) scared

achunchar Andes Fam ◇ vt **-1.** (avergonzar) to shame **-2.** (atemorizar, acobardar) to frighten
  ◆ **achuncharse** vpr **-1.** (avergonzarse) to be ashamed **-2.** (atemorizarse, acobardarse) to be frightened

achuntar vi Chile Fam **-1.** (acertar) to get it right **-2.** (embocar) **no le achunto nunca a la papelera** I never manage to get it in the wastepaper basket

achuñuscar vt Chile Fam (papel) to scrunch up; (tela) to crumple; **el clima seco te achuñusca la piel** the dry climate makes your skin wrinkly

achurar vt RP Fam **-1.** (acuchillar) to stab to death **-2.** (animal) to disembowel

achuras nfpl Perú, RP **-1.** (asaduras) offal **-2.** (plato) dish of offal

aciago, -a adj Formal black, fateful; **un día ~** a fateful day

aciano nm cornflower

acíbar nm **-1.** (planta) aloes **-2.** (jugo) bitter aloes **-3.** Literario (amargura) bitterness

acicalado, -a adj dapper

acicalar ◇ vt to do up, to spruce up
  ◆ **acicalarse** vpr to do oneself up, to spruce oneself up

acicate nm **-1.** (espuela) spur **-2.** (estímulo) incentive; **esto le servirá de ~** this will spur him on

acicatear vt to spur, to incite

acícula nf BOT needle, Espec acicula

acidez nf **-1.** (química) acidity; **grado de ~** degree of acidity ❑ **~ del suelo** soil acidity **-2.** (de sabor) acidity **-3.** **~ (de estómago)** heartburn **-4.** (desagrado) acidity, bitterness; **habló con ~** she spoke caustically o acidly

acid house ['asið'χaus] nm acid house

acidificar [59] ◇ vt to acidify
  ◆ **acidificarse** vpr to become acidic

ácido, -a ◇ adj **-1.** (bebida, sabor) acid, sour **-2.** QUÍM acidic **-3.** (desabrido) caustic, acid; **habló con tono ~** she spoke caustically o acidly
  ◇ nm **-1.** QUÍM acid ❑ **~ acético** acetic acid; **~ acetilsalicílico** acetylsalicylic acid; **~ ascórbico** ascorbic acid; **~ aspártico** aspartic acid; **~ bórico** boric acid; **~ carbónico** carbonic acid; **~ cítrico** citric acid; **~ clorhídrico** hydrochloric acid; BIOQUÍM **~ desoxirribonucleico** deoxyribonucleic acid; **~ fénico** carbolic acid; **~ fólico** folic acid; **~ glutámico** glutamic acid; **~ graso** fatty acid; **~ láctico** lactic acid; **~ lisérgico** lysergic acid; **~ málico** malic acid; **~ nítrico** nitric acid; **~ nitroso** nitrous acid; BIOQUÍM **~ nucleico** nucleic acid; **~ oxálico** oxalic acid; **~ palmítico** palmitic acid; **~ prúsico** prussic acid; BIOQUÍM **~ ribonucleico** ribonucleic acid; **~ sulfhídrico** hydrogen sulphide; **~ sulfúrico** sulphuric acid; **~ úrico** uric acid
  -2. Fam (droga) acid

acidosis nf inv MED acidosis

acidular vt to acidulate

acídulo, -a adj acidulous

acientífico, -a adj unscientific

acierto ◇ ver **acertar**
  ◇ nm **-1.** (a pregunta) correct answer **-2.** (en quinielas) = correct prediction of results in football pools entry **-3.** (habilidad, tino) good o sound judgement; **dijo con ~ que debíamos esperar** she wisely said we should wait; **fue un ~ vender las acciones** it was a good o smart idea to sell the shares; **fue un ~ invitarles a la fiesta** it turned out to be a great idea to invite them to the party

ácimo, -a adj (pan) unleavened

acimut (pl acimutes) nm ASTRON azimuth

acinturado, -a adj Am (vestido) with a narrow waist

ación nf stirrup strap

acitrón nm candied citron

acitronar vt Méx to fry until golden-brown

aclamación nf acclamation, acclaim; **por ~** unanimously; **fue declarado el mejor por ~ popular** it was hailed as the best by public acclaim

aclamar vt **-1.** (aplaudir) to acclaim **-2.** (proclamar) **fue aclamado emperador** he was proclaimed emperor

aclaración nf clarification, explanation; **me gustaría hacer una ~** I'd like to clarify something; **los miembros del partido le pidieron una ~** the party members asked her for an explanation

aclarado nm Esp (enjuague) rinsing; **dar un ~ a algo** to rinse sth, to give sth a rinse

aclarar ◇ vt **-1.** Esp (enjuagar) to rinse
  -2. (explicar) to clarify, to explain; **aclaremos una cosa** let's get one thing clear; **eso lo aclara todo** that explains everything; **¿me podría ~ ese último punto?** could you clarify o explain that last point for me?
  -3. (color) to make lighter; **el sol aclara el pelo** the sun makes your hair lighter
  -4. (lo espeso) (chocolate, sopa) to thin (down); (bosque) to thin out; **aclaró la pintura con un poco de aguarrás** she thinned the paint with a little turpentine
  ◇ v impersonal **ya aclaraba** (amanecía) it was getting light; (se despejaba) the sky was clearing; **la tarde se fue aclarando** it brightened up during the afternoon
  ◆ **aclararse** vpr **-1.** (entender) **a ver si nos aclaramos** let's see if we can get this straight; **no me aclaro con este programa** I can't get the hang of this program; **con sus explicaciones no me aclaro** I don't find his explanations very helpful; **con tres monedas diferentes no hay quién se aclare** with three different currencies nobody knows where they are
  -2. (explicarse) **se aclaró la situación** the situation became clear
  -3. (tener las cosas claras) to know what one wants; **mi jefe no se aclara** my boss doesn't know what he wants; **aclárate, ¿quieres venir o no?** make up your mind! do you want to come or not?
  -4. aclararse la garganta o **la voz** to clear one's throat
  -5. (pelo) **el pelo se aclara con el sol** the sun makes your hair lighter; **se aclaró el pelo** she dyed her hair a lighter colour

aclaratoria nf Ven explanatory note

aclaratorio, -a adj explanatory

aclimatación nf acclimatization; **la ~ al nuevo entorno laboral le llevó unos meses** it took her a few months to become accustomed to the new working environment

aclimatar ◇ vt (planta, animal) to acclimatize (a to)
  ◆ **aclimatarse** vpr **-1.** (planta, animal) to acclimatize (a to) **-2.** (acostumbrarse) to settle in; **aclimatarse a algo** to get used to sth

acné, acne nm MED **~ (juvenil)** acne

ACNUR [ak'nur] nm (abrev de **Alto Comisionado de las Naciones Unidas para los Refugiados**) UNHCR

acobardamiento nm cowardice, cowardliness

acobardar ◇ vt to frighten, to scare
  ◆ **acobardarse** vpr to get frightened o scared; **acobardarse ante un reto** to shrink back from a challenge; **no se acobarda ante nada** nothing scares him

acodado, -a adj **-1.** (persona) leaning (on his/her elbows) **-2.** (cañería) elbowed

acodadura nf (en tubo, varilla) bend, angle

acodar ◇ vt **-1.** (tubo, varilla) to bend (at an angle) **-2.** BOT to layer
  ◆ **acodarse** vpr to lean (en on)

acodo nm BOT shoot, Espec layer

acogedor, -ora adj **-1.** (país, persona) friendly, welcoming **-2.** (casa, ambiente) cosy

acogedoramente adv hospitably

acoger [52] ◇ vt **-1.** (recibir) (persona) to welcome; **nos acogieron en su propia casa** they welcomed us into their own home
  -2. (recibir) (idea, noticia) to receive; **el plan fue acogido con mucho entusiasmo** the plan was very enthusiastically received; **los trabajadores acogieron con escepticismo el anuncio de la empresa** the workforce reacted sceptically to the company's announcement
  -3. (dar refugio a) to take in; **Suecia acogió a los refugiados políticos** Sweden took in the political refugees; **que Dios la acoja en su seno** God rest her soul
  ◆ **acogerse** vpr **acogerse a** (recurrir a) to invoke; **se acogió al artículo primero de la Constitución** she invoked Article 1 of the Constitution; **no te acojas a una excusa tan tonta** don't try and hide behind such a ridiculous excuse; **2.000 trabajadores se han acogido al nuevo plan de pensiones** 2,000 workers have signed up for the new pension scheme; **abortó acogiéndose a la nueva ley** she was able to have an abortion under the new law

acogida nf **-1.** (recibimiento) (de persona) welcome, reception; **el equipo recibió una calurosa ~** the team was warmly received
  -2. (recibimiento) (de idea, película) reception; **el producto ha tenido una buena ~ en el**

acogido

mercado the product has been well received by the market; **la nueva ley tuvo una mala ~** the new law was not well received o didn't go down well **-3.** *(protección, refugio)* *(de refugiado)* refuge; **un movimiento que da ~ a diversas ideologías** a movement which embraces a number of different ideologies

acogido, -a ◇ *nm,f (pobre)* poorhouse resident
◇ *nm* AGR pasturing fee

acogotar *vt* **-1.** *(matar)* to kill *(with a blow to the neck)* **-2.** *Fam (derribar)* to knock down **-3.** *Fam (intimidar, agobiar)* to pester; **me acogotaba pidiéndome cosas todo el día** she was driving me mad asking me to do things all day **-4.** *CSur Fam (sobrecargar)* to overwhelm

acojo *ver* **acoger**

acojonado, -a *Esp muy Fam* ◇ *adj* **-1.** *(asustado)* **está acojonada ante la entrevista del martes** she's crapping herself about her interview on Tuesday **-2.** *(impresionado)* **me quedé ~ cuando me enteré** I was damn *o Br* bloody surprised when I found out
◇ *nm,f* **es un ~** he's a damn *o Br* bloody chicken

acojonante *adj Esp muy Fam* **-1.** *(impresionante)* damn fine, *Br* bloody incredible; **una moto ~** *Br* a bloody incredible bike, *US* a mother of a bike **-2.** *(que da miedo)* damn *o Br* bloody scary; **les di un susto ~** I scared the crap out of them

acojonar *Esp muy Fam* ◇ *vt* **-1.** *(asustar)* **~ a alguien** to scare the crap out of sb **-2.** *(impresionar)* **nos acojonó con su última película** we were damn *o Br* bloody impressed by his last film
◇ *vi* **-1.** *(asustar)* to be damn *o Br* bloody scary **-2.** *(impresionar)* **hace un frío que acojona** it's damn *o Br* bloody freezing
◆ **acojonarse** *vpr* **me acojoné y no se lo dije** I crapped out of telling her

acojone, acojono *nm Esp muy Fam* **me entró un ~ terrible** I started crapping myself; **¡qué ~ de película!** *Br* what a bloody amazing film!, *US* what a mother of a film!

acolchado, -a ◇ *adj* **-1.** *(tela)* **tela acolchada** quilted material **-2.** *(puerta)* padded
◇ *nm RP (edredón)* bedspread

acolchar *vt* **-1.** *(tela)* to quilt **-2.** *(puerta)* to pad

acólito *nm* **-1.** *(monaguillo)* altar boy **-2.** *(acompañante)* acolyte

acollar [63] *vt* AGR to earth up

acollarar *vt CSur (unir)* to tie together

acomedido, -a *adj Andes, CAm, Méx* accommodating, obliging

acomedirse [47] *vpr Andes, CAm, Méx* to offer to help, to volunteer

acometer ◇ *vt* **-1.** *(atacar)* to attack **-2.** *(emprender)* to undertake; **acometió la tarea con ilusión** she took on the task with enthusiasm **-3.** *(sobrevenir)* **me acometió un dolor punzante** I was hit by a stabbing pain; **me acometió el sueño** I was overcome by sleepiness
◇ *vi (embestir)* to attack; **~ contra** to attack, to charge at

acometida *nf* **-1.** *(ataque)* attack, charge **-2.** *(de luz, gas)* (mains) connection

acometimiento *nm (acción)* attacking; *(ataque)* attack

acomodación *nf* accommodation

acomodadamente *adv* **-1.** *(convenientemente)* conveniently **-2.** *(confortablemente)* comfortably

acomodadizo, -a *adj* accommodating, easy-going

acomodado, -a *adj* **-1.** *(rico)* well-off, well-to-do **-2.** *(instalado)* ensconced **-3.** *CSur, Méx Fam (colocado en un trabajo)* **es un ~** he got his job by pulling strings

acomodador, -ora *nm,f* usher, *f* usherette

acomodar ◇ *vt* **-1.** *(instalar) (persona)* to seat, to instal; *(cosa)* to place; **acomodó a los niños en la habitación de invitados** she put the children in the guest room; **nos acomodaron en su casa lo mejor que pudieron** they put us up in their house as best they

could; **el vehículo tiene capacidad para ~ a siete adultos** the vehicle seats seven adults
-2. *(adaptar)* to fit; **acomodamos nuestro paso al del resto del grupo** we adjusted our pace to that of the rest of the group
-3. *CSur, Méx (colocar en un trabajo)* **~ a alguien** to get sb a job through connections *o* influence

◆ **acomodarse** *vpr* **-1.** *(instalarse)* to make oneself comfortable; **se acomodó en el sillón** he settled down in the armchair
-2. *(adaptarse)* to adapt (**a** to); **el presupuesto deberá acomodarse a nuestras necesidades** our budget should meet our needs; **es una persona que se acomoda a todo** she's a very easy-going person; **el producto tendrá que acomodarse a los gustos del consumidor** the product will have to give the consumer what they want
-3. *CSur, Méx (colocarse en un trabajo)* to set oneself up through connections
-4. *RP (arreglarse)* to straighten; **acomodate el pelo antes de salir** give your hair a brush before you go out

acomodaticio, -a *adj (complaciente)* accommodating, easy-going

acomodo *nm* **-1.** *(alojamiento)* accommodation; *Fig* **dar ~ a algo** to allow for sth, to take sth into account **-2.** *CSur, Méx (influencia)* string-pulling, influence **-3.** *Méx (empleo temporal)* seasonal job

acompañado, -a *adj* accompanied; **llegó ~ de** *o* **por sus familiares** he arrived accompanied by *o* in the company of his relatives; **la foto va acompañada de un texto** the photo is accompanied by a caption; **pollo ~ de una ensalada** chicken served with a salad; **el estreno irá ~ de un debate** the première will be followed by a discussion

acompañamiento *nm* **-1.** *(comitiva)* (en entierro) cortège; *(de rey)* retinue **-2.** *(guarnición)* accompaniment; **pescado frito y de ~ ensalada** fried fish served with a salad **-3.** *(musical)* accompaniment

acompañante *nmf* companion; **los acompañantes no pueden entrar al quirófano** anyone accompanying a patient may not be present in the operating *Br* theatre *o US* room; **acudió a la gala del brazo de su último ~** she arrived at the gala arm in arm with her latest companion; **aunque el conductor resultó herido sus acompañantes salieron ilesos** although the driver was injured the other people in the vehicle were unharmed

acompañar ◇ *vt* **-1.** *(ir con)* to go with, to accompany; **~ a alguien a la puerta** to show sb out; **~ a alguien a casa** to walk sb home; **su esposa lo acompaña en todos sus viajes** his wife goes with him on all his trips
-2. *(hacer compañía)* **~ a alguien** to keep sb company; **la radio me acompaña mucho** I listen to the radio for company
-3. *(compartir emociones con)* **~ en algo a alguien** to be with sb in sth; **lo acompaño en el sentimiento** (you have) my condolences
-4. *(adjuntar)* to enclose; **acompañó la solicitud de** *o* **con su curriculum vitae** he sent his *Br* CV *o US* resumé along with the application
-5. *(con música)* to accompany; **ella canta y su hermana la acompaña al piano** she sings and her sister accompanies her on the piano
-6. *(añadir)* **~ la carne con verduras** to serve the meat with vegetables
◇ *vi (hacer compañía)* to provide company; **una radio acompaña mucho** radios are very good for keeping you company; **fue una lástima que el tiempo no acompañara** it's a shame the weather didn't hold out

◆ **acompañarse** *vpr* **canta y se acompaña con el piano** she sings and accompanies herself on the piano

acoplado

acompasado, -a *adj* **-1.** *(crecimiento, desarrollo)* steady **-2.** *(pasos)* measured

acompasar *vt* to synchronize (**a** with)

acomplejado, -a ◇ *adj* **está ~ por su calvicie** he has a complex about his bald patch
◇ *nm,f* **es un ~** he has got a complex

acomplejante *adj* **es ~ ver tanta gente elegante** it makes you feel inadequate seeing so many well-dressed people

acomplejar ◇ *vt* **no dejes que el triunfo de tu rival te acompleje** don't give yourself a complex about your rival winning

◆ **acomplejarse** *vpr* **-1.** PSI to develop a complex **-2.** *Fam (preocuparse)* to get hung-up

Aconcagua *nm* **el ~** Aconcagua

aconcharse *vpr* **-1.** *Chile, Perú (sedimento)* to settle **-2.** *Chile, Perú (situación)* to settle down, to calm down **-3.** *Chile (atemorizarse)* to take fright, to get scared

acondicionado, -a *adj (equipado)* equipped, **estar bien/mal ~** to be in a fit/no fit state; **con aire ~** air-conditioned

acondicionador *nm* **-1.** *(de aire)* air-conditioner **-2.** *(de pelo)* conditioner

acondicionamiento *nm* **-1.** *(reforma)* conversion, upgrading **-2.** **~ de aire** air-conditioning

acondicionar ◇ *vt* **-1.** *(reformar)* to convert, to upgrade **-2.** *(preparar)* to prepare, to get ready; **acondicionaron la entrada para que pudieran pasar discapacitados** they adapted *o* modified the entrance to enable access to disabled people **-3.** *(pelo)* to condition

◆ **acondicionarse** *vpr (aclimatarse)* to become accustomed

acondroplasia *nf* MED achondroplasia

aconfesional *adj* secular

aconfesionalidad *nf* secular nature

acongojadamente *adv* in distress, in anguish

acongojado, -a *adj* distressed, anguished

acongojar ◇ *vt* to distress, to cause anguish to

◆ **acongojarse** *vpr* to be distressed

acónito *nm* wolfsbane, *Espec* aconite

aconsejable *adj* advisable

aconsejado, -a *adj* sensible, prudent

aconsejar ◇ *vt* **-1.** *(dar consejos)* to advise; **~ a alguien (que haga algo)** to advise sb (to do sth); **le pedí que me aconsejara (acerca de)** I asked him for advice (about); **la están aconsejando mal** they're giving her bad advice; **¿y tú qué me aconsejas que haga?** and what do you think I should do?, and what would your advice be?; **los expertos aconsejan beber 2 litros de agua al día** experts recommend that you drink 2 litres of water a day; **se aconseja mantener la planta alejada de la luz directa** it is advisable *o* recommended to keep the plant away from direct sunlight
-2. *(hacer aconsejable)* to make advisable; **la delicadeza de la situación aconseja actuar con prudencia** the delicacy of the situation makes caution advisable

◆ **aconsejarse** *vpr* **se aconsejó de varios expertos** she went to a number of experts for advice

acontecer [46] ◇ *vi* to take place, to happen
◇ *nm* **el ~ histórico de este siglo** the historical events of this century

acontecimiento *nm* event; **esto es todo un ~** this is quite an event!; **adelantarse a los acontecimientos** *(precipitarse)* to jump the gun; *(prevenir)* to take pre-emptive measures

acontezca *etc ver* **acontecer**

acopiar *vt* to stock up on

acopio *nm* stock, store; **hacer ~ de** *(existencias, comestibles)* to stock up on; *(valor, paciencia)* to summon up

acoplable *adj* attachable (**a** to)

acoplado, -a ◇ *adj* coupled, joined
◇ *nm CSur* trailer

acoplador *nm* TEC ~ **direccional** directional coupler

acopladura *nf* joint, connection

acoplamiento *nm* **-1.** *(de piezas)* attachment, connection **-2.** *(en el espacio)* docking **-3.** *(de micrófonos)* feedback

acoplar ◇ *vt* **-1.** *(pieza)* to attach (**a** to) **-2.** *(persona)* to adapt, to fit

◆ **acoplarse** *vpr* **-1.** *(piezas)* to fit together; **acoplarse a algo** to fit sth; **los módulos espaciales se acoplaron sin problemas** the two space modules docked without incident
 -2. *(persona)* to adjust (**a** to); **se han acoplado muy bien el uno al otro** they get on well together; **se ha acoplado a la nueva situación sin ningún problema** she has adjusted easily to the new situation
 -3. *(micrófono)* to give feedback
 -4. *(animales)* to mate
 -5. *Fam (apoltronarse)* **se acopló en el sillón** he *Br* plonked *o US* plunked himself down in the armchair
 -6. *RP (unirse)* to join in; **se acoplaron a la manifestación** they joined the demonstration

acoquinado, -a *adj Fam* timid, nervous

acoquinar *Fam* ◇ *vt* to put the wind up

◆ **acoquinarse** *vpr* to get the wind up

acorazado, -a ◇ *adj* armour-plated; **cámara acorazada** strongroom, vault
 ◇ *nm (buque)* battleship

acorazar [14] ◇ *vt* to armour-plate, to armour

◆ **acorazarse** *vpr* **-1.** *(protegerse)* **acorazarse (contra alguien)** to shield *o* protect oneself (**against** sb) **-2.** *(insensibilizarse)* to become hardened

acorazonado, -a *adj* heart-shaped

acordado, -a *adj* **-1.** *(con acuerdo)* agreed (upon); **lo ~ fue que lo pagarían ellos** it was agreed that they would pay **-2.** *(sensato)* prudent, sensible

acordar [63] ◇ *vt* **-1.** *(ponerse de acuerdo en)* to agree (on); **~ hacer algo** to agree to do sth; **acordaron que lo harían** they agreed to do it; **el Consejo de Ministros acordó los nuevos precios de la gasolina** the Cabinet fixed *o* set the new petrol prices
 -2. *Am (conceder)* to award
 -3. *Am (recordar)* to remind; **acuérdame de llamar a mi madre**, *RP* **haceme ~ que llame a mi madre** remind me to call my mother
 ◇ *vi* to go together

◆ **acordarse** *vpr* **-1.** *(recordar)* **acordarse (de algo/de hacer algo)** to remember (sth/to do sth); **ella no se acuerda de eso** she doesn't remember that; **si mal no me acuerdo** if I remember correctly, if my memory serves me right
 -2. *(ponerse de acuerdo)* to agree, to come to an agreement; **no se acuerdan con nosotros** they don't agree with us; **se acordó que no harían declaraciones** it was agreed that they wouldn't make any statements
 -3. *Fam (como amenaza)* **¡te vas a ~!** you're in for it!, you'll catch it!; **¡como rompas algo, te vas a ~!** if you break anything, you've had it!
 -4. *Fam (como insulto)* **salió del campo acordándose de toda la familia del árbitro** he left the field calling the referee all the names under the sun; **cuando vi que la calefacción seguía sin funcionar, me acordé de toda la familia del fontanero** when I saw that the heating still wasn't working, I swore inwardly at the plumber

acorde ◇ *adj* **-1.** *(conforme)* **todos se mostraron acordes con la decisión** everyone agreed with the decision; **estuvieron acordes en aplazar la reunión** they agreed to postpone the meeting; **tienen puntos de vista acordes** they see some things the same way
 -2. *(en consonancia)* **~ a** *o* **con: recibirán una ayuda ~ a sus necesidades** the aid they receive will be appropriate to their needs; **vestía un traje ~ con la ceremonia** the dress she was wearing was appropriate for the ceremony; **una política energética ~ con los nuevos tiempos** an energy policy for today's world
 ◇ *nm* MÚS chord; **desfilaron a los acordes del himno nacional** they marched to the strains of the national anthem

acordeón *nm* **-1.** MÚS accordion **-2.** *Col, Méx Fam (en examen)* crib

acordeonista *nmf* accordionist

acordonado, -a *adj* **-1.** *(área)* cordoned off **-2.** *Méx (animal)* thin, lean

acordonamiento *nm (de área)* cordoning off

acordonar *vt* **-1.** *(área)* to cordon off **-2.** *(atar)* to do up, to lace up

acornear *vt* to gore

ácoro *nm* sweet flag, *Espec* calamus

acorralamiento *nm* cornering

acorralar *vt* **-1.** *(rodear)* to corner; **la policía acorraló a los fugitivos en una esquina** the police cornered the fugitives; **los visitantes acorralaron al equipo local en su área** the visitors penned the home team inside their penalty area
 -2. *(intimidar)* **se siente acorralado** he feels cornered *o* trapped; **el ministro se vio acorralado por el entrevistador** the minister was backed into a corner by the interviewer
 -3. *(ganado)* to pen, to corral

acortamiento *nm (de plazo, longitud, distancia)* shortening; *(de condena)* reduction; **se empieza a notar el ~ de los días** the days are starting to get shorter

acortar ◇ *vt* **-1.** *(longitud, cuerda)* to shorten **-2.** *(falda, pantalón)* to take up **-3.** *(reunión, viaje)* to cut short **-4.** *(condena)* to cut, to reduce
 ◇ *vi* **por este camino acortaremos** we'll get there quicker this way

◆ **acortarse** *vpr (días)* to get shorter

acosado, -a *adj* **-1.** *(por perseguidores)* hounded, pursued **-2.** *(por molestia)* plagued, beset; **~ por las dudas** plagued by doubts

acosador, -ora *adj* relentless, persistent

acosamiento *nm* harassment

acosar, *Méx* **acosijar** *vt* **-1.** *(perseguir)* to pursue relentlessly **-2.** *(hostigar)* to harass; **lo acosaron a** *o* **con preguntas** they fired questions at him; **fue acosada sexualmente en el trabajo** she was sexually harassed at work

acoso *nm* **-1.** *(persecución)* relentless pursuit **-2.** *(hostigamiento)* harassment ❏ **~ y derribo** = rural sport in which horsemen harry and bring down bulls; *Fig* **han denunciado una operación de ~ y derribo contra el presidente** they have condemned the concerted attempt(s) to hound the president out of office; **~ sexual** sexual harassment

acostada *nf CSur Fam* **se pegó una ~ con mi hermano** she went to bed with my brother

acostado, -a *adj (tumbado)* lying down; *(en la cama)* in bed

acostar [63] ◇ *vt* **-1.** *(tumbar)* to lie down; *(en la cama)* to put to bed **-2.** NÁUT to bring alongside
 ◇ *vi* NÁUT to reach the coast

◆ **acostarse** *vpr* **-1.** *(irse a la cama)* to go to bed; **suele acostarse tarde** he usually goes to bed late **-2.** *(tumbarse)* to lie down (**en** on); **acuéstese boca arriba** lie face up **-3.** *Fam (tener relaciones sexuales)* **acostarse con alguien** to sleep with sb; **acostarse juntos** to sleep together

acostón *nm Méx Fam* **darse un ~ con alguien** to go to bed with sb; **ser un buen ~** to be good in bed

acostumbrado, -a *adj* **-1.** *(habitual)* usual; **lo hizo con su acostumbrada tranquilidad** she did it with her customary calm; **la temporada comienza esta año antes de lo ~** the season begins earlier than usual this year
 -2. *(habituado)* **estamos acostumbrados** we're used to it; **estar ~ a algo** to be used to sth; **estoy ~ a la lluvia** I'm used to the rain; **estar ~ a hacer algo** to be used to doing sth; **está acostumbrada a madrugar** she's used to getting up early; **no está ~ a que le den órdenes** he's not used to taking orders from people; **ya nos tiene acostumbrados a sus excentricidades** we're used to his eccentric behaviour by now

acostumbramiento *nm CSur* habit; **provocar ~** to be habit-forming

acostumbrar ◇ *vt* **~ a alguien a algo** to get sb used to sth; **~ a alguien a hacer algo** to get sb used to doing sth
 ◇ *vi* **~ (a) hacer algo** to be in the habit of doing sth; **acostumbra (a) trabajar los sábados** he usually works on Saturdays

◆ **acostumbrarse** *vpr* **te acostumbrarás pronto** you'll soon get used to it; **acostumbrarse a algo/alguien** to get used to sth/sb; **no me acostumbro a la comida de aquí** I can't get used to the food here; **acostumbrarse a hacer algo** *(familiarizarse)* to get used to doing sth; *(adquirir el hábito)* to get into the habit of doing sth; **acostúmbrate a llegar puntual** you'd better get into the habit of arriving on time

acotación *nf* **-1.** *(nota)* note in the margin **-2.** *(en plano, mapa)* spot height **-3.** TEATRO stage direction

acotado, -a *adj (terreno, campo)* enclosed

acotamiento *nm* **-1.** *(de terreno, campo)* enclosing, demarcation **-2.** *Méx (arcén) Br* hard shoulder, *US* shoulder

acotar *vt* **-1.** *(terreno, campo)* to enclose, to demarcate **-2.** *(texto)* to write notes in the margin of **-3.** *(plano, mapa)* to add spot heights to **-4.** *(tema, competencias)* to delimit

ACP *(abrev de* **África, el Caribe y el Pacífico***)* ACP; **países ~** ACP countries

acracia *nf* anarchy

ácrata ◇ *adj* anarchist
 ◇ *nmf* anarchist

acre ◇ *adj* **-1.** *(olor)* acrid, pungent; *(sabor)* bitter **-2.** *(brusco, desagradable)* caustic
 ◇ *nm* acre

acrecencia *nf* DER accretion

acrecentamiento *nm* increase, growth

acrecentar [3] ◇ *vt* to increase

◆ **acrecentarse** *vpr* to increase

acrecer *vi* DER to accrue

acreditación *nf* **-1.** *(de periodista)* press card; *(de congresista, deportista)* pass **-2.** *(de diplomático)* credentials

acreditado, -a *adj* **-1.** *(periodista, deportista)* accredited; **los congresistas acreditados** the official conference delegates **-2.** *(embajador, representante)* accredited **-3.** *(reputado)* *(médico, abogado)* distinguished; *(marca)* reputable

acreditar *vt* **-1.** *(periodista, deportista)* to accredit
 -2. *(certificar)* to certify; *(autorizar)* to authorize, to entitle; **un centro que ha sido acreditado para la docencia** an accredited *o* approved teaching centre; **los interesados deben ~ que cumplen los requisitos** applicants must provide documentary evidence that they meet the requirements
 -3. *(demostrar)* to prove, to confirm; **este diploma lo acredita como traductor jurado** this diploma certifies that he is an official translator; **el carnet lo acredita como miembro de la delegación** the ID card identifies him as a member of the delegation
 -4. *(dar fama a)* to do credit to; **el premio lo acreditó como escritor** the award confirmed his status as a writer
 -5. *(embajador)* to accredit
 -6. FIN to credit

acreditativo, -a *adj* accrediting; **diploma ~** certificate; **¿tiene algún documento ~ de que es el dueño del vehículo?** do you have any documents proving your ownership of the vehicle?; **un recibo ~ del pago de una factura** a receipt confirming payment of an invoice

acreedor, -ora ◇ *adj* **se ha hecho ~ a** *o* **de la confianza de sus alumnos** he has earned his pupils' trust; **su dedicación la hace acreedora a un ascenso** she deserves a promotion because of her dedication
◇ *nm,f* FIN creditor ❑ **~ asegurado** secured creditor; **~ hipotecario** mortgagee

acribillado, -a *adj* **~ a balazos** riddled with bullets; **~ por los mosquitos** bitten all over by mosquitos; **~ a preguntas** bombarded with questions

acribillar *vt* **-1.** *(llenar de agujeros)* to perforate, to pepper with holes; **~ a alguien a balazos** to riddle sb with bullets; **me han acribillado los mosquitos** the mosquitos have bitten me all over **-2.** *(molestar)* **~ a alguien a preguntas** to fire questions at sb; **los acribillaron a fotografías cuando salieron del hotel** they were caught in a blaze of flashbulbs as they left the hotel

acrílico, -a ◇ *adj* acrylic
◇ *nm* acrylic

acriminarse *vpr Chile* to disgrace oneself

acrimonia *nf (aspereza)* acrimony; **con ~** bitterly

acrimonioso, -a *adj* acrimonious

acriollado, -a *adj Am* **estar muy ~** to have adopted local ways; **la segunda generación ya estaba muy ~** the second generation was very much at home in the country

acriollarse *vpr Am* to adopt local ways

acrisolado, -a *adj* **-1.** *(irreprochable)* irreproachable **-2.** *(probado)* proven, tried and tested

acrisolar *vt* **-1.** *(metal)* to refine, to purify **-2.** *(purificar)* to clarify **-3.** *(verdad)* to prove

acristalado, -a *adj (terraza, galería)* glazed

acristalamiento *nm (acción)* glazing

acristalar *vt* to glaze

acrítico, -a *adj* uncritical

acritud *nf (aspereza)* acrimony; **con ~** bitterly

acrobacia *nf* **-1.** *(en circo)* **hacer acrobacias** to perform acrobatics; *Fig* **tuvo que hacer acrobacias con las cifras** he had to massage the figures **-2.** *(de avión)* aerobatic manoeuvre

acróbata *nmf* acrobat

acrobático, -a *adj (ejercicios, espectáculo)* acrobatic

acrofobia *nf* fear of heights, *Espec* acrophobia; **tener ~** to be afraid of heights

acromático, -a *adj* achromatic, colourless

acromatismo *nm* achromatism

acromatizar *vt* to achromatize

acromegalia *nf* MED acromegaly

acronimia *nf* **su nombre se forma por ~** its name is an acronym

acrónimo *nm* acronym

acrópolis *nf inv* acropolis; **la Acrópolis** *(en Atenas)* the Acropolis

acróstico *nm* acrostic

acta *nf*

> Takes the masculine articles **el** and **un**.

-1. *(certificado)* certificate; **~ (de nombramiento)** certificate of appointment ❑ **~ de defunción** death certificate; **~ de diputado** = document certifying that the holder is a member of parliament; **no piensa renunciar a su ~ de diputada** she has no plans to resign her seat in parliament; **~ notarial** affidavit
-2. acta(s) *(de junta, reunión)* minutes; **actas** *(de congreso)* proceedings; **constar en ~** to be recorded in the minutes; **levantar ~** to take the minutes
-3. actas *(educativas)* = official record of a student's marks
-4. *(acuerdo)* UE **Acta de Adhesión** Act of Accession; **~ fundacional** founding treaty; UE **Acta Única (Europea)** Single European Act

actina *nf* BIOQUÍM actin

actinia *nf* sea anemone

actínido *nm* QUÍM actinide

actinio *nm* QUÍM actinium

actitud *nf* **-1.** *(disposición de ánimo)* attitude; **con esa ~ no vamos a ninguna parte** we won't get anywhere with that attitude; **mostró una ~ muy abierta a las sugerencias** she was very open to suggestions; **llegó en ~ de criticar todo** he arrived ready to find fault with everything; **la ~ ante la muerte** the way one faces one's death **-2.** *(postura)* **el león estaba en ~ vigilante** the lion had adopted an alert pose

activación *nf* **-1.** *(de alarma, mecanismo)* activation; **la luz provoca la ~ del dispositivo** the device is activated by light **-2.** *(estímulo)* stimulation; **medidas que pretenden la ~ del consumo** measures designed to boost *o* stimulate consumption **-3.** QUÍM activation

activador, -ora ◇ *adj* activator
◇ *nm* activator

activamente *adv* actively

activar ◇ *vt* **-1.** *(alarma, mecanismo)* to activate **-2.** *(explosivo)* to detonate **-3.** *(estimular)* to stimulate; **~ los intercambios comerciales** to boost *o* stimulate trade; **el ejercicio activa la circulación de la sangre** exercise stimulates your circulation

◆ **activarse** *vpr* **-1.** *(alarma)* to go off; *(mecanismo)* to be activated; **el mecanismo se activa con la voz** the mechanism is voice-activated **-2.** *(explosivo)* to go off

actividad *nf* **-1.** *(trabajo, tarea)* activity; **mis numerosas actividades no me dejan tiempo para nada** I'm involved in so many different activities *o* things that I have no time for anything else; **empezó su ~ como escritor en 1947** he started writing in 1947; **una ley que regula la ~ de las agencias de viajes** a law that regulates the activities *o* operation of travel agencies ❑ **~ económica** economic activity; **tendrá un impacto negativo en la ~ económica mundial** it will have a negative impact on world *o* global economic activity
-2. actividades *(acciones)* activities; **la policía investiga las actividades de la organización** the police are investigating the organization's activities
-3. *(comercial)* trading; **el mercado registraba una ~ frenética** there was furious trading on the markets
-4. *(escolar)* activity; **un cuaderno de actividades** an activities book ❑ **actividades extraescolares** extra-curricular activities
-5. *(cualidad de activo)* activeness; **desplegar una gran ~** to be in a flurry of activity; **un volcán en ~** an active volcano

activismo *nm* activism

activista *nmf* activist

activo, -a ◇ *adj* **-1.** *(dinámico)* active; **el principio ~ de un medicamento** the active ingredient of a medicine; **es muy ~, siempre está organizando algo** he's very active, he's always organizing something or other
-2. *(que trabaja)* **la población activa** the working population; **en ~** *(trabajador)* in employment; *(militar)* on active service; **todavía está en ~** he's still working
-3. *(eficaz)* *(veneno, medicamento)* fast-acting; **tiene un veneno poco ~** its poison is fairly weak
-4. *(volcán)* active
-5. FÍS *(material)* active
-6. GRAM active
-7. EXPR *Fam* **por activa y por pasiva: hemos tratado por activa y por pasiva de...** we have tried everything to...; **se lo he explicado por activa y por pasiva y no lo entiende** I've tried every way I can to explain but she doesn't understand
◇ *nm* FIN assets ❑ **activos de caja** available assets, bank reserves; **~ circulante** current assets; **~ disponible** liquid assets; **~ fijo** fixed assets, **~ financiero** financial assets; **~ inmaterial** intangible assets; **~ inmovilizado** fixed assets; **activos invisibles** invisible assets; **~ líquido** liquid assets

acto ◇ *nm* **-1.** *(acción)* act; **no es responsable de sus actos** she's not responsible for her actions; **lo acusaron de cometer actos terroristas** he was charged with committing acts of terrorism; **lo cazaron en el ~ de huir con el dinero** they caught him just as he was making off with the money ❑ **~ de conciliación** = formal attempt to reach an out-of-court settlement; **~ de fe** act of faith; LING **~ de habla** speech act; LING **~ ilocutivo** illocution, illocutionary act; LING **~ perlocutivo** perlocution, perlocutionary act; **~ de presencia: hacer ~ de presencia** to attend; **~ reflejo** reflex action; **~ de servicio: murió en ~ de servicio** *(militar)* he died on active service; *(policía)* he was killed in the course of his duty; **~ sexual** sexual act; **~ de solidaridad** show of solidarity
-2. *(ceremonia)* ceremony; **un ~ conmemorativo del Día de la Independencia** an Independence Day celebration, an event to mark Independence Day; **es responsable de la organización de actos culturales** she is responsible for organizing cultural events; **asistió a todos los actos electorales de su partido** he attended all his party's election rallies; **su último ~ oficial fue la inauguración de un hospital** her last official engagement was the opening of a hospital
-3. TEATRO act; **una comedia en dos actos** a comedy in two acts
◇ **acto seguido** *loc adv* immediately after
◇ **en el acto** *loc adv* on the spot, there and then; **reparaciones en el ~** *(en el acto)* repairs done while you wait; **murió en el ~** she died instantly

actor[1] *nm* actor ❑ **~ de cine** movie *o Br* film actor; **~ cómico** comic actor; **~ de doblaje** = actor who dubs voices in a foreign-language film; **~ dramático** stage *o* theatre actor; **~ principal** lead actor; **~ secundario** supporting actor; **~ de teatro** stage actor; **~ de reparto** supporting actor

actor[2], **-ora** *nm,f* DER plaintiff

actriz *nf* actress ❑ **~ de cine** movie *o Br* film actress; **~ cómica** comic actress; **~ de doblaje** = actress who dubs voices in a foreign-language film; **~ dramática** stage *o* theatre actress; **~ principal** leading actress; **~ de reparto** supporting actress; **~ secundaria** supporting actress; **~ de teatro** stage actress

actuación *nf* **-1.** *(conducta, proceder)* conduct, behaviour
-2. *(interpretación)* performance; **la ~ del protagonista es excelente** the main character gives an excellent performance; **esta tarde vamos a una ~ de unos cómicos** we're going to a comedy show this evening; **con la ~ estelar de...** starring...; **tuvo una ~ muy decepcionante** she gave a very disappointing performance
-3. DER **actuaciones** proceedings
-4. LING performance

actual *adj* **-1.** *(del momento presente)* present, current; **las tendencias actuales de la moda** current fashion trends; **el ~ alcalde de la ciudad** the city's present *o* current mayor; **el ~ campeón del mundo** the current *o* reigning world champion; **el seis del ~** the sixth of this month
-2. *(de moda)* modern, up-to-date; **tiene un diseño muy ~** it has a very modern *o* up-to-date design
-3. *(de interés)* topical; **el desempleo es un tema muy ~** unemployment is a very topical issue

actualidad *nf* **-1.** *(momento presente)* current situation; **la ~ política** the current political situation; **cuentan en la ~ con más de un millón de socios** they currently have more than a million members; **estas piezas en la ~ se fabrican en serie** these parts are mass-produced nowadays
-2. *(de asunto, noticia)* topicality; **una noticia**

de rabiosa ~ an extremely topical news item; **estar de ~** *(ser de interés)* to be topical; **poner algo de ~** to make sth topical; **una revista de ~** a current affairs magazine

-3. *(noticia)* news *(singular)*; **la ~ informativa** the news; **la ~ deportiva** the sports news; **ser ~** to be making the news

-4. *(vigencia)* relevance to modern society; **sus libros siguen teniendo gran ~** her books are still very relevant today; **una obra de teatro que no ha perdido ~** a play which is still relevant today

actualización *nf* **-1.** *(de información, datos)* updating **-2.** *(de tecnología, industria)* modernization **-3.** INFORMÁT *(de software, hardware)* upgrade **-4.** LING actualization

actualizar [14] *vt* **-1.** *(información, datos)* to update **-2.** *(tecnología, industria)* to modernize **-3.** INFORMÁT *(software, hardware)* to upgrade

actualmente *adv* **-1.** *(en estos tiempos)* these days, nowadays; **~ casi nadie viaja en burro** hardly anyone travels by donkey these days *o* nowadays **-2.** *(en este momento)* at the (present) moment; **su padre está ~ en paradero desconocido** his father's present whereabouts are unknown

actuante *nmf* performer

actuar [4] *vi* **-1.** *(obrar, producir efecto)* to act; **actuó según sus convicciones** she acted in accordance with her convictions; **actúa de** *o* **como escudo** it acts *o* serves as a shield; **actúa de secretario** he acts as a secretary; **este tranquilizante actúa directamente sobre los centros nerviosos** this tranquilizer acts directly on the nerve centres; **los carteristas actúan principalmente en el centro de la ciudad** the pickpockets are mainly active in the city centre

-2. DER to undertake proceedings

-3. *(en película, teatro)* to perform, to act; **en esta película actúa Cantinflas** Cantinflas appears in this film

actuarial *adj* actuarial

actuario, -a *nm,f* **-1.** DER clerk of the court **-2.** FIN **~ de seguros** actuary

acuadrillar *vt* Chile *(atacar)* to gang up on

acuafortista *nmf* etcher

acualún *nm* aqualung

acuarela *nf* **-1.** *(técnica)* watercolour **-2.** *(pintura)* watercolour

acuarelista *nmf* *(pintor)* watercolourist

acuariano, -a *Am* ⬥ *adj* Aquarius; **ser ~ to be (an) Aquarius**
⬥ *nm,f* Aquarius, Aquarian; **los ~ son...** Aquarians are...

acuario ⬥ *adj inv* Esp *(persona)* Aquarius; **ser ~** to be (an) Aquarius
⬥ *nm* **-1.** *(edificio, pecera grande)* aquarium; *(pecera)* fish tank **-2.** *(signo del zodiaco)* Aquarius; **los de Acuario son...** Aquarians are...
⬥ *nmf inv* Esp *(persona)* Aquarius, Aquarian; **los ~ son...** Aquarians are...

acuartelado, -a *adj* **-1.** MIL quartered, billeted **-2.** *(escudo)* quartered

acuartelamiento *nm* MIL **-1.** *(acción)* confinement to barracks **-2.** *(lugar)* barracks

acuartelar ⬥ *vt* MIL **-1.** *(alojar)* to quarter **-2.** *(retener)* to confine to barracks
◆ **acuartelarse** *vpr* to withdraw to barracks

acuático, -a *adj* aquatic; **deportes acuáticos** water sports

acuatinta *nf* **-1.** *(técnica)* aquatint **-2.** *(estampa)* aquatint

acuatizaje *nm* landing on water

acuatizar [14] *vi* to land on water

acuchillado, -a ⬥ *adj* **-1.** *(herido)* knifed, slashed **-2.** *(madera)* planed; *(suelo)* sanded
⬥ *nm* *(de suelos)* sanding

acuchillador *nm* *(de suelos)* floor sander

acuchillamiento *nm* *(apuñalamiento)* stabbing, slashing

acuchillar *vt* **-1.** *(apuñalar)* to stab **-2.** *(suelos)* to sand

acuciante *adj* urgent, pressing; **sentía un deseo ~ de marcharse** she felt an urgent *o* pressing desire to leave; **éste es el problema más ~ en estos momentos** this is the most urgent *o* pressing problem at the moment

acuciar *vt* **-1.** *(instar)* to goad; **el deseo me acuciaba** I was driven by desire; **está acuciada por problemas económicos** she is plagued by financial difficulties **-2.** *(ser urgente)* **le acucia encontrar un nuevo trabajo** he urgently needs to find a new job

acucioso, -a *adj* **-1.** *(diligente)* diligent, meticulous **-2.** *(deseoso)* eager

acuclillarse *vpr* *(agacharse)* to squat (down)

acudir *vi* **-1.** *(ir)* to go; *(venir)* to come; **~ a una cita/un mitin** to turn up for an appointment/at a rally; **~ en ayuda de alguien** to come to sb's aid *o* assistance; **nadie acudió a mi llamada de auxilio** no one answered my cry for help; **Sr. Pérez, acuda a recepción** could Mr Perez please come to reception?; **no es obligatorio ~ a todas las clases** it isn't compulsory to attend all the classes; **~ a la mente** to come to mind; **~ a las urnas** to go to the polls

-2. *(frecuentar)* **a este restaurante acuden muchos personajes famosos** this restaurant is patronized by many celebrities

-3. *(recurrir)* **~ a alguien** to turn to sb; **si necesitas ayuda, puedes ~ a mí** if you need help you can ask me *o* come to me; **amenazaron con ~ a la violencia** they threatened to resort to violence; **piensan ~ a la justicia** they intend to go to court

acueducto *nm* **-1.** *(para el agua)* aqueduct **-2.** Esp Fam *(vacacional)* = extra-long weekend, consisting of midweek public holiday, weekend, and the two days in between

ácueo, -a *adj* aqueous

acuerdo ⬥ *ver* **acordar**
⬥ *nm* **-1.** *(determinación, pacto)* agreement; **un ~ verbal** a verbal agreement; **llegar a un ~** to reach (an) agreement; **tomar un ~** to make a decision; **no hubo ~** they did not reach (an) agreement; **de común ~** by common consent ❑ **~ comercial** trade agreement; **Acuerdo General sobre Aranceles y Comercio** General Agreement on Tariffs and Trade; INFORMÁT **~ de licencia** licence agreement; **~ marco** general *o* framework agreement; **~ de paz** peace agreement *o* deal; FIN **~ de recompra** repurchase agreement; **~ tácito** tacit agreement

-2. Am *(recuerdo)* **hazme ~ de comprar pan** remind me to buy some bread

-3. Méx *(reunión)* staff meeting

⬥ **de acuerdo** *loc adv* **-1.** *(conforme)* **estar de ~ (con algo/alguien)** to agree (with sth/sb); **estar de ~ en algo** to agree on sth; **estamos de ~ en que es necesario encontrar una solución** we agree that we have to find a solution; **ponerse de ~ (con alguien)** to agree (with sb), to come to an agreement (with sb)

-2. *(bien, vale)* all right; **lo traeré mañana – de ~** I'll bring it tomorrow – all right *o* fine; **de ~, me has convencido, lo haremos a tu manera** all right, you've convinced me, we'll do it your way

-3. de ~ con *(conforme a)* in accordance with; **de ~ con cifras oficiales...** according to official figures...

acuerpado, -a *adj* CAm, Col, Méx **-1.** *(corpulento)* burly **-2.** *(respaldado)* **~ por** backed up *o* supported by

acuesto *etc ver* **acostar**

acuícola *adj* aquatic

acuicultivo *nm* hydroponics *(singular)*

acuicultura *nf* **-1.** *(explotación de recursos)* aquiculture, aquaculture **-2.** *(de peces)* fish farming

acuífero, -a GEOL ⬥ *adj* aquiferous, water-bearing
⬥ *nm* aquifer

acuilmarse *vpr* CAm, Méx to falter, to lose one's nerve

acuitar *vt* *(afligir)* to distress, to afflict

acullá *adv* (over) there, yonder; **aquí, allá y ~** here, there and yonder

acullico *nm* Bol, Perú **-1.** *(bolo)* = ball of chewed coca leaves kept in the mouth **-2.** *(cosecha)* coca harvest

aculturación *nf* acculturation

acumulable *adj* **el máximo ~** the maximum possible; **los puntos no son acumulables para la segunda ronda** points are not carried forward to the second round

acumulación *nf* **-1.** *(acción)* accumulation **-2.** *(montón)* accumulation, collection; **una ~ peligrosa de residuos** a dangerous build-up of waste deposits

acumulador, -ora ⬥ *adj* **proceso ~ de información** information-gathering process; **proceso ~ de riqueza** process of enrichment
⬥ *nm* **-1.** ELEC accumulator, storage battery ❑ **~ de calor** storage heater **-2.** INFORMÁT accumulator

acumular ⬥ *vt* to accumulate; **le gusta ~ recuerdos de sus viajes** she likes collecting souvenirs of her trips; **el tren fue acumulando retrasos en las diferentes paradas** the train got further and further delayed at every stop
◆ **acumularse** *vpr* to accumulate, to build up; **se acumularon bolsas de basura en las calles** Br rubbish *o* US garbage bags piled up in the streets; **se me acumula el trabajo** work is piling up on me

acumulativo, -a *adj* cumulative

acunar *vt* *(en cuna)* to rock; *(en brazos)* to cradle

acuñación *nf* **-1.** *(de moneda)* minting **-2.** *(de palabra, expresión)* coining

acuñar *vt* **-1.** *(moneda)* to mint **-2.** *(palabra, expresión)* to coin

acuosidad *nf* wateriness

acuoso, -a *adj* **-1.** *(que contiene agua)* watery **-2.** *(jugoso)* juicy

acupuntor, -ora *nm,f* acupuncturist

acupuntura *nf* acupuncture

acurrucarse [59] *vpr* *(encogerse)* to crouch down; *(por frío)* to huddle up; *(por miedo)* to cower; **se acurrucó en un sillón** he curled up in an armchair; **se acurrucaron el uno contra el otro** they huddled up together

acusación *nf* **-1.** *(inculpación)* accusation; DER charge; **verter acusaciones (contra alguien)** to make accusations (against sb); **negó todas las acusaciones** she denied all the charges; **fueron juzgados bajo la ~ de terrorismo** they were tried for having committed terrorist offences

-2. DER *(personas)* **la ~** the prosecution ❑ **~ particular** private action; **la ~ popular** = the prosecution which acts on behalf of pressure groups and other interested bodies in cases of public interest

acusadamente *adv* distinctly; **un clima ~ continental** a distinctly continental climate

acusado, -a ⬥ *adj* *(marcado)* marked, distinct; **el cuadro tiene una acusada influencia cubista** the painting shows a marked Cubist influence; **tiene una acusada personalidad** she has a strong personality
⬥ *nm,f* *(procesado)* **el ~** the accused, the defendant

acusador, -ora ⬥ *adj* accusing
⬥ *nm,f* accuser

acusar ⬥ *vt* **-1.** *(culpar)* to accuse; **~ a alguien de algo** to accuse sb of sth; **siempre me acusan a mí de todo** they always blame me for everything

-2. DER to charge; **~ a alguien de algo** to charge sb with sth; **lo acusaron de asesinato** he was charged with murder

-3. *(mostrar, resentirse de)* **su rostro acusaba el paso del tiempo** the passage of time had taken its toll on his face; **los atletas acusaron el calor** the athletes were showing the effects of the heat; **cada vez acusa más el paso de los años** she is showing her age more and more; **su espalda acusó el esfuerzo** his back ached from the effort; **la bolsa ha acusado el golpe de las declaraciones del ministro** the stock exchange has registered the effects of the minister's statement

-4. (recibo) to acknowledge; **acusamos la recepción del paquete** we acknowledge the receipt of your package

◆ **acusarse** vpr **-1.** (mutuamente) to blame one another (**de** for) **-2.** (uno mismo) **acusarse de haber hecho algo** to confess to having done sth; **¡padre, me acuso!** father, I confess

acusativo nm GRAM accusative

acusatorio, -a adj accusatory

acuse nm ~ **de recibo** acknowledgement of receipt; INFORMÁT acknowledgement

acusica, acusón, -ona Fam ◇ adj **es muy ~** he's a real telltale
◇ nmf telltale

acusón, -ona adj, nm,f = **acusica**

acústica nf **-1.** (ciencia) acoustics (singular) **-2.** (de local) acoustics

acústico, -a adj acoustic

acutángulo adj acute-angled

AD nf (abrev de **Acción Democrática**) = Venezuelan political party

ada nm INFORMÁT Ada

adagio nm **-1.** (sentencia breve) adage **-2.** MÚS adagio

adalid nm champion, leader

adamascado, -a adj damask

adamantino, -a adj adamantine, diamond-like

Adán n pr Adam

adán nm Fam (desaliñado) ragamuffin, scruffy man; EXPR **ir hecho un ~** to be scruffily dressed, to go about in rags; EXPR **ir en traje de ~** to be in one's birthday suit, to be naked

adaptabilidad nf adaptability

adaptable adj adaptable

adaptación nf **-1.** (acomodación) adjustment (**a** to); **~ al medio** adaptation to the environment **-2.** (modificación) adaptation; **la película es una buena ~ del libro** the film is a good adaptation of the book

adaptado, -a adj suited (**a** to); **una especie adaptada al clima desértico** a species which is adapted to the desert climate; **está bien ~ a su nuevo colegio** he's quite at home in his new school now

adaptador nm ELEC adaptor ❑ **~ de corriente** transformer; INFORMÁT **~ de vídeo** video adaptor

adaptar ◇ vt **-1.** (modificar) **un modelo adaptado a condiciones desérticas** a model adapted to suit desert conditions; **el edificio no ha sido aún adaptado a su nueva función** the building still hasn't been modified to suit its new function **-2.** (libro, obra de teatro) to adapt (**a** for); **adaptó la novela al cine** she adapted the novel for film o the screen

◆ **adaptarse** vpr to adjust (**a** to); **no se ha adaptado al clima local** he hasn't adjusted o got used to the local climate; **se adaptó fácilmente a trabajar en equipo** she quickly adjusted to teamwork; **el nuevo local se adapta a las necesidades de la tienda** the new premises meet o are well suited to the shop's requirements

adaraja nf ARQUIT toothing (stone)

adarga nf = oval o heart-shaped leather shield

adarme nm (pizca) **no tiene un ~ de sentido común** he hasn't got an ounce of common sense

addenda nf, **adenda** nf, **addendum** nm addendum

Addis Abeba n Addis Ababa

a. de C. (abrev de **antes de Cristo**) BC

adecentar ◇ vt to tidy up; **van a ~ la fachada del edificio** they're going to give the building a facelift

◆ **adecentarse** vpr to smarten oneself up

adeco, -a Ven ◇ adj of/relating to the Acción Democrática party
◇ nm,f = member/supporter of the Acción Democrática party

adecuación nf **-1.** (idoneidad, conveniencia) suitability **-2.** (adaptación) adaptation

adecuadamente adv appropriately, suitably

adecuado, -a adj appropriate, suitable; **muchos niños no reciben una alimentación adecuada** many children do not have a proper diet; **ponte un traje ~ para la ceremonia** wear something suitable for the ceremony; **no es un hombre ~ para ella** he's not the right sort of man for her; **el sistema actual no es el ~** the current system isn't the right one; **no creo que este sea el lugar más ~ para discutir del tema** I don't think this is the best o right place to discuss the matter; **repartieron los fondos de forma adecuada** they shared out the funds appropriately

adecuar ◇ vt to adapt; **hay que ~ los medios a los fines** you have to adapt the means to the end

◆ **adecuarse** vpr (ser apropiado) to be appropriate (**a** for); **las medidas se adecuan a las circunstancias** the measures are in keeping with the situation; **este apartamento se adecua a nuestras necesidades** this apartment is well suited to o meets our needs; **el programa puede adecuarse a las necesidades del cliente** the programme can be adapted to the customer's needs; **un producto que se adecua a todos los bolsillos** a product which is affordable for everyone

adefesio nm Fam **-1.** (persona) fright, sight; **iba hecho un ~** he looked a real sight **-2.** (cosa) eyesore, monstrosity; **ese sombrero es un ~** that hat is hideous

a. de JC. (abrev de **antes de Jesucristo**) BC

Adelaida n Adelaide

adelantado, -a ◇ adj **-1.** (precoz) advanced; **Galileo fue un hombre ~ a su tiempo** Galileo was a man ahead of his time; **está muy ~ para su edad** he's very advanced for his age

-2. (avanzado) advanced; **llevamos el trabajo muy ~** we're quite far ahead with the work; **una tecnología muy adelantada** a very advanced technology; **pago ~** advance payment; **le dio un pase ~ al extremo** (en fútbol) he passed the ball forward for the winger to run on to

-3. (reloj) fast; **llevo el reloj ~** my watch is fast; **ese reloj va ~** that clock is fast
◇ nm,f HIST = governor of a frontier province
◇ nm (en rugby) knock-on

◆ **por adelantado** loc adv in advance; **hay que pagar por ~** you have to pay in advance

adelantamiento nm **-1.** (en carretera) overtaking; **los adelantamientos en curva están prohibidos** overtaking on bends is prohibited; **un ~ imprudente** a reckless overtaking manoeuvre **-2.** (de fecha) bringing forward; **el ~ de la entrada en vigor del euro** the bringing forward of the date on which the euro comes into force

adelantar ◇ vt **-1.** (vehículo, competidor) to overtake; **me adelantó en la última vuelta** she overtook me on the final lap

-2. (mover hacia adelante) to move forward; (pie) to put forward; (balón) to pass forward; **adelantó su coche para que yo pudiera aparcar** she moved her car forward so I could park; **adelante dos casillas** (en juego) move forward o jump two squares; **habrá que ~ los relojes una hora** we'll have to put the clocks forward (by) an hour

-3. (en el tiempo) (reunión, viaje) to bring forward; **adelantaron la fecha de la reunión** they brought forward the date of the meeting; **me quedaré en la oficina para ~ el trabajo** I'm going to stay on late at the office to get ahead with my work

-4. (dinero) to pay in advance; **pedí que me adelantaran la mitad del sueldo de julio** I asked for an advance of half of my wages for July

-5. (información) to release; **el gobierno adelantará los primeros resultados a las ocho** the government will announce the first results at eight o'clock; **no podemos ~ nada más por el momento** we can't tell you o say any more for the time being

-6. (mejorar) to promote, to advance; **¿qué adelantas con eso?** what do you hope to gain o achieve by that?; **con mentir no adelantamos nada** there's nothing to be gained by lying; **no adelanto nada en mis estudios de alemán** I'm not making any progress with my German; **adelantaron cinco puestos en la clasificación** they moved up five places in the table

◇ vi **-1.** (progresar) to make progress; **la informática ha adelantado mucho en la última década** there has been a lot of progress in information technology over the past decade

-2. (reloj) to be fast; **mi reloj adelanta** my watch is fast

-3. (en carretera) to overtake; **prohibido ~** (en señal) no overtaking

-4. (avanzar) to advance, to go forward; **la fila adelanta con lentitud** the Br queue o US line is moving forward o advancing slowly

◆ **adelantarse** vpr **-1.** (en el tiempo) to be early; (frío, verano) to arrive early; **la reunión se ha adelantado una hora** the meeting has been brought forward an hour; **este año se ha adelantado la primavera** spring has come early this year

-2. (en el espacio) to go on ahead; **se adelantó unos pasos** he went on a few steps ahead; **me adelanto para comprar el pan** I'll go on ahead and buy the bread

-3. (reloj) to gain; **mi reloj se adelanta cinco minutos al día** my watch is gaining five minutes a day

-4. (anticiparse) **adelantarse a alguien** to beat sb to it; **se adelantó a mis deseos** she anticipated my wishes; **se adelantaron a la competencia** they stole a march on their rivals; **no nos adelantemos a los acontecimientos** let's not jump the gun

adelante ◇ adv **-1.** (movimiento) forward, ahead; **echarse ~** to lean forward; **dar un paso ~** to step forward; **hacia ~** forwards; **no se puede seguir ~ porque la carretera está cortada** we can't go on because the road is closed

-2. (en el tiempo) **(de ahora) en ~** from now on; **de este año en ~** from this year on; **en ~, llame antes de entrar** in future, knock before coming in; **más ~ ampliaremos el negocio** later on, we'll expand the business; **mirar ~** to look ahead

-3. (posición) **los asientos de ~** the front seats; **la parte de ~** the front; **más ~ se encuentra el centro de cálculo** further on is the computer centre; **prefiero sentarme ~** (en coche) I'd rather sit in the front; (en teatro, cine) I'd rather sit towards the front; **más ~** (en camino) further on; (en teatro, cine) further forward; (en texto) below, later; **se encuentra camino ~** it's further along o down the road

◇ **adelante de** loc prep Am in front of; **Pablo se sienta ~ de mí** Pablo sits in front of me
◇ interj **(¡siga!)** go ahead!; **(¡pase!)** come in!

adelanto nm **-1.** (de dinero) advance; **pidió un ~ del sueldo** she asked for an advance on her wages

-2. (técnico) advance; **este descubrimiento supone un gran ~** this discovery is a great advance; **utilizan los últimos adelantos tecnológicos** they use the latest technological advances o developments

-3. (de noticia) advance notice; **un ~ del programa de festejos** a preview of the programme of celebrations

-4. (de reunión, viaje) bringing forward; **el gobierno anunció el ~ de las elecciones** the government announced that it was bringing forward the date of the elections

-5. (anticipación) **el tren llegó con (diez minutos de) ~** the train arrived (ten minutes) early; **el proyecto lleva dos días de ~** the project is two days ahead of schedule

adelfa *nf* oleander

adelfilla *nf* spurge laurel

adelgazamiento *nm* slimming; **plan de ~** slimming plan; **esa droga tiene como efecto un acusado ~** this drug causes considerable weight loss

adelgazante *adj* slimming

adelgazar [14] ◇ *vt* (kilos) to lose; **esta faja te adelgaza la figura** that girdle makes you look slimmer
◇ *vi* to lose weight, to slim; **ha adelgazado mucho** he has lost a lot of weight

ademán *nm* (gesto) (con las manos) gesture; (con la cara) face, expression; **hizo ~ de decir algo/de huir** he made as if to say sth/run away; **se acercó en ~ de pegarle** she approached him as if to hit him
◇ *nmpl* **ademanes** (modales) manners

además *adv* moreover, besides; (también) also; **es guapa y ~ inteligente** she's beautiful, and clever too; **dijo, ~, que no pensaba retirarse** she also said that she didn't intend to retire; **canta muy bien y ~ toca la guitarra** not only does she sing very well, she also plays the guitar; **no sólo es demasiado grande, sino que ~ te queda mal** it's not just that it's too big, it doesn't suit you either; **~ hay que tener en cuenta que...** it should, moreover, be remembered that...; **~ de** as well as; **~ de simpático es inteligente** as well as being nice, he's intelligent; **~ de perder el partido, enfadaron a la afición** on top of losing the match they upset their supporters

ADENA [a'ðena] *nf* (abrev de **Asociación para la Defensa de la Naturaleza**) = Spanish branch of the World Wildlife Fund

adenina *nf* BIOQUÍM adenine

adenitis *nf inv* MED adenitis

adenoideo, -a *adj* MED adenoidal

adenoides *nfpl* MED adenoids

adenoma *nm* MED adenoma

adentrarse *vpr* **-1. ~ en** (jungla, barrio) to go deep into; **se adentraron en el laberinto** they went further *o* deeper inside the labyrinth **-2. ~ en** (asunto) to study in depth; **en su estudio intenta ~ en la mentalidad del criminal** in her study she attempts to get inside the mind of the criminal; **prefiero no adentrarme en un asunto tan polémico** I'd rather not go into such a controversial issue

adentro ◇ *adv* **-1.** (movimiento) inside; **pasen ~** come/go inside; **empújalo hacia ~** push it inside; **le clavó el cuchillo muy ~** she plunged the knife deep into him **-2.** (en el interior) **la parte de ~** the inside; **hoy comeremos ~** we'll eat inside *o* indoors today; **quédate ~ y no salgas** stay inside *o* indoors and don't go out; **tierra ~** inland; **mar ~** out to sea
◇ **adentro de** *loc prep* *Am* inside; **~ del armario** inside the cupboard

adentros *nmpl* **sonrió para sus ~** he smiled to himself; **"ésta me la pagará", pensó/se dijo para sus ~** "she'll pay for this," he thought/said to himself

adepto, -a ◇ *adj* (partidario) supporting; **ser ~ a** to be a follower of
◇ *nm,f* follower (**a** *o* **de** of); **el vegetarianismo tiene muchos adeptos** there are lots of people who are vegetarians; **un tipo de música que va ganando adeptos** a musical style that is getting an increasingly large following

adequizar *vt Ven* POL **-1.** (persona) to recruit as a member *o* supporter of the Acción Democrática party; **su familia lo adequizó desde pequeño** his family brought him up as a AD supporter **-2.** (institución) to fill with members or supporters of the Acción Democrática party; **adequizaron el comité** they packed the committee with AD supporters

aderezar [14] *vt* **-1.** (sazonar) (ensalada) to dress; (comida) to season **-2.** (tejidos) to size **-3.** (conversación) to liven up, to spice up

aderezo *nm* **-1.** (aliño) (de ensalada) dressing; (de comida) seasoning **-2.** (adorno) adornment

adeudar ◇ *vt* **-1.** (deber) to owe **-2.** FIN to debit; **~ 5.000 pesos a una cuenta** to debit 5,000 pesos to an account
◆ **adeudarse** *vpr* to get into debt

adeudo *nm* **-1.** FIN debit; **con ~ a mi cuenta corriente** debited to my current account **-2.** *Méx* (deuda) debt

adherencia *nf* **-1.** (de sustancia, superficie) stickiness, adhesion **-2.** (de neumáticos) roadholding **-3.** (parte añadida) appendage **-4. adherencias** (en herida) adhesions

adherente *adj* adhesive, sticky

adherir [62] ◇ *vt* to stick; **llevaba una bomba adherida al cuerpo** he had a bomb strapped to his body
◆ **adherirse** *vpr* **-1.** (pegarse) to stick; **unos neumáticos que se adhieren muy bien al firme** tyres that hold the road very well **-2. adherirse a** (opinión, idea) to adhere to; **me adhiero a tu propuesta** I support your proposal; **varios sindicatos se adhirieron a la convocatoria de huelga** a number of unions supported the strike call **-3. adherirse a** (partido, asociación) to join

adhesión *nf* **-1.** (a opinión, idea) support (**a** of); **aplaudieron su ~ a los principios democráticos** they applauded his commitment to democracy; **su propuesta recibió pocas adhesiones** her proposal found few supporters **-2.** (a una organización) entry (**a** into) **-3.** FÍS adhesion

adhesivo, -a ◇ *adj* adhesive
◇ *nm* **-1.** (pegatina) sticker **-2.** (sustancia) adhesive

adhiero *etc ver* **adherir**

adhiriera *etc ver* **adherir**

ad hoc *adj inv* ad hoc; **una medida ~** an ad hoc measure

adiabático, -a *adj* FÍS adiabatic

adianto *nm* maidenhair fern

adicción *nf* addiction (**a** to); **esa droga produce una fuerte ~** this drug is highly addictive

adición *nf* **-1.** (suma) addition; **hay que efectuar la ~ de todos los gastos** we have to calculate the total cost **-2.** (añadidura) addition; **el garage es una ~ reciente** the garage is a recent addition **-3.** *RP* (cuenta) *Br* bill, *US* check

adicional *adj* additional; **hubo que contratar a personal ~ durante la temporada alta** we had to take on extra *o* additional staff during the high season

adicionalmente *adv* additionally, in addition

adicionar *vt* **-1.** (añadir, sumar) to add **-2.** (alargar) to extend, to prolong

adictivo, -a *adj* addictive

adicto, -a ◇ *adj* **-1.** (a droga, hábito) addicted (**a** to); **es ~ a la televisión** he's a TV addict **-2.** (partidario) **~ a** in favour of; **no soy muy ~ a las reformas propuestas** I'm not greatly enamoured of the proposed reforms
◇ *nm,f* **-1.** (a droga, hábito) addict; **un ~ a la heroína/al tabaco** a heroin/nicotine addict; **un ~ a la televisión** a TV addict **-2.** (partidario) supporter; **los adictos al régimen** the supporters of the regime

adiestrado, -a *adj* trained; **un perro ~ para la caza** a dog trained for hunting

adiestrador, -ora *nm,f* (de animales) trainer

adiestramiento *nm* training

adiestrar *vt* to train; **~ a alguien en algo/para hacer algo** to train sb in sth/to do sth

adinerado, -a *adj* wealthy

ad infinitum *adv* ad infinitum

adiós (*pl* **adioses**) ◇ *nm* goodbye; **decir ~ a alguien** to say goodbye to sb; **decir ~ a algo** to wave *o* kiss sth goodbye
◇ *interj* **-1.** (saludo) (al despedirse) goodbye!; (al cruzarse con alguien) hello! **-2.** (expresa disgusto) blast!; **¡~, nos hemos quedado sin gasolina!** blast, we're out of petrol!

adiposidad *nf* fattiness

adiposo, -a *adj* fatty; **tejido ~** adipose tissue

aditamento *nm* (complemento) accessory; (cosa añadida) addition

aditivo *nm* additive ❑ **~ alimentario** food additive

adivinable *adj* foreseeable

adivinación *nf* **-1.** (predicción) prophecy, prediction ❑ **~ del futuro** fortune-telling; **~ del pensamiento** mind-reading **-2.** (conjetura) guessing

adivinador, -ora *nm,f* fortune-teller

adivinanza *nf* riddle; **jugar a las adivinanzas** to play at (guessing) riddles; **me puso una ~** she asked me a riddle

adivinar ◇ *vt* **-1.** (predecir) to foretell; (el futuro) to tell **-2.** (acertar) to guess; **¡adivina en qué mano está la moneda!** guess which hand the coin is in!; **adivinó el acertijo** he worked out the riddle; **¿a que no adivinas qué he comprado?** guess what I bought **-3.** (intuir) to suspect; **adivino que le pasa algo** I've got the feeling something's wrong with him **-4.** (vislumbrar) to spot, to make out; **la propuesta deja ~ las verdaderas intenciones de los generales** this proposal reveals the generals' true intentions; **la madre adivinó la tristeza oculta bajo su sonrisa** her mother could see the sadness behind her smile
◆ **adivinarse** *vpr* (vislumbrarse) to be visible; **el castillo apenas se adivinaba en la lejanía** the castle could just be made out in the distance

adivinatorio, -a *adj* prophetic; **las artes adivinatorias** the arts of prophecy

adivino, -a *nm,f* fortune-teller; **no soy ~** I'm not psychic

adjetivación *nf* adjectival use

adjetivado, -a *adj* used as an adjective

adjetival *adj* adjectival

adjetivar *vt* **-1.** (calificar) **~ algo/a alguien de** *o* **como** to describe sth/sb as **-2.** GRAM to use adjectivally

adjetivo, -a ◇ *adj* adjectival
◇ *nm* adjective ❑ **~ atributivo** attributive adjective; **~ calificativo** qualifying adjective; **~ comparativo** comparative adjective; **~ demostrativo** demonstrative adjective; **~ especificativo** = qualifying adjective which follows the noun; **~ explicativo** = adjective preceding the noun and usually denoting a conventional characteristic; **~ indefinido** indefinite adjective; **~ numeral** quantitative adjective; **~ posesivo** possessive adjective; **~ superlativo** superlative adjective

adjudicación *nf* awarding ❑ COM **~ por concurso público** competitive tendering; **~ de obras** awarding of contracts (for public works)

adjudicador, -ora ◇ *adj* adjudicating; **comité ~** adjudicating committee
◇ *nm,f* adjudicator

adjudicar [59] ◇ *vt* (asignar) to award; **el testamento les adjudicó los muebles** the furniture was left to them in the will; **les fue adjudicada la construcción del puente** they were awarded the contract to build the bridge
◆ **adjudicarse** *vpr* **-1.** (apropiarse) to take for oneself **-2.** (triunfo) to win; **el equipo local se adjudicó la victoria** the home team won

adjudicatario, -a ◇ *adj* **la empresa adjudicataria del contrato** the company awarded *o* which won the contract
◇ *nm,f* **el ~ del contrato** the winner of the contract, the person/company awarded the contract; **el ~ del premio** the winner of the prize

adjudique *etc ver* **adjudicar**

adjuntar *vt* **-1.** *(a carta)* to enclose; **le adjunto a esta carta una lista de precios** I am enclosing a price list with this letter, please find enclosed a price list **-2.** INFORMÁT *(a correo electrónico)* to attach; **~ un archivo a un mensaje** to attach a file to a message

adjunto, -a ◇ *adj* **-1.** *(incluido)* enclosed; **ver mapa ~** see the enclosed map **-2.** INFORMÁT *(archivo)* attached **-3.** *(auxiliar)* assistant; **profesor ~** assistant lecturer
◇ *nm,f (auxiliar)* assistant; **trabaja como ~ al director** he's the director's assistant
◇ *nm* GRAM adjunct
◇ *adv* enclosed; **~ le remito el recibo** please find a receipt enclosed

adlátere *nmf Pey* underling

adminículo *nm* gadget

administración *nf* **-1.** *(de empresa, finca)* administration, management; *(de casa)* running; **la ~ de la justicia corresponde a los jueces** judges are responsible for implementing the law ❑ **~ de empresas** business administration; **~ de fondos** fund management; **~ de recursos** resource management
-2. *(oficina)* manager's office
-3. la Administración *(los órganos del Estado)* the government ❑ **~ autonómica** regional government, government of an autonomous region; **~ central** central government; **~ de justicia** legal system; **~ local** local government; **~ pública, administraciones públicas** civil service
-4. la Administración *(en EE.UU.)* the Administration; **la Administración (de) Truman** the Truman Administration
-5. *(de medicamento)* administering; **~ por vía oral** *(en prospecto)* to be taken orally
-6. *(de sacramentos)* administering
-7. *Esp* **~ de loterías** lottery outlet

administrado, -a ◇ *adj* **~ por la ONU** under UN administration
◇ *nm,f* person under administration

administrador, -ora ◇ *nm,f* **-1.** *(de empresa)* manager ❑ INFORMÁT **~ de (sitio) web** webmaster **-2.** *(de bienes ajenos)* administrator ❑ **~ de fincas** land agent
◇ *nm* INFORMÁT **~ de archivos** file manager

administrar ◇ *vt* **-1.** *(empresa, finca)* to manage, to run; *(casa)* to run; *(país)* to govern, to run; *(recursos)* to manage; **administra bien tu dinero** don't squander your money; **~ justicia** to administer justice **-2.** *(medicamento)* to administer **-3.** *(sacramentos)* to administer
◆ **administrarse** *vpr (organizar dinero)* to manage one's finances

administrativamente *adv* administratively

administrativo, -a ◇ *adj* administrative; **personal ~** administrative staff
◇ *nm,f* office worker

admirable *adj* admirable

admirablemente *adv* admirably

admiración *nf* **-1.** *(respeto)* admiration; **digno de ~** admirable; **"¡eres la mejor!", dijo con ~** "you're the best!" he said admiringly; **siento mucha ~ por él** I admire him greatly
-2. *(sorpresa)* amazement; **declaró, para ~ de todos, que dimitía del cargo** he announced, to everyone's amazement, that he was resigning from the post; **causó ~ con el traje que llevaba** she caused a sensation with her dress
-3. *(signo ortográfico) Br* exclamation mark, *US* exclamation point

admirado, -a *adj* **-1.** *(respetado)* **está con nosotros nuestro ~ Sánchez** we have with us our very good friend Mr Sánchez; **como diría mi ~ Federico...** as my dear friend Federico would say... **-2.** *(sorprendido)* amazed; **me quedé ~ con sus conocimientos** I was amazed at how much she knew

admirador, -ora *nm,f* admirer; **soy un gran ~ de su obra** I'm a great admirer of her work

admirar ◇ *vt* **-1.** *(personaje, obra de arte)* to admire; **admiro su sinceridad** I admire her frankness; **lo admiro por su honradez** I admire his honesty; **ser de ~** to be admirable **-2.** *(sorprender)* to amaze; **me admira su descaro** I can't believe his cheek **-3.** *(contemplar)* to admire
◆ **admirarse** *vpr* to be amazed; **admirarse de algo** to be amazed at sth

admirativo, -a *adj (maravillado)* admiring; **una mirada admirativa** an admiring look

admisibilidad *nf* acceptability

admisible *adj* acceptable

admisión *nf* **-1.** *(de persona)* admission; *(de solicitudes)* acceptance; **reservado el derecho de ~** *(en letrero)* the management reserves the right to refuse admission; **mañana se abre el plazo de ~ de solicitudes** applications may be made from tomorrow **-2.** *(de error, culpa)* admission **-3.** TEC induction

admitir *vt* **-1.** *(dejar entrar)* to admit, to allow in; **~ a alguien en** to admit sb to; **lo admitieron en la universidad** he was accepted by the university; **no se admiten perros** *(en letrero)* no dogs; **no se admite la entrada a menores de 18 años** *(en letrero)* no admittance for under-18s
-2. *(reconocer)* to admit; **admitió la derrota** she admitted defeat; **admito que estaba equivocado** I admit I was wrong
-3. *(aceptar)* to accept; **se admiten propinas** *(en letrero)* gratuities at your discretion; **admitimos tarjetas de crédito** we accept all major credit cards; **admitieron a trámite la solicitud** they allowed the application to proceed
-4. *(permitir, tolerar)* to allow, to permit; **no admite ni un error** he won't stand for a single mistake; **este texto no admite más retoques** there can be no more changes to this text; **es una situación que no admite comparación** this situation cannot be compared to others; **su hegemonía no admite dudas** their dominance is unquestioned
-5. *(tener capacidad para)* to hold; **este monovolumen admite siete pasajeros** this people mover seats seven passengers; **la sala admite doscientas personas** the room holds o has room for two hundred people

admón. *(abrev de* **administración)** admin.

admonición *nf Formal* warning; **recibió una severa ~** she was severely admonished

admonitorio, -a *adj Formal* warning; **voz admonitoria** voice with a note of warning

ADN ◇ *nm (abrev de* **ácido desoxirribonucleico)** DNA
◇ *nf (abrev de* **Acción Democrática Nacionalista)** = Bolivian political party

ad nauseam *adv* ad nauseam

adobado, -a *adj* **-1.** *(alimentos) (para guiso)* marinated; *(para conserva)* pickled **-2.** *(pieles)* tanned

adobar *vt* **-1.** *(alimentos) (para guisar)* to marinate; *(para conservar)* to pickle **-2.** *(pieles)* to tan

adobe *nm* adobe

adobo *nm* **-1.** *(acción) (para guisar)* marinating; *(para conservar)* pickling **-2.** *(salsa) (para guisar)* marinade; *(para conservar)* marinade; **poner en ~ durante dos horas** marinade for two hours **-3.** *(de pieles)* tanning

adocenado, -a *adj* mediocre, run-of-the-mill

adocenarse *vpr* to lapse into mediocrity

adoctrinamiento *nm* **-1.** *(de ideas)* indoctrination **-2.** *(enseñanza)* instruction

adoctrinar *vt* **-1.** *(inculcar ideas)* to indoctrinate **-2.** *(enseñar)* to instruct

adolecer [46] *vi* **~ de** *(enfermedad)* to suffer from; *(defecto)* to be guilty of; **adolece de falta de entusiasmo** she suffers from a lack of enthusiasm; **su análisis adolece de simplismo** his analysis is guilty of being simplistic

adolescencia *nf* adolescence; **se dedicó a la pintura desde la ~** she's been painting since she was a teenager

adolescente ◇ *adj* adolescent; **tienen un hijo ~** they have a teenage son
◇ *nmf* adolescent, teenager; **un ídolo de los adolescentes** a teen idol

adolezco *etc ver* **adolecer**

adonde ◇ *adv* where; **la ciudad ~ vamos** the city we are going to; **voy ~ estuvimos ayer** I'm going where we went yesterday; *ver* **donde**
◇ *prep Fam (a casa de)* **vamos ~ la abuela** we're going to granny's

adónde *ver* **dónde**

adondequiera *adv* wherever; **~ que va, le siguen sus admiradores** his admirers follow him wherever he goes *o* everywhere

Adonis *n* MITOL Adonis

adonis *nm inv Fig* Adonis, handsome young man

adopción *nf* **-1.** *(de hijo)* adoption; **Uruguay es mi país de ~** Uruguay is my adopted country; **tomó a dos niños coreanos en ~** he adopted two Korean children **-2.** *(de moda, decisión)* adoption; **estoy en contra de la ~ de medidas sin consultar al interesado** I'm against taking any steps without consulting the person involved

adoptado, -a *adj (hijo)* adopted

adoptante ◇ *adj* adopting
◇ *nmf* adopter, adoptive parent

adoptar *vt* **-1.** *(hijo)* to adopt
-2. *(nacionalidad)* to adopt
-3. *(medida, decisión)* to take; **adoptaron medidas para luchar contra el desempleo** they took measures to combat unemployment; **la policía adoptó la decisión de prohibir la manifestación** the police took the decision to ban the demonstration
-4. *(forma)* to take on; **el insecto adapta la forma de una bola para protegerse** the insect curls itself into a ball in order to protect itself; **su timidez adopta la forma de agresividad** his shyness manifests itself as aggressiveness

adoptivo, -a *adj* **-1.** *(hijo, país)* adopted
-2. *(padre)* adoptive
-3. *(país, nacionalidad)* adopted

adoquín *nm* **-1.** *(piedra)* cobblestone **-2.** *Fam (persona)* blockhead

adoquinado, -a ◇ *adj* cobbled
◇ *nm* **-1.** *(suelo)* cobbles **-2.** *(acción)* cobbling

adoquinar *vt* to cobble

adorable *adj (persona)* adorable; *(lugar, película)* wonderful

adorablemente *adv* adorably

adoración *nf* **-1.** *(de persona)* adoration; **"lo que tú quieras", dijo con ~** "whatever you want," he said adoringly; **sentir ~ por alguien** to worship sb **-2.** *(de dios, ídolo)* adoration, worship; **se prohibió la ~ de los dioses paganos** the worship of pagan gods was forbidden ❑ REL **la Adoración de los Reyes Magos** the Adoration of the Magi

adorador, -ora ◇ *adj* **-1.** *(enamorado)* adoring **-2.** REL worshipping
◇ *nm,f* **-1.** *(enamorado)* adorer **-2.** REL worshipper

adorar *vt* **-1.** *(persona, comida)* to adore **-2.** *(dios, ídolo)* to worship

adoratriz *nf* REL = nun belonging to the order of the Slaves of the Most Holy Sacrament

adormecedor, -ora *adj* soporific

adormecer [46] ◇ *vt* **-1.** *(producir sueño)* to lull to sleep **-2.** *(entumecer)* to make numb **-3.** *(aplacar) (miedo, ira)* to calm; *(pena, dolor)* to alleviate, to lessen
◆ **adormecerse** *vpr* to drift off to sleep

adormecido, -a *adj* **-1.** *(soñoliento)* sleepy, drowsy **-2.** *(entumecido)* numb, asleep

adormecimiento *nm* **-1.** *(sueño)* sleepiness, drowsiness **-2.** *(entumecimiento)* numbness **-3.** *(de pena, dolor)* alleviation, lessening

adormezco *etc ver* **adormecer**

adormidera *nf* poppy

adormilado, -a *adj* **-1.** *(dormido)* dozing; **se quedó ~ en el sillón** he dozed off in the armchair **-2.** *(con sueño)* sleepy

adormilarse *vpr* to doze; **se adormiló en el sofa** she dozed off on the sofa

adornado, -a *adj* decorated (**con** with)

adornar ◇ *vt* **-1.** *(decorar)* to decorate; **adornó la habitación con cuadros** she decorated *o* hung the room with paintings **-2.** *(aderezar)* to adorn (**con** with); **adornó el relato con florituras del lenguaje** she embellished the story with fancy language
◇ *vi* to be decorative; **hace falta algo que adorne** we need to add some sort of decorative touch
➤ **adornarse** *vpr* **se adornó el pelo con unas flores** she wore flowers in her hair as a decoration

adorno *nm (objeto)* ornament; **los adornos navideños** the Christmas decorations; **de ~** *(árbol, figura)* decorative; **es sólo de ~** *(no funciona)* it's just for show; [EXPR] *Fam Hum* **estar de ~:** **está aquí sólo de ~** he's just taking up space here; **no está aquí sólo de ~** he's not here just because he's a pretty face

adosado, -a ◇ *adj* **-1.** *(pegado)* **un granero ~ al edificio principal** a granary attached to the main building **-2.** *(casa)* terraced; **chalé ~** terraced villa **-3.** *(columna)* half-relief
◇ *nm* terraced house

adosar *vt* **~ algo a algo** to push sth up against sth; **adosaron un almacén a la tienda** they built a warehouse on to the shop; **la bomba que adosaron a los bajos del vehículo** the bomb they attached to the underside of the car

adquiero *etc ver* **adquirir**

adquirible *adj* acquirable, obtainable

adquirido, -a *adj* acquired; **tener derecho ~ sobre algo** to have acquired a right to sth

adquiriente, adquirente ◇ *adj* **-1.** *(que obtiene algo)* acquiring **-2.** *(comprador)* buying
◇ *nm,f* **-1.** *(que obtiene algo)* acquirer **-2.** *(comprador)* buyer

adquiriera *etc ver* **adquirir**

adquirir [5] *vt* **-1.** *(comprar)* to acquire, to purchase; **ya es posible ~ pasajes de avión a través de Internet** you can now buy air tickets on the Internet; **adquirieron el 51 por ciento de las acciones de la empresa** they acquired a 51 percent shareholding in the company
-2. *(conseguir) (conocimientos, hábito, cultura)* to acquire; *(éxito, popularidad)* to achieve; *(libertad, experiencia)* to gain; *(fortuna)* to acquire, to come by; *(nacionalidad)* to obtain; **adquirió una reputación de inflexibilidad** he gained *o* acquired a reputation for inflexibility; **adquirieron el compromiso de ayudarse mutuamente** they committed themselves to helping each other

adquisición *nf* **-1.** *(compra)* purchase; **ayudas para la ~ de viviendas** financial assistance for house buyers
-2. *(de empresa)* takeover
-3. *(cosa comprada)* purchase; **nuestra casa fue una excelente ~** our house was an excellent buy
-4. *(de hábito, cultura)* acquisition; **~ de conocimientos** acquisition of knowledge ❑ **LING ~ lingüística** language acquisition
-5. *Fam (persona)* **el nuevo secretario es toda una ~** the new secretary is quite a find

adquisidor, -ora ◇ *adj* **-1.** *(que obtiene algo)* acquiring **-2.** *(comprador)* buying
◇ *nm,f* **-1.** *(que obtiene algo)* acquirer **-2.** *(comprador)* buyer

adquisitivo, -a *adj* **poder ~** purchasing power

adrede *adv* on purpose, deliberately

adrenalina *nf* **-1.** *(sustancia)* adrenalin **-2.** *Fam (excitación)* adrenalin; **le dio una subida de ~** it gave him a rush *o* buzz; **el disco es una descarga de ~** the record is like a shot of adrenalin

adrenérgico, -a *adj* BIOL adrenergic

Adriano *n pr* Hadrian

adriático, -a ◇ *adj* Adriatic; **el mar Adriático** the Adriatic Sea
◇ *nm* **el Adriático** the Adriatic (Sea)

adrizar *vt* NÁUT to right

adscribir ◇ *vt* **-1.** *(asignar)* to assign **-2.** *(destinar)* to appoint; **lo adscribieron a Guadalajara** they sent him to Guadalajara
➤ **adscribirse** *vpr* **adscribirse a** *(grupo, partido)* to become a member of; *(ideología)* to subscribe to

adscripción *nf* **-1.** *(atribución)* attribution, ascription **-2.** *(destino laboral)* assignment, appointment

adscrito, -a ◇ *participio ver* **adscribir**
◇ *adj* assigned

adsorber *vt* FÍS to adsorb

adsorción *nf* FÍS adsorption

aduana *nf* customs *(singular)*; **pasar por la ~** to go through customs; **derechos de ~** customs duty

aduanero, -a ◇ *adj* customs; **controles aduaneros** customs controls
◇ *nm,f* customs officer

aducir [18] *vt (motivo, pretexto)* to give, to furnish; **adujo insolvencia para evitar pagar a sus acreedores** he claimed insolvency to avoid paying his creditors; **"estaba muy cansado", adujo** "I was very tired," he explained

aductor *nm* ANAT adductor

adueñarse *vpr* **-1. ~ de** *(apoderarse de)* to take over, to take control of; **se adueñó de la mejor cama sin consultar a nadie** he claimed the best bed for himself without asking anyone **-2. ~ de** *(dominar)* to take hold of; **el pánico se adueñó de ellos** panic took hold of them

adujar *vt* NÁUT *(cadena, cabo)* to coil

adujera *etc ver* **aducir**

adujo *etc ver* **aducir**

adulación *nf* flattery

adulador, -ora ◇ *adj* flattering
◇ *nm,f* flatterer

adulancia *nf Ven* flattery

adulante, -a *Ven* ◇ *adj* flattering
◇ *nm,f* flatterer

adular *vt* to flatter

adulón, -ona *nm,f* toady

adulteración *nf* **-1.** *(de sustancia)* adulteration **-2.** *(de información)* distortion

adúlteramente *adv* adulterously

adulterar *vt* **-1.** *(alimento)* to adulterate **-2.** *(información, verdad)* to doctor, to distort

adulterino, -a *adj* **hijo ~** illegitimate child

adulterio *nm* adultery

adúltero, -a ◇ *adj* adulterous
◇ *nm,f* adulterer, *f* adulteress

adulto, -a ◇ *adj* **-1.** *(desarrollado)* adult; **la edad adulta** adulthood **-2.** *(maduro)* adult; **un comportamiento ~** adult behaviour
◇ *nm,f* adult; **película para adultos** adult movie

adustamente *adv* dourly, severely

adustez *nf* dourness, severity; **con ~** dourly, severely

adusto, -a *adj* **-1.** *(persona, mirada, gesto)* dour, severe **-2.** *(terreno, paisaje)* harsh

aduzco *ver* **aducir**

ad valorem *adv* FIN ad valorem

advenedizo, -a ◇ *adj* upstart; **un político ~** an upstart politician
◇ *nm,f* upstart

advenimiento *nm* **-1.** *(llegada)* advent; **el ~ de la democracia** the advent *o* coming of democracy **-2.** *(ascenso al trono)* accession

adventicio, -a *adj* **-1.** *(ocasional)* accidental, adventitious **-2.** *(raíz, tallo)* adventitious

adventismo *nm* Adventism

adventista ◇ *adj* Adventist; **la Iglesia Adventista del Séptimo Día** the Seventh Day Adventist Church
◇ *nm,f* Adventist; **un ~ del séptimo día** a Seventh Day Adventist

adverbial *adj* GRAM adverbial

adverbio *nm* GRAM adverb ❑ **~ de cantidad** adverb of degree; **~ de lugar** adverb of place; **~ de modo** adverb of manner; **~ de tiempo** adverb of time

adversar *vt CAm, Ven* to oppose

adversario, -a *nm,f* adversary, opponent; **fueron adversarios en varios torneos** they played each other in several competitions; **los brasileños son un ~ temible** the Brazilians are formidable adversaries *o* opponents

adversativo, -a *adj* GRAM adversative

adversidad *nf* **-1.** *(dificultad)* adversity; **se enfrentó a todo tipo de adversidades** he faced up to all sorts of difficulties *o* adversities
-2. *(situación difícil)* **la ~** adversity; **no logró sobreponerse a la ~** she was unable to triumph over adversity; **puedes contar con él en la ~** you can count on him when things get difficult
-3. *(cualidad desfavorable)* adverse nature; **tuvieron que quedarse en casa ante la ~ del clima** they had to stay at home because of the adverse weather conditions

adverso, -a *adj* **-1.** *(condiciones)* adverse; **incluso en las condiciones más adversas** even in the worst *o* most adverse conditions **-2.** *(destino)* unkind **-3.** *(suerte)* bad; **la suerte le fue adversa** fate was unkind to him **-4.** *(viento)* unfavourable

advertencia *nf* warning; **servir de ~** to serve as a warning; **hacer una ~ a alguien** to warn sb; **los expertos han lanzado una ~ preocupante** the experts have issued a worrying warning; **no hizo caso de mi ~** she ignored my warning

advertido, -a *adj* **-1.** *(avisado)* informed, warned; **¡estás *o* quedas ~!** you've been warned! **-2.** *(capaz)* capable, skilful

advertir [62] *vt* **-1.** *(notar)* to notice; **no he advertido ningún error** I didn't notice *o* spot any mistakes; **advirtió la presencia de un hombre extraño** she became aware of *o* noticed a strange man
-2. *(prevenir, avisar)* to warn; **la señal advierte del peligro de desprendimientos** the sign warns you that there is a danger of landslides; **me advirtió del peligro** he warned me of the danger; **¡te lo advierto por última vez!** I'm telling you for the last time!; **¡te lo advierto, si no te comportas te tendrás que marchar!** I'm warning you, if you don't behave you'll have to leave!; **te advierto que no estoy de humor para bromas** I should warn you, I'm not in the mood for jokes; **te advierto que no me sorprende** I have to say it doesn't surprise me

adviento *nm* REL Advent

advierto *etc ver* **advertir**

advirtiera *etc ver* **advertir**

advocación *nf* **una catedral bajo la ~ de la Virgen de Guadalupe** a church dedicated to the Virgin of Guadalupe

adyacencia *nf Formal* adjacency

adyacente *adj* adjacent; **viven en la casa ~ a la nuestra** they live in the house next to ours

AEB *nf (abrev de Asociación Española de Banca)* = association of Spanish private banks

AEE *nf (abrev de Agencia Espacial Europea)* ESA

AENA [a'ena] *nf (abrev de Aeropuertos Españoles y Navegación Aérea)* = Spanish airports and air traffic control authority

Aenor *nf (abrev de Asociación Española para la Normalización y Certificación)* = Spanish body which certifies quality and safety standards for manufactured goods, *Br* ≃ BSI, *US* ≃ ANSI

aeración *nf* aeration

aéreo, -a *adj* **-1.** *(del aire)* aerial **-2.** *(de la aviación)* air; **base aérea** air base; **controlador ~** air traffic controller; **línea ~** airline

aerobic, aeróbic *nm* aerobics *(singular)*

aeróbico, -a *adj* aerobic

aerobio, -a ◇ *adj* BIOL aerobic
◇ *nm* aerobe

aerobismo *nm Am* aerobics *(singular)*

aerobús *(pl* **aerobuses***) nm* airbus

aeroclub *(pl* **aeroclubes***) nm* flying club

aerodeslizador *nm* hovercraft

aerodinámica *nf* **-1.** *(ciencia)* aerodynamics *(singular)* **-2.** *(línea)* **el nuevo prototipo tiene una ~ avanzada** the new prototype has advanced aerodynamics
aerodinámico, -a *adj* **-1.** FÍS aerodynamic **-2.** *(forma, línea)* streamlined
aerodinamismo *nm* aerodynamic properties
aeródromo *nm* airfield, aerodrome
aeroembolismo *nm* MED decompression sickness
aeroespacial, aerospacial *adj* aerospace
aerofagia *nf* MED aerophagia
aerofaro *nm* AV beacon
aerofobia *nf* fear of flying
aerófobo, -a *adj* scared of flying
aerofotografía *nf* **-1.** *(técnica)* aerial photography **-2.** *(fotografía)* aerial photograph
aerofreno *nm* aerobrake, air brake
aerogenerador *nm* wind turbine
aerógrafo *nm* airbrush
aerograma *nm* airmail letter, aerogram
aerolínea *nf* airline
aerolito *nm* aerolite
aeromarítimo, -a *adj* aeromarine
aerómetro *nm* aerometer
aeromodelismo *nm* airplane modelling
aeromodelista ◇ *adj* model airplane; **club ~** model airplane club
◇ *nmf* model airplane enthusiast
aeromozo, -a *nm,f Am* air steward, *f* air hostess
aeronauta *nmf* aeronaut
aeronáutica *nf* aeronautics *(singular)*
aeronáutico, -a *adj* aeronautic
aeronaval *adj* **una operación de rescate ~** an air-sea rescue operation; **una batalla ~** a battle fought in the air and at sea; **fuerzas aeronavales** air and sea forces
aeronave *nf* **-1.** *(avión, helicóptero)* aircraft **-2.** *(dirigible)* airship
aeroparque *nm Arg* small airport
aeroplano *nm* aeroplane, aircraft
aeropuerto *nm* airport
aerosilla *nf RP* chairlift
aerosol *nm* aerosol (spray); **también se encuentra en ~** it's also available in aerosol
aerospacial = aeroespacial
aerostación *nf* ballooning
aerostática *nf* aerostatics *(singular)*
aerostático, -a *adj* **globo ~** hot-air balloon
aeróstato, aerostato *nm* hot-air balloon
aerotaxi *nm* AV air taxi, light aircraft *(for hire)*
aeroterrestre *adj* MIL air-land, air-to-ground
aerotransportado, -a *adj (tropas, polen)* airborne
aerotransportar *vt* to airlift
aerotrén *nm* maglev
aerovía *nf* airway, air lane
AES ['aes] *nm (abrev de* **acuerdo económico y social)** = agreement between Spanish government and trade unions on social and economic issues
AFA ['afa] *nf (abrev de* **Asociación de Fútbol Argentino)** = Argentinian Football Association
afabilidad *nf* affability; **con ~** affably
afable *adj* affable
afablemente *adv* affably
áfaca *nf* yellow vetchling
afamado, -a *adj* famous
afán *nm* **-1.** *(esfuerzo)* hard work; **con ~** energetically, enthusiastically; **pone mucho ~ en el trabajo** she puts a lot of effort into her work
-2. *(anhelo)* urge; **~ de riquezas** desire for wealth; **su único ~ es salir por televisión** his one ambition is to appear on television; **su ~ de agradar llega a ser irritante** his eagerness to please can be positively irritating; **tienen mucho ~ por conocerte** they're really keen to meet you; **lo único que le mueve es el ~ de lucro** he's only interested in money; **una organización sin ~ de lucro** *Br* a non-profit making *o US* not-for-profit organization; **lo hizo sin ~ de lucro** she did it with no thought of personal gain
afanador, -ora *nm,f* **-1.** *Méx (empleado)* (office) cleaner **-2.** *Méx, RP Fam (ladrón)* crook, thief
afanar ◇ *vt Fam (robar)* to pinch, to swipe
◆ **afanarse** *vpr (esforzarse)* to work hard; **se afanó mucho por acabarlo a tiempo** he worked hard to finish it on time
afanosamente *adv* eagerly, zealously; **buscó ~ el libro** she hunted high and low for the book
afanoso, -a *adj* **-1.** *(persona)* busy, hardworking **-2.** *(lucha)* determined, dedicated; *(búsqueda)* painstaking, thorough
afarolarse *vpr Andes, Cuba Fam* **-1.** *(exaltarse)* to get excited, to get worked up **-2.** *(enojarse)* to get angry
afasia *nf* MED aphasia
afásico, -a MED ◇ *adj* aphasic
◇ *nm,f* aphasic
AFE ['afe] *nf (abrev* **Asociación de Futbolistas Españoles)** = Spanish soccer players association
afear ◇ *vt* **-1.** *(volver feo)* to make ugly; **ese peinado la afea** that hairstyle doesn't do her any favours; **las líneas de alta tensión afean el paisaje** power lines spoil the landscape **-2.** *(criticar)* **~ a alguien su conducta** to condemn sb's behaviour
◆ **afearse** *vpr* to lose one's looks
afección *nf* complaint, disease; **una ~ cutánea/del riñón** a skin/kidney complaint
afectación *nf* affectation; **con ~** affectedly
afectadamente *adv* affectedly
afectado, -a ◇ *adj* **-1.** *(amanerado)* affected **-2.** *(afligido)* upset, badly affected **-3.** *RP (asignado)* assigned
◇ *nm,f* victim; **los afectados por las inundaciones serán indemnizados** the people affected by the floods will receive compensation
afectar *vt* **-1.** *(incumbir)* to affect; **las medidas afectan a los pensionistas** the measures affect pensioners
-2. *(afligir)* to upset, to affect badly; **todo lo afecta** he's very sensitive; **lo afectó mucho la muerte de su hermano** his brother's death hit him hard
-3. *(producir perjuicios en)* to damage; **la sequía que afectó a la región** the drought which hit the region; **a esta madera le afecta mucho la humedad** this wood is easily damaged by damp
-4. *(simular)* to affect, to feign; **afectó enfado** he feigned *o* affected anger
-5. *RP (destinar, asignar)* to assign
afectísimo, -a *adj (en carta)* **suyo ~** *(si se desconoce el nombre del destinatario)* yours faithfully; *(si se conoce el nombre del destinatario)* yours sincerely
afectivamente *adv* emotionally
afectividad *nf* emotions; **la ~ en el niño** the emotional world of the child
afectivo, -a *adj (emocional)* emotional; **tener problemas afectivos** to have emotional problems
afecto, -a ◇ *adj* **-1.** *(aficionado)* keen (**a** on); **son afectos a la conversación** they are fond of talking **-2.** *(adepto)* sympathetic (**a** to); **un militar ~ al antiguo régimen** a soldier who is sympathetic to the old regime **-3.** *(adscrito)* attached (**a** to); **un funcionario ~ al departamento de contabilidad** a civil servant attached to the accountancy department
◇ *nm* **-1.** *(cariño)* affection, fondness; **sentir ~ por alguien** *o* **tener ~ a alguien** to be fond of sb; **lo trata con ~** she's very affectionate towards him; **en poco tiempo le ha tomado mucho ~** she has quickly become very fond of him **-2.** *(sentimiento, emoción)* emotion, feeling
afectuosamente *adv* **-1.** *(cariñosamente)* affectionately **-2.** *(en carta)* (yours) affectionately
afectuoso, -a *adj* affectionate, loving
afeitada *nf Am (del pelo, barba)* shave; **se dio una ~ rápida** he shaved himself quickly, he had a quick shave
afeitado *nm* **-1.** *(del pelo, barba)* shave; **se dio un ~ rápido** he shaved himself quickly, he had a quick shave **-2.** TAUROM = blunting of the bull's horns for safety reasons
afeitadora *nf* electric razor *o* shaver
afeitar ◇ *vt* **-1.** *(barba, pelo, cabeza, persona)* to shave **-2.** TAUROM = to blunt the bull's horns for safety reasons **-3.** *Fam (rozar)* to graze, to shave; **la bala pasó afeitándome la cara** the bullet whistled past my face
◆ **afeitarse** *vpr (uno mismo)* to shave; **se afeitó la barba** he shaved his beard off; **se afeitó las piernas** she shaved her legs
afeite *nm Anticuado (cosmético)* make-up
afelpado, -a *adj* plush
afeminado, -a ◇ *adj* effeminate
◇ *nm* **es un ~** he's effeminate
afeminamiento *nm* effeminacy
afeminar ◇ *vt* to make effeminate
◆ **afeminarse** *vpr* to become effeminate
aferente *adj* ANAT afferent
aféresis *nf* LING apheresis
aferrar ◇ *vt* **-1.** *(objeto)* to grab (hold of) **-2.** *(embarcación)* to moor
◇ *vi (anclar)* to moor
◆ **aferrarse** *vpr* **-1.** **aferrarse a algo** *(a objeto)* to cling to sth **-2.** *(a idea, opinión)* **se aferran a un plan que está condenado al fracaso** they are clinging on to a plan that is destined to fail; **se aferró a su familia para superar la crisis** she clung to her family to get through the crisis
affaire [a'fer] *nm* **-1.** *(asunto)* affair; **un ~ político** a political scandal **-2.** *(sentimental)* affair
affmo., -a. *(abrev de* **afectísimo, -a)** *(en carta)* **suyo ~** *(si se desconoce el nombre del destinatario)* yours faithfully; *(si se conoce el nombre del destinatario)* yours sincerely
Afganistán *n* Afghanistan
afgano, -a ◇ *adj* Afghan
◇ *nm,f* Afghan
◇ *nm (perro)* Afghan (hound)
AFI ['afi] *nm* LING *(abrev de* **Alfabeto Fonético Internacional)** IPA
afianzamiento *nm* **-1.** *(de construcción)* reinforcement **-2.** *(de ideas, relaciones)* consolidation
afianzar [14] ◇ *vt* **-1.** *(construcción)* to reinforce; **afianzaron los cimientos** they reinforced the foundations
-2. *(posición)* to make secure; *(relación)* to consolidate; **afianzó el pie en el escalón** he steadied his foot on the step; **la empresa ha afianzado su liderazgo en el sector** the company has consolidated its market leadership; **el tratado afianza las relaciones entre los dos países** the treaty consolidates relations between the two countries
◆ **afianzarse** *vpr* **-1.** *(en lugar)* to steady oneself; **afianzarse en una posición** *(en organización)* to establish oneself in a position; **el puerto se ha afianzado como centro comercial de la zona** the port has established itself as the trading centre of the area
-2. *(idea, creencia)* to take root; *(relación)* to become stronger *o* closer; **se afianzó en su opinión** he became more convinced of his opinion
afiche *nm Am* poster
afición *nf* **-1.** *(interés)* interest, hobby; **su mayor ~ es la lectura** his main interest is reading; **quieren fomentar la ~ a la lectura** they want to encourage reading for pleasure; **siente mucha ~ por la poesía** she has a great love of poetry; **tiene mucha ~ por el marisco** he's very partial to seafood, he's a big fan of seafood; **su ~ a la bebida acabó con su salud** his fondness of alcohol ruined his health; **lo hago por ~** I do it because I enjoy it
-2. la ~ *(los aficionados)* the fans; **el juego**

aficionado, -a ◇ *adj* **-1.** *(interesado)* keen; **ser ~ a algo** to be keen on sth; **el público ~ al cine** the cinema-going public **-2.** *(no profesional)* amateur
◇ *nm,f* **-1.** *(interesado)* fan; **es un ~ al cine** he's a keen cinema-goer; **un gran ~ a la música clásica** a great lover of classical music; **los aficionados a los toros** followers of bullfighting, bullfighting fans **-2.** *(no profesional)* amateur; **un trabajo de aficionados** an amateurish piece of work

aficionar ◇ *vt* **~ a alguien a algo** to make sb keen on sth; **un plan para ~ a los niños a la poesía** a scheme designed to get children interested in poetry
◆ **aficionarse** *vpr* to become keen (**a** on); **últimamente se está aficionando demasiado a la bebida** he's been getting a bit too fond of drink lately

afiebrado, -a *adj Am* feverish; **estar ~** to have a temperature

afiebrarse *vpr Am* to develop a temperature

afijo, -a GRAM ◇ *adj* affixed
◇ *nm* affix

afilado, -a ◇ *adj* **-1.** *(cuchillo, punta, lápiz)* sharp **-2.** *(dedos, rasgos)* pointed **-3.** *(comentario, crítica)* cutting; **tiene la lengua muy afilada** he has a very sharp tongue
◇ *nm* sharpening

afilador, -ora ◇ *adj* sharpening
◇ *nm,f (persona)* knife grinder
◇ *nm* **-1.** *(objeto)* sharpener; **~ de cuchillos** knife sharpener **-2.** *Chile (sacapunta)* pencil sharpener

afilalápices *nm inv* pencil sharpener

afilar ◇ *vt (cuchillo, punta, lápiz)* to sharpen; **la envidia le afiló aún más la lengua** envy gave her an even sharper tongue
◇ *vi* **-1.** *RP (flirtear)* to flirt **-2.** *Chile Vulg (copular)* to screw, to fuck
◆ **afilarse** *vpr (hacerse puntiagudo)* to become pointed, to taper; **se le ha afilado mucho la lengua** he has become very sharp-tongued

afiliación *nf* **-1.** *(a organización) (de persona)* membership; *(de grupo)* affiliation; **conocía su ~ al partido comunista** he knew she was a member of the communist party; **ha bajado el nivel de ~ a los sindicatos** union membership has fallen; **se ha incrementado el número de afiliaciones a la Seguridad Social** the number of people registered with the social security system has risen
-2. *(a doctrina)* **sea cual sea su ~ ideológica** whatever your ideological affiliation may be

afiliado, -a *nm,f* member (**a** of)

afiliar ◇ *vt* **quieren ~ el club a la federación** they want to affiliate the club to the federation; **me afilió al sindicato** he signed me up to the union; **el museo está afiliado a una red nacional** the museum belongs to *o* is a member of a national network
◆ **afiliarse** *vpr* to join; **~ a un partido** to join a party; **afiliarse a la Seguridad Social** to register with the social security system

afín *adj* similar; **su postura es ~ a la nuestra** his opinion is close to ours; **ideas afines** similar ideas

afinación *nf (de instrumento)* tuning

afinador, -ora ◇ *nm,f (de instrumentos)* tuner
◇ *nm (electrónico)* (electronic) tuner; *(diapasón)* tuning fork

afinar ◇ *vt* **-1.** *(instrumento)* to tune; **~ la voz** to sing in tune **-2.** *(perfeccionar, mejorar)* to fine-tune; **~ la puntería** to improve one's aim **-3.** *(pulir)* to refine
◇ *vi (cantar)* to sing in tune
◆ **afinarse** *vpr* **-1.** *(hacerse más delgado)* to become *o* get thinner **-2.** *(perfeccionarse)* **se ha afinado mucho en los últimos años** he's become quite sophisticated in recent years; **se le ha afinado el olfato** her sense of smell has become keener

afincarse [59] *vpr* to settle (**en** in)

afinidad *nf* **-1.** *(armonía, semejanza)* affinity; **sentir ~ hacia alguien** to feel one has something in common with sb; **hay ~ de gustos entre ellos** they share similar tastes **-2.** *(parentesco)* **por ~** by marriage **-3.** QUÍM affinity

afirmación *nf* **-1.** *(declaración)* statement, assertion; **esas afirmaciones son falsas** those statements are false **-2.** *(asentimiento)* affirmative response

afirmar ◇ *vt* **-1.** *(decir)* to say, to declare; **afirmó que...** he said *o* stated that...; **afirmó haber hablado con ella** he said *o* stated that he had talked to her **-2.** *(reforzar)* to reinforce
◇ *vi (asentir)* to agree, to consent; **afirmó con la cabeza** she nodded (in agreement)
◆ **afirmarse** *vpr* **-1.** *(asegurarse)* **afirmarse en los estribos** to steady oneself in the stirrups **-2.** *(ratificarse)* **afirmarse en algo** to reaffirm sth

afirmativa *nf* affirmative

afirmativamente *adv* affirmatively; **responder ~** to reply in the affirmative, to say yes

afirmativo, -a *adj* affirmative; **una respuesta afirmativa** an affirmative answer

aflautado, -a *adj* high-pitched

aflicción *nf* suffering, sorrow

afligido, -a *adj (triste)* afflicted, distressed; *(rostro, voz)* mournful; **está muy ~ por la tragedia** he's very upset by the tragedy

afligir [24] ◇ *vt* **-1.** *(causar daño)* to afflict; **los males que afligen a la región** the problems afflicting the region **-2.** *(causar pena)* to distress; **su partida la afligió** she was saddened by his leaving
◆ **afligirse** *vpr* to be distressed (**por** by); **no te aflijas, seguro que vuelve** don't get upset, he's bound to come back

aflojar ◇ *vt* **-1.** *(presión, tensión)* to reduce; *(cinturón, corbata, tornillo)* to loosen; *(cuerda)* to slacken; EXPR **~ las riendas** to ease up; **~ el ritmo** to slow down, to slacken one's pace **-2.** *Fam (dinero)* to cough up; **por fin aflojó los 100 pesos que me debía** he finally coughed up the 100 pesos he owed me **-3.** EXPR *RP Fam* **~ la lengua** to let the cat out of the bag
◇ *vi* **-1.** *(disminuir)* to abate, to die down; **por fin aflojó el viento** finally the wind died down **-2.** *(ceder)* to ease off; **el corredor aflojó en la última vuelta** the runner eased off on the final lap **-3.** *RP Fam (parar)* to stop; **aflojá** stop it!
◆ **aflojarse** *vpr (tuerca)* to come loose; *(cuerda)* to slacken; **se aflojó la corbata** he loosened his tie; **aflójate el cinturón** loosen your belt

afloración *nf* **-1.** *(de mineral)* outcrop **-2.** *(de sentimiento)* surfacing

afloramiento *nm* **-1.** *(de mineral)* outcrop **-2.** *(de sentimiento)* outburst

aflorar *vi* **-1.** *(mineral)* to outcrop **-2.** *(río)* to come to the surface **-3.** *(sentimiento)* to surface, to show; **su talento para la música no afloró hasta la edad adulta** her musical talent became apparent only in adulthood; **están comenzando a ~ las tensiones en el partido** the tensions within the party are starting to surface

afluencia *nf* **-1.** *(concurrencia)* influx; **hubo una gran ~ de público** the attendance was high; **la ~ a las urnas fue escasa** the turnout was low; **la ~ de turistas es constante durante el verano** there is a constant stream *o* influx of tourists throughout the summer **-2.** *(abundancia)* abundance

afluente ◇ *adj (locuaz)* fluent
◇ *nm* tributary

afluir [34] *vi* **-1.** *(gente)* to flock (**a** to) **-2.** *(río)* to flow (**a** into) **-3.** *(sangre, fluido)* to flow (**a** to)

aflujo *nm* **-1.** *(concurrencia)* influx; **un gran ~ de turistas extranjeros** a huge influx of foreign tourists **-2.** *(de sangre, fluido)* **se produce un ~ de sangre hacia la zona infectada** blood flows towards the infected area

afmo., -a. *(abrev de* **afectísimo, -a)** *(en carta)* **suyo ~** *(si se desconoce el nombre del destinatario)* yours faithfully; *(si se conoce el nombre del destinatario)* yours sincerely

afonía *nf* **tener ~** to have lost one's voice

afónico, -a *adj* **se quedó ~** he lost his voice; **estoy ~** I've lost my voice

aforado, -a *nm,f* DER *(parlamentario)* = person enjoying parliamentary immunity

aforar *vt* **-1.** TEC to gauge **-2.** *(mercancía)* to value, to assess the value of

AFORE [a'fore] *nf (abrev de* **Administradora de Fondos para el Retiro)** = non-governmental financial institution administering pension funds

aforismo *nm* aphorism

aforo *nm (de teatro, plaza de toros, estadio)* capacity; **la sala tiene un ~ de 600 personas** the hall holds 600 people

afortunadamente *adv* fortunately, luckily

afortunado, -a ◇ *adj* **-1.** *(persona)* lucky, fortunate; **el ~ candidato que consiga el puesto** the candidate fortunate enough to obtain the position; **el ~ ganador** the lucky winner; PROV **~ en el juego... (desafortunado en amores)** lucky in cards, unlucky in love **-2.** *(coincidencia, frase, decisión)* happy; **una sugerencia poco afortunada** an unfortunate suggestion
◇ *nm,f (persona)* lucky person; *(en lotería)* lucky winner; **la afortunada que se llevó el mayor premio** the lucky person who won the first prize

afótico, -a *adj* BIOL aphotic

AFP *(abrev de* **Agence France Presse)** AFP

afrancesado, -a ◇ *adj* **-1.** *(costumbre, estilo)* Frenchified **-2.** HIST = who supported the French during the Peninsular War
◇ *nm,f* HIST = supporter of the French during the Peninsular War

afrechillo *nm RP* bran

afrecho *nm* bran

afrenta *nf (ofensa, agravio)* affront; **ser una ~ a algo** to be an affront to sth

afrentar *vt (ofender)* to affront

afrentoso, -a *adj (ofensivo)* offensive, insulting

África *n* Africa ❏ **~ central** Central Africa; **el ~ negra** Black Africa; **~ del Norte** North Africa; **~ occidental** West Africa; **~ oriental** East Africa; **el ~ subsahariana** sub-Saharan Africa; **~ del Sur** Southern Africa

africada *nf* LING affricate

africado, -a *adj* LING affricative

africanismo *nm* Africanism

africanista *nmf* Africanist

africano, -a ◇ *adj* African
◇ *nm,f* African

afrikaans *nm (lengua)* Afrikaans

afrikaner, afrikáner ◇ *adj* Afrikaner
◇ *nmf* Afrikaner

afro *adj inv* afro; **un peinado ~** an afro (hairstyle)

afroamericano, -a ◇ *adj* Afro-American, African
◇ *nm,f* Afro-American, African American

afrodisiaco, -a, afrodisíaco, -a, ◇ *adj* aphrodisiac
◇ *nm* aphrodisiac

Afrodita *n* MITOL Aphrodite

afrontar *vt (hacer frente a)* to face; **~ las consecuencias** to face (up to) the consequences; **afrontó la situación con entereza** she faced up squarely to the situation

afrutado, -a *adj* fruity

afta *nf*
> Takes the masculine articles **el** and **un**.

MED mouth ulcer

after shave ['afterʃeif] *nm* aftershave (lotion)

aftosa *nf* foot and mouth disease

afuera ◇ adv **-1.** *(indicando lugar, posición)* outside; **por (la parte de)** ~ on the outside; **he dejado la bicicleta** ~ I've left my bicycle outside; **vamos** ~ **a pasear** let's go out for a walk; **vengo de** ~ I've just come in from outside; **desde** ~ **no pude ver nada** I couldn't see anything from outside **-2.** *RP (interior del país)* the provinces; **pasamos el fin de semana** ~ we spent the weekend away from the capital
 ◇ **afuera de** *loc prep Am* outside; ~ **de la casa** outside the house
 ◇ *interj* get out!
afuerano, -a, afuereño, -a, afuerino, -a *nm,f Am* outsider
afueras *nfpl* **las** ~ the outskirts; **en las** ~ on the outskirts
afuereño, -a, afuerino, -a = afuerano
afusilar *vt Méx* to shoot
agachadiza *nf* snipe
agachar ◇ *vt* to lower; ~ **la cabeza** *(por vergüenza, deferencia)* to bow one's head; *(para evitar un puñetazo, pelota, bala)* to duck (one's head); **agacha la cabeza, que no me dejas ver** move your head down a bit, I can't see
 ▸ **agacharse** *vpr (acuclillarse)* to crouch down; **se agachó a recoger el pañuelo** she bent down to pick up the handkerchief; **nos agachamos al empezar el tiroteo** we ducked down when the shooting began
agalla *nf* **-1.** *(de pez)* gill **-2.** *(de árbol)* gall, gallnut **-3. agallas** *(valentía)* guts; **tener agallas para hacer algo** to have the guts to do sth; **es una chica con agallas** she's a gutsy girl, she has guts **-4.** *Carib* **agallas** *(codicia)* greed
agalloso, -a, agalludo, -a *Carib Fam* ◇ *adj* **-1.** *(codicioso, avaro)* grasping **-2.** *(ruin, mezquino)* mean
 ◇ *nm,f (codicioso, avaro)* grasping person; PROV *Ven* **el agalludo come crudo** someone who tries to grab everything for himself won't make good choices
Agamenón *n* MITOL Agamemnon
agamí *nm (pl* **agamíes***)* trumpeter
agandallar *Méx Fam* ◇ *vt* to steal, *Br* to nick; **Pepe le agandalló la novia a su hermano** Pepe stole his brother's girlfriend
 ◇ *vi* to pilfer, *Br* to nick things
ágape *nm* banquet, feast
agar-agar *nm inv* agar
agárico *nm* scaly wood mushroom, agaric
agarrada *nf Fam* run-in, bust-up; **tuvo una** ~ **con su jefe** she had a run-in *o* bust-up with her boss
agarradera *nf Am* handle
agarraderas *nfpl Fam* **tener buenas** ~ to have friends in high places
agarradero *nm* **-1.** *(asa)* hold **-2.** *Fam (pretexto)* pretext, excuse
agarrado, -a ◇ *adj* **-1.** *(asido)* **me tenía** ~ **de un brazo/del cuello** he had me by the arm/the throat; **agarrados del brazo** arm in arm; **agarrados de la mano** hand in hand **-2.** *Fam (tacaño)* tight, stingy **-3.** *Fam (baile)* slow
 ◇ *nm,f Fam (tacaño)* **ser un** ~ to be tight *o* stingy
 ◇ *nm Fam (baile)* slow dance
 ◇ *adv Fam* **bailar** ~ to dance cheek to cheek
agarrador *nm (pez)* bony-finned remora
agarrar ◇ *vt* **-1.** *(asir)* to grab; **me agarró de la cintura** he grabbed me by the waist; **agarra bien al niño y no se caerá** hold onto the child tight and he won't fall
 -2. *Fam (pillar) (ladrón)* to catch; **¡si la agarro, la mato!** if I catch her I'll kill her!; **me agarró desprevenido** he caught me off guard
 -3. *Esp Fam (pillar) (enfermedad)* to catch
 -4. EXPR *Fam* **agarrarla,** ~ **una buena** to get sloshed; *Fam* **esta novela no hay por dónde agarrarla** I can't make head or tail of this novel; *Méx Fam* ~ **patín** to have a good laugh; *RP Fam* ~ **la mano a algo** to get to grips with sth; *RP Fam* ~ **viaje** to accept an offer; *RP Fam* ~ **viento en la camiseta** to really get going; **después de un comienzo accidentado, el proyecto agarró viento en la camiseta** after a shaky start the project really took off
 ◇ *vi* **-1.** *Esp (asir)* ~ **de** to take hold of; **¡agarra de la cuerda!** grab the rope!
 -2. *(tinte)* to take
 -3. *(planta)* to take root
 -4. *(ruedas)* to grip
 -5. *(clavo)* to go in; **el tornillo no ha agarrado** the screw hasn't gone in properly
 -6. *Am (encaminarse)* ~ **para** to head for; **agarró para la izquierda** he took a left; EXPR *RP Fam* ~ **para el lado de los tomates** to get hold of the wrong end of the stick
 -7. *(tomar costumbre)* **agarrarle a alguien por:** **le agarró por el baile** she took it into her head to take up dancing; **le agarró por cantar en medio de la clase** he got it into his head to start singing in the middle of the class; **le agarró por no tomar alcohol** she suddenly started not drinking alcohol; **¿está aprendiendo ruso? – sí, le agarró por ahí** is he learning Russian? – yes, that's her latest mad idea
 -8. EXPR *Fam* ~ **y hacer algo** to go and do sth; **agarró y se fue** she upped and went; **agarró y me dio una bofetada** she went and slapped me
 ▸ **agarrarse** *vpr* **-1.** *(sujetarse)* to hold on; **¡agárrate bien!** hold on tight!; **agarrarse a** *o* **de algo** to hold on to sth; **este coche se agarra bien al firme** this car holds the road well; **se agarró de la mano de su madre** she held on to *o* gripped her mother's hand; EXPR *Fam* **¡agárrate!** guess what!; *Fam* **¡agárrate!, ¿a qué no sabes qué han hecho los niños?** are you sitting down?... guess what the children have done, prepare yourself for a shock when I tell you what the children have done
 -2. *(pegarse)* to stick; **el arroz se ha agarrado a la cazuela** the rice has stuck to the pot; **se me han agarrado los macarrones** the macaroni have stuck together
 -3. *Fam (pelearse)* to scrap, to have a fight; *Am* **agarrarse a golpes** to get into a fistfight
 -4. *(pretextar)* **agarrarse a algo** to use sth as an excuse; **se agarra a su cansancio para no hacer nada** she uses tiredness as an excuse to do nothing
 -5. *Am (contraer)* **se agarró una gripe** she caught a cold
 -6. *Am (tomar)* to take; **me agarré un caramelo** I took a sweet
 -7. EXPR *Am* **agarrársela con alguien** to pick on sb
agarre *nm* **-1.** *(acción de agarrar)* grabbing **-2.** *(de vehículo)* roadholding; *(de neumático)* grip **-3.** *(valor)* guts
agarrón *nm* **-1.** *(tirón)* pull, tug; **me torció un dedo del** ~ **que me dio** she grabbed me so hard that she sprained my finger; **el árbitro señaló penalti por** ~ **del defensa** the referee gave a penalty for shirt-pulling by the defender **-2.** *Am Fam (altercado)* scrap, fight
agarrotado, -a *adj* **-1.** *(rígido)* stiff, tense **-2.** *(mecanismo)* jammed
agarrotamiento *nm* **-1.** *(rigidez)* stiffness **-2.** *(de mecanismo)* **para evitar el** ~ **del mecanismo** to prevent the mechanism seizing up *o* jamming **-3.** *(opresión)* tightness **-4.** *(ejecución)* garotting
agarrotar ◇ *vt* **-1.** *(parte del cuerpo)* **estos ejercicios me agarrotan los músculos** these exercises make my muscles stiff **-2.** *(mecanismo)* to seize up, to jam **-3.** *(ejecutar con garrote)* to garotte
 ▸ **agarrotarse** *vpr* **-1.** *(parte del cuerpo)* to go stiff; **se me ha agarrotado la pierna** my leg has gone stiff **-2.** *(mecanismo)* to jam, to seize up
agasajar *vt* to lavish attention on, to treat like a king; ~ **a alguien con algo** to lavish sth upon sb; **lo agasajaron con una fiesta de bienvenida** they gave a welcoming party in his honour
agasajo *nm* lavish attention
ágata *nf*

> Takes the masculine articles **el** and **un**.

agate
agateador *nm* short-toed tree creeper ❑ ~ **norteño** tree creeper
agauchado, -a *adj RP* gaucho-like
agaucharse *vpr RP* = to adopt gaucho dress and ways
agave *nm* agave
agazapado, -a *adj* crouching
agazaparse *vpr* **-1.** *(para esconderse)* to crouch; **se agazapó tras unos arbustos** he crouched down behind some bushes **-2.** *(agacharse)* to bend down
agencia *nf* **-1.** *(empresa)* agency ❑ ~ **de acompañantes** escort agency; ~ **de aduanas** customs agent's; FIN ~ **de calificación (de riesgos)** credit rating agency; ~ **de colocación** employment agency; ~ **de contactos** dating agency; ~ **de contratación** recruitment agency; ~ **de detectives** detective agency *o* bureau; ~ **inmobiliaria** *Br* estate agent's, *US* real estate office; ~ **matrimonial** marriage bureau; ~ **de modelos** modelling agency; ~ **de noticias** news agency; ~ **de prensa** press agency; ~ **de la propiedad** *Br* estate agent's, *US* real estate office; ~ **de publicidad** advertising agency; ~ **de seguros** insurance company; BOLSA ~ **de valores** stockbrokers; ~ **de viajes** travel agency
 -2. *(organismo)* agency ❑ ~ **de ayuda humanitaria** aid *o* relief agency; ~ **de cooperación** development agency; **Agencia Espacial Europea** European Space Agency; **Agencia de Protección de Datos** Data Protection Agency; *Esp* **la Agencia Tributaria** *Br* ≃ the Inland Revenue, *US* ≃ the IRS
 -3. *(sucursal)* branch ❑ ~ **urbana** high street branch
agenciar *Fam* ◇ *vt* ~ **algo a alguien** to wangle sb sth; **nos agenció entradas para el concierto** she got hold of some tickets for the concert for us, she wangled us some tickets for the concert
 ▸ **agenciarse** *vpr* **-1.** *(conseguir)* to wangle, to get hold of; **me he agenciado un traje para la ceremonia** I've managed to wangle *o* get hold of a suit for the ceremony
 -2. **agenciárselas: se las agencia muy bien para conseguir lo que quiere** she's very good at getting what she wants; **se las agenció para que le dieran permiso** he wangled it so that they gave him permission; **ahí te las agencies, yo no te voy a ayudar** sort things out for yourself, I'm not going to help you
agenda *nf* **-1.** *(de notas, fechas)* diary; *(de anillas)* Filofax®; *(de teléfonos, direcciones)* address book; **tener una** ~ **muy apretada** to have a very busy schedule ❑ ~ **electrónica** electronic personal organizer **-2.** *(de trabajo, reunión)* agenda
agente ◇ *nmf* **-1.** *(representante)* agent ❑ ~ **artístico** agent *(of artiste, actor)*; ~ **de bolsa** stockbroker; ~ **de cambio** stockbroker; ~ **comercial** *Br* estate agent, *US* real estate agent; ~ **inmobiliario** *Br* estate agent, *US* real estate agent; ~ **libre de seguros** insurance broker; ~ **literario** literary agent; ~ **de patentes** patent agent; ~ **de la propiedad** *Br* estate agent, *US* real estate agent; ~ **de seguros** insurance broker; ~ **teatral** theatrical agent
 -2. *(funcionario)* officer ❑ ~ **de aduanas** customs officer; ~ **doble** double agent; ~ **de inmigración** immigration officer; ~ **de policía** police officer, policeman, *f* policewoman; ~ **secreto** secret agent; ~ **de seguridad** security officer; *RP* ~ **de tránsito** traffic policeman
 -3. ECON **agentes económicos** *o* **sociales** social partners
 ◇ *nm* **-1.** *(causa activa)* agent ❑ QUÍM ~ **oxidante** oxidizing agent; BIOL ~ **patógeno** pathogen; QUÍM ~ **reductor** reducing

agérato nm ageratum

agigantado, -a adj **-1.** (muy grande) huge, gigantic; **avanzar a pasos agigantados** to come on by leaps and bounds **-2.** (extraordinario) extraordinary

agigantar ◇ vt to blow up, to magnify
◆ **agigantarse** vpr (ciudad, problema) to become gigantic; **sus diferencias se agigantan cada vez más** their differences are growing ever wider

ágil adj **-1.** (movimiento, persona) agile **-2.** (estilo, lenguaje) fluent; (respuesta, mente) nimble, sharp

agilidad nf agility; **moverse con ~** to move with agility, to be agile ❑ **~ mental** mental agility

agilipollado, -a adj Esp muy Fam **estar ~** (por drogas, cansancio) to be out of it; **¿estás ~ o qué?** are you on another planet or what?

agilipollarse vpr Esp muy Fam **se está agilipollando con tanta televisión** he's frying his brain with so much TV

agilización nf speeding up

agilizar [14] vt (trámites, proceso) to speed up

ágilmente adv agilely, nimbly

agio nm ECON agio, speculation

agiotaje nm ECON agiotage, speculation

agiotista nmf ECON stockjobber

agitación nf **-1.** (intranquilidad) restlessness, agitation; **respondió con ~** she answered agitatedly; **el café le provoca ~** coffee makes him nervous **-2.** (jaleo) racket, commotion **-3.** (conflicto) unrest; **la ~ estudiantil ha crecido** there has been an increase in student unrest **-4.** (del mar) choppiness

agitadamente adv agitatedly

agitado, -a adj **-1.** (persona) worked up, excited **-2.** (mar) rough, choppy

agitador, -ora ◇ nm,f (persona) agitator
◇ nm (varilla) stirring rod; (para cóctel) swizzle-stick

agitanado, -a adj gypsy-like

agitar ◇ vt **-1.** (sacudir) to shake; (remover) to stir; **~ los brazos/un pañuelo** to wave one's arms/a handkerchief; **agítese antes de usar** (en etiqueta) shake before use **-2.** (poner nervioso a) to get worked up **-3.** (inquietar) to worry, to upset **-4.** (masas, pueblo) to stir up
◆ **agitarse** vpr **-1.** (moverse) to move, to shake **-2.** (ponerse nervioso) to get worked up **-3.** (inquietarse) to become agitated

agite nm RP, Ven Fam **-1.** (desorden) riot; **hubo un gran ~ frente al palacio** there was a major riot outside the palace **-2.** (fiesta) party, Br knees-up; **mañana hay ~ en casa de Ana** Ana's having a party tomorrow

aglomeración nf (de objetos, sustancia) build-up; (de gente) crowd; **se produjo una ~ a** crowd formed; **se esperan grandes aglomeraciones en el centro** (de gente) huge crowds are expected in the centre; (de tráfico) a heavy build-up of traffic is expected in the centre ❑ **~ urbana** urban sprawl

aglomerado nm **-1.** (agregación) agglomerate **-2.** (de madera) chipboard **-3.** (combustible) coal briquette

aglomerante adj agglomerative

aglomerar ◇ vt to bring together
◆ **aglomerarse** vpr to mass o gather together

aglutinación nf agglutination

aglutinante ◇ adj **-1.** (sustancia) binding **-2.** LING agglutinative
◇ nm binder, binding agent

aglutinar ◇ vt (aunar, reunir) (personas) to unite, to bring together; (ideas, esfuerzos) to pool
◆ **aglutinarse** vpr **-1.** (pegarse) to bind (together) **-2.** (agruparse) to gather, to come together

agnosticismo nm agnosticism

agnóstico, -a ◇ adj agnostic
◇ nm,f agnostic

ago. (abrev de **agosto**) Aug.

agobiado, -a adj **están agobiados de trabajo** they're snowed under with work; **están agobiados de problemas** they're weighed down with problems; **está ~ por las deudas** he's weighed down with debt, he's up to his ears in debt; **está agobiado por el éxito** the burden of his success is beginning to tell on him

agobiante adj (presión, trabajo, persona) overwhelming; (calor) stifling; (ambiente) oppressive; **problemas agobiantes** overwhelming problems; **trabajo ~** backbreaking work

agobiar ◇ vt to overwhelm; **el trabajo la agobia** her work is getting on top of her; **agobia a todos con sus problemas** she drives everyone up the wall with her problems; **me agobia con sus gritos** his shouting really gets to me
◆ **agobiarse** vpr Fam to feel overwhelmed; **¡no te agobies!** don't worry!; **se agobia mucho con el trabajo** she lets her work get on top of her

agobio nm **-1.** (físico) choking, suffocation; **las aglomeraciones me producen ~** I feel oppressed by crowds of people; **¡qué ~!** it's stifling! **-2.** (psíquico) pressure; **¡qué ~!** this is murder o a nightmare!

agolparse vpr (gente) to crowd; (sangre) to rush; **se agolpaban los problemas** his problems were piling up

agonía ◇ nf **-1.** (del moribundo) death throes; **su ~ duró varios meses** he took several months to die **-2.** (decadencia) decline, dying days **-3.** (sufrimiento) agony; **tras varias semanas de ~, por fin recibió la respuesta** after several weeks of agonized waiting, she finally received the reply
◇ nmf **agonías** Esp Fam **¡qué agonías eres!** what a moaner o Br misery-guts you are!

agónico, -a adj también Fig dying; **una dictadura agónica** a crumbling dictatorship

agonista adj ANAT agonistic

agonizante adj (persona, institución) dying; (dictadura) on its last legs; **tras quince días de ~ espera** after two weeks of agonized waiting

agonizar [14] vi **-1.** (morir) (persona) to be dying; (dictadura) to be on its last legs **-2.** (sufrir) to be in agony

ágora nf

> Takes the masculine articles **el** and **un**.

HIST agora

agorafobia nf agoraphobia

agorar [6] vt to predict

agorero, -a ◇ adj (predicción) ominous; **no seas ~** don't be such a prophet of doom
◇ nm,f prophet of doom

agostado, -a adj parched

agostar vt ◇ **-1.** (secar) to wither, to parch **-2.** (debilitar) to ruin
◆ **agostarse** vpr (campo) to dry up; (planta) to wither, to shrivel

agosto nm **-1.** (mes) August; EXPR **hacer su ~** to line one's pockets **-2.** (cosecha) harvest (time); ver también **septiembre**

agotado, -a adj **-1.** (persona, animal) exhausted, tired out; **estar ~ de hacer algo** to be tired out o exhausted from doing sth **-2.** (producto) (libro, disco) out of stock; (entradas) sold out; **agotadas las localidades** (en cartel) sold out **-3.** (pila, batería) flat

agotador, -ora adj exhausting

agotamiento nm **-1.** (cansancio) exhaustion; **caminaron hasta el ~** they walked until they could go no further **-2.** (de producto) selling out; (de reservas) exhaustion

agotar ◇ vt **-1.** (cansar) to exhaust, to tire out; **este niño me agota** this child tires me out
-2. (consumir) (producto) to sell out of; (agua) to use up, to run out of; (recursos) to exhaust, to use up; **hemos agotado todas las copias** we've sold all the copies; **ya había agotado todos los pretextos** she had run out of excuses; **agotaron todas las vías legales para obtener la extradición** they exhausted all the legal channels for obtaining the extradition order; **piensa ~ su mandato al frente del partido** she intends to serve her full term as party leader
-3. (pila, batería) to run down
◆ **agotarse** vpr **-1.** (cansarse) to tire oneself out, to exhaust oneself; **se agotó con la caminata** the walk tired him out o exhausted him
-2. (acabarse) to run out; (libro, disco, entradas) to sell out; **se nos agotaron las provisiones** our provisions ran out; **las entradas se agotaron en seguida** the tickets sold out almost immediately; **se nos ha agotado ese modelo** that model has sold out; **se me está agotando la paciencia** my patience is running out o wearing thin
-3. (pila, batería) to go flat

agracejo nm barberry

agraciado, -a ◇ adj **-1.** (atractivo) attractive, fetching **-2.** (afortunado) **resultó ~ con un televisor** he won a television; **el número ~ es el 13** the winning number is 13
◇ nm,f (ganador) winner

agraciar vt **-1.** (embellecer) to make more attractive **-2.** (conceder una gracia) to pardon **-3.** Formal (premiar) to reward

agradable adj **-1.** (persona) pleasant; **son muy agradables** they're very pleasant; **es una persona de talante muy ~** he has a very pleasant disposition **-2.** (clima, temperatura) pleasant; (olor, sabor, película, ciudad) nice, pleasant; **es muy ~ al tacto** it feels very nice; **¡qué sorpresa tan ~!** what a nice o pleasant surprise!

agradablemente adv agreeably, pleasantly; **estoy ~ sorprendido** I'm pleasantly surprised

agradar ◇ vt to please; **me agradó recibir tu carta** I was pleased to receive your letter
◇ vi to be pleasant; **siempre trata de ~** she always tries to please

agradecer [46] vt **-1.** (sujeto: persona) **~ algo a alguien** (dar las gracias) to thank sb for sth; (estar agradecido) to be grateful to sb for sth; **quisiera agradecerles su presencia aquí** I would like to thank you for coming o being here; **te lo agradezco mucho** I'm very grateful to you; **le agradezco su interés** thank you for your interest; **te agradecería que te callaras** I'd be grateful o I'd appreciate it if you'd shut up
-2. (sujeto: cosa) **esa pared agradecería una mano de pintura** that wall could do with a lick of paint; **el campo agradecerá las lluvias** the rain will be good for the countryside

agradecido, -a adj **-1.** (persona) grateful; **estoy muy ~ por tu ayuda** I'm very grateful for your help; **están muy agradecidos a mi familia** they're very grateful to my family **-2.** (cosa) **estas plantas son muy agradecidas** these plants don't need much looking after

agradecimiento nm gratitude; **le regalaron una placa como o en ~ por su ayuda** she was presented with a plaque in recognition of o to thank her for her help; **en su discurso de ~ dijo que...** in his thankyou speech he said that...

agradezco etc ver **agradecer**

agrado nm (gusto) pleasure; **esto no es de mi ~** this is not to my liking; **si algo no es de su ~, háganoslo saber** if there is anything you are not happy with, please let us know; **su actuación fue del ~ del público** her performance went down well with the audience; **no aceptó de buen ~ la sugerencia** he didn't accept the suggestion with good grace; **vio con ~ el nuevo nombramiento** she was pleased about the new appointment

agrafía nf PSI agraphia

agramatical *adj* ungrammatical

agramaticalidad *nf* ungrammatical nature

agrandamiento *nm* **para evitar el ~ del agujero** to stop the hole getting bigger

agrandar ◇ *vt* to make bigger; **ese maquillaje te agranda los ojos** that make-up makes your eyes look bigger
- **agrandarse** *vpr* (*grieta*) to widen, to get bigger; (*diferencias*) to widen, to grow

agrario, -a *adj* (*reforma*) agrarian; (*producto, política, organización*) agricultural

agrarismo *nm* *Méx* agrarian reform movement

agrarista *nmf* *Méx* supporter of agrarian reform

agravamiento *nm*, **agravación** *nf* worsening

agravante ◇ *adj* aggravating
◇ *nm o nf* **-1.** (*problema*) additional problem **-2.** DER aggravating circumstance; **con el** *o* **la ~ de embriaguez** aggravated by his drunkenness

agravar ◇ *vt* (*situación, enfermedad*) to aggravate
- **agravarse** *vpr* to get worse, to worsen

agraviado, -a *adj* offended; **sentirse ~ (por algo)** to feel offended (by sth)

agraviar *vt* to offend

agravio *nm* **-1.** (*ofensa*) offence, insult; **sus palabras fueron un ~ a la institución** her words were an insult to the institution **-2.** (*perjuicio*) wrong; **eso sería un ~ comparativo** that would be unfair (treatment)

agraz *nm* **-1.** (*uva*) unripe grape **-2.** (*zumo*) sour grape juice

agredido, -a *nm,f* victim

agredir *vt* to attack

agregación *nf* (*acción de añadir*) addition

agregado, -a ◇ *adj* **-1.** (*añadido*) added on **-2. profesor ~** (*de secundaria*) teacher (*with a permanent post*)
◇ *nm,f* **-1.** (*profesor*) (*de secundaria*) teacher (*with a permanent post*) **-2.** (*diplomático*) attaché ❑ **~ comercial** commercial attaché; **~ cultural** cultural attaché; **~ militar** military attaché
◇ *nm* **-1.** (*conjunto*) aggregate **-2.** (*añadido*) addition **-3.** GEOL **~ cristalino** crystalline aggregate **-4.** ECON aggregate **-5.** *Chile* (*guarnición*) garnish

agregaduría *nf* **-1.** (*cargo*) position of attaché **-2.** (*oficina*) attaché's office

agregar [38] ◇ *vt* **-1.** (*añadir*) to add (**a** to); **~ la leche poco a poco** add the milk a little at a time **-2.** (*a lo dicho*) to add; **"y estamos preparados para ello"**, **agregó** "and we're ready for it," she added **-3.** (*a empleado*) to assign, to appoint (**a** to)
- **agregarse** *vpr* (*unirse*) to join; **se nos han agregado varias personas** a number of people have joined us

agremiado, -a *Am* ◇ *adj* unionized
◇ *nm,f* trade unionist, union member

agremiar *Am* ◇ *vt* to unionize
- **agremiarse** *vpr* **-1.** (*unirse a un gremio*) to join a/the union **-2.** (*crear un gremio*) to form a union

agresión *nf* (*ataque*) act of aggression, attack; **sufrir una ~** to be the victim of an attack ❑ **~ sexual** sex attack

agresivamente *adv* aggressively

agresividad *nf* **-1.** (*violencia*) aggression; **un discurso lleno de ~** a very aggressive speech; **hacer/decir algo con ~** to do/say sth aggressively **-2.** (*osadía*) aggressiveness

agresivo, -a *adj* **-1.** (*violento*) aggressive **-2.** (*osado*) aggressive; **una publicidad muy agresiva** very aggressive advertising

agresor, -ora *nm,f* attacker, assailant

agreste *adj* **-1.** (*abrupto, rocoso*) rough, rugged **-2.** (*rudo*) coarse, uncouth

agria *nf* *Col Fam* beer, *US* brew

agriamente *adv* (*discutir*) bitterly

agriar [32] ◇ *vt* **-1.** (*vino, leche*) to (turn) sour **-2.** (*carácter*) to sour, to embitter; **la úlcera le agrió el carácter** his ulcer made him bad-tempered
- **agriarse** *vpr* **-1.** (*vino, leche*) to turn sour **-2.** (*carácter*) to become embittered

agrícola *adj* (*sector, política, producto*) agricultural; **región ~** farming region

agricultor, -ora *nm,f* farmer

agricultura *nf* agriculture ❑ **~ biológica** organic farming; **~ ecológica** organic farming; **~ extensiva** extensive farming; **~ intensiva** intensive farming; **~ orgánica** organic farming; **~ de subsistencia** subsistence farming

agridulce *adj* **-1.** (*sabor, plato*) sweet-and-sour **-2.** (*carácter, palabras*) bittersweet

agrietado, -a *adj* **-1.** (*muro, tierra, plato*) cracked, covered with cracks **-2.** (*labios, piel*) chapped

agrietamiento *nm* cracking

agrietar ◇ *vt* **-1.** (*muro, tierra, plato*) to crack **-2.** (*labios, piel*) to chap
- **agrietarse** *vpr* **-1.** (*muro, tierra, plato*) to crack **-2.** (*labios, piel*) to chap

agrimensor, -ora *nm,f* surveyor

agrimensura *nf* surveying

agringado, -a *Am Pey* ◇ *adj* gringo-like, = like a North American or European
◇ *nm,f* = person who behaves like a North American or European

agringarse *vpr* *Am Pey* = to become like a North American or European

agrio, -a ◇ *adj* **-1.** (*ácido*) sour; (*naranja*) sour, sharp **-2.** (*discusión*) bitter
◇ *nmpl* **agrios** citrus fruits

agripalma *nf* motherwort

agriparse *vpr* *Andes, Méx* to catch the flu

Agripina *n pr* Agrippina

agro *nm* (*agricultura*) agricultural sector; **el ~ español** Spanish agriculture

agroalimentación *nf* **(el sector de) la ~** the food and agriculture industry

agroalimentario, -a *adj* **el sector ~** the food and agriculture industry

agrobiología *nf* agrobiology

agroindustria *nf* agribusiness

agromercado *nm* *Cuba* farmers' market

agronomía *nf* agronomy

agronómico, -a *adj* agronomic

agrónomo, -a ◇ *adj* agronomic; **ingeniero ~** agronomist
◇ *nm,f* agronomist

agropecuario, -a *adj* **el sector ~** the agricultural and livestock sector

agróstide *nf* bent grass

agrotextil *adj* agrotextile

agroturismo *nm* rural tourism

agrumarse *vpr* to go lumpy

agrupación *nf* **-1.** (*asociación*) group, association **-2.** (*agrupamiento*) grouping

agrupamiento *nm* (*concentración*) grouping ❑ **~ espontáneo** (*en rugby*) ruck

agrupar ◇ *vt* to group (together); **la red agrupa a veinte emisoras locales** the network brings together *o* is made up of twenty local radio stations; **la guía agrupa toda la información disponible sobre el tema** the guide brings together all the available information on the subject; **una asociación que agrupa a más de 10.000 médicos** an association of more than 10,000 doctors
- **agruparse** *vpr* **-1.** (*congregarse*) to gather; **varios curiosos se agruparon en torno al accidentado** a crowd of onlookers gathered around the accident victim **-2.** (*unirse*) to form a group; **se agrupan en dos categorías diferentes** they fall into two different categories

agua ◇ *nf*

> Takes the masculine articles **el** and **un**.

-1. (*líquido*) water ❑ **~ de azahar** = drink made with orange blossom, used as a mild sedative; **aguas bautismales** baptismal waters; **~ bendita** holy water; **~ blanda** soft water; *RP* **~ de la canilla** tap water; **~ de coco** coconut milk; **~ de colonia** eau de Cologne; **aguas continentales** inland *o* continental waters; **~ corriente** running water; **~ destilada** distilled water; **~ dulce** fresh water; **~ dura** hard water; **~ embotellada** bottled water; **~ fuerte** nitric acid; **~ del grifo** tap water; *Chile, Col, Méx* **~ de la llave** tap water; **~ de lluvia** rainwater; *Euf* **aguas mayores** faeces; **~ medicinal** water with medicinal properties; *Euf* **aguas menores** urine; **~ de mesa** bottled water, table water; *Fam DEP* **~ milagrosa** ≃ magic sponge; **~ mineral** mineral water; *Cuba* (*agua con gas*) sparkling mineral water; **~ mineral con gas** sparkling mineral water; **~ mineral sin gas** still mineral water; *Cuba* **~ natural** still mineral water; **aguas negras** sewage; **~ nieve** sleet; **está cayendo ~ nieve** it's sleeting; **~ de nieve** meltwater; **~ oxigenada** hydrogen peroxide; **~ pesada** heavy water; **~ pluvial** rainwater; **~ potable** drinking water; QUÍM **~ regia** aqua regia; **aguas residuales** sewage; **~ de rosas** rose-water; **~ salada** salt water; **~ salobre** salt water; **~ de Seltz** Seltzer (water); *Am* **aguas servidas** sewage; **~ subterránea** groundwater; **aguas superficiales** surface water; **~ tónica** tonic water; *Esp* **~ de Valencia** = cocktail of champagne, orange juice and Cointreau

-2. aguas (*de río, mar*) waters; **aguas arriba/abajo** upstream/downstream ❑ **~ bravas** white water; **aguas costeras** coastal waters; **aguas jurisdiccionales** territorial waters; **aguas territoriales** territorial waters

-3. (*lluvia*) rain; **ha caído mucha ~** there has been a lot of rain

-4. (*grieta en barco*) leak; **hacer ~** (*barca*) to leak; (*negocio*) to go under; **este negocio hace ~ por todas partes** this firm is on the point of going under

-5. (*manantial*) **aguas** waters, spring; **tomar las aguas** to take the waters ❑ **aguas termales** thermal *o* hot springs

-6. (*vertiente de tejado*) slope; **un tejado de dos aguas** a ridged roof; **cubrir aguas** to put the roof on

-7. MED **aguas** waters; **ha roto aguas** her waters have broken

-8. aguas (*en diamante, tela*) water

-9. *Perú Fam* (*dinero*) dough

-10. EXPR *Fam* **¡al ~, patos!** (*en piscina*) in you jump!; *Fam* **bailarle el ~ a alguien** to lick sb's boots; *Fam* **cambiar el ~ al canario** to take a leak; **claro como el ~** as clear as day; **más claro, ~** nothing can be clearer than that; *Méx Fam* **como ~ para chocolate** hopping mad, fizzing; **echar ~ al mar** to carry coals to Newcastle; **entre dos aguas** in doubt, undecided; **estar con el ~ al cuello** to be up to one's neck (in it); **hacerse ~ en la boca** to melt in one's mouth; **se me hace la boca ~** it makes my mouth water; **se me hizo la boca ~ al ver el pastel** when I saw the cake, my mouth started watering; **nadar entre dos aguas** to sit on the fence; **quedar en ~ de borrajas** to come to nothing; **eso es ~ pasada** that's water under the bridge; **sacar ~ de las piedras** to make something out of nothing; **sin decir ~ va ni ~ viene** suddenly, unexpectedly; **venir como ~ de mayo** to be a godsend; **las aguas volvieron a su cauce** things got back to normal; PROV **no digas nunca de esta ~ no beberé** you should never say never; PROV **~ pasada no mueve molino** it's no use crying over spilt milk

◇ *interj* *Méx Fam* **¡aguas!** look *o* watch out!, careful!

aguacate *nm* **-1.** (*fruto*) avocado (pear) **-2.** (*árbol*) avocado (tree) **-3.** *Andes, Guat, Ven* (*enclenque*) weakling, milksop

aguacatillo *nm* = tropical tree, related to the avocado

aguacero *nm* downpour; **cayó un ~** there was a downpour

aguachar *Chile* ◇ *vt* **-1.** *(amansar)* to tame **-2.** *(separar de la madre)* to separate from its mother
◆ **aguacharse** *vpr (encariñarse)* to become attached (**de** to)
aguachento, -a, aguachoso, -a *adj Am* watery
aguachirle *nf*
> Takes the masculine articles **el** and **un**.

Esp Fam **este café es un ~** this coffee tastes like dishwater
aguachoso, -a = aguachento
aguacil *nm RP (libélula)* dragonfly
aguacioso *nm* smooth sand eel
aguacúa *nf Chile Fam* bleach
aguada *nf* ARTE **-1.** *(técnica)* gouache **-2.** *(dibujo)* gouache
aguadilla *nf Esp* ducking; **hacer una ~ a alguien** to give sb a ducking
aguado, -a *adj* **-1.** *(con demasiada agua)* watery **-2.** *(diluido a propósito)* watered-down **-3.** *Méx, RP, Ven (insípido)* tasteless **-4.** *Am (sin fuerzas)* weak **-5.** *CAm, Méx, Ven Fam (aburrido)* dull, boring
aguador, -ora *nm,f* **-1.** *(vendedor)* water vendor **-2.** *(en ciclismo)* = domestique who distributes water bottles to team members
aguafiestas *nmf inv* spoilsport
aguafuerte *nm o nf* ARTE etching
aguaitada *nf Andes, Ven Fam* look-see; **echar una ~ a algo** to have *o* take a look-see at sth
aguaitador, -ora *Andes, Ven Fam* ◇ *adj* meddlesome
◇ *nm,f* busybody
aguaitar *Fam* ◇ *vt* **-1.** *Andes, Carib (acechar)* to keep a watch on **-2.** *Andes (mirar)* to look at **-3.** *Andes (vigilar)* to watch, to look after **-4.** *Ven (esperar)* to wait; **~ a alguien** to wait for sb
◇ *vi Andes* **-1.** *(espiar)* to snoop **-2.** *(mirar)* to look; **nunca se le había ocurrido ~ adentro de la caja** she'd never thought of taking a look in the box **-3.** *(curiosear)* to nose around
aguaje *nm* **-1.** *CAm (regañina)* reprimand, telling-off **-2.** *Andes, CAm (aguacero)* downpour **-3.** *Carib Fam (fanfarronería)* swaggering, boasting **-4.** *Ven Fam (aburrimiento)* pain in the neck
aguajero, -a *Carib Fam* ◇ *adj* boastful
◇ *nm,f* show-off
aguamala *nf Carib, Col, Ecuad, Méx* jellyfish
aguamanil *nm* ewer and basin
aguamarina *nf* aquamarine
aguamiel *nm o nf Am (bebida)* = water mixed with honey or cane syrup **-2.** *Carib, Méx (jugo)* maguey juice
aguanieve *nf* sleet; **está cayendo ~** it's sleeting
aguantable *adj* bearable, tolerable
aguantaderas *nfpl Fam (paciencia)* **tener muchas ~** to have the patience of a saint
aguantador, -ora *adj Am* **-1.** *(persona)* very patient; **es ~** he has the patience of a saint **-2.** *(zapato, mesa)* hard-wearing, tough
aguantar ◇ *vt* **-1.** *(sostener)* to hold; **aguanta los libros mientras limpio la estantería** hold the books while I dust the shelf
-2. *(peso, presión)* to bear; **esa estantería no va a ~ el peso de los libros** that shelf won't take the weight of the books; **la presa no aguantará otro terremoto** the dam won't withstand another earthquake; **está aguantando bien las presiones** she's holding *o* bearing up well under the pressure
-3. *(tolerar, soportar)* to bear, to stand; **esta plantas no aguantan bien el calor** these plants don't like the heat; **no aguantó el ritmo de sus rivales** she couldn't keep up with her rivals; **a tu hermana no hay quien la aguante** your sister's unbearable; **no puedo aguantarlo, no lo aguanto** I can't bear him; **no sé cómo la aguantas** I don't know how you put up with her; **ya no aguanto más este dolor** this pain is unbearable; **no sabe ~ una broma** he doesn't know how to take a joke
-4. *(tiempo)* to hold out for; **aguantó dos meses en el desierto** he survived for two months in the desert; **no creo que aguante mucho tiempo fuera su país** I don't think he'll be able to last long abroad; **¿cuánto tiempo aguantas sin fumar un cigarrillo?** how long can you go without smoking a cigarette?; **este abrigo me ha aguantado cinco años** this coat has lasted me five years
-5. *(contener) (respiración, mirada)* to hold; *(risa)* to contain; **debes ~ la respiración para hacerte la radiografía** you'll have to hold your breath when you have the X-ray; **apenas pude ~ la risa** it was all I could do not to laugh
-6. *Méx, RP Fam (esperar)* to wait for
◇ *vi* **-1.** *(tiempo)* to hold on; **aguanta un poco más, en seguida nos vamos** hold on a bit longer, we'll be going soon; **no aguanto más – necesito un vaso de agua** I can't take any more, I need a glass of water; **¡ya no aguanto más, vámonos!** I've had enough, let's go!
-2. *(resistir)* to last; **estas botas aguantarán hasta el año que viene** these boots should last me till next year; **~ hasta el final** to stay the course *o* the distance; **a pesar de estar lesionado, aguantó hasta el final** despite his injury, he carried on until the end
-3. TAUROM to stand firm
◆ **aguantarse** *vpr* **-1.** *(contenerse)* to restrain oneself, to hold oneself back; **tuve que aguantarme la risa** I had to stop myself from laughing *o* contain my laughter; **aguanta un poco más, que ya llegamos** hold on a bit longer, we're nearly there
-2. *(resignarse)* **no quiere aguantarse** he refuses to put up with it; **si no les gusta la película, tendrán que aguantarse** if they don't like the film they'll just have to put up with it, if they don't like the film, too bad; **no quiero – ¡pues te aguantas!** I don't want to – too bad, you'll just have to!
aguante *nm* **-1.** *(paciencia)* tolerance; **tiene muy poco ~, se enfada con cualquier comentario** she's not very tolerant, she's very quick to lose her temper **-2.** *(resistencia)* strength; *(de persona)* stamina
aguapé *nm* phlomis
aguar [11] ◇ *vt* **-1.** *(mezclar con agua)* to water down; **~ el vino** to water the wine down **-2.** *(estropear)* to spoil, to ruin; **la noticia nos aguó la fiesta** the news spoiled our enjoyment **-3.** *Andes, CAm (abrevar)* to water
◆ **aguarse** *vpr* **-1.** *(estropearse)* to be spoiled **-2.** *Ven (ojos)* to fill with tears; **al recordar la escena, se le aguaron los ojos** when she remembered the scene, her eyes filled with tears
aguará *nm* maned wolf
aguardar ◇ *vt* to wait for, to await; **aguardaban a su padre** they were waiting for their father; **aguarda a que acabe** wait until I've finished
◇ *vi* to wait; **¡aguarda aquí!** wait here!; **aguarda, lo mejor será que llamemos** hold on, it would be best if we called; **date prisa, que el vuelo no aguarda** hurry up or the plane will go without you
aguardentoso, -a *adj* **-1.** *(voz)* hoarse, gravelly **-2.** *Ecuad (persona)* drunk
aguardiente *nm* spirit, liquor ❑ **~ de caña** cane spirit, rum
aguarrás *nm* turpentine
aguascalentense ◇ *adj* of/from Aguascalientes *(Mexico)*
◇ *nmf* person from Aguascalientes *(Mexico)*
aguatero, -a *Am* ◇ *adj* water; **camión ~** = truck that delivers bottled water; **empresa aguatera** = company selling purified water in large bottles
◇ *nm,f* water seller

aguatinta *nf* **-1.** *(técnica)* aquatint **-2.** *(estampa)* aquatint
aguaturma *nf* Jerusalem artichoke
aguavientos *nm inv* phlomis
aguaviva *nf RP* jellyfish
aguayo *nm Bol* **-1.** *(tela)* = traditional Bolivian multicoloured cloth **-2.** *(manta)* = multicoloured blanket in which babies are kept warm and carried
aguda *nf (palabra)* word stressed on the last syllable
agudeza *nf* **-1.** *(de vista, olfato)* keenness; **~ visual** keen-sightedness, sharp-sightedness **-2.** *(mental)* sharpness, shrewdness; **respondió con ~** she replied shrewdly **-3.** *(dicho ingenioso)* witticism **-4.** *(de filo, punta)* sharpness **-5.** *(de sonido)* high pitch
agudización *nf* **-1.** *(de sentido)* increase, intensification **-2.** *(de problema, crisis)* worsening, aggravation
agudizar [14] ◇ *vt* **-1.** *(afilar)* to sharpen **-2.** *(sentido)* to make keener; *(mente)* to sharpen; **~ el ingenio** to sharpen one's wits **-3.** *(problema, crisis)* to exacerbate, to make worse; **el frío agudizó el dolor** the cold made the pain worse; **la sequía agudizó la hambruna** the drought exacerbated the famine
◆ **agudizarse** *vpr* **-1.** *(problema, crisis)* to get worse; **la fiebre se agudiza por la noche** the fever gets worse at night; **su desesperanza se agudiza cada día** his despair grows with every passing day **-2.** *(ingenio)* to get sharper
agudo, -a ◇ *adj* **-1.** *(filo, punta)* sharp
-2. *(vista, olfato)* keen
-3. *(crisis, problema, enfermedad)* serious, acute
-4. *(dolor)* intense; **sentí un dolor ~ al mover el brazo** I felt a sharp pain when I moved my arm
-5. *(sonido, voz)* high, high-pitched
-6. *(perspicaz) (persona)* sharp, shrewd; *(ingenio)* keen, sharp
-7. *(ingenioso)* witty; **estás muy ~** you're on form *o* very witty today; *Irónico* **¡muy ~!** *(cuando algo no es gracioso)* very clever *o* funny!; *(cuando algo es evidente)* very observant!
-8. GRAM *(palabra)* stressed on the last syllable
-9. GRAM *(tilde)* acute
◇ *nm* **agudos** *(sonidos)* treble
agüe *etc ver* aguar
agüero ◇ *ver* agorar
◇ *nm (presagio)* **ver un gato negro es un mal ~** it's bad luck if you see a black cat; **de mal ~** that bodes ill
aguerrido, -a *adj (experimentado)* veteran; **soldados/tropas aguerridas** battle-hardened soldiers/troops
agüevado, -a *adj Col Fam* dopey
agüevarse *vpr Col Fam* **-1.** *(acobardarse)* to chicken out, to get cold feet **-2.** *(aturdirse)* to be knocked all of a heap, *Br* to be gobsmacked
agüevonado, -a = ahuevonado
aguijada *nf* goad
aguijón *nm* **-1.** *(de insecto, escorpión)* sting **-2.** *(vara afilada)* goad **-3.** *(estímulo)* spur, stimulus
aguijonazo *nm* sting, prick
aguijonear *vt* **-1.** *(animal)* to goad on **-2.** *(estimular)* to drive on; **~ a alguien para que haga algo** to spur sb on to do sth **-3.** *(atormentar, fastidiar)* to torment
águila *nf*
> Takes the masculine articles **el** and **un**.

-1. *(ave)* eagle; EXPR **ser un ~** *(ser vivo, listo)* to be sharp *o* perceptive; **es un ~ para los negocios** he has a real head for business ❑ **~ caudal** golden eagle; **~ imperial** Spanish imperial eagle; **~ pescadora** osprey, fish hawk; **~ ratonera** buzzard; **~ real** golden eagle
-2. *Méx (de moneda)* heads; **¿~ o sol?** heads or tails?

aguileña *nf (planta)* columbine
aguileño, -a *adj (nariz)* aquiline
aguilón *nm Andes (caballo)* slow horse
aguilucho *nm* **-1.** *(polluelo de águila)* eaglet **-2.** *(ave rapaz)* harrier □ ~ **cenizo** Montagu's harrier; ~ ***lagartero*** laughing falcon; ~ ***lagunero*** marsh harrier; ~ ***pálido*** hen harrier
aguinaldo *nm* **-1.** *(propina)* = tip given at Christmas, *Br* Christmas box; **hay unos niños en la puerta pidiendo el** ~ ≃ there are some carol singers at the door **-2.** *(paga extra)* = extra month's pay at Christmas; **medio** ~ = extra half-month's pay at end of June **-3.** *Carib, Méx (planta)* aguinaldo **-4.** *Ven (canto)* Christmas carol
agüita *nf Chile* herbal tea
agüitado, -a *adj Méx Fam (triste)* sad, downhearted
agüitarse *vpr Méx Fam* **-1.** *(entristecerse)* **nos agüitamos por no poder ir a tu fiesta** we were really sorry we couldn't make it to your party **-2.** *(avergonzarse)* to be embarrassed; **quisiera pedirle prestado el carro, pero me agüito** I'd like to ask him if I can borrow the car, but I'm too embarrassed
agüite *nm Méx Fam* **-1.** *(tristeza)* sadness; **¡qué ~!** what a damn shame! **-2.** *(vergüenza)* **me da ~ llegar tan tarde** I feel embarrassed *o* don't like arriving so late **-3.** *(molestia)* nuisance, pain; **es un ~ tener que trabajar el sábado** it's a pain having to work on Saturday
aguja *nf* **-1.** *(de coser)* needle; *(de hacer punto)* knitting needle □ ~ ***de crochet*** crochet hook; ~ ***de ganchillo*** crochet hook; ~ ***de mechar*** larding needle; ~ ***de punto*** knitting needle
-2. *(jeringuilla)* needle □ ~ ***hipodérmica*** hypodermic needle
-3. *(indicador) (de reloj)* hand; *(de brújula, balanza)* pointer □ NÁUT ~ ***de bitácora*** (ship's) compass; ~ ***horaria*** hour hand; ~ ***magnética*** compass needle; NÁUT ~ ***de marear*** (ship's) compass
-4. *(de tocadiscos)* stylus, needle
-5. *(de iglesia)* spire
-6. *(de conífera)* needle
-7. FERROC point
-8. *(de hojaldre)* = roll-shaped meat or fish pie
-9. de ~ *(vino)* slightly sparkling, *Espec* pétillant
-10. *(pez)* garfish
-11. *(ave)* godwit □ ~ ***colinegra*** black-tailed godwit; ~ ***colipinta*** bar-tailed godwit
-12. agujas *(de res)* ribs
agujereado, -a *adj* riddled with holes
agujerear ⋄ *vt* to make a hole/holes in
◆ **agujerearse** *vpr* **se me han agujereado los pantalones** I've got a hole in my trousers; **se ha agujereado el ombligo** she's had her navel pierced
agujero *nm* **-1.** *(hueco, abertura)* hole □ ~ ***en la capa de ozono*** hole in the ozone layer; ~ ***de ozono*** hole in the ozone layer **-2.** *(en oreja, ombligo)* **se hizo agujeros en las orejas** she had her ears pierced **-3.** *(deuda)* deficit; **hay un ~ de cien millones de pesos** a hundred million pesos are unaccounted for **-4.** ASTRON ~ ***negro*** black hole
agujetas *nfpl* **-1.** *Esp (en los músculos)* **tener ~** to feel stiff; **tanto ejercicio me ha dado ~** all that exercise has left me feeling stiff **-2.** *Méx (cordones)* shoelaces
agur *interj Fam* bye!
Agustín *n pr* **San ~** St Augustine (354-430 AD)
agustiniano, -a *adj (obra, pensamiento)* Augustinian
agustino, -a REL ⋄ *adj* Augustinian
⋄ *nm,f* Augustinian
agutí *(pl* **agutíes***) nm* agouti
aguzanieves *nf inv* pied wagtail
aguzar [14] *vt* **-1.** *(afilar)* to sharpen **-2.** *(apetito)* to whet **-3.** *(sentido, mente)* to sharpen; ~ **el ingenio** to sharpen one's wits; **aguza el oído, a ver si oyes qué dicen** listen carefully and see if you can hear what they're saying
ah *interj (admiración)* ooh!; *(sorpresa)* oh!; *(pena)* ah!; **¡ah, ya sé a quién te refieres!** ah, now I know who you mean!
ahí *adv* **-1.** *(lugar determinado)* there; ~ **arriba/abajo** up/down there; **desde ~ no se ve nada** you can't see anything from there; **ponlo ~** put it over there; **vino por ~** he came that way; **¡~ están!** there they are!; **¡~ tienes!** here *o* there you are!; ~ **vienen los niños** here *o* there come the children; ~ **mismo** right there; **déjalo ~ mismo** leave it (over) there; **Am ~ nomás** right over there **-2.** *(lugar indeterminado)* ~ **es donde te equivocas** that's where you are mistaken; **la solución está ~** that's where the solution lies; **de ~ a la fama hay muy poco** it's not far to go from there to being famous; **de ~ a llamarle tonto hay poca distancia** there's little difference between saying that and calling him stupid; **andan por ~ diciendo tonterías** they're going around talking nonsense; **está por ~** *(en lugar indeterminado)* she's around (somewhere); *(en la calle)* she's out; **se ha ido a pasear por ~** she's gone out for a walk; **las llaves están por ~** the keys are around there somewhere; *Fam* **andar por ~ con los amigos** to hang out with one's friends; **por ~** *(aproximadamente eso)* something like that; **¿te costó 10 euros? - por ~, por ~** it cost you 10 euros, did it? – yes, somewhere around that *o* more or less; **por ~ va la cosa** you're not too far wrong; **por ~ no paso** that's one thing I'm not prepared to do; EXPR *Am* **¡~ está!** (you) see!; **todavía no me contestaron - ~ está, yo te dije** they still haven't answered – (you) see, I told you so; EXPR *CAm, Méx Fam* **¡~ muere!** forget it!; EXPR **¡~ es nada!: subió al Everest sin oxígeno, ¡~ es nada!** guess what, he only climbed Everest without any oxygen!; **ha vendido ya dos millones, ¡~ es nada!** she's sold two million already, not bad, eh?; *Fam* **¿cómo estás? - *Andes, Carib, RP* ~ *o CAm, Méx* ~ nomás** how are you? – so-so; EXPR **~ le duele: a pesar de su éxito, la crítica sigue sin aceptarlo, ¡~ le duele!** frustratingly for him, he still hasn't achieved critical acclaim despite his success; EXPR **¡~ me las den todas!** I couldn't care less!; EXPR *Méx Fam* **se va** (it's no) big deal; EXPR *Méx Fam* **hacer algo al ~ se va** to do sth any old how
-3. de ~ que *(por eso)* and consequently; **es un mandón, de ~ que no lo aguante nadie** he's very bossy, that's why nobody likes him; **de ~ su enfado** that's why she was so angry
-4. *(momento)* then; **de ~ en adelante** from then on; ~ **me di cuenta de que estaba mintiendo** that was when I realized he was lying
ahijado, -a *nm,f* **-1.** *(de padrinos)* godson, *f* goddaughter; **ahijados** godchildren **-2.** *(protegido)* protégé, *f* protégée
ahijar *vt* to adopt
ahijuna, aijuna *interj RP muy Fam (admiración)* son of a gun!; *(maldición) Br* bloody hell!, *US* godammit!
ahínco *nm* enthusiasm, devotion; **con ~** *(estudiar, trabajar)* hard, enthusiastically; *(solicitar)* insistently
ahíto, -a *adj* **-1.** *(saciado)* **estar ~** to be full **-2.** *(harto)* to be fed up **(de** with)
ahogadilla *nf* ducking; **hacer una ~ a alguien** to give sb a ducking
ahogado, -a ⋄ *adj* **-1.** *(en el agua)* drowned; **murió ~** he drowned
-2. *(falto de aliento) (respiración)* laboured; *(persona)* out of breath; **sus palabras, ahogadas por el llanto, casi no se entendían** it was almost impossible to understand what he was saying through his sobs
-3. *(apagado) (grito, sonido)* muffled
-4. *(agobiado)* overwhelmed, swamped **(de** with); ~ **de calor** stifling in the heat
-5. *Andes, Méx (estofado)* stewed
⋄ *nm,f* drowned person
⋄ *nm Andes, Méx (guiso)* stew; *(sofrito)* = mixture of onion, garlic, peppers etc fried together as base for stews
ahogador *adj Ven (de caballo)* throatlatch
ahogar [38] ⋄ *vt* **-1.** *(en el agua)* to drown
-2. *(cubriendo la boca y nariz)* to smother, to suffocate
-3. *(extinguir) (fuego)* to smother, to put out; **los gritos de protesta ahogaban el discurso** the cries of protest drowned out his speech
-4. *(dominar) (levantamiento)* to put down, to quell; *(pena)* to hold back, to contain; **ahogó sus penas** *(con la bebida)* he drowned his sorrows
-5. AUT *(coche)* to flood
-6. ~ **el rey** *(en ajedrez)* to stalemate one's opponent
-7. *Andes, Méx (guisar)* to stew
◆ **ahogarse** *vpr* **-1.** *(en el agua)* to drown; EXPR **ahogarse en un vaso de agua** to make a mountain out of a molehill **-2.** *(asfixiarse)* to suffocate; **el paciente se ahogó en su propio vómito** the patient choked on his own vomit **-3.** *(de calor)* to be stifled; **me estoy ahogando de calor** I'm suffocating in this heat **-4.** *(fuego, llama)* to go out **-5.** AUT *(motor)* to flood
ahogo *nm* **-1.** *(asfixia)* breathlessness, difficulty in breathing **-2.** *(angustia)* anguish, distress **-3.** *(económico)* financial difficulty **-4.** *Andes (salsa)* stewing sauce
ahondar ⋄ *vt (hoyo, túnel)* to deepen; **el paso del tiempo ahondó las diferencias entre los dos hermanos** the differences between the two brothers grew wider as time went by
⋄ *vi* ~ **en** *(penetrar)* to penetrate deep into; *(profundizar)* to study in depth; **no quiero ~ más en esta cuestión** I don't want to go into this matter any further
ahora ⋄ *adv* **-1.** *(en el presente)* now; ~ **los jóvenes se entretienen de otra manera** young people today have different forms of entertainment; **¿no has querido comer? ~ te aguantas hasta la hora de la cena** so you didn't eat your lunch up? well, you're just going to have to wait until dinnertime now; **un territorio hasta ~ inexplorado** a region as yet unexplored; **hasta ~ sólo se han presentado dos voluntarios** so far only two people have volunteered; *Fam* **~ sí que la hemos fastidiado** we've really gone and blown it now; *Fam* **~ lo harás porque lo digo yo** you'll do it because I jolly well say so; **ya verás como ~ lo consigues** just wait and see, you'll manage it this time; **¡~ caigo!** *(ahora comprendo)* now I understand!; *(ahora recuerdo)* now I remember!; ~ **mismo** right now; ~ **o nunca** it's now or never; ~ **me entero** it's the first I've heard of it, that's news to me; **¿sabías que no hace falta hacer eso? – ¡~ me entero!** did you know you don't need to do that? – now you tell me!; **a partir de ~, de ~ en adelante** from now on; *RP* **de ~ en más** from now on; **por ~** for the time being; **por ~ no hemos tenido ningún problema** we haven't had any problems so far; **~ que lo pienso, no fue una película tan mala** come to think of it, it wasn't that bad a film
-2. *(pronto)* in a second; ~ **cuando venga descubriremos la verdad** we'll find out the truth in a moment, when she gets here; ~ **voy, déjame terminar** let me finish, I'm coming in a minute; **justo ~ iba a llamarte** I was just about to ring you this minute; **lo voy a hacer ~ mismo, en cuanto acabe de planchar** I'll do it just as soon as I've finished the ironing
-3. *(hace poco)* just now, a few minutes ago; **he leído tu mensaje ~** I've just read your message; **se acaban de marchar ~ mismo** they just left a few moments ago, they've just left
⋄ *conj* **-1.** *(ya... ya)* ~ **habla,** ~ **canta** one minute she's talking, the next she's singing

ahorcado

-2. *(pero)* but, however; **éste es mi plan, ~, no vengas si no quieres** that's my plan, but of course you don't have to come if you don't want to; **tienes razón, ~, que la historia no está completa** you're right, mind you, the story isn't finished yet
◇ **ahora bien** *loc conj* but; **ven cuando quieras; ~ bien, tendrás que esperar a que acabemos** come whenever you like, although you'll have to wait until we've finished

ahorcado, -a ◇ *nm,f (persona)* hanged man, *f* hanged woman
◇ *nm* **el (juego del) ~** hangman

ahorcamiento *nm* hanging

ahorcar [59] ◇ *vt* **-1.** *(colgar)* to hang **-2.** *(dejar)* **~ los hábitos** to give up the cloth, to leave the clergy
◆ **ahorcarse** *vpr* to hang oneself

ahorita, ahoritica, ahoritita *adv Andes, CAm, Carib, Méx Fam* **-1.** *(en el presente)* (right) now; **~ voy** I'm just coming **-2.** *(pronto)* in a second; **~ le traeré su plato** your meal's coming right up **-3.** *(hace poco)* just now, a few minutes ago; **~ mismo terminé el trabajo** I just finished the job this minute

ahormar *vt* **-1.** *(en molde)* to mould, to fit **-2.** *(ropa, zapatos)* to break in **-3.** *(carácter)* to mould

ahorquillado, -a *adj* forked

ahorquillar *vt* **-1.** AGR to prop up with forks **-2.** *(dar forma)* to shape like a fork

ahorrador, -ora ◇ *adj* thrifty, careful with money
◇ *nm,f* **-1.** *(ahorrativo)* thrifty person **-2.** *Méx (en el banco)* saver

ahorrar ◇ *vt* **-1.** *(dinero)* to save; **ahorró tres millones** she saved three million; **comprando a granel ahorras bastante dinero** you can save quite a lot of money by buying in bulk
-2. *(economizar) (energía)* to save; **es importante ~ agua** it's important to save water; **por esta carretera ahorras tiempo** it's quicker if you take this road; **lo haremos aquí para ~ tiempo** we'll do it here to save time
-3. *(evitar)* **gracias, me has ahorrado un viaje** thank you, you've saved me a journey; **ahórrame los detalles** spare me the details; **no ahorraremos esfuerzos para conseguir nuestro propósito** we will spare no effort to achieve our aim; **no se lo voy a contar para ahorrarle un disgusto** I'm not going to tell her, so as not to upset him
◇ *vi* to save; **es incapaz de ~** he doesn't know how to save (money)
◆ **ahorrarse** *vpr* **-1.** *(dinero)* to save; **nos ahorramos 1.000 pesos** we saved (ourselves) 1,000 pesos **-2.** *(molestia)* **ahorrarse la molestia (de hacer algo)** to save oneself the trouble (of doing sth); **si lo haces con cuidado te ahorrarás tener que repetirlo** if you do it carefully you'll save yourself having to do it again; **me ahorré un viaje** I saved myself a journey

ahorrativo, -a *adj* **-1.** *(persona)* thrifty **-2.** *(medida)* money-saving

ahorrista *nmf RP* saver

ahorro *nm* **-1.** *(gasto menor)* saving; **esta medida supone un ~ de varios millones** this measure means a saving of several millions; **medidas de ~ energético** energy-saving measures; **una campaña para fomentar el ~** a campaign encouraging people to save; **este sistema es un ~ de tiempo** this system saves (you) time *o* is a time-saver **-2.** **ahorros** *(cantidad)* savings

ahuecado, -a *adj* **-1.** *(vacío)* hollow, empty **-2.** *(mullido) (edredón)* plumped up; **quiero el pelo ~** I'd like my hair to have more body **-3.** *(voz)* deep

ahuecar [59] ◇ *vt* **-1.** *(tronco)* to hollow out **-2.** *(manos)* to cup **-3.** *(mullir) (colchón)* to plump up; *(pelo)* to give body to; *(tierra)* to hoe **-4.** *(voz)* to deepen **-5.** EXPR *Fam* **~ el ala** to clear off
◇ *vi Fam (irse)* to clear off

◆ **ahuecarse** *vpr (engreírse)* to puff up (with pride)

ahuehuete *nm* Montezuma cypress

ahuesado, -a *adj Perú* in a rut

ahuesarse *vpr* **-1.** *Andes* COM *(artículo)* to become useless *o* worthless **-2.** *Guat (adelgazar)* to become very thin **-3.** *Perú (anquilosarse)* to get into a rut

ahuevado, -a *adj* **-1.** *(forma)* egg-shaped **-2.** *CAm, Ecuad, Perú Fam (cobarde)* chicken, gutless; **¡no seas ~!** don't be chicken! **-3.** *CAm, Ecuad, Perú Fam (tonto)* dopey

ahuevar ◇ *vt* **-1.** *(forma)* to make egg-shaped **-2.** *(vino)* to clarify with egg white **-3.** *CAm, Ecuad, Perú Fam (volver tonto)* **~ a alguien** to knock sb all of a heap, *Br* to leave sb gobsmacked **-4.** *CAm, Ecuad, Perú Fam (acobardar)* to scare, to put the wind up
◆ **ahuevarse** *vpr CAm, Ecuad, Perú Fam* **-1.** *(atontarse)* to be knocked all of a heap, *Br* to be gobsmacked **-2.** *(acobardarse)* to chicken out, to get cold feet; **quise decírselo pero me ahuevé** I meant to tell him but I chickened out (of it)

ahuevonado, -a, agüevonado, -a *adj Ven Fam* dopey; **el ~ de su hermano** his dope of a brother; **la noticia le dejó ~** the news knocked him all of a heap

ahumado, -a ◇ *adj* **-1.** *(jamón, pescado)* smoked **-2.** *(cristal)* smoked; *(gafas)* tinted **-3.** *Fam (borracho)* drunk
◇ *nm* smoking
◇ *nmpl* **ahumados** = smoked fish and/or meat

ahumar ◇ *vt* **-1.** *(jamón, pescado)* to smoke **-2.** *(lugar)* to make all smoky
◆ **ahumarse** *vpr* **-1.** *(llenarse de humo)* to get all smoky **-2.** *(ennegrecerse de humo)* to become blackened with smoke **-3.** *Fam (emborracharse)* to get drunk

ahuyama = auyama

ahuyentar *vt* **-1.** *(espantar, asustar)* to scare away **-2.** *(mantener a distancia)* to keep away; **el fuego ahuyentaba a las fieras** the fire kept the wild animals away; **el elevado precio ahuyentó a los compradores** the high price put buyers off; **ahuyentó su mal humor** he shook off his bad mood **-3.** *(apartar)* to drive away; **ahuyenta los malos pensamientos** banish all evil thoughts from your mind

AI *(abrev de* **Amnistía Internacional***)* AI

AID *nf (abrev de* **Asociación Internacional de Desarrollo***)* IDA

AIEA *nf (abrev de* **Agencia Internacional de la Energía Atómica***)* IAEA

aijuna = ahijuna

aikido *nm* aikido

ailanto *nm* tree of heaven

aimara = aymara

AIN *nf (abrev de* **Agencia de Información Nacional***)* = Cuban national news agency

aindiado, -a *adj (facciones)* Indian-looking; **tiene un habla muy aindiada** he talks *o* sounds really like an Indian

airadamente *adv* angrily

airado, -a *adj* angry; **"¡eso nunca!", replicó ~** "never!" he replied angrily

airar ◇ *vt* to anger, to make angry
◆ **airarse** *vpr* to get angry

airbag ['erβaɣ, air'βaɣ] *(pl* **airbags***) nm (en coche)* air bag ❑ **~ frontal** front air bag; **~ lateral** side air bag

aire ◇ *nm* **-1.** *(fluido)* air; **al ~** *(al descubierto)* exposed; **con el pecho al ~** bare-chested; **con las piernas al ~** with bare legs, bare-legged; **si duermes con los pies al ~ te enfriarás** if you sleep with your feet sticking out from under the covers, you'll catch cold; **el médico le aconsejó que dejara la quemadura al ~** the doctor advised him to leave the burn uncovered; **disparar al ~** to shoot into the air; **disparó al ~** she fired a shot into the air; **~-~** *(misil)* air-to-air; **a esta rueda le falta ~** this tyre is a bit flat; **al ~ libre** in the open air; **un concierto al ~ libre** an open-air concert; EXPR **a mi/tu/***etc.* **~:** **prefiero hacerlo a mi ~**

I'd rather do it my (own) way; **tú a tu ~, si te aburres vete a casa** do whatever you like, if you're bored just go home; EXPR **cambiar de aires** to have a change of scene; **el médico le recomendó cambiar de aires** the doctor recommended a change of air; EXPR **dejar algo en el ~** *(sin decidir)* to be in the air; RAD & TV to be on the air; **el resultado todavía está en el ~** the result could still go either way; **el programa sale al ~ los lunes a las nueve** the programme is broadcast on Mondays at nine o'clock; EXPR **saltar** *o* **volar por los aires: el automóvil saltó** *o* **voló por los aires** the car was blown into the air; EXPR **tomar el ~** to go for a breath of fresh air; EXPR *Fam* **vivir del ~** *(no tener nada)* to live on thin air; *(comer poco)* to eat next to nothing; *Fam* **sin trabajo ni casa, ¿es que piensa vivir del ~?** how does she expect to survive without a job or a home? ❑ **~ acondicionado** air-conditioning; **~ comprimido** compressed air; **~ líquido** liquid oxygen; **~ del mar** sea air; **~ puro** fresh air; **~ viciado** foul air
-2. *(viento)* wind; **hoy hace mucho ~** it's very windy today; **cierra la puerta que entra ~** close the door, there's a draught ❑ **~ polar** polar wind; **~ tropical** tropical wind
-3. *(aspecto)* air, appearance; **un vehículo de ~ deportivo** a sporty-looking car; **tiene ~ de haber viajado mucho** he looks like somebody who has done a lot of travelling; **tiene un ~ distraído** she has an absent-minded air about her, she comes across as rather absent-minded; **su respuesta tenía un cierto ~ de escepticismo** there was a touch of scepticism about her answer
-4. *(parecido)* **tiene un ~ a su madre** she has something of her mother; **tiene un ~ con alguien que conozco** he reminds me of someone I know
-5. *(vanidad)* **se da aires de lista** she makes out she's clever; **desde que es jefe se da muchos aires (de grandeza)** since he became the boss he's been giving himself airs
-6. *Fam (parálisis)* attack, fit; **le dio un ~** he had a fit
-7. MÚS *(melodía)* air, tune; *(ritmo)* tempo ❑ **~ lento** slow tempo; **~ popular** folk song, traditional song; **~ rápido** fast *o* upbeat tempo
-8. *(ventosidad)* wind; **tener ~** to have wind
-9. *Méx Fam* **dar ~ a alguien** *(despedir)* to sack sb; **dio ~ a su novio** she dumped her boyfriend
◇ *interj Fam* clear off!; **¡~, y no se te ocurra volver por aquí!** clear off and don't let me see you here again!

aireación *nf* ventilation

aireado, -a *adj* airy

airear ◇ *vt* **-1.** *(ventilar)* to air **-2.** *(contar)* to air (publicly); **el periódico aireó el escándalo** the newspaper published details of the scandal
◆ **airearse** *vpr* **-1.** *(persona)* to get a breath of fresh air **-2.** *(habitación)* **abre la ventana para que se airee el cuarto** open the window to let the room air *o* to air the room

airoso, -a *adj* **-1.** *(garboso)* graceful, elegant **-2.** *(triunfante)* **salir ~ de algo: salió ~ de la prueba** he passed the test with flying colours; **salió ~ de la entrevista** he gave a good account of himself in the interview

aislacionismo *nm* POL isolationism

aislacionista POL ◇ *adj* isolationist
◇ *nmf* isolationist

aisladamente *adv* **considerado/tomado ~** considered/taken in isolation

aislado, -a *adj* **-1.** *(remoto)* isolated **-2.** *(incomunicado)* cut off; **nos quedamos aislados por la nieve** we were cut off by the snow; **vive ~ del resto del mundo** he has cut himself off from the rest of the world **-3.** *(singular)* isolated **-4.** *(cable, pared)* insulated

aislamiento nm -1. (de lugar) isolation -2. (de persona) isolation -3. (de virus) isolation -4. (de calle, vivienda) insulation ❑ ~ **acústico** soundproofing; ~ **eléctrico** electric insulation; ~ **térmico** thermal insulation

aislante ◇ adj insulating
◇ nm -1. (para camping) camping mat -2. (material) insulating material ❑ ~ **acústico** soundproofing material; ~ **eléctrico** electrical insulator; ~ **térmico** thermal insulator

aislar ◇ vt -1. (persona) to isolate -2. (del frío, de la electricidad) to insulate; (del ruido) to soundproof -3. (incomunicar) to cut off; **la nevada aisló la comarca del resto del país** the snow cut the area off from the rest of the country -4. (virus) to isolate
◇ vi **estas ventanas aíslan muy bien del frío/ruido** these windows are very good at keeping the cold/noise out
➤ **aislarse** vpr to isolate oneself, to cut oneself off (**de** from)

aizkolari nm = competitor in the rural Basque sport of chopping felled treetrunks

ajá interj (sorpresa) aha!; (asentimiento) uh-huh

Ajaccio n Ajaccio

ajado, -a adj (flor) withered; (piel) wrinkled; (colores) faded; (ropa) worn; (persona) wizened

ajamonarse vpr Fam (mujer) to get a middle-aged spread

ajar ◇ vt (flores) to wither, to cause to fade; (piel) to wrinkle; (colores) to cause to fade; (ropa) to wear out
➤ **ajarse** vpr (flores) to fade, to wither; (piel) to wrinkle, to become wrinkled; (belleza, juventud) to fade

ajardinado, -a adj landscaped; **zonas ajardinadas** landscaped (green) areas

ajardinar vt to landscape

a. JC. (abrev de **antes de Jesucristo**) BC

aje nm yam

ajedrea nf savory (plant)

ajedrecista nmf chess player

ajedrecístico, -a adj **dotes ajedrecísticas** chess-playing skills; **torneo** ~ chess tournament

ajedrez nm -1. (juego) chess; **jugar al** ~ to play chess -2. (piezas y tablero) chess set

ajedrezado, -a adj checked, check

ajenjo nm -1. (planta) wormwood, absinthe -2. (licor) absinthe

ajeno, -a adj -1. (de otro) of others; **jugar en campo** ~ to play away from home; **no te metas en los problemas ajenos** don't interfere in other people's problems; **no le importa la miseria ajena** she doesn't care about the suffering of others; **recurrieron a capital** ~ they turned to outside investors, they used borrowed capital
-2. (no relacionado) **es un problema** ~ **a la sociedad de hoy** it's a problem that no longer exists in today's society; **todo eso me es** ~ (no me atañe) all that has nothing to do with me; **esto es** ~ **a nuestro departamento** our department doesn't deal with that; **por causas ajenas a nuestra voluntad** for reasons beyond our control; **un escándalo al que no es** ~ **el presidente** a scandal in which the president is not uninvolved; **su plan es** ~ **a cualquier intento partidista** their plan in no way seeks to gain party-political advantage; **una tradición ajena a nuestra cultura** a tradition which is alien to our culture
-3. (ignorante) **era ajena a lo que estaba ocurriendo** she had no knowledge of what was happening

ajerezado, -a adj sherry-like

ajete nm = green stalk of young garlic plant

ajetreado, -a adj busy; **he tenido un día muy** ~ I've had a very busy day

ajetrearse vpr (afanarse) to bustle about

ajetreo nm **con tanto** ~ **me olvidé de llamarle** things were so hectic that I forgot to phone him; **hoy hay mucho** ~ **en la oficina** there's a lot going on o happening in the office today; **el** ~ **de la ciudad** the hustle and bustle of the city

ají (pl **ajíes** o **ajís**) nm -1. Andes, RP (pimiento) chilli (pepper) -2. Andes, RP (salsa) = sauce made from oil, vinegar, garlic and chilli -3. Ven ~ **chirel** = small, hot chilli pepper

ajiaceite nm = sauce made from garlic and olive oil

ajiaco nm -1. Andes, Carib (estofado) = chilli-based stew -2. Méx (estofado con ajo) = tripe stew flavoured with garlic -3. Ven (sopa) = vegetable soup which sometimes also contains meat -4. Cuba Fam (alboroto) rumpus, racket; **en la fiesta se formó tremendo** ~ it was bedlam at the party -5. Cuba Fam (problema) mess

ajicero, -a Ven ◇ nm -1. (salsa) = sauce made from oil, vinegar, garlic and chilli -2. (envase) "ajicero" bottle
◇ nm,f (persona) "ajicero" maker

ajila interj Cuba clear off!, get lost!

ajilimójili, ajilmoje ◇ nm = pepper, garlic and vinegar sauce
◇ nmpl **ajilimójilis** Fam bits and pieces; **con todos sus ajilimójilis** with the works o all the trimmings

ajillo nm **al** ~ = fried with lots of garlic; **champiñones/gambas al** ~ garlic mushrooms/prawns

ajilmoje = **ajilimójili**

ajo[1] nm (planta, condimento) garlic; **un diente de** ~ a clove of garlic; EXPR Fam Euf **¡~ y agua!** too bad!, tough!; EXPR **está en el** ~ **: pregúntale a ella, que está en el** ~ ask her, she's in on it o in the know; Fam **varios funcionarios están metidos en el** ~ a number of civil servants are mixed up in the affair ❑ ~ **blanco** cold garlic soup; ~ **tierno** = green stalk of young garlic plant

ajo[2], RP **ajó** interj goo-goo

ajoarriero nm (bacalao al) ~ = stew of salt cod cooked with eggs and garlic

ajolote nm (pez) axolotl

ajonjolí (pl **ajonjolíes**) nm (planta) sesame; **semillas de** ~ sesame seeds

ajorca nf bangle

ajotar vt PRico ~ **a los perros contra alguien** to set the dogs on sb

ajuar nm -1. (de novia) trousseau -2. (de casa) furnishings

ajuiciar vt ~ **a alguien** to bring sb to their senses

ajumado, -a adj Carib Fam tight, tipsy

ajumarse vpr Carib Fam to get tight o tipsy

ajuntar Fam ◇ vt (lenguaje infantil) to be pals o friends with
➤ **ajuntarse** vpr -1. (lenguaje infantil) (ser amigos) to be pals o friends -2. (irse a vivir juntos) to move in together

Ajuria Enea n = official residence of the president of the autonomous Basque government, used by extension to refer to the Basque government as a whole

ajustable adj adjustable; **sábana** ~ fitted sheet; **un volante** ~ **en altura** an adjustable steering-wheel

ajustado, -a ◇ adj -1. (ceñido) (ropa) tight-fitting; **este vestido me queda muy** ~ this dress is really tight on me; **le gustan los pantalones ajustados** she likes wearing tight-fitting trousers
-2. (tuerca, pieza) tight
-3. (resultado, final) close; **estos precios están muy ajustados, no le puedo hacer ningún descuento** my margin on these prices is very low, I can't give you a discount
-4. (adaptado) ~ **a: presentaron un presupuesto** ~ **a sus posibilidades** they proposed a budget in line with their resources; **un precio** ~ **a la calidad del producto** a price in keeping with the quality of the product
◇ nm fitting

ajustador, -ora ◇ adj adjusting
◇ nm,f IMPRENTA typesetter
◇ nmpl **ajustadores** Col, Cuba bra

ajustamiento nm (ajuste) settlement

ajustar ◇ vt -1. (encajar) (piezas de motor) to fit; (puerta, ventana) to push to
-2. (arreglar) to adjust; **el técnico ajustó la antena** the engineer adjusted the aerial
-3. (apretar) to tighten; **ajusta bien la tapa** screw the lid on tight
-4. (poner en posición) (retrovisor, asiento) to adjust
-5. (pactar) (matrimonio) to arrange; (pleito) to settle; (paz) to negotiate; (precio) to fix, to agree; **hemos ajustado la casa en cinco millones** we have agreed a price of five million for the house
-6. (adaptar) to alter; **el sastre ajustó el vestido** the tailor altered the dress; **tendrás que** ~ **tus necesidades a las nuestras** you'll have to adapt your needs to fit in with ours; **tenemos que** ~ **los gastos a los ingresos** we shouldn't spend more than we earn; ~ **las pensiones al índice de inflación** to index-link pensions
-7. (asestar) to deal, to give
-8. IMPRENTA to make up
-9. (reconciliar) to reconcile
-10. (saldar) settle; EXPR **ajustar las cuentas a alguien** to settle a score with sb; EXPR **¡la próxima vez que te vea ajustaremos cuentas!** you'll pay for this the next time I see you!
◇ vi (venir justo) to fit properly, to be a good fit; **la ventana no ajusta bien** the window won't close properly
➤ **ajustarse** vpr -1. (encajarse) to fit; **el tapón no se ajusta a la botella** the top won't fit on the bottle; Fig **tu relato no se ajusta a la verdad** your account is at variance with the truth, your account doesn't match the facts
-2. (adaptarse) to fit in (**a** with); **es un chico muy sociable, se ajusta a todo** he's a very sociable boy and fits in wherever he goes; **tu plan no se ajusta a nuestras necesidades** your plan doesn't meet our needs; **su arte no se ajusta al paladar europeo** his art doesn't appeal to European taste; **ajústate a lo que te han dicho** do as you've been told; **tenemos que ajustarnos al presupuesto del que disponemos** we have to keep within the limits of our budget; **su decisión no se ajusta a derecho** her decision does not have a sound legal basis; **ajustarse a las reglas** to abide by the rules
-3. (ponerse de acuerdo) to come to an agreement; **se ajustaron con sus acreedores** they came to an agreement with their creditors

ajuste nm -1. (de pieza) fitting; (de mecanismo) adjustment
-2. (de salario) agreement
-3. (económico) **las medidas de** ~ **económico propuestas por el gobierno** the economic measures proposed by the government; **ajustes presupuestarios** budget adjustments ❑ ~ **de plantilla** downsizing
-4. RDom, Ven (pago único) = agreed payment for a piece of work
-5. Ven Fam (arreglo) deal; **le va mal porque no hizo** ~ **con los poderosos de turno** it's going badly for him because he didn't square things o do a deal with those in power at the time
-6. Fig ~ **de cuentas: los ajustes de cuentas son frecuentes entre bandas rivales** the settling of scores is common amongst rival gangs; **murió en un** ~ **de cuentas** he died in a tit-for-tat killing

ajustero, -a nm,f RDom, Ven = person who contracts to do work for a fixed payment

ajusticiado, -a nm,f executed criminal

ajusticiamiento nm execution

ajusticiar vt to execute

al ver **a, el**

Alá nm Allah

ala

Takes the masculine articles **el** and **un**.

◇ nf -1. (de ave, insecto) wing; (de avión)

wing; [EXPR] **cortar las alas a alguien** to clip sb's wings; [EXPR] **dar alas a** *(alentar)* to encourage; *(consentir)* to give a free hand to; [EXPR] *Fam* **está tocado del** ~ he's soft in the head; [EXPR] *Fam* **5.000 pesetas del** ~ a whopping 5,000 pesetas ❑ ~ *delta (aparato)* hang-glider; **hacer** ~ **delta** to go hang-gliding; AV ~ *en delta* delta wing
-**2.** *(de edificio)* wing
-**3.** *(de tejado)* eaves
-**4.** *(de partido)* wing
-**5.** *(de sombrero)* brim; **un sombrero de** ~ **ancha** a wide-brimmed hat
-**6.** *(de compresa)* wing
-**7.** *(de nariz)* side
-**8.** *(de mesa)* leaf
-**9.** DEP *(posición)* wing
◇ *nmf (en fútbol, rugby)* winger, wing; *(en baloncesto)* forward ❑ ~ *delantero (en rugby)* wing forward; ~ *pívot (en baloncesto)* power forward
◇ *interj* -**1.** *(para dar ánimo, prisa)* come on! -**2.** *(para expresar incredulidad)* no!, you're joking! -**3.** *(para expresar admiración, sorpresa)* wow!

alabanza *nf* praise; **decir algo en** ~ **de alguien** to say sth in praise of sb; **su acción es digna de** ~ she deserves praise for what she did; **un intento digno de** ~ a praiseworthy attempt

alabar ◇ *vt* to praise; [EXPR] *Fam* **¡alabado sea Dios!** *(expresa sorpresa)* good heavens!
◆ **alabarse** *vpr* to boast; **se alaba de valiente** he's always boasting about how brave he is

alabarda *nf* halberd
alabardero *nm* -**1.** *(soldado)* halberdier -**2.** TEATRO member of the claque
alabastro *nm* alabaster
alabear ◇ *vt* to warp
◆ **alabearse** *vpr* to warp
alabeo *nm* warping
alacena *nf* -**1.** *(mueble)* kitchen cupboard -**2.** *(en la pared)* wall cupboard
alacrán *nm* -**1.** *(escorpión)* scorpion -**2.** ~ *cebollero* mole cricket
alacranera *nf (planta)* scorpiurus
alacridad *nf Literario* alacrity
aladares *nmpl* earlocks
ALADI [a'laði] *nf (abrev de* **Asociación Latinoamericana de Integración)** LAIA, = Latin American association promoting integration of trade
aladierno *nm* buckthorn
Aladino *n pr* Aladdin
alado, -a *adj (con alas)* winged
ALALC [a'lalk] *nf Antes (abrev de* **Asociación Latinoamericana de Libre Comercio)** LAFTA
alambicado, -a *adj (lenguaje, estilo)* (over-)elaborate, involved
alambicar [59] *vt* -**1.** *(destilar)* to distil -**2.** *(complicar)* to overcomplicate
alambique *nm* still
alambrada *nf* -**1.** *(cerca)* wire fence -**2.** *(material)* wire netting
alambrado *nm* -**1.** *(acción)* fencing off *(with wire netting)* -**2.** *Am (cerca)* wire fence
alambrar *vt* to fence off *(with wire netting)*
alambre *nm* -**1.** *(hilo metálico)* wire ❑ *Arg* ~ *carril* cable car; ~ *de espino* barbed wire; ~ *de púas* barbed wire -**2.** *Chile (cable)* cable, lead; [EXPR] **estar con los alambres pelados** to have got out of the wrong side of bed, to be like a bear with a sore head
alambrista *nmf* tightrope walker
alameda *nf* -**1.** *(sitio con álamos)* poplar grove -**2.** *(paseo)* tree-lined avenue
álamo *nm* poplar ❑ ~ *blanco* white poplar; ~ *negro* black poplar; ~ *temblón* aspen, trembling poplar
Al-Andalus *n* HIST = Arab empire in southern Spain (711–1492)
alano, -a ◇ *adj* HIST Alani
◇ *nm,f* -**1.** *(perro)* mastiff -**2.** HIST **los alanos** *(pueblo)* the Alani, = Germanic tribe which invaded Spain in the 5th century AD

alante *adv Fam (considerado incorrecto)* = **adelante**
alar *nm* -**1.** *(del tejado)* eaves -**2.** *Col (acera) Br* pavement, *US* sidewalk
alarde *nm* show, display; **hizo** ~ **de su inteligencia** she showed off *o* flaunted her intelligence; **en un** ~ **de generosidad, nos invitó a cenar** in a display of generosity he invited us to dinner
alardear *vi* **alardea de valiente** he preens himself on his bravery; **alardea de tener un yate** she makes quite a thing about having a yacht
alardeo *nm* showing off
alargadera *nf* extension lead
alargado, -a *adj* long; **tiene la cara alargada** he has a long face
alargador *nm* extension lead
alargamiento *nm* -**1.** *(de objeto)* lengthening -**2.** *(en el tiempo)* extension
alargar [38] *vt* -**1.** *(ropa)* to lengthen -**2.** *(viaje, visita, plazo)* to extend; *(conversación)* to spin out; **el árbitro alargó el primer tiempo cinco minutos** the referee added five minutes' stoppage time to the end of the first half -**3.** *(brazo, mano)* to stretch out -**4.** *(pasar)* ~ **algo a alguien** to pass sth (over) to sb; **alárgame el paraguas, por favor** could you pass me (over) the umbrella, please?
◆ **alargarse** *vpr (hacerse más largo) (días)* to get longer; *(reunión)* to be prolonged; *(hacerse muy largo)* to go on for ages; **la reunión se alargó hasta el alba** the meeting went on *o* stretched on until dawn
alargue *nm RP* extension lead
alarido *nm* shriek, howl; **dar** *o* **pegar un** ~ to let out a shriek *o* howl
alarma *nf* -**1.** *(señal)* alarm; **dar la** ~, **dar la voz de** ~ to raise the alarm
-**2.** *(dispositivo)* alarm ❑ ~ *antirrobo (en coche)* antitheft *o* car alarm; *(en casa)* burglar alarm; ~ *contra incendios* fire alarm
-**3.** *(preocupación)* alarm; **cundió la** ~ panic spread; **saltó la** ~ **entre los responsables de la empresa** alarm bells started ringing among the company's management; **las propuestas del gobierno provocaron gran** ~ **social** the government's proposals caused widespread alarm among the population
-**4.** MIL call to arms
alarmante *adj* alarming
alarmar ◇ *vt* -**1.** *(avisar)* to alert -**2.** *(asustar)* to alarm
◆ **alarmarse** *vpr (inquietarse)* to be alarmed
alarmismo *nm* alarmism
alarmista ◇ *adj* alarmist
◇ *nmf* alarmist
Alaska *n* Alaska
a látere *nmf Pey* underling
alauí *(pl* **alauíes)**, **alauita** *adj (reino, monarca)* Moroccan, of Morocco
alavés, -esa ◇ *adj* of/from Alava (Spain)
◇ *nm,f* person from Alava (Spain)
alazán, -ana ◇ *adj* chestnut
◇ *nm,f* chestnut (horse)
alazor *nm* safflower
alba *nf*

| Takes the masculine articles **el** and **un**. |

-**1.** *(amanecer)* dawn, daybreak; **al** ~ at dawn -**2.** *(vestidura)* alb
albacea *nmf* DER ~ **(testamentario)** executor
albaceteño, -a ◇ *adj* of/from Albacete (Spain)
◇ *nm,f* person from Albacete (Spain)
albacora *nf (pez)* long-finned tuna, albacore
albahaca *nf* basil
albanés, -esa ◇ *adj* Albanian
◇ *nm,f (persona)* Albanian
◇ *nm (lengua)* Albanian
Albania *n* Albania
albañil *nm* bricklayer
albañilería *nf* -**1.** *(oficio)* bricklaying -**2.** *(obra)* brickwork

albanokosovar ◇ *adj* Kosovo Albanian
◇ *nmf* Kosovo Albanian
albar *adj Literario* white
albarán *nm Esp* COM delivery note
albarca *nf* = type of sandal worn by country people
albarda *nf* -**1.** *(arreos)* packsaddle -**2.** *(tocino)* strip of bacon -**3.** *CAm, Méx (silla de montar)* saddle
albardilla *nf* -**1.** *(silla de montar)* training saddle -**2.** *(de tocino)* strip of bacon
albardín *nm* Spanish grasshemp, = type of esparto grass
albaricoque *nm Esp* apricot
albaricoquero *nm Esp* apricot tree
albariño *nm* = fruity Galician white wine
albatros *nm inv* -**1.** *(ave)* albatross ❑ ~ *viajero* wandering albatross -**2.** *(en golf)* albatross
albayalde *nm* white lead
albedo *nm* FÍS albedo
albedrío *nm (antojo, elección)* fancy, whim; **a su** ~ as takes his/her fancy; FILOSOFÍA **libre** ~ free will; **a su libre** ~ of his/her own free will
alberca *nf* -**1.** *(depósito)* water tank -**2.** *Col, Méx (piscina)* swimming pool -**3.** *Perú (cerca)* fence -**4.** *Col (pila)* sink
albérchigo *nm* peach tree
albergar [38] ◇ *vt* -**1.** *(personas)* to accommodate, to put up; **nos albergaron en la habitación de invitados** they put us (up) in the guest room; **el polideportivo albergó a los damnificados** the sports centre provided temporary accommodation for the victims; **el partido alberga a comunistas y ecologistas** the party is a home to communists and greens
-**2.** *(exposición)* **el centro cultural albergará la exposición de Picasso** the cultural centre will be the venue for the Picasso exhibition, the Picasso exhibition will be held in the cultural centre; **un antiguo palacio alberga el Museo Antropológico** the Museum of Anthropology is housed in a former palace
-**3.** *(odio)* to harbour; **todavía albergamos esperanzas de conseguirlo** we still have hopes of achieving it
◆ **albergarse** *vpr* to stay; **¿en qué hotel se albergan?** what hotel are they staying in?
albergue *nm* -**1.** *(alojamiento)* accommodation, lodgings; **dar** ~ **a alguien** to take sb in -**2.** *(hostal)* hostel ❑ ~ *juvenil* youth hostel; ~ *de juventud* youth hostel; *RP* ~ *transitorio* = hotel where rooms may be rented by the hour -**3.** *(de montaña)* shelter, refuge -**4.** *(establecimiento benéfico)* home
alberguista *nmf* youth hosteller
albinismo *nm* albinism
albino, -a ◇ *adj* albino
◇ *nm,f* albino
Albion *n* Albion
albo, -a *adj Literario* white
albóndiga *nf* meatball
albor *nm* -**1.** *Literario (blancura)* whiteness -**2.** *Formal (luz del alba)* first light of day -**3.** **albores** *(principio)* dawn, earliest days; **los albores de la civilización** the dawn of civilization
alborada *nf* -**1.** *(amanecer)* dawn, daybreak -**2.** MÚS = popular song sung at dawn -**3.** MIL reveille
alborear *v impersonal* **empezaba a** ~ dawn was breaking
alboreo *nm Literario* daybreak, dawn
albornoz *nm* bathrobe
alborotadamente *adv* -**1.** *(desordenadamente)* excitedly -**2.** *(ruidosamente)* noisily, rowdily
alborotado, -a *adj* -**1.** *(agitado)* rowdy; **los niños están alborotados con la excursión** the children are all excited about the trip; **los ánimos están alborotados** feelings are running high -**2.** *(pelo)* dishevelled -**3.** *(mar)* rough -**4.** *Cuba (sexualmente)* sex-starved

alborotador, -ora ◇ *adj* rowdy
◇ *nm,f* troublemaker; **los alborotadores atacaron a la policía** the rioters attacked the police

alborotar ◇ *vt* **-1.** *(perturbar)* to disturb, to unsettle; [EXPR] *Fam* ~ **el gallinero** to stir things up, to put the cat among the pigeons; **en cuanto se habla de sueldos, se alborota el gallinero** as soon as wages are mentioned, people get all worked up **-2.** *(amotinar)* to stir up, to rouse **-3.** *(desordenar)* to mess up; **el viento le alborotó el pelo** the wind messed up her hair
◇ *vi* to be rowdy; **¡niños, no alboroten!** calm down, children!

◆ **alborotarse** *vpr* **-1.** *(perturbarse)* to get worked up **-2.** *(mar)* to get rough **-3.** *Chile (encabritarse)* to rear up

alboroto ◇ *nm* **-1.** *(ruido)* din; **había mucho ~ en la calle** there was a lot of noise in the street **-2.** *(jaleo)* fuss, to-do; **se armó un gran ~** there was a huge fuss; **se produjeron alborotos callejeros** there were street disturbances
◇ *nmpl* **alborotos** *CAm* popcorn

alborozado, -a *adj* overjoyed, delighted

alborozar [14] ◇ *vt* to delight
◆ **alborozarse** *vpr* to be overjoyed; **se alborozaron con la noticia de su embarazo** they were overjoyed at the news that she was pregnant

alborozo *nm* delight, joy; **la decisión causó ~** the decision was met with delight *o* joy; **celebraron el triunfo con ~** they celebrated their victory with jubilation

albricias *interj Anticuado* splendid!, first class!

albufera *nf* lagoon

álbum (*pl* **álbumes**) *nm* **-1.** *(cuaderno)* album ❏ **~ de fotos** photo album; **~ de sellos** stamp album **-2.** *(de disco)* album

albumen *nm* **-1.** BIOL albumen **-2.** *(clara)* egg white

albúmina *nf* QUÍM albumin

albuminoide *adj* QUÍM albuminoid

albur *nm* **-1.** *(pez)* bleak **-2.** *(azar)* chance; **dejar algo al ~** to leave something to chance **-3.** *Méx, RDom (juego de palabras)* pun; *(doble sentido)* double meaning **-4.** *PRico (mentira)* lie

---
ALBURES

Albures are a distinctive form of punning which originated in the speech of the (male) lower-classes of Mexico City, but are now in much wider use. They are used in rapid-fire repartee, chiefly of a sexual nature, which can be stretched into extensive exchanges as each participant tries to top the last speaker's remark. They typically involve use of numerous synonyms for the sexual organs, and one frequent theme of **albures** is the attempt to insinuate that one's adversary is the passive partner in a homosexual act.
Many of the puns have passed into everyday speech, and can cause unintended hilarity. For example, the apparently innocent word "setecientas" (seven hundred) can be understood to mean "you sit on it". Non-native speakers, no matter how fluent their Spanish, are unlikely to make much sense of an exchange of **albures**, let alone be able to participate. Indeed, they can be largely incomprehensible even to many Mexicans.

---

albura *nf Literario (blancura)* whiteness

alburear *vi Méx Fam (decir albures)* to pun, to make a pun

alburero, -a *nm,f Méx Fam* = person fond of puns

alburno *nm* bleak

ALCA ['alka] *nf (abrev de* **Área de Libre Comercio de las Américas**) FTAA, Free Trade Area of the Americas

alca *nf* razorbill

alcabala *nf* **-1.** *Col (peaje)* customs post **-2.** *Ven (garita)* guard post **-3.** HIST = tax on all sales and exchanges of goods **-4.** *Perú (impuesto)* = tax to fund municipal services, *Br* ≃ council tax

alcachofa *nf* **-1.** *(planta)* artichoke **-2.** *Esp (pieza) (de regadera)* rose, sprinkler; *(de ducha)* shower head

alcahuete, -a *nm,f* **-1.** *(mediador)* lovers' go-between **-2.** *(chismoso)* gossipmonger **-3.** *RP Fam (delator) (ante padres, maestra)* snitch, telltale; *(ante policía) Br* grass, *US* rat

alcahuetear ◇ *vt. RP Fam (delatar) (ante padres, maestra)* to snitch on; *(ante policía) Br* to grass on *o* up, *US* to rat on
◇ *vi* **-1.** *(intermediar en amoríos)* to act as a go-between **-2.** *(chismear)* to gossip

alcahuetería *nf* **-1.** *(acción)* **el antiguo oficio de la ~** the former calling of the go-between **-2.** *Fam (triquiñuela)* trick, scheme **-3.** *RP Fam (delación) (ante padres, maestra)* tale-telling, snitching; *(ante policía) Br* grassing, *US* ratting

alcaide, -esa *nm,f* prison governor

alcaldada *nf* abuse of power

alcalde, -esa *nm,f (presidente de ayuntamiento)* mayor, *f* mayoress ❏ **~ de barrio** = in major cities, person responsible for carrying out some of mayor's duties within a given district; **~ pedáneo** = mayor of a small village

alcaldesa *nf (mujer del alcalde)* mayoress, mayor's wife

alcaldía *nf* **-1.** *(cargo)* mayoralty; **el candidato del gobierno a la ~** the government's candidate for the post of mayor **-2.** *(sede)* mayor's office **-3.** *(término municipal)* municipality

álcali *nm* QUÍM alkali

alcalinidad *nf* QUÍM alkalinity

alcalino, -a *adj* QUÍM alkaline

alcaloide *nm* QUÍM alkaloid

alcamunero, -a *Ven Fam* ◇ *adj* gossipy; **no seas ~** don't be a gossip
◇ *nm,f* common gossip

alcance *nm* **-1.** *(de arma, misil, emisora)* range; **de corto/largo ~** short-/long-range; **una colisión por ~** *(por detrás)* a rear-end collision; *(angular)* a side-on collision
-2. *(de persona)* **a mi ~** within my reach; **utilizaron todos los medios a su ~** they used every means at their disposal; **al ~ de mi bolsillo** within my means; **este restaurante sólo está al ~ de los más pudientes** only the very wealthy can afford to eat at this restaurant; **esta tarea no está al ~ de sus posibilidades** he's not up to this task, this task is beyond his capabilities; **la cuerda estaba casi al ~ de la mano** the rope was almost within arm's reach; **tuvo la victoria al ~ de la mano** she was within sight of victory, she had victory within her grasp; **al ~ de la vista** within sight; **el castillo queda fuera del ~ de nuestra vista** we can't see the castle from here; **dar ~ a alguien** to catch up with sb; **el pelotón dio ~ al ciclista escapado** the bunch caught (up with) the cyclist who had broken away from them; **fuera del ~ de** beyond the reach of; **guardar fuera del ~ de los niños** *(en etiqueta)* keep out of reach of *o* away from children
-3. *(de reformas, medidas)* scope, extent; **todavía no se han dado cuenta del ~ del fallo judicial** the full implications of the verdict have still not become clear to them; **un cambio de ~ universal** a change that affects everybody; **de ~** important
-4. una noticia de ~ *(de última hora)* a piece of news that has just come in
-5. *(inteligencia)* **una persona de pocos alcances** a slow *o* dim-witted person
-6. *Chile (resto)* **este mes se quedó con un ~** he had a bit left over this month
-7. *Chile (comentario)* clarification; **estoy de acuerdo, pero debo hacerle un ~** I agree, but I must make one thing clear

alcancía *nf* **-1.** *esp Am (hucha)* moneybox; *(en forma de cerdo)* piggy bank **-2.** *Andes, RP (cepillo de limosnas)* collection box

alcanfor *nm* camphor

alcanforado, -a *adj (con alcanfor)* camphorated

alcanforero *nm* camphor tree

alcantarilla *nf* **-1.** *(de aguas residuales) (conducto)* sewer; *(boca)* drain **-2.** *Méx (de agua potable)* water tank

alcantarillado *nm* sewerage system, sewers

alcantarillar *vt* to build sewers in

alcantarillero, -a *nm,f CSur* sewerage worker

alcanzar [14] ◇ *vt* **-1.** *(igualarse con)* to catch up with; **si estudias duro, alcanzarás a tu hermana** if you study hard you'll catch up with your sister; **¿a que no me alcanzas?** bet you can't catch me!; **vayan ustedes delante que ya los alcanzaré** you go on ahead, I'll catch you up
-2. *(llegar a)* to reach; *(autobús, tren)* to manage to catch; **~ el autobús** to catch the bus; **lo alcancé con una escalera** I used a ladder to reach it; **los termómetros alcanzarán mañana los 30 grados** the temperature tomorrow will reach *o* go as high as 30 degrees; **~ la mayoría de edad** to come of age; **~ la meta** to reach the finishing line; **~ un precio alto** *(en subasta)* to sell for *o* obtain a high price; **alcanzó la costa a nado** he swam to the coast; **su sueldo no alcanza el salario mínimo** she earns less than the minimum wage; **este coche alcanza los 200 km/h** this car can do up to *o* reach 200 km/h; **el desempleo ha alcanzado un máximo histórico** unemployment is at *o* has reached an all-time high
-3. *(lograr)* to obtain; **~ un objetivo** to achieve a goal; **alcanzó su sueño tras años de trabajo** after years of work, he achieved his dream; **el equipo alcanzó su segundo campeonato consecutivo** the team won *o* achieved their second championship in a row; **~ la fama/el éxito** to achieve fame/success; **~ la madurez** to come of age, to reach maturity
-4. *(entregar)* to pass; **alcánzame la sal** could you pass me the salt?; **alcánzame ese jarrón, que no llego hasta el estante** could you get that vase down for me, I can't reach the shelf
-5. *(golpear, dar)* to hit; **el proyectil alcanzó de lleno el centro de la ciudad** the shell exploded right in the city centre; **le alcanzaron dos disparos** he was hit by two shots; **el árbol fue alcanzado por un rayo** the tree was struck by lightning
-6. *(afectar)* to affect; **la epidemia no les alcanzó** they were unaffected by the epidemic; **la sequía no alcanza a esta provincia** this province has been untouched by the drought

◇ *vi* **-1.** *(ser suficiente)* **~ para algo/alguien** to be enough for sth/sb; **el sueldo no me alcanza para llegar a fin de mes** my salary isn't enough to make ends meet; **no sé si alcanzará para todos** I don't know if there'll be enough for everyone
-2. *(poder)* **~ a hacer algo** manage to do sth; **alcancé a verlo unos segundos** I managed to see him for a few seconds; **no alcanzo a comprender por qué** I can't begin to understand why; **no alcanzo a ver lo que quieres decir** I can't quite see what you mean
-3. *(llegar)* **está tan alto que no alcanzo** it's too high for me to reach, it's so high up I can't reach it; **hasta donde alcanza la vista** as far as the eye can see; **hasta donde alcanzo a recordar** as far back as I can remember

alcaparra *nf*, **alcaparrón** *nm* caper

alcaparro *nm* caper plant

alcaparrón = alcaparra

alcaraván *nm* stone curlew ❏ **~ playero** beach thick-knee

alcaravea *nf* caraway

alcatraz *nm* gannet ❏ **~ atlántico** northern gannet; **~ pardo** brown booby

alcaucil *nm RP* artichoke

alcaudón *nm* shrike ❏ **~ dorsirrojo** red-backed shrike; **~ real** great grey shrike

alcayata *nf* = L-shaped hook for hanging pictures etc
alcazaba *nf* citadel
alcázar *nm* **-1.** *(fortaleza)* fortress **-2.** NÁUT quarterdeck
alce ◇ *ver* **alzar**
◇ *nm (europeo)* elk; *(americano)* moose
alcista ◇ *adj* **-1.** *(tendencia)* upward **-2.** BOLSA *(inversor)* bullish; **mercado ~** bull market; **valores alcistas** stocks whose price is rising
◇ *nmf* BOLSA *(inversor)* bull, bullish investor
alcoba *nf* bedroom
alcohol *nm* **-1.** QUÍM alcohol ❑ **~ de 96°** surgical spirit; **~ etílico** ethanol, ethyl alcohol; **~ de grano** grain alcohol; **~ metílico** methanol; **~ de quemar** methylated spirits, meths **-2.** *(bebida)* alcohol, drink; **tiene problemas con el ~** he has a drink problem; **si bebes ~, no conduzcas** if you drink alcohol *o* have something to drink, don't drive
alcoholemia *nf* blood alcohol level; **prueba** *o* **test de ~** Breathalyser® test
alcohólico, -a ◇ *adj* **-1.** *(bebida)* alcoholic; **una bebida no ~** a non-alcoholic drink **-2.** *(persona)* **ser ~** to be an alcoholic
◇ *nm,f* alcoholic ❑ **Alcohólicos Anónimos** Alcoholics Anonymous
alcoholímetro, alcohómetro *nm* **-1.** *(para bebida)* alcoholometer **-2.** *(para la sangre)* Br Breathalyser®, US drunkometer
alcoholismo *nm* alcoholism
alcoholizado, -a *adj* **estar ~** to be an alcoholic
alcoholizar [14] ◇ *vt* to turn into an alcoholic
◆ **alcoholizarse** *vpr* to become an alcoholic
alcohómetro = **alcoholímetro**
alcor *nm* hill, hillock
alcornocal *nm* grove of cork oaks
alcornoque *nm* **-1.** *(árbol)* cork oak; *(madera)* cork, corkwood **-2.** *Fam (persona)* idiot, fool; **¡pedazo de ~!** you idiot!
alcorque *nm* **~** hollow dug at base of tree to retain rainwater
alcotán *nm (ave)* hobby
alcotana *nf* pickaxe
alcurnia *nf* lineage, descent; **una familia de noble ~** a family of noble descent; **una dama de alta ~** a lady of noble birth *o* lineage
alcuza *nf* **-1.** *(aceitera)* oil bottle *o* jug **-2.** *Andes (vinagreras)* cruet set
aldaba *nf* **-1.** *(llamador)* doorknocker **-2.** *(pestillo)* latch **-3.** *muy Fam* **aldabas** *(pechos)* knockers
aldabilla *nf* latch, catch
aldabón *nm* **-1.** *(de puerta)* (large) doorknocker **-2.** *(de cofre, baúl)* (large) handle
aldabonazo *nm* **-1.** *(golpe)* loud knock *(with doorknocker)* **-2.** *(llamada de atención)* **la tragedia fue un ~ en la conciencia de los ciudadanos** the tragedy was a wake-up call for the citizens
aldea *nf* small village ❑ **la ~ global** the global village
aldeano, -a ◇ *adj* **-1.** *(de la aldea)* village; **las costumbres aldeanas** the village customs **-2.** *(pueblerino, rústico)* rustic
◇ *nm,f* villager
aldehído *nm* QUÍM aldehyde
ale *interj* come on!
aleación *nf* **-1.** *(acción)* alloying **-2.** *(producto)* alloy
alear *vt* to alloy
aleatoriamente *adv* randomly, at random
aleatorio, -a *adj* random
alebrestado, -a *adj Fam* **-1.** *Méx (alborotado)* excited **-2.** *Méx (furioso)* furious, mad; **anda ~ porque le robaron** he's mad because he was robbed **-3.** *Ven (alegre)* merry **-4.** *Ven (sobreexcitado)* overexcited, worked up **-5.** *Col (nervioso)* nervous
alebrestar *Fam* ◇ *vt Méx* **~ a alguien** to get sb excited, to stir sb up; **no alebresten a los niños** don't get the children all excited; **lo arrestaron por ~ a la tropa** he was arrested for inciting the troops; **andaban alebrestando a la gente en el estadio** they were going round stirring people up at the stadium
◆ **alebrestarse** *vpr* **-1.** *Méx (alborotarse, entusiasmarse)* to get excited; **el bebé se alebresta a la hora de la comida** the baby gets all excited when dinnertime comes round
-2. *Méx, Ven (rebelarse, indisciplinarse)* to rebel; **se alebrestó la yegua** the horse reared up; **lo regañé y se me alebrestó** I told him off and he snapped back at me
-3. *Ven (animarse, alegrarse)* to get merry
-4. *Col (ponerse nervioso)* to get nervous
aleccionador, -ora *adj* **-1.** *(instructivo)* instructive **-2.** *(ejemplar)* exemplary
aleccionamiento *nm* instruction, training
aleccionar *vt* to instruct, to teach
alecrín *nm* tiger shark
aledaño, -a *adj* adjacent
◇ *nmpl* **aledaños** surrounding area; **en los aledaños del estadio** in the vicinity of the stadium
alegación *nf* **-1.** *(acusación)* allegation **-2.** *(argumento)* claim
alegador, -ora *adj Am* argumentative
alegar [38] ◇ *vt (motivos, pruebas)* to put forward; **alegó cansancio para no participar** she claimed she was too tired to join in; **~ que** to claim (that); **¿tiene algo que ~ en su defensa?** do you have anything to say in your defence?
◇ *vi Am* **-1.** *(quejarse)* to complain; **~ por algo** to complain about sth **-2.** *(discutir)* to argue; **~ de algo** to argue about sth
alegato *nm* **-1.** DER *(escrito)* plea **-2.** *(argumento)* **la película es un ~ contra la censura** the film is an attack on censorship; **el poeta hizo un ~ a favor de la libertad de expresión** the poet argued in favour of freedom of expression **-3.** *Andes (disputa)* argument
alegoría *nf* allegory
alegóricamente *adv* allegorically
alegórico, -a *adj* allegorical
alegrar ◇ *vt* **-1.** *(persona)* to cheer up, to make happy; *(fiesta)* to liven up; **me alegró el día** it made my day; **le alegró mucho su visita** his visit really cheered her up; **esas plantas alegran la vista** those plants brighten up the view; **¡alegra esa cara!** cheer up!, give us a smile!
-2. *(habitación, decoración)* to brighten up
-3. *(emborrachar)* to make tipsy
-4. TAUROM **~ la embestida al toro** to incite the bull to charge
◆ **alegrarse** *vpr* **-1.** *(sentir alegría)* to be pleased; **voy a poder ir a la fiesta – ¡me alegro!** I'm going to be able to come to the party – good!; **nos alegramos de su nombramiento** we are pleased that she has been appointed; **me alegro de que me hagas esa pregunta** I'm glad you asked me that; **me alegro de que les vaya bien** I'm glad to hear that they're all right; **¡no sabes cuánto me alegro!** I can't tell you how pleased I am!; **me alegro mucho por ellos** I'm very pleased for them
-2. *(emborracharse)* to get tipsy
alegre *adj* **-1.** *(persona)* happy, cheerful; **estás muy ~** you're very happy *o* cheerful today; **¡hay que estar ~!** cheer up!; **es una persona muy ~** she's a very happy *o* cheerful person **-2.** *(fiesta, día)* lively **-3.** *(habitación, decoración, color)* bright **-4.** *(irreflexivo)* happy-go-lucky; **hace las cosas de un modo muy ~** she's very happy-go-lucky **-5.** *(borracho)* tipsy, merry **-6.** *Euf* **una mujer de vida ~** a loose woman
alegremente *adv* **-1.** *(con alegría)* happily, joyfully **-2.** *(irreflexivamente)* blithely
alegreto, allegretto [ale'ɣreto] MÚS ◇ *nm* allegretto
◇ *adv* allegretto
alegría *nf* **-1.** *(gozo)* happiness, joy; **llorar de ~** to weep with happiness *o* joy; **me dio una ~ tremenda** it gave me great pleasure, it made me very happy; **¡qué ~ volver a verte!** how lovely to see you again!; **ha sacado otro disco, para ~ de sus seguidores** he has brought out a new record, to the delight of his fans ❑ **~ de vivir** joie de vivre
-2. *(motivo de gozo)* joy; EXPR *Fam* **ser la ~ de la huerta** to be the life and soul of the party
-3. *(irresponsabilidad)* rashness, recklessness; **gastaron el dinero con demasiada ~** they spent the money too freely
-4. **~ de la casa** *(planta)* busy Lizzie
alegro, allegro [a'leɣro] MÚS ◇ *nm* allegro
◇ *adv* allegro
alegrón, -ona *Fam* ◇ *adj Am (contento)* merry
◇ *nm* thrill; **me dio un ~ increíble verla tan feliz con su bebé** I was thrilled to see her so happy with her baby
alejado, -a *adj* **-1.** *(lugar)* distant *(de* from); **viven en una granja alejada** they live on a remote farm; **su casa está más alejada de aquí que la mía** her house is further *o* farther (away) from here than mine; **la enfermedad le obligó a permanecer ~ de los escenarios durante dos meses** his illness kept him off the stage for two months
-2. *(distanciado)* **viven muy alejados el uno del otro** they live very far apart; **le acusaron de estar ~ de la realidad** they accused him of being out of touch (with reality)
alejamiento *nm* **-1.** *(respecto a lugar)* distance; **el ~ de la capital facilitaba la corrupción** being so far from the capital made it easier for corruption to flourish
-2. *(distanciamiento) (entre personas)* estrangement; **se produjo un ~ gradual entre los dos hermanos** the two brothers gradually grew apart; **una crisis nerviosa le llevó a un ~ temporal de la música** a nervous breakdown led her to give up music for a while; **se produjo un ~ entre sus posturas** their positions grew apart
Alejandría *n* Alexandria
alejandrino, -a LIT ◇ *adj* alexandrine
◇ *nm* alexandrine
Alejandro *n pr* **~ Magno** Alexander the Great
alejar ◇ *vt* **-1.** *(separar)* to move away; **aleja las plantas de la ventana** move the plants away from the window; **la policía alejó a los curiosos** the police moved the onlookers on; **nuestro objetivo es alejarlo del mundo de las drogas** our aim is to get him away from the drug culture
-2. *(ahuyentar) (sospechas, temores)* to allay; **las nuevas cifras alejan el fantasma de la crisis** the new figures mean that the spectre of a recession has receded
◆ **alejarse** *vpr* **-1.** *(ponerse más lejos)* to go away *(de* from); *(retirarse)* to leave; **saldremos cuando las nubes se hayan alejado** we'll go out once the clouds have cleared up *o* gone; **no te alejes** don't wander off, don't go too far; **se alejaron demasiado del refugio** they strayed too far from the shelter; **¡aléjate de mí!** go away!; **aléjate de la bebida** stay away from the drink
-2. *(distanciarse)* to grow apart; **se fue alejando de sus amigos** he grew apart from his friends
alelado, -a *adj* **no te quedes ahí ~ y haz algo** stop sitting around like an idiot and do something; **estoy ~ hoy** I'm just not with it today; **me quedé ~ cuando me contó lo de su embarazo** I was stunned *o* left speechless when she told me she was pregnant
alelamiento *nm* **tengo un ~** I'm not with it
alelar *vt* to daze, to stupefy; **la televisión lo alela** the television dulls his mind
alelí *(pl* **alelíes)** *nm* wallflower
alelo *nm* BIOL allele
aleluya ◇ *nm o nf* hallelujah
◇ *interj* hallelujah!
alemán, -ana ◇ *adj* German
◇ *nm,f (persona)* German
◇ *nm (lengua)* German

Alemania n Germany □ *Antes* ~ *del Este* East Germany; *Antes* ~ *Federal* West Germany; *Antes* ~ *Occidental* West Germany; *Antes* ~ *Oriental* East Germany

alentado, -a *adj* **-1.** *Andes, Méx, Ven (recuperado)* better; **la veo muy alentada** she looks a lot better **-2.** *Chile (listo)* bright **-3.** *Chile (experimentado)* (sexually) experienced

alentador, -ora *adj (noticias, resultado)* encouraging; **palabras alentadoras** words of encouragement

alentar [3] ◇ *vt* **-1.** *(animar)* to encourage; **los hinchas alentaban a su equipo** the fans cheered their team on; **la alentó para que siguiera estudiando** he encouraged her to keep on studying **-2.** *Col (palmotear)* to applaud

◆ **alentarse** *vpr Andes, Méx, Ven (recuperarse)* to recover, to get better

aleonado, -a *adj Chile* mane-like

alerce *nm* larch □ ~ *de Chile* Patagonia cypress

alergeno, alérgeno *nm* MED allergen

alergia *nf* **-1.** *(médica)* allergy; **el marisco le produce** ~ he's allergic to seafood; **tener** ~ **a algo** to be allergic to sth □ ~ *de contacto* contact allergy; ~ *al polen* hay fever; ~ *a la primavera* hay fever **-2.** *Fam Hum (a personas, ideologías)* allergy; **les tiene** ~ **a los políticos** she's allergic to politicians

alérgico, -a ◇ *adj* **-1.** *(a sustancia)* allergic; **todas las personas alérgicas al polen** everyone who suffers from hay fever, all hay fever sufferers **-2.** *Fam Hum (a personas, ideologías)* allergic

◇ *nm,f* allergy sufferer; *(al polen)* hay fever sufferer

alergista *nmf*, **alergólogo, -a** *nm,f* allergist

alergología *nf* = the study and treatment of allergies

alergólogo, -a = alergista

alero *nm* **-1.** *(del tejado)* eaves; EXPR **estar en el** ~ to be up in the air **-2.** *(de coche)* wing

◇ *nmf* DEP *(en baloncesto)* forward

alerón *nm* **-1.** *(de avión)* aileron **-2.** *(de coche)* spoiler

alerta ◇ *adj o adj inv* alert

◇ *nf* alert; **en estado de** ~ on alert; **pusieron en** ~ **a las tropas** they put the troops on standby; **el vigía dio la (voz de)** ~ the lookout raised the alarm □ ~ *roja* red alert

◇ *adv* on the alert; **estar** ~ to be on the alert

◇ *interj* watch o look out!

alertar *vt* to alert **(de** about *o* to**)**; **alertaron a los esquiadores del peligro de aludes** they warned the skiers that there was a danger of avalanches

aleta *nf* **-1.** *(de pez)* fin □ ~ *caudal* caudal fin; ~ *dorsal* dorsal fin; ~ *pectoral* pectoral fin; ~ *pélvica* pelvic fin **-2.** *(de foca)* flipper **-3.** *(de buzo)* flipper **-4.** *(de automóvil)* wing **-5.** *(de nariz)* flared part

aletargado, -a *adj* drowsy, lethargic

aletargamiento *nm* lethargy, drowsiness

aletargar [38] ◇ *vt* to make drowsy, to send to sleep

◆ **aletargarse** *vpr* **-1.** *(adormecerse)* to become drowsy **-2.** *(hibernar)* to hibernate

aletazo *nm* flap *(of fin or wing)*; **la ballena hundió el bote de un** ~ the whale sank the boat with a single lash of its tail

aletear *vi* **el pájaro aleteó** *(con rapidez)* the bird fluttered its wings, *(con lentitud)* the bird flapped its wings

aleteo *nm (rápido)* flutter; *(lento)* flapping (of wings); **se distraía mirando el** ~ **de los pájaros** he amused himself by watching the birds fluttering/flapping by

Aleutianas *n* **las (Islas)** ~ the Aleutian Islands, the Aleutians

alevín *nm* **-1.** *(cría de pez)* fry, young fish **-2.** *(persona)* novice, beginner **-3.** DEP **alevines** ≃ colts *(from ages 9 to 12)*

alevosía *nf* **-1.** *(premeditación)* premeditation; **con alevosía y** ~ with malice aforethought **-2.** *(traición)* treachery

alevoso, -a *adj* **-1.** *(premeditado)* premeditated **-2.** *(traidor)* treacherous

alfa *nf*

Takes the masculine articles **el** and **un**.

alpha; **Alfa y Omega** *(Cristo)* Alpha and Omega

alfabéticamente *adv* alphabetically

alfabético, -a *adj* alphabetical

alfabetización *nf* **-1.** *(de personas) (acción)* teaching to read and write; **cursos de** ~ *para adultos* courses for teaching adults to read and write **-2.** *(de personas) (estado)* literacy **-3.** *(de palabras, letras)* alphabetization

alfabetizado, -a ◇ *adj (persona)* literate

◇ *nm,f* literate person

alfabetizar [14] *vt* **-1.** *(personas)* to teach to read and write **-2.** *(palabras, letras)* to put into alphabetical order

alfabeto *nm* alphabet □ ~ *braille* Braille alphabet; **Alfabeto Fonético Internacional** International Phonetic Alphabet; ~ *latino* Roman alphabet; ~ *morse* Morse code

alfaguara *nf* wellspring

alfajor *nm* **-1.** *(de ajonjolí)* = crumbly shortbread, flavoured with sesame seeds **-2.** *(en el Río de la Plata)* = biscuit made of two pieces of shortbread filled with creamy toffee **-3.** *(en Venezuela)* = diamond-shaped biscuit made with tapioca flour, cream cheese and sugar cane juice

alfalfa *nf* alfalfa, lucerne

alfanje *nm* scimitar

alfanumérico, -a *adj* INFORMÁT alphanumeric

alfanúmero *nm* INFORMÁT alphanumeric string

alfaque *nm* sandbank, bar

alfar *nm* potter's workshop, pottery

alfarería *nf* **-1.** *(técnica)* pottery **-2.** *(lugar)* potter's, pottery shop

alfarero, -a *nm,f* potter

alféizar *nm (de puerta)* embrasure, splay; **el** ~ *de la ventana* the windowsill

alfeñique *nm Fam (persona)* wimp

alférez *nm* MIL second lieutenant □ ~ *de fragata (en la marina) Br* midshipman, *US* ensign; ~ *de navío (en la marina)* sublieutenant

alfil *nm* bishop

alfiler *nm* **-1.** *(para coser)* pin; EXPR **no cabe ni un** ~ it's jam-packed; EXPR **prendido con alfileres** sketchy; **lleva la asignatura prendida con alfileres** he has only a sketchy idea of the subject □ *Cuba* ~ *de criandera* safety pin; *Andes, RP, Ven* ~ *de gancho (imperdible)* safety pin; *Col* ~ *de nodriza* safety pin **-2.** *(joya)* brooch, pin □ ~ *de corbata* tie-pin

alfiletero *nm* **-1.** *(acerico)* pincushion **-2.** *(estuche)* pin box

alfombra *nf* **-1.** *(grande)* carpet; *(pequeña)* rug; **una** ~ *de flores* a carpet of flowers □ ~ *mágica* magic carpet; ~ *persa* Persian carpet; ~ *voladora* magic carpet **-2.** *Andes, CAm, Carib, Méx (moqueta)* fitted carpet

alfombrado, -a ◇ *adj* carpeted; **una calle alfombrada de flores** a street carpeted with flowers

◇ *nm* carpets, carpeting

alfombrar *vt (habitación)* to carpet; **alfombraron la calle con flores** they carpeted the street with flowers

alfombrilla *nf* **-1.** *(alfombra pequeña)* rug **-2.** *(felpudo)* doormat; *(del baño)* bath mat **-3.** INFORMÁT *(para ratón)* mouse mat **-4.** *(enfermedad)* measles *(singular)*

alfóncigo *nm* pistachio tree

alfóndega *nf* yellow gurnard

alfonsino, -a *adj* Alphonsine, = relating to one of the Spanish kings named Alfonso

Alfonso *n pr* ~ **I/II** Alfonso I/II

alforfón *nm* buckwheat

alforja *nf* **-1.** *(de persona)* knapsack **-2.** *(de caballo)* saddlebag

alforza *nf CSur* tuck

alga *nf*

Takes the masculine articles **el** and **un**.

-1. *(planta de mar)* **algas (marinas)** seaweed; **un** ~ a piece of seaweed; **la hélice se enredó en un** ~ the propeller got caught in some seaweed **-2.** BIOL *(microscópicas)* alga □ **algas verdeazuladas** blue-green algae

algalia *nf* **-1.** *(planta)* abelmosk **-2.** *(animal)* civet **-3.** *(sustancia)* civet

algarabía *nf* **-1.** *(habla confusa)* gibberish **-2.** *(alboroto)* racket **-3.** *(ave)* fulvous whistling-duck

algarada *nf* disturbance

algarroba *nf* **-1.** *(planta)* vetch **-2.** *(fruto)* carob o locust bean

algarrobo *nm* carob o locust tree

Algarve *nm* **el** ~ the Algarve

algazara *nf* racket, uproar

algazul *nm* iceplant

álgebra *nf*

Takes the masculine articles **el** and **un**.

algebra □ ~ *de Boole* Boolean algebra

algebraico, -a *adj* algebraic

algicida *nm* algicide

álgido, -a *adj* **-1.** *(culminante)* critical; **en el punto** ~ **del conflicto** at the height of the conflict **-2.** *Formal (muy frío)* bitterly cold, freezing; *(sonrisa)* wintry, frosty

algo ◇ *pron* **-1.** *(alguna cosa)* something; *(en interrogativas)* anything; ~ *de comida/bebida* something to eat/drink; ~ *para leer* something to read; **¿necesitas** ~ *para el viaje?* do you need anything for your journey?; **¿te pasa** ~**?** is anything the matter?; **deben ser las diez y** ~ it must be gone ten o'clock; **pagaron dos millones y** ~ they paid over two million; EXPR ~ **es** ~ something is better than nothing; ~ **así,** ~ **por el estilo** something like that; ~ **así como...** something like...; **por** ~ **lo habrá dicho** he must have said it for a reason; **si se ofende, por** ~ **será** if she's offended, there must be a reason for it

-2. *(cantidad pequeña)* a bit, a little; ~ *de some*; **habrá** ~ **de comer, pero es mejor que vengáis cenados** there will be some food, but it would be best if you had dinner before coming; **¿has bebido cerveza?** – ~ did you drink any beer? – a bit

-3. *Fam (ataque)* **te va a dar** ~ **como sigas trabajando así** you'll make yourself ill if you go on working like that; **¡a mí me va a dar** ~**!** *(de risa)* I'm going to do myself an injury (laughing)!; *(de enfado)* this is going to drive me mad!

-4. *(cosa importante)* something; **si quieres llegar a ser** ~ if you ever want to be anybody, if you ever want to get anywhere; **se cree que es** ~ he thinks he's something (special)

◇ *adv (un poco)* a bit; **es** ~ **más grande** it's a bit bigger; **estoy** ~ **cansado de vuestra actitud** I'm rather o somewhat tired of your attitude; **se encuentra** ~ **mejor** she's a bit o slightly better; **necesito dormir** ~ I need to get some sleep

◇ *nm* **-1.** **un** ~ *(cosa indeterminada)* something; **esa película tiene un** ~ **especial** that film has something special **-2.** *Col (refrigerio)* refreshment; **tomar el** ~ to have a snack *(between meals)*

algodón *nm* **-1.** *(planta)* cotton; EXPR **criado entre algodones** pampered □ ~ *hidrófilo Br* cotton wool, *US* absorbent cotton; ~ *en rama* raw cotton **-2.** *(tejido)* cotton; **una camisa de** ~ a cotton shirt **-3.** *(porción)* **un** ~ *(médico)* a cotton swab; *(cosmético)* (bola) cotton ball; *(plano)* cotton pad **-4.** ~ *dulce Br* candyfloss, *US* cotton candy **-5.** ~ *pólvora* gun cotton

algodonal *nm* cotton plantation

algodonero, -a ◇ *adj* cotton; **la industria algodonera** the cotton industry

◇ *nm* cotton plant

◇ *nm,f* **-1.** *(productor)* cotton planter *o* grower **-2.** *(recolector)* cotton picker

algodonoso, -a *adj* fluffy; **nubes algodonosas** cotton-wool clouds

algol *nm* INFORMÁT Algol, ALGOL

algorítmico, -a *adj* MAT algorithmic

algoritmo *nm* MAT algorithm

alguacil *nm* **-1.** *(del ayuntamiento)* mayor's assistant **-2.** *(del juzgado)* bailiff **-3.** *RP (libélula)* dragonfly

alguacilillo *nm* TAUROM = mounted official at bullfight

alguien *pron* **-1.** *(alguna persona)* someone, somebody; *(en interrogativas)* anyone, anybody; **~ tiene que habernos oído** someone *o* somebody must have heard us; **hay ~ ahí?** is anyone *o* anybody there?; **¿cómo lo sabes?, ¿te lo ha contado ~?** how do you know, did someone *o* somebody tell you?; **si ~ lo quiere, que lo diga** if anyone *o* anybody wants it, they should say so **-2.** *(persona de importancia)* somebody; **se cree ~** she thinks she's somebody (special); **algún día llegará a ser ~** she'll be somebody (important) one day

alguno, -a

> **algún** is used instead of **alguno** before masculine singular nouns (e.g. **algún día** some day).

◇ *adj.* **-1.** *(indeterminado)* some; *(en frases interrogativas)* any; **¿tienes algún libro?** do you have any books?; **¿tiene algún otro color?** do you have any other colours?; **algún día** some *o* one day; **en algún lugar** somewhere; **tiene que estar en algún lugar** it must be somewhere or other; **compró algunas cosas** he bought a few things; **ha surgido algún (que otro) problema** the odd problem has come up; **si tuvieras alguna duda me lo dices** should you have any queries, let me know
-2. *(en frases negativas)* any; **no tiene importancia alguna** it's of no importance whatsoever; **no tengo interés ~ (en hacerlo)** I'm not in the least (bit) interested (in doing it); **en modo ~** in no way; **no vamos a permitir que este contratiempo nos afecte en modo ~** we're not going to allow this setback to affect us in any way
◇ *pron* **-1.** *(persona)* someone, somebody; *(plural)* some people; *(en frases interrogativas)* anyone, anybody; **¿ha llegado ~?** has anyone *o* anybody arrived?; **¿conociste a algunos?** did you get to know any?; **algunos de** some *o* a few of; **algunos de nosotros no estamos de acuerdo** some of us don't agree
-2. *(cosa)* the odd one; *(plural)* some, a few; *(en frases interrogativas)* any; **¿tienes ~?** have you got any?; **¿queda ~?** are there any left?; **me salió mal ~** I got the odd one wrong; **compraremos algunos** we'll buy some *o* a few; **algunos de** some *o* a few of

alhaja *nf* **-1.** *(joya)* jewel; *(objeto de valor)* treasure **-2.** *(persona)* gem, treasure; *Irónico* **¡menuda ~!** he's a right one!

alhajar *vt* **-1.** *(persona)* to bedeck with jewels **-2.** *(casa)* to furnish

alhajera *nf*, **alhajero** *nm Am* jewellery box

Alhambra *nf* **la ~** the Alhambra

alharaca *nf* fuss; **hacer alharacas** to kick up a fuss

alharma, alharmega *nf* harmala, harmel

alhelí *(pl* **alhelíes)** *nm* wallflower

alheña *nf* privet

alholva *nf* fenugreek

alhucema *nf* lavender

aliado, -a ◇ *adj* allied
◇ *nm,f* ally; HIST **los Aliados** the Allies
◇ *nm Chile* **-1.** *(bebida)* = mixture of white wine and "chicha" **-2.** *(sandwich)* = ham and cheese toasted sandwich

alianza *nf* **-1.** *(pacto, parentesco)* alliance; **una ~ contra natura** an unholy alliance ❏ **la Alianza Atlántica** NATO; **~ matrimonial** *(vínculo)* marriage bond; *(boda)* wedding; HIST **Alianza Popular** = former name of Partido Popular, Spanish party to the right of the political spectrum **-2.** *(anillo)* wedding ring

aliar [32] ◇ *vt* **-1.** *(naciones)* to ally (**con** with) **-2.** *(cualidades)* to combine (**con** with)
◆ **aliarse** *vpr* to form an alliance (**con** with); **se aliaron todos contra mí** they all ganged up against me

aliaria *nf* garlic mustard, jack-by-the-hedge

alias ◇ *adv* alias; **Pedro García, ~ "el Flaco"** Pedro García, alias *o* a.k.a. "el Flaco"
◇ *nm inv* **-1.** *(apodo)* alias **-2.** INFORMÁT alias

álibi *nm* DER alibi

alicaído, -a *adj* **-1.** *(triste)* depressed **-2.** *(débil)* weak

alicantino, -a ◇ *adj* of/from Alicante *(Spain)*
◇ *nm,f* person from Alicante *(Spain)*

alicatado, -a *Esp* ◇ *adj* tiled
◇ *nm* tiling

alicatar *vt Esp* to tile

alicate *nm* **-1. alicates** *(herramienta)* pliers **-2.** *Am (para uñas)* nail clippers

alicatero, -a *nm,f Chile Fam* electrician, *Br* sparks

aliciente *nm* **-1.** *(incentivo)* incentive; **esto le servirá de ~** that will act as an incentive to her **-2.** *(atractivo)* attraction; **con el ~ adicional de un precio muy competitivo** with the added attraction of a very competitive price

alícuota *adj* **-1.** MAT aliquot **-2.** *(proporcional)* proportional

alienación *nf* **-1.** *(sentimiento)* alienation **-2.** *(trastorno psíquico)* derangement, madness ❏ **~ mental** mental derangement, insanity

alienado, -a ◇ *adj* insane
◇ *nm,f* insane person, lunatic

alienante *adj* alienating

alienar *vt* **-1.** *(volver loco)* to derange, to drive mad **-2.** FILOSOFÍA to alienate

alienígena ◇ *adj* alien
◇ *nmf* alien

aliento ◇ *ver* **alentar**
◇ *nm* **-1.** *(respiración)* breath; **cobrar ~** to catch one's breath; **nos dejó sin ~** it left us breathless *o* out of breath; **me falta el ~** I'm out of breath
-2. *(aire que sale de boca)* breath; **mal ~** bad breath; **le huele el ~** his breath smells; **le huele el ~ a tabaco** his breath smells of cigarettes; **le olía el ~ a whisky** he had whisky on his breath
-3. *(ánimo)* **el premio le dio ~ para seguir con su trabajo** the prize encouraged her to continue with her work; **el ~ del público impulsó al equipo** the crowd's enthusiastic support spurred the team on
-4. *(inspiración)* inspiration; **una novela de ~ épico** a novel of epic sweep

aligátor *nm* alligator

aligeramiento *nm* **-1.** *(de carga)* lightening **-2.** *(alivio)* alleviation, easing

aligerar *vt* **-1.** *(peso)* to lighten; **necesitamos ~ el avión de peso** we need to make the plane lighter; **los compañeros me aligeran de trabajo** my colleagues take on some of my work themselves **-2.** *(pena)* to relieve, to ease; **aligeró su conciencia** she eased her conscience **-3.** *(ritmo)* to speed up; **~ el paso** to quicken one's pace
◇ *vi (darse prisa)* to hurry up; **aligera, que llegamos tarde** hurry up, or we'll be late

alígero, -a *adj Literario (rápido)* fleet-footed

aligote *nm* Spanish bream

aligustre *nm* privet ❏ **~ de California** Californian privet

alijar *vt (embarcación)* to unload

alijo *nm* consignment; **~ de drogas** consignment of drugs; **un ~ de armas** an arms cache

alimaña *nf* pest *(animal)*

alimentación *nf* **-1.** *(acción)* feeding; **se encarga de la ~ de los elefantes** she's in charge of feeding the elephants **-2.** *(comida)* food; **una tienda de ~** a grocery store; **el sector de la ~** the food industry **-3.** *(régimen alimenticio)* diet; **una ~ equilibrada** a balanced diet; **una ~ rica en proteínas** a protein-rich diet **-4.** TEC feed, input; **fuente de ~** power supply

alimentador, -ora ◇ *adj* TEC feeding
◇ *nm* TEC feed, feeder ❏ **~ de corriente** power supply unit; INFORMÁT **~ de papel** paper feed

alimentar ◇ *vt* **-1.** *(dar comida)* to feed; **alimentan a los tigres con carne** they feed the tigers meat; **tengo cinco hijos que ~** I've got five kids to feed; **el hijo mayor trabaja y alimenta a toda la familia** the eldest son goes to work so that the whole family can eat
-2. *(dar energía, material)* to feed; **la lectura alimenta el espíritu** reading improves your mind; **esa actitud alimenta la intolerancia** that attitude fuels intolerance; **trabajar con él le ha alimentado el ego** working with him has boosted her ego
-3. *(motor, coche)* to fuel; *(caldera)* to stoke; **~ una batería** to charge *o* recharge a battery
◇ *vi (nutrir)* to be nourishing; **los garbanzos alimentan mucho** chickpeas are very nutritious
◆ **alimentarse** *vpr (comer)* **alimentarse de** to live on; **sólo se alimenta de verduras** she lives on nothing but vegetables; **la calculadora se alimenta con dos pilas** the calculator is powered by two batteries

alimentario, -a *adj* food; **la industria alimentaria** the food industry; **una dieta alimentaria** a diet; **productos alimentarios** foodstuffs; **hábitos alimentarios** eating habits; **pensión alimentaria** maintenance

alimenticio, -a *adj* **-1.** *(nutritivo)* nourishing; **esta sopa es muy alimenticia** this soup is very nutritious; **un desorden ~** an eating disorder **-2.** *(alimentario)* food; **la industria alimenticia** the food industry; **una dieta alimenticia** a diet; **productos alimenticios** foodstuffs; **hábitos alimenticios** eating habits; **pensión alimenticia** maintenance

alimento *nm* **-1.** *(comestible)* food ❏ **alimentos básicos** basic foodstuffs; **alimentos infantiles** baby foods; **alimentos transgénicos** GM food **-2.** *(sostén)* **la lectura es un ~ para el espíritu** reading improves your mind; **el desempleo es un ~ para la delincuencia** unemployment fuels crime

alimoche *nm* Egyptian vulture

alimón: al alimón *loc adv Esp* jointly, together; **escribieron la novela al ~** they co-wrote the novel

alineación *nf* **-1.** *(colocación en línea)* alignment
-2. *(de ruedas)* alignment
-3. DEP *(composición de equipo)* line-up; **anunció la ~ el día anterior a la final** he announced the team *o* line-up the day before the final; **fue excluido de la ~ en el último momento** he was left out of the team at the last minute; **fueron sancionados por la ~ de cuatro extranjeros** they were penalized for including four foreigners in their starting line-up

alineadamente *adv* in a straight line

alineado, -a *adj* **-1.** *(en línea recta)* lined up **-2.** DEP *(en equipo)* selected **-3.** POL **países no alineados** non-aligned countries

alineamiento *nm* alignment; POL **no ~** non-alignment

alinear ◇ *vt* **-1.** *(colocar en línea)* to line up **-2.** *(ruedas)* to align **-3.** DEP *(seleccionar)* to include in the starting line-up
◆ **alinearse** *vpr* **-1.** *(colocarse en línea)* to line up; *(soldados)* to fall in **-2.** POL to align (**con** with *o* alongside); **siempre se ha alineado con los más débiles** she has always sided with the underdog

aliñado, -a *adj (ensalada)* dressed; *(carne)* seasoned

aliñar *vt (ensalada)* to dress; *(carne)* to season

aliño *nm (para ensalada)* dressing; *(para carne)* seasoning

alío *etc ver* **aliar**

alioli *nm* = sauce made from garlic and olive oil

alionín *nm* long-tailed tit

aliquebrado, -a *adj Fam (abatido)* downhearted, depressed

alirón ◇ *n* **cantar el ~** to sing a victory chant; *Fig* to cry victory
◇ *interj* hooray!

alisar ◇ *vt (ropa, superficie)* to smooth (down)
◆ **alisarse** *vpr* **alisarse el pelo** to smooth (down) one's hair

aliscafo, alíscafo *nm RP* hydrofoil

aliseda *nf* alder grove

alisios METEO ◇ *adj* **vientos ~** trade winds
◇ *nmpl* trade winds

alisma *nf* water plantain

aliso *nm* alder

alistamiento *nm* MIL enlistment

alistar ◇ *vt* **-1.** *(reclutar)* to recruit **-2.** *(inscribir en lista)* to list **-3.** *(preparar)* to prepare, to get ready
◆ **alistarse** *vpr* **-1.** MIL to enlist, to join up; **alistarse en el ejército/la marina** to join the army/navy **-2.** *Am (prepararse)* to get ready

alita *nf (de compresa)* wing

alitán *nm* larger spotted dogfish

aliteración *nf* alliteration

aliviadero *nm (de embalse)* overflow, spillway

alivianado, -a *adj Méx* easy-going, laid-back; **Juan es muy ~, seguro te presta su auto** Juan is very laid-back, I'm sure he'll lend you his car; **ese profesor es ~ con sus alumnos** that teacher is very easy-going with his pupils

alivianar *Fam* ◇ *vt* **-1.** *Am (ayudar)* to help out, to give a hand; **aliviáname a poner la mesa mientras preparo la cena** give me a hand laying the table while I make dinner
-2. *Méx (reconfortar)* to buck up; **hay que ~ a Teresa, la veo muy preocupada** we need to buck Teresa up, she looks really worried to me
-3. *Méx* **~ con** *(prestar)* to help out with; **lo alivianaron con algo de dinero** they helped him out with some money
◆ **alivianarse** *vpr* **-1.** *Am (tranquilizarse)* to take it easy; **¡aliviánate!, no te preocupes más** take it easy and stop worrying!
-2. *Méx (comprender)* **muchos chavos de hoy se alivianan con el trabajo doméstico** lots of guys *o Br* blokes today are cool about doing housework; **ya se alivianó y sí va a participar en la obra de teatro** he's come round and he WILL be taking part in the play; **los vecinos se alivianaron y compartiremos los gastos** the neighbours have come on side and we're going to share the cost

aliviane *nm Méx Fam* **-1.** *(relajamiento)* **¡tengo un ~!** I feel really relaxed!; **las vacaciones fueron un ~ sensacional** the holiday was wonderfully relaxing **-2.** *(ayuda)* helping hand

aliviar *vt* **-1.** *(atenuar)* to relieve, to soothe; **una medicina para ~ el dolor** a medicine to relieve the pain; **estas pastillas te aliviarán el dolor** these pills will relieve the pain
-2. *(persona)* to relieve; **contarle tus penas a alguien te aliviará** it will help if you tell someone your troubles; **me alivia saber que no soy el único** it's a relief *o* it helps to know I'm not the only one
-3. *(carga)* to lighten
-4. *Fam (robar)* to lift; **me aliviaron la cartera** someone has lifted my wallet

alivio ◇ *nm* **-1.** *(de enfermedad)* relief; **con estas pastillas notarás un ~ inmediato** when you take these pills you will feel instant relief *o* you will feel better immediately **-2.** *(de preocupación)* relief; **¡qué ~!** what a relief!; **fue un ~ saber que había llegado bien** it was a relief to know that she had arrived safely
◇ **de alivio** *loc adj Fam* **agarró un resfriado de ~** she caught a stinker of a cold; **es un niño de ~** he's a little monster

aljaba *nf* quiver

aljama *nf* HIST **-1.** *(sinagoga)* synagogue; *(mezquita)* mosque **-2.** *(barrio) (judío)* Jewish quarter; *(árabe)* Moorish quarter **-3.** *(comunidad)* = self-governing community of Moors or Jews under Christian rule

aljibe *nm* **-1.** *(de agua)* cistern **-2.** NÁUT tanker

aljófar *nm (perla)* seed pearl

allá *adv* **-1.** *(indica espacio)* over there; **aquí no hay espacio para esos libros, ponlos ~** there's no room for these books here, put them over there; **no te pongas tan ~, que no te oigo** don't stand so far away, I can't hear you; **~ abajo/arriba** down/up there; **~ donde sea posible** wherever possible; **~ lejos** right back there; **~ en tu pueblo se come muy bien** they eat well back in your home town; **hacerse ~** to move over *o* along; **hacia ~** that way, in that direction; **más ~** further on; **no dejes el vaso tan cerca del borde, ponlo más ~** don't leave the glass so near the edge, move it in a bit; **los trenes son un desastre, sin ir más ~, ayer estuve esperando dos horas** trains are hopeless, you don't need to look far to find an example, only yesterday I had to wait for two hours; **más ~ de** beyond; **no vayas más ~ de la verja** don't go beyond the gate; **no se veía más ~ de unos pocos metros** visibility was down to a few metres; **voy para ~ mañana** I'm going there tomorrow; **échate para ~** move over; **por ~** over there, thereabouts
-2. *(indica tiempo)* **~ por los años cincuenta** back in the fifties; **~ para el mes de agosto** around August some time
-3. *(en frases)* **~ él/ella** that's his/her problem; **~ tú, ~ te las compongas** that's your problem; **~ se las arreglen ellos** that's their problem, that's for them to worry about; **~ cada cual** each person will have to decide for themselves; **~ tú con lo que haces** it's up to you what you do; **los negocios no andan muy ~** business is rather slow at the moment; **no ser muy ~** to be nothing special; **no encontrarse** *o* **sentirse muy ~** to feel a bit funny; **hoy no estoy muy ~** I'm not quite myself today; **¡~ voy!** here I go *o* come!; **¿estamos todos listos? ¡Vamos ~!** is everybody ready? Then let's begin!; **¡vamos ~, tú puedes!** go for it *o* go on, you can do it!

allacito *adv Andes (indica espacio)* over there; **¿dónde queda la iglesia? – ~** where's the church? – right there

allanamiento *nm* **-1.** *Esp (sin autorización judicial)* forceful entry ❏ DER **~ de morada** breaking and entering **-2.** *Am (con autorización judicial)* raid

allanar *vt* **-1.** *(terreno)* to flatten, to level; *Fig* **~ el camino** *o* **terreno a alguien** to smooth the way for sb **-2.** *(dificultad)* to overcome; **consiguieron ~ todas las diferencias** they managed to sort out all their differences **-3.** *(irrumpir en)* to break into; **las tropas allanaron la ciudad** the troops sacked the city **-4.** *Am (hacer una redada en)* to raid

allegado, -a ◇ *adj (cercano)* close; **es una persona muy allegada a la familia** she's a close friend of the family; **fuentes allegadas a la cantante declararon que...** according to sources close to the singer...
◇ *nm,f* **-1.** *(familiar)* relative; *(amigo)* close friend; **a la ceremonia acudieron la familia y allegados** the ceremony was attended by close friends and family; **sólo pueden entrar los allegados al difunto** only the close friends and family of the deceased may enter **-2.** *Chile (huésped)* guest **-3.** *Chile Fam (gorrón)* sponger

allegar [38] ◇ *vt* **-1.** *(acercar)* to place near **-2.** *(añadir)* to add
◆ **allegarse** *vpr (adherirse)* to conform

allegretto = alegretto

allegro = alegro

allende *prep Literario* beyond; **~ los mares** across the seas; **~ los montes** beyond the mountains

allí *adv* **-1.** *(en el espacio)* there; **~ abajo/arriba** down/up there; **~ mismo** right there; **está por ~** it's around there somewhere; **se va por ~** you go that way; **está ~ dentro** it's in there; **~ donde vayas...** wherever you go...
-2. *(en el tiempo)* then; **hasta ~ todo iba bien** everything had been going well until then *o* up to that point

alma *nf*

> Takes the masculine articles **el** and **un**.

-1. *(espíritu)* soul; **es un chico de ~ noble** he's a noble-minded boy; **encomiendo mi ~ a Dios** I commend my soul to God ❏ **~ en pena** soul in purgatory; EXPR **como ~ en pena** like a lost soul
-2. *(persona)* soul; **un pueblo de doce mil almas** a town of twelve thousand people; **no se ve un ~** there isn't a soul to be seen
-3. *(de negocio, equipo)* backbone; **son el ~ de la compañía** they're the backbone *o* core of the company; **el ~ de la fiesta** the life and soul of the party; **el ~ del proyecto** the driving force behind the project; **el humor es el ~ de este espectáculo** humour is at the heart of this show ❏ **~ máter** driving force; **ser el ~ máter de algo** to be the driving force behind sth
-4. *(de cañón)* bore
-5. MÚS *(de instrumento)* soundpost
-6. *(de viga)* web
-7. EXPR **~ mía, mi ~** *(apelativo)* dearest, darling; **agradecer algo en el ~** to be deeply grateful for sth; **arrancarle el ~ a alguien** *(matarlo)* to kill sb; *Fam* **se le cayó el ~ a los pies** his heart sank; *Fam* **como ~ que lleva el diablo** like a bat out of hell; **con toda mi/tu/***etc.* **~** with all my/your/*etc* heart; **lo odia con toda su ~** she hates him with all her heart; **cantaba con toda su ~** he was singing his heart out, he was singing for all he was worth; **deseo con toda mi ~ que seas feliz** I hope with all my heart that you'll be happy; **me da en el ~ que no llamarán** I can feel it in my bones *o* deep down that they're not going to ring; **en el ~** truly, from the bottom of one's heart; **entregar el ~** to give up the ghost; **estar con el ~ en un hilo** to be worried stiff; **llegar a ~ a alguien** to touch sb's heart; **lo que dijo me llegó al ~** her words really struck home; *Fam* **no puedo con mi ~** I'm ready to drop, I'm completely worn out; **no tener ~** to be heartless; **partir el ~ a alguien** to break sb's heart; **me salió del ~ contestarle así** I didn't mean to answer him like that, it just came out that way; **sentirlo en el ~** to be truly sorry; **lo siento en el ~ pero no puedo ayudarte** I'm truly sorry, but I can't help you; **ser el ~ gemela de alguien** to be sb's soul mate; **ser un ~ atravesada** *o* **de Caín** *o* **de Judas** to be a fiend *o* a villain; *Fam* **ser un ~ de cántaro** to be a mug; **ser un ~ de Dios** to be a good soul

Alma Ata *n* Alma-ata

almacén *nm* **-1.** *(para guardar)* warehouse ❏ **~ frigorífico** refrigerated storehouse **-2.** *(tienda)* store, shop; **(grandes) almacenes** department store **-3.** *Andes, RP (de alimentos)* grocer's (shop), grocery store **-4.** *CAm (de ropa)* clothes shop

almacenaje *nm* storage

almacenamiento *nm* **-1.** *(de mercancías, información)* storage **-2.** INFORMÁT storage ❏ **~ masivo** mass storage; **~ permanente** permanent storage; **~ temporal** temporary storage

almacenar *vt* **-1.** *(mercancías)* to store **-2.** *(reunir)* to collect; **en veinte años han almacenado éxitos y fracasos** over twenty years they have notched up both hits and flops **-3.** INFORMÁT to store

almacenero, -a *nm,f*, **almacenista** *nmf* **-1.** *(que almacena)* warehouse worker **-2.** *Andes, RP (que vende)* grocer

almáciga *nf* **-1.** *(resina)* mastic **-2.** *(masilla)* putty **-3.** *(semillero)* nursery, seedbed

almácigo *nm* **-1.** *(árbol)* mastic tree **-2.** *(semilla)* nursery seed **-3.** *(semillero)* nursery, seedbed

almádena *nf* sledgehammer

almadraba *nf* **-1.** *(pesca)* tuna fishing **-2.** *(red)* tuna-fishing net

almagre *nm* red ochre

almanaque *nm* **-1.** *(calendario)* calendar **-2.** *(publicación anual)* almanac

Almanzor *npr* Almanzor, = Moorish ruler in Spain (940-1002 AD)

almazara *nf* olive-oil mill

almeja *nf* **-1.** *(molusco)* clam **-2.** *Vulg (vulva)* pussy

almena *nf* = upright part of castle battlement, *Espec* merlon; **almenas** battlements

almenado, -a *adj* crenellated

almenaje *nm* battlements

almenara *nf* **-1.** *(fuego)* beacon **-2.** *(candelero)* candelabrum, candelabra

almendra *nf* almond ❑ ~ **amarga** bitter almond; ~ **dulce** almond; **almendras fileteadas** flaked almonds; **almendras garrapiñadas** = almonds covered in caramelized sugar

almendrado, -a ◇ *adj* almond-shaped; **ojos almendrados** almond eyes
◇ *nm* **-1.** *(pasta)* = crumbly biscuit made with almonds **-2.** *(helado)* almond-flavoured ice cream

almendro *nm* almond (tree)

almendruco *nm* green almond

almeriense ◇ *adj* of/from Almería (Spain)
◇ *nmf* person from Almería (Spain)

almez *nm* hackberry tree

almiar *nm* haystack

almíbar *nm* syrup; **en** ~ in syrup

almibaradamente *adv (afectadamente)* cloyingly

almibarado, -a *adj* **-1.** *(con almíbar)* covered in syrup **-2.** *(afectado)* syrupy, sugary

almibarar *vt* to cover in syrup

almidón *nm* starch

almidonado, -a ◇ *adj* starched
◇ *nm* starching

almidonar *vt* to starch

alminar *nm* minaret

almirantazgo *nm* **-1.** *(dignidad)* admiralty **-2.** *(de la Armada)* Admiralty

almirante *nm* admiral

almirez *nm* mortar

almizclado, -a, almizcleño, -a *adj* musky

almizcle *nm* musk

almizcleño, -a = **almizclado**

almizclero *nm* musk deer

almohada *nf* pillow; [EXPR] **consultarlo con la** ~ to sleep on it

almohade ◇ *adj* Almohad(e)
◇ *nmf* Almohad(e), = member of the Arab dynasty which ruled in North Africa and Muslim Spain in the 7th and 8th centuries

almohadilla *nf* **-1.** *(para sentarse)* cushion **-2.** *(de gato, perro)* pad **-3.** *(alfiletero)* pincushion **-4.** *(en béisbol)* bag **-5.** *ARQUIT* bolster **-6.** *RP (tampón)* ink pad **-7.** *Bol, Chile (borrador)* blackboard *Br* rubber *o US* eraser

almohadillado, -a *adj* padded

almohadillar *vt* **-1.** *(acolchar)* to pad **-2.** ARQUIT to decorate with bolsters

almohadón *nm* **-1.** *(cojín grande)* cushion **-2.** *(funda)* pillowcase

almohaza *nf* currycomb

almohazar *vt (caballo)* to curry

almoneda *nf* **-1.** *(subasta)* auction **-2.** *(local)* discount store

almorávide ◇ *adj* Almoravid
◇ *nmf* Almoravid, = member of the Berber dynasty which ruled in North Africa and Muslim Spain in the 6th and 7th centuries

almorejo *nm* green bristle-grass

almorranas *nfpl Fam* piles

almorta *nf* chickling vetch

almorzar [31] ◇ *vt* **-1.** *(a mediodía)* to have for lunch; **los viernes almuerzan pescado** on Fridays they have fish for lunch **-2.** *(a media mañana)* to have as a mid-morning snack
◇ *vi* **-1.** *(a mediodía)* to have lunch **-2.** *(a media mañana)* to have a mid-morning snack

almuecín, almuédano *nm* muezzin

almuerzo *nm* **-1.** *(a mediodía)* lunch; ~ **de trabajo** working lunch **-2.** *(a media mañana)* mid-morning snack

aló *interj Andes, Carib (al teléfono)* hello!

alocadamente *adv* **-1.** *(locamente)* crazily **-2.** *(irreflexivamente)* rashly, recklessly

alocado, -a ◇ *adj* **-1.** *(loco)* crazy; **lleva una vida alocada** she lives a wild life **-2.** *(irreflexivo)* rash, reckless; **fue una decisión alocada** it was a rash decision
◇ *nm,f* **-1.** *(loco)* **es un** ~ he's crazy **-2.** *(irreflexivo)* **es un** ~ he's rash *o* reckless

alocución *nf* address, speech

aloe, áloe *nm* **-1.** *(planta)* common aloe **-2.** *(jugo)* aloes

alófono *nm* LING allophone

alógeno, -a *adj* immigrant, incoming

alojado, -a *nm,f Andes, Méx* guest, lodger

alojamiento *nm* accommodation; **estoy buscando** ~ I'm looking for accommodation; **el precio incluye el** ~ the price includes accommodation; **dar** ~ **a alguien** to put sb up

alojar ◇ *vt* to put up; **alojaron a los supervivientes en un polideportivo** they put the survivors up in a sports centre; **cada tienda de campaña puede** ~ **a treinta refugiados** each tent can house thirty refugees; INFORMÁT ~ **páginas web** to host web pages
➥ **alojarse** *vpr* **-1.** *(hospedarse)* to stay; **se alojaron en un hotel** they stayed at a hotel **-2.** *(introducirse)* to lodge; **la bala se alojó en el pulmón derecho** the bullet lodged in her right lung

alomorfo *nm* LING allomorph

alón *nm* wing *(of bird, for eating)*

alondra *nf* skylark ❑ ~ **cornuda** shore lark

alopatía *nf* allopathy

alopecia *nf* hair loss, *Espec* alopecia

alopécico, -a *adj* **ser** ~ to suffer from hair loss *o Espec* alopecia

alpaca *nf* **-1.** *(metal)* alpaca, German *o* nickel silver **-2.** *(animal)* alpaca **-3.** *(tela)* alpaca

alpargata *nf* espadrille

alpargatería *nf* = shop selling espadrilles

Alpes *nmpl* **los** ~ the Alps

alpestre *adj* alpine

alpinismo *nm* mountaineering

alpinista *nmf* mountaineer

alpino, -a *adj* Alpine

alpiste *nm* **-1.** *(planta)* canary grass **-2.** *(semilla)* birdseed **-3.** [EXPR] *RP Fam* **estar al** ~ *(alerta)* to keep one's ears *o* eyes open

alquequenje *nm* winter cherry

alquería *nf Esp* farmstead

alquilado, -a *adj (casa, oficina, televisor)* rented; *(coche, bicicleta, traje)* hired

alquilar ◇ *vt* **-1.** *(dejar en alquiler) (casa, oficina)* to rent (out); *(televisor)* to rent (out); *(coche, bicicleta, traje)* to hire (out); **le alquilamos nuestra casa** we rented our house (out) to him; **se alquila** *(en letrero)* to let; **se alquilan bicicletas** *(en letrero)* bicycles for hire; [EXPR] *RP Fam* **estuvo** *o* **fue de** *o* **para** ~ **balcones** *(muy bueno)* it was amazing *o* awesome; *(muy divertido)* it was a scream
-2. *(tomar en alquiler) (casa, oficina)* to rent; *(televisor)* to rent; *(coche, bicicleta)* to hire; *(traje)* to hire
-3. *RP Fam (burlarse de)* ~ **a alguien** to pull sb's leg, *Br* to take the mickey out of sb; **siempre me alquilan por la impuntualidad** they're always pulling my leg *o Br* taking the mickey out of me about being late
➥ **alquilarse** *vpr (persona)* to sell oneself; **no se alquila por cualquier precio** he won't sell himself for any price

alquiler *nm* **-1.** *(acción) (de casa, oficina)* renting; *(de televisor)* renting; *(de coche, bicicleta)* hiring; **de** ~ *(casa)* rented; **¿está en venta o en** ~**?** is it for sale or to let?; **coche de** ~ hire car; **tenemos pisos de** ~ we have *Br* flats *o US* apartments to let; ~ **de bicicletas** *(en letrero)* bicycles for hire; ~ **de coches** *(en letrero)* car hire *o* rental; **una madre de** ~ a surrogate mother ❑ ~ **con opción a compra** rental with option to buy
-2. *(precio) (de casa, oficina)* rent; *(de televisión)* rental; *(de coche)* hire charge; **han subido los alquileres de la vivienda** rents have gone up

alquimia *nf* alchemy

alquimista *nmf* alchemist

alquitara *nf* still

alquitrán *nm* **-1.** *(para asfaltar)* tar **-2.** *(en cigarrillo)* tar

alquitranado *nm* **-1.** *(acción)* tarring **-2.** NÁUT tarpaulin

alquitranar *vt* to tar

alrededor ◇ *adv* **-1.** *(en torno)* around; ~ **de la mesa** around the table; **las casas de** ~ the surrounding houses **-2.** *(aproximadamente)* ~ **de** around; **llegaremos** ~ **de medianoche** we'll arrive around midnight; **tiene** ~ **de treinta y cinco años** she's about thirty-five
◇ *nm* **miré a mi** ~ I looked around (me); **todo a su** ~ **era desierto** she was surrounded by desert; **alrededores** surrounding area; **los alrededores de Guadalajara** the area around Guadalajara; **el apagón afectó a Nueva York y sus alrededores** the power cut affected New York and the surrounding area; **había mucha gente en los alrededores del estadio** there were a lot of people in the area around the stadium

Alsacia *nf* Alsace ❑ **~-Lorena** Alsace-Lorraine

alsaciano, -a ◇ *adj* Alsatian
◇ *nm,f* Alsatian

álsine *nm* common chickweed

alta *nf*

> Takes the masculine articles **el** and **un**.

-1. *(del hospital)* ~ **(médica)** discharge; **dar de** ~ **a alguien, dar el** ~ **a alguien** to discharge sb (from hospital)
-2. *(documento)* certificate of discharge
-3. *(en una asociación)* membership; **el mes pasado se produjeron muchas altas** a lot of new members joined last month; **darse de** ~ **(en)** *(club)* to become a member (of); *(Seguridad Social)* to register (with); **dar de** ~ **a alguien** *(en club)* to enrol sb; **con fecha de hoy causa** ~ **en el club** she is a member of the club as of today
-4. **dar de** ~ **a alguien** *(en teléfono, gas, electricidad)* to connect sb

altamente *adv* highly, extremely; ~ **satisfecho** highly *o* extremely satisfied

Altamira *n* **las cuevas de** ~ the Altamira Caves, = caves in Northern Spain, famous for their prehistoric paintings (discovered in 1875)

altanería *nf* **-1.** *(soberbia)* haughtiness; **con** ~ haughtily **-2.** *Anticuado (cetrería)* falconry

altanero, -a *adj* haughty

altar *nm* altar; **conducir** *o* **llevar a alguien al** ~ to lead sb down the aisle; [EXPR] **elevar a los altares a alguien** to canonize sb ❑ ~ **mayor** high altar

altavoz *nm* **-1.** *(para anuncios)* loudspeaker; **la llamaron por el** ~ they called her over the loudspeaker **-2.** *(de tocadiscos, ordenador)* speaker

alterable *adj* changeable

alteración *nf* **-1.** *(cambio)* alteration **-2.** *(excitación)* agitation; **se notaba su** ~ **en mi presencia** she became clearly agitated in my presence **-3.** *(alboroto)* disturbance ❑ ~ **del orden público** breach of the peace

alterado, -a *adj* **-1.** *(cambiado)* altered, changed **-2.** *(perturbado)* disturbed, upset; **los niños están muy alterados con la llegada de las vacaciones** the children are rather overexcited with the holidays coming up **-3.** *(enfadado)* angry, annoyed

alterar ◇ *vt* **-1.** *(cambiar)* to alter, to change; ~ **el orden de las palabras** to change the order of the words; **esto altera nuestros planes** that changes our plans
-2. *(perturbar) (persona)* to agitate, to fluster; **le alteran mucho los cambios** the

altercado changes upset him a lot; **no le gusta que alteren sus costumbres** she doesn't like having her routine upset
-**3.** *(orden público)* to disrupt; **fue detenido por ~ el orden público** he was arrested for causing a breach of the peace
-**4.** *(estropear)* **el calor alteró los alimentos** the heat made the food go off
◆ **alterarse** *vpr* -**1.** *(perturbarse)* to get agitated *o* flustered -**2.** *(estropearse)* to go off

altercado *nm* argument, row; **tuvo un ~ con el jefe** she had an argument *o* a row with the boss; **~ callejero** disturbance

altercar *vi* to argue

álter ego *nm* alter ego

alternadamente *adv* alternately

alternador *nm* ELEC alternator

alternadora *nf CSur* = woman working in a "bar de alterne", *US* B-girl

alternancia *nf* alternation ❑ **~ de poder** = alternation of different parties in government

alternar ◇ *vt* to alternate; **alternad los ejercicios** alternate the exercises; **alterna el estudio con la diversión** she alternates studying with having fun; **el libro alterna escenas de ternura con momentos de violencia** the book alternates between scenes of violence and moments of tenderness
◇ *vi* -**1.** *(relacionarse)* to socialize (**con** with); **no suelen ~ mucho** they don't usually socialize much; **no me gusta la gente con la que alterna** I don't like the people she mixes with -**2.** *(sucederse)* **~ con** to alternate with; **la estación de lluvias alterna con la estación seca** the rainy season alternates with the dry season
◆ **alternarse** *vpr* -**1.** *(en el tiempo)* to take turns; **se alternan para cuidar al niño** they take it in turns to look after the child; **los dos partidos se alternan en el poder** the two parties take turns in office; **se alternarán los claros y las nubes** there will be a mixture of clear spells and patches of cloud -**2.** *(en el espacio)* to alternate

alternativa *nf* -**1.** *(opción)* alternative; **no tenemos ~** we have no alternative; **no nos queda otra ~ que aceptar** we have no alternative *o* choice but to accept; **nuestra mejor ~ es...** our best bet is... ❑ **~ de poder** alternative party of government
-**2.** TAUROM = ceremony in which a bullfighter shares the kill with his novice, accepting him as a professional; **tomar la ~** = to become accepted as a professional bullfighter; EXPR **dar la ~ a alguien** to give sb their first big break

alternativamente *adv* -**1.** *(con alternancia)* alternately -**2.** *(como segunda opción)* alternatively

alternativo, -a *adj* -**1.** *(movimiento)* alternating -**2.** *(posibilidad)* alternative -**3.** *(medicina, energía)* alternative; *(cine, teatro)* alternative

alterne *nm* **bar de ~** = bar where women encourage people to drink in return for a commission; **chica de ~** = woman working in a "bar de alterne", *US* B-girl

alterno, -a *adj* -**1.** *(en el tiempo)* alternate; **visita a sus abuelos en días alternos** she visits her grandparents every other day -**2.** *(en el espacio)* alternate -**3.** ELEC alternating -**4.** Col *(persona, cargo)* acting; *(sala, edificio)* adjoining; **el secretario ~** the acting secretary; **el edificio ~** the annex

alteza *nf* -**1.** *(de sentimientos)* loftiness -**2.** **Alteza** *(tratamiento)* Highness; **Su Alteza Real** His/Her Royal Highness; **su Alteza el Príncipe** His Highness the Prince

altibajos *nmpl* -**1.** *(del terreno)* **la carretera estaba llena de ~** the road went up and down a lot -**2.** *(cambios repentinos)* ups and downs; **la economía está sufriendo continuos ~** the economy is undergoing a lot of ups and downs; **el paciente mejora a ~** the patient is getting better in fits and starts -**3.** *(de la vida)* ups and downs

altillo *nm* -**1.** *(desván)* attic, loft -**2.** *Esp (armario)* = small storage cupboard above head height, usually above another cupboard -**3.** *(cerro)* hillock

altilocuencia *nf* grandiloquence

altilocuente *adj* grandiloquent

altimetría *nf* altimetry

altímetro *nm* altimeter

altiplanicie *nf* high plateau

altiplánico, -a *adj Am* = of/relating to the "altiplano"

altiplano *nm* high plateau; **el Altiplano** *(en Bolivia)* the Altiplano

altiro *adv Chile Fam* right away

Altísimo *nm* REL **el ~** the Most High

altisonante, altísono, -a *adj* high-sounding

altitud *nf* altitude; **viven a más de 4.000 m de ~** they live at an altitude of over 4,000 m

altivamente *adv* haughtily

altivez, altiveza *nf* haughtiness; **con ~** haughtily

altivo, -a *adj* haughty

alto, -a ◇ *adj* -**1.** *(persona, árbol, edificio)* tall; *(montaña)* high; **es más ~ que su compañero** he's taller than his colleague; **el Everest es la montaña más alta del mundo** Everest is the world's highest mountain; **¡qué alta está tu hermana!** your sister's really grown!; **un jersey de cuello ~** *Br* a polo neck, *US* a turtleneck; **tacones** *o Andes, RP* **tacos altos** high heels; **lo ~** *(de lugar, objeto)* the top; *Fig (el cielo)* Heaven; EXPR **hacer algo por todo lo ~** to do sth in (great) style; **una boda por todo lo ~** a sumptuous wedding; **en lo ~ de** at the top of; **el gato se escondió en lo ~ del árbol** the cat hid up the tree ❑ **~ relieve** high relief
-**2.** *(indica posición elevada)* high; *(piso)* top, upper; **tu mesa es muy alta para escribir bien** your desk is too high for writing comfortably; **¡salgan con los brazos en ~!** come out with your arms raised *o* your hands up; **aguántalo en ~ un segundo** hold it up for a second; EXPR **mantener la cabeza bien alta** to hold one's head high; **tienen la moral muy alta** their morale is very high; EXPR **pasar algo por ~** *(adrede)* to pass over sth; *(sin querer)* to miss sth out; **esta vez pasaré por ~ tu retraso** I'll overlook the fact that you arrived late this time; **el portero desvió el balón por ~** the keeper tipped the ball over the bar; **de alta mar** deep-sea; **en alta mar** out at sea; **le entusiasma la alta montaña** she loves mountaineering; **equipo de alta montaña** mountaineering gear
-**3.** *(cantidad, intensidad)* high; **de alta calidad** high-quality; **tengo la tensión muy alta** I have very high blood pressure; **tiene la fiebre alta** her temperature is high, she has a high temperature; INFORMÁT **un disco duro de alta capacidad** a high-capacity hard disk; **un televisor de alta definición** a high-resolution TV screen; **una inversión de alta rentabilidad** a highly profitable investment; **un tren de alta velocidad** a high-speed train ❑ **~ horno** blast furnace; **altos hornos** *(factoría)* iron and steelworks; INFORMÁT **alta resolución** high resolution; **alta temperatura** high temperature; **alta tensión** high voltage; DER **alta traición** high treason; **~ voltaje** high voltage
-**4.** *(en una escala)* **la ~ competición** *(en deporte)* competition at the highest level; **de ~ nivel** *(delegación)* high-level; **un ~ dirigente** a high-ranking leader ❑ HIST **la alta aristocracia** the highest ranks of the aristocracy; **~ cargo** *(persona)* *(de empresa)* top manager; *(de la administración)* top-ranking official; *(puesto)* top position *o* job; **los altos cargos del partido** the party leadership; **los altos cargos de la empresa** the company's top management; **~ cocina** haute cuisine; **Alto Comisionado** High Commission; **~ costura** haute couture; MIL **~ mando** *(persona)* high-ranking officer; *(jefatura)* high command; **~ sociedad** high society
-**5.** *(avanzado)* **alta fidelidad** high fidelity; **altas finanzas** high finance; INFORMÁT **de ~ nivel** *(lenguaje)* high-level; **alta tecnología** high technology
-**6.** *(sonido, voz)* loud; **en voz alta** in a loud voice; **el que no esté de acuerdo que lo diga en voz alta** if anyone disagrees, speak up
-**7.** *(hora)* late; **a altas horas de la noche** late at night
-**8.** GEOG upper; **un crucero por el curso ~ del Danubio** a cruise along the upper reaches of the Danube; **el Alto Egipto** Upper Egypt ❑ HIST **Alto Perú** = name given to Bolivia during the colonial era; *Antes* **Alta Volta** Upper Volta
-**9.** HIST High; **la alta Edad Media** the High Middle Ages
-**10.** *(noble, ideales)* lofty
-**11.** *(crecido, alborotado)* *(río)* swollen; *(mar)* rough; **con estas lluvias el río va ~** the rain has swollen the river's banks
◇ *nm* -**1.** *(altura)* height; **mide 2 metros de ~** *(cosa)* it's 2 metres high; *(persona)* he's 2 metres tall
-**2.** *(lugar elevado)* height ❑ **los Altos del Golán** the Golan Heights
-**3.** *(detención)* stop; **hacer un ~** to make a stop; **hicimos un ~ en el camino para comer** we stopped to have a bite to eat; **dar el ~ a alguien** to challenge sb ❑ **~ el fuego** *(cese de hostilidades)* ceasefire; **¡~ el fuego!** *(orden)* cease fire!
-**4.** MÚS alto
-**5.** *(voz alta)* **no se atreve a decir las cosas en ~** she doesn't dare say out loud what she's thinking
-**6.** *Andes, Méx, RP (montón)* pile; **tengo un ~ de cosas para leer** I have a pile *o* mountain of things to read
-**7.** *CSur, Perú* **altos** *(de casa)* upstairs *Br* flat *o US* apartment *(with its own front door)*; **vive en los altos de la tintorería** she lives in a separate *Br* flat *o US* apartment above the dry cleaner's
-**8.** *Méx (señal)* stop sign
◇ *adv* -**1.** *(arriba)* high (up); **volar muy ~** to fly very high
-**2.** *(hablar)* loud; **por favor, no hables tan ~** please, don't talk so loud
◇ *interj* halt!, stop!; **¡~! ¿quién va?** halt! who goes there?; **¡~ ahí!** *(en discusión)* hold on a minute!; *(a un fugitivo)* stop!

altocúmulo *nm* METEO altocumulus

altoparlante *nm Am* loudspeaker

altorrelieve *nm* high relief

altozano *nm* hillock

altramuz *nm* -**1.** *(planta)* lupin -**2.** *(semilla)* lupin seed *(eaten as a snack)*

altruismo *nm* altruism; **con ~** altruistically

altruista ◇ *adj* altruistic
◇ *nmf* altruist

altruistamente *adv* altruistically

altura *nf* -**1.** *(de persona, cosa)* height; **mide** *o* **tiene 2 metros de ~** *(persona)* he's 2 metres tall; *(cosa)* it's 2 metres high
-**2.** *(posición)* height; **pon los dos altavoces a la misma ~** put both speakers level with each other; **a la ~ de los ojos** at eye level; **la serpiente le mordió a la ~ del tobillo** the snake bit him on the ankle; **el tráfico está congestionado a la ~ del ayuntamiento** there's a traffic jam in the area of the town hall; **¿a qué ~ está la oficina de turismo?** how far along the road is the tourist information office?; **está a la ~ de la estación** it's next to the station
-**3.** *(altitud)* height; **Viella está a 1.000 metros de ~** Viella is 1,000 metres above sea level; **ganar** *o* **tomar ~** *(avión)* to climb; **perder ~** *(avión)* to lose height; **volar a gran ~** to fly at altitude; **volaremos a 2.000 metros de ~** we'll be flying at an altitude of 2,000 metres; **se esperan nevadas en alturas superiores a los 800 metros** snow is forecast on high ground above 800 metres; *Fig* **las alturas** *(el cielo)* Heaven;

alturado

Gloria a Dios en las alturas glory to God in the highest
-**4.** *(latitud)* latitude
-**5.** *Fig (nivel)* **a la ~ de** on a par with; **comprarlo no estaba a la ~ de mis posibilidades** it wasn't within my means to buy it; **su última novela no está a la ~ de sus anteriores** her last novel isn't up to the standard of her previous ones; EXPR **estar a la ~ de las circunstancias** to be worthy of the occasion, to be equal to the challenge; **ninguno de los dos equipos estuvo a la ~ de las circunstancias** neither of the teams was able to rise to the occasion; **no está a la ~ del puesto** he's not up to the job; **la película no estuvo a la ~ de sus expectativas** the film didn't come up to *o* fell short of her expectations; EXPR *Fam* **a la ~ del betún** *o RP* **del felpudo: nos dejó a la ~ del betún** *o RP* **del felpudo** it left us looking really bad; *Fam* **hemos quedado a la ~ del betún** *o RP* **del felpudo, teníamos que haberle comprado un regalo** it looks really bad that we didn't buy him a present; **la moda inglesa nunca se pondrá a la ~ de la italiana** English fashion will never reach the standard of Italian fashion; **intentan ponerse a la ~ de los líderes del mercado** they're trying to catch up with the market leaders; **al devolverle el insulto, se puso a su ~** by insulting him back, she showed herself to be no better than him; EXPR *Fam* **a la ~ de los zapatos: como tenista, no le llega a la ~ de los zapatos** he's nowhere near as good a tennis player as her; **rayar a gran ~** to excel, to shine; **jugaron a gran ~ y ganaron el título** they played magnificently and won the title
-**6.** *Fig (de persona)* stature; *(de sentimientos, espíritu)* loftiness; **un escritor de gran ~ moral** a writer with lofty morals
-**7.** *(tiempo)* **a estas alturas** this far on; **a estas alturas ya tendrían que saber lo que me gusta** by now, they ought to know what I like; **a estas alturas ya no se puede cambiar nada** it's too late to change anything now; **a estas alturas ya debías saber que eso no se hace** you should know better than that by now; **a estas alturas del año ya es muy tarde para ponerse a estudiar** it's a bit late in the year to start studying; **si a estas alturas no te has decidido...** if you haven't decided by now...; **no me digas que a estas alturas todavía tienes dudas sobre tu boda** don't tell me you still have doubts about getting married even at this late stage
-**8.** *(cumbre)* summit, top; **las grandes alturas alpinas** the great peaks of the Alps
-**9.** *Esp (piso)* floor; **una casa de dos alturas** a two-storey house
-**10.** *(salto de altura)* high jump
-**11.** MÚS pitch
-**12.** NÁUT **de ~** *(buque)* ocean-going; **flota de ~** deep-sea fleet; **navegación de ~** ocean navigation; **pesca de ~** deep-sea fishing
-**13.** GEOM *(de triángulo)* height

alturado, -a *adj Perú* calm; **un debate ~ a** calm debate; **sus intervenciones siempre son alturadas** her contributions are always very measured

alu *nf*

Takes the masculine articles **el** and **un**.

INFORMÁT alu

alubia *nf* bean ❑ **~ blanca** cannellini bean; **~ roja** kidney bean

alucinación *nf* hallucination; **tener alucinaciones** to have hallucinations

alucinado, -a *adj* -**1.** *(con alucinaciones)* hallucinating -**2.** *Fam (sorprendido)* staggered, *Br* gobsmacked; **quedarse ~ (con)** to be staggered (by) *o Br* gobsmacked (by); **estamos alucinados con la casa que se ha comprado** we can't believe the house she's bought -**3.** *Fam (encantado)* **estar ~ con algo/alguien** to be wild *o* crazy about sth/sb

alucinamiento *nm* hallucination

alucinante *adj* -**1.** *(que provoca alucinaciones)* hallucinatory -**2.** *Fam (extraordinario)* amazing, awesome; **una película ~** an amazing *o* awesome film; **es ~ lo bien que canta** she's a hell of a good singer

alucinantemente *adv Fam* amazingly

alucinar ◇ *vi* -**1.** *(tener alucinaciones)* to hallucinate -**2.** *Fam (delirar)* **¡tú alucinas!** you must be dreaming!; **¡yo alucino!** I can't believe it!; **yo alucino con tu hermano** *(con enfado, admiración)* that brother of yours is incredible; **alucinó con todos los regalos que le hicieron** he was bowled over by all the presents they gave him
◇ *vt Fam* -**1.** *(seducir)* to hypnotize, to captivate -**2.** *(gustar)* **le alucinan las motos** he's crazy about motorbikes

alucinatorio, -a *adj* hallucinatory

alucine *nm Fam* **¡qué ~!** that's amazing!; **un ~ de moto** a humdinger of a bike, a totally amazing bike; **canta de ~** she's a hell of a singer; **es un ~ de tía** *(físicamente)* she's absolutely gorgeous

alucinógeno, -a ◇ *adj* hallucinogenic
◇ *nm* hallucinogen

alud *nm* -**1.** *(de nieve)* avalanche -**2.** *(de solicitudes, protestas, personas)* avalanche; **un ~ de preguntas** an avalanche *o* flood of questions

aluda *nf* winged ant

aludido, -a ◇ *adj* **alabaron el trabajo del jefe de personal, pero el ~ seguía enojado** they praised the personnel manager's work, but he was still annoyed; **darse por ~** *(ofenderse)* to take it personally; **no se dio por ~** he didn't take the hint
◇ *nm,f* **el ~** the aforesaid

aludir *vi* -**1.** **~ a algo/alguien** *(sin mencionar)* to allude to sth/sb -**2.** **~ a algo/alguien** *(mencionando)* to refer to sth/sb; **en el discurso evitó ~ a los impuestos** he avoided mentioning taxes in his speech

alumbrado *nm* lighting ❑ **~ público** street lighting

alumbramiento *nm* -**1.** *(parto)* delivery -**2.** *(con luz)* lighting

alumbrar ◇ *vt* -**1.** *(iluminar)* to light (up); **alumbró el camino con una linterna** he lit the way with a torch; **las antorchas que alumbran la sala** the torches which light the hall; **el ayuntamiento ha decidido ~ el parque** the town council has decided to install lighting in the park -**2.** *(dar a luz)* to give birth to -**3.** *Ven (hechizar)* to cast a spell on; **la visión los alumbró a todos** the vision cast a spell on everyone present
◇ *vi* -**1.** *(iluminar)* to give light; **esa lámpara alumbra muy poco** that lamp doesn't give much light *o* isn't very bright -**2.** *(dar a luz)* to give birth

alumbre *nm* alum

alúmina *nf* QUÍM *Br* aluminium *o US* aluminum oxide

aluminio *nm* QUÍM *Br* aluminium, *US* aluminum ❑ **~ anodizado** anodized *Br* aluminium *o US* aluminum

aluminosis *nf inv* CONSTR = structural weakness of buildings as a result of inadequate building materials containing aluminium

aluminoso, -a *adj* aluminous

alumnado *nm (de escuela)* pupils; *(de universidad)* students

alumno, -a *nm,f (de escuela, profesor particular)* pupil; *(de universidad)* student; **ex ~** *(de escuela)* ex-pupil, former pupil, *US* alumnus; *(de universidad)* former student, *US* alumnus ❑ **~ externo** day pupil; **~ de intercambio** exchange student; **~ interno** boarder

alunado, -a *adj RP Fam* annoyed, in a bad mood

alunarse *vpr RP Fam (malhumorarse)* to get annoyed *o* in a bad mood

alunizaje *nm* landing on the moon, lunar landing

alunizar [14] *vi* to land on the moon

alusión *nf* -**1.** *(sin mencionar)* allusion; **hacer ~ a** to allude to; **su discurso se entendió como una ~ a la crisis** her speech was understood as referring to the crisis; **"es un motivo de orgullo", dijo en ~ al reciente galardón** "it makes me proud," he said, referring to his recent award
-**2.** *(mencionando)* reference; **hacer ~ a** to refer to; **en el discurso evitó hacer ~ a los impuestos** he avoided mentioning taxes in his speech; **por alusiones, tiene derecho a responder** because he has been mentioned, he has the right to reply

alusivo, -a *adj* **~ a** alluding to; **un comentario ~ al incidente** a comment alluding to the incident; **un estilo ~** an allusive style

aluvial *adj* GEOL alluvial

aluvión *nm* -**1.** *(de agua)* flood -**2.** *(gran cantidad)* **un ~ de insultos** a torrent of abuse; **un ~ de preguntas** a flood *o* barrage of questions; **recibieron un ~ de críticas en la redacción** the newspaper was flooded with complaints -**3.** GEOL *(sedimento)* alluvium; **tierras de ~** alluvial deposits

alveolar ◇ *adj* -**1.** ANAT alveolar -**2.** LING alveolar
◇ *nf* LING alveolar

alveolo, alvéolo *nm* -**1.** *(de panal)* cell -**2.** ANAT *(dental)* alveolus; *(pulmonar)* alveolus

alverja *nf Am (considerado incorrecto)* pea

alverjilla *nf Am (considerado incorrecto)* sweet pea

alza *nf*

Takes the masculine articles **el** and **un**.

-**1.** *(subida)* rise; **el ~ de las temperaturas** the rise in temperatures; **un ~ en las cotizaciones** a rise in share prices; **al ~:** **los precios están al ~** prices are rising; **la previsión de la inflación ha sido revisada al ~** the forecast level of inflation has been revised upwards; **la evolución al ~ de las acciones** the rising value of the shares; **la evolución al ~ de los precios** the upward trend in prices; BOLSA **jugar al ~** to bull the market; **en ~:** **una empresa en ~** a company that is on its way up; **un cantante en ~** a singer who is gaining in popularity
-**2.** *(de zapato)* raised insole
-**3.** *(de arma)* sight

alzacristales *nm inv* **~ (eléctrico)** electric window

alzacuello *nm* dog collar

alzada *nf* -**1.** *(de caballo)* height -**2.** DER appeal

alzado, -a ◇ *adj* -**1.** *(militar)* rebel -**2.** *(precio)* fixed; **a tanto ~** *(modo de pago)* in a single payment -**3.** *Am Fam (en celo) Br* on heat, *US* in heat -**4.** *Am Fam (insolente)* insolent -**5.** *Andes, RP Fam (salvaje)* wild -**6.** *Col Fam (borracho)* drunk
◇ *nm* -**1.** *(proyección vertical)* elevation -**2.** *Cuba (estante)* shelf

alzamiento *nm* -**1.** *(hacia arriba)* raising, lifting -**2.** *(revuelta)* uprising, revolt; **un ~ militar** a military uprising ❑ HIST **el Alzamiento Nacional** = Francoist term for the 1936 rebellion against the Spanish Republican Government -**3.** DER **~ de bienes** = concealment of assets to avoid paying creditors

alzapaño *nm (cordón)* curtain tie

alzar [14] ◇ *vt* -**1.** *(levantar)* to lift, to raise; *(voz)* to raise; *(vela)* to hoist; *(cuello de abrigo)* to turn up; *(mangas)* to pull up; *Am (bebé)* to pick up; **alzó la cabeza al oír el ruido** she looked up when she heard the noise; **~ la voz a alguien** to raise one's voice to sb; **¡a mí no me alzas la voz!** don't you talk to me like that!; **~ el vuelo** *(despegar) (pájaro)* to fly off; *(avión)* to take off; **~ un embargo** to lift an embargo
-**2.** *(aumentar)* to raise; **alzaron el precio del petróleo** they put up *o* raised the price of *Br* petrol *o US* gasoline; **alzaron la producción de coches** they increased *o* stepped up car production
-**3.** *(construir)* to erect; **han alzado un templete en el medio de la plaza** they've erected a shrine in the middle of the square
-**4.** *(sublevar)* to stir up, to raise; **alzaron a los campesinos contra los terratenientes**

they encouraged the peasants to revolt against the landowners
 -**5.** *(recoger)* to pick (up); **~ la ropa de invierno** to put away one's winter clothes; **~ los frutos** to gather fruit; **~ la mesa** to clear the table
 -**6.** REL to elevate
 -**7.** IMPRENTA to collate
 -**8.** *Méx Fam (plata)* to scrape together; **alzaron lo suficiente para unos tacos** they scraped together enough money to buy some tacos
 ◇ *vi* REL to elevate
◆ **alzarse** *vpr* -**1.** *(levantarse)* to rise; **el monumento se alza majestuoso en mitad de la plaza** the monument rises up *o* stands majestically in the middle of the square; **las temperaturas se alzaron por encima de los 40 grados** temperatures rose above 40 degrees; **se cayó y nadie le ayudó a alzarse** she fell over and nobody helped her to get up *o* nobody helped her to her feet; **alzarse de hombros** to shrug (one's shoulders); *Fig* **su trabajo se alza muy por encima del resto** his work really stands out above everyone else's
 -**2.** *(sublevarse)* to rise up, to revolt; **alzarse en armas** to take up arms; **los rebeldes se alzaron contra el gobierno** the rebels rose up *o* revolted against the government
 -**3.** *(conseguir)* **alzarse con la victoria** to win, to be victorious; **se alzó con el premio Nobel** she won the Nobel Prize; **los ladrones se alzaron con un cuantioso botín** the thieves made off with a large sum; **el equipo holandés se alzó con el premio** the Dutch team walked away with *o* carried off the prize
 -**4.** *Am (animal)* to run wild
 -**5.** *Col (emborracharse)* to get drunk
Alzheimer *nm* **(mal** *o* **enfermedad de) ~** Alzheimer's (disease)
AM *nf (abrev de* **amplitude modulation***)* AM
a.m. *(abrev de* **ante meridiem***)* a.m.
ama *nf*

> Takes the masculine articles **el** and **un**.

 -**1.** *(dueña)* owner -**2.** *(de criado)* mistress ❏ **~ de casa** housewife; **~ de cría** wet nurse; **~ de llaves** housekeeper -**3.** *(de animal)* mistress, owner -**4.** *Anticuado (cuidadora)* nanny, nurse
amabilidad *nf* kindness; **¿tendría la ~ de...?** would you be so kind as to...?; **tuvo la ~ de acompañarme** he was kind enough to accompany me; **siempre nos tratan con ~** they're always nice to us
amabilísimo, -a *superlativo ver* **amable**
amable *adj* -**1.** *(persona)* kind, nice; **es una persona de carácter ~** she's a kind *o* nice person; **un policía muy ~** a very nice policeman; **se mostró muy ~ con nosotros** he was very kind *o* nice to us; **es muy ~ de tu parte** it's very kind *o* nice of you; **¿sería tan ~ de...?** would you be so kind as to...?; **la joven ministra representa la cara ~ del régimen** the young woman minister is the acceptable face of the government
 -**2.** *Andes, RP (rato)* nice, pleasant; **pasamos un rato muy ~** we had a very nice *o* pleasant time
amablemente *adv* kindly
amado, -a ◇ *adj* **mis seres amados** my loved ones
 ◇ *nm,f* loved one, beloved
amadrinar *vt* -**1.** *(niño)* to act as a godmother to -**2.** *(barco)* to christen -**3.** *Andes, RP (en equitación)* to train to follow the lead
amaestrado, -a *adj (animal)* trained; *(en circo)* performing
amaestrador, -ora *nm,f* trainer
amaestramiento *nm* training
amaestrar *vt* to train
amagar [38] ◇ *vt* -**1.** *(mostrar la intención de)* to make as if to; **le amagó un golpe** he made as if to hit him; **amagó una sonrisa** she gave a hint of a smile -**2.** DEP to dummy;

amagó un pase y batió al portero he dummied as if to pass and beat the goalkeeper
 ◇ *vi* -**1. amaga tormenta** *(amenaza)* it looks like there's going to be a storm -**2.** DEP to dummy
amago *nm* -**1.** *(movimiento simulado)* **hizo ~ de darle un puñetazo** she made as if to punch him; **hizo ~ de salir corriendo** he made as if to run off -**2.** *(indicio)* sign, hint; **tuve un ~ de gripe** I felt like I had a bout of flu coming on; **tuvo un ~ de infarto** he suffered a mild heart attack -**3.** DEP dummy; *(en boxeo)* feint; **hacer un ~** to dummy; *(en boxeo)* to feint
amainar ◇ *vt* NÁUT to take in
 ◇ *vi* -**1.** *(temporal, lluvia, viento)* to abate, to die down -**2.** *(enfado, críticas)* to abate, to die down
amalgama *nf* -**1.** QUÍM amalgam -**2.** *(mezcla)* mixture, amalgam; **esa novela es una ~ de estilos** that novel is written in a mixture *o* an amalgam of styles
amalgamación *nf* -**1.** QUÍM amalgamation -**2.** *(mezcla)* amalgamation, combination
amalgamar *vt* -**1.** QUÍM to amalgamate; -**2.** *(mezclar)* to combine; **su obra amalgama varios estilos** her work combines several styles
amamantar *vt* -**1.** *(animal)* to suckle -**2.** *(bebé)* to breastfeed
amancay *nm Andes* golden hurricane lily
amancebamiento *nm* living together, cohabitation
amancebarse *vpr* to live together, to cohabit
amanecer[1] [46] ◇ *v impersonal* **amaneció a las siete** dawn broke at seven; **en invierno ~ más tarde** it gets light later in winter
 ◇ *vi* -**1.** *(persona)* **amanecimos en Estambul** *(tras dormir)* we awoke to find ourselves in Istanbul; *(sin dormir)* we saw the dawn in Istanbul; **el niño amaneció con fiebre** the child woke up with a temperature; *Am* **¿cómo amaneciste?** how did you sleep? -**2.** *(lugar)* **las calles amanecieron nevadas** the next morning, the streets were covered in snow
◆ **amanecerse** *vpr Andes, Carib, Méx* to stay up all night; **nos amanecimos conversando** we stayed up all night talking
amanecer[2] *nm* -**1.** *(alba)* dawn; **al ~** at dawn -**2.** *(comienzo)* dawn; **es el ~ de una nueva era** it's the dawn of a new era
amanecida *nf* dawn, daybreak
amanecido, -a *adj* -**1.** *Andes, Carib, Méx (persona)* **estar ~** to have stayed up all night -**2.** *RP (pan)* stale
amanerado, -a *adj* -**1.** *(afeminado)* effeminate -**2.** *(afectado)* mannered, affected
amaneramiento *nm* -**1.** *(afeminamiento)* effeminacy; **con ~** effeminately -**2.** *(afectación)* affectation; **con ~** affectedly
amanerarse *vpr* -**1.** *(afeminarse)* to become effeminate -**2.** *(volverse afectado)* to become affected
amanezco *etc ver* **amanecer**
amanita *nf* amanita ❏ **~ faloides** death cap; **~ muscaria** fly agaric
amansadora *nf RP Fam* tedious wait; **después de tres horas de ~, conseguí el formulario** after hanging around for three hours, I finally got the form; **¿qué tal la compra de las entradas? – fue una ~** how did it go when you bought the tickets? – it took forever *o* I had to *Br* queue *o* US stand in line for hours
amansar ◇ *vt* -**1.** *(animal)* to tame -**2.** *(persona)* to calm down -**3.** *(pasiones)* to calm -**4.** *Andes Fam (zapatos)* to break in
◆ **amansarse** *vpr* -**1.** *(animal)* to become tame -**2.** *(persona)* to calm down
amante ◇ *adj* **~ de su familia** he loves his family; **ser muy ~ de la naturaleza/los animales** to be a great nature/animal lover; **es ~ de la cocina francesa** he's very partial to French food; **no soy muy ~ del jazz** I'm not a great jazz fan

 ◇ *nmf* -**1.** *(querido)* lover -**2.** *(aficionado)* **los amantes del arte/de la naturaleza** art/nature lovers
amanuense *nmf* scribe
amañado, -a *adj* -**1.** *(manipulado) (elecciones, resultado)* rigged; *(partido)* fixed -**2.** *(mañoso)* resourceful -**3.** *Col (adaptado)* acclimatized; **está perfectamente amañada** she's fully acclimatized
amañador, -ora *adj Col* pleasant
amañar ◇ *vt* -**1.** *(elecciones, resultado)* to rig; *(partido)* to fix -**2.** *(documento)* to doctor
◆ **amañarse** *vpr* -**1.** *(arreglarse)* to manage; **se las amaña muy bien viviendo solo** he copes *o* manages fine living by himself -**2.** *Col (adaptarse)* to acclimatize; **¿ya te has amañado en esas tierras?** have you acclimatized yet?, have you got used to living here yet?
amaño *nm (treta)* ruse, dodge; **hizo un ~ para no pagar el impuesto** he fixed things so he didn't have to pay the tax
amapola *nf* poppy ❏ **~ del opio** poppy, opium poppy
amapuche *nm Ven* -**1.** *(caricia)* caress -**2.** *(brujería)* spell
amar ◇ *vt* to love; EXPR **amarás a Dios sobre todas las cosas** thou shalt love God above all things; EXPR **ama a tu prójimo como a ti mismo** love thy neighbour as thyself
◆ **amarse** *vpr* -**1.** *(quererse)* **se aman** they love each other -**2.** *(hacer el amor)* to make love
amaraje *nm* -**1.** *(de hidroavión)* landing at sea -**2.** *(de vehículo espacial)* splashdown
amaranto *nm* amaranth
amarar *vi* -**1.** *(hidroavión)* to land at sea -**2.** *(vehículo espacial)* to splash down
amaretto *nm* amaretto
amargado, -a ◇ *adj (resentido)* bitter; EXPR **estar ~ de la vida** to be bitter and twisted
 ◇ *nm,f* bitter person; **ser un ~** to be bitter *o* embittered
amargamente *adv* bitterly
amargar [38] ◇ *vt* -**1.** *(alimento)* to make bitter -**2.** *(día, vacaciones)* to spoil, to ruin; **~ la vida a alguien** to make sb's life a misery; EXPR **a nadie le amarga un dulce** everyone enjoys a treat
◆ **amargarse** *vpr* -**1.** *(alimento)* to become bitter -**2.** *(persona)* to become bitter; **no te amargues (la vida) por eso** don't let it bother you
amargo, -a ◇ *adj* -**1.** *(sabor)* bitter -**2.** *(sin azúcar)* bitter -**3.** *(persona, recuerdo)* bitter
 ◇ *nm* -**1.** *RP (mate)* bitter maté -**2.** *Ven (aguardiente)* bitters
amargor *nm (sabor)* bitterness
amarguear *vi RP Fam* to drink bitter maté
amarguera *nf* thorow-wax, shrubby hare's-ear
amargura *nf (pena)* sorrow; **lloró con ~** he wept bitterly
amariconado, -a *Fam Pey* ◇ *adj* -**1.** *(afeminado)* limp-wristed, *Br* poofy, *US* faggy -**2.** *(delicado)* wimpy, wimpish
 ◇ *nm (delicado)* wimp
amariconar *Fam Pey* ◇ *vt* -**1.** *(volver afeminado)* to make limp-wristed -**2.** *(volver delicado)* to turn into a wimp
◆ **amariconarse** *vpr* -**1.** *(volverse afeminado)* to go limp-wristed -**2.** *(volverse delicado)* to turn into a wimp
amarilis *nf* amaryllis
amarillear ◇ *vt* to turn yellow
 ◇ *vi* to (turn) yellow
amarillento, -a, *Col, Méx, Ven* **amarilloso, -a** *adj* yellowish
amarillez *nf* yellowness
amarillismo *nm* PRENSA sensationalism
amarillista *adj (prensa)* sensationalist
amarillo, -a ◇ *adj* -**1.** *(color)* yellow -**2.** *(raza)* yellow-skinned -**3.** *(pálido)* sallow; **te veo un poco ~** you're looking a bit pale -**4.** *(prensa)* sensationalist -**5.** *(sindicato)* yellow, = that leans towards the employers' interests

amarilloso

◇ *nm (color)* yellow; **el ~ es mi color favorito** yellow is my favourite colour ❑ **~ limón** lemon (yellow); **una camiseta ~ limón** a lemon (yellow) T-shirt

amarilloso, -a = amarillento

amariposado, -a *adj Fam (afeminado)* effeminate

amarizaje *nm* **-1.** *(de hidroavión)* landing at sea **-2.** *(de vehículo espacial)* splashdown

amarizar *vi* **-1.** *(hidroavión)* to land at sea **-2.** *(vehículo espacial)* to splash down

amaro *nm* clary sage

amarra *nf* NÁUT mooring rope; **largar** *o* **soltar amarras** to cast off; EXPR *Fam* **tener amarras** to have connections, to have friends in high places

amarradero *nm* NÁUT **-1.** *(poste)* bollard; *(argolla)* mooring ring **-2.** *(sitio)* mooring

amarrado, -a *adj Col, Cuba, Méx Fam (tacaño)* stingy, mean

amarraje *nm* NÁUT mooring charge

amarrar ◇ *vt* **-1.** NÁUT to moor **-2.** *(atar)* to tie (up); **~ algo/a alguien a algo** to tie sth/sb to sth

◆ **amarrarse** *vpr* **-1.** *Andes, CAm, Carib, Méx (pelo)* to tie up; **se amarró el pelo** she tied her hair up; **amarrarse los zapatos** *o* **los cordones** to tie one's shoes *o* shoelaces **-2.** *Ven Fam* **hay que amarrársela** *(apretarse el cinturón)* we have to tighten our belts

amarre *nm* NÁUT mooring; **el temporal hizo necesario el ~ de la flota** the storm meant the fleet had to be tied up

amarrete, -a *Andes, RP Fam* ◇ *adj* mean, tight

◇ *nm,f* mean person, miser

amarrocar *vt RP Fam* to hoard

amarronado, -a *adj* brownish

amartelado, -a *adj (ojos, mirada)* adoring; **siempre andan muy amartelados** they're always really lovey-dovey

amartelarse *vpr* to be lovey-dovey

amartillar *vt (arma)* to cock

amasado *nm* **-1.** *(de masa)* kneading **-2.** *(de yeso)* mixing

amasadora *nf* mixing machine *(in bakery)*

amasandería *nf Chile* bakery

amasar *vt* **-1.** *(masa)* to knead **-2.** *(yeso)* to mix **-3.** *(riquezas)* to amass

amasiato *nm* **-1.** *CAm, Chile, Méx (concubinato)* cohabitation, common-law marriage; **vivir en ~** to live together **-2.** *Méx (pacto)* **denunció el ~ entre los dos partidos** he condemned the complicity between the two parties

amasijar *RP Fam* ◇ *vt (pegar)* **lo amasijaron** they kicked his head in

◇ *vi (amantes)* **~ (con alguien)** to neck (with sb), *Br* to snog (sb)

amasijo *nm* **-1.** *(masa de harina)* dough **-2.** *(mezcla)* **un ~ de cables y trozos de metal** a tangle of cables and bits of metal; **el coche quedó convertido en un ~ de hierros** all that remained of the car was a heap of mangled iron **-3.** *RP Fam (paliza)* thrashing, beating

amasio, -a *nm,f CAm, Méx* common-law husband, *f* common-law wife

amate *nm Méx* **-1.** *(árbol)* = type of Mexican fig tree **-2.** *(papel)* = paper made with "amate" bark, used for painting **-3.** *(pintura)* = painting on a sheet of "amate" paper

amateur [ama'ter] *(pl* **amateurs)** ◇ *adj* amateur

◇ *nmf* amateur

amateurismo [amate'rismo] *nm* amateurism

amatista *nf* amethyst

amatorio, -a *adj* love; **poesía amatoria** love poetry; **técnicas amatorias** love-making techniques

amazacotado, -a *adj* **-1.** *(comida)* stodgy **-2.** *(almohadón)* hard

amazona *nf* **-1.** *(jinete)* horsewoman **-2.** MITOL Amazon

Amazonas *nm (río)* **el ~** the Amazon

Amazonia *nf (región)* **la ~** the Amazon

AMAZONIA

Amazonia is a massive geographical area covering the basins and tributaries of the Amazon River. It extends over eight South American countries: Bolivia, Brazil, Colombia, Ecuador, Guyana, French Guiana, Peru and Venezuela. Today, unfortunately, the natural resources of Amazonia are being mismanaged, and the problem is reaching crisis proportions, as the area is becoming less sustainable. The clearing of land for agriculture and extensive logging have led to deforestation; working mines pollute the rivers, and the commercial sale of rare flora and fauna has devastated its ecosystems. Urgent action may be necessary if the unique natural beauty and biological diversity of the region are to be maintained for future generations.

---

amazónico, -a *adj (selva, región)* Amazon; *(tribu, cultura)* Amazonian

ambages *nmpl* **sin ~** without beating about the bush; **admitió sin ~ que había mentido** she admitted without hesitation that she had lied

ámbar *nm* **-1.** *(resina)* amber **-2.** *(color)* amber; **el semáforo está (en) ~** the lights are amber

ambarino, -a *adj* amber

Amberes *n* Antwerp

ambición *nf* ambition; **su máxima ~ era visitar la India** her greatest ambition was to go to India; **la ~ de poder lo perdió** his burning desire for power was his undoing; **tener ambiciones** to be ambitious; **no tiene ambiciones** he's unambitious, he lacks ambition

ambicionar *vt* **ambiciona el puesto de presidente** it is his ambition to become president; **ambiciona un gran futuro para la empresa** she has big plans for the company's future

ambicioso, -a ◇ *adj* **-1.** *(persona)* ambitious **-2.** *(proyecto, plan)* ambitious

◇ *nm,f* ambitious person

ambidiestro, -a, ambidextro, -a ◇ *adj* ambidextrous

◇ *nm,f* ambidextrous person

ambientación *nf* **-1.** *(de película, obra)* setting **-2.** *(de radio)* sound effects **-3.** *(de persona)* acclimatization

ambientador *nm (de aire)* air freshener

ambiental *adj* **-1.** *(del medio ambiente)* environmental **-2.** *(música, luz)* background **-3.** *(físico, atmosférico)* ambient

ambientar ◇ *vt* **-1.** *(situar)* to set; **la película está ambientada en el siglo XIX** the film is set in the 19th century **-2.** *(iluminar)* to light; *(decorar)* to decorate; **puso música suave para ~** she put on some soft music to give some atmosphere

◆ **ambientarse** *vpr (en nuevo trabajo, lugar)* **tardó un poco en ambientarse** it was a while before he felt at home *o* settled in

ambientazo *nm Fam (gran ambiente)* **había un gran ~** there was a great atmosphere

ambiente ◇ *adj* ambient; **temperatura ~** room temperature

◇ *nm* **-1.** *(aire)* air, atmosphere; **el ~ de la capital es irrespirable** you can't breathe the air in the capital; **en el ~ había un olor desagradable** there was an unpleasant smell (in the air); **abre la ventana, el ~ está muy cargado** open the window, it's very stuffy in here; **el ~ está enrarecido** *(cargado)* it's very stuffy; *(con tensión)* the atmosphere is highly charged; *Fig* **se respira una enorme tensión en el ~** the tension (in the atmosphere) is palpable **-2.** *(entorno)* environment; *(profesional, universitario)* world, circles; **en su última película no consigue recrear el ~ de la época** in his latest film, he fails to recreate the atmosphere of the period; **esta lámpara crea un ~ muy íntimo** this lamp creates a very intimate atmosphere; **en esta oficina no hay ~ para trabajar** the atmosphere in this office is not conducive to work; **creo que no iré a la fiesta, no me van esos ambientes** I don't think I'll go to the party, it's not my sort of crowd *o* it's not my scene; **su cese ha creado muy mal ~ entre el personal** her dismissal has created a very bad atmosphere amongst the staff; **entre viejos manuscritos Julián se encuentra en su ~** Julián is in his element when he's surrounded by old manuscripts, Julián is never happier than when he's surrounded by old manuscripts **-3.** *(animación)* life, atmosphere; **en esta discoteca no hay ~** there's no atmosphere in this disco; **un ~ espectacular rodeó la celebración de los Juegos Olímpicos** the atmosphere during the Olympic Games was amazing; **los monarcas fueron recibidos con un ~ de gala** the monarchs were received with great pomp **-4.** *Esp Fam* **el ~** *(homosexual)* the gay scene; **bar de ~** gay bar **-5.** *Andes, RP (habitación)* room; **alquila un apartamento de un ~** she's renting a studio *Br* flat *o US* apartment; **tres ambientes, baño y cocina** two bedrooms, living room, bathroom and kitchen

ambigú *(pl* **ambigúes** *o* **ambigús)** *nm (bufé)* buffet

ambiguamente *adv* ambiguously

ambigüedad *nf* ambiguity; **con ~** ambiguously

ambiguo, -a *adj* **-1.** *(lenguaje, respuesta)* ambiguous **-2.** LING *(sustantivo, género)* common; **de género ~** that can be either masculine or feminine

ámbito *nm* **-1.** *(espacio, límites)* confines, scope; **un problema de ~ nacional** a nationwide problem; **una ley de ~ provincial** a law which is applicable at provincial level; **dentro del ~ de** within the scope of; **fuera del ~ de** outside the realm of; BIOL **~ geográfico** *(de una especie)* geographic domain **-2.** *(ambiente)* world, circles; **una teoría poco conocida fuera del ~ científico** a theory which is little known outside scientific circles *o* the scientific world; **la violencia en el ~ familiar** domestic violence

ambivalencia *nf* ambivalence

ambivalente *adj* ambivalent

ambo *nm CSur* two-piece suit

ambos, -as ◇ *adj pl* both; **~ actores resultaron premiados** both actors received an award, the two actors both received an award

◇ *pron pl* both (of them); **me gustan ~** I like both of them, I like them both

ambrosía *nf* **-1.** MITOL ambrosia **-2.** *(planta)* ambrosia

ambulancia *nf* ambulance

ambulanciero, -a *nm,f Fam* ambulance man, *f* ambulance woman

ambulantaje *nm Méx* peddling, hawking

ambulante *adj (circo, feria)* travelling; **vendedor ~** pedlar, hawker; **prohibida la venta** *(en letrero)* no hawking; **una biblioteca ~** a mobile library

ambulatorio, -a ◇ *adj (tratamiento, clínica)* outpatient; **paciente ~** outpatient

◇ *nm* clinic, health centre

ameba *nf* amoeba

amebiasis *nf inv* amoebiasis

amedrentador, -ora *adj* scary, frightening

amedrentar *vt* to scare, to frighten

◆ **amedrentarse** *vpr* to get scared *o* frightened

amén ◇ *nm* amen; EXPR **en un decir ~** in the twinkling of an eye; EXPR **decir ~ a** to accept unquestioningly

◆ **amén de** *loc adv* **-1.** *(además de)* as well as; **acudieron varios amigos, ~ de toda la familia** several friends came, as well as the whole family; **es altamente tóxico, ~ de ser explosivo** as well as *o* in addition to being explosive, it's also highly toxic **-2.** *(excepto)* except for

amenaza *nf* threat; **proferir amenazas contra alguien** to threaten sb; **una ~ para el medio ambiente** a threat to the environment, an

amenazador environmental hazard; **lo hizo bajo ~** she did it under duress ❑ **~ de bomba** bomb scare; **~ de muerte** death threat

amenazador, -ora *adj* threatening, menacing

amenazadoramente *adv* threateningly, menacingly

amenazante *adj* threatening, menacing

amenazar [14] ◇ *vt* **-1.** *(persona)* to threaten; **~ a alguien con hacerle algo** to threaten to do sth to sb; **~ a alguien con hacer algo** to threaten sb with doing sth; **~ a alguien con el despido** to threaten to sack sb; **~ a alguien de muerte** to threaten to kill sb **-2.** *(dar señales de)* **esos nubarrones amenazan lluvia** those dark clouds are threatening rain; **esa casa amenaza ruina** that house is in danger of collapsing

◇ *vi* **-1.** *(persona)* **amenazó con su dimisión** she threatened to resign; **amenazaron con ejecutar a los rehenes** they threatened to execute the hostages
-2. ~ con *(dar señales de)* to threaten to; **una huelga que amenaza con crear un caos de transporte** a strike which threatens to cause transport chaos; **una especie que amenaza con desaparecer** an endangered species, a species which is in danger of extinction

◇ *v impersonal* **amenaza lluvia/tormenta** it looks like it's going to rain/there's going to be a storm

amenidad *nf* **-1.** *(entretenimiento)* entertaining qualities; **la ~ de sus clases atrae a muchos estudiantes** her classes are so entertaining that a lot of students attend them **-2.** *(agrado)* pleasantness

amenizar [14] *vt* to make pleasant; **los músicos amenizaron la velada** the musicians helped make it a pleasant evening; **amenizó la reunión con sus historias** he brightened up the meeting with his stories

ameno, -a *adj (libro, programa)* entertaining, enjoyable; *(paraje)* pleasant; **es una persona de trato muy ~** he's very pleasant company

amenorrea *nf* MED amenorrhoea

amento *nm (planta)* catkin

América *n (continente)* America, the Americas; *esp Esp (Estados Unidos)* America, the States; **un vocablo típico del español de ~** a word which is typical of Latin American Spanish; **el comercio de esclavos hacia ~** the slave trade with the Americas ❑ **~ Central** Central America; **~ Latina** Latin America; **~ del Norte** North America; **~ del Sur** South America

americana *nf (chaqueta)* jacket

americanada *nf Fam Pey (película)* typical Hollywood film; **es una ~** it's terribly American

americanismo *nm* **-1.** *(carácter)* American character **-2.** *(palabra, expresión) (en español)* = Latin American word or expression; *(en inglés)* Americanism

americanista *nmf* Americanist, = person who studies native American language and culture

americanización *nf* Americanization

americanizar [14] ◇ *vt* to Americanize
◆ **americanizarse** *vpr* to become Americanized

americano, -a ◇ *adj* **-1.** *(del continente)* American **-2.** *(de Estados Unidos)* American
◇ *nm,f* **-1.** *(del continente)* American **-2.** *(de Estados Unidos)* American

americio *nm* QUÍM americium

amerindio, -a ◇ *adj* American Indian, Amerindian
◇ *nm,f* American Indian, Amerindian

ameritado, -a *adj Am* worthy; **es un estudiante muy ~** he's a hard-working student; **Diego Sánchez, el ~ poeta** Diego Sanchez, the distinguished poet

ameritar *vt Am* to deserve; **tan buenos resultados ameritan un brindis** such excellent results deserve a toast; **la isla amerita una visita** the island is worth a visit

amerizaje *nm* **-1.** *(de hidroavión)* landing at sea **-2.** *(de vehículo espacial)* splashdown

amerizar [14] *vi* **-1.** *(hidroavión)* to land at sea **-2.** *(vehículo espacial)* to splash down

amestizado, -a *adj* mestizo-like, having mestizo features

ametralladora *nf* machine-gun

ametrallamiento *nm* machine-gunning

ametrallar *vt* **-1.** *(con ametralladora)* to machine-gun **-2.** *(con metralla)* to shower with shrapnel

amianto *nm* asbestos

amiba *nf* amoeba

amida *nf* QUÍM amide

amigable *adj* amicable

amigablemente *adv* amicably

amigarse *vpr* **-1.** *(hacerse amigos)* to become friends **-2.** *(reconciliarse)* to make up

amígdala *nf* tonsil; **amígdalas** tonsils

amigdalitis *nf inv* tonsillitis

amigo, -a ◇ *adj* **-1.** *(no enemigo)* friendly; **México y otros países amigos** Mexico and other friendly nations; **un pintor ~ me lo regaló** a painter friend of mine gave it to me; **se han hecho muy amigos** they've become good friends *o* very friendly
-2. *(aficionado)* **soy ~ de la buena mesa** I'm partial to good food; **es ~ de la verdad** he's someone who values the truth; **no soy ~ de madrugar** I don't like getting up early; **es ~ de salir todas las noches** he's a great one for going out every night

◇ *nm,f* **-1.** *(persona)* friend; **un ~ íntimo** a close friend; **un ~ del colegio** a schoolfriend; **es un ~ de mis padres** he's a friend of my parents; **hacerse ~ de** to make friends with ❑ *Fam Hum* **los amigos de lo ajeno** the light-fingered; **~ por correspondencia** pen friend *o* pal; **~ invisible** = form of gift-giving (for example at office Christmas parties or in a large family) where each person anonymously buys a present for another; **Amigos de la Tierra** Friends of the Earth
-2. *Fam (compañero, novio)* partner
-3. *Fam (amante)* lover
-4. *(tratamiento)* **el ~** our friend; **lo que el ~ quiere es un vaso de whisky** what our friend here wants is a glass of whisky

◇ *interj* **¡~, eso es otra cuestión!** that's another matter, my friend!

amigote, amiguete *nm Fam* pal, *Br* mate, *US* buddy

amiguismo *nm* **hay mucho ~ en esta empresa** in this company it's not what you know, it's who you know; **la política de subvenciones está basada en el ~** grants are awarded on the basis of who knows who

amilanamiento *nm* **su ~ le impedía hablar** he was so intimidated he couldn't speak

amilanar ◇ *vt* to intimidate; **sus insultos la amilanaron** she felt intimidated by his insults
◆ **amilanarse** *vpr* to be discouraged, to lose heart; **no se amilana ante nada** nothing daunts her

amina *nf* QUÍM amine

aminoácido *nm* BIOL amino acid

aminoración *nf* reduction

aminorar ◇ *vt* to reduce
◇ *vi* to decrease, to diminish

amistad *nf* **-1.** *(relación)* friendship; **hacer** *o* **trabar ~ (con)** to make friends (with); **las une una gran ~** they are great friends, they share a very close friendship; **lo hizo por ~** she did it out of friendship **-2.** **amistades** *(amigos)* friends

amistarse *vpr Col Fam* **-1.** *(hacer amigos)* to make friends **-2.** *(reconciliarse)* to make (it) up

amistosamente *adv* in a friendly way, amicably

amistoso, -a ◇ *adj* friendly; DEP **un partido ~** a friendly
◇ *nm* DEP friendly

Ammán *n* Amman

ammonites, amonites *nm inv* ammonite

amnesia *nf* amnesia

amnésico, -a ◇ *adj* amnesic, amnesiac
◇ *nm,f* amnesiac

amniocentesis *nf inv* MED amniocentesis

amnios *nm inv* ANAT amnion

amnioscopia *nf* MED amnioscopy

amniótico, -a *adj* amniotic

amnistía *nf* amnesty; **conceder una ~ a alguien** to grant sb an amnesty ❑ **~ fiscal** = amnesty during which people guilty of tax evasion may pay what they owe without being prosecuted; **~ general** general amnesty; **Amnistía Internacional** Amnesty International

amnistiado, -a ◇ *adj* amnestied
◇ *nm,f* amnestied person

amnistiar [32] *vt* to grant amnesty to

amo *nm* **-1.** *(dueño)* owner **-2.** *(de criado)* master; EXPR *Fam* **ser el ~ del cotarro** to rule the roost **-3.** *(de animal)* master, owner

amoblado *nm Andes* suite; **un ~ de cocina** a kitchen suite

amoblar *vt Am* to furnish

amodorrado, -a *adj* drowsy

amodorramiento *nm* drowsiness

amodorrar ◇ *vt* to make (feel) drowsy
◆ **amodorrarse** *vpr* to get drowsy

amohinar ◇ *vt* to irritate, to annoy
◆ **amohinarse** *vpr* to become irritated *o* annoyed

amojamar ◇ *vt (atún)* to dry and salt
◆ **amojamarse** *vpr* to become wizened (with age)

amojonar *vt* to mark the boundaries of *(with boundary stones)*

amolar [63] ◇ *vt* **-1.** *(afilar)* to grind, to sharpen **-2.** *Fam (molestar)* to irritate, to annoy **-3.** *Ven Fam (timar)* to rip off; **me han amolado 20 bolívares** they conned me out of 20 bolivars **-4.** *Méx Fam (estropear)* to ruin; **mi teléfono está amolado** my telephone's bust **-5.** *Méx Fam (hacer daño a)* to do in, to beat to a pulp
◆ **amolarse** *vpr* **-1.** *Am (enojarse)* to become irritated *o* annoyed
-2. *Méx Fam (aguantarse)* to put up with it, to lump it; **si no te gusta, te amuelas** if you don't like it, you can lump it
-3. *Méx Fam (estropearse)* **los cables se amolaron** the cables are bust *o* ruined, the cables have had it; **mi asunto ya se amoló** that business of mine has had it *o Br* has gone pear-shaped; **llovió tanto que el partido de futbol se amoló** it rained so much the football match was a washout

amoldable *adj* adaptable; **ser ~ a** to be able to adapt to

amoldamiento *nm* adaptation

amoldar ◇ *vt* to adapt (**a** to)
◆ **amoldarse** *vpr* to adapt (**a** to); **no se amoldó al nuevo horario** she couldn't adapt to *o* get used to the new hours; **este sombrero no se amolda a mi cabeza** this hat won't change to fit the shape of my head

amomo *nm* amomum, cardamom

amonal *nm* ammonal

amonedar *vt* to mint

amonestación *nf* **-1.** *(reprimenda)* reprimand **-2.** *(en fútbol)* warning **-3.** **amonestaciones** *(para matrimonio)* banns

amonestar *vt* **-1.** *(reprender)* to reprimand **-2.** *(en fútbol)* to caution **-3.** *(para matrimonio)* to publish the banns of

amoniacal *adj* with ammonia

amoniaco, amoníaco *nm* **-1.** *(gas)* ammonia **-2.** *(líquido)* (liquid) ammonia

amónico, -a *adj* **nitrato/cloruro ~** ammonium nitrate/chloride

amonio *nm* QUÍM ammonium

amonites *nm* ammonites

amononar *CSur Fam* ◇ *vt* to dress *o* smarten up
◆ **amononarse** *vpr* to doll oneself up, to dress up

amontillado, -a ◇ *adj* **vino ~** amontillado, = medium-dry sherry
◇ *nm* amontillado, = medium-dry sherry

amontonamiento *nm* **-1.** *(apilamiento)* piling up; **el ~ de personas a la salida impidió la normal evacuación** the crush of people at the exit prevented the evacuation from proceeding as planned **-2.** *(acumulación)* gathering **-3.** *(montón)* heap, pile

amontonar ◇ *vt* **-1.** *(apilar)* to pile up **-2.** *(reunir)* to accumulate

◆ **amontonarse** *vpr (personas)* to form a crowd; *(problemas, trabajo)* to pile up; *(ideas, solicitudes)* to come thick and fast

amor *nm* **-1.** *(sentimiento)* love; **el ~ lo transforma todo** love changes everything; *Anticuado* **mantiene amores con un señor de Montevideo** she's having a liaison with a gentleman from Montevideo; **un ~ imposible** a love that could never be; *Formal* **al ~ de la lumbre** *o* **del fuego** by the fireside; **~ mío, mi ~** my love; **~ por algo** love of sth; **~ por alguien** love for sb; **siente un gran ~ por los animales** she has a great love of animals, she really loves animals; **hacer el ~** *(físicamente)* to make love; *Anticuado (cortejar)* to court; **hacer el ~ a** *o* **con alguien** to make love to *o* with sb; **por ~ for love;** *Fam* **por ~ al arte** for the love of it; **deme una limosna, por ~ de Dios** for charity's sake *o* for the love of God, please spare me something; **¡por el ~ de Dios, cállate!** for God's sake shut up!; EXPR **de mil amores** with pleasure; PROV **~ con ~ se paga** one good turn deserves another ❏ **~ de adolescente** puppy love; LIT **~ cortés** courtly love; **~ libre** free love; **el ~ de madre** a mother's love; **el ~ materno** a mother's love; **~ platónico** platonic love; **~ propio** pride; **tiene mucho/poco propio** she has high/low self-esteem; **~ verdadero** true love

-2. *(persona amada)* love; **un antiguo ~** an old flame; **Ana fue su primer ~** Ana was his first love; **el ~ de mi vida** the love of my life

-3. *(esmero)* devotion; **escribe con ~ su última novela** she's lovingly crafting her latest novel; **limpiaba con ~ el valioso jarrón** he cleaned the valuable vase lovingly

amoral *adj* amoral
amoralidad *nf* amorality
amoratado, -a *adj* **-1.** *(de frío)* blue **-2.** *(por golpes)* black and blue
amoratar ◇ *vt* **-1.** *(sujeto: el frío)* to turn blue **-2.** *(sujeto: persona)* to bruise

◆ **amoratarse** *vpr* **-1.** *(por el frío)* to turn blue **-2.** *(por golpes)* to turn black and blue
amorcillo *nm (figura)* cupid
amordazar [14] *vt* **-1.** *(persona)* to gag; *(perro)* to muzzle **-2.** *(hacer callar)* to gag; **~ a la prensa** to gag the press
amorfo, -a *adj* **-1.** *(sin forma)* amorphous **-2.** *(débil de carácter)* lacking in character **-3.** *Fam (contrahecho)* misshapen
amorío *nm* love affair; **tuvo que dimitir al conocerse su amoríos con su secretaria** he had to resign when people found out about his affair with his secretary
amormío *nm (planta)* sea daffodil
amorocharse *vpr Ven Fam* to pal up (together)
amorosamente *adv* lovingly, affectionately
amoroso, -a *adj* **-1.** *(trato, sentimiento)* loving; **carta amorosa** love letter; **relación amorosa** love affair; **es muy ~ con los niños** he's very affectionate with children **-2.** *RP (bonito)* charming
amortajar *vt (difunto)* to shroud
amortiguación *nf* **-1.** *(de ruido)* muffling; *(de luz)* dimming **-2.** *(de golpe)* softening, cushioning **-3.** *(de vehículo)* **la ~** the shock absorbers
amortiguado, -a *adj (ruido)* muffled; *(luz)* dimmed
amortiguador, -ora ◇ *adj* **-1.** *(de ruido)* muffling; *(de luz)* dimming **-2.** *(de golpe)* softening, cushioning
◇ *nm (de vehículo)* shock absorber
amortiguamiento *nm* **-1.** *(de ruido)* muffling; *(de luz)* dimming **-2.** *(de golpe)* cushioning, softening

amortiguar [11] ◇ *vt* **-1.** *(ruido)* to muffle; *(luz)* to dim **-2.** *(golpe)* to soften, to cushion **-3.** *(color)* to tone down

◆ **amortiguarse** *vpr* **-1.** *(ruido)* to die away; *(fuego)* to die down **-2.** *(golpe)* to be cushioned
amortizable *adj (bonos, acciones)* redeemable; **~ en el plazo de un año** redeemable in one year
amortización *nf* **-1.** *(de deuda, préstamo, hipoteca)* repayment, paying-off **-2.** *(de inversión, capital)* recouping; *(de bonos, acciones)* redemption; *(de bienes de equipo)* depreciation **-3.** *(de puesto de trabajo)* abolition; **este cambio implicará la ~ de puestos de trabajo** this change will mean some jobs will be done away with
amortizar [14] *vt* **-1.** *(sacar provecho)* to get one's money's worth out of; **amortizamos la compra de la fotocopiadora muy rápidamente** the photocopier very soon paid for itself **-2.** *(deuda, préstamo, hipoteca)* to repay, to pay off **-3.** *(inversión, capital)* to recoup; *(bonos, acciones)* to redeem; *(bienes de equipo)* to depreciate **-4.** *(puesto de trabajo)* to abolish, to do away with
amosal *nm* = type of explosive
amoscarse [59] *vpr Fam* to get in a huff
amostazar [14] ◇ *vi Fam* to irritate, to annoy

◆ **amostazarse** *vpr* **-1.** *Fam (enfadarse)* to get irritated *o* annoyed **-2.** *Andes, CAm (avergonzarse)* to become embarrassed
amotinado, -a ◇ *adj* rebel, insurgent
◇ *nm,f* rebel, insurgent
amotinamiento *nm (de subordinados, población)* rebellion, uprising; *(de marineros)* mutiny
amotinar ◇ *vt (a subordinados)* to incite to riot; *(a población)* to incite to rebellion; *(a marineros)* to incite to mutiny

◆ **amotinarse** *vpr (subordinados)* to riot; *(población)* to rise up; *(marineros)* to mutiny
amovible *adj (cargo)* revocable
amparar ◇ *vt* **-1.** *(proteger)* to protect; **la ley ampara a los consumidores** the law protects consumers; **ese derecho lo ampara la Constitución** that right is enshrined in the Constitution **-2.** *(dar cobijo a)* to give shelter to, to take in

◆ **ampararse** *vpr* **-1.** *(en ley)* **ampararse en una ley** to have recourse to a law; **se amparó en su condición de diputado para no declarar** he used his parliamentary immunity to avoid making a statement; **se ampara en la excusa de que no sabía nada** she uses her ignorance as an excuse

-2. *(cobijarse)* **ampararse de** to (take) shelter from; **se ampararon de la lluvia en una cabaña** they sheltered from the rain in a hut; **cuando pasó por aquella crisis se amparó en su familia** her family were a great support to her at that difficult time
amparo *nm* protection; **su familia es su único ~** his family is his only place of refuge; **dar ~ a** to give protection to, to protect; **al ~ de** *(persona, caridad)* with the help of; *(ley)* under the protection of; **huyeron al ~ de la oscuridad** they fled under cover of darkness
ampelis *nm inv* waxwing
amperaje *nm* ELEC amperage
amperímetro *nm* ELEC ammeter
amperio *nm* ELEC amp, ampere
ampli *nm Fam (amplificador)* amp
ampliable *adj* **-1.** *(plazo)* extendible **-2.** INFORMÁT expandable
ampliación *nf* **-1.** *(de negocio)* expansion; **una ~ de plantilla** an increase in staff numbers; **la ~ de la Unión Europea** the enlargement of the European Union ❏ INFORMÁT **~ de memoria** memory upgrade
-2. *(de local, vivienda)* extension; *(de aeropuerto)* expansion
-3. ECON **~ de capital** share issue
-4. *(de plazo)* extension; **la ~ del horario de apertura de bares** the extension *o* lengthening of opening hours for bars
-5. *(de fotografía)* enlargement
ampliador, -ora *adj* extending, expanding
ampliadora *nf (de fotografía)* enlarger
ampliamente *adv* **-1.** *(con espacio)* easily; **aquí cabe todo ~** there's more than enough room for everything here; **batió el récord del mundo ~** she easily beat the world record, she beat the world record by some distance
-2. *(extensamente) (aceptado, debatido)* widely; **el público ha sido informado ~** the public has been fully informed; **la eficacia del método ha quedado ~ demostrada** the method has clearly been shown to be effective
-3. *Fam (mucho)* **paso ~ de hablar con ella** there's no way I'm talking to her
ampliar [32] *vt* **-1.** *(negocio)* to expand; **han ampliado el servicio a todo el país** they have extended the service to cover the whole country; **van a ~ el catálogo de productos** they are going to expand *o* extend their product range; **ampliarán la plantilla del banco** they are going to take on additional staff at the bank, they are going to increase staff numbers at the bank; **no quieren ~ más la Unión Europea** they don't want to enlarge the European Union any further
-2. *(local, vivienda)* to extend; *(aeropuerto)* to expand; **queremos ~ el salón** we want to make the living-room bigger
-3. ECON *(capital)* to increase
-4. *(plazo)* to extend
-5. *(fotografía)* to enlarge, to blow up; *(fotocopia)* to enlarge
-6. *(estudios)* to further, to continue; *(conocimientos)* to increase, to expand
amplificación *nf* amplification
amplificador, -ora ◇ *adj* amplifying
◇ *nm* amplifier ❏ **~ de audio** (audio) amplifier
amplificar [59] *vt* **-1.** *(efecto)* to amplify, to increase **-2.** *(onda, señal)* to amplify
amplio, -a *adj* **-1.** *(grande) (sala, maletero)* roomy, spacious; *(avenida)* wide; **una ~ sonrisa** a broad smile
-2. *(ropa)* loose
-3. *(extenso) (explicación, cobertura)* comprehensive; *(ventaja, capacidad)* considerable; **en el sentido más ~ de la palabra** in the broadest sense of the word; **ganaron por una amplia mayoría** they won with a large majority; **hubo un ~ consenso** there was a broad consensus; **ofrecen una amplia gama de servicios** they offer a wide range of services; **gozan de una amplia aceptación** they enjoy widespread approval; **tiene una amplia experiencia** she has wide-ranging experience
-4. *(abierto)* **una persona de amplias miras** *o* **~ de miras** a broad-minded person
amplitud *nf* **-1.** *(espaciosidad) (de sala, maletero)* roominess, spaciousness; *(de avenida)* wideness; **aquí cabe todo con ~** there's more than enough room for everything here **-2.** *(de ropa)* looseness **-3.** *(extensión)* extent, comprehensiveness **-4.** **~ de miras** *(tolerancia)* broad-mindedness **-5.** FÍS **~ de onda** amplitude
ampolla *nf* **-1.** *(en piel)* blister; **los zapatos nuevos me han hecho ampollas en el pie** my new shoes have given me blisters on my foot; EXPR **levantar ampollas** to cause bad feeling **-2.** *(frasco)* phial; *(para inyecciones)* ampoule
ampollarse *vpr* to blister; **se me han ampollado los pies** I've got blisters on my feet
ampolleta *nf Chile* light bulb
ampulosidad *nf* pomposity; **con ~** pompously
ampuloso, -a *adj* pompous
amputación *nf* **-1.** *(de miembro)* amputation **-2.** *(de libro, película)* mutilation *(by censor)*
amputado, -a ◇ *adj* **-1.** *(miembro)* amputated **-2.** *(libro, película)* mutilated *(by censor)*
◇ *nm,f* amputee

amputar *vt* **-1.** *(miembro)* to amputate; **le amputaron un brazo** one of his arms was amputated **-2.** *(libro, película)* to mutilate

Amsterdam ['amsterðam] *n* Amsterdam

amucharse *vpr Andes, RP Fam (juntarse, amontonarse)* to squeeze up, to make room

amueblado, -a ◇ *adj (piso)* furnished
◇ *nm RP* = room hired for sex

amueblar *vt* to furnish; **un apartamento sin ~** an unfurnished *Br* flat *o US* apartment

amuela *etc ver* **amolar**

amuermado, -a *adj Esp Fam* bored silly

amuermar *Esp Fam* ◇ *vt* **el teatro me amuerma** the theatre just puts me to sleep *o* bores me silly
◇ *vi* to be incredibly boring
◆ **amuermarse** *vpr* **los niños se amuerman en el verano aquí** the kids get bored in the summer here; **nos amuermamos después de tanta comida** we were all a bit dopey after the huge meal

amulatado, -a *adj* mulatto-like

amuleto *nm (antiguo)* amulet; **~ (de la suerte)** lucky charm

amurallado, -a *adj* walled

amurallar *vt* to build a wall around

amurrarse *vpr Chile* to get depressed

Ana *n pr* **~ Bolena** Anne Boleyn; **~ Estuardo** Queen Anne (of England); **Santa ~** St Anne

anabaptismo *nm* Anabaptism

anabaptista ◇ *adj* Anabaptist
◇ *nmf* Anabaptist

anabólico, -a *adj* BIOL anabolic

anabolismo *nm* BIOL anabolism

anabolizante ◇ *adj* anabolic
◇ *nm* anabolic steroid

anacahuita *nf* pepper tree

anacarado, -a *adj* pearly

anacardo *nm* cashew nut

anaclítico *nm* LING palindrome

anacoluto *nm* GRAM anacoluthon

anaconda *nf* anaconda

anacoreta *nmf* anchorite, hermit

anacrónico, -a *adj* anachronistic

anacronismo *nm* anachronism

ánade *nm* duck ❑ **~ *friso*** gadwall; **~ *rabudo*** pintail; **~ *real*** mallard; **~ *silbón americano*** American wigeon; **~ *sombrío*** black duck

anaeróbico, -a *adj* BIOL anaerobic

anaerobio, -a BIOL ◇ *adj* anaerobic
◇ *nm* anaerobe

anafe *nm* portable stove

anafiláctico, -a *adj* MED **choque ~** anaphylactic shock; **reacción anafiláctica** anaphylactic reaction

anáfora *nf* anaphora

anafrodisiaco, -a, anafrodisíaco, -a ◇ *adj* anaphrodisiac
◇ *nm* anaphrodisiac

anagálide *nf* water speedwell

anagrama *nm* **-1.** *(por cambio de letras)* anagram **-2.** *(símbolo de empresa)* logo **-3.** *(siglas)* acronym

anal *adj* ANAT anal

anales *nmpl* **-1.** *(libro)* annual, yearbook **-2.** *(historia)* annals; **su actuación pasará a los ~ del deporte** her performance will go down in the annals *o* history of the sport

analfabetismo *nm* illiteracy ❑ **~ *funcional*** functional illiteracy

analfabeto, -a ◇ *adj* illiterate
◇ *nm,f* **-1.** *(que no sabe leer)* illiterate **-2.** *Fam (ignorante)* ignoramus

analgesia *nf* analgesia

analgésico, -a ◇ *adj* analgesic
◇ *nm* analgesic

análisis *nm inv* **-1.** *(de situación, problema)* analysis; **hacer un ~ de algo** to analyse sth ❑ COM **~ *del camino crítico*** critical path analysis; *Esp* ECON **~ *coste-beneficio*** cost-benefit analysis; ECON **~ *de costo-beneficio*** cost-benefit analysis; **~ *cualitativo*** qualitative analysis; **~ *cuantitativo*** quantitative analysis; LING **~ *del discurso*** discourse analysis; **~ *de mercado*** market analysis
-2. *(médico)* analysis ❑ **~ *clínico*** (clinical) test; **~ *de orina*** urine test; **~ *químico*** chemical analysis; **~ *de sangre*** blood test
-3. GRAM analysis ❑ **~ *gramatical*** sentence analysis; **~ *sintáctico*** syntactic analysis
-4. INFORMÁT analysis ❑ **~ *de sistemas*** systems analysis
-5. MAT analysis
-6. PSI analysis

analista *nmf* **-1.** *(experto)* analyst ❑ **~ *financiero*** investment analyst; **~ *de mercados*** market analyst; **~ *político*** political analyst **-2.** *(de laboratorio)* analyst **-3.** INFORMÁT (computer) analyst ❑ **~ *de sistemas*** systems analyst **-4.** *(psiquiatra)* analyst

analítica *nf* (medical) tests; **una ~ completa** = a full set of blood and/or urine tests

analítico, -a *adj* analytical

analizar [14] *vt* **-1.** *(situación, problema)* to analyse **-2.** *(sangre, orina)* to test, to analyse **-3.** GRAM to parse; **~ sintácticamente la siguiente oración** parse the following sentence

analmente *adv* anally

análogamente *adv* similarly

analogía *nf* similarity, analogy; **hizo una ~ entre los dos casos** he drew an analogy between the two cases; **por ~** by analogy

analógico, -a *adj* **-1.** *(análogo)* analogous, similar **-2.** *(reloj, computador)* analogue

análogo, -a *adj* **-1.** *(semejante)* analogous, similar (**a** to) **-2.** BIOL *(órgano)* analogous

ananá *nm*, **ananás** *nm inv RP* pineapple

anapesto *nm* LIT anapaest

ANAPO [a'napo] *nf (abrev de Alianza Nacional Popular)* = Colombian political party

anaquel *nm* shelf

anaranjado, -a ◇ *adj* orangish, orangey
◇ *nm* orangish colour

anarco *Fam* ◇ *adj* anarchistic
◇ *nmf* anarchist

anarcosindicalismo *nm* POL anarcho-syndicalism

anarcosindicalista POL ◇ *adj* anarcho-syndicalist
◇ *nmf* anarcho-syndicalist

anarquía *nf* **-1.** *(falta de gobierno)* anarchy **-2.** *(doctrina política)* anarchism **-3.** *(desorden)* chaos, anarchy; **en esta oficina reina la ~** this office is in a permanent state of chaos

anárquicamente *adv (desordenadamente)* anarchically, chaotically

anárquico, -a *adj* **-1.** *(de la anarquía)* anarchic **-2.** *(desordenado)* anarchic, chaotic

anarquismo *nm* anarchism

anarquista ◇ *adj* anarchist
◇ *nmf* anarchist

anarquizar [14] ◇ *vt* to make anarchic
◇ *vi* to propagate anarchism

anatema *nm* **-1.** *(excomunión)* excommunication, anathema **-2.** *(condena)* condemnation

anatematizar *vt* **-1.** *(excomulgar)* to excommunicate, to anathematize **-2.** *(condenar)* to condemn

anatomía *nf* **-1.** *(ciencia)* anatomy **-2.** *(estructura)* anatomy **-3.** *(cuerpo)* body

anatómicamente *adv* anatomically

anatómico, -a *adj* **-1.** *(de la anatomía)* anatomical **-2.** *(asiento, diseño, calzado)* orthopaedic

anca *nf*

> Takes the masculine articles **el** and **un**.

haunch ❑ ***ancas de rana*** frogs' legs

ancestral *adj (costumbre)* age-old; *(miedo)* atavistic

ancestro *nm* ancestor

ancho, -a ◇ *adj* **-1.** *(abertura, carretera, río)* wide; **mídelo a lo ~** measure it crosswise; **a lo ~ de** across (the width of); **había rocas a lo ~ de la carretera** there were rocks across the middle of the road; **es ~ de hombros** he's broad-shouldered; **en este asiento se está muy ~** this seat is nice and wide; **venirle ~ a alguien** to be too big for sb; **el puesto de director le viene ~** he doesn't have what it takes for the job of manager
-2. *(muro)* thick
-3. *(ropa)* loose-fitting; **te va *o* está ~** it's too big for you; **este vestido me viene ~ de cintura** this dress is too big for me around the waist
-4. *(persona) (cómoda)* comfortable; **estaremos más anchos si nos vamos al jardín** we'll have more room if we go into the garden; **a mis/tus anchas** at ease; **ponte a tus anchas** make yourself at home
-5. *Esp (persona) (satisfecha, orgullosa)* smug, self-satisfied; *(desahogada)* relieved; **estar/ponerse muy ~** to be/become conceited; **yo tan preocupada y él, tan ~** I was so worried whereas he didn't seem at all bothered *o* the least bit concerned; EXPR **quedarse tan ~** not to care less; **lo dijo delante de todos y se quedó tan ~** he said it in front of everyone, just like that; **¡qué ~ me he quedado después del examen!** I'm so relieved to have got the exam over with!; *Irónico* **¡se habrá quedado ~ con la tontería que ha dicho!** he must be delighted with himself for making that stupid remark
◇ *nm* width; **¿cuánto mide *o* tiene de ~?** how wide is it?; **tener 5 metros de ~** to be 5 metres wide ❑ INFORMÁT **~ *de banda*** bandwidth; FERROC **~ *de vía*** gauge

anchoa *nf* anchovy

anchura *nf* **-1.** *(de abertura, carretera, río)* width **-2.** *(de muro)* thickness

ancianidad *nf* old age

anciano, -a ◇ *adj* old
◇ *nm,f (hombre)* old man, old person; *(mujer)* old woman, old person; **los ancianos** the elderly
◇ *nm (de tribu)* elder

ancla *nf*

> Takes the masculine articles **el** and **un**.

anchor; **echar anclas** *o* **el ~** to drop anchor; **levar anclas** to weigh anchor

anclado, -a *adj* **-1.** *(barco)* at anchor **-2.** *(inmovilizado)* fixed; **está ~ en su rechazo** he is absolutely determined in his refusal; **una aldea anclada en el pasado** a village stuck in the past

anclaje *nm* **-1.** *(de barco)* anchoring **-2.** TEC **los anclajes de una grúa** the moorings of a crane

anclar ◇ *vt* to anchor
◇ *vi* to (drop) anchor

ancón *nm Col, Méx (rincón)* corner

áncora *nf*

> Takes the masculine articles **el** and **un**.

Literario **-1.** *(ancla)* anchor **-2.** *(salvación)* sheet anchor

anda *interj* **-1.** *(indica sorpresa)* gosh!; **¡~, no fastidies!** you're kidding!, you don't say!; **¡~, qué coincidencia!** well, there's a coincidence!; EXPR **¡~ la osa!** well I never!, upon my word!
-2. *(por favor)* go on!; **¡~, déjame subirme a tu moto!** go on, let me have a go on your motorbike!; **¡~ y déjame en paz!** give me some peace, will you!
-3. *(venga)* come on!; **¡~, salta!** go on, jump!
-4. *(indica desprecio) muy Fam* **¡~ y que te den!** get stuffed!; *Vulg* **¡~ y que te jodan!** go fuck yourself!; **¡~ ya!** *(negativa despectiva)* get away!, come off it!

andadas *nfpl* EXPR *Fam* **volver a las ~** to return to one's bad old ways

andaderas *nfpl* baby-walker

andador, -ora ◇ *adj* fond of walking; **es muy ~** he likes walking
◇ *nm* **-1.** *(tacataca)* baby-walker **-2.** *(para adultos)* Zimmer frame® **-3.** *Méx (camino)* walkway

andadura *nf* **la ~ de un país** the evolution of a country; **su ~ por Europa** his travels through Europe; **el Festival comenzó su ~ en 1950** the Festival's history began in 1950; **un proyecto con sólo tres meses de ~** a project that has only been in existence for three months

ándale, ándele *interj CAm, Méx Fam* come on!; **vamos ya o llegaremos tarde, ~** come on, we have to go now or we'll be late!

Andalucía *n* Andalusia

andalucismo *nm* **-1.** *(palabra, expresión)* = Andalusian word or expression **-2.** *(ideología)* = doctrine favouring Andalusian autonomy

andalusí *(pl* **andalusíes)** HIST ◇ *adj* Moorish ◇ *nmf* Moor, = of or related to the Arab empire of Al-Andalus in southern Spain (711-1492)

andaluz, -uza ◇ *adj* Andalusian ◇ *nm,f* Andalusian

andamiaje *nm* **-1.** *(andamios)* scaffolding **-2.** *(estructura)* structure, framework

andamiar *vt* to put up scaffolding on

andamio *nm* **se cayó de un ~** he fell from some scaffolding; **andamios** scaffolding

andana *nf (fila)* row

andanada *nf* **-1.** *(disparos)* broadside **-2.** *(reprimenda)* broadside; **me soltó una ~ de insultos** she hurled a torrent of abuse at me **-3.** TAUROM = covered stand in a bullring

andando *interj (yo, nosotros)* come on!, let's get a move on!; *(tú, vosotros)* come on!, get a move on!

andante[1] *adj (caballero)* errant
andante[2] MÚS ◇ *nm* andante ◇ *adv* andante

andantino *nm* MÚS andantino

andanzas *nfpl (peripecias)* adventures

andar [7] ◇ *vi* **-1.** *esp Esp (caminar)* to walk; *(moverse)* to move; **¿fuiste en autobús o andando?** did you go by bus or on foot?, did you go by bus or did you walk?; **~ por la calle** to walk in the street; **~ deprisa/despacio** to walk quickly/slowly; **~ a gatas** to crawl; **~ de puntillas** to tiptoe **-2.** *(funcionar)* to work, to go; **la nueva moto anda estupendamente** the new motorbike is running superbly; **el reloj no anda** the clock has stopped; **las cosas andan mal** things are going badly; **los negocios andan muy bien** business is going very well **-3.** *(estar)* to be; **¿qué tal andas?** how are you (doing)?; **no sabía que habían operado a tu padre – ¿qué tal anda?** I didn't know your father had had an operation, how is he (getting on *o* doing)?; **¿dónde anda tu hermano? no lo he visto desde hace meses** what's your brother up to these days? I haven't seen him for months; **creo que anda por el almacén** I think he's somewhere in the warehouse; **~ en boca de todos** to be on everyone's lips; **desde que tiene novia, ~ muy contento** ever since he got a girlfriend he's been very happy; **ando muy ocupado** I'm very busy at the moment; **¿cómo andas de dinero?** how are you (off) for money?; **andamos muy mal de dinero** we're very short of money, we're very badly off for money; **¡date prisa, que andamos muy mal de tiempo!** hurry up, we haven't got much time!, hurry up, we're late!; **~ detrás de** *o* **tras algo/alguien** to be after sth/sb; EXPR **de ~ por casa** *(explicación, método)* basic, rough and ready; **mi ropa de ~ por casa** my clothes for wearing around the house; **hice un apaño de ~ por casa y ya funciona** I patched it up myself and it works again now; PROV **ande yo caliente, ríase la gente** I'm quite happy, I don't care what other people think; PROV **quien mal anda mal acaba** everyone gets their just deserts
-4. *(ocuparse)* **~ en** *(asuntos, líos)* to be involved in; *(papeleos, negocios)* to be busy with; **anda metido en pleitos desde el accidente** ever since the accident he's been busy fighting legal battles
-5. *(hurgar)* **~ en** to rummage around in; **¿quién ha andado en mis papeles?** who has been messing around with my papers?
-6. *(indica acción)* **~ haciendo algo** to be doing sth; **con esa chulería, David anda buscándose problemas** David's asking for trouble, always being so cocky; **en ese país andan a tiros** in that country they go round shooting one another; **andan a voces todo el día** they spend the whole day shouting at each other; EXPR **~ a vueltas con algo** to be having trouble with sth; **anda echando broncas a todos** he's going round telling everybody off; **anda explicando sus aventuras** he's talking about his adventures
-7. *(ir)* **~ con alguien** to go around *o* round with sb; **anda por ahí con una jovencita** he's running around with a young girl; **anda con gente muy poco recomendable** she mixes with *o* goes around with a very undesirable crowd; PROV **dime con quién andas y te diré quién eres** birds of a feather flock together
-8. **~ por** *(alcanzar, rondar)* to be about; **anda por los sesenta** he's about sixty; **debe de ~ por el medio millón** it must be *o* cost about half a million
-9. *Fam (enredar)* **~ con algo** to play with sth
-10. EXPR *RP* **¡andá a saber!** who knows!
◇ *vt* **-1.** *(recorrer)* to go, to travel; **anduvimos 15 kilómetros** we walked (for) 15 kilometres
-2. *CAm (llevar puesto)* to wear
-3. *CAm (llevar)* to carry
◇ *nm* **~** *(modo de caminar)* gait, walk; **andares** *(de persona)* gait; **tiene andares de modelo** she walks like a model **-2.** *(transcurso)* **con el ~ del tiempo, comprenderás todo mejor** you'll understand everything better with the passing of time

◆ **andarse** *vpr* **-1.** *(obrar)* **andarse con cuidado/misterios** to be careful/secretive; **andarse con rodeos, andarse por las ramas** to beat about the bush; **mi jefa no se anda con bromas, si cometes un error te despide** my boss isn't one to mess around, if you make a mistake, she sacks you
-2. *(recorrer)* to walk; **nos anduvimos todas las calles del centro** we walked up and down every street in the city centre
-3. todo se andará all in good time
-4. *Am (marcharse)* to go, to leave; **ándate o llegarás tarde** you'd better go or you'll be late; **¡ándate de una vez!** go away!

andariego, -a, andarín, -ina *adj* fond of walking; **es muy ~** he's a very keen walker

andarivel *nm Andes, RP (para corredor, nadador)* lane marker

andarríos *nm inv* **~ bastardo** wood sandpiper; **~ chico** sandpiper; **~ grande** green sandpiper **~ maculado** spotted sandpiper

andas *nfpl* = float carried on people's shoulders in religious procession; **llevar a alguien en ~** to give sb a chair-lift

ándén = ándale

andén *nm* **-1.** *(en estación)* platform **-2.** *Andes, CAm (acera) Br* pavement, *US* sidewalk **-3.** *Andes (bancal de tierra)* terrace

Andes *nmpl* **los ~** the Andes

andinismo *nm Am* mountaineering

andinista *nmf Am* mountaineer

andino, -a ◇ *adj* Andean ◇ *nm,f* Andean

Andorra *n* Andorra ❑ **~ la Vieja** Andorra la Vella

andorrano, -a ◇ *adj* Andorran ◇ *nm,f* Andorran

andrajo *nm* rag; **vestido con andrajos** dressed in rags

andrajosamente *adv* **vestido ~** dressed in rags

andrajoso, -a ◇ *adj (ropa, persona)* ragged ◇ *nm,f* person dressed in rags

Andrés *n pr* **San ~** St Andrew

androceo *nm* BOT androecium

androcracia *nf* patriarchy

androfobia *nf* androphobia

andrófobo, -a ◇ *adj* man-hating ◇ *nm,f* man-hater

andrógeno *nm* androgen

andrógino, -a ◇ *adj* androgynous ◇ *nm* hermaphrodite

androide *nm (autómata)* android

andrología *nf* andrology, = study of male reproductive system and treatment of its disorders

andrólogo, -a *nm,f* = specialist in the treatment of disorders of the male reproductive system

Andrómaca *n* MITOL Andromache

Andrómeda ◇ *nf (galaxia)* Andromeda ◇ *n* MITOL Andromeda

andromorfo, -a *adj* andromorphous

andropausia *nf* male menopause

androsterona *nf* androsterone

andurriales *nmpl* remote place; **¿qué haces por estos ~?** what are you doing so far off the beaten track?

anduviera *etc ver* andar

anea *nf Br* bulrush, *US* cattail; **silla de ~** chair with a wickerwork seat

anécdota *nf* **-1.** *(historia)* anecdote; **nos contó una ~ muy graciosa** he told us a very amusing anecdote *o* story **-2.** *(suceso trivial)* matter of little importance; **el incidente fue una mera ~** the incident was of no importance

anecdotario *nm* collection of anecdotes

anecdótico, -a *adj* **-1.** *(con historietas)* anecdotal; **un libro lleno de datos anecdóticos** a book full of anecdotal information **-2.** *(no esencial)* incidental; **eso es un detalle ~** that's just incidental

anegadizo, -a *adj* frequently flooded, subject to flooding

anegamiento *nm* flooding

anegar [38] ◇ *vt* **-1.** *(inundar)* to flood **-2.** *(ahogar)* *(planta)* to drown

◆ **anegarse** *vpr* **-1.** *(inundarse)* to flood; **anegarse en llanto** to burst into a flood of tears; **sus ojos se anegaron de lágrimas** tears welled up in his eyes **-2.** *(ahogarse)* to drown

anejo, -a ◇ *adj* **-1.** *(edificio)* connected (**a** to) **-2.** *(documento)* attached (**a** to); **la información figura en la lista ~** the information may be found on the attached list **-3.** *(inherente)* **esta técnica lleva ~ cierto riesgo** this technique involves a certain risk; **un cargo que lleva anejas funciones de dirección** a post which carries with it some management responsibilities
◇ *nm* **-1.** *(edificio)* annexe; **se vende casa de campo con todos sus anejos** farmhouse for sale with all its outhouses **-2.** *(libro)* supplement *(to specialist journal)*

anélido *nm* ZOOL annelid

anemia *nf* anaemia ❑ MED **~ (de célula) falciforme** sickle-cell anaemia; **~ perniciosa** pernicious anaemia

anémico, -a ◇ *adj* anaemic ◇ *nm,f* anaemia sufferer

anemómetro *nm* anemometer, wind gauge

anémona *nf* **-1.** *(planta)* anemone ❑ **~ de los bosques** wood anemone **-2.** *(actinia)* sea anemone

anestesia *nf (técnica)* anaesthesia; *(sustancia)* anaesthetic; **una intervención con ~** an operation under anaesthetic; **todavía está bajo los efectos de la ~** she's still under anaesthetic ❑ **~ epidural** *(técnica)* epidural anaesthesia; *(sustancia)* epidural anaesthetic; **~ general** *(técnica)* general anaesthesia; *(sustancia)* general anaesthetic; **~ local** *(técnica)* local anaesthesia; *(sustancia)* local anaesthetic

anestesiar *vt* to anaesthetize, to place under anaesthetic; **me anestesiaron la pierna** they gave me a local anaesthetic in my leg

anestésico, -a ◇ *adj* anaesthetic ◇ *nm* anaesthetic ❑ **~ local** local anaesthetic

anestesiología *nf* anaesthesiology

anestesiólogo, -a *nm,f* anaesthesiologist

anestesista *nmf* anaesthetist

aneurisma *nm* MED aneurysm

anexar *vt (documento)* to attach

anexión *nf* annexation

anexionar ◇ *vt* to annex

◆ **anexionarse** *vpr* to annex

anexionismo nm POL annexationism
anexionista POL ◇ adj annexationist
◇ nmf annexationist
anexo, -a ◇ adj **-1.** (edificio) connected (**a** to) **-2.** (documento) attached (**a** to); **las cifras figuran en la lista anexa** the figures may be found on the attached list
◇ nm **-1.** (edificio) annexe; **se vende casa de campo con todos sus anexos** farmhouse for sale with all its outhouses **-2.** (libro) appendix **-3.** ANAT **anexos** adnexa
anfeta nf Fam tab of speed
anfetamina nf amphetamine
anfibio, -a ◇ adj **-1.** (animal) amphibious **-2.** (vehículo) amphibious
◇ nm amphibian
anfíbol nm GEOL amphibole
anfibolita nf GEOL amphibolite
anfibología nf amphibology, amphiboly
anfiteatro nm **-1.** (en teatro) circle; (en cine) balcony **-2.** (en universidad) lecture theatre **-3.** (romano) amphitheatre
anfitrión, -ona ◇ adj host; **país ~** host country
◇ nm,f host, f hostess
◇ nm INFORMÁT host
ánfora nf

> Takes the masculine articles **el** and **un**.

-1. (cántaro) amphora **-2.** Méx, Perú (urna electoral) ballot box
anfótero, -a adj QUÍM amphoteric
anfractuoso, -a adj GEOL uneven
angarillas nfpl **-1.** (para enfermos) stretcher **-2.** (sobre animal) packsaddle with panniers **-3.** (vinagreras) cruet set
ángel nm **-1.** (ser espiritual) angel; EXPR **como los ángeles: canta como los ángeles** she has a divine voice, she sings like an angel; EXPR **ha pasado un ~** don't all talk at once! (after lull in conversation) ❑ **~ caído** fallen angel; **~ custodio** guardian angel; **~ de la guarda** guardian angel
-2. (persona buena) angel; **¡eres un ~!** you're an angel!
-3. (encanto, simpatía) EXPR **tener ~** to have something special
Ángela n EXPR **¡~ María!** (denotando sorpresa) goodness gracious!; **¡~ María, ahora la recuerdo!** ah, now I remember her!
angélica nf angelica
angelical, angélico, -a adj angelic
angelín nm angelin, West Indian cabbage tree
angelino, -a ◇ adj of/from Los Angeles (USA)
◇ nm,f Angeleno, person from Los Angeles (USA)
angelito nm **-1.** (ángel) cherub; EXPR **¡que sueñes con los angelitos!** pleasant o sweet dreams! **-2.** Fam (niño) baby; **¡~!** poor lamb!, poor little thing!
angelote nm **-1.** (estatua) large figure of an angel **-2.** Fam (niño) chubby child **-3.** Fam (persona apacible) **es un ~** he's very good-natured **-4.** (pez) angel shark, angelfish
ángelus nm inv REL angelus
angina nf **-1. anginas** (amigdalitis) sore throat; **tener anginas** to have a sore throat **-2. ~ de pecho** angina (pectoris)
angiografía nm MED angiogram, = X-ray of circulatory system
angiología nm MED = study of the circulatory system and its disorders
angiosperma nf BOT angiosperm
anglicanismo nm REL Anglicanism
anglicano, -a REL ◇ adj Anglican
◇ nm,f Anglican
anglicismo nm Anglicism
anglo¹, -a HIST ◇ adj Anglian
◇ nm Angle; **los anglos** the Angles
anglo-² pref Anglo-; **~mexicano** Anglo-Mexican
angloamericano, -a ◇ adj Anglo-American
◇ nm,f Anglo-American
anglocanadiense ◇ adj Anglo-Canadian
◇ nm,f Anglo-Canadian
anglofilia nf anglophilia

anglófilo, -a ◇ adj anglophile
◇ nm,f anglophile
anglofobia nf anglophobia
anglófobo, -a ◇ adj anglophobe
◇ nm,f anglophobe
anglófono, -a, anglohablante ◇ adj English-speaking, anglophone
◇ nm,f English speaker, anglophone
anglonormando, -a ◇ adj Anglo-Norman
◇ nm,f Anglo-Norman
angloparlante ◇ adj English-speaking, anglophone
◇ nm,f English speaker, anglophone
anglosajón, -ona ◇ adj Anglo-Saxon
◇ nm,f Anglo-Saxon
Angola n Angola
angoleño, -a, angolano, -a ◇ adj Angolan
◇ nm,f Angolan
angora nf **-1.** (de conejo) angora **-2.** (de cabra) mohair
angosto, -a adj narrow
angostura¹ nf (estrechez) narrowness
angostura² nf **-1.** (corteza) angostura bark **-2.** (extracto) angostura
ángstrom (pl **ángstroms**) nm angstrom
anguila nf eel ❑ **~ eléctrica** electric eel; **~ de mar** conger eel
angula nf elver
angular ◇ adj angular
◇ nm FOT **gran ~** wide-angle lens
Angulema n Angoulême
ángulo nm **-1.** (figura geométrica) angle ❑ **~ agudo** acute angle; **~ de aproximación** (de avión) angle of approach; MAT **~ complementario** complementary angle; **~ crítico** critical angle; FÍS **~ de incidencia** angle of incidence; **~ interno** interior angle; **~ llano** straight angle; MIL **~ de mira** line of sight; **~ muerto** (de espejo retrovisor) blind spot; **~ obtuso** obtuse angle; **~ rectilíneo** plane angle; **~ recto** right angle; **~ de reflexión** angle of reflection; **~ de refracción** angle of refraction; MIL **~ de tiro** elevation
-2. (rincón) corner
-3. (punto de vista) angle; **visto desde este ~** seen from this angle
angulosidad nf angularity
anguloso, -a adj angular
angurria nf Am **-1.** (hambre) hunger **-2.** (codicia, avidez) greed
angurriento, -a adj Am **-1.** (hambriento) hungry, starved **-2.** (codicioso, ávido) greedy
angustia nf **-1.** (aflicción) anxiety; **vivieron las semanas de secuestro con ~** they were in a state of constant anxiety throughout the weeks of the kidnapping; **lloraba con ~** she was crying in distress
-2. PSI distress; **una sensación de ~ existencial** a feeling of angst
-3. (sensación física) **siente una ~ en el pecho** she feels short of breath o breathless
-4. (persona) **¡qué ~ de mujer!** what a worrier that woman is!
angustiadamente adv anxiously
angustiado, -a adj (mirada) anguished; **están cada día más angustiados por su futuro** they are more and more anxious about his future
angustiante adj (situación) distressing
angustiar ◇ vt to distress; **lo angustiaba el haber engordado** he was distressed at having put on weight; **lo que más me angustia es la espera** the worst thing for me is the waiting
◆ **angustiarse** vpr to get worried (**por** about); **se angustia por cualquier cosa** she gets worried at the slightest thing
angustiosamente adv (esperar) anxiously
angustioso, -a adj (espera) anxious; (situación, noticia) distressing
anhelante adj longing; **una mirada ~** a longing look; **estaba ~ por verlo** she was longing to see him
anhelar vt to long for; **un político que anhela poder** a politician who is hungry for power; **anhela tener su propia casa** she

longs to have a house of her own; **anhelan que acabe la guerra** they are longing for the war to end
anhelo nm longing; **su ~ de libertad** her desire o longing for freedom; **esperamos con ~ su llegada** we eagerly await their arrival
anheloso, -a adj longing; **están anhelosos por que termine** they can't wait for it to finish
anhídrido nm QUÍM anhydride ❑ **~ carbónico** carbon dioxide; **~ sulfúrico** sulphur trioxide; **~ sulfuroso** sulphur dioxide
aní nm ani
Aníbal n pr Hannibal
anidar vi **-1.** (pájaro) to nest **-2.** (sentimiento) **el odio anidaba en el pueblo** hatred had taken root in the village; **la esperanza anidó en su corazón** hope took root in her heart
anilina nf aniline
anilla nf **-1.** (de llavero, cadena, cortina) ring; **carpeta de anillas** ring binder **-2.** (de lata) ring pull **-3.** (de puro) band **-4.** DEP **anillas** rings
anillado nm **-1.** (de aves) ringing **-2.** RP (encuadernado) comb binding
anillar vt **-1.** (sujetar) to fasten with rings **-2.** (aves) to ring **-3.** RP (encuadernar) to put in a comb binding
anillo nm **-1.** (aro) ring; EXPR Fam **ese dinero me viene como ~ al dedo** that money is just what I needed; **me vienes como ~ al dedo, necesitaba un electricista** how lucky that you should have come, I was looking for an electrician!; EXPR Fam **caerse los anillos: por ayudarle no se te van a caer los anillos** there'd be no shame in giving him a helping hand, you know ❑ **~ de boda** wedding ring; **~ de compromiso** engagement ring; **~ de émbolo** piston ring; ANAT **~ pélvico** pelvic girdle; **~ de pistón** piston ring
-2. (en estadio) ring
-3. (de árbol) ring ❑ **~ de crecimiento** growth ring
-4. ZOOL annulus
-5. ASTRON (de planeta) ring ❑ **~ de asteroides** asteroid belt; **anillos de Saturno** rings of Saturn
-6. ARQUIT (en columna) annulet; (en cúpula) circular base
-7. TAUROM ring
ánima nf

> Takes the masculine articles **el** and **un**.

soul; **~ bendita** o **del Purgatorio** soul in purgatory
animación nf **-1.** (alegría) liveliness; **los desfiles callejeros dan mucha ~ a las fiestas** the street parades make the celebrations very lively o really liven up the celebrations
-2. (bullicio) hustle and bustle, activity
-3. CINE animation ❑ Am **~ por computadora** computer animation; Esp **~ por ordenador** computer animation
-4. (promoción) **un curso de ~ a la lectura** a course to encourage people to read more ❑ **~ (socio)cultural** = organization of social and cultural activities for young people or pensioners; **~ turística** = organization of games, outings and social activities for guests
animadamente adv (discutir, hablar) animatedly; **charlaban ~** they were having a lively conversation
animado, -a adj **-1.** (con buen ánimo) cheerful; **se encuentra muy ~ después de la operación** he's in excellent spirits after the operation
-2. (entretenido) lively; **fue un partido muy ~** it was a very lively match
-3. (con alma) animate, living; **los objetos animados e inanimados** animate and inanimate objects
-4. CINE animated; **~ por** Esp **ordenador** o Am **computadora** computer-animated

animador, -ora ◇ *adj* encouraging

◇ *nm,f* **-1.** *(en espectáculo)* compere **-2.** *(en hotel)* events co-ordinator, = organizer of games, outings and social activities for guests **-3.** *(en fiesta de niños)* children's entertainer **-4.** *(en centro cultural)* ~ **(socio)-cultural** = organizer of social and cultural activities for young people or pensioners **-5.** *(en deporte)* cheerleader **-6.** CINE animator

animadversión *nf* hostility; **con su actitud se ganó la ~ de sus compañeros** her attitude made her unpopular with her colleagues; **sentir ~ hacia algo** to be hostile towards sth; **sentir ~ hacia alguien** to feel hostility towards sb

animal ◇ *adj* **-1.** *(instintos, funciones)* animal; **el reino ~** the animal kingdom **-2.** *(persona) (basto)* rough **-3.** *(persona) (ignorante)* ignorant

◇ *nm* animal; EXPR **como un ~: sudaba como un ~** he was sweating like a pig; **trabajamos como animales para acabar a tiempo** we worked like slaves to get it finished on time ❏ **~ de bellota** *(cerdo)* pig; *Fam (insulto)* ignoramus; **~ de carga** beast of burden; **~ de compañía** pet; **doméstico** *(de granja)* farm animal; *(de compañía)* pet; **animales de granja** farm animals; **~ de laboratorio** laboratory animal; **~ político** political animal; **~ protegido** protected species; **~ racional** rational being; **~ de tiro** draught animal; **~ transgénico** transgenic animal

◇ *nmf* **-1.** *(persona basta)* animal, brute **-2.** *(persona ignorante)* (ignorant) brute

animalada *nf Fam* **-1.** *(dicho, hecho)* **su comportamiento fue una auténtica ~** he behaved like a complete animal; **siempre que va borracho dice animaladas** whenever he gets drunk he turns the air blue *o Br* starts effing and blinding **-2.** *(gran cantidad)* **prepararon una ~ de sangría** they made tons of sangria

animar ◇ *vt* **-1.** *(estimular)* to encourage; **los fans animaban a su equipo** the fans were cheering their team on; **~ a alguien a hacer algo** to encourage sb to do sth; **me animaron a aceptar la oferta** they encouraged me to accept the offer; **lo animó a que dejara la bebida** she encouraged him to stop drinking

-2. *(alegrar)* to cheer up; **tu regalo la animó mucho** your present really cheered her up; **los colores de los participantes animaban el desfile** the colourful costumes of the participants brightened up the procession, the costumes of the participants added colour to the procession

-3. *(fuego, diálogo, fiesta)* to liven up; *(comercio)* to stimulate; **el tanto del empate animó el partido** the equalizer brought the game to life, the game came alive after the equalizer; **las medidas del gobierno pretenden ~ la inversión** the government's measures are aimed at stimulating *o* promoting investment

-4. *(mover)* **los artistas animaban los títeres** the puppeteers operated the puppets; **han utilizado la tecnología digital para ~ las secuencias de acción** the action shots are digitally generated

-5. *(impulsar)* to motivate, to drive; **no le anima ningún afán de riqueza** she's not driven by any desire to be rich; **no me anima ningún sentimiento de venganza** I'm not doing this out of a desire for revenge

➤ **animarse** *vpr* **-1.** *(persona)* to cheer up; *(fiesta, ambiente)* to liven up; **¡anímate!** cheer up!; **la reunión se animó con el reparto de premios** the gathering livened up when the prizes were handed out; **el negocio se va animando** business is picking up

-2. *(decidir)* to finally decide; **animarse a hacer algo** to finally decide to do sth; **se animó a ir al cine** she finally got round to going to the cinema; **¿quién se anima a subir hasta la cumbre?** who's up for climbing right to the top?; **no me animo a decírselo** I can't bring myself to tell her; **no cuentes con él para la excursión, nunca se anima a hacer nada** don't expect him to come along on the trip, he always wimps out

anime *nm* **-1.** *Am (árbol)* courbaril, West Indian locust tree **-2.** *Am Ven (espuma de poliuretano)* polyurethane foam

anímicamente *adv* emotionally

anímico, -a *adj* **estado ~** state of mind; **no está en la mejor situación anímica para ir de vacaciones** she's not in the best state of mind for going on holiday; **sufrió un decaimiento ~** he went into a bout of depression

animismo *nm* animism

animista ◇ *adj* animistic

◇ *nmf* animist

ánimo ◇ *nm* **-1.** *(valor)* courage; **me da muchos ánimos saber que contamos contigo** it's comforting to know that we have you with us; **cobrar ~** to take heart

-2. *(aliento)* encouragement; **dar ánimos a alguien** to encourage sb; **tienes que darle ánimos para que deje la bebida** you have to encourage him to stop drinking; **iremos al estadio para dar ánimos a nuestros jugadores** we'll go to the stadium to support *o* cheer on our team

-3. *(energía, vitalidad)* energy, vitality; *(humor)* disposition; **¡levanta ese ~!** cheer up!; **los ánimos estaban revueltos** feelings were running high; **estoy con el ~ decaído** I'm feeling downhearted *o* gloomy; **apaciguar** *o* **calmar los ánimos** to calm things *o* people down; **cuando me enteré de su despido, se me cayeron los ánimos al suelo** when I heard of her dismissal, my heart sank; **tener ánimos para** to be in the mood for, to feel like; **no tiene ánimos para nada** she doesn't feel like doing anything; **trabajar con ~** to work energetically

-4. *(intención)* **con/sin ~ de** with/without the intention of; **lo dijo con ~ de herir** his remark was intended to be hurtful; **han realizado un estudio con ~ de conocer mejor el problema** they've carried out a study with a view to achieving a better understanding of the problem; **sin ~ de ofenderte, creo que...** no offence (intended), but I think...; **lo hice sin ~ de ofenderte** I didn't mean to offend you; **una organización sin ~ de lucro** a non-profit-making organization

-5. *(alma)* mind

◇ *interj* **(¡adelante!)** come on!; **(¡anímate!)** cheer up!; **¡~, Zaragoza!** *Br* come on you Zaragoza!, *US* go Zaragoza!; **¡~, que no ha sido nada!** come on! now, it was nothing

animosidad *nf* animosity; **existe una gran ~ entre los dos equipos** there's a lot of animosity *o* bad feeling between the two teams; **siente ~ contra los productos de ese país** she is ill-disposed towards products from that country

animoso, -a *adj* **-1.** *(valiente)* courageous **-2.** *(decidido)* undaunted

aniñado, -a *adj (comportamiento)* childish; *(voz, rostro)* childlike

aniñar ◇ *vt (en aspecto)* **este corte de pelo te aniña** that haircut makes you look like a child

➤ **aniñarse** *vpr (en carácter)* to become like a child

anión *nm* FÍS anion

aniquilación *nf*, **aniquilamiento** *nm* annihilation

aniquilador, -ora *adj* destructive

aniquilamiento = aniquilación

aniquilar *vt* **-1.** *(destruir)* to annihilate, to wipe out; **los nazis aniquilaron a los judíos** the Nazis exterminated the Jews; **el candidato oficial aniquiló a la oposición** the official candidate annihilated *o* destroyed the opposition; **los tenistas suecos aniquilaron a sus rivales** the Swedish tennis players annihilated *o* thrashed their opponents

-2. *(abatir)* to destroy; **tres años en paro la aniquilaron moralmente** three years of unemployment had totally demoralized her

anís *(pl* **anises)** *nm* **-1.** *(planta)* anise **-2.** *(grano)* aniseed ❏ **~ estrellado** star anise **-3.** *(licor)* anisette **-4. anises** *(confite)* = aniseed-flavoured boiled sweets

anisado, -a ◇ *adj* aniseed-flavoured

◇ *nm* = aniseed-flavoured liquor

anisete *nm* anisette

aniversario *nm (de muerte, fundación, suceso)* anniversary; *(cumpleaños)* birthday ❏ **~ de boda** wedding anniversary

anjova *nf* bluefish

Ankara *n* Ankara

ano *nm* anus

anoche *adv* last night; **~ fui al cine** I went to the cinema last night *o* yesterday evening; **antes de ~** the night before last

anochecer [46] ◇ *nm* dusk, nightfall; **al ~** at dusk *o* nightfall

◇ *v impersonal* to get dark; **anochecía** it was getting dark; **llegamos cuando ya había anochecido** it was already dark when we arrived

◇ *vi* **anochecimos en la frontera** we were at the border by nightfall

anochecida *nf* nightfall, dusk

anochezco *etc ver* **anochecer**

anodino, -a *adj* unremarkable

ánodo *nm* ELEC anode

anofeles, anófeles *nm inv* anopheles

anomalía *nf* anomaly

anómalo, -a *adj* unusual, anomalous

anomia *nf* PSI anomie

anón *nm Am* sugar apple

anonadado, -a *adj* **-1.** *(sorprendido)* astonished, bewildered; **se quedó ~ cuando nos vio entrar** he was totally astonished *o* taken aback when he saw us come in **-2.** *(abatido)* stunned

anonadamiento *nm* astonishment, bewilderment

anonadar ◇ *vt* **-1.** *(sorprender)* to astonish, to bewilder; **anonadó al público con su comportamiento** her behaviour astonished *o* bewildered the audience, the audience was totally taken aback by her behaviour **-2.** *(abatir)* to stun

➤ **anonadarse** *vpr* **-1.** *(sorprenderse)* to be astonished, to be bewildered **-2.** *(abatirse)* to be stunned

anónimamente *adv* anonymously

anonimato *nm* anonymity; **permanecer en el ~** to remain nameless; **se valió del ~ para enviar las amenazas** he sent the threats anonymously; **vivir en el ~** to live out of the public eye; **salir del ~** to reveal one's identity

anónimo, -a ◇ *adj (libro, obra)* anonymous; **un comunicante ~ reivindicó el atentado** an anonymous caller claimed responsibility for the attack

◇ *nm (escrito)* anonymous letter; *(cuadro)* unsigned painting

anorak *(pl* **anoraks)** *nm* anorak

anorexia *nf* anorexia ❏ **~ nerviosa** anorexia nervosa

anoréxico, -a ◇ *adj* anorexic

◇ *nm,f* anorexic

anormal ◇ *adj* **-1.** *(anómalo)* abnormal **-2.** *(subnormal)* subnormal **-3.** *Fam (como insulto)* moronic; **no seas ~** don't be such a moron

◇ *nmf* **-1.** *(persona)* subnormal person **-2.** *Fam (como insulto)* moron

anormalidad *nf* **-1.** *(anomalía)* abnormality **-2.** *(defecto físico o psíquico)* handicap, disability

anormalmente *adv* abnormally

anotación *nf* **-1.** *(nota escrita)* note; **anotaciones al margen** *(de escritor, científico)* marginal notes; **hizo varias anotaciones al margen** she made several notes in the margin **-2.** COM *(en registro)* entry ❏ **~ contable** book entry

anotador, -ora ◇ nm,f **-1.** DEP scorer **-2.** CINE continuity person
  ◇ nm RP loose-leaf notebook
anotar ◇ vt **-1.** (escribir) to note down, to make a note of; **anotó la dirección en su agenda** she noted down o made a note of the address in her diary **-2.** (libro) to annotate; **el catedrático anotó una edición de "La Celestina"** the professor provided the notes for an edition of "La Celestina" **-3.** DEP to score
  ◆ **anotarse** vpr **-1.** (deporte) to score; **nos anotamos un triunfo más** we scored another triumph **-2.** RP (apuntarse) (en curso) to enrol (**en** for); (para actividad) to sign up (**en** for); **¿van al cine?, ¡me anoto!** are you going to the cinema? count me in!; **siempre se anota cuando vamos al cine** she always tags along when we go to the cinema; **¿con quién vino el pesado ese? – supongo que se anotó él solo** who brought that bore along? – I imagine he invited himself
anovulatorio, -a ◇ adj anovulatory
  ◇ nm anovulant
anoxia nf MED anoxia
anquilosado, -a adj **-1.** (articulación) (paralizado) paralysed; (entumecido) stiff **-2.** (economía, ciencia) stagnant
anquilosamiento nm **-1.** (de articulación) (parálisis) paralysis; (entumecimiento) stiffening **-2.** (de economía, ciencia) stagnation
anquilosar ◇ vt **-1.** (articulación) (paralizar) to paralyse; (entumecer) to stiffen **-2.** (economía, ciencia) to cause to stagnate
  ◆ **anquilosarse** vpr **-1.** (articulación) (paralizarse) to become paralysed; (entumecerse) to stiffen **-2.** (economía, ciencia) to stagnate
ANR nf (abrev de **Asociación Nacional Republicana**) = Paraguayan political party, better known as the "Colorados"
ánsar nm (greylag) goose ❑ ~ **campestre** bean goose; ~ **careto** white-fronted goose; ~ **piquicorto** pink-footed goose
ansarón nm gosling
anserina nf good-king-henry
ansia nf

> Takes the masculine articles **el** and **un**.

-1. (afán) longing, yearning; **tiene ~ de poder** she is hungry for power; **bebía con ~** he drank thirstily; **las ansias de vivir** the will to live; **las ansias independentistas de la región** the region's desire for independence **-2.** (ansiedad) anxiousness; (angustia) anguish; **esperan los resultados con ~** they are anxiously waiting for the results; **no pases ~, todo saldrá bien** don't worry o be anxious, it will all turn out all right in the end **-3. ansias** (náuseas) sickness, nausea
ansiar [32] vt ~ **algo** to long for sth; **encontraron la felicidad que tanto ansiaban** they found the happiness that they had been longing for; **ansiaba regresar a su país** she longed to return to her country; **todos ansiamos llegar a un acuerdo** we are all anxious to reach an agreement; **ansían que el problema se resuelva lo antes posible** they are anxious for the problem to be solved as soon as possible
ansiedad nf **-1.** (inquietud) anxiety; **esperan los resultados con ~** they are anxiously waiting for the results **-2.** PSI nervous tension
ansina, asina adv CSur Fam = form of "así", used in rural areas
ansiolítico, -a ◇ adj sedative, Espec anxiolytic
  ◇ nm sedative, Espec anxiolytic
ansiosamente adv **-1.** (con afán) longingly, yearningly **-2.** (con ansiedad) anxiously; **esperan ~ la resolución judicial** they are anxiously awaiting the judge's ruling

ansioso, -a adj **-1.** (impaciente) impatient; **estar ~ por** o **de hacer algo** to be impatient to do sth; **está ~ por acabar el trabajo** he can't wait to finish work; **está ~ de reencontrarse con su familia** he can't wait o is impatient to be reunited with his family **-2.** (angustiado) in anguish; **esperan ansiosos noticias sobre sus familiares** they are waiting anxiously for news of their relatives
anta nf

> Takes the masculine articles **el** and **un**.

(alce) (europeo) elk; (americano) moose
antagónico, -a adj antagonistic
antagonismo nm antagonism
antagonista ◇ adj **-1.** ANAT **músculo ~** antagonist **-2.** MED **medicamento ~** antagonist
  ◇ nmf (contrario) opponent, antagonist
  ◇ nm **-1.** ANAT antagonist **-2.** MED antagonist
antagonizar vt (fármaco) to counteract
antaño adv in days gone by; **los revolucionarios de ~** the revolutionaries of yesteryear o of days gone by
antara nf Bol, Perú = type of flute
antártico, -a ◇ adj Antarctic; **el océano Glacial Antártico** the Antarctic Ocean
  ◇ nm **el Antártico** the Antarctic
Antártida nf **la ~** the Antarctic
ante[1] nm **-1.** (piel) suede; **zapatos de ~** suede shoes **-2.** (animal) (europeo) elk; (americano) moose
ante[2] prep **-1.** (delante de, en presencia de) before; **se arrodilló ~ el Papa** he kneeled before the Pope; **comparecer ~ el juez** to appear before the judge, to appear in court; **apelar ~ el tribunal** to appeal to the court; **es muy tímido y se encoge ~ sus superiores** he's very timid and clams up in the presence of his superiors; **nos hicimos una foto ~ la Esfinge** we took a photo of ourselves standing in front of the Sphinx; **estamos ~ otro Dalí** this is another Dali, we have before us another Dali; **desfilar/marchar ~ algo/alguien** to file/march past sth/sb **-2.** (frente a) (hecho, circunstancia) in the face of; **~ una actitud tan intolerante, poco se puede hacer** there is little we can do in the face of such intolerance; **~ la insistencia de su hermano, accedimos a admitirla** at her brother's insistence, we agreed to take her in; **no se detendrá ~ nada** she'll stop at nothing, nothing will stop her; **no se amilana ~ nada** he isn't scared of anything; **¿cuál es tu postura ~ el aborto?** what's your opinion about abortion?; **cerrar los ojos ~ algo** (ignorar) to close one's eyes to sth; **~ la duda, mejor no intentarlo** if in doubt, it's best not to attempt it; **me descubro ~ su esfuerzo** I take my hat off to him for his effort; **extasiarse ~ algo** to go into ecstasies over sth; **se quedó solo ~ el peligro** he was left to face the danger alone; **se crece ~ las dificultades** she thrives in the face of adversity; **ser responsable ~ alguien** to be accountable to sb; **retroceder ~ el peligro** to shrink back from danger **-3.** (respecto de) compared to; **su obra palidece ~ la de su maestro** his work pales in comparison with that of his master; **su opinión prevaleció ~ la mía** his opinion prevailed over mine **-4. ~ todo** (sobre todo) above all; (en primer lugar) first of all
anteanoche adv the night before last
anteayer adv the day before yesterday
antebrazo nm forearm
antecámara nf antechamber
antecedente ◇ adj preceding, previous
  ◇ nm **-1.** (precedente) precedent, **una derrota sin antecedentes** an unprecedented defeat; **una crisis que no tiene antecedentes en la historia reciente** a crisis which is unprecedented in recent history; **un paciente con antecedentes cardiacos** a patient with a history of heart trouble **-2. antecedentes** (de asunto) background; **los antecedentes de un conflicto** the background to a conflict; **estar en antecedentes** to be aware of the background; **poner a alguien en antecedentes (de)** (informar) to fill sb in (on); **ya me han puesto en antecedentes** they've filled me in **-3.** DER **antecedentes (penales** o **policiales)** criminal record **-4.** GRAM antecedent **-5.** MAT antecedent
anteceder vt to come before, to precede; **el silencio que antecedió al comienzo del concierto** the silence which preceded the beginning of the concert
antecesor, -ora ◇ nm,f **-1.** (predecesor) predecessor **-2. antecesores** (antepasados) ancestors
antecocina nf = room off the kitchen used for storage
antedatar vt (documento) to antedate
antedicho, -a ◇ adj aforementioned
  ◇ nm,f **el ~** the aforementioned person
antediluviano, -a adj **-1.** (anterior al diluvio) antediluvian **-2.** Hum (viejo) antediluvian
antefirma nf **-1.** (cargo) title of the signatory **-2.** (fórmula) closing formula
antelación nf **con ~ (a)** in advance (of); **con dos horas de ~** two hours in advance; **prepararon la fiesta con bastante ~** they got things ready for the party in plenty of time; **no me avisaron con la suficiente ~** they didn't give me enough notice; **el vuelo llegó con una hora de ~** the flight arrived one hour early
antelar ◇ vt Chile (anticipar) to anticipate
  ◇ vi Méx (obrar con antelación) to act ahead of time
antemano adv **de ~** beforehand, in advance; **el resultado se sabía de ~** the outcome was known in advance; **estaban en contra suya de ~** they were against him even before things started; **agradeciéndole de ~ su cooperación...** (en carta) thanking you in advance for your co-operation...
antena nf **-1.** (de radio, televisión) aerial, antenna; **estar/salir en ~** to be/go on the air; EXPR Fam **poner la ~** (escuchar) to prick up one's ears; EXPR Fam **estar con** o **tener la ~ puesta:** **siempre tiene la ~ puesta** he's always listening in to other people's conversations ❑ ~ **colectiva** = aerial shared by all the inhabitants of a block of flats, US CATV; ~ **direccional** directional aerial; ~ **directiva** directional aerial; ~ **parabólica** satellite dish; ~ **de radar** radar dish; ~ **receptora** receiving aerial o antenna **-2.** (de animal) antenna
antenista nmf = person who installs, adjusts and repairs TV aerials
antenoche adv Am the night before last
anteojeras nfpl Br blinkers, US blinders
anteojo ◇ nm (telescopio) telescope, spyglass
  ◇ **anteojos** nmpl **-1.** (prismáticos) binoculars **-2.** (quevedos) pince-nez **-3.** Am (gafas) spectacles, glasses ❑ ~ **de aumento** prescription glasses; ~ **de sol** sunglasses
antepasado, -a nm,f ancestor
antepecho nm **-1.** (de puente) parapet **-2.** (de ventana) sill
antepenúltimo, -a ◇ adj third (from) last; **es la antepenúltima carrera del campeonato** it's the third (from) last race of the championship; **"encefálico" se acentúa en la antepenúltima sílaba** "encefálico" has an accent on the third (from) last syllable
  ◇ nm,f third from last; **llegó el ~** he came third from last
anteponer [50] ◇ vt **-1.** (poner delante) **~ algo a algo** to put sth in front of sth; **antepuso una introducción a su traducción del libro** she prefaced her translation of the book with an introduction **-2.** (dar más importancia a) **~ algo a algo** to put sth before sth; **antepone su trabajo a todo lo demás** he puts his work before everything else
  ◆ **anteponerse** vpr **anteponerse a algo** to come before sth; **su familia se antepone a**

anteproyecto *nm* preliminary draft ❏ POL ~ **de ley** draft bill

antepuesto, -a *participio ver* **anteponer**

antera *nf* BOT anther

anterior *adj* **-1.** *(en el tiempo)* previous; **un modelo muy parecido al ~** a model which is very similar to the previous o last one; **el año ~** the year before, the previous year; **el día ~ a la inauguración** the day before o prior to the opening; **los cinco años anteriores a la independencia** the five years before o prior to independence; **un jarrón ~ a la época romana** a pre-Roman vase **-2.** *(en el espacio)* front; **la parte ~ de un edificio** the front of a building **-3.** *(en una ordenación)* previous, last; **el problema señalado en el párrafo ~** the problem identified in the previous o last paragraph **-4.** *(vocal)* front

anterioridad *nf* **con ~** beforehand, previously; **estaba todo planeado con ~** everything had been planned beforehand o in advance; **queremos llegar con suficiente ~** we want to get there in plenty of time; **con ~ a** prior to, before; **con ~ al embarque hay que pasar el control de pasaportes** you have to go through passport control prior to o before boarding

anteriormente *adv* previously; **como dije ~, ...** as I said previously o before,...; **~ a la llegada del presidente** prior to o before the president's arrival

antes ◇ *adv* **-1.** *(en el tiempo)* before; *(antaño)* formerly, in the past; **lo he dicho ~** I've said it before; **no importa si venís ~** it doesn't matter if you come earlier; **me lo podías haber contado ~** you could have told me earlier o before; **~ llovía más** it used to rain more often; **~ no había televisión y la gente se entretenía con la radio** in the past, there wasn't any television, so people used to listen to the radio; **ya no nado como ~** I can't swim as I used to; **desde el accidente, ya no es el mismo de ~** he hasn't been the same since the accident; **cuanto ~** as soon as possible; **mucho/poco ~** long/shortly before; **lo ~ posible** as soon as possible; **de ~** before; **~ de entrar dejen salir** *(en letrero)* please let people off first before boarding; **no llegues ~ de las cinco** don't get there before five, make sure you arrive no earlier than five; **tenlo preparado ~ de medianoche** have it ready by midnight; **~ de hacer algo** before doing sth; **consúltame ~ de añadir nada** consult me first before you add anything o before adding anything; **~ de que llegaras** before you arrived; **~ de anoche** the night before last; **~ de ayer** the day before yesterday; **~ de Cristo** before Christ, BC; **de ~** *(antiguo)* old; *(anterior)* previous; **el sistema de ~ era muy lento** the old system was very slow; **esta cerveza sabe igual que la de ~** this beer tastes the same as the previous one o the one before
-2. *(en el espacio)* before; **me bajo dos pisos ~** I get off two floors before (you); **~ de** before; **el motel está ~ del próximo cruce** the motel is before the next junction
-3. *(primero)* first; **esta señora está ~** this lady is first; **ten paciencia, este señor está ~ que nosotros** be patient, this man is in front of us; **entraron ~ que yo** they went in in front of me; **¿quién va a salir ~?** who's going to leave (the) first?
-4. *(expresa preferencia)* rather; **no quiero tener coche, ~ me compraría una moto** I don't want a car, I'd rather buy a motorbike; **~... que** rather... than; **prefiero la sierra ~ que el mar** I prefer the mountains to the sea; **iría a la cárcel ~ que mentir** I'd rather go to prison than lie; **~ de nada** first of all, before anything else; **~ que nada** *(expresando preferencia)* above all, first and foremost; **~ al contrario** on the contrary

◇ *adj (previo)* previous; **la noche ~** the night before

◆ **antes bien** *loc conj* on the contrary; **no le aburría, ~ bien parecía agradarle** far from boring him, it appeared to please him

antesala *nf* **-1.** *(habitación)* anteroom; [EXPR] **estar en la ~ de** to be on the verge of; **en la ~ del poder** on the verge of coming to power; [EXPR] **hacer ~** to wait **-2.** *(cosa precedente)* prelude; **la matanza fue la ~ de una guerra civil** the massacre was the prelude to a civil war; **el encuentro privado fue la ~ de la reunión oficial** the private meeting was a prelude to the official one

antevíspera *nf* **la ~ de la inauguración** two days before the opening

antiabortista ◇ *adj* anti-abortion, pro-life
◇ *nmf* anti-abortion o pro-life campaigner

antiaborto *adj inv* anti-abortion, pro-life

antiácido, -a ◇ *adj* **-1.** *(medicamento)* antacid **-2.** *(anticorrosivo)* anticorrosive
◇ *nm (medicamento)* antacid

antiadherente *adj* non-stick

antiaéreo, -a *adj* anti-aircraft

antialcohólico, -a *adj* **campaña antialcohólica** campaign against alcohol abuse; **liga antialcohólica** temperance league

antialérgico, -a ◇ *adj* anti-allergenic
◇ *nm* anti-allergenic

antiamericano, -a *adj* anti-American

antiarrugas *adj inv* **-1.** *(crema)* antiwrinkle **-2.** *(tejido, prenda)* non-iron

antiasmático, -a ◇ *adj* anti-asthmatic
◇ *nm* anti-asthmatic drug

antiatómico, -a *adj* antinuclear

antibacteriano, -a *adj* antibacterial

antibalas, antibala *adj inv* bullet-proof

antibiótico, -a ◇ *adj* antibiotic
◇ *nm* antibiotic

antibloqueo *adj inv* **frenos ~** anti-lock brakes
◇ *nm inv* anti-lock braking system

anticancerígeno, -a, anticanceroso, -a ◇ *adj* **medicamento ~** cancer drug
◇ *nm* cancer drug

anticarro *adj inv* antitank

anticaspa *adj* anti-dandruff; **champú ~** (anti-)dandruff shampoo

anticatarral ◇ *adj* **medicamento ~** cold remedy
◇ *nm* cold remedy

anticelulítico, -a *adj* anticellulite

antichoque *adj inv* shockproof

anticiclón *nm* area of high pressure, *Espec* anticyclone

anticiclónico, -a *adj* **frente ~** high-pressure front

anticipación *nf* earliness; **con ~** in advance; **compró las entradas con ~** she bought the tickets beforehand o in advance; **con un mes de ~** a month in advance; **con ~ a** prior to; **llegó con ~ a la hora prevista** he arrived before he was supposed to; **se recomienda reservarlo con la mayor ~ posible** you are advised to book as early as possible

anticipadamente *adv* in advance, beforehand; **pagar ~** to pay in advance; **se jubiló ~** she took early retirement; **le agradecemos ~ su colaboración** *(en carta)* thanking you in advance for your co-operation

anticipado, -a *adj (elecciones)* early; *(pago)* advance; **por ~** in advance, beforehand; **¿va a haber venta anticipada de entradas?** will tickets be on sale in advance?; **le agradezco por ~ su ayuda** *(en carta)* thanking you in advance for your help

anticipar ◇ *vt* **-1.** *(prever)* to anticipate; **él ya había anticipado la crisis económica** he had already anticipated the recession
-2. *(adelantar)* to bring forward; **el presidente anticipó las elecciones** the president brought forward the elections
-3. *(pago)* to pay in advance; **me anticiparon dos semanas de sueldo** they gave me an advance of two weeks' salary
-4. *(información)* to tell in advance; **no te puedo ~ nada** I can't tell you anything just now

◆ **anticiparse** *vpr* **-1.** *(suceder antes)* to arrive early; **se anticipó a su tiempo** he was ahead of his time; **este año se ha anticipado la llegada del invierno** winter has come early this year **-2.** *(adelantarse)* **anticiparse a alguien** to beat sb to it; **se anticipó al portero y marcó gol** he beat the goalkeeper to the ball and scored

anticipo *nm* **-1.** *(de dinero)* advance; **pedí un ~ sobre mi sueldo** I asked for an advance on my salary; **recibió cien mil dólares como ~ por su libro** she received a hundred thousand dollar advance for her book **-2.** *(presagio)* foretaste; **esto es sólo un ~ de lo que vendrá después** this is just a foretaste of what is to come; **presentó un par de temas como ~ de su nuevo disco** she previewed a couple of tracks from her new record

anticlerical *adj* anticlerical

anticlericalismo *nm* anticlericalism

anticlímax *nm inv* **-1.** *(en teatro, cine)* aftermath *(of climax)* **-2.** *(en retórica)* anticlimax

anticlinal *nm* GEOL anticline

anticoagulante MED ◇ *adj* anticoagulant
◇ *nm* anticoagulant

anticolesterol *adj (fármaco)* anticholesterol; *(dieta)* cholesterol-free

anticolonialismo *nm* anticolonialism

anticolonialista ◇ *adj* anticolonialist
◇ *nmf* anticolonialist

anticomunismo *nm* anti-Communism

anticomunista ◇ *adj* anti-Communist
◇ *nmf* anti-Communist

anticoncepción *nf* contraception

anticonceptivo, -a ◇ *adj* contraceptive; **método ~** method of contraception; **píldora anticonceptiva** contraceptive pill
◇ *nm* contraceptive ❏ **~ de barrera** barrier method of contraception; **~ oral** oral contraceptive

anticonformismo *nm* non-conformism

anticonformista ◇ *adj* nonconformist
◇ *nmf* nonconformist

anticongelante ◇ *adj* antifreeze
◇ *nm* antifreeze

anticonstitucional *adj* unconstitutional

anticonstitucionalidad *nf* unconstitutionality

anticonstitucionalmente *adv* unconstitutionally

anticorrosión *adj inv* anticorrosive

anticorrosivo, -a ◇ *adj* anticorrosive
◇ *nm* anticorrosive substance

anticorrupción *adj inv* anticorruption

anticristo *nm* **el ~** the Antichrist

anticuado, -a ◇ *adj (persona, ropa)* old-fashioned; **esa técnica está anticuada** that method is out of date; **mi módem se ha quedado ~** my modem is out of date
◇ *nm,f* old-fashioned person; **mi madre es una anticuada** my mother is very old-fashioned

anticuario, -a ◇ *nm,f* **-1.** *(comerciante)* antique dealer **-2.** *(experto)* antiquarian
◇ *nm (establecimiento)* antique shop

anticuarse *vpr* to become old-fashioned

anticucho *nm Andes (brocheta)* kebab

anticuerpo *nm* MED antibody

antidemocráticamente *adv* undemocratically

antidemocrático, -a *adj (no democrático)* undemocratic; *(contra la democracia)* anti-democratic

antideportivamente *adv* unsportingly

antideportivo, -a *adj* unsporting, unsportsmanlike

antidepresivo, -a ◇ *adj* antidepressant
◇ *nm* antidepressant (drug)

antideslizante *adj (superficie)* non-slip; *(neumático)* non-skid

antideslumbrante *adj* anti-dazzle

antidetonante ◇ *adj* antiknock
◇ *nm* antiknock agent

antidiabético, -a ◇ adj anti-diabetic
  ◇ nm anti-diabetic drug
antidiarreico, -a ◇ adj **medicamento ~** diarrhoea remedy
  ◇ nm diarrhoea remedy
antidiftérico, -a ◇ adj diphtheria; **vacuna antidiftérica** diphtheria vaccine
  ◇ nm diphtheria medicine
antidisturbios ◇ adj inv riot; **material ~** riot gear; **policía ~** riot police
  ◇ nmpl **los ~** the riot police
antidopaje, antidoping [anti'ðopin] DEP ◇ adj inv drugs; **prueba ~** drugs test; **control ~** drugs test
  ◇ nm drugs test
antídoto nm **-1.** (médico) antidote; **es un buen ~ contra el aburrimiento** it's an effective antidote to boredom **-2.** INFORMÁT antidote
antidroga adj inv (campaña) antidrug; **la lucha ~** the fight against drugs; **una redada ~** a drugs bust
antidumping [anti'ðumpin] adj inv ECON (medidas, leyes) antidumping
antieconómico, -a adj **-1.** (caro) expensive **-2.** (no rentable) uneconomic
antiemético, -a MED ◇ adj antiemetic
  ◇ nm antiemetic
antier adv Am Fam the day before yesterday
antiespasmódico, -a ◇ adj antispasmodic
  ◇ nm antispasmodic
antiestático, -a adj antistatic
antiestético, -a adj unsightly
antiestrés adj inv **una medida ~** a way to fight stress; **ejercicios ~** stress-reducing exercises, exercises to reduce stress
antifascista ◇ adj antifascist
  ◇ nmf antifascist
antifaz nm mask (covering top half of face)
antifeminista ◇ adj antifeminist
  ◇ nmf antifeminist
antifranquista ◇ adj anti-Franco
  ◇ nmf anti-Francoist, opponent of Franco
antifúngico, -a ◇ adj antifungal
  ◇ nm antifungal preparation
antigás adj inv gas; **careta ~** gas mask
antígeno nm MED antigen
Antígona n MITOL Antigone
antigripal ◇ adj designed to combat flu; **un medicamento ~** a flu remedy
  ◇ nm flu remedy
antigualla nf Pey (cosa) museum piece; (persona) old fogey, old fossil
antiguamente adv **-1.** (hace mucho) in the past; **~ se utilizaban las diligencias** they used to use stagecoaches in the past **-2.** (previamente) formerly; **más conocido ~ como...** formerly better known as...
Antigua y Barbuda n Antigua and Barbuda
antigubernamental adj antigovernment
antigüedad nf **-1.** (edad) antiquity **-2.** (veteranía) seniority; **un plus de ~** a seniority bonus; **un trabajador de veinte años de ~** a worker who has been with the company for twenty years ❑ **~ laboral** seniority (in a post) **-3.** HIST **la Antigüedad (clásica)** (Classical) Antiquity **-4.** (objeto antiguo) antique; **antigüedades** (tienda) antique shop
antiguo, -a ◇ adj **-1.** (viejo) old; (inmemorial) ancient; **un ~ amigo/enemigo** an old friend/enemy ❑ **~ alumno** (de colegio) ex-pupil, former pupil, US alumnus; **una reunión de antiguos alumnos** a school reunion; **el ~ continente** (Europa) Europe; **la antigua Roma** Ancient Rome; **el Antiguo Testamento** the Old Testament
  -2. (anterior, previo) former; **la antigua Unión Soviética** the former Soviet Union ❑ **el ~ régimen** the former regime; HIST the ancien régime
  -3. (veterano) **los miembros/empleados más antiguos tienen preferencia** preference is given to the longest-serving members/employees; **los vecinos más antiguos** the neighbours who've been here longest
  -4. (pasado de moda) old-fashioned; **a la antigua** in an old-fashioned way; **chapado a la antigua** stuck in the past, old-fashioned
  ◇ nm,f **-1.** (persona) old-fashioned person; **su tío es un ~** her uncle is very old-fashioned **-2. los antiguos** (de la Antigüedad) the ancients
antihéroe nm antihero
antihielo nm de-icer
antihigiénico, -a adj unhygienic
antihipertensivo, -a ◇ adj for high blood pressure
  ◇ nm medicine for high blood pressure
antihistamina nf antihistamine
antihistamínico, -a ◇ adj antihistamine
  ◇ nm antihistamine
antiimperialismo nm anti-imperialism
antiimperialista ◇ adj anti-imperialist
  ◇ nmf anti-imperialist
antiincendios adj inv (medida) fire-prevention; **la normativa ~** the fire regulations; **alarma ~** fire alarm
antiinflacionista, antiinflacionario, -a adj ECON anti-inflationary
antiinflamatorio, -a ◇ adj anti-inflammatory
  ◇ nm anti-inflammatory drug
antijurídico, -a adj unlawful
antillano, -a ◇ adj West Indian, of/from the Caribbean
  ◇ nm,f West Indian, person from the Caribbean
Antillas nfpl **las ~** the West Indies ❑ **las ~ Holandesas** the Dutch Antilles
antilogaritmo nm MAT antilogarithm
antílope nm antelope
antimagnético, -a adj FÍS antimagnetic
antimateria nf FÍS antimatter
antimicrobiano, -a ◇ adj antibacterial
  ◇ nm antibacterial agent
antimilitarismo nm antimilitarism
antimilitarista ◇ adj antimilitarist
  ◇ nm antimilitarist
antimisil adj MIL antimissile
antimonárquico, -a ◇ adj antimonarchist
  ◇ nm,f antimonarchist
antimonio nm QUÍM antimony
antimonopolio adj inv ECON anti-trust
antimotines Am ◇ adj inv riot; **material ~** riot gear; **policía ~** riot police
  ◇ nmpl **los ~** the riot police
antinarcótico, -a adj (campaña) antidrug; **la lucha antinarcótica** the fight against drugs; **la policía antinarcótica** the drug squad
antinatural adj **-1.** (contra natura) unnatural **-2.** (afectado) artificial, affected
antiniebla adj inv **faros ~** fog lamps
antinomia nf **-1.** FILOSOFÍA antinomy **-2.** Formal (entre leyes, principios) conflict
antinorteamericano, -a adj anti-American
antinuclear adj antinuclear
antioqueño, -a ◇ adj of/from Antioquia (Colombia)
  ◇ nm,f person from Antioquia (Colombia)
Antioquia n (en Colombia) Antioquia
Antioquía n (en Turquía) Antioch
antioxidante ◇ adj **-1.** (contra el óxido) anti-rust **-2.** (contra la oxidación) antioxidant
  ◇ nm **-1.** (contra el óxido) rustproofing agent **-2.** (contra la oxidación) antioxidant
antipalúdico, -a adj antimalarial
antipapa nm antipope
antiparabólico, -a adj Ven Fam laid-back, easy-going
antiparasitario, -a ◇ adj (para perro, gato) **collar ~** flea collar; **pastillas antiparasitarias** worming tablets
  ◇ nm **-1.** (para perro, gato) (collar) flea collar; (pastilla) worming tablet **-2.** TEL suppressor
antiparras nfpl CSur (de esquiar, nadar, motociclismo) goggles ❑ **~ protectoras** protective goggles
antipartícula nf FÍS antiparticle
antipasto nm Am antipasto
antipatía nf dislike; **tener ~ a alguien** to dislike sb
antipáticamente adv unpleasantly
antipático, -a ◇ adj unpleasant; **estuvo muy ~ con sus primos** he was very unpleasant to o towards his cousins; **me resulta muy ~** I don't like him at all, I find him very unpleasant; **no seas ~ y ven a saludar a mi madre** don't be so miserable and come and say hello to my mother; **limpiar el baño es un trabajo muy ~** cleaning the bathroom is a very unpleasant job
  ◇ nm,f unpleasant person; **tu jefe es un ~** your boss is really unpleasant, your boss isn't very nice at all
antipatriótico, -a adj unpatriotic
antipedagógico, -a adj antipedagogical
antipersona, antipersonal adj MIL anti-personnel
antiperspirante nm antiperspirant
antipirético, -a ◇ adj antipyretic
  ◇ nm antipyretic
antípodas nfpl **las ~** the Antipodes, EXPR **estar en las ~ de algo/alguien** (ser contrario a) to be diametrically opposed to sth/sb
antipolilla ◇ adj antimoth
  ◇ nm moth killer
antiproteccionista POL & ECON ◇ adj anti-protectionist
  ◇ nmf antiprotectionist
antiprotón nm FÍS antiproton
antiquísimo, -a superlativo ver **antiguo**
antirrábico, -a adj antirabies
antirracismo nm antiracism
antirracista ◇ adj antiracist
  ◇ nmf antiracist
antirreflectante adj non-reflective
antirreflejos adj inv antiglare
antirreglamentariamente adv **actuar ~** to break the rules
antirreglamentario, -a adj **ser ~** to be against the rules; **un procedimiento ~** a procedure which contravenes the rules; **una entrada antirreglamentaria** (en fútbol) a foul; **estar en posición antirreglamentaria** (futbolista) to be offside
antirreligioso, -a adj antireligious
antirrepublicano, -a ◇ adj antirepublican
  ◇ nm,f antirepublican
antirretroviral ◇ adj antiretroviral
  ◇ nm antiretrovirus
antirreumático, -a ◇ adj antirheumatic
  ◇ nm antirheumatic
antirrevolucionario, -a ◇ adj antirevolutionary
  ◇ nm,f antirevolutionary
antirrobo ◇ adj inv antitheft; **dispositivo ~** antitheft device
  ◇ nm **-1.** (en coche) antitheft device **-2.** (en edificio) burglar alarm
antisemita ◇ adj antisemitic
  ◇ nmf anti-semite
antisemítico, -a adj antisemitic
antisemitismo nm antisemitism
antisepsia nf antisepsis
antiséptico, -a ◇ adj antiseptic
  ◇ nm antiseptic
antisida adj inv anti-Aids
antisísmico, -a adj **materiales antisísmicos =** materials designed to resist earthquakes
antisocial ◇ adj antisocial
  ◇ nmf Andes, RP (delincuente) criminal
antisubmarino, -a adj antisubmarine
antisudoral ◇ adj antiperspirant
  ◇ nm antiperspirant
antisuero nm antiserum
antitabaco adj inv antismoking
antitanque adj antitank
antitaurino, -a adj anti-bullfighting
antiterrorismo nm fight against terrorism
antiterrorista adj antiterrorist
antítesis nf inv antithesis; **es la ~ del ejecutivo agresivo** he's the complete opposite of the aggressive executive
antitetánica nf tetanus o anti-tetanus injection
antitetánico, -a adj (suero, vacuna) tetanus, anti-tetanus
antitético, -a adj Formal antithetical
antitoxina nf BIOL antitoxin
antitrago nm ANAT antitragus

antitranspirante ◇ *adj* antiperspirant
◇ *nm* antiperspirant
antitrust [anti'trus(t)] *adj* ECON *(medidas, leyes)* anti-trust
antitumoral ◇ *adj* anti-tumour
◇ *nm* anti-tumour drug
antitusígeno, -a ◇ *adj* anti-cough, *Espec* antitussive
◇ *nm* cough medicine, *Espec* antitussive
antivariólico, -a *adj* smallpox; **vacuna antivariólica** smallpox vaccine
antiviral *adj* antiviral
antivirus ◇ *adj inv* antivirus
◇ *nm inv* INFORMÁT antivirus system
antivuelco *adj inv* AUT anti-roll
antofagastino, -a ◇ *adj* of/from Antofagasta *(Chile)*
◇ *nm,f* person from Antofagasta *(Chile)*
antojadizo, -a *adj* capricious
antojarse *vpr* **-1.** *(por deseo)* **se le antojaron esos zapatos** she took a fancy to those shoes; **se le ha antojado comer ciruelas** he has a craving for plums; **cuando se me antoje** when I feel like it; **hace lo que se le antoja** he does whatever he feels like doing
-2. *Formal (parecer)* **se me antoja que está en lo cierto** it seems to me that he is right; **eso se me antoja poco probable** that seems far from likely to me
-3. *Méx (apetecer)* to feel like, to want
antojitos *nmpl Ecuad, Méx* snacks, appetizers
antojo *nm* **-1.** *(capricho)* whim; **a mi/tu ~: entraba y salía de la casa a su ~** she went in and out of the house just as she pleased; **maneja a la gente a su ~** she can twist people round her little finger **-2.** *(de embarazada)* craving; **tiene el ~ de comer fresas** she has a craving for strawberries **-3.** *(lunar)* birthmark
antología *nf* **-1.** *(colección)* anthology **-2. de ~** *(inolvidable)* memorable, unforgettable; **un gol de ~** a spectacular *o* memorable goal
antológico, -a *adj* **-1.** *(recopilador)* anthological **-2.** *(inolvidable)* memorable, unforgettable; **un gol ~** a spectacular *o* memorable goal
antonimia *nf* antonymy
antónimo, -a ◇ *adj* antonymous
◇ *nm* antonym
Antonio *n pr* **San ~** St Anthony; **San ~ de Padua** St Anthony of Padua
antonomasia *nf* antonomasia; **por ~** par excellence
antorcha *nf* torch ❑ **~ olímpica** Olympic torch
antracita *nf* anthracite
ántrax *nm inv* MED **-1.** *(por estafilococo)* carbuncle **-2.** *(por bacilo)* anthrax
antro *nm Fam Pey* dive, dump; **ese bar es un ~ de mala muerte** that bar is a dive *o* dump; *Hum* **un ~ de perdición** a den of iniquity
antropocéntrico, -a *adj* anthropocentric
antropocentrismo *nm* anthropocentrism
antropofagia *nf* cannibalism, anthropophagy
antropófago, -a ◇ *adj* man-eating, cannibalistic
◇ *nm,f* cannibal
antropografía *nf* anthropography
antropoide ◇ *adj* anthropoid
◇ *nm* anthropoid
antropología *nf* anthropology ❑ **~ cultural** cultural anthropology; **~ social** social anthropology
antropológicamente *adv* anthropologically
antropológico, -a *adj* anthropological
antropólogo, -a *nm,f* anthropologist
antropometría *nf* anthropometry
antropométrico, -a *adj* anthropometric
antropomórfico, -a *adj* anthropomorphic
antropomorfo, -a ◇ *adj* anthropomorphous
◇ *nm,f* anthropomorph
antroponimia *nf* anthroponymy

antropónimo *nm* proper name, *Espec* anthroponym
anual *adj* **-1.** *(que sucede cada año)* annual; **un festival que se celebra con carácter ~** a festival which is held annually; **la economía ha estado creciendo un 5 por ciento ~** the economy has been growing at 5 percent a year; **paga una cuota ~ de 5.000 pesos** he pays an annual fee of 5,000 pesos **-2.** *(que dura un año)* **un pase ~** a year pass **-3.** *(planta)* annual
anualidad *nf* annuity, yearly payment
anualizar [14] *vt* ECON annualize
anualmente *adv* annually, yearly; **la final se celebra ~ en la capital** the final is held in the capital every year
anuario *nm* yearbook
anubarrado, -a *adj* cloudy, overcast
Anubis *n* MITOL Anubis
anudar ◇ *vt* *(pañuelo)* to knot, to tie in a knot; *(corbata, cordones)* to tie
◆ **anudarse** *vpr* **anudarse los cordones/la corbata** to tie one's shoelaces/one's tie
anuencia *nf Formal* consent, approval
anuente *adj Formal* approving, permissive
anulación *nf* **-1.** *(cancelación)* cancellation; *(de ley)* repeal; *(de matrimonio, contrato)* annulment **-2.** DEP *(de un partido)* calling-off; **no estaban de acuerdo con la ~ del gol** they disagreed with the decision to disallow the goal; **anunciaron la ~ del resultado** they announced that the result had been declared void
anular¹ ◇ *adj* *(en forma de anillo)* ring-shaped; **dedo ~** ring finger
◇ *nm* *(dedo)* ring finger
anular² ◇ *vt* **-1.** *(cancelar)* to cancel; *(ley)* to repeal; *(matrimonio, contrato)* to annul **-2.** DEP *(partido)* to call off; *(gol)* to disallow; *(resultado)* to declare void **-3.** *(restar iniciativa)* **su marido la anula totalmente** she's totally dominated by her husband; **el defensa anuló a la estrella del equipo contrario** the defender marked the opposing team's star out of the game
◆ **anularse** *vpr* **-1.** *(uno mismo)* **en su presencia, me anulo** I can't be myself when he's there **-2.** *(mutuamente)* *(efectos, fuerzas)* to cancel each other out; **se anulan el uno al otro** *(personas)* they stifle each other **-3.** MAT to cancel out
Anunciación *nf* REL **la ~** the Annunciation
anunciador, -ora ◇ *adj* **-1.** *(de publicidad)* advertising; **la empresa anunciadora** the advertiser **-2.** *(de noticia)* announcing
◇ *nm,f* **-1.** *(de publicidad)* advertiser **-2.** *(de noticia)* announcer
anunciante *adj, nmf* = **anunciador**
anunciar ◇ *vt* **-1.** *(notificar)* to announce; **hoy anuncian los resultados** the results are announced today; **me anunció su llegada por teléfono** he phoned to tell me that he would be coming; **anunció que no podría venir** she told us she wouldn't be able to come
-2. *(hacer publicidad de)* to advertise **-3.** *(presagiar)* to herald; **esas nubes anuncian tormenta** by the look of those clouds, it's going to rain; **los primeros brotes anunciaban la primavera** the first shoots heralded the spring
◆ **anunciarse** *vpr* **-1.** *(con publicidad)* to advertise; **se anuncian en "El Sol"** they advertise in "El Sol"
-2. *(prometer ser)* **las elecciones se anuncian reñidas** the election promises to be a hard-fought one; **la nueva temporada se anuncia muy interesante** the new season promises to be very interesting
-3. *(persona)* to announce one's presence; **se anunció golpeando suavemente en la mesa** she announced her presence by knocking gently on the table
anuncio *nm* **-1.** *(de noticia)* announcement
-2. *(cartel, aviso)* notice; *(póster)* poster ❑ **~ luminoso** illuminated sign
-3. *(publicitario)* *(en prensa)* advert; *(en televisión)* advert, commercial ❑ **anuncios**

breves classified ads *o* adverts; **anuncios clasificados** classified ads *o* adverts; **anuncios por palabras** classified ads *o* adverts; **~ personal** *(por palabras)* personal advert
-4. *(presagio)* sign, herald; **esas nubes son un ~ de tormenta** those clouds mean a storm is on its way; **el enfrentamiento era el ~ de una cruenta guerra civil** the clash was the prelude to a bloody civil war
anverso *nm* **-1.** *(de moneda)* head, obverse **-2.** *(de hoja)* front; **en el ~ aparece la lista de participantes** the list of participants appears on the front
anzuelo *nm* **-1.** *(para pescar)* (fish) hook **-2.** *Fam (cebo)* bait; EXPR **echar el ~ a alguien** to put out bait for sb; EXPR **morder** *o* **picar** *o* **tragarse el ~** to take the bait
añada *nf (de cosecha, vino)* year's harvest; **la ~ del 1970 fue excelente** 1970 was an excellent year
añadido, -a ◇ *adj* added (a to)
◇ *nm* addition
añadidura *nf* addition; **por ~** in addition
añadir *vt* **-1.** *(sustancia)* to add; **a ese precio hay que ~ el IVA** you have to add *Br* VAT *o US* sales tax to that price **-2.** *(comentario, información)* to add; **"y estará acabado el próximo año", añadió** "and it will be finished next year," she added; **ese artículo añade muy poco a lo que ya sabía** that article adds very little to what I already knew
añagaza *nf* trick, ruse
añales *(considerado incorrecto)* = **añares**
añapero *nm* nighthawk
añares, añales *nmpl RP Fam* ages, years; **hace ~ que no lo veo** I haven't seen him for ages *o* years
añejamiento *nm* maturing, ageing
añejar *vt* to mature, to age
añejo, -a *adj* **-1.** *(vino, licor, queso)* mature **-2.** *(costumbre)* long-established; **el sabor ~ del pueblecito pesquero** the old-world charm of the little fishing village
añicos *nmpl* **hacer algo ~** to smash sth to pieces *o* smithereens; **la explosión hizo ~ los cristales** the explosion smashed the windows to smithereens *o* shattered the windows; **el asesinato hizo ~ el proceso de paz** the murder shattered the peace process; **hacerse ~** to shatter, to smash to pieces; **el jarrón se cayó y se hizo ~** the vase fell and smashed to pieces *o* shattered; **estoy hecho ~** I'm utterly exhausted
añil ◇ *adj inv* indigo
◇ *nm* **-1.** *(arbusto)* indigo **-2.** *(color)* indigo **-3.** *(sustancia)* blue, blueing
año *nm* **-1.** *(periodo de tiempo)* year; **el ~ pasado** last year; **el ~ antepasado** the year before last; **el ~ que viene** next year; **este ~** this year; **~ tras ~** year in year out, year after year; **se celebra cada ~** it's held every year; **durante muchos años** for several years; **en el ~ 1939** in 1939; **los años treinta** the thirties; **ganar dos millones al ~** to earn two million a year; **lleva años al servicio de la compañía** he's been with the company for years; **mañana hará un ~ que compramos la casa** it'll be a year tomorrow since we bought the house; **le cayeron dos años** *(sentencia)* he got two years; **con el paso de los años** over the years; **¡cómo pasan los años!** how time flies!; **¡hace años que no voy al teatro!** I haven't been to the theatre for years *o* ages!; EXPR *Fam* **está de buen ~** he's got plenty of meat on him; **Sara no era de mi ~** *(curso académico)* Sara wasn't in my year; **perder un ~** *(por suspender los exámenes)* to have to repeat a year; *(por enfermedad, viaje)* to lose a year; PROV **~ de nieves, ~ de bienes** = if there's a lot of snow in winter, it will be a good year for the crops ❑ **~ académico** academic year; **~ bisiesto** leap year; *Am* **~ calendario** calendar year; *Fam* **el ~ catapún** the year dot; *Fam* **todavía utilizo una radio del ~ catapún** I still use a really ancient radio; *Fam* **vive en Murcia desde el ~ catapún** she's been living in Murcia for

año-hombre

ages o donkey's years; REL ~ **eclesiástico** Church year; ~ **escolar** school year; ~ **fiscal** Br financial year, US fiscal year; Anticuado ~ **de gracia** year of grace; **en el ~ de gracia de 1812** in the year of grace o our Lord 1812; ~ **gregoriano** Gregorian year; Am REL ~ **jubilar** Holy Year; REL ~ **de jubileo** Holy Year; ~ **judicial** judicial year, = working year of Spanish judiciary; ~ **lectivo** academic year; ~ **legislativo** parliamentary year; ASTRON ~ **luz** light year; [EXPR] **estar a años luz de** to be light years away from; ~ **natural** calendar year; Fam **el ~ de Maricastaña** the year dot; Fam **ese vestido parece del ~ de Maricastaña** that dress looks ancient; Fam **el ~ de la nana** the year dot; ~ **nuevo** New Year; **¡feliz ~ nuevo!** Happy New Year!; [PROV] **~ nuevo, vida nueva** the New Year is as good a moment as any to make a fresh start; Chile Fam **el ~ del ñauca** the year dot; RP Fam **el ~ del ñaupa** the year dot; **esa ropa es del ~ de(l) ñaupa** those clothes are out of the ark; Fam **el ~ de la pera** the year dot; Fam **el ~ de la polca** the year dot; ~ **sabático** sabbatical (year); REL ~ **santo** Holy Year; ASTRON ~ **sideral** sidereal year; ~ **solar** solar year; RP, Ven Fam **el ~ verde** never; ~ **viejo** New Year's Eve
-2. **años** (edad) age; **¿cuántos años tienes? – tengo diecisiete años** how old are you? – I'm seventeen (years old); **cumplir años** to have one's birthday; **cumplo años el 25** it's my birthday on the 25th; **el bebé cumple hoy dos años** it's the baby's second birthday today, the baby's two (years old) today; **los niños aprenden a andar alrededor del ~** children learn to walk when they're about a year old o one; **a los once años** at the age of eleven; **bebía desde los doce años y acabó alcoholizado** he started drinking when he was twelve and became an alcoholic; **me fui de casa a los dieciséis años** I left home at sixteen; **en mis años mozos hubiera ido andando** when I was younger o in my youth I would have walked there; **a sus años, no debería trabajar tantas horas** she shouldn't be working such long hours at her age; **metido en años** elderly; **una persona metida en años** an elderly person; **estar entrado o metido en años** to be getting on; **quitarse años** (mentir sobre la edad) to lie about one's age; **te has quitado años de encima** (rejuvenecer) you look much younger; **por ti no pasan los años** you never seem to get any older

año-hombre (pl años-hombre) nm ECON man-year

añojo nm -1. (animal) yearling -2. (carne de res) veal (from a yearling calf)

añoranza nf (de persona, pasado) nostalgia (**de** for); (de hogar, país) homesickness (**de** for)

añorar vt to miss

añoso, -a adj old, aged

aorta nf ANAT aorta

aórtico, -a adj aortic

aovado, -a adj egg-shaped

aovar vi (aves, reptiles) to lay eggs; (peces) to spawn

AP nm -1. (abrev de **Alianza Popular**) = former name of PP, Spanish party to the right of the political spectrum -2. (abrev de **Acción Popular**) = centrist Peruvian political party

APA ['apa] nf

> Takes the masculine articles **el** and **un**.

(abrev de **Asociación de Padres de Alumnos**) = Spanish association for parents of schoolchildren, ≃ PTA

apa ◇ interj Méx Fam (para expresar admiración, sorpresa) wow!
◇ **al apa** loc adv Chile **llevar a alguien al ~** to carry sb over one's shoulders o on one's back

apabullante adj (victoria, éxito) overwhelming; (edificio, película) stunning, breathtaking; (rapidez, habilidad) breathtaking, astonishing; **es de una simpatía ~** he's extremely friendly

apabullar ◇ vt to overwhelm; **me apabulla tanta generosidad** I'm overcome o overwhelmed by so much generosity; **su respuesta me apabulló** her reply left me speechless; **los corredores keniatas apabullaron a sus rivales** the Kenyan runners crushed o overwhelmed their rivals; **nos apabulló con sus conocimientos de música antigua** she astonished o astounded us with her knowledge of early music
◆ **apabullarse** vpr to be overwhelmed

apacentar [3] vt to (put out to) graze, to pasture

apache ◇ adj Apache
◇ nmf Apache

apachurrado, -a adj Méx Fam (triste, desanimado) downhearted

apachurrar vt Fam to squash, to crush

apacible adj -1. (temperamento, trato, persona) mild, gentle -2. (lugar, ambiente, clima) pleasant -3. (sueño, muerte) peaceful

apaciblemente adv (dormir, morir) peacefully

apaciento etc ver **apacentar**

apaciguador, -ora adj calming

apaciguamiento nm calming; **una política de ~** a policy of appeasement

apaciguar [11] ◇ vt -1. (persona) to calm down; **su discurso apaciguó los ánimos de la gente** his speech calmed people down; **no consiguieron ~ su ira** they were unable to calm her anger -2. (dolor) to soothe
◆ **apaciguarse** vpr -1. (persona) to calm down; **los ánimos se han apaciguado** people have calmed down -2. (dolor) to abate; (mar) to calm down; (viento) to drop

apadrinamiento nm (de proyecto) sponsorship, patronage; (de candidato, artista) patronage

apadrinar vt -1. (en bautizo) (sujeto: hombre o mujer) to act as a godparent to; (sujeto: hombre) to act as a godfather to; **~ una boda** = to act as sponsor for a couple who are getting married, accompanying them at the ceremony -2. (apoyar) (proyecto) to sponsor; (candidato) to support; **apadrinó a varios artistas** he was a patron to various artists

apagado, -a adj -1. (luz, fuego) out; (aparato) off; **asegúrate de que el coche esté ~** make sure the car's engine isn't running -2. (color) subdued -3. (sonido) dull, muffled; (voz) low, quiet -4. (persona) subdued; **estás muy ~, ¿qué te pasa?** you seem very subdued, what's wrong?
◇ nm INFORMÁT shutdown ❏ **~ automático** automatic shutdown

apagador nm -1. (para velas) snuffer -2. Méx (para luz) light switch

apagar [38] ◇ vt -1. (luz) to switch off; (aparato) to turn o switch off; **apaga el horno** turn o switch off the oven; INFORMÁT **~ equipo** (en menú) shut down -2. (extinguir) (fuego, cigarrillo, vela) to put out; **"por favor apaguen sus cigarrillos"** "please extinguish your cigarettes" -3. (reducir) (sed) to quench; (dolor) to get rid of; (color) to soften; (sonido) to muffle; (brillo) to dull
◇ vi [EXPR] Esp Fam **¡apaga y vámonos!: si eso es lo mejor que sabes hacer, ¡apaga y vámonos!** if that's the best you can do we might as well forget it; **si no quieren ayudarnos, ¡apaga y vámonos!** if they don't want to help us, let's not waste any more time over it
◆ **apagarse** vpr -1. (luz) to go out; **tarda un par de minutos en apagarse** (aparato) it takes a couple of minutes to switch itself off; **de repente se apagó la televisión** the TV suddenly went off, the TV screen suddenly went blank
-2. (extinguirse) (fuego, vela, cigarrillo) to go out
-3. (reducirse) (sed) to be quenched; (dolor, rencor) to die down; (color) to fade; (sonido) to die away; (brillo) to become dull; (ilusión) to die, to be extinguished; (vida) to come to an end; **todavía no se han apagado los ecos del escándalo** the furore surrounding the scandal has yet to die down

apagavelas nm inv snuffer

apagón nm power cut

apaisado, -a adj (orientación) landscape; **un cuadro/espejo ~** a painting/mirror which is wider than it is high

apalabrar vt **ya tenemos la venta apalabrada** we've got a verbal agreement on the sale; **he apalabrado que venga a reparar la lavadora la semana que viene** we've agreed he'll come and fix the washing machine next week; **tengo apalabrada una pista para las siete** I've got o booked a court for us at seven o'clock; **no cumplió lo apalabrado** she didn't do what she'd agreed to, she didn't do what she said she would

Apalaches nmpl **los ~** the Appalachians

apalancado, -a adj Esp Fam **se pasó la tarde apalancada delante del televisor** she spent the afternoon lounging in front of the television

apalancamiento nm ECON leverage

apalancar [59] ◇ vt (para abrir, mover) to lever open
◆ **apalancarse** vpr Esp Fam (apoltronarse) **cuando se apalanca en el sofá no hay quien lo mueva** once he's installed himself o settled down on the sofa there's no moving him

apaleamiento nm beating, thrashing

apalear vt -1. (golpear) (persona) to beat up; (alfombra) to beat -2. (varear) **~ un aceituno** to beat olives off the branches of an olive tree

apanar vt Andes to coat in breadcrumbs

apandar vt Fam to swipe

apantallar vt -1. Méx (sorprender, impresionar) to impress -2. RP (abanicar) to fan

apañado, -a adj Fam -1. (hábil, mañoso) clever, resourceful; **es muy apañada para las reparaciones domésticas** she's very clever o good at repairing things around the house -2. (buen administrador) **una mujercita muy apañada** a woman who is good at making ends meet
-3. (útil) (herramienta, tienda) handy; **este gorro es muy ~ para los días de frío** this cap is great for when it's cold; [EXPR] Fam **estar ~: ¡y ahora se va de vacaciones! ¿pues estamos apañados!** and now he's off on holiday? well that's just what we need!; **¡estaríamos apañados si ahora tuviéramos que pagar la cena también!** it really would be the last straw if we had to pay for the meal as well!; **¡están apañados si piensan que vamos a aceptar!** if they think we're going to accept, they've got another thing coming!

apañar Fam ◇ vt -1. (reparar) to mend -2. (amañar) to fix, to arrange -3. Andes, CAm, RP (encubrir) to cover up for, to protect
◇ vi (sustraer) **apañó con todo lo que encontró** he nabbed o lifted everything he could lay his hands on
◆ **apañarse** vpr -1. Esp (arreglarse) to cope, to manage; **se apaña con muy poco dinero** she gets by on very little money; **se las apañó para que la invitaran** she wangled an invitation; **no sé cómo te las apañas para trabajar y cuidar a tus hijos** I don't know how you cope o manage with the job and the kids to look after; **¿no quiso que le ayudáramos?, ahora que se las apañe** she didn't want us to help her? well, she'll just have to shift for herself, then
-2. Méx **apañarse con algo** (apropiarse de, quedarse con) to manage to get one's hands on sth

apaño nm Fam -1. (reparación) temporary repair, patch-up job; **esto ya no tiene ~** it's beyond fixing, it's had it -2. (chanchullo)

apapachado fix, shady deal **-3.** *(acuerdo)* compromise **-4.** *(amorío)* **tener un ~ con alguien** to have a thing going with sb

apapachado, -a *adj Méx Fam* pampered, spoilt

apapachador, -ora *adj Méx Fam* comforting

apapachar *vt Méx Fam* **-1.** *(mimar)* to cuddle **-2.** *(consentir)* to spoil

apapacho *nm Méx Fam (mimo)* cuddle

aparador *nm* **-1.** *(mueble bajo)* sideboard; *(mueble alto)* dresser **-2.** *(escaparate)* shop window

aparataje *nm* **-1.** *Am Fam (aparatos)* gear **-2.** *Andes* POL machinery (of state *o* government)

aparato *nm* **-1.** *(máquina)* machine; *(electrodoméstico)* appliance; **compró un ~ para medir el viento** she bought a device to measure the wind speed ❏ **~ de diálisis** dialysis machine; **aparatos eléctricos** electrical appliances; **aparatos electrónicos** electronic devices; **aparatos de laboratorio** laboratory apparatus; **~ de radio** radio; **~ de televisión** television set; **~ de vídeo** video recorder
 -2. *(teléfono)* **¿quién está al ~?** who's speaking?; **¡al ~!** speaking!
 -3. *(avión)* plane
 -4. *(prótesis)* aid; *(para dientes)* braces, *Br* brace ❏ **~ para sordos** hearing aid
 -5. *(en gimnasia)* *(en competición, escuela)* piece of apparatus; *(en gimnasio privado)* exercise machine ❏ **aparatos gimnásticos** *(en competición, escuela)* apparatus; **~ de remo** rowing machine
 -6. ANAT **~ circulatorio** circulatory system; **~ digestivo** digestive system; **~ excretor** excretory system; **~ genital** genitalia, genitals; **~ locomotor** locomotor system; **~ olfativo** olfactory system; **~ reproductor** reproductive system; **~ respiratorio** respiratory system; **~ urinario** urinary tract; **~ visual** visual system
 -7. POL **el ~ del Estado** the machinery of the State; **el ~ del partido** *(altos mandos)* the party leadership; *(organización)* the party machinery; **el ~ represivo** the machinery of repression
 -8. *(ostentación)* pomp, ostentation; **una boda con gran ~** a wedding with a lot of pomp and ceremony
 -9. METEO **~ eléctrico** thunder and lightning; **una tormenta con impresionante ~ eléctrico** a storm with an impressive display of thunder and lightning
 -10. *Fam (genitales de hombre)* equipment, *Br* tackle

aparatoso, -a *adj* **-1.** *(ostentoso)* ostentatious, showy **-2.** *(espectacular)* spectacular; **el accidente fue muy ~, pero no ocurrió nada grave** the accident looked very spectacular, but no one was seriously injured

aparcacoches *nmf inv Esp (en hotel, discoteca)* parking valet

aparcamiento *nm Esp* **-1.** *(acción)* parking ❏ **~ en batería** = parking at an angle to the *Br* pavement *o US* sidewalk; **~ en cordón** = parking end-to-end; **~ en línea** = parking end-to-end
 -2. *(para muchos vehículos) Br* car park, *US* parking lot ❏ **~ disuasorio** park-and-ride; **~ subterráneo** underground car park; **~ vigilado** *Br* car park *o US* parking lot with an attendant
 -3. *(hueco)* parking place; **tardamos una hora en encontrar ~** it took us an hour to find somewhere to park

aparcar [59] ◇ *vt Esp* **-1.** *(estacionar)* to park **-2.** *(posponer)* to shelve **-3.** INFORMÁT *(cabezales)* to park
 ◇ *vi* to park; **prohibido ~** *(en cartel)* no parking

aparcería *nf* sharecropping

aparcero, -a *nm,f* sharecropper

apareamiento *nm* mating

aparear ◇ *vt* to mate
 ◆ **aparearse** *vpr* to mate

aparecer [46] ◇ *vt Méx (presentar)* to produce; **inesperadamente Pedro apareció mis llaves** Pedro quite unexpectedly produced my keys; **el mago apareció un conejo de un sombrero** the magician pulled a rabbit out of a hat
 ◇ *vi* **-1.** *(ante la vista)* to appear; **el sol apareció detrás de las murallas** the sun appeared *o* came up from behind the city walls; **~ de repente** to appear from nowhere; **el mago hizo ~ un conejo de su chistera** the magician pulled a rabbit out of his hat; **su número de teléfono no aparece en la guía** her phone number isn't (listed) in the phone book
 -2. *(publicación)* to come out; **la revista aparece los jueves** the magazine comes out *o* is published on Thursdays
 -3. *(algo perdido)* to turn up; **¿ya ha aparecido el perro?** has the dog been found yet?; **ha aparecido un cuadro inédito de Miró** a previously unknown Miró painting has turned up *o* been discovered
 -4. *(persona)* to appear; **~ en público** to appear in public; **aparece en varias películas de Ford** she appears in several of Ford's films; *Fam* **~ por** *(lugar)* to turn up at; *Fam* **hace días que Antonio no aparece por el bar** we haven't seen Antonio in the bar for days, it's several days since Antonio showed his face in the bar; *Fam* **¡a buenas horas apareces, ahora que ya hemos terminado!** it's a bit late turning up now, we've already finished!; *Fam* **¡y no se te ocurra volver a ~ por aquí!** and don't let me see your face round here again!

 ◆ **aparecerse** *vpr* **-1.** *(aparición)* to appear; **se le aparecen espíritus en sus sueños** she sees ghosts in her dreams; **se le apareció la Virgen** the Virgin Mary appeared to him; *Fam Fig* he had a real stroke of luck; *Fam* **como no se me aparezca la Virgen, no sé cómo voy a aprobar el examen** it's going to take a miracle for me to pass the exam
 -2. *Am Fam (persona)* to turn up; **a esta hora es mejor que ni me aparezca** it's so late it would be better if I didn't show my face; **siempre se aparecen despeinados y sucios** they always turn up dishevelled and dirty

aparecido, -a *nm,f* **-1.** *(fantasma)* ghost **-2.** *Andes Fam Pey (advenedizo)* upstart

aparejado, -a *adj* **llevar** *o* **traer ~** *(conllevar)* to entail; **una reforma que trae aparejada una subida de precios** a reform which will mean *o* entail a price rise; **una infracción que lleva aparejada una multa de dos millones de pesos** an offence that carries a penalty of two million pesos

aparejador, -ora *nm,f* = on-site architect, responsible for the implementation of the designing architect's plans

aparejar *vt* **-1.** *(preparar)* to get ready, to prepare **-2.** *(caballerías)* to harness **-3.** NÁUT to rig (out)

aparejo *nm* **-1.** *(de caballerías)* harness **-2.** *(de pesca)* tackle **-3.** TEC *(de poleas)* block and tackle **-4.** NÁUT rigging; **aparejos** equipment

aparentar ◇ *vt* **-1.** *(parecer)* to look, to seem; **no aparenta más de treinta** she doesn't look more than thirty **-2.** *(fingir)* to feign; **aparentó estar enfadado** he pretended to be angry, he feigned anger
 ◇ *vi (presumir)* to show off; **viste así sólo para ~** she just dresses like that to show off

aparente *adj* **-1.** *(falso, supuesto)* apparent; **con su ~ simpatía se ganó el aprecio del jefe** he won the boss over with his apparent friendliness; **ganaron con ~ facilidad** they won with apparent ease
 -2. *(visible)* visible; **las huelgas son una manifestación ~ del descontento social** the strikes are a visible sign of social unrest; **se rompió sin causa ~** it broke for no apparent reason
 -3. *(vistoso)* elegant, smart; **es un vestido muy ~** it's a very elegant dress

aparentemente *adv* apparently, seemingly; **colecciona objetos ~ inútiles** she collects apparently *o* seemingly useless objects; **~ es muy antipático, pero en realidad no lo es** he comes across as rather unpleasant at first, but he isn't really

aparezco *etc ver* **aparecer**

aparición *nf* **-1.** *(de persona, cosa)* appearance; **un libro de reciente ~** a recently published book; **hizo su ~ en la sala** she made her entrance into the hall **-2.** *(de ser sobrenatural)* apparition

apariencia *nf* **-1.** *(aspecto)* appearance; **un príncipe con ~ de mendigo** a prince who looks like a beggar; **en ~** apparently; **se llevaban bien sólo en ~** they only appeared to get on well together
 -2. apariencias *(indicios)* signs, indications; **las apariencias indican que la situación mejorará** the signs are that the situation will improve; **guardar las apariencias** to keep up appearances; EXPR **las apariencias engañan** appearances can be deceptive
 -3. *(falsedad)* illusion

apartadero *nm* **-1.** *(ferrocarril)* siding ❏ **~ muerto** dead-end siding **-2.** *(en carretera)* passing place

apartado, -a ◇ *adj* **-1.** *(separado)* **~ de** away from; **hoy día vive ~ del mundo del teatro** nowadays he has very little to do with the theatre **-2.** *(alejado)* remote; **nuestra casa está bastante apartada del centro** our house is quite far from the centre
 ◇ *nm (párrafo)* paragraph; *(sección)* section ❏ **~ de correos** Post Office box, PO Box; **~ postal** Post Office box, PO Box

apartahotel = **aparthotel**

apartamento *nm* **-1.** *esp Am (departamento) Br* flat, *US* apartment **-2.** *Esp (piso pequeño)* apartment

apartamiento *nm (aislamiento)* remoteness, isolation

apartar ◇ *vt* **-1.** *(alejar)* to move away, *(quitar)* to remove; **¡apártense de la carretera, niños!** come away from the road, children!; **aparta el coche, que no puedo pasar** move the car out of the way, I can't get past; **aparta de mí estos pensamientos** *(cita bíblica)* protect me from such thoughts; **el polémico ministro ha sido apartado de su cargo** the controversial minister has been removed from his office; **~ la mirada** to look away; **no apartó la mirada de nosotros** he never took his eyes off us; **sus ojos no se apartaban de ella** his eyes never left her; **aparté la vista de aquel espectáculo tan desagradable** I averted my gaze *o* I turned away from that unpleasant sight; **~ a alguien de un codazo** to elbow sb aside; **~ a alguien de un empujón** to push sb out of the way
 -2. *(separar)* to separate; **aparta las fichas blancas de las negras** separate the white counters from the black ones; **nadie los apartó, y acabaron a puñetazos** nobody attempted to separate them and they ended up coming to blows
 -3. *(escoger)* to take, to select; **ya he apartado la ropa para el viaje** I've already put out the clothes for the journey
 -4. *(disuadir)* to dissuade; **lo apartó de su intención de ser médico** she dissuaded him from becoming a doctor

 ◆ **apartarse** *vpr* **-1.** *(hacerse a un lado)* to move to one side, to move out of the way; **¡apártense, es una emergencia!** make way, it's an emergency!; **¿podría apartarse, por favor?** could you move out of the way, please?; **apártate a un lado, por favor** please move aside *o* to one side; **se apartó para dejarme pasar** he stood aside to let me pass; **¡apártate de mi vista!** get out of my sight!
 -2. *(separarse)* to separate, to move away from each other; **apartarse de** *(grupo, lugar)* to move away from; *(tema)* to get away from; *(mundo, sociedad)* to cut oneself off

aparte from; **se fue apartando gradualmente de sus amigos** she gradually drifted apart from her friends; **el partido se ha apartado de la ortodoxia leninista** the party has moved away from orthodox Leninism; **nos apartamos de la carretera** we left the road; **nos estamos apartando del camino** we are straying from the path; **el velero se apartó de la ruta** the sailing ship went off course

aparte ◇ *adv* **-1.** *(en otro lugar, a un lado)* aside, to one side; **las cartas urgentes ponlas ~** put the urgent letters to one side; **dejando ~ tu último comentario...** leaving aside your last comment...; **bromas ~** joking apart
-2. *(por separado)* separately; **este paquete vino ~** this parcel came separately; **poner ~ el grano y la paja** to separate the grain from the chaff; **la bufanda envuélvala ~, es para regalar** please wrap the scarf up separately, it's a gift
-3. *(además)* besides; **y ~ tiene otro todoterreno** and she has another four-wheel drive besides *o* too; **y ~ no tengo por qué hacerte caso** and anyway *o* besides, there's no reason why I should take any notice of you; **~ de** apart from, except for; **~ de esta pequeña errata, el resto está perfecto** apart from *o* except for this small mistake, the rest is perfect; **~ de feo...** besides being ugly...; **no encontré otra razón ~ de la que te he explicado** I couldn't find any reason for it other than the one I've told you; **~ de eso, no hay nada más que decir** other than that, there's nothing more to say; **~ de que no es un goleador nato, ha costado muy caro** quite apart from the fact that he isn't an instinctive goal scorer, he cost a lot of money; **es mi mejor amigo, ~ de ti, claro está** he's my best friend, apart from you *o* except for you, of course
◇ *adj inv* separate; **lo guardaré en un cajón ~** I'll keep it in a separate drawer; **es un poeta ~, tremendamente original** he's in a league *o* class of his own as a poet, he's incredibly original; **ser caso *o* capítulo ~** to be a different matter; **tu hermana es un caso ~** your sister's a special case; **constituir una clase ~** to be in a league *o* class of one's own
◇ *nm* **-1.** *(párrafo)* new paragraph
-2. TEATRO aside; *Fig* **se lo dijo en un ~** she told him when the others couldn't hear her

apartheid [apar'xeið] (*pl* **apartheids**) *nm* apartheid

aparthotel, apartahotel, apartotel *nm* hotel apartments

apartosuite *nf* luxury hotel apartment

apartotel = aparthotel

apasionadamente *adv* passionately

apasionado, -a ◇ *adj (amante, defensa)* passionate; *(lector)* very keen
◇ *nm,f* lover, enthusiast; **es un ~ de la música clásica** he's a lover of classical music

apasionamiento *nm* passion, enthusiasm; **con ~** passionately

apasionante *adj (tema, debate, viaje)* fascinating; *(partido)* thrilling

apasionar ◇ *vt* to fascinate; **lo apasiona la música** he's mad about music; **no es un deporte que me apasione** it's not a sport I'm particularly keen on, it's not a sport that does a lot for me
◆ **apasionarse** *vpr* to get excited *o* enthusiastic; **apasionarse por** to develop a passion for; **luego se apasionó por el tango durante una época** then he was really keen on tango for a while

apatía *nf* apathy; **con ~** apathetically

apático, -a ◇ *adj* apathetic
◇ *nm,f* apathetic person

apátrida ◇ *adj* stateless
◇ *nmf* stateless person

apdo., aptdo. *nm (abrev de* **apartado**) PO Box; **~ de correos 8000** PO Box 8000

apeadero *nm (de tren)* = minor train stop with no permanent buildings, *Br* halt

apear ◇ *vt* **-1.** *(bajar)* to take down **-2.** *Fam (disuadir)* **~ a alguien de** to talk sb out of; **no pudimos apearle de la idea** we couldn't get him to give up the idea **-3.** *CAm (regañar)* to tell off
◆ **apearse** *vpr* **-1.** *(bajarse)* **apearse de** *(tren)* to alight (from), to get off; *(coche, autobús)* to get out (of); *(caballo)* to dismount (from) **-2.** *Fam* **apearse de** *(idea)* to give up; EXPR **apearse del burro** to back down

apechugar [38] *vi Fam* **~ con: tuve que ~ con la limpieza de la casa** I got lumbered with doing the housework; **ahora vas a tener que ~ con las consecuencias** now you're going to have to suffer *o* pay the consequences

apedreamiento *nm* **-1.** *(acción)* stone-throwing **-2.** *(matanza)* stoning

apedrear *vt* **-1.** *(tirar piedras a) (persona, cosa)* to throw stones at **-2.** *(matar)* to stone

apegarse [38] *vpr* **~ a algo/a alguien** to become fond of sth/sb

apego *nm* attachment, fondness; **siente *o* tiene mucho ~ hacia su ciudad natal** she feels *o* is very attached to her home town; **su personaje representa el ~ a los valores materiales** his character represents people who are attached to material things; **su ~ a la vida le ayudó a sobrevivir la enfermedad** her love of life helped her to survive her illness; **una nación con mucho ~ a la religión** a deeply religious nation; **es conocido por su ~ a la ley** he's known as a law-abiding citizen

apelable *adj* DER open to appeal

apelación *nf* **-1.** DER appeal; **interponer una ~** to lodge *o* make an appeal **-2.** *(llamado)* appeal; **hizo una ~ al sentimiento nacionalista** she made an appeal to nationalist sentiment

apelar *vi* **-1.** DER to (lodge an) appeal; **~ ante un tribunal** to appeal to a court; **~ contra algo** to appeal against sth **-2.** *(recurrir)* **~ a** *(persona)* to go to; *(sentido común, bondad, generosidad)* to appeal to; *(violencia)* to resort to

apelativo *nm* **-1.** *(nombre)* name; **más conocido con el ~ de...** better known by the name of..., better known as... **-2.** LING form of address; **un ~ cariñoso** an affectionate form of address, a term of endearment

apellidar ◇ *vt (apodar)* to call
◆ **apellidarse** *vpr* **se apellida Suárez** her surname is Suárez

apellido *nm* surname ❑ **~ de casada** married name; **~ de soltera** maiden name

---
APELLIDOS

In the Spanish-speaking world people commonly use the last name of both their father and their mother (in that order). Thus, if Pedro García Fernández and María Piñedo Saavedra have a daughter called Eva, she will be known as Eva García Piñedo. This custom is followed in all official documents, though in everyday use many people use only their first surname. When a woman gets married, she usually keeps her full maiden name, rather than adopting her husband's. However, she can choose to adopt her husband's first surname as her second, or she can be known by her husband's name. So, if Eva García Piñedo married Carlos Hernández Río, she could either keep her own name intact, change it to Eva García Hernández or be known as Señora de Hernández Río. In Latin America she might also be known as Eva García Piñedo de Hernández.

---

apelmazado, -a *adj* **-1.** *(pelo)* matted; **el jersey está todo ~** the jumper has lost its fluffiness **-2.** *(arroz)* stodgy **-3.** *(bizcocho)* stodgy

apelmazar [14] ◇ *vt* **-1.** *(jersey, pelo)* to matt **-2.** *(arroz)* to make stodgy **-3.** *(bizcocho)* to make stodgy
◆ **apelmazarse** *vpr* **-1.** *(jersey, pelo)* to get matted **-2.** *(arroz)* to go stodgy **-3.** *(bizcocho)* to go stodgy

apelotonar ◇ *vt* to bundle up
◆ **apelotonarse** *vpr* **-1.** *(gente)* to crowd together; **el público se apelotonaba a la entrada del teatro** the audience crowded round the entrance to the theatre **-2.** *(comida)* to go lumpy

apenadamente *adv* sadly, with sadness

apenado, -a *adj* **-1.** *(entristecido)* sad; **estaba muy apenada por su muerte** she was greatly saddened by his death **-2.** *Andes, CAm, Carib, Méx (avergonzado)* embarrassed; **está muy ~ por lo que hizo** he's very embarrassed about what he did

apenar ◇ *vt (entristecer)* to sadden; **me apena que te vayas** I'm really sorry that you're leaving
◆ **apenarse** *vpr* **-1.** *(entristecerse)* to be saddened; **se apenó mucho al recibir la noticia** she was very sad to hear the news **-2.** *Andes, CAm, Carib, Méx (avergonzarse)* to be embarrassed; **no te apenes, pídeme lo que precises** don't be embarrassed *o* shy, just ask me for whatever you need

apenas ◇ *adv* **-1.** *(casi no)* scarcely, hardly; **~ duerme/descansa** he hardly sleeps/rests at all; **no estudia ~** he hardly studies at all; **~ te dolerá** it will scarcely *o* hardly hurt at all; **¿solías ir a la discoteca? – ~** did you use to go to the disco? – hardly ever; **~ (si) me puedo mover** I can hardly move; **sin que ~ protestara, sin que protestara ~** almost without her protesting (at all), without her hardly protesting (at all); **sin ~ dinero** without hardly any money (at all), with next to no money; **sin ~ comer** without hardly eating, without eating almost anything
-2. *(tan sólo)* only; **en ~ dos minutos** in only two minutes, in little under two minutes; **hace ~ dos minutos** only two minutes ago; **~ llevo dos horas en este país** I've hardly been in this country for two hours, I haven't been in this country for more than two hours
-3. *Méx (no antes de)* **~ me pagan el lunes** I won't get paid till Monday
◇ *conj (tan pronto como)* as soon as; **~ conocido el resultado, comenzaron a celebrarlo** as soon as they heard the result, they started celebrating; **~ llegaron, se pusieron a comer** no sooner had they arrived than they began eating; **~ acabes, dímelo** let me know as soon as you've finished

apencar [59] *vi Fam* **~ con** *(responsabilidad)* to shoulder; *(consecuencias, dificultad)* to live with; **siempre me toca ~ con el trabajo sucio** I always get lumbered with the dirty work

apendejamiento *nm CAm, Méx, Ven Fam* halfwittedness

apendejar *Fam* ◇ *vt CAm, Méx, Ven* **-1.** *(atontar)* to make halfwitted **-2.** *Méx (acobardar)* to put the wind up, to scare
◆ **apendejarse** *vpr* **-1.** *CAm, Méx, Ven (atontarse)* to go halfwitted; **se apendeja cada vez que ve un bebé** she goes all soppy whenever she sees a baby **-2.** *Méx (acobardarse)* to turn chicken; **se apendejaron ante el primer fracaso** they chickened out after the first setback

apéndice *nm* **-1.** *(de libro, documento)* appendix; *Fig* **está harta de ser un ~ de su marido** she's tired of being just an appendage of her husband **-2.** ANAT *(de intestino)* appendix ❑ **~ cecal** vermiform appendix; **~ nasal** nose; *Fam Hum* **¡menudo ~ nasal!** what a *Br* conk *o US* schnozz!; **~ vermicular** (vermiform) appendix

apendicectomía *nf* MED appendectomy

apendicitis *nf inv* appendicitis; **me han operado de ~** I had my appendix out

Apeninos *nmpl* **los ~** the Apennines
apepsia *nf* MED apepsia
aperar *vt* **-1.** *Andes, RP, Ven (caballos)* to harness **-2.** *Ven (persona)* to equip
apercibimiento *nm* DER warning, notice; **la amenaza de ~ de cierre se cierne sobre el estadio** the stadium is threatened with closure
apercibir ◇ *vt* **-1.** *(reprender, advertir)* to reprimand, to give a warning to **-2.** DER to issue with a warning
  ◆ **apercibirse** *vpr* **apercibirse de algo** to notice sth
apercollar *vt Col* to hug tightly
apergaminado, -a *adj (piel, papel)* parchment-like
apergaminarse *vpr (piel)* to become parchment-like
aperitivo *nm (bebida)* aperitif; *(comida)* appetizer; *(pincho con la cerveza)* bar snack; **salimos a tomar el ~ con ellos** we went out to have a pre-lunch drink with them; *Fig* **¡y esto es sólo un ~!** and that's just for starters!
apero *nm* **-1.** *(utensilio)* tool; **aperos (de labranza)** farming implements **-2.** *Andes, RP* **aperos** *(arneses)* riding gear, trappings
apersonarse *vpr* **-1.** *RP (presentarse)* to appear in person; **se apersonó en mi casa a pedir explicaciones** she came in person to my house to demand an explanation **-2.** *Col* **~ de algo** *(ocuparse)* to take care of sth; **me apersonaré del almuerzo** I'll take care of lunch
apertura ◇ *nf* **-1.** *(acción de abrir) (de caja, cuenta corriente, investigación, tienda)* opening; **se ha anunciado la ~ de negociaciones con la guerrilla** it has been announced that negotiations with the guerrillas have been started; **han pedido la ~ de un expediente disciplinario** they have requested that disciplinary action be taken
  -2. *(inauguración) (de año académico, temporada)* start; **el Presidente acudió a la ~ de la nueva fábrica** the President attended the opening of the new factory
  -3. DEP *(pase)* through ball; *(saque)* kick-off
  -4. *(en ajedrez)* opening (move)
  -5. *(tolerancia)* openness, tolerance
  -6. *(en política, economía)* **el nuevo ministro es partidario de la ~ política** the new minister is in favour of a more open regime; **buscan la ~ de mercados en Asia** they are seeking to open up markets in Asia ❑ **~ económica** economic liberalization
  -7. FOT **~ de campo** field aperture
  ◇ *nmf (en rugby)* fly-half
aperturismo *nm* **-1.** *(político, económico)* **un ministro representante del ~** a minister in favour of a more open regime; **~ económico** policy of economic liberalization **-2.** *(tolerancia)* openness, tolerance
aperturista ◇ *adj* **-1.** *(en política)* in favour of a more open regime; *(en economía)* in favour of economic liberalization **-2.** *(tolerante)* open, tolerant
  ◇ *nmf (en política)* supporter of a more open regime; *(en economía)* supporter of economic liberalization
apesadumbradamente *adv* sorrowfully
apesadumbrado, -a *adj* grieving, sorrowful
apesadumbrar ◇ *vt* to sadden
  ◆ **apesadumbrarse** *vpr* to be saddened; **se apesadumbró por la noticia** she was saddened by the news
apestado, -a ◇ *adj Fam* **-1.** *Méx (con mala suerte)* unlucky; **está ~** he's unlucky **-2.** *Andes, RP Fam (enfermo)* sick; **está ~** he's sick
  ◇ *nm,f* plague victim
apestar ◇ *vi* to stink (**a** of); **huele que apesta** it stinks to high heaven; **la calle apesta a basura** the street stinks of rubbish; **todo este asunto apesta a corrupción** this whole affair reeks of corruption
  ◇ *vt* **-1.** *(por mal olor)* to stink out **-2.** *(por peste)* to infect with the plague

apestoso, -a *adj* **-1.** *(que huele mal)* foul **-2.** *(fastidioso)* annoying; **¡qué niño más ~!** that child's an utter pest!
apetecer [46] ◇ *vi Esp* **¿te apetece un café?** do you fancy a coffee?; **¿qué te apetecería hacer?** what would you like to do?; **me apetece salir** I feel like going out; **hace siempre lo que le apetece** he always does what he likes *o* as he pleases
  ◇ *vt* **tenían todo cuanto apetecían** they had everything they wanted; **no apetezco poder** I do not seek power
apetecible *adj* **-1.** *(comida)* appetizing, tempting **-2.** *(vacaciones, empleo)* desirable; *(oferta)* tempting; **un soltero muy ~** a very eligible bachelor
apetencia *nf* desire; **no tengo ~ de poder** I have no desire for power, I do not seek power
apetezca *etc ver* **apetecer**
apetito *nm* **-1.** *(ganas de comer)* appetite; **abrir el ~** to whet one's appetite; **perder el ~** to lose one's appetite; **tener ~** to be hungry; **este niño tiene buen apetito** this child has a good appetite; **comer con buen ~** to eat heartily
  -2. *(impulso, apetencia)* desire; **tiene un gran ~ de conocimiento** she has a great hunger *o* desire for knowledge; **una novela que apela a los más bajos apetitos** a novel that plays on our basest instincts ❑ **~ sexual** sexual appetite
apetitoso, -a *adj* **-1.** *(comida)* appetizing, tempting **-2.** *(vacaciones, empleo)* desirable; *(oferta)* tempting
ápex *nm* BOT apex
Apia *n* Apia
apiadarse *vpr* to show compassion; **~ de alguien** to take pity on sb
apiario *nm Am* apiary
apical *adj* LING apical
ápice *nm* **-1.** *(vértice) (de montaña)* peak; *(de hoja, lengua)* tip **-2.** *(punto culminante)* peak, height **-3.** *(pizca)* **ni un ~** not a single bit; **no cedió un ~** he didn't budge an inch; **su popularidad no ha descendido un ~** her popularity has not gone down in the slightest; **no se ha movido un ~** she hasn't moved an inch
apícola *adj* = related to beekeeping
apicultor, -ora *nm,f* beekeeper
apicultura *nf* beekeeping
apilable *adj (mesas, sillas, piezas)* stackable
apilamiento *nm* **-1.** *(acción)* piling up **-2.** *(montón)* pile, stack
apilar, *Ven* **apilonar** ◇ *vt* to pile up
  ◆ **apilarse** *vpr* to pile up; **se nos está apilando el trabajo** we've got a backlog of work building up
apiñado, -a *adj (apretado)* packed, crammed
apiñamiento *nm* cramming
apiñar ◇ *vt* to pack
  ◆ **apiñarse** *vpr (agolparse)* to crowd together; *(para protegerse, por miedo)* to huddle together; **apiñarse en torno a algo/alguien** to huddle round sth/sb
apiñonado, -a *adj Méx (piel)* bronze; *(persona)* bronze-skinned
apio *nm* celery
apiolar *Arg Fam* ◇ *vt* to fill in; **Pedro me apioló de cómo pagar menos luz** Pedro told me *o* filled me in on how to cut my electricity bill
  ◆ **apiolarse** *vpr* to fill oneself in; **ya me apiolé del recorrido de los micros** I've already filled myself in on *o* found out about the bus routes
apirético, -a ◇ *adj* antipyretic
  ◇ *nm* antipyretic
apisonado, apisonamiento *nm* rolling, levelling
apisonadora *nf* **-1.** *(vehículo)* steamroller **-2.** *Fam (persona, equipo)* **los guerrilleros fueron incapaces de hacer frente a la ~ militar francesa** the guerrillas were steamrollered by the French army
apisonamiento = **apisonado**

apisonar *vt (con vehículo apisonadora)* to roll; *(con apisonadora manual)* to tamp down
apitutado, -a *nm,f Chile Fam* = person who has got where they are through connections
apitutar *vt Chile Fam* **su padre lo apitutó en la compañía** his father got him a job in the company by pulling strings
aplacamiento *nm* calming
aplacar [59] ◇ *vt* **-1.** *(persona, ánimos)* to placate; **aplacaron su ira** they appeased his anger **-2.** *(hambre)* to satisfy; *(sed)* to quench; *(dolor)* to ease
  ◆ **aplacarse** *vpr* **-1.** *(persona, ánimos)* to calm down **-2.** *(dolor, tempestad)* to abate
aplanadora *nf Am (vehículo)* steamroller
aplanar ◇ *vt* **-1.** *(superficie)* to level **-2.** *(desanimar)* **este calor me aplana** this heat really saps my energy
  ◆ **aplanarse** *vpr* **-1.** *(superficie)* to level out **-2.** *(desanimarse)* to become apathetic
aplanchar *CAm, Col* ◇ *vt* to iron
  ◇ *vi* to do the ironing
aplasia *nf* MED aplasia
aplastamiento *nm* **-1.** *(por peso)* squashing, crushing; **murieron por ~** they were crushed to death **-2.** *CSur (falta de ánimo)* lack of enthusiasm; **se sentía un terrible ~ entre los militantes** the party activists felt utterly deflated
aplastante *adj (victoria, derrota)* crushing, overwhelming; *(apoyo, mayoría, superioridad)* overwhelming; **esa argumentación es de una lógica ~** that line of reasoning is devastating in its logic
aplastar ◇ *vt* **-1.** *(por peso)* to squash, to crush **-2.** *(equipo, revuelta)* to crush **-3.** *Fam (confundir)* to leave dumbfounded *o* speechless
  ◆ **aplastarse** *vpr* **-1.** *(por el peso)* to get squashed *o* crushed **-2.** *Méx Fam (dejarse caer)* to collapse, to slump
aplatanado, -a *adj Esp, Méx Fam* **este calor me deja ~** I can't do anything in this heat; **allí están todos como aplatanados** they're so laid back there they're almost horizontal
aplatanamiento *nm Esp, Méx Fam* **por las tardes me entra un ~ terrible** in the afternoons I feel like I can't lift a finger
aplatanar *Esp, Méx Fam* ◇ *vt* **este calor me aplatana** I can't do anything in this heat
  ◆ **aplatanarse** *vpr* **por las tardes se aplatanan** they're not up to doing a thing in the afternoons
aplaudir ◇ *vt* **-1.** *(dar palmadas)* to applaud; **el público lo aplaudió a rabiar** the audience applauded him wildly **-2.** *(aprobar)* to applaud; **aplaudo su propuesta** I applaud your proposal
  ◇ *vi* to applaud, to clap
aplauso *nm* **-1.** *(ovación)* round of applause; **aplausos** applause; **pido un ~ para...** please put your hands together for..., could we have a big hand for...; **recibió un ~ cerrado** she received rapturous applause **-2.** *(alabanza)* praise, acclaim; **su actitud merece nuestro ~** her attitude should be applauded by us; **recibir el ~ de la crítica** to be praised by the critics
aplazable *adj* postponable
aplazado, -a ◇ *adj* **-1.** *(viaje)* postponed; *(reunión, juicio) (antes de empezar)* postponed; *(ya empezado)* adjourned **-2.** *RP (en examen)* **hubo treinta alumnos aplazados en su clase y sólo dos en la mía** thirty pupils failed in his class and only two in mine
  ◇ *nm,f RP* **los aplazados tienen que rendir otra vez el examen en febrero** those who failed have to resit the exam in February
aplazamiento *nm* **-1.** *(de viaje)* postponement; *(de reunión, juicio) (antes de empezar)* postponement; *(ya empezado)* adjournment; **el presidente ordenó el ~ de la reunión** the chairman adjourned the meeting **-2.** *(de pago)* deferral

aplazar [14] *vt* **-1.** *(viaje)* to postpone; *(reunión, juicio) (antes de empezar)* to postpone; *(ya empezado)* to adjourn **-2.** *(pago)* to defer **-3.** *RP (en examen)* to fail

aplicabilidad *nf* applicability; **una ley con una ~ estrictamente regional** a law which is only applicable at regional level

aplicable *adj* applicable (**a** to)

aplicación *nf* **-1.** *(de técnica, teoría)* application; *(de plan)* implementation; *(de sanciones)* imposition; **una ley de ~ inmediata** a law that will take immediate effect; **exigen la ~ del acuerdo de paz** they are demanding that the peace agreement should be implemented **-2.** *(de pomada, vendaje, pintura)* application **-3.** *(uso)* application, use; **las aplicaciones de la energía hidroeléctrica** the different applications *o* uses of hydroelectric power **-4.** *(al estudio)* application; **su ~ al trabajo** the application she shows in her work **-5.** *(adorno)* appliqué **-6.** INFORMÁT application **-7.** MAT map, function **-8.** *Andes (solicitud)* application

aplicado, -a *adj* **-1.** *(estudioso)* diligent **-2.** *(ciencia)* applied

aplicador *nm* applicator

aplicar [59] ◇ *vt* **-1.** *(técnica, teoría)* to apply; *(plan)* to implement; *(sanciones)* to impose; *(nombre, calificativo)* to give, to apply **-2.** *(pomada, vendaje, pintura)* to apply; **aplicó alcohol en la herida** she cleaned the wound with alcohol

◇ *vi Andes (postular)* to apply (**a** for)

◆ **aplicarse** *vpr* **-1.** *(esmerarse)* to apply oneself; **se aplicó mucho en los estudios** he applied himself very hard to his studies **-2.** *(concernir)* **aplicarse a** to apply to; **el artículo 28 se aplicará en los siguientes casos...** article 28 shall apply in the following cases...; **este recargo no se aplicará a los pensionistas** this extra charge does not apply to pensioners **-3.** *(a uno mismo)* **... ¡y aplícate eso a ti también!** ... and that goes for you as well!

aplique *nm* **-1.** *(lámpara)* wall lamp **-2.** *(en ropa)* appliqué **-3.** *RP (de pelo)* hairpiece, hair extension

aplomado, -a *adj* **-1.** *(sereno)* self-assured, self-possessed **-2.** *(plomizo)* lead-coloured

aplomarse *vpr (serenarse)* to become self-assured *o* self-possessed

aplomo *nm* self-assurance, self-possession; **respondió con ~** she answered with aplomb; **actuó con ~** he acted with assurance

apnea *nf* MED apnoea ❑ **~ del sueño** sleep apnoea

apocado, -a *adj* timid

apocalipsis *nm inv* **-1. el Apocalipsis** *(libro)* the Apocalypse, Revelations **-2. el Apocalipsis** *(fin del mundo)* the end of the world **-3.** *(calamidad)* calamity

apocalíptico, -a *adj* apocalyptic

apocamiento *nm* timidity

apocar [59] ◇ *vt (intimidar)* to intimidate, to make nervous

◆ **apocarse** *vpr (intimidarse)* to be frightened *o* scared; *(humillarse)* to humble oneself

apocopado, -a *adj* GRAM apocopated

apocopar *vt* GRAM to apocopate

apócope *nf* GRAM apocopation

apócrifo, -a *adj* apocryphal

apodar ◇ *vt* to nickname

◆ **apodarse** *vpr* to be nicknamed; **se apoda "el Flaco"** he's known as "el Flaco"

apoderado, -a *nm,f* **-1.** DER (official) representative **-2.** *(de torero, deportista)* agent, manager

apoderamiento *nm (apropiación)* appropriation, seizure

apoderar ◇ *vt* **-1.** *(autorizar)* to authorize, to empower; DER to grant power of attorney to **-2.** *(torero, deportista)* **~ a alguien** to be/ become sb's manager *o* agent

◆ **apoderarse de** *vpr* **-1. apoderarse de** *(adueñarse de)* to seize; **los sublevados se apoderaron del aeropuerto** the rebels took control of *o* seized the airport; **el atracador se apoderó de varios rehenes** the armed robber took several hostages; **los radicales se apoderaron del control del partido** the radicals took *o* seized control of the party; **la oscuridad se apoderaba de la casa** darkness was gradually taking over the house **-2. apoderarse de** *(dominar)* to overcome; **el miedo se apoderó de él** he was overcome with *o* by fear; **después de comer la pereza se apodera de mí** after eating I feel extremely lethargic

apodo *nm* nickname

apófisis *nf inv* ANAT apophysis, bony process

apogeo *nm* **-1.** *(cumbre)* height, apogee; **está en el ~ de su carrera política** she's at the height of her political career; **el feudalismo estaba entonces en pleno ~** at that time feudalism was at its height, this time marked the apogee of the feudal system **-2.** ASTRON apogee

apolillado, -a *adj* **-1.** *(ropa)* moth-eaten **-2.** *(sin usar)* **tienes la máquina de coser apolillada** your sewing machine is just gathering dust; **tengo los logaritmos un poco apolillados** I'm a bit rusty on logarithms **-3.** *(anticuado)* **unos métodos apolillados** dusty old methods

apolillar ◇ *vi RP Fam (dormir)* to snooze, to doze

◆ **apolillarse** *vpr* **-1.** *(ropa)* to get moth-eaten **-2.** *(no usarse) (objetos)* to gather dust; *(método)* to get *o* become outdated

apolillo *nm RP Fam* sleepiness; **tener ~** to be sleepy

apolíneo, -a *adj* **-1.** *(en belleza)* **un joven ~** *o* **de una belleza apolínea** a young man who looks like a Greek god, a young Adonis **-2.** MITOL Apollonian

apolítico, -a *adj* apolitical

Apolo *n* MITOL Apollo

apologética *nf* REL apologetics *(singular)*

apologético, -a *adj* apologetic

apología *nf* **-1.** *(defensa)* **hacer ~ de algo** to defend *o* justify sth; **le acusaron de ~ del terrorismo** they accused him of supporting *o* defending terrorism **-2.** *(texto)* apologia

apologista *nmf* apologist

apoltronarse *vpr* **~ en** *(sillón)* to make oneself comfortable in; **se ha apoltronado mucho desde que se casó** he's settled into an easy life since he (got) married; **se ha apoltronado en su puesto** she's settled into a cosy rut at work

aponeurosis *nf inv* ANAT aponeurosis

apoplejía *nf* MED apoplexy

apopléjico, -a, apoplético, -a *adj* apoplectic

apoquinar *Esp Fam* ◇ *vt* to fork out, to cough up

◇ *vi* to cough up

aporcar *vt* AGR to earth up

aporreado, -a ◇ *adj (pobre, mísero)* wretched

◇ *nm Cuba, Méx* = beef stew with tomato and garlic

aporrear *vt* **-1.** *(puerta)* to bang *o* hammer on; **~ el piano** to bang *o* plonk away on the piano **-2.** *(persona)* to beat; **lo aporreó a puñetazos** she beat him with her fists

aportación *nf* **-1.** *(contribución)* contribution; **su trabajo es una valiosa ~ al estudio de la enfermedad** her work constitutes a valuable contribution to the study of the disease; **hacer una ~** to contribute; **hizo una ~ de 10.000 pesos** she made a contribution of 10,000 pesos **-2.** FIN *(bien aportado)* investment

aportar *vt (contribuir con)* to contribute; **cada empresa aportará cien millones** every company will contribute a hundred million; **todos los miembros del equipo aportaron ideas** all the members of the team contributed their ideas; **el campeón argentino aporta diez jugadores al equipo nacional** the Argentinian champions provide ten of the players in the national team; **el informe no aporta nada nuevo** the report doesn't say anything new

◇ *vi* **-1.** *RP (a seguridad social)* to pay social security contributions **-2.** *CSur Fam (aparecer)* to turn up

aporte *nm* **-1.** *(aportación)* contribution ❑ **~ calórico** calorie content; **~ vitamínico** vitamin content **-2.** GEOL supply **-3.** *RP (a seguridad social)* social security contribution

aposentaduría *nf Chile* seat

aposentar ◇ *vt* to put up, to lodge

◆ **aposentarse** *vpr* **-1.** *(fijar su residencia)* to take up residence **-2.** *(residir)* to reside

aposento *nm* **-1.** *(habitación)* room; *Anticuado o Hum* **se retiró a sus aposentos** she withdrew (to her chamber) **-2.** *(alojamiento)* lodgings

aposición *nf* GRAM apposition; **en ~** in apposition

apósito *nm* dressing

aposta *adv Esp* on purpose, intentionally

apostadero *nm* MIL naval station

apostante *nmf* **-1.** *(que apuesta)* Br better, US bettor **-2.** *(en lotería)* = person who plays a lottery

apostar [63] ◇ *vt* **-1.** *(jugarse)* to bet; **te apuesto una cena a que gana el Madrid** I bet you (the price of) a dinner that Madrid will win; **te apuesto lo que quieras a que tengo razón** I bet you anything you like I'm right **-2.** *(emplazar)* to post

◇ *vi* **-1. ~ por: ¿quién crees que ganará? – yo apuesto por Rodriguez** who do you think will win? – my money is on Rodriguez; **la empresa apostó fuerte por Internet** the company has committed itself to the Internet in a big way; **el electorado ha apostado por el cambio** the electorate has opted for change; **apostó por su vicepresidente para llevar a cabo la reforma** he entrusted the implementation of the reform to the vice-president **-2.** *(tener seguridad en)* **apuesto a que no viene** I bet he doesn't come

◆ **apostarse** *vpr* **-1.** *(jugarse)* to bet; **apostarse algo con alguien** to bet sb sth; **¿qué te apuestas a que no viene?** how much do you bet he won't come? **-2.** *(colocarse)* to post oneself; **se apostó detrás de un árbol** she posted herself behind a tree

apostasía *nf* apostasy

apóstata *nmf* apostate

apostatar *vi (renegar)* to apostatize

a posteriori *loc adv* with hindsight; **habrá que juzgarlo ~** we'll have to judge it after the event

apostilla *nf* **-1.** *(nota)* note **-2.** *(comentario)* comment

apostillar *vt* **-1.** *(anotar)* to annotate **-2.** *(añadir)* to add

apóstol *nm* **-1.** REL apostle **-2.** *(de ideales)* apostle

apostolado *nm* REL **-1.** *(de apóstol)* apostolate **-2.** *(de ideales)* mission

apostólico, -a *adj* REL **-1.** *(de los apóstoles)* apostolic **-2.** *(del papa) (bendición)* papal; *(iglesia católica)* apostolic

apóstrofe *nm o nf* LIT apostrophe

apóstrofo *nm (signo)* apostrophe

apostura *nf* dashing appearance

apoteósico, -a *adj* tremendous; **la ópera tiene un final ~** the opera has a tremendous finale; **lograron un triunfo ~** they achieved a famous victory

apoteosis *nf inv* **-1.** *(culminación)* crowning moment, culmination **-2.** *(final)* grand finale

apoyabrazos *nm inv* armrest

apoyacabezas *nm inv* headrest

apoyamuñecas *nm inv* wrist rest

apoyar ◇ *vt* **-1.** *(inclinar)* to lean, to rest; **apoya la cabeza en mi hombro** rest your head on my shoulder; **apoyó la bicicleta contra la pared** she leant the bicycle against the wall; **apoyó los codos sobre la**

apoyatura

mesa he leant his elbows on the table -**2.** *(respaldar)* to support; **todos apoyaron su decisión** everyone supported her decision; **lo apoyó mucho durante su depresión** she gave him a lot of support when he was depressed; **los directivos los apoyaron en su protesta** management supported their protest

-**3.** *(basar)* to base; **apoya su teoría en datos concretos** her theory is based on o supported by concrete statistics

◆ **apoyarse** *vpr* -**1.** *(sostenerse)* **apoyarse en** to lean on; **la anciana se apoyaba en un bastón** the old woman was leaning on a walking-stick; **hace el pino apoyándose sólo en una mano** he can do a handstand supporting his weight on only one hand; **la estatua se apoya sobre dos pilares** the statue is supported by two pillars

-**2.** *(basarse)* **apoyarse en** *(sujeto: tesis, conclusiones)* to be based on; *(sujeto: persona)* to base one's arguments on; **¿en qué te apoyas para hacer semejante afirmación?** what do you base that statement on?, what grounds do you have for making that statement?

-**3.** *(buscar respaldo)* **apoyarse en** to rely on; **cuando estuvo desempleado se apoyó en su familia** he relied on his family to support him while he was unemployed

-**4.** *(respaldarse mutuamente)* to support one another

apoyatura *nf* MÚS appoggiatura

apoyo *nm* support; **salieron adelante con el ~ de su familia** they got by with the support of her family; **me dio su ~ moral** she gave me her moral support; **buscan apoyos económicos para el proyecto** they are seeking funding o financial support for the project; **anunciaron su ~ a la iniciativa** they declared their support for the initiative; **presentó las pruebas en ~ de su teoría** he presented the evidence to support his theory

apozarse *vpr Andes (rebalsarse)* to overflow

applet [ˈaplet] *(pl* **applets***) nm* INFORMÁT applet

APRA [ˈapra] *nf*

> Takes the masculine articles **el** and **un**.

(abrev de **Alianza Popular Revolucionaria Americana***) =* Peruvian political party to the centre-right of the political spectrum

apreciable *adj* -**1.** *(perceptible) (diferencias, mejoría)* appreciable, perceptible -**2.** *(considerable) (cantidad)* appreciable, significant -**3.** *(estimable)* worthy

apreciación *nf* -**1.** *(estimación)* assessment, evaluation; **un error de ~** an error of judgement; **todos han coincidido en su ~ negativa de las reformas** everyone agreed with his negative assessment o evaluation of the reforms -**2.** *(de moneda)* appreciation

apreciado, -a *adj* -**1.** *(querido)* esteemed, highly regarded -**2.** *(valorado)* prized **(por by)**

apreciar ◇ *vt* -**1.** *(valorar)* to appreciate, to value; **aprecio mucho tu ayuda** I really appreciate your help; **aprecia demasiado las cosas materiales** she puts too high a value on material things; **un plato muy apreciado por los turistas** a dish that is very popular with tourists; **no sabe ~ una buena obra de teatro** he doesn't know how to appreciate a good play

-**2.** *(sentir afecto por)* **aprecio mucho a tu hermana** I think a lot of your sister, I'm very fond of your sister

-**3.** *(percibir)* to detect, to notice; **han apreciado una mejora significativa** they have detected o noticed a significant improvement; **acércate si quieres ~ mejor los detalles** come closer so you can see the detail better

◆ **apreciarse** *vpr* -**1.** *(moneda)* to appreciate

-**2.** *(notarse)* to be noticeable; **no se apreciaba ninguna diferencia entre los dos** there was no noticeable difference between them; **el agujero se aprecia a simple vista** the hole can be seen with the naked eye; **en el gráfico se aprecia un incremento espectacular de los ingresos** in the graph we can see a spectacular growth in income, the graph shows a spectacular growth in income

apreciativo, -a *adj* -**1.** *(gesto)* appraising; **una mirada apreciativa** an appraising look -**2.** *(valor)* estimated; **un cálculo ~** an estimate

aprecio *nm* **sentir ~ por alguien** to think highly of sb; **se ganó el ~ de todos** he came to be highly regarded by everyone; **no gozó en vida del ~ de la crítica** she did not enjoy critical acclaim during her lifetime

aprehender *vt* -**1.** *(coger) (persona)* to apprehend; *(alijo, mercancía)* to seize -**2.** *(comprender)* to take in

aprehensión *nf (de persona)* arrest, capture; *(de alijo, mercancía)* seizure

apremiante *adj* pressing, urgent

apremiar ◇ *vt* -**1.** *(meter prisa)* **~ a alguien para que haga algo** to put pressure on sb to do sth; **nos apremian para que acabemos cuanto antes** they are putting pressure on us to finish as soon as possible -**2.** *(obligar)* **~ a alguien a hacer algo** to compel sb to do sth

◇ *vi (ser urgente)* **el tiempo apremia** we're running out of time, time is short; **apremia que se tome una decisión** a decision urgently needs to be taken

apremio *nm* -**1.** *(urgencia)* urgency; **hacer algo con ~** *(con prisa)* to do sth hastily o in a rush -**2.** DER *(mandamiento)* writ; **reclamar algo por vía de ~** to issue a writ for sth -**3.** *RP* **apremios físicos** physical torture; **apremios ilegales** torture

aprender ◇ *vt* to learn; **aprendí mucho de mi profesor** I learned a lot from my teacher; **~ a hacer algo** to learn to do sth; **~ algo de memoria** to learn sth by heart; *Fig* **parece que no han aprendido la lección** it seems like they haven't learned their lesson

◇ *vi* to learn **¡aprende de tu hermana!** learn from your sister!; **¡para que aprendas!** that'll teach you!; **¡así aprenderá!** that'll teach him!; **¡nunca aprenderán!** they'll never learn!

◆ **aprenderse** *vpr* **aprenderse algo** to learn sth; **tengo que aprenderme la tabla de los elementos** I have to learn the periodic table; **aprenderse algo de memoria** to learn sth by heart

aprendiz, -iza *nm,f* -**1.** *(ayudante)* apprentice; **es ~ de carpintero** he's an apprentice carpenter, he's a carpenter's apprentice -**2.** *(novato)* beginner

aprendizaje *nm* -**1.** *(adquisición de conocimientos)* learning; **el ~ de un oficio** learning a trade ❑ **~ de idiomas** language learning -**2.** *(para trabajo)* apprenticeship

aprensión *nf* -**1.** *(miedo)* apprehension **(por about)**; **la decisión fue recibida con ~** people reacted apprehensively to the decision -**2.** *(escrúpulo)* squeamishness **(por about)**; **me dan ~ las lombrices** I'm squeamish about worms

aprensivo, -a *adj* -**1.** *(miedoso)* apprehensive -**2.** *(escrupuloso)* squeamish -**3.** *(hipocondríaco)* hypochondriac

apresamiento *nm* -**1.** *(de delincuente)* arrest, capture -**2.** *(de barco)* capture, seizure

apresar *vt* -**1.** *(delincuente)* to catch, to capture -**2.** *(barco)* to seize -**3.** *(presa)* to catch

apres-ski ◇ *adj inv* après-ski
◇ *nm* après-ski

aprestar *vt* -**1.** *(preparar)* to prepare, to get ready -**2.** *(tela)* to size

◆ **aprestarse** *vpr* **aprestarse a hacer algo** to get ready to do sth

apresto *nm* -**1.** *(rigidez de la tela)* stiffness; **el almidón da ~ a las telas** starch is used to stiffen cloth -**2.** *(sustancia)* size

apresuradamente *adv* -**1.** *(con rapidez)* hurriedly; **evacuaron el edificio ~** they hurriedly evacuated the building; **tuvo que regresar ~ a Caracas** she had to return to Caracas in a hurry -**2.** *(con precipitación)* hastily; **fue una decisión tomada ~** it was a hastily taken decision

apresurado, -a *adj (viaje)* hurried; *(decisión)* hasty; **se retiraron de forma apresurada** they hastily o hurriedly withdrew

apresuramiento *nm* haste; **hacer algo con ~** to do sth hurriedly o hastily

apresurar ◇ *vt* -**1.** *(meter prisa a)* to hurry along, to speed up; **nos apresuró para que termináramos** he tried to get us to finish quicker; **no quiero ~ las cosas** I don't want to rush things -**2.** *(acelerar)* **el paso** to quicken one's pace; **apresura la marcha o no llegaremos** hurry up or we won't arrive on time

◆ **apresurarse** *vpr* to hurry; **¡apresúrate!** hurry up!; **apresurarse a hacer algo: se apresuró a aclarar que no sabía nada** she was quick to point out that she knew nothing; **los vecinos se apresuraron a ayudar** the neighbours rushed to help

apretadamente *adv (por poco, con justeza)* narrowly

apretado, -a ◇ *adj* -**1.** *(ropa, nudo, tuerca)* tight; **estos pantalones me quedan apretados** these trousers are too tight for me

-**2.** *(estrujado)* cramped; **en esta oficina estamos muy apretados** we're very cramped in this office; **íbamos un poco apretados en el coche** it was a bit of a squeeze in the car

-**3.** *(caligrafía)* cramped

-**4.** *(triunfo)* narrow; *(esprint)* close

-**5.** *(de tiempo)* busy; **tengo unas tardes muy apretadas** my afternoons are very busy

-**6.** *(de dinero)* **vamos muy apretados** things are very tight at the moment, we're very short of money at the moment; **están pasando una época apretada** they're going through hard times

-**7.** *Fam (tacaño)* tight

-**8.** *Méx Fam (orgulloso)* stuck-up, snotty

-**9.** *Méx Fam Pey (reprimido)* strait-laced, uptight

-**10.** *Ven Fam (estricto)* strict

◇ *nm,f Méx Fam Pey (reprimido)* strait-laced o uptight person

apretar [3] ◇ *vt* -**1.** *(oprimir) (botón, tecla)* to press; *(gatillo)* to pull, to squeeze; *(acelerador)* to step on; **el zapato me aprieta** my shoe is pinching; **me aprietan las botas** my boots are too tight

-**2.** *(nudo, tuerca, cinturón)* to tighten; EXPR *Fam* **~ las clavijas** o **los tornillos a alguien** to put the screws on sb

-**3.** *(juntar) (dientes)* to grit; *(labios)* to press together; *(puño)* to clench; **tendrás que ~ la letra** you'll have to squeeze your handwriting up

-**4.** *(estrechar)* to squeeze; *(abrazar)* to hug; **no me aprietes el brazo, me estás haciendo daño** stop squeezing my arm, you're hurting me; **la apretó contra su pecho** he held her to his chest; **~ la mano a alguien** to shake sb's hand

-**5.** *(acelerar)* **~ el paso** o **la marcha** to quicken one's pace; **como no apretemos el paso, no llegaremos nunca** if we don't hurry up, we'll never get there

-**6.** *(exigir)* to tighten up on; *(presionar)* to press; **~ la disciplina** to tighten up on discipline; **lo apretaron tanto que acabó confesando** they pressed him so hard that he ended up confessing; **no me gusta que me aprieten en el trabajo** I don't like to feel pressurized in my work; **lo están apretando para que acepte la oferta** they are pressing him o putting pressure on him to accept the offer

-**7.** *(ropa, objetos)* to pack tight

◇ *vi* -**1.** *(calor, lluvia)* to get worse, to intensify; **salgo de casa a las dos, cuando más aprieta el calor** I leave home at two o'clock, when the heat is at its worst; **en**

apretón *nm* (*estrechamiento*) squeeze; **apretones** crush; **hubo apretones para entrar** there was a crush to get in ▫ **~ de manos** handshake; **se dieron un cálido ~ de manos** they shook hands warmly

apretujamiento *nm* (*de personas*) crush, squeeze

apretujar ◇ *vt* **-1.** (*aplastar*) to squash **-2.** (*hacer una bola con*) to screw up
◆ **apretujarse** *vpr* **-1.** (*en banco, autobús*) to squeeze together; **si nos apretujamos, cabemos todos** if we squeeze up, there will be room for everyone **-2.** (*por frío*) to huddle up

apretujón *nm* (*abrazo*) bear hug; **hubo apretujones para entrar en el cine** there was a crush to get into the cinema

apretura *nf* **-1.** (*apretujón*) crush **-2.** (*escasez*) **pasar apreturas** to be hard up

aprieto ◇ *ver* **apretar**
◇ *nm* fix, difficult situation; **estar en un ~** to be in a fix; **poner en un ~ a alguien** to put sb in a difficult position; **salir de un ~** to get out of a fix *o* difficult situation

a priori *adv* **-1.** (*con antelación*) in advance; **es difícil saber ~ qué va a pasar** it's difficult to know what will happen beforehand, it's difficult to know in advance what will happen **-2.** DER & FILOSOFÍA a priori

apriorístico, -a *adj* **hacer juicios apriorísticos** to prejudge things

aprisa *adv* fast, quickly; **¡~!** quick!; **tenemos que ir más ~** we need to go faster *o* more quickly; **tuvimos que hacer el equipaje ~ y corriendo** we had to pack in a rush

aprisco *nm* fold, pen

aprisionamiento *nm* **el derrumbe ocasionó el ~ de tres personas** three people were trapped when the building collapsed

aprisionar *vt* **~ a alguien con cadenas** to put sb in chains; **quedaron aprisionados bajo los escombros** they were trapped under the rubble; **la viga le aprisionaba la pierna** her leg was trapped under the beam

aprista ◇ *adj* = of/relating to the Peruvian APRA party
◇ *nmf* = member/supporter of the Peruvian APRA party

aprobación *nf* **-1.** (*de proyecto, medida*) approval; (*de ley, moción*) passing; **dio su ~ al proyecto** he gave the project his approval, he approved the project **-2.** (*de comportamiento*) approval

aprobado, -a ◇ *adj* (*aceptado*) approved
◇ *nm* EDUC pass (*mark between 5 and 5.9 out of 10*); **un ~ raso** *o* **raspado** a bare pass; **sacó un ~ raso** *o* **raspado** he only scraped a pass

aprobar [63] ◇ *vt* **-1.** (*proyecto, medida*) to approve; (*ley, moción*) to pass **-2.** (*examen, asignatura*) to pass; **me han aprobado en química** I passed my chemistry exam **-3.** (*comportamiento*) to approve of
◇ *vi* (*estudiante*) to pass

aprobatorio, -a *adj* (*gesto, mirada*) approving

aproblemar *Chile* ◇ *vt* to worry; **vuelve a casa temprano, no aproblemes a tu madre** come home early and don't go worrying your mother
◆ **aproblemarse** *vpr* to worry; **es muy difícil convivir con ella, se aproblema por todo** she's very difficult to live with, she worries about everything *o* makes a problem out of everything

aprontar *vt* **-1.** (*preparar*) to quickly prepare *o* get ready **-2.** (*entregar*) to hand over at once
◆ **aprontarse** *vpr RP* (*prepararse*) to get ready; **aprontate, que a las ocho salimos** get ready, we're leaving at eight; **¡aprontate para cuando llegue tu papá!** just you wait till your daddy gets here!

apronte *nm CSur Fam* preparation; **los aprontes para la fiesta nos llevaron toda la tarde** it took us all afternoon to get ready for the party

apropiación *nf* (*incautación, ocupación*) appropriation ▫ DER **~ indebida** embezzlement

apropiadamente *adv* appropriately

apropiado, -a *adj* suitable, appropriate; **su comportamiento no fue muy ~** his behaviour was rather inappropriate; **estos zapatos no son apropiados para la playa** these shoes aren't very suitable for the beach; **no es la persona apropiada para el puesto** he's not the right person for the job

apropiar ◇ *vt* to adapt (**a** to)
◆ **apropiarse** *vpr* **apropiarse de** (*tomar posesión de*) to appropriate; **se ha apropiado de ese sillón** he treats that chair as if it belongs to him; **se apropió de mis ideas para redactar el proyecto** he stole my ideas for the plan

apropósito *nm* = comical sketch on a topical subject

aprovechable *adj* usable; **esa tela todavía es ~** we can still use that cloth

aprovechado, -a ◇ *adj* **-1.** (*caradura*) **es muy ~** he's a real opportunist, he always has an eye for the main chance **-2.** (*bien empleado*) **el espacio en esta habitación está muy bien ~** they've made the most of the available space in this room **-3.** (*aplicado*) diligent
◇ *nm,f* opportunist; **es un ~** he always has an eye for the main chance

aprovechador, -ora *CSur* ◇ *adj* **es muy ~** he's a real opportunist, he always has an eye for the main chance
◇ *nm,f* opportunist; **es un ~** he always has an eye for the main chance

aprovechamiento *nm* **-1.** (*utilización*) use; **la aridez de las tierras dificulta su ~ agrícola** the aridity of the land means that it is not suitable for agricultural use; **el ~ de la energía eólica** the exploitation of wind power **-2.** (*en el estudio*) progress, improvement

aprovechar ◇ *vt* **-1.** (*tiempo, dinero*) to make the most of; (*oferta, ocasión*) to take advantage of; (*conocimientos, experiencia*) to use, to make use of; **han aprovechado todo el potencial del jugador brasileño** they have used the Brazilian player to his full potential; **me gustaría ~ esta oportunidad para...** I'd like to take this opportunity to...; **~ que...** to make the most of the fact that...; **aprovechó que no tenía nada que hacer para descansar un rato** since she had nothing to do, she took the opportunity to have a rest; **aprovechó que sabía alemán para solicitar un traslado a Alemania** she used the fact that she knew German to ask for a transfer to Germany
-2. (*lo inservible*) to put to good use; **buscan una forma de ~ los residuos** they're looking for a way of putting by-products to good use; **no tires los restos de la paella, los aprovecharé para hacer sopa** don't throw what's left of the paella away, I'll use it to make a soup; **el generador aprovecha la fuerza del agua para producir electricidad** the generator uses the power of the water to produce electricity
◇ *vi* **-1.** (*mejorar*) to make progress; **desde que tiene un profesor particular aprovecha más en física** since he's had a private tutor he's made more progress in physics
-2. (*disfrutar*) **aprovecha mientras puedas** make the most of it *o* enjoy it while you can; **¡cómo aprovechas para comer chocolate, ahora que no te ve nadie!** you're really making the most of the opportunity to eat chocolate while nobody can see you!; EXPR **¡que aproveche!** enjoy your meal!
◆ **aprovecharse** *vpr* **-1.** (*sacar provecho*) to take advantage (**de** of); **nos aprovechamos de que teníamos coche para ir a la ciudad** we took advantage of the fact that we had a car to go to the city; **se aprovechó de que nadie vigilaba para salir sin pagar** she took advantage of the fact that nobody was watching to leave without paying; **aprovecharse de las desgracias ajenas** to benefit from other people's misfortunes
-2. (*abusar de alguien*) to take advantage (**de** of); **todo el mundo se aprovecha de la ingenuidad de Marta** everyone takes advantage of Marta's gullible nature; **fue acusado de aprovecharse de una menor** he was accused of child abuse

aprovisionador, -ora *nm,f* supplier

aprovisionamiento *nm* supplying; **problemas en el ~ energético** problems with the energy supply

aprovisionar ◇ *vt* to supply; **el río aprovisiona de agua a varios pueblos** the river supplies several towns with water
◆ **aprovisionarse** *vpr* **aprovisionarse de algo** to stock up on sth

aprox. (*abrev de* **aproximadamente**) approx

aproximación *nf* **-1.** (*acercamiento*) approach; (*de países*) rapprochement; (*de puntos de vista*) converging; **ha habido una ligera ~ de las dos partes** (*en negociación*) the two sides have come a little closer; **maniobra de ~** (*de avión*) approach **-2.** (*en cálculo*) approximation **-3.** (*en lotería*) = consolation prize given to numbers immediately before and after the winning number

aproximadamente *adv* approximately; **de altura, es ~ como tu hermana** she's about your sister's height; **son ~ las cinco** it's about five o'clock

aproximado, -a *adj* (*cifra, cantidad*) approximate; **tengo una idea aproximada del problema** I have a rough idea of the problem

aproximar ◇ *vt* (*acercar*) (*objeto*) to move closer; (*países*) to bring closer together; **aproxima la mesa a la puerta** move the table closer to *o* over towards the door; **un intento de ~ posturas** an attempt at a rapprochement *o* to bring the two sides closer together
◆ **aproximarse** *vpr* **-1.** (*en el espacio*) to approach, to come closer; **el autobús se aproximaba a la parada** the bus was approaching the stop; **nos aproximamos a la capital** we are approaching the capital; **el déficit se aproxima a los seis millones** the deficit is close to six million
-2. (*en el tiempo*) **se aproximan las vacaciones** the holidays are drawing nearer *o* approaching
-3. (*parecerse*) to be similar; **un régimen que intenta aproximarse a un sistema democrático** a regime that is trying to become more like a democracy; **no hay ningún lenguaje que se le aproxime** there's no other language which resembles it

aproximativo, -a *adj* approximate, rough

apruebo *etc ver* **aprobar**

aptdo. = **apdo.**

áptero, -a *nm,f* ZOOL apterous insect

aptitud *nf* ability, aptitude; **tiene aptitudes para convertirse en una estrella del deporte** she has the ability to become one of the stars of the sport; **no tiene ~ para la música** he has no musical ability, he has no aptitude for music; **tuvo que pasar unas pruebas de ~ física** he had to undergo a number of fitness tests

apto, -a ◇ *adj* **-1.** (*adecuado, conveniente*) suitable (**para** for); **apta/no apta para menores** (*película*) suitable/unsuitable for children; **apta para todos los públicos** *o CSur*

apuesta

todo público *(película)* Br ≃ U, US ≃ G; **~ para el consumo humano** suitable for human consumption
-2. *(capacitado) (físicamente)* fit; **lo declararon no ~ para el servicio militar** he was declared unfit for military service; **no es ~ para ocupar un puesto directivo** he's not suited to a managerial position
-3. *(candidato)* **los alumnos declarados aptos/no aptos** students who have passed/failed
◇ *nm* pass; **saqué un ~/no ~** I passed/failed

apuesta ◇ *ver* **apostar**
◇ *nf* -1. *(acción)* bet; **hacer una ~ sobre algo** to have a bet on sth; **el partido ha hecho una fuerte ~ por el liberalismo** the party has committed itself strongly to liberalism
-2. *(cantidad de dinero)* bet; **las apuestas eran muy elevadas** the stakes were very high

apuesto, -a ◇ *ver* **apostar**
◇ *adj* dashing

apunado, -a Andes ◇ *adj* **estar ~** to have altitude sickness
◇ *nm,f* **los apunados se quedaron abajo** the people with altitude sickness didn't go up

apunamiento *nm* Andes altitude sickness
apunar Andes ◇ *vt* to give altitude sickness
◆ **apunarse** *vpr* to get altitude sickness

apuntado, -a *adj (arco)* pointed
apuntador, -ora *nm,f* TEATRO prompter; EXPR *Fam* **hasta el ~: lo sabía hasta el ~** the world and his wife knew it; EXPR *Fam* **no quedó ni el ~** there wasn't a soul left
◇ *nm* INFORMÁT scrapbook

apuntalamiento *nm* **fue necesario el ~ de la casa** the house had to be shored up
apuntalar *vt* -1. *(casa)* to shore up -2. *(idea)* to underpin

apuntamiento *nm* DER case summary
apuntar ◇ *vt* -1. *(anotar)* to make a note of, to note down; **~ a alguien** *(en lista)* to put sb down (**en** on); *(en curso)* to put sb's name down (**en** *o* **a** for), to sign sb up (**en** *o* **a** for); **apunta en una lista todo lo que quieres que compre** jot down everything you want me to buy, make a list of the things you want me to buy; **tengo que ~ tu número de teléfono** I must make a note of your phone number, I must write your phone number down somewhere; **he apuntado a mi hijo a clases de natación** I've put my son's name down for swimming lessons, I've signed my son up for swimming lessons; **apunté a mis padres para ir a la excursión** I put my parents down for the trip; **apúntamelo (en la cuenta)** put it on my account; **ya puedes ir con cuidado, que esto lo apunto** *(amenaza)* you'd better watch out, I'm not going to forget this
-2. *(dirigir) (dedo)* to point; *(arma)* to aim; **~ a alguien** *(con el dedo)* to point at sb; *(con un arma)* to aim at sb; **~ una pistola hacia alguien**, **~ a alguien con una pistola** to aim a gun at sb; **les apuntó con un rifle** he aimed *o* pointed a rifle at them; **apuntó al blanco y disparó** he took aim at the target and shot; **la brújula apunta al norte** the compass points to(*the*) north
-3. TEATRO to prompt; *Fam* **fue expulsada de clase por ~ las respuestas a un compañero** she was thrown out of the classroom for whispering the answers to a classmate
-4. *(sugerir)* to hint at; *(indicar)* to point out; **apuntó la posibilidad de subir los impuestos** he hinted that he might raise taxes; **la policía ha apuntado la posibilidad de que los secuestradores la hayan matado** the police have admitted that the kidnappers may have killed her; **el joven jugador apunta buenos conocimientos** the young player shows a lot of promise
-5. *(afilar)* to sharpen
-6. Col *(abotonar)* to button up
◇ *vi* -1. *(vislumbrarse)* to appear; *(día)* to break; **en los árboles ya apuntaban las primeras hojas** the first leaves were appearing on the trees
-2. *(indicar)* **~ a** to point to; **todo apunta a que ganará Brasil** everything points to a win for Brazil; **todas las pruebas apuntan a su culpabilidad** all the evidence points to him being guilty; **las sospechas apuntan a un grupo separatista** a separatist group is suspected
-3. TEATRO to prompt
-4. *(con un arma)* to aim; **¡carguen, apunten, fuego!** ready, take aim, fire!; EXPR **~ a lo más alto** to set one's sights very high

◆ **apuntarse** *vpr* -1. *(en lista)* to put one's name down; *(en curso)* to enrol; **me he apuntado a *o* en un curso de alemán** I've enrolled on a German course; *Esp* **apuntarse al paro** Br to sign on, US ≃ to go on welfare
-2. *(participar)* to join in (**a hacer algo** doing sth); **nos vamos al cine, ¿te apuntas?** we're going to the cinema, do you want to come too?; **yo me apunto** I'm in; **no le digas nada sobre la fiesta, que se apuntará** don't say anything to her about the party or she'll want to come too; **¿quién se apunta a una partida de cartas?** does anyone fancy a game of cards?, who's up for a game of cards?; EXPR *Esp Fam* **ese se apunta a un bombardeo** he's game for anything; **se apunta a todas las celebraciones** she never misses a party
-3. *(tantos, éxitos)* to score, to notch up; **se apuntó la canasta de la victoria** he scored the winning basket; EXPR *Fam* **¡apúntate diez!** *(al acertar)* bingo!, bang on!; **apuntarse un éxito** to score a success; **apuntarse un tanto (a favor)** to earn a point in one's favour
-4. *(manifestarse)* **este cambio de política ya se apuntaba hace meses** this change of policy has been coming for months
-5. Col *(abotonarse)* to do one's buttons up; **apuntarse la camisa** to do (the buttons on) one's shirt up

apunte *nm* -1. *(nota)* note -2. **apuntes** *(en colegio, universidad)* notes; **tomar** *o Esp* **coger apuntes** to take notes -3. *(boceto)* sketch -4. COM entry -5. TEATRO prompt -6. EXPR *CSur Fam* **llevar el ~** to pay attention; **hace tiempo que se lo digo, pero nunca me lleva el ~** I've been telling her for some time, but she never takes any notice of me

apuntillar *vt* -1. TAUROM **~ al toro** = to kill the bull with a dagger when the bullfighter has repeatedly failed to finish it off -2. *(rematar)* to finish off

apuñalamiento *nm* stabbing
apuñalar *vt* to stab

apurada *nf RP, Ven Fam* **si no nos hubiéramos dado esa ~ habríamos llegado tarde** if we hadn't moved it like we did we'd have been late; **hacer algo a las apuradas** to rush sth; **se nota que este artículo lo escribió a las apuradas** you can tell she wrote this article in a rush

apuradamente *adv Am* hurriedly
apurado, -a ◇ *adj* -1. *(necesitado)* in need; **están apurados de dinero** they are short of money; **vamos muy apurados de tiempo** we've got very little time, we're short of time -2. *(avergonzado)* embarrassed -3. *(difícil)* awkward, difficult; **una situación apurada** a tricky situation -4. *(victoria)* narrow -5. *Esp (afeitado)* smooth, close -6. *Am (con prisa)* **estar ~** to be in a hurry
◇ *nm Esp (afeitado)* **proporciona un ~ perfecto** it gives a perfect shave
◇ *nm,f Am* **ser un ~** to be in a hurry

apurar ◇ *vt* -1. *(agotar)* to finish off; *(existencias, la paciencia)* to exhaust; **~ algo hasta la última gota** to finish sth down to the last drop; **apuró el vaso y se marchó** he drained his glass and left
-2. *(meter prisa)* to hurry
-3. *(preocupar)* to trouble
-4. *(avergonzar)* to embarrass
-5. EXPR **si me apuras: tardaré tres días, dos si me apuras** it'll take me three days, two if you push me; **había unos diez, doce si me apuras** there were about ten, twelve at the most
◇ *vi* -1. *Esp (afeitar)* to give a close *o* smooth shave -2. *Andes (urgir)* **es muy tranquilo, nunca nada le apura** he's very laid-back, he's never in a hurry

◆ **apurarse** *vpr* -1. *Esp, Méx (preocuparse)* to worry (**por** about); **no te apures, ya encontraremos una solución** don't worry, we'll find a solution -2. *(darse prisa)* to hurry; **apúrate o perderemos el tren** hurry up or we'll miss the train

apuro *nm* -1. *(dificultad)* tight spot, difficult position; **estar en un ~** to be in a tight spot *o* difficult position; **poner a alguien en un ~** to put sb in a tight spot *o* difficult position; **me encontré en un ~ cuando me preguntó por su mujer** I found myself in a difficult position when she asked me about his wife; **buscan a alguien que los saque del ~ en el que están** they are looking for somebody to help them out of their predicament
-2. *(penuria)* **pasar apuros** to experience hardship; **pasaron muchos apuros económicos en la posguerra** they experienced a lot of financial hardship after the war
-3. *(vergüenza)* embarrassment; **me da ~ (decírselo)** I'm embarrassed (to tell her); **¡qué ~!** how embarrassing
-4. *Am (prisa)* **tener ~** to be in a hurry

apurón *nm RP Fam* **en el ~ no nos dimos cuenta y dejamos la luz prendida** we were in such a hurry *o* rush that we left the light on without realizing; **hacer algo a los apurones** to rush sth; **se nota que este artículo lo escribió a los apurones** you can tell she wrote this article in a rush

apurruñamiento *nm Ven Fam* crush
apurruñar *vt Ven Fam* -1. *(estrujar)* to scrunch up -2. *(abrazar)* to give a bear hug
apurruñón *nm Ven Fam* bear hug
aquaplaning [akwa'planin] *nm* aquaplaning
aquejado, -a *adj* **~ de algo** suffering from sth
aquejar *vt* to afflict; **le aquejan varias enfermedades** he suffers from a number of illnesses; **la crisis económica que aqueja a la región** the economic crisis afflicting the region

aquel, -ella (*pl* **aquellos, -ellas**) ◇ *adj demostrativo* that; *(plural)* those; **las fotos aquellas que te enseñé** those photos I showed you
◇ *nm* **no es guapa pero tiene su ~** she's not pretty, but she's got a certain something

aquél, -élla (*pl* **aquéllos, -éllas**) *pron demostrativo*

> Note that **aquél** and its various forms can be written without an accent when there is no risk of confusion with the adjective.

-1. *(ese)* that (one); *(plural)* those (ones); **este cuadro me gusta pero ~ del fondo no** I like this picture, but I don't like that one at the back; **~ fue mi último día en Londres** that was my last day in London
-2. *(nombrado antes)* the former; **teníamos un coche y una moto, ésta estropeada y ~ sin gasolina** we had a car and a motorbike, the former was out of Br petrol *o* US gas, the latter had broken down
-3. *(con oraciones relativas)* whoever, anyone who; **~ que quiera hablar que levante la mano** whoever wishes *o* anyone wishing to speak should raise their hand; **aquéllos que...** those who...

aquelarre *nm* coven
aquella *ver* **aquel**
aquélla *ver* **aquél**
aquello *pron demostrativo* that; **¿has hecho ~ que te pedí?** did you do what I asked you to?; **no consiguió saber si ~ lo dijo en serio** he never found out whether she meant

aquellos, -as ver **aquel**
aquéllos, -as ver **aquél**
aquenio nm achene
aqueo HIST ◇ adj Achaean
◇ nm Achaean; **los aqueos** the Achaeans
aquerenciarse vpr ~ **a algo** to become fond of o attached to sth
aqueste, -a pron demostrativo Anticuado o Hum this
aquí adv -1. (indica lugar) here; ~ **abajo/arriba** down/up here; ~ **dentro/fuera** in/out here; ~ **mismo** right here; ~ **y ahora** here and now; ~ **y allá** here and there; **¡~ tienes!** (dando algo) here you are!; Fam ~ **Clara, una amiga** this is my friend Clara; Fam ~ **el señor quería una cerveza** this gentleman wanted a beer; **los ~ presentes** everyone here o present; **¡fuera de ~!** go away!; **¡ven ~!** come here!; **era muy desordenado y dejaba las cosas ~ y allá** he was very untidy and left things lying around all over the place; **de ~ en adelante** from here on; **de ~ para allá** (de un lado a otro) to and fro; **va de ~ para allá sin tener destino fijo** she travels around without really knowing where she's going; **por ~** over here; **vive por ~** she lives around here somewhere; **vengan todos por ~, por favor** please all come this way; **por ~ cerca** nearby, not far from here; **razón ~** (en letrero) enquire within; EXPR Fam **de aquí te espero: nos pilló una tormenta de ~ te espero** we got caught in a mother of a storm; Fam **es un mentiroso de ~ te espero** he tells lies like nobody's business, he's a liar through and through; Fam **se organizó un follón de ~ te espero** all hell broke loose
-2. (ahora) now; **de ~ a mañana** between now and tomorrow; **la traducción tiene que estar acabada de ~ a mañana** the translation has to be ready by tomorrow; **de ~ a poco** shortly, soon; **de ~ a un mes** a month from now, in a month; **de ~ en adelante** from now on
-3. (en tiempo pasado) **pasó a leer el manifiesto y ~ todo el mundo se calló** he began reading the manifesto, at which point everyone went silent; ~ **empezaron los problemas** that was when the problems started
-4. (consecuencia) **de ~ que** (por eso) hence, therefore; **llegaba siempre tarde al trabajo, de ~ que lo hayan despedido** he was always late for work, so they sacked him
-5. Am (más o menos) **¿cómo estás?** - ~ how are you? - so-so
aquiescencia nf Formal acquiescence; **hacer algo con la ~ de alguien** to do sth with sb's approval
aquiescente adj Formal acquiescent
aquietamiento nm calming
aquietar ◇ vt to calm down; **su intervención aquietó los ánimos** her speech calmed things down
◆ **aquietarse** vpr (mar) to calm down; **el calmante me aquietó el dolor** the painkiller relieved the pain
aquilatamiento nm (valoración) assessment
aquilatar vt -1. (metales, joyas) to assay -2. (valorar) to assess
Aquiles n MITOL Achilles
aquilino, -a adj (nariz) aquiline
Aquisgrán n Aachen
Aquitania n Aquitaine
ar interj **¡presenten armas!, ¡~!** present arms!; **¡derecha!, ¡~!** right turn!
ara nf

Takes the masculine articles **el** and **un**.

Formal (losa) altar stone; (altar) altar; EXPR **en aras de: un sacrificio realizado en aras de la reconciliación** a sacrifice made in order to promote reconciliation; **simplificaron el procedimiento en aras de una mayor eficacia** they simplified the procedure in the interests of greater efficiency; **prohibieron su entrada en aras de la seguridad nacional** they refused him entry on the grounds that he posed a threat to national security
árabe ◇ adj -1. (países, mundo, dirigente) Arab -2. (lengua, literatura) Arabic -3. (de Arabia) Arabian
◇ nmf (persona) Arab
◇ nm (lengua) Arabic
arabesco nm arabesque
Arabia Saudí, Arabia Saudita n Saudi Arabia
arábigo, -a adj (de Arabia) Arab, Arabian; (numeración) Arabic
arabismo nm Arabic word o expression
arabista nmf Arabist
arable adj arable
arácnido ZOOL ◇ nm arachnid
◇ nmpl **arácnidos** (familia) Arachnida; **de la clase de los arácnidos** of the Arachnida class
arada nf -1. (acción) ploughing -2. (tierra labrada) ploughed field
arado nm -1. (apero) plough; EXPR Fam **es más bruto** o **bestia que un ~** (es un impetuoso) he always charges ahead without thinking; (es un torpe) he always makes a mess of everything he does -2. Col (huerto) orchard
arador nm ~ **de la sarna** scabies mite
Aragón n Aragon
aragonés, -esa ◇ adj Aragonese
◇ nm,f Aragonese
aragonesismo nm (palabra, expresión) = Aragonese word or expression
aragonito nm GEOL aragonite
araguaney nm trumpet tree, tabebuia (Venezuelan national tree)
araguato nm (mono) howler monkey
Aral nm **el mar de** ~ the Aral Sea
aralia nf fatsia japonica
arameo nm (lengua) Aramaic; EXPR Fam **jurar en** ~ to swear, Br to eff and blind
arancel nm COM tariff □ ~ **aduanero** customs duty; UE ~ **externo común** common external tariff
arancelario, -a adj COM tariff; **derechos arancelarios** customs duties; **barreras arancelarias** tariff barriers
arándano nm bilberry, blueberry
arandela nf -1. (anilla) (de metal) washer; (de papel, plástico) ring reinforcement -2. CAm, Méx (de camisa) frills, ruffle
araña nf -1. (animal) spider □ ~ **corredora** wolf spider; ~ **de mar** spider crab -2. (lámpara) chandelier
arañar ◇ vt -1. (con uñas, objeto punzante) to scratch -2. (reunir) to scrape together; **arañó los suficientes votos para salir elegido** he scraped together enough votes to get elected; **el equipo arañó un empate** the team scraped a draw
◇ vi (animal) to scratch
arañazo nm scratch
arao nm guillemot □ ~ **aliblanco** black guillemot
arapaima nm arapaima
arapapá nm boatbill, boat-billed heron
araponga nm bellbird
arar vt to plough
arauaco, -a ◇ adj Araucanian
◇ nm,f Araucanian
araucano, -a ◇ adj Araucanian
◇ nm,f (persona) Araucanian
◇ nm (lengua) Araucanian
araucaria nf monkey puzzle tree
arabitán nf Mediterranean ling
arbitraje nm -1. (en fútbol, baloncesto) refereeing; (en tenis, voleibol) umpiring -2. DER arbitration; **se sometieron al** ~ **de la ONU** they agreed to UN arbitration; **buscan un** ~ **amistoso del contencioso** they are seeking to resolve the dispute amicably -3. BOLSA arbitrage
arbitral adj -1. (en deporte) **una polémica decisión** ~ a controversial decision by the referee/umpire -2. DER **procedimiento** ~ arbitration process; **un laudo** ~ = a binding judgement in arbitration
arbitrar ◇ vt -1. (en fútbol, baloncesto) to referee; (en tenis, voleibol) to umpire -2. (medidas) to adopt; (solución) to find -3. (recursos) to obtain; (dinero) to raise -4. DER to arbitrate
◇ vi -1. (en fútbol, baloncesto) to referee; (en tenis, voleibol) to umpire -2. DER to arbitrate
arbitrariamente adv arbitrarily
arbitrariedad nf -1. (carácter subjetivo) arbitrariness -2. (carácter aleatorio) arbitrariness -3. (acción) arbitrary action; **cometió una** ~ **al negarnos el permiso** it was arbitrary and unfair of her to refuse us permission
arbitrario, -a adj -1. (subjetivo) arbitrary (and unfair) -2. (aleatorio) arbitrary
arbitrio nm -1. (albedrío) judgement; **dejar algo al** ~ **de alguien** to leave sth to sb's discretion; **interpretó la ley a su** ~ she interpreted the law as she pleased -2. **arbitrios** (impuestos) taxes
árbitro, -a nm,f -1. (en deporte) (en fútbol, baloncesto) referee; (en tenis, voleibol) umpire □ ~ **asistente** (en fútbol) assistant referee -2. DER arbitrator
árbol nm -1. (planta leñosa) tree; EXPR **los árboles le impiden ver el bosque** he can't see the wood for the trees; PROV **quien a buen** ~ **se arrima (buena sombra le cobija)** it pays to have friends in high places □ ~ **del caucho** rubber tree; **el** ~ **de la ciencia** the tree of knowledge; ~ **de la mirra** myrrh; ~ **de Navidad** Christmas tree; ~ **del pan** breadfruit tree; ~ **del Paraíso** oleaster; Andes ~ **de Pascua** Christmas tree; ~ **de la quina** cinchona; ~ **de la vida** tree of life
-2. (esquema) tree diagram □ ~ **genealógico** family tree
-3. INFORMÁT tree
-4. NÁUT mast
-5. LING tree
-6. TEC shaft □ ~ **de levas** camshaft; ~ **de transmisión** transmission shaft
-7. ANAT ~ **bronquial** bronchial tree
arbolado, -a ◇ adj -1. (terreno) wooded; (calle) tree-lined -2. (mar) = with waves between 6 and 9 metres in height
◇ nm trees; **una zona de denso** ~ a densely wooded area
arboladura nf NÁUT masts and spars
arbolar vt -1. (plantar árboles en) to plant with trees -2. (barco) to mast
arboleda nf (bosque) grove, small wood; **la** ~ **que bordea el río** the trees beside the river
arbóreo, -a adj arboreal; **masa arbórea** area of forest
arborescencia nf BOT arborescence
arborescente adj tree-shaped
arboricida nm **es un** ~ it kills trees
arborícola adj ZOOL arboreal
arboricultor, -ora nm,f nurseryman, f nurserywoman, Espec arboriculturist
arboricultura nf tree cultivation, Espec arboriculture
arborizar vt to plant trees on
arbotante nm -1. ARQUIT flying buttress -2. Méx (poste) (de luz) lamppost; (de teléfono) Br telegraph o US telephone pole -3. Méx (en pared) wall-mounted light fixture
arbustivo, -a adj shrub-like; **plantas arbustivas** shrubs
arbusto nm bush, shrub; **se escondió entre unos arbustos** he hid in some bushes; **arbustos ornamentales** shrubbery
arca nf

Takes the masculine articles **el** and **un**.

-1. (arcón) chest □ **el Arca de la Alianza** the Ark of the Covenant
-2. **arcas** (fondos) coffers; **las arcas públicas** the Treasury; **el dinero salió de las arcas comunitarias** the money came from the EU's coffers
-3. (barco) **el** ~ **de Noé** Noah's Ark

arcabucero *nm (soldado)* arquebusier
arcabuz *nm* arquebus
arcada *nf* **-1.** *(de estómago)* **me dieron arcadas** I retched; **el olor le produjo arcadas** the smell made her retch **-2.** *(arcos)* arcade **-3.** *(de puente)* arch
Arcadia *n* MITOL **la ~** Arcadia
arcaico, -a *adj* archaic
arcaísmo *nm* archaism
arcaizante *adj* archaizing
arcángel *nm* archangel; **el Arcángel San Gabriel** the archangel Gabriel
arcano, -a ◇ *adj* arcane
  ◇ *nm* **-1.** *(misterio)* mystery **-2.** *(del tarot)* arcana
arce *nm* maple ❑ **~ blanco** maple; **~ sacarino** sugar maple
arcén *nm* Esp Br hard shoulder, US shoulder
archi- *pref* Fam **el archifamoso cantante** the mega-famous singer; **son archienemigos** they are arch-enemies
archibebe *nm* redshank ❑ **~ claro** greenshank
archiconocido, -a *adj* very well-known; **es ~ su amor por los animales** his love for animals is very well-known; **la fiesta se celebró en su ~ palacio** the party was held in her legendary palace
archidiácono *nm* dean *(of cathedral)*
archidiócesis *nf inv* archdiocese
archiducado *nm* archdukedom
archiduque, -esa *nm,f* archduke, *f* archduchess
archimillonario, -a *nm,f* multimillionaire
archipámpano *nm* Fam Hum **hablando con él, parece uno ~ de las Indias** to talk to him you'd think he was some kind of big shot
archipiélago *nm* archipelago; **el ~ balear** the Balearic Islands; **el ~ de las Antillas** the West Indies
archisabido, -a *adj* very well-known
archivador, -ora ◇ *nm,f* archivist
  ◇ *nm* **-1.** *(mueble)* filing cabinet **-2.** *(cuaderno)* ring binder
archivar *vt* **-1.** *(documentos)* to file **-2.** INFORMÁT to file **-3.** *(proyecto) (definitivamente)* to drop; *(temporalmente)* to shelve; **archivaron el caso por falta de pruebas** they dropped the case owing to a lack of proof
archivero, -a *nm,f*, **archivista** *nmf* archiving
archivística *nf* archiving
archivo *nm* **-1.** *(lugar)* archive; TV **imágenes de ~** library pictures ❑ **el Archivo de Indias** = archive in Seville storing documents relating to the administration of Spain's colonial empire **-2.** *(documentos)* archives **-3.** INFORMÁT file ❑ **~ adjunto** attachment; **~ ejecutable** exe file; **~ invisible** invisible file; **~ oculto** hidden file; **~ de texto** text file
archivolta = arquivolta
arcilla *nf* clay
arcilloso, -a *adj* clay-like, clayey; **suelo arcilloso** clayey soil
arcipreste *nm* archpriest
arco *nm* **-1.** *(figura curva)* arch ❑ **~ apuntado** Gothic arch; **~ detector de metales** security gate *(at airport, etc)*; **~ formero** supporting arch; **~ de herradura** horseshoe arch; **~ iris** rainbow; **~ de medio punto** semicircular arch; **~ ojival** Gothic arch; **~ parlamentario: partidos de todo el ~ parlamentario** parliamentary parties from across the whole political spectrum; ANAT **~ superciliar** superciliary arch; **~ triunfal** triumphal arch; **~ de triunfo** triumphal arch; **el Arco del Triunfo** *(en París)* the Arc de Triomphe
  -2. *(para flechas)* bow; **tiro con ~** archery
  -3. MÚS *(de instrumento de cuerda)* bow
  -4. ELEC **~ eléctrico** electric arc; **~ voltaico** electric arc
  -5. GEOM arc
  -6. esp Am DEP *(portería)* goal, goalmouth
arcón *nm* large chest
Ardenas *nfpl* **las ~** the Ardennes

arder *vi* **-1.** *(quemarse) (bosque, casa)* to burn; **la iglesia está ardiendo** the church is burning o on fire; **ha ardido el granero** the barn has burnt down; **una antorcha que arde permanentemente** a torch that is always burning; **todavía arden los rescoldos de la hoguera** the bonfire is still smouldering; EXPR Fam **con eso va que arde** that's more than enough
  -2. *(estar caliente) (café, sopa)* to be boiling hot; EXPR **¡está que arde!** *(persona)* he's fuming; *(reunión)* it's getting pretty heated
  -3. *(sentir ardor)* **le arde la cara** her face is burning; **me arde el estómago** I've got heartburn; **tanto dinero le arde en sus manos** all that money is burning a hole in his pocket
  -4. *(por deseos)* **~ de rabia** to burn with rage; **~ en deseos de hacer algo** to be dying to do sth
  -5. *(por agitación)* **la ciudad ardía en fiestas** the city was one great party; **todavía arde la revuelta de mayo** the spirit of the May uprising is still alive
ardid *nm* ruse, trick
ardido, -a *adj* Andes, Guat *(enfadado, enojado)* irritated
ardiente *adj* **-1.** *(en llamas)* burning; *(líquido)* scalding **-2.** *(ferviente) (deseo)* burning; *(admirador, defensor)* ardent; **un ~ discurso** a passionate speech
ardientemente *adv* ardently, fervently
ardilla *nf* squirrel ❑ **~ estriada** chipmunk; **~ gris** grey squirrel; **~ listada** chipmunk; **~ roja** red squirrel; **~ voladora** flying squirrel
ardite *nm* **no vale un ~** it isn't worth a brass farthing
ardor *nm* **-1.** *(calor)* heat; *(quemazón)* burning *(sensation)* ❑ **~ de estómago** heartburn **-2.** *(entusiasmo)* fervour; *(pasión)* passion; **con ~** passionately, fervently
ardorosamente *adv (apasionadamente)* ardently, fervently
ardoroso, -a *adj* **-1.** *(caliente)* hot, burning **-2.** *(apasionado)* ardent, fervent
arduamente *adv* arduously, with great difficulty
arduo, -a *adj* arduous
área *nf*

> Takes the masculine articles **el** and **un**.

  -1. *(zona)* area ❑ **~ de descanso** *(en carretera)* Br lay-by, US rest area; ECON **~ (del) euro** Euro zone; ECON **~ de libre comercio** free trade area; **~ metropolitana** metropolitan area; **~ protegida** protected area; **~ de servicio** *(en carretera)* service area
  -2. *(ámbito)* area; **la investigación en áreas como la inteligencia artificial** research in areas such as artificial intelligence; **una carrera del ~ de Ciencias** a university course in a science subject; **el responsable del ~ económica del partido** the person in charge of the party's economic policy
  -3. *(medida)* are, = 100 square metres
  -4. GEOM *(superficie)* area
  -5. DEP **~ (de penalty o castigo)** (penalty) area ❑ **~ grande** eighteen-yard box, penalty area; **~ pequeña** six-yard box
areca *nf (palmera)* areca, betel palm
ARENA [a'rena] *nf (abrev de Alianza Republicana Nacionalista)* = right wing Salvadoran political party
arena *nf* **-1.** *(de playa)* sand ❑ **~ para gatos** cat litter; **arenas movedizas** quicksand **-2.** *(escenario de la lucha)* arena; **la ~ política** the political arena **-3.** TAUROM bullring
arenal *nm* area of sandy ground
arenero *nm* TAUROM = boy who smooths the surface of the bullring with sand
arenga *nf* **-1.** *(discurso)* harangue **-2.** Chile Fam *(disputa)* quarrel, argument
arengar [38] *vt* to harangue
arenilla *nf* **-1.** *(polvo)* dust **-2. arenillas** *(cálculos)* stones

arenisca *nf* sandstone
arenoso, -a *adj (con arena)* sandy
arenque *nm* herring; **~ ahumado** kipper
areola, aréola *nf* areola
areometría *nf* hydrometry
areómetro *nm* hydrometer
areópago *nm* HIST Areopagus
arepa *nf* Carib, Col = pancake made of maize flour; EXPR Ven **buscar o ganarse la ~** to earn a living; EXPR Ven **el que no pila no come ~** you have to work for a living; EXPR Ven **está o se ha puesto la ~ cuadrada** times are hard
arepera *nf* Carib, Col **-1.** *(tienda)* = stall selling maize pancakes **-2.** muy Fam Pey *(lesbiana)* dyke, lezzy
arepería *nf* Carib, Col *(tienda)* = stall selling maize pancakes
arepero, -a *nm,f* Carib, Col = person who sells maize pancakes
arequipe *nm* **-1.** Col *(dulce de leche)* = toffee pudding made with caramelized milk **-2.** Ven *(postre)* = rice pudding made with eggs, wine and cinnamon
arete *nm* **-1.** *(pez)* red gurnard **-2.** Andes, Méx *(pendiente)* earring; Esp *(en forma de aro)* hoop earring
argamasa *nf* mortar
Argel *n* Algiers
Argelia *n* Algeria
argelino, -a ◇ *adj* Algerian
  ◇ *nm,f* Algerian
argentado, -a *adj (de color plateado)* silver, silvery
argénteo, -a *adj (de plata)* silver
argentífero, -a *adj* silver-bearing
Argentina *n* **(la) ~** Argentina
argentinidad *nf* **un debate sobre la ~** a debate about what it means to be an Argentinian
argentinismo *nm* = word or expression peculiar to Argentinian Spanish
argentino, -a ◇ *adj* **-1.** *(de Argentina)* Argentinian **-2.** *(sonido)* silvery
  ◇ *nm,f* Argentinian
argolla *nf* **-1.** *(aro)* (large) ring **-2.** Andes, Méx *(alianza)* wedding ring **-3.** Carib *(pendiente)* hoop earring **-4.** Andes, CAm Fam *(camarilla)* **formar ~** to form a monopoly **-5.** Ven Fam *(homosexual)* queer, Br poof, US fag **-6.** EXPR CAm Fam **tener ~** to have friends in high places
argón *nm* QUÍM argon
argonauta *nm* **-1.** MITOL Argonaut **-2.** *(molusco)* paper nautilus
argot *(pl* **argots)** *nm* **-1.** *(popular)* slang **-2.** *(técnico)* jargon
argucia *nf* deceptive argument
argüende *nm* Méx Fam **-1.** *(chisme)* gossip **-2.** *(fiesta)* party, Br rave-up
argüendero, -a *nm,f* Méx Fam gossip
argüir [8] ◇ *vt* **-1.** *(argumentar)* to argue; **arguyó como excusa que nadie le había informado** in her defence, she argued that nobody had told her **-2.** *(demostrar)* to prove, to demonstrate **-3.** *(deducir)* to deduce
  ◇ *vi (argumentar)* to argue; **arguyó en contra de la propuesta** he argued against the proposal
argumentación *nf* line of argument
argumental *adj (de novela, película)* **hilo ~** plot; **tema ~** subject, theme
argumentar ◇ *vt (alegar)* to argue **(que** that); **no argumentó bien su hipótesis** he didn't argue his theory very well; **se puede ~ que...** it could be argued that...
  ◇ *vi (discutir)* to argue
argumento *nm* **-1.** *(razonamiento)* argument **-2.** *(trama)* plot
arguyera etc ver **argüir**
arguyo etc ver **argüir**
aria *nf*

> Takes the masculine articles **el** and **un**.

(de ópera) aria
Ariadna *n* MITOL Ariadne

ariano, -a *Am* ◇ *adj* Aries; **ser ~** to be (an) Aries
◇ *nm,f* Aries; **los ~ son...** Arians are...
arica *nf Ven (abeja)* bee
aridez *nf* **-1.** *(de terreno, clima)* aridity, dryness **-2.** *(de libro, tema)* dryness
árido, -a ◇ *adj* **-1.** *(terreno, clima)* arid, dry **-2.** *(libro, tema)* dry
◇ *nmpl* **áridos** dry goods; CONSTR **áridos de construcción** aggregate
aries ◇ *adj inv Esp* Aries; **ser ~** to be (an) Aries
◇ *nm (signo)* Aries, Arian; **los de Aries son...** Arians are...
◇ *nmf inv Esp (persona)* Aries, Arian; **los ~ son...** Arians are...
ariete *nm* **-1.** MIL battering-ram **-2.** DEP centre-forward
ario, -a ◇ *adj* Aryan
◇ *nm,f* Aryan
ariqueño, -a ◇ *adj* of/from Arica *(Chile)*
◇ *nm,f* person from Arica *(Chile)*
arísaro *nm* friar's cowl
ariscamente *adv* surlily
arisco, -a *adj* surly
arista *nf* **-1.** GEOM edge **-2.** *(en montaña)* arête **-3.** *(de trigo)* beard **-4.** *(dificultad)* **su imagen presentaba aún muchas aristas** there were still a lot of awkward problems with his image; **tenemos que limar muchas aristas para poder llegar a un acuerdo** there are a lot of problems that need to be ironed out before we have an agreement
aristocracia *nf* aristocracy ▫ HIST **~ obrera** labour aristocracy
aristócrata *nmf* aristocrat
aristocrático, -a *adj* aristocratic
Aristófanes *n pr* Aristophanes
Aristóteles *n pr* Aristotle
aristotélico, -a ◇ *adj* Aristotelian
◇ *nm,f* Aristotelian
aritmética *nf* arithmetic; **~ parlamentaria** parliamentary arithmetic
aritmético, -a ◇ *adj* arithmetic(al); **progresión aritmetica** arithmetic progression
◇ *nm,f* arithmetician
arizónica *nf* Arizona cypress
arlequín *nm* harlequin
arma *nf*

> Takes the masculine articles **el** and **un**.

-1. *(instrumento)* arm, weapon; **alzarse en armas** to rise up in arms; **pasar a alguien por las armas** to have someone shot (by a firing squad); **¡presenten armas!** present arms!; **rendir armas** to surrender arms; **tomar las armas** to take up arms; **velar las armas** to undertake the vigil of the arms; EXPR **ser un ~ de doble filo** to be a double-edged sword; EXPR **ser de armas tomar** to be someone to be reckoned with ▫ **~ atómica** nuclear weapon; **~ bacteriológica** bacteriological weapon; **~ biológica** biological weapon; **~ blanca** blade, = weapon with a sharp blade; **~ convencional** conventional weapon; **~ de fuego** firearm; **~ homicida** murder weapon; **~ ligera** light weapon; **~ nuclear** nuclear weapon; **~ pesada** heavy weapon; **~ química** chemical weapon; **~ reglamentaria** regulation firearm; *también Fig* **~ secreta** secret weapon
-2. *(medio)* weapon; **la mejor ~ contra la arrogancia es la indiferencia** the best defence against arrogance is to ignore it; **renunciaron a la violencia como ~ política** they renounced the use of violence as a political weapon; **la vacuna será una poderosa ~ contra la malaria** the vaccine will be a powerful weapon against malaria
-3. *(cuerpo en ejército)* arm; **el ~ de infantería** the infantry arm
-4. las armas *(profesión)* the military career, the Army; **eligió la carrera de las armas** he chose a career in the Army
armada *nf* **-1.** *(marina)* navy; **la Armada** the Navy ▫ HIST **la Armada Invencible** the Spanish Armada **-2.** *(escuadra)* fleet

armadillo *nm* armadillo
armado, -a ◇ *adj* **-1.** *(con armas)* armed; *Fig* **~ hasta los dientes** armed to the teeth **-2.** *(con armazón)* reinforced
◇ *nm (pez)* armed gurnard
armador, -ora *nm,f* **-1.** *(dueño)* shipowner **-2.** *(constructor)* shipbuilder
armadura *nf* **-1.** *(de guerrero)* armour **-2.** *(de barco, tejado)* framework
armamentismo *nm* **el creciente ~ en la región** the arms build-up in the region
armamentista, armamentístico, -a *adj* arms; **carrera ~** arms race
armamento *nm* **-1.** *(armas)* arms; **~ ligero/pesado** light/heavy weaponry; **el ~ nuclear de un país** a country's nuclear arsenal **-2.** *(acción)* arming
armañac *nm* Armagnac
armar ◇ *vt* **-1.** *(montar) (mueble, modelo)* to assemble; *(tienda)* to pitch
-2. *(ejército, personas)* to arm; **armaron a los ciudadanos con fusiles** they armed the citizens with rifles; **~ caballero a alguien** to knight sb
-3. *(fusil, pistola)* to load
-4. *Fam (lío, escándalo)* to cause; **armarla** to cause trouble; **armó una buena con sus comentarios** she really went and did it with the comments she made; **¡buena la has armado!** you've really gone and done it now!; **~ bronca** *o* **bulla** to kick up a row *o* racket; **~ camorra** to pick a fight; EXPR **~ la gorda** to kick up a fuss *o* stink
-5. *(fundar, sentar)* to base, to found
-6. NÁUT to fit out
-7. *Am (cigarrillo)* to roll
-8. EXPR *Méx Fam* **armarla: ¿sabes algo de electrónica? – no, no la armo** do you know anything about electronics? – no, I'm no good in that department

◆ **armarse** *vpr* **-1.** *(con armas)* to arm oneself; *Fig* **armarse hasta los dientes** to arm oneself to the teeth; *Fig* **armarse de** *(valor, paciencia)* to summon up; **se armó de valor y le contó la verdad** he plucked up his courage and told her the truth
-2. *Fam (organizarse)* **se armó un gran escándalo** there was a huge fuss; **con tantas instrucciones, me armé un lío tremendo** with all those instructions I got into a terrible muddle; **la que se va a ~ cuando se entere tu padre** all hell's going to break loose when your father finds out; **si no paras de una vez se va a ~ una buena** if you don't stop that at once, there'll be trouble; EXPR **se armó la gorda** *o* **la de San Quintín** *o* **la de Dios es Cristo** *o* **la de Troya** all hell broke loose
-3. *Andes (enriquecerse)* to strike it rich, to come into money
-4. *RP (consolidarse)* to do well for oneself
armario *nm* **-1.** *(para objetos)* cupboard; *(para ropa)* wardrobe; EXPR *Fam* **salir del ~** to come out of the closet ▫ **~ empotrado** fitted cupboard/wardrobe; **~ de luna** wardrobe (with mirrors on the doors); **~ ropero** wardrobe **-2.** *Fam (jugador, deportista) Br* donkey, carthorse, *US* goat
armatoste *nm* **-1.** *(mueble, objeto)* unwieldy object **-2.** *(máquina)* contraption
armazón *nm o nf* **-1.** *(de avión, coche)* chassis; *(de barco)* frame; *(de edificio)* skeleton **-2.** *(ideológico, argumental)* framework **-3.** *RP (de anteojos)* frame
armella *nf* eyebolt
Armenia *n* Armenia
armenio, -a ◇ *adj* Armenian
◇ *nm,f (persona)* Armenian
◇ *nm (lengua)* Armenian
armería *nf* **-1.** *(depósito)* armoury **-2.** *(tienda)* gunsmith's (shop) **-3.** *(arte)* gunsmith's craft
armero *nm* **-1.** *(fabricante)* gunsmith **-2.** MIL *(soldado)* armourer
armiño *nm* **-1.** *(piel)* ermine **-2.** *(animal)* stoat
armisticio *nm* armistice

armonía, harmonía *nf* **-1.** MÚS harmony **-2.** *(de colores, formas)* harmony **-3.** *(amistad)* harmony; **la falta de ~ entre los miembros del gabinete** the lack of agreement within the cabinet; **vivir en ~ con alguien** to live in harmony with sb
armónica *nf* harmonica, mouth organ
armónicamente *adv* harmoniously
armónico, -a ◇ *adj* **-1.** MÚS harmonic **-2.** *(colores, formas)* harmonious
◇ *nm* MÚS harmonic
armonio *nm* harmonium
armoniosamente *adv* harmoniously
armonioso, -a *adj* harmonious
armónium *nm* harmonium
armonización *nf* **-1.** MÚS harmonization **-2.** *(de colores, formas)* harmonization; **la ~ de políticas agrarias entre los miembros de la UE** the harmonization of agricultural policy among EU members
armonizar [14] ◇ *vt* **-1.** MÚS to harmonize **-2.** *(concordar)* to harmonize; **el objetivo es ~ las políticas de los Estados miembros** the aim is to harmonize member states' policies; **necesitamos ~ criterios** we need to make sure we're using the same criteria; **tratan de ~ los ingresos con los gastos** they are trying to balance their expenditure with their income
◇ *vi (concordar)* **~ (con)** to match; **esas dos prendas no armonizan bien** those two garments don't go well together *o* don't match; **el nuevo edificio no armoniza con los alrededores** the new building doesn't fit into its surroundings
ARN *nm (abrev de* **ácido ribonucleico**) RNA
arnés *(pl* **arneses***) nm* **-1.** HIST armour **-2.** *(para escalada)* harness **-3. arneses** *(de animales)* trappings, harness
árnica *nf*

> Takes the masculine articles **el** and **un**.

arnica
aro *nm* **-1.** *(círculo)* hoop; **los aros olímpicos** the Olympic rings; **un sostén de aros** an underwired bra; EXPR **pasar por el ~** to knuckle under ▫ **aros de cebolla** onion rings **-2.** *(en gimnasia rítmica)* hoop **-3.** TEC ring **-4.** *Am (pendiente)* earring; *Esp (en forma de aro)* hoop earring **-5.** *Ven (alianza)* wedding ring ▫ **~ liso** engagement ring **-6.** *Col (montura)* rim **-7.** *Bol (anillo)* ring
aroma *nm (de alimentos)* aroma; *(de rosas)* scent; *(de vino)* bouquet; **~ artificial** artificial flavouring
aromaterapia *nf* aromatherapy
aromático, -a *adj* aromatic
aromatizador *nm* air freshener
aromatizante *nm* flavouring
aromatizar [14] *vt* **-1.** *(con perfume)* to perfume **-2.** *(comida)* to flavour
aromatoterapia *nf* aromatherapy
arpa *nf*

> Takes the masculine articles **el** and **un**.

harp; EXPR *RP Fam* **sonar como ~ vieja: emprendió un nuevo proyecto, pero al poco tiempo sonó como ~ vieja** she started a new project, but before long she screwed up *o Br* it all went pear-shaped; *RP Fam* **¿te fue bien en el examen? – no, soné como ~ vieja** did the exam go well? – no, I made a real mess of it ▫ **~ de boca** Jew's harp
arpegiar *vi* MÚS to play arpeggios
arpegio *nm* MÚS arpeggio
arpeo *nm* grappling-iron
arpía *nf* **-1.** MITOL harpy **-2.** *(mujer mala)* witch
arpillera, harpillera *nf* sacking, *Br* hessian, *US* burlap
arpista *nmf* harpist
arpón *nm (para pescar)* harpoon
arponear *vt* to harpoon
arquear ◇ *vt* **-1.** *(madera)* to warp; *(vara, fusta)* to flex **-2.** *(cejas, espalda)* to arch; **el gato arqueó el lomo** the cat arched its back **-3.** NAUT *(embarcación)* to gauge, to measure the tonnage of **-4.** *Am* COM to do the books

◆ **arquearse** *vpr* **-1.** *(madera)* to warp **-2.** *(cejas, espalda)* to arch
arqueo *nm* **-1.** *(de cejas, espalda, lomo)* arching **-2.** COM cashing up **-3.** NÁUT registered tonnage
arqueolítico, -a *adj* Stone-age
arqueología *nf* archaeology ❑ **~ industrial** industrial archaeology
arqueológico, -a *adj* archaeological
arqueólogo, -a *nm,f* archaeologist
arquería *nf (arcos)* arcade
arquero, -a ◇ *nm* MIL archer
◇ *nm,f* **-1.** DEP *(tirador)* archer **-2.** *(tesorero)* treasurer **-3.** *Am* DEP *(portero)* goalkeeper
arqueta *nf* casket
arquetípico, -a *adj* archetypal
arquetipo *nm* archetype; **es el ~ de hombre de los 80** he's the archetypal 80s man
Arquímedes *n pr* Archimedes
arquitecto, -a *nm,f* architect; **fue el ~ de la revolución** he was the architect of the revolution ❑ **~ técnico** = on-site architect, responsible for the implementation of the designing architect's plans
arquitectónicamente *adv* architecturally
arquitectónico, -a *adj* architectural; **el patrimonio ~ de Barcelona** the architectural heritage of Barcelona
arquitectura *nf* **-1.** *(arte, técnica)* architecture ❑ **~ civil** = non-ecclesiastical architecture; **~ funcional** functional architecture; **~ de interiores** interior design; **~ naval** naval architecture; **~ religiosa** ecclesiastical *o* church architecture **-2.** INFORMÁT architecture ❑ **~ abierta** open architecture
arquitectural *adj* architectural
arquitrabe *nm* ARQUIT architrave
arquivolta, archivolta *nf* ARQUIT archivolt
arr. *(abrev de* **arreglo de***)* arr.
arrabal *nm* slum
arrabalero, -a ◇ *adj* **-1.** *(de barrio pobre)* of/from the slums **-2.** *Esp (barriobajero)* rough, coarse
◇ *nm,f* **-1.** *(persona de barrio pobre)* person from the slums **-2.** *Esp (barriobajero)* rough *o* coarse person
arrabio *nm* IND pig iron
arracada *nf* drop *o* pendant earring
arracimarse *vpr* to cluster together
arraclán *nm* alder buckthorn
arraigado, -a *adj* **-1.** *(costumbre, idea)* deeply rooted; **el racismo está muy ~ en la región** racism is endemic in the region **-2.** *(persona)* established
arraigar [38] ◇ *vt* **-1.** *(establecer)* to establish **-2.** *Andes, Méx* DER to limit *o* restrict the movement of
◇ *vi* **-1.** *(planta)* to take root **-2.** *(costumbre, idea)* to take root
◆ **arraigarse** *vpr (establecerse)* to settle down (**en** in)
arraigo *nm* roots; **tener mucho ~** to be deeply rooted; **una costumbre de gran ~ en el país** a custom which is deeply rooted in that country; **un candidato con mucho ~ popular** a candidate with widespread popular support
arramblar *vi* **-1.** *(destruir)* **~ con** to sweep away **-2.** *Fam (arrebatar)* **~ con** to make off with; **fue el primero en llegar y arrambló con el poco champán que había** he was the first person to arrive and he nabbed what little champagne there was
arrancada *nf* **-1.** *(de vehículo)* start; **con una ~ repentina dejó a sus rivales atrás** he put on a sudden spurt and left his rivals behind **-2.** *(en halterofilia)* snatch
arrancar [59] ◇ *vt* **-1.** *(sacar de su sitio) (árbol)* to uproot; *(malas hierbas, flor)* to pull up; *(cable, página, pelo)* to tear out; *(cartel, cortinas)* to tear down; *(muela)* to pull out, to extract; *(ojos)* to gouge out; *(botón, etiqueta)* to tear *o* rip off; **arranqué el póster de la pared** I tore the poster off the wall; **~ la cabellera a alguien** to scalp sb; **~ de cuajo** *o* **de raíz** *(árbol)* to uproot; *(brazo, pierna)* to tear right off; *Fig* **~ a alguien de un sitio** to shift sb from somewhere; *Fig* **~ a alguien de las drogas/del alcohol** to get sb off drugs/alcohol
-2. *(arrebatar)* **~ algo a alguien** to grab *o* snatch sth from sb; **~ algo de las manos de alguien** to snatch sth out of sb's hands; **tenía el bolso muy bien agarrado y no se lo pudieron ~** she was holding on very tight to her handbag and they couldn't get it off her; **el vigilante consiguió arrancarle el arma al atracador** the security guard managed to grab the robber's gun; **el Barcelona consiguió ~ un punto en su visita a Madrid** Barcelona managed to take a point from their visit to Madrid; **la oposición arrancó varias concesiones al gobierno** the opposition managed to win several concessions from the government
-3. *(poner en marcha) (coche, máquina)* to start; INFORMÁT to start up, to boot (up)
-4. *(obtener)* **~ algo a alguien** *(confesión, promesa, secreto)* to extract sth from sb; *(sonrisa, dinero, ovación)* to get sth out of sb; *(suspiro, carcajada)* to bring sth from sb; **no consiguieron arrancarle ninguna declaración** they failed to get a statement out of him
◇ *vi* **-1.** *(partir)* to leave; **¡corre, que el autobús está arrancando!** quick, the bus is about to leave; **el Tour ha arrancado finalmente** the Tour has finally got *o* is finally under way
-2. *(máquina, coche)* to start; **no intentes ~ en segunda** you shouldn't try to start the car in second gear
-3. *(empezar)* to get under way, to kick off; **ya arrancó la campaña electoral** the election campaign is already under way; **el festival arrancó con un concierto de música clásica** the festival got under way *o* kicked off with a classical music concert; **empataron al poco de ~ la segunda mitad** they equalized shortly after the second half had got under way *o* kicked off
-4. *Fam* **~ a hacer algo** *(persona)* to start doing *o* to do sth; **arrancó a llorar de repente** she suddenly started crying, she suddenly burst into tears
-5. *(provenir)* **la tradición arranca de la Edad Media** the tradition dates back to the Middle Ages; **el río arranca de los Andes** the river has its source in the Andes; **todos los problemas arrancan de una nefasta planificación** all the problems stem from poor planning
◆ **arrancarse** *vpr* **-1. arrancarse a hacer algo** to start doing *o* to do sth; **arrancarse a llorar** to start crying, to burst into tears
-2. TAUROM to charge off **-3.** *Chile (salir corriendo)* to rush off
arranchador, -ora *nm,f Andes* bag snatcher
arranchar *vt* **-1.** *Andes, CAm (arrebatar)* to seize, to snatch **-2.** *Andes, Cuba (aprehender)* to catch, to capture
arranque *ver* **arrancar**
◇ *nm* **-1.** *(comienzo)* start; **el equipo no ha tenido un buen ~ liguero** the team has had a poor start to the season; **la película se proyectó en el ~ del certamen** the festival kicked off with a screening of the film
-2. AUT *(motor)* starter (motor); **durante el ~** *(puesta en marcha)* while starting the car ❑ **~ eléctrico** electrical starting
-3. INFORMÁT boot-up, start-up
-4. *(de arco)* base
-5. *(arrebato)* **en un ~ de ira/generosidad** in a fit of anger/generosity; **¡tiene unos arranques!** he just flies off the handle without warning!
-6. *(decisión)* drive
arrapiezo *nm Fam* urchin, young scallywag
arras *nfpl* **-1.** *(fianza)* deposit **-2.** *(en boda)* = coins given by the bridegroom to the bride
arrasamiento *nm* destruction, razing
arrasar ◇ *vt (destruir) (edificio, cosecha)* to destroy; *(zona)* to devastate; **el fuego arrasó el castillo** the fire destroyed the castle, the castle was burned to the ground in the fire
◇ *vi* **-1.** **~ con** *(destruir)* to destroy; **el huracán arrasó con toda la cosecha** the hurricane destroyed the entire harvest; **los niños arrasaron con todos los pasteles** the children made short work of the cakes
-2. *Fam (triunfar)* to win overwhelmingly; **el equipo brasileño arrasó en la primera fase** the Brazilian team swept everything before it in the first stage; **la película arrasó en toda Europa** the movie was a massive success throughout Europe
arrastrado, -a ◇ *adj* **-1.** *(miserable)* miserable, wretched; **lleva una vida arrastrada** she lives a miserable *o* wretched life **-2.** *(pronunciación, letra)* drawn out **-3.** *Méx, RP (servil)* grovelling
◇ *nm,f Méx, RP (persona servil)* groveller
arrastrar ◇ *vt* **-1.** *(objeto, persona)* to drag; *(carro, vagón)* to pull; *(remolque)* to tow; **el viento arrastró las hojas** the wind blew the leaves along; *Fig* **el presidente arrastró en su caída a varios ministros** the president took several ministers down with him; **la caída de la Bolsa neoyorquina arrastró al resto de mercados** the crash on the New York stock exchange pulled the other markets down with it; **~ los pies** to drag one's feet; EXPR *RP Fam* **~ el ala a alguien** to set one's cap at sb
-2. INFORMÁT to drag; **~ y soltar** to drag and drop
-3. *(convencer)* to win over, to sway; **~ a alguien a algo/a hacer algo** to lead sb into sth/to do sth; **dejarse ~ por algo/alguien** to allow oneself to be swayed by sth/sb
-4. *(producir)* to bring; **la guerra arrastra ya 3.000 muertos** the war has already claimed 3,000 lives
-5. *(atraer)* to pull in; **un cantante que arrastra muchos seguidores** a singer who pulls in large crowds
-6. *(soportar)* **arrastra una vida miserable** she leads a miserable life; **arrastra muchas deudas/muchos problemas** he has a lot of debts/problems hanging over him; **arrastra esa dolencia desde hace varios años** she has been suffering from this complaint for several years
-7. *(al hablar)* to draw out; **arrastra las erres** he rolls his r's
◇ *vi* **-1.** *(rozar el suelo)* to drag along the ground; **te arrastra el vestido** your dress is dragging on the ground; **estas cortinas arrastran** these curtains are touching the floor **-2.** *(en juegos de cartas)* **~ con tréboles** to lead with a club
◆ **arrastrarse** *vpr* **-1.** *(por el suelo)* to crawl; **los soldados se arrastraban por el barro** the soldiers crawled through the mud **-2.** *(humillarse)* to grovel; **se arrastró ante ella** he grovelled to her
arrastre *nm* **-1.** *(acarreo)* dragging; EXPR *Fam* **estar para el ~** to have had it; *Fam* **el partido de tenis me ha dejado para el ~** the tennis match has done me in
-2. *(pesca)* trawling
-3. TAUROM = dragging of the dead bull from the bullring
-4. GEOL **de ~** alluvial
-5. *(atractivo)* pull, influence; **un político con mucho ~** a politician with a lot of pull; *RP Fam* **tener ~:** **esa chica tiene mucho ~** that girl is quite something *o* can really turn heads
-6. *Col, Méx (molino)* silver mill
arrastrero *nm* trawler
arrayán *nm* myrtle
arre *interj* gee up!; **¡~, caballo!** gee up!
arrea *interj* **-1.** *(caramba)* good grief *o* heavens! **-2.** *(vamos)* come on!, get a move on!; **¡~, que llegamos tarde!** come on *o* get a move on or we'll be late!
arreado, -a *adj Col Fam (a toda velocidad)* **pasaron arreados** they flew by; **en cuanto lo vieron, salieron arreados** they legged it as soon as they saw him
arrear ◇ *vt* **-1.** *(azuzar)* to gee up **-2.** **¡arreando!** *(¡vamos!)* come on!, let's get a move on!
-3. *(propinar)* to give; **~ una bofetada a**

arrebatado *alguien* to give sb a slap, to slap sb **-4.** *(poner arreos)* to harness **-5.** *Arg, Chile, Méx (robar)* to steal, to rustle
◇ *vi* EXPR **el que venga después** *o* **detrás, que arree** let's leave that for someone else to sort out

arrebatado, -a *adj* **-1.** *(vehemente)* impassioned; **un ~ visionario** an enraptured visionary **-2.** *(iracundo)* enraged **-3.** *(cara)* flushed; *(rojo)* deep

arrebatador, -ora *adj (personalidad, sonrisa)* captivating

arrebatamiento *nm* **-1.** *(apasionamiento)* passion, enthusiasm **-2.** *(furor)* fury, rage

arrebatar ◇ *vt* **-1.** *(quitar)* **~ algo a alguien** to snatch sth from sb; **me arrebató el billete de las manos** she snatched the banknote out of my hands; **le arrebató el récord mundial** he took the world record off him; **arrebataron mercado a sus competidores** they won market share from their competitors; **les arrebataron sus tierras** their land was seized; **campos de cultivo arrebatados al desierto** farmland reclaimed from the desert
-2. *(cautivar)* to captivate
-3. *(quemar)* **la carne quedó arrebatada** the meat was burnt on the outside and not properly cooked on the inside
-4. *Ven (atropellar)* to knock down
◆ **arrebatarse** *vpr* **-1.** *(enfurecerse)* to get furious **-2.** *(quemarse)* **se ha arrebatado la carne** the meat is burnt on the outside and not properly cooked on the inside

arrebato *nm* **-1.** *(arranque)* **lo tiró por la ventana de un ~** *o* **en un ~ de cólera** he threw it out of the window in a fit of rage; **en un ~ de generosidad** in an outburst of generosity; **un ~ de amor** a crush **-2.** *(furia)* rage, fury; **con ~** in fury, enraged **-3.** *(éxtasis)* ecstasy **-4.** *RP (robo)* bag-snatching

arrebatón *nm Carib Fam* bag-snatching; **le dieron un ~** she had her bag snatched

arrebol *nm* **-1.** *(de cara)* rosiness, ruddiness **-2.** *(de nubes)* red glow

arrebolado, -a *adj* blushing

arrebolar ◇ *vt (ruborizar)* to redden
◆ **arrebolarse** *vpr (mejillas)* to redden, to blush

arrebujar ◇ *vt* **-1.** *(amontonar)* to bundle (up) **-2.** *(arropar)* to wrap up (warmly)
◆ **arrebujarse** *vpr (arroparse)* to wrap oneself up; *(encogerse)* to huddle up; **se arrebujó entre las mantas** he snuggled up under the blankets

arrechar *CAm, Col, Méx, Ven* ◇ *vt Vulg* to make horny
◆ **arrecharse** *vpr* **-1.** *Fam (enfurecerse)* to blow one's top **-2.** *Vulg (excitarse)* to get horny

arrechera *nf CAm, Col, Méx, Ven Fam (furia)* **le dio ~** she blew her top

arrecho, -a *adj* **-1.** *CAm, Col, Méx, Ven Vulg (excitado)* horny
-2. *CAm, Méx, Ven Fam (colérico)* crabby, *Br* stroppy; **es una persona difícil, muy arrecha** she's a difficult person to get on with, the least thing makes her blow her top
-3. *CAm, Méx, Ven Fam (furioso)* mad, furious; **la cuenta de luz altísima lo puso ~** he blew his top over the huge electricity bill
-4. *CAm, Col, Méx, Ven Fam (difícil)* hellish, hellishly difficult
-5. *CAm, Col, Méx, Ven Fam (valiente)* gutsy
-6. *Ven Fam (sensacional)* mega, wicked; **su último disco es arrechísimo** her latest record is mega *o* wicked

arrechucho *nm Fam* **me dio un ~** I was ill, I wasn't feeling too well

arreciar *vi* **-1.** *(temporal, lluvia)* to get worse; *(viento)* to get stronger, to pick up **-2.** *(críticas)* to intensify

arrecife *nm* reef ❏ **~ barrera** barrier reef; **~ de coral** coral reef

arredrar ◇ *vt* to put off, to intimidate; **las dificultades no le arredraban** he wasn't put off by the difficulties
◆ **arredrarse** *vpr* **no se arredra ante nada**

he's not easily put off; **se arredró con las amenazas que recibió** he was intimidated by the threats he received

arreglado, -a *adj* **-1.** *(reparado)* fixed, repaired
-2. *(ropa)* mended
-3. *(ordenado)* tidy
-4. *(solucionado)* sorted out; **¡y asunto ~!** that's that!; EXPR *Fam* **estar ~: ¡y ahora se va de vacaciones? ¡pues estamos arreglados!** and now he's off on holiday? well that's just what we need!; **¡estaríamos arreglados si ahora tuviéramos que pagar la cena también!** it really would be the last straw if we had to pay for the meal as well!; **¡están arreglados si se piensan que vamos a aceptar!** if they think we're going to accept, they've got another think coming!
-5. *(precio)* reasonable
-6. *(bien vestido)* smart; **le gusta ir ~** he likes to dress smartly

arreglar ◇ *vt* **-1.** *(reparar)* to fix, to repair; **me arreglarán la moto en una semana** they'll fix *o* repair my bike for me within a week; **están arreglando la autopista** they're repairing the motorway; *Fam* **me costó una fortuna arreglarme la boca** it cost me a fortune to have my teeth seen to
-2. *(ropa) (estrechar)* to take in; *(agrandar)* to let out
-3. *(ordenar)* to tidy (up); **~ la casa** to do the housework
-4. *(solucionar)* to sort out; **todo arreglado, podemos pasar** everything's been sorted out now, we can go in; **arreglaron los papeles para casarse** they got all the necessary papers together so that they could marry; **ya arreglaremos cuentas cuando hayas cobrado** we'll settle once you've been paid, we'll sort out who owes what once you've been paid
-5. MÚS to arrange
-6. *(acicalar)* to smarten up; *(cabello)* to do; **arregla a los niños, que vamos a dar un paseo** get the children ready, we're going for a walk; **tengo que arreglarme el pelo para la fiesta** I have to get my hair done before the party
-7. *(adornar)* to decorate
-8. *(plato)* to season; **¿quieres que arregle la ensalada?** shall I put some dressing on the salad?
-9. *Am (planta)* to tend to
-10. *Am (votación)* to rig
-11. *Fam (escarmentar)* **¡ya te arreglaré yo!** I'm going to sort you out!
◇ *vi Am (quedar)* **arreglé de ir al cine el sábado** I've arranged to go to the cinema on Saturday; **¿cómo vas a la fiesta? - ya arreglé con Silvia** how are you getting to the party? - I've already arranged to go with Silvia
◆ **arreglarse** *vpr* **-1.** *(asunto, problema)* to sort itself out; **no llores, todo se arreglará** don't cry, it'll all sort itself out *o* work out in the end
-2. *(tiempo)* to improve, to get better; **si se arregla el día saldremos de excursión** if the weather improves *o* gets better we can go on a trip somewhere
-3. *(apañarse)* to make do (**con** algo with sth); **es muy austero, con poca cosa se arregla** he's very austere, he makes do with very little; **no me prepares nada especial, me arreglo con un café** don't make anything special for me, a coffee will do fine; EXPR **arreglárselas (para hacer algo)** to manage (to do sth); **nos las arreglamos como pudimos** we did the best we could; **¡arréglatelas como puedas!** that's your problem!; **siempre se las arregla para conseguir lo que quiere** she always manages to get what she wants; **no sé cómo te las arreglas para perder siempre** I don't know how you always manage to lose
-4. *(acicalarse)* to smarten up; **no he tenido tiempo para arreglarme** I didn't have time

to get ready; **se pasa la mañana arreglándose** she spends all morning doing herself up
-5. *RP Fam (amigarse)* to make up; **¿no estaban peleadas? - sí, pero ya nos arreglamos** hadn't you fallen out? - yes, but we've made up now
-6. *RP Fam (empezar a salir)* to start going out; **hace dos meses que nos arreglamos** we started going out two months ago

arreglista *nmf MÚS (musical)* arranger

arreglo *nm* **-1.** *(reparación)* repair; **la moto necesitará algunos arreglos** the motorbike will need a few repairs doing; **tras el ~ del fallo del transbordador pudo despegar** after the fault had been fixed the shuttle was able to take off; EXPR **tener ~: este secador no tiene ~** this hairdryer is beyond repair; **¡ese niño no tiene arreglo!** that child's a hopeless case!; **¡todo tiene ~!** there's always a solution to everything!
-2. *(de ropa)* alteration; **hacer un ~ a un vestido** to make an alteration to a dress
-3. *(acuerdo)* agreement; **llegar a un ~** to reach an agreement; **un ~ pacífico de las diferencias** an amicable settlement of differences; **con ~ a** in accordance with; **con ~ al derecho internacional** in accordance with international law; **lo hice con ~ a las instrucciones que recibí** I did it in accordance with the instructions I received
-4. **~ de cuentas** settling of scores
-5. *(aseo)* **~ personal** (personal) appearance
-6. MÚS **~ (musical)** (musical) arrangement

arrejuntar *Fam* ◇ *vt Am* **-1.** *(poner junto)* to put together; **arrejunta los pies** put your feet together **-2.** *(reunir)* **arrejuntó plata para comprar una moto** he got together enough money to buy a motorbike
◆ **arrejuntarse** *vpr* **-1.** *(pareja)* to shack up together; **nuestros vecinos se han arrejuntado** our neighbours are shacked up together **-2.** *Am (grupo)* to get together; **nos arrejuntamos para construir la iglesia** we got together to build the church

arrellanarse *vpr* to settle back; **se arrellanó en el sofá** she settled back in the sofa

arremangado, -a = remangado

arremangar = remangar

arremeter *vi* **~ contra** to attack; **los soldados arremetieron contra las posiciones enemigas** the soldiers attacked *o* charged the enemy positions; **el portavoz de la oposición arremetió contra el proyecto** the opposition spokesman attacked the project

arremetida *nf* attack

arremolinar ◇ *vt* **el viento arremolina las hojas** the wind swirled the leaves around
◆ **arremolinarse** *vpr* **-1.** *(agua, hojas)* to swirl (about) **-2.** *(personas)* **los fans se arremolinaban a la salida del teatro** an excited crowd of fans was milling around outside the theatre; **arremolinarse alrededor de** *o* **en torno a** to mill round about, to crowd round

arrendador, -ora *nm,f* lessor

arrendajo *nm* jay ❏ **~ azul** blue jay

arrendamiento, arriendo *nm* **-1.** *(acción de dar en arriendo)* renting, leasing; **estos terrenos están en ~** *(cedidos)* this land is being rented *o* leased; **contrato de ~** lease ❏ **~ financiero** financial leasing **-2.** *(acción de tomar en arriendo)* renting, leasing; **tomar algo en ~** to rent *o* lease sth **-3.** *(precio)* rent

arrendar [3] *vt* **-1.** *(dar en arriendo)* to let, to lease; **me arrendó su casa** he let *o* rented his house to me **-2.** *(tomar en arriendo)* to rent, to lease; **arrendamos sus tierras desde hace años** we have leased his land for years; *Am* **se arrienda** *(en letrero)* for *o* to rent

arrendatario, -a ◇ *adj* leasing
◇ *nm,f (de alojamiento)* tenant, leaseholder; *(de local comercial)* leaseholder

arrendaticio, -a *adj* **condiciones arrendaticias** terms of lease

arreo *nm Am (recua)* herd, drove

arreos nmpl **-1.** *(de caballo)* harness **-2.** *(equipo)* accessories, equipment

arrepanchigarse [38] vpr Fam to stretch out, to sprawl

arrepentido, -a ◇ adj repentant; **~ de sus acciones, pidió disculpas** he apologized remorsefully; **estoy muy ~ de lo que hice** I'm deeply sorry for what I did, I very much regret what I did; **un terrorista ~** a reformed terrorist
◇ nm,f **-1.** REL penitent **-2.** POL = person who has renounced criminal ways and helped the police

arrepentimiento nm **-1.** *(de pecado, crimen)* repentance **-2.** *(cambio de idea)* change of mind

arrepentirse [62] vpr **-1.** *(de acción)* to regret it; **~ de algo/de haber hecho algo** to regret sth/having done sth; **ven a Cuba, no te arrepentirás** come to Cuba, you won't regret it; **como no me hagas caso, te arrepentirás** you'll be sorry if you don't listen to me, if you don't listen to me you'll live to regret it
-2. *(de pecado, crimen)* to repent; **~ de algo/de haber hecho algo** to repent (of) sth/having done sth
-3. *(volverse atrás)* **al final, me arrepentí y no fui** in the end, I decided not to go; **no te arrepientas en el último momento** don't change your mind at the last minute

arrestado, -a ◇ adj under arrest; **queda usted ~** you are under arrest
◇ nm,f person under arrest; **llevaron los arrestados a la comisaría** they took those they had arrested to the police station

arrestar vt to arrest

arresto nm **-1.** *(detención)* arrest; **su ~ se produjo en plena calle** he was arrested in broad daylight; **durante su ~ lo torturaron** while under arrest he was tortured
-2. *(reclusión)* **al soldado le impusieron dos días de ~** the soldier was locked up for two days ❑ **~ domiciliario** house arrest; **~ mayor** = prison sentence of between one month and a day and six months; **~ menor** = prison sentence of between one and thirty days

arrestos nmpl *(valor)* courage; **tener ~ para hacer algo** to have the courage to do sth

arrianismo nm REL Arianism, Arian heresy

arriano, -a ◇ REL ◇ adj Arian
◇ nm,f Arian

arriar [32] vt *(velas, bandera)* to lower

arriate nm (flower-) bed

arriba ◇ adv **-1.** *(posición) (en general)* above; *(en edificio)* upstairs; **me he dejado el paraguas ~** I've left my umbrella up in the Br flat o US apartment; **te esperaremos ~, en la cumbre** we'll wait for you up at the top; **de ~** top; **el estante de ~** the top shelf; **el apartamento de ~** *(el siguiente)* the upstairs Br flat o US apartment; *(el último)* the top Br flat o US apartment; **vive ~** she lives upstairs; **los vecinos de ~** the upstairs neighbours; **está aquí/allí ~** it's up here/there; **~ del todo** right at the top; **más ~** further up; **ponlo un poco más ~** put it a bit higher up; **el Estudiantes va dos puntos ~** Estudiantes are two points up, Estudiantes are winning by two points; Am **~ de** above
-2. *(dirección)* up; **ve ~** *(en edificio)* go upstairs; **hacia o para ~** up, upwards; **empujar hacia ~** to push upwards; **calle/escaleras ~** up the street/stairs; **cuesta ~** uphill; **río ~** upstream; **tres bloques más ~** three blocks further along o up
-3. *(en una escala)* **los de ~** *(los que mandan)* those at the top; **personas de metro y medio para ~** people of one and a half metres or over, people taller than one and a half metres; **de sargentos para ~** everyone above the rank of sergeant; **~ de** more than
-4. *(en un texto)* above; **más ~** above; **el ~ mencionado** the above-mentioned
-5. EXPR Fam **estar hasta ~ de trabajo** to be up to one's neck in work; **de ~ abajo** *(cosa)* from top to bottom; *(persona)* from head to toe; **inspeccionar algo de ~ abajo** to inspect sth thoroughly; **mirar a alguien de ~ abajo** *(con desdén)* to look sb up and down; RP Fam **tener algo para tirar para ~** to have loads of sth
◇ prep Am **~ (de)** *(encima de)* on top of
◇ **de arriba** loc adv RP Fam free; **a esa disco siempre entro de ~** I always get into that disco for free; **suele fumar de ~** she's always scrounging cigarettes off people
◇ interj up you get!; **¡~, que se hace tarde!** come on, get up, it's getting late!; **¡~....!** up (with)...!; **¡~ la república!** long live the republic!; **¡~ los mineros!** up (with) the miners!; **¡~ las manos!** hands up!

arribada nf NÁUT arrival, entry into port

arribar vi **-1.** **~ a** *(lugar)* to reach; **~ a puerto** to reach port; Fig **el proceso de paz arribó a buen puerto** the peace process came to a successful conclusion **-2.** **~ a** *(conclusión, acerdo)* to arrive at

arribazón nf = arrival of large numbers of turtles or seaweed on the shore

arribeño, -a Am ◇ adj highland
◇ nm,f highlander

arribismo nm **-1.** *(oportunismo)* opportunism
-2. *(ambición)* social climbing

arribista ◇ adj opportunist, careerist
◇ nmf arriviste

arribo nm *(llegada)* arrival

arriende etc ver **arrendar**

arriendo = arrendamiento

arriero, -a nm,f muleteer

arriesgado, -a adj **-1.** *(peligroso) (decisión, operación)* risky **-2.** *(osado)* daring; **es una persona muy arriesgada** she's a very daring person

arriesgar [38] ◇ vt **-1.** *(exponer a peligro)* to risk; **arriesgó la vida por sus ideales** she risked her life for her beliefs **-2.** *(proponer)* to venture, to suggest
◆ **arriesgarse** vpr to take risks/a risk; **no quiero arriesgarme** I don't want to risk it; **no se arriesgó a participar** she didn't risk taking part; **si no te vas ahora te arriesgas a perder el tren** if you don't go now you risk missing the train; **se arriesga a que le descubran** he's running the risk of being found out

arrimado nm Col, Méx, Ven Fam scrounger; **está de ~ en mi casa** he's living off me

arrimar ◇ vt **-1.** *(acercar)* to move o bring closer; **~ algo a o contra algo** *(pared, mesa)* to move sth up against sth; EXPR Fam **~ el hombro** to lend a hand, to muck in; EXPR **~ el ascua a su sardina** to look after number one **-2.** *(arrinconar)* to put away
◆ **arrimarse** vpr **-1.** *(acercarse)* to move closer; **arrímate, que no cabemos** move up or we won't all fit in; **arrimarse a algo** *(acercándose)* to move closer to sth; *(apoyándose)* to lean on sth; **arrímate más a la mesa** move in closer to the table; **el barco se arrimó al muelle** the boat pulled alongside the quay; EXPR **arrimarse al sol que más calienta: siempre se arrima al sol que más calienta** she'll change her loyalties whenever it suits her own interests
-2. *(ampararse)* **arrimarse a alguien** to seek sb's protection
-3. Fam *(pareja)* to shack up together
-4. Ven Fam *(en casa)* **se arrimaron en casa de sus padres cuando se inundó su casa** her parents took them in when they were flooded out
-5. TAUROM to get close to the bull

arrimo nm *(amparo)* protection; **al ~ de** under the protection of

arrinconado, -a adj **-1.** *(abandonado)* discarded, forgotten; **tenían el baúl ~ en una esquina** the trunk was lying discarded o forgotten in a corner **-2.** *(acorralado)* cornered

arrinconamiento nm *(abandono)* **la guerra causó el ~ del asunto** the issue was shelved because of the war

arrinconar vt **-1.** *(apartar)* to put in a corner **-2.** *(dar de lado)* **~ a alguien** to leave sb out in the cold **-3.** *(abandonar)* to discard; **el proyecto fue arrinconado** the project was shelved **-4.** *(acorralar)* to (back into a) corner; **el presidente arrinconó con sus preguntas al candidato** the president backed the candidate into a corner with his questions

arriscado, -a adj **-1.** *(atrevido)* daring, bold **-2.** *(peñascoso)* craggy

arriscar [59] ◇ vt Andes, CAm, Méx *(remangar)* to roll up
◇ vi Col *(osar)* to dare; **a que usted no arrisca con un bulto de cemento** I bet you can't lift a bag of cement
◆ **arriscarse** vpr **-1.** Andes, CAm, Méx *(remangarse)* to roll up; **arriscarse los pantalones** to roll up one's trouser legs
-2. Perú, Salv *(engalanarse)* to dress up

arritmia nf MED arrhythmia

arrítmico, -a adj *(irregular)* irregular

arrizar vt NÁUT **-1.** *(vela)* to reef **-2.** *(atar)* to lash down

arroba nf **-1.** *(unidad de peso)* = 11.5 kg; Fig **por arrobas** by the sackful **-2.** *(unidad de volumen) (para vino)* = approx 16 litres; *(para aceite)* = approx 12 litres **-3.** INFORMÁT *(símbolo)* at, @ sign; **"juan, ~ mundonet, punto, es"** "juan, at mundonet, dot, es"

arrobado, -a adj enraptured

arrobar ◇ vt to captivate
◆ **arrobarse** vpr to go into raptures

arrobo, arrobamiento nm rapture; **la miraba con ~** he looked at her in rapture

arrocero, -a ◇ adj rice; **la producción arrocera** rice production; **una región arrocera** a rice-growing region
◇ nm,f *(agricultor)* rice grower

arrodillar ◇ vt to force to kneel
◆ **arrodillarse** vpr **-1.** *(ponerse de rodillas)* to kneel down (**ante** in front of o before) **-2.** *(someterse)* to go down on one's knees, to grovel (**ante** to)

arrogación nf DER adoption

arrogancia nf arrogance; **con ~** arrogantly

arrogante adj arrogant

arrogantemente adv arrogantly

arrogar [38] ◇ vt *(adoptar)* to adopt
◆ **arrogarse** vpr *(poderes)* to assume, to arrogate to oneself

arrojadizo, -a adj utilizar algo como arma arrojadiza *(botella, ladrillo)* to use sth as a missile; Fig **servirá como arma arrojadiza contra el gobierno** it will be used as a stick to beat the government

arrojado, -a adj bold, fearless

arrojar ◇ vt **-1.** *(lanzar)* to throw; *(con violencia)* to hurl, to fling; **arrojaron piedras contra la embajada** they hurled o flung stones at the embassy; **prohibido ~ basuras** *(en letrero)* no dumping; **prohibido ~ objetos a la vía** *(en letrero)* do not throw objects onto the track
-2. *(despedir) (humo)* to send out; *(olor)* to give off; *(lava)* to spew out; Fig **~ luz sobre algo** to throw light on sth
-3. *(echar)* **~ a alguien de** to throw o kick sb out of; **lo arrojaron de casa** they threw o kicked him out
-4. *(resultado)* **el censo arrojó la cifra de 50 millones de habitantes** the census arrived at a figure of 50 million inhabitants; **las cuentas arrojaban un déficit de 5.000 millones** the accounts showed a deficit of five billion; **el resultado arroja dudas sobre la popularidad del gobierno** the result casts doubt on the government's popularity; **las cifras arrojan perspectivas optimistas para la economía** the figures offer room for optimism about the future of the economy; **la gestión del gobierno arroja un saldo positivo** on balance, the government's performance has been good
-5. *(vomitar)* to throw up
◇ vi *(vomitar)* to throw up
◆ **arrojarse** vpr to hurl oneself; **arrojarse en los brazos de alguien** to fling o throw

arrojo *nm* courage, fearlessness; **con ~** courageously, fearlessly

arrolladito *nm RP* **~ primavera** spring roll

arrollado *nm RP (dulce) Br* swiss roll, *US* jelly roll; *(salado)* = roll of sponge cake with a savoury filling ❑ **~ primavera** spring roll

arrollador, -ora *adj (victoria)* crushing, overwhelming; *(superioridad)* overwhelming; *(éxito)* resounding, overwhelming; *(belleza, personalidad)* dazzling; **es de una simpatía arrolladora** she's an incredibly nice person

arrollamiento *nm Am* **la cantidad de arrollamientos aumenta año tras año** more people get run over every year; **es increíble que haya sobrevivido al ~** it's amazing that she survived being run over like that

arrollar ⋄ *vt* **-1.** *(atropellar)* to knock down, to run over; **lo arrolló un coche** he was knocked down *o* run over by a car **-2.** *(tirar)* *(sujeto: agua, viento)* to sweep away **-3.** *(vencer)* to crush **-4.** *(enrollar)* to roll (up)
⋄ *vi (ganar todos los premios)* to sweep the board; *(vencer claramente)* to achieve a crushing victory

arropar ⋄ *vt* **-1.** *(con ropa)* to wrap up **-2.** *(en cama)* to tuck up **-3.** *(proteger)* to support; **arropado por su familia, consiguió superar su depresión** with his family's support, he was able to come through his depression
◆ **arroparse** *vpr* to wrap oneself up

arrope *nm* **-1.** *(de mosto)* grape syrup **-2.** *(de miel)* honey syrup

arrorró (*pl* **arrorroes**) *nm Andes, RP Fam* lullaby

arrostrar *vt (penalidad, peligro)* to endure

arroyada *nf* **-1.** *(crecida)* flood, freshet **-2.** *(cauce)* channel

arroyo *nm* **-1.** *(riachuelo)* stream **-2.** *(de la calle)* gutter; EXPR **plantar a alguien en la mitad del ~** to throw *o* kick sb out; EXPR **sacar a alguien del ~** to drag sb out of the gutter; EXPR **terminar en el ~: terminaron las dos en el ~** they both ended up in the gutter **-3.** *Cuba (calzada)* road (surface), *US* pavement

arroz *nm (cereal)* rice; EXPR *Fam* **¡que si quieres ~, Catalina!** for all the good that did!; EXPR *Carib Fam* **~ con mango** *(lío)* chaos, mayhem; *Carib Fam* **la fiesta se convirtió en un ~ con mango** the party got pretty wild ❑ **~ blanco** boiled rice; **~ a la cubana** = boiled rice topped with a fried egg and tomato sauce, served with fried banana or plantain; **~ de grano largo** long-grain rice; **~ integral** brown rice; **~ con leche** rice pudding; **~ salvaje** wild rice; **~ silvestre** wild rice; **~ vaporizado** easy-cook rice

arrozal *nm* paddy field

arruga *nf* **-1.** *(en ropa, papel)* crease; **tenía el traje lleno de arrugas** his suit was all creased **-2.** *(en piel)* wrinkle, line; **con arrugas** wrinkled **-3.** *Andes, Pan (estafa)* trick, swindle

arrugado, -a *adj* **-1.** *(ropa, papel)* creased, crumpled **-2.** *(piel)* wrinkled, lined

arrugamiento *nm (de ropa, papel)* creasing, crumpling

arrugar [38] ⋄ *vt* **-1.** *(ropa, papel)* to crease, to crumple **-2.** *(piel)* to wrinkle **-3. ~ el ceño** to frown
◆ **arrugarse** *vpr* **-1.** *(ropa, papel)* to get creased **-2.** *(piel)* to get wrinkled; **se le arrugaron las yemas de los dedos** *(en el baño)* his fingertips wrinkled up **-3.** *Fam (acobardarse)* to chicken out; **iba a reclamar pero al final se arrugó** he was going to complain, but in the end he chickened out

arruinado, -a *adj (persona)* ruined, bankrupt; *(empresa)* failed, bankrupt; **una familia arruinada** a family that has seen better days

arruinar ⋄ *vt* **-1.** *(financieramente)* to ruin **-2.** *(estropear)* to ruin; **el pedrisco arruinó la cosecha** the hail ruined the crop; **el alcohol le arruinó la salud** alcohol ruined his health; **el mal tiempo arruinó la ceremonia** the bad weather ruined *o* spoiled the ceremony
◆ **arruinarse** *vpr* **-1.** *(financieramente)* to go bankrupt, to be ruined; *Irónico* **porque pages una ronda no te vas a ~** buying a round won't exactly bankrupt you **-2.** *(estropearse)* to be ruined; **esta piel se ha arruinado con la lluvia** the rain ruined this leather

arrullar ⋄ *vt* **-1.** *(para dormir)* to lull to sleep; **arrullaron al niño para que se durmiera** they sang the child to sleep **-2.** *(palomas)* to coo at *o* to **-3.** *Fam (personas)* to whisper sweet nothings to
◆ **arrullarse** *vpr (palomas)* to coo

arrullo *nm* **-1.** *(de palomas)* cooing **-2.** *(nana)* lullaby **-3.** *(de agua, olas)* murmur; **se quedó dormido al ~ de las olas** he was lulled to sleep by the murmur of the waves

arrumaco *nm Fam* **hacerse arrumacos** *(amantes)* to kiss and cuddle; **hacer arrumacos a** *(bebé)* to coo at

arrumaje *nm* NÁUT stowage

arrumar *vt* **-1.** NÁUT to stow **-2.** *Andes, Ven (amontonar)* to pile up

arrumbar *vt* **viejos libros arrumbados en un cajón** old books stored *o* packed away in a box; **arrumbaron los viejos odios que había entre ellos** they buried the long-standing hatred that had existed between them

arrume *nm Andes, Ven* pile

arrurruz *nm (fécula)* arrowroot

arsenal *nm* **-1.** *(de armas)* arsenal **-2.** *(de cosas, pruebas)* array; **utilizó todo el ~ teórico del marxismo para rebatir el argumento** he used the entire armoury of Marxist theory to refute the argument **-3.** *Esp (de barcos)* shipyard

arsénico *nm* QUÍM arsenic

art *nm* ARTE **~ decó** art deco; **~ nouveau** art nouveau, modern style

art. *(abrev de* **artículo**) art.

arte *nm o nf*

> Usually masculine in the singular and feminine in the plural.

-1. *(creación estética)* art; **una obra de ~** a work of art; **el ~ gótico/barroco** Gothic/baroque art; EXPR **como por ~ de birlibirloque** *o* **de magia** as if by magic ❑ **~ abstracto** abstract art; **artes audiovisuales** audiovisual arts; **~ conceptual** conceptual art; **artes decorativas** decorative arts; **~ dramático** drama; **artes escénicas** performing arts; **~ figurativo** figurative art; **artes gráficas** graphic arts; **artes interpretativas** performing arts; **artes liberales** liberal arts; **artes marciales** martial arts; **~ naïf** naive art; **artes y oficios** arts and crafts; **artes plásticas** plastic arts; **~ religioso** religious art; **~ rupestre** cave paintings **-2.** *(habilidad, estilo)* artistry; **con (buen) ~** with (great) style; **tiene mucho ~ para recitar** she's got a real talent for reciting poetry **-3.** *(astucia)* artfulness, cunning; **emplearon todas sus artes para timarla** they used all their cunning *o* wiles to cheat her; **malas artes** trickery; EXPR **no tener ~ ni parte en algo** to have nothing whatsoever to do with sth **-4. artes (de pesca)** *(instrumentos)* fishing tackle **-5.** LIT *(verso)* **de ~ mayor** = comprising lines of more than eight syllables; **de ~ menor** = comprising lines of eight syllables or fewer

artefacto *nm* **-1.** *(aparato)* device; *(máquina)* machine; **~ explosivo/incendiario** explosive/incendiary device ❑ *CSur* **artefactos de baño** bathroom fixtures; *RP* **~ eléctrico** electrical household appliance; *RP* **artefactos de iluminación** light fittings and fixtures; *CSur* **artefactos sanitarios** bathroom fixtures **-2.** *(armatoste)* contraption

artejo *nm* ZOOL article

artemisa, artemisia *nf* mugwort, *Espec* artemisia

arteramente *adv* cunningly, slyly

arteria *nf* **-1.** *(vaso sanguíneo)* artery ❑ **~ aorta** aortic artery; **~ carótida** carotid artery; **~ celíaca** coeliac artery; **~ coronaria** coronary artery; **~ femoral** femoral artery; **~ ilíaca** ileac artery; **~ ilíaca** ileac artery; **~ pulmonar** pulmonary artery; **~ subclavia** subclavian artery **-2.** *(calle, carretera)* artery; **una de las principales arterias de la capital** one of the capital's main arteries

artería *nf* cunning, slyness

arterial *adj* arterial

arterioesclerótico, -a, arteriosclerótico, -a *adj* MED arteriosclerotic

arterioesclerosis, arteriosclerosis *nf inv* MED arteriosclerosis

arteriola *nf* ANAT arteriole

artero, -a *adj* cunning, sly

artesa *nf* **-1.** *(para amasar pan)* kneading trough **-2.** GEOL **un valle en ~** a U-shaped valley

artesanado *nm* **-1.** *(artesanos)* craftsmen **-2.** *(arte)* artisanship, artisanry

artesanal *adj (zapatos, bomba)* produced using traditional methods, handmade; *(queso, miel)* produced using traditional methods, handmade; *(pesca, agricultura)* traditional; **de fabricación ~** *(zapatos, bomba)* handcrafted; *(queso, miel)* produced using traditional methods, handmade; **métodos artesanales** traditional methods; **pan ~** traditionally baked bread; **el sector ~** traditional industries; **el pueblo es un importante centro ~** the village is an important centre for traditional industries; **encontraron una solución ~ al problema** they found a solution to the problem using traditional methods

artesanalmente *adv* **fabricado ~** made using traditional methods

artesanía *nf* **-1.** *(arte)* craftsmanship; **un taller de ~** a crafts workshop; **objetos de ~** crafts, handicrafts **-2.** *(productos)* crafts, handicrafts; **feria de ~** craft fair

artesano, -a ⋄ *adj (zapatos, bomba)* handcrafted; *(queso, miel)* produced using traditional methods; *(pesca, agricultura)* traditional; **métodos artesanos** traditional methods
⋄ *nm,f* craftsman, *f* craftswoman

artesiano, -a *adj* **pozo ~** artesian well

artesón *nm* **-1.** ARQUIT *(techo)* coffered ceiling **-2.** ARQUIT *(adorno)* coffer **-3.** *(para fregar)* washtub

artesonado, -a ARQUIT ⋄ *adj* coffered
⋄ *nm* coffered ceiling

ártico, -a ⋄ *adj* Arctic; **el océano Glacial Ártico** the Arctic Ocean
⋄ *nm* **el Ártico** the Arctic

articulación *nf* **-1.** ANAT joint ❑ **~ de la cadera** hip joint; **~ de la rodilla** knee joint **-2.** TEC joint **-3.** LING articulation **-4.** *(estructuración)* co-ordination; **los problemas de ~ de un estado federal** the problems of co-ordinating a federal state; **la ~ del relato es muy sencilla** the story has a very simple structure

articulado, -a ⋄ *adj* **-1.** *(brazo, hueso)* articulated **-2.** *(vehículo, grúa, robot)* articulated
⋄ *nm* articles

articular ⋄ *adj* MED articular; **tiene problemas articulares** she has problems with her joints
⋄ *vt* **-1.** *(piezas)* to articulate **-2.** *(palabras)* to articulate; **no pude ~ palabra** I couldn't utter *o* say a word **-3.** *(ley, contrato)* to break down into separate articles **-4.** *(plan, política)* to develop, to produce; **la necesidad de una fiscalidad única para toda europa** the need to develop a single European taxation system; **esta reforma está articulada en torno a tres principios**

articulista

this reform is structured around o built on three principles
◇ vi (pronunciar) to articulate; **~ bien** to articulate clearly
◆ **articularse** vpr **el informe se articula en tres partes** the report is structured in three parts

articulista nmf feature writer; **según el ~** according to the author o writer (of the article)

artículo nm **-1.** GRAM article ❑ **~ definido** definite article; **~ determinado** definite article; **~ indefinido** indefinite article; **~ indeterminado** indefinite article; **~ neutro** neuter article (in Spanish, refers to the article "lo")
-2. (periodístico) article ❑ **~ de fondo** editorial
-3. (de diccionario) entry
-4. (en ley, reglamento) article ❑ REL **~ de fe** article of faith; **tomar algo como ~ de fe** to take sth as gospel
-5. (objeto, mercancía) article, item; **han rebajado todos los artículos** all items have been reduced; EXPR Fam **hacer el ~ a alguien** to give sb a sales pitch ❑ **~ básico** basic product; **artículos de fumador** smokers' requisites; **~ de importación** import; **artículos de limpieza** (objetos) cleaning accessories; (productos) cleaning products; **~ de primera necesidad** basic commodity; **artículos de regalo** gift items; **artículos de viaje** travel accessories
-6. Formal **in ~ mortis** (confesar, casarse) on one's deathbed

artífice nmf **-1.** (creador, responsable) architect; **el ~ del proceso de paz** the architect of the peace process; **el ~ de esta técnica quirúrgica** the inventor of this surgical technique, the man who developed this surgical technique **-2.** (artesano) craftsman, f craftswoman

artificial adj **-1.** (hecho por el hombre) (flor, lago) artificial; (material) man-made, artificial **-2.** (no espontáneo) (persona, sonrisa, amabilidad) artificial

artificialidad nf artificiality

artificialmente adv artificially

artificiero nm (experto) explosives expert; (desactivador) bomb disposal officer

artificio nm **-1.** (aparato) device **-2.** (falsedad) **se comporta con mucho ~** he has a very artificial manner; **un estilo sin ~** a very natural style **-3.** (artimaña) trick

artificiosidad nf artificiality; **con ~** unnaturally, artificially

artificioso, -a adj (no natural) contrived

artillado, -a adj **helicóptero ~** helicopter gunship

artillería nf **-1.** MIL artillery ❑ **~ antiaérea** anti-aircraft guns; **~ de campaña** field artillery; **~ ligera** light artillery; **~ pesada** heavy artillery **-2.** (recursos) **desplegaron toda la ~ diplomática para evitar la guerra** they used every diplomatic means at their disposal to avoid war **-3.** DEP (delantera) attack, forward line

artillero, -a ◇ adj artillery; **ataque ~** artillery attack
◇ nm **-1.** MIL (soldado) artilleryman **-2.** (especialista en explosivos) explosives expert **-3.** DEP (goleador) marksman, goal-scorer

artilugio nm **-1.** (objeto) contraption **-2.** **artilugios** (herramientas) equipment; **los artilugios de pesca** fishing tackle **-3.** (artimaña, engaño) trick, ruse

artimaña nf trick, ruse; **se sirvió de todo tipo de artimañas para conseguir su objetivo** she used all kinds of trickery to get what she wanted

artiodáctilo ZOOL ◇ nm (animal) artiodactyl
◇ nmpl **artiodáctilos** (familia) Artiodactyla; **del orden de los artiodáctilos** of the order Artiodactyla

artista nmf **-1.** (creador) artist; **los grandes artistas del siglo** the great artists of the 20th century ❑ **~ gráfico** graphic artist
-2. (de teatro, circo) artiste; (cantante) artist; **un ~ de cine** a movie actor ❑ **~ invitado** guest artist; **~ de variedades** cabaret artist
-3. Fam (maestro, habilidoso) **es una ~ en la cocina** she is a superb cook; **es un ~ arreglando televisores** he's got a real knack for fixing televisions, Br he's a dab hand at fixing televisions

artísticamente adv artistically

artístico, -a adj artistic

artrítico, -a ◇ adj arthritic
◇ nm,f arthritic

artritis nf inv MED arthritis ❑ **~ reumatoide** rheumatoid arthritis

artrópodo ZOOL ◇ nm (animal) arthropod
◇ nmpl **artrópodos** (familia) Arthropoda; **del tipo de los artrópodos** of the phylum Arthropoda

artroscopia nm MED arthroscopy

artrosis nf inv MED arthrosis

artúrico, -a adj Arthurian

Arturo n pr **el rey ~** King Arthur

aruco nm horned screamer

arúspice nm HIST haruspex

arveja nf RP pea

arzobispado nm archbishopric

arzobispal adj archiepiscopal

arzobispo nm archbishop

arzolla nf knapweed, centaury

arzón nm saddle tree

as nm **-1.** (carta) ace; **el ~ de picas** the ace of spades; EXPR **tener** o **llevar** o **guardar un ~ en la manga** to have an ace up one's sleeve
-2. (en dado) ace **-3.** (campeón) **ser un ~** to be brilliant; **un ~ del volante** an ace driver; **un ~ de la informática** a computer whizzkid
-4. NÁUT **~ de guía** (nudo) bowline

ASA n (abrev de **American Standards Association**) ASA

asa nf

Takes the masculine articles **el** and **un**.

-1. (mango) handle **-2.** **~ fétida** asafoetida

asadera nf CSur roasting tin

asadero nm Fam furnace; **esta habitación es un ~** this room is a furnace, it's boiling in this room

asado, -a ◇ adj **-1.** (en el horno) (carne) roast; (papa o patata) (en trozos) roast; (entera con piel) baked; **castañas asadas** roast chestnuts **-2.** (a la parrilla) (pescado, chorizo) grilled
◇ nm **-1.** (carne) roast **-2.** Col, CSur (barbacoa) barbecue **-3.** Col, CSur (reunión) barbecue
-4. RP **~ de tira** Br thin flank, US plate

ASADO

The **asado** is the pre-eminent culinary/social celebration in Argentina and Uruguay. Any occasion is a good excuse - birthdays, wedding anniversaries, public holidays and even an ordinary Sunday will do. An **asado** is a meal for family and/or friends, at midday or in the evening, where the main dish is beef roasted outdoors on a barbecue. This can be served with potatoes, red peppers, cheese or chicken, and various types of sausages and offal, all cooked on the barbecue. The wood used in the fire gives a unique and unmistakable flavour to the food. It takes some time to get the food ready, so the guests at an **asado** will have plenty of time to chat and socialize over drinks by the fire.

asador, -ora ◇ nm **-1.** (aparato) roaster **-2.** (varilla) spit **-3.** (restaurante) grill, grillroom; **~ de pollos** = shop selling ready-roast chicken
◇ nm,f RP (persona) = person who does the cooking at a barbecue

asaduras nfpl (de cordero, ternera) offal; (de pollo, pavo) giblets

asaetear, asaetar vt **-1.** (disparar) to shoot arrows at; (matar) to kill with arrows; **murió asaeteado** he was shot to death by archers
-2. (molestar) **lo asaetearon a preguntas** they bombarded him with questions

asafétida nf

Takes the masculine articles **el** and **un**.

asafoetida

asalariado, -a ◇ adj salaried
◇ nm,f salaried employee

asalariar vt to take on

asalmonado, -a adj **-1.** (color) salmon **-2.** **trucha asalmonada** salmon trout

asaltacunas nmf inv Fam Hum cradle-snatcher

asaltante nmf **-1.** (agresor) attacker; **no consiguió ver bien a su ~** she was unable to get a good view of her attacker; **los asaltantes del palacio presidencial** the people who stormed the presidential palace **-2.** (atracador) robber

asaltar vt **-1.** (atacar) to attack; (castillo, ciudad) to storm; **la policía asaltó el avión** the police stormed the plane
-2. (robar) to rob; **lo asaltaron con una navaja** he was robbed o mugged at knifepoint
-3. (sujeto: dudas, pánico) to seize; **iba a ir pero al final le asaltaron las dudas** he was going to go, but he was seized by doubts at the last minute; **me asalta una duda, ¿me llegará el dinero?** I have one doubt, will I have enough money?; **le asaltó el pánico** he was overcome by o seized with panic
-4. (importunar) **los periodistas asaltaron al actor a preguntas** the journalists bombarded the actor with questions; **los pabellones se vieron asaltados por visitantes** the pavilions were overrun with visitors

asalto nm **-1.** (ataque) attack; (de castillo, ciudad) storming; **un fusil de ~** an assault rifle; **tomar algo por ~** to storm sth; **las empresas europeas preparan su ~ al mercado asiático** European companies are preparing for their assault on the Asian market
-2. (robo) robbery; **un ~ a mano armada** an armed robbery
-3. (en boxeo) round
-4. (en esgrima) bout
-5. (en disputa) round
-6. Arg (fiesta) = party where guests bring a bottle and something to eat
-7. CAm (fiesta sorpresa) surprise party

asamblea nf **-1.** (reunión) meeting; **una ~ de vecinos** a meeting of local residents; **los trabajadores, reunidos en ~, votaron a favor de la huelga** the workers voted for strike action at a mass meeting; **convocar una ~** to call a meeting ❑ **~ de accionistas** shareholders' meeting; **~ general anual** annual general meeting; **~ plenaria** plenary assembly
-2. (cuerpo político) assembly ❑ **~ constituyente** constituent assembly; **Asamblea General** (de la ONU) General Assembly; **~ nacional** parliament

asambleario, -a adj **reunión asamblearia** full meeting; **decisión asamblearia** decision taken by a meeting

asambleísta nmf **-1.** (en reunión) **los asambleístas** the people at the meeting **-2.** (en cuerpo político) assembly member; (en asamblea nacional) member of parliament

asar vt **-1.** (alimentos) (al horno) to roast; (a la parrilla) to grill **-2.** Fam **~ a alguien a preguntas** (importunar) to plague sb with questions; (acosar) to grill sb (with questions)
◆ **asarse** vpr **-1.** (alimentos) (en horno) to roast; (en parrilla) to grill; **necesita más tiempo para asarse bien** it needs more time to cook properly **-2.** Fam (persona) to be boiling (hot); **me estoy asando de calor** I'm boiling (hot); **si no te quitas el abrigo te vas a ~** if you don't take your coat off, you'll melt

asaz adv Anticuado Literario exceedingly; **un comportamiento ~ extraño** exceedingly strange behaviour

asbesto nm asbestos

asbestosis nf inv MED asbestosis

ascendencia nf **-1.** (linaje) descent, ancestry; (extracción social) extraction; **de ~ aristocrática** of aristocratic ancestry; **soy de ~ mexicana** I'm of Mexican extraction **-2.** (influencia) ascendancy

ascendente ◇ adj (entonación, trayectoria) rising; (movimiento, curva) upward
◇ nm (en astrología) ascendant

ascender [64] ◇ *vi* **-1.** *(subir)* to climb, to go up; **el avión ascendió rápidamente** the plane climbed rapidly; **ascendieron a la cima** they climbed to the summit; **la carretera asciende hasta el lago** the road goes up to the lake; **la carretera asciende hasta los 3.000 m** the road climbs to 3,000 m **-2.** *(aumentar, elevarse) (precios, temperaturas)* to rise, to go up **-3.** *(en empleo, deportes)* to be promoted (**a** to); **ascendió a jefe de producción** he was promoted to production manager; **el equipo ascendió a segunda división** the team was promoted *o* went up to the second division; **~ al trono** to ascend the throne; **~ al poder** to come to power **-4. ~ a** *(totalizar)* to come to; **¿a cuánto asciende el total?** what does the total come to?; **la facturación ascendió a 5.000 millones** turnover came to *o* totalled five billion; **el número de desaparecidos asciende ya a 37** the number of missing has now reached 37
◇ *vt* **~ a alguien (a)** to promote sb (to); **fue ascendida al puesto de subdirectora** she was promoted to the position of deputy director; **lo ascendieron a coronel** he was promoted to the rank of colonel

ascendiente ◇ *nmf (antepasado)* ancestor
◇ *nm (influencia)* influence; **tener ~ sobre alguien** to have influence over sb

ascensión *nf* **-1.** *(a montaña)* ascent **-2.** *(de precios, temperaturas)* rise **-3.** *(al trono)* ascent; **tras su ~ al poder** after she came to power **-4.** REL **la Ascensión** *(subida a los cielos)* the Ascension; *(festividad)* Ascension Day

ascensional *adj (movimiento, fuerza)* upward

ascenso *nm* **-1.** *(a montaña)* ascent
-2. *(de precios, temperaturas)* rise; **se espera un ~ de las temperaturas** temperatures are expected to rise; **el uso de Internet continúa en ~** Internet use continues to rise *o* is still on the rise
-3. *(de político, rey)* **tras su ~ al poder** after she came to power
-4. *(en empleo, deportes)* promotion; **consiguieron el ~ del equipo a primera división** the team achieved promotion to the first division

ascensor *nm* Br lift, US elevator; **yo subo en ~** I'm taking the Br lift *o* US elevator

ascensorista *nmf* **-1.** *(en ascensor)* Br lift attendant, US elevator attendant **-2.** *(mecánico)* Br lift mechanic, US elevator mechanic

ascesis *nf inv Formal* ascesis
asceta *nmf* ascetic; **lleva vida de ~** she lives an ascetic lifestyle
ascética *nf* asceticism
ascético, -a *adj* ascetic
ascetismo *nm* asceticism
asciendo *etc ver* ascender
ASCII ['asθi] *nm* INFORMÁT *(abrev de* **American Standard Code for Information Interchange)** ASCII

asco *nm* **-1.** *(sensación)* disgust, revulsion; **¡qué ~!** how disgusting!; **lo miró con cara de ~** she looked at him in disgust; **me da ~** I find it disgusting; **las anguilas me dan ~** I find eels disgusting; **da ~ ver cómo trata a su mujer** it's sickening to see how he treats his wife; **¡me das ~!** you make me sick!; **tener ~ a algo** to find sth disgusting; EXPR *Fam* **morirse de ~: en clase nos morimos de ~** we're bored to death in class; **está muerto de ~ esperando que le llamen** he's fed up to the back teeth waiting for them to call; **tienes la bici ahí muerta de ~** you've got that bike just gathering dust there; EXPR **hacer ascos a** to turn one's nose up at, to turn down; **no le hace ascos a nada** he won't turn anything down; **no haría ascos a una cervecita fría** I wouldn't say no to a cold beer
-2. *Fam (persona, cosa)* **esta sopa es un ~** this soup is disgusting *o* revolting; **es un ~ de persona** he's scum; **es un ~ de lugar** it's a hole; **un ~ de tiempo** rotten weather; **¡qué ~ de vida!** what a life!; EXPR **hecho un ~:**

este cuarto está hecho un **~** this room is a tip; **después de la tormenta llegó a casa hecho un ~** he arrived back home after the storm in a real state; **la enfermedad lo dejó hecho un ~** the illness left him a total wreck

ascórbico, -a *adj* QUÍM ascorbic
ascua *nf*

> Takes the masculine articles **el** and **un**.

ember; EXPR **estar en** *o* **sobre ascuas** to be on tenterhooks; **tener a alguien en** *o* **sobre ascuas** to keep sb on tenterhooks; EXPR **como sobre ascuas: el presidente pasó por el asunto como sobre ascuas** the president skated over the issue

aseado, -a *adj* **-1.** *(limpio)* clean **-2.** *(arreglado)* smart
aseador, -ora *nm,f* CAm, Chile, Col, Ven, Méx cleaner
ASEAN [ase'an] *nf (abrev de* **Asociación de Naciones del Asia Sudoriental)** ASEAN
asear ◇ *vt* **-1.** *(limpiar)* to clean **-2.** *(arreglar)* to wash and dress
◆ **asearse** *vpr* to get washed and dressed
asechanza *nf* snare
asediar *vt* **-1.** *(ciudad)* to lay siege to, to besiege **-2.** *(persona)* **los fans la asediaban pidiéndole autógrafos** she was besieged by fans asking for autographs; **el equipo visitante asedió la portería rival** the away team laid siege to their opponents' goal; **lo asediaron a preguntas** he was bombarded with questions

asedio *nm* **-1.** *(de ciudad)* siege; **estar bajo ~** to be under siege **-2.** *(de persona)* **la prensa lo sometía a un ~ constante** he was hounded by the press; **en la segunda parte el equipo local sufrió un ~ constante** the home team was under siege for the whole of the second half

asegurado, -a ◇ *adj* insured; **está ~ en cinco millones** it's insured for five million; **está ~ a todo riesgo** it's fully insured
◇ *nm,f* policy-holder

asegurador, -ora ◇ *adj* insurance; **compañía aseguradora** insurance company
◇ *nm,f (persona)* insurer

aseguradora *nf (compañía)* insurance company

asegurar ◇ *vt* **-1.** *(fijar)* to secure; **asegúralo con una cuerda** secure it with a rope; **asegura las piezas con pegamento** fix the pieces together with glue; **aseguró la puerta con el cerrojo** she bolted the door (shut)
-2. *(garantizar)* to assure; **te lo aseguro** I assure you; **~ a alguien que...** to assure sb that...; **el gobierno aseguró que no subiría los impuestos** the government promised it would not increase taxes; **¿y quién me asegura que no me está mintiendo?** and what guarantee do I have he isn't lying to me?; **con él de coordinador el conflicto está asegurado** with him as co-ordinator, conflict is assured *o* a certainty; **tienes que trabajar más si quieres ~ tu ascenso** you'll have to work harder if you want to make certain you get promoted
-3. *(contra riesgos)* to insure (**contra** against); **~ algo a todo riesgo** to take out comprehensive insurance on sth; **~ en** *(cantidad)* to insure sth for
-4. *Méx (decomisar)* to confiscate, to seize
◆ **asegurarse** *vpr* **-1.** *(agarrarse)* **asegúrate bien a la roca o te caerás** hold on tight to the rock or you'll fall
-2. *(cerciorarse)* **asegurarse de que...** to make sure that...; **asegúrate de cerrar la puerta** make sure you close the door
-3. *(garantizar)* to make sure of; **con la victoria se aseguraron el ascenso** they made sure of promotion with that win
-4. COM to insure oneself, to take out an insurance policy

asemejar ◇ *vt* **ese peinado lo asemeja a su padre** that hairstyle makes him look like his father
◇ *vi* **~ a** to be similar to, to be like

◆ **asemejarse** *vpr* to be similar; **las dos historias se asemejan mucho** the two stories are very similar; **se asemeja a su madre** she resembles her mother; **no se asemeja en nada a un árbol** it's nothing like a tree, it bears no resemblance to a tree

asenso *nm Formal* assent; **dieron su ~ al nuevo plan** they assented to the new plan
asentaderas *nfpl Fam (nalgas)* behind, buttocks
asentado, -a *adj* **-1.** *(localizado)* located, situated; **una central nuclear asentada cerca de la capital** a nuclear power station located *o* situated close to the capital; **un español ~ en Argentina** a Spaniard living in Argentina; **una ciudad asentada sobre un antigua población romana** a city built on an ancient Roman settlement
-2. *(establecido)* settled, established; **una tradición muy asentada entre los católicos** a long-established tradition amongst Catholics; **está muy ~ en su nuevo trabajo** he has settled into his new job very well
-3. *(sensato)* sensible, mature; **es un chico muy ~** he's a very sensible *o* mature young man

asentador, -ora ◇ *nm,f (mercader)* wholesale dealer
◇ *nm Méx (en imprenta)* planer

asentamiento *nm* **-1.** *(acción)* settlement ❏ *Perú* **~ humano** shanty town; *Am* **~ ilegal** illegal settlement **-2.** *(lugar)* settlement

asentar [3] ◇ *vt* **-1.** *(instalar) (empresa, campamento)* to set up; *(comunidad, pueblo)* to settle
-2. *(asegurar)* to secure; *(cimientos)* to lay
-3. *(afianzar) (conocimientos)* to consolidate; **toma un té, te asentará el estómago** have a cup of tea, it will settle your stomach
-4. *(golpe)* **le asentó una bofetada** she slapped him, she gave him a slap; **le asentaron dos puñaladas** he was stabbed twice
-5. *(apuntar) (entrada)* to make; *(cifras)* to enter; *(firma)* to affix
◆ **asentarse** *vpr* **-1.** *(instalarse) (comunidad, pueblo)* to settle; **se asentaron a la orilla de un río** they settled on the banks of a river; **no tardaron mucho en asentarse en el poder** it didn't take them long to get used to holding the reins of government
-2. *(sedimentarse)* to settle; **espera a que se asiente el polvo** wait until the dust settles
-3. *(madurar) (persona)* to settle down

asentimiento *nm* approval, assent
asentir [62] *vi* **-1.** *(estar conforme)* to agree; **~ a algo** to agree to sth **-2.** *(afirmar con la cabeza)* to nod; **asintió con la cabeza** she nodded in agreement

asentista *nmf (abastecedor)* supplier
aseo *nm* **-1.** *(limpieza) (acción)* cleaning; *(cualidad)* cleanliness; **~ personal** personal cleanliness *o* hygiene **-2.** *Esp (habitación)* bathroom; **aseos** *Br* toilets, *US* rest room

asepsia *nf* **-1.** *(higiene)* asepsis **-2.** *(indiferencia)* detachment
asépticamente *adv* **-1.** *(higiénicamente)* aseptically **-2.** *(con indiferencia)* with detachment
aséptico, -a *adj* **-1.** *(desinfectado)* sterilized **-2.** *(indiferente)* lacking in emotion, emotionless

asequible *adj* **-1.** *(razonable) (precio, producto)* affordable; *(objetivo)* attainable; **un precio ~ para el consumidor medio** a price within reach of the average consumer **-2.** *(comprensible) (concepto)* accessible **-3.** *(sencillo) (persona)* approachable

aserción *nf* assertion
aserradero *nm* sawmill
aserrar [3] *vt* to saw (up)
aserrín *nm* sawdust
aserruchar *vt* CSur to saw with a hand saw
aserto *nm* assertion
asesinar *vt (persona)* to murder; *(rey, jefe de Estado)* to assassinate; *Fam (canción, obra teatral)* to murder; **lo asesinaron a sangre fría** he was murdered in cold blood

asesinato *nm (de persona)* murder; *(de rey, jefe de Estado)* assassination

asesino, -a ◇ *adj* **-1.** *(que mata)* **el arma asesina** the murder weapon **-2.** *(mirada, instinto)* murderous; **le lanzó una mirada asesina** she looked daggers at him, she gave him a murderous look
◇ *nm,f (de persona)* murderer, *f* murderess, killer; *(de rey, jefe de Estado)* assassin ❑ **~ profesional** professional killer; **~ en serie** serial killer; **~ a sueldo** contract killer

asesor, -ora ◇ *adj* advisory
◇ *nm,f* adviser ❑ **~ científico** *(de gobierno)* scientific adviser; *(de programa televisivo)* scientific consultant; **~ financiero** financial adviser; **~ fiscal** tax adviser; *Chile* **asesora del hogar** maid; **~ de imagen** image consultant; **~ jurídico** legal adviser; **~ militar** military adviser

asesoramiento *nm (de político)* advice; *(de empresario)* consultancy; **esta empresa proporciona ~ de imagen a varios políticos** this company acts as image consultant to several politicians

asesorar ◇ *vt (a político)* to advise; *(a empresario)* to act as a consultant to

◆ **asesorarse** *vpr* to seek advice; **asesorarse con** *o* **de alguien** to consult sb; **me asesoré de los requisitos necesarios** I sought advice regarding what was necessary

asesoría *nf* **-1.** *(oficio)* consultancy **-2.** *(oficina)* consultant's office ❑ **~ financiera** financial consultant's; **~ fiscal** *(oficina)* financial adviser's office; **~ de imagen y comunicación** PR company; **~ jurídica** legal adviser's; **~ legal** legal adviser's

asestar *vt* **le asestó un golpe en la cabeza** she struck him on the head; **le asestó un tiro en la rodilla** he shot her in the knee; **los rebeldes asestaron un duro golpe a las tropas gubernamentales** the rebels dealt a severe blow to the government troops

aseveración *nf* assertion

aseverar *vt* to assert

asexuado, -a *adj* asexual

asexual *adj* asexual

asexualmente *adv* asexually

asfaltado, -a ◇ *adj* asphalt; **un camino ~** an asphalt road
◇ *nm* **-1.** *(acción)* asphalting, surfacing **-2.** *(asfalto)* asphalt, (road) surface

asfaltadora *nf* (road) surfacer

asfaltar *vt* to asphalt, to surface

asfáltico, -a *adj* asphalt; **una superficie asfáltica** an asphalt surface

asfalto *nm* **-1.** *(sustancia)* asphalt **-2.** *(carretera)* **50 personas han perdido la vida en el ~ este fin de semana** 50 people lost their lives on the roads this weekend

asfixia *nf* **-1.** *(por falta de oxígeno)* asphyxiation, suffocation; **murió por ~** she suffocated **-2.** *(agobio)* suffocation; **este calor me produce ~** I'm suffocating in this heat **-3.** *(económica)* **la alta fiscalidad produce la ~ de las empresas** the high taxes are crippling business

asfixiante *adj* **-1.** *(humo, aire)* asphyxiating **-2.** *(calor)* stifling; **hace un calor ~** it's stiflingly hot **-3.** *(relación, ambiente)* stifling; **una inflación ~ para la pequeña empresa** a level of inflation crippling to small businesses

asfixiar ◇ *vt* **-1.** *(ahogar)* to asphyxiate, to suffocate; **murieron asfixiados** they suffocated

-2. *(agobiar)* to stifle; **este calor asfixia a cualquiera** it's stiflingly hot

-3. *(económicamente)* to cripple; **tuvo que cerrar porque las deudas lo asfixiaban** he had to close down because he was crippled by debt; **las nuevas medidas van a ~ a la pequeña empresa** the new measures will cripple small businesses

◆ **asfixiarse** *vpr* **-1.** *(ahogarse)* to asphyxiate, to suffocate **-2.** *(agobiarse)* to suffocate; **¡aquí me asfixio (de calor)!** I'm suffocating in here!

asgo *etc ver* **asir**

así ◇ *adv (de este modo)* this way, like this; *(de ese modo)* that way, like that; **ellos lo hicieron ~** they did it this way; **~ es la vida** that's life; **yo soy ~** that's just the way I am; **¿~ me agradeces todo lo que he hecho por ti?** is this how you thank me for everything I've done for you?; **~ no vamos a ninguna parte** we're not getting anywhere like this *o* this way; **¿eso le dijo? – ~, como te lo cuento** did she really say that to him? – (yes) indeed, those were her very words; **~ ~** *(no muy bien)* so-so; **¿cómo te ha ido el examen? – ~ ~** how did the exam go? – so-so; **algo ~** *(algo parecido)* something like that; **tiene seis años o algo ~** she is six years old or something like that; **algo ~ como** *(algo igual a)* something like; **el apartamento les ha costado algo ~ como 20 millones** the *Br* flat *o US* apartment cost them something like 20 million; **~ como** *(también)* as well as; *(tal como)* just as; **las inundaciones, ~ como la sequía, son catástrofes naturales** both floods and droughts are natural disasters; **~ como para los idiomas no vale, para las relaciones públicas nadie la supera** whilst she may be no good at languages, there is no one better at public relations; **~ como** *(como si nada)* as if it were nothing; *(irreflexivamente)* lightly; *(de cualquier manera)* any old how; **¡no puedes marcharte ~ como ~!** you can't leave just like that!; **~ cualquiera gana** anyone could win that way *o* like that; **subimos hasta la cumbre en teleférico – ¡~ cualquiera!** we reached the summit by cable car – anyone could do that!; **~ de...** so...; **no seas ~ de celoso** don't be so jealous; **era ~ de largo** it was this/that long; **es ~ de fácil** it's as easy as that; **no hace nada de ejercicio – ~ de gordo está** he doesn't do any exercise – it's no wonder he's so fat; *Irónico* **me ha costado muy barato – ~ de bueno será** it was very cheap – don't expect it to be any good, then; **~ es/fue como...** that is/was how...; **~ es** *(para asentir)* that is correct, yes; **¡~ me gusta!** that's what I like (to see)!; **¡~ me gusta, sigue trabajando duro!** excellent, keep up the hard work!, that's what I like to see, keep up the hard work!; *Fam* **~ o asá** either way, one way or the other; **el abrigo le quedaba pequeño, ~ es que se compró otro** the coat was too small for her, so she bought another one; **~ sea** so be it; *Esp* **~ sin más**, *Am* **~ no más** *o* **nomás** just like that; **~ y todo** even so; **se ha estado medicando mucho tiempo y, ~ y todo, no se encuentra bien** he's been taking medication for some time and even so he's no better; **aun ~** even so; **o ~** *(más o menos)* or so, or something like that; **y ~**, thus, and so; **y ~ sucesivamente** and so on, and so forth; **y ~ todos los días** and the same thing happens day after day

◇ *conj* **-1.** *(aunque)* even if; **te encontraré ~ tenga que recorrer todas las calles de la ciudad** I'll find you even if I have to look in every street in the city

-2. *Am (aun si)* even if; **no nos lo dirá, ~ le paguemos** he won't tell us, even if we pay him

◇ *adj inv (como éste)* like this; *(como ése)* like that; **no seas ~** don't be like that; **con un coche ~ no se puede ir muy lejos** you can't go very far with a car like this one; **una situación ~ es muy peligrosa** such a situation is very dangerous

◇ *interj* I hope...; **¡~ no vuelva nunca!** I hope he never comes back!; **¡~ te parta un rayo!** drop dead!

◇ **así pues** *loc conj* so, therefore; **no firmaron el tratado, ~ pues la guerra era inevitable** they didn't sign the treaty, so war became inevitable

◇ **así que** *loc conj (de modo que)* so; **la película empieza dentro de media hora, ~ que no te entretengas** the film starts in half an hour, so don't be long; **¿~ que te vas a presentar candidato?** so you're going to stand as a candidate, are you?

◇ **así que** *loc adv (tan pronto como)* as soon as; **~ que tengamos los resultados del análisis, le citaremos para la visita** as soon as we have the results of the test we'll make an appointment for you

Asia *n* Asia ❑ **~ Menor** Asia Minor

asiático, -a ◇ *adj* Asian, Asiatic; **el sudeste ~** Southeast Asia
◇ *nm,f* Asian, Asiatic

asidero *nm* **-1.** *(asa)* handle **-2.** *(punto de apoyo)* handhold **-3.** *(apoyo)* support; **la familia es su único ~** her family is her only source of comfort and support **-4.** *(pretexto)* excuse; **su enfermedad le sirve de ~ para no colaborar** he is using his illness as an excuse not to participate

asiduamente *adv* frequently, regularly

asiduidad *nf* frequency; **con ~** frequently, regularly

asiduo, -a ◇ *adj* regular; **son asiduos visitantes de este museo** they visit this museum regularly, they are regular visitors to this museum
◇ *nm,f* regular; **es un ~ de este tipo de acontecimientos** he's a regular at this type of event

asiento ◇ *ver* **asentar**
◇ *ver* **asentir**
◇ *nm* **-1.** *(silla, butaca)* seat; **ceder el ~ a alguien** to let sb have one's seat; **reservar un ~ a alguien** to save a seat for sb; **tomar ~** to sit down; **~ delantero/trasero** front/back seat; **~ de pasillo/de ventana** *(en avión)* aisle/window seat ❑ **~ abatible** *(en coche)* = seat that tips forwards or folds flat; *(en tren)* tip-up seat; **~ anatómico** orthopaedic seat; **~ plegable** folding chair; *RP* **~ rebatible** *(en auto)* = seat that tips forwards or folds flat; *(en tren)* tip-up seat; = seat that tips forward or folds flat; **~ reclinable** reclining seat
-2. *(de silla, butaca)* seat
-3. *(base)* *(de vasija, botella)* bottom
-4. *(emplazamiento)* **la ciudad tiene su ~ en una montaña** the city is located *o* situated on a mountain
-5. *(poso)* sediment
-6. COM entry ❑ **~ contable** book entry
-7. CONSTR *(de edificio)* settling
-8. *Méx (zona minera)* mining district *o* area

asierro *etc ver* **aserrar**

asignación *nf* **-1.** *(atribución)* *(de dinero, productos)* allocation; **defienden un modelo de ~ de recursos más justo** they are in favour of a fairer allocation *o* distribution of resources; **él se encarga de la ~ de prioridades** he is in charge of setting *o* establishing priorities
-2. *(cantidad asignada)* allocation; **tenemos una ~ anual de cinco millones de dólares** we have an annual allocation of five million dollars; **todas las familias reciben una ~ económica por cada hijo** all families receive an allowance for each child they have ❑ *CSur* **~ familiar** = state benefit paid to families for every child, *Br* ≃ child benefit
-3. *(sueldo)* salary; **le dan una ~ semanal de 10 euros** they give him *Br* pocket money *o US* an allowance of 10 euros a week
-4. *(de empleado)* **anunciaron su ~ a un nuevo destino** they announced that she was being assigned to a new post
-5. *CAm (deber)* homework

asignar *vt* **-1.** *(atribuir)* **~ algo a alguien** to assign *o* allocate sth to sb; **le han asignado una oficina en el último piso** he has been allocated an office on the top floor; **le asignan siempre los trabajos más difíciles** they always give her the hardest jobs; **~ importancia a algo** to place importance on sth
-2. *(destinar)* **~ a alguien a** to assign sb to; **la asignaron al departamento de relaciones públicas** she was assigned to the public relations department

asignatario, -a *nm,f Am* DER *(de herencia)* heir; *(de legado)* legatee

asignatura nf subject; **me queda una ~ del año pasado** I have to resit one subject that I failed last year ❑ **~ optativa** optional subject; **~ pendiente** = subject in which a pupil or student has to retake an exam; Fig unresolved matter

asilado, -a nm,f **-1.** (huérfano, anciano) = person living in an old people's home, convalescent home etc **-2.** (refugiado) **~ (político)** person who has been granted political asylum

asilar ◇ vt **-1.** (huérfano, anciano) to put into a home **-2.** (refugiado político) to grant political asylum to

◆ **asilarse** vpr (refugiado político) to obtain (political) asylum

asilo nm **-1.** (hospicio) home ❑ **~ de ancianos** old people's home **-2.** (refugio) refuge, sanctuary; (amparo) asylum ❑ **~ político** political asylum; **solicitar ~ político** to seek (political) asylum

asilvestrado, -a adj feral
asilvestrarse vpr to become feral
asimetría nf asymmetry
asimétricamente adv asymmetrically
asimétrico, -a adj asymmetric, asymmetrical

asimilable adj (alimentos, nutrientes) assimilable; **resumieron el texto para hacerlo más ~** they summarized the text to make it easier to take in

asimilación nf **-1.** (de conocimientos, información) assimilation **-2.** (de alimentos) assimilation **-3.** (equiparación) granting of equal rights; **reivindican la ~ salarial con el resto de funcionarios** they are demanding that their salaries be brought into line with those of other public sector employees **-4.** LING assimilation **-5.** BIOL assimilation **-6.** (integración) assimilation

asimilado, -a adj Am **médico ~** = doctor attached to the army

asimilar ◇ vt **-1.** (idea, conocimientos) to assimilate **-2.** (alimentos) to assimilate **-3.** (asumir) to take in; **todavía no han asimilado la derrota** they still haven't taken in the defeat **-4.** (equiparar) to grant equal rights to; **asimilaron los profesores al resto de funcionarios** teachers' pay was brought into line with that of other public sector employees **-5.** LING to assimilate

◆ **asimilarse** vpr **-1.** LING to become assimilated **-2.** (parecerse) **asimilarse a algo** to resemble sth

asimismo adv

> An alternative but less common spelling is **así mismo**.

(también) also; (a principio de frase) likewise; **el éxito depende, ~, de la preparación de los participantes** success also depends on the participants being properly prepared; **se declaró ~ convencido de...** he also said that he was convinced of...; **creo ~ importante recalcar que...** in the same way I feel it important to emphasize that...

asina = ansina
asíncrono, -a adj INFORMÁT asynchronous
asíndeton nm LING asyndeton
asintiera etc ver asentir
asintomático, -a adj MED asymptomatic
asíntota nf GEOM asymptote

asir [9] ◇ vt to grasp, to grab; **asió a su hermano de los pantalones** she grabbed her brother by the trousers

◆ **asirse** vpr **se asió con fuerza a la cuerda** she clung tightly to the rope; **se asió del brazo de su novia** he clung to his girlfriend's arm; **se asía a los recuerdos del pasado** she clung to past memories

Asiria n HIST Assyria
asirio, -a HIST ◇ adj Assyrian
◇ nm,f (persona) Assyrian
◇ nm (lengua) Assyrian
asistemático, -a adj unsystematic

asistencia nf **-1.** (ayuda) assistance; **prestar ~ a alguien** to give assistance to sb ❑ **~ en carretera** breakdown service; **~ domiciliaria** (de médico, enfermera) home visits; **~ a domicilio** (de médico, enfermera) home visits; **~ jurídica** legal advice; **~ jurídica de oficio** legal aid; **~ letrada** legal advice; **~ médica** medical attention; **~ pública** social security; **~ sanitaria** health care; **~ social** social work; **~ técnica** technical assistance

-2. (presencia) (acción) attendance; (hecho) presence; **la ~ a las prácticas de química es obligatoria** attendance at chemistry practicals is compulsory; **el rey ha confirmado su ~ a la ceremonia** the king has confirmed that he will be attending the ceremony; **se ruega confirme su ~ al acto** (en invitación) please let us know whether you will be able to attend

-3. (afluencia) attendance; **la ~ a la manifestación fue muy pequeña** the demonstration was very poorly attended, very few people turned out for the demonstration; **no se tienen datos precisos de ~** we do not have an exact attendance figure

-4. DEP assist
-5. las asistencias (en estadio) the paramedics, Br ≃ the St John Ambulance; (en rally) the technical staff
-6. Col, Méx (pensión) guesthouse

asistencial adj (sanitario) health care; **servicios asistenciales** health care services
asistenta nf Esp cleaning lady
asistente ◇ adj **el público ~ aplaudió a rabiar** the audience o everyone present applauded wildly; **los científicos asistentes a un congreso** the scientists attending a congress

◇ nmf **-1.** (ayudante) assistant, helper ❑ **~ social** social worker **-2.** (presente) **los asistentes** those present; **cada ~ recibirá un regalo** everyone who attends will receive a free gift; **se espera una gran afluencia de asistentes** a high attendance is expected
-3. DEP (árbitro) assistant referee

◇ nm **-1.** MIL batman, orderly **-2.** INFORMÁT (software) wizard ❑ **~ personal** (de bolsillo) personal assistant

asistido, -a adj (respiración, reproducción) assisted; (fecundación) artificial

asistir ◇ vt **-1.** (ayudar) to attend to; **en este centro asisten a los sin techo** this centre provides care for the homeless; [EXPR] **¡Dios nos asista!** God above!, good heavens!

-2. (paciente, enfermo) to attend; **los heridos fueron asistidos en un hospital cercano** the injured were treated o attended at a nearby hospital; **le asiste el doctor Jiménez** he is being attended by Dr Jiménez; **la comadrona que me asistió en el parto** the midwife who helped me give birth

-3. (acompañar) to accompany
-4. (amparar, apoyar) **le asiste la razón** she has right on her side; **el derecho les asiste** they have the law on their side

◇ vi **-1.** (acudir) to attend; **~ a un acto** to attend an event; **asisten a misa todos los domingos** they go to church o attend mass every Sunday **-2.** (limpiar) to work as a cleaner **-3.** (presenciar) to witness; **estamos asistiendo a cambios históricos** we are witnessing historic changes **-4.** (en juegos de cartas) to follow suit

asistolia nf MED asystole
askenazi = asquenazi
asma nf

> Takes the masculine articles **el** and **un**.

asthma

asmático, -a ◇ adj asthmatic
◇ nm,f asthmatic
asno, -a ◇ adj Fam (necio) stupid, dim
◇ nm,f **-1.** (animal) ass **-2.** Fam (necio) ass
asociación nf **-1.** (acción) association; **en ~ con la ONU** in association with the UN ❑ **~ de ideas** association of ideas; **~ libre** free association
-2. (grupo, colectivo) association; **una ~ cultural** a cultural association; **una ~ ecologista** an environmental group ❑ **~ de consumidores** consumer association; **Asociación Europea de Libre Comercio** European Free Trade Association; **~ gremial** trade association; **~ libre** free association; **~ de padres de alumnos** = Spanish association for parents of schoolchildren, ≃ PTA; **~ de vecinos** residents' association

asociacionismo nm **una época caracterizada por el ~** a period which has seen the formation of many grass-roots organizations; **una medida destinada a fomentar el ~ entre los jóvenes** a measure aimed at encouraging young people to join together in defence of their interests

asociado, -a ◇ adj **-1.** (relacionado) associated; **un problema ~ a la falta de proteínas** a problem associated with a lack of protein; **se lo asocia con el descubrimiento del teléfono** he is associated with the invention of the telephone **-2.** (miembro) associate; **director asociado** associate director; **profesor ~** associate lecturer

◇ nm,f **-1.** (miembro) associate, partner **-2.** (profesor) associate lecturer

asocial adj asocial
asociar ◇ vt **-1.** (relacionar) to associate; **asocia el verano a o con la playa** she associates summer with the seaside **-2.** COM **asoció a sus hijos a la empresa** he made his sons partners in the firm

◆ **asociarse** vpr **-1.** (relacionarse) to be associated; **una dolencia que se asocia con el o al exceso de ejercicio** a complaint that is associated with excessive exercise

-2. (unirse) to join together; **se asociaron con otros científicos europeos** they joined together o collaborated with other European scientists; **se asociaron para defender sus derechos** they joined together to defend their rights

-3. COM to form a partnership; **se asoció con varios amigos** he formed o entered a partnership with some friends

asociativo, -a adj **-1.** (de asociación) **las formas asociativas de nuestra sociedad** the forms of association in our society **-2.** MAT associative

asocio nm Col association; **en ~ de** in association with
asolado, -a adj devastated
asolador, -ora adj (destructor) ravaging, devastating
asolamiento nm devastation
asolar [63] vt to devastate
asoleada nf Andes, RP **salimos a darnos una ~** we went outside to get a bit of sunshine
asolear ◇ vt to expose to the sun, to put in the sun

◆ **asolearse** vpr **-1.** Andes, Méx, RP (tomar el sol) to bask in the sun, to sun oneself **-2.** CAm, Méx (insolarse) to get sunstroke **-3.** Méx Fam (trabajar) to work, to slave

asomado, -a Ven ◇ adj (entrometido) interfering, meddlesome
◇ nm,f (entrometido) meddler
asomar ◇ vt **~ la cabeza por la ventana** to stick one's head out of the window; **asomaron el bebé al balcón** they took the baby out onto the balcony; **prohibido ~ la cabeza por la ventanilla** (en letrero) do not lean out of the window; **el humor asoma en su última película** there are signs of humour in his most recent film; **con los malos resultados empezaron a ~ las críticas** criticism started to surface after the poor results; Fig **~ la cabeza** to show one's face

◇ vi **-1.** (sobresalir) to peep up; (del interior de algo) to peep out; **la sábana asoma por debajo de la colcha** the sheet is peeping out from under the bedspread; **el lobo asomaba por detrás del árbol** the wolf was peeping out from behind the tree; **sus zapatos asoman por detrás de las cortinas** her shoes are showing below o peeping

asombrar

out from below the curtains; **te asoma la camisa por debajo de la chaqueta** your shirt is sticking out from under your jacket; **el castillo asomaba en el horizonte** the castle could be made out on the horizon
-2. *(salir)* **ya le asoman los primeros dientes** his first teeth are coming through already, he's already cutting his first teeth; **las flores asoman ya** the flowers are already starting to come out
-3. *(empezar)* **asoma el día** day is breaking
◆ **asomarse** *vpr* -1. *(sacar la cabeza)* **asomarse a la ventana** *(abierta)* to stick one's head out of the window; *(cerrada)* to go/come to the window; **asomarse al balcón** to go out onto the balcony, to appear on the balcony; **prohibido asomarse por la ventanilla** *(en letrero)* do not lean out of the window; *Fig* **nos vamos a ~ ahora a un tema polémico** we are now going to touch upon a controversial subject
-2. *(mostrarse)* to show oneself, to appear; **después de una recepción tan hostil, no se volverá a ~ por aquí en mucho tiempo** after such a hostile reception, she won't show her face *o* herself round here again for a while

asombrar ◇ *vt* to amaze, to astonish; **el tenor volvió a ~ a todos con su maestría** once again the tenor amazed *o* astonished everyone with his masterful performance; **el colorido del paisaje nunca deja de asombrarme** it never ceases to amaze *o* astonish me how colourful the landscape is; **me asombra oír sus quejas** I'm surprised to hear her complain
◆ **asombrarse** *vpr* to be amazed *o* astonished; **me asombro con** *o* **de lo que sabe sobre aves** I'm amazed *o* astonished at how much she knows about birds; **no sé de qué te asombras** I don't know why you're so surprised

asombro *nm* amazement, astonishment; **no salía de su ~** she couldn't get over her amazement *o* astonishment; **miraba a los niños con ~** she watched the children in amazement *o* astonishment; **ante el ~ de los asistentes, se puso a cantar** to the amazement *o* astonishment of everyone present, she started singing

asombrosamente *adv* amazingly, astonishingly; **salió ~ ileso del accidente** amazingly *o* astonishingly he was not injured in the accident

asombroso, -a *adj* amazing, astonishing

asomo *nm (indicio)* trace, hint; *(de esperanza)* glimmer; **habló sin el menor ~ de orgullo** he spoke without the slightest trace *o* hint of pride; **un edificio horrible, sin ~ de buen gusto** a horrible building without the slightest trace *o* hint of good taste; **su actuación no deja el menor ~ de duda** her performance leaves absolutely no room for doubt; **no pudo evitar un ~ de llanto** she couldn't prevent tears from welling up in her eyes; EXPR **ni por ~: las previsiones de ventas no se alcanzarán ni por ~** there is no way *o* there isn't the slightest chance that the sales forecasts will be met; **no se parece a su madre ni por ~** he doesn't look the least bit like his mother; **ése no es el problema ni por ~** that's not what the problem is at all

asonada *nf* -1. *(protesta)* protest demonstration -2. *(intentona golpista)* attempted coup

asonancia *nf (de rima)* assonance

asonante *adj (rima)* assonant

asorochar *Andes* ◇ *vt* to cause to have altitude sickness
◆ **asorocharse** *vpr* -1. *(por la altitud)* to get altitude sickness -2. *(sonrojarse)* to blush

aspa *nf*

Takes the masculine articles **el** and **un**.

-1. *(figura)* X-shaped cross -2. *(de molino)* arm; *(de ventilador)* blade -3. *RP (cuerno)* horn

aspado, -a *adj (con forma de cruz)* cross-shaped

aspar *vt* -1. *(hilo)* to reel, to wind -2. *(crucificar)* to crucify -3. *Fam (mortificar)* to mortify -4. *(ofender)* to vex, to annoy -5. EXPR *Fam* **¡que me aspen si lo entiendo!** I'll be damned if I understand it

aspartamo *nm (edulcorante)* aspartame

aspaventero, -a *adj (persona)* theatrical; *(gesto)* theatrical, exaggerated

aspaviento *nm* **aspavientos** *(con gestos)* furious gesticulations; **¡deja de hacer aspavientos!** *(con gestos)* stop waving your arms around like that!; *(con palabras)* stop making such a fuss!; **intenta nadar sin hacer aspavientos** try and swim without thrashing around so much

aspecto *nm* -1. *(apariencia)* appearance; **un adulto con ~ de niño** an adult who looks like a child, an adult with a childlike appearance; **tener buen ~** *(persona)* to look well; *(comida)* to look nice *o* good; **tiene mal ~** *(persona)* she doesn't look well; *(comida)* it doesn't look very nice; **tenía ~ de vagabundo** he looked like a tramp; **la casa ofrecía un ~ horrible después de la fiesta** the house looked a real mess after the party
-2. *(faceta)* aspect; **bajo este ~** from this angle; **en ese ~** in that sense *o* respect; **en todos los aspectos** in every respect; **en cuanto al ~ económico del plan,...** as far as the financial aspects of the plan are concerned,...; **hay que destacar como ~ negativo que...** one negative aspect *o* point is that...
-3. GRAM aspect
-4. ASTROL aspect

ásperamente *adv (responder, criticar)* harshly

aspereza *nf* -1. *(al tacto)* roughness -2. *(de terreno)* ruggedness, roughness -3. *(de sabor)* sharpness, sourness -4. *(de clima)* harshness -5. *(de voz)* harshness -6. *(rudeza)* *(de persona)* abruptness; **decir algo con ~** to say something sharply *o* abruptly

asperilla *nf* woodruff

asperjar *vt* -1. *(rociar)* **~ algo con** to sprinkle sth with -2. REL to sprinkle with holy water

áspero, -a *adj* -1. *(rugoso)* rough -2. *(terreno)* rugged, rough -3. *(sabor)* sharp, sour -4. *(de clima)* harsh -5. *(de voz)* rasping, harsh -6. *(persona, carácter)* abrupt, surly; **una áspera disputa** *(entre grupos)* a bitter dispute

asperón *nm* sandstone

aspersión *nf (de jardín)* sprinkling; *(de cultivos)* spraying; **riego por ~** sprinkling

aspersor *nm (para jardín)* sprinkler; *(para cultivos)* sprayer

áspic *nm* CULIN **un ~ de pollo** chicken in aspic

áspid *nm* asp

aspidistra *nf* aspidistra

aspillera *nf (abertura)* loophole, crenel

aspiración *nf* -1. *(pretensión)* aspiration; **su máxima ~ era encontrar un trabajo** his greatest ambition was to find a job; **un político con aspiraciones** an ambitious politician -2. *(de aire)* *(por una persona)* breathing in -3. *(de aire)* *(por una máquina)* suction -4. LING aspiration

aspirado, -a *adj* LING aspirated

aspirador *nm*, **aspiradora** *nf* vacuum cleaner, *Br* Hoover®; **pasar el ~** to vacuum, *Br* to hoover

aspirante ◇ *adj* -1. *(persona)* aspiring -2. *(objeto)* **bomba ~** suction pump
◇ *nmf (candidato)* candidate **(a** for**)**; *(en deportes, concursos)* contender **(a** for**)**; **un ~ al trono** an aspirant to the throne; **los dos aspirantes a la presidencia** the two presidential candidates

aspirar ◇ *vt* -1. *(aire) (sujeto: persona)* to breathe in, to inhale -2. *(aire) (sujeto: máquina)* to suck in -3. *(limpiar con aspirador)* to vacuum, *Br* to hoover; **tengo que limpiar el polvo y ~ toda la casa** I have to dust and vacuum *o Br* hoover the whole house -4. LING to aspirate
◇ *vi* **~ a algo** *(ansiar)* to aspire to sth; **aspira**

astrología

a (ser) ministro he aspires to become a minister; **aspira a ganar el concurso** she hopes to win the contest

aspirina *nf* aspirin

asqueado, -a *adj* sick; **estar ~ de (hacer) algo** to be sick of (doing) sth; **está ~ de su trabajo** he's sick of his job

asqueante *adj* disgusting, sickening

asquear *vt* to disgust, to make sick; **ese olor me asquea** that smell is disgusting; **le asquea su trabajo** she loathes her job

asquenazi, askenazi ◇ *adj* Ashkenazi
◇ *nm,f* Ashkenazi

asquerosamente *adv* **se comporta ~** his behaviour is disgusting; **me cae ~ mal** I can't stand the sight of her

asquerosidad *nf* **¡qué ~ de bebida!** what a disgusting *o* revolting drink!; **una ~ de película** *(repugnante)* a disgusting *o* revolting film; *(pésima)* an appallingly bad film; **me puse hecho una ~** I got absolutely filthy; **esta oficina está hecha una ~** this office is a tip

asqueroso, -a ◇ *adj* -1. *(que da asco)* disgusting, revolting; **una película asquerosa** a revolting film; **tu cuarto está ~** your room is filthy; **es un cerdo ~** he's a disgusting pig -2. *(malo)* mean; **no seas ~ y devuélvele el juguete** don't be so mean and give her the toy back
◇ *nm,f* -1. *(que da asco)* disgusting *o* revolting person; **es un ~** he's disgusting *o* revolting -2. *(mala persona)* mean person; **es un ~, no me quiso prestar dinero** he's so mean, he wouldn't lend me any money

asta *nf*

Takes the masculine articles **el** and **un**.

-1. *(de bandera)* flagpole, mast; **a media ~** at half-mast -2. *(de lanza)* shaft; *(de brocha)* handle -3. *(cuerno)* horn

astabandera *nf Méx* flagpole

astado, -a ◇ *adj* horned
◇ *nm (toro)* bull

Astana *n* Astana

astato, ástato *nm* QUÍM astatine

astenia *nf* fatigue, *Espec* asthenia

asténico, -a *adj* easily fatigued, *Espec* asthenic

áster *nf* aster

asterisco *nm* asterisk

asteroide *nm* asteroid

astigmático, -a *adj* astigmatic

astigmatismo *nm* astigmatism

astil *nm* -1. *(de hacha, pico)* haft; *(de azada)* handle -2. *(de balanza)* beam -3. *(de pluma)* shaft

astilla *nf* splinter; **me he clavado una ~ en el brazo** I've got a splinter in my arm; **hacer astillas** to smash to smithereens

astillar ◇ *vt (mueble)* to splinter; *(tronco)* to chop up
◆ **astillarse** *vpr (mueble, hueso)* to splinter

astillero *nm* -1. *(de barcos)* shipyard -2. *Méx (en monte)* lumbering site

astilloso, -a *adj* splintery

astracán *nm* astrakhan

astracanada *nf Pey* farce; **al final la película se convierte en una ~** at the end, the film degenerates into farce

astrágalo *nm* -1. ANAT ankle bone, *Espec* astragalus -2. ARQUIT astragal

astral *adj* astral

astrancia *nf* Hadspen Blood, greater masterwort

astringencia *nf (capacidad astringente)* binding qualities

astringente *adj (alimento)* binding; *(loción)* astringent

astringir [24] *vt (contraer)* to astringe, to contract

astro *nm* -1. *(cuerpo celeste)* heavenly body ❑ **el ~ rey** the Sun -2. *(persona famosa)* star

astrocito *nm* BIOL astrocyte

astrofísica *nf* astrophysics *(singular)*

astrofísico, -a ◇ *adj* astrophysical
◇ *nm,f* astrophysicist

astrolabio *nm* astrolabe

astrología *nf* astrology

astrológico, -a *adj* astrological
astrólogo, -a *nm,f* astrologer
astronauta *nmf* astronaut
astronáutica *nf* astronautics *(singular)*
astronave *nf* spacecraft, spaceship
astronavegación *nf* space navigation
astronomía *nf* astronomy
astronómico, -a *adj* **-1.** *(de la astronomía)* astronomical **-2.** *(cantidad)* astronomical
astrónomo, -a *nm,f* astronomer
astroquímica *nf* astrochemistry
astroso, -a *adj (andrajoso)* shabby, ragged
astucia *nf* **-1.** *(del ladino, tramposo)* cunning **-2.** *(del sagaz, listo)* astuteness; **con ~** astutely **-3.** *(trampa)* ruse; **eso fue una ~ para no pagar** that was just a ruse to get out of paying
astur ◇ *adj* **-1.** HIST Astorgan, = of/relating to the pre-Roman people of Astorga **-2.** *(asturiano)* Asturian
◇ *nmf* **-1.** HIST Astorgan **-2.** *(asturiano)* Asturian
asturiano, -a ◇ *adj* Asturian
◇ *nm,f* Asturian
Asturias *n* Asturias
astutamente *adv* **-1.** *(con trampas)* cunningly **-2.** *(con sagacidad)* astutely
astuto, -a *adj* **-1.** *(ladino, tramposo)* cunning **-2.** *(sagaz, listo)* astute
Asuán *n* Aswan
asuelo *etc ver* **asolar**
asueto *nm* break, rest; **unos días de ~** a few days off
asumir *vt* **-1.** *(hacerse cargo de) (puesto)* to take up; *(papel)* to take on; **~ la responsabilidad de algo** to take on responsibility for sth; **~ el mando/control (de)** to take charge/control (of); **cuando murió su padre, él asumió el papel de cabeza de familia** when his father died he took over as head of the family; **el general asumió la presidencia del país** the general took over the presidency of the country; **el presidente asumió el compromiso de ayudar a las víctimas** the president gave a commitment to help the victims; **asumieron el riesgo de viajar sin mapa** they took the risk of travelling without a map; **el Estado asumirá las pérdidas de la empresa** the State will cover the company's losses
-2. *(adquirir)* to take on; **el descontento asumió caracteres alarmantes** the discontent began to take on alarming proportions; **el incendio asumió proporciones descontroladas** the fire got out of control
-3. *(aceptar)* to accept; **el equipo ha asumido su papel de favorito** the team has accepted the mantle *o* role of favourites; **asumieron su reacción como algo normal** they accepted her reaction as something that was to be expected; **no asume la muerte de su esposa** he can't come to terms with his wife's death; **eso lo tengo completamente asumido** I've fully come to terms with that
asunceno, -a, asunceño, -a ◇ *adj* of/from Asunción; **las calles asuncenas** the streets of Asunción
◇ *nm,f* person from Asunción
Asunción *n* Asunción
asunción *nf* **-1.** *(de puesto)* taking up; *(de papel)* taking on; **reunió a las tropas tras la ~ del mando** he assembled his troops after taking over command; **no es partidario de la ~ de riesgos** he does not like taking risks **-2.** REL **la Asunción** *(subida a los cielos)* the Assumption; *(festividad)* the Feast of the Assumption
asuntar *vi* RDom *(prestar atención)* to pay attention
asunto *nm* **-1.** *(tema)* matter; *(problema)* issue; **necesitamos hablar de un ~ importante** we need to talk about an important matter; **quieren llegar al fondo del ~** they want to get to the bottom of the matter; **anda metido en un ~ turbio** he's mixed up *o* involved in a dodgy affair; **no quiero hablar del ~ ese del divorcio** I don't want to talk about that divorce business; **no es ~ tuyo** it's none of your business; **¡métete en tus asuntos!** mind your own business!; **el ~ es que...** the thing is that...; **te han llamado de Hacienda – mal ~** you've had a call from the tax man – that doesn't sound very good!; **¡y ~ concluido** *o* **arreglado!** and that's that! ❏ **asuntos de Estado** affairs of state; **asuntos exteriores** foreign affairs; **~ pendiente: tenemos un ~ pendiente que tratar** we have some unfinished business to attend to; **asuntos pendientes** *(en orden del día)* matters pending; ***asuntos a tratar*** agenda
-2. *(de obra, libro)* theme
-3. *(romance)* affair; **tener un ~ con alguien** to have an affair with sb
-4. Col, Ven **poner el ~** to watch one's step
asustadizo, -a *adj* easily frightened
asustado, -a *adj (con miedo)* frightened, scared; *(preocupado)* worried
asustar *vt (dar miedo)* to frighten, to scare; *(preocupar)* to worry; **se escondió detrás del sofá para asustarme** she hid behind the sofa so she could jump out and frighten me *o* give me a fright; **¡me has asustado!** you gave me a fright!; **le asustan las arañas** he's scared of spiders; **me asusta pensar que pueda tener razón** the scary thing is she may be right
◆ **asustarse** *vpr (tener miedo)* to be frightened (**de** of); *(preocuparse)* to get worried; **me asusté al verlo** I got a shock when I saw him; **no te asustes, seguro que no le ha pasado nada grave** don't be worried, I'm sure nothing bad has happened to him
AT *(abrev de* **Antiguo Testamento***)* OT
atabal *nm* kettledrum
atacado, -a *adj* RP, Ven Fam grumpy; **no le hagas caso, hace días que está ~** don't mind him, he's been in that bad mood for days
atacador *nm* tamper
Atacama *nm* **el (desierto de) ~** the Atacama (Desert)
atacama ◇ *adj* Atacaman
◇ *nm,f* Atacaman Indian
atacante ◇ *adj* **-1.** *(que agrede)* attacking **-2.** DEP *(equipo, jugador)* attacking
◇ *nmf* **-1.** *(agresor)* attacker **-2.** DEP forward
atacar [59] *vt* **-1.** *(acometer)* to attack
-2. DEP to attack
-3. *(criticar)* to attack; **su propuesta fue atacada por los asistentes** her proposal was attacked by those present
-4. *(afectar)* **le atacó la risa/fiebre** he had a fit of laughter/a bout of fever; **me atacó el sueño** I suddenly felt very sleepy
-5. *(poner nervioso)* **ese ruido me ataca** that noise gets on my nerves; **su impuntualidad me ataca los nervios** his unpunctuality gets on my nerves
-6. *(acometer)* to launch into; **el tenor atacó el aria con entusiasmo** the tenor launched into the aria with gusto; **los ciclistas atacaron la última subida con gran energía** the cyclists attacked the final climb energetically
-7. *(corroer)* to corrode; **la humedad ataca los metales** humidity corrodes metal
-8. *(dañar)* to attack; **esta enfermedad ataca el sistema respiratorio** this disease attacks the respiratory system
-9. Ven Fam *(cortejar)* to try to Br get off with *o* US make out with; **no es el primer chico que la ataca** he isn't the first boy to try to Br get off with *o* US make out with her
◇ *vi* **-1.** *(tropas, animal)* to attack **-2.** DEP to attack
ataché *nm* RP briefcase
atacón, -ona Ven Fam ◇ *adj* **me gustan las mujeres ataconas** I like women who're not afraid to make the first move
◇ *nm,f* **es un ~** he's a bit of a wolf
atado *nm* **-1.** *(conjunto, montón)* bundle; EXPR CSur **ser un ~ de nervios** *(permanentemente)* to be hyperactive; *(temporalmente)* to be a bundle of nerves **-2.** Arg *(cajetilla)* packet

atadura *nf* **-1.** *(con cuerda)* tie; **consiguió romper las ataduras y escaparse** she managed to free *o* untie herself and get away **-2.** *(vínculo)* tie; **rompió las ataduras familiares** he cut his ties with his family
ataguía *nf* cofferdam
Atahualpa *n pr* Atahualpa *(last Inca emperor of Peru, 1525-33)*
atajada *nf* Am *(parada)* save
atajador *nm* Chile, Méx *(arriero)* cattle driver
atajar ◇ *vt* **-1.** *(contener)* to put a stop to; *(hemorragia, inundación)* to stem; **~ un problema** to nip a problem in the bud; **las medidas pretenden ~ el problema de la evasión de impuestos** the measures are intended to put a stop to the problem of tax evasion
-2. *(salir al encuentro de)* to cut off, to head off; **la policía atajó a los terroristas en la frontera** the police cut off *o* headed off the terrorists at the border
-3. *(interrumpir)* to cut short, to interrupt; **no me atajes cuando estoy hablando** don't interrupt me *o* butt in when I'm speaking
-4. *(interceptar) (pase)* to cut off, to intercept
-5. Am *(agarrar)* to catch; **tírame las llaves que las atajo** throw me the keys, I'll catch them; **el portero atajó la pelota** the goalkeeper stopped the ball
◇ *vi (acortar)* to take a short cut (**por** through); **atajaremos por el puente** we can take a short cut via the bridge; **si bajas por aquí atajas** it's quicker if you go down this way
◆ **atajarse** *vpr* RP Fam to get all defensive
atajo *nm* **-1.** *(camino corto)* short cut; **tomar** *o* Esp **coger un ~** to take a short cut ❏ INFORMÁT **~ de teclado** keyboard short cut **-2.** *(medio rápido)* short cut **-3.** Esp Pey *(panda)* **¡~ de cobardes/ladrones!** you bunch of cowards/thieves!; **soltó un ~ de disparates** he came out with a pack of nonsense
atalaya ◇ *nf* **-1.** *(torre)* watchtower **-2.** *(altura)* vantage point
◇ *nmf (persona)* lookout
atañer *vi* to concern; **en lo que atañe a este asunto** as far as this subject is concerned; **ese asunto atañe a nuestro departamento** that matter is the responsibility of our department; **ese problema no te atañe** that problem doesn't concern you
atapuzado, -a Ven Fam *adj (cuarto)* crammed; *(persona)* stuffed
atapuzar Ven Fam ◇ *vt (cuarto, maleta)* to cram (**de** with); *(persona)* to stuff (**de** with)
◆ **atapuzarse** *vpr* to stuff one's face
ataque ◇ *ver* **atacar**
◇ *nm* **-1.** *(acometida)* attack; **¡al ~!** charge! ❏ **~ aéreo** *(sobre ciudad)* air attack; *(sobre tropas)* air attack; BOLSA **~ especulativo** dawn raid; **~ preventivo** pre-emptive strike
-2. DEP attack; **una jugada de ~** an attack, an attacking move
-3. *(crítica)* attack; **lanzó duros ataques contra el presidente** she launched several harsh attacks on the president
-4. *(acceso)* fit; **en un ~ de celos la mató** he killed her in a fit of jealousy; Fam **como no se calle me va a dar un ~** if he doesn't shut up I'm going to have a fit ❏ **~ cardíaco** heart attack; **~ al corazón** heart attack; **~ epiléptico** epileptic fit; **~ de nervios** attack of hysteria; **~ de pánico** panic attack; **~ de risa: le dio un ~ de risa** he had a fit of the giggles
-5. *(de sustancia)* corrosive effect
atar ◇ *vt* **-1.** *(unir) (nudo, cuerda)* to tie; **ata la cuerda firmemente** tie the rope securely; EXPR **~ cabos** to put two and two together; EXPR **~ los cabos sueltos** to tie up all the loose ends; EXPR **dejar todo atado y bien atado** to make sure everything is settled
-2. *(con cuerdas) (persona)* to tie up; *(caballo)* to tether; **lo ataron de pies y manos** they tied his hands and feet; **ató el caballo a la verja** she tethered the horse to the gate; EXPR **tengo las manos atadas, estoy atado de pies y manos** my hands are tied; **esa cláusula nos ata las manos** our hands are tied by that clause

atarantado / **ateniense**

-3. *(constreñir)* to tie down; **su trabajo la ata mucho** her work ties her down a lot; **no me siento atado a nadie** I don't feel tied to anybody; EXPR **~ corto a alguien** to keep a tight rein on sb
◇ *vi* **un bebé ata mucho** having a baby ties you down a lot
◆ **atarse** *vpr* **-1.** *(uno mismo)* **se ató por la cintura para descender el barranco** she tied a rope round her waist in order to go down into the ravine **-2.** *(pelo)* to tie up; **se ató el pelo** she tied her hair up; **atarse los zapatos** *o* **los cordones** to tie one's shoes *o* shoelaces

atarantado, -a *adj Am Fam* **-1.** *(tonto)* dim, slow; **ese niño siempre fue medio ~** that boy was always a bit dim *o* slow **-2.** *(aturdido)* stunned, dazed; **la noticia lo dejó ~** he was stunned by the news

atarantar *vt Am Fam (aturdir)* to daze; **la sorpresa lo atarantó** the surprise left him dazed

atarazana *nf* shipyard

atardecer [46] ◇ *nm* dusk; **al ~** at dusk; **contemplaron el ~ desde la playa** they watched the sun go down from the beach
◇ *v impersonal* to get dark; **está atardeciendo** it's getting dark

atareado, -a *adj* busy

atarearse *vpr* to busy oneself, to occupy oneself

atarjea *nf Perú (depósito)* water supply

atascado, -a *adj* blocked (up)

atascar [59] ◇ *vt* to block (up)
◆ **atascarse** *vpr* **-1.** *(tubería)* to get blocked up; **se ha atascado el retrete** the toilet is blocked
-2. *(mecanismo)* to get stuck *o* jammed; **se atascó la puerta y no pudimos abrirla** the door got stuck *o* jammed and we couldn't get it open
-3. *(detenerse)* to get stuck; **el camión quedó atascado en la carretera** the truck got stuck on the road
-4. *(al hablar)* **recitó toda la lista sin atascarse** she reeled off the whole list without hesitating once; **se atascó al pronunciar mi nombre** he got his tongue tied in a knot when he tried to say my name
-5. *Fam (asunto, proyecto)* to get bogged down
-6. *Méx Fam (atiborrarse)* to stuff oneself; **nomás vinieron a la fiesta a atascarse** they only came to the party to stuff themselves
-7. *Méx Fam (ensuciarse)* to get in a mess; **siempre que comen espaguetis, los escuincles se atascan** whenever they eat spaghetti, the kids get into a real mess

atasco *nm* **-1.** *(obstrucción)* blockage **-2.** *(de vehículos)* traffic jam; *Fig* **se ha producido un ~ en las negociaciones** the negotiations have stalled

ataúd *nm* coffin

ataurique *nm* ARQUIT ataurique, = plaster decoration using plant motifs typical of Islamic art

ataviar [32] ◇ *vt* to dress up; **~ a alguien con algo** to dress sb up in sth
◆ **ataviarse** *vpr* to dress up; **se atavió mucho para salir** she got all dressed up to go out; **se atavió con sus mejores galas** she dressed herself up in all her finery

atávico, -a *adj* atavistic

atavío *nm* **-1.** *(adorno)* adornment **-2.** *(indumentaria)* attire; **vestía un elegante ~** she was elegantly attired

atavismo *nm* **-1.** *(herencia arcaica)* **el racismo es un ~ que hay que erradicar** racism is an atavistic instinct which we have to root out **-2.** BIOL atavism

ataxia *nf* MED ataxia

ate *nm Méx* quince jelly

ateísmo *nm* atheism

atemorizado, -a *adj* frightened; **tienen a la región atemorizada con sus ataques** they have been terrorizing the region with their attacks; **vivir ~** to live in fear

atemorizar [14] ◇ *vt* to frighten; **quieren atemorizarnos con sus atrocidades** they want to intimidate us with their barbaric acts
◆ **atemorizarse** *vpr* to get *o* be frightened; **me atemorizo con los truenos** I get very frightened when there's thunder

atemperar *vt (críticas, protestas)* to temper, to tone down; *(ánimos, nervios)* to calm

atemporal *adj* timeless

Atenas *n* Athens

atenazar [14] *vt (sujetar)* to clench; **el miedo la atenazaba** she was gripped by fear

atención ◇ *nf* **-1.** *(interés)* attention; **tienes que dedicar más ~ a tus estudios** you've got to put more effort into your studies, you've got to concentrate harder on your studies; **miraremos tu expediente con mucha ~** we'll look at your file very carefully; **aguardaban el resultado con ~** they were listening attentively for the result; **escucha con ~** listen carefully; **a la ~ de** for the attention of; **llamar la ~** *(atraer)* to attract attention; **lo que más me llamó la ~ fue la belleza del paisaje** what struck me most was the beauty of the countryside; **su belleza llama la ~** her beauty is striking; **al principio no me llamó la ~** at first I didn't notice anything unusual; **llamar la ~ a alguien** *(amonestar)* to tell sb off; **le llamé la ~ sobre el coste del proyecto** I drew her attention to the cost of the project; **con sus escándalos, andan llamando la ~ todo el tiempo** they are always attracting attention to themselves by causing one scandal or another; **le gusta llamar la ~** she likes to be noticed; **el desastre electoral fue una llamada** *o* **toque de ~ al partido gobernante** the disastrous election results were a clear message to the governing party; **a los niños pequeños les cuesta mantener la ~** small children find it difficult to stop their attention from wandering; **poner** *o* **prestar ~** to pay attention; **si no pones** *o* **prestas ~, no te enterarás de lo que hay que hacer** if you don't pay attention, you won't know what to do
-2. *(cortesía)* attentiveness; **atenciones** attentiveness; **tenía demasiadas atenciones con el jefe** she was overly attentive towards the boss; **nos colmaron de atenciones** they waited on us hand and foot; **deshacerse en atenciones con** to lavish attention on; **en ~ a** *(teniendo en cuenta)* out of consideration for; *(en honor a)* in honour of; **en ~ a sus méritos** in honour of her achievements; **organizaron una cena en ~ al nuevo embajador** they held a dinner in honour of the new ambassador; **le cedió el asiento en ~ a su avanzada edad** he let her have the seat because of her age
-3. *(servicio)* **la ~ a los ancianos** care of the elderly; **horario de ~ al público** opening hours ❑ COM **~ al cliente** customer service; **~ domiciliaria** *(de médico)* home visits; **para la ~ domiciliaria, llamar al...** if you wish to call a doctor out, ring this number...; **~ hospitalaria** hospital care; **~ primaria** *(en ambulatorio)* primary health care; **~ sanitaria** health care
◇ *interj (en aeropuerto, conferencia)* your attention please!; MIL attention!; **¡~, van a anunciar el ganador!** listen, they're about to announce the winner!; **¡~!** *(en letrero)* danger!; **¡~, peligro de incendio!** *(en letrero) (con materiales inflamables)* (warning!) fire hazard; *(en bosques)* danger of forest fires in this area

atender [64] ◇ *vt* **-1.** *(satisfacer)* petición, ruego) to agree to; *(consejo, instrucciones)* to heed; **no pudieron ~ sus súplicas** they couldn't answer her pleas; **~ las necesidades de alguien** to meet sb's needs
-2. *(cuidar de) (necesitados, invitados)* to look after; *(enfermo)* to care for; *(cliente)* to serve; **el doctor que atendió al accidentado** the doctor who treated the accident victim; **¿qué médico te atiende normalmente?** which doctor do you normally see?; **atiende la farmacia personalmente** she looks after the chemist's herself; **vive solo y sin nadie que lo atienda** he lives alone, without anyone to look after him; **¿me puede ~ alguien, por favor?** could somebody help *o* serve me, please?; **¿lo atienden?, ¿lo están atendiendo?** are you being served?; **en esta tienda te atienden muy bien** the service in this shop is very good; **me temo que el director no puede atenderlo en este momento** I'm afraid the manager isn't available just now; **la operadora atiende las llamadas telefónicas** the operator answers the phone calls
-3. *(tener en cuenta)* to keep in mind
-4. *Anticuado (esperar)* to await, to wait for
◇ *vi* **-1.** *(estar atento)* to pay attention (**a** to); **lo castigaron porque no atendía en clase** he was punished for not paying attention in class; **¡cállate y atiende de una vez!** shut up and pay attention *o* listen!; **no atiendes a las explicaciones que te hacen tus invitados** you're not paying attention to what your guests are saying
-2. *(considerar)* **atendiendo a...** taking into account...; **atendiendo a las circunstancias, aceptaremos su candidatura** under the circumstances, we will accept your candidacy; **atendiendo a las encuestas, necesitamos un cambio radical de línea** if the opinion polls are anything to go by, we need a radical change of policy; **la clasificación atiende únicamente a criterios técnicos** the table only takes into account technical specifications, the table is based purely on technical specifications; **le enviamos la mercancía atendiendo a su petición** following your order, please find enclosed the goods requested; EXPR **~ a razones: cuando se enfada, no atiende a razones** when she gets angry, she refuses to listen to reason
-3. *(ocuparse)* **no puedo ~ a todo** I can't do everything (myself); **en esta tienda atienden muy mal** the service in this shop is very poor; **¿quién atiende aquí?** who's serving here?
-4. *(llamarse) (animal)* **~ por** to answer to the name of; **el perro atiende por el nombre de Chispa** the dog answers to the name of Chispa; **su nombre es Manuel, pero en la cárcel atiende por Manu** his real name is Manuel, but they call him Manu in jail
◆ **atenderse** *vpr Am* **se atiende con la doctora Rodríguez** Doctor Rodríguez normally sees her, her doctor is Doctor Rodríguez

atendible *adj (razón)* worthy of consideration

Atenea *n* MITOL Athena, Athene

ateneo *nm (literario)* literary society; *(científico)* scientific society

atenerse [65] *vpr* **-1. ~ a** *(seguir, cumplir) (promesa, orden)* to stick to; *(ley, normas)* to observe, to abide by; **atente a las instrucciones que se te han dado** stick to *o* follow the instructions you have been given; **el gobierno se atendrá a la decisión del tribunal** the government will abide by the court's decision; **con tantas versiones diferentes de lo que pasó, no sabemos a qué atenernos** there are so many different versions of what happened that we don't know what to believe; **~ a las consecuencias** to accept the consequences
-2. *(remitirse)* **me atengo a lo dicho por mi colega** I would agree with what my colleague has said
-3. *(limitarse)* **si nos atenemos a lo que sabemos...** if we stick to what we know...; **~ a la verdad** to stick to the truth

atenido, -a *nm,f Col Fam* lazybones, *Br* layabout

ateniense ◇ *adj* Athenian
◇ *nmf* Athenian

atentado nm **-1.** *(ataque violento)* ~ **(terrorista)** terrorist attack; **sufrir un ~** *(persona)* to be the victim of a terrorist/Mafia/*etc* attack; **un ~ con bomba** a bomb attack, a bombing; **un ~ contra el presidente** an attempt on the president's life
-2. *(afronta)* crime; **la construcción de la cementera es un ~ contra el medio ambiente** the building of the cement factory is a crime against the environment; **la ley es un ~ contra la libertad de expresión** the law constitutes an attack on freedom of expression

atentamente adv **-1.** *(con atención, cortesía)* attentively; **mire ~** watch carefully **-2.** *(en cartas)* **(se despide) ~** *(si se desconoce el nombre del destinatario)* Yours faithfully; *(si se conoce el nombre del destinatario)* Yours sincerely

atentar vi **~ contra (la vida de) alguien** to make an attempt on sb's life; **atentaron contra la sede del partido** there was an attack on the party headquarters; **~ contra algo** *(principio)* to be a crime against sth; **esta decoración atenta contra el buen gusto** this décor is an offence against good taste

atentatorio, -a adj **es una ley atentatoria a la intimidad de las personas** it's a law which invades people's privacy; **la conducta del gobierno es atentatoria contra los derechos humanos** the government's behaviour constitutes an attack on human rights

atenti interj RP Fam **-1.** *(atención)* hey!; **¡~!, ¿a que no sabés qué hice ayer?** hey, I bet you can't guess what I did yesterday; **¡~ con la bicicleta ahí!** look o watch out for that bicycle! **-2.** *(cuidado)* **¡~ con el tránsito!** *(a conductor)* drive carefully!; *(a peatón)* be careful of the traffic!

atento, -a ◇ adj **-1.** *(pendiente)* attentive; **un alumno muy ~** a very attentive pupil; **una lectura atenta de la ley permite ver que...** careful reading of the law shows that...; **estar ~ a** *(explicación, programa, lección)* to pay attention to; *(ruido, sonido)* to listen out for; *(acontecimientos, cambios, avances)* to keep up with; **escucha ~ lo que te voy a decir** listen carefully to what I'm going to tell you; **se manifestaron bajo la atenta mirada de la policía** they demonstrated under the watchful eye of the police
-2. *(cortés)* **es tan atenta con todo el mundo** she's so friendly and kind to everyone; **tienes que ser más ~ con los invitados** you should pay more attention to your guests; **¡qué chico más ~!** what a nice young man! ◇ interj RP Fam watch out!, be careful!; **~ a la señal** wait for the signal

atenuación nf **-1.** *(de dolor)* easing, alleviation; *(de sonido, luz)* attenuation **-2.** DER *(de responsabilidad)* extenuation, mitigation

atenuante DER ◇ adj **circunstancia ~** extenuating circumstance
◇ nm extenuating circumstance; **eso no puede ser un ~** that cannot be considered an extenuating circumstance

atenuar [4] ◇ vt **-1.** *(disminuir, suavizar)* to diminish; *(dolor)* to ease, to alleviate; *(sonido, luz)* to attenuate **-2.** DER *(responsabilidad)* to extenuate, to mitigate
➥ **atenuarse** vpr *(disminuir, suavizar)* to lessen, to diminish

ateo, -a ◇ adj atheistic
◇ nm,f atheist

aterciopelado, -a adj velvety

aterido, -a adj freezing; **~ de frío** shaking o shivering with cold

aterirse vpr to be freezing

aterosclerosis, ateroesclerosis nf inv MED atherosclerosis

aterrado, -a adj terror-stricken

aterrador, -ora adj terrifying

aterrar ◇ vt to terrify; **me aterran las tormentas** I'm terrified of storms; **me aterra pensar que hayan podido tener un accidente** I'm terrified that they might have had an accident
➥ **aterrarse** vpr to be terrified

aterrizado, -a adj Andes Fam down-to-earth

aterrizaje nm *(de avión)* landing ▫ **~ de emergencia** emergency landing; **~ forzoso** emergency landing

aterrizar [14] vi **-1.** *(avión)* to land
-2. *(caer)* *(objeto, persona)* to land; **el tapón aterrizó en mi plato** the cork landed on my plate; **tropezó y aterrizó con violencia en el suelo** she tripped up and clattered to the ground
-3. Fam *(aparecer)* **estábamos tan tranquilos en casa cuando aterrizaron mis tíos** we were relaxing at home when my uncle and aunt landed on us out of the blue
-4. Fam *(tomar contacto)* **todavía estoy aterrizando en el nuevo trabajo** I'm still finding my feet in my new job

aterrorizador, -ora adj terrifying

aterrorizar [14] ◇ vt to terrify; **me aterrorizan las arañas** I'm terrified of spiders; **el atracador aterrorizaba a sus víctimas** the robber terrorized his victims
➥ **aterrorizarse** vpr to be terrified

atesoramiento nm hoarding

atesorar vt **-1.** *(riquezas)* to hoard **-2.** *(virtudes)* to be blessed with

atestación nf DER affidavit, statement

atestado, -a ◇ adj packed; **la discoteca estaba atestada** the disco was packed; **el museo estaba ~ de turistas** the museum was packed with tourists; **mi mesa está atestada de libros** my desk is covered in books
◇ nm official report; **levantar un ~** to write an official report

atestar ◇ vt **-1.** *(llenar)* to pack, to cram **(de** with); **los manifestantes atestaban la plaza** the square was packed with demonstrators **-2.** DER to testify to
➥ **atestarse** vpr *(llenarse)* to get o become packed **(de** with)

atestiguar [11] ◇ vt **-1.** *(declarar)* **~ que** to testify that **-2.** *(demostrar, probar)* **~ algo** to bear witness to sth; **diversos estudios atestiguan la validez de su teoría** various studies bear witness to o bear out the validity of her theory; **la economía sigue creciendo, así lo atestiguan las estadísticas** the economy continues to grow, as is borne out by the statistics
◇ vi *(declarar)* to testify

atezado, -a adj tanned

atiborrar Fam ◇ vt **los aficionados atiborraban el estadio** the stadium was packed to the rafters with fans; **las cajas atiborraban el almacén** the warehouse was crammed full of crates; **atiborró el coche de maletas** he stuffed the car full of suitcases; **mis padres nos atiborraron de comida** my parents stuffed us with food; **las calles estaban atiborradas de coches** the streets were packed with cars
➥ **atiborrarse** vpr to stuff one's face; **se atiborraron de pasteles** they stuffed their faces with cakes

ático nm **-1.** *(piso)* = attic Br flat o US apartment, usually with a roof terrace **-2.** *(desván)* attic

atiendo etc ver **atender**

atiene etc ver **atener**

atierre nm Méx *(cubrimiento)* covering with earth

atigrado, -a adj **-1.** *(gato)* tabby **-2.** *(estampado)* striped *(like tiger)*

Atila n pr **~ (rey de los hunos)** Attila the Hun

atildado, -a adj smart, spruce

atildar ◇ vt to smarten up
➥ **atildarse** vpr to smarten oneself up

atinadamente adv *(calificar, denominar)* rightly, justly; **actuó muy ~** she acted very wisely

atinado, -a adj *(respuesta, comentario)* to the point; **estuvo muy ~ en sus críticas** his criticisms were very telling o very much to the point; **tomaron una decisión muy atinada** they took a very wise o sensible decision

atinar vi **-1.** *(adivinar)* to guess correctly; **atinaron en sus previsiones** their predictions turned out to be correct
-2. *(golpear)* **~ en: la flecha atinó en el blanco** the arrow hit the target; **el misil atinó en el puente** the missile made a direct hit on the bridge
-3. *(encontrar)* **~ con:** **atinó con el libro que buscaba** she found the book she had been looking for; **siguió revisando el texto hasta ~ con las palabras exactas** he continued to revise the text until he hit on exactly the right words
-4. *(conseguir, lograr)* **~ a hacer algo: no atinaba a abrir la cerradura** she couldn't manage to open the lock; **sólo atinaba a mirarla boquiabierto** all he could do was stare at her in astonishment; **cuando la veía no atinaba a decir palabra** when he saw her he could never manage to say anything

atinente, atingente adj Formal **~ a** pertaining to

atingencia nf **-1.** Arg, CAm, Chile, Méx *(relación)* connection
-2. Chile, Méx *(adecuación)* appropriateness; **la Cámara está estudiando la ~ de esa ley** the House is investigating whether the law is appropriate o acceptable; **actuar con ~ e imparcialidad** to act appropriately and with impartiality
-3. Méx *(tino)* good sense; **tuvo la ~ de comprar ahí cuando el terreno era muy barato** he had the good sense to buy when the land there was very cheap
-4. Perú *(acotación)* comment, observation

atingente = **atinente**

atípico, -a adj atypical

atiplado, -a adj high-pitched

atirantar vt to make tense, to tighten

atisbar ◇ vt **-1.** *(vislumbrar)* to make out; **se atisbaba un castillo en el horizonte** a castle could (just) be made out on the horizon; **se atisba un principio de acuerdo** the first signs of an agreement are becoming apparent; **no atisbaban ninguna salida a la crisis** they could not see any way out of the crisis
-2. *(acechar)* to watch, to spy on; **atisbaba por un agujero lo que ocurría en la otra habitación** he was spying on o watching what was happening in the other room through a hole
◇ vi to peep

atisbo nm *(indicio)* trace, hint; *(de esperanza)* glimmer; **su declaración ha disipado cualquier ~ de duda** her statement has removed any trace of doubt; **negó cualquier ~ de veracidad en lo publicado** he denied that there was even a hint of truth to what had been published; **mientras quede un ~ de vida** as long as there is still a flicker o the slightest sign of life

atiza interj my goodness!, by golly!

atizador nm poker

atizar [14] ◇ vt **-1.** *(fuego)* to poke, to stir
-2. *(sospechas, discordias)* to stir up; **el asesinato atizó odios ancestrales** the murder fanned the flames of o stirred up ancient hatreds
-3. Esp *(persona)* **me atizó bien fuerte** *(un golpe)* he hit me really hard; *(una paliza)* he gave me a good hiding; **le atizó una bofetada** she slapped him, she gave him a slap; **me atizó una patada en la pierna** he kicked me in the leg
➥ **atizarse** vpr Esp Fam **atizarse algo** *(comer)* to guzzle sth; *(beber)* to knock sth back

atlante nm ARQUIT atlas, telamon

atlántico, -a ◇ adj Atlantic; **el océano Atlántico** the Atlantic (Ocean)
◇ nm **el Atlántico** the Atlantic (Ocean)

Atlántida n **la ~** Atlantis

atlantismo nm POL pro-NATO stance

atlantista adj POL pro-NATO

atlas *nm inv* **-1.** *(mapa)* atlas ❏ ~ **de anatomía** anatomical atlas; ~ **lingüístico** linguistic atlas *o* map **-2.** ANAT *(vértebra)* atlas **-3.** GEOG **el Atlas, los Atlas** the Atlas Mountains

atleta *nmf* athlete

atlético, -a *adj* **-1.** *(competición, club)* athletics; **prueba atlética** athletics event **-2.** *(cuerpo, persona)* athletic **-3.** *(del Atlético de Madrid)* = of/relating to Atlético de Madrid Football Club

atletismo *nm* athletics *(singular)* ❏ ~ **en pista cubierta** indoor athletics

atmósfera *nf* **-1.** *(capa gaseosa)* atmosphere ❏ ~ **superior** upper atmosphere
-2. *(de habitación)* atmosphere; **la ~ de esta sala está muy cargada** this room is very stuffy, the atmosphere in this room is very stale
-3. *(ambiente)* atmosphere; **hay una ~ muy mala en el trabajo** the atmosphere at work is very bad; **reinaba una ~ de desconfianza** an atmosphere of distrust prevailed; **recrea muy bien la ~ del periodo** it very successfully recreates the atmosphere *o* ambience of the period
-4. *(unidad de presión)* atmosphere

atmosférico, -a *adj* atmospheric

atochamiento *nm* Chile **-1.** *(de autos)* traffic jam **-2.** *(de personas)* crush; **la gran cantidad de usuarios provocó un ~ en la red** the large number of users jammed the network

atocinado, -a *adj Fam (persona)* porky, fat

atole, atol *nm* **-1.** CAm, Méx *(con maíz)* = thick hot drink made of corn meal; ⟦EXPR⟧ **dar ~ con el dedo a alguien** to take sb in, to fool sb **-2.** Ven *(con arroz, cebada)* = thick drink made with boiled rice, barley or sago and variously flavoured

atolladero *nm* **-1.** *(apuro)* fix, jam; **estamos en un ~** we are in a fix *o* jam; **se metió en un ~** he got himself into a fix *o* jam; **meter en/sacar de un ~ a alguien** to put sb in/get sb out of a tight spot **-2.** *(lodazal)* mire

atollarse *vpr* **-1.** *(en lodazal)* to get stuck; **el autobús se atolló en el barro** the bus got stuck in the mud **-2.** *(en obstáculo)* to get stuck; **me he atollado en la tercera lección y no consigo seguir** I'm stuck on the third lesson and can't seem to get any further

atolón *nm* atoll

atolondrado, -a ◇ *adj* **-1.** *(precipitado)* foolish, thoughtless **-2.** *(aturdido)* bewildered, confused
◇ *nm,f (precipitado)* **es un ~** he's rather foolish, he's a bit of a fool

atolondramiento *nm* **-1.** *(precipitación)* foolishness, thoughtlessness **-2.** *(aturdimiento)* bewilderment

atolondrar ◇ *vt* to bewilder; **me atolondra tanto griterío** all this shouting is making my head spin
➤ **atolondrarse** *vpr (por golpe)* to be stunned; *(por griterío, confusión)* to be bewildered; **se atolondró con el golpe** she was stunned by the blow

atomicidad *nf* atomicity

atómico, -a *adj (energía, armas)* atomic, nuclear; *(central)* nuclear; **núcleo ~** (atomic) nucleus

atomismo *nm* FILOSOFÍA atomism

atomista *nmf* FILOSOFÍA atomist

atomización *nf* **-1.** *(de líquido)* atomization **-2.** *(de mercado, industria)* fragmentation

atomizado, -a *adj (mercado, industria)* fragmented

atomizador *nm* atomizer, spray; **un perfume con ~** a spray perfume

atomizar [14] *vt* **-1.** *(líquido)* to atomize **-2.** *(de mercado, industria)* to fragment

átomo *nm* **-1.** *(de elemento químico)* atom ❏ ~ **gramo** gram atom
-2. *(pequeña cantidad)* **en sus declaraciones no hay un ~ de verdad** there isn't a grain of truth in what she said; **sin un ~ de humildad, declaró que se lo merecía** without even the faintest suggestion of humility, he said he deserved it; **no tenemos ni un ~**

de esperanza de que esto vaya a cambiar we haven't the slightest hope of this changing

atonal *adj* MÚS atonal

atonalidad *nf* MÚS atonality

atonía *nf (de mercado, economía)* sluggishness

atónito, -a *adj* astonished, astounded; **me quedé ~ con lo que me contó** I was astonished *o* astounded by what he told me; **miraba con ojos atónitos** she watched wide-eyed

átono, -a *adj* atonic

atontadamente *adv* foolishly, stupidly

atontado, -a ◇ *adj* **-1.** *(aturdido)* dazed, stunned; **el golpe lo dejó ~** the blow stunned *o* dazed him **-2.** *(alelado)* **por las mañanas estoy un poco ~** I'm not really with it in the mornings
◇ *nm,f* idiot, half-wit

atontamiento *nm* **-1.** *(aturdimiento)* confusion, bewilderment **-2.** *(alelamiento)* **¡tengo un ~ hoy!** I really can't think straight today!

atontar ◇ *vt* **-1.** *(aturdir)* to daze, to stun **-2.** *(volver tonto)* to dull the mind of; **la televisión atonta a los niños** television dulls children's minds
➤ **atontarse** *vpr* to become stupefied

atontolinado, -a *adj Fam* **-1.** *(atontado)* dazed **-2.** *(despistado)* **estar ~** to have one's head in the clouds

atontolinar *Fam* ◇ *vt (aturdir)* to daze, to stun
➤ **atontolinarse** *vpr* to go off in a world of one's own

atorado, -a Ven Fam ◇ *adj* rash
◇ *nm,f* rash person; **es un ~** he's very rash

atoramiento *nm* obstruction, blockage

atorar ◇ *vt* to obstruct, to clog
➤ **atorarse** *vpr* **-1.** *(atragantarse)* to choke (**con** on) **-2.** *(cortarse)* to become tongue-tied **-3.** *Am (atascarse)* to get blocked, to get clogged up **-4.** *Am (meterse en un lío)* to get into a mess

atore *nm* Ven Fam **¿y por qué ese ~?** what's the rush?; **está siempre en un ~** she's always in a rush

atormentadamente *adv* tormentedly

atormentado, -a *adj* tormented

atormentar ◇ *vt* **-1.** *(torturar)* to torture **-2.** *(sujeto: sentimiento, dolor)* to torment; **ese dolor de cabeza la está atormentando** she's in agony with that headache; **la atormenta la culpa** she is plagued *o* tormented by guilt
➤ **atormentarse** *vpr* to torment *o* torture oneself (**con** about)

atornillador *nm CSur* screwdriver

atornillar *vt* to screw; ~ **algo a algo** to screw sth to sth

atorón *nm Méx* traffic jam

atorrante, -a *Fam* ◇ *adj* **-1.** *RP (perezoso)* lazy **-2.** *RP (sinvergüenza)* crooked **-3.** *RP (vagabundo)* good-for-nothing **-4.** *Ecuad (antipático)* boorish
◇ *nm,f* **-1.** *RP (perezoso)* layabout **-2.** *RP (sinvergüenza)* twister, crook **-3.** *RP (vagabundo)* good-for-nothing **-4.** *Ecuad (antipático)* boor

atortolarse *vpr Fam* **-1.** *(enamorarse)* to fall in love **-2.** *(en actitud cariñosa)* **dos enamorados se atortolaban en un banco** two lovers were whispering sweet nothings to each other on a bench

atosigamiento *nm* **ante el ~ de su familia, accedió a cambiar la fecha** she gave in to pressure from her family and agreed to change the date

atosigar [38] ◇ *vt* **-1.** *(con prisas)* to harass; **no me atosigues, que estaré listo en un instante** stop rushing *o* harassing me, I'll be ready in a moment **-2.** *(con exigencias)* to pester, to badger; **los periodistas lo atosigaban con preguntas** the journalists badgered him with questions
➤ **atosigarse** *vpr RP Fam (de comida)* to stuff one's face

ATP *nf* DEP *(abrev de* **Asociación de Tenistas Profesionales***)* ATP

atrabiliario, -a *adj* foul-tempered, bilious

atracada *nf Carib, Méx, PRico Fam* **darse una ~ de algo** to stuff one's face with sth

atracadero *nm* mooring

atracador, -ora *nm,f (de banco)* bank robber; *(en la calle)* mugger

atracar [59] ◇ *vt* **-1.** *(banco)* to rob; *(persona)* to mug; **nos atracaron en el parque** we got mugged in the park **-2.** *Chile (golpear)* to beat, to hit
◇ *vi (barco)* to dock (**en** at)
➤ **atracarse** *vpr* **-1.** *(comer)* to eat one's fill (**de** of) **-2.** *CAm, Carib (pelearse)* to fight, to quarrel **-3.** *Andes, RP (trabarse)* to get stuck *o* jammed

atracción *nf* **-1.** *(física)* attraction ❏ ~ **gravitacional** gravitational pull; ~ **gravitatoria** gravitational pull
-2. *(atractivo)* attraction; **sentir ~ por** *o* **hacia alguien** to feel attracted to sb; **la ciudad ejercía una gran ~ sobre ella** the city fascinated her
-3. *(espectáculo)* act
-4. *(centro de atención)* centre of attention; **con ese vestido vas a ser la ~ de la fiesta** you'll be the centre of attention at the party in that dress ❏ ~ **turística** tourist attraction
-5. *(de feria)* (fairground) attraction; **nos montamos en todas las atracciones** we went on all the rides; **parque de atracciones** amusement park

atraco *nm (a banco)* robbery; *(a persona)* mugging; **¡esto es un ~!** this is a stick-up!; *Fam Fig* **¿1.000 euros por eso? ¡menudo ~!** 1,000 euros for that? that's daylight robbery! ❏ ~ **a mano armada** armed robbery

atracón *nm Fam* **-1.** *(comilona)* **darse un ~ de algo** *(de comida)* to stuff one's face with sth; *(de películas, televisión)* to overdose on sth **-2.** *Ven (embotellamiento)* traffic jam

atractivamente *adv* attractively

atractivo, -a ◇ *adj* attractive
◇ *nm (de persona)* attractiveness, charm; *(de cosa)* attraction; **tener ~** to be attractive; **su rostro tiene un ~ especial** her face has a special charm; **tu plan tiene muchos atractivos** your plan has a lot of points in its favour; **tiene el ~ añadido de ser gratis** it has the added attraction *o* advantage of being free ❏ ~ **sexual** sex appeal

atraer [66] ◇ *vt* **-1.** *(causar acercamiento)* to attract; **lo atrajo hacia sí tirándole de la corbata** she pulled him towards her by his tie
-2. *(atención, gente)* to attract, to draw; **la asistencia de personajes famosos atrajo a gran cantidad de público** the presence of the famous drew huge crowds; **la miel atrae a las moscas** honey attracts flies; **su ambición le atrajo la antipatía de mucha gente** he was disliked by many because of his ambitious nature
-3. *(gustar)* to attract; **me atrae tu hermana** I'm attracted to your sister, I find your sister attractive; **no me atrae mucho la comida china** I'm not too keen on Chinese food; **no me atrae mucho la idea** the idea doesn't appeal to me much
➤ **atraerse** *vpr (mutuamente)* to attract one another; **los extremos se atraen** opposites attract

atragantarse *vpr* **-1.** *(ahogarse)* to choke; **te vas a atragantar** you'll choke; **se atragantó con una espina** she got a fish bone stuck in her throat **-2.** *Fam (no soportar)* **se me ha atragantado este libro/tipo** I can't stand that book/guy

atraigo *etc ver* **atraer**

atrajo *etc ver* **atraer**

atrancar [59] ◇ *vt* **-1.** *(cerrar)* to bar **-2.** *(obstruir)* to block
➤ **atrancarse** *vpr* **-1.** *(encerrarse)* to lock oneself in **-2.** *(atascarse)* to get blocked **-3.** *(al hablar, escribir)* to dry up; **se atranca con las palabras largas** he stumbles over the long words

atrapamoscas nf inv (planta) Venus flytrap
atrapar vt **-1.** (agarrar, alcanzar) to catch; **la policía atrapó a los atracadores** the police caught the bank robbers; **el portero atrapó la pelota** the goalkeeper caught the ball **-2.** Fam (contraer) to come down with; **he atrapado un resfriado** I've come down with a cold
atraque nm docking
atrás ◇ adv **-1.** (movimiento) backwards; **echarse para ~** to move backwards; **dar un paso ~** to take a step backwards; **hacia ~** backwards; [EXPR] Méx Fam **estar hasta ~** (borracho) to be plastered
 -2. (en el tiempo) earlier; **se casaron tres años ~** they had married three years earlier; **cuarenta años ~ pocos tenían televisores** not many people had televisions forty years ago
 -3. (posición) **está allá ~** it's back there; **el asiento de ~** the back seat; **la parte de ~** the back; **la falda es más larga por ~** the skirt is longer at the back; **prefiero sentarme ~** I'd rather sit at the back; [EXPR] CSur **saberse algo de ~ para adelante** to know sth back to front
 -4. Am **~ de** behind; **me escondí ~ de un árbol** I hid behind a tree; **hace meses viene enfrentando un problema ~ de otro** he's had one problem after another over the past few months
 ◇ interj get back!
atrasado, -a adj **-1.** (en el tiempo) delayed; **vamos atrasados en este proyecto** we're behind schedule on this project; **tengo mucho trabajo ~** I've got a big backlog of work; **va muy ~ en los estudios** he's very behind with his studies; **número ~** back number; Am **llegó ~** he arrived late; Am **mi vuelo salió ~** my flight was delayed, my flight departed late
 -2. (reloj) slow; **mi reloj va ~** my watch is slow; **llevas el reloj ~** your watch is slow
 -3. (pago) overdue, late
 -4. (en evolución, capacidad) backward; **las regiones más atrasadas del país** the most backward regions of the country
atrasar ◇ vt **-1.** (poner más atrás) to move (further) back **-2.** (en el tiempo) (reunión, viaje, reloj) to put back; **atrasaron la fecha de la reunión** they put back the date of the meeting **-3.** DEP (balón) to pass back
 ◇ vi (reloj) to be slow
 ◆ **atrasarse** vpr **-1.** (en el tiempo) to be late; (frío, verano) to come o arrive late; **este año se ha atrasado el verano** summer has been late in coming this year
 -2. (quedarse atrás) to fall behind; **se están atrasando en los pagos** they are falling behind with their payments
 -3. (reloj) to lose time; **mi reloj se atrasa cinco minutos al día** my watch loses five minutes a day
 -4. (llegar tarde) to be delayed; **su vuelo se atrasó** her flight was delayed; **se atrasaron media hora** they were delayed by half an hour; **nos atrasamos hablando con mi tía** we got held up talking to my aunt
 -5. Andes (no crecer) to be stunted
atraso nm **-1.** (demora) delay; **llegar con (quince minutos de) ~** to be (fifteen minutes) late; **los trenes circulan hoy con (una hora de) ~** the trains are running (an hour) late today; **el proyecto lleva mucho ~** the project is a long way behind schedule
 -2. (del reloj) slowness
 -3. (de evolución, desarrollo) backwardness; **no tener móvil me parece un ~** not having a mobile is so backward!
 -4. atrasos (de pagos) arrears; **todavía no me han pagado los atrasos del año pasado** they still haven't paid me their arrears o the money they owe me from last year
atravesado, -a adj **-1.** (cruzado) **hay un árbol ~ en la carretera** there's a tree lying across the road; **el barco había quedado ~ a la entrada del puerto** the ship had blocked the entrance to the harbour; [EXPR] Fam **tener ~ a algo/a alguien: tengo ~ a Manolo** I can't stand Manolo
 -2. (bizco) cross-eyed, cock-eyed
 -3. Fam (malintencionado) nasty
 -4. [EXPR] RP Fam **andar ~** to be grumpy, Br to have the hump
atravesar [3] ◇ vt **-1.** (interponer) to put across; **los manifestantes atravesaron un camión en la carretera** the demonstrators blocked the road with a truck; **atravesó un madero para que no pudieran abrir la puerta** she barred the door with a plank of wood
 -2. (ir al otro lado de) to cross; **atravesó el río a nado** she swam across the river; **atravesó la calle corriendo** he ran across the street; **han atravesado el ecuador de la carrera** they have passed the halfway stage in their university course
 -3. (traspasar) to pass o go through; **la bala le atravesó un pulmón** the bullet went through one of his lungs; **el río atraviesa el pueblo** the river goes o runs through the village
 -4. (pasar) to go through, to experience; **~ una mala racha** to be going through a bad patch; **atraviesan un buen momento** things are going well for them at the moment
 ◇ vi **atraviesan por dificultades** they are having problems, they're going through a difficult patch
 ◆ **atravesarse** vpr (interponerse) to be in the way; **se nos atravesó una moto** a motorbike crossed in front of us; **la desgracia se atravesó en su camino** ill fortune crossed her path; **se le atravesó una espina en la garganta** he got a fish bone caught in his throat; Fam **se me ha atravesado la vecina** I can't stand my neighbour; Fam **se me atravesó el latín** Latin and me just didn't get on together
atrayente adj attractive
atrechar vi PRico Fam to take a short cut
atreverse vpr to dare; **~ a hacer algo** to dare to do sth; **~ a algo** to be bold enough for sth; **~ con alguien** to take sb on; **no me atrevo a entrar ahí** I daren't go in there, I'm scared to go in there; **¿a que no te atreves a saltar desde ahí?** I bet you're too scared to jump from there!; **¡atrévete y verás!** just you dare and see what happens!; **¿cómo te atreves a decir eso?** how dare you say that!
atrevidamente adv **-1.** (osadamente) daringly **-2.** (descaradamente) cheekily
atrevido, -a ◇ adj **-1.** (osado) daring; **es muy ~, le encantan los deportes de riesgo** he's very daring, he loves dangerous sports; **un escote ~** a daring neckline; **una película/escultura atrevida** a bold film/sculpture **-2.** (caradura) cheeky
 ◇ nm,f **-1.** (osado) daring person **-2.** (caradura) cheeky person; **¡qué ~, contestar así a su madre!** what a cheek, answering your mother back like that!
atrevimiento nm **-1.** (osadía) **el ~ de sus diseños** the daring of his designs; **perdona mi ~, ¿estás casada?** if you don't mind me asking, are you married? **-2.** (insolencia) cheek; **tuvo el ~ de gritarle** she had the cheek o nerve to shout at him; **¡qué ~!** what a cheek!
atrezo, atrezzo nm TEATRO & CINE props
atribución nf **-1.** (imputación) attribution; **no está confirmada la ~ del atentado a los separatistas** it has not been confirmed that the separatists were responsible for the attack; **la ~ del cuadro a Vermeer es polémica** the attribution of the painting to Vermeer is controversial
 -2. (asignación) **es responsable de la ~ de contratos a otras empresas** the person in charge of awarding contracts to other firms
 -3. **atribuciones** (competencias) powers; **cumplir con sus atribuciones constitucionales** to fulfil one's constitutional duties; **no tengo atribuciones para tomar esa decisión** I do not have the authority to take that decision
atribuible adj attributable; **un accidente ~ al mal estado de la carretera** an accident that can be put down to the poor condition of the road
atribuir [34] ◇ vt **-1.** (imputar) **~ algo a** to attribute sth to; **un cuadro atribuido a Goya** a painting attributed to Goya; **atribuyen la autoría del delito al contable** they believe the accountant committed the crime; **le atribuyen la responsabilidad del accidente** they believe he is responsible for the accident; **le atribuyen una gran paciencia** she is said to be very patient
 -2. (asignar) (función, gestión) to assign; **las competencias que les atribuye la constitución** the powers conferred on o vested in them by the constitution
 ◆ **atribuirse** vpr (méritos) to claim to have; (poderes) to assume for oneself; (culpa) to take, to accept; (atentado) to claim responsibility for; **se atribuye el éxito de la película** she is claiming the credit for the film's success; **se atribuyó la autoría del secuestro** he admitted to having carried out the kidnapping
atribulado, -a adj Formal distressed
atribular Formal ◇ vt to distress
 ◆ **atribularse** vpr to get distressed; **se atribula con el más mínimo problema** the slightest problem distresses her
atributivo, -a adj GRAM (adjetivo) predicative; (verbo) copulative
atributo nm **-1.** (cualidad) attribute **-2.** (símbolo) symbol; **la corona y el cetro son los atributos de la monarquía** the crown and sceptre are the symbols of royal power **-3.** GRAM (término) predicate
atribuyo etc ver **atribuir**
atril nm (para libros) lectern; (para partituras) music stand; (para hojas) document stand
atrincherado, -a adj **-1.** (en trinchera) entrenched, dug in **-2.** (en postura, actitud) entrenched
atrincheramiento nm entrenchment
atrincherar ◇ vt to entrench, to surround with trenches
 ◆ **atrincherarse** vpr **-1.** (en trinchera) to entrench oneself, to dig oneself in **-2.** (en postura, actitud) **se atrincheró en su oposición a la propuesta** he persisted in his opposition to the proposal; **se atrincheraron en su postura** (en negociación) they dug their heels in and refused to give up their position
atrio nm **-1.** (pórtico) portico **-2.** (patio interior) atrium
atrocidad nf **-1.** (cualidad) barbarity **-2.** (acción) atrocity **-3.** Fam (horror) **su último libro es una ~** his latest book is atrocious o the pits; **me parece una ~ que no tengan calefacción** I think it's terrible o awful that they don't have heating
atrofia nf **-1.** (de músculo, función orgánica) atrophy **-2.** (deterioro) atrophy, deterioration
atrofiado, -a adj **-1.** (músculo, función orgánica) atrophied **-2.** (deteriorado) atrophied
atrofiar ◇ vt **-1.** (músculo, función orgánica) to atrophy **-2.** (deteriorar) to weaken
 ◆ **atrofiarse** vpr **-1.** (músculo, función orgánica) to atrophy **-2.** (deteriorarse) to deteriorate, to become atrophied
atronador, -ora adj (ruido) deafening; (voz) thunderous
atronar ◇ vt **el ruido del tráfico atronaba las calles** the streets resounded with the deafening noise of the traffic
 ◇ vi **los ruidos de los manifestantes atronaban en las calles** the streets resounded with the deafening noise of the demonstrators; **las ovaciones atronaban en el estadio** the stadium rang with the cheers of the crowd

atropelladamente *adv* **todo fue preparado ~** it was all prepared in a great rush; **en la película, las imágenes se suceden ~** the film is a jumble o flurry of images; **hablaba ~ y sin pronunciar bien** she was gabbling and not pronouncing her words properly; **el corazón le latía ~** her heart was pounding furiously; **corrieron ~ hacia el tren** they ran helter-skelter towards the train

atropellado, -a *adj* *(acciones)* rushed; *(explicación)* garbled; **una sucesión de imágenes atropelladas** a jumble o flurry of images

atropellamiento *nm* **ha habido un ~ con dos víctimas mortales** two people were run over and killed in an accident; **fui testigo del ~ de mi tía** I saw my aunt get run over

atropellar ◇ *vt* **-1.** *(sujeto: vehículo)* to run over, to knock down; **lo atropelló un coche** he was run over o knocked down by a car; **murió atropellado** he was run over and killed
-2. *(sujeto: persona)* to trample on; **salió atropellando a todo el que se le puso por delante** he trampled right over everyone who got in his way
-3. *(derechos)* to ride roughshod over; **la ley atropella los derechos de los inmigrantes** the law rides roughshod over immigrants' rights

◆ **atropellarse** *vpr* **-1.** *(al hablar)* to trip over one's words; **tranquilo, no te atropelles** slow down, you're gabbling **-2.** *(al avanzar)* **la muchedumbre se atropellaba a la salida** there was a lot of pushing and shoving among the crowd on the way out

atropello *nm* **-1.** *(por vehículo)* **ha habido un ~ con dos víctimas mortales** two people were run over and killed in an accident; **fui testigo del ~ de mi tía** I saw my aunt get run over
-2. *(moral)* abuse; **denunciaron el ~ a los derechos humanos por parte del régimen** they condemned the government for human rights abuses; **¡esto es un ~!** this is an outrage!
-3. *(precipitación)* **con ~** in a rush; **habla con mucho ~** she gabbles a lot

atropina *nf* atropin, atropine

atroz *adj* **-1.** *(cruel)* *(crimen, tortura)* horrific, barbaric **-2.** *(enorme)* **hace un frío ~** it's terribly o bitterly cold; **es de una fealdad ~** he's terribly o incredibly ugly **-3.** *(muy malo)* atrocious, awful

atrozmente *adv* **-1.** *(cruelmente)* barbarically **-2.** *(como intensificador)* terribly; **lo hizo ~ mal** he did it atrociously, he did it terribly badly

atruena *etc ver* **atronar**

ATS *nmf Esp* (abrev de **ayudante técnico sanitario**) qualified nurse

attaché [ata'tʃe] *nm* attaché case

atte. (abrev de **atentamente** (se despide)) **~** (si se desconoce el nombre del destinatario) Yours faithfully; (si se conoce el nombre del destinatario) Yours sincerely

atuendo *nm* clothes; **acudió a la fiesta con un ~ informal** she wore a casual outfit to the party

atufar *Fam* ◇ *vt* to stink out; **atufó toda la habitación con humo** she stank the room out with smoke
◇ *vi* to stink (**a** of)

◆ **atufarse** *vpr Andes* (aturdirse) to become dazed o confused

atún *nm* tuna ❏ **~ listado** skipjack tuna

atunero, -a ◇ *adj* tuna
◇ *nm,f* *(barco)* tuna-fishing boat; *(persona)* tuna-fisherman

aturdido, -a *adj* dazed

aturdimiento *nm* **-1.** *(por ruido, luz)* bewilderment, confusion; **el golpe le produjo ~** he was stunned by the blow **-2.** *(por noticia)* **la noticia le produjo tal ~ que no nos oyó** she was so stunned by the news that she didn't hear us

aturdir ◇ *vt* **-1.** *(sujeto: ruido, luz)* to confuse, to bewilder **-2.** *(sujeto: golpe, noticia)* to stun; **la noticia lo dejó aturdido** he was stunned by the news

◆ **aturdirse** *vpr* **-1.** *(con ruido, luz)* to get confused **-2.** *(por golpe, noticia)* to be stunned

aturullar *Fam* ◇ *vt* to fluster
◆ **aturullarse** *vpr* to get flustered

atusar ◇ *vt* **-1.** *(recortar)* *(pelo)* to trim, to cut; *(planta)* to prune, to trim **-2.** *(alisar)* to smooth, to slick back

◆ **atusarse** *vpr* **-1.** *(arreglarse)* to do oneself up in one's finery **-2.** *(alisarse)* **atusarse el bigote/pelo** to smooth one's moustache/hair **-3.** *PRico (enfadarse)* to get angry

aucuba *nf* Japan laurel

audacia *nf* **-1.** *(valentía)* daring, boldness; **con ~** daringly, boldly **-2.** *(descaro)* audacity

audaz *adj* **-1.** *(valiente)* daring, bold **-2.** *(descarado)* audacious

audazmente *adv* **-1.** *(con valentía)* daringly, boldly **-2.** *(con descaro)* audaciously

audible *adj* audible

audición *nf* **-1.** *(acción de oír)* hearing **-2.** *(de música)* concert; *(de poesía)* reading, recital **-3.** *(selección de artistas)* audition **-4.** *RP (programa)* programme

audiencia *nf* **-1.** *(recepción)* audience; **dar o conceder ~** to grant an audience; **recibir a alguien en ~** to grant sb an audience
-2. *(público)* audience
-3. *(de programa de TV, radio)* **la ~ del programa ha caído mucho** the programme has lost a lot of viewers/listeners; **un horario de máxima ~** a peak viewing/listening time
-4. DER *(tribunal, edificio)* court ❏ **Audiencia Nacional** = court in Madrid dealing with cases that cannot be dealt with at regional level; **~ provincial** provincial court; **~ territorial** regional court
-5. DER *(juicio)* hearing ❏ **~ pública** public hearing

audífono *nm* **-1.** *(para sordos)* hearing aid **-2.** *Am* **audífonos** *(cascos)* headphones

audímetro, audiómetro *nm* **-1.** TEC audiometer **-2.** TV audiometer, audience-monitoring device

audio *nm* audio

audiofrecuencia *nf* audio frequency

audiolibro *nm* talking book, book on tape

audiometría *nf* audiometry

audiómetro = **audímetro**

audiovisual ◇ *adj* audiovisual
◇ *nm* **-1.** *(montaje, presentación)* audiovisual presentation **-2.** **audiovisuales** *(recursos)* audiovisual aids

auditar *vt* to audit

auditivo, -a *adj* *(canal)* aural; *(nervio)* auditory; **tener problemas auditivos** to have hearing problems

auditor, -ora ◇ *adj* **empresa auditora** auditor(s)
◇ *nm,f* auditor ❏ **~ externo** external auditor

auditora *nf* auditor(s)

auditoría *nf* **-1.** *(profesión)* auditing **-2.** *(despacho)* auditor's, auditing company **-3.** *(balance)* audit ❏ **~ de cuentas** audit; **~ externa** external audit; **~ interna** internal audit

auditorio *nm* **-1.** *(público)* audience **-2.** *(lugar)* auditorium

auditórium *nm* auditorium

auge *nm* **-1.** *(apogeo)* **estar en (pleno) ~** to be booming; **el turismo está en un momento de ~** tourism is booming; **una idea que está cobrando ~** an idea that is becoming more popular **-2.** *(ascenso)* **el ~ del fascismo en la primera mitad de siglo** the rise of fascism during the first half of the century; **el ~ de la economía** the growth of the economy

augur *nm* HIST augur

augurar *vt* *(sujeto: suceso)* to augur; *(sujeto: persona)* to predict; **el resultado de las elecciones no augura un futuro estable** the result of the elections does not augur well for future stability; **estas nubes no auguran nada bueno** those clouds don't look too promising

augurio *nm* **-1.** *(señal)* omen, sign; **un comienzo así es buen ~** a start like that augurs well **-2.** *(pronóstico)* prediction; **no se cumplieron los augurios** the predictions did not come true

augusto, -a *adj* august

aula *nf*

> Takes the masculine articles **el** and **un**.

(de escuela) classroom; *(de universidad)* lecture room; **con la vuelta a las aulas** when school/university starts again ❏ **~ magna** = main hall in a university used for ceremonial purposes

aulaga *nf* gorse

áulico, -a *adj* court; **poeta ~** court poet

aullador *nm (mono)* howler monkey

aullar *vi* to howl; **aullaba de dolor** she was howling with pain

aullido *nm* howl; **se oía el ~ de un lobo** you could hear a wolf howling; **lanzó un ~ de miedo** she gave a shriek of fear

aumentar ◇ *vt* to increase; **~ la producción** to increase production; **los enfrentamientos aumentaron la tensión en la zona** the clashes increased the tension in the zone; **me han aumentado el sueldo** my salary has been increased o raised; **la lente aumenta la imagen** the lens magnifies the image; **aumentó casi 10 kilos** he put on almost 10 kilos
◇ *vi (temperatura, precio, gastos, tensión)* to increase, to rise; *(velocidad)* to increase; **~ de tamaño** to increase in size; **~ de precio** to go up o increase in price; **el desempleo aumentó en un 4 por ciento** unemployment rose o increased by 4 percent; **con lo que come, no me sorprende que haya aumentado de peso** it doesn't surprise me that he's put on weight, considering how much he eats

aumentativo, -a ◇ *adj* augmentative
◇ *nm* augmentative

aumento *nm* **-1.** *(de temperatura, precio, gastos, sueldo, tensión)* increase, rise; *(de velocidad)* increase; **un ~ del 10 por ciento** a 10 percent increase; **un ~ de los precios** a price rise; **las temperaturas experimentarán un ligero ~** temperatures will rise slightly; **ir o estar en ~** to be on the increase ❏ **~ lineal** *(de sueldo)* across-the-board pay rise; **~ de sueldo** pay rise; **pedir un ~ de sueldo** to ask for a (pay) *Br* rise o *US* raise
-2. *(en óptica)* magnification; **una lente de 20 aumentos** a lens of magnification x 20
-3. *Méx (posdata)* postscript

aun ◇ *adv* even; **~ los más fuertes lloran** even the strongest people cry
◇ *conj* even; **estando cansado, lo hizo** even though he was tired, he did it; **~ sin dinero, logró sobrevivir** she managed to survive even without any money; **ni ~ puesta de puntillas logra ver** she can't see, even on tiptoe; **~ cuando** *(a pesar de que)* even though, although; *(incluso si)* even if; **es muy pesimista, ~ cuando todos los pronósticos le son favorables** she's very pessimistic, even though all the predictions seem to favour her; **~ cuando nos cueste, tenemos que hacerlo** even if it's difficult, we have to do it; **~ así** even so; **~ así, deberías decirle algo** even so, you ought to say something to her; **ni ~ así lograron la victoria** even then they still didn't manage to win

aún *adv* **-1.** *(con afirmación)* still; *(con negación)* yet, still; **~ respira** he's still breathing; **están ~ aquí** they are still here; **~ no lo he recibido** I still haven't got it, I haven't got it yet; **¿se lo has preguntado? – no** have you asked her? – no, not yet; **¿~ no has terminado?** haven't you finished yet?; **¿y ~ quieres que te haga caso?** and you still expect me to listen to you?; **si nos sobrara el tiempo, ~, pero no nos sobra** if we had

aunar ⋄ *vt* to join, to pool; **~ esfuerzos** to join forces; **su talento, aunado a su dedicación, dio excelentes resultados** her talent combined with her dedication achieved excellent results

◆ **aunarse** *vpr (aliarse)* to unite

aunque *conj* **-1.** *(a pesar de que)* even though, although; *(incluso si)* even if; **tendrás que venir ~ no quieras** you'll have to come, even if you don't want to; **~ quisiera no podría** even if I wanted to, I wouldn't be able to; **~ es caro, me lo voy a comprar** although it's expensive I'm going to buy it, I'm going to buy it even though it's expensive; **~ me cae bien, no me fío de él** much as I like him, I don't trust him; **~ no te lo creas llegó el primero** believe it or not, he came first; **~ parezca mentira** strange as it may seem, believe it or not; **~ parezca raro** oddly enough, odd though it may seem; **cómprale ~ sea una caja de bombones** buy her something, even if it is only a box of chocolates; *RP* **decime la verdad ~ más no sea** at least tell me the truth

-2. *(pero)* although; **es lista, ~ un poco perezosa** she's clever, although *o* if a little lazy; **aquellos cuadros no están mal, ~ éstos me gustan más** those paintings aren't bad, but I like these (ones) better

aúpa *Esp* ⋄ *interj* **-1.** *(¡levántate!)* get up!; *(al coger a un niño en brazos)* ups-a-daisy! **-2.** *(¡viva!)* **¡~ (el) Atleti!** up the Athletic!

⋄ **de aúpa** *loc adj Fam (tremendo)* **una comida de ~** a brilliant meal; **un susto de ~** a hell of a fright; **hacía un frío de ~** it was perishing; **mis padres son de ~** my parents are unreal *o* unbelievable

au pair [o'per] *(pl* **au pairs**) *nmf* au pair

aupar ⋄ *vt* **-1.** *(subir)* to help up; *(levantar en brazos)* to lift up in one's arms; **aúpame, que no llego** lift me up, I can't reach

-2. *(a posición social, económica)* **la película que lo aupó a la fama** the film that catapulted him to fame; **auparon la empresa al liderazgo del sector automovilístico** they made the company the number one car manufacturer; **una coalición lo aupó a la presidencia** a coalition brought him to the presidency

-3. *(animar)* to cheer on; **consiguió el oro aupado por un público enfervorecido** he was cheered on to the gold medal by a frenzied crowd

◆ **auparse** *vpr* to climb up; **se aupó a la valla para poder ver mejor** she climbed up onto the fence to get a better view

aura *nf*

> Takes the masculine articles **el** and **un**.

-1. *(halo)* aura **-2.** MED aura **-3.** *(viento)* gentle breeze **-4.** *Am (ave)* turkey buzzard

áureo, -a *adj (de oro)* gold; *(dorado)* golden

aureola, auréola *nf* **-1.** ASTRON halo **-2.** REL halo **-3.** *(fama)* aura

aurícula *nf* ANAT *(del corazón)* auricle, atrium

auricular ⋄ *adj* auricular

⋄ *nm* **-1.** *(de teléfono)* receiver **-2. auriculares** *(de arco)* headphones; *(de botón)* earphones

aurífero, -a *adj* gold-bearing

auriga *nm* **-1.** *(de carro)* charioteer **-2.** ASTRON Auriga

auriñaciense GEOL ⋄ *adj* Aurignacian

⋄ *nm* **el Auriñaciense** the Aurignacian period

aurora *nf* **-1.** *(alba)* dawn; **al despuntar** *o* **romper la ~** at dawn **-2.** *(comienzo)* dawning; **la ~ de una nueva época** the dawning of an new era **-3.** *(fenómeno atmosférico)* **~ austral** aurora australis, southern lights; **~ boreal** aurora borealis, northern lights; **~ polar** aurora **-4.** *(planta)* flower-of-an-hour

auscultación *nf* auscultation

auscultar *vt* **-1.** MED **~ a alguien** to listen to sb's chest; **le auscultó el pecho** she listened to his chest **-2.** *(sondear)* to sound out

ausencia *nf* **-1.** *(de persona, cosa)* absence; **se notó su ~** she was missed, her absence was noticed; **lo acabaron durante su ~** they finished it during *o* in his absence; **si llama alguien en mi ~, toma el recado** if anyone calls while I'm away, take a message; **la jornada se caracterizó por la ~ de incidentes** the day passed off without incident; **habrá ~ de nubes en todo el norte del país** there will be clear skies across the whole of the north of the country

-2. *(falta de asistencia)* absence; **hay varias ausencias** there are several people who couldn't attend

-3. MED absence, petit mal

ausentarse *vpr* to go away; **se ausentará durante el fin de semana** she will be away for the weekend; **se ausentó de su país durante varios años** he lived abroad for several years; **el trabajo lo obliga a ~ de su familia** his work means he has to spend a lot of time away from his family

ausente ⋄ *adj* **-1.** *(no presente)* absent; **los alumnos ausentes al examen tendrán que hacer un trabajo** pupils who miss the exam will have to write an essay; **estará ~ todo el día** he'll be away all day; **está ~ por enfermedad** he's off sick; **estuvo ~ de su país durante una larga temporada** she lived abroad for some time

-2. *(distraído)* **un joven de mirada ~** a young man with a faraway look in his eyes; **estaba ~, pensando en sus cosas** she was wrapped up in her own thoughts

⋄ *nmf* **-1.** *(no presente)* **criticó a los ausentes** she criticized the people who weren't there; **Rusia fue la gran ~ de la cumbre** Russia was the most notable absentee from the summit **-2.** DER missing person

ausentismo *nm* **-1.** *(de terrateniente)* absentee landownership **-2.** *(de trabajador, alumno)* **~ escolar** truancy; **~ laboral** *(justificado)* absence from work; *(injustificado)* absenteeism

ausentista ⋄ *adj* absentee

⋄ *nmf* absentee

auspiciar *vt* **-1.** *(apoyar, favorecer)* to back, to support; **una campaña auspiciada por las autoridades** a campaign backed *o* supported by the authorities; **una fundación auspiciada por la patronal italiana** a foundation sponsored by Italian employers; **un grupo que auspicia una política de tolerancia** a group that advocates a policy of tolerance **-2.** *(pronosticar)* to predict; **~ el futuro** to predict the future

auspicio *nm* **-1.** *(protección)* protection; **bajo el ~** *o* **los auspicios de...** under the auspices of... **-2. auspicios** *(señales)* omens; **el día se inició con buenos auspicios** the day got off to a promising start

auspicioso, -a *adj* auspicious, promising; **se han dado avances muy auspiciosos** some very promising progress has been made; **los resultados hasta la fecha no han sido muy auspiciosos** the results so far haven't been very auspicious *o* promising

austeramente *adv* austerely

austeridad *nf* **-1.** *(de costumbres, vida)* austerity; **con ~** austerely **-2.** *(de estilo)* austerity; **viste con ~** she dresses very plainly

austero, -a *adj* **-1.** *(costumbres, vida)* austere; **adoptar un presupuesto ~** to limit budgetary expenditure **-2.** *(de estilo)* austerity; *(de ropa)* plainness

austral ⋄ *adj* southern

⋄ *nm Antes (moneda)* austral, = former Argentinian unit of currency

Australia *n* Australia

australiano, -a ⋄ *adj* Australian

⋄ *nm,f* Australian

australopiteco *nm* Australopithecus

Austria *n* Austria

austriaco, -a, austríaco, -a ⋄ *adj* Austrian

⋄ *nm,f* Austrian

Austria-Hungría *n* HIST Austria-Hungary, the Austro-Hungarian Empire

Austrias *nmpl* **los ~** *(dinastía)* the Hapsburgs *(who ruled Spain from 1516-1699)*

austro *nm Literario* south

austrohúngaro, -a, austro-húngaro, -a *adj* HIST Austro-Hungarian

autarquía *nf* **-1.** *(económica)* autarky, self-sufficiency **-2.** *(política)* autarchy

autárquico, -a *adj* **-1.** *(económicamente)* autarkic, self-sufficient **-2.** *(políticamente)* autarchical

autenticación *nf* **-1.** DER *(de firma, documento)* authentication **-2.** INFORMÁT authentication

auténticamente *adv* truly, genuinely; **un parlamento ~ representativo** a truly representative parliament; **un sabor ~ francés** an authentically French taste

autenticar *vt* **-1.** DER *(firma, documento)* to authenticate **-2.** INFORMÁT to authenticate **-3.** *RP (compulsar)* to check against the original; **una fotocopia autenticada** a certified copy

autenticidad *nf* authenticity

auténtico, -a *adj* **-1.** *(cuadro)* genuine; *(diamante)* real; *(documento)* authentic **-2.** *(persona)* genuine; *(sentimiento)* genuine, real **-3.** *(como intensificador)* **es un ~ imbécil** he's a real idiot; **eso es un ~ disparate** that's completely crazy; **fue un ~ desastre** it was a total disaster

autentificación *nf* **-1.** DER *(de firma, documento)* authentication **-2.** INFORMÁT authentication

autentificar [59] *vt* **-1.** DER *(firma, documento)* to authenticate **-2.** INFORMÁT to authenticate

autillo *nm* scops owl ❏ **~ americano** eastern screech owl; **~ cariblanco** white-faced owl

autismo *nm* autism

autista ⋄ *adj* autistic

⋄ *nmf* autistic person

autístico, -a *adj* autistic

autito *nm CSur* **autitos chocadores** Dodgems®, bumper cars

auto *nm* **-1.** *esp CSur (coche)* car ❏ *CSur* **~ de alquiler** hire car; *CSur* **~ antiguo** *(de antes de 1930)* vintage car; *(más moderno)* classic car; *CSur* **~ bomba** car bomb; *CSur* **~ de carreras** racing car; **autos de choque** Dodgems®, bumper cars; *CSur* **~ deportivo** sports car; *CSur* **~ de época** *(de antes de 1930)* vintage car; *(más moderno)* classic car; *Chile* **autos locos** Dodgems®, bumper cars; *CSur* **~ sport** sports car

-2. DER *(resolución)* judicial decree ❏ **~ judicial** judicial decree; **~ de prisión** arrest warrant; **~ de procesamiento** committal for trial order; **dictar ~ de procesamiento contra alguien** to commit sb for trial

-3. DER **autos** *(documentos)* case documents; **constar en autos** to be recorded in the case documents; **la noche de autos** the night of the crime; **poner a alguien en autos** *(en antecedentes)* to inform sb of the background

-4. HIST **~ de fe** auto-da-fé, = public punishment of heretics by the Inquisition

-5. LIT = short play with biblical or allegorical subject, ≃ mystery play ❏ **~ de Navidad** Nativity play; **~ navideño** Nativity play; **~ sacramental** = allegorical play celebrating the Eucharist

autoabastecerse *vpr (ser autosuficiente)* to be self-sufficient; **~ de algo** to be self-sufficient in sth

autoabastecimiento *nm* self-sufficiency; **el ~ energético** energy self-sufficiency

autoadhesivo, -a, autoadherente *adj* self-adhesive

autoafirmación *nf* assertiveness

autoalimentación *nf* INFORMÁT automatic paper feed

autoaprendizaje *nm* self-directed learning; **un libro de ~** a teach-yourself book

autoayuda *nf* self-help

autobanco *nm* drive-in cash machine
autobiografía *nf* autobiography
autobiográfico, -a *adj* autobiographical
autobomba *nm esp RP* fire engine
autobombo *nm Fam* self-glorification; **darse ~** to blow one's own trumpet
autobronceador *nm* self-tanning cream
autobús *(pl* **autobuses)** *nm* bus ❏ **~ de dos pisos** double-decker (bus); **~ escolar** school bus; **~ de línea** (inter-city) bus, *Br* coach; **~ urbano** city bus
autobusero, -a ◇ *adj Am* bus; **una ruta autobusera** a bus route; **sindicato ~** bus drivers' union
◇ *nm,f Fam* bus driver
autocar *nm Esp* bus, *Br* coach ❏ **~ de línea** (inter-city) bus, *Br* coach
autocaravana *nf Esp* motor home, *US* RV
autocarril *nm Bol, Chile, Nic (automotor)* railcar *(with own power unit)*
autocartera *nf FIN Br* bought-back shares, *US* treasury stock
autocensura *nf* self-censorship
autocine *nm* drive-in (cinema)
autoclave *nm* MED autoclave, sterilizing unit
autocomplacencia *nf* self-satisfaction
autocomplaciente *adj* self-satisfied
autocontrol *nm* self-control
autocracia *nf* autocracy
autócrata *nmf* autocrat
autocrático, -a *adj* autocratic
autocrítica *nf* self-criticism
autocrítico, -a *adj* self-critical
autóctono, -a ◇ *adj (cultura, lengua)* indigenous, native; *(lengua)* indigenous; **una especie autóctona de la isla** a species that is indigenous *o* native to the island; **la población autóctona** the indigenous *o* native population
◇ *nm,f* native
autocuración *nf* self-healing
autodefensa *nf* self-defence
autodefinido *nm* = type of crossword
autodefinirse *vpr* to describe oneself
autodenominado, -a *adj* self-proclaimed
autodestrucción *nf* self-destruction
autodestructivo, -a *adj* self-destructive
autodestruirse *vpr* to self-destruct
autodeterminación *nf* self-determination; **el derecho a la ~** the right to self-determination
autodiagnóstico *nm* INFORMÁT self-test
autodidacta ◇ *adj* self-taught
◇ *nmf* self-taught person
autodidacto, -a *adj, nm,f* = **autodidacta**
autodirigido, -a *adj* guided
autodisciplina *nf* self-discipline
autodisolución *nf* **tras la ~ del parlamento** after parliament voted to dissolve itself
autodominio *nm* self-control
autódromo *nm* motor racing circuit
autoedición *nf* INFORMÁT desktop publishing, DTP
autoeditar *vt* INFORMÁT to produce using DTP
autoeditor, -ora *nm,f* INFORMÁT DTP operator
autoempleo *nm* self-employment
autoencendido *nm* AUT automatic ignition
autoescuela *nf* driving school
autoestima *nf* self-esteem
autoestop *nm* hitchhiking; **hacer ~** to hitchhike; **viajó por todo el país en ~** she hitchhiked round the country
autoestopista *nmf* hitchhiker
autoevaluación *nf* self-assessment
autoexcluirse *vpr* to exclude oneself
autoexec [auto'eksek] *(pl* **autoexecs)** *nm* INFORMÁT autoexec file
autoexilio *nm* voluntary exile
autoexploración *nf* self-examination
autoexposición *nf* FOT automatic exposure
autofagia *nf* MED autophagia, autophagy
autofecundación *nf (de planta)* self-fertilization, self-pollination
autofinanciación *nf* self-financing
autofinanciar ◇ *vt* to self-finance
▸ **autofinanciarse** *vpr* to be self-financed

autofoco *nm*, **autofocus** *nm inv* autofocus
autógeno, -a *adj (soldadura)* autogenous
autogestión *nf* **-1.** *(de empresa)* self-management **-2.** *(de región, país)* self-government
autogestionar ◇ *vt* **autogestionan sus fondos** they manage their own finances
▸ **autogestionarse** *vpr* **-1.** *(empresa)* to manage itself **-2.** *(región, país)* to govern itself
autogiro *nm* autogiro
autogobierno *nm* POL self-government, self-rule
autogol *nm* DEP own goal
autogolpe *nm* POL = coup staged by the government to gain extra-constitutional powers
autografiar [32] *vt* to autograph
autógrafo *nm* autograph
autoguardado *nm* INFORMÁT automatic backup
autoinculpación *nf* self-incrimination
autoinculparse *vpr* **~ de algo** to incriminate oneself of sth
autoinducción *nf* ELEC self-induction
autoinjerto *nm* MED autograft
autoinmune *adj* MED autoimmune
autoinmunidad *nf* autoimmunity
autoinyectable *adj* self-injectable
autolavado *nm* car wash
automarginación *nf* self-exclusion from society
autómata *nm* **-1.** *(robot)* automaton, robot **-2.** *Fam (persona)* automaton, robot
automáticamente *adv* automatically
automático, -a ◇ *adj* **-1.** *(mecanismo, dispositivo)* automatic **-2.** *(gesto, reacción)* automatic; **la derrota provocó su cese ~** he was automatically sacked after the defeat
◇ *nm* **-1.** *(cierre)* press stud **-2.** ELEC trip switch **-3.** *Am (carro, auto)* automatic
automatismo *nm* automatism
automatización *nf* automation
automatizado, -a *adj* automated
automatizar [14] *vt* to automate
automedicación *nf* self-medication
automedicarse [59] *vpr* **es peligroso ~** it's dangerous to take medicines that have not been prescribed by a doctor
automercado *nm Ven* supermarket
automoción *nf* **-1.** *(sector)* car industry **-2.** *(ciencia)* self-propulsion
automotor, -triz ◇ *adj* **-1.** *(autopropulsado)* self-propelled **-2.** *(del automóvil)* car; **industria automotriz** car *o Br* motor *o US* automobile industry; **piezas automotrices** car parts
◇ *nm* railcar *(with own power unit)*
automóvil ◇ *adj* **un vehículo ~** a motor vehicle
◇ *nm Br* car, *US* automobile; **salón del ~** motor show ❏ **~ club** automobile association *o* club
automovilismo *nm* **-1.** *(actividad)* motoring **-2.** DEP motor racing
automovilista *nmf* motorist, driver
automovilístico, -a *adj* motor; **industria automovilística** car *o Br* motor *o US* automobile industry; **carrera automovilística** motor race; **accidente ~** car accident
autonomía *nf* **-1.** *(de estado, región)* autonomy; *(de persona, empresa)* independence; **no tiene ~ para tomar decisiones** she is not authorized to take decisions; **la ley otorga amplia ~ a la región** the act devolves wide-ranging powers on the region
-2. *(de vehículo)* range; *(de computadora portátil, teléfono móvil)* battery life; *(de videocámara)* recording time ❏ **~ de vuelo** *(de avión)* range
-3. POL *(territorio)* autonomous region, = largest administrative division in Spain, with its own Parliament and a number of devolved powers
autonómico, -a *adj* POL *(administración, parlamento)* autonomous; **elecciones autonómicas** elections to the autonomous (regional) parliaments
autonomismo *nm* POL autonomy movement

autonomista POL ◇ *adj* autonomist
◇ *nmf* autonomist
autónomo, -a ◇ *adj* **-1.** *(independiente)* autonomous **-2.** *(trabajador)* self-employed; *(traductor, periodista)* freelance **-3.** POL *(región, parlamento)* autonomous
◇ *nm,f (trabajador)* self-employed person; *(traductor, periodista)* freelance, freelancer
autopalpación *nf* self-examination
autoparte *nf Méx* car part
autopase *nm* DEP **se hizo un ~** he ran on to his own pass
autopista *nf Br* motorway, *US* freeway ❏ *Méx* **~ de cuota** *Br* toll motorway, *US* turnpike; INFORMÁT **autopista(s) de la información** information superhighway; **~ de peaje** *Br* toll motorway, *US* turnpike
autoplastia *nf* MED autoplasty
autoproclamado, -a *adj* self-proclaimed; **el ~ defensor de los pobres** the self-proclaimed champion of the poor
autoproclamarse *vpr* to proclaim oneself
autopropulsado, -a *adj* self-propelled
autopropulsión *nf* self-propulsion
autoprotección *nf* self-protection
autopsia *nf* autopsy, postmortem; **hacer** *o* **practicar la ~ a alguien** to carry out an autopsy *o* postmortem on sb
autopullman [auto'pulman] *(pl* **autopullmans)** *nm Esp* luxury bus *o Br* coach
autor, -ora *nm,f* **-1.** *(de libro, estudio)* author; *(de cuadro)* painter; *(de canción)* writer; *(de película)* maker; *(de sinfonía)* composer; *(de ley)* instigator; **el ~ de la propuesta** the person who made the proposal; **el ~ del paisaje** the artist who painted the landscape; **de ~ anónimo** *o* **desconocido** anonymous
-2. *(de crimen, fechoría)* perpetrator; **fue encarcelado como ~ de un delito de robo** he was sent to prison for committing a robbery; **el ~ material de un secuestro** the person responsible for carrying out a kidnapping; **la autora intelectual del crimen** the person who masterminded the crime
-3. *(de gol, canasta)* scorer; **el ~ del gol** the goalscorer
autoría *nf* **-1.** *(de obra)* authorship **-2.** *(de crimen)* responsibility; **un grupo separatista ha reivindicado la ~ del atentado** a separatist group has claimed responsibility for the attack; **se le atribuye la ~ del asesinato** he is said to have committed the murder
autoridad *nf* **-1.** *(poder)* authority; **no tienes ~ para hacer eso** you have no authority to do that; **impusieron su ~** they imposed their authority; **le falta ejercer más ~ sobre sus empleados** he needs to exercise more authority over the people who work for him ❏ **~ moral** moral authority
-2. *(persona al mando)* **las autoridades militares/religiosas** the military/religious authorities; **entregarse a las autoridades** *(a la policía)* to give oneself up; **la ~ the** authorities
-3. *(eminencia)* authority; **es una ~ en historia** he is an authority on history
-4. *(control, dominio)* authority; **habla siempre con mucha ~** she always talks with great authority
-5. *(autor citado)* authority; *(texto citado)* quotation
autoritariamente *adv* in an authoritarian way
autoritario, -a ◇ *adj* **-1.** *(persona)* authoritarian **-2.** *(gobierno)* authoritarian
◇ *nm,f* **-1.** *(persona)* authoritarian **-2.** *(gobierno)* authoritarian
autoritarismo *nm* authoritarianism
autorización *nf* authorization; **entraron en el edificio con ~ judicial** they had a warrant allowing them to enter the building; **dar ~ a alguien (para hacer algo)** to authorize sb (to do sth); **pedir ~ para hacer algo** to request authorization to do sth; **pidieron ~ para aterrizar** they requested clearance to land; **tenemos ~ para usar la sala** we

autorizado, -a *adj* **-1.** *(permitido)* authorized; **un distribuidor ~** an authorized o official distributor; **una película no autorizada para menores** a film passed as unsuitable for children; **autorizada para mayores de 18 años** *(en letrero) Br* ≃ 18, *US* ≃ R; **una manifestación no autorizada** an unauthorized demonstration; **una biografía no ~** an unofficial biography **-2.** *(digno de crédito)* authoritative

autorizar [14] *vt* **-1.** *(pago, crédito, manifestación)* to authorize; **autorizaron la publicación del informe** they authorized o sanctioned the publication of the report; **auterice a mi hermano para que recogiera el paquete** I authorized my brother to collect the package; **nos autorizó para controlar el presupuesto** she authorized us to monitor the budget
-2. *(documento)* to authorize; **autorizó el documento con su firma** she authorized the document with her signature
-3. *(dar derecho a)* **su cargo no lo autoriza para insultarme** his position doesn't give him the right to insult me; **este título nos autoriza para ejercer en Europa** this qualification allows us to practise in Europe

autorradio *nm o nf* car radio
autorrebobinado *nm* FOT auto rewind
autorregulable *adj (pieza, dispositivo)* self-adjusting
autorregulación *nf* self-regulation
autorregularse *vpr (organización)* to be self-regulating
autorretorno *nm* INFORMÁT word wrap
autorretrato *nm* self-portrait
autorreverse *nm* auto-reverse
autorreversible *adj* auto-reverse; **un casete ~** a cassette recorder with auto-reverse
autoservice *nm RP* self-service shop, small supermarket
autoservicio *nm* **-1.** *(restaurante)* self-service restaurant **-2.** *(supermercado)* supermarket
autostop *nm* hitchhiking; **hacer ~** to hitchhike; **viajó por todo el país en ~** she hitchhiked round the country
autostopista *nmf* hitchhiker
autosuficiencia *nf* **-1.** *(orgullo, soberbia)* smugness **-2.** *(económica)* self-sufficiency
autosuficiente *adj* **-1.** *(orgulloso, soberbio)* smug **-2.** *(económicamente)* self-sufficient
autosugestión *nf* auto-suggestion
autosugestionarse *vpr* to convince oneself **(de** of)
autotest *nm* INFORMÁT self-test
autotransplante *nm* autotransplantation
autótrofo, -a *adj* BIOL autotrophic
autovacuna *nf* MED autoinoculation
autovía *nf Br* dual carriageway, *US* divided highway
auxiliar¹ ◇ *adj* **-1.** *(material)* auxiliary; *(mesa)* occasional **-2.** *(personal)* ancillary, auxiliary **-3.** GRAM auxiliary
◇ *nmf* assistant ❏ **~ administrativo** administrative assistant; **~ de laboratorio** lab assistant; **~ de vuelo** flight attendant
◇ *nm* GRAM auxiliary
◇ *nf RP (rueda de recambio)* spare wheel
auxiliar² *vt* **-1.** *(socorrer)* to assist, to help **-2.** *(moribundo)* to attend
auxilio ◇ *nm* **-1.** *(socorro)* assistance, help; **una llamada de ~** a call for help; AV & NÁUT a distress call; **grité pidiendo ~** I shouted for help; **pedir/prestar ~** to call for/give help; **acudir en ~ de alguien** to come to sb's assistance; **primeros auxilios** first aid **-2.** *RP (grúa)* breakdown truck
◇ *interj* ¡~! help!
auyama, ahuyama *nf Carib, Col* pumpkin
Av., av. *(abrev de* **avenida***)* Ave
aval *nm* **-1.** *(documento)* guarantee, reference ❏ **~ bancario** bank guarantee **-2.** *(respaldo)* backing; **un proyecto con el ~ de la ONU** a UN-backed project; **se incorporó a la empresa con el ~ del éxito obtenido en otros trabajos** he came to the company with a record of success in other jobs
avalancha *nf* **-1.** *(de nieve)* avalanche **-2.** *(de solicitudes, protestas, personas)* avalanche
avalar *vt* **-1.** *(préstamo, crédito)* to guarantee **-2.** *(respaldar) (oficialmente)* to endorse; **una resolución avalada por la ONU** a resolution endorsed by the UN; **una propuesta avalada por miles de firmas** a proposal backed o supported by thousands of signatures; **su eficacia está avalada por ensayos clínicos rigurosos** its effectiveness has been demonstrated in strict clinical trials; **su reputación lo avala** his reputation speaks for itself
avalista *nmf* guarantor
avaluar *vt Am* to value; **avaluaron la mansión en tres millones** the mansion was valued at three million
avalúo *nm Am* valuation
avance ◇ *ver* **avanzar**
◇ *nm* **-1.** *(movimiento hacia delante)* advance; **el ~ a través de la selva fue dificultoso** making progress through the jungle was not easy ❏ INFORMÁT **~ de línea** *(de impresora)* line feed; INFORMÁT **~ de página** *(de impresora)* form feed
-2. *(adelanto, progreso)* advance; **avances científicos/tecnológicos** scientific/technological advances o progress; **los avances en la lucha contra el cáncer** advances in the fight against cancer
-3. *(anticipo de dinero)* advance payment
-4. *(de película)* trailer
-5. RAD & TV *(de futura programación)* preview ❏ **~ informativo** *(resumen)* news summary; *(por noticia de última hora)* newsflash
avante *interj* forward!; ¡**~ a toda vela!** full speed o steam ahead!
avanzada ◇ *nf* **-1.** MIL advance patrol **-2.** *(grupo)* advance party
◇ **de avanzada** *loc adj Am (avanzado)* **tecnología de ~** cutting-edge technology; **ideas de ~** avant-garde ideas
avanzadilla *nf* **-1.** MIL advance patrol **-2.** *(grupo)* advance party; **son la ~ del arte del futuro** they are the advance guard of the art of the future
avanzado, -a ◇ *adj* **-1.** *(en desarrollo, proceso) (alumno, curso, tecnología, país)* advanced; **una persona de avanzada edad** o **de edad avanzada** a person advanced in years; **tiene un cáncer muy ~** she is in the advanced stages of cancer **-2.** *(progresista) (ideas)* advanced **-3.** *(hora)* late; **a avanzadas horas de la noche** late at night; **acabamos avanzada ya la tarde** we finished late in the afternoon
◇ *nm,f* person ahead of his/her time
avanzar [14] ◇ *vi* **-1.** *(moverse)* to advance; **las tropas continúan avanzando** the troops are still advancing; **el tráfico no avanzaba** the traffic wasn't moving
-2. *(progresar)* to make progress; **está avanzando mucho en sus estudios** she's making very good progress with her studies; **esta tecnología avanza a gran velocidad** this technology is developing very quickly
-3. *(tiempo)* to pass; **el tiempo avanza muy deprisa** time passes very quickly; **a medida que avanza el siglo** as the century draws on
-4. *(carrete)* to wind on
◇ *vt* **-1.** *(adelantar)* to move forward; **las tropas avanzaron sus posiciones** the troops advanced their position; **avanzaron varias posiciones en la clasificación de liga** they moved up several places in the league
-2. *(noticias)* **~ algo a alguien** to inform sb of sth in advance; **les avanzó los resultados del estudio** she informed them of the results of the study before it was published
-3. *(carrete)* to wind on
avaricia *nf (codicia)* greed; *(tacañería)* avarice; [EXPR] **la ~ rompe el saco** greed doesn't pay; [EXPR] *Fam* **con ~:** **es feo/pesado con ~** he isn't half ugly/boring
avariciosamente *adv (con codicia)* greedily; *(con tacañería)* avariciously
avaricioso, -a ◇ *adj (codicioso)* greedy; *(tacaño)* avaricious, miserly
◇ *nm,f (codicioso)* greedy person; *(tacaño)* miser
avariento, -a ◇ *(codicioso)* greedy; *(tacaño)* avaricious, miserly
◇ *nm,f (codicioso)* greedy person; *(tacaño)* miser
avaro, -a ◇ *adj (codicioso)* greedy; *(tacaño)* miserly, mean
◇ *nm,f (codicioso)* greedy person; *(tacaño)* miser
avasallador, -ora ◇ *adj* overwhelming
◇ *nm,f* slave-driver
avasallamiento *nm (de pueblo)* subjugation
avasallar ◇ *vt* **-1.** *(arrollar)* to overwhelm; **el equipo visitante avasalló al local** the away team overwhelmed the home side **-2.** *(dominar)* **dejarse ~** to let oneself be pushed o ordered around; **va por la vida avasallando a todo el mundo** he'll trample over people to get what he wants **-3.** *(someter)* to subjugate
◇ *vi (arrollar)* **va por la vida avasallando** he'll trample over people to get what he wants
avatar *nm* **-1.** *(cambio)* vagary, sudden change; **los avatares de la vida** the ups and downs of life **-2.** INFORMÁT avatar
Avda., avda. *(abrev de* **avenida***)* Ave
AVE [ˈaβe] *nm (abrev de* **Alta Velocidad Española***)* = Spanish high-speed train
ave¹ *nf*

Takes the masculine articles **el** and **un**.

(animal) bird; CULIN **caldo de ~** ≃ chicken stock ❏ **~ acuática** waterfowl, water bird; **~ agorera** bird of ill omen; **aves de corral** poultry; *también Fig* **el Ave Fénix** the phoenix; **~ fría** lapwing; **~ lira** lyre-bird; **~ lira real** superb lyre-bird; **~ marina** sea bird; **~ migratoria** migratory bird; **~ nocturna** nocturnal bird; **~ del paraíso** bird of paradise; **~ de paso** migratory bird; [EXPR] **ser un ~ de paso** to be a rolling stone; **~ de presa** bird of prey; **~ rapaz** bird of prey; **~ de rapiña** bird of prey; **~ sol** sun bittern; **~ zancuda** wader
ave² *interj* ¡**~, César!** Hail, Caesar!; [EXPR] ¡**~ María Purísima!** *(indica sorpresa)* saints preserve us!; *(en confesión)* Hail Mary, full of grace
avecinarse *vpr* to be on the way; **se avecina una tormenta** there's a storm coming o on the way; ¡**la que se nos avecina!** we're really in for it!
avecindarse *vpr* to take up residence
avefría *nf*

Takes the masculine articles **el** and **un**.

lapwing
avejentado, -a *adj (persona, cuero)* aged; **está muy ~ para su edad** he looks a lot older than he is
avejentar ◇ *vt* to age, to put years on
➡ **avejentarse** *vpr* to age
avellana *nf* hazelnut
avellanal, avellanar *nm* grove of hazel trees
avellano *nm* hazel (tree)
avemaría *nf*

Takes the masculine articles **el** and **un**.

-1. *(oración)* Hail Mary; **reza cuatro avemarías** say four Hail Marys **-2.** MÚS Ave Maria
avena *nf* **-1.** *(planta)* oat ❏ **~ loca** wild oats **-2.** *(grano)* oats
avenencia *nf (acuerdo)* compromise
avengo *etc ver* **avenir**
avenida *nf* **-1.** *(calle)* avenue **-2.** *(crecida de río)* flood, freshet
avenido, -a *adj* **bien/mal avenidos** on good/bad terms
avenimiento *nm* **-1.** *(reconciliación)* reconciliation, conciliation **-2.** *(acuerdo)* agreement, accord

avenir [69] ◇ vt to reconcile, to conciliate
◆ **avenirse** vpr **-1.** *(llevarse bien)* to get on (well); **se aviene muy bien con todo el mundo** she gets on very well with everyone **-2.** *(ponerse de acuerdo)* **avenirse a hacer algo** to agree to do sth; **se avinieron a entrevistarse** they agreed to be interviewed; **se avendrá a lo que decida la mayoría** she'll go along with whatever the majority decides

aventado, -a *Méx Fam* ◇ adj daring ◇ nm,f dare-devil

aventajado, -a adj *(adelantado)* outstanding

aventajar ◇ vt **-1.** *(rebasar)* to overtake **-2.** *(estar por delante de)* to be ahead of; ~ **a alguien en algo** to surpass sb in sth
◆ **aventajarse** vpr *(mejorar)* to improve, to get better

aventar [3] ◇ vt **-1.** *(abanicar)* to fan **-2.** AGR to winnow **-3.** *Andes, CAm, Méx Fam (tirar)* to throw; **me aventó la pelota** she threw me the ball; **le aventé una bofetada** I slapped him; **nos aventaron ahí, y no volvieron hasta tres horas más tarde** they dumped us there, and didn't come back till three hours later **-4.** *Andes, CAm, Méx Fam (dirigir)* **me aventó una mirada amenazadora** she shot me a threatening look, she glared at me threateningly **-5.** *Andes, CAm, Méx (empujar)* to push, to shove
◆ **aventarse** vpr *Méx* **-1.** *(tirarse)* to throw oneself; **se aventó por el balcón** he threw himself off the balcony **-2.** *(atreverse)* to dare; **aventarse a hacer algo** to dare to do sth **-3.** *Fam (beberse)* to down; *(comerse, beberse)* to guzzle, to down; **aviéntate una cervecita** have a beer **-4.** *Fam (pasar)* **me aventé dos años en la tesis** I spent two years on my thesis

aventón nm *CAm, Méx, Perú* **-1.** *(en vehículo)* **dar ~ a alguien** to give sb a lift; **pedir ~** to hitch a lift; **nos fuimos de ~ hasta Puebla** we hitched o hitchhiked as far as Puebla **-2.** *(empujón)* push, shove; **lo sacaron a la calle a aventones** they pushed o shoved him out into the street

aventura nf **-1.** *(suceso, empresa)* adventure; **una película/un libro de aventuras** an adventure film/story; **deportes de ~** adventure sports; **embarcarse en una ~** to set off on an adventure; **me pasaron mil aventuras en mi viaje a la capital** I had a very eventful time on my visit to the capital; **conseguir las entradas fue una ~** it was quite an adventure getting hold of the tickets
-2. *(relación amorosa)* affair; **tener una ~ con alguien** to have an affair with sb

aventurado, -a adj risky

aventurar ◇ vt **-1.** *(dinero, capital)* to risk, to venture **-2.** *(opinión, conjetura)* to venture, to hazard; **no me atrevo a ~ un resultado** I wouldn't like to hazard a guess at what the result will be; **me aventuré a sugerir el aplazamiento de la reunión** I ventured to suggest that the meeting should be postponed
◆ **aventurarse** vpr to take a risk/risks; **tendrán que aventurarse más que nunca** they'll have to take more risks than ever; **se aventuraron por la selva** they ventured through the jungle; **aventurarse a hacer algo** to dare to do sth; **como llovía mucho no nos aventuramos a salir** as it was raining heavily, we didn't venture out

aventurerismo, aventurismo nm adventurism

aventurero, -a ◇ adj adventurous
◇ nm,f adventurer, f adventuress

aventurismo = aventurerismo

average nm **(gol)** ~ goal average

avergonzado, -a adj **-1.** *(humillado, dolido)* ashamed **-2.** *(abochornado)* embarrassed; **está ~ de** o **por lo que hizo** he's embarrassed about what he did

avergonzar [10] ◇ vt **-1.** *(deshonrar, humillar)* to shame **-2.** *(abochornar)* to embarrass; **el comportamiento de mi marido me avergüenza** I feel embarrassed by my husband's behaviour
◆ **avergonzarse** vpr *(por remordimiento, deshonra)* to be ashamed **(de** of); *(por timidez, bochorno)* to be embarrassed **(de** about); **me avergüenzo de haberla insultado** I'm ashamed to have insulted her

avería nf **-1.** *(de máquina)* fault; *(de vehículo)* breakdown; **el tren sufrió una ~ en la locomotora** the train's engine developed a fault; **tuvimos** o **sufrimos una ~ en la carretera** we broke down on the road; **llamar a averías** *(para vehículo)* to call the garage; *(para aparato)* to call the repair service; *Fam* **hacerse una ~** *(herida)* to hurt oneself **-2.** NÁUT *(de mercancía)* average ❏ **~ gruesa** general average

averiado, -a adj **-1.** *(máquina)* out of order; *(vehículo)* broken down; **mi moto está averiada** my motorbike has broken down **-2.** *(mercancías)* damaged

averiar [32] ◇ vt to damage
◆ **averiarse** vpr *(máquina, vehículo)* to break down; **se ha averiado la radio** the radio isn't working

averiguación nf **-1.** *(indagación)* investigation; **hacer averiguaciones** to make inquiries; **tras muchas averiguaciones, descubrí que estaba casado** after making several inquiries, I discovered that he was married **-2.** *CAm, Méx (discusión)* argument, dispute

averiguar [11] ◇ vt *(indagar)* to find out
◇ vi *CAm, Méx (discutir)* to argue, to quarrel

averno nm MITOL **el ~** the underworld

Averroes n pr Averroës

averroísmo nm FILOSOFÍA Averroism

averroísta FILOSOFÍA ◇ adj Averroistic
◇ nm,f Averroist

aversión nf aversion; **tener ~ a algo, sentir ~ hacia algo** to feel aversion towards sth; **tomar ~ a algo** to take a dislike to sth

avestruz nm ostrich; EXPR **la política del ~** burying one's head in the sand

avetorillo nm little bittern

avetoro nm bittern ❏ **~ lentiginoso** American bittern

avezado, -a adj seasoned; **un ~ submarinista** a seasoned scuba diver

aviación nf **-1.** *(navegación)* aviation; **un accidente de ~** a plane crash ❏ **~ civil** civil aviation; **~ comercial** commercial aviation **-2.** *(militar)* air force

aviador, -ora nm,f **-1.** *(piloto)* pilot **-2.** *Méx Fam* = person listed as an employee in a government office and who is paid but who never comes to work

aviar[1] [32] ◇ vt **-1.** *(preparar)* to prepare **-2.** *Fam (apañar)* **¡estamos aviados!** we've had it!; **estás aviado si te crees que te lo va a dar** you're kidding yourself if you think he's going to give it to you; **¡estaríamos aviados!** that would be the absolute end!, that would be all we need!
◆ **aviarse** vpr *Fam (manejarse)* to manage; **se las avía muy bien solo** he manages very well on his own

aviar[2] adj **especie ~** bird species; **producción ~** poultry production

aviario, -a ◇ adj **especie aviaria** bird species; **producción aviaria** poultry production
◇ nm collection of birds

avícola adj poultry; **granja ~** poultry farm

avicultor, -ora nm,f poultry breeder, poultry farmer

avicultura nf poultry breeding, poultry farming

ávidamente adv *(ansiosamente)* avidly, eagerly; *(codiciosamente)* greedily, avariciously

avidez nf *(ansia)* eagerness; *(codicia)* greed; **leyó el horóscopo con ~** she avidly o eagerly read the horoscope; **devoró el postre con ~** he greedily o hungrily devoured the dessert

ávido, -a adj *(lector)* avid; *(coleccionista)* keen; **es una persona ávida de información** he's someone with a thirst for information; **un artista ~ de fama** an artist who is hungry for fame

aviene etc ver avenir

aviento etc ver aventar

avieso, -a adj *(persona)* evil, twisted; *(mirada)* baleful; **se acercó a ella con aviesas intenciones** he approached her with evil intent

avifauna nf bird life

avinagrado, -a adj **-1.** *(vino, alimento)* sour **-2.** *(persona, carácter)* sour

avinagrar ◇ vt **-1.** *(vino, alimento)* to sour, to make sour **-2.** *(persona, carácter)* to turn sour
◆ **avinagrarse** vpr **-1.** *(vino, alimento)* to go sour **-2.** *(persona, carácter)* to become sour; **se le avinagró el carácter** she became bitter

Aviñón n Avignon

avío nm **-1.** *(preparativo)* preparation; **yo me encargo del ~ de la habitación** I'll get the room ready **-2.** *(utilidad)* **esta cazuela me hace muy buen ~** I find this pot extremely useful **-3.** **avíos** *(equipo)* things ❏ **avíos de pesca** fishing tackle **-4.** *Méx (préstamo)* agricultural loan

avión nm **-1.** *(aeronave)* plane, *Br* aeroplane, *US* airplane; **en ~** by plane; **por ~** *(en sobre)* airmail ❏ **~ de carga** cargo plane; **~ de caza** fighter plane; **~ cisterna** tanker (plane); **~ comercial** commercial aircraft; **~ de despegue vertical** jump jet; **~ espía** spy plane; **~ de espionaje** spy plane; **~ invisible** stealth bomber/fighter; **~ militar** military aircraft; **~ nodriza** refuelling plane; **~ de papel** paper aeroplane; **~ de pasajeros** passenger aircraft; **~ a reacción** jet; **~ de reconocimiento** reconnaissance o spotter plane; **~ de transporte** transport plane
-2. *(pájaro)* house martin ❏ **~ purpúreo** purple martin; **~ zapador** sand martin

avionazo nm *Méx* plane crash

avioneta nf light aircraft

aviónica nf avionics *(singular)*

avisado, -a adj prudent, discreet

avisador, -ora nm,f *RP* advertiser

avisar ◇ vt **-1.** *(informar)* **~ a alguien de algo** to let sb know sth, to tell sb sth; **llamó para ~ que llegaría tarde** she called to say she would be late **-2.** *(advertir)* to warn **(de** of); **yo ya te había avisado** I did warn you; **estás avisado** you've been warned **-3.** *(llamar)* to call, to send for; **hay que ~ al electricista** we'll have to call the electrician; **corre, avisa a la policía** go and get the police
◇ vi **entró sin ~** she came in without knocking; **avisa cuando acabes** let me/us/etc know when you've finished; EXPR **el que avisa no es traidor** don't say I didn't warn you

aviso nm **-1.** *(advertencia, amenaza)* warning; **andar sobre ~** to be on the alert; **estar sobre ~** to be forewarned; **poner sobre ~ a alguien** to warn sb; **¡que te sirva de ~!** let that be a warning to you! ❏ **~ de bomba** bomb warning
-2. *(notificación)* notice; *(en teatros, aeropuertos)* call; **hasta nuevo ~** until further notice; **último ~ para los pasajeros del vuelo IB 257** last call for passengers of flight IB 257; **sin previo ~** without notice; **llegó sin previo ~** he arrived without warning ❏ COM **~ de vencimiento** due-date reminder
-3. TAUROM = warning to matador not to delay the kill any longer
-4. *Am (anuncio)* advertisement, advert; EXPR **no te deja pasar un ~** she doesn't let you get a word in edgeways ❏ **~ clasificado** classified advertisement; **~ fúnebre** death notice; **~ publicitario** advertisement, advert

avispa ◇ *nf* (*insecto*) wasp; EXPR *Ven Fam* **comer ~** to be on one's toes
◇ *nmf Ven* (*persona*) sharp *o* quick-witted person; **es un ~** he's very sharp *o* quick-witted
avispado, -a *adj Fam* sharp, quick-witted
avispar ◇ *vt Chile* to frighten
◆ **avisparse** *vpr Fam* to wise up
avispero *nm* **-1.** (*nido*) wasps' nest; EXPR *Fam* **alborotar el ~** to stir up a hornet's nest **-2.** *Fam* (*lío*) mess; **meterse en un ~** to get into a mess
avispón *nm* hornet
avistamiento *nm* sighting; **el ~ de ballenas es poco frecuente** whales are rarely sighted
avistar *vt* to sight, to make out
avitaminosis *nf inv* MED vitamin deficiency
avituallamiento *nm* **-1.** (*de tropas*) provisioning; **se encargaron del ~ de los refugiados** they took charge of providing the refugees with food **-2.** (*en ciclismo*) (*lugar*) feeding station; **se produjo una caída durante el ~** one of the competitors fell while taking on food
avituallar *vt* (*tropas*) to provision; (*refugiados, hambrientos*) to provide with food
avivado, -a, avivato, -a *nm,f CSur Fam* smart alec(k)
avivar ◇ *vt* **-1.** (*fuego*) to stoke up **-2.** (*color*) to brighten **-3.** (*sentimiento*) to intensify; **el asesinato avivó los odios entre las dos comunidades** the murder served to fuel the hatred between the two communities **-4.** (*polémica*) to stir up; (*debate*) to liven up **-5.** (*acelerar*) **~ el paso** *o* **ritmo** to quicken one's pace, to go faster **-6.** *RP Fam* **~ a alguien** (*despabilar*) to wise sb up; (*informar*) to fill sb in
◆ **avivarse** *vpr* **-1.** (*sentimiento*) to be rekindled **-2.** (*color*) to brighten **-3.** (*fuego*) to flare up **-4.** (*polémica*) to be stirred up; **la discusión se fue avivando** the discussion got more and more animated **-5.** *RP Fam* (*persona*) to wise up
avivato, -a = **avivado**
avizor *adj* **estar ojo ~** to be on the lookout
avizorar *vt* to watch, to spy on; **el vigía avizoraba el horizonte** the lookout was scanning the horizon
avoceta *nf* avocet
avutarda *nf* great bustard
axial *adj* axial
axila *nf* **-1.** (*sobaco*) armpit **-2.** BOT axil
axilar *adj* underarm; **zona ~** armpit
axioma *nm* axiom
axiomático, -a *adj* axiomatic
axis *nm inv* ANAT axis
axón *nm* ANAT axon
ay *interj* **-1.** (*expresando dolor físico*) ouch!; (*expresando sorpresa, pena*) oh!; **¡~ de mí!** woe is me!; **¡~, qué cuadro tan lindo!** (*gosh,*) what a lovely painting! **-2.** (*como amenaza*) **¡~ de ti si te cojo!** heaven help you if I catch you!
aya *nf*
> Takes the masculine articles **el** and **un**.

governess
ayate *nm Méx* sisal
ayatolá, ayatola *nm* ayatollah
ayer ◇ *adv* **-1.** (*el día anterior*) yesterday; **~ era lunes** yesterday was Monday, it was Monday yesterday; **~ a mediodía** at midday yesterday; **~ por la noche, ~ noche** last night; **~ por la tarde, ~ tarde** yesterday afternoon/evening; **~ por la mañana,** *Arg* **~ a la mañana** yesterday morning; **parece que fue ~** it seems like yesterday
-2. (*en el pasado*) **~ nadie había oído su nombre, y hoy es una estrella** only a short while ago no one had heard of her and now she's a star; **un político de los de ~** a politician of the old school
◇ *nm* **el ~** yesteryear; **no puedes vivir siempre del ~** you can't live your whole life in the past
ayllu *nm Andes* = rural Indian settlement

aymara, aimara ◇ *adj* Aymara
◇ *nmf* (*persona*) Aymara
◇ *nm* (*lengua*) Aymara

AYMARA
Aymara was the language of an ancient culture which flourished between the fifth and eleventh centuries at Tiahuanaco in what are now the highlands of Bolivia and which was subsequently conquered by the Incas. In the last fifty years there has been a renaissance in **Aymara** culture and the language itself, which today has over one and a half million speakers of its various dialects in the mountain areas of Peru, Bolivia and Chile.

ayo *nm* (*tutor*) tutor
ayotete *nm* bryony
ayte. (*abrev de* **ayudante**) asst.
ayuda ◇ *nf* **-1.** (*asistencia*) help, assistance; **acudir en ~ de alguien** to come/go to sb's assistance; **nos fuiste de gran ~** you were a great help to us; **no me sirvió de mucha ~** it wasn't much help to me; **prestar ~** to help, to assist ◻ **~ en carretera** breakdown service; INFORMÁT **~ en línea** on-line help; INFORMÁT **~ en pantalla** onscreen help
-2. (*económica, alimenticia*) aid; **un paquete de ayudas a la pequeña empresa** a package of measures to help small businesses ◻ **~ al desarrollo** development aid; **~ exterior** foreign aid; **~ extranjera** foreign aid; **~ humanitaria** humanitarian aid; **un convoy de ~ humanitaria** a relief convoy
-3. (*limosna*) **una ~, por favor** could you spare me some change, please?
-4. (*enema*) enema
◇ *nm* HIST **~ de cámara** royal valet
ayudado *nm* TAUROM = pass made with the cape held in both hands
ayudanta *nf* assistant
ayudante ◇ *adj* assistant
◇ *nmf* assistant ◻ MIL **~ de campo** aide-de-camp; CINE **~ de dirección** director's assistant; CINE **~ del electricista** best boy; **~ de investigación** research assistant; **~ de laboratorio** laboratory assistant; *Esp* **~ técnico sanitario** qualified nurse
ayudantía *nf* (*en universidad*) assistantship
ayudar ◇ *vt* to help; **~ a alguien a hacer algo** to help sb (to) do sth; **me ayudaron a subir el piano** they helped me carry the piano up; **una profesora particular le ayuda en los estudios** a private tutor is helping him with his studies; **necesito que me ayuden con este problema** I need your help with this problem; **¿en qué puedo ayudarle?** how can I help you?
◇ *vi* to help; **¿puedo ~?** can I help?
◆ **ayudarse** *vpr* **ayudarse de** *o* **con** to make use of; **caminaba ayudándose de un bastón** he walked with the help of a stick
ayunas *nfpl* **en ~: son las doce y todavía estoy en ~** it's twelve o'clock and I still haven't eaten; **venga en ~ para hacerse el análisis de sangre** don't eat anything before you come for your blood test; EXPR **estar/quedarse en ~** (*sin enterarse*) to be/to be left in the dark
ayuno *nm* fast; **hacer ~** to fast
ayuntamiento *nm* **-1.** (*corporación*) *Br* town council, *US* city council **-2.** (*edificio*) *Br* town hall, *US* city hall **-3.** Anticuado **~ (carnal)** sexual congress
ayuntarse *vpr* Anticuado to enjoy sexual congress
azabache *nm* jet; **negro como el ~** jet-black
azada *nf* hoe
azadón *nm* (large) hoe
azafata *nf* **-1.** (*en avión*) air stewardess, *Br* air hostess ◻ **~ de tierra** ground stewardess; **azafatas de tierra** ground crew; **~ de vuelo** air stewardess, *Br* air hostess **-2.** (*en feria, congreso*) hostess ◻ **~ de exposiciones y congresos** (conference) hostess; **~ de ferias y congresos** (conference) hostess
azafate *nm CAm, Carib, Méx, Perú* tray

azafrán *nm* saffron
azafranado, -a *adj* saffron(-coloured)
azagaya *nf* assegai, light spear
azahar *nm* **-1.** (*del naranjo*) orange blossom **-2.** (*del limonero*) lemon blossom
azalea *nf* azalea
azar *nm* **-1.** (*casualidad*) chance; **juego de ~** game of chance; **al ~** at random; **dos concursantes elegidos al ~** two randomly chosen contestants; **no dejaron nada al ~** they left nothing to chance; **por ~** by (pure) chance; **si por algún ~ no puedes venir, llámanos** if by any chance you should be unable to come, give us a ring; **quiso el ~ que pasara yo por allí en ese preciso instante** fate decreed that I should be passing that way at that very moment
-2. (*suceso, vicisitud*) **los azares de la vida** the ups and downs of life
azaramiento *nm* embarrassment
azarar ◇ *vt* (*avergonzar*) to embarrass, to fluster; **~ a alguien** (*ruborizar*) to make sb blush
◆ **azararse** *vpr* (*avergonzarse*) to be embarrassed, to be flustered; (*ruborizarse*) to blush
azaroso, -a *adj* **-1.** (*peligroso*) hazardous, risky **-2.** (*con aventuras*) eventful; **un periodo ~ de la historia francesa** an eventful period in French history
Azerbaiyán *n* Azerbaijan
azerbaiyano, -a ◇ *adj* Azerbaijani
◇ *nm,f* Azerbaijani
azerí (*pl* **azeríes**) ◇ *adj* Azeri
◇ *nm,f* Azeri
ázimo *adj* (*pan*) unleavened
azimut (*pl* **azimutes**) *nm* ASTRON azimuth
azogar [38] *vt* to quicksilver, to silver
azogue *nm* quicksilver, mercury
azolve *nm Méx* **-1.** (*suciedad*) sludge **-2.** (*sedimento*) alluvium
azor *nm* goshawk
azoradamente *adv* in embarrassment
azorado, -a *adj* **-1.** (*turbado*) embarrassed, flustered **-2.** *CSur, Méx* (*asombrado*) amazed
azoramiento *nm* embarrassment
azorar ◇ *vt* **-1.** (*turbar*) to embarrass **-2.** *CSur, Méx* (*asombrar*) to amaze
◆ **azorarse** *vpr* (*turbarse*) to be embarrassed
Azores *nfpl* **las (islas) ~** the Azores
azotacalles *nm inv Fam* loafer, idler
azotado, -a *adj Chile* (*atigrado*) striped
azotador *nm Méx* caterpillar
azotaina *nf Fam* **dar una ~ a alguien** to give sb a good smacking
azotar ◇ *vt* **-1.** (*en el trasero*) to smack, to slap **-2.** (*con látigo*) to whip **-3.** (*viento, olas*) to lash; **el viento le azotaba la cara** the wind lashed her face **-4.** (*devastar*) to devastate; **la epidemia azotó la región** the region was devastated by the epidemic; **una región azotada por las guerras** a war-torn region **-5.** *Méx* (*cerrar bruscamente*) to slam
◆ **azotarse** *vpr* **-1.** (*persona*) to flog oneself **-2.** *Bol* (*lanzarse*) to throw oneself
azote *nm* **-1.** (*utensilio para golpear*) whip, scourge; *Fig* **se ha convertido en el ~ de los liberales** she has become the scourge of liberals
-2. (*en el trasero*) smack, slap; **dar un ~ a alguien** to smack sb
-3. (*latigazo*) lash
-4. (*de viento, olas*) **la casa sufría el ~ de las olas** the house was lashed by the waves
-5. (*calamidad*) scourge; **el pueblo sufrió el ~ de las inundaciones** the town was severely hit by floods
azotea *nf* **-1.** (*de edificio*) terraced roof **-2.** *Fam* (*cabeza*) **estar mal de la ~** to be funny in the head
AZT *nm* FARM (*abrev* **azidothymidine**) AZT
azteca ◇ *adj* **-1.** (*precolombino*) Aztec **-2.** *Fam* (*mexicano*) **el equipo ~** the Mexican team
◇ *nmf* (*persona*) Aztec
◇ *nm* (*lengua*) Nahuatl, Aztec

azúcar *nm o nf* sugar; **sin** ~ sugar-free ❑ ~ **blanquilla** white sugar; ~ **cande** *o* **candi** sugar candy, rock candy; ~ **de caña** cane sugar; *Chile* ~ **flor** *Br* icing *o US* confectioner's sugar; *Esp, Méx* ~ **glas** *Br* icing *o US* confectioner's sugar; *RP* ~ **impalpable** *Br* icing *o US* confectioner's sugar; *Esp* ~ **de lustre** *Br* icing *o US* confectioner's sugar; ~ **moreno** brown sugar; *RP* ~ **en pancitos** sugar lumps; *Col* ~ **polvo** *Br* icing *o US* confectioner's sugar; ~ **en terrones** sugar lumps

azucarado, -a *adj* **-1.** *(endulzado)* sweet, sugary **-2.** *Pey (suavizado)* sugary sweet

azucarar ◇ *vt* **-1.** *(endulzar)* to sugar-coat, to sugar **-2.** *Pey (suavizar)* to make sugary sweet
◆ **azucararse** *vpr Am (cristalizar)* to crystallize

azucarera *nf* **-1.** *(fábrica)* sugar refinery **-2.** *(recipiente)* sugar bowl

azucarero, -a ◇ *adj* sugar; **la industria azucarera** the sugar industry
◇ *nm* sugar bowl

azucarillo *nm* **-1.** *(terrón)* sugar lump **-2.** *(dulce)* lemon candy

azucena *nf* white lily ❑ ~ **atigrada** tiger lily

azud *nm (presa)* dam

azufaifa *nf* jujube fruit

azufaifo *nm* common jujube

azufre *nm* QUÍM sulphur

azufroso, -a *adj* sulphurous

azul ◇ *adj* **-1.** *(color)* blue; *Méx Fam* **los de** ~ *(la policía)* the cops, *Br* the boys in blue **-2.** *(pescado)* oily
◇ *nm* **-1.** *(color)* blue; **el** ~ **es mi color favorito** blue is my favourite colour ❑ ~ **acero** steel blue; ~ **celeste** sky blue; ~ **(de) cobalto** cobalt blue; ~ **eléctrico** electric blue; *RP* ~ **Francia** royal blue; ~ **marino** navy blue; ~ **de metileno** methylene blue; ~ **de Prusia** Prussian blue; ~ **turquesa** turquoise; ~ **de ultramar** ultramarine **-2.** *Am (azulete)* blue
◇ *nmpl* **azules** *Méx Fam* **los azules** *(la policía)* the cops, *Br* the boys in blue

azulado, -a *adj* bluish

azulejo ◇ *adj (azulado)* bluish
◇ *nm* **-1.** *(baldosín)* (glazed) tile **-2.** *Ven (pájaro)* = type of bluebird

azulete *nm (para lavar)* blue

azulgrana ◇ *adj inv* DEP = relating to Barcelona Football Club
◇ *nmpl* **los** ~ = Barcelona Football Club

azulón, -ona ◇ *adj* deep blue
◇ *nm (pato)* mallard

azuloso, -a *adj* bluish

azúmbar *nm* bryony

azur *Literario* ◇ *adj* azure
◇ *nm* azure

azurita *nf* azurite

azuzar [14] *vt* **-1.** *(animal)* ~ **a los perros contra alguien** to set the dogs on sb **-2.** *(persona)* to egg on

B b

B, b [*Esp* be, *Am* be('larga)] *nf (letra)* B, b
baba *nf* **-1.** *(saliva) (de niño)* dribble; *(de adulto)* spittle, saliva; [EXPR] *Fam* **caérsele la ~ a alguien: se le cae la ~ con su nieta** she absolutely dotes on her granddaughter; **se le cae la ~ escuchando a Mozart** he's in heaven when he's listening to Mozart; [EXPR] *Fam* **tener mala ~** to be a nasty piece of work **-2.** *(saliva) (de animal)* slobber **-3.** *(de caracol)* slime **-4.** *(de planta)* sap
babaco *nm* babaco, = seedless variety of papaya
babalao *nm Cuba Fam* = priest in Afro-Cuban "santería" religion
babear *vi* **-1.** *(niño)* to dribble; *(adulto)* to slobber **-2.** *(animal)* to slobber **-3.** *Fam (de gusto)* to drool (**con** over)
babel *nm o nf Fam* **el debate se convirtió en una ~** the debate degenerated into noisy chaos
babeo *nm* **-1.** *(de niño)* dribbling; *(de adulto)* slobbering **-2.** *(de animal)* slobbering
babero *nm* bib
babi *nm Esp Fam* = child's overall
Babia *nf* [EXPR] **estar** *o* **quedarse en ~** to have one's head in the clouds
babieca *Fam* ◇ *adj* simple, stupid
  ◇ *nmf* fool, idiot
babilla *nf* **-1.** *(de res)* stifle **-2.** *(rótula)* kneecap **-3.** *(caimán)* Rio Apaporis caiman
Babilonia *n* HIST *(ciudad)* Babylon; *(región)* Babylonia
babilónico, -a, babilonio, -a *adj* **-1.** HIST Babylonian **-2.** *(fastuoso)* lavish
bable *nm* = Asturian dialect
babor *nm* port; **girar a ~** to turn to port; **¡iceberg a ~!** iceberg to port!
babosa *nf* **-1.** slug **-2.** *ver también* **baboso**
babosada *nf CAm, Méx Fam (disparate)* daft thing; **¡no digas babosadas!** don't talk *Br* rubbish *o US* bull!
babosear ◇ *vt* **-1.** *(llenar de babas)* to slobber on *o* all over **-2.** *RP Fam (burlarse de)* **~ a alguien** to mess sb about
  ◇ *vi CAm, Méx Fam (decir tonterías)* to talk *Br* rubbish *o US* bull
baboseo *nm* **-1.** *(de babas)* dribbling **-2.** *(molestia, insistencia)* **me irrita con su ~** I hate the way he sucks up to me
baboso, -a ◇ *adj* **-1.** *(niño)* dribbling; *(adulto)* slobbering **-2.** *(animal)* slobbering **-3.** *Fam (despreciable)* slimy **-4.** *Am Fam (tonto)* daft, stupid
  ◇ *nm,f Fam* **-1.** *(persona despreciable)* creep **-2.** *Am (tonto)* twit, idiot
babucha *nf (zapatilla)* slipper; *(árabe)* Moorish slipper; [EXPR] *RP Fam* **llevar a alguien a ~** to carry sb on one's shoulders
babuino *nm* yellow baboon
baby doll [beiβi'ðol] *nm Am* baby-doll nightdress
baby fútbol [beiβi'futbol] *nm* **-1.** *Chile (fútbol sala)* five-a-side football **-2.** *Ecuad, Urug (fútbol infantil)* junior football *(for pre-teens)*
baca *nf* roof rack
bacaladero, -a ◇ *adj* cod-fishing; **la flota bacaladera** the cod-fishing fleet
  ◇ *nm* cod-fishing boat
bacaladilla *nf* blue whiting

bacalao *nm* cod; [EXPR] *Esp Fam* **cortar** *o* **partir el ~** to call the shots ❑ **~ al pil-pil** = Basque dish of salt cod cooked with olive oil and garlic; **~ salado** salt(ed) cod; **~ a la vizcaína** = Basque dish of salt cod cooked in a tomato and red pepper sauce
bacán, -ana ◇ *adj Fam* **-1.** *Cuba, Perú (bueno)* cool, wicked **-2.** *RP (caro)* steep
  ◇ *nm,f RP Fam (rico)* toff; **como un ~** like a real gentleman
  ◇ *nm Cuba (empanada)* tamale
bacanal *nf* **-1.** *(orgía)* orgy **-2.** HIST bacchanal
bacante *nf* HIST bacchante
bacará, bacarrá *nm* baccarat
bachata *nf Cuba, PRico (juerga, jolgorio)* rave-up, binge; **estar de ~** to have a noisy party
bache *nm* **-1.** *(en carretera)* pothole
  -2. *(en un vuelo)* air pocket
  -3. *(dificultades)* bad patch; **el sector atraviesa un profundo ~** the industry is going through hard times
  -4. *CSur Fam (olvido)* **me olvidé de apagar la estufa, ¡qué ~!** how silly of me, I forgot to switch the stove off!; **a la tercera pregunta me dio un ~** I drew a blank on the third question
  -5. *RP Fam (trauma)* hang-up
  -6. *RP Fam (de conocimientos)* gap
bachicha *Chile Fam* ◇ *adj* Eyetie, = pejorative term meaning "Italian"
  ◇ *nmf* Eyetie, = pejorative term referring to an Italian
bachiche *Perú Fam* ◇ *adj* Eyetie, = pejorative term meaning "Italian"
  ◇ *nmf* Eyetie, = pejorative term referring to an Italian
bachiller *nmf* **-1.** *(en secundaria)* = person who has passed the "bachillerato" **-2.** *Perú (licenciado)* (university) graduate
bachillerato *nm* **-1.** *(en secundaria)* = academically orientated school course for pupils in the final years of secondary education ❑ *Esp Antes* **~ elemental** = first two years of the "bachillerato"; *Esp Antes* **~ superior** = final years of the "bachillerato"; *Esp Antes* **~ unificado polivalente** = academically orientated Spanish secondary school course for pupils aged 14-17
  -2. *Perú (licenciatura)* degree
bacía *nf* barber's bowl
bacilar *adj* bacillary
baciliforme *adj* bacillary, bacilliform
bacilo *nm* bacillus ❑ **~ de Koch** tubercle bacillus
bacín *nm* chamberpot
bacinica, bacinilla *nf* chamberpot
backgammon [bak'γamon] *nm* backgammon
backup [ba'kap] *(pl* **backups**) *nm* INFORMÁT backup
Baco *n* MITOL Bacchus
bacon ['beikon] *nm inv Esp* bacon ❑ **~ entreverado** streaky bacon
bacoreta *nf (pez)* little tunny
bacteria *nf* bacterium; **bacterias** bacteria; **el aire está lleno de bacterias** the air is full of germs
bacteriano, -a *adj* bacterial
bactericida ◇ *adj* bactericidal
  ◇ *nm* bactericide
bacteriófago *nm* MED bacteriophage
bacteriología *nf* bacteriology

bacteriológico, -a *adj* bacteriological; **guerra bacteriológica** germ *o* bacteriological warfare
bacteriólogo, -a *nm,f* bacteriologist
báculo *nm* **-1.** *(de obispo)* crosier ❑ **~ pastoral** crosier **-2.** *(sostén)* support; **ella será el ~ de mi vejez** she'll comfort me in my old age
badajada *nf (golpe de campana)* stroke, chime
badajo *nm* clapper *(of bell)*
badana *nf (piel)* basan, sheepskin leather; *(de sombrero)* basan hatband
badén *nm* **-1.** *(de carretera) (depresión)* dip **-2.** *(en un terreno)* channel **-3.** *(vado)* lowered kerb; **~ permanente** *(en letrero)* keep clear at all times
badil *nm*, **badila** *nf* fire shovel
bádminton *nm inv* badminton
badulaque ◇ *adj* idiotic
  ◇ *nm* idiot
bafle¹ *(pl* **bafles**), **baffle** ['bafle] *(pl* **baffles**) *nm* (loud)speaker
bafle² *nm Am* waffle
bagaje *nm (profesional)* experience; **el candidato tiene ~ político suficiente** the candidate has plenty of political experience; **el ~ conceptual del Renacimiento** the philosophical heritage of the Renaissance; **tener un amplio ~ cultural** to be very cultured
bagatela *nf* **-1.** *(cosa insignificante)* trifle; **no quiero perder tiempo en bagatelas** I don't want to waste time on minor *o* insignificant details **-2.** MÚS bagatelle
bagayero, -a *nm,f RP Fam* smuggler
bagayo *nm RP Fam* **-1.** *(contrabando)* contraband **-2.** *(bulto)* bag; **¿traés muchos bagayos?** – **no, sólo una valija** have you got a lot of stuff? – no, just one case **-3.** *(mujer fea)* hag, dog
bagazo *nm* **-1.** *(de caña de azúcar)* bagasse, sugarcane pulp **-2.** *(de linaza)* linseed pulp **-3.** *(de frutas)* marc, waste pulp
Bagdad *n* Baghdad
bagre *nm* **-1.** *(pez)* catfish **-2.** *Andes, RP Fam Pey (mujer)* hag, dog; *Andes (hombre)* face-ache, ugly mug **-3.** *CRica Pey (prostituta)* prostitute **-4.** *CAm (persona astuta)* astute person **-5.** *Andes (persona desagradable)* fool, idiot
bagual, -ala *Bol, RP* ◇ *adj (feroz)* wild, untamed
  ◇ *nm (caballo)* wild horse
baguala *nf* = traditional Argentinian song
baguette [ba'γet] *nf* baguette
bah *interj* bah!
Bahamas *nfpl* **las ~** the Bahamas
bahamés, -esa *(pl* **bahameses**) ◇ *adj* of/from the Bahamas
  ◇ *nm,f* person from the Bahamas
bahía *nf* bay ❑ **~ de Cochinos** Bay of Pigs
bahiano, -a ◇ *adj* of/from Bahia *(Brazil)*
  ◇ *nm,f* person from Bahia *(Brazil)*
Bahrein, Bahréin *n* Bahrain
Baikal *nm* **el (lago) ~** Lake Baikal
baila *nf* sea bass
bailable *adj (canción)* danceable; **música ~** music you can dance to
bailaor, -ora, bailador, -ora *nm,f* flamenco dancer

bailar ◇ vt **-1.** *(música)* to dance; **~ una rumba** to dance a rumba; **es difícil ~ esta música** it's difficult to dance to this music; EXPR *Fam* **que me quiten lo bailado: aunque nos pusimos perdidos, que nos quiten lo baila(d)o** even though we got lost, it didn't spoil our enjoyment
-2. *(peonza)* to spin
◇ vi **-1.** *(danzar)* to dance; **¿bailas?** would you like to dance?; **~ agarrado** to dance cheek to cheek; **sacar a alguien a ~** *(bailar)* to dance with sb; *(pedir)* to ask sb to dance o for a dance; EXPR *Fam* **es otro que tal baila** he's just the same, he's no different; *Fam* **el padre era un mujeriego y el hijo es otro que tal baila** the father was a womanizer and his son's a chip off the old block; EXPR **~ con la más fea: siempre me toca a mí ~ con la más fea** I always seem to get the short straw; EXPR **~ al son que tocan: ése baila al son que le tocan los de arriba** he does whatever his bosses tell him to do
-2. *(no encajar)* to be loose; **le baila un diente** he has a loose tooth; **los pies me bailan (en los zapatos)** my shoes are too big; **esta falda me baila** this skirt is loose on me o too big for me
-3. *(peonza)* to spin
-4. *(variar)* *(cifras)* to fluctuate; **los resultados de las encuestas bailan entre el 5 y el 15 por ciento** the results of the polls range from 5 to 15 percent
bailarín, -ina ◇ *adj* **ser muy ~** to be a very keen dancer
◇ *nm,f* *(profesional)* dancer; *(de ballet)* ballet dancer
baile *nm* **-1.** *(arte)* dance, dancing ❏ **~ clásico** ballet; **~ flamenco** flamenco dancing; **~ popular** folk dancing; **~ regional** regional folk dancing; **bailes de salón** ballroom and Latin dance o dancing; **~ de San Vito** *(enfermedad)* St Vitus' dance; EXPR *Fam* **tener el ~ de San Vito** *(no estar quieto)* to have ants in one's pants
-2. *(pieza)* dance; **¿me concede este ~?** may I have the pleasure of this dance?
-3. *(fiesta)* ball ❏ **~ de disfraces** fancy-dress ball; *Am* **~ de fantasía** fancy-dress ball; **~ de gala** gala ball; **~ de máscaras** masked ball
-4. *(movimiento rítmico)* **el ~ de las olas** the swaying of the waves
-5. *(cambios)* **pese al ~ de nombres, emerge un claro favorito** despite all the different names being bandied about, a clear favourite is emerging; **hubo un frenético ~ de entrenadores** managers came and went in quick succession; **el constante ~ de fronteras en el Báltico** the constant redrawing of borders in the Baltic
bailón, -ona *Fam* ◇ *adj* **ser muy ~** to love dancing
◇ *nm,f* **ser un ~** to love dancing
bailongo *nm Fam* bop
bailotear *vi Fam* to bop, to boogie
bailoteo *nm Fam* bopping
baja *nf* **-1.** *(descenso)* drop, fall; **una ~ en las temperaturas** a drop in temperature; **no se descarta una ~ en los tipos de interés** a cut in interest rates isn't being ruled out; **redondear el precio a la ~** to round the price down; **el precio del cacao sigue a la ~** the price of cocoa is continuing to fall, the slump in the price of cocoa is continuing; **la bolsa de Madrid sigue a la ~** share prices on the Madrid stock exchange are continuing to fall; **tendencia a la ~** downward trend; **las eléctricas cotizaron ayer a la ~** share prices for the electricity companies fell yesterday; FIN **jugar a la ~** to bear the market
-2. *(cese)* redundancy; **han anunciado veinte bajas** *(forzadas)* they have announced twenty redundancies; **la empresa ha sufrido bajas entre sus directivos** *(voluntarias)* a number of managers have left the firm; **la pérdida de las elecciones provocó cientos de bajas en el partido** the election defeat caused hundreds of people to leave the party; **dar de ~ a alguien** *(en una empresa)* to lay sb off; *(en un club, sindicato)* to expel sb; **darse de ~ (de)** *(dimitir)* to resign (from); *(salirse)* to drop out (of); **pedir la ~** *(de un club, organización)* to ask to leave; *(del ejército)* to apply for a discharge ❏ **~ incentivada** voluntary redundancy; **~ retribuida** paid leave; **~ no retribuida** unpaid leave; **~ con sueldo** paid leave; **~ sin sueldo** unpaid leave
-3. *Esp (por enfermedad)* *(permiso)* sick leave; *(documento)* sick note, doctor's certificate; **estar/darse de ~** to be on/take sick leave ❏ **~ por enfermedad** sick leave; **~ por maternidad** maternity leave; **~ por paternidad** paternity leave
-4. MIL loss, casualty; **se registraron numerosas bajas en el combate** they suffered heavy casualties in the battle, a number of people were lost in the battle
-5. DEP *(por lesión)* casualty, injured player; *(por sanción)* suspended player; **al no haberse recuperado todavía, el brasileño causa o es ~ para el próximo encuentro** as he still hasn't recovered from injury, the Brazilian is out of the next game; **acudieron a la final con varias bajas importantes** they went into the final with a number of important players missing
bajá *nm* pasha, bashaw
bajacaliforniano, -a ◇ *adj* of/from Baja California *(Mexico)*
◇ *nm,f* person from Baja California *(Mexico)*
bajada *nf* **-1.** *(descenso)* descent; **cuando veníamos de ~** on our way (back) down ❏ **~ de aguas** *(tubo)* drainpipe; **~ de bandera** *(de taxi)* minimum fare **-2.** *(pendiente)* (downward) slope; **está al final de la ~ de la escuela** it's at the bottom of the road that leads down to the school **-3.** *(disminución)* decrease, drop; **una ~ de los precios** *(caída)* a drop o fall in prices; *(rebaja)* a price cut
bajamar *nf* low tide
bajante *nf (tubo)* drainpipe
bajaquillo *nm* groundsel tree
bajar ◇ *vt* **-1.** *(poner abajo)* *(libro, cuadro)* to take/bring down; *(telón, persiana)* to lower; *(ventanilla)* to wind down, to open; **he bajado la enciclopedia de la primera a la última estantería** I've moved the encyclopedia down from the top shelf to the bottom one; **ayúdame a ~ la caja** *(desde lo alto)* help me get the box down; *(al piso de abajo)* help me carry the box downstairs
-2. *(ojos, cabeza, mano)* to lower; **bajó la cabeza con resignación** she lowered o bowed her head in resignation
-3. *(descender)* *(montaña, escaleras)* to go/come down; **bajó las escaleras a toda velocidad** she ran down the stairs as fast as she could; **bajó la calle a todo correr** he ran down the street as fast as he could
-4. *(reducir)* *(inflación, hinchazón)* to reduce; *(precios)* to lower, to cut; *(música, volumen, radio)* to turn down; *(fiebre)* to bring down; **~ el fuego (de la cocina)** to reduce the heat; **~ el tono** to lower one's voice; **~ la moral a alguien** to cause sb's spirits to drop; **~ los bríos** o **humos a alguien** to take sb down a peg or two
-5. *(hacer descender de categoría)* to demote
-6. *Fam* INFORMÁT to download
-7. *Carib Fam (pagar)* to cough up, to pay up
◇ *vi* **-1.** *(apearse)* *(de coche)* to get out; *(de moto, bicicleta, tren, avión)* to get off; *(de caballo)* to dismount; *(de árbol, escalera, silla)* to get/come down; **~ de** *(de coche)* to get out of; *(de moto, bicicleta, tren, avión)* to get off; *(de caballo)* to get off, to dismount; *(de árbol, escalera, silla, mesa)* to get/come down from; **es peligroso ~ de un tren en marcha** it is dangerous to jump off a train while it is still moving; **~ a tierra** *(desde barco)* to go on shore; **bajo en la próxima parada** I'm getting off at the next stop
-2. *(descender)* to go/come down; **¿podrías ~ aquí un momento?** could you come down here a minute?; **tenemos que ~ a sacar la basura** we have to go down to put the *Br* rubbish o *US* trash out; **bajo enseguida** I'll be down in a minute; **~ corriendo** to run down; **~ en ascensor** to go/come down in the *Br* lift o *US* elevator; **~ por la escalera** to go/come down the stairs; **(a) por algo** to go down and get sth; **ha bajado a comprar el periódico** she's gone out o down to get the paper; **~ a desayunar** to go/come down for breakfast; **el río baja crecido** the river is high; **está bajando la marea** the tide is going out; **el jefe ha bajado mucho en mi estima** the boss has gone down a lot in my estimation
-3. *(disminuir)* to fall, to drop; *(fiebre, hinchazón)* to go/come down; *(cauce)* to go down, to fall; **los precios bajaron** prices dropped; **bajó la gasolina** the price of *Br* petrol o *US* gasoline fell; **el euro bajó frente a la libra** the euro fell against the pound; **bajó la Bolsa** share prices fell; **las acciones de C & C han bajado** C & C share prices have fallen; **han bajado las ventas** sales are down; **este modelo ha bajado de precio** this model has gone down in price, the price of this model has gone down; **el coste total no bajará del millón** the total cost will not be less than o under a million; **no bajará de tres horas** it will take at least three hours, it won't take less than three hours
-4. *Fam (ir, venir)* to go/come down; **bajaré a la capital la próxima semana** I'll be going down to the capital next week; **¿por qué no bajas a vernos este fin de semana?** why don't you come down to see us this weekend?
-5. *(descender de categoría)* to be demoted (**a** to); DEP to be relegated, to go down (**a** to); **el Atlético bajó de categoría** Atlético went down
◆ **bajarse** *vpr* **-1.** *(apearse)* *(de coche)* to get out; *(de moto, bicicleta, tren, avión)* to get off; *(de caballo)* to dismount; *(de árbol, escalera, silla)* to get/come down; **bajarse de** *(de coche)* to get out of; *(de moto, bicicleta, tren, avión)* to get off; *(de caballo)* to get off, to dismount; *(de árbol, escalera, silla)* to get/come down from; **nos bajamos en la próxima** we get off at the next stop; **¡bájate de ahí ahora mismo!** get/come down from there at once!; EXPR *Fam* **bajarse del burro** to back down
-2. *Fam (ir, venir)* to go/come down; **bájate a la playa conmigo** come down to the beach with me
-3. *(agacharse)* to bend down, to stoop; **¡bájate un poco, que no veo nada!** move your head down a bit!, I can't see!
-4. *(medias, calcetines)* to pull down; **bajarse los pantalones** to take one's trousers down; EXPR *Fam* to climb down
-5. *Fam* INFORMÁT to download; **me he bajado un juego estupendo** I downloaded an excellent game
bajativo *nm Andes, RP* **-1.** *(licor)* digestive liqueur **-2.** *(tisana)* herbal tea
bajel *nm Literario* vessel, ship
bajera *nf* **-1.** *RP (de cabalgadura)* saddle blanket **-2.** *CAm, Col, Méx (tabaco)* bad tobacco
bajero, -a *adj (sábana)* bottom
bajeza *nf* **-1.** *(cualidad)* baseness; **actuó con ~** she behaved basely o vilely **-2.** *(acción)* vile deed
bajial *nm Méx, Perú* lowland
bajini(s): por lo bajini(s) *loc adv Fam* **me contó el secreto por lo ~** she whispered the secret to me; **iba quejándose por lo ~** he was muttering complaints under his breath
bajío *nm* **-1.** *(de arena)* sandbank **-2.** *(terreno)* low-lying ground
bajista ◇ *adj* BOLSA *(inversor)* bearish; **mercado ~** bear market; **un valor ~** a share whose price is falling
◇ *nmf* **-1.** *(músico)* bass player, bassist **-2.** BOLSA *(inversor)* bear

bajo, -a ◇ *adj* **-1.** *(objeto, cifra)* low; *(persona, estatura)* short; **es más ~ que su amigo** he's shorter than his friend; **el pantano está muy ~** the water (level) in the reservoir is very low; **tengo la tensión baja** I have low blood pressure; **tener la moral baja, estar ~ de moral** to be in low *o* poor spirits; **estar en baja forma** to be off form; **han mostrado una baja forma alarmante** they have shown worryingly poor form, they have been worryingly off form; **los precios más bajos de la ciudad** the lowest prices in the city; **tirando** *o* **calculando por lo ~** at least, at the minimum; **de baja calidad** poor(-quality); **~ en calorías** low-calorie; **~ en nicotina** low in nicotine (content) ❑ ELEC *baja frecuencia* low frequency; ARTE **~ *relieve*** bas-relief; INFORMÁT *baja resolución* low resolution
-2. *(cabeza)* bowed; *(ojos)* downcast; **paseaba con la cabeza baja** she was walking with her head down
-3. *(poco audible)* low; *(sonido)* soft, faint; **en voz baja** softly, in a low voice; **pon la música más baja, por favor** turn the music down, please; **por lo ~** *(en voz baja)* in an undertone; *(en secreto)* secretly; **reírse por lo ~** to snicker, to snigger
-4. *(grave)* deep
-5. GEOG lower; **el ~ Amazonas** the lower Amazon
-6. HIST lower; **la baja Edad Media** the late Middle Ages
-7. *(pobre)* lower-class ❑ *los bajos fondos* the underworld
-8. *(vil)* base
-9. *(soez)* coarse, vulgar; **se dejó llevar por bajas pasiones** he allowed his baser instincts to get the better of him
-10. *(metal)* base
-11. Perú *baja policía* street cleaners
◇ *nm* **-1.** *(dobladillo)* hem; **meter el ~ de una falda** to take up a skirt
-2. *(planta baja) (piso)* Br ground floor flat, US first floor apartment; *(local)* Br premises on the ground floor, US premises on the first floor; **los bajos** Br the ground floor, US the first floor
-3. MÚS *(instrumento, cantante)* bass; *(instrumentista)* bassist
-4. MÚS *(sonido)* bass
-5. AUT **bajos** *(de vehículo)* underside
-6. *(hondonada)* hollow
-7. *(banco de arena)* shoal, sandbank
◇ *adv* **-1.** *(hablar)* quietly, softly; **ella habla más ~ que él** she speaks more softly than he does; **¡habla más ~, vas a despertar al bebé!** keep your voice down or you'll wake the baby up!
-2. *(caer)* low; *Fig* **¡qué ~ has caído!** how low you have sunk!
-3. *(volar)* low
◇ *prep* **-1.** *(debajo de)* under; **~ su apariencia pacífica se escondía un ser agresivo** beneath his calm exterior there lay an aggressive nature; **~ cero** below zero; *Fig* **~ cuerda** *o* **mano** secretly, in an underhand manner; **le pagó ~ mano para conseguir lo que quería** he paid her secretly to get what he wanted; **~ este ángulo** from this angle; **~ la lluvia** in the rain; **~ techo** under cover; **dormir ~ techo** to sleep with a roof over one's head *o* indoors
-2. *(sometido a)* **~ coacción** under duress; **~ control** under control; **~ el régimen de Franco** under Franco's regime; **fue encarcelado ~ la acusación de...** he was jailed on charges of...; DER **~ fianza** on bail; **~ mando de** under the command of; **prohibido aparcar ~ multa de 100 euros** no parking – penalty 100 euros; **~ observación** under observation; **~ palabra** on one's word; **el trato se hizo ~ palabra** it was a purely verbal *o* a gentleman's agreement; **~ pena de muerte** on pain of death; **~ tratamiento médico** receiving medical treatment; **~ la tutela de** in the care of

bajón¹ *nm* **-1.** *(bajada)* slump; **las ventas han dado un ~** sales have slumped; **se produjo un ~ de las temperaturas** there was a substantial fall in temperatures; **el año pasado dio un ~ en los estudios** last year his schoolwork really went downhill
-2. *(físico)* **su salud ha dado un ~** her health has taken a turn for the worse; **sufrió un ~ en el último kilómetro de la carrera** he ran out of steam in the last kilometre of the race
-3. *Fam (desánimo)* downer; **le dio un ~** he had a downer
bajón² *nm* MÚS dulcian
bajonazo *nm* TAUROM = thrust with a sword to the bull's neck that pierces its lungs
bajonear RP Fam ◇ *vt (abatir, deprimir)* **~ a alguien** to get sb down
◆ **bajonearse** *vpr* to get down
bajorrelieve *nm* bas-relief
bajuno, -a *adj* low, vile
bajura *nf* **pesca de ~** coastal fishing
bakaladero, -a Esp Fam ◇ *adj (música)* rave ◇ *nm,f* raver
bakalao Esp Fam ◇ *adj inv* rave
◇ *nm (música)* rave music
Bakú *n* Baku
bala ◇ *nf* **-1.** *(proyectil)* bullet; **fue herido de ~** he was wounded by a gunshot; **recibió cinco impactos de ~** she received five bullet wounds; EXPR *Fam* **como una ~: entró como una ~** she rushed in; **salió como una ~** he shot off; EXPR Col, Méx Fam **ni a ~** no way; EXPR CSur Fam **no le entran ni las balas** nothing will get through to him; EXPR **tirar con ~** to snipe, to make snide remarks ❑ **~ de fogueo** blank cartridge, blank; **~ de goma** rubber bullet; **~ *perdida*** stray bullet; **~ de plástico** plastic bullet
-2. *(fardo)* bale
-3. *Am* DEP shot; **lanzamiento de ~** shot put
-4. *Am Fam (persona inteligente)* **es una ~ para la física** she's a whizz at physics
◇ *nmf Fam* **~ *perdida*** good-for-nothing, ne'er-do-well; **~ rasa** good-for-nothing, ne'er-do-well
balacear *vt Am (tirotear)* to shoot
balacera *nf Am* **-1.** *(tiroteo)* shoot-out **-2.** *(lluvia de balas)* hail of bullets
balada *nf* ballad
baladí *(pl* **baladíes)** *adj* trivial
baladre *nm* oleander
baladrón, -ona *nm,f* braggart
baladronada *nf* boast; **echar baladronadas** to boast, to brag
bálago *nm* **-1.** *(paja)* grain stalk **-2.** *(espuma)* soapsuds
balalaika, balalaica *nf* balalaika
balance *nm* **-1.** COM *(operación)* balance; *(documento)* balance sheet ❑ *de comprobación* trial balance; **~ *consolidado*** consolidated balance sheet; **~ *de inventario*** stock check; *Am* **~ *de pagos*** balance of payments
-2. *(resultado)* outcome; **el ~ de la experiencia fue positivo** on balance, the experience had been positive; **el accidente tuvo un ~ de seis heridos** a total of six people were wounded in the accident; **el ~ de muertos** the death toll
-3. *(análisis, reflexión)* assessment; **han hecho un ~ positivo de la gestión del nuevo presidente** their assessment of the new president's performance is positive; **al acabar la temporada, hicieron ~ de los resultados** at the end of the season they took stock of *o* reflected on their results
-4. *(en equipo de música)* balance
-5. Cuba *(balancín)* rocking chair
balancear ◇ *vt (cuna)* to rock; *(columpio)* to swing
◆ **balancearse** *vpr* **-1.** *(en columpio, hamaca)* to swing; *(de pie)* to sway; *(en cuna, mecedora)* to rock; **el borracho bajaba por la calle balanceándose** the drunk was swaying from side to side as he walked down the street **-2.** *(barco)* to roll

balanceo *nm* **-1.** *(de columpio, hamaca)* swinging; *(de cuna, mecedora)* rocking **-2.** *(de barco)* rolling; **el ~ del barco me marea** the rolling motion of the boat makes me feel sick **-3.** *Am* AUT wheel balance
balancín *nm* **-1.** *(mecedora)* rocking chair **-2.** *(en el jardín)* swing hammock **-3.** *(columpio)* seesaw **-4.** AUT rocker arm
balandra *nf (embarcación)* sloop
balandrismo *nm* yachting
balandrista *nmf* yachtsman, *f* yachtswoman
balandro *nm* yacht
balano, bálano *nm* **-1.** *(del pene)* glans penis **-2.** *(bellota de mar)* acorn barnacle
balanza ◇ *nf* **-1.** *(báscula)* scales; **la ~ se inclinó a nuestro favor** the balance *o* scales tipped in our favour ❑ **~ *de cocina*** kitchen scales; **~ de cruz** beam balance scale(s); **~ de precisión** precision balance
-2. COM **~ *comercial*** balance of trade; **~ por cuenta corriente** current accounts balance; **~ *de pagos*** balance of payments; **~ *de pagos por cuenta corriente*** balance of payments on current account
◇ *nf inv (signo)* Libra
◇ *nmf inv (persona)* Libra
balanzón *nm Méx (de balanza)* pan
balar *vi* to bleat
balarrasa *nm Fam* good-for-nothing, ne'er-do-well
balasto *nm* **-1.** FERROC ballast **-2.** Col *(en carreteras)* gravel bed
balata *nf Chile, Méx* AUT brake lining
balaustrada *nf* **-1.** ARQUIT balustrade **-2.** *(de escalera)* banister
balaustre, balaústre *nm (de barandilla)* baluster, banister
balay *(pl* **balays** *o* **balayes)** *nm* **-1.** *Am (cesta)* wicker basket **-2.** Carib *(para arroz)* = wooden bowl for washing rice
balazo *nm* **-1.** *(disparo)* shot; **recibió un ~ en la pierna** he was shot in the leg, he received a bullet wound to the leg; EXPR *RP Fam* **ser un ~** to be a whizz **-2.** *(herida)* bullet wound
balboa *nm* balboa
balbucear, balbucir ◇ *vt (por nerviosismo, vergüenza)* to stammer out; **ya balbucea sus primeras palabras** he's saying his first words; **"ya casi hemos llegado", balbuceó jadeante** "we're almost there," she panted
◇ *vi* to babble; **el bebé ya balbucea** the baby already babbles away to himself
balbuceo *nm* **-1.** *(al hablar)* **se oye el ~ del bebé** you can hear the baby babbling to himself; **sus balbuceos denotaban nerviosismo** you could tell he was nervous by the way he was stammering **-2.** **balbuceos** *(inicios)* early stages; **los balbuceos del cine** the earliest days of cinema
balbuciente *adj* **-1.** *(palabras)* faltering, hesitant **-2.** *(incipiente)* **una democracia ~** a fledgling democracy
balbucir [72] = balbucear
Balcanes *nmpl* **-1. los ~** *(región)* the Balkans **-2. los ~** *(cordillera)* the Balkan Mountains, the Balkans
balcánico, -a *adj* Balkan
balcanización *nf* POL Balkanization
balcón *nm* **-1.** *(terraza)* balcony; **~ corrido** long balcony *(along front of building)* **-2.** *(mirador)* vantage point
balconada *nf (balcón corrido)* long balcony *(along front of building)*
balconcillo *nm* TAUROM = balcony above the tunnel through which the bull enters the ring, or above one of the entrances to the seating area for the spectators
balconear Fam ◇ *vt* **-1.** *RP (evaluar)* to size up, Br to suss out **-2.** Méx *(poner en evidencia)* to show up, to make a fool of
◇ *vi RP (curiosear)* to gossip from the balcony
◆ **balconearse** *vpr Méx (hacerse propaganda)* to sell oneself, to steal the limelight
balconera *nf Urug* = political banner hung from a balcony
balda *nf Esp* shelf

baldado, -a *adj* **-1.** *(tullido)* crippled **-2.** *Esp Fam (exhausto)* shattered
baldaquino, baldaquín *nm* **-1.** *(de tela)* canopy **-2.** ARQUIT *(sobre altar)* baldachin
baldar ◇ *vt* **-1.** *(tullir)* to cripple **-2.** *Fam (agotar)* to exhaust, to shatter
◆ **baldarse** *vpr Fam (agotarse)* to get exhausted, to get worn-out
balde *nm* **-1.** *(cubo)* pail, bucket ❑ *CSur* ~ **de hielo** ice bucket
-2. [EXPR] **de** ~ *(gratis)* free (of charge); **yo no trabajo de** ~ I don't work for nothing *o* for free; [EXPR] **estar de** ~ *(estar sin hacer nada)* to be hanging around doing nothing; [EXPR] **en** ~: **hice un viaje en** ~ I made a journey for nothing, it was a wasted journey; **intentaron llamarlo en** ~ they tried unsuccessfully to call him; **los años no pasan en** ~ I'm not getting any younger; **no en** ~ **es considerado el mejor hospital del país** it's not for nothing that it's considered the finest hospital in the country
baldear *vt* to sluice down
baldeo *nm* sluicing down
baldíamente *adv (inútilmente)* fruitlessly, for nothing
baldío, -a ◇ *adj* **-1.** *(sin cultivar)* uncultivated; *(no cultivable)* barren; **un terreno** ~ an area of wasteland **-2.** *(inútil)* fruitless; **sus esfuerzos resultaron baldíos** her efforts came to nothing
◇ *nm* **-1.** *(terreno sin cultivar)* uncultivated land **-2.** *Méx, RP (solar)* vacant lot
baldón *nm* **ser un** ~ **para** to bring shame upon
baldosa *nf (en casa, edificio)* tile; *(en la acera)* paving stone
baldosín *nm* tile
balduque *nm* red tape *(for binding official documents)*
baleado *nm Am* **el saldo fue de tres baleados** three people suffered bullet wounds
balear¹ ◇ *adj* Balearic; **el archipiélago** ~, **las islas Baleares** the Balearic Islands
◇ *nmf* person from the Balearic Islands (Spain)
balear² ◇ *vt* **-1.** *Am (disparar)* to shoot **-2.** *CAm (estafar)* to swindle
◆ **balearse** *vpr Am* **balearse con alguien** to have a shoot-out with sb
Baleares *nfpl* **las** ~ the Balearic Islands
baleárico, -a *adj* Balearic
baleo *nm Am* shoot-out
balero *nm* **-1.** *Méx, RP (juguete)* cup and ball *(toy)* **-2.** *Méx (articulación)* bearing **-3.** *RP Fam (cabeza)* nut, head; **no le da el** ~ **para la física** she hasn't got a head *o* brain for physics **-4.** *RP Fam (persona inteligente)* **es un** ~ he's jolly clever *o* a bright spark
Bali *n* Bali
balido *nm* bleat, bleating
balín *nm* pellet
balística *nf* ballistics *(singular)*
balístico, -a *adj* ballistic
baliza *nf* **-1.** NÁUT marker buoy **-2.** AV beacon ❑ ~ **de radar** radar beacon; ~ **de seguimiento** tracking buoy; ~ **sonora** sonar beacon **-3.** AUT warning light *(for roadworks)* **-4.** *RP (intermitente) Br* indicator, *US* turn signal
balizamiento, balizado *nm* **-1.** NÁUT marker buoys **-2.** AV beacons **-3.** AUT warning lights *(for roadworks)*
balizar *vt* **-1.** NÁUT to mark out with buoys **-2.** AV to mark out with beacons **-3.** AUT to mark out with warning lights
ballena *nf* **-1.** *(animal)* whale ❑ ~ **azul** blue whale; ~ **franca** right whale; ~ **gris** grey whale; ~ **vasca** right whale **-2.** *(varilla) (de corsé)* stay; *(de paraguas)* spoke
ballenato *nm* whale calf
ballenero, -a ◇ *adj* whaling; **barco** ~ whaler, whaling ship
◇ *nm,f (pescador)* whaler
◇ *nm (barco)* whaler, whaling ship
ballesta *nf* **-1.** HIST crossbow **-2.** AUT (suspensión) spring
ballestero *nm* HIST crossbowman

ballet [ba'le] *(pl* **ballets**) *nm* ballet
ballico *nm* ryegrass ❑ ~ **perenne** perennial ryegrass
balneario, -a ◇ *adj Am* **ciudad balnearia** seaside resort
◇ *nm* **-1.** *(de baños medicinales)* spa **-2.** *Am (centro turístico)* seaside resort, spa town
balneoterapia *nf* balneotherapy
balompédico, -a *adj* soccer, *Br* football; **un encuentro** ~ a soccer game *o* match, *Br* a football match
balompié *nm* soccer, *Br* football
balón *nm* **-1.** *(pelota)* ball; ~ **de fútbol** football; ~ **de rugby** rugby ball; [EXPR] *Fam* **echar balones fuera** to evade the issue ❑ ~ **medicinal** medicine ball; *Fig* ~ **de oxígeno** shot in the arm **-2.** *(bombona)* cylinder **-3.** *Arg (vaso)* large beer glass
balonazo *nm* **rompió la ventana de un** ~ he smashed the window with the football; **me dio un** ~ **en la cara** he hit me right in the face with the ball
baloncestista *nmf* basketball player
baloncestístico, -a *adj* basketball; **tácticas baloncestísticas** basketball tactics
baloncesto *nm* basketball
balonmanista *nmf* handball player
balonmanístico, -a *adj* handball; **tácticas balonmanísticas** handball tactics
balonmano *nm* handball
balonvolea *nm* volleyball
balota *nf Perú* = numbered ball used in bingo, lotteries, or for random selection of examination subjects etc
balotaje *nm Am* run-off, = second round of voting
balsa *nf* **-1.** *(embarcación)* raft **-2.** *(estanque)* pond, pool; [EXPR] **ser una** ~ **de aceite** *(mar)* to be as calm as a millpond; *(reunión)* to go smoothly **-3.** *(árbol)* balsa; *(madera)* balsawood
balsámico, -a *adj* balsamic
balsamina *nf* balsamine
bálsamo *nm* **-1.** *(medicamento)* balsam **-2.** *(alivio)* balm; **sus palabras fueron como un** ~ **para nosotros** her words were a balm to us **-3.** *CSur (para pelo)* conditioner
balsero, -a *nm,f (de Cuba)* = refugee fleeing Cuba on a raft
Baltasar *n* Balthazar
báltico, -a ◇ *adj (país)* Baltic; **el mar Báltico** the Baltic Sea
◇ *nm* **el Báltico** the Baltic
baluarte *nm* **-1.** *(fortificación)* bulwark **-2.** *(bastión)* bastion, stronghold; **es uno de los principales baluartes del sindicalismo en el país** it is one of the main trade union strongholds in the country; **el portero volvió a ser el** ~ **del equipo** the goalkeeper was once again the mainstay of the team
baluma, balumba *nf* **-1.** *(desorden)* mess **-2.** *Cuba, Ecuad (alboroto)* row, din
balurdo, -a *adj Ven Fam* **-1.** *(ropa)* tacky **-2.** *(persona)* square; **sus padres son muy balurdos** her parents are dead square
bamba ◇ *nf* **-1.** *(composición musical)* bamba **-2.** *(bollo)* cream bun **-3.** *Esp* **bambas** *(zapatillas de deporte) Br* plimsolls, *US* sneakers
◇ **de bamba** *loc adv Cuba Fam* **me lo encontré de** ~ it was a fluke that I found it
bambalina *nf* backdrop; [EXPR] **entre bambalinas** *(en teatro)* backstage; **se entera de todo lo que pasa entre bambalinas** she knows everything that's going on behind the scenes
bambi *nm Fam* baby deer
bambolear ◇ *vt* to shake
◆ **bambolearse** *vpr* **-1.** *(árbol, persona)* to sway; *(mesa, silla)* to wobble **-2.** *(tren, autobús)* to judder
bamboleo *nm* **-1.** *(de árbol, persona)* swaying; *(de mesa, silla)* wobbling **-2.** *(de tren, autobús)* juddering
bambolla *nf (bombo)* fuss; *(ostentación)* show; **se hizo mucha** ~ **sobre el tema** a lot of fuss was made about it
bambú *(pl* **bambúes** *o* **bambús**) *nm* bamboo

bambuco *nm* bambuco, = traditional Colombian dance
bambula *nf* cheesecloth
banal *adj* banal
banalidad *nf* banality
banalizar [14] *vt* to trivialize
banana *nf* banana ❑ ~ **split** *(postre)* banana split
bananal, bananar *nm* **-1.** *(plantío)* banana grove **-2.** *(plantación)* banana plantation
bananero, -a ◇ *adj* banana; **república bananera** banana republic
◇ *nm (árbol)* banana tree
banano *nm* **-1.** *(árbol)* banana tree **-2.** *(fruta)* banana
banasta *nf* large wicker basket, hamper
banasto *nm* round basket
banca *nf* **-1.** *(actividad)* banking ❑ ~ **electrónica** electronic banking; ~ **telefónica** telephone banking **-2. la** ~ *(institución)* the banks, the banking sector; **la** ~ **privada** the private (sector) banks **-3. la** ~ *(en juegos)* the bank; **hacer saltar la** ~ to break the bank **-4.** *(asiento)* bench **-5.** *Andes, RP (escaño)* seat **-6.** *RP* **tener** ~ to have influence *o* pull
bancada *nf* **-1.** *(asiento)* stone bench **-2.** *(mesa)* large table **-3.** NÁUT rower's bench **-4.** TEC bedplate, bed **-5.** *Andes, RP* POL parliamentary group
bancal *nm* **-1.** *(para cultivo)* terrace **-2.** *(parcela)* plot
bancar *RP Fam* ◇ *vt* **-1.** *(aguantar, soportar)* to put up with, to stand; **no lo banco más** I'm not putting up with it any longer **-2.** *(pagar)* to pay for, to fork out for
◆ **bancarse** *vpr (aguantar, soportar)* to put up with, to stand; **no me banco más este trabajo** I can't stand this job any longer
bancario, -a ◇ *adj* bank; **crédito** ~ bank loan; **cuenta bancaria** bank account; **entidad bancaria** bank; **sector** ~ banking sector
◇ *nm,f CSur (empleado)* bank clerk
bancarrota *nf* bankruptcy; **declararse en** ~ to declare oneself bankrupt; **estar en** ~ to be bankrupt; **ir a la** ~ to go bankrupt
banco *nm* **-1.** *(asiento)* bench; *(de iglesia)* pew ❑ POL ~ **azul** = seats in Spanish parliament where government ministers sit; ~ **público** public bench; ~ **de remo** rowing machine
-2. *(institución financiera)* bank ❑ ~ **central** central bank; UE *Banco Central Europeo* European Central Bank; *el Banco Central del Uruguay* = Uruguay's issuing bank, *Br* ≃ the Bank of England, *US* ≃ the Federal Reserve System; ~ **comercial** commercial bank; ~ **emisor** issuing bank; *el Banco de España* = Spain's issuing bank, *Br* ≃ the Bank of England, *US* ≃ the Federal Reserve System; *Banco Europeo de Inversiones* European Investment Bank; *Banco Europeo de Reconstrucción y Desarrollo* European Bank for Reconstruction and Development; ~ **hipotecario** mortgage bank, *Br* ≃ building society, *US* ≃ savings and loan association; ~ **industrial** industrial bank; *Banco Interamericano de Desarrollo* Inter-American Development Bank; ~ **de inversiones** investment bank; ~ **mercantil** merchant bank; *Banco de México* = Mexico's issuing bank, *Br* ≃ Bank of England, *US* ≃ Federal Reserve System; *el Banco Mundial* the World Bank; *Banco Nacional de Cuba* = Cuba's issuing bank, *Br* ≃ Bank of England, *US* ≃ Federal Reserve System; ~ **de negocios** merchant bank; *Col Banco de la República* = Colombia's issuing bank, *Br* ≃ Bank of England, *US* ≃ Federal Reserve System
-3. *(de peces)* shoal ❑ ~ **de peces** shoal of fish; ~ **de pesca** fishing ground, fishery
-4. *(depósito)* bank ❑ INFORMÁT ~ **de datos** data bank; ~ **de órganos** organ bank; ~ **de sangre** blood bank; ~ **de semen** sperm bank
-5. *(de carpintero, artesano)* workbench
-6. TEC ~ **de pruebas** test bench; *Fig* testing

ground; **servir de ~ de pruebas para algo** to be a testing ground for sth
-7. ~ de arena sandbank; **~ de hielo** pack ice; **~ de niebla** fog bank
banda nf **-1.** *(cuadrilla)* gang ❑ **~ armada** terrorist organization
-2. *(de música) (de viento y percusión)* (brass) band; *(de rock, pop)* band; **una ~ de gaiteros** a pipe band
-3. *(faja)* sash ❑ **~ presidencial** presidential sash
-4. *(para el pelo)* hairband
-5. *(cinta)* ribbon ❑ **~ magnética** magnetic strip; **~ de Möbius** Möbius strip; **~ sonora** *(de película)* soundtrack; **~ transportadora** *(para bultos, mercancía)* conveyor belt; *(para peatones)* moving walkway
-6. *(franja)* stripe; **una camisa con bandas blancas** a T-shirt with white stripes ❑ **~ sonora** *(en carretera)* rumble strip
-7 *(escala)* band ❑ FIN **~ de fluctuación** fluctuation o currency band; **~ de precios** price range o band; **~ salarial** wage bracket, salary band
-8. RAD waveband; **ancho de ~** bandwidth ❑ **~ ancha** broadband; **~ estrecha** narrow band; **~ de frecuencia(s)** frequency band
-9. *(en fútbol)* **línea de ~** touchline; **el balón salió por la ~** the ball went out of play; **avanzar por la ~** to go down the wing
-10. *(en billar)* cushion
-11. *(pez)* dealfish
-12. HIST **la Banda Oriental** = name of former Spanish territories comprising the present-day Republic of Uruguay and southern Brazil
-13. *Méx (grupo de jóvenes)* gang, crowd; **se descolgó toda la ~ al concierto de rock** the whole gang went to the rock concert
-14. EXPR **cerrarse en ~** to dig one's heels in; **se han cerrado en ~ a cualquier reforma** they have flatly refused to accept any reforms; *Esp Fam* **agarrar** o **coger a alguien por ~** *(para reñirle)* to have a little word with sb; *(atrapar)* to buttonhole sb; **jugar a dos bandas** to play a double game; *RP Fam* **estar/quedar en ~** to be/be left at a loss
bandada nf *(de aves)* flock; *(de peces)* shoal
bandazo nm *(de barco, avión)* lurch; **dar bandazos** *(barco, avión)* to lurch; **dar un ~** *(con el volante)* to swerve violently; **el borracho bajaba por la calle dando bandazos** the drunk was lurching from side to side as he walked down the street; **su estilo da continuos bandazos** he is constantly chopping and changing his style
bandear ◇ vt to buffet
◆ **bandearse** vpr to look after oneself, to cope; **se bandea muy bien sin su familia** she is coping very well without her family; **nos bandeamos muy bien en el mundo de los negocios** we are getting along just fine in the world of business
bandeja nf **-1.** *(para servir, trasladar)* tray; EXPR **pasar la ~** *(en iglesia)* to pass the collection plate round; *(en la calle)* to pass the hat round; EXPR **servir** o **poner algo a alguien en ~ (de plata)** to hand sth to sb on a plate
-2. *(para comida)* serving dish, platter
-3. *(de horno)* tray
-4. *(en coche)* rear shelf
-5. *(en caja de herramientas)* tray
-6. *(de impresora, fotocopiadora)* **~ (de papel)** (paper) tray
-7. *(en baloncesto)* lay-up
-8. *Chile (en avenida)* = tree-lined promenade that goes down the centre of a wide avenue
-9. *Méx (palangana)* washbowl
bandejón nm *Chile* = tree-lined promenade that goes down the centre of a wide avenue
bandera ◇ nf **-1.** *(de país, organización)* flag; **bajar la ~** to lower the flag; **izar la ~** to raise the flag; **jurar ~** to swear allegiance to the flag; **las banderas estaban a media asta** the flags were at half-mast; EXPR *Fam* **hasta la ~** *(lleno)* chock-a-block ❑ UE **~ azul** *(en la playa)* blue flag, = flag designating a clean beach,

used within the European Union; **~ blanca** white flag; **~ de conveniencia** flag of convenience; DEP **~ a cuadros** chequered flag; DEP **~ de llegada** chequered flag *(at end of race)*; **la ~ pirata** the Jolly Roger; **~ roja** *(señal de peligro)* red flag; DEP **~ de salida** chequered flag *(at start of race)*
-2. *(nacionalidad de buque)* flag; **un barco de ~ panameña** a ship sailing under a Panamanian flag
-3. *(de taxi)* flag; **bajada de ~** minimum fare
-4. *(ideología, causa)* cause; **la ~ de los derechos humanos** the cause of human rights
-5. *(en ejército)* company
◇ **de bandera** loc adj *Esp Fam (magnífico)* fantastic, terrific
banderazo nm **-1.** DEP **señaló con un ~ que la pelota había salido** he raised his flag to signal that the ball had gone out of play ❑ **~ de llegada:** **recibió el ~ de llegada** he took the chequered flag; **~ de salida** starting signal; **dio el ~ de salida** he raised the chequered flag **-2.** *Ven (en taxi)* minimum fare
banderilla nf **-1.** TAUROM banderilla, = barbed dart thrust into bull's back **-2.** *Esp (aperitivo)* = hors d'oeuvre of pickles and olives on a cocktail stick
banderillear vt TAUROM **~ al toro** to stick "banderillas" into the bull's back
banderillero, -a nm,f TAUROM banderillero, = bullfighter who sticks "banderillas" into the bull
banderín nm **-1.** *(bandera)* pennant ❑ DEP **~ (de córner)** corner flag **-2.** MIL pennant-bearer **-3.** MIL **~ de enganche** *(oficina)* recruitment office
banderita nf flag, charity sticker; **día de la ~** flag day
banderola nf **-1.** *(bandera)* pennant **-2.** *RP (de puerta)* transom; *(en el techo)* skylight
bandidaje nm banditry
bandido, -a nm,f **-1.** *(delincuente)* bandit **-2.** *(granuja)* rascal, rogue; **el muy ~ se ha llevado mi paraguas** that rascal has stolen my umbrella; **ese tendero es un ~** that shopkeeper is a bit of a twister
bando nm **-1.** *(facción)* side; **el ~ republicano** the republicans, the republican side; **pasarse al otro ~** to change sides; EXPR *Fam* **ser del otro ~** *(ser homosexual)* to be one of them, to be queer **-2.** *(edicto)* edict
bandola nf mandolin
bandolera nf **-1.** *(correa)* bandoleer; **en ~** slung across one's chest **-2.** *Esp (bolso)* shoulder bag **-3.** *RP (cartera)* shoulder pouch **-4.** *ver también* **bandolero**
bandolerismo nm banditry
bandolero, -a nm,f bandit
bandolina nf mandolin
bandoneón nm bandoneon, = musical instrument, similar to the accordion, used in tango music
bandoneonista nmf bandoneon player
bandurria nf **-1.** *(guitarra)* = small 12-stringed guitar **-2.** *(ave)* black-faced ibis
Bangkok n Bangkok
Bangladesh [baŋgla'ðeʃ] n Bangladesh
Bangui n Bangui
banjo ['baŋjo] nm banjo
Banjul [ban'jul] n Banjul
banner ['baner] nm INFORMÁT banner ❑ **~ publicitario** advertising banner
banquero, -a nm,f banker
banqueta nf **-1.** *(asiento)* stool **-2.** *(para los pies)* footstool **-3.** *CAm, Méx (acera) Br* pavement, *US* sidewalk
banquete nm *(comida)* banquet; **dar un ~** to have o hold a banquet; **se dieron un ~ de marisco** they had a wonderful meal of seafood ❑ **~ de boda(s)** wedding breakfast; **~ eucarístico** holy communion
banquetero, -a nm *Chile, Méx* caterer *(for weddings, large parties etc)*
banquillo nm **-1.** *(asiento)* low stool **-2.** DER **el ~ (de los acusados)** the dock; **estas acusaciones llevarán al ~ a muchos políticos** these accusations will land many politicians in the dock **-3.** DEP bench

banquina nf *RP (arcén) Br* hard shoulder, *US* shoulder
banquisa nf ice field
banquito nm *RP* stool
bantú *(pl* **bantúes)** nm *(pueblo africano)* Bantu
bañadera nf **-1.** *Arg (bañera)* bath **-2.** *RP (vehículo)* = old-fashioned school bus
bañado nm *Bol, RP (terreno)* marshy area
bañador nm *Esp (de mujer)* swimsuit; *(de hombre)* swimming trunks
bañar ◇ vt **-1.** *(asear)* to bath; MED *(paciente)* to bathe
-2. *(revestir)* to coat; **baña el bizcocho con chocolate** pour chocolate over the sponge, cover the sponge in chocolate; **bañado en oro/plata** gold-/silver-plated; **bañado en sudor** bathed in sweat
-3. *(sujeto: río)* to flow through; **el Índico baña las costas del país** the Indian Ocean washes the coast of the country
-4. *(sujeto: sol, luz)* to bathe; **el sol bañaba el patio** the courtyard was bathed in sunlight
-5. *Ven Fam (superar)* **su prima la baña en simpatía** her cousin is a million times nicer than she is
◆ **bañarse** vpr **-1.** *(en el baño)* to have o take a bath
-2. *(en playa, piscina)* to go for a swim; **¿nos bañamos?** shall we go for a swim?; **me bañé durante una hora** I was in the water for an hour; **prohibido bañarse** *(en letrero)* no bathing
-3. *Am (ducharse)* to have a shower; EXPR *CSur Fam* **mandar a alguien a bañarse** to tell sb to get lost; *CSur Fam* **¡andá a bañarte!** get lost!
bañera nf bathtub, bath ❑ **~ de hidromasaje** whirlpool bath, Jacuzzi®
bañero, -a nm,f *Arg* lifeguard
bañista nmf bather
baño nm **-1.** *(acción) (en bañera)* bath; *(en playa, piscina)* swim; **darse un ~** *(en bañera)* to have o take a bath; *(en playa, piscina)* to go for a swim; EXPR *Esp Fam* **dar un ~ a alguien** to take sb to the cleaners ❑ **~ de asiento** hip bath; **~ de espuma** bubble bath; **~ (de) María** bain-marie; **calentar algo al ~ (de) María** to heat sth in a bain-marie; *Fig* **~ de sangre** bloodbath; **~ de sol: tomar baños de sol** to sunbathe; **~ turco** Turkish bath; **~ de vapor** steam bath
-2. *(cuarto de aseo)* bathroom; **una casa con tres baños** a three-bathroom house
-3. *(servicios) Br* toilet, *US* bathroom, washroom; **necesito ir al ~** I need to go to the *Br* toilet o *US* bathroom; **¿dónde está el ~?** where's the *Br* toilet o *US* bathroom? ❑ *Am* **~ público** *Br* public toilet, *US* washroom
-4. **baños** *(balneario)* spa; **tomar los baños** to go to a spa ❑ **baños termales** thermal baths
-5. *Am (ducha)* shower; **darse un ~** to have a shower
-6. *(bañera)* bathtub, bath
-7. *(vahos)* inhalation
-8. *(capa)* coat; **un reloj con un ~ de oro** a gold-plated watch
bao nm NAUT beam
baobab nm baobab (tree)
baptista ◇ adj Baptist
◇ nmf Baptist
baptisterio, bautisterio nm baptistery
baqueano, -a, baquiano, -a *Am* ◇ adj *Fam* **ese hombre es muy ~** that guy knows this place like the back of his hand; **estar muy ~ en algo** to be well up on sth
◇ nm,f *(conocedor de una zona)* guide
baquelita nf Bakelite®
baqueta nf **-1.** *(de fusil)* ramrod; EXPR *Fam* **tratar** o **llevar a alguien a la ~** to push sb around **-2.** MÚS drumstick
baquetazo nm *Fam* **-1.** *(golpe)* thump; EXPR **tratar a alguien a baquetazos** to treat sb like dirt **-2.** *(caída)* fall; **darse** o **pegarse un ~** to give oneself a real thump, to have a nasty fall

baqueteado, -a *adj Fam* **estar muy ~** to have been to the school of hard knocks; **está muy ~ en cuestiones de Bolsa** he's an old hand when it comes to the stock market

baquetear *Fam* ⋄ *vt (maltratar, molestar)* to push around
⋄ *vi (equipaje)* to bump up and down

baqueteo *nm Fam (molestias)* stresses and strains, hassle

baquetón, -ona *Méx Fam* ⋄ *adj* **es muy ~** he's a selfish pig
⋄ *nm,f* selfish pig, heel

baquiano, -a = baqueano

báquico, -a *adj* bacchic, bacchanalian

báquiro *nm Col, Ven* peccary

bar *nm* **-1.** *(establecimiento)* bar; **ir de bares** to go out drinking, to go on a pub crawl ❑ **~ de copas** bar; **~ restaurante** = bar with a restaurant attached; **~ terraza** = stand selling alcoholic and soft drinks, surrounded by tables and chairs for customers **-2.** *(unidad)* bar

baraca *nf* **-1.** *(suerte)* luck **-2.** *(don divino)* gift of divine protection

barahúnda, baraúnda *nf* racket, din

baraja *nf* **-1.** *(conjunto de naipes) Br* pack *o US* deck (of cards); EXPR **jugar con dos barajas** to play a double game ❑ **~ española** = Spanish deck of cards; **~ francesa** = standard 52-card deck **-2.** *Am (naipe individual)* (playing) card

---

BARAJA ESPAÑOLA

The Spanish deck of playing cards is markedly different from that used in the United States and the rest of Europe (which is known as the "baraja francesa", or "French deck", in Spain). The Spanish deck is made up of four suits: "oros" (gold coins), "copas" (gold cups), "espadas" (swords) and "bastos" (clubs). There are no cards numbered eight or nine. The "sota", or jack, is counted as ten, followed by the "caballo" (a knight on horseback) and the "rey" (king). Among the most common games played with these cards are "la brisca", "el tute" and "el mus", but there are many others.

---

barajadura *nf (de cartas)* shuffling

barajar *vt* **-1.** *(cartas)* to shuffle; **~ a la americana** to riffle
-2. *(posibilidades)* to consider; **la policía baraja tres teorías diferentes** the police are looking at *o* considering three different theories; **se barajan varios nombres para el puesto** various names are being mentioned in connection with the post
-3. *Chile (golpe)* to parry
-4. *RP Fam (agarrar)* to grab, to snatch; **barajé la taza a pocos centímetros del piso** I grabbed the cup just before it hit the floor

barajita *nf Ven* picture card

baranda¹ *nf* **-1.** *(valla) (al borde de algo)* rail; *(en escalera)* banister **-2.** *(pasamanos)* handrail **-3.** *(de mesa de billar)* rail

baranda² *nf RP Fam* stink; **¡qué ~ hay aquí!** it stinks in here!

barandal *nm, Esp* **barandilla** *nf* **-1.** *(valla) (al borde de algo)* rail; *(en escalera)* banister **-2.** *(listón)* handrail

barata *nf* **-1.** *Méx (rebaja)* sale **-2.** *Chile (insecto)* cockroach

baratero, -a *nm,f Am (comerciante)* = owner of a shop selling cheap goods

baratija *nf* trinket, knick-knack; **baratijas** junk

baratillo *nm* **-1.** *(género)* junk **-2.** *(tienda)* junk shop; *(mercadillo)* flea market

barato, -a ⋄ *adj* **-1.** *(objeto)* cheap; **ser muy ~** to be very cheap; **los tomates están muy baratos** tomatoes are very cheap at the moment; EXPR **lo ~ sale caro** buying cheap is a false economy **-2.** *(sentimentalismo)* cheap; *(literatura)* trashy; **déjate de filosofía barata** cut the half-baked philosophizing
⋄ *adv* cheap, cheaply; **me costó ~** it was cheap, I got it cheap; **vender algo ~** to sell sth cheaply; **en este bar se come muy ~** you can eat very cheaply in this bar, the food's very cheap in this bar

baraúnda = barahúnda

barba ⋄ *nf* **-1.** *(pelo)* beard; **barbas** beard; **un hombre con ~ de dos/tres/varios días** a man with stubble; **apurarse la ~** to shave close; **dejarse (la) ~** to grow a beard; **le está saliendo (la) ~** he's starting to get hairs on his chin *o* a beard; EXPR *Méx* **hacer la ~ a alguien** to butter sb up; EXPR **lo hizo en sus (propias) barbas** he did it right under her nose; EXPR **reírse de alguien en sus propias barbas** to laugh in sb's face; EXPR **un hombre con toda la ~** a real man; EXPR **subirse a las barbas de alguien** to be cheeky to sb; PROV **cuando las barbas de tu vecino veas cortar** *o* **pelar, pon las tuyas a remojar** = when the trouble reaches next door, you'd better watch out for yourself ❑ **~ cerrada** thick beard; **~ de chivo** goatee
-2. *(barbilla)* chin
-3. *Esp Fam* **por ~** *(por persona)* each; **la comida nos ha salido a 20 euros por ~** the meal cost us 20 euros each
-4. *(de ballena)* whalebone
-5. barbas *(de pez)* barbel; *(de mejillón perro, cabra)* beard; *(de ave)* wattle
-6. barbas *(de papel)* uneven edge; *(de tela)* frayed edge
⋄ *nm inv* **barbas** *Fam (barbudo)* beardy; **el barbas que está sentado a la derecha es mi tío** the guy with the beard sitting on the right is my uncle

Barba Azul *n pr* Bluebeard

barbacana *nf* **-1.** *(de defensa)* barbican **-2.** *(saetera)* loophole, embrasure

barbacoa *nf* **-1.** *(utensilio)* barbecue **-2.** *(asado, carne)* barbecue; **hacer una ~** to have a barbecue **-3.** *Bol (baile)* tap dance

barbada *nf* **-1.** *(pez)* four-bearded rockling **-2.** *(en caballo)* curb (chain)

barbadejo *nm (arbusto)* wayfaring tree

barbadense ⋄ *adj* Barbadian
⋄ *nmf* Barbadian

barbado, -a *adj* bearded

Barbados *n* Barbados

barbaján, -ana *Méx* ⋄ *nm,f* boor, lout
⋄ *adj* boorish, loutish

bárbaramente *adv* **-1.** *(de forma bárbara)* barbarically, cruelly **-2.** *Fam (extraordinariamente)* brilliantly, fantastically

barbárico, -a *adj* barbaric, barbarian

barbaridad *nf* **-1.** *(cualidad)* cruelty
-2. *(disparate)* **lo que dijo/hizo es una ~** what he said/did is ridiculous; **no cometamos la ~ de decir que sí** let's not be so foolish as to say yes; **¡qué ~, ya son las once!** oh my God, it's eleven o'clock already!; **¡qué ~, ha vuelto a subir la gasolina!** can you believe it, the price of petrol has gone up again!
-3. *(insulto)* **salió del campo diciendo barbaridades** he left the pitch swearing
-4. *Fam (montón)* **una ~: se gastó una ~** she spent a fortune; **bebe una ~** he drinks like nobody's business *o* like a fish; **llovió una ~** it poured with rain, *Br* it chucked it down; **te quiero una ~** I love you like crazy; **trajo una ~ de regalos** she brought loads of presents

barbarie *nf* **-1.** *(crueldad) (cualidad)* cruelty, savagery; *(acción)* atrocity **-2.** *(incultura)* barbarism

barbarismo *nm* **-1.** *(extranjerismo)* = foreign word that has not yet been fully accepted as part of the language **-2.** *(incorrección)* substandard usage, barbarism

bárbaro, -a ⋄ *adj* **-1.** HIST barbarian
-2. *(cruel)* barbaric, cruel
-3. *(bruto)* uncouth, coarse; **no seas ~, desconecta primero el enchufe** don't be such an idiot, take the plug out first
-4. *Fam (excelente)* fantastic, great; **su último disco es ~** her latest record is fantastic *o* great; **con esa falda estás bárbara** you look fantastic *o* great in that skirt; **es una persona bárbara** she's a wonderful person; **conseguí las entradas – ¡~!** I got the tickets – great! *o* fantastic!
-5. *Fam (como intensificador)* **hacía un frío ~** was dead cold; **tengo una sed bárbara** I'm dead thirsty
⋄ *nm,f* **-1.** HIST barbarian; **los bárbaros** the barbarians
-2. *(persona bruta)* brute, animal; **el ~ de su marido le pega** her brute of a husband beats her; **unos bárbaros destrozaron la cabina telefónica** some animals *o Br* yobs destroyed the phone box
⋄ *adv Fam (magníficamente)* **pasarlo ~** to have a wild time

Barbarroja *n pr* Barbarossa

barbear *vt CAm, Méx (adular)* to flatter, to butter up

barbechar *vt* AGR **-1.** *(no cultivar)* to leave fallow **-2.** *(arar)* to plough for sowing

barbecho *nm* AGR **-1.** *(sistema)* land set-aside; **tierras en ~** fallow land; **dejar un campo en ~** to set aside a field **-2.** *(campo)* fallow field

barbería *nf* barber's (shop)

barbero, -a ⋄ *adj Méx Fam* **ser muy ~** to be a real bootlicker
⋄ *nm* barber

barbilampiño, -a ⋄ *adj* smooth-faced, beardless
⋄ *nm* beardless man

barbilla *nf* chin

barbitúrico ⋄ *adj* barbituric
⋄ *nm* barbiturate

barbo *nm* barbel ❑ **~ de mar** red mullet

barbón *nm* **-1.** *(hombre)* man with a beard **-2.** *(cabra)* billy-goat

barboquejo *nm* chinstrap

barbotar ⋄ *vi* to mutter
⋄ *vt* to mutter

barbudo, -a ⋄ *adj* bearded; **la mujer barbuda** *(en circo)* the bearded woman
⋄ *nm* man with a beard; HIST **los barbudos** = nickname for the Cuban guerrillas who fought the Batista dictatorship in 1956-9

barbullar *vi* to jabber

barca *nf* dinghy, small boat; **~ de remos** rowing boat

Barça ['barsa] *nm* DEP = informal name for Barcelona Football Club

barcada *nf* **-1.** *(carga)* boatload **-2.** *(viaje)* crossing

barcaje *nm (tarifa)* ferry fare

barcarola *nf* barcarole, gondolier's song

barcaza *nf* barge, lighter

Barcelona *n* Barcelona

barcelonés, -esa ⋄ *adj* of/from Barcelona (Spain, Venezuela)
⋄ *nm,f* person from Barcelona (Spain, Venezuela)

barcelonismo *nm* DEP *(apoyo)* = support for Barcelona Football Club; *(seguidores)* = Barcelona Football Club supporters

barcelonista DEP ⋄ *adj* = of/relating to Barcelona Football Club
⋄ *nmf* = supporter or member of Barcelona Football Club

barchilón, -ona *nm,f Ecuad, Perú (enfermero)* nurse

barcia *nf* chaff

barcino, -a *adj* white and reddish-brown

barco *nm (pequeño)* boat; *(de gran tamaño)* ship; **recorrieron la región en ~** they travelled round the region by boat; **¡abandonen el ~!** abandon ship! ❑ **~ ballenero** whaler, whaling ship; **~ de carga** cargo boat *o* ship; **~ cisterna** tanker; **~ deportivo** sailing boat *(for sport or pleasure sailing)*; **~ de guerra** warship; **~ mercante** merchant ship; **~ nodriza** refuelling ship; **~ de pasajeros** passenger ship; **~ de pesca** fishing boat; **~ pesquero** fishing boat; **~ pirata** pirate ship; **~ de recreo** pleasure boat; **~ de vapor** steamer, steamboat; **~ de vela** sailing ship; **~ velero** sailing ship

barda *nf Méx* fence; EXPR *Fam* **volarse una ~** *(beisbolista)* to hit a home run

bardaguera *nf* willow

bardana *nf* burdock

bardo *nm* bard

baremar *vt* to mark using a scale

baremo *nm* **-1.** *(escala)* scale **-2.** *(norma)* yardstick

Barents *n* **el mar de ~** the Barents Sea
bareto *nm Esp Fam (bar)* boozer
bargueño *nm* = carved-wood cabinet with many small drawers
baria *nf* FÍS barye
bario *nm* QUÍM barium
barión *nm* FÍS baryon
barisfera *nf* GEOL barysphere
barita *nf* GEOL barium sulphate
baritina *nf* GEOL barytine
barítono *nm* baritone
barloventear *vi* NÁUT to tack to windward
barlovento *nm* NÁUT windward (side)
barman *(pl* **barmans)** *nm* barman
Barna. *(abrev de* **Barcelona)** Barcelona
barnacla *nf* ~ *canadiense* Canada goose; ~ *cariblanca* barnacle goose; ~ *carinegra* brent goose; ~ *cuelliroja* red-breasted goose
barniz *nm (para madera)* varnish; *(para cerámica)* glaze; *Fig* **bajo un ~ de progresismo se oculta un candidato reaccionario** a reactionary is hidden under the candidate's progressive veneer ❑ ~ *de uñas* nail varnish
barnizado, -a ◇ *adj (madera)* varnished; *(cerámica)* glazed
◇ *nm (acción) (de madera)* varnishing; *(de cerámica)* glazing
barnizador, -ora *nm,f* French polisher
barnizar [14] *vt (madera)* to varnish; *(cerámica)* to glaze
barométrico, -a *adj* barometric
barómetro *nm* **-1.** *(instrumento)* barometer **-2.** *(indicador)* barometer; **este índice es un ~ del estado de la Bolsa** this index is a barometer of the situation on the stock market; **esta revista es un buen ~ de lo que piensan los empresarios** this magazine is a good gauge of the current thinking of businessmen **-3.** *(sondeo de opinión)* (public opinion) poll *o* survey
barón *nm* **-1.** *(noble)* baron **-2.** POL **los barones del partido** the party's power-brokers
baronesa *nf* baroness
barquero, -a *nm,f* boatman, *f* boatwoman
barqueta *nf (bandeja)* tray
barquía *nf* = small eight-oar fishing boat
barquilla *nf* **-1.** *(de globo)* basket **-2.** *Carib (helado)* ice-cream cone
barquillera *nf (caja)* = metal container for wafers, carried by a "barquillero"
barquillero, -a *nm,f* = street vendor selling wafers
barquillo *nm (plano)* wafer; *(cono)* cone, *Br* cornet; *(enrollado)* rolled wafer
barquisimetano, -a ◇ *adj* of/from Barquisimeto *(Venezuela)*
◇ *nm,f* person from Barquisimeto *(Venezuela)*
barra ◇ *nf* **-1.** *(pieza alargada)* bar; *(redonda)* rod; *(de bicicleta)* crossbar; **~ (de pan)** French stick; EXPR **no se para en barras** nothing stops him ❑ AUT ~ *antivuelco* anti-roll bar; ~ *espaciadora* space bar; AUT *barras laterales* side (impact) bars; TEC ~ *del pistón* piston rod
-2. *(bloque) (de hielo)* block; *(de chocolate)* bar ❑ ~ *de labios* lipstick
-3. *(de bar, café) (counter)* ❑ ~ *americana* = bar where hostesses chat with clients; ~ *libre* = unlimited drink for a fixed price
-4. *(en escudo, bandera)* bar
-5. *(para bailarines)* barre ❑ ~ *fija* barre
-6. DEP *barras asimétricas* asymmetric bars; ~ *de equilibrios* balance beam; ~ *fija* horizontal bar, high bar; *barras paralelas* parallel bars
-7. MÚS bar (line)
-8. *(signo gráfico)* slash, oblique ❑ ~ *invertida* backslash; ~ *oblicua* slash, oblique
-9. INFORMÁT ~ *de desplazamiento* scroll bar; ~ *de herramientas* tool bar; ~ *de menús* menu bar; ~ *de tareas* task bar
-10. *(tribunal)* **llevar a alguien a la ~** to take sb to court
-11. *(de arena)* bar, sandbank
-12. CSur *(desembocadura)* mouth
-13. *Andes, RP Fam (grupo de amigos)* gang; **tiene una ~ muy linda** she hangs out with a very nice crowd
-14. *Andes, RP Fam (público)* crowd, spectators; **los chiflidos de la ~** *o* **las barras eran ensordecedores** the fans' whistles were deafening ❑ ~ *brava* = group of violent soccer fans
◇ *nmf RP Fam (en fútbol)* = member of a group of violent soccer fans
Barrabás *n pr* Barabbas; **¡ese niño es más malo que ~!** that child is a little devil!
barrabás *nm (adulto)* devil, brute; *(niño)* rogue, scamp
barrabasada *nf Fam* **-1.** *(jugarreta)* **aquello fue una ~** that was outrageous; **hacer una ~ a alguien** to do something nasty to sb **-2.** *(travesura)* **hacer barrabasadas** to get up to mischief *o* no good **-3.** *(disparate)* **¿cómo se te pudo ocurrir semejante ~?** whatever put such a stupid idea into your head?; **sus declaraciones han sido una verdadera ~** what she said was utter nonsense
barraca *nf* **-1.** *(chabola)* shack **-2.** *(de feria) (caseta)* booth; *(puesto)* stall **-3.** *(en Valencia y Murcia)* thatched farmhouse **-4.** *RP (tienda)* builders' merchant's
barracón *nm* barrack hut
barracuda *nf (pez)* barracuda
barrado, -a *adj (con listas)* barred
barragana *nf (concubina)* concubine
barranca *nf* **-1.** *(precipicio)* precipice; *(hondonada)* ravine; *(menos profunda)* gully **-2.** *RP (cuesta)* hill; **ir(se) ~ abajo** to go downhill; **después del divorcio se fue ~ abajo** she went downhill after the divorce; **el sistema de seguridad social va ~ abajo** the social security system is going downhill
barranco *nm*, **barranquera** *nf (precipicio)* precipice; *(hondonada)* ravine; *(menos profunda)* gully
barranquismo *nm* DEP canyoning
barranquista *nmf* DEP canyoner, canyoning enthusiast
barraquismo *nm* **erradicar el ~** to deal with the shanty town problem
barreminas *nm inv* minesweeper
barrena *nf* **-1.** *(herramienta)* drill **-2. entrar en ~** *(avión)* to go into a spin; **la economía ha entrado en ~** the economy has gone into free fall; **sus índices de popularidad siguen cayendo en ~** his popularity ratings continue on their downward spiral
barrenador *nm (insecto)* woodworm
barrenar *vt* **-1.** *(taladrar)* to drill **-2.** *(frustrar)* to scupper
barrendero, -a *nm,f* street sweeper
barrenero, -a *nm,f* driller
barrenillo *nm* **-1.** *(insecto)* boring insect, borer **-2.** *Cuba (manía)* mania, obsession
barreno *nm* **-1.** *(instrumento)* large drill **-2.** *(agujero) (para explosiones)* blast hole
barreño *nm Esp* washing-up bowl
barrer ◇ *vt* **-1.** *(con escoba)* to sweep
-2. *(sujeto: viento, olas)* to sweep away; **el huracán barrió todo a su paso** the hurricane destroyed everything in its path
-3. *(con escáner)* to scan
-4. *(con la vista)* to scan
-5. *(llevarse)* **los ladrones barrieron la casa** the thieves cleaned out the house; **el público barrió su última novela** the public snapped up every last copy of his latest novel
-6. *Fam (derrotar)* to thrash, to annihilate
◇ *vi* **-1.** *(con escoba)* to sweep; EXPR ~ *para adentro* *o* *casa* to look after number one; **ese árbitro siempre barre para casa** that referee always favours the home team
-2. *(llevarse)* ~ *con:* **los invitados barrieron con todas las bebidas** the guests made short work of the drink; **el público barrió con su última novela** the public snapped up every last copy of his latest novel
-3. *Fam (arrasar)* to sweep the board; **el candidato oficial barrió en las urnas** the government candidate swept the board in the election; **el atleta keniata barrió en la final** the Kenyan athlete trounced his rivals *o Br* walked it in the final
barrera *nf* **-1.** *(para controlar acceso)* barrier; *(de campo, casa)* fence ❑ *barreras arancelarias* tariff barriers; *barreras no arancelarias* non-tariff barriers; *barreras arquitectónicas (para silla de ruedas)* obstructions for wheelchair users; *barreras comerciales* trade barriers
-2. FERROC crossing gate
-3. *(dificultad, obstáculo)* barrier; **la ~ del idioma le impedía integrarse** the language barrier made it difficult for her to integrate; **el índice bursátil superó la ~ psicológica de los 1.000 puntos** the stock market index crossed the psychological barrier of 1,000 points; **superaron la ~ del millón de discos vendidos** sales of their album went over the million mark; **poner barreras a algo** to erect barriers against sth, to hinder sth; **se casaron saltándose las barreras sociales** they married despite the huge difference in their social backgrounds ❑ ~ *del sonido* sound barrier
-4. DEP *(de jugadores)* wall
-5. TAUROM *(valla)* = barrier around the edge of a bullring; *(localidad)* = front row of seats immediately behind the barrier around the edge of the bullring
barreta *nf Méx (piqueta)* pick, pickaxe
barretina *nf* = traditional Catalan cap, made of red wool and similar to a nightcap in shape
barriada *nf* **-1.** *(barrio popular)* working-class district *o* neighbourhood *o* area **-2.** *Am (barrio de chabolas)* shanty town
barrial *Am* ◇ *adj* neighbourhood; **las tiendas barriales** the local shops
◇ *nm (barrizal)* quagmire; **la calle terminó siendo un ~** the street was reduced to a quagmire
barrica *nf* keg
barricada *nf* barricade; **levantar barricadas** to put up barricades
barrida *nf (con escoba)* **dar una ~ a algo** to give sth a sweep, to sweep sth
barrido *nm* **-1.** *(con escoba)* **dar un ~ a algo** to give sth a sweep, to sweep sth; **a esta cocina le hace falta un ~** this kitchen could do with a sweep; EXPR **servir** *o* **valer tanto para un ~ como para un fregado** *(persona)* to be a jack-of-all-trades **-2.** *(de escáner)* scan **-3.** *(con la vista)* scan; **di un ~ a los titulares del periódico** I scanned the newspaper headlines **-4.** CINE pan, panning
barriga *nf* **-1.** *Fam (vientre)* stomach; *(especialmente en lenguaje infantil)* tummy; **me duele la ~** my stomach *o* tummy hurts; EXPR **rascarse** *o* **tocarse la ~** to twiddle one's thumbs, to laze around; EXPR *RP Fam* **ser una ~ resfriada** to be a blabbermouth
-2. *(abultamiento del vientre)* paunch; **echar ~** to get a paunch; **tener ~** to have a paunch; EXPR **hacer una ~ a alguien** to get sb up the spout *o Br* duff
-3. *(de cántaro, vasija)* belly
barrigazo *nm Fam* **darse un ~** to fall flat on one's face
barrigón, -ona *Fam* ◇ *adj* paunchy; **te estás poniendo muy ~** you're getting quite a paunch; PROV *RP* **al que nace ~ es al ñudo que lo fajen** you can't make a leopard change his spots
◇ *nm,f* **-1.** *(persona)* person with a paunch; **es un ~** he has a paunch **-2.** *Carib (niño)* tot, nipper
◇ *nm (barriga)* big belly
barrigudo, -a *Fam* ◇ *adj* paunchy; **se puso muy ~** he got quite a paunch
◇ *nm,f (persona)* person with a paunch; **es un ~** he has a paunch
barril *nm* barrel; **cerveza de ~** draught beer; EXPR *Am Fam* **ser un ~ sin fondo** to be a bottomless pit ❑ ~ *de petróleo* oil barrel; ~ *de pólvora* powder keg; EXPR **ser un ~ de pólvora** to be a powder keg
barrila *nf* EXPR *Fam* **dar la ~ (a alguien)** *(hablando)* to go on and on (to *o* at sb); **me estuvo dando la ~ con lo de hacerme miembro del club** he went on and on at me about joining the club; **¿por qué no te**

barrilero

vas a dar la ~ con la guitarra a otro sitio? why don't you go and annoy people with your music somewhere else?

barrilero, -a *nm,f* cooper

barrilete *nm* **-1.** *(de revólver)* chamber **-2.** *(de carpintero)* clamp **-3.** *Arg (cometa)* kite

barrilla *nf* saltwort, barilla

barrillo *nm* spot

barrio *nm* **-1.** *(vecindario)* area, district, neighbourhood; **un ~ acomodado** a well-to-do area *o* neighbourhood; **vive en un ~ céntrico** she lives centrally; **la gente del ~ nos conocemos todos** everyone knows everyone else round here; **la contaminación afecta más al centro que a los barrios** the pollution is worse in the centre of the city than further out; **una tienda/un cine de ~ a** local shop/cinema; EXPR *Esp Fam Hum* **irse al otro ~** to kick the bucket, to snuff it; EXPR *Esp Fam Hum* **mandar a alguien al otro ~** to bump sb off ❏ **los barrios bajos** the rough parts of town; **~ chino** *(de chinos)* Chinatown; *Esp (de prostitución)* red-light district; **~ comercial** shopping district; *Col* **~ de invasión** shanty town; **~ latino** Latin Quarter; **~ marginal** deprived area *o* district; **~ obrero** working-class area *o* district *o* neighbourhood; **~ periférico** outlying area *o* district; **~ residencial** residential area *o* district *o* neighbourhood; *Andes* **~ de tolerancia** red-light district

-2. *Ven (de chabolas)* shanty town

barriobajero, -a *Pey* ◇ *adj* **ese acento es muy ~** that accent is very common *o* vulgar; **unos tipos con aspecto ~** some rough-looking types; **un chico ~** a lout, *Br* a yob

◇ *nm,f* lout, *Br* yob

barrista *nmf Perú DEP* supporter, fan

barritar *vi (elefante)* to trumpet

barrito *nm Am* spot

barrizal *nm* quagmire; **la calle terminó siendo un ~** the street was reduced to a quagmire

barro *nm* **-1.** *(fango)* mud; EXPR **arrastrarse por el ~** to abase oneself **-2.** *(arcilla)* clay; **una figurita de ~** a clay figure ❏ **~ cocido** terracotta **-3.** *(grano)* spot **-4.** *Cuba Fam (peso)* peso **-5.** *Chile* **barros jarpa** *(ropa)* morning coat, *(sandwich)* toasted ham and cheese sandwich; **barros luco** *(sandwich)* toasted beef and cheese sandwich

barrocamente *adv* baroquely

barroco, -a ◇ *adj* **-1.** ARTE baroque **-2.** *(recargado)* ornate

◇ *nm* ARTE baroque

barrón *nm* marram grass

barroquismo *nm* **-1.** ARTE baroque style **-2.** *(recargamiento)* ornate style

barroso, -a *adj* muddy

barrote *nm* bar; **estar entre barrotes** *(en prisión)* to be behind bars

barruntamiento = barrunto

barruntar *vt (presentir)* to suspect; **el perro barruntaba el peligro** the dog could scent danger

barrunto, barruntamiento *nm* **-1.** *(presentimiento)* suspicion; **tengo el ~ de que va a pasar algo malo** I have a feeling something bad is going to happen **-2.** *(indicio)* sign, indication

bartola *nf* EXPR *Fam* **echarse** *o* **tenderse** *o* **tumbarse a la ~** to lounge around; EXPR *Fam* **hacer algo a la ~** to do sth any old how

bartolillo *nm Esp (pastel)* = small turnover filled with confectioner's custard

Bartolomé *n pr* **San ~** St Bartholomew; **Fray ~ de las Casas** = Dominican monk (1484-1566) who was bishop of Chiapas (Mexico) and famous for defending Indian rights

bártulos *nmpl* things, bits and pieces; **recoge todos los ~ y nos vamos** get all your things *o* bits and pieces together and we'll be off; **está preparando los ~ de pesca** he's getting his fishing gear together; EXPR *Fam* **liar los ~** to pack one's bags

barullento, -a *adj RP Fam* noisy

barullo *nm Fam* **-1.** *(ruido)* din, racket; **el ~ del tráfico no me deja dormir** the din of the traffic is keeping me awake; **armar ~** to make a racket

-2. *(desorden)* mess; **hay un ~ de papeles encima de la mesa** there are papers all over the desk; **se armó un ~ con los números** he got into a real mess *o* muddle with the figures; **con tanta información tengo un ~ en la cabeza** my head is in a muddle with so much information

basa *nf* ARQUIT base

basal *adj* FISIOL basal

basáltico, -a *adj* basaltic

basalto *nm* basalt

basamento *nm* ARQUIT base, plinth

basar ◇ *vt* **~ algo en** to base sth on

◆ **basarse** *vpr* **-1. basarse en** *(persona)* to base one's argument on; **¿en qué se basa usted (para decir eso)?** what basis do you have for saying that?; **¿en qué te basas (para decir eso)?** what makes you say that?; **me baso en lo que he oído** I'm going by what I've heard **-2. basarse en** *(teoría, obra)* to be based on

basáride *nf* ringtail

basca ◇ *nf Esp Fam (de amigos)* crowd; **vino toda la ~** the whole crew *o* crowd came along

◇ *nfpl* **bascas** *(náuseas)* nausea; *(ganas de vomitar)* retching

bascosidad *nf Ecuad (obscenidad)* obscenity, rude word

báscula *nf* scales ❏ **~ de baño** bathroom scales; **~ para camiones** weighbridge; **~ de precisión** precision scales

basculador *nm* dumper truck

bascular *vi* **-1.** *(péndulo)* to swing **-2.** *(volquete)* to tilt **-3.** *Esp (variar)* to swing, to oscillate; **báscula entre la alegría y la tristeza** her moods swing *o* oscillate between happiness and sadness

base ◇ *nf* **-1.** *(parte inferior)* base; *(de edificio)* foundations; **colocaron un ramo de flores en la ~ del monumento** they placed a bunch of flowers at the foot of the monument ❏ **~ de maquillaje** foundation (cream)

-2. *(fundamento, origen)* basis; **el respeto al medio ambiente es la ~ de un desarrollo equilibrado** respect for the environment is *o* forms the basis of balanced development; **el petróleo es la ~ de su economía** their economy is based on oil; **salí de la universidad con una sólida ~ humanística** I left university with a solid grounding in the humanities; **ese argumento se cae por su ~** that argument is built on sand; **esta teoría carece de ~** this theory is unfounded, this theory is not founded on solid arguments; **partimos de la ~ de que...** we assume that...; **se parte de la ~ de que todos ya saben leer** we're starting with the assumption that everyone can read; **sentar las bases para** to lay the foundations of; **sobre la ~ de esta encuesta se concluye que...** on the basis of this opinion poll, it can be concluded that...

-3. *(conocimientos básicos)* grounding; **habla mal francés porque tiene mala ~** she doesn't speak French well because she hasn't learnt the basics properly

-4. las bases *(de partido, sindicato)* the grass roots, the rank and file; **afiliado de las bases** grassroots member

-5. *(militar, científica)* base ❏ **~ aérea** air base; **~ espacial** space station; **~ de lanzamiento** launch site; **~ naval** naval base; **~ de operaciones** operational base

-6. QUÍM base

-7. GEOM base

-8. MAT base

-9. LING base (form)

-10. INFORMÁT **~ de datos** database; **~ de datos documental** documentary database; **~ de datos relacional** relational database

-11. FIN **~ imponible** taxable income

-12. COM **~ de clientes** customer base

-13. bases *(para prueba, concurso)* rules

-14. *(en béisbol)* base; *Méx* **dar ~ por bola a alguien** to walk sb

-15. EXPR *Esp Fam* **a ~ de bien: nos humillaron a ~ de bien** they really humiliated us; **lloraba a ~ de bien** he was crying his eyes out; **los niños disfrutaron a ~ de bien** the children had a great time

◇ *nmf (en baloncesto)* guard

◇ **a base de** *loc prep* by (means of); **me alimento a ~ de verduras** I live on vegetables; **el flan está hecho a ~ de huevos** crème caramel is made with eggs; **a ~ de no hacer nada** by not doing anything; **a ~ de trabajar duro fue ascendiendo puestos** she moved up through the company by working hard; **aprender a ~ de equivocarse** to learn the hard way; *Fig* **se sacó la carrera a ~ de codos** she got her degree by sheer hard work

◇ **en base a** *loc prep (considerado incorrecto)* on the basis of; **en ~ a lo visto hasta ahora, no creo que puedan ganar** from what I've seen so far, I don't think they can win; **el plan se efectuará en ~ a lo convenido** the plan will be carried out in accordance with the terms agreed upon

baseball ['beisβol] *nm Am* baseball

BASIC, Basic ['beisik] *nm* INFORMÁT BASIC, Basic

básica *nf Antes* EDUC = stage of Spanish education system for pupils aged 6-14

básicamente *adv* basically

basicidad *nf* QUÍM alkalinity

básico, -a *adj* **-1.** *(fundamental)* basic; **tiene conocimientos básicos de informática** she has some basic knowledge of computers; **el arroz es su alimentación básica** rice is their staple food; **lo ~ de** the basics of **-2.** QUÍM basic, alkaline

Basilea *n* Basle, Basel

basílica *nf* basilica

basilisco *nm* **-1.** MITOL basilisk; EXPR *Fam* **hecho un ~: ponerse hecho un ~** to go mad, to fly into a rage; **salió de la habitación hecho un ~** he came out of the room in a towering rage **-2.** *(lagarto)* basilisk

basket *nm* basketball ❏ **~ average** basket average

basketball ['basketbol] *nm Am* basketball

basquear *vi Méx Fam* to puke up

básquet *nm Am* basketball

básquetbol, basquetbol *nm Am* basketball

basquetbolero, -a *Am* ◇ *adj* **ser muy ~** to be mad about basketball; **en el mundo ~** in the basketball world, in basketball circles

◇ *nm,f (seguidor)* basketball fan *o* fanatic; *(jugador)* basketball player

basquetbolista *nmf Am* basketball player

basquiña *nf (outer)* skirt

basset ['baset] *nm* basset hound

basta *nf Chile* hem

◇ *interj* **¡~ (ya)!** that's enough!; **he dicho que no, ¡y ~!** I said no, and that's that!; **¡~ de chistes/tonterías!** that's enough jokes/of this nonsense!

bastante ◇ *adj* **-1.** *(suficiente)* enough; **no tengo dinero ~** I haven't got enough money; **no es lo ~ ancha para que entre el piano** it's not wide enough to get the piano through

-2. *(mucho)* **tengo ~ frío** I'm quite *o* pretty cold; **tienen ~ dinero** they're quite *o* pretty well off; **bastantes libros** quite a lot of books, a fair number of books; **tenemos ~ tiempo** we have quite a lot of time

◇ *adv* **-1.** *(suficientemente)* **es lo ~ lista para...** she's smart enough to...; **ya has hablado, ahora cállate** you've done enough talking, be quiet now

-2. *(considerablemente)* *(con adjetivos, adverbios)* quite; *(con verbos)* quite a lot; **es ~ fácil** it's pretty *o* quite easy; **es una práctica ~ común** it's quite a common practice, it's a pretty common practice; **~ mejor** quite a lot better; **me gustó ~** I enjoyed it quite a

bastanteo

lot; **he cenado ~** I had a pretty big dinner; **desde que le operaron ha mejorado ~** he's quite a lot better *o* he's improved quite a lot since he had the operation

-3. *(con frecuencia)* quite a lot; **voy ~ por ahí** I go there quite a lot; **¿viajas mucho? – ~** do you do much travelling? – yes, quite a lot *o* a fair bit

◇ *pron* **éramos bastantes** there were quite a few *o* a lot of us; **hay bastantes que piensan así** there are quite a few people who share the same opinion; **queda ~** there's quite a lot left

bastanteo *nm* DER = validation of a power of attorney

bastar ◇ *vi* to be enough; **estos dos me bastan, con estos dos me basta** these two are enough for me, these two will do me; **con ocho basta** eight will be enough; **basta con que se lo digas** all you have to do is tell her; **un pavo de ese tamaño basta y sobra para seis personas** a turkey that size will be more than enough for six people; **basta con que se encuentre una pequeña dificultad para que se desanime** the minute he comes across the slightest problem, he loses heart; **basta que salga a la calle para que se ponga a llover** all I have to do is go out into the street for it to start raining

◆ **bastarse** *vpr* **él solo se basta para terminar el trabajo** he'll be able to finish the work himself; **ella se basta sola para cuidar de toda la familia** she manages to look after the whole family by herself; **yo me basto y me sobro para hacer este trabajo** I'm more than capable of doing this job on my own

bastardear *vt* to bastardize
bastardía *nf* bastardy
bastardilla ◇ *adj* **letra ~** italics
◇ *nf* italics; **en ~** in italics
bastardo, -a ◇ *adj* **-1.** *(hijo)* bastard **-2.** BOT bastard, hybrid
◇ *nm,f* **-1.** *(hijo)* bastard **-2.** *muy Fam* bastard, swine
bastedad, basteza *nf* coarseness
bastidor *nm* **-1.** *(armazón)* frame **-2.** *(para bordar)* embroidery frame **-3.** *Esp* AUT chassis **-4.** TEATRO **bastidores** wings; **entre bastidores** *(en el teatro)* offstage; *(en privado)* behind the scenes **-5.** *Chile (de ventana)* lattice window
bastilla *nf* **-1.** *(dobladillo)* hem; **se me ha descosido la ~** my hem is coming down **-2.** HIST **la Bastilla** the Bastille; **la toma de la Bastilla** the storming of the Bastille
bastión *nm también Fig* bastion
basto, -a ◇ *adj* **-1.** *(grosero, vulgar)* coarse **-2.** *(tejido)* rough, coarse **-3.** *(madera)* unfinished, unpolished
◇ *nm* **-1.** *(naipe)* = any card in the "bastos" suit **-2. bastos** *(palo)* = suit in Spanish deck of cards, with the symbol of a wooden club
bastón *nm* **-1.** *(para andar)* walking stick; **usar ~** to walk with a stick **-2.** *(de mando)* baton; EXPR **empuñar el ~** to take the helm ❏ **~ de mando** ceremonial mace **-3.** *(para esquiar)* ski stick **-4.** ANAT *(de la retina)* rod
bastonazo *nm* blow (with a stick); **me dio un ~ en la cabeza** he hit me on the head with a stick
bastoncillo *nm* **-1.** *(para los oídos) Br* cotton bud, *US* Q-tip® **-2.** ANAT *(de la retina)* rod
bastonear *vt* to beat with a stick
bastonera *nf* umbrella stand
bastonero *nm* **-1.** *(fabricante)* cane maker **-2.** *(vendedor)* cane seller **-3.** *(en baile)* caller
basura ◇ *adj inv* **comida ~** junk food; **contrato ~** short-term contract *(with poor conditions)*
◇ *nf* **-1.** *(desechos) Br* rubbish, *US* garbage, trash; *(en la calle)* litter; **no te olvides de sacar la ~** don't forget *Br* to put the rubbish out *o US* to take out the garbage; **el parque estaba lleno de ~** the park was full of litter ❏ **~ espacial** space junk; **~ orgánica** organic waste; **~ radiactiva** radioactive waste
-2. *(recipiente) Br* rubbish bin, dustbin, *US*

garbage *o* trash can; **tirar algo a la ~** to throw sth away
-3. *(bazofia) Br* rubbish, *US* garbage, trash; **este artículo es una ~** this article is *Br* a load of rubbish *o US* trash
-4. *(persona)* scum, filth
basural *nm CSur Br* rubbish dump, *US* garbage dump
basurear *vt Perú, RP Fam (despreciar, tratar mal)* to treat like dirt; **no me gusta que me basureen** I don't like being treated like dirt
basurero, -a ◇ *nm,f (persona) Br* dustman, refuse collector, *US* garbage man, garbage collector
◇ *nm* **-1.** *(vertedero) Br* rubbish dump, *US* garbage dump **-2.** *RP, Ven (contenedor) Br* dustbin, *US* garbage *o* trash can
bat *nm Méx* DEP bat; **al ~** at bat
bata *nf* **-1.** *(de casa)* housecoat; *(al levantarse)* dressing gown ❏ *Am* **~ de baño** bathrobe; *Am* **~ de playa** beach robe
-2. *(de alumno, trabajo, profesor)* overall; *(de médico)* white coat; *(de laboratorio)* lab coat
-3. *RP Fam* **batas** *(ropa)* gear; **Juan gasta mucho en batas** Juan spends a lot on his gear *o* clothes
-4. EXPR *RP Fam* **volar la ~**: **Luisa sale de viaje mañana, está que le vuela la ~** Luisa's going off tomorrow, so she hasn't got the time or inclination to think about anything else; **su último disco me vuela la ~** I think her latest album is wicked; **a Juana le vuela la ~** Juana's off her head, Juana doesn't know what she's doing
batacazo *nm* **-1.** *(golpe)* bump, bang; **darse un ~** to bump *o* bang oneself **-2.** *(fracaso)* **los resultados representan un nuevo ~ para el partido** the results are another blow for the party; **se dieron o pegaron un ~ con su último disco** their last album was a flop
-3. *CSur Fam (triunfo inesperado)* surprise victory; **dar un ~** to pull off a surprise victory
bataclana *nf RP* cabaret artist(e)
batahola, bataola *nf esp Am Fam* row, rumpus; **se armó una ~** there was a row *o* rumpus
batalla ◇ *nf* **-1.** *(con armas)* battle; **una ~ de bolas de nieve** a snowball fight; **presentar ~** to give battle ❏ *también Fig* **~ campal** pitched battle; HIST **la ~ de Inglaterra** the Battle of Britain; **~ naval** naval *o* sea battle
-2. *(por una cosa)* battle; **la ~ contra el crimen/la inflación** the battle *o* fight against crime/inflation; **una ~ legal** a legal battle; EXPR **presentar ~ a** to put up a fight; EXPR **presentar ~ a algo/alguien** to tackle sth/sb, to take sth/sb on
-3. *(esfuerzo)* struggle; **aceptar su muerte le supuso una dura ~** it was a real struggle for her to come to terms with his death
-4. AUT wheelbase
◇ **de batalla** *loc adj (de uso diario)* everyday
batallador, -ora *adj* **es muy ~** he's a real fighter
batallar *vi* **-1.** *(con armas)* to fight **-2.** *(por una cosa)* to battle; **batalló duramente para conseguir que la aceptaran** she battled *o* struggled hard to gain acceptance; **ya estoy harto de ~ contra este sistema operativo** I'm fed up of battling with this operating system
batallita *nf Fam* **el abuelo siempre está contando batallitas** granddad's always going on about the old times
batallón *nm* **-1.** MIL battalion **-2.** *Fam (grupo numeroso)* flock; **un ~ de periodistas la esperaba a la salida** a flock of journalists was waiting for her at the exit
batán *nm (máquina)* fulling mill
bataola = **batahola**
batasuno, -a, batasunero, -a *Fam Antes* POL ◇ *adj* of/related to the militant Basque nationalist party Herri Batasuna
◇ *nm,f* = member of Herri Batasuna
batata *nf Esp, Arg, Col, Ven* sweet potato
batazo *nm* DEP hit ❏ **~ de base** base hit
bate *nm* DEP bat ❏ **~ de béisbol** baseball bat

batea *nf* **-1.** *(embarcación)* flat-bottomed boat **-2.** **~ mejillonera** = raft for farming mussels **-3.** *Am (artesa)* trough *(for washing clothes)*; EXPR *Ven* **ni lava ni presta la ~** he's a dog in the manger
bateador, -ora *nm,f* DEP *(en béisbol)* batter; *(en críquet)* batsman, *f* batswoman
batear DEP ◇ *vt* to hit
◇ *vi* to bat
batel *nm* small boat
batelero, -a *nm,f* boatman, *f* boatwoman
batería ◇ *nf* **-1.** *(de coche)* battery **-2.** ELEC & INFORMÁT battery ❏ **~ solar** solar cell **-3.** MIL battery **-4.** MÚS drums; **tocar la ~** to play the drums **-5.** TEATRO footlights **-6.** *(conjunto)* set; *(de preguntas)* barrage ❏ **~ de cocina** cookware set; **~ de pruebas** battery of tests **-7. aparcar en ~** to park at an angle to the *Br* pavement *o US* sidewalk
◇ *nmf* drummer
baterista *nmf Am* drummer
batial *adj* bathyal
batiburrillo, batiborrillo *nm Fam* **este estudio es un ~ de diferentes teorías** this study is a mishmash of different theories; **tengo un ~ de ideas en la cabeza** my head is a jumble of ideas; **se ocupa de un ~ de actividades diversas** she deals with all sorts of different activities
baticabeza *nm* click beetle
baticola *nf (correa)* crupper
batida *nf* **-1.** *(de caza)* beat; **hacer una ~ (en la zona)** to beat the area **-2.** *(de policía)* search; **la policía hizo una ~ en la zona para encontrar a los terroristas** the police combed the area in search of the terrorists
batido, -a ◇ *adj* **-1.** *(nata)* whipped; *(claras)* whisked **-2.** *(senda, camino)* well-trodden **-3.** *(seda)* shot **-4. tierra batida** *(en tenis)* clay
◇ *nm* **-1.** *(acción de batir)* beating **-2.** *(bebida)* milk shake; **~ de chocolate/fresa** chocolate/strawberry milk shake
batidor, -ora ◇ *nm* **-1.** *(aparato manual)* whisk **-2.** *(eléctrico)* mixer **-3.** *(en caza)* beater **-4.** MIL scout
◇ *nm,f RP Fam (denunciante) Br* grass, *US* rat
batidora *nf (de brazo, vaso)* blender; *(con aspas, para amasar)* mixer
batiente ◇ *adj* **reír a mandíbula ~** to laugh one's head off, to laugh oneself silly
◇ *nm* **-1.** *(de puerta)* jamb; *(de ventana)* frame **-2.** *(costa)* shoreline **-3.** MÚS damper
batifondo *nm RP Fam* racket, uproar; **no armen mucho ~** don't make too much of a racket; **el ~ actual sobre Internet** the current hoo-ha about the Internet
batik *nm* batik
batín *nm* dressing gown, robe
batintín *nm* gong
batir ◇ *vt* **-1.** *(mezclar) (huevos, mezcla líquida)* to beat, to whisk; *(nata)* to whip; *(mantequilla)* to cream
-2. *(golpear)* to beat against; **las olas batían las rocas** the waves beat against the rocks; **el viento batía las ventanas** the windows were banging in the wind; **~ palmas** to clap
-3. *(alas)* to flap, to beat
-4. *(metal)* to beat
-5. *(moneda)* to mint
-6. *(derrotar)* to beat; **~ al portero** *(superarlo)* to beat the goalkeeper
-7. *(récord)* to break
-8. *(explorar) (sujeto: policía)* to comb, to search
-9. *(explorar) (sujeto: cazador)* to beat
-10. *RP Fam (denunciar)* to report, to turn in
-11. *RP Fam* **~ la justa**: **pregúntale a Santi que te bate la justa** ask Santi, he can give you the goods; **te lo digo yo que acabo de volver, te bato la justa** I've just come back from there, so I know what I'm talking about
◇ *vi (sol, lluvia)* to beat down
◆ **batirse** *vpr* **-1.** *(luchar)* to fight; **batirse en duelo** to fight a duel
-2. *(puerta)* to slam shut
-3. EXPR *Fam* **batirse el cobre** to break one's back, to bust a gut; **batirse en retirada** to beat a retreat; *RP Fam* **batirse el parche** to blow one's own trumpet

batiscafo *nm* bathyscaphe
batisfera *nf* bathysphere
batista *nf* batiste, cambric
batita *nf* RP baby jacket
batllismo *nm* POL *(ideología)* = philosophy of former Uruguayan president (1903-1907, 1911-1915) José Batlle y Ordóñez
batllista POL ◇ *adj* = of/relating to the former Uruguayan president José Batlle y Ordóñez
  ◇ *nmf* = supporter of former Uruguayan president José Batlle y Ordóñez
bato *nm* Méx Fam guy
batón *nm* RP dressing gown
batracio ZOOL ◇ *nm (animal)* batrachian
  ◇ *nmpl* **batracios** *(clase)* Batrachia; **de la clase de los batracios** of the *Batrachia* class
Batuecas *nfpl* EXPR *Fam* **estar en las ~** to have one's head in the clouds
batuque *nm* RP Fam = noisy street party with drum music
baturro, -a ◇ *adj* Aragonese
  ◇ *nm,f* **-1.** *(del campo)* Aragonese peasant **-2.** *(de Aragón)* person from Aragon *(Spain)*
batuta *nf* baton; **la Orquesta Filarmónica, bajo la ~ de Karajan** the Philharmonic Orchestra, conducted by Karajan; EXPR **llevar la ~** to call the tune o shots
baudio *nm* INFORMÁT baud
baúl *nm* **-1.** *(cofre)* trunk **-2.** Arg, Col *(maletero)* Br boot, US trunk
baulera *nf* Arg Br boxroom, US trunk room
bauprés *(pl* **baupreses)** *nm* NÁUT bowsprit
bautismal *adj* baptismal
bautismo *nm* **-1.** *(sacramento)* baptism ❑ *Fig* **~ de fuego** baptism of fire **-2.** RP *(ceremonia)* baptism, christening **-3.** RP *(fiesta)* christening party
Bautista *nm* **el ~** St John the Baptist
bautisterio *nm* = baptisterio
bautizar [14] *vt* **-1.** *(administrar sacramento a)* to baptize, to christen
 -2. *(denominar)* to christen; **lo bautizaron con el nombre de "Sam"** they christened it "Sam"; **bautizaron el yate "la Intrépida"** they named the yacht "la Intrépida"
 -3. *(poner mote a)* to nickname; **en el colegio bautizan con mote a todos los profesores** they give all the teachers at school nicknames
 -4. *Fam (aguar)* to dilute
bautizo *nm* **-1.** *(ceremonia)* baptism, christening **-2.** *(fiesta)* christening party **-3.** *(de barco)* naming
bauxita *nf* GEOL bauxite
bávaro, -a ◇ *adj* Bavarian
  ◇ *nm,f* Bavarian
Baviera *n* Bavaria
baya *nf* berry
bayeta *nf* **-1.** *(tejido)* flannel **-2.** *(para limpiar)* cloth; **~ de gamuza** chamois
bayo, -a ◇ *adj* bay
  ◇ *nm* bay (horse)
bayón *nm* = type of sandalwood
Bayona *n* Bayonne
bayonesa *nf (bollo)* = pastry filled with strands of crystallized pumpkin
bayoneta *nf* **-1.** *(arma)* bayonet **-2. bombilla de ~** light bulb with bayonet fitting
bayonetazo *nm* **-1.** *(golpe)* bayonet thrust **-2.** *(herida)* bayonet wound
baza *nf* **-1.** *(en naipes)* trick; **hacer una ~** to make a trick; EXPR **jugar una ~:** **jugó bien sus bazas** she played her cards right; **están jugando su última ~** they're playing their last card; EXPR *Fam* **meter ~:** **no pude meter ~ (en la conversación)** I couldn't get a word in edgeways; **siempre trata de meter ~ (en la conversación)** she's always trying to butt in; **intentan meter ~ en la gestión de la empresa** they are trying to elbow in on the management of the company
 -2. *(ventaja)* advantage; **la gran ~ del producto es su reducido precio** the product's great advantage is its low price; **presentaron como ~ electoral la educación** they played the education card in the election;

el delantero ruso es la gran ~ del equipo the Russian forward is the team's main weapon
bazar *nm* **-1.** *(tienda)* bazaar, = shop selling electrical goods, trinkets etc **-2.** *(mercado)* bazaar
bazo *nm* spleen
bazofia *nf* **-1.** *(comida)* pigswill **-2.** *(libro, película)* **ser (una) ~** to be Br rubbish o US garbage
bazuca, bazooka *nm* bazooka
BBS *nf* INFORMÁT *(abrev de* **Bulletin Board Service)** BBS
BCE *nm (abrev de* **Banco Central Europeo)** ECB
BCU *nm (abrev de* **Banco Central del Uruguay)** = Uruguayan issuing bank
be *nf* **-1.** *Esp (letra)* = name of the letter "b"; EXPR **be por be** down to the last detail; EXPR **tener las tres bes** to be the perfect buy **-2.** Am **be alta** o **grande** o **larga b** *(to distinguish from "v")*
bearnesa ◇ *adj* béarnaise
  ◇ *nf* béarnaise sauce
beat [bit] *nm* **-1.** *(música)* beat (music) **-2.** *(unidad)* beat
beatería *nf* **-1.** *(piedad)* devoutness **-2.** *(santurronería)* sanctimoniousness
beatificación *nf* beatification
beatificar [59] *vt* to beatify
beatífico, -a *adj* beatific
beatísimo *adj* **el Beatísimo Padre** the Most Holy Father
beatitud *nf* beatitude
beatnik ['bitnik] *nm* beatnik
beato, -a ◇ *adj* **-1.** *(beatificado)* blessed **-2.** *(piadoso)* devout **-3.** *(santurrón)* sanctimonious
  ◇ *nm,f* **-1.** *(beatificado)* beatified person **-2.** *(piadoso)* devout person **-3.** *(santurrón)* sanctimonious person
bebe, -a *nm,f* Andes, RP baby
bebé *nm* baby ❑ **~ probeta,** Am **~ de probeta** test-tube baby
bebedero *nm* **-1.** *(de jaula)* water dish **-2.** *(abrevadero)* drinking trough **-3.** Guat, Perú *(bar)* refreshment stand **-4.** Méx, RP *(fuente)* drinking fountain
bebedizo *nm* **-1.** *(brebaje)* potion; *(de amor)* love potion **-2.** *(veneno)* poison
bebedor, -ora *nm,f (borrachín)* heavy drinker; **ser un gran ~** to drink a lot; **es un ~ empedernido** he's a hardened drinker
beber ◇ *vt* **-1.** *(líquido)* to drink; **¿qué quieres ~?** what would you like to drink?
 -2. *(absorber) (palabras, consejos)* to lap up; *(sabiduría, información)* to draw, to acquire; EXPR **~ los vientos por alguien** to be head over heels in love with sb
 ◇ *vi* **-1.** *(tomar líquido)* to drink; **~ de una fuente** to drink from a fountain; *Fam* **a morro** to swig straight from the bottle; **dar de ~ a alguien** to give sb something to drink; **me dio de ~ un poco de agua** she gave me a little water to drink
 -2. *(tomar alcohol)* to drink; **no sabe ~** he doesn't know his limit where alcohol's concerned; **bebí más de la cuenta** I had one too many; **si bebes, no conduzcas** don't drink and drive
 -3. *(brindar)* **~ a la salud de alguien** to drink to sb's health; **~ por algo** to drink to sth
  ◇ *nm* drinking; **cuida mucho el ~** he's very careful how much he drinks
  ◆ **beberse** *vpr* to drink; **bébetelo todo** drink it all up; **se bebió casi un litro de agua** he drank almost a litre of water
bebercio *nm* Esp Fam Hum **nosotros nos encargamos del ~** we'll take care of the liquid refreshment; **tu amigo le da mucho al ~** your friend's very fond of the bottle
bebestible *nm* RP Fam **ellos llevan los comestibles y nosotros los bebestibles** they're bringing the eats and we're bringing the drinks
bebible *adj* drinkable
bebida *nf* **-1.** *(líquido)* drink ❑ **~ sin alcohol** *(fría o caliente)* non-alcoholic drink; *(refresco)* soft drink; **~ alcohólica** alcoholic drink; **~ carbónica** carbonated drink; **~ isotónica** isotonic drink; **~ refrescante** soft drink **-2.** *(acción)* drinking; **darse** o **entregarse a la ~** to take to drink o the bottle; **el problema de la ~** the problem of alcoholism o drinking
bebido, -a *adj* drunk
bebistrajo *nm* Fam Pey concoction, brew
beca *nf (del gobierno)* grant; *(de organización privada)* scholarship ❑ UE **~ Erasmus** Erasmus scholarship; **~ de investigación** research scholarship
becabunga *nf* brooklime
becada *nf* woodcock
becado, -a ◇ *adj* **alumno ~** *(por el gobierno)* grant holder; *(por organización privada)* scholarship holder
  ◇ *nm,f esp* Am *(del gobierno)* grant holder; *(de organización privada)* scholarship holder
becar [59] *vt (sujeto: gobierno)* to give o award a grant to; *(sujeto: organización privada)* to award a scholarship to
becario, -a *nm,f (del gobierno)* grant holder; *(de organización privada)* scholarship holder
becerrada *nf* = bullfight with young bulls
becerrillo *nm* calfskin
becerro, -a *nm,f (animal)* calf ❑ **el ~ de oro** the golden calf
  ◇ *nm (piel)* calfskin
bechamel *nf* béchamel o white sauce
becuadro *nm* MÚS natural sign
bedao *nm* zebra sea bream
bedel, -ela *nm,f* janitor
beduino, -a ◇ *adj* Bedouin
  ◇ *nm,f* Bedouin
beee *interj (balido)* baa
befa *nf* jeer; **hacer ~ de** to make fun of
befar ◇ *vt* to make fun of
  ◆ **befarse** *vpr* **befarse de** to make fun of
befo, -a ◇ *adj (de labios gruesos)* thick-lipped; **labios befos** thick lips
  ◇ *nm* thick lower lip
begonia *nf* begonia
BEI ['bei] *nm* UE *(abrev de* **Banco Europeo de Inversiones)** EIB
beicon *nm* Esp bacon
beige [beis] *(pl* **beiges)** ◇ *adj* beige
  ◇ *nm* beige
Beijing [bei'jin] *n* Beijing
Beirut *n* Beirut
beis Esp ◇ *adj inv* beige
  ◇ *nm inv* beige
béisbol, Cuba, Méx **beisbol** *nm* baseball
beisbolero, -a ◇ *adj* baseball; **liga beisbolera** baseball league
  ◇ *nm,f* baseball player
beisbolista *nmf* baseball player
beisbolístico, -a *adj* baseball; **un encuentro ~** a baseball game
bejel *nm* red gurnard
bejuco *nm* **-1.** *(en América)* liana **-2.** *(en Asia)* rattan
bel *nm* FÍS bel
  ◇ *adj* MÚS **el ~ canto** bel canto
Belcebú *n pr* Beelzebub; *Anticuado* **¡por ~!** gadzooks!
beldad *nf Literario* **-1.** *(belleza)* fairness, beauty **-2.** *(mujer bella)* beauty
belemnita *nf,* **belemnites** *nm inv* GEOL belemnite
Belén *n* Bethlehem
belén *nm* **-1.** *(de Navidad)* crib, Nativity scene **-2.** Fam *(desorden)* bedlam **-3.** Fam *(embrollo)* mess; **meterse en belenes** to get mixed up in trouble
beleño *nm* henbane
belesa *nf* common plumbago, leadwort
belfo *nm* lip *(of horse)*
belga ◇ *adj* Belgian
  ◇ *nmf* Belgian
Bélgica *n* Belgium
Belgrado *n* Belgrade
Belice *n* Belize
beliceño, -a ◇ *adj* Belizean
  ◇ *nm,f* Belizean
belicismo *nm* warmongering
belicista ◇ *adj* belligerent
  ◇ *nmf* warmonger

bélico, -a *adj* **conflicto ~** military conflict; **esfuerzo ~** war effort; **espiral bélica** spiral towards war
belicosamente *adv* aggressively
belicosidad *nf* aggressiveness
belicoso, -a *adj* **-1.** *(guerrero)* bellicose, warlike **-2.** *(agresivo)* aggressive
beligerancia *nf* belligerence; **con ~** belligerently
beligerante ◇ *adj* belligerent
◇ *nmf* belligerent
belinún, -una *RP Fam* ◇ *adj* dopey
◇ *nm,f* dope
belio *nm* FÍS bel
bellaco, -a ◇ *adj* **-1.** *Literario (bribón)* villainous, wicked **-2.** *RP (caballo)* spirited, hard to control **-3.** *Ecuad, Pan (valiente)* brave
◇ *nm,f Literario* villain, scoundrel
belladona *nf* belladonna, deadly nightshade
bellaquería *nf Literario* **-1.** *(cualidad)* wickedness, villainy **-2.** *(acto)* **hacerte eso fue una ~** that was a dastardly thing for him to do to you
belle époque [bele'pok] *nf* belle époque
belleza *nf* **-1.** *(cualidades)* beauty; **productos de ~** beauty products **-2.** *(objeto, animal)* **es una ~ de edificio/caballo** it's a beautiful building/horse **-3.** *(persona)* beauty; **llegó acompañado de varias bellezas** he arrived in the company of several beautiful women
bello, -a *adj* beautiful ❑ **bellas artes** fine arts; **el ~ sexo** the fair sex
bellota *nf* **-1.** *(de árbol)* acorn **-2. ~ de mar** acorn barnacle
beluga *nf* beluga, white whale
bemba *nf Andes, Carib Fam* thick lips
bembo, -a *nm,f Méx (tonto)* fool, idiot
bembón, -ona *adj Andes, Carib Fam* thick-lipped
bemol MÚS ◇ *adj* flat
◇ *nm (nota)* flat; *(signo)* flat (sign); **doble ~** double flat; EXPR *Fam* **tener (muchos) bemoles** *(ser difícil)* to be tricky; *(tener valor)* to have guts; **tiene bemoles que ahora él se adjudique el mérito** it's a bit rich him claiming the credit
Benarés *n* Varanasi
benceno *nm* QUÍM benzene
bencina *nf* **-1.** QUÍM benzine **-2.** *Chile (gasolina) Br* petrol, *US* gas
bencinera *nf Chile Br* petrol station, *US* gas station
bencinero, -a *Chile* ◇ *adj* **la producción bencinera** oil production; **un motor bencinero** a *Br* petrol *o US* gasoline engine
◇ *nm,f Br* (petrol) pump attendant, *US* gas station attendant
bendecir [51] *vt* **-1.** *(agua, fieles, edificio)* to bless; **~ la mesa** to say grace; **que Dios te bendiga** God bless you **-2.** *(agradecer)* **bendigo el día en que la conocí** I bless the day I met her
bendición *nf* **-1.** *(religiosa)* blessing; EXPR **ser una ~ (de Dios)** to be wonderful; **canta que es una ~** she sings divinely ❑ **urbi et orbe** urbi et orbe blessing **-2. bendiciones (nupciales)** *(boda)* wedding **-3.** *(consentimiento)* blessing; **lo hicieron sin la ~ de sus padres** they did it without their parents' blessing
bendigo *etc ver* **bendecir**
bendijera *etc ver* **bendecir**
bendito, -a ◇ *adj* **-1.** *(santo)* holy; *(alma)* blessed; EXPR *Fam* **¡~ sea Dios!** *(expresando gratitud)* thank God *o* the Lord!; *(expresando preocupación)* good Lord o heavens!
-2. *(dichoso)* lucky; **¡bendita la hora en que llegaste!** thank heavens you arrived!
-3. *(para enfatizar)* blessed; **ya está otra vez con esa bendita historia** there she goes again with the same blessed story!; **ya llegó el ~ autobús** the blessed bus has finally arrived
◇ *nm,f* simple soul; EXPR **dormir como un ~** to sleep like a baby
benedictino, -a REL ◇ *adj* Benedictine
◇ *nm,f* Benedictine

Benedicto *n pr* **~ I/II** Benedict I/II
benefactor, -ora ◇ *adj* beneficent
◇ *nm,f* benefactor, *f* benefactress
benéficamente *adv (caritativamente)* charitably
beneficencia *nf* **-1.** *(ayuda)* charity; **casa de ~** poorhouse **-2.** *(institución)* charity
beneficiar ◇ *vt* **-1.** *(favorecer)* to benefit; **con esta medida todos nos veremos beneficiados** that measure will benefit all of us; **yo fui el que salió más beneficiado** I was the one who benefited the most; **ese comportamiento no te beneficia** behaving like that won't do you any good
-2. MIN *(extraer)* to extract
-3. *Carib, Chile (res)* to butcher
➤ **beneficiarse** *vpr* to benefit; **beneficiarse de *o* con algo** to benefit from sth; **20 presos políticos se beneficiaron de la amnistía** 20 political prisoners benefited from the amnesty; **el dólar se benefició de la debilidad del euro** the dollar benefited *o* profited from the weakness of the euro; **muchos ciudadanos se beneficiarán con el cambio** many citizens will benefit *o* profit from the change
beneficiario, -a *nm,f* **-1.** *(de seguro)* beneficiary **-2.** *(de cheque)* payee
beneficio *nm* **-1.** *(bien)* benefit; **a ~ de** *(gala, concierto)* in aid of; **en ~ de** for the good of; **ello redundó en ~ nuestro** it was to our advantage; **en ~ de todos** in everyone's interest; **en ~ propio** for one's own good; **sólo buscan el ~ propio** they're only interested in what's in it for them
-2. *(ganancia)* profit; **la tienda ya está dando beneficios** the shop is already making a profit ❑ **~ bruto** gross profit; **beneficios antes de impuestos** pre-tax profits; **~ neto** net profit
-3. MIN *(extracción)* extraction
-4. *Carib, Chile (de res)* slaughter
beneficioso, -a *adj* beneficial **(para** to)
benéfico, -a *adj* **-1.** *(favorable)* beneficial **(para** to) **-2.** *(de caridad)* charity; **una entidad benéfica** a charity, a charitable organization; **un concierto ~** a charity *o* benefit concert; **un partido ~** a charity *o* benefit match
Benelux *nm* **el ~** Benelux
Benemérita *nf Esp* **la ~** = name given to the "Guardia Civil"
benemérito, -a *adj (causa, institución)* worthy; *(persona)* distinguished ❑ *Am* **~ de la patria** = title bestowed on men and women deemed to have done great services for their country
beneplácito *nm* consent; **dio su ~** she gave her consent; **cuentan con el ~ de las autoridades** they have the authorities' consent
benévolamente *adv* benevolently, kindly
benevolencia *nf* benevolence, kindness; **lo trataron con ~** they treated him kindly
benevolente, benévolo, -a *adj (persona)* benevolent, kind; **se mostró ~ con la propuesta** he looked kindly on the proposal; **su actitud ~ con sus empleados** her indulgent attitude towards her employees
Bengala *n* Bengal
bengala *nf* **-1.** *(de señalización)* flare **-2.** *(de fiesta)* sparkler
bengalí *(pl* **bengalíes** *o* **bengalís)** ◇ *adj* Bengali
◇ *nmf* Bengali
benignidad *nf* **-1.** *(de persona, carácter)* benign nature **-2.** *(de enfermedad, tumor)* benign nature **-3.** *(de clima, temperatura)* mildness
benigno, -a *adj* **-1.** *(enfermedad, tumor)* benign **-2.** *(clima, temperatura)* mild **-3.** *(persona, carácter)* benevolent, kind
benimerín *nm* HIST = member of the Berber dynasty which ruled in North Africa and Muslim Spain in the 13th and 14th centuries
Benín *n* Benin
beninés, -esa ◇ *adj* Beninese
◇ *nm,f* Beninese; **los benineses** the Beninese

Benito *n pr* **San ~** Saint Benedict
benjamín, -ina *nm,f* **-1.** *(hijo menor)* youngest child **-2.** DEP **benjamines** ≃ colts *(aged 8–9)*
benjuí *(pl* **benjuís** *o* **benjuíes)** *nm (resina)* benzoin, benjamin
benteveo *nm* great kiskadee
béntico, -a, bentónico, -a *adj* BIOL benthic, benthonic
bentonita *nf* bentonite
benzoato *nm* QUÍM benzoate
benzoico, -a *adj* QUÍM benzoic
benzol *nm* QUÍM benzol
beodez *nf Formal* inebriation, drunkenness
beodo, -a ◇ *adj* drunk, inebriated
◇ *nm,f* drunkard
beque *etc ver* **becar**
berberecho *nm* cockle
Berbería *n Anticuado* Barbary
berberisco, -a ◇ *adj* Berber
◇ *nm,f* Berber
berbiquí *(pl* **berbiquíes** *o* **berbiquís)** *nm* brace and bit
berceo *nm (giant)* feather grass
BERD *nm (abrev de Banco Europeo de Reconstrucción y Desarrollo)* EBRD
bereber, beréber, berebere ◇ *adj* Berber
◇ *nmf (persona)* Berber
◇ *nm (lengua)* Berber
berenjena *nf Br* aubergine, *US* eggplant
berenjenal *nm Fam (enredo)* mess; **meterse en un ~** to get oneself into a right mess; **no sé cómo vamos a salir de este ~** I don't know how we're going to get out of this mess *o* one
bergamota *nf* bergamot
bergante *nm* scoundrel, rascal
bergantín *nm* brigantine
beriberi *nm* MED beriberi
berilio *nm* QUÍM beryllium
berilo *nm* GEOL beryl
Bering *n* **el mar de ~** the Bering Sea; **el estrecho de ~** the Bering Strait
berkelio, berquelio *nm* QUÍM berkelium
Berlín *n* Berlin; *Antes* **~ Este** East Berlin; *Antes* **~ Occidental** West Berlin; *Antes* **~ Oriental** East Berlin
berlina *nf* **-1.** *(automóvil)* four-door saloon **-2.** *(coche de caballos)* berlin
berlinés, -esa ◇ *adj* of/from Berlin; **las calles berlinesas** the Berlin streets, the streets of Berlin
◇ *nm,f* Berliner
berma *nf* **-1.** *Andes (arcén) Br* hard shoulder, *US* shoulder **-2.** *Perú (isleta central)* traffic island
bermejo, -a *adj* reddish
bermejuela *nf* roach
bermellón ◇ *adj inv* vermilion
◇ *nm* **-1.** *(sustancia)* vermilion **-2.** *(color)* vermilion
bermuda *nf (planta)* Bermuda grass
Bermudas *nfpl* **las ~** Bermuda
bermudas *nfpl o nmpl* Bermuda shorts
Berna *n* Berne
bernia *nmf Hond (haragán)* loafer, idler
berquelio = **berkelio**
berrea *nf* rut
berrear *vi* **-1.** *(animal)* to bellow **-2.** *(niño)* to howl **-3.** *Fam (cantar mal)* to screech, to howl
berreo *nm* **-1.** *(de animal)* bellow; **los berreos de la vaca** the cow's bellowing **-2.** *(de niño)* howl; **los berreos del niño** the child's howling *o* howls
berrera *nf* narrowleaf cattail
berreta *adj inv RP Fam* cheapo, crappy
berretada *nf RP Fam* **sólo venden berretadas** they only sell tat *o* cheap rubbish
berretín *nm RP Fam* **son gente llena de berretines** they're full of fads and fancies; **tiene el ~ de que su familia era noble** she's got this big thing about how he comes from a noble family
berrido *nm* **-1.** *(de animal)* **dar berridos/un ~** to bellow **-2.** *(de niño)* howl; **oímos el ~ de un niño** we heard a child's cry; **dar berridos** to howl **-3.** *Fam* **dar berridos** *(cantar mal)* to screech

berrinche *nm Fam* tantrum; *Esp* **coger** *o Am* **hacer un ~** to throw a tantrum
berro *nm* watercress; **una ensalada de berros** a watercress salad
berrocal *nm* rocky place
berrueco *nm (roca)* granite rock
berruenda *nf* ling
bertorella *nf* shore rockling
berza *nf* cabbage
berzal *nm* cabbage patch
berzas, berzotas *nmf inv Esp Fam* thickhead
besamanos *nm inv* **-1.** *(recepción)* = audience in which people pay their respects to a monarch or other dignitary **-2.** *(saludo)* **saludar a alguien con un ~** to kiss sb's hand in greeting
besamel *nf* béchamel *o* white sauce
besar ⬦ *vt* **-1.** *(con los labios)* to kiss; **le besó la mano** he kissed her hand; **lo besó en la cara** she kissed his face **-2.** *Literario (acariciar)* to caress; **la brisa les besaba el rostro** the breeze caressed their faces
◆ **besarse** *vpr* to kiss; **se besaron en la boca** they kissed each other on the lips
Besarabia *n* Bessarabia
beso *nm* kiss; **dar un ~ a alguien** to give sb a kiss, to kiss sb; **le dio un ~ en los labios** he kissed her on the lips; **un ~, muchos besos** *(en carta)* love; **Marisa te manda besos** Marisa sends her love; **tirar un ~ a alguien** to blow sb a kiss; [EXPR] **comerse a besos a alguien** to smother sb with kisses ❏ **~ francés** French kiss; **~ de Judas** Judas' kiss; **~ con lengua** French kiss; *Esp Fam* **~ de tornillo** French kiss
bestia ⬦ *adj Fam* **-1.** *(bruto)* **es tan ~ que quería meter el piano por la ventana** he's such an oaf, he wanted to try and get the piano in through the window; **un chiste muy ~** a really gross joke
-2. *(violento)* **es muy ~ con su mujer** he's a real brute to his wife; **¡qué tipo más ~!** what a brute *o* thug!
-3. *(ignorante)* thick; **¡qué ~, no sabe quién descubrió América!** he's so thick he doesn't even know who discovered America!
-4. *(extraordinario)* amazing; **¡qué ~, regateó a seis jugadores él solito!** wow *o* that's amazing!, he beat six players all by himself!
-5. a lo ~: conduce siempre a lo ~ he always drives like a maniac; **comer a lo ~** to stuff one's face; **cerró la puerta a lo ~** he slammed the door shut; **si metes el clavo a lo ~ se va a doblar** if you just bash the nail in like that it'll get bent; **trata a su mujer a lo ~** he treats his wife like dirt
⬦ *nmf Fam* **-1.** *(bruto)* oaf; **yo no le dejo mi coche al ~ de tu hermano** I'm not going to let your oaf of a brother have my car
-2. *(ignorante)* brute
-3. *(violento)* brute
⬦ *nf (animal)* beast; *Fam* **ese tipo es una mala ~** that guy's a really nasty piece of work ❏ **~ de carga** beast of burden; *Fig* **~ negra** bête noire
bestiada *nf Esp Fam* **-1.** *(barbaridad)* **lo que dijo/hizo fue una ~** what he said/did was just outrageous; **me pareció una ~ que nos pidieran tanto dinero** I thought it was way out of order for them to ask us for so much money **-2. una ~ de** *(muchos)* tons *o* stacks of
bestial *adj* **-1.** *(brutal)* animal, brutal **-2.** *Fam (enorme)* **tengo un cansancio/un apetito ~** I'm dead tired/hungry; **tengo unas ganas bestiales de ir** I'm absolutely dying to go **-3.** *Fam (estupendo)* terrific; **su último disco es ~** her latest album is terrific
bestialidad *nf* **-1.** *(brutalidad)* brutality **-2.** *Fam (barbaridad)* **lo que dijo/hizo fue una ~** what he said/did was just outrageous; **me parece una ~ que los dejes solos tanto tiempo** I think it's a scandal that you leave them on their own such a lot **-3.** *Fam (montón)* **una ~ de** tons *o* stacks of
bestialismo *nm* bestiality
bestialmente *adv* brutally, savagely
bestiario *nm* LIT bestiary

best-seller, best-séller [bes'seler] *(pl* best-sellers) *nm* bestseller
besucón, -ona *Fam* ⬦ *adj* **está muy ~** he's being very kissy; **tiene una madre muy besucona** her mother is a great one for kissing people
⬦ *nm,f* **es un ~** he's a great one for kissing people
besugo *nm* **-1.** *(pez)* sea bream **-2.** *Esp Fam (persona)* idiot
besuguera *nf* = oval casserole for cooking fish
besuquear *Fam* ⬦ *vt* to smother with kisses
◆ **besuquearse** *vpr* to smooch
besuqueo *nm Fam* smooching
beta *nf* **-1.** *(letra griega)* beta **-2.** INFORMÁT beta
betabel *nm Méx Br* beetroot, *US* beet
betabloqueante, betabloqueador *nm* FARM beta-blocker
betadine® *nm* = type of antiseptic
betamax® *nf Perú* (Betamax) video (recorder)
Betania *n* Bethany
betarraga, beterraga *nf Andes Br* beetroot, *US* beet
betel *nm* betel (pepper)
beterava *nf Bol Br* beetroot, *US* beet
beterraga = betarraga
bético, -a *adj* **-1.** *(andaluz)* Andalusian **-2.** HIST = of/relating to Roman province of Betica in southern Spain **-3.** DEP = of/relating to Real Betis Football Club
betonera *nf Chile* concrete mixer
betulácea *nf* BOT member of the *Betulaceae* family, betulaceous tree/shrub
betuláceo, -a *adj* BOT betulaceous
betún *nm* **-1.** *(para calzado)* shoe polish **-2.** QUÍM bitumen ❏ **~ asfáltico** asphalt; **~ de Judea** asphalt
betunero *nm* shoeshine, *Br* bootblack
bezo *nm* thick lip
BHU *nm (abrev de* **Banco Hipotecario del Uruguay***)* = Uruguayan mortgage bank
bi *Fam* ⬦ *adj* bi
⬦ *nmf* bi
bi- *pref* bi-
biaba *nf RP Fam* **-1.** *(tortazo)* hiding; **darle una ~ a alguien** to give sb a hiding **-2.** *(paliza)* beating; **darle una ~ a alguien** to beat sb up **-3.** *(derrota)* thrashing; **el equipo uruguayo les dio una ~** Uruguay thrashed them
bianual *adj* biannual, twice-yearly
bianualmente *adv* biannually, twice-yearly
biatlón *nm* biathlon
biatómico, -a *adj* QUÍM diatomic
bibelot *nm* bibelot, trinket
biberón *nm* **-1.** *(botella)* (baby's) bottle **-2.** *(alimento)* **dar el ~ a** to bottle-feed; **toma un ~ cada cuatro horas** we give her her bottle once every four hours
biblia *nf* Bible; [EXPR] *Fam* **la Biblia en verso: ser la Biblia en verso** to be endless; **me contó la Biblia en verso** she told me a story that went on and on; **vinieron mis tíos y primos, la Biblia en verso** all my uncles and cousins came, the whole crowd turned up
bíblico, -a *adj* biblical
bibliobús (*pl* **bibliobuses**) *nm Esp* mobile library
bibliofilia *nf* bibliophile
bibliófilo, -a *nm,f* **-1.** *(coleccionista)* book collector **-2.** *(lector)* book lover
bibliografía *nf* bibliography
bibliográfico, -a *adj* bibliographic
bibliógrafo, -a *nm,f* bibliographer
bibliología *nf* bibliology
bibliomanía *nf* bibliomania
bibliómano, -a *nm,f* bibliomaniac
bibliorato *nm RP* lever arch file
biblioteca *nf* **-1.** *(lugar)* library ❏ **~ ambulante** mobile library; **~ de consulta** reference library; **~ de préstamo** lending library; **~ pública** public library **-2.** *(conjunto de libros)* library **-3.** *Chile, Perú, RP (mueble)* bookcase
bibliotecario, -a *nm,f* librarian
biblioteconomía *nf* library science

biblioteconomía *nf* librarianship, *US* library science
Bic® *nm o nf* Biro®
bicameral *adj* POL bicameral, two-chamber; **sistema ~** two-chamber *o* bicameral system
bicameralismo *nm* POL two-chamber system, bicameralism
bicampeón, -ona *nm,f* two-times *o* twice champion
bicarbonato *nm* **-1.** *(medicamento)* **~ (sódico)** bicarbonate of soda **-2.** QUÍM bicarbonate ❏ **~ sódico** sodium bicarbonate; **~ de sodio** sodium bicarbonate
bicéfalo, -a *adj* bicephalic, bicephalous
bicentenario *nm* bicentenary
bíceps *nm inv* biceps
bicha *nf Fam* **-1.** *(culebra)* snake **-2.** *Ven (mujer)* floozy
bichada = vichada
bichar = vichar
bicharraco *nm Fam* **-1.** *(animal)* beast, creature; *(insecto)* creepy-crawly, bug; **¡qué ~ más raro!** what a bizarre creature! **-2.** *(persona) (mala)* nasty piece of work; *(pilla)* little terror
biche *adj Col* unripe
bichero *nm* NÁUT boat hook
bichi *adj Méx Fam* stark naked, *Br* starkers; **siempre anda ~ por la casa** he always goes round the house stark naked
bichicome *nmf Urug* tramp, *US* bum
bicho *nm* **-1.** *(insecto)* bug, creepy-crawly; **lo picó un ~** he was bitten by an insect; [EXPR] *Fam* **¿qué ~ le ha picado?** *Br* what's up with him?, *US* what's eating him? ❏ *RP* **~ bolita** *(cochinilla)* woodlouse; *RP* **~ de luz** *(gusano de luz)* glow-worm
-2. *Fam (animal)* beast, creature
-3. *Fam (persona) (mal)* **~** nasty piece of work; *(pillo)* little terror; **~ raro** weirdo ❏ **~ viviente: siempre está intentado ligar con todo ~ viviente** he'll try to *Br* get off with *o US* hit on anything that moves; **no hay ~ viviente que se coma esto** there isn't a creature alive that would eat that
-4. *RP Fam (apelativo)* honey
-5. *Perú Fam (envidia, despecho)* spite, envy; **de puro ~** out of pure spite
bichoco, -a *adj CSur (animal)* old, decrepit
bici *nf Fam* bike
bicicleta *nf* bicycle, bike; **andar** *o* **ir en ~** to go by bicycle; **montar en ~** to ride a bicycle ❏ **~ de carreras** racing bike; **~ estática** exercise bike; **~ de montaña** mountain bike; **~ todo terreno** mountain bike
bicicletear *vi RP Fam* **-1.** *(especular)* = to speculate using money owed to someone else **-2.** *(no pagar)* to put off paying
biciclo *nm* penny farthing
bicicross *nm* cyclocross
bicilíndrico, -a *adj* two-cylinder
bicla *nf CAm, Méx Fam* bike
bicoca *nf Fam* **-1.** *(compra, alquiler)* bargain **-2.** *Esp (trabajo)* cushy number; **es una ~ trabajar aquí, porque tienes muchas ventajas** this job's a cushy number, because it has lots of advantages **-3.** *Chile (capirotazo)* flick
bicolor *adj* two-coloured
bicóncavo, -a *adj* biconcave
biconvexo, -a *adj* biconvex
bicromía *nf* two-colour print
bicúspide *adj* bicuspid
BID *nm (abrev de* **Banco Interamericano de Desarrollo***)* IDB, Inter-American Development Bank
bidé, bidet (*pl* **bidets**) *nm* bidet
bidimensional *adj* two-dimensional
bidireccional *adj* bidirectional
bidón *nm* **-1.** *(barril)* drum **-2.** *(lata)* (jerry) can **-3.** *(de plástico)* plastic jerry can **-4.** *(en bicicleta)* water bottle
biela *nf* TEC connecting rod ❏ **~ del pistón** piston rod
bieldo *nm*, **bielda** *nf* AGR winnowing fork
Bielorrusia *n* Belarus

bielorruso, -a ◇ *adj* Belorussian, Byelorussian
◇ *nm,f* Belorussian, Byelorussian

biempensante, bienpensante ◇ *adj* right-thinking; **la sociedad ~** respectable society
◇ *nmf* **los biempensantes** right-thinking o respectable people

bien ◇ *adj inv (respetable)* **una familia ~** a good family; **un barrio ~** a good area; *Pey* a posh area; **un restaurante ~** a posh restaurant; *Pey* **niño ~** rich kid; **gente ~** well-to-do people
◇ *nm* **-1.** *(concepto abstracto)* good; **el ~ y el mal** good and evil; **se cree que está por encima del ~ y del mal** she thinks ordinary moral laws don't apply to her; **hacer el ~** to do good (deeds); **un hombre de ~** a good man
-2. *(provecho)* good; **los padres desean el ~ de los hijos** parents desire the good of their children; **esto te hará ~** this will do you good; **si se marcha, nos hará un ~ a todos** if she leaves, she'll be doing us all a favour; **espero que el cambio sea para ~** I hope the change is for the best, I hope the change works out well; **por el ~ de** for the sake of; **lo hice por tu ~** I did it for your own good; **han trabajado muy duro por el ~ de todos** they have worked very hard for the good of everyone
-3. *(nota)* good, = mark between 5.9 and 7 out of 10
◇ *nmpl* **bienes -1.** *(patrimonio)* property ❑ **bienes de capital** capital assets; **bienes comunales** common property; **bienes fungibles** perishables; **bienes gananciales** shared possessions; **bienes inmateriales** intangible assets; **bienes inmuebles** real estate, *US* real property; **bienes muebles** personal property; **bienes públicos** public property; **bienes raíces** real estate
-2. *(productos)* goods ❑ **bienes de consumo** consumer goods; **bienes de consumo duraderos** consumer durables, *US* hard goods; **bienes de equipo** capital goods; **bienes de producción** industrial goods; **bienes terrenales** worldly goods
◇ *adv* **-1.** *(debidamente, adecuadamente)* well; **¿cómo estás? - ~, gracias** how are you? - fine, thanks; **habla inglés ~** she speaks English well; **¡agárrate ~!** hold on tight!; **cierra ~ la puerta** shut the door properly; **conoce ~ el tema** she knows a lot about the subject, she knows the subject well; **¿vamos ~ de gasolina?** are we doing all right for *Br* petrol o *US* gas?, have we got plenty of *Br* petrol o *US* gas?; **~ mirado** *(bien pensado)* if you look at it closely; *(bien visto)* well-regarded; **~ pensado** on reflection; **contestar ~** *(correctamente)* to answer correctly; *(cortésmente)* to answer politely; **escucha ~,...** listen carefully,...; **estar ~ relacionado** to have good connections; **le está ~ empleado** he deserves it, it serves him right; **hacer algo ~** to do sth well; **has hecho ~** you did the right thing; **hiciste ~ en decírmelo** you were right to tell me; **pórtate ~** be good, behave yourself; **salir ~ librado** to get off lightly; **todo salió ~** everything turned out well; **vivir ~** *(económicamente)* to be well-off; *(en armonía)* to be happy
-2. *(expresa opinión favorable)* well; **¡muy ~!** very good!, excellent!; **¡~ hecho!** well done!; **me cayó muy ~** I liked her a lot; **me han hablado ~ de él** they have spoken well of him to me; **en Portugal se come muy ~** the food is very good in Portugal; **estar ~** *(de aspecto)* to be nice; *(de salud)* to be o feel well; *(de calidad)* to be good; *(de comodidad)* to be comfortable; **¡está ~!** *(bueno, vale)* all right then!; *(es suficiente)* that's enough!; **este traje te está ~** this suit looks good on you; **la tienda está ~ situada** the shop is well situated; **está ~ que te vayas, pero antes despídete** it's all right for you to go, but say goodbye first;

tal comportamiento no está ~ visto such behaviour is frowned upon; **encontrarse ~** *(de salud)* to feel well; **no se encuentra nada ~** she doesn't feel at all well; **oler/saber ~** to smell/taste nice o good; **¡qué ~ huele en esta cocina!** it smells nice o good in this kitchen!; **opinar ~ de alguien** to think highly of sb; **no acaba de parecerme ~** I don't really think it's a very good idea; **no me parece ~ que no la saludes** I think it's wrong of you not to say hello to her; **¿te parece ~ así?** is it O.K. like this?, is this all right?; **pasarlo ~** to have a good time; **¡qué ~, mañana no trabajo!** great, I don't have to go to work tomorrow!; *Irónico* **¡qué ~, ahora dice que no me puede pagar!** isn't that just great, now she says she can't pay me!; **salir ~** to turn out well; **¡qué ~ sales en la foto!** you look great in the photo!; **sentar ~ a alguien** *(ropa)* to suit sb; *(comida)* to agree with sb; *(comentario)* to please sb; **el rojo no te sienta nada ~** red doesn't suit you at all; **come tan rápido que no le puede sentar ~** she eats so quickly she's bound to get indigestion; **algunos consideran que una copita de vino sienta ~** some people think a glass of wine is good for you; **no le sentó nada ~ que le criticaras en público** he didn't like you criticizing him in public at all, he was none too impressed by you criticizing him in public; **tu ayuda va a venir muy ~** your help will be very welcome; **no me viene nada ~ salir esta tarde** it's not very convenient for me o it doesn't really suit me to go out this afternoon; [PROV] **~ está lo que ~ acaba** all's well that ends well
-3. *(muy)* **quiero el filete ~ hecho** I want my steak well done; **~ abierto** wide open; **abre ~ la boca** open wide
-4. *(uso enfático)* pretty; **un regalo ~ caro** a pretty expensive present; **vamos a llegar ~ tarde** we're going to be pretty late; **estoy ~ cansado** I'm pretty tired; **hoy me he levantado ~ temprano** I got up nice and early today; **quiero un vaso de agua ~ fría** I'd like a nice cold glass of water
-5. *(vale, de acuerdo)* all right, O.K.; **¿nos vamos? - ~** shall we go? - all right
-6. *(de buena gana, fácilmente)* quite happily; **ella ~ que lo haría, pero no le dejan** she'd be happy to do it o she'd quite happily do it, but they won't let her
-7. *(expresa protesta)* **¡~ podrías haberme avisado!** you could at least have told me!; **¡~ podrías pagar tú esta vez!** it would be nice if you paid for once o for a change!
-8. *(en frases)* **~ es verdad que...** it's certainly true that...; **¡~ por...!** three cheers for...!; **¡ya está ~!** that's enough!; **¡ya está ~ de hacer el vago!** that's enough lazing around!; **estar a ~ con alguien** to be on good terms with sb; **¡pues (sí que) estamos ~!** that's all we needed!; **tener a ~ hacer algo** to be good enough to do sth; **le rogamos tenga a ~ pasarse por nuestras oficinas** we would ask you to (be good enough to) come to our offices
◇ *conj* **... ~ ... ~** either ... or; **puedes venir ~ por avión, ~ por barco** you can come by plane or by boat; **dáselo ~ a mi hermano, ~ a mi padre** give it to either my brother or my father
◇ *interj* **-1.** *(aprobación)* good!, great!; *(fastidio)* oh, great!; **hoy saldréis al recreo media hora antes - ¡~!** break time will be half an hour earlier today - great!; **se acaba de estropear la televisión - ¡~, lo que nos faltaba!** the television has just broken down - oh great, that's all we needed!
-2. *(enlazando)* **y ~, ¿qué te ha parecido?** well o so, what did you think of it?; **y ~, ¿a qué estás esperando?** well, what are you waiting for?
◇ **más bien** *loc conj* rather; **no estoy contento, más ~ estupefacto** I'm not so much happy as stunned; **más ~ creo que no vendrá** I rather suspect she won't

come, I think it unlikely that she'll come
◇ **no bien,** *RP* **ni bien** *loc conj* no sooner, as soon as; **no ~ me había marchado cuando empezaron a...** no sooner had I gone than they started...
◇ **si bien** *loc conj* although, even though

bienal ◇ *adj* biennial
◇ *nf* biennial exhibition

bienalmente *adv* every two years, biennially

bienaventurado, -a REL ◇ *adj* blessed; **bienaventurados los pobres de espíritu** blessed are the poor in spirit
◇ *nm,f* blessed person

bienaventuranza *nf* **-1.** REL divine vision; **las bienaventuranzas** the Beatitudes **-2.** *(felicidad)* happiness

bienestar *nm* wellbeing ❑ **~ económico** economic wellbeing; *Col* **Bienestar Familiar** = family welfare authority; **~ social** social welfare

biengranada *nf* small red goosefoot

bienhablado, -a *adj* polite

bienhechor, -ora ◇ *adj* beneficial
◇ *nm,f* benefactor, *f* benefactress

bienintencionadamente *adv* with good intentions

bienintencionado, -a *adj* well-intentioned

bienio *nm* **-1.** *(periodo)* two years **-2.** *(aumento de sueldo)* two-yearly increment

bienpensante = **biempensante**

bienquisto, -a *adj* popular, well-liked

bienvenida *nf* welcome; **dar la ~ a alguien** to welcome sb; **demos un aplauso de ~ a nuestro próximo invitado** let's have a warm round of applause to welcome our next guest

bienvenido, -a *adj* welcome; **¡~!** welcome!; **en este país serás siempre ~** you will always be welcome in this country

bies *nm inv* bias binding; **al ~** *(costura, corte)* on the bias; *(sombrero)* at an angle

bifásico, -a *adj* ELEC two-phase; **sistema ~** AC system

bife *nm* **-1.** *Andes, RP (bistec)* steak ❑ *RP* **~ ancho** entrecôte **-2.** *Andes, RP (bofetada)* slap

bífido, -a *adj* forked

bifidus *nm* bifidus

bifocal ◇ *adj* bifocal
◇ *nfpl* **bifocales** *(gafas)* bifocals

bifurcación *nf* **-1.** *(de carretera, río, ferrocarril)* fork; **toma la primera ~ a la derecha** go right at the first fork in the road **-2.** FÍS & MAT bifurcation

bifurcado, -a *adj* forked

bifurcarse [59] *vpr* **-1.** *(carretera, río, ferrocarril)* to fork **-2.** FÍS & MAT to bifurcate

bigamia *nf* bigamy

bígamo, -a ◇ *adj* bigamous
◇ *nm,f* bigamist

bígaro *nm* winkle

Big Bang *nm* Big Bang

bigote ◇ *nm* **-1.** *(de persona)* moustache; [EXPR] *Fam* **menear el ~** to chomp away; **es hora de menear el ~** grub's up!, it's chow time! ❑ **~ retorcido** handlebar moustache
-2. *(de gato)* whiskers; *(de langosta)* antennae, feelers
-3. *(mancha)* moustache; **el helado te ha dejado ~** you've got an ice-cream moustache; **límpiale los bigotes al bebé** wipe the baby's mouth

bigotera *nf (compás)* bow compass

bigotudo, -a ◇ *adj* with a big moustache
◇ *nm (ave)* bearded tit

bigudí *(pl* **bigudís** *o* **bigudíes)** *nm* curler

bija *nf* **-1.** *(planta)* annatto **-2.** *(tintura)* annatto (dye)

bijao *nm* balisier heliconia

bijouterí [biʒute'ri] *(pl* **bijouteries)** *nf RP* imitation jewellery

bikini = **biquini**

bilabial LING ◇ *adj* bilabial
◇ *nf* bilabial

bilateral *adj* bilateral

bilbaíno, -a ◇ *adj* of/from Bilbao *(Spain)*
◇ *nm,f* person from Bilbao *(Spain)*

bilet *nm Méx* lipstick

bilharziosis nf inv MED bilharzia
biliar adj ANAT bile; **cálculo ~** gallstone
bilingüe adj bilingual
bilingüismo nm bilingualism
bilioso, -a adj **-1.** (con bilis) bilious **-2.** (con mal genio) bilious
bilirrubina nf BIOQUÍM bilirubin
bilis nf inv **-1.** (líquido) bile; EXPR **tragar ~** to grin and bear it **-2.** (mal genio) **desahogar la ~ con alguien** to vent one's spleen on sb
billar nm **-1.** (juego) billiards (singular) ❑ **~ americano** pool; **~ francés** billiards; **~ romano** bar billiards; **~ a tres bandas** = form of billiards using only three cushions **-2.** (mesa) billiard table **-3. billares** (sala) billiard hall
billetaje nm tickets
billete nm **-1.** (de banco) Br note, US bill; **un ~ pequeño** o Am **chico** a small (denomination) Br note o US bill; **un ~ grande** a large (denomination) Br note o US bill; Chile **un ~ largo** a large (denomination) Br note o US bill ❑ **~ de banco** banknote
-2. Esp (de transporte) ticket ❑ **~ abierto** open ticket; **~ de ida** Br single, US one-way ticket; **~ de ida y vuelta** Br return (ticket), US round-trip (ticket); **~ kilométrico** = ticket to travel a set distance; **~ sencillo** Br single (ticket), US one-way (ticket)
-3. Esp,Cuba (de cine, teatro) ticket; **no hay billetes** (en letrero) sold out
-4. (de rifa, lotería) ticket ❑ **~ de lotería** lottery ticket
-5. Andes, Méx Fam (dinero) dough; **sólo le interesa el ~** she's only interested in money; **esa familia tiene mucho ~** that family's loaded (with money) o Br not short of a bob or two
-6. Am (mensaje) note
billetera nf wallet, US billfold
billetero, -a ◇ nm wallet, US billfold
◇ nm,f Carib, Méx (lotero) lottery ticket vendor
billón núm **un ~** a trillion, a million million
billonario, -a ◇ adj **pérdidas billonarias** losses running into trillions
◇ nm,f trillionaire
bimembre adj two-limbed
bimensual adj twice-monthly
bimestral adj **-1.** (cada dos meses) two-monthly **-2.** (que dura dos meses) two-month
bimestre nm two months
bimetálico, -a adj ECON bimetallic
bimetalismo nm ECON bimetallism
bimilenario, -a ◇ adj two-thousand-year-old, bimillenary
◇ nm two-thousandth anniversary, bimillenary
bimodal adj bimodal
bimotor ◇ adj twin-engine(d); **avión ~** twin-engine(d) plane
◇ nm twin-engine(d) plane
binario, -a adj binary
binarismo nm LING binarism
bingo ◇ nm **-1.** (juego) bingo **-2.** (sala) bingo hall **-3.** (premio) (full) house; **hacer ~** to get a full house; **¡~!** (full) house!
◇ interj Fam bingo!; **¡~, éste es el que me faltaba!** bingo, this is the one I needed!
binguero, -a nm,f bingo caller
binocular ◇ adj binocular
◇ nmpl **binoculares** (prismáticos) binoculars; (de ópera, teatro) opera glasses
binóculo ◇ nm (gafas) pince-nez
◇ nmpl Am **binóculos** (prismáticos) binoculars
binomio nm **-1.** MAT binomial ❑ **~ de Newton** binomial theorem **-2.** (de personas) pairing; **forman un ~ perfecto** they are a perfect pairing
binza nf **-1.** (de cebolla) skin **-2.** (de huevo) skin
biocarburante nm biofuel
biocatalizador nm BIOL biocatalyst
biocenosis nf BIOL biocoenosis
bioclimático, -a adj bioclimatological
bioclimatología nf bioclimatology
biocombustible nm biofuel

biocompatibilidad nf biocompatibility
biocompatible adj biocompatible
biodegradabilidad nf biodegradability
biodegradable adj biodegradable
biodegradación nf, **biodeterioro** nm biodegradation
biodiversidad nf biodiversity
bioelemento nm bioelement
bioensayo nm bioassay
bioestadística nf biostatistics (singular)
bioestratigrafía nf biostratigraphy
bioética nf bioethics (singular)
biofísica nf biophysics (singular)
biofísico, -a adj biophysical
biogás nm biogas
biogénesis nf biogenesis
biogenética nf genetics (singular)
biografía nf biography
biografiar [32] vt to write the biography of
biográfico, -a adj biographical
biógrafo, -a ◇ nm,f (escritor) biographer
◇ nm CSur Anticuado (cine) cinema, US movie theater
bioindicador nm bioindicator
bioingeniería nf bioengineering
biología nf biology ❑ **~ celular** cell biology; **~ marina** marine biology; **~ molecular** molecular biology
biológicamente adv biologically
biológico, -a adj **-1.** (de la biología) biological **-2.** (agricultura, productos) organic
biólogo, -a nm,f biologist ❑ **~ marino** marine biologist
bioluminescencia nf bioluminescence
bioma nm biome
biomasa nf BIOL biomass
biomaterial nm biomaterial
biombo nm (folding) screen
biometría nf biometry
biónica nf bionics (singular)
biónico, -a adj bionic
biopsia nf biopsy
bioquímica nf (ciencia) biochemistry
bioquímico, -a ◇ adj biochemical
◇ nm,f (persona) biochemist
biorritmo nm biorhythm
BIOS ['bios] nm INFORMÁT (abrev de **Basic Input/Output System**) BIOS
biosensor nm BIOL biosensor
biosfera nf biosphere
biosíntesis nf inv biosynthesis
biosintético, -a adj biosynthetic
biota nf BIOL biota
biotecnología nf biotechnology
biotecnológico, -a adj biotechnological; **industria biotecnológica** biotechnology industry
bioterrorismo nm bioterrorism
bioterrorista ◇ nmf bioterrorist
◇ adj bioterrorist
biotipo nm biotype
biotita nf GEOL biotite
biotopo, biótopo nm BIOL biotope
bióxido nm QUÍM dioxide ❑ **~ de carbono** carbon dioxide
bip nm (pitido) beep
bipartición nf splitting (into two parts)
bipartidismo nm POL two-party system
bipartidista adj POL **sistema ~** two-party system
bipartito, -a adj bipartite
bípedo, -a ◇ adj two-legged
◇ nm,f biped
biplano nm biplane
biplaza ◇ adj **vehículo ~** two-seater; **avioneta ~** two-seater
◇ nm two-seater
bipolar adj bipolar
biquini, bikini nm, Am nm o nf **-1.** (bañador) bikini; **ir en ~** to wear a bikini **-2.** Esp (sandwich) toasted cheese and ham sandwich
BIRD nm (abrev **Banco Internacional para la Reconstrucción y el Desarrollo**) IBRD
birdie ['berði] nm (en golf) birdie; **hacer ~ en un hoyo** to birdie a hole
BIRF nm (abrev **Banco Internacional de Reconstrucción y Fomento**) IBRD

birlar vt Fam to pinch, Br to nick; **me han birlado la calculadora** someone's pinched o Br nicked my calculator
birlibirloque nm EXPR Esp **como por arte de ~** as if by magic
birlocha nf kite
Birmania n Burma
birmano, -a Antes ◇ adj Burmese
◇ nm,f (persona) Burmese; **los birmanos** the Burmese
◇ nm (lengua) Burmese
birome nf RP Biro®, ballpoint (pen)
birra nf Fam beer, US brew
birreactor nm twin-jet aircraft
birreta nf biretta
birrete nm **-1.** (de clérigo) biretta **-2.** (de catedrático, abogado, juez) = square tasselled hat worn by university professors, lawyers and judges on formal occasions
birria nf Fam **-1.** (persona) drip; **ir hecho una ~ de jugador** a useless player; **me encuentro hecho una ~** I'm in a bad way **-2.** (cosa) junk, Br rubbish, US garbage; **esta película es una ~** this movie is a load of Br rubbish o US garbage; Col **jugar de ~** to play half-heartedly **-3.** Méx (comida) stew ❑ **~ de cabra** goat-meat stew
birrioso, -a adj Fam **-1.** (malo) crummy; **el examen me quedó ~** I made a mess of the exam **-2.** (escaso) measly
biruji nm Fam **entra mucho ~ por esa ventana** there's a hell of a draught coming through that window; **¡qué ~ hace!** it's freezing cold!
bis (pl **bises**) ◇ adj inv **viven en el 150 ~** they live at 150a
◇ nm encore; **hicieron dos bises** they did two encores
◇ adv MÚS (para repetir) bis
bisabuelo, -a nm,f great-grandfather, f great-grandmother; **bisabuelos** great-grandparents
bisagra nf (de puerta, ventana) hinge
bisbisar, bisbisear vt to mutter
bisbiseo nm muttering
bisbita nm meadow pipit ❑ **~ arbóreo** tree pipit; **~ campestre** tawny pipit; **~ dorado** golden pipit; **~ gorgirrojo** red-throated pipit; **~ ribereño alpino** water pipit; **~ ribereño costero** rock pipit
biscote nm Esp piece of Melba toast; **biscotes** Melba toast
bisecar [59] vt MAT to bisect
bisección nf MAT bisection
bisector, -triz adj MAT bisecting
bisectriz nf MAT bisector
bisel nm bevel
biselado, -a ◇ adj bevelled
◇ nm bevelling
biselar vt to bevel
bisemanal adj twice-weekly
bisexual ◇ adj bisexual
◇ nmf bisexual
bisexualidad nf bisexuality
bisiesto adj **año ~** leap year
bisílabo, -a, bisilábico, -a adj two-syllable
bisíncrono, -a adj INFORMÁT bisync, bi-synchronous
bismuto nm QUÍM bismuth
bisnieto, -a, biznieto, -a nm,f (varón) great-grandson, great-grandchild; (hembra) great-granddaughter, great-grandchild; **bisnietos** great-grandchildren
bisojo, -a adj **un niño ~** a child with a squint
bisonte nm bison
bisoñada nf (acción) **eso fue una ~** that was typical of a beginner
bisoñé nm toupee
bisoñería nf **-1.** (cualidad) inexperience **-2.** (acción) **eso fue una ~** that was typical of a beginner
bisoño, -a ◇ adj **-1.** (inexperto) inexperienced **-2.** (soldado) raw
◇ nm,f **-1.** (inexperto) novice, beginner **-2.** (soldado) raw recruit
bísquet nm Méx breakfast muffin
Bissau [bi'sau] n Bissau
bistec, bisté nm steak

bisteque *nm Chile* steak; ~ **a caballo** = steak with two fried eggs on top
bistorta *nf* bistort, snakeweed
bisturí (*pl* **bisturíes**) *nm* scalpel
bisulfato *nm* QUÍM bisulphate
bisutería *nf* imitation jewellery
bit [bit] (*pl* **bits**) *nm* INFORMÁT bit ❑ ~ **de paridad** parity bit
bita *nf* NÁUT bitt
bitácora *nf* NÁUT binnacle; **cuaderno de** ~ logbook
bitensión *adj inv* dual-voltage
bíter, bitter ['biter] *nm* bitters (*singular*)
bitoque *nm* **-1.** (*de tonel*) bung, plug **-2.** *Am* (*de jeringa*) cannula
bitter = **bíter**
bituminoso, -a *adj* bituminous
biunívoco, -a *adj* one-to-one
biuret *nm* QUÍM biuret
bivalente *adj* QUÍM bivalent
bivalvo, -a ZOOL ⬦ *adj* bivalve
 ⬦ *nm* bivalve
bividí (*pl* **bividís** *o* **bividíes**) *nm Perú Br* vest, *US* undershirt
biyección *nf* MAT bijection
Bizancio *n* Byzantium
bizantino, -a ⬦ *adj* **-1.** HIST Byzantine **-2.** (*discusión, razonamiento*) hair-splitting
 ⬦ *nm,f* Byzantine
bizarría *nf* **-1.** (*valor*) bravery; **con** ~ bravely, valiantly **-2.** (*generosidad*) generosity
bizarro, -a *adj* **-1.** (*valiente*) brave, valiant **-2.** (*generoso*) generous
bizco, -a ⬦ *adj* **-1.** (*estrábico*) cross-eyed **-2.** (*pasmado*) **dejar a alguien** ~ to dumbfound sb, to flabbergast sb; **se quedó ~ con los juegos del mago** the magician's tricks astounded him
 ⬦ *nm,f* cross-eyed person
bizcocho *nm* **-1.** (*pastel grande*) sponge (cake); **hizo un ~ para merendar** he made a sponge cake for tea **-2.** (*pastelillo*) sponge finger ❑ ~ **borracho** = sponge cake soaked in alcohol, ≃ rum baba **-3.** (*cerámica*) bisque, biscuit **-4.** *RP* (*repostería*) bun
bizcochuelo *nm RP* sponge (cake)
biznieto, -a = **bisnieto**
bizquear *vi* to squint
bizquera *nf* squint
blablablá, bla bla bla *nm Fam* blah, empty talk
black-bass [blak'bas] *nf* black bass
blackjack [blak'jak] *nm* blackjack
blanca *nf* **-1.** MÚS *Br* minim, *US* half note **-2.** (*moneda*) = old Spanish coin made from copper and silver; EXPR *Esp Fam* **estar** *o* **quedarse sin** ~ to be flat broke **-3.** (*en ajedrez, damas*) white (piece); **las blancas tienen ventaja** white is winning ❑ **la ~ doble** (*en dominó*) double blank **-4.** *ver también* **blanco**
Blancanieves *n pr* Snow White; **~ y los siete enanitos** Snow White and the Seven Dwarfs
blanco, -a ⬦ *adj* **-1.** (*color*) white; **página/verso en** ~ blank page/verse; **votar en** ~ to return a blank ballot paper; **dejé cuatro respuestas en** ~ I left four answers blank, I didn't answer four questions; **se quedó con la mente en** ~ his mind went blank; **una noche en** ~ (*sin dormir*) a sleepless night **-2.** (*pálido*) white, pale; **estás muy** ~ you're so white; **nunca se pone moreno porque es muy** ~ he never tans because he's very fair-skinned; **se quedó ~ del susto** (*pálido*) she turned white *o* pale with fear
 -3. (*raza*) white
 -4. *Urug* POL of/relating to the Partido Nacional
 ⬦ *nm,f* **-1.** (*persona*) white; **los blancos** whites
 -2. *Urug* POL = member/supporter of the Partido Nacional
 ⬦ *nm* **-1.** (*color*) white; **el ~ es mi color favorito** white is my favourite colour; **calentar algo al** ~ to make sth white-hot; **una televisión en ~ y negro** a black-and-white television; **filmado en ~ y negro** filmed in black and white; **prefiero el ~ y negro al color** I prefer black-and-white to colour ❑ QUÍM ~ **(de) España** whiting; ~ **del ojo** white of the eye; ~ **de la uña** half-moon
 -2. (*diana, objetivo*) target; (*de miradas*) object; **se convirtió en el ~ de la crítica** he became the target of the criticism; **dar en el** ~ to hit the target; *Fig* to hit the nail on the head; **la campaña publicitaria dio en el** ~ the advertising campaign struck a chord; **has dado en el ~ con tu último artículo** your last article was spot-on ❑ ~ **fácil** sitting duck; ~ **móvil** moving target
 -3. (*espacio vacío*) blank (space); **ha dejado muchos blancos en el examen** she left a lot of things blank in the exam
 -4. (*vino*) white (wine)
 -5. *PRico* (*formulario*) blank form
blancor *nm* whiteness
blancura *nf* whiteness
blancuzco, -a *adj* off-white
blandengue ⬦ *adj Fam* **-1.** (*material*) soft; **la tarta ha quedado muy ~** the cake has turned out a bit soggy **-2.** (*persona*) weak, wimpish
 ⬦ *nmf* **-1.** *Fam* (*persona*) softie; *Pey* wimp **-2.** HIST **los Blandengues** = ceremonial guard of the Uruguayan president
blandir *vt* to brandish
blando, -a *adj* **-1.** (*material, superficie*) soft **-2.** (*carne*) tender **-3.** (*agua*) soft **-4.** ECON **crédito** ~ soft loan **-5.** (*persona*) (*débil*) weak **-6.** (*persona*) (*indulgente*) lenient, soft; **es muy ~ con sus subordinados** he's very lenient with *o* soft on his subordinates
 ⬦ *nm,f* **-1.** (*persona débil*) weak person; **es un** ~ he's so weak **-2.** (*persona indulgente*) lenient person; **eres una blanda** you're so lenient
blandón *nm* **-1.** (*de cera*) wax taper **-2.** (*candelero*) candlestick
blanducho, -a *adj Fam* **-1.** (*galleta*) soggy **-2.** (*músculo*) flabby
blandura *nf* **-1.** (*de material, superficie*) softness **-2.** (*de carne*) tenderness **-3.** (*de agua*) softness **-4.** (*de persona*) (*debilidad*) weakness **-5.** (*de persona*) (*indulgencia*) leniency
blanduzco, -a *adj Fam* softish
blanqueado = **blanqueo**
blanqueador, -ora ⬦ *adj* **líquido** ~ whitener
 ⬦ *nm* **-1.** (*líquido*) whitener **-2.** *Col, Méx* (*lejía*) bleach
blanquear *vt* **-1.** (*ropa*) to whiten; (*con lejía*) to bleach **-2.** (*dinero*) to launder **-3.** (*con cal*) to whitewash
blanquecino, -a *adj* off-white
blanqueo, blanqueado *nm* **-1.** (*de ropa*) whitening; (*con lejía*) bleaching **-2.** ~ **de dinero** money laundering **-3.** (*encalado*) whitewashing
blanquiazul *Méx* POL ⬦ *adj* = of/relating to the Partido de Acción Nacional
 ⬦ *nmf* = member/supporter of the Partido de Acción Nacional
blanquillo *nm* **-1.** (*árbol*) toothed spurge **-2.** *CAm, Méx* (*huevo*) egg **-3.** *Andes* (*melocotón*) white peach
blanquinegro, -a *adj* black-and-white
blasfemar *vi* **-1.** REL to blaspheme (**contra** against) **-2.** (*maldecir*) to swear, to curse; **blasfemaba de todos los que le habían traicionado** he cursed everyone who had betrayed him
blasfemia *nf* **-1.** REL blasphemy **-2.** (*injuria*) **es una** ~ **hablar así de...** it's sacrilege to talk like that about...
blasfemo, -a *adj* blasphemous
 ⬦ *nm,f* blasphemer
blasón *nm* **-1.** (*escudo*) coat of arms **-2.** (*orgullo*) honour, glory; **hacer** ~ **de** to flaunt
blasonería *nf* heraldry
blastocisto *nm* BIOL blastocyst
blastocito *nm* BIOL blastocyte
blastodermo *nm* BIOL blastoderm
blástula *nf* BIOL blastula
blaugrana ⬦ *adj inv* DEP = of/relating to Barcelona Football Club
 ⬦ *nmpl* **los** ~ the Barcelona football team
blazer ['bleiser] *nm* blazer

bledo *nm* EXPR *Fam* **me importa un** ~ I don't give a damn, I couldn't care less
blef *nm CSur* bluff; **mi vecina es un** ~ my neighbour's all hot air; **su libro es un** ~ his book's a case of style over substance
blenda *nf* GEOL blende
blenorragia *nf* MED blennorrhagia
blenorrea *nf* MED blennorrhoea
blindado, -a ⬦ *adj* **-1.** (*puerta*) armour-plated; **coche** ~ bullet-proof car; MIL **vehículo** ~ armoured vehicle; MIL **columna blindada** armoured column **-2.** (*reactor nuclear*) shielded
 ⬦ *nm* MIL (*vehículo*) armoured vehicle
blindaje *nm* **-1.** (*de puerta*) armour-plating; (*de vehículo*) armour **-2.** (*de reactor nuclear*) shielding
blindar *vt* **-1.** (*puerta, vehículo*) to armour-plate **-2.** (*reactor nuclear*) to shield
blíster ⬦ *adj* **cobre** ~ blister copper
 ⬦ *nm* blister pack, bubble pack
bloc (*pl* **blocs**) *nm* pad ❑ ~ **de dibujo** sketch pad; ~ **de notas** notepad
blocaje *nm* (*en fútbol*) bodycheck
blocar [59] *vt* DEP to block; (*en fútbol*) to bodycheck; **el portero blocó la pelota** the goalkeeper grabbed the ball
blof *nm Cuba, Méx* bluff; **mi vecina es un** ~ my neighbour's all hot air; **sus obras famosas son un** ~ her most famous works are a case of style over substance
blofeador, -ora *nm,f Méx* **es un** ~ he's full of hot air
blofear *vi Cuba, Méx* to talk hot air
blofero, -a *nm,f Cuba* **es un** ~ he's full of hot air
blonda *nf* **-1.** (*encaje*) blond lace **-2.** *Esp* (*para tartas*) doily
blondo, -a *adj Literario* blond (blonde), fair
bloody mary ['blɒdi'meri] *nm* bloody Mary
bloomer ['blumer] (*pl* **bloomers**) *nm Cuba* panties, *Br* knickers
bloque ⬦ *ver* **blocar**
 ⬦ *nm* **-1.** (*pieza*) block **-2.** (*edificio*) block; **un ~ de apartamentos** *Br* a block of flats, *US* an apartment block; **un ~ de oficinas** an office block **-3.** (*de noticias, anuncios*) section **-4.** INFORMÁT block **-5.** POL bloc; **en ~** en masse ❑ HIST **el ~ del Este** the Eastern bloc **-6.** TEC ~ **(de cilindros)** cylinder block **-7.** DEP (*equipo*) unit; **dieron una pobre impresión de** ~ they didn't play as a unit
bloqueado, -a *adj* INFORMÁT locked
bloqueador, -ora ⬦ *adj* (*crema*) blocking; (*fuerzas, naves*) blockading
 ⬦ *nm* FARM blocker
bloquear ⬦ *vt* **-1.** (*comunicaciones, carreteras*) (*por nieve, inundación*) to block; **los manifestantes bloqueaban la salida de la fábrica** the demonstrators were blocking the exit to the factory
 -2. (*mecanismo*) to jam; **la centralita del ministerio está bloqueada** the ministry's switchboard is jammed
 -3. (*acuerdo*) to block; **bloqueó todo avance en este asunto durante la reunión** she blocked *o* prevented any progress on this issue during the meeting
 -4. FIN (*cuentas*) to freeze
 -5. (*con ejército, barcos*) to blockade
 -6. AUT to lock
 -7. DEP (*jugador*) to block; (*en baloncesto*) to block out, to screen
 -8. INFORMÁT (*disquete*) to lock
 ◆ **bloquearse** *vpr* **-1.** (*atascarse*) to be stuck; AUT (*dirección*) to lock; **se me bloquearon los frenos** my brakes jammed
 -2. (*persona*) (*en situación violenta*) to freeze; **cuando está estresado se bloquea** he just freezes when he's under stress; **me bloqueé en el examen** my mind went blank in the exam
 -3. INFORMÁT (*pantalla*) to freeze
bloqueo *nm* **-1.** (*con ejército, barcos*) blockade; ❑ ~ **naval** naval blockade
 -2. ECON blockade; **violar el** ~ to break the blockade ❑ ~ **económico** economic blockade

-3. *(de comunicaciones, accesos) (por nieve, inundación)* **debido al ~ de la zona** owing to the fact that the area is cut off **-4.** *(de mecanismo)* jamming **-5.** FIN *(de cuentas)* freeze, freezing **-6.** AUT locking **-7.** DEP *(de jugador)* block; *(en baloncesto)* screen **-8.** *(de persona)* **~ mental** mental block

blues [blus] *nm inv* MÚS blues

blufeador, -ora *nm,f CSur* **es un ~** he's full of hot air

blufear *vi CSur* to talk hot air

blúmer *(pl* **blúmers, blúmeres)**, **blume** *(pl* **blumes, blúmenes)** *nm CAm, Carib* panties, *Br* knickers

blusa *nf* blouse ❏ **~ camisera** (plain) blouse

blusón *nm* smock

bluyín *nm,* **bluyines** *nmpl Andes, Ven* jeans

BM *nm (abrev de* **Banco Mundial**) World Bank

BMV *nf (abrev de* **Bolsa Mexicana de Valores**) = Mexican stock exchange

boa ◇ *nf (serpiente)* boa ❏ **~ constrictor** boa constrictor
◇ *nm (de plumas)* (feather) boa

Boabdil *n pr* Boabdil, = last Moorish king of Granada

boardilla = **buhardilla**

boatiné *nm* padded fabric; **un bata de ~** a quilted dressing gown

boato *nm* show, ostentation

bobada, bobería *nf* **-1.** *(estupidez)* stupid thing; **decir una ~** to say something stupid; **decir bobadas** to talk nonsense; **hacer una ~** to do something stupid; **hacer bobadas** to mess about; **no voy a cometer la ~ de decírselo** I'm not going to be so stupid as to tell her
-2. *(cosa sin importancia)* silly little thing; **se enfada por bobadas** she gets angry over silly little things; **no te gastes mucho, cómprale alguna ~** don't go spending a lot, just get him something little

bobalicón, -ona *Fam* ◇ *adj* simple
◇ *nm,f* simpleton

bobera *nf RP* silliness; **creo que le atacó la ~** I think he's gone daft *o* nuts; **la edad de la ~** that silly age

bobería = **bobada**

bobi *nm* gudgeon

bóbilis: de bóbilis (bóbilis) *loc adv Esp Fam (de balde)* for free, for nothing; *(sin esfuerzo)* without trying; **no te creas que vas a aprobar el examen de ~** don't go thinking you can just breeze through the exam

bobina *nf* **-1.** *(de cordel, cable, papel)* reel; *(en máquina de coser)* bobbin **-2.** ELEC coil ❏ **~ de encendido** ignition coil; **~ de inducción** induction coil

bobinado *nm* reeling

bobinar *vt* to wind

bobo, -a ◇ *adj* **-1.** *(tonto)* stupid, daft **-2.** *(ingenuo)* naive, simple
◇ *nm,f* **-1.** *(tonto)* fool, idiot; **hacer el ~** to act *o* play the fool **-2.** *(ingenuo)* simpleton
◇ *nm* **-1.** TEATRO **= rustic simpleton -2.** *CAm, Méx (pez)* threadfin

bobsleigh [ˈboβslei] *(pl* **bobsleighs**) *nm* bobsleigh

bobtail [ˈboβteil] *nm* Old English sheepdog

boca *nf* **-1.** *(de persona, animal)* mouth; **una ~ más para alimentar** one more mouth to feed; **me he arreglado la ~ por muy poco dinero** I had my teeth seen to for a very reasonable price; **te huele la ~ a tabaco** your breath smells of tobacco; **~ abajo** face down; **no es aconsejable poner a los bebés ~ abajo** it's best not to lie babies on their front; **~ arriba** face up; **ronca más cuando duerme ~ arriba** he snores more when he sleeps on his back; **poner las cartas ~ arriba** to turn one's cards face up; **este paseo me ha abierto la ~** this walk has whetted my appetite; *Fig* **no abrió la ~** he didn't open his mouth, he didn't say a word; **será mejor que no abras la ~** it would be best if you didn't say anything; EXPR **andar** *o* **correr** *o* **ir de ~ en ~** to be on everyone's lips; EXPR **andar** *o* **estar en ~ de todos** to be on everyone's lips; EXPR **buscar la ~ a alguien** to draw sb out; *Fam* **¡cállate o cierra la ~!** shut up!; **siempre que hay problemas calla la ~** whenever there are problems, she keeps very quiet; **apareció en público para cerrar la ~ a quienes lo daban por muerto** he appeared in public in order to silence everyone who thought he was dead; **de ~ promete mucho, pero luego no hace nada** he's all talk, he makes a lot of promises, but then he never keeps them; **es muy valiente, pero de ~** he's all mouth; **sorprendió escuchar insultos de ~ de un obispo** it was surprising to hear insults from the lips of a bishop; **lo escuchamos de ~ de los protagonistas** we heard it (straight) from the horse's mouth; EXPR *Fam* **lo dice con la ~ chica** she doesn't really mean it; EXPR **hablar por ~ de ganso** to repeat what one has heard; EXPR **hacer ~: dimos un paseo para hacer ~** we went for a walk to work up an appetite; EXPR **se me hace la ~ agua,** *Am* **se me hace agua la ~** it makes my mouth water; **cuando paso delante de una pastelería, se me hace la ~ agua** whenever I go past a bakery, my mouth starts to water; EXPR **irse de la ~** to let the cat out of the bag; **se fue de la ~** he let the cat out of the bag; **lo han detenido porque su cómplice se ha ido de la ~** he has been arrested because his accomplice gave him away; EXPR **meterse en la ~ del lobo** to put one's head into the lion's mouth; EXPR **este cuarto está oscuro como la ~ del lobo** this room is pitch-black; EXPR **no decir esta ~ es mía** not to open one's mouth; **no tienen nada que llevarse a la ~** they don't have a crust to eat; *Fam* **partir la ~ a alguien** to smash sb's face in; EXPR **salir/ir a pedir de ~** to turn out/to go perfectly; **si te hace falta algo, pide por esa ~** if you need anything, just say so *o* ask; EXPR **poner algo en ~ de alguien** to attribute sth to sb; **el gobierno, por ~ de su portavoz...** the government, through its spokesperson...; EXPR **quedarse con la ~ abierta** to be left speechless; EXPR **me lo has quitado de la ~** you took the words right out of my mouth; EXPR **tapar la ~ a alguien** to silence sb; EXPR **su nombre no me viene ahora a la ~** I can't think of her name right now; **siempre dice lo primero que le viene a la ~** he always says the first thing that comes into his head; PROV **en ~ cerrada no entran moscas** silence is golden; PROV **por la ~ muere el pez** silence is golden; PROV **quien tiene ~ se equivoca** to err is human, everybody makes mistakes ❏ **~ a ~** mouth-to-mouth resuscitation; **hacer el ~ a ~ a alguien** to give sb mouth-to-mouth resuscitation, to give sb the kiss of life; **~ de fuego** firearm
-2. *(entrada)* opening; *(de botella, túnel)* mouth; *(de buzón)* slot; *(de cañón)* muzzle; *(de escenario)* stage door; *(de puerto)* entrance; **las bocas del Danubio** the mouth of the Danube; *Fam* **a ~ de jarro** point-blank ❏ **~ del estómago** pit of the stomach; *RP* **~ de expendio** outlet; **~ de gol** goalmouth; **~ de incendios** hydrant; **~ de metro** *Br* tube *o* underground entrance, *US* subway entrance; **~ de riego** hydrant; *RP* **~ de subte** *Br* tube *o* underground entrance, *US* subway entrance; *RP* **~ de tormenta** drain
-3. ZOOL *(pinza)* pincer
-4. *(filo)* cutting edge
-5. *(del vino)* flavour
-6. BOT **~ de dragón** snapdragon
-7. *CAm (aperitivo)* snack

bocacalle *nf* **-1.** *(entrada)* entrance *(to a street)* **-2.** *(calle)* side street; **gire en la tercera ~** take the third turning; **vivo en una ~ de la calle Independencia** I live in a street off calle Independencia

bocadillería *nf Esp* sandwich shop

bocadillo *nm* **-1.** *Esp (comida)* filled roll *(made with a baguette)* **-2.** *(en cómic)* speech bubble, balloon **-3.** *Ven (postre)* = dessert of fruit jelly in banana leaves

bocadito *nm* **-1. ~ de nata** *(pastel)* profiterole **-2.** *RP (canapé)* titbit, canapé **-3.** *Cuba (sandwich)* filled roll *(made with a baguette)*

bocado *nm* **-1.** *(comida)* **mastica cuidadosamente cada ~** chew every mouthful carefully; **se comió el pastel de un ~** she ate the whole cake in one go; **le di un ~ pero no me gustó** I had *o* took a bite of it, but I didn't like it; **nos marchamos con el ~ en la boca** we left as soon as we had finished eating; **tomé un ~ en el avión** I had something to eat on the plane; **no probar ~: el niño no quiso probar ~** the child didn't touch his food; **no he probado ~ en todo el día** I haven't had a bite to eat all day; EXPR *Fam* **no tener para un ~** to be broke *o* penniless ❏ **~ de cardenal** choice morsel
-2. *(mordisco)* bite; **el perro me dio un ~ en la pierna** the dog bit my leg
-3. *(en caballería)* bit
-4. ~ de Adán Adam's apple
-5. EXPR *Fam* **buen ~: la empresa es considerada un buen ~ por las grandes del sector** the industry's leading companies are eager to gobble up this firm; **su novio es un buen ~** her boyfriend's a real looker

bocajarro: a bocajarro *loc adv* **-1.** *(a quemarropa)* point-blank; **le dispararon varias veces a ~** he was shot several times at point-blank range; **el portero rechazó el remate a ~** the goalkeeper made a point-blank save **-2.** *(de improviso)* **se lo dije a ~** I told him straight out; **el médico le dio la noticia a ~** the doctor gave him the news straight out *o* without preparing him for it

bocal *nm* jug

bocallave *nf* keyhole

bocamanga *nf* cuff

bocamina *nf (de mina)* pithead, mine entrance

bocana *nf* **-1.** *(canal)* entrance channel **-2.** *Nic* mouth *(of river)*

bocanada *nf* **-1.** *(de líquido)* mouthful **-2.** *(de humo)* puff; **el humo salía a bocanadas de la chimenea** puffs of smoke were coming out of the chimney **-3.** *(de viento)* gust; **su llegada a la oficina supuso una ~ de aire fresco** her arrival at the office came as a breath of fresh air

bocarte *nm Esp* (fresh) anchovy

bocasucia *nmf RP* **ser un ~** to be foul-mouthed

bocata *nm Esp Fam* filled roll *(made with a baguette)*

bocatería *nf Esp Fam* sandwich shop

bocatoma *nf Am* sluice *(in an irrigation ditch)*

bocazas *Fam* ◇ *adj* **ser ~** to be a bigmouth *o* blabbermouth
◇ *nmf inv* bigmouth, blabbermouth

bocel *nm* ARQUIT torus

boceto *nm* **-1.** *(dibujo)* sketch, rough outline **-2.** *(de proyecto)* outline

bocha *nf* **-1.** *(bolo)* bowl **-2. bochas** *(juego)* bowls *(singular)* **-3.** *RP Fam (cabeza)* nut, bonce

bochar *vt RP Fam* **-1.** *(en examen)* to fail; **lo bocharon en física** he failed physics, *US* he flunked physics **-2.** *(rechazar)* to dismiss; **siempre bocha mis propuestas** she always throws out *o* dismisses my proposals

boche *nm Andes Fam* **-1.** *(barullo)* uproar, tumult; *(lío)* mess, muddle **-2.** *(riña, disputa)* fight, quarrel

bochear *vi Bol Fam* to kick up a fuss

bochinche *nm Fam* **-1.** *Am (ruido)* racket; **armar ~** to make a racket **-2.** *Am (alboroto)* fuss; **hizo mucho ~ para ir a la fiesta y después no fue** she kicked up a real fuss about going to the party and then she didn't go **-3.** *PRico (chisme)* gossip **-4.** *Méx (fiesta)* party

bochinchear *vi Am Fam* to make a racket

bochinchero, -a, bochinchoso, -a *Fam* ◇ *adj* **-1.** *Am (alborotador)* rowdy; **estos niños son muy bochincheros** these children are

bocho very rowdy **-2.** *PRico (chismoso)* gossipy
◇ *nm,f* **-1.** *Am (alborotador)* rowdy, brawler **-2.** *PRico (chismoso)* gossip

bocho *nm Fam* **-1.** *Méx (auto)* Beetle **-2.** *RP (sabio)* egghead; *(en escuela)* brainbox

bochorno *nm* **-1.** *(calor)* stifling *o* muggy heat **-2.** *(vergüenza)* embarrassment; **¡qué ~!** how embarrassing!

bochornoso, -a *adj* **-1.** *(tiempo)* stifling, muggy **-2.** *(vergonzoso)* embarrassing

bocina *nf* **-1.** *(claxon)* horn; *(de faro)* foghorn; **tocar la ~** to sound *o* toot one's horn; DEP **sobre la ~** on the hooter **-2.** *(megáfono)* megaphone; *(de gramófono)* horn; **colocó las manos en forma de ~** she cupped her hands round her mouth **-3.** *Méx (altavoz)* loudspeaker; *(del teléfono)* mouthpiece

bocinazo *nm* hoot; **dar un ~** to toot one's horn

bocio *nm* MED goitre

bock [bok] *(pl* **bocks)** *nm* stein

bocón, -ona ◇ *adj Am Fam* **-1.** *(bocazas)* **ser ~** to be a bigmouth *o* blabbermouth **-2.** *(fanfarrón)* **ser ~** to be a bigmouth *o* show-off
◇ *nm Am Fam* **-1.** *(bocazas)* bigmouth, blabbermouth **-2.** *(fanfarrón)* bigmouth, show-off
◇ *nm Carib (pez)* Pacific anchoveta

bocoy *(pl* **bocoyes)** *nm* barrel, cask

boda *nf* wedding ❑ *bodas de diamante (de matrimonio)* diamond wedding; *(de organización, evento)* diamond jubilee; *bodas de oro (de matrimonio)* golden wedding; *(de organización, evento)* golden jubilee; *bodas de plata (de matrimonio)* silver wedding; *(de organización, evento)* silver jubilee

bodega *nf* **-1.** *(cava)* wine cellar **-2.** *(tienda de vino)* wine shop; *(taberna)* bar **-3.** *(en buque, avión)* hold **-4.** *(en casa)* cellar **-5.** *CAm, Carib (colmado)* small grocery store **-6.** *Méx (almacén)* store

bodegaje *nm Andes, CAm* storage

bodegón *nm* **-1.** ARTE still life **-2.** *(taberna)* tavern, inn

bodeguero, -a *nm,f* **-1.** *(de tienda de vino)* = owner of a wine cellar **-2.** *CAm, Carib (de colmado)* small grocery store owner

bodoque *nm* **-1.** *(en bordado)* tuft **-2.** *Fam (persona torpe)* blockhead, dunce **-3.** *Guat, Méx (chichón)* lump, swelling

bodorrio *nm Fam Pey* **el ~ al que fuimos el sábado pasado** that sorry excuse for a wedding we went to last Saturday

bodrio *nm* **-1. ser un ~** *(película, novela, cuadro)* to be *Br* rubbish *o US* trash; **¡qué ~!** what a load of *Br* rubbish *o US* trash!; **¡qué ~ de libro!** what a dreadful book! **-2.** *Fam (comida)* slop, pigswill

body ['boði] *(pl* **bodies)** *nm* body *(garment)* ❑ **~ building** body building; **~ milk** body milk

BOE ['boe] *nm (abrev de* **Boletín Oficial del Estado)** official Spanish gazette, = daily state publication, giving details of legislation etc

bóer ◇ *adj* Boer
◇ *nmf* Boer

bofe ◇ *adj Am (desagradable)* disagreeable, unpleasant
◇ *nm* lights; EXPR *Fam* **echar el ~** *o* **los bofes** to puff and pant

bofetada *nf* **-1.** *(golpe)* slap (in the face); **dar una ~ a alguien** to slap sb (in the face); **emprenderla a bofetadas con alguien** to punch sb, to begin hitting sb; EXPR *Esp* **darse de bofetadas con algo** *(no armonizar)* to clash with sth; EXPR *Fam* **no tener ni media ~** to be a wimp **-2.** *(afrenta)* slap in the face

bofetón *nm* hard slap (in the face); **dar un ~ a alguien** to give sb a hard slap in the face, to slap sb hard in the face

bofia *nf Esp Fam* **la ~** the pigs, the cops

boga *nf* **-1.** *(moda)* **estar en ~** to be in vogue **-2.** *(pez fluvial)* Iberian nase **-3.** *(pez marino)* bogue

bogar [38] *vi* **-1.** *(remar)* to row **-2.** *(navegar)* to sail

bogavante *nm* lobster

bogey, bogui ['boɣi] *nm (en golf)* bogey; **hacer ~ en un hoyo** to bogey a hole; **doble ~** double bogey

Bogotá *n* Bogota

bogotano, -a ◇ *adj* of/from Bogota; **las calles bogotanas** the streets of Bogota
◇ *nm,f* person from Bogota

bogui = bogey

bohardilla *nf* **-1.** *(habitación)* attic **-2.** *(ventana)* dormer (window)

Bohemia *n* Bohemia

bohemia *nf* bohemian lifestyle

bohemio, -a ◇ *adj* **-1.** *(aspecto, vida, barrio)* bohemian **-2.** *(de Bohemia)* Bohemian
◇ *nm,f* **-1.** *(artista, vividor)* bohemian **-2.** *(de Bohemia)* Bohemian

bohío *nm Carib* hut

boicot *(pl* **boicots)** *nm* boycott

boicotear *vt* **-1.** *(no asistir, no comprar)* to boycott **-2.** *(interrumpir, impedir)* *(acto, actividad)* to disrupt; **boicotearon la admisión en el colegio de los tres estudiantes** they tried to prevent the three students enrolling at the school; **dos estados continúan boicoteando el avance hacia el mercado común** two states continue to impede progress towards a common market

boicoteo *nm* boycott

bóiler *nm Méx* boiler

boina *nf* beret

boiserie [bwase'ri] *nm* = wooden panelling including built-in shelving, cupboards etc

boîte [bwat] *(pl* **boîtes)** *nf* nightclub

boj *(pl* **bojes)** *nm* **-1.** *(árbol)* box **-2.** *(madera)* boxwood

bojar *vt* NÁUT *(medir)* to measure the perimeter of

bojote *nm Andes, CAm, Carib (paquete)* parcel, package

bol *(pl* **boles)** *nm* bowl

bola *nf* **-1.** *(esfera)* ball; *(de helado)* scoop; **tengo una ~ en el estómago** my stomach feels bloated; **si sigues comiendo pasteles te pondrás como una ~** if you carry on eating cakes, you'll get fat; EXPR **dejar rodar la ~** to let it ride ❑ **~ de alcanfor** mothball; **~ de cristal** crystal ball; **~ de fuego** fireball; **~ del mundo** globe; **~ de naftalina** mothball; **~ de nieve** snowball; *Fig* **convertirse en una ~ de nieve** to snowball
-2. *(pelota)* ball; *(canica)* marble; EXPR *Esp Fam* **no tocar** *o* **rascar ~: se pasó el partido entero sin tocar** *o* **rascar ~** he didn't do a single thing in the whole match; EXPR **no dio pie con ~** he didn't do *o* get a thing right ❑ **~ de billar** billiard ball; **~ de break** *(en tenis)* break point; *Ven* **bolas criollas** bowls *(singular);* **~ de juego** *(en tenis)* game point; **~ jugadora** *(en billar)* cue ball; **~ de partido** *(en tenis)* match point; **~ de set** *(en tenis)* set point
-3. *Fam (mentira)* fib; **contar bolas** to fib, to tell fibs; **me intentó meter una ~** she tried to tell me a fib; **no me la trago** I'm not going to fall for that one
-4. *Fam (rumor)* **corre la ~ por ahí de que te has echado novio** they say you've got yourself a boyfriend; **¡corre la ~!: nos van a poner un examen mañana** they're going to give us an exam tomorrow, pass it on!
-5. *Fam (músculo)* **sacar ~** to make one's biceps bulge
-6. ~ de nieve *(planta)* snowball tree
-7. *muy Fam* **bolas** *(testículos)* balls; *Fam* **en bolas** *(desnudo)* stark naked, *Br* starkers; EXPR *Ven Fam* **echarle bolas: tienes que echarle bolas al asunto** you really need to put some oomph *o* guts into it; EXPR *RP muy Fam* **hinchar** *o* **romper las bolas** *(molestar)* to be a pain in the *Br* arse *o US* butt; EXPR *Fam* **pillar a alguien en bolas** *(sin nada, desprevenido)* to catch sb out; **¡me has pillado en bolas!, ¡no tengo ni idea!** you've got me there, I haven't a clue!; **el profesor nos pilló en bolas** the teacher caught us unprepared
-8. *Am (betún)* shoe polish
-9. *Chile (cometa)* kite *(large and round)*
-10. *Méx Fam (grupo de gente)* crowd; **en ~** *(en grupo)* in a crowd, as a group
-11. *Méx (riña)* tumult, uproar
-12. *Cuba, Chile* **bolas** croquet
-13. *Fam* EXPR *Esp* **a mi/tu/su ~: nosotros trabajando y él, a su ~** we were working and there he was, just doing his own thing; *Bol, RP* **andar como ~ sin manija** to wander around; *Ven* **de ~ que sí** sure, you bet your life; *Méx* **estar** *o* **meterse en ~** to participate; *Méx* **hacerse bolas** to get muddled up; *RP* **estar hecho ~** to be shattered *o Br* knackered; *Andes, Ven* **parar** *o RP* **dar ~ a alguien** to pay attention to sb; *RP* **nadie le da ~ al nuevo compañero** nobody takes any notice of our new colleague; *RP* **nunca le dio ~ a su hijo** she never showed any interest in her son; *RP* **tener bolas** *(ser valiente)* to have guts; *(ser lento)* to be slow *o* thick
-14. *ver también* **bolo²**

bolacear *vi RP Fam (decir tonterías)* to talk rubbish; *(mentir)* to tell whoppers

bolacero, -a *nm,f RP Fam* **es un ~** *(dice tonterías)* he talks a load of rubbish; *(miente)* he tells such whoppers

bolada *nf Fam* **-1.** *RP (oportunidad)* opportunity; **aprovechar la ~: ¿por qué no aprovechás la ~ y te vas hasta los Alpes?** why don't you make the most of the opportunity and go to the Alps as well? **-2.** *Perú Fam (rumor)* rumour, piece of gossip

bolardo *nm* NÁUT bollard

bolazo *nm* **-1.** *(golpe)* blow with a ball; **recibió un ~ en la cara** the ball hit him in the face **-2.** *RP Fam (tontería)* **decir bolazos** to talk nonsense **-3.** *RP Fam (mentira)* whopper, fib

bolchevique ◇ *adj* Bolshevik
◇ *nmf* Bolshevik

bolchevismo, bolcheviquismo *nm* Bolshevism

boldo *nm (infusión)* boldo, = type of herbal tea

boleada *nf Méx* shine, polish

boleado, -a *adj RP Fam* in a daze

boleador, -ora *nm,f Méx* shoeshine, *Br* bootblack

boleadoras *nfpl* bolas, = set of three ropes weighted at the ends, used by Indians as a weapon or by gauchos of the River Plate area for capturing cattle by entangling their legs

bolear *vt* **-1.** *(cazar)* to bring down with bolas **-2.** *Méx (sacar brillo)* to shine, to polish **-3.** *RP Fam (marear)* to daze; **tiene un olor que te bolea** the smell knocks you back

bolera *nf* **-1.** *(local)* bowling alley **-2.** *ver también* **bolero¹, bolero²**

bolería *nf Méx* shoeshine store

bolero¹, -a ◇ *adj Fam (mentiroso)* **no seas ~** stop telling stories
◇ *nm,f Fam (mentiroso)* fibber
◇ *nm (baile)* bolero

bolero² *nm,f Méx (limpiabotas)* shoeshine, *Br* bootblack

boleta¹ *nf* **-1.** *Cuba, Méx, RP (para votar)* ballot, voting slip **-2.** *CSur (comprobante) (de venta, de depósito bancario)* receipt **-3.** *CAm (multa)* parking ticket **-4.** *Méx (de calificaciones) Br* (school) report, *US* report card **-5.** *Col (entrada)* ticket **-6.** *Col Fam (cosa linda)* **¡qué ~ de zapatos!** what a lovely *o* gorgeous pair of shoes!

boleta² *adj Col Fam* garish, freakish; **mire esa vieja tan ~** look at that woman, she looks a real fright

boletaje *nm CAm, Méx* ticket sales

boletear *RP Fam* ◇ *vt* to bump off, to do in
◆ **boletearse** *vpr* to do oneself in, *Br* to top oneself

boletería *nf Am (de cine, teatro)* box office; *(de estación)* ticket office

boletero, -a *nm,f Am* box office attendant

boletín *nm* **-1.** *(publicación)* journal, periodical ❑ **~ de calificaciones** *Br* (school) report, *US* report card; **~ de evaluación** *Br* (school) report, *US* report card; *Boletín Oficial del Estado* official Spanish gazette, = daily state publication, giving

boleto

details of legislation etc; **~ de prensa** press release
-2. *(en radio, televisión)* bulletin ❑ **~ informativo** news bulletin; **~ meteorológico** weather forecast; **~ de noticias** news bulletin
-3. *(impreso)* form ❑ **~ de suscripción** subscription form
-4. *Cuba (de tren)* ticket
boleto ⬦ *nm* **-1.** *(de lotería, rifa)* ticket
-2. *(de quinielas)* coupon ❑ **~ de apuestas** betting slip
-3. *Am (para medio de transporte)* ticket ❑ **~ de ida** *Br* single (ticket), *US* one-way ticket; **~ de ida y vuelta** *Br* return (ticket), *US* round-trip (ticket); *Méx* **~ redondo** *(de ida y vuelta) Br* return (ticket), *US* round trip (ticket)
-4. *Col, Méx (para espectáculo)* ticket
-5. *(seta)* boletus
-6. *Méx Fam (asunto, problema)* **tú no te metas, este es mi ~** don't poke your nose in, this is my business; **si me endeudo, es mi ~** if I get into debt, that's my problem *o Br* lookout
-7. *RP* DER **~ de compra-venta** contract of sale; **~ de venta** contract of sale
-8. EXPR *RP Fam* **ser un ~** to be a piece of cake
⬦ **de boleto** *loc adv Méx Fam* **lo que sea, él te lo trae de ~** whatever it is, he'll get it for you in no time; **¡trae unas pinzas, de ~!** get me some pliers, and make it snappy!
boletus *nm inv (seta)* boletus
boli *nm Esp Fam* pen, Biro®
boliche *nm* **-1.** *(en petanca)* jack **-2.** *(bolos)* tenpin bowling **-3.** *(bolera)* bowling alley **-4.** *Arg (discoteca)* disco **-5.** *CSur Fam (bar)* cheap bar; *(tienda)* small-town store
bolichero, -a *CSur Fam* ⬦ *adj* **es muy ~** he's usually to be found propping up the bar somewhere, *US* he's a barfly
⬦ *nm,f* **-1.** *(cliente)* **es un ~** he's usually to be found propping up the bar somewhere, *US* he's a barfly **-2.** *(propietario) (de bar)* bar owner; *(de tienda)* store owner
bólido *nm* **-1.** *(automóvil)* racing car; EXPR **ir como un ~** to go at a rate of knots, *Br* to go like the clappers **-2.** *(meteorito)* meteor
bolígrafo *nm* ballpoint pen, Biro®
bolilla *nf RP (en sorteo)* = small numbered ball used in lotteries; *Antes (en examen)* subject; EXPR **darle ~ a alguien** to pay attention to sb; **acá nadie me da ~** nobody here takes any notice of me
bolillo *nm* **-1.** *(en costura)* bobbin; **hacer (encaje de) bolillos** to make (bobbin *o* pillow) lace **-2.** *Méx (panecillo)* bread roll **-3.** *CRica, Pan* MÚS drumsticks **-4.** *Col (porra)* truncheon
bolina *nf* NÁUT bowline; **ir** *o* **navegar de ~** to sail close to the wind
bolinga *Esp Fam* ⬦ *adj (borracho)* plastered, *Br* legless
⬦ *nm (persona)* boozer
⬦ *nf* **agarrar una ~** to get plastered *o Br* legless
bolita ⬦ *nf CSur* **-1.** *(bola)* marble **-2.** las **bolitas** *(juego)* marbles; **jugar a la ~** *o* **las bolitas** to play marbles
⬦ *nmf Arg Fam* = sometimes pejorative term referring to a Bolivian person
Bolívar *n pr* **(Simón) ~** (Simon) Bolivar

BOLÍVAR

The greatest of the leaders of Latin America's struggle for independence from Spain, Simon Bolivar was born in Caracas, Venezuela on 24 July 1783. From an early age he was an advocate of independence from Spain, and he propagandized for it on his travels through Latin America, Europe and the United States. Venezuela declared itself independent in 1811 at his prompting, and in 1813 he led a victorious army into Caracas, gaining for himself the title of "Libertador" ("Liberator").
In 1819 he founded the state of Gran Colombia (including modern-day Venezuela, Colombia, Panama and Ecuador), and became its first president. His only rival of equivalent stature was José de San Martin, who freed his native Argentina and helped in the liberation of Chile and Peru. After Bolivar met San Martin in 1822, the Argentinian resigned his position as protector of Peru and went into exile in France. Bolivar's subsequent victory at the battle of Ayacucho in 1824 finally secured independence for Peru and brought an end to Spanish rule in South America.
In 1826 he opened the Congress of Panama, which sought to give concrete form to his ideal of a united confederation of Latin American states – an ideal which has been cherished by many Latin Americans since his day. Disillusioned by the failure of his pan-American ideal in practice, he retired from public life in 1830 and died on 17 December of the same year.

---

bolívar *nm* bolivar
Bolivia *n* Bolivia
boliviano, -a ⬦ *adj* Bolivian
⬦ *nm,f (persona)* Bolivian
⬦ *nm (moneda nacional)* boliviano, Bolivian peso
bollera *nf Esp muy Fam* dyke
bollería *nf* **-1.** *(tienda)* cake shop **-2.** *(productos)* cakes ❑ **~ industrial** factory-made cakes and pastries
bollicao *nmf Esp Fam (adolescente)* tasty young thing
bollo *nm* **-1.** *(para comer) (de pan)* (bread) roll; *(dulce)* bun; EXPR *RP Fam* **ser un ~** *(ser fácil)* to be a piece of cake
-2. *(abolladura)* dent
-3. *Esp (abultamiento)* bump
-4. *Esp muy Fam (acto sexual)* **hacer un ~** *Br* to have it off, *US* to get it on *(of lesbians)*
-5. *RP (bola)* ball; **tirá ese ~ de papel a la basura** throw that ball of paper away
-6. *CSur Fam (puñetazo)* punch
-7. *Col (tamal)* tamale
-8. *Col (dificultad)* trouble, difficulty
-9. *Col Fam (caca)* turd; EXPR **me siento como un ~** I feel crap
bolo¹ *nm* **-1.** *(pieza)* bowling pin **-2.** **los bolos** *(juego)* (tenpin) bowling; **jugar a los bolos** to bowl, to go bowling **-3.** **~ alimenticio** bolus **-4.** *Esp Fam (actuación)* gig; **hacer bolos** to tour **-5.** *Ven Fam (bolívar)* bolivar
bolo², -a *CAm Fam* ⬦ *adj (borracho)* sloshed
⬦ *nm,f (borracho)* boozer
Bolonia *n* Bologna
boloñesa *nf* bolognese sauce
bolován *nm Am* vol-au-vent
bolsa¹ *nf* **-1.** *(recipiente)* bag; **una ~ de** *Esp* **patatas** *o Am* **papas fritas** a bag of *Br* crisps *o US* chips ❑ **~ de agua caliente** hot-water bottle; **~ de aire** air pocket; **~ de aseo** toilet bag; **~ de (la) basura** bin liner; **~ de la compra** shopping bag; **~ de deportes** holdall, sports bag; *Am* **~ de dormir** sleeping bag; *CSur Fam* **~ de gatos:** **la oficina es una ~ de gatos** it's pandemonium in the office; **~ de golf** golf bag; **~ de hielo** ice pack; **~ de mano** (piece *o* item of) hand luggage; **~ de marginación** = underprivileged social group *o* area; ZOOL **~ marsupial** pouch; **~ del pan** = bag hung on outside of door for delivery of fresh bread; **~ de papel** paper bag; **~ de plástico** *(en tiendas)* carrier *o* plastic bag; **~ de playa** beach bag; **~ de pobreza** deprived area; **~ de viaje** travel bag
-2. *(mercado financiero)* **~ (de valores)** stock exchange, stock market; **ha habido un atentado en la Bolsa de Madrid** there has been a terrorist attack on the Madrid Stock Exchange; **la ~ ha subido/bajado** share prices have gone up/down; **jugar a la ~** to speculate on the stock market ❑ **~ alcista** bull market; **~ bajista** bear market; **~ de comercio** commodity exchange; **~ de materias primas** commodities exchange; *Chile, Cuba* **~ negra** black market; **~ de trabajo** *(en universidad, organización)* = list of job vacancies and situations wanted; *(en*

---

boludo

periódico) appointments section
-3. *(bolso) (de dinero)* purse, pocketbook; EXPR **¡la ~ o la vida!** your money or your life!; EXPR *Fam* **aflojar la ~** to put one's hands in one's pocket, to fork out; *Fam* **afloja la ~ e invítame a una copa** fork out and buy me a drink
-4. *(premio)* purse, prize money
-5. EDUC *(beca)* **~ de estudios** (study) grant; **~ de viaje** travel grant
-6. MIN *(de mineral, aire)* pocket
-7. ANAT sac; *(de testículos)* scrotum ❑ **~ de aguas** amniotic sac; **~ sinovial** synovial bursa
-8. *(arruga, pliegue) (en ojos)* bag; **le están saliendo bolsas debajo de los ojos** she's getting bags under her eyes; **esos pantalones te hacen bolsas en la rodilla** those trousers are loose at the knee
-9. **~ de pastor** *(planta)* shepherd's purse
-10. *CAm, Méx, Perú (bolsillo)* pocket
-11. *Méx (bolso) Br* handbag, *US* purse
-12. EXPR *Chile* **de ~** at someone else's expense; *Fam* **hacer ~** *Chile (abusar)* to abuse; *RP (destruir)* to ruin, *Br* to knacker; *RP Fam* **el vaso se cayó al suelo y se hizo ~** the glass fell to the ground and shattered; *RP Fam* **la muerte de su gato lo dejó hecho ~** he was bummed out *o Br* gutted about his cat dying
bolsa² *adj Ven Fam* dimwit, *Br* thicko
bolsada *nf Col Fam* **una ~ de algo** a bag *o* bagful of sth
bolsear *CAm, Méx Fam vt* **-1.** *(robar)* **~ a alguien** to pick sb's pocket **-2.** *(registrar)* **~ a alguien** to search sb's pockets
bolsillo *nm* **-1.** *(en ropa)* pocket; **pañuelo de ~** pocket handkerchief; **calculadora de ~** pocket calculator; **edición de ~** pocket edition; EXPR **meterse a alguien en el ~** to have sb eating out of one's hand **-2.** *(lugar con dinero)* pocket; **lo pagué de mi ~** I paid for it out of my own pocket; EXPR *Fam* **llenarse los bolsillos** to fill one's pockets; EXPR *Fam* **rascarse el ~** to fork out
bolsín *nm* BOLSA local stock exchange, *US* curb market
bolsista *nmf* **-1.** BOLSA stockbroker **-2.** *CAm, Méx (carterista)* pickpocket
bolsístico, -a *adj* BOLSA stock market; **actividad bolsística** activity on the stock market
bolsita *nf* **~ de té** tea bag
bolso *nm* **-1.** *Esp (de mujer) Br* handbag, *US* purse ❑ **~ de bandolera** shoulder bag **-2.** *(de viaje)* bag ❑ **~ de mano** (piece *o* item of) hand luggage
bolsón, -ona ⬦ *nm* **-1.** *Andes (de colegial)* school bag **-2.** *RP (de deporte)* holdall, sports bag; *(de viaje)* travel bag ❑ **~ de pobreza** deprived area **-3.** *Bol (de mineral)* pocket **-4.** *Méx (laguna)* lagoon **-5.** *Arg, Méx (de tierra)* hollow
⬦ *nm,f Andes, RDom Fam (tonto)* dunce, ignoramus
boludear *vi RP Fam* **-1.** *(hacer tonterías)* to mess about *o* around **-2.** *(decir tonterías)* to talk nonsense **-3.** *(perder el tiempo)* to mess about *o* around
boludez *nf RP Fam* **-1.** *(acto, dicho)* damn stupid thing; **eso que hiciste es una ~** that was a damn stupid thing (of you) to do; **hacer boludeces** to act like an idiot; **decir una ~** to say something really stupid; **no digas boludeces** stop talking nonsense
-2. *(cosa insignificante)* silly little thing; **se pelearon por una ~** they had a row over nothing *o* some silly little thing
-3. *(pereza)* **ayer no hice nada, me dio un ataque de ~** I didn't do anything yesterday, I just couldn't be bothered *o Br* fagged
boludo, -a *RP Fam* ⬦ *adj* **-1.** *(estúpido)* damn stupid **-2.** *(perezoso)* bone idle; **yo no contaría con ella, es muy ~** I wouldn't count on her helping, she's bone idle
⬦ *nm,f* **-1.** *(estúpido) Br* prat, *US* jerk **-2.** *(perezoso)* lazybones; **acá no hay lugar para boludos** there's no room for slackers here
-3. hacerse el ~ to act dumb, to pretend one hasn't heard/seen etc

bomba ◇ *nf* **-1.** *(explosivo)* bomb; **poner** *o* **colocar una ~** to plant a bomb; **paquete/coche ~** parcel/car bomb; [EXPR] **caer como una ~** to be a bombshell ❑ **~ atómica** atom *o* nuclear bomb; **~ de cobalto** cobalt bomb; **~ de dispersión** cluster bomb; **~ fétida** stink bomb; **~ de fragmentación** fragmentation bomb, cluster bomb; **~ H** H bomb; **~ de hidrógeno** hydrogen bomb; **~ de humo** smoke bomb; **~ incendiaria** incendiary (bomb), fire-bomb; **~ lacrimógena** tear-gas grenade; **~ lapa** = bomb affixed to underside of vehicle; **~ de mano** (hand) grenade; **~ de neutrones** neutron bomb; *también Fig* **~ de relojería** time bomb; **~ teledirigida** remote-controlled bomb; **~ termonuclear** thermo-nuclear bomb
-2. *(de agua, de bicicleta)* pump ❑ **~ aspirante** suction pump; **~ hidráulica** hydraulic pump; **~ de mano** stirrup pump; **~ neumática** pneumatic pump; **~ de pie** foot pump; **~ rotativa** rotary pump; **~ de succión** suction pump; **~ de vacío** vacuum pump
-3. *(acontecimiento)* bombshell; *Fam* **la fiesta de anoche fue la ~** the party last night was something else
-4. *(con chicle)* bubble; **hacer bombas** to blow bubbles
-5. *(en piscina)* **tirarse en ~** to do a bomb
-6. *Chile, Ecuad, Ven (gasolinera) Br* petrol station, *US* gas station; **~ (de gasolina)** *(surtidor) Br* petrol pump, *US* gas pump
-7. *Col, Hond, RDom (burbuja)* bubble
-8. *Andes Fam (borrachera)* drinking bout; **estar en ~** to be drunk
-9. *Am (cometa)* circular kite
-10. *RP (dulce)* choux pastry puff
-11. *Chile (camión)* fire engine
-12. *Chile (estación)* fire station
-13. *Chile (cuerpo) Br* fire brigade, *US* fire department
◇ *adj inv Esp Fam* **una noticia ~** a bombshell
◇ *adv Esp Fam* **pasarlo ~** to have a great time

bombacha *nf RP* **-1.** *(braga) Br* knickers, *US* panties **-2. bombachas** *(pantalones)* = loose trousers worn by gauchos

bombachos *nmpl (pantalones)* baggy *Br* trousers *o US* pants; *(para golf)* plus fours

bombardear *vt* **-1.** *(con bombas)* to bomb; *(con artillería)* to bombard **-2.** *(átomo)* to bombard **-3.** *(con preguntas, peticiones)* to bombard; **la televisión bombardea a los niños con publicidad** television bombards children with adverts

bombardeo *nm* **-1.** *(con bombas)* bombing; *(con artillería)* bombardment ❑ **~ aéreo** *(ataque)* air raid; *(serie de ataques)* aerial bombardment **-2.** *(de átomo)* bombardment ❑ **~ atómico** bombardment in a particle accelerator **-3.** *(con preguntas, peticiones)* bombardment; **la película es un constante ~ de imágenes** the film bombards you with an uninterrupted stream of images

bombardero *nm (avión)* bomber ❑ **~ invisible** stealth bomber

bombardino *nm* MÚS saxhorn

bombástico, -a *adj* bombastic

bombazo *nm* **-1.** *(explosión)* explosion, blast **-2.** *Fam (noticia)* bombshell

bombear *vt* **-1.** *(líquido)* to pump **-2.** *(pelota)* to float; **el extremo bombeó el balón al área** the forward floated the ball into the box

bombeo *nm* **-1.** *(de líquido)* pumping **-2.** *(abombamiento)* bulge

bombero, -a *nm,f* **-1.** *(de incendios)* fire fighter, fireman, *f* firewoman; **coche de bomberos** fire engine; **cuerpo de bomberos** *Br* fire brigade, *US* fire department; [EXPR] *Esp* **tener ideas de ~** to have wild *o* crazy ideas **-2.** *Ven (de gasolinera) Br* petrol-pump *o US* gas-pump attendant

bombilla *nf* **-1.** *Esp (de lámpara)* light bulb; [EXPR] *Fam* **se le encendió la ~** he had a flash of inspiration **-2.** *(en baloncesto)* key **-3.** *RP (para mate)* = tube for drinking maté **-4.** *Méx (cucharón)* ladle

bombillo *nm CAm, Carib, Col, Méx* light bulb

bombín *nm* **-1.** *(sombrero)* bowler **-2.** *(inflador)* bicycle pump

bombita *nf RP* light bulb

bombo¹ *nm* **-1.** *(instrumento musical)* bass drum; [EXPR] *Fam* **tengo la cabeza como un ~** my head is throbbing
-2. *(músico)* bass drum (player)
-3. *(para sorteo)* drum
-4. *Fam (elogio)* hype; **le están dando mucho ~ a la nueva película** the new film is getting a lot of hype, they're really hyping the new film; **le gusta mucho darse ~** he's always blowing his own trumpet; [EXPR] **a ~ y platillo** with a lot of hype
-5. TEC drum
-6. *Fam (embarazo)* **ya se le nota el ~** she's already got a bulge; **le ha hecho un ~ a su novia** he's got his girlfriend up the spout *o Br* up the duff
-7. [EXPR] *RP Fam* **irse al ~** to fail, to come to nothing; *Fam* **mandar a alguien al ~** to bump sb off

bombo², -a *adj Cuba* **-1.** *(tibio)* lukewarm **-2.** *(insípido)* weak

bombón *nm* **-1.** *(golosina)* chocolate ❑ **~ helado** = chocolate-coated ice cream **-2.** *Fam (persona) Br* stunner, *US* tomato; **es un ~** she's *Br* a stunner *o US* a tomato

bombona *nf* **-1.** *(contenedor)* cylinder ❑ **~ de butano** (butane) gas cylinder; **~ de gas** gas cylinder; **~ de oxígeno** oxygen bottle *o* cylinder **-2.** *Ven (botella)* bottle *(of liquor)*

bombonera *nf (caja)* sweet tin

bombonería *nf Br* sweet shop, *US* candy store

bómper *nm Col Br* bumper, *US* fender

bonachón, -ona ◇ *adj* good-natured
◇ *nm,f* good-natured person; **es un ~** he's very good-natured

bonachonería *nf* good nature

bonaerense ◇ *adj* of/from Buenos Aires; **las calles bonaerenses** the streets of Buenos Aires
◇ *nmf* person from Buenos Aires

Bonampak *n* = Mayan archaeological site on the border between Mexico and Guatemala, especially noted for its wall paintings

bonancible *adj (tiempo)* fair; *(mar)* calm

bonanza *nf* **-1.** *(de tiempo)* fair weather; *(de mar)* calm at sea **-2.** *(prosperidad)* prosperity **-3.** NÁUT **ir en ~** to have a favourable wind

bonchar, bonchear *vi Fam* **-1.** *Ven (divertirse)* to have a good time **-2.** *Cuba (bromear)* to joke around

bonche *nm* **-1.** *Ven Fam (fiesta)* bash, *Br* knees-up **-2.** *Carib Fam (broma)* joke **-3.** *Méx (montón)* bunch

bonchear = bonchar

bondad *nf* **-1.** *(cualidad)* goodness; **la ~ del clima** the mildness of the climate **-2.** *(amabilidad)* kindness; **¿tendrías la ~ de acercarme esa silla?** would you be so kind as to pass me that chair?; **tenga la ~ de entrar** do please come in

bondadosamente *adv* with kindness, good-naturedly

bondadoso, -a *adj* kind, good-natured

bonete *nm* **-1.** *(eclesiástico)* biretta **-2.** *(universitario)* mortarboard

bonetería *nf Méx, RP* haberdashery

bonetero *nm* spindle tree

bongo *nm* **-1.** *(animal)* bongo **-2.** *CAm, Carib (canoa)* dugout canoe

bongó *nm* bongo (drum)

boniato *nm* **-1.** *Esp, Cuba, Urug (batata)* sweet potato **-2.** *Esp Fam (billete)* thousand-peseta note; **costó cinco boniatos** it cost five thousand pesetas

bonificación *nf* **-1.** *(aumento)* bonus; *(descuento)* discount; **me hacen una ~ del 15 por ciento** they give me a 15 percent discount **-2.** *(en ciclismo)* time bonus

bonificar [59] *vt* **-1. me bonificaron con el diez por ciento** *(descuento)* they gave me a ten percent discount; *(aumento)* they gave me a ten percent bonus
-2. *(apoyar)* to subsidize; **el gobierno bonificará la contratación de trabajadores mayores de 50 años** the government will offer subsidies to companies who take on workers over the age of 50
-3. *(en ciclismo)* **~ a alguien** to give sb a time bonus

bonito¹ *nm* bonito ❑ **~ de altura** skipjack tuna; **~ del norte** long-finned tuna, albacore

bonito², -a ◇ *adj* **-1.** *(lindo)* pretty; *(agradable)* nice; **tu hermana es bastante bonita** your sister is quite pretty; **salió un día muy ~** it turned out to be a nice day; **es la canción más bonita del disco** it's the most beautiful song on the album
-2. *Fam (grande)* **recibió una bonita suma de sus padres** she got a tidy sum of money from her parents
-3. *Irónico* **¡muy ~!** great!, wonderful!; **¿te parece ~ lo que has hecho?** are you proud of what you've done, then?
◇ *adv Am* **-1.** *(bien)* well; **baila muy ~** she's a very good dancer
-2. *(mucho)* a lot; **ha crecido ~** he's really grown

Bonn [bon] *n* Bonn

bono *nm* **-1.** *(vale)* voucher ❑ **~-restaurante** *Br* luncheon voucher, *US* meal ticket **-2.** FIN bond ❑ **~ de ahorro** savings bond; **~ basura** junk bond; **~ de caja** short-term bond; **~ convertible** convertible bond; **~ del Estado** government bond; **~ al portador** bearer bond; **~ del tesoro** treasury bond

bonobús *(pl* **bonobuses)** *nm Esp* = multi-journey bus ticket

bonoloto *nm* = Spanish state-run lottery

bonotrén *nm Esp* = multiple-journey railway ticket

bonsái *nm* bonsai

bonus-malus *nm* COM no-claims bonus clause

bonzo *nm* **-1.** *(budista)* Buddhist monk, bonze **-2. quemarse a lo ~** to set oneself alight

boñiga *nf (de vaca)* cowpat; *(de caballo)* piece of horse dung

booleano, -a *adj* MAT Boolean

boom [bum] *nm* boom

EL BOOM

From the 1960s onward, Latin American literature has gained a worldwide audience and is now regarded as one of the most vibrant and creative in the world. Young writers such as Carlos Fuentes (Mexico, 1929-), Gabriel García Márquez (Colombia, 1928- , Nobel Prize for Literature 1982) and Mario Vargas Llosa (Peru, 1936-) were the most prominent in the **Boom**, as it came to be known, but some older writers also gained a wider audience — for example, Jorge Luis Borges (Argentina, 1899-1986) and Miguel Ángel Asturias (Guatemala, 1899-1974, Nobel Prize for Literature 1967).
Although the **Boom** is often associated with "magic realism", a style which mixes reality and fantasy, this in fact originated with earlier writers such as Asturias, Alejo Carpentier (Cuba, 1904-80) and Juan Rulfo (Mexico, 1918-86), and some of the young writers, notably Vargas Llosa, largely shun fantasy in their work.

---

boomerang [bume'ran] *(pl* **boomerangs)** *nm* boomerang

boqueada *nf* gasp; [EXPR] *Fam* **dar las últimas boqueadas** *(persona)* to be on one's death bed; *(vacaciones, proceso)* to be nearly over; **cuando el imperio daba las últimas boqueadas** in the dying days of the empire

boquear *vi* **-1.** *(persona)* to be on one's death bed **-2.** *(vacaciones, proceso)* to be nearly over; **cuando el imperio boqueaba** in the dying days of the empire

boquera nf = cracked lip in the corner of one's mouth

boquerón nm (fresh) anchovy ❑ *boquerones en vinagre* pickled anchovy fillets

boquete nm hole; **abrir** o **hacer un ~ en** to make a hole in

boquetero, -a nm,f RP = thief who breaks into the building he robs by making a hole through the wall from a neighbouring building

boquiabierto, -a adj **-1.** (con boca abierta) open-mouthed **-2.** (embobado) astounded, speechless; **se quedó ~ contemplando la escena** he watched the scene in bewilderment; **su respuesta me dejó boquiabierta** her answer left me speechless

boquilla ◇ nf **-1.** (para fumar) cigarette holder **-2.** (de pipa) mouthpiece; (de cigarrillo) roach (made of cardboard) **-3.** (de instrumento musical) mouthpiece **-4.** (de tubo, aparato) nozzle **-5.** Ecuad (rumor) rumour, gossip
◇ **de boquilla** loc adj Fam **todo lo dice de ~** he's all talk; **es un revolucionario de ~** he's an armchair revolutionary

boquita nf Guat snack

borato nm QUÍM borate

bórax nm borax

borbollar vi (líquido) to bubble, to boil

borbollón nm **hablar a borbollones** to gabble

Borbón n Bourbon; **los Borbones** the Bourbons

borbónico, -a adj Bourbon

borborigmo nm tummy rumble, Espec borborygmus; **el estómago me hace borborigmos** my stomach is rumbling

borbotear, borbotar vi to bubble

borboteo nm bubbling

borbotones nmpl **salir a ~** (líquido) to gush out; **la herida sangraba a ~** blood was gushing out of the wound; **déjelo hervir 20 minutos a ~** keep it at a rolling boil for 20 minutes; **hablar a ~** to gabble

borceguí (pl **borceguíes**) nm half boot

borda nf **-1.** NÁUT gunwale; **un fuera ~** (barco) an outboard motorboat; (motor) an outboard motor; [EXPR] **tirar** o **echar algo por la ~** to throw sth overboard **-2.** Esp (cabaña) hut

bordada nf NÁUT tack; **dar bordadas** to tack

bordado, -a ◇ adj **-1.** (tela) embroidered **-2.** Esp (perfecto) perfect; **el discurso/examen le salió ~** his speech/the exam went like a dream
◇ nm embroidery

bordador, -ora nm,f embroiderer

bordadura nf embroidery

bordar vt **-1.** (coser) to embroider; **~ algo a mano** to hand-embroider sth **-2.** (hacer bien) to do excellently; **bordó el examen** she did excellently in the exam; **la selección bordó su actuación** the team gave an excellent performance; **la actriz borda el papel de Cleopatra** the actress is outstanding in the role of Cleopatra

borde[1] nm (límite) edge; (de carretera) side; (de río) bank; (de vaso, botella) rim; **lleno hasta el ~** full to the brim; **al ~ del mar** by the sea; **no dejes que se acerquen al ~ de la piscina** don't let them go near the edge of the swimming pool; **el delantero fue derribado al ~ del área** the forward was brought down on the edge of the area; **estoy al ~ de un ataque de nervios** I'm going to go off my head in a minute; **el proceso de paz está al ~ del colapso** the peace process is on the brink of collapse; [EXPR] **estar al ~ del abismo** to be on the brink of ruin o disaster

borde[2] Esp Fam ◇ adj (antipático) **eres muy ~** you're a real Br ratbag o US s.o.b.; **no seas ~ y deja que venga ella también** don't be such Br a ratbag o US an s.o.b., and let her come too; **no te pongas ~ que casi no te he tocado** there's no need to get in a huff o Br strop, I hardly touched you
◇ nmf (antipático) Br ratbag, US s.o.b.; **si encuentro al ~ que me ha robado la bicicleta lo mato** if I find the rat that stole my bike, I'll kill him

bordeado, -a adj **~ de** lined with; **un camino ~ de árboles** a tree-lined path

bordear vt **-1.** (estar alrededor de) to border; **cientos de árboles bordean el camino** hundreds of trees line the way
-2. (moverse alrededor de) to skirt (round); **tuvimos que ~ el lago** we had to skirt (round) the lake; **bordearon la costa** they hugged the coast
-3. (rozar) to be close to; **bordea los ochenta años** she's nearly eighty years old; **su insistencia bordea lo impertinente** his insistence is verging o bordering on the impertinent

bordeaux [bor'ðo] ◇ adj inv burgundy
◇ nm inv burgundy

bordelés, -esa adj of/from Bordeaux (France)

bordería nf Esp Fam **soltar una ~** to come out with something really rude

bordillo nm Br kerb, US curb

bordo nm **-1.** NÁUT & AV **a ~** on board; **un avión con 100 pasajeros a ~** a plane carrying 100 passengers; **diario de a ~** logbook; **bienvenidos a ~** welcome aboard; **viajamos a ~ de un transatlántico de lujo** we travelled on a luxury liner **-2.** Guat, Méx (presa) dam, dike

bordó RP ◇ adj inv burgundy
◇ nm burgundy

bordón nm **-1.** (estribillo) chorus, refrain **-2.** (cuerda) bass string **-3.** Ven (benjamín) youngest child

boreal adj northern

bóreas nm inv Literario (viento) Boreas, north wind

borgiano, -a adj Borgesian, = of/relating to the Argentinian writer Jorge Luis Borges (1899-1986)

Borgoña n Burgundy

borgoña nm (vino) burgundy

bórico, -a adj boric

boricua ◇ adj Puerto Rican
◇ nmf Puerto Rican

borincano, -a, borinqueño, -a ◇ adj Puerto Rican
◇ nm,f Puerto Rican

borla nf **-1.** (de flecos) tassel **-2.** (pompón) pompom **-3.** (para maquillaje) powder puff

borlote nm Méx Fam **-1.** (alboroto) racket, din **-2.** (desorden) commotion, row

borne nm ELEC terminal

bornear vt (torcer) to twist
◇ vi NÁUT to swing o turn on its moorings
◆ **bornearse** vpr to warp, to become warped

Borneo n Borneo

boro nm QUÍM boron

borona nf **-1.** (mijo) millet **-2.** (maíz) maize, US corn **-3.** (pan) corn bread **-4.** CAm, Col, Ven (migaja) breadcrumb

borra nf **-1.** (lana basta) flock **-2.** (pelusa) fluff **-3.** (sedimento) (del café, vino) dregs **-4.** RP **~ de vino: una camisa ~ de vino** a burgundy shirt

borrachera nf **-1.** (embriaguez) drunkenness; **tener una ~** to be drunk; **agarrarse** o Esp **cogerse una ~** to get drunk; **aún no se me ha pasado la ~** I still haven't sobered up **-2.** (entusiasmo) **estaba en plena ~ creativa** he was in the grip of artistic inspiration; **está experimentando la ~ del éxito** she's drunk o dizzy with success

borrachín, -ina nm,f Fam boozer

borracho, -a ◇ adj **-1.** (ebrio) drunk; [EXPR] Fam **~ como una cuba** blind drunk; [EXPR] Fam **¡ni ~!** (absolutely) no way!; **¡no lo haría ni ~!** there's no way you'd get me doing that! **-2.** (emocionado) **~ de** (poder, éxito) drunk o intoxicated with; **está ~ de ideas** he's overflowing with ideas; **estaba ~ de alegría** he was wild with joy
◇ nm,f (persona) drunk
◇ nm (bizcocho) sponge cake soaked in alcohol, ≃ rum baba

borrachuzo, -a nm,f Fam boozer

borrado nm INFORMÁT clearing

borrador nm **-1.** (escrito) rough draft; **hacer un ~ de** to draft; **hazlo en ~ y luego pásalo a limpio** do a rough version first and then do a neat version **-2.** (dibujo) sketch **-3.** (para pizarra) board duster **-4.** (goma de borrar) Br rubber, US eraser

borraja nf borage

borrajear ◇ vt to scribble
◇ vi to scribble

borrar ◇ vt **-1.** (hacer desaparecer) (con goma) Br to rub out, US to erase; (en casete) to erase; [EXPR] **~ a algo/alguien del mapa** to wipe sth/sb off the map
-2. (la pizarra) to wipe, to dust
-3. (tachar) to cross out
-4. (de lista) to take off; **sus padres la borraron de clase de piano** her parents stopped sending her to piano classes
-5. INFORMÁT (archivo) to delete
-6. (olvidar) to erase; **el tiempo borró el recuerdo de aquel desastre** with time, she was able to erase the disaster from her memory; **intenta borrarla de tu cabeza** try and put her out of your mind
-7. Méx, RP Fam (no hacer caso a) to ignore; **me peleé con ella porque siempre me borraba** I fell out with her because she always ignored me
◆ **borrarse** vpr **-1.** (desaparecer) to disappear; **las huellas se borraron con la marea alta** the tide washed the tracks away; **se bloqueó el ordenador y se borraron algunos documentos** when the computer crashed, certain files were lost; [EXPR] **se borró del mapa** he dropped out of sight, he disappeared from circulation
-2. (de lista) to take one's name off; **me he borrado de las clases** I've stopped going to those classes; **me he borrado del viaje porque no me quedan vacaciones** I've pulled out of the trip because I haven't got any holidays left
-3. (olvidarse) to be wiped away; **se le borró de la mente** he forgot all about it
-4. Méx, RP Fam (irse) to split; **nosotros nos borramos** we're off; **¡bórrate!** (piérdete) get lost!

borrasca nf **-1.** METEO (baja presión) area of low pressure **-2.** (tormenta) thunderstorm **-3.** (riña) flaming row

borrascoso, -a adj **-1.** (tiempo) stormy **-2.** (vida, reunión, relación) stormy, tempestuous

borrego, -a ◇ adj Fam Pey sheep-like
◇ nm,f **-1.** (animal) lamb **-2.** Fam Pey (persona) sheep; **todos lo siguen como borregos** they all follow him like sheep **-3. borregos** (nubes) fleecy clouds **-4. borregos** (olas) white horses, US white caps **-5.** RP Fam (chico) kid **-6.** Cuba, Méx (noticia falsa) hoax; **soltar un ~** to start a rumour

borreguil adj Fam Pey sheep-like

borreguillo nm fleece

borreguismo nm Fam Pey sheep-like behaviour

borrico, -a ◇ adj Fam **-1.** (tonto) dim-witted, dim **-2.** (testarudo) pigheaded
◇ nm,f **-1.** (burro) donkey **-2.** Fam (tonto) dimwit, dunce **-3.** Fam (testarudo) **ser un ~** to be pigheaded

borriquero, -a adj **cardo ~** cotton thistle

borriqueta nf, **borriquete** nm trestle

borrón nm **-1.** (de tinta) blot **-2.** (tachón) **el examen estaba lleno de borrones** the exam paper was covered in crossings out; [EXPR] **hacer ~ y cuenta nueva** to wipe the slate clean **-3.** (hecho) blot; **aquel escándalo fue un ~ en su carrera** that scandal was a blot on his career **-4.** (deshonor) blemish

borronear vt **-1.** (garabatear) to scribble on **-2.** (escribir deprisa) to scribble

borroso, -a adj **-1.** (foto, visión) blurred; **lo veo todo ~** everything is a blur **-2.** (escritura, texto) smudgy **-3.** (recuerdo) hazy

borujo nm (de papel) ball; (de cabello, hilo) tangle

boscaje nm (bosque) thicket, copse

Bosco n pr **el ~** (Hieronymus) Bosch

boscoso, -a adj wooded, woody

Bósforo nm **el ~** the Bosphorus

Bosnia n Bosnia ❑ **~ y Herzegovina** Bosnia-Herzegovina

bosniaco, -a ◇ *adj* Bosnian Muslim
◇ *nm,f* Bosnian Muslim
bosnio, -a ◇ *adj* Bosnian
◇ *nm,f* Bosnian
bosque *nm (pequeño)* wood; *(grande)* forest; *Fig* **un ~ de jugadores** a crowd of players ❑ **~ tropical** tropical forest
bosquejar *vt* **-1.** *(esbozar)* to sketch (out) **-2.** *(dar una idea de)* to give a rough outline of
bosquejo *nm* **-1.** *(esbozo)* sketch **-2.** *(de idea, tema, situación)* rough outline
bosquete *nm* copse
bosquimano, -a ◇ *adj* Bushman
◇ *nm,f* Bushman
bossa-nova [bosa'noβa] *nf* bossa nova
bosta ◇ *adj RP muy Fam* crap; **un libro ~** a crap book
◇ *nf* **-1.** *(excremento) (de vaca)* cowpat; *(de caballo)* piece of horse dung **-2.** *RP muy Fam (cosa mal hecha)* load of crap; **este texto es una ~** this text is a load of crap; **este teléfono es una ~** this telephone is crap
bostezar [14] *vi* to yawn; **~ de aburrimiento** to yawn with boredom
bostezo *nm* yawn
bota *nf* **-1.** *(calzado)* boot; EXPR **morir con las botas puestas** to die with one's boots on; EXPR **colgar las botas** to hang up one's boots; EXPR *Fam* **ponerse las botas** *(comiendo)* to stuff one's face; **con este negocio nos vamos a poner las botas** we're going to make a fortune with this business; *Fam Am* **los tiene a todos abajo de la ~** he has everyone under his thumb ❑ **botas de agua** gumboots, *Br* wellingtons; **botas camperas** cowboy boots; **botas de caña alta** knee-length boots; **botas de esquí** *o* **esquiar** ski boots; **botas de fútbol** soccer *o Br* football boots; **botas de goma** rubber boots, *Br* wellingtons; **botas de montaña** climbing boots; **botas de montar** riding boots; **botas de senderismo** hiking *o* walking boots
-2. *(de vino)* = small leather container for wine
botadero *nm Andes, Ven Br* rubbish tip *o* dump, *US* garbage dump
botado, -a *adj Andes Fam* **-1.** *(fácil)* easy, simple; **eso está ~** that's easy *o* simple **-2.** *(barato)* **los CDs andan** *o* **están botados** the CDs cost peanuts *o* are dirt cheap
botadura *nf* launching
botafumeiro *nm* censer
botalón *nm Col, Ven (poste)* post, stake
botamanga *nf Andes, RP (de pantalón) Br* turn-up, *US* cuff
botana *nf Méx* **-1.** *(tapa)* snack, appetizer **-2.** *Fam (charla)* **echar ~** to have a laugh
botanear *Méx* ◇ *vi* **-1.** *(tapear)* to have a snack, to snack **-2.** *Fam (charlar)* to have a laugh
◆ **botanearse** *vpr Fam* **botaneársela: yo me la botaneo mucho cuando hablo con ella** I have a real laugh when I talk to her
botánica *nf* botany
botánico, -a ◇ *adj* botanical
◇ *nm,f* botanist
botanista *nmf* botanist
botar ◇ *vt* **-1.** *(barco)* to launch
-2. *(pelota)* to bounce
-3. *Fam (despedir)* to throw *o* kick out; **lo botaron del trabajo** he was sacked; *Andes* **su novio la botó** her boyfriend dumped her
-4. *DEP (córner)* to take
-5. *Andes, CAm, Carib, Méx (tirar)* to throw away; **bótalo a la basura** throw it away; **~ la basura** *(sacar)* to put the *Br* rubbish *o US* garbage out
-6. *Andes, CAm, Carib, Méx (malgastar)* to waste, to squander; **~ el dinero** to throw one's money away
-7. *(derribar, volcar)* to knock over
◇ *vi* **-1.** *Esp (saltar)* to jump; **botaba de contento** I was jumping for joy; EXPR *Fam* **está que bota** he is hopping mad
-2. *(de pelota)* to bounce
◆ **botarse** *vpr Andes, CAm, Carib, Méx (tirarse)* to jump; **botarse al agua** to jump into the water; *(de cabeza)* to dive into the water
botarate *nm Fam* fool
botarel *nm ARQUIT* buttress
botavara *nf NÁUT* boom
bote *nm* **-1.** *(envase) (tarro)* jar; *Esp (lata)* tin, can; *(de champú, pastillas)* bottle; **los guisantes ¿son naturales o de ~?** are the peas fresh or tinned? ❑ *Am* **~ de la basura** *Br* rubbish bin, *US* garbage can, trash can; **~ de humo** smoke canister
-2. *(barca)* boat ❑ **~ de remos** rowing boat; **~ salvavidas** lifeboat
-3. *(caja para propinas)* tips box; **el cambio, para el ~** keep the change
-4. *(salto)* jump; **dar botes** *(saltar)* to jump up and down; *(vehículo)* to bump up and down; **pegar un ~** *(de susto)* to jump, to give a start; **dio un ~ de alegría** she jumped for joy
-5. *(de pelota)* bounce; **tienes que dejar que dé un ~** you have to let it bounce; **dar botes** to bounce; **a ~ pronto** on the half volley
-6. *(en lotería)* rollover jackpot
-7. *Méx, Ven Fam (cárcel) Br* nick, *US* joint
-8. *Ven (escape)* leak
-9. EXPR **a ~ pronto** *(sin pensar)* off the top of one's head; *Esp Fam* **chupar del ~** to feather one's nest; *Fam* **darse el ~** *o Br* to scarper, *US* to split; **de ~ en ~** chock-a-block; *Esp* **meter en el ~ a alguien** to win sb over; *Esp* **tener en el ~ a alguien** to have sb eating out of one's hand; *Fam* **¡tonto del ~!** stupid half-wit!
botear *vi Méx Fam* **salir a ~** to go out rattling (collecting) tins
botella *nf* **-1.** *(recipiente)* bottle; **una ~ de champán/leche** *(recipiente)* a champagne/milk bottle; *(contenido)* a bottle of champagne/milk; **en ~** bottled; EXPR **darle a la ~** *(beber alcohol)* to be a heavy drinker ❑ **~ de oxígeno** oxygen cylinder **-2.** *Cuba (autoestop)* **dar ~ a alguien** to give sb a ride *o esp Br* lift; **hacer ~** to hitchhike
botellazo *nm* **recibió un ~ en la cabeza** he was hit over the head with a bottle
botellero *nm* **-1.** *(accesorio)* wine rack **-2.** *RP (persona)* = person who collects bottles for resale
botellín *nm (de cerveza)* small bottle (0.2 l)
botellón *nm Esp Fam* = informal street gathering where young people meet to drink and socialize
botepronto *nm (en rugby)* drop kick
botica *nf Anticuado* pharmacy, *Br* chemist's (shop), *US* drugstore; EXPR **aquí hay de todo como en ~** there's a bit of everything here
boticario, -a *nm,f Anticuado* pharmacist, *Br* chemist, *US* druggist
botija ◇ *nf (vasija)* earthenware jar
◇ *nmf Urug Fam (muchacho)* kid
botijear *vt Urug Fam* **~ a alguien** to treat sb like a kid
botijo *nm* = earthenware vessel with a spout used for drinking water
botillería *nf Chile (de vino, licor)* liquor store
botín¹ *nm (calzado)* ankle boot ❑ *Am* **~ de fútbol** football boot
botín² *nm* **-1.** *(de guerra)* plunder, booty; EXPR **repartirse el ~** to share out the spoils **-2.** *(de atraco)* loot
botina *nf* ankle boot
botiquín *nm* **-1.** *(caja)* first-aid kit; *(mueble)* first-aid cabinet ❑ **~ de primeros auxilios** *(caja)* first-aid kit; *(mueble)* first-aid cabinet **-2.** *(enfermería)* sick bay **-3.** *Ven (taberna)* bar
boto *nm* **-1.** *(bota)* riding boot **-2.** *(para vino)* wineskin
botón¹ *nm* **-1.** *(para abrochar)* button; EXPR *RP Fam* **al divino ~** for nothing **~ de muestra: esto es sólo un ~ de muestra** this is just one example; **la cena no fue más que un ~ de muestra de la cocina local** the meal was no more than a taster *o* sample of the local cuisine
-2. *(de aparato)* button; *(de timbre)* buzzer; **el ~ de pausa/de rebobinado** the pause/rewind button; **darle al ~** to press the button
-3. *(de planta)* bud, gemma ❑ **~ de oro** buttercup
-4. *(en esgrima)* button
botón², -ona *RP Fam* ◇ *adj* **-1.** *(delator)* telltale **-2.** *(estricto)* pernickety, *US* persnickety
◇ *nm* **-1.** *(policía)* cop **-2.** *(delator)* telltale **-3.** *(persona estricta)* nit-picker, *US* fuss-budget
botonadura *nf* buttons
botonera *nf (planta)* santolina, lavender-cotton
botones *nmf inv (de hotel)* bellboy, *US* bellhop; *(de oficina)* errand boy, *f* errand girl
Botsuana, Botswana *n* Botswana
botsuanés, -esa ◇ *adj* of/relating to Botswana *(Africa)*
◇ *nm,f* person from Botswana *(Africa)*
Botswana = Botsuana
botulismo *nm* botulism
botuto *nm Carib* giant sea snail
bouquet [bu'ke] *(pl* bouquets*)* *nm* **-1.** *(del vino)* bouquet **-2.** *(de flores)* bouquet
bourbon ['burβon] *(pl* bourbons*)* *nm* bourbon
boutique [bu'tik] *nf* boutique ❑ **~ infantil** children's boutique; **~ de novia** bridal shop; **~ de señora** fashion boutique
bóveda *nf* **-1.** ARQUIT vault ❑ **~ de arista** groin vault; **~ de cañón** barrel vault; **la ~ celeste** the firmament; **~ de crucería** ribbed vault; *Am* **~ de seguridad** *(en banco)* vault **-2.** ANAT **~ craneal** cranial vault
bóvido ZOOL ◇ *nm (animal)* bovid
◇ *nmpl* **bóvidos** *(familia)* Bovidae; **de la familia de los bóvidos** of the Bovidae family
bovino, -a ◇ *adj* bovine; **ganado ~** cattle *(plural)*
◇ *nm* bovine
◇ *nmpl* **bovinos** *(subfamilia)* cattle *(plural)*
box *(pl* boxes*)* *nm* **-1.** *(de caballo)* stall **-2.** *(de coches)* pit; **entrar en boxes** to make a pit stop **-3.** *Am (boxeo)* boxing
boxcalf *nm* box-calf
boxeador, -ora *nm,f* boxer
boxear *vi* to box
boxeo *nm* boxing
bóxer *(pl* boxers*)* *nm* **-1.** *(perro)* boxer **-2.** *(calzoncillo)* boxer shorts
boya *nf* **-1.** *(en el mar)* buoy ❑ **~ de campana** bell buoy **-2.** *(de una red)* float
boyada *nf* drove of oxen
boyante *adj* **-1.** *(feliz)* happy **-2.** *(próspero) (empresa, negocio)* prosperous; *(economía, comercio)* buoyant
boyar *vi* to float
boyero, -a ◇ *nm,f (pastor)* oxherd
◇ *nm (ave)* oxpecker
boy scout [bojes'kaut] *(pl* boy scouts*)* *nm* boy scout
boza *nf NÁUT* painter
bozal *nm* **-1.** *(para perro)* muzzle **-2.** *Am (cabestro)* halter
bozo *nm (bigote)* down *(on upper lip)*
bps INFORMÁT *(brev de* bits por segundo*)* bps
braceada *nf (movimiento)* swing of the arms; **dar braceadas** to wave one's arms about
braceaje *nm* depth (in fathoms)
bracear *vi* **-1.** *(mover los brazos)* to wave one's arms about **-2.** *(nadar)* **braceaba con energía** he swam with strong arm strokes
braceo *nm* arm strokes; **sé que mi ~ deja mucho que desear** I know my arm strokes could be a lot better
bracero *nm* **-1.** *(jornalero)* day labourer **-2.** *Am* **~ wetback**, = illegal Mexican immigrant in the US
bracista *nmf* DEP breaststroker
bráctea *nf* BOT bract
braga *nf* **-1.** *Esp (prenda interior) Br* knickers, *US* panties; **una ~, unas bragas** a pair of *Br* knickers *o US* panties; EXPR *Fam* **estar hecho una ~** to be whacked; EXPR *Fam* **pillar o coger en bragas: ¿la capital de Chad? ¡me pillas** *o* **coges en bragas!** the capital of Chad? you've really got me there!; **el profesor me pilló en bragas, no me sabía la lección** the teacher caught me out, I hadn't learnt the lesson ❑ **~-pañal** disposable *Br* nappy *o US* diaper
-2. *Fam (cosa de mala calidad)* **esta novela es**

bragado

una ~ this novel is dire o Br pants -**3.** *(para el cuello)* snood -**4.** *Ven (ropa)* boiler suit

bragado, -a *adj (firme, resuelto)* tough, determined

bragadura *nf (de persona, prenda)* crotch

bragazas *Fam* ◇ *adj* henpecked
◇ *nm inv* henpecked man

braguero *nm* truss

bragueta *nf Br* flies, *US* zipper

braguetazo *nm Esp Fam* marriage for money; **dar el ~** to marry for money

Brahma *n pr* Brahma

brahmán, bramán *nm* Brahman

brahmanismo, bramanismo *nm* Brahmanism

Brahmaputra *nm* **el ~** the Brahmaputra

braille ['braile] *nm* Braille

brainstorming [breinˈstormin] (*pl* **brainstormings**) *nm* brainstorming session

brama *nf* rut, rutting season

bramadera *nf* -**1.** *(juguete)* bull-roarer -**2.** MÚS reed pipes

bramadero *nm Am (poste)* tethering post

bramán = brahmán

bramanismo = brahmanismo

bramante *nm* cord

bramar *vi* -**1.** *(animal)* to bellow -**2.** *(persona) (de dolor)* to groan; *(de ira)* to roar -**3.** *(viento)* to howl; *(mar)* to roar

bramido *nm* -**1.** *(de animal)* bellow -**2.** *(de persona) (de dolor)* groan; *(de ira)* roar; **dar un ~ de cólera** to give a furious roar -**3.** *(del viento)* howling; *(del mar)* roar

Brandemburgo, Brandeburgo *n* Brandenburg; **la puerta de ~** the Brandenburg Gate

brandy *nm* brandy

branquial *adj* branchial

branquias *nfpl* gills

branquiosaurio *nm* branchiosaur

braña *nf* mountain pasture

braquial *adj* ANAT brachial

braquicefalia *nf* ANAT brachycephalism

braquicéfalo, -a *adj* ANAT brachycephalic

braquiocefálico, -a *adj* ANAT brachiocephalic

braquiuro *nm* bald uakari

brasa *nf* -**1.** *(tizón)* ember; **a la ~** barbecued -**2.** EXPR *Esp Fam* **dar la ~** to go on and on; **¡deja de dar la ~!** stop going on and on!, give it a rest!

brasear *vt* to barbecue

brasero *nm* brazier; **~ eléctrico** electric heater

brasier *nm Carib, Col, Méx* bra

Brasil *nm* **(el) ~** Brazil

brasil *nm (árbol)* brazilwood tree; *(madera)* brazil(wood)

brasileño, -a, *RP* **brasilero, -a** ◇ *adj* Brazilian
◇ *nm,f* Brazilian

Brasilia *n* Brasilia

brasuca *RP Fam* ◇ *adj* = pejorative term meaning "Brazilian"
◇ *nmf* = pejorative term referring to a Brazilian person

Bratislava *n* Bratislava

bravata *nf* -**1.** *(amenaza)* threat -**2.** *(fanfarronería)* piece of bravado; **estoy cansado de sus bravatas** I'm tired of his bravado

braveza *nf* -**1.** *(de persona)* bravery -**2.** *(de animal)* wildness -**3.** *(del viento, mar)* fierceness, fury

bravío, -a *adj* -**1.** *(persona)* free-spirited -**2.** *(animal)* spirited -**3.** *(mar)* choppy, rough

bravo, -a ◇ *adj* -**1.** *(persona) (valiente)* brave -**2.** *(persona) (violento)* fierce -**3.** *Andes, CAm, Carib, Méx (persona) (airado)* angry; **ponerse ~** to get angry -**4.** *(animal)* wild -**5.** *(planta)* wild -**6.** *(mar)* rough; **el mar se ha puesto ~** the sea has got rough -**7.** *RP (difícil)* difficult
◇ *interj* bravo!
◇ **a la brava** *loc adv Méx Fam (con descuido)* in a slapdash way; **limpiaste tu cuarto a la brava** you didn't do o make a very good job of cleaning your room
◇ **a las bravas, por las bravas** *loc adv* by force

bravucón, -ona ◇ *adj* loudmouthed; **es muy ~** he's a real loudmouth, he's all talk; **su comportamiento ~** his bravado
◇ *nm,f* loudmouth

bravuconada *nf* show of bravado

bravuconear *vi* to brag

bravuconería *nf* bravado

bravura *nf* -**1.** *(de persona)* bravery -**2.** *(de animal)* ferocity -**3.** *(de mar)* roughness

braza *nf* -**1.** *Esp (en natación)* breaststroke; **nadar a ~** to do the breaststroke; **los 100 metros ~** the 100-metres breaststroke -**2.** *(medida)* fathom -**3.** NÁUT *(cabo)* brace

brazada *nf* -**1.** *(en natación)* stroke -**2.** *(cantidad)* armful

brazado *nm* armful

brazal *nm* -**1.** *(insignia)* armband -**2.** *(de escudo)* handle

brazalete *nm* -**1.** *(en la muñeca)* bracelet -**2.** *(en el brazo, para nadar)* armband

brazo *nm* -**1.** *(de persona)* arm; **paseaba del ~ de su novio** she was walking arm in arm with her boyfriend; **agárrate de mi ~** hold on to my arm; **en brazos** in one's arms; **llevaba al nene en brazos** he was carrying the child in his arms; EXPR **echarse en brazos de alguien** to throw oneself at sb; EXPR **luchar a ~ partido** *(con empeño)* to fight tooth and nail; EXPR **con los brazos abiertos** with open arms; EXPR **quedarse de brazos cruzados, cruzarse de brazos** to sit back and do nothing; EXPR **no dio su ~ a torcer** he didn't budge an inch, he didn't allow himself to be persuaded; EXPR **ser el ~ derecho de alguien** to be sb's right-hand man (*f* right-hand woman)
-**2.** *(de animal)* foreleg
-**3.** *(de sillón)* arm
-**4.** *(de árbol, río, candelabro)* branch
-**5.** *(de grúa)* boom, jib
-**6.** *(de balanza)* arm
-**7.** *(rama)* wing; **el ~ político de ETA** the political wing of ETA
-**8.** *(trabajador)* hand
-**9.** **~ de gitano** *Br* swiss roll, *US* jelly roll
-**10.** GEOG **~ de mar** inlet, arm of the sea

brazuelo *nm* shoulder

Brazzaville [bratsaˈβil] *n* Brazzaville

brea *nf* -**1.** *(sustancia)* tar -**2.** *(para barco)* pitch

break [breik] *nm* DEP break; **punto de ~** break point

break dance [breikˈdans] *nm* break dance

brear *vt Esp Fam* **~ a alguien** to beat sb up; **~ a preguntas** to bombard with questions

brebaje *nm* concoction, foul drink

breca *nf (pez)* pandora

brecha *nf* -**1.** *(abertura)* hole, opening; **la ~ entre ricos y pobres** the gulf o gap between rich and poor
-**2.** *(herida)* gash; **hacerse una ~ en la cabeza** to cut one's head, to split one's head open
-**3.** MIL breach
-**4.** *Méx* **camino de ~** dirt track
-**5.** EXPR **abrir ~ en un mercado** to break into a market; **los jóvenes del partido están abriendo ~ con propuestas vanguardistas** the young members of the party are blazing the trail with groundbreaking proposals; **no le asusta estar en ~** he's not afraid to take the rough with the smooth; **lleva veinte años en la ~** he's been in the thick of it for twenty years

brechtiano, -a *adj* Brechtian

brécol *nm* broccoli

brega *nf* -**1.** *(lucha)* struggle, fight -**2.** EXPR **andar a la ~** to toil, to work hard

bregar [38] *vi* -**1.** *(luchar)* to struggle, to fight -**2.** *(trabajar)* to work hard -**3.** *(reñir)* to quarrel (**con** with)

brejetero, -a, brertero, -a *adj Carib Fam* mischievous

breña *nf* rugged scrubland o brush

breque *nm* -**1.** *(pez)* bleak -**2.** *CAm (freno)* brake

brertero = brejetero

Bretaña *n* Brittany

brete *nm* -**1.** *(apuro)* fix, difficulty; EXPR **estar en un ~** to be in a fix; EXPR **poner a alguien en un ~** to put sb in a difficult o awkward position -**2.** *Ven Fam (ajetreo)* commotion, stew; **está siempre en un ~** she's always in a flap -**3.** *Cuba Fam (enredo)* mess

bretel *nm CSur* strap; **un vestido sin breteles** a strapless dress

bretón, -ona ◇ *adj* Breton
◇ *nm,f (persona)* Breton
◇ *nm (lengua)* Breton

breva *nf* -**1.** *(fruta)* early fig; EXPR *Esp Fam* **¡no caerá esa ~!** some chance (of that happening)! -**2.** *(cigarro)* flat cigar -**3.** *Esp (pastel)* = long cream-filled doughnut -**4.** *CAm, Cuba, Méx (tabaco de mascar)* chewing tobacco

breve ◇ *adj* -**1.** *(corto)* brief; **en ~** *(pronto)* shortly; *(en pocas palabras)* in short; **seré ~** I shall be brief; **en breves instantes** in a few moments; **anuncios breves** classified ads o adverts -**2.** *(sílaba, vocal)* short -**3.** *(pie)* dainty; *(cintura)* slender
◇ *nf* MÚS breve
◇ *nmpl* **breves** *(anuncios)* classified ads o adverts; *(noticias)* news in brief

brevedad *nf* -**1.** *(en el tiempo)* shortness; **la ~ de su discurso sorprendió** her speech was surprisingly brief; **a o con la mayor ~** as soon as possible; **se ruega ~** please be brief -**2.** *(de pie)* daintiness; *(de cintura)* slenderness

brevemente *adv* -**1.** *(durante poco tiempo)* briefly -**2.** *(en breve)* shortly, soon

brevet *nm* -**1.** *Chile (de avión)* pilot's licence -**2.** *Bol, Ecuad, Perú (de automóvil) Br* driving licence, *US* driver's license -**3.** *RP (de velero)* sailing licence

brevete *nm Bol, Ecuad, Perú (de automóvil) Br* driving licence, *US* driver's license

breviario *nm* -**1.** REL breviary -**2.** *(compendio)* compendium

brezal *nm* moorland, moors

brezo *nm* heather

briaga *nf Méx Fam (borrachera)* piss-up; **agarrar una ~** to get plastered o blitzed

briago, -a *adj Méx Fam* plastered, blitzed

bribón, -ona ◇ *adj (pícaro)* roguish
◇ *nm,f* scoundrel, rogue

bribonada *nf* **ser una ~** to be a roguish thing to do; **estoy harto de sus bribonadas** I'm fed up with him always getting up to mischief

bricolage, bricolaje *nm Br* DIY, do-it-yourself, *US* home improvement

brida *nf* -**1.** *(de caballo)* bridle -**2.** *(de tubo)* bracket, collar -**3.** MED adhesion

bridge [britʃ] *nm* bridge

brie [bri] *nm* brie

brigada ◇ *nm* MIL warrant officer
◇ *nf* -**1.** MIL brigade ❑ HIST **las Brigadas Internacionales** the International Brigades; HIST **las Brigadas Rojas** the Red Brigades -**2.** *(equipo)* squad, team ❑ **~ anticorrupción** fraud squad; **~ antidisturbios** riot squad; **~ antidroga** drug squad; **~ de delitos económicos** fraud squad; **~ de estupefacientes** drug squad; **~ de explosivos** bomb squad

brigadier *nm* -**1.** *(en el ejército)* brigadier -**2.** *(en la marina)* rear admiral

brigadista *nmf* HIST = member or veteran of the International Brigades during the Spanish Civil War

brik (*pl* **briks**) *nm* tetrabrik®; **un ~ de leche** a carton of milk

brillante ◇ *adj* -**1.** *(reluciente) (luz, astro)* shining; *(metal, zapatos, pelo)* shiny; *(ojos, sonrisa, diamante)* sparkling -**2.** *(magnífico)* brilliant; **el pianista estuvo ~** the pianist was outstanding; **el joven escritor tiene un futuro ~** the young writer has a brilliant future ahead of him
◇ *nm* diamond, *Espec* brilliant

brillantemente *adv* brilliantly

brillantez *nf* -**1.** *(luminosidad) (de metal, zapatos, pelo)* shininess; *(de ojos, sonrisa, diamante)* sparkle -**2.** *(éxito)* brilliance; **hacer algo con ~** to do sth outstandingly

brillantina *nf (gomina)* hair cream, Brylcreem®

brillar *vi* **-1.** *(luz, astro, metal, zapatos, pelo)* to shine; *(ojos, diamante)* to sparkle **-2.** *(sobresalir)* to shine; **brilla por su simpatía** she's remarkable for her kindness; EXPR **~ por su ausencia** to be conspicuous by its/one's absence; **la higiene brilla por su ausencia** there is a notable lack of hygiene; EXPR **~ con luz propia** to be outstanding

brillo *nm* **-1.** *(resplandor) (de luz, astro)* brightness; *(de metal, zapatos, pelo)* shine; *(de ojos, diamante)* sparkle; *(de monitor, televisor)* brightness; **sacar ~ a** to polish, to shine; **¿en ~ o en mate?** *(fotos)* would you like gloss photos or matt ones? **-2.** *(lucimiento)* splendour, brilliance **-3. ~ de labios** lip gloss; **~ de uñas** clear nail varnish

brilloso, -a *adj Am* shining

brincar [59] *vi* **-1.** *(saltar)* to skip (about); **~ de alegría** to jump for joy; *Esp Fam* **está que brinca** *(enfadado)* he's hopping mad **-2.** *Ven Fam (pagar)* to cough up

brinco *nm* jump; **se levantó del asiento de un ~** she jumped up from her seat; **pegar o dar un ~** to jump, to give a start; **daba brincos de alegría** she was jumping for joy; **el corazón me dio un ~ cuando oí su voz** my heart skipped a beat when I heard his voice; EXPR **en un ~** in a second, quickly; *Méx Fam* **ponerse al ~: mi padre se me puso al ~ porque anoche llegué muy tarde** my father came down on me like a ton of bricks because I came in late last night; EXPR *Ven* **quitar los brincos a alguien** to bring sb down a peg

brindar ◇ *vi* to drink a toast; **~ por algo/alguien** to drink to sth/sb; **~ a la salud de alguien** to drink to sb's health
◇ *vt* **-1.** *(ofrecer)* to offer; **me brindó su casa** he offered me the use of his house; **el ayuntamiento brindó todos los medios a su disposición** the town council made available all the means at its disposal; **quiero agradecer la confianza que me brindan** I would like to thank you for the confidence you are showing in me; **su visita me brindó la ocasión de conocerlo mejor** his visit gave me the opportunity to get to know him better
-2. TAUROM to dedicate; **~ el triunfo a alguien** *(en deportes, competiciones)* to dedicate one's victory to sb
◆ **brindarse** *vpr* **brindarse a hacer algo** to offer to do sth; **se brindó a ayudarme** she offered to help me

brindis *nm inv* toast; **hacer un ~ (por)** *(proponerlo)* to propose a toast (to); *(beber)* to drink a toast (to)

brío *nm* **-1.** *(energía, decisión)* spirit; **con ~** spiritedly; **trabajaba con mucho ~** she was a very energetic worker **-2.** *(de caballo)* spirit

brioche *nm* brioche

briofita *nf* BOT bryophyte

briosamente *adv* spiritedly

brioso, -a *adj* **-1.** *(con energía, decisión)* spirited, lively **-2.** *(caballo)* spirited

briqueta *nf (de carbón)* briquette

brisa *nf* breeze □ **~ del mar** sea breeze; **~ marina** sea breeze

brisca *nf* = card game where each player gets three cards and one suit is trumps

británico, -a ◇ *adj* British
◇ *nm,f* British person, Briton; **los británicos** the British

brizna *nf* **-1.** *(filamento) (de hierba)* blade; *(de tabaco)* strand **-2.** *(un poco)* trace, bit; **no soplaba ni una ~ de viento** there wasn't even a breath of wind **-3.** *Ven (llovizna)* drizzle

briznar *v impersonal Ven (lloviznar)* to drizzle

broca *nf (drill)* bit □ **~ helicoidal** twist drill

brocado *nm* brocade

brocal *nm (de pozo)* parapet, curb

brocearse *vpr Andes, Arg* **el filón se ha broceado** the seam has been exhausted

broceo *nm Andes, Arg* exhaustion, depletion

brocha *nf (de pintor)* brush; *(de maquillaje)* make-up brush; **de ~ gorda** *(basto)* broad, vulgar; **pintor de ~ gorda** painter and decorator □ **~ de afeitar** shaving brush

brochazo *nm*, **brochada** *nf* brushstroke

broche *nm* **-1.** *(en collar, pulsera)* clasp, fastener □ *Am* **~ de presión** snap fastener
-2. *(joya)* brooch
-3. *(cierre, conclusión)* **el concierto puso el ~ final a las fiestas** the concert rounded off the celebrations □ **~ de oro** final flourish; **el recital puso el ~ de oro a la velada** the recital was the perfect end to the evening
-4. *Méx, Urug (para el pelo) Br* slide, *US* barrette
-5. *Arg (para la ropa)* peg, *US* clothespin
-6. *RP (grapa)* staple
-7. *Chile (clip)* paperclip
-8. *Ecuad* **broches** cuff links

brocheta, *RP* **brochette** [broˈʃet] *nf* **-1.** *(varilla)* skewer **-2.** *(plato)* kebab; **~ de carne/de pollo** shish/chicken kebab

brócoli, bróculi *nm* broccoli

bróder *nm Esp, Andes, CAm Fam* **-1.** *(hermano)* bro **-2.** *(amigo) Br* mate, *US* bro

broderí *(pl* **broderíes** *o* **broderís)** *nm* broderie anglaise

bróker *nmf* broker

broma¹ *nf* **-1.** *(ocurrencia, chiste)* joke; *(jugarreta)* prank, practical joke; **gastar una ~ a alguien** to play a joke o prank on sb; **en o de ~** as a joke; **tomar algo a ~** not to take sth seriously; **no estar para bromas** not to be in the mood for jokes; **estás de broma, ¿no?** you must be joking!; **hoy estoy con ganas de ~** I'm in a mischievous mood today; EXPR **entre bromas y veras** half-jokingly; EXPR **fuera de ~, bromas aparte** joking apart; **ni en o de ~** no way, not on your life; **no se lo digas ni en ~** don't you even think about telling her; **no aceptaremos ni en ~** no way will we accept □ **~ de mal gusto** bad joke; **~ pesada** nasty practical joke
-2. *Fam Irónico (cosa cara)* **me salió la ~ por 400 euros** that little business set me back 400 euros
-3. *Fam (contrariedad)* pain; **el aeropuerto estaba cerrado y no pudimos salir – ¡menuda ~!** the airport was closed and we were stranded – what a pain!
-4. *Ven Fam (objeto)* thing; *Br* effort; **¿para qué sirve esa ~?** *(en aparato)* what's that thing for?; **me gusta esa ~ que llevas puesta** that's a very nice little affair you're wearing

broma² *nf (molusco)* shipworm

bromato *nm* QUÍM bromate

bromatología *nf* nutrition

bromatológico, -a *adj* nutritional

bromatólogo, -a *nm,f* nutritionist

bromear *vi* to joke; **con la religión no se bromea** religion isn't something to be taken lightly

bromelia *nf* bromeliad

bromeliácea ◇ *nf (planta)* bromeliad
◇ *nfpl* **bromeliáceas** *(familia)* bromeliads

bromeliáceo, -a *adj* bromeliaceous

bromista ◇ *adj* **ser muy ~** to be a real joker
◇ *nmf* joker

bromo *nm* QUÍM bromine

bromuro *nm* QUÍM bromide

bronca ◇ *nf* **-1.** *(jaleo)* row; **armar (una) ~** to kick up a row; **se armó una ~ increíble** there was an almighty row; **buscar ~** to look for trouble
-2. *Esp (regañina)* scolding, telling-off; **echar una ~ a alguien** to give sb a row, to tell sb off; **me echaron la ~ por llegar tarde** I got a row for being late; **el equipo fue recibido con una ~** the team were booed when they came out onto the pitch
-3. *RP Fam (rabia)* **me da ~** it hacks me off; **¡estoy con una ~!** I'm really hacked off!; **el jefe le tiene ~** the boss has got it in for her; **está que vuela de (la) ~** she's foaming at the mouth
-4. *Méx Fam (problema)* **tengo una ~ de dinero** I'm in a fix over money
-5. *Méx Fam (dificultad)* snag, problem; **fue una ~ poder mudarme** moving was no picnic
-6. *ver también* **bronco**
◇ *nmf Esp Fam* **ser un bronca(s)** to be a troublemaker, to be trouble

bronce *nm* **-1.** *(aleación)* bronze **-2.** *(estatua)* bronze (statue) **-3.** DEP *(medalla)* bronze (medal); **Bulgaria se llevó el ~** Bulgaria took the bronze

bronceado, -a ◇ *adj* **-1.** *(moreno)* tanned **-2.** *(de color bronce)* bronze
◇ *nm* tan

bronceador, -ora ◇ *adj* **crema bronceadora** suntan cream
◇ *nm (loción)* suntan lotion; *(crema)* suntan cream

broncear ◇ *vt* **-1.** *(piel)* to tan **-2.** *(cubrir de bronce)* to bronze
◆ **broncearse** *vpr* to get a tan

broncíneo, -a *adj* bronze

bronco, -a *adj* **-1.** *(grave) (voz)* harsh; *(tos)* throaty **-2.** *(brusco)* gruff, surly **-3.** *(tosco)* rough; *(paisaje, peñascos)* rugged **-4.** *Méx Fam (huraño)* unsociable
◇ *nm,f Méx Fam* unsociable person, loner

broncodilatador, -ora FARM ◇ *adj* **un medicamento ~** a bronchodilator
◇ *nm* bronchodilator

bronconeumonía *nf* MED bronchopneumonia

broncopulmonar *adj* MED bronchopulmonary

broncoscopia *nf* MED bronchoscopy

bronquedad *nf* **-1.** *(de voz)* harshness **-2.** *(brusquedad)* gruffness, surliness **-3.** *(tosquedad)* roughness; *(de paisaje, peñascos)* ruggedness

bronquial *adj* bronchial

bronquio *nm* bronchial tube; **tiene problemas de bronquios** she has a chest complaint

bronquiolo *nm* ANAT bronchiole

bronquítico, -a *adj* bronchitic

bronquitis *nf inv* bronchitis

brontosaurio *nm* brontosaurus

broquel *nm* **-1.** *(escudo)* small shield **-2.** *(amparo)* shield

broqueta *nf* **-1.** *(varilla)* skewer **-2.** *(plato)* kebab; **~ de carne/de pollo** shish/chicken kebab

brotar ◇ *vi* **-1.** *(planta)* to sprout, to bud; *(semilla)* to sprout; **ya le están brotando las flores al árbol** the tree is already beginning to flower; **las lechugas están brotando muy pronto este año** the lettuces are sprouting very early this year
-2. *(agua, sangre) (suavemente)* to flow; *(con violencia)* to spout; **~ de** to well up out of; **brotaba humo de la chimenea** smoke billowed from the chimney; **le brotaron las lágrimas** tears welled up in her eyes; **la sangre brotaba a borbotones de la herida** blood was gushing from the wound
-3. *(enfermedad)* **le brotó el sarampión** she came down with measles; **le brotó un sarpullido** he came out in a rash
-4. *(esperanza, pasiones)* to stir; **entre los dos brotó una profunda amistad** a deep friendship sprang up between them; **brotaron sospechas de que hubiera habido un fraude** suspicions of fraud started to emerge
◆ **brotarse** *vpr* **-1.** *Am (salir sarpullidos)* to come out in a rash; **se brotó toda** she came out in a rash all over her body
-2. *RP Fam (disgustarse)* **no me hagas acordar de ese día, que me broto** don't remind me of that day, the very thought of it makes me ill; **María se brota cada vez que ve a Pedro** María can't stand the sight of Pedro

brote *nm* **-1.** *(de planta)* bud, shoot; *(de semilla)* sprout □ **brotes de soja** beansprouts **-2.** *(estallido) (de enfermedad)* outbreak; **se produjeron varios brotes de violencia** there were several outbreaks of violence

BROU [brou] *nm (abrev de* **Banco de la República Oriental del Uruguay***)* = Uruguayan national bank

broza *nf* **-1.** *(maleza)* brush, scrub **-2.** *(hojarasca)* dead leaves **-3.** *Fig (relleno)* waffle
brucelosis *nf* MED brucellosis
bruces: de bruces *loc adv* face down; **se cayó de ~** he fell headlong, he fell flat on his face; EXPR **darse de ~ con algo/alguien** to find oneself face-to-face with sth/sb
bruja *nf* **-1.** *(hechicera)* witch, sorceress **-2.** *Fam (mujer fea)* hag **-3.** *Fam (mujer mala)* witch **-4.** *CAm, Carib, Méx Fam* **andar** *o* **estar ~** *(sin dinero)* to be broke *o Br* skint
Brujas *n* Bruges
brujería *nf* witchcraft, sorcery
brujo, -a ◇ *adj* **-1.** *(hechicero)* enchanting, captivating **-2.** *Méx Fam* broke
◇ *nm* wizard, sorcerer
brújula *nf* compass ❑ **~ giroscópica** gyrocompass
brulote *nm Am (palabrota)* swear-word
bruma *nf (niebla)* mist; *(en el mar)* sea mist
brumoso, -a *adj* misty
Brunei *n* Brunei
bruno, -a *adj* dark brown
bruñido, -a ◇ *adj* polished
◇ *nm* polishing
bruñir *vt (piedra, metal)* to polish
bruscamente *adv* **-1.** *(de repente)* suddenly, abruptly; **las temperaturas disminuyeron ~** temperatures fell suddenly *o* plummeted; **frenó ~** she braked sharply **-2.** *(toscamente)* brusquely
brusco, -a ◇ *adj* **-1.** *(repentino, imprevisto)* sudden, abrupt; **un cambio ~ de las temperaturas** a sudden change in temperature; **dio un frenazo ~** she braked sharply **-2.** *(tosco, grosero)* brusque; **me contestó de forma brusca** he answered me brusquely
◇ *nm,f* brusque person
Bruselas *n* Brussels
bruselense ◇ *adj* of/from Brussels; **las calles bruselenses** the streets of Brussels
◇ *nmf* person from Brussels
brusquedad *nf* **-1.** *(imprevisión)* suddenness, abruptness; **con ~** suddenly, abruptly **-2.** *(grosería)* brusqueness; **los trata con mucha ~** she's very brusque with them
brut ◇ *adj* brut
◇ *nm inv* brut
brutal *adj* **-1.** *(violento)* brutal **-2.** *Fam (extraordinario)* wicked, brutal; **un libro/una película ~** a wicked book/film; **tengo un cansancio ~** I'm dead tired, I'm bushed; **conseguí entradas para el concierto – ¡~!** I got hold of some tickets for the concert – wicked *o* brutal!
brutalidad *nf* **-1.** *(cualidad)* brutality; **con ~** brutally **-2.** *(acción)* atrocity; **las brutalidades cometidas por el ejército** the atrocities committed by the army **-3.** *(tontería)* stupid thing; **decir brutalidades** to talk nonsense **-4.** *Fam (gran cantidad)* **una ~ (de)** loads (of)
brutalizar [14] *vt* to brutalize, to maltreat
brutalmente *adv* brutally
Bruto *n pr* Brutus
bruto, -a ◇ *adj* **-1.** *(violento)* rough
-2. *(torpe)* clumsy
-3. *(ignorante)* thick, stupid
-4. *(maleducado)* rude
-5. *(sin tratar)* **en ~** *(diamante)* uncut; *(petróleo)* crude
-6. *(sueldo, peso)* gross; **gana 1.000 pesos brutos al mes** she earns 1,000 pesos a month gross
-7. a lo ~, *Am* **a la bruta** roughly, crudely
-8. *RP Fam (grande)* enormous; **agarrarse bruta gripe** to get a stinker of a cold; **se llevó ~ susto** she got a hell of a fright
-9. *Ven Fam (mucho)* **sabe en ~** she's a real brain; **nos divertimos en ~** we had a really great time
◇ *nm,f* **-1.** *(violento)* brute
-2. *(torpe)* clumsy person; **es un ~** he's really clumsy
-3. *(ignorante)* idiot
-4. *(maleducado)* rude person; **es un ~** he's really rude
Bs.As. *(abrev de* **Buenos Aires)** Buenos Aires

BSE *nm (abrev de* **Banco de Seguros del Estado)** = state-owned insurance company in Uruguay
B.S.O. *nf (abrev de* **Banda Sonora Original)** OST
BTT *nf (abrev de* **bicicleta todo terreno)** mountain bike
bu *o/pl* **búes)** *nm Fam* bogeyman
buaa *interj* boo-hoo!
buba *nf* MED *(en ganglio linfático)* bubo
bubón *nm* MED bubo
bubónico, -a *adj* **peste bubónica** bubonic plague
bucal *adj (higiene, salud)* oral; *(cavidad)* buccal
bucanero *nm* buccaneer
Bucarest *n* Bucharest
búcaro *nm* **-1.** *(florero)* ceramic vase **-2.** *(botijo)* clay water jug
buceador, -ora *nm,f* diver ❑ **~ de aguas profundas** deep-sea diver; **~ de profundidad** deep-sea diver
bucear *vi* **-1.** *(en agua)* to swim underwater, to dive **-2.** *(investigar)* **~ en** to delve into
buceo *nm* diving
buche *nm* **-1.** *(de ave)* crop **-2.** *(de animal)* maw **-3.** *Fam (de persona)* belly; **llenar el ~** to fill one's belly **-4.** *(trago)* **tomó un ~ de agua** he took *o* drank a mouthful of water; **hacer buches** to rinse one's mouth (out) **-5.** *Ecuad (sombrero)* top hat **-6.** *Guat, Méx (bocio)* goitre
bucle *nm* **-1.** *(de pelo)* curl, ringlet **-2.** *(en hilo, cable)* loop **-3.** *(en carretera)* loop **-4.** INFORMÁT loop
bucodental *adj* oral (and dental); **higiene ~** oral hygiene
bucólica *nf* LIT pastoral poem, bucolic
bucólico, -a *adj* **-1.** *(campestre)* **un paisaje ~** a charmingly rural landscape; **la vida bucólica** country life **-2.** LIT pastoral, bucolic
bucolismo *nm* pastoralism; **el ~ de un paisaje** the bucolic nature of a landscape
Buda *n pr* Buddha
Budapest *n* Budapest
budare *nf Ven* = round griddle for making maize pancakes and roasting coffee
budín *nm* **-1.** *(dulce)* pudding ❑ *RP* **~ inglés** fruitcake; *Am* **~ de pan** bread pudding **-2.** *(salado)* terrine ❑ **~ de carne** meat loaf; **~ de salmón** salmon terrine
budismo *nm* Buddhism ❑ **~ zen** Zen Buddhism
budista ◇ *adj* Buddhist
◇ *nmf* Buddhist
buen *ver* bueno
buenamente *adv* **-1.** *(dentro de lo posible)* **hice lo que ~ pude** I did what I could, I did as much as I could; **prepáralo como ~ puedas** prepare it as best you can; **que cada uno dé lo que ~ pueda** everyone should give whatever they can comfortably afford **-2.** *(por las buenas)* willingly
buenas *ver* bueno
buenaventura *nf* **-1.** *(adivinación)* fortune; **leer** *o* **decir la ~ a alguien** to tell sb's fortune **-2.** *(suerte)* good luck
buenazo, -a *Fam* ◇ *adj* **-1.** *(bondadoso)* good-natured, kind-hearted **-2.** *(ingenuo)* naive
◇ *nm,f* **-1.** *(bondadoso)* good-natured *o* kind-hearted soul **-2.** *(ingenuo)* **es un ~** he's really naive
buenmozura *nf Am* good looks; **¡Pedro era de una ~!** Pedro was so good-looking!
bueno, -a

buen is used instead of **bueno** before masculine singular nouns (e.g. **buen hombre** good man). The comparative form of **bueno** is **mejor** (better), and the superlative form is **el mejor** (masculine) or **la mejor** (feminine) (the best).

◇ *adj* **-1.** *(en general)* good; **tu hijo es muy buen estudiante** your son's a very good student; **hacer ejercicio es ~ para la salud** exercise is good for your health; **la cena estaba muy buena** the meal was very good; **una buena oportunidad** a good opportunity; **los buenos tiempos** the good times; **¿tienes hora buena?** do you have the right time?; **el juez de silla señaló que la bola fue/no fue buena** the umpire said the ball was good/called the ball out; **golpeó la pelota con la pierna buena** he struck the ball with his stronger foot; **tener buena acogida** to be well received; **tener buen aspecto** *(persona)* to look well; *(cosa)* to look good; **ir por buen camino** to be on the right track; **tener buen concepto de** to think highly of; **creo que éste no es un buen momento para decírselo** I don't think this is a good time to tell her; PROV **lo ~ si breve dos veces ~** you can have too much of a good thing ❑ **el buen salvaje** the noble savage; **el buen samaritano** the Good Samaritan
-2. *(bondadoso, amable)* kind, good; **ser ~ con alguien** to be good to sb; **¡sé ~!** be good!
-3. *(curado, sano)* well, all right; **ya estoy ~** I'm all right now; **todavía no estoy ~ del todo** I'm not completely better *o* recovered yet; **ponerse ~** to get well
-4. *(apacible)* nice, fine; **buen tiempo** good *o* fine weather; **hizo buen tiempo** the weather was good; *Esp* **¿hace ~ ahí fuera?** is it nice out?
-5. *(aprovechable)* all right; *(comida)* fresh; **esta leche no está buena** this milk is bad *o* off
-6. *(uso enfático)* **ese buen hombre** that good man; **una buena cantidad de comida** a good *o* considerable amount of food; **tiene una buena cantidad de libros** she has a large amount of books, she has quite a few books; **un buen susto** a real fright; **un buen lío** a real *o* fine mess; **un buen día se va a llevar un disgusto** one of these days she's going to get a nasty shock; **le cayó una buena reprimenda** he got a stern ticking-off; **le pegó un puñetazo de los buenos** he punched her really hard, he gave her an almighty punch
-7. *Fam (atractivo)* **estar ~** to be a bit of all right, to be tasty; **¡qué ~ está tu vecino!** your neighbour's gorgeous *o* a real hunk!
-8. *Irónico (muy malo)* fine; **¡~ es lo ~!** enough's enough!; **¡~ está!** that's enough!; **¡buen amigo te has echado!** some friend he is!; **¡buen granuja estás hecho!** you rascal!, you're a real rascal!; **¡buena la has armado** *o* **hecho!** you've really gone and done it now!; **librarse de una buena** to have a lucky *o* narrow escape; **de buena te libraste** you had a lucky *o* narrow escape; **¡si te pillo no te librarás de una buena!** if I catch you, you'll be in for it!; **estaría ~** that would really cap it all!; **si te crees que va a aceptar, estás ~** you're kidding yourself if you think she's going to accept; **estamos buenos como tengamos que esperarle** if we have to wait for him we've had it; **te has metido en una buena** this is a fine mess you've got *o* gotten yourself into!; **poner ~ a alguien** to criticize sb harshly
-9. *(en saludos)* **¡buenas!** hello!; **¡buenas!, ¿qué tal?** hi *o* hello, how are you?; **¡buenos días!,** *RP* **¡buen día!** good morning!; **¡buenas tardes!** *(hasta las cinco)* good afternoon!; *(después de las cinco)* good evening!; **¡buenas noches!** good night!; **no me dio ni los buenos días** she didn't even say good morning to me
-10. *(en frases)* **¡buen provecho!** enjoy your meal!; **¡buen viaje!** have a good trip!; **de buen ver** good-looking, attractive; **de buena gana** willingly; **¡me comería un bocadillo de buena gana!** I really fancy a sandwich!; **lo hizo, y de buena gana** he did it willingly; **lo haría de buena gana, pero estoy ocupado** I'd be pleased *o* more than happy to do it, but I'm busy; **dar algo por ~** to approve sth; *Am Fam* **estar en la buena** to be on a roll; **lo ~ es que...** the best thing about it is that...; **prueba este pastel y**

verás lo que es ~ try this cake, it's excellent; *Irónico* **como no me lo des, verás lo que es ~** if you don't give it to me, you'll be in for it
◇ *nm,f* **-1.** *CINE* **el ~** the goody; **los buenos siempre ganan** the good guys always win **-2.** *(bonachón)* **el ~ de tu hermano** your good old brother
◇ *adv* **-1.** *(vale, de acuerdo)* all right, O.K.; **¿te acompaño hasta la esquina? – ~** would you like me to walk up to the corner with you? – O.K.; **le pregunté si quería ayuda y me dijo que ~** I asked her if she needed any help and she said all right; **¿quieres venir con nosotros? – ~** do you want to come with us? – if you like *o* sure; **~, yo ya me voy** right, I'm off now; **¡te has equivocado! – ~ ¿y qué?** you were wrong – yeah, so what?
-2. *(pues)* well; **~, el caso es que...** well, the thing is...
-3. *Am (bien)* **¡qué ~!** (that's) great!; **¡qué ~ que vinieron!** I'm so glad that you could come!
◇ *interj* **-1.** *(expresa sorpresa)* **¡~!**, **¡qué alegría verte por aquí!** hey, how nice to see you!; **¡~, mira quien está aquí!** well, look who's here!
-2. *(expresa irritación)* **¡~!**, **¡lo que faltaba!** great, that's just what we needed!
-3. *Col, Méx (al teléfono)* hello
◇ *nfpl* **buenas** EXPR **estar de buenas** *(bien dispuesto)* to be in a good mood; **de buenas a primeras** *(de repente)* all of a sudden; *(a simple vista)* at first sight, on the face of it; **así, de buenas a primeras, no sé qué decir** I'm not sure I know what to say without thinking about it first; **por las buenas** willingly; **lo hará por las buenas o por las malas** she'll do it whether she likes it or not; **intentamos persuadirlo por las buenas** we tried to convince him the nice way; **¿quieres hacerlo por las buenas o por las malas?** do you want to do it the easy or the hard way?

Buenos Aires *n* Buenos Aires

buey *(pl* **bueyes)** ◇ *nm* **-1.** *(mamífero)* ox; EXPR **trabajar como un ~** to work like a slave; EXPR *RP* **hablar de bueyes perdidos** to chatter about nothing in particular; EXPR *RP* **saber con qué bueyes se ara** to know what sort of people one is dealing with; PROV *RP* **entre bueyes no hay cornadas** birds of a feather stick together ❑ **~ almizclero** musk ox
-2. *(crustáceo)* edible crab, *Br* brown crab ❑ **~ de mar** edible crab, *Br* brown crab
-3. *Méx Fam (hombre)* guy; **siempre vienen los mismos bueyes** it's always the same guys who come
◇ *interj Méx Fam* **¿qué tal estás, ~?** how are you doing, man *o Br* my son?; **¡espérame, ~!** hang on, man *o Br* mate!

búfalo *nm* buffalo ❑ **~ de agua** water buffalo

bufanda *nf* scarf

bufar *vi* **-1.** *(toro, caballo)* to snort; *(gato)* to hiss **-2.** *Fam (persona)* **está que bufa** he's foaming at the mouth

bufé *(pl* **bufés)**, **buffet** *(pl* **buffets)** *nm* **-1.** *(comida)* buffet ❑ **~ frío** cold buffet; **~ libre** = buffet where you can eat as much as you like for a set price **-2.** *(restaurante)* buffet restaurant **-3.** *Andes (mueble)* sideboard

búfer, buffer ['bafer] *(pl* **buffers)** *nm* INFORMÁT buffer ❑ **~ de impresión** print buffer

bufete *nm* **-1.** *(despacho)* lawyer's practice **-2.** *(mueble)* writing desk

buffer = búfer

buffet = bufé

bufido *nm* **-1.** *(de toro, caballo)* snort; *(de gato)* hiss **-2.** *Fam (de persona)* snarl of anger

bufo, -a ◇ *adj* **-1.** *(grotesco)* comic **-2.** MÚS comic
◇ *nm RP Fam* fairy, nancy (boy)

bufón *nm* **-1.** *(en la corte)* jester **-2.** *(gracioso)* clown; **hacer el ~** to act the clown, to clown around

bufonada, bufonería *nf* jape; **estamos cansados de sus bufonadas** we're tired of him always acting the clown *o* clowning around

bufonesco, -a *adj* comical, clownish

bufoso *nm RP Fam* rod, piece

bug [buɣ] *(pl* **bugs)** *nm* INFORMÁT bug

buga *nm Esp Fam (coche)* wheels, *Br* motor

buganvilla *nf* bougainvillea

buggy ['buɣi] *nm* beach buggy

bugle *nm* bugle

bugui *nm (baile)* boogie

bugui-bugui *nm (baile)* boogie-woogie

buhardilla, boardilla *nf* **-1.** *(habitación)* attic **-2.** *(ventana)* dormer (window)

búho *nm* owl ❑ **~ chico** long-eared owl; **~ nival** snowy owl; **~ pescador** brown fish owl; **~ real** eagle owl

buhonería *nf* pedlar's wares

buhonero, -a *nm,f* hawker, pedlar

buitre ◇ *adj Fam* **es muy ~** *(con la comida)* he's a greedy pig; *(con los amigos, padres)* he's a real scrounger; *(con las chicas)* he's a real lech
◇ *nm* **-1.** *(ave)* vulture ❑ **~ leonado** griffon vulture; **~ monje** black vulture **-2.** *(persona) (con la comida)* greedy pig; *(con los amigos, padres)* scrounger; *(con las chicas)* lech

buitrear *vt Fam* to scrounge; **siempre va buitreando tabaco a sus amigos** she's always scrounging cigarettes off her friends

buitrera *nf* **-1.** *(nido)* vulture's nest **-2.** *(comedero)* vultures' feeding ground

buitrero, -a ◇ *adj* vulturine
◇ *nm* vulture hunter

buitrón *nm* **-1.** *(para pescar)* fish trap **-2.** *(red)* game-hunting net **-3.** *(trampa)* snare, trap **-4.** *(ave)* fan-tailed warbler **-5.** *Andes (horno)* silver-smelting furnace

bujarra, bujarrón *nm Esp muy Fam Pey (homosexual) Br* poof, *US* faggot

buje *nm* TEC axle box, bushing

bujía *nf* **-1.** AUT spark plug **-2.** *(vela)* candle

Bujumbura *n* Bujumbura

bula *nf (documento) (papal)* bull; EXPR **tener ~** to receive special treatment; **tiene ~ para entrar y salir a sus anchas** he has special dispensation to come and go just as he pleases

bulbo *nm* **-1.** BOT bulb **-2.** ANAT bulb ❑ **~ raquídeo** medulla oblongata

bulboso, -a *adj* bulbous

buldog *(pl* **buldogs)** *nm* bulldog

buldózer *(pl* **buldozers)** *nm* bulldozer

bulerías *nfpl* = popular Andalusian song and dance

bulevar *(pl* **bulevares)** *nm* **-1.** *(avenida)* boulevard **-2.** *Urug (isleta)* traffic island

Bulgaria *n* Bulgaria

búlgaro, -a ◇ *adj* Bulgarian
◇ *nm,f (persona)* Bulgarian
◇ *nm (lengua)* Bulgarian

bulimia *nf* bulimia

bulímico, -a *adj* bulimic

bulín *nm Fam* **-1.** *RP (picadero)* bachelor pad **-2.** *RP (casa)* little place **-3.** *Perú (burdel)* whorehouse, *Br* knocking shop

bulla *nf* **-1.** *Fam (ruido)* racket, uproar; **armar** *o* **meter ~** to kick up a racket; EXPR *Chile* **ser quitado de ~** to shy away from the limelight **-2.** *Esp Fam (prisa)* **meter ~ a alguien** to hurry sb up; **tener ~** to be in a hurry **-3.** *RP Fam (aspavientos)* **te voy a contar lo que hice, pero no hagas ~** I'll tell you what I did, but don't go blabbing it around **-4.** *Ven (minería)* = gold or diamond deposit

bullabesa *nf* bouillabaisse

bullanga *nf* merrymaking

bullanguero, -a ◇ *adj* **ser muy ~** to love a good time, to love partying
◇ *nm,f* **es un ~** he loves a good time *o* loves partying

bullaranga *nf Carib, Col Fam* racket, uproar

bulldog [bul'doɣ] *(pl* **bulldogs)** *nm* bulldog

bulldozer [bul'doθer] *(pl* **bulldozers)** *nm* bulldozer

bullicio *nm* **-1.** *(de ciudad, mercado)* hustle and bustle **-2.** *(de multitud)* hubbub

bullicioso, -a ◇ *adj* **-1.** *(agitado) (reunión, multitud)* noisy; *(calle, mercado)* busy, bustling **-2.** *(inquieto)* rowdy, boisterous
◇ *nm,f* boisterous person

bullir *vi* **-1.** *(hervir)* to boil; *(burbujear)* to bubble; **me bulle la sangre cuando veo injusticias así** it makes my blood boil to see injustices like that
-2. *(multitud)* to bustle; *(ratas, hormigas)* to swarm; *(mar)* to boil; **la calle bullía de gente** the street was swarming with people; **los pasillos bullían de actividad** the corridors were a hive of activity
-3. *(surgir)* to bubble up; **le bullían muchas ideas en la cabeza** her head was bubbling over with ideas

bullterrier [bul'terrjer] *nmf* bull terrier

bulo *nm Esp* false rumour; **hicieron correr el ~ de que estaba casado** they spread the false rumour that he was married

bulón *nm RP (tornillo)* = large round-headed screw

bulto ◇ *nm* **-1.** *(volumen)* bulk, size; **hacer mucho ~** to take up a lot of space; EXPR **hacer ~** to make up the numbers; **viene a hacer ~** he's just here to make up the numbers; EXPR **de ~: un error de ~** a glaring error
-2. *(abombamiento) (en rodilla, superficie)* bump; *(en maleta, bolsillo)* bulge; **me ha salido un ~ en el brazo** I've got a lump on my arm
-3. *(forma imprecisa)* blurred shape; **dos bultos se movían en la oscuridad** two shapes were moving in the darkness
-4. *(paquete)* package; *(maleta)* item of luggage; *(fardo)* bundle; **¿dónde puedo dejar mis bultos?** where can I put my luggage *o* bags?; **un ~ sospechoso obligó a evacuar el edificio** a suspicious package forced them to evacuate the building ❑ **~ de mano** piece *o* item of hand luggage
-5. ~ (redondo) *(estatua)* statue
-6. *CAm, Col, Méx, Ven (cartapacio)* briefcase, satchel
-7. *Méx Fam* **de ~: esas cajas sólo están de ~** *(de sobra)* those boxes are just taking up space
◇ **a bulto** *loc adv* approximately, roughly; **hacer un cálculo a ~** to make a rough estimate

bululú *(pl* **bululúes)** *nm Ven Fam (alboroto)* racket, commotion

bum *interj (explosión)* boom!; *(golpe)* bang!

bumerán *(pl* **bumeranes)** *nm* boomerang

bungaló, bungalow [bunga'lo] *(pl* **bungalows)** *nm* chalet

búnker *(pl* **bunkeres)** *nm* **-1.** *(refugio)* bunker **-2.** *Esp* POL reactionary forces **-3.** *(en golf)* bunker

buñolería *nf* = stand or store selling doughnuts

buñueliano, -a *adj* Bunuelian, = typical of the macabre surrealistic style of the Spanish film director Luis Buñuel (1900-83)

buñuelo *nm* **-1.** *(dulce)* doughnut ❑ **~ de viento** doughnut *(filled with cream)* **-2.** *(salado)* dumpling

BUP [bup] *Antes (abrev de* **Bachillerato Unificado Polivalente)** = academically orientated Spanish secondary school course for pupils aged 14-17

buque *nm* ship; EXPR *RP Fam* **tomarse el ~** *Br* to play truant, *US* to play hookey ❑ **~ de cabotaje** coastal vessel, coaster; **~ de carga** cargo ship; **~ cisterna** tanker; **~ escuela** training ship; **~ factoría** factory ship; **~ de guerra** warship; *también Fig* **~ insignia** flagship; **~ mercante** merchant ship; **~ nodriza** refuelling ship; **~ oceanográfico** oceanographical ship; **~ de pasajeros** passenger ship, liner

buqué *nm* bouquet *(of wine)*

buraco *nm RP Fam* hole

burbuja *nf* bubble; **hacer burbujas** to bubble; **con burbujas** *(bebida)* fizzy; **sin burbujas** *(bebida)* still
burbujeante *adj* **-1.** *(agua hirviendo)* bubbling **-2.** *(champán, sidra)* fizzy
burbujear *vi* **-1.** *(agua hirviendo)* to bubble **-2.** *(champán, sidra)* to fizz
burbujeo *nm* **-1.** *(agua hirviendo)* bubbling **-2.** *(champán, sidra)* fizzing
burda: burda de *loc adv Ven Fam* **¿qué tal estuvo la excursión? – ~ de chévere** how was the trip? – dead cool; **cuenta unos chistes ~ de buenos** she tells some dead good jokes
burdamente *adv* crudely
burdel *nm* brothel
Burdeos *n* Bordeaux
burdeos ◇ *adj inv* burgundy
◇ *nm inv* **-1.** *(color)* burgundy **-2.** *(vino)* Bordeaux
burdo, -a *adj* **-1.** *(lenguaje, modales)* crude, coarse **-2.** *(tela)* coarse **-3.** *(imitación, copia)* cheap, crude; *(manipulación, mentira)* blatant
bureta *nf* burette
burgalés, -esa ◇ *adj* of/from Burgos *(Spain)*
◇ *nm,f* person from Burgos *(Spain)*
búrger ['burɣer] *(pl* **búrgers**), **búrguer** *(pl* **búrguers**) *nm Fam* burger bar *o* restaurant
burgo *nm* HIST borough, town
burgomaestre *nm* burgomaster, mayor
búrguer = **búrger**
burgués, -esa ◇ *adj* **-1.** HIST & POL bourgeois **-2.** *(de la clase media)* middle-class
◇ *nm,f* **-1.** HIST & POL member of the bourgeoisie; **pequeño ~** petit bourgeois **-2.** *(de la clase media)* member of the middle class
burguesía *nf* **-1.** HIST & POL bourgeoisie; **alta ~** haute bourgeoisie **-2.** *(clase media)* middle class; **alta ~** upper middle class
buril *nm* burin, engraver's tool
burilar *vt* to engrave
Burkina Faso *n* Burkina Faso
burla *nf* **-1.** *(mofa)* taunt; **hacer ~ de** to mock; **fue el blanco de las burlas de sus compañeros** he was the butt of his companions' jokes; **fue la ~ de todo el mundo** everyone made fun of her; **esa sentencia es una ~ a la justicia** that sentence is a travesty of justice **-2.** *(broma)* joke; EXPR **entre burlas y veras** half-jokingly **-3.** *(engaño)* trick
burladero *nm* TAUROM = wooden board behind which the bullfighter can hide from the bull
burlador *nm Literario* Casanova, Don Juan
burlar ◇ *vt (esquivar)* to evade; *(ley)* to flout; **consiguió ~ a sus perseguidores** she managed to outwit her pursuers; **el ladrón burló los sistemas de seguridad** the thief found a way round the security systems; EXPR **burla burlando** without anyone noticing
◆ **burlarse** *vpr* to mock; **burlarse de algo/alguien** to mock sth/sb, to make fun of sth/sb; **burlarse de las leyes** to flout the law
burlesco, -a *adj* **-1.** *(tono)* jocular **-2.** LIT burlesque
burlete *nm* draught excluder
burlón, -ona ◇ *adj (con malicia)* mocking; *(sin malicia)* jokey, waggish; **una risa burlona** a mocking laugh; **es muy ~** he's a real joker *o* wag; **no seas tan ~ conmigo** stop teasing me, don't be such a tease
◇ *nm,f (bromista)* joker, wag; *(que toma el pelo)* tease
burlonamente *adv* **-1.** *(en broma)* jokingly **-2.** *(con sarcasmo)* mockingly
buró *nm* **-1.** *(escritorio)* bureau, writing desk **-2.** POL executive committee **-3.** *Méx (mesa de noche)* bedside table
burocracia *nf* bureaucracy; **ya no hay tanta ~ para sacarse el pasaporte** there isn't so much red tape involved in getting a passport any more
burócrata *nmf* bureaucrat
burocrático, -a *adj* bureaucratic
burocratismo *nm* bureaucracy
burocratización *nf* bureaucratization
burocratizar [14] *vt* to bureaucratize

burrada *nf* **-1.** *(tontería)* **decir/hacer una ~** to say/do something stupid; **decir burradas** to talk nonsense; **hacer burradas** to act stupidly **-2.** *Esp Fam (cantidad)* **una ~ de** loads of, masses of; **había una ~ de gente** there were loads *o* masses of people there **-3.** *Esp Fam (muchísimo)* **me gustó una ~** I thought it was dead brilliant; **bebí una ~** I had loads to drink
burrera *nf Bol Fam* **-1.** *(dicho)* **decir burreras** to talk nonsense **-2.** *(cosa)* trifle
burrero, -a *nm,f* **-1.** *CSur (aficionado a la hípica)* horse-racing fan **-2.** *Méx (arriero)* muleteer
burrito *nm CAm, Méx* burrito
burro, -a ◇ *adj Fam* **-1.** *(necio)* thick, dumb
-2. *(tosco)* rough, oafish; **¡eres más ~!** you're such an oaf!
-3. *(terco)* pigheaded; **se puso ~ y no pudimos convencerle** he dug his heels in and we couldn't convince him
◇ *nm,f* **-1.** *(animal)* donkey; EXPR *Fam* **apearse** *o* **bajarse del ~** to back down; EXPR *Fam* **no ver tres en un ~** to be as blind as a bat; **con estas gafas no veo tres en un ~** I can't see a thing with these glasses; EXPR *Fam Hum* **¡la carne de ~ no es transparente!** we can't see through you, you great lump! PROV *Fam* **~ grande, ande o no ande** big is best ❑ **~ de carga** workhorse
-2. *Fam (necio)* ass, dimwit; **hacer el ~** to behave like an idiot
-3. *Fam (bruto)* oaf
-4. *Fam (terco)* stubborn mule; **es un ~** he's as stubborn as a mule, he's really pigheaded
-5. *Fam (trabajador)* **~ (de carga)** workhorse; EXPR **trabaja como una burra** she works like a slave
◇ *nm* **-1.** *Esp (juego de cartas)* ≃ old maid
-2. *CSur (caballo de carreras)* racehorse
-3. *Carib (banco)* improvised bench
-4. *Arg* **~ de arranque** starter motor
-5. *Carib, Méx (escalera)* stepladder
-6. *Méx (tabla de planchar)* ironing board
-7. *Am Fam (transportador de drogas)* mule
-8. *RP Fam (caballo con arcos)* pommel horse
burro-taxi *nm* = donkey hired out for sightseeing tours
bursátil *adj* stock market; **actividad ~** stock market trading; **crisis ~** stock market crisis; **mercado ~** stock market; **valores bursátiles** *Br* shares *o US* stocks (quoted on the stock exchange)
bursitis *nf inv* MED bursitis ❑ **~ de rodilla** housemaid's knee
burujo *nm (de papel)* ball; *(de cabello, hilo)* tangle
burundés, -esa ◇ *adj* of/from Burundi
◇ *nm,f* person from Burundi
Burundi *n* Burundi
bus *(pl* **buses**) *nm* **-1.** INFORMÁT bus ❑ **~ de datos** data bus; **~ de direccionamiento** address bus **-2.** *Fam (autobús)* bus; **en ~** by bus
busaca *nf Carib* bag, satchel
busca ◇ *nf* search; **(ir) en ~ de** (to go) in search of; **a la ~ de algo** in search of sth; **orden de ~ y captura** arrest warrant; **en ~ y captura** on the run (from the police)
◇ *nm Esp (buscapersonas)* pager
buscabullas = **buscapleitos**
buscador, -ora ◇ *nm,f* hunter; **~ de oro** gold prospector
◇ *nm* INFORMÁT *(en Internet)* search engine
buscapersonas *nm inv* pager
buscapiés *nm inv* firecracker, jumping jack
buscapleitos, *Méx* **buscabullas** *nmf inv Fam* troublemaker
buscar [59] ◇ *vt* **-1.** *(para encontrar)* to look for, to search for; *(provecho, beneficio propio, fortuna)* to seek; **busco apartamento en esta zona** I am looking for a *Br* flat *o US* apartment in this area; **estoy buscando trabajo** I'm looking for work; **la policía busca a los terroristas** the police are searching *o* hunting for the terrorists; **lo busqué, pero no lo encontré** I looked *o* hunted for it, but I didn't find it; **¿me ayudas a ~ las llaves?** would you mind helping me to look for the keys?; **se fue a ~ fortuna a América** he went to seek his fortune in America; **fui a ~ ayuda** I went in search of help; **¡ve a ~ ayuda, rápido!** quick, go for *o* and find help!; EXPR **es como ~ una aguja en un pajar** it's like looking for a needle in a haystack; EXPR *CSur Fam* **~ la vuelta a algo** to (try to) find a way of doing sth
-2. *(recoger)* to pick up; **vino a ~ sus libros** he came to pick up his books; **voy a ~ el periódico** I'm going for the paper *o* to get the paper; **ir a ~ a alguien** to pick sb up; **ya iré yo a ~ a los niños al colegio** I'll go and pick the children up from school; **pasará a buscarnos a las nueve** she'll pick us up at nine
-3. *(en diccionario, índice, horario)* to look up; **buscaré la dirección en mi agenda** I'll look up the address in my address book
-4. *(intentar conseguir)* **siempre busca quedar bien con todos** she always tries to please everybody; **no sé qué está buscando con esa actitud** I don't know what he is hoping to achieve with that attitude; **con estas medidas buscan reducir la inflación** these measures are intended to reduce inflation, with these measures they are seeking to reduce inflation; *Fam* **ése sólo busca ligar** he's only after one thing
-5. INFORMÁT to search for
-6. *Fam (provocar)* to push, to try the patience of; **no me busques, que me voy a enfadar** don't push me *o* it, I'm about to lose my temper; **~ bronca/camorra** to look for trouble
◇ *vi* to look; **busqué bien pero no encontré nada** I had a thorough search, but didn't find anything; **buscamos por toda la casa** we looked *o* searched throughout the house, we searched the house from top to bottom
◆ **buscarse** *vpr* **-1.** *Fam (castigo, desgracia)* **se está buscando problemas** she's asking for trouble; **buscarse la ruina** to bring about one's own downfall; **buscársela** to be asking for it; **no sigas así, te la estás buscando** you're asking for it if you carry on like that
-2. EXPR *Fam* **buscarse la vida** *(ganarse el sustento)* to seek one's fortune; *(arreglárselas uno solo)* to look after oneself; **búscate la vida, pero el trabajo tiene que estar acabado hoy** I don't care how you do it, but the work has to be finished today
-3. *(en letrero)* **se busca (vivo o muerto)** wanted (dead or alive); **se busca: pastor alemán** lost: German shepherd; **se busca camarero** waiter wanted
buscarla *nf (ave)* warbler ❑ **~ pintoja** grasshopper warbler
buscavidas *nmf inv Fam* **-1.** *(desenvuelto)* go-getter **-2.** *(entrometido)* nosy person, *Br* nosy parker
buscón, -ona *nm,f (estafador)* swindler
buscona *nf Fam (prostituta)* whore
buseca *nf RP* tripe stew
buseta *nf Col, CRica, Ecuad, Ven* minibus
búsqueda *nf* search; **a la ~ de algo** in search of sth, *Esp* **(ir) en ~ de** (to go) in search of
busquillas *nmf inv Andes Fam* go-getter
bustier *nm* strapless top
busto *nm* **-1.** *(pecho)* chest **-2.** *(senos)* bust **-3.** *(escultura)* bust
butaca *nf* **-1.** *(mueble)* armchair **-2.** *(localidad)* seat ❑ *Esp* **~ de entresuelo** seat in the dress circle; **~ de patio** *Br* seat in the stalls, *US* orchestra seat
butacón *nm* large easy chair
Bután *n* Bhutan
butanero, -a *nm,f* = person who delivers gas cylinders
butanés, -esa ◇ *adj* Bhutanese
◇ *nm,f* Bhutanese

butano ◇ *adj Esp (color)* bright orange ◇ *nm (gas)* butane (gas)

butifarra *nf* **-1.** *(embutido)* = type of Catalan pork sausage **-2.** *Perú (bocadillo)* ham, lettuce and onion sandwich

butileno *nm* QUÍM butylene

butrón *nm Esp* **método del ~** = method of robbery by breaking into a building via a hole made from inside an adjoining building

butronero, -a *nm,f Esp* = robber who breaks in through a hole made from inside an adjoining building

buu *interj* boo!

buxácea ◇ *nf (planta)* member of the *Buxaceae* family ◇ *nfpl* **buxáceas** *(familia)* Buxaceae

buxáceo, -a *adj* BOT of/from the *Buxaceae* family

buzamiento *nm* GEOL dip ❑ **~ de falla** fault dip

buzar [14] *vi* GEOL to dip

buzo *nm* **-1.** *(persona)* diver **-2.** *Arg (sudadera)* sweatshirt **-3.** *Arg (chándal)* tracksuit **-4.** *Col, Urug (jersey)* sweater, *Br* jumper

buzón *nm* **-1.** *(para cartas)* post box, *Br* letter box, *US* mailbox; **echar algo al ~** to post sth, *US* to mail sth; [EXPR] *RP Fam* **comprar un ~: Lucía es increíble, capaz de comprar un ~** Lucía is incredibly gullible; [EXPR] *RP Fam* **vender un ~: no lo mandes a hacer las compras, que igual le venden un ~** don't send him shopping, he'll likely get ripped off ❑ **~ de sugerencias** suggestions box; **~ de voz** voice mail
   -2. INFORMÁT *(de correo electrónico)* (electronic) mailbox, e-mail address
   -3. *Fam (boca)* big mouth

buzonear *vi* to deliver leaflets

buzoneo *nm* leafleting

bypass [bai'pas] (*pl* **bypasses**) *nm* MED heart bypass operation

byte [bait] (*pl* **bytes**) *nm* INFORMÁT byte

C, c [θe] *nf (letra)* C, c
C¹ *nf (número romano)* C
C² **-1.** *(abrev de* **Celsius** *o* **centígrado)** C **-2.** *Esp (abrev de* **carretera comarcal)** minor road, *Br* ≃ B road **-3.** *(abrev de* **caballo)** *(en notación de ajedrez)* Kt
c/ -1. *(abrev de* **cuenta)** a/c **-2.** *(abrev de* **calle)** St
C++ [θemas'mas, θeplus'plus] *nm* INFORMÁT C++
C1 *nm (abrev de* **Canadian canoe 1)** C1
C2 *nm (abrev de* **Canadian canoe 2)** C2
CA *nf* **-1.** *(abrev de* **corriente alterna)** AC **-2.** *Esp (abrev de* **Comunidad Autónoma)** = autonomous Spanish region
ca *interj Fam (no)* no way!
cabal ◇ *adj* **-1.** *(honrado)* upright, honest **-2.** *(exacto)* exact; *(completo)* complete; **a los nueve meses cabales** at exactly nine months
◇ *nmpl* **cabales** EXPR **no está en sus cabales** he's not in his right MIND
cábala *nf* **-1.** *(doctrina)* cabbala **-2. hacer cábalas** *(conjeturas)* to speculate, to guess
cabalgada *nf Esp* **hay una larga ~ hasta el pueblo** it's a long ride to the village; **tres días de ~** three days on horseback
cabalgadura *nf* mount
cabalgamiento *nm* GEOL overthrust (fault)
cabalgar [38] ◇ *vi (jinete)* to ride
◇ *vt* **-1.** *(caballo)* to ride **-2.** *(semental)* to cover, to mate with
cabalgata *nf* **-1.** *Esp (desfile)* cavalcade, procession ❑ **la ~ de Reyes, la ~ de los Reyes Magos** = procession to celebrate the journey of the Three Kings, on 5 January **-2.** *Am (paseo)* **ir de ~** to go for a ride

---

LA CABALGATA DE LOS REYES MAGOS

In Spain and Latin America children are traditionally given their Christmas presents on 6 January, the feast of **Reyes** (the Epiphany). The **Reyes Magos** (the Three Kings) are said to deliver the presents on the previous evening. In Spain, to celebrate their arrival on the evening of 5 January, there is a procession of floats through the centre of towns and cities. At the centre of the procession are three floats, each carrying an actor dressed as one of the Three Kings "Melchor", "Gaspar" and "Baltasar".

---

cabalista *nmf* **-1.** *(estudioso)* cabbalist **-2.** *(intrigante)* intriguer
cabalístico, -a *adj* **-1.** *(de la cábala)* cabbalistic **-2.** *(oculto)* mysterious
caballa *nf* mackerel
caballada *nf* **-1.** *(manada)* herd **-2.** *Am Fam (animalada)* stupid thing; **hacer caballadas** to make a fool of oneself
caballar *adj* equine, horse; **ganado ~** horses
caballerango *nm CRica, Méx* groom, stable lad
caballeresco, -a *adj* **-1.** *(persona, modales)* chivalrous **-2.** *(literatura)* chivalric
caballería *nf* **-1.** *(animal)* mount, horse **-2.** *(cuerpo militar)* *(a caballo)* cavalry; *(en vehículos motorizados)* motorized troops ❑ **~ ligera** light cavalry **-3.** *(institución feudal)* **la ~ medieval** medieval knights; **novela de caballería(s)** tale of chivalry ❑ **~ andante** knight errantry
caballeriza *nf* stable

caballerizo, -a *nm,f* groom, stable lad, *f* stable girl
caballero ◇ *adj (cortés)* gentlemanly
◇ *nm* **-1.** *(hombre cortés)* gentleman; **ser todo un ~** to be a real gentleman
-2. *(señor, varón)* gentleman; *(al dirigir la palabra)* sir; **¿qué desea el ~?** can I help you, sir?; **caballeros** *(en letrero)* *(en aseos)* gents; *(en grandes almacenes)* menswear; *Esp* **el servicio de caballeros** the men's toilet *o US* washroom; **zapatos de ~** men's shoes; **peluquería de caballeros** barber's, *Br* men's hairdresser's, *US* barbershop
-3. *(miembro de una orden)* knight; **armar ~ a alguien** to knight sb ❑ **~ andante** knight errant; **los caballeros de la Tabla Redonda** the Knights of the Round Table
-4. *(noble)* nobleman
-5. FIN **~ blanco** white knight
caballerosamente *adv* like a gentleman, chivalrously
caballerosidad *nf* gentlemanliness, chivalry; **con ~** like a gentleman, chivalrously
caballeroso, -a *adj* chivalrous, gentlemanly
caballete *nm* **-1.** *(de pintor)* easel **-2.** *(de mesa)* trestle **-3.** *(de nariz)* bridge **-4.** *(de tejado)* ridge
caballista *nmf* **-1.** *(experto)* expert on horses **-2.** *(jinete)* expert rider
caballito *nm* **-1.** *(caballo pequeño)* small horse, pony; **llevar a alguien a ~** to give sb a piggyback; EXPR *Fam* **hacer el ~** *(con moto)* to do a wheelie ❑ **~ del diablo** dragonfly; **~ de mar** seahorse **-2.** *(de juguete) (balancín)* rocking horse; *(palo)* hobbyhorse **-3. caballitos** *(de feria)* merry-go-round, *US* carousel
caballo *nm* **-1.** *(animal)* horse; **a ~** on horseback; **montar** *o Am* **andar a ~** to ride; EXPR **estar a ~ entre dos cosas** to be halfway between two things; **Chile estar a ~ en algo** *(materia)* to have mastered sth; EXPR **vivir a ~:** **vive a ~ entre Madrid y Bruselas** she lives part of the time in Madrid and part of the time in Brussels; EXPR *Fam* **a mata ~** at breakneck speed; EXPR *Fam Hum* **ser más lento que el ~ del malo** to be a real *Br* slowcoach *o US* slowpoke; PROV **a ~ regalado no le mires el diente** don't look a gift horse in the mouth ❑ *Fig* **~ de batalla** *(dificultad, escollo)* bone of contention; *(objetivo, obsesión)* hobbyhorse; **~ de carga** packhorse; **~ de carreras** racehorse; *Fig* **~ ganador** front runner; **~ de tiro** workhorse, carthorse; *Fig* **~ de Troya** Trojan horse
-2. *(pieza de ajedrez)* knight
-3. *(naipe)* = card in Spanish deck with picture of knight, equivalent to queen in standard deck
-4. TEC ❑ **~ de fuerza** cheval-vapeur; **~ de fuerza métrico** cheval-vapeur **~ de vapor** cheval-vapeur; **~ de vapor inglés** horsepower; **~ de vapor métrico** cheval-vapeur
-5. *Fam (heroína)* smack, horse
-6. DEP ❑ **~ con arcos** pommel horse; **~ sin arcos** vaulting horse
-7. *CRica* **caballos** *(pantalones)* trousers
-8. *Carib Fam (persona hábil)* **ser un ~ (para algo)** to be a whizz *o* an ace (at sth)
-9. *Carib Fam (tonto)* dope, thicko

caballón, -ona ◇ *adj Méx, Ven Fam (alto)* huge
◇ *nm* AGR ridge
◇ *nm,f Méx, Ven Fam (persona alta)* giant
caballuno, -a *adj (cara, risa)* hors(e)y
cabalmente *adv* **-1.** *(totalmente)* totally, fully **-2.** *(exactamente)* exactly, precisely **-3.** *(justamente)* fairly
cabaña *nf* **-1.** *(choza)* hut, cabin; **una ~ de pastores** a shepherd's hut **-2.** *(ganado)* livestock; **la ~ bovina de Gales** the national herd of Welsh cattle **-3. ~ (de salida)** *(en billares)* baulk **-4.** *RP (finca)* cattle ranch **-5.** *Méx (portería de fútbol)* goal
cabañero *nm (pastor)* shepherd
cabaré, cabaret *(pl* **cabarets)** *nm* **-1.** *(espectáculo)* cabaret **-2.** *(lugar)* cabaret, nightclub
cabaretera *nf (artista)* cabaret artist(e)
cabás *(pl* **cabases)** *nm* = plastic/metal case with handle, used by schoolgirls for carrying lunch etc
cabe ◇ *nm Perú* trip; **meter ~ a alguien** to trip sb up
◇ *prep Arcaico* near, next to
cabeceada *nf Am* **-1.** *(de sueño)* nod **-2.** *(en fútbol)* header
cabecear ◇ *vi* **-1.** *(dormitar)* to nod (off) **-2.** *(persona) (negando)* to shake one's head **-3.** *(caballo)* to toss its head **-4.** *(en fútbol)* to head the ball **-5.** *(balancearse) (barco, avión)* to pitch
◇ *vt Carib (tabaco)* to bind
cabeceo *nm* **-1.** *(de sueño)* nodding **-2.** *(de caballo)* tossing **-3.** *(de barco, avión)* pitching
cabecera *nf* **-1.** *(de fila, de mesa)* head
-2. *(de cama)* top end; **estar a la ~ de (la cama de) alguien** to be at sb's bedside
-3. *Esp (de texto)* heading; *(de periódico)* masthead
-4. *(de programa televisivo)* title sequence
-5. *(principio) (de río)* source; *(de manifestación)* head; *(de tren)* front; *(de pista de aterrizaje)* start; **la ~ del autobús 38 está aquí** the 38 bus starts from here
-6. *Esp (de organización)* **ocupa la ~ de la organización desde 1995** he has headed the organization since 1995
-7. *Esp* **~ de comarca** = administrative centre of a Spanish "comarca", *Br* ≃ county town, *US* ≃ county seat
cabecero *nm (de cama)* headboard
cabecilla *nmf* ringleader; **el ~ rebelde** the rebel leader
cabecita *nmf Arg Fam* **~ (negra)** = pejorative term for lower-class person of mixed race and/or rural origins
cabellera *nf* **-1.** *(melena)* head of hair; *(como trofeo)* scalp; **cortar la ~ a** to scalp **-2.** *(de cometa)* tail
cabello *nm (melena)* hair; **tiene el ~ rubio** he has blond hair; **~ graso/seco** greasy/dry hair; EXPR **se le pusieron los cabellos de punta** her hair stood on end ❑ **~ de ángel** *(dulce)* = preserve consisting of strands of pumpkin in syrup
cabelludo, -a *adj* hairy; **cuero ~** scalp
caber [12] *vi* **-1.** *(entrar, pasar)* to fit (**en** in *o* into); **los libros no caben en la estantería** the books won't fit on the bookshelves *o* in the bookcase; **caben cinco personas** there is room for five people; **¿cuánta gente**

cabe en este estadio? how many people can this stadium hold?; **el vino no cabrá en ese vaso** that glass won't hold the wine, that glass is too small for the wine; **no me cabe en el dedo** it won't fit (on) my finger; **no quiero postre, no me cabe nada más** I don't want a dessert, I couldn't eat another thing; **esta falda ya no me cabe** I can't get into this skirt any more; **~ por** to go through; **el armario no cabe por la puerta** the wardrobe won't go through the door; EXPR **no cabía ni un alfiler** the place was packed out; EXPR **no caberle a alguien en la cabeza: no me cabe en la cabeza que se haya ido sin llamar** I simply can't understand her leaving without calling; EXPR **no ~ en sí de alegría** to be beside oneself with joy

-2. *(en divisiones)* **nueve entre tres caben a tres** three into nine goes three (times); **tres entre cinco no caben** five into three won't go

-3. *(ser posible)* to be possible; **cabe la posibilidad de que no pueda venir** (it is possible that) he might not come; **sólo cabe una solución, aplazar la conferencia** there is only one solution (available to us), to postpone the conference; **cabe añadir que...** one might add that...; **cabe decir...** it is possible to say...; **cabe destacar que...** it's worth pointing out that...; **cabe esperar que...** it is to be hoped that...; **cabe mencionar que...** it's worth mentioning that...; **cabe preguntarse si...** one might ask whether...; **cabe recordar que...** it should be remembered that...; **el nuevo modelo todavía es mejor, si cabe** the new model is even better, difficult though it may be to imagine; **sus declaraciones han añadido más tensión, si cabe, a la situación** his remarks have made the situation more tense, if that were possible; EXPR **dentro de lo que cabe** *(en cierto modo)* up to a point, to some extent; **dentro de lo que cabe, no nos ha ido tan mal** all things considered, it didn't go that badly for us

-4. *(corresponder)* **~ a alguien** to be sb's duty o honour, to fall to sb; **me cupo a mí darle las noticias** it fell to me to give him the news; **me cabe la satisfacción de ser el que anuncie el resultado** it is my honour to announce the result, I am delighted to have the honour of announcing the result

cabestrante *nm* *(de ancla, de arrastre)* capstan; *(en el que se enrolla cable)* winch

cabestrillo *nm* sling; **tenía el brazo en ~** she had her arm in a sling

cabestro *nm* -1. *(cuerda)* halter -2. *(buey)* leading ox -3. *Esp, CRica Fam (persona torpe)* clumsy oaf -4. *Esp, CRica Fam (persona bruta)* halfwit, moron; **¡pero qué ~ eres!** how could you be so stupid?

cabeza ◇ *nf* -1. *(de persona, animal)* head; **me duele la ~** I've got a headache; **bajar** o **doblar la ~** to bow one's head; **de ~** *(en fútbol)* with a header; **marcó de ~** he scored with his head o with a header, he headed a goal; **tirarse de ~ (al agua)** to dive (into the water); **se tiró de ~ a la piscina** he dived into the pool; *Am* **en ~** *(sin sombrero)* bareheaded; **le lleva una ~ a su madre** she's a head taller than her mother; *Fam* **le abrieron la ~ de un ladrillazo** they split his skull with a brick; **lavarse la ~** to wash one's hair; EXPR *Fam* **alzar** o **levantar ~** to get back on one's feet, to recover; *Fam* **desde que perdieron la final, no han conseguido alzar** o **levantar ~** they still haven't recovered from losing the final, they still haven't managed to pick themselves up after losing the final; *Fam* **no hay manera de que alce** o **levante ~** it's hard to see her recovering o getting over it; EXPR *Fam* **calentar** o **hinchar la ~ a alguien** to drive sb mad; *Fam* **no te calientes más la ~, no hay nada que hacer** stop getting worked up o *Br* het up about it, there's nothing we can do; EXPR **con la ~ (bien) alta** with one's head held high; EXPR *Fam* **la ~ me da vueltas** my head's spinning; EXPR **darse de ~ en la pared: se dio de ~ en la pared por haber actuado tan torpemente** she kicked herself for behaving so stupidly; EXPR *RP Fam* **jugarse la ~** to be absolutely sure; **¿te parece que al final se van a casar? – ¡me juego la ~!** do you think that they'll end up getting married? – you can bet on it!; **me juego la ~ que hoy gana Nacional** I'll give you any odds Nacional wins today; EXPR **meter la ~** to get one's foot in the door; EXPR **meterse de ~ en algo** to plunge into sth; EXPR *Fam* **tengo la ~ como un bombo** my head is throbbing; *Fam* **me estás poniendo la ~ como un bombo con tantas preguntas estúpidas** you're making my head spin o hurt with all those stupid questions; EXPR *Fam* **rodar cabezas: si no se producen resultados, rodarán cabezas** if things don't get better, heads will roll; EXPR *Fam* **romperse** o **quebrarse la ~** to *Br* rack o *US* cudgel one's brains; *Fam* **le amenazó con romperle la ~** he threatened to smash her head in o to bash her brains in; EXPR **sacar la ~** *(aparecer)* to show one's face; *(atreverse)* to speak up; EXPR *Fam* **subirse a la ~: se le subió a la ~** it went to his head; *Fam* **el vino se le subió a la ~** the wine went to her head; *Fam* **se le ha subido a la ~ el ascenso** his promotion has gone to his head; EXPR *Fam* **tener la ~ a pájaros** o **llena de pájaros** to have one's head in the clouds; EXPR *Fam* **tener la ~ como una olla de grillos** to be round the bend; *Fam* **tenía la ~ en otra parte** my mind was wandering, my thoughts were elsewhere; EXPR *Fam* **tener la ~ en su sitio** o **bien puesta** to have a sound head on one's shoulders, to have one's head screwed on (properly); EXPR **volver la ~** *(negar el saludo)* to turn away; PROV **más vale ser ~ de ratón que cola de león** it's better to reign in Hell than to serve in Heaven ❑ CULIN **~ de jabalí** *Br* brawn, *US* headcheese

-2. *(mente)* **tiene buena ~ para los números** she has a (good) head for numbers; EXPR *Fam* **andar** o **estar mal de la ~**, *RP* **estar de la ~** to be funny in the head; EXPR **no me cabe en la ~** I simply can't understand it; **no me cabe en la ~ que haya sido él** I can't believe it was him; EXPR *Fam* **se me va la ~** *(me mareo)* I feel dizzy; EXPR **se me ha ido completamente de la ~** it's gone clean out of my mind o head; **no consigo que el accidente se me vaya de la ~** I can't get the accident out of my mind; EXPR **meter algo en la ~ a alguien** to get sth into sb's head; **métete en la ~ que no vas a poder ir** get it into your head that you're not going to be able to go; **se le ha metido en la ~ que...** he has got it into his head that...; EXPR **se me pasó por la ~** it crossed my mind; EXPR **venir a la ~** to come to mind; **ahora no me viene a la ~** I can't think of it right now; EXPR **tener mala ~** to act foolishly; **me he olvidado, ¡qué mala ~ tengo!** how silly of me to forget! EXPR **tener mucha ~** to have brains

-3. *(juicio)* sense; **tener poca ~** to have no sense; **obrar con ~** to use one's head; **perder la ~** to lose one's head; **Pedro ha perdido la ~ por esa chica** Pedro has lost his head over that girl; **¿has perdido la ~ o qué?** are you out of your mind?

-4. *(persona)* **por ~** per head; **costará 500 por ~** it will cost 500 per head; **pagamos diez euros por ~** we paid ten euros each

-5. *(de clavo, alfiler, fémur, cometa)* head ❑ **~ de ajo** head of garlic; **~ atómica** nuclear warhead; AUT **~ de biela** big end; INFORMÁT & TV **~ de borrado** erase head; **~ buscadora** *(en misil)* homing device; **~ de combate** warhead; **~ grabadora** *(en vídeo, casete)* recording head; **~ de guerra** warhead; **~ lectora** *(en vídeo, casete)* (read) head; INFORMÁT **~ lectora-grabadora** read-write head; **~ magnética** magnetic head; **~ nuclear** nuclear warhead; **~ reproductora** *(en vídeo, casete)* (playback) head

-6. *(animal cuadrúpedo)* **~ (de ganado)** head (of cattle)

-7. *(población)* **~ de partido** *Br* ≃ county town, *US* ≃ county seat

-8. *(posición)* front, head; **~ abajo** upside down; **~ arriba** the right way up; **a la** o **en ~** *(en competición)* in front, in the lead; *(en lista)* at the top o head; **el equipo francés está a la ~ de la clasificación** the French team is top of the league; **está situado en (la) ~ del pelotón** he's at the front of the pack, he's amongst the leaders of the pack; **a la ~ de** *(delante de)* at the head of; *(al cargo de)* in charge of; **estar a la ~ de la empresa** to run the company; **Juan está a la ~ de la expedición** Juan is the leader of the expedition; **la ~ visible del movimiento** the public face of the movement ❑ **~ de mina** coalface; MIL **~ de playa** beachhead; MIL & *Fig* **~ de puente** bridgehead; DEP **~ de serie** seed; **el primer ~ de serie se enfrenta al segundo** the top o number one seed will play the second o number two seed

-9. EXPR *Esp Fam* **andar** o **ir de ~** *(muy atareado)* to be snowed under; *Esp Fam* **esta semana voy de ~ y no he tenido tiempo de llamar a nadie** I'm really snowed under this week and I haven't had time to call anyone; *Esp* **escarmentar en ~ ajena** to learn from another's mistakes; *RP* **darle por la ~ a alguien** to really lay o slang into sb; *Fam* **ir de ~ a** to head straight for; *Esp Fam* **ir de ~ con alguien** *(enamorado)* to be head over heels in love with sb; *Esp Fam* **llevar a alguien de ~: los hijos la llevan de ~** the children drive her up the wall; **sentar la ~** to settle down; **(estar) tocado de la ~** (to be) touched; *Esp Fam* **traer de ~ a alguien** to drive sb mad

◇ *nmf Fam* **~ de chorlito** *(despistado)* scatterbrain; *(estúpido)* airhead; *Fam* **~ cuadrada: es un ~ cuadrada** he's got his ideas and he won't listen to anyone else; *Fam* **~ dura: es un ~ dura** he's got his ideas and he won't listen to anyone else; **~ de familia** head of the family; *Fam* **~ hueca** airhead; POL **~ de lista** = person who heads a party's list of candidates; **va como ~ de lista por Salamanca** he's the head of the party list for Salamanca; *Fam* **~ loca** airhead; *RP* **~ de novia** airhead; **~ pensante: las cabezas pensantes de la derecha venezolana** the policy-makers of the Venezuelan right; **las cabezas pensantes de la organización** the brains behind the organization; **~ rapada** skinhead; **~ de turco** scapegoat

cabezada *nf* -1. *(de sueño)* **dar cabezadas** to nod off; **echar** o **dar una ~** to have a nap

-2. *(golpe)* **se dio una ~ con** o **contra la puerta** he banged his head against the door; **dar una ~ a alguien** to head-butt sb

-3. *(de barco, avión)* **dar cabezadas** to pitch; **me mareé con las cabezadas que daba el barco** I got seasick from the way the boat was pitching about

-4. *(de caballo)* bridle

-5. *Andes, RP (de silla de montar)* saddlebow

cabezal *nm* -1. *(de aparato, maquinilla de afeitar)* head; **~ basculante** swivel head -2. *(de magnetoscopio, disco duro, casete)* head -3. *(almohada)* bolster -4. *Chile, Méx (travesaño)* lintel

cabezazo *nm* -1. *(golpe)* *(con la cabeza)* head-butt; *(en la cabeza)* blow o bump on the head; **dar un ~ a alguien** to head-butt sb; **se dio un ~ con** o **contra la lámpara** she banged her head on the light -2. DEP header; **marcar de un ~** to score with a header, to head a goal ❑ **~ en plancha** diving header

cabezo *nm* -1. *(cumbre)* summit, peak -2. *(cerro alto)* high hill; *(montecillo)* small hill, hillock -3. *(escollo)* reef

cabezón, -ona ◇ *adj* -1. *(persona)* *(de cabeza grande)* **ser ~** to have a big head -2. *(terco)* **ser ~** to be pigheaded o stubborn; **¡qué ~**

cabez · **caca**

eres! how pigheaded o stubborn you are! **-3.** *Fam* **este vino es muy ~** this wine will give you a nasty hangover
◇ *nm,f (terco)* pigheaded o stubborn person
◇ *nm Col (remolino)* eddy

cabezonada *nf Fam* **el ir a la playa fue una ~ de tu padre** going to the beach was something your father got into his head that we just had to do

cabezonería *nf Fam* **-1.** *(cualidad)* pigheadedness, stubbornness; **con ~** pigheadedly, stubbornly; **se niega a ayudarnos por ~** she refuses to help us out of sheer pigheadedness **-2.** *(acción)* **el ir a la playa fue una ~ de tu padre** going to the beach was something your father got into his head that we just had to do

cabezota *Fam* ◇ *adj* pigheaded
◇ *nmf* pigheaded person

cabezudo, -a ◇ *adj Fam* pigheaded, stubborn
◇ *nm,f Fam* pigheaded o stubborn person
◇ *nm (en fiestas)* = giant-headed papier-mâché carnival figure

cabezuela *nf* BOT capitulum

cabida *nf* capacity; **un auditorio con ~ para cinco mil espectadores** an auditorium which has room for o holds five thousand people; **el edificio da ~ a o tiene ~ para veinte familias** there is room for twenty families in the building, the building is big enough for twenty families; **ampliarán la oficina para dar ~ a más trabajadores** they'll make the office bigger to make room for more workers; **un movimiento que da ~ a o en el que tienen ~ diferentes ideologías** a movement which has room for different ideologies; **ese comportamiento no tiene ~ en una democracia** such behaviour has no place in a democracy; **medidas para dar ~ a imprevistos** measures to allow for the unpredictable

cabila *nf* = tribe of Bedouins or Berbers

cabildante *nmf* councillor

cabildear *vi* POL to lobby

cabildo *nm* **-1.** *(municipio)* ≃ district council **-2.** *(de eclesiásticos)* chapter **-3.** *(sala)* chapterhouse **-4.** *(en Canarias)* **~ insular** = organization in the Canary Islands comprising representatives from all the towns of an island

cabina *nf* **-1.** *(cuartito)* booth; *(de ascensor) Br* lift, *US* car; *(de teleférico)* car; *(en laboratorio de idiomas)* booth; *(de peaje)* tollbooth ❑ **~ de comentaristas** *(en estadio)* commentary box; **~ electoral** polling booth, voting booth; **~ de interpretación** interpreters' booth; **~ de proyección** projection *Br* room o *US* booth; **~ telefónica** *(con puerta)* phone box, *US* phone booth; **~ de traducción** interpreters' booth
-2. *(vestuario)* *(en playa)* bathing hut; *(en piscina)* changing cubicle
-3. *(de avión)* *(de piloto de avioneta)* cockpit; *(de piloto de aeronave, bombardero)* flight deck, cockpit; *(de los pasajeros)* (passenger) cabin ❑ **~ de mandos** flight deck; **~ presurizada** pressurized cabin
-4. *(de camión, grúa)* cab; *(de coche de carreras)* cockpit ❑ **~ espacial** space capsule

cabinero, -a *nm,f Col* flight attendant

cabio *nm* CONSTR **-1.** *(madero)* joist **-2.** *(del tejado)* rafter

cabizbajo, -a *adj* **caminaba ~** he was walking with his head bowed; **volvieron a casa cabizbajos tras la derrota** they went home crestfallen o downcast after the defeat

cable *nm* **-1.** *(de puente, ascensor, teleférico, ancla)* cable; EXPR *Fam* **echar o lanzar o tender un ~** to help out, to lend a hand ❑ **~ aéreo** overhead cable; **~ submarino** submarine o undersea cable
-2. *(conductor eléctrico)* *(para conectar)* cable, lead; *(dentro de aparato)* wire; EXPR *Fam* **se le cruzaron los cables** *(se confundió)* he got mixed up; EXPR *RP Fam* **andar o estar con los cables pelados** to have got out of the wrong side of bed, to be like a bear with a sore head; EXPR *Fam* **se le cruzaron los cables y le pegó** in a moment of madness, he hit her ❑ **~ coaxial** coaxial cable; **~ de serie** serial cable
-3. *(de fibra óptica)* cable; **una red de ~** a cable network; **un operador de ~** a cable company; **televisión por ~** cable television ❑ **~ de fibra óptica** fibre optic cable; **~ óptico** optical cable
-4. *(telegrama) Br* telegram, *US* cable; **poner o enviar a alguien un ~** to send sb a *Br* telegram o *US* cable, to cable sb
-5. NÁUT *(medida)* cable

cableado, -a INFORMÁT ◇ *adj* hardwired
◇ *nm* **-1.** *(colocación de cables)* wiring **-2.** *(conjunto de cables)* cabling, cables

cablear *vt* *(casa, habitación)* to wire (up)

cablegrafiar [32] *vt* to cable

cablegráfico, -a *adj* **mensaje ~** *Br* telegram, *US* cable

cablegrama *nm Br* telegram, *US* cable; **poner o enviar a alguien un ~** to send sb a *Br* telegram o *US* cable, to cable sb

cableoperador *nm*, **cableoperadora** *nf* cable company

cablero *nm* NÁUT cable ship

cablevisión *nf* cable television

cablista *nmf* cable layer

cabo ◇ *nm* **-1.** *(en ejército)* corporal ❑ **~ primero** = military rank between corporal and sergeant
-2. *(accidente geográfico)* cape ❑ **el Cabo de Buena Esperanza** the Cape of Good Hope; **Cabo Cañaveral** Cape Canaveral; **el Cabo de Hornos** Cape Horn; **Cabo Kennedy** Cape Kennedy; **Cabo Verde** *(país)* Cape Verde
-3. *(trozo)* *(de cuerda)* bit, piece
-4. *(extremo, punta)* *(de vela)* stub, stump; *(de cuerda)* end; EXPR **de ~ a rabo** from beginning to end; EXPR **atar cabos** to put two and two together ❑ **~ suelto** loose end; EXPR **no dejar ningún ~ suelto, atar los cabos sueltos** to tie up all the loose ends
-5. *(hebra de cuerda)* strand; **lana de cuatro cabos** four-ply wool
-6. NÁUT *(cuerda)* rope
-7. EXPR **al fin y al ~** after all; **estar al ~ de la calle** to be well informed; **llevar algo a ~** to carry sth out; **el secuestrador llevó a ~ sus amenazas** the kidnapper carried out his threat; **he conseguido llevar a ~ mis planes** I've managed to carry out my plans
◇ **al cabo de** *loc prep* **al ~ de una semana** after a week, a week later; **al ~ de varios días** after a few days, a few days later

cabotaje *nm* **-1.** *(navegación)* coastal shipping **-2.** *Perú* **vuelo de ~** internal flight

caboverdiano, -a ◇ *adj* Cape Verdean
◇ *nm,f* Cape Verdean

cabra *nf* **-1.** *(animal)* goat; EXPR *Fam* **estar como una ~** to be off one's head; PROV **la ~ siempre tira al monte** you can't make a leopard change its spots ❑ **~ de angora** angora goat; **~ montés** wild goat, ibex; **~ montés de los Pirineos** Spanish ibex **-2.** *Chile (carruaje)* gig, cabriolet **-3.** *Carib, Col (dado cargado)* loaded dice **-4.** *Carib, Col (trampa)* = cheat in game of dice or dominoes **-5.** *ver también* **cabro**

cabrales *nm inv* = Asturian cheese similar to Roquefort

cabré *etc ver* **caber**

cabreado, -a *adj muy Fam* pissed off, *US* pissed **(con** with); **andar** o **estar ~** to be pissed off o *US* pissed

cabrear *muy Fam* ◇ *vt* **~ a alguien** to piss sb off; **me cabrea su actitud** his attitude really gets my goat o *Br* gets up my nose
◆ **cabrearse** *vpr* to get really pissed off o *US* pissed **(con** with); **no te cabrees, sólo era una broma** keep your hair on, I was only joking; **se ha cabreado con Ana** he's really pissed off o *US* pissed with Ana

cabreo *nm muy Fam* **agarrar** o *Esp* **coger un ~** to get really pissed off o *US* pissed; **lleva un ~ tremendo** she's really pissed off o *US* pissed; **ya se le pasará el ~** he'll calm down again soon enough

cabrerizo, -a *nm,f* goatherd

cabrero, -a ◇ *adj RP Fam* **estar ~** to be in a foul mood
◇ *nm,f* goatherd

cabrestante *nm (de ancla, de arrastre)* capstan; *(en el que se enrolla cable)* winch

cabria *nf* derrick, crane

cabría *etc ver* **caber**

cabrilla *nf* **-1.** *(pez)* spotted grouper, cabrilla **-2.** **cabrillas** *(olas)* white horses, foam-crested waves **-3.** *(juego)* **hacer cabrillas** to play ducks and drakes

cabrillear *vi* **-1.** *(formarse olas)* to form whitecaps, to break into foam **-2.** *(resplandecer)* to glimmer, to sparkle

cabrio *nm* CONSTR rafter

cabrío *adj* **macho ~** billy-goat

cabriola *nf (brinco)* prance; *(de caballo)* capriole; **hacer cabriolas** *(caballo)* to prance about; *(niño)* to caper around

cabriolar *vi (caballo)* to prance about; *(niño)* to caper around

cabriolé *nm* **-1.** *(automóvil)* convertible, cabriolet **-2.** *(carruaje)* cabriolet **-3.** *(capote)* = short sleeveless cape

cabritada *nf muy Fam* **no invitarle ha sido una ~** it was *Br* bloody o *US* goddamn mean not to invite him; **tendremos que hacerlo otra vez – ¡qué ~!** we'll have to do it over again – what a *Br* bloody o *US* goddamn pain!

cabritas *nfpl*, **cabritos** *nmpl Chile* popcorn

cabritilla *nf (piel)* kid, kidskin

cabrito, -a ◇ *nm (animal)* kid (goat)
◇ *nm,f Fam Euf (insulto) Br* basket, *US* son of a gun

cabritos = **cabritas**

cabro, -a *Chile Fam* ◇ *adj* wet behind the ears
◇ *nm,f* kid

cabrón, -ona ◇ *adj* **-1.** *Vulg (como insulto)* **¡qué ~ eres!** you bastard!; **mi profesor de inglés es muy ~** my English teacher is a real bastard o *US* asshole **-2.** *Méx muy Fam (difícil) Br* bloody o *US* goddamn difficult; **el examen estuvo bien ~** the exam was a bitch
◇ *nm,f* **-1.** *Vulg (insulto)* bastard, *f* bitch, *US* asshole **-2.** *Méx Fam (genio)* whizz, ace; **es un ~ para la física** he's a whizz at physics **-3.** *Méx muy Fam (tío)* guy; **¿adónde irá ese ~?** where the hell is that guy going?
◇ *nm* **-1.** *Vulg (cornudo)* cuckold (neutro) **-2.** *(animal)* billy-goat **-3.** *CAm, Méx muy Fam (como apelativo)* **hola ~, ¿qué tal estás?** how are you, you old bastard? **-4.** *Esp muy Fam* **trabajó/estudió como un ~** he worked/studied his *Br* arse o *US* ass off
◇ **a lo cabrón** *loc adv Méx Fam* by force; **entraron a la casa a lo ~** they broke into the house

cabronada *nf Am Fam, Esp Vulg* **-1.** *(mala jugada)* **hacerle una ~ a alguien** to do a nasty thing to sb; **lo que le han hecho es una ~** that was a really nasty thing they did to you **-2.** *(fastidio)* pain in the bottom; **¡qué ~, vamos a tener que trabajar el domingo!** what a pain in the bottom! we're going to have to work on Sunday!

cabronazo *nm* **-1.** *Vulg (persona)* bastard **-2.** *Méx Fam (golpe)* punch, thump; **dar un ~ a alguien** to punch sb

cabroncete *nm Vulg Br* git, *US* son of a bitch

cabruno, -a *adj* goat; **ganado ~** goats

cabujón *nm (piedra)* cabochon

cabuya *nf* **-1.** *(planta)* agave **-2.** *(fibra)* hemp fibre **-3.** *CAm, Col, Ven (cuerda)* rope; **dar ~** *(atar)* to moor; EXPR *Ven* **darle ~ a alguien** *(alentar)* to encourage sb; EXPR *Fam* **ponerse en la ~** to catch the drift

caca *nf Fam* **-1.** *(excremento) Br* poo, *US* poop; **hacer ~** to do a *Br* poo o *US* poop; **hacerse ~ encima** to make a mess in one's pants, to mess one's pants; **el niño tiene ~** the baby needs to have his *Br* nappy o *US* diaper changed; *Esp* **una ~ de vaca** a cowpat; *Esp* **¿que si te dejo el dinero? ¡una ~ de vaca!** will I lend you the money? that'll be the day o *Br* that'll be right!; **(una) ~ de perro** (a

cacahual *nm* (*piece of*) dog *Br* poo *o US* poop
-2. (*cosa sucia*) nasty *o* dirty thing; **no toques eso, es** ~ don't touch that, it's dirty **-3.** (*cosa mala*) **este libro es una** ~ this book is *Br* rubbish *o US* garbage

cacahual *nm* cacao plantation

cacahuete, *CAm, Méx* **cacahuate** *nm* **-1.** (*fruto*) peanut, *Br* groundnut **-2.** (*planta*) peanut, *Br* groundnut

cacalote *nm* **-1.** *CAm, Méx* (*de maíz*) popcorn **-2.** *Méx* (*cuervo*) crow

cacao *nm* **-1.** (*polvo*) cocoa, cocoa powder; (*bebida*) (*caliente*) cocoa; (*fría*) chocolate milk
❑ ~ **en polvo** cocoa powder
-2. (*árbol*) cacao
-3. (*semilla*) cocoa bean
-4. *Esp* (*para labios*) lip salve
-5. *Fam* (*confusión*) chaos, mess; (*jaleo*) fuss, rumpus; **se armó un** ~ there was total chaos; **se han metido en un buen** ~ they've got themselves in a real mess ❑ ~ **mental: tiene un** ~ **mental terrible** his head's in a real muddle
-6. EXPR *Ven Fam* **ser un gran** ~ to be rich and powerful; **pedir** ~ *Ven Fam* (*ayuda*) to ask for help; *Nic Fam* (*perdón*) to say sorry

cacaotal *nm* cacao plantation

cacarear ◇ *vt Fam* **-1.** (*jactarse de*) to boast about **-2.** (*pregonar*) to blab about; **la tan cacareada precisión de los ataques resultó ser un mito** the accuracy of the attacks, which so much was made of, turned out to be a myth
◇ *vi* (*gallo*) to cluck, to cackle

cacareo *nm* (*de gallina*) cluck, clucking; (*de gallo*) cock-a-doodle-doo

cacatúa *nf* **-1.** (*ave*) cockatoo **-2.** *Fam* (*mujer vieja*) old bat

cacera *nf* irrigation ditch

cacereño, -a ◇ *adj* of/from Cáceres (Spain)
◇ *nm,f* person from Cáceres (Spain)

cacería *nf* (*a caballo*) hunt; (*con fusiles*) shoot; **la** ~ **del zorro** fox-hunting; **salieron** *o* **fueron de** ~ they went hunting

cacerola *nf* pot, pan

cacerolada *nf,* **cacerolazo** *nm* = protest in which demonstrators bang on pots and pans to complain about food shortages

cacerolear *vi RP* = to protest (against government economic policy) by banging on pots and pans to complain about food shortages

caceroleo *nm RP* = protest in which demonstrators bang on pots and pans to complain about food shortages

cacha *nf* **-1.** *Fam* (*muslo*) thigh **-2.** (*mango*) (*de cuchillo*) handle; (*de pistola*) butt **-3.** *Andes, CAm* (*engaño*) trick, deceit **-4.** *Col* (*cuerno*) horn

cachachá *nm* EXPR *Ven Fam* **coger el** ~ to up and go, *Br* to scarper

cachaco, -a *Fam* ◇ *adj Col* **-1.** (*de Bogotá*) of/from Bogotá (Colombia) **-2.** (*del páramo*) = relating to the Andean upland region
◇ *nm,f* **-1.** *Col* (*de Bogotá*) person from Bogotá (Colombia) **-2.** (*del páramo*) = person from the Andean upland region **-3.** *Bol, Perú Fam Pey* (*policía*) cop **-4.** *Perú Fam Pey* (*militar*) soldier

cachada *nf* **-1.** *Am* TAUROM goring **-2.** *RP* (*broma*) mockery, taunt

cachador, -ora *nm,f RP* joker

cachalote *nm* sperm whale

cachanilla ◇ *adj* of/from Baja California (Mexico)
◇ *nmf* person from Baja California (Mexico)

cachar ◇ *vt* **-1.** *CAm, Ecuad, RP* (*burlarse de*) to tease; **lo cachan por el corte de pelo** they're teasing him about his haircut
-2. *Am* (*cornear*) to gore
-3. *Am* (*atrapar*) to catch; **¡cachen a ese hombre, acaba de robarme la cartera!** stop that man! he's stolen my wallet!
-4. *Nic, RP Fam* (*agarrar*) to grab; **cachá una cerveza si tenés sed** help yourself to a beer if you're thirsty
-5. *Am Fam* (*sorprender*) to catch; **cacharon a Silvina besándose con su jefe** Silvina was caught kissing her boss
-6. *CAm Fam* (*robar*) to swipe, to pinch
-7. *CSur Fam* (*entender*) to understand, to get; **no cacho nada de japonés** I can't understand a word of Japanese
◆ **cacharse** *vpr* EXPR *RP Fam Euf* **¡me cacho!** *Br* sugar!, *US* shoot!

cacharpa *nf Méx Fam* (*monedas*) small change

cacharpas *nfpl Am* junk

cacharrazo *nm Fam* thump; **me di** *o* **pegué un** ~ (*al caer*) I had a nasty fall; (*en la cabeza, rodilla*) I gave myself a real thump *o* bang; (*en automóvil*) I had a crash

cacharrería *nf* = shop selling terracotta cookware, flowerpots etc

cacharrero, -a *nm,f* = person who sells terracotta cookware, flowerpots etc

cacharro *nm* **-1.** (*recipiente*) pot; **fregar los cacharros** to do the dishes **-2.** *Fam* (*trasto*) piece of junk; **tendremos que tirar todos estos cacharros** we'll have to throw all this junk *o Br* rubbish out **-3.** *Fam* (*máquina*) crock; (*automóvil*) heap, banger **-4.** *Fam* (*aparato, chisme*) gadget, gizmo; **aprietas este** ~ **y sale agua** press this thing *o* gizmo here and water comes out

cachas *Esp Fam* ◇ *adj* (*fuerte*) well-built, beefy; **estar** ~ to be well-built; **ponerse** ~ to put on muscle
◇ *nm inv* (*hombre fuerte*) he-man, muscleman

cachaza *nf* **-1.** *Fam* (*calma*) **tener** ~ to be laid-back **-2.** (*aguardiente*) = type of cheap rum

cachazudo, -a ◇ *adj* **-1.** (*lento*) sluggish **-2.** (*flemático*) calm, placid
◇ *nm,f* **-1.** (*lento*) *Br* slowcoach, *US* slowpoke **-2.** (*flemático*) phlegmatic person **-3.** *Cuba* (*paciente*) **es un** ~ he's the soul of patience
◇ *nm Cuba, Méx* (*gusano*) tobacco worm

cache *adj Am* sloppy, slovenly

caché[1] *nm* INFORMÁT (**memoria**) ~ cache memory

caché[2], **cachet** [ka'tʃe] (*pl* **cachets**) *nm* **-1.** (*tarifa de artista*) fee **-2.** *Fam* (*distinción*) cachet; **estos invitados dan mucho** ~ **al programa** these guests add a real touch of class to the programme

cachear *vt* **-1.** (*registrar*) to frisk; **los cachearon a la entrada** they were frisked as they went in **-2.** *Chile* (*cornear*) to gore

cachemir *nm,* **cachemira** *nf* **-1.** (*tejido*) cashmere **-2.** (*estampado*) **una corbata/un pañuelo de** ~ a Paisley (pattern) tie/headscarf

Cachemira *n* Kashmir

cachemira = **cachemir**

cacheo *nm* **someter a alguien a un** ~ to frisk sb

cácher *nmf* (*en béisbol*) catcher

cachet = **caché**[2]

cachetada *nf,* *Arg* **cachetazo** *nm* (*en la cara*) slap; (*en el trasero*) slap, smack

cachete *nm* **-1.** (*moflete*) chubby cheek **-2.** (*bofetada*) (*en la cara*) slap; (*en el trasero*) slap, smack

cachetear *vt* to slap

cachetero *nm* **-1.** (*puñal*) dagger (for killing cattle) **-2.** TAUROM (*torero*) = bullfighter who finishes off the bull with a dagger

cachetón, -ona ◇ *adj* **-1.** *Am Fam* (*mofletudo*) chubby-cheeked **-2.** *Méx Fam* (*despreocupado*) heartless, selfish **-3.** *Chile Fam* (*presumido*) bigheaded
◇ *nm,f Méx Fam* selfish, heartless person

cachetudo, -a *adj* (*mofletudo*) chubby-cheeked

cachicamo *nm Ven* armadillo

cachifo, -a *nm,f Ven Fam Pey* (*mujer*) maid, *Br* skivvy; (*hombre*) flunkey

cachila *nf RP* (*automóvil*) vintage car

cachilo *nm RP Fam* heap, banger

cachimba *nf* **-1.** (*pipa*) pipe **-2.** *RP* (*pozo*) well

cachimbo *nm Am* pipe

cachiporra *nf* **-1.** (*garrote*) club, cudgel; (*de policía*) truncheon **-2.** *Cuba* (*ave*) blacknecked stilt

cachiporrazo *nm* **-1.** (*con cachiporra*) blow with a club; **darle** *o* **pegarle un** ~ **a alguien** to club sb **-2.** *Fam* **me di** *o* **pegué un** ~ (*al caer*) I had a nasty fall; (*en la cabeza, rodilla*) I gave myself a real thump *o* bang; (*en automóvil*) I had a crash

cachirul *nm* **-1.** *Méx Fam* (*trampa*) trick, *Br* wheeze, fiddle **-2.** *Méx Fam* (*tramposo*) **hay dos cachirules en el equipo** there are two players in the team who aren't eligible **-3.** *CRica* (*avión de papel*) paper aeroplane

cachirulo *nm* **-1.** (*chisme*) thingumajig **-2.** (*pañuelo*) = headscarf worn by men as part of traditional Aragonese costume **-3.** *Par* (*permanente*) perm

cachivache *nm Fam* **-1.** (*chisme*) thingummy, thingumajig; **tiene el cuarto lleno de cachivaches** his room is full of stuff **-2.** (*trasto*) piece of junk; **tira los cachivaches que no sirvan** throw out anything that's just junk

cacho[1] *nm* **-1.** *Fam* (*pedazo*) piece, bit; **el plato se rompió en tres cachos** the plate broke into three bits; **sólo vi el** ~ **final del partido** I only saw the end of the game; EXPR **ser un** ~ **de pan** (*ser muy bueno*) to have a heart of gold **-2.** *Esp Fam* (*como intensificador*) **¡**~ **tonto!** you idiot!; *Vulg* **¡**~ **cabrón!** you bastard!; **me di un** ~ **tortazo increíble** I gave myself one hell of a thump

cacho[2] *nm* **-1.** *Andes, Ven* (*asta*) horn; EXPR *CAm, Ven Fam* **montarle cachos a alguien** to be unfaithful to sb; (*a un hombre*) to cuckold sb **-2.** *Col, Ven Fam* (*de drogas*) joint **-3.** *Andes* (*cubilete*) dice cup **-4.** *Andes, Guat, Ven* (*cuento*) story; **no me vengan a contar cachos, que sé lo que pasó** don't start telling me stories, I know what happened
-5. *Andes, Guat, Ven* (*burla*) joke; **le hicieron un** ~ **a Raúl y lo hicieron enojar mucho** they played a joke on Raúl and he got really angry
-6. *RP* ~ **de banana** (*racimo*) hand *o* large bunch of bananas

cachón, -ona *adj CAm, Col* (*animal*) with large horns

cachondearse *vpr Esp Fam* **no te cachondees, le puede pasar a cualquiera** don't laugh, it could happen to anyone; ~ **de alguien** to make fun of sb, *Br* to take the mickey out of sb

cachondeo *nm Esp Fam* **-1.** (*diversión*) **ser un** ~ to be a laugh; **irse de** ~ to go out on the town; **ya está bien de** ~, **vamos a ponernos a estudiar** that's enough fooling about, let's get down to some studying; **se llevan un** ~ **enorme con sus nuevos vecinos** they get on like a house on fire with their new neighbours; **se llevan mucho** ~ **con mi nuevo sombrero** they think my new hat is a great laugh; **no le hagas caso, está de** ~ (*de broma*) don't pay any attention to him, he's having you on; **me voy de vacaciones al Nepal, y no estoy de** ~ I'm going to Nepal *Br* for my holidays *o US* on vacation, and I'm not kidding you on **-2.** *Pey* (*cosa poco seria*) joke; **¡este gobierno es un** ~**!** this government is a joke!; **tomarse algo a** ~ to treat sth as a joke

cachondo, -a ◇ *adj* **-1.** *Esp Fam* (*divertido*) **es un tío muy** ~ he's a really good laugh; **fue una fiesta muy cachonda** the party was a scream *o* a real gas **-2.** *Esp, Méx muy Fam* (*excitado*) **estar** ~ to be horny *o* randy; **poner** ~ **a alguien** to get sb horny *o* randy; **ponerse** ~ to get horny *o* randy
◇ *nm,f Esp Fam* **Elena es una cachonda, con ella nos reímos un montón** Elena is great fun, we always have a good laugh with her; **es un** ~ (**mental**) he's always the life and soul of the party

cachorro, -a *nm,f* **-1.** (*de perro*) pup, puppy; (*de gato*) kitten; (*de león, lobo, oso*) cub
-2. (*de ideología, grupo social*) **en esa escuela de negocios se educan los cachorros del capitalismo** that business school is teaching the next generation of capitalists; **a pesar de ser un** ~ **de la dictadura, mostró gran**

cachucha *nf* **-1.** *Andes, CAm, Méx (gorra)* cap **-2.** *Chile (bofetón)* slap

cachuela *nf Andes (río)* rapids

cachumbo *nm* **-1.** *Am (cáscara)* gourd **-2.** *Col Fam (rizo)* curl

cachurrera *nf* spiny cocklebur *o* clotbur

cachuso, -a, cachuzo, -a *adj RP Fam (roto, desvencijado)* broken-down, *Br* clapped-out

cacicada *nf Pey* **ya estamos hartos de sus cacicadas** we've had enough of his high-handed decisions

cacicazgo, cacicato *nm* **-1.** *(dignidad)* chieftainship **-2.** *(territorio)* = territory of a "cacique"

cacique *nm* **-1.** *Pey (jefe local)* local political boss **-2.** *Pey (déspota)* petty tyrant **-3.** *(jefe indio)* chief, cacique

caciquil *adj Pey* despotic

caciquismo *nm Pey* caciquism, = domination of the affairs of a town or district by a local political boss through power and influence rather than legitimate constitutional means

cacle *nm Méx Fam (zapato)* shoe

caco *nm Fam* thief

cacofonía *nf* LING cacophony

cacofónico, -a *adj* LING cacophonous

cacografía *nf* spelling mistake

cacomite *nm* tiger flower

cacoquimia *nf* MED cachexia

cactácea BOT ◇ *nf (planta)* cactus
◇ *nfpl* **cactáceas** *(familia)* Cactaceae; **de la familia de las cactáceas** of the *Cactaceae* family

cactáceo, -a BOT*adj* **planta cactácea** plant of the cactus family

cacto *nm*, **cactus** *nm inv* cactus ❏ ~ **de Navidad** Christmas cactus

cacuí = **cacuy**

cacumen *nm Fam (ingenio)* brains, wits; **tener buen ~** to be a smart cookie, to have brains

cacuy, cacuí *nm (ave)* potoo

CAD [kað] *nm (abrev de* **computer-aided design***)* CAD

cada *adj inv* **-1.** *(indicando correspondencia)* each; **nos tocan 1.000 pesos a ~ (uno)** it comes to 1,000 pesos each *o* apiece; **~ cosa a su tiempo** one thing at a time; **~ cual** each one, everyone; **~ cual que haga lo que le parezca** everyone do as they see fit; **~ uno de** each of; **~ uno** *o* **cual a lo suyo** everyone should get on with their own business; **~ uno es ~ uno, ~ uno es como es** everyone's different; **~ vez** every time, each time; **~ vez que viene, me pide algo prestado** every time *o* each time *o* whenever he comes, he asks to borrow something
-2. *(con números, tiempo)* every; **~ tres segundos nace un niño** a child is born every three seconds; **tres de ~ diez personas** three out of every ten people; **cinco televisores por ~ cien habitantes** five televisions per hundred inhabitants; **~ dos meses** every two months; **~ cierto tiempo** every so often; **¿~ cuánto?** how often?; **a ~ momento** *o Am* **rato** all the time, constantly; **a ~ momento** *o Am* **rato me preguntan algo, así no puedo trabajar** people are constantly asking me things, so I can't get any work done
-3. *(valor progresivo)* **me gusta ~ vez más** I like it more and more; **sus discursos son ~ vez más largos** his speeches get longer and longer; **el tema me interesa ~ vez menos** I'm getting less and less interested in the subject; **esta revista es ~ vez peor** this magazine gets worse and worse; **~ día más** more and more each day
-4. *(valor enfático)* such; **¡se pone ~ sombrero!** she wears such hats!; **¡tiene ~ cosa!** the things he comes up with!; **¡mis vecinos arman ~ escándalo!** my neighbours are always kicking up a fuss *o* row about something!

cadalso *nm* scaffold

cadarzo *nm* floss

cadáver *nm (de persona)* corpse, (dead) body; *(de animal)* carcass; **ingresó ~** *(en hospital)* he was dead on arrival; EXPR **por encima de mi ~** over my dead body

cadavérico, -a *adj* **-1.** *(de cadáver)* cadaverous **-2.** *(pálido)* deathly pale

caddy, caddie ['kaði] *(pl* **caddies***) nm* caddie

cadejo *nm CAm Fam (animal fantástico)* = imaginary animal that comes out at night

cadena ◇ *nf* **-1.** *(de eslabones, piezas)* chain; **una ~ de oro/de plata** a gold/silver chain; AUT **cadenas** *(para el hielo)* (tyre) chains, snow chains; *Fig* **rompió sus cadenas** he broke out of his chains ❏ ~ **alimentaria** food chain; ~ **alimenticia** food chain; ~ **antirrobo** anti-theft chain; ~ **humana** human chain; FISIOL ~ **respiratoria** respiratory chain; BIOL ~ **trófica** food chain
-2. *(de lavabo)* chain; **tirar de la ~** to pull the chain, to flush the toilet
-3. *(red de establecimientos)* chain ❏ ~ **hotelera** hotel chain; ~ **de supermercados** supermarket chain; ~ **de tiendas** chain of stores
-4. *(red de emisoras)* station ❏ ~ **radiofónica** radio station; ~ **de televisión** television station; ~ **televisiva** television station
-5. *(canal televisivo)* channel; **¿en qué ~ dan la película?** what channel is the movie on?
-6. *(de montañas)* range ❏ ~ **de montañas** mountain range; ~ **montañosa** mountain range
-7. *(de proceso industrial)* line ❏ *Méx* ~ **de ensamblaje** assembly line; ~ **de montaje** assembly line; ~ **de producción** production line
-8. INFORMÁT string ❏ ~ **de bits** bit chain; ~ **de caracteres** character string; ~ **SCSI** SCSI chain
-9. QUÍM chain
-10. *(de presidiarios)* chain gang
-11. *(musical)* **~ (de música** *o* **musical)** sound system
-12. LING string
-13. ~ **perpetua** life imprisonment; **condenar a alguien a ~ perpetua** to sentence sb to life imprisonment
◇ **en cadena** *loc adj* **accidente en ~** pile-up; **reacción en ~** chain reaction; **trabajo en ~** assembly-line working

cadencia *nf* **-1.** *(ritmo)* rhythm **-2.** MÚS *(de pieza musical)* rhythm **-3.** *(frecuencia)* frequency **-4.** LING falling intonation *(at end of utterance)*

cadencioso, -a *adj* rhythmical

cadeneta *nf* **-1.** *(bordado)* chain stitch **-2.** *(de papel)* paper chain

cadera *nf* **-1.** *(parte)* hip **-2.** *(hueso)* hip, *Espec* coxa

caderamen *nm Fam* **¡fíjate que ~ tiene esa chica!** get her! talk about broad *o* wide in the beam!

cadete, -a ◇ *nm* **-1.** *(en ejército)* cadet **-2.** DEP sports player aged 14-15
◇ *nm,f RP (chico de los recados)* office junior

cadi *nm* caddie

cadí *(pl* **cadíes***) nm* cadi, = judge in a Muslim community

cadmio *nm* QUÍM cadmium

caducado, -a *adj* **-1.** *(carné, pasaporte)* out-of-date **-2.** *(alimento, medicamento)* past its use-by date; **un yogur ~** a yoghurt that's past its use-by date

caducar [59] *vi* **-1.** *(carné, ley, contrato)* to expire; **me ha caducado el pasaporte** my passport has run out *o* expired **-2.** *(alimento, medicamento)* to pass its use-by date; **este yogur caduca mañana** this yoghurt's use-by date is tomorrow; **caduca a las dos semanas** it will be past its use-by date in two weeks

caduceo *nm* Mercury's staff *o* rod *(symbol of medicine and commerce)*

caducidad *nf* **-1.** *(de carné, pasaporte)* expiry; **fecha de ~** expiry date **-2. fecha de ~** *(de alimento, medicamento)* use-by date **-3.** *(cualidad)* finite nature

caducifolio, -a *adj* BOT deciduous

caduco, -a *adj* **-1.** *(persona)* decrepit **-2.** *(idea, moda)* outmoded **-3.** *(perecedero)* perishable **-4.** BOT **de hoja caduca** deciduous

caedizo, -a ◇ *adj* **-1.** *(que cae)* in danger of falling **-2.** BOT deciduous
◇ *nm CAm, Col, Méx (saliente)* overhang

caer [13] ◇ *vi* **-1.** *(hacia abajo)* to fall; **cuando caen las hojas** when the leaves fall; **~ de un tejado/árbol** to fall from a roof/tree; **~ en un pozo** to fall into a well; **el avión cayó al mar** the plane crashed into the sea; **tropezó y cayó al suelo** she tripped and fell (over *o* down); **cayó en brazos de su madre** she fell into her mother's arms; **cayó por la ventana a la calle** he fell out of the window into the street; **cayó de bruces/de cabeza** she fell flat on her face/headlong; **cayó redondo** he slumped to the ground, he collapsed in a heap; **cayó rodando por la escalera** she fell down the stairs; **dejar ~ algo** *(objeto)* to drop sth; **dejar ~ que...** *(comentar)* to let drop that...; **dejó ~ la noticia de su renuncia como si no tuviera importancia** she casually mentioned the fact that she was resigning as if it were a matter of no importance; **hacer ~ algo** to knock sth down, to make sth fall
-2. *(lluvia, nieve)* to fall; **caerá nieve por encima de los 1.000 metros** snow is expected in areas over 1,000 metres; **cayeron cuatro gotas** there were a few spots of rain; **cayó una helada** there was a frost; **está cayendo un diluvio** it's pouring down; *Fam* **está cayendo una buena** it's pouring down, *Br* it's chucking it down; **cayó un rayo a pocos metros del edificio** a bolt of lightning struck only a few metres from the building
-3. *(sol)* to go down, to set; **al ~ el día** *o* **la tarde** at dusk; **al ~ el sol** at sunset; **la noche cayó antes de que llegaran al refugio** night fell before they reached the shelter
-4. *(colgar)* to fall, to hang down; **el cabello le caía sobre los hombros** her hair hung down to *o* fell over her shoulders
-5. *(ciudad, gobierno)* to fall; **el aeropuerto cayó en poder de los insurgentes** the airport fell to the rebels, the airport was taken by the rebels; **el Imperio Romano cayó en el siglo V** the Roman Empire fell in the 5th century; **el escándalo hizo ~ al Primer Ministro** the scandal brought the Prime Minister down; **han caído los líderes del comando terrorista** the leaders of the terrorist unit have been captured
-6. *(morir) (soldado)* to fall, to be killed; EXPR **~ como moscas** to drop like flies; **los soldados caían como moscas ante las ametralladoras enemigas** the soldiers were dropping like flies under the fire from the enemy machine-guns
-7. *(decrecer) (interés)* to decrease, to subside; *(precio)* to fall, to go down; **ha caído bastante el interés por estos temas** interest in these subjects has fallen away *o* subsided quite a lot; **ha caído el precio del café** the price of coffee has gone down *o* fallen; **los precios cayeron súbitamente** prices fell suddenly; **la libra ha caído frente al marco** the pound has fallen *o* dropped against the mark
-8. *(incurrir)* **siempre cae en los mismos errores** she always makes the same mistakes; REL **no nos dejes ~ en la tentación** lead us not into temptation; **tu actitud cae en lo patético** your attitude is nothing less than pathetic; **no debemos ~ en la provocación** we shouldn't allow ourselves to be provoked
-9. *(picar) (en broma)* to fall for it; **me gastaron una broma, pero no caí** they played a trick on me, but I didn't fall for it; **~ en una trampa** to fall into a trap
-10. *(tocar, ir a parar a)* **me cayó el premio** I won the prize; **nos cayó la mala suerte** we had bad luck; **me cayó el tema que mejor me sabía** I got a question on the subject I knew best; **le cayeron dos años (de cárcel)**

Cafarnaúm

he got two years (in jail); **la desgracia cayó sobre él** he was overtaken by misfortune; **¿cómo me ha podido ~ a mí un trabajo así?** how did I end up getting a job like this?; **procura que el informe no caiga en sus manos** try to avoid the report falling into her hands
-**11.** *Esp (estar, quedar)* **cae cerca de aquí** it's not far from here; **¿por dónde cae la oficina de turismo?** where's o whereabouts is the tourist information centre?; **los baños caen a la izquierda** the toilets are on the left; **cae en el segundo capítulo** it's in the second chapter; **eso cae fuera de mis competencias** that is o falls outside my remit
-**12.** *(darse cuenta)* **no dije nada porque no caí** I didn't say anything because it didn't occur to me to do so; **~ (en algo)** *(recordar)* to be able to remember (sth); **¡ahora caigo!** *(lo entiendo)* I see it now!; *(lo recuerdo)* now I remember!; **ahora caigo en lo que dices** now I see what you are saying; *Esp* **no caigo** I give up, I don't know; EXPR **~ en la cuenta** to realize, to understand; **cuando cayó en la cuenta del error, intentó subsanarlo** when she realized her mistake, she tried to correct it
-**13.** *(coincidir) (fecha)* **~ en** to fall on; **cae en domingo** it falls on a Sunday; **¿en qué día cae Navidad este año?** what day (of the week) is Christmas this year?
-**14.** *(abalanzarse)* **~ sobre** to fall o descend upon; **~ sobre alguien** *(ladrón)* to pounce o fall upon sb; **cayeron sobre la ciudad para saquearla** they fell upon the city and pillaged it
-**15.** *(en situación)* **~ enfermo** to fall ill, to be taken ill; **cayó en cama** he took to his bed; **~ en desuso** to fall into disuse; **~ en el olvido** to fall into oblivion; **~ en la desesperación** to fall into despair; **~ en desgracia** to fall into disgrace
-**16.** *(sentar)* **~ bien/mal** *(comentario, noticia)* to go down well/badly; **su comentario no cayó nada bien** her comment didn't go down well; **~ bien/mal a alguien** *(comida, bebida)* to agree/disagree with sb; *Esp (ropa)* to suit/not to suit sb; *Esp* **los pantalones ajustados no te caen nada bien** tight trousers don't suit you at all; EXPR **~ como un jarro de agua fría** to come as a real shock
-**17.** *(causar una impresión)* **me cae bien** I like him, he seems nice; **me cae mal** I can't stand him; **tu hermano me cae muy mal** I can't stand your brother; **me cayó mal** I didn't like him at all; **cae mal a todo el mundo** he doesn't get on with anyone; *Fam* **tu jefe me cae gordo** I can't stand your boss
-**18.** *Esp Fam (en examen)* to fail; **la mitad de la clase cayó en el primer examen** half the class failed the first exam; **¿cuántas te han caído?** how many did you fail?
-**19.** *Fam (decaer)* to go downhill; **el equipo ha caído mucho en el último mes** the team has gone seriously off the boil over the last month
-**20.** COM *(pago)* to fall due
-**21.** *Am (visitar)* to drop in
-**22.** EXPR **~ (muy) bajo** to sink (very) low; **parece mentira que hayas caído tan bajo** I can hardly believe that you would sink so low; **¡qué bajo has caído!** I never thought you'd sink so low!; **~ por su propio peso** to be self-evident; **todos mis consejos cayeron en saco roto** all my advice fell on deaf ears; **dejarse ~ por casa de alguien** to drop by sb's house; **estar al ~** to be about to arrive; **ya son las cinco, así que deben de estar al ~** it's five o'clock, so they should be arriving any minute now; **el anuncio debe de estar al ~** the announcement should be made any minute now; **se proseguirá con la investigación caiga quien caiga** the investigation will proceed

no matter who might be implicated o even if it means that heads will roll; *RP Fam* **~ parado** to fall on one's feet

◆ **caerse** *vpr* -**1.** *(persona)* to fall over o down; **el chico resbaló y se cayó** the boy slipped and fell over; **¡ten cuidado o te caerás!** be careful or you'll fall (over)!; **no me caí de milagro** it's a miracle I didn't fall (over); **caerse de algo** to fall from sth; **se cayó de la moto** she fell off her motorbike; **se cayó de bruces/cabeza** she fell flat on her face/headlong; *Fam* **se cayó de culo** he fell flat on his backside; **se cayó de espaldas** he fell over backwards; **se cayó redonda** she slumped to the ground, she collapsed in a heap; **estoy que me caigo** *(de cansancio)* I'm ready to drop; *Fam* **casi me caigo del susto** I nearly fell over with fright; EXPR *Fam* **no tiene dónde caerse muerto** he hasn't got a penny to his name
-**2.** *(objeto)* to drop, to fall; *(árbol)* to fall; **se me cayó el libro** I dropped the book; **agárralo bien, que no se te caiga** hold onto it tight so you don't drop it; **¡se le ha caído la cartera!** you've dropped your *Br* wallet o *US* billfold!
-**3.** *(desprenderse) (diente, pelo)* to fall out; *(botón, hojas)* to fall off; *(cuadro)* to fall down; **las hojas están empezando a caerse** the leaves are starting to fall; **se me ha caído un diente** one of my teeth has fallen out; **no quiere aceptar que se le esté cayendo el pelo** he refuses to accept that he's going bald o that his hair is starting to fall out; *Fam* **este coche se cae en pedazos** this car is falling to pieces; *Fam* **esta casa se cae de vieja** this house is falling apart with age, this house is so old it's falling apart; *Fam* **el polémico prólogo se ha caído de la nueva edición del libro** the controversial preface has been dropped from the new edition of the book; *Fam* **el famoso catedrático se cayó de la lista de ponentes en el último momento** the famous professor withdrew from the list of speakers at the last moment
-**4.** *(falda, pantalones)* to fall down; **se te caen los pantalones** your trousers are falling down
-**5.** INFORMÁT *(red, servidor)* to go down; **la red se ha caído** the network is down

Cafarnaúm *n* Capernaum

café ◊ *nm* -**1.** *(bebida)* coffee; **¿quieres un ~?** would you like a (cup of) coffee? ☐ **~ americano** large black coffee; **~ cortado** = coffee with a dash of milk; **~ exprés** expresso; **~ expreso** expresso; **~ de filtro** filter coffee; **~ instantáneo** instant coffee; **~ irlandés** Irish coffee; **~ con leche** white coffee; **~ molido** ground coffee; *Am* **~ negro** black coffee; *Méx* **~ de olla** = coffee boiled with cinnamon and raw sugar; *Andes* **~ perfumado** coffee with alcohol; *Esp* **~ solo** expresso; **~ soluble** instant coffee; *Andes, Ven* **~ tinto** black coffee; *RP* **~ torrado** high-roast coffee; **~ torrefacto** high-roast coffee; **~ turco** Turkish coffee; **~ vienés** = coffee topped with whipped cream
-**2.** *(cultivo)* coffee; **una plantación de ~** a coffee plantation
-**3.** *(establecimiento)* café, coffee shop ☐ **~ bar** = café where alcohol is also sold; **~ cantante** = café with resident singer; **~ concierto** = café with live music; **~-teatro** = café with live entertainment
-**4.** *Fam (humor, genio)* **tener mal ~** to be bad-tempered; **estar de mal ~** to be in a bad mood
-**5.** *RP Fam (rezongo)* telling-off

◊ *adj inv (color)* coffee-coloured; *Am (marrón)* brown

cafeína *nf* caffeine; **sin ~** caffeine-free

cafelito *nm Esp Fam* (cup of) coffee

cafesero, -a *adj Carib Fam* **es muy ~** he's a big coffee drinker

cafetal *nm* coffee plantation

cafetalero, -a ◊ *adj* coffee; **industria cafetalera** coffee industry
◊ *nm,f* coffee grower

cafetera *nf* -**1.** *(para preparar café) (italiana)* = stove-top coffee percolator; *(eléctrica)* (filter) coffee machine; *(de émbolo)* cafetière; *(en bares)* expresso machine; *(para servir café)* coffee pot; EXPR *Fam* **estar como una ~** to be nuts o batty ☐ **~ de émbolo** cafetière -**2.** *Fam (aparato viejo)* old crock; *(coche)* boneshaker, jalop(p)y -**3.** *ver también* **cafetero**

cafetería *nf (establecimiento)* café, snack bar; *(en facultad, hospital, museo)* cafeteria; *(en empresa)* canteen

cafetero, -a ◊ *adj* -**1.** *(de café)* coffee; *(país)* coffee-producing; **producción cafetera** coffee production -**2.** *(bebedor de café)* **es muy ~** he's a big coffee drinker
◊ *nm,f (cultivador)* coffee grower; *(comerciante)* coffee merchant

cafetín *nm* small café o coffee shop

cafeto *nm* coffee bush

cafiche *nm Andes Fam (proxeneta)* pimp

caficultor, -ora *nm,f CAm, Col, Méx* coffee grower

cafiolo, cafisho *nm RP Fam (proxeneta)* pimp

cafre ◊ *adj* -**1.** *(bruto)* brutish -**2.** *Méx Fam (dominguero)* **¡qué ~ eres!** you're a terrible driver!
◊ *nmf* -**1.** *(bruto)* brute, boor -**2.** *Méx Fam (dominguero)* Sunday driver

caftán *nm* caftan, kaftan

cafúa *nf RP Fam* clink, slammer

cagaaceite *nm* mistle thrush

cagada *nf* -**1.** *Fam (excremento)* shit; **una ~** a piece of shit, a turd; **pisé una ~ de perro** I stood in some dog shit; **el parque estaba lleno de cagadas** the park was full of dog shit
-**2.** *muy Fam (equivocación) Br* cock-up, *US* foul-up; **ha sido una ~ haber aceptado su propuesta** accepting her proposal was a dumbass idea
-**3.** *muy Fam (cosa de mala calidad)* **este libro es una ~** this book is (a load of) crap
-**4.** *ver también* **cagado**

cagadera = **cagalera**

cagadero *nm muy Fam Br* bog, *US* john

cagado, -a *muy Fam* ◊ *adj* shit-scared
◊ *nm,f (cobarde)* yellow-belly, chicken

cagalera, *Am* **cagadera** *nf Fam (diarrea)* the runs; **le entró ~** he got the runs

cagar [38] ◊ *vt muy Fam* -**1.** *(fastidiar, estropear)* **cagué la segunda pregunta del examen** I *Br* cocked o *US* balled up the second question in the exam; EXPR **cagarla** *(estropear)* to *Br* cock o *US* ball (it) up; EXPR **¡la hemos cagado, ahora tendremos que repetirlo otra vez!** we've *Br* cocked o *US* balled it up!, now we're going to have to do it again!; EXPR **no voy a permitir que llegue él y la cague** I'm not going to let him come along and *Br* cock o *US* ball it all up; EXPR **¡la has cagado!** *(estás en un lío)* you're in deep shit o up shit creek!
-**2.** *RP (traicionar)* to screw, to shaft; **confió en sus amigos y lo cagaron** he trusted his friends and they screwed him
-**3.** *RP (vencer)* to wipe the floor with, to slaughter; **en el ajedrez siempre me caga** he always wipes the floor with o slaughters me at chess
◊ *vi* -**1.** *Fam (defecar)* to have o take a dump
-**2.** *RP muy Fam (fastidiarse)* to be screwed; **si mañana llueve, cagamos** if it rains tomorrow, we're screwed

◆ **cagarse** *vpr Fam* to crap oneself; **se cagó de miedo al oír la explosión** he crapped himself when he heard the explosion; **fue expulsado por cagarse en la familia del árbitro** he was sent off for calling the referee every name under the sun; **va por ahí cagándose en todo el mundo** she goes around insulting everybody; **¡cágate, hemos vendido todas las entradas!** *Br* bloody hell o *US* goddamn it, if we haven't sold all the tickets!; EXPR *Hum* **¡cágate, lorito! me han subido el sueldo**

cagarruta

would you believe it o well stone me!, they've given me a raise!; [EXPR] RP Vulg **me cago en la diferencia** it doesn't make any fucking difference; [EXPR] Vulg **¡me cago en la hostia!** fucking hell!; [EXPR] muy Fam **¡me cago en diez** o **en la mar** o **en la leche!** Br bleeding hell!, US goddamn it!; [EXPR] Vulg **¡me cago en tu puta madre!** you motherfucker!; [EXPR] muy Fam **hace un frío que te cagas ahí fuera** it's Br bloody o US goddamn freezing out there!; [EXPR] muy Fam **¡me estoy cagando de frío!** I'm Br bloody o US goddamn freezing!; [EXPR] muy Fam **me he comprado una moto que te cagas** I've bought a shit-hot new motorbike!; [EXPR] muy Fam **tu amiga está que te cagas** your friend is Br bloody o US goddamn gorgeous; [EXPR] muy Fam **marcó un golazo de cagarse** he scored a Br bloody o US goddamn brilliant goal; [EXPR] muy Fam Hum **este pastel está que se caga la perra** this cake is Br bloody o US goddamn delicious

cagarruta nf dropping

cagódromo nm muy Fam shithouse

cagón, -ona Fam ◇ adj **-1.** (que caga) **este bebé es muy ~** this baby is forever dirtying its Br nappy o US diaper **-2.** (miedica) chicken, cowardly
◇ nm,f **-1.** (que caga) **este bebé es un ~** this baby is forever dirtying its Br nappy o US diaper **-2.** (miedica) chicken, coward

cague ◇ ver **cagar**
◇ nm Fam (miedo) **¡me entró un ~!** I was scared as hell!, Br I was bricking it!; **las alturas me dan mucho ~** heights really give me the willies

cagueta Fam ◇ adj chicken, cowardly
◇ nmf chicken, coward

caída nf **-1.** (de persona) fall; **sufrir una ~** to have a fall; **se rompió la cadera por una mala ~** he fell badly and broke his hip
-2. (de hojas, lluvia, nieve) fall; (de diente, pelo) loss; **en la época de la ~ de la hoja** when the leaves fall off the trees; [EXPR] RP Fam **ser la ~ de la estantería** to be out of this world ❏ **~ de agua** waterfall; **~ libre** free fall; **~ de ojos: tiene una atractiva ~ de ojos** she has an attractive way of lowering her eyelashes; **~ en picado** (de avión) crash dive
-3. (de imperio, ciudad, dictador) fall; **la ~ del Imperio Romano** the fall of the Roman Empire; **la ~ del muro (de Berlín)** the fall of the Berlin Wall
-4. (de paro, precios) drop (**de** in); **se espera una ~ de las temperaturas** temperatures are expected to drop; **se ha registrado una ~ del desempleo** there has been a fall in unemployment, unemployment has gone down ❏ **~ en picado** (de la economía) free fall; (de precios) nose-dive; **~ de tensión** voltage drop
-5. (de sol) **a la ~ del sol** at sunset; **a la ~ de la tarde** at nightfall
-6. (de terreno) drop (**de** in); **una ~ muy pronunciada del terreno** a steep incline o slope
-7. (de tela, vestido) drape
-8. Fam INFORMÁT (de red) crash
-9. NÁUT (de velas) drop, hoist
-10. (en golf) break

caído, -a ◇ adj **-1.** (árbol, hoja) fallen **-2.** (decaído) low **-3.** (pechos) saggy; (ears, eyes) droopy; (shoulders) round, sloping; **es caída de hombros** she's round-shouldered **-4.** **~ del cielo** (oportuno) heaven-sent; (inesperado) out-of-the-blue; **tu ayuda nos viene como caída del cielo** your help is like manna from heaven
◇ nmpl **los caídos** the fallen; **un monumento a los caídos (en la guerra)** a war memorial

Caifás n pr Caiaphas

caigo ver **caer**

caigua nf achocha

caimán nm alligator, cayman; **las islas Caimán** the Cayman Islands

caimito nm CAm, Carib **-1.** (árbol) caimito **-2.** (fruto) star apple, caimito

Caín n pr Cain; [EXPR] Fam **pasar las de ~** to have a hell of a time

Cairo n **El ~** Cairo

caite nm CAm = type of cheap sandal, with soles made from recycled tyres

caja nf **-1.** (recipiente) box; (para transporte, embalaje) box, crate; **una ~ de zapatos** a shoe box; **una ~ de cervezas** a crate of beer; **una ~ de bombones** (vacía) a chocolate box; **compré una ~ de bombones** I bought a box of chocolates ❏ **~ acústica** loudspeaker; Fam **la ~ boba** (televisión) the box, Br the telly, US the boob tube; **~ de cambios** gearbox; **~ de cerillas** matchbox; Col, RDom **~ de dientes** false teeth; ELEC **~ de empalmes** junction box; **~ de fusibles** fuse box; **~ de herramientas** tool box; **~ de música** music box; **~ negra** (en avión) black box, flight recorder; **~ nido** nesting box; Fig **la ~ de Pandora** Pandora's box; **~ de pinturas** paintbox; **~ de resonancia** sound-box; Fig sounding board; **~ de ritmos** drum machine; **~ sorpresa** jack-in-the-box; Fam **la ~ tonta** (televisión) the box, Br the telly, US the boob tube; **~ torácica** ribcage
-2. (de reloj) case; (de engranajes) housing
-3. (de violín, guitarra) sound-box
-4. (tambor) drum; [EXPR] **echar** o **despedir a alguien con cajas destempladas** to send sb packing
-5. (de camión, furgoneta) back
-6. (ataúd) coffin
-7. (hueco) (de escalera) well; (de chimenea, ascensor) shaft ❏ **~ de la escalera** stairwell
-8. (para el dinero) cash box ❏ Esp **~ de ahorros** savings bank; COM **~ B** = parallel illegal system of book-keeping; **~ de caudales** safe, strongbox; **~ fuerte** safe, strongbox; **~ registradora** cash register; **~ de resistencia** strike fund; **~ rural** agricultural credit bank; **~ de seguridad** safe-deposit box
-9. (en tienda, supermercado) till; (mostrador) checkout; (en banco) cashier's desk; **horario de ~** (en banco) banking hours; **para pagar, pasen por la ~ número dos** please pay at till number two ❏ **~ rápida** express checkout
-10. (dinero recaudado) takings; COM **hacer (la) ~** to cash up; **hacer una ~ de 1.000 euros** to have takings of o to take in 1,000 euros
-11. IMPRENTA case ❏ **~ alta** upper case; **~ baja** lower case
-12. (en armas) gun stock
-13. MIL **entrar en ~** to be called up ❏ **~ de reclutamiento** recruiting office; **~ de reclutas** recruiting office
-14. Perú (depósito) water tank
-15. Chile (de río) dry riverbed

CAJA DE AHORROS

In Spain, apart from the conventional banks, there are also **cajas de ahorros** (savings banks). These usually carry the name of the region or province where they are based, e.g. "Caja Soria", "Caja de Andalucía". They differ from conventional banks in that part of their profits has to be reinvested in social projects or cultural events which benefit their region. As with other banks, though, many savings banks have merged to form large banking corporations so as to be more competitive. One of the most powerful of these at present is "La Caixa", a savings bank based in Catalonia.

cajamarquino, -a, cajamarqueño, -a ◇ adj of/from Cajamarca (Peru)
◇ nm,f person from Cajamarca (Peru)

cajearse vpr Méx Fam **Nora se cajeó con 50.000 pesos de multa** Nora was landed with a 50,000-peso fine

cajero, -a ◇ nm,f (en tienda) cashier; (en supermercado) checkout assistant; (en banco) teller, cashier
◇ nm cash machine, cash dispenser ❏ **~ automático** cash machine, cash dispenser; **~ nocturno** = safe built into outside wall of a bank where deposits can be made when bank is closed, Br night safe

cajeta nf **-1.** CAm, Méx (dulce de leche) = toffee pudding made with caramelized milk **-2.** PRico (turrón) = type of nougat

cajetilla nf (de cigarrillos) packet

cajetín nm **-1.** (en imprenta) box **-2.** ELEC moulding

cajilla RP ◇ nf (de cigarrillos) packet
◇ nm Fam Anticuado (persona) moneybags (singular)

cajista nmf IMPRENTA typesetter, compositor

cajón nm **-1.** (de mueble) drawer ❏ Fig **~ de sastre: su mesa es un ~ de sastre** he's got everything but the kitchen sink on his desk; **esa revista es un ~ de sastre en el que caben todo tipo de artículos** that magazine has articles about everything under the sun; **el concepto de medicina oriental es un ~ de sastre** oriental medicine is a catch-all category
-2. (caja grande) box, crate; (de mudanza) packing case
-3. (ataúd) Br coffin, US casket
-4. Méx (de estacionamiento) parking space o bay
-5. RP (para botellas) crate
-6. [EXPR] Fam **eso es de ~** that goes without saying

cajonera nf **-1.** (mueble) chest of drawers **-2.** (en pupitre) = shelf under desk for books, papers etc **-3.** Ecuad (vendedora) itinerant saleswoman

cajuela nf CAm, Méx (maletero) Br boot, US trunk

cajuelita nf CAm, Méx (guantera) glove compartment

cal nf (en polvo) lime; (pintura) whitewash; **el agua tiene mucha ~** the water is very hard; [EXPR] **cerrar a ~ y canto** to shut tight o firmly; [EXPR] **una de ~ y otra de arena: con este hombre, es una de ~ y otra de arena** you never know with that man, he's nice one minute and horrible the next; **el equipo está dando una de ~ y otra de arena** the team are good one minute, awful the next ❏ **~ apagada** slaked lime; **~ viva** quicklime

cala nf **-1.** (bahía pequeña) cove **-2.** NÁUT (parte sumergida) hold **-3.** (de melón, sandía) sample piece **-4.** (planta) arum lily **-5.** (perforación) test boring **-6.** Esp Fam (peseta) peseta

calabacera nf pumpkin, gourd

calabacín nm, Méx **calabacita** nf Br courgette, US zucchini

calabaza nf **-1.** (planta, fruto) pumpkin, gourd; [EXPR] Fam **dar calabazas a alguien** (a pretendiente) to turn sb down, Br to knock sb back ❏ **~ de peregrino** bottle gourd **-2.** Fam (suspenso) fail, US failing grade; **una ~ en inglés** a fail o US failing grade in English; **dar calabazas a alguien** to fail o US flunk sb

calabobos nm inv drizzle

calabozo nm (celda) cell; **los calabozos del castillo** the castle dungeon(s)

calaca nf Méx skeleton (as symbol of death)

calada nf **-1.** (inmersión) soaking **-2.** Esp Fam (de cigarrillo) drag, puff; **dar una ~** to take a drag, to have a puff

caladero nm fishing grounds, fishery

calado, -a ◇ adj **-1.** (empapado) soaked; [EXPR] **~ hasta los huesos** soaked to the skin
-2. (en costura) embroidered (with openwork)
◇ nm **-1.** (de barco) draught; **un buque de gran ~** a deep-draughted vessel
-2. (profundidad) depth; **un puerto de poco ~** a shallow port
-3. (bordado) openwork
-4. Esp (de automóvil) stall; **el ~ se produce al cambiar de marcha** the engine stalls when you change gear
-5. (importancia) significance, importance; **reformas de gran ~** reforms of great significance; **países del ~ de Francia y Alemania** countries of the importance o

calador nm Am (para grano) grain sampler
calafate nmf NÁUT caulker
calafatear vt NÁUT to caulk
calafateo nm NÁUT caulking
calamar nm squid; **calamares a la romana** squid rings fried in batter; **calamares en su tinta** squid cooked in its own ink
calambrazo nm Fam jolt, (electric) shock
calambre nm -1. (descarga eléctrica) (electric) shock; **le dio un ~ al tocar el enchufe** he got a shock when he touched the plug; **ese enchufe da ~** that plug will give you an electric shock
-2. (contracción muscular) cramp; **me dio un ~ en la pierna** I got cramp o US a cramp in my leg
-3. [EXPR] RP Fam **dar ~: las cuentas que me llegaron dan ~** the bills they sent are astronomical; **la situación de los refugiados da ~** the refugees' plight is harrowing
calambuco nm (árbol) calaba tree
calamento nm basil thyme, calamint
calamidad nf -1. (catástrofe) disaster, calamity; **pasar calamidades** to suffer great hardship; **¡qué ~!** how awful! -2. (persona) **ser una ~** to be a dead loss
calamina nf -1. (silicato de cinc) zinc ore, Espec smithsonite, US calamine -2. (cinc fundido) zinc -3. Chile, Perú (para techos) corrugated zinc
calamita nf (imán) lodestone
calamitoso, -a adj calamitous
cálamo nm -1. (planta) calamus, sweet flag -2. (pluma) pen -3. (caña) reed, stalk -4. (flauta) = type of ancient reed flute
calamoco nm icicle
calamón nm (ave) purple gallinule
calancho, -a adj Bol Fam in the raw, Br starkers
calandra nf radiator grille
calandraca adj RP Fam Pey doddery
calandrar vt (papel, ropa) to calender
calandria nf -1. (pájaro) calandra lark -2. TEC calender -3. Méx (carroza) open carriage (for tourists)
calaña nf Pey **de esa ~** of that ilk; **no me junto con los de su ~** I don't mix with people of his sort; **gente de la peor ~** people of the worst sort, the worst sort of people
cálao nm hornbill
calapié nm toe-clip
calar ◇ vt -1. (empapar) to soak
-2. Esp (motor) to stall
-3. (persona, asunto) to see through, Br to suss out; **lo calé nada más verlo** I had him worked out as soon as I set eyes on him; **no consigo ~ sus intenciones** I can't work out what she's after
-4. (sombrero) to jam on
-5. (melón, sandía) to cut a sample of
-6. (tela) to do openwork embroidery on
-7. (perforar) to perforate, to pierce
-8. NÁUT (velas) to lower, to let down; (redes) to cast
-9. (bayoneta) to fix
-10. Am (grano) to sample
◇ vi -1. NÁUT to draw
-2. (ser permeable) **estos zapatos calan** these shoes let in water
-3. (penetrar) **~ (hondo) en** to strike a chord with; **un producto que ha calado (hondo) entre los consumidores** a product that has struck a chord among consumers
◆ **calarse** vpr -1. (empaparse) to get soaked; [EXPR] **me he calado hasta los huesos** I got soaked to the skin, I got drenched to the bone
-2. (sombrero) to pull down
-3. Esp (motor) to stall
calato, -a adj Perú Fam (desnudo) naked
calavera ◇ nf -1. (cráneo) skull -2. Méx AUT **calaveras** tail lights -3. Méx (dulce) sugar skull
◇ nm (libertino) rake

calcado, -a adj -1. (dibujo, figura) traced
-2. (muy parecido) **ser ~ a alguien** to be the spitting image of sb; **ser ~ a algo** to be practically identical to sth; **un programa político ~ al del partido en el gobierno** a political programme which is practically identical to o simply a copy of the government's; **ese cuadro está ~ del que pintó Goya** this painting is a copy of the one painted by Goya
calcamonía nf Fam transfer, US decal
calcáneo nm ANAT heel bone, Espec calcaneum
calcañal, calcañar nm heel
calcar [59] vt -1. (dibujo) to trace -2. (imitar) to copy
calcáreo, -a adj (terreno) chalky, Espec calcareous; **aguas calcáreas** hard water
calce ◇ ver **calzar**
◇ nm -1. (cuña) wedge -2. Guat, Méx, PRico DER footnote
calcedonia nf GEOL chalcedony
calcemia nf MED calcaemia
calceta nf (labor) knitting; **hacer ~** to knit
calcetar vi to knit
calcetín nm sock ❏ **calcetines cortos** ankle socks, short socks; **~ de ejecutivo** = man's thin heelless sock
cálcico, -a adj calcic
calcificación nf calcification
calcificar [59] ◇ vt to calcify
◆ **calcificarse** vpr to calcify
calcinación nf, **calcinamiento** nm burning
calcinado, -a adj (material) burnt, scorched; (edificio) burnt-out; (cuerpo) charred
calcinamiento = **calcinación**
calcinar vt to burn, to scorch
calcio nm QUÍM calcium
calcita nf GEOL calcite
calco nm -1. (reproducción) tracing -2. (imitación) carbon copy; **es un ~ del original** it's a carbon copy of the original; **un ~ de lo que pasó en la guerra de Bosnia** a carbon copy of what happened in the Bosnian conflict -3. LING calque, loan translation
calcografía nf -1. (técnica) (copper/brass) engraving, Espec chalcography -2. (imagen) (copper/brass) engraving
calcolítico, -a ◇ adj chalcolithic
◇ nm **el Calcolítico** the Chalcolithic
calcomanía nf transfer, US decal
calcopirita nf GEOL chalcopyrite
calculable adj calculable
calculador, -ora adj calculating; **una persona fría y calculadora** a cold and calculating person
calculadora nf calculator ❏ **~ de bolsillo** pocket calculator; **~ científica** scientific calculator; **~ programable** programmable calculator; **~ solar** solar-powered calculator
calcular vt -1. (cantidades) to calculate; **~ la raíz cuadrada de un número** to calculate o extract the square root of a number; **~ un puente/una bóveda** to do the calculations involved in building a bridge/a vault; **~ mal** to miscalculate, to misjudge; **~ a ojo** to judge by eye; **calculando por lo alto, costará unos 2 millones** it will cost about 2 million at the most o the outside; **¿podrías ~ por lo bajo cuánto tiempo haría falta?** could you work out the minimum amount of time it would take?; **su fortuna se calcula en $20 millones** he is estimated to be worth $20 million
-2. (pensar, considerar) **está todo cuidadosamente calculado** everything has been carefully worked out; **no calculó las consecuencias de sus actos** she didn't foresee the consequences of her actions; **no calcularon bien el impacto de sus acciones** they misjudged the effect their actions would have
-3. (suponer) to reckon; **le calculo sesenta años** I reckon o guess he's about sixty; **calculo que estará listo mañana** I reckon o think it will be ready tomorrow
-4. (imaginar) to imagine; **calcula la sorpresa**

que se llevó cuando se lo dijimos just imagine how surprised he was when we told him; **¿y se enfadó? – ¡calcula!** was he angry? – well, what do you think?
calculista nmf COM planner
cálculo nm -1. (operación) calculation; **~ aproximado** estimate; **hacer un ~ aproximado** to estimate, to make an estimate; **hacer cálculos** to do some calculations; **estamos haciendo cálculos para saber cuánta gente vendrá** we're trying to work out how many people are going to come ❏ COM **~ de costos** costing; **~ mental: hacer cálculos mentales** to do mental arithmetic
-2. (ciencia) calculus ❏ **~ diferencial** differential calculus; **~ infinitesimal** infinitesimal calculus; **~ integral** integral calculus
-3. (evaluación) estimate; **si no me fallan los cálculos,...** if my calculations are correct,...; **según mis cálculos, llegaremos a las cinco** by my reckoning, we'll arrive at five o'clock ❏ **~ de probabilidades** probability theory
-4. MED stone, Espec calculus ❏ **~ biliar** gallstone; **~ renal** kidney stone
Calcuta n Calcutta
caldas nfpl hot springs
Caldea n HIST Chaldea
caldeado, -a adj (habitación, edificio) heated; **los ánimos están muy caldeados** tempers o feelings are running high
caldeamiento nm -1. (calentamiento) warming, heating -2. (excitación) excitement; **se notaba un ~ entre el público** there was growing excitement among the audience; **la decisión del árbitro provocó el ~ de los espectadores** the referee's decision angered the crowd
caldear ◇ vt -1. (calentar) to heat (up) -2. (excitar) to warm up, to liven up; **las declaraciones del presidente caldearon el ambiente** the president's statements really stirred things up
◆ **caldearse** vpr -1. (calentarse) to heat up, to warm up; **la casa se caldeó en pocos minutos** the house warmed up in a few minutes -2. (excitarse) to get heated; **los ánimos se han caldeado** people have got themselves worked up; **la disputa comercial ha comenzado a caldearse** the trade dispute has begun to heat up
caldén nm = type of mesquite found in Argentina
caldeo, -a HIST ◇ adj Chaldean
◇ nm,f (persona) Chaldean
◇ nm (lengua) Chaldean
caldera nf -1. (industrial) boiler ❏ **~ de vapor** steam boiler -2. (olla) cauldron ❏ Fam Hum **las calderas de Pedro Botero** (el infierno) (the nethermost depths of) hell -3. GEOL caldera -4. Urug (hervidor) kettle
calderada nf -1. (en caldera) cauldron; **una ~ de cocido** a cauldron of stew -2. **una ~ de** (mucho) heaps of
calderería nf -1. (oficio) boilermaking -2. (tienda) boilermaker's shop
calderero, -a nm,f boilermaker
caldereta nf -1. (de pescado) fish stew -2. (de carne) meat stew
calderilla nf (monedas) small change
calderita adj RP Fam short-tempered; **es muy ~** he's got a short fuse
caldero nm cauldron
calderón nm -1. MÚS pause -2. IMPRENTA paragraph mark -3. (animal) long-finned pilot whale
calderoniano, -a adj Calderonian, = typical of the style of the dramatist Pedro Calderón de la Barca (1600-1681)
caldillo nm liquid (on plate of food)
caldo nm -1. (para cocinar) stock; (sopa) clear soup, broth; **~ de pollo** (para cocinar) chicken stock; (sopa) chicken soup o consommé; [EXPR] Fam Hum **cambiar el ~ a las aceitunas** to take a leak; [EXPR] Esp Fam **poner a alguien a ~** (criticar) to slate sb; (reñir) to give sb a ticking-off ❏ **~ de cultivo** culture medium;

caldoso

Fig (condición idónea) breeding ground -**2.** *(aderezo)* dressing -**3.** *(vino)* wine -**4.** *Méx (de caña)* sugarcane juice

caldoso, -a *adj (comida)* with lots of stock; **estar demasiado ~** to be watery; **arroz ~** soggy rice

calé ⋄ *adj* gypsy
⋄ *nmf* gypsy

Caledonia *n* Caledonia

caledoniano, -a *adj* GEOL Caledonian; **plegamiento ~** Caledonian fold

calefacción *nf* heating ❏ **~ central** central heating; **~ eléctrica** electric heating; **~ por inducción** induction heating; **~ por suelo (radiante)** underfloor heating

calefaccionar *vt CSur (calentar)* to heat (up), to warm (up)

calefactor, -ora ⋄ *nm (aparato)* heater
⋄ *nm,f (persona)* heating engineer

calefón *nm CSur (calentador)* water heater

caleidoscópico, -a *adj* kaleidoscopic

caleidoscopio *nm* kaleidoscope

calendario *nm* -**1.** *(sistema)* calendar ❏ **~ de Adviento** Advent calendar; **~ del contribuyente** = timetable for making annual tax returns; **~ eclesiástico** ecclesiastic calendar; **~ escolar** = list of official school days and holidays for the year; **~ gregoriano** Gregorian calendar; **~ juliano** Julian calendar; **~ laboral** = officially stipulated working days and holidays for the year; **~ lunar** lunar calendar; **~ perpetuo** perpetual calendar; **~ solar** solar calendar -**2.** *(objeto)* calendar; **un ~ de mesa** a desk calendar -**3.** *(programa)* schedule, programme; **la cita más importante en el ~ musical de la ciudad** the most important event in the city's theatrical calendar; **los participantes en el congreso tienen un ~ muy apretado** the conference participants have a busy programme; **programaron el ~ de actividades para el festival** they drew up the schedule o programme of activities for the festival

calendas *nfpl* calends ❏ **~ griegas: las obras terminarán en las ~ griegas** hell will freeze over before the work is finished; **te recibirá en las ~ griegas** hell will freeze over before he'll see you

caléndula *nf* calendula, pot marigold

calentada *nf Am Fam* **dale una ~ al arroz** heat the rice up again

calentador *nm* -**1.** *(de agua)* heater ❏ **~ de agua** water heater; **~ de gas** gas heater; **~ de inmersión** immersion heater -**2.** *(de cama)* warming pan, bed warmer -**3.** **calentadores** *(prenda)* legwarmers

calentamiento *nm* -**1.** *(subida de temperatura)* heating; **el ~ del planeta** global warming ❏ **~ global** global warming -**2.** *(de la economía)* overheating; *(de debate)* heating up -**3.** *(ejercicios)* warm-up; **realizar un ~ adecuado** to warm up properly; **ejercicios de ~** warm-up exercises; **sufrió un tirón durante el ~** he pulled a muscle while he was warming up

calentar [3] ⋄ *vt* -**1.** *(subir la temperatura de)* to heat (up), to warm (up); *(motor, máquina)* to warm up; **calienta un poco la leche** warm the milk up a bit; EXPR *Fam DEP* **~ banquillo** to sit on the bench; EXPR **~ motores** to warm up; EXPR **calentarle la cabeza a alguien** to pester sb -**2.** *(músculos)* **~ los músculos** to limber up, to warm up -**3.** *(animar)* to liven up; **sus declaraciones han calentado la campaña electoral** his statements have turned the heat up in the election campaign -**4.** *Fam (pegar)* to hit, to strike; **¡te voy a ~!** you'll feel the back of my hand! -**5.** *Fam (sexualmente)* to turn on -**6.** *(agitar)* to make angry, to annoy; **¡me están calentando con tanta provocación!** all their provocation is getting me worked up!
⋄ *vi* -**1.** *(dar calor)* to give off heat; **esta estufa no calienta** this heater doesn't give off much heat -**2.** *(entrenarse)* to warm up

⦁ **calentarse** *vpr* -**1.** *(por calor) (persona)* to warm oneself, to get warm; *(cosa)* to heat up -**2.** *Fam (pegarse)* **se calentaron a base de bien** they really laid into one another -**3.** *Fam (sexualmente)* to get horny o randy -**4.** *(agitarse)* to get angry o annoyed; EXPR **calentarse la cabeza** to worry, to get worked up

calentito, -a *adj Fam* -**1.** *(comida)* piping hot -**2.** *(noticia)* hot off the press

calentón, -ona ⋄ *adj RP* short-tempered; **es muy ~** he's got a short fuse
⋄ *nm* **dale un ~ al arroz** heat up the rice; **el coche ha sufrido un ~** the car has overheated

calentorro, -a *Esp Fam* ⋄ *adj* **estar ~** to be horny o randy
⋄ *nm,f* **ser un ~** to be a horny o randy little devil

calentura *nf* -**1.** *(fiebre)* fever, temperature -**2.** *(herida)* cold sore; **me ha salido una ~** I've got a cold sore -**3.** *Fam (sexual)* **le entró una ~** he got the hots, he got horny o randy -**4.** *Chile (tisis)* tuberculosis, consumption -**5.** *Carib (planta)* = type of milkweed -**6.** *Carib (descomposición)* fermentation

calenturiento, -a *adj* -**1.** *(con fiebre)* feverish -**2.** **tener una imaginación calenturienta** *(incontrolada)* to have a wild imagination; *(sexualmente)* to have a dirty mind -**3.** *Chile (tísico)* tubercular, consumptive

caleño, -a ⋄ *adj* of/from Cali *(Colombia)*
⋄ *nm,f* person from Cali *(Colombia)*

calera *nf* limekiln

calesa *nf* = open-topped horse-drawn carriage

calesita *nf RP* merry-go-round, *US* carousel

caleta *nf* -**1.** *(bahía)* cove, inlet -**2.** *PRico (calle)* = short road leading to sea -**3.** *Col, Ven (escondite)* hiding place

caletear *vi Andes* to dock at all ports

caletero *nm Ven (descargador)* docker, stevedore

calibración *nf*, **calibrado** *nm* -**1.** *(medida)* calibration -**2.** *(de arma)* boring -**3.** *(corrección)* gauging ❏ IMPRENTA **~ de color** colour correction

calibrador *nm (para medir)* gauge; *(de mordazas)* calliper

calibrar *vt* -**1.** *(medir)* to calibrate, to gauge -**2.** *(dar calibre a) (arma)* to bore -**3.** *(juzgar)* to gauge, to size up; **tenemos que ~ cuidadosamente los pros y los contras** we must carefully weigh up the pros and cons

calibre *nm* -**1.** *(de arma)* calibre; **una bala del ~ 9** a 9-mm bullet -**2.** *(de alambre)* gauge; *(de tubo)* bore -**3.** *(instrumento)* gauge -**4.** *(tamaño)* size; *(importancia)* importance, significance; **un actor del ~ de Cary Grant** an actor of the calibre of Cary Grant; **una sequía de tal ~ que se han secado los ríos** a drought so severe that the rivers have dried up

caliche *nm Andes* -**1.** *(salitre)* sodium nitrate, *Chile* saltpetre -**2.** *(terreno)* = ground rich in nitrates

calichera *nf Andes* = ground rich in nitrates

caliciforme *adj* tulip-shaped

calicó *nm* calico

calidad *nf* -**1.** *(de producto, servicio)* quality; **una casa de ~** a luxury house; **una edición de ~** a de luxe edition; **un género de (buena) ~** a quality product; **de primerísima ~** highest quality; **una buena relación ~-precio** good value (for money) ❏ INFORMÁT **~ borrador** draft quality; **~ de imagen** image quality; **~ de vida** quality of life -**2.** *(clase)* class -**3.** *(condición)* **me lo dijo en ~ de amigo** he told me as a friend; **acudió en ~ de testigo** he was present as a witness; **fue contratado en ~ de experto jurídico** he was employed as a legal expert; **no le revisan el equipaje por su ~ de diplomático** his luggage isn't searched due to his diplomatic status

cálidamente *adv* warmly

calidez *nf (de persona, recibimiento)* warmth

cálido, -a *adj* -**1.** *(frente)* warm; *(clima, país)* warm, hot -**2.** *(recibimiento)* warm -**3.** *(tono)* warm

calidoscópico, -a *adj* kaleidoscopic

calidoscopio *nm* kaleidoscope

calientabraguetas *nf inv muy Fam* cocktease(r), pricktease(r)

calientahuevos *nf inv Col, Ven Vulg* cocktease(r), pricktease(r)

calientapiernas *nmpl* legwarmers

calientapiés *nm inv* foot-warmer

calientapija *nf RP Vulg* cocktease(r), pricktease(r)

calientaplatos *nm inv* hotplate

calientapollas *nf inv Esp Vulg* cocktease(r), pricktease(r)

caliente ⋄ *ver* calentar
⋄ *adj* -**1.** *(a alta temperatura)* hot; *(templado)* warm; **un café ~** a hot coffee; **de sangre ~** hot-blooded; *Fig* **en ~** in the heat of the moment -**2.** *(que da calor)* warm; **esta chaqueta es muy ~** this jacket is really warm o keeps you really warm -**3.** *(acalorado)* heated; **el debate se puso ~** the debate became rather heated -**4.** *(conflictivo)* **la situación se está poniendo ~** the situation is hotting up; **se presenta un otoño ~ para el gobierno** it looks like the government is in for a long hot autumn; **la zona más ~ de la frontera entre los dos países** the real hot spot on the border between the two countries -**5.** *(tono, color)* warm -**6.** *(reciente)* hot off the press; **noticias calientes: Norma va a tener un niño** here's the latest: Norma's going to have a baby -**7.** *Fam (cercano)* **no llegó a encontrarlo, pero anduvo muy ~** he didn't manage to find it, but he was very close -**8.** *Fam (película, novela)* raunchy -**9.** *Fam (excitado)* horny, randy -**10.** *RP Fam (enojado) US* pissed, *Br* narked
⋄ *interj (al buscar algo)* you're warm!

caliento *etc ver* calentar

califa *nm* caliph

califato *nm* caliphate

calificación *nf* -**1.** *(atribución de cualidades)* classification -**2.** *(escolar) Br* mark, *US* grade -**3.** FIN rating ❏ **~ crediticia** credit rating; **~ financiera** financial rating; **~ de solvencia** credit rating

calificado, -a *adj* -**1.** *(importante)* eminent -**2.** *(apto)* qualified -**3.** *(trabajador)* skilled

calificador, -ora *adj* -**1.** *(que evalúa)* assessing -**2.** *(que clasifica)* classifying, grading -**3.** *(de examen)* grading, marking -**4.** GRAM qualifier

calificar [59] ⋄ *vt* -**1.** *(denominar)* **~ a alguien de algo** to call sb sth, to describe sb as sth; **su comportamiento fue calificado de heroico** his behaviour was described as heroic -**2.** *(examen, trabajo)* to mark; **~ a alguien con un suspenso** to fail sb, *US* to give sb a failing grade -**3.** GRAM to qualify -**4.** *(propiedad)* to classify; **han calificado el terreno como urbanizable** *Br* the land has been designated as a brownfield site, *US* the land has been zoned for construction -**5.** *(personalidad)* **su gesto lo califica de caballero** his gesture shows him to be a gentleman

⦁ **calificarse** *vpr* **con esa acción se califica de cobarde** by that action he shows himself to be a coward; **esos comentarios se califican por sí solos** we all know what to make of remarks like that, there's no need to comment on remarks like that

calificativo, -a ⋄ *adj (adjetivo)* qualifying
⋄ *nm* epithet; **no merece el ~ de corrupto** he doesn't deserve to be called corrupt; **calificativos elogiosos/insultantes** glowing/insulting terms

califón *nm Chile (calentador)* water heater
California *n* California
californiano, -a ◇ *adj* Californian
◇ *nm,f* Californian
californio *nm* QUÍM californium
cáliga *nf* Roman sandal
calígine *nf Literario* **-1.** *(niebla)* mist **-2.** *(oscuridad)* dark, gloom
caliginoso, -a *adj Literario* **-1.** *(neblinoso)* misty **-2.** *(oscuro)* dark, gloomy
caligrafía *nf* **-1.** *(arte)* calligraphy **-2.** *(letra)* handwriting; **los niños empiezan a hacer (ejercicios de) ~ a los cuatro años** children start writing (exercises) at four years old; **un cuaderno de ~** a handwriting workbook
caligrafiar *vt* to pen, to write *(with elegant handwriting)*
caligráfico, -a *adj* handwriting; **hicieron un estudio ~ de los candidatos** they had the candidates' handwriting analysed
calígrafo, -a *nm,f* calligrapher
caligüeba, caligüeva *nf Ven Fam* **estar con ~** to be feeling down
Calígula *n pr* Caligula
calima, calina *nf* haze, mist
calimocho *nm Esp Fam* = drink comprising red wine and cola
calina = **calima**
calipso *nm* calypso
calistenia *nf* callisthenics *(singular)*
cáliz *nm* **-1.** REL chalice **-2.** BOT calyx
caliza *nf* limestone
calizo, -a *adj* chalky
callada *nf* EXPR **nos dio la ~ por respuesta** he answered us with silence
calladamente *adv* silently
callado, -a *adj* **estar ~** to be quiet *o* silent; **quieres estar callado, por favor?** would you please be *o* keep quiet!; **ser ~** to be quiet *o* reserved; **tener algo ~** to keep sth quiet *o* a secret; **¡qué ~ lo tenías!** you certainly kept that quiet *o* a secret!
callampa *nf Chile* **-1.** *(seta)* mushroom; EXPR **no vale ~** it isn't worth a bean **-2.** *(chabola)* shack **-3. callampas** *(barrio)* shanty town
callamperío *nm Chile* shanty town
callampero, -a *nm,f Chile* shanty dweller
callana *nf Andes, RP (cazuela)* = earthenware dish for roasting corn
callandito *adv Fam* on the quiet; **~, ~, ha ido acumulando una fortuna** he's been building up a fortune on the quiet
callar ◇ *vi* **-1.** *(no hablar)* to keep quiet, to be silent; EXPR **quien calla otorga** silence signifies consent
 -2. *(dejar de hablar)* to be quiet, to stop talking; **mandar ~ a alguien** to tell sb to shut up; **hacer ~ a alguien** to silence sb; **¡calla!** shut up!; **¡calla, si eso me lo dijo a mí también!** guess what!, he said that to me, too!; **¡calla, que me he dejado el paraguas en el tren!** gosh! I've left my umbrella on the train!; **los cañones callaron tras tres días de combate** after three days of battle the guns fell silent
◇ *vt* **-1.** *(ocultar)* to keep quiet about; **calló la verdad para no inculpar a su amigo** she withheld the truth so as not to incriminate her friend
 -2. *(acallar)* to silence
◆ **callarse** *vpr* **-1.** *(no hablar)* to keep quiet, to be silent
 -2. *(dejar de hablar)* to stop talking, to fall silent; **no se calló hasta que no terminó de contar sus vacaciones** he didn't stop talking until he had told everyone all about his *Br* holidays *o US* vacation; **¡cállate!** shut up!; **¿te quieres ~?** would you keep quiet?
 -3. *(ocultar)* to keep quiet about; *(secreto)* to keep; **esa no se calla nada** she always says what she thinks
calle *nf* **-1.** *(en población)* street, road; **cruzar la ~** to cross the street *o* road; **~ arriba/abajo** up/down the street *o* road; **tres calles más abajo** three blocks further down; EXPR *Fam* **echar** *o* **tirar por la ~ de en medio** to go ahead regardless; EXPR **hacer la ~** *(prostituta)*

to walk the streets; EXPR **llevarse a alguien de ~** to win sb over; EXPR **traer** *o* **llevar a uno por la ~ de la amargura** to put sb through hell, to make sb's life hell; EXPR *RP Fam* **tener ~** to know what's what, to be street smart ❑ *Ven* **~ ciega** dead end, blind alley; **~ cortada:** **hay cuatro calles cortadas en el centro** four streets in the city centre are closed to traffic; **~ cortada (por obras)** *(en letrero)* road closed (for repairs); *CSur* **~ cortada** dead end, blind alley; **~ de dirección única** one-way street; **~ de doble dirección** two-way street; **~ mayor** high street; **~ peatonal** pedestrian street; **~ principal** main street; *RP* **~ de una mano** one-way street; *Col* **~ de una vía** one-way street
 -2. *(lugar en el exterior)* **la ~** the street; **se pasa el día en la ~** she is always out; **salgo un momento, ¿quieres algo de la ~?** I'm just popping out, can I get you anything (from the shops)?; **no grites, te puede oír toda la ~** don't shout, the whole neighbourhood can hear you; **dejar** *o* **poner a alguien en la ~** *(sin trabajo)* to put sb out of a job; *(sin casa)* to throw sb out; **echar a alguien a la ~** *(de un trabajo)* to sack sb; *(de un lugar público)* to kick *o* throw sb out; **echarse a la ~** *(manifestarse)* to take to the streets; **el asesino está en la ~ tras pasar años en la cárcel** the murderer is out after spending years in prison; **salir a la ~** *(salir de casa)* to go out
 -3. *(ciudadanía)* **la ~** the public; **¿qué se opina en la ~?** what does the man in the street think?; **el lenguaje de la ~** everyday language
 -4. *Esp (en atletismo, natación)* lane; **la ~ de dentro/de fuera** the inside/outside lane
 -5. *(en golf)* fairway
calleja *nf* sidestreet, alley
callejear *vi* to wander the streets
callejero, -a ◇ *adj (perro, gato)* stray; **hace mucha vida callejera** he likes going out a lot; **disturbios callejeros** street riot; **un puesto ~** a street stall
◇ *nm (guía)* street map, A-Z
callejón *nm* **-1.** *(calle)* alley ❑ **~ sin salida** dead end, blind alley; *Fig* blind alley, impasse; **la OTAN se ha metido en un ~ sin salida** NATO has got itself into a blind alley, NATO is at an impasse **-2.** TAUROM = barricaded passage between the edge of the bullring and the seats
callejuela *nf* backstreet, sidestreet
callicida *nm* corn remover
callista *nmf* chiropodist
callo *nm* **-1.** *(dureza)* callus; *(en el pie)* corn; EXPR **tener ~** *(estar acostumbrado)* to be hardened; EXPR *Fam* **dar el ~** *(trabajar)* to slog **-2.** MED *(en fractura)* callus **-3.** *Fam (persona fea)* sight, fright; **ser un ~** to look a real sight **-4.** *Esp* **callos** tripe ❑ *callos a la madrileña* = tripe cooked with ham, pork sausage, onion and peppers
callosidad *nf* callus; **callosidades** calluses, hard skin
calloso, -a *adj* calloused
calma *nf* **-1.** *(sin ruido o movimiento)* calm, stillness; **en ~** calm; **se vivía una ~ tensa** there was an uneasy calm ❑ **~ chicha** dead calm
 -2. *(sosiego)* calm, tranquility; **un llamamiento a la ~** an appeal for calm; **el orador pidió ~ a los asistentes** the speaker appealed to the audience to be calm; **con ~** calmly; **mantener la ~** to keep calm *o* one's composure; **perder la ~** to lose one's composure; **tener ~** *(tener paciencia)* to be patient; **tómatelo con ~** take it easy
calmante ◇ *adj* sedative, soothing
◇ *nm* sedative, painkiller
calmar ◇ *vt* **-1.** *(mitigar)* to relieve; *(dolor)* to relieve, to ease; *(hinchazón)* to relieve; *(quemadura)* to soothe; *(sed)* to quench; *(hambre)* to take the edge off **-2.** *(tranquilizar)* *(persona)* to calm (down), to soothe; *(situación)* to defuse; **tómate eso para ~ los nervios** take this to calm your nerves
◆ **calmarse** *vpr* **-1.** *(persona, ánimos)*

situación) to calm down, to quieten down
 -2. *(dolor, tempestad)* to abate; *(fiebre)* to subside; *(viento)* to die down
calmo, -a *adj (tranquilo)* calm
calmoso, -a *adj* calm
caló *nm* **-1.** *(temperatura alta)* heat; *(tibieza)* warmth; **el ~ dilata los cuerpos** heat causes bodies to expand; **al ~ de la lumbre** by the fireside; **asarse de ~** to be roasting, to be boiling hot; **este abrigo da mucho ~** this coat is very warm; **entrar en ~** to get warm; *(público, deportista)* to warm up; **hace ~** it's warm *o* hot; **¡qué ~ (hace)!** it's so hot!; **tener ~** to be warm *o* hot; **voy a abrir la ventana, tengo ~** I'm going to open the window, I'm too hot ❑ **~ animal** body heat; **~ blanco** white heat; FÍS **~ específico** specific heat; **~ latente** latent heat; **~ negro** electric heating; **~ radiante** radiant heat
 -2. *(afecto, entusiasmo)* warmth; **la emocionó el ~ del público** she was moved by the warmth of the audience ❑ **~ humano** human warmth
 -3. *RP Fam (vergüenza)* embarrassment; **me da ~ hablar en público** I get embarrassed if I have to speak in public
 -4. *RP* **calores** *(de la menopausia)* hot flushes *o US* flashes
caloría *nf* calorie; **bajo en calorías** low-calorie
calórico, -a *adj* caloric; **contenido/gasto ~** caloric content/expenditure
calorífero, -a *adj (que da calor)* heat-producing
calorífico, -a *adj* calorific
calorímetro *nm* calorimeter
calorro, -a *nm,f Fam* = term, usually offensive, used to refer to a Spanish gypsy
calostro *nm* colostrum
calote ◇ *adj Méx Fam* beefy
◇ *nm RP Fam* swindle
calumnia *nf (oral)* slander, calumny; *(escrita)* libel, calumny
calumniador, -ora ◇ *adj (declaraciones)* slanderous; *(escrito)* libellous
◇ *nm,f (oralmente)* slanderer; *(por escrito)* libeller
calumniar *vt (oralmente)* to slander; *(por escrito)* to libel
calumnioso, -a *adj (de palabra)* slanderous; *(por escrito)* libellous
calurosamente *adv (con afecto) (elogiar, recibir)* warmly; *(aplaudir)* warmly, enthusiastically
caluroso, -a *adj* **-1.** *(excesivamente)* hot; *(agradablemente)* warm; **una camisa muy calurosa** a very warm shirt **-2.** *(afectuoso)* warm **-3.** *Fam (sensible al calor)* **es muy ~** he can't take the heat, he really feels the heat
calva *nf* **-1.** *(en la cabeza)* bald patch **-2.** *(en tejido, terreno)* bare patch **-3.** *ver también* **calvo**
calvados *nm inv* Calvados
calvario *nm* **-1.** *(Vía Crucis)* Calvary, Stations of the Cross **-2.** *(sufrimiento)* ordeal, trial; **pasar un ~** to go through an ordeal
calvero *nm* **-1.** *(claro)* clearing, glade **-2.** *(terreno)* clay pit
calvicie *nf* baldness
calvinismo *nm* Calvinism
calvinista *adj* Calvinist
Calvino *n pr* Calvin
calvo, -a ◇ *adj* bald; **quedarse ~** to go bald; EXPR *Fam Hum* **¡te vas a quedar ~!** *(de tanto pensar)* too much thinking's bad for you!
◇ *nm,f* bald person
calvorota *Fam* ◇ *adj* bald
◇ *nmf* baldy
calza *nf* **-1.** *(cuña)* wedge; *(para avión, coche)* chock **-2.** *Anticuado (media)* stocking **-3.** *Col (empaste)* filling **-4.** *RP* **~, calzas** *(pantalón)* ski pants

calzada *nf* **-1.** *(de calle)* road (surface), *US* pavement **-2.** *(de autopista)* carriageway, roadway **-3.** *(camino)* road ❑ ~ **romana** Roman road

calzado, -a ⬦ *adj (con zapatos)* shod
⬦ *nm* footwear; **tienda de** ~ shoe shop; **fabricantes de** ~ shoe manufacturers ❑ ~ **deportivo** sports shoes; ~ **ortopédico** orthopaedic footwear

calzador *nm (para calzarse)* shoehorn; *Fig* **tuvieron que meternos en el autobús con** ~ we had to be shoehorned onto the bus

calzar [14] ⬦ *vt* **-1.** *(zapato, bota)* to wear; **calzaba zapatos de ante** she was wearing suede shoes; **¿qué número calza?** what size (shoe) do you take?; **calzo el 43** I take a (size) 43
-2. *(proveer de calzado)* to provide shoes for
-3. *(poner calzado)* **calza al bebé** put shoes on the baby, put the baby's shoes on
-4. *(puerta)* to wedge open; **calzó la mesa** he put a wedge under one of the table legs
-5. *(rueda)* to put a wedge under
-6. *Col (muela)* to fill
♦ **calzarse** *vpr* **-1.** *(ponerse zapatos)* to put one's shoes on; **¡cálzate!** put your shoes on!; **la familia real se calza en esa zapatería** this shoemaker's is supplier to the royal family
-2. *(zapato)* to put on; **se calzó las botas** he put on his boots

calzo *nm (cuña)* wedge; *(para avión, coche)* chock

calzón *nm* **-1.** *Esp DEP* shorts
-2. *Andes, Méx, RP (bragas)* panties, *Br* knickers; **un ~, unos calzones** a pair of panties; *RP* **en calzones** *(en ropa interior)* in one's underwear; EXPR *RP Fam* **se le cayeron los calzones** she was staggered *o Br* gobsmacked
-3. *Bol, Méx (calzoncillos) Br* underpants, *US* shorts; **un ~, unos calzones** a pair of *Br* underpants *o US* shorts; EXPR *Fam* **se le cayeron los calzones** he was scared witless ❑ *Méx* ~ **de baño** swimming trunks
-4. *Bol (guiso)* pork stew

calzonarias *nfpl Col Br* braces, *US* suspenders

calzonarios *nmpl Ecuad* panties, *Br* knickers

calzonazos *nm inv, Am* **calzonudo** *nm Fam* henpecked husband; **ser un** ~ to be henpecked *o US* whipped

calzoncillo *nm,* **calzoncillos** *nmpl (slip)* briefs, *Br* (under)pants, *US* shorts; *(bóxer)* boxer shorts ❑ **calzoncillos largos** long johns

calzoneta *nf CAm* swimming trunks

calzonudo = **calzonazos**

CAM [kam] ⬦ *nm (abrev de* **computer-aided manufacturing***)* CAM
⬦ *nf (abrev de* **Comunidad Autónoma de Madrid***)* autonomous region of Madrid, = Madrid and the surrounding province

cama *nf* **-1.** *(mueble)* bed; **estar en** *o* **guardar** ~ to be confined to bed; **el médico le ha dicho que tiene que estar en** *o* **guardar** ~ the doctor told her to stay in bed; *Am Fam* **estar** *o* **quedar de** ~ to be wrecked *o Br* knackered; **hacer la** ~ to make the bed; **irse a la** ~ to go to bed; **meterse en la** ~ to get into bed; **saltar de la** ~ to jump *o* leap out of bed; EXPR **hacerle** *o* **ponerle la** ~ **a alguien** to plot against sb; EXPR *DEP* **hacerle la** ~ **a alguien** to make a back for sb, to upend sb; PROV **a la** ~ **no te irás sin saber una cosa más** you learn something new every day ❑ ~ **de agua** water bed; *RP* **camas cameras** twin beds; ~ **doble** double bed; *Am* ~ **de dos plazas** double bed; ~ **elástica** trampoline; **camas gemelas** twin beds; ~ **individual** single bed; *RP* ~ **marinera** truckle bed, = bed with another pull-out bed underneath; ~ **de matrimonio** double bed; ~ **nido** truckle bed, = bed with another pull-out bed underneath; ~ **de rayos UVA** sunbed; ~ **redonda** group sex; *RP* ~ **solar** sunbed; ~ **turca** divan bed; *Am* ~ **de una plaza** single bed; ~ **de uno** single bed
-2. *(plaza hospitalaria)* (hospital) bed ❑ ~ **de hospital** hospital bed

camachuelo *nm* bullfinch ❑ ~ **carminoso** scarlet bullfinch; ~ **picogrueso** pine grosbeak; ~ **trompetero** trumpeter finch

camada *nf* litter

camafeo *nm* cameo

camagüeyano, -a ⬦ *adj* of/from Camagüey *(Cuba)*
⬦ *nm,f* person from Camagüey *(Cuba)*

camal *nm Andes (matadero)* slaughterhouse

camaleón *nm* **-1.** *(reptil)* chameleon **-2.** *(persona cambiante)* chameleon **-3.** *PRico (ave)* falcon

camaleónico, -a *adj (persona)* chameleon-like

camalero *nm Perú* slaughterer, butcher

camalotal *nm Am* water hyacinth bed

camalote *nm Am* water hyacinth

camambú *nm* grape ground-cherry

cámara ⬦ *nf* **-1.** *(de fotos, cine)* camera ❑ ~ **cinematográfica** movie *o Br* cine camera; ~ **de control de velocidad** speed camera; ~ **digital** digital camera; ~ **fotográfica** camera; ~ **lenta** slow motion; *también Fig* **a** ~ **lenta** in slow motion; **si miras la repetición de la jugada a** ~ **lenta podrás fijarte en todos los detalles** if you watch the slow-motion replay, you'll be able to see all the details; *TV* ~ **oculta** candid camera; ~ **oscura** camera obscura; ~ **réflex** reflex *o SLR* camera; ~ **de televisión** television camera; ~ **de vídeo** *o Am* **video** *(profesional)* video camera; *(de aficionado)* camcorder
-2. *(sala)* chamber ❑ ~ **acorazada** strongroom, vault; ~ **de gas** gas chamber; ~ **mortuoria** funeral chamber; ~ **de torturas** torture chamber
-3. *(receptáculo)* chamber; ~ **(de aire)** *(de balón)* bladder; *(de neumático)* inner tube ❑ ~ **de combustión** combustion chamber; ~ **de descompresión** decompression chamber; ~ **frigorífica** cold-storage room; **un camión con** ~ **frigorífica** a refrigerated *Br* lorry *o US* truck; *FÍS* ~ **de niebla** cloud chamber; ~ **de resonancia** echo chamber; *RP* ~ **séptica** septic tank; ~ **de vacío** vacuum chamber
-4. *(de arma)* chamber, breech
-5. *(asamblea)* chamber ❑ ~ **alta** upper house; *Esp* ~ **autonómica** autonomous regional parliament; ~ **baja** lower house; **Cámara de los Comunes** House of Commons; ~ **legislativa** legislative chamber; **Cámara de los Lores** House of Lords; **Cámara de Representantes** House of Representatives; ~ **territorial** = chamber of parliament where members represent a region, rather than electoral constituencies of roughly equal size
-6. *COM (entidad, organismo)* chamber ❑ ~ **agrícola** farmers' association; ~ **de Comercio** Chamber of Commerce; ~ **de compensación** clearing house; ~ **de la propiedad** property owners' association
-7. de ~ *(del rey)* court, royal; **pintor de** ~ court painter
⬦ *nmf (persona)* cameraman, *f* camerawoman

camarada *nmf* **-1.** *(en partido político)* comrade; **el** ~ **Gómez** comrade Gómez **-2.** *(compañero)* colleague; ~ **de trabajo** workmate, colleague

camaradería *nf* camaraderie; **en la oficina reina la** ~ everyone's very friendly in the office; **se tratan con** ~ they're very friendly to one another

camarera *nf Am (azafata)* air hostess

camarero, -a *nm,f* **-1.** *(de restaurante, bar)* waiter, *f* waitress **-2.** *(de hotel)* chamberperson, *f* chambermaid **-3.** *(de barco)* steward **-4.** *(de rey)* chamberlain, *f* lady-in-waiting

camareta *nf* **-1.** *NÁUT* small cabin **-2.** *Andes, Arg (cañón)* = small mortar used in firework displays

camarilla *nf Pey* clique, cabal; **el ministro llegó acompañado de su** ~ the minister arrived with his hangers-on

camarín *nm* **-1.** *(en teatro)* dressing room **-2.** *(capilla)* niche, alcove

camarina *nf* broom crowberry

camarista *nmf* **-1.** *Arg (juez)* appeal court judge **-2.** *Méx (en hotel)* chamberperson, *f* chambermaid

camarógrafo, -a *nm,f* cameraman, *f* camerawoman

camarón *nm* **-1.** *(quisquilla) Br* shrimp, *US* prawn **-2.** *CAm, Col (propina)* tip **-3.** *Perú (persona)* turncoat **-4.** *Ven Fam (siesta)* nap

camarote *nm* cabin

camarotero *nm Am (en barco)* steward

camastro *nm* ramshackle bed

camba *Bol Fam* ⬦ *adj* of/from the forested lowland region of Bolivia
⬦ *nmf* person from the forested lowland region of Bolivia

cambado, -a *adj RP* bowlegged

cambalache *nm* **-1.** *Fam (trueque)* swap; **hacer un** ~ to make *o* do a swap, to swap **-2.** *RP (tienda)* junk shop **-3.** *RP (gran desorden)* chaos

cambalachear *vt Fam* to swap

cambalachero, -a *Am* ⬦ *adj* swapping
⬦ *nm,f* **-1.** *(trocador)* swapper **-2.** *(vendedor)* second-hand dealer, *Br* junk dealer

cámbaro *nm* = small edible crab

cambiable *adj* **-1.** *(alterable)* changeable **-2.** *(canjeable)* exchangeable

cambiadizo, -a *adj* changeable, variable

cambiado, -a *adj* **está muy** ~ he's changed a lot, he's very changed

cambiador, -ora ⬦ *adj* changing
⬦ *nm,f* moneychanger
⬦ *nm* **-1.** *(mando)* control switch ❑ ~ **de calor** heat exchanger **-2.** *Andes, Méx FERROC Br* pointsman, *US* switchman **-3.** *(colchón)* changing mat

cambiante *adj (tiempo)* changeable; *(situación)* constantly changing, unstable; *(temperamento)* volatile, unpredictable

cambiar ⬦ *vt* **-1.** *(alterar, modificar)* to change; **han cambiado la fecha de salida** they've changed *o* altered the departure date; **quiere** ~ **su imagen** she wants to change her image; **el divorcio lo ha cambiado por completo** the divorce has changed him completely, he has changed completely since the divorce; **cambió su sonrisa en llanto** her smile turned to tears; **tus disculpas no cambian nada** your apologies don't change anything
-2. *(trasladar)* to move; **tenemos que** ~ **las sillas de lugar** we have to move the chairs; **cambiaron la sede central a Buenos Aires** they moved their headquarters to Buenos Aires; **lo van a** ~ **a otro colegio** they're going to move him to another school
-3. *(reemplazar) (rueda, sábanas)* to change; **tenemos que** ~ **la lavadora** we have to get a new washing machine; **tengo que** ~ **el agua del acuario** I have to change the water in the aquarium, I have to put some fresh water in the aquarium; ~ **un artículo defectuoso** to exchange a faulty item; **si no está satisfecho, lo puede** ~ if you're not satisfied with it, you can change it; **tuve que cambiarle una rueda al coche** I had to change one of the wheels on the car; **cambiaré este tornillo por otro más largo** I'll swap this screw for a longer one; EXPR *Fam* **¡cambia el disco** *o* **rollo, que ya aburres!** you're getting boring! can't you talk about anything else?
-4. *(intercambiar)* to swap; ~ **cromos/sellos** to swap picture cards/stamps; ~ **impresiones** to compare views; ~ **algo por algo** to exchange sth for sth; **cambié mi reloj por el suyo** I swapped watches with him; **he cambiado mi turno con un compañero** I swapped shifts with a colleague; **¿te importa si te cambio el sitio?** would you mind swapping *o* changing places with me?

cambiario

-5. *(dinero)* to change; **en aquel banco cambian dinero** they change money at that bank; **¿me podría ~ este billete en monedas, por favor?** could you give me change for this note in coins, please?; **~ dólares en euros** to change dollars into euros

-6. *(bebé)* to change

◇ *vi* -1. *(alterarse)* to change; **ha cambiado mucho desde el accidente** she has changed a lot since the accident; **la situación no ha cambiado mucho** there has been little change in the situation; **algunas personas no cambian nunca** some people never change; **ya crecerá y cambiará** she'll change as she gets older; **~ a mejor/peor** to change for the better/worse; **en ese caso, la cosa cambia** that's different, that changes everything; **le ha cambiado la voz** his voice has broken

-2. **~ de** to change; **~ de autobús/tren** to change buses/trains; *Fig* **~ de camisa/chaqueta** to change one's shirt/jacket; **~ de canal** *(de TV)* to turn over, to change channels; **~ de casa** to move (house); **~ de color** to change colour; **~ de dueño** to change hands; **~ de idea/intención** to change one's mind/plans; **~ de manos** *(dinero, vehículo)* to change hands; **~ de ritmo** to change pace; **~ de rumbo** to change course; **~ de sexo** to have a sex change; **~ de sitio** to change place, to move; **~ de táctica** to change one's tactics; **~ de trabajo** to move *o* change jobs

-3. AUT *(de marchas)* **~ (de marcha)** to change gear; **~ a segunda** to change into second gear

-4. METEO to change, to shift; **el viento cambió** the wind changed

◆ **cambiarse** *vpr* -1. *(mudarse)* to change; **cambiarse (de ropa)** to change (one's clothes), to get changed; **cambiarse de vestido** to change one's dress; **cambiarse de casa** to move (house); **se cambió de nombre** he changed his name

-2. *(intercambiarse)* to swap; **se cambiaron los cuadernos** they swapped exercise books; **¡no me cambiaría por él!** I wouldn't be in his shoes!; **¿te importaría cambiarme el sitio?** would you mind swapping *o* changing places with me?

cambiario, -a *adj* FIN *(mercado)* currency, foreign exchange

cambiavía *nm* -1. *(mecanismo)* Br points, US switch -2. *Col, Cuba, Méx* FERROC *Br* pointsman, *f* pointswoman, *US* switchman, *f* switchwoman

cambiazo *nm Fam* -1. *(cambio grande)* radical change; **esa chica ha dado un ~** that girl has really changed -2. *(sustitución)* switch *(in order to steal bag etc)*; **dar el ~** to do a switch

cambio ◇ *nm* -1. *(alteración, modificación)* change; **vivimos una época de grandes cambios** we live in times of great change; **~ de actitud** change in attitude; **~ de gobierno** change of government; **~ radical** turnabout, turnaround; **~ de tiempo** change in the weather; **ha ganado con el ~ de trabajo** he has benefited from changing jobs; **con el ~ de política hemos perdido todos** we have all lost out as a result of the change in policy; **se ha producido un ~ de situación** the situation has changed, there has been a change in the situation; **el ~ al sistema métrico ha sido muy sencillo** the changeover to the metric system has been very straightforward; **tu hijo ha pegado un ~ tremendo** your son has really changed; **a las primeras de ~** at the first opportunity; **abandonó la carrera a las primeras de ~** she dropped out of the race almost as soon as it had started *o* shortly after it had started; **cayeron eliminados a las primeras de ~** they fell at the first hurdle ❑ **~ climático** climate change; LING **~ de código** code switching; **~ de domicilio** change of address; **~ de escena** TEATRO scene change; *Fig* change of

scene; **~ generacional:** el partido necesita un **~ generacional urgente** the party is in urgent need of a new generation of leaders; **este joven pintor es un ejemplo del ~ generacional en marcha** this young man is one of the new generation of painters who are coming to dominate the artistic scene; **~ de guardia** *(ceremonia)* changing of the guard; **~ horario** *(bianual)* = putting clocks back or forward one hour; **~ hormonal** hormonal change; **~ de imagen** image change; **el ~ de milenio** the end of the millennium; **~ de rasante** brow of a hill; **~ de sentido** U-turn; **~ de sexo** sex change; DER **~ de tribunal** change of venue; FERROC **~ de vía** *Br* points, *US* switch

-2. *(reemplazo, trueque)* exchange; **(oficina de) ~** *(en letrero)* bureau de change; **durante las rebajas no se admiten cambios** while the sales are on, goods may not be exchanged; **a ~ (de)** in exchange *o* return (for); **no pido nada a ~** I'm not asking for anything back *o* in return; **se admite su vieja lavadora a ~** we will take your old washing machine in part exchange; **te dejo el coche a ~ de que lo laves** I'll let you use my car if you wash it for me ❑ AUT **~ de aceite** oil change; **~ de impresiones** exchange of opinions; QUÍM **~ iónico** ion exchange; **~ de papeles** role reversal

-3. *(monedas, billetes)* change; **¿tiene ~?** have you got some change?; **¿tiene ~ de 5.000?** have you got change for *o* of 5,000?; **nos hemos quedado sin cambio(s)** we're out of change; **quédese con el ~** keep the change; **me ha dado el ~ incorrecto** she gave me the wrong change

-4. FIN *(de acciones)* price; *(de divisas)* exchange rate; **ha bajado el ~ del peso** the (exchange rate of the) peso has fallen; **los valores eléctricos han mantenido ~** share prices in the electricity companies have remained steady; **¿a cuánto está el ~ de la libra?** what's the exchange rate for the pound? ❑ **~ base** base rate; **~ extranjero** foreign exchange; **~ medio** average exchange rate; **~ oficial** official exchange rate

-5. AUT **el ~ es muy duro** the gears are rather stiff ❑ **~ automático** automatic transmission; **~ de marchas** *(acción)* gear change; *(palanca)* Br gear stick, *US* gear shift; **~ sincronizado** *(en bicicleta)* indexed gear; **~ de velocidades** *(acción)* gear change; *(palanca)* Br gear stick, *US* gear shift

-6. DEP *(sustitución)* substitution, change; **hacer un ~** to make a substitution *o* change; **el equipo visitante ha pedido (hacer un) ~** the away team want to make a substitution *o* change; **el jugador lesionado pidió el ~ al entrenador** the injured player signalled to the manager that he wanted to come off

◇ *interj* RAD **¡~ (y corto)!** over!; **¡~ y cierro!** over and out!

◇ **en cambio** *loc adv (por otra parte)* on the other hand, however; *(en su lugar)* instead; **ellos no pueden ayudarnos, en ~ tú sí** they can't help us, but *o* whereas you can; **éste me gusta, en ~ este otro es feo** I like this one, but this other one is horrible

cambista *nmf* -1. *(de dinero)* moneychanger -2. *RP* FERROC *Br* pointsman, *f* pointswoman, *US* switchman, *f* switchwoman

Camboya *n* Cambodia

camboyano, -a ◇ *adj* Cambodian
◇ *nm,f* Cambodian

cambray *(pl* **cambrayes)** *nm* cambric

cámbrico, -a ◇ *adj* GEOL Cambrian
◇ *nm* **el ~** the Cambrian (period)

cambuche *nm Col Fam* hovel, dump

cambur *nm Ven* -1. *(empleo)* job -2. *(empleado)* clerk -3. *(plátano)* banana

CAME ['kame] *nm Antes (abrev de* **Consejo de Asistencia** *o* **Ayuda Mutua Económica)** CMEA

camedrio *nm* wall germander

camelar *vt Fam* -1. *(convencer)* to butter up, to win over; **me cameló para que lo ayudara** he sweet-talked me into helping him -2. *(enamorar)* to win the heart of; **la cameló rápidamente** he quickly set her heart aflutter -3. *Méx (observar)* to watch, to observe

camelia *nf* camellia

camélido ZOOL ◇ *nm* camel, member of the camel family
◇ *nmpl* **camélidos** *(familia)* Camelidae; **de la familia de los camélidos** of the *Camelidae* family

camelina *nf* gold of pleasure

camelista *Fam* ◇ *adj* wheedling, flattering
◇ *nmf* flatterer

camellar *vi Col, Ecuad Fam* to work

camellero, -a *nm,f* camel driver

camello, -a ◇ *nm,f (animal)* camel ❑ **~ bactriano** Bactrian camel
◇ *nm* -1. *Fam (traficante)* drug pusher *o* dealer -2. *Col, Ecuad Fam (empleo)* job -3. NÁUT caisson -4. *Cuba (autobús)* bus *(converted truck)*

camellón *nm* -1. AGR ridge -2. *Col, Méx (en avenida) Br* central reservation, *US* median (strip)

camelo *nm Fam* -1. *(engaño)* con; **esas pastillas para adelgazar son un ~** those slimming pills are a con; **es puro ~** it's just humbug; **nos contó un ~ para que le prestáramos dinero** he told us a lie so we'd lend him money -2. *(noticia falsa)* hoax

camembert ['kamember] *(pl* **camemberts)** *nm* camembert

camerino *nm* TEATRO dressing room

camero, -a *adj* **cama camera** three-quarter bed

Camerún *n* **(el) ~** Cameroon

camerunés, -esa ◇ *adj* Cameroonian, of/from Cameroon
◇ *nm,f* Cameroonian

camilla ◇ *nf* stretcher
◇ *adj inv* **mesa ~** = round table, often with a heater underneath

camillero, -a *nm,f* stretcher-bearer

caminante *nmf* walker

caminar ◇ *vi* -1. *(andar)* to walk; **me gusta ~** I like walking; **nosotros iremos caminando** we'll walk, we'll go on foot; **~ por la acera** to walk on the *Br* pavement *o US* sidewalk; **~ de un lado para otro** to walk up and down, to walk to and fro; **~ derecho** *o* **erguido** to walk with a straight back; **¡camina derecho!** don't slouch!; *Fig* **es difícil ~ siempre derecho** it's not easy always to keep to the straight and narrow; **~ de puntillas** to tiptoe

-2. *(seguir un curso)* **el río camina por el valle hacia la desembocadura** the river passes *o* flows through the valley on its way to the sea

-3. *(encaminarse)* **~ hacia** to head for; **~ hacia el desastre** to be heading for disaster; **caminamos hacia una nueva época** we are entering a new era

-4. *Am Fam (funcionar)* to work

-5. *Am Fam (progresar)* to progress; **si no conoces a nadie, no caminas** if you don't know the right people, you won't get anywhere

◇ *vt* to walk; **caminamos 20 kilómetros** we walked 20 kilometres

caminata *nf* long walk; **se pegaron una buena ~** they had a long walk; **hay una buena ~ hasta el centro** it's quite a step *o* trek to the centre

camino *nm* -1. *(sendero)* path, track; *(carretera)* road; **han abierto un ~ a través de la selva** they've cleared a path through the jungle; **acorté por el ~ del bosque** I took a shortcut through the forest; EXPR **la vida no es un ~ de rosas** life is no bed of roses; PROV **todos los caminos llevan a Roma** all roads lead to Rome ❑ **~ de acceso** access road; *Fam Fig* **~ de cabras** rugged path; **~ forestal** forest track; **~ de grava** gravel path; **~ de herradura** bridle path; **~ de hierro**

camión nm **-1.** railway; *Am* ~ **de mesa** table runner; HIST ~ **real** king's highway; **Camino de Santiago** REL = pilgrimage route to Santiago de Compostela; ASTRON Milky Way; ~ **de sirga** towpath; *Fig* ~ **trillado** well-trodden path; *Fig* **tiene el** ~ **trillado** the hard work has already been done for him; ~ **vecinal** country lane

-2. *(ruta, vía)* way; **el** ~ **de la estación** the way to the station; **equivocarse de** ~ to go the wrong way; **indicar el** ~ **a alguien** to show sb the way; **no recuerdo el** ~ **de vuelta** I can't remember the way back; **iremos por el** ~ **más corto** we'll go by the shortest route, we'll go the quickest way; **está** ~ **de la capital** it's on the way to the capital; **me encontré a Elena** ~ **de casa** I met Elena on the way home; **van** ~ **del éxito** they're on their way to success; **en el** o **de** ~ *(de paso)* on the way; **ve a comprar el periódico, y de** ~ **sube también la leche** go for the newspaper and bring the milk up while you're at it; **me pilla de** ~ it's on my way; **a estas horas ya estarán en** ~ they'll be on their way by now; **por este** ~ this way

-3. *(viaje)* journey; **nos espera un largo** ~ we have a long journey ahead of us; **se detuvieron tras cinco horas de** ~ they stopped after they had been on the road for five hours; **estamos casi a mitad de** ~ we're about halfway there; **pararemos a mitad de** ~ we'll stop halfway; **hicimos un alto en el** ~ **para comer** we stopped (along the way) to have a bite to eat; *también Fig* **todavía nos queda mucho** ~ **por delante** we've still got a long way to go; **el** ~ **se me ha hecho eterno** the journey seemed to last forever; **ponerse en** ~ to set off

-4. UNIV **Caminos(, Canales y Puertos)** *(ingeniería)* civil engineering

-5. *(medio)* way; **el** ~ **para conseguir tus propósitos es la honestidad** the way to get what you want is to be honest

-6. EXPR **abrir** ~ **a** to clear the way for; **el hermano mayor ha abierto** ~ **a los pequeños** the older brother cleared the way for the younger ones; **dos jinetes abrían** ~ **a la procesión** two people rode ahead to clear a path for the procession; **abrirse** ~ to get on o ahead; **se abrió** ~ **entre la maraña de defensas** he found a way through the cluster of defenders; **abrirse** ~ **en el mundo** to make one's way in the world; **le costó mucho abrirse** ~, **pero ahora tiene una buena posición** it wasn't easy for him to get on, but he's got a good job now; **allanar el** ~ to smooth the way; **atravesarse** o **cruzarse** o **interponerse en el** ~ **de alguien** to stand in sb's way; **no permitiré que nadie se cruce en mi** ~ I won't let anyone stand in my way; *Fam* **tienen un bebé en** ~ they've got a baby on the way; **ir por buen** ~ to be on the right track; **ir por mal** ~ to go astray; **con su comportamiento, estos alumnos van por mal** ~ the way they are behaving, these pupils are heading for trouble; **fueron cada cual por su** ~ they went their separate ways; **van** ~ **del desastre/éxito** they're on the road to disaster/success; **va** o **lleva** ~ **de convertirse en estrella** she's on her way to stardom; **a medio** ~ halfway; **siempre deja todo a medio** ~ she always leaves things half-done; **estar a medio** ~ to be halfway there; **está a medio** ~ **entre un delantero y un centrocampista** he's somewhere between a forward and a midfielder; **quedarse a medio** ~ to stop halfway through; **el proyecto se quedó a medio** ~ **por falta de presupuesto** the project was left unfinished o was abandoned halfway through because the funds dried up; **iba para estrella, pero se quedó a mitad de** ~ she looked as if she would become a star, but never quite made it; **traer a alguien al buen** ~ to put sb back on the right track

CAMINO DE SANTIAGO
The Galician city of Santiago de Compostela in northwestern Spain, traditionally held to be the burial site of the Apostle St James, was one of the most important Christian pilgrimage centres in Europe during the Middle Ages, second only to Rome. Countless pilgrims made the journey from different parts of Europe to Santiago along recognized pilgrimage routes. The main one crosses the north of Spain from the Pyrenees to Galicia and is known as the **Camino de Santiago**. Although its religious significance has declined, it has become a popular tourist route attracting a wide range of travellers: nature lovers on day trips, hikers and cyclists, and even latter-day pilgrims, whether solitary walkers or on package tours. Many of them avail themselves of the free or low-cost accommodation provided along the way by local councils and religious institutions.

camión nm **-1.** *(de mercancías)* truck, *Br* lorry; **recibieron tres camiones de ayuda humanitaria** they received three truckloads of humanitarian aid; EXPR *Fam* **estar como un** ~ to be gorgeous ❑ ~ **articulado** *Br* articulated lorry, *US* semitrailer; ~ **de la basura** *Br* dustcart, *US* garbage truck; ~ **cisterna** tanker; ~ **frigorífico** refrigerated truck o *Br* lorry; ~ **de mudanzas** removal van, furniture van

-2. *CAm, Méx (autobús)* bus

camionada nf *Andes, RP* truckload, *Br* lorryload

camionaje nm haulage

camionero, -a ◇ adj *CAm, Méx* bus; **central camionera** bus station; **paro** ~ bus strike
◇ nm,f **-1.** *(de camión)* truck driver, *Br* lorry driver, *US* trucker **-2.** *CAm, Méx (de autobús)* bus driver

camioneta nf van; *(con la parte de atrás abierta)* pick-up (truck)

camisa nf **-1.** *(prenda)* shirt ❑ ~ **de dormir** nightshirt; ~ **de fuerza** straitjacket; HIST ~ **negra** Blackshirt

-2. *(de serpiente)* slough, skin; **cambiar** o **mudar de** ~ to shed its skin

-3. TEC lining ❑ ~ **de agua** water jacket

-4. EXPR **jugarse hasta la** ~ to stake everything; **meterse en** ~ **de once varas** to complicate matters unnecessarily; **mudar(se)** o **cambiar(se) de** ~ to change sides; **no le llega la** ~ **al cuerpo** she's scared stiff; **perder hasta la** ~ to lose one's shirt

camisería nf *(tienda)* shirt shop, outfitter's

camisero, -a ◇ adj *(blusa, vestido)* shirtwaist
◇ nm,f **-1.** *(fabricante)* shirtmaker **-2.** *(vendedor)* outfitter
◇ nm *Chile (camisa de mujer)* blouse

camiseta nf **-1.** *(interior) Br* vest, *US* undershirt **-2.** *(de manga corta)* T-shirt **-3.** *(de deportes)* *(de tirantes)* vest; *(con mangas)* shirt; *Fig* **defender la** ~ **del Lugo** to play for Lugo; EXPR **sudaron la** ~ they played their hearts out; EXPR *RP Fam* **ponerse la** ~: **se puso la** ~ **de la empresa** he became a real company man

camisilla nf *Col, Urug Br* vest, *US* undershirt

camisola nf **-1.** *(prenda interior)* camisole **-2.** *(de deportes)* sports shirt **-3.** *Am (de mujer)* woman's blouse

camisón nm **-1.** *(de noche)* nightdress, nightgown **-2.** *Andes, Carib (de mujer)* chemise

camomila nf camomile

camorra nf **-1.** *(riña)* **armar** ~ to cause trouble; **buscar** ~ to look for trouble **-2.** *(organización mafiosa)* **la Camorra** the Camorra, = the Naples Mafia

camorrista, camorrero, -a ◇ adj belligerent, quarrelsome
◇ nmf troublemaker

camote nm **-1.** *Andes, CAm, Méx (batata)* sweet potato

-2. *Méx (dulce)* = confection made with sweet potato

-3. *Andes, CAm, Méx (bulbo)* tuber, bulb

-4. *Andes Fam (enamoramiento)* **estar** ~ **por** o **de alguien** to be madly in love with sb; EXPR *Perú* **donde camotes se asaron, cenizas quedaron** love will never die

-5. *Perú Fam (novio)* lover, sweetheart

-6. *Méx Fam (complicación)* mess; **meterse en un** ~ to get into a mess o pickle

-7. *Perú (juego)* piggy-in-the-middle

-8. *Méx Fam* EXPR **estar camotes** to be wrecked o *Br* knackered; **hacerse** ~ to get into a muddle; **poner a alguien como** ~ to make mincemeat of sb; **tragar** ~ *(balbucir)* to stammer; *(andar con rodeos)* to beat about the bush; *(pagar consecuencias)* to pay the price; **ese bocón tendrá que tragar** ~ **con sus palabras** that bigmouth will have to pay for what he said

camotero, -a adj *Ecuad Fam* **es muy** ~ he falls in love very easily

camotillo nm **-1.** *Andes (dulce)* = sweet made of mashed sweet potatoes **-2.** *Méx (madera)* = type of violet-coloured wood streaked with black **-3.** *CAm (cúrcuma)* turmeric

camotudo, -a adj *Perú Fam* **es muy** ~ he falls in love very easily

camp [kamp] adj inv *(estilo, moda)* retro

campal adj también *Fig* **batalla** ~ pitched battle

campamento nm **-1.** *(lugar)* camp; *(acción)* camping; **los niños se van de** ~ **este año** the children are going to summer camp this year ❑ ~ **avanzado** *(en montañismo)* advance camp; ~ **base** *(en montañismo)* base camp; ~ **nudista** nudist camp

-2. *(grupo de personas)* camp; **todo el** ~ **colaboró en la búsqueda** the whole camp joined in the search

-3. MIL *(periodo de instrucción)* training camp

campana nf **-1.** *(de iglesia)* bell; EXPR **echar las campanas al vuelo: no queremos oír las campanas al vuelo antes de tiempo** we don't want to start celebrating prematurely; **es pronto para echar las campanas al vuelo** let's not count our chickens before they're hatched; EXPR *Fam* **oír campanas y no saber dónde** not to know what one is talking about; EXPR **te ha salvado la** ~ (you were) saved by the bell ❑ ~ **de buzo** diving bell; ~ **extractora (de humos)** extractor hood; MAT ~ **de Gauss** normal distribution curve, *US* bell curve; ~ **de salvamento** diving bell **-2.** *(de chimenea)* chimney breast **-3.** *(para alimentos)* ~ **(de cristal)** glass cover

campanada nf **-1.** *(de campana)* peal **-2.** *(de reloj)* stroke, chime; **al dar las doce campanadas...** on the stroke of twelve... **-3.** *(suceso)* sensation; EXPR **dar la** ~ to make a big splash, to cause a sensation

campanario nm belfry, bell tower

campanear vi *RP Fam* to act as lookout *(during robbery)*

campanero, -a nm,f **-1.** *(persona que toca)* bell-ringer **-2.** *(fabricante)* bell founder **-3.** *Ven (ave)* bellbird

campaniforme adj bell-shaped

campanil nm campanile

campanilla nf **-1.** *(campana pequeña)* (small) bell; *(con mango)* handbell; *Fam* **la suya fue una boda de campanillas** their wedding was a lavish affair **-2.** ANAT uvula **-3.** *(flor)* campanula, bellflower ❑ ~ **de invierno** snowdrop

campanilleo nm tinkle, tinkling sound

campanología nf bellringing, *Espec* campanology

campante adj **le dije que estaba despedido, y se quedó tan** ~ I told him he was fired, and he didn't turn a hair; **perdió todo lo que tenía, pero estaba tan** ~ he lost everything he had, but it was like water off a duck's back; **llevaba un vestido ridículo, pero iba tan** ~ he was dressed ridiculously, but it didn't seem to concern him in the least

campanudo, -a adj **-1.** *(acampanado)* bell-shaped **-2.** *(grandilocuente)* high-flown; **retórica campanuda** high-flown rhetoric

campánula nf campanula, bellflower

campanulácea nf BOT campanula

campaña nf **-1.** *(acción organizada)* campaign; **una** ~ **de recogida de firmas** a petition campaign; **una** ~ **contra el tabaco** an anti-smoking campaign; **una** ~ **de defensa de**

campar

los bosques a campaign to defend the forests; **hacer ~ (de/contra)** to campaign (for/against) ❑ **~ de descrédito** dirty tricks campaign; **~ de difamación** smear campaign; **~ electoral** election campaign; **~ informativa** information campaign; **~ de marketing** marketing campaign; **~ publicitaria** advertising campaign; **~ de reclutamiento** recruitment campaign o drive
-2. *(periodo)* *(deportivo)* season; *(de pesca)* (fishing) season; **la ~ del atún** the tuna-fishing season; **la producción de aceite en la ~ 1999-2000** the production of oil in the year 1999-2000; **los bancos han incrementado sus beneficios con respecto a la ~ anterior** the banks have increased their profits compared to last (financial) year
-3. *RP (campo)* countryside
-4. *(expedición militar)* campaign; **la ~ de Rusia** the Russian campaign; **hospital/ambulancia de ~** field hospital/ambulance; **uniforme de ~** combat uniform

campar *vi* [EXPR] **campa por sus respetos** he follows his own rules, he does things his own way; [EXPR] **~ a sus anchas** to be at (one's) ease, to feel at home

campear *vi* **-1.** *(pacer)* to graze **-2.** *CSur (buscar en el campo)* to search o scour the countryside

campechana *nf* **-1.** *Cuba, Méx (bebida)* cocktail **-2.** *ver también* **campechano**²

campechanamente *adv (reír)* good-naturedly, heartily

campechanía *nf* good-natured o down-to-earth character

campechano¹**, -a** *adj* good-natured, down-to-earth

campechano²**, -a** ◇ *adj (de Campeche)* of/from Campeche *(Mexico)*
◇ *nm,f (de Campeche)* person from Campeche *(Mexico)*

campeche *nm* logwood

campeón, -ona *nm,f* **-1.** *(en campeonato)* champion; **el ~ mundial** the world champion; *Fam* **es todo un ~ sacando fotos** he's very good at taking photos ❑ **~ de invierno** = league leader halfway through the season **-2.** *(de causa)* champion, defender; **el ~ de los derechos de los inmigrantes** the champion o defender of the rights of immigrants

campeonato *nm* championship; [EXPR] *Fam* **de ~** *(bueno)* terrific, great; *(malo)* terrible; *Fam* **hace un frío de ~** it's absolutely freezing; *Fam* **un susto de ~** a fright and a half, a terrible fright; *Fam* **un idiota de ~** a prize idiot ❑ **~ de liga** league championship; **~ mundial** world championship; **~ del mundo** world championship

campeonísimo, -a *nm,f DEP* supreme champion

campera *nf* **-1.** *Esp* **camperas** *(botas)* cowboy boots **-2.** *RP (chaqueta)* jacket; **~ de cuero** leather jacket; **~ de duvet** feather-lined anorak; **~ vaquera** denim jacket

campero, -a ◇ *adj* **-1.** *Esp* **botas camperas** cowboy boots **-2.** *CSur (persona)* = expert at ranching or farming
◇ *nm Andes* Jeep®

campesinado *nm* peasants, peasantry

campesino, -a ◇ *adj (del campo)* rural, country; *(en el pasado, en países pobres)* peasant; **las labores campesinas** farmwork
◇ *nm,f (persona del campo)* country person; *(en el pasado, en países pobres)* peasant

campestre *adj* country; **comida ~** picnic; **fiesta ~** open-air country festival

camping, cámping ['kampin] *(pl* **campings)** *nm* **-1.** *(actividad)* camping; **ir de ~** to go camping ❑ **~ gas** portable gas stove **-2.** *(terreno)* campsite, *US* campground

campiña *nf* countryside

campista *nmf* camper

campo *nm* **-1.** *(terreno, área)* field; **un ~ de tomates** a field of tomatoes; [EXPR] **dejar el ~ libre a algo/alguien** to leave the field clear for sth/sb ❑ **~ de acogida** *(de refugiados)* provisional refugee camp; **~ de**

aterrizaje landing-field; **~ de aviación** airfield; *también Fig* **~ de batalla** battlefield; **~ de concentración** concentration camp; **los Campos Elíseos** *(en París)* the Champs Élysées; **el ~ enemigo** enemy territory; **~ de exterminio** death camp; **el Campo de Gibraltar** = the area of Spain at the border of Gibraltar; **~ de hielo** ice field; **campos de maíz** cornfields; *también Fig* **~ minado** minefield; **~ de minas** minefield; **~ de nieve** snowfield; **~ petrolífero** oilfield; **~ de prisioneros** prison camp; **~ de pruebas** testing ground, proving-ground; **~ de refugiados** refugee camp; **~ de tiro** *(para aviones)* bombing range; *(para policías, deportistas)* firing range, shooting range; **~ de trabajo** *(de vacaciones)* work camp; *(para prisioneros)* labour camp
-2. *(campiña)* **el ~** the country, the countryside; **una casa en el ~** a house in the country; **en mitad del ~** in the middle of the country o countryside; **la emigración del ~ a la ciudad** migration from rural areas to cities; **~ abierto** open countryside; *DEP* **a través** cross-country running; **a través** cross-country
-3. *Esp DEP (de fútbol, hockey)* pitch; *(de tenis)* court; *(de golf)* course; **el ~ de fútbol del Barcelona** the Barcelona football ground; **el ~ contrario** the opponents' half; **jugar en ~ propio/contrario** to play at home/away (from home) ❑ **~ atrás** *(en baloncesto)* backcourt violation; **~ de deportes** sports ground; **~ de entrenamiento** training ground; **~ de juego** playing field
-4. *(área, ámbito)* field; **el ~ de las ciencias** the field of science; **un ~ del saber** o an area of knowledge; **no entra en su ~ de actuación** it's not one of his responsibilities ❑ *LING* **~ léxico** lexical field
-5. *INFORMÁT* field
-6. de ~ *(sobre el terreno)* in the field; **trabajo de ~** fieldwork
-7. *FÍS* field ❑ **~ eléctrico** electric field; **~ electromagnético** electromagnetic field; **~ de fuerza** force field; **~ gravitatorio** gravitational field; **~ magnético** magnetic field; **~ magnético terrestre** terrestrial magnetic field; **~ visual** visual field, field of vision
-8. *(partido, bando)* camp, side; **el ~ rebelde** the rebels
-9. *Andes (sitio)* room, space; **hazme ~ para que me siente** make some room so I can sit down
-10. *RP (hacienda)* farm, ranch

camposanto *nm* cemetery, graveyard

campus *nm inv* campus ❑ **~ universitario** university campus

camuflado, -a *adj (oculto)* hidden; *(soldado, tanque)* camouflaged; **un vehículo ~ de la policía** an unmarked police vehicle

camuflaje *nm* camouflage; **ropa de ~** camouflage clothes; **soldados de ~** soldiers wearing camouflage

camuflar ◇ *vt (tropas, tanque)* to camouflage; *(intenciones)* to disguise, to conceal; **camufló el maletín robado entre el resto del equipaje** he concealed the stolen briefcase among the rest of the luggage
➔ **camuflarse** *vpr* to camouflage oneself; **el camaleón se camufla cambiando de color** the chameleon camouflages itself by changing colour

CAN [kan] *nf (abrev de* **Comunidad Andina de Naciones)** Andean Community, = organization for regional cooperation formed by Bolivia, Colombia, Ecuador, Peru and Venezuela

can *nm* **-1.** *(perro)* dog, canine ❑ **Can Mayor** *(constelación)* Canis Major; **Can Menor** *(constelación)* Canis Minor **-2.** *ARQUIT* modillion **-3.** *(gatillo)* trigger

cana *nf* **-1.** *(pelo blanco)* grey o white hair; **tiene bastantes canas** she has quite a lot of grey hair; [EXPR] *Fam* **echar una ~ al aire** to let

one's hair down; [EXPR] *Fam* **peinar canas** to be getting on, to be old; [EXPR] *RP Fam Hum* **salir canas verdes: estos niños me van a hacer salir canas verdes** these kids will be the death of me
-2. *Andes, Cuba, RP Fam (cárcel) Br* nick, *US* joint
-3. *RP Fam (policía)* **la ~** the cops
◇ *nmf RP Fam (agente de policía)* cop

Caná *n* Cana; **las bodas de ~** the wedding feast at Cana

Canaán *n* Canaan

Canadá *n* **(el) ~** Canada

canadiense ◇ *adj* Canadian
◇ *nmf* Canadian

canal ◇ *nm* **-1.** *(cauce artificial)* canal ❑ **~ de riego** irrigation channel
-2. *(entre dos mares)* channel, strait ❑ **el ~ de Beagle** the Beagle Channel; **el ~ de la Mancha** the (English) Channel; **el ~ de Panamá** the Panama Canal; **el ~ de Suez** the Suez Canal
-3. *(de radio, televisión)* channel; **cambiar de ~** to switch channels ❑ **~ autonómico** = regional TV channel in Spain; TV **~ generalista** general-interest channel; **~ de pago** subscription channel
-4. *INFORMÁT* channel
-5. *ANAT* canal, duct
-6. *(medio, vía)* channel; **se enteró por varios canales** she found out through various channels ❑ *COM* **~ de comercialización** distribution channel; *COM* **~ de venta(s)** sales channel
◇ *nm o nf* **-1.** *(de tejado)* (valley) gutter
-2. *(res)* carcass; **abrir en ~** to slit open; *Fig* to tear apart
-3. *ARQUIT* groove, fluting
-4. *(de libro)* edge

canalé *nm* ribbed knitwear

canaleta *nf Bol, CSur (canal)* gutter

canalete *nm* paddle

canalización *nf* **-1.** *(de agua)* piping; **todavía no tienen ~ de agua** they're not yet connected to the water mains **-2.** *(de río)* canalization **-3.** *(de recursos, esfuerzos)* channelling

canalizar [14] *vt* **-1.** *(territorio)* to canalize; *(agua)* to channel **-2.** *(río)* to canalize **-3.** *(recursos, esfuerzos)* to channel

canalla ◇ *nmf (persona)* swine, dog
◇ *nf* **la ~** the rabble, the riffraff

canallada *nf* despicable action, vile thing to do

canallesco, -a *adj (acción, intención)* despicable, vile; *(sonrisa)* wicked, evil

canalón *nm (de tejado)* gutter; *(en la pared)* drainpipe

canana *nf* **-1.** *(para cartuchos)* cartridge belt **-2.** *Col (camisa de fuerza)* straitjacket **-3.** *CRica (bocio)* goitre **-4.** *Col* **cananas** *(esposas)* handcuffs

cananeo, -a *nm,f* Canaanite

canapé *nm* **-1.** *(para comer)* canapé **-2.** *(sofá)* sofa, couch **-3.** *(debajo del colchón)* bed base

Canarias *nfpl* **las (islas) ~** the Canary Islands, the Canaries

canario, -a ◇ *adj* **-1.** *(de las Canarias)* of/from the Canary Islands, Canary **-2.** *Urug (de Canelones)* = relating to the Canelones department **-3.** *Urug Fam Pey (del interior)* up-country
◇ *nm,f* **-1.** *(de las Canarias)* Canary Islander **-2.** *Urug (de Canelones)* person from the Canelones department **-3.** *Urug Fam Pey (del interior)* country bumpkin, *US* hick
◇ *nm* **-1.** *(pájaro)* canary **-2.** *Chile (silbato)* clay whistle

canasta *nf* **-1.** *(cesto)* basket ❑ *RP* **~ familiar: el precio de la ~ familiar** the cost of the average week's shopping **-2.** *(juego de naipes)* canasta **-3.** *(en baloncesto) (aro)* basket **-4.** *(en baloncesto) (anotación)* basket; **anotar** o **meter una ~** to score a basket ❑ **~ de dos puntos** two-pointer; **~ de tres puntos** three-pointer **-5.** *Col, Méx (baca)* roof rack

canastera *nf* pratincole

canastero, -a *nm,f* **-1.** *(fabricante de cestas)* basket weaver **-2.** *Chile (vendedor ambulante)* street vendor

canastilla *nf* **-1.** *(cesto pequeño)* basket **-2.** *(de bebé)* layette

canasto ⋄ *nm (cesta)* large basket
⋄ *interj Anticuado o Hum (expresa enfado)* for heaven's sake!; *(expresa sorpresa)* good heavens!

Canberra *n* Canberra

cáncamo *nm (en barco)* ringbolt; *(en cuadro)* ring-headed screw ❑ **~ de argolla** ringbolt

cancán ⋄ *nm* **-1.** *(baile)* cancan **-2.** *(enagua)* frilly petticoat
⋄ *nmpl o nfpl* **cancanes** *RP (leotardos) Br* tights, *US* pantihose *(plural)*

cáncana *nf Col (persona)* thin person

cancanear *vi CAm, Méx (tartamudear)* to stutter, to stammer

cancaneo *nm CAm, Méx (tartamudeo)* stuttering, stammering

cancel *nm* **-1.** *(puerta)* storm door **-2.** *(reja)* ironwork screen **-3.** *Guat, Méx, PRico (mampara)* folding screen

cancela *nf* wrought-iron gate

cancelación *nf* **-1.** *(de contrato, vuelo, reunión)* cancellation **-2.** *(de deuda)* payment, settlement **-3.** INFORMÁT cancellation

cancelar ⋄ *vt* **-1.** *(contrato, vuelo, reunión)* to cancel **-2.** *(deuda)* to pay, to settle **-3.** INFORMÁT to cancel **-4.** *Chile, Ven (compra)* to pay for
⋄ *vi Chile, Ven (pagar)* to pay

Cáncer ⋄ *adj inv (persona)* Cancer; *Esp* **ser ~** to be (a) Cancer
⋄ *nm (signo del zodiaco)* Cancer; **los de ~ son...** Cancerians are...
⋄ *nm,f inv (persona)* Cancer, Cancerian; *Esp* **los ~ son...** Cancerians are...

cáncer *nm* **-1.** *(enfermedad)* cancer; **un paciente con ~** a patient with cancer ❑ **~ cervical** cervical cancer; **~ de colon** cancer of the colon; **~ de mama** breast cancer; **~ de ovario** ovarian cancer; **~ de piel** skin cancer; **~ de próstata** prostate cancer; **~ de pulmón** lung cancer
-2. *Fig (mal)* cancer; **la droga es el ~ de nuestra sociedad** drugs are the cancer of our society

cancerbero *nm (en fútbol)* goalkeeper

canceriano, -a *Am* ⋄ *adj* Cancer; **ser ~** to be (a) Cancer
⋄ *nm,f* Cancer, Cancerian; **los ~ son...** Cancerians are...

cancerígeno, -a MED ⋄ *adj* carcinogenic
⋄ *nm* carcinogen

cancerología *nf* MED oncology

cancerológico, -a *adj* MED oncological

cancerólogo, -a *nm,f* MED cancer specialist, oncologist

canceroso, -a MED ⋄ *adj (tejido, tumor)* cancerous; *(enfermo)* suffering from cancer
⋄ *nm,f (enfermo)* cancer patient

cancha *nf* **-1.** *(de tenis, baloncesto, balonmano)* court; *Am (de fútbol, rugby)* field, pitch; *Am (de golf)* course; *Am (de polo)* field; *CSur (de esquí)* slope; EXPR *RP* **está en su ~** he's in his element ❑ *Am* **~ de carreras** racetrack
-2. *Chile (para aviones)* **~ de aterrizaje** runway; **una ~ de aterrizaje en mitad de la selva** a landing strip in the middle of the jungle
-3. *Am (descampado)* open space, open ground
-4. *Am (corral)* fenced yard
-5. *Andes, PRico Fam (maíz)* toasted maize *o US* corn
-6. EXPR **dar ~ a alguien** *(darle una oportunidad)* to give sb a chance; *RP Fam* **¡abran ~!** make way!; *RP Fam* **tener ~** to be streetwise *o* savvy

canchero, -a ⋄ *adj RP Fam* **-1.** *(desenvuelto)* savvy, streetwise; **ya estoy más ~ en el tema** I know my way about the subject a lot better now **-2.** *(moderno)* trendy, stylish; **tiene ropa muy ~** he has really trendy clothes
⋄ *nm,f* **-1.** *RP Fam (desenvuelto)* savvy *o* streetwise person; **es un ~ con las mujeres** he really has a way with women **-2.** *Am (cuidador)* groundsman, *f* groundswoman

cancho *nm Chile (retribución)* fee

canciller *nm* POL **-1.** *(de gobierno)* chancellor **-2.** *(de asuntos exteriores)* foreign minister **-3.** *(de embajada)* chancellor

cancillería *nf* POL **-1.** *(de gobierno)* chancellorship **-2.** *(de asuntos exteriores)* foreign ministry **-3.** *(de embajada)* chancellery, *Br* chancery

canción *nf* song; *Fig* **¡no me vengas con canciones!** I don't want to hear any of your excuses!; *Fig* **otra vez con la misma ~** here it comes, the same old story ❑ **~ de amor** love song; **~ de cuna** lullaby; LIT **~ de gesta** chanson de geste, = medieval heroic narrative poem (e.g. "El Cid"); **~ popular** folk song; **~ protesta** protest song

cancionero *nm* **-1.** *(colección de canciones)* songbook **-2.** LIT anthology, collection

cancro *nm* MED cancer

candado *nm* padlock; **estar con ~** to be padlocked; **echar** *o* **poner el ~ a algo** to padlock sth, to put a padlock on sth; **me olvidé de poner el ~** I forgot to padlock it *o* to put a padlock on it ❑ **~ de combinación** combination lock

candanga *adj Ven Fam* **ser ~** *(situación)* to be nasty; *(persona)* to be a pain

candeal *adj* **pan ~** white bread *(of high quality, made from durum wheat)*

candela *nf* **-1.** *(vela)* candle
-2. *Fam (lumbre)* light; **¿me das ~?** have you got a light?
-3. FÍS *(unidad)* candle
-4. *Carib (fuego)* fire; *(llama)* flame; **el sillón se prendió ~** the armchair caught fire
-5. *Col, Ven (quemador)* burner
-6. *Col Fam (ron)* rum
-7. EXPR *Esp, Col Fam* **darle ~ a alguien** to thump sb, to beat sb up; *Ven Fam* **echar ~ por la boca** to curse and swear; *Carib Fam* **eso está ~** *(eso está que arde)* things are pretty hot

candelabro *nm* **-1.** *(para velas)* candelabra **-2.** *(cactus)* (barrel) cactus

candelaria *nf* **-1.** *(planta)* great mullein **-2.** REL **la Candelaria** Candlemas

candelero *nm (para velas)* candlestick; EXPR **estar en el ~** to be in the limelight

candelilla *nf* **-1.** *(planta)* euphorbia **-2.** *Arg, Chile (fuego fatuo)* will-o'-the-wisp **-3.** *Am (luciérnaga)* firefly, glowworm **-4.** *Am (en costura)* hemstitch **-5.** *Cuba (insecto)* = insect which attacks leaves of tobacco plant

candente *adj* **-1.** *(incandescente)* red-hot **-2.** *(actual)* highly topical; **de ~ actualidad** highly topical; **un tema ~** a burning issue; **un problema ~** an urgent *o* a pressing problem

cándidamente *adv* innocently, naively

candidatear *Am* ⋄ *vt* to nominate
◆ **candidatearse** *vpr* **-1.** *(a elecciones)* to stand (for election) **-2.** *(a trabajo)* to apply

candidato, -a *nm,f* candidate; **un ~ a la alcaldía/al Premio Nobel** a candidate for mayor/the Nobel Prize

candidatura *nf* **-1.** *(para un cargo)* candidacy; **presentar su ~ a** to put oneself forward as a candidate for; **su ~ para el puesto fue rechazada** she was not chosen for the position **-2.** *(lista)* list of candidates; **una ~ de derechas** a list of candidates for a right-wing party

candidez *nf* ingenuousness, naivety; **con ~** innocently, naively

candidiasis, candidosis *nf inv* MED thrush, *Espec* candidiasis

cándido, -a *adj* ingenuous, naive

candidosis = candidiasis

candil *nm* **-1.** *(lámpara de aceite)* oil lamp **-2.** *Méx (candelabro)* chandelier

candileja ⋄ *nf* **-1.** *(parte del candil)* oil reservoir **-2.** *(candil pequeño)* small oil lamp **-3.** *(planta)* nigella
⋄ *nfpl* **candilejas** footlights

candombe *nm (danza)* = Uruguayan dance of African origin

candongas *nfpl Andes (pendientes)* hoop earrings

candongo, -a *Fam* ⋄ *adj* **-1.** *(zalamero)* smarmy **-2.** *(astuto)* sly, cunning **-3.** *(holgazán)* lazy
⋄ *nm,f* **-1.** *(zalamero)* smooth talker **-2.** *(astuto)* sly person **-3.** *(holgazán)* layabout, idler

candor *nm* innocence, naivety

candorosamente *adv* innocently, naively

candoroso, -a *adj* innocent, naive

caneca *nf* **-1.** *Cuba (petaca)* hip flask **-2.** *Col (para basura) Br* rubbish bin, *US* trash can

canela *nf* cinnamon; EXPR *Fam* **ser ~ fina** to be sheer class ❑ **~ en polvo** ground cinnamon; **~ en rama** stick cinnamon

canelo, -a ⋄ *adj (caballo, perro)* golden brown
⋄ *nm* **-1.** *(árbol)* cinnamon tree **-2.** EXPR *Fam* **¡hemos hecho el ~!** *(nos han engañado)* we've been had!; **ayudándoles no haces más que el ~ porque no te lo van a agradecer** helping them is a waste of time, because you won't get any thanks for it; **¡deja de hacer el ~ y ponte a trabajar!** stop acting the fool and get down to work!

canelón *nm* **-1.** *(plato)* **canelones** cannelloni **-2.** *Guat, Ven (rizo)* corkscrew curl

canesú *nm* **-1.** *(de vestido)* bodice **-2.** *(de blusa)* yoke

cangilón *nm (cubo)* bucket, scoop

cangrejo *nm* **-1.** *(animal)* crab; EXPR **ponerse como un ~** *(tomando el sol)* to go as red as a lobster ❑ **~ cacerola** king crab, horseshoe crab; **~ ermitaño** hermit crab; **~ de mar** crab; **~ de río** crayfish **-2.** *(constelación)* **el Cangrejo** the Crab

canguelo, canguis *nm Fam* **le entró ~** she got the wind up, she freaked out

cangüeso *nm* blenny

canguis = canguelo

cangurera *nf Méx Br* bum bag, *US* fanny pack

canguro ⋄ *nm (animal)* kangaroo
⋄ *nmf Esp Fam (persona)* babysitter; **hacer de ~** to babysit

caníbal ⋄ *adj* cannibalistic
⋄ *nmf* cannibal

canibalismo *nm* **-1.** *(de seres vivos)* cannibalism **-2.** MKTG cannibalization

canibalización *nf* MKTG cannibalization

canibalizar *vt* MKTG to cannibalize

canica *nf* **-1.** *(bola)* marble **-2.** **las canicas** *(juego)* marbles; **jugar a las canicas** to play marbles

caniche *nm* poodle

canicie *nf* grey hair

canícula *nf* dog days, high summer

canicular *adj* **calor ~** blistering heat

cánido, -a ⋄ *adj* canine
⋄ *nm* canine

canijo, -a ⋄ *adj* **-1.** *(pequeño)* tiny; *(enfermizo)* sickly **-2.** *Méx Fam (terco)* pigheaded **-3.** *Méx Fam (intenso)* **hace un frío ~** it's freezing cold
⋄ *nm,f (pequeño)* shorty, small person; *(enfermizo)* sickly person

canilla *nf* **-1.** *Fam (espinilla)* shinbone **-2.** *Esp (bobina)* bobbin **-3.** *RP (grifo) Br* tap, *US* faucet **-4.** *Méx Fig (fuerza)* strength; **a ~** by force **-5.** *Perú (juego)* = type of dice game

canillera *nf* **-1.** *(temblor de piernas)* **tenía ~** his legs were trembling *o* shaking **-2.** *Am (espinillera)* shin pad

canillita *nm RP* newspaper vendor

canino, -a ⋄ *adj* canine; **exposición canina** dog show; **comida canina** dog food; **residencia canina** kennels
⋄ *nm (diente)* canine (tooth)

canje *nm* exchange

canjeable *adj* exchangeable; **un vale ~ por un regalo** a gift voucher

canjear *vt (objeto)* to exchange; *(vale, cupón)* to redeem; **si no le gusta, lo puede ~ por otro del mismo precio** if you don't like it, you can change it for another one of the same price

cannabis *nm inv* cannabis

cano, -a *adj (blanco)* white; *(gris)* grey *(hair)*

canoa *nf* **-1.** *(india)* canoe, dugout **-2.** *(deportiva)* canoe, kayak ❑ **~ canadiense** Canadian canoe

canódromo nm greyhound stadium o track
canon nm **-1.** (norma) norm, canon; EXPR **como mandan** o **según los cánones: todos iban vestidos como mandan** o **según los cánones** everybody was dressed in the traditional manner; **si la auditoría se hubiera hecho como mandan** o **según los cánones...** if they had done the audit properly...
 -2. (modelo) ideal; **el ~ griego de belleza** the Greek ideal of beauty
 -3. (impuesto) tax
 -4. MÚS canon
 -5. REL **cánones** canon law
canónico, -a adj canonical; **derecho ~** canon law
canónigo nm canon
canonista nmf expert in canon law
canonización nf canonization
canonizar [14] vt to canonize
canonjía nf **-1.** REL canonry **-2.** Fam (trabajo fácil) cushy number
canoro, -a adj **ave canora** songbird
canoso, -a adj (persona) grey-haired, white-haired; (cabellera, barba) grey, white
canotier [kanoˈtje] (pl **canotiers**) nm (sombrero) (straw) boater
cansado, -a adj **-1.** (fatigado) tired; **tener cara de ~** to look tired; **estar ~ de algo/de hacer algo** to be tired of sth/of doing sth **-2.** (harto) tired, sick; **estoy ~ de decirte que apagues la luz al salir** I'm tired o sick of telling you to turn off the light when you go out **-3.** (pesado, cargante) tiring; **es muy ~ viajar cada día en tren** it's very tiring travelling on the train every day
cansador, -ora adj Andes, RP **-1.** (que cansa) tiring **-2.** (que aburre) boring
cansancio nm **-1.** (fatiga) tiredness; **muerto de ~** dead tired **-2.** (hastío) boredom; **hasta el ~** over and over again
cansar ⋄ vt **-1.** (producir cansancio) to tire (out); **me cansa mucho leer sin gafas** I get very tired if I read without my glasses **-2.** (tierra) to exhaust
 ⋄ vi to be tiring; **esta tarea cansa mucho** it's a very tiring job o task; **la misma música todos los días acaba por ~** the same music every day gets a bit wearying, you get tired of hearing the same music every day
 ◆ **cansarse** vpr también Fig to get tired (**de** of); **los niños se cansan muy pronto de todo** children get tired of things very quickly; **¡ya me he cansado de repetirlo! ¡cállense ahora mismo!** I'm sick of repeating it! be quiet this minute!; **no se cansa nunca de escribirme** she's always writing to me
cansinamente adv (caminar) wearily, sluggishly
cansino, -a adj (gesto, paso) weary, lethargic
cansón, -ona Col, Ecuad, Ven Fam ⋄ adj **-1.** (que cansa) tiring **-2.** (que aburre) boring
 ⋄ nm,f bore, pain
Cantabria n Cantabria
Cantábrico, -a ⋄ adj **la cordillera Cantábrica** the Cantabrian Mountains; **la cornisa Cantábrica** the Cantabrian coast; **el mar ~** the Cantabrian Sea
 ⋄ nm **el ~** the Cantabrian Sea
cántabro, -a ⋄ adj Cantabrian
 ⋄ nm,f Cantabrian
cantada nf DEP Fam blunder, goalkeeping error
cantado, -a adj Fam **el resultado está ~** the result is a foregone conclusion; **estaba ~ que no iba a aceptar** he was never going to accept; **su nombramiento estaba ~** her appointment was a foregone conclusion; **le dio un pase ~** he telegraphed his pass to him
cantador, -ora nm,f traditional folk singer
cantaleta nf Am **la misma ~** the same old story
cantamañanas nmf inv Fam **es un ~** you can't depend on him for anything
cantante ⋄ adj singing
 ⋄ nmf singer; **~ de rock/de ópera** rock/opera singer; **~ pop** pop singer

cantaor, -ora nm,f flamenco singer
cantar[1] nm poem; EXPR Fam **eso es otro ~** that's another story ❑ **el Cantar de los Cantares** (en la Biblia) the Song of Songs; **~ de gesta** chanson de geste, = medieval heroic narrative poem (e.g. "El Cid")
cantar[2] ⋄ vt **-1.** (canción) to sing
 -2. (bingo, línea, el gordo) to call (out); **cántame los números y yo los escribo** you call out the numbers and I'll write them down; EXPR Fam **~ a alguien las cuarenta** to give sb a piece of one's mind; EXPR RP Fam **~ algo a alguien: te canté que tu madre no te dejaría ir** I TOLD you your mother wouldn't let you go; EXPR RP Fam **~ la justa a alguien** to give it to sb straight up; EXPR **~ victoria** to claim victory
 -3. Fam (confesar) to confess
 -4. (alabar) to praise; **no se cansa de ~ la belleza del lugar** he never tires of singing the praises of the beauty of the place
 ⋄ vi **-1.** (persona) to sing
 -2. (ave) to sing; (gallo) to crow; (insecto) to chirp
 -3. Fam (confesar) to confess, to talk; EXPR **~ de plano** to make a full confession
 -4. Esp Fam (apestar) to stink; **le cantan los pies** he has smelly feet
 -5. Esp Fam (llamar la atención) to stick out like a sore thumb; **ese traje rojo canta mucho** that red suit really draws attention to you; **canta un montón que estás nervioso** it's really obvious that you're nervous; **Carlos y yo cantábamos en una fiesta tan elegante** Carlos and I really stood out at that posh party
 -6. Esp Fam (portero) **les metieron un gol porque el portero cantó** they conceded a goal because the goalkeeper blundered
 -7. (alabar) **~ a** to sing the praises of
 -8. Am Fam (escoger) **¡canté primero para la ducha!** Br bags I get the first shower!, US dibs on the first shower!
cantárida nf Spanish fly
cantarín, -ina adj **-1.** (persona) fond of singing **-2.** (voz) singsong
cántaro nm large pitcher; **a cántaros** in torrents; EXPR **llover a cántaros** to rain cats and dogs
cantata nf cantata
cantautor, -ora nm,f singer songwriter
cante nm **-1.** (arte) = Andalusian folk song ❑ **~ flamenco** flamenco singing; **~ hondo** = traditional flamenco singing; **~ jondo** = traditional flamenco singing **-2.** EXPR Esp Fam **dar el ~** (llamar la atención) to stick out a mile

CANTE JONDO

Flamenco singing is traditionally divided into two styles: "cante chico", which is light and cheerful, and "cante grande" (or **cante jondo**), which expresses deeper emotions. **Cante jondo** songs can be about love and death (in songs called "seguiriyas"), or loneliness (in "soleares"). **Cante jondo** is the style with the oldest musical roots and is strongly identified with gypsy culture. Its songs depend less on rhythm and tune than on the often wrenching virtuoso use of the voice, and can be something of an acquired taste, even for Spaniards. This music inspired Federico García Lorca's "Poema del Cante Jondo", which in turn has helped to spread the fame of this style of singing.

cantear ⋄ vt Chile (piedra) to cut
 ◆ **cantearse** vpr Esp Fam (ponerse bravucón) to get uppity, to try it on; **como se cantee, le daré un puñetazo** if he tries anything smart, I'll thump him
cantegril nm Urug shanty town
cantera nf **-1.** (de piedra) quarry; (mina) open-cut mining **-2.** (de jóvenes promesas) **un jugador de la ~** a home-grown player; **el instituto es una buena ~ de lingüistas** the institute produces many linguists **-3.** ver también **cantero**
canterano, -a ⋄ adj home-grown
 ⋄ nm,f home-grown player

cantería nf **-1.** (arte) stonecutting **-2.** (obra) stonework
cantero, -a nm,f (picapedrero) quarry worker, quarryman; (masón) stonemason, mason
 ⋄ nm Cuba, RP (parterre) flowerbed
cántico nm **-1.** (canto) **cánticos** singing **-2.** (en estadio) chant **-3.** (poema) canticle
cantidad ⋄ nf **-1.** (medida) quantity, amount; **la ~ de energía que se emite** the amount of energy given off; **¿qué ~ de pasta hará falta?** how much pasta will we need?
 -2. (abundancia) abundance, large number; Fam **había ~ de colegas míos allí** there were lots of my colleagues there; **en ~** in abundance; Fam **prepararon comida en cantidades industriales** they made food in industrial quantities
 -3. (número) number; **sumar dos cantidades** to add two numbers o figures together
 -4. (suma de dinero) sum (of money)
 -5. FÍS **~ de movimiento** momentum
 -6. LING (de vocal, sílaba) quantity
 ⋄ adv Esp Fam really; **me gusta ~** I really like it a lot; **corrimos ~** we did a lot of running; **me duele ~** it really hurts
cantidubi adv Esp Fam really; **me gustó ~** I really liked it a lot, I liked it heaps
cantiga, cántiga nf ballad
cantil nm **-1.** (escalón) shelf, ledge **-2.** Am (borde de acantilado) cliff edge
cantilena nf **la misma ~** the same old story
cantimplora nf water bottle
cantina nf **-1.** (de soldados) mess **-2.** (en fábrica, colegio) canteen **-3.** (en estación de tren) buffet **-4.** Andes, CAm, Méx (bar) bar **-5.** RP (de comida italiana) Italian restaurant

CANTINA

The **cantina** (or bar) is an everyday institution in Mexico. Until very recently, only men were allowed in to chat, play dominoes or cards, listen to music and drink, free from the distractions of work and family life. In the 1980s, however, in response to accusations of sexual discrimination, the **cantina** doors were flung open to women, but there are still some traditional **cantinas** for men only.

cantinela nf **la misma ~** the same old story
cantinero, -a nm,f canteen manager, f canteen manageress

CANTINFLAS

The Mexican actor Mario Moreno (1911-93) created the comedy character **Cantinflas**, who became famous throughout the Spanish-speaking world. Like Charlie Chaplin, **Cantinflas** was the small penniless man with a big heart and great social aspirations. He wore a raincoat, twisted his moustache, and babbled on (sometimes incoherently) in a language of his own inspired by popular speech. **Cantinflas** featured in many films, but he is best known outside the Spanish-speaking world for playing Passepartout to David Niven's Phileas Fogg, in "Around the World in Eighty Days" (1957).

canto[1] nm **-1.** (acción, arte) singing; **estudia ~** she studies singing ❑ **~ gregoriano** Gregorian chant; **~ llano** plainchant, plainsong
 -2. (canción) song ❑ **~ fúnebre** funeral chant; **~ guerrero** war song; Fig **de sirena** wheedling
 -3. (de ave) song ❑ Fig **~ de(l) cisne** swan song; Fig **~ del gallo** daybreak; Fig **al ~ del gallo** at daybreak
 -4. (exaltación, alabanza) hymn; **su discurso fue un ~ a la violencia** his speech was a hymn to violence
 -5. LIT (poema heroico) = short heroic poem
 -6. LIT (parte de poema) canto
canto[2] nm **-1.** (lado, borde) edge; (de cuchillo) blunt edge; (de libro) front edge; **de ~** edgeways; EXPR Fam **por el ~ de un duro** by a hair's breadth; EXPR **faltó el ~ de un duro para que tuviera un accidente** they missed having an accident by a hair's breadth

Cantón | 124 | **capaz**

-2. *(guijarro)* pebble; [EXPR] *Fam* **darse con un ~ en los dientes** to count oneself lucky, to be happy with what one has got ❑ **~ rodado** pebble

◇ **al canto** *loc adv* for sure; **cada vez que viene, (hay) pelea al ~** every time she comes, you can be sure there'll be a fight; **tenemos tormenta al ~** we're definitely in for a storm

Cantón *n* Canton

cantón *nm* **-1.** *(en Suiza)* canton **-2.** *Méx Fam (casa)* place

cantonal *adj* cantonal

cantonalismo *nm* cantonalism

cantonalización *nf* POL = division of a region into cantons

cantonera *nf (de esquina, libro)* corner piece

cantonés, -esa ◇ *adj* Cantonese
◇ *nm (lengua)* Cantonese

cantor, -ora ◇ *adj* singing; **ave cantora** songbird
◇ *nm,f* singer

cantora *nf Andes Fam* chamber pot

cantoral *nm* choir book

cantueso *nm* lavender

canturrear *Fam* ◇ *vt* to sing softly, to croon
◇ *vi* to sing softly, to croon

canturreo *nm Fam* quiet singing, crooning

cánula *nf* MED cannula

canutas *nfpl* [EXPR] *Esp Fam* **pasarlas ~** to have a rough time; **las pasamos ~ para encontrar alojamiento** we had a hell of a time finding somewhere to stay

canutillo *nm* **-1.** *(para encuadernar)* plastic binding *(for comb binding machine)* **-2.** *(en tela)* ribbing

canuto¹ *nm* **-1.** *(tubo)* tube **-2.** *Fam (de droga)* joint

canuto², -a *Ven Fam* ◇ *adj (tonto)* thick
◇ *nm,f (tonto)* **es un ~** he's really thick

caña *nf* **-1.** *(planta)* cane ❑ **~ de azúcar** sugar cane; **~ dulce** sugar cane
-2. *(de río, de estanque)* reed
-3. *(tallo)* cane
-4. *Esp (de cerveza)* = small glass of beer; **nos tomamos unas cañas con unos amigos** we had a few beers with some friends
-5. *(para pescar)* **~ (de pescar)** (fishing) rod
-6. *(de barco)* **la ~ del timón** the helm
-7. *(de bota, calcetín)* leg; **bota de ~ alta** knee-length boot; **bota de media ~** calf-length boot
-8. *(tuétano)* bone marrow; *(hueso)* shank
-9. *Andes, Cuba, RP (aguardiente)* caña, = type of rum made using sugar cane spirit
-10. *Fam* [EXPR] **dar ~ a alguien** *(pegar)* to give sb a beating; **hay que darle más ~ para que trabaje** *(presionar)* you have to really breathe down his neck to get him to work; **meter ~ a algo/alguien: métele ~** *(a vehículo)* step on it; **me están metiendo ~ para que acepte** they're putting pressure on me to accept

cañabrava *nf Cuba, RP* = reed used for building roofs and walls

cañacoro *nm* BOT Indian shot

cañada *nf* **-1.** *(camino para ganado)* cattle track **-2.** *RP (arroyo)* creek, stream **-3.** *Cuba (valle)* valley

cañadón *nm RP (arroyo)* ravine

cañadonga *nf Ven muy Fam* booze-up, *Br* piss-up

cañaduz *nf Andes (caña de azúcar)* sugar cane

cañafístula *nf* cassia

cañaheja *nf* giant fennel

cañal *nm* **-1.** *(cañaveral)* reedbed **-2.** *(de azúcar)* sugar cane plantation

cañamazo *nm* **-1.** *(tela)* hessian **-2.** *(para bordar)* (embroidery) canvas

cañamera *nf* rough marshmallow

cáñamo *nm* hemp ❑ **~ índico** Indian hemp; **~ indio** Indian hemp

cañamón *nm* hempseed

cañavera *nf* reed-grass

cañaveral *nm* **-1.** *(juncos)* reedbed **-2.** *Am (de azúcar)* sugar cane plantation

cañazo *nm Am (aguardiente)* rum

cañería *nf* pipe; **las cañerías** the plumbing

cañero, -a ◇ *adj Esp Fam (música)* heavy
◇ *nm Méx (almacén)* sugar mill storeroom
◇ *nm,f Am* **-1.** *(trabajador)* sugar plantation worker **-2.** *(propietario)* sugar plantation owner

cañí *adj* **-1.** *Fam (folclórico, popular)* = term used to describe the traditional folklore and values of Spain **-2.** *(gitano)* gypsy

cañizal, cañizar *nm* reedbed

cañizo *nm* wattle

caño *nm* **-1.** *(tubo)* tube, pipe; *(of fountain)* spout; [EXPR] *RP Fam Fig* **dar con un ~ a algo/alguien** to lay into sth/sb, to lambast sth/sb ❑ *RP* **~ de escape** exhaust (pipe) **-2.** *(en fútbol)* nutmeg; **hacer un ~ a alguien** to nutmeg sb **-3.** *(canal)* narrow channel **-4.** *Col (río)* stream **-5.** *Perú (grifo) Br* tap, *US* faucet

cañón ◇ *adj* **-1.** *Esp Fam* **estar ~** *(guapo)* to be gorgeous
-2. *Méx Fam* **estar ~: está ~ que pases el examen** I don't give much for your chances of passing the exam
◇ *nm* **-1.** *(arma)* gun; HIST cannon ❑ **~ de agua** water cannon; **~ antiaéreo** antiaircraft gun; **~ anticarro** antitank gun; **~ antitanque** antitank gun; **~ de campaña** field gun; FÍS **~ de electrones** electron gun; FÍS **~ electrónico** electron gun; **~ de nieve** snow cannon
-2. *(tubo) (de fusil, pistola)* barrel; *(de órgano)* pipe; **una escopeta de dos cañones** a double-barrelled shotgun
-3. *(de chimenea)* flue; *(de escalera)* stairwell
-4. *(foco)* spotlight
-5. GEOG canyon
-6. *(de pluma)* pin feather
-7. *(de barba)* stubble
-8. *RP (dulce)* = pastry filled with cream or runny toffee
-9. *Col (tronco)* tree trunk
-10. *Perú (sendero)* path
-11. *Méx (paso estrecho)* defile
-12. *CSur Fam* **ni a ~** no way; **con esta lluvia, no salgo de casa ni a ~** there's no way I'm going out in this rain
◇ *adv Esp Fam* **pasarlo ~** *(genial)* to have a fantastic time

cañonazo *nm* **-1.** *(disparo de cañón)* gunshot **-2.** *Fam (en fútbol)* powerful shot

cañonear *vt* to shell

cañoneo *nm* shelling

cañonera *nf* gunboat

cañonero, -a *nm,f (en fútbol)* **es un ~** he has a powerful shot

cañota *nf* common reed

caoba ◇ *adj* mahogany; **color ~** mahogany
◇ *nf* **-1.** *(árbol, madera)* mahogany **-2.** *(color)* mahogany, reddish-brown **-3.** *CAm, Chile (caño)* gutter **-4.** *Chile, Nic (artesa)* trough

caobo *nm Am* mahogany

caolín *nm* kaolin, china clay

caos *nm inv* chaos; **ser un ~** to be in chaos; **el ~ en el transporte público** the chaotic state of public transport

caóticamente *adv* chaotically

caótico, -a *adj* chaotic

CAP [kap] *nm (abrev de* **Certificado de Aptitud Pedagógica***)* = Spanish teaching certificate needed to teach in state secondary education

cap. *(abrev de* **capítulo***)* ch.

capa *nf* **-1.** *(manto)* cloak, cape; [EXPR] *Fam* **andar de ~ caída** *(persona)* to be in a bad way; *(negocio)* to be struggling; [EXPR] **hacer de su ~ un sayo** to do as one pleases ❑ **~ pluvial** *(de sacerdote)* cope
-2. *(baño) (de barniz, pintura)* coat; *(de chocolate)* coating, layer; **hay que dar una segunda ~** it needs a second coat
-3. *(para encubrir)* veneer; **bajo una ~ de bondad se esconde su carácter malvado** her evil nature is concealed behind a veneer of kindness
-4. *(estrato)* layer ❑ **~ atmosférica** atmosphere; GEOL **~ freática** aquifer; **~ de hielo** ice sheet; **~ de nieve** layer of snow; **~ de ozono** ozone layer
-5. *(grupo social)* stratum, class; **las capas altas de la sociedad** the upper classes, the upper strata of society; **las capas marginales** the marginalized strata of society
-6. TAUROM cape
-7. *ver también* **capo**

capacete *nm* **-1.** *(de armadura)* casque **-2.** *Carib, Méx (de automóvil) Br* bonnet, *US* hood

capacha *nf* **-1.** *(cesta)* basket **-2.** *Chile Fam (cárcel) Br* nick, *US* joint

capacho *nm* basket

capacidad *nf* **-1.** *(cabida)* capacity; **unidades de ~** units of capacity; **~ máxima** *(en ascensor)* maximum load; **con ~ para 500 personas** with a capacity of 500; **este teatro tiene ~ para 1.200 espectadores** this theatre can seat 1,200 people ❑ INFORMÁT **~ de almacenamiento** storage capacity; **~ de carga** cargo capacity; **~ eléctrica** *(de condensador)* capacitance; INFORMÁT **~ de memoria** memory capacity; **~ pulmonar** lung capacity
-2. *(aptitud, talento, potencial)* ability; **no tener ~ para algo/para hacer algo** to be no good at sth/at doing sth ❑ **~ adquisitiva** purchasing power; **~ de aprendizaje** ability to learn; **~ de concentración** ability to concentrate; FIN **~ de endeudamiento** borrowing capacity *o* power; **~ de fabricación** manufacturing capacity; **~ de gestión** managerial skills; **~ ofensiva** fire power; **~ de producción** production capacity; **~ de reacción** ability to react *o* respond; **~ de respuesta** ability to react *o* respond
-3. DER capacity

capacitación *nf* **-1.** *(habilitación)* enabling, empowerment **-2.** *(formación)* training; **cursos de ~ profesional** professional training courses

capacitado, -a *adj* qualified; **estar ~ para algo** to be qualified for sth

capacitador, -ora *Am* ◇ *adj* **curso ~** training course
◇ *nm,f* trainer

capacitancia *nf* ELEC capacitance

capacitar ◇ *vt* **-1.** **~ a alguien para hacer algo** *(habilitar)* to entitle sb to do sth; **un título que capacita para pilotar helicópteros** a certificate which entitles *o* qualifies you to fly helicopters **-2.** **~ a alguien para hacer algo** *(formar)* to train sb to do sth
◆ **capacitarse** *vpr (formarse)* to train

capacitor *nm* ELEC electric capacitor

capado *adj* castrated, gelded

Capadocia *n* Cappadocia

capadura *nf (castración)* castration

capar *vt* **-1.** *(animal)* to castrate, to geld; *muy Fam* **si se enteran, me capan** if they find out, they'll skin me alive *o Br* have my guts for garters **-2.** *Andes, Carib (podar)* to prune **-3.** *Col Fam* **~ clase** *(faltar)* to play *Br* truant *o US* hookey

caparazón *nm* **-1.** *(de animal)* shell, *Espec* carapace **-2.** *(psicológico)* shell

caparrosa *nf* QUÍM copperas

capataz, -aza *nm,f* foreman, *f* forewoman

capaz ◇ *adj* **-1.** *(apto)* capable, able; **es un profesor muy ~** he's a very skilled *o* gifted teacher
-2. *(de hacer algo)* capable; **~ de algo** capable of sth; **es ~ de todo con tal de conseguir lo que quiere** she's capable of anything to get what she wants; **~ de hacer algo** capable of doing sth; **una noticia ~ de conmover a todo el mundo** a news story that would move anyone; **es muy ~ de robarle a su propia madre** he would be quite capable of stealing from his own mother; **¡no serás ~ de dejarme sola!** surely you wouldn't leave me all alone!; **no me siento ~ de subir hasta la cumbre** I don't think I can make it to the top
-3. *(espacioso)* **muy/poco ~** with a large/small capacity; **~ para** with room for
-4. DER competent
◇ *adv Andes, RP Fam (tal vez)* maybe; **¿vendrás esta noche? -** ~ are you coming tonight? - maybe; **~ (que) viene Pedro** Pedro might come

capazo *nm* **-1.** *(cesta)* large wicker basket **-2.** *(para bebé)* Moses basket, *Br* carrycot

capcioso, -a *adj* disingenuous; **pregunta capciosa** trick question

capea *nf* TAUROM = amateur bullfight with young bulls

capear ⋄ *vt* **-1.** TAUROM to make passes at with a cape **-2.** *(eludir) (persona)* to avoid; *(situación)* to get out of; EXPR **~ el temporal** to ride out *o* weather the storm **-3.** *Chile, Guat Fam (clase)* to skip
⋄ *vi Chile, Guat Fam* to play *Br* truant *o US* hookey

capella, cappella [ka'pela]: **a capella** MÚS
⋄ *loc adj* a cappella
⋄ *loc adv* a cappella

capellán *nm* chaplain

capellanía *nf* chaplaincy

capelo *nm* **-1.** *(sombrero)* **~ (cardenalicio)** cardinal's hat **-2.** *(dignidad)* **obtuvo el ~ (cardenalicio)** he was given a cardinal's hat

Caperucita Roja *n* (Little) Red Riding Hood

caperuza *nf* **-1.** *(gorro)* hood **-2.** *(capuchón)* top, cap

capibara *nf* capybara

capicúa ⋄ *adj inv* palindromic; **una matrícula ~** a registration number that's the same back to front as forward
⋄ *nm inv* number that's the same back to front as forward

capilar ⋄ *adj* **-1.** *(del cabello)* hair; **loción ~** hair lotion **-2.** FÍS capillary **-3.** ANAT capillary
⋄ *nm* ANAT capillary ❑ **~ sanguíneo** capillary

capilaridad *nf* FÍS capillary action, capillarity

capilla *nf* **-1.** *(iglesia)* chapel; EXPR **estar en ~** *(condenado a muerte)* to be awaiting execution; *Fam (en ascuas)* to be on tenterhooks ❑ **~ ardiente** funeral chapel; **la Capilla Sixtina** the Sistine Chapel **-2.** IMPRENTA proof sheet, running sheet

capirotada *nf Méx* = bread pudding with nuts and raisins

capirotazo *nm* flick

capirote *nm* **-1.** *(gorro)* pointed hood; EXPR *Fam* **ser tonto de ~** to be a complete idiot **-2.** *(en cetrería)* hood

Capirucha *n Méx Fam* = colloquial name for Mexico City

capisayo *nm Col (camiseta) Br* vest, *US* undershirt

capiscar *Fam* ⋄ *vt* to get; **no te capisco** I don't get you
⋄ *vi* to get it

cápita *ver* **per cápita**

capitación *nf* FIN capitation

capital ⋄ *adj* **-1.** *(importante)* supreme, prime; *(error)* serious, grave; **es de ~ importancia que vengan** it is of prime *o* the utmost importance that they come; **una obra ~ de la literatura universal** one of the great works of world literature
-2. *(pecado)* deadly
⋄ *nm* ECON capital; **el ~ público/privado** public/private capital; **he invertido un pequeño ~ en el negocio de mi hermano** I've invested a small sum in my brother's business; **~ y los trabajadores** Capital and Labour ❑ **~ activo** active capital; **~ bajo riesgo** sum at risk; **~ circulante** floating capital; **~ disponible** working capital; **~ escriturado** share capital, *US* capital stock; **~ especulativo** hot money; **~ fijo** fixed capital; **~ flotante** floating capital; *Am* **capitales golondrina** = speculative capital invested internationally wherever the highest returns are available; **~ inicial** starting capital; **~ inmovilizado** tied-up capital; **~ invertido** capital invested; **~ líquido** liquid assets; **~ productivo** active capital; **~ (de) riesgo** venture capital, risk capital; **~ social** share capital, shareholders' equity; **~ suscrito** subscribed capital
⋄ *nf* **-1.** *(de país, región)* capital (city); **soy de Teruel ~** I'm from the city of Teruel **-2.** *(centro)* capital; **París es la ~ mundial del arte** Paris is the artistic capital of the world ❑ **~ europea de la cultura** European city of culture

capitalidad *nf* capital status; **ostentar la ~ de** to be the capital of

capitalino, -a ⋄ *adj* of the capital (city), capital; **la vida capitalina** life in the capital (city)
⋄ *nm,f* citizen of the capital

capitalismo *nm* capitalism

capitalista ⋄ *adj* capitalist
⋄ *nmf* capitalist

capitalizable *adj* FIN capitalizable

capitalización *nf* FIN capitalization

capitalizar [14] *vt* **-1.** FIN to capitalize **-2.** *(sacar provecho de, acaparar)* to capitalize on; **la casa de discos capitalizó el triunfo del grupo** the record company cashed in on the group's success

capitán, -ana *nm,f* **-1.** *(en ejército de tierra)* captain; *(en aviación) Br* flight lieutenant, *US* captain; *(en marina)* lieutenant ❑ **~ de corbeta** lieutenant commander; **~ de fragata** commander; **~ general** *Br* field marshal, *US* general of the army
-2. *(de transatlántico)* captain; *(de pesquero)* captain, skipper ❑ **~ de puerto** harbourmaster
-3. *(de equipo deportivo)* captain
-4. *CAm, Méx, Ven (restaurante)* head waiter, maitre d'

capitana *nf (buque)* flagship

capitanear *vt* **-1.** *(ejército)* to captain **-2.** *(transatlántico)* to captain; *(pesquero)* to captain, to skipper **-3.** *(equipo deportivo)* to captain **-4.** *(dirigir)* to head, to lead

capitanía *nf* MIL **-1.** *(empleo)* captaincy **-2.** *(oficina)* military headquarters ❑ **~ general** Captaincy General **-3.** *(territorio)* military region

capitel *nm* ARQUIT capital ❑ **~ corintio** Corinthian capital; **~ dórico** Doric capital; **~ jónico** Ionic capital

capitolio *nm* **-1.** *(edificio)* capitol; **el Capitolio** *(en Estados Unidos)* the Capitol **-2.** *(acrópolis)* acropolis

capitoste *nmf Fam* top dog, bigwig; **los capitostes del partido** the party bosses *o* bigwigs

capitulación *nf (rendición)* capitulation, surrender **-2. capitulaciones matrimoniales** marriage contract

capitular[1] *adj* **sala ~** chapterhouse

capitular[2] *vi* to capitulate, to surrender

capítulo *nm* **-1.** *(de libro)* chapter; *(de serie)* episode; **Fig un ~ negro en la historia del país** a shameful chapter in our history ❑ UE **Capítulo Social** Social Chapter
-2. *(tema)* subject; **en el ~ de inversiones, el gobierno ha anunciado...** as for investments, the government has announced...; **por sectores, destaca el ~ de agricultura** agriculture stands out among the other areas of the economy; EXPR **ser ~ aparte** to be another matter (altogether)
-3. REL assembly, chapter; EXPR **llamar a alguien a ~** to call sb to account

capo, -a ⋄ *adj RP Fam (bueno)* great, *US* neat
⋄ *nm* **-1.** *(de la mafia)* mafia boss, capo ❑ **~ de la droga** drug baron; **~ mafioso** mafia boss **-2.** *Fam (de empresa, sindicato)* boss, chief
⋄ *nm,f RP Fam (prodigio)* ace, whizz; **es una capa en física** she's a real ace *o* whizz at physics

capó *nm Br* bonnet, *US* hood

capomo *nm* breadnut (tree)

capón[1] ⋄ *adj* castrated
⋄ *nm (animal)* capon

capón[2] *nm Fam (golpe)* rap on the head; **me dio un ~** he rapped me on the head

caporal *nm* **-1.** MIL corporal **-2.** *Am (capataz)* foreman, supervisor

capota *nf* **-1.** *(de vehículo) Br* convertible roof, *US* convertible top **-2.** *(sombrero)* bonnet

capotar *vi* **-1.** *(automóvil)* to overturn **-2.** *(avión)* to nosedive

capotazo *nm* TAUROM = pass with the cape

capote *nm* **-1.** *(capa)* cape with sleeves; *(militar)* greatcoat
-2. TAUROM cape ❑ **~ de brega** = short red cape used in bullfighting; **~ de paseo** = short embroidered silk bullfighter's cape
-3. EXPR **decir para su ~** *(para sí)* to say to oneself; *Méx* **de ~** *(a escondidas)* secretly; **echar un ~ a alguien** to give sb a (helping) hand; *RP Fam* **hacer ~:** **su última puesta en escena hizo ~** his last production was a great success

capotear *vt* TAUROM to distract with the cape

cappella = **capella**

capricho *nm* **-1.** *(deseo)* whim, caprice; **a mi ~** at my whim; **darse un ~** to treat oneself; **se compró el yate por ~** he bought the yacht on a whim; **este caballo es su último ~** this horse is his latest whim; **tener dos casas es un ~ al alcance de muy pocos** having two houses is a luxury few can afford **-2.** ARTE caprice **-3.** MÚS capriccio

caprichoso, -a *adj* capricious, impulsive; **actuar de forma caprichosa** to act capriciously *o* impulsively

capricorniano, -a *Am* ⋄ *adj* Capricorn; **ser ~** to be (a) Capricorn
⋄ *nm,f* Capricorn; **los ~ son...** Capricorns are...

Capricornio ⋄ *adj inv* Capricorn; *Esp* **ser ~** to be (a) Capricorn
⋄ *nm (signo)* Capricorn; **los de ~ son...** Capricorns are...
⋄ *nmf inv (persona)* Capricorn; *Esp* **los ~ son...** Capricorns are...

cápsula *nf* **-1.** *(recipiente, envoltorio)* capsule **-2.** *(tapón)* cap **-3.** *(píldora)* capsule **-4.** *(de nave espacial)* **~ (espacial)** space capsule **-5.** ANAT capsule ❑ **~ suprarrenal** adrenal gland **-6.** *(en planta)* capsule **-7.** *(de proyectil)* **~ fulminante** percussion cap

capsular *adj* capsular

captación *nf* **-1.** *(de adeptos)* recruitment; **la ~ de clientes** winning *o* attracting (new) clients **-2.** *(percepción, entendimiento)* understanding **-3.** *(de radio, televisión)* reception **-4.** *(de aguas)* **un sistema de ~ de aguas** a system for collecting water **-5.** **~ de fondos** fundraising

captar ⋄ *vt* **-1.** *(atraer) (simpatía)* to win; *(interés)* to gain, to capture; *(adeptos)* to recruit, to attract; *(clientes)* to win, to attract; **esa secta ha captado a muchos jóvenes de la zona** that sect has recruited *o* attracted many young people from the area
-2. *(percibir)* to detect; **no captó la ironía que había en su voz** she didn't detect the irony in his voice; **~ una indirecta** to take a hint
-3. *(entender)* to grasp; **~ las intenciones de alguien** to understand sb's intentions
-4. *(sintonizar)* to pick up, to receive
-5. *(aguas)* to collect
◆ **captarse** *vpr (atraer)* to win, to attract

captor, -ora *nm,f* captor

captura *nf* **-1.** *(de persona, animal)* capture ❑ INFORMÁT **~ de pantalla** screen capture *o* dump **-2.** *(en pesca)* catch

capturar *vt (persona, animal)* to capture

capturista *nmf Méx* typist, keyboarder

capucha *nf* **-1.** *(de prenda)* hood; **con ~** hooded **-2.** *(de bolígrafo)* cap, top

capuchina *nf* nasturtium

capuchino, -a ⋄ *adj* Capuchin
⋄ *nm* **-1.** *(fraile)* Capuchin **-2.** *(café)* cappuccino **-3.** *(mono)* capuchin (monkey) **-4.** *Carib (cometa)* = small paper kite

capucho *nm* hood

capuchón *nm* **-1.** *(de prenda)* hood; **con ~** hooded **-2.** *(de bolígrafo, pluma)* cap, top

capullo, -a ⋄ *adj Esp muy Fam* **ser muy ~** to be a real jerk *o Br* dickhead
⋄ *nm* **-1.** *(de flor)* bud ❑ **~ de rosa** rosebud **-2.** *(de gusano)* cocoon **-3.** *Esp Vulg (prepucio)* foreskin *(neutro); (glande)* head
⋄ *nm,f Esp muy Fam (persona despreciable)* jerk, *Br* dickhead

caquexia *nf* MED cachexia

caqui ◇ *adj inv (color)* khaki
◇ *nm* **-1.** *(color)* khaki **-2.** *(árbol)* kaki **-3.** *(fruto)* kaki, sharon fruit

cara[1] *nf* **-1.** *(rostro)* face; **tiene una ~ muy bonita** she has a very pretty face; **me ha salido un grano en la ~** I've got a spot on my face; **esa ~ me suena de algo** I remember that face from somewhere, I've seen that face somewhere before; **los atracadores actuaron a ~ descubierta** the robbers didn't bother covering their faces; **castigar a alguien de ~ a la pared** to make sb stand facing the wall (as a punishment); **arrugar la ~** to screw up one's face; *también Fig* **asomar la ~** to show one's face; **¡mira quién asoma la ~!** look who's here!; **~ a** face-to-face; **un (encuentro) ~ a ~ entre los dos candidatos** a head-to-head (debate) between the two candidates
-2. *(expresión, aspecto)* **¡alegra esa ~, ya es viernes!** cheer up *o* don't look so miserable, it's Friday!; **cuando se enteró de la noticia, puso muy buena ~** when she heard the news, her face lit up; **no supe qué ~ poner** I didn't know how to react; **¡no pongas mala ~!** don't look so miserable!; **cuando le contamos nuestro plan, puso muy mala ~** when we told her our plan, she pulled a face; **tener buena/mala ~** *(persona)* to look well/awful; **tiene ~ de buena persona** she has a kind face, she looks like a nice person; **tener ~ de enfadado** to look angry; **tienes ~ de no haber dormido** you look like you haven't slept; **tiene ~ de querer comer** she looks as if she'd like something to eat; **esta comida tiene buena ~** this meal looks good; **tiene ~ de ponerse a llover** it looks as if it's going to rain ❏ *Esp Fam* **~ de acelga:** **tener ~ de acelga** to have a pale face; **~ de ángel:** **tener ~ de ángel** to look like an angel; **~ de asco:** **poner ~ de asco** to pull a face, to look disgusted; *Fam* **~ de circunstancias:** **puso ~ de circunstancias** his face took on a serious expression *o* turned serious; *RP Fam* **~ de culo:** **tener ~ de culo** to look really *Br* hacked off *o US* pissed; *Fam* **~ de hereje:** **tener ~ de hereje** to have an ugly mug; *Fam* **~ larga: poner ~ larga** to pull a long face; *Esp Fam* **~ de pascua: tener ~ de pascua** to have a happy face; *Fam* **~ de perro: no pongas esa ~ de perro** don't look so miserable; **tiene ~ de perro** he has an unfriendly face; **un enfrentamiento a ~ de perro** a crunch match; **~ de pocos amigos: tener ~ de pocos amigos** to have an unfriendly face; *Esp Fam* **~ de póquer: tener/poner ~ de póquer** to have/pull a poker face; **~ de tonto: tener/poner ~ de tonto** to have/pull a stupid face; *Fam* **~ de viernes: tener ~ de viernes** to have a long face; *Fam* **~ de vinagre: tener ~ de vinagre** to have a sour face
-3. *(persona)* face; **acudieron muchas caras famosas** a lot of famous faces were there; **veo muchas caras nuevas** I see a lot of new faces here
-4. *(lado)* side; **~ A** *(de disco)* A side
-5. GEOM face
-6. *(parte frontal)* front
-7. *(de moneda)* heads; *Fig* **la otra ~ de la moneda** the other side of the coin; **~ o cruz** *o Andes, Ven* **sello** *o RP* **ceca** heads or tails; **echar algo a ~ o cruz** to toss (a coin) for sth, *US* to flip a coin for sth; **si sale ~, elijo yo** if it's heads, I get to choose
-8. *(indicando posición)* **~ a** facing; **quiero un apartamento ~ al mar** I want an apartment that looks out on to the sea; **~ al futuro** with regard to the future, in future; **~ arriba/abajo** face up/down; *Esp* **de ~** *(sol, viento)* in one's face; **los ciclistas tenían el viento de ~** the cyclists were riding into the wind
-9. de ~ a *(indicando objetivo)* with a view to; **de ~ a mejorar** with a view to improving
-10. EXPR **se le cayó la ~ de vergüenza** she blushed with shame; **¡no sé cómo no se te cae la ~ de vergüenza al hablar así a tu madre!** you should be ashamed of yourself, talking to your mother like that!; **dar ~ a algo** to face *o* confront sth; **dar la ~** *(responsabilizarse)* to face up to the consequences; **siempre que quiere mandar un mensaje me manda a mí, en vez de dar la ~ él** whenever he has a message to deliver, he always sends me instead of doing it himself; **ya estoy harto de ser yo el que siempre dé la ~** I'm fed up of always being the one who takes the flak; **dar la ~ por alguien** *(disculpar)* to make excuses for sb; *(defender)* to stick up for sb; *RP* **dar vuelta la ~ a alguien** to look away from sb; *Fam* **decir algo a alguien** *Esp* **a la ~** *o Am* **en la ~** to say sth to sb's face; **si tiene algo que decir, que me lo diga** *Esp* **a la ~** *o Am* **en la ~** if she has something to say to me, she can say it to my face; *Fam* **echar algo en ~ a alguien** to reproach sb for sth; *Esp Fam* **es lo más grosero/estúpido que me he echado a la ~** he's the rudest/most stupid person I've ever met; *Fam* **hacer ~ a** to stand up to; **lavar la ~ a algo** to make cosmetic changes to sth; **mirar a alguien a la ~** to look sb in the face; *Fam* **partir la ~ a alguien** to smash sb's face in; *Esp* **plantar ~ a alguien** to confront sb; *Andes, RP* **poner la ~** *(responsabilizarse)* to face up to the consequences; *Esp Fam* **por la ~: entrar por la ~** *(sin pagar)* to get in without paying; *(sin ser invitado)* to gatecrash; *Fam* **por su ~ bonita, por su linda ~: le dieron el trabajo por su ~ bonita** *o* **por su linda ~** she got the job because her face fitted; **reírse de alguien en su ~** to laugh in sb's face; **en mi ~ no se me ríe nadie** nobody laughs at me to my face; *Fam* **romper la ~ a alguien** to smash sb's face in; **sacar la ~ por alguien** to stick up for sb; **saltar a la ~** to be blindingly obvious; **tener dos caras** to be two-faced; **verse las caras** *(pelearse)* to fight it out; *(enfrentarse)* to fight it out; *Andes* **voltear la ~ a alguien** to look away from sb

cara[2] *Fam* ◇ *nf (desvergüenza)* cheek, nerve; **tener la ~ de hacer algo** to have the nerve to do sth; **tener mucha ~, tener la ~ muy dura** to have a lot of cheek *o* nerve, *Br* to have a real brass neck; **¡qué ~ más dura!** what a cheek *o* nerve!; **¡qué ~, ahora me echa las culpas a mí!** the cheek of it! now he's trying to put the blame on me!; **¡hay que tener ~ para decir eso!** what a cheek *o* nerve to say a thing like that!; EXPR *Esp* **tener más ~ que espalda** to have a cheek *o* nerve
◇ *nmf Fam* **ser un(a) ~ (dura)** to have a lot of cheek *o* nerve, *Br* to have a real brass neck

carabao *nm* water buffalo
carabela *nf* caravel
carabina *nf* **-1.** *(arma)* carbine, rifle **-2.** *Fam (acompañante)* chaperone; **ir de ~** *Br* to play gooseberry, *US* to be like a fifth wheel
carabinero *nm* **-1.** *(en España)* customs policeman **-2.** *(en Italia)* carabiniere **-3.** *(marisco)* scarlet shrimp, = type of large red prawn **-4.** *Chile (policía)* military policeman
cárabo *nm (búho)* tawny owl
caracará *nm* caracara
Caracas *n* Caracas
caracha *nf*, **carache** *nm Andes* scab
caracol ◇ *nm* **-1.** *(animal)* snail **-2.** *(concha)* shell **-3.** *(del oído)* cochlea **-4.** *(rizo)* curl
◇ *interj* **¡caracoles!** good grief!
caracola *nf* **-1.** *(animal)* conch **-2.** *(concha)* conch **-3.** *(bollo)* = spiral-shaped bun
caracolada *nf* = stew made with snails
caracolear *vi (caballo)* to prance about
caracolillo ◇ *nm* **-1.** *(planta)* Australian pea **-2.** *(café)* pea-bean coffee **-3.** *(caoba)* veined mahogany **-4.** *(en la cara)* kiss curl
◇ *nm* TEATRO make-up assistant
caracolitos *nmpl RP (pasta)* shell-shaped noodles

carácter *(pl* **caracteres)** *nm* **-1.** *(personalidad, modo de ser)* character; **tener buen ~** to be good-natured; **tener mal ~** to be bad-tempered
-2. *(genio)* character, personality; **una mujer de ~** a woman of character; **tener mucho ~** to have a strong personality; **tener poco ~** not to have much personality
-3. *(índole, naturaleza)* character; **una reunión de ~ privado/oficial** a private/an official meeting; **un artículo de ~ satírico** a satirical article; **el ~ accidentado del terreno** the ruggedness of the terrain; **solicitaron ayuda con ~ de urgencia** they requested urgent assistance
-4. *(de imprenta)* character; **escriba en caracteres de imprenta** *(en impreso)* please print ❏ **caracteres alfanuméricos** alphanumeric characters
-5. BIOL **~ adquirido** acquired characteristic; **~ dominante** dominant character; **~ heredado** inherited characteristic; **~ ligado al sexo** sex-linked characteristic; **~ recesivo** recessive characteristic
caracteriología = caracterología
caracteriológico = caracterológico
característica *nf* **-1.** *(rasgo)* characteristic, feature **-2.** MAT characteristic **-3.** *Am (prefijo)* area code
característico, -a *adj* characteristic; **este gesto es ~ de ella** this gesture is typical *o* characteristic of her
caracterización *nf* **-1.** *(descripción)* description **-2.** *(de personaje)* characterization **-3.** *(maquillaje)* make-up
caracterizador, -ora *nm,f* make-up artist
caracterizar [14] ◇ *vt* **-1.** *(definir)* to characterize; **un rasgo que caracteriza a la especie** a trait which characterizes the species; **con la amabilidad que la caracteriza** with the kindness so typical of her **-2.** *(representar)* to portray; **~ a alguien** to portray sb **-3.** *(maquillar)* to make up
◆ **caracterizarse** *vpr* to be characterized **(por)** by; **se caracteriza por su bajo consumo de energía** it is notable for its low energy consumption; **una economía que se caracteriza por su alta inflación** an economy characterized by high inflation; **unas declaraciones que se caracterizan por su ambigüedad** statements of an ambiguous nature
caracterología, caracteriología *nf* psychological study of character
caracterológico, -a, caracteriológico, -a *adj* **estudio ~** psychological profile
caracú *(pl* **caracús** *o* **caracúes)** *nm Andes, RP* bone marrow
caracul *nm* karakul
caraculo *nm muy Fam Br* pillock, *US* butthead
caradura *Fam* ◇ *adj* **ser muy ~** to have a lot of cheek *o* nerve, *Br* to have a real brass neck
◇ *nmf* **ser un(a) ~** to have a lot of cheek *o* nerve, *Br* to have a real brass neck
caradurez *nf RP Fam* cheek
caradurismo *nm Fam* cheek
carajada *nf* **-1.** *Méx Fam (gran cantidad)* **una ~ de masses** *o US* scads of **-2.** *Col Fam (tontería)* **¡no digas carajadas!** don't talk nonsense!; **siempre compra carajadas** she's always buying junk
carajal *nm Fam* **-1.** *Am (caos)* madhouse; **esta oficina es un ~** this office is a madhouse **-2.** *Méx (gran cantidad)* load, heap; **me dijo un ~ de mentiras** he told me a pack of lies
carajillo *nm* = small black coffee with a dash of spirits
carajito, -a *nm,f CAm, Col, Ven Fam (niño)* kid
carajo ◇ *nm* **-1.** *Vulg (pene)* prick, cock
-2. *Ven Vulg Pey (persona) Br* arsehole, *US* asshole
-3. *muy Fam* EXPR **¡al ~ con el examen!** to hell with the exam!, *Br* bugger the exam!; **mandar a alguien al ~** to tell sb to go to hell; **mandó todo al ~** he chucked everything; **me importa un ~** I couldn't give a shit; **irse al ~** *(plan, proyecto)* to go down the

caramba / **carencia**

tubes; **¡qué ~!** damn it!, hell!; **¡tengo un frío/hambre del ~!** I'm Br bloody o US goddamn freezing/starving!; **no vale un ~** it isn't worth a damn; **¡vete al ~!** go to hell!
◇ interj muy Fam damn it!; **¡~, qué frío hace!** it's Br bloody o US goddamn freezing!

caramba interj **¡(qué) ~!** (sorpresa) good heavens!, Br blimey!, US jeez!; (enfado) for heaven's sake!; **¡~ con la que no sabía nada!** so she's the one who didn't know anything, eh?; **¡~ qué listo es tu hijo!** gee but your son's smart!

carámbano nm icicle; EXPR Fam **estar hecho un ~** to be frozen stiff

carambola ◇ nf **-1.** (en billar) cannon **-2.** Fam (casualidad) **de** o **por ~** by a (lucky) fluke **-3.** (fruto) star fruit, carambola
◇ interj good heavens!

carambolo nm (árbol) carambola

caramelizar [14] vt (bañar) to cover with caramel

caramelo nm **-1.** (golosina) Br (boiled) sweet, US candy; **un ~ de limón** a lemon drop; **un ~ de menta** a mint ❑ **~ para la tos** cough sweet **-2.** (azúcar fundido) caramel; **calentarlo a punto de ~** heat it until it is about to caramelize; EXPR **estar a punto de ~ para** to be ripe for ❑ **~ hilado** spun sugar **-3.** (algo apetitoso) plum

caramillo nm shepherd's flute

carancho nm **-1.** (halcón) caracara ❑ **~ moñudo** crested caracara **-2.** Perú (búho) owl

carantoñas nfpl EXPR **hacer ~ a alguien** to butter sb up

caraota nf Ven bean

carapacho nm carapace

carapálida Am Fam Hum ◇ adj paleface
◇ nmf paleface

carapintada nm = participant in attempted right-wing military coups against the democratic Argentinian government in 1987 and 1988

carapulcra nf Perú = chicken and pork stew in a potato and ground peanut sauce

caraqueño, -a ◇ adj of/from Caracas (Venezuela)
◇ nm,f person from Caracas (Venezuela)

carátula nf **-1.** (de libro) front cover; (de disco) sleeve; (de vídeo, CD) cover **-2.** (máscara) mask **-3.** Méx (de reloj) dial, face **-4.** Am (portada) front page

caratular vt RP to put a cover on

caraú nm limpkin

caravana nf **-1.** (remolque) Br caravan, US trailer **-2.** (de camellos) caravan; (de carromatos) wagon train; **la ~ presidencial** the presidential motorcade; **una ~ humanitaria** an aid convoy **-3.** (atasco) Br tailback, US backup; **había mucha ~** there was a huge Br tailback o US backup **-4.** Urug (aro, pendiente) earring

caravaning [karaˈβanin] (pl **caravanings**) nm caravanning; **hacer ~** to go caravanning

caray interj **¡(qué) ~!** (sorpresa) good heavens!, Br blimey!, US jeez!; (enfado) damn it!; **¡~ con la que no sabía nada!** so she's the one who didn't know anything, eh?; **¡~ qué listo es tu hijo!** gee but your son's smart!

carbohidrato nm carbohydrate

carbón nm **-1.** (para quemar) coal; EXPR **negro como el ~** (negro) black as coal; (bronceado) brown as a berry ❑ **~ animal** animal charcoal; **~ de leña** charcoal; **~ mineral** coal; **~ de piedra** coal; **~ vegetal** charcoal **-2.** (para dibujar) charcoal

carbonada nf = barbecued Br mince o US mincemeat patties

carbonara nf carbonara

carbonatado, -a adj carbonated

carbonato nm QUÍM carbonate ❑ **~ cálcico** calcium carbonate

carboncillo nm charcoal; **un dibujo al ~** a charcoal drawing

carbonera nf **-1.** (lugar) coal bunker **-2.** ver también **carbonero**

carbonería nf coal merchant's

carbonero, -a ◇ adj coal; **industria carbonera** coal industry
◇ nm,f (comerciante) coal merchant ❑ Fig **la fe del ~** blind faith
◇ nm **-1.** (ave) great tit ❑ **~ capirotado** black-capped chickadee; **~ garrapinos** coal tit; **~ palustre** marsh tit; **~ sibilino** willow tit **-2.** (pez) coley, coalfish

carbónico, -a adj **-1.** QUÍM carbonic **-2.** (bebida) carbonated

carbonífero, -a ◇ adj **-1.** (que contiene carbón) coal-bearing; **una cuenca carbonífera** a coalfield **-2.** GEOL carboniferous
◇ nm GEOL **el ~** the Carboniferous (period)

carbonilla nf **-1.** (ceniza) cinder **-2.** RP (carboncillo) charcoal

carbonización nf carbonization

carbonizado, -a adj (cuerpo) charred; (mueble) burnt; (edificio) burnt-out

carbonizar [14] ◇ vt to char, to carbonize; **morir carbonizado** to burn to death
  ◆ **carbonizarse** vpr (cuerpo) to be charred o burnt; (muebles) to be reduced to ashes; (edificio) to be burnt-out

carbono nm QUÍM carbon ❑ **~ 14** carbon 14

carbonoso, -a adj carbonaceous

carborundo nm QUÍM carborundum®

carbunco, carbunclo nm **-1.** GEOL carbuncle **-2.** MED anthrax

carbúnculo nm carbuncle

carburación nf carburation

carburador nm carburettor

carburante nm fuel

carburar ◇ vt to carburate
◇ vi Fam to work, to go; **esta moto ya no carbura** this motorbike doesn't work o go any more; **mi abuelo ya no carbura** my grandad isn't all there any more

carburo nm carbide

carca ◇ adj Fam Pey old-fashioned
◇ nmf **-1.** Fam Pey (persona) old fogey **-2.** Andes Fam (suciedad) filth, muck

carcacha, carcancha nf **-1.** Andes, Méx Fam (auto viejo) old banger **-2.** EXPR Perú Fam **estar hecho una ~** to be a bag of bones

carcaj (pl **carcajes**) nm quiver

carcajada nf guffaw; **reír a carcajadas** to roar with laughter, to laugh uproariously; **soltar una ~** to burst out laughing

carcajearse vpr **-1.** (reírse) to roar with laughter **-2.** (burlarse) to make fun (**de** of)

carcajeo nm roars of laughter

carcamal, Méx, RP **carcamán** Fam Pey ◇ adj decrepit; **un viejo ~** a decrepit old man
◇ nmf old crock

carcancha = **carcacha**

carcasa nf (armazón, estructura) framework; (de moto) frame; (de ordenador) case; (de máquina) casing

cárcava nf **-1.** (zanja) gully **-2.** (foso) pit

cárcel nf **-1.** (prisión) prison, jail; **meter a alguien en la ~** to put sb in prison; **lo metieron en la ~** he was put in prison ❑ **~ de alta seguridad** Br top security prison, US maximum security prison o jail; **~ de régimen abierto** open prison **-2.** (herramienta) clamp

carcelario, -a adj prison; **la vida carcelaria** prison life; **régimen ~** prison conditions

carcelero, -a nm,f warder, jailer

carcinógeno, -a ◇ adj carcinogenic
◇ nm carcinogen

carcinoma nm MED carcinoma, cancerous tumour

carcocha nf Perú Fam Pey old banger

carcoma nf **-1.** (insecto) woodworm **-2.** (polvo) wood dust **-3.** (preocupación) anxiety, grief

carcomer ◇ vt **-1.** (madera) to eat away at **-2.** (persona) to eat away at; **la enfermedad está carcomiendo su salud** the sickness is eating away at his health; **le carcome la envidia** he's eaten up with envy; **me carcome una duda** there's a doubt niggling away at me
  ◆ **carcomerse** vpr (consumirse) to be eaten up o consumed (**de** with)

carcomido, -a adj (madera) worm-eaten

carda nf **-1.** (acción) carding **-2.** (instrumento) card

cardado, -a ◇ adj **-1.** (lana) carded **-2.** (pelo) backcombed
◇ nm **-1.** (de lana) carding **-2.** (del pelo) backcombing

cardador, -ora nm,f carder

cardamomo nm cardamom

cardán nm TEC cardan joint, universal joint

cardar vt **-1.** (lana) to card **-2.** (pelo) to backcomb

cardenal¹ nm **-1.** REL cardinal **-2.** (pájaro) cardinal ❑ **~ de Virginia** Northern cardinal **-3.** Chile (planta) geranium

cardenal² nm (hematoma) bruise

cardenalato nm rank of cardinal, cardinalate

cardenalicio, -a adj colegio **~** college of cardinals (group); **manto ~** cardinal's robe

cardenillo nm verdigris

cárdeno, -a adj purple

cardiaco, -a, cardíaco, -a ◇ adj cardiac; **parada cardiaca, paro ~** cardiac arrest; **insuficiencia cardiaca** heart failure; Fam **está ~** (está muy nervioso) he's a bag of nerves
◇ nm,f person with a heart condition; Fam **un final de partido no apto para cardiacos** a heart-stopping finale to the match

cardias nm inv ANAT cardia

cárdigan nm cardigan

cardillo nm golden thistle

cardinal ◇ adj **-1.** (principal) cardinal; **consideramos de ~ importancia que asista a la reunión** we think it is of cardinal importance that she attends the meeting **-2.** (número) cardinal **-3.** (punto) cardinal
◇ nm (número) cardinal number

cardiocirujano, -a nm,f heart surgeon

cardiogénico, -a adj cardiogenic

cardiografía nf cardiography

cardiógrafo nm cardiograph

cardiograma nm cardiogram

cardiología nf cardiology

cardiólogo, -a nm,f cardiologist

cardiomegalia nf MED cardiomegaly

cardiópata ◇ adj **ser ~** to have a heart condition
◇ nmf person with a heart condition

cardiopatía nf heart condition; **padece una ~** he suffers from o has a heart condition

cardiopulmonar adj cardiopulmonary

cardiorrespiratorio, -a adj cardiopulmonary

cardiovascular adj cardiovascular

carditis nf inv MED carditis

cardo nm **-1.** (planta) thistle ❑ **~ borriquero** cotton thistle **-2.** Esp Fam (persona fea) ugly mug, face-ache ❑ **~ borriquero:** **es un ~ borriquero** he's as ugly as sin, Br he has a face like the back end of a bus **-3.** Esp Fam (persona arisca) prickly customer ❑ **~ borriquero:** **es un ~ borriquero** he's a really prickly customer

cardón nm **-1.** Arg (cacto) = type of giant cactus **-2.** CRica, Méx, Perú (pita) = type of agave cactus

cardume, cardumen nm **-1.** (de peces) school, shoal **-2.** Andes, RP, Ven (abundancia) (de gente, insectos) swarm

carear vt (testigos, acusados) to bring face to face; **el juez careó a los dos testigos** the judge confronted the two witnesses with each other

carecer [46] vi **~ de algo** to lack sth; **una casa que carece de agua corriente** a house with no running water; **unas declaraciones que carecen de interés** statements of no interest

carel nm NÁUT edge

carenado nm, **carena** nf **-1.** (de moto) fairing **-2.** NÁUT (reparación) **el ~ de un barco** the repairing of the hull of a ship

carenar vt NÁUT to repair the hull of

carencia nf **-1.** (ausencia) lack; (defecto) deficiency; **sufrir carencias afectivas** to be deprived of love and affection; **sufrir muchas carencias** to suffer great need **-2.** (en la dieta) deficiency ❑ **~ vitamínica** vitamin deficiency

carenciado, -a *Am* ◇ *adj* deprived
◇ *nm,f* deprived person
carente *adj* ~ **de** lacking (in); ~ **de lógica** lacking in logic, illogical; ~ **de sentido** nonsensical; **un libro ~ de interés** a book devoid of interest
careo *nm (de testigos, acusados)* confrontation; **someter a un ~** to bring face to face
carero, -a *Fam* ◇ *adj* pricey
◇ *nm,f (tendero)* ~ shopkeeper who charges high prices; **el pescadero es un ~** the fishmonger is pretty pricey
carestía *nf* **-1.** *(alto precio)* high cost *o* price; **la ~ de la vida** the high cost of living **-2.** *(escasez)* shortage
careta *nf* **-1.** *(para cubrir)* mask ❏ ~ *antigás* gas mask **-2.** *(fachada)* front; **quitarle a alguien la ~** to unmask sb
careto *nm Esp Fam* **¡qué ~ tienes! ¿no has dormido?** you look terrible! weren't you able to sleep last night?; **no pongas ese ~** don't pull a face like that
carey *nm* **-1.** *(material)* tortoiseshell **-2.** *(tortuga)* sea turtle **-3.** *Cuba (planta)* rough-leaved liana
carezco *etc ver* **carecer**
carga *nf* **-1.** *(acción)* loading; **zona de ~ y descarga** loading and unloading area
-2. *(cargamento) (de avión, barco)* cargo; *(de tren)* freight; **la ~ va en la bodega** the cargo goes in the hold
-3. *(peso)* load; **no sé si esta viga aguantará tanta ~** I don't know if this beam will be able to take such a heavy load ❏ ~ *máxima autorizada* maximum authorized load; ~ *útil (de vehículo)* payload
-4. *(responsabilidad)* burden; **representa una enorme ~ para sus hijos** she is a great burden on her children; **llevar la ~ de algo** to be responsible for sth; **una persona con cargas familiares** a person with family responsibilities
-5. *(ataque)* charge; **¡a la ~!** charge!; **volver a la ~** *(atacar de nuevo)* to go back on the offensive; *(insistir)* to insist ❏ ~ *policial* baton charge
-6. *(explosivo)* charge; ~ *explosiva* explosive charge; ~ *de profundidad* depth charge
-7. *(de mechero, pluma)* refill
-8. *(de obra, declaraciones)* **un poema con una fuerte ~ erótica** a highly erotic poem; **una estatua con una ~ simbólica** a statue that is very symbolic; **una película con gran ~ emocional** a movie that has a real emotional punch
-9. *(impuesto)* tax ❏ *cargas administrativas* administrative costs; ~ *financiera* financial cost; ~ *fiscal (impuesto)* tax; *(presión fiscal)* tax burden; ~ *impositiva (impuesto)* tax; *(presión fiscal)* tax burden; *cargas sociales* social security contributions; ~ *tributaria* levy
-10. *(eléctrica) (de partícula)* charge; *(de circuito)* load
-11. *(en fútbol)* push *(with one's body)*; *(en rugby, hockey)* shoulder charge ❏ ~ *reglamentaria* bodycheck; **hacer una ~ reglamentaria a alguien** to bodycheck sb
-12. EXPR *RP Fam* **llevar la ~ a alguien** *Br* to chat sb up, *US* to hit on sb
cargada *nf RP Fam (broma)* practical joke
cargadero *nm (para carga)* loading bay
cargado, -a *adj* **-1.** *(lleno)* loaded (**de** with); **estar ~ de deudas** to be weighed down with debt; **un calendario muy ~** a heavy schedule; **una madre cargada de preocupaciones** a mother burdened with worries
-2. *(arma)* loaded
-3. *(bebida)* strong
-4. *(eléctricamente)* charged
-5. *(bochornoso) (ambiente, atmósfera)* oppressive; *(habitación)* stuffy; *(tiempo)* sultry, close; *(cielo)* overcast
-6. *(tenso) (ambiente, atmósfera)* tense; **una reunión cargada de tensión** an extremely tense meeting
-7. *Fam (borracho)* **está *o* va ~** he's had a few too many

cargador, -ora ◇ *nm,f (persona)* loader ❏ ~ *de muelle* docker, stevedore
◇ *nm* **-1.** *(de arma de fuego)* magazine; **el asaltante vació el ~ contra su víctima** the attacker emptied his gun into his victim **-2.** *(de pilas, baterías)* charger **-3.** *Col (tirantes) Br* braces, *US* suspenders
cargamento *nm* **-1.** *(de buque)* cargo; *(de camión)* load; **un ~ de drogas** a shipment of drugs **-2.** *Fam* **un ~ de** *(muchos)* a load of, loads of
cargante *adj Fam* annoying
cargar [38] ◇ *vt* **-1.** *(vehículo)* to load; ~ **algo de** to load sth with; ~ **algo en un barco/en un camión** to load sth onto a ship/onto a lorry; **cargaron la furgoneta con cajas** they loaded the van up with boxes; ~ **algo demasiado** to overload sth
-2. *(arma, cámara)* to load; *(pluma, mechero)* to refill; *(tanque)* to fill (up); **ha cargado el guiso de sal** he's put too much salt in the stew, he's overdone the salt in the stew; EXPR ~ **las tintas** to exaggerate, to lay it on thick
-3. *(peso encima)* to throw over one's shoulder; **cargué la caja a hombros** I carried the box on my shoulder
-4. ELEC to charge
-5. *Esp Fam (molestar)* to bug; **me carga su pedantería** his pretentiousness really gets on my nerves; **me carga tener que aguantarlo** it bugs the hell out of me that I have to put up with him
-6. *(adeudar) (importe, factura, deuda)* to charge (**a** to); ~ **un impuesto a algo/alguien** to tax sth/sb; ~ **algo a alguien en su cuenta** to charge sth to sb's account; **no me han cargado todavía el recibo de la luz** the payment for the electricity bill still hasn't gone through; ~ **de más** to overcharge; ~ **de menos** to undercharge
-7. *(responsabilidad, tarea)* to give; **siempre lo cargan de trabajo** they always give him far too much work to do; **le cargaron la culpa a ella** they laid *o* put the blame on her
-8. *(producir pesadez) (sujeto: olor)* to make stuffy; *(sujeto: comida)* to bloat; **el humo ha cargado la habitación** the atmosphere in the room is thick with smoke
-9. INFORMÁT to load
-10. NÁUT *(velas)* to furl, to take in
-11. *Méx Fam (matar)* to bump off, *US* to ice
-12. *RP Fam (bromear)* **José se casó – ¡me estás cargando!** José got married – you're having me on *o* you're kidding!
-13. *RP Fam (intentar seducir)* ~ **a alguien** to come on to sb, *Br* to try to get off with sb, *US* to hit on sb
-14. *Ven Fam (llevar encima)* to carry, to tote; *(llevar puesto)* to wear, to have on; ~ **una pistola** to carry a gun; ~ **anteojos** to wear specs; ~ **un niño** *(en brazos)* to carry a child; *(de la mano)* to lead a child by the hand; *Fam* **no cargo carro hoy** I haven't got my wheels today; **aún cargo aquella imagen conmigo** I can still picture the scene; **carga siempre una cara triste** he always has a sad face on him; **carga una gran pena** he's sick at heart; **carga dolor de espalda** she has a bad back; **cargamos fama de deshonestos** we have a name for being dishonest
-15. *Chile, Perú (atacar)* to attack
◇ *vi* **-1.** ~ **con** *(paquete, bulto)* to carry; **cargué con todos los paquetes** I carried all the packages
-2. ~ **con** *(coste, responsabilidad)* to bear; *(consecuencias)* to accept; *(culpa)* to get; **hoy me toca a mí ~ con los niños** it's my turn to look after the children today
-3. *(atacar)* to charge; **la policía cargó contra los alborotadores** the police charged (at) the rioters; **el pelotón cargó sobre la posición enemiga** the platoon charged the enemy position
-4. *(toro)* to charge
-5. *(recaer)* ~ **sobre alguien** to fall on sb
-6. *(acento)* ~ **sobre** to fall on
-7. DEP ~ **contra alguien** to brush sb aside, to push sb *(with one's body)*

-8. ARQUIT ~ **en** *o* **sobre** to lean *o* rest on; **la bóveda carga sobre cuatro pilares** the vault is supported by four pillars
-9. *(tormenta)* to turn, to veer
-10. ELEC to charge; **esta batería ya no carga** this battery won't charge any more
-11. *RP Fam (bromear)* **se murió el gato – ¡estás cargando!** the cat died – you're kidding *o* joking!
-12. *RP Fam (intentar seducir)* **se pasó la noche cargando** he spent the night *Br* trying to get off with someone *o US* hitting on people
◆ **cargarse** *vpr* **-1.** *Fam (romper)* to break; **se cargó el jarrón** she broke the vase; **se cargó la empresa** he ruined the company; **con ese horrible edificio se han cargado el paisaje** they've ruined *o* spoilt the landscape with that horrible building
-2. *Fam (suspender)* to fail; **el profesor se cargó a la mitad de la clase** the teacher failed half the class
-3. *Fam (matar) (persona)* to bump off; *(animal)* to kill
-4. *Fam (eliminar, prescindir de)* to get rid of; **se han cargado a nuestro representante** they've got rid of our representative
-5. *(por olor)* to get stuffy; *(por humo)* to get smoky
-6. *(colmarse)* **cargarse de** to be loaded down with; **cargarse de deudas** to get up to one's neck in debt; **se cargó de hijos** she had a lot of children; **los ojos se le cargaban de lágrimas** his eyes filled with tears; **se cargó de responsabilidades** she took on a lot of responsibilities
-7. *Esp Fam* **¡te la vas a ~!** you're in for it!; **si no me lo devuelves, te la vas a ~** if you don't give it back to me, there'll be trouble
-8. *(parte del cuerpo)* **se me han cargado las piernas** my legs are tired; **se me ha cargado la cabeza con tanto ruido** my head's throbbing from all this noise
-9. ELEC to charge; **aún no se ha cargado la batería** the battery still hasn't charged
-10. METEO to cloud over; **el cielo se cargó desde primeras horas de la mañana** the sky *o* it clouded over very early in the morning
-11. *Méx Fam (matar)* to rub out, to do in
-12. *RP Fam (intentar seducir)* **Pedro se (la) carga a María** *Br* Pedro is trying to get off with Maria, *US* Pedro is hitting on Maria

cargazón *nf (malestar físico)* heaviness
cargo *nm* **-1.** *(empleo)* post, position; **ocupa *o* es un ~ muy importante** she holds a very important position *o* post; **desempeña un ~ de ministro** he is a minister; **tomar posesión del ~** to take up office ❏ ~ *directivo* manager; ~ *público:* **ostenta *o* es un ~ público** she holds public office; **varios cargos públicos se han visto involucrados en el escándalo** several people holding public office have been implicated in the scandal
-2. *(cuidado)* charge; **los niños han quedado a mi ~** the children have been left in my care; **una producción a ~ del Teatro Nacional** a National Theatre production; **está a ~ de la seguridad de la empresa, tiene a su ~ la seguridad de la empresa** he is in charge of *o* responsible for company security; **hacerse ~ de** *(asumir el control de)* to take charge of; *(ocuparse de)* to take care of; *(comprender)* to understand; **se hizo ~ de la gestión de la empresa** she took over the running of the company; **el ejército se hizo ~ del poder** the army took power *o* over; **no te preocupes, yo me hago ~ de los niños** don't worry, I'll look after the children; **me hago ~ de la difícil situación** I am aware of *o* I realize the difficulty of the situation; **tenemos que ir al entierro y llegaremos tarde – sí, me hago ~** we have to go to the funeral, so we'll be late – OK, I understand
-3. ECON charge; **con ~ a** charged to; **han**

asignado una nueva partida con ~ a los presupuestos del estado they have created a new budget heading; **correr a ~ de** to be borne by; **todos los gastos corren a ~ de la empresa** all expenses will be borne by the company; **la comida corre a ~ de la empresa** the meal is on the company; **la organización corre a ~ del Municipio** the organization will be carried out by the town council, the town council will be organizing the event; **sin ~ adicional** for o at no extra charge
-**4.** *(acusación)* charge; **formular graves cargos contra alguien** to bring serious charges against sb; **se declaró inocente de todos los cargos que se le imputaban** he said he was innocent on all counts ▫ **~ de conciencia: tener ~ de conciencia** to feel pangs of conscience, to feel remorse; **me da ~ de conciencia dejarle pagar** I feel bad about letting him pay; **comprar productos de este país me representa un ~ de conciencia** I feel guilty about buying this country's products
-**5.** *(buque de carga)* cargo ship, freighter

cargosear *vt CSur* to annoy, to pester

cargoso, -a *adj CSur* annoying

carguero *nm* -**1.** *(barco)* cargo ship, freighter -**2.** *RP (animal)* beast of burden

cariacontecido, -a *adj* crestfallen

cariado, -a *adj (diente, muela)* decayed

cariar *vt* to cause decay in; **el azúcar caria las muelas** sugar causes tooth decay
◆ **cariarse** *vpr* to decay; **las muelas se carian si no se cepillan** your back teeth decay if you don't brush them

cariátide *nf* caryatid

caribe ⟐ *adj (pueblo)* Carib
⟐ *nmf (persona)* Carib
⟐ *nm* -**1. el (mar) Caribe** the Caribbean (Sea) -**2. el Caribe** *(región)* the Caribbean -**3.** *(lengua)* Carib

caribeño, -a ⟐ *adj* Caribbean
⟐ *nm,f* person from the Caribbean

caribú *(pl* **caribús** *o* **caribúes)** *nm* caribou

caricato *nm* -**1.** *(actor)* comedian -**2.** *Am (caricatura)* caricature

caricatura *nf* -**1.** *(de personaje)* caricature -**2.** *(imitación burda)* caricature; **su análisis de la situación es una ~ de la realidad** her analysis of the situation is a caricature of the facts -**3.** *Méx (dibujos animados)* cartoon

caricaturesco, -a *adj* -**1.** *(ilustración)* **un retrato ~** a caricature portrait -**2.** *(ridículo)* **un retrato ~ de la situación** a caricature of the situation; **un ejemplo ~ de las desigualdades sociales del país** a grotesque example of the social inequalities in the country

caricaturista *nmf* caricaturist

caricaturización *nf* caricature

caricaturizar [14] *vt* to caricature

caricia *nf (a persona)* caress, stroke; *(a animal)* stroke; **hacer caricias/una ~ a alguien** to caress sb

Caricom [kari'kom] *nm o nf (abrev de* **Comunidad (Económica) del Caribe)** Caricom

caridad *nf* charity; **¡una limosnita, por ~!** can you spare some change?; **le ayudó por ~** she helped him out of pity; **hacer obras de ~** to do charitable works; **vivir de la ~** to live on charity; EXPR **la ~ bien entendida empieza** *Esp* **por uno mismo** *o Am* **por casa** charity begins at home

caries *nf inv* -**1.** *(proceso)* **~ (dental)** tooth decay, *Espec* (dental) caries; **el problema de la ~** the problem of tooth decay -**2.** *(infección)* cavity; **tengo tres ~** I have three cavities

carilanco *nm* white-lipped peccary

carilla *nf* -**1.** *(página)* page, side -**2.** *(de colmenero)* beekeeper's mask

carillo, -a *adj Fam* pricey

carillón *nm* -**1.** *(reloj)* grandfather clock -**2.** *(instrumento)* *(con tubos)* tubular bells; *(con planchas)* glockenspiel

cariñena *nm* = red wine from Cariñena, in the province of Zaragoza

cariño *nm* -**1.** *(afecto)* affection; **una demostración de ~** a display of affection; **habla con mucho ~ de sus padres** she speaks very fondly of her parents; **se le recuerda con ~** he is remembered fondly *o* with affection; **tratar algo con ~** to treat sth with loving care; **tratar a alguien con ~** to be loving *o* affectionate to *o* towards sb; **tener ~ a** to be fond of; **tomar ~ a** to grow fond of; **tratar a alguien con ~** to be affectionate to(wards) sb
-**2.** *(muestra de afecto)* sign of affection; **le hizo unos cariños a los niños** he kissed/cuddled the children
-**3.** *(cuidado)* loving care
-**4.** *(apelativo)* dear, love, *US* honey
-**5.** *CAm, Chile (regalo)* gift
-**6.** *RP* **cariños** *(en carta)* love

cariñosamente *adv* affectionately

cariñoso, -a *adj* affectionate, tender; **es muy ~** he's very affectionate; **ha estado muy ~ conmigo últimamente** he's been very affectionate towards me recently; **un saludo muy ~** *(en carta)* love, with love

carioca ⟐ *adj* of/from Rio de Janeiro
⟐ *nmf* person from Rio de Janeiro

carisma *nm* charisma; **tener mucho ~** to have lots of charisma, to be very charismatic

carismático, -a *adj* charismatic

Cáritas *nf* = charitable organization run by the Catholic Church

caritativo, -a *adj* charitable

cariz *nm* look, appearance; **la ciudad tiene un marcado ~ colonial** the city has a very colonial aspect; **nos preocupa el ~ que pueda tomar el conflicto** we are concerned about how the conflict may develop; **tomar mal/buen ~** to take a turn for the worse/better

carlanca *nf* -**1.** *(para mastín)* spiked collar -**2.** *Chile, Hond (molestia, fastidio)* annoyance

carlinga *nf AV (para piloto)* cockpit; *(para pasajeros)* cabin

carlismo *nm* HIST Carlism, = support for the claim to the Spanish throne of Don Carlos de Borbón and his descendants after the death of his brother Fernando VII in 1833

carlista HIST ⟐ *adj* Carlist
⟐ *nmf* Carlist, = supporter of the claim to the Spanish throne of Don Carlos de Borbón and his heirs

Carlomagno *n pr* Charlemagne

Carlos *n pr* **~ I de España y V de Alemania** Charles V *(1500-1558, Holy Roman Emperor and King of Spain)*; **~ de Inglaterra** Prince Charles

carmelita ⟐ *adj* -**1.** *(religioso)* Carmelite -**2.** *Cuba (color)* brown
⟐ *nmf (religioso)* Carmelite
⟐ *nm Cuba (color)* brown

carmesí *(pl* **carmesíes)** ⟐ *adj* crimson
⟐ *nm* crimson

cármica® *nf Urug* ≃ Formica®

carmín ⟐ *adj (color)* carmine
⟐ *nm* -**1.** *(color)* carmine -**2.** *(lápiz de labios)* lipstick

carnada *nf también Fig* bait

carnal ⟐ *adj* -**1.** *(lujurioso)* carnal; **amor ~** physical love; **deseos carnales** desires of the flesh; **tener una relación ~ con alguien** to have sexual relations with sb -**2.** *(parientes)* **primo ~** first cousin; **tío ~** uncle *(not by marriage)*
⟐ *nm Méx Fam (amigo)* friend, *Br* mate, *US* buddy

carnalidad *nf* carnality

carnalmente *adv* carnally

carnaval *nm* -**1.** *(fiesta)* carnival -**2.** REL Shrovetide

CARNAVAL

The tradition of **Carnaval**, or **Carnavales**, continues in many parts of Spain and Latin America. The festival usually lasts between three days and a week, just before the beginning of Lent. In country areas the festivals are closely related to fertility rites, while in towns and cities they are more in the nature of spectacles and popular celebrations. The best-known carnivals in Spain are those of Cádiz and Santa Cruz de Tenerife, and in Mexico that of Veracruz. In Spain carnivals end with the "burial of the sardine", an ancient rite symbolizing the burial of worldly frivolity, on the Tuesday before the first day of Lent, Ash Wednesday.

carnavalada *nf Fam* farce

carnavalesco, -a *adj* carnival; **ambiente ~** carnival atmosphere

carnaza *nf también Fig* bait

carne *nf* -**1.** *(de persona)* flesh; **tenía el codo en ~ viva** his elbow was raw; *Fig* **tengo la ofensa en ~ viva** I'm still smarting from the insult ▫ *Fig* **~ de cañón** cannon fodder; **~ de gallina** gooseflesh, goose pimples, goose bumps; **se me pone la ~ de gallina al ver esas imágenes** it sends a shiver down my spine when I see those pictures
-**2.** *(de fruta)* flesh
-**3.** *(alimento)* meat ▫ **~ asada al horno** roast (meat); **~ asada a la parrilla** *Br* grilled meat, *US* broiled meat; **~ blanca** white meat; **~ de carnero** mutton; **~ de cerdo** pork; *Andes* **~ de chancho** pork; **~ de cordero** lamb; *Ven* CULIN **~ desmechada** shredded meat; CULIN **~ sin hueso** boned meat; EXPR **ser ~ sin hueso** to be a cushy job; **~ magra** lean meat; CULIN **~ mechada** = joint of beef or pork stuffed and roasted; *Esp* **~ de membrillo** quince jelly; *Am* **~ molida** *Br* mince, *US* ground beef; *Esp, RP* **~ picada** *Br* mince, *US* ground beef; **~ de porcino** pork; *Méx* **~ de puerco** pork; *Méx* **~ de res** beef; **~ roja** red meat; **~ de ternera** veal; **~ de vaca** beef; **~ de vacuno** beef; **~ de venado** venison
-**4.** *(sensualidad)* flesh; **los placeres de la ~** the pleasures of the flesh
-**5.** EXPR **se me abren las carnes al ver esas imágenes/oír su llanto** it breaks my heart to see those pictures/hear her crying; *Fam* **¡córrete a un lado, que la ~ de burro no es transparente!** move over, I can't see through you, you know!; **cobrar** *o* **criar** *o* **echar carnes** to put weight on; **echar** *o* **poner toda la ~ en el asador** to go for broke; **en carnes** naked; **en ~ y hueso** in person; **nos visitó el Presidente, en ~ y hueso** the President himself visited us, the President visited us in person; **en ~ propia: te entiendo perfectamente, he vivido tus sufrimientos en ~ propia** I know exactly what you're talking about, I've suffered the same experiences as myself; **entrado** *o* **metido en carnes** plump; **no ser ni ~ ni pescado** to be neither fish nor fowl; **perder carnes** to lose weight; **ser de ~ y hueso** to be human; **le temblaban las carnes** he was very frightened

carné *(pl* **carnés)**, **carnet** *(pl* **carnets)** *nm* -**1.** *(documento)* card ▫ **~ de afiliado** membership card; **~ de alberguista** youth hostel card; **~ de biblioteca** library card; *RP* **~ de calificaciones** *Br* (school) report, *US* report card; **~ de conducir** *Br* driving licence, *US* driver's license; *RP* **~ de conductor** *Br* driving licence, *US* driver's license; **~ de donante** donor card; **~ de estudiante** student card; **~ de identidad** identity card; **~ joven** young person's discount card; *Chile* **~ de manejar** *Br* driving licence, *US* driver's license; *RP* **~ de notas** *Br* (school) report, *US* report card; **~ de socio** membership card; *RP* **~ de vacunación** vaccination certificate
-**2.** *(agenda)* notebook

carneada *nf Andes, RP (acción)* slaughtering, butchering

carnear *vt* -**1.** *Andes, RP (sacrificar)* to slaughter, to butcher -**2.** *Chile (engañar)* to deceive, to take in

cárneo, -a *adj CSur* meat; **el sector ~** the meat industry

carnero, -a ◇ *nm* **-1.** *(animal)* ram **-2.** *(carne)* mutton
◇ *nm,f Andes, RP Fam Pey* **-1.** *(persona débil)* weak-willed person **-2.** *(esquirol)* scab, *Br* blackleg

carnestolendas *nfpl* carnival, = the week preceding the beginning of Lent, marked by public festivities in some cities and regions of Spain and Latin America

carnet = carné

carnicería *nf* **-1.** *(tienda)* butcher's (shop) **-2.** *(masacre)* massacre, bloodbath; **fue una ~** it was carnage

carnicero, -a ◇ *adj (animal)* carnivorous
◇ *nm,f* **-1.** *(que vende carne)* butcher **-2.** *(persona sanguinaria)* butcher
◇ *nm (animal)* carnivore

cárnico, -a *adj* meat; **industrias cárnicas** meat industry; **productos cárnicos** meat products

carnitas *nfpl Méx* = small pieces of braised pork

carnívoro, -a ◇ *adj* **-1.** *(animal)* carnivorous **-2.** *(planta)* carnivorous
◇ *nm* carnivore

carnosidad *nf* fleshy part

carnoso, -a *adj (persona)* fleshy; *(parte)* fleshy, meaty; *(labios)* full

caro, -a ◇ *adj* **-1.** *(costoso)* expensive; **ser muy ~** to be very expensive *o* dear; **la vida está muy cara** everything is so expensive **-2.** *Formal (querido)* cherished
◇ *adv* **costar ~** to be expensive; **este televisor nos salió muy ~** this television cost us a lot; EXPR **pagar ~** algo to pay dearly for sth; EXPR **salir ~:** un día te va a salir cara tu conducta you'll pay dearly for this behaviour one day; EXPR **vender ~** algo not to give sth up easily; **vendieron cara su derrota** their enemy paid a high price for their victory

caroba *nf* jacaranda

Carolina *n* **~ del Norte** North Carolina; **~ del Sur** South Carolina

Carolinas *npl* **las ~** the Caroline Islands

carolingio, -a HIST ◇ *adj* Carolingian
◇ *nm,f* Carolingian

carón, -ona *adj Am Fam* big-faced

Caronte *n* MITOL Charon

carota *Esp Fam* ◇ *adj* **ser muy ~** to have a lot of cheek *o* nerve, *Br* to have a real brass neck
◇ *nmf* **ser un(a) ~** to have a lot of cheek *o* nerve, *Br* to have a real brass neck

caroteno *nm*, **carotina** *nf* carotene

carótida ◇ *adj* carotid
◇ *nf* carotid

carotina = caroteno

carozo *nm RP (de fruta, aceituna)* stone, *US* pit

carpa¹ *nf (pez)* carp

carpa² *nf* **-1.** *(de circo)* big top; *(en parque, la calle)* marquee **-2.** *Am (tienda de campaña)* tent
□ **~ de oxígeno** oxygen tent

carpanta *nf Esp Fam* ravenous hunger; **tener una ~** to be ravenous *o* starving

Cárpatos *nmpl* **los ~** the Carpathians

carpe *nm* hornbeam

carpelo *nm* BOT carpel

carpeta *nf* **-1.** *(archivador)* file, folder □ **~ de anillas** ring binder **-2.** *(de disco)* sleeve **-3.** INFORMÁT folder □ **~ del sistema** system folder **-4.** *RP (blonda)* crochet mat **-5.** *Perú (pupitre)* desk

carpetazo *nm* **dar ~ a una discusión** to bring a discussion to an end; **dar ~ a un proyecto** to shut down a project

carpetovetónico, -a *adj* deeply Spanish

carpiano, -a *adj* ANAT carpal

carpincho *nm* capybara

carpintería *nf* **-1.** *(oficio) (de muebles y utensilios)* carpentry; *(de puertas y ventanas)* joinery □ *Am* **~ de obra** joinery **-2.** *(taller)* carpenter's/joiner's shop **-3.** *(marcos)* **~ de aluminio** aluminium window frames and doorframes; **~ PVC** PVC window frames and doorframes

carpintero, -a *nm,f (de muebles y utensilios)* carpenter; *(de puertas y ventanas)* joiner □ NÁUT **~ de ribera** shipwright

carpir *vt Am (tierra)* to hoe

carpo *nm* ANAT carpus

carraca¹ *nf* **-1.** *(instrumento)* rattle **-2.** *(ave)* roller

carraca² *nf Fam (cosa vieja) (máquina)* crock; *(automóvil)* heap, banger

carrasca *nf* Evergreen oak

carrascal *nm* = hill covered in Evergreen oaks

carraspear *vi* to clear one's throat

carraspeo *nm* cough, clearing of one's throat

carraspera *nf* **tener ~** to have a frog in one's throat

carrasposo, -a *adj* **-1.** *(con carraspera)* hoarse **-2.** *Am (áspero)* rough

carrera *nf* **-1.** *(acción de correr)* **me acerqué a la tienda en una ~** I ran down to the shop; **tuve que dar una ~ para atrapar el autobús** I had to run to catch the bus; **me di** *o* **pegué una ~ y lo alcancé** I ran and managed to catch it; **a ~ abierta** *o* **tendida** at full speed; **a la ~** *(corriendo)* running, at a run; *(rápidamente)* fast, quickly; *(alocadamente)* hastily; **ir a un sitio de una ~** to run somewhere; **tomar ~** to take a run-up
-2. *(competición)* race; **carreras** races, racing; **un caballo de carreras** a racehorse; **un coche de carreras** a racing car; **sólo quedan diez motos en ~** only ten motorbikes are left in the race; **echaron una ~ hasta la puerta** they raced each other to the door; **¿echamos una ~?** shall we race each other?; **varias empresas han entrado en la ~ por ganar el concurso** a number of firms have joined the race to win the competition □ **~ armamentística** arms race; **~ de armamentos** arms race; **~ de caballos** horse race; **me gustan las carreras de caballos** I like horseracing; **~ ciclista** cycle race; **~ de coches** motor race; **~ contrarreloj** *(en ciclismo)* time trial; *Fig* race against the clock; *RP* **~ de embolsados** sack race; *Méx* **~ de encostalados** sack race; **la ~ espacial** the space race; **~ por etapas** *(en ciclismo)* stage race; **~ de fondo** long-distance race; **~ de fondo en carretera** *(en ciclismo)* road race; **~ de galgos** greyhound race; **~ hípica** horse race; **~ de medio fondo** middle-distance race; **~ de motos** motorcycle race; **me gustan las carreras de motos** I like motorcycle racing; **~ de obstáculos** steeplechase; *Fig* **este proyecto se ha convertido en una ~ de obstáculos** it has been one problem after another with this project; **~ popular** fun run; **~ de relevos** relay (race); **~ de sacos** sack race; **~ de vallas** hurdles race; **~ de velocidad** *(en atletismo)* sprint
-3. *(en béisbol, críquet)* run □ **~ completa** home run
-4. *(estudios)* university course; **hacer la ~ de derecho/físicas** to study law/physics (at university); **tengo la ~ de Medicina** I'm a medicine graduate, I have a degree in medicine; **¿qué piensas hacer cuando acabes la ~?** what do you want to do when you finish your studies?; **dejar** *o* **abandonar la ~ a medias** to drop out of university *o US* college; **darle (una) ~ a alguien** to pay for sb's studies; *Fam Fig* **¡vaya ~ lleva tu hijo!** your son's got quite a record! □ **~ media** = three-year university course (as opposed to normal five-year course); **~ superior** = university course lasting five or six years; **~ técnica** applied science degree
-5. *(profesión)* career; **eligió la ~ de las armas** she decided to join the army; **de ~** *(de profesión)* career; **es diplomático/militar de ~** he's a career diplomat/soldier; **hacer ~** *(triunfar)* to get on; **está haciendo ~ en el mundo periodístico** she's carving out a career for herself as a journalist; *Esp* **con estos niños tan rebeldes no se puede hacer ~** you can't do anything with these badly behaved children
-6. EXPR *Fam* **hacer la ~** *(prostituirse)* to walk the streets
-7. *(trayecto)* route
-8. *(de taxi)* ride; **¿cuánto es la ~ a la estación?** what's the fare to the station?
-9. *(en medias) Br* ladder, *US* run; **tener una ~** to have a *Br* ladder *o US* run
-10. *(calle)* street, = name of certain streets
-11. NÁUT route □ HIST **la Carrera de (las) Indias** the Indies run, = trade route between Seville and Spain's American colonies
-12. ASTRON course
-13. *(hilera)* row, line; *(de ladrillos)* course
-14. TEC *(de émbolo)* stroke □ **~ ascendente** upstroke; **~ de compresión** compression stroke; **~ descendente** downstroke
-15. ARQUIT girder, beam
-16. *Col, Méx, Ven (en el pelo)* parting
-17. *RP (tejido)* row
-18. *ver también* **carrero**

carreraje *nm (en béisbol)* = calculation of the number of runs

carrerilla *nf* **-1.** *(carrera breve)* **tomar** *o Esp* **coger ~** to take a run-up; **decir algo de ~** to reel sth off **-2.** MÚS run

carrero, -a *nm,f RP* cart driver

carreta *nf* **-1.** *(carro)* cart; EXPR *RP* **poner la ~ adelante de los bueyes** to put the cart before the horse **-2.** *Guat (carrito)* trolley, *US* cart **-3.** *RP Fam (transporte lento)* **ese tren/ómnibus es una ~** that train/bus goes at a crawl **-4.** *Col Fam (labia)* smooth talk; **tener ~** *(tener labia)* to have the gift of the gab; **hablar** *o* **echar mucha ~** *(decir tonterías)* to talk nonsense

carretada *nf* **-1.** *(carga)* cartload **-2.** *Fam (gran cantidad)* cartload

carrete *nm* **-1.** *(de hilo)* bobbin, reel; *(de alambre)* coil **-2.** *(de pesca)* reel; EXPR **dar ~ a alguien** to draw sb out **-3.** *(de película)* roll (of film)

carretear ◇ *vt Chile* **-1.** *(transportar)* to cart, to haul **-2.** *(conducir)* to drive
◇ *vi Am (avión)* to taxi

carretel *nm* **-1.** *(para pesca)* reel **-2.** NÁUT winch **-3.** *RP (de hilo)* bobbin, reel

carretera *nf* road; **por ~** by road; **mapa de carreteras** road map □ **~ de circunvalación** *Br* ring road, *US* beltway; **~ comarcal** minor road; **~ costera** coast road; *Méx* **~ de cuota** toll road; **~ general** main road; **~ litoral** coast road; **~ nacional** *Br* ≃ A road, *US* ≃ state highway; **~ de peaje** toll road; **~ secundaria** side road; **~ troncal** *Br* trunk road, *US* highway

carretero, -a ◇ *adj Am* road; **un accidente ~** a road accident; **tráfico ~** road traffic
◇ *nm,f* wheelwright; **fumar como un ~** to smoke like a chimney; **jurar como un ~** to swear like a trooper

carretilla *nf* **-1.** *(para transportar)* wheelbarrow □ **~ elevadora** fork-lift truck **-2.** EXPR *Fam* **de ~: se sabía la lista de ~** she knew the list off by heart **-3.** *Guat (tontería)* nonsense

carretón *nm (carro)* dray

carricerín *nm* sedge warbler □ **~ cejudo** aquatic warbler; **~ real** moustached warbler

carricero *nm* reed warbler □ **~ agrícola** paddyfield warbler; **~ picogordo** thick-billed warbler; **~ políglota** marsh warbler; **~ tordal** great reed warbler

carricoche *nm Anticuado* jalopy, *Br* old banger

carril *nm* **-1.** *(de carretera)* lane □ **~ de aceleración** *Br* acceleration lane, *US* on-ramp; **~ bus** bus lane; **~ de deceleración** *Br* deceleration lane, *US* off-ramp; **~ de incorporación** *Br* acceleration lane, *US* on-ramp; **~ lento** slow lane; **~ de salida** *Br* deceleration lane, *US* off-ramp **-2.** *(de vía de tren)* rail **-4.** *(guía)* rail

carril-bici *(pl* **carriles-bici)** *nm Br* cycle lane, *US* bikeway

carrilero, -a *nm,f (en fútbol)* wing back

carrillera nf -1. (quijada) jaw -2. (de casco) strap
carrillo nm cheek; EXPR **comer a dos carrillos** to cram one's face with food
carriola nf -1. (cama) truckle bed -2. Méx (coche de bebé) Br pram, US baby carriage
carrito nm -1. (para equipaje) trolley, US cart ❑ ~ **de golf** (para los palos) golf trolley; (para desplazarse) golf buggy -2. (de supermercado) trolley, US cart -3. RP, Ven (ambulante) food stand (that can be towed) -4. Méx, Ven **carritos chocones** Dodgems®, bumper cars
carrizal nm reedbed
carrizo ◇ nm BOT reed
◇ interj Méx, Ven Fam (sorpresa) Br blimey!, US jeez!; (enfado) for heaven's sake!; **¡~ con la que no sabía nada!** so she's the one who didn't know anything, eh?; **¡~ qué listo es tu hijo!** gee but your son's smart!
carro nm -1. (vehículo) cart; (en batallas) chariot; **un ~ de trigo** a cartload of wheat; Fig **apuntarse o subirse al ~ de la tecnología** to sign up for the new technology; EXPR **¡para el ~!** (espera un minuto!) hang on a minute!; EXPR **aguantar carros y carretas** to put up with a lot; EXPR Fam **parar el ~ a alguien** to get sb to cool it; **mi madre me está encima para que me case con ella – tienes que pararle el ~** my mother is on at me to marry her – you'll have to get her to back off there; EXPR **poner el ~ delante del caballo** o **de las mulas** to put the cart before the horse; EXPR **tirar del ~** to do all the donkey work ❑ Andes, CSur, Méx ~ **alegórico** carnival float; Chile ~ **de arrastre** trailer; ~ **blindado** armoured vehicle; Col ~ **bomba** car bomb; Andes, CSur, Méx ~ **de bomberos** fire engine; Méx ~ **de carga** goods wagon o van; ~ **de combate** tank; Andes, CAm, Carib, Méx ~ **sport** sports car
-2. (carrito) trolley, US cart; (de bebé) Br pram, US baby carriage ❑ ~ **de la compra** shopping trolley (two-wheeled)
-3. (de máquina de escribir) carriage
-4. (para diapositivas) magazine
-5. Andes, CAm, Carib, Méx (automóvil) car ❑ Col **carros locos** Dodgems®, bumper cars
-6. Méx (vagón) car ❑ ~ **comedor** dining car; ~ **dormitorio** sleeper
carrocería nf bodywork
carrocero, -a nm,f coachbuilder
carromato nm wagon
carroña nf -1. (carne) carrion -2. (persona ruin) **los narcotraficantes no son más que ~** drug traffickers are just scum
carroñero, -a adj (animal) carrion-eating
carrotanque nm Col, Méx (cisterna) tanker
carroza¹ nf -1. (carruaje) carriage -2. (en cabalgata) float -3. CSur (coche fúnebre) hearse
carroza² Fam ◇ adj -1. (viejo) doddery; **ser ~** to be doddery -2. (anticuado) **ser ~** to be an old fogey o square; **tiene ideas carrozas** he's got fuddy-duddy ideas
◇ nmf -1. (persona vieja) old crock -2. (persona anticuada) old fogey, square; **está hecho un ~** he's turned into an old fogey o a square
carruaje nm carriage
carrusel nm -1. (tiovivo) merry-go-round, US carousel -2. (de caballos) dressage, display of horsemanship
carst nm GEOL karst
cárstico, -a adj GEOL karstic; **región cárstica** karstic region
carta nf -1. (escrito) letter; **echar una ~** to Br post o US mail a letter ❑ ~ **abierta** open letter; ~ **de agradecimiento** letter of thanks, thank you letter; ~ **de amor** love letter; ~ **blanca** carte blanche; **dar ~ blanca a alguien** to give sb carte blanche o a free hand; **tiene ~ blanca para conceder un crédito** she is solely responsible for deciding whether or not to give somebody a loan; ~ **bomba** letter bomb; ~ **certificada** Br recorded o US certified letter; ~ **pastoral** pastoral letter; ~ **de pésame** letter of condolence; Am ~ **postal** postcard; ~ **de presentación** (para un tercero) letter of introduction; (con un currículum) Br covering letter, US cover letter; ~ **de recomendación** reference (letter); ~ **urgente** express letter
-2. (naipe) (playing) card; **baraja de cartas** pack o deck of cards; **jugar a las cartas** to play cards; **echar las cartas a alguien** to tell sb's fortune (with cards); **voy a ir a que me echen las cartas** I'm going to have my fortune told; EXPR ~ **sobre la mesa, pesa** once you've played a card, you can't change your mind; EXPR **enseñar las cartas** to show one's hand; EXPR **jugar a cartas vistas** (con honradez) to act openly; (con certeza) to act with certainty; EXPR **jugar (uno) bien sus cartas** to play one's cards right; EXPR **jugarse la última ~** to play one's last card; EXPR **jugarse todo a una ~** to put all one's eggs in one basket; EXPR **no saber a qué ~ quedarse** to be unsure; EXPR **poner las cartas boca arriba** o **sobre la mesa** to put one's cards on the table ❑ ~ **falsa** low card
-3. (menú) menu; **comer a la ~** to eat à la carte; **no tienen menú del día y hay que comer a la ~** they don't have a set menu, you have to choose from the à la carte menu ❑ ~ **de vinos** wine list
-4. (mapa) map; NÁUT chart ❑ ~ **astral** star chart, astrological chart; ~ **de marear** sea chart; ~ **marina** sea chart; ~ **meteorológica** weather map
-5. (documento) charter ❑ NÁUT ~ **de contramarca** letter of reprisal; **cartas credenciales** letters of credence; COM ~ **de crédito** letter of credit; COM ~ **de crédito documentaria** documentary letter of credit; NÁUT ~ **de fletamento** charter party; ~ **fundacional** founding charter; ~ **general** form letter; ~ **de hidalguía** letters patent of nobility; DEP ~ **de libertad: dar la ~ de libertad a alguien** to give sb a free transfer; **Carta Magna** (constitución) constitution; NÁUT ~ **de marca** letters-of-marque; ~ **de naturaleza** naturalization papers; COM ~ **de pago** receipt; COM ~ **de pedido** order; **la Carta Social** the Social Charter; ~ **de trabajo** work permit; COM ~ **de venta** bill of sale; ~ **verde** green card (for international car insurance)
-6. TV ~ **de ajuste** Br test card, US test pattern
-7. EXPR **a ~ cabal** through and through; **es un hombre íntegro a ~ cabal** he's honest through and through; **adquirir o tomar ~ de naturaleza** (costumbre, práctica) to become widely accepted; **tomar cartas en un asunto** to intervene in a matter
cartabón nm -1. (regla) set square (with angles of 30°, 60° and 90°) -2. Am (para medir personas) measuring stick
cartagenero, -a ◇ adj of/from Cartagena (Spain or Colombia)
◇ nm,f person from Cartagena (Spain or Colombia)
cartaginense, cartaginés, -esa HIST ◇ adj Carthaginian
◇ nmf Carthaginian
Cartago n HIST Carthage
cártamo nm safflower
cartapacio nm -1. (carpeta) folder -2. (cuaderno) notebook
cartearse vpr **nos seguimos carteando** we still write to each other; **se cartea con otros científicos** she corresponds with other scientists
cartel¹ nm -1. (anuncio) poster; **prohibido fijar carteles** (en letrero) post o stick no bills; **estar en ~** (película, obra de teatro) to be on, to be showing -2. (fama) **tener buen/mal ~** to be popular/unpopular; **un actor de ~** a well-known actor
cartel², cártel nm -1. (de empresas) cartel -2. (de droga, crimen) cartel, syndicate; **el ~ de Cali/Medellín** the Cali/Medellín cartel
cartela nf (tarjeta) card
cartelera nf -1. (tablón) billboard, Br hoarding -2. (lista de espectáculos) entertainments page; **estar en ~** to be showing; **lleva un año en ~** it has been running for a year -3. Am (de anuncios) Br noticeboard, US bulletin board
cartelero, -a adj popular, big-name
cartelista nmf poster artist
carteo nm correspondence
cárter nm AUT housing; (del cigüeñal) crankcase
cartera nf -1. (para dinero) wallet, US billfold -2. (para documentos) briefcase; (sin asa) portfolio; (de colegial) satchel; EXPR **tener algo en ~** to have sth in the pipeline -3. COM & FIN portfolio ❑ ~ **de acciones** share portfolio; ~ **de clientes** client portfolio; ~ **de inversiones** investment portfolio; ~ **de pedidos** (pedidos pendientes) orders in hand; (pedidos atrasados) backlog; ~ **de valores** investment portfolio -4. POL (de ministro) portfolio; **ocupa la ~ de Defensa** he is the Minister of Defence, he has the Defence portfolio -5. Andes, RP (bolso) Br handbag, US purse -6. ver también **cartero**
carterear vt Chile to pickpocket
carterista nmf pickpocket
cartero, -a nm,f Br postman, f postwoman, US mailman, f mailwoman
cartesiano, -a ◇ adj Cartesian
◇ nm,f Cartesian
cartilaginoso, -a adj cartilaginous
cartílago nm cartilage
cartilla nf -1. (documento) book ❑ ~ **de ahorros** savings book, passbook; ~ **militar** = booklet to say one has completed one's military service; ~ **del paro** registration card issued to the unemployed, Br ≃ UB40; ~ **de racionamiento** ration book; ~ **de la seguridad social** = card bearing national insurance number, doctor's address and other personal details
-2. (para aprender a leer) primer; EXPR Fam **leerle la ~ a alguien** to read sb the riot act; Fam **no saberse la ~** not to have a clue
cartismo nm HIST Chartism
cartografía nf cartography ❑ ~ **aérea** aerocartography
cartográfico, -a adj cartographic
cartógrafo, -a nm,f cartographer
cartomancia nf fortune-telling (with cards)
cartón nm -1. (material) cardboard ❑ ~ **piedra** papier-mâché -2. (de cigarrillos) carton -3. (de leche, zumo) carton ❑ ~ **de huevos** eggbox -4. ARTE cartoon -5. Méx (tira cómica) comic strip
cartoné nm **en ~** bound in boards
cartonista nmf Méx comic strip artist
cartuchera nf -1. (para cartuchos) cartridge belt -2. Fam (grasa acumulada) saddlebag -3. RP (para lápices) pencil box -4. Chile (para lentes) glasses case
cartucho nm -1. (de arma) cartridge; EXPR **quemar el último ~** to play one's last card ❑ ~ **de dinamita** stick of dynamite; ~ **de fogueo** blank cartridge -2. (de tinta, videojuego) cartridge ❑ ~ **de tóner** toner cartridge -3. (envoltorio) roll; (de monedas) roll; (cucurucho) paper cone
cartuja nf charterhouse
cartujo, -a ◇ adj Carthusian
◇ nm -1. (religioso) Carthusian -2. (persona retraída) hermit
cartulina nf -1. (cartón) card, thin cardboard; **una carpeta de ~** a cardboard folder -2. (en deporte) card ❑ ~ **amarilla** yellow card; ~ **roja** red card
carúncula nf ANAT ~ **lacrimal** o **lagrimal** lacrimal caruncle
casa nf -1. (edificio) house; (apartamento) Br flat, US apartment; **vivo en una ~ de tres plantas** my house has got three floors; **vivimos en una ~ de alquiler** we live in rented accommodation; **buscar ~** to look for somewhere to live; **cambiarse** o **mudarse de ~** to move (house); **de ~ en ~** house-to-house; **se le cae la ~ encima** (se deprime) it's the end of the world for him; EXPR Fam **como una ~** (enorme) massive; **dijo un disparate como una ~** he made a totally ludicrous remark; **una mentira como una**

~ a whopping great lie; **un fuera de juego como una** ~ a blindingly obvious offside; [EXPR] **echar** o **tirar la** ~ **por la ventana** to spare no expense; **para comprarse un coche tan caro, tiró la** ~ **por la ventana** he spared no expense when he bought that car; [EXPR] **empezar la** ~ **por el tejado** to put the cart before the horse; ❑ ~ *adosada* Br terraced house, US row house; ~ *de altos* Andes, CAm, Carib, Méx (edificio) multistorey building; CSur, Perú (casa de arriba) upstairs Br flat o US apartment; ~ *de apartamentos* Br block of flats, US apartment building; *Casa Blanca* (en Estados Unidos) White House; ~ *de campo* country house; ~ *y comida* board and lodging; Esp ~ *cuartel* (de la Guardia Civil) = police station also used as living quarters by Guardia Civil; Arg ~ *de departamentos* Br block of flats, US apartment building; Am ~ *habitación* residential building; RP ~ *de inquilinato* = communal dwelling where poor families each live in a single room and share bathroom and kitchen with others; ~ *de labor* farmhouse; ~ *de labranza* farmhouse; Méx ~ *llena:* **con** ~ **llena** (en béisbol) with the bases loaded; *Casa de la Moneda* (en Chile) = Chile's presidential palace; ~ *de muñecas* Br doll's house, US dollhouse; ~ *natal:* **la** ~ **natal de Goya** the house where Goya was born; ~ *parroquial* priest's house, presbytery; ~ *piloto* show house; ~ *de postas* posthouse, inn; ~ *prefabricada* prefab; RP ~ *rodante* Br caravan, US trailer; *Casa Rosada* (en Argentina) = Argentinian presidential palace; ~ *semiadosada* semi-detached house; ~ *solariega* ancestral home, family seat; ~ *unifamiliar* = house, usually detached, on an estate; ~ *de vecindad* tenement house

-2. (hogar) home; **bienvenido a** ~ welcome home; **en** ~ at home; **¿está tu hermano en** ~**?** is your brother at home?; **me quedé en** ~ **leyendo** I stayed at home and read a book; **en** ~ **se cena pronto** we have dinner early at home; **estar de** ~ to be casually dressed; **unas zapatillas de ir por** ~ slippers for wearing around the house; **pásate por (mi)** ~ come round, come over to my place; **estar fuera de** ~ to be out; **ir a** ~ to go home; **irse de** ~ to leave home; **me fui de** ~ **a los dieciséis años** I left home at sixteen; **franquear la** ~ **a alguien** to open one's home to sb; **generalmente es la mujer la que lleva la** ~ it's usually the woman who runs the household; **no para en** ~ he's hardly ever at home; **no tener** ~ **ni hogar** to be homeless; **ponte como en tu** ~**, estás en tu** ~ make yourself at home; **sin** ~ homeless; **había varios sin** ~ **durmiendo a la intemperie** there were several homeless people sleeping rough; **hemos recogido a un niño sin** ~ we've taken in a child from a broken home; Esp **quiere poner** ~ **en Valencia** she wants to go and live in Valencia; **sentirse como en** ~ to feel at home; **ser (uno) muy de su** ~ to be a homebody; [EXPR] Fam **como Pedro por su casa: entra y sale como Pedro por su** ~ she comes in and out as if she owns the place; [EXPR] **todo queda en** ~**: nadie se enterará de tu despiste, todo queda en** ~ no one will find out about your mistake, we'll keep it between ourselves; **el padre y el hijo dirigen el negocio, así que todo queda en** ~ the business is run by father and son, so it's all in the family; [EXPR] Esp Fam **los unos por los otros y la** ~ **sin barrer** everybody said they'd do it and nobody did; [EXPR] Esp Fam **esto parece la** ~ **de tócame Roque** everyone just does whatever they want in here, it's like Liberty Hall in here; [PROV] **cada uno en su** ~**, y Dios en la de todos** = you should mind your own business; [PROV] **en** ~ **del herrero cuchillo de palo** the shoemaker's wife is always worst shod ❑ ~ *mortuoria* home of the deceased; ~ *paterna* parental home

-3. (familia) family; (linaje) house; **procede de una de las mejores casas de la ciudad** she comes from one of the most important families in the city ❑ HIST *la* ~ *de Austria* the Hapsburgs; HIST *la* ~ *de Borbón* the Bourbons; ~ *real* royal family

-4. (establecimiento) company; **este producto lo fabrican varias casas** this product is made by several different companies; **por la compra de un televisor, la** ~ **le regala una radio** buy one television and we'll give you a radio for free; **¡invita la** ~**!** it's on the house!; **especialidad/vino de la** ~ house speciality/wine ❑ ~ *de apuestas* betting shop; Méx ~ *de asistencia* boarding house; ~ *de banca* banking house; COM ~ *central* head office; ~ *de citas* brothel; ~ *de comidas* = cheap restaurant serving simple meals; ~ *discográfica* record company; ~ *editorial* publishing house; ~ *de empeño* pawnshop; ~ *de empeños* pawnshop; ~ *exportadora* exporter; ~ *de huéspedes* Br ≃ guesthouse, US ≃ rooming house; ~ *importadora* importer; ~ *de lenocinio* house of ill repute; COM ~ *matriz* (de empresa) head office; (de grupo de empresas) parent company; ~ *de préstamo* pawnshop; ~ *pública* brothel; Vulg ~ *de putas* whorehouse; ~ *de subastas* auction house, auctioneer's; Am ~ *de tolerancia* brothel

-5. (institución, organismo) RP ~ *bancaria* savings bank; ~ *de baños* public bathhouse; ~ *de beneficencia* poorhouse; FIN ~ *de cambio* bureau de change; ~ *de caridad* poorhouse; ~ *consistorial* town o US city hall; ~ *de correos* post office; ~ *cuna* (orfanato) foundling home; (guardería) nursery; ~ *de Dios* house of God; CSur ~ *de estudios* educational establishment; ~ *de fieras* zoo; Am ~ *de gobierno* = workplace of the head of state, governor, mayor etc; ~ *de locos* madhouse; Fig **¡esto es una** ~ **de locos!** this place is a madhouse!; ~ *de la moneda* (fábrica) mint; ~ *del pueblo* village social club run by local council; ~ *rectoral* rectory; ~ *regional* = social club for people from a particular region (in another region or abroad); ~ *religiosa* (de monjas) convent; (de monjes) monastery; RP ~ *de reposo* rest home; RP ~ *de salud* rest home; ~ *del Señor* house of God; ~ *de socorro* first-aid post; ~ *de la villa* town hall

-6. CSur **las casas** (en estancia, hacienda) the farmstead

-7. DEP home; **jugar en** ~ to play at home; **jugar fuera de** ~ to play away (from home); **el equipo de** ~ the home team

-8. (en juegos de mesa) home

-9. (casilla de ajedrez, damas) square

-10. ~ *celeste* (en astrología) house

casabe nm -1. (pez) amberfish -2. (planta) cassava -3. Col, Ven (torta) cassava bread

Casablanca n Casablanca

casaca nf (de chaqué) frock coat; (chaquetón) jacket

casación nf DER annulment

casadero, -a adj marriageable; **estar en edad casadera** to be of marriageable age

casado, -a ◇ adj married (**con** to)
◇ nm,f married man, f married woman; **los casados no entienden que los solteros podamos ser felices** married people can't understand how single people can be happy; **los recién casados** the newly-weds; **la vida de** ~ married life; [PROV] **el** ~ **casa quiere** = when you're married, you want your own place

casamata nf casemate

casamentero, -a ◇ adj matchmaking
◇ nm,f matchmaker

casamiento nm wedding, marriage

Casandra n MITOL Cassandra

casanova nm Casanova, lady-killer

casar ◇ vt -1. (en matrimonio) to marry; **los casó el cura del pueblo** they were married by the village priest; **ya ha casado a todos sus hijos** all his children are married; **llevan años intentando** ~ **a su hijo** they've been trying to marry off their son o get their son married off for years -2. (unir) to fit together

◇ vi -1. (armonizar) to match; **el tapizado del sofá y el de las sillas no casan** the sofa and the chairs don't match -2. (cuadrar) to balance, to tally; **las cuentas no casan** the accounts don't tally

▸ **casarse** vpr to get married (**con** to); **se casan mañana** they're getting married tomorrow; **se casó con una mujer diez años mayor que él** he married a woman ten years his senior; **casarse en segundas nupcias** to remarry; **casarse por interés** to marry for money; **casarse por la iglesia** to have a church wedding; **casarse por lo civil** to have a Br registry office wedding o US civil wedding; [EXPR] **casarse de penalti** to have a shotgun wedding; [EXPR] **no se casa con nadie** he maintains his independence, he ploughs his own furrow; **en cuestiones de política, no se casa con nadie** when it comes to politics, she's totally impartial

cascabel nm (small) bell; [EXPR] **poner el** ~ **al gato** to bell the cat, to dare to go ahead

cascabela nf CRica rattlesnake

cascabelear vi Fam -1. (estar atolondrado) to act in a scatterbrained manner -2. Méx (criticar) to moan -3. Chile (refunfuñar) to grumble

cascabeleo nm tinkle, jingle

cascada nf -1. (de agua) waterfall -2. (gran cantidad) **una** ~ **de preguntas** a deluge of questions; **una** ~ **de imágenes** a riot of images; **en** ~ one after another

cascadismo nm ice climbing

cascado, -a adj -1. (ronco) rasping; **tener la voz cascada** to be hoarse -2. Esp Fam (estropeado) bust, Br clapped-out; (persona) worn-out

cascajo nm -1. (cascote) rubble -2. [EXPR] Fam **estar hecho un** ~ to be a wreck

cascanueces nm inv -1. (utensilio) nutcracker -2. (ave) nutcracker

cascar [59] ◇ vt -1. (romper) to crack; ~ **un huevo** to crack an egg -2. Esp Fam (dañar) to damage, to harm -3. Esp Fam **cascarla** (morir) to kick the bucket -4. Fam (voz) to make croaky -5. Fam (pegar) to thump; Esp Vulg **como no te calles, te casco una hostia** if you don't shut up, I'll smash your face in

◇ vi Esp Fam -1. (hablar) to chat, to natter; **no pararon de** ~ **en toda la tarde** they were chatting o nattering away all afternoon -2. (morir) to kick the bucket

▸ **cascarse** vpr -1. (romperse) to crack -2. Esp Fam **se le cascó la voz** his voice went croaky -3. Esp muy Fam **cascársela** (masturbarse) to jerk off, Br to wank

cáscara nf -1. (de almendra, huevo, gamba) shell; (de limón, naranja) peel, rind -2. Méx Fam **echar una** ~ (un partido) to have a game

cáscaras interj wow!

cascarilla nf husk

cascarón nm -1. (cáscara) eggshell; **romper el** ~ to hatch; [EXPR] **salir del** ~ (independizarse) to leave the nest; (abrirse) to come out of one's shell -2. Fam (embarcación) tub

cascarrabias Fam ◇ adj inv grouchy, cranky; **un viejo** ~ an old grouch, an old misery-guts
◇ nmf inv grouch, misery-guts

cascarudo nm RP beetle

casco ◇ nm -1. (para la cabeza) helmet; (de albañil) hard hat; (de motorista) crash helmet ❑ *cascos azules* UN peacekeeping troops, blue berets

-2. (de barco) hull

-3. (de ciudad) ~ *antiguo* old (part of) town; ~ *histórico* old (part of) town; ~ *de población* city centre; ~ *urbano* city centre; ~ *viejo* old (part of) town

-4. (de caballo) hoof

cascote -5. *Esp, Méx (de botella)* (empty) bottle -6. *(pedazo)* fragment, piece -7. *Méx, RP (en estancia, hacienda)* farmstead -8. *Andes, Cuba, RP (gajo)* segment -9. EXPR **calentarse** *o* **romperse los cascos** to Br rack *o* US cudgel one's brains; **ser alegre** *o* **ligero de cascos** *(irresponsable)* to be irresponsible; *(mujer)* to be flighty
◇ *nmpl* **cascos** *Fam (auriculares)* headphones

cascote *nm* piece of rubble; **cascotes** rubble
caseína *nf* casein
caserío *nm* -1. *(aldea)* hamlet -2. *(casa de campo)* country house
caserna *nf* MIL bombproof bunker
casero, -a ◇ *adj* -1. *(hecho en casa) (comida)* home-made; **un explosivo de fabricación casera** a home-made explosive; **un vídeo ~** a home video
-2. *(trabajos)* domestic
-3. *(celebración)* family
-4. *(hogareño)* home-loving; **es muy ~** he's a real homebody
-5. *(árbitro)* **un árbitro conocidamente ~** a referee known to favour the home team; **el árbitro estuvo muy ~** the referee blatantly favoured the home team
◇ *nm,f* -1. *(propietario)* landlord, *f* landlady
-2. *(encargado)* house agent
-3. *Andes, Cuba (cliente)* customer
caserón *nm* large, rambling house
caseta *nf* -1. *(casa pequeña)* hut ❏ *Méx* **~ de cobro** tollbooth; **~ de feria** *(de tiro)* booth; *(de artesanía, libros, comida)* stall; **~ de salida** *(en esquí)* start hut; *Méx* **~ telefónica** phone box, *US* phone booth -2. *(en la playa)* bathing hut -3. DEP *(vestuario)* changing room; EXPR **mandar a un jugador a la ~** to send a player off, *Br* to send a player for an early bath -4. *(para perro)* kennel
casete ◇ *nf (cinta)* cassette
◇ *nm (magnetófono)* cassette *o* tape recorder
cash-flow ['kaʃflou] *nm* cash flow
casi *adv* -1. *(faltando poco)* almost; **~ me muero** I almost *o* nearly died; **~ me caigo** I almost *o* nearly fell; **no dormí** I hardly slept at all; **el ~ millón de refugiados** the refugees, who number almost a million; **no llegamos hasta la cumbre pero ~,** we didn't quite get to the top, but almost; **no comió ~ nada** she hardly ate anything; **~ nunca** hardly ever; **~ siempre** almost *o* nearly always; **está ~ olvidado – sin el –** it's all but forgotten – leave out the "all but"
-2. *(expresando indecisión)* **me voy a quedar con el rojo** I think I'll probably go for the red one; **~ ~ preferiría dormir en un albergue que en una pensión** I'd almost prefer to sleep in a youth hostel rather than a guesthouse
-3. EXPR *Irónico* **~ nada: ¿qué te pasa? – ¡~ nada!** what me ha dejado mi mujer what's up? – my wife's only gone and left me, that's all!; **lo venden por 3 millones – ¡~ nada!** they're selling it for 3 million – what a snip!
casilla *nf* -1. *(de caja, armario)* compartment; *(para cartas)* pigeonhole ❏ *Andes, RP* **~ de correos** PO Box; *CAm, Carib, Méx* **~ postal** PO Box
-2. *(en un impreso)* box ❏ INFORMÁT **~ de verificación** checkbox
-3. *(de tablero de juego, crucigrama)* square ❏ **~ de salida** start; **volver a la ~ de salida** to go back to the start
-4. *Ecuad (retrete)* toilet
-5. *Méx (de votación)* voting booth
-6. *Fam* EXPR **sacar a alguien de sus casillas** to drive sb mad; **salir** *o* **salirse de sus casillas** to fly off the handle
casillero *nm* -1. *(mueble)* set of pigeonholes -2. *(casilla)* pigeonhole -3. *(marcador)* scoreboard -4. *(en formulario)* box
casimir *nm* -1. *(tejido)* cashmere -2. *(estampado)* **una corbata/un pañuelo de ~** a Paisley (pattern) tie/headscarf

casino *nm* -1. *(para jugar)* casino -2. *(asociación)* (social) club -3. *Chile (en empresa, institución)* canteen
Casiopea *n* MITOL Cassiopeia
casís *nm inv* -1. *(arbusto)* blackcurrant bush -2. *(fruto)* blackcurrant -3. *(licor)* cassis
casitas *nfpl Chile* public lavatory
casiterita *nf* GEOL cassiterite
caso *nm* -1. *(situación, circunstancias, ejemplo)* case; **un ~ especial** a special case; **un ~ límite** a borderline case; **voy a contarles un ~ curioso que pasó aquí** I'm going to tell you about something strange that happened here; **les expuse mi ~** I made out my case to them; **el ~ es que** *(el hecho es que)* the thing is (that); *(lo importante es que)* what matters is (that); **el ~ es que a pesar de la aparatosidad del accidente nadie resultó herido** despite the spectacular nature of the accident, the fact remains that no one was injured; **el ~ es que no sé qué hacer** basically, I don't know what to do; **cuando llegue el ~, hablaremos del asunto** if it should ever come to that, we'll discuss it then; **darse el ~: rara vez se da el ~ de que dos candidatos obtengan el mismo número de votos** it is very rare for two candidates to receive the same number of votes; **si se da el ~, tomaremos las medidas necesarias** if that should happen, we'll take the necessary steps; **en ~ afirmativo/negativo** if so/not; **en ~ contrario** otherwise; **en ~ de** in the event of; **en ~ de emergencia** in case of emergency; **en ~ de incendio** in the event of a fire; **en ~ de no haber mayoría...** should there be no majority...; **en ~ de necesidad** if necessary; **en ~ de no poder venir, comuníquenoslo** should you be unable to come, please let us know; **en ~ de que** if; **(en) ~ de que venga** should she come, if she comes; **en cualquier** *o* **todo ~** in any event *o* case; **dijo que en todo ~ nos avisaría** she said she'd let us know, whatever; **no tenemos dinero para un hotel, en todo ~ una pensión** we certainly haven't got enough money for a hotel, so it'll have to be a guesthouse, if anything; **en el ~ de Bosnia, la situación es más complicada** in the case of Bosnia, the situation is more complicated; **en el mejor/peor de los casos** at best/worst; **en el peor de los casos, llegaremos un poco tarde** the worst that can happen is that we'll be a few minutes late; **en tal** *o* **ese ~** in that case; **yo en tu ~ no iría** I wouldn't go if I were you; **en último ~, en ~ extremo** as a last resort; **hablar al ~** to keep to the point; **ir al ~** to get to the point; **llegado** *o* **si llega el ~, ya veremos qué hacemos** we'll cross that bridge when we come to it; **cuando llegue el ~, se lo diremos** we'll tell you when the time comes; **lo mejor del ~** the best thing (about it); **poner por ~ algo/a alguien** to take sth/sb as an example; **pongamos por ~ que...** let's suppose (that)...; **ponerse en el ~ de alguien** to put oneself in sb's position; **según (sea) el ~, según los casos** as *o* whatever the case may be; **eso no viene** *o* **hace al ~ that's irrelevant; tu comportamiento no viene** *o* **hace al ~** your behaviour is out of place; **verse en el ~ de hacer algo** to be obliged *o* compelled to do sth
-2. *(atención)* attention; **hacer ~ a** to pay attention to; **tuve que gritar para que me hicieran ~** I had to shout to attract their attention; **¡maldito el ~ que me hacen!** they don't take the blindest bit of notice of me!; **hacer ~ omiso de** to ignore; **¡ni ~!, ¡no hagas ~!** don't take any notice!; **se lo dije, pero ella, ni ~** I told her, but she didn't pay the slightest bit of attention to me; **creo que su cumpleaños es el viernes, pero no me hagas mucho ~** I think her birthday is on Friday, but don't take my word for it
-3. *(médico, legal)* case; **el ~ Dreyfus** the Dreyfus affair; **el ~ Watergate** Watergate, the Watergate affair; **se han dado varios casos de intoxicación** there have been several cases of poisoning; EXPR *Fam* **ser un ~ perdido** to be a lost cause ❏ **~ clínico: un ~ clínico muy interesante** a very interesting case; EXPR *Fam* **ser un ~ (clínico)** to be a case, to be a right one; **~ de conciencia** matter of conscience; DER **~ fortuito** act of God; **~ de fuerza mayor** force of circumstance(s); **fue un ~ de fuerza mayor** it was due to force of circumstance(s); **~ de honra** question of honour; **~ judicial** court case; DER **~ de prueba** test case
-4. GRAM case
-5. EXPR *Méx* **no tiene ~,** *RP* **no hay ~** *(no tiene solución)* nothing can be done about it
casona *nf* large house, mansion
casorio *nm Fam* -1. *(boda)* wedding -2. *Esp (boda inconveniente)* unwise marriage
caspa *nf* dandruff
Caspio *nm* **el (mar) ~** the Caspian Sea
cáspita *interj Anticuado o Hum (sorpresa)* my word!; *(enfado)* dash it!
casposo, -a *adj* -1. *(que tiene caspa)* covered in dandruff; **ser ~** to have dandruff -2. *Esp Fam (asqueroso)* disgusting
casquería *nf* -1. *(tienda)* = shop selling offal -2. *(productos)* offal -3. *Fam* **en esa película sale demasiada ~** that movie is too gory
casquete *nm* -1. *(gorro)* skullcap -2. *(en esfera)* **~ esférico** segment of a sphere; **~ glacial** icecap; **~ polar** polar icecap -3. *muy Fam* **echar un ~** to have a screw *o Br* shag
casquijo *nm* gravel, broken stone
casquillo *nm* -1. *(cartucho de bala)* case -2. *(de lámpara)* socket (for light bulb) -3. *CAm (herradura)* horseshoe
casquivano, -a *adj* -1. *Fam (irresponsable)* irresponsible -2. *(mujer)* flighty
cassette [ka'sete, ka'set] ◇ *nf (cinta)* cassette
◇ *nm (magnetófono)* cassette *o* tape recorder
casta *nf* -1. *(linaje)* caste; EXPR **de ~ le viene al galgo** it runs in the family; EXPR **él y todos los de su ~** him and all his sort *o* ilk -2. *(especie, calidad)* breed; **un toro de ~** a pedigree bull; **es de buena ~** *(persona)* he's from good stock -3. *(en la India)* caste
castaña *nf* -1. *(fruto)* chestnut; EXPR *Fam* **sacarle a alguien las castañas del fuego** to get sb out of trouble; EXPR *Fam* **¡toma ~!** so there! ❏ **~ de agua** water chestnut; *RP* **~ de cajú** cashew nut; **~ de Indias** horse chestnut; *RP* **~ de Pará** Brazil nut; **~ pilonga** dried chestnut
-2. *Esp Fam (golpe)* bash; **darse** *o* **pegarse una ~** *(golpe)* to give oneself a bump; *(con vehículo)* to have a crash
-3. *Esp Fam (borrachera)* **agarrarse una ~** to get plastered *o* legless; **llevar una ~** to be plastered *o* legless
-4. *Esp Fam (cosa aburrida)* bore; **este libro es una ~** this book is boring
-5. *Esp Fam* **castañas:** *(años)* **tiene cuarenta castañas** he's forty
-6. *(moño)* bun
-7. *Méx (barril pequeño)* keg
castañar *nm* chestnut grove
castañazo *nm Fam* bash; **darse** *o* **pegarse un ~** *(golpe)* to give oneself a bump; *(con vehículo)* to have a crash
castañero, -a *nm,f* roast chestnut seller
castañeta *nf* TAUROM = bullfighter's ornamental pigtail
castañetear *vi (dientes)* to chatter; **me castañetean las rodillas** my knees are knocking
castañeteo *nm* -1. *(de castañuelas)* clacking -2. *(de dientes)* chattering
castaño, -a ◇ *adj (color)* brown, chestnut; **ojos castaños** brown eyes
◇ *nm* -1. *(color)* chestnut; EXPR **pasar de ~ oscuro** to be beyond a joke -2. *(árbol)* chestnut (tree) ❏ **~ de Indias** horse chestnut (tree) -3. *(madera)* chestnut
castañuela *nf (instrumento)* castanet; EXPR **estar como unas castañuelas** to be over the moon

castellanizar [14] *vt* to hispanicize
castellano, -a ◇ *adj* Castilian
◇ *nm,f (persona)* Castilian
◇ *nm (lengua)* (Castilian) Spanish; **las variedades del ~ habladas en América** the varieties of Spanish spoken in Latin America

---
CASTELLANO

Castellano (Castilian) is the official term for Spanish used in the Spanish Constitution of 1978, but "español" (Spanish) and "lengua española" (Spanish language) are often used when referring to Spanish as opposed to French, Italian or German, and also in linguistic or academic contexts. Elsewhere, the term "español" is often avoided because of its associations either with the former colonizing country (in the case of Latin America) or (in Spain) with the domination of Spanish over the other languages spoken in Spain (principally Catalan, Basque and Galician), especially as practised during the Bourbon monarchy in the 18th and 19th centuries and under Franco's dictatorship (1939-75).

---

castellanohablante ◇ *adj* Spanish-speaking
◇ *nmf* Spanish speaker
castellano-leonés, -esa ◇ *adj* of/from Castile and León *(Spain)*
◇ *nm,f* person from Castile and León *(Spain)*
castellano-manchego, -a ◇ *adj* of/from Castile and La Mancha *(Spain)*
◇ *nm,f* person from Castile and La Mancha *(Spain)*
castellanoparlante ◇ *adj* Spanish-speaking
◇ *nmf* Spanish speaker
casticismo *nm* purism
casticista *nmf* purist
castidad *nf* chastity
castigador, -ora *Fam* ◇ *adj* seductive
◇ *nm,f* Lady-killer, *f* man-eater
castigar [38] ◇ *vt* **-1.** *(imponer castigo a)* to punish; **castigaron a los niños sin cena** they punished the children by sending them to bed without dinner; **lo castigaron con la pena capital** he was given the death penalty; **los castigaron a copiar la lección diez veces** they had to write out the lesson ten times as a punishment
-2. DEP to penalize; **el árbitro castigó la acción con penalti** the referee awarded a penalty for the foul
-3. *(dañar) (piel, salud)* to damage; *(sujeto: sol, viento, epidemia)* to devastate; **una zona castigada por las inundaciones** a region severely hit by the floods; **las nuevas medidas castigan a los pequeños inversores** the new measures are prejudicial to small investors
-4. *(enamorar)* to seduce
-5. *(caballo) (con espuelas)* to spur; *(con látigo)* to whip
-6. TAUROM to wound
◆ **castigarse** *vpr* to be hard on oneself; **no te castigues así** don't be so hard on yourself
castigo *nm* **-1.** *(sanción)* punishment; **una expedición militar de ~** a punitive military expedition; **nos levantaron el ~ por buen comportamiento** we were let off the rest of our punishment for good behaviour ❑ **~ corporal** corporal punishment; **~ ejemplar** exemplary punishment
-2. DEP **máximo ~** penalty; **el árbitro señaló el máximo ~** the referee pointed to the spot
-3. *(daño)* damage; **infligir un duro ~ a** to inflict severe damage on
-4. *Fam (molestia, suplicio)* **¡qué ~ de niño/hombre!** what a pain that child/man is!
-5. TAUROM wound
Castilla *n* Castile; EXPR **¡ancha es ~!: tú haz lo que te apetezca, ¡ancha es ~!** you do what you want, it's Liberty Hall!; **se han gastado 5 millones en la boda – ¡ancha es ~!** they spent 5 million on the wedding – well, it's all right for some people! ❑ **~ la Nueva** New Castile; **~ la Vieja** Old Castile
Castilla-La Mancha *n* Castile and La Mancha
Castilla y León *n* Castile and León
castillo *nm* **-1.** *(edificio)* castle; EXPR **hacer castillos en el aire** to build castles in the air ❑ **~ de arena** sandcastle; **~ de fuegos artificiales** firework display; **~ hinchable** bouncy castle; **~ de naipes** house of cards; EXPR **hacer castillos de naipes** to build castles in the air **-2.** NÁUT **~ de popa** quarterdeck; **~ de proa** forecastle
casting ['kastin] *(pl* **castings)** *nm (de actores)* audition; **hacer un ~** to hold an audition
castizo, -a *adj* **-1.** *(lenguaje, palabra)* = derived from popular usage and considered linguistically pure **-2.** *(típico) (barrio, taberna)* typical; **es un andaluz ~** he's an Andalusian through and through
casto, -a *adj* **-1.** *(persona)* chaste **-2.** *(sonrisa, mirada)* chaste
castor *nm* **-1.** *(animal)* beaver **-2.** *(piel)* beaver fur
castración *nf (de animal, persona)* castration; *(de gato)* neutering; **la ~ de gatos es una práctica común hoy en día** neutering cats is common practice nowadays
castrado, -a ◇ *adj* **-1.** *(persona)* castrated; *(animal)* castrated, gelded; *(gato)* neutered **-2.** *(apocado)* emasculated
◇ *nm* **-1.** *(hombre)* eunuch **-2.** *(caballo)* gelding
castrador, -ora *adj Fig* **una madre castradora** a domineering *o* dominant mother
castrar *vt* **-1.** *(persona, animal)* to castrate, to geld; *(gato)* to neuter **-2.** *(debilitar)* to sap, to impair **-3.** *(anular)* to weaken, to impair
castrense *adj* military; **la vida ~** army life, life in the army
castrismo *nm* Castroism
castrista ◇ *adj* Castroist
◇ *nmf* Castroist
castro *nm* = pre-Roman fort
casual ◇ *adj* accidental; **un encuentro ~** a chance encounter
◇ *nm Fam* **por un ~** by any chance
casualidad *nf* coincidence; **la ~ hizo que nos encontráramos** chance brought us together; **dio la ~ de que...** it so happened that...; **¡qué ~!** what a coincidence!; **no es ~ que...** it's no coincidence that...; **de ~** by chance; **me encuentras aquí de ~, porque hoy no pensaba venir** I'm only here by chance, I hadn't intended to come today; **por ~** by chance; **me he enterado por ~ de que estás buscando apartamento** I happened to hear that you're looking for an apartment *o Br* flat; **¿no llevarás por ~ un paraguas?** you wouldn't happen to have an umbrella with you, would you?
casualmente *adv* **-1.** *(por casualidad)* by chance **-2.** *(precisamente)* as it happens; **~, es vecino mío** as it happens, he's a neighbour of mine; **~, iba buscando uno parecido** as it happens, I was looking for something like that myself
casuario *nm* (Southern) cassowary
casucha *nf* **-1.** *Pey (para gente)* hovel, dump **-2.** *Chile (para perro)* kennel
casuística *nf (conjunto de casos)* **la ~ no permite sacar conclusiones definitivas** no definite conclusions can be drawn from the previous cases
casulla *nf* chasuble
casus belli *nm inv* casus belli
cata *nf* **-1.** *(de vino)* tasting ❑ **~ de vinos** wine tasting **-2.** *Col (secreto)* hidden *o* secret thing **-3.** *CSur (ave)* parakeet
catabolismo *nm* BIOQUÍM catabolism
cataclismo *nm* cataclysm; **su dimisión provocó un ~ en el partido** her resignation threw the party into chaos
catacumbas *nfpl* catacombs
catadióptrico *nm* reflector
catador, -ora *nm,f* taster ❑ **~ de vinos** wine taster

catadura *nf* **-1.** *(prueba)* tasting **-2.** *(aspecto)* look, appearance
catafalco *nm* catafalque
catáfora *nf* LING cataphora
catafórico, -a *adj* LING cataphoric
catalán, -ana ◇ *adj* Catalan, Catalonian
◇ *nm,f (persona)* Catalan
◇ *nm (lengua)* Catalan

CATALÁN

Catalan is one of several official languages in Spain other than Castilian Spanish. Like Spanish ("castellano") and Galician ("gallego"), it developed from late Latin. It is spoken in Catalonia in northeastern Spain, and closely related languages are also spoken in the Balearic Islands ("mallorquín") and the Valencian region ("valenciano").
Catalonia's economic development in the latter part of the 19th century encouraged a renaissance in the use of the language as a literary medium. During Franco's dictatorship (1939-75), Catalan was effectively banned for official purposes, but it continued to be used in everyday life as well as in literature. Since the return of democracy, Catalonia's regional government has promoted Catalan as the official language for use in education.

---

catalanismo *nm* **-1.** *(palabra, expresión)* = word or expression of Catalan origin **-2.** *(ideología)* Catalan nationalism
catalanista ◇ *adj* Catalan nationalist
◇ *nmf* Catalan nationalist
catalejo *nm* telescope
catalepsia *nf* catalepsy
cataléptico, -a ◇ *adj* **-1.** *(enfermo)* cataleptic; **en estado ~** in (a state of) suspended animation **-2.** *Fam (atontado)* half asleep
◇ *nm,f (enfermo)* cataleptic
Catalina *n pr* **~ de Aragón** Catherine of Aragon; **~ la Grande** Catherine the Great; **~ de Médicis** Catherine de' Medici
catálisis *nf inv* catalysis
catalítico, -a *adj* QUÍM catalytic
catalizador, -ora ◇ *adj* **-1.** QUÍM catalytic **-2.** **el principio ~ del cambio** *(impulsor)* the catalyst of change
◇ *nm* **-1.** QUÍM catalyst **-2.** AUT catalytic converter **-3.** *(persona)* catalyst
catalizar [14] *vt* **-1.** QUÍM to catalyse **-2.** *(impulsar)* to provoke
catalogación *nf* cataloguing; **dos expertos se encargarán de la ~ de los objetos** two experts will be in charge of cataloguing the objects; **su ~ entre los tres mejores me parece injusta** I think it's unfair to rank him among the top three; **no admitir ~** *(ser extraordinario)* to be hard to categorize
catalogar [38] *vt* **-1.** *(en catálogo)* to catalogue **-2.** *(clasificar)* **~ a alguien de *o* como** to class sb as; **el consumo de cannabis no está catalogado como delito grave** the use of cannabis is not an arrestable offence; **una empresa catalogada entre las primeras del sector** a company ranked among the leaders in its field
catálogo *nm* catalogue
catalpa *nf* catalpa
Cataluña *n* Catalonia
catamarán *nm* catamaran
cataplasma *nf* **-1.** MED poultice **-2.** *Fam (pesado)* bore
cataplines *nmpl Fam (testículos)* nuts, *Br* goolies
cataplum, cataplún *interj* crash!, bang!
catapulta *nf* **-1.** *(arma)* catapult **-2.** *(en portaaviones)* catapult
catapultar *vt* **-1.** *(con catapulta)* to catapult **-2.** *(lanzar)* **salió catapultado del asiento** he was catapulted out of the seat; **~ a alguien a la fama** to shoot sb to fame
catapún *Fam* ◇ *interj* crash!, bang!; **abrí la puerta y ¡~!, me encontré con Juanita** I opened the door and who should I see but Juanita!
◇ *adj* **el año ~** the year dot; **todavía utilizo una radio del año ~** I still use a really

ancient radio; **vive en Murcia desde el año** ~ she's been living in Murcia for ages *o* donkey's years
catar *vt* to taste
catarata *nf* **-1.** *(de agua)* waterfall ❑ *las cataratas del Iguazú* the Iguaçú Falls; *las cataratas del Niágara* Niagara Falls **-2.** MED cataract; **le van a operar de cataratas** he's going to have a cataract operation
cátaro, -a HIST ◊ *adj* Cathar
◊ *nm,f* Cathar
catarral *adj* catarrhal
catarro *nm* **-1.** *(constipado)* cold; **coger un** ~ to catch a cold **-2.** *(inflamación)* catarrh
catarsis *nf inv* catharsis
catártico, -a *adj* cathartic
catastral *adj* **registro** ~ land register; **valor** ~ = value of a property recorded in the land register, *Br* ≃ rateable value, *US* ≃ assessed value
catastro *nm* land registry
catástrofe *nf (calamidad)* catastrophe; *(accidente de avión, tren)* disaster ❑ ~ *ecológica* environmental disaster *o* catastrophe; ~ *natural* natural disaster
catastróficamente *adv* disastrously, catastrophically
catastrófico, -a *adj* disastrous, catastrophic
catastrofismo *nm (pesimismo)* scaremongering, alarmism
catastrofista ◊ *adj* alarmist
◊ *nmf* alarmist
catatónico, -a *adj* **-1.** *(paciente)* catatonic **-2.** *Fam (alterado)* flabbergasted, *Br* gobsmacked
catavientos *nm inv* wind sleeve, wind cone
catavino *nm* wine-tasting glass
catavinos *nmf inv* wine taster
catch ['katʃ] *nm (lucha libre)* catch
catcher *(pl* **catchers)** *nmf (en béisbol)* catcher
catchup *(pl* **catchups)** *nm* ketchup, *US* catsup
cate *nm Fam* fail; **me han puesto un** ~ they failed me
cateador, -ora *nm,f Andes, RP* prospector
catear *vt* **-1.** *Esp Fam* to fail, *US* to flunk; **he cateado** *o* **me han cateado la física** I failed *o US* flunked physics **-2.** *Andes, RP (mina)* to prospect **-3.** *Am (casa)* to search
catecismo *nm* catechism
catecumenado *nm* religious instruction; **un grupo de** ~ a religious study group
catecúmeno, -a *nm,f* = member of a religious study group
cátedra *nf* **-1.** *(en universidad)* chair; **ocupa la** ~ **de Historia antigua** she holds the chair of Ancient History; EXPR **sentar** ~ to lay down the law **-2.** *(en instituto)* post of head of department **-3.** *(departamento)* department
catedral *nf (edificio)* cathedral; EXPR *Fam* **una mentira como una** ~ a whopping great lie
catedralicio, -a *adj* cathedral; **ciudad catedralicia** cathedral city
catedrático, -a *nm,f* **-1.** *(de universidad)* professor **-2.** *(de instituto)* head of department
categoría *nf* **-1.** *(clase)* category; **un hotel de primera** ~ a top-class hotel; **en su** ~ **de presidente,...** as president... ❑ ~ *gramatical* part of speech
 -2. *(calidad)* quality; **de (primera)** ~ first-class; **un discurso de** ~ a first-class *o* an excellent speech; **se enfrenta a dos rivales de** ~ she faces two opponents of the first rank
 -3. *(posición social)* standing; **de** ~ important
 -4. DEP *(división)* division; **perder la** ~ to be relegated ❑ *la* ~ *reina (en motociclismo)* 500 cc category; *(en automovilismo)* Formula One
 -5. *(en lógica)* category
categóricamente *adv* categorically, absolutely
categórico, -a *adj* categorical; **respondió con un "no"** ~ he replied with a most emphatic "no"
catenaria *nf* FERROC catenary
cateo *nm* **-1.** *Am (registro)* (police) search **-2.** *Andes, RP (mina)* mine

catequesis *nf inv* catechism lesson, ≃ Sunday school; ~ *de confirmación* = religious instruction in preparation for confirmation
catequizar [14] *vt* **-1.** *(enseñar religión a)* to instruct in Christian doctrine **-2.** *(adoctrinar)* to convert
catering, cátering *(pl* **caterings, cáterings)** ['katerin] *nm* catering
caterva *nf* **una** ~ **de vagos** a shower of layabouts; **una** ~ **de trastos inútiles** a heap of useless junk
catéter *nm* catheter
cateterismo *nm* catheterization
cateto, -a ◊ *adj Pey* uncultured, uncouth
◊ *nm,f Pey* country bumpkin
◊ *nm* GEOM = either of the two short sides of a right-angled triangle, *Espec* cathetus
catgut *(pl* **catguts)** *nm* MED catgut
catilinaria *nf* diatribe
catinga *nf Am (olor)* foul smell
catión *nm* FÍS cation
catire, -a *Carib* ◊ *adj (rubio)* blond, *f* blonde
◊ *nm,f Fam (como apelativo)* blondie; **¡venga para acá,** ~**!** come here, blondie!
católico, -a *adj* cathodic, cathode
cátodo *nm* cathode
catolicidad *nf* catholicity
catolicismo *nm* Catholicism
católico, -a ◊ *adj* Catholic; EXPR *Fam* **no estar muy** ~ to be under the weather ❑ ~ *romano* Roman Catholic
◊ *nm,f* Catholic
Catón *n pr* Cato
catón *nm (libro)* primer
catorce *núm* fourteen; *ver también* **tres**
catorceavo, -a, catorzavo, -a *núm (fracción)* fourteenth; **la catorceava parte** a fourteenth
catre *nm (cama)* camp bed, *US* cot; *Fam* **irse al** ~ to hit the sack, *US* to hit the hay
catrín, -ina *nm,f CAm, Méx Fam* moneybags *(singular)*, *Br* toff
catsup *(pl* **catsups)** *nm Méx* ketchup, *US* catsup
Catulo *n pr* Catullus
caucásico, -a, caucasiano, -a ◊ *adj* Caucasian
◊ *nm,f* Caucasian
Cáucaso *nm* **el** ~ the Caucasus
cauce *nm* **-1.** *(de río, canal)* bed; **seguir el** ~ **del río** to follow the course of the river; **el** ~ **del río no es navegable** the river isn't navigable; EXPR **ya han vuelto las aguas a su** ~ things have returned to normal
 -2. *(camino, forma)* course; **esta solicitud hay que hacerla siguiendo los cauces reglamentarios** this application has to be made following the correct procedure; **las negociaciones siguen por los cauces habituales** the negotiations are continuing on the same course; **volver a su** ~ to return to normal; **abrir nuevos cauces de diálogo** to open new channels for talks
 -3. *(acequia)* channel
cauchal *nm* rubber plantation
cauchera *nf* **-1.** *(planta)* rubber plant **-2.** *Ven (tienda)* tyre centre
cauchero, -a ◊ *adj* rubber; **la industria cauchera** the rubber industry; **una región cauchera** a rubber-producing area
◊ *nm,f* **-1.** *(en plantación)* rubber gatherer *o* worker **-2.** *Ven (en gomería)* tyre fitter
cauchito *nm Col (goma elástica)* rubber band, *Br* elastic band
caucho *nm* **-1.** *(sustancia)* rubber ❑ ~ *sintético* synthetic rubber; ~ *vulcanizado* vulcanized rubber **-2.** *(planta)* rubber tree **-3.** *Ven (impermeable) Br* mac, *US* slicker **-4.** *Ven (neumático)* tyre
caución *nf* **-1.** *(precaución)* caution **-2.** DER bail; **bajo** ~ on bail ❑ ~ *de indemnidad* bond of indemnity
caucionar *vt (precaver)* to caution **-2.** DER to put up *o* to post bail for
caucus *nm* POL caucus
cauda *nf Am* ASTRON tail *(of comet)*

caudal[1] *nm* **-1.** *(cantidad de agua)* flow, volume **-2.** *(capital, abundancia)* wealth
caudal[2] *adj* ZOOL caudal
caudalosamente *adv* torrentially
caudaloso, -a *adj* **-1.** *(río)* with a large flow **-2.** *(persona)* wealthy, rich
caudillaje *nm* leadership
caudillismo *nm* = tendency for politics, either national or within a party, to be dominated by a strong leader

---
CAUDILLISMO

Caudillismo is a pejorative term used to describe the social system still prevalent in some regions of Latin America whereby the local political power broker (or "caudillo") demands that the peasants living in his area vote for his preferred candidate in elections, in exchange for his protection.
It is also used to refer to the phenomenon of government by strongmen, either as full-blown dictatorships such as that of Rosas in Argentina (1835-52) or as in Mexico, where the rule could be broken by periods of disfavour and exile, as with Santa Anna (president for much of the period 1833-55), or might alternate with puppet presidents, as with Porfirio Díaz (1876-1911) or Calles (1924-34).

---

caudillo *nm* **-1.** *(en la guerra)* leader, head **-2.** HIST **el Caudillo** *(en España)* = title used to refer to Franco **-3.** *(en América Latina) (de partido político)* party boss; *(dictador)* strongman
causa *nf* **-1.** *(origen)* cause; **la** ~ **última** the ultimate cause *o* reason; **el tabaco es la** ~ **de muchas enfermedades respiratorias** smoking is the cause of many respiratory diseases; **él es la** ~ **directa de todos mis problemas** he is directly responsible for all my problems; **la relación** ~**-efecto** the relationship between cause and effect ❑ ~ *final* final cause; ~ *primera* first cause
 -2. *(razón, motivo)* reason; **se desconocen las causas del accidente** it is not known what caused the accident; **por esta** ~ **mueren al año muchos niños** every year many children die as a result of this; **a** *o* **por** ~ **de** because of; **llegaron tarde a** *o* **por** ~ **del intenso tráfico** they arrived late because of the heavy traffic; **ello no es** ~ **suficiente para dejar de asistir a clase** that isn't a good enough reason for stopping going to school; **por** ~ **mayor** for reasons beyond my/our/*etc* control
 -3. *(ideal, objetivo)* cause; **una** ~ **humanitaria** a humanitarian cause; **es todo por una buena** ~ it's all for *o* in a good cause; **abrazar una** ~ to embrace a cause; **dieron su vida por la** ~ they gave their lives for the cause; EXPR **hacer** ~ **común con alguien** to make common cause with sb; **ser una** ~ **perdida** to be a lost cause
 -4. DER case; **una** ~ **contra alguien** a case against sb ❑ ~ *civil* lawsuit; ~ *criminal* criminal case
 -5. *Andes (comida ligera)* light meal, snack
 -6. *Perú (guiso)* = dish of mashed potatoes mixed with cheese, olives, sweetcorn and lettuce, eaten cold
causahabiente *nm* DER assignee
causal *adj* **-1.** *(relación, encadenamiento)* causal **-2.** GRAM causal
causalidad *nf* causality
causante ◊ *adj* **la razón** ~ the cause
◊ *nmf* **el** ~ **del accidente** the person responsible for *o* who caused the accident; **eres el** ~ **de todos mis males** you're the cause of all my problems
causar *vt (daños, problemas)* to cause; *(placer, satisfacción)* to give; **el huracán causó estragos en la costa** the hurricane wreaked havoc on the coast; **el terremoto causó dos mil muertos** two thousand people died in the earthquake, the earthquake killed two thousand people; **el accidente le causó graves lesiones** he was seriously injured in the accident; ~ **(una) buena/mala impresión** to make a good/bad impression; **me causa mucha felicidad saber que se hayan**

reconciliado it makes me very happy to know they've made up with one another; **esta crema a veces causa una sensación de picor** this cream sometimes causes an itching sensation

causativo, -a *adj* causative

causeo *nm Andes (comida ligera)* light meal, snack

causticidad *nf* **-1.** *(de sustancia)* causticity **-2.** *(de comentarios)* causticity

cáustico, -a ◇ *adj* **-1.** *(sustancia)* caustic **-2.** *(comentario)* caustic

cautela *nf* caution, cautiousness; **obrar con ~** to act cautiously

cautelar *adj (medida)* precautionary, preventive; *(detención)* preventive

cautelosamente *adv* cautiously

cauteloso, -a ◇ *adj* cautious, careful
  ◇ *nm,f* cautious person

cauterio *nm* MED cauterization

cauterización *nf* cauterization

cauterizar [14] *vt* to cauterize

cautivador, -ora ◇ *adj* captivating, enchanting
  ◇ *nm,f* charmer

cautivante *adj Am* captivating, enchanting

cautivar *vt* **-1.** *(seducir)* to captivate, to enchant; **su simpatía me cautiva** I find her friendly manner quite captivating **-2.** *(apresar)* to capture

cautiverio *nm* captivity; **pasó cinco años de ~ en Argel** he spent five years in prison in Algiers

cautividad *nf* captivity; **vivir en ~** to live in captivity

cautivo, -a ◇ *adj* captive
  ◇ *nm,f* captive

cauto, -a *adj* cautious, careful

cava¹ *nf* **-1.** *(bodega)* wine cellar **-2.** *(faena agrícola)* = action of hoeing the soil in a vineyard to break it up

cava² *nm (bebida)* cava, = Spanish sparkling wine

cavador, -ora *nm,f* digger

cavar ◇ *vt (hoyo)* to dig; *(con azada)* to hoe; **~ un pozo** to sink a well; EXPR **está cavando su propia tumba** she is digging her own grave
  ◇ *vi (hacer hoyo)* to dig; *(con azada)* to hoe

cavatina *nf* MÚS cavatina

caverna *nf (cueva)* cave; *(más grande)* cavern

cavernícola ◇ *adj* **-1.** *(animal, hombre)* cave-dwelling **-2.** *Pey (retrógrado)* reactionary
  ◇ *nmf* **-1.** *(de las cavernas)* caveman, *f* cavewoman **-2.** *Pey (retrógrado)* reactionary

cavernoso, -a *adj* **-1.** *(con cavernas)* cavernous, with caves **-2.** *(voz, tos)* hollow

caviar *nm* caviar

cavidad *nf* cavity ❑ ANAT **~ abdominal** abdominal cavity; ANAT **~ bucal** oral *o* buccal cavity; ANAT **~ nasal** nasal cavity; ANAT **~ peritoneal** peritoneal cavity; ANAT **~ torácica** thoracic cavity

cavilación *nf* deep thought, pondering; **tras muchas cavilaciones, decidió entregarse** after much thought, he decided to give himself up

cavilar *vi* to think deeply, to ponder; **estuvo cavilando sobre qué modelo comprar** he was debating with himself *o* pondering which model to buy

caviloso, -a *adj* thoughtful, pensive

cayado *nm* **-1.** *(de pastor)* crook **-2.** *(de obispo)* crozier **-3.** ANAT **~ de la aorta** aortic arch

cayena *nf (especia)* cayenne pepper

cayera *etc ver* **caer**

cayo *nm (isla)* cay, key

cayopollín *nm* four-eyed opossum

cayuco *nm* = Indian canoe

caz *nm* ditch, canal

caza ◇ *nf* **-1.** *(acción de cazar)* hunting; **la ~ del zorro** fox hunting; **ir de ~** to go hunting; *también Fig* **dar ~ a** to hunt down ❑ **~ submarina** underwater fishing
  -2. *(animales, carne)* game ❑ **~ mayor** big game; **~ menor** small game
  -3. *(búsqueda)* hunt; **ir a la ~ de algo** to go hunting for sth; **ir a la ~ de un trabajo** to go

job-hunting ❑ *Fig* **~ de brujas** witch-hunt; **~ y captura: prometió dar ~ y captura al asesino** he promised to track the terrorist down; **un millonario que va a la ~ y captura de esposa** a millionaire who is hunting for a wife; **~ del tesoro** treasure hunt
  -4. *Fam (en ciclismo)* chase
  ◇ *nm (avión)* fighter (plane)

cazabe *nm Am* cassava bread

cazabombardero *nm* fighter-bomber

cazadero *nm* **este prado es un ~ de conejos** this meadow is a good place to hunt rabbits

cazador, -ora ◇ *adj* hunting
  ◇ *nm,f (persona)* hunter ❑ **~ de autógrafos** autograph hunter; **~ de cabezas** headhunter; **~ de firmas** autograph hunter; **~ furtivo** poacher; **~ de pieles** fur trapper; **~-recolector** hunter-gatherer; **~ de recompensas** bounty hunter

cazadora *nf (prenda)* jacket ❑ **~ de aviador** bomber jacket; **~ vaquera** denim jacket

cazadotes *nm inv* fortune hunter

cazafortunas *nmf inv* fortune hunter

cazalla *nf (bebida)* = aniseed-flavoured spirit

cazaminas *nm inv* minesweeper

cazanazis *nmf inv* Nazi hunter

cazar [14] *vt* **-1.** *(animales)* to hunt
  -2. *Fam (pillar, atrapar)* to catch; *(en matrimonio)* to trap; EXPR **cazarlas al vuelo** to be quick on the uptake; **cazó a una rica heredera** he landed himself a rich heiress; **he conseguido ~ dos entradas para el concierto** I managed to get hold of two tickets for the concert; **cazó un buen trabajo** she landed herself a good job
  -3. *Fam (sorprender)* to catch; **me has cazado despistado** you've caught me on the hop
  -4. *Fam (entender)* to catch, to get; **cuando me hablan rápido en inglés, no cazo una** when people speak English quickly to me, I can't understand a word
  -5. *Fam (hacer una falta a)* to hack down; **el portero cazó al delantero** the goalkeeper brought down the forward
  -6. *Fam (en ciclismo)* to chase down

cazarrecompensas *nmf inv* bounty hunter

cazasubmarino *nm* submarine hunter-killer

cazatalentos *nmf inv* **-1.** *(de artistas, deportistas)* talent scout **-2.** *(de ejecutivos)* headhunter

cazatorpedero *nm* = small fast boat designed for use against torpedo boats

cazo *nm* **-1.** *(cacerola)* saucepan **-2.** *(cucharón)* ladle **-3.** *Fam (persona fea)* pig **-4.** EXPR *Fam* **meter el ~** *(meter la pata)* to put one's foot in it

cazoleta *nf* **-1.** *(recipiente)* pot **-2.** *(de pipa)* bowl **-3.** *(de espada)* guard

cazón *nm* dogfish

cazuela *nf* **-1.** *(recipiente)* pot, saucepan; *(de barro)* earthenware cooking pot **-2.** *(guiso)* casserole, stew; **~ de marisco** seafood casserole; **pollo a la ~** chicken casserole

cazurro, -a ◇ *adj (bruto)* stupid
  ◇ *nm,f (bruto)* idiot, fool

CC -1. *(abrev de* **código civil***)* civil code **-2.** *(abrev de* **código de circulación***)* highway code **-3.** *(abrev de* **cuerpo consular***)* consular staff **-4.** *(abrev de* **corriente continua***)* DC

cc *(abrev de* **centímetros cúbicos***)* cc

c/c *(abrev de* **cuenta corriente***)* c/a

CC. AA. *nfpl (abrev de* **Comunidades Autónomas***)* = autonomous regions (of Spain)

CC. OO. *nfpl (abrev de* **Comisiones Obreras***)* = Spanish left-wing trade union

CD ◇ *nm (abrev de* **compact disc***)* CD ❑ **CD interactivo** interactive CD
  ◇ **-1.** *(abrev de* **Club Deportivo***)* sports club; *(en fútbol)* FC **-2.** *(abrev de* **Cuerpo Diplomático***)* CD

CD-I *nm (abrev de* **compact disc interactivo***)* CD-I

CDR *nm (abrev de* **Comité de Defensa de la Revolución***)* = neighbourhood association, linked to the Cuban communist party, which acts as a local security organization

CD-ROM ['θeðe'rrom] *nm (abrev de* **compact disc-read only memory***)* CD-ROM

CE ◇ *nm (abrev de* **Consejo de Europa***)* CE
  ◇ *nf* **-1.** *(abrev de* **Comunidad Europea***)* EC **-2.** *(abrev de* **Comisión Europea***)* EC

ce *nf* **-1. ce por be** *(detalladamente)* in great detail **-2. por ce o por be** *(por una razón u otra)* one way or another; **si por ce o por be no pudiera acudir, os llamaría** if I couldn't be there for one reason or another, I'd call you

CEAPA [θe'apa] *nf (abrev de* **Confederación Española de Asociaciones de Padres de Alumnos***)* = confederation of Spanish parent-teacher associations

cebada *nf* barley ❑ **~ perlada** pearl barley

cebadal *nm* barley field

cebado, -a ◇ *adj (gordo)* huge
  ◇ *nm (de tubo, bomba)* priming

cebador, -ora ◇ *nm* **-1.** *(de fluorescente)* starter **-2.** *(de pólvora)* primer
  ◇ *nm,f RP* **-1.** AUT starter **-2.** *(de mate)* = person who prepares a drink of maté

cebadura *nf RP (de mate)* = measure of maté

cebar ◇ *vt* **-1.** *(engordar)* to fatten (up) **-2.** *(fuego, caldera)* to stoke, to fuel; *(máquina, arma)* to prime **-3.** *(anzuelo)* to bait **-4.** *(sentimiento)* to feed, to arouse **-5.** *RP (mate)* to prepare, to brew
  ◆ **cebarse** *vpr* **la policía se cebó con los manifestantes** the police dealt with the demonstrators brutally; **siempre se ceba en** *o* **con los más débiles** she always really takes it out on the weakest ones

cebichada *nf* = dinner party at which "cebiche" is served

cebiche, ceviche *nm* = raw fish marinated in lemon juice

CEBICHE

Also called **ceviche**, this is a dish consisting of raw fish marinated in lemon juice, the citric acid acting as the cooking agent instead of heat. It is eaten along the entire west coast of Latin America from Chile to Mexico, but is especially popular in Peru. It can be a snack or a main dish, and there are many local and regional varieties. In Peru people usually eat it with sweet potatoes and corn, whereas in Mexico it is served with diced onion and tomato. Today, less traditional ingredients are also used in its preparation. Tragically, a 1991 epidemic of cholera originating in Peru was associated with **cebiche**, although the citric acid should destroy bacteria in the fish or shellfish if they are properly prepared.

---

cebo *nm* **-1.** *(para pescar)* bait; **~ de pesca** fishing bait **-2.** *(para explosivo, pistola)* primer **-3.** *(para atraer)* bait; **usó el dinero como ~** she used the money as a bait

cebolla *nf* onion ❑ *RP* **~ de verdeo** *Br* spring onion, *US* scallion

cebollazo *nm Esp Fam (borrachera)* **agarrar un ~** to get plastered

cebolleta *nf* **-1.** *(planta) Br* spring onion, *US* scallion **-2.** *(en vinagre)* (small) pickled onion, silverskin onion

cebollino *nm* **-1.** *(planta)* chive **-2.** *(cebolleta) Br* spring onion, *US* scallion **-3.** *Fam (necio)* idiot

cebollita *nf RP* **~ de verdeo** *Br* spring onion, *US* scallion

cebón, -ona ◇ *adj* **-1.** *(animal)* fattened **-2.** *Fam (persona)* fat
  ◇ *nm* pig

cebra *nf* zebra

cebú *(pl* **cebúes***) nm* zebu

CECA ['θeka] *nf (abrev de* **Comunidad Europea del Carbón y del Acero***)* ECSC

ceca *nf* HIST mint; EXPR *Fam* **ir de la Ceca a la Meca** to go here, there and everywhere; EXPR *RP* **cara o ~** heads or tails

cecear *vi* **-1.** *(como defecto)* to lisp **-2.** *(como fenómeno lingüístico)* = to pronounce the letter "s" as "th"

ceceo *nm* **-1.** *(defecto)* lisp **-2.** *(fenómeno lingüístico)* = the pronunciation of the letter "s" as "th"

Cecilia *n pr* **Santa ~** St Cecilia

cecina *nf* = dried, salted meat

CECU ['θeku] *nf (abrev de* **Confederación Estatal de Consumidores y Usuarios**) = Spanish consumer association, *Br* ≃ CA

cedazo *nm* sieve; **pasar algo por un ~** to sieve sth

ceder ◇ *vt* **-1.** *(traspasar, transferir)* to hand over; **las tierras fueron cedidas a los campesinos** the land was handed over to the peasants; **el gobierno central cederá a los ayuntamientos el control de la política cultural** central government will hand control of cultural policy to the town halls
 -2. *(conceder)* to give up; **~ el paso** to give way; **me levanté para ~ mi asiento a una anciana** I stood up and gave my seat to an old lady; **el actual campeón cedió dos segundos con respecto al ganador** the reigning champion was two seconds slower than the winner
 -3. *(pelota)* to pass
 ◇ *vi* **-1.** *(venirse abajo)* to give way; **la puerta finalmente cedió** the door finally gave way; **el suelo del escenario cedió por el peso del decorado** the stage floor gave way under the weight of the scenery
 -2. *(rendirse)* to give up; **cedió a sus ruegos** he gave in to their pleading; **no cederemos a las amenazas** we won't give in to threats; **cedió ante las presiones de la comunidad internacional** he gave way to international pressure; **no deben ~ a la tentación de tomarse la justicia por su mano** they mustn't give in to the temptation to take the law into their own hands; **~ en** to give up on; **cedió en lo esencial** he gave in on the important issues
 -3. *(destensarse)* to give; **el jersey ha cedido** the jersey has gone baggy
 -4. *(disminuir)* to abate, to ease up; **por fin cedió la tormenta** at last the storm eased up; **la fiebre ha cedido** the fever has gone down

cederrón *nm* CD-ROM

cedilla *nf (letra)* cedilla; **ce (con) ~** c cedilla

cedro *nm* cedar ❏ **~ del Atlas** Atlas cedar; **~ del Líbano** Cedar of Lebanon

cédula *nf* document ❏ **~ de citación** summons *(singular)*; **~ de habitabilidad** = certificate stating that a place is habitable; **~ hipotecaria** mortgage bond; *Am* **~ de identidad** identity card; **~ de vecindad** identity card

CEE *nf Antes (abrev de* **Comunidad Económica Europea**) EEC

cefalalgia *nf* headache, *Espec* cephalalgia
cefalea *nf* headache
cefálico, -a *adj* ANAT cephalic
cefalópodo ZOOL ◇ *nm (animal)* cephalopod, member of the order *Cephalopoda*
 ◇ *nmpl* **cefalópodos** *(orden) Cephalopoda*; **del orden de los cefalópodos** of the order *Cephalopoda*
cefalorraquídeo, -a *adj* FISIOL *(líquido)* cerebrospinal
cefalotórax *nm inv* ZOOL cephalothorax
céfiro *nm (viento)* zephyr
cefo *nm* moustached monkey
cegador, -ora *adj* blinding
cegar [43] ◇ *vt* **-1.** *(dejar ciego)* to blind; **esa luz tan intensa me ciega** that very bright light is blinding me **-2.** *(obnubilar)* to blind; **la avaricia lo ciega** he is blinded by greed **-3.** *(tapar) (ventana)* to block off; *(tubo)* to block up
 ◇ *vi* to be blinding
 ◆ **cegarse** *vpr* **-1.** *(quedarse ciego)* to be blinded **-2.** *(obnubilarse)* to be blinded
cegato, -a *Fam* ◇ *adj* short-sighted
 ◇ *nm,f* short-sighted person
cegesimal *adj* = of or relating to CGS units
ceguera *nf* **-1.** *(invidencia)* blindness ❏ **~ nocturna** night blindness; **~ parcial** partial blindness; **~ total** total blindness **-2.** *(obcecación)* blindness

CEI ['θei] *nf (abrev de* **Confederación de Estados Independientes**) CIS

ceiba *nf* kapok tree
ceibo *nm* ceiba, silk-cotton tree
Ceilán *n Antes* Ceylon

ceilandés, -esa ◇ *adj* Sinhalese
 ◇ *nm,f (persona)* Sinhalese
 ◇ *nm (lengua)* Sinhalese
ceja *nf* **-1.** *(en la cara)* eyebrow; EXPR *Fam* **hasta las cejas: está endeudado hasta las cejas** he's up to his ears in debt; *Fam* **nos pusimos hasta las cejas de vodka** we pickled ourselves in vodka, we drank ourselves silly on vodka; EXPR *Fam* **quemarse las cejas** to burn the midnight oil; EXPR *Fam* **se le metió entre ~ y ~ que tenía que hacerlo** he got it into his head that he had to do it; EXPR *Fam* **tiene a mi hermano entre ~ y ~** he can't stand the sight of my brother
 -2. *(mástil)* bridge
 -3. *(cejilla)* capo
cejar *vi* to let up; **no cejó hasta conseguir su objetivo** she didn't let up until she had achieved her aim; **al final cejó en su esfuerzo** in the end he gave up in his attempt; **no cejaremos en nuestro empeño (por...)** we will not let up in our efforts (to...)
cejijunto, -a *adj* **-1.** *(persona)* **es ~** his eyebrows meet in the middle **-2.** *(gesto)* **estar ~** to frown, to be frowning
cejilla *nf* **-1.** *(de guitarra)* capo **-2.** *(colocación del dedo)* bar, barré; **hacer la ~** to bar
cejudo, -a *adj* bushy-browed, thick-browed
celacanto *nm (pez)* coelacanth
celada *nf* **-1.** *(emboscada)* ambush **-2.** *(trampa)* trick, trap **-3.** *(pieza de armadura)* helmet
celador, -ora *nm,f (de colegio) Br* caretaker, *US & Scot* janitor; *(de hospital)* porter, orderly; *(de prisión)* warder; *(de museo)* attendant
celaje *nm* **-1.** *(claraboya)* skylight **-2.** *Carib, Perú (fantasma)* ghost
CELAM [θe'lam] *nm (abrev de* **Consejo Episcopal Latinoamericano**) = Latin American bishops conference
celar ◇ *vt* **-1.** *(encubrir)* to hide, to conceal **-2.** *(vigilar)* to make sure, to ensure; **~ que algo se cumpla** to make sure *o* ensure that sth is done
 ◇ *vi* **~ por** *o* **sobre** to watch out for, to take care of
celda *nf* **-1.** *(de convento)* cell **-2.** *(de cárcel)* cell ❏ **~ de aislamiento** solitary confinement cell; **~ de castigo** solitary confinement cell **-3.** *(de panal)* cell **-4.** INFORMÁT cell
celdilla *nf* cell *(of honeycomb)*
celebérrimo, -a *adj* extremely famous
celebración *nf* **-1.** *(festejo)* celebration; **las celebraciones duraron hasta el día siguiente** the festivities went on until the next day; **estar de ~** to be celebrating
 -2. *(de ceremonia, reunión)* holding; **la ~ de unos Juegos Olímpicos** the holding of the Olympic Games; **la oposición exige la ~ de elecciones anticipadas** the opposition is calling for early elections to be held
 -3. *(religiosa)* celebration; **tras la ~ de la misa, el párroco salió a dar un paseo** after he had finished saying mass, the priest went out for a walk
celebrante ◇ *adj* celebrating
 ◇ *nmf* participant (in a celebration)
 ◇ *nm (sacerdote)* celebrant
celebrar ◇ *vt* **-1.** *(festejar)* to celebrate; **esta victoria hay que celebrarla** this victory calls for a celebration
 -2. *(llevar a cabo)* to hold; **celebraremos la reunión esta tarde** we'll hold the meeting this afternoon
 -3. *(oficio religioso)* to celebrate; *(boda)* to officiate at; **¿quién va a ~ vuestra boda?** who will be the priest at your wedding?; **celebró una misa en memoria del difunto** he said *o* celebrated a mass in memory of the deceased
 -4. *(alegrarse de)* **celebro tu ascenso** I am delighted by your promotion; **celebro que hayas podido venir** I'm delighted you were able to come
 -5. *(alabar)* to praise, to applaud
 ◇ *vi (decir misa)* to say mass
 ◆ **celebrarse** *vpr* **-1.** *(festejarse)* to be celebrated; **esa fiesta se celebra el 25 de julio** that holiday falls on 25 July; **el fin del asedio se celebró por todo lo alto** the end of the siege was celebrated in style
 -2. *(llevarse a cabo)* to take place, to be held; **las elecciones se celebrarán dentro de dos meses** the elections will take place *o* be held within two months; **la entrevista se celebró a puerta cerrada** the meeting took place behind closed doors
célebre *adj* famous, celebrated
celebridad *nf* **-1.** *(fama)* fame **-2.** *(persona famosa)* celebrity
celemín *nm* = dry measure equivalent to 4.625 litres
celentéreo ZOOL ◇ *nm* coelenterate, member of the order *Coelenterata*
 ◇ *nmpl* **celentéreos** *(orden) Coelenterata*; **del orden de los celentéreos** of the order *Coelenterata*
celeridad *nf* speed; **con ~** rapidly
celesta *nf* celeste
celeste ◇ *adj* **-1.** *(del firmamento)* celestial, heavenly; **bóveda ~** firmament **-2.** *(color)* **azul ~** sky blue
 ◇ *nm* sky blue
celestial *adj* **-1.** *(del cielo, paraíso)* celestial, heavenly **-2.** *(delicioso)* heavenly; **esto me suena a música ~** *(a falsa promesa)* that sounds like a lot of hot air; *(maravillosamente)* that's music to my ears
celestina *nf (persona)* lovers' go-between
celibato *nm* celibacy
célibe ◇ *adj* celibate
 ◇ *nmf* celibate
celidonia *nf* celandine
celinda *nf* syringa, mock-orange
cellisca *nf* sleet
celo *nm* ◇ **-1.** *(esmero)* zeal, keenness; **con ~** zealously **-2.** *(devoción)* devotion **-3.** *(de hembra)* heat; *(de ciervo)* rut; **nuestra perra está en ~** our dog is *Br* on *o US* in heat **-4.** *Esp (cinta adhesiva) Br* Sellotape®, *US* Scotch® tape
 ◇ *nmpl* **celos** jealousy; **dar celos a alguien** to make sb jealous; **tener celos de alguien** to be jealous of sb
celofán *nm* Cellophane®
celoma *nm* ANAT coelom
celosamente *adv* conscientiously, zealously
celosía *nf* lattice window, jalousie
celoso, -a ◇ *adj* **-1.** *(con celos)* jealous; **está ~ del profesor de tenis** he's jealous of the tennis coach **-2.** *(cumplidor)* conscientious; **es muy ~ en lo que hace** he's very conscientious
 ◇ *nm,f (con celos)* jealous person
Celsius *adj* Celsius; **grado ~** degree Celsius; **escala ~** Celsius (temperature) scale
celta ◇ *adj* Celtic
 ◇ *nmf (persona)* Celt
 ◇ *nm (lengua)* Celtic
Celtiberia *n* HIST = region of Central Spain inhabited by the Celtiberians
celtibérico, -a *adj* Celtiberian
celtíbero, -a, celtibero, -a ◇ *adj* Celtiberian
 ◇ *nm,f* Celtiberian
céltico, -a *adj* Celtic
célula *nf* **-1.** *(en biología)* cell ❏ **~ madre** mother cell; **~ T** T-cell **-2.** ELEC cell ❏ **~ fotoeléctrica** photocell, photoelectric cell; **~ fotovoltaica** photovoltaic cell **-3.** *(grupo de personas)* cell
celular ◇ *adj* **-1.** *(de la célula)* cellular **-2.** **coche ~** *(de la policía) Br* police van, *US* police wagon **-3.** TEL **telefonía ~** cellphones; **el mercado de la telefonía ~** the cellphone market
 ◇ *nm Am* mobile (phone)
celulitis *nf inv* **-1.** *(acumulación de grasa)* cellulite **-2.** MED *(inflamación)* cellulitis
celuloide *nm* **-1.** QUÍM celluloid **-2.** *(cine)* **la industria del ~** the movie *o Br* film industry; **el mundo del ~** the world of the movies, *Br* the world of film; **llevar una novela al ~** to bring a novel to the screen; **las estrellas del ~** the stars of the silver screen
celulosa *nf* cellulose

cementar *vt (metal)* to face-harden
cementera *nf* **-1.** *(fábrica)* cement factory **-2.** *(empresa)* cement company
cementerio *nm* **-1.** *(de muertos)* cemetery **-2.** *(de objetos, productos)* **~ de automóviles** scrapyard; **~ de coches** scrapyard; **~ nuclear** nuclear dumping ground; **~ radiactivo** nuclear dumping ground
cemento *nm* **-1.** *(material)* cement; *(hormigón)* concrete ❏ **~ armado** reinforced concrete; **~ Portland** Portland cement **-2.** *(de dentista)* cement **-3.** *Am (pegamento)* glue
cemita *nf Arg (pan)* bran bread
cena *nf* dinner; **dar una ~** to give a dinner party; **¿qué quieres de ~?** what would you like for dinner?; REL **la Última Cena** the Last Supper ❏ **~ de despedida** farewell dinner; **~ de gala** gala dinner; **~ de homenaje**: **dieron una ~ de homenaje al presidente** they gave a dinner in honour of the president; **~ oficial** official dinner
cenáculo *nm* **-1.** *Formal (grupo)* circle **-2.** REL Cenacle, = room in which the Last Supper took place
cenador *nm* **-1.** *(en jardín)* arbour, bower **-2.** *(adosado a casa)* conservatory
cenaduría *nf Méx* (cheap) restaurant
cenagal *nm* **-1.** *(zona)* bog, mire **-2.** *(situación)* **meterse en un ~** to get into deep water
cenagoso, -a *adj* muddy
cenar ◇ *vt* to have for dinner; **~ una sopa/un plato de verduras** to have some soup/vegetables for dinner
◇ *vi* to have dinner; **¿qué hay para ~?** what's for dinner?; **~ fuera, salir a ~** to go out for dinner, to eat out; **invitar a alguien a ~** to invite sb to dinner; **quédate a ~** stay for dinner; **en ese restaurante dan muy bien de ~** they serve an excellent dinner in that restaurant
cencerro *nm (campana)* cowbell; EXPR *Fam* **estar como un ~** to be as mad as a hatter
cendal *nm* sendal
cenefa *nf* **-1.** *(en vestido)* border **-2.** *(en pared)* frieze
cenestesia *nf* PSI coenaesthesia
cenetista ◇ *adj* = relating to the CNT
◇ *nmf* member of the CNT
cenicero *nm* ashtray
cenicienta *nf* **-1. (la) Cenicienta** *(personaje)* Cinderella **-2.** *(persona, equipo)* **es la ~ de la casa** she's the person who does all the work in the house; **la selección coreana es la ~ del grupo** the Korean squad are regarded as the makeweights *o* minnows of the group
ceniciento, -a *adj* ashen, ash-grey
cenit *nm* **-1.** ASTRON zenith **-2.** *(punto culminante)* zenith, peak; **ha llegado al ~ de su carrera** she is at the peak of her career
cenital *adj (posición)* zenithal; **luz ~** light from above
ceniza *nf* **-1.** *(de cigarrillo, madera)* ash; **reducir algo a ~** to reduce sth to ashes; **tomar la ~** = to be marked on the forehead with ashes on Ash Wednesday ❏ **~ volcánica** volcanic ash **-2. cenizas** *(de cadáver)* ashes
cenizo, -a ◇ *adj* ashen, ash-grey
◇ *nm,f Fam (gafe)* jinxed person; **ser un ~** to be jinxed
◇ *nm* **-1.** *(planta)* fat hen, *US* pigweed **-2.** *Fam (mala suerte)* bad luck; **tener el ~** to have bad luck, to be unlucky
cenobio *nm* monastery
cenobita *nmf* coenobite
cenotafio *nm* ARTE cenotaph
cenote *nm CAm, Méx* natural water well
cenozoico, -a GEOL ◇ *adj* Cenozoic
◇ *nm* **el ~** the Cenozoic
censal *adj* **error ~** error in the census
censar *vt* to take a census of
censista *nmf* census enumerator *o* taker
censo *nm* **-1.** *(de población, agrario)* census; **~ de aves amenazadas/de joyeros** list of endangered birds/jewellers ❏ **~ de población** (population) census **-2.** *Esp (electoral)* electoral roll *o* register; **estar inscrito en el ~** to be on the electoral roll *o* register ❏ **~ electoral** electoral roll *o* register **-3.** *(tributo)* tax **-4.** DER lease
censor, -ora ◇ *nm,f* **-1.** *(funcionario)* censor; **~ de cine** movie *o Br* film censor **-2.** *(crítico)* critic **-3.** *Esp* ECON **~ de cuentas** auditor; **~ jurado de cuentas** *Br* chartered accountant, *US* certified public accountant
◇ *nm* HIST *(en Roma)* censor
censura *nf* **-1.** *(prohibición)* censorship **-2. la ~** *(organismo)* the censors **-3.** *(reprobación)* censure, severe criticism; **decir algo en tono de ~** to say something censoriously *o* in a tone of censure **-4.** *Esp* ECON **~ de cuentas** inspection of accounts, audit
censurable *adj* blameworthy, reprehensible
censurar *vt* **-1.** *(prohibir)* to censor; **censuraron dos escenas de la película** two scenes in the movie were censored **-2.** *(reprobar)* to criticize severely, to censure; **siempre censura mi comportamiento** she always criticizes my behaviour
centauro *nm* centaur
centavo, -a ◇ *núm* hundredth; **la centava parte** a hundredth; *ver también* **octavo**
◇ *nm (moneda) (en países anglosajones)* cent; *(en países latinoamericanos)* centavo; EXPR **sin un ~: estar sin un ~** to be flat broke; **murió sin un ~** he died penniless
centella *nf* **-1.** *(rayo)* flash **-2.** *(chispa)* spark **-3. es una ~** *(persona)* he's like lightning; EXPR **rápido como una ~** quick as a flash
centelleante *adj* **-1.** *(luz)* sparkling; *(estrella)* twinkling **-2.** *(ojos) (de entusiasmo)* sparkling; *(de ira)* flashing
centellear *vi* **-1.** *(luz)* to sparkle; *(estrella)* to twinkle **-2.** *(joya)* to sparkle **-3.** *(ojos) (con entusiasmo)* to sparkle; *(con ira)* to flash
centelleo *nm* **-1.** *(de luz, estrella)* twinkle, twinkling **-2.** *(de joya)* sparkle **-3. el ~ de sus ojos** *(con entusiasmo)* the sparkle in her eyes; *(con ira)* her flashing eyes
centena *nf* hundred; **una ~ de coches** a hundred cars
centenal *nm* rye field
centenar *nm* hundred; **un ~ de** a hundred; **a centenares** by the hundred
centenario, -a ◇ *adj (persona)* over a hundred; *(institución, edificio, árbol)* century-old
◇ *nm,f (persona)* centenarian
◇ *nm* **-1.** *(fecha)* centenary; **quinto ~** five hundredth anniversary; **hoy se cumple el primer ~ de su nacimiento** today is the centenary of his birth **-2.** *Méx (moneda)* = gold 50-peso coin, legal tender 1916-30
centeno *nm* rye
centesimal *adj* centesimal
centésimo, -a ◇ *núm* hundredth; *ver también* **octavo**
◇ *nm* cent *(of Uruguayan peso)*
centiárea *nf* square metre
centígrado, -a *adj* centigrade; **veinte grados centígrados** twenty degrees centigrade
centigramo *nm* centigram
centilitro *nm* centilitre
centímetro *nm* centimetre
céntimo *nm (de euro, peseta, bolívar)* cent; EXPR **sin un ~: estar sin un ~** to be flat broke; **murió sin un ~** he died penniless
centinela *nm* sentry; **estar de ~** to be on sentry duty
centollo *nm*, **centolla** *nf* European spider crab
centón *nm* **-1.** LIT cento **-2.** *(manta)* crazy quilt
centrado, -a *adj* **-1.** *(situado en el centro)* centred **-2.** *(concentrado)* concentrated; **está muy ~ en su trabajo** he's very focused on his work **-3.** *(equilibrado)* stable, balanced; **desde que tiene trabajo está más ~** he's more stable *o* balanced since he's been working **-4.** *(basado)* **~ en** based on
central ◇ *adj* **-1.** *(en el centro)* central **-2.** *(principal)* central, main **-3.** LING *(articulación)* central
◇ *nf* **-1.** *(oficina)* headquarters, head office; *(de correos, comunicaciones)* main office **-2.** *(de energía)* power station ❏ **~ atómica** nuclear power station; **~ de biomasa** biomass power plant *o* station; **~ eléctrica** power station; **~ eólica** wind farm; **~ geotérmica** geothermal power station; **~ heliotérmica** solar power plant *o* station, solar farm; **~ hidráulica** hydraulic generator; **~ hidroeléctrica** hydroelectric power station; **~ maremotriz** tidal power station *o* plant; **~ nuclear** nuclear power station; **~ solar** solar power plant *o* station, solar farm; **~ térmica** power station *(coal- or oil-fired)*
-3. ~ (sindical) *(sindicato) Br* trade union, *US* labor union
-4. ~ telefónica telephone exchange
-5. *Carib, CAm (de azúcar)* sugar mill
-6. *Méx* **~ camionera** bus station
◇ *nm* DEP central defender
centralismo *nm* POL centralism
centralista POL ◇ *adj* centralist
◇ *nmf* centralist
centralita *nf* switchboard
centralización *nf* centralization
centralizado, -a *adj* centralized; AUT **cierre ~** central locking
centralizar [14] *vt* to centralize
centrar ◇ *vt* **-1.** *(colocar en el centro)* to centre **-2.** *(persona)* to steady, to make stable; **el nuevo trabajo lo ha centrado mucho** the new job has really helped him settle down **-3.** *(interés, atención)* **la reunión de los dos presidentes centró la atención de todo el mundo** the meeting between the two presidents caught the attention of the whole world; **centró su intervención en las causas del calentamiento global** her remarks focused on the causes of global warming; **una medida económica centrada en reducir el desempleo** an economic measure aimed at reducing unemployment; **centraba todas las miradas** all eyes were on her
-4. DEP to centre, to cross
◇ *vi* DEP to centre, to cross

◆ **centrarse** *vpr* **-1. centrarse en algo** *(tener como objeto algo)* to concentrate *o* focus on sth; **la historia se centra en la lucha de una familia por sobrevivir** the story revolves around a family's struggle for survival
-2. *(concentrarse)* **con tanto ruido no consigo centrarme** I can't concentrate with so much noise; **necesitas centrarte más en lo que estás haciendo** you need to concentrate more on what you're doing
-3. *(equilibrarse)* to find one's feet; **se ha centrado mucho desde que tiene el nuevo trabajo** he's settled down a lot since he's been in his new job
céntrico, -a *adj* central; **una calle muy céntrica** a street right in the centre of town; **¿cuál es la sucursal más céntrica?** which is the most central branch?
centrifugación *nf* centrifugation
centrifugado *nm (de ropa)* spin
centrifugadora *nf* **-1.** *(para secar ropa)* spin-dryer **-2.** TEC centrifuge
centrifugar [38] *vt* **-1.** *(ropa)* to spin-dry **-2.** TEC to centrifuge
centrífugo, -a *adj* centrifugal
centrípeto, -a *adj* centripetal
centrismo *nm* centrism
centrista ◇ *adj* centre, centrist; **un partido ~** a party of the centre
◇ *nmf* centrist; **los centristas propusieron una reforma** the centre proposed a reform
centro *nm* **-1.** *(área, punto central)* centre; **en el ~ de la vía** in the middle of the track; **estaba en el ~ de la muchedumbre** she was in the middle of the crowd; **las lluvias afectarán al ~ del país** the rain will affect the central region *o* centre of the country; **la jardinería es el ~ de su existencia** her life revolves around gardening ❏ **~ de atención** centre of attention; **~ de atracción** centre of attraction; **las playas son el ~ de atracción para el turismo** beaches are the main tourist attraction; **~ de gravedad** centre of gravity; **~ de interés** centre of interest; FÍS **~ de masa**

centre of mass; **~ de mesa** centrepiece; **~ nervioso** nerve centre; *también Fig* **~ neurálgico** nerve centre; *FÍS* **~ óptico** optical centre
-2. *(de ciudad)* town centre; **me voy al ~** I'm going to town; **tengo una casa en pleno ~** I have a house right in the town centre; **~ ciudad** *o* **urbano** *(en letrero)* city/town centre ❑ **~ histórico** = old (part of) town
-3. *(económico, administrativo)* centre; **un importante ~ financiero/cultural** an important financial/cultural centre ❑ **~ turístico** tourist resort
-4. *(establecimiento, organismo)* centre; *(planta)* plant, factory; *(tienda)* branch; *(colegio)* school ❑ *Esp* **~ de acogida** reception centre; *Esp* **~ de acogida para mujeres maltratadas** refuge for battered women; **~ asistencial de día** day care centre; **~ de atención telefónica** call centre; **~ de cálculo** computer centre; **~ cívico** community centre; **~ comercial** shopping centre *o US* mall; *Am* **~ comunal** community centre; *Am* **~ comunitario** community centre; **~ concertado** state-subsidized (private) school; **~ de control** control centre; **~ cultural** cultural centre; **~ demográfico** centre of population; **~ deportivo** sports centre; **~ de desintoxicación** detoxification centre *o* clinic; **~ de detención** detention centre; **~ docente** educational institution; **~ educativo** educational institution; **~ de enseñanza** educational institution; **~ espacial** space centre; **~ de estudios** academy, school; **~ excursionista** hill-walking club; **~ hospitalario** hospital; **~ de información** information centre; **~ de investigación** research institute; *Esp* **Centro de Investigaciones Sociológicas** = government body responsible for conducting opinion polls, sociological surveys etc; **~ de llamadas** call centre; *MIL* **~ de mando** command centre; **~ médico** (private) clinic; **~ meteorológico** weather centre; **~ de negocios** business centre; **~ penitenciario** prison, *US* penitentiary; **~ de planificación familiar** family planning clinic; **~ regional** regional office; **~ de rehabilitación** rehabilitation centre; **~ de salud** clinic, *Br* health centre; **~ sanitario** clinic, *Br* health centre; **~ social** community centre; **~ de trabajo** workplace; *Am* **~ de tratamiento intensivo** intensive care unit
-5. *(en política)* centre; **un partido de ~** a centre party; **ser de ~** to be at the centre of the political spectrum
-6. *DEP (posición)* **~ del campo** midfield; **juega en el ~ del campo** he plays in midfield
-7. *DEP (pase)* cross, centre; **envió un ~ al área contraria** he crossed the ball into the opposition's penalty area; **consiguió un espectacular gol con un ~ chut** he scored a spectacular goal with what was intended more as a cross than a shot
-8. *Méx (traje)* suit
-9. *Hond (chaleco) Br* waistcoat, *US* vest
-10. *Cuba (enaguas)* underskirt
centroafricano, -a ◇ *adj* central African
◇ *nm,f* central African
Centroamérica *n* Central America
centroamericano, -a ◇ *adj* Central American
◇ *nm,f* Central American
centrocampista *nmf* midfielder
centroderecha *nm* centre right
centroeuropeo, -a ◇ *adj* Central European
◇ *nm,f* Central European
centroizquierda *nm* centre left
centuplicar [59] *vt* to increase a hundredfold
céntuplo ◇ *adj* hundredfold
◇ *nm* hundredfold
centuria *nf* **-1.** *(siglo)* century **-2.** HIST *(en Roma)* century

centurión *nm* HIST centurion
cenutrio, -a *Fam* ◇ *adj (estúpido)* stupid, *US* dumb
◇ *nm,f (estúpido)* idiot, fool
cenzontle *nm* mockingbird
ceñido, -a *adj* tight
ceñidor *nm* belt
ceñir [47] ◇ *vt* **-1.** *(ajustar, apretar)* to take in
-2. *(poner)* to put on; **le ciñó una banda de honor** a sash of honour was placed around him
-3. *(abrazar)* to embrace; **el vestido le ceñía el talle** the dress hugged her figure
-4. *(rodear)* to surround; **las colinas ciñen la ciudad** the hills surround the city
◆ **ceñirse** *vpr* **-1.** *(apretarse)* to tighten; **se ciñó la espada** he girded *o* put on his sword
-2. *(limitarse)* **nos debemos ~ al presupuesto** we have to keep within the budget; **cíñete a contestar a lo que te han preguntado** restrict yourself to answering the questions you have been asked; **me ciño a lo que dicta la ley** I'm sticking to the letter of the law; **la retrospectiva no se ciñe a sus cuadros más conocidos** the retrospective does not restrict itself to her best-known works
ceño *nm* frown, scowl; **fruncir el ~** to frown, to knit one's brow; **entró con el ~ fruncido** he came in with furrowed brow
ceñudo, -a *adj* frowning, scowling
CEOE [ˈθeoˈe] *nf (abrev de* **Confederación Española de Organizaciones Empresariales***)* = Spanish employers' association, *Br* ≃ CBI
cepa *nf* **-1.** *(de vid)* vine, stock **-2.** *(de vino)* variety **-3.** *(linaje)* stock; EXPR **de pura ~** *(auténtico)* real, genuine; **es un argentino de pura ~** he's an Argentinian through and through; **es un delantero centro de pura ~** he's a thoroughbred centre forward **-4.** *(de virus, células)* strain
CEPAL [θeˈpal] *nf (abrev de* **Comisión Económica para América Latina***)* ECLAC, Economic Commission for Latin America and the Caribbean
cepellón *nm* root-ball
cepillado *nm* **-1.** *(con cepillo)* brush, brushing **-2.** *(en carpintería)* planing **-3.** *Ven (refresco)* = drink of flavoured crushed ice
cepillar ◇ *vt* **-1.** *(ropa, pelo)* to brush; *(dientes)* to brush, to clean **-2.** *(madera)* to plane **-3.** *Fam (robar)* to pinch; **~ algo a alguien** to pinch sth from sb **-4.** *Esp, Col Fam (adular)* to butter up, to flatter
◆ **cepillarse** *vpr* **-1.** *(pelo, ropa)* to brush; *(dientes)* to brush, to clean; **cepillarse el pelo** to brush one's hair **-2.** *Fam (comida, trabajo)* to polish off **-3.** *Fam (suspender)* to flunk; **se lo cepillaron** they flunked him **-4.** *Fam* **cepillarse a alguien** *(matarlo)* to bump sb off **-5.** *muy Fam* **cepillarse a alguien** *(copular con él)* to screw sb
cepillo *nm* **-1.** *(para limpiar)* brush; **pasar el ~ por algo** to give sth a brush; **lleva el cabello cortado a ~** he has a crew cut ❑ **~ de dientes** toothbrush; **~ del pelo** hairbrush; **~ de uñas** nailbrush **-2.** *(de carpintero)* plane **-3.** *(para barrer)* brush; **pasar el ~** to brush the floor **-4.** *(de donativos)* collection box, poor box
cepo *nm* **-1.** *(para cazar)* trap **-2.** *(para vehículos)* wheel clamp; **poner el ~ a un coche** to clamp a car **-3.** *(para sujetar)* clamp **-4.** *(para presos)* stocks
ceporro *Fam* ◇ *adj* thick, dim
◇ *nm* **-1.** *(torpe)* idiot, blockhead **-2.** EXPR **dormir como un ~** to sleep like a log
CEPYME [θeˈpime] *nf (abrev de* **Confederación Española de la Pequeña y Mediana Empresa***)* = Spanish confederation of SMEs
cera *nf* **-1.** *(sustancia)* wax; **hacerse la ~** *(depilarse)* to wax; EXPR **no hay más ~ que la que arde** what you see is what you get ❑ **~ de abeja** beeswax; **~ depilatoria** hair-removing wax; **~ virgen** pure wax **-2.** *(para dibujar)* crayon **-3.** *(del oído)* earwax **-4.** *Andes, Méx*

(vela) candle **-5.** EXPR *Fam* **el equipo visitante dio mucha ~** the visiting team played really dirty; **recibir ~** to get stick
cerafolio *nm* chervil
cerámica *nf* **-1.** *(arte)* ceramics *(singular)*, pottery **-2.** *(objeto)* piece of pottery; **un jarrón de ~** a ceramic *o* pottery vase; **una colección de ~ precolombina** a collection of pre-Colombian pottery *o* ceramics
cerámico, -a *adj* ceramic
ceramista *nmf* potter
cerapio *nm Esp Fam* zilch; **me han puesto un ~ en el examen** I got zilch *o* a big zero in the exam
cerbatana *nf* blowpipe
Cerbero *n* MITOL Cerberus
cerca ◇ *nf (valla)* fence; *(muro)* wall ❑ **~ eléctrica** electric fence; **~ viva** hedge
◇ *adv* **-1.** *(en el espacio)* near, close; **¿está *o* queda ~?** is it near *o* nearby?; **no me hace falta un taxi porque voy ~** I don't need a taxi, because I'm not going far; **~ de** near, close to; **la tienda está ~ del metro** the shop's near the *Br* underground *o US* subway; **está ~ de mí** it's near me; **estuvo ~ de ganar el premio** she came close to winning the prize; **de ~** *(examinar, mirar)* closely; *(afectar)* deeply; *(vivir)* first-hand; **vivió de ~ el problema de las drogas** she had first-hand experience of drug addiction; **no ve bien de ~** he's long-sighted; **ver algo/a alguien de ~** to see sth/sb close up; **por aquí ~** nearby
-2. *(en el tiempo)* **el verano ya está ~** summer is nearly here, summer isn't far away; **~ del principio** close to *o* near the beginning; **son ~ de las ocho** it's about eight (o'clock); **los hechos ocurrieron ~ de las seis de la tarde** the events in question took place at around six o'clock in the evening; **estamos ~ del final del festival** we are nearing *o* approaching the end of the festival
-3. *(indica aproximación)* **~ de** nearly, about; **acudieron ~ de mil manifestantes** there were nearly *o* about a thousand demonstrators there; **si no costó 2 millones, andará ~** it can't have cost much less than 2 million
cercado *nm* **-1.** *(valla)* fence; *(muro)* wall **-2.** *(terreno)* enclosure **-3.** *Bol, Perú (división territorial)* district, = provincial capital and surrounding towns
cercanía ◇ *nf* **-1.** *(proximidad)* nearness, closeness; **la ~ de su destino los animó** they were spurred on by the fact that they were so close to their destination; **la ~ entre los dos países favoreze los intercambios comerciales** the proximity of the two countries favours trade between them; **ante la ~ de las elecciones, la campaña se intensificó** as the elections drew closer, the campaign heated up
-2. cercanías *(lugar)* **en las cercanías de Buenos Aires** in the area around Buenos Aires; **el accidente ocurrió en las cercanías de un hospital** the accident happened near a hospital; **las tropas están estacionadas en las cercanías de la frontera** the troops are stationed close to *o* near the border; **tren de cercanías** local train, suburban train
◇ *nm inv* **cercanías** local train, suburban train
cercano, -a *adj* **-1.** *(en el espacio)* nearby; **~ a** near, close to ❑ **el Cercano Oriente** the Near East
-2. *(en el tiempo)* near; **~ a** near, close to
-3. *(con cifras)* close; **pagaron un precio ~ a los 2 millones** they paid close to *o* nearly 2 million
-4. *(pariente, amigo, colaborador)* close; **según fuentes cercanas a la familia real,...** according to sources close to the royal family,...
-5. *(en contenido)* **una obra más cercana a la tragedia que a la comedia** a play that is closer to tragedy than to comedy

cercar [59] *vt* **-1.** *(vallar)* to fence (off) **-2.** *(ciudad, fortaleza)* to besiege, to lay siege to; *(atracador, fugitivo)* to surround

cercenamiento *nm (de libertades)* restriction, curtailment

cercenar *vt* **-1.** *(amputar)* to amputate; **se cercenó una mano con una sierra eléctrica** he cut one of his hands off with a power saw **-2.** *(restringir)* to cut back, to curtail; **un gobierno que cercena las libertades individuales** a government which restricts *o* curtails personal freedom; **quieren ~ los gastos** they want to cut back *o* reduce expenses

cerceta *nf* teal ❑ **~ aliazul** blue-winged teal; **~ carretona** garganey

cercha *nf* **-1.** *(para medir)* = flexible rule for measuring curved surfaces **-2.** *(para esculpir)* curved template **-3.** NÁUT outer rim

cerciorar *vt* to convince
◆ **cerciorarse** *vpr* to make sure (**de** of); **cerciórate de que apagas todas las luces cuando te vayas** make sure you turn off all the lights when you leave; **enviaron a una delegación para cerciorarse de lo que estaba ocurriendo** they sent a delegation to find out exactly what was going on

cerco *nm* **-1.** *(marca)* circle, ring; **el vaso ha dejado un ~ en la mesa** the glass has left a ring on the table
-2. *(de astro)* halo
-3. *(asedio)* siege; **poner ~ a** to lay siege to; **la policía ha estrechado el ~ en torno a los presos fugados** the police have tightened the net around the escaped prisoners; **el gobierno estableció un ~ sanitario** the government established a cordon sanitaire
-4. *(de ventana, puerta)* frame
-5. *Am (valla)* fence ❑ **~ vivo** hedge

cercoleto *nm* kinkajou, honey bear

cerda *nf* **-1.** *(pelo) (de cerdo, jabalí)* bristle; *(de caballo)* horsehair **-2.** *ver también* **cerdo**

cerdada *nf Fam* **-1.** *(porquería)* mess; **esta habitación es una ~** this room is a pigsty
-2. *(acción sucia)* disgusting habit; **¡no hagas cerdadas!** stop being so disgusting!
-3. *(jugarreta)* dirty trick; **fue una ~ que cancelaran el viaje en el último momento** it was really mean of them to cancel the trip at the last moment; **sus compañeros le hacen cerdadas constantemente** his colleagues are always playing nasty practical jokes on him

Cerdeña *n* Sardinia

cerdo, -a ◇ *adj Fam* **-1.** *(sucio)* filthy **-2.** *(malintencionado)* mean
◇ *nm,f* **-1.** *(animal)* pig, *f* sow; EXPR *Fam* **comer como un ~** *(mucho)* to eat a lot; *(sin modales)* to eat like a pig; EXPR *Fam* **estar como un ~** *(gordo)* to be a fat pig; PROV **a cada ~ le llega su San Martín** = everyone gets their come-uppance at some point **-2.** *Fam (sucio)* dirty *o* filthy pig **-3.** *Fam (persona malintencionada)* pig, swine
◇ *nm (carne)* pork

cereal *nm* cereal; **cereales** *(de desayuno)* (breakfast) cereal

cerealero, -a *Am* ◇ *adj (región)* cerealgrowing; **producción cerealera** cereal production
◇ *nm,f* cereal-grower

cerealista ◇ *adj (región)* cereal-growing; **producción ~** cereal production
◇ *nmf* cereal-grower

cerebelo *nm* ANAT cerebellum

cerebral *adj* **-1.** *(del cerebro) (derrame)* cerebral, brain; *(tumor, muerte, cirugía)* brain; *(parálisis, embolia, corteza)* cerebral; **lesión ~ cerebral** lesion **-2.** *(racional)* cerebral

cerebro *nm* **-1.** *(órgano)* brain; EXPR **lavar el ~ a alguien** to brainwash sb ❑ **~ electrónico** electronic brain **-2.** *(cabecilla)* brains *(singular)* ❑ **~ gris** éminence grise **-3.** *(inteligencia)* brains; **¡qué poco ~ tienes!** you're so stupid! **-4.** *(persona inteligente)* brains *(singular)*; **es todo un ~** he's brainy

cerebrovascular *adj* MED cerebrovascular

ceremonia *nf* **-1.** *(acto)* ceremony; **~ de apertura/de clausura** opening/closing ceremony; *Am* **~ de transmisión de mando** ceremonial handover of power
-2. *(pompa, boato)* ceremony, pomp; **recibieron a los reyes con gran ~** they welcomed the king and queen with great pomp; **se casaron sin ~ ni formalidades de ningún tipo** their wedding was a very quiet and modest affair

ceremonial ◇ *adj* ceremonial
◇ *nm* **-1.** *(reglas)* ceremonial **-2.** *(libro)* ceremonial

ceremoniosamente *adv* ceremoniously

ceremonioso, -a *adj* ceremonious

céreo, -a *adj* wax, waxen; **brillo ~** waxy sheen

cerería *nf (negocio)* candlemaker's shop

Ceres *n* MITOL Ceres

cereza *nf* **-1.** *(fruta)* cherry **-2.** *Am (del café)* coffee bean

cerezal *nm* cherry orchard

cerezo *nm* **-1.** *(árbol)* cherry tree ❑ **~ japonés** flowering cherry **-2.** *(madera)* cherry (wood)

cerilla *nf* **-1.** *Esp (fósforo)* match **-2.** *(cerumen)* earwax

cerillero, -a ◇ *nm,f (vendedor)* match vendor
◇ *nm (recipiente, caja)* matchbox

cerillo *nm CAm, Ecuad, Méx* match

cerio *nm* QUÍM cerium

cerner [64], **cernir** [25] ◇ *vt* to sieve, to sift
◆ **cernerse** *vpr* **-1.** *(ave, avión)* to hover **-2.** *(amenaza, peligro)* to loom, to hover; **una grave amenaza se cernía sobre la ciudad** a grave threat loomed *o* hovered over the city

cernícalo *nm* **-1.** *(ave)* kestrel ❑ **~ americano** American kestrel; **~ primilla** lesser kestrel **-2.** *Fam (bruto)* brute

cernidor *nm* sieve

cernir = **cerner**

cero ◇ *adj inv* zero
◇ *núm* zero; *ver también* **tres**
◇ *nm* **-1.** *(número)* nought, zero; **la reserva está a ~** the fuel gauge is at empty; **cortarse el pelo al ~** to shave one's head, to cut all one's hair off; **partir de ~** to start from scratch; **sacó un ~ en física** he got zero in physics; **acelera de ~ a cien en seis segundos** it goes from nought *o* zero to a hundred in six seconds; **la inflación experimentó un crecimiento ~** there was no increase in the rate of inflation; EXPR **ser un ~ a la izquierda** *(un inútil)* to be useless; *(un don nadie)* to be a nobody
-2. *(cantidad)* nothing; *(en fútbol, hockey, rugby)* nil; *(en tenis)* love; **el marcador es tres (a) ~** the score is three-nil; **el marcador es empate a ~** the score is nil-nil; **llevan tres empates a ~ consecutivos** they have had three goalless *o* scoreless draws in a row
-3. *(temperatura)* zero; **sobre/bajo ~** above/below zero; **hace 5 grados bajo ~** it's minus 5 ❑ **~ absoluto** absolute zero
-4. *RP Fam* **~ kilómetro** *(auto)* brand-new car; **un video ~ kilómetro** a brand-new video; *muy Fam* **una mujer ~ kilómetro** a cherry

cerote *nm CAm, Méx muy Fam* turd

cerquillo *nm Am Br* fringe, *US* bangs

cerquita *adv* very near

cerrado, -a ◇ *participio ver* **cerrar**
◇ *adj* **-1.** *(puerta, boca, tienda)* closed, shut; *(con llave, pestillo)* locked; *(puño)* clenched; *(sobre)* closed; **la botella no está bien cerrada** the top of the bottle isn't on properly; **todos los grifos están cerrados** all the *Br* taps *o US* faucets are (turned) off; **en esta habitación huele a ~** this room smells stuffy; **la puerta estaba cerrada con llave** the door was locked; **~ por obras/vacaciones** *(en letrero)* closed for alterations/holidays; **~ los fines de semana** *(en letrero)* closed at weekends
-2. *(curva)* sharp, tight
-3. *(circuito)* closed
-4. *(aplauso, ovación)* rapturous
-5. *(lucha)* bitter; **una cerrada lucha por el liderazgo** a bitter leadership struggle
-6. LING *(vocal)* close

-7. *(acento, deje)* broad, thick; **habla con un acento gallego ~** she speaks with a broad *o* thick Galician accent
-8. *(mentalidad, sociedad)* closed (**a** to); **tiene una actitud muy cerrada** she has a very closed mentality; **es muy ~** he's very narrow-minded; **está ~ al cambio** he is not open to change
-9. *(tiempo, cielo)* overcast; **la noche era cerrada** it was a dark night
-10. *(rodeado)* surrounded; *(por montañas)* walled in; **no se adaptan a espacios cerrados** they aren't suited to living in confined spaces; **una terraza cerrada** a glazed balcony
-11. *(vegetación, bosque)* thick, dense; *(barba)* thick
-12. *(poco claro, difícil)* abstruse; **su estilo es muy ~** his style is very abstruse
-13. *(introvertido, tímido)* reserved; **le cuesta hacer amigos porque es muy ~** he finds making friends difficult because he's very reserved
-14. *(estricto)* strict; **el colegio tiene criterios muy cerrados de admisión** the school has very strict entrance requirements
-15. *(torpe)* dense, stupid; **es un poco ~, hay que explicarle todo varias veces** he's rather dense *o* stupid, you have to explain everything to him over and over again; EXPR *Fam* **ser ~ de mollera** to be thick in the head
-16. *(obstinado)* obstinate, stubborn
◇ *nm* fenced-in garden

cerradura *nf* lock ❑ **~ de combinación** combination lock; **~ de seguridad** security lock

cerraja *nf* **-1.** *(cerradura)* lock **-2.** *(planta)* sow thistle

cerrajería *nf* **-1.** *(oficio)* locksmithery **-2.** *(local)* locksmith's (shop)

cerrajero, -a *nm,f* locksmith

cerrar ◇ *vt* **-1.** *(en general)* to close; *(puerta, cajón, boca, tienda)* to shut, to close; INFORMÁT *(archivo)* to close; *(con llave)* to lock; *(grifo, llave de gas)* to turn off; *(botella)* to put the top on; *(tarro)* to put the lid *o* top on; *(carta, sobre)* to seal; *(cortinas)* to draw, to close; *(persianas)* to pull down; *(agujero, hueco)* to fill, to block (up); *(puños)* to clench; **~ una puerta con llave** to lock a door; **cierra el gas cuando salgas** turn the gas off when you leave; **una corriente de aire cerró la puerta** a draught blew the door shut; EXPR *Fam* **¡cierra el pico!** shut your trap!
-2. *(negocio, colegio)* (a diario) to close; *(permanentemente)* to close down; **el gobierno cerrará dos centrales nucleares** the government is to close down two nuclear power stations
-3. *(vallar)* to fence (off), to enclose; **cerraron el balcón para convertirlo en comedor** they closed *o* walled off the balcony and converted it into a dining room
-4. *(carretera, calle)* to close off; *también Fig* **~ el paso a alguien** to block sb's way; **una valla les cerraba la salida** a fence blocked their way out
-5. *(manifestación, desfile)* to bring up the rear of; **~ la marcha** *(ir en última posición)* to bring up the rear; **la orquesta cerraba el desfile** the orchestra closed the procession
-6. *(gestiones, acuerdo)* to finalize; **han cerrado un trato para...** they've reached an agreement *o* made a deal to...; **cerraron el trato ayer** they wrapped up the deal yesterday; **cerraron las conversaciones sin ningún acuerdo** they ended the talks without reaching an agreement
-7. *(cicatrizar)* to heal, to close up
-8. ELEC *(circuito)* to close
-9. *(circunferencia, círculo)* to complete; **cerraron la carretera de circunvalación** they completed the *Br* ring road *o US* beltway

-10. *(signo ortográfico)* to close; **~ comillas/paréntesis** to close inverted commas/brackets
-11. *(posibilidades)* to put an end to; **el último atentado cierra cualquier esperanza de acuerdo** the most recent attack puts an end to any hopes of an agreement
-12. *(terminar)* to close; **el discurso del Presidente cerró el año legislativo** the President's speech brought the parliamentary year to a close; **esta corrida cierra la temporada taurina** this bullfight rounds off the bullfighting season; **cerró su participación en el torneo con una derrota** they lost their last game in the tournament
-13. *(plegar)* to close up; **cerró el paraguas** he closed his umbrella
-14. PRENSA **el periódico cerró la edición más tarde de lo normal** the newspaper went to press later than usual
◇ *vi* **-1.** *(en general)* to close; *(tienda)* to close, to shut; *(con llave, pestillo)* to lock up; **este cajón no cierra bien** this drawer doesn't shut properly; **la Bolsa cerró con pérdidas** the stock market closed down several points; EXPR *RP Fam* **¡cerrá y vamos!: si no quieren ayudarnos, ¡cerrá y vamos!** if they don't want to help us, let's not waste any more time over this
-2. *(persona)* to close the door; **¡cierra, que entra frío!** close the door, you're letting the cold in!; **me olvidé de ~ con llave** I forgot to lock the door
-3. *(negocio, colegio)* *(a diario)* to close; *(definitivamente)* to close down; **¿a qué hora cierra?** what time do you close?; **la biblioteca cierra a las ocho** the library closes at eight; **cerramos los domingos** *(en letrero)* closed on Sundays
-4. *(en juego de cartas)* to go out; *(en dominó)* to block
-5. *(herida)* to close up, to heal

◆ **cerrarse** *vpr* **-1.** *(al exterior)* to close, to shut; **la puerta se cerró accidentalmente** the door closed *o* shut accidentally
-2. *Fig (incomunicarse)* to clam up; **cerrarse a** to close one's mind to; **no te cierres tanto a la gente** don't close yourself off to other people so much
-3. *(cielo)* to cloud over; **la tarde se está cerrando** it's clouding over this afternoon
-4. *(acabar)* to end; **el plazo de inscripción ya se ha cerrado** the deadline for registration is up; **la representación se cierra con una escena muy dramática** the play ends with a very dramatic scene; **el congreso se cerró con un discurso del rey** the conference closed *o* ended with a speech from the king
-5. *(vehículo en una curva)* to take the bend tight; **se cerró demasiado** he took the bend too tight
-6. DEP **tras el gol, el equipo se cerró en su área** after the goal the team sat back and defended
-7. *(herida)* to heal, to close up
-8. *(acto, debate, discusión)* to (come to a) close

cerrazón *nf* **-1.** *(obstinación)* stubbornness, obstinacy **-2.** *(falta de inteligencia)* dim-wittedness **-3.** *RP (niebla)* heavy mist
cerrejón *nm* hillock
cerrero, -a *adj* **-1.** *(libre)* wandering, roaming **-2.** *(cabezota)* wild, untamed **-3.** *Am (bruto)* rough, coarse
cerril *adj* **-1.** *(animal)* wild **-2.** *(obstinado)* stubborn, obstinate **-3.** *(tosco, grosero)* coarse
cerrilmente *adv (obstinadamente)* stubbornly, obstinately
cerro *nm* hill; EXPR *Esp Fam* **irse por los cerros de Úbeda** to go off at a tangent, to stray from the point

cerrojazo *nm* **dar ~ a** *(puerta)* to bolt shut; *(conversación, reunión, proyecto)* to put an end to, to bring to a halt

cerrojo *nm (para cerrar)* bolt; **echar el ~ to** bolt the door; *Fam (en fútbol)* to close the game down
certamen *nm* competition, contest; **~ literario** literary competition; **~ cinematográfico** movie awards
certero, -a *adj* **-1.** *(tiro)* accurate **-2.** *(comentario, respuesta)* appropriate
certeza, certidumbre, certitud *nf* certainty; **tener la ~ de que** to be certain (that); **lo digo con la ~ del que ha estudiado el tema** I say this with some confidence as I have studied the matter; **no se sabe con ~ qué causó la explosión** it is not known for certain what caused the explosion
certificación *nf* **-1.** *(hecho)* certification **-2.** *(documento)* certificate
certificado, -a ◇ *adj (documento)* certified; *(carta, paquete)* registered; **enviar un paquete por correo ~** to send a parcel by registered *Br* post *o US* mail
◇ *nm* certificate ❑ **~ de ahorro** savings certificate; **~ de buena conducta** certificate of good conduct; **~ de calidad** quality guarantee; **~ de defunción** death certificate; FIN **~ de depósito** certificate of deposit; **~ de estudios** academic record; **~ de garantía** guarantee certificate; **~ de matrimonio** marriage certificate; **~ médico** medical certificate; COM **~ de origen** certificate of origin; **~ de residencia** = official document confirming one's residence in a country, city etc
certificar [59] *vt* **-1.** *(constatar)* to certify **-2.** *(en correos)* to register **-3.** *(sospechas, inocencia)* to confirm
certificatorio, -a *adj* certifying
certitud = certeza
cerúleo, -a *adj Literario* azure, cerulean
cerumen *nm* earwax
cerval *adj* **miedo ~** terror; **le tiene un miedo ~ a las serpientes** he's absolutely terrified of snakes
cervantino, -a, cervantesco, -a *adj* Cervantine
cervantista *nmf* Cervantes specialist
cervatillo *nm* (small) fawn
cervato *nm* fawn
cervecera *nf* **-1.** *(fábrica)* brewery **-2.** *ver también* **cervecero**
cervecería *nf* **-1.** *(fábrica)* brewery **-2.** *(bar)* bar *(specializing in beer)*
cervecero, -a ◇ *adj* **-1.** *(de la fabricación)* brewing; **fábrica cervecera** brewery; **industria cervecera** brewing industry **-2.** *(aficionado)* **Mario es muy ~** Mario really likes his beer
◇ *nm,f (fabricante)* brewer
cerveza *nf* beer; **dos cervezas, por favor** two beers, please ❑ **~ sin alcohol** alcohol-free beer, non-alcoholic beer; **~ de barril** draught beer; *Am* **~ clara** *o* **~ negra** stout; **~ rubia** lager; **~ sin** alcohol-free beer, non-alcoholic beer
cervical ◇ *adj* **-1.** *(del cuello del útero)* cervical **-2.** *(del cuello)* neck; **lesión ~** neck injury; **vértebra ~** cervical vertebra
◇ *nfpl* **cervicales** neck vertebrae
cérvido *nm* animal with antlers, *Espec* cervid
Cervino *nm* **el ~** the Matterhorn
cerviz *nf (nuca)* nape, back of the neck; EXPR **bajar** *o* **doblar la ~** *(humillarse)* to bow down, to submit; EXPR **ser duro de ~** to be stiff-necked *o* stubborn
cesación *nf (cese)* stopping, ceasing ❑ *RP* **~ de pagos** suspension of payments
cesante ◇ *adj* **-1.** *(destituido)* dismissed, sacked **-2.** *CSur, Méx (parado)* unemployed
◇ *nmf* dismissed civil servant *(after change of government)*
cesantía *nf (destitución)* sacking
cesar *vt (destituir)* to sack; *(alto cargo)* to remove from office
◇ *vi* **-1.** *(parar)* to stop *o* cease; **~ de hacer algo** to stop *o* cease doing sth; **cesó de nevar** it stopped snowing; **sin ~** non-stop, incessantly; **no cesó de hacer preguntas** she kept asking questions **-2.** *(dimitir)* to

resign, to step down; **cesó como presidente de la empresa** he resigned *o* stepped down as company chairman
César *n pr* HIST Caesar; **~ Augusto** Augustus (Caesar); EXPR **dar (a Dios lo que es de Dios y) al ~ lo que es del ~** to render unto Caesar the things which are Caesar's (and to God the things which are God's)
cesárea *nf* caesarean (section); **le hicieron la** *o* **una ~** she had a caesarean; **nació mediante** *o* **por ~** he was a caesarean, he was born by caesarean
cese *nm* **-1.** *(detención, paro)* stopping, ceasing; **la ONU pidió un ~ del embargo económico** the UN called for an end to the economic embargo; **la guerrilla anunció el ~ definitivo de sus acciones** the guerrillas announced they were giving up violence; **liquidación por ~ de negocio** *(en letrero)* closing-down sale ❑ *Am* **~ del fuego** cease-fire
-2. *(destitución)* sacking; *(de alto cargo)* removal from office; **su apoyo a los huelguistas le costó el ~** her support for the strikers cost her her job; **le comunicaron el ~ por teléfono** he was informed of his sacking by telephone; **dar el ~ a alguien** to dismiss sb
Cesid [θe'sið] *nm (abrev de* Centro Superior de Investigación de la Defensa) = Spanish military intelligence and espionage service
cesio *nm* QUÍM caesium
cesión *nf (de derechos, territorios, jugadores)* transfer ❑ DER **~ de bienes** surrender of property; UE **~ de cuotas** *(pesqueras)* quota hopping; DEP **~ al portero** *(en fútbol)* back pass
cesionario, -a *nm,f* transferee, assignee
cesionista *nmf* DER transferor, assignor
césped *nm* **-1.** *(hierba)* lawn, grass; *Am (en tenis)* grass court; *Am* **cancha de ~** grass court; **cortar el ~** to mow the lawn, to cut the grass; **prohibido pisar el ~** *(en letrero)* keep off the grass **-2.** DEP field, pitch; **saltan al ~ los dos equipos** the two teams are coming out onto the field *o* pitch
cesta *nf* **-1.** *(canasta)* basket; ECON **(el precio de) la ~ de la compra** the cost of the average week's shopping; INFORMÁT **~ (de la compra** *o* **de pedidos)** *(en página web)* shopping basket *o US* cart ❑ ECON **~ de monedas** basket of currencies; **~ de Navidad** Christmas hamper
-2. *(en baloncesto) (aro)* basket
-3. *(en baloncesto) (tanto)* basket
-4. *(deporte)* **~ punta** jai alai, pelota *(played with basket-like rackets)*
cestería *nf* **-1.** *(oficio)* basket making **-2.** *(tienda)* basket shop
cestero, -a *nm,f* basket weaver
cesto *nm* **-1.** *(cesta)* (large) basket ❑ **~ de los papeles** wastepaper basket; **~ de la ropa sucia** laundry basket, linen basket **-2.** *(en baloncesto) (aro, tanto)* basket
cesura *nf* caesura
cetáceo *nm* cetacean
cetaria *nf* shellfish farm
Cetes *nmpl Méx* treasury bond
cetme *nm* = light automatic rifle used by Spanish army
cetona *nf* QUÍM ketone
cetrería *nf* falconry
cetrero *nm (cazador)* falconer
cetrino, -a *adj Formal* sallow
cetro *nm* **-1.** *(vara)* sceptre **-2.** *(reinado)* reign; **bajo el ~ de...** in the reign of... **-3.** *(superioridad)* **ostentar el ~ de** to hold the crown of; **competirán por el ~ mundial de la categoría** they will compete for the crown of world champion in their class
ceugma *nf* LING zeugma
Ceuta *n* Ceuta
ceutí *(pl* **ceutíes***)* ◇ *adj* of/from Ceuta *(Spain)*
◇ *nmf* person from Ceuta *(Spain)*
ceviche = cebiche
cf., cfr. *(abrev de* **confróntese***)* cf
CFC *nmpl (abrev de* **clorofluorocarbonos***)* CFC
cfr. = cf.

cg (abrev de **centigramo**) cg

CGA INFORMÁT (abrev de **colour graphics adaptor**) CGA

CGPJ nm (abrev de **Consejo General del Poder Judicial**) = governing body of the Spanish judiciary, elected by the Spanish parliament

Ch, ch [tʃe] nf = ch digraph, traditionally considered a separate character in the Spanish alphabet

ch/ (abrev de **cheque**) cheque

chabacanada nf vulgar thing; **ser una ~ to be vulgar**

chabacanería nf -1. (acción, comentario) **lo que hizo/dijo fue una ~** what he did/said was vulgar; **no tengo por qué aguantar sus chabacanerías** I don't have to put up with his vulgarity -2. (cualidad) vulgarity, tastelessness; **viste con ~** she dresses without taste

chabacano, -a ◇ adj vulgar
◇ nm -1. (lengua) = Spanish creole spoken in some parts of the Philippines -2. Méx (fruto) apricot -3. Méx (árbol) apricot tree

chabola nf Esp shack; **barrio de chabolas** shanty town

chabolismo nm Esp **erradicar el ~** to deal with the shanty town problem; **el crecimiento del ~** the growing number of people living in shanty towns

chabolista nmf Esp shanty town dweller

chacal nm jackal

chácara nf -1. Am Anticuado (granja) farm -2. Col, Pan, Ven (portamonedas) Br purse, US wallet

chacarero, -a nm,f Andes, RP farmer

chacha nf Fam maid

chachachá nm cha-cha

cháchara nf Fam chatter, Br nattering; **estar de ~** to chat, Br to natter

chacharear vi Fam -1. (hablar) to chatter -2. (chismosear) to gossip

chacharero, -a Fam ◇ adj **es muy ~** he's a real chatterbox
◇ nm,f (charlatán) chatterbox

chachi Esp Fam ◇ adj inv cool, neat; **~ piruli** really neat, Br way cool
◇ adv **lo pasamos ~** we had a really cool o Br a brilliant time
◇ interj cool!, neat!, Br brilliant!

chacho nm -1. Esp Fam (niño) son; **~, ¡cómo me alegro de verte!** it's great to see you, my son! -2. Col (valiente) he-man

chacina nf cured o prepared pork

chacinería nf (tienda) pork butcher's

chacinero, -a nm,f pork butcher

Chaco nm **el (Gran) ~** the Chaco, = vast region of scrubland and swamp shared by Argentina, Bolivia and Paraguay

---

LA GUERRA DEL CHACO

Between 1932 and 1935, Bolivia and Paraguay fought a bloody war over claims to the Chaco region, a large barren area which straddles both countries. Believed at the time to be rich in oil, the region had been disputed since colonial times because the border was inaccurately drawn. The Foreign Minister of Argentina eventually brokered a peace treaty between the two countries in 1938 and received the Nobel Peace Prize as a result. The treaty conceded 75 percent of the disputed territory to Paraguay but gave Bolivia the right to use the rivers of the region to gain access to the Atlantic Ocean. During the war, over 100,000 people died in combat or from disease, and the political and economic repercussions were felt for decades in both countries.

---

chacolí (pl **chacolís**) nm = light wine from the Basque Country

chacota nf EXPR Fam **tomar algo a ~** to take sth as a joke

chacotero, -a CSur Fam ◇ adj **es un tipo muy ~** he likes a good laugh
◇ nm,f **es un ~** he likes a good laugh

chacra nf Andes, RP farm

Chad n **(el) ~** Chad

chadiano, -a ◇ adj Chadian
◇ nm,f Chadian

chador nm chador

chafalonía nf = scrap silver or gold

chafar ◇ vt -1. (aplastar) (pastel) to squash; (pelo, hierba, flor) to flatten; (plátano) to mash; (uva) to tread
-2. (arrugar) to crease
-3. (estropear) to ruin; **el robo nos chafó las vacaciones** the robbery ruined our holiday; **me has chafado la sorpresa que os iba a dar** you've ruined the surprise I had for you
-4. Esp Fam (abrumar) to crush, to floor; **su respuesta me dejó chafado** I felt crushed by her reply, her reply floored me
◆ **chafarse** vpr -1. (aplastarse) (pastel) to get squashed; (pelo, hierba, flor) to get flattened -2. Fam (estropearse) to be ruined

chaflán nm -1. (de edificio) corner (cut off at an angle, rather than at 90 degrees); **la tienda hace ~** the store is on the corner of the building -2. GEOM bevel

chaira nf (cilindro) sharpening steel -2. Fam (navaja) blade

chajá nm -1. (pájaro) crested screamer -2. Urug (postre) = meringue filled with peaches, served with whipped cream

chal nm shawl

chala nf -1. Andes, RP (de mazorca) maize o US corn husk -2. Chile (sandalia) leather sandal

chalado, -a Fam ◇ adj crazy, mad; **estar ~ por algo/alguien** to be crazy about sth/sb
◇ nm,f loony

chaladura nf Fam -1. (locura) craziness, madness -2. (enamoramiento) crazy infatuation

chalán, -ana nm,f (comerciante) horse-dealer

chalana nf (embarcación) barge

chalanear ◇ vi (regatear) to haggle
◇ vt Am (adiestrar) to break

chalar Fam ◇ vt to drive round the bend
◆ **chalarse** vpr **chalarse por** to be crazy about

chalé (pl **chalés**), **chalet** (pl **chalets**) nm (casa) detached house (with garden); (campestre) cottage; (de alta montaña) chalet ❑ Esp **~ adosado** terraced villa; Esp **~ pareado** semi-detached house

chaleco nm Br waistcoat, US vest; (de punto) tank top; EXPR Méx Fam **a ~** (a la fuerza) **me hacían estudiar a ~** they forced me to study ❑ **~ antibalas** bullet-proof vest; **~ antifragmentación** flak jacket; Am **~ de fuerza** straitjacket; **~ salvavidas** life jacket

chalet = **chalé**

chalina nf Am (chal) narrow shawl

chalona nf Andes, Arg jerked o salted mutton

chalota, chalote nf shallot

chalupa nf -1. (embarcación) = small two-masted boat -2. Méx (torta) = small tortilla with a raised rim to contain a filling

chama nm Cuba Fam kid

chamaco, -a nm,f Méx Fam -1. (muchacho) kid -2. (novio) boyfriend; (novia) girlfriend

chamal nm Bol, Chile, RP (de mujer) = blanket-like shawl; (de hombre) = garment similar to gaucho's "chiripá"

chamamé nm = Argentinian and Paraguayan dance related to the polka

chamán nm shaman

chamanismo nm shamanism

chamarasca nf -1. (leña) brushwood -2. (llama) brushfire

chamarilear vi to deal in second-hand goods

chamarileo nm dealing in second-hand goods

chamarilero, -a nm,f second-hand dealer

chamarra nf jacket

chamarreta nf bomber jacket

chamba nf -1. Esp Fam (suerte) **lo encontré de o por ~** it was a fluke that I found it; **¡vaya ~ que tienes!** you flukey thing! -2. CAm, Méx, Perú, Ven Fam (trabajo) job -3. Col, Ven (zanja) ditch

chambelán nm chamberlain

chambergo nm -1. (chaquetón) short coat -2. RP (sombrero) wide-brimmed hat

chambero, -a nm,f Andes, Méx scavenger (on rubbish tip)

chambismo nm Méx Fam moonlighting

chambista nmf Méx Fam moonlighter

chambón, -ona nm,f Am Fam sloppy o shoddy worker

chamboneada nf, **chambonada** nf, **chamboneo** nm Am Fam botch, botched job

chambonear vi Am Fam to bungle, to botch things up

chamboneo = **chamboneada**

chamiza nf -1. (hierba) thatch -2. (leña) brushwood

chamizo nm -1. (choza) thatched hut -2. Fam Pey (lugar) hovel, dive

champa nf -1. CAm (tienda de campaña) tent -2. CAm (cobertizo) shed

champán nm -1. (bebida) champagne -2. (sampán) sampan

Champaña n Champagne

champaña nm o nf champagne

champear vt Andes to fill in with turf

champiñón nm mushroom ❑ **~ pequeño** button mushroom

champión nm Urug Br sports shoe, trainer, US sneaker

champola nf -1. CAm, Carib (refresco de guanábana) soursop milkshake -2. Chile (refresco de chirimoya) = drink made from custard apple

champú (pl **champús** o **champúes**) nm shampoo ❑ **~ anticaspa** dandruff shampoo

champús (pl **champuses**), **champuz** (pl **champuces**) nm Andes = cornmeal porridge flavoured with orange juice and sugar

chamuchina nf Andes, Cuba, Hond (populacho) mob, rabble

chamuco nm Méx Fam Old Nick, the Devil

chamuscado, -a adj (pelo, plumas) singed; (tela, papel) scorched; (tostada) burnt

chamuscar [59] ◇ vt (pelo, plumas) to singe; (tela, papel) to scorch; (tostada) to burn
◆ **chamuscarse** vpr (pelo, plumas) to get singed; (tela, papel) to get scorched; (tostada) to burn, to get burnt; **se chamuscó el bigote** he singed his moustache, he got his moustache singed

chamusquina nf (quemado) scorching, singeing; EXPR Fam **me huele a ~** it smells a bit fishy to me, I don't like the look of this

chamuyar RP Fam ◇ vt -1. (susurrar) to mutter, to whisper; **le chamuyó algo al oído** he muttered something in his ear -2. (engañar) to take in, to diddle
◇ vi to mutter, to whisper; **dos enamorados chamuyaban en un rincón** two lovers were muttering o whispering to each other in a corner

chancar [59] vt Andes to crush, to grind

chance ◇ nm o nf Am opportunity, chance; **me dio una segunda ~** he gave me a second chance; **aprovechar la ~** to seize the opportunity; **en o a la primera ~** at the first opportunity; **tener ~ de hacer algo** to have the chance to do sth; **¿me das un ~?** can I have a go?
◇ adv Méx maybe; **iré al cine hoy, ~ mañana** I'm going to the movies o Br cinema today, or maybe tomorrow

chancearse vpr **~ de** to make fun of

chancero, -a adj Am funny

chanchada nf Am -1. (porquería) disgusting habit; **¡no hagas chanchadas!** stop being so disgusting! -2. Fam (jugarreta) dirty trick

Chanchán n = coastal archaeological site in northwestern Peru, capital of the pre-Incan kingdom of Chimú (1300-1470)

chanchita nf CSur piggy bank

chancho, -a Am ◇ adj Fam (sucio) filthy
◇ nm,f -1. (animal) pig, f sow; EXPR Fam **comer como un ~** (mucho) to eat a lot; (sin modales) to eat like a pig; EXPR Fam **estar gordo como un ~** to be a fat pig; EXPR RP Fam **estar o ser como chanchos** (ser amigos) to be bosom buddies o pals; EXPR Chile, Col, RP Fam Hum **~ limpio no engorda** a little bit of dirt never hurt anyone; EXPR RP Fam **querer la chancha y los cuatro reales** to want to have one's cake and eat it; PROV **a cada ~ le llega su San Martín** = everyone gets their

come-uppance at some point -**2.** (*Fam*) (*persona sucia*) dirty *o* filthy pig
◇ *nm* (*carne*) pork

chanchullero, -a *Fam* ◇ *adj* crooked, dodgy
◇ *nm,f* trickster, crook

chanchullo *nm Fam* fiddle, racket; **siempre anda metido en chanchullos** he's always on the fiddle, he's always got some racket going; **hicieron un ~ para evitar pagar** they worked some fiddle to avoid paying

chancla *nf* (*sandalia*) backless sandal; (*para la playa*) *Br* flip-flop, *US & Aus* thong

chancleta *nf* -**1.** (*sandalia*) backless sandal; (*para la playa*) *Br* flip-flop, *US* thong -**2.** *Andes, RP Fam* (*bebé*) baby girl

chanclo *nm* -**1.** (*de madera*) clog -**2.** (*de plástico*) galosh

chancro *nm* (*enfermedad*) chancre

chándal (*pl* **chandals**) *nm Esp* tracksuit

chanfaina *nf Col Fam* cushy number (*obtained through connections*)

changa *nf* -**1.** *Bol, RP* (*trabajo temporal*) odd job -**2.** *Andes, Cuba* (*chiste*) joke -**3.** *ver también* **chango**

changador *nm RP* (*cargador*) porter

changarro *nm Méx* (*tienda*) small store; (*puesto*) stand

chango, -a ◇ *adj* -**1.** *Carib* (*bromista*) playful, joking -**2.** *Chile* (*fastidioso*) tedious, annoying -**3.** *Méx, PRico* **estar ~** to be cheap and plentiful
◇ *nm,f* -**1.** *Carib* (*bromista*) joker, prankster -**2.** *Chile* (*fastidioso*) tedious person -**3.** *Arg, Bol, Méx* (*muchacho*) youngster
◇ *nm* -**1.** *Méx* (*mono*) monkey -**2.** *Ven* **changos** (*harapos*) rags

changuear *vi Ven* to joke, to jest

changuito *nm* -**1.** *Arg* (*de la compra*) shopping *Br* trolley *o US* cart -**2.** *Arg* (*para bebé*) *Br* pushchair, *US* stroller

changurro *nm* = typical Basque dish of dressed crab

chanquete *nm* = small translucent fish similar to whitebait

chantaje *nm* blackmail; **hacer ~ a alguien** to blackmail sb; **le hicieron un ~** he was blackmailed ❑ **~ emocional** emotional blackmail

chantajear *vt* to blackmail; **lo chantajearon con unas fotos comprometedoras** they blackmailed him with some compromising photos

chantajista *nmf* blackmailer

chantillí *nm* whipped cream

chanza *nf* joke; **estar de ~** to be joking

chañar *nm Andes, RP* -**1.** (*árbol*) Chilean palo verde -**2.** (*fruto*) = fruit of the Chilean palo verde

chao *interj Fam* bye!, see you!

chapa *nf* -**1.** (*lámina*) (*de metal*) sheet, plate; (*de madera*) board ❑ **~ ondulada** corrugated iron
-**2.** (*de vehículo*) bodywork; **taller de ~ y pintura** body shop
-**3.** (*de botella*) top, cap; **juego de las chapas** = children's game played with bottle tops
-**4.** (*insignia*) (*de policía*) badge; **el perro lleva una ~ identificativa en el collar** the dog has an identity tag *o* disc on its collar
-**5.** *RP* (*de matrícula*) *Br* numberplate, *US* license plate
-**6.** *Col, Cuba, Méx* (*cerradura*) lock
-**7.** *Esp Fam* EXPR **no ha dado** *o* **pegado ni ~** he hasn't done a stroke (of work); **no tener ni ~** (*ni idea*) not to have a clue; (*dinero*) to be flat broke

chapado, -a *adj* -**1.** (*recubierto*) (*con metal*) plated; (*con madera*) veneered; **~ en oro** gold-plated; *Fig* **~ a la antigua** stuck in the past, old-fashioned -**2.** *Esp* (*cerrado*) shut, closed

chapalear *vi* (*chapotear*) to splash

chapar ◇ *vt* -**1.** (*recubrir*) (*con metal*) to plate; (*con madera*) to veneer -**2.** *Esp* (*cerrar*) to shut, to close -**3.** *Perú* (*agarrar*) to grab (hold of); **~ a alguien del brazo** to grab sb by the arm, to grab sb's arm
◇ *vi Esp Fam* -**1.** (*cerrar*) to shut, to close; **¿a qué hora chapa este garito?** what time does this joint shut *o* close? -**2.** (*estudiar*) to cram, *Br* to swot; **estuvo chapando toda la noche** I was up cramming *o Br* swotting all night

chaparral *nm* chaparral, = thicket of kermes oaks

chaparro, -a ◇ *adj* short and squat
◇ *nm,f* (*persona*) short, squat person
◇ *nm* (*arbusto*) kermes oak

chaparrón *nm* -**1.** (*lluvia*) downpour; **cayó un ~** there was a downpour -**2.** *Fam* (*gran cantidad*) **su novela ha recibido un ~ de premios** she has been showered with prizes for her novel; **recibió un ~ de críticas** he received a barrage of criticism; **recibieron un ~ de solicitudes** they received a flood of applications

chapata *nf* = flat crusty loaf

chapear *vt* (*con metal*) to plate; (*con madera*) to veneer

chapela *nf* (Basque) beret

chapero *nm Fam* male prostitute, *Br* rent boy

chapín, -ina *CAm, Méx Fam* ◇ *adj* Guatemalan
◇ *nm,f* Guatemalan

chapista *nmf* panel beater

chapistería *nf* (*taller*) body shop

chapita *nf RP* (*del tacón*) heel

chapitel *nm* ARQUIT -**1.** (*de torre*) spire -**2.** (*de columna*) capital

chapó *interj* (*¡bien hecho!*) well done!, bravo!; **se merece un ~ por el esfuerzo realizado** he deserves a pat on the back for all the effort he's put in; **¡~!, te comportaste como un caballero** bravo! you behaved like a gentleman

chapola *nf Col* butterfly

chapopote *nm Carib, Méx* bitumen, pitch

chapotear *vi* to splash about

chapoteo *nm* splashing

chapucear *vt* to botch (up)

chapucería *nf* botch, botched job; **esta reparación es una auténtica ~** this repair is a real botched job; **tu examen es una ~** you've made a real botch *o* mess of your exam

chapucero, -a ◇ *adj* (*trabajo*) shoddy, sloppy; (*persona*) bungling
◇ *nm,f* sloppy *o* shoddy worker; **no seas un ~ y pon más cuidado al pintar** don't be so sloppy and be more careful when you're painting

chapulín *nm CAm, Méx* -**1.** (*saltamontes*) grasshopper -**2.** *Fam* (*niño*) kid

chapurrar, chapurrear *vt* to speak badly; **chapurrea el francés** she speaks broken *o* bad French

chapurreo *nm* jabbering

chapuza ◇ *nf* -**1.** (*trabajo mal hecho*) botch, botched job; **esta reparación es una auténtica ~** this repair is a real botched job; **tu examen es una ~** you've made a real botch *o* mess of your exam -**2.** (*trabajo ocasional*) odd job; **vive de las chapuzas** he makes his living by doing odd jobs
◇ *nmf inv* **chapuzas** (*persona*) sloppy *o* shoddy worker; **no seas un ~ y pon más cuidado al pintar** don't be so sloppy and be more careful when you're painting

chapuzón *nm* dip; **darse un ~** to go for a dip

chaqué *nm* morning coat

chaqueño, -a ◇ *adj* of/from the Chaco (South America)
◇ *nm,f* person from the Chaco (South America)

chaqueta *nf* (*de traje, de cuero*) jacket; (*de punto*) cardigan; EXPR **cambiar(se)** *o* **mudarse de ~** to change sides ❑ *Esp* **~ de chándal** tracksuit top

chaquetear *vi Esp Fam* (*cambiar de bando*) to change sides

chaqueteo *nm Esp Fam* changing sides

chaquetero, -a *Esp Fam* ◇ *adj* **es un político ~** he's a political opportunist; **es muy ~** he will change his loyalties at the drop of a hat if it suits his own ends
◇ *nm,f* turncoat

chaquetilla *nf* short jacket ❑ **~ torera** bolero

chaquetón *nm* short coat ❑ **~ tres cuartos** three-quarter-length coat

charada *nf* = newspaper puzzle in which a word must be guessed, with its meaning and certain syllables given as clues

charanga *nf* -**1.** (*banda*) brass band -**2.** *Fam* (*fiesta*) party -**3.** *Fam* (*ruido*) racket

charango *nm* = small South American guitar

charca *nf* pool, pond

charco *nm* -**1.** (*de líquido*) puddle; **un ~ de sangre** a pool of blood -**2.** *Fam* (*océano Atlántico*) **cruzar** *o* **pasar el ~** to cross the Pond *o* Atlantic

charcutería *nf* (*tienda*) = shop selling cold meats, sausages etc

charcutero, -a *nm,f* pork butcher

charla *nf* -**1.** (*conversación*) chat; **estar de ~** to chat -**2.** (*conferencia*) talk (**sobre** about *o* on); **dar una ~** to give a talk ❑ **~ coloquio** talk followed by a question-and-answer session -**3.** INFORMÁT chat ❑ **~ en tiempo real** real time chat

charlar *vi* to chat (**sobre** about); **~ con alguien** to chat with sb, to have a chat with sb

charlatán, -ana ◇ *adj* talkative
◇ *nm,f* -**1.** (*hablador*) chatterbox -**2.** *Pey* (*mentiroso*) trickster, charlatan -**3.** (*indiscreto*) gossip -**4.** (*vendedor*) hawker, pedlar
◇ *nm* (*ave*) bobolink

charlatanería *nf* -**1.** (*locuacidad*) talkativeness -**2.** *Pey* (*palabrería*) spiel

charlestón *nm* Charleston

charleta *nmf RP Fam* chatterbox

Charlot *n pr* Charlie Chaplin

charlotada *nf Fam* -**1.** (*payasada*) **deja de hacer charlotadas** stop clowning around -**2.** TAUROM slapstick bullfight

charlotear *vi* to chat

charloteo *nm* chatting; **estar de ~** to be chatting *o* having a chat

charnego, -a *nm,f Fam Pey* = term referring to an immigrant to Catalonia from another part of Spain

charnela *nf* hinge

charol *nm* -**1.** (*piel*) patent leather -**2.** (*barniz*) varnish -**3.** *Andes* (*bandeja*) tray

charola *nf Bol, CAm, Méx* tray

charolar *vt* to varnish

charque, charqui *nm Andes, RP* jerked *o* salted beef

charquear *vt Andes, RP* (*carne*) to dry, to cure

charqui = **charque**

charquicán *nm Andes, Arg* = stew made from salted meat, potatoes, beans and seasoning

charrán *nm* tern ❑ **~ ártico** arctic tern; **~ inca** Inca tern; **~ patinegro** sandwich tern

charrancito *nm* little tern

charreada *nf Méx* (*espectáculo*) display of horseriding skills by "charros", ≃ rodeo

charrería *nf Méx* = horseriding skills as practised by "charros"

charretera *nf* epaulette

charro, -a ◇ *adj* -**1.** (*recargado*) gaudy, showy -**2.** *Esp* (*salmantino*) Salamancan -**3.** *Méx* (*líder*) = in league with the bosses -**4.** *Méx Fam* (*tonto*) dim
◇ *nm,f* -**1.** *Esp* (*salmantino*) Salamancan -**2.** *Méx* (*con traje típico*) = Mexican cowboy or cowgirl in traditional dress -**3.** *Méx* (*jinete*) horseman, *f* horsewoman -**4.** *Méx Fam* (*tonto*) dimwit -**5.** *Méx* (*líder*) = union leader in league with the bosses

---

CHARRO

The **charro** is the traditional Mexican cowboy. Over centuries of perfecting their skills on ranches, Mexican cowboys have made "charrería" (or rodeo riding) a national institution. "Charreadas" are rodeos where the cowboys lasso cows, bulls and horses, wearing traditional embroidered costumes and wide-brim hats. They also ride wild horses and bulls according to rules set down after the Mexican Revolution.

charrúa ◇ *adj* **-1.** *(indio)* Charrua **-2.** *(uruguayo)* Uruguayan
◇ *nmf* **-1.** *(indio)* Charrua **-2.** *(uruguayo)* Uruguayan

chárter *(pl* **chárter** *o* **chárteres)** ◇ *adj* **vuelo ~** charter flight; **¿este vuelo es ~ o regular?** is this a charter or a scheduled flight?
◇ *nm* charter flight

chas *interj* pow!, wham!

chasca *nf* **-1.** *Fam (hoguera)* campfire **-2.** *(leña)* brushwood **-3.** *Andes (greña)* mop of hair

chascar [59] ◇ *vt* **-1.** *(lengua)* to click **-2.** *(dedos)* to snap **-3.** *(látigo)* to crack
◇ *vi* **-1.** *(lengua)* to click **-2.** *(madera)* to crack

chascarrillo *nm Fam* funny story

chasco *nm* **-1.** *(decepción)* disappointment; **llevarse un ~** to be disappointed **-2.** *(burla)* trick; **dar un ~ a alguien** to play a trick on sb

chasis *nm inv* **-1.** *(de vehículo)* chassis **-2.** FOT dark slide **-3.** *Fam (esqueleto)* body

chasque, chasqui *nm* = Inca messenger or courier

chasqueado, -a *adj (decepcionado)* disappointed

chasquear ◇ *vt* **-1.** *(lengua)* to click **-2.** *(dedos)* to snap **-3.** *(látigo)* to crack **-4.** *(dar un chasco a)* to play a trick on, to fool
◇ *vi* **-1.** *(lengua)* to click **-2.** *(madera, hueso)* to crack

chasqui = chasque

chasquido *nm* **-1.** *(de lengua)* click **-2.** *(de dedos)* snap, click **-3.** *(de látigo)* crack **-4.** *(de madera, hueso)* crack **-5.** *(de arma)* click

chasquilla *nf Chile (flequillo) Br* fringe, *US* bangs

chat *nm* INFORMÁT *(charla)* chat; *(sala)* chat room

chata *nf* **-1.** *(orinal)* bedpan **-2.** *ver también* **chato**

chatarra *nf* **-1.** *(metal)* scrap (metal) **-2.** *(objetos, piezas)* junk **-3.** *Fam (joyas)* cheap and nasty jewellery; **este anillo es pura ~** this ring is a piece of tat **-4.** *Fam (condecoraciones)* brass, medals; **un general cargado de ~** a general weighed down with medals **-5.** *Fam (monedas)* small change **-6.** *Méx Fam (comida)* junk food

chatarrería *nf* scrapyard

chatarrero, -a *nm,f* scrap (metal) dealer

chatear *vi Fam* **-1.** *Esp (beber)* to have a few glasses of wine **-2.** INFORMÁT to chat

chateaubriand [tʃatoˈβrjan] *nm* chateaubriand

chateo *nm Esp Fam* **ir de ~** to go out for a few glasses of wine

chato, -a ◇ *adj* **-1.** *(nariz)* snub **-2.** *(persona)* snub-nosed **-3.** *(superficie, objeto)* flat **-4.** *PRico, RP Fam (sin ambiciones)* commonplace; **una vida chata** a humdrum existence
◇ *nm,f* **-1.** *(persona)* snub-nosed person **-2.** *Fam (apelativo)* love, dear
◇ *nm Esp Fam* **~ (de vino)** = small glass of wine

chau *interj Bol, CSur, Perú Fam* bye!, see you!

chaucha ◇ *adj RP Fam* dull, boring; **la fiesta estuvo bastante ~** the party was pretty dull *o* boring
◇ *nf* **-1.** *Bol, RP (judía verde)* green bean **-2.** *Andes (patata)* early potato **-3.** *Andes, RP (moneda)* = coin of little value; EXPR **costar chauchas y palitos** to cost next to nothing

chauvinismo [tʃoβiˈnismo] *nm* chauvinism

chauvinista [tʃoβiˈnista] ◇ *adj* chauvinistic
◇ *nmf* chauvinist

chaval, -ala *nm,f Fam* **-1.** *(persona)* kid; **está hecho un ~** he's like a young kid **-2.** *(apelativo) (para chicos)* son; *(para chicas)* young lady; **chavala, acércame esa silla** bring me over that chair, will you, young lady?; **¿tú quién te has creído que eres, ~?** who do you think you are, sonny *o Br* sunshine?

chavalería *nf Fam* kids

chavea *nmf Fam* kid

chaveta *nf* **-1.** *(clavija)* cotter pin **-2.** *Fam (cabeza)* nut, head; EXPR **estar mal de la ~** to be funny in the head; EXPR **perder la ~** *(volverse loco)* to go off one's rocker; **ha perdido la ~ por una compañera de clase** he's gone nuts about one of the girls in his class **-3.** *Andes (navaja)* penknife

chavo, -a *Fam* ◇ *nm,f Méx* **-1.** *(chico)* guy; *(chica)* girl **-2.** *(novio)* boyfriend; *(novia)* girlfriend
◇ *nm (dinero)* **no tener un ~** to be broke; **quedarse sin un ~** to be left broke

chayote *nm CAm, Méx* chayote

Che *n pr* **(el) ~** Che (Guevara)

che ◇ *interj* **-1.** *(¡oye!)* hey!
-2. *RP Fam (como muletilla)* **¿cómo andás, ~?** hey, how's it going?; **¿por qué no te venís al cine con nosotros, ~?** hey, why don't you come to the cinema with us?; **~ Diego, ¿tendrás el auto mañana?** hey, Diego, will you have the car tomorrow?; **~, ¿y ahora qué hacemos?** well, what are we supposed to do now, then?; **¡pero qué hacés, ~!** oi, what do you think you're doing?; **~, ¡vení para acá!** hey, over here, you!; **¡callate, ~!** shut it, you!
◇ *nmf Chile Fam* Argentinian, *Br* Argie

checa *nf* **-1.** HIST *(en la Unión Soviética)* Cheka **-2.** *(en otros países)* secret police **-3.** *(local)* secret police headquarters *(singular)* **-4.** *ver también* **checo**

checada *nf Andes, CAm, Méx* checkup

checar *vt Andes, CAm, Méx* **-1.** *(comprobar)* to check; **~ el nivel de aceite** to check the oil; **el veterinario checó a mi perro** the vet gave my dog a checkup; EXPR *Fam* **¡chécalo bien!** check it out!
-2. *(vigilar)* to check up on, to monitor; **hace meses que la policía viene checando sus actividades** the police have been checking up on what he's been doing for months
-3. *(marcar)* **~ tarjeta** *(en fábrica)* *(a la entrada)* to clock in; *(a la salida)* to clock out; EXPR *Fam* **tengo que ir a ~, tengo que ~ tarjeta** *(en casa de la novia)* I have to see my girlfriend

chechén, -ena, checheno, -a ◇ *adj* Chechen
◇ *nm,f* Chechen

Chechenia *n* Chechnya

checheno = chechén

chécheres *nmpl Col* junk

checo, -a ◇ *adj* Czech
◇ *nm,f (persona)* Czech
◇ *nm (lengua)* Czech

checoslovaco, -a, checoeslovaco, -a *Antes* ◇ *adj* Czechoslovakian, Czechoslovak
◇ *nm,f* Czechoslovakian, Czechoslovak

Checoslovaquia, Checoeslovaquia *n Antes* Czechoslovakia

chef [tʃef] *(pl* **chefs)** *nm* chef

Chejov *n pr* Chekhov

chela *nf Méx Fam (cerveza) Br* jar, *US* brewski

chele, -a *CAm* ◇ *adj* **-1.** *(rubio)* blond, *f* blonde **-2.** *(de piel blanca)* fair-skinned
◇ *nm,f* **-1.** *(rubio)* blond, *f* blonde **-2.** *(de piel blanca)* fair-skinned person

cheli *nm Fam* = slang typical of Madrid

chelín *nm Antes* **-1.** *(en Austria)* schilling **-2.** *(en el Reino Unido)* shilling

chelo *nm* cello

chencha *adj Méx* lazy, idle

chepa *nf Fam* hump; EXPR **subírsele a alguien a la ~** to lose one's respect for sb

cheposo, -a, chepudo, -a *Fam* ◇ *adj* hunchbacked
◇ *nm,f* hunchback

cheque *nm Br* cheque, *US* check; **pagar con ~** to pay by cheque; **cobrar un ~** to cash a cheque; **cruzar un ~** to cross a cheque; **extender un ~ (a alguien)** to make out a cheque (to sb) ❑ **~ bancario** banker's cheque; **~ barrado** crossed cheque; **~ en blanco** blank cheque; EXPR **dar** *o* **extender a alguien un ~ en blanco** to give sb a blank cheque; **~ cruzado** crossed cheque; **~ sin fondos** bad cheque; **~ (de) gasolina** *Br* petrol *o US* gas voucher; **~ nominativo** = cheque made out to a specific person; **un ~ nominativo a favor de Carla Gimeno** a cheque made out to Carla Gimeno; **~ al portador** cheque payable to the bearer; **~ de ventanilla** counter cheque; **~ de viaje** traveller's cheque

chequeada *nf Andes* checkup

chequear *vt (comprobar)* to check; **~ a un paciente** to examine a patient, to give a patient a checkup; **~ las cuentas de una empresa** to go over the accounts *o* do the books of a business; INFORMÁT **~ el disco duro** to check the hard drive

chequeo *nm* **-1.** *(médico)* checkup, medical; **hacerse un ~** to have a checkup ❑ **~ médico** checkup, medical **-2.** *(comprobación)* check; **tuvo que pasar un ~ policial** the police ran a check on him; **hacer un ~ (de algo)** to check (sth)

chequera *nf Br* chequebook, *US* checkbook

cherembeco *nm Col Fam* thingumajig, whatsit

Chernóbil *n* Chernobyl

cheroqui ◇ *adj* Cherokee
◇ *nmf* Cherokee

cheto, -a = concheto

cheve *nf Méx Fam (cerveza) Br* jar, *US* brewski

chévere *Andes, CAm, Carib, Méx Fam* ◇ *adj (estupendo)* great, fantastic; **una fiesta muy ~** a really great *o* fantastic party; **tu compañera me ha parecido muy ~** I thought your girlfriend was really great; **ese vestido rojo te queda ~** you look great *o* fantastic in that red dress
◇ *interj* great!, fantastic!; **¿vamos al cine mañana? – ¡~!** shall we go to the movies tomorrow? – that would be great!

cheviot *(pl* **cheviots)** *nm* cheviot

chía *nf Méx* **-1.** *(semilla)* sage seed **-2.** *(refresco)* = drink made from sage seeds, lemon juice and sugar

chiapaneco, -a ◇ *adj* of/from Chiapas *(Mexico)*
◇ *nm,f* person from Chiapas *(Mexico)*

chibcha ◇ *adj* Chibchan, Chibcha
◇ *nmf* Chibcha

chibolo *nm Andes, CAm* swelling, bump

chic *adj inv* chic
◇ *nm* chic; **Juan tiene mucho ~** Juan is really chic

chica *nf* **-1.** *(criada)* maid ❑ **~ de alterne** = girl who works in bars on a commission basis, encouraging customers to drink, *US* B-girl **-2.** *ver también* **chico**

chicane [tʃiˈkan] *nf* DEP chicane

chicano, -a ◇ *adj* Chicano, Mexican-American
◇ *nm,f (persona)* Chicano, Mexican-American
◇ *nm (lengua)* Chicano

chicarrón, -ona *nm,f Fam* strapping lad, *f* strapping girl

chicha *nf* **-1.** *Esp Fam (para comer)* meat; EXPR *Fam* **de ~ y nabo** lousy; **un reloj de ~ y nabo** a lousy watch
-2. *Esp Fam (de persona)* flesh; **tiene pocas chichas** *(está flaco)* he's as thin as a rake
-3. *(bebida alcohólica)* = alcoholic drink made from fermented maize; EXPR *Fam* **no ser ni ~ ni limonada** *o* **limoná** to be neither one thing nor the other, to be neither fish nor fowl
-4. *(bebida refrescante)* = thick, sweet drink made from rice, condensed milk and vanilla

chícharo *nm CAm, Méx* pea

chicharra *nf* **-1.** *(insecto)* cicada **-2.** *Méx (timbre)* electric buzzer

chicharrero, -a *Fam* ◇ *adj* of/from Tenerife *(Spain)*
◇ *nm,f* person from Tenerife *(Spain)*

chicharro *nm (pez)* horse mackerel

chícharro *nm Am (guisante)* pea

chicharrón ◇ *nm (frito)* pork crackling
◇ *nmpl* **chicharrones** *(embutido)* = cold processed meat made from pork

chiche ◇ *adj Andes, RP (delicado)* fine, delicate
◇ *nm* **-1.** *Andes, RP Fam (juguete)* toy **-2.** *Andes, RP (adorno)* delicate ornament **-3.** *CAm, Méx muy Fam (pecho)* tit

Chichén Itzá n = major Mayan archaeological site on the Yucatan peninsula in southern Mexico

chichería nf Andes "chicha" shop

chichi nm **-1.** muy Fam (vulva) Br fanny, US beaver **-2.** Guat, Méx (nodriza) wet nurse **-3.** Méx muy Fam (pecho) tit

chichí nm Col Fam (pipí) pee, Br wee-wee

chichigua nf CAm, Méx (nodriza) wet nurse

chichinabo: de chichinabo loc adj Fam (de poca calidad) **un reloj de** ~ a lousy watch

chichón nm bump (on the head); **me di un golpe y me salió un** ~ I hit myself on the head and it came up in a bump

chichonear vi RP to play jokes

chichonera nf (para niños) = protective headband to prevent toddlers hurting themselves when they bang into something; (para ciclistas) hairnet, = soft protective headgear for cyclists

chicle nm chewing gum; **¿me das un** ~**?** can I have a piece of chewing gum?; **mascar** ~ to chew gum ❑ Urug ~ **globero** bubble gum

chiclé, chicler nm AUT jet

chico, -a ◇ adj esp Am **-1.** (joven) small, young; **este perro es demasiado** ~ **para separarlo de su madre** this dog is too small o young to be taken away from its mother
-2. (de poco tamaño) small; **este apartamento es muy** ~ this Br flat o US apartment is very small; EXPR **lo bueno viene en frasco** ~ good things come in small packages
◇ nm,f **-1.** (joven) boy, f girl; **no es mala chica** she isn't a bad girl
-2. (hijo) son, boy; (hija) daughter, girl; **mi chica mayor ya se ha casado** my eldest daughter o girl is already married; **los chicos han ido a pasar el fin de semana con sus abuelos** the children have gone to their grandparents for the weekend
-3. (empleado) boy, f girl; **la compra se la llevará el** ~ the delivery boy will bring your shopping home for you ❑ RP ~ **de los mandados** (en oficina) office boy; (en tienda) errand boy; ~ **de los recados** (en oficina) office boy; (en tienda) errand boy
-4. (novio) boyfriend; (novia) girlfriend; **a ver si nos presentas a tu** ~ why don't you introduce us to your boyfriend o young man?
-5. (tratamiento) ~**, ponme un café** waiter, could I have a coffee, please?; **¡chica, no sé qué decirte!** well, what can I say?; **¡**~**, qué suerte has tenido!** you lucky thing!; **chica, haz lo que quieras** look, you can do what you want; **¡vamos** ~**, no te pongas así!** come on, don't be like that!

chicotazo nm Am crack, whipcrack; EXPR **como** ~**: salir como** ~ to shoot off, to be off like a shot; **los autos iban como** ~ the cars were zooming along

chicote nm Am whip

chicuelina nf TAUROM = pass made by the bullfighter, holding the cape at chest height in front of him

chido, -a adj Méx Fam cool, US neat; **un auto** ~ a really cool car

chifla nf Fam **tomarse algo a** ~ to treat sth as a joke; **tomarse las cosas a** ~ to treat everything as a joke

chiflado, -a ◇ adj crazy, mad; **está** ~ **por la música étnica** he's crazy o mad about ethnic music; **está** ~ **por una compañera de clase** he's really fallen for one of his classmates
◇ nm,f loony

chifladura nf (locura) madness; **ese plan es una** ~ that plan's insane o crazy; **su última** ~ **son las motos** his latest craze is for motorbikes; **todos conocemos su** ~ **por el rock psicodélico** we all know how crazy she is about psychedelic rock

chiflar ◇ vt Fam (encantar) **me chifla el pescado frito** I just love fried fish; **me chifla ese jugador** I'm mad o crazy about that player
◇ vi (silbar) to whistle; EXPR RP **no se puede** ~ **y comer gofio** you can't have your cake and eat it
➤ **chiflarse** vpr Fam **se chifla por las novelas policíacas** he's crazy o mad about detective novels; **se ha chiflado por un compañero del trabajo** she's really fallen for someone at her work

chifle nm **-1.** (para pólvora) powder horn **-2.** (silbato) whistle

chiflete nm RP Fam Br draught, US draft; **en esta habitación hay mucho** ~ this room is very draughty

chiflido nm whistling

chiflón nm Méx Fam Br draught, US draft; **en esta habitación hay mucho** ~ this room is very draughty

chifonier nm (mueble) tallboy

chigüín, -ina nm,f CAm Fam kid

chihuahua nm chihuahua

chihuahuense ◇ adj of/from Chihuahua (Mexico)
◇ nmf person from Chihuahua (Mexico)

chií (pl **chiíes**), **chiíta** ◇ adj Shi'ite
◇ nmf Shi'ite

chijete nm RP Fam Br draught, US draft; **en esta habitación hay mucho** ~ this room is very draughty

chilaba nf jellaba

chilango, -a Méx Fam ◇ adj of/from Mexico City
◇ nm,f person from Mexico City

chilapastroso, -a adj Méx Fam ◇ adj scruffy, shabby
◇ nm,f scruff

chilaquiles nmpl Méx = dish made with fried pieces of tortilla baked in a chilli and tomato sauce, usually containing chicken or pork

chilatole, chileatole nm Méx (guiso) = pork stew with sweetcorn and chilli

chilca nf earring flower, = flower of the "chilco"

chilco nm Arg, Chile hardy fuchsia

Chile n Chile

chile nm **-1.** CAm, Méx (pimiento) chilli ❑ ~ **ancho** = dried poblano chilli; ~ **chipotle** = dried and smoked or pickled jalapeño chilli; ~ **habanero** = small, extremely hot, fresh chilli, ≃ Scotch bonnet pepper; ~ **jalapeño** = small hot fresh green chilli; ~ **pasilla** = long dark-brown or black dried chilli; ~ **poblano** = large fresh mild chilli, similar to a green pepper; ~ **serrano** = small hot fresh green or red chilli; ~ **verde** = small hot fresh green chilli
-2. CAm Fam (mentira) fib
-3. Méx Fam (pene) willy, US peter

chileatole = **chilatole**

chilena nf **-1.** DEP (overhead) scissors kick **-2.** ver también **chileno**

chilenismo nm Chilean word/expression

chilenitis nf inv Chile Fam = stomach upset suffered by tourists in Chile

chileno, -a ◇ adj Chilean
◇ nm,f Chilean

chilindrón nm CULIN = seasoning made of tomatoes and peppers

chillanejo, -a ◇ adj of/from Chillán (Chile)
◇ nm,f person from Chillán (Chile)

chillante adj Méx loud, gaudy; **una blusa de color amarillo** ~ a loud yellow blouse

chillar ◇ vi **-1.** (gritar) (personas) to scream, to yell; (aves, monos) to screech; (cerdo) to squeal; (ratón) to squeak **-2.** (hablar alto) to shout; **chilla más, que aquí atrás no se te oye** speak up, we can't hear you at the back; **¡no chilles, que no somos sordos!** don't shout, we're not deaf! **-3.** (chirriar) to screech; (puerta, madera) to creak; (bisagras) to squeak
◇ vt Fam (reñir) to yell o shout at; **siempre le chilla al niño** she's always yelling o shouting at the child; **a mí no me chilla nadie** no one shouts at me

chillería nf (alboroto) screaming, yelling

chillido nm **-1.** (de persona) scream, yell; **pegar** o **dar un** ~ to scream, to yell **-2.** (de animal) (de ave, mono) screech; (de cerdo) squeal; (de ratón) squeak

chillo nm **-1.** (en carpintería) lath **-2.** CAm (deuda) debt

chillón, -ona ◇ adj **-1.** (voz) piercing, screeching **-2.** (persona) **es muy** ~ he has a really loud voice **-3.** (color) loud, gaudy; **una blusa de color amarillo** ~ a loud yellow blouse
◇ nm,f **es un** ~ he has a really loud voice

chilote¹ nm Méx (bebida) = drink made of chilli and pulque

chilote², -a ◇ adj of/from Chiloé (Chile)
◇ nm,f person from Chiloé (Chile)

chilpayate, -a nm,f Méx Fam kid

chilpotle nm Méx = smoked or pickled jalapeño chile

chimango nm (ave) chimango

chimba nf Andes (de río) opposite bank

chimbo, -a adj Col, Ven Fam **-1.** (de mala calidad) lousy **-2.** (complicado) screwed-up; **la cosa está chimba** things are really screwed-up

chimenea nf **-1.** (tubo) (de casa) chimney; (de locomotora, fábrica) chimney, smokestack; (de barco) funnel, smokestack; **entrar/salir por la** ~ (humo, viento) to come down/go up the chimney
-2. (hogar) fireplace; **encender la** ~ to light the fire
-3. GEOL (en volcán) vent
-4. (de paracaídas) apex
-5. (en montaña, glaciar) chimney
-6. MIN ~ **de aire** air shaft
-7. Fam (cabeza) nut, Br bonce; **no te calientes la** ~ don't worry your head about it

chimento nm RP rumour, piece of gossip

chimichurri nm RP = barbecue sauce made from garlic, parsley, oregano and vinegar

chimpancé nm chimpanzee

chimpún nm Perú soccer o Br football boot

chin interj **-1.** **¡**~ ~**!** (al brindar) cheers! **-2.** Méx (¡ay!) blast!, drat!

China n (la) ~ China ❑ **la** ~ **comunista** Communist China; **la** ~ **nacionalista** Nationalist China; **la** ~ **roja** Red China

china nf **-1.** (piedra) small stone, pebble; **se me ha metido una** ~ **en el zapato** I've got a stone in my shoe; EXPR Fam **le tocó la** ~ he drew the short straw **-2.** Fam (droga) deal (small amount of cannabis) **-3.** Am Pey (india) Indian woman **-4.** Am Pey (criada) Indian servant **-5.** Méx (mujer del charro) = charro's wife **-6.** RP (mujer del gaucho) = gaucho's wife **-7.** ver también **chino**

chinampa nf Méx = man-made island for growing flowers, fruit and vegetables, in Xochimilco, near Mexico City

chinchar Fam ◇ vt to pester, to bug
➤ **chincharse** vpr to put up with it; **¡tú no tienes, para que te chinches!** you haven't got any, so there!; **si no te gusta, te chinchas** if you don't like it, you can lump it

chincharrero nm Andes = small fishing boat

chinche ◇ adj Fam annoying
◇ nm o nf (insecto) bedbug; EXPR Fam **caer** o **morir como chinches** to drop o die like flies
◇ nf Am Br drawing pin, US thumbtack
◇ nmf Fam (persona) pest, pain

chincheta nf Esp Br drawing pin, US thumbtack

chinchilla nf **-1.** (animal) chinchilla **-2.** (piel) chinchilla fur

chinchín ◇ nm **-1.** (ruido) = noise of a brass band **-2.** CAm (sonajero) rattle
◇ interj cheers!

chinchón nm **-1.** (bebida) = aniseed liqueur **-2.** (juego de cartas) = card game similar to rummy

chinchorro nm **-1.** Méx (red) net **-2.** Chile, Ven (hamaca) hammock

chinchoso, -a Fam ◇ adj annoying
◇ nm,f pest, pain

chinchudo, -a adj RP prickly, touchy

chinchulín nm, **chinchulines** nmpl Andes, RP (plato) = piece of sheep or cow intestine, plaited and then roasted

chinela nf (zapatilla) slipper

chinero nm china cabinet

chinesco, -a adj Chinese

chinga nf **-1.** CAm, Ven (colilla) cigar end **-2.** Ven (borrachera) drunkenness **-3.** CAm, Ven (en el juego) = fee paid by gamblers **-4.** Méx muy

chingada *Fam (paliza)* **me dieron una ~** they kicked the shit out of me **-5.** *Méx muy Fam (trabajo duro)* **es una ~** it's a bitch of a job **-6.** *Méx muy Fam (fastidio)* pain in the *Br* arse *o US* ass

chingada *nf Méx Vulg* **¡vete a la ~!** fuck off!; **de la ~** *(muy difícil)* fucking hard; **en la casa de la ~** *(muy lejos)* in the back of beyond, away to hell and gone

chingadazo *nm Méx muy Fam (golpe)* thump

chingadera *nf Méx Fam* **-1.** *(contravención)* **¡deja de hacer chingaderas!** stop mucking about! **-2.** *(porquería)* **siempre está comprando chingaderas** he's always buying *Br* rubbish *o US* garbage

chingado, -a ◇ *adj* **-1.** *Esp, Méx muy Fam (estropeado)* bust, *Br* knackered **-2.** *Méx Vulg (como intensificador)* fucking; **te devuelvo tu ~ carro** here's your fucking car back
◇ *interj Méx Vulg* fucking hell!

chingana *nf Andes Fam* = cheap bar or café

chingar [38] ◇ *vt* **-1.** *Esp, Méx muy Fam (estropear)* to bust, *Br* to knacker
-2. *Esp, Méx muy Fam* **~ a alguien** *(molestar)* to get up sb's nose, to piss sb off
-3. *Esp, Méx Vulg (copular con)* to screw, to fuck; [EXPR] *Méx* **¡chingas a tu madre!** like fuck!, *Br* bollocks!
-4. *Méx muy Fam (engañar)* **¡no me chingues!** pull the other one!, *Br* stop taking the piss!
-5. *Méx muy Fam (beber)* to drink a lot of; **anoche me chingué dos botellas de tequila yo solo** last night I downed two bottles of tequila on my own
-6. *Méx muy Fam (robar)* to pinch, *Br* to nick
-7. *Méx muy Fam* **me chingaron en el examen** *(me suspendieron)* I flunked the exam
-8. *Méx muy Fam* **chingarle a alguien plata** *(estafarlo)* to screw sb out of some money; **trataron de chingarme 10 pesos en la cuenta del restaurante** they tried to do me out of 10 pesos when I paid the restaurant *Br* bill *o US* check
◇ *vi* **-1.** *Esp, Méx Vulg (copular)* to screw, to fuck
-2. *Méx muy Fam (molestar)* **¡deja de ~!** stop pissing me off!

◆ **chingarse** *vpr Méx muy Fam* **-1.** *(estropearse)* to pack in, to conk out; **se nos chingó la televisión justo cuando empezaba el juego** the TV packed in on us just as the game was about to start
-2. *(jorobarse)* **¡ya me chingué!** ya lo habían vendido** of all the stinking luck! they'd already sold it
-3. *(comerse)* to scoff, to wolf down; **nos chingamos todo lo que había en el refrigerador** we scoffed everything that was in the fridge
-4. *(esforzarse)* **nos chingamos para terminar el trabajo a tiempo** we slogged our guts out to finish the work on time; **¡chíngale!, ¡chínguenle!** put your back into it!

chingo, -a ◇ *adj* **-1.** *CAm, Ven (persona)* snub-nosed **-2.** *CAm (ropa)* short; *(persona)* in one's underwear **-3.** *CAm (animal)* bobtailed
◇ *nm Méx muy Fam* **un ~ de** *(un montón de)* a shitload of; **tengo un ~ de hambre** I'm *Br* bloody *o US* goddamn starving
◇ *nmpl* **chingos** *CAm* underwear

chingolo *nm* rufous-collared sparrow

chingón, -ona *Méx muy Fam* ◇ *adj (muy bueno)* fantastic, great, *US* neat; **¡qué carro más ~!** what a great car!
◇ *nm,f (persona)* big shot

chinguero *nm Méx muy Fam* shitload; **tengo un ~ de trabajo** I've got a shitload of work to do

chinita *nf* **-1.** *Am (criada)* maid **-2.** *Chile (animal) Br* ladybird, *US* ladybug

chino, -a ◇ *adj* **-1.** *(de China)* Chinese
-2. *Am (mestizo)* of mixed ancestry
-3. *Méx (rizado)* curly
◇ *nm,f (persona)* Chinese person; **un ~** a Chinese man; **una china** a Chinese woman; **los chinos** the Chinese; [EXPR] **engañar a alguien como a un ~** to take sb for a ride; [EXPR] **trabajar como un ~** to slave away; [EXPR] **ser un trabajo de chinos** *(minucioso)* to be a fiddly *o* finicky job; *(pesado)* to be hard work
◇ *nm* **-1.** *(lengua)* Chinese; [EXPR] *Fam* **me suena a ~** *(no lo conozco)* I've never heard of it; *(no lo entiendo)* it's all Greek to me; [EXPR] *Méx Fam* **está en ~ que pase eso** no way is that going to happen
-2. *(pasapuré)* hand-operated food mill
-3. *Andes, RP (mestizo)* = person of mixed ancestry
-4. *Andes, Ven (niño)* child
◇ *nmpl* **chinos -1.** *(juego)* = game in which each player must guess the number of coins or pebbles in the other's hand
-2. *(pantalones)* chinos
◇ **chino chano** *loc adv (poco a poco)* bit by bit, little by little; **caminaron sin detenerse y, ~ chano, llegaron a su destino** they walked on steadily and eventually got where they were going

chintz [tʃinθ] *nm* chintz

chip *(pl* **chips**) *nm* INFORMÁT chip; [EXPR] *Fam* **cambiar el ~** to get into the right frame of mind ❑ **~ de silicio** silicon chip

chipa *nf Col* **-1.** *(cesto)* straw basket **-2.** *(rodete)* = roll of cloth formed into a circular pad to support a vessel carried on one's head

chipé, chipén *Fam* ◇ *adj inv* brilliant, terrific; **me parece ~** I think it's brilliant *o* terrific; **ser de ~** to be brilliant *o* terrific
◇ *adv* **se lo pasaron ~** they had a brilliant *o* terrific time

chipendi *adv Fam* **nos lo pasamos ~ (lerendi)** we had an ace time

chipirón *nm* baby squid

chipocle = chipotle

chipote, chipotazo *nm* **-1.** *Guat (golpe)* slap **-2.** *Méx (chichón)* lump

chipotle, chipocle *nm Méx (chile)* = smoked jalapeño chilli

Chipre *n* Cyprus

chipriota ◇ *adj* Cypriot
◇ *nmf* Cypriot

chiqueado, -a *adj Méx Fam* spoilt; **a Pepito no lo aguanto porque lo tienen demasiado ~** I can't stand Pepito because he's a real spoilt brat

chiqueadores *nmpl Méx (remedio)* = home remedy for headaches

chiquear *vt Méx Fam* to spoil

chiqueo *nm Méx Fam* show of affection; **hacerle chiqueos a alguien** to kiss and cuddle sb

chiquero *nm* TAUROM bull-pen

chiquicientos, -as *adj RP Fam* hundreds (and hundreds) of, umpteen

chiquilicuatro, chiquilicuatre *nm Fam* nobody; **ser un ~** to be a nobody

chiquillada *nf (cosa de niños)* childish thing; *(travesura)* childish prank; **se enfadaron por una ~** they got angry about nothing; **hacer una ~ (a alguien)** to play a childish prank (on sb)

chiquillería *nf* kids

chiquillo, -a ◇ *adj (infantil)* childish; **¡no seas ~!** don't be childish!
◇ *nm,f* kid; **tiene treinta y cinco años, pero se comporta como un ~** he's thirty-five, but he behaves like a child

chiquitín, -ina ◇ *adj* tiny
◇ *nm,f* tiny tot

chiquito, -a ◇ *adj* **-1.** *(pequeño)* tiny **-2.** *(muy joven)* little, young; **todavía es muy ~ para viajar solo** he's still very little *o* young to be travelling on his own
◇ *nm* **-1.** *Esp (de vino)* = small glass of wine
-2. *RP Fam (instante)* minute; **espere un ~** wait a minute **-3.** *RP Fam (pequeño pedazo)* small piece; **¿me das un ~ de tarta?** can I have just a tiny piece of tart?
◇ *nm,f Am Fam* kid
◇ *nfpl* **chiquitas** [EXPR] **no andarse con chiquitas** not to mess about

chiribita *nf (chispa)* spark; [EXPR] *Fam* **echar chiribitas** *(de enfado)* to be furious; *Fam* **le hacían chiribitas los ojos al verlo** her eyes lit up when she saw him; [EXPR] *Fam* **ver chiribitas** to see spots in front of one's eyes

chiribitil *nm Fam (cuarto)* tiny room

chirigota *nf Fam (broma)* joke; **se toma todo a ~** he treats everything as a joke

chirimbolo *nm Fam* thingumajig, whatsit; **¿para qué sirve este ~?** what's this thing here for?

chirimiri *nm Esp* drizzle

chirimoya *nf* custard apple

chirimoyo *nm* custard apple tree

chiringa *nf PRico* kite

chiringuito *nm* **-1.** *(bar)* refreshment stall **-2.** *Fam (negocio)* **montarse un ~** to set up a little business

chiripa *nf Fam* fluke; **¡qué ~ has tenido!** you lucky thing!, you really lucked out there!; **me enteré de *o* por ~** I found out by a fluke

chiripá *(pl* **chiripaes**) *nm Bol, CSur (para gaucho)* = garment worn by gauchos over trousers

chirivía *nf* parsnip

chirla *nf* luttleneck

chirle *adj RP (masa)* sticky; *(salsa)* watery, runny

chirola *nf RP Fam (poco dinero)* **costar chirolas** to cost next to nothing

chirona *nf Esp Fam* clink, slammer; **en ~** in the clink *o* slammer

chirote *nm Andes* **-1.** *(pájaro)* linnet **-2.** *(tonto)* fool, idiot

chirriante *adj (ruidoso)* screeching; *(puerta, madera)* creaking; *(bisagra, muelles)* squeaking

chirriar [32] *vi (sonar)* to screech; *(puerta, madera)* to creak; *(bisagra, muelles)* to squeak

chirrido *nm (ruido)* screech; *(de puerta, madera)* creak; *(de bisagra, muelles)* creak, squeak; **la bisagra dio un ~** the hinge creaked *o* squeaked

chirrión *nm Am (látigo)* horsewhip

chiruca® *nf* lightweight hiking boot

chis *interj* ssh!

chischás *nm inv (de espadas)* clash

chiscón *nm Pey* poky little room

chisgarabís *(pl* **chisgarabises**) *nm Fam* busybody

chisme *nm* **-1.** *(cotilleo)* rumour, piece of gossip; **no hace más que contar chismes** all she does is spread gossip **-2.** *Fam (objeto desconocido)* thingumajig, thingy; **¿para qué sirve este ~?** what's this thing here for? **-3.** *Fam (objeto inútil)* piece of junk; **tienes el cuarto lleno de chismes** your room is full of junk

chismear, chusmear *Am Fam* ◇ *vt (contar, chismorrear)* **me chismearon que...** I heard that...
◇ *vi (contar chismes)* to gossip

chismografía *nf Fam* **-1.** *(afición al chisme)* fondness for gossip **-2.** *(conjunto de chismes)* gossiping

chismorrear *vi* to spread rumours, to gossip

chismorreo *nm* gossip; **se pasaron la tarde de ~** they spent the afternoon gossiping

chismoso, -a ◇ *adj* gossipy; **no seas tan ~** don't be such a gossip
◇ *nm,f* gossip, scandalmonger

chispa ◇ *nf* **-1.** *(de fuego)* spark; [EXPR] *Fam* **echar chispas** to be hopping mad; [EXPR] *Fam* **está que echa chispas** she's hopping mad, she's fuming
-2. *(de electricidad)* spark; **si juntas los cables, saltan chispas** if you put the cables together, you get *o* it throws off sparks; *Fig* **saltaron chispas entre los asistentes al debate** sparks flew among the participants in the debate
-3. *(pizca)* bit; **añade una ~ de sal** add a pinch of salt
-4. *(agudeza, gracia)* sparkle; **esa novela tiene ~** that novel has really got something; **cuenta los chistes con mucha ~** he tells the jokes really well
-5. **están cayendo chispas** *(lluvia ligera)* it's spitting (with rain)
◇ *interj Méx* **¡chispas!** good heavens!, *Br* blimey!, *US* jeez!

chispazo *nm* **-1.** *(de fuego, electricidad)* spark; **dar un ~** to give off a spark, to spark **-2.** *(suceso aislado)* **se caracteriza por sus**

chispazos de inspiración he's noted for his flashes of inspiration; **aquella manifestación fue el primer ~ de la revolución** that demonstration was what sparked off the revolution; **sus discursos contienen chispazos de humor** his speeches have flashes of wit

chispeante *adj* **-1.** *(que chispea)* that gives off sparks **-2.** *(conversación, ojos)* sparkling; **posee un ~ sentido del humor** she has a lively sense of humour

chispear ◇ *vi* **-1.** *(chisporrotear)* to spark **-2.** *(relucir)* to sparkle; **un talento que chispea ocasionalmente** a talent with occasional flashes of genius
◇ *v impersonal (llover)* to spit (with rain); **empezó a ~** a few spots of rain started to fall

chisporrotear *vi* **-1.** *(fuego, leña)* to crackle **-2.** *(aceite)* to splutter **-3.** *(comida)* to sizzle

chisporroteo *nm* **-1.** *(de fuego, leña)* crackling **-2.** *(de aceite)* spluttering **-3.** *(de comida)* sizzling

chisquero *nm* (cigarette) lighter

chist *interj* ssh!

chistar ◇ *vi* **-1.** *(llamar)* to hiss *(to catch sb's attention)* **-2.** *(replicar)* **¡cómete la sopa, y sin ~!** keep quiet and finish your soup!; **hizo lo que le pidieron sin ~** he did what they asked without a murmur *o* a word of protest
◇ *vt* **-1.** *(llamar)* **~ a alguien** = to attract sb's attention by hissing; **tuvimos que ~ al camarero para que viniera** we had to hiss to get the waiter to come over to us **-2.** *(replicar)* **¡a mí no me chistes!** don't you answer me back!

chiste *nm* **-1.** *(cuento)* joke; **contar chistes** to tell jokes; **¡lo que cuentas suena a ~!** it sounds like a joke!; *Fig* **no tiene ningún ~** there's nothing special about it ❏ *Méx* **~ colorado** dirty joke; *Am* **~ de gallegos** ≃ Irish joke, *US* ≃ Polish joke; *Esp* **~ de Lepe** *Br* ≃ Irish joke, *US* ≃ Polish joke; **~ verde** dirty joke
-2. *Andes, Méx, RP (broma)* joke, prank; **hacerle un ~ a alguien** to play a joke *o* prank on sb; **la pelea era** *CSur* **en** *o Méx* **de ~ the fight was just for fun; no es ~, perdió las dos piernas en un accidente** I'm not kidding, he lost both his legs in an accident; *CSur* **ni en ~,** *Méx* **ni de ~: ¿vas a la fiesta? – ni en ~** are you going to the party? – no way! *o* you must be joking!; *Méx* **no vuelvas a hacer eso ni de ~** don't even think about doing that again
-3. *Andes, Méx, RP Irónico (cosa cara)* **adivina cuánto salió el ~ de su fiesta de Navidad** guess how much it cost for their little Christmas party?; **acaban de volver de China, ¿sabes cuánto les salió el ~?** they've just got back from China, how much do you think that little jaunt set them back?
-4. *Andes, Méx, RP (gracia)* **el ~ es aprobar sin matarse estudiando** the really clever thing is passing without studying too hard
-5. *Méx (truco)* knack; **esto parece fácil, pero tiene su ~** this looks easy, but there's a knack to it
-6. *RP* **revistas de chistes** comics

chistera *nf (sombrero)* top hat

chistido *nm (llamada)* hiss *(to attract sb's attention)*

chistorra *nf* = type of cured pork sausage, typical of Aragon and Navarre

chistoso, -a ◇ *adj* funny; **hoy estás muy ~** you're on form today
◇ *nm,f* amusing *o* funny person

chistu *nm* = Basque flute

chistulari *nmf* = "chistu" player

chita *nf* [EXPR] *Esp Fam* **a la ~ callando** quietly, on the quiet

chital *nm* axis deer, chital

chitón, chito *interj* quiet!; *CINE* **¡~, se rueda!** quiet on the set!; *Fam* **de esto que os acabo de contar, ¡~!** don't say a word (to anyone) about what I've just told you!

chiva ◇ *nf* **-1.** *CAm (manta)* blanket **-2.** *RP (barba)* goatee **-3.** *ver también* **chivo**
◇ *nfpl* **chivas -1.** *Méx (pertenencias)* odds and ends **-2.** *Ven (ropa usada)* second-hand clothes

chivar *Fam* ◇ *vt Esp* to whisper, to tell secretly
◆ **chivarse** *vpr* **-1.** *Esp (niños)* to tell, *Br* to split (**de** on); *(delincuentes)* to squeal, *Br* to grass (**de** on); **si no me ayudas, me chivaré al profesor** if you don't help me, I'll tell the teacher on you; **alguien se ha chivado a la policía** someone has squealed *o Br* grassed to the police **-2.** *Am (enfadarse)* to become *o* get angry

chivatazo *nm Esp Fam Esp* tip-off; **dar el ~** to squeal, *Br* to grass

chivatear *vi Fam* **-1.** *Esp (delatar)* to squeal, *Br* to grass **-2.** *Andes (jugar)* to lark about

chivateo *nm Fam* **-1.** *Esp (de delincuente)* squealing, *Br* grassing **-2.** *Andes (juego)* larking about

chivato, -a ◇ *nm,f Esp Fam* **-1.** *(delator) Br* grass, *US* rat **-2.** *(acusica)* telltale
◇ *nm* **-1.** *(luz)* warning light; **el ~ de la gasolina** the fuel warning light **-2.** *(alarma)* alarm bell **-3.** *Ven Fam (pez gordo)* big cheese

chivito *nm* **-1.** *Arg (carne)* roast kid **-2.** *Urug (sandwich)* steak sandwich *(containing cheese and salad)*

chivo, -a ◇ *nm,f* kid, young goat; [EXPR] *Fam* **estar como una chiva** to be off one's head ❏ **~ expiatorio** scapegoat
◇ *nm Méx Fam* pay, wages; **día del ~** payday

choc *(pl* **chocs***) nm* shock

chocante *adj* **-1.** *(raro)* odd, strange; *(sorprendente)* startling; *(escandaloso)* shocking, scandalous; **viste con colores muy chocantes** she wears really loud colours; **me resulta ~ verle tan contento** I'm astonished to see him looking so happy; **resulta ~ oír hablar de derechos humanos a un sangriento dictador** it's rather a shock to hear a bloodstained dictator talking about human rights; **lo ~ es que no lo descubriéramos antes** the most worrying thing is that we didn't find out about it earlier
-2. *RP (impropio)* inappropriate, unsuitable
-3. *Am Fam (antipático)* **no la invitaron por ~** she wasn't invited because she's such a pain

chocantería *nf Am (comentario)* annoying *o* unpleasant remark

chocar [59] ◇ *vi* **-1.** *(colisionar)* to crash, to collide (**con** *o* **contra** with); **chocaron dos autobuses** two buses crashed *o* collided; **el taxi chocó con una furgoneta** the taxi crashed into *o* collided with a van; **la moto chocó contra un árbol** the motorbike hit a tree; **iba despistado y chocó contra una farola** he wasn't concentrating and drove into a lamppost; **la pelota chocó contra la barrera** the ball hit the wall; **~ de frente con** to have a head-on collision with; **los dos vehículos chocaron frontalmente** *o* **de frente** the two vehicles collided head-on
-2. *(enfrentarse)* to clash; **la policía chocó con los manifestantes a las puertas del congreso** the police clashed with the demonstrators in front of the parliament; **el proyecto chocó con la oposición del ayuntamiento** the project ran into opposition from the town hall; **mis opiniones siempre han chocado con las suyas** he and I have always had different opinions about things; **tenemos una ideología tan diferente que chocamos constantemente** we have such different ideas that we're always disagreeing about something; **esta política económica choca con la realidad del mercado de trabajo** this economic policy goes against *o* is at odds with the reality of the labour market
-3. *(extrañar, sorprender)* *(ligeramente)* to puzzle, to surprise; *(mucho)* to shock, to astonish; **me choca que no haya llegado ya** I'm surprised *o* puzzled that she hasn't arrived yet; **le chocó su actitud tan hostil** she was taken aback *o* shocked by how unfriendly he was; **es una costumbre que choca a los que no conocen el país** it's a custom which comes as a surprise to those who don't know the country
-4. *Col, Méx, Ven Fam (molestar)* to annoy, to bug; **me choca que esté siempre controlándome** it really annoys me how she's always watching me
◇ *vt* **-1.** *(manos)* to shake; [EXPR] *Fam* **¡chócala!, ¡choca esos cinco!** put it there!, give me five!
-2. *(copas, vasos)* to clink; **¡choquemos nuestros vasos y brindemos por los novios!** let's raise our glasses to the bride and groom!

chocarrería *nf* vulgar joke

chocarrero, -a *adj (chiste, lenguaje)* crude, vulgar

chochaperdiz *nf* woodcock

chochear *vi* **-1.** *(viejo)* to be senile; **el abuelo ya chochea** my grandad has gone senile **-2.** *Fam (de cariño)* **~ por alguien** to dote on sb; **siempre que habla de sus nietos, chochea** he goes all mushy when he talks about his grandchildren

chochera, chochez *nf* **-1.** *(vejez)* senility **-2.** *(dicho, hecho)* **decir/hacer chocheces** to say/do senile things

chochín *nm* wren ❏ **~ de los cactus** cactus wren; **~ casero** house wren

chocho, -a ◇ *adj* **-1.** *(viejo)* senile; **estar ~** to be senile; **es un viejo ~ que no sabe lo que dice** he's a senile old man who doesn't know what he's saying **-2.** *Fam (encariñado)* **está ~ con su novia** he dotes on his girlfriend; **está ~ con su nueva casa** he's over the moon about his new house
◇ *nm* **-1.** *Esp, Méx muy Fam (vulva) Br* fanny, *US* beaver **-2.** *Fam (altramuz)* lupin seed *(for eating)*

choclo *nm Andes, RP* **-1.** *(mazorca)* corncob, ear of maize *o US* corn **-2.** *(granos)* sweetcorn **-3.** *(cultivo)* maize, *US* corn

choclón *nm Chile Fam* crowd

choco, -a ◇ *adj CAm, Chile, Méx (persona) (cojo)* one-legged; *(manco)* one-armed
◇ *nm* **-1.** *(sepia)* cuttlefish **-2.** *Andes (perro)* spaniel **-3.** *Andes (de pelo rizado)* curly-haired person; **chocos** curls
◇ *nm,f Col (persona morena)* dark-skinned person; *Bol (persona rubia)* blond, *f* blonde, fair-haired person **-3.** *CAm, Chile, Méx (tullido) (cojo)* one-legged person; *(manco)* one-armed person

chocolatada *nf* = afternoon party where thick drinking chocolate is served

chocolatado, -a *adj Am* **leche chocolatada** chocolate milk

chocolate *nm* **-1.** *(alimento)* chocolate; **una tableta de ~** a bar of chocolate; [EXPR] *Fam* **ser el ~ del loro** *(ser insignificante)* to be a drop in the ocean ❏ *RP* **~ amargo** dark *o* plain chocolate; **~ blanco** white chocolate; **~ con leche** milk chocolate; **~ negro** dark *o* plain chocolate
-2. *(bebida)* **~ (a la taza)** thick drinking chocolate ❏ **~ con churros** = thick drinking chocolate and "churros"
-3. *Esp Fam (hachís)* hash
-4. [EXPR] *RP Fam* **~ por la noticia** you don't say!

chocolatera *nf* **-1.** *(vasija)* = pot for making drinking chocolate **-2.** *ver también* **chocolatero**

chocolatería *nf* **-1.** *(fábrica)* chocolate factory **-2.** *(establecimiento)* = café where drinking chocolate is served

chocolatero, -a ◇ *adj* **ser muy ~** to love chocolate
◇ *nm,f* **-1.** *(aficionado al chocolate)* chocaholic, person fond of chocolate **-2.** *(oficio)* chocolate maker/seller

chocolatina *nf*, *RP* **chocolatín** *nm* chocolate bar

chofer *(pl* **choferes***) nmf Am* **-1.** *(como oficio)* chauffeur **-2.** *(conductor)* driver

chófer (*pl* **chóferes**) *nmf Esp (de automóvil)* chauffeur; *(de autobús)* driver

chola *nf* **-1.** *Esp Fam* nut; EXPR **estar mal de la ~** to have a screw loose, to be funny in the head **-2.** *ver también* **cholo**

cholla *nf CAm Fam (flema)* sluggishness

chollo *nm Esp Fam* **-1.** *(producto, compra)* bargain; **por ese precio, esa casa es un ~** the house is a bargain at that price **-2.** *(trabajo, situación)* cushy number; **tiene un ~ de trabajo** he has a really cushy job; **con el cambio de la ley, se les ha acabado el ~ a los contrabandistas** the change in the law has brought an end to the good times for smugglers

cholo, -a ◇ *adj* **-1.** *Am (mestizo)* mestizo, half-caste **-2.** *Chile (cobarde)* cowardly **-3.** *Ven (querido)* dear, darling **-4.** *Ecuad (ordinario)* poor, common; **¡qué ~!** how common!
◇ *nm,f* **-1.** *Am* = sometimes pejorative term for mestizo who moves to the city from a rural area **-2.** *Am (mestizo)* half-caste, mestizo **-3.** *Am (indio)* educated *o* westernized Indian **-4.** *Chile (cobarde)* coward

cholololo *nm Perú Fam* honey

choloque *nm Am* soapberry tree

chomba *nf* **-1.** *Arg (polo)* polo shirt **-2.** *Chile, Perú (suéter)* sweater

chompa *nf Andes* sweater, pullover

chompipe *nm CAm, Méx* turkey

chonchón *nm Chile* lamp

chones *nmpl Méx Fam* **-1.** *(calzoncillos) Br* underpants, *US* shorts **-2.** *(braga)* panties, *Br* knickers

chongo, -a ◇ *adj RP Fam (vestido, auto)* tacky; *(persona)* tacky, tasteless
◇ *nm* **-1.** *Méx (moño)* bun **-2.** *Méx Fam (broma)* joke **-3.** *chongos zamoranos (dulce)* = Mexican dessert made from milk curds, served in syrup **-4.** *RP Fam (horterada)* tacky thing

chonta *nf CAm, Perú (palmera)* = type of palm tree

chop, chopp [ʃop] (*pl* **chops, chopps**) *nm CSur* **-1.** *(jarra)* beer mug **-2.** *(cerveza)* (mug of) beer

chóped *nm* = type of luncheon meat

chopera *nf* poplar grove

chopito *nm* baby squid

chopo *nm* poplar

chopp = chop

choque ◇ *ver* chocar
◇ *nm* **-1.** *(impacto)* impact; *(de automóvil, avión)* crash; **ha habido un ~ de trenes** there's been a train crash ❑ **~ frontal** head-on collision
-2. *(enfrentamiento)* clash; **el ~ entre los ejércitos produjo numerosas bajas** there were many casualties when the armies clashed; **tuvieron un ~ sobre el reparto de poderes** they clashed over how power was to be shared out
-3. *(impresión)* shock; **la muerte de su marido le produjo un gran ~ emocional** she was traumatized by her husband's death, her husband's death was a terrible shock to her ❑ **~ cultural** culture shock
-4. MED shock ❑ **~ anafiláctico** anaphylactic shock
-5. DEP *(partido)* clash

chorbo, -a *nm,f Esp Fam* **-1.** *(persona desconocida) (chico) (adulto)* guy, *Br* bloke, *f* woman **-2.** *(novio)* guy, *Br* fella, *Br* bloke

chorcha *nf* **-1.** *(pájaro)* woodcock **-2.** *Méx (grupo)* get-together

chordón *nm* raspberry

chorear *vi Fam* **-1.** *Chile (refunfuñar)* to grumble, to moan **-2.** *Chile, Col, Perú, RP (robar)* to pilfer

choricear = chorizar

choriceo *nm Esp Fam* **-1.** *(robo)* robbery **-2.** *(timo)* rip-off

chorizar [14], **choricear** *vt Esp Fam* to swipe, to pinch; **me han vuelto a ~ la cartera** I've had my *Br* wallet *o US* billfold pinched *o* swiped again

chorizo *nm* **-1.** *(embutido)* chorizo, = cured pork sausage, flavoured with paprika **-2.** *Esp Fam (ladrón)* thief **-3.** *Esp Fam (persona corrupta)* crook; **dice que todos los políticos son unos chorizos** she says all politicians are crooks **-4.** *muy Fam (excremento)* turd

chorlitejo *nm* **~ chico** little ringed plover; **~ grande** ringed plover

chorlito *nm* **-1.** *(ave)* plover ❑ **~ cangrejero** crab plover; **~ carambolo** dotterel; **~ dorado** golden plover; **~ dorado chico** American golden plover; **~ gris** grey plover; **~ piquivuelto** wrybill; **~ terrestre** least seedsnipe **-2.** *Fam* **cabeza de ~** scatterbrain

choro *nm Andes (marisco)* mussel

chorote *nm* **-1.** *Col (recipiente)* = unglazed pot for making chocolate **-2.** *Cuba (bebida)* thick chocolate drink

chorra *Esp Fam* ◇ *nmf (tonto) Br* wally, *US* jerk; **hacer el ~** to muck about
◇ *nf* **-1.** *(suerte)* **¡qué ~ has tenido!** you flukey thing!; **ganaron de ~** it was a fluke that they won **-2.** *ver también* chorro[2]

chorrada *nf Fam* **-1.** *Esp (dicho, hecho)* **decir una ~** to say something stupid; **chorradas** *Br* rubbish, *US* garbage; **decir chorradas** to talk *Br* rubbish *o US* bull; **¡deja de hacer chorradas!** stop mucking about!
-2. *Esp (cosa insignificante)* **se gasta la paga en chorradas** he spends his wages on *Br* rubbish *o US* garbage; **cómprale alguna ~ y ya está** just get him any old thing and be done with it; **tiene el coche lleno de chorradas** his car is full of stupid *Br* rubbish *o US* garbage; **se pelearon por una ~** they fell out over nothing
-3. *RP (cantidad)* **una ~ de** stacks *o* heaps of; **el profesor nos dio una ~ de artículos para leer** the teacher gave us stacks of articles to read
-4. *RP (robo)* **¡5$ por un café es una ~!** $5 for a cup of coffee is daylight robbery!

chorreado, -a *adj Am* stained (**de** with)

chorreadura *nf (mancha)* stain

chorrear ◇ *vi* **-1.** *(gotear) (gota a gota)* to drip; *(en un hilo)* to trickle; **estar chorreando** *(estar empapado)* to be soaking *o* wringing wet; **esa cafetera chorrea** that coffee pot drips; **el helado le chorreaba por la cara** he had ice cream running down his face **-2.** *(brotar)* to spurt *o* gush (out) **-3.** *RP Fam (robar)* to pinch, *Br* to nick; **~ algo a alguien** to pinch *o Br* nick sth off sb
◇ *vt* **-1.** *(sujeto: prenda)* to drip; *(sujeto: persona)* to drip with; **ese tubo chorrea aceite** that pipe drips oil; **acabó la carrera chorreando sudor** he was dripping with sweat when he finished the race **-2.** *CSur (derramar)* to spill

◆ **chorrearse** *vpr* **cuidado, no te chorrees helado en la blusa** careful you don't get ice cream on your blouse

chorreo *nm* **-1.** *(goteo) (gota a gota)* dripping; *(en un hilo)* trickling; *Fig* **un ~ de dinero** a steady drain on funds; *Fig* **un ~ de ofertas** a steady stream of offers **-2.** *(brote)* spurting, gushing

chorrera *nf* **-1.** *(canal)* channel, gully **-2.** *(adorno, volante)* frill; **chorreras** frill **-3.** *Am Fam (de gente, preguntas)* stream **-4.** *RP Fam* **una ~ de** *(mucho)* loads of, a load of; **me gusta una ~** I love it

chorretón *nm* **-1.** *(chorro)* spurt **-2.** *(mancha)* stain

chorro[1] ◇ *nm* **-1.** *(de líquido) (borbotón)* jet, spurt; *(hilo)* trickle; **sale un ~ muy fino de agua** a thin trickle of water is coming out; **añade un ~ de aceite a la ensalada** drizzle some oil over the salad; **salir a chorros** to spurt *o* gush out; **está sangrando a chorros** he's bleeding heavily; **la sangre se escapaba a chorros de la herida** blood was gushing from the wound; EXPR *Fam* **como los chorros del oro** as clean as a new pin
-2. *(de luz, gente, preguntas)* stream; **cayó un ~ de monedas de la máquina tragaperras** coins poured out of the slot machine ❑ **~ de voz:** **tener un ~ de voz** to have a powerful voice
-3. *Méx Fam* **un ~** *(mucho)* a load, loads; **nos queda un ~ de tiempo** we've got loads of time; **me provoca un ~ ir al concierto** I really want to go to the concert
-4. *Méx Fam (diarrea)* the runs
◇ *adv Méx Fam* loads; **me gusta un ~** I love it; **me duele un ~** it hurts like hell

chorro[2], **-a** *nm,f RP Fam (ladrón)* thief

chotacabras *nm inv* nightjar ❑ **~ abanderado** standard-winged nightjar; **~ gris** nightjar; **~ pardo** red-necked nightjar

chotearse *vpr Fam* **~ de** to make fun of

choteo *nm Fam* kidding; **estar de ~** to be kidding; **tomarse algo a ~** to treat sth as a joke

chotis *nm inv* = dance typical of Madrid; EXPR *Esp Fam Hum* **ser más agarrado que un ~** to be a real skinflint *o* tightwad

choto, -a ◇ *adj Col (dócil, domesticado)* tame
◇ *nm,f* **-1.** *(cabrito)* kid, young goat; EXPR *Fam* **estar como una chota** to be crazy, to be off one's rocker **-2.** *(ternero)* calf **-3.** *RP Fam (bobo)* twit, idiot
◇ *nm RP (comida)* = small intestine, roasted as part of a "parrillada"

chova *nf* **~ piquigualda** alpine chough; **~ piquirroja** chough

chovinismo *nm* chauvinism

chovinista ◇ *adj* chauvinistic
◇ *nmf* chauvinist

choza *nf* **-1.** *(cabaña)* hut **-2.** *Esp Fam (vivienda)* pad

christma ['krisma] *nm*, **christmas** ['krismas] *nm inv* Christmas card

chubasco *nm (lluvia)* shower

chubasquero *nm* cagoule

chúcaro, -a *adj Andes, CAm, RP* **-1.** *(animal)* wild **-2.** *Fam (persona)* **ser ~** to be shy *o* withdrawn

chucha *nf* **-1.** *Col (animal)* opossum **-2.** *Arg, Chile Vulg (vulva)* cunt

chuchería *nf* **-1.** *(golosina) Br* sweet, *US* candy **-2.** *(objeto)* trinket

chucho *nm* **-1.** *Fam (perro)* mutt; **¡largo, ~ asqueroso!** shoo, you horrible mutt! **-2.** *Cuba* **dar ~** *(dar golpes)* to lash **-3.** *RP Fam* **~ de frío** *(escalofrío)* shiver **-4.** *RP Fam (susto)* fright **-5.** *Chile (cárcel)* jail

chuchumeco *nm PRico Fam* jerk

chucrut (*pl* **chucruts**) *nm* CULIN sauerkraut, choucroute

chueco, -a ◇ *adj* **-1.** *Am (torcido)* twisted **-2.** *Am (patizambo)* bowlegged **-3.** *Méx, Ven Fam (cojo)* lame
◇ *nm,f* **-1.** *Am (patizambo)* bowlegged person; **ser un ~** to have bow legs **-2.** *Méx, Ven Fam (cojo)* lame person

chufa *nf* **-1.** *(planta)* chufa **-2.** *(tubérculo)* tiger nut **-3.** *Esp Fam (golpe)* **se dio una ~ con la moto** he had a smash-up on the bike; **como lo rompas te daré una ~** break it and I'll clobber you one

chufla *nf Fam* joke; **estar de ~** to be kidding; **tomarse las cosas a ~** to treat everything as a joke, not to take things seriously

chuico *nm Chile* demijohn

chulada *nf* **-1.** *(bravuconada)* piece of bravado; **chuladas** bravado **-2.** *Fam (cosa bonita)* delight, gorgeous thing; **es una ~ de foto** it's a lovely photo; **¡qué ~ de zapatillas!** what lovely *o* gorgeous shoes!

chulapo, -a, chulapón, -ona *nm,f* = lower-class native of 18th-19th century Madrid

chulear *Fam* ◇ *vt* **-1.** *Esp (explotar)* **~ a una mujer** to live off a woman **-2.** *Méx (elogiar)* **chulearon mucho a Ema con su nuevo vestido** Ema got lots of compliments in her new dress; **su actuación fue muy chuleada por la crítica** her performance won bouquets from the critics

◆ **chulearse** *vpr (fanfarronear)* to be cocky (**de** about); **se está chuleando de que aprobó el examen** he's making a big deal about how he passed the exam; **conmigo no te chulees** don't you get cocky with me

chulería *nf* **-1.** *(bravuconería)* cockiness; **tratan al nuevo profesor con mucha ~** they really try it on with the new teacher; **lo de no presentarse a la reunión fue una ~ del director** the fact that the manager didn't turn up at the meeting just shows how superior he thinks he is to everyone else **-2.** *(salero)* charm, winning ways

chulesco, -a *adj* = relating to lower-class Madrid life of the 18th-19th centuries

chuleta ◇ *adj Fam (chulo)* cocky
◇ *nf* **-1.** *(de carne)* chop; ~ **de cerdo/cordero** pork/lamb chop **-2.** *Esp, Ven Fam (en exámenes)* crib **-3.** *Chile (patilla)* sideboard, sideburn
◇ *nmf Fam (chulo)* cocky person

chuletada *nf* barbecue *(with chops as the main ingredient)*

chuletón *nm* large chop

chuli *adj Esp Fam* cool, *Br* fabby; **¡qué habitación más ~!** what a cool *o Br* fabby little room!

chulla *adj Andes* single, unmarried

chullo *nm Andes* woollen cap

chulo, -a ◇ *adj* **-1.** *Esp (descarado)* cocky; **ponerse ~** to get cocky
-2. *Esp, Méx Fam (bonito)* cool, *Br* top, *US* neat; **se ha comprado una moto muy chula** she's bought a really cool *o Br* top *o US* neat bike; **esta es la canción más chula del disco** this is the coolest song on the record; **lo más ~ del verano es que los días son más largos** the coolest thing about summer is that the days are longer; EXPR *Fam* **ir más ~ que un ocho** to have one's glad rags on
-3. *Esp Fam (lesionado)* **tengo la pata chula** I've done my leg in
◇ *nm,f Esp* **-1.** *(descarado)* cocky person; *Vulg* **es un ~ de mierda** he's a cocky little bastard
-2. *(madrileño)* = lower-class native of 18th-19th century Madrid
◇ *nm Esp (proxeneta)* pimp

chumacera *nf* **-1.** TEC axle bearing **-2.** NÁUT rowlock

chumbar *RP* ◇ *vt (disparar)* to shoot
◇ *vi (ladrar)* to bark

chumbe *nm* **-1.** *Col,Ven (faja)* sash **-2.** *Andes, Arg (sulfato)* zinc sulphide

chumbera *nf* prickly pear cactus

chumbo ◇ *adj* **higo ~** prickly pear
◇ *nm RP* lead

chuminada *nf Fam* **-1.** *(dicho, hecho)* **eso que ha dicho es una ~** what he said is a load of nonsense; **deja de hacer chuminadas** stop messing around **-2.** *(cosa insignificante)* silly thing, trifle; **me regalaron una ~** they gave me a stupid little present

chumino *nm Esp muy Fam Br* fanny, *US* beaver; EXPR *Vulg* **no me sale del ~** I can't be fucking well bothered, *Br* I can't be arsed

chunchules *nmpl Chile* tripe

chunchullo *nm Col* = piece of sheep or cow intestine, plaited and then roasted

chunga *nf Esp Fam* **tomarse algo a ~** to take sth as a joke, not to take sth seriously

chungo, -a *adj Esp Fam* **es un tío ~** he's a nasty piece of work; **la cosa está chunga** it's a real bitch; **veo muy ~ que nos dejen entrar** I don't fancy our chances of getting in; **ha estado muy ~ desde el accidente** he's been in a bad way since the accident; **es una situación muy chunga** it's a pretty sticky situation

chunguearse *vpr Fam* **~ de** to make fun of, to have a laugh about

chuño *nm Andes, RP* potato starch

chupa *nf* **-1.** *Esp Fam (cazadora)* coat; EXPR **poner a alguien como ~ de dómine** to give sb a row, to lay into sb ❑ **~ de cuero** leather jacket; **~ vaquera** denim jacket **-2.** *Ven Fam (chupón) Br* dummy, *US* pacifier

Chupa Chups® *nm inv Esp* lollipop *(spherical)*

chupacirios *nmf inv Fam Pey* holy Joe

chupada *nf (de helado) (con la lengua)* lick; *(con los labios)* suck; *(de cigarrillo)* puff, drag; **dale una ~ al helado** have a lick of the ice cream; **le di una ~ al cigarrillo** I had a puff at *o* drag on the cigarette

chupado, -a *adj* **-1.** *(delgado)* skinny **-2.** *Fam (fácil)* **estar ~** to be dead easy *o* a piece of cake; EXPR *Hum* **estar más ~ que la pipa de un indio** to be as easy as falling off a log, to be like taking candy from a baby **-3.** *Esp, RP Fam (borracho)* plastered

chupador, -ora *adj* sucking

chupaflor *nm Am* hummingbird

chupamedias *nmf inv Andes, RP, Ven Fam* toady

chupamirto *nm Méx* hummingbird

chupar ◇ *vt* **-1.** *(succionar)* to suck; *(lamer)* to lick; *(fumar)* to puff at; *Vulg* **chuparle la polla a alguien** to go down on sb, to give sb a blowjob; EXPR *Fam DEP* **~ banquillo** to be confined to the bench
-2. *(absorber)* to soak up; **esta bayeta chupa el agua muy bien** this cloth really soaks up the water
-3. *(quitar)* **chuparle algo a alguien** to milk sb for sth; **esa mujer le está chupando la sangre** that woman is bleeding him dry
-4. *Fam (en deportes)* **~ la pelota** to hog the ball
-5. *Fam (abusar)* **cuando fue presidente, chupó lo que pudo** when he was president, he feathered his own nest as much as he could; **le gusta ~ cámara** he likes to hog the camera; EXPR *Fam* **~ del bote** to feather one's nest
-6. *Esp Fam (aguantar)* to put up with; **me tuve que ~ un viaje en autobús de cuatro horas** I was stuck with a four-hour bus journey
-7. *Am Fam (beber)* to booze on, to tipple
◇ *vi Fam* **-1.** *(en deportes)* to hog the ball
-2. *Am (beber)* to booze, to tipple

➜ **chuparse** *vpr* **-1.** *(succionar)* to suck; **chuparse el dedo** to suck one's thumb; EXPR *Fam* **¿te crees que me chupo el dedo?** do you think I was born yesterday?; EXPR **estar para chuparse los dedos** to be mouthwatering; EXPR *Fam* **¡chúpate esa!** take that!
-2. *Esp (adelgazar)* to get thinner
-3. *Esp Fam (aguantar)* to put up with; **se chupó una conferencia de tres horas** she had to sit through a three-hour lecture

chupasangre *nmf CSur Fam* leech, bloodsucker

chupatintas *nmf inv Pey* pen pusher

chupe *nm* **-1.** *Andes, Arg (comida)* stew **-2.** *Méx, RP Fam (bebida)* booze

chupeta *nf Col (dulce)* lollipop

chupete *nm* **-1.** *(para bebé) Br* dummy, *US* pacifier **-2.** *Col (dulce)* lollipop **-3.** *Bol (helado) Br* ice lolly, *US* Popsicle®

chupetear *vt* to suck on, to suck away at

chupeteo *nm* sucking

chupetín *nm* **-1.** *RP (piruleta)* lollipop **-2.** *Bol (helado) Br* ice lolly, *US* Popsicle®

chupetón *nm* **-1.** *(con la lengua)* lick; *(con los labios)* suck; **dar un ~ a algo** to lick sth **-2.** *Esp Fam (moradura en la piel)* love bite, *US* hickey

chupi *nm RP Fam (bebida)* booze

chupín *nm RP* = fish and vegetable stew, cooked in white wine

chupinazo *nm* **-1.** *(cañonazo)* cannon shot **-2.** *(disparo de cohete)* firing of a rocket *(to mark the start of a festival)* **-3.** *Fam DEP (patada)* hard kick; *(a puerta)* screamer, hard shot

chupito *nm* shot

chupón, -ona ◇ *adj Fam* **-1.** *(gorrón)* **es muy ~** he's a real sponger *o* scrounger **-2.** *(en deportes)* **un jugador ~** a hog
◇ *nm,f Fam* **-1.** *(gorrón)* sponger, scrounger **-2.** *(en deportes)* hog
◇ *nm* **-1.** BOT sucker **-2.** *Méx,Ven (chupete) Br* dummy, *US* pacifier **-3.** *Andes, CAm, Méx (del biberón)* teat **-4.** *RP Fam (en la boca)* sloppy kiss **-5.** *RP Fam (en la piel)* love bite, *US* hickey

chupóptero, -a *nm,f Fam Hum* parasite

churo *nm Col, Ecuad* **-1.** *(rizo)* curl **-2.** *(escalera)* spiral staircase

churra *nf* **-1.** EXPR *Fam Hum* **mezclar churras con merinas** to get two completely different things muddled up **-2.** *ver también* **churro²**

churrasco *nm* barbecued *o* grilled meat

churrasqueada *nf RP (asado)* barbecue

churrasquear *vi RP* to have a barbecue

churrasquera *nf RP* grill, *US* griddle

churrasquería *nf RP* steakhouse

churre *nm Fam* grease

churrera *nf* **-1.** *(máquina)* = machine for making "churros" **-2.** *ver también* **churrero**

churrería *nf* = shop or stall selling "churros"

churrero, -a *nm,f* "churros" seller

churrete *nm (chorro)* spurt; *(mancha)* stain

churria *nf Carib, Col, Guat (diarrea)* diarrhoea

churrigueresco, -a *adj* ARTE churrigueresque

churrinche *nm* vermilion flycatcher

churro¹ *nm* **-1.** *(para comer)* = stick or ring of dough fried in oil and sprinkled with sugar; EXPR *Fam* **¡vete a freír churros!** get lost! **-2.** *Fam (chapuza)* botch; **ese dibujo es un ~** that drawing is awful; **esto es un ~ de reparación** they've made a real botch of this repair **-3.** *Fam (suerte)* **¡tuviste mucho ~!** you flukey thing!; **lo encontraron de ~** it was a fluke that they found it

CHURROS

Churros are a type of fritter which are a traditional Spanish snack. They are made from a flour and water dough which is squeezed by a special machine into long ribbed tubular shapes, which are then fried in hot oil and coated with sugar. They are often eaten with thick hot chocolate at special snack bars called "churrerías". People also eat them at home with coffee for breakfast or buy them to eat out of a paper cone in fairgrounds during their local annual festivals.

churro², -a *Andes, RP Fam* ◇ *adj* stunning; **¡estás muy churra con ese vestido nuevo!** you look stunning in that new dress!
◇ *nm,f* looker; **¡tu hermano es un ~ bárbaro!** your brother is a real looker!

churruscado, -a *adj (quemado)* burnt; *Fam (crujiente)* crispy

churruscar [59] ◇ *vt* to burn

➜ **churruscarse** *vpr* to burn; **se me churruscaron las costillas** I burnt the chops

churrusco *nm Fam (tostada)* piece of burnt toast

churumbel *nm Esp Fam* kid

chusco, -a ◇ *adj (gracioso)* funny
◇ *nm (de pan)* crust of stale bread

chusma ◇ *adj RP (chismoso)* gossipy
◇ *nmf RP (chismoso)* gossip
◇ *nf* rabble, mob

chusmear = chismear

chusmerío *nm RP (chisme)* piece of gossip

chuspa *nf Andes, RP* knapsack

chusquero, -a *adj* MIL **un sargento ~** a sergeant who has risen through the ranks

chut *(pl* **chuts)** *nm* DEP *(patada)* kick; *(a puerta)* shot

chuta *nf Esp* syringe

chutar ◇ *vi* **-1.** *(lanzar la pelota)* to kick the ball; *(a puerta)* to shoot **-2.** *Esp Fam (funcionar)* to work; **esto va que chuta** it's going great; **con eso va que chuta** that's more than enough

➜ **chutarse** *vpr Esp Fam* to shoot up

chute *nm Esp Fam* fix

chuza *nf Méx (en bolos)* strike

chuzar [14] *vt Col* to prick

chuzo *nm Fam* EXPR **llover a chuzos, caer chuzos de punta** to pour down, *Br* to bucket down

CI *nm (abrev de* **cociente de inteligencia**) IQ

CIA ['θia] *nf (abrev de* **Central Intelligence Agency**) CIA

cía., Cía. *(abrev de* **compañía**) COM Co

cián ◇ *adj* cyan
◇ *nm* cyan

cianato *nm* QUÍM cyanate

cianhídrico, -a *adj* **ácido ~** hydrocyanic acid

cianosis *nf inv* MED cyanosis

cianótico, -a *adj* MED cyanotic

cianotipo *nm* blueprint, cyanotype

cianuro *nm* cyanide

ciar *vi* to back water

ciática *nf* sciatica

ciático, -a *adj* sciatic

cibercafé *nm* INFORMÁT Internet café, cybercafé
cibercultura *nf* INFORMÁT cyberculture
ciberdelito *nm* INFORMÁT cybercrime
ciberespacio *nm* INFORMÁT cyberspace
cibernauta *nmf* INFORMÁT Nettie, Net user
cibernética *nf* INFORMÁT cybernetics *(singular)*
cibernético, -a *adj* INFORMÁT cybernetic
ciberokupa *nmf* INFORMÁT cybersquatter
ciberpunk *nm* INFORMÁT cyberpunk
cibersexo *nm* INFORMÁT cybersex
ciberterrorismo *nm* INFORMÁT cyberterrorism
ciborg *(pl* **ciborgs***) nm* INFORMÁT cyborg
cica *nf* cycas
cicatería *nf* stinginess, meanness
cicatero, -a ◇ *adj* stingy, mean
  ◇ *nm,f* skinflint, miser
cicatriz *nf* **-1.** *(física)* scar; **la operación le dejó ~** the operation left him with a scar **-2.** *(emocional)* scar
cicatrización *nf* scarring
cicatrizante ◇ *adj* healing
  ◇ *nm* healing substance
cicatrizar [14] *vi* to form a scar, to heal (up); **la herida no ha cicatrizado bien** the wound hasn't healed properly
  ◇ *vt* to heal
cícero *nm* IMPRENTA cicero
Cicerón *n pr* Cicero
cicerón *nm* eloquent speaker, orator
cicerone *nmf* guide
ciceroniano, -a *adj* Ciceronian
Cícladas *nfpl* **las ~** the Cyclades
ciclamato *nm* cyclamate
ciclamen *nm* cyclamen
ciclamor *nm* Judas tree
cíclicamente *adv* cyclically
cíclico, -a *adj* cyclical
ciclismo *nm* cycling; **hacer ~** to go cycling, to cycle ❑ **~ en pista** track cycling; **~ en ruta** road racing
ciclista ◇ *adj* cycling; **equipo ~** cycling team; **prueba ~** cycle race; **vuelta ~** tour
  ◇ *nmf* cyclist
ciclo *nm* **-1.** *(periodo)* cycle ❑ **~ económico** trade cycle; **~ menstrual** menstrual cycle; **~ vital** life cycle **-2.** *(de conferencias, actos)* series; *(de películas, conciertos)* season **-3.** *(de una onda)* cycle **-4.** EDUC **el primer/segundo ~** *(en colegio)* primary/secondary school; **el ~ de doctorado dura dos años** the PhD course lasts two years; **el primer ~ de la carrera** = first phase in a university degree, where all students study the same subjects **-5.** LIT cycle; **el ~ artúrico/troyano** the Arthurian/Trojan cycle **-6.** *Cuba (bicicleta)* bicycle
ciclocross, ciclocrós *nm* cyclo-cross
cicloide *nm* GEOM cycloid
ciclomotor *nm* moped
ciclón *nm* **-1.** *(viento)* cyclone; EXPR *Fam* **como un ~: el actor pasó por la capital como un ~** the actor made a whirlwind visit to the capital ❑ **~ tropical** tropical cyclone **-2.** *(persona)* human whirlwind
cíclope *nm* Cyclops
ciclópeo, -a *adj (enorme)* colossal, massive
ciclorama *nm* TEATRO cyclorama
ciclostil, ciclostilo *nm* cyclostyle
ciclotimia *nf* PSI cyclothymia
ciclotrón *nm* FÍS cyclotron
cicloturismo *nm* bicycle touring
cicloturista *nmf* = person on cycling holiday
cicloturístico, -a *adj* **ruta cicloturística** tourist cycling route; **vacaciones cicloturísticas** cycling holidays
ciclovía *nf Am Br* cycle lane, *US* bikeway
CICR *nm (abrev de* **Comité Internacional de la Cruz Roja***)* IRCC
cicuta *nf* hemlock
Cid *n pr* **el ~ (Campeador)** el Cid
CIDH *nf (abrev de* **Comisión Interamericana de Derechos Humanos***)* ICHR
cidra *nf* citron
cidro *nm* citron (tree)
ciegamente *adv* blindly

ciego, -a ◇ *ver* **cegar**
  ◇ *adj* **-1.** *(invidente)* blind; **Juan es ~ de nacimiento** Juan was born blind; **quedarse ~** to go blind
  -2. *(ante algo)* blind; **el amor lo ha vuelto ~** love has made him blind
  -3. *(enloquecido)* blinded (**de** by); **entonces, ~ de ira, lo mató** then, blind with rage, he killed him; **está ~ por el esquí** he's mad about skiing
  -4. *(pozo, tubería)* blocked (up)
  -5. *(total) (fe, confianza)* blind; **tengo una confianza ciega en él** I trust him unconditionally
  -6. *Esp muy Fam (borracho)* blind drunk, *Br* pissed; *muy Fam (drogado)* stoned; **nos pusimos ciegos de cerveza** we got blind drunk *o Br* pissed on beer
  ◇ *nm,f (invidente)* blind person; **los ciegos** the blind
  ◇ *nm* **-1.** ANAT caecum
  -2. *Esp Fam (de droga)* trip; **tener/cogerse un ~** *(de alcohol)* to be/get blind drunk *o* plastered *o Br* pissed; **llevo un ~ que no me tengo** I'm totally plastered, *Br* I'm pissed out of my mind
  -3. los ciegos *(sorteo de la ONCE)* = lottery organized by Spanish association for the blind
  -4. *RP (en naipes)* = player who has no trump cards in their hand
  ◇ **a ciegas** *loc adv* blindly; **andar a ciegas** to grope one's way; **no hagas las cosas a ciegas** don't act without knowing what you are doing

ciegue *etc ver* **cegar**
cielo ◇ *nm* **-1.** *(atmósfera)* sky; **~ despejado/con nubes** clear/cloudy sky; **mira hacia el ~** look upwards; **a ~ abierto** *(a la intemperie)* in the open; *(mina)* opencast
  -2. REL heaven; **los que se portan bien van al ~** if you're good you'll go to heaven; **¡~ santo!** good heavens!; **ganarse el ~** to win salvation, to win a place in heaven; **pido al ~ que nos ayude** may heaven *o* God help us
  -3. *(tratamiento)* darling, my love, my dear; **~ (mío), ¿podrías ayudarme un momento?** could you help me a moment, darling?
  -4. *(parte superior)* **~ del paladar** roof of the mouth; **~ raso** ceiling
  -5. EXPR **me viene bajado del ~** it's a godsend (to me); **como llovido del ~** *(inesperadamente)* out of the blue; *(oportunamente)* at just the right moment; **estar en el séptimo ~** to be in seventh heaven; **se le juntó el ~ con la tierra** he lost his nerve; **mover ~ y tierra** to move heaven and earth; **ser un ~** to be an angel; **ver el ~ abierto** to see one's way out
  ◇ **cielos** *interj* good heavens!; **¡cielos, no me había dado cuenta de lo tarde que era!** good heavens! I hadn't realized how late it was!

ciempiés *nm inv* centipede
cien *núm* a *o* one hundred; **~ mil** a *o* one hundred thousand; **por ~** percent; **~ por ~** a hundred percent; EXPR *Fam* **poner a ~ alguien: esa musiquilla me está poniendo a ~** that tune's getting on my nerves; EXPR *Fam* **dar ~ mil vueltas a algo/alguien: mi moto le da ~ vueltas a la tuya** my motorbike's miles better than yours; *ver también* **treinta**
ciénaga *nf* marsh, bog
ciencia ◇ *nf* **-1.** *(método, estudio)* science; **la ~ ya no puede hacer nada para salvar al enfermo** science is unable to do anything more to help the patient; **la astronomía es la ~ que estudia los cuerpos celestes** astronomy is the science in which heavenly bodies are studied ❑ **ciencias aplicadas** applied sciences; **ciencias biológicas** life sciences; **~ del conocimiento** cognitive science; **ciencias económicas** economics *(singular)*; **ciencias empresariales** business studies; **ciencias exactas** mathematics *(singular)*; **~ ficción** science fiction; **ciencias físicas** physical sciences; **ciencias de la información** media studies; **ciencias naturales** natural sciences; **ciencias ocultas** occultism; **ciencias políticas** political science; **ciencias de la salud** medical sciences; **ciencias sociales** social sciences; **ciencias de la Tierra** earth sciences
  -2. *(sabiduría)* learning, knowledge; EXPR *Fam* **tener poca ~** to be straightforward; **la cocina tiene poca ~, pero requiere mucho sentido común** cooking doesn't require a lot of skill, but you do need to use common sense; EXPR *Hum* **por ~ infusa** through divine inspiration
  -3. EDUC **ciencias** science; **soy de ciencias** I studied science ❑ **ciencias mixtas** = secondary school course comprising mainly science subjects but including some arts subjects; **ciencias puras** = secondary school course comprising science subjects only
  ◇ **a ciencia cierta** *loc adv* for certain; **no se conoce a ~ cierta el número de víctimas** the number of victims isn't known for certain

cienciología *nf* Scientology
cieno *nm* mud, sludge
científicamente *adv* scientifically
cientificismo, cientifismo *nm* = over-emphasis on scientific ideas
científico, -a ◇ *adj* scientific
  ◇ *nm,f* **-1.** *(investigador)* scientist **-2.** *Méx* POL = one of the group of Europeanizing intellectuals influential during the rule of Porfirio Díaz (1876-1911)
cientifismo = **cientificismo**
cientista *nmf CSur* **~ social** social scientist
ciento *núm* a *o* one hundred; **~ cincuenta** a *o* one hundred and fifty; **cientos de** hundreds of; **por ~** percent; EXPR *Fam* **darle ~ raya a alguien** to run rings around sb; EXPR *Fam* **eran ~ y la madre** everybody and his dog *o* the world and his wife was there; *ver también* **treinta**
ciernes *nmpl* **estar en ~** to be in its infancy; **una campeona en ~** a budding champion; **tenemos un viaje en ~** we're planning a journey
cierno *etc ver* **cerner**
cierre *nm* **-1.** *(de fábrica, tienda, colegio) (permanente)* closure; **se encarga del ~ de la tienda al final del día** he locks up the shop at the end of each day; **el horario de ~ de las tiendas** the shops' closing times; EXPR **echar el ~** *(a tienda)* to close up ❑ IND **~ patronal** lockout
  -2. *(de herida)* closing up
  -3. *(de fronteras)* closing
  -4. RAD & TV *(de emisión)* closedown; **la hora de ~** closedown
  -5. PRENSA **al ~ de la edición** as we were going to press
  -6. BOLSA *(de sesión)* close (of trading); **precio de ~** closing price
  -7. *(administrativo)* closure; **el juez ordenó el ~ del bar** the judge ordered the closure of the bar, the judge ordered the bar to be closed
  -8. *(finalización)* end; **las elecciones supusieron el ~ de una época oscura en el país** the elections brought to an end *o* a close a dark chapter in the country's history; **al ~ del plazo se habían presentado cinco candidaturas** by the closing date, five candidates had put their names forward; **según los datos del ~ del ejercicio 1998...** according to the figures for the end of the 1998 *Br* financial *o US* fiscal year...
  -9. *(mecanismo)* fastener ❑ AUT **~ centralizado** central locking; **~ de combinación** combination lock; **~ metálico** *(de tienda)* metal shutter
  -10. *Andes, Méx, RP (cremallera) Br* zip (fastener), *US* zipper; *Andes, Méx* **~ relámpago**, *Chile* **~ eclair**, *Urug* **~ metálico** *Br* zip, *US* zipper

cierro *etc ver* **cerrar**
ciertamente *adv* **-1.** *(con certeza)* certainly; **déjame que lo consulte y te lo diré** — let me check it out and I'll tell you for certain; **es un problema ~ complejo** it certainly is a

complex problem; **~, estamos en una situación crítica** we are definitely in a critical situation
-2. *(sí enfático)* of course; **¿vendrás? – ¡~!** are you coming? – of course!; **¿estás cansado? – ¡~ que sí!** are you tired? – I certainly am!

cierto, -a ⋄ *adj* **-1.** *(verdadero)* true; **estar en lo ~** to be right; **lo ~ es que...** the fact is that...; **es ~ que...** it's true (that...); **no es ~ (que...)** it is not true (that...); **es el hijo de Javier, ¿no es ~?** he's Javier's son, isn't he?; **si bien es ~ que...** while it is true that...; **¿qué hay de ~ en las declaraciones del presidente?** what truth is there in the president's statement?
-2. *(seguro)* certain, definite; **es una señal cierta de su nerviosismo** it's a sure sign that they're nervous; **todavía no es ~ que vaya a poder participar** it's still not certain that she'll be able to take part
-3. *(algún)* certain; **~ hombre** a certain man; **en cierta ocasión** once, on one occasion; **~ día, iba caminando por la calle, cuando...** I was walking down the street one day, when...; **hemos recibido un ~ número de quejas** we have received a certain number of *o* some complaints; **tuvo un ~ éxito con su primer disco** his first record was a moderate success; **me da ~ reparo preguntárselo** I'm a bit reluctant to ask her; **en ~ modo, han hecho lo que han podido** in a way, they did what they could; **hasta ~ punto es verdad** it's true up to a point
⋄ *adv* right, certainly; **¿lo hizo usted? – ~** did you do it? – that's right; **por ~** by the way; **por ~, ¿no te habrás acordado de comprar las entradas?** by the way, did you remember to buy the tickets?; **si la ves, por ~, dile que la estoy buscando** by the way, if you see her tell her I'm looking for her
◆ **de cierto** *loc adv* for certain, for sure; **lo sé de ~** I know for certain *o* for sure

ciervo, -a *nm,f* **-1.** *(macho)* deer, stag; *(hembra)* deer, hind **-2. ~ volante** *(insecto)* stag beetle

cierzo *nm* north wind

CIF [θif] *nm Esp* *(abrev de* **código de identificación fiscal)** = number identifying company for tax purposes

cifra *nf* **-1.** *(signo)* figure; **un código de cuatro cifras** a four-digit code; **mi número de teléfono consta de siete cifras** my telephone number has seven digits
-2. *(cantidad)* number, total; *(de dinero)* sum; **ingresó la ~ de 100.000 euros** he deposited the sum of 100,000 euros; **la ~ de desempleados sigue subiendo** the number of unemployed continues to rise; **¿cuánto me darías? – di una ~** how much would you give me? – give me a number, name a price; **tuvo que pagar una ~ muy alta** he had to pay a very large sum (of money) ❑ ECON **~ de negocios** turnover; ECON **~ de ventas** sales figures
-3. *(código)* **en ~** coded, in code; **el mensaje estaba en ~** the message was coded *o* in code

cifrado, -a *adj* coded, in code

cifrar ⋄ *vt* **-1.** *(codificar)* to code **-2.** *(resumir, reducir)* to summarize; **cifran todas sus aspiraciones en llegar a la final** their one aim is to get to the final **-3.** *(tasar)* to evaluate, to estimate; **cifró las pérdidas en varios millones de pesos** he estimated the losses at several million pesos
◆ **cifrarse en** *vpr* **-1.** *(ascender a)* to come to, to amount to; **las pérdidas se cifran en millones de dólares** the losses amount to millions of dollars **-2.** *(resumirse en)* to be summarized by

cigala *nf* Dublin Bay prawn, scampi

cigarra *nf* cicada

cigarrera *nf* **-1.** *(caja)* cigar case **-2.** *ver también* **cigarrero**

cigarrería *nf Am* tobacconist's (shop)

cigarrero, -a *nm,f* *(persona)* cigar maker

cigarrillo *nm* cigarette ❑ **~ con filtro** filter (tip) cigarette, filter-tipped cigarette; **~ mentolado** menthol cigarette

cigarro *nm* **-1.** *(puro)* cigar **-2.** *(cigarrillo)* cigarette **-3.** *Ecuad (insecto)* dragonfly

cigomático, -a *adj* ANAT zygomatic

cigoñino *nm* young stork

cigoto *nm* BIOL zygote

ciguato, -a *Carib, Méx* ⋄ *adj* suffering from fish poisoning
⋄ *nm,f (enfermo)* fish poisoning victim

cigüeña *nf* stork; EXPR *Fam* **estar esperando a la ~** to be expecting ❑ **~ blanca** white stork; **~ negra** black stork

cigüeñal *nm* crankshaft

cigüeñuela *nf* black-winged stilt

cilantro *nm* coriander

ciliado, -a *adj* ciliated

cilicio *nm (faja, cordón)* spiked belt *(of penitent)*; *(vestidura)* hair shirt

cilindrada *nf* cylinder capacity; **una moto de gran ~** a motorbike with a big engine

cilíndrico, -a *adj* cylindrical

cilindro *nm* **-1.** *(figura)* cylinder **-2.** AUT cylinder; **un motor de cuatro cilindros** a four-cylinder engine **-3.** *(de imprenta)* roller **-4.** *CAm, Méx (organillo)* barrel organ

cilio *nm* BIOL cilium

cilla *nf (granero)* granary

cima *nf* **-1.** *(de montaña)* peak, summit **-2.** *(de árbol)* top **-3.** *(apogeo)* peak, high point; **ha alcanzado la ~ de la popularidad** his popularity has reached an all-time high; **el artista está en la ~ de su creatividad** the artist is at the peak of his creativity; EXPR **dar ~ a algo** to round sth off **-4.** BOT cyme

cimarra *nf Chile Fam* **hacer la ~** to play *Br* truant *o US* hookey

cimarrón, -ona ⋄ *adj* **-1.** *(animal, planta, fruta)* wild **-2.** *Am (campo)* unimproved **-3.** *Am* HIST *(esclavo)* runaway, escaped
⋄ *nm,f - Am* HIST *(esclavo)* runaway slave
-2. *Arg* unsweetened maté

cimbalero, -a *nm,f,* **cimbalista** *nmf* MÚS cymbalist

címbalo *nm* cymbal

cimbel *nm* **-1.** *(señuelo)* decoy **-2.** *muy Fam (pene) Br* chopper, *US* johnson

cimborrio, cimborio *nm* ARQUIT cupola

cimbra *nf* ARQUIT **-1.** *(armazón)* form, centring **-2.** *(curvatura)* = interior face of an arch

cimbrar, cimbrear ⋄ *vt* **-1.** *(vara)* to wave about **-2.** *(caderas)* to sway **-3.** ARQUIT to erect the centring for
◆ **cimbrearse** *vpr* to sway

cimbreante *adj* swaying

cimbrear = **cimbrar**

cimbreo *nm* **-1.** *(de vara)* waving **-2.** *(de caderas)* swaying

cimbronazo *nm* **-1.** *Am (estremecimiento)* shock; **la devaluación de la moneda fue un ~ para toda la región** the devaluation of the currency sent shock waves throughout the region; **el ~ que supuso la muerte de su padre** the severe shock of his father's death **-2.** *Am (temblor de tierra)* earth tremor

cimentación *nf* **-1.** *(acción)* laying of the foundations **-2.** *(cimientos)* foundations

cimentar [3] ⋄ *vt* **-1.** *(edificio)* to lay the foundations of **-2.** *(ciudad)* to found, to build **-3.** *(idea, paz, fama)* to cement, to consolidate; **intentan ~ la situación de la empresa** they are trying to consolidate the company's position; **la victoria cimentó su amistad** the victory cemented their friendship
◆ **cimentarse** *vpr (basarse)* **cimentarse en** to be based on; **su éxito se cimenta en la calidad de sus novelas** her success is built *o* based on the quality of her novels

cimera *nf (de casco, de escudo)* crest

cimero, -a *adj (alto)* topmost; *Fig (sobresaliente)* foremost, most outstanding

cimiento *etc ver* **cimentar**

cimientos *nmpl* **-1.** *(de edificio)* foundation; **echar los ~** to lay the foundations
-2. *(base)* basis *(singular)*; **los ~ de una amistad** the basis of a friendship; **la crisis bursátil sacudió los ~ del sector financiero** the stock market crisis shook the financial sector to its foundations *o* sent shock waves through the financial sector; **en el siglo XVIII se pusieron los ~ del estado moderno** the foundations of the modern state were laid in the 18th century

cimitarra *nf* scimitar

cinabrio *nm* cinnabar

cinamomo *nm* cinnamon tree

cinc (*pl* **cines**) *nm* QUÍM zinc

cincel *nm* chisel

cincelado *nm (de piedra)* chiselling; *(de metal)* engraving

cincelar *vt (piedra)* to chisel; *(metal)* to engrave

cincha *nf* girth

cinchar *vt (ceñir)* to girth

cincho *nm* **-1.** *(cinturón)* belt **-2.** *(aro de hierro)* hoop **-3.** *Am (de caballo)* girth, cinch

cinco ⋄ *núm* five; **los ~ continentes** the five continents *(= Europe, Asia, Africa, America and Oceania)*; *Antes* **el Cinco Naciones** *(en rugby)* the Five Nations; EXPR *Fam* **¡choca esos ~!** put it there!, give me five!; EXPR *Fam* **no tener ni ~** to be broke; *ver también* **tres**
⋄ *nm* **-1. ~ puertas** *(vehículo)* four-door hatchback **-2.** *Carib (guitarra)* five-string guitar

cincuenta *núm* fifty; **los (años) ~** the fifties; *ver también* **treinta**

cincuentavo, -a *núm* fiftieth; *ver también* **octavo**

cincuentena *nf* fifty; **andará por la ~** he must be about fifty; **una ~ de personas** fifty people

cincuentenario *nm* fiftieth anniversary

cincuentón, -ona *Fam* ⋄ *adj* **un señor ~** a man in his fifties
⋄ *nm,f* person in their fifties; **es un ~** he's in his fifties

cine *nm* **-1.** *(arte)* cinema; **me gusta el ~** I like cinema *o* movies *o Br* films; **hacer ~** to make movies *o Br* films; **el mundo del ~** the movie *o Br* film world ❑ **~ de autor** art cinema; **~ comercial** commercial cinema; **~ cómico** comedy movies *o Br* films; **Keaton fue uno de los grandes del ~ cómico** Keaton was one of the big screen comedy greats; **~ fórum** film with discussion group; **~ de género** genre cinema; **~ independiente** independent cinema *o* movies *o Br* films; **~ mudo** silent movies *o Br* films; **~ negro** film noir; **~ sonoro** talking pictures, talkies
-2. *(edificio)* cinema, *US* movie theater; **ir al ~** to go to the cinema *o* the movies *o Br* films ❑ **~ de arte y ensayo** art house (cinema), *US* art theater; **~ de barrio** local cinema *o US* movie theater; **~ de estreno** first-run cinema *o US* movie theater; **~ de verano** open-air cinema
◆ **de cine** *loc adj Fam (muy bueno)* **se ha comprado una casa de ~** he's bought an amazing house
◆ **de cine** *loc adv Fam (muy bien)* **cocina de ~** he's a fantastic *o* brilliant cook; **el equipo jugó de ~** the team played brilliantly

cineasta *nmf* movie maker *o* director, *Br* film maker *o* director

cineclub *nm* **-1.** *(asociación)* film society **-2.** *(sala)* club cinema

cinéfilo, -a ⋄ *adj* **es muy ~** *(que va al cine)* he's a keen moviegoer *o Br* filmgoer; *(entiende de cine)* he's a real movie *o Br* film buff; **los más cinéfilos recordarán aquella película** movie *o Br* film buffs will remember that film
⋄ *nm,f (que va al cine)* (keen) moviegoer *o Br* filmgoer; *(que entiende de cine)* movie *o Br* film buff

cinegética *nf* hunting

cinegético, -a *adj* hunting; **asociación cinegética** hunting club; **deporte ~** blood sport

cinemascope® *nm* Cinemascope®

cinemateca *nf* **-1.** *(colección)* film library **-2.** *(sala)* film theatre, cinematheque

cinemática *nf* FÍS kinematics *(singular)*

cinematografía *nf* **-1.** *(arte)* movie-making, *Br* film-making **-2.** *(conjunto de películas)* movies, *Br* films; **un certamen dominado por la ~ europea** a competition dominated by European movies *o Br* films
cinematografiar [32] *vt* to film
cinematográfico, -a *adj* movie, *Br* film; **guión ~** movie *o Br* film script
cinematógrafo *nm* **-1.** *(aparato)* movie *o Br* film projector **-2.** *(local)* cinema, *US* movie theater
cinerama® *nm* Cinerama®
cinética *nf* kinetics *(singular)*
cinético -a *adj* kinetic
cingalés, -esa ◇ *adj* Sinhalese
  ◇ *nm,f (persona)* Sinhalese; **los cingaleses** the Sinhalese
  ◇ *nm (lengua)* Sinhalese
cíngaro, -a ◇ *adj* Tzigane
  ◇ *nm,f* Tzigane
cinglar *vt* NÁUT to scull
cínico, -a ◇ *adj (desvergonzado)* shameless
  ◇ *nm,f (desvergonzado)* shameless person; **es un ~** he's shameless, he has no shame
cinismo *nm (desvergüenza)* shamelessness
cinta *nf* **-1.** *(de plástico, papel)* strip, band; *(de tela, en gimnasia rítmica)* ribbon ❑ **~ adhesiva** adhesive *o* sticky tape; *RP (esparadrapo)* surgical tape; *CSur* **~ aisladora** insulating tape; **~ aislante** insulating tape; *Andes, CAm, Carib, Méx* **~ durex**® adhesive *o* sticky tape; *RP* **~ engomada** adhesive *o* sticky tape; **~ de impresora** printer ribbon; **~ de llegada** *(en carrera)* finishing tape; **~ métrica** tape measure; **~ perforada** punched tape; *RP* **~ scotch**® adhesive *o* sticky tape
  -2. *(de imagen, sonido, ordenadores)* tape ❑ **~ de audio** audio cassette; **~ digital** digital tape; **~ digital de audio** digital audio tape; **~ limpiadora** head cleaner, head-cleaning tape; **~ magnética** magnetic tape; **~ magnetofónica** recording tape; **~ de Esp vídeo** *o Am* **video** videotape; **~ virgen** blank tape
  -3. *(mecanismo)* belt ❑ **~ transportadora** conveyor belt
  -4. *(película)* movie, *Br* film; **la última ~ de Lynch** Lynch's latest movie *o Br* film
  -5. *(planta)* spider plant
cinto *nm* belt
cintra *nf* ARQUIT **-1.** *(armazón)* form, centring **-2.** *(curvatura)* = interior face of an arch
cintura *nf* **-1.** *(de cuerpo)* waist; **de ~ para abajo/arriba** from the waist down/up ❑ **~ de avispa** wasp waist **-2.** *(de vestido)* waist; **le queda demasiado holgado de ~** the waist is too big for her, it's too big in the waist for her; EXPR *Fam* **meter en ~ a alguien** to make sb toe the line, to bring sb into line
cinturilla *nf* waistband
cinturón *nm* **-1.** *(cinto)* belt; EXPR **apretarse el ~** to tighten one's belt ❑ **~ de asteroides** asteroid belt; **~ de castidad** chastity belt; **~ de seguridad** *(en coche, avión)* seat *o* safety belt
  -2. *(en artes marciales)* belt ❑ DEP **~ negro** black belt; **ser ~ negro** to be a black belt
  -3. *(de ciudad)* belt ❑ **~ industrial** industrial belt; **~ metropolitano** metropolitan area; **el ~ metropolitano de Barcelona** greater Barcelona; *Am* **~ de miseria** = slum or shanty town area round a large city; **~ verde** green belt
  -4. *(carretera) Br* ring road, *US* beltway
ciñera etc ver **ceñir**
ciño etc ver **ceñir**
cipayo *nm (soldado indio)* sepoy
cipo *nm* **-1.** *(lápida)* memorial stone **-2.** *(hito)* milestone
cipolino *nm* cipolin
cipote[1] *nm* **-1.** *Vulg (pene)* prick, cock **-2.** *Fam (bobo)* dimwit, moron
cipote[2]**, -a** *nm,f CAm* kid
ciprés *(pl* **cipreses)** *nm* cypress
CIR [θir] *nm Antes (abrev de* **Centro de Instrucción de Reclutas)** = Spanish training centre for new army recruits
circadiano, -a *adj* circadian
Circe *n* MITOL Circe

circense *adj* circus; **artista ~** circus performer; **espectáculo ~** circus show
circo *nm* **-1.** *(espectáculo)* circus **-2.** HIST *(en Roma)* circus **-3.** GEOL **~ (glaciar)** cirque, corrie **-4.** *Fam (alboroto)* fuss, *Br* palaver; **vaya ~ se ha organizado** what a fuss *o Br* palaver there's been
circón *nm (piedra preciosa)* zircon
circonio *nm* QUÍM zirconium
circuitería *nf* INFORMÁT circuitry
circuito *nm* **-1.** *(eléctrico)* circuit ❑ **~ abierto** open circuit; ELEC **~ de alimentación** power circuit; **~ cerrado** closed circuit; **~ cerrado de televisión** closed circuit television; **~ eléctrico** electric circuit; **~ impreso** printed circuit; **~ integrado** integrated circuit; **~ lógico** logic circuit; **~ en paralelo** parallel circuit
  -2. *(de carreras) (en automovilismo)* circuit; *(en ciclismo)* course; **el ~ de Jerez** the Jerez circuit ❑ **~ de entrenamiento** fitness circuit; **~ urbano** city circuit
  -3. *(de exposición, obra teatral)* circuit; **la película pasará por el ~ de los cines de arte y ensayo** the movie *o Br* film will be shown on the art house circuit
  -4. *(de competiciones deportivas)* circuit; **el ~ europeo/americano** *(de golf)* the European/American Tour; **la mejor tenista del ~ femenino** the best tennis player on the ladies' circuit
  -5. *(contorno)* belt
  -6. *(viaje)* tour; **un ~ por los países escandinavos** a tour of the Scandinavian countries
circulación *nf* **-1.** *(movimiento)* movement; **la libre ~ de personas** the free movement of people ❑ **la ~ atmosférica** atmospheric circulation
  -2. *(de la sangre)* circulation; **tiene problemas de ~** he has bad circulation ❑ **~ de la sangre** circulation of the blood; **~ sanguínea** circulation of the blood
  -3. *(de vehículos)* traffic ❑ **la ~ rodada** vehicular traffic
  -4. *(de moneda, valores, revista)* circulation; **fuera de ~** out of circulation; **poner en ~** to put into circulation; **retirar de la ~** to withdraw from circulation ❑ FIN **~ de capitales** circulation of capital; FIN **~ fiduciaria** paper currency; FIN **~ monetaria** paper currency
circulante *adj* FIN **capital ~** working capital
circular ◇ *adj* circular
  ◇ *nf* circular
  ◇ *vi* **-1.** *(líquido)* to flow, to circulate **(por** through); *(aire)* to circulate; **abre la ventana para que circule el aire** open the window to let some air in
  -2. *(persona)* to move, to walk **(por** around); **¡por favor, circulen!** move along, please!
  -3. *(vehículos)* to drive **(por** along); **este autobús no circula hoy** this bus doesn't run today; **el tren de alta velocidad circula a 200 km/h** the high-speed train travels at 200 km/h; **en el Reino Unido se circula por la izquierda** they drive on the left in the United Kingdom
  -4. *(moneda)* to be in circulation
  -5. *(capital, dinero)* to circulate
  -6. *(difundirse)* to go round; **circula el rumor de que ha muerto** there's a rumour going round that he's died; **la noticia circuló rápidamente** the news quickly got round
  ◇ *vt (de mano en mano)* to circulate; **hicieron ~ un documento secreto entre los periodistas** they had a secret document circulated among the press
circulatorio, -a *adj* **-1.** *(de la sangre)* circulatory; **aparato** *o* **sistema ~** circulatory system **-2.** *(del tráfico)* traffic; **caos ~** traffic chaos
círculo *nm* **-1.** *(figura)* circle; **pusieron las sillas en ~** they put the chairs in a circle ❑ DEP **~ central** centre circle; **~ polar** polar circle; **el Círculo Polar Antártico** the Antarctic Circle; **el Círculo Polar Ártico** the Arctic Circle; **~ vicioso** vicious circle
  -2. *(grupo de personas)* circle; **invitó a todo el ~ de sus amistades** she invited all her friends; **círculos económicos/políticos** economic/political circles ❑ **~ de lectores** book club **-3.** *(asociación)* club, association; **Círculo de Empresarios** businessmen's association
circuncidar *vt* to circumcise
circuncisión *nf* circumcision ❑ **~ del clítoris** female circumcision
circunciso *adj* circumcised
circundante *adj* surrounding
circundar *vt* to surround
circunferencia *nf* circumference
circunflejo *adj* **acento ~** circumflex
circunlocución *nf*, **circunloquio** *nm* circumlocution; **andarse con circunlocuciones** to be evasive
circunnavegación *nf* circumnavigation
circunnavegar [38] *vt* to circumnavigate, to sail round
circunscribir ◇ *vt* **-1.** *(limitar)* to restrict, to confine **(a** to) **-2.** GEOM to circumscribe
  ◆ **circunscribirse** *vpr* to confine *o* restrict oneself **(a** to); **en mi discurso me circunscribiré a aspectos políticos** in my speech I will confine *o* restrict myself to the political side of things; **el paludismo se circunscribe a unas zonas muy bien definidas** malaria is confined *o* restricted to clearly defined areas; **un fenómeno que no se circunscribe al mundo rural** a phenomenon not confined to rural areas; **sus competencias se circunscriben a los asuntos económicos** his responsibilities are confined *o* limited to financial matters
circunscripción *nf* **-1.** *(limitación)* limitation **-2.** *(distrito)* district; *(militar)* division; **~ (electoral)** electoral district, *Br* constituency
circunscrito, -a ◇ *participio ver* **circunscribir**
  ◇ *adj* restricted, limited; **un plan de ayuda ~ a los directamente afectados** an aid plan restricted *o* limited to those directly affected
circunspección *nf* Formal **-1.** *(comedimiento)* circumspection **-2.** *(seriedad)* graveness, seriousness
circunspecto, -a *adj* Formal **-1.** *(comedido)* circumspect **-2.** *(serio)* grave, serious
circunstancia *nf* **-1.** *(situación, condición)* circumstance; **¿en qué circunstancias se encuentra la empresa?** what state is the company in?; **en estas circunstancias, dadas las circunstancias** under *o* given the circumstances; **debido a circunstancias ajenas a nuestra voluntad** due to circumstances beyond our control; **las circunstancias me obligaron a ir** circumstances made it necessary for me to go; **se dan todas las circunstancias para una recuperación rápida** circumstances *o* conditions are favourable to a rapid recovery; **se da la ~ de que ya le pasó lo mismo el año pasado** it so happens that the same thing happened to him last year; **las circunstancias no le son favorables** circumstances *o* conditions are not in her favour; **bajo ninguna ~ se lo digas** under no circumstances must you tell her; EXPR **no supo estar a la altura de las circunstancias** he wasn't able to rise to the occasion
  -2. DER circumstance ❑ **~ agravante** aggravating circumstance; **~ atenuante** extenuating circumstance; **~ eximente** exonerating circumstance
circunstancial *adj* **-1.** *(del momento)* chance; **un hecho ~** a chance occurrence; **una decisión ~** an ad hoc decision **-2.** GRAM **complemento ~** adjunct
circunstante *nm* **los circunstantes** those present
circunvalación *nf* **-1.** *(acción)* going round **-2.** *(carretera) Br* ring road, *US* beltway
circunvalar *vt* to go round
circunvolar *vt* to fly round, to circle
circunvolución *nf* **-1.** *(vuelta)* circumvolution **-2.** ANAT **~ cerebral** cerebral convolution
cirial *nm* processional candlestick
cirílico, -a ◇ *adj* Cyrillic
  ◇ *nm* Cyrillic

cirio nm -1. (vela) (wax) candle ❑ ~ **pascual** paschal candle -2. Fam (alboroto) row, rumpus; EXPR **montar un ~** to kick up a row; EXPR **se armó un ~** there was an almighty row

cirquero, -a nm,f Méx (artista) circus performer

cirrípedo, cirrópodo nm ZOOL cirripede

cirro nm -1. METEO cirrus -2. MED scirrhus

cirrocúmulo nm METEO cirrocumulus

cirrópodo = cirrípedo

cirrosis nf inv cirrhosis ❑ **~ hepática** cirrhosis of the liver

cirrostrato nm METEO cirrostratus

cirrótico, -a ◇ adj cirrhotic; Fam Fig **estar ~** to be an alcoholic
◇ nm,f = person suffering from cirrhosis; Fam Fig **ser un ~** to be an alcoholic

ciruela nf plum ❑ **~ claudia** greengage; **~ pasa** prune; CSur **~ seca** prune

ciruelo nm plum tree

cirugía nf surgery; **hacerse la ~** (estética) to have cosmetic surgery ❑ **~ cardíaca** heart surgery; **~ correctiva** corrective surgery; **~ endoscópica** keyhole surgery; **~ estética** cosmetic surgery; **~ exploratoria** exploratory surgery; **~ facial** facial surgery; **~ invasiva** invasive surgery; **~ laparoscópica** keyhole o Espec laparoscopic surgery; **~ con láser** laser surgery; **~ maxilofacial** facial o Espec maxillofacial surgery; **~ plástica** plastic surgery; **~ reconstructiva** reconstructive surgery; **~ de trasplantes** transplant surgery

ciruja nmf Arg Fam scavenger (on rubbish tip)

cirujano, -a nm,f surgeon ❑ **~ plástico** plastic surgeon

cirujear vi Arg Fam to scavenge (on rubbish tips)

cirujeo nm Arg Fam scavenging (on rubbish tips)

CIS [θis] nm (abrev de **Centro de Investigaciones Sociológicas**) = Spanish government body responsible for conducting opinion polls, sociological surveys etc

cisandino, -a adj on this side of the Andes

ciscar [59] ◇ vt -1. Esp Fam (ensuciar) to dirty, to soil -2. Cuba, Méx (fastidiar) to bother, to distract
◆ **ciscarse** vpr Esp Fam to dirty oneself, US to fill one's pants; **ciscarse de miedo** to brick it, to crap oneself (with fear)

cisco nm -1. (carbón) slack; Fam **estoy hecho ~** I'm shattered; Fam **la moto quedó hecha ~** the motorbike was a write-off -2. Fam (alboroto) row, rumpus; EXPR **armar un ~** to kick up a row

Cisjordania nf the West Bank

cisjordano, -a adj of/from the West Bank

cisma nm REL schism; (escisión) split

cismático, -a ◇ adj schismatic
◇ nm,f schismatic

cisne nm swan ❑ **~ cantor** whooper swan; **~ chico** Bewick's swan; **~ trompetero** trumpeter swan; **~ vulgar** mute swan

Císter nm **el ~** the Cistercian order, the Cistercians

cisterciense ◇ adj Cistercian
◇ nmf Cistercian

cisterna nf -1. (aljibe, tanque) tank -2. (de retrete) cistern -3. (camión) tanker

cistitis nf inv MED cystitis

cistoscopia nf MED cystoscopy

cisura nf fissure

cita nf -1. (entrevista) (con amigo, doctor, abogado) appointment; (de novios) date; **una ~ de negocios** a business appointment; **la próxima ~ del equipo le enfrentará a Paraguay** the team's next match will be against Paraguay; **no piensa faltar a la ~ anual con los accionistas** he fully intends to be at the annual shareholders' meeting; **acordar una ~** to arrange an appointment; **darse ~** (quedar) to arrange to meet; (encontrarse) to meet; **decenas de directores se dan anualmente en Cannes** scores of directors come together o meet up in Cannes every year; **faltar a una ~** to miss an appointment; **pedir ~** to ask for an appointment; **tener una ~** to have an appointment ❑ **~ a ciegas** blind date; **~ electoral** election; **~ con las urnas:** tener una **~ con las urnas** to go to the polls; **en la última ~ con las urnas** in the last election
-2. (referencia) quotation

citación nf DER summons (singular)

citadino, -a Am ◇ adj city; **es ~** he's from the city
◇ nm,f city dweller

citar ◇ vt -1. (convocar) to make an appointment with; **el jefe convocó una reunión y citó a todos los empleados** the boss called a meeting to which he invited all his workers; **me citó a la salida del cine** he arranged to meet me at the exit of the cinema
-2. (aludir a) to mention; **el jefe de la oposición citó algunos ejemplos de corrupción** the leader of the opposition cited several cases of corruption; **China y Japón, por ~ sólo a dos países** China and Japan, to mention o name only two countries; **no quiero ~ nombres, pero hay varias personas que no han pagado todavía** I'm mentioning no names, but there are several people who haven't paid yet
-3. (textualmente) to quote; **le gusta ~ a Marx** he likes to quote (from) Marx
-4. DER to summons; **el juez citó a declarar a los procesados** the judge summonsed the defendants to give evidence
-5. TAUROM to incite
◆ **citarse** vpr **citarse (con alguien)** to arrange to meet (sb); **nos citamos a las ocho y media** we arranged to meet at half past eight

cítara nf zither

citatorio nm DER citation, summons (singular)

citófono nm Andes intercom, buzzer, Br entryphone

citología nf -1. (análisis) smear test; **hacerse una ~** to have a smear test -2. BIOL cytology

citoplasma nm BIOL cytoplasm

citotoxicidad nf BIOL cytotoxicity

citotóxico, -a adj BIOL cytotoxic

citrato nm citrate

cítrico, -a ◇ adj citric
◇ nmpl **cítricos** citrus fruits

CiU ['θiu] nf (abrev de **Convergència i Unió**) = Catalan coalition party to the right of the political spectrum

ciudad nf -1. (localidad) (grande) city; (pequeña) town; **la emigración del campo a la ~** migration from the countryside to the city; **la gente de la ~** people who live in cities, city folk ❑ Am **~ balnearia** (en la costa) seaside resort; (estación thermal) spa town; **Ciudad del Cabo** Cape Town; **la Ciudad Condal** Barcelona; **~ dormitorio** commuter town, dormitory town; **~-estado** city-state; **la Ciudad Eterna** the Eternal City; **~ fantasma** ghost town; **Ciudad de Guatemala** Guatemala City; **~ jardín** garden city; **Ciudad de México** Mexico City; **~ natal** home town; Méx **~ perdida** shanty town; **la Ciudad Santa** the Holy City; **~ satélite** satellite town; **Ciudad del Vaticano** Vatican City
-2. (instalaciones) complex ❑ **~ deportiva** sports complex; **~ sanitaria** hospital complex; **~ universitaria** university campus

ciudadanía nf -1. (nacionalidad) citizenship -2. (población) public, citizens -3. (civismo) public-spiritedness, good citizenship

ciudadano, -a ◇ adj (deberes, conciencia) civic; (urbano) city; **seguridad ciudadana** public safety; **vida ciudadana** city life
◇ nm,f citizen; **un ~ de Buenos Aires** a citizen of Buenos Aires; **el ~ de a pie** the man in the street

ciudadela nf -1. (fortificación) citadel, fortress -2. NÁUT bridge

ciudadrealeño, -a ◇ adj of/from Ciudad Real (Spain)
◇ nm,f person from Ciudad Real (Spain)

ciuredano, -a nm,f INFORMÁT netizen

civeta nf civet (cat)

civeto nm civet (used in perfumes)

cívicamente adv civically

cívico, -a adj -1. (deberes, conciencia) civic -2. (conducta) public-spirited -3. (de la ciudad) civic

civil ◇ adj -1. (derecho, sociedad, arquitectura) civil -2. (no militar) civilian; **ir vestido de ~** to be in civilian clothes -3. (no religioso) civil; **una boda ~** a civil marriage; **casarse por lo ~** to get married in a Br registry office o US civil ceremony
◇ nmf -1. (no militar, no religioso) civilian -2. Esp Fam (Guardia Civil) = member of the "Guardia Civil"
◇ nm RP (boda) civil marriage ceremony; **¿fueron al ~? – no, sólo nos invitaron a la iglesia** did you go to the registry office ceremony? – no, we were only invited to the church ceremony

civilidad nf civility, courtesy

civilismo nm Am antimilitarism

civilista nmf (juriconsulto) = person versed in civil law

civilización nf civilization

civilizado, -a adj civilized

civilizador, -ora adj civilizing

civilizar [14] ◇ vt -1. (pueblo) to civilize -2. (persona) **ese muchacho necesita que alguien lo civilice** that boy needs someone to teach him how to behave
◆ **civilizarse** vpr -1. (pueblo) to become civilized -2. (persona) to learn how to behave properly

civilmente adv civilly

civismo nm -1. (urbanidad) public-spiritedness, good citizenship -2. (cortesía) civility, politeness

cizalla nf -1. (tijeras) shears, metal cutters -2. (guillotina) guillotine

cizaña nf (planta) darnel; EXPR **meter** o **sembrar ~ (en)** to sow discord (among); EXPR **separar la ~ del buen grano** to separate the wheat from the chaff

cl (abrev de **centilitro**) cl

clac (pl **claques**) nf -1. (en teatro) claque -2. (camarilla) clique

clamar ◇ vt (exigir) to cry out for; **~ justicia** to cry out for justice
◇ vi -1. (implorar) to appeal; **los agricultores claman por más ayudas** farmers are appealing for more help -2. (protestar) to cry out; EXPR **es como ~ en el desierto** it's like talking to a brick wall; EXPR **~ al cielo: clama al cielo que no nos haya llamado todavía** it's disgraceful that he hasn't called us yet; **la decisión del juez clama al cielo** the judge's decision is outrageous

clámide nf HIST chlamys

clamor nm clamour; **un ~ de voces pedía la dimisión del presidente** a chorus of voices called on the president to resign; **hay un ~ popular en favor de la subida de las pensiones** people are clamouring for an increase in pensions

clamoroso, -a adj -1. (victoria, éxito) resounding -2. (protesta, llanto) loud, clamorous -3. (acogida) rapturous

clan nm -1. (tribu, familia) clan -2. (banda) faction

clandestinamente adv clandestinely

clandestinidad nf secrecy; **en la ~** underground; **pasar a la ~** to go underground

clandestino, -a ◇ adj (actividad) clandestine; (publicación, asociación) underground; (inmigrante) illegal
◇ nm,f (persona) illegal immigrant

claque nf -1. (en teatro) claque -2. (camarilla) clique

claqué nm tap dancing

claqueta nf clapperboard

clara nf -1. (de huevo) white -2. Esp (bebida) shandy

claraboya nf skylight

claramente adv clearly

clarasol® nm Méx bleach

clarear ◇ vt to light up
◇ v impersonal **-1.** (amanecer) **empezaba a ~** dawn was breaking **-2.** (despejarse) to clear up, to brighten up; **saldremos cuando clarea** we'll go out when it clears up
◆ **clarearse** vpr (transparentarse) to be see-through; **esta blusa se clarea mucho** you can see right through this blouse

clareo nm (de bosque) clearing

clarete ◇ adj **vino ~** light red wine
◇ nm light red wine

claretiano, -a ◇ adj Claretian
◇ nm Claretian, = member of the Missionary Sons of the Immaculate Heart of Mary, a religious order founded in 1849 by St Antonio Maria Claret

claridad nf **-1.** (del aire, agua) clearness
-2. (luz) light; **una ~ cegadora** a blinding light
-3. (luminosidad) brightness; **una habitación con mucha ~** a very bright room, a room with a lot of light
-4. (de voz, sonido) clarity
-5. (franqueza) candidness; **habló con mucha ~** he was very candid, he spoke very candidly
-6. (lucidez, orden, precisión) clarity; **expresarse con ~** to express oneself clearly; **respondió con ~ a todas las preguntas** she answered all the questions clearly; **ser de una ~ meridiana** to be crystal clear; **las normas fueron definidas con ~ meridiana** the rules were very clearly defined

claridoso, -a adj Méx Fam plain-spoken

clarificación nf clarification

clarificador, -ora adj clarifying

clarificar [59] ◇ vt **-1.** (aclarar) to clarify; (misterio) to clear up **-2.** (purificar) to refine
◆ **clarificarse** vpr (situación) to become clearer

clarín ◇ nm (instrumento) bugle
◇ nmf (persona) bugler

clarinete ◇ nm (instrumento) clarinet
◇ nmf (persona) clarinettist

clarinetista nmf clarinettist

clarisa nf REL nun of the Order of St Clare

clarividencia nf **-1.** (perspicacia) far-sightedness, perception **-2.** (facultad sobrenatural) clairvoyance

clarividente ◇ adj **-1.** (perspicaz) far-sighted, perceptive **-2.** (que predice el futuro) clairvoyant
◇ nmf **-1.** (persona perspicaz) perceptive person **-2.** (persona que predice el futuro) clairvoyant

claro, -a ◇ adj **-1.** (luminoso) bright; **una habitación clara** a bright o light room
-2. (color) light; **verde ~** light green
-3. (sonido) clear; **hablaba con una voz clara** she spoke in a clear voice
-4. (sin nubes) clear; **un día/cielo ~** a clear day/sky
-5. (diluido) (té, café) weak; (salsa, sopa) thin; **no me gusta el chocolate ~** I don't like my hot chocolate thin
-6. (poco tupido) thin, sparse
-7. (persona, explicación, ideas, libro) clear; **hablaba con un lenguaje ~** she spoke in clear terms; **dejar algo ~** to make sth clear; **poner algo en ~** to get sth clear, to clear sth up; **que quede (bien) ~ que no fue idea mía** I want to make it (quite) clear that it wasn't my idea; **sacar algo en ~ (de)** to make sth out (from); **después de escuchar su explicación no saqué nada en ~** after listening to her explanation, I was none the wiser; **tengo ~ que no puedo contar con él** one thing I'm quite sure about is that I can't rely on him, one thing's for sure, I can't rely on him; **verlo ~** (estar seguro) to be sure; EXPR **pasar una noche en ~** to have a sleepless night; EXPR Esp Fam **llevarlo o tenerlo ~: ¡lo lleva o tiene ~ si piensa que le vamos a ayudar!** if he thinks we're going to help him, he can think again!; **si no vienen ellos, lo tenemos ~** if they don't come, we've had it
-8. (obvio, evidente) clear; **el resultado fue ~** the result was clear; **¿está ~? is that** clear?; **está ~ que van a ganar** it's clear they're going to win; **está ~ que te quieren engañar** it's obvious that they are trying to deceive you, they are obviously trying to deceive you; **está ~ o está que si no quieres, no estás obligado a participar** of course o obviously, you're not obliged to participate if you don't want to; **a no ser, ~, que tengas una idea mejor** unless, of course, you have a better idea; EXPR **está más ~ que el agua** it's perfectly o crystal clear; **allí no vuelvo, eso está más ~ que el agua** I'm not going there again, that's for certain
◇ nm **-1.** (en bosque) clearing; (en multitud) space, gap; **vi un ~ en la fila** I saw a gap in the row
-2. (en cielo nublado) break in the clouds; **se esperan nubes y claros** it will be cloudy with some bright spells; **en cuanto haya un ~ salimos** we'll go out as soon as it brightens up
-3. (calvicie, calva) bald patch
-4. (en pintura) highlight
-5. ARQUIT skylight
-6. **~ de luna** moonlight
◇ adv clearly; **hablar ~** to speak clearly; **dilo ~, ¿te interesa o no?** tell me straight, are you interested or not?; **¡~!** of course!; **¡~ que sí!, ¡pues ~!** of course!; **¡~ que no!** of course not!; **¡~ que me gusta!** of course I like it!; Irónico **¿me ayudarás? – ~, no pensaba en otra cosa** will you help me? – oh sure, I wouldn't dream of doing anything else; Irónico **ve tú primero – ~, así si hay algún agujero me caigo yo** you go first – oh great o thanks a lot, that way if there's a hole I'll be the one to fall into it; **~, con un jugador más ya se puede** of course, with an extra player it's hardly surprising; **la obra no tuvo éxito, ~ que conociendo al director no me sorprende** the play wasn't a success, but then again that's hardly surprising knowing the director
◇ loc adv **a las claras** clearly

claroscuro nm chiaroscuro

clase nf **-1.** (grupo, categoría) class; **de primera ~** first-class; **de segunda ~** second-class; **una mercancía de primera ~** a first-class o top-class product
-2. (en medio de transporte) class; **primera/segunda ~** first/second class; **viajar en primera/segunda ~** to travel first/second class ❑ **~ económica** economy class; **~ ejecutiva** business class; **~ preferente** club class; Andes **~ salón** (en tren) first class; **~ turista** tourist class
-3. (grupo social, profesional, institucional) class; **la ~ médica** the medical profession; **la ~ política** the political class, politicians ❑ **~ alta** upper class; **~ baja** lower class; **la ~ dirigente** the ruling class; **~ media** middle class; **~ media alta** upper middle class; **~ media baja** lower middle class; **~ obrera** working class; **~ ociosa** the idle classes; **clases pasivas** = pensioners and people on benefit; **~ social** social class; **~ trabajadora** working class
-4. (tipo) sort, kind; **no me gusta esa ~ de bromas** I don't like that kind of joke; **toda ~ de** all sorts o kinds of; **os deseamos toda ~ de felicidad** we wish you every happiness; **de toda ~** of all sorts o kinds; **sin ninguna ~ de dudas** without a (shadow of a) doubt
-5. ZOOL class
-6. LING class
-7. (asignatura, lección) (en colegio) class; (en universidad) lecture; **una ~ de historia** a history class/lecture; **iremos al cine después de ~** (en colegio) we're going to the cinema after school; (en universidad) we're going to the cinema after class; **me voy a ~, nos veremos luego** I'm going to my lecture, see you later; **el profesor no le puede recibir ahora, está en ~** the teacher can't see you now, he's teaching o he's giving a class; **dar clases** (en colegio) to teach; (en universidad) to lecture; **da clases de español a un grupo de franceses** she teaches Spanish to a group of French people; **doy ~ con el Sr. Vega** Mr Vega is my teacher; **faltar a ~** to miss school; **faltó una semana a ~ por enfermedad** she was off school for a week because she was ill; **hoy tengo ~** (en colegio) I have to go to school today; (en universidad) I've got lectures today ❑ Esp **clases de conducir** driving lessons; **~ magistral** lecture; Am **clases de manejar** driving lessons; **~ nocturna** evening class; **clases particulares** private tuition; **clases de recuperación** = extra lessons for pupils who have failed their exams
-8. (alumnos) class; **me encontré a una compañera de ~** I met a classmate
-9. (aula) (en colegio) classroom; (en universidad) lecture room o hall
-10. (estilo) **tener ~** to have class; **una mujer con mucha ~** a very classy woman; **con ese gol demostró su ~** he showed his class with that goal

clasemediero, -a Méx ◇ adj middle-class
◇ nm,f middle-class person

clásica nf **-1.** DEP (carrera) classic **-2.** EDUC **clásicas** classics **-3.** ver también **clásico**

clasicismo nm **-1.** (en arte, literatura) classicism **-2.** (carácter de obra, autor) classical nature

clasicista ◇ adj classicist
◇ nmf classicist

clásico, -a ◇ adj **-1.** (de la Antigüedad) classical; **lenguas clásicas** classical languages **-2.** (ejemplar, prototípico) classic **-3.** (peinado, estilo) classical; **tiene unos gustos muy clásicos** she has very classical tastes **-4.** (música) classical **-5.** (habitual) customary; **es muy ~ en estos casos** it's very typical in these cases **-6.** (peculiar) **~ de** typical of
◇ nm **-1.** (escritor, músico) classic **-2.** (obra) classic; **un ~ de la música moderna** a classic of modern music **-3.** Am DEP big game

clasificación nf **-1.** (ordenación) classification ❑ ECON **~ de solvencia** credit rating
-2. (de animal, planta) classification
-3. (de película) classification
-4. DEP (lista) (en liga) (league) table; (en carrera, torneo) classification; **encabezar la ~** (en liga) to be at the top of the league; (en carrera, torneo) to lead the classification ❑ **~ combinada** combined event; **~ por equipos** team classification; **~ general** (general) classification; **~ de la regularidad** points classification
-5. DEP (para competición) qualification; **no consiguieron lograr la ~ para las semifinales** they didn't manage to qualify for the semifinals

clasificado nm Am classified ad

clasificador, -ora ◇ adj classifying
◇ nm (mueble) filing cabinet

clasificadora nf (máquina) sorter

clasificar [59] ◇ vt **-1.** (datos, documentos) to classify; **~ algo por orden alfabético** to put sth in(to) alphabetical order
-2. (animal, planta) to classify
-3. (película) to certificate; **una película clasificada para mayores de 18 años** a film with an "18" certificate
-4. DEP (para competición) **~ a alguien** to enable o allow sb to qualify; **sólo la victoria clasificaría al equipo** the team needed to win to qualify
◇ vi Am DEP to qualify (**para** for)
◆ **clasificarse** vpr **-1.** DEP (ganar acceso) to qualify (**para** for); **se clasifican sólo los dos primeros** only the first two qualify; **nos hemos clasificado para los cuartos de final** we've got through to o qualified for the quarterfinals
-2. DEP (llegar) **se clasificó en segundo lugar** she came second

clasificatorio, -a adj qualifying

clasismo nm class discrimination

clasista ◇ adj class-conscious; Pey snobbish
◇ nmf class-conscious person; Pey snob

claudia adj **ciruela ~** greengage

claudicación nf (cesión, rendición) capitulation, surrender; **el acuerdo representa la ~ de todos sus principios** the agreement represents a complete abandonment of all his principles

claudicar [59] vi (ceder, rendirse) to capitulate, to give up; **nunca claudicó de sus ideas** she never renounced her ideas; **se niegan a ~ ante el chantaje** they refuse to give in to blackmail

Claudio n pr Claudius

claustral ◇ adj -1. (del claustro conventual) **la restauración ~** the restoration of the cloisters; **la vida ~** (de monjes) monastic life; (de monjas) convent life -2. (del claustro universitario) senate; **elecciones claustrales** elections to the senate
◇ nmf member of the senate

claustro nm -1. (de convento) cloister -2. (en universidad) senate -3. (en instituto, colegio) (profesores) teaching staff, US faculty; (reunión) ≃ staff meeting, US faculty meeting -4. **~ materno** (matriz) womb

claustrofobia nf claustrophobia; **en los ascensores me entra ~** I get claustrophobia o claustrophobic in Br lifts o US elevators

claustrofóbico, -a adj claustrophobic

cláusula nf -1. (acto solemne) clause ❑ COM **~ escala móvil** (de salarios) escalator clause; **~ de escape** escape clause, get-out clause; ECON **de nación más favorecida** most-favoured nation clause; COM **~ de penalización** penalty clause; **~ de rescisión (de contrato)** (en fútbol) = buy-out clause in footballer's contract; COM **~ de salvaguardia** escape clause, get-out clause
-2. GRAM clause; **una ~ de relativo** a relative clause

clausura nf -1. (acto solemne) closing ceremony; **ceremonia de ~** closing ceremony; **el presidente pronunció el discurso de ~** the president gave the closing speech -2. (cierre) closing down, closure; **el ayuntamiento ordenó la ~ de varias discotecas** the council ordered the closing down o closure of several discotheques -3. (aislamiento) enclosed life, enclosure; **convento/monja de ~** convent/nun of an enclosed order

clausurar vt -1. (acto) to close, to conclude; **el concierto clausuró el festival** the concert closed the festival o brought the festival to a close; **el Premio Nobel clausuró el congreso** the Nobel prizewinner closed the conference -2. (local) to close down; **las autoridades clausuraron el estadio por dos encuentros** the authorities closed the stadium for two matches

clava nf (porra) club, cudgel

clavada nf Esp Fam (precio abusivo) rip-off; **me pegaron una ~ por este disco** they charged me way too much o Br well over the odds for this record

clavadista nmf CAm, Méx diver

clavado, -a adj -1. (con clavos) nailed
-2. Fam (en punto) **a las cuatro clavadas** at four o'clock on the dot; **llegaron clavados a la hora** they arrived (right) on the dot
-3. (parecido) almost identical; **es clavada a su madre** she's the spitting image of her mother; **esos zapatos son clavados a los que te regalé yo** those shoes are virtually identical to the ones I gave you
-4. (fijo) fixed; **tenía la vista clavada en la torre** his eyes were fixed on the tower; **el exhausto corredor se quedó ~ a 100 metros de la meta** the exhausted runner stopped dead 100 metres from the finishing line

clavar ◇ vt -1. (clavo, estaca) to drive (**en** into); (cuchillo) to thrust (**en** into); (chincheta, alfiler) to stick (**en** into); **le clavó los dientes en la oreja** she sank her teeth into his ear
-2. (letrero, placa) to nail, to fix; **clavó la suela de la bota** he nailed on the sole of the boot
-3. (mirada, atención) to fix, to rivet; **~ los ojos en** to stare at; **clavó su mirada en la de ella** he stared at her right in the eyes
-4. Fam (cobrar) **me han clavado 50 euros** they stung me for 50 euros; **en esa tienda te clavan** they charge you an arm and a leg in that shop
-5. RP,Ven muy Fam (copular con) to do it with, Br to have it off with
◇ vi RP,Ven muy Fam (copular) to do it, Br to have it off

◆ **clavarse** vpr -1. (hincarse) **me clavé una astilla en el pie** I got a splinter in my foot; **me clavé una chincheta en el dedo** I got a Br drawing pin o US thumbtack in my finger; **se clavó con un alfiler** he stuck a pin into himself
-2. Méx Fam (dedicarse intensamente) **clavarse a estudiar** to study hard
-3. Méx Fam **clavarse de alguien** (enamorarse) to fall head over heels in love with sb
-4. RP Fam (estar confinado) **clavarse en casa** to be stuck at home
-5. RP Fam (decepcionarse) **anoche nos clavamos con esa película** that movie we saw last night was a dead loss o a real turkey
-6. RP muy Fam (hacer el amor) **clavarse a alguien** to do it with sb, Br to have it off with sb

clave ◇ adj inv (fundamental, esencial) key; **es una fecha ~ para la empresa** it's a crucial date for the company; **el factor ~ de la política económica** the key factor in economic policy
◇ nm MÚS harpsichord
◇ nf -1. (código) code; **en ~** in code; **nos mandaron los mensajes en ~** they sent us the messages in code, they sent us coded messages ❑ **~ de acceso** access code
-2. (de sistema informático) password; (de caja fuerte) combination
-3. (solución) key; **la ~ del éxito está en una buena planificación** the key to success is good planning
-4. (interpretación) **un estudio en ~ política de la situación** a study of the situation from a political standpoint; **interpreta la obra en ~ sociológica** she interprets the work from a sociological point of view o perspective; **analiza en ~ de humor la realidad del país** he puts a humorous slant on his analysis of the country's situation
-5. MÚS clef ❑ **~ de fa** bass clef; **~ de sol** treble clef
-6. ARQUIT keystone

clavecín nm spinet

clavel nm carnation

clavelito nm sweet william

clavellina nf small carnation, pink

clavelón nm Aztec marigold

clavero nm (árbol) clove tree

clavete nm MÚS plectrum

claveteado nm studding

clavetear vt -1. (adornar con clavos) to stud (with nails) -2. (poner clavos en) to nail (roughly)

clavicémbalo nm harpsichord

clavicordio nm clavichord

clavícula nf collarbone, Espec clavicle

clavicular adj (lesión, fractura) of the collarbone, Espec clavicular

clavija nf -1. (de enchufe) pin; (de auriculares, teléfono) jack; EXPR **apretar las clavijas a alguien** to put the screws on sb -2. MÚS peg

clavijero nm -1. MÚS pegbox -2. (percha) clothes hook o peg -3. AGR clevis -4. ELEC plug

clavillo nm pin, pivot (of scissors, fan)

clavo nm -1. (pieza metálica) nail; EXPR Fam **agarrarse a un ~ ardiendo: Julián se agarra a su novia como a un ~ ardiendo** Julian clings to his girlfriend as if he were terrified of losing her; **está tan desesperado por encontrar trabajo que se agarraría a un ~ ardiendo** he's so desperate to find work he'd take on anything; EXPR **como un ~: estaré allí como un ~** I'll be there on the dot; **me extraña que no haya llegado, normalmente es como un ~** it's strange that she hasn't arrived yet, she's normally here on the dot; EXPR Fam **dar en el ~** to hit the nail on the head; EXPR **un ~ saca otro ~** new cares/pleasures drive old ones away; EXPR Fam **el nuevo compañero no pega ni ~** the new guy doesn't do a stroke of work; EXPR Fam **llevas tres meses sin pegar ni ~** you haven't done a thing for three months; EXPR Fam **no tener ni un ~, estar sin un ~** (estar arruinado) to be flat broke
-2. MED (para huesos) pin
-3. (especia) clove
-4. (callo) corn
-5. Fam (precio abusivo) rip-off

claxon (pl **cláxones**) nm horn; **tocar el ~** to sound the horn

clemátide nf traveller's joy

clembuterol nm clenbuterol

clemencia nf mercy, clemency; **actuar con ~** to show mercy, to be merciful; **suplicar ~** to beg for mercy

clemente adj (persona) merciful, clement; (invierno) mild

clementina nf clementine

Cleopatra n pr Cleopatra

clepsidra nf water clock

cleptomanía nf kleptomania

cleptomaníaco, -a, cleptomaniaco, -a nm,f kleptomaniac

cleptómano, -a nm,f kleptomaniac

clerecía nf -1. (clero) clergy -2. (oficio) priesthood

clerical ◇ adj clerical
◇ nmf clericalist

clericalismo nm clericalism

clericó nm RP = drink made of white wine and fruit

clérigo, -a nm (católico) priest
◇ nm,f (anglicano) clergyman, f clergywoman

clero nm clergy ❑ **~ regular** regular clergy (belonging to religious orders); **~ secular** secular clergy

clic, click (pl **clics, clicks**) nm INFORMÁT click; **hacer ~** to click; **hacer doble ~** to double-click

clicar INFORMÁT ◇ vt to click on
◇ vi to click

cliché nm -1. FOT negative -2. IMPRENTA plate -3. (tópico) cliché

click = clic

cliente, -a ◇ nm,f (de tienda, garaje, bar) customer; (de banco, abogado) client; (de hotel) guest; **perder/ganar un ~** to lose/gain a customer/client; **un ~ habitual** a regular customer/client/guest; **el ~ siempre tiene razón** the customer is always right
◇ nm INFORMÁT client

clientela nf (de tienda, garaje) customers; (de banco, abogado) clients; (de hotel) guests; (de bar, restaurante) clientele

clientelismo nm POL = practice of giving preferential treatment to a particular interest group in exchange for its support

clima nm -1. (atmosférico) climate ❑ **~ de alta montaña** high mountain climate; **~ árido** arid climate; **~ continental** continental climate; **~ desértico** desert climate; **~ ecuatorial** equatorial climate; **~ marítimo** maritime climate; **~ mediterráneo** Mediterranean climate; **~ de montaña** mountain climate; **~ polar** polar climate; **~ subtropical** subtropical climate; **~ tropical** tropical climate
-2. (ambiente) atmosphere; **las negociaciones se desarrollaron en un ~ de distensión** the talks took place in a relaxed atmosphere; **un ~ de nerviosismo dominó la reunión** there was a tense atmosphere throughout the meeting; **se detecta un ~ de euforia** there is a palpable mood of euphoria

climatérico, -a adj **el periodo ~ de la mujer** the female menopause

climaterio nm menopause

climático, -a adj climatic

climatización nf air conditioning

climatizado, -a adj air-conditioned; **piscina climatizada** heated swimming pool

climatizador nm AUT air-conditioning unit, climate control system; **un coche con ~** a car with air-conditioning o climate control

climatizar [14] vt to air-condition

climatología nf -1. *(ciencia)* climatology -2. *(tiempo)* climate

climatológico, -a adj climatological

clímax nm inv climax

clínic nm DEP *(reunión)* clinic

clínica nf -1. *(hospital)* clinic ❑ **~ de adelgazamiento** slimming clinic; **~ capilar** hair restoration clinic; **~ dental** dental surgery; **~ de estética** cosmetic surgery clinic; **~ oftalmológica** eye clinic; **~ psiquiátrica** psychiatric hospital; **~ veterinaria** veterinary surgery -2. *(especialidad)* clinical medicine -3. MED *(síntomas)* symptoms -4. *ver también* **clínico**

clínicamente adv clinically; **~ muerto** clinically dead

clínico, -a ◇ adj clinical; **análisis ~** (clinical) test; **caso ~** symptoms; **historial ~** medical o case history
◇ nm,f *(médico)* doctor; RP *(médico general)* general practitioner
◇ nm *(hospital)* teaching hospital

clip *(pl* **clips**) nm -1. *(para papel)* paperclip -2. *(para el pelo)* hairclip -3. *(cierre)* fastener; **pendientes de ~** clip-on earrings -4. *(videoclip)* (pop) video

clíper *(pl* **clípers**) nm -1. *(avión)* clipper -2. *(barco)* clipper

clisé nm -1. FOT negative -2. IMPRENTA plate -3. *(tópico)* cliché

clítico, -a adj LING clitic

clitoriano, -a, clitoridiano, -a adj clitoral

clitoridectomía nf clitoridectomy

clitoridiano = **clitoriano**

clítoris nm inv clitoris

Cll Col *(abrev de* **calle**) St

cloaca nf -1. *(alcantarilla)* sewer -2. *(lugar sucio)* pigsty; **esta habitación es una ~** this room is a pigsty o tip -3. ZOOL cloaca

clocar [67] vi to cluck

cloch, cloche *(pl* **cloches**) nm Méx, Ven clutch

clon nm -1. BIOL clone -2. *Fam (imitador)* clone

clonación nf cloning

clonar vt to clone

clónico, -a ◇ adj cloned
◇ nm INFORMÁT *(ordenador)* clone

cloquear vi to cluck

cloración nf chlorination

clorado, -a adj chlorinated

cloral nm QUÍM chloral

clorar vt to chlorinate

clorato nm QUÍM chlorate

clorhidrato nm QUÍM hydrochlorate

clorhídrico adj QUÍM **ácido ~** hydrochloric acid

clórico, -a adj QUÍM chloric

cloro nm -1. QUÍM chlorine -2. CAm, Chile, Méx *(lejía)* bleach

clorofila nf chlorophyll

clorofluorcarbono, clorofluorocarbono nm chlorofluorocarbon

cloroformizar [14], Am **cloroformar** vt to chloroform

cloroformo nm chloroform

cloroplasto nm BOT chloroplast

cloruro nm QUÍM chloride ❑ **~ de cal** bleaching powder; **~ de hidrógeno** hydrogen chloride; **~ de polivinilo** polyvinyl chloride; **~ potásico** potassium chloride; **~ sódico** sodium chloride; **~ de sodio** sodium chloride

clóset *(pl* **clósets**) nm Am fitted cupboard

clown ['klaun, 'kloun] *(pl* **clowns**) nm clown

club *(pl* **clubs** o **clubes**) nm -1. *(sociedad)* club ❑ **~ deportivo** sports club; **~ de fans** fan club; **~ de fútbol** football o Br soccer club; **~ de golf** golf club; **~ juvenil** youth club; **~ náutico** yacht club; **~ de tenis** tennis club -2. *(local social)* club -3. **~ nocturno** nightclub

clueca adj broody

clueque etc ver **clocar**

cluniacense ◇ adj Cluniac; **monasterio ~** Cluniac monastery
◇ nm Cluniac monk

cluster nm INFORMÁT cluster

clutch ['klutʃ] *(pl* **clutches**) nm CAm, Carib, Méx clutch

cm *(abrev de* **centímetro**) cm

CMAN IMPRENTA *(abrev de* **Cián Magenta Amarillo Negro**) CMYK

CMYK IMPRENTA *(abrev de* **Cyan Magenta Yellow Black**) CMYK

CNMV nf Esp FIN *(abrev de* **Comisión Nacional del Mercado de Valores**) Br ≃ SIB, US ≃ SEC

CNT nf *(abrev de* **Confederación Nacional del Trabajo**) = Spanish anarchist trade union federation created in 1911

CNUMAD nf *(abrev de* **Conferencia de las Naciones Unidas sobre el Medio Ambiente y el Desarrollo**) UNCED

CNV nf Arg FIN *(abrev de* **Comisión Nacional de Valores**) Br ≃ SIB, US ≃ SEC

Co. *(abrev de* **compañía**) Co.

coa nf -1. Méx, Pan, Ven *(apero)* hoe -2. Chile *(argot carcelero)* prison slang

coacción nf coercion; **actuaron bajo ~** they were acting under duress, they were coerced into it

coaccionar vt to coerce; **nos coaccionaron para que aceptáramos** they forced o coerced us into accepting

coactivo, -a adj coercive

coadjutor, -ora ◇ adj coadjutant
◇ nm,f coadjutor

coadyuvante adj helping, assisting

coadyuvar vi Formal **~ en algo/a hacer algo** to contribute to sth/to doing sth

coagulación nf clotting, coagulation

coagulante ◇ adj clotting
◇ nm clotting agent

coagular ◇ vt *(sangre)* to clot, to coagulate; *(líquido)* to coagulate
◆ **coagularse** vpr *(sangre)* to clot; *(líquido)* to coagulate

coágulo nm clot

coahuilense ◇ adj of/from Coahuila *(Mexico)*
◇ nmf person from Coahuila *(Mexico)*

coalescencia nf coalescence

coalición nf coalition; **formar (una) ~ con** to form a coalition with

coaligar [38] ◇ vt to ally, to unite
◆ **coaligarse** vpr to unite, to join together

coandú nm tree porcupine, prehensile-tailed porcupine

coartada nf alibi

coartar vt to limit, to restrict

coaseguro nm coinsurance

coatí *(pl* **coatís** o **coatíes**) nm *(animal)* coati

coautor, -ora nm,f coauthor

coaxial adj coaxial

coba nf Esp, Méx Fam *(halago)* flattery; **dar ~ a alguien** *(hacer la pelota)* to suck up o crawl to sb; *(aplacar)* to soft-soap sb

cobalto nm QUÍM cobalt

cobarde ◇ adj cowardly
◇ nmf coward

cobardía nf cowardice

cobardica Fam ◇ adj **no seas ~** don't be a scaredy-cat
◇ nmf scaredy-cat

cobaya nmf también Fig guinea pig

cobertera nf -1. *(cubierta, tapa)* lid -2. *(planta)* white water lily

cobertizo nm -1. *(tejado adosado)* lean-to -2. *(caseta)* shed

cobertor nm bedspread

cobertura nf -1. *(cubierta)* cover; **una tarta con ~ de chocolate** a cake with chocolate Br icing o US frosting
-2. *(amparo)* **los acusaron de dar ~ a un delincuente** they were accused of covering for a criminal; **aquel negocio servía de ~ para el blanqueo de dinero** that business was a front o cover for money laundering
-3. *(de un servicio)* coverage; **mi teléfono móvil no tiene ~ aquí** my mobile network doesn't cover this area; **~ nacional/regional** national/regional coverage; **miles de parados sin ~ social** thousands of unemployed people who are not receiving benefit ❑ **~ informativa** news o media coverage; **~ periodística** press coverage; **~ sanitaria** health cover
-4. *(de un seguro)* cover
-5. FIN security; **~ para un crédito/una hipoteca** security for a loan/a mortgage

cobija nf -1. Am *(manta)* blanket -2. PRico *(techo)* = roof made from thatched palm leaves

cobijar ◇ vt -1. *(albergar)* to house -2. *(proteger)* to shelter -3. PRico *(techar)* to thatch
◆ **cobijarse** vpr to shelter, to take shelter; **se cobijaron debajo de un árbol** they took shelter o sheltered under a tree

cobijo nm -1. *(refugio)* shelter -2. *(protección)* protection, shelter; **dar ~ a alguien** to give shelter to sb, to take sb in

cobista nmf Fam creep

COBOL, Cobol nm INFORMÁT COBOL, Cobol

cobra nf cobra ❑ **~ real** king cobra

cobrable adj cashable

cobrador, -ora nm,f -1. *(de autobús)* conductor, f conductress -2. *(de deudas, recibos)* collector ❑ **~ de morosos** debt collector

cobranza nf *(de pago)* collection

cobrar ◇ vt -1. COM *(dinero)* to charge; *(cheque)* to cash; *(deuda)* to collect; **cantidades por ~** amounts due; **¿me cobra, por favor?** how much do I owe you?; **nos cobra 1.000 euros de alquiler al mes** she charges us 1,000 euros rent a month, we pay her 1,000 euros rent a month; **cobran 10 euros por página** they charge 10 euros per page; **te cobrarán un mínimo de 10 euros por arreglarte los zapatos** it'll cost you at least 10 euros to get your shoes mended; **me cobró 1.000 pesos de más** he overcharged me by 1,000 pesos; **me cobraron 200 pesos de menos** they undercharged me by 200 pesos; **nos cobró por adelantado** we had to pay her in advance; **no me cobraron el IVA** they didn't charge me Br VAT o US ≃ sales tax; **cóbrelo todo junto** put it all together, we'll pay for it all together; **no nos cobró la mano de obra** he didn't charge us for labour; **le cobrarán en aquella ventanilla** you can pay at that counter over there; **el lechero vino a ~ la factura mensual** the milkman came with the monthly bill
-2. *(un sueldo)* to earn, to be paid; **cobra un millón al año** she earns a million a year; **en junio cobraremos una prima** we'll be paid a bonus in June; **cobro mi pensión por el banco** my pension is paid straight into the bank; **está cobrando el paro** he's receiving unemployment benefit; **sobrevive cobrando diferentes subsidios** she lives by claiming a number of different benefits; **tengo que ir a ~ la jubilación** I have to go and draw my pension; **no cobro nada, lo hago porque me gusta** I don't get paid for it, I do it because I enjoy it
-3. *(adquirir)* to take on, to acquire; **con su último disco ha cobrado fama universal** with her latest record she has achieved worldwide fame o she has become a household name; **cada día cobran más importancia los temas medioambientales** the environment is an issue which is becoming more and more important o which is gaining in importance; **cobró aliento y prosiguió la marcha** he paused to get his breath back and continued walking; **~ velocidad** to gather o gain speed
-4. *(sentir)* **cobrarle afecto** o **cariño a algo/alguien** to take a liking to sth/sb; **le cobró miedo al perro y no se atrevió a acercársele** she got scared of the dog and didn't dare go near it
-5. *(recuperar)* to retrieve, to recover; **las tropas cobraron el aeropuerto** the troops regained control of the airport
-6. *(en caza)* *(matar a tiros)* to shoot; *(recoger)* to retrieve, to fetch; **cobraron doscientas**

cobre aves en un solo día they came back with two hundred birds in just one day -**7.** *CSur (señalar)* **el juez cobró penal/falta** the referee gave a penalty/foul

◇ *vi* -**1.** *(en el trabajo)* to get paid; **cobrarás el día 5 de cada mes** you'll be paid on the 5th of every month; **llevan un año sin ~** they haven't had any wages for a year; **~ en efectivo** to be *o* get paid (in) cash

-**2.** *Fam (recibir una paliza)* **¡vas a ~!** you'll catch it!; **el niño cobró por portarse mal** the child got a beating for being naughty

◆ **cobrarse** *vpr* -**1.** *(causar)* **el accidente se cobró nueve vidas** nine people were killed in the crash; **el terremoto se cobró una elevada cantidad de muertos** there was a high death toll as a result of the earthquake

-**2.** *(consumición)* **cóbrese un café, ¿se cobra un café?** could I have the *Br* bill *o US* check, please? I had a coffee

cobre *nm* QUÍM copper; EXPR *Am Fam* **no tener un ~** to be flat broke

cobrizo, -a *adj (pelo, piel)* copper

cobro *nm (de talón)* cashing; *(de pago)* collection; **llamar a ~ revertido a alguien** *Br* to make a reverse-charge call to sb, *US* to call sb collect □ **~ de comisiones** *(delito)* acceptance of bribes *o* (illegal) commissions

coca *nf* -**1.** *(planta)* coca -**2.** *Fam (cocaína)* coke -**3.** *Col (boliche)* cup and ball

cocacho *Andes* ◇ *adj (frijol)* hard
◇ *nm* rap *o* blow on the head

Coca-Cola® *nf* Coca-Cola®, Coke®

cocada *nf* -**1.** *CAm, Carib (galleta)* = *Br* biscuit *o US* cookie made with shredded coconut -**2.** *Méx (postre)* coconut custard

cocaína *nf* cocaine

cocainismo *nm* cocaine addiction

cocainomanía *nf* cocaine addiction

cocainómano, -a *nm,f* cocaine addict

cocal *nm* -**1.** *Am (cocotal)* coconut grove -**2.** *Perú (plantación de coca)* coca plantation

cocalero, -a *Bol, Perú* ◇ *adj* **región cocalera** coca-producing area; **productor ~** coca farmer *o* producer
◇ *nm,f* coca farmer *o* producer

cocción *nf* -**1.** *(de alimentos)* cooking; *(en agua)* boiling; *(en horno)* baking -**2.** *(de cerámica, ladrillos)* firing

cóccix *nm inv* coccyx

cocear *vi* to kick

cocedero *nm* **~ (de marisco)** seafood restaurant

cocer [15] ◇ *vt* -**1.** *(alimentos) (cocinar)* to cook; *(hervir)* to boil; *(en horno)* to bake
-**2.** *(cerámica, ladrillos)* to fire

◆ **cocerse** *vpr* -**1.** *(alimentos) (cocinar)* to cook; *(hervir)* to boil; *(en horno)* to bake; **esa pasta tarda diez minutos en cocerse** this pasta cooks in ten minutes, this pasta takes ten minutes to cook
-**2.** *Fam (achicharrarse)* to be boiling *o* roasting; **me estoy cociendo (de calor)** I'm boiling *o* roasting
-**3.** *Fam (tramarse)* **me parece que se está cociendo algo gordo** I think something really big is brewing; **¿qué se cuece por aquí?** what's cooking?, what's going on here?
-**4.** *Fam (emborracharse)* to get plastered

cocha *nf* -**1.** *Perú (pampa)* pampa, plain -**2.** *Andes (charco)* pool

cochabambino, -a ◇ *adj* of/from Cochabamba (Bolivia)
◇ *nm,f* person from Cochabamba (Bolivia)

cochambre *nf Fam* -**1.** *(suciedad)* filth; **la habitación está llena de ~** the room is absolutely filthy -**2.** *(cosa de mala calidad)* *Br* rubbish, *US* garbage; **una ~ de moto** a useless bike

cochambroso, -a *adj Fam* filthy

cochayuyo *nm Chile, Perú* seaweed

coche *nm* -**1.** *(automóvil)* car, *US* automobile; **ir en ~** *(montado)* to go by car; *(conduciendo)* to drive; **no me gusta ir en ~ al centro** I prefer not to drive into town; **viajar en ~** to travel by car; EXPR *Fam* **ir en el ~ de San Fernando** to go on *o* by Shanks's *Br* pony *o US* mare □ **~ de alquiler** hire car; **~ antiguo** *(de antes de 1930)* vintage car; *(más moderno)* classic car; **~ automático** automatic; **~ bomba** car bomb; **~ de bomberos** fire engine, *US* fire truck; **~ de carreras** racing car; **~ celular** police van; **coches de choque** Dodgems®, bumper cars; **~ deportivo** sports car; **~ eléctrico** electric car; **~ de empresa** company car; **~ de época** *(de antes de 1930)* vintage car; *(más moderno)* classic car; **~ escoba** *(en carrera)* sweeper van; **~ familiar** estate car; **~ fúnebre** hearse; **~ grúa** *Br* breakdown truck, *US* tow truck; **~ patrulla** patrol car; **~ de policía** police car
-**2.** *(autobús)* bus □ **~ de línea** bus *(between towns)*
-**3.** *(de caballos)* carriage
-**4.** *(de niño) Br* pram, *US* baby carriage
-**5.** *(de tren)* coach, *Br* carriage, *US* car □ **~ cama** sleeping car, sleeper; **~ restaurante** restaurant *o* dining car

cochecito *nm (de niño) Br* pram, *US* baby carriage

cochera *nf* -**1.** *(de autobuses, tranvías)* depot -**2.** *Am (garaje)* garage

cochería *nf Arg* undertaker's, *US* mortician's, funeral parlour *o US* home

cochero *nm* coachman

cochifrito *nm (de cabrito)* kid stew; *(de cordero)* lamb stew

cochinada *nf* -**1.** *(cosa sucia)* filthy thing; **es una ~** it's filthy; **hacer cochinadas** *(porquerías)* to be disgusting -**2.** *(grosería)* dirty word; **decir cochinadas** to use foul language; **hacer cochinadas** *(sexuales)* to be naughty; **esa revista es una ~** that magazine is disgusting *o* filthy -**3.** *(mala jugada)* dirty trick; **hacer una ~ a alguien** to play a dirty trick on sb

cochinilla *nf* -**1.** *(crustáceo)* woodlouse -**2.** *(insecto)* cochineal

cochinillo *nm* suckling pig

cochino, -a ◇ *adj* -**1.** *(sucio)* filthy -**2.** *(grosero) (chiste, revista)* dirty, filthy -**3.** *Fam (malintencionado)* dirty -**4.** *Fam (maldito)* lousy, blasted; **eso es envidia cochina** it's sheer jealousy; **¿por qué no dejas de una vez los cochinos cigarrillos?** why don't you just give up those blasted cigarettes once and for all?
◇ *nm,f* -**1.** *(animal)* pig, *f* sow -**2.** *(persona sucia)* dirty *o* filthy pig -**3.** *(persona grosera)* dirty *o* filthy pig -**4.** *(persona malintencionada)* swine
◇ *nm Cuba (pez)* triggerfish

cochiquera *nf Fam* pigsty

cocho *nm Chile (maíz)* = mixture of corn meal and carob

cocido, -a ◇ *adj* -**1.** *(alimentos)* cooked; *(hervido)* boiled -**2.** *(barro)* fired -**3.** *Esp Fam (borracho) Br* pissed, *US* loaded; **iba completamente ~** *Br* he was pissed as a newt, *US* he was totally loaded
◇ *nm* stew □ **~ madrileño** = chickpea stew, containing meat, sausage and potatoes

cociente *nm* quotient □ **~ intelectual** IQ, intelligence quotient

cocimiento *nm (cocción)* cooking; *(en horno)* baking

cocina *nf* -**1.** *(habitación)* kitchen; **muebles/utensilios de ~** kitchen furniture/utensils
-**2.** *(electrodoméstico)* cooker, stove □ **~ eléctrica** electric cooker; **~ de gas** gas cooker
-**3.** *(arte)* cooking; **~ española/mexicana** Spanish/Mexican cuisine *o* cooking; **clase de ~** cookery class; **libro de ~** cookery book, cookbook □ **~ casera** home cooking; **~ de mercado** = cooking using fresh market produce; **~ rápida** fast food; **el microondas hace más fácil la ~ rápida** the microwave makes it easier to prepare food quickly

cocinar ◇ *vt* to cook
◇ *vi* to cook; **le encanta ~** he loves cooking

◆ **cocinarse** *vpr* -**1.** *(alimentos)* to cook -**2.** *(tramarse)* **¿qué se cocina por aquí?** what's cooking?, what's going on here?

cocinero, -a *nm,f* cook; EXPR **ha sido ~ antes que fraile** he's got experience on the subject

cocinilla *nf* ◇ *(infiernillo)* portable *o* camp stove
◇ *nm Fam (persona)* **es un ~** he's great in the kitchen

cocker ['koker] *(pl* **cockers***) nm* cocker spaniel

coclea *nf* ANAT cochlea

coclearia *nf* scurvy grass

coco *nm* -**1.** *(fruto)* coconut
-**2.** *Fam (cabeza)* nut, head; **ese chico está mal del ~** that boy is soft *o* isn't right in the head; **por más vueltas que le doy al ~ no consigo entenderlo** I've *Br* racked *o US* cudgeled my brains, but I still can't understand it; EXPR *Fam* **comer el ~: le están comiendo el ~ para que les ayude** they're going on at him to help them; *Fam* **no te comas el ~, no ha sido él** don't worry yourself about it, it wasn't him; EXPR *Fam* **tener mucho ~** *(ser inteligente)* to be really brainy
-**3.** *Fam (fantasma)* bogeyman; **si no te portas bien vendrá el ~** if you're not good, the bogeyman will come and get you
-**4.** *Fam (persona fea)* ugly person; **es un ~ de chico** he's an ugly devil
-**5.** BIOL *(bacteria)* coccus
-**6.** *Cuba (ave)* white ibis
-**7.** *CSur muy Fam* **cocos** *(testículos)* balls; EXPR **romper los cocos** *(molestar)* to be a pain in the *Br* arse *o US* butt

cocoa *nf Am* cocoa (powder)

cocobolo *nm* rosewood (tree)

cococha *nf* = fleshy underside of the head of a cod or hake, considered a delicacy

cocodrilo *nm* crocodile

cocol *nm Méx* -**1.** *(pan)* = sweet bun covered in sesame seeds and flavoured with aniseed
-**2.** *Fam (muy mal)* awful, terrible; **¿cómo estuvo el viaje? – del ~** how was your trip? – it was awful *o* terrible

cocoliche *nm RP Fam* = pidgin Spanish spoken by Italian immigrants

Cocopa *nf (abrev de* **Comisión de Concordia y Pacificación***)* = congressional commission set up by the Mexican government to negotiate peace in the state of Chiapas

cocorota *nf Fam* nut, *Br* bonce

cocotal *nm* coconut grove

cocotero *nm* coconut palm

cóctel, coctel *nm* -**1.** *(bebida)* cocktail
-**2.** *(comida)* cocktail □ *CAm* **~ de frutas** fruit salad, fruit cocktail; **~ de gambas** prawn cocktail; **~ de mariscos** seafood cocktail
-**3.** **~ molotov** petrol bomb, Molotov cocktail
-**4.** *(reunión)* cocktail party
-**5.** *(mezcla)* **los excursionistas forman un ~ variado de nacionalidades** the people on the trip are a mixed bag of nationalities; **un ~ de música latina y celta** a blend of Latin and Celtic music; **sequía y pobreza, un ~ explosivo** drought and poverty, an explosive combination

coctelera *nf* cocktail shaker

coctelería *nf* cocktail bar

cocuyo *nm Carib* -**1.** *(insecto)* firefly -**2.** *(árbol)* bustic

coda *nf* MÚS coda

codal *nm (de armadura)* elbow armour piece

codaste *nm* NÁUT sternpost

codazo *nm (suave)* nudge; *(violento)* jab *(with one's elbow)*; **abrirse paso a codazos** to elbow one's way through; **dar un ~ a alguien** *(suave)* to nudge sb; *(violento)* to elbow sb; **pegar un ~ a alguien** to elbow sb; **le rompieron la nariz de un ~** he got his nose broken by someone's elbow

codeador, -ora *Andes* ◇ *adj* scrounging, sponging
◇ *nm,f* scrounger, sponger

codear ◇ *vi Andes* to wheedle, to cajole

◆ **codearse** *vpr* to rub shoulders (**con** with)

CODECA [ko'ðeka] *nf* **-1.** *(abrev de* **Corporación de Desarrollo Económico del Caribe)** Caribbean Economic Development Corporation **-2.** *(abrev de* **Confederación de Estados Centroamericanos)** Confederation of Central American States

codecisión *nf* UE codecision

codeína *nf* codeine

codeo *nm Andes (insistencia)* wheedling, cajoling

codera *nf* **-1.** *(remiendo, refuerzo)* elbow patch **-2.** *(protección)* elbow pad **-3.** NÁUT (stern) mooring cable

codeso *nm (common)* laburnum

códice *nm* codex

codicia *nf* **-1.** *(de riqueza)* greed **-2.** *(de aprender, saber)* thirst (**de** for)

codiciar *vt* to covet

codicilo *nm* DER codicil

codiciosamente *adv* greedily

codicioso, -a *adj* greedy

codificación *nf* **-1.** *(de norma, ley)* codification **-2.** *(de mensaje en clave)* encoding **-3.** INFORMÁT coding

codificado, -a *adj (emisión de TV)* scrambled

codificador, -ora ◇ *adj* codifying
◇ *nm (aparato)* scrambler *(for pay TV)*

codificar [59] *vt* **-1.** *(ley)* to codify **-2.** *(mensaje)* to encode **-3.** INFORMÁT to code

código *nm* **-1.** *(de leyes, normas)* code ❑ **~ de circulación** highway code; **~ civil** civil code; **~ de comercio** commercial law; **~ de conducta** code of conduct; **~ mercantil** commercial law; **~ militar** military law; **~ penal** penal code
-2. *(de señales, signos)* code ❑ **~ de barras** bar code; **~ genético** genetic code; *Esp* **~ de identificación fiscal** = number identifying company for tax purposes; **~ morse** Morse code; **~ postal** *Br* postcode, postal code, *US* zip code; **~ de señales** signal code; **~ telefónico** *Br* dialling code, *US* area code; **~ territorial** *Br* dialling code, *US* area code
-3. INFORMÁT code ❑ **~ de acceso** access code; **~ alfanumérico** alphanumeric code; **~ ASCII** ASCII (code); **~ binario** binary code; **~ de error** error code; **~ fuente** source code; **códigos de fusión** merge codes; **~ máquina** machine code

codillo *nm* **-1.** *(en un cuadrúpedo)* upper foreleg; *(plato)* knuckle of pork **-2.** *(de jamón)* shoulder **-3.** *(de un tubo)* elbow, bend

codirección *nf* co-direction, joint direction

codirector, -ora *nm,f* co-director, joint director

codirigir *vt* to co-direct

codo¹ *nm* **-1.** *(de brazo)* elbow; **tenía los codos sobre la mesa** she was leaning (with her elbows) on the table; **~ con ~, ~ a ~** side by side; *Fam* **se sacó la carrera a base de codos** she got her degree by sheer hard work; EXPR *Fam* **empinar el ~** to bend the elbow; EXPR *Fam* **hablar por los codos** to talk nineteen to the dozen, to be a chatterbox; EXPR *Fam* **hincar** *o* **romperse los codos** *(estudiar)* to study hard; **si quieres aprobar, vas a tener que hincar** *o* **romperte los codos** if you want to pass, you're going to have to roll your sleeves up and do some serious studying; EXPR *RP Fam* **no tener ~** to be stingy, to be tight-fisted ❑ MED **~ de tenista** tennis elbow
-2. *(de prenda)* elbow
-3. *(en tubería)* bend; *(pieza)* elbow joint
-4. *(medida)* cubit

codo², -a *adj Méx Fam* stingy, tight-fisted

codorniz *nf* quail ❑ **~ de California** California quail

COE ['koe] *nm (abrev de* **Comité Olímpico Español)** Spanish Olympic Committee

coedición *nf* joint publication

coeditar *vt* to publish jointly

coeficiente *nm* **-1.** *(índice)* rate ❑ FIN **~ de caja** cash ratio; **~ de goles** goal difference; **~ intelectual** intelligence quotient, IQ; **~ de inteligencia** intelligence quotient, IQ; FIN **~ de liquidez** liquidity ratio **-2.** MAT & FÍS coefficient ❑ FÍS **~ de dilatación** coefficient of expansion

coendú *nm* coendou

coenzima *nf* BIOL coenzyme

coercer [40] *vt* to restrict, to constrain

coerción *nf* coercion

coercitivo, -a *adj* coercive

coetáneo, -a ◇ *adj* contemporary
◇ *nm,f* contemporary

coexistencia *nf* coexistence ❑ **~ pacífica** peaceful coexistence

coexistente *adj* coexisting

coexistir *vi* to coexist

cofa *nf* NÁUT lower mast top ❑ **~ para el vigía** crow's nest

cofia *nf (de enfermera, camarera)* cap; *(de monja)* coif

cofinanciación *nf* co-financing, joint financing

cofinanciar *vt* to co-finance, to finance jointly

cofrade *nmf* **-1.** *(de cofradía religiosa)* brother, *f* sister **-2.** *(de cofradía no religiosa)* member

cofradía *nf* **-1.** *(religiosa) (de hombres)* brotherhood, *(de mujeres)* sisterhood **-2.** *(profesional)* guild

cofre *nm* **-1.** *(arca)* chest, trunk; **~ del tesoro** treasure chest **-2.** *(para joyas)* jewel box **-3.** *Méx (capó) Br* bonnet, *US* hood **-4.** *Ecuad (maletero) Br* boot, *US* trunk

cofundador, -ora *nm,f* co-founder

cogedor, -ora ◇ *nm,f (persona)* picker, gatherer
◇ *nm (para carbón, ceniza)* shovel

coger [52]

> Although the word **coger** is accepted in educated use throughout Latin America, in many places its principal meaning is the taboo sense indicated at **-21**. For this reason it tends to be avoided in other contexts, and is usually replaced by **agarrar**.

◇ *vt* **-1.** *(tomar, agarrar)* to take; **~ a alguien de la mano** to take sb by the hand; **pasear cogidos de la mano** to walk hand in hand; **~ a alguien en brazos** to take sb in one's arms; **coge la tetera por el asa** take *o* hold the teapot by the handle; **coge esta bolsa un momento** hold this bag a moment; **¿puedes ~ el teléfono, por favor?** could you pick the phone up *o* answer the phone, please?; *Fam* **éste no ha cogido un libro en su vida** he's never picked up a book in his life; EXPR *Fam* **no haber por dónde cogerlo: esta película no hay por dónde cogerla** I couldn't make head or tail of this movie *o Br* film; **tu hermano es muy raro, no hay por dónde cogerlo** your brother's very strange, it's hard to know what to make of him; **se sabe todas las respuestas, no hay por dónde cogerlo** he knows all the answers, it's impossible to catch him out
-2. *(quitar)* to take; **~ algo a alguien** to take sth from sb; **¿quién me ha cogido el lápiz?** who's taken my pencil?; **te he cogido la calculadora un momento** I've just borrowed your calculator for a moment
-3. *(recoger) (objeto caído)* to pick up; *(frutos, flores)* to pick; **se me ha caído el bolígrafo, ¿me lo puedes ~?** I've dropped my pen, could you pick it up for me?; **nos gusta mucho ~ setas** we really enjoy picking mushrooms *o* going mushrooming; **cogimos a un autoestopista muy simpático** we picked up a very friendly hitchhiker
-4. *(atrapar) (ladrón, pez, pájaro, pelota)* to catch; **¿a que no me coges?** bet you can't catch me!; *Fam* **¡si te cojo, te la cargas!** if I catch you, you'll be in for it!
-5. *(sorprender)* **~ a alguien haciendo algo** to catch sb doing sth; **~ a alguien desprevenido** to take sb by surprise; **~ a alguien in fraganti** to catch sb red-handed *o* in the act; **la tormenta me cogió cerca de casa** the storm broke when I was nearly home; **el terremoto nos cogió en la capital** the earthquake happened while we were in the capital; **lo cogí de buen humor** I caught him in a good mood
-6. *(alcanzar) (persona, vehículo)* to catch up with; **acelera para ~ al corredor que llevaba delante** she ran faster to try and catch up with the runner in front of her; **cogió la delantera tras la segunda vuelta** she went into *o* took the lead after the second lap
-7. *(tren, autobús)* to take, to catch; **no me gusta ~ el avión** I don't like flying; **prefiero ~ el coche** I'd rather drive
-8. *(sacar, obtener)* to get; **he cogido hora con el dentista** I've made an appointment with the dentist; **¿has cogido las entradas?** have you got the tickets?
-9. *(quedarse con) (propina, empleo, apartamento)* to take; **ha cogido un trabajo de mecanógrafo** he has taken a job as a typist; **llegaremos pronto para ~ buen sitio** we'll get there early to get a good seat; **están tan ocupados que ya no cogen más encargos** they're so busy they've stopped taking on *o* accepting orders
-10. *(contratar, admitir) (personal)* to take on; **hemos cogido a una secretaria nueva** we've taken on a new secretary; **el colegio ya no coge más alumnos para este curso** the school has stopped taking pupils for this year
-11. *(contraer) (gripe, resfriado)* to catch, to get; **~ frío** to get cold; **~ una insolación** to get sunstroke; **~ el sarampión** to get *o* catch (the) measles; **~ una borrachera** to get drunk; **~ un berrinche** to throw a tantrum
-12. *(absorber)* to absorb, to soak up; **este tipo de esponja coge mucha agua** this type of sponge absorbs a lot of water; **esta mesa coge mucho polvo al lado de la ventana** this table gets very dusty *o* gathers a lot of dust next to the window
-13. *(sentir) (odio, afecto)* to start to feel; **~ cariño/miedo a** to become fond/scared of
-14. *(adquirir) (costumbre, vicio, acento)* to pick up; **los hijos cogen los hábitos de los padres** children pick up the habits of their parents; **ha cogido la costumbre de cantar por las mañanas** she has taken to singing in the mornings; EXPR *Fam* **cogerle el truco** *o* **tranquillo a algo** to get the knack of sth; EXPR *Fam* **cogerla con alguien: la ha cogido con nosotros, y no deja de molestarnos** she's got it in for us and never leaves us alone
-15. *(sintonizar) (canal, emisora)* to get, to receive
-16. *(entender)* to get; *(oír)* to catch; **¿coges lo que te digo?** do you get *o* understand what I'm saying to you?; **no cogió la indirecta** she didn't take the hint; **no cogió el chiste** he didn't get the joke; **cogí su comentario a mitad** I only half heard what she said, I only caught half of what she said
-17. *(cobrar)* **~ fuerzas** to build up one's strength; **~ velocidad** to gather *o* gain speed
-18. *(sujeto: vehículo)* to knock over, to run over; *(sujeto: toro)* to gore; **me cogió un coche, y ando con muletas** I was run over *o* hit by a car, and I'm on crutches now; **le cogió un toro** he was gored by a bull
-19. *(abarcar) (espacio)* to cover, to take up; **estas oficinas cogen tres plantas del edificio** these offices take up *o* occupy three floors of the building
-20. *(elegir)* to choose; **cogió un mal momento para anunciar el resultado** she chose a bad moment to announce the result
-21. *Am Vulg (tener relaciones sexuales con)* to screw, to fuck; **~ a alguien** to screw *o* fuck sb

◇ *vi* **-1.** *(situarse)* to be; **coge muy cerca de**

aquí it's not very far from here -**2.** *(dirigirse)* ~ **a la derecha/la izquierda** to turn right/left; **coge por la calle de la iglesia** take the church road -**3.** *(enraizar)* to take; **los rosales han cogido** the roses have taken -**4.** *(contestar al teléfono)* to answer; **llevo un rato llamando, pero no cogen** I've been calling for a while now, but there's no answer *o* they don't answer -**5.** *(indicando acción repentina)* **cogió y se fue** she upped and went; **de pronto cogió y me insultó** he turned round and insulted me; **si seguimos así, cojo y me marcho** if we carry on like this, I'm off -**6.** *Am Vulg (tener relaciones sexuales)* to screw, to fuck; ~ **con alguien** to screw *o* fuck sb
◆ **cogerse** *vpr* -**1.** *(asirse)* **cogerse de** *o* **a algo** to cling to *o* clutch sth; **el anciano se coge del brazo de la enfermera** the old man is clutching the nurse's arm; **cógete bien** hold on tight; **se cogieron de las manos** they held each other's hands -**2.** *(pillarse)* **cogerse los dedos/la falda con la puerta** to catch one's fingers/skirt in the door; *Fig* **han calculado por lo alto para no cogerse los dedos** their estimate is on the high side, just to be safe; *Fam* **cogerse un cabreo** to throw a fit; **cogerse una gripe** to catch the flu -**3.** *(sintonizarse)* *(canal, emisora)* to get; **desde mi casa no se coge el Canal 5** you can't get Channel 5 from my house -**4.** *Am Vulg (tener relaciones sexuales)* to screw, to fuck; **cogerse a alguien** to screw *o* fuck sb

cogestión *nf* joint management, co-management
cogida *nf (de torero)* goring
cogido *nm* gather
cogitabundo, -a *adj Formal* pensive, meditative
cognac [koˈnak] *(pl* **cognacs**) *nm* brandy, cognac
cognado *nm* LING cognate
cognición *nf* cognition
cognitivo, -a *adj* cognitive
cognoscible *adj* knowable
cognoscitivo, -a *adj* cognitive
cogollo *nm* -**1.** *(de lechuga)* heart ❑ ~ **de Tudela** gem lettuce -**2.** *(brote)* shoot -**3.** *Fam (meollo)* heart, crux; **el** ~ **de la cuestión** the heart *o* crux of the matter
cogorza *nf Fam* **agarrar una** ~ to get smashed, to get blind drunk; **tendrías que ver la ~ que lleva** you should see him, he's totally smashed
cogotazo *nm* rabbit punch
cogote *nm Esp Fam* nape, back of the neck
cogujada *nf* crested lark
cogulla *nf* REL habit
cohabitación *nf* -**1.** *(convivencia)* cohabitation -**2.** POL coexistence
cohabitar *vi* -**1.** *(convivir)* to cohabit, to live together -**2.** POL to coexist
cohechar *vt (sobornar)* to bribe
cohecho *nm* bribery
coheredero, -a *nm,f* coheir, *f* coheiress
coherencia *nf* -**1.** *(de conducta, estilo)* consistency; **actuar con** ~ to be consistent; **en** ~ **con su postura, se negó a utilizar la violencia** in accordance with his position, he refused to use violence -**2.** *(de razonamiento)* coherence; **falta de** ~ lack of coherence -**3.** FÍS cohesion
coherente *adj* -**1.** *(conducta, estilo)* consistent -**2.** *(razonamiento)* logical, coherent; **ser ~ con algo** to accord with sth, to be in line with sth
cohesión *nf* -**1.** *(de personas, cosas)* cohesion; **la ~ del partido** party unity -**2.** FÍS cohesion
cohesionado, -a *adj* united
cohesionar ◇ *vt* to unite
◆ **cohesionarse** *vpr* to unite
cohesivo, -a *adj* cohesive

cohete *nm* -**1.** *(proyectil)* rocket; **cohetes** *(fuegos artificiales)* fireworks; EXPR *Fam* **escapar** *o* **salir como un** ~ to be off like a shot; EXPR *Fam* **no ser como para tirar cohetes** to be nothing to write home about -**2.** *(vehículo propulsado)* rocket ❑ ~ **espacial** space rocket; ~ **multietapa** multi-stage rocket -**3.** *Méx (pistola)* pistol -**4.** *Méx (agujero)* blasting hole -**5.** *RP Fam* **al** ~ *(en vano)* in vain
cohetería *nf (taller)* fireworks factory
cohibición *nf* inhibition
cohibido, -a *adj* inhibited
cohibir ◇ *vt* to inhibit; **su presencia me cohíbe** her presence inhibits me
◆ **cohibirse** *vpr* to become inhibited; **¡no te cohíbas!** don't be shy *o* embarrassed!
cohombro *nm* -**1.** *(planta)* cucumber -**2.** *(fruto)* cucumber -**3.** ~ **de mar** sea cucumber
cohonestar *vt Formal* to present as justified, to (attempt to) legitimize
cohorte *nf* cohort
COI [ˈkoi] *nm (abrev de* **Comité Olímpico Internacional***)* IOC
coihué *nm* coigue, coihue
coima *nf Andes, RP Fam* bribe, *Br* backhander
coimear *vt Andes, RP Fam* to bribe
coimero, -a *nm,f Andes, RP Fam* bribe-taker
coincidencia *nf* -**1.** *(casualidad)* coincidence; **¡qué ~ que yo también pasara por ahí!** what a coincidence that I happened to be passing by there too!; **no es la primera vez que sale elegido** it so happens it's not the first time he's been elected; **cualquier parecido es pura ~** any similarity is purely coincidental -**2.** *(en el tiempo)* **la ~ de un partido de fútbol obligó a aplazar el debate** the debate had to be postponed because it clashed with a football match -**3.** *(conformidad, parecido)* agreement; **hubo ~ a la hora de valorar los resultados** there was agreement *o* people agreed when it came to assessing the results
coincidente *adj* -**1.** *(igual, parecido)* **un resultado ~ con el obtenido hace dos años** a result that coincides with the one obtained two years ago -**2.** *(líneas)* coincident
coincidir *vi* -**1.** *(superficies, líneas)* to coincide (**con** with); **estas dos piezas no coinciden** these two pieces don't go together *o* match up -**2.** *(versiones, gustos)* to coincide; **coincidimos en nuestras aficiones** we have *o* share the same interests -**3.** *(estar de acuerdo)* to agree (**con** with); **su versión de los hechos no coincide con la de otros testigos** her version of events doesn't coincide *o* agree with that of other witnesses; **coincidimos en lo fundamental** we agree on the basic points; **coincidimos en opinar que...** we both agreed that...; **coincido contigo en que...** I agree with you that..., I am in agreement with you that... -**4.** *(en un sitio)* **coincidimos en la fiesta** we were both at the party; **coincidí con ella en un congreso** I met her at a conference -**5.** *(en el tiempo)* to coincide (**con** with); **mi cumpleaños coincide con el primer día de clase** my birthday falls on the first day of classes; **han coincidido tres accidentes en menos de dos meses** there have been three accidents in less than two months
coipo *nm* coypu
coito *nm (sexual)* intercourse
coitus interruptus *nm inv* coitus interruptus
cojear *vi* -**1.** *(persona, animal) (ser cojo)* to be lame; *(temporalmente)* to limp; **cojea desde el accidente** she's had a limp since the accident; **el perro cojea de una pata** the dog is lame in one leg; EXPR **ya sé de qué pie cojea María** I know Maria's weak points; EXPR **los dos cojean del mismo pie** they both have the same problem -**2.** *(mueble)* to wobble -**3.** *(razonamiento, frase)* to be faulty; **su teoría cojea en varios puntos** his theory has several weak points
cojera *nf* -**1.** *(acción)* limp -**2.** *(estado)* lameness
cojín *nm* cushion

cojinete *nm* -**1.** *(en eje)* bearing ❑ ~ **de bolas** ball bearing -**2.** *(en un riel de ferrocarril)* chair -**3.** *Col, Méx, Ven* **cojinetes** *(alforjas)* saddlebags
cojo, -a ◇ *ver* **coger**
◇ *adj* -**1.** *(persona, animal)* lame; **el perro está ~ de una pata** the dog is lame in one leg -**2.** *(mueble)* wobbly -**3.** *(razonamiento)* faulty; **tu explicación está un poco coja** your explanation doesn't quite ring true
◇ *nm,f* cripple
cojón *Esp Vulg* ◇ *nm* -**1.** *(testículo)* ball; **¿qué cojones haces tú aquí?** what the fuck are YOU doing here?; **¿quién cojones se ha creído que es?** who the fuck does he think he is?; EXPR **tu comentario le cayó** *o* **sentó como una patada en los cojones** she was well fucked off about your remark; EXPR **de cojones: ya está llorando otra vez el niño de los cojones** that fucking child is crying again; EXPR **de cojones: esta comida está de cojones** this meal is *Br* bloody *o* US goddamn delicious; **es bueno/malo de cojones** it's *Br* bloody *o* US goddamn marvellous/awful; **hace un frío de cojones** it's fucking freezing; EXPR **hasta los cojones: estoy hasta los (mismísimos) cojones de nuestros vecinos** I've fucking well had it up to here with our neighbours; EXPR **no haber más cojones: era muy tarde y no hubo más cojones que pillar un taxi** it was late and we had no *o Br* bugger-all choice but to get a taxi; EXPR **manda cojones: ¡manda cojones que estando enfermo tenga que hacerlo yo!** fucking great *o* can you fucking believe it! I'm the one who has to do it, even though I'm ill!; EXPR **tus opiniones me las paso por el forro de los cojones** I couldn't give a shit *o Br* toss about what you think; EXPR **se le pusieron los cojones de corbata cuando se enteró de que su novia estaba embarazada** he nearly shat himself when he found out that his girlfriend was pregnant; EXPR **por cojones: ¡ahora lo vas a hacer por cojones!** you *Br* bloody *o* US goddamn well ARE going to do it!; EXPR **¡no me sale de los cojones!** I can't be *Br* bloody *o* US goddamn bothered!, *Br* I can't be arsed!; EXPR **¡no me toques** *o* **hinches los cojones y déjame en paz!** why can't you just fucking well leave me alone?; **ahí está todo el día tocándose los cojones mientras nosotros trabajamos** he just sits around doing zilch *o Br* bugger-all all day long while we're busy working -**2.** *(valor)* **tener cojones** *o* **un par de cojones** to have balls; **le echó cojones al asunto, y le confesó la verdad** he screwed up every last fucking ounce of courage and confessed the truth to her; **¡qué cojones tiene, insultarme delante de todos!** what a fucking nerve, insulting me in front of everyone!; EXPR *Hum* **tiene más cojones que el caballo de Espartero** he's really got balls, that guy;
◇ *interj* **¡cojones!** *(expresa enfado)* for fuck's sake!; **¡que no voy a ir, cojones!** I'm not fucking going, all right?
cojonudo, -a *adj muy Fam* -**1.** *Esp (estupendo) Br* bloody *o* US goddamn brilliant; **tus amigos son cojonudos** your friends are *Br* bloody *o* US goddamn brilliant guys; *Irónico* **¡~, ahora no funciona la lavadora!** that's just *Br* bloody *o* US goddamn brilliant! now the washing machine isn't working! -**2.** *RP muy Fam (valiente)* gutsy
cojudear *Andes* ◇ *vt Fam (engañar)* to trick
◇ *vi (hacer tonterías)* to piss about, to muck about
cojudez *nf Andes muy Fam* **¡qué ~!** *(acto)* what a *Br* bloody *o* US goddamn stupid thing to do!; *(dicho)* what a *Br* bloody *o* US goddamn stupid thing to say!; **decir/hacer una ~** to say/do something *Br* bloody *o* US goddamn stupid; **decir cojudeces** to talk a load of *Br* bloody *o* US goddamn nonsense; **hacer cojudeces** to act like a *Br* bloody *o* US goddamn idiot
cojudo, -a *adj Andes muy Fam Br* bloody *o* US goddamn stupid
cok *nm* coke

col *nf* cabbage; EXPR *Fam* **entre ~ y ~, lechuga** variety is the spice of life ❑ **~ de Bruselas** Brussels sprout; **~ lombarda** red cabbage; **~ rizada** curly kale

cola *nf* **-1.** *(de mamífero, pez)* tail **-2.** *(de ave)* tail **-3.** *(de avión, cometa)* tail; EXPR *Bol, RP* **tener ~ de paja** to be feeling guilty **-4.** *(de vestido de novia)* train **-5.** *(parte final) (de clase, lista)* bottom; *(de desfile)* end; **el país está a la ~ del mundo civilizado en cuanto a inversiones educativas** the country has the worst record in the civilized world as regards investment in education; EXPR **ir a la ~ del pelotón** to be one of the backmarkers **-6.** *(fila) Br* queue, *US* line; **hay mucha ~** there's a long *Br* queue *o US* line; **hacer *o* guardar ~** *Br* to queue (up), *US* to stand in line; **saltarse la ~** *Br* to jump the queue, *US* to cut in line; **llegué el último y me tuve que poner a la ~** I was the last to arrive, so I had to join the end of the *Br* queue *o US* line; **¡a la ~!** go to the back of the *Br* queue *o US* line! ❑ INFORMÁT **~ de impresión** print queue **-7.** *(pegamento)* glue; EXPR *Fam* **no pegan ni con ~: esa chaqueta y esos pantalones no pegan ni con ~** that jacket and those trousers clash horribly; **esos pantalones no pegan ni con ~ en una fiesta tan formal** those trousers are totally inappropriate for such a formal do ❑ **~ de pescado** fish glue **-8.** *Fam (consecuencias)* EXPR **tener *o* traer ~** to have serious consequences *o* repercussions; **sus declaraciones tendrán *o* traerán ~** his statement won't be the end of it *o* won't be the last we hear of it; EXPR *RP* **comer ~** to suffer a setback **-9.** *(peinado)* **~ (de caballo)** ponytail **-10.** *(árbol)* cola tree **-11.** *(sustancia excitante)* cola; **una bebida de ~** a cola drink **-12.** *Fam (pene) Br* willy, *US* peter **-13. ~ de caballo** *(planta)* horse-tail **-14. ~ de milano** *(en carpintería)* dovetail; **ensamblar a *o* con ~ de milano** to dovetail **-15.** *Am Fam (nalgas) Br* bum, *US* fanny **-16.** *Arg (de película)* trailer **-17.** *Ven (autoestop)* **dar la ~ a alguien** to give sb a lift; **pedir ~** to hitchhike

colaboración *nf* **-1.** *(cooperación)* collaboration; **hacer algo en ~ con alguien** to do sth in collaboration with sb; **necesito tu ~ para escribir el artículo** I need your help to write this article; **fue acusado de ~ con banda armada** he was accused of collaborating with *o* helping a terrorist organization **-2.** *(de prensa)* contribution, article

colaboracionismo *nm Pey* collaborationism

colaboracionista *Pey* ◇ *adj* collaborationist
◇ *nmf* collaborator

colaborador, -ora ◇ *adj* cooperative
◇ *nm,f* **-1.** *(compañero)* associate, colleague **-2.** *(de prensa)* contributor, writer **-3. ~ externo** freelancer

colaborar *vi* **-1.** *(cooperar)* to collaborate (**con** with); **algunos maridos se niegan a ~ en las tareas domésticas** some husbands refuse to help with the housework; **muchas personas colaboraron en el rescate** many people helped in the rescue; **que cada uno colabore con lo que pueda** let everyone contribute what they can; **colaboró en la campaña con un donativo de 3 millones** she made a donation of 3 million to the campaign **-2.** *(en prensa)* **~ en *o* con** to write for, to work for **-3.** *(contribuir)* to contribute; **una dieta que colabora a controlar el nivel colesterol** a diet which helps to control cholesterol levels; **los robots colaboran a incrementar la productividad** robots help to increase productivity, robots contribute to increased productivity

colación *nf* **-1.** *(para comer)* snack **-2.** *Am (dulce) Br* sweet, *US* candy **-3.** EXPR *Fam* **sacar *o* traer algo a ~** *(tema)* to bring sth up; **salir a ~** to come up

colada *nf* **-1.** *Esp (lavado)* laundry, washing; **echar algo a la ~** to put sth in the washing; **hacer la ~** to do the washing **-2.** *Esp (ropa limpia)* washing **-3.** GEOL **(de lava)** lava flow **-4.** *(en alto horno)* tapping **-5.** DEP *Fam (internada)* run

coladera *nf* **-1.** *Am (colador)* colander **-2.** *Méx (alcantarilla)* sewer

coladero *nm Fam* **-1.** *(lugar)* easy way through; **la frontera del país se ha convertido en un ~** it has become very easy to get across the border; **la defensa del equipo es un ~** the team's defence is full of holes **-2.** *(colegio, universidad)* **ese colegio es un ~** anyone can pass the exams in that school

colado, -a *adj* **-1.** *(líquido)* strained **-2.** EXPR *Fam* **estar ~ por alguien** *(enamorado)* to have a crush on sb

colador *nm (para líquidos)* strainer; *(para verdura)* colander; EXPR *Fam* **dejar como un ~** *(con agujeros)* to leave full of holes; *(a balazos)* to riddle with bullets

coladura *nf* **-1.** *(acción de colar)* straining **-2.** *Fam (chifladura)* crazy idea **-3.** *Fam (equivocación)* clanger; **fue una ~ del gerente** it was the manager who slipped up

colage = **collage**

colágeno *nm* collagen

colapsado, -a *adj* **-1.** *(de actividad)* paralysed; *(de tráfico)* congested; **la oferta tuvo como consecuencia varias centralitas colapsadas** the offer led to several switchboards being jammed with calls **-2.** *(pulmón)* collapsed

colapsar ◇ *vt* **-1.** *(actividad)* to bring to a halt, to stop; **el tráfico ha colapsado las calles** traffic has blocked the streets **-2.** *(pulmón)* to cause to collapse

◆ **colapsarse** *vpr (mercado)* to collapse; **se ha colapsado el tráfico** traffic has ground to a halt; **la centralita se colapsó con llamadas de clientes** the switchboard was jammed with calls from customers

colapso *nm* **-1.** MED *(desvanecimiento)* collapse, breakdown; **sufrir un ~** to collapse **-2.** *(de pulmón)* collapse **-3.** *(de actividad)* collapse; **estar al borde del ~** to be on the brink of collapse; **la manifestación produjo el ~ del tráfico** the demonstration brought traffic to a standstill

colar [63] ◇ *vt* **-1.** *(leche, té, pasta)* to strain; *(café)* to filter **-2.** *Fam (dinero falso)* to pass off as genuine; **han intentado colarme un billete falso** they tried to pass me a counterfeit *Br* note *o US* bill **-3.** *Fam (mentira)* **les coló la excusa de que estaba enfermo** he gave them some story about being ill **-4.** *(en cola)* **me coló** he let me *Br* jump the queue *o US* cut in line **-5.** *(en sitio)* **nos coló en la fiesta** he got us into the party **-6.** *(introducir)* to slip, to squeeze (**por** through); **coló el balón entre las piernas del portero** he slipped the ball through the goalkeeper's legs
◇ *vi Fam (pasar por bueno)* **esto no colará** this won't wash; **mi historia coló y no me hicieron más preguntas** they swallowed my story and didn't ask me any more questions

◆ **colarse** *vpr* **-1.** *(líquido, gas)* **colarse por** to seep through; **el aire se cuela por esta rendija** air passes through this crack; **las llaves se colaron por la alcantarilla** the keys dropped down the drain; **el balón se coló por la portería sin que ningún jugador pudiera detenerlo** the ball just slipped into the goal and no one could stop it **-2.** *(en cola)* to *Br* jump the queue *o US* cut in line; **¡eh, no te cueles!** *Br* oi, don't jump the queue!, *US* hey, don't cut in line! **-3.** *(en sitio)* to slip, to sneak (**en** into); **se colaron en el tren** they slipped *o* sneaked onto the train without paying; **colarse en una fiesta** to gatecrash a party; **nos colamos por la puerta de atrás** we sneaked in (by) the back door **-4.** *Fam (equivocarse)* to slip up; **te has colado, no es mi hermana** you've got it wrong, she's not my sister **-5.** *Fam (enamorarse)* **colarse por alguien** to fall for sb

colateral *adj* **-1.** *(efecto)* collateral, secondary; **un medicamento sin efectos colaterales** a medicine with no side effects; **daños colaterales** *(en guerra)* collateral damage **-2.** *(a ambos lados)* on either side **-3.** *(línea, recta)* collateral **-4.** *(pariente)* collateral

colcha *nf* bedspread

colchón *nm* **-1.** *(de cama)* mattress ❑ **~ de agua** waterbed mattress; **~ hinchable** air bed; **~ inflable** air bed; **~ de muelles** spring mattress; **~ neumático** air bed. **-2.** *(en asunto, negociación)* cushion, buffer **-3.** FIN cushion **-4.** INFORMÁT buffer **-5. ~ de aire** *(en aerodeslizador)* air cushion

colchonero, -a ◇ *nm,f* upholsterer, mattress-maker
◇ *adj Fam* DEP = of/relating to Atlético de Madrid Football Club

colchoneta *nf (hinchable)* air bed, lilo®; *(en gimnasio)* mat; *(colchón fino)* narrow mattress

cole *nm Fam* school

colear ◇ *vt* **-1.** *Col, Méx, Ven (res)* to throw down by the tail **-2.** *Chile (examen)* to fail **-3.** *Col, Méx Fam (molestar)* to bother, to annoy
◇ *vi* **-1.** *(animal)* to wag its tail **-2.** *(asunto, problema)* to drag on; **todavía colea el escándalo** the scandal is still dragging on

◆ **colearse** *vpr Arg, Ven (patinar)* to skid

colección *nf* **-1.** *(de sellos, objetos)* collection ❑ **la ~ permanente** *(de museo)* the permanent collection **-2.** *Fam (gran cantidad)* **tiene una ~ de primos** he has loads of cousins; **cometió una ~ de errores** he made a whole series of mistakes; **no dijo más que una ~ de tonterías** he talked a load of nonsense **-3.** *(de moda)* collection; **la ~ de primavera** the spring collection

coleccionable ◇ *adj* collectable
◇ *nm* = special supplement in serialized form

coleccionar *vt* to collect

coleccionismo *nm* collecting

coleccionista *nmf* collector

colecta *nf* **-1.** *(de dinero)* collection; **hacer una ~** to collect money, to organize a collection **-2.** REL collect

colectar *vt* to collect

colectivamente *adv* collectively, together

colectivero, -a *nm,f Arg* bus driver

colectividad *nf* community

colectivismo *nm* POL collectivism

colectivista POL ◇ *adj* collectivist
◇ *nmf* collectivist

colectivización *nf* collectivization

colectivizar [14] *vt* to collectivize

colectivo, -a ◇ *adj* **-1.** *(responsabilidad)* collective; *(iniciativa)* joint; *(suicidio, despidos)* mass; **el interés ~** collective interests; **transporte ~** public transport **-2.** LING collective
◇ *nm* **-1.** *(grupo)* group; *(en estadística)* collective, population; **es miembro de un ~ pacifista** she is a member of a pacifist group; **una reforma que afecta especialmente al ~ médico** a reform which affects the medical community in particular **-2.** LING *(nombre)* collective noun **-3.** *Andes (taxi)* collective taxi *(with a fixed rate and that travels a fixed route)* **-4.** *Arg, Bol (autobús)* bus **-5.** *RP (regalo)* = money from a whipround deposited by friends in a bank account or at a shop as a wedding present

colector, -ora ◇ *adj* collecting
◇ *nm,f (persona)* collector
◇ *nm* **-1.** *(sumidero)* sewer ❑ **~ de basuras**

colega nmf **1.** (compañero profesional) colleague, US co-worker **-2.** (homólogo) counterpart, opposite number **-3.** Esp Fam (amigo) pal, Br mate, US buddy; **voy a salir con mis colegas** I'm going out with my pals o Br mates o US buddies; **¿te puedo ayudar, ~?** can I help you, pal o Br mate o US buddy?

colegiación nf = membership of a professional association

colegiado, -a ⋄ adj = who belongs to a professional association
⋄ nm,f **-1.** (profesional) = member of a professional association **-2.** DEP (árbitro) referee

colegial¹ ⋄ adj **-1.** (de colegio) school; **las instalaciones colegiales** the school premises **-2.** (de colegio profesional) **el estatuto ~** the association's statutes; **una organización ~** a professional association

colegial², -ala nm,f schoolboy, f schoolgirl; **cartera/uniforme de ~** school bag/uniform

colegiarse vpr to join a professional association

colegiata nf collegiate church

colegiatura nf **-1.** Andes, CAm, Méx (matrícula) tuition fees **-2.** Chile, Col, RP (colegiación) = membership of a professional association

colegio nm **-1.** (escuela) school; **ir al ~** to go to school; **mañana no hay ~** there's no school tomorrow; **durante mis años de ~** while I was at school ❑ Esp **~ concertado** state-subsidized (private) school; **~ de curas** school run by priests, Catholic boys' school; **~ de educación especial** special school; **~ estatal** Br state school, US public school; **~ homologado** officially approved school; **~ de monjas** convent school; **~ nacional** state primary school; **~ de pago** fee-paying school; **~ de párvulos** infant school; **~ privado** private school; **~ público** Br state school, US public school; **~ universitario** college
-2. (de profesionales) **~ (profesional)** professional association ❑ **~ de abogados** bar association; **~ cardenalicio** college of cardinals; **~ de médicos** medical association
-3. POL **~ electoral** (lugar) polling station; (votantes) ward
-4. Esp **~ mayor** hall of residence

colegir [55] vi to infer, to gather (**de** from); **de ahí se puede ~ que...** it can thus be inferred that...

colegislador, -ora adj (asamblea) joint legislative

colegui nmf Esp Fam (amigo) pal, Br mate, US buddy

cóleo nm coleus

coleóptero ZOOL ⋄ nm coleopteran, member of the order Coleoptera
⋄ nmpl **coleópteros** (orden) Coleoptera; **del orden de los coleópteros** of the order Coleoptera

cólera ⋄ nm (enfermedad) cholera
⋄ nf (ira) anger, rage; **descargar la ~ en alguien** to vent one's anger on sb; **montar en ~** to get angry, to fly into a temper o rage; **dejarse llevar por la ~** to lose one's temper

colérico, -a adj **-1.** (furioso) furious; **estar ~** to be furious **-2.** (irritable) (gesto) bad-tempered; **ser ~** (persona) to be quick-tempered

colesterol nm cholesterol; **tener el ~ alto** o **elevado** to have a high cholesterol level

coleta nf **-1.** (de pelo) pigtail; [EXPR] **cortarse la ~** (torero) to retire (from bullfighting); **si este fin de semana no ganamos, me corto la ~** if we don't win this weekend, I'm going to call it a day o pack it in **-2.** Ven (paño) floor cloth

coletazo nm **-1.** (golpe) flick o swish of the tail; **un ~ de la ballena hundió la embarcación** a blow from the whale's tail sank the boat **-2.** (de crisis, régimen) **está dando los últimos coletazos** it's in its death throes

coletilla nf (de discurso, escrito) closing comment

coleto nm **-1.** (vestidura) jerkin **-2.** Fam (adentros) inner self; **decir para su ~** to say to oneself; **echarse algo al ~** (comida) to put sth away; (bebida) to knock sth back; **echarse un libro al ~** to read a book right through **-3.** Ven (paño) floor cloth

colgado, -a ⋄ adj **-1.** (cuadro, jamón, camisa) hanging (**de** from)
-2. (teléfono) on the hook; **deben tener el teléfono mal ~** they can't have put the receiver back properly
-3. Fam (atontado, loco) crazy, daft
-4. Fam (abandonado) **dejar ~ a alguien** to leave sb in the lurch; **cancelaron la excursión y me quedé ~ todo el fin de semana** they cancelled the trip and I was left with nothing to do all weekend
-5. Fam (enganchado) **quedarse ~ (con)** to get hooked (on); **está ~ de María** he's stuck on Maria; **está ~ del alcohol** he can't stay off the drink; **se pasa el día ~ del teléfono** he's on the phone all day long
-6. Fam (pendiente) **tengo ~ el inglés del curso pasado** I have to resit the exam for last year's English course
-7. Fam (drogado) stoned
⋄ nm,f Fam **-1.** (atontado, loco) loony, Br nutter
-2. (desamparado) drip
-3. (drogadicto) junkie

colgador nm **-1.** (percha) hanger, coat hanger **-2.** (gancho) hook

colgadura nf (wall) hanging; **pusieron colgaduras en los balcones** they hung banners from the balconies

colgajo nm **-1.** (tela) hanging piece of material; (hilo) loose thread; **le gusta llevar colgajos al cuello** she likes to wear dangly necklaces **-2.** (de piel) flap

colgante ⋄ adj hanging
⋄ nm pendant

colgar [16] ⋄ vt **-1.** (suspender) to hang; **colgó el cuadro** she hung (up) the picture; **colgó la camisa en la percha** he hung the shirt on the coat hanger; **colgaron el anuncio en el tablón** they put the notice on the board; **cuelga el reloj de ese clavo** hang the clock on that nail
-2. (ahorcar) to hang; **lo colgaron por asesino** he was hanged for murder
-3. (teléfono) **~ el teléfono** to hang up; **me colgó en mitad de la frase** she hung up on me when I was in mid-sentence
-4. (abandonar) to give up; **~ los hábitos** to give up the cloth, to leave the clergy; (renunciar) to give up one's job; **~ las botas** to hang up one's boots; **~ los estudios** to abandon one's studies; **~ los guantes** to hang up one's gloves
-5. (imputar) **~ algo a alguien** to pin the blame for sth on sb; **le colgaron un robo que no había cometido** they pinned a robbery on him that he hadn't committed
-6. (endilgar) **le colgaron ese apodo en la escuela** he got that nickname at school; **le colgaron el sambenito de despistado** he got a name for being absent-minded
-7. INFORMÁT (ordenador, computador) to crash
⋄ vi **-1.** (pender) to hang (**de** from); **hay un cable que cuelga** there's a cable hanging loose
-2. (tela, prenda de vestir) to hang down; **el abrigo cuelga por atrás** the coat hangs down at the back
-3. (hablando por teléfono) to hang up, to put the phone down; **no cuelgue, por favor** hold the line, please
◆ **colgarse** vpr **-1.** (suspenderse) to hang (**de** from); **no te cuelgues de esa rama o se romperá** don't hang from that branch, or it will break; **se colgó del cuello de su abuelo** he threw his arms round his grandfather's neck **-2.** (ahorcarse) to hang oneself (**de** from) **-3.** INFORMÁT (ordenador, computador) to crash; **se me ha colgado el ordenador** my computer has crashed

colibrí (pl **colibrís** o **colibríes**) nm hummingbird ❑ **~ gallardete** streamertail

cólico nm colic ❑ **~ biliar** biliary colic; **~ hepático** biliary colic; **~ nefrítico** renal colic; **~ renal** renal colic

colicorto nm short-tailed opossum

colíder nmf joint leader

coliflor nf cauliflower

coligación nf alliance

coligar [38] ⋄ vt to ally, to unite
◆ **coligarse** vpr to unite, to join together

colijo ver **colegir**

colilla nf cigarette butt o stub

colimba nf Arg Fam military service

colimbo nm (ave) diver ❑ **~ ártico** black-throated diver; **~ chico** red-throated diver; **~ grande** great northern diver

colín nm **-1.** Esp (de pan) breadstick **-2.** (ave) **~ de Virginia** (northern) bobwhite

colina nf hill

colinabo nm kohlrabi

colindante adj neighbouring, adjacent

colindar vi to be adjacent, to adjoin; **el edificio colinda con dos parques** the building is adjacent to two parks

colirio nm eyewash, eye-drops

colirrojo nm **~ americano** American redstart; **~ real** redstart; **~ tizón** black redstart

colisa nf Chile (sombrero) straw hat

coliseo nm coliseum

colisión nf **-1.** (de vehículos) collision, crash; (de placas tectónicas, asteroides) collision ❑ **~ frontal** head-on collision; **~ múltiple** pile-up **-2.** (de ideas, intereses) clash; **sus planes están en abierta ~ con los de la dirección** his plans are in direct conflict with those of management

colisionar vi **-1.** (vehículo) to collide, to crash (**con** o **contra** into); (placas tectónicas, asteroides) to collide **-2.** (ideas, intereses) to clash

colista ⋄ adj bottom, at the bottom; **el equipo ~** the bottom team
⋄ nmf (en liga) bottom team; (en carreras) tailender

colistero, -a nm,f Fam INFORMÁT list member

colitigante nmf joint litigant

colitis nf inv **-1.** (inflamación del colon) colitis **-2.** (diarrea) **tener ~** to have an upset stomach

colla Bol ⋄ adj of/from the altiplano
⋄ nmf = indigenous person from the altiplano

collado nm **-1.** (colina) hill **-2.** (entre montañas) saddle

collage, colage [koˈlaʃ] nm collage

collalba nf **-1.** (ave) wheatear ❑ **~ gris** wheatear; **~ negra** black wheatear; **~ rubia** black-eared wheatear **-2.** (mazo) mallet

collar nm **-1.** (para personas) necklace; **un ~ de diamantes** a diamond necklace ❑ **~ ortopédico** surgical collar **-2.** (para animales) collar **~ antiparasitario** flea collar **-3.** (abrazadera) collar, ring

collarín nm surgical collar

collarino nm ARQUIT necking, gorgerin

colleja nf **-1.** (golpe) **darle una ~ a alguien** to slap sb o give sb a slap on the back of the neck **-2.** (planta) campion

collera nf **-1.** Andes (gemelo) cufflink **-2.** Andes (yunta) brace, yoke

collie [ˈkoli] nm collie

colmado, -a ⋄ adj full to the brim (**de** with); **está ~ de problemas** he is loaded down with problems
⋄ nm (tienda) grocer's (shop)

colmar vt **-1.** (recipiente) to fill (to the brim) **-2.** (aspiración, deseo) to fulfil; **~ a alguien de regalos/elogios** to shower sb with gifts/praise; **este premio colma con creces mis aspiraciones** this prize is more than I'd ever hoped for; **el bebé colmó de felicidad a la familia** the baby brought so much happiness into the family's lives

colmatación nf GEOL silting (up)

colmena nf beehive

colmenar nm apiary

colmenero, -a nm,f beekeeper

colmenilla nf morel (mushroom)

colmillo *nm* **-1.** *(de persona)* canine, eye tooth; *(de perro)* fang; *Fig* **enseñar los colmillos** to show one's teeth **-2.** *(de elefante, morsa)* tusk

colmo *nm* height; **el ~ de la estupidez** the height of stupidity; **es el ~ de la locura** it's sheer madness; **¡es el ~ de la desfachatez!** what a cheek *o* nerve!; **lo suyo es el ~ de la mala suerte** what happened to her was really bad luck; **para ~** to crown it all; **para ~ de males, llovió** to make matters worse, it rained; **¡eso es el ~!** that's the last straw!; **¡es el ~, es la tercera vez que llamo y no me hacen caso!** it's getting beyond a joke! this is the third time I've called and they're not paying any attention!

colocación *nf* **-1.** *(acción)* placing, positioning; **yo me encargaré de la ~ de los cuadros** I'll see to the hanging of the paintings **-2.** *(posición)* place, position; **se encontraba en una ~ inmejorable** she was in a perfect position **-3.** *(empleo)* position, job; **oficina de ~** employment agency **-4.** BOLSA placing, placement; **~ de acciones** placing *o* placement of shares **-5.** LING collocation

colocado, -a ⬥ *adj* **-1.** *(en lugar)* placed; **marcó gol con un tiro raso y ~** he scored with a very low, well-placed shot **-2. estar muy bien** *(en empleo)* to have a very good job; **todavía no tiene al hijo ~** he hasn't found his son a job yet **-3.** *(en carreras de caballos)* **Capirote llegó ~** Capirote finished second **-4.** *Fam (drogado)* high, stoned; *(borracho)* blind drunk, smashed
⬥ *nm (en rugby)* place kick

colocador *nm* LING collocate, collocator

colocar [59] ⬥ *vt* **-1.** *(en un sitio)* to place, to put; **~ una bomba** to plant a bomb; **el acomodador coloca a los espectadores en sus asientos** the usher shows the audience to their seats; **vuelve a ~ ese libro donde estaba** put that book back where it was; **nos colocaron en la parte de atrás del avión** they put us in the rear section of the plane
-2. *(en una posición)* **~ los brazos en alto** to raise one's arms; **hay que ~ bien ese cuadro, pues está torcido** that picture needs to be hung properly, it isn't straight
-3. *(en un empleo)* to find a job for; **colocó a su hijo de abogado en su empresa** he found his son a job as a lawyer in his own firm
-4. *(casar)* to marry off
-5. BOLSA *(acciones)* to place; *(dinero)* to invest; **coloqué mis ahorros en acciones** I invested my savings in shares; **colocaron un millón de títulos** they placed a million in bonds
-6. *(endilgar)* to palm off **(a** on); **le colocaron una moto que no funciona** they palmed a motorbike off on him that doesn't work; **el vendedor me intentó ~ un modelo más caro** the salesman tried to get me to buy a more expensive model
-7. *Fam (sujeto: droga)* to give a high to; **¿a ti te coloca la marihuana?** does marihuana give you a high?
⬥ *vi Fam (droga, alcohol)* **este costo coloca cantidad** this hash gives you a real high; **este ponche coloca mucho** this punch is strong stuff

◆ **colocarse** *vpr* **-1.** *(en una posición, en un lugar) (de pie)* to stand; *(sentado)* to sit; **colócate en tu asiento** sit in your seat; **oiga, colóquese en la fila** hey, *Br* get in the queue *o US* get in line; **el equipo se ha colocado en cabeza de la clasificación** the team tops the league; **con esta victoria se coloca entre los mejores tenistas del mundo** this win puts him among the world's top tennis players; **colócate boca arriba** lie face upwards, lie on your back
-2. *(en un empleo)* to get a job; **me he colocado de guardia jurado** I've got a job as a security guard
-3. *Fam (emborracharse)* to get smashed *o* blind drunk; *(drogarse)* to get high *o* stoned; **con dos cervezas ya se coloca** two beers and he's well away

colocolo *nm Chile* pampas cat

colocón *nm Fam* **llevar un ~** *(de droga)* to be high; *(de bebida)* to be *Br* pissed *o US* loaded; **pillar un ~** *(de droga)* to get high; *(de bebida)* to get *Br* pissed *o US* loaded

colofón *nm* **-1.** *(remate, fin)* climax, culmination; **como ~ a la ceremonia** as a coda to the ceremony, to round off the ceremony; **aquel triunfo fue un excelente ~ a una larga carrera** that win was a fitting end to a long career **-2.** *(de libro)* colophon

colofonia, colofonía *nf* rosin

coloidal, coloideo, -a *adj* colloidal

coloide *adj* colloid

coloideo = **coloidal**

Colombia *n* Colombia

colombianismo *nm* = word or expression peculiar to Colombian Spanish

colombiano, -a ⬥ *adj* Colombian
⬥ *nm,f* Colombian

colombicultura *nf* pigeon breeding

colombina *nf (Col) (dulce)* lollipop

colombino, -a *adj* = relating to Christopher Columbus

Colombo *n* Colombo

colombofilia *nf* pigeon-fancying

colombófilo, -a ⬥ *adj* pigeon-fancying
⬥ *nm,f* pigeon fancier

colon *nm* ANAT colon ❑ **~ irritable** irritable bowel syndrome

Colón *n pr* **Cristóbal ~** Christopher Columbus

colón, -ona ⬥ *nm,f Fam (que se cuela) Br* queue-jumper, *US* line-jumper; **¡eh, no seas ~!** *Br* hey, there's a queue here!, *US* hey, don't cut in line!
⬥ *nm (moneda)* colon

colonense ⬥ *adj* of/from Colón *(Panama)*
⬥ *nmf* person from Colón *(Panama)*

Colonia *n* Cologne

colonia *nf* **-1.** *(estado dependiente)* colony
-2. *(campamento)* **~ (de verano)** (summer) camp; **ir de colonias** to go on a summer camp ❑ **~ nudista** nudist camp *o* colony
-3. *(de animales)* colony; **una ~ de focas** a seal colony
-4. *(de personas)* community; **la ~ mexicana en Argentina** the Mexican community in Argentina
-5. *(perfume)* eau de Cologne; **me gusta la ~ que usa tu novio** I like your boyfriend's aftershave
-6. *(urbanización)* housing development
-7. *Méx (barrio)* district ❑ **~ proletaria** working-class district, working-class estate
-8. *Carib (hacienda)* sugarcane plantation

coloniaje *nm Am* **-1.** *(época)* colonial period
-2. *(gobierno)* colonial government

colonial ⬥ *adj* colonial
⬥ *nmpl* **coloniales** *Esp* **(tienda de) coloniales** (fancy) grocery, delicatessen

colonialismo *nm* colonialism

colonialista ⬥ *adj* colonialist
⬥ *nmf* colonialist

colonización *nf* colonization

colonizador, -ora ⬥ *adj* colonizing
⬥ *nm,f* colonizer, colonist

colonizar [14] *vt* to colonize

colono *nm* **-1.** *(colonizador)* settler, colonist **-2.** *(agricultor)* tenant farmer

colopatía *nf* MED colonopathy, colopathy

coloquial *adj* colloquial

coloquialmente *adv* colloquially

coloquio *nm* **-1.** *(conversación)* conversation **-2.** *(debate)* discussion, debate **-3.** *Am (simposio)* conference, symposium

color *nm* **-1.** *(que se ve)* colour; **lápices de colores** coloured pencils; **un vestido de colores** a colourful *o* brightly coloured dress; **¿de qué ~?** what colour?; **~ azul** blue; **~ rojo** red; **es de ~ azul** it's blue; **pintó las sillas de ~ verde** she painted the chairs green; **a todo ~** in full colour; **nos dieron un folleto con fotos a todo ~** they gave us a full-colour brochure; **ha agarrado un ~ muy bueno durante sus vacaciones** she's got a nice tan on her *Br* holiday *o US* vacation; **cambiar** *o* **mudar de ~** to change colour; *Fig (palidecer)* to turn pale; *Fig (sonrojarse)* to blush; **dar ~ a algo** to colour sth in; *Fig* to brighten *o* liven sth up; **de ~** *(persona)* coloured; **voy a hacer una colada con ropa de ~** I'm going to wash the coloureds; **fotos en ~** colour photos; **televisión en ~** colour television; **deja el pollo en el horno hasta que comience a tomar ~** leave the chicken in the oven until it starts to brown ❑ IMPRENTA **~ aditivo** additive colour; **colores complementarios** complementary colours; IMPRENTA **~ directo** spot colour; IMPRENTA **~ plano** spot colour; **~ primario** primary colour; **~ sólido** fast colour
-2. *(para pintar)* paint; **colores** *(lápices)* coloured pencils; **le gusta darse un poco de ~ en la cara antes de salir** she likes to put a bit of colour *o* rouge on her cheeks before going out
-3. *(aspecto)* tone; **no tienes muy buen ~** you look a bit off-colour; **la situación adquirió un ~ trágico** the situation took on tragic overtones
-4. *(ideología)* **se le nota su ~ político** you can tell his political persuasion; **la televisión pública tiene un claro ~ gubernamental** the state-run television channels are clearly biased in favour of the government
-5. *(raza)* colour; **sin distinción de credo ni ~** regardless of creed or colour
-6. *(animación)* colour; **las fiestas de mi pueblo han ido perdiendo ~** the festivals in my home town have lost a lot of their colour; **el carnaval es una fiesta llena de ~** carnival is a colourful festival ❑ **~ local** local colour
-7. *(en los naipes)* suit
-8. *(bandera, camiseta)* **los colores nacionales** the national colours; **defender los colores del Académico** *(el equipo)* to play for Académico; **el equipo defendió con orgullo sus colores** the players showed great pride in fighting for their team
-9. *Formal (pretexto)* **so ~ de** under the pretext of
-10. EXPR *Esp* **no hay ~** it's no contest; **entre tu modelo y el mío, no hay ~** there's no comparison between my model and yours; *Fam* **ponerse de mil colores: le descubrieron copiando y se puso de mil colores** she went bright red *o* as red as a beetroot when they caught her copying; **sacar los colores (a la cara) a alguien** to make sb blush; **subido de ~** *(chiste etc)* risqué, *esp US* off-colour; **ver las cosas de ~ de rosa** to see things through rose-coloured *o* rose-tinted spectacles

coloración *nf* **-1.** *(acción)* colouring **-2.** *(color)* coloration, colouring **-3.** *(de animal)* markings ❑ **~ defensiva** protective markings

colorado, -a ⬥ *adj* **-1.** *(color)* red; **ponerse ~** to blush, to go red; **tenía la cara colorada** his face was flushed; **me vas a poner ~ con tantos elogios** I'm going to blush *o* go red with so much praise **-2.** *Andes, RP (pelirrojo)* red-haired
⬥ *nm (color)* red
⬥ *nm,f* **-1.** *Andes, RP (pelirrojo)* red-haired person, redhead **-2.** *Par, Urug* POL = member of the Colorado party

colorante ⬥ *adj* colouring
⬥ *nm* **-1.** *(aditivo alimentario)* colouring; **sin colorantes ni conservantes** *(en etiqueta)* no artificial colourings or preservatives **-2.** *(tinte)* dye, colorant

coloratura *nf* MÚS **-1.** *(pasaje)* coloratura, coloratura passage **-2.** *(cantante)* coloratura, coloratura soprano

colorear *vt* to colour (in)

colorete *nm* **-1.** *(en las mejillas)* **tener coloretes** to be red in the face **-2.** *(maquillaje) (de mejillas)* rouge, blusher **-3.** *Andes (maquillaje) (de labios)* lipstick

colorido *nm* **-1.** *(color)* colourfulness; **un cuadro con un ~ estridente** a luridly coloured painting; **el ~ del pez atrae a sus víctimas** the fish's colouring attracts its victims; *Fig*

colorín **una fiesta de gran ~** a very colourful local festival **-2.** *(brillo)* verve, style; **el ensayo tiene poco ~** the essay has a rather poor style

colorín *nm* **-1.** *(color fuerte)* bright colour; **de colorines** brightly coloured **-2. y ~ colorado, este cuento se ha acabado** and that's the end of the story **-3.** *(jilguero)* goldfinch

colorismo *nm* **-1.** *(de pintor)* colourist style **-2.** *(del lenguaje)* floridity

colorista ◇ *adj* colouristic
◇ *nmf* colourist

colosal *adj* **-1.** *(estatura, tamaño)* colossal **-2.** *(extraordinario)* enormous; *(descaro)* incredible; **el tenor estuvo ~** the tenor was amazing o sensational

coloso *nm* **-1.** *(estatua)* colossus ❏ HIST **el Coloso de Rodas** the Colossus of Rhodes **-2.** *(cosa, persona)* giant

colostomía *nf* MED colostomy

cólquico *nm* meadow saffron

colt® [kolt] *(pl* **colts***)* *nm* Colt®; **un ~ del 45** a Colt 45

coludir *vi* DER to collude

columbrar *vt* **-1.** *(divisar)* to make out **-2.** *(conjeturar)* to guess

columna *nf* **-1.** *(en edificio)* column, pillar ❏ **~ corintia** Corinthian column; **~ dórica** Doric column; **~ jónica** Ionic column; **~ salomónica** = twisted architectural column, *Espec* Solomonic column
-2. *(apoyo)* pillar ❏ **~ vertebral** spinal column, spine, *Fig* **este tratado es la ~ vertebral de la organización** this treaty is the backbone of the organization
-3. *(de texto)* column; **un artículo a cuatro columnas** a four-column article; **la ~ de opinión** the opinion column
-4. *(de soldados, tanques)* column; **marchar en ~ de a dos** to march two abreast o two by two
-5. *(de humo, mercurio)* column
-6. *(altavoz)* loudspeaker
-7. AUT **~ de dirección** steering column

columnata *nf* colonnade

columnista *nmf* columnist

columpiada *nf Fam (equivocación)* blunder

columpiar ◇ *vt* to push *(on a swing)*
◆ **columpiarse** *vpr* **-1.** *(mecerse)* to swing **-2.** *Fam (equivocarse)* to make a blunder, to put one's foot in it

columpio *nm* swing; **los columpios** the children's playground

colusión *nf* collusion

colutorio *nm* mouthwash, gargle

colza *nf* rape; **aceite de ~** rapeseed oil

coma[1] *nf* **-1.** *(signo ortográfico)* comma; *Fig* **sin faltar una ~** word for word **-2.** MAT ≃ decimal point; **tres ~ cuatro** *(escrito 3,4)* three point four ❏ **~ decimal** decimal point **-3.** INFORMÁT **~ flotante** floating point **-4.** MÚS comma

coma[2] *nm (médico)* coma; **estar en (estado de) ~** to be in a coma; **entrar en ~** to go o fall into a coma ❏ **~ etílico** = coma caused by alcoholic poisoning; **~ profundo** deep coma

comadre *nf* **-1.** *(pariente)* **es mi ~** *(madrina de mi hijo)* she's godmother to my son; *(madre de mi ahijado)* I'm godmother to her son **-2.** *Pey (mujer chismosa)* gossip, gossipmonger **-3.** *(vecina)* neighbour **-4.** *Fam (amiga) Br* mate, *US* buddy

comadrear *vi* to gossip

comadreja *nf* weasel

comadreo *nm* gossiping; **le encanta el ~** she loves gossiping o to gossip; **se pasaron toda la tarde de ~** they spent the whole afternoon gossiping

comadrona *nf* midwife

comal *nm CAm, Méx* = flat clay or metal dish used for baking "tortillas"

comanche ◇ *adj* Comanche
◇ *nmf* Comanche

comandancia *nf* **-1.** *(rango)* command **-2.** *(edificio)* command headquarters **-3.** *Méx (comisaría)* police station

comandante *nmf* **-1.** *(en ejército) (rango)* major ❏ **~ en jefe** commander-in-chief **-2.** *(en ejército) (de un puesto)* commander, commandant **-3.** *(de avión)* captain; **les habla el ~** this is your captain speaking **-4.** *Méx (comisario) Br* superintendent, *US* captain

comandar *vt* **-1.** MIL to command **-2.** DEP *(clasificación)* to lead, to head; **comandan la clasificación con 53 puntos** they are top of the table with 53 points

comandita: en comandita *loc adv Fam* **hacer algo en ~** to do something all together

comanditar *vt* COM to finance as a silent partner

comanditario, -a COM ◇ *adj* silent
◇ *nm,f* silent partner

comando *nm* **-1.** *(grupo armado)* commando ❏ **~ legal** = terrorist cell, the members of which have no criminal records; **~ suicida** suicide squad; **~ terrorista** terrorist cell **-2.** *(miembro de grupo)* commando **-3.** INFORMÁT command ❏ **~ externo** external command; **~ interno** internal command

comarca *nf* = administrative unit smaller than a region and larger than a municipality, ≃ district; **una ~ arrocera** a rice-growing area

comarcal *adj* local; **un problema de ámbito ~** a local problem; **carretera ~** minor road

comarcano, -a *adj* nearby, neighbouring

comatoso, -a *adj* comatose

comay *nf Cuba Fam (vecina)* neighbour; **mi ~ María** my friend Maria

comba *nf* **-1.** *Esp (juego)* skipping; **jugar** o **saltar a la ~** *Br* to skip, *US* to jump rope; EXPR *Fam* **no perder ~: no pierde ~ para decir lo que siente** she never misses an opportunity to say what she feels; **tu amigo no pierde ~, se entera de todo lo que pasa** your friend never misses a trick, he always knows what's going on
-2. *Esp (cuerda) Br* skipping rope, *US* jump rope
-3. *(de madera)* warp; *(de alambre, barra)* bend; *(de pared)* bulge; *(de viga)* sag

combado, -a *adj* warped

combadura *nf (de madera)* warp; *(de alambre, barra)* bend; *(de pared)* bulge; *(de viga)* sag

combar ◇ *vt (alambre, barra, viga de metal)* to bend; *(pared)* to cause to bulge; *(puerta, viga de madera)* to warp
◆ **combarse** *vpr (alambre, barra, viga de metal)* to bend; *(pared)* to bulge; *(puerta, viga de madera)* to warp

combate *nm* **-1.** *(militar)* combat; **el ~ se produjo por la noche** the battle took place during the night; **caer** o **morir en ~** to die in combat o battle ❏ **~ cuerpo a cuerpo** hand-to-hand combat
-2. *(lucha)* fight; **el ~ contra las drogas/el desempleo** the fight against drugs/unemployment; **un ~ desigual** an uneven contest; *también Fig* **dejar a alguien fuera de ~** to knock sb out; **este coche ha quedado fuera de ~** this car has had it
-3. *(en boxeo, artes marciales)* fight, contest; **deporte de ~** combat sport ❏ **~ de boxeo** boxing match; **~ de lucha libre** wrestling match; **~ por el título** title fight

combatiente ◇ *adj (ejército)* **los ejércitos combatientes** the armies involved in the conflict
◇ *nmf (de ejército)* soldier; *(de guerrilla)* fighter; **ex ~** veteran
◇ *nm (ave)* ruff

combatir ◇ *vt* **-1.** *(ejército)* to combat, to fight; **~ al enemigo** to fight the enemy **-2.** *(problemas)* to combat, to fight; **~ el frío** to combat the cold; **combatieron todos los intentos de aprobar la ley** they fought against all attempts to pass the law; **un producto para ~ la caries** a product which fights tooth decay
◇ *vi* to fight (**contra** against); **combatió junto a los aliados** he fought with the allies; **combatió por la república** he fought for the republic

combatividad *nf* fighting spirit

combativo, -a *adj* **-1.** *(agresivo)* aggressive, combative; **un animal muy ~** a very aggressive o fierce animal **-2.** *(que no se desanima)* spirited, combative; **tiene un carácter ~ y nunca abandona** she is very spirited o combative and never gives up

combi *nm* **-1.** *Esp (frigorífico)* fridge-freezer **-2.** *Am (microbús)* minibus

combinación *nf* **-1.** *(unión, mezcla)* combination; **una ~ explosiva** an explosive combination; **la perfecta ~ entre juventud y experiencia** the perfect combination o mix of youth and experience; **no tomar en ~ con otros analgésicos** *(en etiqueta)* not to be taken with other painkillers
-2. *(de bebidas)* cocktail
-3. *(de caja fuerte)* combination; **la ~ ganadora fue...** *(en lotería)* the winning numbers were...
-4. *(prenda)* slip
-5. *(plan)* scheme
-6. MAT permutation
-7. QUÍM compound
-8. *(de medios de transporte)* connections; **no hay buena ~ para ir de aquí allí** there's no easy way of getting there from here; **hay muy buena ~ para llegar al aeropuerto** there's a very good connection to the airport
-9. DEP *(pases)* pass; **una perfecta ~ entre los dos jugadores acabó en gol** the two players combined perfectly to score a goal

combinada *nf* DEP combined event

combinado, -a ◇ *adj (con distintos elementos)* combined
◇ *nm* **-1.** *(bebida)* cocktail **-2.** DEP *(para un solo partido)* scratch team; **el ~ nacional** the national team

combinar ◇ *vt* **-1.** *(unir, mezclar)* to combine; **combina lo práctico con lo barato** it is both practical and cheap **-2.** *(bebidas)* to mix **-3.** *(colores)* to match **-4.** *(planificar)* to arrange, to organize; **combinan sus horarios para que siempre haya alguien en casa** they arrange the hours they work so there's always somebody at home **-5.** MAT to permute **-6.** QUÍM to combine
◇ *vi (colores, ropa)* **~ con** to go with; **no tengo nada que combine con estos pantalones** I haven't got anything to go o that goes with these trousers
◆ **combinarse** *vpr* **-1.** *(ponerse de acuerdo)* **nos combinamos para cuidar del bebé** we arrange things between us to look after the baby **-2.** QUÍM to combine

combinatoria *nf* MAT combinatorial analysis

combinatorio, -a *adj* combinatorial

combo *nm* **-1.** *Esp Fam (grupo musical)* combo, band **-2.** *Andes (mazo)* sledgehammer **-3.** *Chile (puñetazo)* punch, blow

combustibilidad *nf* combustibility

combustible ◇ *adj* combustible
◇ *nm* fuel ❏ **~ fósil** fossil fuel; **~ líquido** liquid fuel; **~ mineral** mineral fuel; **~ nuclear** nuclear fuel; **~ sólido** solid fuel

combustión *nf* combustion ❏ **~ espontánea** spontaneous combustion; **~ lenta** slow combustion; **~ nuclear** nuclear combustion

comecocos *nm inv* **-1.** *Fam (para convencer)* **este panfleto es un ~** this pamphlet is designed to brainwash you; **la televisión es un ~** television dulls your brain **-2.** *Fam (cosa difícil de comprender)* teaser, puzzler **-3.** *(juego)* pac-man®

COMECON [kome'kon] *nm Antes (abrev de* **Consejo de Asistencia** *o* **Ayuda Mutua Económica)** COMECON

comedero *nm* **-1.** *(para animales)* trough **-2.** *Am Fam (para personas)* greasy spoon, *US* hash house

comedia *nf* **-1.** *(obra humorística)* comedy; *(obra dramática)* play; EXPR **hacer (la) ~** to put on an act, EXPR **no me vengas con comedias** don't start your play-acting ❏ LIT **~ de capa y espada** = play about chivalry, typical of Spanish 17th century theatre; **~ costumbrista** comedy of manners; **~ de**

enredo comedy of intrigue; ~ **musical** musical (comedy); ~ **romántica** romantic comedy
-**2.** *(película)* comedy; *(serie televisiva)* comedy series ❑ ~ **de situación** situation comedy, sitcom
-**3.** *(género)* comedy
-**4.** *(engaño)* farce; **su cansancio es pura ~** her tiredness is just an act
-**5.** *Am (telenovela, radionovela)* soap opera

comediante, -a *nm,f* -**1.** *(actor)* actor, *f* actress -**2.** *(farsante)* fraud

comedido, -a *adj* -**1.** *Esp (moderado)* moderate, restrained -**2.** *Am (servicial)* obliging

comedieta *nf* light comedy

comedimiento *nm* moderation, restraint; **actuar con ~** to exercise *o* show restraint

comediógrafo, -a *nm,f* playwright, dramatist

comedirse [47] *vpr* -**1.** *Esp (moderarse)* to restrain oneself -**2.** *Am (ofrecerse)* to volunteer oneself

comedón *nm* blackhead

comedor, -ora ◇ *adj* **es muy ~** he's a big eater, he likes his food
◇ *nm* -**1.** *(habitación)* dining room -**2.** *(muebles)* dining-room suite -**3.** *(establecimiento)* *(de fábrica)* canteen ❑ ~ **escolar** dining hall; ~ **universitario** refectory

comedura *nf Fam* **ese programa es una ~ de coco** that programme is trying to brainwash you; **tiene muchas comeduras de coco** she has lots of things bugging her

comehostias *nmf inv muy Fam Pey* creeping Jesus

comején *nm* termite

comelón = **comilón**

comendador *nm* -**1.** *(de orden militar)* knight commander -**2.** *(de orden religiosa)* prelate

comendadora *nf (superiora)* mother superior

comensal *nmf* -**1.** *(en comida)* fellow diner; **los comensales charlaban animadamente** the diners were having a lively conversation; **una cena con veinte comensales** a dinner for twenty (people) -**2.** BIOL commensal

comensalismo *nm* BIOL commensalism

comentar *vt* -**1.** *(opinar sobre)* to comment on; **comentaron un poema de Quevedo** they commented on a poem by Quevedo
-**2.** *(hablar de)* to discuss; **estuvimos comentando lo que había pasado en la oficina** we were talking about *o* discussing what had happened in the office
-**3.** *(retransmisión)* to commentate on; ~ **un partido de fútbol** to commentate on a soccer match
-**4.** *(considerado incorrecto) (decir)* to tell; **me han comentado que te interesa la filatelia** they tell me you're interested in stamp-collecting; **no se lo comentes a nadie** don't tell anyone, don't mention it to anyone

comentario *nm* -**1.** *(observación)* comment, remark; **hizo un ~ muy acertado** she made a very apt remark; **ahórrate tus comentarios** keep your remarks to yourself; **sólo era un ~ personal, no te lo tomes a mal** it was just a remark between the two of us, don't take it the wrong way; **el presidente no quiso hacer comentarios** the president did not wish to (make any) comment; **sin comentarios** no comment; **y, sin más comentarios, se marchó** and, without another word, she left; **sobran comentarios** what can you say?
-**2.** *(crítica)* commentary ❑ ~ **de texto** literary commentary, textual analysis
-**3.** *(televisivos, radiofónicos)* commentary
-**4.** **comentarios** *(murmuraciones)* gossip; **siempre hace comentarios a mis espaldas** he's always talking about me behind my back
-**5.** LING predicate

comentarista *nmf* commentator ❑ ~ **deportivo** sports commentator

comenzar [17] ◇ *vt* to start, to begin; ~ **diciendo que...** to start *o* begin by saying that...
◇ *vi* to start, to begin; ~ **a hacer algo** to start doing *o* to do sth; ~ **por hacer algo** to begin by doing sth; **"hiena" comienza por hache** "hyena" starts with an "h"; **el partido comenzó tarde** the game started late

comer ◇ *vt* -**1.** *(alimentos)* to eat; **no come carne casi nunca** she hardly ever eats meat; **¿quieres ~ algo?** would you like something to eat?
-**2.** *Esp, Méx (al mediodía)* to have for lunch; *esp Andes (a la noche)* to have for dinner; **hoy hemos comido pescado** we had fish today
-**3.** *(en los juegos de tablero)* to take, to capture; **me comió un alfil** he took one of my bishops
-**4.** *(consumir)* to eat up; **tus gastos nos comen casi todo mi sueldo** your expenses eat up almost all of my salary; **esta estufa come mucha leña** this stove uses *o* gets through a lot of wood; **los come la envidia** they're eaten up with envy; **eso me come mucho tiempo** that takes up a lot of my time; **me están comiendo los mosquitos** the mosquitoes are eating me alive
-**5.** EXPR **ni come ni deja ~** he's a dog in the manger; **no tengas miedo, nadie te va a ~** don't be afraid, nobody's going to eat you; *Fam* ~ **el coco** *o* **tarro a alguien** *(convencer)* to brainwash sb; *Vulg* ~ **el coño a alguien** to go down on sb; *Vulg* ~ **la polla a alguien** to give sb a blowjob, to go down on sb; **sin comerlo ni beberlo, le hicieron jefe** he became boss through no merit of his own; **sin comerlo ni beberlo, nos encontramos en la bancarrota** through no fault of our own, we went bankrupt
◇ *vi* -**1.** *(ingerir alimentos)* to eat; **ahora no tengo ganas de ~** I don't feel like eating *o* I'm not hungry right now; ~ **fuera, salir a ~** to eat out; **yo llevaré la bebida, tú compra las cosas de ~** I'll get the drink, you buy the food; ~ **a la carta** to eat à la carte; **¡a ~, chicos!** lunch is/dinner's/*etc* ready, children!; **¡come y calla!** shut up and eat your dinner!; **dar de ~ al perro** to feed the dog; **no sé qué darles de ~ a mis hijos esta noche** I don't know what to give the children to eat this evening; **en ese restaurante dan de ~ muy bien** the food is very good in that restaurant; *Fam* **ser de buen ~** to have a healthy appetite; *Fig* **tener qué ~** to have enough to live on; EXPR *Fam* ~ **a dos carrillos** to stuff one's face; EXPR ~ **como una lima** *o* **un regimiento** to eat like a horse; EXPR **comimos como curas** *o* **reyes** we ate like kings; EXPR ~ **y callar** beggars can't be choosers; EXPR *Fam* **dar** *o* **echar de ~ aparte a alguien: a mi profesor hay que darle** *o* **echarle de ~ aparte** you have to be careful how you deal with my teacher, because you never know how he's going to react; EXPR **donde comen dos comen tres** there's always room for one more at the table
-**2.** *Esp, Méx (al mediodía)* to have lunch; **¿qué hay de ~?** what's for lunch?; **en casa comemos a las tres** we have lunch at three o'clock at home; **hemos quedado para ~** we've arranged to meet for lunch; ~ **fuera, salir a ~** to go out for lunch
-**3.** *esp Andes (a la noche)* to have dinner

◆ **comerse** *vpr* -**1.** *(alimentos)* to eat; **en mi casa se come a las dos** we have lunch at two o'clock at home; **en ese restaurante se come muy bien** the food is very good at that restaurant; **se comió los tres platos** he had all three courses; **cómetelo todo** eat it all up; **comerse las uñas** to bite one's nails; *Fam* **como descubra al que ha hecho esto, me lo como vivo** when I find out who did this, I'll have their guts for garters; *Fam* **tu amigo está para comérselo** your friend's gorgeous; EXPR **comerse a alguien con los ojos** *o* **con la mirada** to be unable to keep one's eyes off sb; EXPR **comerse a alguien a besos** to cover sb with kisses; EXPR *Fam* **no te comas el coco** *o* **el tarro** don't worry your head about it; EXPR *Fam* **comerse un marrón: me ha tocado a mí comerme el marrón de limpiar la casa tras la fiesta** I got lumbered with having to clean the house after the party; EXPR *Esp Fam* **comerse un rosco: presume mucho, pero la realidad es que no se come un rosco** he's always bragging, but the truth of the matter is he never gets off with anyone; EXPR **¿y eso cómo se come?** and what are we/am I supposed to make of that?
-**2.** *(consumirse)* to eat up; **se la comen los celos, se come de celos** she's consumed *o* eaten up with jealousy
-**3.** *(desgastar) (colores)* to fade; *(metal)* to corrode; **el sol se comió los colores de la ropa** the sun made the clothes fade; **la humedad se come el hierro** moisture causes iron to rust
-**4.** *(en los juegos de tablero)* to take, to capture; **se me comió la reina** she took my queen
-**5.** *(palabras, texto)* to swallow; **se comió un párrafo** she missed out a paragraph; **te has comido todos los acentos** you've missed out all the accents; **se come las palabras al hablar** he swallows his words when speaking; *Fam Fig* **se va a ~ sus palabras** she'll have to eat her words
-**6.** *RP (saltarse)* **comerse una luz roja** to go through a red light
-**7.** *(ser mejor que)* to beat; **mi trabajo se come al tuyo** my job beats yours
-**8.** *Am muy Fam (fornicar)* **comerse a alguien** to get into sb's *Br* knickers *o US* panties
◇ *nm* **cuida mucho el ~** she's very careful about what she eats; **es muy sobrio en el ~** he eats very frugally

comercial ◇ *adj* -**1.** *(de empresas)* commercial; *(embargo, disputa)* trade; **relaciones comerciales** trade relations; **aviación ~** civil aviation; **política ~** trade policy; **gestión ~** business management; **déficit ~** trade deficit -**2.** *(que se vende bien)* commercial; **una película muy ~** a very commercial film
◇ *nmf (vendedor, representante)* sales rep
◇ *nm Am* commercial, *Br* advert

comercialismo *nm* commercialism

comercialización *nf* -**1.** *(de producto)* marketing -**2.** *(de cultura, deporte)* commercialization

comercializar [14] ◇ *vt* -**1.** *(producto)* to market -**2.** *(cultura, deporte)* to commercialize
◆ **comercializarse** *vpr (cultura, deporte)* to become commercialized

comercialmente *adv* commercially

comerciante *nmf* -**1.** *(negociante)* tradesman, *f* tradeswoman -**2.** *(tendero)* shopkeeper; **pequeños comerciantes** small businessmen

comerciar *vi* to trade, to do business; ~ **con armas/pieles** to deal *o* trade in arms/furs; ~ **en especies** to deal *o* trade in kind; **comerciamos principalmente con los países mediterráneos** we mainly trade *o* do business with the Mediterranean countries

comercio *nm* -**1.** *(de productos)* trade; ~ **de aceite/esclavos** oil/slave trade; **libre ~** free trade ❑ INFORMÁT ~ **electrónico** e-commerce; ~ **exterior** foreign trade; ~ **interior** domestic trade; ~ **internacional** international trade; ~ **justo** fair trade
-**2.** *(actividad)* business, commerce ❑ ~ **mayorista** wholesale trade; ~ **minorista** retail trade
-**3.** *(tienda)* shop, store
-**4.** *(conjunto de tiendas) Br* shops, *US* stores; **el ~ cierra mañana por ser festivo** the *Br* shops *o US* stores are closed tomorrow because it's a holiday

comestible ◇ *adj* edible, eatable
◇ *nmpl* **comestibles** food; **tienda de comestibles** grocer's (shop), grocery store

cometa ◇ *nm* ASTRON comet ❑ **el ~ Halley** Halley's comet
◇ *nf* kite

cometer *vt (crimen)* to commit; *(error, falta de ortografía)* to make; *(pecado)* to commit

cometido nm **-1.** (objetivo) mission, task **-2.** (deber) duty

comezón nf **-1.** (picor) **tener ~** to have an itch; **tengo ~ en la nariz** I've got an itchy nose **-2.** (remordimiento) twinge; (deseo) urge, itch; **sentía una ~ por triunfar** she felt the urge to win

comible adj Fam just about edible

cómic (pl **cómics**), **comic** (pl **comics**) nm **-1.** (viñetas) comic strip **-2.** (revista) (adult) comic

comicial adj election; **jornada ~** election day

comicidad nf humorousness

comicios nmpl POL elections

cómico, -a ◇ adj **-1.** (de la comedia) comedy, comic; **actor ~** comedy actor; **cine ~** comedy movies o Br films **-2.** (gracioso) comic, comical
◇ nm,f **-1.** (actor de teatro) actor, f actress **-2.** (humorista) comedian, comic, f comedienne

comida nf **-1.** (alimento) food; **la ~ francesa/mexicana** French/Mexican food; **~ para perros/gatos** dog/cat food ❑ **~ basura** junk food; **~ casera** home cooking; Méx **~ chatarra** junk food; Méx **~ corrida** set meal; Méx **~ corriente** set meal; **comidas a domicilio** = home delivery of food; **comidas para empresas** business catering; **~ para llevar** takeaway food; **~ preparada** ready meals; **~ rápida** fast food
-2. (acto de comer) meal; **se sirven comidas** (en letrero) food served
-3. Esp, Méx (al mediodía) lunch; **dar una ~** to have a lunch party; **una ~ de negocios** o **de trabajo** a business lunch; **una ~ campestre** a picnic
-4. esp Andes (a la noche) dinner

comidilla nf Fam **es la ~ del barrio** it's the talk of the neighbourhood; **su divorcio se ha convertido en la ~ de la prensa británica** the British press are having a field day with their divorce

comidió etc ver **comedirse**

comido, -a ◇ ver **comedirse**
◇ adj fed; **estar ~** to have eaten; **llegó ya ~** he had already eaten before he came; EXPR Fam **ser lo ~ por lo servido** (no merecer la pena) to be unprofitable; Fam **le he ayudado, pero él me había ayudado antes, así que lo ~ por lo servido** I helped him, but he'd helped me before, so fair's fair

comienzo ◇ ver **comenzar**
◇ nm start, beginning; **lo sabían desde el ~** they knew from the start o beginning; **y esto es sólo el ~** and this is just the start; **tuvo unos comienzos poco prometedores** it got off to an inauspicious start; **a comienzos del siglo XX** at the beginning of the 20th century; **al ~** in the beginning, at first; **dar ~ (a algo)** to start (sth), to begin (sth); **la función dio ~ a las siete y media** the performance started at half past seven; **el secretario dio ~ a la reunión** the secretary began o opened the meeting

comillas nfpl inverted commas, quotation marks; **abrir/cerrar ~** to open/close quotation marks; **poner algo entre ~** to put sth in inverted commas; **un "proceso democrático", entre ~, vigilado de cerca por los generales** a, quote, "democratic process", unquote, closely supervised by the generals ❑ **~ tipográficas** curly quotes

comilón, -ona, CAm, Méx **comelón, -ona** Fam ◇ adj greedy
◇ nm,f (persona) greedy pig, glutton

comilona nf Fam (festín) blow-out, Br slap-up meal; **darse una ~** to have a blow-out o Br a slap-up meal

comino nm **-1.** (planta) cumin, cummin **-2.** Fam (niño) titch **-3.** EXPR Fam **me importa un ~** I don't give a damn; **no vale un ~** it isn't worth tuppence

Comintern [komin'tern] nm o nf HIST (abrev de **Communist International**) Comintern

comiquita nf Ven Fam comic strip, cartoon

comisaría nf **~ (de policía)** police station, US precinct, station house; **pasó la noche en ~** he spent the night in the police station

comisariado nm commission

comisario, -a nm,f **-1.** (de policía) Br superintendent, US captain ❑ **~ jefe** Br chief superintendent, US chief **-2.** (delegado) commissioner ❑ **~ de carrera** course steward; UE **~ europeo** European Commissioner; **~ político** political commissar **-3.** (de muestra) organizer; (de exposición) organizer, curator

comiscar [59] vt to nibble

comisión nf **-1.** (delegación) committee, commission; UE **la Comisión (Europea** o **de las Comunidades Europeas)** the (European) Commission ❑ **~ de control** monitoring committee; **~ disciplinaria** disciplinary committee; **~ ejecutiva** executive committee; **~ de investigación** committee of inquiry; **~ investigadora** committee of inquiry; **~ mixta** joint committee; **Comisiones Obreras** = Spanish left-wing trade union; **~ parlamentaria** parliamentary committee; **~ permanente** standing committee; **~ rogatoria** rogatory commission
-2. COM commission; **(trabajar) a ~** (to work) on a commission basis; **recibe** o **se lleva una ~ del 5 por ciento** she gets 5 percent commission ❑ **~ bancaria** bank charges; ECON **~ fija** flat fee
-3. (de un delito) perpetration
-4. (encargo) assignment ❑ **~ de servicio(s): trabajó dos años de profesora, en ~ de servicio** she was seconded to the institute for two years

comisionado, -a nm,f committee member

comisionar vt to commission

comisionista nmf commission agent

comisquear ◇ vt to nibble
◇ vi to nibble

comisura nf corner (of mouth, eyes); **se limpió el helado de la ~ de los labios** he wiped the ice cream from the corner of his mouth

comité nm committee; **~ central** central committee; **~ consultivo** consultative committee; DEP **~ de competición** disciplinary committee; **~ de disciplina** disciplinary comittee; UE **Comité Económico y Social** Economic and Social Committee; **~ ejecutivo** executive committee; IND **~ de empresa** works council; IND **~ intercentros** coordinating o joint committee (of trade unions); **~ olímpico** Olympic Committee; **~ permanente** standing committee; UE **Comité de las Regiones** Committee of the Regions

comitiva nf entourage; **la ~ presidencial/real** the president's/royal entourage

Como nm **el lago ~** Lake Como

como ◇ adv **-1.** (comparativo) **tan... ~... as... as...**; **ser ~ algo** to be like sth; **habla ~ tú** he speaks like you (do); **vive ~ un rey** he lives like a king; **lo que dijo fue ~ para ruborizarse** his words were enough to make you blush; **es ~ para no volver a dirigirle la palabra** I feel I never want to speak to him again; **nadie escribe ~ él (escribe)** no one writes like him o like he does; **¿qué hace alguien ~ tú en este lugar?** what's a person like you doing in a place like this?; EXPR **es (tan) negro ~ el carbón** it's as black as coal
-2. (de la manera que) as; **lo he hecho ~ es debido** I did it as o the way it should be done; **lloviendo ~ llovía, decidimos no salir** seeing as it was raining so hard, we decided not to go out; **nevó ~ nunca** it snowed like it had never snowed before; **teniendo tanto dinero ~ tiene, no sé cómo puede ser tan avaro** I don't know how he can be so mean with all the money he has, I don't know how someone with all that money can be so mean; **hazlo ~ te dé la gana** do it whatever way o however you like; **lo haga ~ lo haga, no le va a dar tiempo** it doesn't matter how he does it, he won't have enough time; **se encuentra ~ hacía mucho tiempo no se encontraba** she feels like she hasn't felt in a long time
-3. (según) as; **~ te decía ayer...** as I was telling you yesterday...; **~ de costumbre, llegó tarde** she was late, as usual
-4. (aproximadamente) about; **me quedan ~ diez euros** I've got about ten euros left; **estamos ~ a mitad de camino** we're about half-way there; **tiene un sabor ~ a naranja** it tastes a bit like an orange, it has a slight taste of orange; **llegaré ~ a las cinco** I'll get there about five
-5. (por ejemplo) such as, like; **me gustan deportes ~ el tenis y el golf** I like sports such as tennis and golf; **para algunos países, ~ Perú o Bolivia,...** for some countries, such as Peru or Bolivia,...
-6. (en que) **por la manera ~ hablaba supe que era extranjero** I knew he was foreign from the way he talked
◇ prep (en calidad de, en concepto de) as; **~ presidente que es, tiene que asistir** as president, he must attend; **trabaja ~ bombero** he works as a fireman; **dieron el dinero ~ anticipo** they gave the money as an advance; **~ pintor, no es muy bueno** he's not very good as a painter; **en esta lista aparece ~ emigrado** he appears on this list as an emigrant
◇ conj **-1.** (ya que) as, since; **~ no llegabas, nos fuimos** as o since you didn't arrive, we left; **~ no hablo inglés, no entendí nada** as o since I don't speak English, I didn't understand anything
-2. Esp (si) if; **~ no me hagas caso, lo pasarás mal** if you don't listen to me, there'll be trouble; **~ no se lo preguntes, nunca lo sabrás** you'll never know unless you ask her; **~ no te des prisa, llegaremos tarde** if you don't hurry (up) we'll be late
-3. (que) that; **después de tantas veces ~ te lo he explicado** after all the times (that) I've explained it to you
-4. Esp (expresa posibilidad) **¿quién se olvidó de pagar? – ~ no fuera yo...** who forgot to pay? – it could have been me...; **vengo a despedirme de Clara – pues ~ no te des prisa, ya no la ves** I've come to say goodbye to Clara – well, if you don't hurry you'll miss her
-5. (expresa consecuencia) **es ~ para no hablarle nunca más** it's enough to make you never want to talk to her again; **es ~ para matarlo** I could kill him

◇ **como que** loc conj **-1.** (que) that; **le pareció ~ que lloraban** it seemed to him (that) they were crying
-2. (expresa causa) **pareces cansado – ~ que he trabajado toda la noche** you seem tired – well, I've been up all night working; **esta leche sabe rara – ~ que está cortada** this milk tastes funny – that's because it's off
-3. (expresa incredulidad) **¡~ que te voy a creer a ti que eres un mentiroso!** as if I'd believe a liar like that!; **voy a darle una lección – ~ que te vas a atrever** I'm going to teach him a lesson – you'd never dare o as if you'd dare
-4. (como si) as if; **haz ~ que buscas algo** make as if o pretend you're looking for something

◇ **como quiera que** loc adv (de cualquier modo que) whichever way, however; **~ quiera que elijas** whichever way o however you choose; **~ quiera que sea** whatever the case may be; **Alcazarquivir** o **~ quiera que se llame** Alcazarquivir, or whatever it's called

◇ **como quiera que** loc conj (dado que) since, given that; **~ quiera que la mayoría parece estar a favor...** since o given that the majority seems to be in favour...

◇ **como si** loc conj as if; **tú, ~ si nada, no le hagas ni caso** just ignore it, don't take any notice of him

◇ **como ser** loc adv Am (es decir) such as, like; **precisamos profesionales, ~ ser médicos, abogados, etc.** we need professional people, such as doctors, lawyers, etc

cómo ◇ adv **-1.** (de qué manera) how; **¿~ estás?**, Andes, Ven **¿~ andas?**, RP **¿~ andás?** how are you?; **¿~ te encuentras?** how are you feeling?; **¿~ te llamas?** what's your

cómoda

name?; **¿~ dices que se llama?** what did you say she was called?; **¿~ lo has hecho?** how did you do it?; **¿~ son?** what are they like?; **¿~ se escribe?** how do you spell it?; **¿~ es de alto?** how tall is he?; **me encanta ~ bailas** I love the way you dance; **explícame ~ se hace** tell me how you do it, tell me how it's done

-2. *(por qué motivo)* how; **¿~ te dejas tratar de esa manera?** how can you allow yourself to be treated like that?; **¿~ no vinieron a la fiesta?** why didn't they come to the party?; **pero, ¡~ no lo has dicho antes!** but why didn't you say so earlier?; **no sé ~ has podido decir eso** I don't know how you could say that

-3. *(exclamativo)* how; **¡~ pasan los años!** how time flies!; **¡~ me alegro!** I'm so pleased!; **¡~ ha crecido tu hijo!** your son has really grown!; **¡~ ilumina esta lámpara!** this lamp's really bright!; **¡~! ¿no te has enterado?** what! you mean you haven't heard?; **¡~ es posible que no quede café!** how can it be that there's no coffee left?; **han vuelto a mandar el recibo de la luz – ¡~!, si ya lo hemos pagado** they've sent us another electricity bill – what? but we've already paid it!; **está lloviendo, ¡y ~!** it's raining like crazy!, *Br* it isn't half raining!; **¡~ llueve!** it's raining like crazy!, *Br* it isn't half raining!; **¡hay que ver ~ toca el violín!** you wouldn't believe how well she plays the violin

-4. *(interrogativo)* **¿~?, ¿~ dices?** *(¿qué dices?)* sorry?; **¿~ dices?, ¿no piensa pagar?** *(expresa sorpresa)* what do you mean, she's not going to pay?; *Fam* **¿~ es eso?** *(¿por qué?)* how come?; **¡~ no!** of course!; **¿~ que no la has visto nunca?** what do you mean you've never seen her?; **no piensa ayudarnos – ¿~ que no?** he doesn't want to help us – how come? *o* what do you mean he doesn't?; *Esp* **¿a ~ están los tomates?** how much are the tomatoes?

◇ *nm* **el ~ y el porqué** the whys and wherefores

◇ **a cómo de lugar** *loc adv CAm, Carib, Méx (sea como sea)* what may; **tenemos que terminar este texto hoy, a ~ de lugar** we've got to finish this text today, come what may

cómoda *nf* chest of drawers

cómodamente *adv* -1. *(confortablemente)* comfortably -2. *(de forma conveniente)* conveniently

comodidad ◇ *nf* -1. *(estado, cualidad)* comfort; **el equipo ganó con ~** the team won comfortably *o* easily; **un vehículo en el que caben con toda ~ 7 personas** a vehicle which seats 7 comfortably

-2. *(conveniencia)* convenience; **para su ~** for your convenience; **tener las tiendas tan cerca supone una ~** it's convenient *o* handy having the shops so close

-3. *(interés propio)* convenience; **no acompaño a su hijo por ~** I'm not going with her son because it doesn't suit me to

◇ *nfpl* **comodidades** comforts; **una habitación con todo tipo de comodidades** a room equipped with everything you could need

comodín ◇ *adj Am (comodón)* comfort-loving

◇ *nm* -1. *(naipe)* joker -2. *(persona)* Jack of all trades; **una palabra ~** an all-purpose word -3. INFORMÁT wild card -4. *Am (comodón)* comfort lover

cómodo, -a ◇ *adj* -1. *(confortable)* comfortable; **estar ~** to feel comfortable; **ponte ~** *(como en casa)* make yourself at home; **no me siento ~ delante de ellos** I don't feel comfortable *o* I feel uncomfortable in their company; **con estos zapatos voy muy ~** I'm very comfortable in these shoes

-2. *(conveniente)* convenient; **es muy ~ que te traigan la compra a casa** it's very convenient *o* handy having the shopping delivered to your home

-3. *(oportuno, fácil)* easy; **es muy ~ dejar que**

los demás decidan todo por ti it's very easy to let others make all the decisions for you

-4. *(vago)* lazy

◇ *nm,f* **ser un ~** to be lazy

comodón, -ona ◇ *adj* -1. *(amante de la comodidad)* comfort-loving -2. *(vago)* laid-back; **no seas ~** don't be so lazy

◇ *nm,f* -1. *(amante de la comodidad)* comfort-lover -2. *(vago)* laid-back person

comodoro *nm* -1. *(de buque)* commodore -2. *Arg (de avión) Br* group captain, *US* colonel

comoquiera: comoquiera que ◇ *loc adv (de cualquier manera que)* whichever way, however; *(dado que)* since, seeing as

◇ *loc conj (dado que)* since, given that; **~ que la mayoría parece estar a favor...** since *o* given that the majority seems to be in favour...

Comoras, Comores *nfpl* **las (islas) ~** the Comoros (Islands)

compa *nmf Fam* pal, *Br* mate, *US* buddy

compact ['kompak] *(pl* **compacts)** *nm inv* compact disc, CD

compactación *nf* INFORMÁT compression; **~ de ficheros** file compression

compactar *vt* to compress

compact disk, compact disc ['kompak-ðis(k)] *(pl* **compact disks** *o* **discs)** *nm* -1. *(aparato)* compact disc player -2. *(disco)* compact disc, CD

compacto, -a ◇ *adj* compact

◇ *nm* -1. *(aparato)* compact disc player -2. *(disco)* compact disc, CD

compactoteca *nf* compact disc *o* CD collection

compadecer [46] ◇ *vt* to pity, to feel sorry for; **compadezco al que tenga que tratar contigo** I pity *o* feel sorry for anyone who has to have anything to do with you

◆ **compadecerse** *vpr* compadecerse de to pity, to feel sorry for; **¿te ha tocado don Florentino de profesor de matemáticas? ¡te compadezco!** you've got Mr Florentino for maths? I feel sorry for you!

compadraje, compadreo *nm* -1. *(amistad)* companionship, close friendship -2. *(acuerdo)* conspiracy, plot

compadre *nm* -1. *(pariente)* **es mi ~** *(padrino de mi hijo)* he's godfather to my son; *(padre de mi ahijado)* I'm godfather to his son -2. *Fam (amigo) Br* mate, *US* buddy

compadrear *vi RP* to brag, to boast

compadreo = compadraje

compaginable *adj* **no ser ~ con algo** to be incompatible with sth

compaginación *nf* -1. *(combinación)* reconciling; **es difícil lograr la ~ de nuestros horarios de trabajo** it's difficult to get our working hours to fit in together -2. IMPRENTA page make-up

compaginar ◇ *vt* -1. *(combinar)* to reconcile, to combine; **compagina muy bien las tareas del hogar con su trabajo** he combines the household chores with his job very well -2. IMPRENTA to make up

◆ **compaginarse** *vpr* compaginarse con to square with, to go together with

compaña *nf Fam* **llegó con toda la ~** he arrived with the whole crew in tow

compañerismo *nm* comradeship

compañero, -a *nm,f* -1. *(pareja, acompañante)* partner; **la actriz asistió junto a su actual ~** the actress was accompanied by her current partner

-2. *(colega)* colleague; **~ (de clase)** classmate; **~ (de trabajo)** colleague, workmate, *US* coworker; **fue ~ mío en la universidad** he was at university at the same time as me; **hemos sido compañeros de aventuras** we've done lots of things together ❏ **~ de apartamento** *Br* flatmate, *US* roommate; **~ de armas** comrade-in-arms; **~ de casa** housemate; **~ de cuarto** roommate; **~ de equipo** team-mate; *Esp* **~ de piso** *Br* flatmate, *US* roommate; **~ de viaje** travelling companion

-3. *(en juegos por parejas)* partner

-4. *(par)* **el ~ de este guante/calcetín** the glove/sock that goes with this one

-5. *(camarada)* comrade; **el ~ Rodríguez** comrade Rodríguez

compañía *nf* -1. *(cercanía)* company; **en ~ de** accompanied by, in the company of; **hacer ~ a alguien** to keep sb company

-2. *(acompañante)* company; **andar en malas compañías** to keep bad company; **ahora tienen ~, volveré más tarde** they've got company just now, I'll come back later; **¿quiénes han sido? – Fernando y ~, como de costumbre** who was it? – Fernando and co., as usual

-3. *(empresa)* company; **Fernández y Compañía** Fernández and Company ❏ **~ aérea** airline; **~ discográfica** record company; **~ eléctrica** electricity company; **~ ferroviaria** railway *o US* railroad company; **~ naviera** shipping company; **~ petrolera** oil company; **~ de seguros** insurance company; **~ telefónica** telephone company

-4. *(de teatro, danza)* company ❏ **Compañía Nacional de Danza** National Dance Company; **~ de repertorio** repertory company

-5. *(en ejército)* company

-6. **la Compañía de Jesús** the Society of Jesus, the Jesuits

comparable *adj* comparable (**a** *o* **con** to *o* with)

comparación *nf* -1. *(entre personas, cosas)* comparison; **no es conveniente establecer comparaciones entre hermanos** it's not a good idea to compare brothers and sisters; **en ~ con** in comparison with, compared to; **las comparaciones son odiosas** comparisons are odious; **no admite ~, no hay punto de ~** there's no comparison; **sin ~** by far -2. GRAM comparison

comparado, -a *adj* **~ con** compared to; **con el tuyo, el mío es increíble** compared to yours, mine is incredible; **gramática comparada** comparative grammar

comparar ◇ *vt* to compare; **~ algo/a alguien con algo/alguien** to compare sth/sb with sth/sb; **~ precios** to compare prices, to shop around

◇ *vi* to compare, to make a comparison; **¡no compares, ésta es mucho más bonita!** don't compare, this one's much nicer!

comparativamente *adv* comparatively

comparativo, -a ◇ *adj* comparative

◇ *nm* comparative

comparecencia *nf*, **comparecimiento** *nm (ante el juez, la prensa)* appearance

comparecer [46] *vi* to appear; **~ ante alguien** to appear before sb

compareciente DER ◇ *adj* appearing

◇ *nmf* person appearing

comparecimiento = comparecencia

comparsa ◇ *nf* -1. TEATRO extras -2. *(en carnaval)* = group of people at carnival in same costume and with masks

◇ *nmf* -1. TEATRO extra -2. *(en carreras)* also-ran; *(en competiciones)* minnow; **no es más que un ~** he's just there to make up the numbers

compartido, -a *adj (casa, habitación)* shared

compartimentación *nf* compartmentalization

compartimentar *vt* to compartmentalize

compartimento, compartimiento *nm* -1. *(en tren)* compartment -2. *(de armario)* part, section; *(de nevera)* compartment ❏ **~ estanco** watertight compartment

compartir *vt* -1. *(ganancias, gastos)* to share (out); **lo compartieron entre los familiares** they shared it (out) among their relations -2. *(casa, vehículo)* to share; **~ algo con alguien** to share sth with sb -3. *(ideas, pesimismo)* to share; **no comparto tu opinión** I don't share your opinion

compás *(pl* **compases)** *nm* -1. *(instrumento)* pair of compasses

-2. MÚS *(ritmo)* rhythm, beat; **al ~ (de la música)** in time (with the music); **llevar el ~** to keep time; **marcar el ~** to beat time; **perder el ~** to lose the beat ❏ MÚS **~ de cuatro por**

cuatro four-four time; ~ **ternario** triple time
-3. MÚS *(periodo)* bar; **tocaron unos compases de esa canción** they played a few bars of that song
-4. NÁUT *(brújula)* compass
-5. ~ **de espera** pause, interlude; **las negociaciones se hallan en un ~ de espera** negotiations have been temporarily suspended

compasillo *nm* MÚS four-four time

compasión *nf* compassion, pity; **mover a la ~ to** move to pity; **trata a todo el mundo sin ~** she has no sympathy for anyone; **disparó sin ~ contra los prisioneros** he shot at the prisoners without pity; **tener ~ de** to feel sorry for; **¡por ~!** for pity's sake!

compasivamente *adv* compassionately, sympathetically

compasivo, -a *adj* compassionate, sympathetic

compatibilidad *nf* -1. *(entre personas, proyectos)* compatibility; **entre ellos no hay ~ de caracteres** they don't get on with each other at all -2. INFORMÁT compatibility

compatibilizar [14] *vt* to make compatible; **compatibiliza el trabajo con los estudios** she combines work and study, she fits her studies in with her job

compatible ◇ *adj* -1. *(personas, proyectos)* compatible; **no son compatibles el uno con el otro** they are not compatible with each other; **su cargo no es ~ con el de presidente** he cannot stay in his present post and be president at the same time -2. INFORMÁT compatible; **~ con versiones anteriores** backward compatible
◇ *nm* INFORMÁT compatible computer

compatriota *nmf (hombre)* compatriot, fellow countryman; *(mujer)* compatriot, fellow countrywoman

compay *nm Cuba Fam (amigo)* friend, *Br* mate, *US* buddy

compeler *vt* to compel, to force; **lo compelieron a pagar** he was compelled *o* forced to pay

compendiar *vt* -1. *(cualidades, características)* to epitomize -2. *(libro, historia)* to abridge

compendio *nm* -1. *(libro)* compendium; **un ~ de gramática** a short guide to grammar -2. *(síntesis)* epitome, essence; **esta muchacha es un ~ de virtudes** this girl is a paragon of virtue, this girl is virtue itself

compenetración *nf* mutual understanding

compenetrado, -a *adj* **están muy compenetrados** they understand each other very well; **es un equipo muy ~** they work very well as a team

compenetrarse *vpr* -1. *(personas)* to understand each other; **se compenetra muy bien con su compañera de trabajo** she has reached a good understanding with her workmate -2. QUÍM *(partículas)* to interpenetrate

compensación *nf* -1. *(indemnización)* compensation; **en ~ (por)** in return (for); **recibió 10 millones en ~ por el fallecimiento de su marido** she received 10 million in compensation for the death of her husband; **solicitan una ~ económica por los daños sufridos** they are seeking financial compensation for the damage
-2. FIN clearing ❑ **~ bancaria** bank clearing
-3. PSI compensation

compensar ◇ *vt* -1. *(contrarrestar)* to make up for; **su talento compensa la falta de educación formal** her talent makes up for the fact that she lacks a formal education; **compensaron las pérdidas con las ganancias** the profit they made cancelled out their losses
-2. *(indemnizar)* **~ a alguien (de** *o* **por)** to compensate sb (for); **la compensaron con 2 millones** she got 2 million in compensation; **te compensaré por el esfuerzo** I'll make it worth your while
◇ *vi* to be worthwhile; **no compensa** it's not worth it; **no me compensa (perder tanto tiempo)** it's not worth my while (wasting all that time); **compensa más comprarlo a granel** it pays *o* it's more economical to buy it in bulk

◆ **compensarse** *vpr* **el mal estado del local se compensa con su excelente situación** the poor condition of the place is offset *o* compensated for by its excellent location; **la baja mortalidad se compensa con una baja natalidad** low mortality is offset by a low birth rate

compensatorio, -a *adj* compensatory

competencia *nf* -1. *(entre personas, empresas)* competition; **hay mucha ~ por conseguir ese contrato** there's a lot of competition for that contract; **hacer la ~ a alguien** to compete with sb ❑ COM **~ desleal** unfair competition
-2. *(persona, empresa)* **la ~** the competition; **trabaja para la ~** he works for the competition
-3. *(incumbencia)* field, province; **no es de mi ~** it's not my responsibility; **ese asunto es ~ de la policía** that is a matter for the police; **los casos de terrorismo no son ~ de ese tribunal** that court is not responsible for dealing with terrorism cases
-4. *(atribuciones)* **competencias** powers; **tienen competencias en materia de educación** they have authority over educational matters
-5. *(aptitud)* competence, ability; **un profesional de una gran ~** a very able *o* competent professional
-6. LING competence ❑ **~ comunicativa** communicative competence; **~ lingüística** linguistic competence
-7. *Am (deportiva)* competition

competente *adj* -1. *(capaz)* competent -2. *(responsable)* **~ en materia de** responsible for

competer *vi* **~ a** *(incumbir)* to be up to, to be the responsibility of; *(a una autoridad)* to come under the jurisdiction of; **la protección del medio ambiente compete al gobierno de la nación** environmental protection is the reponsibility of the government; **es un asunto que no nos compete** it's not our responsibility *o* it's not up to us to deal with this matter

competición *nf* -1. *(deportiva)* competition ❑ **~ deportiva** sports competition; DEP **~ por puntos** points competition -2. *(entre empresas, grupos)* competition; **la ~ electoral** the electoral contest; **hay una dura ~ por obtener un ascenso** there is fierce competition for promotion

competidor, -ora ◇ *adj* rival, competing
◇ *nm,f* -1. *(en concurso)* competitor -2. COM *(compañía)* competitor, rival; *(producto)* competitor, rival (product)

competir [47] *vi* -1. *(contender)* to compete **(con/por** with/for); **varios grupos compiten por la obtención del contrato** several groups are competing for the contract; **nos es muy difícil ~ con las importaciones chinas** we find it very difficult to compete with Chinese imports; **exigen ~ en pie de igualdad con otros países europeos** they are demanding to compete on an equal footing with other European countries
-2. *(igualar)* **~ (con)** to be on a par (with); **compiten en belleza** they rival each other in beauty; **un producto que puede competir con los importados** a product that can compete with foreign imports

competitivamente *adv* competitively

competitividad *nf* -1. *(de persona)* competitiveness -2. *(de producto, empresa)* competitiveness

competitivo, -a *adj* -1. *(persona)* competitive -2. *(producto, empresa)* competitive; **productos a precios muy competitivos** products at very competitive prices

compilación *nf* -1. *(acción)* compiling -2. *(colección)* compilation -3. INFORMÁT compiling

compilador, -ora ◇ *adj* compiling
◇ *nm,f (persona)* compiler
◇ *nm* INFORMÁT compiler

compilar *vt* -1. *(libros, información)* to compile -2. INFORMÁT to compile

compincharse *vpr* **~ para hacer algo** to gang together to do sth

compinche *nmf Br* mate, *US* buddy; **detuvieron al ladrón y a sus compinches** they arrested the robber and his accomplices

compita *nmf Nic* -1. *(guerrillero)* = Nicaraguan guerrilla -2. *(tratamiento)* comrade

compitiera *etc ver* **competir**

compito *etc ver* **competir**

complacencia *nf* -1. *(agrado)* pleasure, satisfaction; **enseñaba el trofeo con ~** he proudly displayed the trophy -2. *(indulgencia)* indulgence; **tener complacencias con alguien** to be indulgent towards *o* with sb

complacer [42] ◇ *vt* to please; **me complace anunciar que...** I am pleased to announce (that)...

◆ **complacerse** *vpr* **complacerse en hacer algo** to take pleasure in doing sth

complacido, -a *adj* pleased; **está muy ~ con el esfuerzo realizado** he's very pleased with the efforts that have been made

complaciente *adj* -1. *(amable)* obliging, helpful -2. *(indulgente)* indulgent

complazco *etc ver* **complacer**

complejidad *nf* complexity

complejo, -a ◇ *adj* -1. *(complicado, difícil)* complex; **es una situación muy compleja** it's a very complex *o* complicated situation
-2. *(número)* complex
◇ *nm* -1. *(psicológico)* complex; **tiene ~ de gorda** she's got a complex about being fat; **le va a entrar ~** he'll get a complex ❑ **~ de culpabilidad** guilt complex; **~ de Edipo** Oedipus complex; **~ de inferioridad** inferiority complex; **~ de superioridad** superiority complex
-2. *(zona construida)* complex ❑ **~ deportivo** sports complex; **~ hospitalario** hospital (complex); **~ hotelero** hotel complex; **~ industrial** industrial park; **~ residencial** private housing estate; **~ turístico** tourist development
-3. *(estructura)* complex ❑ **~ vitamínico** vitamin complex

complementar ◇ *vt* to complement

◆ **complementarse** *vpr* to complement each other; **se complementan a la perfección** they complement each other perfectly, they are the perfect complement to each other

complementariedad *nf* complementarity; **es vital que haya un alto grado de ~ entre las organizaciones** it is essential for the roles carried out by the different organizations to be complementary; **entre ambas empresas existe una elevada ~ geográfica** the two companies complement each other geographically

complementario, -a ◇ *adj* -1. *(persona, cosa)* complementary -2. *(ángulo)* complementary -3. *(color)* complementary
◇ *nm Esp (en la lotería)* = complementary number, *Br* ≃ bonus ball

complemento *nm* -1. *(añadido)* complement; **la fruta es el ~ ideal de una dieta equilibrada** fruit is the ideal complement to a balanced diet ❑ **~ salarial** bonus, wage supplement; **~ vitamínico** vitamin supplement
-2. GRAM object, complement ❑ **~ agente** agent; **~ circunstancial** adjunct; **~ circunstancial de tiempo/modo** adverbial of time/manner; **~ directo** direct object; **~ indirecto** indirect object
-3. *(de un ángulo)* complement
-4. **complementos** *(accesorios)* accessories; **complementos de novia** bridal accessories
-5. *Urug (segundo tiempo)* second half

completamente *adv* completely, totally; **estoy ~ seguro/lleno** I'm completely sure/full; **el plan fracasó ~** the plan was a total failure

completar ◇ *vt* -1. *(acabar)* to complete; **completaron la reparación en dos horas** they completed the repair in two hours;

esta obra completa la trilogía this work completes the trilogy **-2.** *(impreso)* to fill out *o* in

◆ **completarse** *vpr* to be completed; **la jornada se completó con una conferencia** the day ended *o* was rounded off with a lecture

completas *nfpl* REL compline

completo, -a ◇ *adj* **-1.** *(entero)* complete; **nombre ~** full name; **las obras completas de un autor** the complete works of an author; **vino toda la familia al ~** the entire family came

-2. *(lleno)* full; **el vagón está** *o* **va ~** the *Br* carriage *o US* car is full; **todos los hoteles de la ciudad están al ~** all the hotels in town are full; **completo** *(hotel)* no vacancies; *(aparcamiento)* full; *(en taquilla)* sold out

-3. *(perfecto)* complete; **un deportista muy ~** an all-round sportsman; **un espectáculo muy ~** a very well-rounded production

-4. *(rotundo)* complete; **un ~ silencio** complete *o* total silence; **fue un ~ éxito/fracaso** it was a complete success/a complete *o* total failure; **es un ~ caballero** he's an absolute *o* the complete gentleman; **es un ~ mentiroso** he's a complete liar

-5. *CSur (café, té, chocolate)* = served with toast, butter, cakes and pastries

◇ *nm Chile* = hot dog with all the trimmings

◇ **por completo** *loc adv* completely; **han desaparecido por ~** they have completely disappeared; **se dedica por ~ a la música** she devotes herself full-time to music

complexión *nf* build; **ser de ~ atlética/robusta** to be athletically built/well-built

complicación *nf* **-1.** *(proceso)* complication; **así sólo se consigue la ~ de la situación** that will only complicate matters

-2. *(complejidad)* complexity; **un problema de gran ~** a very complex problem

-3. *(contratiempo)* problem, complication; **es una ~ con la que no contábamos** it's a problem *o* complication we hadn't counted on; **han surgido varias complicaciones** several problems *o* complications have arisen

-4. *(en enfermedad)* complication; **si no hay complicaciones, le dan el alta mañana** if there are no problems *o* complications, he'll be discharged tomorrow

complicado, -a *adj* **-1.** *(situación, problema)* complicated **-2.** *(sistema, procedimiento)* complicated **-3.** *(carácter)* complex; **es un niño muy ~** he's a very complex child

complicar [59] ◇ *vt* **-1.** *(dificultar)* to complicate; **esas declaraciones complican la obtención de un acuerdo** that statement will make it more difficult to reach an agreement; **complicarle la vida a alguien** to make life difficult for sb **-2.** *(comprometer)* **~ a alguien (en)** to involve sb (in)

◆ **complicarse** *vpr* **-1.** *(problema)* to become *o* get complicated; **se están complicando las cosas** things are getting complicated; **la reunión se complicó y terminamos a las once** complications arose at the meeting and we finished at eleven; **¡no te compliques la vida!** don't complicate matters (unnecessarily)!

-2. *(enfermedad)* to get worse

-3. *(comprometerse)* **se ha complicado en un asunto turbio** he has got mixed up *o* involved in some shady business

cómplice ◇ *adj* conspiratorial; **una sonrisa/un silencio ~** a conspiratorial smile/silence

◇ *nmf* accomplice; **ser ~ de un delito** to be an accomplice to *o* in a crime

complicidad *nf* complicity; **fue acusado de ~ en el robo** he was accused of being an accomplice to the robbery; **una mirada de ~** a conspiratorial look, a look of complicity

complot *(pl* **complots)**, **compló** *(pl* **complós)** *nm* plot, conspiracy

complotar *vi* to plot

complutense ◇ *adj* of/from Alcalá de Henares *(Spain)*

◇ *nmf* person from Alcalá de Henares *(Spain)*

componedor, -ora *nm,f* **-1.** *(de texto)* typesetter **-2.** *Am (de huesos)* bonesetter

componenda *nf* shady deal

componente ◇ *adj* component, constituent

◇ *nm* **-1.** *(pieza)* component **-2.** *(de sustancia)* constituent **-3.** GRAM component

◇ *nmf (persona)* member

◇ *nf* **viento de ~ este/sur** easterly/southerly wind

componer [50] ◇ *vt* **-1.** *(formar, ser parte de)* to make up; **los miembros que componen el tribunal** the members who make up the tribunal; **el turismo compone el 20 por ciento de los ingresos del país** tourism accounts for 20 percent of the country's income, 20 percent of the country's income comes from tourism

-2. *(música, versos)* to compose

-3. *(reparar)* to repair

-4. *(adornar) (cosa)* to deck out, to adorn; *(persona)* to smarten up

-5. *(en imprenta)* to set, to compose

-6. *Am (hueso)* to set

◇ *vi (músico)* to compose

◆ **componerse** *vpr* **-1.** *(estar formado)* **componerse de** to be made up of, to consist of; **el consejo se compone de diez miembros** the council is made up of *o* consists of ten members; **la colección se compone de veinte libros** there are twenty books in the set

-2. *(engalanarse)* to dress up

-3. componérselas (para hacer algo) *(arreglárselas)* to manage (to do sth); **allá se las compongan** that's their problem

-4. *Am (persona)* to get better; **cuando te compongas** when you're better

-5. *Am (tiempo)* to clear up, to improve

compongo *etc ver* **componer**

comportamiento *nm* **-1.** *(de personas)* behaviour **-2.** *(uso crítico) (de vehículo, acciones)* performance; **el ~ de la inflación ha sido muy irregular este año** inflation has fluctuated considerably this year

comportar ◇ *vt* to involve, to entail; **una casa comporta muchos gastos** a house involves *o* entails a lot of expense; **el riesgo que comporta la no utilización del casco** the risk involved in not wearing a helmet

◆ **comportarse** *vpr* to behave; **comportarse bien** to behave (oneself); **comportarse mal** to behave badly, to misbehave; **se comporta como una madre** she acts *o* behaves like a mother; **compórtate o tendré que castigarte** behave yourself or I'll have to punish you

composición *nf* **-1.** *(de sustancia, producto)* composition ❑ **~ química** chemical composition

-2. *(de equipo, comité)* composition, make-up

-3. *(obra literaria)* work; *(obra musical)* composition, work ❑ **~ musical** composition; **~ poética** poetic composition, poem

-4. *(técnica musical)* composition

-5. *(redacción)* essay, composition **(sobre** on**)**

-6. *(en fotografía, pintura)* composition; EXPR **hacerse una ~ de lugar** to size up the situation; **no me hago una ~ de lugar, ¿cómo es la casa?** I can't quite visualize it, what's the house like?

-7. LING compounding, combination

-8. *(en imprenta)* typesetting

compositor, -ora *nm,f* **-1.** *(de música)* composer **-2.** *RP (de caballos)* trainer **-3.** *Chile (de huesos)* bonesetter

compost *nm* compost

compostaje *nm* composting

compostelano, -a ◇ *adj* of/from Santiago de Compostela *(Spain)*

◇ *nm,f* person from Santiago de Compostela *(Spain)*

compostura *nf* **-1.** *(en comportamiento)* restraint; **guardar la ~** to show restraint; **perder la ~** to lose one's composure **-2.** *(reparación)* repair

compota *nf* compote, stewed fruit

compotera *nf* dessert bowl *o* dish

compra *nf* **-1.** *(adquisición)* purchase; **están considerando la ~ de un automóvil** they are thinking about *o* considering buying a car; **por la ~ de una enciclopedia te regalan un televisor** if you buy an encyclopedia, they'll give you a television free; **hacer** *Esp* **la ~** *o Am* **las compras** to do the shopping; **hago** *Esp* **la ~** *o Am* **las compras los viernes** I do the shopping on Fridays; **ir de compras** to go shopping ❑ **~ apalancada** leverage buyout; **~ al contado** *(en efectivo)* cash purchase; *Am* **~ en cuotas** *Br* hire-purchase, *US* installment plan; **~ al por mayor** bulk buying; **~ a plazos** *Br* hire-purchase, *US* installment plan

-2. *(objeto adquirido)* purchase, buy; **esta impresora fue una excelente ~** this printer was a really good buy; **algunos supermercados te llevan la ~ a casa** some supermarkets deliver your shopping to your home; **deja la ~ sobre la mesa** leave the shopping on the table

comprador, -ora ◇ *adj (que compra)* **fiebre compradora** buying frenzy; **la parte compradora** the buyer

◇ *nm,f (adquiriente)* buyer, purchaser; *(en una tienda)* shopper, customer

comprar *vt* **-1.** *(adquirir)* to buy, to purchase; **se lo compré a un vendedor ambulante** I bought it from a street vendor *o* seller; **se lo compraron a Ignacio como regalo de despedida** they bought it for Ignacio as a leaving present; **se lo compraron para Navidades** they bought it for her for Christmas; **~ algo al contado** *(en metálico)* to pay cash for sth; *(en un plazo)* to pay for sth all at once *o Br* on the nail; **~ a plazos** *o Am* **cuotas** to buy on *Br* hire purchase *o US* an installment plan; **~ al por mayor** to buy wholesale; EXPR *Fam* **¡cómprate un bosque y piérdete!** go and play in the traffic!, take a hike!

-2. *(sobornar)* to buy (off), to bribe; **¡el árbitro está comprado!** they've bribed the referee!

compraventa, compra-venta *nf* **-1.** *(intercambio comercial)* trading **(de** in**)**; **se dedican a la ~ de viviendas** they buy and sell houses ❑ **~ de armas** arms dealing; **~ de acciones** share dealing **-2.** *(venta)* sale

comprender ◇ *vt* **-1.** *(incluir)* to include, to comprise; **el grupo comprende varias empresas** the group comprises several companies; **el país comprende tres regiones bien diferenciadas** the country consists of three quite distinct regions; **el gasto de instalación no está comprendido** the cost of installation is not included; **la exposición comprende 500 cuadros** the exhibition consists of 500 paintings; **el periodo comprendido entre 1995 y 1999** the period between 1995 and 1999 *o* from 1995 to 1999

-2. *(entender)* to understand; **como comprenderás, me enfadé muchísimo** I don't have to tell you I was absolutely furious; **te comprendo perfectamente** I quite understand; **no comprendo tu actitud** I don't understand your attitude; **no comprendo cómo puede gustarte Carlos** I don't know what you see in Carlos; **comprendo que estés triste** I can understand that you're unhappy; **¿comprendes?, si no se lo decimos se va a enfadar** look, if we don't tell him, he's going to get angry

◆ **comprenderse** *vpr (personas)* to understand each other; **nos comprendemos de maravilla** we understand each other really well

comprensible *adj* understandable, comprehensible; **es ~ que pidan una subida de sueldo** it's understandable that they're asking for a pay increase

comprensiblemente *adv* understandably

comprensión nf **-1.** (acción) understanding; **las fotografías ayudan a la ~ del texto** the photographs help you to understand the text; **un niño con problemas de ~ oral** a child with problems understanding speech; **de fácil/difícil ~** easy/difficult to understand **-2.** (actitud) understanding; **tienes que mostrar más ~ con él** you have to be more understanding with him

comprensivo, -a adj understanding; **mostrarse ~ (con alguien)** to be understanding (with sb)

compresa nf **-1.** (femenina) **~ (higiénica)** Br sanitary towel, US sanitary napkin **-2.** (para herida) compress

compresible adj compressible

compresión nf **-1.** (acción) compression **-2.** (de motor) compression **-3.** INFORMÁT compression ❏ **~ de archivos** file compression; **~ de datos** data compression

compresor, -ora ◇ adj compressing ◇ nm compressor

comprimido, -a ◇ adj compressed ◇ nm pill, tablet

comprimir ◇ vt **-1.** (reducir el volumen) to compress **-2.** INFORMÁT to compress

◆ **comprimirse** vpr (apretarse) to squash up o together; **se comprimieron para que se pudiera sentar otra persona** they squashed up o together so someone else could sit down

comprobable adj verifiable, provable

comprobación nf checking

comprobante nm **-1.** (documento) supporting document, proof **-2.** (recibo) receipt ❏ **~ de compra** proof of purchase, receipt; **~ de gastos** proof of expenditure, receipt

comprobar [63] vt **-1.** (revisar) to check; **comprueba los frenos antes de salir de viaje** check your brakes before setting out on a journey; **tengo que ~ si lo tengo** I have to check o see if I've got it **-2.** (averiguar) to check; **¿podrías ~ a qué hora sale el tren?** could you check what time the train leaves?; **he comprobado en carne propia que estabas en lo cierto** I found out o discovered through personal experience that you were right **-3.** (demostrar) to prove; **esto comprueba que yo tenía razón** this proves that I was right; **se ha comprobado que la vacuna es efectiva** the vaccine has been proved to be effective

comprometedor, -ora adj compromising

comprometer ◇ vt **-1.** (poner en peligro) (éxito, posibilidades) to jeopardize; (persona, inversión) to compromise; **los documentos comprometen la seguridad del estado** the documents jeopardize o endanger state security **-2.** (avergonzar) to embarrass; **publicaron unas fotos que lo comprometen** they published some compromising photos of him **-3.** (obligar) **~ a alguien (a hacer algo)** to oblige o compel sb (to do sth); **el acuerdo no nos compromete a nada** the agreement doesn't commit us to anything

◆ **comprometerse** vpr **-1.** (asumir un compromiso) to commit oneself; **se comprometió a hacerlo** she promised to do it; **me comprometí a acabarlo cuanto antes** I promised to finish it as soon as possible; **se han comprometido a cumplir el acuerdo de paz** they have committed themselves to fulfilling the peace agreement **-2.** (ideológicamente, moralmente) to become involved (**en** in); **se comprometió en la defensa de los derechos humanos** she got involved in campaigning for human rights **-3.** (para casarse) to get engaged (**con** to)

comprometido, -a adj **-1.** (con una idea) committed; **es un intelectual ~** he is a politically committed intellectual; **está ~ con la defensa del medio ambiente** he is committed to the defence of the environment **-2.** (situación) compromising, awkward **-3.** (para casarse) engaged; **estar ~ con alguien** to be engaged to sb

compromisario nm POL delegate, representative (in an election)

compromiso nm **-1.** (obligación) commitment; **me vi en el ~ de tener que aceptar** I found myself obliged to accept; **adquirí el ~ de ayudarlos** I undertook to help them; **cumplir un ~** to fulfil o honour a commitment; **no cumplieron el ~ de entregar las armas** they did not honour their commitment to hand over their weapons; **sin ~** without obligation; **reciba información en su domicilio, sin ningún ~** let us send you our brochure without obligation **-2.** (acuerdo) agreement; **patronal y sindicatos alcanzaron un ~** management and unions reached an agreement; **presentaron una propuesta de ~** they proposed a compromise **-3.** (cita) engagement; **esta noche tengo un ~ y no podré salir contigo** I'm busy this evening, so I won't be able to go out with you; **si no tienes ningún ~, podríamos ir al cine** if you're not doing anything else, we could go to the cinema **-4.** (dificultad) compromising o difficult situation; **poner a alguien en un ~** to put sb in a difficult o awkward position **-5.** (ideológico) commitment; **ha dejado siempre claro su ~ con la paz** he has always made clear his commitment to peace **-6.** (para casarse) **han anunciado su ~** they have announced their engagement; **es una joven soltera y sin ~** she's young, free and single ❏ **~ matrimonial** engagement **-7.** (encuentro deportivo) fixture

compruebo etc ver **comprobar**

compuerta nf floodgate, sluicegate

compuesta nf BOT composite

compuesto, -a ◇ participio ver **componer**
◇ adj **-1.** (formado) **~ de** composed of, made up of **-2.** (múltiple) compound; (número) compound; **interés ~** compound interest; **ojo ~** compound eye **-3.** (oración, tiempo) compound **-4.** (flor, hoja) composite **-5.** (acicalado) dressed up **-6.** EXPR **quedarse ~ y sin novia** (perder la novia) to be abandoned at the altar; (perder algo) to be left high and dry
◇ nm QUÍM compound ❏ **~ orgánico** organic compound; **~ químico** chemical compound

compulsa nf **-1.** (de documento) **hacer la ~ de una fotocopia** to check a photocopy against the original **-2.** (copia) certified copy

compulsar vt (documento) to check against the original; **una fotocopia compulsada** a certified copy

compulsión nf **-1.** (impulso obsesivo) compulsion **-2.** DER (obligación) compulsion, duress

compulsivamente adv compulsively

compulsivo, -a adj compulsive, urgent

compungido, -a adj (arrepentido) contrite, remorseful; (triste) sorrowful

compungir [24] ◇ vt (entristecer) to sadden

◆ **compungirse** vpr **compungirse (por)** (arrepentirse) to feel compunction o remorse (about); (entristecerse) to feel sad (about)

compusiera etc ver **componer**

computable adj **gastos computables a efectos fiscales** expenditure taken into account for tax purposes

computación nf **-1.** (cómputo) calculation, computation **-2.** Am (informática) computing

computacional adj computational, computer

computadora nf, **computador** nm esp Am computer; **pasar un trabajo a la ~** to key up a piece of work on the computer ❏ **~ analógica** analogue computer; **~ de a bordo** onboard computer; **~ central** central computer; **~ compatible** compatible computer; **~ digital** digital computer; **~ doméstico** home computer; **~ personal** personal computer; **~ portátil** laptop computer; **~ de sobremesa** desktop computer

computadorización nf computerization

computadorizar [14] vt to computerize

computar vt **-1.** (calcular) to compute, to calculate **-2.** (considerar) to count, to regard as valid

computarizar, computerizar [14] vt to computerize

cómputo nm (recuento) calculation; (de votos) count; **llevar el ~ de algo** to calculate o count sth

comulgante nmf communicant

comulgar [38] vi **-1.** REL to take communion **-2.** (estar de acuerdo) **~ con algo** to share sth; **no comulgo con sus principios** I don't share her principles; EXPR **no me van a hacer ~ con ruedas de molino** I'm not going to fall for that

comulgatorio nm communion rail

común ◇ adj **-1.** (compartido) (amigo, interés) mutual; (bienes, pastos) communal; **el bien ~** the common good; **el motociclismo es nuestra afición ~** we both like motorcycling; **¿cómo llevan la vida en ~?** how are they finding living together?; **hacer algo en ~** to do sth together; **hacer algo de ~ acuerdo** to do sth by mutual consent o agreement; **es un rasgo ~ a todos los reptiles** it's a characteristic shared by o common to all reptiles; **pusimos nuestros recursos en ~** we pooled our resources; **realizaron una puesta en ~ de lo observado** they pooled their observations; **tener algo en ~** to have sth in common; **no tengo nada en ~ con ella** I have nothing in common with her **-2.** (habitual, normal) common; **una enfermedad muy ~ en regiones tropicales** a disease very common in tropical regions; **es ~ que llueva en primavera** it's normal for it to rain in spring, it often rains in spring; **fuera de lo ~** out of the ordinary; **poco ~** unusual; **por lo ~** generally; **~ y corriente** o Am **silvestre** run-of-the-mill; **es una persona ~ y corriente** he's a perfectly ordinary person **-3.** (ordinario, vulgar) ordinary, average; **un vino ~** an average o ordinary wine; **una madera ~** a common type of wood
◇ nm **como el ~ de los mortales** like any ordinary person o common mortal

comuna nf **-1.** (colectividad) commune ❏ HIST **la Comuna de París** the Paris Commune **-2.** Am (municipalidad) municipality

comunal adj communal

comunero, -a nm,f **-1.** HIST (en Castilla) = supporter of the uprisings in Castile during the reign of Carlos I **-2.** HIST (en Colombia, Paraguay) = supporter of independence **-3.** Perú, Méx (indígena) = member of an indigenous village community

comunicación nf **-1.** (contacto, intercambio de información) communication; **estar en ~ con alguien** to be in contact with sb; **ponerse en ~ con alguien** to get in touch with sb; **durante todas las negociaciones mantuvieron una ~ intensa** they were in constant contact throughout the negotiations; **los medios de ~ (de masas)** the (mass) media ❏ **~ no verbal** nonverbal communication **-2.** (por teléfono) **se cortó la ~ mientras hablábamos** we were cut off **-3.** (escrito oficial) communiqué **-4.** (ponencia) paper (**sobre** on); **presentar una ~** to give a paper **-5.** (transporte) communication; **hay muy buena ~ con la capital** the capital is easily accessible by public transport or by car; **comunicaciones** communications; **las comunicaciones quedaron cortadas debido a las inundaciones** all communications were cut off as a result of the floods; **las comunicaciones aéreas con el continente son insuficientes** there are not enough flights to the continent

comunicado, -a ◇ *adj* **bien ~** *(lugar)* well-served, with good connections
◇ *nm* announcement, statement ❑ **~ oficial** official communiqué; **~ a la prensa, ~ de prensa** press release

comunicador, -ora *nm,f* communicator; **es un buen ~** he's a good communicator

comunicante ◇ *adj* communicating
◇ *nmf* informant; **un ~ anónimo anunció la colocación del explosivo** an anonymous caller informed them that an explosive device had been planted

comunicar [59] ◇ *vt* **-1.** *(sentimientos, ideas)* to convey; **~ optimismo/miedo** to convey *o* communicate optimism/fear; **le comuniqué que deseaba irme** I let him know *o* informed him that I wanted to leave **-2.** *(movimiento, virus, calor)* to transmit **-3.** *(información)* **~ algo a alguien** to inform sb of sth, to tell sb sth; **le comunicaron su despido por escrito** he was informed in writing of his dismissal; **lamentamos tener que comunicarle que...** we regret to inform you that... **-4.** *(conectar)* to connect; **esta carretera comunica los dos pueblos** this road connects the two towns; **es una ciudad muy bien comunicada** it is a city with very good transport connections **-5.** *Am (al teléfono)* to call, to telephone
◇ *vi* **-1.** *(estar conectado)* **~ con** to lead to; **nuestras habitaciones comunican** there's a door between our two rooms; **el vestíbulo comunica con el salón** the hall leads to the living room **-2.** *Esp (teléfono) (estar ocupado)* *Br* to be engaged, *US* to be busy; **está comunicando, comunica** the line's *Br* engaged *o US* busy **-3.** *RP (teléfono) (estar sonando)* to ring **-4.** *(hablar)* to get through; **no consigo ~ con él** I can't get through to him

◆ **comunicarse** *vpr* **-1.** *(hablarse)* to communicate (with each other); **se comunican por señas** they communicate by signs; **se comunican por correo electrónico** they communicate by e-mail; **le cuesta mucho comunicarse con sus compañeros** he finds it very difficult to communicate with his colleagues **-2.** *(dos lugares)* to be connected; **las islas se comunican a través de un puente** the islands are connected by a bridge **-3.** *(propagarse)* to spread; **el incendio se comunicó a los apartamentos contiguos** the fire spread to neighbouring *Br* flats *o US* apartments

comunicatividad *nf* communicativeness

comunicativo, -a *adj* communicative, open

comunicología *nf* communication theory

comunidad *nf* **-1.** *(grupo)* community; **la ~ científica/educativa/judía** the scientific/education/Jewish community; **vivir en ~** to live in a community ❑ **Comunidad Andina** Andean Community, = organization for regional cooperation formed by Bolivia, Colombia, Ecuador, Peru and Venezuela; **~ autónoma** autonomous region, = largest administrative division in Spain, with its own Parliament and a number of devolved powers; **~ de base** *(religiosa)* base community, = lay Catholic community independent of church hierarchy; **Comunidad Británica de Naciones** (British) Commonwealth; *Antes* **Comunidad Económica Europea** European Economic Community; **la Comunidad Europea, las Comunidades Europeas** the European Community; **la ~ internacional** the international community; **~ lingüística** speech community; **~ de propietarios** residents' association; **~ de vecinos** residents' association
-2. *(de ideas, bienes)* communion ❑ **~ de bienes** co-ownership *(between spouses)*
-3. *Am (colectividad)* commune; **vive en una ~ anarquista** she lives in an anarchist commune

---

COMUNIDAD AUTÓNOMA

The Spanish Constitution of 1978 approved the reorganization of Spain into **comunidades autónomas** (autonomous regions) corresponding to traditional geographical and/or cultural divisions. Regions with a strong sense of distinct identity such as Catalonia, Galicia and the Basque Country (which each have their own language) were quick to receive devolved powers and now have control over their own education, health, police and public services (and certain tax-raising powers). Other regions, however, are still in the process of obtaining this jurisdiction.

---

comunión *nf* **-1.** *(sacramento)* communion; **dar la ~** to give *o* administer communion; **recibir la ~** to receive *o* take communion; **hacer la primera ~** to take one's First Communion **-2.** *(unión)* communion

comunismo *nm* communism

comunista ◇ *adj* communist
◇ *nmf* communist

comunitario, -a *adj* **-1.** *(de la comunidad)* community; **espíritu ~** community spirit **-2.** UE Community, of the European Union; **política comunitaria** EU *o* Community policy; **los países comunitarios** the EU countries, the Community members **-3.** *Antes (de la CEE)* Community, EEC

comúnmente *adv* **-1.** *(generalmente)* commonly, generally; **~ se lo conoce como papel de plata** it is commonly known as silver paper **-2.** *(usualmente)* usually, ordinarily

con *prep* **-1.** *(indica modo, manera o instrumento)* with; **se cortó ~ un cuchillo** she cut herself with a knife; **chocó ~ una farola** he bumped into a lamppost; **vino ~ un taxi** she came by taxi; **voy cómodo ~ estas botas/este jersey** I'm comfortable in these boots/this sweater; **iré a la boda ~ un traje negro** I'm going to the wedding in a black suit; **un joven ~ muy buenos modales** a very polite young man; **andar ~ la cabeza alta** to walk with one's head held high; **ir ~ prisa** to be in a hurry; **actuar ~ timidez** to behave timidly; **llover ~ fuerza** to rain hard; **lo ha conseguido ~ su esfuerzo** he has achieved it through his own efforts; **se lo puedes decir ~ toda confianza** you needn't worry about telling her; **trátalo ~ mucho cariño** treat him with a lot of affection *o* very affectionately; **lo haré ~ mucho gusto** it will be a pleasure for me to do it, I'll be delighted to do it; **~ arreglo a la ley** in accordance with the law
-2. *(indica compañía, relación o colaboración)* with; **vive ~ sus padres** she lives with her parents; **se escribe ~ gente de varios países** he corresponds with people from a number of different countries; **¿~ quién vas?** who are you going with?; **está muy enfadado ~ su madre** he's very angry with his mother; **está casada ~ mi hermano** she's married to my brother; **estoy de acuerdo ~ ellos** I agree with them; **habló ~ todos** he spoke to everybody; **un acuerdo de colaboración ~ el Caribe** a cooperation agreement with the Caribbean
-3. *(indica contenido o cualidad)* **una persona ~ carácter** a person of character; **un hombre ~ bigote** a man with a moustache; **una bolsa ~ patatas** a bag of potatoes; **una cartera ~ varios documentos** a briefcase containing several documents
-4. *(indica unión o adición)* **un helado ~ nueces** an ice cream with nuts; **un pastel ~ nata** a cream cake; **el mío ~ leche, por favor** I'd like milk in mine, please, I'd like mine white, please; **el total ~ el IVA alcanza un millón** the total is a million including *Br* VAT *o US* (sales) tax; **tiene cuarenta ~ dos décimas de fiebre** her temperature is 40.2 degrees
-5. *(indica estado o situación)* **~ buena salud** in good health; **está en cama ~ gripe** she's in bed with flu; **está ~ un enfado tremendo** he's really angry; **el niño está ~ ganas de ir al baño** the child wants to go to the *Br* toilet *o US* bathroom; **corría ~ ellos pisándome los talones** I ran with them hot *o* hard on my heels
-6. *(indica causa)* **el hielo se derrite ~ el calor** ice melts when heated; **me desperté ~ la música del vecino** I was woken up by our neighbour playing music; **~ este tiempo no se puede ir de excursión** we can't go out on a trip in this weather; **~ el tiempo lo olvidé** in time I forgot it; **~ todo el trabajo que hemos tenido hoy, se me ha olvidado llamarle** with all the work we've had today, I've forgotten to call her; **se entristeció ~ las noticias** she was sad when she heard the news; **cómprales el libro, ¡~ lo que les gusta leer!** buy them the book, they like reading so much they'll be delighted!
-7. *(a pesar de)* in spite of; **~ todo** despite everything; **~ todo lo raro que es, me encantan sus películas** he may be weird, but I love his films, for all his weirdness, I love his films; **~ lo que hemos caminado hoy, y no estoy cansado** despite the fact that we've walked so far today, I'm still not tired; **~ lo estudioso que es, le suspendieron** for all his hard work, they still failed him
-8. *(hacia)* **para ~** towards; **es amable para ~ todos** she is friendly towards *o* with everyone
-9. *(seguido de infinitivo) (para introducir una condición)* by; **~ hacerlo así** by doing it this way; **~ llamar ya quedarás bien** you'll make a good impression just by phoning; **~ llorar no consigues nada** it's no good crying, crying won't get you anywhere; **~ no decírselo a nadie, el secreto está garantizado** if we don't tell anyone, secrecy will be guaranteed; **~ salir a las diez es suficiente** if we leave at ten, we'll have plenty of time
-10. *(a condición de que)* **~ que, ~ tal de que** as long as; **~ que llegue a tiempo me conformo** I don't mind as long as he arrives on time; **te dejo el gato ~ tal de que le des de comer** I'll let you look after the cat as long as you feed it
-11. *(para expresar queja o decepción)* **mira que perder, ¡~ lo bien que jugaste!** you were unlucky to lose, you played really well!; **~ lo agradable que es, y casi no tiene amigos** considering how nice he is, he has surprisingly few friends
-12. *Am (donde)* **fue a quejarse ~ su madre** he complained to his mother; **se hace los zapatos ~ Ardaches** she has her shoes made at Ardaches; **los domingos comen ~ su padre** on Sundays they eat at her father's
-13. *Méx (tras)* after; **ha trabajado día ~ día** she's worked day after day *o* day in day out

CONADEP [kona'ðep] *nf (abrev de* **Comisión Nacional sobre la Desaparición de Personas)** = inquiry set up to investigate the fate of people believed to have been kidnapped and murdered by the authorities during the military dictatorship in Argentina (1976-83)

conato *nm* attempt; **un ~ de incendio** the beginnings of a fire; **un ~ de robo** an attempted robbery; **hubo un ~ de golpe de estado** there was a failed coup attempt

CONAVI [ko'naβi] *nf (abrev de* **Corporación Nacional de Ahorro y Vivienda)** = major Colombian savings and loan corporation

CONCACAF [konka'kaf] *nf (abrev de* **Confederación Norte-Centroamericana y del Caribe de Fútbol)** CONCACAF, = American soccer association, including USA, Canada, Central America and the Caribbean

concadenar = concatenar

CONCAMIN [konka'min] *nf (abrev de* **Confederación Nacional de Cámaras Industriales)** = Mexican national confederation of chambers of industry

CONCANACO [konka'nako] *nf (abrev de* **Confederación de Cámaras Nacionales de Comercio)** = Mexican national confederation of chambers of commerce

concatenación *nf* **-1.** *(de sucesos)* chain, succession; **una ~ de imágenes/fenómenos** a series *o* succession of images/phenomena **-2.** INFORMÁT concatenation

concatenar, concadenar *vt* to link together

concavidad *nf* **-1.** *(cualidad)* concavity **-2.** *(lugar)* hollow

cóncavo, -a *adj* concave

concebible *adj* conceivable, imaginable

concebir [47] ◇ *vt* **-1.** *(imaginar)* to imagine; *(plan)* to conceive; **sus palabras me hicieron ~ esperanzas** her words gave me hope; **no concibas ilusiones porque no hay nada seguro por el momento** don't get your hopes up, there's nothing certain yet
 -2. *(creer)* to believe; **no concibe que le hayan tratado de engañar** he can't believe that they tried to deceive him; **no concibo cómo pudiste contestarle así** I can't believe you answered him back like that
 -3. *(sentir)* to begin to feel; **~ una antipatía por** to take a dislike to
 -4. *(hijo)* to conceive
 ◇ *vi* to conceive

conceder *vt* **-1.** *(dar)* to grant; *(premio)* to award; *(beca)* to give, to award; *(préstamo, subvención)* to give, to grant; *(asilo, indulto, extradición)* to grant; **le concedí el beneficio de la duda** I gave him the benefit of the doubt; **me concedió un deseo** he granted me a wish; **no concede entrevistas** she doesn't give interviews; **¿me concede cinco minutos?** could you spare me five minutes?; **le han concedido un permiso para acudir al congreso** he's been given *o* granted permission to attend the conference
 -2. *(asentir)* to admit, to concede; **concedo que están en lo cierto** I admit that you're right
 -3. *(atribuir) (importancia)* to give, to attach; **no concede ningún valor al dinero** money doesn't matter to her at all

concejal, -ala *nm,f* (town) councillor

concejalía *nf* **-1.** *(departamento)* department **-2.** *(puesto)* = seat on the town council

concejo *nm* **-1.** *(ayuntamiento)* (town) council **-2.** *(municipio)* municipality

concelebrar *vt* REL to concelebrate

concentración *nf* **-1.** *(mental)* concentration; **capacidad de ~** powers of concentration, ability to concentrate; **me falta ~** I lack concentration
 -2. *(agrupamiento)* concentration ❑ **~ de capital** concentration of capital; ECON **~ parcelaria** land consolidation; **~ urbana** conurbation
 -3. *(reunión)* gathering
 -4. QUÍM concentration
 -5. DEP get-together *(to prepare for an important match or tournament)*

concentrado, -a ◇ *adj* concentrated
 ◇ *nm* concentrate ❑ **~ de tomate** tomato purée

concentrar ◇ *vt* **-1.** *(atención, esfuerzos)* to concentrate
 -2. *(gente)* to bring together; *(tropas)* to assemble; **esta zona concentra el 80 por ciento de los casos** 80 percent of the cases occurred in this region; **la organización concentra a los principales productores mundiales** the organisation brings together the principal world producers; **es la zona de la ciudad que concentra más cafés y restaurantes** it's the area of the city with the highest concentration of cafes and restaurants
 -3. *(disolución)* to concentrate, to make more concentrated
 -4. DEP to bring together, to assemble

◆ **concentrarse** *vpr* **-1.** *(mentalmente)* to concentrate; **no consigue concentrarse en los estudios** she can't concentrate on her studies
 -2. *(localizarse)* to be concentrated; **la mayor parte de la industria se concentra en la zona costera** most industrial activity is concentrated along the coast
 -3. *(reunirse)* to gather, to congregate
 -4. *(disolución)* to become more concentrated
 -5. DEP to come together, to assemble

concéntrico, -a *adj* concentric

concepción *nf* **-1.** *(fecundación)* conception **-2.** *(de idea, novela)* conception **-3.** *(interpretación, visión)* conception, understanding; **tiene una ~ de la historia muy particular** her conception *o* understanding of history is a very individual one

concepcionero, -a ◇ *adj* of/from Concepción *(Chile or Paraguay)*
 ◇ *nm,f* person from Concepción *(Chile or Paraguay)*

conceptismo *nm* LIT = literary style of 17th century Spain characterized by puns and conceits

conceptista *nmf* LIT = exponent of "conceptismo"

concepto *nm* **-1.** *(idea)* concept; **el ~ del bien/de la justicia** the concept of good/of justice; **se expresa con conceptos claros y precisos** she expresses her ideas clearly and concisely; **ya me he formado un ~ del asunto** I've got an idea of it now
 -2. *(opinión)* opinion; **tener buen ~ de alguien** to have a high opinion of sb; **lo tengo en muy buen ~** I think very highly of him, I have a very high opinion of him
 -3. *(motivo)* **no lo conseguirán bajo ningún ~** there's no way they'll ever manage it; **bajo ningún ~ se lo cuentes a tu hermana** on no account *o* under no circumstances must you tell your sister
 -4. *(de una cuenta)* heading, item; **los ingresos por este ~ crecieron un 5 por ciento** income under this heading increased by 5 percent; **pagar algo en ~ de adelanto** to pay sth in advance; **en ~ de dietas** by way of *o* as expenses; **recibió 2 millones en ~ de derechos de autor** he received 2 million in royalties

conceptual *adj* conceptual

conceptualismo *nm* conceptualism

conceptualista ◇ *adj* conceptualistic
 ◇ *nmf* conceptualist

conceptualización *nf* conceptualization

conceptualizar *vt* to conceptualize

conceptuar [4] *vt* to consider, to judge

concerniente *adj* **~ a** concerning, regarding; **el importe ~ a inversiones** the total for investment; **es un asunto ~ a la policía** this is a police matter *o* a matter for the police; **en lo ~ a la fiesta, no voy a poder ir** regarding the party, I won't be able to go

concernir [25] *v impersonal* to concern; **en lo que concierne a** as regards; **por lo que *o* en lo que a mí concierne** as far as I'm concerned; **eso a nosotros no nos concierne** that doesn't concern us

concertación *nf* settlement ❑ IND **~ social** = process of employer-trade-union negotiations, *Br* ≃ social contract

concertado, -a ◇ *adj* **-1.** *(acordado)* arranged **-2.** *Esp (colegio)* state-assisted
 ◇ *nm,f CRica, Ven* servant

concertar [3] ◇ *vt* **-1.** *(acordar) (precio)* to agree on; *(cita, entrevista)* to arrange; *(pacto)* to reach; **concertaron la celebración de un congreso extraordinario** they agreed to hold a special conference **-2.** *(coordinar)* to coordinate **-3.** MÚS *(voces)* to harmonize
 ◇ *vi* **-1.** *(concordar)* to tally, to agree *(con* with); **las dos versiones de los hechos no conciertan** the two accounts of what happened don't agree *o* tally **-2.** GRAM to agree *(con* with); **sustantivo y adjetivo conciertan en género y número** nouns and adjectives agree in gender and number

concertina *nf* concertina

concertino *nm* first violin

concertista *nmf* soloist; **~ de piano/guitarra** concert pianist/guitarist

concesión *nf* **-1.** *(de préstamo, licencia)* granting; *(de premio)* awarding; *(de indulto, asilo, visado)* granting
 -2. *(cesión)* concession; **una casa en la que no hay la menor ~ al lujo** a house without the least concession to luxury; **hacer concesiones (a)** to make concessions (to); **fue un debate duro y sin concesiones** it was a tough debate, with no quarter given on either side
 -3. COM *(franquicia)* franchise, licence; *(within store)* concession; **tienen la ~ exclusiva del producto en ese país** they have the exclusive franchise for the product in that country; **el servicio de limpieza fue dado en ~ a una empresa privada** the contract for cleaning services was awarded to a private company

concesionario, -a COM ◇ *adj* concessionary
 ◇ *nm,f (persona con derecho exclusivo de venta)* licensed dealer; *(titular de una concesión)* concessionaire, licensee ❑ **~ de automóviles** car dealer *(of particular make)*

concesivo, -a *adj* GRAM **oración/conjunción concesiva** concessive clause/conjunction

concha *nf* **-1.** *(de molusco)* shell ❑ **~ de peregrino** scallop **-2.** *(carey)* tortoiseshell **-3.** TEATRO *(del apuntador)* prompt box **-4.** *Andes, RP Vulg (vulva)* cunt; EXPR **¡~ de su madre!** motherfucker! **-5.** *Ven (de árbol)* bark; *(de semilla)* husk; *(de manzana, pera)* peel; *(de naranja)* rind; *(de plátano)* peel, skin; *(del pan)* crust; *(de huevo)* shell

conchabar ◇ *vt* **-1.** *(unir)* to join **-2.** *(mezclar)* to mix, to blend **-3.** *CSur Fam (contratar)* to hire

◆ **conchabarse** *vpr Fam (conspirar)* **conchabarse para hacer algo** to gang up to do sth

cónchale *interj Ven Fam Euf* **-1.** *(expresando sorpresa) Br* blimey!, *US* jeez! **-2.** *(expresando disgusto)* for heaven's sake!

concheto, -a, cheto, -a *RP Fam* ◇ *adj* posh; **tu vestido/auto es muy ~** that's a very snazzy dress/flash car
 ◇ *nm,f* rich kid; **allí veranean los conchetos del país** all the rich kids spend the summer there; **siempre se viste a la última moda, es una concheta** she always dresses in the latest fashions, she's a real glamour girl

concho *nm Andes* **-1.** *(de café, vino)* dregs ❑ **~ de vino** burgundy **-2. conchos** *(de comida)* leftovers

conchudo, -a ◇ *adj* **-1.** *Bol Fam (afortunado)* lucky, *Br* jammy
 -2. *Andes, Méx, Ven Fam (desfachatado)* shameless
 -3. *Andes, Méx, Ven Fam (cómodo)* lazy
 -4. *Bol Fam (homosexual)* queer, *Br* poofy
 -5. *Méx, Ven Fam (oportunista)* **es muy ~** he always has an eye for the main chance, *Br* he's a chancer
 -6. *Perú, RP muy Fam (persona despreciable)* **ser muy ~** to be a real jerk *o Br* dickhead
 ◇ *nm,f* **-1.** *Bol Fam (afortunado)* lucky *o Br* jammy devil
 -2. *Andes, Méx, Ven Fam (desfachatado)* **ser un ~** to be shameless, *Br* to have a brass neck
 -3. *Andes, Méx, Ven Fam (cómodo)* lazybones, layabout
 -4. *Bol Fam (homosexual)* queer, *Br* poof
 -5. *Méx, Ven Fam (oportunista)* **es un ~** he always has an eye for the main chance, *Br* he's a chancer
 -6. *Perú, RP muy Fam (persona despreciable)* jerk, *Br* dickhead

concibiera *etc ver* **concebir**

concibo *etc ver* **concebir**

conciencia, consciencia *nf* **-1.** *(física)* consciousness; **perder la ~** to lose consciousness, to faint
 -2. *(mental)* awareness; **tener/tomar ~ de** to be/become aware of; **tenía la ~ de que lo dejé allí** I was pretty sure I'd left it there ❑ **~ de clase** class consciousness; **~ colectiva** collective consciousness
 -3. *(moral, integridad)* conscience; **la voz de la ~** the voice of conscience; **me remuerde**

concienciación

la ~ I have a guilty conscience; **trabajar para ellos me causa problemas de ~** working for them doesn't sit easy with my conscience; **hacer algo a ~** *(con esmero)* to do sth conscientiously; **en ~, no puedo decir que su trabajo sea bueno** in all conscience, I can't say that his work is good; **en ~, creo que debo quedarme con ella** I really feel I should stay with her; **en ~, no puedo ayudarte** I don't really feel it would be right of me to help you; **obrar en ~** to act in good conscience, to act according to one's conscience; **tener la ~ limpia** *o* **tranquila** to have a clear conscience; **tener mala ~** to have a guilty conscience

concienciación, *Am* **concientización** *nf* **el objetivo básico de la campaña es la ~ medioambiental** the basic aim of the campaign is to raise public awareness of environmental issues; **existe una falta de ~ pública sobre el problema** there is insufficient public awareness of the problem

concienciar, *Am* **concientizar** ◇ *vt* **~ a alguien de algo** to make sb aware of sth
◆ **concienciarse**, *Am* **concientizarse** *vpr* to become aware (**de** of); **todavía no se han concienciado de que tienen que tener más cuidado** they haven't yet realized that they have to be more careful

concientización = concienciación
concientizar = concienciar
concienzudo, -a *adj (persona)* conscientious; *(investigación, trabajo, tratamiento)* thorough
concierna *etc ver* **concernir**
concierto ◇ *ver* **concertar**
◇ *nm* **-1.** *(actuación)* concert; **un ~ de música clásica/de rock** a classical music/rock concert **-2.** *(composición)* concerto; **~ para piano/viola** piano/viola concerto **-3.** *(acuerdo)* agreement; **llegarse a un ~** to reach an agreement □ **~ económico** economic agreement *o* accord **-4.** *(orden)* order; **poner ~ en algo** to bring order to sth; **hacer algo sin orden ni ~** to do sth haphazardly
conciliable *adj* reconcilable
conciliábulo *nm (reunión secreta)* secret meeting
conciliación *nf (en un litigio)* reconciliation; *(en un conflicto laboral)* conciliation
conciliador, -ora IND ◇ *adj* conciliatory ◇ *nm,f* conciliator
conciliar ◇ *adj* conciliar
◇ *vt* **-1.** *(personas)* to reconcile
-2. *(compatibilizar)* **me resulta difícil ~ los estudios con el trabajo** I find it difficult to fit my studies in with my work *o* to combine working and studying; **intentan ~ los intereses públicos con los privados** they are trying to reconcile public and private interests; **en esta obra se concilian varios estilos diferentes** several different styles are effectively combined in this work
-3. ~ el sueño to get to sleep
conciliatorio, -a *adj* conciliatory
concilio *nm* council; **convocar un ~** to convene a council □ **~ ecuménico** ecumenical council; *Concilio Mundial de las Iglesias* World Council of Churches; *Concilio Vaticano II* Second Vatican Council
concisión *nf* conciseness; **con ~** concisely
conciso, -a *adj* concise; **le agradeceríamos que fuera ~ en su respuesta** we would be grateful if you could keep your answer concise
concitar *vt Formal* to stir up, to arouse; **concitó al pueblo contra el gobierno** he incited the people against the government; **concitó la antipatía de sus compañeros** he earned *o* incurred the dislike of his colleagues
conciudadano, -a *nm,f* **-1.** *(de la misma ciudad)* fellow citizen **-2.** *(del mismo país)* fellow countryman, *f* fellow countrywoman
cónclave, conclave *nm* **-1.** *(de cardenales)* conclave **-2.** *(reunión)* meeting
concluir [34] ◇ *vt* **-1.** *(acabar)* *(concierto, película, reunión)* to end, to conclude; *(trabajo, obras)* to finish, to complete; **una ovación concluyó su discurso** his speech got an ovation; **al ~ 1999 todavía quedaban varias pueblos sin teléfono** at the end of 1999, several villages were still not connected to the telephone network; **"este incidente no se volverá a repetir", concluyó** "this incident will not be repeated," he concluded; **~ haciendo** *o* **por hacer algo** to end up doing sth
-2. *(deducir)* to conclude; **acabó concluyendo que se había equivocado** he finally concluded that he had made a mistake; **de su respuesta concluyo que no le interesa** from her answer I gather that she's not interested; **de lo que se concluye que...** from which we can conclude that...
◇ *vi* to (come to an) end; **el plazo concluye hoy** the time limit expires today, the deadline is today; **la manifestación concluyó con la lectura de un poema** the demonstration ended with the reading of a poem; **este año las clases concluyen en junio** terms ends in June this year

conclusión *nf* **-1.** *(finalización) (de concierto, película, reunión)* end, conclusion; *(de trabajo, obras)* completion; **todos celebraron la feliz ~ del secuestro** everyone was very pleased at the happy outcome of the kidnapping
-2. *(deducción)* conclusion; **llegar a una ~** to come to *o* reach a conclusion; **sacar conclusiones** to draw conclusions; **yo no te voy a decir nada, saca tus propias conclusiones** I'm not saying anything, you can draw your own conclusions; **lo que saqué en ~ es que...** I came to *o* reached the conclusion that...; **en ~** in conclusion; **en ~, no sabemos qué causó el accidente** in short, we don't know what caused the accident
-3. DER **conclusiones** *(del fiscal, la defensa)* summing up
conclusivo, -a *adj* conclusive, final
concluyente *adj (prueba)* conclusive; *(decisión)* final; *(estudio)* definitive; **no han conseguido probar de forma ~ su culpabilidad** they haven't been able to prove his guilt conclusively; **el presidente fue ~: no va a dimitir** the president was quite definite *o* categorical: he is not going to resign
concluyo *etc ver* **concluir**
concomerse *vpr* **se concome no sabiendo qué va a pasar** not knowing what's going to happen is driving him crazy; **~ de envidia** to be green with envy; **~ de arrepentimiento** to be consumed with remorse; **~ de impaciencia** to be itching with impatience
concomitancia *nf* concomitance
concomitante *adj* concomitant
concordancia *nf* **-1.** *(acuerdo)* agreement; **sus actos no están en ~ con sus ideas** his actions are not consistent with his ideas; **no hubo ~ de pareceres** no one could agree; **no hay ~ entre lo que dices tú y lo que dice tu hermano** what you say doesn't tally *o* agree with what your brother says **-2.** GRAM agreement, concord **-3.** MÚS harmony
concordar [63] ◇ *vi* **-1.** *(estar de acuerdo)* to agree *o* tally (**con** with); **sus actos no concuerdan con sus ideas** his actions are not consistent with his ideas; **lo que me cuentas concuerda con lo que ya sabía** what you tell me fits in with what I knew already; **nuestras opiniones no concuerdan** our opinions differ
-2. GRAM to agree (**con** with); **sustantivo y adjetivo concuerdan en género y número** nouns and adjectives agree in gender and number
◇ *vt* to reconcile; **intentaremos ~ las fechas** we'll try and make the dates coincide
concordato *nm* **-1.** *(acuerdo)* concordat **-2.** *Col, Urug* ECON *(expediente de crisis)* = statement of the economic difficulties of a company, presented to the authorities to justify redundancies
Concorde *nm* **el ~** *(avión)* Concorde

conculcar

concorde *adj* in accord, in agreement; **no estamos concordes con la decisión** we do not agree with the decision; **estamos concordes en la necesidad de hacer algo** we agree *o* we're in agreement on the need to do something
concordia *nf* harmony; **en la oficina reina la ~** there's a very harmonious atmosphere in the office
concreción *nf* **-1.** *(de idea, medida)* specificity; **alabaron la ~ de su discurso** his speech was praised for being concise and to the point **-2.** GEOL *(de partículas)* concretion **-3.** MED *(cálculo)* stone, *Espec* calculus □ **~ biliar** gallstone
concretamente *adv* specifically; **la mayoría de los niños, ~ cuatro de cada cinco, prefieren...** the majority of children, four out of five to be precise, prefer...; **me estoy refiriendo ~ a los países del Mediterráneo** I am referring specifically to the Mediterranean countries; **le preocupa la evolución de la economía y, más ~, el crecimiento del paro** he is worried about the way the economy is going, and, more specifically *o* in particular, the increase in unemployment
concretar ◇ *vt* **-1.** *(precisar)* to specify, to state exactly; **todavía no han concretado su oferta** they haven't made a firm offer yet; **¿podrías ~ a qué te refieres?** could you be more specific about what you're referring to?, could you explain exactly what you're referring to?; **sin ~ las cifras, prometió ayudas a la región** he promised aid for the region, although without mentioning specific figures
-2. *(concertar)* to settle on; **finalmente concretaron una fecha para el inicio de las negociaciones** they finally fixed *o* agreed on a starting date for the negotiations
-3. *(reducir a lo esencial)* to summarize
◆ **concretarse** *vpr* **-1.** *(limitarse)* **concretarse a hacer algo** to confine *o* limit oneself to doing sth; **se concretó a lo que le habían preguntado** he confined himself to answering the question
-2. *(materializarse)* to take shape; **la prometida subvención nunca llegó a concretarse** the promised subsidy never materialized
concretizar [14] *vt* to specify, to state exactly
concreto¹, -a *adj* **-1.** *(no abstracto)* concrete; **un concepto ~** a concrete concept
-2. *(determinado)* specific, particular; **aún no tenemos una fecha concreta** we don't have a definite date yet; **estoy buscando un disco ~, no me vale cualquiera** I'm looking for a particular *o* specific record, not just any one; **si no me das los detalles concretos no te podré ayudar** if you don't give me the specific *o* precise details I won't be able to help you; **en el caso ~ de Nicaragua,...** in the specific case of Nicaragua,...; **en ~, todavía no sabemos nada** in short, we don't know anything yet; **piensa volver a Europa, en ~ a Francia** she's thinking of coming back to Europe, to France to be precise; **es un experto en economía, y más en ~, en gestión de empresas** he's an expert in economics, more specifically in business management; **nada en ~** nothing definite; **la culpa no se le puede atribuir a nadie en ~** there is no one person who is to blame; **en ningún sitio en ~** nowhere in particular, not in any one place
concreto² *nm Am* concrete □ **~ armado** reinforced concrete
concubina *nf (históricamente)* concubine; DER common-law wife
concubinato *nm (históricamente)* concubinage; DER cohabitation
concuerdo *ver* **concordar**
conculcación *nf Formal* infringement, violation
conculcar [59] *vt Formal* to infringe, to break

concuñado, -a nm,f **-1.** (hermano del cuñado) = brother or sister of one's brother-in-law or sister-in-law **-2.** (cónyuge del cuñado) = spouse of one's brother-in-law or sister-in-law

concupiscencia nf lustfulness, concupiscence

concupiscente adj lascivious, lustful

concurrencia nf **-1.** (asistencia) attendance; (espectadores) crowd, audience **-2.** (de sucesos) concurrence **-3.** COM competition; DER **no ~** non-competition clause

concurrente ◇ adj **-1.** (circunstancia) concurrent **-2.** (participante) **el público ~ aclamó al cantante** the audience applauded the singer; **los proyectos concurrentes a un concurso** the projects competing o entered in a competition
◇ nmf person present; **los concurrentes aprobaron la moción** the motion was approved by those present

concurrido, -a adj (bar, calle, exposición) crowded, busy; (espectáculo) well-attended; **es un restaurante muy ~** there are always lots of people in that restaurant

concurrir vi **-1.** (reunirse) **~ a algo** to go to sth, to attend sth; **concurrieron a la reunión muchos vecinos** many residents went to o attended the meeting
-2. (coincidir) to coincide; **concurrieron varias circunstancias que agravaron el problema** a number of factors coincided to make the problem worse; **en él concurren todos los requisitos necesarios para optar a la beca** he meets all the requirements needed to apply for the scholarship; **en la película concurren varios géneros diferentes** the film combines several different genres; **en su persona concurren la amabilidad y la inteligencia** she is both kind and intelligent
-3. (contribuir) to combine; **varios factores concurrieron al éxito de la actuación** several factors contributed to o combined to ensure the success of the performance
-4. (líneas, carreteras) to meet, to converge; **las calles concurren en la plaza mayor** the streets meet in o converge on the main square
-5. (participar) **~ a** (concurso) to take part in, to compete in; (examen) to take, Br to sit; **varias empresas concurren al concurso** several companies are taking part in the competition; **el partido de los verdes concurre a las elecciones en coalición** the green party is running o standing in the election as part of a coalition; **los candidatos que concurren al Premio Nobel** the candidates for the Nobel prize
-6. (estar de acuerdo) to agree; **concurrimos en todos los puntos** we agree o are in agreement on all the points

concursado, -a nm,f DER insolvent debtor

concursante nmf **-1.** (en concurso) competitor, contestant **-2.** (en oposiciones) candidate

concursar ◇ vi **-1.** (competir) to compete, to participate **-2.** (en oposiciones) to be a compete; **concursó a una plaza de médico** he competed for a doctor's post (in public competitive examination)
◇ vt DER to declare insolvent o bankrupt

concurso nm **-1.** (literaria, deportiva) competition; **un ~ de disfraces/de piano** a fancy dress/piano competition; **presentarse a un ~** to enter a competition; **presentar una película a ~** to enter a movie o Br film in competition ❑ **~ de belleza** beauty contest; **~ hípico** horse show; **~ de saltos** show-jumping event
-2. (de televisión) game show; (de preguntas y respuestas) quiz show
-3. (oposición) **~(-oposición)** = public competitive examination ❑ **~ de méritos** merit-based selection process
-4. (para una obra) tender; **adjudicar un ~** to award a contract; **convocar un ~** to call for tender, to invite tenders; **salir a ~ público** to be put out to tender ❑ **~ de adjudicación** tendering process

-5. (colaboración) cooperation; **con el ~ de todos, saldremos del apuro** if everyone helps o cooperates, we can get ourselves out of this mess
-6. (concurrencia) **el enorme ~ de visitantes desbordó a los organizadores** the organizers couldn't cope with the huge number of visitors

condado nm **-1.** (territorio) county **-2.** (título) earldom, countship

condal adj **el palacio ~** the count's palace; **la ciudad ~** Barcelona

conde, -esa nm,f count, f countess

condecoración nf **-1.** (distinción) decoration **-2.** (insignia) medal, decoration

condecorar vt to decorate

condena nf **-1.** (castigo) sentence; **cumplir ~** to serve a sentence; **cumplir una ~ de diez años** to serve a ten year sentence ❑ **~ a muerte** death penalty
-2. (sentencia) sentence; **el juez dictó ~** the judge pronounced sentence
-3. (reprobación, crítica) condemnation (**por** of); **el presidente expresó su ~ más enérgica por el atentado** the president condemned the attack in the strongest terms

condenable adj condemnable

condenación nf **-1.** (desaprobación) condemnation **-2.** REL damnation

condenadamente adv Fam damn; **este programa es ~ malo** this programme is absolute Br rubbish o US garbage

condenado, -a ◇ adj **-1.** (destinado) doomed; **un proyecto ~ al fracaso** a project doomed to failure; **un libro ~ al olvido** a book destined to be forgotten
-2. (a una pena) sentenced; (a un sufrimiento) condemned
-3. Fam (maldito) damned, wretched; **¡a ver si para de una vez esta condenada lluvia!** I wish this damned rain would stop!; **¡no seas ~ y devuélveme la llave!** don't be such a pig and give me the key back!
◇ nm,f **-1.** (a una pena) convicted person; (a muerte) condemned person; EXPR Fam **como un ~:** **correr como un ~** to run like the blazes o Br the clappers; Fam **estudiar como un ~** to study like mad o crazy; Fam **trabajar como un ~** to work like a slave
-2. los condenados (al infierno) the damned
-3. Fam (maldito) wretch; **esa condenada se niega a pagarme** that wretched woman refuses to pay me

condenar ◇ vt **-1.** (declarar culpable) to convict
-2. (castigar) **~ a alguien a algo** to sentence sb to sth; **fue condenado a muerte** he was sentenced o condemned to death; **fue condenado a tres años de prisión** he was sentenced to three years in prison; **fue condenado a pagar una multa de 15.000 pesos** he was ordered to pay a fine of 15,000 pesos; **la condenaron a no salir de casa durante los fines de semana** they punished her by grounding her at weekends
-3. (predestinar) **estar condenado a** to be doomed to; **esa iniciativa está condenada al fracaso** that initiative is doomed to failure; **los supervivientes están condenados a morir de hambre** the survivors are condemned to die of starvation
-4. (reprobar) to condemn; **todos los partidos condenaron el atentado** all parties condemned the attack
-5. (tapiar) (con ladrillos) to brick up, to wall up; (con tablas) to board up
◆ **condenarse** vpr to be damned

condenatorio, -a adj condemnatory; **sentencia condenatoria** conviction

condensación nf condensation

condensado, -a adj condensed

condensador, -ora ◇ adj condensing
◇ nm condenser ❑ **~ eléctrico** electric capacitor

condensar ◇ vt **-1.** (aire, vapor) to condense
-2. (texto, conferencia) to condense; **condensó su discurso en diez minutos** she condensed her speech into ten minutes

◆ **condensarse** vpr to condense, to become condensed

CONDEPA [kon'depa] nf (abrev de **Conciencia de Patria**) = right-wing populist Bolivian political party

condesa ver **conde**

condescendencia nf **-1.** (benevolencia) graciousness, kindness; **tratar a alguien con ~** to treat sb with kindness and understanding **-2.** (altivez) condescension; **su tono de ~ me resulta inaguantable** I find his condescending tone unbearable, I can't stand o bear his condescending tone

condescender [64] vi **-1.** (con amabilidad) **~ a** to consent to, to accede to; **condescendió en acompañarme** he kindly agreed to o consented to go with me **-2.** (con desprecio, altivez) **~ a** to deign to, to condescend to

condescendiente adj **-1.** (amable) obliging **-2.** (altivo) condescending

condestable nm HIST constable

condición nf **-1.** (término, estipulación) condition; **para votar es ~ ser mayor de edad** in order to vote you have to be of age; **poner condiciones** to set conditions; **con la** o **a ~ de que** on condition that; **con una sola ~** on one condition; **sin condiciones** unconditional; **las condiciones de un contrato** the terms of a contract; **condiciones acostumbradas/convenidas** usual/agreed terms ❑ **condiciones de entrega** terms of delivery; **condiciones de pago** payment terms, terms of payment; **~ sine qua non** prerequisite; **tener experiencia con** Esp **ordenadores** o Am **computadoras es ~ sine qua non para obtener este trabajo** a knowledge of computers is essential for this job; **condiciones de venta** conditions of sale
-2. (estado) condition; **en buenas/malas condiciones** in good/bad condition; **tiró la leche porque estaba en malas condiciones** she threw the milk away because it was off; **deseamos participar en condiciones de igualdad** we want to participate on equal terms; **estar en condiciones de** o **para hacer algo** (físicamente) to be in a fit state to do sth; (por la situación) to be in a position to do sth; **no estar en condiciones** (carne, pescado) to be off; (vivienda) to be unfit for living in; (instalaciones) to be unfit for use; **no están en condiciones de exigir demasiado** they are not in a position to make too many demands; **la sala no reúne las condiciones necesarias para que se celebre el concierto** the hall does not meet the necessary requirements for the concert to be held there; **en tres días me dejaron la moto en condiciones** they fixed my motorbike for me in just three days; **no estaba en condiciones de jugar** he wasn't fit to play
-3. condiciones (circunstancias) conditions ❑ **condiciones atmosféricas** weather conditions; **condiciones de trabajo** working conditions; **condiciones de vida** living conditions
-4. (clase social) social class; **de ~ humilde** of humble circumstances; **en la manifestación había gente de toda ~** there were people of every description at the demonstration
-5. (naturaleza) nature; **la ~ femenina/humana** the feminine/human condition; **un adolescente de ~ rebelde** a rebellious youth; **mi ~ de mujer...** the fact that I am a woman...
-6. (calidad) capacity; **en su ~ de abogado** in his capacity as a lawyer; **en su ~ de parlamentario, tiene derecho a un despacho** as an MP, he has the right to an office; **su ~ de monarca no le permite opinar sobre ese asunto** as the monarch, he is not permitted to express an opinion on this matter
-7. (aptitud) **es un abogado de excelentes condiciones** he's an extremely able lawyer; **tiene condiciones para la pintura**

condicionado she has a gift for painting; **no tiene condiciones para estudiar medicina** he's not good enough to study medicine

condicionado, -a *adj* conditioned; **~ a** subject to, dependent upon

condicional ◇ *adj* conditional
◇ *nm* GRAM conditional (tense)

condicionamiento *nm* conditioning

condicionante ◇ *adj* determining
◇ *nm* determinant

condicionar *vt* **-1.** *(hacer dependiente de)* **~ algo a algo** to make sth dependent on sth **-2.** *(influir)* to influence

cóndilo *nm* ANAT condyle

condimentación *nf* seasoning

condimentar *vt* to season

condimento *nm (aderezo)* seasoning; *(hierba)* herb; *(especia)* spice

condiscípulo, -a *nm,f (en la universidad)* fellow student; **fueron condiscípulos en la escuela** they were contemporaries at school

condolencia *nf* condolence; **expresó sus condolencias a la viuda** he offered his condolences to the widow

condolerse [41] *vpr* to feel pity (**de** for)

condominio *nm* **-1.** DER *(de un territorio)* condominium; *(de una cosa)* joint ownership **-2.** *(territorio)* condominium **-3.** *Am (edificio) Br* block of flats, *US* condominium

condón *nm* condom ❏ **~ femenino** female condom

condonación *nf (de deuda)* cancellation, writing off; *(de pena)* remission, lifting

condonar *vt* **-1.** *(deuda)* to cancel, to write off; *(pena)* to remit, to lift **-2.** *(violencia, terrorismo)* to condone

cóndor *nm* **-1.** *(ave)* condor ❏ **~ de California** California condor **-2.** *(en Colombia, Chile y Ecuador)* condor

condorito *nm* Chile *(sandalia de playa)* beach sandal

conducción *nf* **-1.** *Esp (de vehículo)* driving ❏ **~ temeraria** careless *o* reckless driving **-2.** *(de calor, electricidad)* conduction **-3.** *(por tubería)* piping; *(por cable)* wiring **-4.** *(conducto) (de agua, gas)* pipe; *(de electricidad)* wiring **-5.** *(dirección) (de empresa)* management, running; *(de investigación)* running

conducente *adj* conducive, leading (**a** to); **unas medidas conducentes a la resolución de la crisis** measures which may provide a solution to the crisis

conducir [18] ◇ *vt* **-1.** *(vehículo)* to drive **-2.** *(por tubería, cable) (calor)* to conduct; *(líquido)* to convey, to carry; *(electricidad)* to carry **-3.** *(dirigir) (empresa)* to manage, to run; *(ejército)* to lead; *(asunto)* to handle **-4.** *(programa televisivo)* to present, to host **-5.** *(persona)* to lead; **el guía nos condujo a la salida** the guide led us to the exit
◇ *vi* **-1.** *(en vehículo)* to drive **-2.** *(a sitio, situación)* **~ a** to lead to; **esas discusiones no conducen a nada** those discussions won't achieve anything; **este plan conduce al desastre** this plan is a recipe for disaster; **una cifra que puede ~ a error** a figure which could be misleading *o* lead to mistakes
◆ **conducirse** *vpr* to behave

conducta *nf* behaviour, conduct

conductancia *nf* FÍS conduction

conductibilidad *nf* FÍS conductivity

conductismo *nm* PSI behaviourism

conductista *nmf* PSI behaviourist

conductividad *nf* FÍS conductivity

conductivo, -a *adj* FÍS conductive

conducto *nm* **-1.** *(de fluido)* pipe
-2. *(vía)* channel; **por ~ de** through; **la resolución se comunicará por ~ oficial** the decision will be made known through official channels; **me enteré de la boda por ~ de tu hermana** I found out about the wedding through *o* from your sister
-3. ANAT duct, channel ❏ **~ auditivo** ear canal, *Espec* auditory meatus; **~ biliar** bile duct; **~ deferente** sperm duct, *Espec* vas deferens; **~ hepático** hepatic duct; **~ lacrimal** tear duct; **~ semicircular** semicircular canal

conductor, -ora ◇ *adj (de electricidad, calor)* conductive
◇ *nm,f* **-1.** *(de vehículo)* driver ❏ **~ en prácticas** learner driver **-2.** *(de un programa televisivo)* presenter, host
◇ *nm* conductor ❏ **~ eléctrico** conductor

conductual *adj* PSI behavioural

conduela *etc ver* **condolerse**

condueño, -a *nm,f* joint owner, co-owner

conduje *etc ver* **conducir**

conduzco *etc ver* **conducir**

conectado, -a *adj* connected (**a** to); INFORMÁT **la impresora está conectada a la red** the printer is connected to the network; INFORMÁT **estar ~ a Internet** to be on-line, to be on the Internet

conectar ◇ *vt* **-1.** *(aparato, mecanismo) (con cables)* to connect (**a** *o* **con** (up) to); **conecta la lavadora a la red eléctrica** connect the washing machine to the electricity supply
-2. *(encender) (radio, calefacción)* to turn on, to switch on
-3. *(unir, comunicar)* to connect, to link; **el puente conecta la isla con el continente** the bridge connects *o* links the island to the mainland
-4. *(asociar)* to link, to connect; **la policía ha conectado el robo con las mafias locales** the police have linked *o* connected the robbery to the local mafia
-5. DEP *(disparo)* to strike
◇ *vi* **-1.** RAD & TV **~ con** to go over to; **conectamos con nuestro enviado especial en la zona** and now over to our special correspondent in the area
-2. *(persona)* **~ con alguien** *(ponerse en contacto)* to get in touch with sb; *(entenderse)* to relate to sb; **una escritora que conecta con los más jóvenes** a writer who knows how to relate to younger readers; **al partido le ha fallado ~ con los sectores más desfavorecidos** the party has failed to reach *o* get through to the most disadvantaged groups
-3. *(vuelo)* to connect; **necesito ~ con el vuelo de las 9** I have to be there for a connecting flight at 9 o'clock
-4. INFORMÁT **~ y funcionar** plug and play
◆ **conectarse** *vpr* to switch (itself) on; **las luces se conectan solas** the lights switch themselves on; **conectarse a Internet** *(por primera vez)* to get connected to the Internet, to go on-line; *(regularmente)* to go on the Internet, to go on-line

conectividad *nf* INFORMÁT connectivity

conectivo, -a *adj* LING connective

conector *nm* **-1.** *(clavija, enchufe)* connector ❏ **~ hembra** female connector; **~ macho** male connector; **~ universal** universal connector **-2.** *(cable)* cable, lead

coneja *nf muy Fam* **esa mujer es una ~** that woman just has one *Br* bloody *o US* goddamn baby after another

conejar *nm* rabbit hutch

conejera *nf* **-1.** *(madriguera)* (rabbit) warren **-2.** *(conejar)* rabbit hutch

conejillo *nm también Fig* **~ de Indias** guinea pig

conejo, -a ◇ *nm,f* rabbit, *f* doe; EXPR *Fam* **reproducirse como conejos** to breed like rabbits ❏ **~ de angora** angora rabbit; **~ a la cazadora** *(plato)* = rabbit cooked in olive oil with chopped onion, garlic and parsley
◇ *nm Esp muy Fam (vulva)* pussy, *US* beaver

conexión *nf* **-1.** *(vínculo)* connection; **no hay ~ entre los dos accidentes** there's no connection between the two accidents; **está siendo investigado en ~ con el robo** he is being investigated in connection with the robbery; **una ciencia en íntima ~ con la biología** a science very closely linked with biology
-2. *(eléctrica, informática)* connection; **la ~ a la red eléctrica/telefónica no funciona** the mains/telephone connection doesn't work; **un hogar con ~ a Internet** a home with an Internet connection, a home connected to the Internet
-3. RAD & TV link-up; **devolvemos la ~ a nuestros estudios centrales** and now, back to the studio ❏ **~ vía satélite** satellite link
-4. tener conexiones *(amistades influyentes)* to have connections; **consiguió el trabajo gracias a sus conexiones** she got the job thanks to her connections
-5. *(vuelo)* connection

conexo, -a *adj* related, connected

confabulación *nf* conspiracy

confabularse *vpr* to plot *o* conspire (**para** to); **se confabuló con sus enemigos para derrotar al invasor** he conspired with his enemies to defeat the invader

confección *nf* **-1.** *(de ropa)* tailoring, dressmaking; **el ramo de la ~** the clothing *o US* garment industry; **un traje/vestido de ~** a ready-to-wear *o* ready-made *o esp Br* an off-the-peg suit/dress
-2. *(de comida)* preparation, making; *(de lista)* drawing up; *(de estadística)* production, preparation; **productos de ~ artesanal** handicrafts; **la ~ de las listas de electorales** the drawing up of the parties' lists of candidates

confeccionar *vt* **-1.** *(ropa)* to make (up) **-2.** *(plato)* to prepare; *(lista)* to draw up; *(estadística)* to produce, to prepare

confeccionista *nmf (fabricante)* clothing manufacturer; *(vendedor)* clothing retailer

confederación *nf (de estados, personas, bancos)* confederation ❏ **Confederación de Estados Independientes** Confederation of Independent States; **Confederación Helvética** Switzerland, Swiss Confederation; **~ hidrográfica** = state organization responsible for overseeing the use of the water resources of a particular area

confederado, -a ◇ *adj* confederate
◇ *nm* HIST Confederate

confederarse *vpr* to confederate, to form a confederation

conferencia *nf* **-1.** *(charla)* talk, lecture (**sobre** on); **dar una ~** to give a talk *o* lecture ❏ **~ de prensa** press conference
-2. *(reunión)* conference; **celebrar una ~** to hold a conference ❏ **~ episcopal** bishops' conference; UE **Conferencia Intergubernamental** Intergovernmental Conference
-3. *(por teléfono)* (long-distance) call; **poner una ~** to make a long-distance call ❏ **~ a cobro revertido** *Br* reverse-charge call, *US* collect call

conferenciante *nmf* speaker

conferenciar *vi* to have a discussion

conferencista *nmf Am* speaker

conferir [62] *vt* **-1.** *(cualidad)* to give, to lend; **la asistencia del monarca confiere más importancia al acto** the presence of the monarch gives more importance to the ceremony; **el brillante colorido confiere gran dramatismo al cuadro** the brilliant colours give the painting a very dramatic effect *o* make the painting very dramatic
-2. ~ algo a alguien *(honor, dignidad)* to confer *o* bestow sth upon sb; *(responsabilidades)* to give sth to sb, to confer sth on sb; **la nueva ley confiere el poder ejecutivo al presidente** the new law confers executive power on *o* gives executive power to the president

confesar [3] ◇ *vt* **-1.** *(pecado)* to confess (to); **confieso que he pecado** I confess that I have sinned
-2. *(falta)* to confess (to); *(culpabilidad)* to confess, to admit; *(sentimientos)* to confess (to); **le confesó su amor** he confessed *o* declared his love to her; **confieso que te mentí** I admit I lied to you; **~ de plano** to make a full confession, to confess to everything; **si quieres que te confiese la verdad, desconozco la respuesta** to tell you the truth, I don't know the answer
-3. *(persona)* **el cura confesó al moribundo** the priest heard the dying man's confession
◆ **confesarse** *vpr* **-1.** *(ante sacerdote)* to go to confession; **confesarse de algo** to confess sth; **confesarse con alguien** to confess one's sins to sb
-2. *(declararse)* **se confesó culpable del**

confesión / **confortable**

asesinato she confessed to (being guilty of) the murder; **me confieso admirador de su música** I admit to being an admirer of her music, I confess I'm an admirer of her music

confesión nf **-1.** *(de pecado)* confession; **oír a alguien en ~** to hear sb's confession **-2.** *(de falta, culpabilidad, sentimientos)* confession; **hacer una ~** to confess; **extraer una ~ de alguien** to extract a confession from sb, to get a confession out of sb **-3.** *(credo)* religion, (religious) persuasion, denomination; **de ~ protestante** Protestant, of the Protestant faith

confesional *adj* denominational; **estado ~** = country with an official state religion

confesionario, confesonario *nm* confessional

confeso, -a ◇ *adj* **-1.** *(reo)* self-confessed; **un ~ republicano** a self-confessed republican **-2.** HIST *(judío)* converted
◇ *nm,f* HIST *(judío)* converted Jew

confesonario = confesionario

confesor *nm* confessor

confeti *nm* confetti

confiabilidad *nf Am (fiabilidad)* reliability

confiable *adj Am (fiable)* reliable

confiado, -a *adj* **-1.** *(seguro)* confident; **estar ~** to be confident; **estar demasiado ~** to be overconfident; **estoy ~ en que todo acabará bien** I'm confident everything will turn out all right; **se mostró ~** he was confident **-2.** *(crédulo)* trusting; **ser ~** to be trusting

confianza *nf* **-1.** *(seguridad)* confidence (**en** in); **~ en uno mismo** self-confidence; **tengo plena ~ en su trabajo** I have the utmost confidence in her work; **tengo ~ en que lo conseguirán** I'm confident they'll achieve it; **deposito toda mi ~ en él** I'm putting all my faith o trust in him; **hace las cosas con mucha ~** she does things very confidently; **todavía no ha cogido la suficiente ~** he hasn't acquired enough confidence yet; **no me inspira la más mínima ~** I have no confidence o faith in him whatsoever
-2. *(fe)* trust; **de ~** trustworthy; **una marca de toda ~** a very reliable brand; **uno de sus colaboradores de ~** one of his most trusted associates
-3. *(familiaridad)* familiarity; **amigo de ~** close o intimate friend; **en ~** in confidence; **te cuento todo esto en ~** I'm telling you all this in confidence; **pregúntaselo tú, que tienes más ~ con él** you ask him, you're closer to him; **una cosa te voy a decir con toda ~...** let me be frank...; **puedes hablar con toda ~** you can talk quite freely; **entre nosotros hay ~** we're good friends; **se toma demasiadas confianzas** she's too familiar, she takes too many liberties; [EXPR] *Fam* **donde hay ~ da asco** familiarity breeds contempt; **tengo mucha ~ con él** I am very close to him

confianzudo, -a *Am Fam* ◇ *adj* forward, fresh
◇ *nm,f* **es un ~** he's very forward o fresh

confiar [32] ◇ *vt* **-1.** *(secreto)* to confide; **me confió que estaba muy nervioso** he confided to me that he was very nervous
-2. *(responsabilidad, persona, asunto)* **~ algo a alguien** to entrust sth to sb; **te confío el cuidado de las plantas** I'm relying on you to look after the plants; **le han confiado la dirección del partido** he has been entrusted with the leadership of the party
◇ *vi* *(tener fe)* **~ en** to trust; **~ en la suerte** to trust to luck; **confía demasiado en los demás** he is too trusting of others; **no confío en sus intenciones** I don't believe his intentions are honest; **confiamos en el triunfo** we are confident of winning; **confío en que Dios nos ayudará** I have faith o am confident that God will help us; **confío en poder conseguirlo** I am confident of being able to achieve it

◆ **confiarse** *vpr* **-1.** *(despreocuparse)* to be too sure (of oneself), to be overconfident; **yo de ti no me confiaría demasiado** I wouldn't be so sure of myself o so confident if I were you; **no se confió y preparó el examen concienzudamente** he didn't feel too confident so he studied hard for the exam
-2. *(sincerarse)* **confiarse a** to confide in; **me confié a mi amigo** I confided in my friend

confidencia *nf* confidence, secret; **hacer confidencias a** to confide in

confidencial *adj* confidential

confidencialidad *nf* confidentiality; **se garantiza la más estricta ~** the strictest confidentiality is guaranteed

confidencialmente *adv* confidentially

confidenciar *vt Am* **~ algo a alguien** to confide sth to sb, to tell sb sth in confidence; **le confidenció detalles del proyecto** she told him details of the project in confidence

confidente *nmf* **-1.** *(amigo)* confidant, *f* confidante **-2.** *(soplón)* informer

confiero *etc ver* **conferir**

confieso *etc ver* **confesar**

configuración *nf* **-1.** *(formación)* shaping, forming; **la ~ de un nuevo orden mundial** the shaping o forming of a new world order **-2.** *(disposición)* configuration; *(de la costa)* outline, shape; *(de ciudad)* layout; **la ~ del terreno** the lie o lay of the land **-3.** INFORMÁT configuration

configurar ◇ *vt* **-1.** *(formar)* to shape, to form **-2.** INFORMÁT to configure

◆ **configurarse** *vpr (constituirse)* **un paisaje que se ha configurado a través de las eras** a landscape which has been formed o taken shape over the ages; **hoy en día se configura como una de las empresas líderes del sector** these days, it is one of the leading companies in the field

confín *nm* **-1.** *(límite)* border, boundary **-2.** *(extremo)* *(del reino, universo)* outer reaches; **en los confines de** on the very edge of; **el castillo se vislumbraba en los confines del horizonte** you could just make out the castle on the distant horizon; **viajó por todos los confines del mundo** he travelled to the four corners of the globe

confinamiento *nm*, **confinación** *nf* **-1.** *(de un detenido)* confinement (**en** to) **-2.** *(de un desterrado)* banishment (**a** o **en** to)

confinar ◇ *vt* **-1.** *(detener, limitar)* to confine (**en** to); **el accidente lo confinó a una silla de ruedas** the accident left him in a wheelchair, he was confined to a wheelchair after the accident **-2.** *(desterrar)* to banish (**a** o **en** to)
◇ *vi* **~ con algo** to border on, to adjoin

◆ **confinarse** *vpr* to shut o hide oneself away; **se confinó en un pueblo aislado** he hid himself away in an isolated village

confiriera *etc ver* **conferir**

confirmación *nf* **-1.** *(de noticia, sospecha)* confirmation **-2.** *(de billete, reserva)* confirmation **-3.** REL confirmation

confirmar ◇ *vt* **-1.** *(noticia, sospecha)* to confirm; **esto sólo confirma mis sospechas** this simply confirms my suspicions **-2.** *(billete, reserva)* to confirm; **el ministro ha sido confirmado en el cargo** the minister has been confirmed in his post **-3.** REL to confirm

◆ **confirmarse** *vpr* **-1.** *(reafirmarse)* **se confirmó en su opinión** his opinion was confirmed; **me confirmo en mis temores** that confirms my fears **-2.** REL to be confirmed

confirmativo, -a, confirmatorio, -a *adj* confirmatory, confirmative

confiscación *nf* confiscation, appropriation

confiscar [59] *vt* to confiscate

confitado, -a *adj* candied; **frutas confitadas** crystallized fruit

confitar *vt* to candy

confite *nm Br* sweet, *US* candy

confitería *nf* **-1.** *(tienda)* confectioner's **-2.** *RP (café)* cafe ❑ **~ bailable** disco

confitero, -a *nm,f* confectioner

confitura *nf* preserve, jam

conflagración *nf* **-1.** *(guerra)* conflict, war **-2.** *(incendio)* conflagration

conflictividad *nf* **-1.** *(cualidad)* controversial nature **-2.** *(conflicto)* conflict; **en las últimas semanas ha aumentado la ~ en la zona** in recent weeks there has been increasing unrest in the area ❑ **~ laboral** industrial unrest; **~ social** social unrest

conflictivo, -a *adj* **-1.** *(polémico)* controversial **-2.** *(época, país)* troubled; **una zona conflictiva de Europa** a trouble spot o area of conflict in Europe **-3.** *(persona)* difficult

conflicto *nm* **-1.** *(combate, lucha)* conflict; *(de opiniones, ideas)* clash; **entrar en ~ con** to come into conflict with; **los bandos en ~** the sides involved in the conflict ❑ **~ armado** armed conflict; **~ bélico** armed conflict; **~ generacional** generation gap; **~ de intereses** conflict of interests; **~ laboral** industrial dispute
-2. PSI conflict; **se encuentra en ~ consigo mismo** he is in conflict with himself

confluencia *nf (de ríos)* confluence; *(de caminos)* junction; *(de culturas, factores, intereses)* convergence; **en la ~ entre la calle Rozas y la calle Paz** at the junction o intersection of Rozas and Paz

confluente *adj (río)* confluent; *(camino)* convergent; *(cultura, factor, interés)* converging

confluir [34] *vi* **-1.** *(ríos)* to flow into each other, to meet (**en** at); *(caminos)* to converge, to meet (**en** at); *(culturas, factores, intereses)* to converge **-2.** *(personas)* to come together, to gather (**en** in)

conformación *nf (configuración)* shape

conformar ◇ *vt* **-1.** *(configurar)* to shape; **conformó una organización moderna y disciplinada** he built up a modern and disciplined organization; **los países que conforman la OPEP** the countries which make up o form OPEC; **los alimentos que conforman la dieta mediterránea** the foods that make up the Mediterranean diet
-2. *(contentar)* **~ a alguien** to keep sb happy **-3.** *(cheque)* to endorse, to authorize

◆ **conformarse** *vpr* **conformarse con** *(suerte, destino)* to resign oneself to; *(apañárselas con)* to make do with; *(contentarse con)* to settle for; **no se conforma con nada** she's never satisfied; **no se conforma con cualquier cosa** he won't settle for just anything; **me conformo con lo que tengo** I'm quite happy with what I've got; **me conformo con el tercer puesto** I'll settle for third place

conforme ◇ *adj* **-1.** *(acorde)* **~ a** in accordance with; **~ al reglamento** in accordance with the rules; **el juez dictaminó que la decisión era ~ a la ley** the judge ruled that the decision was in accordance with the law
-2. *(de acuerdo)* in agreement, happy; **estar ~ con algo/alguien** to be happy with sth/sb; **si no estás ~, protesta** if you don't agree, say so, if you're not happy, say so; **estoy ~ en que vengas, pero no llegues tarde** I'm happy for you to come o it's all right by me if you come, but don't be late
-3. *(contento)* happy; **no estoy muy ~ con la reparación efectuada** I'm not very happy with the repair they did
◇ *adv* **-1.** *(a medida que)* as; **~ envejecía** as he got older
-2. *(como)* exactly as; **te lo cuento ~ lo vi** I'm telling you exactly what I saw
-3. *(en cuanto)* as soon as; **~ amanezca, me iré** I'll leave as soon as it gets light
◇ *nm* authorization; **todavía no ha dado su ~** he hasn't authorized it yet

conformidad *nf* **-1.** *(aprobación)* approval; **dio su ~** she gave her consent **-2.** *(acuerdo)* **de** o **en ~ con** in accordance with

conformismo *nm* conformity, conformism

conformista ◇ *adj* conformist
◇ *nmf* conformist

confort (*pl* **conforts**) *nm* **-1.** *(comodidad)* comfort; **todo ~** *(en anuncio)* all mod cons **-2.** *Chile (papel higiénico)* toilet paper

confortabilidad *nf* comfort

confortable *adj* comfortable

confortablemente *adv* comfortably
confortante *adj* comforting, consoling
confortar *vt* **-1.** *(fortalecer)* **esta sopa te confortará** this soup will do you good **-2.** *(alentar, consolar)* to console, to comfort
confraternidad *nf* **-1.** *(hermandad)* brotherhood **-2.** *(entre personas, países)* fraternity
confraternizar [14] *vi* ~ **con el enemigo** to fraternize with the enemy; **confraternizaron con los jugadores del otro equipo después del partido** they socialized with the players from the other team after the match
confrontación *nf* **-1.** *(enfrentamiento)* confrontation; *(deportivo)* clash **-2.** *(comparación)* comparison
confrontar *vt* **-1.** *(comparar)* to compare **-2.** *(encarar)* **confrontaron a los dos testigos** the two witnesses were brought face to face **-3.** *(enfrentar)* to confront, to face; ~ **un problema** to confront o face a problem
confucianismo, confucionismo *nm* Confucianism
confuciano, -a *adj* Confucian
Confucio *n pr* Confucius
confucionista *adj* Confucian
confundible *adj* **las dos cosas son fácilmente confundibles** the two things are easily confused
confundido, -a *adj* **-1.** *(avergonzado)* embarrassed **-2.** *(equivocado)* confused
confundir ⋄ *vt* **-1.** *(trastocar)* ~ **una cosa con otra** to mistake one thing for another; ~ **dos cosas** to get two things mixed up; **siempre lo confundo con su hermano gemelo** I always mistake him for his twin brother; **creo que me está confundiendo con otro** I think you're confusing me with someone else; [EXPR] *Fam Hum* ~ **el tocino con la velocidad** to mix up two completely different things
-2. *(desconcertar)* to confuse; **me confundes con tanta información** you're confusing me with all that information
-3. *(mezclar)* to mix up
-4. *(abrumar)* to overwhelm; **tanta simpatía me confunde** I'm overwhelmed by all this friendliness, all this friendliness is overwhelming
▸ **confundirse** *vpr* **-1.** *(equivocarse)* to make a mistake; **confundirse de piso/tren** to get the wrong floor/train; **me confundí en los cálculos** I made a mistake in the figures, I got the figures wrong; **se ha confundido** *(al teléfono)* (you've got the) wrong number; **no te confundas... yo no soy un mentiroso** don't get the wrong idea... I'm no liar
-2. *(liarse)* to get confused; **me confundo con tanta información** I get confused by all that information
-3. *(mezclarse)* *(colores, siluetas)* to merge (**en** into); **confundirse entre la gente** *(personas)* to lose oneself in the crowd; **se han confundido las maletas** the suitcases have got mixed up; **se confundió en la multitud para poder escapar** he mingled with the crowd to make his escape
confusamente *adv* **-1.** *(con turbación)* confusedly **-2.** *(en desorden)* in confusion, in disorder; **me lo explicó** ~ she gave me a muddled explanation of it; **lo recuerdo todo muy** ~ my recollection of it all is very vague
confusión *nf* **-1.** *(desorden, lío)* confusion; **la** ~ **aumentó con la llegada del cantante** the singer's arrival added to the confusion; **los ladrones actuaron aprovechando la** ~ the thieves took advantage of the confusion; **hubo una gran** ~ there was great confusion; **en su habitación reina la** ~ **her room** is in chaos; **existe cierta** ~ **acerca de lo que realmente quiso decir** there is some confusion as to what he really meant
-2. *(desconcierto)* **la noticia me llenó de** ~ I was disconcerted by the news
-3. *(error)* mix-up; **ha habido una** ~ there

has been a bit of a mix-up; **esa frase puede llevar a** ~ that phrase could lead to confusion o be misinterpreted
confusionismo *nm* confusion
confuso, -a *adj* **-1.** *(poco claro)* *(clamor, griterío)* confused; *(contorno, forma, imagen)* blurred; *(explicación)* confused **-2.** *(turbado)* confused, bewildered; **estar** ~ to be confused o bewildered
conga *nf* **-1.** *(baile)* conga; **bailar la** ~ to dance the conga **-2.** *Arg (juego de naipes)* card game similar to rummy **-3.** *Cuba, Perú (tambor)* conga (drum) **-4.** *Col (hormiga)* = large poisonous ant
congelación *nf* **-1.** *(de alimento, líquido)* freezing
-2. *(de persona)* freezing; *(de dedos, miembro)* frostbite; **morir por** ~ to freeze to death
-3. *(de precios, salarios)* freeze; *(de cuenta bancaria)* freezing; *(de negociaciones)* deadlock, impasse; **el gobierno anunció la** ~ **inmediata de los sueldos de los funcionarios** the government announced an immediate wage freeze for public sector workers
-4. TV & CINE ~ **de imagen** freeze-frame function
congelado, -a ⋄ *adj* **-1.** *(alimento, líquido)* frozen **-2.** *(persona, cadáver)* frozen; *(dedos, miembro)* frostbitten; **morir** ~ to freeze to death **-3.** *(precios, salarios)* frozen; *(cuenta bancaria)* frozen; *(negociaciones)* deadlocked, at a standstill **-4.** TV & CINE **imagen congelada** freeze-frame
⋄ *nmpl* **congelados** frozen foods
congelador *nm* freezer
congelante *adj* freezing
congelar ⋄ *vt* **-1.** *(alimento, líquido)* to freeze **-2.** *(persona, cadáver)* to freeze; **el frío le congeló los dedos** he got frostbite in his fingers as a result of the cold **-3.** *(precios, salarios)* to freeze; *(cuenta bancaria)* to freeze; *(negociaciones)* to deadlock, to bring to a standstill **-4.** TV & CINE *(imagen)* to freeze
▸ **congelarse** *vpr* **-1.** *(alimento, líquido)* to freeze; **¡me congelo de frío!** I'm freezing! **-2.** *(dedos, miembro)* to get frostbitten; **se le congelaron los pies y las manos** she got frostbite in her feet and hands
congénere *nmf* **me avergüenzo de mis congéneres** I am ashamed of my kind; **el cachorro fue devorado por sus congéneres** the cub was eaten by other lions; **el virus afecta más a los varones de más de 60 que a sus congéneres más jóvenes** the virus tends to affect males over the age of 60 more than their younger counterparts
congeniar *vi* to get on (**con** with); **congeniamos muy bien** we got on very well with each other, we hit it off really well
congénito, -a *adj* **-1.** *(enfermedad)* congenital **-2.** *Fam (talento, estupidez)* innate
congestión *nf* **-1.** *(de nariz, pulmones)* congestion; **tengo** ~ **nasal** I've got a blocked nose **-2.** *(de tráfico)* congestion
congestionado, -a *adj* **-1.** *(nariz)* blocked; **tener la nariz congestionada** to have a blocked nose **-2.** *(cara)* flushed **-3.** *(tráfico)* congested
congestionar ⋄ *vt* to block
▸ **congestionarse** *vpr* **-1.** *(cara)* to flush, to turn purple; **su cara se congestionó con el enfado** his face went purple with rage **-2.** *(tráfico)* to become congested
congestivo, -a *adj* congestive
conglomeración *nf* conglomeration
conglomerado *nm* **-1.** *(conjunto, mezcla)* combination; **un** ~ **de problemas** a combination of problems **-2.** *(de madera)* chipboard **-3.** GEOL conglomerate **-4.** *(de hoteles, empresas)* conglomerate
conglomerante ⋄ *adj* agglutinative
⋄ *nm* agglutinant, bonding o adhesive material
conglomerar ⋄ *vt* **-1.** *(intereses, tendencias)* to unite **-2.** *(sustancias)* to conglomerate
▸ **conglomerarse** *vpr* *(sustancia)* to conglomerate

Congo *nm* **-1. el** ~ *(río) Br* the (River) Congo, *US* the Congo (River) **-2. el** ~ *(país)* (the) Congo ❑ *Antes el* ~ *belga* the Belgian Congo
congo *nm* **-1.** *Am (de tabaco)* second crop tobacco leaf **-2.** *CAm (mono)* howler monkey **-3.** *Cuba (baile)* congo
congoja *nf* anguish; **la ausencia de padre le producía una profunda** ~ the lack of a father caused him great anguish; **pasaron horas de** ~ **esperando que concluyera el rescate** they spent anxious hours waiting for the rescue to be completed
congoleño, -a ⋄ *adj* Congolese
⋄ *nm,f* Congolese
congosto *nm* gorge
congraciar ⋄ *vt* to win over
▸ **congraciarse** *vpr* **congraciarse con alguien** to win sb over, to get on sb's good side
congratulación *nf Formal* **congratulaciones** congratulations; **recibió la** ~ **del ministro** he received the minister's congratulations; **mis más sinceras congratulaciones** my wholehearted o warmest congratulations to you
congratular *Formal* ⋄ *vt* to congratulate; ~ **a alguien por algo** to congratulate sb on sth
▸ **congratularse** *vpr* to be pleased (**por** about); **se congratularon por el triunfo obtenido** they congratulated themselves on their victory; **nos congratulamos de que todo haya salido bien** we're pleased that everything turned out all right
congratulatorio, -a *adj Formal* congratulatory
congregación *nf* **-1.** *(junta)* gathering, assembly **-2.** *(de laicos)* order ❑ **la** ~ **de los fieles** the Roman Catholic Church **-3.** *(en el Vaticano)* congregation ❑ *Congregación para la Doctrina de la Fe* Congregation for the Doctrine of the Faith
congregante *nmf* = member of a Roman Catholic lay brotherhood/sisterhood
congregar [38] ⋄ *vt* to assemble, to bring together; **la fiesta congregó a miles de personas** thousands of people came to o gathered for the fiesta
▸ **congregarse** *vpr* to assemble, to gather
congresista, *Arg, Chile* **congresal** *nmf* **-1.** *(en un congreso)* delegate **-2.** *(político)* congressman, *f* congresswoman
congreso *nm* **-1.** *(de una especialidad)* conference, congress **-2.** *(asamblea nacional)* **el Congreso (de los Diputados)** *(en España)* the lower house of Spanish Parliament, *Br* ≃ the House of Commons, *US* ≃ the House of Representatives; **el Congreso** *(en Estados Unidos)* Congress ❑ POL *el Congreso Nacional Africano* the African National Congress **-3.** *(edificio)* parliament building
congrí *nm Cuba (plato)* rice and beans
congrio *nm* conger eel
congruencia *nf* **-1.** *(coherencia)* consistency; **no hay** ~ **entre el planteamiento y la conclusión** there is no consistency between the initial presentation of the subject and the conclusion; **lo que dice no guarda** ~ **con lo que hace** there's no consistency between what he says and what he does **-2.** DER congruence, cohesion **-3.** MAT congruence
congruente *adj* **-1.** *(coherente)* consistent, coherent; **sus palabras no son congruentes con sus actos** his words are not consistent with his actions **-2.** MAT congruent
cónica *nf* GEOM conic
CONICET [koni'set] *nm (abrev de Consejo Nacional de Investigaciones Científicas y Técnicas)* = Argentinian council for scientific research
CONICIT [koni'sit] *nm (abrev de Consejo Nacional de Investigación Científica y Tecnológica)* = Venezuelan council for scientific research
cónico, -a *adj* conical

conidio nm BOT conidium
conífera nf conifer
conífero, -a adj coniferous
conjetura nf conjecture; **todo eso no son más que conjeturas** all that is pure speculation o conjecture; **hacer conjeturas, hacerse una ~** to conjecture
conjeturar vt to conjecture about, to make predictions about; **puedo ~ que el futuro se presenta brillante** I can predict a brilliant future ahead
conjugación nf -1. GRAM conjugation; **un verbo de la 1ª/2ª/3ª ~** a verb ending in -ar/-er/-ir -2. (combinación) combination; (de ideas) pooling; (de esfuerzos) pooling, combining -3. BIOL conjugation
conjugado, -a adj -1. GRAM conjugated -2. (combinado) combined
conjugar [38] ◇ vt -1. GRAM to conjugate -2. (combinar) to combine; **un modelo que conjuga la estética con la funcionalidad** a model that combines good looks with functionality; **es muy difícil ~ los intereses de todos** it's very difficult to find a balance between everybody's interests
◆ **conjugarse** vpr GRAM to conjugate
conjunción nf -1. GRAM conjunction ❑ **~ adversativa** adversative conjunction; **~ coordinante** coordinating conjunction; **~ copulativa** copulative conjunction; **~ disyuntiva** disjunctive conjunction; **~ subordinante** subordinating conjunction -2. ASTRON conjunction -3. (de circunstancias, hechos) combination
conjuntado, -a adj coordinated
conjuntamente adv jointly, together (**con** with); **dos productos que van a ser lanzados al mercado ~** two products that are to be launched together; **el gobierno, ~ con la Cruz Roja, va a organizar la ayuda humanitaria** the government will be organizing humanitarian aid jointly with the Red Cross
conjuntar vt (coordinar) to coordinate; **un pintor que conjunta muy bien los colores** a painter who combines colours very well
conjuntiva nf ANAT conjunctiva
conjuntivitis nf inv conjunctivitis
conjuntivo, -a adj -1. ANAT conjunctive; **tejido ~** connective tissue -2. GRAM conjunctive
conjunto, -a ◇ adj (acción, esfuerzo) joint; **cuenta conjunta** joint account
◇ nm -1. (agrupación) collection, group; **un ~ de circunstancias** a number of factors; **un ~ de maletas** a set of suitcases; **se enfrenta el ~ local contra el líder** the local team is playing the leaders
-2. (de ciudad) ❑ **~ histórico-artístico: la ciudad de Cartagena es un ~ histórico-artístico de gran interés** the historical and artistic attributes of Cartagena combine to form a highly interesting whole; **~ monumental** historical buildings and monuments; **~ urbanístico: un ~ urbanístico muy heterogéneo** a cityscape of great variety
-3. (de ropa) outfit; **llevaba un ~ de camisa y pantalón** she was wearing matching shirt and trousers; **un ~ primaveral** a spring outfit
-4. (de música) group, band; **un ~ de jazz** a jazz band; **un ~ de música clásica** a classical music group
-5. (totalidad) whole; **la media en el ~ de Latinoamérica es de 5,4** in Latin America as a whole, the average is 5.4; **la calidad, en ~, es buena, pero le falla algún detalle** overall the quality is good, but it falls down on the occasional detail; **los socios, en su ~, están en contra de la venta** the whole membership is against the sale
-6. MAT set ❑ **~ vacío** empty set
conjura, conjuración nf conspiracy, plot
conjurado, -a nm,f plotter, conspirator
conjurar ◇ vt -1. (exorcizar) to exorcize; Fig **sus palabras conjuraron mi miedo** his words dispelled my fears -2. (un peligro) to ward off, to avert; **las medidas intentan ~ la crisis económica** the measures are an attempt to avert an economic crisis
◇ vi (conspirar) to conspire, to plot; **conjuraron para derrocar al gobierno** they conspired o plotted to overthrow the government
◆ **conjurarse** vpr (conspirar) to conspire, to plot; **se conjuraron contra la dictadura** they conspired o plotted against the dictatorship; **cree que todos se han conjurado contra él** he thinks everyone has conspired against him
conjuro nm -1. (encantamiento) spell, incantation -2. (exorcismo) exorcism
conllevar vt -1. (implicar) to involve, to entail; **el cargo conlleva muchas responsabilidades** the post involves o entails many responsibilities; **esa decisión conlleva muchos peligros** the decision involves o entails a great deal of risk -2. (soportar) to bear; **estas pastillas le ayudarán a ~ el dolor** these tablets will help you put up with o bear the pain
conmemoración nf -1. (de batalla, muerte) commemoration; (de independencia, victoria) celebrations -2. (recuerdo) commemoration; **en ~ de** in commemoration of
conmemorar vt to commemorate
conmemorativo, -a adj commemorative; **un monumento ~ de la independencia del país** a monument commemorating the country's independence
conmensurable adj quantifiable
conmigo pron personal with me; **no quiere ir ~** he doesn't want to go with me; **~ mismo/misma** with myself; **llevo siempre el pasaporte ~** I always carry my passport on me; **es muy amable ~** he's very kind to me; **estaba hablando ~ mismo** I was talking to myself; EXPR **no las tengo todas ~** I am not too sure about it
conmilitón nm fellow soldier
conminación nf -1. (amenaza) threat -2. DER order
conminar vt -1. (amenazar) **~ a alguien (con hacer algo)** to threaten sb (with doing sth) -2. DER (forzar) **~ a alguien a hacer algo** o **a que haga algo** to instruct o order sb to do sth
conminativo, -a, conminatorio, -a adj threatening, menacing
conmiseración nf compassion, pity; **sentir ~ por alguien** to feel compassion for sb, to pity sb
conmiserativo, -a adj compassionate
conmoción nf -1. (física) shock ❑ **~ cerebral** concussion; **la caída le produjo una ~ cerebral** he suffered concussion as a result of the fall -2. (psíquica) shock; **su muerte causó ~ a la familia** his death left the family in a state of shock -3. (tumulto) upheaval -4. (sísmica) shock
conmocionar vt -1. (psíquicamente) to shock, to stun; **su asesinato conmocionó al país** his assassination shocked the country -2. (físicamente) to concuss
conmovedor, -ora adj moving, touching
conmover [41] ◇ vt -1. (emocionar) to move, to touch; **nada le conmueve** nothing moves him, he isn't moved by anything; **su historia conmovió a todos** everyone was moved o touched by the story -2. (sacudir) to shake; EXPR **~ los cimientos de algo** to shake the foundations of sth
◆ **conmoverse** vpr -1. (emocionarse) to be moved, to be touched; **los asistentes se conmovieron con su discurso** the audience was moved by his speech -2. (sacudirse) to be shaken; **la ciudad se conmovió por el terremoto** the city was shaken o rocked by the earthquake
conmuevo etc ver **conmover**
conmutación nf -1. DER commutation -2. ELEC switching -3. LING commutation -4. INFORMÁT **~ de paquetes** packet switching
conmutador nm -1. (interruptor) switch ❑ **~ basculante** rocker switch -2. Am (centralita) switchboard

conmutar vt -1. DER to commute; **le conmutaron la pena de diez meses por una multa** his ten-month sentence was commuted to a fine -2. (intercambiar) to switch; **conmutó su horario con el de un compañero** he switched shifts with a colleague -3. (convalidar) (estudios, título, asignaturas) **~ algo por algo** to recognize sth as equivalent to sth
conmutativo, -a adj -1. DER commutative -2. MAT commutative
connatural adj innate; **una característica ~ a las jirafas** an innate o inherent characteristic in giraffes
connivencia nf **fue acusado de ~ con la mafia local** he was accused of colluding with the local mafia; **actuaron en ~ con los dueños de la fábrica** they acted in collusion o connivance with the owners of the factory
connotación nf connotation; **una ~ irónica** a hint of irony
connotado, -a adj Am noted, famous; **el ~ autor** the noted author
connotar vt to suggest, to have connotations of
connubio nm Formal (matrimonio) matrimony, marriage
cono nm -1. (figura) cone ❑ GEOL **~ de deyección** debris cone; **el Cono Sur** = Chile, Argentina, Paraguay and Uruguay; **~ truncado** truncated cone; **~ volcánico** volcanic cone -2. **~ (de señalización)** (en carretera) traffic cone -3. (de la retina) cone
conocedor, -ora nm,f expert; **es un gran ~ de los vinos franceses** he is a connoisseur of French wine
conocer [19] ◇ vt -1. (saber cosas acerca de) to know; **conoce la mecánica del automóvil** he knows a lot about car mechanics; **conoce el ruso a la perfección** he's fluent in Russian; **conocen todo lo que pasa en el pueblo** they know (about) everything that goes on in the village; **¿conoces alguna forma más rápida de hacerlo?** do you know a quicker way to do it?; **no conozco bien este tema** I'm not familiar with this subject; Fam **conoce el tema al dedillo** she knows the subject inside out; **~ algo a fondo** to know sth well; **dieron a ~ la noticia a través de la prensa** they announced the news through the press; **Juan enseguida se dio a ~ a mi amiga** Juan immediately introduced himself to my friend; **su segunda película lo dio a ~** o **se dio a ~ con su segunda película como el gran director que es** his second movie o Br film achieved recognition for him as the great director that he is; **fue, como es de todos conocido, una difícil decisión** it was, as everyone knows, a difficult decision; **su amabilidad es de todos conocida** everyone knows how kind he is, he is well-known for his kindness
-2. (lugar, país) (descubrir) to get to know, to visit for the first time; (desde hace tiempo) to know; **no conozco Rusia** I've never been to Russia; **me gustaría ~ Australia** I'd like to go to o visit Australia; **conoce la región como la palma de su mano** she knows the region like the back of her hand; **a los veinte años se marchó a ~ mundo** at the age of twenty he went off to see the world; **¿te acompaño? – no hace falta, conozco el camino** shall I go with you? – there's no need, I know the way
-3. (a una persona) (por primera vez) to meet; (desde hace tiempo) to know; **¿conoces a mi jefe?** do you know o have you met my boss?; **lo conocí cuando era niño** I first met him when he was a child; **lo conozco de cuando íbamos al colegio** I know him from school; **tienes que ~ a mi hermana** I must introduce you to my sister; **~ a alguien a fondo** to know sb well; **~ a alguien de nombre** to know sb by name; **~ a alguien de oídas** to have heard of sb; **~ a alguien de vista** to know sb by sight; **¿de qué la conoces?** how do you know her?; **no la conozco de nada** I've never met her before, I don't know her at all

-4. *(reconocer)* ~ **a alguien (por algo)** to recognize sb (by sth); **lo conocí por su forma de andar** I recognized him by the way he walked
-5. *(experimentar)* **ésta es la peor sequía que ha conocido África** this is the worst drought Africa has ever had o known; **el último conflicto que ha conocido la región** the latest conflict witnessed by the region; **la empresa ha conocido un crecimiento espectacular** the company has seen o experienced spectacular growth
-6. *Anticuado o Hum (sexualmente)* ~ **carnalmente a** to have carnal knowledge of; **hasta los treinta años no conoció varón** she had never been with a man until she was thirty
-7. DER *(causa)* to try; **el tribunal que conoce el caso se pronunciará mañana** the court trying the case will announce its verdict tomorrow
◇ *vi* **-1.** ~ **de** *(saber)* to know about; **no te preocupes, que conoce del tema** don't worry, he knows (about) the subject
-2. DER ~ **de** to try; ~ **de una causa** to try a case; **será juzgado por el tribunal que conoce de casos de terrorismo** he will be tried by the court that deals with cases relating to terrorism
◆ **conocerse** ◇ *vpr* **-1.** *(a uno mismo)* to know oneself; **él se conoce mejor que nadie** he knows himself better than anyone
-2. *(dos o más personas) (por primera vez)* to meet, to get to know each other; *(desde hace tiempo)* to know each other; **nos conocimos en la recepción de la embajada** we met at the ambassador's reception; **no me engañes, nos conocemos demasiado** you can't fool me, we know each other too well; **se conocen de vista** they know each other by sight; **se conocen de oídas** they have heard of each other; [EXPR] *RP* **somos pocos y nos conocemos** we know each other too well
-3. *(saber en detalle)* to know; **se conoce todos los trucos del oficio** she knows all the tricks of the trade; **se conoce todas las calles de la ciudad** he knows every street in the city
-4. *(haberse descubierto)* **no se conoce ninguna cura para el cáncer** no cure for cancer is known; **no se le conoce ninguna debilidad** he is not known to have any weaknesses, he has not been found to have any weaknesses
-5. *(reconocerse)* **se conoce su tristeza por los rasgos de su rostro** you can tell of her sadness by looking at her face
◇ *v impersonal (parecer)* **se conoce que...** apparently...; **se conoce que hacía tiempo que estaba enfermo** apparently, he had been ill for some time; **se conoce que cambió de opinión en el último momento** apparently she changed her mind at the last minute; **¿no sabes quién es? se conoce que no ves la televisión** don't you know who she is? you can tell you never watch television
conocido, -a ◇ *adj* **-1.** *(famoso)* well-known **-2.** *(sabido)* known; **su último domicilio ~** her last known address; **ese nombre me resulta ~** that name sounds familiar
◇ *nm,f* acquaintance; **un ~ mío** an acquaintance of mine, someone I know
conocimiento *nm* **-1.** *(saber)* knowledge; **hablar/actuar con ~ de causa** to know what one is talking about/doing; **puso el robo en ~ de la policía** she informed the police of the burglary; **ponemos en su ~ que se ha detectado un error en el programa** this is to inform you that an error has been detected in the program; **no teníamos ~ de su dimisión** we were not aware that he had resigned; **al tener ~ del accidente, acudió inmediatamente al hospital** when she found out about the accident she immediately went to the hospital; **ha llegado a mi ~ que estás insatisfecho** it has come to my attention that you are not happy
-2. conocimientos *(nociones)* knowledge; **tengo algunos conocimientos de informática** I have some knowledge of computers, I know a bit about computers; **nuestros conocimientos acerca de la enfermedad son muy limitados** our knowledge of the disease is very limited, we know very little about the disease
-3. *(sentido, conciencia)* consciousness; **perder el ~** to lose consciousness; **recobrar el ~** to regain consciousness; **estaba tumbado en el suelo, sin ~** he was lying unconscious on the floor
-4. *(juicio)* (common) sense; **no tiene todavía ~ para saber lo que es peligroso** he doesn't yet have a sense of danger
-5. COM **~ de embarque** bill of lading
conoidal *adj* GEOM conoidal, conoid
conozco *ver* **conocer**
conque *conj* so; **¿~ te has cansado?** so you're tired, are you?; **¿~ ésas tenemos?** so that's what you're up to?
conquense ◇ *adj* of/from Cuenca *(Spain)*
◇ *nmf* person from Cuenca *(Spain)*
conquista *nf* **-1.** *(de tierras)* conquest; *(de castillo)* capture; **la ~ del poder** the winning of power; **la ~ de nuevos clientes** the winning of new customers; **la ~ del Aconcagua** the conquest of Aconcagua ❑ **la ~ de América** the conquest of America; **la ~ del espacio** the conquest of space
-2. *(de libertad, derecho)* winning; **la ~ del voto** the winning of the vote; **una de las grandes conquistas de los sindicatos** one of the great achievements of the trade unions
-3. *(premio, medalla, título)* victory; **lucharon por la ~ del segundo puesto** they battled for second place; **una nueva ~ del Libertadores** another victory for Libertadores
-4. *(amorosa)* conquest; **va presumiendo de sus conquistas amorosas** he goes around boasting about his conquests; **llegó a la fiesta con su última ~** he arrived at the party with his latest conquest
conquistador, -ora ◇ *adj* **-1.** *(ejército)* conquering **-2.** *(seductor)* seductive; **tiene fama de ~** he's got a reputation as a Casanova o a lady-killer
◇ *nm,f (de tierras)* conqueror; HIST *(en América)* conquistador
◇ *nm (seductor)* Casanova, lady-killer
conquistar *vt* **-1.** *(tierras)* to conquer; *(castillo)* to capture; *(poder)* to take, to win; *(clientes)* to win; *(montaña)* to conquer
-2. *(libertad, derechos)* to win
-3. *(premio, medalla, título)* to win; **conquistaron el título de campeones** they won the championship, they earned the title of champions; **conquistó la fama cuando sólo tenía diez años** she became famous when she was only ten years old
-4. *(a público, audiencia)* to win over; **conquistó a todos los asistentes con su simpatía** he won over everyone there with his friendliness
-5. *(a hombre, mujer)* to win the heart of; **le llevó tres semanas ~ su amor** it took him three weeks to win her heart
consabido, -a *adj* **-1.** *(conocido)* well-known; **el ~ asunto de la subida de sueldo** the all-too-familiar subject of pay rises **-2.** *(habitual)* usual; **tras la reunión se celebró la consabida cena** after the meeting there was the usual o customary dinner
consagración *nf* **-1.** REL *(de pan, vino, templo)* consecration **-2.** *(dedicación)* dedication; **su ~ al trabajo es admirable** her dedication to her work is admirable **-3.** *(reconocimiento)* recognition; **esta obra supuso la ~ del joven escritor** this work gained recognition for the young writer
consagrado, -a *adj* **-1.** REL *(pan, vino, templo)* consecrated **-2.** *(dedicado) (tiempo, espacio)* devoted; *(monumento, lápida)* dedicated **-3.** *(reconocido)* recognized, established
consagrar ◇ *vt* **-1.** REL *(pan, vino, templo)* to consecrate
-2. *(dedicar) (tiempo, espacio)* to devote; *(monumento, lápida)* to dedicate; **consagró su vida a la literatura** he devoted o dedicated his life to literature; **consagraron el monumento a los caídos en la guerra** they dedicated the monument to those who died in the war
-3. *(acreditar, confirmar)* to confirm, to establish; **la obra que lo consagró como escritor** the work that confirmed o established him as a writer
◆ **consagrarse** *vpr* **-1.** *(dedicarse)* to devote o dedicate oneself (**a** to)
-2. *(alcanzar reconocimiento)* to establish oneself
consanguíneo, -a ◇ *adj* related by blood; **hermano ~** half-brother *(of same father)*
◇ *nm,f* blood relation
consanguinidad *nf* consanguinity; **relación de ~** blood relationship
consciencia = **conciencia**
consciente *adj* **-1.** *(despierto)* conscious; **estar ~** to be conscious **-2. ser ~ de** *(darse cuenta de)* to be aware of; **no era ~ de lo que hacía** he was not aware of what he was doing
conscientemente *adv* deliberately, consciously
conscripción *nf Andes, Arg* conscription
conscripto *nm Andes, Arg* conscript
consecución *nf (de deseo)* realization; *(de objetivo)* attainment; *(de premio)* winning
consecuencia *nf* **-1.** *(resultado)* consequence; **la crisis es ~ de una mala gestión** the crisis is a consequence o result of bad management; **a o como ~ de** as a consequence o result of; **atenerse a las consecuencias** to accept the consequences; **y, en ~, anunció su dimisión** consequently, she announced her resignation; **tener consecuencias** to have consequences; **traer como ~** to result in; **anunció que defenderá sus ideas hasta las últimas consecuencias** she announced she will defend her beliefs whatever it takes
-2. *(coherencia)* consistency; **actuar en ~** to act accordingly; **cuando supo que estaba embarazada actuó en ~** when he found out that she was pregnant he did the decent thing; **actuó en ~ con sus ideas** he acted in accordance with his beliefs; **tu propuesta no guarda ~ con lo que acordamos ayer** your proposal is not consistent with o in accordance with what we agreed yesterday
consecuente *adj* **-1.** *(coherente)* consistent; **una persona ~ (con sus ideas)** a person of principle, a person who acts according to his/her beliefs; **un cambio de estrategia ~ con la nueva situación** a change of strategy in line with the new situation **-2.** *(consiguiente)* resulting; **su dimisión y la ~ crisis de gobierno** his resignation and the resulting government crisis
consecuentemente *adv* **-1.** *(por consiguiente)* consequently, as a result **-2.** *(con coherencia)* consistently
consecutivamente *adv* consecutively; **entraron los tres hermanos ~** the three brothers came in one after the other
consecutivo, -a *adj* consecutive; **tres victorias consecutivas** three consecutive victories, three victories in a row; **siete semanas consecutivas** seven consecutive weeks, seven weeks on end
conseguido, -a *adj (logrado)* accomplished
conseguir [611] *vt (obtener)* to get; *(un objetivo)* to achieve; **~ un premio Nobel/dos Óscars** to win o get a Nobel Prize/two Oscars; **consiguieron un aumento de sueldo** they got a pay rise; **consiguió la mayoría absoluta** he won o got an absolute majority; **consiguió todo lo que se propuso** she achieved everything she set out to do; **con esa actitud no conseguirás nada** you won't get anywhere with that attitude; **~ hacer algo** to manage to do sth; **tras un disputado esprint consiguió alzarse con el triunfo** she won a very closely contested sprint; **no consiguieron encontrar el camino** they didn't manage to find the way; **no**

consiguió que me enfadara she didn't (manage to) get me annoyed; **al menos conseguimos que nos escucharan** at least we got them to listen to us

consejería *nf* **-1.** *(en embajada)* section, department; **la ~ de cultura** the cultural section *o* department **-2.** *Esp (de comunidad autónoma)* department

consejero, -a *nm,f* **-1.** *(en asuntos personales)* adviser, counsellor; *(en asuntos técnicos)* adviser, consultant; **es buena/mala consejera** she gives sound/bad advice ❏ **~ matrimonial** marriage guidance counsellor
-2. *(de un consejo de administración)* member of the board, director ❏ COM **~ delegado** chief executive, *esp Br* managing director, *US* chief executive officer
-3. *(en embajada)* **el ~ de cultura** the cultural attaché; **el ~ de prensa** the press officer
-4. *Esp (de comunidad autónoma)* minister

consejo *nm* **-1.** *(advertencia)* advice; **dar un ~** to give some advice *o* a piece of advice; **te voy a dar un ~** I've got a piece of advice for you; **dar consejos** to give (some) advice; **pedir ~ a alguien** to ask sb for advice, to ask (for) sb's advice
-2. *(organismo)* council; *(reunión)* meeting ❏ **~ de administración** board (of directors); *(reunión)* board meeting; **~ de dirección** board (of directors); *(reunión)* board meeting; **~ escolar** board of governors, *Br* school board; **~ de estado** Council of State; **Consejo de Europa** Council of Europe; **Consejo General del Poder Judicial** = governing body of the Spanish judiciary, elected by the Spanish parliament; **Consejo de Ministros** *(de gobierno)* cabinet; *(reunión)* cabinet meeting; UE Council of Ministers; **Consejo Mundial de Iglesias** World Council of Churches; **Consejo de Seguridad** Security Council
-3. ~ de guerra court martial

conseillería *nf* department, ministry *(in Galician regional government)*

conselleiro, -a *nm,f* minister *(in Galician regional government)*

conseller, -era *nm,f* minister *(in Catalan, Balearic or Valencian regional government)*

consellería *nf* department, ministry *(in Catalan, Balearic or Valencian regional government)*

consenso *nm* **-1.** *(acuerdo)* consensus; **llegar al** *o* **alcanzar el ~** to reach a consensus; **romper el ~** to destroy the consensus; **no hay ~ sobre lo que hay que hacer** there is no consensus about what should be done; **buscan el ~ de todos los participantes** they are seeking to achieve a consensus among all the participants **-2.** *(consentimiento)* consent

consensuado, -a *adj* approved by consensus

consensual *adj* consensual

consensuar [4] *vt* to reach a consensus on; **el comité al final consensuó la propuesta del presidente** the committee eventually agreed to approve the president's proposal

consentido, -a ◇ *adj* spoilt
◇ *nm,f* spoilt brat

consentidor, -ora ◇ *adj (que malcría)* pampering, spoiling
◇ *nm,f (persona que malcría)* indulgent person

consentimiento *nm* consent

consentir [62] ◇ *vt* **-1.** *(tolerar)* to allow, to permit; **no te consiento que lo insultes delante de mí** I won't tolerate *o* have you insulting him in front of me **-2.** *(malcriar, mimar)* to spoil; **le consienten demasiado** they let him have his own way too much
◇ *vi* **~ en algo/en hacer algo** to agree to sth/to do sth; **consintió en que se quedaran** he agreed to let them stay

conserje *nmf* **-1.** *(de bloque de viviendas)* *Br* caretaker, *US* superintendent, *US* supervisor **-2.** *(de colegio, ministerio)* doorman, *Br* porter **-3.** *(de hotel)* concierge

conserjería *nf* **-1.** *(en bloque de viviendas)* *Br* caretaker's office, *US* superintendent's *o* supervisor's office **-2.** *(en colegio, ministerio)* porter's lodge **-3.** *(en hotel)* concierge's desk

conserva *nf* **conservas** canned food, *Br* tinned food; **en ~** canned, *Br* tinned; **latas de ~** cans *o Br* tins of food; **~ de carne/pescado** tinned meat/fish; **conservas vegetales** canned *o Br* tinned vegetables

conservación *nf* **-1.** *(de alimentos)* preservation **-2.** *(de costumbres, patrimonio)* conservation; *(de bosques, animales)* conservation ❏ **~ de la energía** energy conservation; **~ del medio ambiente** environmental conservation; **~ de la naturaleza** nature conservation **-3.** *(mantenimiento)* maintenance; **en buen/mal estado de ~** in good/bad condition

conservacionista ◇ *adj* conservation, conservationist
◇ *nmf* conservationist

conservador, -ora ◇ *adj* **-1.** *(tradicionalista)* conservative; **es un entrenador muy ~** he's a very conservative manager **-2.** *(del partido conservador)* Conservative
◇ *nm,f* **-1.** *(tradicionalista)* conservative **-2.** *(miembro del partido conservador)* Conservative **-3.** *(de museo)* curator; *(de biblioteca)* librarian; *(de parque natural)* keeper

conservadurismo *nm* conservatism

conservante *nm* preservative

conservar ◇ *vt* **-1.** *(mantener)* *(alimento)* to preserve; *(amistad)* to sustain, to keep up; *(salud)* to look after; *(calor)* to retain; **~ algo en formol** to preserve sth in formalin; **conserva su buen humor** she keeps her spirits up; **conservaron el poder durante quince años** they remained in power for fifteen years; **la ciudad todavía conserva la muralla medieval** the city still has *o* retains its medieval wall
-2. *(guardar)* *(libros, cartas, secreto)* to keep; **todavía conserva sus primeras zapatillas de ballet** she still has her first ballet shoes; **consérvese en el frigorífico** *(en etiqueta)* keep refrigerated

◆ **conservarse** *vpr* **-1.** *(alimento)* to keep; **si lo metes en el frigorífico se conservará perfectamente** if you put it in the fridge it will keep perfectly well
-2. *(persona)* **se conserva bien** he's keeping well; **se conserva muy joven** she keeps herself looking very young
-3. *(subsistir)* to survive; **no se conserva ningún escrito de esa época** there are no surviving documents from that time, no document has survived from that time

conservatismo *nm Am* conservatism

conservatorio *nm* conservatoire

conservero, -a *adj* canning; **la industria conservera** the canning industry

considerable *adj (grande) (diferencias, aumento)* considerable; *(avance)* significant; *(oferta)* substantial; *(desperfectos)* considerable, extensive; **supone un ~ ahorro** it means a substantial saving; **llegó primero, a ~ distancia del segundo** he arrived first, a long way ahead of the person who came second

considerablemente *adv* considerably

consideración *nf* **-1.** *(reflexión)* consideration, factor; **debemos tener en cuenta estas consideraciones** we must take these factors into consideration; **tomar en ~** to take into consideration *o* account; **estas cifras no tienen en ~ el año 1999** these figures do not take 1999 into account
-2. *(respeto)* consideration; **te tengo en mucha ~** I think very highly of you; **tratar algo con ~** to treat sth with respect; **tratar a alguien con ~** to show sb consideration; **falta de ~** lack of consideration; **no tiene ninguna ~ con su madre** he is very inconsiderate to his mother, he shows his mother no consideration; *Am* **de mi (mayor) ~** *(en carta)* Dear Sir/Madam
-3. *(atención)* consideration; **en ~ a algo** in recognition of sth; **por ~ a** *o* **hacia alguien** out of consideration for sb; **tuvieron con él muchas consideraciones** they were very considerate to him, they showed him great consideration
-4. *(importancia)* **de ~** serious; **hubo varios heridos de ~** several people were seriously injured; **hubo veinte heridos de diversa ~** there were twenty people with injuries of varying degrees of seriousness

considerado, -a *adj* **-1.** *(atento)* considerate, thoughtful; **es muy ~ con sus padres** he is very considerate to his parents **-2.** *(respetado)* respected, highly regarded; **está muy bien considerada entre sus colegas** she is very highly-regarded by her colleagues

considerando *nm* DER legal reason *(for a judge's decision)*

considerar *vt* **-1.** *(pensar en)* to consider; **hay que ~ que es la primera vez que lo intentamos** you should take into account that this is the first time we've tried to do it; **consideré la posibilidad de presentarme, pero al final desistí** I thought about applying but in the end I gave up the idea
-2. *(juzgar, estimar)* to believe, to think; **no quiso ~ mi propuesta** she wouldn't consider my proposal; **bien considerado, creo que tienes razón** on reflection, I think you're right; **considero que se han equivocado** I believe they've made a mistake
-3. *(respetar)* to esteem, to treat with respect; **sus compañeros lo consideran mucho** his colleagues have a high regard for him *o* think highly of him

◆ **considerarse** *vpr (uno mismo)* to consider oneself; **me considero feliz** I consider myself happy; **no me considero preparado para realizar este trabajo** I don't feel qualified to do this job

consiento *etc ver* **consentir**

consigna *nf* **-1.** *(orden)* order, instruction; **recibieron la ~ de detenerse** they were ordered *o* instructed to stop; **su ~ era "divide y vencerás"** his motto was "divide and rule" **-2.** *(frase)* slogan; **los manifestantes gritaban consignas contra el gobierno** the demonstrators were shouting anti-government slogans **-3.** *(para el equipaje)* *Br* left-luggage office, *US* checkroom

consignación *nf* **-1.** COM consignment, shipment **-2.** *(asignación)* allocation **-3.** *Col (en banco)* deposit

consignador *nm* COM consignor

consignar *vt* **-1.** *(poner por escrito)* to record, to write down; **debes ~ la fecha de nacimiento** you must record the date of birth; **no consignó correctamente la dirección y le devolvieron la carta** he didn't write the address correctly so they returned the letter to him
-2. *(asignar)* to allocate; **consignaron 3 millones para proyectos educativos** they allocated 3 million to educational projects
-3. *(mercancía)* to consign, to dispatch
-4. *(equipaje)* to deposit in the *Br* left-luggage office *o US* baggage room
-5. *Col (dinero)* to deposit

consignatario, -a *nm,f* **-1.** *(de una mercancía)* consignee **-2.** DER *(de depósito)* trustee **-3.** *(representante)* **~ (de buques)** shipping agent

consigo ◇ *ver* **conseguir**
◇ *pron personal (con él)* with him; *(con ella)* with her; *(con ellos, ellas)* with them; *(con usted, ustedes)* with you; *(con uno mismo)* with oneself; **~ mismo/misma** with himself/herself; **lleva siempre el pasaporte ~** she always carries her passport on her; **habla ~ mismo** he talks to himself; EXPR **llevar** *o* **traer ~**: **el acuerdo de paz trajo ~ la prosperidad a la región** the peace agreement brought prosperity to the region; **los riesgos que lleva ~ una operación de este tipo** the risks involved in this type of operation; EXPR **no las tiene todas ~** he is not too sure about it

consiguiente *adj* resulting; **con la ~ decepción** with the resulting disappointment; **el boom económico y la ~ inflación** the economic boom and the resulting inflation; **por ~** consequently, therefore

consiguientemente *adv* consequently

consiguiera etc ver **conseguir**
consintiera etc ver **consentir**
consistencia nf **-1.** (de masa, crema, salsa) consistency; **batir la mezcla hasta que adquiera ~** beat the mixture until it thickens **-2.** (de argumento) soundness; **su tesis no tiene ~** his arguments are unsound
consistente adj **-1.** (masa) solid; (crema, salsa) thick **-2.** (coherente) (argumento) sound, convincing **-3.** (compuesto) **~ en** consisting of
consistir vi **-1. ~ en** (ser, componerse de) to consist of; **la oferta consiste en una impresora y un escáner** the offer consists of a printer and a scanner; **¿en qué consiste su problema?** what exactly is your problem?; **¿en qué consiste esta revisión médica?** what does this medical involve?; **su tarea consiste en atender el teléfono** her job simply involves o entails answering the phone
-2. ~ en (radicar, basarse en) to lie in, to be based on; **su encanto consiste en su diseño** its appeal lies in the design; **el secreto consiste en añadir un chorro de vino** the secret lies in adding a dash of wine
consistorial adj **-1.** (del ayuntamiento) of the town o US city council; **casa ~** town o US city hall **-2.** REL consistorial
consistorio nm town o US city council
consola nf **-1.** (tablero de mandos) console **-2.** INFORMÁT console ❏ **~ de videojuegos** video games console **-3.** (mesa) console table **-4.** (de órgano) console
consolación nf **final** o **partido de ~** third place play-off; **premio de ~** consolation prize
consolador, -ora ◇ adj consoling, comforting
◇ nm dildo
consolar [63] ◇ vt to console; **me consuela pensar que podría haber sido peor** it's some consolation to reflect that it could have been worse; **consuela saber que no somos los únicos** it's some consolation to know we're not the only ones; **no consiguió consolarla con sus palabras** his words failed to console o comfort her
◆ **consolarse** vpr to console oneself, to take comfort; **¡consuélate! al menos no has suspendido** look on the bright side! at least you didn't fail; **se consuela contándoles sus penas a los amigos** she takes comfort in o from telling her troubles to her friends
consolidación nf **-1.** (de proyecto, democracia) consolidation; (amistad) strengthening; **su tercera novela supuso su ~ como un gran escritor** his third novel confirmed him as a great writer **-2.** FIN consolidation
consolidado, -a ◇ adj **-1.** (proyecto, amistad, democracia) established **-2.** FIN consolidated
◇ nm FIN consolidated annuity
consolidar ◇ vt **-1.** (proyecto, democracia) to consolidate; (amistad) to strengthen; **esa victoria la consolidó como una gran atleta** that victory confirmed her as a great athlete **-2.** FIN to consolidate
◆ **consolidarse** (amistad, democracia) to grow stronger; (reputación) to be consolidated; (precios) to strengthen; **un proyecto político que se está consolidando** a political programme which is becoming consolidated
consomé nm consommé
consonancia nf **-1.** (armonía) harmony; **unos precios en ~ con la realidad del mercado** prices that reflect the market situation; **obró en ~ con sus ideas** he acted in accordance with his beliefs; **su actuación no guardó ~ con su calidad** her performance was not a true reflection of her ability **-2.** MÚS harmony **-3.** LING consonance
consonante ◇ adj **-1.** (rima, sonido) consonant **-2.** (acorde) **sus modales son consonantes con su condición social** her manners are in keeping with her social status
◇ nf consonant

consonántico, -a adj (sonido) consonant, consonantal
consonar [63] vi **-1.** MÚS to harmonize **-2.** (rimar) to rhyme
consorcio nm consortium ❏ **~ bancario** bankers' consortium
consorte nmf (cónyuge) spouse; (príncipe) consort
conspicuo, -a adj **-1.** (evidente) conspicuous **-2.** (ilustre) eminent
conspiración nf plot, conspiracy
conspirador, -ora nm,f conspirator, plotter
conspirar vi to conspire, to plot; **~ contra alguien** to conspire o plot against sb; **conspiraron para derribar al presidente** they conspired o plotted to overthrow the president
constancia nf **-1.** (perseverancia) (en una empresa) perseverance; (en las ideas, opiniones) steadfastness; **hacer algo con ~** to persevere with sth; **es una persona con ~** she's the sort of person who always perseveres
-2. (testimonio) record; **dejar ~ de algo** (registrar) to put sth on record; (probar) to demonstrate sth; **quiero dejar ~ de mi desacuerdo** I want it to go on record that I disagree; **tengo ~ de que estuvo aquí** I know for a fact that she was here; **no he tenido ~ de su nombramiento** I haven't had confirmation of his appointment
-3. Am (certificado) certificate; **~ de estudios** academic record, US transcript
constante ◇ adj **-1.** (persona) (en una empresa) persistent; (en ideas, opiniones) steadfast; **se mantuvo ~ en su esfuerzo** he persevered in his efforts
-2. (lluvia, atención) constant, persistent; (temperatura) constant
-3. (que se repite) constant
◇ nf **-1.** (rasgo) constant; **las desilusiones han sido una ~ en su vida** disappointments have been a constant feature in her life; **las tormentas son una ~ en sus cuadros** storms are an ever-present feature in his paintings; **la violencia es una ~ histórica en la región** the region has known violence throughout its history
-2. MAT constant
-3. constantes vitales vital signs; **mantener las constantes vitales de alguien** to keep sb alive
constantemente adv constantly
Constantino n pr Constantine
Constantinopla n Antes Constantinople
constar vi **-1.** (una información) to appear, to figure (**en** in); **su nombre no consta en esta lista** his name is not on o does not appear on this list; **hacer ~ algo** to put sth on record; **yo no he sido, que conste** let's get one thing clear, it wasn't me; **que conste que ya le había avisado** you can't say I didn't warn you; **llegó el primero, y que conste que casi no se había entrenado** he came first, and with practically no training at that; **que conste en acta la protesta** (en juicio) let the objection go on record; **que no conste en acta** (en juicio) strike it from the record; **y para que así conste, expido este certificado** = official formula which effectively means "I formally issue this certificate"
-2. (saber con certeza) **me consta que se lo pasaron muy bien** I know for a fact they had a very good time; **me consta que está casado** I know for a fact that he's married
-3. (estar constituido por) **~ de** to consist of; **la serie consta de cuatro episodios** the series consists of four episodes; **cada partido consta de cuatro tiempos** each game consists of four quarters
constatación nf **-1.** (observación) confirmation **-2.** (comprobación) verification
constatar vt **-1.** (observar) to confirm **-2.** (comprobar) to check
constativo, -a adj LING constative
constelación nf constellation; **una ~ de estrellas del baloncesto** a galaxy of basketball stars
constelado, -a adj starry, full of stars

consternación nf consternation, dismay; **sus declaraciones causaron ~** his statements caused consternation o dismay
consternado, -a adj dismayed, extremely upset
consternar ◇ vt to dismay; **su muerte consternó a sus compañeros** his colleagues were extremely upset by his death
◆ **consternarse** vpr to be dismayed; **me consterno al ver tanta miseria en esta región** I am dismayed to see so much poverty in the region
constipación nf **~ de vientre** constipation
constipado, -a ◇ adj **estar ~** to have a cold
◇ nm **-1.** (resfriado) cold; **agarrar un ~** to catch a cold **-2.** Méx (estreñido) constipated
constiparse vpr to catch a cold
constitución nf **-1.** (naturaleza) constitution; **tener una ~ fuerte/débil** to have a strong/weak constitution; **ser de ~ robusta** to have a strong constitution **-2.** (de un estado) constitution **-3.** (creación) creation, forming; **la ~ de un grupo empresarial** the creation o setting up of a business group **-4.** (composición) composition, make-up
constitucional adj constitutional
constitucionalidad nf constitutionality
constitucionalista nmf constitutional expert
constitucionalmente adv constitutionally
constituir [34] ◇ vt **-1.** (componer) to make up; **estas cinco secciones constituyen el primer capítulo** these five sections make up the first chapter; **la junta directiva está constituida por cinco miembros** the board of directors has five members
-2. (ser) to be, to constitute; **constituye una falta grave** it is o constitutes a serious misdemeanour; **no creo que constituya ningún obstáculo** I don't think it constitutes an obstacle, I don't see it as an obstacle
-3. (crear) to set up, to constitute
◆ **constituirse** vpr **-1.** (reunirse) **el tribunal se constituirá mañana** the court will be in session from tomorrow
-2. constituirse en (erigirse) to set oneself up as; **constituirse en sociedad anónima** to become a limited company; **se constituyó en defensor de los emigrantes** he became a defender of the immigrants
constitutivo, -a adj constituent; **elemento ~** constituent element; **ser ~ de algo** to constitute sth; **la apropiación de fondos es ~ de delito** embezzling funds constitutes a crime
constituyente ◇ adj **-1.** (elemento) constituent **-2.** (asamblea) constituent
◇ nm **-1.** (elemento) constituent **-2.** LING constituent
◇ nf constituent assembly
constreñimiento nm constraint, compulsion
constreñir vt **-1.** (obligar) **~ a alguien a hacer algo** to compel o force sb to do sth; **se ven constreñidos a vivir en condiciones miserables** they are forced o obliged to live in wretched conditions **-2.** (oprimir, limitar) to restrict; **la nueva ley constriñe la libertad de asociación** the new law restricts freedom of association **-3.** MED to restrict
constricción nf (opresión) constriction
construcción nf **-1.** (acción) construction; (de edificio, muro) construction, building; (de buque) building; (de automóvil, aeronave) manufacture; (de mueble) making, building; **la ~ sólida del vehículo** the vehicle's solid build; **en ~** (edificio, página web) under construction; **la ~ del teatro llevará dos años** the theatre will take two years to build; **una fase clave en la construcción europea** a key phase in the development of the EU; **trabajamos en la ~ de oportunidades para todos** we are working to create opportunities for everyone
-2. (sector) construction o building industry; **trabajadores de la ~** construction o building workers; **una empresa de la ~** a

constructivismo / **contador**

construction company ❑ **~ naval** shipbuilding
 -3. *(edificio, estructura)* building
 -4. GRAM construction
constructivismo *nm* constructivism
constructivista ◇ *adj* constructivist
 ◇ *nmf* constructivist
constructivo, -a *adj* constructive
constructo *nm* LING **~ (teórico)** (theoretical) construct
constructor, -ora ◇ *adj* building, construction; **empresa constructora** construction company *o* firm, building company
 ◇ *nm,f* **-1.** *(de edificios)* builder **-2.** *(de automóviles, aeronaves)* maker, manufacturer; **~ naval** *o* **de buques** shipbuilder
construir [34] *vt* **-1.** *(edificio, muro)* to build; **construyó un mueble para su biblioteca** she made a piece of furniture for her library; **intentan ~ una sociedad más justa** they are trying to build a fairer society **-2.** *(automóviles, aeronaves)* to manufacture; *(buque)* to build **-3.** *(frase, teoría)* to construct
consubstanciación = consustanciación
consubstancial = consustancial
consuegro, -a *nm,f (hombre)* = father-in-law of one's son or daughter; *(mujer)* = mother-in-law of one's son or daughter
consuelo ◇ *ver* consolar
 ◇ *nm* consolation, solace; **su familia es su único ~** his family is his only solace *o* comfort; **es un ~ saber que están bien** it's a comfort to know that they're all right; **dar ~ a alguien** to comfort *o* console sb; **si te sirve de ~, a mí me pasó lo mismo** if it's any consolation, the same thing happened to me
consuetudinario, -a *adj* customary; **derecho ~** common law
cónsul *nm* **-1.** *(diplomático)* consul ❑ **~ general** consul general **-2.** HIST consul
consulado *nm* **-1.** *(oficina)* consulate ❑ **~ general** consulate general **-2.** *(cargo)* consulship **-3.** HIST consulship, consulate
consular *adj* consular
consulta *nf* **-1.** *(petición de consejo) (acción)* consultation; *(pregunta)* query, enquiry; **hacer una ~ a alguien** to ask sb's advice
 -2. *(búsqueda de información)* consultation; **la ~ del manual aclaró nuestras dudas** consulting the manual cleared up our doubts; **hacer una ~ a alguien** to ask sb's advice; **libros de ~** reference books ❑ **~ electoral** election(s); **~ popular** referendum, plebiscite
 -3. *(de médico) (consultorio) Br* surgery, *US* office
 -4. *(de médico) (visita)* appointment; **horas de ~** surgery hours; **pasar ~** to hold surgery; **tengo ~ con el médico a las seis** I've got an appointment with the doctor at six; **~ previa petición de hora** *(en letrero)* appointments only, consultation by appointment only
 -5. llamar a consultas *(diplomático)* to recall
consultar ◇ *vt* **-1.** *(pidiendo consejo) (persona)* to consult; **consulte el manual antes de comenzar el montaje** *(en instrucciones)* read the manual before assembling; **lo tengo que ~ con mi abogado** I have to talk to *o* consult my lawyer about it; **me consultó antes de hacerlo** *(me pidió consejo)* he consulted me before doing it; *(me pidió permiso)* he asked me before he did it; EXPR **consultarlo con la almohada** to sleep on it
 -2. *(buscando información) (dato, fecha)* to look up; *(libro)* to consult; **consúltalo en el diccionario** look it up in the dictionary
 ◇ *vi* **~ con** to consult, to seek advice from; **consulté con mis colegas el asunto del que me hablaste** I asked my colleagues about the matter you mentioned
consulting [kon'sultin] *(pl* **consultings**) *nm* consultancy (firm)
consultivo, -a *adj* consultative, advisory
consultor, -ora ◇ *adj* consulting
 ◇ *nm,f* consultant ❑ **~ (en administración) de empresas** management consultant; **~ fiscal** tax consultant; **~ jurídico** legal adviser; **~ medioambiental** environmental consultant; **~ de medio ambiente** environmental consultant; **~ de recursos humanos** human resources consultant
consultora *nf* **-1.** *(empresa)* consultancy firm **-2.** RP *(de trabajadores)* recruitment consultancy
consultoría *nf* **-1.** *(empresa)* consultancy firm ❑ **~ de empresas** business consultancy; **~ fiscal** tax consultancy; **~ jurídica** legal consultancy; **~ medioambiental** environmental consultancy; **~ de medio ambiente** environmental consultancy; **~ de recursos humanos** human resources consultancy **-2.** *(actividad)* consultancy, consulting
consultorio *nm* **-1.** *(de un médico) Br* surgery, *US* office **-2.** *(en periódico)* problem page; *(en radio)* = programme answering listeners' questions ❑ **~ sentimental** *(en radio)* = phone-in where people get advice on their personal problems; *(en publicación)* agony column **-3.** *(asesoría)* advice bureau
consumación *nf (realización)* completion; *(de matrimonio)* consummation; *(de proyecto)* completion; *(de un crimen)* perpetration
consumado, -a *adj* consummate, perfect; **un actor ~** a consummate actor; **es un granuja ~** he's a real rascal
consumar *vt (realizar completamente)* to complete; *(matrimonio)* to consummate; *(proyecto)* to complete; *(crimen)* to perpetrate
consumibles *nmpl* consumables; **~ de informática** computer consumables
consumición *nf* **-1.** *(acción)* consumption **-2.** *(bebida, comida)* **pagué mi ~ y me fui** I paid (for what I'd had) and left; **son diez euros la entrada con ~** it costs ten euros to get in, including the first drink
consumido, -a *adj (flaco)* emaciated
consumidor, -ora ◇ *adj* **el primer país ~ de electricidad** the country with the highest consumption of electricity
 ◇ *nm,f (de producto)* consumer; *(en bar, restaurante)* patron, customer; **es un gran ~ de comida rápida** he eats a lot of fast food
consumir ◇ *vt* **-1.** *(producto)* to consume; **en casa consumimos mucho aceite de oliva** we use a lot of olive oil at home; **consumieron sus refrescos en el bar** they had their drinks at the bar; **está prohibido ~ bebidas alcohólicas en los campos de fútbol** the consumption of alcohol is forbidden in football grounds; **fue acusado de ~ drogas** he was accused of taking drugs; **~ preferentemente antes de...** *(en envase)* best before...
 -2. *(gastar)* to use, to consume; **esta estufa consume mucha electricidad** this heater uses a lot of electricity; **esta moto consume muy poco** this motorbike uses very little *Br* petrol *o US* gas; **mi coche consume 7 litros a los cien** ≃ my car does 41 miles to the gallon
 -3. *(desgastar)* to wear out; **el rozamiento consume los neumáticos** friction wears down the tyres
 -4. *(destruir) (sujeto: fuego)* to destroy
 -5. *(destruir) (sujeto: enfermedad)* to eat away at; **el cáncer lo va consumiendo poco a poco** the cancer is making him gradually waste away; **los celos lo consumen** he is eaten up by *o* consumed with jealousy; **este calor me consume** this heat is killing me *o* is too much for me
 ◇ *vi* to consume
 ◆ **consumirse** *vpr* **-1.** *(persona)* to waste away; **se fue consumiendo lentamente** she slowly wasted away; **se consume de envidia** he is eaten up *o* consumed with envy
 -2. *(fuego)* to burn out; *(cigarro)* to burn down
 -3. *(líquido, perfume)* to evaporate
consumismo *nm* consumerism
consumista ◇ *adj* consumerist, materialistic
 ◇ *nmf* **es un ~** he's a shopaholic
consumo *nm* consumption; **el ~ de energía** energy consumption; **se ha disparado el ~ de agua mineral** sales of mineral water have shot up; **~ de drogas** drug-taking; **le parece bien el ~ moderado de alcohol** he thinks drinking in moderation is acceptable; **bienes de ~** consumer goods; **sociedad de ~** consumer society ❑ ECON **~ privado** private consumption, consumer spending; ECON **~ público** public *o* government consumption
consunción *nf Formal* **murió por ~** she wasted away and died
consuno: de consuno *loc adv Formal* by mutual consent
consustanciación, consubstanciación *nf* REL consubstantiation
consustancial, consubstancial *adj* **ser ~ a algo** to be an integral part of sth; **la inteligencia es ~ a los seres humanos** intelligence is an innate characteristic of human beings
contabilidad *nf* **-1.** *(oficio)* accountancy **-2.** *(de persona, empresa)* bookkeeping, accounting; **llevar la ~** to do the accounts; **doble ~** double-entry bookkeeping ❑ FIN **~ de costos** *o Esp* **costes** cost accounting; FIN **~ de gestión** management accounting
contabilización *nf* **-1.** *(en contabilidad)* entering **-2.** *(cuenta)* counting; **la contabilización de los votos llevó varias horas** it took several hours to count the votes
contabilizar [14] *vt* **-1.** *(en contabilidad)* to enter **-2.** *(contar)* to count; **llevo contabilizadas veinte vacas** I've counted twenty cows
contable ◇ *adj* countable
 ◇ *nmf Esp* accountant ❑ **~ de gestión** management accountant
contactar ◇ *vt (comunicarse con)* to contact
 ◇ *vi* **~ con alguien** to contact sb
contacto *nm* **-1.** *(entre dos cosas, personas)* contact; **entrar en ~ con algo/alguien** to come into contact with sth/sb; **establecer ~ con alguien** to make contact with sb; **mantener el ~, seguir en ~** to keep in touch *o* contact; **perder el ~** to lose touch; **su primer ~ con la política tuvo lugar en 1978** his first encounter with politics was in 1978; **ponerse en ~ con** to get in touch with ❑ **~ visual** eye contact
 -2. *(persona)* contact
 -3. *Fam* **contactos** *(amistades)* contacts; **tiene contactos en el ministerio** he has contacts at the ministry
 -4. *Esp* **contactos** *(sección en prensa)* lonely hearts
 -5. AUT ignition; **dale al ~** switch the engine on
 -6. *Méx (enchufe)* power point, socket
 -7. ELEC contact; **hacer** *o* **establecer ~** to make contact; **el cortocircuito se produjo por un mal ~** the short circuit was caused by a faulty contact
 -8. FOT contact (print)
contactología *nf* = contact lens design and manufacture
contactólogo, -a *nm,f* contact lens specialist
contada *nf CSur* counting-up
contado, -a ◇ *adj* **-1.** *(raro)* rare, infrequent; **en contadas ocasiones** very rarely, on very few occasions; **son contadas las veces en las que viene a visitarnos** he very rarely comes to visit us **-2.** EXPR **mal ~:** **había diez personas mal contadas** there were no more than ten people
 ◇ **al contado** *loc adj* **precio al ~** cash price
 ◇ **al contado** *loc adv* **pagar algo al ~** *(en un plazo)* to pay for sth all at once *o* on the nail; *(en metálico)* to pay for sth in cash, to pay cash for sth
contador, -ora *nm,f* **-1.** *Am (contable)* accountant ❑ **~ público** *Br* chartered accountant, *US* certified public accountant; **~ de gestión** management accountant **-2. ~ de historias** storyteller

contaduría ◇ nm -1. (aparato) meter; **el ~ del gas/de la luz** the gas/electricity meter -2. FÍS counter ❏ **~ Geiger** Geiger counter

contaduría nf -1. (oficina) accountant's office -2. (departamento) accounts office -3. Am (profesión) accountancy ❏ Am **~ general** audit office

contagiar ◇ vt -1. (persona) to infect; (enfermedad) to transmit; **me has contagiado el resfriado** you've given me your cold -2. (risa, entusiasmo) **contagió su entusiasmo a sus compañeros** he infected his companions with his enthusiasm; **contagiado por el buen ambiente reinante, decidió salir a bailar** caught up in the general happy atmosphere, he decided to have a dance

◆ **contagiarse** vpr -1. (enfermedad) to be contagious; (persona) to become infected; **una enfermedad que se contagia con rapidez** a disease that spreads quickly; **me contagié de mi hermano** I caught it from my brother -2. (risa, entusiasmo) to be infectious; **se contagió de su optimismo** he infected her with his optimism

contagio nm (por contacto directo) contagion; (por contacto indirecto) infection; **para prevenir el ~ de la enfermedad** to prevent the spread of the disease

contagioso, -a adj -1. (enfermedad) (por contacto directo) contagious; (por contacto indirecto) infectious -2. (risa, entusiasmo) infectious

contáiner (pl **contáiners**) nm (para mercancías) container

contaminación nf -1. (acción) contamination -2. (de agua potable, alimentos) contamination; (de río) pollution -3. (del medio ambiente) pollution ❏ **~ acústica** noise pollution; **~ ambiental** environmental pollution; **~ atmosférica** air o atmospheric pollution; **~ radiactiva** radioactive contamination o pollution -4. (de lengua) corruption

contaminado, -a adj -1. (alimento) contaminated -2. (medio ambiente) polluted -3. (lengua) corrupted; **un texto muy ~ por el inglés** a text full of imported English expressions

contaminante ◇ adj contaminating, polluting
◇ nm pollutant

contaminar ◇ vt -1. (alimento) to contaminate -2. (medio ambiente) to pollute -3. (pervertir) to corrupt -4. (texto) to corrupt
◇ vi to pollute; **el que contamine que pague** the polluter pays

◆ **contaminarse** vpr (agua potable, alimentos) to become contaminated; (río) to become polluted; **el río se contaminó con los residuos tóxicos de la fábrica** the river was polluted by toxic waste from the factory

contante adj **dinero ~ y sonante** hard cash

contar [63] ◇ vt -1. (enumerar) to count; **contaron doscientos manifestantes en la marcha del domingo** the number of demonstrators at Sunday's march was estimated at two hundred; **se pueden ~ con los dedos de una mano** you can count them on (the fingers of) one hand -2. (incluir) to count; **cuenta también los gastos de desplazamiento** count o include travel costs too; **somos cincuenta y siete sin ~ a los niños** there are fifty-seven of us, not counting the children; **la economía, sin ~ el desempleo, parece recuperarse** the economy, with the exception of the unemployment situation, seems to be recovering -3. (narrar) to tell; **no me cuentes el final** don't tell me what happens; **ya me contarás qué tal te va por la capital** let me know how you get on in the capital; **me han contado maravillas sobre ese restaurante** I've heard great things about that restaurant; Fam **¿qué cuentas?** how are you doing?; **¿qué me cuentas? ¡no me lo puedo creer!** never! I can't believe it!; Fam **cuéntame, ¿cómo te va la vida?** tell me, how are things?; Irónico **¿me lo cuentas a mí?** you're telling me!; EXPR Fam **¡cuéntaselo a tu abuela!** pull the other one!, come off it!; EXPR Fam **no me cuentes tu vida** I don't want to hear your life story -4. (tener una cantidad de) **la población contaba mil habitantes** the village had a thousand inhabitants; **cuenta ya diez años** she's ten years old now; **el equipo cuenta ya dos victorias** the team has already achieved two wins, the team already has two wins under its belt -5. (considerar) **te contaba como una persona seria** I thought you were a serious person; **cuenta que la próxima semana estoy de vacaciones** remember that I'm on holiday next week; **a él lo cuento como uno más del grupo** I consider o see him as just another member of the group
◇ vi -1. (hacer cálculos) to count; **sabe ~ hasta diez** she can count to ten; **~ con los dedos** to count on one's fingers; **un perro, dos gatos y para de ~** a dog, two cats and that's it -2. (importar) to count; **lo que cuenta es que te pongas bien** the important thing is for you to get better, what matters is for you to get better; **en esta casa no cuento para nada** I count for nothing in this household; **para él lo único que cuenta es ganar dinero** the only thing that matters to him is making money; **los dos peores resultados no cuentan para el resultado final** the worst two scores aren't taken into account when calculating the final total; **es tan fuerte que cuenta por dos** he has the strength of two men -3. **~ con** (confiar en) to count on, to rely on; **es un buen amigo, siempre se puede ~ con él** he's a good friend, you can count on o rely on him; **¡no cuentes con ellos!** don't count on o rely on them!; **no cuentes conmigo, no voy a venir** don't expect me, I won't be coming; **cuenta con ello, estaré allí para ayudarte** I'll be there to help you, you can count on it, rest assured, I'll be there to help you -4. **~ con** (tener, poseer) to have; **cuenta con dos horas para hacerlo** she has two hours to do it; **las minorías contarán con representación en el nuevo parlamento** minority parties will be represented in the new parliament -5. **~ con** (tener en cuenta) to take into account; **con esto no contaba** I hadn't reckoned with that; **no contaban con que se acabara la cerveza tan rápidamente** they hadn't expected the beer to run out so quickly

◆ **contarse** vpr -1. (incluirse) **estoy muy orgulloso de contarme entre sus amigos** I am very proud to number myself among her friends; **las películas europeas se cuentan entre las favoritas** the European films are among the favourites -2. Fam **¿qué te cuentas?** how are you doing?

contemplación nf -1. (observación) contemplation -2. (meditación) contemplation -3. **contemplaciones** (consideración) consideration; **no andarse con contemplaciones** not to beat about the bush; **tratar a alguien sin contemplaciones** not to take sb's feelings into account; **nos echaron sin contemplaciones** they threw us out unceremoniously; **tratar a alguien con demasiadas contemplaciones** to be too lenient o soft with sb

contemplar vt -1. (paisaje, monumento) to look at, to contemplate -2. (opción, posibilidad) to contemplate, to consider; **la ley contempla varios supuestos** the law provides for o covers various cases; **esta propuesta no contempla los ingresos por publicidad** this proposal doesn't take into account income from advertising; **el proyecto no contempla hacer excepciones** the project makes no provision for exceptions; **contemplamos el futuro con esperanza** we are hopeful about the future, we look to the future with hope; **está contemplando presentar la dimisión** she is considering handing in her resignation -3. (consentir) to spoil

contemplativo, -a adj contemplative

contemporaneidad nf contemporaneity, contemporaneousness

contemporáneo, -a ◇ adj -1. (de la misma época) contemporary; **fue ~ de Colón** he was a contemporary of Columbus -2. (de la época actual) contemporary; **el arte ~** contemporary art
◇ nm,f contemporary

contemporizador, -ora ◇ adj accommodating
◇ nm,f **es un ~** he's very accommodating

contemporizar [14] vi to be accommodating; **~ con alguien** to be accommodating towards sb

contención nf -1. (detención) **persigue la ~ de la inflación/los salarios** he is intent on keeping inflation/wages down; **pusieron una venda para lograr la ~ de la hemorragia** they put on a bandage to stop o staunch the bleeding; **muro de ~** retaining wall -2. (de pasión, deseo) restraint

contencioso, -a ◇ adj -1. (tema, cuestión) contentious -2. DER litigious
◇ nm dispute, conflict ❏ **~ administrativo** = court case brought against the state

contender [64] vi (competir) to contend; (pelear) to fight

contendiente ◇ adj (en una competición) competing; **las partes contendientes** (en una guerra) the opposing sides; **los ejércitos contendientes** the opposing armies
◇ nmf (en una competición) opponent; (en una pelea) opponent, adversary; (en una guerra) opponent, opposing side

contenedor, -ora ◇ adj containing
◇ nm (recipiente grande) container; **~ (de escombros)** Br skip, US Dumpster® ❏ **~ de basura** large wheelie bin; **~ de vidrio** bottle bank

contener [65] ◇ vt -1. (encerrar) to contain; **¿qué contiene esa maleta?** what's in this suitcase?; **la novela contiene elementos diversos** the novel has many different aspects; **no contiene CFC** (en etiqueta) does not contain CFCs -2. (detener, reprimir) (epidemia) to contain; (respiración) to hold; (conflicto, crisis) to contain; (éxodo) to contain, to stem; (inflación, salarios) to keep down; **no pudo ~ la risa/el llanto** he couldn't help laughing/crying; **tuvieron que contenerlo para que no agrediera al fotógrafo** he had to be restrained from attacking the photographer

◆ **contenerse** vpr to restrain oneself, to hold oneself back; **estuve a punto de insultarlo, pero conseguí contenerme** I was about to insult him, but I managed to restrain myself

contengo ver **contener**

contenido nm -1. (de recipiente, libro) contents; **una bebida con un alto ~ alcohólico** a drink with a high alcohol content -2. (de discurso, redacción) content; **un programa con alto ~ de violencia** a programme containing a lot of violence -3. LING content

contentar ◇ vt to please, to keep happy; **es muy fácil de ~** she's very easy to please

◆ **contentarse** vpr **contentarse con** to make do with, to be satisfied with; **no se contenta con nada** she's never satisfied with anything; **me contentaría con una simple disculpa** I'd be happy with a simple apology; **me contentaría con quedar entre los tres primeros** I'd settle for being among the first three, I'd be happy if I got into the first three; **no se contentó con insultarle, además le golpeó** not content with insulting him, he hit him

contento, -a adj -1. (alegre) happy; **está muy contenta** she is very happy; **se puso muy ~ al ver a sus nietos** he was very happy

to see his grandchildren; **estamos contentos de poder ayudar** we're happy o glad to be able to help; **han hecho un gran esfuerzo por tener contentos a sus huéspedes** they've made a big effort to keep their guests happy; **está muy contenta en el trabajo** she is very happy in her job
 -2. *(satisfecho)* pleased; **la decisión no dejó ~ a nadie** the decision didn't satisfy anyone; **no estoy nada contenta con la reparación** I'm not at all happy with the repair; **no ~ con insultarlo, le pegó una bofetada** not content with insulting him, he slapped his face; *Fam* **pagamos cada uno la mitad y todos tan contentos** we paid half each and that was us; *Fam* **se llevó las llaves y se quedó tan ~** he took the keys just like that o as cool as you like
 -3. *Fam (achispado)* tipsy, merry
 ◇ *nm* happiness, joy; **el ~ del público era evidente** you could see that the audience was happy; EXPR **no caber en sí de ~** to be beside oneself with joy
conteo *nm* counting-up
contera *nf (de bastón, paraguas)* ferrule; *(de espada)* chape
contertulio, -a *nm,f* = fellow member of a "tertulia"
contestación *nf* **-1.** *(respuesta)* answer; **en ~ a su pregunta,...** to answer your question,...; **emitió un gruñido por ~** his only answer was a grunt; **se ruega ~** *(en invitación)* RSVP
 -2. *(protesta)* protest, opposition; **la nueva ley suscitó una ~ universal** the new law gave rise to universal protest o opposition; **~ social/sindical** social/trade union protest o opposition
contestador ◇ *adj CSur* cheeky
 ◇ *nm* **~ (automático)** answering machine
contestadora *nf Méx, Ven* **~ (automática)** answering machine
contestar ◇ *vt* **-1.** *(responder)* to answer; **~ a una pregunta** to answer a question; **~ a una carta** to reply to o answer a letter; **contestó que sí/que no** he said yes/no; **contestó que no podía** she replied o said that she couldn't
 -2. *(oponerse a)* to oppose; **contestaron las medidas del gobierno** they opposed the government's measures; **contestaron la idoneidad del candidato** they questioned the candidate's suitability
 ◇ *vi* **-1.** *(responder)* to answer; **no contestan** *(al teléfono)* there's no reply o answer
 -2. *(con insolencia)* to answer back; **¡no contestes a tu madre!** don't answer back to your mother!
contestatario, -a ◇ *adj* anti-establishment
 ◇ *nm,f* anti-establishment person
contestón, -ona *adj Fam* cheeky; **es muy ~** he's always answering back
contexto *nm* **-1.** *(de texto)* context **-2.** *(circunstancias)* context; **en/fuera de ~** in/out of context
contextual *adj* contextual
contextualizar [14] *vt (problema, situación)* to put into perspective o context
contextura *nf* **-1.** *(estructura)* structure **-2.** *(de persona)* build
contienda ◇ *ver* **contender**
 ◇ *nf (competición, combate)* contest; *(guerra)* conflict, war; *(encuentro deportivo)* match, game; **una ~ electoral** an election
contiene *ver* **contener**
contigo *pron personal* with you; **no quiere ir ~** she doesn't want to go with you; **es muy amable ~** he's very nice to you; **~ mismo/misma** with yourself; **¿estás hablando ~ mismo?** are you talking to yourself?
contigüidad *nf* adjacency
contiguo, -a *adj* adjacent; **estar ~ a** to adjoin
continencia *nf* continence, self-restraint
continental *adj* continental
continente *nm* **-1.** GEOG continent **-2.** *(recipiente)* container
contingencia *nf* **-1.** *(eventualidad)* eventuality **-2.** *Formal (posibilidad)* possibility **-3.** *Méx* **~ (ambiental)** traffic restrictions *(to reduce pollution)*

contingente ◇ *adj Formal* possible; **es un hecho ~** it's not impossible
 ◇ *nm* **-1.** *(grupo)* contingent **-2.** COM quota **-3.** *(fuerza militar)* contingent; **el ~ australiano en Timor** the Australian troops in Timor
continuación ◇ *nf (de acción, estado)* continuation; *(de novela, película)* sequel; **es imprescindible dar ~ al proyecto** it is essential that the project carries on, it is essential to keep the project going; **acaba de publicar la ~ a su anterior novela** she has just published the sequel to her previous novel; **defienden la ~ de la misma política económica** they are in favour of carrying on o continuing with the same economic policy
 ◇ **a continuación** *loc adv* next; **a ~ añada una pizca de sal** next, add a pinch of salt; **saludó al presidente y a ~ se fue** she greeted the president and then left; **pasaremos a ~ a abordar el problema del transporte público** we shall now pass on to address the problem of public transport; **¡a ~, para todos ustedes, la gran cantante...!** and now, we bring you the great singer...!
 ◇ **a continuación** *loc prep* after, following; **a ~ de México se sitúa Argentina** Argentina is after Mexico
continuado *nm CSur* cinema, *US* movie theater *(with continuous performance)*
continuador, -ora ◇ *adj* continuing
 ◇ *nm,f* continuator; **es un ~ de la obra de su maestro** he is carrying on o continuing the work of his teacher
continuamente *adv* **-1.** *(con repetición)* continually; **protesta ~** she never stops complaining, she complains all the time **-2.** *(sin interrupción)* continuously; **la información es ~ actualizada** the information is constantly updated; **los siguieron ~ durante dos semanas** they followed them continuously for two weeks
continuar [4] ◇ *vt* to continue, to carry on with; **los peregrinos continuaron su camino** the pilgrims went o continued on their way; **continuarán el partido suspendido mañana** the abandoned match will be continued tomorrow
 ◇ *vi* to continue, to go on; **~ haciendo algo** to continue doing o to do sth; **continúa lloviendo** it's still raining; **¿continúas viviendo en Brasil?** are you still living in Brazil?, do you still live in Brazil?; **continuamos trabajando en el mismo proyecto** we are still working on the same project; **continúan con el proyecto** they are carrying on with o continuing with the project; **todavía continúa en la empresa** she's still with o working for the company; **continúen en sus puestos hasta nueva orden** stay at your posts until you receive fresh orders; **continuará** *(historia, programa)* to be continued; **la finca continúa hasta el río** the farm extends as far as the river; **el camino continúa por la costa** the road continues o carries on along the coast
 ◆ **continuarse** *vpr* to continue; **la carretera se continúa con la autopista** the road becomes the *Br* motorway o *US* freeway from there onwards
continuidad *nf* **-1.** *(en una sucesión)* continuity; **su última película representa la ~ de un estilo iniciado hace tiempo** his latest film shows him continuing in the style he adopted some time ago
 -2. *(permanencia)* continuation; **es necesaria su ~ al frente del partido para garantizar la estabilidad** he must continue as party leader to guarantee stability; *Formal* **sin solución de ~** without stopping
 -3. CINE & TV continuity
continuismo *nm* perpetuation of the status quo; **ha practicado el ~ en lo económico** his economic policy has been no different to that of the previous government

continuista ◇ *adj* **el sector ~ del partido** the wing of the party that supports the status quo
 ◇ *nmf* supporter of the status quo
continuo, -a ◇ *adj* **-1.** *(ininterrumpido)* continuous; **las continuas lluvias obligaron a suspender el partido** the constant o continual rain forced them to call off the match **-2.** *(perseverante)* continual; **me irritan sus continuas preguntas** her continual questioning irritates me **-3.** *(unido)* continuous; **papel ~** continuous stationery
 ◇ *nm* **-1.** *(sucesión)* succession, series **-2.** FÍS continuum **-3.** LING continuum
 ◇ **de continuo** *loc adv* continually
contonearse *vpr (hombre)* to swagger; *(mujer)* to swing one's hips
contoneo *nm (de hombre)* swagger; *(de mujer)* sway of the hips
contornear *vt* **-1.** *(seguir el contorno de) (lago, isla)* to go round; *(río)* to follow the course of **-2.** *(perfilar)* to outline
contorneo *nm* INFORMÁT **~ de texto** text wrap
contorno *nm* **-1.** *(línea)* outline; **~ de cintura** waist (measurement); **~ de pecho** bust (measurement); **el ~ accidentado de la isla** the ragged coastline of the island **-2.** **contornos** *(vecindad)* neighbourhood; *(de una ciudad)* outskirts
contorsión *nf* contortion
contorsionarse *vpr (retorcerse)* to do contortions; *(de dolor)* to writhe
contorsionista *nmf* contortionist
Contra POL ◇ *nf* **la ~** the Contras
 ◇ *nmf* Contra (rebel)
contra ◇ *prep* **-1.** *(indicando oposición)* against; **un antídoto ~ el veneno** an antidote to the poison; **una cura ~ el cáncer** a cure for cancer; **unas medidas ~ la inflación** measures to combat inflation; **un jarabe ~ la tos** a cough syrup; **jugaré ~ él** I'll be playing against him; **están todos ~ mí** they're all against me; **en ~** against; **todos se le pusieron en ~** everyone turned against him; **estar en ~ de algo, estar ~ algo** to be opposed to sth; **eso va ~ el reglamento** that's against regulations; **tienen diez goles a favor y once en ~** they've scored ten goals and conceded eleven; **van 89-99 en ~ de los Lakers** the Lakers are losing 89-99, the Lakers are 89-99 down
 -2. *(indicando dirección)* against; **se estrelló ~ una farola** he crashed into a lamppost; **nadar ~ corriente** to swim against the current; *Am* **en ~** *(sol, viento)* in one's face; *Am* **los ciclistas tenían el viento en ~** the cyclists were riding into the wind
 -3. *(enfrente, apoyado en)* against; **se apoyó el muro** she leant against the wall; **ponte la pared** stand (up) against the wall
 -4. *(a cambio de)* **entrega ~ reembolso** cash on delivery; **~ presentación de la entrada se entregará un regalo** receive a free gift when you show this ticket
 ◇ *nm* **los pros y los contras** the pros and cons
 ◇ *nf* EXPR *Am Fam* **llevar la ~** to be awkward o contrary; **¡siempre me está llevando la ~!** *(verbalmente)* she's always contradicting me!; *(con acciones)* she always does the opposite of what I tell her!
 ◇ **en contra de** *loc conj (a diferencia de)* contrary to
contraalisios METEO ◇ *adj* **vientos ~** antitrades, antitrade winds
 ◇ *nmpl* antitrades
contraalmirante, contralmirante *nm* MIL rear admiral
contraanálisis *nm inv (de orina, sangre)* **el jugador pidió un ~** the player asked for the second sample to be tested
contraatacar [59] *vi* to counterattack
contraataque *nm* **-1.** *(reacción)* counterattack **-2.** DEP counterattack; *(en baloncesto)* fast break
contraaviso *nm* **si no hay ~** unless information is provided to the contrary

contrabajista nmf double-bass player, double-bassist
contrabajo ◇ nm **-1.** *(instrumento)* double bass **-2.** *(voz)* basso profundo, deep bass ◇ nmf *(instrumentista)* double-bass player
contrabalancear vt to counterbalance
contrabalanza nf counterbalance
contrabandear vi to smuggle
contrabandista nmf smuggler
contrabando nm **-1.** *(acto)* smuggling; ~ **de armas** gunrunning; ~ **de alcohol/tabaco** alcohol/cigarette smuggling; **tabaco de ~** contraband cigarettes; **pasar algo de ~** to smuggle sth in **-2.** *(mercancías)* contraband ❑ ~ **de guerra** contraband of war
contrabarrera nf TAUROM second row *(of seats in the uncovered area next to the barrier)*
contracción nf **-1.** *(de economía)* downswing, downturn **-2.** MED contraction ❑ ~ ***muscular*** muscular contraction **-3.** LING contraction
contracepción nf contraception
contraceptivo, -a adj contraceptive
contrachapado, -a ◇ adj (made of) plywood
◇ nm plywood
contracifra nf key
contraconcepción nf contraception
contraconceptivo, -a adj contraceptive
contracorriente nf countercurrent; **ir a ~** to go against the current o tide
contráctil adj contractile
contractilidad nf contractility
contracto, -a adj GRAM contracted
contractual adj contractual
contractura nf *(contracción)* spasm; *(dolor)* stiffness; **una ~ muscular** a muscle spasm
contracturado, -a adj RP **tiene la espalda contracturada** she's got a stiff back
contracubierta nf **-1.** *(parte interior)* inside front cover **-2.** *(contraportada)* back cover
contracultura nf counter-culture
contracultural adj counter-culture; **una corriente ~** a counter-culture movement
contracurva nf **una carretera llena de curvas y contracurvas** a road that twists one way and then the other
contradanza nf contredanse
contradecir [51] ◇ vt to contradict
◆ **contradecirse** vpr to contradict oneself; **se contradice continuamente** he's always contradicting himself; **sus palabras se contradicen con sus actos** his actions contradict his words
contradicción nf contradiction; **estar en ~ con** to be in (direct) contradiction to; **¿una agresión pacífica? ¡eso es una ~!** a peaceful attack? that's a contradiction in terms!
contradice etc ver **contradecir**
contradicho, -a participio ver **contradecir**
contradictorio, -a adj contradictory; **ser ~ con algo** to contradict sth, to be in contradiction with sth
contradigo etc ver **contradecir**
contradique nm outer harbour wall
contraer [66] ◇ vt **-1.** *(enfermedad)* to catch, to contract **-2.** *(vicio, costumbre, deuda, obligación)* to acquire **-3.** ~ **matrimonio (con)** to get married (to) **-4.** *(material)* to cause to contract **-5.** *(músculo)* to contract **-6.** INFORMÁT *(subdirectorios)* to collapse
◆ **contraerse** vpr **-1.** *(material)* to contract; **algunos metales se contraen con el frío** some metals contract when cooled **-2.** *(músculo, pupila)* to contract **-3.** LING *(sonidos)* to contract
contraespionaje nm counterespionage
contrafuerte nm **-1.** ARQUIT buttress **-2.** *(del calzado)* heel reinforcement **-3.** GEOG spur
contragolpe nm counter-attack
contragolpear vi to counter-attack
contrahecho, -a adj deformed
contrahuella nf riser
contraincendios adj inv **sistema ~** fire-prevention system; **alarma ~** fire alarm

contraindicación nf *(en medicamento)* contraindication; **lea primero las contraindicaciones** read the enclosed leaflet first; **contraindicaciones: embarazo, diabetes** not to be taken during pregnancy or by diabetics; **este producto no tiene contraindicaciones de ningún tipo** this product can be safely used by all patients
contraindicado, -a adj **este medicamento está ~ en pacientes diabéticos** this medicine should not be taken by diabetic patients
contraindicar vt *(sujeto: médico)* to advise against
contrainsurgente ◇ adj counterinsurgent
◇ nmf counterinsurgent
contraintuitivo, -a adj counterintuitive
contralmirante = **contraalmirante**
contralor nm **-1.** Am *(en institución, empresa)* comptroller **-2.** Col *(en instituciones del Estado)* government watchdog
contraloría nf **-1.** Am *(oficina)* comptroller's office **-2.** Col *(de instituciones del Estado)* government watchdog's office
contralto ◇ nm *(voz)* contralto
◇ nmf *(cantante)* counter tenor, f contralto
contraluz nm *(iluminación)* back lighting; **a ~** against the light; **vista a ~, parece un león en silhouette** it looks like a lion; **pintó un ~ de los árboles al atardecer** she painted the trees silhouetted against the sunset
contramaestre nm **-1.** *(en buque)* boatswain; *(en la armada)* warrant officer **-2.** *(capataz)* foreman
contramano: a contramano loc adv the wrong way; **esta puerta se abre a ~** this door opens the wrong way round; **no creo que vaya porque me cae a ~** I don't think I'll be going because it clashes with something else that's on; **lo multaron por circular a ~** *(en carril contrario)* he was fined for driving on the wrong side of the road; *(en dirección única)* he was fined for driving the wrong way down a one-way street
contramarcha nf MIL countermarch
contramedida nf countermeasure
contraofensiva nf counteroffensive
contraoferta nf counter offer
contraorden nf countermand
contrapartida nf **-1.** *(compensación)* compensation; **como ~** to make up for it **-2.** CONT balancing entry, cross entry
contrapelo: a contrapelo loc adv *(acariciar)* the wrong way; **afeitarse a ~** to shave against the direction of one's beard growth; **cepillar a ~** to brush against the nap; **su intervención iba a ~ del resto** his remarks went against the general opinion; **vivir a ~** to have an unconventional lifestyle
contrapesar vt **-1.** *(físicamente)* to counterbalance **-2.** *(contrarrestar)* to compensate for
contrapeso nm **-1.** *(en ascensores, poleas)* counterweight **-2.** *(de equilibrista)* balancing pole **-3.** *(fuerza que iguala)* counterbalance; **su rapidez sirve de ~ a su pequeño tamaño** her speed compensates for o makes up for her small stature
contraplano nm CINE reverse shot
contraponer [50] ◇ vt **-1.** *(oponer)* **a su postura intransigente contrapusimos una más flexible** we responded to his intransigence by suggesting greater flexibility **-2.** *(cotejar)* to compare
◆ **contraponerse** vpr to be opposed; **su intransigencia se contrapone al deseo de paz de la población** his unyielding attitude contrasts with the nation's desire for peace
contraportada, Chile, Perú, RP **contratapa** nf *(de periódico)* back page; *(de revista, de libro)* back cover; *(de disco)* back
contraposición nf **-1.** *(oposición)* conflict; **en ~ con** in contrast to **-2.** *(comparación)* comparison; **en ~ con** in comparison with
contraprestación nf **no pido ninguna ~** I'm not asking for anything in return; **como ~ por algo** in return for sth

contraproducente adj counterproductive
contraprogramación nf TV competitive scheduling
contraprogramar vi TV to set competitive schedules
contrapropuesta nf counterproposal
contraproyecto nm counterproposal
contrapuerta nf **-1.** *(cancel)* storm door **-2.** *(en fortificación)* second o inner door
contrapuesto, -a ◇ participio ver **contraponer**
◇ adj conflicting
contrapuntear ◇ vt MÚS to sing in counterpoint
◇ vi **-1.** Andes, RP, Ven *(cantar)* to sing improvised verses **-2.** Carib, RP *(rivalizar)* to compete
◆ **contrapuntearse** vpr Andes, Carib *(enfadarse)* to quarrel, to argue
contrapunteo nm **-1.** MÚS counterpoint **-2.** Andes, Carib *(disputa)* quarrel, argument
contrapunto nm **-1.** MÚS counterpoint **-2.** *(contraste)* contrast **-3.** Andes, RP, Ven *(desafío poético)* = contest in which poetry is improvised to a musical accompaniment
contraria nf EXPR **llevar la ~** to be awkward o contrary; **¡siempre me está llevando la ~!** *(verbalmente)* she's always contradicting me!; *(con acciones)* she always does the opposite of what I tell her!
contrariado, -a adj upset
contrariamente: contrariamente a loc adv contrary to
contrariar [32] vt **-1.** *(dificultar)* to go against; **el mal tiempo contrarió nuestros planes** the bad weather thwarted our plans **-2.** *(disgustar)* to upset
contrariedad nf **-1.** *(dificultad)* setback; **surgió una ~** a problem came up **-2.** *(disgusto)* annoyance; **¡qué ~!** how annoying! **-3.** *(oposición)* contrary o opposing nature
contrario, -a ◇ adj **-1.** *(opuesto)* *(dirección, sentido, idea)* opposite; *(opinión)* contrary; **soy ~ a las corridas de toros** I'm opposed to bullfighting; **mientras no se demuestre lo ~, es inocente** she's innocent until proved otherwise; **de lo ~** otherwise; **respeta a tu madre o de lo ~ tendrás que marcharte** show your mother some respect, otherwise you'll have to go; **todo lo ~** quite the contrary; **¿estás enfadado con él? – todo lo ~, nos llevamos de maravilla** are you angry with him? – quite the contrary o not at all, we get on extremely well; **ella es muy tímida, yo soy todo lo ~** she's very shy, whereas I'm the total opposite
-2. *(desfavorable, perjudicial)* **es ~ a nuestros intereses** it goes against our interests; **el abuso de la bebida es ~ a la salud** drinking is bad for your health
-3. *(rival)* opposing; **el equipo ~ no opuso resistencia** the opposing team o opposition didn't put up much of a fight; **el diputado se pasó al bando ~** the MP left his party and joined their political opponents, Br the MP crossed the floor of the House
◇ nm,f *(rival)* opponent
◇ nm *(opuesto)* opposite; **gordo es el ~ de flaco** fat is the opposite of thin
◇ **al contrario** loc adv on the contrary; **al ~ de lo que le dijo a usted** contrary to what he told you; **no me disgusta, al ~, me encanta** I don't dislike it, quite the contrary in fact, I like it; **al ~ de mi casa, la suya tiene calefacción central** unlike my house, hers has central heating; **no me importa, antes al ~, estaré encantado de poder ayudar** I don't mind, on the contrary o indeed I'll be delighted to be able to be of help
◇ **por el contrario** loc adv **no queremos que se vaya, por el ~, queremos que se quede** we don't want her to go, on the contrary, we want her to stay; **este modelo, por el ~, consume muy poco** this model, by contrast, uses very little; **este**

Contrarreforma nf HIST la ~ the Counter-Reformation

contrarreloj ◇ adj inv DEP **etapa** ~ time trial; **trabajar a** ~ to work against the clock
◇ nf DEP time trial ❑ ~ **individual** individual time trial; ~ **por equipos** team time trial

contrarrelojista nmf DEP time trial specialist

contrarrembolso nm cash on delivery

contrarréplica nf reply; **en su** ~, **el ministro dijo que...** the minister countered that...

contrarrestar vt (neutralizar) to counteract

contrarrevolución nf counterrevolution

contrarrevolucionario, -a ◇ adj counter-revolutionary
◇ nm,f counterrevolutionary

contrasentido nm **hacer/decir eso es un** ~ it doesn't make sense to do/say that; **es un** ~ **que quieras comprarte una casa y que estés despilfarrando el dinero** it doesn't make sense squandering your money when you want to buy a house

contraseña nf **-1.** MIL password **-2.** INFORMÁT password

contrastar ◇ vi to contrast (**con** with)
◇ vt **-1.** (comprobar) to check, to verify; ~ **algo con algo** to check sth against sth; ~ **opiniones** to compare opinions **-2.** (objetos de oro, plata) to assay **-3.** (pesas) to check

contraste nm **-1.** (diferencia) contrast; **los contrastes entre el norte y el sur** the contrasts between the north and the south; **en ~ con** (a diferencia de) in contrast with o to; (comparado con) in comparison with **-2.** (comprobación) verification, checking; **tras un ~ de opiniones...** after canvassing people's opinions... **-3.** (en monitor, televisión) contrast **-4.** (marca) hallmark **-5.** MED contrast medium

contrastivo, -a adj LING contrastive

contrata nf DER (fixed-price) contract

contratación nf **-1.** (de personal) hiring; **es urgente la ~ de un abogado** we urgently need to hire a lawyer; **la ley contempla diferentes modalidades de ~** the law provides o allows for different forms of recruitment; ~ **indefinida** o **fija/temporal** permanent/temporary contracts; **ha bajado la ~ indefinida** the number of (people in) permanent jobs has gone down; **una empresa de ~ artística** a theatrical agency **-2.** (de servicio, mercancías) (de hotel) hiring; (de vuelo) chartering ❑ ~ **de obras** (building) contracting
-3. BOLSA (de valores) trading, Br dealing

contratante ◇ adj contracting; **la parte ~** the contracting party
◇ nmf contracting party

contratapa = contraportada

contratar vt **-1.** (obreros, personal, detective) to hire; (deportista) to sign **-2.** (servicio, obra, mercancía) ~ **algo a alguien** to contract for sth with sb

contratenor nm counter-tenor

contraterrorismo nm counterterrorism

contraterrorista adj counterterrorist

contratiempo nm (accidente) mishap; (dificultad) setback; **me ha surgido un ~ y no voy a poder acudir** a problem has come up and I won't be able to attend; **el fallo judicial supone un enorme ~** the court's ruling means an enormous setback

contratista nmf contractor ❑ ~ **de obras** building contractor

contrato nm contract; **firmar un ~** to sign a contract; **romper un ~** to break (the terms of) a contract; **incumplimiento de ~** breach of contract; **bajo ~** under contract; **por ~** contractually ❑ ~ **administrativo** administrative contract; ~ **de alquiler** lease, tenancy agreement; ~ **de aprendizaje** apprentice contract; ~ **de arrendamiento** lease; ~ **basura** short-term contract (with poor conditions); ~ **blindado** golden parachute, cast-iron contract; ~ **de compraventa** contract of sale; ~ **de exclusividad** exclusive agreement; ~ **fijo** permanent contract; ~ **indefinido** permanent contract; ~ **laboral** work contract; ~ **de licencia** licensing agreement; ~ **de mantenimiento** maintenance contract; ~ **matrimonial** marriage contract; ~ **mercantil** commercial contract; ~ **en prácticas** work-experience contract; ~ **social** social contract; ~ **temporal** temporary o short-term o fixed-term contract; ~ **a tiempo parcial** part-time contract; ~ **de trabajo** work contract; ~ **verbal** verbal contract

contravención nf contravention, violation; **en ~ de** in contravention o violation of

contraveneno nm antidote

contravenir [69] vt to contravene

contraventana nf shutter

contraventor, -ora nm,f DER contravener, violator

contravía: en contravía loc adv Col **circulaba en ~** he was driving on the wrong side of the road

contrayente nmf Formal bridegroom, groom, f bride; **los contrayentes** the bride and groom

contribución nf **-1.** (aporte) contribution **-2.** (impuesto) tax; ~ **directa/indirecta** direct/indirect tax; **contribuciones** taxes, taxation; **exento de contribuciones** tax-exempt ❑ ~ **urbana** ≃ tax for local services, Br ≃ council tax

contribuir [34] vi **-1.** (aportar dinero) to contribute; **contribuyó con 100 millones** he contributed 100 million **-2.** (colaborar) to contribute; **todos contribuyeron al triunfo** everyone contributed to the victory; **sus declaraciones contribuyeron a enrarecer el ambiente** his words served to make the atmosphere tense **-3.** (pagar impuestos) to pay taxes

contribuyente nmf taxpayer

contrición nf contrition

contrincante nmf rival, opponent

contristar ◇ vt to sadden
◆ **contristarse** vpr to become sad o unhappy

contrito, -a adj **-1.** (arrepentido) contrite **-2.** (triste, compungido) downcast

control nm **-1.** (dominio) control; **bajo ~** under control; **fuera de ~** out of control; **perder el ~** (de vehículo) to lose control; (perder la calma) to lose one's temper; **bebe/fuma sin ~** he drinks/smokes an enormous amount ❑ ECON ~ **de cambios** exchange control; ECON ~ **de costos** o Esp **costes** cost control; FIN ~ **crediticio** credit control; FIN ~ **de crédito** credit control; ECON ~ **de gestión** management control; ~ **de (la) natalidad** birth control; ECON ~ **de precios** price control
-2. (comprobación, verificación) examination, inspection; **todos los productos pasan un riguroso ~** all the products are rigorously inspected o examined; **(bajo) ~ médico** (under) medical supervision; **él se encarga del ~ del gasto** he is the person in charge of controlling expenditure; **efectúan un ~ continuo de su tensión** his blood pressure is being continuously monitored ❑ INFORMÁT ~ **de acceso** access control; **el ~ de acceso al edificio** the system controlling access to the building; ~ **de alcoholemia** breath test, Br Breathalyser® o US Breathalyzer® test; ~ **antidoping** drugs test; ~ **de armamento** arms control; ~ **de calidad** quality control; COM ~ **de existencias** stock control; ~ **financiero** financial control; AV ~ **de tierra** ground control; ~ **del tráfico aéreo** air-traffic control
-3. (vigilancia) examination; **un edificio sometido a un fuerte ~** a building with very heavy security
-4. (de policía) checkpoint; (en rally) checkpoint ❑ ~ **de pasaportes** passport control; ~ **de velocidad por radar** radar speed trap
-5. (examen) test, US quiz
-6. DEP (del balón) control; **tiene un buen ~** he's got good control
-7. (mando) control; **el ~ del encendido/apagado** the on/off switch ❑ ~ **remoto** remote control; **activar algo por ~ remoto** to activate sth by remote control
-8. RAD **en los controles estuvo Sandra** the show was produced by Sandra

controlado, -a adj controlled; **está todo ~** everything is under control

controlador, -ora nm,f **-1.** (persona, aparato) controller ❑ ~ **aéreo** air-traffic controller
-2. INFORMÁT driver ❑ ~ **de disco** disk driver; ~ **de impresora** printer driver

controlar ◇ vt **-1.** (dominar) to control; ~ **la situación** to be in control of the situation; **la empresa controla el 30 por ciento del mercado** the company controls 30 percent of the market; **los bomberos todavía no han conseguido ~ el incendio** firefighters have still not managed to bring the fire under control; **medidas para ~ los precios** measures to control prices
-2. (comprobar, verificar) to check; **controla el nivel del aceite** check the oil level; **controlan continuamente su tensión arterial** they are continuously monitoring his blood pressure
-3. (vigilar) to watch, to keep an eye on; **la policía controla todos sus movimientos** the police watch his every move; **nos controlan la hora de llegada** they keep a check on when we arrive; **controla que no se cuele nadie** see o make sure that no one Br jumps the queue o US cuts in line
◇ vi Fam (saber) to know; **Rosa controla un montón de química** Rosa knows loads about chemistry
◆ **controlarse** vpr to control oneself; **tuve que controlarme para no pegarle** I had to make an effort to stop myself hitting him

controversia nf controversy; **un resultado que generó** o **provocó ~** a controversial result, a result that caused controversy

controvertido, -a adj controversial; **es un pintor muy ~** he's a very controversial painter

controvertir [62] ◇ vt to question, to dispute
◇ vi to argue; ~ **sobre algo** to argue about sth, to discuss sth

contubernio nm Pey (alianza) conspiracy, ring

contumacia nf **-1.** (obstinación) obstinacy, stubbornness **-2.** DER contempt (of court)

contumaz adj **-1.** (obstinado) stubborn, obstinate **-2.** DER in contempt (of court)

contumazmente adv stubbornly, obstinately

contundencia nf **-1.** (de golpes) force **-2.** (de palabras, argumentos) forcefulness; **"eso es falso", afirmó con ~** "that's not true," he said forcefully

contundente adj **-1.** (arma, objeto) blunt; **lanzaron objetos contundentes contra la policía** they threw heavy objects at the police
-2. (golpe) heavy; **recibió un puñetazo ~** he was punched hard
-3. (razonamiento, argumento) forceful, convincing; (prueba) conclusive, convincing; (victoria) comprehensive, resounding; **la empresa dio una respuesta ~ a los huelguistas** the company dealt with the strikers decisively; **se mostró ~ al exigir la dimisión del secretario general** he was quite categorical in demanding the resignation of the general secretary

contundentemente adv **-1.** (golpear) hard **-2.** (responder, argumentar) convincingly; (derrotar) comprehensively; **la policía disolvió ~ la manifestación** the police forcefully broke up the demonstration

conturbar vt Formal to trouble, to perturb

contusión nf bruise, Espec contusion; **sufrió múltiples contusiones como resultado del accidente** he suffered severe bruising o Espec multiple contusions as a result of the accident

contusionar vt to bruise

contuso, -a *adj* bruised
◇ *nm,f* injured person
contuviera *etc ver* **contener**
conuco *nm Carib (parcela)* small plot of land
conurbación *nf* conurbation
conurbano *nm RP* suburbs
convalecencia *nf* convalescence
convalecer [46] *vi* to convalesce; **estar convaleciendo de una enfermedad** to be convalescing *o* recovering from an illness
convaleciente *adj* convalescent
convalidación *nf (de estudios, título)* recognition; *(de asignaturas)* validation
convalidar *vt (estudios, título)* to recognize; *(asignaturas)* to validate
convección *nf* FÍS convection
convecino, -a *nm,f Br* neighbour, *US* neighbor
convector *nm* convector ❑ **~ de aire caliente** convection heater
convencer [40] ◇ *vt* **-1.** *(persuadir)* to convince; **si convenzo a mi hermano, iré con su moto** I'll take my brother's motorbike, if I can persuade him to lend me it *o* if I can talk him into lending me it; **~ a alguien de algo** to convince sb of sth; **no la convencieron de que era la mejor idea** they were unable to convince *o* persuade her that it was the best idea; **lo convencí para que me dejara ir a la fiesta** I convinced *o* persuaded him to let me go to the party; **quisimos animarle a que viniera con nosotros, pero no se dejó ~** we tried to encourage him to come with us but were unable to convince him
-2. *(satisfacer)* **me convence esta lavadora, la voy a comprar** I like the sound of this washing machine, I'm going to buy it; **su última película no ha convencido a la crítica** her latest movie *o Br* film didn't impress the critics, the critics didn't think much of her latest movie *o Br* film; **esta manera de hacer las cosas no me convence lo más mínimo** I'm not at all sure that this is the right way to go about it; **es barato, pero no me acaba de ~** *o* **no me convence del todo** it's certainly cheap, but I'm not too sure about it; **tus amigos no me convencen** I'm not too keen on your friends
◇ *vi* **su explicación no convenció** his explanation wasn't convincing; **allá donde va, convence** wherever she goes, she creates a good impression; **a pesar de ganar, el equipo no convenció** although they won, the team failed to impress
◆ **convencerse** *vpr* **-1.** *(estar seguro)* **convencerse de** to become convinced of; **me convencí de que decía la verdad** I became convinced *o* I came to believe that she was telling the truth
-2. *(aceptar)* **a pesar de haberlo leído en la prensa, no quiere convencerse** despite having read it in the press, he still refuses to believe it; **convéncete, no conseguirás nada actuando así** believe (you) me, you won't get anywhere behaving like that; **convencerse de** to become convinced of; **finalmente se convenció de que tenía que dejar de fumar** he finally came to accept that he had to give up smoking; **me convencí de mi error** I realized my mistake
convencido, -a ◇ *adj* convinced; **estoy ~ de que va a salir perfectamente** I'm sure everything will be fine
◇ *nm,f RP* believer; **soy una convencida de las ventajas de la medicina homeopática** I'm a believer in the benefits of homeopathic medicine; **es un ~ de que el ejercicio es esencial para la salud** he's convinced that exercise is essential to good health
convencimiento *nm* **-1.** *(certeza)* conviction; **llegar al ~ de algo** to become convinced of sth; **tener el ~ de algo** to be convinced of sth **-2.** *(acción)* convincing

convención *nf* **-1.** *(acuerdo)* convention ❑ **la Convención de Ginebra** the Geneva Convention **-2.** *(asamblea)* convention **-3.** *(norma, costumbre)* convention
convencional *adj* **-1.** *(ideas, gustos, persona)* conventional **-2.** *(armas)* conventional
convencionalismo *nm* conventionality
convencionalmente *adv* conventionally
convenible *adj* **-1.** *(persona)* easy-going, accommodating **-2.** *(precio)* fair, reasonable
convenido, -a *adj* agreed; **hicieron lo ~** they did what they'd agreed
conveniencia *nf* **-1.** *(utilidad)* usefulness; *(oportunidad)* suitability **-2.** *(interés)* convenience; **sólo mira su ~** he only looks after his own interests; **un matrimonio de ~** a marriage of convenience
conveniente *adj* **-1.** *(útil)* useful; *(oportuno)* suitable, appropriate; *(lugar, hora)* convenient **-2.** *(aconsejable)* advisable; **sería ~ asistir** it would be a good idea to go; **sería ~ aclarar que este sistema no siempre funciona** it should be made clear that this system does not always work; **creer** *o* **juzgar ~** to think *o* see fit
convenio *nm* agreement ❑ IND **~ colectivo** collective agreement; **~ salarial** wage agreement *o* settlement
convenir [69] ◇ *vi* **-1.** *(venir bien)* to be suitable; **me conviene ir en tren** it suits me to go by train; **este horario me conviene** these hours suit me; **te convendría dormir unas horas** you would do well to get a few hours sleep; **sólo hace lo que le conviene** he only does what suits him
-2. *(ser aconsejable)* **conviene analizar la situación** it would be a good idea to analyse the situation; **no conviene que nos vean juntos** it wouldn't be a good idea for us to be seen together, it would be better if we weren't seen together; **no le conviene que le dé el sol** it's not good for it to be in the sun; **conviene aclarar que...** it should be made clear that...
-3. *(acordar)* **~ en** to agree (on); **convinieron en el precio** they agreed (on) the price; **convenimos en volver a reunirnos** we agreed to meet again
◇ *vt* to agree (on); **convenimos un precio muy rápidamente** we quickly agreed (on) a price; **sueldo a ~** salary negotiable
conventilleo *nm Andes, RP* gossip
conventillero, -a *Andes, RP Fam Pey* ◇ *adj* gossipy; **no seas ~** don't be such a gossip
◇ *nm,f* common gossip
conventillo *nm Andes, RP* tenement house
convento *nm (de monjas)* convent; *(de monjes)* monastery
conventual *adj* **la vida ~** *(de monjas)* convent life; *(de monjes)* monastic life
convenzo *etc ver* **convencer**
convergencia *nf* **-1.** *(de líneas, carreteras)* convergence; **esta plaza es punto de ~ de varias calles** several streets converge on *o* meet at this square **-2.** *(de ideas)* convergence **-3.** FÍS *(de lente)* power **-4.** ECON convergence
convergente ◇ *adj* **-1.** *(líneas)* converging, convergent; **dos carreteras convergentes** two roads that meet **-2.** *(ideas)* **tienen ideas convergentes** their ideas are very close **-3.** *Esp* POL = of Convergència i Unió, a right-wing Catalan nationalist party
◇ *nmf Esp* POL = member or supporter of Convergència i Unió, a right-wing Catalan nationalist party
converger [52] *vi* **-1.** *(líneas, carreteras)* to converge (**en** on); **está donde convergen la autopista y el ferrocarril** it's where the motorway and the railway *o US* railroad meet up *o* converge **-2.** *(ideas)* **nuestras ideas convergen** we are very close in our thinking
conversa *nf Am Fam* chat; **estuvieron de ~ toda la tarde** they were chatting all afternoon
conversable *adj Am Fam (precio)* negotiable

conversación *nf* **-1.** *(acción de hablar)* conversation; **una ~ telefónica** a telephone conversation; **fue uno de los principales temas de ~** it was one of the main topics *o* subjects of conversation; **dar ~ a alguien** to keep sb talking; **cambiar de ~** to change the subject; **trabar ~** to strike up a conversation
-2. *(manera de hablar)* conversation; **una persona de ~ fácil** a person who is easy to talk to
-3. conversaciones *(contactos)* talks; **conversaciones de paz** peace talks
conversada *nf Am Fam* chat
conversador, -ora ◇ *adj* talkative; **es muy poco ~** he doesn't talk much
◇ *nm,f* conversationalist; **es una buena conversadora** she's a good conversationalist
conversar *vi* to talk, to converse; **conversaron de** *o* **sobre política durante dos horas** they talked about *o* discussed politics for two hours
conversión *nf* **-1.** REL conversion; **su ~ al catolicismo lo transformó** his conversion to Catholicism transformed him **-2.** *(transformación) (***en** into) **-3.** *(de medidas)* **la ~ de millas en kilómetros** the conversion of miles (in)to kilometres **-4.** INFORMÁT **~ de archivos** file conversion; **~ de datos** data conversion
converso, -a ◇ *adj* converted
◇ *nm,f* convert to Catholicism
convertibilidad *nf* ECON convertibility
convertible ◇ *adj* convertible
◇ *nm (automóvil)* convertible
convertidor *nm* ELEC converter ❑ **~ de frecuencia** frequency charger
convertir [25] ◇ *vt* **-1.** REL to convert (**a** to)
-2. *(transformar)* **~ algo/a alguien en** to convert sth/sb into, to turn sth/sb into; **convirtió la tienda en bar** she converted the shop into a bar; **convirtió al príncipe en rana** she turned the prince into a frog
-3. *(medidas)* **~ millas en kilómetros** to convert miles (in)to kilometres; **~ dólares en pesos** to convert dollars into pesos
-4. INFORMÁT *(archivos)* to convert
◆ **convertirse** *vpr* **-1.** REL to convert; **se convirtió al judaísmo** she converted to Judaism
-2. *(transformarse)* **convertirse en** to become, to turn into; **la zona se convirtió en un desierto** the area turned into *o* became a desert; **se ha convertido en el favorito para ganar** he has become the favourite to win; **el agua se convirtió milagrosamente en vino** the water miraculously turned into wine
convexidad *nf* convexity
convexo, -a *adj* convex
convicción *nf* **-1.** *(convencimiento)* conviction; **actuaba sin ~** he lacked conviction in what he was doing; **consiguió persuadirlos gracias a su fuerte ~** he managed to persuade them because he was so convinced of himself; **tener la ~ de que** to be convinced that; **expresó su ~ de que pronto se hallaría una solución al conflicto** he said he was convinced that a solution to the conflict would soon be found
-2. convicciones *(principios)* convictions, principles; **un político de profundas convicciones católicas** a politician with strongly-held Catholic beliefs, a staunchly Catholic politician
convicto, -a *adj* convicted; **~ de robo** convicted of robbery; **~ y confeso** guilty in fact and in law
convidado, -a *nm,f* guest ❑ **~ de piedra:** **estuvo en la cena como el ~ de piedra** he sat through the whole meal without saying a word; **la oposición no quiere ser el ~ de piedra en el debate** the opposition does not want to be a mere token participant in the debate
convidar ◇ *vt* **-1.** *(invitar)* to invite; **~ a alguien a una copa** to stand *o* buy sb a drink; **me convidaron a comer en su casa** they

conviene invited me round for a meal -2. *Am (compartir)* ¿**me convidás?** can I have some?; EXPR **al que come y no convida le sale un sapo en la barriga** = a curse on anyone who eats without inviting others to share
◇ *vi (mover, incitar)* **el buen tiempo convida a salir** this good weather makes you want to get out; **la ocasión convidaba a la alegría** the occasion made you feel happy

conviene *etc ver* **convenir**

convierto *etc ver* **convertir**

convincente *adj* convincing

convincentemente *adv* convincingly

conviniera *etc ver* **convenir**

convite *nm* -1. *(invitación)* invitation -2. *(fiesta)* banquet

convivencia *nf* -1. *(de grupos sociales, culturas, lenguas)* coexistence; **tras veinte años de ~ se separaron** they separated after twenty years of living together; **la ~ dentro del equipo es muy buena** the members of the team get on very well together
-2. **convivencias** *(de estudiantes)* = period of a few days with no lectures when students take part in activities to get to know each other and learn how to get on

conviviente *nmf* partner

convivio *nm Méx* get-together, gathering; **estuvieron de ~ el fin de semana** they had a get-together at the weekend

convivir *vi (personas)* to live together; *(grupos sociales)* to coexist, to live side by side; **~ con** to live with; **aquí conviven dos sistemas informáticos distintos** we have two different computer systems running side by side here

convocante ◇ *adj* **las organizaciones convocantes de la manifestación** the organizations that organized the demonstration
◇ *nmf (de protesta)* organizer; **los convocantes de la huelga** the people who called the strike

convocar [59] *vt* -1. *(reunión)* to convene; **convocaron a los accionistas a junta** the shareholders were called to a meeting, a shareholders' meeting was convened
-2. *(huelga, elecciones)* to call; *(manifestación)* to organize; **~ a alguien a una manifestación** to call on sb to demonstrate *o* to attend a demonstration; **~ a alguien a la huelga** to call sb out on strike; **el seleccionador ha convocado a cinco nuevos jugadores** the manager has called up five new players
-3. *(premio, examen)* to announce

convocatoria *nf* -1. *(anuncio, escrito)* notice; **la ~ de un concurso** the announcement of a competition; **llamar a ~** to summon
-2. *(llamamiento)* **una ~ de huelga** a strike call; **hacer una ~ de huelga** to call a strike; **han anunciado la ~ de elecciones** they've called an election; **el partido ganador en la ~ electoral** the party which won the election; **no hubo novedades en la ~ de la selección nacional** there were no surprises when the national squad was announced
-3. *(de examen)* **la ~ de junio/septiembre** the June/September exams; **tengo el inglés en cuarta ~** I have to retake my English exam for the third time
-4. *(de reunión)* announcement, notification

convocatorio, -a *adj* convening, summoning

convólvulo *nm* leafroller moth

convoy *(pl* **convoyes)** *nm* -1. *(de barcos, camiones)* convoy -2. *(tren)* train -3. *(vinagreras)* cruet set

convoyarse *vpr Ven (confabularse)* to conspire, to connive

convulsión *nf* -1. *(de músculos)* convulsion -2. *(de tierra)* tremor -3. *(política, social)* **un periodo de convulsiones** a period of upheaval; **la subida del dinero produjo convulsiones en la bolsa** the rise in interest rates caused chaos *o* turmoil on the stock exchange; **las convulsiones sociales del periodo de entreguerras** the social upheaval between the wars

convulsionar *vt (sociedad)* to throw into upheaval

convulsivo, -a *adj* convulsive

convulso, -a *adj* convulsed

conyugal *adj* conjugal, marital; **el hogar ~** the marital home; **vida ~** married life

cónyuge *nmf* spouse; **los cónyuges** husband and wife

coña *nf Esp muy Fam* -1. *(guasa)* **está de ~** she's just pissing around; **se lo toma todo a ~** he treats everything as a *Br* bloody *o US* goddamn joke; **no le hagas caso, que va de ~** don't mind him, he's just pissing around; **¡ni de ~!** no *Br* bloody *o US* goddamn way!; **no te lo va a dejar ni de ~** no *Br* bloody *o US* goddamn way is he going to let you have it; **se lo pasaron de ~ en la playa** they had a *Br* bloody *o US* goddamn brilliant time at the beach
-2. *(casualidad)* **acertó de ~** it was a total fluke that he got it right
-3. *(molestia)* drag, pain; **tener que trabajar el domingo es una ~** it's a real drag *o* pain having to work on Sundays; **¡deja de dar la ~!** stop being such a pain!; **me está dando la ~ para que vayamos con ella** she's going on and on about us going with her

coñac, coñá *(pl* **coñacs)** *nm* brandy, cognac

coñazo *nm Esp muy Fam* pain, drag; **ese libro es un ~** that book's *Br* bloody *o US* goddamn boring; **¡qué ~ de película!** what a *Br* bloody *o US* goddamn boring film!; **tu compañero es un ~** your mate's a real pain *o* drag; **¡deja de dar el ~!** stop being such a pain!

coño[1] *esp Esp Vulg* ◇ *nm* -1. *(vulva)* cunt; **comer el ~ a alguien** to go down on sb, to eat sb out; EXPR **no me sale del ~** I can't be fucking bothered, *Br* I can't be arsed; EXPR **lo hago porque me sale del ~** I'm doing it because I fucking well feel like it; EXPR **estoy hasta el mismísimo ~ de este ruido** I've fucking well had it with this noise; EXPR **vive en el quinto ~** she lives *Br* bloody *o US* goddamn miles from anywhere; EXPR **el ~ de la Bernarda: me toman por el ~ de la Bernarda** they think they can just treat me like shit; **esta casa es como el ~ de la Bernarda** this household is fucking chaotic
-2. *(para enfatizar)* **¿dónde/qué ~...?** where/what the fuck...?; **¿con quién ~ estará hablando?** who the fuck is he talking to?; **¿qué ~, salimos a cenar a un restaurante y ya está** what the fuck! we'll just go and have dinner in a restaurant, problem solved
◇ *interj* -1. *(enfado)* for fuck's sake!; **¡cállate ya, ~!** shut the fuck up!
-2. *(sorpresa)* fucking hell!; **¡~, hacía tiempo que no te veía!** fucking hell, I haven't seen you for ages!

coño[2], **-a** *nm,f Vulg* -1. *Chile (español)* = offensive term for a Spaniard -2. *Ven (persona)* fucker; **¿quién es ese ~ del abrigo verde?** who's the fucker in the green coat?

cooperación *nf* co-operation

cooperador, -ora *adj* co-operative

cooperante ◇ *adj* co-operating
◇ *nmf* (overseas) volunteer worker

cooperar *vi* -1. *(trabajar)* to co-operate; **cooperó con nosotros en nuestro primer proyecto** he worked with us on our first project; **cooperaron con la policía en la investigación** they co-operated with the police in the investigation, they helped the police with their enquiries; **tenemos que ~ para hacer desaparecer la violencia** we must work together to put an end to violence
-2. *(contribuir)* to contribute; **cooperaron con dos hospitales de campaña** the contributed two field hospitals
-3. *(influir)* to contribute; **el mal tiempo cooperó al fracaso** the bad weather contributed to their failure

cooperativa *nf* -1. *(sociedad)* co-operative ❑ **~ agrícola** farming co-operative; **~ de crédito** credit union; **~ de viviendas** housing co-operative -2. *(establecimiento)* co-operative

cooperativismo *nm* co-operative movement

cooperativista ◇ *adj* **economía ~** economy based on co-operatives; **movimiento ~** co-operative movement
◇ *nmf* -1. *(miembro de cooperativa)* member of a co-operative -2. *(partidario de cooperativa)* supporter of the co-operative movement

cooperativo, -a *adj* co-operative

cooptar *vt* to co-opt

coordenada *nf* co-ordinate ❑ MAT **coordenadas cartesianas** Cartesian co-ordinates; **coordenadas polares** polar co-ordinates

coordinación *nf* -1. *(de esfuerzos, medios)* co-ordination -2. *(de movimientos, gestos)* co-ordination -3. GRAM co-ordination

coordinado, -a *adj* co-ordinated

coordinador, -ora ◇ *adj* co-ordinating
◇ *nm,f* co-ordinator

coordinadora *nf (organización)* co-ordinating committee; **la ~ de las ONG en España** the body that co-ordinates NGOs in Spain

coordinar ◇ *vt* -1. *(esfuerzos, medios)* to co-ordinate; **la Cruz Roja coordina el envío de ayuda humanitaria** the Red Cross is co-ordinating the sending of humanitarian aid; **se encarga de los diferentes departamentos de la empresa** she is in charge of co-ordinating the different departments of the company; **ella coordina los intercambios universitarios** she is in charge of university exchanges; **coordina tres proyectos de investigación diferentes** he is co-ordinating three different research projects
-2. *(movimientos, gestos)* to co-ordinate
◇ *vi Fam* to think straight; **cuando me pongo nervioso no coordino** I can't think straight when I get nervous

copa *nf* -1. *(recipiente)* glass ❑ **~ alta** tall glass; **~ de champán** champagne glass; **~ de coñac** brandy glass
-2. *(contenido)* glass; **una ~ de vino** a glass of wine; **beber una ~ de más** to have a drink too many; **ir de copas** to go out drinking; **¿quieres (tomar) una ~?** would you like (to have) a drink? ❑ **~ de helado** ice cream *(as dessert in restaurant)*
-3. *(de árbol)* top; EXPR **como la ~ de un pino: una mentira como la ~ de un pino** a whopper (of a lie); **un penalti como la ~ de un pino** a blatant penalty
-4. *(trofeo, competición)* cup ❑ **la Copa América** *(en fútbol)* = international soccer championship held every two years between South American nations; **la Copa del América** *(de vela)* the America's Cup; **la Copa Davis** the Davis Cup; **la Copa de Europa** the European Cup; **la Copa Federación** *(en tenis)* the Federation Cup; **la Copa Intercontinental** World Club Championship; **la Copa Libertadores** = South American club soccer competition; **la Copa del Mundo** the World Cup; **la Copa del Rey** = Spanish club soccer competition, *Br* ≃ the FA Cup; **la Copa de la UEFA** the UEFA Cup
-5. *(de sombrero)* crown
-6. *(de sostén)* cup
-7. *(naipe)* = any card in the "copas" suit
-8. **copas** *(palo)* = suit in Spanish deck of cards, with the symbol of a goblet

copado, -a *adj RP Fam* -1. *(encantado)* over the moon; **está copada con su casa nueva** she's over the moon with her new house -2. *(muy bueno)* brilliant, fantastic; **¿no leíste este libro? ¡está ~!** haven't you read this book? it's brilliant *o* fantastic!

copaiba *nf* -1. *(bálsamo)* copaiba (balsam *o* resin) -2. *(árbol)* copaiba tree

copal *nm* -1. *(árbol)* West Indian locust-tree -2. *(resina)* copal resin

copante *adj RP Fam* brilliant, fantastic; **vimos un atardecer ~** we saw a fantastic sunset; **ese escritor es ~** he's a brilliant *o* fantastic writer

copar ◇ vt **-1.** *(ocupar)* to fill; **los amigos del presidente han copado todos los puestos** all the positions have been filled by the president's friends; **las mejores horas están ya copadas** the best times are already taken; **los corredores keniatas coparon el podio** the Kenyan runners took all three medals
-2. *(atención, interés)* to capture; **la visita papal copó la atención de la prensa** the papers were full of the Pope's visit
-3. ~ la banca *(en juegos)* to break the bank
-4. *RP Fam (encantar)* **le copa el chocolate/bailar** she loves o adores chocolate/dancing; **le copa Mario** she's crazy o mad about Mario; **esa película me copó** I thought that movie was brilliant, I just loved that movie
 ◆ **coparse** vpr *RP Fam* **se copa con la salsa** he's crazy o mad about salsa
coparticipación nf copartnership
copartícipe nmf *(en empresa)* partner; *(en actividad)* participant; **son copartícipes en las acciones de la empresa** they are both shareholders in the company
copazo nm *Fam* **se metió un ~ de coñac** he knocked back a brandy
cope nm *RP Fam* **ser un ~** to be brilliant o fantastic; **tener un ~ con algo/alguien** to be crazy about sth/sb
copear vi *Fam* to have a few (drinks)
cópec (pl **copecs**) nm kopeck
COPEI [ko'pei] nm *(abrev de* **Comité de Organización Política Electoral Independiente)** = Venezuelan Christian-Socialist party
Copenhague n Copenhagen
copeo nm *Fam* boozing; **ir de ~ to go out boozing**
copera nf *RP* (nightclub) hostess
copernicano, -a adj Copernican
Copérnico n pr Copernicus
copero, -a ◇ adj *DEP* **un equipo ~** a good cup team; **partido ~** cup game, cup tie
 ◇ nm,f Chile waiter
copete nm **-1.** *(de ave)* crest **-2.** *(de pelo)* tuft **-3.** EXPR *Fam* **de alto ~** posh; *RP* **estoy hasta el ~ de** *(harto)* I've had it up to here with, I'm sick of; *RP* **estoy hasta el ~ de trabajo** I'm up to my eyes in work
copetín nm *RP (bebida)* aperitif; *(comida)* appetizer; **salimos a tomar el ~ con ellos** we went out to have a pre-lunch drink with them
copetón, -ona ◇ adj **-1.** *Am (ave)* tufted, crested **-2.** *Col Fam (achispado)* tipsy
 ◇ nm *Col (ave)* crested sparrow
copetona nf *Méx* elegant woman
copetuda nf **-1.** *(ave)* skylark **-2.** *Cuba (planta)* marigold
copeyano, -a *Ven POL* ◇ adj relating to "COPEI"
 ◇ nm,f member/supporter of "COPEI"
copia nf **-1.** *(reproducción)* copy; **hacer una ~ de algo** to duplicate sth; **sacar una ~** to make a copy ❑ **~ certificada** certified copy; *INFORMÁT* **~ impresa** printout; **~ en limpio** fair copy
-2. *(de disco, libro, software)* copy; **han vendido 20.000 copias de su último disco** they've sold 20,000 copies of their latest record ❑ **~ de evaluación** *(libro) Br* inspection o *US* examination copy; *(software)* evaluation copy; **~ maestra** master copy; *INFORMÁT* **~ de seguridad** backup (copy); **hacer una ~ de seguridad de algo** to back sth up, to make a backup of sth
-3. *(imitación)* copy; **es una ~ de un cuadro de Monet** it's a copy of a painting by Monet
-4. *(acción)* copying
-5. *(persona)* (spitting) image
-6. *(de fotografía)* copy; **quería dobles copias de este carrete, por favor** I'd like an extra set of prints of this film, please ❑ *FOT* **~ de contacto** contact print
copiada nf *Fam (en examen)* **nos pegamos una ~ increíble** we copied loads off each other
copiador, -ora adj copying
copiadora nf *(máquina)* photocopier
copiante nmf copyist

copiapino, -a ◇ adj of/from Copiapó *(Chile)*
 ◇ nm,f person from Copiapó *(Chile)*
copiar ◇ vt **-1.** *(transcribir)* to copy; **copie este texto a máquina** type up (a copy of) this text **-2.** *(anotar)* to copy; **copió lo que yo iba diciendo** he took down what I was saying **-3.** *(imitar)* to copy; **copia siempre todo lo que hago** she always copies everything I do **-4.** *(en examen)* to copy; **copió la respuesta** she copied the answer **-5.** *INFORMÁT* to copy; **~ y pegar algo** to copy and paste sth
 ◇ vi *(en examen)* to copy; **lo expulsaron por ~** he was thrown out of the exam for copying
 ◆ **copiarse** vpr to copy; **copiarse de alguien** to copy sb
copichuela nf *Fam* drink
copihue nm Chilean bellflower *(national flower of Chile)*
copiloto nmf *(en avión)* co-pilot; *(en automóvil)* co-driver
copión, -ona nm,f *Fam* **-1.** *(imitador)* copycat **-2.** *(en examen)* cheat
copiosamente adv *(llover)* heavily; *(sudar)* profusely; **comer ~** to eat a lot; **llorar ~** to cry one's eyes out
copiosidad nf copiousness
copioso, -a adj *(lluvia)* heavy; *(sudor)* profuse; *(comida)* plentiful; *(ganancias)* substantial; **cayó una copiosa nevada** there was a heavy snowfall
copista nmf copyist
copistería nf *(tienda)* copy shop
copla nf **-1.** *(estrofa)* verse, stanza **-2.** *(canción)* folk song, popular song; EXPR **ya está otra vez con la misma ~** he's back on his hobbyhorse; EXPR **no me vengas otra vez con la misma ~** don't give me that old story again
copo nm **-1.** *(de nieve)* flake ❑ **~ de nieve** snowflake **-2.** *(de cereales)* **copos de avena** rolled o porridge oats; **copos de maíz** cornflakes **-3.** *(de algodón)* ball **-4.** *RP (de nubes)* bank **-5.** *Col, Ven (de árbol)* top
copón nm **-1.** *REL* ciborium **-2.** *(en naipes)* = ace of the "copas" suit in a Spanish deck of cards **-3.** *Esp muy Fam (como intensificador)* **un lío del ~** a hell of a mess; **nos lo pasamos del ~** we had a hell of a good time; **hace un frío del ~** it's *Br* bloody o *US* goddamn freezing; **jugaron un partido del ~** they played a hell of a good match o game
copra nf copra
coprocesador nm *INFORMÁT* coprocessor ❑ **~ matemático** maths coprocessor
coproducción nf coproduction, joint production
coproducir vt to coproduce
coprofagia nf coprophagy
coprófago, -a adj dung-eating, *Espec* coprophagic
coprolito nm coprolite
copropiedad nf *(de empresa)* joint ownership, co-ownership; *(multipropiedad)* time-sharing
copropietario, -a nm,f co-owner, joint owner
coprotagonista nmf co-star
coprotagonizar vt to co-star in
copto, -a ◇ adj Coptic
 ◇ nm,f *(persona)* Copt
 ◇ nm *(lengua)* Coptic
cópula nf **-1.** *(sexual)* copulation **-2.** *GRAM* copula
copular vi to copulate
copulativo, -a adj *GRAM* copulative
copyright [kopi'rrait] (pl **copyrights**) nm copyright
coque nm coke
coquear vi *Andes, Arg* to chew coca leaves
coquero, -a nm,f **-1.** *Col (cultivador)* coca farmer o producer **-2.** *Am Fam (consumidor)* cokehead
coqueta nf *(tocador)* dressing table
coquetear vi **-1.** *(con persona)* to flirt (**con** with) **-2.** *(con actividad, ideología)* to flirt

coqueteo nm **-1.** *(con persona)* flirting; **le gusta mucho el ~ con hombres jóvenes** she loves flirting with young men **-2.** *(con actividad, ideología)* flirtation
coquetería nf coquetry
coqueto, -a adj **-1.** *(persona) (que flirtea)* flirtatious **-2.** *(persona) (que se arregla mucho)* **es muy ~** he's very fussy about his appearance **-3.** *(habitación, adorno, detalle)* charming, delightful
coquetón, -ona adj *Fam (agradable)* attractive, charming
coquina nf lumachelle
coquito nm **-1.** *Méx (ave)* turtledove **-2.** *CAm, Méx (árbol)* coquito palm **-3. ~ del Brasil** Brazil nut
coquizar vt to coke, to convert into coke
coracero nm *(soldado)* cuirassier
coraje nm **-1.** *(valor)* courage; **tener ~** to be brave, to have courage; **no tuvo el ~ de admitir que estaba equivocado** he didn't have the courage to admit that he was wrong **-2.** *(rabia)* anger; **me da mucho ~** it makes me furious
corajudo, -a adj *(valiente)* brave
coral ◇ adj choral
 ◇ nm **-1.** *(animal)* coral ❑ **~ blanco** white coral; **~ rojo** red coral **-2.** *(en joyería)* coral **-3.** *(color)* coral **-4.** *(composición)* chorale **-5.** *Cuba (arbusto)* coral tree
 ◇ nf **-1.** *(coro)* choir **-2.** *(serpiente)* coral snake
coralífero, -a = coralino
coralillo nm o nf coral snake
coralino, -a, coralíneo, -a adj coral
corambre nf *(conjunto de cueros)* hides, skins
Corán nm *REL* **el ~** the Koran
coránico, -a adj *REL* Koranic
coraza nf **-1.** *(de soldado)* cuirass **-2.** *(de buque, tanque)* armour **-3.** *(de tortuga)* shell **-4.** *(protección)* shield; **se protege bajo una ~ de indiferencia** she protects herself with a wall of indifference
corazón nm **-1.** *(órgano)* heart; **a ~ abierto** *(operación)* open-heart; **padecer del ~** to have heart trouble; EXPR **con el ~ en la mano** frankly, openly; EXPR **estuvimos con el ~ en un puño esperando el resultado del análisis** we were on tenterhooks waiting for the results of the test; EXPR **se me encoge el ~ al ver...** it breaks my heart to see...; EXPR **romper** o **partir el ~ a alguien** to break sb's heart; EXPR **no tener ~** to have no heart, to be heartless; EXPR **tener buen ~** to be kindhearted; EXPR **tener un ~ de oro** to have a heart of gold; EXPR **tener un ~ de piedra** to have a heart of stone ❑ **~ artificial** artificial heart
-2. *(sentimientos)* heart; **sus comentarios me llegaron al ~** I was deeply touched by what he said; **se deja llevar por el ~** she lets her heart rule her head; **me dice el ~ que todo va a salir bien** I have this feeling inside that everything will turn out all right; **se lo agradezco de todo ~** I thank you with all my heart o from the bottom of my heart; **te pido de todo ~ que les dejes marchar** I'm begging you to let them go
-3. *(apelativo)* sweetheart; **¡Ana de mi ~!** Ana, sweetheart!
-4. *(parte central)* heart; **en pleno ~ de la ciudad** right in the heart of the city
-5. *(de frutas)* core; *(de alcachofa)* heart; **sácale el ~ a la manzana** core the apple
-6. (dedo) ~ middle finger
-7. *(naipe)* heart
-8. corazones *(palo)* hearts
corazonada nf **-1.** *(presentimiento)* feeling, hunch; **tengo la ~ de que va a venir** I have a feeling o hunch she'll come **-2.** *(impulso)* sudden impulse
corbata nf tie; **hacer el nudo a la ~** to tie one's tie; EXPR *muy Fam* **tenerlos de** o **por ~** to be scared stiff, *Br* to be bricking it ❑ *Chile* **~ de humita** bow tie; *Ven* **~ de lacito** bow tie; **~ de lazo** bow tie; *Urug* **~ moñita** bow tie; *Arg* **~ (de) moñito** bow tie; *Méx* **~ de moño** bow tie; *Esp* **~ de pajarita** bow tie

corbatín *nm CAm, Carib, Col (corbata de pajarita)* bow tie

corbeta *nf* corvette

Córcega *n* Corsica

corcel *nm Literario* steed

corchea *nf MÚS Br* quaver, *US* eighth note

corchera *nf* **-1.** *(en piscina)* lane marker **-2.** *(para anuncios) Br* noticeboard, *US* bulletin board *(made of cork)*

corchero, -a *adj* cork; **la industria corchera** the cork industry

corcheta *nf* eye *(of a hook and eye)*

corchete *nm* **-1.** *(broche)* hook and eye **-2.** *(signo ortográfico)* square bracket **-3.** *Chile (grapa)* staple

corchetear *vt Chile* to staple

corchetera *nf Chile* stapler

corcho ◇ *nm* **-1.** *(material)* cork **-2.** *(tapón)* cork; **sacar el ~ a una botella** to uncork a bottle **-3.** *(para pescar)* float
 ◇ *interj Esp (expresando sorpresa)* good heavens!; *(expresando enfado)* for heavens' o goodness' sake!

corcholata *nf Méx (metal)* bottle top

córcholis *interj (expresando sorpresa)* good heavens!; *(expresando enfado)* for heavens' o goodness' sake!

corcova *nf* hump

corcovado, -a ◇ *adj* hunchbacked
 ◇ *nm,f* hunchback

corcovear *vi* to buck

corcovo, *CSur* **corcoveo** *nm* buck

cordada *nf* = roped party of mountaineers

cordado *ZOOL* ◇ *adj* chordate
 ◇ *nm* chordate

cordaje *nm* **-1.** *(de guitarra, raqueta)* strings **-2.** NÁUT rigging

cordal *nm MÚS* tailpiece

cordel *nm* cord; **a ~** in a straight line

cordelería *nf* **-1.** *(tienda)* = shop selling rope, string etc **-2.** *(oficio)* ropemaking **-3.** NÁUT rigging

cordelero, -a *nm,f (fabricante)* rope maker

cordera *nf muy Fam (mujer)* babe

cordero, -a *nm,f* **-1.** *(animal)* lamb; EXPR *Fam* **mirar con cara o ojos de ~ degollado** to look with mournful eyes **-2.** *(carne)* lamb ❏ **~ lechal** suckling lamb **-3.** *(piel)* lambskin **-4.** REL lamb ❏ **~ de Dios** Lamb of God **-5.** *Fam (persona)* **su marido es un manso ~** her husband is as meek as a lamb, her husband wouldn't say boo to a goose

corderoy, corduroy *nm Andes, RP* corduroy

cordial ◇ *adj* cordial; **fue una reunión ~** it was a friendly meeting, there was a good atmosphere in the meeting; **recibieron una ~ acogida** they were given a warm welcome; **estuvo muy ~ con sus invitados** he was very friendly to his guests; **quiero darles mi más ~ bienvenida** I'd like to welcome you most warmly; **(reciba) un ~ saludo** *(en carta)* best o kind regards
 ◇ *nm* cordial, tonic

cordialidad *nf* cordiality

cordialmente *adv (afectuosamente)* cordially; *(en una carta)* sincerely

cordillera *nf* **-1.** *(montañosa)* mountain range ❏ **la ~ de los Andes** the Andes; **la ~ Andina** the Andes; **la Cordillera Cantábrica** the Cantabrian Mountains; **la ~ Pirenaica** the Pyrenees **-2.** *RP* **la Cordillera** *(los Andes)* the southern Andes

cordillerano, -a ◇ *adj* Andean
 ◇ *nm,f* Andean

córdoba *nm (moneda)* cordoba

cordobán *nm* cordovan

cordobés, -esa ◇ *adj* of/from Cordoba *(Spain or Argentina)*
 ◇ *nm,f* person from Cordoba *(Spain or Argentina)*

cordón *nm* **-1.** *(cuerda)* lace **-2.** *(de zapato)* lace **-3. ~ umbilical** umbilical cord **-4.** *(cable eléctrico)* flex **-5.** NÁUT strand **-6.** *(para protección, vigilancia)* cordon ❏ **~ policial** police cordon; **~ sanitario** cordon sanitaire **-7. aparcar en ~** to park end-to-end **-8.** *CSur, Cuba (de la vereda) Br* kerb, *US* curb

cordoncillo *nm* **-1.** *(de tela)* rib, cord **-2.** *(de una moneda)* milling

cordura *nf* **-1.** *(juicio)* sanity **-2.** *(sensatez)* sense

corduroy = **corderoy**

Corea *n* Korea ❏ **~ del Norte** North Korea; **~ del Sur** South Korea

corea *nf MED* chorea ❏ **~ de Huntington** Huntington's chorea

coreana *nf (abrigo)* parka

coreano, -a ◇ *adj* Korean
 ◇ *nm,f (persona)* Korean
 ◇ *nm (lengua)* Korean

corear *vt (exclamando)* to chorus; *(cantando)* to sing; **los manifestantes coreaban consignas contra la guerra** the demonstrators were chanting anti-war slogans

coreografía *nf* choreography

coreográfico, -a *adj* choreographic

coreógrafo, -a *nm,f* choreographer

Corfú *n* Corfu

coriandro *nm* coriander

corifeo *nm* **-1.** *(director del coro)* coryphaeus **-2.** *(portavoz)* leader

corimbo *nm BOT* corymb

corindón *nm* corundum

corintio, -a ◇ *adj* Corinthian
 ◇ *nm,f* Corinthian

Corinto *n* Corinth

corista ◇ *nmf (en coro)* chorus singer
 ◇ *nf (en cabaret)* chorus girl

coriza *nm* o *nf MED* coryza

cormorán *nm* cormorant ❏ **~ grande** great cormorant; **~ moñudo** shag

cornada *nf TAUROM* = wound from bull's horns; **el torero recibió tres cornadas** the bullfighter was gored three times

cornalina *nf* carnelian

cornamenta *nf* **-1.** *(de toro)* horns; *(de ciervo)* antlers **-2.** *Fam (de marido engañado)* cuckold's horns

cornamusa *nf* **-1.** *(trompeta)* hunting horn **-2.** *(gaita)* bagpipes **-3.** NÁUT cleat

córnea *nf* cornea

cornear *vt* to gore

corneja *nf* crow ❏ **~ americana** American crow; **~ cenicienta** hooded crow; **~ negra** carrion crow

cornejo *nm* dogwood

córneo, -a *adj* horny

córner *(pl* **córners***) nm* DEP corner (kick); **botar** *o* **lanzar un ~** to take a corner

corneta ◇ *nf* **-1.** *(instrumento)* bugle **-2.** *Ven (claxon)* horn
 ◇ *nmf (persona)* bugler

cornetazo *nm Ven* hoot

cornete *nm* **-1.** *(helado)* cornet, cone **-2.** ANAT turbinate bone

cornetín ◇ *nm (instrumento)* cornet
 ◇ *nmf (persona)* cornet player

cornezuelo *nm (hongo)* **~ (del centeno)** (rye) ergot

cornflakes® ['konfleks] *nmpl* cornflakes®

corniforme *adj* horn-shaped

cornisa *nf* **-1.** *(moldura, saliente)* cornice **-2.** GEOG ledge, lead ❏ **la Cornisa Cantábrica** the Cantabrian coast

corno *nm* **-1. ~ (inglés)** *(instrumento)* cor anglais, English horn **-2.** *(árbol)* dogwood tree

Cornualles *n* Cornwall

cornucopia *nf* **-1.** *(espejo)* = small decorative mirror **-2.** *(cuerno)* cornucopia, horn of plenty

cornudo, -a ◇ *adj* **-1.** *(animal)* horned **-2.** *Fam (marido)* cuckolded
 ◇ *nm Fam (marido)* cuckold

coro *nm* **-1.** *(parte de iglesia)* choir **-2.** *(grupo de voces)* choir; *(en musical)* chorus; **se oyó un ~ de protestas** there was a chorus of protest; **contestar a ~** to answer all at once; *Fig* **hacer ~ a** to back up **-3.** *(pasaje musical)* chorus **-4.** *(en la tragedia griega)* chorus

coroides *nf inv* ANAT choroid

corola *nf* BOT corolla

corolario *nm* corollary

corona *nf* **-1.** *(de monarca)* crown; **el heredero de la ~** the crown prince ❏ **~ de espinas** crown of thorns
 -2. *(deportiva)* crown
 -3. la ~ *(la monarquía)* the Crown
 -4. *(estado)* **la Corona de España/Inglaterra** the Spanish/English Crown
 -5. *(de flores)* wreath ❏ **~ fúnebre** funeral wreath; **~ de laurel** laurel wreath
 -6. *(de santo)* halo
 -7. *(coronilla)* crown
 -8. *(moneda)* crown
 -9. *(en diente)* crown
 -10. *(solar)* corona ❏ **~ solar** (solar) corona
 -11. *(rueda dentada)* crown wheel

coronación *nf* **-1.** *(de monarca)* coronation
 -2. *(de montaña, puerto de montaña)* **la ~ de la montaña se produjo a las 7 de la tarde** they reached the summit of the mountain at 7 in the evening; **tras la ~ del puerto los ciclistas iniciaron el descenso** after reaching the top of the pass, the cyclists began their descent
 -3. *(remate)* culmination; **el galardón supuso la ~ de su carrera** the award was the crowning point *o* culmination of his career

coronamiento *nm (culminación)* culmination; **esta novela es el ~ de su obra** this novel is the culmination *o* crowning glory of her work

coronar ◇ *vt* **-1.** *(persona)* to crown
 -2. *(cima)* to reach; *(puerto de montaña)* to reach the top of; **coronaron el Everest** they reached the summit of Mount Everest; **coronó el puerto con cinco minutos de ventaja sobre el pelotón** he reached the top of the pass five minutes ahead of the pack
 -3. *(cubrir)* **las montañas están coronadas de nieve** the mountains are capped with snow; **la tarta está coronada con dos muñequitos** the cake is topped with two little figures, there are two little figures on top of the cake
 -4. *(terminar)* to complete; *(culminar)* to crown, to cap; **con el puesto de ministro corona su trayectoria profesional** being made a minister is the crowning point *o* culmination of his career
 ◇ *vi (en damas)* to crown a piece; *(en ajedrez)* to queen a pawn
 ◆ **coronarse** *vpr (bebé)* to crown

coronario, -a *adj* ANAT coronary

coronel *nm* MIL colonel ❏ **~ de aviación** *Br* group captain, *US* colonel

coronilla *nf* crown (of the head); EXPR *Fam* **ando** *o* **voy de ~** I'm at full stretch; EXPR *Fam* **estar hasta la ~ de algo/alguien** to be fed up to the back teeth with sth/sb

corotos *nmpl Carib Fam (objetos)* things, whatnots

corpachón *nm* big body, big frame

corpiño *nm* **-1.** *(de vestido, top)* bodice **-2.** *Arg (sostén)* bra

corporación *nf* **-1.** *(organismo público)* corporation, authority ❏ **corporaciones locales** local authorities **-2.** *(empresa)* corporation

corporal ◇ *adj (trabajo, daño)* physical; *(castigo)* corporal; **calor ~** body heat
 ◇ *nm* REL *(lienzo)* corporal

corporativismo *nm* **-1.** *(doctrina)* corporatism **-2.** *Pey (de médicos, abogados)* = self-interested behaviour, especially of professional groups

corporativo, -a *adj* corporate

córpore insepulto *loc adv* **misa ~, funeral de ~** funeral mass *(before the body is buried or cremated)*

corpóreo, -a *adj* corporeal

corpulencia *nf* heavy build, burliness; **un animal de gran ~** a very bulky animal

corpulento, -a *adj (persona)* heavily built, burly; *(animal)* bulky

corpus *(pl inv* o **corpora***) nm* **-1.** *(de datos, textos)* corpus **-2.** *(Rel)* **el Corpus** Corpus Christi

Corpus Christi ['korpus'kristi] *nm* REL Corpus Christi

corpuscular *adj* corpuscular

corpúsculo *nm* corpuscle

corral *nm* **-1.** *(para aves)* run; *(para cerdos, ovejas)* pen; **pollo/huevos de ~** free-range chicken/eggs **-2.** HIST *(para teatro)* = open-air theatre in courtyard **-3.** *(para niños)* playpen

corrala *nf* = building with several floors of small flats on running balconies round a central courtyard

corralón *nm* **-1.** *Méx (depósito)* police car pound **-2.** *Perú (vivienda)* = communal urban dwelling for poor families **-3.** *RP (solar)* enclosed plot ❑ **~ de materiales** builder's yard

correa *nf* **-1.** *(de bolso, reloj)* strap; *(cinturón)* belt; *(de perro)* lead, leash **-2.** TEC belt ❑ **~ de transmisión** drive belt; **~ del ventilador** fan belt

correaje *nm* **-1.** *(de caballo)* harness **-2.** *(de soldado)* equipment belts

correcalles *nmf inv Fam (holgazán)* loafer

correcaminos *nm inv (ave)* roadrunner

corrección *nf* **-1.** *(de error)* correction; *(de examen)* marking; *(de texto)* revision ❑ INFORMÁT **~ de color** colour correction; **~ de pruebas** proofreading
 -2. *(cambio, enmienda)* correction; **el texto sólo tenía tres correcciones** the text only had three corrections
 -3. *(perfección)* correctness
 -4. *(de comportamiento)* courtesy; **se comportó distantemente con nosotros pero con mucha ~** he was distant but very correct in the way he behaved towards us ❑ **~ política** political correctness
 -5. *(reprimenda)* reprimand

correccional *nm* reformatory, reform school

correctamente *adv* **-1.** *(contestar)* correctly **-2.** *(comportarse)* courteously; **se comportó distantemente con nosotros pero ~** he was distant but very correct in the way he behaved towards us

correctivo, -a ◇ *adj* corrective
 ◇ *nm* **-1.** *(castigo)* punishment; **aplicar un ~ a alguien** to punish sb **-2.** *(derrota abultada)* crushing defeat

correcto, -a ◇ *adj* **-1.** *(resultado, texto, respuesta)* correct; **habla un ~ francés** she speaks correct French **-2.** *(persona, conducta)* courteous; **el agente de policía fue muy ~ con nosotros** the police officer treated us very correctly; **estos niños son muy correctos en la mesa** these children have very good table manners
 ◇ *interj* right!, ok!

corrector, -ora ◇ *adj* corrective
 ◇ *nm,f* **~ (de pruebas)** proofreader ❑ **~ de estilo** copy editor
 ◇ *nm* INFORMÁT **~ de estilo** stylechecker; **~ de gramática** grammar checker; **~ ortográfico** spell-checker

corredera *nf* **-1.** *(ranura)* runner **-2.** *Arg Fam* **la ~** *(diarrea)* the runs

corredero, -a *adj* sliding; **puerta corredera** sliding door

corredizo, -a *adj* **nudo ~** slipknot; **puerta corrediza** sliding door

corredor, -ora ◇ *adj* ZOOL **ave corredora** flightless bird
 ◇ *nm,f* **-1.** *(deportista)* runner ❑ **~ de fondo** long-distance runner, distance runner; EXPR **ser un ~ de fondo** to have staying power; **~ de Fórmula 1** Formula 1 racing driver; **~ de maratón** marathon runner
 -2. COM *(intermediario)* **~ de apuestas** bookmaker; **~ de bolsa** stockbroker; **~ de comercio** registered broker; **~ de fincas** land agent; **~ de seguros** insurance broker
 ◇ *nm* **-1.** *(pasillo)* corridor, passage; **un ~ aéreo** an air corridor
 -2. *(galería)* = passage surrounding an inner courtyard
 -3. *(ave)* courser ❑ **~ sahariano** cream-coloured courser

corredora *nf* ZOOL flightless bird

correduría *nf* COM *(de bolsa)* brokerage ❑ **~ de seguros** *(oficina)* insurance broker's

corregible *adj* **es un problema ~** it's a problem that can be solved; **un error que no es fácilmente ~** a mistake which isn't easy to correct

corregidor, -ora *nm,f* HIST = magistrate appointed by the king, especially in former Spanish colonies

corregir [55] ◇ *vt* **-1.** *(error)* to correct; **corrígeme si me equivoco, pero creo que...** correct me if I'm wrong, but I think...; **estas gafas corregirán la visión** these glasses will correct your vision **-2.** *(pruebas, galeradas)* to proofread **-3.** *(examen)* to mark **-4.** *(rumbo)* to correct **-5.** *(reprender)* to reprimand
 ◆ **corregirse** *vpr* to change for the better; **se ha corregido mucho de su falta de puntualidad** he has done a lot to improve his punctuality

correlación *nf* correlation

correlacionar *vt* to correlate

correlativamente *adv* **veinte billetes numerados ~** twenty notes numbered in numerical sequence

correlativo, -a *adj* correlative

correlato *nm* LING correlate

correligionario, -a *nm,f (en política, ideología)* person of the same ideological persuasion; *(en religión)* fellow believer; **Churchill y sus correligionarios** Churchill and his fellow conservatives

correlimos *nm inv* dunlin ❑ **~ chico** long-toed stint; **~ gordo** knot; **~ menudillo** least sandpiper; **~ menudo** little stint; **~ oscuro** purple sandpiper; **~ tridáctilo** sanderling; **~ zarapitín** curlew sandpiper

correntada *nf Andes, RP (de río)* strong current

correntoso, -a *adj Andes, RP (río)* swift, rapid

correo ◇ *adj* **tren ~** mail train
 ◇ *nm* **-1.** *(sistema, cartas) Br* post, *US* mail; **a vuelta de ~** by return (of post); **echar algo al ~** to *Br* post *o US* mail sth; **mandar algo por ~** to send sth by *Br* post *o US* mail ❑ **~ aéreo** airmail; INFORMÁT **~ basura** junk mail; **~ certificado** registered *Br* post *o US* mail; **~ comercial** direct mail; INFORMÁT **~ electrónico** electronic mail, e-mail; INFORMÁT **me envió un ~ (electrónico)** *(un mensaje)* she e-mailed me, she sent me an e-mail; INFORMÁT **me mandó la información por ~ electrónico** she sent me the information by e-mail; **~ postal** ordinary mail; **enviar algo por ~ postal** to send sth by *Br* post *o US* mail; *Am* **~ recomendado** registered *Br* post *o US* mail; **~ urgente** special delivery; INFORMÁT **~ de voz** voice mail
 -2. *(persona)* messenger; **actuar como ~ para alguien** to act as a messenger for sb; **los correos de la droga** drug couriers
 -3. *Am (organismo)* the Post Office; **tengo que ir al ~** I have to go to the post office

Correos *nm inv Esp (organismo)* the Post Office; **tengo que ir a ~** I have to go to the post office

correoso, -a *adj (carne)* leathery, tough; *(pan)* chewy

correr ◇ *vi* **-1.** *(persona, animal)* to run; **me gusta ~ todas las mañanas** I like to go for a run every morning; **se fue corriendo** he ran off *o* away; **miles de fans corrieron al encuentro del cantante** thousands of fans ran to greet *o* meet the singer; **¡corre a pedir ayuda!** run for help!; **varias personas corrieron tras el asaltante** several people ran after the robber; **echar a ~** to start running; EXPR *Fam* **corre que se las pela** she runs like the wind; EXPR *Fam* **el que no corre, vuela** you've got to be on your toes *o* quick around here
 -2. *(apresurarse)* **¡corre, que vamos a perder el autobús!** hurry up, we're going to miss the bus!; **no corras, que te vas a equivocar** don't rush yourself, or you'll make a mistake; **cuando me enteré del accidente, corrí a visitarla** when I heard about the accident I went to visit her as soon as I could *o* I rushed to visit her; **estoy agotado, toda la mañana corriendo de aquí para allá** I'm exhausted, I've been rushing *o* running around all morning; **corre, que va a empezar la película** quick, the film's about to start; EXPR **a todo ~:** **hay que acabar este trabajo a todo ~** we have to finish this job as quickly as possible; **cuando se enteró de la noticia, vino a todo ~** when she heard the news she came as quickly as she could
 -3. *(participar en una carrera) (atleta, caballo)* to run; *(ciclista)* to ride; **corre con una moto japonesa** he rides a Japanese motorbike; **corre con un coche italiano** he drives an Italian car
 -4. *(conductor)* to drive fast; **no corras tanto, que vamos a tener un accidente** slow down *o* stop driving so fast, we're going to have an accident
 -5. *(vehículo)* **el nuevo modelo corre todavía más** the new model is *o* goes even faster; **esta moto no corre nada** this motorbike can't go very fast at all
 -6. *(río)* to flow; *(agua del grifo)* to run; *(camino)* to run; **la sangre corre por las venas** blood flows through the veins; **deja ~ el agua (del grifo)** leave the *Br* tap *o US* faucet running; **la vía del tren corre junto al lago** the railway *o US* railroad track runs alongside the lake
 -7. *(viento)* to blow; **corría una ligera brisa** there was a gentle breeze, a gentle breeze was blowing
 -8. *(el tiempo, las horas)* to pass, to go by; **esta última semana ha pasado corriendo** this last week has flown by
 -9. *(transcurrir)* **corría el principio de siglo cuando...** it was around the turn of the century when...; **en los tiempos que corren nadie tiene un trabajo seguro** no one is safe in their job these days *o* in this day and age
 -10. *(noticia)* to spread; **corre el rumor de que...** there's a rumour going about that...
 -11. *(encargarse de)* **~ con** *(los gastos)* to bear; *(la cuenta)* to pay; **la organización de la cumbre corrió a cargo de las Naciones Unidas** the United Nations organized the summit, the United Nations took care of the organization of the summit; **la comida corre a cargo de la empresa** the meal is on the company; **esta ronda corre de mi cuenta** this round is on me, this is my round
 -12. *(moneda)* to be legal tender
 -13. *(sueldo, renta)* to be payable; **el alquiler corre desde principios de cada mes** the rent is payable at the beginning of each month
 -14. *(venderse)* to sell; **este vino corre a diez euros la botella** this wine sells for ten euros a bottle
 -15. INFORMÁT *(uso crítico)* to run; **el nuevo sistema operativo no correrá en modelos antiguos** the new operating system won't run on older models
 ◇ *vt* **-1.** *(prueba, carrera) (a pie, a caballo)* to run; *(en coche, moto)* to take part in; **corrió los 100 metros** he ran the 100 metres; **correrá el Tour de Francia** he will be riding in the Tour de France
 -2. *(mover) (mesa, silla)* to move *o* pull up; **corre la cabeza, que no veo** move your head out of the way, I can't see
 -3. *(cerrar) (cortinas)* to draw, to close; *(llave)* to turn; **~ el cerrojo** *o* **pestillo** to bolt the door/gate/*etc*
 -4. *(abrir) (cortinas)* to draw, to open
 -5. *(experimentar)* **~ aventuras** to have adventures; **~ peligro** to be in danger; **si dejas la caja ahí, corre el peligro de que alguien tropiece con ella** if you leave the box there, (there's a danger *o* risk that) someone might trip over it; **~ el riesgo de (hacer) algo** to run the risk of (doing) sth; **no quiero ~ ningún riesgo** I don't want to take any risks; **no sabemos la suerte que correrá el proyecto** we don't know what is to become of the project, we don't know what the project's fate will be; **no se sabe todavía qué suerte han corrido los**

correría

desaparecidos the fate of the people who are missing is still unknown **-6.** *(noticia)* to spread; **corrieron el rumor sobre su dimisión** they spread the rumour of her resignation; **~ la voz** to pass it on **-7.** *(pintura, colores)* **la lluvia corrió la capa de pintura** the rain made the paint run **-8.** INFORMÁT *(uso crítico) (programa, aplicación)* to run; **no consigo ~ este programa** I can't get this program to run properly **-9.** COM to auction, to sell at auction **-10.** TAUROM *(torear)* to fight **-11.** *Fam* **correrla** to go out on the town **-12.** *Am Fam (despedir)* to throw out **-13.** *Am Fam (ser válido)* to be in use; **las ideas progresistas allá no corren** progressive ideas don't get much of a hearing there **-14.** *Am (perseguir)* to chase (after); **los perros iban corriendo a la liebre** the dogs chased after the hare **-15.** *Méx, Ven (funcionar)* to be running; **hoy no corren los trenes** the trains aren't running today **-16.** EXPR *RP Fam* **~ la coneja** to scrimp and save

◆ **correrse** *vpr* **-1.** *(desplazarse) (persona)* to move over; *(cosa)* to slide; **córrete hacia la derecha** move over to the right a bit; **el cargamento se corrió con el movimiento del barco** the cargo slid to one side as the boat rocked **-2.** *(pintura, colores)* to run; **se me ha corrido el rímel** my mascara has run; **se corre al lavarlo** it runs in the wash **-3.** *Andes, Esp muy Fam (tener un orgasmo)* to come; *Esp* **correrse de gusto (con algo)** *(disfrutar)* to get off (on sth) **-4.** *Fam* **correrse una juerga** to go out on the town **-5.** *Fam (avergonzarse)* to be embarrassed **-6.** *Cuba, Guat, Méx (escaparse)* to run away, to escape

correría *nf* **-1.** *(incursión)* incursion, raid **-2.** *(aventura)* **son famosas sus correrías nocturnas** he is famous for his nocturnal expeditions *o* exploits

correspondencia *nf* **-1.** *(relación)* correspondence; **no hay ~ entre la calidad y el precio** there is no relation between the quality and the price **-2.** *(correo)* correspondence; **mantengo ~ con ella** she and I write to each other; **¿te importaría recogerme mi ~?** would you mind picking up my *Br* post *o US* mail for me? **-3.** *(de metro, tren)* connection; **este tren tiene ~ con el de las 8 horas** this train connects with the one at 8 o'clock; **próxima estación, Sol, ~ con línea 3** next stop Sol, change here for line 3 **-4.** MAT correspondence

corresponder ◇ *vi* **-1.** *(compensar)* **~ (con algo) a algo/alguien** to repay sth/sb (with sth); **ella nunca correspondió a mi amor** she never returned my love, she never felt the same way about me; **amor no correspondido** unrequited love **-2.** *(tocar)* **les corresponden 5 millones a cada uno** they get *o* they're due 5 million each; **a mí me correspondió encargarme de la comida** it was my job to take care of *o* organize the food **-3.** *(coincidir, encajar)* to correspond (**a/con** to/with); **esta historia no corresponde con la realidad** this story doesn't tally *o* agree with the facts **-4.** *(competer)* **corresponderle a alguien hacer algo** to be sb's responsibility to do sth; **no me corresponde a mí enjuiciar su trabajo** it's not my place to judge his work **-5.** *(ser adecuado)* to be right *o* fitting; **voy a darle las gracias como corresponde** I'm going to thank him, as is only right; **estuvo genial, tal y como corresponde a un cantante de su talla** she was brilliant, just as you would expect from a singer of her stature

◇ *vt (sentimiento)* to repay; **ella no le correspondía** she didn't feel the same way about him

◆ **corresponderse** *vpr* **-1.** *(escribirse)* to correspond; **se corresponden con unos amigos en Australia** they have some friends in Australia who they keep in touch with by post **-2.** *(amarse)* to love each other **-3.** *(ser proporcional o adecuado)* to correspond (**con/a** with/to); **lo que ha dicho no se corresponde con lo que ocurrió en realidad** what she said doesn't tally *o* agree with what really happened

correspondiente *adj* **-1.** *(perteneciente, relativo)* corresponding (**a** to); **trajo todos los documentos correspondientes al tema** he brought all the documents relevant to the subject; **el presupuesto ~ al ejercicio de 2001** the budget for 2001 **-2.** *(respectivo)* respective; **cada uno tomó su parte ~** each person took their own share; **yo me encargaré de limpiar mi parte ~** I'll make sure I clean my bit **-3.** *(lógico)* **llegó tarde, con el ~ disgusto de sus padres** he arrived late, to the understandable annoyance of his parents; **obtuvo el premio, con la ~ alegría de sus amigos** she won the prize, much to the delight of her friends; **reaccionó con el ~ enfado** unsurprisingly, he reacted angrily

corresponsabilidad *nf* joint responsibility
corresponsable *adj* jointly responsible (**de** for)
corresponsal *nmf* **-1.** PRENSA correspondent ❑ **~ de guerra** war correspondent **-2.** COM agent
corresponsalía *nf* post of correspondent
corretaje *nm* COM brokerage
corretear ◇ *vi* **-1.** *(correr)* to run about; **los niños estaban correteando por el parque** the children were running about in the park **-2.** *Fam (vagar)* to hang about

◇ *vt* **-1.** *Méx (adelantar)* to overtake **-2.** *Andes (perseguir)* to chase, to pursue **-3.** *CAm (ahuyentar)* to drive away
correteo *nm* **el ~ de los niños** the children's running about
correveidile *nmf Fam* gossip
corrida *nf* **-1.** *(acción de correr)* run; *Fam* **darse** *o* **pegarse una buena ~** to run like mad **-2.** TAUROM **~ (de toros)** bullfight **-3.** *Esp muy Fam (orgasmo)* **en el momento de la ~** as he/she was coming **-4.** *Méx (viaje)* trip, run **-5.** *RP Fam* **hacer algo a las corridas** *(apresuradamente)* to do sth in a rush; **siempre como a las corridas** I always eat in a rush, I always rush my meals
corrido, -a ◇ *adj* **-1.** *(cortinas)* drawn **-2.** *(avergonzado)* embarrassed **-3.** *(experimentado)* wordly-wise **-4.** *(continuo)* continuous; **balcón ~** long balcony *(along front of building)*; **banco ~** long bench; **dos páginas de texto ~** two pages of continuous *o* unbroken text; **se lo sabe de ~** she knows it by heart; **recitar algo de ~** to recite sth parrot-fashion

◇ *nm (canción)* = Mexican ballad
corriente ◇ *adj* **-1.** *(normal)* ordinary, normal; *(frecuente)* common; **es un alumno ~** he's an average pupil; **es un problema muy ~** it's a very common problem; **un reloj normal y ~** an ordinary watch; **una moto de lo más ~** a perfectly ordinary motorbike; **lo ~ es comerlo con palillos** it's usually eaten with chopsticks; **lo ~ es recibir una respuesta a los pocos días** it's normal *o* usual to receive a reply within a few days; **en Australia es ~ ver koalas por las calles** in Australia you often see *o* it's not uncommon to see koala bears on the streets; **salirse de lo ~** to be out of the ordinary; EXPR *Fam* **~ y moliente** run-of-the-mill **-2.** *(agua)* running **-3.** *(cuenta)* current **-4.** *(mes, año)* current; **en mayo del año ~** in May of this year

◇ *nf* **-1.** *(de río)* current; **~ abajo** downstream; **~ arriba** upstream; EXPR

corromper

dejarse llevar de *o* **por la ~** to follow the crowd; EXPR **llevar** *o* **seguir la ~ a alguien** to humour sb; EXPR **ir** *o* **nadar** *o* **navegar contra ~** to go against the tide; EXPR **nadar a favor de la ~** to go with the flow ❑ **~ de convección** convection current; **la ~ del Golfo** the Gulf Stream; **la Corriente de Humboldt** the Humboldt Current; **~ de lava** lava flow; **~ marina** ocean current; **~ oceánica** ocean current; **~ de sangre** bloodstream; **~ sanguínea** bloodstream; **~ submarina** underwater current **-2.** *(de aire) Br* draught, *US* draft; **en esta habitación hay mucha ~** this room is very draughty ❑ METEO **~ en chorro** jet stream **-3.** **~ migratoria** migratory current **-4.** *(de electricidad)* current; **toma de ~** socket; **media ciudad se quedó sin ~** half the city was left without electricity; **le dio la ~ al tocar el enchufe** she got an electric shock when she touched the socket ❑ **~ alterna** alternating current; **~ continua** direct current; **~ eléctrica** electric current; **~ trifásica** three-phase current **-5.** *(tendencia)* trend, current; *(de opinión)* tide; **las corrientes de la moda** fashion trends; **las corrientes de pensamiento que llegan de Europa** the schools of thought that are coming across from Europe; BOLSA **una ~ alcista/bajista** an upward/downward trend; **el representante de la ~ socialdemócrata en el partido** the representative of the social democratic tendency in the party

◇ *nm (mes en curso)* **el 10 del ~** the 10th of this month

◇ **al corriente** *loc adv* **estoy al ~ del pago de la hipoteca** I'm up to date with my mortgage repayments; **estoy al ~ de la marcha de la empresa** I'm aware of how the company is doing; **ya está al ~ de la noticia** she has already heard the news; **mantener** *o* **tener a alguien al ~ de algo** to keep sb informed about sth; **me mantengo al ~ de lo que ocurre en mi país** I keep informed about what's going on in my country; **el profesor puso al ~ de las clases a su sustituto** the teacher filled his replacement in on the classes; **tenemos que poner al ~ nuestras bases de datos** we have to bring our databases up to date; **ponerse al ~** to bring oneself up to date

corrientemente *adv* **-1.** *(comúnmente)* commonly, usually; **el sistema que se emplea más ~** the most commonly used system **-2.** *(con normalidad)* unremarkably; **viste ~** he wears ordinary clothes
corrigió *ver* **corregir**
corrijo *ver* **corregir**
corrillo *nm* knot *o* small group of people
corrimiento *nm* shift, slipping ❑ ASTRON **~ hacia el rojo** redshift; **~ de tierras** landslide
corro *nm* **-1.** *(círculo)* circle, ring; **en ~** in a circle; **hacer ~** to form a circle; **se formó un ~ en torno al accidentado** a circle of people formed around the injured person **-2.** *(juego infantil)* **jugar al ~ (de la patata)** = to hold hands in a circle, moving round and singing a song **-3.** BOLSA ring, *US* pit; **el ambiente en los corros bursátiles madrileños era de pesimismo** traders in the Madrid stock exchange were in a pessimistic mood
corroboración *nf* corroboration
corroborar *vt* to corroborate
corroborativo, -a *adj* corroborative
corroer [57] ◇ *vt* **-1.** *(desgastar)* to corrode; *(madera)* to rot; *(roca)* to erode **-2.** *(consumir)* to consume, to eat away at; **lo corroe la envidia** he's consumed with envy

◆ **corroerse** *vpr (desgastarse)* to corrode; *(madera)* to rot; *(roca)* to erode
corromper ◇ *vt* **-1.** *(madera)* to rot; *(alimentos)* to turn bad, to spoil **-2.** *(pervertir)* to corrupt **-3.** *(sobornar)* to bribe **-4.** INFORMÁT *(archivo)* to corrupt

◆ **corromperse** *vpr* **-1.** *(pudrirse)* to rot **-2.** *(pervertirse)* to become corrupted **-3.**

corrosión nf (desgaste) corrosion; (de metal) rust

corrosivo, -a adj **-1.** (sustancia, líquido) corrosive **-2.** (persona, comentario) caustic

corrugación nf corrugation

corrugado, -a adj corrugated

corrugar vt to corrugate

corrupción nf **-1.** (delito, decadencia) corruption; **brigada anti ~** fraud squad ❏ DER **~ de menores** corruption of minors **-2.** (soborno) bribery **-3.** (de una sustancia) decay

corruptela nf (corrupción) corruption; **denunciaron las corruptelas en la administración** they condemned the corruption in the government; **lo han acusado de una serie de pequeñas corruptelas** he has been accused of a number of misdemeanours

corrupto, -a adj corrupt

corruptor, -ora ◇ adj corrupting
◇ nm,f corrupter ❏ DER **~ de menores** corruptor of minors

corrusco nm hard crust

corsario, -a ◇ adj (pirata) pirate; **un buque ~** a pirate ship
◇ nm (pirata) corsair, pirate

corsé nm corset

corsetería nf ladies' underwear shop

corso, -a ◇ adj Corsican
◇ nm,f Corsican
◇ nm **-1.** (dialecto) Corsican **-2.** HIST **hacer el ~** to operate as a privateer

corta nf **a la ~ o a la larga** sooner or later

cortaalambres nm inv wirecutters

cortacésped (pl **cortacéspedes**) nm lawnmower

cortacigarros nm inv cigar cutter

cortacircuitos nm inv ELEC (en circuito) circuit breaker; (fusible) fuse wire, fusible

cortacorriente nm ELEC switch

cortada nf **-1.** Arg (calle) side street, close **-2.** Am (atajo) shortcut **-3.** Am (corte) cut; **se dio una ~ en la mano** she cut her hand

cortadera nf **-1.** (planta) = type of bulrush with sharp leaves **-2.** (mata gramínea) pampas grass

cortado, -a ◇ adj **-1.** (labios, manos) chapped **-2.** (leche) curdled; (mayonesa) off **-3.** (carretera) closed; **~ por obras** (en letrero) road closed for repairs **-4.** **café ~** = small coffee with just a little milk **-5.** Fam (persona) **estar ~** to be inhibited; **quedarse ~** to be left speechless; **ser ~** to be shy; EXPR **estar cortados por el mismo patrón** o Am **con la misma tijera** to be cast in the same mould
◇ nm **-1.** (café) = small coffee with just a little milk **-2.** Fam (persona) **ser un ~** to be shy

cortador, -ora ◇ adj cutting
◇ nm (de césped) lawnmower

cortadora nf cutter ❏ **~ de césped** lawnmower

cortadura nf **-1.** (corte) cut **-2.** GEOG (garganta) gorge

cortafrío, RP **cortafierro** nm cold chisel

cortafuego nm, **cortafuegos** nm inv **-1.** (en monte) firebreak **-2.** (en edificio) fire wall **-3.** INFORMÁT firewall

cortante adj **-1.** (afilado) sharp **-2.** (viento) biting; (frío) bitter **-3.** (tajante) (frase, estilo) cutting

cortapapel nm, **cortapapeles** nm inv paperknife, letter opener

cortapichas nm inv Fam Hum earwig

cortapicos nm inv earwig

cortapisa nf limitation, restriction; **quiere tener poder de decisión, sin ninguna ~** he wants complete freedom o a free hand to make decisions; **poner cortapisas a** to hinder, to put obstacles in the way of; **le pusieron cortapisas por ser mujer** they put obstacles in her way o made things difficult for her because she was a woman

cortaplumas nm inv penknife

cortapuros nm inv cigar cutter

cortar ◇ vt **-1.** (seccionar) to cut; (en pedazos) to cut up; (escindir) (rama, brazo, cabeza) to cut off; (talar) to cut down; **~ el césped** to mow the lawn, to cut the grass; **hay que ~ leña para el hogar** we have to chop some firewood for the hearth; **siempre corta el pavo** he always carves the turkey; **~ una rebanada de pan** to cut a slice of bread; **~ el pan a rodajas** to slice the bread, to cut the bread into slices; **~ algo en pedazos** to cut sth into pieces; **corta la tarta en cinco partes** divide the cake in five, cut the cake into five slices; **corta esta cuerda por la mitad** cut this string in half; **corta la cebolla muy fina** chop the onion very finely; **le cortaron la cabeza** they chopped her head off; **le cortaron dos dedos porque se le habían gangrenado** they amputated o removed two of his fingers that had gone gangrenous; **cortarle el pelo a alguien** to cut sb's hair
-2. (recortar) (tela, figura de papel) to cut out
-3. (interrumpir) (retirada, luz, teléfono) to cut off; (carretera) to close; (hemorragia) to stop, to staunch; (discurso, conversación) to interrupt; DEP (pase, tiro) to block; **~ la luz** to cut off the electricity supply; **nos han cortado el teléfono** our telephone has been cut off o disconnected; **la nieve nos cortó el paso** we were cut off by the snow; **cortaron el tráfico para que pasara el desfile** they closed the road to traffic so the procession could pass by; **la falta cortó el ataque del equipo visitante** the foul stopped the away team's attack; **cortada por obras** (en letrero) road closed for repairs; **en esta cadena de televisión no cortan las películas con anuncios** on this television channel they don't interrupt the films with adverts; EXPR CSur Fam **¡córtala!** shut it!, shut up!
-4. (atravesar) (recta) to cross, to intersect; (calle, territorio) to cut across; **el río corta la región de este a oeste** the river runs right across o bisects the region from east to west
-5. (labios, piel) to crack, to chap
-6. (hender) (aire, olas) to slice through
-7. Fam (droga) to cut
-8. (baraja) to cut
-9. (leche) to curdle; **el calor corta la mayonesa** heat makes mayonnaise go off
-10. (recortar) (gastos) to cut back
-11. (poner fin a) (beca) to cut; (relaciones diplomáticas) to break off; (abusos) to put a stop to; **~ un problema de raíz** (impedirlo) to nip a problem in the bud; (erradicarlo) to root a problem out; EXPR **~ algo por lo sano: tenemos que ~ este comportamiento por lo sano** we must take drastic measures to put an end to this behaviour
-12. (avergonzar) **este hombre me corta un poco** I find it hard to be myself when that man's around
-13. (película) (escena) to cut; (censurar) to censor
-14. RP (comunicación) **~ la comunicación** to hang up; **me cortó en mitad de la frase** she hung up on me when I was in mid-sentence
-15. INFORMÁT to cut; **~ y pegar** cut and paste
◇ vi **-1.** (producir un corte) to cut; **estas tijeras no cortan** these scissors don't cut (properly); **corte por la línea de puntos** cut along the dotted line; EXPR **~ por lo sano** (aplicar una solución drástica) to resort to drastic measures; **decidió ~ por lo sano con su pasado** she decided to make a clean break with her past
-2. (atajar) to take a short cut (**por** through); **corté por el camino del bosque** I took a short cut through the forest
-3. (terminar una relación) to split up (**con** with); **corté con mi novio** I've split up with my boyfriend
-4. (en juego de cartas) to cut
-5. (ser muy intenso) **hace un frío que corta** it's bitterly cold
-6. CINE **¡corten!** cut!
-7. RAD **¡corto y cambio!** over!; **¡corto y cierro!** over and out!
-8. RP (hablando por teléfono) to hang up, to put the phone down; **no corte, por favor** hold the line, please

◆ **cortarse** vpr **-1.** (herirse) to cut oneself; **cortarse el pelo** to have a haircut, to have one's hair cut; **cortarse las uñas** to clip o cut one's nails; **cortarse las venas** to slit one's wrists; **cortarse (en) la cara** to cut one's face; **cortarse con un cristal** to cut oneself on a piece of glass; **me corté al afeitarme** I cut myself shaving; Fam **si no apruebo, me corto el cuello** I'm going to kill myself if I fail; muy Fam **si no me dan el trabajo, me la corto** I'm going to kill myself if they don't give me the job
-2. (labios, piel) to become chapped o cracked
-3. (leche) to curdle; (mayonesa) to go off
-4. (interrumpirse) **se cortó la comunicación** I was/we were/etc cut off; **la comunicación telefónica se cortó por culpa de la tormenta** the phone lines went down because of the storm; **se te va a ~ la digestión** you'll get stomach cramps
-5. GEOM **dos rectas que se cortan** two intersecting straight lines, two straight lines that intersect
-6. (separarse) to divide, to split; **el pelotón se cortó en dos grupos** the pack split into two groups
-7. Fam (turbarse) to become tongue-tied; **no se corta a la hora de criticar** he doesn't mince his words o hold back when it comes to criticizing; **no te cortes, sírvete lo que te apetezca** don't be shy o polite, take whatever you want; **no se cortó un pelo y vino a la fiesta sin haber sido invitado** he didn't worry about what people might think and came to the party without having been invited
-8. Andes, RP (separarse) to be left behind
-9. Chile (caballo) to catch a chill

cortas nfpl (luces) Br dipped headlights, US low beams

cortaúñas nm inv nail clippers

cortavientos nm inv windbreak

corte ◇ nm **-1.** (raja) cut; (en pantalones, camisa) tear; **tiene un ~ en la mano** she has cut her hand; **se hizo un ~ en la rodilla** he cut his knee ❏ **~ y confección** (para mujeres) dressmaking; (para hombres) tailoring; **~ de pelo** haircut
-2. (retal de tela) length
-3. (interrupción) **mañana habrá ~ de agua de nueve a diez** the water will be cut off tomorrow between nine and ten; **la sequía ha obligado a imponer cortes de agua** the drought has forced the authorities to cut off the water supply for a number of hours each day; **~ de corriente** o **luz** power cut ❏ **~ de digestión** stomach cramps
-4. (sección) section; **~ longitudinal** lengthways section, Espec longitudinal section; **~ transversal** cross-section
-5. (concepción, estilo) style; **una chaqueta de ~ clásico** a jacket with a classic cut; **una novela de ~ fantástico** a novel with an air of fantasy about it; **un gobierno de ~ autoritario** a government with authoritarian tendencies
-6. (pausa) break ❏ **~ publicitario** commercial break
-7. Esp (filo) (cutting) edge; **este ~ está muy afilado** this blade is very sharp
-8. (en golf) cut; **meterse en** o **pasar el ~** to make the cut
-9. (en ciclismo) breakaway (group); **meterse en el ~** to join the breakaway group
-10. (helado) Br wafer, US ice-cream sandwich
-11. (en baraja) cut
-12. Am (reducción) cut, cutback ❏ **~ presupuestario** budget cut; **~ salarial** wage o pay cut
-13. CINE (por la censura) cut
-14. Fam (vergüenza) embarrassment; **me da ~ decírselo** I feel embarrassed to tell him;

cortedad

¡qué ~ tener que hablar con ella! how embarrassing having to talk to her!
-**15.** *Fam (respuesta ingeniosa)* put-down; **dar** o **pegar un ~ a alguien** to cut sb dead; **le di un buen ~ y dejó de molestarme** my put-down made him stop annoying me
-**16.** **~ de mangas** = obscene gesture involving raising one arm with a clenched fist and placing one's other hand in the crook of one's elbow; **hacer un ~ de mangas a alguien** ≃ to stick two fingers up at sb
-**17.** *Fam (de disco)* track
◇ *nf* -**1.** *(del rey)* court; **la ~ celestial** the Heavenly Host
-**2.** *(galanteo)* **hacer la ~ a alguien** to court sb
-**3.** *(comitiva)* entourage, retinue; **vino el ministro con toda su ~** the minister arrived with his entourage
-**4.** *Esp* **las Cortes (Generales)** *(cámara legislativa)* the Spanish parliament ❑ **Cortes Constituyentes** constituent assembly
-**5.** *Am (tribunal)* court ❑ **Corte Suprema de Justicia** Supreme Court

cortedad *nf* -**1.** *(de longitud)* shortness; *(de duración)* shortness, brevity -**2.** *(timidez)* shyness; **~ de miras** short-sightedness

cortejar *vt* -**1.** *Anticuado (galantear)* to court, to woo -**2.** *(entre animales)* to court, to attract

cortejo *nm* -**1.** *(comitiva)* retinue ❑ **~ fúnebre** funeral cortège o procession -**2.** *Anticuado (galanteo)* courtship -**3.** *(entre animales)* courtship

cortés *(pl* **corteses***) adj* polite, courteous; EXPR **lo ~ no quita lo valiente** there's no harm in being polite

cortesana *nf (prostituta)* courtesan

cortesano, -a ◇ *adj (modales)* courtly; **la vida cortesana** life at court
◇ *nm,f (personaje de la corte)* courtier

cortesía *nf* -**1.** *(gentileza)* courtesy; **una fórmula de ~** a polite expression; **una visita de ~** a courtesy call; **las trataron con ~** they were treated courteously o politely; **por ~ de** courtesy of; **tuvo la ~ de llamarme** he was kind enough to phone me; **no tuvo la ~ de mandar una felicitación** he didn't have the courtesy to send a card; **le daremos diez minutos de ~** we'll give him ten minutes
-**2.** *(obsequio)* **el vino es ~ del restaurante** the wine comes with the compliments of the house

cortésmente *adv* courteously, politely

córtex *nm inv* ANAT cortex

corteza *nf* -**1.** *(del árbol)* bark -**2.** *(de pan)* crust; *(de queso, tocino, limón)* rind; *(de naranja)* peel ❑ **cortezas de cerdo** pork scratchings -**3.** GEOL *(terrestre)* crust ❑ **la ~ terrestre** the earth's crust -**4.** ANAT cortex ❑ **~ cerebral** cerebral cortex

cortical *adj* cortical

corticoide *nm* BIOQUÍM corticoid

cortijero, -a *nm,f* -**1.** *(dueño)* estate o farm owner -**2.** *(asalariado)* estate o farm manager

cortijo *nm* -**1.** *(finca)* farm *(typical of Andalusia and Extremadura)* -**2.** *(casa)* farmhouse

cortina *nf* curtain ❑ **~ de agua** sheet of water; **cayó una ~ de agua** there was a downpour; *RP* **~ de enrollar** rolling shutter; *Am* **~ de hierro** steel shutter; *Am* HIST **la ~ de hierro** the Iron Curtain; *también Fig* **~ de humo** smoke screen; *CSur* **~ musical** theme tune/song

cortinaje, *RP* **cortinado** *nm* curtains

cortisona *nf* cortisone

corto, -a ◇ *adj* -**1.** *(de poca longitud)* short; **las mangas me están cortas** my sleeves are too short; **estos pantalones se me han quedado cortos** these trousers are too short for me now; **hace varias semanas que no se viste de ~** *(futbolista)* he hasn't been in the squad for several weeks; **luces cortas** *Br* dipped headlights, *US* low beams
-**2.** *(de poca duración)* short; **el paseo se me ha hecho muy ~** the walk seemed to go very quickly
-**3.** *(escaso) (raciones)* small, meagre; *(disparo)* short of the target; **el lanzamiento se quedó ~** the throw fell short; **estoy ~ de dinero** I'm short of money; **andamos muy cortos de tiempo** we're very short of time, we haven't got very much time; *Fig* **~ de miras** short-sighted; **~ de vista** short-sighted;
-**4.** *(tonto)* **~ (de alcances)** dim, simple; EXPR *Fam Hum* **ser más ~ que las mangas de un chaleco** to be as thick as two short planks
-**5.** EXPR **ni ~ ni perezoso** just like that; **quedarse ~** *(al calcular)* to underestimate; **nos quedamos cortos al comprar pan** we didn't buy enough bread; **decir que es bueno es quedarse ~** it's an understatement to call it good; **este programa se queda ~ para nuestras necesidades** this program doesn't do all the things we need
◇ *nm* -**1.** *(cortometraje)* short (movie o *Br* film)
-**2.** *(bebida)* **un ~ de vino/cerveza** a small wine/beer
-**3.** *Am* **los cortos de una película** *(los avances)* the trailer for a movie o *Br* film

cortocircuito *nm* short circuit

cortometraje *nm* short (movie o *Br* film)

cortón *nm* mole cricket

coruñés, -esa ◇ *adj* of/from La Coruña (Spain)
◇ *nm,f* person from La Coruña (Spain)

coruscante *adj Literario* coruscating

corva *nf* back of the knee

corvadura *nf (torcedura)* curvature, bend

corvallo *nm (pez)* brown meagre

corvejón *nm* -**1.** *(articulación)* hock -**2.** *(ave)* cormorant

córvido ZOOL ◇ *nm* member of the crow family
◇ *nmpl* **córvidos** *(familia)* Corvidae; **de la familia de los córvidos** of the Corvidae family

corvina *nf (pez)* meagre

corvo, -a *adj (curvado)* curved; *(nariz)* hooked

corzo, -a *nm,f* roe buck, *f* roe deer

cos MAT *(abrev de* **coseno***)* cos

cosa *nf* -**1.** *(objeto, idea)* thing; **comprar unas cosas en el mercado** to buy a few things at the market; **alguna ~** anything; **¿quieres alguna ~?** is there anything you want?; **¿quiere usted alguna otra ~ o alguna ~ más?** do you want anything else?; **cualquier ~** anything; **venden recuerdos, postales y cosas así** they sell souvenirs, postcards and so on o and the like; **una ~, ¿podrías venir mañana?** by the way, could you come tomorrow?; **escucha, una ~, ¿por qué no te quedas esta noche?** listen, I've an idea, why don't you stay here tonight?; **tengo que decirte una ~** I've got something to tell you; **dime una ~, ¿qué opinas de ella?** tell me (something), what do you think of her?; **es la ~ más natural del mundo** it's the most natural thing in the world, it's completely normal; **¡esas cosas no se dicen!** you mustn't say things like that!; **¡esas cosas no se hacen!** it just isn't done!; **no te preocupes, no es gran ~** don't worry, it's not important o it's no big deal; **este cuadro no vale gran ~** this painting isn't up to much; **te han dejado poca ~** they haven't left you much, they've hardly left you anything; **un bocadillo es poca ~ para un chico tan voraz como él** a sandwich is very little for a hungry boy like him; **nos hemos comprado un apartamento, muy poquita ~** we've bought *Br* a flat o *US* an apartment, but it's nothing fancy; **es guapo, pero muy poquita ~** he's good-looking, but he hasn't got much of a body; **este vino es ~ fina** this wine is good stuff; **fue una ~ nunca vista** it was really out of the ordinary; **¡habráse visto ~ igual!** have you ever seen the like of it!; **no hay tal ~** on the contrary; **¡qué ~!** how strange!; **¡qué ~ más o tan extraña!** how strange! EXPR **decir cuatro cosas a alguien: cuando lo vea le voy a decir cuatro cosas** when I next see him I'm going to give him a piece of my mind; EXPR **llamar a las cosas por su nombre** *(hablar sin rodeos)* to call a spade a spade; **llamemos a las cosas por su nombre,...** let's be honest about it,...
-**2.** *(asunto)* **tengo muchas cosas que hacer** I've got a lot (of things) to do; **la ~ es que ahora no quiere firmar el contrato** the thing is she doesn't want to sign the contract any more; **está muy enfadada, y la ~ no es para menos, le han robado el coche** she's very angry and with good reason, she's had her car stolen; **cada ~ a su tiempo** one thing at a time; **ser ~ de: no me preguntes por qué no queda comida, es ~ de los niños** don't ask me why there's no food left, ask the children; **esto es ~ de magia, estoy seguro de que ayer lo dejé aquí** this is most strange, I could swear I left it here yesterday; **no es ~ de risa** it's no laughing matter; **eso de cambiar de trabajo es ~ de pensárselo** changing jobs is something you need to think about carefully; **es ~ de tener paciencia** it's a question of being patient; **no era ~ de presentarse sin avisar** you couldn't just turn up without warning; **con el ambiente de seriedad que había, no era ~ de contar un chiste** given the seriousness of the atmosphere, it was neither the time nor the place to tell a joke; **eso es ~ mía** that's my affair o business; **no te metas en la discusión, que no es ~ tuya** you keep out of the argument, it's none of your business; **eso es ~ fácil** that's easy; **convencerle no será ~ fácil** it won't be easy o it'll be no easy task to convince him; **esto es ~ seria** this is a serious matter; **eso es otra ~** that's another matter; **¡eso es otra ~!, esa camisa te sienta mucho mejor** that's more like it, that shirt suits you much better!; **entre unas cosas y otras** what with one thing and another; **por unas cosas o por otras, no nos quedó tiempo de escribirte** for one reason or another we didn't have time to write to you
-**3.** *(situación)* **las cosas no van muy bien últimamente** things haven't been going very well recently; **...y así es como están las cosas** ...and that's how things are at the moment; **¿cómo van las cosas?** how are o how's things?; **estas cosas no pasarían si fuéramos más cuidadosos** these things wouldn't happen if we were more careful; EXPR *Fam* **la ~ se pone fea** things are getting ugly, there's trouble brewing; EXPR *Fam* **está la ~ que arde** things are reaching boiling point
-**4.** *(ocurrencia)* funny remark; **se le ocurren cosas graciosísimas** she comes out with some really funny stuff o remarks; **¡qué cosas tienes!** you do say some funny things!
-**5.** *(comportamiento)* **son cosas de mamá** that's just the way Mum is, that's just one of Mum's little idiosyncrasies; **no les riñas, son cosas de niños** don't tell them off, children are like that; **tenemos que aceptar su muerte, son cosas de la vida** we have to accept her death, it's one of those things (that happen)
-**6.** **cosas** *(pertenencias, utensilios)* things; **tras su muerte, metieron sus cosas en un baúl** after his death, they put his things o belongings in a trunk; **¿dónde guardas las cosas de pescar?** where do you keep your fishing things o tackle?
-**7.** *(en frases negativas) (nada)* **no hay ~ peor que la hipocresía** there's nothing worse than hypocrisy; **no hay ~ que me reviente más que su falta de interés** there's nothing (that) annoys me more than her lack of interest, what annoys me most is her lack of interest; *Fam (reparo)* **me da ~ decírselo** I'm a bit uneasy about telling him; **el olor a hospital me da ~** the smell of hospitals makes me feel uneasy
-**8.** EXPR **o ~ así: tendrá treinta años o ~ así** he must be thirty or thereabouts; *Fam* **las**

cosas claras y el chocolate espeso stop beating around the bush, tell me things as they are; **a ~ hecha: se presentó al examen a ~ hecha** he sat the exam although he knew he was certain to pass; **(como) ~ de** *(aproximadamente)* about; **tardará (como) ~ de tres semanas** it'll take about three weeks; **hacer algo como quien no quiere la ~** *(disimuladamente)* to do sth innocently; *(sin querer)* to do sth almost without realizing it; **como si tal ~** as if nothing had happened; **las cosas como son, nunca vas a aprobar ese examen** let's face it, you're never going to pass that exam; *Fam* **las cosas de palacio van despacio** these things usually take some time; **ni ~ que se le parezca** nor anything of the kind; **ser ~ de oír/ver: las declaraciones del ganador son ~ de oír** the winner's remarks are worth hearing; **esta exposición es ~ de ver** this exhibition is really worth seeing; *Esp Fam* **~ mala: me apetece ver esa película ~ mala** I'm dying to see that movie *o Br* film, *Br* I want to see that film something chronic; **está lloviendo ~ mala** it's pouring down, *Br* it's chucking it down; **me gusta ~ mala** I fancy the pants off her, *Br* I fancy her something chronic; *Fam* **a otra ~, mariposa** that's enough about that, let's change the subject; **es ~ rara que se equivoque** it's very rare for her to make a mistake; **no ha llegado todavía, ~ rara porque siempre es muy puntual** he hasn't arrived yet, which is strange, as he's usually very punctual; **¡lo que son las cosas!** it's a funny old world!; **no ser ~ del otro mundo** *o* **del otro jueves** to be nothing special; **no sea ~ que: ten cuidado, no sea ~ que te vayas a caer** be careful or you'll fall; **se lo diré yo, no sea ~ que se vaya a enterar por otra persona** I'll tell him because I wouldn't want him to find out from somebody else

cosaco, -a ◇ *adj* Cossack
◇ *nm,f* Cossack; EXPR *Fam* **beber como un ~** to drink like a fish

coscarse [59] *vpr Fam* **-1.** *(darse cuenta de)* to notice, to realize **-2.** *(entender)* to understand

coscoja *nf* kermes oak

coscorrón *nm (golpe)* bump on the head; *(con los nudillos)* rap on the head; **se dio un ~** he bumped his head

cosecante *nf* MAT cosecant

cosecha *nf* **-1.** *(recogida, época)* harvest; **es de la ~ del 79** it's the 1979 vintage; **hacer la ~** to harvest; EXPR **ser de la (propia) ~ de alguien** to be made up *o* invented by sb
-2. *(producto)* crop; **la ~ de vid de este año ha sido muy buena** the grape harvest has been very good this year; **se ha perdido toda la ~** the entire crop *o* harvest has been lost
-3. *(de títulos, premios)* tally; **este último galardón se añade a su ~ personal** this latest award adds one more to his personal tally

cosechadora *nf* combine harvester

cosechar ◇ *vt* **-1.** *(recolectar) (cereales)* to harvest; *(frutos)* to pick
-2. *(cultivar)* to grow
-3. *(obtener)* to win, to reap; **su última novela ha cosechado muchos éxitos** his latest novel has been a great success; **cosechó numerosas críticas por sus declaraciones** he received a lot of criticism for his statement; **el equipo cubano cosechó veinte medallas en los campeonatos** the Cuban team picked up twenty medals at the championships; **su última película ha cosechado los aplausos de la crítica** his latest film has won critical acclaim
◇ *vi* to (bring in the) harvest

cosechero, -a *nm,f (de cereales)* harvester, reaper; *(de frutos)* picker

cosedora *nf Col (grapadora)* stapler

coseno *nm* MAT cosine

coser ◇ *vt* **-1.** *(ropa, vestido)* to sew; **~ un botón** to sew on a button **-2.** *(herida)* to stitch (up) **-3.** *(con grapas)* to staple (together) **-4.** EXPR **~ a alguien a balazos** to riddle sb with bullets; **~ a alguien a cuchilladas** to stab sb repeatedly
◇ *vi* to sew; EXPR *Fam* **ser ~ y cantar** to be child's play *o* a piece of cake

cosido *nm* stitching

cosificar *vt* to treat like an object

cosmética *nf* cosmetics *(singular)*

cosmético, -a ◇ *adj* **-1.** *(sustancia)* cosmetic; **productos cosméticos** cosmetics **-2.** *(cambio, reforma)* cosmetic
◇ *nm* cosmetic

cosmetología *nf* cosmetology

cosmetólogo, -a *nm,f* beautician

cósmico, -a *adj* cosmic

cosmogonía *nf* cosmogony

cosmografía *nf* cosmography

cosmógrafo, -a *nm,f* cosmographer

cosmología *nf* cosmology

cosmológico, -a *adj* cosmological

cosmonauta *nmf (astronauta)* astronaut; *(ruso)* cosmonaut

cosmonáutica *nf* astronautics *(singular)*

cosmopolita ◇ *adj* cosmopolitan
◇ *nmf* cosmopolitan

cosmopolitismo *nm* cosmopolitanism

cosmorama *nm (aparato)* peepshow *(of views etc)*

cosmos *nm inv* cosmos

cosmovisión *nf* world view

coso *nm* **-1.** TAUROM *(plaza)* **~ (taurino)** bullring
-2. *(calle)* main street
-3. *CSur Fam (objeto)* whatnot, thing; **¿para qué sirve ese ~?** *(en aparato)* what's this thing *o* thingumajig for?; **cómprame este ~** buy that for me; **¿me trajiste el ~ que te pedí?** did you bring that thing I asked you for?; **me tenés que prestar veinte cosos** you've got to lend me twenty; **me gusta mucho el ~ que llevas puesto** I really like what you're wearing
-4. *Andes, RP Fam (persona)* **¿otra vez vas a salir con... ~?** you're going out with... what's-his-face again?

cospel *nm Arg (ficha)* phone token

cosque *etc ver* **coscarse**

cosquillas *nfpl* **hacer ~** to tickle; **tener ~** to be ticklish; EXPR **buscarle las ~ a alguien** to wind sb up, to irritate sb

cosquillear *vt* to tickle

cosquilleo *nm* tickling sensation; **siento un ~ en la nariz** I've got a tickly feeling in my nose; *Fig* **noto un ~ en el estómago** I've got butterflies in my stomach

cosquilloso, -a, cosquilludo, -a *adj Am Fam* ticklish

costa *nf* **-1.** *(marina)* coast; **pasan las vacaciones en la ~** they spend their holidays on the coast ❑ *la Costa Azul* the Côte d'Azur
-2. *(coste)* **a ~ de** at the expense of; **lo hizo a ~ de grandes esfuerzos** he did it by dint of much effort; **aún vive a ~ de sus padres** he's still living off his parents; **a toda ~** at all costs ❑ DER *costas (judiciales)* (legal) costs
-3. *Costa de Marfil* Ivory Coast; *Costa Rica* Costa Rica

costado *nm* side; **llevaba una bolsa al ~** he had a bag over his shoulder; **de ~** sideways; EXPR **por los cuatro costados: a la casa le da el sol por los cuatro costados** the house gets the sun all day; **es cubano por los cuatro costados** he's Cuban through and through

costal ◇ *adj* MED rib, costal; **tiene una fractura ~** he has a fractured rib
◇ *nm* sack

costalada *nf,* **costalazo** *nm* heavy fall *(backwards)*; **darse una ~** to fall over backwards

costalero *nm* **-1.** *(mozo de cuerda)* porter **-2.** REL = bearer in Holy Week processions

costanera *CSur* ◇ *adj* **rambla ~** promenade
◇ *nf* promenade
◇ *nfpl* **costaneras** rafters

costanero, -a *adj* **-1.** *(de la costa)* coastal **-2.** *(inclinado)* sloping

costar [63] *vi* **-1.** *(dinero)* to cost; **¿cuánto cuesta?** how much is it?; **me costó 300 pesos** it cost me 300 pesos; **costó muy barato** it was very cheap; EXPR **~ un ojo de la cara** *o* **un riñón** to cost an arm and a leg; EXPR **~ caro: esa broma le va a ~ caro** he's going to pay dearly for that joke
-2. *(tiempo)* to take; **nos costó seis horas llegar** it took us six hours to get there; **nos costó tres horas de cola** we had to *Br* queue *o US* stand in line for three hours; **rellenar ese impreso no te costará ni cinco minutos** it won't take you five minutes to fill in that form
-3. *(resultar difícil, penoso)* **me costó decírselo** I found it difficult to tell him; **a este niño le cuesta dormirse** this child has difficulty getting to sleep; **no le habría costado nada ayudarme** it wouldn't have cost him anything to help me; **~ trabajo** to be difficult, to take a lot of work; **me costó (trabajo) acostumbrarme** it took me a while to get used to it; **cuesta (trabajo) abrir esa puerta** this door is difficult to open; **le costó mucho tiempo olvidarse de ella** it took him a long time to forget her; **cueste lo que cueste** whatever the cost; **le costó la vida/el trabajo** it cost him his life/his job; **me costó lo mío convencerles** I had a real job persuading them, they took a lot of persuading; EXPR **me costó sangre, sudor y lágrimas terminarlo** I sweat blood to get it finished; EXPR **nos costó Dios y ayuda** it took a huge effort

costarricense ◇ *adj* Costa Rican
◇ *nmf* Costa Rican

costarriqueño, -a ◇ *adj* Costa Rican
◇ *nm,f* Costa Rican

coste *nm Esp (de producción)* cost; *(de un objeto)* price; **cuatro semanas de prestar sin ~ alguno** four weeks on approval free of charge; **la relación ~-beneficio** the cost-benefit ratio; **el ~ humano de la guerra** the human cost of the war; COM **al ~** at cost; COM **~ diferencial** marginal cost; COM **~ directo** direct cost; COM **~ de distribución** distribution cost; COM **~ efectivo** actual cost; COM **costes de explotación** operating costs; COM **~ de fabricación** manufacturing cost; COM **~ fijo** fixed cost; COM **~ financiero** financial cost; COM **~ indirecto** indirect cost; COM **~ de mano de obra** labour cost; COM **~ de mantenimiento** running cost; COM **~ marginal** marginal cost; ECON **~ de oportunidad** opportunity cost; COM **~ de producción** cost of production; COM **~ de reposición** replacement cost; COM **~, seguro y flete** cost, insurance and freight; COM **~ unitario** unit cost; **~ de la vida** cost of living

costear ◇ *vt* **-1.** *(pagar)* to pay for **-2.** NÁUT *(la costa)* to hug, to sail close to
◇ *vi* NÁUT to hug *o* sail close to the coast
◆ **costearse** *vpr* **costearse algo** *(pagarse)* to pay for sth oneself; **trabaja para costearse los estudios** she's working to pay for her studies

costeño = **costero**

costera *nf Méx* promenade

costero, -a, costeño, -a ◇ *adj* coastal; **un pueblo ~** a seaside town
◇ *nm,f Am* = person from the coast

costilla *nf* **-1.** *(de persona, animal)* rib ❑ *falsa* false rib; **~ flotante** floating rib; **~ verdadera** true rib
-2. *Fam* **costillas** *(espalda)* back
-3. *(de cerdo)* chop; *RP (de vaca)* T-bone steak; **costillas de cerdo** pork chops
-4. *Fam (cónyuge)* better half
-5. NÁUT rib
-6. *RP Fam (coste)* **a ~ de alguien** at sb's expense; **siempre se divierten a ~ mío** they always have fun at my expense; **aún vive a ~ de sus padres** he still lives off his parents

costillar *nm* **-1.** *(de persona)* ribs, ribcage **-2.** *(de carne)* side

costo *nm* **-1.** *(de producción)* cost; *(de un objeto)* price; **cuatro semanas de prueba sin ~ alguno** four weeks on approval free of

costoso charge; **la relación ~-beneficio** the cost-benefit ratio; **el ~ humano de la guerra** the human cost of the war; COM **al ~** at cost ❑ COM **~ diferencial** marginal cost; COM **~ directo** direct cost; COM **~ de distribución** distribution cost; COM **costos de explotación** operating costs; COM **~ de fabricación** manufacturing cost; COM **~ fijo** fixed cost; COM **~ financiero** financial cost; COM **~ indirecto** indirect cost; COM **~ de mano de obra** labour cost; COM **~ de mantenimiento** running cost; COM **~ marginal** marginal cost; ECON **~ de oportunidad** opportunity cost; COM **~ de producción** cost of production; COM **~ de reposición** replacement cost; COM **~, seguro y flete** cost, insurance and freight; COM **~ unitario** unit cost; **~ de la vida** cost of living
-2. *Esp Fam (hachís)* hash

costoso, -a *adj* -1. *(caro)* expensive -2. *(trabajo)* exhausting; *(triunfo)* costly; *(error)* costly

costra *nf* -1. *(de suciedad, de tierra)* layer, crust -2. *(de pan)* crust -3. *(de herida)* scab

costumbre *nf* -1. *(de persona)* habit; **tomar/perder la ~ de hacer algo** to get into/out of the habit of doing sth; **tener la ~ de** o **tener por ~ hacer algo** to be in the habit of doing sth; **costumbres** habits; **el hombre es un animal de costumbres** man is a creature of habit; **no hay que perder las buenas costumbres** we don't want to break with tradition; **como de ~** as usual; **la cantidad de ~** the usual amount; **nos vemos a las ocho, en el sitio de ~** I'll see you at eight, in the usual place
-2. *(de país, cultura)* custom

costumbrismo *nm* = literary genre that deals with typical regional or national customs

costumbrista ◇ *adj (novela)* = describing the customs of a country or region
◇ *nmf* = author whose work portrays the customs of a country or region

costura *nf* -1. *(labor)* sewing, needlework -2. *(en tela)* seam; **sin costuras** seamless -3. *(oficio)* dressmaking; **alta ~** haute couture -4. *(cicatriz)* scar

costurera *nf* dressmaker, seamstress

costurero *nm (caja)* sewing box

cota *nf* -1. *(altura)* altitude, height above sea level; **volar a baja ~** to fly low; **la expedición ha alcanzado la ~ de los 8.000 metros** the expedition has reached an altitude of 8,000 metres
-2. *(en mapa)* spot height
-3. *(nivel)* **alcanzar altas cotas de popularidad** to become very popular; **la participación alcanzó la ~ del 90 por ciento** there was a 90 percent turnout
-4. *(armadura)* **~ de malla(s)** coat of mail
-5. MAT bound

cotangente *nf* MAT cotangent

cotarro *nm Fam* **le gusta meterse en todos los cotarros** he likes to be involved in everything; **pusieron algo de música para animar el ~** they put on some music to liven things up; **alborotar el ~** to stir up trouble; **dirigir el ~** to rule the roost, to be the boss

cotejar *vt* to compare (**con** with); **~ una copia con el original** to compare a copy with the original; **cotejaremos tus datos con los míos** let's compare your information with mine, let's check your information against mine

cotejo *nm* comparison

cotelé *nm Chile* corduroy

coterráneo, -a ◇ *adj* compatriot
◇ *nm,f* compatriot, fellow countryman, f fellow countrywoman

cotidianamente *adv* daily, every day

cotidianidad *nf (vida cotidiana)* everyday life; *(frecuencia)* commonness

cotidiano, -a *adj* daily; **el trabajo ~** day-to-day tasks; **ser algo ~** to be an everyday occurrence

cotiledón *nm* cotyledon

cotilla *Esp Fam* ◇ *adj* gossipy; **es muy ~** he's a real gossip
◇ *nmf* gossip, busybody

cotillear *vi Esp Fam* -1. *(cotillear)* to gossip -2. *(curiosear)* to pry; **no me gusta que cotillees en mi cuarto** I don't like you poking around in my room

cotilleo *nm Esp Fam* gossip, tittle-tattle; **tengo que contarte un ~** I've got a bit of gossip to tell you

cotillón *nm* = party on New Year's Eve or 5th of January

cotiza *nf Col, Ven* sandal; EXPR **ponerse las cotizas** to take shelter

cotizable *adj* quotable

cotización *nf* -1. *(valor)* value -2. BOLSA *(de producto, bienes, valores)* price; **la ~ de apertura/al cierre** the opening/closing price; **ha mejorado la ~ del euro** the euro has strengthened; **el barril de petróleo alcanzó una ~ de 19 dólares** the price of oil reached 19 dollars a barrel -3. *(a la seguridad social)* contribution

cotizado, -a *adj* -1. BOLSA quoted -2. *(persona)* sought-after; **es una dentista muy cotizada** she's a very highly regarded dentist

cotizante ◇ *adj* contributing
◇ *nmf* contributor; **los cotizantes a la seguridad social** people who pay national insurance contributions

cotizar [14] ◇ *vt* -1. *(valorar)* to quote; **las acciones de la empresa cotizan cinco enteros menos que ayer** the company's shares are five points down on yesterday
-2. *(pagar)* to pay; **cotiza un 5 por ciento de su salario a la seguridad social** she pays 5 percent of her salary in national insurance contributions
◇ *vi* -1. *(pagar)* to contribute; **los trabajadores tienen que ~ a la seguridad social** employees have to pay Social Security contributions -2. BOLSA **~ en bolsa** to be quoted o listed on the Stock Exchange; **sus acciones cotizan a 10 euros** their shares are quoted at 10 euros
◆ **cotizarse** *vpr* -1. *(estimarse)* to be valued o prized; **el conocimiento de idiomas se cotiza mucho** a knowledge of foreign languages is considered extremely important -2. *(cotizarse a 20 euros (producto)* to sell for 20 euros, to fetch 20 euros; *(bonos, valores)* to be quoted at 20 euros; **el dólar se cotiza a un euro** one dollar is worth one euro

coto *nm* -1. *(vedado)* preserve; *Fig* **poner ~ a** to put a stop to ❑ **~ de caza** game preserve; **~ de pesca** fishing preserve; **~ privado** *(en letrero)* private property -2. *Andes, CAm, Carib, RP (bocio)* goitre

cotón *nm Am* -1. *(tela)* cotton -2. *(camisa)* = coarse cotton shirt

cotona *nf* -1. *Am (camisa)* = coarse cotton shirt -2. *Méx (chaqueta)* chamois jacket

cotonete *nm Méx Br* cotton bud, *US* Q-tip®

cotorra *nf* -1. *(ave)* parrot; EXPR *Fam* **hablar como una ~** to talk nineteen to the dozen -2. *Fam (persona)* chatterbox

cotorrear *vi Fam* to chatter

cotorreo *nm Fam* chatter

cotorro *adj Méx* **¡qué ~!** *(¡qué curioso!)* how odd!, how strange!

cotoso, -a, cotudo, -a *adj Andes, RP* goitrous

cotufa *nf* -1. *(aguaturma)* Jerusalem artichoke -2. *(chufa)* tiger nut; EXPR *Fam* **pedir cotufas en el golfo** to ask for the moon -3. *Ven* **cotufas (de maíz)** popcorn

coturno *nm* buskin

COU [kou] *nm Antes (abrev de Curso de Orientación Universitaria)* = one-year course which prepared pupils aged 17-18 for Spanish university entrance examinations

couché [ku'tʃe] *adj* **papel ~** coated (magazine) paper

country[1] ['kauntri] ◇ *adj inv* **estilo ~** country (and western) style
◇ *nm (música)* country (and western) music

country[2] *(pl* **countries**) *nm Arg (barrio)* = luxury suburban housing development

coupé [ku'pe] *nm (automóvil)* coupé

courier ['kurjer] *(pl* **couriers**) *nm* courier

covacha *nf* hovel

covalencia *nf* QUÍM covalency, *US* covalence

covalente *adj* QUÍM covalent

coxal ◇ *adj* hip; **fractura ~** hip fracture
◇ *nm (hueso)* hip bone

coxalgia *nf* MED coxalgia

coxis *nm inv* coccyx

coyol *nm CAm, Méx* wine palm

coyotaje *nm Méx Fam* wheeling and dealing

coyote *nm* -1. *(animal)* coyote -2. *Méx Fam (en la frontera)* = person who guides illegal immigrants across the border into the USA -3. *Méx Fam (intermediario)* fixer, middleman

coyotear *vi Méx Fam* to wheel and deal

coyotero *nm Méx (perro)* = dog trained to hunt coyotes

coyunda *nf* -1. *(correa)* = strap for yoking oxen -2. *Fam (matrimonio)* yoke

coyuntura *nf* -1. *(situación)* situation; **la ~ económica** the economic situation; **en la ~ actual no es posible hablar de expansión** in the way things are at the moment, it's impossible to talk of expanding; **aprovechó la ~ para solicitar un préstamo** he took advantage of the opportunity to ask for a loan -2. *(articulación)* joint

coyuntural *adj* temporary, provisional

coz *nf* -1. *(patada)* kick; **dar** o **pegar** o **tirar coces** to kick; EXPR *Fam* **tratar a alguien a coces** to treat sb like dirt -2. *(pulla)* rude o nasty remark; **soltar una ~ a alguien** to be rude o nasty to sb

C.P., cp *(abrev de código postal) Br* postcode, *US* zip code

cps INFORMÁT *(abrev de caracteres por segundo)* cps

CPU *nf* INFORMÁT *(abrev de Central Processing Unit)* CPU

Cra., cra. *(abrev de carrera)* street, = name of certain streets

crac *(pl* **cracs**) *nm* FIN crash

crack [krak] *(pl* **cracks**) *nm* -1. *(estrella)* star, superstar -2. FIN crash ❑ HIST **el ~ del 29** the Wall Street Crash -3. *(droga)* crack

cracker ['kraker] *(pl* **crackers**) *nmf* Fam INFORMÁT cracker

Cracovia *n* Cracow, Krakow

crampón *nm* crampon

craneal, craneano *adj* cranial

cráneo *nm* skull, *Espec* cranium; EXPR *Fam* **ir de ~** to be at full stretch; EXPR *Fam* **romperse el ~** *(pensando)* to rack one's brains

craneoencefálico, -a *adj* MED **traumatismo ~** (severe) head injuries

craneofacial *adj* MED craniofacial

craneología *nf* craniology

crápula ◇ *nmf* -1. *(libertino)* libertine -2. *Am (mala persona)* scoundrel, swine
◇ *nf (libertinaje)* dissipation, debauchery

crapuloso, -a *adj (libertino)* debauched

craquear *vt* QUÍM to crack

craqueo *nm* QUÍM cracking

crash [kraʃ] *nm inv* FIN crash ❑ HIST **el ~ del 29** the Wall Street Crash

craso, -a *adj* -1. *(grave) (error)* serious; *(ignorancia)* astonishing -2. *(grueso)* fat

cráter *nm* crater ❑ **~ lunar** lunar crater

crawl [krol] *nm* DEP crawl; **nadar a ~** to do the crawl

crayola® *nf Urug* crayon

crayón *nm Méx, Arg* crayon

creación *nf* -1. *(acción)* creation; **la ~ de empleo** job creation; **la ~ de riqueza** the creation of wealth; **la ~ artística** artistic creativity; **~ literaria** *(materia)* creative writing; **su objetivo es la ~ a largo plazo de una sociedad más justa** their long-term aim is to create a fairer society
-2. *(resultado)* creation; **una de las últimas creaciones del escultor belga** one of the Belgian sculptor's latest creations
-3. **la Creación** *(el mundo)* Creation

creacionismo *nm* creationism

creacionista ◇ adj creationist
  ◇ nmf creationist
creador, -ora ◇ adj creative
  ◇ nm,f creator; **fue uno de los grandes creadores de este siglo** he was one of the great creative geniuses of this century ❑ **~ gráfico** creator (of cartoon etc); BOLSA **~ de mercado** market maker; **~ de moda** fashion designer
  ◇ nm REL **el Creador** the Creator
crear ◇ vt **-1.** (hacer, producir, originar) to create; **~ empleo/riqueza** to create jobs/wealth; **han creado un nuevo ministerio para él** they have created a new ministry for him; **me crea muchos problemas** it gives me a lot of trouble, it causes me a lot of problems; **Picasso creó escuela** Picasso's works have had a seminal influence
  -2. (inventar) to invent; (poema, sinfonía) to compose, to write; (cuadro) to paint
  -3. (fundar) to found
  ◆ **crearse** vpr (inventarse) **se ha creado un mundo de fantasía** he lives in his own little world; **se crea problemas él solo** he imagines problems where there aren't any
creatina nf creatine
creatividad nf creativity
creativo, -a ◇ adj creative
  ◇ nm,f **~ (de publicidad)** copywriter, creative
crecepelo nm hair tonic o restorer
crecer [46] ◇ vi **-1.** (persona, planta, pelo, ciudad) to grow **-2.** (días, noches) to grow longer **-3.** (río, marea) to rise **-4.** (aumentar) (desempleo, inflación) to rise, to increase; (valor) to increase; (rumores) to spread; (descontento, interés) to grow **-5.** (la Luna) to wax
  ◆ **crecerse** vpr to become more self-confident; **crecerse ante las dificultades** to thrive on adversity; **el equipo se creció tras marcar el gol** the team grew in confidence after scoring the goal; **el artista se creció con los aplausos del público** the artist grew in confidence in response to the audience's applause
creces: con creces loc adv **le devolvieron con ~ el dinero que les prestó** they paid back the money he lent them with interest; **los italianos nos superan con ~** the Italians are a lot better than us; **es el mejor con ~** he is by far the best; **la oferta supera con ~ a la demanda** supply far exceeds demand; **las temperaturas sobrepasaron con ~ los 40 grados** temperatures soared into the 40s; **cumplió con ~ el trabajo que se le encargó** he more than fulfilled the task he had been given; **superó con ~ el examen de ingreso** she sailed through the entrance exam
crecida nf **la ~ desbordó el cauce del río** the rise in the water level caused the river to burst its banks; **las crecidas anuales del Nilo** the annual flooding of the Nile
crecido, -a adj **-1.** (cantidad) large **-2.** (hijo) **tu hijo está muy ~** (físicamente) hasn't your son grown!; (maduro) your son's so grown-up now! **-3.** (río) high; **el río baja muy ~ a la altura del puente** the river is very high where the bridge is
creciente adj **-1.** (seguridad, confianza) growing **-2.** (luna) crescent, waxing
crecimiento nm **-1.** (de persona, planta, pelo) growth **-2.** (de empleo, inflación) rise, increase; (de valor) increase; (de precios) rise; (de descontento, interés) growth; **un ~ del 15 por ciento** a 15 percent increase ❑ **~ cero** zero growth; **~ económico** economic growth; **~ de la población** population growth; **~ sostenible** sustainable growth; **~ vegetativo** population growth
credencial ◇ adj accrediting
  ◇ nf **-1.** (documento identificador) pass; **credenciales (diplomáticas)** credentials **-2.** Arg, Chile, Méx (carné) card ❑ **~ de socio** membership card
credibilidad nf credibility

crediticio, -a adj credit; **entidad crediticia** credit institution, lender
crédito nm **-1.** (préstamo) loan; **pedir un ~** to ask for a loan; **(comprar algo) a ~** (to buy sth) on credit ❑ Méx **~ de avío** agricultural loan; **~ bancario** bank loan; **~ blando** soft loan; **~ comercial** business loan; **~ al consumo** consumer credit; **~ de empalme** bridging loan; **~ a la exportación** export credit; **~ hipotecario** mortgage (loan); **~ oficial** official credit; **~ personal** personal loan; **~ preferencial** preferential credit; **~ provisional** bridging loan; **~ puente** bridging loan; **~ renovable** revolving credit; **~ vivienda** mortgage
  -2. (cantidad de dinero) credit
  -3. (plazo de préstamo) credit
  -4. (en tienda) credit; **en esta tienda tengo ~** they give me credit in this shop
  -5. (confianza) trust, belief; **digno de ~** trustworthy; **dar ~ a algo** to believe sth; **¡no doy ~ a mis oídos!** I can't believe my ears!
  -6. (fama) standing, reputation
  -7. (en universidad) credit
  -8. CINE **créditos** credits
credo nm **-1.** (religioso) **el ~** the Creed **-2.** (ideológico, político) credo, creed
credulidad nf credulity
crédulo, -a ◇ adj credulous, gullible
  ◇ nm,f credulous o gullible person
creencia nf belief; **cada cual es libre de tener sus creencias** everyone is entitled to their own opinion; **es una ~ popular** it's a commonly held belief
creer [37] ◇ vt **-1.** (estar convencido de) to believe; **no te creo** I don't believe you; **no creas nada de lo que te cuenten** don't believe a word they say; **créeme, sólo quería ayudar** believe me o honestly, I only wanted to help; **no puedo ~ lo que ven mis ojos** I can't believe my eyes; **no puedo ~ lo que estoy oyendo** I can't believe my ears o what I'm hearing; **hay que verlo para creerlo** it has to be seen to be believed; **¡ya lo creo que iré!** of course I'll go!, you bet I'll go!; Irónico **¿nos puedes ayudar a subir el piano? – ¡ya lo creo!** could you help us carry the piano upstairs? – oh sure, I'd just love to!; EXPR **~ algo a pies juntillas** to believe sth blindly
  -2. (suponer, pensar) to think; **creo que sí** I think so; **creo que no** I don't think so; **no creo que pueda ir con vosotros** I don't think I can go with you; **¿vendrás a la fiesta? – no creo** are you going to the party? – I don't think so; **creo que va a hacer calor** I think it's going to be hot; **creo que te equivocas** I think you're mistaken; **creo no equivocarme** I believe I'm right, I don't think I'm wrong; **creí oír un llanto** I thought I heard someone crying; **creo que ha sido Sara** I think it was Sara; **creo que está vivo** I think he's alive, I believe him to be alive; **¿crees que lo conseguiremos?** do you think we'll achieve it?, do you expect us to achieve it?; **creo recordar que no es la primera vez que lo hace** I seem to remember it's not the first time she's done it; **no te vayas a ~ que soy siempre así** don't think o imagine I'm always like this; **no la creía tan simpática** I didn't think she was so nice; **¡quién lo hubiera creído!** who would have thought it!; **se llama Juan, creo** he's called Juan, I think; **están muy afectados, ¿no crees?** they seem very upset, don't you think?
  -3. (estimar) to consider, to regard; **le creo capaz** I consider him competent; **~ a alguien capaz de hacer algo** to believe sb to be capable of doing sth
  ◇ vi to believe **(en** in); **no cree, es ateo** he's not a believer, he's an atheist; **~ en Dios** to believe in God; **no cree en la monarquía** he doesn't believe in monarchy; **mis hijos no creen en Papá Noel** my children don't believe in Father Christmas; **creo en tu honestidad** I believe

you're being honest; **según creo** to the best of my knowledge; **debe ser bastante interesante – no creas,...** it must be very interesting – far from it o don't you believe it,...
  ◆ **creerse** vpr **-1.** (considerarse) to believe oneself to be; **se cree Dios** he thinks he's God; **se creen muy inteligentes** they think they're very intelligent; **¿qué te has creído, que soy tu esclava?** do you think I'm your slave or something?; **¿pero tú quién te has creído que eres?** just who do you think you are?; **invítame a una cerveza – ¡que te lo has creído** o **que te crees tú eso!** buy me a beer – get real o you must be joking!; Fam **es un buen jugador pero se lo cree mucho** he's a good player but he's very full of himself o Br he really fancies himself
  -2. (dar por cierto) to believe completely; **no me lo creo** o **puedo ~** I can't o don't believe it; **aunque no te lo creas, es una buena persona** she's a good person, whatever you think, you may not think so, but she's a good person; **no te creas, parece travieso pero es un buen chaval** not really, I know he seems naughty, but he's a good lad; **se cree todo lo que lee** he believes o swallows everything he reads; **eso no te lo crees ni tú** surely even you can't believe that; **no te creas que es tan fácil** don't imagine it's as easy as that, it isn't that simple; **¡no te vas a ~ quién nos visitó ayer!** you'll never guess o believe who visited us yesterday!
creíble adj credible, believable
creído, -a Fam ◇ adj conceited; **se lo tiene muy ~** he's very full of himself, Br he really fancies himself
  ◇ nm,f **es un ~** he's a bighead
crema ◇ nf **-1.** (sustancia pastosa) cream ❑ **~ de afeitar** shaving cream; **~ dental** toothpaste; **~ depilatoria** hair remover; **~ facial** face cream; **~ hidratante** moisturizer; **~ de manos** hand cream; **~ para la piel** skin cream; **~ solar** sun cream; **~ para zapatos** shoe polish
  -2. (sopa) cream ❑ **~ de espárragos** cream of asparagus (soup); **~ de marisco** seafood bisque
  -3. (dulce) **~ (pastelera)** confectioner's custard ❑ **~ de cacahuete** peanut butter; **~ catalana** = custard dessert covered with caramelized sugar, ≃ crème brûlée
  -4. (de leche) cream ❑ Am **~ agria** sour cream; Am **~ batida** whipped cream; Am **~ chantillí** o **chantilly** whipped cream; Am **~ doble** single cream; Am **~ líquida** single cream; Urug **~ rusa** sour cream
  -5. la ~ de... (lo mejor de) the cream of...; **la ~ del mundo literario** the cream of the literary world
  ◇ adj inv cream; **color ~** cream(-coloured)
cremación nf cremation
cremallera nf **-1.** (para cerrar) Br zip (fastener), US zipper **-2.** TEC rack
cremar vt to cremate
crematístico, -a adj financial
crematorio, -a ◇ adj **horno ~** crematorium (furnace), cremator
  ◇ nm crematorium
crémor nm **~ (tártaro)** cream of tartar
cremosidad nf creaminess
cremoso, -a adj creamy
creosota nf creosote
creosotar vt to creosote
crepa nf Méx (torta) crêpe
crepe, crêpe, crepé, ◇ nm **-1.** (tela) crêpe ❑ **~ de la China** crêpe de Chine **-2.** (goma) crêpe (rubber) **-3.** Am (papel) crêpe paper
  ◇ nf (torta) crêpe
crepería nf creperie, pancake house
crepitación nf (chasquido) crackling; (de huesos) crepitus
crepitar vi to crackle
crepuscular adj crepuscular, twilight; **luz ~** twilight
crepúsculo nm (al amanecer) first light; (al anochecer) twilight, dusk; **en el ~ de su vida** in his twilight years

crescendo [kre'ʃendo] nm crescendo; **in ~ growing**; **la tensión sigue in ~** tension continues to mount

creso Formal ⋄ adj **rico y ~** extremely wealthy
⋄ nm **ser un ~** to be extremely wealthy

crespo, -a adj tightly curled, frizzy

crespón nm -1. (tela) crepe ❑ **~ de la China** crêpe de Chine -2. (en señal de luto) (brazalete) mourning band; (en bandera) = piece of black cloth on a flag as a sign of mourning

cresta nf -1. (de ave) crest; (de gallo) comb -2. (peinado punk) Mohican -3. (de ola, montaña) crest; EXPR **estar en la ~ (de la ola)** to be riding high -4. **~ de gallo** (planta) cockscomb

crestería nf ARQUIT (de un edificio) cresting; (de una fortificación) crenellations, battlements

Creta n Crete

creta nf chalk

cretáceo, -a, cretácico, -a GEOL ⋄ adj Cretaceous
⋄ nm **el ~** the Cretaceous (period)

cretense ⋄ adj Cretan
⋄ nmf Cretan

cretinismo nm (enfermedad) cretinism

cretino, -a ⋄ adj -1. Fam (necio) cretinous -2. (enfermo) cretinous
⋄ nm,f -1. Fam (necio) cretin -2. (enfermo) cretin

cretona nf (tejido) cretonne

creyente ⋄ adj **ser ~** to be a believer
⋄ nmf believer; **no ~** nonbeliever

creyera etc ver **creer**

creyó etc ver **creer**

crezco etc ver **crecer**

cría nf -1. (hijo del animal) **crías** young; **~ de ave** chick; **~ de león** lion cub -2. (camada) litter -3. (crianza) (de animales) breeding; (de plantas) growing

criadero nm -1. (de animales) farm (breeding place); (de árboles, plantas) nursery; **un ~ de ratas** a breeding ground for rats ❑ **~ canino** kennels, dog breeders; **~ de ostras** oyster bed -2. MIN mine

criadilla nf -1. (testículo) testicle -2. **~ de tierra** truffle

criado, -a nm,f servant, f maid

criador, -ora nm,f (de animales) breeder; (de plantas) grower

críalo nm great spotted cuckoo

criandera nf Andes, CAm, Carib wet nurse

crianza nf -1. (de bebé) nursing, breastfeeding -2. (de animales) breeding, rearing -3. (del vino) ageing; **vino de ~** vintage wine -4. (educación) breeding

criar [32] ⋄ vt -1. (amamantar) (sujeto: mujer) to breast-feed; (sujeto: animal) to suckle
-2. (animales) to breed, to rear; (flores, árboles) to grow
-3. (producir) (musgo, humedad) **el muro ha criado mucho musgo** there's a lot of moss growing on the wall
-4. (vino) to mature
-5. (educar) to bring up; **niño mal criado** spoilt child; PROV **cría cuervos (y te sacarán los ojos): con todo lo que le he ayudado, ahora no quiere ayudarme a mí – sí, cría cuervos (y te sacarán los ojos)** after all the times I've helped him, now he won't help me – yes, some people are just so ungrateful

◆ **criarse** vpr -1. (crecer) to grow up; (educarse) to be educated; **el cachorro se crió en cautividad** the cub was reared in captivity; **nos criaron en el respeto a los demás** we were brought up to respect others
-2. (reproducirse) to breed

criatura nf -1. (niño) child; (bebé) baby; **la ecografía no permitió determinar el sexo de la ~** they weren't able to determine the sex of the baby from the scan -2. (ser vivo) creature -3. (ser fantástico) creature

criba nf -1. (tamiz) sieve; EXPR Fam **estar hecho una ~** to be full of holes -2. (selección) **en la primera ~ eliminaron a diez candidatos** they weeded out ten candidates in the first round of the selection process; **hicieron una ~ de los proyectos y eligieron el suyo** they sifted through the projects and chose his

cribado nm sieving

cribar vt -1. (con tamiz) to sieve -2. (seleccionar) to screen out, to select

cric (pl **crics**) nm jack ❑ **~ de tornillo** screw jack, jackscrew

cricket ['kriket] nm cricket

Crimea n Crimea; HIST **la guerra de ~** the Crimean war

crimen nm -1. (delito) crime (serious); **el autor del ~** (de asesinato) the murderer; **cometer un ~** to commit a crime ❑ **~ de Estado** state crime; **~ de guerra** war crime; **~ contra la humanidad** crime against humanity; **~ organizado** organized crime; **~ pasional** crime of passion
-2. Fam (cosa horrible) **es un ~ derrochar tanto dinero en una fiesta** it's criminal to spend so much money on a party; **¡ese corte de pelo es un ~!** that haircut is awful o criminal!; **sería un ~ dejar al bebé solo** it would be criminal o a crime to leave the baby on its own

criminal ⋄ adj -1. (del crimen) criminal -2. Fam (horrible) criminal
⋄ nmf criminal ❑ **~ de guerra** war criminal

criminalidad nf -1. (cualidad) criminality -2. (número de crímenes) crime rate; **se ha producido un descenso de la ~** the crime rate has gone down; **medidas para combatir la ~** measures to combat o fight crime

criminalista ⋄ adj criminal; **abogado ~** criminal lawyer
⋄ nmf criminal lawyer

criminalizar vt to criminalize

criminología nf criminology

criminólogo, -a nm,f criminologist

crin nf -1. (pelo) mane; **las crines de un caballo** a horse's mane; **cepillo de ~** horsehair brush -2. (material) esparto; **guante de ~** loofah mitt

crinolina nf crinoline

crío, -a nm,f (niño) kid; **esperan el ~ para diciembre** the baby is due in December; **mi abuelo está hecho un ~** my grandfather doesn't look his age at all; **no te preocupes, son cosas de críos** don't let it bother you, it's not worth worrying about; **¡no seas ~!** don't be such a baby!, don't be so childish!

criobiología nf cryobiology

criocirugía nf cryosurgery

crioconservación nf cryopreservation

criodeshidratación nf freeze-drying, Espec lyophilization

criogenia nf cryogenics (singular)

criogénico, -a adj cryogenic

criogenización nf cryogenic freezing

criogenizar vt to freeze cryogenically

criollismo nm (vocablo) = word or expression indigenous to Latin America

criollo, -a ⋄ adj -1. (persona) born in Latin America to European parents; **sus dos hijas menores son criollas** her two younger daughters were born in Latin America -2. (objeto, cultura) local (native to Latin America as opposed to foreign); **al poco tiempo de llegar adoptaron las costumbres criollas** shortly after arriving, they began to adopt the local customs -3. (comida, lengua) creole
⋄ nm,f -1. (persona) = person born in Latin America to European parents -2. EXPR Perú, PRico, RP **hacer algo a la ~** to do sth informally
⋄ nm (idioma) creole; EXPR Am **hablar en ~** to speak plainly, to speak in plain Spanish

---
CRIOLLO

The term **criollo** (creole) was first used in the 16th century. It meant a descendant of European colonizers (as opposed to a native or African) born in the New World to Spaniards but without the full legal, political or social status of a person born in Spain. The word has acquired different meanings since then in different regions. It can now mean "national" as opposed to "from abroad", referring to anything from people to animal breeds, and can be translated as "Mexican", "Venezuelan" or whatever the relevant nationality may be.

---

criónica nf cryonics (singular)

criopreservación nf cryopreservation

crioterapia nf cryotherapy

cripta nf crypt

crípticamente adv cryptically

críptico, -a adj (mensaje, comentario) cryptic; **no me gusta su manera críptica de hablar** I don't like the way he never says exactly what he means

criptoanálisis nm inv cryptanalysis

criptografía nf cryptography

criptográfico, -a adj cryptographic

criptógrafo, -a nm,f cryptographer

criptograma nm cryptogram

criptón nm QUÍM krypton

críquet nm cricket

crisálida nf chrysalis

crisantemo nm chrysanthemum

crisis nf inv -1. (situación difícil) crisis; **la ~ del petróleo** the oil crisis; **la ~ del matrimonio** the crisis affecting the institution of marriage; **la ~ en el mercado de valores** the stock market crisis; **estar en ~** to be in crisis; **atravesar una crisis** to go through a crisis; **entrar en una época de ~** to go into crisis, to enter a period of crisis ❑ **~ económica** economic crisis, recession; **~ energética** energy crisis; **~ financiera** financial crisis; **~ de identidad** identity crisis; **~ ministerial** cabinet crisis; HIST **la ~ de los misiles** (en Cuba) the Cuban Missile Crisis
-2. (médica) crisis ❑ **~ cardíaca** cardiac arrest; **~ epiléptica** epileptic attack; **~ nerviosa** nervous breakdown

crisma[1] nf (cabeza) Fam nut, Br bonce; **romperle la ~ a alguien** to smash sb's face in; **romperse la ~** to bash one's head

crisma[2] nm (bálsamo) chrism

crisma[3], **crismas** nm inv Esp Christmas card

crisol nm -1. (de metales) crucible -2. (lugar donde se mezclan cosas) melting pot

crisólito nm chrysolite

crispación nf, **crispamiento** nm -1. (de nervios) tension; **se le nota su ~** you can see her nerves are on edge; **las negociaciones se desarrollaron en un clima de ~** the talks took place in an atmosphere of tension -2. (de músculos) tenseness

crispado, -a adj (músculo) tense; (puño) clenched

crispante adj nerve-racking

crispar ⋄ vt -1. (nervios) to set on edge; **este trabajo me crispa los nervios** this work sets my nerves on edge; **su actitud crispa a los que la rodean** her attitude gets on the nerves of everyone around her -2. (músculos) to tense; (puño) to clench

◆ **crisparse** vpr -1. (persona) to get annoyed -2. (músculo) to become tense; **se le crisparon las manos** he clenched his fists

crispetas nfpl Col popcorn

cristal nm -1. Esp (material) glass; **el suelo está lleno de cristales** there's glass all over the floor ❑ **~ ahumado** smoked glass; **~ blindado** bullet-proof glass; **~ esmerilado** ground glass; **~ inastillable** splinter-proof glass; **~ labrado** cut glass; **~ tintado** tinted glass
-2. (vidrio fino) crystal ❑ **~ de Murano** Venetian glass; **~ tallado** cut glass
-3. (de gafas) lens; Esp (lámina) (de ventana) (window) pane; Esp **bajar el ~** (ventanilla) to open o roll down the window; EXPR **todo depende del ~ con el que se mire** it all depends how you look at it ❑ **~ de aumento** magnifying lens
-4. (mineral) crystal ❑ **~ de cuarzo** quartz crystal; **~ líquido** liquid crystal; **~ de roca** rock crystal
-5. Esp (espejo) mirror

cristalazo nm Méx **-1.** (de auto) **le dieron un ~ al carro y se robaron la radio** they smashed our car window and stole the stereo (through it) **-2.** (de tienda) smash-and-grab raid

cristalera nf **-1.** (puerta) French window **-2.** (ventana) large window **-3.** (armario) display cabinet

cristalería nf **-1.** (vasos, copas) set of glasses **-2.** (tienda) glazier's (shop) **-3.** (fábrica) glassworks (singular)

cristalero, -a ◇ nm,f glazier
◇ nm RP display cabinet

cristalino, -a ◇ adj crystalline
◇ nm crystalline lens

cristalización nf **-1.** (compuesto) crystallization **-2.** (de plan, negociaciones) coming to fruition

cristalizar [14] ◇ vi **-1.** (compuesto) to crystallize **-2.** (plan, negociaciones) to come to fruition; **un proyecto que no llegó a ~** a project that never resulted in anything concrete; **~ en** to result in
◆ **cristalizarse** vpr **-1.** (compuesto) to crystallize **-2. cristalizarse en** (plan, negociaciones) to develop into

cristalografía nf crystallography
cristaloide nm crystalloid
cristero, -a Méx ◇ adj Cristero, = relating to the "Cristero" rebellion
◇ nm,f Cristero, = supporter of the conservative Catholic rural rebellion (1926-9) against the Mexican government's secular policies

cristianamente adv as a good Christian, in a Christian way
cristiandad nf Christianity
cristianismo nm Christianity
cristianización nf Christianization, conversion to Christianity
cristianizar [14] vt to Christianize, to convert to Christianity
cristiano, -a ◇ adj Christian
◇ nm,f **-1.** (religioso) Christian; EXPR Fam **esto no hay ~ que lo soporte** this is more than flesh and blood can stand; EXPR Fam **hablar en ~** (en castellano) to speak (proper) Spanish; (en lenguaje comprensible) to speak clearly; EXPR **no estar** o **andar muy ~** (estar de mal humor) not to be in the best of moods; (encontrarse mal) to be a bit out of sorts ❑ HIST **~ nuevo** person converted to Christianity as an adult; HIST **~ viejo** = person with no Moorish, Jewish or non-Christian ancestry
-2. CAm (bonachón) good soul

cristino, -a nm,f HIST = supporter of Isabel II under the regency (1833-1840) of her mother María Cristina de Borbón against the pretender Don Carlos

Cristo nm **-1.** (Jesucristo) Christ; EXPR **armar un ~** to kick up a fuss; EXPR Fam **donde ~ dio las tres voces** o **perdió el gorro** in the back of beyond; EXPR Fam **estar hecho un ~** to be a pitiful sight; Fam **se cayó de la bici y se puso como un ~** he fell off his bike and ended up looking a real mess; Fam **ni ~** (nadie) absolutely nobody, not a soul; Fam **todo ~** (todo el mundo) absolutely everyone
-2. (crucifijo) crucifix

Cristóbal n pr **San ~** St Christopher; **~ Colón** Christopher Columbus
cristofué nm great kiskadee
criterio¹ nm **-1.** (norma) criterion; **¿con qué ~ se efectuó esa selección?** on what basis was this selection made?; **celebraron una reunión para unificar criterios** they held a meeting to agree on their criteria ❑ UE **criterios de convergencia** convergence criteria; UE **criterios de Maastricht** Maastricht criteria
-2. (juicio) judgement; **es una persona de mucho ~** she has very good o sound judgement; **decidió con buen ~ no seguir con el experimento** he wisely decided not to continue with the experiment
-3. (opinión) opinion; **según mi ~, no ha hecho un buen trabajo** in my opinion, he has not done a good job; **sus diferencias de ~ son evidentes** they have clear differences of opinion

criterio², critérium nm DEP criterium
crítica nf **-1.** (juicio, análisis) review; **esa novela ha recibido muy buenas críticas** that novel has had very good reviews ❑ **~ cinematográfica** film o movie criticism; **~ literaria** literary criticism
-2. (conjunto de críticos) **la ~** the critics
-3. (ataque) criticism; **le han llovido muchas críticas** he has received a barrage of criticism; **lanzó duras críticas contra el proyecto** she severely criticized the project
criticable adj **la actitud del gobierno es ~** the government's attitude is open to criticism; **difícilmente ~** hard to criticize
criticar [59] vt **-1.** (censurar) to criticize **-2.** (enjuiciar) (literatura, arte) to review
criticastro, -a nm,f Fam Pey hack critic
crítico, -a ◇ adj **-1.** (estudio, análisis, actitud) critical; **es un informe muy ~ con la policía** the report is very critical of the police **-2.** (decisivo) critical; **el enfermo está en estado ~** the patient is in a critical condition; **está en una edad crítica** he is at a critical age
◇ nm,f (persona) critic ❑ **~ de arte** art critic; **~ de cine** movie o Br film critic; **~ cinematográfico** movie o Br film critic; **~ literario** literary critic; **~ teatral** theatre critic; **~ de teatro** theatre critic
criticón, -ona ◇ adj nit-picking, hypercritical; **no seas tan ~** don't be so nit-picking, stop criticizing all the time
◇ nm,f nit-picker; **es un ~** he finds fault with everything, he does nothing but criticize

Croacia n Croatia
croar ◇ vi to croak
◇ nm croaking
croata ◇ adj Croatian
◇ nmf Croat, Croatian
CROC [krok] nf (abrev de **Confederación Revolucionaria Obrera y Campesina**) = Mexican peasants federation
crocante ◇ adj RP crunchy
◇ nm (guirlache) almond brittle
crocanti nm (helado) = ice cream covered in chocolate and nuts
croché, crochet [kro'tʃe] (pl **crochets**) nm **-1.** (labor) crochet; **hacer ~** to crochet; **una colcha de ~** a crocheted bedspread **-2.** (en boxeo) hook
croissant [krwa'san] (pl **croissants**) nm croissant
croissantería [krwasante'ria] nf = shop selling filled croissants
crol nm DEP crawl; **nadar a ~** to do the crawl
cromado ◇ adj chromium-plated
◇ nm chromium-plating
Cromañón nm Cro-Magnon
cromar vt to chrome, to chromium-plate
cromático, -a adj **-1.** (de los colores) chromatic **-2.** (en óptica) chromatic **-3.** MÚS chromatic
cromatismo nm **-1.** (de artista) use of colour **-2.** (en óptica) chromaticity **-3.** MÚS chromaticism
cromatografía nf QUÍM chromatography ❑ **~ de gases** gas chromatography
crómlech, crónlech (pl **crómlechs, crónlechs**) nm stone circle
cromo nm **-1.** (metal) chrome **-2.** Esp (estampa) picture card; **un ~ repetido** a swap; EXPR Fam **ir hecho un ~** (desaliñado) to look a real mess; (muy arreglado) to be dressed up to the nines
cromolitografía nf **-1.** (arte) chromolithography **-2.** (estampa) chromolithograph
cromosfera nf chromosphere
cromosoma nm chromosome ❑ **~ sexual** sex chromosome
cromosómico, -a adj chromosomal
cromoterapia nf colour therapy
crónica nf **-1.** (de la historia) chronicle **-2.** (de un periódico) column; (de la televisión) feature, programme; **la ~ deportiva** the sports news o report; Am **la ~ roja** the crime reports

crónico, -a adj **-1.** (enfermedad, problema) chronic **-2.** Fam (vicio) ingrained; **es un perezoso/mentiroso ~** he's a hopeless layabout/liar
cronicón nm = brief, usually anonymous, chronicle
cronista nmf **-1.** (historiador) chronicler **-2.** (en periódico) writer; (en televisión) reporter
crónlech = **crómlech**
crono nm Esp DEP **-1.** (tiempo) time; **hizo el mejor ~ de todos los participantes** she did the best time of all the competitors **-2.** (cronómetro) stopwatch
cronoescalada nf DEP time-trial climb
cronología nf chronology
cronológicamente adv chronologically, in chronological order
cronológico, -a adj chronological; **en orden ~** in chronological order
cronólogo, -a, nm,f, **cronologista** nmf chronologist
cronometrador, -ora nm,f timekeeper
cronometraje nm timekeeping
cronometrar vt to time
cronométrico, -a adj **es de una puntualidad cronométrica** he's extremely punctual
cronómetro nm **-1.** DEP stopwatch **-2.** TEC chronometer
cróquet nm croquet
croqueta nf croquette
croquis nm inv sketch
cross [kros] nm inv DEP **-1.** (carrera) cross-country race **-2.** (deporte) cross-country (running)
crótalo nm **-1.** (serpiente) rattlesnake **-2. crótalos** (castañuelas) castanets
croto, -a nm,f RP Fam twit, idiot
croupier [kru'pjer] (pl **croupiers**) nm croupier
cruasán nm croissant
cruasantería nf = shop selling filled croissants
cruce ◇ ver **cruzar**
◇ nm **-1.** (de líneas) crossing, intersection; (de carreteras) crossroads (singular); **gira a la derecha en el próximo ~** turn right at the next junction
-2. (paso) crossing; **pasa al otro lado por el ~** use the crossing to cross the road; **un ~ fronterizo** a border crossing
-3. (de animales, plantas) cross; **un ~ de fox-terrier y chihuahua** a cross between a fox terrier and a chihuahua
-4. (de teléfono) crossed line; **hay un ~ en la línea** we've got o there's a crossed line
-5. (en fútbol) crossfield ball o pass
-6. (en competición deportiva) round (in knock-out competition); **les tocó el ~ más difícil** they got the toughest draw
cruceiro nm Antes (moneda) cruzeiro
crucero nm **-1.** (viaje) cruise; **hacer un ~** to go on a cruise **-2.** (barco) (battle) cruiser **-3.** (de iglesias) crossing **-4.** (cruz de piedra) stone cross **-5.** Méx (cruce) (viario) crossroads; (ferreo) Br level crossing, US grade crossing
cruceta nf **-1.** (de una cruz) crosspiece **-2.** (en fútbol) angle (of crossbar and goalpost) **-3.** NÁUT crosstree
crucial adj crucial
crucífero, -a adj Formal cruciferous
crucificado, -a ◇ adj crucified
◇ nm REL **el Crucificado** Jesus Christ
crucificar [59] vt **-1.** (en una cruz) to crucify **-2.** (atormentar) to torment
crucifijo nm crucifix
crucifixión nf crucifixion
cruciforme adj cruciform
crucigrama nm crossword (puzzle) ❑ **~ críptico** cryptic crossword
crucigramista nmf crossword compiler
cruda nf Guat, Méx Fam hangover
crudeza nf **-1.** (de clima) harshness; **con ~** harshly **-2.** (de descripción, imágenes) brutality, harsh realism; **describe la ~ de la guerra con gran realismo** she describes the brutality of war very realistically; **le contestó con una ~ inesperada** he replied with unexpected harshness

crudo, -a ◇ adj **-1.** (seda, algodón) raw
-2. (alimentos) (sin cocinar) raw; (sin cocer completamente) undercooked
-3. (petróleo) crude
-4. (clima, tiempo) harsh
-5. (realidad) harsh; (novela) harshly realistic, hard-hitting
-6. (cruel) cruel
-7. (color) beige
-8. Fam (difícil) **en estos momentos está muy ~ encontrar trabajo** it's really tough to find a job just now; **lo tiene ~ si piensa que lo voy a invitar** he's in for a big disappointment if he thinks I'm inviting him
-9. Guat, Méx Fam (con resaca) hung over
◇ nm **-1.** (petróleo) crude (oil)
-2. Perú (arpillera) sacking
cruel adj **-1.** (persona, acción) cruel; **fuiste muy ~ con ella** you were very cruel to her **-2.** (dolor) excruciating, terrible **-3.** (clima) harsh **-4.** (duda) terrible
crueldad nf **-1.** (de persona, acción) cruelty; **mostró una ~ inusitada** he displayed extraordinary cruelty **-2.** (acción cruel) act of cruelty; **es una ~ abandonar animales** it's cruel to abandon animals **-3.** (del clima) harshness
cruelmente adv cruelly
cruento, -a adj bloody
crujía nf **-1.** (pasillo) passage, corridor **-2.** ARQUIT (entre muros) space (between two load-bearing walls) **-3.** NÁUT midship gangway
crujido nm (de madera) creaking; (de hojas secas) crackling; (de papel) scrunching; (de hueso) cracking; **un ~** (de madera) a creak; (de hojas secas) a crackle; (de papel) a scrunch; (de hueso) a crack; **el ~ de sus pisadas** the crunch of his footsteps
crujiente adj (patatas fritas, nieve) crunchy; (madera) creaky; (hojas secas) rustling; (pan) crusty
crujir vi (patatas fritas, nieve) to crunch; (madera) to creak; (hojas secas) to crackle; (papel) to scrunch; (hueso) to crack; (dientes) to grind
crup nm croup
crupier nm croupier
crustáceo nm crustacean
cruz nf **-1.** (forma) cross; **ponga una ~ en la casilla correspondiente** put a cross in the appropriate box; **la señal de la ~** the sign of the cross; **con los brazos en ~** with one's arms stretched out to the sides; EXPR Fam **hacerse cruces: todavía me hago cruces, ¿cómo pudo ganar?** I still can't get over it, how did he win?; EXPR Fam **hacer ~ y raya** to break off relations; **él y yo, ~ y raya** we're through (with each other) ❏ **~ celta** Celtic cross; **~ gamada** swastika; **~ griega** Greek cross; **~ latina** Latin cross; **~ de Malta** Maltese cross; **la Cruz Roja** the Red Cross; **~ de San Andrés** St Andrew's Cross; **~ de Santiago** cross of Santiago; **la Cruz del Sur** (constelación) the Southern Cross
-2. (condecoración) cross; **~ al mérito militar** military cross
-3. (de una moneda) tails (singular)
-4. Fam (aflicción) burden, torment; **¡tener que madrugar es una ~ para mí!** having to get up early is absolute torture for me!; **¡qué ~!** what a life!
-5. ZOOL withers
cruza nf Am cross, crossbreed
cruzada nf **-1.** HIST crusade; **las Cruzadas** the Crusades **-2.** (lucha) crusade; **una ~ contra el terrorismo** a crusade against terrorism
cruzado, -a ◇ adj **-1.** (cheque, piernas, brazos) crossed **-2.** (atravesado) **hay un árbol ~ en la carretera** there's a tree lying across the road; **se vieron atrapados en el fuego ~** they were caught in the crossfire **-3.** (animal) crossbred **-4.** (abrigo, chaqueta) double-breasted
◇ nm **-1.** HIST crusader **-2.** (en lucha) crusader
cruzamiento nm **-1.** (acción) crossing **-2.** (de animales) crossbreeding

cruzar [14] ◇ vt **-1.** (calle, río) to cross; **cruzó el Atlántico en velero** he sailed across the Atlantic; **nos cruzó al otro lado del río en su barca** he took us across to the other side of the river in his boat; **cruzó el río a nado** she swam across the river; **cruzó la calle corriendo** he ran across the street; **esta carretera cruza varios pueblos** this road goes through several towns; **un río que cruza todo el país** a river that flows the length of the country
-2. (interponer) **cruzaron un autobús para detener el tráfico** they put a bus across the road to stop the traffic
-3. (piernas, brazos) to cross; EXPR **crucemos los dedos** let's keep our fingers crossed
-4. (unas palabras) to exchange
-5. (en fútbol) **marcó cruzando la pelota** he scored with a cross-shot; **cruzó demasiado la pelota** he pulled his shot wide
-6. (animales, plantas) to cross
-7. (cheque) to cross
-8. EXPR Fam **~ la cara a alguien** to slap sb across the face; **como no te estés quieto te voy a ~ la cara** if you don't keep still I'm going to slap you
◆ **cruzarse** vpr **-1.** (atravesarse) to cross; **la A1 no se cruza con la A6** the A1 doesn't meet the A6 at any point; **se cruzaron un guiño** they winked at each other; **se está cruzando una línea** we're getting a crossed line; **cruzarse de brazos** to fold one's arms; Fig (no hacer nada) to stand back and do nothing; EXPR Fam **se le cruzaron los cables** he went mad; **sus caminos se cruzarían varias veces más** their paths were to cross again on several occasions
-2. (interponerse) **se me cruzó un perro y no pude esquivarlo** a dog ran out in front of me and I couldn't avoid it; **una mujer se cruzó entre ellos y acabó con su amistad** a woman came between them and that was the end of their friendship
-3. (personas) **cruzarse con alguien** to pass sb; **ayer me crucé con tu mujer camino trabajo** I saw o met your wife yesterday on the way to work; **si salimos a la misma hora nos cruzaremos en la frontera** if we leave at the same time we'll meet (up) at the border
CSCE nf Antes (abrev de **Conferencia sobre Seguridad y Cooperación en Europa**) CSCE
CSIC [θe'sik] nm (abrev de **Consejo Superior de Investigaciones Científicas**) = Spanish council for scientific research
CSN nm (abrev de **Consejo de Seguridad Nuclear**) = Spanish nuclear energy authority, Br ≃ AEA, US ≃ AEC
CSTAL nf (abrev de **Confederación Sindical de los Trabajadores de América Latina**) = Latin-American trade union confederation
cta. (abrev de **cuenta**) a/c
CTC nf (abrev de **Central de Trabajadores de Cuba**) = Cuban trade union
cte. (abrev de **corriente**) inst.
CTI [sete'i] nm Am (abrev de **centro de tratamiento intensivo**) ICU
ctra. (abrev de **carretera**) Rd
c/u (abrev de **cada uno**) per item
cuac interj (graznido) quack!
cuachalote adj Méx Fam scruffy
cuaderna nf NÁUT rib
cuadernillo nm **-1.** (de periódico) supplement **-2.** IMPRENTA (papel) quinternion
cuaderno nm (libreta) notebook; (de colegial) exercise book ❏ **~ de actividades** activity book; **~ de anillas** ring binder; NÁUT **~ de bitácora** logbook; **~ de dibujo** sketch pad; **~ de espiral** spiral-bound notebook; **~ de notas** notebook
cuadra nf **-1.** (establo) stable **-2.** (conjunto de caballos) stable **-3.** Fam (lugar sucio) pigsty **-4.** Am (en calle) block **-5.** Perú (recibidor) reception room
cuadrada nf MÚS breve
cuadrado, -a ◇ adj **-1.** (figura) square **-2.** MAT square; **metro/kilómetro ~** square metre/kilometre **-3.** Fam (musculoso) muscly; **estar**

~ to be muscly -4. Am (estricto, cerrado) narrow-minded **-5.** Am (torpe) thick, dumb
◇ nm **-1.** (figura) square **-2.** MAT square; **tres (elevado) al ~** three square(d)
cuadrafonía nf quadraphonics
cuadrafónico, -a adj quadraphonic
cuadragésima nf Quadragesima Sunday (first Sunday in Lent)
cuadragésimo, -a núm fortieth; ver también octavo
cuadrangular ◇ adj **-1.** (forma) quadrangular **-2.** DEP **un torneo ~** a quadrangular tournament, a tournament involving four teams
◇ nm Am (en béisbol) home run
cuadrángulo nm quadrangle
cuadrante nm **-1.** (de círculo) quadrant **-2.** (instrumento) quadrant **-3.** (reloj de sol) sundial
cuadrar ◇ vi **-1.** (información, hechos) to square, to agree (**con** with); **hay algo en su explicación que no cuadra** there's something about his explanation that doesn't add up
-2. (números, cuentas) to tally, to add up; **estas cuentas no cuadran** these accounts don't balance; **tus cálculos no cuadran con los míos** your calculations don't tally with mine
-3. (armonizar) **no le cuadra esa ropa** those clothes don't suit him; **ese color no cuadra con la decoración** that colour doesn't go with the decor
-4. (convenir) to suit; **si te cuadra, te recojo a las seis** if it suits you, I'll pick you up at six; EXPR Ven **~ con alguien** to arrange to meet sb
◇ vt **-1.** (dar forma de cuadrado a) to make square, to square off
-2. (cuentas) to balance; **tenemos que ~ los números** we need to make the numbers add up o tally; **están intentado ~ el presupuesto** they're trying to balance the budget
-3. Andes (auto) to park
◆ **cuadrarse** vpr **-1.** (soldado) to stand to attention
-2. TAUROM (toro) to stand square
-3. Esp (ponerse firme) to stand firm, to take a firm stand; **se cuadró y dijo que no iba a seguir tolerando ese comportamiento** he took a firm stand and said he would no longer tolerate such behaviour
-4. Perú, Ven Fam (enfrentarse) **cuadrarse a alguien** to stand up to sb
-5. Andes (estacionarse) to park
-6. CSur (solidarizarse) **cuadrarse con alguien** to stand by sb
-7. Ven Fam (alinearse) to toe the line; **el partido se cuadró inmediatamente** the party immediately fell into line
cuadratín nm IMPRENTA quad
cuadratura nf GEOM quadrature; **la ~ del círculo** squaring the circle
cuádriceps nm inv quadriceps
cuadrícula nf grid
cuadriculado, -a adj **-1.** (papel) squared **-2.** Fam (rígido) **ser muy ~** to be very inflexible; **tiene una mente cuadriculada** he's very narrow-minded
cuadricular vt to divide into squares
cuadrienio nm four-year period; **el ~ 1994-1997** the four years from 1994 to 1997
cuadriga, cuádriga nf HIST four-in-hand
cuadril nm **-1.** (cadera) hipbone **-2.** RP (carne) rump (steak)
cuadrilátero nm **-1.** GEOM quadrilateral **-2.** (en boxeo) ring
cuadrilongo, -a ◇ adj rectangular, oblong
◇ nm rectangle, oblong
cuadrilla nf **-1.** (de amigos, trabajadores) group; (de maleantes) gang **-2.** TAUROM team of helpers
cuadrivio nm HIST quadrivium
cuadro nm **-1.** (pintura) painting; **un ~ de Miró** a Miró, a painting by Miró; **~ al óleo** oil painting
-2. (escena) scene, spectacle; **después del terremoto, la ciudad presentaba un ~**

cuadros

desolador after the earthquake, the city was a scene of devastation; **¡vaya (un) ~ ofrecíamos tras la tormenta!** we were in a sorry state after we got caught in the storm!
-3. *(descripción)* portrait ❑ **~ de costumbres** = scene portraying regional customs
-4. *(cuadrado)* square; *(de flores)* bed; **una camisa a cuadros** a checked shirt; **un diseño a cuadros** a checked pattern; **una camisa de cuadros verdes** a green checked shirt ❑ **~ de saque** *(en squash)* service box
-5. *(equipo)* team; **el ~ visitante** the away team; **en este hospital hay un buen ~ médico** *o* **facultativo** the medical staff in this hospital are good; **el ~ directivo de una empresa** the management of a company; **los cuadros medios** *o* **intermedios de la administración** middle-ranking government officials ❑ **~ flamenco** flamenco group; **cuadros de mando** *(en ejército)* commanding officers; *(en organización)* highest-ranking officials; *(en empresa)* top management
-6. *(gráfico)* chart, diagram ❑ **~ sinóptico** tree diagram
-7. *(de bicicleta)* frame
-8. *(de aparato)* panel ❑ **~ de distribución** switchboard; **~ eléctrico** fuse box; **~ de instrumentos** *(en avión)* control panel; *(en automóvil)* dashboard; **~ de mandos** *(en avión)* control panel; *(en automóvil)* dashboard
-9. TEATRO scene ❑ **~ vivo** tableau vivant
-10. MED **~ (clínico)** symptoms; **presenta un ~ de extrema gravedad** her symptoms are extremely serious
-11. *(armazón)* framework
-12. MIL square formation
-13. INFORMÁT box ❑ **~ de cierre** close box; **~ de diálogo** dialog box
-14. *Am (matadero)* slaughterhouse
-15. EXPR **en ~: la empresa está en ~ tras la marcha del equipo directivo** the company has been caught seriously short after its entire management team left; **con la lesión de siete jugadores, el equipo se queda en cuadros** the team has been seriously weakened after the injuries to seven of its players; *Fam* **quedarse a cuadros: cuando me dijo que yo era el padre del bebé, me quedé a cuadros** I was completely floored when she told me that I was the father of the baby

cuadros *nmpl Chile (braga)* panties, *Br* knickers

cuadrumano, -a ⬦ *adj* = having feet specialized for use as hands (like monkeys), *Espec* quadrumanous
⬦ *nm,f* quadrumanous animal

cuadrúpedo *nm* quadruped

cuádruple, cuádruplo ⬦ *adj* quadruple, fourfold
⬦ *nm* **el ~ de gente/libros** four times as many people/books; **las exportaciones han aumentado el ~** exports have quadrupled, there has been a fourfold increase in exports; **me costó el ~ que a él** it cost me four times what he paid

cuadruplicación *nf* quadruplication

cuadruplicado *nm* **por ~** in quadruplicate; **las solicitudes deberán presentarse por ~** you should provide four copies of your application

cuadruplicar [59] ⬦ *vt* to quadruple
◆ **cuadruplicarse** *vpr* to quadruple, to increase fourfold

cuádruplo = **cuádruple**

cuajada *nf* curd (cheese)

cuajado, -a *adj* -1. *(leche)* curdled -2. *(lleno)* **de** full of; *(de lágrimas)* filled with; *(de estrellas)* studded with

cuajar[1] *nm* ZOOL fourth stomach, *Espec* abomasum

cuajar[2] ⬦ *vt* -1. *(solidificar)* *(leche)* to curdle; *(sangre)* to clot, to coagulate
-2. **~ de** *(llenar)* to fill with; *(cubrir)* to cover with

⬦ *vi* -1. *(lograrse)* *(acuerdo)* to be settled; *(negocio)* to take off, to get going; **era un jugador que prometía pero no llegó a ~** he was a player with promise but he never really achieved his potential
-2. *(ser aceptado)* *(persona)* to fit in; *(moda)* to catch on; **las propuestas no cuajaron** the proposals never came to anything; **un estilo arquitectónico que no cuajó en Inglaterra** an architectural style that didn't catch on in England
-3. *(nieve)* to settle

◆ **cuajarse** *vpr* -1. *(leche)* to curdle; *(sangre)* to clot, to coagulate
-2. *(llenarse)* **cuajarse de** to fill (up) with

cuajo ⬦ *nm* -1. *(fermento)* rennet -2. *(árbol)* dalí
⬦ **de cuajo** *loc adv* **arrancar de ~** *(árbol)* to uproot; *(brazo, cabeza)* to tear right off

cual ⬦ *pron relativo* -1. **el ~/la ~/los cuales/las cuales** *(de persona)* *(sujeto)* who; *(complemento)* whom; *(de cosa)* which; **conoció a una española, la ~ vivía en Buenos Aires** he met a Spanish girl who lived in Buenos Aires; **le extirparon el apéndice, el ~ se había inflamado** they removed her appendix, which had become inflamed; **hablé con dos profesores, los cuales me explicaron la situación** I spoke to two teachers who explained the situation to me; **me encontré con Sandra, a la ~ hacía tiempo que no veía** I met Sandra, who I hadn't seen for some time; **son dos personas con las cuales me llevo muy bien** they're two people with whom I get on very well, they're two people I get on very well with; **hablé con la persona a la ~ escribí la semana pasada** I spoke with the person who I had written to *o* to whom I had written last week; **la compañía para la ~ trabajo** the company I work for, the company for which I work; **un problema para el ~ no hay solución** a problem to which there is no solution; **una norma según la ~ no se puede entrar a mitad de espectáculo** a rule stating that you may not enter the auditorium while the show is in progress; **estoy muy cansado, razón por la ~ no saldré esta noche** I'm very tired, which is why I'm not going out tonight
-2. **lo ~** which; **está muy enfadada, lo ~ es comprensible** she's very angry, which is understandable; **ha tenido mucho éxito, de lo ~ me alegro** she's been very successful and I'm very pleased for her; **...de lo ~ concluimos que...** ...from which we can conclude that...; **estaba de muy mal humor, en vista de lo ~ no le dije nada** seeing as *o* in view of the fact that she was in a very bad mood, I didn't say anything to her; **por todo lo ~ hemos decidido...** as a result of which we have decided...; **todo lo ~ me hace pensar que no vendrá** all of which makes me think he won't come
-3. *(en frases)* **cada ~ tiene sus gustos propios** everyone has his/her own tastes; **que cada ~ extraiga sus conclusiones** you may all draw your own conclusions; **sea ~ sea** *o* **fuere su decisión** whatever his decision (may be); **le conté lo que había pasado y se quedó tal ~** I told her what had happened and she didn't bat an eyelid
⬦ *adv Literario (como)* like; **se revolvió ~ fiera herida** he writhed around like a wounded beast; EXPR **~ padre, tal hijo** like father, like son

cuál *pron* -1. *(interrogativo)* what; *(en concreto, especificando)* which (one); **¿~ es tu nombre?** what's your name?; **¿~ es la diferencia?** what's the difference?; **no sé cuáles son mejores** I don't know which are best; **dinos ~ te gusta más** tell us which (one) you like best; **¿~ prefieres?** which (one) do you prefer?; **¿~ de estos dos te gusta más?** which of these two do you like best?; **¿de ~ me hablas?** which (one) are you talking about?

cuando

-2. *(exclamativo)* **¡~ no sería mi sorpresa al conocer el resultado!** imagine my surprise when I heard the result!
-3. *(en oraciones distributivas)* **todos contribuyeron, ~ más, ~ menos** everyone contributed, although some more than others; **los tres son a ~ más inteligente** all three are equally intelligent; **tiene dos casas a ~ más lujosa** she has two houses, both of which are equally luxurious, she has two houses, the one as luxurious as the other; **a ~ más deprisa** each as fast as the other

cualesquiera *ver* **cualquiera**

cualidad *nf* -1. *(característica)* characteristic, quality; **su ~ más destacada es la conductividad** its most notable characteristic *o* property is its conductivity -2. *(virtud)* quality; **tiene buenas cualidades para la música** she has an aptitude for music

cualificación *nf* degree of skill *(of a worker)*; **debemos mejorar la ~ de los obreros** we have to get a more highly skilled workforce

cualificado, -a *adj* skilled

cualificar [59] *vt* to qualify

cualitativamente *adv* qualitatively

cualitativo, -a *adj* qualitative

cualquier *ver* **cualquiera**

cualquiera (*pl* **cualesquiera**)

> Note that **cualquier** is used before singular nouns (e.g. **cualquier hombre** any man).

⬦ *adj* any; **no es un escritor ~** he's no ordinary writer; **cualquier día vendré a visitarte** I'll drop by one of these days; **cualquier cosa vale** anything will do; **a cualquier hora** any time; **hazlo de cualquier manera** do it any old how; **hace las cosas de cualquier manera** he does things any old how *o* carelessly; **de cualquier manera** *o* **modo, no pienso ayudar** I've no intention of helping, anyway *o* in any case; **en cualquier momento** at any time; **en cualquier lado/lugar** anywhere
⬦ *pron* anyone; **~ te lo dirá** anyone will tell you; **~ haría lo mismo** anyone would do the same; **¡~ se lo cree!** if you believe that, you'll believe anything!; **que lo haga ~, pero rápido** I don't care who does it as long as it's done quickly; **¡~ lo sabe!** who knows!; **¡~ se lo come!** nobody could eat that!; **¡~ entiende a tu madre!** I don't think anyone understands your mother!; **con el mal humor que tiene, ¡~ se lo dice!** it's a brave man who would tell her in that mood!; **~ que** *(persona)* anyone who; *(cosa)* whatever; **~ que te vea se reiría** anyone who saw you would laugh; **~ que sea la razón** whatever the reason (may be); **avísame, ~ que sea la hora a la que llame** let me know, whatever time she calls; **cualesquiera que sean las razones** whatever the reasons (may be)
⬦ *nmf Pey (don nadie)* nobody; **ser un ~** to be a nobody
⬦ *nf Fam Pey (prostituta)* tart

cuan *adv (todo lo que)* **se desplomó ~ largo era** he fell flat on the ground

cuán *adv* how

cuando ⬦ *adv* when; **~ llegue el verano iremos de viaje** when summer comes we'll go travelling; **~ me agacho, me duele la espalda** when *o* whenever I bend down, my back hurts; **se marchó ~ mejor lo estábamos pasando** she left just when we were having a really good time; **acababa de cerrar la puerta, ~ estalló la bomba** I had just closed the door when the bomb went off; **fue entonces ~ comprendí el problema** it was then that I realized the problem; **para ~ llegamos, la fiesta ya había acabado** by the time we arrived the party was already over; **ven a visitarnos ~ quieras** come and stay with us whenever you like; **cambia mucho de ~ está de buen humor a ~ está enfadado** he's very

cuándo ◇ *adv* when; **¿~ vas a venir?** when are you coming?; **quisiera saber ~ sale el tren** I'd like to know when o at what time the train leaves; **¡~ se dará cuenta de su error!** when will she realize her mistake?; **¿de ~ es este periódico?** when's this paper from?; **¿desde ~ vives en Lima?** how long have you been living in Lima?; **¿desde ~ puedes llegar a casa a las dos de la madrugada?** since when were you allowed to get home at two in the morning?; **¿para ~ estará arreglado?** when will it be ready?; *Am* **¡~ no!** so what's new!; **los empleados se quejan de los sueldos bajos – ¡~ no!** the employees are complaining about their wages being low – so what's new!

◇ *nm* **ignorará el cómo y el ~ de la operación** he won't know how or when the operation will take place

cuantía *nf* **-1.** *(suma)* amount, quantity; **todavía no se conoce la ~ de los daños causados por el terremoto** the final cost of the damage caused by the earthquake is not yet known; **van a conceder una ayuda de una ~ sin precisar todavía** they are going to grant an as yet unspecified amount of aid; **recibió la ~ íntegra del premio** he received the full amount of the prize money; **va a subir la ~ del subsidio de desempleo** unemployment benefit is set to rise **-2.** *(alcance)* extent; **ése es un problema de menor ~** that is a relatively insignificant o minor problem **-3.** DER claim, amount claimed

cuántica *nf* quantum mechanics *(singular)*
cuántico, -a *adj* quantum; **mecánica/teoría cuántica** quantum mechanics/theory
cuantificable *adj* quantifiable
cuantificación *nf* **-1.** *(contabilización)* quantification **-2.** FÍS quantization **-3.** FILOSOFÍA quantification
cuantificar [59] *vt* **-1.** *(contabilizar)* to quantify **-2.** FÍS to quantize **-3.** FILOSOFÍA to quantify

cuantioso, -a *adj (daños, pérdidas)* substantial, considerable; *(fortuna, inversión)* substantial, large; *(oferta, recursos)* substantial
cuantitativamente *adv* quantitatively
cuantitativo, -a *adj* quantitative
cuanto¹, -a ◇ *adj* **-1.** *(todo)* **despilfarra ~ dinero gana** he squanders all the money he earns; **soporté todas cuantas críticas me hizo** I put up with every single criticism he made of me; **todos cuantos intentos hicimos fracasaron** every single one of our attempts met with failure
-2. *(algunos)* **unos cuantos chicos** some o a few boys; **necesitaré unas cuantas hojas** I'm going to need a few sheets of paper
-3. *(antes de adv) (expresa correlación)* **cuantas más mentiras digas, menos te creerán** the more you lie, the less people will believe you; **cuantos más amigos traigas, tanto mejor** the more friends you bring, the better

◇ *pron relativo* **-1.** *(todo lo que)* everything, as much as; **come ~ quieras** eat as much as you like; **comprendo ~ dice** I understand everything he says; **heredarás todo ~ tengo** you will inherit everything I have; **esto es todo ~ puedo hacer** this is as much as o all I can do
-2. cuantos *(todos) (personas)* everyone who; *(cosas)* everything (that); **cuantos fueron alabaron el espectáculo** everyone who went said the show was excellent; **dio las gracias a todos cuantos le ayudaron** he thanked everyone who helped him
-3. unos cuantos *(algunos)* some, a few; **no tengo todos sus libros, sólo unos cuantos** I don't have all of her books, only some o a few of them

◇ *adv (expresa correlación)* **~ más se tiene, más se quiere** the more you have, the more you want; **cuantos menos vayamos, más barato saldrá** the fewer of us who go, the cheaper it will be; **~ más come, más gordo está** the more he eats, the fatter he gets; **~ más lo pienso, menos lo entiendo** the more I think about it, the less I understand it; **~ menos nos distraigas, mejor** the less you distract us, the better; **~ antes llegues, antes empezaremos** the sooner you arrive, the sooner we'll start

◇ **cuanto antes** *loc adv* as soon as possible; **hazlo ~ antes** do it as soon as possible o as soon as you can

◇ **en cuanto** *loc prep (en calidad de)* as; **en ~ cabeza de familia** as head of the family

◇ **en cuanto** *loc conj (tan pronto como)* as soon as; **en ~ acabe** as soon as I've finished; **la reconocí en ~ la vi** I recognized her as soon as I saw her o instantly

◇ **en cuanto a** *loc prep* as regards; **en ~ a tu petición** as regards your request, as far as your request is concerned; **en ~ a temas de literatura, nadie sabe más que él** no one knows more about literature than he does, when it comes to literature, no one knows more than he does

cuanto² *nm* FÍS quantum
cuánto, -a ◇ *adj* **-1.** *(interrogativo) (singular)* how much; *(plural)* how many; **¿~ pan quieres?** how much bread do you want?; **¿cuántas manzanas tienes?** how many apples do you have?; **¿cuántos años tiene?** how old is she?; **¿cuántos kilos pesa?** how many kilos does it weigh?; **¿~ dinero cuesta?** how much money does it cost?; **¿cuánta gente acudió a la fiesta?** how many people came to the party?; **¿con cuántos voluntarios contamos?** how many volunteers do we have?; **no sé cuántos hombres había** I don't know how many men were there; **pregúntale ~ dinero tiene** ask her how much money she has
-2. *(exclamativo)* what a lot of; **¡cuánta gente (había)!** what a lot of people (were there)!; **¡cuántos problemas da esta televisión!** this television has been one problem after another!, we've had so many problems with this television!; **¡~ tiempo hace que no la veo!** it's been so long o ages since I saw her!; **¡cuánta falta hacía esta tormenta!** we really needed that storm!, that storm was long overdue!; **¡cuánta carne ha quedado!** look at all the meat that's left over!; **¡~ aprovechado hay por ahí!** there's a lot of scroungers about!

◇ *pron* **-1.** *(interrogativo) (singular)* how much; *(plural)* how many; **¿~ quieres?** how much do you want?; **¿~ es?** how much is it?; **¿~ mide?** how tall is she?; **¿~ pesa?** how much o what does it weigh?; **¿~ cobra?** how much o what does he earn?; **¿~ vale?** how much o what does it cost?; **¿~ falta para las vacaciones?** how long (is there) to go until the *Br* holidays o *US* vacation?; **¿~ queda para el final?** how long (is there) to go until the end?; **¿~ hay hasta la frontera?** how far is it to the border?; **¿cuántos han venido?** how many came?; **¿cada ~ hay una gasolinera?** how often is there a *Br* petrol o *US* gas station?; **¿a ~ están los tomates?** how much are the tomatoes?; **¿a ~ estamos hoy?** what's the date today?; **¿por ~ me saldrá la reparación?** how much will the repairs come to?; **dime cuántas quieres** tell me how many you want; **dime ~ te ha costado** tell me how much it cost you; **me gustaría saber ~ te costarán** I'd like to know how much they'll cost you; **no sé cuántos acudirán** I don't know how many people will come; **no te imaginas ~ lo siento** I can't tell you how sorry I am, I'm so sorry
-2. *(exclamativo)* **¡~ han cambiado las cosas!** how things have changed!; **¡~ me gusta!** I really like it!; **¡cuántos han venido!** so many people have come!; **¡~ tardaste, pensaba que ya no venías!** you were so late, I thought you weren't coming!; **¡~ me gustaría ir contigo!** I'd really love to go with you!
-3. *Fam* **hablé con un tal Martín no sé cuántos** I spoke to a Martín something or other

cuáquer® *nm Arg, Perú* **-1.** *(avena)* porridge oats **-2.** *(desayuno)* porridge
cuáquero, -a ◇ *adj* Quaker
◇ *nm,f* Quaker
cuarcita *nf* quartzite
cuarenta *núm* forty; **los (años) ~** the forties; *ver también* **treinta**
cuarentavo, -a *núm* fortieth; *ver también* **octavo**
cuarentena *nf* **-1.** *(por epidemia)* quarantine; **poner en ~** *(enfermos)* to (put in) quarantine; *(noticia)* to put on hold **-2.** *(cuarenta unidades)* forty; **andará por la ~** he must be about forty; **una ~ de...** *(unos cuarenta)* about forty...; *(cuarenta)* forty...
cuarentón, -ona *Fam* ◇ *adj* **un señor ~** a man in his forties
◇ *nm,f* person in their forties; **es un ~** he's in his forties
cuaresma *nf* REL Lent
cuaresmal *adj* REL Lenten
cuark *(pl* **cuarks)** *nm* FÍS quark
cuarta *nf* **-1.** *(palmo)* span **-2.** MÚS perfect fourth **-3.** *(marcha)* fourth (gear); **meter (la) ~** to go into fourth (gear) **-4.** *Méx (para caballo de tiro)* riding crop
cuarteamiento *nm (resquebrajamiento)* cracking
cuartear ◇ *vt* **-1.** *(agrietar)* to crack **-2.** *(partir, dividir)* to cut o chop up
◆ **cuartearse** *vpr* to crack
cuartel *nm* **-1.** MIL barracks ❑ *RP* **~ de bomberos** fire station; **~ general** *(de ejército, organización)* headquarters; **cuarteles de invierno** winter quarters **-2.** *(buen trato)* **dar ~** to give quarter, to show mercy; **guerra sin ~** all-out war; **lucha sin ~** fight to the death; **lanzaron una lucha sin ~ contra la corrupción** they declared an all-out war on corruption
cuartelazo *nm*, **cuartelada** *nf* military uprising, revolt

cuartelero, -a *adj* **-1.** MIL barracks; **vida cuartelera** life in barracks **-2.** *(lenguaje)* vulgar, coarse

cuartelillo *nm (de la Guardia Civil)* = post of the Guardia Civil

cuarteo *nm* cracking

cuarterón, -ona ◇ *adj* = having one Spanish and one half-caste parent
◇ *nm,f* = person with one Spanish and one half-caste parent

cuarteta *nf* LIT quatrain *(with lines of up to eight syllables)*

cuartetista *nmf* MÚS member of a quartet

cuarteto *nm* **-1.** MÚS quatret ❏ **~ de cuerda** string quartet **-2.** LIT quatrain *(with lines of eleven syllables)*

cuartilla *nf* **-1.** IMPRENTA sheet of quarto **-2.** *(hoja de papel)* sheet of paper

cuarto, -a ◇ *núm* fourth; **la cuarta parte** a quarter; *RP Fam* **de cuarta** fourth-rate ❏ **~ árbitro** *(en fútbol)* fourth official; **la cuarta dimensión** the fourth dimension; **el ~ poder** *(la prensa)* the Fourth Estate; *ver también* **octavo**
◇ *nm* **-1.** *(parte)* quarter; **póngame un ~ de merluza** (I'd like) a quarter kilo of hake, please; [EXPR] *Fam* **ni qué ocho cuartos: ¡qué fiesta ni qué ocho cuartos, tú te quedas en casa!** I don't care whether there's a party or not, you're staying at home!; [EXPR] *Fam* **ser tres cuartos de lo mismo** to be exactly the same *o* no different; **uno es aburrido, y el otro tres cuartos de lo mismo** one is a bore and the other one is not much better ❏ **~ creciente** first quarter *(of moon)*; DEP **cuartos de final** quarter finals; **~ menguante** last quarter *(of moon)*
-2. *(de hora)* quarter; **un ~ de hora** a quarter of an hour; **tres cuartos de hora** three quarters of an hour; **son las dos y ~** it's a quarter *Br* past *o US* after two; **son las dos menos ~**, *Am* **es un ~ para las dos** it's a quarter to two; **una hora y ~** an hour and a quarter; [EXPR] *Am* **ya pasó su ~ de hora** he's had his time in the sun, his glory days are over
-3. *(curso universitario)* fourth year
-4. *(curso escolar)* = fourth year of primary school, *US* ≃ fourth grade
-5. *(de animal)* quarter; **los cuartos delanteros/traseros** front quarters/hindquarters
-6. *(habitación)* room ❏ **~ de aseo** washroom, small bathroom; **~ de baño** bathroom; *Col* **~ de chécheres** junk *o* lumber room; **~ de estar** living room; **~ de huéspedes** guest room; **~ de juegos** playroom, *US* rumpus room; **~ oscuro** *(para revelar fotografía)* darkroom; *RP* **~ secreto** *(cabina electoral)* voting booth; **~ trastero** lumber room
-7. *(dinero)* **estar sin un ~** to be broke; *Fam* **cuartos** dough, cash
-8. DEP *(periodo)* quarter
-9. *RP* **~ intermedio** *(receso)* recess, adjournment; **la asamblea pasó a ~ intermedio** the meeting adjourned *o* went into recess; **discutieron tres temas y pasaron a ~ intermedio** they discussed three topics and then adjourned

cuartofinalista *nmf* quarterfinalist

cuartucho *nm* dingy room

cuarzo *nm* quartz

cuásar *nm* ASTRON quasar

cuasicontrato *nm* DER quasi contract

cuasidelito *nm* DER quasi delict

Cuasimodo *n pr* Quasimodo

cuate *CAm, Ecuad, Méx* ◇ *adj* **-1.** *(gemelo)* twin; **hermano ~** twin brother; **torres cuates** twin towers **-2.** *(semejante)* similar; **no tener ~** to be unique **-3.** *Fam (buena gente)* **su hermano es muy ~** her brother is a great guy
◇ *nmf* **-1.** *(gemelo)* twin **-2.** *Fam (amigo)* pal, *US* buddy; **se fue al bar con sus cuates** he went to the bar with his pals; **pásate por casa, ~** come round to my place **-3.** *Fam (persona) (hombre)* guy, *Br* bloke; *(mujer)* woman; **el tren venía repleto de cuates** the train was full of people **-4.** *(par)* **¿dónde está el ~ de mi zapato?** where's my other shoe?

cuaternario, -a GEOL ◇ *adj* Quaternary
◇ *nm* **el Cuaternario** the Quaternary (era)

cuatrerear *vt RP (ganado)* to rustle, to steal; *(caballos)* to steal

cuatrero, -a *nm,f (de caballos)* horse thief; *(de ganado)* cattle rustler

cuatricromía *nf* IMPRENTA four-colour process

cuatrienal *adj* four-year, *Formal* quadrennial

cuatrienio *nm* four-year period; **el ~ 1994-1997** the four years from 1994 to 1997

cuatrillizo, -a *nm,f* quadruplet, quad

cuatrimestral *adj* **-1.** *(en frecuencia)* four-monthly **-2.** *(en duración)* four-month, lasting four months; EDUC **asignatura ~** = four-month course in a given subject

cuatrimestre *nm* (period of) four months; **las previsiones económicas para el primer ~ del año** the economic forecast for the first four months of the year

cuatrimotor ◇ *adj* four-engined
◇ *nm* four-engined plane

cuatripartito, -a *adj* four-part

cuatro ◇ *núm* four; [EXPR] *Méx Fam* **meter las ~** *(meter la pata)* to (really) put one's foot in it; [EXPR] *Méx Fam* **ponerle** *o* **tenderle a uno un ~** to set a trap for sb **~ por ~** *(todoterreno)* four-wheel drive (vehicle); *ver también* **tres**
◇ *adj (poco)* a few; **hace ~ días** a few days ago; *Fam* **cuando lo vea le voy a decir ~ cosas** when I see him I'm going to give him a piece of my mind; *Fam* **~ gatos** hardly a soul; *Fam* **éramos ~ gatos** there were only a handful of us; **cayeron ~ gotas** there were a few spots of rain; [EXPR] **más de ~: más de ~ querrían tu trabajo** quite a few people would like your job, there's no shortage of people who'd like your job; [EXPR] **proclamar algo a los ~ vientos** to shout sth from the rooftops ❏ *Méx Fam* **~ lámparas** *(persona)* four-eyes; *Fam* **~ latas** *(coche)* Renault 4; *Fam* **~ ojos** four-eyes
◇ *nm* **-1.** *(en remo)* **~ con timonel** coxed four; **~ sin timonel** coxless four **-2.** *Carib (guitarra)* = four-stringed guitar

cuatrocientos, -as *núm* four hundred; *ver también* **treinta**

Cuauhtémoc *n pr* Cuauhtemoc (1500-25), last Aztec king of Mexico, executed by Cortes

Cuba *n* Cuba; [EXPR] *Fam* **más se perdió en ~** it's not the end of the world

cuba *nf* **-1.** *(para vino)* barrel, cask; [EXPR] *Fam* **estar como una ~** to be legless *o* blind drunk **-2.** *(en camión)* tank **-3.** *(de alto horno)* blast-furnace shaft **-4.** *Col (hijo menor)* youngest child

cubalibre *nm (de ron)* rum and cola; *(de ginebra)* gin and cola

cubano, -a ◇ *adj* Cuban
◇ *nm,f* Cuban

cubata *nm Fam (de ron)* rum and cola; *(de ginebra)* gin and cola

cubero *nm* [EXPR] **a ojo de buen ~** roughly

cubertera *nf RP (cajón)* cutlery drawer; *(bandeja)* cutlery tray

cubertería *nf* (set of) cutlery; **una ~ de plata** a set *o* canteen of silver cutlery

cubeta *nf* **-1.** *(balde, cubo)* bucket, pail **-2.** *(recipiente rectangular)* tray **-3.** *(de barómetro)* bulb **-4.** *(cubitera)* ice (cube) tray **-5.** GEOL basin, basin fold

cubetera *nf CSur, Perú* ice (cube) tray

cubicaje *nm* AUT cubic *o* cylinder capacity; **una moto de gran ~** a motorbike with a big *o* powerful engine

cubicar [59] *vt* **-1.** MAT to cube **-2.** *(habitación, árbol)* = to determine the volume or capacity of

cúbico, -a *adj* **-1.** *(con forma de cubo)* cubic **-2.** *(metro, centímetro)* cubic; **cincuenta metros cúbicos** fifty cubic metres

cubierta *nf* **-1.** *(de mesa, cama)* cover ❏ **~ vegetal** vegetation **-2.** *(de libro, revista)* cover **-3.** *(de neumático)* tyre **-4.** *(de barco)* deck ❏ **~ inferior** lower deck; **~ de popa** poop deck; **~ de proa** foredeck; **~ superior** upper deck

cubierto, -a ◇ *participio ver* **cubrir**
◇ *adj* **-1.** *(tapado, recubierto)* covered (**de** with); **estar a ~** *(protegido)* to be under cover; *(con saldo acreedor)* to be in the black; **durmieron a ~** they slept with a roof over their heads; **ponerse a ~** to take cover **-2.** *(cielo)* overcast **-3.** *(vacante)* filled
◇ *nm* **-1.** *(pieza de cubertería)* piece of cutlery; **cubiertos** cutlery; **mis cubiertos están sucios** my knife and fork (and spoon) are dirty **-2.** *(para cada persona)* place setting; **pon un ~ más en la mesa** set another place at (the) table **-3.** *(comida)* set menu

cubil *nm* **-1.** *(de animales)* den, lair **-2.** *(de personas)* poky room

cubilete *nm* **-1.** *(en juegos)* cup **-2.** *(molde)* mould

cubismo *nm* cubism

cubista ◇ *adj* cubist
◇ *nmf* cubist

cubitera *nf* **-1.** *(bandeja)* ice (cube) tray **-2.** *(cubo)* ice bucket

cubito *nm (de hielo)* ice cube ❏ **~ de caldo** stock cube

cúbito *nm* ANAT ulna

cubo *nm* **-1.** *(recipiente)* bucket ❏ **~ de la basura** *(en la cocina) Br* rubbish bin, *US* garbage can; *(en la calle) Br* rubbish *o* litter bin, *US* garbage can; **~ de la ropa (sucia)** laundry basket
-2. *(figura)* cube ❏ **~ de caldo** stock cube
-3. MAT cube; **elevar al ~** to cube; **3 elevado al ~** 3 cubed; **¿cuál es el ~ de 9?** what's the cube of 9?, what's 9 cubed?
-4. *(de rueda)* hub
-5. *(de bayoneta)* socket, holder
-6. *(de molino)* millpond
-7. *(torreón)* round tower

cubrecama *nm* bedspread

cubreobjetos *nm inv* slide cover

cubrimiento *nm* covering

cubrir ◇ *vt* **-1.** *(tapar, recubrir)* to cover (**con** with); **cubrió la moto con una lona** he covered the motorbike with a tarpaulin; **cubrieron la pared con una mano de pintura** they gave the wall a coat of paint; **~ algo de algo** to cover sth with *o* in sth; **~ a alguien de insultos/alabanzas** to heap insults/praise on sb; **Ana cubrió de besos a su padre** Ana covered her father with kisses; [EXPR] *Fam* **~ el expediente** to do the bare minimum
-2. *(proteger)* to protect; **esta póliza nos cubre contra cualquier accidente** this policy covers us against all accidents
-3. *(a policía, soldado)* to cover; **~ la retirada** to cover the retreat
-4. *(ocultar)* to cover up, to hide
-5. *(puesto, vacante)* to fill; **hay veinte solicitudes para ~ tres plazas** there are twenty applications for three jobs
-6. *(gastos)* to cover; **el presupuesto no cubre todos los gastos** the budget doesn't cover all the expenses; **~ gastos** *(exactamente)* to break even
-7. *(noticia)* to cover; **cubrió la guerra del Golfo** he covered the Gulf War
-8. *(recorrer)* to cover; **el ganador cubrió los 100 metros en 9 segundos** the winner did the 100 metres in 9 seconds
-9. *(el macho a la hembra)* **~ a** to mate with
-10. DEP *(marcar)* to cover; **se encarga de ~ la banda derecha** he covers the right wing

◆ **cubrirse** *vpr* **-1.** *(taparse)* to become covered (**de** with); [EXPR] **cubrirse las espaldas** to cover oneself; [EXPR] **cubrirse de gloria** *(triunfar)* to cover oneself in *o* with glory; *Irónico* to land oneself in it; [EXPR] *muy Fam* **se ha cubierto de mierda** he's made a complete *Br* arse *o US* ass of himself
-2. *(protegerse)* to shelter (**de** from)
-3. *(con sombrero)* to put one's hat on
-4. *(con ropa)* to cover oneself (**de** with)
-5. *(cielo)* to cloud over

cuca *nf* **-1.** *Esp Fam (peseta)* peseta **-2.** *Chile (ave)* = type of heron **-3.** *Col, Ven Vulg (vulva)* pussy, *Br* fanny

cucamonas *nfpl Fam* sweet talk

cucaña *nf* greasy pole

cucaracha *nf* cockroach

cucarrón *nm Am* beetle

cucha *nf RP* kennel; *Fam* **¡a la ~!** *(a niño)* off to bed!

cuchara *nf* **-1.** *(para comer)* spoon; [EXPR] *Fam* **meter la ~** to stick one's oar in ❏ **~ de café** coffee spoon; **~ de madera** wooden spoon; **la ~ de madera** *(en rugby)* the wooden spoon; **~ de palo** wooden spoon; **~ sopera** soup spoon **-2.** *(cucharada)* spoonful **-3.** *(de grúa, pala)* bucket, scoop **-4.** *(ave)* shoveler **-5.** *Am (de albañil)* trowel

cucharada *nf* spoonful ❏ **~ colmada** heaped spoonful; **~ rasa** level spoonful; **~ sopera** tablespoonful

cucharadita *nf* teaspoon, teaspoonful

cucharilla, *Am* **cucharita** *nf* **-1.** *(cuchara)* teaspoon ❏ **~ de café** teaspoon; **~ de moka** coffee spoon **-2.** *(para pescar)* spinner

cucharón *nm* ladle

cuché *adj* papel **~** coated (magazine) paper

cucheta *nf RP* NÁUT berth

cuchichear *vi* to whisper

cuchicheo *nm* whispering

cuchilla *nf* **-1.** *(de guillotina)* blade **-2.** *(de carnicero)* cleaver **-3. ~ (de afeitar)** razor blade **-4.** *(de navaja, espada)* blade **-5.** *Am (de montañas)* range (of hills) **-6.** *Andes, Carib (cortaplumas)* pocketknife

cuchillada *nf* **-1.** *(golpe)* stab; **dar una ~ a alguien** to stab sb; **la emprendieron a cuchilladas con él** they started stabbing him **-2.** *(herida)* stab wound

cuchillería *nf* **-1.** *(oficio)* cutlery, knifemaking **-2.** *(taller)* cutler's shop

cuchillero, -a *nm,f (persona)* cutler

cuchillo *nm* **-1.** *(instrumento)* knife; [EXPR] **pasar a ~** to put to the sword ❏ **~ de cocina** kitchen knife; **~ eléctrico** electric carving knife; **~ de monte** hunting knife; **~ del pan** bread knife; **~ de trinchar** carving knife **-2.** *(en vestido)* gore **-3.** ARQUIT truss

cuchipanda *nf Fam* blow-out

cuchitril *nm* hovel

cuchufleta *nf Fam* joke; **estar de ~** to be joking

cuchumbí *nm* kinkajou, honey bear

cuclillas: en cuclillas *loc adv* squatting; **ponerse en ~** to squat (down)

cuclillo *nm* cuckoo

cuco, -a ❏ *adj Fam* **-1.** *(bonito)* pretty **-2.** *Esp (astuto)* crafty, canny; **el muy ~ nos ha conseguido engañar a todos** the crafty devil managed to take us all in
❏ *nm* **-1.** *(ave)* cuckoo **-2.** *Esp (astuto)* crafty devil **-3.** *CSur (personaje imaginario)* bogeyman

cucos *nmpl Col (braga)* panties, *Br* knickers

cucú *nm* **-1.** *(canto)* cuckoo **-2.** *(reloj)* cuckoo clock

cucufato *nm* **-1.** *Bol, Perú (beato)* sanctimonious person **-2.** *CSur Fam (chiflado)* loony, nut

cucurucho *nm* **-1.** *(de papel)* paper cone; **un ~ de palomitas** a paper cone filled with popcorn **-2.** *(para helado)* cornet, cone **-3.** *(gorro)* pointed hat

cudú *nm* kudu

cueca *nf* = Chilean national dance

cuece *ver* cocer

cuelga *nf* **-1.** *(de frutas)* = bunch of fruit hung out to dry **-2.** *(regalo)* birthday present

cuelgo *etc ver* colgar

cuelgue *nm Fam* **-1.** *(por la droga)* high; **el ~ le durará varias horas** the high will last several hours, he'll be high for several hours
-2. *(enamoramiento)* **tiene un ~ total por Sofía** he's absolutely crazy about Sofía, he's totally hooked on Sofía
-3. *(frustración)* drag; **¡que ~ si nos tenemos que quedarnos en casa este fin de semana!** what a drag if we have to stay in this weekend!
-4. INFORMÁT crash

cuellicorto, -a *adj* short-necked

cuellilargo, -a *adj* long-necked

cuello *nm* **-1.** *(de persona, animal)* neck; **al ~** around one's neck; **le cortaron el ~** they cut *o* slit his throat; [EXPR] **estar con el agua al ~** to be in deep water *o* deep trouble; [EXPR] **estar hasta el ~ de algo** to be up to one's eyes in sth; [EXPR] **jugarse el ~:** **me juego el ~ a que no lo hace** I bet you anything you like he doesn't do it; [EXPR] **salvar el ~** to save one's skin
-2. *(de prendas)* collar; [EXPR] **habla para el ~ de la camisa** she mumbles ❏ **~ alto** turtleneck, *Br* polo neck; **~ a la base** round neck; *RP* **~ bebé** Peter Pan collar; **~ de cisne** turtleneck, *Br* polo neck; *RP* **~ palomita** wing collar; **~ de pico** V-neck; **~ redondo** round neck; *Am* **~ tortuga** turtleneck, *Br* polo neck; *RP* **~ volcado** cowl neck; **~ vuelto** polo neck
-3. *(de botella)* neck ❏ *Fig* **~ de botella** bottleneck
-4. ANAT **~ uterino** cervix; **~ del útero** cervix

cuelo *etc ver* colar

cuenca *nf* **-1.** *(de río, mar)* basin; **la ~ del Amazonas** the Amazon basin ❏ **~ hidrográfica** *(de río)* river basin; **~ oceánica** oceanic basin; **~ sedimentaria** sedimentary basin
-2. *(del ojo)* (eye) socket **-3.** *(región minera)* **~ (minera)** mining area *o* region

cuenco *nm* **-1.** *(recipiente)* bowl; *(de barro)* earthenware bowl **-2.** *(concavidad)* hollow; **llevaba las fresas en el ~ de la mano** she carried the strawberries in her cupped hands

cuenta ❏ *ver* contar
❏ *nf* **-1.** *(acción de contar)* count; *(cálculo)* sum; **el niño está aprendiendo a hacer cuentas** the child is learning to do sums; **voy a hacer cuentas de los gastos** I'm going to tot up *o* work out what we've spent; **vamos a echar cuentas de cuánto te debo** let's work out how much I owe you; **espera un momento, que saco la ~** wait a minute, I'll tot it up for you; **¿está llevando alguien la ~?** is anyone keeping count?; **he perdido la ~, tendré que empezar de nuevo** I've lost count, I'll have to start again; [EXPR] *Fam* **hacer las cuentas de la lechera** to count one's chickens before they are hatched; [EXPR] **hacer las cuentas del Gran Capitán** to be overoptimistic in one's calculations; [EXPR] *Fam* **hacer la ~ de la vieja** to count on one's fingers ❏ **~ atrás** countdown
-2. *(depósito de dinero)* account; **abrir/cerrar una ~** to open/close an account; **abónelo/cárguelo en mi ~, por favor** please credit/debit *o* charge it to my account; **me han abonado el sueldo en ~** they've paid my wages into my account; **he cargado el recibo en tu ~** I've charged the bill to your account; **ingresó el cheque en su ~** she paid the cheque into her account; **póngalo en mi ~** put it on my account ❏ **~ abierta** active account; **~ acreedora** credit account; *Esp* **~ de ahorros** savings account; *Esp* **~ de ahorro vivienda** = tax-exempt savings account used for paying deposit on a house; **~ bancaria** bank account; **~ de caja** cash account; **~ comercial** business account; **~ conjunta** joint account; **~ corriente** *Br* current account, *US* checking account; **~ de crédito** = current account with an overdraft facility; **~ de depósito** deposit account; **~ deudora** overdrawn account; **~ de explotación** operating statement; **~ de giros** giro account; **~ indistinta** joint account; **~ de inversiones** investment account; **~ de pérdidas y ganancias** profit and loss account; **~ a plazo fijo** deposit account; **~ de resultados** profit and loss account; **~ transitoria** suspense account; **~ a la vista** instant access account; *Esp* **~ vivienda** = tax-exempt savings account used for paying deposit on a house
-3. cuentas *(ingresos y gastos)* accounts; **las cuentas de esta empresa no son nada transparentes** this company's books *o* accounts are not very transparent; **él se encarga de las cuentas de la casa** he deals with the financial side of things in their household; **llevar las cuentas** to keep the books
-4. *(factura)* bill; *(en restaurante) Br* bill, *US* check; **la ~ del supermercado/teléfono** the shopping/phone bill; **¡la ~, por favor!** could I have the *Br* bill *o US* check, please?; **le pedí la ~ al camarero** I asked the waiter for the *Br* bill *o US* check; **domiciliar una ~** to pay an account by direct debit; **pagar 10 euros a ~** to pay 10 euros down; **cuentas por cobrar/pagar** accounts receivable/payable; **pasar la ~** to send the bill; **tarde o temprano te pasará la ~ de los favores que te ha hecho** sooner or later she'll want something in return for *o* she'll call in the favours she's done for you ❏ **~ de gastos** expenditure account; **~ pendiente** outstanding account; **tengo unas cuentas pendientes con él** I've a few scores to settle with him
-5. COM *(cliente, negocio)* account; **se encarga de las grandes cuentas de la empresa** she looks after the company's most important accounts
-6. INFORMÁT account ❏ **~ con acceso telefónico** dial-up account; **~ de correo (electrónico)** e-mail account; **~ por línea conmutada** dial-up account
-7. *(obligación, cuidado)* responsibility; **esa tarea es ~ mía** that task is my responsibility; **el vino corre de mi ~** the wine's on me; **déjalo de mi ~** leave it to me; **investigaré esto por mi ~, no me fío de la policía** I'll look into this matter myself, I don't trust the police; **lo tendrás que hacer por tu ~, nadie te va ayudar** you'll have to do it yourself *o* on your own, no one's going to help you; **cualquier daño al vehículo corre por ~ del conductor** the driver is liable for any damage to the vehicle; **tomas esa decisión por tu ~ y riesgo, yo no te apoyo** on your head be it, I don't agree with your decision; **por su ~ y riesgo decidió aprobar la operación** he decided to approve the operation without consulting anyone; **por la ~ que le trae, más vale que llegue pronto** if he's got any sense at all, he'll arrive early; **lo haré bien, por la ~ que me trae** I'm going to have to do it well, there's a lot riding on it; **trabajar por ~ propia/ajena** to be self-employed/an employee; **ha crecido el número de trabajadores por ~ propia** the number of self-employed has risen
-8. *(explicación, justificación)* **dar ~ de algo** to give a report on sth; **no tengo por qué dar cuentas de mis acciones a nadie** I don't have to explain myself *o* answer to anybody; **no tengo por qué rendirle cuentas de mi vida privada** I don't have to explain to her what I do in my private life; **el jefe nos convocó para darnos cuentas de la situación** the boss called us in to explain the situation to us; **pedir cuentas a alguien** to call sb to account; **rendir cuentas de algo ante alguien** to give an account of sth to sb; **en resumidas cuentas, el futuro es prometedor** in short, the future looks good; **¿a ~ de qué?** why on earth?, for what earthly reason?
-9. *(cálculos, planes)* **no entra en mis cuentas cambiarme de casa** I'm not planning to move house; **ese gasto no entraba en nuestras cuentas** we hadn't reckoned with that expense
-10. *(consideración)* **tener en ~ algo** to bear sth in mind; **ten paciencia, ten en ~ que es nuevo en el trabajo** be patient, you have to remember that *o* bear in mind that he's new to the job; **eso, sin tener en ~ el dinero que hemos perdido ya** without, of course,

taking into account o counting the money we've lost so far; **un factor a tener en ~ es la reacción del público** one factor that has to be taken into account o borne in mind is the public's reaction; **habida ~ de** considering; **habida ~ de todo esto...** bearing all this in mind...; **habida ~ de que...** bearing in mind that...
-**11.** (de collar, rosario) bead
-**12.** EXPR **a fin de cuentas: no te preocupes, a fin de cuentas es mi problema** don't you worry about it, after all, it's my problem; **¡ya le ajustaré** o **arreglaré las cuentas cuando le vea!** I'll get my own back on him next time I see him!; **caer en la ~: ¡ahora caigo en la ~!** now I see o understand!; **no cayó en la ~ de su error hasta una semana después** she didn't realize her mistake until a week later; **caí en la ~ de que había que hacer algo** I realized that something had to be done; **dar ~ de: en menos de cinco minutos dio ~ de todos los pasteles** it took him less than five minutes to account for o polish off all the cakes; **dieron ~ del rival con gran facilidad** they easily disposed of the opposition; **darse ~ de algo** to realize sth; **lo hice sin darme ~** I did it without realizing; **¿te das ~?, ya te dije que no era ella** you see, I told you it wasn't her; **no se dio ~ de que necesitaba ayuda** she didn't realize that she needed help; **no sé si te habrás dado ~, pero parece muy nervioso** I don't know if you've noticed, but he seems very nervous; **es muy insensible, no se da ~ de nada** he's very insensitive, he never notices o picks up what's going on; **¿te das ~? no me ha dado las gracias** can you believe it? he didn't even say thank you; **más de la ~: bebí más de la ~** I had one too many, I had too much to drink; **siempre habla más de la ~** he always talks too much, he always has to open his mouth; **salir a ~: sale a ~ comprar las patatas en sacos de 10 kilos** it works out cheaper to buy potatoes in 10 kilo sacks; **salir de cuentas, estar fuera de cuentas** to be due (to give birth)

cuentacorrentista nmf Br current account holder, US checking account holder

cuentagotas nm inv dropper; EXPR **a** o **con ~: los espectadores fueron entrando a ~** the spectators trickled in; **nos han ido dando la subvención a ~** they've been giving us the grant money in dribs and drabs

cuentahílos nm inv IMPRENTA linen tester

cuentakilómetros nm inv AUT -**1.** (de distancia recorrida) Br ≃ mileometer, US ≃ odometer -**2.** (de velocidad) speedometer

cuentapropista nmf Am (trabajador autónomo) self-employed person

cuentarrevoluciones nm inv AUT tachometer, rev counter

cuentear vi Am Fam to gossip

cuentero, -a Am Fam ◇ adj -**1.** (chismoso) gossipy -**2.** (mentiroso) **es muy ~** he's always telling fibs
◇ nm,f -**1.** (chismoso) gossip, gossipmonger -**2.** (mentiroso) fibber

cuentista ◇ adj Fam (mentiroso) **no seas ~** don't tell fibs
◇ nmf -**1.** (escritor) short story writer -**2.** Fam (mentiroso) fibber; **es un ~, se cayó él solo, yo no lo toqué** he's telling fibs o he's fibbing, he fell by himself, I never touched him

cuentitis nf inv Fam **lo del dolor de cabeza es ~** he just pretended to have a headache

cuento ◇ ver **contar**
◇ nm -**1.** (narración) short story; (fábula) tale; **un libro de cuentos** a storybook; **contar un ~** to tell a story; EXPR **venir a ~** to be relevant; **sin venir a ~** for no reason at all; **y eso, ¿a ~ de qué?** what's all this in aid of?; EXPR Fam **ser el ~ de nunca acabar** to be a never-ending story o an endless business; Fam **ir con el ~ a alguien** to go and tell sb; EXPR **aplicarse el ~: ¿ves lo que le ha pasado? pues aplícate el ~** see what happened to him? well you just have a good think about that ❏ **~ de hadas** fairy tale; Fam **el ~ de la lechera: es el ~ de la lechera** that's pie in the sky
-**2.** Fam (mentira, exageración) story, lie; **¡déjate de cuentos!** stop making things up!, don't give me that!; **ése tiene mucho ~** he's always putting it on; **venir con cuentos** to tell fibs o stories; EXPR CSur **hacerle a alguien el ~ del tío** to pull a scam on sb, to con sb; Esp **tener más ~ que Calleja** to be a big fibber; EXPR **vivir del ~** to live by one's wits ❏ **~ chino: lo del final del mundo es ~ chino** that stuff about the end of the world is a load of US rubbish o US bull; **a mí no me vengas con cuentos chinos** don't give me that (US rubbish o US bull)

cuerazo nm -**1.** Am (golpe) lash -**2.** EXPR muy Fam **ser un ~** Méx (hombre o mujer) to be hot stuff o really something, Chile (mujer) to be a real stunner o looker

cuerda nf -**1.** (para atar) (fina) string; (más gruesa) rope; **saltar a la ~** to skip; **los ataron con cuerdas** they tied them up with ropes; EXPR Fam **tirar de la ~** to go too far, to push it; Ven Fam **una ~ de idiotas/cobardes** a bunch of idiots/cowards ❏ **~ floja** tightrope; EXPR **estar en la ~ floja** to be hanging by a thread
-**2.** (de instrumento) string; **instrumento de ~** string instrument
-**3.** (en orquesta) string section, strings; **la sección de ~** the string section, the strings; **cuarteto de ~** string quartet
-**4.** (de mecanismo) spring; **un juguete de ~** a clockwork toy; **un reloj de ~** a wind-up watch; **dar ~ a** (reloj, juguete) to wind up; EXPR Fam **dar ~ a alguien** (para que siga hablando) to encourage sb; EXPR Fam **este conferenciante todavía tiene ~ para rato** this speaker looks like he's going to go on for a while yet; **el partido en el poder tiene ~ para rato** the party in power looks as if it will be there for some time to come
-**5.** GEOM chord
-**6.** ANAT **cuerdas vocales** vocal cords
-**7.** DEP (de pista) curb; **una pista con una ~ de 400 metros** a 400 metre track
-**8.** (en gimnasia rítmica) rope
-**9.** EXPR **bajo ~** secretly, in an underhand manner; Fam **de la misma ~** of the same opinion; **tocar a alguien la ~ sensible** to strike a chord with sb

cuerdamente adv sensibly

cuerdo, -a ◇ adj -**1.** (sano de juicio) sane; **no está ~** he's insane, he's not in his right mind -**2.** (sensato) sensible
◇ nm,f sane person

cuereada nf Ven (zurra) beating, thrashing

cuerear vt -**1.** Am (azotar) to whip, to lash -**2.** RP (desollar) to skin, to flay -**3.** RP Fam (criticar) to slate

cuerina nf RP imitation leather

cuerito nm Am washer

cueriza nf Andes Fam beating, leathering

cuerna nf -**1.** (vasija) drinking horn -**2.** (cornamenta) horns; (de ciervo) antlers -**3.** (trompa) hunting horn

cuernavaquense ◇ adj of/from Cuernavaca (Mexico)
◇ nmf person from Cuernavaca (Mexico)

cuernavaqueño, -a adj, nm,f = **cuernavaquense**

cuerno nm -**1.** (de animal) horn; (de ciervo) antler; (de caracol) horn, feeler; EXPR Fam **¡y un ~!** you must be joking!, in your dreams!; EXPR Fam **mandar al ~ a alguien** to send sb packing; Fam **¡vete al ~!** get lost!; Fam **irse al ~: nuestros planes se fueron al ~** our plans fell through; EXPR Fam **poner (los) cuernos a alguien** to be unfaithful to sb; (a un hombre) to cuckold sb; EXPR Fam **oler a ~ quemado** to smell/sound/look fishy; EXPR Fam **saber a ~ quemado: sus comentarios me supieron a a ~ quemado** I thought his comments were really off; EXPR **romperse los cuernos** (esforzarse) to break one's back ❏ **el ~ de la abundancia** the horn of plenty, cornucopia; GEOG **el Cuerno de África** the Horn of Africa
-**2.** (de bicicleta) bar end
-**3.** (instrumento) horn
-**4.** Méx (bizcocho) croissant

cuero ◇ adj Méx Fam gorgeous; **Jaime está bien ~** Jaime's dead gorgeous
◇ nm -**1.** (en el animal) skin; EXPR **en cueros (vivos)** stark-naked; EXPR CSur Fam **no le da el ~ para eso** (no tiene fuerzas) he's not up to it; (no tiene dinero) he can't afford it; EXPR CSur Fam **sacarle a alguien a ~** to tear sb to pieces ❏ **~ cabelludo** scalp
-**2.** (material) leather; (curtido) hide; **una chamarra de ~** a leather jacket ❏ Am **~ de chancho** pigskin; CSur **~ de cocodrilo** crocodile skin; Am **~ de foca** sealskin; Am **~ de lobo marino** sealskin
-**3.** (para vino) wineskin
-**4.** (balón) ball
-**5.** Ecuad, Ven Pey (mujer) Br bird, US broad
-**6.** Am (látigo) whip; **arrimar** o **dar ~ a alguien** to whip sb, to flog sb
-**7.** Méx Fam EXPR **ser un ~** to be gorgeous

cuerpear vi RP (esquivar) to swerve, to dodge

cuerpo nm -**1.** (objeto material) body ❏ ASTRON **~ celeste** heavenly body; QUÍM **~ compuesto** compound; **~ extraño** foreign body; NÁUT **~ muerto** mooring buoy; FÍS **~ negro** black body; QUÍM **~ simple** element
-**2.** (de persona, animal) body; **el ~ humano** the human body; **tiene un ~ estupendo** he's got a great body; **¡~ a tierra!** hit the ground!, get down!; **luchar ~ a ~** to fight hand-to-hand; **de medio ~** (retrato, espejo) half-length; **de ~ entero** (retrato, espejo) full-length; EXPR Fam **a ~ (gentil)** without a coat on; EXPR **a ~ descubierto** o **limpio: se enfrentaron a ~ descubierto** o **limpio** they fought each other hand-to-hand; EXPR **dar con el ~ en la tierra** to fall down; EXPR Fam **dejar mal ~: la comida le dejó muy mal ~** the meal disagreed with him; **la discusión con mi padre me dejó muy mal ~** the argument with my father left a bad taste in my mouth; EXPR **en ~ y alma: se dedicó en ~ y alma a ayudar a los necesitados** he devoted himself body and soul to helping the poor; **se entrega en ~ y alma a la empresa** she gives her all for the company; EXPR Fam **demasiado para el ~: ¡esta película es demasiado para el ~!** this movie o Br film is just great!, Br this film is the business!; EXPR Fam **echarse algo al ~: se echó al ~ dos botellas de vino** he downed two bottles of wine; EXPR Fam Euf **hacer de ~** to relieve oneself; EXPR **le metieron el miedo en el ~** they filled her with fear, they scared her stiff; EXPR Fam **pedir algo el ~: esta noche el ~ me pide bailar** I'm in the mood for dancing tonight; EXPR **no bebas más si no te lo pide el ~** don't have any more to drink if you don't feel like it; EXPR Am Fam **sacarle el ~ a algo** to get out of (doing) sth; EXPR RP Fam **suelto de ~** as cool o nice as you like o please; **a pesar de todo lo que le dije, después se me acercó muy suelto de ~** despite everything I said to him, he came up to me later as cool o nice as you like; EXPR Fam **tratar a alguien a ~ de rey** to treat sb like royalty o like a king; EXPR Fam **vivir ~ de rey** to live like a king
-**3.** (tronco) trunk
-**4.** (parte principal) main body; **el ~ del libro** the main part o body of the book
-**5.** (densidad, consistencia) thickness; **la tela de este vestido tiene mucho ~** this dress is made from a very heavy cloth; **un vino con mucho ~** a full-bodied wine; **dar ~ a** (salsa) to thicken; **tomar ~: mover hasta que la mezcla tome ~** stir until the mixture thickens; **están tomando ~ los rumores de remodelación del gobierno** the rumoured cabinet reshuffle is beginning to look like a distinct possibility; **el proyecto de nuevo aeropuerto va tomando ~** the new airport project is taking shape

-6. *(cadáver)* corpse; **de ~ presente** (lying) in state
-7. *(corporación consular, militar)* corps; **el agente fue expulsado del ~ por indisciplina** the policeman was thrown out of the force for indiscipline ❑ **~ de baile** dance company; **~ de bomberos** *Br* fire brigade, *US* fire department; **~ diplomático** diplomatic corps; **~ del ejército** army corps; **~ expedicionario** expeditionary force; **~ médico** medical corps; **~ de policía** police force
-8. *(conjunto de informaciones)* body; **~ de doctrina** body of ideas, doctrine; **~ legal** body of legislation
-9. *(parte de armario, edificio)* section
-10. *(parte de vestido)* body, bodice
-11. *(en carreras)* length; **el caballo ganó por cuatro cuerpos** the horse won by four lengths
-12. DER **~ del delito** corpus delicti, = evidence of a crime or means of perpetrating it
-13. IMPRENTA point; **letra de ~ diez** ten point font

cuerudo, -a *adj Andes, CAm* **-1.** *(caballo)* slow, sluggish **-2.** *(persona)* shameless, brazen

cuervo *nm (término genérico)* crow; *(especie)* raven ❑ **~ marino** cormorant; **~ merendero** rook

cuesco *nm* **-1.** *Fam (pedo)* (loud) fart **-2.** *Chile* stone *(of fruit)*

cuesta ◇ *ver* costar
◇ *nf (pendiente)* slope; **una calle/un camino en ~** a street/road on a hill; **~ arriba** uphill; EXPR *Fam* **hacerse ~ arriba: trabajar los viernes se me hace muy ~ arriba** I find working on Fridays heavy going; *también Fig* **~ abajo** downhill ❑ **la ~ de enero** = lack of money in January due to Christmas spending
◇ **a cuestas** *loc adv* on one's back, over one's shoulders; **tuvo que llevar los sacos a cuestas** he had to carry the sacks on his back *o* over his shoulders; **lleva a cuestas la enfermedad de su marido** she has to bear the burden of her husband's illness

cuestación *nf* collection *(for charity)*

cuestión *nf* **-1.** *(pregunta)* question
-2. *(problema)* problem; **no es ~ de tamaño sino de peso** it's a question *o* matter of weight not size
-3. *(asunto)* matter, issue; **una ~ de honor/de principios** a matter of honour/principle; **los investigadores quieren llegar al fondo de la ~** the investigators want to get to the bottom of the matter; **la ~ es que no he tenido tiempo** the thing is, I haven't had time; **en ~** in question; **el candidato en ~ es venezolano** the candidate in question is Venezuelan; **tenemos que discutir el tema en ~** we must discuss the matter at hand; **en ~ de** *(en materia de)* as regards; **en ~ de una hora** in no more than an hour; **el edificio se hundió en ~ de segundos** the building collapsed in a matter of seconds; **es ~ de un par de días** it is a matter of a couple of days; **ya acabo, es ~ de cinco minutos** I'm nearly finished, I'll only be five minutes; **es ~ de trabajar más** it's a question of working harder; **será ~ de ir yéndose** it's time we were on our way; **será ~ de esforzarnos más** we'll just have to work harder; **no es ~ de que el abuelo se ponga a hacerlo** there's no need for grandad to have to do it
-4. poner algo en ~ to call sth into question

cuestionable *adj* questionable, debatable

cuestionar ◇ *vt* to question
◆ **cuestionarse** *vpr (plantearse)* to think about; *(dudar de)* to wonder about

cuestionario *nm* questionnaire

cuesto *etc ver* costar

cuestor *nm* HIST quaestor

cuete ◇ *adj Méx Fam Br* pissed, *US* loaded; **estar ~** *Br* to be pissed, *US* to be loaded; **había un viejo ~** there was an old man there who was *Br* pissed *o US* loaded
◇ *nm* **-1.** *Am (nave espacial)* (space) rocket; EXPR **salir como ~: se levantaron muy tarde, así que salieron como ~** they got up very late, so they had to shoot off
-2. *Am* **cuetes** *(fuegos artificiales)* fireworks
-3. *Méx, RP Fam (borrachera)* **estar en ~** *Br* to be pissed, *US* to be loaded; **tenía un ~ muy grande** he was totally *Br* pissed *o US* loaded
-4. *RP Fam (pedo)* (loud) fart
-5. *Chile Fam (puñetazo)* **le dio un ~ en la boca** he socked him one in the mouth
-6. *Perú Fam (pistola)* shooter, *US* piece
◇ **al cuete** *loc adv RP Fam (inútilmente)* for nothing

cueva *nf* cave

cuévano *nm* pannier, large basket

cuezo ◇ *ver* cocer
◇ *nm Fam* EXPR **meter el ~** *(meter la pata)* to put one's foot in it, to drop a clanger; *(ser un entrometido)* to poke *o* stick one's nose in

cuico, -a ◇ *adj Chile Fam* tasteless, tacky
◇ *nm,f* **-1.** *Méx Fam (policía)* cop **-2.** *Chile Fam (hortera)* **es un ~** he has no taste, he's really tacky

cuidado, -a ◇ *adj* **una edición cuidada** a beautifully produced edition; **es muy ~ con su trabajo** he takes great care over his work
◇ *nm* **-1.** *(precaución)* care; **con ~** *(con esmero)* carefully; *(con cautela)* cautiously; **hazlo con mucho ~** do it very carefully; **puso mucho ~ en sus respuestas** she chose her answers very carefully; **ten ~ o te harás daño** be careful or you'll hurt yourself; **ten ~ al cruzar la calle** take care when crossing the road; **ten ~ con el perro, que muerde** mind the dog doesn't bite you; **tuve ~ de no decirles nada** I took care *o* was careful not to tell them anything; **hace las cosas sin ningún ~** she does things in a careless way; **¡~ con la cabeza!** mind your head!; **~ con el perro** *(en letrero)* beware of the dog; **~ con el escalón** *(en letrero)* mind the step; **(mucho) ~ con lo que vas contando por ahí** you'd better watch what you tell people; EXPR **tener** *o* **traer sin ~: me tiene** *o* **trae sin ~ lo que hagas** I couldn't care less what you do
-2. *(atención) (de personas, objetos)* care; **el ~ de la piel/del cabello** skin/hair care; **todo sobre el ~ de su gato** everything you need to know about looking after *o* caring for your cat; **el ~ de la casa es mi responsabilidad** I'm responsible for doing the housework; **estoy al ~ de la contabilidad de la empresa** I'm in charge of the company's accounts; **yo trabajo mientras él está al ~ de los niños** I work while he looks after the children; **se quedó al ~ de la casa mientras sus padres estaban de viaje** she looked after the house while her parents were away; **dejamos al perro al ~ de los vecinos** we left the dog with the neighbours
-3. cuidados *(asistencia médica)* care; **a pesar de los cuidados recibidos, falleció en el lugar del accidente** despite the medical attention she received, she died at the scene of the accident; **necesitará los cuidados de un veterinario** it will need to be looked at by a vet ❑ **cuidados intensivos** intensive care
-4. *(miedo, preocupación)* concern, apprehension; **no pases** *o Am* **pierde ~, que me encargo yo de todo** don't worry, I'll take care of everything
-5. *(uso enfático)* **¡~ que es listo este niño!** this boy's really clever!; **¡~ que llegas a ser tonto!** you can be really stupid sometimes!
◇ **de cuidado** *loc adj* **tuvo un accidente de ~** she had a nasty accident; **fue un accidente/una fiesta de (mucho) ~** it was some accident/party; **es un niño de ~, es muy travieso** he's a little terror, he's so naughty; **es un criminal de ~** he's a dangerous criminal
◇ *interj* **¡~!** careful!, look out!; **¡~!, ¡mira antes de cruzar!** (be) careful, you should look before you cross the road!

cuidador, -ora *nm,f* **-1.** *(de anciano)* carer; *(de niño)* childminder; **el ~ de los monos** the person who looks after the monkeys **-2.** *(de parque)* attendant **-3.** DEP trainer

cuidadosamente *adv* carefully

cuidadoso, -a *adj* careful; **es muy cuidadosa con lo que hace** she's very careful *o* takes a lot of care in what she does; **sé muy ~ con lo que dices** be very careful what you say, you'd better watch what you say; **es muy poco ~** he's very careless, he doesn't take much care

cuidar ◇ *vt* **-1.** *(niño, animal, casa)* to look after; *(enfermo)* to look after, to care for; *(plantas)* to look after, to tend
-2. *(aspecto)* to take care over; *(ropa)* to take care of, to look after; **si no cuidas esos zapatos no te durarán** if you don't look after those shoes they won't last; **cuida mucho su aspecto físico** he takes a lot of care over his appearance
-3. *(detalles)* to pay attention to; **tienes que ~ más la ortografía** you must pay more attention to *o* take more care over your spelling
◇ *vi* **~ de** to look after; **cuida de que no lo haga** make sure she doesn't do it; **cuida de que no se caiga** (be) careful he doesn't fall
◆ **cuidarse** *vpr* **-1.** *(uno mismo)* to take care of oneself, to look after oneself; **está tan joven porque se cuida mucho** she looks so young because she takes good care of herself; **si no se cuida más acabará mal** he'll come to a bad end if he doesn't watch out; **¡cuídate!** take care!
-2. *(tener cuidado)* **cuidarse de algo** to be careful about sth, to take care about sth; **se cuidó mucho de que no la vieran** she took great care to ensure that no one saw her; **cuídate mucho de contarles que te lo dije yo** don't you dare tell them I told you, you'd better not tell them I told you
-3. *(ocuparse)* to take care of, to look after; **cuídate de tus asuntos** mind your own business

cuitas *nfpl Literario* cares, woes

cuitlacoche *nm CAm, Méx* corn smut, = edible fungus which grows on maize

Cuitláhuac *n pr* Cuitlahuac, last supreme ruler of the Aztecs, who defeated Cortes in the Noche Triste (30 June 1520)

cuja *nf Am (cama)* bed

culamen *nm Esp Fam Br* bum, *US* butt

culantrillo *nm* maidenhair (fern)

culantro *nm* coriander

culata *nf* **-1.** *(de arma)* butt **-2.** *(de motor)* cylinder head **-3.** *(de animal)* hindquarters

culatazo *nm* **-1.** *(golpe)* blow with a rifle butt; **le dieron un ~** they hit him with a rifle butt **-2.** *(retroceso)* recoil, kick

culé *Fam* DEP ◇ *adj* = relating to Barcelona Football Club
◇ *nmf* = supporter of Barcelona Football Club

culebra *nf* **-1.** *(reptil)* snake **-2.** *Ven Fam (telenovela)* TV soap (opera)

culebrear *vi* to zigzag

culebrón *nm Esp Fam* **-1.** *(televisivo)* soap opera **-2.** *(historia interminable)* saga; **el ~ de las pensiones** the pensions saga

culera *nf (remiendo)* patch

culero, -a ◇ *adj Méx muy Fam* **-1.** *(cobarde)* yellow-belly **-2.** *(traidor)* scumbag, *Br* git
◇ *nm,f Fam (de drogas)* = person who smuggles drugs by hiding them in their rectum

culinario, -a *adj* culinary

culmen *nm* high point; **en el ~ de su carrera** at the peak of her career

culminación *nf* **-1.** *(llegada al clímax)* culmination; **el premio supone la ~ de su carrera como escritor** the prize is the culmination *o* crowning moment of his career as a writer; **este triunfo es la ~ de un sueño** this victory is the fulfilment of a dream **-2.** *(terminación)* end; **ganaron el partido que suponía la ~ del torneo** they won the final game of the tournament **-3.** ASTRON culmination

culminante *adj* culminating; **momento** *o* **punto ~** high point

culminar ◇ *vt* *(terminar)* **las elecciones culminaron la transición democrática en el país** the elections completed the country's transition to democracy; **con el galardón culminó cincuenta años de dedicación a la medicina** the award was the culmination *o* crowning moment of fifty years dedicated to medicine
◇ *vi* **-1.** *(terminar)* to end, to culminate; **las negociaciones culminaron con un acuerdo** the negotiations ended in (the signing of) an agreement **-2.** *(llegar al clímax)* **la tensión culminaba en el último capítulo del libro** the tension came to a head *o* reached its climax in the final chapter of the book **-3.** ASTRON to culminate

culo *nm*

> Note that in some regions of Latin America this term is vulgar in register.

Fam **-1.** *(nalgas)* *Br* bum, *US* butt; **le di una patada en el ~** I gave him a kick up the backside, *US* I kicked his butt; **~ firme** firm buttocks; **~ respingón** pert bottom; **¡vaya ~ tiene!** she's got a nice *Br* arse *o US* ass!; **me caí de ~** I fell flat on my backside *o Br* bum; *Fig* **cuando vi su moto me caí de ~** I was flabbergasted *o Br* gobsmacked when I saw his motorbike; EXPR **con el ~ al aire: su confesión dejó a sus compinches con el ~ al aire** his confession left his accomplices up the creek; EXPR *muy Fam* **vive en el ~ del mundo** she lives *Br* bloody *o US* goddamn miles from anywhere; EXPR *muy Fam* **estoy hasta el ~ de trabajo** I've got so much *Br* bloody *o US* goddamn work to do!; EXPR *muy Fam* **ir de ~: el equipo va de ~ este año** the team's doing shit *o* crap this year; *muy Fam* **con esa estrategia vas de ~** that strategy's a load of crap; *muy Fam* **esta última semana hemos ido de ~, sin parar ni un minuto** this last week has been a *Br* bloody *o US* goddamn nightmare, we haven't had a minute's rest; EXPR *muy Fam* **lamer el ~: siempre está lamiéndole el ~ al jefe** he's always licking the boss's *Br* arse *o US* ass, he's always sucking up to *o* brown-nosing the boss; EXPR *muy Fam* **éste no se moja el ~ por nadie** he wouldn't lift a *Br* bloody *o US* goddamn finger to help anyone; EXPR *muy Fam* **partirse el ~: con este tío te partes el ~** that guy's a *Br* bloody *o US* goddamn hoot; EXPR *muy Fam* **pensar con el ~: ¡qué estupideces dice!, parece que piense con el ~** what a load of nonsense, she's just talking out of her *Br* arse *o US* ass; EXPR *muy Fam* **perder el ~: ha perdido el ~ por una compañera de clase** he's madly in love with a girl in his class; EXPR *muy Fam* **ponerse hasta el ~: nos pusimos hasta el ~ de cerveza** we got wasted on beer; EXPR **ser un ~ inquieto** *o* **de mal asiento** *(enredador)* to be fidgety; *(errante)* to be a restless soul
-2. *(ano)* *Br* arsehole, *US* asshole; EXPR *RP muy Fam* **como el ~: me siento como el ~** I feel like shit; *RP muy Fam* **esa muchacha me cae como el ~** I hate that girl's *Br* bloody *o US* goddamn guts; EXPR **dar por el ~ a alguien** *(sodomizar)* to give it to sb up the *Br* arse *o US* ass; EXPR *Esp Vulg* **¡que te den por ~!, ¡vete a tomar por ~!** fuck off!; *Esp Vulg* **no quiere ayudar – ¡que le den por ~!** he doesn't want to help – well fuck him, then!; EXPR *Esp Vulg* **tomar por ~: le pedí dinero prestado, y me mandó a tomar por ~** I asked her to lend me some money and she told me where to stick it *o* to fuck off; *Esp Vulg* **estoy harto, voy a mandar todo a tomar por ~** fuck this *o Br* fuck this for a lark, I've had enough of it; *Esp Vulg* **todo lo que habíamos hecho se fue a tomar por ~ con el apagón** the power cut completely fucked up everything we'd done; EXPR *Esp muy Fam* **está a tomar por ~** it's *Br* bloody *o*

US goddamn miles from anywhere; EXPR *Vulg* **meterse algo por el ~: te puedes meter tu propuesta por el ~** you can stick your proposal up your *Br* arse *o US* ass
-3. *(de vaso, botella)* bottom; *Esp* **gafas de ~ de vaso**, *Am* **lentes de ~ de botella** pebble-glasses
-4. *(líquido)* **queda un ~ de vino** there's a drop (or two) of wine left in the bottom
-5. *(zurcido)* **me has hecho un ~ de pollo en el calcetín** you've made a mess of darning my sock
-6. *RP Fam (suerte)* **me gané la lotería – ¡qué ~!** I won the lottery – you lucky *o Br* jammy thing!

culombio *nm* FÍS coulomb

culón, -ona *adj Fam* **ser muy ~** to have a big backside, to be broad in the beam

culote *nm* cycling shorts

culpa *nf* **-1.** *(responsabilidad)* **un sentimiento de ~** a feeling of guilt; **todos tenemos algo de ~** we are all partly to blame; **echar la ~ a alguien (de)** to blame sb (for); **por ~ de** because of; **tener la ~ de algo** to be to blame for sth; **la lluvia tuvo la ~ del accidente** the rain was what caused the accident; **¿qué ~ tengo yo de que te hayas caído?** it's hardly my fault you fell over, is it?; *Fam* **yo no tengo la ~ de que seas tan distraído** it's not my fault you're so absent-minded
-2. REL **culpas** sins; **el que esté libre de ~ que tire la primera piedra** *(en Biblia)* let him who is without sin cast the first stone

culpabilidad *nf* guilt

culpabilizar [14] ◇ *vt* to blame; **~ a alguien (de)** *(atribuir la culpa)* to blame sb (for); *(acusar)* to accuse sb (of)
◆ **culpabilizarse** *vpr* to accept the blame (**de** for)

culpable ◇ *adj* guilty; **declarar ~ a alguien** to find sb guilty; **declararse ~ (de algo)** to plead guilty (to sth); **es ~ de varios robos** he is responsible for *o* has committed several robberies; **me siento ~ de lo que pasó** I feel responsible for what has happened
◇ *nmf* culprit; **la policía busca al ~ del robo** the police are looking for the person responsible for the robbery; **tú eres el ~** you're to blame

culpar ◇ *vt* to blame; **~ a alguien (de)** *(atribuir la culpa)* to blame sb (for); *(acusar)* to accuse sb (of)
◆ **culparse** *vpr* to blame oneself; **se culpa de lo que ocurrió** she blames herself for what happened

culteranismo *nm* LIT = highly elaborate literary style typical of 17th century Spanish writers such as Góngora

culterano, -a LIT ◇ *adj* = related to "culteranismo"
◇ *nm,f* = exponent of "culteranismo"

cultismo *nm* literary *o* learned word

cultivable *adj* cultivable, arable

cultivado, -a *adj* **-1.** *(terreno)* cultivated **-2.** *(persona)* cultivated, cultured

cultivador, -ora *nm,f (persona)* grower; **~ de naranjas** orange grower; **~ de trigo** wheat farmer

cultivadora *nf (máquina)* cultivator

cultivar ◇ *vt* **-1.** *(tierra)* to farm, to cultivate; *(plantas)* to grow; **dejó sus tierras sin ~** he left his land uncultivated **-2.** *(amistad, inteligencia)* to cultivate **-3.** *(arte)* to practise **-4.** *(germen)* to culture
◆ **cultivarse** *vpr (persona)* to improve oneself

cultivo *nm* **-1.** *(de tierra)* farming, cultivation; *(de plantas)* growing
-2. *(plantación)* crop ❑ **~ extensivo** extensive farming; **~ hidropónico** hydroponics; **~ intensivo** intensive farming; **~ de regadío** irrigated crop; **~ de secano** dry-farmed crop; **~ de subsistencia** subsistence crop; **~ transgénico** GM crop

-3. *(de gérmenes)* culture ❑ **~ celular** cell culture; **~ de tejidos** tissue culture
-4. *(de las artes)* promotion

culto, -a ◇ *adj* **-1.** *(persona)* cultured, educated; *(estilo)* refined **-2.** *(palabra)* literary, learned
◇ *nm* **-1.** *(devoción)* worship (**a** of); **el ~ al diablo** devil worship; **el ~ al cuerpo** the cult of the body beautiful; **a la personalidad** personality cult; **rendir ~ a** *(dios)* to worship; *(persona, valentía)* to pay homage *o* tribute to; **un grupo/una película de ~** a cult group/movie **-2.** *(religión)* cult

cultura *nf* **-1.** *(de sociedad)* culture; **es especialista en la ~ inca** she is a specialist in Inca culture ❑ **~ empresarial** corporate culture; **~ de masas** mass culture; **la ~ del ocio** leisure culture
-2. *(sabiduría)* **tiene mucha ~** she's very educated, she's very cultured; **tiene mucha ~ teatral** she knows a lot about the theatre ❑ **~ general** general knowledge; **la ~ popular** popular culture

cultural *adj* cultural; **una actividad ~** a cultural activity; **la diversidad ~** cultural diversity

culturalmente *adv* culturally

cultureta *nmf Fam Pey* culture vulture

culturismo *nm* body-building

culturista *nmf* bodybuilder

culturización *nf* **la ~ de los indígenas por los conquistadores** the way in which the conquistadors taught their culture to the indigenous population

culturizar [14] ◇ *vt* **a las masas** to educate the masses
◆ **culturizarse** *vpr* to educate oneself

cuma *Chile Fam* ◇ *adj* terribly tacky
◇ *nmf* **ser un ~** to be terribly tacky

cumanés, -esa, cumanagoto, -a ◇ *adj* of/from Cumaná *(Venezuela)*
◇ *nm,f* person from Cumaná *(Venezuela)*

cumbia *nf* cumbia

CUMBIA

Cumbia is a type of dance music from the Caribbean coast of Colombia. It is a fusion of African rhythms and percussion, native Indian flutes and melodies, and European-inspired costumes. The music usually involves three types of drums as well as flutes, maracas and accordion. The **cumbia** is danced by couples. Formerly looked down on, the dance is now Colombia's national music and can incorporate hip-hop and techno influences.

cumbiamba *nf Col, Perú (fiesta)* "cumbia" party

cumbiambero, -a ◇ *adj* **-1.** *(bailarín)* = related to "cumbia" dancer **-2.** *Col, Perú Fam (de persona alegre)* fun-loving
◇ *nm,f* **-1.** *(bailarín)* "cumbia" dancer **-2.** *Col, Perú Fam (persona alegre)* party animal, fun-loving person

cumbre ◇ *adj inv* **el momento ~ de su carrera** the peak *o* high point of his career; **su obra ~** her most outstanding work
◇ *nf* **-1.** *(de montaña)* summit **-2.** *(punto culminante)* peak, high point **-3.** *(política)* summit (conference) ❑ **la Cumbre de la Tierra** the Earth Summit

cumbrera *nf (cumbre)* summit

cum laude *loc adj* cum laude; **obtuvo un sobresaliente ~** she passed summa cum laude

cumple *nm Fam* **-1.** *(aniversario)* birthday **-2.** *(fiesta)* birthday party *o* do

cumpleaños *nm inv* **-1.** *(aniversario)* birthday; **¡feliz ~!** happy birthday!; **¡~ feliz!** *(en canción)* happy birthday to you! **-2.** *(fiesta)* birthday party

cumplido, -a ◇ *adj* **-1.** *(completo, lleno)* full, complete **-2.** *(cortés)* polite, courteous; **es muy ~ con todo el mundo** he's very polite to everyone
◇ *nm* compliment; **hacer un ~ a alguien** to pay sb a compliment; **lo dijo como ~** she said it out of politeness

cumplidor, -ora ◇ *adj* reliable, dependable
◇ *nm,f* reliable *o* dependable person

cumplimentar *vt* **-1.** *(saludar)* to greet **-2.** *(felicitar)* to congratulate **-3.** *(cumplir) (orden)* to carry out; *(contrato)* to fulfil **-4.** *(impreso)* to fill in *o* out

cumplimiento *nm* **-1.** *(de un deber)* performance, carrying out; *(de contrato, obligaciones)* fulfilment; *(de la ley)* observance; *(de órdenes)* carrying out; **murió en el ~ de su deber** he died in the course of *o* while carrying out his duty; **en ~ del artículo 34** in compliance with article 34; **una disposición de obligado ~** a compulsory regulation
-2. *(de promesa)* fulfilment; *(de amenaza)* carrying out; **lo hizo en ~ de una promesa** he did it to keep a promise
-3. *(de condena)* **comenzará el ~ de su condena el próximo lunes** he will begin serving his sentence next Monday; **durante el ~ del servicio militar** while he was doing his military service; **han solicitado el ~ íntegro de las condenas para los narcotraficantes** they have demanded that the drug traffickers serve their full sentences
-4. *(de plazo)* expiry
-5. *(de objetivo)* achievement, fulfilment

cumplir ◇ *vt* **-1.** *(deber)* to do, to carry out, to perform; *(contrato, obligaciones)* to fulfil; *(ley)* to observe; *(orden)* to carry out; **~ los mandamientos** to keep *o* obey the commandments; **cumplí las instrucciones al pie de la letra** I followed the instructions to the letter; **esta máquina cumple todos los requisitos técnicos** this machine complies with *o* meets all the technical requirements; **los candidatos deben ~ los siguientes requisitos** the candidates must meet *o* satisfy the following requirements; **los que no cumplan las normas serán sancionados** anyone failing to comply with *o* abide by the rules will be punished; **el ministerio no está cumpliendo su cometido de fomentar el empleo** the ministry is failing in its task of creating jobs, the ministry is not carrying out its brief of creating jobs
-2. *(promesa)* to keep; *(amenaza)* to carry out; **cumplió su deseo de subir al Aconcagua** she fulfilled her wish of climbing Aconcagua
-3. *(años)* to reach; **mañana cumplo veinte años** I'm twenty *o* it's my twentieth birthday tomorrow; **cumple años la próxima semana** it's her birthday next week, she has her birthday next week; **cuando cumplas los dieciocho te regalaremos una moto** we'll give you a motorbike when you're eighteen *o* for your eighteenth (birthday); **¡que cumplas muchos más!** many happy returns!; **tal y como está de salud, el abuelo no cumplirá los ochenta** in his current state of health, it's unlikely that grandad will see his eightieth birthday; **la Feria del Automóvil cumple este año su décimo aniversario** the Motor Show celebrates its tenth anniversary this year
-4. *(condena)* to serve; *(servicio militar)* to do
◇ *vi* **-1.** *(plazo, garantía)* to expire; **el plazo de matriculación ya ha cumplido** the deadline for registration is already up *o* has already expired
-2. *(realizar el deber)* to do one's duty; **~ con alguien** to do one's duty by sb; **~ con el deber** to do one's duty; **~ con la palabra** to keep one's word; **yo me limito a ~ con mi trabajo** I'm just doing my job
-3. *(con norma, condición)* to comply; **este producto no cumple con la normativa europea** this product doesn't comply with *o* meet European standards; **varios países cumplen con los requisitos para acceder al mercado único** several countries fulfil the criteria *o* meet the terms for joining the single market
-4. *(por cortesía)* **cumpla usted por mí pay** my respects; **lo dijo por ~** she said it because she felt she had to *o* out of politeness; **acudió a la boda por ~ con su hermano** she went to the wedding out of a sense of duty to her brother; **con el ramo de flores que le enviamos ya cumplimos** I think we've done our duty *o* all that's expected of us by sending her a bunch of flowers
-5. *(servicio militar)* to do one's military service
-6. *Fam Euf (satisfacer sexualmente)* **acusó a su marido de no ~** she accused her husband of failing to fulfil his marital *o* conjugal duties

◆ **cumplirse** *vpr* **-1.** *(hacerse realidad)* **finalmente se cumplió su deseo** finally her wish was fulfilled, she finally got her wish; **se cumplieron las predicciones y cayó una intensa tormenta** the predictions were proved right *o* came true and there was a violent storm; **se cumplieron las amenazas y una bomba estalló en el centro de la ciudad** the threats were carried out when a bomb exploded in the city centre
-2. *(plazo)* **mañana se cumple el plazo de presentación de solicitudes** the deadline for applications expires tomorrow; **el próximo año se cumple el primer centenario de su muerte** next year will be the hundredth anniversary of his death

cumulativo, -a *adj* DER cumulative

cúmulo *nm* **-1.** *(nube)* cumulus **-2.** ASTRON **~ de estrellas** star cluster; **~ de galaxias** galaxy cluster **-3.** *(de objetos)* pile, heap **-4.** *(de circunstancias, asuntos)* accumulation, series; **dijo un cúmulo de tonterías** he said a lot of nonsense; **cometieron un ~ de errores** they made a series of errors

cumulonimbo *nm (nube)* cumulonimbus

cuna *nf* **-1.** *(de niño)* cot, cradle ❑ *Méx* **viajera** *Br* carrycot, *US* portacrib **-2.** *(de movimiento, civilización)* cradle; *(de persona)* birthplace **-3.** *(linaje)* **es de ~ noble/humilde** he is of noble/humble birth

cundir *vi* **-1.** *(propagarse)* to spread; **cundió el pánico** the panic spread, there was widespread panic; **¡que no cunda el pánico!** keep calm, everyone!; **al oírse la noticia, cundió la alarma rápidamente** when people heard the news panic quickly started to spread
-2. *Esp (dar de sí) (comida, reservas)* to go a long way; *(trabajo, estudio)* to go well; **me cundió mucho el tiempo** I got a lot done; **esta pintura cunde muy poco** this paint doesn't go very far

cunear ◇ *vt* to rock
◆ **cunearse** *vpr* to rock, to sway

cuneiforme *adj* cuneiform

cunero, -a *adj* **candidato ~** carpetbagger

cuneta *nf* **-1.** *(de una carretera)* ditch **-2.** *(de una calle)* gutter

cunicultura *nf* rabbit-breeding

cunilinguo *nm*, **cunnilingus** *nm inv* cunnilingus

cuña *nf* **-1.** *(pieza)* wedge **-2.** *(de publicidad)* commercial break ❑ **~ informativa** brief news item, space-filler **-3.** *(orinal)* bedpan **-4.** METEO ridge, band ❑ **~ anticiclónica** ridge *o* band of high pressure **-5.** *(en esquí)* snowplough; **frenar haciendo la ~** to slow down using a snowplough **-6.** *Andes, RP Fam (enchufe)* **tener ~** to have friends in high places

cuñado, -a *nm,f* brother-in-law, *f* sister-in-law

cuño *nm* **-1.** *(troquel)* die **-2.** *(sello, impresión)* stamp **-3.** EXPR **ser de nuevo ~** to be a new coinage; **un término de nuevo ~** a newly coined term; **un cargo de nuevo ~** a recently created post

cuota *nf* **-1.** *(contribución) (a entidad, club)* membership fee, subscription; *(a Hacienda)* tax (payment); *(a sindicato)* dues ❑ **~ de abono** *(de teléfono)* line rental; **~ de admisión** admission fee; INFORMÁT **~ de conexión** set-up charge *o* fee; **~ de ingreso** entrance fee; **~ de inscripción** *(en congreso)* registration fee; **cuotas de la seguridad social** social security contributions, *Br* ≃ National Insurance contributions
-2. *Am (plazo)* instalment; **comprar en cuotas** to buy on *Br* hire purchase *o US* an installment plan; **pagar en cuotas** to pay in instalments ❑ **~ inicial** down payment
-3. *(cupo)* quota; UE **las cuotas lácteas/pesqueras** milk/fishing quotas ❑ ECON **~ de mercado** market share; **~ de pantalla** *(en televisión)* audience share; **la ~ de pantalla del cine español ha crecido hasta el 10 por ciento** the number of Spanish movies being shown has risen to 10 percent; **~ de producción** production quota
-4. *Méx (importe)* toll; **autopista de ~** *Br* toll motorway, *US* turnpike

cupe *ver* **caber**

cupé *nm* coupé

Cupido *n* MITOL Cupid

cupido *nm (representación del amor)* cupid

cupiera etc *ver* **caber**

cuplé *nm* = saucy popular song

cupletista *nmf* "cuplé" singer

cupo *ver* **caber**
◇ *nm* **-1.** *(cantidad máxima)* quota **-2.** *(cantidad proporcional)* share; *(de una cosa racionada)* ration **-3.** *Méx, Ven (cabida)* capacity, room

cupón *nm* **-1.** *(vale)* coupon ❑ FIN **~ cero** zero coupon **-2.** *(de lotería, rifa)* ticket

cuprero, -a *adj Chile* copper; **la producción cuprera** copper production

cupresácea *nf* BOT = tree of the cypress family

cúprico, -a *adj* QUÍM copper; **óxido/sulfato ~** copper oxide/sulphate

cuprífero, -a *adj (yacimiento)* copper; *(mineral)* copper-bearing, *Espec* cupriferous

cuprita *nf* cuprite

cuproníquel *nm* cupronickel

cuproso, -a *adj* QUÍM copper, *Espec* cuprous

cúpula *nf* **-1.** *(bóveda)* dome, cupola **-2.** *(mandos)* leaders; **la ~ del partido** the party leadership; **la ~ militar** the top-ranking officers in the armed forces, the heads of the armed forces; **el presidente ha anunciado cambios en la ~ de la organización** the *Br* chairman *o US* president has announced changes at top management level in the organization **-3.** MIL *(torre)* turret

cupulino *nm* ARQUIT lantern

cuquillo *nm* cuckoo

cura[1] *nm* priest; **meterse ~** to become a priest, to enter the priesthood; EXPR *Fam Hum* **como a un ~ dos pistolas: ese sombrero te sienta como a un ~ dos pistolas** that hat looks awful on you ❑ **~ obrero** worker priest; **el ~ párroco** the parish priest

cura[2] *nf* **-1.** *(curación)* cure; **todavía no se ha encontrado una ~ para esa enfermedad** no cure has yet been found for that disease; **tener ~** to be curable; **no tener ~** *(ser incurable)* to be incurable; *Fam (ser incorregible)* to be incorrigible ❑ REL **la ~ de almas** the cure of souls
-2. *(tratamiento)* treatment, cure; **me tienen que hacer una ~ en la herida** *(tratar)* I need to get this wound treated; *(con venda)* I need to get this wound dressed ❑ **~ de adelgazamiento** diet; **~ de descanso** rest cure; **~ de humildad: lo que necesita es una ~ de humildad** she needs bringing down a peg or two; **~ milagrosa** miracle cure; **~ de reposo** rest cure; **~ de sueño: lo que necesita es una ~ de sueño** what you need is a good sleep
-3. *Chile (borrachera)* drunkenness

curable *adj* curable

curaca *nm* HIST = chief of an adminstrative region of the Inca empire

curación *nf* **-1.** *(de un enfermo) (recuperación)* recovery; **te deseamos una pronta ~** get well soon, we wish you a speedy recovery
-2. *(de un enfermo) (tratamiento)* treatment; **una herida de difícil ~** a wound that won't

heal easily; **la ~ del cáncer** cancer treatment; **tener ~** to be treatable **-3.** *(de alimento)* curing

curado, -a ◇ *adj* **-1.** *(enfermo)* cured; **ya está ~ de la hepatitis** he's recovered from his hepatitis; [EXPR] *Fam* **estar ~ de espanto** to have seen it all before **-2.** *(alimento)* cured **-3.** *(pieles)* tanned **-4.** *Chile Fam (borracho)* sloshed
◇ *nm* **-1.** *(de alimentos)* curing **-2.** *(de pieles)* tanning **-3.** *Méx (bebida)* = drink of flavoured "pulque"

curador, -ora *nm,f* **-1.** DER guardian **-2.** *RP (en museo)* curator

curadoría *nf* DER guardianship

cural *adj* **la casa ~** the priest's house, the presbytery

curalotodo *nm Fam* cure-all

curandería *nf* **-1.** *(medicina popular)* traditional *o* folk medicine **-2.** *Fam Pey (medicina falsa)* quackery

curandero, -a *nm,f* **-1.** *(que utiliza magia)* witch doctor; *(que utiliza remedios naturales)* traditional healer **-2.** *Fam Pey (médico falso)* quack

curanto *nm Chile* stew of meat and shellfish

curar ◇ *vt* **-1.** *(sanar)* to cure **-2.** *(herida) (tratar)* to treat; *(con vendas)* to dress **-3.** *(alimentos)* to cure **-4.** *(pieles)* to tan **-5.** *RP (mate)* to cure, to season *(before using for the first time)*
◇ *vi (enfermo)* to get well, to recover; *(herida)* to heal up

✦ **curarse** *vpr* **-1.** *(sanar)* to recover (**de** from); [EXPR] **se curó de espanto durante la guerra** after living through the war, nothing could shock him; [EXPR] **curarse en salud** to play safe, to cover one's back **-2.** *(alimento)* to cure

curare *nm* curare

Curasao *n* Curaçao

curasao *nm* curaçao

curativo, -a *adj* curative

curato *nm (parroquia)* parish

Curazao [kura'sao] *n* Curaçao

curazao [kura'sao] *nm* curaçao

cúrcuma *nf* turmeric

curcuncho, -a *Andes Fam* ◇ *adj* hunchbacked
◇ *nm* **-1.** *(joroba)* hump **-2.** *(jorobado)* hunchback

curda *Fam* ◇ *adj RP (de alcohol)* plastered
◇ *nmf RP (borracho)* boozer
◇ *nf* **-1.** *Esp, RP* **agarrar** *o Esp* **coger una ~** to get plastered; *RP* **estar en ~** to be plastered **-2.** *Ven (bebida)* booze

Curdistán *n* Kurdistan

curdo, -a ◇ *adj* **-1.** *(de Curdistán)* Kurdish **-2.** *Ven Fam (de alcohol o drogas)* off one's face; **siempre lo ven ~** whenever they see him he's off his face
◇ *nm,f (persona)* Kurd
◇ *nm (lengua)* Kurdish

cureña *nf* gun carriage

curia *nf* **-1.** HIST curia **-2.** REL curia ❏ **la ~ pontificia** the papal curia; **la ~ romana** the papal curia **-3.** DER *(abogacía)* legal profession

curiara *nf Ven* dugout canoe

curio *nm* QUÍM curium

curiosamente *adv* curiously, strangely; **~, el hielo no se fundió** curiously *o* strangely enough, the ice didn't melt

curiosear ◇ *vi* **-1.** *(fisgonear)* to nose around **-2.** *(en tienda)* to browse round; **estuvo curioseando por el almacén** he was browsing around the store
◇ *vt (libros, revistas)* to browse through

curiosidad *nf* **-1.** *(deseo de saber)* curiosity; **sentir** *o* **tener ~ por** to be curious about; **te lo pregunto por ~** I'm just asking out of curiosity **-2.** *(cosa rara)* curiosity, curio; **trajo varias curiosidades de sus viajes** he brought back several interesting things *o* objects from his travels **-3.** *(limpieza)* neatness, tidiness

curioso, -a ◇ *adj* **-1.** *(por saber, averiguar)* curious, inquisitive **-2.** *(raro)* odd, strange; **¡qué ~!** how odd!, how strange!; **lo más ~ es que...** the oddest *o* strangest thing is that...; **es ~ que...** it's odd *o* strange that... **-3.** *(limpio)* neat, tidy; *(cuidadoso)* careful **-4.** *(fisgón)* inquisitive, nosy
◇ *nm,f* **-1.** *(espectador)* onlooker **-2.** *(fisgón)* inquisitive *o* nosy person

curita *nf Am Br* (sticking-)plaster, *US* Band-aid®

curling ['kurlin] *nm* DEP curling

currante *Esp Fam* ◇ *adj* **es muy ~** she's a hard worker; **hoy está muy ~** he's working very hard today
◇ *nmf* worker

currar *Fam* ◇ *vt* **-1.** *Esp (pegar)* to beat up **-2.** *RP (estafar)* to rip off
◇ *vi Esp (trabajar)* to work

✦ **currarse** *vpr Esp* **se curró mucho el examen** she really worked hard for the exam; **me curré muchísimo ese dibujo** I slaved over that drawing

curre *nm Esp Fam* work

currelar *vi Esp Fam* to work

currele, currelo *nm Esp Fam* work

curricular *adj* EDUC curriculum; **diseño ~** curriculum design, design of the curriculum

currículo *nm* **-1.** *(currículum vitae)* curriculum vitae, *Br* CV, *US* résumé **-2.** EDUC curriculum

currículum (vitae) [ku'rikulum('bite)] *(pl* **currícula** *o* **currículums (vitae))** *nm* curriculum vitae, *Br* CV, *US* résumé

currito, -a *nm,f Esp Fam* (ordinary) worker; **no soy más que un ~** I'm just a menial employee

curro *nm Fam* **-1.** *Esp (tarea, actividad, práctica)* work; **tengo mucho ~ que hacer** I've got a lot of work to do **-2.** *Esp (empleo)* job; **buscar/encontrar ~** to look for/find work *o* a job; **estoy sin ~** I've got no job, I haven't got a job **-3.** *Esp (lugar)* work; **ir al ~** to go to work; **¿quieres que pase a recogerte al ~?** do you want me to pick you up from your work? **-4.** *RP (timo)* swindle, rip-off

curruca *nf* ~ **capirotada** blackcap; **~ carrasqueña** subalpine warbler; **~ mosquitera** garden warbler; **~ rabilarga** Dartford warbler; **~ zarcera** whitethroat; **~ zarcerilla** lesser whitethroat

currusco *nm (punta de pan)* end *(of baguette)*

currutaco, -a *adj Andes, Guat, Ven (rechoncho)* tubby

curry *nm (especias)* curry powder; **pollo al ~** chicken curry

cursar *vt* **-1.** *(estudiar)* to study; **~ estudios de medicina** to study medicine; **cursaba segundo** she was in her second year **-2.** *(enviar)* to send **-3.** *(ordenar)* to give, to issue **-4.** *(tramitar)* to submit

cursi ◇ *adj* **-1.** *(vestido, canción)* tacky, *Br* naff; **se puso un sombrero muy ~** she put on this really tacky *o Br* naff hat; **a mi abuela le gustan esas cortinas tan cursis** my grandmother likes those twee curtains
-2. *(modales, persona)* **es un escritor muy ~** he's such a corny writer; **camina de una manera muy ~** she has a very affected way of walking; **no seas ~, cómete el plátano con las manos** don't be so prissy, eat the banana with your hands
◇ *nmf* affected person; **es un ~** he's so affected; **no seas un ~, cómete el plátano con las manos** don't be so prissy, eat the banana with your hands

cursilada *nf* **ser una ~** *(acto, comportamiento)* to be affected; *(comentario)* to be stupid *o Br* naff; *(decoración, objeto)* to be tacky *o Br* naff; **esas cortinas que le gustan a mi abuela son una ~** those curtains my grandmother likes are really twee; **es una ~ comer el plátano con cuchillo y tenedor** it's really prissy to eat bananas with a knife and fork

cursilería *nf* **-1.** **ser una ~** *(acto, comportamiento)* to be affected; *(comentario)* to be stupid *o Br* naff; *(decoración, objeto)* to be tacky *o Br* naff; **esas cortinas que le gustan a mi abuela son una ~** those curtains my grandmother likes are really twee; **es una ~ comer el plátano con cuchillo y tenedor** it's really prissy to eat bananas with a knife and fork
-2. *(cualidad)* tackiness, *Br* naffness

cursillista *nmf* student *(on a short course)*

cursillo *nm* **-1.** *(curso)* short course; **un ~ de socorrismo/de esquí** a first-aid/skiing course; **un ~ de formación** a training course **-2.** *(conferencias)* series of lectures

cursiva ◇ *adj (letra)* italic; **en ~** in italics
◇ *nf* italics

cursivo, -a *adj* cursive

curso *nm* **-1.** *(año académico)* year; **¿en qué ~ estás?** what year are you in? ❏ **~ académico** academic year; **~ escolar** school year
-2. *(lecciones)* course; **un ~ de inglés/informática** an English/computing course ❏ **~ por correspondencia** correspondence course; **~ intensivo** crash course; EDUC **~ puente** = intermediate course which enables a university student to change degree courses
-3. *(grupo de alumnos)* class
-4. *(texto, manual)* textbook
-5. *(evolución) (de acontecimientos)* course; *(de la economía)* trend; **el ~ de la enfermedad es positivo** he has taken a turn for the better; **dar ~ a algo** *(dar rienda suelta)* to give free rein to sth; *(tramitar)* to process sth, to deal with sth; **en el ~ de una semana ha habido tres accidentes** there have been three accidents in the course of a week; **la situación comenzará a mejorar en el ~ de un año** the situation will begin to improve within a year; **en ~** *(mes, año)* current; *(trabajo)* in progress; **seguir su ~** to go on, to continue
-6. *(circulación)* **billete/moneda de ~ legal** legal tender
-7. *(de río)* course; **el ~ alto/medio** the upper/middle reaches

cursor *nm* INFORMÁT cursor

curtido, -a ◇ *adj* **-1.** *(cuero)* tanned **-2.** *(piel)* tanned, weather-beaten **-3.** *(experimentado)* seasoned
◇ *nm* **-1.** *(acción)* tanning **-2.** *(piel)* tanned hide

curtidor, -ora *nm,f* tanner

curtiduría *nf* tannery

curtiembre *nf Andes, RP* tannery

curtir ◇ *vt* **-1.** *(cuero)* to tan **-2.** *(piel)* to weather **-3.** *(persona)* to harden

✦ **curtirse** *vpr* **-1.** *(piel)* to become tanned *o* weather-beaten **-2.** *(persona)* to become hardened

curucutear *vi Ven Fam* to root about *o* around, to rummage about *o* around; **está siempre curucuteando en mis cajones** she's always rooting *o* rummaging about in my drawers

curul *nf Col, Méx* seat *(in parliament)*

curva *nf* **-1.** *(línea, forma, gráfico)* curve; **una ~ de temperatura/producción** a temperature/production curve ❏ **~ de aprendizaje** learning curve; *Fam* **~ de la felicidad** *(barriga)* paunch; **~ de nivel** contour line
-2. *(de carretera, río)* bend; **una carretera con muchas curvas** a winding road; **~ abierta** slight *o* shallow bend; **~ cerrada** sharp bend; **tomar** *o Esp* **coger una ~** to take a bend
-3. **curvas** *(de mujer)* curves

curvado, -a *adj (forma)* curved; *(espalda)* bent

curvar ◇ *vt (doblar)* to bend; *(espalda, cejas)* to arch

✦ **curvarse** *vpr* to become bent, to bend; **la estantería se curvó por el peso** the shelves bent *o* sagged under the weight

curvatura *nf* curvature

curvilíneo, -a *adj* **-1.** *(en geometría)* curved **-2.** *(silueta del cuerpo)* curvaceous

curvo, -a *adj (forma)* curved; *(doblado)* bent

cuscurro *nm* **-1.** *(pan frito)* crouton **-2.** *(punta de pan)* end *(of baguette)*

cuscús *nm inv* couscous

cuscuta *nf* common dodder

cusicusí, cusicusá *adv Andes, RP Fam* so-so

cusma *nf Andes* = sleeveless woollen shirt worn by Indians

cúspide *nf* **-1.** *(de montaña)* summit, top **-2.** *(de torre)* top **-3.** *(de organización)* leadership **-4.** *(apogeo)* peak, height; **en la ~ de su carrera** at the peak of her career **-5.** GEOM apex

custodia ◇ *nf* **-1.** *(de cosas)* safekeeping; **se encargan de la ~ de las joyas de la corona** they are the keepers of the crown jewels; **el edificio está bajo ~ de dos policías** the building is guarded by two police officers
  -2. *(de personas)* custody; **se disputan la ~ de los hijos** they are in dispute over the custody of the children; **estar bajo la ~ de** to be in the custody of; **la policía mantiene a los detenidos bajo ~** those arrested are in police custody
  -3. REL monstrance
  -4. *Chile (consigna) Br* left-luggage office, *US* checkroom
  -5. *RP (escolta)* bodyguard; **integra la ~ del presidente** he's a member of the president's bodyguard
◇ *nmf RP (guardia)* guard

custodiar *vt* **-1.** *(vigilar)* to guard **-2.** *(proteger)* to look after

custodio *nm* guard

cutáneo, -a *adj* skin; **enfermedad cutánea** skin disease; **erupción cutánea** rash

cúter *(pl* **cúters** *o* **cúter)** *nm* **-1.** *(cuchilla)* craft knife, Stanley knife® **-2.** *(barco)* cutter

cutí *nm* ticking

cutícula *nf* cuticle

cutirreacción *nf* MED skin test

cutis *nm inv* skin, complexion; **tiene el ~ muy fino** she has very delicate skin; **una crema para el ~** a skin cream; **hacer a alguien una limpieza de ~** to cleanse sb's skin

cutre *adj Esp Fam* **-1.** *(de bajo precio, calidad)* cheap and nasty, crummy **-2.** *(sórdido)* shabby, dingy; **un garito ~** a sleazy nightclub **-3.** *(tacaño)* tight, stingy

cutrería, cutrez *nf Esp Fam* **-1.** *(cosa de bajo precio, calidad)* **me regaló una ~** he gave me a cheap and nasty present **-2.** *(sordidez)* shabbiness, dinginess; **este hotel es una ~** this hotel is a dump

cuy *(pl* **cuyes)** *nm Andes, RP (conejillo de Indias)* guinea pig

cuyo, -a *adj (posesión) (por parte de personas)* whose; *(por parte de cosas)* of which, whose; **ésos son los amigos en cuya casa nos hospedamos** those are the friends in whose house we spent the night; **ese señor, ~ hijo conociste ayer** that man, whose son you met yesterday; **un equipo cuya principal estrella...** a team, the star player of which *o* whose star player...; **en ~ caso** in which case

Cuzco *n* Cuzco, Cusco

cuzco *nm RP (animal)* small mongrel

cuzqueño, -a ◇ *adj* of/from Cuzco *(Peru)*
◇ *nm,f* person from Cuzco *(Peru)*

CV *nm* **-1.** (*abrev de* **currículum vitae**) *Br* CV, *US* résumé **-2.** (*abrev de* **caballo de vapor**) HP

D d

D, d [de] *nf (letra)* D, d
D *(abrev de* **dama)** *(en notación de ajedrez)* Q
D. *(abrev de* **don)** ≃ Mr
Dª. *(abrev de* **doña)** *(casada)* ≃ Mrs; *(soltera)* ≃ Miss
daca *nm Fam* **toma y ~** give and take
da capo *adv MÚS* da capo
Dacca *n* Dacca
dacha *nf* dacha
Dacia *n HIST* Dacia
dacio, -a *HIST* ◇ *adj* Dacian
◇ *nm,f* Dacian
dacrón® *nm* Dacron®
dactilar *adj* **huella ~** fingerprint
dáctilo *nm LIT* dactyl
dactilografía *nf* typing
dactilógrafo, -a *nm,f* typist
dactilología *nf* sign language
dactiloscopia *nf* study of fingerprints, *Espec* dactylography
dactiloscópico, -a *adj* fingerprint; **pruebas dactiloscópicas** fingerprint evidence
dadá *ARTE* ◇ *adj* Dadaist
◇ *nm* Dada, Dadaism
dadaísmo *nm ARTE* Dada, Dadaism
dadaísta *ARTE* ◇ *adj* Dadaist
◇ *nmf* Dadaist
dádiva *nf Formal (regalo)* gift; *(donativo)* donation
dadivosidad *nf* generosity
dadivoso, -a *adj* generous
dado¹, -a ◇ *adj* **-1.** *(concreto, determinado)* given; **en un momento ~** *(en el tiempo)* at a certain o given point
-2. *(teniendo en cuenta)* given, in view of; *MAT (en problemas, ejercicios)* given; **dadas las circunstancias, me veo obligada a dimitir** in view of the circumstances, I am forced to resign; **dada su edad** in view of o given his age; *MAT* **~ un punto A en el eje X...** given a point A on axis X...
-3. ser ~ a *(ser proclive a)* to be inclined o given to; **los niños son muy dados a inventar historias** children are always making up stories; **es muy ~ a viajar** he's a keen traveller; **somos dados a la conversación** we chat a lot
-4. *RP* **ser muy ~** *(extrovertido)* to be very outgoing
◇ **dado que** *loc conj* since, seeing as; **~ que somos tan pocos, se suspende la reunión** seeing as there are so few of us here, the meeting is adjourned
dado² *nm* **-1.** *(para jugar)* dice, die; **echar** o **lanzar** o **tirar los dados** to throw the dice; **jugar a los dados** to play dice **-2.** *(de comida)* cube; **cortar en dados** *(patatas, zanahorias)* to dice; **una vez tostado el pan, córtelo en dados** once the bread is toasted, cut it into cubes **-3.** *ARCHIT* dado
dador, -ora *nm,f* **-1.** *(de letra de cambio)* drawer **-2.** *(de carta)* bearer
Dafne *n MITOL* Daphne
daga *nf* **-1.** *(espada)* short sword, dagger **-2.** *Am (puñal)* dagger
daguerrotipia *nf* daguerreotype
daguerrotipo *nm* **-1.** *(aparato)* daguerreotype camera **-2.** *(imagen)* daguerreotype **-3.** *(técnica)* daguerreotype, daguerreotypy
Daguestán *n* Dagestan

daguestano, -a ◇ *adj* Dagestani
◇ *nm,f* Dagestani
daiquiri, *Am* **daiquirí** *nm* daiquiri
dajao *nm* mountain mullet
Dakar *n* Dakar
dal *(abrev de* **decalitro)** dal
Dalai-lama, Dalái-lama *nm* **el ~** the Dalai Lama
dalia *nf* dahlia
Dalila *n pr* Delilah
daliniano, -a *adj* **-1.** *(de Dalí)* **la obra daliniana** Dalí's works **-2.** *(como Dalí)* Daliesque; **tiene un estilo muy ~** she has a very Daliesque style
dalle *nm* scythe
Dalmacia *n* Dalmatia
dálmata ◇ *adj* Dalmatian
◇ *nmf (persona)* Dalmatian
◇ *nm* **-1.** *(perro)* Dalmatian **-2.** *(antigua lengua)* Dalmatian
dalmática *nf REL (túnica)* dalmatic
dalmático, -a ◇ *adj* Dalmatian
◇ *nm,f (persona)* Dalmatian
daltónico, -a, daltoniano, -a ◇ *adj* colour-blind
◇ *nm,f* person with colour blindness; **los daltónicos** the colour-blind, colour-blind people
daltonismo *nm* colour blindness
dam *(abrev de* **decámetro)** dam
dama ◇ *nf* **-1.** *(mujer)* lady; **su mujer es toda una ~** his wife is a real lady; **damas y caballeros** ladies and gentlemen; **primera ~** *TEATRO* leading lady; *(esposa del presidente)* first lady ❑ **~ de honor** *(de novia)* bridesmaid; *(de reina)* lady-in-waiting
-2. *(en juego de damas)* king; **hacer ~** to make a king
-3. *(en ajedrez)* queen; **alfil/torre/caballo de ~** queen's bishop/rook/knight; **hacer ~** to queen a pawn
-4. *(en naipes)* queen; **la ~ de corazones** the queen of hearts
-5. *Arcaico LIT (amada)* mistress
-6. ~ de noche moonflower
◇ *nfpl* **damas** *(juego)* *Br* draughts *(singular)*, *US* checkers *(singular)*; **jugar a las damas** to play draughts ❑ **damas chinas** Chinese checkers
damajuana *nf* demijohn
damán *nm* hyrax, rock badger
damasceno, -a ◇ *adj* Damascan
◇ *nm,f* Damascan
Damasco *n* Damascus
damasco *nm* **-1.** *(tela)* damask **-2.** *Andes, RP (albaricoque)* apricot **-3.** *Andes, RP (albaricoquero)* apricot tree
damasquinado *nm* damascene
damasquinar *vt* to damascene
damasquino, -a ◇ *adj* Damascan
◇ *nm,f* Damascan
damero *nm* **-1.** *(tablero) Br* draughtboard, *US* checkerboard **-2.** *(pasatiempo)* double crostic
damerograma *nm* double crostic
damisela *nf Anticuado* damsel
damnificado, -a ◇ *adj* affected, damaged; **un envío de ayuda urgente para la población damnificada por el terremoto** an urgent consignment of aid for the people affected by the earthquake
◇ *nm,f* victim; **los damnificados por el huracán Mitch** the victims of hurricane Mitch
damnificar [59] *vt (cosa)* to damage; *(persona)* to harm, to injure
dan *nm (en artes marciales)* dan
dandi, dandy *nm* dandy
dandismo *nm* dandyism, foppishness
dandy = dandi
danés, -esa ◇ *adj* Danish
◇ *nm,f (persona)* Dane
◇ *nm* **-1.** *(lengua)* Danish **-2. gran ~** *(perro)* Great Dane
danta *nf* **-1.** *(anta)* elk **-2.** *Andes, Carib, RP (tapir)* tapir
dantesco, -a *adj* **-1.** *(horroroso)* horrific, grotesque **-2.** *LIT* Dantesque, Dantean
danto *nm* **-1.** *(ave)* bare-necked umbrella bird **-2.** *CAm, Carib (tapir)* tapir
Danubio *nm* **el ~** the (River) Danube
danza *nf* **-1.** *(actividad)* dancing; **una compañía de ~** a dance company; **hacer ~** to go to dancing classes ❑ **~ clásica** classical ballet; **~ española** Spanish dance; **~ moderna** modern dance
-2. *(baile)* dance ❑ **~ de guerra** war dance; **~ de los siete velos** dance of the seven veils; **~ del vientre** belly dance
-3. *LIT* **~ de la muerte** dance of death
-4. EXPR **estar en ~** *(en movimiento, en actividad)* to be on the go o doing something; **estamos** o **llevamos en ~ desde las cinco de la mañana** we've been on the go since five this morning; **estar metido en ~** to be up to no good
danzante ◇ *adj* dancing
◇ *nmf (bailarín)* dancer
danzar [14] *vi* **-1.** *(bailar)* to dance **-2.** *(ir de un sitio a otro)* to run about; **llevo todo el día danzando de acá para allá** I've been running about from one place to another all day
danzarín, -ina ◇ *adj* active, lively
◇ *nm,f* dancer
danzón *nm* = Cuban music and dance derived from the "habanera"
dañado, -a *adj (objeto, vehículo)* damaged
dañar ◇ *vt* **-1.** *(persona)* to hurt; *(vista)* to harm, to damage; **el tabaco daña la salud** tobacco damages your health **-2.** *(pieza, objeto, edificio, carretera)* to damage; *(cosecha)* to harm, to damage; *(fruta, mercancía)* to damage, to spoil **-3.** *(prestigio, reputación)* to damage, to harm
◆ **dañarse** *vpr* **-1.** *(sujeto: persona)* *(la espalda, la rodilla)* to injure, to hurt; **se dañó el codo jugando al squash** he hurt his elbow playing squash **-2.** *(pieza,. objeto, cosecha)* to be o get damaged; *(fruta, mercancía)* to be o get damaged, to be o get spoilt
dañino, -a *adj* **-1.** *(sustancia, hábito, plaga)* harmful; **~ para la salud** harmful to health **-2.** *(persona)* evil; **es un tipo muy ~** he's a nasty piece of work
daño *nm* **-1.** *(dolor)* pain, hurt; **hacer ~ a alguien** to hurt sb; **me hacen ~ los zapatos** my shoes are hurting me; **hacerse ~** to hurt oneself; **cuidado, no te vayas a hacer ~ con las tijeras** mind you don't hurt yourself with the scissors; **me hice ~ en el tobillo** I

dañoso

hurt my ankle; **¿te has hecho ~?** have you hurt yourself?, are you hurt?
-**2.** *(perjuicio) (a algo)* damage; *(a alguien)* harm; **daños estructurales** structural damage; **los daños se calculan en miles de euros** the damage may run to thousands of euros; **daños y perjuicios** damages
-**3.** *Méx, RP Fam (mal de ojo)* evil eye

dañoso, -a *adj DER* injurious, damaging

dar [20] ⋄ *vt* -**1.** *(entregar, otorgar)* to give; **~ algo a alguien** to give sth to sb, to give sb sth; **da parte de sus ingresos a los necesitados** she gives *o* donates part of her income to the poor; **dame el azúcar, por favor** could you pass *o* give me the sugar, please?; **daría cualquier cosa por saber lo que piensa** I'd give anything to know what he's thinking; **¡dámelo!** give it to me!, give me it!; **se lo di a mi hermano** I gave it to my brother
-**2.** *(pagar)* to give; *(ofrecer en pago)* to offer; **¿cuánto te dieron por la casa?** how much did they give you for the house?; **el concesionario me da 2.000 euros por la moto vieja** the dealer's offering 2,000 euros for my old motorbike; **300 dólares, ¿quién da más?** *(en subasta)* is there any advance on 300 dollars?
-**3.** *(proporcionar)* to give, to provide with; **la salsa le da un sabor muy bueno** the sauce gives it a very pleasant taste, the sauce makes it taste very nice; **este color le da un aspecto diferente a la habitación** this colour makes the room look different; **le di instrucciones de cómo llegar a casa** I gave her directions for getting to my house; **no nos dio ninguna explicación sobre su ausencia** he didn't give us *o* provide us with any explanation for his absence; **le dimos ánimos para que siguiera con su trabajo** we encouraged her to continue with her work; **su familia hizo un gran esfuerzo por darle estudios universitarios** his family went to a great deal of effort to enable him to go to university
-**4.** *(conceder)* to give; **le han dado el Premio Nobel** she has been awarded *o* given the Nobel Prize; **le dieron una beca** he was awarded *o* given a grant; **yo no le daría demasiada importancia** I wouldn't attach too much importance to it; **al final me dieron la razón** in the end they accepted that I was right; **le dieron una semana más para presentar el informe** they gave *o* allowed him one more week to hand in the report; **me dieron permiso para ir al médico** I got *o* was allowed time off work to go to the doctor; **¿da su permiso para entrar?** may I come in?; **nos dieron facilidades de pago** they offered us easy payment terms; **los médicos no le dan más de seis meses de vida** the doctors don't give him more than six months (to live); **¿qué interpretación das a este descubrimiento?** how would you interpret this discovery?
-**5.** *(decir)* **~ los buenos días** to say hello; **~ la bienvenida a alguien** to welcome sb; **le di las gracias por su ayuda** I thanked her for her help; **fuimos a darles el pésame** we went to offer them our condolences; **dale recuerdos de mi parte** give him my regards, say hello to him from me; **dale la enhorabuena** give her my congratulations; **me dio su opinión al respecto** he gave me his opinion on the matter; **¿quién le dará la noticia?** who's going to tell *o* give her the news?
-**6.** *(producir)* to give, to produce; *(frutos, flores)* to bear; *(beneficios, intereses)* to yield; **estas vacas dan mucha leche** these cows produce a lot of milk; **esta cuenta da un 5 por ciento de interés** this account offers a 5 percent interest rate, this account bears interest at 5 percent; **esta lámpara da mucha luz** this light is very bright; **le dio tres hijos** she bore him three children
-**7.** *(luz, agua, gas) (encender)* to turn *o* switch on; *(suministrar por primera vez)* to connect; *(suministrar tras un corte)* to turn back on
-**8.** *(provocar)* to give; **me da vergüenza/pena** it makes me ashamed/sad; **me da risa** it makes me laugh; **me da miedo** it frightens me; **¡me da una rabia que me traten así!** it infuriates me that they should treat me in this way!; **me dio un susto tremendo** she gave me a real fright; **el viaje me dio mucho sueño** the journey made me really sleepy; **da gusto leer un libro tan bien escrito** it's a pleasure to read such a well-written book; **los cacahuetes dan mucha sed** peanuts make you very thirsty; **este paseo me ha dado hambre** this walk has made me hungry *o* given me an appetite; **estas botas dan mucho calor** these boots are very warm
-**9.** *(fiesta, cena)* to have, to hold; **~ una cena en honor de alguien** to hold *o* give a dinner in sb's honour; **darán una recepción antes de la boda** there will be a reception before the wedding
-**10.** *(repartir) (en naipes)* to deal
-**11.** *(sujeto: reloj)* to strike; **el reloj dio las doce** the clock struck twelve
-**12.** CINE, TEATRO & TV to show; *(concierto, interpretación)* to give; **¿qué dan esta noche en la tele? – dan una película del oeste** what's on the TV tonight? – they're showing a western *o* there's a western on; **dieron la ceremonia en directo** they broadcast the ceremony live
-**13.** *(propinar)* **le di una bofetada** I slapped him, I gave him a slap; **dio una patada a la pelota** he kicked the ball; **darle un golpe/una puñalada a alguien** to hit/stab sb
-**14.** *(untar con, aplicar)* **~ una capa de pintura al salón** to give the living room a coat of paint; **~ barniz a una silla** to varnish a chair
-**15.** *(señales, indicios)* to show; **~ pruebas de sensatez** to show good sense; **~ señales de vida** to show signs of life
-**16.** *(enseñar)* to teach; *(conferencia)* to give; **~ inglés/historia** to teach English/history; **dio una clase muy interesante** she gave a very interesting class; **mañana no daremos clase** there won't be a class tomorrow
-**17.** *Esp (recibir) (clase)* to have; **doy clases de piano con una profesora francesa** I have piano classes with a French piano teacher; **doy dos clases de francés a la semana** I have two French classes a week
-**18.** *(expresa acción)* **~ un grito** to give a cry; **~ un suspiro** to sigh, to give a sigh; **~ un vistazo a** to have a look at; **dio lectura a los resultados de la elección** she read out the election results; **cuando se enteró de la noticia, dio saltos de alegría** when he heard the news, he jumped for joy; **voy a ~ un paseo** I'm going (to go) for a walk
-**19.** *Esp Fam (fastidiar)* to ruin; **es tan pesado que me dio la tarde** he's so boring that he ruined my afternoon for me; **el bebé nos da las noches con sus lloros** the baby never lets us get a decent night's sleep
-**20.** *(considerar)* **~ algo por** to consider sth as; **eso lo doy por hecho** I take that for granted; **doy por sentado que vendrás a la fiesta** I take it for granted that *o* I assume you'll be coming to the party; **doy por explicado este periodo histórico** that's all I want to say about this period of history; **doy esta discusión por terminada** I consider this discussion to be over; **~ a alguien por muerto** to give sb up for dead
-**21.** *Fam (presentir)* **me da que no van a venir** I have a feeling they're not going to come
-**22.** *RP (inyección)* to give
-**23.** EXPR **donde las dan las toman** you get what you deserve; **no ~ una** to get everything wrong

⋄ *vi* -**1.** *(repartir) (en naipes)* to deal; **me toca ~ a mí** it's my deal
-**2.** *(entregar)* **dame, que ya lo llevo yo** give it to me, I'll carry it
-**3.** *(horas)* to strike; **dieron las tres** three o'clock struck
-**4.** *(golpear)* **le dieron en la cabeza** they hit him on the head; **la piedra dio contra el cristal** the stone hit the window; **como no te portes bien, te voy a ~** if you don't behave, I'll smack you
-**5.** *(accionar)* **~ a** *(llave de paso)* to turn; *(botón, timbre)* to press; **dale al control remoto** hit the remote control; **dale al pedal** press down on the pedal; INFORMÁT **dale a la tecla de retorno** hit *o* press return; **dale a la manivela** turn the handle
-**6.** *(estar orientado)* **~ a** *(sujeto: ventana, balcón)* to look out onto, to overlook; *(sujeto: pasillo, puerta)* to lead to; *(sujeto: casa, fachada)* to face; **todas las habitaciones dan al mar** all the rooms look out onto *o* face the sea
-**7.** *(sujeto: luz, viento)* **el sol daba de lleno en la habitación** the sunlight was streaming into the room; **la luz me daba directamente en la cara** the light was shining directly in my face; **aquí da mucho viento** it's very windy here
-**8.** *(encontrar)* **~ con algo/alguien** to find sth/sb; **he dado con la solución** I've hit upon the solution
-**9.** *(proporcionar)* **~ de beber a alguien** to give sb something to drink; **da de mamar a su hijo** she breast-feeds her son
-**10.** *(ser suficiente)* **~ para** to be enough for; EXPR **~ ni para pipas: ¡eso no te da ni para pipas!** that's not even enough to buy a bag of peanuts!
-**11.** *(motivar)* **esta noticia va a ~ mucho que hablar** this news will set people talking; **aquello me dio que pensar** that made me think
-**12.** *(importar)* **¡y a ti qué más te da!** what's it to you?; **me da igual** *o* **lo mismo** it's all the same to me, I don't mind *o* care; **no vamos a poder ir al cine – ¡qué más da!** we won't be able to go to the cinema – never mind!; **y si no lo conseguimos, ¿qué más da?** if we don't manage it, so what?; **¡qué más da quién lo haga con tal de que lo haga bien!** what does it matter *o* what difference does it make who does it as long as they do it properly?; **lo siento, no voy a poder ayudar – da igual, no te preocupes** I'm sorry but I won't be able to help – it doesn't matter, don't worry; **¿vamos o nos quedamos? – da lo mismo** should we go or should we stay? – it doesn't make any difference
-**13.** *(acertar)* **dio en el blanco** she hit the target; **diste en el blanco, hay que intentar reducir las pérdidas** you hit the nail on the head, we have to try and reduce our losses
-**14.** *(tomar costumbre)* **le ha dado por el yoga** he's decided to go in for yoga; **ahora le ha dado por no comer fruta** now she's decided not to eat fruit; **le dio por ponerse a cantar en medio de la clase** he took it into his head to start singing in the middle of the class; **¿está aprendiendo ruso? – sí, le ha dado por ahí** is she learning Russian? – yes, that's her latest thing; *Formal* **~ en hacer algo** to take to doing sth; **el viejo dio en leer libros de caballería** the old man took to reading books of chivalry
-**15.** *(expresa repetición)* **le dieron de palos** they beat him repeatedly with a stick
-**16.** *(afectar)* **le dio un infarto** he had a heart attack
-**17.** **~ de sí** *(ropa, calzado)* to give, to stretch; **no ~ más de sí** *o* **para más** *(persona, animal)* not to be up to much any more; **este sueldo da mucho de sí** this salary goes a long way; **estos zapatos no dan para más** these shoes have had it; **es un poco tonto, no da para más** he's a bit stupid, he's not up to anything else
-**18.** *(expresa enfado)* **te digo que pares y tú, ¡dale (que dale)!** I've told you to stop, but you just carry on and on!; **¡y dale con la música!** there he goes again, playing loud music!; **te hemos dicho que no menciones el tema, y tú, dale que te pego** we've told you not to mention the subject, but you just carry on regardless *o* but here you

are, bringing it up again; **¡y dale! te lo he dicho bien claro, no voy a ir** how many times do I have to tell you? I've said it once and I'll say it again, I'm not going
-19. *RP (comunicar)* **¿me darías con tu madre?** could I speak to your mother?, could you put your mother on?; **le doy con el Sr. Hualde** I'll put you through to Mr Hualde
-20. EXPR *Fam* **para ~ y tomar: había cerveza para ~ y tomar** there was loads of beer; *Fam* **darle a: ¡cómo le da a la cerveza!** he certainly likes his beer!; *Fam* **darle algo a alguien: si no se calla me va a ~ algo** if he doesn't shut up soon, I'll go mad; **si sigues trabajando así te va a ~ algo** you can't go on working like that; *Esp muy Fam* **¡que le den!: ¿que no quiere cooperar? ¡que le den!** he doesn't want to cooperate? well stuff him!
◆ **darse** *vpr* -1. *(suceder)* to occur, to happen; **se da pocas veces** it rarely happens; **se dio la circunstancia de que un médico pasaba por allí en ese momento** it so happened that a doctor was passing that way at the time; **este fenómeno se da en regiones tropicales** this phenomenon occurs *o* is seen in tropical regions; **si se diera el caso, ven en taxi** if necessary *o* if need be, get a taxi
-2. *(entregarse)* **darse a la bebida** to take to drink; **se ha dado a cuidar niños abandonados** she has devoted herself to caring for abandoned children
-3. *(golpearse)* **darse contra** *o* **con** to hit; **se dieron contra una farola** they crashed into *o* hit a lamppost; **se dio de narices en la puerta** he bumped *o* walked into the door
-4. *(tener aptitud)* **se me da bien/mal el latín** I'm good/bad at Latin; **se me da muy bien jugar al baloncesto** I'm good at basketball; **¿qué tal se te da la química?** are you any good at chemistry?, how are you at chemistry?
-5. *(considerarse)* **darse por** to consider oneself (to be); **darse por vencido** to give in; **me doy por satisfecho con tu disculpa** I'm satisfied with your apology; **me doy por satisfecho con que acabemos entre los tres primeros** I'll be satisfied *o* happy if we finish in the first three; **con estos resultados me doy por contento** I'm quite happy with these results, I'll settle for these results; **nos dirigíamos a él, pero no se dio por enterado** our remarks were aimed at him, but he pretended not to notice
-6. *(uso recíproco)* **se dieron los regalos** they exchanged presents, they gave each other their presents; **se dieron de puñetazos a la salida del bar** they had a fight outside the bar
-7. *(uso reflexivo)* **darse una ducha/un baño** to have a shower/bath; **date prisa, que no llegamos** hurry up, we're late
-8. *RP (tratarse)* **no se da con sus primos** he doesn't have much to do with his cousins
-9. EXPR *Esp Fam* **dársela a alguien: tiene buenos modales y cara de inocente, pero a mí no me la da** she's well-mannered and has an innocent face, but she can't fool me; **dárselas de algo: se las da de intelectual/elegante** he fancies himself as an intellectual/a dandy; **se las da de listo** he makes out (that) he's clever; **se las da de interesante, pero es aburridísimo** he reckons he's interesting, but he's actually really boring

Dardanelos *mpl* **(el estrecho de) los ~** the Dardanelles

dardo *nm* -1. *(para jugar)* dart; **jugar a los dardos** to play darts -2. *(dicho satírico)* caustic remark; **lanzó varios dardos envenenados a la oposición** she directed several caustic remarks at the opposition

dársena *nf* -1. *(en puerto)* dock -2. *(en estación de autobuses)* bay

darviniano, -a, darwiniano, -a *adj* Darwinian

darvinismo, darwinismo *nm* Darwinism

darvinista, darwinista ◇ *adj* Darwinian ◇ *nmf* Darwinian

dasicerco *nm* mulgara

dasiuro *nm* quoll

DAT [dat] *nf* INFORMÁT *(abrev de* **digital audio tape)** DAT

data *nf* -1. *(fecha)* date -2. PRENSA dateline -3. INFORMÁT data

datación *nf (de restos arqueológicos)* dating ❑ **~ por carbono 14** radiocarbon dating

datáfono *nm* dataphone

datagrama *nm* INFORMÁT datagram

datar ◇ *vt* -1. *(carta, documento, manuscrito)* to date -2. *(restos arqueológicos)* to date; **los arqueólogos dataron los restos en la época prerromana** the archaeologists dated the remains to the pre-Roman period
◇ *vi* **~ de** to date back to, to date from; **este cuadro data de poco antes de la guerra** this painting dates from just before the war; **su afición por la música data de la época universitaria** his love of music goes back to his university days

datear *vt Chile, Ven Fam* to tip off

datero, -a *nm,f Chile, Ven Fam* informer

dátil *nm* -1. *(fruto seco)* date -2. *(animal)* **~ (de mar)** date mussel

datilera ◇ *adj* **palmera ~** date palm
◇ *nf* date palm

dativo *nm* GRAM dative

dato *nm* -1. *(hecho, cifra)* piece of information, fact; **lo que necesitamos son datos concretos** what we need is hard facts; **el alto desempleo es un ~ que hay que tener en cuenta** the high level of unemployment is a factor which has to be borne in mind; **datos** *(información)* information, data; **si no me das más datos, no voy a poderte aconsejar** unless you give me more information, I won't be able to advise you; **el ministerio aún no cuenta con todos los datos** the ministry does not yet have all the information at its disposal; **datos (personales)** (personal) details; **déjenos sus datos y nos pondremos en contacto con usted** leave us your details and we will get in touch with you ❑ **datos bancarios** bank details; **datos estadísticos** statistical data
-2. **datos** INFORMÁT data

David *n pr* **el rey ~** King David

dB *nm (abrev de* **decibelio***)* dB

DC *nf (abrev de* **Democracia Cristiana***)* Christian Democracy

d. C. *(abrev de* **después de Cristo***)* AD

dcha. *(abrev de* **derecha***)* rt.

DD INFORMÁT *(abrev de* **doble densidad***)* double density

d. de JC. *(abrev de* **después de Jesucristo***)* AD

DDT *nm (abrev de* **diclorodifeniltricloroetano***)* DDT

de *prep*

> **de** combines with the article **el** to form the contraction **del** (e.g. **del hombre** of the man).

-1. *(posesión, pertenencia)* of; **el automóvil de mi padre/mis padres** my father's/parents' car; **es de ella** it's hers; **la maleta es de Eva** the suitcase is Eva's *o* belongs to Eva; **el padre de la niña** the girl's father; **el director de la empresa** the manager of the company, the company's manager; **la boda** *o* **el casamiento de un amigo de mi hermano** the wedding of a friend of my brother's, a friend of my brother's wedding; **un equipo de segunda división** a second division team; **la comida del gato** the cat's food; **el título de la novela** the novel's title, the title of the novel; **la pata de la mesa** the table leg; **una subida de precios** a price rise; **los señores de Navarro** Mr and Mrs Navarro

-2. *(procedencia, distancia)* from; **salir de casa** to leave home; **soy de Bilbao** I'm from Bilbao; **no soy de aquí** I'm not from round here; **de la playa al apartamento hay 100 metros** it's 100 metres from the beach to the apartment; **estamos a 10 kilómetros de Buenos Aires** we're 10 kilometres away from Buenos Aires; **el rey de España** the king of Spain; **tuvo dos hijos de su primera esposa** he had two children by his first wife; **b de Barcelona** *(deletreando)* b for Barcelona

-3. *(en razonamiento)* **de su sonrisa se deduce que todo ha ido bien** you can tell from *o* by her smile that it all went well; **del resultado del experimento concluyo que la fórmula no funciona** I infer from the result of the experiment that the formula doesn't work

-4. *(con nombre en aposición)* **la ciudad de Caracas** the city of Caracas; **el túnel del Canal** the Channel Tunnel; **el signo de tauro** the sign of Taurus; **el puerto de Cartagena** the port of Cartagena

-5. *(en descripciones)* **una película de terror** a horror film; **la señora de verde** the lady in green; **el chico de la coleta** the boy with the ponytail; **una actriz de veinte años** a twenty-year-old actress; **¿de qué tamaño?** what size?; **un político de fiar** a trustworthy politician

-6. *(materia)* (made) of; **un vaso de plástico** a plastic cup; **un reloj de oro** a gold watch; **una mesa de madera** a wooden table

-7. *(contenido)* **un vaso de agua** a glass of water; **un plato de lentejas** a plate of lentils

-8. *(precio)* **he comprado las peras de 80 céntimos el kilo** I bought the pears that were 80 cents a kilo; **un sello de 50 céntimos** a 50-cent stamp

-9. *(uso)* **una bici de carreras** a racing bike; **ropa de deporte** sportswear; **una máquina de escribir** a typewriter; **una máquina de coser** a sewing machine; **esta sartén es la del pescado y ésta la de las tortillas** this frying pan's for fish and this one's for omelettes

-10. *(asunto)* about; **hablábamos de ti** we were talking about you; **libros de historia** history books

-11. *(en calidad de)* as; **trabaja de bombero** he works as a fireman; **aparece de cosaco** he appears as a Cossack, he plays a Cossack; **estás muy guapa de uniforme** you look very pretty in uniform; **al desfile de carnaval iré de Napoleón** I'll go as Napoleon in the carnival parade

-12. *(tiempo)* *(desde)* from; *(durante)* in; **trabaja de nueve a cinco** she works from nine to five; **vivió en Bolivia de 1975 a 1983** she lived in Bolivia between 1975 and 1983, she lived in Bolivia from 1975 to 1983; **de madrugada** early in the morning; **a las cuatro de la tarde** at four in the afternoon; **trabaja de noche y duerme de día** he works at night and sleeps during the day; **es de día** it's daytime; **de niño solía jugar en la calle** as a child I used to play in the street; **¿qué quieres ser de mayor?** what do you want to be when you grow up?; **un compañero del colegio** a friend from school; *Urug* **de mañana/tarde** in the morning/afternoon; *Urug* **de noche** at night; *Urug* **ayer salimos de noche** we went out last night

-13. *(causa)* with; **morirse de hambre** to die of hunger; **llorar de alegría** to cry with joy; **temblar de miedo** to tremble with fear; **eso es de fumar tanto** that's what comes from smoking so much

-14. *(manera, modo)* with; **de una patada** with a kick; **rompió el cristal de una pedrada** he shattered the window with a stone; **de una sola vez** in one go; **lo bebió de un trago** he drank it down in one go; **de tres en tres/cuatro en cuatro***/etc.* three/four/*etc* at a time; *CSur* **de a tres/cuatro/***etc.* in threes/fours/*etc*; **de fácil manejo** user-friendly; **ponerse de rodillas** to kneel down

-15. (con valor partitivo) of; **uno de los nuestros** one of ours; **varios de vosotros** several of you; **¿quién de vosotros sabe la respuesta?** which of you knows the answer?
-16. Literario (sobre) **de la paz y la guerra** of war and peace
-17. (en valoración) **lo tacharon de vulgar** they branded him as vulgar, they accused him of being vulgar
-18. (en lugar de) **yo de ti no lo haría** I wouldn't do it if I were you; **yo de Eduardo le pediría perdón** if I were Eduardo, I'd say sorry to her
-19. (en comparaciones) **más/menos de...** more/less than...; (con superlativos) **el mejor de todos** the best of all; **el más importante del mundo** the most important in the world; **la peor película del año** the worst film this year o of the year; **la impresora más moderna del mercado** the most up-to-date printer on the market
-20. (antes de infinitivo) (condición) if; **de querer ayudarme, lo haría** if she wanted to help me, she'd do it; **de no ser por ti, me hubiese hundido** if it hadn't been for you, I wouldn't have made it; **de ir a verte, sería este domingo** if I do visit you, it'll be this Sunday
-21. (después de adjetivo y antes de sustantivo) (enfatiza cualidad) **el idiota de tu hermano** your stupid brother; **la buena de Susana** good old Susana; **¡pobre de mí!** poor me!
-22. (después de adjetivo y antes de infinitivo) **es difícil de creer** it's hard to believe; **una velada imposible de olvidar** an unforgettable evening
-23. (después del verbo "haber") (obligación) **he de trabajar más** I have to work harder; **has de gastar menos** you should spend less
-24. (antes de complemento agente) **una película de Buñuel** a film by Buñuel, a Buñuel film; **vino acompañado de su familia** he was accompanied by his family
-25. (antes de adverbio de lugar) **el apartamento de abajo** the downstairs Br flat o US apartment; **la fila de delante** the front row
◇ **de no** loc conj Am otherwise; **dime la verdad, de no te castigaré** tell me the truth, otherwise I'm going to punish you

dé etc ver **dar**

dealer ['diler] (pl **dealers**) nm (de automóviles, informática) dealer

deambular vi to wander (about o around); ~ **por el centro de la ciudad** to wander round the city centre; **deambulaba por la casa sin saber qué hacer** he wandered around the house without knowing what to do

deambulatorio nm ambulatory

deán nm dean

debacle nf debacle; **trató de explicar la ~ electoral** he tried to explain the election debacle; **la reunión fue la ~** the meeting was a disaster

debajo adv **-1.** (en un lugar, posición) underneath; ~ **vive un pianista** a pianist lives downstairs; **el de ~** the one underneath; **el mío es el de ~** mine is the one below; **el de ~ del todo** the one right at the bottom; **el vecino/la oficina de ~** the downstairs neighbour/office; **llevo una camiseta (por)** ~ I've got a vest on underneath; ~ **de** underneath, under; **el gato se escondió ~ de la mesa** the cat hid under the table; ~ **del sótano hay un pasadizo secreto** there's a secret passageway underneath the basement; **¿qué llevas ~ del abrigo?** what have you got on under your coat?; **sacó el botín de ~ de la cama** she took out the loot from under the bed; **pasamos por ~ del puente** we went under the bridge; **vuelven a llevarse las faldas por ~ de la rodilla** skirts are being worn below the knee again
-2. (en jerarquías, escalas) ~ **de** below, under, underneath; ~ **de mí** underneath/below me; **tengo a muchos empleados por ~ de mí** I have several employees under me; **por ~ de lo normal** below normal; **García estuvo por ~ de sus posibilidades** García was below form o below par o beneath his best

debate nm debate; **se necesita un ~ abierto sobre el tema** the issue needs to be discussed openly; **un ~ electoral televisado** a televised electoral debate; **el ~ sobre el estado de la nación** the state-of-the nation debate; **un ~ público** a public debate; **someter un tema a ~** to discuss o debate a subject

debatir ◇ vt to debate; **la ley se debate hoy en el Parlamento** the bill is being debated in Parliament today; **en nuestro próximo programa debatiremos el tema "moda y anorexia"** in our next programme we'll be discussing "fashion and anorexia"
◇ vi to debate; ~ **sobre algo** to discuss o debate sth
◆ **debatirse** vpr (luchar) to struggle; **debatirse entre la vida y la muerte** to hover between life and death; **el país se debate en medio de una fuerte crisis política y financiera** the country is struggling in the midst of a serious political and financial crisis; **me debatía entre mis miedos y las ganas de aventura** I was torn between my fears and my thirst for adventure

debe nm debit; ~ **y haber** debit and credit; **anotar algo en el ~ de una cuenta** to enter sth on the debit side of an account; **los reintegros se reflejan en el ~ de su cuenta** withdrawals are shown in the debit column; Fam **este gobierno tiene en su ~ el fracaso de la reforma sanitaria** on the debit side is the failure of this government's health reforms

deber ◇ nm (obligación) duty; **mi ~ es ayudar** it is my duty to help; **es mi ~ intentar detenerle** it is my duty to try to stop him; **cumplir con el ~** to do one's duty; **faltarás a tu ~ si no acudes a la reunión** you will be failing in your duty if you don't come to the meeting; **los derechos y los deberes de los ciudadanos** citizens' rights and duties; **mantener la ciudad limpia es ~ de todos** keeping the city tidy is everyone's responsibility; **tiene un gran sentido del ~** she has a great sense of duty; **tengo el triste ~ de comunicarles la aparición del cuerpo de su hijo** it is my sad duty to inform you that your son's body has been found
◇ nmpl **deberes** (trabajo escolar) homework; **hacer los deberes** to do one's homework; **nos han mandado muchos deberes para el fin de semana** they've set o given us a lot of homework for the weekend
◇ vt **-1.** (adeudar) to owe; ~ **algo a alguien** to owe sb sth, to owe sth to sb; **¿qué** o **cuánto le debo?** how much is it?, how much does it come to?; **¿qué se debe?** how much is it?, how much does it come to?; **¿qué te debo del pan y la leche?** what do I owe you for the bread and milk?; **me deben medio millón de pesos** they owe me half a million pesos; **me debes una cena** you owe me a meal out
-2. (moralmente) to owe; **te debo la vida** I owe you my life; **este éxito se lo debo a mis compañeros** I owe this success to my colleagues, I have my colleagues to thank for this success; **creo que os debo una explicación** I think I owe you an explanation; **debemos mucho a nuestros padres** we owe our parents a lot; **no le debo nada a nadie** I don't owe anybody anything; Formal **¿a qué debemos el honor de su visita?** to what do we owe the pleasure of your visit?; EXPR Fam ~ **una a alguien** to owe sb one; **te debo una, compañero** I owe you one, mate
◇ vi **-1.** (antes de infinitivo) (expresa obligación) **debo hacerlo** I have to do it, I must do it; **deberían abolir esa ley** they ought to o should abolish that law; **debes dominar tus impulsos** you must o should control your impulses; **debería darles vergüenza** they ought to be ashamed; **no deberías fumar tanto** you shouldn't smoke so much; **no debes decir mentiras** you mustn't o shouldn't tell lies; **no debiste insultarle** you shouldn't have insulted her; Fam **una película como debe ser** a proper film, a film like films were meant to be
-2. (expresa posibilidad) **el tren debe de llegar alrededor de las diez** the train should arrive at about ten; **deben de haber llegado ya a casa** they must o should be home by now; **deben de ser las diez** it must be ten o'clock; **no debe de ser muy mayor** she can't be very old; **no debe de hacer mucho frío** it can't be very o that cold; **debe de ser extranjero** he must be a foreigner; **debes de estar cayéndote de sueño** you must be exhausted; **debo haberlo dejado en casa** I must have left it at home
◆ **deberse** vpr **-1. deberse a** (ser consecuencia de) to be due to; **su mal humor se debe a su precario estado de salud** her bad mood is due to her poor health; **su ausencia puede deberse a que salieron con retraso** their absence could be down to o due to the fact that they left late; **y eso, ¿a qué se debe?** and what's the reason for that?; **¿a qué se debe tanta amabilidad?** what's with all this friendliness?, what's the reason for all this friendliness?; **todo se debió a un malentendido** it was all the result of a misunderstanding
-2. deberse a (dedicarse a) to have a duty o responsibility towards; **me debo a mi empresa** I have a duty to my company; **el escritor se debe a sus lectores** writers have a duty o a responsibility towards their readers

debidamente adv properly; **devuelva la solicitud ~ cumplimentada a esta dirección** return the application form, properly completed, to this address; **ya fueron ~ informados de los trámites que debían seguir** they were duly informed of the procedures to follow

debido, -a ◇ adj **-1.** (adeuado) owing, owed
-2. (justo, conveniente) due, proper; **a su ~ tiempo** in due course; **el tema se abordará en su ~ momento** the subject will be dealt with in due course; **con el ~ respeto, creo que se equivoca** with all due respect, I think you're mistaken; **creo que he comido más de lo ~** I think I've had a bit too much to eat; **como es ~** properly; **¡pórtate como es ~!** behave yourself!; **no saben cocinar una paella como es ~** they don't know how to cook a proper o real paella
◇ **debido a** loc prep **a su enfermedad** owing to o because of his illness; **esto es ~ a la falta de previsión** this is due to lack of foresight; **llegó tarde ~ a que no sonó su despertador** she arrived late because her alarm clock didn't go off

débil ◇ adj **-1.** (persona) (sin fuerzas) weak; (condescendiente) lax, lenient; **de constitución ~** prone to illness, sickly; ~ **de carácter** of weak character
-2. (voz, sonido) faint; (luz) dim, faint; **una mejoría** a slight improvement; **una ~ brisa movía las cortinas** a slight breeze moved the curtains
-3. (país, gobierno, moneda) weak; (argumento, teoría) weak, lame
-4. (sílaba) unstressed
-5. (vocal) weak (i, u)
◇ nmf weak person; **ser un ~** to be weak; **una enfermedad que ataca a los más débiles** a disease which attacks the weakest o most vulnerable

debilidad nf **-1.** (flojedad) weakness; **siento ~ en las piernas** my legs feel tired
-2. (condescendencia) laxness; ~ **de carácter** weakness of character

debilitación

-3. *(falta de solidez) (de gobierno, moneda, economía)* weakness -4. *(inclinación)* **sus nietos son su ~** he dotes on his grandchildren; **tener** *o* **sentir ~ por** to have a soft spot for; **el chocolate es su ~** he has a weakness for chocolate; **todos tenemos nuestras debilidades** we all have our weaknesses -5. *Fam (hambre)* **siento ~** I feel as if I need something to eat

debilitación = **debilitamiento**

debilitador, -ora *adj* debilitating

debilitamiento *nm*, **debilitación** *nf* -1. *(de enfermo, organismo, salud)* weakening; **el enfermo sufrió un ~** the patient grew weaker -2. *(de gobierno, moneda, economía)* weakening; **el ~ de la moneda supone un aumento del precio del petróleo** a weaker currency means higher oil prices

debilitante *adj* debilitating

debilitar ◇ *vt* -1. *(enfermo, organismo)* to weaken; *(salud)* to weaken, to undermine -2. *(voluntad, moral)* to weaken, to undermine -3. *(gobierno, moneda, economía)* to weaken, to debilitate; **este escándalo puede ~ al ministro** this scandal could weaken the minister's position

◆ **debilitarse** *vpr* -1. *(enfermo, organismo)* to grow weaker; *(salud)* to deteriorate -2. *(voluntad, moral)* to grow weaker, to weaken -3. *(gobierno, moneda, economía)* to become *o* grow weak -4. *(voz, sonido)* to grow fainter -4. *(luz)* to grow dimmer *o* fainter

débilmente *adv* weakly; **la mariposa aleteaba ~** the butterfly fluttered its wings weakly; **hablaba ~ y apenas podía incorporarse** he spoke in a weak voice and could hardly sit up; **las calles ~ iluminadas** the dimly lit streets; **"bueno", contestó ~** "okay," he answered half-heartedly

debilucho, -a *Fam* ◇ *adj* weak
◇ *nm,f* weakling

debitar *vt* to debit

débito *nm (debe)* debit; *(deuda)* debt ❏ *Am* **~ bancario** direct debit

debut *(pl* **debuts)** *nm (de persona)* debut; *(de obra)* premiere; **hizo su ~ como actriz en este teatro** she made her debut as an actress in this theatre; **su ~ en sociedad fue brillante** her entry into society was impressive

debutante ◇ *adj* making his/her debut, appearing for the first time; **un país ~ en los Juegos Olímpicos** a country taking part in its first Olympic Games
◇ *nmf* = person making his/her debut; **está muy nervioso porque es un ~** he's very nervous because it's his first time
◇ *nf (en sociedad)* debutante, deb; **baile de (las) debutantes** debutantes' ball

debutar *vi (actor, cantante)* to make one's debut; **debutó contra el Boca Juniors** he made his footballing debut against Boca Juniors; **el equipo colombiano debutará mañana en el campeonato** the Colombian team play their opening match in the championship tomorrow; **la obra debuta en Madrid el día 4** the play opens in Madrid on the 4th

década *nf* decade; **la ~ de los noventa** the nineties

decadencia *nf (en estado físico, en importancia, en calidad)* decline; *(moral, espiritual)* decadence; **en ~** *(moda)* on the way out; *(cultura, sociedad)* in decline; **entrar en ~** *(moda)* to be on the way out; *(cultura, sociedad)* to go into decline, to become decadent; **la ~ del imperio** the decline of the empire

decadente *adj* -1. *(ambiente, estilo, gustos)* decadent -2. *(economía)* in decline, declining; *(cultura, sociedad)* decadent -3. LIT *(del decadentismo)* Decadent

decadentismo *nm* LIT Decadence

decaedro *nm* decahedron

decaer [13] *vi* -1. *(debilitarse)* to decline; *(actividad, ritmo, trabajo)* to fall off, to slacken; *(entusiasmo, ánimos, energías)* to flag; *(interés, fama)* to decline, to wane; **su belleza no ha decaído con los años** her beauty has not faded with age; **¡que no decaiga!** don't lose heart! -2. *(imperio, sociedad)* to decline; *(empresa, establecimiento, zona)* to go downhill; **la fiesta fue decayendo** the party gradually fizzled out -3. *(enfermo)* to get weaker; *(salud)* to fail

decágono *nm* decagon

decagramo *nm* decagram

decaído, -a *adj (desalentado)* gloomy, downhearted, dispirited; **está muy ~ desde que lo despidieron** he's been very low since he was sacked

decaigo *etc ver* **decaer**

decaimiento *nm* -1. *(desaliento)* gloominess -2. *(falta de fuerzas)* weakness -3. *(decadencia)* decline; **un ~ de la actividad en el sector turístico** a decline in business in the tourist sector

decalcificación *nf* -1. MED loss of calcium -2. *(del agua)* softening

decalcificar [59] ◇ *vt* -1. MED to decalcify -2. *(agua)* to soften

◆ **decalcificarse** *vpr* to become decalcified, to lose calcium

decalitro *nm* decalitre

decálogo *nm* -1. REL Decalogue, Ten Commandments -2. *(normas)* ten golden *o* basic rules

decámetro *nm* decametre

decanato *nm* -1. *(cargo)* deanship -2. *(despacho)* dean's office

decano, -a *nm,f* -1. *(de facultad)* dean; *(de colegio profesional)* secretary, chairman, *f* chairwoman -2. *(veterano) (hombre)* senior member, doyen; *(mujer)* senior member, doyenne; **el ~ de la prensa escrita española** the elder statesman of the Spanish press

decantación *nf* -1. *(de líquidos)* decanting, settling -2. *(inclinación, tendencia)* shift **(hacia** towards) -3. *(elección, predilección)* preference **(por** for)

decantar ◇ *vt* to decant

◆ **decantarse** *vpr* -1. *(inclinarse)* to lean **(hacia** towards); **el partido se decantaba hacia posiciones más radicales** the party was leaning towards more radical positions; **la eliminatoria terminó decantándose a favor de Sampras** the qualifying round ended up going Sampras' way
-2. **decantarse por** *(optar por)* to opt for, to choose; **el público parece decantarse por el cine nacional** the public seems to be opting for home-grown movies

decapado *nm* -1. *(de pintura)* stripping -2. *(de herrumbre)* removal

decapante ◇ *adj* **gel ~** paint stripper
◇ *nm* paint stripper

decapar *vt (pintura)* to strip; *(herrumbre)* to remove

decapitación *nf* decapitation, beheading

decapitar *vt* to decapitate, to behead

decápodo, -a ZOOL ◇ *adj* decapodal, decapodous
◇ *nm* decapod, member of the order Decapoda
◇ *nmpl* **decápodos** *(orden)* Decapoda; **del orden de los decápodos** of the order Decapoda

decasílabo, -a ◇ *adj* decasyllabic
◇ *nm* decasyllable

decatleta *nmf* decathlete

decatlón *nm* decathlon

decatloniano, -a ◇ *adj* decathlon; **especialista ~** decathlon specialist
◇ *nm,f* decathlete

decayera *etc ver* **decaer**

decé *Chile* ◇ *adj* relating to the Christian Democrat party
◇ *nmf* Christian Democrat

deceleración *nf* deceleration

decelerar ◇ *vt* to decelerate, to slow down
◇ *vi* to decelerate, to slow down

decena *nf* ten; **una ~ de...** *(unos diez)* about ten...; *(diez)* ten...; **decenas de fans lo aguardaban a la salida** scores of fans were waiting for him at the exit; **cuestan 30 pesos la ~** they cost 30 pesos for ten; **las víctimas se cuentan por decenas** there have been dozens of casualties; **estos tornillos se venden por decenas** these screws are sold in tens

decenal *adj* **un plan ~** a ten-year plan; **un premio ~** a prize awarded every ten years

decencia *nf* -1. *(decoro)* decency; *(en el vestir)* modesty; **vestir con ~** to dress modestly -2. *(honradez)* decency

decenio *nm* decade

decente *adj* -1. *(digno, satisfactorio)* decent; **un sueldo ~** a decent salary *o* wage; **has hecho un examen bastante ~** you've done a decent enough exam
-2. *(en el comportamiento)* proper, respectable; *(en el vestir)* decent; **no vayas así, ponte algo ~** don't go like that, put on something decent; **este es un establecimiento ~** this is a respectable establishment; **una persona ~ no se comportaría así** a respectable person wouldn't behave like that
-3. *(limpio)* clean

decentemente *adv* -1. *(dignamente)* decently; **este sueldo nos permite vivir ~** we can live a decent life on this salary -2. *(en comportamiento)* properly, decently; *(en el vestir)* respectably -3. *(pulcramente)* neatly, tidily

decepción *nf* disappointment; **llevarse una ~** to be disappointed, to suffer a disappointment; **me llevé una gran ~ al oír la noticia** I was really disappointed when I heard the news; **su nueva película ha sido una ~** her new film is disappointing *o* a disappointment

decepcionado, -a *adj* disappointed; **estoy muy ~ con su comportamiento** I'm very disappointed by his behaviour

decepcionante *adj* disappointing

decepcionantemente *adv* disappointingly

decepcionar *vt* to disappoint; **su última novela me ha decepcionado** I was disappointed by her last novel; **tenemos plena confianza en ti, no nos decepciones** we have full confidence in you, do not disappoint us

deceso *nm Formal* decease, death

dechado *nm* **ser un ~ de perfecciones** *o* **virtudes** to be a paragon of virtue

decibelio, *Am* **decibel** *nm* decibel

decididamente *adv* -1. *(con decisión)* resolutely, with determination; **hay que obrar ~** decisive action is called for -2. *(sin duda)* definitely; **~, es una buena idea** it's definitely a good idea

decidido, -a *adj (persona, gesto, modo de andar)* determined, purposeful; **camina con paso ~** he walks with a purposeful stride; **¿estás ~?** **mira que luego no puedes echarte atrás** is your mind made up? there's no going back later on, you know; **estar ~ a hacer algo** to be determined to do sth; **están decididos a terminar con la corrupción** they are determined to put an end to corruption

decidir ◇ *vt* -1. *(tomar una decisión sobre)* to decide; **el juez decidirá si es inocente o no** the judge will decide *o* determine whether or not he is innocent; **no hay nada decidido por el momento** nothing has been decided for the moment; **todo está aún por ~** everything's still up in the air, nothing's been decided yet; **~ hacer algo** to decide to do sth; **he decidido cambiar de apartamento** I've decided to move *Br* flat *o US* apartment; **decidió que no valía la pena arriesgarse** she decided (that) it wasn't worth the risk; **han decidido que no van a tener más hijos** they've decided not to have any more children
-2. *(determinar)* to decide; **el voto de la clase media decidió la elección** the middle-class vote decided *o* swung the election; **el gol de Márquez decidió el partido** Márquez' goal decided *o* settled the game
-3. *(persuadir)* to persuade, to convince; **lo decidí a quedarse** I convinced him to stay; **su madre le decidió a dejar de fumar** his mother persuaded him to stop smoking;

decigramo

¿qué te decidió a seguir con el negocio? what made you decide to carry on with the business?
◇ vi to decide, to choose; ¿a qué restaurante vamos? – tú decides which restaurant shall we go to? – you decide; ~ entre dos cosas to choose between two things; ellos decidieron por mí they decided for me, they took the decision for me; tenemos que ~ sobre la decoración del dormitorio we have to decide how we're going to decorate the bedroom, we have to take a decision on the décor for the bedroom
◆ **decidirse** vpr to decide, to make up one's mind; aún no se ha decidido he still hasn't decided o made up his mind; ¡decídete de una vez! make up your mind!; decidirse a hacer algo to decide to do sth; al final, me decidí a estudiar inglés in the end, I decided to study English; si te decides a venir, llámame if you decide to come, give me a ring; decidirse por to decide on, to choose; no sabía por qué color decidirme I couldn't decide which colour to go for; me decidí por el más barato I decided on o decided to go for the cheapest

decigramo nm decigram

decilitro nm decilitre

décima nf **-1.** (en medidas) tenth; **una ~ de segundo** a tenth of a second; **ganó por décimas de segundo** he won by tenths of a second; **tiene unas décimas de fiebre** she has a slight fever **-2.** LIT (estrofa) = ten-line stanza

decimal ◇ adj decimal
◇ nm (cifra total) decimal; (cada dígito) decimal place

decímetro nm decimetre

décimo, -a ◇ núm tenth; **la décima parte** a tenth; **el siglo ~** (escrito "siglo X") the tenth century; ver también **octavo**
◇ nm **-1.** (fracción) tenth **-2.** (en lotería) = ticket giving a tenth share in a number entered in the Spanish "Lotería Nacional" **-3.** Am (moneda) 10-cent coin

decimoctavo, -a núm eighteenth; ver también **octavo**

decimocuarto, -a núm fourteenth; ver también **octavo**

decimonónico, -a adj **-1.** (del siglo XIX) nineteenth-century **-2.** Pey (anticuado) old-fashioned, antiquated

decimonono, -a núm Formal nineteenth; ver también **octavo**

decimonoveno, -a núm nineteenth; ver también **octavo**

decimoquinto, -a núm fifteenth; ver también **octavo**

decimoséptimo, -a núm seventeenth; ver también **octavo**

decimosexto, -a núm sixteenth; ver también **octavo**

decimotercero, -a núm

> Decimotercer is used instead of decimotercero before singular masculine nouns (e.g. **el decimotercer participante** the thirteenth entrant).

thirteenth; ver también **octavo**

decir [21] ◇ vt **-1.** (en general) to say; **siempre digo lo que pienso** I always say what I think; **es muy callado, nunca dice nada** he's very quiet, he never says anything o a word; **¿qué dice la etiqueta?** what does the label say?; **no digas tonterías** don't talk nonsense; **no digas tacos delante de los niños** don't swear in front of the children; **lo dijo en broma** she meant it as a joke; **¿quién te lo ha dicho?** who told you that?; **me da igual lo que diga la gente** I don't care what people say; **al ~ esto, se marchó** with these words o with that, he left; **no sabía qué ~** I didn't know what to say, I was lost for words; **~ que sí/no** to say yes/no; **dice que no viene** she says (that) she's not coming; **como dice el refrán,...** as the saying goes,...; **dicen que va a ser un verano muy seco** they say it's going to be a very dry summer; EXPR **¡díjolo Blas, punto redondo!** sure, whatever!, yes, sure!; EXPR **donde dije digo, digo Diego:** ayer dijiste que me lo dejarías – sí, pero no puedo – ya, donde dije digo, digo Diego yesterday you told me you'd lend it to me – yes, but I can't now – you're always saying one thing one minute and another the next
-2. (contar) to tell; **se lo voy a ~ a la profesora** I'm going to tell the teacher; **no se lo digas a nadie** don't breathe a word of it to anyone; **¿qué quieres que te diga?** what do you want me to say?, what can I say?; **ya te lo había dicho yo, es demasiado caro** I told you it's too expensive; **~ la verdad** to tell the truth; **~ mentiras** to tell lies; **pregunta si le dejas salir – dile que sí/no** she wants to know if she can go out – tell her she can/can't; **quiere saber si hemos terminado – dile que sí/no** he wants to know if we've finished – tell him we have/haven't; **dile que estoy ocupado** tell him I'm busy; **dígame lo que pasó** tell me what happened; **eso no es lo que me dijo a mí** that's not what she told me; **tengo que hacerte una pregunta – dime** I need to ask you a question – go ahead; **dígame en qué puedo ayudarle** what can I do for you?
-3. (ordenar) to tell; **la ley dice que es obligatorio el uso del casco** according to the law, it is compulsory to wear a crash helmet, the law says that it is compulsory to wear a crash helmet; **~ a alguien que haga algo** to tell sb to do sth; **haz lo que te digan y no protestes** do as you're told and don't complain; **dile que venga** tell her to come; **nos dijeron que nos fuéramos** they told us to go away; **lo vas a hacer porque lo digo yo** you'll do it because I say so
-4. (recitar) (de memoria) to recite; (leyendo) to read
-5. (revelar) to tell, to show; **eso lo dice todo** that says it all; **~ mucho (en favor) de** to say a lot for; **sus ropas dicen bastante sobre su situación económica** her clothes say a lot about her financial situation; **su violenta reacción dice mucho sobre su personalidad** his violent reaction tells us o reveals a lot about his personality
-6. (llamar) to call; **me dicen Paco** they call me Paco; **le dicen la carretera de la muerte** they call it the road of death
-7. (asegurar) to tell, to assure; **te digo que ella no está mintiendo** I tell you o I assure you (that) she isn't lying; **dice que llegará mañana sin falta** she says (that) she'll definitely arrive tomorrow
-8. (en frases) **a ~ verdad, no me apetece nada ir a la boda** to tell (you) the truth o to be honest, I don't really feel like going to the wedding; **como quien no dice nada** as if it were nothing; **olvídalo, como si no hubiera dicho nada** forget I ever mentioned it; **con decirte que me marché a los diez minutos, te puedes imaginar como fue la fiesta** if I tell you that I left after ten minutes, you can imagine what the party was like; **cualquiera diría que no le dan de comer en casa** anyone would o you'd think she never gets fed at home; **~ para sí** to say to oneself; **~ por ~** to talk for the sake of talking; **no te lo tomes en serio, lo dijo por ~** don't take it seriously, she didn't really mean it; **decirle a alguien cuatro verdades** to tell sb a few home truths; **es ~** that is, that's to say; **aracnofobia, es ~ miedo a las arañas** arachnophobia, that is o that's to say, fear of spiders; **tengo otra cita – es ~, que no vendrás a la inauguración** I've got another engagement – you mean o in other words you're not coming to the opening ceremony; **encantado de conocerte – lo mismo digo** pleased to meet you – likewise; **tu primer examen estaba muy mal, y lo mismo digo del segundo** you did very poorly in your first exam, and the same goes for the second one; **ni que ~ tiene** needless to say; **yo no digo o no quiero ~ nada, pero...** it's not for me to say, but...; **¿sabías que Santiago se ha casado?** – **¡no me digas!** did you know that Santiago got married? – no! o never!; **¡no me digas que no te gusta!** don't tell me you don't like it!; **el tenis/este cuadro no me dice nada** tennis/this picture doesn't do anything for me; **no hay más que ~** that's all there is to it, that's that; **(o) mejor dicho** or rather; **por más que digas, no la veo nada especial a esta ciudad** whatever you say, I don't see what's so special about this city; **por decirlo así, por así decirlo** in other words, so to speak; RP Fam **¿qué decís?** how are you doing?, how are things?; **preocuparse por el qué dirán** to worry about what people will say; **no está lloviendo mucho que digamos** it's not exactly raining hard; **él no es muy inteligente que digamos** he isn't what you'd call intelligent; **ha sufrido un infarto – ¡qué me dices!** she's had a heart attack – no! o surely not!; **¡quién lo diría! tan rico y sin embargo tan humilde!** who would have thought it, such a rich person and yet so humble!; **tardarán en construirlo cinco años, ¡se dice pronto!** they're going to take five years, no less, to build it!; **yo lo hago en cinco minutos – eso se dice pronto, no sabes lo difícil que es** I'll have it done in five minutes – that's easily said, you've no idea how difficult it is; **si tú lo dices** if you say so; **¡tú lo has dicho!** you said it!; Esp **¡y que lo digas!** you can say that again!; **y no digamos, Am ya no se diga, Am ni se diga** to say nothing of; **no le gusta el pescado y no digamos el pollo** she doesn't like fish, to say nothing of chicken
◇ vi **como quien dice, como si dijéramos** so to speak; **es, como si dijéramos, una mezcla de danza y teatro** it's a sort of mixture of dance and theatre; **es, como quien dice, el alma de la empresa** he is, so to speak, the soul of the company; Esp **¿diga?, ¿dígame?** (al teléfono) hello?; Fam **¡digo!** (¡ya lo creo!) of course!; (¡madre mía!) I say!; **tenemos muchas ganas de ir de vacaciones, y nuestros hijos, no digamos** we can't wait to go on holiday, and as for our children...
◆ **decirse** vpr **-1.** (reflexionar) to say to oneself; **a veces me digo, tengo que trabajar menos** sometimes I say to o tell myself I have to work less, sometimes I think I ought to work less; **me dije, cállate, no digas nada** I said to myself o I thought it's better not to say anything
-2. (uso impersonal) **¿cómo se dice "estación" en inglés?** how do you say "estación" in English?; **no se dice "cocreta" sino "croqueta"** it isn't "cocreta", it's "croqueta"; **se dice que...** they o people say (that)...; **se dice que subirán los impuestos** it's said they're going to raise taxes; **como se dice vulgarmente...** as they say...; EXPR **¡que no se diga que las fiestas de Valdelapeña son aburridas!** let no one say o let it not be said that the festivals in Valdelapeña are boring!
-3. (uso recíproco) **se dijeron de todo** they called each other everything under the sun
◇ nm **-1.** (refrán) saying
-2. (ocurrencia) witticism, witty remark
-3. (en frases) **a ~ de todos, según el ~ general** by all accounts; **a ~ de todos, no parece que vaya a tener mucho éxito** by all accounts, it seems unlikely that she'll have much success; **es un ~ que todos tengamos las mismas oportunidades** it's not really true that we all have the same chances in life; **imaginemos, es un ~, que...** let us suppose for one moment o for the

decisión

sake of argument that...; **es un ~, ¡claro que no estoy embarazada!** it's just a manner of speaking, of course I'm not pregnant!

decisión nf **-1.** (dictamen, resolución) decision; **la ~ está en nuestras manos** the decision is in our hands; **la ~ de expulsarlo no depende de mí** whether he should be expelled or not is not my decision; **llegar a** o **alcanzar una ~** to arrive at o reach a decision; **tomar una ~** to make o take a decision; **tomó la ~ de no ir** she decided not to go
-**2.** (firmeza de carácter) determination, resolve; (seguridad, resolución) decisiveness; **actuar con ~** to act decisively; **es una persona con muy poca ~** he's a very indecisive person

decisivamente adv decisively

decisivo, -a adj **-1.** (que decide) decisive; **su intervención fue decisiva a la hora de llegar a un acuerdo** his intervention was decisive in reaching an agreement; **fue la batalla decisiva que cambió el curso de la guerra** that was the decisive battle which changed the course of the war; **Vázquez marcó el gol ~** Vázquez scored the decider o the deciding goal
-**2.** (muy importante) crucial, vital; **tu apoyo es ~** your support is crucial ò vital

decisorio, -a adj decision-making

declamación nf **-1.** (arte) declamation **-2.** (recitación) recital, recitation

declamar ◇ vt to declaim, to recite
◇ vi to declaim, to recite

declamatorio, -a adj declamatory

declaración nf **-1.** (manifestación) (ante la autoridad) statement; **prestar ~** to give evidence; **tomar ~ (a)** to take a statement (from) ❑ **~ de impacto ambiental** environmental impact statement; **~ del impuesto sobre la renta** income tax return; **~ jurada** sworn statement; **~ del patrimonio** = inventory of property, drawn up for tax purposes; **~ de la renta** income tax return; **hacer la ~ de la renta** to Br send in o US file one's tax return
-**2.** (afirmación) declaration; **han pedido la ~ de zona catastrófica para la región** they've requested that the region be declared a disaster area; **en sus declaraciones a la prensa, el ministro dijo que...** in his statement to the press, the minister said that...; **no hizo declaraciones a los medios de comunicación** he didn't make any statement to the media ❑ **~ de amor** declaration of love; **~ de guerra** declaration of war; **~ de independencia** declaration of independence; **~ de principios** statement of principles
-**3.** (documento) declaration ❑ **~ universal de los derechos humanos** universal declaration of human rights
-**4.** (comienzo) (de incendio, epidemia) outbreak

declaradamente adv clearly, manifestly

declarado, -a adj (manifiesto) open, professed; **es un homosexual ~** he is openly gay; **un ~ defensor de los derechos humanos** an outspoken defender of human rights; **hay un odio ~ entre ellos** there is open hostility between them

declarante nmf witness

declarar ◇ vt **-1.** (manifestar) (ante la autoridad) to declare; **~ la verdad** to tell the truth; **~ el patrimonio** to declare one's property; **~ culpable/inocente a alguien** to find sb guilty/not guilty; **¿algo que ~?** (en aduana) anything to declare?; **¡tú declaras (a Hacienda) todo lo que ganas?** do you declare all your earnings (to the Tax Inspector)?
-**2.** (afirmar) to state, to say; **declaró a la prensa sus próximos proyectos** he informed the press of his future plans/projects; **el monarca declaró su apoyo al nuevo gobierno** the monarch expressed his support for the new government; **el secretario declaró abierta la sesión** the secretary declared the session open; **la región fue declarada zona catastrófica** the region was declared a disaster area; **ha sido declarado candidato a la presidencia** his candidacy for the presidency has been announced
◇ vi DER to testify, to give evidence; **~ ante un tribunal** to testify before a tribunal; **lo llamaron a ~** he was called to give evidence

◆ **declararse** vpr **-1.** (incendio, epidemia, motín) to break out; **se ha declarado un incendio forestal en la Sierra de Gredos** a forest fire has broken out in the Sierra de Gredos
-**2.** (confesar el amor) to declare one's feelings o love; **se le ha declarado Fernando** Fernando has declared his love to her
-**3.** (manifestarse) **el presidente se declaró enemigo de las privatizaciones** the president declared o stated that he was opposed to privatizations; **declararse a favor de algo** to say that one supports sth; **declararse en contra de algo** to say one is opposed to sth; **declararse culpable/inocente** to plead guilty/not guilty; **declararse en huelga** to go on strike; **declararse en quiebra** to declare oneself bankrupt

declarativo, -a, declaratorio, -a adj declarative, declaratory

declinación nf **-1.** (caída) decline **-2.** GRAM declension **-3.** GEOG declination **-4.** ASTRON declination

declinar ◇ vt **-1.** (rechazar) (ofrecimiento) to decline; **declinó amablemente la invitación** he politely declined the invitation; **declinó toda responsabilidad en este asunto** he disclaimed any responsibility in this affair; **declinó hacer ningún comentario** he declined to make any comment **-2.** GRAM to decline
◇ vi **-1.** (fiebre) to subside, to abate; (economía, imperio) to decline; (carrera profesional) to decline, to go into a decline; (fuerzas, energías, ganas, entusiasmo) to wane; (estado de salud) to deteriorate; **su interés por la caza ha declinado** his interest in hunting has waned **-2.** (día, tarde) to draw to a close; **al ~ el día** as the day drew to a close

declive nm **-1.** (decadencia) decline, fall; **un imperio en ~** an empire in decline; **entrar en ~** to go into decline **-2.** (pendiente) slope; **un terreno en ~** an area of sloping ground

decodificación = **descodificación**

decodificador = **descodificador**

decodificar = **descodificar**

decol nm Col (lejía) bleach

decolaje nm Am take-off

decolar vi Am to take off

decoloración nf (pérdida de color) discoloration, fading; (de pelo) bleaching

decolorante ◇ adj bleaching
◇ nm bleaching agent

decolorar ◇ vt to bleach

◆ **decolorarse** vpr to fade; **decolorarse el pelo** to bleach one's hair

decomisar vt to confiscate, to seize

decomiso nm **-1.** (acción) confiscation (by customs) **-2.** (objeto) = an item, such as a camera or radio, confiscated by customs; **tienda de decomisos** = shop selling goods confiscated by customs

decoración nf **-1.** (acción) decoration ❑ **~ de escaparates** window-dressing; **~ de interiores** interior design **-2.** (conjunto de adornos) décor; **me gusta mucho la ~ de esta habitación** I really like the way this room is decorated **-3.** (arte, técnica) decorative arts **-4.** (adornos) decorations **-5.** (decorado) scenery, set

decorado nm set; **decorados** sets, scenery; EXPR **formar** o **ser parte del ~** to be part of the furniture

decorador, -ora nm,f interior designer; CINE & TEATRO set designer ❑ **~ de interiores** interior designer

decorar ◇ vt (piso, paredes, tarta) to decorate; (escaparate) to dress
◇ vi to be decorative

decorativo, -a adj decorative

decoro nm **-1.** (pudor) decency, decorum; **guardar el ~** to maintain one's decorum; **saber guardar el ~** to know how to behave properly o appropriately; **hablar con ~** to speak with propriety **-2.** (dignidad) dignity; **vivir con ~** to live decently

decorosamente adv **-1.** (con pudor, recato) respectably, decently **-2.** (aceptablemente) respectably; **nuestro equipo actuó ~ en el campeonato** our team gave a respectable performance in the championship

decoroso, -a adj **-1.** (decente) decent; **un vestido poco ~** a very revealing dress **-2.** (correcto) seemly, proper **-3.** (aceptable) decent, respectable; **un sueldo ~** a decent salary

decrecer [46] vi **-1.** (disminuir) (en intensidad, importancia) to decrease, to decline; (en tamaño, cantidad) to fall, to drop; **decreció el interés por la política** interest in politics declined; **el desempleo decreció en un 2 por ciento** unemployment has fallen by 2 percent; **la luna está decreciendo** the moon is on the wane; **los días decrecen conforme se acerca el invierno** the days grow shorter as winter approaches
-**2.** (caudal del río, nivel de las aguas) to go down, to fall

decreciente adj (tasa, porcentaje, tipo) declining, decreasing, falling; **una tendencia ~** a downward trend; **anote estas cantidades por** o **en orden ~** note down these quantities in descending order

decrecimiento nm decline, decrease, fall

decremento nm **-1.** (decrecimiento) decrease -**2.** INFORMÁT decrement

decrépito, -a adj Pey **-1.** (anciano) decrepit **-2.** (civilización, industria) decadent, declining **-3.** (automóvil, tren, edificio) dilapidated; (coche) Br clapped-out, US beat-up

decrepitud nf Pey **-1.** (de anciano) decrepitude **-2.** (de civilización, industria) decline **-3.** (de edificio, automóvil, tren) sorry state

decretar vt (mediante ley) to decree; (mediante orden) to order; **se decretó la libertad del acusado** the accused was ordered to be released; **el ayuntamiento ha decretado el cierre del bar** the town council has ordered the bar to be closed down

decreto nm decree ❑ **~ ley** government decree

decrezco etc ver **decrecer**

decúbito nm Formal **~ lateral:** **en ~ lateral** lying on one's side, Espec in lateral decubitus; **~ prono** prone position, Espec ventral decubitus; **~ supino** supine position, Espec supine decubitus

decuplar vt to multiply tenfold

décuplo, -a ◇ adj decuple
◇ nm **ser el ~ de algo** to be tenfold sth

decurso nm **en el ~ del tiempo** in the course of time; **en el ~ de los siglos** over the centuries

dedal nm thimble

dedalera nf (planta) foxglove

Dédalo n MITOL Daedalus

dédalo nm labyrinth, maze

dedazo nm **-1.** Am (designación arbitraria) arbitrary appointment; **¿y él cómo llegó hasta ahí? – por ~** how did HE get the job? – they just gave it to him **-2.** Méx (en política) = direct designation of a successor by the president in office, bypassing democratic procedure

dedeo nm MÚS dexterity

dedeté nm Am DDT

dedicación nf dedication (a to); **con ~ exclusiva** o **plena** full-time; **los funcionarios tienen ~ exclusiva** civil servants are not allowed to have any other job; **trabaja con ~** he works with real dedication

dedicado, -a adj INFORMÁT dedicated

dedicar [59] ◇ vt **-1.** (tiempo, dinero, energía) to devote (a to); **he dedicado todos mis esfuerzos a esta novela** I've put all my effort into this novel; **dedicó sus ahorros a**

dedicatoria

comprar una nueva casa he used his savings to buy a new house
-2. (espacio, cuarto, solar) to use; **dedicaron la bodega a almacén** they used the wine cellar as a storeroom; **este solar se dedicará a viviendas** this land will be used for housing
-3. (libro, monumento) to dedicate; **tengo una copia dedicada de su libro** I have a signed copy of his book; **dedicó al público unas palabras de agradecimiento** he addressed a few words of thanks to the audience
-4. (templo, ofrenda) to dedicate
◆ **dedicarse** vpr -1. **dedicarse a** (una profesión) **¿a qué se dedica usted?** what do you do for a living?; **se dedica a la enseñanza** she works as a teacher
-2. **dedicarse a** (actividad, persona) to spend time on; **los domingos me dedico al estudio** I spend Sundays studying; **dejé la empresa para dedicarme a mi familia** I left the company so that I could spend more time with my family; **se dedica a perder el tiempo** he spends his time doing nothing useful; **se dedica a quejarse sin aportar soluciones** all she does is complain without offering any constructive suggestions

dedicatoria nf dedication
dedicatorio, -a adj dedicatory
dedil nm fingerstall
dedillo: al dedillo loc adv Fam **conozco la Patagonia al ~** I know Patagonia inside out o like the back of my hand; **cumplir las instrucciones al ~** to carry out instructions to the letter; **saber(se) algo al ~** to know sth off by heart
dedo nm -1. (de la mano) finger; (del pie) toe; **meterse el ~ en la nariz** to pick one's nose; **¡no señales con el ~!** don't point!; **contar con los dedos** to count on one's fingers ❑ **~ anular** ring finger; **~ corazón** middle finger; **~ gordo** (de la mano) thumb; (del pie) big toe; **~ índice** index finger; **~ medio** middle finger; **~ meñique** little finger; **~ pequeño** (del pie) little toe; **~ pulgar** thumb
-2. (medida) **sólo un ~ de whisky** just a drop of whisky; **había dos dedos de agua en el suelo** there was an inch of water on the floor; **estuvo a dos dedos de** o **le faltó un ~ para morir en el accidente** he came within an inch of being killed in the accident; [EXPR] Fam **no tiene dos dedos de frente** (es tonto) he's as thick as two short planks; (es imprudente) he hasn't got the sense he was born with; **si tuvieras dos dedos de frente, no harías una cosa así** if you had the least bit of sense, you wouldn't do a thing like that
-3. [EXPR] Fam **nombrar** o **elegir a alguien a ~** to appoint sb without due regard to procedure; **se me escapó de entre los dedos** it slipped through my fingers; Fam **hacer ~, ir a ~** to hitch; Fam **fuimos hasta Guadalajara a ~** we hitched to Guadalajara; Fam **nadie movió un ~ para ayudarme** nobody lifted a finger to help me; Esp Fam **pillarse** o **cogerse los dedos** to get one's fingers burnt; Fam **poner el ~ en la llaga** to put one's finger on it; Méx **no quitar el ~ del renglón** (no ceder) not to give way; (insistir) to insist; Fam **señalar a alguien con el ~** (criticar a alguien) to criticize sb; Méx Fam **ser ~** to be a sneak

dedocracia nf Fam = situation where appointments are made at the whim of those in power
deducción nf -1. (razonamiento) deduction; **llegar a la ~ de que...** to come to the conclusion that...; **¿cómo lo adivinaste? – por ~** how did you guess? – it was the logical conclusion
-2. (en lógica) deduction
-3. (descuento) deduction; **hacer una ~ de algo** to make a deduction from sth; **hacemos una ~ de 150 euros del precio original** we'll deduct 150 euros from the original price ❑ **~ fiscal** tax deduction

deducible adj -1. (idea) deducible; **ser ~ de algo** to follow from sth -2. (dinero, gastos) deductible
deducir [18] vt -1. (inferir) to guess, to deduce; **por la luz dedujo que debía de ser tarde** he could tell by the light that it must be late; **dedujo quién era el asesino** he worked out who the killer was; **¿qué se puede ~ de todo esto?** what does all this tell us?, what can be deduced from all this?; **de aquí se deduce que...** from this one concludes o infers that...
-2. (descontar) to deduct (**de** from); **me deducen del sueldo la seguridad social** national insurance is deducted from my salary

deductivo, -a adj deductive
dedujera etc ver **deducir**
deduzco etc ver **deducir**
de facto adj de facto
defecación nf defecation
defecar [59] vi to defecate
defección nf defection (**a** to)
defectivo, -a adj GRAM defective
defecto nm ◇ -1. (físico) defect (**en** in); **no le veo ningún ~ a esta casa** I can't see anything wrong with this house; **siempre le saca defectos a todo** he's always finding fault with everything ❑ **~ de fábrica** manufacturing defect; **~ de fabricación** manufacturing defect; **~ físico** physical handicap; DER **~ de forma** procedural error; **~ de pronunciación** speech defect
-2. (moral) fault, shortcoming; **su único ~ es la soberbia** his only fault o flaw is his pride; **tenía el ~ de llegar siempre tarde** she had the bad habit of always being late
◇ **en su defecto** loc adv **el arzobispo o, en su ~, el obispo oficiará la ceremonia** the ceremony will be conducted by the archbishop or, in the absence of the archbishop, by the bishop; **acuda a la embajada o, en su ~, al consulado más cercano** go to the embassy or, alternatively, to the nearest consulate
◇ **por defecto** loc adv -1. INFORMÁT & TEC (automáticamente) by default; **la letra que te sale por ~ es Arial** the default typeface is Arial
-2. (tirando por lo bajo) **más vale pecar por exceso que por ~** too much is better than not enough

defectuoso, -a adj (mercancía) defective, faulty; (trabajo) inaccurate
defender [64] ◇ vt -1. (país, ideas) to defend; (amigo) to stand up for; DEP (contrario, delantero) to mark; **~ a alguien de algo** to defend sb from o against sth; **~ los derechos/intereses de alguien** to defend sb's rights/interests; **defendió su teoría con sólidos argumentos** he supported his theory with sound arguments; **~ la tesis** (en universidad) Br ≃ to have one's viva, US ≃ to defend one's dissertation; DEP **~ el título** to defend the title; [EXPR] **~ algo a capa y espada** to defend sth tooth and nail
-2. (reo, acusado) to defend
-3. (proteger) (del frío, calor) to protect (**de** against)
◇ vi DEP to mark; **~ al hombre** to mark man for man, to man-mark; **~ en zona** to use a zone defence
◆ **defenderse** vpr -1. (protegerse) to defend oneself (**de** against); **me defendí como pude de sus ataques** I defended myself from his attacks as best I could; **¡defiéndete, cobarde!** defend yourself, you coward!
-2. (apañarse) to get by; **se defiende bien en su trabajo** he's getting along okay at work; **se defiende en inglés** he can get by in English; **¿qué tal dibujas? – me defiendo** how are you at drawing? – I'm not too bad; **¿qué tal te defiendes en** o **con la cocina?** how good are you at cooking?; **sé defenderme sola** I can look after myself

defendible adj -1. (castillo, ciudad) defensible
-2. (actitud) defensible, justifiable; (argumento, hipótesis) defensible

defendido, -a nm,f (de abogado) defendant
defenestración nf Fig sacking, unceremonious removal
defenestrar vt -1. (lanzar por la ventana) to throw out of a window -2. (destituir) to oust, to dismiss
defensa ◇ nf -1. (protección) defence; **la ~ del medio ambiente** the protection of the environment; **lleva siempre una pistola como ~** she always carries a gun to defend herself; **en su ~ cabe decir que él ignoraba lo sucedido** in his defence, it has to be said that he didn't know what had happened; **acudir en ~ de algo/alguien** to come to the defence of sth/to sb's defence; **salir en ~ de algo/alguien** to come out in defence of sth/sb ❑ **~ antiaérea** anti-aircraft defences; **la ~ nacional** national defence; **~ pasiva** passive resistance; **~ personal** self-defence
-2. (el Ministerio de) **Defensa** Br ≃ the Ministry of Defence, US ≃ the Defense Department
-3. (legal) defence; **basó su ~ en la falta de pruebas** he based his defence on the lack of evidence; **en ~ propia, en legítima ~** in self-defence; **la ~** (parte en un juicio) the defence; **la ~ tiene la palabra** (en juicio) it is the turn of the defence to speak
-4. **defensas** (sistema inmunitario) defences; **tiene las defensas muy bajas** his body's defences are very low
-5. (jugadores, parte del juego) defence ❑ **~ al hombre** man-to-man defence; **~ hombre** man-to-man defence; **~ en zona** (en baloncesto) zone defence
-6. Méx (parachoques) Br bumper, US fender
-7. AUT **~** (delantera) (en todoterrenos) bull bars
◇ nmf (jugador) defender; **la línea de defensas** the back line, the defence ❑ **~ central** (en fútbol) central defender, centre back; **~ de cierre** (en rugby) fullback; Fam **~ escoba** (en fútbol) sweeper

defensiva nf defensive; **ponerse/estar a la ~** to go/be on the defensive; **jugar a la ~** to play defensively
defensivo, -a adj defensive; **área** o **zona defensiva** (en fútbol) defence; **estrategia defensiva** defensive strategy
defensor, -ora ◇ adj -1. (en tribunal) **abogado ~** counsel for the defence
-2. (partidario) **siempre fue ~ de una legislación más dura** he always advocated tougher legislation; **asociaciones defensoras de los consumidores** consumer o consumers' associations
◇ nm,f -1. (de ideal, persona) defender; (adalid) champion; **un gran ~ de la paz** a great campaigner for peace ❑ **~ del lector** (en periódico) = person who represents the readership of a newspaper and deals with their complaints against the newspaper; **~ de oficio** court-appointed defence lawyer; Esp **~ del pueblo** ombudsman; **~ del soldado** = public body created to defend the rights of soldiers, especially young soldiers doing military service
-2. (abogado) counsel for the defence

defeño, -a nm,f Méx person from the "Distrito Federal" (Mexico)
deferencia nf deference; **tuvo la ~ de llevarme al aeropuerto** she was kind enough to take me to the airport; **por ~ a** in deference to
deferente adj (cortés) deferential
deferir [62] ◇ vt DER to refer
◇ vi to defer (**a** to)
deficiencia nf -1. (defecto) deficiency, shortcoming; **grandes deficiencias en el servicio de correos** serious deficiencies in the postal service; **deficiencias técnicas** technical faults; **el plan presenta notables deficiencias** the plan has major shortcomings o flaws
-2. (insuficiencia) lack; **~ de medios** insufficient means ❑ **~ inmunológica** immunological deficiency; **~ mental** mental deficiency

deficiente ◇ *adj* **-1.** *(defectuoso) (producto)* deficient; *(audición, vista)* defective **-2.** *(insuficiente) (cantidad)* insufficient, inadequate; *(nutrición, dieta, aporte vitamínico)* deficient, inadequate **-3.** *(persona)* handicapped; **las personas deficientes** the handicapped **-4.** *(mediocre)* poor, unsatisfactory; **el ~ estado de las instalaciones** the unsatisfactory state of the facilities
  ◇ *nmf* **~ (mental)** mentally handicapped person
  ◇ *nm (nota)* **muy ~** very poor, E

déficit *(pl* **déficits)** *nm* **-1.** *(económico)* deficit ❑ **~ de la balanza comercial** trade gap; **~ comercial** trade deficit; **~ presupuestario** budget deficit; **~ público** public deficit **-2.** *(falta)* lack, shortage **(de** of); **~ democrático** lack of democracy ❑ **~ hídrico** shortfall in water supply

deficitario, -a *adj (empresa, operación)* loss-making; *(saldo, presupuesto)* negative; **la balanza comercial este año ha sido deficitaria** the trade balance this year has been negative; **zonas deficitarias en agua** areas prone to water shortages

defiendo *etc ver* **defender**

defiera *etc ver* **deferir**

definición *nf* **-1.** *(de un término)* definition; **por ~** by definition **-2.** *(en aparatos ópticos)* definition; *(en televisión)* resolution **-3.** *(concreción)* clarity; **el electorado exige una mayor ~ de posturas** the electorate wants to know exactly what each candidate stands for

definido, -a *adj* **-1.** *(límite, idea)* (clearly) defined **-2.** *(trazo, línea)* sharp, well-defined **-3.** GRAM **artículo ~** definite article

definir ◇ *vt* **-1.** *(explicar, precisar)* to define; **debes ~ tu postura** you must define your position, you must say where you stand **-2.** *(describir)* to describe; **la generosidad define su carácter** generosity typifies his character; **se define a sí mismo como de derechas** he describes himself as right-wing
  ◆ **definirse** *vpr* to take a clear stance; **no se quiere ~ políticamente** he doesn't want to make his political position clear; **no se definió por ninguno de los dos bandos** he took neither side; **el plan no acababa de definirse** the plan had not yet taken any definite shape

definitivamente *adv* **-1.** *(sin duda)* definitely; **~, el picante no me sienta bien** hot food definitely doesn't agree with me
  -2. *(finalmente)* **nos tienes que decir ~ si vas a venir o no** you have to tell us whether you're definitely coming or not; **hasta que no se solucione ~ la avería no habrá electricidad** there won't be any electricity until the problem is properly fixed
  -3. *(para siempre)* for good; **queremos quedarnos a vivir aquí ~** we want to come and live here for good; **la banda se separó ~ en 1969** the band finally broke up in 1969; **la corte se instaló ~ en Madrid** the court moved to Madrid, where it remained

definitivo, -a ◇ *adj* **-1.** *(concluyente, final)* final, definitive; **la versión definitiva** *(de un texto)* the definitive version; **los resultados definitivos** the final results; **el Supremo emitirá el dictamen ~ sobre el caso** the Supreme Court will make the definitive judgement in the case
  -2. *(permanente, para siempre)* definitive, final; **la sede definitiva de la empresa estará en Buenos Aires** the company's definitive headquarters will be in Buenos Aires; **su despedida definitiva de los campos de fútbol** his final departure from the soccer pitch
  -3. *(decisivo)* decisive; **su intervención fue definitiva para resolver el conflicto** his intervention was decisive in resolving the conflict
  ◇ **en definitiva** *loc adv* **en definitiva, el futuro es prometedor** all in all, the future looks promising; **ésta es, en definitiva, la única alternativa que nos queda** this is, in short, the only alternative we have left

definitorio, -a *adj* defining

deflación *nf* ECON deflation

deflacionario, -a *adj* ECON deflationary

deflacionista *adj* ECON deflationary

deflagración *nf Formal* deflagration

deflagrar *vi Formal* to deflagrate

deflector *nm* baffle-board, baffle-plate, deflector

defoliación *nf* defoliation

defoliante ◇ *adj* defoliant
  ◇ *nm* defoliant

deforestación *nf* deforestation

deforestar *vt* to deforest

deformación *nf* **-1.** *(de huesos, objetos)* deformation; **lávese en agua fría para evitar la ~ de la prenda** wash in cold water to prevent the garment from losing shape ❑ **~ física** (physical) deformity **-2.** *(de imágenes, figuras)* distortion **-3.** *(de la verdad, la realidad)* distortion **-4. tener ~ profesional** to be always acting as if one were still at work

deformado, -a *adj* **-1.** *(cuerpo, figura, miembro)* deformed **-2.** *(objeto)* misshapen **-3.** *(imagen)* distorted **-4.** *(verdad, realidad)* distorted

deformar ◇ *vt* **-1.** *(cuerpo, figura, miembro)* to deform; *(prenda)* to pull out of shape; *(metal)* to twist; *(madera)* to warp **-2.** *(imagen)* to distort **-3.** *(la verdad, la realidad)* to distort
  ◆ **deformarse** *vpr* **-1.** *(hueso, cuerpo, miembro)* to become deformed; *(prenda)* to go out of shape; *(metal)* to get twisted out of shape; *(madera)* to warp; **se me ha deformado el jersey al lavarlo** my jumper lost its shape when I washed it **-2.** *(imagen)* to become distorted

deforme *adj (cuerpo)* deformed, disfigured; *(imagen)* distorted; *(objeto)* misshapen

deformidad *nf* deformity

defraudación *nf (fraude fiscal)* tax evasion

defraudador, -ora ◇ *adj (de impuestos)* tax-evading
  ◇ *nm,f (de impuestos)* tax evader

defraudar ◇ *vt* **-1.** *(decepcionar)* to disappoint; **su última película me defraudó mucho** I was very disappointed by his last film; **creí que podría contar contigo, pero me has defraudado** I thought I could count on you, but you've let me down **-2.** *(estafar)* to defraud; **~ al fisco, ~ a Hacienda** to practise tax evasion
  ◇ *vi (decepcionar)* to be disappointing, to disappoint; **reapareció Carreras y no defraudó** Carreras made a reappearance and did not disappoint

defunción *nf* decease, death; **cerrado por ~** *(en letrero)* closed due to bereavement

degeneración *nf* degeneration

degenerado, -a ◇ *adj* degenerate
  ◇ *nm,f* degenerate

degenerar *vi* **-1.** *(degradarse)* to degenerate; **este lugar ha degenerado mucho** this place has really gone downhill **-2.** *(convertirse)* to degenerate **(en** into); **el debate degeneró en una discusión tensa** the debate degenerated into an argument

degenerativo, -a *adj (proceso, enfermedad)* degenerative

deglución *nf* swallowing

deglutir ◇ *vt* to swallow
  ◇ *vi* to swallow

degolladero *nm* slaughterhouse

degollar [63] *vt (cortar la garganta a)* to cut *o* slit the throat of; *(decapitar)* to behead; **¡como lo pille, lo degüello!** I'll kill him if I get my hands on him!

degradable *adj* degradable

degradación *nf* **-1.** *(moral)* degradation **-2.** *(física) (de medio ambiente, naturaleza)* degradation; *(de calidad, servicio, producto)* deterioration **-3.** *(de mando militar, cargo)* demotion

degradado *nm* INFORMÁT blend ❑ **~ lineal** gradient *o* graduated fill

degradante *adj* degrading

degradar ◇ *vt* **-1.** *(moralmente)* to degrade, to debase; **el alcohol la ha degradado** she's been ruined by drink **-2.** *(físicamente) (medio ambiente, naturaleza)* to degrade; *(calidad, servicio, producto)* to cause to deteriorate; **la contaminación degrada el medio ambiente** pollution degrades the environment **-3.** *(de mando militar, cargo)* to demote, to downgrade
  ◆ **degradarse** *vpr* **-1.** *(moralmente)* to degrade *o* lower oneself **-2.** *(medio ambiente, naturaleza)* to deteriorate, to be degraded; *(calidad, servicio, producto)* to deteriorate

degüello ◇ *ver* **degollar**
  ◇ *nm (degolladura)* slaughter; *(decapitación)* beheading; EXPR **entrar a ~** to storm in ruthlessly

degustación *nf* tasting *(of wines, food)*; **~ de vinos** wine tasting

degustar *vt* to taste *(wines, food)*

dehesa *nf* meadow

deicida ◇ *adj* deicidal
  ◇ *nmf* deicide

deíctico, -a LING ◇ *adj* deictic
  ◇ *nm* deictic

deidad *nf* deity

deificación *nf* deification

deificar [59] *vt* to deify

deísmo *nm* deism

deísta ◇ *adj* deist
  ◇ *nmf* deist

de iure, de jure *adj* de jure

deíxis *nf inv* LING deixis

dejación *nf Formal* DER **-1.** *(de derechos, bienes)* abdication **-2.** *(de responsabilidades)* abdication **-3.** *(de deberes, funciones)* dereliction

dejada *nf* **-1.** *(en tenis)* drop shot; **hacer una ~** to play a drop shot **-2.** *ver también* **dejado**

dejadez *nf* **-1.** *(abandono)* neglect; *(en aspecto)* slovenliness; **viven en la más absoluta ~** they live in utter squalor **-2.** *(pereza)* laziness; *(falta de cuidado)* carelessness; **no lo hizo por ~** he didn't do it, because he couldn't be bothered

dejado, -a ◇ *adj* **-1.** *(desaseado)* slovenly, slobbish; **¡no seas tan ~ y dúchate más a menudo!** don't be such a slob, and have a shower more often!; **podías ser menos ~ y limpiar la cocina de vez en cuando** you could try not to be such a slob and clean the kitchen occasionally
  -2. *(descuidado)* careless, sloppy; *(perezoso)* lazy; **no seas tan ~ y escríbenos de vez en cuando** don't be so lazy and write to us occasionally
  ◇ *nm,f* **-1.** *(desaseado)* slovenly person, slob; **¡eres un ~!** you're so slovenly!
  -2. *(descuidado)* careless person

dejar ◇ *vt* **-1.** *(poner)* to leave, to put; **dejó los papeles en la mesa** he put *o* left the papers on the table; **deja el abrigo en la percha** put your coat on the hanger; **he dejado la moto muy cerca** I've left *o* parked my motorbike nearby; **deja el jarrón, que lo vas a romper** put that vase down or you'll break it; **su compañero le dejó un balón perfecto y sólo tuvo que rematar a gol** his teammate played a perfect ball for him and all he had to do was tap it in
  -2. *(olvidar)* to leave; **dejé el paraguas en el cine** I left my umbrella at the movies
  -3. *(encomendar)* **dejarle algo a alguien** to leave sth with sb; **le dejé los niños a mi madre** I left the children with my mother
  -4. *Esp (prestar)* **~ algo a alguien** to lend sb sth, to lend sth to sb; **¿me dejas un paraguas?** could you lend me an umbrella?; **¿nos dejarás tu casa el próximo verano?** will you let us use your house next summer?
  -5. *(abandonar) (casa, trabajo, país)* to leave; *(tabaco, estudios)* to give up; *(familia)* to abandon; **dejé la fiesta a medianoche** I left the party at midnight; **dejó el tenis cuando empezó la universidad** she gave up tennis when she started university; **dejó lo que estaba haciendo para ayudarla** he stopped *o* dropped what he was doing

to help her; **te dejo, que si no pierdo el autobús** I have to leave you now, or I'll miss the bus; **su marido la ha dejado** her husband has left her; **lo dejó por un hombre más joven** she left him for a younger man; **~ a alguien en algún sitio** (con el coche) to drop sb off somewhere; **el avión dejó a treinta pasajeros en la primera escala** thirty passengers got off (the plane) at the first stopover; **~ atrás a alguien** to leave sb behind; **es muy inteligente y ha dejado atrás al resto de la clase** she's very intelligent and has left the rest of the class behind (her), she's very intelligent and is way ahead of the rest of the class; **dejó atrás al resto de corredores** he left the other runners behind o in his wake; **~ algo por imposible** to give sth up as a lost cause

-6. (posponer) to leave; **dejemos esto para la próxima reunión** let's leave this matter until the next meeting; **dejamos el viaje para diciembre** we put off the journey until December; EXPR **no dejes para mañana lo que puedas hacer hoy** don't put off till o leave for tomorrow what you can do today

-7. (permitir) **~ a alguien hacer algo** to let sb do sth, to allow sb to do sth; **no me dejan salir, estoy castigado** I'm being kept in as a punishment; **~ entrar/salir a alguien** to let sb in/out; **sus gritos no me dejaron dormir** his cries prevented me from sleeping; **déjame a mí, que tengo más experiencia** let me do it, I'm more experienced; **déjame a mí, yo me encargo de preparar la comida** leave it to me, I'll get dinner; **deja que tu hijo venga con nosotros** let your son come with us; **¿me dejas ir?** will you let me go?, can I go?; **~ correr algo** to leave sth be; **~ pasar o escapar algo** to let sth slip; **dejó pasar tres semanas** he let three weeks go by; **el resultado final no deja lugar a dudas** the final result leaves no room for doubt

-8. (reservar) **deja algo de café para mí** leave some coffee for me; **deja algo para los demás** leave some for the others; **deja tus críticas para una mejor ocasión** save your criticisms for another time

-9. (reportar) to bring; **el negocio les deja varios millones al año** the business brings them several million a year

-10. (legar) to leave; **~ algo a alguien** to leave sth to sb; **dejó todos sus ahorros a varias instituciones benéficas** she left all her savings to charity

-11. (omitir) to leave out; **la cocina déjala de momento, ahora hay que limpiar el baño** leave the kitchen for the moment, I want you to clean the bathroom now; **dejemos aparte las introducciones y comencemos la negociación** let's dispense with the introductions and get straight down to the negotiations; **~ algo por o sin hacer** to fail to do sth; **dejó lo más importante por resolver** he left the most important question unresolved

-12. (en imperativo) (olvidar) to forget (about); **déjalo, no importa** forget it, it doesn't matter

-13. (en imperativo) (no molestar) to leave alone o in peace; **¡déjame, que tengo trabajo!** leave me alone, I'm busy!; **déjame tranquilo o en paz** leave me alone o in peace; **¡deja a tu padre, está durmiendo!** leave your father alone o in peace, he's sleeping!; **déjalo estar** leave it as it is, let it be

-14. (seguido de infinitivo) **dejó adivinar sus intenciones** she allowed her intentions to be guessed; **lo dejó caer** she dropped it; **dejó caer que no se presentaría a las próximas elecciones** he let it drop that he wouldn't be standing at the next election; **dejó escapar una magnífica oportunidad** she missed an excellent opportunity, she allowed an excellent opportunity to slip by

-15. (indica resultado) to leave; **deja un sabor agridulce** it has a bittersweet aftertaste; **la lejía ha dejado marcas en la ropa** the bleach has left stains on the clothes; **el examen me dejó agotado** I was left exhausted by the exam; **¡no me dejes así, cuéntame qué pasó!** don't leave me guessing, tell me what happened!; **yo dejaría la pared tal y como está** I'd leave the wall as it is; **tu comportamiento deja bastante/mucho que desear** your behaviour leaves quite a lot/a lot to be desired; **~ algo hecho** to get sth done; **te lo dejaré hecho para el lunes** I'll get it done for you by Monday; **~ algo como nuevo** to leave sth as good as new

-16. (esperar a) **~ que** to wait until; **dejó que acabara de llover para salir** he waited until it had stopped raining before going out; **retirar del fuego y ~ enfriar** o **que se enfríe** remove from the heat and allow to cool; **deja que se calme un poco, y entonces háblale** wait until she calms down a bit before you talk to her

◇ vi -1. (parar) **~ de hacer algo** to stop doing sth; **dejó de llover** it stopped raining, the rain stopped; **ha dejado de fumar/beber** he's stopped smoking/drinking; **no deja de venir ni un solo día** he never fails to come; **poco a poco dejaron de llamarse** they gradually stopped phoning one another; **no deja de ser extraño que haga tanto calor en esta época del año** it really is most strange for it to be so hot at this time of year

-2. (en negativa) (indica promesa) **no ~ de** to be sure to; **¡no dejes de escribirme!** be sure to write to me!; **no dejes de avisarnos si tienes algún problema** be sure to tell us if you have any problem

-3. (en imperativo) (indica negación) **deja, ya subo yo las maletas** leave the cases, I'll bring them up; **deje, señora, ya lo hago yo** allow me, madam, I'll do it; **¿vas a volver a correr la maratón? – ¡deja, deja!** ya tuve suficiente con la del año pasado are you going to run the marathon again? – don't! last year was more than enough

◆ **dejarse** vpr -1. (olvidar) **dejarse algo en algún sitio** to leave sth somewhere; **me he dejado la cartera en casa** I've left my Br wallet o US billfold at home

-2. (permitir) **dejarse engañar** to allow oneself to be taken in; **se dejaron ganar** they lost on purpose; **no te dejes** stand up for yourself; **no te dejes tomar el pelo** don't let them make fun of you; **le quisimos ayudar, pero no se dejó** we wanted to help him, but he wouldn't let us

-3. (no cortarse) **dejarse (la) barba/(el) bigote** to grow a beard/moustache; **dejarse el pelo largo** to grow one's hair long

-4. (cesar) **dejarse de hacer algo** to stop doing sth; **¡déjate de holgazanear y ponte a trabajar!** stop lazing around and do some work!; **¡déjate de tonterías!** don't talk nonsense!

-5. (descuidarse) to let oneself go; **se ha dejado mucho desde que perdió el trabajo** she's really let herself go since she lost her job

-6. EXPR **dejarse caer por: se dejó caer por la fiesta, aunque no había sido invitado** he turned up at the party even though he hadn't been invited; **a lo mejor nos dejamos caer por vuestra casa este fin de semana** we may drop by your house this weekend; **dejarse llevar** to get carried away; **me dejé llevar por la emoción del momento** I got carried away with the excitement of the moment; **se deja llevar por sus impulsos** she allows her impulses to get the better of her; **dejarse ver** to be seen; **se dejan ver mucho por lugares de moda** they are often to be seen o they like to be seen in the most fashionable places

deje, dejo nm -1. (acento) accent; **tiene un ~ mexicano, habla con ~ mexicano** he has a slight Mexican accent

-2. (tono) undertone; **había un ~ de resentimiento en sus palabras** there was an undertone of resentment in her words

-3. (sabor) aftertaste; **tiene un ~ a curry** it has a slight taste of curry

-4. CSur (parecido) slight resemblance; **tiene un ~ a su padre** there's something of her father about her

de jure = **de iure**

del ver **de**

delación nf denunciation

delantal nm -1. (mandil) apron -2. RP (bata) white coat

delante adv -1. (en primer lugar, en la parte delantera) in front; (enfrente) opposite; **~ hay una fábrica** there's a factory opposite; **¿dónde has aparcado? – ~** where have you parked? – opposite; **ve tú ~, yo me sentaré detrás** you go in the front, I'll sit at the back; **nos sentamos ~ para ver mejor** we sat at the front so we could see better; **el de ~** the one in front; **las luces/el asiento de ~** (en automóvil) the front lights/seat; **está sentado en el asiento de ~** (en el inmediatamente anterior) he's sitting in the seat in front of me; **~ de** in front of; **~ de mí/ti** in front of me/you; **lo tienes ~ de las narices** it's right in front of o under your nose; **pasamos por ~ de la catedral** we passed in front of the cathedral; **hay que acortar el vestido por ~** the dress needs taking up at the front; **visto por ~ resulta impresionante** it's very impressive (seen) from the front; **la avalancha se llevó a los esquiadores por ~** the avalanche engulfed the skiers; **tenemos un mes entero por ~** we have a whole month ahead of us

-2. (presente) present; **cuando no está ~, todos hablan mal de él** everyone speaks ill of him behind his back, whenever he's not there, everyone speaks ill of him; **~ de** (en presencia de) in front of; **se desnudó ~ de todo el mundo** she undressed in front of everyone; **comparecer ~ de un tribunal** to appear before a court

delantera nf -1. (en deporte) forwards, forward line

-2. (ventaja) **nos llevan tres minutos de ~** they're three minutes ahead of us; **su hermano le lleva la ~ en los estudios** his brother is doing better than him at school

-3. (primer puesto) lead; **coger** o **tomar la ~** to take the lead; **coger** o **tomar la ~ a alguien** to beat sb to it; **llevar la ~** to be in the lead

-4. (parte frontal) front

-5. TEATRO (primera fila) front row

-6. Fam (de mujer) boobs

delantero, -a ◇ adj front; **las patas delanteras** the front legs

◇ nm,f forward ❑ **~ centro** centre forward; (en rugby) lock (forward)

◇ nm (de vestido) front

delatar ◇ vt -1. (denunciar) to denounce; **lo delaté a la policía** I reported him to the police -2. (sujeto: sonrisa, ojos) to betray, to give away; **esa risita nerviosa te delata** that nervous giggle gives you away

◆ **delatarse** vpr to give oneself away

delator, -ora adj ◇ (sonrisa, mirada) telltale ◇ nm,f informer

delco nm Esp AUT distributor

deleble adj erasable

delectación nf Formal delight, great pleasure; **con ~** with delight, delightedly

delegación nf -1. (autorización) delegation; **asumió la gestión de la empresa por ~ de su padre** his father entrusted him with the running of the company

-2. (comisión) delegation ❑ **~ comercial** (de un país) trade delegation

-3. (sucursal) office ❑ **~ regional** regional office, area office

-4. (oficina pública) local office ❑ Esp **Delegación del Gobierno** = office representing central government in each province; Esp **~ de Hacienda** = head tax office (in each province); Méx **~ de policía** police station

-5. Chile, Ecuad, Méx (distrito) municipal district

delegado, -a *nm,f* **-1.** *(representante)* delegate; **el ~ de Educación** the representative from the Ministry of Education ❏ *Esp* **~ del Gobierno** = person representing central government in each province; **~ sindical** shop steward **-2.** *(en colegio, universidad)* class representative ❏ **~ de curso** class representative **-3.** *Esp (de empresa)* representative

delegar [38] ◇ *vt* **-1.** *(funciones)* to delegate; **el gobierno central se resiste a ~ ciertos poderes** central government is reluctant to delegate certain powers; **~ algo en alguien** to delegate sth to sb **-2.** *(representante)* to delegate; **~ a alguien para hacer algo** o **para que haga algo** to delegate sb to do sth
◇ *vi* to delegate; **hay que saber ~** you have to know how to delegate; **~ en alguien para hacer algo** to delegate sth to sb

deleitar ◇ *vt* to delight; **la música clásica nos deleita** we love classical music; **me deleitaba escucharla cantar** I loved listening to her sing
◆ **deleitarse** *vpr* **deleitarse con** o **en algo** to take pleasure in sth; **deleitarse con la vista** to enjoy the view; **deleitarse haciendo algo** to take pleasure in o enjoy doing sth; **me deleitaba escuchándola cantar** I took great pleasure in listening to her sing

deleite *nm* delight; **el público escuchaba la música con ~** the audience listened to the music with delight; **para ~ de todos los asistentes** to the delight of those present

deleitoso, -a *adj* delightful

deletéreo, -a *adj Formal o Literario* deleterious

deletrear *vt* to spell (out); **¿me puede ~ su apellido, por favor?** could you spell your surname for me, please?

deletreo *nm (de palabras, sílabas)* spelling

deleznable *adj* **-1.** *(considerado incorrecto) (clima, libro, actuación)* appalling; *(excusa, razón)* contemptible; *(individuo, conducta, acto)* contemptible **-2.** *(material)* crumbly

delfín¹ *nm (animal)* dolphin ❏ **~ mular** bottlenose dolphin

delfín² *nm* **-1.** HIST dauphin **-2.** *(sucesor)* successor

delfinario *nm* dolphinarium

delgadez *nf* **-1.** *(de persona) (tono neutro o negativo)* thinness; *(esbeltez)* slimness **-2.** *(de animal)* thinness **-3.** *(de cable, lámina, tabique)* thinness

delgado, -a *adj* **-1.** *(persona) (tono neutro o negativo)* thin; *(esbelto)* slim; **un tipo alto y ~ a** tall, thin guy **-2.** *(animal)* thin **-3.** *(cable, tela, lámina, tabique)* thin; *(hilo)* thin, fine

delgaducho, -a *adj* skinny

deliberación *nf* deliberation; **someter algo a ~** to deliberate about o on sth; **tras largas deliberaciones** after much deliberation

deliberadamente *adv* deliberately, on purpose

deliberado, -a *adj* deliberate

deliberante *adj (reunión)* empowered to take decisions

deliberar *vi* **-1.** *(discutir)* to deliberate (**sobre** about o on); **el jurado se reunió a ~** the jury assembled to deliberate **-2.** *(meditar, pensar)* to deliberate; **después de mucho ~, decidió actuar** after much deliberation, she decided to act

delicadamente *adv* delicately

delicadeza *nf* **-1.** *(cuidado)* care; **trata al bebé con ~** treat the baby very gently
-2. *(cortesía)* kindness, attentiveness; **tuvo la ~ de invitarnos a cenar** he very kindly invited us to dinner; **¡podrías tener la ~ de llamar a la puerta!** don't you think it would be polite to knock?
-3. *(tacto, discreción)* tact; **le dio la noticia con ~** he broke the news to her tactfully o gently; **una falta de ~** a lack of tact; **¡qué falta de ~!** how tactless!; **tuvo la ~ de no mencionar el tema** he was tactful enough not to mention the subject
-4. *(finura) (de aroma, gesto, material, objeto)* delicacy; *(de persona)* sensitivity
-5. *(de asunto, situación)* delicacy

delicado, -a *adj* **-1.** *(aroma, gesto, manos)* delicate; **un perfume muy ~** a very delicate perfume
-2. *(material, objeto)* delicate; **piel delicada** sensitive o delicate skin; **loción hidratante para pieles delicadas** moisturizing lotion for sensitive skin; **detergente para ropa delicada** o **prendas delicadas** detergent for delicates
-3. *(asunto, situación)* delicate, tricky; **una situación delicada** a delicate o tricky situation
-4. *(persona) (débil, enfermizo)* weak, delicate; **su estado (de salud) es ~** his condition is delicate; **estar ~ de salud** to have delicate health; **estar ~ del corazón** to have a weak heart
-5. *(persona) (sensible)* sensitive
-6. *(educado) (persona)* polite; *(lenguaje, modales)* refined
-7. *(persona) (tiquismiquis)* fussy, choosy, picky; **es demasiado ~ para ir de camping** he likes his creature comforts too much to go camping; **¡no seas ~, hay que comérselo todo!** don't be so picky, you've got to eat all of it!

delicia *nf* **-1.** *(placer)* delight; **estos pasteles son una ~** these cakes are delicious; **es una ~ escucharle** it's a delight to listen to him; **hacer las delicias de alguien** to delight sb **-2.** *(pescado congelado)* fish finger; **delicias de merluza** hake fish fingers

deliciosamente *adv* **-1.** *(con encanto)* delightfully **-2.** *(sabrosamente)* deliciously

delicioso, -a *adj* **-1.** *(comida, bebida)* delicious; *(aroma, sabor)* delicious **-2.** *(persona, sonrisa, lugar, clima)* lovely, delightful

delictivo, -a *adj* criminal

delictual *adj Am* criminal

delimitación *nf* **-1.** *(de terreno, zona)* fixing of the boundaries, delimitation **-2.** *(de funciones, tareas, responsabilidades)* delimitation, demarcation

delimitador *nm* INFORMÁT delimiter

delimitar *vt* **-1.** *(terreno, zona)* to fix the boundaries of, to delimit, to demarcate
-2. *(funciones, tareas, responsabilidades)* to define, to demarcate

delinco *etc ver* **delinquir**

delincuencia *nf* crime; **la ~ aumentó durante el último año** crime increased last year ❏ **~ informática** computer crime; **~ juvenil** juvenile delinquency; **~ organizada** organized crime

delincuente *nmf* criminal; **pequeños delincuentes** petty criminals ❏ **~ común** common criminal; **~ habitual** habitual offender; **~ juvenil** juvenile delinquent o offender

delineación *nf* **-1.** *(trazado)* delineation, outlining **-2.** *(profesión, disciplina)* technical drawing o drafting

delineador, -ora *adj* delineating, outlining

delineamiento *nm (trazado)* delineation, outlining

delineante *nmf Br* draughtsman, *f* draughtswoman, *US* draftsman, *f* draftswoman

delinear *vt* **-1.** *(plano)* to draw **-2.** *(proyecto)* to outline

delinquir [22] *vi* to commit a crime; **son muchos los que vuelven a ~** many of them reoffend; **para él robar en una tienda no es ~** for him shoplifting is not a crime

delirante *adj* **-1.** *(por la fiebre)* delirious **-2.** *(enloquecido) (idea, fiesta)* wild, crazy; *(situación)* crazy; *(fans, público)* ecstatic, wild

delirar *vi* **-1.** *(enfermo, borracho)* to be delirious; **la fiebre lo hizo ~** the fever made him delirious **-2.** *(decir disparates)* to talk nonsense; **¡tú deliras!** you're off your head!

delirio *nm* **-1.** *(por fiebre, borrachera)* delirium; *(de un enfermo mental)* ravings ❏ **delirios de grandeza** delusions of grandeur **-2.** *(disparate)* crazy idea **-3.** *(pasión desatada)* **tras el gol de la victoria, el campo fue un ~** after the winning goal, the whole stadium went crazy; **lo quiere con auténtico ~** she loves him to distraction

delírium tremens *nm inv* delirium tremens

delito *nm* crime, offence; **cometer un ~** to commit a crime o an offence; **lo cogieron en flagrante ~** he was caught in the act; **no es ningún ~ criticar al profesor** it's no crime to criticize the teacher; DER **ser constitutivo de ~** to constitute an offence ❏ **~ común** common crime; **~ ecológico** ecological crime; **~ financiero** financial crime; **~ fiscal** tax offence; **~ informático** computer crime; **~ menor** minor offence; **~ político** political crime; **~ contra la propiedad** crime against property; **~ contra la salud pública** crime against public health; **~ de sangre** violent crime

delta ◇ *nm (desembocadura)* delta; **el ~ del Nilo** the Nile delta
◇ *nf (letra griega)* delta

deltoides ANAT ◇ *adj inv* deltoid
◇ *nm inv* deltoid (muscle)

demacrado, -a *adj* gaunt, haggard

demacrar ◇ *vt* to make gaunt o haggard
◆ **demacrarse** *vpr* to become gaunt o haggard

demagogia *nf* demagoguery; **acusan a ambos partidos de hacer ~** both parties have been accused of being populist

demagógico, -a *adj* demagogic

demagogo, -a *nm,f* demagogue

demanda *nf* **-1.** *(petición)* request; *(reivindicación)* demand; **atender las demandas de los trabajadores** to respond to the workers' demands; **en ~ de** asking for; **irán a la huelga en ~ de una mejora salarial** they will go on strike in support of their demands for better pay ❏ **~ de ayuda** request for help; **~ de empleo** *(solicitud)* job application; **~ de extradición** extradition request; **~ salarial** wage claim
-2. *(en economía)* demand; **hay mucha ~ de informáticos** there is a great demand for computer specialists; **ha crecido la ~ de productos reciclables** there has been an increase in demand for recyclable products; **la ~ de trabajo en el sector turístico es muy alta** jobs in the tourist industry are in high demand; **la oferta y la ~** supply and demand
-3. *(en derecho)* lawsuit; *(por daños y perjuicios)* claim; **interponer** o **presentar una ~ contra** to take legal action against; **presenté una ~ contra la constructora por daños y perjuicios** I sued the builders for damages; **una ~ por difamación** a libel suit

demandado, -a ◇ *nm,f* defendant
◇ *adj* **la parte demandada** the defendant

demandante ◇ *nmf* **-1.** *(en juicio)* plaintiff **-2.** *(solicitante)* **~ de empleo** job applicant
◇ *adj* **la parte ~** *(en juicio)* the plaintiff

demandar *vt* **-1.** *(legalmente)* **~ a alguien (por)** to sue sb (for); **~ a alguien por daños y perjuicios** to sue sb for damages; **~ a alguien por difamación** to sue sb for libel; **los demandaremos ante el juez** we'll take them to court
-2. *(pedir, requerir)* to ask for, to seek; **los sindicatos demandan una mejora salarial** the unions are demanding a wage rise; **este deporte demanda mucha disciplina** this sport calls for o requires a lot of discipline

demarcación *nf* **-1.** *(señalización)* demarcation **-2.** *(territorio)* area **-3.** *(jurisdicción)* district **-4.** *(en deporte)* = area of playing field assigned to a player; **siempre juega en una ~ adelantada** he always plays in an advanced position

demarcar *vt* to demarcate, to mark out

demarraje *nm* DEP burst of speed, spurt

demarrar *vi* DEP to put on a burst of speed, to put on a spurt; **demarró en las primeras rampas del puerto** he put on a burst of speed as they began the climb up to the pass

demás ◇ *adj* **-1.** *(resto)* other; **los ~ invitados** the other o the remaining guests; **las ranas y ~ anfibios** frogs and other amphibians
-2. *RP Fam (sensacional)* great, cool, ace; **tu auto es ~** your car's really cool; **la fiesta estuvo ~** the party was great; **la casa le pareció ~** she thought the house was fab

demasía ◇ *pron* **-1.** *(otras personas)* **los/las ~** the others, the rest; **entramos ella y yo, los ~ se quedaron fuera** just she and I went in, the others stayed outside; **no te metas en los problemas de los ~** don't stick your nose in other people's business; **se bebió su cerveza y las de los ~** he drank his own beer and everyone else's
-2. *(otras cosas)* **lo ~** the rest; **sólo dejó la zanahoria, lo ~ se lo comió todo** she only left the carrot, she ate all the rest; **deja fuera tres filetes y congela los ~** leave three fillets out and freeze the rest; **por lo ~** apart from that, otherwise; **por lo ~ me encuentro bien** apart from that I feel fine; **todo lo ~** everything else; **todo lo ~ viene en otro camión** all the rest will be coming along in another lorry; **la casa tiene lavadora, lavaplatos y todo lo ~** the house has a washing machine, a dishwasher and all the rest of it; **y ~** and so on; **planetas, estrellas, asteroides y ~** planets, stars, asteroids and so on
◇ **por demás** *loc adv* **-1.** *(demasiado)* **come por ~** he eats too much *o* to excess; **me hacían regalos por ~** they showered me with gifts; **es reservado por ~** he's too reserved
-2. *(en vano)* unsuccessfully, in vain

demasía: en demasía *loc adv* in excess, too much; **el vino, en ~, es malo para la salud** wine, if drunk to excess, is bad for your health

demasiado, -a ◇ *adj (en exceso)* too much; *(plural)* too many; **demasiada comida** too much food; **demasiados niños** too many children; **aquí hay ~ niño** there are too many kids in here, this place is too full of kids; **tiene demasiada estatura** she's too tall; **hay ~ ruido** it's too noisy; **¡esto es ~!** *(el colmo)* this is too much!
◇ *adv (en exceso)* too much; *(antes de adj o adv)* too; **habla ~** she talks too much; **la quiere ~ (como) para abandonarla** he loves her too much to want to leave her; **iba ~ rápido** he was going too fast; **~ bien le fue en el examen, con lo poco que estudió** she did better in the exam than she deserved to, considering how little work she did for it
◇ *pron* **éramos demasiados** there were too many of us; **demasiados se ven obligados a emigrar para subsistir** all too many are forced to emigrate to survive; **has metido ~ en la maleta** you've packed too much into the case

demencia *nf* madness, insanity ❑ **~ senil** senile dementia

demencial *adj (disparatado)* crazy, mad; **¡es ~!** it's insane *o* madness!

demente ◇ *adj* mad
◇ *nmf* **-1.** *(que padece demencia)* mental patient **-2.** *(loco)* lunatic

demeritar *vt Am* to belittle, to disparage

demérito *nm Formal (desprestigio, tacha)* blot, black mark; *(desventaja)* disadvantage; **los méritos y deméritos de algo** the merits and demerits of sth

demiurgo *nm* demiurge

demo INFORMÁT ◇ *adj* demo; **una versión ~** a demo version
◇ *nf* demo

democracia *nf* **-1.** *(forma de gobierno)* democracy; **la transición a la ~** the transition to democracy ❑ **la ~ cristiana** Christian Democracy; **~ parlamentaria** parliamentary democracy; **~ popular** people's democracy **-2.** *(país)* democracy

demócrata ◇ *adj* democratic
◇ *nmf* democrat

democratacristiano, -a ◇ *adj* Christian Democrat
◇ *nm,f* Christian Democrat

democráticamente *adv* democratically; **miembros elegidos ~** democratically elected members

democrático, -a *adj* democratic

democratización *nf* democratization

democratizador, -ora *adj* democratizing; **proceso ~** process of democratization

democratizar [14] ◇ *vt* to democratize, to make democratic
◆ **democratizarse** *vpr* to become (more) democratic

democristiano, -a ◇ *adj* Christian Democrat
◇ *nm,f* Christian Democrat

demodé *adj inv Fam* unfashionable, *Br* untrendy

demodulador *nm* ELEC demodulator

demografía *nf* demography

demográficamente *adv* demographically

demográfico, -a *adj (estudio, instituto)* demographic; **crecimiento ~** population increase

demógrafo, -a *nm,f* demographer

demoledor, -ora *adj* **-1.** *(huracán, terremoto, inundaciones)* devastating; *(energía, empuje, fuerza)* overwhelming, overpowering **-2.** *(crítica, ataque, declaración)* devastating **-3.** *(argumento)* overwhelming, crushing

demoler [41] *vt* **-1.** *(edificio)* to demolish, to pull down **-2.** *(organización, sistema)* to destroy **-3.** *(argumentos, teorías)* to demolish

demolición *nf* **-1.** *(de edificio)* demolition **-2.** *(de organización, sistema)* destruction **-3.** *(de argumentos, teorías)* demolition

demoniaco, -a, demoníaco, -a *adj* devilish, diabolic

demonio *nm* **-1.** *(diablo)* devil
-2. *(persona traviesa)* devil; **este niño es el mismísimo ~** that child is a little devil
-3. *(persona hábil)* fiend; **es un ~ con las motos** he's a fiend with motorbikes
-4. *Fam (para enfatizar)* **¿qué ~ o demonios...?** what the hell...?; **¿quién/dónde demonios...?** who/where the blazes...?; **¡demonios!** damn (it)!; **¡demonios, no esperaba verte por aquí!** good heavens, I didn't expect to see you here!; **¡~ de ruido!** what a blasted racket!; **¡~ de crío!** confounded child!
-5. EXPR *Fam* **saber/oler a demonios** to taste/smell disgusting; *Fam* **como un ~:** **pesar como un ~** to weigh a ton; *Fam* **del ~:** **hoy hace un frío del ~** it's absolutely freezing today; **de mil demonios: tengo una gripe de mil demonios** I've got the most awful flu; **tiene un humor de mil demonios** she has a foul temper; **se lo llevaban todos los demonios** *(estaba muy enfadado)* he was hopping mad; *Fam* **ni qué demonios: ¡qué cansancio ni qué demonios! ¡a trabajar todo el mundo!** tired be damned! get to work everyone!; *Fam* **tener el ~ en el cuerpo** to have ants in one's pants; *Fam* **¡vete al ~!** get lost!

demonizar *vt* to demonize

demontre *interj Fam Euf* blast!, damn!; **¡~ de niño, no para de comer!** that blasted child never stops eating!; **¿qué/quién/dónde demontres...?** what/who/where the blazes...?

demora *nf (retraso)* delay; **el vuelo sufre una ~ de una hora** the flight has been delayed by one hour; **la ~ en el pago conlleva una sanción** delay in payment will entail a penalty; **disculpen la ~** we apologize for the delay; **sin ~** without delay, immediately

demorar ◇ *vt* **-1.** *(retrasar)* to delay; **el tráfico me demoró** I was held up by the traffic **-2.** *Am (tardar)* to take; **demoraron tres días en pintar la casa** it took them *o* they took three days to paint the house
◇ *vi Am* to be late; **¡no demores!** don't be late!; **siempre demora en bañarse** he always takes ages in the bathroom; **este quitamanchas demora en actuar** this stain remover takes a while to work
◆ **demorarse** *vpr* **-1.** *(retrasarse)* to be delayed **-2.** *(detenerse)* to stop (somewhere); **nos demoramos viendo escaparates** we stopped to look at the shops **-3.** *esp Am (tardar)* to be late; **no se demoren** don't be late

demorón, -ona *Andes, RP Fam* ◇ *adj* slow
◇ *nm,f* slowcoach

demoroso, -a *adj Arg, Chile Fam* **-1.** *(persona)* slow **-2.** *(proceso)* slow, time-consuming

demoscopia *nf* public opinion research

demoscópico, -a *adj* public opinion research; **una empresa demoscópica** a public opinion research organization

Demóstenes *n pr* Demosthenes

demostrable *adj* demonstrable

demostración *nf* **-1.** *(muestra)* demonstration; **una ~ de cariño** a demonstration of affection
-2. *(exhibición)* display; **la policía hizo una ~ de fuerza ante los manifestantes** the police made a show of force in front of the demonstrators
-3. *(del funcionamiento)* demonstration; **hacer una ~** *(de cómo funciona algo)* to demonstrate, to give a demonstration; **me hizo una ~ de cómo preparar una paella** he showed me how to make a paella
-4. *(matemática)* proof

demostrar [63] *vt* **-1.** *(mostrar, exhibir)* to show, to display; **demuestra tener mucho interés (en)** he shows a lot of interest (in); **demostró ser lo suficientemente responsable para el puesto** she showed herself to be responsible enough for the post; **el tenista australiano demostró ser uno de los mejores** the Australian tennis player proved himself to be one of the best in the game; **demostraba no tenerle miedo a nadie** she showed that she was afraid of nobody
-2. *(probar)* to demonstrate, to prove; **¿me quieres? ¡pues demuéstramelo!** you love me, do you? well, prove it!; **...lo cual demuestra que estabas equivocado** ...which goes to show that you were wrong
-3. *(funcionamiento, procedimiento)* to demonstrate, to show; **¿nos podría ~ cómo funciona?** would you mind showing us how it works?

demostrativo, -a ◇ *adj* **-1.** *(representativo)* representative **-2.** GRAM demonstrative **-3.** *Am (persona)* demonstrative
◇ *nm* GRAM demonstrative

demudado, -a *adj* **tenía el rostro ~** his face was pale; **estaba completamente demudada** *(angustiada)* she looked grief-stricken

demudar ◇ *vt* to change, to alter; **la noticia le demudó el rostro** her expression changed when she heard the news
◆ **demudarse** *vpr (persona, rostro)* to change; *(tejido)* to change colour; **se le demudó el rostro al oír la noticia** her expression changed when she heard the news

demuelo etc ver **demoler**

demuestro etc ver **demostrar**

denantes *adv Chile Fam* just now, just a moment ago

denario *nm (moneda)* denarius

dendrita *nf* ANAT dendrite

dendrocronología *nf* dendrochronology

denegación *nf* refusal, rejection ❑ DER **~ de auxilio** = failure to assist the victims of an accident, punishable by law

denegar [43] *vt* to turn down, to reject; **le ha sido denegado el visado** her visa application has been turned down; **me han denegado el crédito** they turned down my loan application; DER **denegada la protesta** objection overruled

dengue *nm* **-1.** *(melindre)* affectation; **no me vengas con dengues** stop putting on airs **-2.** *(enfermedad)* dengue

deniego etc ver **denegar**

denigración *nf* **-1.** *(humillación)* denigration **-2.** *(insulto)* insult

denigrante *adj* **-1.** *(humillante)* degrading **-2.** *(insultante)* insulting

denigrar *vt* **-1.** *(humillar)* to denigrate, to vilify **-2.** *(insultar)* to insult

denodadamente *adv* **-1.** *(con esfuerzo y decisión)* determinedly; **trabajar ~** to work tirelessly **-2.** *(con valentía)* bravely, intrepidly

denodado, -a *adj* **-1.** *(decidido)* determined; **realizaron un esfuerzo ~ por convencerle** they made a sustained and determined effort to convince him **-2.** *(valiente)* brave, intrepid

denominación *nf* **-1.** *(nombre)* name ▫ **~ de origen** = certification that a product (e.g. wine) comes from a particular region and conforms to certain quality standards **-2.** *(confesión religiosa)* denomination **-3.** *Am (valor)* low denomination note

denominador *nm* denominator ▫ MAT **~ común** common denominator; **el ~ común de todos los candidatos es su juventud** the thing the candidates have in common is that they are all young

denominar ⟡ *vt* to call; **esto es lo que denominamos un mapa de bits** this is what is termed a bitmap; **el comúnmente denominado mal de las vacas locas** mad cow disease, as it is popularly dubbed
◆ **denominarse** *vpr* to be called; **este proceso se denomina fotosíntesis** this process is called photosynthesis; **se denominan a sí mismos demócratas** they call themselves democrats

denostar [63] *vt Formal* to insult

denotación *nf* LING denotation

denotar *vt* **-1.** *(indicar)* to indicate, to show; **su sudor denotaba nerviosismo** his sweating indicated his extreme nervousness **-2.** LING to denote

densamente *adv* densely; **zonas ~ pobladas** densely populated areas

densidad *nf* **-1.** *(concentración)* density ▫ **~ de población** population density; **~ de tráfico** traffic density **-2.** FÍS density ▫ **~ absoluta** true specific gravity; **~ de flujo** flux density; **~ de radiación** radiation flux **-3.** INFORMÁT density; **alta/doble ~** high/double density

denso, -a *adj* **-1.** *(vegetación, humo, líquido)* dense, thick **-2.** *(tráfico, programa de actividades)* heavy **-3.** *(libro)* dense; *(película, conferencia)* heavy-going

dentado, -a *adj* **-1.** *(rueda)* cogged, toothed; *(filo, cuchillo)* serrated; *(sello)* perforated **-2.** BOT *(hojas)* dentate

dentadura *nf* teeth ▫ **~ postiza** false teeth, dentures

dental ⟡ *adj* **-1.** *(de los dientes)* dental; **hilo o seda ~** dental floss **-2.** LING dental
⟡ *nf* LING dental consonant

dentario, -a *adj* dental

dente: al dente *loc adv* CULIN al dente

dentellada *nf* **-1.** *(mordisco)* bite; *(movimiento)* snap of the jaws; **dar dentelladas** to bite; **a dentelladas** with one's teeth **-2.** *(herida, marca)* tooth mark

dentellar *vi* **hacía mucho frío y el niño dentellaba** it was very cold and the child's teeth were chattering

dentellear *vt* to nibble

dentera *nf* **dar ~ a alguien** to set sb's teeth on edge

dentición *nf* **-1.** *(proceso)* teething **-2.** *(dentadura)* teeth, *Espec* dentition ▫ **~ definitiva** adult teeth, *Espec* permanent dentition; **~ de leche** milk teeth, *Espec* lacteal dentition; **~ primaria** milk teeth, *Espec* lacteal dentition; **~ secundaria** adult teeth, *Espec* permanent dentition

dentífrico, -a ⟡ *adj* **pasta dentífrica** toothpaste
⟡ *nm* toothpaste

dentina *nf* dentine

dentista *nmf* dentist; **ir al ~** to go to the dentist *o* dentist's

dentistería *nf CAm, Col, Ecuad, Ven* **-1.** *(odontología)* dentistry **-2.** *(consultorio)* dental surgery, dentist's

dentística *nf Chile, Ecuad* dentistry

dentón *nm (pez)* dentex

dentro *adv* **-1.** *(en el espacio)* inside; **espera aquí ~** wait in here; **está ahí ~** it's in there; **de ~** inside; **el bolsillo de ~** the inside pocket; **sacamos unas mesas de ~** we brought some tables out from indoors *o* inside; **el abrazo me salió de ~** I hugged her spontaneously; **~ de** in; **del coche** in *o* inside the car; **guardo mucho rencor ~ de mí** I feel very resentful inside; **consiguió abrir la puerta desde ~** she managed to open the door from the inside; **hacia/para ~** inwards; **por ~** *(de un recipiente)* on the inside; *(de un lugar)* inside; *(de una persona)* inside, deep down; **está muy limpio por ~** it's very clean inside; **le dije que sí, pero por ~ pensaba lo contrario** I said yes, but actually I was thinking the opposite
-2. *(en el tiempo)* **~ de** in, within; **el curso se acaba ~ de tres días** the term ends in three days *o* in three days' time *o* three days from now; **~ de un año terminaré los estudios** I'll have finished my studies within a year; **~ de los próximos meses** within the next few months; **~ de nada** *(dentro de un rato)* in a minute, in a moment; *(pronto)* before you know it, before long; **la cena estará lista ~ de nada** dinner will be ready in a moment; **~ de poco** in a while, before long; **~ de poco no quedarán máquinas de escribir** it won't be long before there are no typewriters left
-3. *(en posibilidades)* **~ de lo posible** as far as possible; **~ de lo que cabe, no ha sido un mal resultado** all things considered, it wasn't a bad result; **esta situación no está prevista ~ del reglamento** this situation isn't covered by the regulations; **comprar una nueva casa no está ~ de mis posibilidades** buying a new house would be beyond my means

dentudo, -a *adj* large-toothed, toothy
⟡ *nm Cuba (pez)* shortfin mako (shark)

denuedo *nm* **-1.** *(esfuerzo)* resolve, determination; **trabajar con ~** to work determinedly **-2.** *(valor)* courage; **pelear con ~** to fight courageously

denuesto¹ *etc ver* **denostar**

denuesto² *nm Literario* insult

denuncia *nf* **-1.** *(acusación)* accusation; *(condena)* denunciation **-2.** *(a la policía)* report; **hacer** *o* **poner** *o* **presentar una ~ contra alguien** to report sb to the police; **presentó una ~ contra su esposo por malos tratos** she reported her husband to the police for ill-treatment; **presentar una ~ por** *o* **de robo** to report a robbery *o* theft

denunciante *nmf* = person who reports a crime

denunciar *vt* **-1.** *(delito, delincuente)* to report; **han denunciado el robo de la moto (a la policía)** they have reported the theft of the motorbike (to the police); **ha denunciado a su esposo por malos tratos** she has reported her husband to the police for ill-treatment
-2. *(acusar, reprobar)* to condemn; **la prensa denunció la situación** the situation was condemned in the press
-3. *(delatar, revelar)* to indicate, to reveal; **goteras que denuncian el estado de abandono de la casa** leaks that betray the state of abandon the house is in
-4. POL **~ un tratado** = to announce one is no longer bound by a treaty, *Espec* to denounce a treaty

denuncio *nm Andes (a la policía)* report

deontología *nf* ethics, *Espec* deontology; **la ~ médica** medical ethics *(singular)*

deontológico, -a *adj* **código ~** code of ethics

D. E. P. *(abrev de* **descanse en paz)** RIP

deparar *vt* **-1.** *(traer)* **¿qué nos deparará el futuro?** what will the future bring?, what does the future have in store for us?; **la excursión nos deparó muchas sorpresas** the outing provided us with many surprises **-2.** *(ofrecer)* **~ la ocasión** *o* **posibilidad de hacer algo** to provide the opportunity to do sth

departamental *adj* departmental

departamento *nm* **-1.** *(en empresa, organización)* department ▫ **~ de atención al cliente** customer service department; **~ de compras** purchasing department; **~ de contabilidad** accounting *o* accounts department; **~ financiero** finance department; **~ jurídico** legal department; **~ de personal** personnel department; **~ de ventas** sales department
-2. *(en tienda)* department; **~ de caballeros** menswear department
-3. *(en universidad, centro de secundaria)* department; **Departamento de Historia Antigua** Department of Ancient History
-4. *(ministerio)* ministry, department ▫ **Departamento de Estado** State Department
-5. *(de cajón, maleta)* compartment
-6. *(de tren)* compartment
-7. *(provincia, distrito)* department
-8. *Arg (apartamento) Br* flat, *US* apartment

departir *vi* to talk, to converse; **~ con alguien de algo** to converse with sb about sth

depauperación *nf* **-1.** *(física)* weakening, enfeeblement **-2.** *(económica)* impoverishment

depauperado, -a *adj* **-1.** *(físicamente)* enfeebled, debilitated **-2.** *(económicamente)* impoverished

depauperar ⟡ *vt* **-1.** *(físicamente) (persona)* to debilitate, to weaken; *(salud)* to undermine **-2.** *(económicamente)* to impoverish
◆ **depauperarse** *vpr* **-1.** *(físicamente) (persona)* to become debilitated; *(salud)* to be undermined **-2.** *(económicamente)* to become poorer

dependencia *nf* **-1.** *(de una persona, país)* dependence (**de** on) **-2.** *(de drogas)* dependency; **~ del tabaco** tobacco addiction *o* dependency **-3.** *(departamento)* section; *(sucursal)* branch **-4.** *(habitación)* room **-5.** *(edificación)* building; *(adosado)* annexe; *(independiente)* outbuilding; **en dependencias policiales** on police premises

depender *vi* **-1.** *(económicamente, psicológicamente, físicamente) (sujeto: persona)* **~ de algo** to depend on sth; **~ de alguien** to be dependent on sb; **depende de la caridad para sobrevivir** he/it survives on charity; **económicamente, aún depende de su familia** she's still financially dependent on her family; **lleva la moto para no ~ de nadie a la hora de volver** go on your motorbike so you don't have to depend on anybody else to get back
-2. *(políticamente, administrativamente) (sujeto: nación, territorio, asunto)* **un territorio que depende de España** a territory that is a Spanish dependency; **la política educativa depende del gobierno central** educational policy is in the hands of central government
-3. *(en jerarquías, escalafones) (sujeto: persona, departamento)* **nosotros dependemos de la jefatura de Educación** we come under the Department of Education
-4. *(sujeto: decisión, resultado, consecuencias)* to depend; **¿vas a venir? – depende** are you coming? – it depends; **todo depende de lo que decida el juez** everything depends on what the judge decides; **depende de ti** it's up to you; **si de mí dependiera, el trabajo sería tuyo** if it was up to me, the job would be yours

dependiente¹ *adj* dependent (**de** on); **áreas dependientes del Ministerio de Cultura** areas coming under the Ministry of Culture

dependiente², **-a** *nm,f Br* sales assistant, shop assistant, *US* salesclerk

depilación *nf* hair removal ▫ **~ a la cera** waxing; **~ eléctrica** electrolysis

depiladora *nf* ladies' shaver

depilar ⟡ *vt (piernas, axilas)* to remove the hair from; *(cejas)* to pluck; *(con maquinilla)* to shave; *(con cera)* to wax
◆ **depilarse** *vpr* **depilarse las piernas/axilas** *(con maquinilla)* to shave one's legs/armpits; *(con cera)* to wax one's legs/armpits; **depilarse las cejas** to pluck one's eyebrows

depilatorio, -a ⟡ *adj* hair-removing; **crema depilatoria** hair-removing cream
⟡ *nm* hair-remover

deplorable *adj (comportamiento, espectáculo, estado)* deplorable; *(aspecto)* sorry, pitiful
deplorablemente *adv* deplorably
deplorar *vt* **-1.** *(lamentar)* to regret deeply; **deploramos la actitud de nuestro hijo** we deeply regret our son's attitude **-2.** *(desaprobar)* to deplore; **todas las fuerzas políticas deploraron el hecho** all the political parties deplored the incident
deponente GRAM ◇ *adj* deponent
◇ *nm* deponent verb
deponer [50] ◇ *vt* **-1.** *(abandonar) (actitud)* to drop, to set aside; *(armas)* to lay down; **le conminaron a ~ su actitud inmediatamente** they ordered him to modify his behaviour immediately; **el grupo rebelde depuso las armas** the rebel group laid down their arms
-2. *(destituir) (ministro, secretario, presidente)* to remove from office; *(líder, rey)* to depose; **~ a alguien de su cargo** to strip sb of his/her office
-3. CAm, Méx *(vomitar)* to vomit
◇ *vi* **-1.** *Formal* MED *(defecar)* to defecate
-2. *Formal* DER *(declarar)* to testify, to give evidence; **~ ante el juez** to testify before a judge
-3. CAm, Méx *(vomitar)* to vomit
deportación *nf* deportation
deportado, -a ◇ *adj* deported
◇ *nm,f* deportee
deportar *vt* to deport
deporte *nm (ejercicio, actividad de competición)* sport; **hacer** *o* **practicar ~** to do sports; **hacer ~ es bueno para la salud** sport is good for your health; **practicar un ~** to do a sport; EXPR **hacer algo por ~** to do sth for fun; **no cobro nada, lo hago por ~** I don't get paid for it, I do it for fun ❏ **deportes acuáticos** water sports; **~ de aventura** adventure sport; **el ~ blanco** skiing; **~ de combate** combat sport; **~ de competición** competitive sport; **deportes ecuestres** equestrian sports; **~ extremo** extreme sport; **deportes de invierno** winter sports; **~ de masas** spectator sport; **deportes náuticos** water sports; **el ~ rey** *(fútbol)* football; **el béisbol es el ~ rey en Cuba** baseball is the king of sports; **~ de riesgo** extreme sport
deportista ◇ *adj* sporty, sports-loving; **es muy ~** she's very sporty
◇ *nmf* sportsman, f sportswoman
deportivamente *adv* sportingly
deportividad *nf* sportsmanship
deportivo, -a ◇ *adj* **-1.** *(de deportes) (ropa, calzado, centro, club)* sports; **coche** *o* **auto ~** sports car; **instalaciones deportivas** sports facilities; **periódico ~** sports (news)paper
-2. *(informal)* casual; **un jersey ~** a casual sweater **-3.** *(conducta, espíritu, gesto)* sportsmanlike
◇ *nm (automóvil)* sports car
◇ *nmpl* **deportivos** *(zapatillas)* Br trainers, US sneakers
deposición *nf* **-1.** *(destitución) (de ministro, secretario, presidente)* removal from office; *(de líder, monarca)* overthrow **-2.** *Formal* MED *(defecación)* defecation; **deposiciones** *(heces)* stools **-3.** *Formal* DER *(declaración)* testimony, deposition
depositante ◇ *adj* depositing
◇ *nmf* depositor
depositar ◇ *vt* **-1.** *(colocar)* to place; **depositaron al herido en el suelo** they put the wounded man on the floor; **deposite la moneda en la ranura** *(en letrero)* put the coin in the slot
-2. *(dejar)* to place; **pueden ~ el equipaje en la consigna de la estación** you may leave your luggage in the left-luggage lockers in the station; **deposite aquí sus pilas usadas** *(en letrero)* dispose of dead batteries here
-3. *(sentimientos)* to place (**en** in); **depositaron su confianza en ella** they placed their trust in her; **había depositado sus ilusiones en su hijo** he had placed all his hopes on his son; **habían depositado todas sus esperanzas en aquella quiniela** they had pinned all their hopes on that pools coupon
-4. *(en el banco)* to deposit
depositarse *vpr (asentarse)* to settle
depositario, -a ◇ *adj (de dinero)* depository
◇ *nm,f* **-1.** *(de dinero)* trustee **-2.** *(de confianza)* repository **-3.** *(de mercancías)* depositary
depósito *nm* **-1.** *(almacén) (de mercancías)* store, warehouse; *(de armas)* dump, arsenal; **dejar algo en ~** to leave sth as security; **el Prado tiene numerosos cuadros en ~** the Prado Museum has a large number of paintings in storage ❏ **~ de automóviles (municipal)** Br car pound, US impound lot, US tow lot; **~ de cadáveres** morgue, mortuary; **~ de equipaje** Br left luggage office, US baggage room; **~ franco** bonded warehouse; **~ de municiones** ammunition dump
-2. *(recipiente)* tank ❏ **~ de agua** reservoir, water tank; **~ compresor** pressure tank; **~ de gasolina** Br petrol tank, US gas tank; **~ lanzable** drop tank
-3. *(fianza)* deposit; **dejar una cantidad en ~** to leave a deposit; **dejamos un ~ de 10.000 pesos** we left a deposit of 10,000 pesos
-4. *(en cuenta bancaria)* deposit; **hacer un ~ en una cuenta bancaria** to pay money into an account ❏ **~ disponible** demand deposit; **~ en efectivo** cash deposit; **~ indistinto** joint deposit; **~ a plazo fijo** Br fixed-term deposit, US time deposit; Col **~ a término fijo** Br fixed-term deposit, US time deposit; **~ a la vista** demand deposit
-5. *(de polvo, partículas, sedimentos)* deposit ❏ **depósitos minerales** mineral deposits
-6. ~ legal copyright deposit, legal deposit
depravación *nf* depravity
depravado, -a ◇ *adj* depraved
◇ *nm,f* depraved person; **ser un ~** to be depraved *o* degenerate
depravar ◇ *vt* to corrupt, to deprave
depravarse *vpr* to become depraved
depre *Fam* ◇ *adj* **estar ~** to be feeling down
◇ *nf* **tener la ~, estar con la ~** to be feeling down; **le ha entrado una ~** he's on a real downer
deprecación *nf Formal* entreaty
depreciación *nf* depreciation ❏ **~ de la moneda** currency depreciation
depreciar *vt* (cause to) depreciate
depreciarse *vpr* to depreciate
depredación *nf* **-1.** *(entre animales)* hunting, preying **-2.** *(daño)* depredation, pillaging
depredador, -ora ◇ *adj* predatory
◇ *nm,f* predator
depredar *vt* **-1.** *(sujeto: animal)* to prey on **-2.** *(sujeto: piratas, invasores)* to pillage
depresión *nf* **-1.** *(anímica)* depression ❏ **~ nerviosa** nervous breakdown; **~ posparto** postnatal *o* postpartum depression; **~ puerperal** postnatal *o* postpartum depression **-2.** *(económica)* depression **-3.** *(en superficie, terreno)* hollow, depression **-4.** METEO **~ atmosférica** atmospheric depression; **~ barométrica** atmospheric depression **-5.** NÁUT **~ del horizonte** dip of the horizon
depresivo, -a ◇ *adj* **-1.** *(propenso a la depresión)* depressive; **tiene un carácter ~** he's the depressive type **-2.** *(deprimente)* depressing **-3.** *(fármaco)* depressant
◇ *nm,f (propenso a la depresión)* depressive
◇ *nm (fármaco)* depressant
depresor, -ora ◇ *adj* depressant
◇ *nm* depressor
deprimente *adj* depressing
deprimido, -a *adj* **-1.** *(persona)* depressed; **se le veía un poco ~** he seemed a bit low *o* down **-2.** *(economía)* depressed **-3.** *(barrio, zona)* depressed **-4.** *(terreno)* depressed
deprimir *vt* to depress
deprimirse *vpr* to get depressed; **¡no te deprimas!** don't let things get you down!, cheer up!
deprisa *adv* fast, quickly; **¡no conduzcas tan ~!** don't drive so fast!; **volveré lo más ~ que pueda** I'll be back as quickly as I can; **¡~!** quick!; **tenemos que ir más ~** we need to go faster *o* more quickly; EXPR **hacer algo ~ y corriendo** to do sth in a rush, to rush sth; **tuvimos que hacer el equipaje ~ y corriendo** we had to pack in a rush
depuesto, -a ◇ *participio ver* **deponer**
◇ *adj (destituido) (ministro, secretario, presidente)* removed from office; *(líder, rey)* deposed
depuración *nf* **-1.** *(de agua)* purification, treatment; *(de metal, gas)* purification **-2.** *(de partido, organismo, sociedad)* purge **-3.** *(de estilo)* refinement **-4.** INFORMÁT debugging
depurado, -a *adj (estilo)* refined, polished; *(lenguaje, técnica)* finely honed; *(sistema)* finely tuned; *(gustos)* refined; *(diseño, líneas)* sleek, elegant
depurador, -ora ◇ *adj* purifying
◇ *nm* **-1.** *(de agua, gas)* purifier **-2.** INFORMÁT debugger
depuradora *nf (en río)* treatment plant; *(de piscina)* filter system ❏ **~ de aguas** water purification plant
depurar *vt* **-1.** *(agua) (de río)* to purify, to treat; *(de piscina)* to filter **-2.** *(metal, gas)* to purify **-3.** *(partido, organismo)* to purge **-4.** *(estilo, gusto)* to refine; *(lenguaje, técnica)* to hone; *(sistema)* to fine-tune **-5.** INFORMÁT to debug
depusiera etc *ver* **deponer**
dequeísmo *nm* GRAM = incorrect use of "de que" instead of "que" after a verb
derbi, derby *nm* **-1.** *(en hípica)* derby **-2.** *(en fútbol, baloncesto, balonmano)* (local) derby
derecha ◇ *nf* **-1.** *(contrario de izquierda)* right, right-hand side; **el de la ~ es mi primo** the one on the right is my cousin; **a la ~ (de)** to the right (of); **la primera bocacalle a la ~** the first street on the right; **a mi/vuestra ~** on my/your right(-hand side); **girar a la ~** to turn right; **prohibido girar a la ~** *(en letrero)* no right turn; Esp **no hacer nada a derechas** to do nothing right
-2. *(en política)* right (wing); **la ~** the right; **un partido de** Esp **derechas** *o* Am **~** a right-wing party; **ser de** Esp **derechas** *o* Am **~** to be right-wing
-3. *(mano)* right hand; *(pierna)* right leg; **marcó con la ~** he scored with his right foot
-4. *(en tenis)* forehand
-5. *(puerta)* **el segundo ~** the right-hand Br flat *o* US apartment on the Br second *o* US third floor
-6. *ver también* **derecho**
◇ *interj (orden militar)* right wheel!
derechazo *nm* **-1.** *(en fútbol)* powerful right-foot shot **-2.** *(en boxeo)* right **-3.** TAUROM = pass with the cape held in the right hand
derechismo *nm (en política)* right-wing views
derechista ◇ *adj* right-wing
◇ *nmf* right-winger
derechización *nf (en política)* move to the right
derecho, -a ◇ *adj* **-1.** *(vertical)* upright; *(recto)* straight; **este cuadro no está ~** this picture isn't straight; **recogió la lámpara del suelo y la puso derecha** she picked the lamp up off the floor and stood it upright; **siéntate** *o* **ponte ~ o te dolerá la espalda** sit straight or you'll get backache; **siempre anda muy derecha** she always walks with a very straight back
-2. *(de la derecha)* right; **mano/pierna derecha** right hand/leg; **el margen ~** the right-hand margin; **a mano derecha** on the right, on the right-hand side
◇ *nm* **-1.** *(leyes, estudio)* law; **un estudiante de ~** a law student; **estudiar ~** to study *o* read law; **una licenciada en ~** a law graduate; **la Facultad de Derecho** the Faculty of Law; **voy a Derecho a una conferencia** I'm going to a lecture in the Faculty of Law; **el ~ me asiste** the law is on my side; **conforme** *o* **según** ❏ **~ administrativo** administrative law; **~ canónico** canon law; **~ civil** civil law; **~ constitucional** constitutional law; **~ consuetudinario** common law; **~ financiero** financial law; **~ fiscal** tax law; **~ foral** = ancient regional laws still existing in some parts of Spain; **~**

derecho

internacional international law; ~ *internacional público* public international law; ~ *laboral* labour law; ~ *marítimo* maritime law; ~ *mercantil* commercial law; ~ *natural* natural law; ~ *penal* criminal law; ~ *privado* private law; ~ *procesal* procedural law; ~ *público* public law; ~ *romano* Roman law; ~ *de sociedades* *Br* company law, *US* corporation law; ~ *del trabajo* labour law -**2.** *(prerrogativa)* right; **el ~ al voto** the right to vote; **los derechos de la mujer** women's rights; **los derechos y obligaciones del consumidor** the rights and responsibilities of the consumer; *Fam* **me queda el ~ al pataleo** all I can do now is complain; **¿con qué ~ entras en mi casa sin llamar?** what gives you the right to come into my house without knocking?; **con ~ a dos consumiciones** *(en entrada)* this ticket entitles the holder to two free drinks; **esta tarjeta me da ~ a un 5 por ciento de descuento** this card entitles me to a 5 percent discount; **el que sea el jefe no le da ~ a tratarnos así** just because he's the boss doesn't mean he can *o* doesn't give him the right to treat us like this; **si quiere abstenerse, está en su ~** if she wants to abstain, she's perfectly within her rights to do so; **hizo valer sus derechos** he exercised his rights; **¡no hay ~!** it's not fair!; **¡no hay ~ a que unos tengan tanto y otros tan poco!** it's not fair that some people should have so much and others so little!; **es de ~ que consiga la indemnización que reclama** it is only right that she should receive the compensation she is claiming; **miembro de pleno ~** full member; **ha entrado, por ~ propio** *o* **por propio ~, en la historia de la literatura** she's gone down in literary history in her own right; **reservado el ~ de admisión** *(en letrero)* the management reserves the right of admission; **reservados todos los derechos** all rights reserved; **tener ~ a algo** to have a right to sth, to be entitled to sth; **tener ~ a hacer algo** to have the right to do sth, to be entitled to do sth; **tengo ~ a descansar, ¿no?** I'm entitled to be able to rest now and then, aren't I?; **no tienes ningún ~ a insultarme** you have no right to insult me ❑ **derechos de antena** broadcasting rights; **~ de asilo** right of asylum; **derechos de autor** *(potestad)* copyright; **derechos civiles** civil rights; **derechos especiales de giro** special drawing rights; **~ de gracia** right to show clemency; **derechos humanos** human rights; **~ de paso** right of way; HIST **~ de pernada** droit du seigneur; **derechos de propiedad** proprietary rights; **~ de réplica** right to reply; **~ de respuesta** right to reply; **~ de reunión** right of assembly; **~ de visita (a los hijos)** *(de divorciado)* visiting rights, right of access -**3.** **derechos** *(tasas)* duties, taxes; *(profesionales)* fees ❑ **derechos de aduana** customs duty; **derechos de autor** *(dinero)* royalties; **derechos de entrada** import duties; **derechos de examen** examination fees; **derechos de importación** import duty; **derechos de inscripción** membership fee; **derechos de matrícula** matriculation fee; **derechos de puerto** harbour dues; **derechos reales** death duty; ECON **~ de retención** right of retention

-**4.** *(contrario de revés)* right side; **me puse el jersey del ~** I put my jumper on the right way round *o* properly; **cose los botones del ~** sew the buttons on the right side

⟡ *adv* -**1.** *(en línea recta)* straight; **fue ~ a su despacho** she went straight to her office; **se fue ~ a casa** she went straight home; **todo ~** straight ahead; **siga todo ~ para llegar al museo** carry on straight ahead and you'll come to the museum

-**2.** *(sin rodeos)* straight; **iré ~ al asunto** I'll get straight to the point; *RP* **decir** *o* **hacer algo ~ viejo** to say sth straight out, to come right out with sth

deriva *nf* -**1.** *(de embarcación)* drift; **a la ~** adrift; **ir a la ~** *(embarcación, objeto flotante)* to drift; *(empresa, organización)* to be adrift; **el gobierno va a la ~** the government has lost its bearings -**2.** GEOL **~ continental** continental drift

derivación *nf* -**1.** *(cable, canal, carretera)* branch -**2.** ELEC *(conexión)* shunt; *(pérdida de fluido)* leakage -**3.** GRAM derivation -**4.** MAT derivation

derivada *nf* MAT derivative

derivado, -a ⟡ *adj* GRAM derived

⟡ *nm* -**1.** *(producto)* product; **la gasolina es un ~ del petróleo** petrol is obtained from oil -**2.** GRAM derivative

derivar ⟡ *vt* -**1.** *(desviar)* to divert (**a** *o* **hacia** *o* towards); **derivó el debate hacia otro tema** he steered the debate onto another topic; **su médico de cabecera lo derivó a un especialista** his GP referred him to a specialist

-**2.** MAT to derive

-**3.** LING to derive

⟡ *vi* -**1.** *(desviarse)* to move, to drift (**a** *o* **hacia** *o* towards); **el barco derivaba sin rumbo fijo** the ship was drifting out of control; **la tertulia derivaba hacia derroteros políticos** the discussion was drifting onto politics

-**2.** *(proceder)* **~ de** to derive from; **la crisis deriva de una mala gestión** the crisis was caused by bad management

-**3.** *(acabar)* **~ en** to end in; **la tensa situación familiar derivó en tragedia** the highly charged domestic situation ended in tragedy; **la rivalidad entre ellos derivó en abierta hostilidad** the rivalry between them ended in open hostility

-**4.** LING **~ de** to be derived from, to derive from, to come from

◆ **derivarse** *vpr* **derivarse de** to be derived from, to come from; **palabras que se derivan del griego** words which come from Greek; **problemas que se derivan de una infancia difícil** problems stemming from a troubled childhood

dermatitis *nf inv* *(inflamación)* dermatitis ❑ **~ seborreica** seborrhoeic dermatitis

dermatoesqueleto *nm* ZOOL exoskeleton

dermatología *nf* dermatology

dermatológico, -a *adj* dermatological

dermatólogo, -a *nm,f* dermatologist

dermatosis *nf inv* dermatosis

dérmico, -a *adj* skin; **tejido ~** skin tissue

dermis *nf inv* ANAT dermis

dermoprotector, -ora *adj* skin-protecting; **crema dermoprotectora** skin cream

dermorreacción *nf* skin test

derogación *nf* *(de ley)* repeal

derogar [38] *vt* *(ley)* to repeal

derogatorio, -a *adj* -**1.** *(ley)* repealing -**2.** *(contrato)* rescinding

derrama *nf* -**1.** *(de impuesto, gasto)* apportionment -**2.** *(impuesto extraordinario)* special *o* additional tax

derramadero *nm* *(aliviadero)* spillway, wasteway

derramamiento *nm* spilling ❑ **~ de sangre** bloodshed; **un golpe de estado sin ~ de sangre** a bloodless coup

derramar ⟡ *vt* -**1.** *(por accidente)* to spill; **~ lágrimas/sangre** to shed tears/blood -**2.** *(verter)* to pour -**3.** *(favores, elogios)* to lavish; *(generosidad, simpatía)* to overflow with -**4.** *(gasto, impuesto)* to apportion -**5.** *Méx Fam* **derramarla** *(meter la pata)* to put one's foot in it

◆ **derramarse** *vpr* *(por accidente)* to spill

derrame *nm* -**1.** MED discharge; **tuvo un ~ en un ojo** she burst a blood vessel in her eye ❑ **~ cerebral** stroke; **~ sinovial** water on the knee -**2.** *(de líquido)* spilling; *(de sangre)* shedding

derrapaje *nm* skid

derrapar *vi* to skid

derrape *nm* skid

derredor: al derredor, en derredor *loc adv* around

derrelicto *nm* *Náut* derelict

derrengado, -a *adj* *Fam* *(agotado)* exhausted

derrengar *vt* *(agotar)* to exhaust, to tire out

derretir [47] ⟡ *vt* *(licuar)* *(mantequilla, metal, nieve)* to melt; *(hielo)* to thaw, to melt

◆ **derretirse** *vpr* -**1.** *(mantequilla, nieve, metal)* to melt; *(hielo)* to thaw, to melt; **la nieve se derrite con el sol** the snow melts in the sunshine -**2.** *Fam* *(enamorarse)* to be madly in love (**por** with); **se derrite cada vez que ella lo mira** *(se emociona)* his heart misses a beat whenever she looks at him

derribar *vt* -**1.** *(construcción, edificio, muro, pared)* to knock down, to demolish; *(puerta)* to break down, to smash down; **derribó el castillo de naipes** she knocked down the house of cards

-**2.** *(árbol)* *(sujeto: leñador)* to cut down, to fell; *(sujeto: viento, tormenta)* to uproot

-**3.** *(avión, jugador, res)* to bring down; *(púgil, luchador)* to knock down, to floor; *(jinete)* to unseat

-**4.** *(gobierno, gobernante)* to overthrow

-**5.** *(en equitación)* *(obstáculo)* to knock over *o* down

derribo *nm* -**1.** *(de construcción, edificio)* demolition; **material de ~** rubble

-**2.** *(de árbol)* *(mediante tala)* felling; *(por el viento, la tormenta)* uprooting

-**3.** *(de avión, jugador, res)* bringing down; **el árbitro sancionó el ~ con penalti** the referee gave a penalty after the man was brought down

-**4.** *(de gobierno, gobernante)* overthrow

-**5.** *(en equitación)* *(de obstáculo)* knocking down

derritiera *etc ver* **derretir**

derrito *etc ver* **derretir**

derrocamiento *nm* *(de gobierno)* toppling, overthrow; *(de rey)* overthrow

derrocar [59] *vt* *(de gobierno)* to topple, to overthrow; *(rey)* to overthrow

derrochador, -ora ⟡ *adj* wasteful

⟡ *nm,f* spendthrift

derrochar ⟡ *vt* -**1.** *(malgastar)* *(dinero, fortuna)* to squander, to fritter away; *(gas, agua, electricidad)* to waste; *(fuerzas, energías)* to squander, to waste -**2.** *(rebosar de)* to ooze, to be full of; **siempre derrocha simpatía** he's always incredibly friendly; **derrochaba vitalidad** she was bursting with vitality

⟡ *vi* to waste

derroche *nm* -**1.** *(despilfarro)* waste, squandering; **¡qué ~!** what an awful waste!; **todos esos campos de golf son un ~ de agua** all these golf courses are a terrible waste of water

-**2.** *(abundancia)* profusion; **el concierto fue un ~ de técnica, sensibilidad y talento** the concert was a fine display of technique, sensitivity and talent; **la película es todo un ~ de imaginación** the film is prodigiously imaginative

derrota *nf* -**1.** *(fracaso)* defeat; **infligir una ~ a alguien** to inflict a defeat on *o* upon sb; **sufrieron una seria ~** they suffered a serious defeat -**2.** NÁUT *(rumbo)* course

derrotado, -a *adj* -**1.** *(vencido)* defeated -**2.** *(deprimido)* in low spirits, depressed -**3.** *Fam* *(muy cansado)* worn out, dead tired

derrotar ⟡ *vt* to defeat; **los derrotaron por tres a cero** they were beaten three nil

⟡ *vi* TAUROM = to make an upward thrust with the horns while swerving from the line of charge

derrote *nm* TAUROM = unpredictable upward thrust the bull makes with its horns, accompanied by a swerve of its body

derrotero *nm* -**1.** *(camino)* direction; **un cambio de ~ en la política exterior** a change of direction in foreign policy; **tu hijo no va por buenos derroteros** your son is going astray; **la Bolsa ha seguido por los mismos derroteros que la semana pasada** the stock market has continued the same trend as

derrotismo *nm* defeatism
derrotista ⬦ *adj* defeatist
⬦ *nmf* defeatist
derrubio *nm* **-1.** *(desgaste)* erosion, washing away **-2.** *(tierra)* alluvium, sediment deposit
derruido, -a *adj (edificio, ciudad)* ruined
derruir [34] *vt (demoler)* to demolish, to knock down
derrumbadero *nm* cliff, precipice
derrumbamiento *nm* **-1.** *(de puente, edificio) (por accidente)* collapse; *(intencionado)* demolition; *(de pared, muro, techo)* collapse ❏ *~ de tierra* landslide **-2.** *(de imperio)* fall; *(de empresa)* collapse; *(de persona)* devastation
derrumbar ⬦ *vt* **-1.** *(puente, edificio)* to demolish; *(muro, pared)* to knock down; **las fuertes nevadas derrumbaron muchos árboles** the heavy snowfalls brought down many trees **-2.** *(moralmente)* to destroy, to devastate
◆ **derrumbarse** *vpr* **-1.** *(venirse abajo) (puente, edificio, muro, pared)* to collapse; *(techo)* to fall in, to cave in; **se derrumbó extenuado sobre la cama** he collapsed on the bed exhausted
-2. *(despeñarse)* to fall (**por** down)
-3. *(imperio)* to fall, to collapse; *(empresa)* to collapse, to founder; *(persona)* to go to pieces; **en la segunda parte el equipo se derrumbó** the team went to pieces in the second half
-4. *(esperanzas)* to be shattered
derrumbe *nm* **-1.** *(desplome)* collapse **-2.** *(demolición)* demolition, knocking down **-3.** *(de imperio)* fall, collapse; *(de empresa, economía, sector)* collapse; *(de persona)* breakdown
derruyo *etc ver* **derruir**
derviche *nm* dervish
desabastecer [46] *vt ~ a alguien de* to leave sb short of
desabastecido, -a *adj* without supplies; *~ de (con pocas reservas)* short of; *(sin reservas)* out of; **una ciudad desabastecida de luz y agua** a city without electricity or water
desabastecimiento, *Méx* **desabasto** *nm* shortage of supplies
desabollador, -ora *nm,f Chile* panel beater
desabolladuría *nf Chile (taller)* body shop
desabollar *vt* to beat the dents out of
desabotonar ⬦ *vt* to unbutton
◆ **desabotonarse** *vpr* **-1.** *(persona)* to undo one's buttons; **desabotonarse la camisa** to unbutton one's shirt **-2.** *(sujeto: ropa)* to come undone
desabrido, -a *adj* **-1.** *(tiempo)* unpleasant, bad; **el día está ~** the weather is bad today **-2.** *(alimento, comida)* tasteless, insipid **-3.** *Esp (hosco) (persona, carácter, manera de ser)* surly; *(tono)* harsh **-4.** *Am (soso) (persona)* wet, bland, dull
desabrigado, -a *adj* **-1.** *(descubierto) (lugar)* unprotected, exposed **-2.** *(con poca ropa)* **no salgas tan ~ a la calle** don't go out without some warmer clothes on; **ponle un abrigo al niño, que va muy ~** put a coat on that child or he'll freeze **-3.** *Fig (desamparado)* unprotected, defenceless
desabrigarse *vpr* **-1.** *(en la calle)* **¡no te desabrigues!** make sure you wrap up warmly! **-2.** *(en la cama)* to throw off the covers
desabrimiento *nm* **-1.** *(del tiempo)* unpleasantness **-2.** *(de alimento, comida)* lack of flavour **-3.** *(de persona)* surliness, unfriendliness; *(de carácter, manera de ser)* surliness; *(del tono)* harshness
desabrochar ⬦ *vt* to undo
◆ **desabrocharse** *vpr* **-1.** *(persona)* to undo one's buttons; **desabróchese, por favor** unbutton *o* undo your shirt, please; **se desabrochó el cuello de la camisa** he unbuttoned his shirt collar **-2.** *(ropa)* to come undone; **se te ha desabrochado la bragueta** your fly has come undone

desacatado, -a *adj RP Fam* wild, out of control; **suele ser muy discreta, pero ayer estaba de lo más desacatada** she's usually very quiet, but she really let herself go yesterday; **ayer estaba ~ y terminó tirándosele encima** yesterday he got right out of order and ended up throwing himself on top of her
desacatar *vt (ley, regla, orden)* to disobey; *(costumbre, persona)* not to respect
desacato *nm* **-1.** *(falta de respeto)* lack of respect, disrespect (**a** for) **-2.** DER *(al juez, tribunal)* contempt of court; **lo juzgaron por ~ (al tribunal)** he was tried for contempt of court ❏ *~ a la autoridad* = refusal to obey a legitimate authority
desaceleración *nf* **-1.** *(de vehículo)* slowing down, deceleration **-2.** *(de proceso, cambio)* slowing (down); **una ~ del crecimiento económico** a slowdown in economic growth
desacelerar *vt* **-1.** *(vehículo)* to slow down **-2.** *(proceso, cambio)* to slow down
desacertadamente *adv* mistakenly
desacertado, -a *adj (inoportuno)* unwise, ill-considered; *(erróneo)* mistaken, wrong; **estuvo muy ~ en sus comentarios** *(inoportuno)* her comments were ill-judged *o* unwise; *(erróneo)* her comments were very wide of the mark
desacertar *vi (equivocarse)* to be mistaken *o* wrong
desacierto *nm (error)* mistake, error; **fue un ~ discutir con el jefe** it was a mistake to argue with the boss; **me parece una teoría llena de desaciertos** the theory seems to me to be full of mistakes
desacomodado, -a *adj RP (desordenado)* untidy, messy
desacomodar *vt RP* to make untidy
desacomodo *nm (molestia)* inconvenience, trouble
desacompasado, -a = **descompasado**
desaconsejable *adj (poco recomendable)* inadvisable, not advisable, unwise; **es ~ tomar el sol sin la debida protección** it is not advisable to sunbathe without suitable protection
desaconsejado, -a ⬦ *adj* unwise; **está ~ fumar durante el embarazo** you are advised not to smoke during pregnancy
⬦ *nm,f* unwise *o* imprudent person
desaconsejar *vt ~ algo (a alguien)* to advise (sb) against sth; **me lo ha desaconsejado mi abogado** my lawyer has advised me against it; *~ a alguien que haga algo* to advise sb not to do sth; **se desaconseja salir durante la tormenta** you are advised not to go out during the storm
desacoplar *vt* ELEC to disconnect; TEC to uncouple
desacorde *adj* **-1.** *(opiniones)* differing, conflicting **-2.** *(sonidos, notas musicales)* discordant; *(instrumentos)* out of tune (with one another)
desacostumbrado, -a *adj* **-1.** *(extraño, inusual)* unusual, uncommon; **la puntualidad es algo ~ en él** it's unusual for him to be punctual **-2.** *(deshabituado)* **estar ~ a hacer algo** not to be used to doing sth any more, to be out of the habit of doing sth; **está ~ a este ritmo de entrenamiento** he's not used to this level of training any more
desacostumbrar ⬦ *vt* to get out of the habit; **han desacostumbrado al niño a dormir por la tarde** they have got the child out of the habit of sleeping in the afternoon
◆ **desacostumbrarse** *vpr* to get out of the habit; **me he desacostumbrado a vivir en el campo** I'm not used to living in the country any more; **se había desacostumbrado a los rigores invernales** he'd forgotten what the harsh winters were like
desacralizar *vt* **la Navidad se ha desacralizado** Christmas has become very secular
desacreditado, -a *adj* discredited; **ha quedado ~ ante la opinión pública** he has been discredited in the eyes of the public

desacreditar ⬦ *vt* to discredit; **hubo una campaña para desacreditarla** there was a campaign to discredit her; **este nuevo fracaso lo desacredita como político** this latest failure has destroyed his credibility as a politician; **su actuación ha desacreditado al partido** his behaviour has brought the party into disrepute
◆ **desacreditarse** *vpr* to become discredited; **con su actitud intransigente se desacreditó él solo** he brought discredit on himself through his intransigent attitude
desactivación *nf* **-1.** *(de bomba, explosivo)* defusing, deactivation **-2.** *(de mecanismo, alarma)* disconnection **-3.** *(de situación peligrosa)* defusing; *(conflicto)* pacification; *(de plan de emergencia)* cancellation
desactivado, -a ⬦ *adj* **-1.** *(bomba, explosivo)* defused **-2.** *(mecanismo, alarma)* disconnected **-3.** *(situación peligrosa)* defused; *(conflicto)* pacified; *(de plan de emergencia)* cancelled
⬦ *nm (de bomba, explosivo)* defusing, deactivation
desactivador, -ora ⬦ *adj* **equipo ~ de explosivos** bomb disposal team
⬦ *nm,f ~ (de explosivos)* bomb disposal expert
desactivar *vt* **-1.** *(bomba, explosivo)* to defuse **-2.** *(mecanismo, alarma)* to disconnect **-3.** *(situación peligrosa)* to defuse; *(plan de emergencia)* to call off **-4.** INFORMÁT to disable, to deactivate
desacuerdo *nm* disagreement (**con** with); **varios miembros del equipo manifestaron su ~ con el entrenador** various members of the team openly disagreed with the coach; **mostró su ~ con el proyecto** he made clear his opposition to the project; **hay ~ sobre varios puntos de la negociación** there is disagreement on various points in the negotiation; **estar en ~** *(personas)* to disagree; **estar en ~ con algo/alguien** to disagree *o* not to agree with sth/sb; **estoy en ~ con la política del gobierno** I don't agree with *o* I'm opposed to the government's policy; **no estoy en ~ con ella** I don't disagree with her
desadaptación *nf Am* maladaptation
desadaptado, -a ⬦ *Am adj* **-1.** *(desacostumbrado)* no longer accustomed; **después de tantos años sin estudiar, está ~ a la universidad** after not studying for so long, he feels out of place at university **-2.** *(inadaptado)* maladjusted
⬦ *nm,f Fam* misfit
desaduanar *vt Am* to release from customs
desafanarse *vpr Méx Fam* to get out of it; **siempre encuentra un pretexto para ~** she always finds a way to get out of it
desafección *nf* **-1.** *(falta de afecto, indiferencia) ~ hacia o por algo* aversion to sth; *~ hacia o por alguien* coldness towards sb **-2.** *(oposición)* disaffection (**a** with)
desafecto, -a ⬦ *adj (opuesto)* hostile (**a** to), disaffected (**a** with); **sectores desafectos al régimen** sectors hostile to the regime
⬦ *nm (falta de afecto, indiferencia) ~ hacia o por algo* indifference to *o* towards sth; *~ hacia o por alguien* coldness towards sb
desafiante *adj (gesto, mirada, actitud, tono, palabras)* defiant; **me miró ~** she stared at me defiantly
desafiantemente *adv* defiantly
desafiar [32] *vt* **-1.** *(persona)* to challenge; *~ a alguien a algo* to challenge sb to sth; **lo desafió a un duelo** he challenged him to a duel; *~ a alguien a hacer algo* to challenge sb to do sth; **te desafío a subir la cima de esta montaña** I challenge you to climb that mountain; **lo desafió a que acudiera a los tribunales** she challenged him to take the matter to court
-2. *(peligro, ley, autoridad, normas)* to defy; *~ a la muerte* to defy death; **desafió las órdenes de sus superiores** he disobeyed superior orders
desafilado, -a *adj* blunt

desafilar *vt* ◇ to blunt, to dull
- **desafilarse** *vpr* to get blunt

desafinado, -a *adj (instrumento)* out of tune

desafinar ◇ *vi (instrumento)* to be out of tune; *(cantante)* to sing out of tune; *(músico)* to play out of tune
- **desafinarse** *vpr (instrumento)* to go out of tune

desafío *nm* -1. *(reto)* challenge; **aceptar el ~ de alguien** to take up *o* accept sb's challenge; **la curación del cáncer supone un ~ para la comunidad médica** finding a cure for cancer is a challenge for the medical profession; **el ~ tecnológico** the technological challenge
-2. *(duelo)* duel
-3. *(oposición, contradicción)* **~ a** *(peligro, ley, autoridad, normas)* defiance of; **el ~ a la muerte del trapecista** the trapeze artist's death-defying feats

desaforadamente *adv (correr, cantar, bailar)* wildly, like crazy; *(comer, beber)* as if there was no tomorrow; *(ambicionar, codiciar, desear)* wildly; **gritó ~** he screamed his head off

desaforado, -a ◇ *adj (gritos, baile, carrera)* wild; *(ambición, codicia, deseo)* unbridled, wild; *(celebración, fiesta)* wild; *(comilona, borrachera)* enormous, gargantuan
◇ *nm,f* **los hinchas gritaban como desaforados** the fans screamed wildly; **bailaba/comía como un ~** he danced/ate like a man possessed

desafortunadamente *adv* unfortunately

desafortunado, -a ◇ *adj* -1. *(desgraciado)* unfortunate; **el ~ suceso ocurrió ayer** the unfortunate event occurred yesterday; **un día ~ en las carreteras** a black day on the roads
-2. *(desacertado)* unfortunate; **un comentario ~** an unfortunate remark; **el equipo tuvo una desafortunada actuación** the team performed below par; **el ministro estuvo bastante ~** the minister made some unfortunate remarks
-3. *(sin suerte)* unlucky; **fue muy desafortunada en amores** she was very unlucky in love
◇ *nm,f* unlucky person

desafuero *nm* -1. *(abuso)* outrage, atrocity; **cometer un ~** to commit an outrage -2. DER *(violación de leyes)* infringement, violation

desagotar *vt RP* to drain

desagradable ◇ *adj* -1. *(sensación, tiempo, escena)* unpleasant; **no voy a salir, la tarde está muy ~** I'm not going to go out, the weather's turned quite nasty this afternoon; **una ~ sorpresa** an unpleasant *o* a nasty surprise
-2. *(persona, comentario, contestación)* unpleasant; **está muy ~ con su familia** he's very unpleasant to his family; **no seas ~ y ven con nosotros al cine** don't be unsociable, come to the cinema with us
◇ *nmf* **son unos desagradables** they're unpleasant people

desagradar *vi* to displease; **me desagrada su actitud** I don't like her attitude; **me desagradó tener que levantarme tan pronto** I didn't like having to get up so early; **créame, me desagrada mucho tener que decirle esto** believe me, I really don't like to have to say this to you; **a nadie le desagradan los elogios** nobody minds being praised; **¿qué es lo que tanto te desagrada de él?** what is it you dislike about him?; **¿qué te parece este bar? – no me desagrada** how do you like this bar? – it's not bad

desagradecido, -a ◇ *adj* -1. *(persona)* ungrateful; **ha sido muy ~ con su familia** he's been very ungrateful to his family -2. *(trabajo, tarea)* thankless
◇ *nm,f* ungrateful person; **es un ~** he's so ungrateful

desagradecimiento *nm* ingratitude

desagrado *nm* displeasure, disapproval; **todos mostramos nuestro ~** we all showed our displeasure; **una mueca de ~** a look of disapproval; **con ~** reluctantly; **levantó el trapo mugriento con ~** she lifted the filthy cloth with evident distaste

desagraviar *vt* **~ a alguien por algo** *(por una ofensa)* to make amends to sb for sth; *(por un perjuicio)* to compensate sb for sth

desagravio *nm* **en señal de ~** (in order) to make amends; **pagó una cantidad en ~ por el mal causado** she paid a sum to make up for the harm she'd done

desagregar [38] *vt* to disintegrate, to break up

desaguadero, desaguador *nm* drain

desaguar [11] ◇ *vi* -1. *(bañera, lavadora)* to empty, to drain; *(agua)* to drain -2. *(río)* **~ en** to flow into
◇ *vt (lugar inundado)* to get *o* pump the water out of

desagüe *nm* -1. *(vaciado)* draining, emptying -2. *(de bañera, fregadero, lavabo, lavadora)* waste outlet; *(de patio, calle, terraza)* drain; **el pendiente cayó por el ~** the earring fell down the drain ❑ **~ de azotea** roof drain

desaguisado *nm Fam (desorden)* shambles *(singular)*; *(destrozo)* mess; **la inauguración fue un verdadero ~** the opening was a shambles; **hacer un ~** to make a mess; **¡vaya ~ que te han hecho en la peluquería!** what a mess they've made of your hair!

desahogadamente *adv* comfortably; **vivir ~** to be comfortably off

desahogado, -a *adj* -1. *(de espacio)* spacious, roomy; **corre la mesa, así estaremos más desahogados** move the table, we'll have more room that way
-2. *(de dinero)* well-off, comfortable; **ahora estamos más desahogados** we're better-off now; **llevan una vida bastante desahogada** they're quite comfortably off
-3. *(de tiempo)* **tengo un trabajo muy ~** there's no rush in my job; **vamos muy desahogados de tiempo** we have more than enough time

desahogar [38] ◇ *vt* -1. *(ira)* to vent; *(pena)* to relieve, to ease; **desahogó su enfado en su mejor amiga** she took out her annoyance on her best friend
-2. *(habitación, lugar, armario)* to clear, to make some space in; *(estantería)* to make some space on
- **desahogarse** *vpr* -1. *(contar penas)* **desahogarse con alguien** to pour out one's woes to sb, to tell one's troubles to sb; **necesito alguien con quien me pueda ~** I need somebody to talk to
-2. *(desfogarse)* to let off steam; **se desahogaba haciendo pesas en el gimnasio** he let off steam pumping iron in the gym; **se desahogan insultando al árbitro** they let off steam insulting the referee; **llora, si quieres desahogarte** cry if you want to let it all out

desahogo *nm* -1. *(alivio)* relief, release; **llorar le sirvió de ~** crying gave him some relief
-2. *(de espacio)* space, room; **en esta oficina podremos trabajar con más ~** we'll have more room to work in this office -3. *(económico)* ease; **vivir con ~** to be comfortably off

desahuciar *vt* -1. *(inquilino)* to evict -2. *(enfermo)* **~ a alguien** to give up all hope of saving sb

desahucio *nm* -1. *(de inquilino)* eviction; **un aviso** *o* **una notificación de ~** an eviction notice -2. *Andes (de trabajador)* dismissal

desairado, -a *adj* -1. *(poco airoso) (actuación)* unimpressive, unsuccessful -2. *(humillado)* spurned

desairar *vt (persona)* to snub, to slight

desaire *nm (desprecio)* snub, slight; **sería un ~ por tu parte no acudir** it will be seen as a snub if you don't go; **hacer un ~ a alguien** to snub sb; **sufrir un ~** to receive a rebuff

desajustar ◇ *vt (aparato, motor, máquina)* to put out of kilter; *(pieza, tuerca)* to loosen; **el golpe desajustó los tornillos** the blow loosened the screws
- **desajustarse** *vpr (aparato, motor, máquina)* to go out of kilter, to stop working properly; *(pieza, tuerca, tornillo)* to come loose; **el mecanismo se ha desajustado** the mechanism isn't working properly

desajuste *nm* -1. *(de piezas)* misalignment; *(de aparato, motor, máquina)* malfunction, fault -2. *(de declaraciones, versiones)* inconsistency -3. *(económico)* imbalance

desalado, -a *adj* -1. *(sin la sal)* desalted -2. *(apresurado)* hurried -3. *(ansioso)* anxious, eager

desalador, -ora *adj* **planta desaladora de agua** desalination plant

desalar *vt (quitar la sal a)* to remove salt from; *(agua)* to desalinate

desalentador, -ora *adj* discouraging, disheartening

desalentar [3] ◇ *vt* to dishearten, to discourage; **un resultado así desalienta a cualquiera** a result like this would dishearten anyone; **no dejes que eso te desaliente** don't let it discourage you
- **desalentarse** *vpr* to be discouraged, to lose heart; **no se desalienta con facilidad** she isn't easily discouraged

desaliento *nm* dismay, dejection; **cundió el ~ al conocerse el resultado** dismay spread as the result became known; **reaccionaron con ~** they reacted with dismay

desalineación *nf (de ruedas)* misalignment

desalinearse *vpr* to go out of line

desalinización *nf* desalination

desalinizador, -ora *adj* **planta desalinizadora** desalination plant

desalinizadora *nf* desalination plant

desalinizar *vt* to desalinate

desaliñado, -a *adj (persona, aspecto)* scruffy; **un tipo de aspecto ~** a scruffy-looking guy

desaliñar ◇ *vt* -1. *(desarreglar)* to make untidy -2. *(arrugar)* to crease
- **desaliñarse** *vpr* to become untidy

desaliño *nm (de persona, aspecto)* scruffiness

desalmado, -a ◇ *adj* heartless
◇ *nm,f* heartless person; **es un ~** he's completely heartless

desalojar *vt* -1. *(por emergencia) (edificio, personas)* to evacuate
-2. *(por la fuerza) (ocupantes)* to eject, to remove; *(inquilinos)* to evict; **la policía los desalojó de la sala por la fuerza** the police forcibly removed them from the hall
-3. *(por propia voluntad)* to abandon, to move out of; **los huelguistas desalojaron la factoría pacíficamente** the strikers left the factory peacefully; **¡desalojen la sala!** *(orden del juez)* clear the court!
-4. *(contenido, gas)* to expel

desalojo *nm* -1. *(por emergencia) (de edificio, personas)* evacuation -2. *(por la fuerza) (de ocupantes)* ejection, removal; *(de inquilinos)* eviction; **una orden de ~** an eviction order -3. *(de contenido, gas)* expulsion

desalquilar ◇ *vt* -1. *(lo alquilado)* to stop renting -2. *(mudarse de)* to move out of, to vacate
- **desalquilarse** *vpr* to become vacant

desamarrar ◇ *vt* to cast off
- **desamarrarse** *vpr* to come untied

desambientado, -a *adj (persona)* out of place

desambiguar *vt* to disambiguate

desamor *nm (falta de afecto)* indifference, coldness; *(odio)* dislike

desamortización *nf (de propiedades)* disentailment, alienation

desamortizar [14] *vt (propiedades)* to disentail, to alienate

desamparado, -a ◇ *adj* -1. *(persona)* helpless -2. *(lugar)* desolate, forsaken
◇ *nm,f* helpless person; **los desamparados** the needy, the helpless

desamparar *vt (persona)* to abandon

desamparo *nm (abandono)* abandonment; *(aflicción)* helplessness; **niños que viven en el más absoluto ~** children who live in a state of total neglect

desamueblado, -a *adj* unfurnished

desamueblar vt to remove the furniture from

desandar [7] vt (camino) to go back over; **tuve que ~ 2 kilómetros** I had to go back 2 kilometres; **~ lo andado** to retrace one's steps; Fig to go back to square one

desangelado, -a adj -1. (casa, barrio, ciudad) soulless; (acto, celebración) dull, uninspiring -2. (persona) charmless

desangramiento nm heavy bleeding

desangrar ◇ vt -1. (animal, persona) to bleed; **murió desangrado** he bled to death -2. (económicamente) to bleed dry
◆ **desangrarse** vpr -1. (animal, persona) to lose a lot of blood -2. (económicamente) to be bled dry

desanidar vi to leave the nest

desanimado, -a adj -1. (persona) downhearted -2. (fiesta, lugar) quiet, lifeless

desanimar ◇ vt to discourage; **los comentarios de sus amigos lo han desanimado** he has been put off o discouraged by his friends' comments
◆ **desanimarse** vpr to get downhearted o discouraged; **no te desanimes** don't lose heart, don't be discouraged

desánimo nm (desaliento) dejection; **el ~ cundía entre la población** there was widespread despondency among the population

desanudar vt to untie

desapacible adj -1. (tiempo, clima) unpleasant -2. (carácter) unpleasant, disagreeable

desaparecer [46] ◇ vi -1. (de la vista) to disappear (**de** from); **desapareció tras las colinas** it dropped out of sight behind the hills; **me ha desaparecido la pluma** my pen has disappeared; **hizo ~ una paloma y un conejo** he made a dove and a rabbit vanish; **será mejor que desaparezcas de escena durante una temporada** you'd better make yourself scarce for a while; **~ de la faz de la tierra** to vanish from the face of the earth; **¡desaparece de mi vista ahora mismo!** get out of my sight this minute!
-2. (dolor, síntomas, mancha) to disappear, to go; (cicatriz) to disappear; (sarpullido) to clear up
-3. (en guerra, accidente) to go missing, to disappear; **muchos desaparecieron durante la represión** many people disappeared during the crackdown
◇ vt Am (persona) = to detain extrajudicially during political repression and possibly kill

desaparecido, -a ◇ adj -1. (extraviado) missing -2. (fallecido) **el ~ Jack Lemmon** the late Jack Lemmon; **un soldado ~ en combate** a soldier missing in action -3. (extinto) **la desaparecida Sociedad de Naciones** the now defunct League of Nations
◇ nm,f -1. (en catástrofe) missing person; **ha habido veinte muertos y tres desaparecidos** twenty people have been killed and three are missing -2. (en represión política) missing person (kidnapped and possibly murdered by the authorities) -3. (en guerra) **~ en combate** person missing in action

DESAPARECIDOS

The kidnap of alleged subversives and holding of them in undisclosed locations became a widespread repressive technique in many Latin American countries from the 1960s onwards, and is especially associated with the period of the "guerra sucia" (dirty war) in Argentina, Uruguay and Chile in the 1970s. Those kidnapped, whether by the military, secret police or by paramilitary groups, were usually tortured and many were killed. The bodies were disposed of in secret, and in some cases they were dropped from planes over the open sea. Surviving friends and relatives lived for years in a permanent state of anxiety and uncertainty, as they were given no official information about the victim's fate, or the location of their body.
With the restoration of democracy in these countries, there were campaigns for the truth about the kidnap victims (the **desaparecidos**) to be revealed. In spite of the various types of amnesty legislation that the military had enacted before relinquishing power to civilians, it was possible to gain much information about the fate of the victims through truth commissions, and in Argentina some of the most senior of those responsible for the campaign of kidnap, torture and murder have even been brought to trial and convicted.

desaparición nf -1. (de objeto, animal, persona) disappearance; **especies/tradiciones en vías de ~** endangered species/traditions; **la ~ de este ministerio perjudicó a muchos** many people were adversely affected by the closure of the ministry; **los represores practicaron la ~ de militantes** the instigators of the repression were responsible for the disappearance of activists
-2. Euf (muerte) death

desapasionadamente adv dispassionately

desapasionado, -a adj (relato de acontecimientos, crítica) impartial; (estilo, tono) neutral, objective; (observador, crítico, actitud) impartial, unbiased

desapasionarse vpr to lose interest

desapego nm -1. (indiferencia) indifference (**por** towards); **siente gran ~ por lo material** she's totally indifferent to material things -2. (falta de afecto) coldness (**por** towards)

desapercibido, -a adj -1. (inadvertido) unnoticed; **pasar ~** to go unnoticed; **su original obra no pasó desapercibida a los expertos** the originality of her work didn't go o pass unnoticed by the critics -2. (desprevenido) unprepared, unready

desaprender vt to unlearn

desaprensión nf (falta de escrúpulos) unscrupulousness

desaprensivo, -a ◇ adj -1. (sin escrúpulos) unscrupulous -2. (gamberro) reckless, heedless
◇ nm,f (gamberro) reckless delinquent; **un grupo de desaprensivos quemó las papeleras** a group of vandals set fire to the Br litter bins o US litter baskets

desapretar [3] ◇ vt (tornillo, nudo) to loosen
◆ **desapretarse** vpr -1. (tornillo, nudo) to become loose; **se te ha desapretado el cordón del zapato** your shoelace is loose -2. (uso reflexivo) (corbata, correa, cordón) to loosen; **me desapreté los cordones de los zapatos** I loosened my shoelaces

desaprobación nf disapproval; **la miró con ~** he looked at her disapprovingly o with disapproval

desaprobador, -ora adj disapproving

desaprobar [63] vt -1. (actitud, comportamiento) to disapprove of -2. (propuesta, plan) to reject

desaprovechado, -a adj -1. (desperdiciado) (tiempo, ocasión, talento) wasted -2. (mal aprovechado) (espacio, recursos, terreno) not put to the best use; **tierras desaprovechadas** land not being put to good use

desaprovechamiento nm -1. (de tiempo, ocasión, talento) waste -2. (de espacio, recursos, terreno) failure to exploit fully

desaprovechar vt -1. (desperdiciar) (tiempo, ocasión, talento) to waste; **desaprovechó la ocasión de empatar el partido** he missed his chance to tie the match; **no desaproveches el agua** don't waste water -2. (aprovechar mal) (espacio, recursos, terreno) to underuse, to fail to exploit fully

desapruebo etc ver **desaprobar**

desapuntar vt Col to unbutton

desarbolar vt -1. NÁUT to dismast, to strip of masts -2. Fam (destartalar) to mess up, to make a mess of; **desarboló toda la defensa contraria** he ran rings round the opposing defence; **desarboló la argumentación del fiscal** she demolished the Br public prosecutor's o US district attorney's line of argument

desarmable adj (mueble) that can be dismantled

desarmado, -a adj -1. (sin armas) unarmed; **ir ~** not to carry arms o guns -2. (desmontado) dismantled

desarmador nm Méx -1. (herramienta) screwdriver -2. (cóctel) screwdriver

desarmar vt ◇ -1. (quitar las armas a) to disarm -2. (desmontar) to take apart, to dismantle; **~ una tienda de campaña** to take down a tent -3. (desconcertar) to disarm; **intento reñirla, pero su sonrisa me desarma** I try to tell her off, but her smile disarms me
◆ **desarmarse** vpr -1. (país) to disarm; (guerrilla) to disarm, to give up one's arms -2. (desmontarse) to come apart; **¿cómo se desarma esto?** how do you dismantle this?

desarme nm (reducción de armamentos) disarmament ❑ ECON **~ arancelario** removal of tariff barriers; **~ nuclear** nuclear disarmament

desarraigado, -a adj (persona) uprooted, rootless

desarraigar [38] vt -1. (vicio, costumbre) to root out -2. (persona, pueblo) to banish, to drive out (**de** from)

desarraigo nm -1. (de vicio, costumbre) rooting out -2. (de persona, pueblo) rootlessness; **emigrantes víctimas del ~** emigrants beset by feelings of rootlessness

desarrapado, -a = **desharrapado**

desarreglado, -a adj -1. (cuarto, armario, aspecto, persona) untidy; (pelo) dishevelled -2. (vida) disorganized

desarreglar ◇ vt -1. (cuarto, armario) to mess up, to make untidy; (pelo, peinado) to mess up -2. (planes, horario) to upset
◆ **desarreglarse** vpr -1. (pelo, peinado) to get messed up -2. (planes, horario) to be upset

desarreglo nm -1. (de cuarto, persona) untidiness -2. (de vida) disorder; (de planes, horario) disruption; **me siento rara, debo de tener un ~ hormonal** I'm feeling a bit funny, it must be my hormones ❑ **desarreglos menstruales** menstrual irregularities

desarrendar [3] vt -1. (dejar de arrendar) to stop leasing -2. (dejar de alquilar) to stop renting

desarrollado, -a adj -1. (país, proyecto) developed; **una sociedad desarrollada** a developed society -2. (niño) well-developed

desarrollador, -ora nm,f INFORMÁT developer ❑ **~ de software** software developer

desarrollar ◇ vt -1. (mejorar) (crecimiento, país) to develop; (economía, sector, comercio) to develop; (capacidades, talento, musculatura) to develop; **desarrolló un sexto sentido para las finanzas** she developed o acquired a sixth sense for money
-2. (exponer) (tema) to explain, to develop; (teoría) to expound, to develop; **¿podrías ~ esa idea un poco más?** could you expand on that idea a little more?
-3. (realizar) (actividad, trabajo, proyecto) to carry out
-4. (crear) (prototipos, técnicas, estrategias) to develop
-5. (velocidad) **esta moto desarrolla los 200 kilómetros por hora** this bike can reach a speed of 200 kilometres an hour
-6. MAT (término) to expand; (ecuación, problema) to solve, to work out
◆ **desarrollarse** vpr -1. (crecer, mejorar) to develop; **la proteína es imprescindible para desarrollarse** protein is essential for development o growth
-2. (suceder) (reunión, encuentro, manifestación) to take place; (película, obra, novela) to be set; **la manifestación se desarrolló sin incidentes** the demonstration went off without incident; **la acción de la novela se desarrolla en el siglo XIX** the novel is set in the 19th century
-3. (evolucionar) to develop; **¿cómo se desarrollarán los acontecimientos?** how will events develop?

desarrollismo *nm* = policy of economic development at all costs

desarrollista *adj* **una concepción ~ del progreso** a concept of progress based solely on economic development

desarrollo *nm* **-1.** *(mejora)* development; **el ~ económico** economic development; **países en vías de ~** developing countries; **el pleno ~ de las capacidades intelectuales** the full development of intellectual abilities **-2.** *(crecimiento)* growth; **el ~ del ser humano** human development; **la edad del ~** (the age of) puberty **-3.** *(exposición) (de tema, teoría, idea)* explanation **-4.** *(transcurso) (de negociaciones, conferencia)* course; **no hubo incidentes en el ~ de la manifestación** there were no incidents in the course of the demonstration **-5.** *(realización) (de actividad, trabajo, proyecto)* carrying out **-6.** *(creación) (de prototipos, técnicas, estrategias)* development; **investigaciones encaminadas al ~ de una vacuna contra el sida** research aimed at developing a vaccine against AIDS **-7.** *(en bicicleta)* gear ratio; **mover un gran ~** to turn a big gear **-8.** MAT *(de término)* expansion; *(de ecuación, problema)* solving, working out

desarropar ◇ *vt* to uncover
◆ **desarroparse** *vpr* **se desarropa durante la noche** he kicks off the bedclothes during the night

desarrugar [38] ◇ *vt (alisar)* to smooth out; *(planchar)* to iron out the creases in
◆ **desarrugarse** *vpr (sujeto: ropa)* to become uncreased; **las cortinas se desarrugarán solas, no hace falta plancharlas** the creases will come out of the curtains by themselves, you don't need to iron them

desarticulación *nf* **-1.** *(de huesos, miembros)* dislocation **-2.** *(de organización, banda)* breaking up; *(de plan)* foiling

desarticular ◇ *vt* **-1.** *(huesos, miembros)* to dislocate **-2.** *(organización, banda)* to break up; *(plan)* to foil **-3.** *(máquina, artefacto)* to take apart, to dismantle
◆ **desarticularse** *vpr* **-1.** *(huesos, miembros)* to be dislocated **-2.** *(uso reflexivo) (dislocarse)* to dislocate; **se desarticuló la mandíbula** he dislocated his jaw

desaseado, -a *adj* **-1.** *(sucio)* dirty **-2.** *(desarreglado)* untidy

desaseo *nm* **-1.** *(suciedad)* dirtiness **-2.** *(desarreglo)* untidiness, messiness

desasir [9] ◇ *vt* to release, to let go
◆ **desasirse** *vpr* **-1.** *(desatarse)* to get loose; **desasirse de** to free oneself of; **logró desasirse de las ataduras** he managed to free himself from the ties which bound him **-2.** *(desprenderse)* **desasirse de** to part with; **nunca me desasiré del anillo de mi abuela** I'll never part with my grandmother's ring

desasistido, -a *adj (enfermo, población, barrio)* neglected; **un barrio marginal ~ por la administración** a deprived district neglected *o* abandoned by the authorities; **el único delantero se halla totalmente ~** the only striker has no support whatsoever; **dejar a alguien ~** to leave sb unattended (to)

desasistir *vt* to neglect, to abandon

desasnar *vt Fam* to teach, to civilize

desasosegado, -a *adj* uneasy, nervous

desasosegar [43] ◇ *vt* to disturb, to make uneasy; **su penetrante mirada me desasosegaba** her penetrating gaze unnerved me
◆ **desasosegarse** *vpr* to become uneasy; **empezó a desasosegarse** she began to feel uneasy

desasosiego *nm* unease; **reina un gran ~ entre los aficionados** there is great unease among the fans; **algunas escenas producen bastante ~** some scenes are rather disturbing

desastrado, -a *adj (desaseado)* scruffy; **¿cómo puedes ir siempre tan ~?** how can you always go about looking so scruffy?

desastre *nm* **-1.** *(catástrofe)* disaster ❏ **~ aéreo** air disaster; **~ ecológico** ecological disaster **-2.** *(persona inútil)* disaster; **su madre es un ~** her mother is hopeless; **soy un ~ para los negocios** I'm hopeless at business; **es un ~ contando chistes** he's useless at telling jokes **-3.** *Fam (fracaso)* disaster; **fue un ~ de fiesta** the party was a flop; **estar hecho un ~** *(roto, sucio, desordenado)* to be a real disaster, to be in a mess; **el mundo está hecho un ~** the world's in a complete mess; **vas hecho un ~, arréglate un poco** you look a right mess, tidy yourself up a bit; **¡vaya ~!** what a shambles!

desastrosamente *adv* disastrously

desastroso, -a *adj* **-1.** *(catastrófico)* disastrous; **la helada fue desastrosa para la cosecha** the frost had a disastrous effect on the harvest **-2.** *(muy malo)* disastrous; **esta comida es desastrosa** this food is appalling *o* awful

desatado, -a *adj* **-1.** *(atadura, animal)* loose; **llevas los cordones desatados** your laces are undone; **no lleves al perro ~** don't let the dog off its leash **-2.** *(descontrolado)* out of control, uncontrollable; **estar ~** to be wild; **últimamente tiene los nervios desatados** her nerves have been very frayed lately

desatar ◇ *vt* **-1.** *(nudo, lazo)* to untie; *(paquete)* to undo **-2.** *(animal)* to unleash; *(persona)* to untie **-3.** *(tormenta, ira, pasión)* to unleash; *(entusiasmo)* to arouse; *(motín, disturbios, protestas)* to spark off, to trigger; *(lengua)* to loosen; **la decisión desató una ola de manifestaciones** the decision set off *o* triggered a wave of demonstrations; **su dimisión desató la crisis de gobierno** his resignation triggered *o* precipitated the governmental crisis
◆ **desatarse** *vpr* **-1.** *(nudo, lazo)* to come undone; *(paquete)* to come undone *o* untied **-2.** *(animal)* to get loose *o* free **-3.** *(persona)* **¿puedes desatarte?** can you get free?; **desátese los zapatos** undo your shoes **-4.** *(desencadenarse) (tormenta)* to break; *(ira, cólera, pasión)* to erupt; *(motín, disturbios, protestas)* to break out; *(polémica, crisis)* to flare up; **se desató en insultos contra sus adversarios** she showered a stream of insults on her opponents

desatascador *nm* **-1.** *(instrumento)* (sink) plunger **-2.** *(producto químico)* = chemical used to unblock sinks and drains

desatascar [59] ◇ *vt* **-1.** *(tubería)* to unblock **-2.** *(negociaciones)* to break the deadlock in **-3.** *(tráfico, carreteras, calles)* to clear
◆ **desatascarse** *vpr* **-1.** *(tubería)* to unblock **-2.** *(negociaciones)* to get moving again **-3.** *(tráfico, carreteras, calles)* to clear

desatención *nf* **-1.** *(falta de atención)* lack of attention **-2.** *(descortesía)* discourtesy, impoliteness

desatender [64] *vt* **-1.** *(obligación, persona)* to neglect **-2.** *(ruegos, consejos)* to ignore **-3.** *(puesto, tienda, mostrador)* to leave unattended

desatendido, -a *adj* **-1.** *(obligación, persona)* neglected **-2.** *(puesto, tienda, mostrador)* left unattended; *(maleta, paquete)* unattended **-3.** *(ruego, consejo)* ignored

desatento, -a *adj* **-1.** *(distraído)* inattentive; **siempre está ~ en clase** he never pays attention in class **-2.** *(descortés)* impolite; **no seas tan ~, ayuda al señor con las bolsas** try to be a little more helpful, help the gentleman with his bags; **has estado muy ~ con tu abuela** you've been very impolite to your grandmother

desatiendo *etc ver* **desatender**

desatinado, -a *adj* **-1.** *(necio)* foolish, silly **-2.** *(imprudente)* rash, reckless

desatinar *vi (al actuar)* to act foolishly; *(al hablar)* to say stupid things; **¿una bicicleta nueva? ¡tú desatinas!** a new bicycle? are you *Br* mad *o US* crazy?

desatino *nm* **-1.** *(error)* mistake, error; **tratar de hacer el viaje en barco era un ~** attempting the journey by boat was a mistake **-2.** *(comentario estúpido o absurdo)* foolish remark; **no decía más que desatinos** he talked nothing but nonsense

desatornillador *nm Andes, CAm, Méx* screwdriver

desatornillar ◇ *vt* to unscrew
◆ **desatornillarse** *vpr* to become unscrewed *o* loose

desatracar [59] NÁUT ◇ *vt* to cast off
◇ *vi* to steer away from the coast

desatrancar [59] *vt* **-1.** *(puerta, ventana)* to unbolt **-2.** *(tubería, desagüe)* to unblock

desautorización *nf* withdrawal of authority

desautorizado, -a *adj* **-1.** *(falto de autoridad)* unauthorized **-2.** *(desmentido)* denied **-3.** *(prohibido)* banned

desautorizar [14] ◇ *vt* **-1.** *(desmentir) (noticia)* to deny; **el ministro desautorizó las declaraciones del portavoz** the minister contradicted the statement made by the spokesperson **-2.** *(prohibir) (manifestación, huelga)* to ban, to declare illegal **-3.** *(desacreditar)* to discredit; **sus prejuicios racistas lo desautorizan como político** his racist ideas undermine his credentials as a politician; **desautorizaba a los profesores delante de sus alumnos** she undermined the teachers' authority in front of their pupils
◆ **desautorizarse** *vpr (desacreditarse)* to be discredited; **desautorizarse ante la opinión pública** to be discredited in public opinion

desavenencia *nf (desacuerdo)* friction, tension; *(riña)* quarrel (**entre/con** between/with); **tuvo alguna ~ con su novia** he had a row or two with his girlfriend; **desavenencias matrimoniales** marital disagreements

desavenido, -a *adj (enemistado)* at odds (**con** with); **dos familias desavenidas** two families at odds with each other

desavenirse [69] *vpr* to fall out (**con** with)

desaventajado, -a *adj* disadvantaged

desayunado, -a *adj* **salió ya ~** he went out after having breakfast

desayunar ◇ *vi* to have breakfast; **tomo tostadas para ~** I have toast for breakfast; **cuando hayas acabado de ~, llámame** call me when you've finished (having) breakfast
◇ *vt* to have for breakfast; **siempre desayuno cereales** I always have cereal for breakfast
◆ **desayunarse** *vpr (tomar desayuno)* **se desayunaron con café y tostadas** they had coffee and toast for breakfast; **mañana todos los españoles se desayunarán con la gran noticia** tomorrow the whole of Spain will wake up to the news

desayuno *nm* breakfast; **a la hora del ~** at breakfast time; **¿qué tomaste de ~?** what did you have for breakfast?; **durante el ~, en el ~** at *o* over breakfast; **tomar el ~** to have breakfast ❏ **~ continental** continental breakfast; **~ inglés** English breakfast

desazolvar *vt Méx* to unblock

desazolve *nm Méx* unblocking

desazón *nf* **-1.** *(ansiedad)* unease, anxiety; **sintió cierta ~ al oír aquel nombre** she felt rather uneasy when she heard that name **-2.** *(molestia)* annoyance **-3.** *(picazón)* **siento ~ en todo el cuerpo** I feel itchy all over

desazonado, -a *adj* **-1.** *(soso)* tasteless, insipid **-2.** *(inquieto)* uneasy, nervous **-3.** *(enfermo)* unwell

desazonar *vt (causar ansiedad a)* to worry, to cause anxiety to

desbancar [59] vt **-1.** *(ocupar el puesto de)* to replace, to take the place of; **fue desbancado de la presidencia de la compañía** he was ousted o removed as president of the company; **Boca desbancó a River del primer puesto** Boca displaced River at the top of the table; **el ferrocarril terminó desbancando al caballo** the railway ended up replacing the horse **-2.** *(en el juego)* to take the bank from

desbandada nf, RP **desbande** nm *(huida desordenada)* breaking up, scattering; **el disparo provocó la ~ de los pájaros** the shot sent the birds flying in all directions; **los atracadores huyeron en ~** the assailants fled in disarray; **se oyó una sirena de policía y hubo ~ general** a police siren was heard and everyone scattered

desbandarse vpr *(pájaros, muchedumbre, ejército)* to scatter

desbande = desbandada

desbarajustar vt to throw into disorder

desbarajuste nm disorder, confusion; **el banquete de boda fue un auténtico ~** the wedding reception was complete chaos; **¡vaya ~!** what a mess!

desbaratado, -a adj *(roto)* wrecked, broken down

desbaratar ◇ vt **-1.** *(romper)* to ruin, to wreck; **el temporal desbarató el tendido eléctrico** the storm brought down the power lines **-2.** *(estropear, arruinar)* to spoil; **la lluvia desbarató nuestros planes** the rain spoiled o put paid to our plans; **la defensa desbarató el contraataque alemán** the defence broke up the German counter-attack

◆ **desbaratarse** vpr *(planes)* to be spoiled

desbarrancadero nm Col, Méx, Ven precipice; **estamos al borde del ~** we're on the verge of the abyss

desbarrancarse vpr Am *(vehículo)* to plunge; **la Bolsa se desbarrancó un 7,3 por ciento** the stock market plunged 7.3 percent

desbarrar vi Esp to talk nonsense

desbastador nm *(en carpintería)* plane

desbastar vt *(en carpintería)* to plane

desbaste nm *(en carpintería)* planing

desbeber vi Fam to pee

desbloquear ◇ vt **-1.** *(carretera, redes de comunicaciones, líneas telefónicas)* to unblock, to clear **-2.** *(mecanismo, dispositivo, seguro)* to release, to free **-3.** *(cuenta, fondos)* to unfreeze **-4.** *(negociación, proceso de paz)* to end o break the deadlock in, to get moving

◆ **desbloquearse** vpr **-1.** *(carretera, redes de comunicaciones, líneas telefónicas)* to clear **-2.** *(mecanismo, dispositivo, seguro)* to come free **-3.** *(negociación, proceso de paz)* to get over a deadlock, to start moving again

desbloqueo nm **-1.** *(de carreteras, camino)* unblocking; *(de redes de comunicaciones, líneas telefónicas)* clearing **-2.** *(de mecanismos, dispositivo, seguro)* freeing **-3.** *(de cuenta)* unfreezing; *(de fondos)* release **-4.** *(de negociación)* ending o breaking of a deadlock; **contactos para el ~ del proceso de paz** contacts for breaking the deadlock in the peace process

desbocado, -a adj **-1.** *(caballo)* runaway **-2.** *(inflación, tasa de desempleo)* soaring, rampant **-3.** *(actitud, comportamiento)* impudent; *(persona)* foul-mouthed **-4.** *(prenda de vestir)* stretched around the neck; *(mangas, cuello, escote)* loose, wide

desbocamiento nm **-1.** *(de un caballo)* bolting **-2.** *(de inflación, tasa de desempleo)* dramatic rise

desbocarse [59] vpr **-1.** *(caballo)* to bolt **-2.** *(inflación, tasa de desempleo)* to soar, to get out of control **-3.** *(persona)* to let out a stream of abuse **-4.** *(prenda de vestir)* to pull out of shape

desbolado, -a RP Fam ◇ adj **-1.** *(desprolijo)* messy, untidy **-2.** *(informal)* feckless
◇ nm,f **-1.** *(desprolijo)* untidy person **-2.** *(informal)* feckless person

desbolar RP Fam ◇ vt to mess up; **tratá de no ~ mucho la casa** try not to make the house too untidy

◆ **desbolarse** vpr to undress, to strip

desbole nm RP Fam mess, chaos

desbordamiento nm **-1.** *(de río, embalse)* overflowing **-2.** *(de sentimiento, pasión)* loss of control **-3.** INFORMÁT overflow

desbordante adj *(sentimiento, pasión)* boundless, unrestrained; *(entusiasmo, amor, alegría)* boundless; **tiene una imaginación ~** he has a rich imagination

desbordar ◇ vt **-1.** *(cauce, ribera)* to overflow, to burst; *(recipiente)* to brim over; **el río desbordó el dique** the river burst the flood bank; **procura que la leche no desborde el cazo** be careful not to let the milk spill over; **la basura desbordaba los contenedores** the bins were overflowing with rubbish **-2.** *(límites)* to break through; **los manifestantes desbordaron el cordón policial** the demonstrators broke through the police cordon **-3.** *(previsiones, capacidad)* to exceed; *(paciencia)* to push beyond the limit; **la respuesta del público desbordó todas nuestras previsiones** the public's response exceeded all our forecasts; **la cantidad de pedidos nos desborda** we can't cope with the number of orders; **estamos desbordados de trabajo** we're overwhelmed o swamped with work; **¡la ineptitud de este gobierno es algo que me desborda!** this government's ineptitude is just beyond belief! **-4.** *(pasión, sentimiento)* to brim with, to overflow with; **todos desbordábamos felicidad** we were all brimming with happiness; **el artículo desborda elogios** the article is overflowing with praise; **su rostro desbordaba amor y ternura** her face shone with love and tenderness **-5.** *(contrario, defensa)* to get past, to pass; **desbordó al portero en su salida** he beat the goalkeeper as he was coming out
◇ vi **~ de** to overflow with

◆ **desbordarse** vpr **-1.** *(río)* to flood, to burst its banks; *(lago, embalse)* to flood, to overflow; *(bañera, olla, líquido, contenido)* to overflow; **llena el vaso hasta arriba sin que se desborde** fill the glass to the brim without it overflowing; **la leche comenzó a desbordarse** the milk started to spill over **-2.** *(pasión, sentimiento)* to erupt; **sueña que le toca la lotería y su imaginación se desborda** she dreams she's won the lottery and her imagination runs away with her

desborde nm RP *(de río)* overflowing

desboronar vt Col, Ven *(hacer migas)* to crumble

desbravar vt *(ganado)* to tame, to break in

desbriznar vt CULIN *(judías verdes)* to string

desbrozar [14] vt **~ un terreno** to clear a piece of land of weeds/undergrowth; **~ un texto de información innecesaria** to remove the waffle from a text; **~ el camino para sacar adelante el proceso de paz** to clear the way to advance the peace process

desbrozo nm **-1.** *(eliminación de maleza)* clearing *(of undergrowth)* **-2.** *(maleza)* undergrowth; *(ramas podadas)* prunings, garden débris

descabalar ◇ vt **-1.** *(quitar una parte a)* to leave incomplete **-2.** *(desorganizar)* to spoil, to upset

◆ **descabalarse** vpr **-1.** *(perder una parte de)* **se ha descabalado la cristalería, en la fiesta se rompieron dos copas** we haven't got a complete set of glasses any more, two got broken at the party **-2.** *(desorganizarse)* to become disorganized, to be thrown into confusion; **la red ferroviaria se descabaló totalmente a consecuencia de la huelga** the rail network was thrown into utter confusion as a result of the strike; **todos mis planes se descabalaron** all my plans were messed up

descabalgar [38] vi to dismount

descabellado, -a adj crazy

descabellar vt TAUROM to give the coup de grâce to

descabello nm TAUROM coup de grâce

descabezado, -a adj *(sin cabeza)* headless

descabezamiento nm **-1.** *(decapitación)* decapitation, beheading **-2.** *(de árbol)* topping

descabezar [14] vt **-1.** *(quitar la cabeza a)* *(persona)* to behead; *(pollo, gallina, sardina)* to cut the head off; *(cosa)* to break the head off; **descabezaron al grupo terrorista** they left the terrorist group leaderless **-2.** *(quitar la punta a)* *(planta, árbol)* to top **-3.** **~ un sueño** to have a nap

descachalandrado, -a adj Ven Fam scruffy

descacharrado, -a adj Fam Br knackered, US bust

descacharrante adj Fam hilarious

descacharrar vt Fam Br to knacker, US to bust

descafeinado, -a ◇ adj **-1.** *(sin cafeína)* decaffeinated **-2.** *(sin fuerza)* watered down
◇ nm decaffeinated coffee

descafeinar vt **-1.** *(quitar cafeína a)* to decaffeinate **-2.** *(quitar fuerza a)* to water down

descalabrar, escalabrar ◇ vt **-1.** *(herir)* to wound in the head; **lo descalabraron de una pedrada** he was hit on the head and injured by a stone **-2.** Fam *(perjudicar)* **la caída de la bolsa descalabró el proyecto** the fall on the stock market really messed up the project

◆ **descalabrarse** vpr to hurt one's head, to brain oneself

descalabro nm major setback, disaster; **el ~ electoral de la ultraderecha** the electoral rout of the far right; **sufrir o tener un ~** to suffer a major setback

descalcificación nf **-1.** MED decalcification **-2.** *(del agua)* water softening, Espec decalcification

descalcificador, -ora nm,f *(aparato)* water softener

descalcificar [59] ◇ vt **-1.** MED to decalcify **-2.** *(agua)* to soften, Espec to decalcify

◆ **descalcificarse** vpr to decalcify, to lose calcium

descalificación nf **-1.** *(de competición)* disqualification **-2.** *(ofensa)* dismissive insult; **lanzar descalificaciones contra alguien** to sling insults at sb; **una guerra de descalificaciones** a slanging match

descalificar [59] vt **-1.** *(en competición)* to disqualify; **~ a alguien por (hacer) algo** to disqualify sb for (doing) sth **-2.** *(desprestigiar)* to discredit; **descalificó con saña a su oponente** he viciously attacked his opponent; **una actitud que lo descalifica como político** an attitude which discredits him as a politician

descalzar [14] ◇ vt **~ a alguien** to take sb's shoes off

◆ **descalzarse** vpr to take off one's shoes

descalzo, -a adj barefoot; **caminar o andar ~** to walk barefoot; **ir ~** to go barefoot; **en casa siempre estoy ~** I never wear shoes at home; **no se puede decir que estén descalzos** *(no son pobres)* you would hardly call them poverty-stricken

descamación nf *(de piel)* flaking, peeling

descamar ◇ vt *(pescado)* to scale

◆ **descamarse** vpr *(piel)* to flake

descambiar vt Esp Fam to take/bring back *(for refund or exchange)*; **si no le gusta, lo puede ~** if you don't like it, you can bring it back; **¿quiere ~ los pantalones por otra prenda?** would you like to exchange the trousers for something else?

descaminado, -a = desencaminado

descaminar = desencaminar

descamisado, -a ◇ adj **-1.** *(sin camisa)* barechested **-2.** *(con la camisa por fuera)* with one's shirt outside one's trousers; *(con la camisa desabotonada)* with one's shirt unbuttoned **-3.** *(pobre)* wretched

descampado

◇ *nm,f* **-1.** *(pobre)* poor wretch **-2.** *Arg (de Evita)* = working-class supporter of General Perón and his wife Evita
descampado *nm* piece of open ground; **juegan al fútbol en un ~** they play football on an area o a patch of waste ground
descangallado, -a *adj RP (desaliñado)* shabby
descansado, -a *adj* **-1.** *(actividad, trabajo, tarea)* undemanding; *(vida, ritmo de vida)* restful, quiet **-2.** *(persona)* **estar ~** to be rested o refreshed
descansar ◇ *vt* **-1.** *(reposar)* to rest, to lie; **descansó la cabeza en mi hombro** he laid o rested his head on my shoulder
-2. *(relajar)* to rest; **dormir descansa la vista** sleep gives your eyes o eyesight a rest; **al final de la jornada doy un paseo para ~ la mente** at the end of the day I go for a walk to take my mind off work
-3. MIL **¡descansen armas!** order arms!
◇ *vi* **-1.** *(reposar)* to rest; **descansó un rato antes de seguir** he rested for a while before continuing; **después de tanto trabajo necesito** o I need a rest after all that work; **¿paramos a** o **para ~?** how about stopping for a rest?; **descansaremos en una hora** we'll take a break in an hour; **llevo cuatro horas trabajando sin ~** I've been working for four hours non-stop o without a break; **~ de algo** *(algo molesto)* to have a rest o break from sth; **necesitas ~ de tantas preocupaciones** you need a break from all these worries; **no ~ hasta conseguir algo** not to rest until one has achieved sth
-2. *(dormir)* to sleep; **¿has conseguido ~ con este ruido?** did you manage to sleep with that noise?; **¡que descanses!** sleep well!
-3. *(estar enterrado)* to lie; **sus restos descansan en el cementerio local** she lies buried in the local cemetery; **aquí descansan los caídos en la batalla** here lie those fallen in the battle; **que en paz descanse** may he/she rest in peace
-4. ~ en o **sobre algo** *(sujeto: viga, cúpula, tejado)* to rest on sth, to be supported by sth; *(sujeto: teoría, hipótesis, argumento)* to rest on sth, to be based on sth
-5. *(tierra de cultivo)* to lie fallow
-6. MIL **¡descansen!** at ease!
descansillo *nm* landing
descanso *nm* **-1.** *(reposo)* rest; **tomarse un ~** to take a rest; **necesito un ~, me hace falta un ~** I need a rest; **día de ~** day off; **los lunes cerramos por ~ semanal** we don't open on Mondays; **sin ~** without a rest o break; **trabajar/luchar sin ~** to work/fight tirelessly
-2. *(pausa)* break; *(en cine)* intermission; *(en teatro) Br* interval, *US* intermission; *(en deporte) (cualquier intermedio)* interval; *(a mitad del partido)* half-time; **en la escuela hacemos un ~ de veinte minutos** at school our break lasts twenty minutes; **el resultado en el ~ es de una a cero** the score at half-time is one-nil
-3. *(alivio)* relief; **ya no tengo que preocuparme por los exámenes, ¡qué ~!** I don't have to worry about my exams any more, thank God!
-4. MIL **adoptar la posición de ~** to stand at ease; **¡~!** at ease!
-5. *Méx, RP (descansillo)* landing
descapitalización *nf* COM undercapitalization
descapitalizar [14] COM ◇ *vt* to undercapitalize
♦ **descapitalizarse** *vpr* to be undercapitalized
descapotable ◇ *adj* convertible
◇ *nm* convertible
descaradamente *adv* **-1.** *(con desvergüenza)* cheekily; **me guiñó el ojo ~** he winked at me cheekily **-2.** *(flagrantemente)* blatantly; **estaba ~ de parte del otro equipo** he was blatantly on the side of the other team; **mentir ~** to tell barefaced lies
descarado, -a ◇ *adj* **-1.** *(desvergonzado)* *(persona)* cheeky, impertinent; **¡no seas (tan) ~!** don't be (so) cheeky!; **¡el muy ~ se ha atrevido a burlarse de mí!** the cheeky devil had the nerve to make fun of me! **-2.** *(flagrante)* barefaced, blatant; **una mentira descarada** a barefaced lie; **¡es un robo ~!** it's daylight robbery!; **¡ha sido un penalti ~!** there's no way that wasn't a penalty!
◇ *adv Esp Fam (por supuesto, seguro)* you bet!; **no lo conseguirá, ~** there's no way she'll manage to do it; **¡~ que iremos!** too right we're going to go!
◇ *nm,f* cheeky devil; **eres un ~ mirando** you are awful the way you stare at people
descararse *vpr* to be cheeky o insolent; **conmigo no te descares** don't try to be cheeky with me
descarga *nf* **-1.** *(de mercancías)* unloading; **zonas de carga y ~** loading and unloading areas **-2.** *(de electricidad)* shock; **le dio una ~ eléctrica** he got an electric shock **-3.** *(disparos)* firing, shots; **se oyó una potente ~** a loud burst of gunfire was heard **-4.** *(liberación brusca)* **una ~ de adrenalina** a rush o surge of adrenalin
descargable *adj* INFORMÁT downloadable
descargadero *nm* wharf, unloading dock
descargador, -ora *nm,f (en mercado)* porter; *(en puerto)* docker
descargar [38] ◇ *vt* **-1.** *(vaciar) (cargamento, camión, barco)* to unload; **las nubes descargaron varios litros en pocas horas** it rained several inches in a few minutes
-2. *(desahogar) (ira, agresividad)* to vent; *(tensiones)* to relieve; **juega al squash para ~ el estrés** he plays squash to work off the stress; **descargó su cólera sobre mí** he took his anger out on me; **descargó su conciencia en mí** he unburdened his conscience to me
-3. *(arma) (disparar)* to fire (**sobre** at); *(vaciar)* to unload; **la escopeta estaba descargada** the shotgun was unloaded
-4. *(puntapié, puñetazo)* to deal, to land; **descargó un golpe contra la mesa** he thumped his fist on the table
-5. *(pila, batería)* to run down
-6. *(exonerar)* **~ a alguien de algo** to free o release sb from sth; **lo descargaron de responsabilidades por estar convaleciente** they relieved him of some of his responsibilities as he was convalescing
-7. DER *(absolver)* **~ a alguien de algo** to clear sb of sth; **el juez los ha descargado de toda culpa** the judge cleared them of all blame
-8. INFORMÁT to download; **~ un programa de la Red** to download a program from the Net
◇ *vi (nubarrón)* to burst; **la tormenta descargó en el norte de la ciudad** the storm broke over the north of the city
◇ *v impersonal* to pour down; **tiene pinta de que va a ~** it looks as if it's going to pour down
♦ **descargarse** *vpr* **-1.** *(desahogarse)* **descargarse con** o **en alguien** to take it out on sb
-2. DER to clear oneself (**de** of)
-3. *(pila, batería)* to go flat
-4. INFORMÁT to download; **el programa tarda muchísimo en descargarse** this program takes ages to download
descargo *nm* **-1.** *(excusa)* **en ~ de alguien** in sb's defence; **cabe decir en su ~ que todo lo hizo con la mejor intención** it should be said in his defence that he acted with the best of intentions **-2.** DER **en su ~** in her defence; **alegó la ausencia de mala fe en ~ de su defendido** he claimed in his client's defence that she had acted without malice
-3. COM *(de deuda)* discharge; *(recibo)* receipt
descarnadamente *adv (describir)* baldly; *(narrar, contar)* starkly
descarnado, -a *adj* **-1.** *(descripción, narración)* bald; *(realismo, estilo)* stark **-2.** *(persona, animal)* scrawny
descarnar *vt* **-1.** *(hueso, piel)* to scrape the flesh from **-2.** *(desmoronar)* to eat away
descaro *nm* cheek, impertinence; **¡qué ~!, acudir sin ser invitados** what a cheek, coming without being invited!; **se dirigió a su profesor con mucho ~** he spoke to his teacher very cheekily; **mienten con todo el ~** they lie quite shamelessly o brazenly
descarozado, -a *adj Andes, RP* pitted, stoned
descarozar [14] *vt Andes, RP* to pit, to stone
descarriado, -a *adj* **-1.** *(animal)* stray **-2.** *(moralmente)* **anda ~ a causa de las malas compañías** he's gone astray because of the bad company he's been keeping; **una mujer descarriada** a fallen woman
descarriarse [32] *vpr* **-1.** *(ovejas, ganado)* to stray **-2.** *(pervertirse)* to lose one's way, to go astray
descarrilamiento *nm* **-1.** *(de tren, vagón)* derailment **-2.** *(de proceso de paz, negociaciones)* breakdown (**de** of o in); **temen un ~ de su política exterior** they fear that their foreign policy may go off the rails
descarrilar *vi* **-1.** *(tren, vagón)* to be derailed, to come off the rails; **alguien lo hizo ~** someone made it come off the rails, someone derailed it **-2.** *(proceso, política, negociaciones)* to derail; **los violentos no harán ~ el proceso de paz** the men of violence will not derail the peace process
descarrío *nm* straying
descartable *Am* ◇ *adj (pañal, jeringuilla, envase)* disposable
◇ *nm (pañal)* disposable
◇ *nf (jeringuilla)* disposable
descartar ◇ *vt* **-1.** *(posibilidad, idea)* to rule out; *(plan)* to reject; *(persona)* to reject, to rule out; *(ayuda)* to refuse, to reject; **no descartamos un pacto con la izquierda moderada** we don't rule out a pact with the moderate left; **ha quedado descartado que el tumor sea maligno** any possibility that the tumour might be malignant has been ruled out
-2. *Am (tirar)* to throw out, to discard; **habrá que ~ todos los libros viejos** all the old books will have to be thrown out
♦ **descartarse** *vpr (en naipes)* to get rid of o discard cards; **me descarté de un cinco** I got rid of o discarded a five
descarte *nm* **-1.** *(en naipes)* discard **-2.** *(de posibilidad, idea, persona)* rejection; **el entrenador tendrá que hacer varios descartes** the manager will have to get rid of several players
descasarse *vpr Fam (divorciarse)* to get divorced
descascarar *vt* ◇ **-1.** *(almendra, huevo)* to shell **-2.** *(limón, naranja)* to peel
♦ **descascararse** *vpr* to peel (off)
descascarillado, -a *adj (mueble, pintura, loza)* chipped; **la pared estaba muy descascarillada** most of the paint/plaster had come off the wall
descascarillar ◇ *vt (pelar)* to shell
♦ **descascarillarse** *vpr (loza, pintura)* to chip, to get chipped; *(mueble)* to get chipped; **la pared se está descascarillando** the paint/plaster is flaking off the wall
descastado, -a ◇ *adj* ungrateful
◇ *nm,f* **ser un ~** to be ungrateful *(towards family or friends)*
descatalogado, -a *adj (disco)* discontinued; **está ~** *(disco)* it's been discontinued; *(libro)* it's no longer published; **la mayoría de sus novelas están descatalogadas** most of his novels are out of print
descatalogar *vt (libro, disco)* **lo han descatalogado** they've dropped it from their catalogue
descendencia *nf* **-1.** *(hijos)* offspring; *(hijos, nietos)* descendants; **morir sin (dejar) ~** to die without issue; **tener ~** *(hijos)* to have offspring/descendants **-2.** *(linaje)* lineage, descent
descendente *adj (número, temperatura)* falling; *(movimiento, línea, trayectoria)* downward, descending
descender [64] ◇ *vi* **-1.** *(temperatura, nivel, precios)* to fall, to drop; **ha descendido el interés por la política** there is less interest in politics; **desciende el número de desempleados** *(en titulares)* unemployment down
-2. *(de una altura)* to descend; **descendimos**

descendiente

por la cara este we made our descent by the east face; **~ al interior de una mina** to go down (into) a mine; **el halcón descendió en picado** the falcon swooped down; **el río desciende por el valle** the river runs down the valley; **la niebla descendió sobre el valle** the mist descended on the valley
-3. *(de vehículo)* **~ de un avión** to get off a plane; **~ de un coche** to get out of a car; **~ de un tren** to get off a train
-4. *(en el trabajo)* to be demoted
-5. *(en competición deportiva)* to be relegated; **~ a segunda** to be relegated to the second division; **~ de categoría** to be relegated
-6. *(de antepasado)* **~ de** to be descended from; **desciende de aristócratas** she's of aristocratic descent; **el hombre desciende de los simios** man is descended from the apes
-7. *(en estimación)* to go down; **su prestigio como cantante descendió mucho** his reputation as a singer plummeted
◇ *vt* -1. *(bajar)* **descendieron al paciente de la ambulancia** they took the patient out of the ambulance; **descendió las escaleras rápidamente** she ran down the stairs -2. *(en el trabajo)* to demote; **lo han descendido de categoría en el trabajo** he's been demoted at work

descendiente *nmf* descendant; **no dejó descendientes** she left no children, she died without issue; **es ~ directo de los Stroganoff** he's a direct descendant of the Stroganoffs

descendimiento *nm* ARTE **el Descendimiento (de la Cruz)** the Deposition (from the Cross)

descendista *nmf (en esquí)* downhill skier, downhiller; *(en ciclismo)* descender

descenso *nm* -1. *(de una altura)* descent; **los ciclistas iniciaron el ~** the cyclists began the descent; **sufrieron un accidente en el ~** they had an accident on the way down □ **~ de aguas bravas** white water rafting; **~ de barrancos** canyoning
-2. *(de precio, temperatura, nivel)* fall, drop; **el fuerte ~ de las temperaturas** the sharp drop in temperatures; **la tasa de desempleo experimentó un espectacular ~** there was a spectacular drop in the unemployment rate; **ir en ~** to be decreasing *o* on the decline
-3. *(prueba de esquí)* downhill
-4. *(en competición deportiva)* relegation; **estar en las posiciones de ~** to be in the relegation zone

descentrado, -a *adj* -1. *(geométricamente)* off-centre -2. *(mentalmente)* unsettled, disorientated

descentralización *nf* decentralization
descentralizar [14] ◇ *vt* to decentralize
◆ **descentralizarse** *vpr* to become decentralized

descentrar ◇ *vt* -1. *(geométricamente)* to knock off-centre -2. *(desconcentrar)* to distract; **el ruido me descentra** noise distracts me
◆ **descentrarse** *vpr* -1. *(geométricamente)* to be knocked off centre -2. *(desconcentrarse)* to lose one's concentration; **se descentra fácilmente** he loses his concentration easily, he's easily distracted

desceñir [47] *vt* to unbelt
descepar *vt (planta)* to uproot, to pull up by the roots
descerebrado, -a *Esp, Andes, RP Fam* ◇ *adj* moronic, brainless
◇ *nm,f* moron, halfwit
descerebrarse *vpr Andes, RP Fam* to knock oneself out, *Br* to do one's head in
descerrajar *vt* -1. *(disparo)* to fire; **le descerrajó varios tiros** he fired several shots at her -2. *(puerta)* to force the lock on
deschavetado, -a *adj Am Fam* crazy, loony
deschavetarse *vpr Am Fam* to go crazy, to go off one's rocker
desciendo *etc ver* **descender**
descifrable *adj (mensaje, jeroglífico)* decipherable; *(letra)* legible

descifrar *vt* -1. *(clave, código)* to decipher, to crack; *(mensaje, jeroglífico)* to decipher; **¿has descifrado las instrucciones?** have you managed to make sense of the instructions?; **cuesta ~ su letra** it's difficult to make out *o* decipher her handwriting
-2. *(motivos, intenciones)* to work out; *(misterio)* to solve; *(problemas)* to puzzle out; **no consigo ~ lo que quiere decir** I can't make out what he's trying to say
-3. INFORMÁT to decrypt

desciña, desciñera *etc ver* **desceñir**

desclasado, -a *nm,f* **es un ~** *(pérdida de clase social)* he's come down in the world; *(traición de clase social)* he's a traitor to his class

desclasificar *vt* to declassify

desclavar *vt* to unnail

descoagulante *adj* liquefying, dissolving

descocado, -a *adj Fam* outrageous; **anoche estaba completamente ~** he was totally outrageous last night

descocarse *vpr Fam* to get carried away, *Br* to go OTT

descoco *nm Fam* **¡qué ~!** that's outrageous!

descodificación, decodificación *nf* decoding

descodificador, -ora, decodificador, -ora
◇ *adj* decoding
◇ *nm (aparato)* decoder; *(para televisión)* unscrambler

descodificar [59], **decodificar** *vt (mensaje)* to decode; *(emisión televisiva, acústica)* to unscramble

descojonante *adj muy Fam* **un chiste ~** a screamingly funny joke; **ser ~** to be a scream, to make one wet oneself

descojonarse *vpr muy Fam* -1. *(reír)* to piss oneself laughing **(de** at); **una película para ~ de risa** a film that will have you wetting yourself -2. *(estropearse)* to pack up *o* in; **se me ha descojonado la radio** my radio's kaput *o Br* knackered

descojone, descojono *nm muy Fam* **ser un ~** to be a scream, to make one wet oneself; **la actriz que hace de madre era un ~** the actress who plays the mother had me wetting myself; **¡qué ~ de película!** what a screamingly funny film!

descolgar [16] ◇ *vt* -1. *(cosa colgada)* to take down; **~ la ropa** to take down the washing
-2. *(teléfono) (para hablar)* to pick up, to take off the hook; **descolgamos el teléfono para que no nos molestara nadie** we left the phone off the hook so nobody would disturb us
-3. *(en una carrera) (adelantarse)* **~ a alguien** to pull ahead of sb
◇ *vi (para hablar por teléfono)* to pick up (the receiver); **para efectuar una llamada descuelgue y espere tono** to make a call, lift the receiver and wait for the dialling tone

◆ **descolgarse** *vpr* -1. *(cosa colgada) (cortinas)* to come loose *o* unhooked; **el póster se ha descolgado** the poster has fallen off the wall
-2. *(bajar)* **descolgarse (por algo)** to let oneself down *o* to slide down (sth); **se descolgaron por la fachada con una cuerda** they lowered themselves down the front of the building on a rope
-3. *(corredor) (quedarse atrás)* to fall back *o* behind; **descolgarse del pelotón** to fall behind the pack
-4. *Fam (mencionar)* **descolgarse con algo** to come out with sth; **se descolgó con unas declaraciones sorprendentes** he came out with some surprising statements
-5. *Fam (presentarse)* to drop in *o* by, to turn up; **Manuel se descolgó un rato en el billar porque estaba harto de estudiar** Manuel dropped in at the billiard hall for a while because he was fed up of studying

descollante *adj (sobresaliente)* outstanding; **una de las figuras descollantes del régimen** one of the key figures of the regime

descomponer

descollar *vi (sobresalir)* to stand out; **descuella entre la clase por su inteligencia** he stands out among his classmates for his intelligence

descolocación *nf (de jugadores, defensa)* **la ~ de la defensa facilitó el gol** the goal was scored because the defenders were out of position

descolocado, -a *adj* -1. *(objeto)* out of place; *(jugador, defensa)* out of position; **pillar ~ al portero** to catch the goalkeeper out of position -2. *Fam (confuso)* confused; **su respuesta me dejó un poco ~** her reply threw me a little

descolocar ◇ *vt* -1. *(objeto)* to put out of place, to disturb; *(jugador, defensa)* to force out of position -2. *Fam (persona)* to confuse; **me descolocó totalmente con esa pregunta** I didn't know what to say in reply to his question

◆ **descolocarse** *vpr (objeto)* **se te ha descolocado la pajarita** your bow tie isn't straight

descolonización *nf* decolonization
descolonizador, -ora *adj* **proceso ~** decolonization process
descolonizar [14] *vt* to decolonize
descolorante ◇ *adj* -1. *(de color)* fading -2. *(de pelo)* bleaching
◇ *nm* bleaching agent
descolorar ◇ *vt* to fade
◆ **descolorarse** *vpr* to fade
descolorido, -a *adj* -1. *(tela, alfombra)* faded; *(papel, manuscrito)* yellowing -2. *(rostro, piel)* pale
descolorir ◇ *vt* to fade, to discolour
◆ **descolorirse** *vpr* to discolour
descomedido, -a *adj Esp Formal* -1. *(exagerado)* excessive, uncontrollable -2. *(descortés)* discourteous, impolite
descomedirse [47] *vpr Esp Formal* to be discourteous, to be impolite
descompaginar *vt* -1. *(manuscrito)* **me has descompaginado el tesis** you've got the pages of my thesis out of order -2. *(rutina)* to disrupt; **el nacimiento de su primer hijo les ha descompaginado los horarios** the birth of their first child has played havoc with their timetable
descompasado, -a, desacompasado, -a *adj (música, ritmo)* jerky, uneven; *(aplausos)* disorganized, unsynchronized; **los bailarines y la música van descompasados** the dancers aren't in time with the music; **llevaban un ritmo ~** they weren't playing in time; **vamos totalmente descompasados** we're completely out of step (with each other)
descompensación *nf* imbalance
descompensado, -a *adj* unbalanced
descompensar ◇ *vt* to unbalance
◆ **descompensarse** *vpr* to become unbalanced

descomponer [50] ◇ *vt* -1. *(pudrir) (fruta, comida, cuerpo)* to rot; **un organismo que descompone los cadáveres** an organism that causes bodies to decompose *o* rot; **la humedad descompone ciertos alimentos** dampness makes some foods rot
-2. *(dividir) (sustancia, molécula)* to break down; *(luz)* to split up; *(átomo)* to split; **~ algo en** to break sth down into
-3. *(desordenar)* to mess up
-4. *(estropear) (aparato, motor)* to break
-5. *(indisponer)* **la cena le descompuso el vientre** the dinner gave him an upset stomach; **creo que comí algo que me descompuso (el cuerpo)** I think I ate something that didn't agree with me
-6. *(turbar, alterar)* to disturb, to upset; **algo que dije pareció descomponerlo** something I said seemed to upset him
-7. *(enojar)* to annoy; **su pasividad me descompone** his passivity annoys me
-8. MAT **~ en factores (primos)** to factorize

◆ **descomponerse** *vpr* -1. *(pudrirse) (fruta, comida)* to rot; *(cadáver)* to decompose, to rot

descomposición / **desconocido**

-2. *(dividirse) (sustancia, molécula)* to break down; *(luz)* to split (up); *(átomo)* to split; **la luz se descompone en un espectro** light splits up into a spectrum
-3. *(desordenarse)* to get messed up; **se me ha vuelto a ~ el peinado** my hairdo has got messed up again
-4. *(estropearse) (aparato, máquina)* to break down
-5. *(estómago)* **se me descompuso el estómago** I had an attack of diarrhoea
-6. *(turbarse, alterarse)* **se le descompuso el rostro** he looked distraught; **no se descompone por nada** nothing seems to upset him
-7. *(irritarse)* to get (visibly) annoyed; **se descompuso al oír tus palabras** he got annoyed when he heard what you said
-8. *Am (tiempo)* to turn nasty

descomposición *nf* **-1.** *(en elementos)* breaking down; *(de luz)* splitting; *(de átomo)* splitting; *(de sustancia, molécula)* breaking down **-2.** *(putrefacción) (de fruta, comida)* rotting; *(de cadáver)* decomposition, rotting; **en avanzado estado de ~** in an advanced state of decomposition; **la ~ del régimen político es ya imparable** the decline of the regime is now irreversible
-3. *(alteración)* distortion
-4. *Esp (diarrea)* diarrhoea
-5. MAT **~ factorial** factorization

descompostura *nf* **-1.** *(falta de mesura)* lack of respect, rudeness **-2.** *Am (malestar)* unpleasant *o* nasty turn **-3.** *Am (diarrea)* diarrhoea **-4.** *Méx, RP (avería)* breakdown

descompresión *nf* **-1.** *(de cuerpo, gas, líquido)* decompression **-2.** INFORMÁT decompression; **un programa de ~ de ficheros** a decompression programme

descompresor *nm* TEC decompression valve

descomprimir *vt* **-1.** *(cuerpo, gas, líquido)* to decompress **-2.** INFORMÁT to decompress

descompuesto, -a ◇ *participio ver* **descomponer**
◇ *adj* **-1.** *(putrefacto) (fruta, comida)* rotten; *(cadáver)* decomposed **-2.** *(alterado) (rostro)* distorted, twisted **-3.** *(con diarrea)* **estar ~** to have diarrhoea **-4.** *Andes, CAm, PRico (borracho)* tipsy **-5.** *Méx, RP (averiado) (máquina)* out of order; *(vehículo)* broken down; **mi moto está descompuesta** my motorbike has broken down

descomunal *adj* enormous, tremendous; **un ~ edificio** a huge *o* an enormous building; **era un tipo ~** he was a huge guy; **tengo un hambre ~** I'm absolutely starving; **tuvieron una bronca ~** they had a tremendous argument

descomunalmente *adv* enormously, tremendously

desconcentrar ◇ *vt* to distract; **la música me desconcentra** the music is distracting me; **¡calla, que me desconcentras!** be quiet, you're putting me off!
◆ **desconcentrarse** *vpr* to get distracted; **cuando estás al volante no te puedes ~ ni un momento** when you're behind the wheel you can't lose concentration *o* allow yourself to be distracted for a moment

desconcertado, -a *adj* disconcerted; **estar ~** to be disconcerted *o* thrown; **quedarse ~** to be taken aback

desconcertante *adj* disconcerting

desconcertar [3] ◇ *vt* **su respuesta lo desconcertó** her answer threw him; **su comportamiento me desconcierta** I find his behaviour disconcerting
◆ **desconcertarse** *vpr* to be thrown *o* bewildered **(ante** *o* **por** by)

desconchado *nm* **-1.** *(de pintura, loza, vajilla)* **hay que cubrir los desconchados de la pared** we'll have to cover the places where the paint has peeled off the wall; **el plato tenía un ~** the plate was chipped **-2.** *Chile (pelado)* shelling

desconchar ◇ *vt (pintura)* to cause to flake; *(loza, vajilla)* to chip; **al colgar el cuadro desconchó la pared** he took a chunk out of the wall when he was nailing up the picture
◆ **desconcharse** *vpr (pintura)* to flake off; *(loza)* to chip; **la pared se había desconchado en varios sitios** the plaster had come off the wall in several places

desconche *nm Ven* shelling

desconchinflar *Méx Fam* ◇ *vt* to wreck, to bust
◇ **desconchinflarse** *vpr* to pack up *o Br* in

desconchón *nm* **la pared tenía varios desconchones** the plaster had come off the wall in several places; **el plato tenía un ~** the plate was chipped

desconcierto ◇ *ver* **desconcertar**
◇ *nm* **-1.** *(desorden)* disorder **-2.** *(desorientación, confusión)* confusion; **su decisión causó gran ~ en las filas del partido** his decision caused bewilderment among the rank and file of the party; **entre los trabajadores reina el ~** there is widespread confusion among the workforce

desconectado, -a *adj* **-1.** *(aparato)* unplugged **-2.** *(persona)* **está muy ~ de su familia** he isn't in touch with his family very often; **está muy ~ de la actualidad del país** he's very out of touch with what's going on in the country

desconectar ◇ *vt (aparato)* to switch off; *(línea)* to disconnect; *(desenchufar)* to unplug; **desconecta la televisión del enchufe** unplug the television; **acuérdate de ~ la alarma** remember to disconnect the alarm
◇ *vi Fam (persona)* to switch off; **se va al campo para ~** she goes off to the country to get away from it all; **en cuanto ella se pone a hablar, yo desconecto** as soon as she starts talking I switch off; **~ de la realidad** to cut oneself off from reality; **vive desconectada de la realidad** she lives in a world of her own
◆ **desconectarse** *vpr* **-1.** *(aparato)* **el radiador se desconecta solo** the radiator switches *o* turns itself off automatically; **se desconectó la línea en mitad de conversación** we were cut off in the middle of the conversation; **la televisión se desconectó de repente** the TV suddenly went dead
-2. *(aislarse, olvidarse)* to forget about one's worries; **desconectarse de algo** to shut sth out, to forget (about) sth; **me he desconectado de mis compañeros de universidad** I've lost touch with the people I was at university with

desconexión *nf* **-1.** *(de aparato, alarma)* switching off; *(línea telefónica)* disconnection **-2.** *(falta de relación)* gulf; **la ~ del gobierno con los sindicatos** the gulf between the government and the unions

desconfiadamente *adv* distrustfully

desconfiado, -a ◇ *adj* distrustful; **no seas tan desconfiado** don't be so distrustful; **un pueblo de gente huraña y desconfiada** a town with unsociable and mistrustful inhabitants
◇ *nm,f* distrustful person; **es un ~** he's very distrustful

desconfianza *nf* distrust; **la miró con ~** he looked at her with distrust; **los animales salían de sus jaulas con ~** the animals emerged warily from their cages; **todavía me tienen cierta ~** they're still a little wary of me, they still don't trust me completely

desconfiar [32] *vi* **-1. ~ de** *(sospechar de)* to distrust; **desconfío de él** I don't trust him; **¿desconfías de mí?** don't you trust me?; **no es que desconfíe de usted, pero…** it's not that I don't trust you, but…; **desconfiaban de sus constantes halagos** they mistrusted his constant flattery; **desconfíe de las imitaciones** beware of imitations
-2. ~ de *(no confiar en)* to have no faith in; **siempre desconfié de los políticos y de lo que prometían** I never had any faith in

politicians and their promises; **desconfío de que venga** I doubt whether he'll come; **desconfío de poder obtener un ascenso** I'm not sure if I'll be able to get a promotion

descongelación *nf* **-1.** *(de alimento)* thawing; *(de nevera)* defrosting **-2.** *(de precios)* unfreezing; *(de créditos, salarios, cuentas bancarias)* unfreezing; *(de negociaciones)* unblocking

descongelador *nm* **~ (de parabrisas)** deicer

descongelar ◇ *vt* **-1.** *(alimento)* to thaw; *(nevera)* to defrost **-2.** *(precios)* to free; *(créditos, salarios, cuentas bancarias)* to unfreeze; **~ las negociaciones** to restart the negotiations, to get the negotiations moving again
◆ **descongelarse** *vpr* **-1.** *(alimento)* to thaw, to defrost; *(nevera)* to defrost **-2.** *(negociaciones)* to start moving again

descongestión *nf* **-1.** *(de nariz, vías respiratorias)* clearing, decongestion **-2.** *(del tráfico)* **las nuevas medidas facilitarán la ~ del tráfico** the new measures will help to relieve traffic congestion

descongestionante *adj* decongestive

descongestionar ◇ *vt* **-1.** *(nariz, vías respiratorias)* to clear **-2.** *(calle, centro de ciudad)* to make less congested; **~ el tráfico** to reduce congestion
◆ **descongestionarse** *vpr* **-1.** *(nariz, vías respiratorias)* to clear **-2.** *(tráfico)* to become less congested; **el centro se ha descongestionado bastante** the centre has become much less congested

descongestivo, -a ◇ *adj* decongestive
◇ *nm* decongestant

desconocedor, -ora *adj* unaware **(de** of**)**; **era ~ de sus intenciones** he was unaware of what her intentions were

desconocer [19] *vt* **-1.** *(ignorar)* not to know; **desconocemos sus motivos** we do not know his motives; **desconocía que fueran amigos** I was unaware they were friends; **se desconoce su paradero** her whereabouts are unknown; **se desconoce la identidad de los secuestradores** the identity of the kidnappers has yet to be established; **por causas que aún se desconocen** for reasons as yet unknown *o* which are still unknown; **sus libros se desconocen fuera de Latinoamérica** his books are unknown outside Latin America
-2. *(no reconocer)* to fail to recognize; **con ese peinado te desconozco** I can hardly recognize you with that hairstyle

desconocido, -a ◇ *adj* **-1.** *(no conocido)* unknown; **su cine es del todo ~ en Europa** his movies are totally unknown in Europe; **elementos químicos entonces desconocidos** chemical elements then unknown; **una enfermedad hasta ahora desconocida** a hitherto unknown illness; **por causas todavía desconocidas** for reasons as yet unknown *o* which are still unknown; **nació en 1821, de padre ~** he was born in 1821, and it is not known who his father was; **mundo de lo ~** the world of the unknown; **su nombre no me es del todo ~** his name rings a bell
-2. *(extraño)* **no dé su teléfono o dirección a personas desconocidas** don't give your telephone number or address to strangers
-3. *(sin fama)* unknown; **escritores jóvenes, casi desconocidos** young, almost unknown, writers
-4. *(muy cambiado)* **estar ~** to have changed beyond all recognition; **¿ya no fumas ni bebes? ¡chico, estás ~!** you don't smoke or drink any more? well, well, you're a changed man!; **el viejo bar estaba ~** the old bar was unrecognizable; **así, sin gafas, estás ~** like that, with no glasses, you're unrecognizable
◇ *nm,f* **-1.** *(extraño)* stranger; **hablar con un ~** to talk to a stranger; **no le abras la puerta a desconocidos** don't open the door to strangers
-2. *(persona sin fama)* unknown; **le dieron el premio a un (perfecto) ~** they gave the prize to a complete unknown

desconocimiento -3. *(persona sin identificar)* unidentified person; **un ~ le disparó un tiro en la cabeza** he was shot in the head by an unknown assailant; **tres desconocidos prendieron fuego a varias tiendas** several shops were set on fire by three unidentified persons

desconocimiento *nm* ignorance, lack of knowledge; **tiene un ~ total de la situación** he has absolutely no idea what the situation is; **el ~ de la ley no exime de su cumplimiento** ignorance of the law does not exempt one from obeying it

desconozco *etc ver* **desconocer**

desconsideración *nf* thoughtlessness; **me parece una ~ por su parte** I think it is rather thoughtless of him

desconsiderado, -a ◇ *adj* thoughtless, inconsiderate
◇ *nm,f* thoughtless *o* inconsiderate person; **es un ~** he's really thoughtless *o* inconsiderate

desconsoladamente *adv (llorar)* inconsolably; *(mirar, quejarse)* disconsolately

desconsolado, -a *adj (persona, rostro)* disconsolate; *(llanto)* inconsolable; **su desconsolada viuda no quiso hablar con la prensa** his heartbroken widow did not want to speak to the press; **me miraba ~** he looked at me disconsolately

desconsolar [63] *vt* to distress

desconsuelo *nm* distress, grief; **vive sumido en el ~** he's in the depths of despair

descontado, -a ◇ *adj (rebajado)* discounted
◇ **por descontado** *loc adv* obviously, needless to say; **¿vendrás a la fiesta? – ¡por ~!** are you going to the party? – but of course! **por ~ que no revelaré el secreto** of course I won't tell anyone the secret; **dar algo por ~** to take sth for granted; **di por ~ que serías discreto con este tema** I took it for granted you would be discreet about this matter; **doy por ~ que te quedarás a cenar** now, you will be staying for dinner, won't you?; **¿nos apoyarás? – eso dalo por ~** will you support us? – you can count on it

descontaminación *nf* decontamination

descontaminar *vt* to decontaminate, to clean up

descontar [63] *vt* -1. *(una cantidad)* to deduct; **me lo descontarán de mi sueldo** it will be deducted from my salary; **facturaré 5.000 euros brutos, pero a eso habrá que descontarle gastos** I'll make 5,000 euros gross, but I'll have to take off the costs from that -2. *(hacer un descuento de)* to discount; **me han descontado 1.000 pesos** they gave me a discount of 1,000 pesos; **me descontaron el 5 por ciento del precio de la lavadora** they gave me a 5 percent discount on the (price of the) washing machine
-3. *(exceptuar)* **siete, descontando a los profesores** seven, not counting the teachers; **si descuentas los días de vacaciones...** if you leave out the holidays...
-4. *(en deporte)* **el árbitro descontó tres minutos** the referee added three minutes to injury time
-5. FIN *(letra de cambio)* to discount

descontentar *vt* to upset, to make unhappy

descontento, -a ◇ *adj* unhappy, dissatisfied; **estar ~ con algo/alguien** to be dissatisfied *o* unhappy with sth/sb; **dijo estar ~ con la decisión de los tribunales** she said she was unhappy with the court's decision
◇ *nm* dissatisfaction; **los sindicatos expresaron su ~ con la nueva ley** the unions expressed their dissatisfaction with the new law; **entre la población cundió el ~** discontent was spreading among the population

descontextualización *nf* decontextualization

descontextualizar *vt* to decontextualize

descontón *nm Méx (golpe)* blow, setback

descontrol *nm* -1. *(pérdida de control)* lack of control -2. *Fam (caos)* chaos; **en el despacho reinaba el ~** everything was in total chaos in the office; **la fiesta fue un ~** the party was rather wild; **su vida es un ~** he leads a very disorganized life

descontrolado, -a ◇ *adj (automóvil, inflación)* runaway; *(persona)* out of control; **tengo a la clase descontrolada** I can't keep order in my class; **el tren circulaba ~** the train was running out of control; **estar ~** to be out of control
◇ *nm,f* **un grupo de descontrolados interrumpió la reunión** a rowdy group disrupted the meeting

descontrolar ◇ *vt Fam* to confuse; **¡no me descontroles!** stop confusing me!; **el cambio de horario me ha descontrolado** the change in timetable has got me all mixed up
◆ **descontrolarse** *vpr* -1. *(automóvil, inflación)* to go out of control -2. *(persona)* to lose control; *Fam (desmadrarse)* to go wild, to go over the top

desconvocar [59] *vt (huelga, manifestación, reunión)* to call off, to cancel

desconvocatoria *nf (de huelga, manifestación, reunión)* calling off, cancellation

descoordinación *nf* lack of coordination

descorazonado, -a *adj* disheartened

descorazonador, -ora *adj* discouraging

descorazonamiento *nm* discouragement

descorazonar *vt* to discourage
◆ **descorazonarse** *vpr* to be discouraged, to lose heart

descorchador *nm Andes, RP* corkscrew

descorchar *vt* to uncork

descorche *nm* -1. *(de botella)* uncorking -2. *(de árbol)* bark stripping

descornar [63] ◇ *vt* to dehorn
◆ **descornarse** *vpr Esp Fam* -1. *(emplearse a fondo)* **se descornaba a trabajar para pagar la casa** he worked himself into the ground to pay for the house -2. *(golpearse en la cabeza)* to brain *o* crown oneself

descorrer *vt* -1. *(cortinas)* to draw back, to open -2. *(cerrojo, pestillo)* to draw back

descortés *(pl* **descorteses)** *adj (persona, conducta, detalle)* rude, discourteous; **no seas tan ~** don't be so rude; **fue muy ~ de *o* por su parte no estrecharnos la mano** it was very ill-mannered of him not to shake hands with us; **no quisiera parecer ~, pero ya es muy tarde** I don't want to seem impolite *o* rude, but it's getting very late

descortesía *nf* -1. *(falta de cortesía)* rudeness, discourtesy; **se dirigió a nosotros con ~** he addressed us rather rudely -2. *(gesto poco cortés)* **fue una ~ no saludarlos** it was impolite not to say hello to them

descortésmente *adv* rudely

descortezar *vt* -1. *(árbol)* to strip the bark from -2. *(pan)* to take the crust off

descoser ◇ *vt* to unstitch
◆ **descoserse** *vpr* to come unstitched; **se me ha descosido un botón** one of my buttons has come off; **se me descosió la camisa por las costuras** my shirt came apart at the seams

descosido, -a ◇ *adj* unstitched
◇ *nm,f* EXPR *Fam* **como un ~** *(hablar)* nonstop, nineteen to the dozen; *(trabajar, estudiar)* like crazy; *(beber, comer)* like there was no tomorrow; **gritar/reír como un ~** to shout/laugh one's head off
◇ *nm (roto)* burst seam; **tengo un ~ en el pantalón** the seam of my trousers is coming apart

descostillarse *vpr RP Fam* **~ de (la) risa** to split one's sides laughing

descoyuntado, -a *adj Fam (cansadísimo)* shattered

descoyuntar ◇ *vt* to dislocate; *Fam* **no hagas eso, que te vas a ~** don't do that, you'll do yourself an injury *o* a mischief
◆ **descoyuntarse** *vpr* -1. *(sujeto: articulación, huesos)* to become dislocated; **se le descoyuntó el hombro** he dislocated his shoulder -2. *(sujeto: persona)* **me descoyunté el codo** I put my elbow out of joint; EXPR *Fam* **descoyuntarse de (la) risa** to split one's sides laughing

descrédito *nm* discredit; **caer en el ~** to fall into disrepute; **ir en ~ de algo/alguien** to count against sth/sb; **estar en ~** to be discredited

descreído, -a ◇ *adj* unbelieving
◇ *nm,f* non-believer

descreimiento *nm* unbelief

descremado, -a *adj* skimmed

descremar *vt* to skim

describir *vt* -1. *(con palabras)* to describe; **descríbanos al individuo que la atacó** describe the man who attacked you -2. *(trazar) (trayectoria, curva, órbita)* to describe

descripción *nf* description; **una ~ de los hechos** an account of what happened

descriptible *adj* describable

descriptivo, -a *adj* descriptive

descrito, -a, descripto, -a *participio ver* **describir**

descuajaringado, -a, descuajeringado, -a *adj Fam* -1. *(roto) (mueble)* rickety; **estar ~** *(automóvil, aparato)* to be falling to bits; *(libro)* to be coming *o* falling apart -2. *(cansado)* shattered

descuajaringar, descuajeringar [38] *Fam*
◇ *vt (mueble, aparato)* to break *o* bust into pieces; *(libro)* to tear apart *o* to pieces
◆ **descuajaringarse, descuajeringarse** *vpr* -1. *(romperse)* to fall to bits; **la moto se está descuajaringando** the bike is falling to bits -2. *(troncharse de risa)* to fall about (laughing)

descuartizamiento *nm* -1. *(de res)* carving up, quartering -2. *(de persona)* dismemberment

descuartizar [14] *vt* -1. *(res)* to carve up, to quarter -2. *(persona)* to dismember; **un cuerpo descuartizado** a dismembered body

descubierto, -a ◇ *participio ver* **descubrir**
◇ *adj* -1. *(sin techo, tejado) (terraza, patio)* uncovered; *(vehículo, carroza)* open-top; *(piscina, polideportivo)* open-air -2. *(sin cubrir)* **decir/hacer algo a cara descubierta** to say/do sth openly; **atracaron el banco a cara descubierta** they held up the bank without wearing masks -3. *(cielo)* clear -4. *(naipes)* face up -5. *(zona, lugar)* open, exposed -6. *(sin sombrero)* bareheaded
◇ *nm* FIN *(de empresa)* deficit; *(de cuenta bancaria)* overdraft; **tengo un ~ de 2.000 euros** I have an overdraft of 2,000 euros; **al *o* en ~** overdrawn; **tener la cuenta al *o* en ~** to be overdrawn
◇ **al descubierto** *loc adv* -1. *(a la luz pública)* **poner al ~** to reveal; **la policía puso al ~ una red de prostitución infantil** the police uncovered a child prostitution ring; **quedar al ~** to be exposed *o* uncovered; **sus turbios negocios quedaron al ~** his shady dealings came out into the open *o* were exposed -2. *(al raso)* in the open

descubridor, -ora *nm,f* discoverer; **él fue el ~ de los Beatles** he was the one who discovered the Beatles

descubrimiento *nm* -1. *(hallazgo) (de nuevas tierras, artista)* discovery; **este restaurante ha sido todo un ~** this restaurant was a real find
-2. *(avance técnico o científico)* discovery; **el ~ de los agujeros negros** the discovery of black holes; **publicaron su ~ en la revista "Nature"** they published their discovery in "Nature"
-3. *(de estatua, placa, busto)* unveiling
-4. *(de complot)* uncovering; *(de asesinos)* detection

descubrir ◇ *vt* -1. *(hallar)* to discover; *(petróleo)* to strike, to find; *(oro, plutonio)* to find; *(nuevas tierras, artista, novedad científica)* to discover; **no han descubierto la causa de su enfermedad** they haven't discovered the cause of his illness; **callejeando descubrimos un bar irlandés** we came across an Irish bar as we wandered about the streets; **la policía descubrió al secuestrador** the police found the kidnapper

descuelgo / **desdoblamiento**

-2. *(destapar) (estatua, placa)* to unveil; *(complot, parte del cuerpo)* to uncover; *(cualidades, defectos)* to reveal; **los periodistas descubrieron un caso de estafa** the reporters uncovered a case of fraud; **la entrevista nos descubrió otra faceta de su personalidad** the interview revealed another aspect of his character; EXPR **~ el pastel** to let the cat out of the bag, to give the game away
 -3. *(enterarse de)* to discover, to find out; **¿qué has conseguido ~?** what have you managed to find out?; **descubrió que su mujer lo engañaba** he discovered o found out that his wife was cheating on him
 -4. *(vislumbrar)* to spot, to spy
 -5. *(delatar)* to give away; **una indiscreción la descubrió** an indiscreet remark gave her away
 ◆ **descubrirse** *vpr* **-1.** *(quitarse el sombrero)* to take one's hat off
 -2. *(mostrar admiración)* to take one's hat off; **ante una hazaña así no puedo sino descubrirme** I can only take my hat off to such a feat; **me descubro ante tu victoria** I salute your victory
 -3. *(delatarse)* to give oneself away; **se descubrió con lo que dijo** she gave herself away with what she said
 -4. *(parte del cuerpo)* to uncover; **no se les permite descubrirse el rostro** they aren't allowed to uncover their faces
 -5. *(en boxeo)* to lower one's guard

descuelgo *etc ver* **descolgar**

descuento ◇ *ver* **descontar**
 ◇ *nm* **-1.** *(rebaja)* discount; **un ~ del 5 por ciento** 5 percent off; **con ~** at a discount; **vendemos todo con ~** we sell everything at a discount; **artículos con ~** discounted items; **con el ~ se le queda en 5.000** with the discount it comes to 5,000; **hacer ~** to give a discount; **nos hicieron un ~ del 10 por ciento** they gave us a 10 percent discount; **llevar ~** to be on special offer; **los trajes no llevan ~** there are no discounts on suits ❑ COM **~ comercial** trade discount; **~ duro** hard discount
 -2. *(en fútbol)* **(tiempo de) ~** injury time; **marcaron en el tiempo de ~** they scored in injury time
 -3. *(de remuneración, salario)* deduction
 -4. FIN *(de letra de cambio)* discount

descuerar *vt Chile Fam* to slam, to criticize

descuerno *etc ver* **descornar**

descueve *nm Chile Fam* **el ~: lo pasamos el ~** we had a fantastic o Br brilliant time; **esa película es el ~** that movie o Br film is ace o Br the business

descuidadamente *adv (conducir, actuar)* carelessly; *(vestir)* untidily

descuidado, -a *adj* **-1.** *(desaseado) (persona, aspecto)* untidy; **arréglate un poco, no vayas tan ~** tidy yourself up a bit, don't be so slovenly
 -2. *(abandonado) (jardín, casa)* neglected; *(habitación)* untidy; *(barrio, ciudad)* run-down; **un paraje bellísimo, pero muy ~** a lovely spot, but very poorly looked after
 -3. *(negligente)* careless; **es muy ~ con sus cosas** he's very careless with his things
 -4. *(distraído)* **estaba ~** he wasn't paying attention

descuidar ◇ *vt* to neglect; **descuidó su aspecto** he neglected his appearance; **descuidas mucho tu habitación** you never tidy your room; **han descuidado mucho el barrio** they've let the area get very run-down; **no descuides tu vida social** don't let your social life go by the board
 ◇ *vi (no preocuparse)* **descuida, que yo me encargo** don't worry, I'll take care of it; **apaga la luz cuando te marches – descuida** turn off the light when you leave – don't worry, I will
 ◆ **descuidarse** *vpr* **-1.** *(abandonarse)* to neglect one's appearance, to let oneself go
 -2. *(despistarse)* not to be careful, to be careless; **me descuidé un instante y se me fue la bici a la cuneta** I let my attention wander for an instant and the bicycle went into the ditch; **como te descuides, ya no hay entradas** if you're not careful there won't be any tickets left; **no te puedes ~ ni un momento** you've got to be alert all the time, you can't let your attention wander for a second; **como me descuide, llegaré tarde al examen** if I'm not careful, I'll be late for the exam
 -3. EXPR **en cuanto te descuidas, se pone a llover** it rains all the time; **en cuanto te descuidas se pone a cantar** he'll break into song at the drop of a hat

descuidero, -a *nm,f Fam* sneak thief

descuido *nm* **-1.** *(falta de aseo) (en personas)* untidiness, slovenliness; *(de jardín, casa)* neglect; *(en habitación)* untidiness
 -2. *(olvido)* oversight; *(error)* slip; **al menor ~** if you let your attention wander for even a moment; **en un ~ se me fue la bici a la cuneta** my attention wandered for a moment and the bicycle went into the ditch; **en un ~, borré el fichero** I deleted the file by mistake; *RP* **en un ~** *(cuando menos se espera)* when least expected

desde ◇ *prep* **-1.** *(indica tiempo)* since; **no lo veo ~ el mes pasado/~ ayer** I haven't seen him since last month/yesterday; **~ aquel día, nada volvió a ser igual** from that day on, things were never the same again; **~ ahora** from now on; **¿~ cuándo?** since when?; **¿~ cuándo se conocen?** how long o since when have you known each other?; **¿~ cuándo no hay que llamar para entrar?** since when has it been all right to come in without knocking?; **~ entonces** since then; **no la veo ~ hace un año** I haven't seen her for a year, it's a year since I last saw her; **~ hace dos días no come** she hasn't eaten for two days; **¿~ cuánto hace que no come?** how long has she not been eating?; **~ hace mucho/un mes** for ages/a month; **trabaja para ellos ~ hace poco** she recently started working for them; **te espero ~ hace más de una hora** I've been waiting for you for more than an hour; *Fam* **¡~ hace que no la veo!** *(en tono enfático)* I haven't seen her for AGES!; **~... hasta...** from... until...; **~ el lunes hasta el viernes** from Monday till Friday; **~ el 1 hasta el 15 de septiembre** from 1 to 15 September; **~ niño** o **~ pequeño me enseñaron a dar las gracias** I was brought up to say thank you to people from an early age; **~ el principio supe que no iba a salir bien** I knew from the very beginning o from the word go it wasn't going to turn out well; **~ que** since; **~ que la vi en el teatro, no he vuelto a saber nada de ella** I haven't heard from her since (the day) I saw her at the theatre; **~ que murió mi madre** since my mother died; **~ ya** *(inmediatamente)* right now; **ponte a ordenar esta habitación ~ ya** start tidying this room this instant
 -2. *(indica espacio)* from; **~ mi ventana se ve el puerto** you can see the harbour from my window; **vinieron a vernos ~ Santiago** they came from Santiago to visit us; **¿~ dónde nos disparan?** where are they shooting at us from?; **~ arriba/abajo** from above/below; **visto ~ arriba, parece más grande** seen from above, it looks bigger; **se ve ~ lejos** it can be seen from a long way away; **~... hasta...** from... to...; **~ aquí hasta el centro** from here to the centre; **~ un punto de vista jurídico...** from a legal point of view...; **afrontemos el proceso de paz ~ la democracia y el respeto** let us enter the peace process in a spirit of democracy and respect
 -3. *(indica cantidad mínima)* from; **~ 10.000 euros** from 10,000 euros
 -4. *(indica lo que se abarca)* **~... hasta...** from... to...; **se encargan de todo, ~ el viaje hasta el alojamiento** they take care of everything, from the travel arrangements to the accommodation; **sabe hacer de todo, ~ cambiar un fusible hasta arreglar una moto** she can do all sorts of things, from changing a fuse to repairing a motorbike
 ◇ **desde luego** *loc adv* **-1.** *(por supuesto)* **¡~ luego (que sí)!** of course!; **¡~ luego que me gusta!** of course I like it!; **¡~ luego que no os ayudaré!** no way am I going to help you!, I'm certainly not going to help you!
 -2. *(en tono de reproche)* **¡~ luego!** for goodness' sake!; **¡~ luego! ¡no te creía capaz de una cosa así!** I certainly didn't think you were capable of something like this!; **¡~ luego, tienes cada idea!** you really come out with some funny ideas!

desdecir [51] ◇ *vi* **~ de** *(desmerecer)* to be unworthy of; *(no cuadrar con)* not to go with, to clash with; **una decoración que desdice de un local con tanta solera** a decor that's hardly appropriate in a place of such character
 ◆ **desdecirse** *vpr* to go back on one's word; **desdecirse de** to go back on; **rápidamente se desdijo de sus críticas** he quickly withdrew his criticisms

desdén *nm* disdain, contempt; **la miró con ~** he looked at her disdainfully o with contempt; **tratar a alguien con ~** to treat sb with contempt

desdentado, -a ◇ *adj* **-1.** *(persona, boca)* toothless **-2.** ZOOL edentate
 ◇ *nm* ZOOL edentate, member of the order *Edentata*
 ◇ *nmpl* ZOOL **desdentados** *(orden)* Edentata; **del orden de los desdentados** of the order *Edentata*

desdeñable *adj* insignificant; **una cantidad nada ~** a far from negligible o not inconsiderable amount; **un resultado ~** a result that can be ignored

desdeñar *vt* **-1.** *(despreciar)* to scorn; **desdeñó a varios pretendientes** she spurned several suitors; **desdeña a la gente que no es de su clase** he looks down on anyone not of his class **-2.** *(desestimar)* to dismiss; **no conviene ~ las posibilidades del equipo inglés** the English team's chances should not be ruled out

desdeñosamente *adv* scornfully, disdainfully

desdeñoso, -a *adj* scornful, disdainful

desdibujado, -a *adj* **-1.** *(perfil, imagen)* blurred; *(recuerdo)* hazy **-2.** *(mediocre)* **se ha convertido en un equipo ~** the team has lost its way

desdibujar ◇ *vt* to blur; **la neblina desdibujaba los rostros de la gente** the mist made people's faces look blurry
 ◆ **desdibujarse** *vpr* to blur, to become blurred

desdice *etc ver* **desdecir**

desdicha *nf* **-1.** *(infelicidad)* unhappiness, misery; **nada consolaba su ~** nothing could console him in his unhappiness **-2.** *(suceso desgraciado)* misfortune; **pasamos toda clase de desdichas** we suffered all sorts of calamities; **tuvo la ~ de caer muy enfermo** she had the misfortune to fall seriously ill; **¡qué ~ la suya!** what an unfortunate fellow!

desdichadamente *adv (vivir)* unhappily; **~, no fue posible** unfortunately, it wasn't possible

desdichado, -a ◇ *adj* **-1.** *(decisión, situación, momento)* unfortunate; **aquel ~ día en que la conocí** the fateful o unlucky day on which I met her **-2.** *(persona) (sin suerte)* unlucky; *(sin felicidad)* unhappy; **~ en amores** unlucky in love
 ◇ *nm,f* poor wretch; **no es más que un pobre ~** he's just a poor wretch

desdicho, -a *participio ver* **desdecir**

desdigo *etc ver* **desdecir**

desdijera *etc ver* **desdecir**

desdoblamiento *nm* **-1.** *(de objeto)* unfolding **-2.** *(división)* splitting; **sufre ~ de personalidad** she has a split personality **-3.** *(carretera)* conversion into a *Br* dual carriageway o *US* divided highway; *(ferrocarril)* conversion into a two-track (line)

desdoblar ◇ vt **-1.** *(desplegar) (mantel, pañuelo, periódico)* to unfold; *(alambre)* to straighten out **-2.** *(dividir)* to split; **desdoblaron el antiguo ministerio en dos nuevas carteras** they divided the old ministry into two portfolios **-3.** *(carretera)* to make into a *Br* dual carriageway *o US* divided highway; *(ferrocarril)* to make into a two-track (line)
◆ **desdoblarse** *vpr* **-1.** *(desplegarse) (mantel, periódico)* to unfold; *(alambre)* to straighten out **-2.** *(dividirse)* to divide **-3.** *(carretera)* to turn into a *Br* dual carriageway *o US* divided highway; *(ferrocarril)* to turn into a two-track (line) **-4.** *Fam (multiplicarse)* to be in two places at once

desdoble *nm* ECON split

desdolarización *nf* de-dollarization

desdolarizar *vt* to de-dollarize

desdoro *nm Formal* disgrace, cause of shame; **no es ningún ~ servir en la barra de un bar** there's nothing to be ashamed of in working behind a bar

desdramatizar [14] *vt* to play down

desduanar = desaduanar

deseable *adj* desirable; **sería ~ un mayor diálogo** greater dialogue would be welcome

deseado, -a *adj* **-1.** *(ansiado)* desired; **la tan deseada primera cita** the longed-for first date **-2.** *(embarazo)* planned; *(hijo)* wanted; **un embarazo no ~** an unwanted pregnancy

desear *vt* **-1.** *(querer)* to want; *(anhelar)* to want; **siempre he deseado visitar Australia** I've always wanted to go to Australia; **desearía estar allí** I wish I was there; **por fin, la bici que tanto había deseado** at last, the bicycle I'd wanted so much; **desearía agradecerle su apoyo** I would like to thank you for your help; **si desea mayor información, llame al 900 1234** if you would like more information, please ring 900 1234; **desearíamos que nos informara sobre su disponibilidad** we would be grateful if you could inform us whether or not you would be available; **en nuestra empresa deseamos ofrecer lo mejor a nuestros clientes** in our company we want to offer our clients the best; **¿qué desea?** *(en tienda)* what can I do for you?; **¿desea algo más?** *(en tienda)* would you like anything else?, is that everything?; **¿desea que le enseñe más modelos?** *(en tienda)* would you like me to show you some other models?; **si lo desea, se lo enviamos a su domicilio** if you wish, we will deliver it to your home; **aquí estamos para lo que desee** *(a cliente)* we are at your entire disposal; **estar deseando hacer algo** to be looking forward to doing sth; **estaba deseando salir de allí** I couldn't wait to get out of there; **estoy deseando que lleguen las vacaciones** I'm really looking forward to the holidays; **¿te hace ilusión lo de ir en barco? – ¡estoy deseando!** are you looking forward to going by boat? – you bet I am! *o* am I ever!; **ser de ~** to be desirable; **es de ~ que las negociaciones terminen pronto** a quick end to the negotiations would be desirable; **dejar mucho/no dejar nada que ~** to leave much/nothing to be desired
-2. *(felicidad, éxito, parabienes)* to wish; **~ algo a alguien** to wish sb sth; **te deseo mucha suerte** I wish you the best of luck; **¡deséame suerte!** wish me luck!; **me deseó lo mejor/un buen viaje** he wished me all the best/a pleasant journey; **me deseó buenas noches** he said goodnight (to me); **todos deseamos que te mejores pronto** we all wish you a speedy recovery
-3. *(sexualmente)* to desire; **te deseo, no puedo vivir sin ti** I want you, I can't live without you; **no desearás a la mujer de tu prójimo** thou shalt not covet thy neighbour's wife

desecación *nf* **-1.** *(de alimentos, plantas, flores)* drying, *Espec* desiccation **-2.** *(de humedal, marisma)* draining; **la ~ de los pozos** the drying up of the wells

desecar [59] ◇ *vt* **-1.** *(alimentos, plantas, flores)* to dry **-2.** *(humedal, marisma)* to drain; **la sequía ha desecado los pozos** the drought has dried up the wells
◆ **desecarse** *vpr* **-1.** *(alimentos, plantas, flores)* to dry **-2.** *(humedal, marisma)* to dry up

desechable *adj (pañal, jeringuilla)* disposable; *(envase)* disposable, non-returnable

desechar *vt* **-1.** *(tirar)* to throw out, to discard **-2.** *(rechazar) (ayuda, oferta)* to refuse, to turn down; *(idea, pensamiento)* to reject; *(posibilidad, sospecha)* to dismiss; *(propuesta, sugerencia)* to reject, to turn down; **pensó ir a pie, pero luego desechó la idea** he thought of going on foot but then dropped the idea; **no desecho la posibilidad de que haya sido ella** I don't rule out the possibility that it was her

desecho *nm* **-1.** *(objeto usado)* unwanted object; *(ropa)* cast-off; **material de ~** *(residuos)* waste products; *(metal)* scrap
-2. *(escoria)* dregs; **desechos** *(basura) Br* rubbish, *US* garbage, trash; *(residuos)* waste products; **no era más que un ~ humano** he was a contemptible creature ❏ **desechos industriales** industrial waste; **desechos nucleares** nuclear waste; **desechos radiactivos** radioactive waste
-3. *CAm, Carib (tabaco)* class A tobacco

desembalaje *nm* unpacking

desembalar *vt (caja, paquete)* to unpack; *(discos, libros, cubertería)* to unwrap

desembalsar *vt* to drain, to empty

desembalse *nm* draining, emptying

desembarazar [14] ◇ *vt (habitación, camino)* to clear; **~ a alguien de algo** to rid sb of sth
◆ **desembarazarse** *vpr* **desembarazarse de algo/alguien** to get rid of sth/sb

desembarazo *nm* ease, self-confidence; **actuar con ~** to behave self-confidently *o* with assurance

desembarcadero *nm* pier, landing stage

desembarcar [59] ◇ *vt (pasajeros)* to disembark **(de** from); *(mercancías)* to unload
◇ *vi* **-1.** *(de barco, avión)* to disembark **(de** from); **desembarcarán por la puerta C** you will disembark through gate C; **el 6 de junio las fuerzas aliadas desembarcan en Normandía** the allied forces land in Normandy on 6 June
-2. *(introducirse, establecerse)* **~ en** to move into; **la multinacional desembarcó en el sector inmobiliario** the multinational moved into the real estate sector
-3. *Am (de autobús, tren)* **(de)** to get off
◆ **desembarcarse** *vpr Am* to disembark **(de** from)

desembarco *nm* **-1.** *(de mercancías)* unloading; *(de pasajeros)* disembarkation **-2.** *(militar)* landing ❏ **el Desembarco de Normandía** the Normandy landings

desembargar *vt (bienes, casa)* to release, *Espec* to release from distraint; *(cuenta bancaria)* to unfreeze

desembargo *nm (de bienes, casa)* lifting of a distraining order on; *(de cuenta bancaria)* unfreezing

desembarque *nm (de mercancías)* unloading; *(de pasajeros)* disembarkation

desembarrancar [59] *vt* to refloat

desembarrar *vt* to clear of mud

desembocadura *nf* **-1.** *(de río)* mouth **-2.** *(de calle)* opening

desembocar [59] *vi* **-1.** **~ en** *(río)* to flow into; *(calle)* to lead onto; **¿dónde desemboca esta calle/este río?** where does this street/river come out?
-2. *(asunto, sucesos, situación)* **~ en** to lead to, to result in; **la manifestación desembocó en graves disturbios** the demonstration led to serious disturbances; **no sabemos en qué desembocará todo esto** we don't know where all this will end up *o* what all this will lead to

desembolsar *vt* to pay out

desembolso *nm* payment; **la operación supuso un ~ de 100 millones** the operation cost 100 million; **hacer un ~ de un millón de pesos** to pay (out) a million pesos ❏ **~ inicial** down payment

desembozar [14] ◇ *vt* **-1.** *(rostro)* to unmask, to uncover **-2.** *(cañería)* to unblock
◆ **desembozarse** *vpr (descubrir el rostro)* to take off one's mask, to reveal oneself

desembragar [38] AUT ◇ *vt* **~ el motor** to declutch
◇ *vi* to disengage the clutch, to declutch

desembrollar *vt Fam* **-1.** *(lío, malentendido)* to straighten out; *(historia, lo ocurrido)* to unravel, to untangle **-2.** *(ovillo)* to disentangle

desembuchar ◇ *vi Fam* to spit it out; **¡venga, desembucha!** come on, out with it!
◇ *vt* **-1.** *Fam (revelar)* to come out with **-2.** *(sujeto: ave)* to regurgitate

desemejanza *nf* dissimilarity

desempacar [59] ◇ *vt* to unpack
◇ *vi (deshacer las maletas)* to unpack

desempacho *nm* self-confidence

desempalmar *vt* to disconnect

desempañar ◇ *vt (quitar el vaho a) (con trapo)* to wipe the steam off; *(electrónicamente)* to demist
◆ **desempañarse** *vpr (cristales)* to clear; **con este dispositivo se desempaña la luneta trasera** this device demists the rear window

desempapelar *vt (pared, habitación)* to strip the wallpaper from

desempaquetar *vt (paquete)* to unwrap; *(discos, libros, cubertería)* to unpack

desemparejar ◇ *vt (guantes, calcetines)* siempre acabo desemparejando los calcetines I always end up with odd socks
◆ **desemparejarse** *vpr (guantes, calcetines)* to become unpaired *o* odd; **se me han vuelto a ~ los calcetines** my socks have got all mixed up again

desempatar *vt* **su voto desempató la votación** he gave the casting vote; **desempató el partido en el último minuto** he scored the winning goal in the last minute
◇ *vi* **todavía no han desempatado** it's still a draw; **jugaron una prórroga para ~** they played extra time to get a winner

desempate *nm* **el ~ llegó en el minuto treinta con un gol del Barcelona** Barcelona took the lead in the thirtieth minute; **terminaron el concurso igualados y habrán de jugar un ~** they were level at the end of the competition and will have to play a decider; **marcó el gol del ~** he scored the goal which put them into the lead; **un partido de ~** a decider; **una votación de ~** *(en elección)* a run-off

desempeñar ◇ *vt* **-1.** *(función, misión)* to carry out; *(puesto, cargo)* to hold, to have; *(papel)* to play; **desempeñó la misión de tener informada a la prensa** her mission was to keep the press informed; **desempeña el cargo de tesorero** he holds the post of treasurer; **le tocó ~ un papel decisivo en el proceso de paz** it fell to him to play a key role in the peace process; **desempeñó en muchas ocasiones el papel de Drácula** he played (the part of) Dracula many times
-2. *(objetos, joyas, reloj)* to redeem
◆ **desempeñarse** *vpr* **-1.** *(saldar deudas)* to get oneself out of debt
-2. *Am (trabajar)* to work; **desempeñarse como** to work as

desempeño *nm* **-1.** *(de función, misión)* carrying out; *(de papel)* performance; **falleció en el ~ de sus funciones** he died in the performance of his duties; **se le acusa de cometer irregularidades en el ~ de su cargo** he is accused of irregularities in the carrying out of his duties; **el ~ del cargo de ministro no es tarea fácil** carrying out the job of a minister is no easy task; **reúne las condiciones para el ~ del cargo** he has all the qualifications for the post
-2. *(de objeto, joyas, reloj)* redemption

desempleado, -a ◇ *adj* unemployed
◇ *nm,f* unemployed person; **lo peor para un ~ es el aislamiento** the worst thing for someone who is out of work is the isolation; **los desempleados** the unemployed; **el número creciente de desempleados** the growing number of unemployed people ❑ *los desempleados de larga duración* the long-term unemployed

desempleo *nm* **-1.** *(falta de empleo)* unemployment; **una de las tasas de ~ más altas de Europa** one of the highest unemployment rates in Europe; **estar en el ~** to be unemployed ❑ **~ de larga duración** long-term unemployment **-2.** *(subsidio)* unemployment benefit; **cobrar el ~** to receive unemployment benefit

desempolvar *vt* **-1.** *(mueble, jarrón)* to dust **-2.** *(recuerdos)* to revive, to reawaken; *(conocimientos)* to refresh; **un día decidió ~ su violín** one day he decided to take up the violin again; **voy a tener que ~ mi francés** I'm going to have to brush up (on) my French; **voy a ~ los libros de física** I'm going to dig out my physics books

desenamorarse *vpr* to fall out of love (**de** with)

desencadenamiento *nm* **-1.** *(de tormenta)* breaking **-2.** *(de polémica, conflicto)* triggering; **causar el ~ de algo** *(accidente, crisis)* to bring sth about; *(conflicto)* to trigger *o* spark off sth

desencadenante ◇ *adj* **los factores desencadenantes de...** the factors which brought about...
◇ *nm* **el ~ de la tragedia/guerra** what brought about the tragedy/war

desencadenar ◇ *vt* **-1.** *(preso, perro)* to unchain
-2. *(viento, tormenta)* to unleash
-3. *(accidente, polémica)* to give rise to; *(pasión)* to unleash; *(conflicto)* to trigger, to spark off; **la medida desencadenó fuertes protestas** the measure triggered furious protests

◆ **desencadenarse** *vpr* **-1.** *(preso)* to unchain oneself, to get out of one's chains **-2.** *(pasiones)* to erupt; *(polémica, guerra)* to break out; **se desencadenó una crisis entre ambos países** a crisis broke out between the two countries; **el conflicto se desencadenó con el descubrimiento de petróleo** the conflict arose when oil was discovered
-3. *(viento)* to blow up; *(tormenta)* to burst; *(terremoto)* to strike

desencajado, -a *adj* **-1.** *(mal ajustado)* *(mecanismo, pieza)* out of position; *(hueso, mandíbula)* dislocated; **el cajón está ~** the drawer is off its runners; **la puerta está desencajada** the door isn't on its hinges properly
-2. *(rostro)* contorted; **tenía el semblante ~ por el miedo** his face was contorted with fear; **el corredor cruzó la meta con el rostro ~** the runner was grimacing as he crossed the finishing line

desencajar ◇ *vt* **-1.** *(desajustar)* *(sin querer)* to knock out of place; *(intencionadamente)* to take apart; *(hueso)* to dislocate; **has desencajado el cajón** you've knocked the drawer off its runners; **el viento desencajó las ventanas/puertas** the wind jammed the windows/doors in their frames **-2.** *(rostro)* **el terror le desencajó el rostro** his face was contorted with fear

◆ **desencajarse** *vpr* **-1.** *(desajustarse)* *(piezas, mecanismo)* to come out of place; *(hueso)* to dislocate; **se le ha desencajado la mandíbula** he's dislocated his jaw; **el cajón se ha desencajado** the drawer has come off its runners; **la puerta se ha desencajado** the door doesn't fit properly in its frame **-2.** *(rostro)* to become contorted, to contort

desencajonar *vt* to take out of a box
desencallar *vt* to refloat
desencaminado, -a, descaminado, -a *adj (equivocado)* **estás ~ si piensas que voy a ceder** you're very much mistaken if you think I'm going to give in; **andar** *o* **ir ~** *(caminante, excursionista)* to be heading in the wrong direction; *(estar equivocado)* to be on the wrong track; **pues no andas muy ~** you're not far off

desencaminar, descaminar ◇ *vt* **-1.** *(sujeto: malas compañías)* to lead astray **-2.** *(sujeto: guía)* **los desencaminó** he took them the wrong way

◆ **desencaminarse, descaminarse** *vpr* **-1.** *(por malas compañías)* to go astray **-2.** *(en una excursión)* to go the wrong way

desencantado, -a *adj (desilusionado)* disenchanted (**con** with)

desencantar ◇ *vt* **-1.** *(decepcionar)* to disappoint **-2.** *(romper el hechizo a)* to disenchant

◆ **desencantarse** *vpr* to be disappointed (**con** with *o* by)

desencanto *nm* disappointment

desencapotarse *vpr (cielo)* to clear

desencarcelar *vt* to set free, to release

desenchufar *vt (quitar el enchufe de)* to unplug; *(apagar)* to switch off

desencolar ◇ *vt* to unstick

◆ **desencolarse** *vpr* to come unglued *o* unstuck

desencontrarse *vpr* CSur **casi nos desencontramos** we almost missed each other

desencuadernar *vt* ◇ to unbind

◆ **desencuadernarse** *vpr* to come apart from the binding

desencuentro *nm* **-1.** *(en una cita)* failure to meet up **-2.** *(desacuerdo)* disagreement; **tener un ~** to have a disagreement

desenfadadamente *adv (actuar)* in a relaxed *o* easy-going manner; *(vestir)* casually

desenfadado, -a *adj (persona, actitud)* relaxed, easy-going; *(reunión, charla)* relaxed; *(comedia, programa de TV)* light-hearted; *(estilo)* light; *(vestimenta)* casual; **ser ~ en el vestir** to be a casual dresser

desenfado *nm (desenvoltura)* ease; *(desparpajo)* forwardness, uninhibited nature; **se comporta con mucho ~** he's very relaxed *o* easy-going; **viste con ~** she dresses casually

desenfocado, -a *adj (imagen)* out of focus; *(visión)* blurred; **la foto ha salido desenfocada** the photo's out of focus; **has salido ~** you're out of focus; **ver ~** to have blurred vision

desenfocar [59] ◇ *vt* **-1.** *(con cámara)* to get out of focus **-2.** *(distorsionar)* to distort

◆ **desenfocarse** *vpr* to go out of focus

desenfoque *nm* lack of focus

desenfrenadamente *adv (bailar)* wildly, in a frenzy; *(vivir, divertirse, comportarse)* wildly; *(beber, comer)* to excess

desenfrenado, -a *adj (ritmo, baile, carrera)* frantic, frenzied; *(fiesta, juerga, diversión)* wild; *(vida)* wild, riotous; *(comportamiento)* uncontrolled; *(deseo, pasión, entusiasmo)* unbridled; *(apetito)* insatiable; **el público bailaba ~** the audience were dancing in a frenzy

desenfrenar ◇ *vt (caballo)* to unbridle

◆ **desenfrenarse** *vpr (persona)* to lose one's self-control

desenfreno *nm* **-1.** *(descontrol)* lack of restraint; **bailaba con ~** he was dancing wildly *o* in a frenzy; **beber/comer con ~** to drink/eat to excess **-2.** *(vicio)* excess; **llevar una vida de juerga y ~** to lead a life of partying and excess

desenfundar ◇ *vt (pistola)* to draw; *(mueble)* to uncover; *(máquina de escribir, raqueta)* to take the cover off; **desenfundó el violín** he took the violin out of its case; *Vulg* **desenfundarla** to whip it out

◇ *vi* **-1.** *(sacar la pistola)* to draw (one's gun)
-2. *Vulg (sacar el pene)* to whip it out

desenganchar ◇ *vt* **-1.** *(vagón)* to uncouple; *(remolque)* to unhitch **-2.** *(caballo)* to unhitch **-3.** *(pelo, jersey)* to free, to unsnag **-4.** *(cortinas)* to unhook

◆ **desengancharse** *vpr* **-1.** *(vagón)* to become uncoupled; *(remolque, tráiler, caravana)* to become unhitched **-2.** *(cortinas)* to become unhooked **-3.** *Fam (de drogas)* to kick the habit; **se ha desenganchado de la heroína** he has kicked his heroin habit

desenganche *nm* **-1.** *(de vagones)* uncoupling; *(de remolque)* unhitching **-2.** *(de caballos)* unhitching

desengañado, -a *adj* disillusioned (**de** with)
◇ *nm,f* person who has been disillusioned *(with life or love)*; **ser un ~** to have lost one's illusions

desengañar ◇ *vt* **-1.** *(a una persona equivocada)* to reveal the truth to **-2.** *(a una persona esperanzada)* to disillusion

◆ **desengañarse** *vpr* **-1.** *(perder la ilusión)* to become disillusioned (**de** with); **se desengañó de los estudios** he could no longer see any point in his studies
-2. *(dejar de engañarse)* **desengáñate** stop kidding yourself; **desengáñate, no te quiere** don't fool yourself, he doesn't love you; **desengáñese, los bancos lo que buscan es su dinero** don't delude yourself, what the banks are after is your money

desengaño *nm* disappointment; **he sufrido *o* me he llevado muchos desengaños en la vida** I've had a lot of disappointments in my life; **sufrí un gran ~ cuando me contaron lo ocurrido** it was a big disappointment when they told me what had happened; **llevarse** *o* **sufrir un ~ con alguien** to be disappointed in sb; **¡vaya ~ que me he llevado contigo!** you've no idea how disappointed I am in you!; **llevarse** *o* **sufrir un ~ con algo** to be disappointed with sth; **nos llevamos un buen ~ con Venecia** we found Venice a real let-down ❑ **~ amoroso: sufrir** *o* **tener un ~ amoroso (con alguien)** to be let down in love (by sb)

desengarzar [14] *vt (perlas)* to unstring

desengranar ◇ *vt (máquina)* to disengage

◆ **desengranarse** *vpr (ruedas, mecanismo)* to disengage

desengrasante *nm* grease remover

desengrasar *vt (sartenes, cocina)* to remove the grease from

desenlace *nm (de obra, narración)* denouement, ending; *(de suceso, aventura)* result, outcome; **el secuestro tuvo un trágico ~** the kidnapping ended tragically

desenlazar [14] *vt (nudo)* to undo; *(pelo)* to let down, to untie; *(brazos)* to unlink; **desenlazó las manos** he unclasped his hands

desenmarañar *vt* **-1.** *(ovillo, pelo)* to untangle **-2.** *(asunto, historia, enredo)* to sort out; *(problema, enigma)* to resolve

desenmascarar *vt (descubrir)* to unmask; **un empleado del banco logró ~ al atracador** a bank employee managed to remove the robber's mask; **~ al culpable** to unmask *o* expose the culprit

desenmohecer [46] *vt* **-1.** *(de moho)* to remove the mildew from **-2.** *(de óxido)* to remove the rust from

desenojar *vt* to calm, to pacify

desenredar ◇ *vt* **-1.** *(hilos, ovillo, pelo)* to untangle **-2.** *(asunto, historia, lío)* to sort out; *(problema)* to resolve

◆ **desenredarse** *vpr* **-1.** *(soltarse, desembarazarse)* to extricate oneself (**de algo** from sth) **-2.** *(quitar enredos de)* **desenredarse el pelo** to untangle one's hair

desenredo *nm* **-1.** *(de hilos, ovillo, pelo)* untangling **-2.** *(aclaración)* straightening out **-3.** *(de obra)* denouement

desenrollar ◇ *vt (hilo, cinta, cable)* to unwind; *(persiana)* to roll down; *(alfombra, papel, póster)* to unroll

◆ **desenrollarse** *vpr (hilo, cinta, cable)* to unwind; *(persiana)* to roll down; *(alfombra, papel, póster)* to unroll; *(serpiente)* to uncoil

desenroscar [59] ◇ *vt (tapón, tuerca, tornillo)* to unscrew

◆ **desenroscarse** *vpr* **-1.** *(tapón, tuerca, tornillo)* to unscrew **-2.** *(serpiente)* to uncoil

desensamblar *vt* to take apart, to disassemble

desensillar *vt* to unsaddle

desentenderse [64] *vpr* **yo me desentiendo** I want nothing to do with it; **cuando algo no le interesa, se desentiende por completo** when something doesn't interest him, he'll have nothing to do with it; ~ **de algo/alguien** to want nothing to do with sth/sb; **nos desentendimos del asunto** we want nothing to do with this business; **¡es un caradura!, le dices que haga algo y se desentiende de ti** he's got a nerve!, you tell him to do something and he pretends he hasn't heard you

desentendido, -a *nm,f* **hacerse el** ~ to pretend one hasn't noticed/heard; **¡no te hagas el ~, te toca limpiar a ti!** don't pretend you don't know it's your turn to do the cleaning!; **cuando llegó su turno, se hizo el** ~ when his turn came round, he pretended he hadn't noticed

desenterrar [3] *vt* **-1.** *(cadáver)* to disinter; *(tesoro, restos arqueológicos)* to dig up; EXPR ~ **el hacha de guerra (contra)** to declare war (on) **-2.** *(recordar)* to recall, to revive **-3.** *(sacar a la luz)* ~ **viejos rencores** to rake up old quarrels; **un sello discográfico dedicado a** ~ **viejos éxitos** a record label which specializes in reviving old hits

desentiendo *etc ver* **desentenderse**

desentierro *etc ver* **desenterrar**

desentonación *nf* dissonance

desentonar *vi* **-1.** *(cantante)* to sing out of tune; *(instrumento)* to be out of tune
-2. *(color, cortinas, edificio)* to clash (**con** with); **esa falda desentona con este jersey** that skirt doesn't go *o* clashes with this jersey
-3. *(persona)* to be out of place; **en aquel sitio desentonábamos bastante** we were quite out of place there; **para no ~, llevó un traje** so as not to look out of place, he wore a suit

desentono *nm* *(de voz, sonido)* dissonance

desentorpecer [46] ◇ *vt* **-1.** *(tráfico)* to speed up, to ease the flow of; *(trámites, proceso)* to speed up, to facilitate **-2.** *(músculo, cuerpo)* ~ **las piernas** to get rid of the stiffness in one's legs
◆ **desentorpecerse** *vpr* **-1.** *(tráfico)* to speed up, to flow more freely; **las negociaciones se desentorpecerán con el nuevo mediador** the negotiations should go more smoothly with the new mediator **-2.** *(músculo, cuerpo)* to loosen up

desentrañar *vt* *(enigma)* to unravel; *(problema)* to figure out, to get to the bottom of; *(clave)* to decipher, to break; *(significado, sentido)* to make out **-2.** *(destripar)* *(aves, reses, conejos)* to disembowel; *(pescado)* to gut

desentrenado, -a *adj* *(bajo de forma)* out of training; *(falto de práctica)* out of practice

desentrenarse *vpr* *(bajar de forma)* to get out of training

desentubar *vt Fam* ~ **a un enfermo** to remove a tube/tubes from a patient

desentumecer [46] ◇ *vt* *(músculos)* to loosen up, to get rid of the stiffness in; **acercó las manos al fuego para desentumecerlas** he held his hands near the fire to get the blood flowing again; **calentaban en la banda para** ~ **los músculos** they warmed up on the touchline to loosen up
◆ **desentumecerse** *vpr* **se le desentumecieron las piernas con el ejercicio** the exercise had loosened up his legs

desenvainar *vt* *(espada)* to draw

desenvoltura *nf* *(al moverse, comportarse)* ease; *(al hablar)* fluency; **ya nada con mucha** ~ she can already swim with great ease; **me manejo en mi nuevo trabajo con mucha** ~ I'm getting along fine in my new job; **tiene bastante** ~ **con el inglés** he speaks English quite fluently; **les sorprendió su** ~ **ante el auditorio** they were surprised by how at ease he was in front of the audience

desenvolver [41] ◇ *vt* *(regalo, paquete)* to unwrap, to open
◆ **desenvolverse** *vpr* **-1.** *(asunto, proceso)* to progress; *(trama)* to unfold; *(entrevista)* to pass off; **la reunión se desenvolvió con cordialidad** the meeting passed off very amicably
-2. *(persona)* to cope, to manage; **desenvolverse en la vida** to cope with *o* get along in life; **no te preocupes, sabe desenvolverse ella sola** don't worry, she can cope *o* manage by herself; **se desenvuelve muy bien en su nuevo trabajo** she's getting along fine in her new job; **se sabe** ~ **bastante bien en inglés** he can get along pretty well in English

desenvuelto, -a ◇ *participio ver* **desenvolver**
◇ *adj* **-1.** *(comportamiento)* natural; *(movimiento)* natural, easy **-2.** *(persona)* self-assured; *(al hablar)* fluent; **es una joven muy desenvuelta** she's a very self-assured young woman; **se le ve muy ~ con las mujeres** he seems very much at ease in the company of women

desenvuelvo *etc ver* **desenvolver**

deseo *nm* **-1.** *(pasión)* desire; **no sentía ningún ~ por él** she felt no desire for him
-2. *(anhelo)* wish; **piensa un ~ y sopla las velas** think of a wish and blow out the candles; **expresó su ~ de paz para la región** he expressed his desire for peace in the region; **buenos deseos** good intentions; **con mis/nuestros mejores deseos** *(en carta, obsequio)* (with my/our) best wishes; **conceder un ~** to grant a wish; **se cumplió mi ~** my wish came true, I got my wish; **formular un ~** to make a wish; **pedir un ~** to ask for a wish; *Formal* **por ~ expreso de...** at the express wish of...; **su último ~ fue...** his last wish was...; **su último ~ fue que la casa nunca se vendiera** her last *o* dying wish was that the house should never be sold; EXPR **tus deseos son órdenes** your wish is my command

deseoso, -a *adj* **estar ~ de algo/de hacer algo** to long for sth/to do sth; **grupos jóvenes deseosos de éxito** young bands eager for success; **están deseosos de volver** they are longing to *o* they really want to come back; **se muestra ~ de colaborar** he seems eager to help; **está ~ de que apruebes el examen** he really wants you to pass the exam

desequilibrado, -a ◇ *adj* **-1.** *(persona)* unbalanced **-2.** *(balanza, eje)* off-centre
◇ *nm,f* madman, *f* madwoman

desequilibrante *adj* **es un jugador** ~ he's a match winner

desequilibrar ◇ *vt* **-1.** *(psicológicamente)* *(persona, mente)* to unbalance **-2.** *(físicamente)* *(objeto)* to knock off balance, to unbalance; *(balanza, eje)* to put out of balance; *(persona)* to throw *o* knock off balance **-3.** *(económia)* to upset
◆ **desequilibrarse** *vpr* **-1.** *(psicológicamente)* *(persona, mente)* to become unbalanced **-2.** *(físicamente)* *(objeto)* to become unbalanced; *(balanza, eje)* to get out of balance; *(persona)* to lose one's balance **-3.** *(economía)* to become unbalanced

desequilibrio *nm* **-1.** *(mental)* mental instability **-2.** *(mecánico, en la dieta)* lack of balance **-3.** *(en la economía)* imbalance; **el fuerte ~ entre inflación y salarios** the marked imbalance between inflation and wages

deserción *nf* desertion; **las numerosas deserciones en las filas socialistas** the numerous defections from the socialist ranks ▫ *Am* ~ **escolar** dropping out of school; **hubo más de cuatrocientas deserciones escolares en primaria** more than four hundred pupils dropped out of primary school

desertar *vi* **-1.** *(soldado)* to desert; **desertó de su compañía** he deserted from his company **-2.** *(político)* to defect; **muchos desertaron del partido comunista** many people defected from the Communist party **-3.** *(abandonar)* ~ **de** to abandon; **desertó de sus obligaciones** she neglected her duties

desértico, -a *adj* **-1.** *(del desierto)* desert; **clima** ~ desert climate; **zonas desérticas** desert areas **-2.** *(despoblado)* deserted

desertificación *nf* desertification

desertización *nf* *(del terreno)* desertification; *(de la población)* depopulation

desertizar ◇ *vt* to turn into a desert
◆ **desertizarse** *vpr* to turn into a desert

desertor, -ora *nm,f* *(del ejército)* deserter; **los desertores del partido** those who have left *o* abandoned the party

desescolarización *nf* lack of schooling

desescombrar *vt* to clear the rubble from

desescombro *nm* clearing (away) of rubble; **comenzaron las tareas de** ~ the task of clearing away the rubble has started

desesperación *nf* **-1.** *(falta de alternativa)* desperation; *(desesperanza)* despair; **su ~ era tal que pidió ayuda a un curandero** he was so desperate he asked a witch doctor's help; **pedía con ~ que la ayudaran** she made desperate pleas for help; **se echó a llorar de ~** she burst into tears of despair; **me entra la ~ cuando pienso en el poco tiempo que nos queda** I start getting *o* feeling desperate when I think of how little time we have left; **se suicidó presa de la ~** despair drove him to suicide; **vivir sumido en la ~** to be sunk in despair
-2. *(enojo)* **¡me entra una ~ cuando veo estas injusticias!** it makes me mad when I see injustices like these!; **es una ~ lo lento que van los trenes** it's maddening how slow the trains are

desesperadamente *adv* *(falta de alternativa)* desperately, in desperation; *(sin esperanza)* despairingly

desesperado, -a ◇ *adj* desperate; **estar ~** *(sin alternativa)* to be desperate; *(sin esperanza)* to be in despair; **lo hice porque estaba ~** I did it out of desperation; **gritaba ~ que lo ayudaran** he was screaming frantically for them to help him; **en un intento ~ por huir del incendio** in a desperate attempt to escape from the fire; **el estado de la población es ~** the people are in a desperate state; **(hacer algo) a la desesperada** (to do sth) in desperation
◇ *nm,f* EXPR *Fam* **como un ~** like mad *o* crazy; **comer como un ~** to eat as if one were half-starved

desesperante *adj* infuriating; **resulta ~ oírle hablar** he's infuriating to listen to; **el balón rodaba por el barro con lentitud ~** the ball rolled through the mud infuriatingly *o* maddeningly slowly

desesperanza *nf* lack of hope; **cuando la vio besar a Rodrigo, la ~ se apoderó de él** when he saw her kiss Rodrigo he gave up hope

desesperanzar [14] ◇ *vt* to cause to lose hope
◆ **desesperanzarse** *vpr* to give up hope, to lose hope

desesperar ◇ *vt* **-1.** *(quitar la esperanza a)* to drive to despair **-2.** *(irritar, enojar)* to exasperate, to drive mad; **me desespera cuando se pone a hablar así** it makes me mad when he starts talking like that; **si hay algo que me desespera es la desorganización** if there's one thing that exasperates me *o* drives me mad, it's lack of organization
◇ *vi* to despair, to give up hope; **no desesperes, aún se puede hacer algo** don't despair *o* give up hope, something can still be done; **~ de hacer algo** to give up all hope of doing sth; **desesperan ya de encontrar supervivientes** they have given up hope of finding survivors
◆ **desesperarse** *vpr* **-1.** *(perder la esperanza)* to give up *o* lose hope, to despair; **no hay que desesperarse, aún pueden encontrarlos** we mustn't give up hope, they might still find them **-2.** *(irritarse, enojarse)* to get mad *o* exasperated; **es tan**

desespero lento que me desespero con él he's so slow he drives me mad

desespero nm Andes, RP, Ven Fam (falta de alternativa) desperation; (desesperanza) despair

desestabilización nf destabilization

desestabilizador, -ora adj destabilizing

desestabilizar [14] ◇ vt to destabilize
  ◆ **desestabilizarse** vpr to become destabilized

desestatización nf Am privatization, sell-off

desestatizar vt Am to privatize, to sell off

desestima, desestimación nf low opinion, lack of respect

desestimar vt **-1.** (rechazar) to reject, to turn down; **el Supremo desestimó el recurso** the Supreme Court rejected the appeal **-2.** (despreciar) to turn one's nose up at

desexilio nm CSur return from exile; **los problemas del ~** the problems encountered by returning exiles

desfachatado, -a adj Fam cheeky

desfachatez nf Fam cheek; **¡qué ~!** the cheek of it!; **actúa con mucha ~** he behaves really brazenly o without shame

desfalcar [59] vt to embezzle

desfalco nm embezzlement; **hacer un ~** to embezzle (money)

desfallecer [46] vi **-1.** (debilitarse) to begin to flag; **no desfallezcas, queda poco para llegar** don't give up, we're almost there; **desfallecíamos de hambre** we were faint o fainting with hunger; **sin ~** without flagging **-2.** (desmayarse) to faint; **me sentía ~** I felt that I was going to faint

desfallecido, -a adj exhausted, faint

desfallecimiento nm **-1.** (desmayo) fainting fit; **sufrir un ~** to faint **-2.** (debilidad) faintness

desfallezco etc ver **desfallecer**

desfasado, -a adj **-1.** (desincronizado) out of synch o sync **-2.** (persona) out of touch; (libro, moda) old-fashioned; (ideas) old-fashioned, out of date

desfasar ◇ vt ELEC to phase out
  ◇ vi Esp Fam (desmadrarse) to go wild o over the top

desfase nm **-1.** (diferencia) gap; **llevamos un ~ de diez años con respecto a Suecia** we are ten years behind Sweden; **hay un ~ entre la oferta y la demanda** supply is out of step with demand ❑ **~ horario** (después de un vuelo) jet lag **-2.** FÍS phase lag

desfavorable adj unfavourable; **en condiciones desfavorables** in unfavourable o adverse conditions; **navegar con tiempo ~** to sail in unfavourable o adverse weather conditions; **la reacción de la crítica le fue ~** the critics' reaction was largely negative

desfavorablemente adv unfavourably

desfavorecer [46] vt **-1.** (perjudicar) to go against the interests of; **la reforma fiscal desfavorece a los más pobres** the tax reform will have a negative impact on the poorest sections of society; **han acusado al gobierno de ~ a ciertas regiones** they've accused the government of neglecting certain regions in favour of others; **la suerte nos ha desfavorecido** fortune has not been kind to us
  -2. (sentar mal a) not to suit; **esa falda te desfavorece** that skirt doesn't suit you

desfavorecido, -a adj **-1.** (desaventajado) disadvantaged **-2.** (feo) **salí muy ~ en la foto** I came out very badly in the photo

desfibrilador nm MED defibrillator

desfiguración nf **-1.** (de rostro, cuerpo) disfigurement **-2.** (de la verdad) distortion

desfigurado, -a adj disfigured; **el accidente lo dejó ~** the accident left him disfigured; **el rostro ~ por el pánico** her face contorted with o in panic

desfigurar ◇ vt **-1.** (aspecto físico) to disfigure; **el accidente le desfiguró la cara** his face was disfigured in the accident; **el espeso humo desfiguraba las siluetas de los bomberos** the thick smoke blurred the outline of the firemen's figures; **los chalets adosados han desfigurado el viejo pueblo** the semi-detached houses have ruined the look of the old town
  -2. (realidad, verdad) to distort
  ◆ **desfigurarse** vpr to become disfigured; **se le desfiguró el cuerpo** his body was disfigured; **se le desfiguró la cara al ver al asesino** her face contorted when she saw the killer

desfiladero nm gorge

desfilar vi **-1.** (soldados) to parade, to march past; **las tropas desfilaron ante el monarca** the troops paraded in front of o marched past the king
  -2. (personas) to file; **miles de personas desfilaron ante la tumba del presidente** thousands of people filed past the president's tomb; **cientos de oficinistas desfilan por esta calle todos los días** hundreds of office workers pass along this street every day; **por este despacho han desfilado hombres muy ilustres** illustrious men have passed through this office; **imágenes horrendas desfilaban por su mente** horrific images passed through his mind
  -3. (modelos) to parade; **~ por la pasarela** to parade o walk down the catwalk
  -4. Fam (marcharse) to head off, to leave; **¡vamos, desfilando (de aquí)!** come on, out of here!

desfile nm **-1.** (de soldados) parade, march past ❑ **~ militar** military parade **-2.** (de personas) **hubo un ~ constante de personas ante la tumba** there was a constant stream of people filing past the tomb **-3.** (de carrozas) procession ❑ **~ de Carnaval** carnival procession **-4. ~ de moda** fashion show o parade; **~ de modelos** fashion show o parade

desfinanciado, -a adj Am **la institución está totalmente desfinanciada** the organization has absolutely no funds o money

desfinanciar Am ◇ vt **la pésima administración terminó desfinanciando a esa empresa** incompetent management led to the company being left without sufficient funds o money
  ◆ **desfinanciarse** vpr **las cooperativas eficientes corren poco riesgo de desfinanciarse** efficient cooperatives run little risk of ending up without sufficient funds o money

desfloración nf, **desfloramiento** nm deflowering

desflorar vt to deflower

desfogar [38] ◇ vt (ira, frustraciones) to vent; **desfogó su cólera con su hermano** he took out o vented his anger on his brother
  ◆ **desfogarse** vpr to let off steam; **se desfogaba dando golpes a la puerta** he vented his anger by hitting the door; **se desfogó llorando** she got some relief by crying

desfogue nm **-1.** (desahogo) **la violencia fue su ~** violence was his way of getting things out of his system **-2.** Am (caño) outlet

desfondamiento nm **-1.** (ruptura) **para evitar el ~ de la caja** to prevent the bottom of the box falling out; **el impacto provocó el ~ de la embarcación** the impact breached the hull of the boat **-2.** (agotamiento) **sufrió un ~** he was overcome by exhaustion

desfondar ◇ vt **-1.** (silla, asiento) to break the seat of; (vasija) to break the bottom of; (embarcación) to breach the hull of; **vas a ~ la caja/bolsa si la llenas más** the bottom will fall out of that box/bag if you put any more in it; **el golpe contra el suelo desfondó la maleta** the suitcase burst open when it hit the floor **-2.** (agotar) to wear out
  ◆ **desfondarse** vpr **-1.** (perder el fondo) **la caja/bolsa se desfondó** the bottom fell out of the box/bag; **la silla se desfondó** the seat of the chair gave way **-2.** (persona) to become completely exhausted, to run out of steam

desforestación nf deforestation

desforestar vt to deforest

desgaire nm (desaliño) slovenliness, sloppiness; **vestir con ~** to dress sloppily; **al ~** nonchalantly, casually

desgajar ◇ vt (página) to tear out (**de** of); (libro, periódico) to rip up; (naranja) to split into segments; **desgajó la rama (del árbol)** he broke the branch off (the tree)
  ◆ **desgajarse** vpr to break off; **unas hojas se habían desgajado del libro** some pages had come loose from the binding (of the book); **una gran compañía que se ha desgajado en pequeñas empresas** a major company that has split up into small firms; **varios grupúsculos se desgajaron del partido** several factions split off o broke away from the party

desgana nf, Am **desgano** nm **-1.** (falta de apetito) lack of appetite; **comer con ~** to eat with little appetite **-2.** (falta de ánimo) lack of enthusiasm; **con ~** unenthusiastically, reluctantly; **trabajar con ~** to work with little enthusiasm

desganado, -a adj **-1.** (sin apetito) **estar ~** to be off one's food **-2.** (sin ganas) listless, apathetic

desganar ◇ vt to take away the desire of
  ◆ **desganarse** vpr **-1.** (perder apetito) to lose one's appetite **-2.** (cansarse) to lose interest

desgano = **desgana**

desgañitarse vpr to scream oneself hoarse

desgarbado, -a adj ungainly; **sus andares desgarbados** his ungainly walk

desgarrado, -a adj **-1.** (roto) torn, ripped **-2.** (terrible, descarnado) (estilo) bleak, uncompromising; (relato, poema) harrowing, heartrending **-3.** (rasgado) (grito) piercing; (voz) gravelly, rasping

desgarrador, -ora adj (grito) piercing; (llanto) heart-rending; (noticia) harrowing; (tragedia) terrible

desgarrar ◇ vt to rip; **el clavo me ha desgarrado la chaqueta** the nail has torn my jacket; EXPR **verles sufrir desgarra el corazón** it's heartbreaking to see them suffer
  ◆ **desgarrarse** vpr **-1.** (sujeto: ropa) to get torn o ripped; **se me desgarró la camiseta** my T-shirt has got torn o ripped; EXPR **se me desgarra el corazón (cuando...)** it breaks my heart (when...) **-2.** (músculo) to tear; **se desgarró un músculo entrenando** she tore a muscle while training

desgarriate nm Méx mess; **es el responsable del ~ en materia educativa** he is responsible for the mess education is in

desgarro nm **-1.** (en tejido) tear **-2.** (en fibra, músculo) **sufrió un ~** he tore a muscle ❑ **~ muscular** torn muscle; **tiene un ~ muscular en la pierna** he's torn a muscle in his leg

desgarrón nm big tear

desgastado, -a adj worn

desgastar ◇ vt **-1.** (suela, neumático) to wear down; (puño, cuerda) to fray; (roca) to wear away; **han desgastado la tapicería del sofá con sus juegos** they've caused a lot of wear on the upholstery of the sofa with their playing on it **-2.** (persona) to wear out; (organización) to weaken
  ◆ **desgastarse** vpr **-1.** (suela, neumático) to wear down; (puño, cuerda) to fray; (roca) to wear away; (tela) to become worn **-2.** (persona) to become worn out; (organización) to become ineffective

desgaste nm **-1.** (de tela, muebles) wear and tear; (de roca) wearing away; (de pilas) running down; (de cuerda) fraying; **el ~ de las ruedas** the wear on the tyres
  -2. (de persona, organización) wear and tear; **el ~ de los años** the wear and tear of the years; **presenta todos los síntomas del ~ que produce el poder** it displays all the symptoms of having been in power too long; **~ físico/psicológico** physical/mental wear and tear

desglosar vt to break down; **una factura desglosada** an itemized bill

desglose nm breakdown

desgobernar [3] vt (país) to govern badly

Geología / Geology

Geometría / Geometry

desgobierno nm (de país) misgovernment, misrule; (de empresa, hogar) mismanagement, bad management

desgoznar ◇ vt (arrancar) to unhinge; (desmontar) to remove the hinges from
◆ **desgoznarse** vpr to come off its hinges

desgracia nf -1. (mala suerte) misfortune; **le persigue la ~** he is dogged by bad luck; **bastante ~ tengo ya con haber perdido mi trabajo** it's bad enough having lost my job; **ha tenido la ~ de sufrir dos accidentes aéreos** she's had the misfortune to be in two plane crashes; **por ~** unfortunately; **¿le llegaste a conocer? – por ~ para mí** did you ever meet him? – unfortunately for me, I did
-2. (catástrofe) disaster; **ha ocurrido una ~** something terrible has happened; **le persiguen las desgracias** bad things keep happening to him; **una vida llena de desgracias** a life full of misfortune; **¡qué ~!** how awful!; **es una ~ que...** it's a terrible shame that...; EXPR **las desgracias nunca vienen solas** it never rains but it pours ❏ *desgracias personales*: **no hubo que lamentar desgracias personales** there were no casualties, fortunately
-3. EXPR **caer en ~** to fall from grace o into disgrace; **caer en ~ de alguien** to fall out of favour with sb; **es la ~ de la familia** he's the shame of the family

desgraciadamente adv unfortunately; **~ para mí, no puedo asistir** unfortunately for me, I can't go

desgraciado, -a ◇ adj -1. (desafortunado) (día) ill-fated; (suceso, accidente, casualidad) unfortunate
-2. (desacertado) (intervención, elección) unfortunate, unhappy
-3. (sin suerte) unlucky; **ser ~ en el amor** to be unlucky in love
-4. (infeliz) unhappy; **es muy ~ en su trabajo** he's very unhappy in his work; **llevar una vida desgraciada** to lead an unhappy o a miserable life
-5. (canalla) rotten, nasty
-6. (sin atractivo) unprepossessing, unattractive; **tiene un físico ~** she is physically unattractive
◇ nm,f -1. (persona sin suerte) born loser
-2. (infeliz) wretch; **es un pobre ~** he's a poor wretch
-3. (canalla) swine; **¡eres un ~!** you're a swine!; **el muy ~ me robó el dinero** the swine stole my money

desgraciar ◇ vt -1. Fam (cosa) to ruin, to wreck -2. (deshonrar) to demean -3. Fam (herir) **~ a alguien** to do sb a mischief
◆ **desgraciarse** vpr -1. (plan, proyecto) to be a complete disaster, to fall through -2. Fam (herirse) to do oneself a mischief

desgranar vt -1. (oración) **~ las cuentas del rosario** to tell one's beads -2. (ideas, argumentos) to reel off; **~ insultos** to hurl o sling insults -3. (trigo) to thresh; (maíz) to remove from the cob; (guisantes, habas) to shell

desgravable adj tax-deductible

desgravación nf deduction; **las desgravaciones por hijo o familiar a cargo** the allowances for a dependent child or relative; **una inversión con derecho a ~** a tax-deductible investment; **una ~ del 15 por ciento** a reduction in your tax of 15 percent ❏ **~ fiscal** tax relief

desgravar ◇ vt -1. (sujeto: persona) to deduct from one's tax bill; **yo desgravo los gastos de papelería** I deduct the cost of stationery for tax purposes -2. (sujeto: gastos) **los alquileres desgravan un 5 por ciento** 5 percent of rent can be claimed against tax
◇ vi to be tax-deductible; **¿las minusvalías físicas desgravan?** are there any tax allowances for physical disabilities?
◆ **desgravarse** vpr -1. (sujeto: gastos) to be tax-deductible -2. (sujeto: persona) **se desgrava todo el dinero que puede** he claims as much as he can against tax

desgreñado, -a adj dishevelled

desgreñar ◇ vt to dishevel, to tousle
◆ **desgreñarse** vpr (despeinarse) to become dishevelled o tousled

desguace nm -1. (acción) (de automóviles) scrapping; (de buques) breaking (up); **esa camioneta está para el ~** this van is for the scrapheap; **material de ~** scrap -2. (depósito) scrapyard

desguañangado, -a, desguañingado, -a adj Méx, Ven Fam (mueble) rickety; (vehículo) beat-up, broken-down

desguañangar, desguañingar vt Méx, Ven Fam to wreck

desguarnecer [46] vt -1. (quitar los adornos de) to strip -2. (dejar sin protección) to withdraw the troops from; **quedar desguarnecido** to be left unprotected; **el portero dejó su meta desguarnecida** the goalkeeper left his goal undefended -3. (caballo) to unharness

desguazar [14] vt (automóvil) to scrap; (buque) to break up

deshabillé nm negligée

deshabitado, -a adj (casa, edificio) empty, unoccupied; (región, pueblo, ciudad) uninhabited

deshabitar vt -1. (casa, edificio) to leave, to vacate -2. (territorio) to depopulate; (pueblo) to empty (of people)

deshabituar [4] ◇ vt **~ a alguien (de)** to get sb out of the habit (of)
◆ **deshabituarse** vpr to break the habit, to get out of the habit (**de** of); **le costaba deshabituarse del café** she found it hard to do without her coffee

deshacer [33] ◇ vt -1. (nudo, paquete) to undo; (maleta) to unpack; (costura) to unpick; **~ las maletas** to unpack (one's bags); **el aire le deshizo el peinado** the wind messed up her hair; **la cama estaba sin ~** the bed hadn't been stripped; **tuvo que ~ todo el camino porque se había olvidado las llaves en casa** she had to go all the way back because she had left her keys at home
-2. INFORMÁT to undo
-3. (disolver) (helado, mantequilla) to melt; (pastilla, terrón de azúcar) to dissolve; **~ un comprimido en agua** to dissolve a tablet in water
-4. (desarmar, despedazar) to take apart; (libro) to tear up; (res, carne) to cut up; (roca) to break up; (castillo de arena) to destroy; **~ un puzzle** to pull apart a jigsaw; **la tormenta deshizo el techo de la vivienda** the storm caused serious damage to the roof of the house
-5. (desgastar) to wear out; **te vas a ~ la vista, tan cerca de la televisión** you'll ruin your eyesight by sitting so near the television; **el ejercicio excesivo deshace las articulaciones** excessive exercise wears down your joints; **tiene los nervios deshechos** his nerves are in shreds
-6. (destruir) (enemigo) to rout; (matrimonio) to ruin; **tres años de guerra deshicieron al país** three years of war devastated the country; **deshicieron al equipo rival** they destroyed o dismantled the opposition
-7. (poner fin a) (contrato, negocio) to cancel; (pacto, tratado) to break; (plan, intriga) to foil; (organización) to dissolve; **tenemos que ~ este lío** we have to sort this problem out
-8. (afligir) to devastate; **la noticia de su asesinato deshizo a la familia** the news of his murder devastated his family
◆ **deshacerse** vpr -1. (costura) to come undone o unstitched; (trenza, moño) to come undone; (peinado) to get messed up
-2. (disolverse) (helado, mantequilla, nieve) to melt; (pastilla, terrón de azúcar) to dissolve; (niebla) to lift; **el azúcar se deshace al contacto con el agua** sugar dissolves when it comes into contact with water; **los caramelos se van deshaciendo en la boca** the sweets gradually melt in your mouth; **la organización se deshizo tras la guerra** the organization broke up after the war; **la concentración se deshizo antes de que llegara la policía** the crowd dispersed before the police arrived
-3. (desarmarse) to fall apart; **el jarrón se deshizo en pedazos** the vase smashed to pieces
-4. **deshacerse de** (librarse de) to get rid of; **salió por una puerta trasera para deshacerse del detective** he left by a back door to lose the detective; **nos costó mucho deshacernos de él** it wasn't easy to get rid of him
-5. **deshacerse de** (desprenderse de) to get rid of; **se resiste a deshacerse de sus joyas** she's reluctant to part with her jewels; **se deshicieron de un sofá viejo** they got rid of an old sofa
-6. **deshacerse en** (prodigarse en) **se deshizo en elogios con** o **hacia su anfitrión** she lavished praise on her host; **se deshizo en lágrimas al enterarse** he cried his heart out when he found out; **siempre se deshace en atenciones con nosotros** she is always extremely attentive towards us
-7. **deshacerse por alguien** (desvivirse) to bend over backwards for sb; (estar enamorado) to be madly in love with sb; **se deshace por la empresa, y nadie se lo reconoce** he does everything he can for the company, and no one appreciates it; **está que se deshace por o con su nietecilla** he absolutely dotes on his little granddaughter; **deshacerse por hacer/conseguir algo** to go out of one's way to do/get sth

desharrapado, -a, desarrapado, -a ◇ adj ragged; **¿cómo puedes ir siempre tan ~?** how can you go around dressed in those rags all the time?
◇ nm,f person dressed in rags; **los desharrapados** the dispossessed; **los pobres** the dispossessed

deshecho, -a ◇ participio ver **deshacer**
◇ adj -1. (nudo, paquete) undone; (cama) unmade; (maleta) unpacked
-2. (destruido) (enemigo) destroyed; (tarta, matrimonio) ruined
-3. (derretido) (pastilla, terrón de azúcar) dissolved; (helado, mantequilla) melted
-4. (anulado) (contrato, negocio) cancelled; (pacto, tratado) broken; (plan, intriga) foiled; (organización) dissolved
-5. (afligido) devastated; **~ en lágrimas** in floods of tears
-6. (cansado) exhausted; **vengo ~** I'm wrecked o exhausted
◇ nm Am (atajo) short cut

deshelar [3] ◇ vt (nieve, lago, hielo) to thaw, to melt; (parabrisas) to de-ice
◆ **deshelarse** vpr to thaw, to melt

desheredado, -a ◇ adj -1. (excluido de herencia) disinherited -2. (indigente) deprived
◇ nm,f (indigente) deprived person; **los desheredados** the dispossessed

desheredar vt to disinherit

desherrar [3] vi (caballo) to unshoe

deshice etc ver **deshacer**

deshidratación nf dehydration

deshidratado, -a adj dehydrated; **llegó ~ al hospital** he was suffering from dehydration when he arrived at the hospital; **piel deshidratada** dry skin

deshidratante ◇ adj dehydrating
◇ nm dehydrating agent

deshidratar ◇ vt to dehydrate
◆ **deshidratarse** vpr to become dehydrated

deshidrogenar vt to dehydrogenate, to dehydrogenize

deshiela ver **deshelar**

deshielo nm -1. (de nieve, lagos, ríos) thaw; **con la llegada del ~** when it starts to thaw, with the onset of the thaw; **aguas de ~** meltwater -2. (de relaciones) thaw

deshierra etc ver **desherrar**

deshijar vt CAm, Carib, Col (planta) to remove the suckers from

deshilachado, -a adj frayed

deshilachar vt to unravel
◆ **deshilacharse** vpr to fray

deshilado nm openwork embroidery

deshilar vt to unravel

deshilvanado, -a adj **-1.** (tela) untacked **-2.** (discurso, guión) disjointed; (ideas) confused, incoherent; **el juego del equipo fue bastante ~** the team's playing wasn't very coordinated

deshilvanar vt to untack

deshinchar ◇ vt **-1.** (globo, neumático) to let down, to deflate **-2.** (hinchazón) to reduce; (parte del cuerpo) to reduce the swelling on; **~ el bulto** to make the lump go down
◆ **deshincharse** vpr **-1.** (globo, neumático) to go down; **a la moto se le deshinchó una rueda** the motorbike got a Br puncture o US flat **-2.** (hinchazón, bulto) to go down; **ya se te deshinchó el tobillo** the swelling on your ankle has gone down **-3.** (perder fuerza) to run out of steam; **el equipo se deshinchó en el segundo tiempo** the team ran out of steam in the second half

deshipoteca nf paying off of the mortgage

deshipotecar [59] vt to pay off the mortgage on

deshizo ver **deshacer**

deshojar ◇ vt (flor) to pull the petals off; (árbol) to strip the leaves off; (libro, cuaderno) to tear the pages out of; [EXPR] **~ la margarita** (amante, enamorado) = to pull the petals off a daisy saying "she loves me, she loves me not"; **el líder socialista sigue deshojando la margarita** the socialist leader is still debating what to do
◆ **deshojarse** vpr (flor) to drop its petals; (árbol) to shed its leaves

deshoje nm falling of leaves

deshollejar vt to peel

deshollinador, -ora ◇ nm,f (persona) chimney sweep
◇ nm (instrumento) (para chimeneas) chimney brush; (para techos y paredes) ceiling brush

deshollinar vt to sweep

deshonestamente adv (sin honradez) dishonestly

deshonestidad nf (falta de honradez) dishonesty; **actuó con ~** she acted dishonestly

deshonesto, -a adj **-1.** (sin honradez) dishonest **-2.** (sin pudor) indecent, immoral

deshonor nm, **deshonra** nf **-1.** (pérdida de la honra) dishonour
-2. (cosa deshonrosa) dishonour; **su comportamiento es un ~ para su familia** his behaviour brings shame o disgrace on his family; **eres un ~ para este colegio** you are a disgrace to this school; **no es ningún ~ trabajar de barrendero** there's no shame in being a street sweeper, being a street sweeper is nothing to be ashamed of

deshonrar vt **-1.** (injuriar) to dishonour; **con su conducta deshonra a toda la familia** his behaviour is bringing disgrace upon the entire family **-2.** (mujer) to dishonour

deshonroso, -a adj dishonourable, shameful

deshora: a ~, a deshoras loc adv (en momento inoportuno) at a bad time; (en horas poco habituales) at an unearthly hour; **siempre da su opinión a ~** she always gives her opinion when it's not asked for; **no es bueno comer a ~** it's not good to eat outside normal mealtimes

deshuesa etc ver **desosar, deshuesar**

deshuesadero nm Méx scrapyard

deshuesar vt (carne) to bone; (fruto) Br to stone, US to pit

deshumanización nf dehumanization

deshumanizar [14] ◇ vt to dehumanize
◆ **deshumanizarse** vpr (relaciones, trabajo) to become dehumanized; (persona) to lose one's humanity

desideologización nf **quieren la ~ del debate** they want to remove the ideological element from the debate; **la ~ de la clase obrera** the depoliticization of the working class

desideologizado, -a adj **una clase obrera desideologizada** a depoliticized working class

desideologizar vt **quieren ~ el debate** they want to remove the ideological element from the debate; **la prosperidad ha desideologizado a la clase obrera** prosperity has depoliticized the working class

desiderativo, -a adj GRAM desiderative

desiderátum nm inv greatest wish, desideratum

desidia nf **-1.** (descuido) (en el trabajo) carelessness; (en el aspecto) slovenliness; **hace las cosas con ~** she does things very carelessly; **cosas que pasan por ~** things that happen through carelessness **-2.** (desgana) listlessness; **me entró la ~** I was overcome by a feeling of listlessness

desidioso, -a adj (en el trabajo) careless; (en el aspecto) slovenly

desierto, -a ◇ adj **-1.** (vacío) deserted, empty; **una isla desierta** a desert island; **la ciudad se queda desierta en agosto** the city is deserted in August; **las gradas se quedaron desiertas** the stands were deserted o empty
-2. (vacante) **la plaza quedó desierta** the post was left unfilled; **el premio quedó ~** the prize was not awarded; **declararon el concurso ~** the competition was declared void
◇ nm desert; **un ~ de arena** a sandy desert; [EXPR] **predicar** o **clamar en el ~** to be a voice crying in the wilderness ❑ **el ~ de Atacama** the Atacama Desert; **el ~ de Gobi** the Gobi Desert; **el ~ del Sáhara** the Sahara Desert

designación nf **-1.** (nombre) designation **-2.** (nombramiento) appointment; **parlamentarios de** o **por ~ real** members of parliament appointed by the monarch

designar vt **-1.** (nombrar) to appoint; **han designado a Gómez para el cargo** Gómez has been appointed to the post; **fue designada mujer del año por la revista "Time"** "Time" magazine named her woman of the year; **ha sido designada capital europea de la cultura** it has been designated the European capital of culture
-2. (fijar, determinar) to name, to fix; **~ medidas contra la corrupción** to draw up measures against corruption; **falta por ~ una fecha y un lugar** a date and place have yet to be set o decided
-3. (denominar) to refer to; **el símbolo # lo designamos con el nombre de "almohadilla"** we refer to the # symbol as the "hash"; **este logotipo designa el empleo de papel reciclado** this logo denotes the use of recycled paper

designio nm intention, plan; **de acuerdo con los designios de su padre** in accordance with his father's plans; **los designios del Señor son inescrutables** the Lord works in mysterious ways; **pensaba que aquello había ocurrido por ~ divino** she thought that God had planned it to happen

desigual adj **-1.** (diferente) different; **recibieron un trato ~** they weren't treated the same, they were treated differently; **un triángulo de lados desiguales** a triangle with unequal sides
-2. (irregular) (terreno, superficie) uneven; (alumno, actuación) inconsistent, erratic; **su filmografía es de ~ calidad** his movies o Br films are of varying quality; **ha publicado varias novelas con ~ fortuna** he has published several novels, with mixed results
-3. (poco equilibrado) (lucha, competición) unequal; (fuerzas, rivales) unevenly matched
-4. (variable) (tiempo) changeable; (temperaturas) variable; (persona, humor) changeable

desigualar vt to make unequal
◆ **desigualarse** vpr to get ahead

desigualdad nf **-1.** (diferencia) difference; **trataba a sus hijos con ~** he didn't treat all his children in the same way **-2.** (de carácter) changeability; (de actuación, rendimiento) inconsistency, erratic nature; (del terreno) unevenness **-3.** (económica, social, racial) inequality; **acabar con las desigualdades regionales** to put an end to inequalities between the regions **-4.** MAT inequality

desilusión nf **-1.** (estado de ánimo) disillusionment; **caer en la ~** to become disillusioned **-2.** (decepción) disappointment; **llevarse** o **sufrir una ~ (con algo)** to be disappointed (with sth); **¡qué ~!** what a disappointment!

desilusionado, -a adj **-1.** (sin ilusiones) disillusioned **-2.** (decepcionado) disappointed; **estar ~ con algo** to be disappointed with sth; **estoy muy ~ contigo** I'm very disappointed with o in you; **está muy ~ con la política** he's very disillusioned with politics

desilusionar ◇ vt **-1.** (decepcionar) to disappoint, to disillusion; **su conferencia me desilusionó** I was disappointed by his talk; **desilusionaron al electorado** they let the voters down **-2.** (desengañar) to reveal the truth to; **no lo quiero ~, se lo ve tan contento** I don't want to spoil things for him by telling him the truth, he looks so happy
◆ **desilusionarse** vpr **-1.** (decepcionarse) to be disappointed o disillusioned; **me he desilusionado con la política** I've become disillusioned with politics **-2.** (desengañarse) to realize the truth; **desilusiónate, no te va a llamar** don't get your hopes up, he's not going to call you

desimantación nf demagnetization

desimantar vt to demagnetize

desincentivador, -ora adj **una medida desincentivadora (de)** a disincentive (to)

desincentivar vt to discourage

desincrustar vt (tuberías) to descale

desindustrialización nf deindustrialization

desinencia nf ending

desinfección nf disinfection

desinfectante ◇ adj (para objetos) disinfectant; (para heridas) antiseptic
◇ nm (para objetos) disinfectant; (para heridas) antiseptic

desinfectar vt to disinfect

desinflado, -a adj (globo, pelota) deflated; (neumático) flat

desinflamar ◇ vt to reduce the inflammation in
◆ **desinflamarse** vpr to become less inflamed

desinflar ◇ vt **-1.** (globo, pelota) to deflate; (rueda) to let down, to deflate **-2.** (quitar importancia a) to play down **-3.** (desanimar) to depress
◆ **desinflarse** vpr **-1.** (perder aire) (balón) to go down; (neumático) to go flat **-2.** (desanimarse) to get depressed **-3.** (achicarse) to become discouraged, to lose heart; **en el interrogatorio se terminó desinflando** he lost his confidence under questioning; **el equipo se desinfló en el último cuarto del partido** the team ran out of steam in the last quarter

desinformación nf misinformation

desinformar vt to misinform

desinhibición nf lack of inhibition; **se comporta con ~** he behaves with complete lack of inhibition

desinhibidamente adv uninhibitedly, without inhibitions

desinhibido, -a adj uninhibited

desinhibir ◇ vt to free from inhibitions
◆ **desinhibirse** vpr to lose one's inhibitions

desinsectación nf (de casa) fumigation

desinsectar vt (casa) to fumigate

desinstalar vt INFORMÁT to uninstall

desintegración nf **-1.** (de objeto, materia) disintegration; **la ~ del átomo** the splitting of the atom **-2.** (de grupo, organización) break-up; **la ~ de la Unión Soviética** the break-up of the Soviet Union; **la ~ de la familia** the break-up of the family **-3.** FÍS decay ❑ **~ nuclear** nuclear decay

desintegrar ⬦ vt **-1.** (objeto, materia) to break into pieces; (átomo) to split; **el rayo desintegró la nave espacial** the ray disintegrated the spaceship **-2.** (grupo, organización, familia) to break up
  ◆ **desintegrarse** vpr **-1.** (objeto) to disintegrate **-2.** (grupo, organización, familia) to break up
desinteligencia nf Am **-1.** (malentendido) misunderstanding **-2.** (estupidez) lack of intelligence
desinterés (pl **desintereses**) nm **-1.** (indiferencia) disinterest, lack of interest (**por** in); **mostró gran ~ por nuestro trabajo** he showed very little interest in our work **-2.** (generosidad) unselfishness; **actúa con ~** she acts unselfishly
desinteresadamente adv unselfishly; **ayudar a alguien ~** to help sb with no thought of personal gain
desinteresado, -a adj **-1.** (indiferente) uninterested (**por** in) **-2.** (generoso) unselfish; **colabora de forma desinteresada** he's taking part with no thought of personal gain
desinteresarse vpr to lose interest (**de** in)
desintoxicación nf detoxification; **centro de ~** (para toxicómanos) detoxification centre; **clínica de ~** (para alcohólicos) drying-out clinic
desintoxicar [59] ⬦ vt (persona intoxicada) to detoxify; (alcohólico) to dry out; **la finalidad del programa es ~ a los pacientes** the purpose of the scheme is to get the patients off drugs
  ◆ **desintoxicarse** vpr (dejar de beber) to dry out; (dejar de drogarse) to come off drugs, to break one's drug habit; **se fue al campo para desintoxicarse de la ciudad** he went to the country to get the city out of his system
desinversión nf ECON disinvestment, divestment
desinvertir vt ECON to disinvest
desistimiento nm DER (de demanda) abandonment; (de recurso) withdrawal; (de derechos) waiving
desistir vi **-1.** **~ de (hacer) algo** to give up o stop (doing) sth; **al final desistieron de la idea** in the end they gave up the idea; **han desistido de comprarse una casa** they've given up the idea of buying a house; **¡nada me hará ~!** nothing will make me give up!
  -2. DER **~ de una demanda** to abandon a lawsuit; **~ de un recurso** to withdraw an appeal; **~ de un derecho** to waive a right
deslavazado, -a adj (discurso, relato) disjointed, rambling; (argumentación) incoherent
deslave nm Am landslide, Br landslip (caused by flooding or rain)
desleal adj (persona, acto) disloyal (**a** o **con** to); **su amigo le fue ~** his friend was disloyal to him; **fue ~ a sus principios** he didn't remain true to his principles, he betrayed his principles
deslealmente adv disloyally
deslealtad nf disloyalty; **un acto de ~** an act of disloyalty, a disloyal act
desleír [56] vt (diluir) to thin; (disolver) to dissolve; **deslíe la yema con un poco de agua** thin the egg yolk with a little water; **la temperatura del agua desleyó el hielo rápidamente** the heat of the water quickly melted the ice
deslenguado, -a ⬦ adj foul-mouthed
  ⬦ nm,f foul-mouthed person; **eres un ~** you've got a really foul mouth
deslía etc ver **desleír**
desliar [32] vt to unwrap
deslíe etc ver **desleír**
desligar [38] ⬦ vt **-1.** (desatar) to untie **-2.** (separar) to separate (**de** from); **en política conviene ~ lo privado de lo público** in politics it's advisable to keep one's private and public lives separate
  ◆ **desligarse** vpr **-1.** (desatarse) to untie oneself **-2.** (separarse) to become separated (**de** from); (distanciarse) to distance oneself

(**de** from); **factores que no se pueden ~** factors that cannot be treated separately; **se desligó de la política en 1998** he left politics in 1998; **se ha ido desligando de su familia** she has gradually distanced herself from her family
deslindar vt **-1.** (limitar) to mark out (the boundaries of) **-2.** (separar) to define
deslinde nm **-1.** (delimitación) delimitation, demarcation **-2.** (aclaración) clarification, elucidation
deslió etc ver **desleír**
deslío etc ver **desleír**
desliz nm **-1.** (error) slip, error; **tener** o **cometer un ~** to slip up; **tuvo algunos deslices en el examen** she made a few slips in the exam; **deslices de juventud** youthful indiscretions **-2.** (infidelidad conyugal) lapse; **tener** o **cometer un ~ (con alguien)** to have an adventure o a fling (with sb)
deslizable adj **-1.** (resbaladizo) slippery **-2.** (corredero) sliding
deslizamiento nm slide, sliding □ **~ de tierra** landslide
deslizante adj **-1.** (resbaladizo) slippery **-2.** (corredero) sliding
deslizar [14] ⬦ vt **-1.** (mano, objeto) **~ algo en** to slip sth into; **le deslizó las llaves en el bolsillo** she slipped the keys into his pocket; **~ algo por algo** to slide sth along sth; **deslizó la mano por la barandilla** he ran his hand down the banister; **deslizó el trapo sobre la mesa** he ran the cloth over the table
  -2. (indirecta, comentario) to slip in; **deslizó un comentario sarcástico** she slipped in a sarcastic comment
  ◆ **deslizarse** vpr **-1.** (resbalar) to slide; **deslizarse por** to slide along; **el barco se deslizaba por la superficie** the boat glided along the surface; **los esquiadores se deslizaban por la nieve** the skiers slid across the snow; **los niños se deslizaron por el tobogán** the children slid down the chute; **las lágrimas se deslizaban por sus mejillas** tears ran down his cheeks; **el agua se desliza mansamente río abajo** the water flows gently downriver
  -2. (escabullirse) to slip; **una lagartija se deslizó entre las rocas** a lizard slipped in between the rocks; **para entrar/salir tuvo que deslizarse sin que lo viera el portero** to get in/out he had to slip past the porter without being seen
  -3. (sujeto: error) **deslizarse en** to creep into
  -4. (sujeto: tiempo, vida) to slip away o by
deslomar vt (a golpes) to thrash; Fam **¡como me vuelvas a gritar, te deslomo a palos!** if you shout at me again, I'm going to kick your head in!
  ◆ **deslomarse** vpr Fam to break one's back, to wear oneself out; **me deslomé a estudiar, pero no aprobé** I did my head in studying, but I didn't pass
deslucido, -a adj **-1.** (sin brillo) (color, tapicería, pintura) faded; (plata) tarnished **-2.** (sin gracia) (acto, ceremonia) dull; (actuación) lacklustre, uninspired
deslucir [39] vt to spoil; **la lluvia deslució el desfile** the rain spoiled the parade; **las acusaciones deslucieron su victoria** the accusations took the shine off his victory
deslumbrador, -ora adj **-1.** (luz) dazzling **-2.** (belleza) dazzling, stunning; (indumentaria, persona) stunning
deslumbramiento nm **-1.** (ceguera) dazzling, dazzle; **sufrí un ~ al mirar al sol** I was dazzled when I looked at the sun **-2.** (confusión) bewilderment
deslumbrante adj **-1.** (luz) dazzling **-2.** (belleza) dazzling, stunning; (indumentaria) stunning; (concierto) sensational; (película, actuación) sensational, stunning; **María estaba ~** Maria looked stunning; **poseía una voz ~** he had a sensational o an amazing voice
deslumbrar vt **-1.** (sujeto: luz) to dazzle **-2.** (sujeto: belleza, persona, concierto) to dazzle

deslustrado, -a adj **-1.** (zapatos) unpolished **-2.** (ropa) dingy **-3.** (metal) tarnished; **la madera quedó deslustrada** the wood lost its shine
deslustrar vt **-1.** (zapatos) to take the shine off **-2.** (metal) to tarnish; (madera) to take the shine off **-3.** (victoria) to tarnish, to take the shine off
desluzco etc ver **deslucir**
desmadejado, -a adj (débil, flojo) weak, worn out
desmadejar vt to wear o tire out
desmadrado, -a adj Esp Fam wild; **estar ~** to be wild o out of control; **una fiesta desmadrada** a really wild party
desmadrar Fam ⬦ vt Méx to break, to bust
  ⬦ vi Méx to break down
  ◆ **desmadrarse** vpr Esp to go wild
desmadre nm Fam **-1.** (caos) chaos, utter confusion; **esta organización es el ~ total** this organization is totally chaotic **-2.** (desenfreno) rave-up; **la fiesta fue un ~** the party was really wild
desmadroso, -a adj Méx Fam wild
desmagnetización nf INFORMÁT degaussing
desmalezar [14] vt Am to clear of undergrowth
desmán nm **-1.** (exceso) excess; **con sus desmanes ahuyenta a mis amigos** his outrageous behaviour scares off my friends; **cometer desmanes** (gamberradas) to behave violently; (saqueos) to commit excesses
  -2. (abuso de poder) abuse (of power); **han denunciado los desmanes de los gobernantes** they have condemned the rulers' abuses of power
  -3. (animal) Russian desman □ **~ del Pirineo** o **de los Pirineos** Pyrenean desman
desmanchar ⬦ vt Am to remove the stains from
  ◆ **desmancharse** vpr Andes, PRico (apartarse) to withdraw
desmandado, -a adj (desobediente) unruly
desmandarse vpr (descontrolarse) to get out of control; **enseguida se le desmanda la clase** he immediately loses control of the class; **se le desmandaron algunas ovejas** a few of his sheep went astray
desmano: a desmano loc adv (fuera de alcance) out of reach; (fuera del camino seguido) out of the way; **su pueblo me pilla a ~** his town is out of my way; **su casa cae muy a ~** his house is really off the beaten track
desmantelado, -a adj dismantled
desmantelamiento nm **-1.** (de casa, fábrica) clearing out, stripping; (de organización) disbanding; (de arsenal, instalaciones) dismantling; (de puesto, quiosco, andamios) taking down; **el ~ de todas las bases americanas** the closing of all American bases **-2.** (de barco) unrigging
desmantelar vt **-1.** (casa, fábrica) to clear out, to strip; (organización criminal) to break up; (arsenal, instalaciones) to dismantle; (quiosco, andamios) to take down **-2.** (barco) to dismast, to strip of masts
desmañado, -a adj clumsy, awkward
desmaquillador, -ora ⬦ adj crema/loción desmaquilladora make-up remover
  ⬦ nm make-up remover
desmaquillar ⬦ vt to remove the make-up from
  ◆ **desmaquillarse** vpr to take one's make-up off
desmarcado, -a adj (en deporte) unmarked; **quedarse ~** to lose one's marker
desmarcar [59] ⬦ vt (en deporte) to draw the marker away from
  ◆ **desmarcarse** vpr **-1.** (en deporte) to lose one's marker **-2.** (apartarse) **desmarcarse de algo/alguien** to distance oneself from sth/sb
desmarque nm **-1.** (en deporte) **Rodríguez realizó un buen ~** Rodríguez lost his marker well; **buscar el ~** to try and shake off o lose one's marker **-2.** (alejamiento) **su ~**

desmayado

de la política del gobierno ha sorprendido a todos his disavowal of government policy has surprised everyone
desmayado, -a *adj* **-1.** *(inconsciente)* unconscious; **caer ~** to faint **-2.** *(hambriento)* **estar ~ (de hambre)** to be faint with hunger **-3.** *(desvaído) (color)* pale; *(voz)* faint, weak
desmayar ⋄ *vi* to lose heart; **¡no desmayes!** don't lose heart!, don't be discouraged!
◆ **desmayarse** *vpr* to faint
desmayo *nm* **-1.** *(físico)* fainting fit; **le dio un ~ she fainted; sufrir un ~** to faint **-2.** *(moral)* loss of heart; **sin ~** unfalteringly; **luchar sin ~** to fight tirelessly
desmechado, -a *adj Am Fam (pelo)* untidy, tangled
desmedido, -a *adj* excessive, disproportionate
desmedirse [47] *vpr* to go too far, to go over the top
desmedrar ⋄ *vt (deteriorar)* to impair, to damage
⋄ *vi (decaer)* to decline, to deteriorate
desmedro *nm* decline, deterioration
desmejorado, -a *adj* poorly, unwell; **le encuentro un poco ~** he's not looking too well
desmejorar ⋄ *vt* to spoil; **ese peinado la desmejora mucho** that hairstyle does absolutely nothing for her
⋄ *vi* **-1.** *(enfermar)* to deteriorate, to get worse; **empezó a ~ en el verano** his health began to deteriorate over the summer **-2.** *(perder cualidades, atractivo)* to go downhill, to deteriorate; **desmejoró mucho con la edad** he really went downhill as he got older
◆ **desmejorarse** *vpr* **-1.** *(enfermar)* to deteriorate, to get worse **-2.** *(perder cualidades, atractivo)* to go downhill, to deteriorate
desmelenado, -a *adj* **-1.** *Fam (persona)* wild; **últimamente está ~** he's been a bit wild recently; **el equipo salió ~ a por la victoria** the team went all out to win **-2.** *(cabello)* tousled, dishevelled
desmelenar ⋄ *vt (cabello)* to dishevel
◆ **desmelenarse** *vpr* **-1.** *(sujeto: cabello)* to get into a mess, to get messed up **-2.** *Fam (desmadrarse)* to go wild **-3.** *Fam (enojarse)* to blow one's top
desmembración *nf*, **desmembramiento** *nm* **-1.** *(de cuerpo)* dismemberment; *(de miembro, extremidad)* loss **-2.** *(de partido, imperio, estado)* break-up
desmembrar [3] ⋄ *vt* **-1.** *(cercenar) (cuerpo)* to dismember; *(miembro, extremidad)* to cut off **-2.** *(disgregar)* to break up
◆ **desmembrarse** *vpr* to break up, to fall apart; **el Estado se está desmembrando** the State is breaking up *o* falling apart
desmemoriado, -a ⋄ *adj* forgetful
⋄ *nm,f* forgetful person; **ser un ~** to be very forgetful
desmentido *nm* denial; **dar un ~, hacer público un ~** to issue a denial
desmentir [62] *vt* **-1.** *(negar)* to deny; **desmintió la noticia** he denied the report; **el primer ministro desmintió a su portavoz** the prime minister contradicted his spokesperson **-2.** *(desmerecer)* to be unworthy of
desmenuzar [14] ⋄ *vt* **-1.** *(trocear) (pan, pastel, roca)* to crumble; *(carne)* to chop up, to cut up; *(papel)* to tear up into little pieces; **el pescado hay que dárselo desmenuzado** you have to take his fish off the bone for him **-2.** *(examinar, analizar)* to scrutinize
◆ **desmenuzarse** *vpr (pan, pastel, roca)* to crumble
desmerecedor, -ora *adj* unworthy, undeserving
desmerecer [46], *Cuba* **desmeritar** ⋄ *vt* not to deserve, to be unworthy of
⋄ *vi* **-1.** *(perder mérito)* to lose value; **las hermosas flores desmerecían en aquel lóbrego salón** the beautiful flowers didn't look their best in that gloomy room; **ganó el equipo visitante, pero el Betis no desmereció** the visiting team won, but Betis gave a good account of themselves **-2.** *(ser inferior)* **~ (en algo) de algo/alguien** to compare unfavourably with sth/sb (in sth); **este vino no desmerece en nada de otros más conocidos** this wine easily bears comparison with other better-known ones
desmerezco *etc ver* **desmerecer**
desmeritar = **desmerecer**
desmesura *nf* lack of moderation; **comer con ~** to gorge oneself
desmesuradamente *adv* **-1.** *(excesivamente)* excessively, extremely **-2.** *(enormemente)* uncommonly, extremely
desmesurado, -a *adj* **-1.** *(excesivo)* excessive, disproportionate; **estás dando una importancia desmesurada al asunto** you're giving the issue more importance than it deserves **-2.** *(enorme)* enormous
desmidiera *etc ver* **desmedirse**
desmido *etc ver* **desmedirse**
desmiembro *etc ver* **desmembrar**
desmiento *etc ver* **desmentir**
desmigajar ⋄ *vt* to crumble
◆ **desmigajarse** *vpr* to crumble
desmigar *vt* **-1.** *(desmigajar)* to crumble **-2.** *(quitar la miga a)* **~ una barra de pan** to remove the crumb from the centre of a baguette
desmilitarización *nf* demilitarization
desmilitarizar [14] *vt* to demilitarize
desmineralización *nf* MED demineralization
desmintiera *etc ver* **desmentir**
desmitificación *nf* **la ~ de la democracia helénica** the demythologizing of ancient Greek democracy; **la ~ del mundo del espectáculo** the shattering of people's illusions about show business; **la ~ del presidente** the removal of the aura surrounding the president
desmitificador, -ora *adj* **revelaciones desmitificadoras de la figura de Gandhi** revelations which shatter the Gandhi myth
desmitificar [59] *vt* **el libro desmitifica la democracia helénica** the book demythologizes ancient Greek democracy; **hay que ~ el mundo del espectáculo** we have to dispel people's illusions about show business; **el escándalo desmitificó al presidente** the scandal showed the president had feet of clay
desmochado, -a *adj (árbol)* polled
desmochar *vt (árbol)* to poll, to pollard
desmoche *nm (de árboles)* polling, pollarding
desmoldar *vt* to remove from its mould
desmonetización *nf* ECON demonetarization
desmontable *adj* **-1.** *(mueble)* that can be dismantled *o* taken apart; *(aparato, mecanismo)* that can be taken apart; **este aparato no es ~** this appliance cannot be disassembled *o* taken apart; **una estantería ~** a self-assembly bookcase; **una tienda de campaña fácilmente ~** a tent that is easy to take down **-2.** *(pieza, parte)* removable, detachable
desmontaje *nm* **-1.** *(desarme)* dismantling, disassembly **-2.** *(demolición)* demolition **-3.** *(de arma de fuego)* uncocking
desmontar ⋄ *vt* **-1.** *(desarmar) (máquina, mecanismo)* to take apart *o* to pieces, *Espec* to disassemble; *(mueble, librería, mesa)* to dismantle, to take to pieces; *(motor)* to strip down; *(piezas, partes)* to remove, to detach; *(rueda)* to remove, to take off; *(andamio, tablado, tienda de campaña)* to take down
-2. *(teoría, argumentación)* to demolish, to pull to pieces
-3. *(arma)* to uncock
-4. *(persona)* **;** *(de caballo, moto, bicicleta)* to unseat; **el caballo desmontó al jinete** the horse threw its rider; **desmontó al niño de la bicicleta** he took the boy off the bicycle
-5. INFORMÁT to unmount
-6. *(terreno)* to level; *(área, bosque)* to clear
⋄ *vi* **~ de** *(caballo)* to dismount from; *(moto, bicicleta)* to get off; *(coche)* to get out of
◆ **desmontarse** *vpr* **desmontarse de** *(caballo)* to dismount from; *(moto, bicicleta)* to get off; *(coche)* to get out of
desmonte *nm* **-1.** *(terreno allanado)* **un ~** an area of levelled ground **-2.** *(allanamiento)* levelling **-3.** *(de bosque)* clearing
desmoralización *nf* demoralization; **cundió la ~ entre los familiares** dismay spread amongst the relatives
desmoralizado, -a *adj* demoralized
desmoralizador, -ora, desmoralizante *adj* demoralizing
desmoralizar [14] ⋄ *vt* to demoralize
◆ **desmoralizarse** *vpr* to become demoralized, to lose heart; **¡no te desmoralices, hombre!** come on, don't lose heart!
desmoronamiento *nm* **-1.** *(de edificio, roca)* crumbling, falling to pieces **-2.** *(de ideales)* crumbling; *(de persona)* going to pieces **-3.** *(de imperio, estado)* fall, collapse
desmoronar ⋄ *vt (edificio, roca)* to cause to crumble
◆ **desmoronarse** *vpr* **-1.** *(edificio, roca)* to crumble, to fall to pieces **-2.** *(ideales)* to crumble, to fall to pieces; *(persona)* to go to pieces; **se desmoronaba mentalmente** she was going to pieces mentally; **se desmoronó a 100 metros de la llegada** he collapsed 100 metres from the finishing line **-3.** *(imperio, estado)* to collapse, to fall apart
desmotivado, -a *adj* lacking in motivation
desmotivar ⋄ *vt* to demotivate
◆ **desmotivarse** *vpr* to get *o* become discouraged
desmovilización *nf* demobilization
desmovilizar [14] *vt* to demobilize
desnacionalización *nf* denationalization, privatization
desnacionalizar [14] *vt* to denationalize, to privatize
desnatado, -a *adj (leche)* skimmed; *(yogur)* low-fat, made with skimmed milk
desnatar *vt* to skim
desnaturalización *nf* **-1.** *(de ciudadano)* denaturalization **-2.** *(de carácter)* perversion, corruption **-3.** *(de texto)* distortion **-4.** *(de sustancia)* adulteration
desnaturalizado, -a *adj* **-1.** *(sustancia)* adulterated; *(alcohol)* denatured **-2.** *(padre, madre, hijo)* unnatural, heartless
desnaturalizar [14] *vt* **-1.** *(ciudadano)* to deprive of citizenship **-2.** *(sustancia)* to adulterate; *(alcohol)* to denature
desnivel *nm* **-1.** *(cultural, social)* inequality; **ha aumentado el ~ entre ricos y pobres** the gap between rich and poor has widened **-2.** *(de terreno, superficie)* **había un ~ de 500 metros** there was a drop of 500 metres; **una cuesta con un ~ del 15 por ciento** a gradient of 15 percent; **este sendero tiene muchos desniveles** this path goes up and down a lot
desnivelado, -a *adj (terreno, piso)* uneven; **la mesa está desnivelada** this table isn't level
desnivelar ⋄ *vt (terreno)* to make uneven; *(situación)* to upset the balance of; *(encuentro)* to make unequal; *(balanza)* to tip; **los votos que desnivelaron la balanza a favor de los socialistas** the votes which tipped the balance in favour of the socialists
◆ **desnivelarse** *vpr* **el encuentro se desniveló con la expulsión de Ramírez** the game became a very unequal affair when Ramírez was sent off
desnucar [59] ⋄ *vt* to break the neck of
◆ **desnucarse** *vpr* to break one's neck
desnuclearización *nf (de armas nucleares)* nuclear disarmament; *(de centrales nucleares)* = getting rid of nuclear power
desnuclearizado, -a *adj* nuclear-free
desnuclearizar [14] *vt* to make nuclear-free
desnudar ⋄ *vt* **-1.** *(persona)* to undress; EXPR **~ a un santo para vestir a otro** to rob Peter to pay Paul **-2.** *(cosa)* to strip (**de** of); **desnudó su discurso de toda floritura** he avoided all ornament in his speech **-3.** *Fam (quitar el dinero a)* to clean out

desnudez

◆ **desnudarse** vpr **-1.** *(quitarse la ropa)* to undress, to get undressed; **tuvo que desnudarse de cintura para arriba** he had to strip to the waist **-2.** *(despojarse)* **los árboles se desnudan de hojas en invierno** the trees lose o shed their leaves in autumn

desnudez nf **-1.** *(de persona)* nakedness, nudity **-2.** *(de cosa)* bareness; **la vasta ~ de la Pampa** the vast bare expanse of the Pampas

desnudismo nm nudism

desnudista ◇ adj nudist
◇ nmf nudist

desnudo, -a ◇ adj **-1.** *(persona, cuerpo)* naked; **nadar ~** to swim in the nude; **posó ~ para "Mate"** he posed in the nude for "Mate"; **me siento ~ sin mis gafas** I feel naked without my glasses; **~ de cintura para arriba/abajo** naked from the waist up/down; *Fam Fig* **necesito ir de compras porque ando ~** I need to go shopping because I haven't got a thing to wear
-2. *(brazo, hombro)* bare
-3. *(salón, pared, árbol, ramas)* bare; *(paisaje)* bare, barren; *(verdad)* plain, unvarnished
◇ nm **-1.** *(pintura, imagen)* nude; **pintar un ~** to paint a nude; **un ~ femenino/masculino** a female/male nude; **el ~ en el cine** nudity in the movies; **~ frontal** full-frontal nude; **contiene desnudos integrales** it has scenes of full-frontal nudity
-2. al ~ *(a la vista)* for all to see; **el reportaje deja al ~ las intrigas en el seno del partido** the article takes the lid off party infighting; **ésta es la verdad al ~** this is the plain, unadorned truth

desnutrición nf malnutrition

desnutrido, -a adj undernourished

desnutrirse vpr to become malnourished

desobedecer [46] vt to disobey

desobediencia nf disobedience ❑ **~ civil** civil disobedience; **~ pacífica** civil disobedience

desobediente ◇ adj disobedient
◇ nmf disobedient person; **es un ~** he's terribly disobedient

desocupación nf **-1.** *(desempleo)* unemployment **-2.** *(ociosidad)* idleness **-3.** *(desalojo)* vacation

desocupado, -a adj **-1.** *(persona) (sin empleo)* unemployed **-2.** *(persona) (ocioso)* free, unoccupied; **yo te llamo cuando esté más ~** I'll call you when I'm not so busy **-3.** *(asiento)* vacant, unoccupied; *(edificio, casa, apartamento)* empty; **¿está desocupada esta silla?** is this seat free? **-4.** *(tiempo)* free

desocupar ◇ vt **-1.** *(vaciar de personas) (evacuar)* to evacuate; *(por la fuerza)* to clear **-2.** *(vaciar de cosas)* to clear, to empty; **~ un cajón/armario** to empty a drawer/wardrobe **-3.** *(abandonar)* *(habitación, mesa)* to leave; *(asiento)* to get out of; **desocupó su silla para cedérsela a la anciana** he gave up his seat for the old lady

◆ **desocuparse** vpr *(casa, apartamento)* to become vacant; *(habitación, mesa, asiento)* to become free; **en cuanto me desocupé, salí en su busca** as soon as I was free I went out to find her; **el baño ya se ha desocupado** the bathroom is free now

desodorante ◇ adj deodorant, deodorizing
◇ nm deodorant; **darse** o **echarse** o **ponerse ~** to put some deodorant on; *Fam Hum* **le ha abandonado el ~** a bit of deodorant wouldn't do him any harm ❑ *CSur* **~ ambiental** air freshener; *CSur* **~ de ambientes** air freshener; **~ de barra** deodorant stick; **~ de spray** deodorant spray

desodorizar [14] vt to deodorize

desoír [44] vt not to listen to, to take no notice of; **~ los consejos de alguien** to ignore sb's advice

desolación nf **-1.** *(destrucción)* devastation **-2.** *(desconsuelo)* distress, grief; **sumir en la ~ a alguien** to devastate sb

desolado, -a adj **-1.** *(paraje) (destruido)* devastated; *(sin vegetación)* desolate **-2.** *(persona)* devastated; **estar ~ por algo** to be devastated by sth

desolador, -ora adj **-1.** *(devastador)* *(terremoto, guerra)* devastating **-2.** *(deprimente)* *(imagen, espectáculo)* heart-rending; *(noticia)* devastating; **ante un panorama tan ~, nadie sabía cómo reaccionar** faced with such a bleak prospect, nobody knew how to react

desolar [63] ◇ vt **-1.** *(destruir)* to devastate, to lay waste **-2.** *(afligir)* to cause anguish to; **la muerte del padre desoló a la familia** the father's death devastated the family

◆ **desolarse** vpr to be devastated

desolladero nm skinning room

desollador nm *(ave)* butcherbird

desolladura nf *(arañazo)* graze

desollar [63] vt **-1.** *(despellejar)* to skin; **si lo pillo, lo desuello (vivo)** if I catch him, I'll skin him alive **-2.** *(criticar)* to flay, to criticize

◆ **desollarse** vpr *(rodillas, espalda, pies)* to graze, to take the skin off; **se desolló las manos sujetando la cuerda** holding on to the rope took the skin off his hands

desorbitado, -a adj **-1.** *(exagerado)* *(críticas, protestas, quejas)* excessive, disproportionate; *(precio)* exorbitant; **le han dado una importancia desorbitada a este asunto** they've given this matter much more importance than it merits **-2.** *(fuera de las órbitas)* **con los ojos desorbitados** pop-eyed, with one's eyes popping out of one's head

desorbitar ◇ vt **-1.** *(descontrolar)* to send out of control; **la inflación ha desorbitado los precios** inflation has sent prices sky-high **-2.** *(exagerar)* to exaggerate, to blow out of proportion; **no desorbitemos las cosas** let's keep things in proportion

◆ **desorbitarse** vpr to go out of control; **la inflación se ha desorbitado** inflation has gone out of control o through the roof

desorden nm **-1.** *(confusión)* disorder, chaos; *(falta de orden)* mess; **esto es un completo ~** this is absolute chaos, this is a complete mess; **no sé cómo puedes encontrar nada en medio de este ~** I don't know how you can find anything in this mess; **disculpa todo este ~** please excuse all this mess; **tu dormitorio está en ~** your bedroom is in a mess; **en esa casa reina el ~** it's chaos in this house
-2. *(vida desenfrenada)* excess
-3. desórdenes *(disturbios)* disturbance; **se han producido desórdenes por toda la ciudad** there have been disturbances throughout the city; **desórdenes callejeros** street disturbances
-4. *(alteración física)* disorder; **sufre desórdenes nerviosos/estomacales** he has a nervous/stomach complaint

desordenadamente adv **-1.** *(sin orden)* in a disorderly fashion; **lo guardó todo ~ en la maleta** she put everything in the suitcase in a jumble **-2.** *(confusamente)* confusedly; **expuso sus ideas ~** he put forward his ideas in a very confusing way

desordenado, -a ◇ adj **-1.** *(habitación, casa, mesa)* untidy, messy; *(persona)* untidy, messy; *(documentos, fichas)* jumbled (up); **lo tiene todo muy ~** it's all in a complete mess; **una secuencia de números desordenada** a jumbled sequence of numbers **-2.** *(vida)* disorganized; *(comportamiento)* disorderly
◇ nm,f untidy o messy person; **es una desordenada** she's very untidy o messy

desordenar ◇ vt *(habitación, casa, despacho)* to mess up, to make untidy; *(cajón, mesa)* to mess up; *(documentos, fichas)* to jumble up; *(pelo)* to mess up, to ruffle; **me han desordenado los ficheros** they've got my files out of order; **no me desordenes la ropa del armario** don't mess up the clothes in the wardrobe

◆ **desordenarse** vpr *(habitación, cajón)* to get into a mess; *(documentos, fichas)* to get mixed up o out of order

desorejado, -a adj **-1.** *Andes, Pan (que tiene mal oído)* tone-deaf **-2.** *Cuba (derrochador)* wasteful **-3.** *Urug Fam (descuidado)* slapdash

desorganización nf disorganization

desorganizado, -a adj disorganized

desorganizar [14] ◇ vt to disrupt, to disorganize; **le desorganizaron el archivo** they got her files out of order
◇ **desorganizarse** vpr to get out of order, to get mixed up

desorientación nf **-1.** *(en el espacio)* disorientation **-2.** *(en la mente)* confusion

desorientado, -a adj **-1.** *(en el espacio)* lost; **anda completamente ~** he's totally lost **-2.** *(confuso)* confused; **tiene noventa y ocho años y anda ya algo ~** he's ninety-eight and he's a bit confused

desorientar ◇ vt **-1.** *(en el espacio)* to disorientate, to mislead; **sus indicaciones me desorientaron aún más** his directions got me even more confused; **consiguió ~ a sus perseguidores** he managed to throw his pursuers off the scent o trail **-2.** *(confundir)* to confuse

◆ **desorientarse** vpr **-1.** *(en el espacio)* to lose one's way o bearings **-2.** *(confundirse)* to get confused

desosar [23] vt *(carne)* to bone; *(fruta)* Br to stone, US to pit

desovar vi *(peces, anfibios)* to spawn; *(insectos)* to lay eggs

desove nm *(de peces, anfibios)* spawning; *(de insectos)* egg-laying

desovillar ◇ vt *(ovillo)* to unwind
◆ **desovillarse** vpr to uncurl

desoxidante ◇ adj **-1.** QUÍM deoxidizing **-2.** *(producto, agente)* rust-removing
◇ nm **-1.** QUÍM deoxidizer, deoxidant **-2.** *(para metales)* rust remover

desoxidar vt **-1.** QUÍM to deoxidize **-2.** *(metales)* to remove the rust from **-3.** *(conocimientos)* to brush up

desoxirribonucleico adj QUÍM **ácido ~** deoxyribonucleic acid

despabilado, -a = espabilado

despabilar = espabilar

despachante nm *RP* **~ de aduanas** customs agent

despachar ◇ vt **-1.** *(enviar)* *(mercancía)* to dispatch; *(paquete, envío postal)* to send; **le despacharemos el pedido por mensajero** we'll send your order by courier
-2. *(en tienda) (atender)* to serve; *(vender)* to sell; **¿lo despachan?** are you being served?; **despacha a esta señora** serve this lady; **no se despachan bebidas alcohólicas a menores de 18 años** *(en letrero)* alcohol is not for sale to persons under the age of 18
-3. *(tratar) (asunto, negocio)* to deal with; **despachó los asuntos del día con su secretario** she dealt with the day's business with her secretary
-4. *Fam (terminar) (trabajo, discurso)* to finish off; *(comida)* to polish off; **en media hora (se) despachó varias cervezas** he polished off o got through several beers in half an hour
-5. *Fam (despedir)* **~ a alguien (de)** *(del trabajo)* to dismiss o sack sb (from); **fuimos a pedir un crédito y nos despacharon con buenas palabras** we went to ask for a loan and they very politely told us where to go
-6. *Fam (matar)* to bump off, to get rid of; **lo despacharon de un navajazo** they killed him with a knife
-7. *Am (facturar)* to check in
◇ vi **-1.** *(sobre un asunto)* **~ con alguien (sobre algo)** to have a meeting with sb (about sth); **la reina despacha semanalmente con el primer ministro** the queen has a weekly meeting with the prime minister
-2. *(en una tienda)* to serve; **¿hasta qué hora despachan?** what time are you open till?

◆ **despacharse** vpr **-1.** *(hablar francamente)* **despacharse con alguien** to give sb a piece of one's mind; **en su discurso se despachó a gusto contra el alcalde** he really let fly at the mayor in his speech

-2. *RP Fam (comer)* to polish off, to get through

despacho *nm* **-1.** *(oficina) (fuera de casa)* office; *(en casa)* study; **muebles y material de ~** office furniture and stationery; **trabaja en un ~ de abogados** he works in a law firm *o* US office
-2. *(muebles)* set of office furniture
-3. *(establecimiento)* **~ de billetes** ticket office; **~ de localidades** box office; **~ de lotería** lottery kiosk; **~ de pan** bakery, baker's (shop)
-4. COM **~ aduanero** customs clearance; **~ de aduana(s)** customs clearance
-5. *(venta)* sale; **los lunes no hay ~ de localidades** the box office is not open on Mondays
-6. *(envío)* dispatch, sending
-7. *(comunicado) (oficial)* dispatch; *(de prensa)* communiqué; **un ~ de (una) agencia** a news agency report
-8. *Am Formal (en carta)* **su ~** = formulaic phrase which appears immediately below name of addressee at head of formal letter

despachurramiento = espachurramiento
despachurrar = espachurrar

despacio ◇ *adv* **-1.** *(lentamente)* slowly; **¿podría hablar más ~, por favor?** could you speak more slowly, please?; **vamos muy ~ con las reformas en la casa** the alterations to the house are going very slowly
-2. *esp Am (en voz baja)* in a low voice, quietly; *(sin hacer ruido)* quietly; **hablen ~, que hay gente durmiendo** keep your voices down, there are people sleeping; **abrió la puerta con cuidado y salió ~** she opened the door carefully and quietly crept out
◇ *interj* take it easy!; **¡~, que lo rompes!** take it easy! *o* steady on! *o* gently! you'll break it!

despaciosamente *adv Am* slowly
despacioso, -a *adj Am* slow
despacito *adv* slowly; EXPR **~ y buena letra** slowly and carefully

despampanante *adj* stunning; **una rubia ~** a stunning blonde

despanzurrar ◇ *vt Fam* to cause to burst open
◆ **despanzurrarse** *vpr* to burst (open); **se ha despanzurrado el sofá** the stuffing is coming out of the sofa

despapaye *nm Méx Fam* chaos, utter confusion

desparasitar *vt (de piojos)* to delouse
desparejado, -a *adj (calcetín, guante)* odd
desparejar *vt* to mix up
desparejo, -a *adj* uneven, variable; **la calidad es muy despareja** the quality varies a lot

desparpajo *nm Fam* **-1.** *(desenvoltura)* self-assurance; **tiene mucho ~** she's very self-assured; **con ~** with assurance, confidently
-2. *(frescura)* cheek; **¡vaya ~ que tiene este diablillo!** well, he's a cheeky little devil!
-3. *CAm (desorden)* chaos, confusion

desparramado, -a *adj (líquido)* spilt; *(objetos, personas)* scattered; **las fotocopias quedaron desparramadas por todo el suelo** the photocopies ended up scattered *o* strewn all over the floor

desparramar ◇ *vt* **-1.** *(líquido)* to spill; *(objetos, papeles)* to scatter **-2.** *(dinero)* to squander
◇ *vi Esp Fam (desmadrarse)* to have a wild time
◆ **desparramarse** *vpr (líquido)* to spill; *(objetos, papeles, personas)* to scatter, to spread out

desparramo *nm* **-1.** *(esparcimiento) (de líquido)* spillage; *(de objetos, papeles)* scattering **-2.** *Fam (desbarajuste)* **la fiesta fue un verdadero ~** the party was really wild; **¿qué es todo este ~ en la cocina?** what's all this mess in the kitchen?

despatarrado, -a, espatarrado, -a *adj Fam* sprawled; **pisó mal y cayó ~ en medio del arroyo** he missed his footing and fell sprawling into the middle of the stream

despatarrarse, espatarrarse *vpr Fam* to sprawl *(with one's legs wide open)*; **resbaló y se despatarró** she slipped and went sprawling; **se despatarró en el sofá y se quedó dormido** he sprawled out on the sofa and fell asleep; **la silla se despatarró con el peso** the chair's legs gave way under the weight

despavorido, -a *adj* terrified; **salir ~** to rush out in terror

despechado, -a *adj* resentful, spiteful
despecharse *vpr* to get angry
despecho ◇ *nm (rencor)* spite; *(desengaño)* bitterness; **(hacer algo) por ~** (to do sth) out of spite
◇ **a despecho de** *loc prep* in spite of, despite

despechugado, -a *adj Fam* **-1.** *(con el pecho al aire) (hombre)* barechested; *(mujer)* barebreasted, topless **-2.** *(muy escotado) (hombre)* showing a lot of chest, with one's shirt open; *(mujer)* with a very low neckline, showing a lot of cleavage; **no salgas tan ~, que te vas a congelar** don't go out with your shirt open like that or you'll freeze

despechugarse [38] *vpr Fam (hombre)* to bare one's chest, to go barechested; *(mujer)* to bare one's breasts, to go topless

despectivamente *adv* scornfully, contemptuously

despectivo, -a *adj* **-1.** *(despreciativo)* scornful, contemptuous; **hablar de algo/alguien en tono ~** to speak scornfully *o* contemptuously about sth/sb **-2.** LING *(palabra, sufijo)* pejorative

despedazamiento *nm* **-1.** *(rotura)* breaking *o* tearing to pieces **-2.** *(ruina)* shattering
despedazar [14] *vt* ◇ **-1.** *(físicamente) (objeto)* to tear apart; *(cadáver, presa, víctima)* to dismember **-2.** *(moralmente)* to shatter **-3.** *(criticar)* to tear *o* pull to pieces
◆ **despedazarse** *vpr (objeto)* to come to pieces, to fall apart

despedida *nf* **-1.** *(adiós)* goodbye, farewell; *(en cartas, mensajes)* closing phrase; **odio las despedidas** I hate goodbyes; **como *o* por toda ~ dijo "adiós"** he said "goodbye," and that was all the farewell we got; **dar la ~ a alguien** to see sb off; **fórmulas de ~** *(para cartas)* closing phrases ❏ **~ y cierre** *(en TV)* closedown
-2. *(fiesta)* farewell party; **una cena de ~** a farewell dinner; **hacer *u* organizar una (fiesta de) ~ para alguien** to organize a farewell (party) for sb ❏ **~ de soltera** hen party *o* night; **~ de soltero** stag party *o* night, *US* bachelor party

despedido, -a *adj (trabajador) (por cierre, reducción de plantilla)* redundant, sacked; **está *o* queda usted ~** consider yourself dismissed

despedir [47] ◇ *vt* **-1.** *(decir adiós a)* to say goodbye to; **fuimos a despedirle a la estación** we went to see him off at the station; **nos despidió con la mano** he waved goodbye to us; **despídeme de tus padres** say goodbye to your parents for me; **despedimos así nuestra serie de documentales sobre la India** this will be the last in our series of documentaries on India; **muchos acudieron a el féretro al paso del cortejo fúnebre** many came to see the coffin off as the funeral procession passed; **¡vaya manera de ~ el año!** what a way to see the New Year in!
-2. *(de un empleo) (por cierre, reducción de plantilla)* to make redundant, to lay off; *(por razones disciplinarias)* to sack, to fire
-3. *(lanzar, arrojar)* to fling; **la manguera despedía un chorro enorme** the hose sent out *o* shot out a huge jet of water; **el volcán dejó de ~ lava** the volcano stopped spewing out lava; **salir despedido de/por/hacia algo** to fly out of/through/towards sth; **el copiloto salió despedido** the copilot shot out of his seat
-4. *(desprender)* to give off; **despide un olor insoportable** it gives off an unbearable smell

◆ **despedirse** *vpr* **-1.** *(decir adiós)* to say goodbye **(de** to); **ven, despídete del abuelo** come and say goodbye to grandpa; **se despidieron emocionadamente** they had an emotional leave-taking; **los enamorados se despidieron con un beso** the lovers kissed each other goodbye; **se despide atentamente** *(en carta)* Yours sincerely/faithfully
-2. *(olvidar)* **si no apruebas, ya puedes despedirte de la moto** if you don't pass, you can kiss the motorbike goodbye
-3. *(de un empleo)* to leave one's job

despegable *adj* detachable
despegado, -a *adj (frío)* cold, indifferent **(con** towards)

despegar [38] ◇ *vt* **-1.** *(pieza, etiqueta)* to remove **(de** from); **¿puedes despegarme la tirita?** can you take this *Br* plaster *o* US Band-Aid® off?; **despegue la etiqueta del envase** take the label off the container; EXPR **no despegó los labios** she didn't utter a word
-2. *CAm, Méx (caballos)* to unhitch
◇ *vi* **-1.** *(avión)* to take off; *(cohete)* to take off, to blast off; **(estamos) listos para ~** (we're) ready for take-off
-2. *(empresa, equipo)* to take off; **la compañía no acaba de ~** the company hasn't really been able to take off

◆ **despegarse** *vpr* **-1.** *(etiqueta, pegatina, sello)* to come unstuck **(de** from), to peel off; **se me despegó la venda** my bandage came undone
-2. *(persona)* **despegarse de alguien** to break away from sb; **no se despegó de su novia ni un minuto** he didn't leave his girlfriend's side for a minute; **no pudo despegarse de aquel pesado** she couldn't get rid of *o* away from that bore; **los ciclistas no consiguen despegarse del pelotón** the cyclists can't break away from the pack

despego *nm* detachment, indifference; **siento ~ por mi familia** I feel detached from *o* indifferent to my family

despegue *nm* **-1.** *(de aeronave)* take-off; **(estamos) listos para el ~** (we're) ready for take-off ❏ **~ vertical** vertical take-off **-2.** *(de empresa, proyecto)* take-off; **se produjo un ~ económico en el país** the country's economy took off

despeinado, -a *adj* **-1.** *(por el viento)* windswept **-2.** *(descuidado) (pelo)* dishevelled, uncombed; **no vayas así, tan ~** don't go like that, with your hair in such a mess

despeinar ◇ *vt (pelo)* to ruffle, to mess up; **~ a alguien** to mess up sb's hair; **el viento la había despeinado** the wind had ruffled *o* messed up her hair
◆ **despeinarse** *vpr* to get one's hair messed up; EXPR *Fam* **sin despeinarse** *(sin esfuerzo)* without getting a hair out of place, easily

despejado, -a *adj* **-1.** *(tiempo, día)* clear; **tiempo seco y cielo ~** dry with clear skies
-2. *(sin sueño)* wide awake; **no estaba aún ~** he still wasn't properly awake
-3. *(lúcido)* clear-headed; **tener la mente despejada** to have a clear head; **cuando está ~ es encantador, pero cuando bebe...** he's charming when he's sober, but when he drinks...
-4. *(espacioso)* spacious; **tener una frente despejada** to have a wide *o* broad forehead
-5. *(sin estorbos)* clear, uncluttered; **tener la nariz despejada** to have an unblocked nose; **seguiremos cuando el camino esté ~ de nieve** we'll go on when the road is clear of snow

despejar ◇ *vt* **-1.** *(habitación, camino, carretera)* to clear; *(nariz)* to unblock; *(mente)* to clear; **¡despejen la sala!** clear the room!
-2. *(pelota)* to clear; **el portero despejó la pelota a córner** the goalkeeper cleared the ball for a corner; **~ el balón de cabeza/de puños** to head/punch the ball away
-3. *(misterio, incógnita)* to clear up, to put an

despeje end to; **su respuesta no despejó mis dudas** her answer didn't clear up the things I wasn't sure about -**4.** MAT *(incógnita)* to find -**5.** *(persona) (de desmayo)* to bring round; **el aire fresco lo despejó** *(de aturdimiento, borrachera)* the fresh air cleared his head; **el paseo le despejó las ideas** the walk helped him get his ideas in order
◇ vi -**1.** *(en fútbol, rugby, hockey)* to clear; **el defensa despejó a córner** the defender cleared the ball for a corner; **~ de cabeza/de puños** to head/punch the ball away -**2.** *(apartarse)* **¡despejen, por favor!** move along there, please!
◇ v impersonal *(aclarar el tiempo)* to clear up; *(aclarar el cielo)* to clear
◆ **despejarse** vpr -**1.** *(persona)* **se fue despejando poco a poco** *(de desmayo)* he gradually came round; **se despejó con el aire fresco** *(de aturdimiento, bórrachera)* the fresh air cleared his head -**2.** *(misterio, incógnita)* to be cleared up

despeje nm *(en deporte)* clearance; **hacer un ~** to clear the ball, to make a clearance; **hacer un ~ de cabeza/puños** to head/punch the ball clear

despellejar ◇ vt -**1.** *(animal)* to skin; *Fam* **¡como te agarre, te despellejo vivo!** if I catch you, I'll skin you alive! -**2.** *(criticar)* to pull to pieces
◆ **despellejarse** vpr to peel; **se te está despellejando la nariz** your nose is peeling

despelotado, -a *RP Fam* ◇ adj -**1.** *(desprolijo)* messy, untidy -**2.** *(informal)* disorganized
◇ nm,f -**1.** *(desprolijo)* untidy person -**2.** *(informal)* disorganized person

despelotar ◇ vt *RP Fam* to mess up; **tratá de no ~ mucho la casa** try not to leave the house in a mess
◆ **despelotarse** vpr *Fam* -**1.** *esp Esp (desnudarse)* to strip off -**2.** *Esp (mondarse)* **despelotarse (de risa)** to laugh one's head off; **sus chistes son para despelotarse (de risa)** his jokes are hysterical o sidesplitting -**3.** *RP (abandonarse)* to let oneself go; **en los últimos años se ha despelotado mucho** in the last few years she's really let herself go

despelote nm *Fam* -**1.** *Esp (desnudo)* **hay mucho ~ en la playa** there are a lot of people *Br* starkers o *US* buck naked on the beach -**2.** *Am (caos)* chaos; **se armó un ~** there was complete chaos; **ser un ~** *(proyecto, reunión)* to be chaotic; **¡vaya ~ de oficina!** this office is so chaotic! -**3.** *(cachondeo)* **tu primo es un ~** your cousin is hysterical o a scream; **esa película es un ~** that film is a scream

despeluchado, -a adj threadbare
despeluchar ◇ vt *(quitar el pelo a)* **~ algo** to wear sth threadbare
◆ **despelucharse** vpr *(pelarse)* to wear threadbare; **la alfombra se ha despeluchado por el uso** the carpet has worn threadbare with use

despeluzar vt *Cuba (dejar sin dinero)* to fleece
despenalización nf decriminalization
despenalizar [14] vt to decriminalize; **~ las drogas blandas** to decriminalize soft drugs
despenar vt *Chile (desesperanzar)* to deprive of hope
despendolado, -a adj *Esp Fam* wild
despendolarse vpr *Esp Fam* to go wild
despendole nm loss of control; **la fiesta fue un ~** the party was a rave-up
despensa nf -**1.** *(lugar)* *(en casa)* larder, pantry; *(en barco)* storeroom -**2.** *(provisiones)* provisions, supplies
despeñadero nm precipice
despeñar ◇ vt to throw over a cliff
◆ **despeñarse** vpr to fall over a cliff; **se despeñó por un acantilado** he fell off a cliff
despepitar vt **~ un fruto** to take the pips out of a fruit
despepitarse vpr -**1.** *(gritar)* to rant -**2.** *Fam (reír mucho)* **~ (de risa)** to split one's sides (laughing)
desperdiciado, -a adj wasted, squandered

desperdiciador, -ora ◇ adj wasteful
◇ nm,f spendthrift scoundrel, rogue
desperdiciar vt *(tiempo, energía, comida)* to waste; *(dinero)* to waste, to squander; *(ocasión, oportunidad)* to waste, to throw away
desperdicio nm -**1.** *(acción)* waste; **¡qué ~ de comida!** what a waste of food!; **esto es un ~ de tiempo y de dinero** this is a waste of time and money; EXPR **no tener ~: este libro no tiene ~** this book is excellent from start to finish; **el cerdo no tiene ~** no part of the pig does to waste; **sus declaraciones no tienen ~** what he says is always worth listening to; **¡vaya cuerpo! este chico no tiene ~** what a body! that guy is a real hunk; *Irónico* **tus vecinos no tienen ~, además de ser ruidosos no limpian la escalera** your neighbours don't go in for half measures, not only are they noisy, but they don't clean the stairs -**2.** *(residuo)* **desperdicios** scraps
desperdigado, -a adj scattered (**por** over)
desperdigar [38] ◇ vt to scatter, to disperse (**por** over)
◆ **desperdigarse** vpr to scatter (**por** over)
desperezarse [14] vpr to stretch
desperezo nm *(estirón)* stretch, stretching
desperfecto nm -**1.** *(deterioro)* damage; **el paquete llegó con desperfectos** the package was damaged when it arrived; **causar** u **ocasionar** o **producir desperfectos** to cause damage; **pagar los desperfectos ocasionados** to pay for the damage caused; **sufrir desperfectos** to get damaged -**2.** *(defecto)* flaw, imperfection
despersonalizar [14] ◇ vt to depersonalize
◆ **despersonalizarse** vpr to become depersonalized
despertador nm alarm clock; **apagar/poner el ~** to turn off/set the alarm clock ❑ **~ telefónico** alarm call service
despertar¹ [3] ◇ vt -**1.** *(persona, animal)* to wake (up); **despiértame a las seis, por favor** could you wake me (up) at six, please?
-**2.** *(producir)* *(sentimientos)* to arouse; *(recuerdos)* to bring back, to revive; *(expectación)* to create, to arouse; *(debate, polémica)* to give rise to; **~ odio/pasión** to arouse hatred/passion; **el ejercicio me despierta el apetito** exercise gives me an appetite; **~ a alguien las ganas de hacer algo** to make sb want to do sth; **esta canción despierta en mí buenos recuerdos** this song brings back happy memories for me
◇ vi -**1.** *(dejar de dormir)* to wake (up); **¡despierta, que ya hemos llegado!** wake up! we've arrived!; **despertó de repente de su sueño** she suddenly woke from her dream
-**2.** *(espabilar)* to wake o wise up
◆ **despertarse** vpr to wake (up); **¡despiértate, que ya es la hora!** wake up! it's time!; **despertarse de la siesta** to wake from one's afternoon nap; **aún no me he despertado** I'm not really awake yet
despertar² nm -**1.** *(de sueño)* awakening; **tiene muy mal ~** he's always grumpy after he's just woken up -**2.** *(comienzo)* rise, emergence; **el ~ de la civilización** the dawn of civilization
despezuñarse vpr *Andes, Hond, PRico* -**1.** *(caminar deprisa)* to go very quickly -**2.** *(esforzarse)* to exert oneself, to make an effort
despiadadamente adv pitilessly, mercilessly
despiadado, -a adj *(persona)* merciless; *(trato)* inhuman, pitiless; *(ataque)* savage, merciless
despidiera etc ver **despedir**
despido ◇ ver **despedir**
◇ nm -**1.** *(expulsión)* dismissal; **su falta de disciplina precipitó su ~** his lack of discipline led to his dismissal o sacking; **la reestructuración de la empresa significó docenas de despidos** the restructuring of the company meant dozens of redundancies ❑ **~ colectivo** mass redundancy; **~ forzoso** compulsory redundancy; **~**

improcedente *(por incumplimiento de contrato)* wrongful dismissal; *(por ir contra el derecho laboral)* unfair dismissal; **~ inmediato** summary dismissal; **~ libre** dismissal without compensation; **~ voluntario** voluntary redundancy
-**2.** *(indemnización)* redundancy money o payment
despiece nm *(de res)* quartering; *(de carne)* cutting up; *(de aparato, motor)* dismantling
despierto, -a ◇ ver **despertar**
◇ adj -**1.** *(sin dormir)* awake; **¿estás ~?** are you awake? -**2.** *(espabilado, listo)* bright, sharp
despiezar vt *(res)* to quarter; *(carne)* to cut up; *(aparato, motor)* to dismantle
despilfarrador, -ora ◇ adj wasteful, spendthrift
◇ nm,f spendthrift, squanderer
despilfarrar vt *(dinero)* to squander, to waste; *(energía, agua, recursos)* to waste
despilfarro nm *(de dinero)* squandering, waste; *(de energía, agua, recursos)* waste; **sería un ~ comprar esa lámpara** buying that lamp would be a waste of money; **¡menudo ~!** what a waste!
despintar ◇ vt *(pared, puerta)* to take the paint off; *(uñas)* to take the varnish o polish off
◆ **despintarse** vpr *(pared, puerta)* **se ha despintado** the paint has come off; **cada noche se despinta las uñas** every night she takes her nail varnish off
despiojar vt to delouse
despiolar vt *RP Fam* to mess up, to make a mess of; **si prometés que no la despiolás, te presto la casa un par de semanas** if you promise not to mess it up, I'll let you use the house for a couple of weeks
despiole nm *RP Fam* rumpus, shindy
despiporre nm *Fam* **armar un ~** to kick up a rumpus; **fue el ~** it was something else, it was really something
despistado, -a ◇ adj -**1.** *(por naturaleza)* absent-minded; **soy muy ~ para los cumpleaños** I'm hopeless at remembering birthdays
-**2.** *(momentáneamente)* distracted; **en ese momento estaba ~ y no la vi** I was distracted at the time and didn't see her
-**3.** *(confuso)* muddled, mixed up; **aún se le ve ~** he still looks a bit lost o as if he doesn't quite know what he's doing; **nos tenías despistados a todos** you had us all fooled
◇ nm,f **es una despistada** she's very absent-minded; **hacerse el ~** to act as if one hasn't noticed/heard/understood/etc; **no te hagas el ~, te hablo a ti** stop acting as if you haven't heard, I'm talking to you
despistar ◇ vt -**1.** *(dar esquinazo a)* to throw off the scent; **despistaron a sus perseguidores** they shook off their pursuers; **~ a los perros** to throw the dogs off the scent; **~ a las fans** to lose the fans -**2.** *(confundir)* to mislead; **nos despistó con sus indicaciones** he sent us the wrong way with his directions -**3.** *(distraer)* to distract; **el ruido me despista** the noise is distracting me
◆ **despistarse** vpr -**1.** *(confundirse)* to get mixed up o confused; **me despisté pensando que hoy era jueves** I got mixed up o confused, thinking today was Thursday -**2.** *(distraerse)* to get o be distracted
despiste nm -**1.** *(distracción)* absent-mindedness, forgetfulness; **¡vaya ~ que tiene!** she's so absent-minded o forgetful!; **¡qué ~! ¡creía que la reunión era mañana!** how forgetful of me! I thought the meeting was tomorrow!; **entraron en el edificio en un ~ del vigilante** they got into the building when the nightwatchman wasn't looking; **en un momento de ~ se me coló todo el mundo** everyone *Br* jumped the queue o *US* cut in line in front of me when I wasn't looking
-**2.** *(error)* mistake, slip; **el accidente se debió a un ~ del conductor** the accident was

despistolización caused by a mistake on the part of the driver; **tener un ~** to make a mistake, to slip up
-3. *(persona)* **Marta es un ~** Marta is very absent-minded o forgetful
despistolización *nf Méx* disarming; **campaña de ~** = government campaign to encourage people to hand in unlicensed firearms
despistolizar *vt Méx* to disarm; **quieren ~ la ciudad** they want to withdraw illegal firearms from circulation in the city
desplantador *nm* trowel
desplantar *vt* to uproot, to pull up
desplante *nm* -1. *(grosería) (dicho)* insolent remark; *(gesto)* arrogant gesture; **hacer un ~ a alguien** *(con palabras)* to be insolent to sb; *(con gesto)* to make an arrogant gesture towards sb; **le hizo el ~ de no acudir a su boda** she was so rude as not to attend his wedding -2. TAUROM = proud gesture made by bullfighter after a series of passes -3. *Chile (desenvoltura)* ease, self-confidence
desplayado *nm Arg* clearing
desplazado, -a ◇ *adj* -1. *(desambientado)* out of place; **allí me sentía ~** I felt out of place there -2. *(emigrado forzoso)* displaced
◇ *nm,f* displaced person; **los desplazados** displaced persons
desplazamiento *nm* -1. *(viaje)* journey; **los desplazamientos por carretera** road journeys, journeys by road; **gastos de ~** travelling expenses -2. *(traslado)* movement; **el ~ de tropas a la zona** the movement of troops to the area ❑ FÍS **~ Doppler** Doppler shift; FÍS **~ hacia el rojo** redshift -3. *(sustitución)* replacement -4. NÁUT displacement
desplazar [14] ◇ *vt* -1. *(trasladar)* to move (**a** to); **desplazaron la sede de la empresa a otro edificio** they moved the firm's headquarters to another building; **~ algo/a alguien de** to remove sth/sb from; **el impacto lo desplazó por el aire unos metros** the impact tossed him several metres through the air
-2. *(tomar el lugar de)* to take the place of; **fue desplazado de su puesto por alguien más joven** he was pushed out of his job by a younger person; **la cerveza ha desplazado al vino como bebida más consumida** beer has replaced wine as the most popular drink; **el correo electrónico está desplazando al correo convencional** electronic mail is taking over from conventional mail
-3. FÍS to displace
-4. NÁUT to displace
◆ **desplazarse** *vpr* -1. *(viajar)* to travel; **se desplazó hasta el lugar del accidente en helicóptero** he travelled to the site of the accident by helicopter; **para desplazarse por Londres, lo mejor es el metro** the best way to get around London is on the underground
-2. *(moverse)* to move
desplegable ◇ *adj* -1. *(mapa)* folded; *(libro)* pop-up -2. INFORMÁT *(menú)* pop-up
◇ *nm (en revista)* fold-out page
desplegado *nm Méx* announcement in the press
desplegar [43] ◇ *vt* -1. *(desdoblar) (tela, periódico, mapa)* to unfold; *(alas)* to spread o open; *(vela, bandera)* to unfurl
-2. *(poner en práctica) (cualidades, conocimientos)* to use, to put to use; *(campaña)* to mount; *(estrategia)* to deploy, to use; *(actividad)* to carry out; **el gobierno desplegará todos los medios a su alcance** the government will deploy o use all the means at its disposal; **desplegó toda su sabiduría para encandilar al público** he used every way he knew to captivate the audience
-3. *(ejército, misiles)* to deploy
◆ **desplegarse** *vpr* -1. *(desdoblarse)* to unfold, to spread out
-2. *(ejército)* to fan out; **el pelotón se desplegó** the platoon fanned out
despliegue *nm* -1. *(puesta en práctica) (de cualidades, conocimientos)* display; *(de recursos, estrategias)* use; **llevaron a cabo la campaña electoral con un gran ~ de medios** they used a vast range of resources in their election campaign; **el impresionante ~ técnico para retransmitir los campeonatos** the impressive range of technical wizardry used to broadcast the championships
-2. *(de ejército)* deployment ❑ **~ de misiles** missile deployment
desplomar ◇ *vt Ven (regañar)* to scold, to reprimand
◆ **desplomarse** *vpr* -1. *(caer) (persona, edificio, andamio)* to collapse; *(techo)* to fall o cave in; **se desplomó agotado en el sillón** he collapsed exhausted into the chair -2. *(hundirse) (divisa, bolsa, precios)* to plummet; *(gobierno)* to collapse, to fall; *(imperio, sistema)* to collapse
desplome *nm* -1. *(caída) (de persona, edificio, andamio)* collapse; **el ~ del techo los pilló desprevenidos** they weren't prepared for the roof caving in -2. *(hundimiento) (de divisa)* slump in value; *(de cotización, precios)* slump; *(de gobierno)* collapse, fall; *(de imperio, sistema)* collapse; **el ~ de las bolsas asiáticas** the crash of o slump in the Asian stock markets -3. *(saledizo)* overhang
desplumar *vt* -1. *(ave)* to pluck -2. *Fam (dejar sin dinero) (en el juego)* to clean out; **un ladrón me desplumó** a thief took all my money
despoblación *nf* depopulation
despoblado, -a ◇ *adj* unpopulated, deserted; **el centro de la ciudad se queda ~ por la noche** the city centre is deserted at night
◇ *nm* deserted spot
despoblar ◇ *vt* -1. *(de gente)* to depopulate -2. *(de vegetación)* to clear
◆ **despoblarse** *vpr* to become depopulated
despojar ◇ *vt* **~ a alguien de algo** to strip sb of sth; **la despojaron de su cargo** she was removed from her post; **los árboles despojados de sus hojas** the trees stripped of their leaves; **la despojaron de todas las joyas** they robbed her of all her jewellery; **fue despojado de todos sus derechos** he was stripped of all his rights
◆ **despojarse** *vpr* **despojarse de algo** *(bienes, alimentos)* to give sth up; *(ropa, adornos)* to take sth off; *(prejuicios)* to rid oneself of sth
despojo *nm* -1. *(acción)* stripping, plundering -2. **despojos** *(de animales)* = head, feet intestines and other rarely eaten parts -3. **despojos** *(de comida)* leftovers -4. **despojos** *(cadáver)* remains -5. *(escoria)* **es un ~ humano** he's a (physical/mental) wreck -6. *Literario (víctima)* prey, victim; **la juventud es ~ del tiempo** youth eventually falls prey to time
despolitizar [14] *vt* to depoliticize
desportillado, -a *adj* chipped
desportilladura *nf* chip
desportillar ◇ *vt* to chip
◆ **desportillarse** *vpr* to get chipped
desposado, -a *nm,f Formal (hombre)* groom; *(mujer)* bride; **los desposados** the newlyweds
desposar *Formal* ◇ *vt* -1. *(sujeto: cura)* to marry -2. *(sujeto: contrayente)* to marry
◆ **desposarse** *vpr* to get married, to marry
desposeer [37] ◇ *vt* **~ a alguien de algo** to dispossess sb of sth; **la federación de boxeo lo desposeyó de su título** the boxing federation stripped him of his title; **fue desposeído de sus derechos** he was stripped of his rights; **un hombre desposeído de todos sus bienes** a man deprived of all his possessions
◆ **desposeerse** *vpr* **desposeerse de** to renounce, to give up
desposeído, -a ◇ *adj* -1. *(pobre)* poor, dispossessed -2. **~ de** *(carente)* lacking (in)
◇ *nm,f* **los desposeídos** the have-nots, the wretched, the dispossessed
desposeyera etc *ver* desposeer
desposorios *nmpl Formal* -1. *(compromiso)* betrothal -2. *(matrimonio)* marriage, wedding
despostar *vt Andes, RP (res)* to carve up, to quarter
déspota *nmf* -1. *(gobernante)* despot -2. *(persona autoritaria)* tyrant; **es un ~ con sus hijos** he's a tyrant with his children
despóticamente *adv* despotically
despótico, -a *adj* despotic
despotismo *nm* despotism ❑ HIST **~ ilustrado** enlightened despotism
despotricar [59] *vi* to rant on (**contra** o **de** about); **se puso a ~ contra el gobierno** he launched into a tirade against the government, he started ranting on about the government; **deja de ~ del jefe** stop ranting on about the boss
despreciable ◇ *adj* -1. *(indigno)* despicable, contemptible -2. *(de poca importancia)* negligible; **nada ~ considerable**, significant; **la nada ~ suma de $1.000** the not inconsiderable o insignificant sum of $1,000
◇ *nmf* despicable o contemptible person, wretch
despreciar *vt* -1. *(desdeñar)* to look down on, to scorn; **lo desprecian por su egoísmo** they look down on him because of his selfishness; **no sabes cómo te desprecio** you can't imagine how much I despise you
-2. *(rechazar)* to spurn; **ha despreciado muchas ofertas** he has rejected many offers; **tómeselo, no me lo desprecie** take it, don't turn it down
-3. *(ignorar)* to scorn, to disregard; **despreció el mal tiempo y se fue a esquiar** scorning o disregarding the poor weather, he went skiing
despreciativamente *adv* scornfully, contemptuously
despreciativo, -a *adj (tono, mirada, actitud)* scornful, contemptuous
desprecintar *vt* to unseal; **sin ~** *(televisor, vídeo)* still in its box, unused
desprecio *nm* -1. *(desdén)* scorn, contempt; **siente un ~ especial por los grandes estudios cinematográficos** he feels particular contempt for the big movie studios; **con ~** scornfully, contemptuously; **habla con ~ de todo el mundo** she speaks contemptuously o scornfully of everyone, she speaks of everyone with contempt; **una mirada/un gesto de ~** a scornful o contemptuous look/gesture
-2. *(acto despreciativo)* snub; **hacer un ~ a alguien** to snub sb
-3. *(desinterés)* disregard; **muestran un ~ olímpico por los derechos humanos** they show complete disregard for human rights
desprender ◇ *vt* -1. *(lo que estaba fijo)* to remove, to detach; **desprenda la pegatina y envíenosla** remove the sticker and send it to us; **el viento ha desprendido esta contraventana** the wind has pulled this shutter off; **desprendió los alfileres del vestido** she took the pins out of the dress
-2. *(olor, luz, calor)* to give off
-3. *RP (desabrochar)* to undo
◆ **desprenderse** *vpr* -1. *(soltarse)* to come o fall off; **la etiqueta se desprendió del vestido** the label came o fell off the dress; **se te ha desprendido un botón** you've lost a button; **se está desprendiendo la pintura del techo** the paint is coming off the ceiling
-2. *(librarse)* **desprenderse de** to get rid of; **despréndete de todas esas ideas anticuadas** get rid of o forget all those old-fashioned ideas
-3. *(renunciar)* **desprenderse de** to part with, to give up; **no nos queremos ~ de la mesa** we don't want to part with the table
-4. *(apartarse)* **jamás se desprende de su amuleto** he is never without his lucky charm; **no se desprendía de su madre** she wouldn't leave her mother's side
-5. *(deducirse)* **¿qué conclusiones se desprenden de esta decisión?** what

desprendido, -a *adj (generoso)* generous

desprendimiento *nm* **-1.** *(separación)* detachment ❏ ~ **de matriz** prolapsed uterus, prolapse of the uterus; ~ **de retina** detached retina, retinal detachment; ~ **de tierras** landslide **-2.** *(de humos, gases)* giving off, emission **-3.** *(generosidad)* generosity

despreocupación *nf* **-1.** *(tranquilidad)* carefree state of mind, lack of worry; **con** ~ in a carefree manner; **vive con total** ~ she leads a completely carefree life, she's totally laid-back **-2.** *(negligencia)* lack of concern, unconcern; **con** ~ in an offhand way

despreocupadamente *adv* in a carefree manner

despreocupado, -a *adj* **-1.** *(libre de preocupaciones)* carefree; **vive** ~ he's very happy-go-lucky *o* laid-back; **es demasiado** ~ he doesn't take things seriously enough, he's too laid-back **-2.** *(negligente)* unconcerned

despreocuparse *vpr (dejar de preocuparse)* to stop worrying; **tú despreocúpate, que yo me encargo** stop worrying *o* don't you worry, I'll take care of it; ~ **de** *(dejar de preocuparse por)* to stop worrying about; *(desatender)* not to bother about; **se despreocupaban de los alumnos** they didn't bother about *o* pay proper attention to the pupils

despresado, -a *adj Andes* jointed
despresar *vt Andes* to joint
desprestigiado, -a *adj* discredited
desprestigiar ⋄ *vt* to discredit; **aquello lo desprestigió ante la opinión pública** that discredited him in the eyes of the public

◆ **desprestigiarse** *vpr* **se ha desprestigiado como médico** he has damaged his reputation as a doctor

desprestigio *nm* **-1.** *(pérdida de prestigio)* discredit; **es un** ~ **verse envuelto en este asunto** it's damaging to our reputation *o* good name to be involved in this business; **la acusación de fraude supone un** ~ **para la empresa** the accusation of fraud will damage the company's reputation *o* good name

-2. *(falta de prestigio)* **el** ~ **de esta empresa crece cada día** this company's reputation gets worse every day

despresurización *nf* depressurization; **en caso de** ~ **de la cabina** *(en avión)* if there is a sudden fall in cabin pressure
despresurizar ⋄ *vt* to depressurize

◆ **despresurizarse** *vpr* to depressurize
desprevenido, -a *adj* unprepared; **pillar** *o Esp* **coger a alguien** ~ to catch sb unawares, to take sb by surprise; **el golpe lo pilló** ~ the blow caught him off guard; **una decisión que pilló a todo el mundo** ~ a decision which took everyone by surprise

desprogramar *vt* **-1.** *(vídeo)* to cancel the timer settings on **-2.** *(persona)* to deprogramme

desprolijidad *nf RP* untidiness, sloppiness; **siempre me llaman la atención por mi** ~ they're always telling me off for being so untidy *o* sloppy; *Fam* **las cosas se han hecho con mucha** ~ things have been done really sloppily

desprolijo, -a *adj RP (casa)* messy, untidy; *(cuaderno)* untidy; *(persona)* unkempt, dishevelled

desproporción *nf* disproportion
desproporcionado, -a *adj* disproportionate; **el jardín está** ~ **en relación con la casa** the garden is the wrong size for the house; **la figurita del niño está desproporcionada con respecto a las de San José y la Virgen** the figure of the child is out of proportion to those of St Joseph and the Virgin; **una condena desproporcionada para el delito cometido** a sentence disproportionate *o* out of proportion to the crime committed; **recibió críticas de una dureza desproporcionada** he was criticized with unwarranted severity

desproporcionar *vt* to disproportion
despropósito *nm* **-1.** *(comentario absurdo)* stupid thing to say; **fue un** ~ it was a stupid thing to say; **decir despropósitos** to say stupid things, to talk nonsense **-2.** *(acción absurda)* stupid thing to do; **sería un** ~ **invertir en bolsa ahora** it would be stupid to invest on the stock market now

desproteger *vt* INFORMÁT *(programa)* to hack into

desprotegido, -a *adj* unprotected; **dejar el marco** ~ *(en deportes)* to leave the goal undefended

desprovisto, -a *adj* ~ **de** lacking in, devoid of; **un hombre totalmente** ~ **de modales** a man with absolutely no manners; **animales desprovistos de dientes** animals that lack teeth, animals with no teeth; **la casa está desprovista de comodidades** the house lacks modern conveniences

despuebla *etc ver* **despoblar**
después ⋄ *adv* **-1.** *(en el tiempo) (más tarde)* afterwards, later; *(entonces)* then; *(justo lo siguiente)* next; **poco** ~ soon after; **mucho** ~ much later; **un año** ~ a year later; **años** ~ years later; ~ **de Cristo** AD; **ellos llegaron** ~ they arrived later; **llamé primero y entré** I knocked first and then I went in; **primero vienen los elefantes, luego los malabaristas y** ~ **los payasos** first come the elephants, then the jugglers and then *o* after them the clowns; **yo voy** ~ it's my turn next; **nos veremos** ~ see you later; **ahora todo son risitas,** ~ **vendrán los lloros** you may be giggling now, but you'll be crying later; ~ **de** after; **llegó** ~ **de ti** she arrived after you; ~ **de él, nadie lo ha conseguido** no one else has done it since he did; ~ **de hacer algo** after doing sth; ~ **de hervir la pasta, añada la salsa** once the pasta is cooked, add the sauce; ~ **de desayunar** after breakfast; **¡qué pena que no ganaran,** ~ **de lo bien que lo hicieron!** what a shame they lost after playing so well!; ~ **de que** after; ~ **de que amanezca** after dawn; ~ **de que te fueras a la cama** after you went to bed; ~ **de que lo hice** after I did it, after doing it; ~ **de todo lo que han hecho por ti, ¿cómo puedes tratarlos tan mal?** how can you treat them so badly, after everything they've done for you?; **llegó** ~ **que yo** she arrived after I did *o* after me

-2. *(en el espacio)* next, after; **¿qué viene** ~**?** what comes next *o* after?; **hay una farmacia y** ~ **está mi casa** there's a chemist's and then there's my house; **varios bloques** ~ several blocks further on; **está 2 kilómetros** ~ **del pueblo** it's 2 kilometres past the village; **nos bajaremos cinco paradas** ~ we get off five stops later; ~ **de usted** *(al dejar pasar)* after you

-3. *(en una lista, jerarquía)* further down; ~ **de** after; ~ **de él, soy el primero de la clase** after him, I'm the best in the class; ~ **del vino, la cerveza es la bebida más popular** after wine, beer is the most popular drink; **quedó** ~ **del atleta ruso** he finished behind the Russian athlete; EXPR **primero viene el deber, y** ~ **el placer** business before pleasure

⋄ **después de todo** *loc adv* after all; ~ **de todo, no nos podemos quejar** we can't complain, after all

despuntar ⋄ *vt* **-1.** *(romper la punta de)* to break the point off **-2.** *(desgastar la punta de)* to blunt

⋄ *vi* **-1.** *(brotar) (flor, capullo)* to bud; *(planta)* to sprout **-2.** *(destacar)* to excel, to stand out; **despunta en francés** she excels in French; **despunta por su inteligencia** his intelligence makes him stand out **-3.** *(comenzar) (alba)* to break; *(día)* to dawn; **al** ~ **el alba/día** at dawn/daybreak; **saldremos de viaje apenas despunte el día** we'll set off at the crack of dawn

◆ **despuntarse** *vpr (tijeras, cuchillo)* to go blunt; *(lápiz)* to go blunt, to lose its point

despunte *nm Arg, Chile (leña menuda)* twigs
desquiciado, -a *adj (persona)* demented, unhinged; **nos tiene desquiciados con sus ruidos** he's driving us up the wall with the noises he makes; **el cansancio y el estrés lo tienen** ~ tiredness and stress have got him at the end of his tether; **tengo los nervios desquiciados** my nerves are in shreds *o* tatters

desquiciante *adj* maddening
desquiciar ⋄ *vt* **-1.** *(puerta, ventana)* to unhinge **-2.** *(persona)* to drive mad; **ese ruido me desquicia los nervios** that noise is driving me up the wall

◆ **desquiciarse** *vpr* **-1.** *(puerta, ventana)* to come off its hinges **-2.** *(persona)* to go mad; **se desquicia con cualquier cosa** the least thing sets him off

desquicio *nm Am* chaos, bedlam; **esta oficina es un** ~ this office is absolute chaos *o* bedlam

desquitar ⋄ *vt (descontar)* to deduct

◆ **desquitarse** *vpr (vengarse)* to get one's own back (**de algo/alguien** for sth/on sb); **dijo que volvería para desquitarse** he said he would come back to get even; **con este triunfo el equipo se desquita de las últimas derrotas** with this win the team has made up for its recent defeats

desquite *nm* revenge; **dame el** ~ give me a chance to get even (with you); **tomarse el** ~ to get one's own back

desratización *nf* rodent extermination
desratizar [14] *vt* to clear of rodents
desregulación *nf* deregulation
desregular *vt* to deregulate
desrielar *vi Andes, CAm, Ven (descarrilar)* to derail

desriñonar *Fam* ⋄ *vt (cansar)* to do in; **la sesión de gimnasio lo dejó desriñonado** he'd had it *o Br* he was completely knackered after the session in the gym

◆ **desriñonarse** *vpr (cansarse)* **se desriñona trabajando** she breaks her back working; **no muevas el armario tú solo, que te vas a** ~ don't try and move the wardrobe on your own or you'll do yourself an injury

destacable *adj* notable, worthy of comment; **lo más** ~ **de la película fue...** the most notable thing about the movie was...; **un resumen con lo más** ~ **de la jornada futbolística** a summary with today's soccer highlights

destacado, -a *adj* **-1.** *(persona)* distinguished, prominent; *(acto)* outstanding; **era uno de nuestros alumnos más destacados** he was one of our most outstanding pupils; **tuvo una destacada actuación** her performance was outstanding

-2. *(tropas)* stationed; *(corresponsales)* assigned, sent; **las tropas destacadas en Bosnia** the troops stationed in Bosnia; **conectamos con nuestra unidad móvil destacada en la zona** we're going over to our mobile unit in the area itself

destacamento *nm* **-1.** *(de tropas)* detachment **-2.** *Am* ~ **de policía** *(comisaría)* police station

destacar [59] ⋄ *vt* **-1.** *(poner de relieve)* to emphasize, to highlight; **debo** ~ **lo importante que es la operación** I must stress *o* emphasize how important the operation is; **cabe** ~ **que...** it is important to point out that...; **hay que** ~ **el trabajo de los actores** the acting deserves special mention **-2.** *(tropas)* to station; *(corresponsales)* to assign, to send

⋄ *vi (sobresalir)* to stand out; **tiene afán por** ~ she is keen to excel; **destacó como concertista de piano** he was an outstanding concert pianist; **hay una alumna que destaca de los demás/entre todos** there is one student who stands out from the others/from all the others; **destaca en sus estudios** she is an outstanding student; **destaca entre sus otras novelas por su**

destajar

humor it stands out from her other novels for *o* because of its humour; **destaca mucho por su imponente físico** he really stands out because of his impressive physique; **un pueblo que no destaca por nada en particular** a town that is not remarkable for anything in particular, a rather unremarkable town

◆ **destacarse** *vpr* **-1.** *(sobresalir)* to stand out **(de/por** from/because of**); el actor se destacó por sus dotes de cómico** the actor was outstanding in comic roles **-2.** *(aventajarse)* to draw ahead **(de** of**) -3.** *(objeto)* to stand out

destajar *vt Ecuad, Méx (res)* to quarter

destajo *nm* piecework; **trabajar a ~** *(por trabajo hecho)* to do piecework; *(mucho)* to work flat out

destapado, -a ◇ *adj* **-1.** *(caja)* open, with the lid off; *(olla)* uncovered, with the lid off; *(botella)* open, with the top off **-2.** *(descubierto)* uncovered; **no dejes la comida destapada** don't leave food uncovered; **en verano duermo ~** I sleep without any covers on in summer

◇ *nm Méx Fam Antes* = candidate for the governing party (PRI) after his identity has been revealed

destapador *nm Am* bottle opener

destapamiento *nm Méx Antes* = public announcement of the official presidential candidate for the PRI

destapar ◇ *vt* **-1.** *(caja, botella)* to open; *(olla)* to take the lid off
-2. *(descubrir)* to uncover, to take the cover off
-3. *(en la cama)* to pull the covers *o* bedclothes off; **cada vez que te das la vuelta me destapas** every time you turn over you pull the bedclothes off me
-4. *(trama)* to uncover
-5. *(oídos)* to unblock

◇ *vi Méx (caballo)* to bolt

◆ **destaparse** *vpr* **-1.** *(desabrigarse)* to lose the covers; **el bebé se destapa por las noches** the baby kicks the blankets off at night
-2. *(oídos)* to become unblocked
-3. *(dar la sorpresa)* **se destapó como un gran cocinero** he revealed himself to be a great cook
-4. *(revelarse)* to open up; **al final se destapó el escándalo** in the end the scandal came to light
-5. *(desnudarse)* to take one's clothes off

destape *nm* **-1.** *(en revistas)* nude photos; *(en películas, teatro)* nudity; **película de ~** erotic movie *o Br* film; **revista de ~** nudie magazine **-2.** *Méx Fam* = public announcement of a party's official election candidate

destaponar *vt* **-1.** *(botella)* to uncork **-2.** *(oídos, nariz)* to unblock **-3.** *(atasco, taponamiento)* to unblock

destartalado, -a *adj* **-1.** *(viejo, deteriorado)* dilapidated **-2.** *(desordenado)* untidy

desta *nf Méx Fam* thingmajig

deste, -a ◇ *nm,f Méx Fam (persona)* what's-his-name, *f* what's-her-name; **la desta me mandó una carta el otro día** what's-her-name sent me a letter the other day

◇ *nm* **-1.** *(objeto)* thingmajig; **pásame el ~** pass me that thingmajig
-2. *(como muletilla)* well, er, um; **~, ¿qué te estaba diciendo?** er, what was I saying?

destejer *vt* **-1.** *(tejido)* to undo, to unravel **-2.** *(cosido)* to unstitch

destellar *vi (diamante, ojos)* to sparkle; *(metal)* to glint; *(estrella)* to twinkle; **una luz/el faro destellaba a lo lejos** a light/the lighthouse was flashing in the distance

destello *nm* **-1.** *(de diamante)* sparkle; *(de metal)* glint; *(de estrella)* twinkle; **el diamante lanzaba destellos** the diamond sparkled
-2. *(manifestación momentánea)* **un ~ de esperanza** a glimmer of hope; **un partido con destellos de buen fútbol** a match with the odd moment of good football; **un ~ de ironía** a hint of irony

destemplado, -a *adj* **-1.** *(persona)* **me siento un poco ~** I'm feeling out of sorts *o* under the weather **-2.** *(instrumento)* out of tune **-3.** *(tiempo, clima)* unpleasant **-4.** *(carácter, actitud)* irritable **-5.** *(voz, tono)* harsh, jarring

destemplanza *nf* **-1.** *(malestar)* indisposition; **tener ~** to feel out of sorts *o* under the weather **-2.** *(del tiempo, clima)* unpleasantness **-3.** *(del pulso)* irregularity, unevenness **-4.** *(en el tono, las palabras)* harshness

destemplar ◇ *vt* **-1.** *(instrumento)* to put out of tune **-2.** *(causar malestar a)* **este tiempo me destempla** this weather makes me feel out of sorts **-3.** *(alterar)* to disturb the order *o* harmony of

◆ **destemplarse** *vpr* **-1.** *(sentir malestar)* to feel out of sorts *o* under the weather **-2.** *(irritarse)* to get upset **-3.** *(instrumento musical)* to get out of tune **-4.** *(cuchillo, espada)* to lose its edge **-5.** *Andes, Guat, Méx (sentir dentera)* to have one's teeth on edge

destemple *nm* **-1.** *(de instrumento)* dissonance **-2.** *(de cuchillo, espada)* lack of edge, dullness **-3.** *(indisposición)* indisposition

destender [64] *vt* **-1.** *(ropa)* to take off the line **-2.** *Am (cama)* to strip; *(mesa)* to take the cloth off

destensar ◇ *vt (músculo)* to relax; *(cuerda, cable)* to slacken

◆ **destensarse** *vpr (cuerda, cable)* to slacken, to sag

desteñido, -a *adj (descolorido)* faded; *(manchado)* discoloured

desteñir [47] ◇ *vt (decolorar)* to fade, to bleach; *(manchar)* to discolour

◇ *vi* to run; **estos pantalones destiñen** the colour in these trousers runs

◆ **desteñirse** *vpr* to fade; **se me destiñó la falda** the colour in my skirt has run

desternillante *adj* hysterically funny

desternillarse *vpr* **~ de risa** to split one's sides laughing *o* with laughter

desterrado, -a *nm,f* exile

desterrar [3] *vt* **-1.** *(persona)* to banish, to exile **-2.** *(idea)* to dismiss; *(dudas, recelos)* to banish **-3.** *(costumbre, hábito)* to do away with; *(prejuicios)* to root out

destetar ◇ *vt (niño, cría, cachorro)* to wean

◆ **destetarse** *vpr* **-1.** *(niño, cría, cachorro)* to be weaned **-2.** *Hum (independizarse)* to learn to fend for oneself; **no se destetó hasta los veinticinco años** he didn't leave the family nest till he was twenty-five **-3.** *Fam (enseñar el pecho)* to bare one's breasts; *(en la playa)* to go topless

destete *nm (de niño, cría, cachorro)* weaning

destiempo: a destiempo *loc adv* **-1.** *(en mal momento)* at the wrong time; **hacer un comentario a ~** to say something at the wrong time **-2.** *(sin sincronía)* out of time; **desfilaban a ~** they were marching out of step; **golpear la bola a ~** to mistime one's stroke; **entró al delantero a ~ y cometió penalti** he mistimed his tackle on the forward and conceded a penalty

destierro ◇ *ver* **desterrar**

◇ *nm* **-1.** *(exilio)* *(fuera del país)* exile; *(dentro del país)* internal exile; **fue condenado al ~** he was sentenced to exile; **emprender el ~** to go into exile; **en el ~** in exile; **marchar al ~** to go into exile **-2.** *(de costumbres, tradiciones)* elimination

destilación *nf* distillation ❏ **QUÍM ~ fraccionada** fractional distillation

destilado *nm* distillate

destilador *nm* distiller

destilar ◇ *vt* **-1.** *(agua, alcohol)* to distil **-2.** *(sangre, pus)* to ooze **-3.** *(cualidad, sentimiento)* to exude, to ooze; **sus comentarios destilan ironía** her remarks are steeped in *o* suffused with irony

◇ *vi (gotear)* to trickle, to drip

destilería *nf* distillery

destinado, -a *adj* **-1.** *(predestinado)* **(estar) ~ a algo/hacer algo** (to be) destined for sth/to do sth; **es una tradición destinada a morir** it is a tradition that is on its way out *o* dying out; **un pueblo ~ a luchar** a people destined

destornillador

to fight; **estar ~ al éxito/fracaso** to be destined to succeed/fail
-2. *(dirigido)* **~ a** *(cantidad, edificio)* allocated to, set aside for; *(medidas, programa)* aimed at; **fondos destinados a la lucha contra el cáncer** funds allocated to the fight against cancer; **un estadio ~ a albergar los próximos Juegos Olímpicos** a stadium intended to host the next Olympic Games; **una reforma destinada a fomentar la inversión** a reform designed to encourage *o* aimed at encouraging investment
-3. *(enviado)* **~ a** *(carta, paquete)* addressed to; *(mercancía)* bound for
-4. *(con cierto puesto)* *(funcionario, embajador, militar)* **está ~ en Colombia** he's been posted *o* sent to Colombia

destinar *vt* **-1.** *(dirigir, consagrar)* **~ algo a** *o* **para** *(cantidad, edificio)* to set sth aside for; *(medidas, programa, publicación)* to aim sth at; **han destinado el salón a oficina** they're using the lounge as an office; **el dinero recogido se destinará a comprar medicinas** the money collected will go to buy medicine; **¿no podría el ayuntamiento ~ este edificio a mejor fin?** couldn't the council find a better use for this building?; **el gobierno destinará una importante partida presupuestaria para Sanidad** the government will allocate a significant proportion of the budget to the Department of Health
-2. *(enviar)* **~ algo a** *(carta, paquete)* to address sth to; *(mercancía)* to send sth to
-3. *(conceder puesto a)* **~ a alguien a** *(plaza, lugar)* to post *o* send sb to; **fue destinado como cónsul a Liverpool** he was posted to Liverpool as consul

destinatario, -a *nm,f* **-1.** *(de carta, paquete, mercancía)* addressee; **~ desconocido** *(en carta)* not known at this address **-2.** *(de giro o transferencia bancarios)* payee **-3.** *(de halagos)* object; *(de obsequios)* recipient; *(de insultos)* butt, target

destino *nm* **-1.** *(sino)* destiny, fate; **su ~ era convertirse en estrella de cine** she was destined to become a movie *o Br* film star; **sigue tocando, tu ~ está en la música** keep playing, your future lies in music; **nunca se sabe lo que el ~ te puede deparar** you never know what fate might have in store for you; **el ~ quiso que se conocieran** it came about that they met each other
-2. *(finalidad)* use, function; **la oposición pidió explicaciones sobre el ~ del dinero recaudado** the opposition asked for an explanation of what the money raised was going to be used for; **productos con ~ al consumo humano** products for human consumption
-3. *(rumbo)* **(ir) con ~ a** (to be) bound for *o* going to; **un vuelo con ~ a...** a flight to...; **el tren con ~ a La Paz** the train for La Paz, the La Paz train; **pasajeros con ~ a Chicago, embarquen por puerta 6** passengers flying to Chicago, please board at gate 6
-4. *(lugar de llegada)* destination; **llegamos tarde a nuestro ~** we arrived late at our destination; **uno de los destinos preferidos del turista europeo** a favourite tourist destination for Europeans
-5. *(empleo, plaza)* posting; **un ~ en el frente de guerra** a posting at the front; **le han dado un ~ en las Canarias** he's been posted to the Canaries; **estar en expectativa de ~** to be awaiting a posting

destitución *nf (de alto ejecutivo, entrenador)* dismissal; *(cargo público)* removal from office

destituir [34] *vt (alto ejecutivo, entrenador)* to dismiss; *(cargo público)* to remove from office; **lo destituyeron del puesto de tesorero** he was dismissed from his post as treasurer; **fue destituido de su cargo (de** *o* **como ministro)** he was relieved of his post (as minister), he was removed from office

destornillado, -a *adj Fam* crazy, harebrained

destornillador *nm* **-1.** *(herramienta)* screwdriver **-2.** *Fam (bebida)* screwdriver

destornillar ◇ *vt* to unscrew
◆ **destornillarse** *vpr* to become unscrewed *o* loose
destrabar *vt* **-1.** *(desatar)* to untie **-2.** *(apartar)* to separate, to disconnect
destrenzar [14] *vt* *(cabello)* to unplait, to unbraid; *(cuerda)* to unpick
destreza *nf* skill, dexterity; **tiene ~ para la costura** he's very good at sewing; **hacer algo con ~** to do sth skilfully
destripador, -ora *nm,f* butcher, brutal murderer ❑ *Jack el Destripador* Jack the Ripper
destripar *vt* **-1.** *(sacar las tripas a)* *(ave, res, conejo)* to disembowel; *(pescado)* to gut; **el asesino destripaba a sus víctimas** the murderer disembowelled his victims **-2.** *(colchón, muñeca)* to rip open; *(radio, juguete, aparato)* to take apart **-3.** *(película, historia, chiste)* to ruin, to spoil
destripaterrones *nmf inv Fam Pey* **-1.** *(campesino)* yokel, *US* hick **-2.** *(inculto, ignorante)* clodhopper, ignoramus
destronamiento *nm* **-1.** *(del rey)* dethronement **-2.** *(de líder político)* overthrow, toppling; *(de campeón)* unseating, toppling
destronar *vt* **-1.** *(rey)* to dethrone, to depose **-2.** *(líder político)* to overthrow, to topple; *(campeón)* to unseat, to topple
destronque *nm Chile, Méx (de planta)* uprooting
destrozado, -a *adj* **-1.** *(vestido, zapatos)* ruined; *(jarrón, cámara)* smashed; **esta estantería está destrozada** these shelves are falling apart; **la lavadora está destrozada** the washing machine is only fit for the scrapheap; **el gato tiene los sillones destrozados** the cat has clawed the chairs to shreds; **me devolvió el libro ~** the book was falling to bits when he gave it back to me; **tengo las manos destrozadas de tanto fregar** all that washing up has left my hands in a terrible state; **huyó dejándole el corazón ~** she ran off leaving him heartbroken; **el autobús quedó ~** the bus was wrecked
-2. *(persona) (emocionalmente)* shattered, devastated; *(físicamente)* shattered; **la noticia lo dejó ~** he was devastated by the news
destrozar [14] ◇ *vt* **-1.** *(físicamente) (romper)* to smash; *(estropear)* to ruin; **el terremoto destrozó la ciudad** the earthquake destroyed the city; **vas a ~** *o* **destrozarte los zapatos de tanto usarlos** you'll ruin your shoes, wearing them so much
-2. *(emocionalmente) (persona)* to shatter, to devastate; *(matrimonio, relación)* to wreck; *(pareja)* to break up; *(vida)* to ruin; *(corazón)* to break; **el divorcio la ha destrozado** she was devastated by the divorce; **ese ruido le destroza los nervios a cualquiera** that noise is enough to drive anyone up the wall; **destrozó a su oponente en el debate** he destroyed his opponent in the debate
◆ **destrozarse** *vpr (objeto)* to smash, to break into pieces
destrozo *nm* damage; **alguien tendrá que pagar los destrozos** someone will have to pay for the damage; **causar** *u* **ocasionar** *o* **provocar grandes destrozos** to cause a lot of damage; **el perro y el gato hicieron un ~ en el jardín** the dog and the cat caused havoc in the garden; **¡vaya ~ que te has hecho en la rodilla!** you've made a real mess of your knee!
destrozón, -ona *Fam* ◇ *adj* **ese niño es muy ~** that child is always breaking things; **ser ~ con la ropa** to be very hard on one's clothes
◇ *nm,f* **ese niño es un ~** that child is always breaking things
destrucción *nf* destruction; **causar ~** to cause destruction; **causar la ~ de algo** to destroy sth
destructivamente *adv* destructively
destructivo, -a *adj* destructive
destructor, -ora ◇ *adj* destructive
◇ *nm (barco de guerra)* destroyer

destructora *nf* **~ de papel** document shredder
destruido, -a *adj RP Fam* **-1.** *(físicamente)* shattered; **me costó reconocerlo, está ~** I could hardly recognize him, he's such a complete wreck **-2.** *(anímicamente)* shattered, devastated; **desde que perdió a la familia anda destruida** since she lost her family she's gone totally to pieces
destruir [34] ◇ *vt* **-1.** *(destrozar)* to destroy **-2.** *(desbaratar) (argumento)* to demolish; *(proyecto)* to ruin, to wreck; *(ilusión, esperanzas)* to dash; *(reputación)* to ruin; *(matrimonio, relación)* to wreck; *(pareja)* to break up **-3.** *(hacienda, fortuna)* to squander
◆ **destruirse** *vpr MAT* to cancel (each other) out
desubicación *nf Andes, RP* disorientation, confusion; **tiene la ~ típica de su edad** she's a bit mixed-up, like most people her age
desubicado, -a *Andes, RP* ◇ *adj* **-1. estar ~** *(perdido)* to feel lost **-2. ser ~** *(ridículo)* to have no idea of how to behave
◇ *nm,f* **es un ~** he has no idea of how to behave
desubicar *Andes, RP* ◇ *vt* to confuse; **este plano, en vez de ayudarme, me desubica** instead of helping me, this map just confuses me; **cada comentario suyo me desubica más** every new thing she says makes me even more confused
◆ **desubicarse** *vpr* **a Pepe no lo invitamos más porque siempre se desubica** we don't invite Pepe any more because he can't behave properly
desubique *nm Andes, RP Fam* **-1.** *(desubicación)* **anda con un ~ considerable** he doesn't seem to know what planet he's on **-2.** *(salida)* **no aguanto más tus desubiques** I've had it with the way you carry on
desuello[1] *etc ver* **desollar**
desuello[2] *nm (de animales)* skinning
desunión *nf* **-1.** *(separación)* separation **-2.** *(división, discordia)* disunity; **había mucha ~ entre los trabajadores** there was a lot of division among the workers; **en el sindicato reina la ~** the union is very disunited
desunir *vt* ◇ **-1.** *(separar)* to separate **-2.** *(enemistar) (grupos)* to divide, to cause a rift between
◆ **desunirse** *vpr* to separate, to break apart
desusado, -a *adj* **-1.** *(pasado de moda)* old-fashioned, obsolete; **un término ~** an obsolete term, a term which is no longer in common use; **costumbres desusadas** customs that are no longer observed **-2.** *(desacostumbrado)* unusual; **actuó con una violencia desusada en él** he was unusually *o* uncharacteristically violent
desuso *nm* disuse; **un término en ~** a term which is no longer in common use; **una ley vigente, pero en ~** a law which is still on the statute books, but no longer enforced; **caer en ~** to become obsolete, to fall into disuse; **el sombrero fue cayendo en ~** people gradually stopped wearing hats
desvaído, -a *adj* **-1.** *(color, tono)* pale, washed-out; *(tela)* faded **-2.** *(forma, contorno)* blurred; *(mirada)* vague
desvalido, -a ◇ *adj* needy, destitute
◇ *nm,f* needy *o* destitute person; **los desvalidos** the needy, the destitute
desvalijador, -ora *nm,f (de casas)* burglar
desvalijamiento *nm (de casa, persona, tienda)* robbery; *(de banco)* raid, robbery
desvalijar *vt (casa)* to burgle; *(persona, tienda)* to rob; *(banco)* to raid, to rob; *Fig* **mis nietos me han desvalijado la nevera** my grandchildren have cleaned out my fridge
desvalimiento *nm Formal* destitution
desvalorización *nf (de propiedades, acciones)* fall in value; *(de moneda, divisa)* devaluation
desvalorizar [14] *vt (propiedades, acciones)* to reduce the value of; *(moneda, divisa)* to devalue
◆ **desvalorizarse** *vpr (propiedades)* to

decrease in value; *(moneda, divisa)* to become devalued; *(acciones)* to fall in value
desván *nm* attic, loft
desvanecer [46] ◇ *vt* **-1.** *(humo, nubes)* to disperse; *(perfil, figura)* to blur; *(colores)* to (cause to) fade
-2. *(sospechas, temores, dudas)* to dispel
◆ **desvanecerse** *vpr* **-1.** *(desmayarse)* to faint; **caer desvanecido** to fall in a faint, to faint; **yacía desvanecido en el pavimento** he lay unconscious in the road
-2. *(humo, nubes)* to clear, to disappear; *(perfil, figura)* to become blurred; *(colores)* to fade; *(sonido, olor)* to fade away; **su imagen se desvanece y en la pantalla vemos un paisaje** her image fades out and we see a country scene
-3. *(sospechas, temores)* to be dispelled; *(esperanzas)* to be dashed; *(recuerdos)* to fade; **aquello hizo que se desvanecieran todas nuestras dudas** that dispelled all our doubts
desvanecimiento *nm* **-1.** *(desmayo)* fainting fit; **sufrir** *o* **tener un ~** to faint **-2.** *(desaparición)* vanishing, disappearance **-3.** *(de perfil, figura)* blurring; *(de colores)* fading
desvariar [32] *vi* **-1.** *(delirar)* to be delirious **-2.** *(decir tonterías)* to talk nonsense; **¡no desvaríes!** don't talk nonsense!
desvarío *nm* **-1.** *(disparate)* **tu decisión me parece un ~** I think what you've decided is absolutely crazy; **¡no digas desvaríos!** don't talk nonsense! **-2.** *(delirio)* delirium
desvelar ◇ *vt* **-1.** *(quitar el sueño a)* to keep awake; **el tictac del reloj me desveló** the ticking of the clock kept me awake; **pasé la noche desvelado** I had a sleepless night; **como estaba desvelado, me puse a leer** as I couldn't sleep, I read a book
-2. *(noticia, secreto)* to reveal, to tell; *(enigma)* to solve
◆ **desvelarse** *vpr* **-1.** *(perder el sueño)* **me desvelo con el ruido del tráfico** the noise of the traffic keeps me awake; **te oí llegar y ya me desvelé** I heard you coming in and I couldn't get back to sleep
-2. *(volcarse)* **desvelarse por alguien** to do everything one can for sb; **se desvelaban por sus clientes** they did everything they could to keep their customers happy; **desvelarse por hacer algo** to make every effort *o* do everything one can to do sth
-3. *CAm, Méx (quedarse despierto)* to stay up *o* awake
desvelo *nm* **-1.** *(insomnio)* sleeplessness, insomnia; **una noche de ~** a sleepless night **-2.** *(esfuerzo, cuidado)* **cuida su hijo con ~** he takes great pains over looking after his son; **a pesar de nuestros desvelos...** despite all our care and effort...
desvencijado, -a *adj (mesa, armario)* rickety; *(puerta, vehículo)* battered; *(estructura)* ramshackle, tumbledown
desvencijar ◇ *vt (romper)* to break; *(desencajar)* to cause to come apart
◆ **desvencijarse** *vpr (romperse)* to break, to come apart; *(desencajarse)* to fall to pieces
desvendar *vt* to unbandage
desventaja *nf* disadvantage; **afrontan el encuentro de vuelta con una ~ de quince puntos** they go into the return match trailing by fifteen points *o* fifteen points behind; **compite con ~** he's competing at a disadvantage; **estar en ~** to be at a disadvantage
desventajoso, -a *adj* disadvantageous, unfavourable
desventura *nf* misfortune; **el libro narra las aventuras y desventuras de...** the book tells the adventures and misadventures of...
desventurado, -a ◇ *adj (persona)* unfortunate; *(día, momento)* fateful; *(suceso)* unfortunate
◇ *nm,f* poor wretch

desvergonzado, -a ⋄ *adj (sin pudor, sin escrúpulos)* shameless; *(maleducado)* insolent ⋄ *nm,f* shameless person; **eres un ~** you're absolutely shameless; **¡habráse visto el ~!** what a bad-mannered lout!

desvergüenza *nf* **-1.** *(atrevimiento, frescura)* shamelessness; **¡después de lo que ocurrió, tiene la ~ de llamarla!** after what happened, he still has the gall to phone her!; **su conducta es de una ~ increíble** his behaviour is absolutely disgraceful *o* shameful **-2.** *(dicho)* shameless remark; *(hecho)* shameless act

desvestir [47] ⋄ *vt* to undress
◆ **desvestirse** *vpr* to undress (oneself); **desvístase y túmbese en esta camilla** get undressed and lie on this trolley; **tuvo que desvestirse de cintura para arriba** he had to strip to the waist

desviación *nf* **-1.** *(reorientación) (en dirección)* change; *(en rumbo, de brújula)* deviation; *(de río, tráfico)* diversion; **fetichismos y otras desviaciones de la conducta** fetishism and other deviant behaviour; **aquello suponía una notable ~ de sus promesas electorales** that constituted quite a departure from their electoral promises; **no toleran desviaciones de la línea oficial** they don't tolerate any deviation from the party line
-2. *(desvío) (en la carretera) Br* diversion, *US* detour; **tomar una ~** to make a detour; **toma la segunda ~ a la derecha** take the second turn-off on the right
-3. *(en estadística)* deviation ❑ **~ estándar** standard deviation; **~ media** mean deviation; **~ típica** standard deviation
-4. MED **~ de columna** curvature of the spine
-5. DER **~ de fondos públicos** diversion of public funds
-6. ECON **~ presupuestaria** budgetary variance

desviacionismo *nm* deviationism
desviacionista *adj* deviationist
desviado, -a *adj (ojo)* squinty
desviar [32] ⋄ *vt* **-1.** *(tráfico, automóviles)* to divert; *(río, cauce)* to divert; *(dirección, rumbo)* to change; **aquello desvió al "Mayflower" de su rumbo** that caused the "Mayflower" to change course; **los vuelos fueron desviados al aeropuerto de Luton** flights were diverted to Luton airport
-2. *(fondos)* to divert (**a** into)
-3. *(golpe)* to parry; *(pelota, disparo)* to deflect; **Sanz desvió el balón a córner** Sanz deflected the ball for a corner
-4. *(pregunta)* to evade; *(conversación)* to change the direction of; **no desvíes la conversación** don't get us off the subject
-5. *(mirada, ojos)* to avert; **desvió la mirada avergonzada** he looked away in shame
-6. *(apartar)* to dissuade, to turn aside (**de** from); **aquel imprevisto lo desvió de sus planes** that unforeseen circumstance caused him to depart from his plans
◆ **desviarse** *vpr* **-1.** *(cambiar de dirección) (conductor)* to make a detour; *(vehículo)* to go off course; **la carretera se desvía a la derecha** the road goes off to the right; **desvíate en la próxima a la derecha** take the next right turn
-2. *(apartarse)* **desviarse de** *(camino, senda)* to stray off; *(tema)* to get off; *(conversación)* to get off the subject of, to go off at a tangent from; *(propósito, idea)* to lose sight of; **nadie se desviaba de la línea del partido** no one departed from the party line

desvincular ⋄ *vt* **-1.** *(deshacer vínculo con)* to dissociate (**de** from); **la declaración del testigo lo desvinculaba del crimen** the witness's statement cleared him of any involvement in the crime **-2.** DER *(bienes, propiedades)* to disentail
◆ **desvincularse** *vpr* to dissociate oneself (**de** from); **me he desvinculado por completo del fútbol** I no longer have any involvement in football; **se desvinculó de sus amigos al acabar la universidad** he lost touch with his friends after he left university

desvío *nm* **-1.** *(en carretera) (por obras, accidente) Br* diversion, *US* detour; *(salida)* turn-off; **un ~ provisional** a temporary *Br* diversion *o US* detour; **toma el primer ~ a la derecha** take the first turn-off to the right; **al llegar al cruce toma el ~ de** *o* **a Guadalajara** when you get to the crossroads take the turning for *o* road to Guadalajara; **~ por obras** *(en letrero)* diversion, men at work
-2. *(de itinerario)* detour
-3. *(de pelota)* deflection
-4. TEL **~ de llamada** call transfer

desvirgar [38] *vt* to deflower
desvirtuar [4] *vt* **-1.** *(estropear)* to spoil; **el comercialismo desvirtúa la producción literaria** commercialism has a detrimental effect on literary writing; **su victoria quedó totalmente desvirtuada** his victory was rendered meaningless; **esta actuación desvirtúa el espíritu del acuerdo** this action violates the spirit of the agreement
-2. *(distorsionar)* to distort; **la prensa ha desvirtuado mis palabras** the press have twisted my words; **desvirtuó los hechos en su declaración al juez** he distorted the facts in his statement to the judge

desvistiera *etc ver* **desvestir**
desvisto *etc ver* **desvestir**
desvivirse *vpr (desvelarse)* to do everything one can (**por** for); **se desvive por su familia** he'd do anything for his family; **~ por hacer algo** to bend over backwards to do sth

desyerbar *vt* to weed
detal: al detal *loc adv* retail
detalladamente *adv* in (great) detail
detallado, -a *adj* **-1.** *(análisis, descripción, estudio)* detailed **-2.** *(factura, cuenta)* itemized
detallar ⋄ *vt* **-1.** *(historia, hechos)* to detail, to give a rundown of **-2.** *(factura, cuenta, gastos)* to itemize
⋄ *vi* to go into detail; **no hace falta que detalles tanto** you don't have to go into so much detail

detalle ⋄ *nm* **-1.** *(pormenor, dato)* detail; **nos dieron todo tipo de detalles** they gave us all sorts of details; **con ~** in detail; **con todo ~, con todo lujo de detalles** in great detail, with a wealth of detail; **dar detalles** to give details; **entrar en detalles** to go into detail(s); **todo estaba organizado hasta el menor ~** everything was organized down to the smallest *o* last detail; **no perdieron ~ de lo que se dijo** they didn't miss a thing that was said; **para más detalles, llame al teléfono...** for more information, call...
-2. *(elemento, rasgo)* detail; **un partido con detalles de buen fútbol** a match with the odd moment of good football; **un vestido de algodón con detalles en seda bordada** a cotton dress with embroidered silk detail; **observen los detalles decorativos alrededor del friso** notice the decorative detail around the frieze
-3. *(obsequio)* gift; **te he traído un ~** I've brought you a little present *o* a little something
-4. *(atención)* nice gesture *o* thought; **¡qué ~ lo de acompañarnos a casa!** how kind of him *o* what a nice gesture to bring us home!; **¡pero qué ~ ha tenido!** what a nice gesture!, how thoughtful of him/her!; **tener un ~ (con alguien)** to be considerate (to sb); **tener el ~ de hacer algo** to be kind enough to do sth; **es todo un ~** how courteous *o* considerate; EXPR *Fam* **marcarse un ~** to do something nice *o* kind
-5. *(fragmento) (de cuadro, foto)* detail; **lámina 6: ~ del "Guernica" de Picasso** plate 6: Picasso *Guernica* (detail)
⋄ **al detalle** *loc adv* COM retail; **en este almacén no se vende al ~** we don't sell retail in this warehouse

detallista ⋄ *adj* **-1.** *(meticuloso)* meticulous, thorough; **es muy ~ en su trabajo** he is very meticulous *o* thorough in her work, she's a perfectionist in her work **-2.** *(atento)* considerate, thoughtful; **¡ya podías ser un poquito más ~!** you could have been a bit more considerate!
⋄ *nmf* COM retailer

detección *nf* detection
detectable *adj* detectable
detectar *vt* **-1.** *(descubrir)* to detect, to discover; **han detectado la presencia de toxinas en la carne** the meat has been found to contain toxins; **le han detectado un cálculo renal** they've discovered that he has a kidney stone; **la policía no tardó en ~ el origen del dinero** it didn't take the police long to discover where the money came from
-2. *(percibir) (sujeto: persona)* to detect, to notice; *(sujeto: aparato)* to detect; **detecté cierta ironía en lo que dijo** I detected a hint of irony in what he said

detective *nmf* detective ❑ **~ privado** private detective
detectivesco, -a *adj* labor detectivesca detective work; **novela detectivesca** detective novel
detector, -ora ⋄ *adj* **un aparato ~** a detector
⋄ *nm* detector ❑ **~ de explosivos** explosives detector; **~ de humo(s)** smoke detector; **~ de incendios** smoke detector; **~ de mentiras** lie detector; **~ de metales** metal detector; **~ de minas** mine detector

detención *nf* **-1.** *(parada)* stopping, holding-up; **por favor, no se levanten de sus asientos hasta la ~ total del aparato** please do not get out of your seats until the plane has come to a complete stop
-2. *(arresto)* arrest; **llevar a cabo la ~ de alguien** to arrest sb; **una orden de ~** an arrest warrant ❑ **~ cautelar** preventive detention; **~ ilegal** wrongful arrest; **~ preventiva** preventive detention

detener [65] ⋄ *vt* **-1.** *(parar)* to stop; **detenga el vehículo y estacione** stop the vehicle and park; **~ el avance enemigo** to halt the enemy advance; **~ la propagación de la epidemia** to stop the spread of the epidemic; **los bomberos lograron ~ el fuego** firefighters managed to hold the fire in check *o* stop the fire spreading; **consiguieron ~ la hemorragia** they managed to stop the bleeding; **estaba decidido, nada podía detenerlo** he had made up his mind, nothing could stop him; **¡adelante, hazlo! ¿qué te detiene?** go on, do it! what's stopping you?
-2. *(arrestar)* to arrest
-3. *(entretener)* to keep, to delay; **¿qué fue lo que te detuvo?** what kept you?, what held you up?
◆ **detenerse** *vpr* **-1.** *(pararse)* to stop; **no te detengas, sigue** don't stop, carry on; **no se levanten hasta que el avión se haya detenido** do not get up until the plane has come to a stop; **detenerse en seco** to stop dead; **detenerse a hacer algo** to stop to do sth; **se detuvo un momento a pensar** she stopped to think for a moment; **se detuvo a hablar con una amiga y llegó tarde** she stopped to talk to a friend and was late
-2. *(demorarse)* to hang about, to linger; **no te detengas tanto con la presentación y ve al grano** don't spend so much time on the presentation and get to the point

detenidamente *adv* carefully, thoroughly; **me miró ~** he looked at me intently
detenido, -a ⋄ *adj* **-1.** *(detallado) (análisis, estudio)* careful, detailed; **un examen ~** a careful *o* detailed *o* thorough examination
-2. *(paralizado)* **estar ~** to be at a standstill; **el tráfico se halla ~ en la N-6 debido a un accidente** traffic on the N-6 is at a standstill due to an accident
-3. *(arrestado)* **(estar) ~** (to be) under arrest; **¡queda usted ~!** you're under arrest!; **lleva varios días ~** he has been in (police) custody for several days; **¿cuánto tiempo lo van a tener ~?** how long is he going to be detained *o* in (police) custody?

detenimiento

◇ *nm,f* prisoner, person under arrest; **los detenidos pasaron a disposición judicial** the people who had been arrested were taken before a judge

detenimiento *nm* **con ~** carefully, thoroughly; **me miró con ~** he looked at me intently

detentar *vt* **-1.** *(ilegalmente)* to hold unlawfully; **los militares que detentan el poder en...** the military in power in... **-2.** *(considerado incorrecto) (título, puesto)* to hold

detergente *nm* detergent; **~ para la ropa** washing powder; *Am* **~ para la vajilla** *Br* washing-up liquid, *US* dish liquid ❑ **~ de** o **con acción biológica** biological washing powder; **~ líquido** liquid detergent; **~ en pastillas** detergent in tablet form; **~ en polvo** soap powder

deteriorado, -a *adj (estropeado)* damaged, spoilt; *(por los elementos naturales)* damaged; *(edificio)* dilapidated; **el género llegó muy ~** the goods arrived in poor condition; **el famoso cuadro se halla muy ~** the famous painting is in very poor condition; **las relaciones entre ambos países están muy deterioradas** relations between the two countries have greatly deteriorated

deteriorar ◇ *vt* **-1.** *(estropear)* to damage, to spoil; **el paso del tiempo ha ido deteriorando la fachada** the facade has deteriorated with the passage of time **-2.** *(empeorar)* to worsen; **~ las relaciones entre dos países** to worsen relations between two countries; **la enfermedad ha deteriorado mucho su salud** the illness has caused his health to deteriorate a lot

◆ **deteriorarse** *vpr* **-1.** *(estropearse)* to deteriorate; **para que no se deteriore la pintura** to prevent the paint from deteriorating **-2.** *(empeorar)* to deteriorate, to get worse; **la situación se fue deteriorando** the situation gradually deteriorated o got gradually worse

deterioro *nm* **-1.** *(daño)* damage; **sufrir ~** to be damaged; **la mercancía no sufrió ~ alguno** the goods were not damaged at all

-2. *(empeoramiento)* deterioration; **las relaciones entre ambos países han experimentado un serio ~** relations between the two countries have deteriorated considerably; **el ~ de la situación** the worsening of o deterioration in the situation; **el progresivo ~ de los servicios públicos** the progressive deterioration in public services; **el ~ medioambiental** the deterioration of the environment

determinación *nf* **-1.** *(de precio, fecha)* fixing, setting **-2.** *(resolución)* determination, resolution; **se lanzó a rescatarlo con ~** she set off determinedly to rescue him; **lleno de ~** full of determination **-3.** *(decisión)* **tomar una ~** to make o take a decision

determinado, -a *adj* **-1.** *(cierto, alguno)* certain; **en determinadas fechas es mejor no viajar** it is better not to travel on certain dates; **hay determinados lugares donde la delincuencia es mayor** there are certain places where the crime rate is higher; **ante determinados síntomas es mejor acudir al médico** with some symptoms it is better to see your doctor

-2. *(preciso, concreto)* specific, particular; **en un momento ~ no sabía qué hacer** there was a point where I just didn't know what to do

-3. *(resuelto)* determined; **estar ~ a hacer algo** to be determined to do sth

-4. GRAM definite; **artículo ~** definite article

determinante ◇ *adj* decisive, determining; **ser un factor ~** to be a decisive o deciding factor; **él fue ~ en la victoria de su equipo** he played a decisive role in his team's victory

◇ *nm* **-1.** GRAM determiner **-2.** MAT determinant

determinar ◇ *vt* **-1.** *(fijar) (fecha, precio)* to settle on, to fix; *(lugar)* to decide; **se casarán en fecha aún sin** o **por ~** they will marry on a date that has yet to be decided o fixed; **reuniones para ~ los términos del acuerdo** meetings to settle the terms of the agreement; **según determina la ley,...** as stipulated by law,...; **la normativa de tráfico determina que...** traffic regulations state that...

-2. *(averiguar)* to establish, to determine; **~ las causas de la muerte** to determine o establish the cause of death; **el lugar exacto del accidente es difícil de ~** it is difficult to determine o establish the exact spot where the accident occurred; **determinaron que el accidente se debió a un error humano** they established that the accident was the result of human error

-3. *(motivar)* to cause, to bring about; **protestas generalizadas determinaron su dimisión** widespread protests caused him to resign; **aquello determinó su decisión** that led to his decision

-4. *(decidir)* to decide; **~ hacer algo** to decide to do sth; **la tormenta lo determinó a salir antes** the storm made him decide to leave early

-5. *(distinguir)* to distinguish, to discern; **no pude ~ quién era** I couldn't make out who he was

-6. DER to settle, to decide; **el juez determinó su ingreso en prisión** the judge ordered that he be sent to prison

◆ **determinarse** *vpr* **determinarse a hacer algo** to make up one's mind to do sth

determinativo, -a *adj* determinative

determinismo *nm* determinism

determinista ◇ *adj* deterministic

◇ *nmf* determinist

detersión *nf Formal* cleansing

detestable *adj (persona, actitud)* hateful, detestable; *(comportamiento, trato)* despicable; *(comida)* revolting; *(alojamiento, calidad)* terrible, appalling

detestar *vt* to detest; **detesto trabajar los sábados** I hate working on Saturdays; **te detesto** I despise o hate you

detiene *etc ver* **detener**

detonación *nf* **-1.** *(acción)* detonation **-2.** *(sonido)* explosion

detonador *nm* detonator

detonante ◇ *adj* explosive

◇ *nm* **-1.** *(explosivo)* explosive **-2.** *(catalizador)* trigger; **la subida de los precios del pan fue el ~ de la revuelta** the rise in bread prices was what sparked off o triggered the rebellion

detonar *vi* to detonate, to explode; **hicieron ~ el explosivo** they detonated the explosive

detractor, -ora ◇ *adj* disparaging (**de** about)

◇ *nm,f* detractor

detrás *adv* **-1.** *(en el espacio)* behind; **tus amigos vienen ~** your friends are coming on behind; **el interruptor está ~** the switch is at the back; **que se pongan ~ los más altos** the tallest people at the back, please; **la calle de ~ (de nuestra casa)** the street at the back (of our house), the street behind (our house); **~ de** behind; **~ de mí/ti** behind me/you; **la policía marchaba ~ de la manifestación** the police were following on behind the demonstrators; **deja un espacio ~ de la coma** leave a space after the comma; **ignoramos qué hay ~ de su extraño comportamiento** we don't know the reasons behind her strange behaviour; **por ~** at the back; **entró por ~ para que no la viera nadie** she came in the back way so nobody would see her; **sobresale un poco por ~** it sticks out a bit at the back; **miró el sobre por ~** he looked at the back of the envelope; *también Fig* **por ~ de alguien** behind sb's back; **por ~ no hacen más que tomarle el pelo** behind his back they just make fun of him; **por ~ de la casa está el mar** behind the house is the sea; **andar** o **ir ~ de algo** to be after sth, to be looking for sth; **andar** o **ir ~ de alguien** to be after

devastador

sb; **hablar de alguien por ~** to talk about sb behind his/her back

-2. *(en el orden)* then, afterwards; **Portugal y ~ Puerto Rico** Portugal and then Puerto Rico; **fuimos pasando uno ~ de otro** we went in one after another

detrasito *adv Méx, Ven* just o right behind

detrimento *nm* damage; **en ~ de** to the detriment of; **la producción aumenta en ~ de la calidad** output increases at the expense of quality; **ir en ~ de** to be detrimental to; **eso iría en ~ de tus intereses** that would be against your interests

detrito *nm*, **detritus** *nm inv* **-1.** BIOL detritus **-2.** GEOL detritus **-3.** *(residuo)* **detritos** waste ❑ **~ radioactivo** radioactive waste

detuviera *etc ver* **detener**

deuce [djus] *nm inv (en tenis)* deuce

deuda *nf* **-1.** *(financiera)* debt; **tiene deudas pendientes con un proveedor** he owes money to a supplier; **contraer una ~** to get into debt; **contrajo deudas (por valor) de varios millones** he ran up debts (to the tune) of several million; **está lleno de deudas** he's heavily o deep in debt; **pagar** o **saldar una ~** to pay off o settle a debt ❑ ECON **~ amortizable** repayable debt; ECON **~ consolidada** funded o long-term debt; ECON **~ a corto plazo** short-term debt; ECON **~ exterior** foreign debt; **~ externa** foreign debt; CONT **deudas incobrables** bad debt; ECON **~ interior** internal debt; **~ interna** internal debt; **deudas de juego** gambling debts; ECON **~ a largo plazo** long-term debt; ECON **~ pública** *Br* national debt, *US* public debt; **invertir en ~ pública** to buy government bonds; ECON **~ tributaria** tax payable o due

-2. *(obligación moral)* debt; **mi ~ con esta gente es enorme** I am enormously indebted to these people; **estar en ~ con alguien** to be indebted to sb

-3. *(pecado)* **perdónanos nuestras deudas** forgive us our trespasses

deudo, -a *nm,f Formal* relative, relation

deudor, -ora ◇ *adj* debtor; **un socio ~** a member in arrears with his/her subscription; **la compañía deudora** the debtor company; **la parte deudora se declaró insolvente** the debtor declared himself insolvent

◇ *nm,f* debtor

deuterio *nm* QUÍM deuterium

Deuteronomio *nm* **el ~** Deuteronomy

deutóxido *nm* QUÍM dioxide

devaluación *nf* devaluation

devaluado, -a *adj (moneda)* devalued; **con la ausencia de Italia el torneo quedó bastante ~** Italy's absence greatly diminished the tournament

devaluar [4] ◇ *vt* to devalue; **devaluaron el euro un 3 por ciento** the euro was devalued by 3 percent

◆ **devaluarse** *vpr (moneda)* to fall (in value); *(precios)* to fall; *(bienes, terrenos)* to go down in value, to depreciate

devanadera *nf (bobina)* reel, spool

devanado *nm* **-1.** ELEC winding ❑ **~ de campo** field winding; **~ de inductor** field winding **-2.** *(de hilo)* reeling

devanador *nm*, **devanadora** *nf Am* winder, reel

devanar ◇ *vt* to wind

◆ **devanarse** *vpr* EXPR *Fam* **devanarse los sesos** to cudgel o rack one's brains; **no te devanes mucho los sesos con este problema** don't spend too much time racking your brains over this problem

devaneo *nm* **-1.** *(distracción)* idle pursuit **-2.** *(amorío)* affair; **tener un ~ con alguien** to have an affair with sb; **tuvo un ~ de fin de semana con alguien** he had a weekend fling with sb; **en su juventud tuvo sus devaneos con la ultraderecha** he flirted with the far right when he was young

devastación *nf* devastation

devastado, -a *adj* devastated

devastador, -ora *adj* devastating

devastar vt to devastate

develamiento nm Am **-1.** (revelación) revelation, disclosure **-2.** (inauguración) unveiling

develar vt Am **-1.** (revelar) to reveal, to disclose **-2.** (inaugurar) to unveil

devengar [38] vt (intereses, dividendos) to yield; (sueldo) to earn; **un depósito a plazo que devenga altos intereses** a fixed-term deposit that yields o pays a high rate of interest; **ingresos devengados durante el ejercicio** income earned o accrued during the Br financial o US fiscal year

devengo ⇔ ver **devengar**
⇔ ver **devenir**
⇔ nm (cantidad adeudada) amount due; (intereses por cobrar) interest payable; (sueldo por cobrar) wages/salary due

devenir [69] ⇔ nm **-1.** (evolución) transformation; **el ~ de la historia** the course of history; **la vida es un continuo ~** life is a continual process of change **-2.** FILOSOFÍA becoming
⇔ vi (convertirse) **~ en** to become, to turn into; **la discusión devino en reyerta con navajas** the argument developed into a knife fight

devoción nf **-1.** (veneración) devotion; **con ~** devotedly **-2.** (afición) affection, attachment; **tener ~ por algo/alguien** to be devoted to sth/sb; **tener ~ por algo** to have a passion for sth; **es ~ lo que tiene por el fútbol** he is passionate about football; **tener por ~ hacer algo** to be in the habit of doing sth

devocionario nm REL prayer book

devolución nf **-1.** (de compra) return; (de dinero) refund; (de préstamo) repayment; **declaraciones de la renta con derecho a ~** = income tax returns with entitlement to a rebate; **el plazo de ~ del préstamo es de doce años** the loan is repayable over (a period of) twelve years; **no se admiten devoluciones** (en letrero) no refunds (given); **~ de monedas** (en letrero de máquinas expendedoras) refund, coin return ❑ FIN **~ fiscal** tax rebate o refund
-2. (de visita) return
-3. (de pelota) return
-4. (en lotería) = prize which gives the winner their money back

devolutivo, -a adj DER returnable, restorable

devolver [41] ⇔ vt **-1.** (restituir) (lo entregado o prestado) (automóvil, dinero, llaves) to give back (**a** to); (lo alquilado) (automóvil, televisor, videocinta) to take back, to return (**a** to); (producto defectuoso) to return (**a** to); (préstamo, crédito) to repay (**a** to); **si no queda satisfecho, le devolvemos el dinero** if you're not satisfied, we'll refund you o give you back the money; **me devolvieron el dinero** they gave me a refund, they gave me my money back; **¿qué plazo tienes para ~ los libros?** when do you have to take the books back (by)?; **es un regalo para mi sobrino... si ya lo tiene, ¿lo puedo ~?** it's a present for my nephew... if he already has it, can I bring it back?; **precio exacto: esta máquina no devuelve cambio** (en letrero) please insert the exact amount; **el Senado devolvió el proyecto de ley al Congreso con muchas enmiendas** the Senate sent the bill back to the Congress with lots of amendments; **me devolvieron la carta por un error en las señas** the letter was returned to me because it was not properly addressed
-2. (volver a dar) to give back, to restore; **le devolvió la alegría** it made him feel happy again; **el triunfo devolvió la confianza al equipo** the victory gave the team back its confidence; **este aparato le devuelve la audición en un 70 por ciento** this device will give you back 70 percent of your hearing
-3. (restablecer, volver a colocar) **~ algo a** to return sth to; **devuelve los discos a su sitio** put the disks back (where they belong); **devolvieron a los refugiados a su país de origen** they sent the refugees back to their country of origin
-4. (corresponder a) (favor, visita) to return; **~ un agravio a alguien** to pay sb back for an insult; **~ los insultos a alguien** to insult sb back; **le devolví el favor que me había hecho** I returned the favour he had done me; **me dio un bofetón, pero yo se lo devolví** he slapped me, but I slapped him back; **aún no me ha devuelto carta** he still hasn't written back to me; **nunca me devuelves las llamadas** you never call me back; **habrá que devolverle la invitación** we'll have to return the invitation o invite him in return
-5. (pelota) to pass back; **Jones devolvió la pelota a su portero** Jones passed the ball back to the goalkeeper; **le devolvió la pelota no invitándole a su fiesta** she returned the compliment by not inviting him to her party
-6. (vomitar) to bring o throw up
⇔ vi to throw up; **tener ganas de ~** to feel like throwing up

◆ **devolverse** vpr Andes, CAm, Carib, Méx to come back

devónico, -a GEOL ⇔ adj Devonian
⇔ nm **el ~** the Devonian

devorador, -ora ⇔ adj **-1.** (persona, animal) **un murciélago ~ de insectos** an insect-eating bat; **un adolescente ~ de novelas de aventuras** a young boy who devours adventure stories
-2. (pasión, celos, deseo) all-consuming; **tener unas ansias de triunfo devoradoras** to have a burning desire for victory; **hambre devoradora** ravenous hunger; **me lanzó una mirada devoradora** he devoured me with his eyes; **un incendio ~ arrasó el bosque** the forest was destroyed by an all-consuming blaze
⇔ nm,f devourer; Fam Hum **una devoradora de hombres** a man-eater

devorar vt **-1.** (alimentos) to devour; **el lobo devoró tres ovejas** the wolf ate three sheep; Fam **este niño devora los libros de aventuras** that child devours story books; Fam **devoraba a las chicas con la mirada** he ogled the girls
-2. (destruir) to destroy, to demolish; **el ciclón devoraba edificios y viviendas** the cyclone destroyed buildings and houses; **las llamas devoraron el palacio en dos horas** the fire destroyed the palace in two hours
-3. (sujeto: sentimiento) to devour; **lo devoraban los celos** he was consumed by jealousy; **esta pasión que me devora por dentro** this passion which consumes me o which is eating away inside me

devotamente adv piously

devoto, -a ⇔ adj **-1.** (piadoso) devout; **ser ~ de** to have a devotion for **-2.** (admirador) devoted (**de** to) **-3.** (imagen, templo, lugar) devotional
⇔ nm,f **-1.** (beato) devout person; **es un ~ de San Antonio** he has a special devotion to St Anthony; **los devotos** the faithful **-2.** (admirador) devotee (**de** of); **buenas noticias para los devotos del cine de ciencia ficción** good news for fans of science fiction movies o Br films

devuelta nf Carib, Col change

devueltismo nm RP Fam blasé o seen-it-all-before attitude

devuelto, -a ⇔ participio ver **devolver**
⇔ nm Fam (vómito) sick, puke

devuelvo etc ver **devolver**

dextrina nf QUÍM dextrin, dextrine

dextrógiro, -a adj QUÍM dextrogyre

dextrosa nf QUÍM dextrose

deyección nf **-1.** GEOL (de montaña) debris (singular); (de volcán) ejecta (plural) **-2.** MED (expulsión de excremento) excretion; **deyecciones** (excrementos) stools, faeces

DF nm (abrev de **Distrito Federal**) (en México) = Mexico City; (en Venezuela) = Caracas

dg (abrev de **decigramo**) dg

DGI nf RP (abrev de **Dirección General Impositiva**) Br ≃ Inland Revenue, US ≃ IRS

DGS nf Antes (abrev de **Dirección General de Seguridad**) = Spanish political police headquarters during Franco's dictatorship

DGT nf (abrev de **Dirección General de Tráfico**) = Spanish government department in charge of road transport

di -1. ver **dar -2.** ver **decir**

día nm **-1.** (periodo de tiempo) day; **un ~ de campo** a day out in the countryside; **todos los días** every day; **tres veces al ~** three times a day; **iremos unos días a la playa** we're going to the seaside for a few days; **el referéndum se celebrará el ~ 25 de abril** the referendum will take place on 25 April; **un ~ martes** one Tuesday; **me voy el ~ 8** I'm going on the 8th; **me pagan el ~ primero de cada mes** I get paid on the first of each month; **¿a qué ~ estamos?** what day is it today?; **al ~ siguiente** (on) the following day; **a los pocos días** a few days later; **al otro ~** the next day, the day after; **el otro ~** the other day; **un ~ sí y otro no** every other day; Fam Hum **un ~ sí y (el) otro también** every blessed day; Am **~ por medio** every other day; **un ~ entre semana** a weekday; **algún ~ me lo agradecerás** you'll thank me some day; **tienes que venir por casa algún ~** you should come round some time o one day; **¡buenos días!**, RP **¡buen ~!** good morning!; **un buen ~ me voy a enfadar** one of these days I'm going to get angry; **cualquier** o **un ~ de éstos** one of these days; **el ~ de hoy** today; **el ~ de mañana** in the future; **el ~ menos pensado...** when you least expect it...; **el ~ que se entere, nos mata** when he finds out, he'll kill us; **de ~ en ~, ~ a ~** from day to day, day by day; **se recuperó de un ~ a para otro** he recovered overnight o from one day to the next; **~ tras ~**, Méx **~ con ~** day after day; Méx Fam **estar en sus días** to be having one's period; **este pan está seco, no es del ~** this bread's stale, it's not fresh; **ha sido la noticia del ~** it was the news of the day; **en su ~**: **en su ~ te lo explicaré** I'll explain it to you in due course; **en su ~ les advertí que esa inversión sería imposible** I told them at the time that the investment would be impossible; **la pintura abstracta no fue valorada en su ~** in its day abstract art wasn't highly thought of; **hoy (en) ~** these days, nowadays; **hoy no es mi ~**, **todo me sale mal** it isn't my day today, I seem to be doing everything wrong; **mañana será otro ~** tomorrow's another day; **tener un buen/mal ~** to have a good/bad day; Fam **tener mis/tus/sus/**etc. **días**: **¿qué tal es tu compañero de casa? – tiene sus días** what's your flatmate like? – he has his moments; **has estado todo el (santo) ~ protestando** you've been complaining all day (long), you've spent the whole day complaining; **no ha parado de llover en todo el (santo) ~** it hasn't stopped raining all day; EXPR Fam **un ~ es un ~** this is a special occasion; EXPR **vivir al ~** to live from hand to mouth ❑ **~ de Año Nuevo** New Year's Day; RP Fam **el ~ del arquero** when pigs learn to fly; **~ de asueto** day off; **~ de ayuno** holy day; FERROC **~ azul** = cheap day for rail travel in Spain; Esp **~ de la banderita** Red Cross Day; RP **~ del canillita** = day on which newspaper sellers do not work; **~ de colegio** school day; **~ D** D-day; **~ de descanso** (en competición deportiva) rest day; COM **~ de deuda** pay-by date; Esp **Día de Difuntos** All Souls' Day; **~ de los enamorados** (St) Valentine's Day; **~ del espectador** = day when some cinemas sell tickets at a discount; **~ festivo** (public) holiday; **~ de fiesta** holiday; RP Fam **~ del golero** when pigs learn to fly; COM **días de gracia** days of grace; **~ de guardar** holy day; **~ hábil** working day; **Día de la Hispanidad** = day celebrating Columbus's landing in America (12 October), US ≃ Columbus Day; **~ de huelga** day of action; **Día de los Inocentes** 28 December, ≃ April Fools'

diabetes

Day; **el ~ del Juicio:** [EXPR] *Fam* **hasta el ~ del Juicio** until doomsday; *el Día del Juicio Final* Judgement Day; **~ laborable** working day; **~ lectivo** school *o* teaching day; **~ libre** day off; **~ de la madre** Mother's Day; *Am Día de los Muertos* All Souls' Day; **~ del padre** Father's Day; **~ de pago** payday; *Am* **~ patrio** national holiday *(commemorating important, historical event)*; *Am Día de la Raza* = day commemorating Columbus's landing in America *(12 October)*, *US* ≃ Columbus Day; *Día de Reyes* Epiphany *(6 January, day on which children receive presents)*; FERROC **~ rojo** = day on which rail travel is more expensive in Spain; *Día de San Valentín* (St) Valentine's Day; *RP* **~ sándwich** = day between a public holiday and a weekend, which is also taken as a holiday; *Esp Día de los Santos Difuntos* All Souls' Day; **~ señalado** red-letter day; *el Día del Señor* Corpus Christi; *Día de Todos los Santos* All Saints' Day; **~ del trabajador** Labour Day; **~ de trabajo** working day; **me pagan por ~ de trabajo** I get paid for each day's work; **~ útil** working day; **~ de vigilia** day of abstinence
-2. *(luz diurna)* daytime, day; **los días son más cortos en invierno** the days are shorter in winter; **al caer el ~** at dusk; **al despuntar** *o* **romper el ~** at daybreak *o* dawn; **de ~** in the daytime, during the day; **es de ~** it's daytime; **despierta, ya es de ~** wake up, it's morning *o* it's already light; **hacer algo de ~** to do sth in the daytime *o* during the day; **~ y noche** day and night; **en pleno ~, a plena luz del ~** in broad daylight; [EXPR] **como el ~ a la noche: son tan parecidos como el ~ a la noche** they are as like as chalk and cheese
-3. *(tiempo atmosférico)* day; **un ~ lluvioso** a rainy day; **hacía un ~ caluroso/invernal** it was a hot/wintry day; **hace un ~ estupendo para pasear** it's a lovely day for a walk, it's lovely weather for walking; **hace buen/mal ~** it's a lovely/dismal day; **mañana hará un mal ~** tomorrow the weather will be bad; **¿qué tal ~ hace?** what's the weather like today?
-4. **días** *(tiempo, vida)* days; **desde entonces hasta nuestros días** from that time until the present; **en los días de la República** in the days of the Republic; **en mis días** in my day; **en aquellos días no había televisión** in those days we didn't have television; **en aquellos días de felicidad** in those happy times; **terminó sus días en la pobreza** he ended his days in poverty; [EXPR] **no pasar los días por** *o* **para alguien: los días no pasan por** *o* **para ella** she doesn't look her age; [EXPR] **tener los días contados: el régimen/tigre de Bengala tiene los días contados** the regime's/Bengal tiger's days are numbered
-5. *(tanto, corriente)* **estar al ~** to be up to date; **está al ~ de todo lo que ocurre en la región** she's up to date with everything that's going on in the region; **estamos al ~ de todos nuestros pagos** we're up to date with all our payments; **poner algo/a alguien al ~** to update sth/sb; **ya me han puesto al ~ sobre la situación de la empresa** they've already updated me *o* filled me in on the company's situation; **tenemos que poner este informe al ~** we have to update this report *o* bring this report up to date; **se ha puesto al ~ de los últimos acontecimientos** he's caught up with the latest developments

diabetes *nf inv* MED diabetes *(singular)* ❏ **~ insípida** diabetes insipidus; **~ mellitus** diabetes mellitus

diabético, -a MED ⋄ *adj* diabetic
⋄ *nm,f* diabetic

diabla *nf* -1. *Fam (diablo hembra)* she-devil -2. TEATRO footlights

diablesa *nf Fam* she-devil

diablillo *nm Fam (persona traviesa)* little devil

diablo ⋄ *nm* -1. *(demonio)* devil; [PROV] **cuando el ~ no tiene que hacer, mata moscas con el rabo** the devil makes work for idle hands; [PROV] **más sabe el ~ por viejo que por ~** = experience is what really counts ❏ *Andes, CAm* **diablos azules** delirium tremens; **~ marino** scorpion fish; **~ de Tasmania** Tasmanian Devil
-2. *(persona astuta, maliciosa)* devil; **el extremo argentino es un auténtico ~** the Argentinian winger is a real wizard; **este niño es un ~** that child is a little devil; **el muy ~ tenía engañada a su mujer** the old devil was cheating on his wife; **pobre ~** poor devil; **no era más que un pobre ~** he was just a sad case
-3. *Fam (uso enfático)* **¿dónde/cómo/***etc* **diablos...?** where/how/*etc* the hell *o* devil...?; **¿y usted quién diablos es?** and who the devil are YOU?
-4. *Chile (vehículo)* ox-cart, dray
-5. [EXPR] **a diablos: esta comida huele/sabe a diablos** this food smells/tastes disgusting; **aquella música sonaba a diablos** that music sounded dreadful; **¡al ~ con...!** to hell with...!; **¡al ~ con los deberes!** to hell with the homework!; **como un ~** *(mucho)* like mad, like the devil; **el corte me escocía como un ~** the cut was stinging like mad; **del ~, de mil diablos, de todos los diablos: hacía un frío del ~** it was colder than blue blazes; **hoy tiene un humor de mil diablos** he's in an absolutely foul mood today; **esta máquina hace un ruido de todos los diablos** this machine makes an infernal *o* incredible racket; *Andes, RP* **donde el ~ perdió el poncho** in the middle of nowhere, in the back of beyond; **irse al ~: ¡vete al ~!** go to blazes!; **se fue al ~ toda la operación** the whole thing went to pot; *Fam* **mandar algo al ~** to chuck sth in; **mandé al ~ los estudios y me puse a trabajar** I chucked in university and got a job; *Fam* **mandar a alguien al ~** to tell sb to get lost
⋄ *interj Fam* **¡diablos!** *(¡maldita sea!)* damn it!

diablura *nf* prank; **hacer diabluras** to get up to mischief

diabólicamente *adv* diabolically

diabólico, -a *adj* -1. *(del diablo)* diabolic -2. *(muy malo)* evil, diabolical; **tiene una mente diabólica** she has an evil mind -3. *(difícil)* fiendishly difficult

diábolo *nm* diabolo

diacetilmorfina *nf* FARM diamorphine

diaconado *nm* REL diaconate, deaconship

diaconisa *nf* REL deaconess

diácono *nm* REL deacon

diacrítico, -a *adj* -1. GRAM *(signo)* diacritical -2. MED *(síntoma)* diagnostic

diacronía *nf* diachrony

diacrónico, -a *adj* diachronic

Diada *nf* **la ~** = Catalonia's national holiday *(11 September)*

diadema *nf* -1. *(joya)* tiara -2. *(para el pelo)* hairband

diafanidad *nf* -1. *(tranparencia) (de cristal)* transparency; *(de tela)* transparency, gauziness -2. *(claridad)* clarity

diáfano, -a *adj* -1. *(casi transparente) (cristal)* (almost) transparent; *(tela)* diaphanous -2. *(claro) (luz, cielo, ojos)* clear; *(agua)* crystal-clear -3. *(sin tapujos) (respuesta, explicación)* crystal-clear -4. *Esp* CONSTR open-plan; **una oficina diáfana** an open-plan office

diafragma *nm* -1. *(músculo)* diaphragm -2. FOT diaphragm ❏ **~ de apertura** aperture stop, aperture diaphragm -3. *(anticonceptivo)* diaphragm -4. TEC diaphragm

diagnosis *nf inv* diagnosis

diagnosticar [59] *vt* to diagnose; **le fue diagnosticada una angina de pecho** she was diagnosed with angina; **le diagnosticaron cáncer** he was diagnosed with *o* as having cancer

diagnóstico, -a ⋄ *adj* diagnostic
⋄ *nm* -1. *(médico)* diagnosis *(singular)*; **dar un ~ a alguien** to diagnose sb; **realizar un ~** to make a diagnosis -2. *(de situación)* diagnosis

diagonal ⋄ *adj* diagonal
⋄ *nf* diagonal (line); **trazar la ~ entre A y B** to draw the diagonal between A and B; **en ~** diagonally

diagonalmente *adv* diagonally

diagrama *nm* diagram; **hacer un ~ (de algo)** to draw a diagram (of sth) ❏ **~ en árbol** tree diagram; **~ arbóreo** tree diagram; **~ de barras** bar chart; **~ circular** pie chart; **~ de dispersión** scatter diagram *o* plot; **~ de flujo** flow diagram *o* chart; **~ de sectores** pie chart; MAT **~ de Venn** Venn diagram

día-hombre *(pl* **días-hombre***) nm* ECON manday

dial *nm* -1. *(de radio)* dial; **sintonízanos en el 108.8 de tu ~** tune in to 108.8 -2. *(de teléfono)* dial

dialectal *adj* dialectal; **expresión/variante ~** dialect expression/variant

dialectalismo *nm* dialect word/expression

dialéctica *nf* -1. FILOSOFÍA dialectics *(singular)* -2. *(capacidad de argumentación)* dialectical skill

dialéctico, -a *adj* dialectic(al)

dialecto *nm* dialect

dialectología *nf* dialectology

dialectólogo, -a *nm,f* dialectologist

diálisis *nf inv* dialysis; **se hace una ~ todas las semanas** he has dialysis once a week

dialogadamente *adv* by means of dialogue

dialogado, -a *adj (obra)* written in dialogue

dialogante *adj* **ser una persona ~** to be open to dialogue

dialogar [38] ⋄ *vi* -1. *(hablar)* to have a conversation (**con/sobre** with/about), to talk (**con/sobre** to/about); **dialogaban tranquilamente en la barra** they were having a quiet conversation at the bar; **lo que más le gusta es ~ con la gente** the thing she enjoys most is exchanging opinions with people
-2. *(negociar)* to hold a dialogue *o* talks (**con** with); **las dos partes siguen dialogando** talks between the two sides are continuing; **la patronal se ha negado a ~ con los sindicatos** the employers have refused to talk to the unions
⋄ *vt (obra)* to write in dialogue

diálogo *nm* -1. *(conversación)* conversation; LIT dialogue; **tuvimos un ~** we had a conversation; **los diálogos** *(en película, serie)* the dialogue ❏ *Fam* **~ de besugos:** **fue un ~ de besugos** we/they were talking at odds with one another
-2. *(negociación)* dialogue; **se ha producido un intento de ~ entre las partes** there has been an attempt at dialogue between the two sides; **hemos abierto un proceso de ~ con la patronal** we have entered into talks with the employers; **fue un ~ de sordos** no one listened to anyone else, it was a dialogue of the deaf

diamante ⋄ *nm* -1. *(gema)* diamond; **una sortija de diamantes** a diamond ring ❏ **~ en bruto** uncut diamond; [EXPR] **ser un ~ en bruto** to have a lot of potential; **~ falso** false diamond; **~ de imitación** imitation diamond; **~ industrial** industrial diamond -2. *(en béisbol)* diamond -3. *(naipe)* diamond
⋄ *nmpl* **diamantes** *(palo de baraja)* diamonds

diamantífero, -a *adj* diamond-bearing, *Espec* diamondiferous

diamantino, -a *adj* -1. *(de diamante)* diamond-like, diamantine -2. *Literario (duro)* adamantine

diametral *adj* diametric, diametrical; **existe una oposición ~ entre ambos partidos** the two parties have diametrically opposing views

diametralmente *adv* **-1.** *(en geometría)* diametrically **-2.** *(en enfrentamientos, oposiciones)* diametrically; **~ opuesto a** diametrically opposed to

diámetro *nm* diameter; **mide 3 metros de ~** it's 3 metres in diameter

Diana *n* MITOL Diana

diana *nf* **-1.** *(blanco) (de dardos)* dartboard; *(de tiro con arco, arma)* target **-2.** *(centro del blanco)* bull's-eye; **hacer ~, dar en la ~** to hit the bull's-eye; [EXPR] **¡has dado en la ~!** you've hit the nail on the head! **-3.** *(toque de corneta)* reveille; **tocar ~** to sound the reveille; **Fam en mi casa se toca ~ a las siete** we all get up at seven in my house **-4.** *(gol)* goal

diantre *interj Euf* dash it!; **¡~ de chiquillo!** dratted child!

diapasón *nm* MÚS **-1.** *(para afinar)* tuning fork **-2.** *(en instrumento de cuerda)* fingerboard

diapositiva *nf* slide, transparency

diariamente *adv* daily, every day; **el museo abre ~ de lunes a sábado** the museum is open daily from Monday to Saturday; **yo hago ejercicio ~** I take exercise every day

diariero, -a *nm,f Andes, RP* newspaper seller

diario, -a ◇ *adj* **-1.** *(de todos los días, habitual)* daily; **la rutina diaria** the daily routine; **la vida diaria** daily life; **el funcionamiento ~ del negocio** the day-to-day running of the business
-2. *(cada día)* daily; **hacen un entrenamiento ~ de una hora** they have a daily one-hour training session; **tenemos una hora diaria de inglés** we do an hour of English every day; **hay dos trenes diarios a la capital** there are two trains a day to the capital; **ganaba $100 diarios** she earned $100 a day
◇ *nm* **-1.** *(periódico)* newspaper, daily ❑ **~ hablado** radio news (bulletin); **~ de la mañana** morning newspaper; **~ matinal** morning newspaper; **~ de la noche** evening newspaper; **~ televisado** television news (bulletin); **~ vespertino** evening newspaper
-2. *(relación día a día)* diary ❑ **~ de a bordo** logbook; **~ íntimo** (personal) diary; **~ de navegación** logbook; **~ de sesiones** parliamentary report; **~ de vuelo** log, logbook
-3. *(gasto)* daily expenses
-4. COM journal, day book
◇ **a diario** *loc adv* every day, daily; **viene por aquí a ~** she drops in here every day; **el complejo vitamínico ha de consumirse a ~** the vitamin complex must be taken daily
◇ **de diario** *loc adj* everyday; **ropa de ~** everyday clothes

diarrea *nf* diarrhoea; **estar con** *o* **tener ~** to have diarrhoea; [EXPR] *Fam* **tener una ~ mental** to have a brainstorm

diáspora *nf* diaspora; **la ~ veraniega hacia la costa** the summer exodus to the coast

diástole *nf* FISIOL diastole

diatomea *nf* diatom

diatónico, -a *adj* diatonic

diatópico, -a *adj* LING *(variación)* regional, diatopic

diatriba *nf* diatribe; **en su discurso lanzó diatribas contra el gobierno** he attacked *o* severely criticized the government in his speech

diazepán *nm* FARM diazepam

dibujante *nmf (artista)* drawer, sketcher; *(de dibujos animados, tebeos)* cartoonist; *(de dibujo técnico)* draughtsman, *f* draughtswoman

dibujar ◇ *vt* **-1.** *(trazar a lápiz, bolígrafo)* to draw
-2. *(describir)* **dibujó un oscuro panorama para la economía** she painted a bleak future for the economy; **la novela dibuja el Londres victoriano** the novel portrays Victorian London
◇ *vi* to draw

• **dibujarse** *vpr* **-1.** *(mostrarse, verse)* to be outlined; **la montaña se dibujaba en el horizonte** the mountain was outlined on the horizon; **una mueca de disgusto se dibujó en su rostro** he scowled in annoyance; **una sonrisa inocente se dibujó en su rostro** a smile of innocent amusement played across his lips; **todavía no se dibuja el final de la crisis** the end of the crisis is still not in sight
-2. *(revelarse)* **Fuster se está dibujando como un futuro campeón** Fuster is beginning to look like a future champion

dibujo *nm* **-1.** *(técnica, obra)* drawing; **no se le da bien el ~** he's no good at drawing; **el profesor de ~** the drawing teacher; [EXPR] *Esp Fam* **meterse en dibujos** to complicate things unnecessarily ❑ **~ anatómico** anatomical drawing; **dibujos animados** cartoons; **una película de dibujos animados** a cartoon film, a feature-length cartoon; **fue una jugada de dibujos animados** *(en fútbol)* it was a piece of wizardry; **~ artístico** drawing *(as school subject)*; **~ al carboncillo** charcoal drawing; **~ a lápiz** pencil drawing; **~ lineal** *(asignatura)* = drawing of geometrical figures; **~ a mano alzada** freehand drawing; **~ técnico** technical drawing
-2. *(en tela, prenda)* pattern; **un ~ a cuadros/de círculos** a check/circle pattern

dic. *(abrev de diciembre)* Dec., December

dicción *nf* **-1.** *(pronunciación)* enunciation, pronunciation **-2.** *(manera de hablar)* diction

diccionario *nm* dictionary; **~ jurídico** a law *o* legal dictionary; **un ~ de informática** a dictionary of computing; **buscar** *o* **mirar algo en un ~** to look sth up in a dictionary ❑ **~ bilingüe** bilingual dictionary; **~ enciclopédico** encyclopedic dictionary; **~ etimológico** etymological dictionary; **~ ideológico** = dictionary in which entries are organized according to themes rather than alphabetically; **~ monolingüe** monolingual dictionary; **~ de sinónimos** thesaurus; **~ técnico** technical dictionary; **~ de uso** dictionary of usage

dice *etc ver* **decir**

dicha *nf* **-1.** *(felicidad)* joy; **la noticia la colmó de ~** the news filled her with joy; **es una ~ contar con tu presencia** it's marvellous to have you here **-2.** *(suerte)* good fortune; **esta asociación, a la que tengo la ~ de pertenecer...** this association, to which I have the good fortune to belong...

dicharachero, -a *adj Fam* **-1.** *(hablador)* talkative **-2.** *(gracioso)* witty

dicho, -a ◇ *participio ver* **decir**
◇ *adj* said, aforementioned; **dichos individuos...** the said *o* aforesaid individuals...; **recibió un paquete, ~ paquete contenía...** she received a parcel, and this parcel contained...; **lo ~ no significa que...** having said this, it does not mean (that)...; **de lo ~ se desprende que...** from what has been said one gathers that...; **o mejor ~** or rather; **~ y hecho** no sooner said than done; **dejar ~** to leave word; **dejé ~ que no me molestaran** I left word that I was not to be disturbed; *RP* **¿quiere dejarle algo ~?** *(al teléfono)* can I take a message?; **lo ~: lo ~, no voy a ir** like I said, I'm not going to go; **lo ~, os veré en el cine** ok then, I'll see you at the cinema
◇ *nm* saying; **como dice** *o* **reza el ~,...** as the saying goes,...; [PROV] **del ~ al hecho hay mucho** *o* **un gran trecho** there's many a slip 'twixt cup and lip

dichoso, -a *adj* **-1.** *(feliz)* happy; **hacer ~ a alguien** to make sb happy; [EXPR] **¡dichosos los ojos (que te ven)!** how lovely to see you again!
-2. *Fam (para enfatizar)* blessed, confounded; **¡siempre está con la dichosa tele puesta!** he always has that blasted TV on!; **no vamos a resolver nunca este ~ asunto** we'll never get to the bottom of this blessed business; **¡~ niño, no para de llorar!** the blessed child does nothing but cry!

diciembre *nm* December; *ver también* **septiembre**

dicotiledónea BOT ◇ *nf* dicotyledon, member of the *Dicotyledonae* family
◇ **dicotiledóneas** *nfpl (familia)* Dicotyledonae; **de la familia de las dicotiledóneas** of the *Dicotyledonae* family

dicotiledóneo, -a *adj* BOT of the Dicotyledonae family

dicotomía *nf* dichotomy

dicromático, -a *adj* dichromatic

dictablanda *nf Fam* semi-dictatorship, soft dictatorship

dictado *nm* **-1.** *(lectura de texto)* dictation; **escribir al ~** to take dictation; **hacer un ~ a alguien** to give sb dictation **-2.** *(orden)* **dictados** dictates; **seguir los dictados del corazón/de la conciencia** to follow the dictates of one's heart/of conscience; **actuar al ~ de alguien** to follow sb's dictates; **obedecer al ~ de** to follow the dictates of

dictador, -ora *nm,f* dictator; **su padre era un auténtico ~** her father was a real tyrant

dictadura *nf* dictatorship; **la ~ de la moda** the dictatorship of fashion ❑ **~ militar** military dictatorship; **~ del proletariado** dictatorship of the proletariat

dictáfono *nm* Dictaphone®

dictamen *nm* **-1.** *(opinión)* opinion, judgement; **el ~ del juez sobre la custodia de los niños** the judge's decision on the custody of the children; **dar** *o* **emitir un ~** to deliver an opinion ❑ **~ jurídico** legal opinion; **~ médico** diagnosis (singular); **~ pericial** expert opinion **-2.** *(informe)* report

dictaminar ◇ *vt* **los expertos dictaminaron que no había peligro** the experts stated that there was no danger; **todavía no se han dictaminado las causas de la enfermedad** the cause of the illness has still not been found *o* determined
◇ *vi* to express an opinion

dictar *vt* **-1.** *(texto, carta)* to dictate
-2. *(conferencia)* to give; *Am (clase)* to teach, to give
-3. *(emitir) (sentencia, fallo)* to pronounce, to pass; *(ley)* to enact; *(decreto)* to issue; **el gobierno dictará medidas contra la violencia doméstica** the government will enact measures to curb domestic violence; **~ auto de procesamiento contra alguien** to issue an indictment against sb
-4. *(inspirar, aconsejar)* **las modas que dictan lo que se ha de llevar cada temporada** the fashions that dictate *o* decree what people are supposed to wear each season; **haz lo que te dicte la conciencia** do as your conscience tells you

dictatorial *adj* dictatorial

dictatorialmente *adv* dictatorially

dicterio *nm Formal* insult

didáctica *nf* didactics *(singular)*

didácticamente *adv* didactically

didáctico, -a *adj (juego, juguete)* educational; *(enfoque, profesor)* didactic; **es una serie infantil muy didáctica** it's a very educational children's programme; **material ~** teaching materials; **método ~** teaching method

diecinueve *núm* nineteen; *ver también* **tres**

diecinueveavo, -a *núm (fracción)* nineteenth; **la diecinueveava parte** a nineteenth

dieciochesco, -a *adj* eighteenth-century

dieciocho *núm* eighteen; *ver también* **tres**

dieciochoavo, -a *núm (fracción)* eighteenth; **la dieciochoava parte** an eighteenth

dieciséis *núm* sixteen; *ver también* **tres**

dieciseisavo, -a ◇ *núm (fracción)* sixteenth; **la dieciseisava parte** a sixteenth
◇ *nm* DEP **los dieciseisavos de final** the last thirty-two

diecisiete *núm* seventeen; *ver también* **tres**

diecisieteavo, -a *núm (fracción)* seventeenth; **la diecisieteava parte** a seventeenth

dieléctrico, -a ◇ *adj* ELEC dielectric
◇ *nm* dielectric

diente *nm* **-1.** *(pieza bucal)* tooth; **se le ha caído un ~** she has lost a tooth; **echar los dientes** *(niño)* to cut one's teeth; **me hace rechinar los dientes** it sets my teeth on edge; **le está saliendo un ~** he's got a tooth coming

dientudo

through; **tener un ~ picado** to have a bad tooth; EXPR **iba armado hasta los dientes** he was armed to the teeth; EXPR *Fam* **daba ~ con ~** her teeth were chattering; EXPR **enseñar los dientes** to bare one's teeth; **el pastor alemán nos enseñó los dientes** the Alsatian bared its teeth at us; **la guerrilla ha enseñado los dientes** the guerrillas have shown they mean business; EXPR **entre dientes: decir algo entre dientes** to mutter sth; **hablar entre dientes** to mumble, to mutter; EXPR *Fam* **hincar el ~ a algo** *(a comida)* to sink one's teeth into sth; *(a trabajo, proyecto)* to tackle sth, to get one's teeth into sth; EXPR *Fam* **ponerle a alguien los dientes largos** to turn sb green with envy ❑ **~ canino** canine (tooth); **~ incisivo** incisor; **~ de leche** milk *o* baby tooth; **~ molar** molar
 -**2.** *(de rueda, engranaje, serrucho)* tooth; *(de tridente)* prong; *(de tenedor)* prong, tine; *(de peine)* tooth
 -**3. ~ de ajo** clove of garlic
 -**4. ~ de león** *(planta)* dandelion; **~ de perro** *(planta)* dogtooth violet

dientudo, -a *Am Fam* ⬦ *adj* toothy
 ⬦ *nm,f* toothy person

diera *etc ver* **dar**

diéresis *nf inv* -**1.** *(signo)* diaeresis -**2.** *(pronunciación)* diaeresis

dieron *ver* **dar**

diesel, diésel ⬦ *adj* diesel
 ⬦ *nm* -**1.** *(automóvil)* diesel -**2.** *(combustible)* diesel (fuel) -**3.** *(motor)* diesel (engine)

diestra *nf* right hand; **a la ~** on the right *o* right-hand side; **se sentó a la ~ del anfitrión** he sat on the right of the host *o* on the host's right

diestramente *adv* skilfully

diestro, -a ⬦ *adj* -**1.** *(mano)* right; EXPR *Esp* **a ~ y siniestro,** *Am* **a diestra y siniestra** left, right and centre, all over the place -**2.** *(persona)* right-handed; *(futbolista)* right-footed -**3.** *(hábil)* skilful (**en** at); **es muy ~ con los pinceles** he's a talented painter; **es muy ~ reparando averías en la casa** he's very good at mending things around the house
 ⬦ *nm* -**1.** *(persona)* right-handed person; *(futbolista)* right-footed player; **los diestros** the right-handed, right-handed people -**2.** TAUROM matador

dieta *nf* -**1.** *(régimen)* diet; **una ~ baja en calorías** a low-calorie diet; **una ~ a base de líquidos** a liquid diet; **estar a ~** to be on a diet; **poner a alguien a ~** to put sb on a diet; **ponerse a ~** to go on a diet -**2.** *(alimentación diaria)* diet ❑ **la ~ mediterránea** the Mediterranean diet -**3.** COM **dietas** *(dinero para gastos)* expense *o* subsistence allowance -**4.** HIST *(asamblea)* diet

dietario *nm* -**1.** *(agenda)* diary -**2.** *(para contabilidad)* journal, day book

dietética *nf* dietetics *(singular)*

dietético, -a *adj* dietetic, dietary; **productos dietéticos** diet foods

dietista *nmf Am* dietician

diez ⬦ *núm* ten; *Fam* **una chica ~** a stunning woman, a ten; EXPR *muy Fam* **¡me cago en ~!** *Br* bleeding hell!, *US* goddamn it!; *ver también* **tres**
 ⬦ *nm (nota)* A, top marks

diezmar *vt* to decimate

diezmo *nm* HIST tithe

difamación *nf (verbal)* slander; *(escrita)* libel; **querellarse contra alguien por ~** to sue sb for libel

difamador, -ora ⬦ *adj (de palabra)* defamatory, slanderous; *(por escrito)* defamatory, libellous
 ⬦ *nm,f (de palabra)* slanderer; *(por escrito)* libeller

difamar *vt (de palabra)* to slander; *(por escrito)* to libel

difamatorio, -a *adj (de palabra)* defamatory, slanderous; *(por escrito)* defamatory, libellous

diferencia *nf* -**1.** *(disimilitud)* difference (**con/entre** from/between); **el problema de esa pareja es la ~ de edad** that couple's problem is the difference in their ages; **la ~ está en que tú eres hombre** the difference is that you're a man; **a ~ de** unlike; **con ~** by far; **establecer** *o* **hacer una ~ entre** to make a distinction between
 -**2.** *(desacuerdo)* difference; **tuvieron sus diferencias** they had their differences; **limar diferencias** to settle one's differences
 -**3.** *(en suma, resta)* difference (**entre** between); **tendremos que pagar la ~** we'll have to pay the difference ❑ **~ horaria** time difference; ELEC **~ de potencial** potential difference; **~ salarial** wage *o* pay differential

diferenciación *nf* differentiation

diferenciado, -a *adj (distinto)* differentiated; **existen tres sectores económicos bien diferenciados** there are three clearly differentiated economic sectors

diferencial ⬦ *adj* -**1.** *(rasgo, carácter)* distinguishing -**2.** MAT differential
 ⬦ *nm* -**1.** AUT differential -**2.** FIN differential; **el ~ de inflación** the inflation differential
 ⬦ *nf* MAT differential

diferenciar ⬦ *vt* -**1.** *(distinguir)* to distinguish (**de/entre** from/between); **hay que ~ el tai-chi de las artes marciales** you have to distinguish tai chi from the martial arts; **no sabe ~ entre las setas venenosas y las comestibles** he can't tell the difference between poisonous mushrooms and edible ones
 -**2.** MAT to differentiate
 ⬦ *vi* to distinguish, to differentiate
 ◆ **diferenciarse** *vpr* -**1.** *(diferir)* to differ, to be different (**de/en** from/in); **se diferencia del hermano en que es más tímido** he's different from his brother in that he's shyer; **¿en qué se diferencia un roble de un olmo?** in what way does an oak differ from an elm?; **sólo se diferencian en el tamaño** the only difference between them is the size
 -**2.** *(descollar)* **diferenciarse de** to stand out from; **se diferenciaba de los demás por su valentía** he stood out from the others for his bravery

diferendo *nm Andes, RP (desacuerdo)* dispute

diferente ⬦ *adj* -**1.** *(distinto)* different (**de** *o* **a** from *o* to); **una casa ~ de** *o* **a la mía** a house different from mine; **yo soy muy ~ de** *o* **a él** I'm very different from him; **fue una experiencia ~** it was something different
 -**2. diferentes** *(varios)* various; **se oyeron diferentes opiniones al respecto** various opinions were voiced on the subject; **por diferentes razones** for a variety of reasons, for various reasons; **ocurre en diferentes lugares del planeta** it happens in various different places around the world
 ⬦ *adv* differently; **se comportan muy ~ el uno del otro** they behave very differently (from one another)

diferentemente *adv* differently

diferido *nm* (pre-)recorded broadcast; **en ~** *(retransmisión, concierto)* (pre-)recorded; **el canal 2 retransmitirá el partido en ~** channel 2 will show a recording of the game later

diferir [62] ⬦ *vt (posponer)* to postpone, to put off; **el plazo de inscripción se difiere hasta el 5 de mayo** the deadline for enrolment has been extended to 5 May
 ⬦ *vi* -**1.** *(diferenciarse)* to differ, to be different; **~ de algo/alguien (en algo)** to differ from sth/sb (in sth); **difería de su padre casi en todo** he was different from his father in almost every way; **difiere bastante de lo que entendemos por teatro** it's rather different from what we understand by theatre
 -**2.** *(discrepar)* to disagree, to differ; **~ de alguien en algo** to disagree with *o* differ from sb on sth; **difiero de ti en ese asunto** I

difuminar

disagree with you on that issue; **difiero de tu punto de vista** I don't share your point of view

difícil *adj* -**1.** *(complicado)* difficult; **va a ser ~ encontrar un sitio abierto a estas horas** it's going to be difficult *o* hard to find anywhere that's open at this time; **son tiempos difíciles** these are difficult times; **pasaron por una situación ~** they went through a difficult period; **no es ~ imaginar lo que pasó** it's not difficult *o* hard to imagine what happened; **es una pregunta ~ de responder** it's a difficult question to answer; **hacerse ~: se hace ~ entender por qué lo hizo** it's difficult to understand why she did it; **se me hace ~ acostumbrarme a madrugar** I can't get used to getting up early; **ponérselo ~ a alguien** to make things difficult for sb; **no me lo pongas ~** don't make things difficult *o* hard for me; **serle ~ a alguien: le va a ser muy ~ encontrar trabajo** it's going to be very difficult for him to find a job, he's going to find it very difficult to get a job; **tener ~ algo: tiene muy ~ encontrar trabajo** it's very difficult *o* hard for him to find work
 -**2.** *(improbable)* unlikely; **puede ser, aunque me parece ~** maybe, but I think it's unlikely; **es ~ que ganen** they're unlikely to win; **no es ~ que ocurra** it could easily happen
 -**3.** *(rebelde)* difficult, awkward; **es un niño muy ~** he's a very awkward *o* difficult child; **tener un carácter ~** to be an awkward person, to be difficult to get on with

difícilmente *adv* -**1.** *(con dificultad)* with difficulty; **algo ~ imaginable** something difficult to imagine -**2.** *(improbablemente)* **si no me cuentas lo que te pasa, ~ te podré ayudar** if you don't tell me what's wrong, I can hardly help you; **~ van a venir con el chaparrón que está cayendo** they're not likely to come in this downpour

dificultad *nf* -**1.** *(cualidad de difícil)* difficulty; **caminaba con ~** she walked with difficulty; **el grado** *o* **nivel de ~ de los exámenes** the degree *o* level of difficulty of the exams; **un ejercicio de gran ~** a very difficult exercise
 -**2.** *(obstáculo)* problem; **todo son dificultades con ella** she sees everything as a problem; **la ~ está en hacerlo sin mojarse los pies** the difficult thing is to do it without getting your feet wet; **encontrar dificultades** to run into trouble *o* problems; **poner dificultades** to raise objections; **nos puso muchas dificultades para entrevistarlo** he put no end of obstacles in our way when we wanted to interview him; **superar** *o* **vencer las dificultades** to overcome the difficulties; **¿tuviste alguna ~ para dar con la calle?** did you have any difficulty finding the street?
 -**3.** *(penalidad)* **pasar por dificultades** to suffer hardship

dificultar *vt (estorbar)* to hinder; *(obstruir)* to obstruct; **la gran cantidad de transeúntes dificultaba el rodaje** the large number of passers-by made filming more difficult; **unas zanjas dificultaban el paso** some ditches made progress difficult; **el viento dificultaba la navegación** the wind made sailing difficult

dificultoso, -a *adj* hard, fraught with difficulties

difiero *etc ver* **diferir**

difiriera *etc ver* **diferir**

difracción *nf* FÍS diffraction

difteria *nf* MED diphtheria

diftérico, -a *adj* **el bacilo ~** the diphtheria bacillus

difuminado, -a *adj* -**1.** ARTE stumped -**2.** FOT soft-focus; **en ~** in soft focus -**3.** *(poco claro)* blurred

difuminar ⬦ *vt* -**1.** *(quitar nitidez a)* to blur -**2.** ARTE **~** to soften with a stump, *Espec* to stump
 ◆ **difuminarse** *vpr* to grow *o* become blurred

difumino *nm* ARTE stump, = roll of paper used for blurring chalk or charcoal drawings

difundir ◇ *vt* **-1.** *(divulgar) (noticia, pánico, religión)* to spread; *(comunicado, informe)* to publish; *(cultura, costumbres)* to spread, to diffuse
-**2.** *(sujeto: emisora radiofónica, canal televisivo)* to broadcast; **una cadena argentina difundió las imágenes** an Argentinian channel broadcast the pictures
-**3.** *(extender) (epidemia, olor)* to spread; *(sonido, ondas)* to diffuse, to propagate; **la estufa difunde muy bien el calor** the stove heats the place up well
◆ **difundirse** *vpr* **-1.** *(noticia, pánico, religión)* to spread; *(cultura, costumbres)* to spread, to be diffused
-**2.** *(epidemia, olor, calor)* to spread; *(sonido, ondas)* to be diffused *o* spread

difunto, -a ◇ *adj* deceased, dead; **el ~ Sr. Pérez** the late Mr Pérez
◇ *nm,f* **el ~** the deceased

difusión *nf* **-1.** *(de noticia, rumor)* spreading; *(de religión, ideología)* spread, dissemination; *(de cultura, costumbres)* spreading, diffusion; **el evento tuvo enorme ~ en la prensa escrita** the event received extensive press coverage **-2.** *(por radio, televisión)* broadcasting; **los medios de ~** the media **-3.** *(de epidemia, olor, calor)* spread; *(de sonido, ondas)* diffusion, spread

difuso, -a *adj* **-1.** *(luz)* diffuse; *(imagen)* blurry **-2.** *(estilo, explicación)* wordy; *(ideas, conocimientos)* vague; **el contenido de su discurso fue más bien ~** the content of her speech was fairly vague

difusor, -ora ◇ *adj* **-1.** *(medio, agencia)* broadcasting **-2.** *(divulgador)* **una institución difusora de la lengua española** an institution whose mission is to spread the Spanish language
◇ *nm,f (divulgador)* **los difusores de la religión católica** those who spread the Catholic religion; **el principal ~ de noticias en el país** the main source of news in the country
◇ *nm (utensilio)* diffuser

diga *etc ver* **decir**
digerible *adj* digestible
digerir [62] *vt* **-1.** *(comida)* to digest **-2.** *(hechos, noticia)* to assimilate, to take in
digestible *adj* digestible
digestión *nf* digestion; **no te metas en el agua hasta que no hagas la ~** don't go into the water so soon after eating
digestivo, -a ◇ *adj* digestive; **los helados son digestivos** ice cream helps your digestion
◇ *nm* digestive (drink)
digiero *etc ver* **digerir**
digiriera *etc ver* **digerir**
digitación *nf* MÚS *(en partitura)* fingering; *(ejercicio)* finger exercise
digitado, -a *adj* RP *Fam* rigged; **los resultados de la encuesta vienen muy digitados** the results of the survey have been heavily doctored
digitador, -ora *nm,f Am* keyboarder
digital ◇ *adj* **-1.** *(del dedo)* **huellas digitales** fingerprints **-2.** *(reloj, televisión, tecnología)* digital
◇ *nf (planta)* foxglove
digitalina *nf* FARM digitalin
digitalización *nf* INFORMÁT digitizing
digitalizador *nm* INFORMÁT digitizer
digitalizar *vt* INFORMÁT to digitize
digitar *vt* **-1.** *Am (teclear)* to key, to type **-2.** *RP Fam (manipular)* to rig
dígito *nm* digit ❏ **~ binario** binary digit
digitopuntura *nf* acupressure
diglosia *nf* LING diglossia
dignamente *adv* with dignity, in a dignified manner
dignarse *vpr* **~ (a) hacer algo** to deign to do sth; **no se dignó (a) contestarme** he didn't deign to reply; *Irónico* **¡por fin te dignas (a) aparecer por aquí!** so you've finally decided to honour us with your presence!; *Formal* **dígnese acudir con la documentación consignada** please ensure that you bring the required documents

dignatario, -a *nm,f* dignitary
dignidad *nf* **-1.** *(cualidad)* dignity; **lleva su enfermedad con mucha ~** he bears his illness with great dignity; **nunca aceptó limosnas por una cuestión de ~** she never accepted charity out of a sense of dignity **-2.** *(cargo)* office; *(título)* rank **-3.** *(personalidad)* dignitary

dignificar [59] *vt* to dignify; **una mujer que dignificó la profesión de enfermera** a woman who enhanced *o* improved the status of the nursing profession; **la sinceridad con que habla lo dignifica** the sincerity of his words lends him dignity

digno, -a *adj* **-1.** *(honroso) (actitud, respuesta)* dignified; *(persona)* honourable, noble; **tomó la postura más digna en estos casos: dimitir** she did the most honourable thing in the circumstances: she resigned; **son un pueblo ~ y orgulloso** they are a proud and noble people
-**2.** *(decente) (sueldo, vivienda)* decent, good; *(actuación)* decent, good; **terminó el torneo en un muy ~ cuarto puesto** she finished a very creditable fourth in the tournament; **una vida digna** a decent life
-**3.** *(merecedor)* **~ de** worthy of; **la labor de la Cruz Roja es digna de admiración** the work of the Red Cross is worthy of admiration; **no me siento ~ de tantos elogios** I don't feel I deserve so much praise; **no eres ~ de ella** you're not good enough for her; **~ de confianza** trustworthy; **~ de elogio** praiseworthy; **~ de mención/de ver** worth mentioning/seeing
-**4.** *(adecuado)* worthy; **recibió una digna recompensa por su trabajo** she received a fair reward for her work; **fue un ~ sucesor del ex campeón del mundo** he was a worthy successor to the former world champion; **lo recibieron con honores dignos de un rey** they gave him a welcome fit for a king; **un guión ~ de un verdadero genio** a script worthy of a true genius

digo *etc ver* **decir**
dígrafo *nm* LING digraph
digresión *nf* digression; **hacer digresiones** to digress
dije¹ *adj Chile* nice, pleasant
dije² *nm (en cadena o pulsera)* charm
dijera *etc ver* **decir**
dilacerar *vt* to tear
dilación *nf* delay; **sin ~** without delay, at once; **sin más** *o* **mayor ~** without further delay
dilapidación *nf* waste, squandering
dilapidar *vt* to squander, to waste
dilatable *adj* expandable
dilatación *nf* **-1.** *(de sólido, gas)* expansion **-2.** *(de pupila, cuello del útero)* dilation, dilatation
dilatado, -a *adj* **-1.** *(pupila, cuello del útero)* dilated **-2.** *(extenso)* extensive; **tiene una dilatada experiencia como cirujano** he has extensive experience as a surgeon; **tras una dilatada estancia en Mallorca,...** after a lengthy stay in Majorca,...; **un ~ historial de delitos** an extensive *o* a lengthy criminal record; **una dilatada trayectoria radiofónica** many years' experience in radio
dilatador, -ora ◇ *adj* expanding
◇ *nm* MED dilator
dilatar ◇ *vt* **-1.** *(sólido, gas)* to expand; **el calor dilata los cuerpos** heat causes bodies to expand **-2.** *(pupila, cuello del útero)* to dilate **-3.** *(prolongar)* to prolong **-4.** *(demorar)* to delay
◇ *vi* **-1.** *(antes del parto)* to dilate **-2.** *Méx (tardar)* to take; **la encomienda dilató dos semanas en llegar** the parcel took two weeks to arrive **-3.** *Méx Fam (durar)* to last; **ese curso dilata un mes** the course lasts one month
◆ **dilatarse** *vpr* **-1.** *(extenderse)* to expand; **los cuerpos se dilatan con el calor** bodies expand when heated

-**2.** *(pupila, cuello del útero)* to dilate
-**3.** *(prolongarse)* to be prolonged, to go on; **la reunión se dilató hasta el amanecer** the meeting went on until dawn
-**4.** *(aplazarse)* to be delayed; **la reunión se dilató tres días** the meeting was put off for three days
-**5.** *Méx (tardar)* to be late; **espérame, no me dilato** wait for me, I won't be long; **el avión se dilató tres horas** the plane was three hours late

dilatoria *nf* delay; **andar con dilatorias** to waste time, to use delaying tactics
dilatorio, -a *adj* **-1.** *Formal (para retrasar)* delaying; **utilizan tácticas dilatorias** they use delaying tactics **-2.** DER dilatory
dilecto, -a *adj Formal* beloved, much-loved; **mi ~ colega** my dear colleague
dilema *nm* dilemma; **estar en un ~** to be in a dilemma; **tener un ~** to be faced with a dilemma
diletante ◇ *adj* dilettantish, dilettante
◇ *nmf* dilettante
diletantismo *nm* dilettantism
diligencia *nf* **-1.** *(prontitud y esmero)* **actuar con ~** to act expeditiously; **este trabajo requiere ~** this work has to be done quickly and carefully
-**2.** *(trámite, gestión)* **diligencias** formalities, official paperwork; **hacer unas diligencias** to take care of some business; **la embajada está haciendo diligencias para poder repatriarlos** the embassy is taking the necessary steps to have them repatriated
-**3.** *Am (recado)* **hacer unas diligencias** to do some errands
-**4.** DER **diligencias** proceedings; **instruir diligencias** to start proceedings ❏ **diligencias judiciales** legal proceedings; **diligencias policiales** police inquiry *o* investigation; **diligencias previas** preliminary investigation; **diligencias procesales** criminal proceedings
-**5.** *(vehículo)* stagecoach

diligenciar *vt* **estoy diligenciando la renovación de la licencia** I'm in the process of having my licence renewed; **la policía diligencia la expedición de pasaportes** the police are in charge of issuing passports
diligente *adj* **-1.** *(persona)* **un trabajador ~** a quick and careful worker **-2.** *(respuesta)* expeditious
diligentemente *adv* **-1.** *(con esmero, cuidado)* diligently **-2.** *(con prontitud)* speedily, quickly
dilucidación *nf* elucidation, explanation
dilucidar *vt (asunto, problema)* to clarify; **tratan de ~ qué pasó** they are trying to clarify what happened
dilución *nf* **-1.** *(de zumo, aceite)* dilution; *(de pintura)* thinning **-2.** *(de polvos, azúcar, pastilla)* dissolving
diluido, -a *adj (zumo, aceite)* diluted, dilute; *(pintura)* thinned
diluir [34] ◇ *vt* **-1.** *(zumo, aceite)* to dilute; *(pintura)* to thin; **diluya el puré con un poco de agua** dilute the purée with a little water **-2.** *(polvos, azúcar, pastilla)* to dissolve (**en** in); **una pastilla diluida en agua** one tablet dissolved in water
◆ **diluirse** *vpr* **-1.** *(zumo, aceite)* to become diluted; *(pintura)* to become thinner **-2.** *(polvos, azúcar, pastilla)* to dissolve

diluvial *adj* GEOL diluvial
diluviar *v impersonal* to pour with rain; **está diluviando** it's pouring with rain
diluvio *nm* **-1.** *(lluvia torrencial)* deluge; **caía un auténtico ~ sobre la ciudad** torrential rain fell on the city ❏ **el Diluvio Universal** the Flood **-2.** *(abundancia)* flood; **hubo un ~ de quejas** there was a flood *o* storm of complaints, complaints flooded in

diluyente *nm* thinner
diluyera *etc ver* **diluir**
diluyo *etc ver* **diluir**

dimanar *vi* ~ **de** *(alegría)* to emanate from; *(medidas, consecuencias, situación)* to arise from; **el poder político dimana de las urnas** political power comes from the ballot box

dimensión *nf* **-1.** *(tamaño)* dimension; **las dimensiones del armario son...** the dimensions of the cupboard are...; **una habitación de grandes dimensiones** a large room; **una caja de pequeñas dimensiones** a small box
-2. *(en el espacio)* dimension; **una película en tres dimensiones** a 3-D film
-3. *(importancia, magnitud)* scale; **las dimensiones de la tragedia** the extent *o* scale of the tragedy; **la ~ del problema es tal que...** the scale of the problem is such that...
-4. *(faceta, aspecto)* dimension; **la ~ humana del entrevistado** the human side of the interviewee
-5. FÍS **la cuarta ~** the fourth dimension

dimensional *adj* dimensional

dimes *nmpl Fam* **el anuncio provocó ~ y diretes** the announcement set people talking; **andan todo el día con ~ y diretes** they spend the whole day chattering *o* gossiping

diminutivo ◇ *adj* diminutive
◇ *nm* diminutive

diminuto, -a *adj* tiny, minute

dimisión *nf* resignation; **aceptar la ~ de alguien** to accept sb's resignation; **presentar la ~** to hand in one's resignation; **la oposición ha solicitado su ~** the opposition has called for her resignation

dimisionario, -a, dimitente ◇ *adj* resigning
◇ *nm,f* person resigning

dimitir *vi* to resign (**de** from); **dimitió de su cargo como secretario** he resigned from his post as secretary

dimorfismo *nm* dimorphism

dimos *ver* dar

DINA ['dina] *nf Antes (abrev de* **Dirección de Inteligencia Nacional**) = Chilean secret police during the early years (1973-7) of the Pinochet dictatorship

dina *nf* FÍS dyne

Dinamarca *n* Denmark

dinamarqués, -esa ◇ *adj* Danish
◇ *nm,f* Dane

dinámica *nf* **-1.** *(situación, proceso)* dynamics *(singular)*; **la ~ de nuestra empresa** the dynamics of our company; **entramos en una ~ de desarrollo económico** we are beginning a process of economic development; **el conflicto ha entrado en una ~ peligrosa** the dispute has taken a dangerous turn ❑ **~ de grupo** group dynamics
-2. FÍS dynamics *(singular)* ❑ **~ de fluidos** fluid dynamics
-3. ECON **~ de poblaciones** population dynamics

dinámico, -a *adj* **-1.** *(del movimiento, la dinámica)* dynamic **-2.** *(activo)* dynamic; **necesitamos ejecutivos dinámicos y emprendedores** we need dynamic and enterprising executives

dinamismo *nm (de persona)* dynamism, drive; *(de mercado, sector)* dynamism; *(de estilo, obra)* dynamism, verve

dinamita *nf* dynamite; **volar algo con ~** to blow sth up with dynamite, to dynamite sth; EXPR *Fam* **ese cóctel/jugador es pura ~** that cocktail/player is pure dynamite

dinamitar *vt* **-1.** *(construcción, puente, edificio)* to dynamite **-2.** *(reunión, asamblea, proyecto)* to wreck; **trató de ~ la representación** he tried to wreck the performance

dinamitero, -a *nm,f* dynamiter

dinamizar [14] *vt (economía, vida cultural)* to enliven, to stimulate; **el gobierno quiere ~ el sector industrial** the government wants to stimulate the industrial sector

dinamo, dínamo *nf Esp* dynamo

dinamo, dínamo *nm Am* dynamo

dinamómetro *nm* dynamometer

dinar *nm* dinar

dinastía *nf* **-1.** *(de monarcas)* dynasty **-2.** *(de artistas, profesionales)* **una conocida ~ de actores de teatro/músicos** a well-known theatrical/musical family *o* dynasty

dinástico, -a *adj* dynastic

dineral *nm Fam* fortune

dinerario, -a *adj* monetary

dinero *nm* money; **llevaba algo de ~ encima** she had some money on her; **¿pagará con ~ o con tarjeta?** will you be paying in cash or by credit card?; **una familia de ~** a family of means; **se junta con gente de ~** she mixes with wealthy people; **andar bien/mal de ~** to be well off for/short of money; **hacer ~** to make money; **hacer algo por ~** to do sth for money; **tirar el ~** to waste money; EXPR **(el) ~ llama a(l) ~** money goes where money is ❑ ECON **~ en circulación** money in circulation; **~ contante (y sonante)** hard cash; **~ de curso legal** legal tender; **~ en efectivo** cash; INFORMÁT **~ electrónico** e-cash; **~ fácil** easy money; **~ falso** counterfeit money; **~ en metálico** cash; **~ negro** undeclared income/payment; **~ sucio** dirty money; **~ suelto** loose change; FIN **~ a la vista** call money

dingo *nm* dingo

dinosaurio *nm* dinosaur

dintel *nm* lintel

dio *ver* dar

diocesano, -a *adj* diocesan

diócesis *nf inv* diocese

diodo *nm* ELEC diode

Diógenes *n pr* Diogenes

dionea *nf* Venus flytrap

dionisíaco, -a, dionisiaco, -a *adj* **-1.** *(de Dionisio)* Dionysian, Dionysiac **-2.** *Literario (excesivo)* Dionysian, Dionysiac

Dionisio *n pr* Dionysus

dioptría *nf* dioptre; **¿cuántas dioptrías tienes?** what's your prescription?; **tengo sólo una ~ de miopía en el ojo derecho** I have only one dioptre of myopia in my right eye

diorama *nm* diorama

dios, -osa ◇ *nm,f* god, *f* goddess; **Baco es el ~ del vino** Bacchus is the god of wine; **la diosa del amor** the goddess of love; **los dioses del Olimpo** the gods of (Mount) Olympus ❑ **~ griego** Greek god; **~ romano** Roman god
◇ *nm* **-1. Dios** *(ser sobrenatural)* God; **el Dios de los cristianos** the Christian God; EXPR *Fam* **a la buena de Dios** any old how; **hace las cosas a la buena de Dios** he does things any old how; **no sabía cocinar, e hizo el guiso a la buena de Dios** he didn't know how to cook, so he trusted to luck when making the stew; EXPR *Fam* **se armó la de Dios es Cristo** all hell broke loose; EXPR *Fam* **como Dios: lo pasamos como Dios** we had a high old time; **en esta oficina vivimos como Dios** we've got it made in this office; **tu vecina está como Dios** your neighbour's gorgeous; **la paella estaba como Dios** the paella was sublime; EXPR *Fam* **como Dios manda** *(apropiado)* proper; *(apropiadamente)* properly; **una novela como Dios manda** a proper novel; **hacer algo como Dios manda** to do sth properly; EXPR *Fam* **como Dios me/te/etc trajo al mundo** in my/your/*etc* birthday suit, without a stitch on; EXPR **costar Dios y ayuda: nos costó Dios y ayuda subir el piano hasta el quinto piso** we had a heck *o* hell of a job getting the piano up to the fifth floor; EXPR **dejado de la mano de Dios** godforsaken; EXPR **jurar algo por Dios: ¡te lo juro por Dios!** I swear to God!; **me juró por Dios que no había sido él** he swore to God that he hadn't done it; EXPR *Fam* **ni Dios: no vino ni Dios** not a soul came; **esto no lo arregla ni Dios** no way will anyone ever fix this; **tu letra es muy mala, no hay (ni) Dios que la entienda** your handwriting's terrible, you can't expect anyone to be able to read it; EXPR **poner a Dios por testigo: ¡pongo a Dios por testigo que yo no lo hice!** may God be my witness, I didn't do it!; EXPR **sin encomendarse (ni) a Dios ni al diablo** throwing caution to the winds; EXPR *Fam* **todo Dios** all the world and his wife; **vino todo Dios** the world and his wife were there; **a todo Dios le encantó la comida** absolutely everybody loved the food; EXPR **a Dios rogando y con el mazo dando** God helps those who help themselves; PROV **Dios aprieta pero no ahoga** God tempers the wind to the shorn lamb; PROV **Dios los cría y ellos se juntan** birds of a feather flock together
-2. *(en exclamaciones, invocaciones)* **¡a Dios gracias!** thank heavens!; **¡a Dios gracias no pasó nada!** nothing happened, thank heavens!; **¡alabado sea Dios!** *(al rezar)* praise be (to God)!; *(indica fastidio, sorpresa, alivio)* thank God!; **¡alabado sea Dios!, ¡otra factura!** heavens above, another bill!; **¡alabado sea Dios!, ¡por fin ha llegado el pedido!** thank heavens, the order has finally arrived!; **¡anda con Dios!** God be with you!; **¡bendito sea Dios!** *(al rezar)* praise be (to God)!; **¡bendito sea Dios!, ¡otra carrera en la media!** heavens above, another ladder in my tights!; **¡bendito sea Dios!, ¡no les ha pasado nada!** thank heavens, they're all right!; *Vulg* **¡me cago en Dios!** for fuck's sake!; **Dios dirá** it's in the lap of the gods; **¡gracias a Dios!** thank heavens!; **¡gracias a Dios que has venido!** thank heavens you've come!; **¡Dios lo quiera!** let's hope so!; **Dios mediante** God willing; **¡Dios mío!** good God!, (oh) my God!; **¡Dios no lo quiera!** heaven forbid!; **Dios sabe** God (alone) knows!; **sabe Dios** God (alone) knows; **¡Dios santo!** (oh) my God!; **¡Dios santo!, ¿qué vamos a hacer ahora?** oh my God! what are we going to do now?; **¡santo Dios!** (oh) my God!; **¡santo Dios!, ¿qué vamos a hacer ahora?** oh my God! what are we going to do now?; **si Dios quiere** God willing; **¡por Dios!** for God's sake!; **¡(que) Dios me/nos/***etc.* **ampare!** heaven help me/us/*etc*! **(que) Dios le/te bendiga** God bless you; *Esp* **¡(que) Dios nos coja confesados!** heaven help us!; **¡(que) Dios le/te oiga!** let's hope so!; **(que) Dios se/te lo pague** God bless you; **(que) Dios me perdone: (que) Dios me perdone, pero es una mala persona** forgive me for saying this, but he's not a very nice person; **(que) Dios me perdone, pero es un cabrón** pardon my French, but he's a bastard; **que sea lo que Dios quiera** what will be will be; **¡válgame Dios!** good heavens!; **¡vaya con Dios!** may God be with you; **¡vaya por Dios!** for heaven's sake!, honestly!; **¡ve con Dios!** God be with you!
◇ *interj Fam* God!; **¡Dios!, ¡qué aburrimiento!** God, how boring!; **¡Dios!, ¡qué hambre tengo!** God, I'm hungry!

Diosito *nm Am Fam* God

diostedé *nm* Ariel toucan

dióxido *nm* dioxide ❑ **~ de azufre** sulphur dioxide; **~ de carbono** carbon dioxide; **~ de nitrógeno** nitrogen dioxide

dioxina *nf* QUÍM dioxin

diplodocus *nm inv*, **diplodoco** *nm* diplodocus

diploide *adj* BIOL diploid

diploma *nm* diploma; **sacarse** *u* **obtener un ~** to get a diploma

diplomacia *nf* **-1.** *(disciplina, carrera)* diplomacy **-2.** *(cuerpo diplomático)* diplomatic service; **la ~ española en Bruselas** Spanish diplomats in Brussels **-3.** *(tacto)* diplomacy; **le informó de la decisión con mucha ~** she told him about the decision very tactfully ❑ **la ~ de los cañones** gunboat diplomacy

diplomado, -a ◇ *adj* qualified; **enfermero ~** qualified nurse
◇ *nm,f* holder of a diploma; **diplomados en enfermería** qualified nurses

diplomar ◇ *vt* to grant a diploma to
◆ **diplomarse** *vpr* to graduate, to get a diploma; **se diplomó en enfermería** he got a diploma in nursing, he qualified as a nurse

diplomáticamente *adv* diplomatically, tactfully

diplomático, -a ◇ *adj* **-1.** *(de la diplomacia)* diplomatic **-2.** *(sagaz, sutil)* diplomatic
◇ *nm,f* diplomat; **un ~ de carrera** a career diplomat

diplomatura *nf* EDUC diploma *(qualification obtained after three years of university study)*

dipolo *nm* dipole

dipsomanía *nf* dipsomania

dipsómano, -a, dipsomaníaco, -a ◇ *adj* dipsomaniac
◇ *nm,f* dipsomaniac

díptero, -a ZOOL ◇ *adj* dipterous, dipteran
◇ *nm (insecto)* dipteran, member of the order *Diptera*
◇ *nmpl* **dípteros** *(orden) Diptera*; **del orden de los dípteros** of the order *Diptera*

díptico *nm* **-1.** ARTE diptych **-2.** *(folleto)* leaflet

diptongo *nm* diphthong

diputación *nf* **-1.** *(comisión)* committee ❏ **~ permanente** standing committee **-2.** *(delegación)* delegation, deputation **-3.** *Esp (de comunidad autónoma)* = government and administrative body in certain autonomous regions ❏ **~ provincial** = governing body of a province in Spain, *Br* ≃ county council

diputado, -a *nm,f Br* ≃ Member of Parliament, MP, *US* ≃ representative; **~ por Cádiz** *Br* ≃ MP for Cadiz, *US* ≃ representative for Cadiz

diputar *vt (delegar)* to delegate

dique *nm* **-1.** *(en río)* dyke ❏ **~ de contención** dam **-2.** *(en puerto)* dock ❏ **~ flotante** floating dock; **~ seco** dry dock; EXPR **estar en el ~ seco** *(persona)* to be out of action **-3.** GEOL dyke **-4.** EXPR *RP Fam* **darse ~** to show off

Dir. -1. *(abrev de* **director/directora***) (de película, empresa)* Dir; *(de hotel, hospital, banco)* Mgr; *(de periódico)* Ed **-2.** *(abrev de* **dirección***) (de empresa, hotel)* Mgt

dirá *etc ver* **decir**

dirección *nf* **-1.** *(sentido)* direction; **se halla interrumpido el tráfico en ambas direcciones** the road is closed in both directions; **cambiar de ~** to change direction; **en ~ contraria** in the opposite direction; **calle de ~ única** one-way street; **una señal de ~ obligatoria** = sign indicating that traffic must turn left or right or go ahead; **~ prohibida** *(en letrero)* no entry; **no gires por la siguiente, que es ~ prohibida** don't take the next turning, it's no entry; **circular en ~ prohibida** to drive the wrong way up a one-way street
-2. *(rumbo)* direction; **con ~ a, en ~ a** towards, in the direction of; **los trenes con** *o* **en ~ a Málaga** trains to Malaga; **¿en qué ~ ibas?** which way were you going?; **íbamos en ~ a mi casa** we were heading for my place; **se fue en ~ (al) sur** he went south; **el buque avanzaba en la ~ del viento** the ship had the wind behind it; **los acontecimientos han tomado una ~ inesperada** events have taken an unexpected turn
-3. *(domicilio)* address; **déme su nombre y ~, por favor** could you tell me your name and address, please?
-4. INFORMÁT address ❏ **~ de correo electrónico** e-mail address; **~ electrónica** *(de correo)* e-mail address; *(de página)* web page address; **~ IP** IP address; **~ de memoria** memory address; **~ web** web address
-5. *(mando, gestión) (de empresa, hospital)* management; *(de partido)* leadership; *(de colegio)* headship; *(de periódico)* editorship; *(de película)* direction; *(de obra de teatro)* production; *(de orquesta)* conducting; **estudia ~ de cine** he's studying film directing
-6. *(oficina) (de empresa, hospital)* manager's office; *(de colegio) Br* headmaster's/headmistress's *o US* principal's office; *(de periódico)* editor's office
-7. *(junta directiva) (de empresa, hospital)* management; *(de partido)* leadership; *(de colegio)* management team; *(de periódico)* editorial board; **la ~ de este periódico no se hace responsable de la opinión de sus colaboradores** the editors of this newspaper are not responsible for opinions expressed by contributors ❏ **~ comercial** commercial department; **~ general** head office; *RP* **Dirección General Impositiva** *Br* ≃ Inland Revenue, *US* ≃ IRS; **Dirección General de Tráfico** = government department in charge of road transport
-8. *(de vehículo)* steering ❏ *Esp* **~ asistida** power steering; *Am* **~ hidráulica** power steering
-9. GEOL strike

direccionable *adj* INFORMÁT addressable

direccionador *nm* INFORMÁT router

direccional ◇ *adj* directional
◇ *nm o nf Col, Ecuad, Méx* indicator

direccionamiento *nm* INFORMÁT addressing

direccionar *vt* INFORMÁT to address

directa *nf (en automóvil)* top gear; **poner** *o* **meter la ~** *(en automóvil)* to go into top gear; *(apresurarse)* to really get a move on

directamente *adv* **-1.** *(sin paradas)* straight; **¿hay vuelos que vayan ~ a Buenos Aires?** are there direct flights to Buenos Aires?
-2. *(derecho)* straight; **me voy ~ a casa** I'm going straight home **-3.** *(sin intermediarios)* directly; **para eso lo mejor es que hable ~ con el encargado** the best thing would be to talk about it directly to the manager

directiva *nf* **-1.** *(junta)* board (of directors); *(de partido político)* executive committee; *(de club deportivo)* board (of directors) **-2.** *(ley de la UE)* directive ❏ **~ comunitaria** community directive

directivo, -a ◇ *adj* managerial; **la junta directiva del club** the management team of the club; **un cargo ~** a management post
◇ *nm,f (jefe)* manager

directo, -a ◇ *adj* **-1.** *(en línea recta)* direct; **éste es el camino más ~ para llegar al pueblo** this is the most direct way to get to the village; **es descendiente ~ de los Stroganoff** he's a direct descendant of the Stroganoffs; **su jefe ~ es el comandante de la nave** he reports directly to the ship's captain
-2. *(sin detención, sin obstáculos)* direct; **no hay tren ~ de Barcelona a Roma** there isn't a direct train from Barcelona to Rome; **tiene línea directa con la Casa Blanca** he has a direct line to the White House; **acceso ~ a información privilegiada** direct access *o* inside *o* privileged information; **le gusta el trato ~ con el cliente** he enjoys the direct contact with customers
-3. *(persona, pregunta)* direct; **su lenguaje era ~, sin rodeos** her words were direct, she didn't beat about the bush; **contestaba con respuestas directas y sinceras** her answers were direct and sincere
◇ *nm* **-1.** *(en boxeo)* jab ❏ **~ de derecha** right jab; **~ de izquierda** left jab
-2. *(tren)* through train
-3. *(en televisión)* live broadcast; **no tengo ningún miedo al ~** I'm not scared of doing live broadcasts; **en ~** *(retransmisión, concierto)* live; **la televisión retransmite el debate en ~** the debate is being broadcast live on television
◇ *adv* straight; **~ a** straight to

director, -ora *nm,f* **-1.** *(de empresa)* director; *(de hotel, hospital, banco)* manager, *f* manageress; *(de periódico)* editor; *(de colegio) Br* headmaster, *f* headmistress, *US* principal; *(de cárcel) Br* governor, *US* warden ❏ **~ adjunto** associate *o* deputy director; **~ comercial** marketing manager; **~ ejecutivo** executive director; **~ espiritual** spiritual director; **~ financiero** finance *o* financial director, *US* chief financial officer; **~ general** general manager, *Br* managing director, *US* chief executive officer; **~ gerente** managing director, chief executive; **~ técnico** *(en fútbol)* director of football; **~ de tesis** supervisor; **~ de ventas** sales director *o* manager
-2. *(de obra artística)* director ❏ **~ artístico** artistic director; **~ de banda musical** bandmaster; **~ de cine** movie *o Br* film director; **~ de circo** ringmaster; **~ de escena** producer, stage manager; **~ de fotografía** director of photography; **~ musical** musical director; **~ de orquesta** conductor

directorio *nm* **-1.** *(lista de direcciones)* directory **-2.** *(junta)* directorate, governing body; *(de empresa)* board; HIST **el Directorio** the Directory **-3.** *Andes, CAm, Carib, Méx (de teléfonos)* directory **-4.** INFORMÁT directory ❏ **~ raíz** root directory

directriz *nf* **-1.** **directrices** *(normas)* guidelines; **seguir las directrices marcadas** to follow the established guidelines **-2.** MAT directrix

dirham *nm* dirham

diría *etc ver* **decir**

dirigencia *nf Am* leadership

dirigente ◇ *adj (en partido)* leading; *(en empresa)* management; **la clase ~** the ruling class
◇ *nmf (de partido político)* leader; *(de empresa)* manager; **el máximo ~ del partido** the leader of the party

dirigible *nm* airship

dirigido, -a *adj* **-1.** *(carta, paquete)* **~ a** addressed to **-2.** **~ por** *(empresa)* managed by; *(colegio, cárcel, periódico)* run by; *(película)* directed by; *(orquesta)* conducted by

dirigir [24] ◇ *vt* **-1.** *(conducir) (coche, barco)* to steer; *(avión)* to pilot; **el canal dirige el agua hacia el interior de la región** the canal channels the water towards the interior of the region
-2. *(estar al cargo de) (empresa, hotel, hospital)* to manage; *(colegio, cárcel, periódico)* to run; *(partido, revuelta)* to lead; *(expedición)* to head, to lead; *(investigación)* to supervise; **dirige mi tesis, me dirige la tesis** he's supervising my thesis, he's my PhD supervisor
-3. *(película, obra de teatro)* to direct; *(orquesta)* to conduct
-4. *(apuntar)* **dirigió la mirada hacia la puerta** he looked towards the door; **dirige el telescopio al norte** point the telescope towards the north; **dirigió sus acusaciones a las autoridades** her accusations were aimed at the authorities
-5. *(dedicar, encaminar)* **nos dirigían miradas de lástima** they were giving us pitying looks, they were looking at us pityingly; **~ unas palabras a alguien** to speak to sb, to address sb; **dirige sus esfuerzos a incrementar los beneficios** she is directing her efforts towards increasing profits, her efforts are aimed at increasing profits; **dirigen su iniciativa a conseguir la liberación del secuestrado** the aim of their initiative is to secure the release of the prisoner; **dirigió sus pasos hacia la casa** he headed towards the house; **no me dirigen la palabra** they don't speak to me; **un programa dirigido a los amantes de la música clásica** a programme (intended) for lovers of classical music; **consejos dirigidos a los jóvenes** advice aimed at the young
-6. *(carta, paquete)* to address
-7. *(guiar) (persona)* to guide

◆ **dirigirse** *vpr* **-1.** *(encaminarse)* **dirigirse a** *o* **hacia** to head for; **se dirigió al centro de la ciudad por un atajo** she took a shortcut to the city centre; **pasajeros con destino a Miami: por favor, diríjanse a la puerta 5** would passengers flying to Miami please proceed to gate 5; **¿hacia dónde te diriges?** where are you heading for?; **nos dirigimos hacia el río** we made our way towards the river
-2. dirigirse a *(hablar con)* to address, to speak to; *(escribir a)* to write to; **se dirigió a mí en un tono amenazador** she addressed me threateningly, she spoke to me in a threatening tone of voice; **se dirigió a varias empresas por escrito para pedir ayuda financiera** he wrote to several

firms asking for financial assistance; **el monarca se dirigió a la nación por televisión** the monarch addressed the nation on television, the monarch gave a television address to the nation; **me estoy dirigiendo tí, así que escúchame** I'm talking to you, so listen; **me dirijo a usted para solicitarle...** I'm writing to you to request...; **diríjase al apartado de correos 42** write to PO Box 42

dirigismo *nm* state control

dirimir *vt* **-1.** *(resolver)* to resolve **-2.** *Formal (disolver)* to annul, to dissolve

discado *nm Andes, RP* dialling

discal *adj* **hernia ~** slipped disc, *Espec* herniated disc

discante *nm Perú (patochada)* folly, craziness

discapacidad *nf* disability, handicap; **~ física/psíquica** physical/mental disability *o* handicap; **las personas con discapacidades** people with disabilities, the disabled

discapacitado, -a ◇ *adj* disabled, handicapped
◇ *nm,f* disabled *o* handicapped person; **los discapacitados** the disabled, the handicapped, disabled *o* handicapped people; **un ~ físico/psíquico** a physically/mentally handicapped *o* disabled person

discar [59] *vt Andes, RP* to dial

discernible *adj* discernible

discernimiento *nm* discernment; **actuar con ~** to act wisely

discernir [25] ◇ *vt* to discern, to distinguish; **~ algo de algo** to distinguish sth from sth; **no sabía ~ lo superfluo de lo imprescindible** she was incapable of distinguishing what was superfluous from what was essential; **con aquel ruido no lograba ~ qué decían en la tele** with all that noise she couldn't hear what they were saying on the television
◇ *vi* to discern, to distinguish (**entre** between)

disciplina *nf* **-1.** *(normas)* discipline; **guardar** *o* **mantener la ~** to maintain discipline; **los soldados tienen que guardar la ~** the soldiers have to remain disciplined ❑ POL **~ de partido** party discipline; POL **~ de voto** party discipline *(in voting)*; **romper la ~ de voto del partido** to vote against the party line, *Br* to break the whip
-2. *(actitud)* discipline; **tiene mucha ~** he's very (self-)disciplined
-3. *(materia, asignatura)* discipline
-4. *(modalidad deportiva)* discipline
-5. ~ de monja knotweed

disciplinado, -a *adj* disciplined; **es muy ~ con** *o* **en los estudios** he's very self-disciplined about his studies

disciplinar[1] *vt* to discipline

disciplinar[2] *adj (disciplinario)* disciplinary

disciplinario, -a *adj* disciplinary

discípulo, -a *nm,f* **-1.** *(alumno)* pupil; *(de Jesús)* disciple, *(de filósofo)* disciple, pupil **-2.** *(seguidor)* follower, disciple; **un ~ de Hemingway** a follower of Hemingway

disc-jockey [dis'jokei] *nmf* disc jockey

disco[1] ◇ *nm* **-1.** *(de música)* record; **un ~ de boleros/de música de cámara** an album of boleros/chamber music; **van a grabar otro ~** they're going to record another album; **pasamos la tarde poniendo discos** we spent the afternoon listening to records; [EXPR] *Fam* **ser como** *o* **parecer un ~ rayado** to go on like a cracked record; [EXPR] *Fam* **¡cambia de ~, que ya aburres!** give it a rest for heaven's sake, you're going on like a cracked record; ❑ **~ compacto** compact disc; **~ de larga duración** LP, long-playing record; **~ de oro** gold disc; **~ de platino** platinum disc; **~ recopilatorio** compilation album; **~ sencillo** single
-2. INFORMÁT disk ❑ **~ de alta densidad** high-density disk; **~ de arranque** start-up disk; **~ compacto** compact disc; **~ compacto interactivo** interactive compact disc; **~ de demostración** demo disk; **~ de destino** destination disk; **~ de doble densidad** double-density disk; **~ duro** hard disk; **~ duro externo** external hard disk; **~ duro extraíble** removable hard disk; **~ flexible** floppy disk; **~ maestro** master disk; **~ magnético** magnetic disk; **~ óptico** optical disk; **~ RAM** RAM disk; **~ removible** removable disk; **~ rígido** hard disk; **~ del sistema** system disk; **~ virtual** virtual disk
-3. *(semáforo)* (traffic) light; **el ~ se puso en rojo/verde** the lights turned to red/green; **saltarse un ~ en rojo** to jump a red light
-4. *(de teléfono)* dial
-5. *(prueba atlética, objeto que se lanza)* discus; **lanzamiento de ~** (throwing) the discus; **el campeón de (lanzamiento de) ~** the discus champion
-6. *(en hockey sobre hielo)* puck
-7. ANAT disc; **una hernia de ~** a slipped disc, *Espec* a herniated disc
-8. ASTRON disc; **el ~ solar/lunar** solar/lunar disc
-9. GEOM disc
◇ *nf Fam (discoteca)* club

disco[2] *adj inv Fam* MÚS *(de discoteca)* disco; **la música ~** disco (music); **el sonido ~ de los setenta** the seventies disco sound

discobar *nm* = bar with music, where one can dance

discóbolo *nm* discus thrower

discografía *nf* discography; **tiene una ~ muy extensa** he has recorded lots of albums; **tengo toda la ~ de los Beatles** I have all the Beatles' records

discográfica *nf Esp* record company

discográfico, -a *adj* record; **casa discográfica** record company; **la industria discográfica** the record *o* music industry; **el acontecimiento ~ del año** the year's most eagerly awaited release

díscolo, -a *adj* disobedient, rebellious

disconforme *adj* in disagreement; **estar ~ con** to disagree with; **se mostró muy ~ con la decisión** he made his disagreement with the decision very clear

disconformidad *nf* **-1.** *(desacuerdo)* disagreement (**con** with); **el público mostró su ~ lanzando objetos** the audience showed its dissatisfaction by throwing things; **dejaron clara su ~ con el acuerdo alcanzado** they made it clear that they did not accept the agreement that had been reached **-2.** *Formal (falta de correspondencia)* disagreement (**con/entre** with/between)

discontinuar [4] *vt* to discontinue, to interrupt

discontinuidad *nf* **-1.** *(falta de continuidad)* lack of continuity; **una ~ en el crecimiento** a change in the rate of growth **-2.** MAT discontinuity

discontinuo, -a *adj (intermitente)* intermittent; **línea discontinua** broken *o* dotted line

discopub *nm* = bar with music, where one can dance

discordancia *nf* **-1.** *(de sonidos)* discord; *(de colores)* clash **-2.** *(de opiniones)* clash, conflict; **una ~ entre los planes y el resultado final** a discrepancy between the plans and the final result

discordante *adj* **-1.** *(sonidos)* discordant; *(colores)* clashing **-2.** *(opiniones, declaraciones, versiones)* conflicting; **él era la única voz ~ en la reunión** he was the only one at the meeting to strike a discordant note

discordar [63] *vi* **-1.** *(colores)* to clash; *(instrumentos)* to be out of tune **-2.** *(opiniones, declaraciones, versiones)* to conflict **-3.** *(persona)* **~ de alguien (en)** to disagree with sb (on *o* about)

discorde *adj* **-1.** *(sonidos)* discordant; *(colores)* clashing **-2.** *(opiniones, declaraciones, versiones)* conflicting

discordia *nf* discord; **sembrar la ~** to sow discord

discoteca *nf* **-1.** *(local)* nightclub; **ir de ~** to go clubbing **-2.** *(colección)* record collection

discotequero, -a ◇ *adj* disco; **música discotequera** disco music
◇ *nm,f* nightclubber

discreción ◇ *nf (reserva)* discretion; **miró a la otra mesa con ~** she glanced discreetly at the other table; **actuó con mucha ~** he was very discreet; **confiamos en tu ~** we trust in your discretion; **te ruego ~** please be discreet; **tuvo la ~ de no mencionarlo** he had the tact not to mention it
◇ **a discreción** *loc adv (a voluntad)* as much as one wants, freely; **pueden servirse del bufé a ~** you may have as much as you want from the buffet; **lo dejo a tu ~** I leave it to your discretion; **el descuento queda a ~ del vendedor** the level of discount is at the salesman's discretion; **¡fuego a ~!** fire at will!

discrecional *adj (cantidad)* according to taste; *(poderes)* discretionary; **parada ~** *(en autobús)* request stop

discrepancia *nf* **-1.** *(desacuerdo)* disagreement; **expresó su ~ con el comité** she made clear her disagreement with the committee; **había serias discrepancias entre ellos** there were serious disagreements between them; **tenemos nuestras discrepancias** we have our differences
-2. *(diferencia)* difference, discrepancy; **grandes discrepancias entre la ley y su aplicación práctica** serious discrepancies between the letter of the law and the way it is applied in practice

discrepante *adj* **-1.** *(en desacuerdo)* dissenting **-2.** *(diferente)* divergent, differing

discrepar *vi* **-1.** *(disentir)* to disagree (**de/en** with/on); **discrepamos en casi todo** we disagree on almost everything; **discrepa del pensamiento marxista** she disagrees with Marxist thinking **-2.** *(diferenciarse)* to differ (**de** from)

discretamente *adv* discreetly; **miró ~ a la muchacha** he took a discreet look at the girl; **vestía muy ~** he was soberly dressed

discreto, -a *adj* **-1.** *(prudente, reservado)* discreet; **por favor, sé ~** please be discreet; **una mirada discreta** a discreet look
-2. *(no llamativo)* *(color, decoración)* sober, restrained; *(vestido)* simple, sober; *(maquillaje)* discreet; **ropa discreta** simple *o* modest attire; **su discreta labor a la sombra del gran científico** his quiet work in the shadow of the great scientist
-3. *(moderado, normal)* *(cantidad, sueldo)* moderate, modest; *(actuación, resultados)* fair, reasonable
-4. MAT discrete

discriminación *nf* discrimination ❑ **~ positiva** positive discrimination; **~ racial** racial discrimination; **~ sexual** sex *o* sexual discrimination

discriminador *nm* ELEC discriminator

discriminante *nm* MAT discriminant

discriminar *vt* **-1.** *(marginar)* to discriminate against; **~ a alguien por algo** to discriminate against sb because of sth; **sentirse discriminado** to feel discriminated against **-2.** *(distinguir)* to discriminate; **~ algo de** to discriminate *o* distinguish sth from

discriminatorio, -a *adj* discriminatory

discuerdo *etc ver* **discordar**

disculpa *nf* **-1.** *(excusa, perdón)* apology; **le debo una ~ por lo de ayer** I owe you an apology for what happened yesterday; **pedir disculpas a alguien (por)** to apologize to sb (for); **les pido disculpas por el retraso** I apologize for the delay; **acércate y pídeles disculpas** come and apologize to them **-2.** *(pretexto)* excuse; **dar disculpas** to make excuses; **no hay ~ que valga** there's no excuse, there can be no excuse; **su conducta no admite** *o* **tiene ~** her behaviour is inexcusable

disculpar ◇ *vt* to excuse; **disculpen la tardanza** I'm sorry for being late; **disculpen este desorden** please forgive the mess; **~ a alguien (por algo)** *(perdonar)* to forgive sb (for sth); **discúlpame por haber olvidado tu cumpleaños** please forgive me for forgetting your birthday; **discúlpame por lo que te dije** please forgive me for what I said to you; **~ algo a alguien** *(excusar)* to

discurrir

forgive sb (for) sth; **su madre se lo disculpa todo** her mother forgives her everything; **no pretendo disculparlo, pero la culpa no es sólo suya** I'm not trying to make excuses for him, but he's not the only one to blame
◇ *vi (en imperativo)* **-1.** *Formal (para llamar a alguien)* **disculpe, ¿tiene hora?** excuse me, have you got the time? **-2.** *(perdonar)* **disculpa, no era mi intención ofenderte** I'm sorry, I didn't mean to offend you
◆ **disculparse** *vpr* to apologize (**con/por** to/for); **no te disculpes, hombre, son cosas que pasan** don't go apologizing, these things happen; **después de su mala actuación, se disculpó con el público** after his bad performance he apologized to the audience

discurrir ◇ *vi* **-1.** *(transcurrir) (tiempo, vida)* to go by, to pass; *(acto, reunión)* to pass off; **las horas discurrían lentamente** the hours passed slowly; **la manifestación discurrió sin incidentes** the demonstration passed off without incident **-2.** *(pasar) (personas)* to wander (**por** through); *(procesión, camino)* to pass (**por** through); *(río, tráfico)* to flow (**por** through); **el tráfico discurre con normalidad por la M-50** traffic is flowing normally on the M-50; **miles de turistas discurren por las calles de Barcelona** thousands of tourists wander through the streets of Barcelona **-3.** *(pensar)* to think, to reflect
◇ *vt* to come up with

discursear *vi Irónico* to hold forth (**sobre** on)

discursivo, -a *adj* discursive

discurso *nm* **-1.** *(exposición oral)* speech; **dar** *o* **pronunciar un ~ (sobre)** to give *o* deliver a speech (on); **~ de apertura/clausura** opening/closing speech; **~ de bienvenida/despedida** welcome/farewell speech; **~ de agradecimiento** speech of thanks **-2.** *Pey (sermón)* lecture; **me soltó uno de sus discursos** she gave me one of her lectures **-3.** *(manera de expresarse)* **se dirigió a nosotros con su lento ~** he addressed us in his unhurried manner **-4.** *(ideario)* discourse, ideology; **la oposición se ha quedado sin ~** the opposition now has nothing to offer; **el partido en el gobierno le ha robado el ~ a la oposición** the government has stolen the opposition's clothes **-5.** *(transcurso)* **el ~ del tiempo** the passage of time; **con el ~ de los años** with the passing years **-6.** LING discourse

discusión *nf* **-1.** *(conversación, debate)* discussion; **tuvimos una ~ sobre política** we had a discussion about politics; **en ~** under discussion; **eso no admite ~** that's indisputable, there can be no doubt about that; **es, sin ~, el mejor** it is, without question, the best **-2.** *(pelea)* argument; **tuvieron una ~** they had an argument

discutible *adj* debatable; **lo que dices es muy ~** what you say is highly debatable; **una decisión más que ~** a highly questionable decision; **su ~ reputación como abogado** his questionable reputation as a lawyer

discutido, -a *adj (polémico)* controversial, contentious

discutidor, -ora ◇ *adj* argumentative
◇ *nm,f* argumentative person

discutir ◇ *vi* **-1.** *(hablar)* to discuss; **~ de** *o* **sobre algo** to discuss sth, to talk about sth; **se pasan el día discutiendo de** *o* **sobre fútbol** they spend the whole day talking about *o* discussing football **-2.** *(pelear)* to argue (**con/por** with/about); **ya han vuelto a ~** they've had another of their arguments; **ha discutido con su hermano** she's had an argument with her brother; **discuten por cualquier tontería** they argue about the least little thing
◇ *vt* **-1.** *(hablar sobre)* to discuss, to debate; **eso mejor que lo discutas con tu padre** you'd be better discussing

that with your father; **el asunto será discutido en el parlamento** the matter will be discussed in parliament **-2.** *(contradecir)* to dispute; **no te discuto que tengas razón** I don't dispute that you're right; **es un buen tipo, sí, eso nadie te lo discute** he's a nice guy, sure, no one disputes that; **no me discutas lo que te mando y obedece** don't question what I tell you to do, just do it

disecación *nf* **-1.** *(de animal)* stuffing **-2.** *(de planta)* drying

disecado, -a *adj* **-1.** *(animal)* stuffed **-2.** *(planta)* dried

disecar [59] *vt* **-1.** *(animal)* to stuff **-2.** *(planta)* to dry

disección *nf* **-1.** *(de cadáver, animal)* dissection; **hacer la ~ de un cuerpo** to dissect a body **-2.** *(análisis)* dissection, detailed analysis; **hacer una ~ de algo** to dissect *o* analyse sth

diseccionar *vt* **-1.** *(cadáver, animal)* to dissect **-2.** *(analizar)* to dissect, to analyse in detail

diseminación *nf* **-1.** *(de semillas)* spreading, dissemination **-2.** *(de ideas, cultura, religión)* spreading, dissemination

diseminado, -a *adj* scattered; **los caseríos se hallan diseminados por el valle** the farmsteads are scattered along the valley

diseminar ◇ *vt* **-1.** *(semillas)* to scatter **-2.** *(ideas, cultura, religión)* to spread, to disseminate **-3.** *(objetos, personas)* to spread, to disperse; **diseminaron tropas por todo el territorio** they spread *o* dispersed their troops throughout the territory
◆ **diseminarse** *vpr* **-1.** *(semillas)* to be scattered **-2.** *(ideas, cultura, religión)* to spread **-3.** *(personas)* to disperse; **policías de paisano se diseminaron entre el gentío** plain-clothes police officers mingled with the crowds

disensión *nf* disagreement, dissension; **había graves disensiones en el seno del partido** there were serious internal disagreements within the party; **el régimen reprime cualquier ~** the regime quashes any dissent

disentería *nf* dysentery

disentimiento *nm* dissent, disagreement

disentir [62] *vi* to disagree (**de/en** with/on); **disentía de él en muchas cosas** she disagreed with him on many issues; **disiento de la forma en que se está llevando este asunto** I don't agree with the way this matter is being handled

diseñador, -ora *nm,f* designer ❏ **~ gráfico** graphic designer; **~ industrial** industrial designer; **~ de interiores** interior designer; **~ de modas** fashion designer

diseñar *vt* **-1.** *(crear)* to design; **un estadio diseñado para albergar competiciones atléticas** a stadium designed to host athletic events; **diseñaron una estrategia para hacerse con el mercado** they designed a strategy to capture the market **-2.** *(dibujar)* to draw, to sketch **-3.** *(con palabras)* to outline

diseño *nm* **-1.** *(creación)* design; **se dedica al ~** she works in design; **la cocina tiene un ~ muy original** the kitchen has a very original design; **el ~ de la falda es de Borgia** the skirt is designed by Borgia; **bar de ~** trendy bar; **drogas de ~** designer drugs; **ropa de ~** designer clothes ❏ INFORMÁT **~ asistido por ordenador** computer-aided design; EDUC **~ curricular** curriculum design; **~ gráfico** graphic design; **~ industrial** industrial design; **~ de interiores** interior design; **~ de modas** fashion design **-2.** *(dibujo)* drawing, sketch **-3.** *(con palabras)* outline

disertación *nf (oral)* lecture; *(escrita)* dissertation; **hacer una ~ sobre algo** to give a lecture on sth

disertante *nmf* lecturer

disertar *vi* to speak, to lecture (**sobre** on)

disfraz *nm* **-1.** *(traje)* disguise; *(para baile, fiesta)* fancy dress costume; **pasó los controles con un** *o* **bajo un ~ de soldado** he got past

disgustado

the checkpoints disguised as a soldier; **llevar un ~** *(para camuflarse)* to wear a disguise; *(para baile, fiesta)* to wear fancy dress; **un ~ de bruja/gorila** a witch/gorilla costume; **un baile/una fiesta de disfraces** a fancy dress ball/party **-2.** *(disimulo)* front, facade

disfrazar [14] ◇ *vt* **-1.** *(para baile, fiesta)* to dress up; *(para engañar)* to disguise; **~ a alguien de** to dress sb up as; **disfrazaron a la niña de hada madrina** they dressed the little girl up as a fairy godmother **-2.** *(disimular) (intenciones)* to disguise; *(sentimientos, nervios)* to hide; *(verdad, hechos)* to disguise; **disfrazaba sus verdaderos deseos** he kept what he really wanted a secret; **disfrazó la voz para que no lo reconociera** he disguised his voice so she wouldn't recognize him
◆ **disfrazarse** *vpr (para baile, fiesta)* to wear fancy dress; *(para engañar)* to disguise oneself; **fueron a la fiesta disfrazados** they went to the party in fancy dress; **a los niños les encanta disfrazarse** children love dressing up; **disfrazarse de princesa** to dress up as a princess; **¿tú de qué te vas a ~?** what are you going to dress up as?; **se disfrazó de policía para burlar la vigilancia** he disguised himself as a policeman to get past the guards

disfrutar ◇ *vi* **-1.** *(sentir placer)* to enjoy oneself; **aquí hemos venido a ~** we've come here to enjoy ourselves; **¡disfruta, ahora que puedes!** enjoy yourselves while you can!; **los niños disfrutan en el circo** children enjoy themselves at the circus; **~ de lo lindo** to enjoy oneself very much, to have a great time; **~ con algo** to enjoy sth; **disfruté mucho con el concierto** I enjoyed the concert a lot; **~ de algo** to enjoy sth; **espero que disfruten del espectáculo** I hope you enjoy the show; **~ haciendo algo** to enjoy doing sth; **disfruto escuchándoles reír** I enjoy hearing them laugh **-2.** *(disponer de)* **~ de algo** to enjoy sth; **disfruta de muy buena salud** he enjoys excellent health; **disfruta de una pensión vitalicia por invalidez** she has a disability pension for life; **afortunadamente, pudimos ~ de su colaboración** we were fortunate enough to have her working with us; **disfruta de muchos amigos** he has lots of friends; **allá disfrutan de un clima excelente** they have *o* enjoy an excellent climate there
◇ *vt* to enjoy; **¡que lo disfrutes con salud!** I hope you enjoy it!

disfrute *nm* **-1.** *(placer)* enjoyment **-2.** *(provecho)* benefit, use

disfuerzo *nm Perú* affectation

disfunción *nf* malfunction ❏ MED **~ eréctil** erectile dysfunction

disgregación *nf* **-1.** *(de multitud, manifestación)* dispersal, breaking up; *(de familia, grupo, conjunto musical)* break-up, splitting up **-2.** *(de roca)* disintegration; *(de átomo)* splitting **-3.** *(de imperio, estado)* breaking up

disgregar [38] ◇ *vt* **-1.** *(multitud, manifestación)* to disperse, to break up; *(familia, grupo, conjunto musical)* to break up **-2.** *(roca)* to break up; *(átomo)* to split **-3.** *(imperio, estado)* to break up
◆ **disgregarse** *vpr* **-1.** *(multitud, manifestación)* to disperse, to break up; *(familia, grupo, conjunto musical)* to break up, to split up **-2.** *(roca)* to disintegrate; *(átomo)* to split **-3.** *(imperio, estado)* to break up

disgustado, -a *adj* **-1.** *(enojado)* annoyed, displeased; **estar ~ con alguien/por algo** to be annoyed with sb/because of sth; **está muy disgustada con nosotros por nuestro comportamiento** she's very annoyed with us because of our behaviour **-2.** *(consternado)* upset; **estar ~ por algo** to be upset about *o* by sth; **está muy ~ por haber suspendido el examen** he's very upset about failing the exam; **se le veía muy ~ por la noticia** he seemed very upset by the news

disgustar ◇ vt **-1.** *(desagradar)* **la propuesta disgustó al comité** the committee did not like the proposal; **ese sombrero no me disgusta** that hat's not bad; **me disgusta sobre manera tener que decirle esto** I really don't like to have to say this to you **-2.** *(consternar)* to upset; **le disgustó que olvidáramos su cumpleaños** he was upset that we forgot his birthday
◆ **disgustarse** vpr **-1.** *(enojarse)* to get annoyed; *(enemistarse)* to fall out; **disgustarse con alguien/por algo** *(enojarse)* to get annoyed with sb/about sth; *(enemistarse)* to fall out with sb/over sth; **no te disgustes conmigo, yo no tengo la culpa** don't get annoyed with me, it's not my fault; **se disgustó con su hermano por una tontería** she fell out with her brother over nothing **-2.** *(consternarse)* to get upset; **disgustarse con** o **por algo** to get upset about sth

disgusto nm **-1.** *(enojo)* annoyance; **tenían cara de ~** they looked annoyed; **para ~ de todos, el concierto se suspendió** to everyone's disappointment the concert was cancelled **-2.** *(consternación)* **causar ~ a alguien** to upset sb; **le producía ~ tener que hablar de la separación** it pained her to have to talk about the separation **-3.** *(motivo de consternación)* disappointment; **fue un gran ~ para ella no aprobar el examen** it was a great disappointment for her not to pass the exam; **dar un ~ a alguien** to upset sb; **¡menudo ~ nos dio!** you can imagine how upset we were!; **¡este niño no nos da más que disgustos!** that child just gives us one headache after another!; **llevarse un ~** to be upset; **¡qué ~ me llevé cuando lo supe!** I was so upset when I found out!; **tiene un ~ enorme** she's terribly upset; EXPR **matar a alguien a disgustos** to worry sb to death; **¡me vas a matar a disgustos!** you'll be the death of me yet!; EXPR **no ganar para disgustos con alguien: con este niño no ganamos para disgustos** that child gives us nothing but trouble **-4.** *(desgracia)* **desde que llegué aquí voy de ~ en** it's been one disaster after another ever since I arrived; **tener un ~: si sigues trabajando sin casco vas a tener un ~** if you go on working without a helmet you'll have an accident; **o dejas de fumar, o tendrás un ~** quit smoking now, or you'll live to regret it; **casi nos da un ~** we almost had a tragedy on our hands **-5.** *(pelea)* **tener un ~ con alguien** to have a quarrel with sb; **como sigas así, tú y yo vamos a tener un ~** if you carry on like this, you and I are going to fall out
◇ **a disgusto** loc adv *(sin ganas)* unwillingly; **hacer algo a ~** to do sth unwillingly o reluctantly; **para venir a ~, es mejor que no vengas** if you really don't want to come, it'd be better if you didn't
◇ **a disgusto** loc adj *(incómodo)* *(físicamente)* uncomfortable; *(psicológicamente)* uncomfortable, ill at ease; **estar a ~** to feel uncomfortable o uneasy; **en esta silla vas a estar a ~** you'll be uncomfortable in that chair; **se sentía muy a ~ con sus compañeros de clase** he felt very uncomfortable with his classmates

disidencia nf **-1.** *(política, religiosa)* dissent **-2.** *(desacuerdo)* disagreement; **las disidencias en la cúpula del sindicato** the disagreements within the union leadership; **manifestaron su ~ con la resolución** they voiced their dissent from o disagreement with the resolution

disidente ◇ adj *(en política)* dissident; *(en religión)* dissenting
◇ nmf *(político)* dissident; *(religioso)* dissenter; **un ~ soviético** a Soviet dissident

disidir vi to dissent

disiento etc ver **disentir**

disímbolo, -a adj Méx dissimilar

disímil adj dissimilar

disimilitud nf dissimilarity

disimuladamente adv quietly, discreetly; **agarró la maleta ~ y se la llevó** without drawing attention to herself, she picked up the suitcase and walked off with it; **la miró ~** he stole a glance at her; **se marchó ~** she left quietly

disimulado, -a ◇ adj **-1.** *(oculto)* concealed; **un enfado mal ~** barely concealed anger; **arrugas mal disimuladas con maquillaje** wrinkles barely concealed by make-up **-2.** *(discreto)* discreet; **no eres nada ~** you're so obvious; **lo dejó caer en la conversación de forma disimulada** she casually dropped it into the conversation
◇ nm,f **hacerse el ~** to pretend not to notice; **lo saludé, pero se hizo el ~** I said hello, but he pretended he hadn't heard; **¡vamos, no te hagas el ~ y dime qué ha ocurrido!** come on, stop pretending you don't know and tell me what happened!

disimular ◇ vt *(ocultar)* to hide, to conceal; **lo disimulas muy mal** you're not very good at hiding it; **no podía ~ la risa** she couldn't hide her laughter; **disimulaba los rotos del pantalón con parches** she covered up the tears in her trousers with patches
◇ vi to pretend; **no disimules, que te he visto** don't try to pretend, I saw you; **¡qué mal disimulas!** you're so obvious!, you're so bad at pretending!; **disimula y sigue caminando** just act natural and keep walking

disimulo nm pretence, concealment; **con ~** furtively; **tiró el papel al suelo con ~** she surreptitiously dropped the piece of paper on the floor; **la miró con ~** he sneaked a look at her; **con mucho ~ le pasó la nota** she surreptitiously passed the note to him; **salió con ~ por la puerta de atrás** she sneaked out by the back door; **atracan a la gente en la calle sin ningún ~** they mug people in the street quite openly

disintiera etc ver **disentir**

disipación nf **-1.** *(libertinaje)* dissipation; **una vida de ~** a life of dissipation **-2.** *(de dudas, sospechas, temores)* dispelling; *(de ilusiones)* shattering **-3.** *(de fortuna, herencia)* squandering, wasting **-4.** *(de niebla, humo, vapor)* dispersion

disipado, -a adj *(libertino)* *(vida, conducta, persona)* dissipated, dissolute

disipador, -ora ◇ nm,f *(de fortunas)* spendthrift ◇ nm INFORMÁT **~ térmico** heat sink

disipar ◇ vt **-1.** *(dudas, sospechas, temores)* to dispel; *(ilusiones)* to shatter **-2.** *(fortuna, herencia)* to squander, to throw away **-3.** *(niebla, humo, vapor)* to drive o blow away, to disperse; **las lluvias disiparon la contaminación** the rains washed away the pollution
◆ **disiparse** vpr **-1.** *(dudas, sospechas, temores)* to be dispelled; *(ilusiones)* to be shattered **-2.** *(niebla, humo, vapor)* to disperse; **un frente cálido hará que se disipe la borrasca** a warm front will cause the low pressure to dissipate

diskette [dis'kete, dis'ket] nm INFORMÁT diskette, floppy disk

dislalia nf MED dyslalia

dislate nm piece of nonsense o absurdity; **su plan es un ~** her plan is absurd; **insinuar que la casa está encantada es un puro ~** suggesting that the house is haunted is pure nonsense; **un texto lleno de dislates** a text full of absurdities

dislexia nf dyslexia

disléxico, -a ◇ adj dyslexic
◇ nm,f dyslexic

dislocación nf dislocation

dislocado, -a adj *(tobillo)* dislocated

dislocar [59] ◇ vt to dislocate
◆ **dislocarse** vpr *(tobillo, articulación)* **se me ha dislocado un codo** I've dislocated my elbow

disloque nm Fam **ser el ~** to be the last straw; **se emborrachó, empezó a quitarse la ropa y aquello fue el ~** he got drunk, started to take his clothes off, and that was just IT

dismenorrea nf MED dysmenorrhoea

disminución nf *(de cantidad, velocidad, intensidad)* decrease, decline (**de** in); *(de precios, temperaturas)* fall (**de** in); *(de interés)* decline, waning (**de** of); **la ~ del desempleo/de la contaminación** the decrease in unemployment/pollution; **una ~ salarial** a decrease o drop in wages; **ir en ~** to be on the decrease

disminuido, -a ◇ adj handicapped
◇ nm,f handicapped person; **un ~ físico/psíquico** a physically/mentally handicapped person; **los disminuidos** the handicapped

disminuir [34] ◇ vt to reduce, to decrease; **disminuye la velocidad al entrar en la curva** reduce speed as you go into the curve; **pastillas que disminuyen el sueño** tablets that prevent drowsiness; **la lesión no ha disminuido su habilidad con el balón** the injury hasn't affected his skill with the ball
◇ vi *(cantidad, velocidad, intensidad, contaminación)* to decrease, to decline; *(desempleo, inflación)* to decrease, to fall; *(precios, temperatura)* to fall, to go down; *(vista, memoria)* to fail; *(interés)* to decline, to wane; **disminuye el número de matriculaciones en la universidad** university enrolments are down; **medidas para que disminuyan los costes** cost-cutting measures; **no disminuye la euforia inversora** investor enthusiasm continues unabated

disnea nf difficulty in breathing, Espec dyspnoea

disociación nf dissociation

disociar ◇ vt to dissociate (**de** from)
◆ **disociarse** vpr **-1.** *(desentenderse)* to dissociate oneself (**de** from) **-2.** QUÍM to dissociate

disoluble adj soluble

disolución nf **-1.** *(acción)* dissolving **-2.** *(de familia, manifestación)* breaking up; *(de empresa, partido)* dissolution, winding up; *(de parlamento, matrimonio)* dissolution, dissolving; *(de contrato)* rescinding **-3.** *(mezcla)* solution ❑ **~ acuosa** solution in water; **~ saturada** saturated solution

disoluto, -a ◇ adj dissolute
◇ nm,f dissolute person

disolvente ◇ adj solvent
◇ nm solvent

disolver [41] ◇ vt **-1.** *(en líquido)* to dissolve; **~ en leche agitando constantemente** dissolve it in milk, stirring continuously; **~ un caramelo en la boca** to suck a sweet **-2.** *(familia, manifestación)* to break up; *(empresa, partido)* to dissolve, to wind up; *(parlamento, matrimonio)* to dissolve; *(contrato)* to rescind
◆ **disolverse** vpr **-1.** *(en líquido)* to dissolve; **dejar que la pastilla se disuelva en la boca** *(en prospecto)* allow the tablet to dissolve in your mouth **-2.** *(reunión, manifestación)* to break up **-3.** *(sociedad, partido)* to be dissolved; *(parlamento)* to dissolve; *(familia)* to break up; *(matrimonio)* to be dissolved; *(contrato)* to be rescinded

disonancia nf **-1.** *(de sonidos, ritmos, voces)* dissonance **-2.** *(de colores, estilos, decoración)* clash

disonante adj **-1.** *(sonidos, ritmos, voces)* dissonant, discordant **-2.** *(colores, estilos)* clashing; **ese sofá queda de lo más ~** that sofa simply screams it doesn't belong there

dispar adj disparate, dissimilar; **mantienen opiniones muy dispares al respecto** they have very different opinions on the matter; **el equipo ha conseguido resultados muy dispares esta temporada** the team has obtained very uneven results this season; **la calidad es muy ~** the quality varies a lot

disparada nf **-1.** Am *(huida)* flight **-2.** CSur **a la ~** in a tearing hurry

disparadero nm **poner a alguien en el ~** to push sb too far

disparado, -a adj **salir/entrar ~** to shoot out/in; **todos los días sale ~ de casa** he leaves the house in a rush every day

disparador *nm* -**1.** *(de armas)* trigger -**2.** *(de cámara fotográfica)* shutter release ❏ ~ **automático** automatic shutter release

disparar ◇ *vt* -**1.** *(arma, persona)* to shoot; *(tiro)* to fire; **¿sabes ~ un arma?** do you know how to fire a gun?; **disparaban tiros al aire** they fired (shots) into the air; **nos disparaban flechas** they were shooting arrows at us; **¡no me dispares!** don't shoot!
-**2.** *(fotografía)* to take
-**3.** *(penalti, falta, golpe de castigo)* to take; ~ **un libre directo** to take a direct free kick
-**4.** *Méx Fam (pagar)* **ven, te disparo un tequila** go on, have a tequila on me
◇ *vi* -**1.** *(con arma)* to shoot, to fire; ~ **al aire** to shoot in the air; ~ **a matar** to shoot to kill; ~ **contra** *o* **sobre alguien** to shoot *o* fire at sb; ~ **contra el enemigo** to shoot *o* fire at the enemy; **disparaban sobre la población civil** they were shooting at civilians; **¡no dispares!** don't shoot!; **tengo varias preguntas para ti – ¡dispara!** I have several questions for you – fire away! *o* shoot!
-**2.** *(con cámara)* to shoot, to take a photograph; **los fotógrafos no paraban de ~** the photographers kept on clicking their cameras
-**3.** *(futbolista)* to shoot; ~ **a puerta** to shoot at goal
-**4.** *RP Fam (huir)* to shoot off
◆ **dispararse** *vpr* -**1.** *(arma, alarma, flash)* to go off; **se le disparó el arma** his gun went off
-**2.** *(precios, inflación)* to shoot up
-**3.** *(precipitarse) (persona)* to rush off; *(caballo)* to bolt

disparatado, -a *adj* absurd, crazy; **precios disparatados** ridiculous *o* crazy prices; **una disparatada comedia de Brooks** a screwball comedy by Brooks

disparatar *vi (decir tonterías)* to talk nonsense; *(hacer tonterías)* to behave foolishly

disparate *nm* -**1.** *(comentario, acción)* silly thing; *(idea)* crazy idea; **cometer** *o* **hacer un ~** to do something crazy; **cometió** *o* **hizo el ~ de invertirlo todo** she made the crazy mistake of investing it all; **¿no irás a cometer** *o* **hacer algún ~?** you're not going to go and do something stupid, are you?; **¡no digas disparates!** don't talk nonsense!; **¿casarme yo? ¡qué ~!** me, get married? don't be ridiculous!; **es un ~ salir sin paraguas en un día como hoy** it's madness to go out without an umbrella on a day like this; **vivir tan aislado me parece un ~** it seems crazy to me to go and live in such an isolated place
-**2.** *Fam (cantidad exorbitante)* **gastar/costar un ~** to spend/cost a ridiculous amount; **¡estos precios son un ~!** these prices are ridiculous!

disparatero, -a *Am* ◇ *adj* absurd, foolish
◇ *nm,f (que dice disparates)* person who talks nonsense; *(que hace disparates)* person who acts foolishly

disparejo, -a *adj esp Am* uneven, variable; **la calidad es muy dispareja** the quality is very uneven

disparidad *nf* difference, disparity; **hay ~ de criterios sobre este asunto** there are different opinions about *o* on this issue; **las estadísticas arrojan gran ~ de resultados** the statistics reveal big differences in the results

disparo *nm* -**1.** *(de arma)* shot; **hubo disparos al aire** shots were fired in the air ❏ ~ **de advertencia** warning shot; ~ **de aviso** warning shot -**2.** *(de deportista)* shot; **el ~ rozó el larguero** the shot grazed the crossbar
-**3.** *(de mecanismo)* release, trip

dispendio *nm* extravagance, spending on luxuries; **no podemos permitir estos dispendios** we can't afford these luxuries

dispendioso, -a *adj* costly, expensive

dispensa *nf* -**1.** *(de examen)* exemption -**2.** *(para casarse)* dispensation

dispensable *adj* pardonable, excusable

dispensador, -ora ◇ *adj* dispensing
◇ *nm,f* dispenser

dispensar ◇ *vt* -**1.** *Formal (dar) (honores)* to confer (**a** upon); *(bienvenida, ayuda)* to give (**a** to); *(medicamentos)* to dispense; *(alimentos)* to distribute; **el público le dispensó una calurosa acogida** the audience gave her a warm welcome; **le fue dispensado el honor de ser el abanderado olímpico** he was given the honour of being the standard bearer at the Olympics
-**2.** *Formal (disculpar)* to excuse, to forgive; **les ruego me dispensen por el retraso** please forgive the delay
-**3.** *(eximir)* to excuse, to exempt (**de** from); **le dispensamos de asistir a clase** he is excused from coming to class; **lo dispensaron de hacer el servicio militar/el examen** he was exempted from military service/taking the exam
◇ *vi Formal* **¡dispense!** excuse me!, pardon me!, I beg your pardon!

dispensario *nm* dispensary

dispepsia *nf* dyspepsia

dispéptico, -a ◇ *adj* dyspeptic
◇ *nm,f* dyspeptic

dispersar ◇ *vt* -**1.** *(objetos)* to scatter; *(luz, sonido, ondas)* to scatter, to disperse; *(niebla, humo)* to disperse -**2.** *(gentío)* to disperse; *(manifestación)* to break up, to disperse; *(tropas enemigas, manada)* to disperse, to scatter -**3.** *(esfuerzos)* to dissipate
◆ **dispersarse** *vpr* -**1.** *(objetos)* to scatter; *(luz, sonido, ondas)* to scatter, to be dispersed; *(niebla, humo)* to disperse -**2.** *(gentío)* to disperse; *(manifestación)* to break up, to disperse; *(tropas enemigas, manada)* to disperse, to scatter -**3.** *(distraerse)* to let one's attention wander

dispersión *nf* -**1.** *(de objetos)* scattering; *(de luz, sonido, ondas)* scattering, dispersal
-**2.** *(de gentío)* dispersal; *(de manifestación)* breaking up, dispersal; *(de un pueblo)* scattering
-**3.** *(de persona)* lack of concentration; **debemos evitar la ~ de esfuerzos** we mustn't squander our efforts; **debes centrarte en algo, tu problema es la ~** you need to focus on something, you spread yourself too widely
-**4.** FÍS dispersion

disperso, -a *adj* -**1.** *(esparcido) (objetos, personas, familia)* scattered; **un pueblo que está ~ por todo el mundo** a people scattered *o* dispersed throughout the world; **chubascos dispersos** scattered showers -**2.** *(sin concentración) (mente, atención)* unfocussed; **ser ~** to be absent-minded; **es un alumno bastante ~** he finds it difficult to pay attention in class

display [dis'plei] *nm* INFORMÁT display

displicencia *nf* -**1.** *(desagrado)* offhandedness; **nos trató con ~** he treated us in an offhand manner -**2.** *(negligencia)* carelessness; *(desgana)* lack of enthusiasm

displicente *adj* -**1.** *(desagradable)* offhand -**2.** *(negligente)* careless; *(desganado)* unenthusiastic

disponer [50] ◇ *vt* -**1.** *(colocar)* to arrange; **dispuso los libros por orden alfabético** she arranged the books in alphabetical order
-**2.** *(arreglar, preparar)* to arrange; **dispuso todo para el viaje** he made all the arrangements for the journey; **dispuso el salón para recibir a sus invitados** she got the living room ready for the guests
-**3.** *(cena, comida)* to lay on
-**4.** *(determinar) (sujeto: persona)* to decide; *(sujeto: ley, cláusula)* to stipulate; **el juez dispuso que se cerrara el local** the judge ordered that the premises be closed; **en su testamento dispuso que...** she stated in her will that...; **el consejo de administración dispuso ampliar el capital de la empresa** the board of directors decided to increase the company's capital; **el gobierno dispuso que se hiciera así** it was the government's decision that it should be done that way; **según lo dispuesto en el artículo 8,...** according to the provisions of Article 8,...; **la ley dispone que no haya pena de cárcel para mayores de setenta y cinco años** the law stipulates *o* lays down that people over the age of seventy-five cannot be sent to prison
◇ *vi* -**1.** ~ **de** *(poseer)* to have; **dispongo de todo el tiempo del mundo** I have all the time in the world; **el hotel dispone de piscina y cancha de tenis** the hotel has a swimming pool and a tennis court; **el personal de que disponemos no es suficiente** the number of staff we have at the moment is insufficient
-**2.** ~ **de** *(usar)* to make use of; **dispón de mi casa siempre que quieras** you're welcome in my house whenever you like; **puede ~ de mí para lo que quiera** I'm entirely at your disposal if ever you need anything
◆ **disponerse** *vpr* **disponerse a hacer algo** to prepare *o* get ready to do sth; **me disponía a salir cuando...** I was getting ready to go out when...; **un nuevo país se dispone a entrar en la Unión Europea** a new country is preparing to join the European Union

disponibilidad *nf* -**1.** *(de plazas, producto, servicio)* availability; **¿qué ~ tiene?** *(en entrevista de empleo)* how many hours would you be able to work?; ~ **inmediata** *(en oferta de empleo)* must be able to start immediately -**2.** *(a ayudar)* readiness to help -**3.** **disponibilidades** *(medios)* financial resources

disponible *adj* available; ~ **en versiones para Mac o PC** available for Mac or PC; **no tenemos habitaciones/plazas disponibles** we don't have any rooms/places available; **no tengo mucho tiempo ~** I don't have much free *o* spare time; **el director no está ~ en estos momentos** the manager is not available at the moment; **si hay que ayudar, yo estoy ~** if you need any help, I'm available *o* free

disposición *nf* -**1.** *(colocación)* arrangement, layout; **la ~ de las habitaciones** the layout of the rooms; **alteró la ~ de los cuadros** she rearranged the paintings
-**2.** *(estado)* **estar** *o* **hallarse en ~ de hacer algo** to be prepared *o* ready to do sth; **no está en ~ de volver a los terrenos de juego** he's not fit to return to the game; **no estoy en ~ de hablar con nadie** I'm not in the mood to talk to anybody ❏ ~ **de ánimo** state of mind
-**3.** *(voluntad)* willingness; **se le veía ~ a ayudar** she seemed willing to help
-**4.** *(aptitud)* talent; **no tiene ~ para los deportes** he has no talent for sport; **tiene buena ~ para la pintura** he has a natural gift for painting
-**5.** *(orden)* order; *(norma)* regulation; *(medida)* measure, step; *(de ley)* provision; **disposiciones administrativas** administrative orders/regulations; **tomaremos las disposiciones necesarias para evitar el fraude** we shall take the necessary measures to prevent fraud; **el medicamento cumple con las disposiciones legales** the drug complies with the legal requirements ❏ DER ~ **adicional** additional provision; DER **disposiciones testamentarias** provisions of a will; DER ~ **transitoria** temporary provision
-**6.** *(uso)* **a ~ de** at the disposal of; **estoy a tu ~** I am at your disposal; **teníamos a nuestra ~ toda clase de medios** we had all kinds of means at our disposal; **me tienes a tu ~ para lo que necesites** if I can be of any help, just let me know; *Formal* **quedo a su entera ~ para cualquier información adicional** I will be pleased to provide any further information you may require; **poner algo a ~ de alguien** to put sth at sb's disposal; **pusieron a mi ~ su banco de datos** they made their database available to me, they put their database at my disposal; **debería poner su cargo a ~ del partido** she should offer her resignation to the party; **los detenidos fueron puestos a ~ del juez** the prisoners were brought before the judge

dispositivo nm **-1.** *(mecanismo)* device ❏ INFORMÁT ~ **de almacenamiento** storage device; INFORMÁT ~ **de entrada** input device; ~ **intrauterino** intrauterine device, IUD; INFORMÁT ~ **periférico** peripheral device; INFORMÁT ~ **de salida** output device; ~ **de seguimiento** tracking device; ~ **de seguridad** safety device
-2. *(grupo de personas)* **un fuerte** ~ **policial** a large contingent of police; **un impresionante** ~ **de seguridad** impressive security arrangements; **se desplegó un** ~ **militar a lo largo de la frontera** troops were deployed along the border

disprosio nm QUÍM dysprosium

dispuesto, -a ◇ *participio ver* **disponer**
◇ *adj* **-1.** *(preparado, organizado)* ready; **todo está** ~ **para que comience la semifinal** everything is ready for the semifinal to start; **la mesa ya está dispuesta** the table has been laid
-2. *(decidido, con plena voluntad)* ~ **a algo: parecían dispuestos al acuerdo** they seemed to be willing to reach an agreement; **está** ~ **a todo con tal de conseguir lo que quiere** he's prepared to do anything as long as he gets what he wants; **estar** ~ **a hacer algo** to be prepared to do sth; **siempre estuvo** ~ **a cooperar** he was always willing to cooperate; **no estoy** ~ **a tolerarlo más** I'm not prepared to tolerate it any longer
-3. *(capaz)* capable; *(a ayudar)* ready to help; **es un chico muy** ~ he's a very obliging o willing lad

dispusiera *etc ver* **disponer**

disputa nf **-1.** *(discusión)* dispute, argument
-2. *(competición)* contest; **la** ~ **por el título de liga** the battle for the league title; **entrar en la** ~ **por algo** to enter the contest for sth; **hay mucha** ~ **para conseguir el puesto** there's a lot of competition for the post
-3. *(polémica)* dispute; **mediar** o **terciar en la** ~ to intervene in the dispute; **es, sin** ~, **el más lujoso** it is indisputably o unquestionably the most luxurious

disputable *adj* disputable, debatable

disputar ◇ *vt* **-1.** *(cuestión, tema)* to argue about; ~ **algo a alguien** to dispute sth with sb; **algunos le disputan que él fuera el creador del mambo** his claim to be the creator of the mambo is disputed by some; **eso no te lo disputo** I don't dispute that, I'll grant you that
-2. *(trofeo, puesto)* to compete for; *(partido)* to play; *(liga)* to play in; *(carrera, torneo, olimpiadas)* to compete in, to take part in; **disputarán el partido de ida en Madrid** the first leg will be played in Madrid; **mañana se disputará la final** the final takes place tomorrow
◇ *vi (discutir)* to argue, to quarrel; ~ **con alguien por** o **sobre algo** to argue with sb about o over sth

◆ **disputarse** *vpr (competir por)* to contend o compete for; **varios candidatos se disputan el premio** several candidates are competing for the prize; **se disputan el liderazgo del partido en las primarias** they are contending for the leadership of the party in the primaries

disquera nf Am record company
disquería nf RP record o music shop
disquero, -a *adj* Am record; **sello** ~ record label; **la industria disquera** the record o music industry
disquete nm INFORMÁT diskette, floppy disk
disquetera nf INFORMÁT disk drive
disquisición nf **-1.** *(análisis)* disquisition (**sobre** on) **-2.** *(digresión)* **disquisiciones** digressions; **entrar** o **meterse en disquisiciones** to digress; **perderse en disquisiciones** to lose track of the subject

distancia nf **-1.** *(espacio)* distance; **recorrer la** ~ **entre dos pueblos** to cover the distance between two towns; **¿a qué** ~ **está el próximo pueblo?** how far is the next town?; **¿cuál es la** ~ o **qué** ~ **hay entre Asunción y Montevideo?** what is the distance between Asunción and Montevideo?; **estábamos a bastante** ~ **del incendio** we were quite a distance from the fire; **los viandantes observaban el incidente a cierta** ~ the passers-by watched the incident from a distance; **a tanta** ~ **no puedo decirte quién es** I can't say who it is from this distance; **mantenerse a una** ~ **prudencial de** to keep at a safe distance from; **está a varios kilómetros de** ~ it is several kilometres away; **a** ~ from a distance; **estudiar a** ~ to study by distance learning; **mantener algo/a alguien a** ~ to keep sth/sb at a distance; **mantenerse a** ~ **(de)** to keep one's distance (from); **en la** ~ in the distance ❏ ~ **focal** focal distance, focal length; ~ **de frenado** braking distance; ~ **de seguridad** safe distance *(del vehículo en frente)*; **mantenga la** ~ **de seguridad** *(en letrero de tráfico)* keep your distance
-2. *(en el tiempo)* gap, space; **está a dos minutos de** ~ **del ciclista francés** he's two minutes away from the French cyclist; **hay varios años de** ~ **entre estas dos fotografías** the two photographs were taken several years apart; **con la** ~ **que da el tiempo, desde la** ~ looking back, in retrospect; **ahora, desde la** ~, **creo que nos equivocamos** now, in retrospect, I think we were wrong
-3. *(diferencia)* difference; **hay** o **media una gran** ~ **entre ambas teorías** there is a great difference between the two theories; EXPR **salvando las distancias** allowing for the obvious differences
-4. *(entre personas)* distance; **la lucha por la herencia aumentó la** ~ **entre los hermanos** the dispute over the inheritance drove the brothers further apart; **guardar** o **mantener las distancias (con alguien)** to keep one's distance (from sb); EXPR **acortar (las) distancias** to come closer (to an agreement)

distanciamiento nm **-1.** *(afectivo)* distance, coldness; **con los años, se produjo un** ~ **entre ellos** as the years passed, they grew apart; **ver un asunto con cierto** ~ to consider an issue with a certain detachment
-2. *(de opiniones, posturas)* distancing; **se ha dado un claro** ~ **de posturas entre ambos bandos** the two sides have adopted more clearly opposing positions

distanciar ◇ *vt* **-1.** *(afectivamente)* to drive apart; **aquello los distanció bastante** that drove them apart; **¿qué fue lo que te distanció de tu marido?** what was it that estranged you from your husband?
-2. *(en el espacio o tiempo)* to move further apart; **distanciaron las fechas de los partidos** the dates of the games were moved further apart
-3. *(rival)* to forge ahead of

◆ **distanciarse** *vpr* **-1.** *(afectivamente)* to grow apart; **con el tiempo se fueron distanciando** they grew o drifted apart as time went on
-2. *(físicamente)* to move away; **el barco se distanció de la costa** the ship drew away from the coast; **no se distancien del grupo** don't become separated from the group; **el corredor no consiguió distanciarse del pelotón** the runner couldn't pull away from the pack

distante *adj* **-1.** *(en el espacio)* far away *(de* from) **-2.** *(en el trato) (persona, comportamiento)* distant, aloof; **estaba** ~, **con la mirada perdida** he was distant, staring into space

distar *vi* **-1.** *(hallarse lejos)* **ese sitio dista varios kilómetros de aquí** that place is several kilometres away from here **-2.** *(ser diferente)* **eso dista mucho de la verdad** o **de ser verdad** that is very far from the truth o from being true; **este libro dista mucho de ser bueno** this book is far from good

diste *ver* **dar**

distender [64] ◇ *vt* **-1.** *(situación, relaciones)* to ease; *(ambiente)* to ease, to relax **-2.** *(cuerda, arco)* to slacken **-3.** MED *(músculo, tendón, ligamento)* to strain

◆ **distenderse** *vpr* **-1.** *(situación, relaciones)* to ease; *(ambiente)* to become more relaxed **-2.** *(cuerda)* to become loose o slack **-3.** MED *(músculo, ligamento)* to become strained

distendidamente *adv* in a relaxed manner
distendido, -a *adj (relaciones, ambiente, diálogo)* relaxed

distensión nf **-1.** *(entre países)* détente; *(entre personas)* easing of tension; **la conferencia de paz favoreció la** ~ the peace conference served to ease tensions; **la entrevista se produjo en un ambiente de** ~ the interview was conducted in a relaxed atmosphere **-2.** *(de cuerda, arco)* slackening **-3.** MED *(muscular, de ligamentos)* strain

dístico nm LIT distich
disticoso, -a *adj Perú Fam* fussy, choosy
distiendo *etc ver* **distender**

distinción nf **-1.** *(diferencia)* distinction; **a** ~ **de** in contrast to, unlike; **hacer** o **establecer una** ~ **entre** to make o draw a distinction between; **hizo la** ~ **entre estrella y asteroide** he drew a distinction between stars and asteroids; **hacer distinciones en el trato** to treat people differently; **no me gusta hacer distinciones con nadie** I don't like to give preferential treatment to anyone; **obsequió a todos sin** ~ he gave presents to everyone alike; **sin** ~ **de sexo, raza o religión** without distinction of sex, race or religion
-2. *(privilegio)* privilege; *(condecoración)* award; **le fue otorgada la** ~ **de caballero del reino** he was honoured with a knighthood
-3. *(modales, elegancia)* refinement, elegance; **viste con** ~ he dresses elegantly

distingo ◇ *ver* **distinguir**
◇ nm esp CSur reservation; **no hacer distingos (con** o **entre)** to make no distinctions (between); **este reglamento se aplica sin distingos** this rule applies to everyone without exception; **queremos la felicidad para todos, sin distingos** we want everyone to be happy, without exception

distinguible *adj* discernible
distinguido, -a *adj* **-1.** *(notable)* distinguished; **distinguidas personalidades del mundo de la política** distinguished figures from the world of politics; ~ **público...** ladies and gentlemen... **-2.** *(elegante) (persona)* refined, distinguished; *(modales, vestimenta)* refined, elegant; **es un tipo** ~ **en el vestir** he's someone who dresses very elegantly

distinguir [26] ◇ *vt* **-1.** *(diferenciar)* to distinguish, to tell the difference between; **¿tú distingues estas dos camisas?** can you tell the difference between these two shirts?; **me es imposible distinguirlos** I can't tell them apart; **Kant distingue varios tipos de "razón"** Kant distinguishes between several kinds of "reason"; ~ **algo de algo** to tell sth from sth; **por teléfono no distingo tu voz de la de tu madre** I can't tell your voice from your mother's on the telephone; **no distinguen el verde del azul** they can't tell green from blue
-2. *(caracterizar)* to distinguish, to characterize; ~ **algo/a alguien de** to distinguish sth/sb from, to set sth/sb apart from; **esto lo distingue del resto de los mamíferos** this distinguishes it from other mammals; **¿qué es lo que distingue a un gorila?** what are the main characteristics of a gorilla?; **el grado de adherencia distingue los diversos tipos de neumático** the different types of tyre are distinguished by their road-holding capacity; **su amabilidad la distingue de las demás** her kindness sets her apart from the rest
-3. *(premiar)* to honour; **ha sido distinguido con numerosos premios** he has been honoured with numerous prizes; **hoy nos distingue con su presencia Don...** today we are honoured to have with us Mr...
-4. *(vislumbrar, escuchar)* to make out; **¿distingues algo?** *(al mirar)* can you see anything?, can you make anything out?; **desde**

aquí no distingo si es ella o no I can't see if it's her or not from here; **podía ~ su voz** I could make out her voice

◇ *vi* to differentiate, to know the difference (**entre** between); **el público distingue entre un buen y un mal tenor** the audience can tell *o* knows the difference between a good and a bad tenor; **estudiando mucho uno aprende a ~** after a lot of study one learns how to discriminate

◆ **distinguirse** *vpr* **-1.** *(destacarse)* to stand out; **distinguirse por algo** to be noted for sth, to stand out for sth; **un automóvil que se distingue del resto por su reducido tamaño** a car that stands out from the rest because of its small size; **una ciudad que se distingue por su limpieza** a city that is noted for its cleanness

-2. *(caracterizarse)* to be characterized (**por** by); **las amapolas se distinguen por su color rojo** poppies are characterized by their red colour

-3. *(vislumbrarse)* to be visible; *(escucharse)* to be audible; **desde tan lejos no se distingue nada** you can't see/hear a thing from so far away

distintivamente *adv* distinctly, clearly

distintivo, -a ◇ *adj (elemento, rasgo, característica)* distinctive; *(señal)* distinguishing

◇ *nm* **-1.** *(señal)* badge **-2.** *(marca)* distinguishing mark *o* characteristic

distinto, -a ◇ *adj* **-1.** *(diferente)* different (**de** *o* **a** from *o* to); **su versión de los hechos era muy distinta** her version of events was very different; **es ~ venir de vacaciones a vivir aquí** coming on *Br* holiday *o US* vacation is different to *o* from living here

-2. *(claro)* clear; **su voz se oía distinta entre las demás** her voice could be clearly heard among the others; **claro y ~** perfectly clear

-3. distintos *(varios)* various; **hay distintos libros sobre el tema** there are various books on the subject; **hay distintas maneras de preparar este plato** there are various different ways of making this dish

◇ *adv* differently; **en este país hacen las cosas ~** they do things differently in this country

distorsión *nf* **-1.** *(de imágenes, sonidos)* distortion ❏ **~ acústica** acoustic distortion; **~ óptica** optical distortion **-2.** *(de palabras)* twisting; *(de hechos, realidad)* distortion, misrepresentation; **en su relato había una clara ~ de los hechos** his account seriously distorted *o* misrepresented the facts

distorsionado, -a *adj* **-1.** *(sonido, imagen)* distorted **-2.** *(relato, interpretación, versión)* distorted, twisted

distorsionador, -ora *adj* **-1.** *(efecto)* distorting **-2.** *(análisis, enfoque, interpretación)* misleading; **una versión distorsionadora de lo que ocurrió en realidad** a misleading version of what actually happened

distorsionar *vt* **-1.** *(imágenes, sonidos)* to distort **-2.** *(palabras)* to twist; *(hechos, realidad)* to distort, to misrepresent; **la prensa distorsionó los hechos** the press distorted *o* misrepresented the facts

distracción *nf* **-1.** *(entretenimiento)* entertainment; *(pasatiempo)* hobby, pastime; **faltan distracciones para los niños** there isn't enough to keep the children entertained; **¿cuál es tu ~ favorita?** what's your favourite pastime?; **la costura/hacer crucigramas le servía de ~** sewing/doing crosswords kept him entertained

-2. *(despiste)* slip; *(falta de atención)* absent-mindedness; **tener una ~** to let one's concentration slip, to be distracted; **la ~ del piloto provocó el accidente** the pilot's lapse in concentration caused the accident

-3. *(malversación)* embezzlement, misappropriation

distraer [66] ◇ *vt* **-1.** *(divertir)* to amuse, to entertain; **lo que más me distrae es el bricolaje** my favourite pastime is do-it-yourself; **les contaba cuentos para distraerlos** he told them stories to keep them entertained

-2. *(despistar)* to distract; **¡no me distraigas, que estoy trabajando!** don't distract me, I'm working!; **tú lo distraes para que yo pueda entrar** you distract his attention so I can get in; **algo distrajo su atención** something distracted her

-3. *(malversar)* to embezzle, to misappropriate

◇ *vi (entretener)* to be entertaining; **la lectura distrae mucho** reading is fun

◆ **distraerse** *vpr* **-1.** *(divertirse)* to enjoy oneself; *(pasar el tiempo)* to pass the time; **¿qué hacen en este pueblo para distraerse?** what do they do in this town for entertainment?; **se distraían jugando al billar** they kept themselves amused by playing pool; **trata de distraerte** try to take your mind off things; **necesita distraerse y trabajar menos** he needs to have some fun and work less

-2. *(despistarse)* to let one's mind wander; **no te distraigas y haz los deberes** don't get distracted and do your homework; **en este trabajo no puedes distraerte ni un momento** in this job you can't take your mind off what you're doing for a second; **este niño se distrae con una mosca** this child can't concentrate for two seconds

distraídamente *adv* absent-mindedly

distraído, -a ◇ *adj* **-1.** *(entretenido) (libro)* readable; *(programa, de TV, película)* watchable; *(persona)* amusing, entertaining; **una tarde/conversación distraída** quite a nice afternoon/conversation; **pasamos un rato muy ~ jugando a las cartas** we had a good time playing cards; **los niños estaban muy distraídos con los dibujos animados** the children were very involved in the cartoons

-2. *(despistado)* **ser ~** to be absent-minded; **es un tipo muy ~** he's a very absent-minded guy; **estar ~** to be distracted; **estaba ~ y me quitaron la maleta** I wasn't paying attention *o* I let my attention wander and I had my suitcase stolen; **lo siento, estaba ~, ¿qué decías?** sorry, I was miles away; what were you saying?; **siempre va ~** he always has his head in the clouds

-3. *Chile, Méx (desaliñado)* ragged, shabby

◇ *nm,f* **ser un ~** to have one's head in the clouds

distraigo *etc ver* **distraer**

distribución *nf* **-1.** *(reparto, división)* distribution; **una ~ bastante desigual de los beneficios** a rather uneven distribution of the profits ❏ **~ ecológica** ecological distribution; **~ de premios** prizegiving; **~ de la riqueza** distribution of wealth; **~ de tareas** assignment of duties; **~ del trabajo** division of labour

-2. *(de mercancías, películas)* distribution; **~ comercial** commercial distribution

-3. *(de casa, habitaciones, mobiliario)* layout

-4. *(en estadística)* distribution ❏ **~ binomial** binomial distribution; **~ normal** normal distribution

-5. TEC timing gears

distribucionalismo *nm* LING distributional analysis, distributionalism

distribucionalista LING ◇ *adj* distributional

◇ *nmf* distributionist

distribuidor, -ora ◇ *adj (entidad)* wholesale; **una red distribuidora** a distribution network

◇ *nm,f* **-1.** *(repartidor)* deliveryman, *f* deliverywoman **-2.** *(firma)* wholesaler, supplier; *(de películas)* distributor

◇ *nm* **-1.** *(máquina de tabaco, bebidas)* vending machine; *(cajero automático)* cash dispenser *o* machine **-2.** *(habitación)* = lobby *o* small room leading to other rooms **-3.** AUT distributor

distribuidora *nf (firma)* wholesaler, supplier; *(de películas)* distributor

distribuir [34] ◇ *vt* **-1.** *(repartir) (dinero, alimentos, medicamentos)* to distribute, to hand out; *(carga, trabajo)* to spread; *(pastel, ganancias)* to divide up; *(correo)* to deliver; **distribuyen comida entre los pobres** they give out food to the poor, they distribute food among the poor; **~ propaganda por los buzones** to deliver advertising leaflets through *Br* letter boxes *o US* mailboxes; **~ la riqueza más justamente** to share out *o* distribute wealth more justly; **~ el trabajo/las tareas** to divide up *o* share out the work/the tasks; **trata de ~ bien tu tiempo** try to manage your time carefully

-2. COM *(mercancías, productos, películas)* to distribute; **una empresa que distribuye material de papelería** a firm distributing stationery materials

-3. *(disponer)* **una casa muy bien distribuida** a house with a very nice layout; **nos distribuyeron en grupos de cinco** they divided *o* split us into groups of five; **distribuyó los libros por temas** she arranged the books by topic

◆ **distribuirse** *vpr* **-1.** *(repartirse)* **nos distribuimos las tareas domésticas** we share the household chores; **las ganancias se distribuirán entre los accionistas** the profits will be divided up *o* shared out among the shareholders

-2. *(colocarse)* to spread out; **los policías se distribuyeron alrededor del edificio** the police surrounded *o* ringed the building; **los alumnos se distribuyeron en pequeños grupos** the pupils divided up into small groups

distributivo, -a *adj* **-1.** *(que distribuye)* distributive **-2.** MAT distributive **-3.** GRAM distributive

distribuyo *etc ver* **distribuir**

distrital *adj Am* district; **las autoridades distritales** the district authorities

distrito *nm* district; **el fiscal del ~** *US* district attorney, *Br* public prosecutor ❏ **~ electoral** electoral district; ***Distrito Federal*** *(en México)* Federal District (= Mexico City); *(en Venezuela)* Federal District (= Caracas); **~ municipal** *Br* borough, *US* ward; **~ postal** *(número)* postal code

distrofia *nf* dystrophy ❏ MED **~ muscular** muscular dystrophy

disturbio *nm (altercado)* disturbance; *(violento)* riot; **se produjeron disturbios aislados** there were isolated outbreaks of violence; **disturbios callejeros** street disturbances, rioting; **~ racial** race riot

disuadir *vt* to dissuade, to deter (**de** from); **lograron disuadirle de la idea** they managed to dissuade her from the idea; **no pudimos disuadirle de que fuera** we couldn't dissuade him from going, we couldn't talk him out of going; **hablando con ella la disuadieron de seguir bebiendo** they managed to talk her out of having any more to drink

disuasión *nf* deterrence; **tiene gran capacidad de ~** he's very good at talking people out of things; **política de ~** policy of deterrence

disuasivo, -a, disuasorio, -a *adj* deterrent; **empleó un tono ~ con ellos** she employed a discouraging tone with them; **armas disuasivas** *o* **disuasorias** deterrent weapons; **elemento ~** deterring factor; **tomar medidas disuasivas** *o* **disuasorias** to take measures meant to act as a deterrent

disuelto, -a *participio ver* **disolver**

disuelva *etc ver* **disolver**

disulfuro *nm* QUÍM disulphide

disyunción *nf* disjunction

disyuntiva *nf* straight choice; **verse en** *o* **estar ante la ~ de hacer una cosa u otra** to be faced with a straight choice between doing one thing or another

disyuntivo, -a *adj* GRAM disjunctive

disyuntor *nm* ELEC circuit breaker

dita *nf CAm, Chile (deuda)* debt

ditirambo *nm* **-1.** LIT dithyramb **-2.** *Formal (elogio exagerado)* panegyric, eulogy

DIU [diu] *nm (abrev de dispositivo intrauterino)* IUD, coil

diuca *nf* diuca finch

diuresis *nf inv* MED diuresis

diurético, -a ◇ *adj* diuretic
◇ *nm* diuretic

diurno, -a *adj (de día)* daytime; *(planta, animal)* diurnal; **horas diurnas** daytime *o* daylight hours; **un tren ~** a daytime train

divagación *nf* digression

divagar [38] *vi* to ramble; **deja ya de ~ y ve al grano** stop rambling and get to the point; **cuando se pone a ~ no hay quien lo aguante** he's unbearable when he starts to ramble on

diván *nm (sofá)* divan; *(de psiquiatra)* couch

divergencia *nf* **-1.** *(de líneas)* divergence **-2.** *(de opinión)* difference of opinion; **surgieron divergencias en la jefatura del partido** differences of opinion emerged among the party leadership; **tenemos nuestras divergencias** we have our differences (of opinion)

divergente *adj* **-1.** *(líneas, rayos, calles)* divergent, diverging; **sus vidas siguieron caminos divergentes** their lives took separate paths **-2.** *(opiniones, posturas, gustos)* different, differing

divergir [24] *vi* **-1.** *(líneas, rayos, calles)* to diverge **-2.** *(opiniones, posturas, gustos)* to differ (**en** on); **sus posturas divergían bastante** their views differed considerably

diversidad *nf* diversity; **hay gran ~ cultural en la sociedad americana** there is great cultural diversity in American society; **le ofrecemos una enorme ~ de productos** we offer an enormous variety *o* range of products; **~ de opiniones** variety of opinions ❑ **~ biológica** biological diversity

diversificación *nf* diversification

diversificar [59] ◇ *vt* to diversify; **debemos ~ la producción/nuestros servicios** we should diversify production/our services
◆ **diversificarse** *vpr* to diversify

diversión *nf* **-1.** *(pasatiempo)* entertainment, amusement; **mi ~ favorita es el cine** my favourite pastime is going to the movies; **la ciudad ofrece gran variedad de diversiones** the city offers a great variety of entertainment
-2. *(hecho de divertirse)* enjoyment; **hacer algo por ~** to do sth for enjoyment *o* fun; **tuvimos un rato de ~** we had a bit of fun; **un poco de ~ no nos vendría mal** we could do with a bit of fun

diverso, -a *adj* **-1.** *(diferente)* different; **una producción literaria muy diversa** an extremely varied literary output; **el zoo cuenta con especies de lo más ~** the zoo has all sorts of species **-2. diversos** *(varios)* several, various; **no pude asistir por diversas razones** I couldn't attend for a number of reasons

divertido, -a *adj* **-1.** *(entretenido) (película, libro)* entertaining; *(fiesta)* enjoyable; **la fiesta fue de lo más ~** it was such an enjoyable party **-2.** *(gracioso) (persona, chiste)* funny, amusing; **es un chico muy ~** he's a very funny *o* amusing boy; **encontraba ~ aquel entusiasmo pueril** I found this childish enthusiasm amusing **-3.** *Andes, Arg, Guat (achispado)* tipsy

divertimento *nm* **-1.** *(novela, película)* entertainment, divertissement **-2.** MÚS divertimento

divertimiento *nm* entertainment, amusement

divertir [62] ◇ *vt (entretener)* to entertain, to amuse; **divertía a sus invitados contando chistes** she entertained her guests by telling jokes; **leer es lo único que me divierte** reading is my only distraction; **nos divertía bastante su carácter gruñón** his grumpiness amused us a lot
◆ **divertirse** *vpr* to enjoy oneself; **se divierte con cualquier cosa** she's easily amused; **me divierto mucho contigo** I enjoy being with you, I have a good time when I'm with you; **se divirtieron muchísimo en la excursión** they had a great time on the trip, they really enjoyed the trip; **hacer el vándalo es su manera de divertirse** being a vandal is his way of amusing himself *o* his idea of fun; **¡que te diviertas!** have a nice time!, enjoy yourself!

dividendo *nm* **-1.** MAT dividend **-2.** FIN dividend; **cobrar/repartir dividendos** to be paid/distribute dividends; **dar/obtener dividendos** to pay/receive dividends ❑ **~ en acciones** dividends in shares *o* stocks; **~ acumulado** accumulated dividends; **~ complementario** final dividend; **~ a cuenta** interim dividend

dividido, -a *adj* divided

dividir ◇ *vt* **-1.** *(separar)* to divide (**en** into); *(átomo)* to split (**en** into); **dividió la hoja en tres partes** she divided the page into three parts; **dividió a los alumnos en grupos de cinco** he split *o* divided the pupils into groups of five; **el río divide en dos la ciudad** the river divides *o* splits the city in two
-2. *(repartir)* to share out (**entre** among); **el resto de los beneficios fue dividido entre los empleados** the rest of the profits were shared out *o* divided among the employees; **dividimos las tareas domésticas entre todos** we shared the household chores between all of us
-3. *(desunir)* to divide; **un asunto que tiene dividida a la comunidad científica** an issue that has divided the scientific community; **el testamento dividió a los hermanos** the will set the brothers against one another
-4. *(en matemáticas)* to divide; **~ 12 entre 3** divide 12 by 3; **15 dividido entre** *o* **por 3 igual a 5** 15 divided by 3 is 5
◇ *vi (en matemáticas)* to divide; EXPR **divide y vencerás** divide and rule
◆ **dividirse** *vpr* **-1.** *(separarse)* to divide, to split (**en** into); *(átomo)* to split; **al llegar aquí el sendero se divide en dos** when you get here the path splits into two; **se dividieron en dos grupos** they split into two groups
-2. *(constituirse, estar integrado)* **el oído se divide en tres partes** the ear is made up of three parts; **su obra pictórica se divide en varias épocas** his painting falls into several periods
-3. *(repartirse)* to split (up), to divide (up); **nos dividimos el botín** we split *o* divided (up) the loot between us

divierto *etc ver* **divertir**

divieso *nm* MED boil

divinamente *adv Fam (estupendamente)* **en esta terraza se está ~** it's heavenly on this terrace; **jugó ~** he played like a dream

divinidad *nf* **-1.** *(dios)* divinity, god; **una ~ griega** a Greek god/goddess **-2.** *(naturaleza divina)* divinity

divinizar *vt* **-1.** *(hacer dios)* to deify **-2.** *(idealizar)* to deify

divino, -a *adj* **-1.** *(de Dios, de los dioses)* divine; EXPR **habló de lo ~ y lo humano** he talked about everything under the sun **-2.** *Fam (estupendo)* divine, heavenly; **una casita divina** a darling little house

divirtiera *etc ver* **divertir**

divisa *nf* **-1.** *(moneda)* foreign currency; **la principal fuente de divisas** the main source of foreign currency; **fuga de divisas** flight of capital; **una ~ fuerte** a strong currency; **una ~ débil** a soft *o* weak currency ❑ **~ convertible** convertible currency; **~ de reserva** reserve currency
-2. *(distintivo)* emblem
-3. *(lema)* motto
-4. TAUROM = ribbons which identify the farm from which a bull comes

divisar *vt* to spy, to make out; **divisó un barco en la lejanía** he could make out a ship in the distance; **el Everest se divisaba en la distancia** Everest could be made out in the distance

divisibilidad *nf* divisibility

divisible *adj* divisible (**por** by)

división *nf* **-1.** *(repartición)* division; *(partición)* splitting up; *(de átomo)* splitting; **hablaron sobre la ~ de la herencia** they talked about how the inheritance was to be divided ❑ **~ de poderes** separation of powers; **~ del trabajo** division of labour
-2. *(diversidad)* **hubo ~ de opiniones** opinion was divided; **aquí hay ~ de gustos musicales** people have different tastes in music here
-3. *(desunión)* division; **hay mucha ~ en el partido** the party is very divided, there's a lot of division in the party
-4. *(departamento)* division, department; **la ~ comercial de la empresa** the firm's commercial department *o* division
-5. *(matemática)* division
-6. *(militar)* division ❑ **~ acorazada** armoured division
-7. *(deportiva)* division; **primera/segunda ~** first/second division; **bajar a segunda ~** to be demoted to the second division ❑ **la ~ de honor** the first division, *Br* ≃ the Premier League

divisional *adj* divisional

divisionismo *nm* ARTE divisionism

divismo *nm Pey* **están hartos de su ~** they're sick of the way she acts like a prima donna

divisor *nm* MAT divisor

divisoria *nf (línea)* dividing line; *(de terreno de juego)* halfway line ❑ **~ de aguas** watershed

divisorio, -a *adj* dividing; **línea divisoria** dividing line

divo, -a *nm,f* **-1.** MÚS *(mujer)* diva, prima donna; *(hombre)* opera singer **-2.** *(celebridad)* star; *Fam* **ir de ~** to give oneself airs

divorciado, -a ◇ *adj* **-1.** *(persona, pareja)* divorced; **soy *o* estoy ~** I'm divorced **-2.** *(desligado)* **~ de** divorced from; **políticas divorciadas de la realidad del país** policies divorced from the reality of the country
◇ *nm,f* divorcé, *f* divorcée

divorciar ◇ *vt* **-1.** *(persona, pareja)* to divorce **-2.** *(desligar)* to divorce
◆ **divorciarse** *vpr* to get divorced (**de** from); **decidí divorciarme de él** I decided to get divorced from him, I decided to divorce him; **sus padres se han divorciado hace poco** his parents (got) divorced recently

divorcio *nm* **-1.** *(separación)* divorce; **una demanda de ~** a divorce petition; **conceder el ~ a alguien** *(juez)* to grant sb a divorce; *(pareja)* to give sb a divorce; **emprender los trámites de ~** to start divorce proceedings; **pedir el ~ a alguien** to ask sb for a divorce
-2. *(diferencia)* divergence; **el ~ entre las ideologías de los dos partidos** the divergence between the ideologies of the two parties; **el ~ entre patronal y sindicatos es total** there's an unbridgeable gulf between management and unions; **el ~ existente entre la ley y su aplicación práctica** the gulf which exists between the letter of the law and the way it is applied in practice
-3. *Col (cárcel)* women's jail

divulgación *nf* **-1.** *(de noticia, rumor)* spread, spreading **-2.** *(de cultura, ciencia, doctrina)* popularization; **ha escrito varias obras de ~** she has written several books aimed at the educated layperson; **una obra de ~ científica** a work of popular science

divulgador
, -ora ◇ *adj* informative, popularizing; **el poder ~ de la televisión** the informative power of television; **una serie de carácter ~** an informative TV series
◇ *nm,f* **fue el mayor ~ de la ópera francesa** he was the leading figure in French opera; **el ~ más importante de las ideas monetaristas** the person who has done most to make monetarist ideas more widely known

divulgar [38] ◇ vt **-1.** *(noticia, rumor)* to spread, to circulate; **la radio divulgó la noticia** the radio announced *o* broke the news **-2.** *(cultura, ciencia, doctrina)* to popularize

◆ **divulgarse** vpr **-1.** *(noticia, rumor)* to spread, to circulate; **la noticia se divulgó con rapidez** the news spread *o* circulated quickly **-2.** *(cultura, ciencia, doctrina)* to spread; **sus ideas se divulgaron por todo el mundo** their ideas spread throughout the world

divulgativo, -a *adj* informative, popularizing; **obras/programas de carácter ~** informative works/programmes

dizque *adv Andes, Carib, Méx Fam* **-1.** *(aparentemente)* apparently; **~ se lo encontró aparently** she found it; **~ van a poner un hospital aquí** apparently they're going to put a hospital here
-2. *Irónico (supuestamente)* supposedly; **la Armada ~ Invencible** the supposedly invincible Spanish Armada; **se fueron ~ para no molestarnos** they left so as not to bother us, according to them

DJ ['dijei] *nmf Fam (abrev de disc jockey)* DJ
d. J.C. *(abrev de después de Jesucristo)* AD
dl *(abrev de decilitro)* dl
Dls, dls *Am (abrev de dólares)* dols
dm *(abrev de decímetro)* dm
DNA *nm (abrev de ácido desoxirribonucleico)* DNA
DNI *nm (abrev de documento nacional de identidad)* ID card
Dniéper *nm* **el ~** the Dnieper
Dña. *(abrev de doña) (con nombre)* **Dña. María Rey** *o* **Dña. María** *(casada)* Mrs Rey, Mrs Maria Rey; *(soltera)* Miss Rey; *(sin especificar)* Ms Rey
DO *(abrev de Denominación de Origen)* = certification that a product (e.g. wine) comes from a particular region and conforms to certain quality standards
do[1] *nm (nota musical)* C; *(en solfeo)* doh; **en do mayor/menor** in C major/minor; **do bemol/sostenido** C flat/sharp; **do de pecho** high *o* top C; EXPR *Fam* **dar el do de pecho** to pull out all the stops, to go for broke; **tendrás que dar el do de pecho para aprobar** you'll need to pull out all the stops to pass
do[2] *adv Arcaico* where
dóberman *nm* Doberman (pinscher)
dobladillo *nm (de traje, vestido)* hem; *(de pantalón) Br* turn-up, *US* cuff; **subir/bajar el ~ de un vestido** to take up/lower the hem on a dress
doblado, -a *adj* **-1.** *(papel, camisa)* folded **-2.** *(voz, película)* dubbed
doblador, -ora *nm,f (de película)* dubber
◇ *nm Guat (de tabaco)* = maize husk for rolling tobacco
dobladura *nf* fold, crease
doblaje *nm* dubbing

DOBLAJE

In Spain, most non-Spanish-language movies and TV series are dubbed instead of having subtitles. Many say this is for historical or political reasons, as it allowed the state censor during the Franco era to have a large degree of control over the dialogue content. As a result of this, today there are many highly professional dubbing actors and actresses, but on the other hand the Spanish public have had little exposure to the sound of other languages on TV and at the movies. Only a small minority of Spanish people go to movie houses where movies are shown in their original language. Dubbing is also widely used in Latin America, but the dubbing is usually done in California.

doblar ◇ vt **-1.** *(duplicar)* to double; **dobló la apuesta** he doubled the bet; **su padre le dobla la edad** *o* **en edad** his father is twice his age
-2. *(plegar)* to fold; **dobla bien tu ropa** fold your clothes carefully; **dobla los bajos del pantalón hacia dentro** fold the hems of your *Br* trousers *o US* pants up inside
-3. *(torcer)* to bend; **doble el brazo, por favor** bend your arm, please; EXPR **~ el espinazo** *(someterse)* to bend the knee
-4. *(esquina)* to turn, to go round; **al ~ la esquina** when you turn the corner
-5. *(actor) (con la voz)* to dub; *(en escena)* to stand in for; **~ una película al español** to dub a film into Spanish
-6. *(corredor)* to lap
◇ vi **-1.** *(girar)* to turn; **dobla en la primera a la derecha** take the first right
-2. *(campanas)* to toll
-3. *(toro)* to collapse *(after receiving the bullfighter's sword thrust)*

◆ **doblarse** vpr **-1.** *(duplicarse)* to double
-2. *(someterse)* **doblarse a** to give in to
-3. *(plegarse)* to fold
-4. *(torcerse)* to bend
-5. *(de dolor, risa)* to double up
-6. *(en coche)* **doblarse a** to put down a double

doble ◇ *adj* double; **tiene ~ número de habitantes** it has double *o* twice the number of inhabitants; **un café ~** a large coffee; **un whisky ~** a double whisky; **la blanca/el seis ~** *(en dominó)* double blank/six; **es ~ de ancho** it's twice as wide; **una frase de ~ sentido** a phrase with a double meaning; **una calle de ~ sentido** a two-way street; EXPR **jugar un ~ juego** to play a double game ❑ *Esp* **~ acristalamiento** double glazing; **~ falta** *(en tenis)* double fault; **~ fondo** false bottom; **~ hélice** double helix; **~ moral** double standards; **~ nacionalidad** dual nationality; **~ negación** double negative; **~ pareja** *(en póquer)* two pairs; **~ personalidad** split personality; **~ sentido** double meaning; **~ techo** *(de tienda de campaña)* flysheet; **~ ventana** secondary glazing
◇ *nmf (persona parecida)* double; *(en cine)* stand-in; **buscan a un ~ de Groucho Marx** they're looking for a Groucho Marx lookalike; **esa chica es tu ~** that girl is your double
◇ *nm* **-1.** *(duplo)* **el ~** twice as much/many; **8 es el ~ de 4** 8 is twice 4; **es el ~ de alto que su hijo** he's twice as tall as his son; **gana el ~ que yo** she earns twice as much as I do; **ponme el ~ de tónica que de ginebra** give me twice as much tonic as gin; **la gasolina subió el ~ en un año** the price of *Br* petrol *o US* gas doubled in a year; **el ~ de gente** twice as many people; **~ o nada** double or quits
-2. *(en tenis) (pareja)* doubles pair; **el ~ formado por Evert y Williams** the Evert and Williams doubles pair; **dobles** *(modalidad)* doubles ❑ **dobles femeninos** women's doubles; **dobles masculinos** men's doubles; **dobles mixtos** mixed doubles
-3. *(en baloncesto)* **dobles** double dribble; **hacer dobles** to double-dribble
-4. *Fam (de cerveza)* = tall glass of beer
◇ *adv* double; **trabajar ~** to work twice as hard; EXPR *Fam* **ver ~** to see double

doblegar [38] ◇ vt *(someter)* to bend, to cause to give in; **era imposible ~ a todo un pueblo** it was impossible to crush a whole people; **no lograron ~ su voluntad** they failed to break his will

◆ **doblegarse** vpr *(someterse)* to give in, to yield (**ante** to); **no se doblegaba ante nada** she wouldn't give in to anything

doblemente *adv (dos veces, por dos razones)* doubly; **estamos ~ contentos** we're doubly content

doblete *nm* **-1.** DEP double; **hacer el ~** to do the double **-2.** TEATRO **hacer ~** *(actor)* to play two roles *o* parts **-3.** LING doublet

doblez ◇ *nm (pliegue)* fold, crease; **hacer un ~ a algo** to fold sth; **hazle un ~ por la mitad** fold it in half
◇ *nm o nf (falsedad)* deceit, duplicity; **actúa siempre con ~** he's always deceitful

doblón *nm* doubloon

doc. *(abrev de documento)* doc.

doce *núm* twelve; **las ~ del mediodía** noon, twelve o'clock midday; **las ~ de la noche** midnight, twelve o'clock at night; **las ~ campanadas** the bells *(at New Year)*; *ver también* **tres**

doceavo, -a *núm (fracción)* twelfth; **un ~, la doceava parte** a twelfth

docena *nf* dozen; **a docenas** by the dozen; **media ~ de niños** half a dozen children; **una ~ de huevos** a dozen eggs

docencia *nf* teaching; **se dedica a la ~** *(es profesor)* he's a teacher

docente ◇ *adj* teaching; **la carrera ~ está muy desprestigiada** a teaching career no longer has the status it once had; **centro ~** educational institution; **personal ~** teaching staff
◇ *nmf* teacher

dócil *adj* **-1.** *(animal, niño)* obedient; *(persona)* docile, tractable; **es un caballo muy ~** he's a very docile *o* gentle horse; **no deberías ser tan ~** you shouldn't be so submissive *o* compliant **-2.** *(cabello)* manageable

docilidad *nf* obedience

dócilmente *adv* obediently

doctamente *adv* learnedly

docto, -a *adj* **-1.** *(persona)* learned; **ser ~ en algo** to be well-versed in sth; **necesitas la opinión de alguien ~ en la materia** you need the opinion of an expert on the subject **-2.** *(conferencia, ensayo, revista)* learned

doctor, -ora ◇ *nm,f* **-1.** *(de universidad)* doctor **(en** of**)**; **~ en derecho/psicología (por la Universidad de...)** doctor of law/psychology (from the University of...); EXPR **doctores tiene la Iglesia** there are others more qualified to give an opinion than I am ❑ **honoris causa** honorary doctor; **ser ~ honoris causa (por la Universidad de...)** to have an honorary doctorate (from the University of...)
-2. *(médico)* doctor; **¿es grave, ~?** is it serious, doctor?; **la doctora Piñán le atenderá enseguida** Dr Piñán will see you directly
◇ *nm Am* sir; **¿qué se va a servir, ~?** how can I help you, sir?

doctorado *nm* doctorate; **alumno/curso de ~** doctoral student/course; **hacer/sacarse el ~** to do/get one's PhD *o* doctorate

doctoral *adj* **-1.** *(de doctor universitario)* doctoral **-2.** *Pey (tono, lenguaje)* pompous, pedantic

doctorando, -a *nm,f Formal* doctoral candidate

doctorar ◇ *vt* to confer a doctorate on

◆ **doctorarse** vpr to obtain one's doctorate **(en** in**)**

doctrina *nf* doctrine

doctrinal *adj* doctrinal

doctrinario, -a ◇ *adj* doctrinaire
◇ *nm,f* doctrinaire

docudrama *nm* docudrama

documentación *nf* **-1.** *(identificación) (de persona)* papers, identification; *(de vehículo, cargamento, mercancías)* documents; **muéstreme su ~, por favor** could you show me your identification, please?
-2. *(documentos, información)* information; *(manuales de uso)* documentation
-3. *(técnica, disciplina)* library research skills, documentation; **equipo de ~** *(de programa de TV)* research team

documentado, -a *adj* **-1.** *(informado) (informe, estudio)* well-researched; *(persona)* well-informed; **un periodista muy ~** a very well-informed journalist; **estar bien/mal ~ sobre algo** to be well-informed/ill-informed about sth **-2.** *(con papeles encima)* having identification; **no pudo entrar porque no iba ~** he couldn't get in because he had no identification with him

documental ◇ *adj* **-1.** *(programa, película)* documentary **-2.** *(prueba, demostración)* documentary
◇ *nm* documentary

documentalista *nmf* **-1.** *(en archivo)* archivist **-2.** CINE & TV documentary filmmaker

documentar ⋄ vt (trabajo, ensayo, ponencia) to document; (teoría, hipótesis, afirmación) to document, to provide evidence for; (defensa, acusación, argumentos) to provide evidence for, to back up; **hay abundantes testimonios que documentan este hecho** this fact is supported by abundant documentary evidence
◆ **documentarse** vpr to do research; **hizo la entrevista sin haberse documentado sobre el personaje** she conducted the interview without having done any research on the person; **se documentó antes de escribir el artículo** he read up on the subject before writing the article

documento nm **-1.** (escrito) document ❑ ~ **nacional de identidad** identity card; DER ~ **privado** private document; DER ~ **público** public record o document; DER ~ **de venta** bill of sale
-2. (testimonio) record; **uno de los primeros documentos sonoros que existen** one of the first sound recordings in existence; **estas fotos son un ~ gráfico de incalculable valor** these photos are a visual record of incalculable value
-3. INFORMÁT document; **guárdalo en Mis documentos** save it in My documents

---
DOCUMENTO NACIONAL DE IDENTIDAD

It is mandatory in many Spanish-speaking countries to carry a national identity card, or **Documento Nacional de Identidad** (DNI), showing the bearer's personal details and a photo. In Spain it is also called a **carné**, and all Spanish citizens have to carry one from the age of fourteen. The card is renewed every five or ten years at police stations, and must be shown to police upon demand.

---

dodecaedro nm dodecahedron
dodecafonía nf MÚS twelve-tone system, dodecaphony
dodecafónico, -a adj MÚS twelve-tone
dodecafonismo nm MÚS twelve-tone system, dodecaphony
dodecágono, -a ⋄ adj dodecagonal
⋄ nm dodecagon
Dodecaneso nm **el ~** the Dodecanese
dodecasílabo, -a ⋄ adj twelve-syllable, dodecasyllabic
⋄ nm twelve-syllable line, dodecasyllable
dodotis® nm inv disposable Br nappy o US diaper
dogal nm (para ahorcar) noose
dogma nm **-1.** REL dogma ❑ ~ **de fe** article of faith **-2.** (principio cierto) dogma; **uno de los dogmas del capitalismo** one of the dogmas of capitalism
dogmáticamente adv dogmatically
dogmático, -a adj **-1.** (persona, ideas, postura) dogmatic **-2.** REL dogmatic
dogmatismo nm dogmatism
dogmatizante adj dogmatic
dogmatizar vi to express oneself dogmatically, to pontificate
dogo nm bull mastiff
dólar nm dollar; EXPR Esp Fam **estar montado en el ~** (ser rico) to be rolling in it; EXPR Esp Fam **montarse en el ~** (hacerse rico) to make a pile
dolarización nf dollarization
dolarizar vt to dollarize
dolby® nm inv Dolby®; **grabado con ~** recorded with Dolby®
dolencia nf complaint, ailment; **sufre una grave ~** he's suffering from a serious illness; **una ~ cardíaca/renal** a heart/kidney complaint; **una ~ crónica** a chronic illness
doler [41] ⋄ vi **-1.** (físicamente) to hurt; **me duele la pierna** my leg hurts; **me duele la garganta** I have a sore throat; **me duele la cabeza/el estómago** I have a headache/a stomachache; **me duele todo el cuerpo** I ache all over; **aún me duele el pinchazo que me dieron** I'm still sore from the injection they gave me; **¿te sigue doliendo la herida?** does the wound still hurt?; **¿te duele?** does it hurt?; **no te preocupes, no te va a ~** don't worry, it won't hurt; EXPR Fam **¡ahí le duele!** that has really got to him!; **lo que necesitan es mano dura – ¡ahí le duele!** what they need is a firm hand – you've put your finger on it!
-2. (moralmente) to hurt, to pain; **lo que más me duele es su indiferencia** what hurts o pains me most is her indifference; **me duele ver tanta injusticia** it pains o saddens me to see so much injustice; **me duele tener que decirte esto, pero...** I'm very sorry o I hate to have to tell you this, but...; **le dolió en el alma** it upset her terribly; EXPR **no ~ prendas a alguien: no me duelen prendas en reconocer que me he equivocado** I don't mind admitting I was wrong
◆ **dolerse** vpr **-1.** (físicamente) **se dolía de un oído** she had earache; **estuve todo el verano doliéndome de la rodilla** my knee was hurting me all summer
-2. (moralmente) **dolerse de** o **por algo** (quejarse) to complain about sth; (arrepentirse) to be sorry about sth; **se duele de que nadie se acordara de él** he feels hurt that no one remembered him; **no te duelas por lo que pasó, no es culpa tuya** don't be upset o feel sorry about what happened, it's not your fault

dolido, -a adj hurt, upset; **estar/sentirse ~ (por algo)** to be/feel hurt (by sth), to be/feel upset (about sth); **¿aún sigues ~ por lo que pasó?** are you still upset about what happened?
doliente ⋄ adj **-1.** (enfermo) ill; (dolorido) suffering **-2.** (afligido) sorrowful; **su ~ viuda** his grieving widow
⋄ nmf (pariente del difunto) bereaved relative; **los dolientes** the bereaved relatives, the family of the deceased
dolmen nm dolmen
dolo nm DER **-1.** (fraude) fraud **-2.** (intención deliberada) premeditation; **hacer algo con ~** to do sth with premeditation o wittingly
dolomita nf GEOL dolomite
Dolomitas nmpl **los ~** the Dolomites
dolor nm **-1.** (físico) pain; **un ~ sordo** a dull pain; **¿dónde tienes el ~?** where does it hurt?; **me dio un ~ tremendo en los riñones** I felt a terrible pain in my lower back; **siento un ~ en el costado** I have a pain in my side; **hizo un gesto de ~** she winced with pain; **tengo ~ de huesos/dolores musculares** my bones/muscles ache ❑ ~ **de barriga** bellyache; ~ **de cabeza** headache; ~ **de cabeza**: **¡este niño no nos da más que dolores de cabeza!** that child does nothing but make trouble for us!; ~ **de estómago** stomachache; ~ **de garganta** sore throat; **tener ~ de garganta** to have a sore throat; **dolores menstruales** period pains; ~ **de muelas** toothache; ~ **de oídos** earache; **tener ~ de oídos** to have earache; **dolores del parto** labour pains
-2. (moral) sorrow; **sentir ~ por algo** to feel sorrow at sth; **separarse de su hijo les causó gran ~** being separated from their son was very painful for them; **le comunicó la noticia con gran ~** she told him the news with great sorrow; **lloraba de ~ por su desgracia** she wept with sadness at her misfortune; **su fallecimiento nos llena de ~** his death fills us with sorrow; EXPR **con todo el ~ de mi corazón: la castigué con todo el ~ de mi corazón** it broke my heart to punish her; **tuve que irme de aquella ciudad con todo el ~ de mi corazón** it was heartbreaking for me to have to leave that city
dolorido, -a adj **-1.** (físicamente) sore; **la caída lo dejó muy ~** the fall left him in great pain; **tengo todo el cuerpo ~** I'm aching all over; **tener la pierna/espalda dolorida** to have a sore leg/back **-2.** (moralmente) grieving, sorrowing; **estar ~** to be grieving o sorrowing

dolorosa nf Fam Hum (cuenta) Br bill, US check; **la ~, por favor** what's the damage?
dolorosamente adv painfully
doloroso, -a adj **-1.** (físicamente) painful; **tuvo un parto muy ~** she had a very painful labour **-2.** (moralmente) distressing; **fue una decisión muy dolorosa para mí** it was a very painful decision for me; **tengo un recuerdo ~ de aquella época** I have painful memories of that period; **resulta ~ verlo en ese estado** it's distressing to see him in that state
doloso, -a adj DER fraudulent
dom. (abrev de **domingo**) Sun
doma nf (de animales salvajes) taming; ~ **de caballos** breaking-in of horses; **concurso de ~** (en equitación) dressage competition
domable adj (animal salvaje) tameable; (caballo) breakable
domador, -ora nm,f (de animales salvajes) tamer; ~ **de caballos** Br horsebreaker, US broncobuster; ~ **de leones** lion tamer
domadura nf (de animales salvajes) taming; (de caballos) breaking
domar vt **-1.** (animal salvaje) to tame; (caballo) to break in **-2.** (calzado) to break in **-3.** (personas, pasiones) to control; **es un niño muy difícil de ~** he's a very difficult child to control
domeñar vt Formal (persona, pueblo) to subdue, to bring under control; (deseos, sentimientos) to restrain, to (keep under) control
domesticable adj **animales domesticables** animals which can be tamed o domesticated
domesticación nf domestication
domesticado, -a adj **-1.** (animal) tame, domesticated **-2.** Hum (persona) domesticated, house-trained
domesticar [59] vt **-1.** (animal) to tame, to domesticate **-2.** Hum (persona) to domesticate, to house-train; **su mujer se encargó de domesticarlo** his wife took on the job of domesticating o house-training him
domesticidad nf domesticity
doméstico, -a ⋄ adj **-1.** (tarea, vida, problema) domestic; **las tareas domésticas** housework, (the) domestic chores; **la economía doméstica** housekeeping; **el servicio ~** domestic service; **aparatos/productos de uso ~** appliances/products for domestic o household use **-2.** (animal) domestic
⋄ nm,f (en ciclismo) domestique
domiciliación nf Esp direct debiting; **hizo la ~ del sueldo en su cuenta corriente** he had his salary paid directly into his current account; **pagar mediante ~ (bancaria)** (una cantidad fija) to pay by standing o banker's order; (una cantidad variable) to pay by direct debit
domiciliado, -a adj Esp **tengo el pago del teléfono ~** I pay the phone bill by direct debit; **tengo el sueldo ~ en mi cuenta** I have my salary paid directly into my account
domiciliar ⋄ vt **-1.** Esp (pago) (de una cantidad fija) to pay by standing o banker's order; (de una cantidad variable) to pay by direct debit; ~ **la nómina** o **el sueldo** to have one's salary paid into a bank account **-2.** Méx (carta) to address
◆ **domiciliarse** vpr (persona) to establish residence
domiciliario, -a adj DER **arresto ~** house arrest; **asistente ~** home help; **visita domiciliaria** (de médico) house call
domicilio nm **-1.** (vivienda) residence, home; **uno de nuestros encuestadores visitará su ~** one of our survey interviewers will call on you at your home; DEP **a ~** (en campo contrario) away; **reparto a ~** home delivery; **vender a ~** to sell door-to-door; **la segunda victoria a ~ del Atlético** Atlético's second away win ❑ ~ **conyugal** matrimonial home; ~ **particular** private residence
-2. (dirección) address; **cambio de ~** change of address ❑ ~ **fijo** permanent address; **sin ~ fijo** of no fixed abode; ~ **fiscal**

dominación

registered office; **~ habitual** usual residence; **~ social** registered office -**3.** *(localidad)* residence

dominación *nf* rule, dominion; **territorios bajo la ~ otomana** territories under Ottoman control

dominador, -ora *adj* dominating

dominancia *nf* BIOL dominance

dominante ⬦ *adj* -**1.** *(predominante) (nación, tendencia, característica)* dominant; *(vientos)* prevailing; **el color ~ era el azul** the predominant colour was blue; **la empresa tiene una posición ~ en el sector** the company holds a commanding position in the sector; **lo más ~ en su personalidad es el optimismo** his most striking characteristic is his optimism -**2.** *(persona)* domineering -**3.** BIOL *(gen)* dominant -**4.** MÚS dominant

⬦ *nf* -**1.** *(característica)* predominant feature -**2.** MÚS dominant

dominar ⬦ *vt* -**1.** *(controlar) (país, territorio, pueblo)* to dominate, to rule (over); *(persona, caballo)* to control; *(emociones, nervios)* to control, to keep under control; *(situación)* to be in control of; *(incendio, epidemia)* to bring under control; *(rebelión)* to put down; *(partido)* to dominate; **la guerrilla domina toda esta zona** guerrillas control this entire area; **la policía logró ~ a los alborotadores** the police managed to bring the troublemakers under control; **tiene al marido dominado** she has her husband under her thumb; **era imposible ~ el vehículo** it was impossible to maintain control of the vehicle; **no supo ~ sus nervios** she couldn't control her nervousness; **el equipo local dominó el partido en todo momento** the local team dominated the game from the beginning -**2.** *(sujeto: pasión, nervios, emociones)* to overcome; **lo dominaba el deseo irrefrenable de besarla** he was overcome by an irresistible desire to kiss her -**3.** *(ser experto en) (técnica, tema)* to master; *(lengua)* to be fluent in; **domina a la perfección los temas de contabilidad** he has a perfect mastery of accounting; **domina varias lenguas** she speaks various languages fluently; **ha conseguido ~ el inglés en pocos meses** he managed to acquire a good command of English in a few months; **¡cómo domina el balón!** what great ball control! -**4.** *(divisar)* to overlook; **desde aquí se domina todo Bilbao** you can see the whole of Bilbao from here -**5.** *(destacar por encima de)* to dominate; **el castillo domina el pueblo** the castle dominates the town

⬦ *vi (predominar)* to predominate; **una zona donde domina el voto socialista** an area with a predominantly socialist vote

◆ **dominarse** *vpr* to control oneself

dómine *nm* HIST Latin teacher

domingas *nfpl muy Fam* boobs, knockers

domingo *nm* Sunday; **ponerse la ropa de ~** to put on one's Sunday best ❏ **Domingo de Pascua** Easter Sunday; **Domingo de Pentecostés** Whit Sunday; **Domingo de Ramos** Palm Sunday; **Domingo de Resurrección** Easter Sunday; *ver también* **sábado**

dominguero, -a *Fam Pey* ⬦ *adj* **excursionistas domingueros** Sunday trippers

⬦ *nm,f (conductor)* Sunday driver; **el pueblo se llena de domingueros** the town gets packed with clueless day-trippers

Dominica *n* Dominica

dominical ⬦ *adj* Sunday; **excursión/suplemento ~** Sunday outing/supplement

⬦ *nm (suplemento)* Sunday supplement

dominicano, -a ⬦ *adj* Dominican

⬦ *nm,f* Dominican

dominico, -a REL ⬦ *adj* Dominican

⬦ *nm,f* Dominican

dominio *nm* -**1.** *(dominación)* control (**sobre** over); **la guerrilla tiene el ~ sobre esta zona** this area is under guerrilla control; **territorios bajo ~ romano** territory under Roman rule; **tenía al partido bajo su absoluto ~** he had the party under his absolute control; **el ~ del partido correspondió al equipo visitante** the visiting team had the best of the match; **en ningún momento perdió el ~ de la situación** at no time did he lose control of the situation; **trata de mantener el ~ de ti mismo** try to keep control of yourself -**2.** *(territorio)* domain; **un antiguo ~ portugués** a former Portuguese territory *o* colony; **la caza estaba prohibida en sus dominios** hunting was forbidden on his land *o* domain -**3.** *(ámbito)* realm, field; **temas que pertenecen al ~ de la cibernética** topics relating to the field of cybernetics; **entramos en los dominios de la ciencia ficción** we are entering the realms of science fiction -**4.** *(conocimiento) (de arte, técnica)* mastery; *(de idiomas)* command; **su ~ del tema** his mastery of the subject; **tiene un buen ~ del pincel** she has a good command of the brush; **para el puesto requerimos ~ de al menos dos lenguas** the post requires mastery of at least two languages; **tiene un gran ~ del balón** he has great ball control; EXPR **ser de ~ público** to be public knowledge; **era de ~ público que vivían separados** it was common *o* public knowledge that they were living apart -**5.** INFORMÁT domain ❏ **~ público** public domain -**6.** DER *(propiedad)* ownership, domain

dominó *nm* -**1.** *(juego)* dominoes *(singular)*; **jugar al ~** to play dominoes -**2.** *(fichas)* set of dominoes

domo *nm (cúpula)* dome, cupola

domótica *nf* home automation

dompedro *nm (flor)* morning glory

Don *nm* **el ~** the Don

don¹ *nm* -**1.** *(tratamiento)* Mr; **~ Andrés Iturbe** Mr Andrés Iturbe; *(en cartas)* Mr Andrés Iturbe, Andrés Iturbe Esquire; **~ Andrés** Mr Iturbe -**2.** *Irónico (para calificar)* Mr; **eres ~ preocupaciones, olvídate ya** you're a professional worrier, aren't you? just forget about it; **~ perfecto** Mr Perfect, God's gift; EXPR *Fam* **ser un ~ nadie** to be a nobody -**3.** *Am (sin nombre)* **¿qué va a llevar hoy, ~?** what will you have today, *Br* guv *o US* pal?

don² *nm* -**1.** *(habilidad)* gift; **tiene un ~ especial con los niños** he has a special gift for dealing with children; **tiene un ~ para los idiomas** she has a flair *o* gift for languages; **tener el ~ de la palabra** *(cualidad humana)* to have the gift of speech; *(de orador)* to be a gifted speaker; *Irónico* **tienes el ~ de la oportunidad** you have a gift for putting your foot in it ❏ **~ de gentes** ability to get on well with people; **necesitamos una persona con ~ de gentes** we need someone who is good with people; **tener ~ de gentes** to have a way with people; **~ de mando** leadership qualities -**2.** *Literario (regalo)* gift

dona *nf CAm, Méx* doughnut

donación *nf* donation; **~ de sangre/órganos** blood/organ donation; **hacer ~ de algo a alguien** to donate sth to sb; **hizo ~ de varios de sus cuadros al museo** he donated several of his paintings to the museum

donador, -ora *nm,f (de sangre, órgano)* donor; DER & ECON *(de bienes, capital)* donator, donor

donaire *nm Literario* -**1.** *(al expresarse)* wit; **contestó con mucho ~** he replied wittily -**2.** *(al andar, moverse)* grace; **bailaban con gran ~** they danced very gracefully

donante *nmf* -**1.** *(que dona)* donor ❏ **~ de órganos** organ donor; **~ de sangre** blood donor -**2.** ARTE donor

donar *vt (bienes, capital)* to donate, to gift; *(órganos)* to donate; **~ sangre** to give blood

donatario, -a *nm,f* DER *(de bienes, capital)* donee, *US* donatee

donativo *nm* donation; **dar** *o* **hacer un ~ a alguien** to give *o* make a donation to sb

doncel *nm* -**1.** HIST *(joven noble)* page -**2.** *Literario (muchacho)* youth -**3.** *(pez)* goldsinny

doncella ⬦ *nf* -**1.** *(sirvienta)* maid -**2.** *Literario (chica joven)* maiden, damsel -**3.** *Arcaico (muchacha virgen)* maiden, maid -**4.** *(pez)* rainbow wrasse

⬦ *adj Literario (virgen)* **quería conservarse ~** she wished to remain a virgin

doncellez *(pl* **doncelleces)** *nf Arcaico (virginidad)* virginity

donde

> **donde** combines with the preposition **a** to form **adonde** when following a noun, pronoun or adverb expressing location (e.g. **el sitio adonde vamos** the place where we're going; **es allí adonde iban** that's where they were going).

⬦ *adv* where; **la casa ~ nací** the house where I was born; **el bolso está ~ lo dejaste** the bag is where you left it; **allí ~ va, causa problemas** he causes trouble wherever he goes; **vayan ~ vayan, siempre tienen éxito** wherever they go, they're always successful; **puedes ir ~ quieras** you can go wherever you want; **de ~** *(de lo cual)* from which; **de ~ se deduce que estás equivocado** from which it can be concluded that you're wrong; **la ciudad de ~ viene** the town (where) she comes from, the town from which she comes; **desde ~ estábamos no se veía el escenario** you couldn't see the stage from where we were; **el hotel en ~ nos alojamos** the hotel where we're staying, the hotel at which we're staying; **el pueblo hacia ~ nos dirigíamos** the town we were heading for, the town for which we were heading; **tienes que correr hasta ~ está la valla** you have to run as far as the fence, you have to run up to where the fence is; **llegaré hasta ~ pueda** I'll get as far as I can; **iré por ~ me manden** I'll go wherever they send me; **la puerta por ~ entró** the door she came in through, the door through which she came in

⬦ *prep* -**1.** *(al lugar de)* **ve ~ la tienda y espérame allí** go and wait for me at the shop; **ve ~ papá y dile que nos vamos** *(al lugar en que está)* go over to dad's and tell him that we're going; *(a su casa)* go over to dad's and tell him that we're going -**2.** *(en el lugar de)* **está ~ mi madre** she's at my mother's; **eso está ~ la fábrica de harina** it's by the flour mill

dónde

> **dónde** can combine with the preposition **a** to form **adónde** (e.g. **¿adónde vamos?** where are we going?).

⬦ *adv* where; **¿~ está el niño?** where's the child?; **no sé ~ se habrá metido** I don't know where she can be; **dime ~ lo has escondido** tell me where you've hidden it; **¿~ me llevas?** where are you taking me (to)?; **¿adónde vas?** where are you going?; **¿de ~ eres?** where are you from?; **¿de ~ has sacado esa corbata?** where on earth *o* wherever did you get that tie?; **¿desde ~ se ve mejor?** where do you get the best view from?; **¿en ~ cenas normalmente?** where do you normally go for dinner?; **¿hacia ~ vas?** where are you heading?; **¿por ~?** whereabouts?; **¿por ~ se va al teatro?** how do you get to the theatre from here?; **¿por ~ has entrado?** where did you come in?; EXPR **mira por ~: mira por ~, hemos estado discutiendo sobre el tema recientemente** you'll never believe it, but we were discussing the subject only recently; **mira por ~, este regalo me hacía mucha falta** funnily enough, this present is just what I needed

◇ nm **quiero saber el ~ y el cuándo** I want to know the time and the place

dondequiera adv ❯ **que** wherever; **~ que se esconda, lo encontrarán** wherever o no matter where he hides, they will find him

dondiego nm (planta) **~ (de noche)** marvel of Peru, four-o'clock

donjuán, don Juan nm Fam Casanova, Don Juan

donjuanesco, -a adj Fam womanizing

donosamente adv Literario **-1.** (expresarse) wittily **-2.** (moverse, caminar) gracefully

donoso, -a adj Literario **-1.** (al expresarse) witty **-2.** (al moverse, caminar) elegant, poised

donostiarra Esp ◇ adj of/from San Sebastián (Spain)
◇ nmf person from San Sebastián (Spain)

donosura nf Literario (porte) poise

dónut® (pl **dónuts**) nm doughnut

doña nf **-1.** (con nombre) **~ María** o **~ María Rey** (casada) Mrs Rey; (soltera) Miss Rey; (sin especificar) Ms Rey **-2.** Irónico (para calificar) Miss; **eres ~ preocupaciones, olvídate ya** you're Miss Worrier, just forget about it; **~ perfecta** little Miss Perfect **-3.** (sin nombre) madam; **¿qué va a llevar hoy, ~?** what would you like today, Br love o US lady?

Doñana n (**el Coto de**) **~** Doñana National Park, = nature reserve in marshlands on the southern Spanish coast, near Cadiz

dopa nf BIOQUÍM dopa

dopado, -a adj **sancionaron a los deportistas dopados** those athletes who had taken drugs were punished

dopaje nm (de deportistas) doping, using performance-enhancing drugs; **el control de ~** the drug test

dopamina nf BIOQUÍM dopamine

dopar ◇ vt (deportista) to dope, to give performance-enhancing drugs to
◆ **doparse** vpr (deportista) to take performance-enhancing drugs

doping ['dopin] (pl **dopings**) nm (de deportistas) doping, using performance-enhancing drugs; **tres dopings positivos** three positive drug tests

doquier adv **por ~** everywhere

dorada nf (pez) gilt-head

dorado, -a ◇ adj **-1.** (de color de oro) golden **-2.** (de esplendor) golden; **la edad dorada de la ópera italiana** the golden age of Italian opera
◇ nm **-1.** (parte dorada) gilt; **limpiar los dorados** to clean the brass fittings **-2.** MITOL **el Dorado** El Dorado

dorador, -ora nm,f gilder

dorar ◇ vt **-1.** (cubrir con oro) to gild; EXPR Fam **~ la píldora (a alguien)** to sweeten o sugar the pill (for sb); **no hace falta que me dores la píldora, dime cuál es el problema** you needn't sweeten the pill for me, just tell me what the problem is **-2.** (comida) to brown **-3.** (piel) to turn golden brown
◆ **dorarse** vpr **-1.** (comida) to brown; **dejar que se dore la cebolla a fuego lento** leave the onion on a low heat until it turns golden brown **-2.** (piel) to tan

Dordoña n **la ~** the Dordogne

dórico, -a ◇ adj Doric
◇ nm Doric

dorio, -a ◇ adj Dorian
◇ nm,f Dorian

dormida nf Am **¿cómo estuvo la ~ en la casa nueva?** what was it like sleeping in the new house?; **la ~ es complicada con tanta gente** the sleeping arrangements are complicated with so many people

dormidera nf Carib (sensitiva) sensitive plant

dormido, -a adj **-1.** (persona) (durmiendo) asleep; **estar/quedarse ~** to be/fall asleep; **me quedé ~ y llegué tarde a clase** I overslept and arrived late for class **-2.** (persona) (despistado) half asleep; **¿estás ~ o qué?** are you asleep or what? **-3.** (brazo, pierna) **tengo el pie ~** my foot has gone to sleep

dormilón, -ona Fam ◇ adj **es muy ~** he's a real sleepyhead, he likes his bed
◇ nm,f sleepyhead

dormilona nf Ven (prenda) nightshirt, nightdress

dormir [27] ◇ vt **-1.** (bebé, niño, persona) to get off to sleep; **lo durmió acunándolo en los brazos** she rocked him to sleep in her arms; **el rumor de la fuente terminó durmiéndolo** the murmur of the fountain eventually sent him to sleep; Fam **el fútbol me duerme** soccer sends me to sleep
-2. (pasar en sueños) **~ la siesta** to have an afternoon nap; **durmió la borrachera en un banco del parque** he slept off the binge on a park bench; EXPR Fam **dormirla, ~ la mona** to sleep it off
-3. (anestesiar) to anaesthetize; **me durmieron y no me enteré de nada** they put me to sleep and I didn't feel a thing; **el dentista me durmió la boca** the dentist made my mouth numb
◇ vi **-1.** (reposar) to sleep; **baja la voz, que están durmiendo** keep your voice down, they're asleep; **¿duermes?** are you asleep?; **no puedo ~** I can't sleep o get to sleep; **intenta ~ un poco** try to get some sleep; **¡a ~!, ¡es hora de ~!** off to bed!, it's time for bed!; **el ruido no me deja ~** I can't sleep for the noise; **~ bien/mal** to sleep well/badly; **irse a ~** to go to bed; **¿a qué hora sueles irte a ~?** what time do you usually go to bed?; **~ de un tirón** to sleep right through, to sleep without waking up; EXPR Fam **~ a pierna suelta** o **como un lirón** o **como un tronco** to sleep like a log
-2. (pernoctar) to spend the night; **dormimos en el autobús** we spent the night on the bus; **ayer no durmió en casa** he didn't sleep at home last night
-3. Fam (tener relaciones sexuales) **~ con alguien** to sleep with sb; **duermen juntos** they're sleeping together
-4. (estar olvidado) to languish; **su guión dormía en el cajón de algún productor** his script was languishing in some producer's desk drawer
◆ **dormirse** vpr **-1.** (persona) (empezar a soñar) to fall asleep; **no puedo dormirme** I can't get (off) to sleep; **terminó durmiéndose al amanecer** he eventually fell asleep at dawn; **yo con el fútbol/la ópera me duermo** soccer/opera sends me to sleep
-2. (persona) (no despertarse) to oversleep, to sleep in; **se durmió y llegó tarde** she overslept and arrived late
-3. (brazo, mano) to go to sleep; **se me ha dormido la pierna** my leg has gone to sleep
-4. (despistarse) **si te duermes, te quedarás sin entradas** if you don't get a move on, you'll be left without tickets; **¡no te duermas y haz algo!** don't just stand there, do something!

dormitar vi to doze

dormitorio nm **-1.** (de casa) bedroom **-2.** (de colegio) dormitory **-3.** (muebles) bedroom suite

dorsal ◇ adj **-1.** (aleta, región) dorsal **-2.** LING (consonante) dorsal
◇ nm **-1.** DEP (número) number (on player's back); **con el ~ número 7 Raúl** Raúl, wearing number 7 o the number 7 shirt **-2.** ANAT (músculo) latissimus dorsi
◇ nf GEOL ridge ❯ **~ oceánica** oceanic ridge

dorso nm back; **al ~, en el ~** on the back; **escribió algo al ~** o **en el ~** she wrote something on the back; **véase al ~** see overleaf; **el ~ de la mano** the back of the hand

DOS [dos] nm INFORMÁT (abrev de **disk operating system**) DOS

dos núm two; **los ~ vivimos aquí** we both live here; **es un regalo para los ~** it's a present for both o the two of you; **de ~ en ~** in twos, two by two; **~ veces** twice; EXPR **cada ~ por tres** every five minutes; **cada ~ por tres aparecen por casa** they're always turning up at the house; **la lavadora se estropea cada ~ por tres** the washing machine is always breaking down; EXPR **como ~ y ~ son cuatro** as sure as night follows day; EXPR **en un ~ por tres** in no time at all; EXPR **no hay ~ sin tres** everything comes in threes; EXPR **ya somos ~** that makes two of us; **no me gustó la película – ya somos ~** I didn't like the film – that makes two of us ❯ **~ caballos** (automóvil) (Citroën) 2CV; **~ contra uno** (en baloncesto) double team; **un ~ piezas** (traje) a two-piece suit; (bañador) a two-piece swimsuit; **~ puntos** (signo de puntuación) colon; ver también **tres**

dosaje nm **-1.** Am (medicamento) dosage **-2.** Arg, Perú (prueba) Breathalyser® test, breath test

doscientos, -as núm two hundred; ver también **treinta**

dosel nm (sobre cama) canopy; (sobre trono, altar) baldachin

doselera nf valance

dosificación nf dosage

dosificador nm dispenser

dosificar [59] vt **-1.** (fármaco) to measure out **-2.** (fuerzas, alimentos) to use sparingly

dosis nf inv **-1.** (de medicamento, droga) dose; **~ recomendada para niños** recommended dosage for children; **una ~ de heroína** a dose of heroin ❯ **~ letal** lethal dose **-2.** (de paciencia, cariño) amount; **hay grandes ~ de humor en su última película** there is a good deal of humour in his latest film; **me encantan los niños, pero en pequeñas ~** I love children, but in small doses

dossier [do'sjer] (pl **dossiers**) nm **-1.** (informe) dossier, file **-2.** PRENSA (reportaje) report

dotación nf **-1.** (de dinero, armas, medios) amount granted; **la ~ del premio era de 2 millones** there was a prize of 2 million; **una beca con una ~ de 5.000 euros** a scholarship worth 5,000 euros; **la fábrica necesita mayor ~ de maquinaria** the factory needs to be better equipped with machinery
-2. (personal) staff, personnel; (tripulantes) crew; (patrulla) squad; **un hotel con poca ~** an understaffed hotel

dotado, -a adj **-1.** (persona) gifted; **es un escritor muy ~** he's a very gifted writer; **estar ~ para algo** to have a gift for sth; **está ~ para el jazz** he has a talent for jazz; **~ de** blessed with; **un hombre ~ de un gran sentido del humor/de una increíble paciencia** a man who's blessed with a fine sense of humour/incredible patience; **necesitamos gente dotada de experiencia** we need people who have experience; Hum **un hombre bien ~** a well-endowed o well-hung man; Hum **está muy bien dotada** she's very well-endowed
-2. (premio) **un premio ~ con 5 millones de pesos** a prize worth 5 million pesos
-3. (edificio, instalación, aparato) **~ de** o **con** equipped with; **tejidos dotados de gran elasticidad** fabrics which have great elasticity

dotar vt **-1.** (proveer) (con medios, dinero) to provide; **~ (a) algo de** o **con** to provide sth with; **actos benéficos para ~ de fondos (a) una organización humanitaria** charity events to raise funds for a humanitarian organization; **dotaron (a) todas las sucursales con sistemas de alarma** they equipped all the branches with alarm systems
-2. (con tripulación) to man, to crew; (con personal) to staff; **~ algo de** (barco, avión) to man o crew sth with; (hotel, tienda) to staff sth with; **deben ~ los vuelos internacionales de más personal** they should provide a larger crew for international flights
-3. (asignar dinero a) **han dotado el cargo con 40.000 euros** they've fixed the salary for the post at 40,000 euros; **la beca está dotada con $15.000** the scholarship is worth $15,000; **el premio fue dotado con 100.000 pesos** the prize was set at 100,000 pesos
-4. (conferir) **~ a algo/alguien de** to endow sth/sb with; **la naturaleza lo dotó de una**

gran inteligencia nature endowed him with great intelligence
-**5.** *(dar una dote a)* to provide with a dowry; **su padre la dotó con una gran mansión** her father gave a large mansion for *o* as her dowry

dote *nf* -**1.** *(en boda)* dowry
-**2. dotes** *(aptitud)* qualities; **un pintor con muchas dotes** a painter of considerable talent; **personas con dotes para el baile** people with a talent for dancing; **tener dotes de** *o* **para algo** to have a talent for sth; **se le ve que tiene dotes de futbolista** he's clearly got the makings of a footballer; **tiene unas dotes excelentes para la música** he has real musical talent ❑ *dotes de mando* leadership qualities

dovela *nf* voussoir
doy *ver* **dar**
DP *nf (abrev de* **Democracia Popular***)* = Ecuadoran political party
dpi INFORMÁT *(abrev de* **dots per inch***)* dpi
dpto. *(abrev de* **departamento***)* dept; **~ de personal** personnel dept
Dr. *(abrev de* **doctor***)* Dr
Dra. *(abrev de* **doctora***)* Dr
dracma *nm o nf* drachma
draconiano, -a *adj (severo, cruel)* draconian
Drácula *n* MITOL **(el conde) ~** (Count) Dracula
DRAE ['drae] *nm (abrev de* **Diccionario de la Real Academia Española***)* = dictionary of the Spanish Royal Academy
draga *nf* -**1.** *(máquina)* dredge -**2.** *(barco)* dredger
dragado *nm* dredging
dragaminas *nm inv* minesweeper
dragar [38] *vt* to dredge
drago *nm* dragon tree
dragón *nm* -**1.** *(monstruo)* dragon -**2.** *(reptil)* flying dragon -**3.** *(planta)* snapdragon -**4.** *(soldado)* dragoon -**5.** *(pez)* dragonet -**6.** DEP *(en vela)* Dragon Class yacht -**7.** Urug Fam *(pretendiente)* suitor, young man
dragona *nf Méx (capa)* man's cape
dragoncillo *nm (pez)* common dragonet
dragonear ◇ *vt Urug Fam* to court
◇ *vi Am* -**1.** *~ **de** (hacerse pasar por)* to pass oneself off as, to pose as -**2.** *(alardear)* to boast
draipen, drypen ['draipen] *(pl* **draipenes***)/(pl* **drypenes***) nm RP* fiber tip pen
dralon®, dralón *nm* Dralon®
DRAM [de'rram] *nf* INFORMÁT *(abrev de* **Dynamic Random Access Memory***)* DRAM
drama *nm* -**1.** *(obra de teatro)* play -**2.** *(género literario)* drama -**3.** *(obra trágica)* drama -**4.** *(desgracia)* drama; **en la guerra se viven dramas a diario** dramatic events are an everyday occurrence in war; *Fam* **hacer un ~ (de algo)** to make a drama (out of sth); **de cualquier cosa hace un ~** he makes a big deal out of everything, he turns everything into a drama
dramáticamente *adv* dramatically
dramático, -a *adj* -**1.** *(de teatro)* dramatic; **un autor ~** a dramatist *o* playwright; **estudia arte ~** she's studying drama
-**2.** *(muy grave)* dramatic; **se vivieron momentos dramáticos** there were dramatic moments
-**3.** *(exagerado, teatral)* theatrical, histrionic; **ponerse ~** to become theatrical, to overdramatize; **no te pongas ~, que no fue para tanto** don't make a big production out of it, it wasn't such a big deal
dramatismo *nm* dramatic nature, drama; **el ~ del reencuentro hizo llorar a todos** the drama of the reunion brought tears to everybody's eyes; **con ~** dramatically
dramatización *nf* dramatization
dramatizar [14] ◇ *vt* -**1.** *(hechos, problemas)* to dramatize -**2.** *(novela)* to dramatize
◇ *vi* to overdramatize; **¡no hay que ~!** we shouldn't overdramatize the situation!
dramaturgia *nf* -**1.** *(género teatral)* dramatic art; **una obra maestra de la ~ universal** a masterpiece of world theatre -**2.** *(obras de teatro)* plays, theatre; **la ~ de Lope de Vega** the plays *o* theatre of Lope de Vega

dramaturgo, -a *nm,f* playwright, dramatist
dramón *nm Fam* -**1.** *(obra de teatro, película)* melodrama, tearjerker -**2.** *(vida, suceso)* sob-story
drapeado, -a ◇ *adj (con pliegues)* pleated
◇ *nm (pliegues)* drape
drásticamente *adv* drastically
drástico, -a *adj* drastic
drenaje *nm* -**1.** *(de terreno)* drainage -**2.** MED drainage
drenar *vt* -**1.** *(terreno)* to drain -**2.** MED to drain
Dresde *n* Dresden
dríada *nf* -**1.** MITOL dryad -**2.** BOT mountain avens
dribbling ['driβlin] *(pl* **dribblings***) nm* DEP *(habilidad)* dribbling; *(regate)* dribble
driblar DEP ◇ *vt ~* **a un contrario** to dribble past an opponent
◇ *vi* to dribble
drible *nm* DEP *(habilidad)* dribbling; *(regate)* dribble; **hacer un ~** to dribble
dril *nm (tejido)* drill
driomio *nm* forest dormouse
drive [draif] *nm* -**1.** *(en tenis)* forehand -**2.** *(en golf)* drive -**3.** INFORMÁT drive
driver ['draiβer] *(pl* **drivers***) nm* -**1.** INFORMÁT driver -**2.** *(en golf)* driver
droga *nf* -**1.** *(sustancia)* drug; **la ~** drugs; **el problema de la ~** the drug problem; **engancharse a/dejar la ~** to get hooked on/ to come off drugs ❑ *~ blanda* soft drug; *~ de diseño* designer drug; *~ dura* hard drug; *~ sintética* designer drug
-**2.** *(afición)* **su ~ son los toros** bullfighting is his passion, he's hooked on bullfighting
-**3.** Chile, Méx, Perú *(deuda)* bad debt
-**4.** EXPR *CAm, Cuba Fam* **mandar a alguien a la ~** to tell sb to get lost
drogadicción *nf* drug addiction
drogadicto, -a ◇ *adj* addicted to drugs; **su padre es ~** his father is a drug addict
◇ *nm,f* drug addict
drogado, -a *adj* drugged
drogar [38] ◇ *vt* to drug; **lo drogaron y lo secuestraron** they drugged and then kidnapped him
◆ **drogarse** *vpr* to take drugs; **se drogan con pegamento** they sniff glue
drogata, drogota *Fam* ◇ *adj* junkie
◇ *nmf* junkie
drogodependencia *nf* drug addiction *o* dependence
drogodependiente ◇ *adj* drug-addicted, drug-dependent; **su hijo es ~** their son is addicted to drugs
◇ *nmf* drug addict
drogota = **drogata**
droguería *nf* -**1.** *Esp (tienda)* = shop selling paint, cleaning materials etc -**2.** *Col (farmacia)* pharmacy, *Br* chemist's (shop), *US* drugstore -**3.** Andes, CAm, RP *(distribuidora)* drugs wholesaler -**4.** *RP (yuyería)* herbalist's
droguero, -a *nm,f* -**1.** *Esp (dependiente)* = shopkeeper in a "droguería" -**2.** Chile, Méx, Perú *(moroso)* defaulter, bad debtor
dromedario *nm* dromedary
drop *nm* -**1.** *(en golf)* drop -**2.** *(en rugby)* drop-kick
dropar *vt (en golf)* to drop
drosera *nf (planta)* common sundew
drugstore ['druγstor] *nm* = establishment comprising late-night shop and bar
druida *nm* druid
druidesa *nf* druidess
drupa *nf* drupe
druso, -a ◇ *adj* Druze, Druse
◇ *nm,f* Druze, Druse
drypen = **draipen**
dto. *(abrev de* **descuento***)* discount
Dtor. *(abrev de* **director***)* Dir.
Dtora. *(abrev de* **directora***)* Dir.
DTP *nm* INFORMÁT *(abrev de* **desktop publishing***)* DTP
dual ◇ *adj* -**1.** *(doble, binario)* dual -**2.** GRAM dual
◇ *nm* GRAM *(número)* dual
dualidad *nf* duality
dualismo *nm* dualism

dualista *adj* dualist
dubitativamente *adv* doubtfully
dubitativo, -a *adj* doubtful; **me miró con gesto ~** she looked at me doubtfully
dubles *nmpl Fam* **hacer ~** *(saltando a la comba)* to do double unders
Dublín *n* Dublin
dublinés, -esa ◇ *adj* of/from Dublin
◇ *nm,f* Dubliner
ducado *nm* -**1.** *(tierras)* duchy -**2.** *(título)* dukedom -**3.** *(moneda)* ducat
ducal *adj* ducal
ducha *nf* -**1.** *(chorro)* shower; **tomar** *o* **darse una ~** to have *o* take a shower; *Fam Fig* **una ~ de agua fría** a bucket of cold water -**2.** *(dispositivo)* shower; **un gorro de ~** a shower cap ❑ *~ de teléfono* = shower with hand-held shower head -**3.** *(habitáculo)* shower (*Br* stall *o US* cabinet); **las duchas** *(de gimnasio, polideportivo)* the showers
duchar *vt* -**1.** *(dar una ducha a)* to shower -**2.** *Fam (mojar)* to soak; **¡me has duchado entero con tu gaseosa!** you've soaked me with your lemonade!
◆ **ducharse** *vpr* to have *o* take a shower
ducho, -a *adj* **ser** *o* **estar ~ en** *(entendido)* to know a lot about; *(diestro)* to be skilled at; *(experimentado)* to be experienced in; **no estoy muy ~ en química** I don't know a lot about chemistry; **es un jugador muy ~ en torneos de Gran Slam** he's a very experienced player in Grand Slam tournaments
dúctil *adj* -**1.** *(metal)* ductile -**2.** *(material)* malleable -**3.** *(persona)* adaptable
ductilidad *nf* -**1.** *(de metal)* ductility -**2.** *(de material)* malleability, ductility -**3.** *(de persona)* adaptability
ducto *nm* -**1.** *CAm, Méx (gasoducto)* gas pipe line -**2.** *RP (pozo de aire)* ventilation shaft
duda *nf* -**1.** *(inseguridad, indecisión)* doubt; **la ~ se apoderó de él** he was filled with doubt; **ante la ~,...** if in doubt,...; **sacar a alguien de la ~** to remove sb's doubts
-**2.** *(cuestión, problema)* **¿alguien tiene alguna ~?** does anyone have any questions?, is there anything anyone's not clear about?; **resolveré vuestras dudas al final de la clase** I'll answer your questions *o* I'll go over anything you're not sure about at the end of the class; **todavía me queda una ~, ¿por qué lo hizo?** there's still one thing I don't understand, why did she do it?; **me asalta una ~, ¿habré hecho bien en dejar a los niños solos?** I can't help wondering whether I was right to leave the children on their own; **queda la ~ de qué habría pasado si...** the doubt remains about what would have happened if...; EXPR **salir de dudas** to clear up doubts; **pregúntale y así salimos de dudas** ask him and that will settle the matter; **con su detallada explicación salimos finalmente de dudas** her detailed explanation finally cleared up our doubts
-**3.** *(desconfianza, sospecha)* doubt; **expresó sus dudas sobre la oportunidad de celebrar un referéndum** he expressed some doubt about whether it was a good idea to have a referendum; **existen dudas sobre la autoría del atentado** there is some doubt surrounding who was responsible for the attack; **tengo mis dudas** I have my doubts; **nunca tuve la menor ~ de que era inocente** I never for one moment doubted that she was innocent, I never had the slightest doubt that she was innocent; **estar fuera de toda ~** to be beyond the slightest doubt; **su inocencia está fuera de toda ~** her innocence is not in question, there is no question that she is innocent; **no cabe (la menor) ~** there is (absolutely) no doubt about it; **no cabe ~ de que el tabaco es perjudicial para la salud** there's no doubt that smoking is bad for your health; **no te quepa (la menor) ~** don't doubt it, make no mistake about it; **no dejar lugar a dudas** to leave no room for doubt; **poner algo en ~** to put sth in doubt; **dice que ha resuelto el problema — lo**

dudar ⋄ vi -1. *(desconfiar)* ~ **de algo/alguien** to have one's doubts about sth/sb; **dudo de sus intenciones** I question his intentions; **no dudo de su buena voluntad** I don't doubt his goodwill; **sé que dudan de mí, pero yo soy inocente** I know they have their doubts about me, but I'm innocent; **¿acaso dudas de mí?** don't you trust me then?
-2. *(no estar seguro)* ~ **sobre algo** to be unsure about sth
-3. *(vacilar)* to hesitate; ~ **entre hacer una cosa u otra** to be unsure whether to do one thing or another; **no dudes en venir a preguntarme** don't hesitate to come and ask me
⋄ vt to doubt; **¿vas a venir? – lo dudo** are you going to come? – I doubt it, I don't think so; **lo dudo mucho** I very much doubt it; **después de dudarlo bastante se decidió a ir** after being in some doubt he decided to go; **¿que eres sincero? permíteme que lo dude** so you're telling the truth, are you? I think I'll reserve judgement on that, if I may; **yo no lo hice – no lo dudo, pero...** I didn't do it – I'm sure you didn't, but...; **no lo dude, ha hecho lo que debía** you can rest assured you've done the right thing; **dudo que venga** I doubt (whether) he'll come; **no dudo que lo hiciera con muy buena intención** no doubt he did it with the best of intentions

dudoso, -a adj -1. *(improbable)* doubtful; **una palabra de origen** ~ a word of doubtful origin; **lo veo** ~ I doubt it; **ser** ~ **(que)** to be doubtful (whether), to be unlikely (that); **es** ~ **que asista a la reunión** it's unlikely (that) he'll attend the meeting, it's doubtful whether he'll attend the meeting
-2. *(vacilante)* hesitant, indecisive; **estaba** ~ **sobre qué hacer** she was unsure about what to do
-3. *(sospechoso)* questionable, suspect; **un individuo de dudosa reputación** an individual of doubtful reputation; **una broma de gusto** ~ a joke in questionable taste; **un penalti** ~ a dubious penalty

duela nf -1. *(gusano)* fluke -2. *(de barril)* stave -3. *Méx (de suelo)* floorboard

duelista nm duellist

duelo[1] ver **doler**

duelo[2] nm -1. *(combate por desafío)* duel; **un** ~ **con pistola** a duel with pistols; **un** ~ **a muerte** a duel to the death; **batirse en** ~ to fight a duel; **desafiar** o **retar a alguien a (un)** ~ to challenge sb to a duel
-2. *(enfrentamiento)* struggle, battle; **un** ~ **dialéctico** a verbal duel, a bout of verbal sparring; **el** ~ **entre los dos equipos por ganar la liga** the struggle between the two teams to win the league
-3. *(aflicción)* grief, sorrow; **en señal de** ~ **(por la muerte de)** as a sign of mourning (for the death of)

duende nm -1. *(personaje)* imp, goblin -2. *(espíritu)* spirit; **una casa habitada por duendes** a house haunted by spirits -3. *(encanto)* charm, magical quality; **toca muy bien pero le falta** ~ he plays very well but he lacks that indefinable something; **un bailaor con mucho** ~ a dancer with a magical quality; **Granada tiene mucho** ~ Granada is a truly magical place

dueño, -a nm,f *(propietario)* owner; *(de casa alquilada)* landlord, f landlady; **cambiar de** ~ to change hands; **hacerse** ~ **de algo** *(hacerse propietario de)* to take possession of sth, to acquire sth; *(dominar)* to take control of sth; **al morir el padre se hizo** ~ **de la tienda** when his father died he took over the shop; **rápidamente se hizo** ~ **de la situación** he quickly took control of the situation; **ser** ~ **de** *(ser propietario de)* to own, to be the owner of; *(tener dominio de)* to have control over; **¿tú eres (el)** ~ **de esta bici?** are you the owner of this bike?; **no era** ~ **de sus actos cuando le agredió** he wasn't responsible for his actions when he attacked you; EXPR **(el)** ~ **y señor de algo** (the) lord and master of sth; **Napoleón se convirtió en (el)** ~ **y señor de Europa** Napoleon became the undisputed ruler of Europe; **parecía el** ~ **y señor del negocio** he looked as if he owned the place; EXPR **ser** ~ **de sí mismo** to be self-possessed; EXPR **ser (muy)** ~ **de hacer algo** to be (completely) free to do sth; **eres muy** ~ **de venir a la hora que te plazca** you are completely free to come and go as you please ❑ *Am* ~ **de casa** host

duermevela nm o nf snooze; **en** ~ snoozing

duermo etc ver **dormir**

Duero n **el** ~ the Douro

duetista nmf duettist

dueto nm duet

dulcamara nf BOT woody nightshade, bittersweet

dulce ⋄ adj -1. *(sabor)* sweet; **ha quedado demasiado** ~ it's too sweet; **este café está muy** ~ this coffee's very sweet; **le gusta todo lo** ~ she loves anything sweet; **esta infusión se toma** ~ you drink this tea with sugar
-2. *(agua)* fresh; **la pesca en agua** ~ freshwater fishing
-3. *(persona, carácter)* sweet, gentle, mild
-4. *(mirada, sonrisa)* tender, sweet; *(voz, sonido, música)* mellow, sweet; *(recuerdo)* sweet; **sus años dulces** his golden years; EXPR **estar en un momento** ~ to be on o riding the crest of a wave; **el actor se halla en un momento** ~ **de su carrera** the actor is at a high point in his career; EXPR *Am* **la** ~ **espera** pregnancy; **cuando estaba en la** ~ **espera** when she was pregnant
⋄ nm -1. *(caramelo, postre)* sweet; *(pastel)* cake, pastry; *RP (mermelada)* jam; **me encanta el** ~ *(todo lo dulce)* I love sweet things; EXPR *Fam* **a nadie le amarga un** ~ everyone enjoys a treat; EXPR **de** ~ *(muy bien)* marvellously; **su madre cocina de** ~ her mother cooks like a dream ❑ *Col, RP* ~ **de leche** = toffee pudding made with caramelized milk; ~ **de membrillo** quince jelly
-2. *CAm (pan de azúcar)* brown sugar
-3. *RP Fam (encanto)* dear
⋄ adv *(dulcemente)* sweetly

dulcemente adv sweetly

dulcera nf *RP* preserve dish

dulcero, -a adj -1. *Am (del dulce)* sweet; **opera en el ramo** ~ he works in the confectionery sector -2. *Fam (goloso)* **ser** ~ to have a sweet tooth

dulcificar [59] ⋄ vt -1. *(endulzar)* to sweeten -2. *(suavizar) (carácter, persona)* to mellow; *(actitud, comentarios)* to soften
➤ **dulcificarse** vpr *(carácter, persona)* to mellow; *(actitud, comentarios)* to soften;

dulzaina nf = musical instrument similar to a clarinet, but smaller and higher-pitched, used in folk music

dulzainero, -a nm,f "dulzaina" player

dulzarrón, -ona, dulzón, -ona adj Fam -1. *(sabor, comida, bebida)* sickly sweet -2. *(música, poesía, novela)* syrupy

dulzor nm sweetness

dulzura nf -1. *(de sabor)* sweetness -2. *(suavidad) (de persona, carácter)* sweetness, gentleness; *(de mirada, sonrisa)* tenderness, sweetness; *(de voz, sonido, música)* mellowness, sweetness; **habla a los niños con** ~ she talks sweetly to the children; **intenta tratar al niño con más** ~ try to be gentler with the boy -3. *Fam (apelativo)* **ven aquí,** ~ come here, darling o sweetheart

dumping ['dumpin] nm ECON dumping; **hacer** ~ to practise dumping

duna nf dune

Dunkerque n Dunkirk

dunlopillo® nm Am dunlopillo

dúo nm -1. MÚS *(composición)* duet; *(dos músicos, cantantes)* duo; **un** ~ **de guitarristas** a guitar duo, a pair of guitarists; **tocar (algo) a** ~ to play (sth) as a duo -2. *(pareja)* duo; **hacer algo a** ~ to do sth together; **levantaron la piedra a** ~ they lifted the stone together; **contestaron a** ~ they answered as one

duodécimo, -a núm twelfth; ver también **octavo**

duodenal adj ANAT duodenal

duodeno nm ANAT duodenum; **una úlcera de** ~ a duodenal ulcer

dupla nf *CSur* pair, couple; **¡qué** ~ **forman esos dos!** what a pair they make!

dúplex ⋄ adj *(circuito)* duplex
⋄ nm inv -1. *(vivienda)* duplex -2. ELEC linkup -3. INFORMÁT duplex -4. *muy Fam (sexo lesbiano)* girl-on-girl action; *(sexo entre tres)* threesome

duplicación nf -1. *(de cantidad, número)* doubling -2. *(de documento)* duplication

duplicado, -a ⋄ adj **lo tengo** ~ *(libro, revista)* I have two copies; **por** ~ in duplicate; **las instancias deberán presentarse por** ~ two copies of the applications should be handed in
⋄ nm duplicate, copy

duplicar [59] ⋄ vt -1. *(cantidad, número)* to double -2. *(documento)* to duplicate
➤ **duplicarse** vpr to double

duplicidad nf -1. *(repetición)* duplication -2. *(falsedad)* duplicity

duplo, -a ⋄ adj double
⋄ nm double

duque, -esa nm,f duke, f duchess

durabilidad nf durability

durable adj durable, lasting

duración nf length; **la** ~ **del curso es de tres meses** the course lasts three months; **¿cuál es la** ~ **de la obra?** how long does the play last?; **de corta** o **poca** ~ short-lived; **de larga** ~ *(pila, bombilla)* long-life; *(disco)* long-playing

duradero, -a adj -1. *(que permanece)* lasting; **es una vacuna de efecto** ~ it is a long-acting vaccine -2. *(ropa, zapatos)* hard-wearing

duralex® nm = heat-resistant glass

duraluminio® nm ≃ Dural®, Duralumin®

duramadre, durámáter nf ANAT dura mater

duramen nm BOT heartwood

duramente adv -1. *(con fuerza)* hard -2. *(con agresividad)* severely, harshly; **fue** ~ **criticado** he was severely criticized

duranguense ⋄ adj of/from Durango *(Mexico)*
⋄ nmf person from Durango *(Mexico)*

durante prep *(en momentos a lo largo de)* during; *(en todo el periodo de tiempo de)* for; ~ **un año se produjeron tres seísmos en la zona** there were three earthquakes in the area in the space of a year; **estuvo sin beber** ~ **un año** he went (for) a year without drinking; **por favor, desconecten sus teléfonos móviles** ~ **la proyección** please ensure mobile phones are switched off during the film; ~ **su estancia en Londres visitó varios museos** he visited several museums while he was in London; ~ **el verano mejoró su**

situación económica his financial situation improved over the summer; **~ las vacaciones** during the Br holidays o US vacation; **~ una hora** for an hour; **~ toda la semana** all week; **llovió varias veces ~ la semana** it rained several times during the week; **llovió ~ toda la semana** it rained all week; **~ el mes de febrero** in February; **~ todo el mes de febrero** for the whole of February, throughout the month of February

durar vi **-1.** *(prolongarse)* to last; **¿cuánto dura la obra?** how long is the play?; **el viaje/la película dura tres horas** the journey/the film lasts three hours; **aún dura la fiesta** the party's still going on; **aún le dura el enfado** she's still angry; **les duró poco la felicidad** their happiness was short-lived; **estuvo bien mientras duró** it was good while it lasted

-2. *(permanecer, aguantar)* to last; **no durará mucho en ese puesto** he won't stay o last long in that job; **la leche fresca sólo dura unos pocos días** fresh milk only lasts a few days

-3. *(ropa, calzado, pilas)* to last; **cómprate ropa/calzado que dure** buy clothes/footwear that will last; **aquellas botas me duraron tres años** those boots lasted me three years; **los juguetes no le duran nada** his toys don't last long; **pilas que duran más** batteries which last longer

durativo, -a adj LING durative

duraznero nm Am peach tree

duraznillo nm red shank, US lady's-thumb ❑ **~ fragante** lady of the night; **~ negro** willow-leaved jessamine

durazno nm Am peach ❑ **~ en almíbar** peaches in syrup

Durex® nm Méx Br Sellotape®, US Scotch® tape

dureza nf **-1.** *(de objeto, material, superficie, colchón, cama, sofá)* hardness; *(de carne)* toughness; *(de pan)* staleness
 -2. GEOL *(de roca, mineral, metal)* hardness
 -3. *(de agua)* hardness

-4. *(de clima, invierno)* harshness, severity
-5. *(severidad, aspereza) (de persona)* harshness; *(de críticas, acciones)* harshness, severity; *(de juego, partido)* roughness; **la criticó/reprendió con ~** he criticized/reprimanded her harshly; **la ~ de la entrada le cortó la respiración** the tackle was so hard it left him gasping for breath; **la violencia racista debe ser castigada con ~** racist violence must be severely punished; **el árbitro permitió demasiada ~ en el juego** the referee allowed the game to get too rough
 -6. *(fortaleza, resistencia)* strength
 -7. *(callosidad)* callus, patch of hard skin; **tener durezas en las manos/los pies** to have calluses on the hands/feet

durian nm *(árbol)* durian

durillo nm *(arbusto)* laurustinus

durmiente ◇ adj sleeping; **la Bella Durmiente** Sleeping Beauty
 ◇ nm *(traviesa)* Br sleeper, US tie

durmiera etc ver **dormir**

duro, -a ◇ adj **-1.** *(objeto, material, superficie, roca, mineral, metal, colchón, cama, sofá)* hard; *(carne)* tough; *(pan)* stale; **estas peras están todavía muy duras** these pears are still hard o not ripe; EXPR **estar ~ como una piedra** to be rock-hard; EXPR **más dura será la caída: cuanto más famosos se hagan, más dura será la caída** the more famous they get, the worse it is when they fall from popularity; EXPR Fam **ser ~ de mollera** *(estúpido)* to be thick in the head; *(testarudo)* to be pigheaded; EXPR Fam **ser ~ de oído** to be hard of hearing; EXPR Vulg **ponérsele dura a alguien: se me puso dura** I got a hard-on
 -2. *(cerradura, grifo, mecanismo)* stiff; **los cajones van un poco duros** the drawers are a bit stiff
 -3. *(agua)* hard
 -4. *(penoso, inclemente) (clima, invierno)* harsh, severe; *(etapa, experiencia, vida)* hard, tough; **fue un golpe muy ~ para todos** it was a heavy blow for everybody; **son o corren tiempos muy duros** these are hard times;

EXPR Fam **estar a las duras y a las maduras** *(sin rendirse)* to be there through thick and thin; *(sin quejarse)* to take the rough with the smooth
 -5. *(severo, áspero) (persona, palabras, críticas)* harsh, severe; *(acciones, medidas, condena)* harsh; *(postura, sector)* hard-line; *(juego, partido)* rough; **estuvo muy ~ con él** she was very hard on him; **el ala dura del partido** the hard-line faction of the party; **una entrada muy dura** *(de futbolista)* a very hard tackle
 -6. *(fuerte, resistente)* tough; **un tipo ~** a tough guy; EXPR Fam **ser ~ de pelar** to be a hard nut to crack
 ◇ nm **-1.** *(persona)* tough guy; *(en partido político)* hardliner; **hacerse el ~** to act tough
 -2. Esp *(moneda)* 5-peseta coin; **me debes 1.000 duros** you owe me 5,000 pesetas; **5 duros** *(moneda)* 25-peseta coin; EXPR **estar sin un ~** to be flat broke; EXPR Fam **¡lo que faltaba para el ~!** that really is all we needed!; EXPR Fam **que le/te/etc den dos duros** to hell with him/you/etc
 ◇ adv **-1.** *(mucho)* hard; **trabajar ~** to work hard
 -2. Col, Ven Fam *(alto)* loudly; **hablar ~** to talk loudly; **reír ~** to laugh noisily
 -3. Col, Ven Fam *(rápido)* quickly, fast; **nadan muy ~, es imposible alcanzarlos** they're very strong swimmers, it's impossible to catch them
 -4. Col, Ven Fam *(fuerte)* hard; **pégale ~** hit him hard

duty free ['djuti'fri] *(pl* **duty frees**) nm duty-free shop

dux nm inv HIST doge

d/v *(abrev de* **días vista**) 15 **~** within 15 days

DVD nm *(abrev de* **Disco Versátil Digital**) DVD

DYA [dia] nf *(abrev de* **Detente y Ayuda**) = voluntary organization which operates ambulances on Spanish highways

DYN [din] nf *(abrev de* **Diarios y Noticias**) = Argentinian press agency

E

E, e [e] *nf (letra)* E, e
E[1] *(abrev de este)* E
E[2] *RP (abrev de estacionamiento)* P
e *conj* and

> e is used instead of **y** in front of words beginning with "i" or "hi" (e.g. **apoyo e interés** support and interest; **corazón e hígado** heart and liver).

ea *interj* come on!, come along!
eagle ['iɣel] *nm (en golf)* eagle; **hacer ~ en un hoyo** to eagle a hole
EAU *nmpl (abrev de* **Emiratos Árabes Unidos***)* UAE
ebanista *nmf* cabinet-maker
ebanistería *nf* **-1.** *(oficio)* cabinet-making **-2.** *(taller)* cabinet-maker's
ébano *nm* ebony
ébola *nm (enfermedad)* Ebola; **el virus del ~** the Ebola virus
ebonita *nf* ebonite, vulcanite
ebriedad *nf Formal* inebriation; **hallarse en estado de ~** to be inebriated
ebrio, -a *adj Formal* **-1.** *(borracho)* inebriated; *Esp* **conducir** *o Am* **manejar ~** to drive under the influence **-2.** *(ofuscado)* **~ de** blind with; **estar ~ de amor (por alguien)** to be besotted (with sb); **~ de ira** blind with rage; **~ de éxito** drunk with success
Ebro *nm* **el ~** the Ebro
ebullición *nf* **-1.** *(de líquido)* **en ~** boiling; **entrar en ~** to come to the boil, to begin to boil; **punto de ~** boiling point
-2. *(agitación)* ferment, turmoil; **se viven días de gran ~ política** these are days of great political turmoil; **en ~** *(en apogeo)* at its height; *(en agitación)* in turmoil; **la revolución industrial estaba entonces en plena ~** the Industrial Revolution was then in full ferment
ebúrneo, -a *adj Literario* ivory
eccehomo, ecce homo *nm* **-1.** REL ecce homo
-2. *(persona maltrecha)* pitiful wretch; EXPR **estar hecho un ~** to be in a sorry state, to cut a sorry figure
eccema, eczema *nm* MED eczema; **le ha salido un ~ en la espalda** she's got eczema on her back
ECG *nm (abrev de* **electrocardiograma***)* ECG
echada *nf Méx (fanfarronada)* boast
echado, -a *adj* **-1.** *(acostado)* lying down; **no se puede poner, está ~** he can't come to the phone, he's lying down; **estaba ~ en la cama** he was lying in bed **-2.** *Esp Fam* **~ pa'lante** *(decidido, espabilado)* go-getting; *(valiente)* gutsy; **era un tío ~ pa'lante** *(valiente)* he was a gutsy guy
echador, -ora *Cuba, Méx* ◇ *adj (fanfarrón)* boastful, bragging
◇ *nm (fanfarrón)* braggart, boaster
echar ◇ *vt* **-1.** *(tirar)* to throw; *(red)* to cast; **~ anclas, ~ el ancla** to drop anchor; **échame el balón** throw me the ball; **~ algo a la basura** to throw sth in the bin; **una moneda al aire** to toss a coin; **échalo en la cesta de la ropa sucia** put it in the dirty-clothes basket; **~ una piedra por la ventana** to throw a stone through the window; **~ abajo** *(edificio)* to pull down, to demolish; *(puerta)* to break down; *(gobierno)* to bring down; *(proyecto)* to ruin

-2. *(meter, poner)* to put; **echa suficiente ropa en la maleta** make sure you pack enough clothes in your suitcase; **échalo en el asiento de atrás** put it on the back seat; **echa esta camisa a la lavadora** put that shirt in the washing machine; **echa una firma en esta postal** sign *o* put your name on this postcard; **no eches más leña al fuego** *(de hoguera, chimenea)* don't put any more wood on the fire; EXPR **~ leña al fuego** to add fuel to the fire; EXPR *Fam* **~ el resto:** **queda sólo una semana, ahora hay que ~ el resto** there's only a week to go, so from now on we really have to give it our all
-3. *(carta, postal)* to post, *US* to mail; **¿(me) podrías ~ esta carta?** could you post *o US* mail this letter (for me)?; **echó la carta al buzón y siguió caminando** he put the letter in the postbox *o US* mailbox and walked on; **~ algo al correo** to put sth in the post, to post sth, *US* to mail sth
-4. *(trago, sorbo)* to take, to have; *(cigarrillo)* to have
-5. *(vistazo)* to take, to have; **le he echado una mirada, pero no me parece interesante** I've had a look at it, but I don't think it's very interesting
-6. *(mover) (parte del cuerpo)* **echa la pierna a un lado** move your leg aside; **echó la cabeza hacia atrás** she threw her head back; **echa los hombros para atrás y saca el pecho** put your shoulders back and stick your chest out
-7. *(añadir) (vino, agua)* to pour (**a** *o* **en** into); *(sal, azúcar)* to add (**a** *o* **en** to); **échame más zumo, por favor** could you pour me some more juice, please?; **no me eches tanta azúcar en el café** don't put so much sugar in my coffee
-8. *(dar) (comida, bebida)* to give; **echa alpiste al canario** give the canary some birdseed; **hay que ~ agua a las plantas** we need to water the plants; *Fam* **Alberto come lo que le echen** Alberto will eat whatever you put in front of him; *Fam* **es un hombre muy paciente, aguanta lo que le eches** he's a very patient man, he puts up with anything you can throw at him
-9. *(decir) (discurso, sermón)* to give; *(reprimenda)* to dish out; *(piropo, cumplido)* to pay; **~ una maldición a alguien** to put a curse on sb; *Fam* **le echaron una bronca por llegar tarde** they told her off for arriving late; **me echó en cara que no le hubiera ayudado** she reproached me for not helping her
-10. *(humo, vapor, chispas)* to give off, to emit; **la fábrica echa mucho humo a la atmósfera** the factory pours out a lot of smoke into the atmosphere; EXPR *Fam* **está que echa humo** she's fuming; EXPR *Fam* **~ pestes** *o Méx* **madres:** **volvió de vacaciones echando pestes** *o Méx* **madres del lugar** she came back from her *Br* holiday *o US* vacation cursing the place where she had stayed
-11. *(hojas, flores)* to sprout, to shoot; *(raíces, pelo, barba)* to begin to grow; *(diente)* to cut; **los almendros están echando flores** the almond trees are beginning to flower; **está empezando a ~ los dientes** she's beginning to cut her teeth; *Fam* **en los**

últimos meses ha echado mucha barriga he's developed quite a paunch over the past few months
-12. *(expulsar)* **~ a alguien (de)** to throw sb out (of); **le han echado del partido** he's been expelled from the party; **le echaron de clase por hablar con un compañero** he was thrown *o* sent out of the class for talking to a friend
-13. *(despedir)* **~ a alguien (de)** to sack sb (from); **¡que lo echen!** sack him!, kick him out!
-14. *(accionar)* **~ la llave/el cerrojo** to lock/bolt the door; **~ el freno** to brake, to put the brakes on; *Fam* **¡echa el freno! ¿estás seguro de que podemos pagarlo?** hold your horses, are you sure we can afford it?
-15. *(acostar)* to lie (down); **¿has echado al bebé?** have you put the baby to bed?
-16. *(tiempo)* **le he echado dos semanas a este proyecto** I've taken two weeks over this project, I've spent two weeks on this project; **echaron dos horas en llegar a Bogotá** it took them two hours to get to Bogotá
-17. *(calcular)* **¿cuántos años le echas?** how old do you reckon he is?; **siempre me echan años de menos** people always think I'm younger than I really am; **échale que de aquí a Málaga haya 600 kilómetros** let's say it's about 600 kilometres from here to Malaga
-18. *(naipe, partida)* to play; **os echo una carrera** I'll race you; **¿echamos un dominó?** shall we have a game of dominoes?
-19. *(buenaventura)* to tell; **~ las cartas a alguien** to read sb's fortune *(from the cards)*
-20. *(emplear)* **le echó muchas ganas al asunto** he went about it with a will; **le echan mucha ilusión a todo lo que hacen** they put a lot of enthusiasm into everything they do; **échale más brío al pedaleo** put a bit more energy into the pedalling; **los ladrones le echaron mucho ingenio** the thieves showed a lot of ingenuity
-21. *Fam (sentencia)* **le echaron diez años** he got ten years
-22. *Fam (documento)* **tengo que ir a ~ una instancia al Ministerio** I've got to go and hand in a form at the ministry
-23. *Esp Fam (en televisión, cine, teatro)* to show; **¿qué echan esta noche en la tele?** what's on telly tonight?; **¿qué echan en el Rialto?** what's on *o* showing at the Rialto?; **echan una película de acción** they're showing an action movie
-24. *Am (animales)* to urge on
-25. *(otras construcciones)* **~ a perder algo** *(vestido, alimentos, plan)* to ruin sth; *(ocasión)* to waste sth; **no puedes ~ todo a perder, después de tanto esfuerzo** you can't just throw it all away after all that effort; **~ algo a cara o cruz** to toss (a coin) for sth; **~ algo a suertes** to draw lots for sth; **~ de menos** to miss; **le echa mucho de menos** he misses her a lot; **echo de menos mi casa** I miss my house; *Chile* **echarlas** to run away; **~ algo por tierra** to put paid to sth, to ruin sth; **eso echa por tierra todas nuestras**

echarpe

esperanzas that dashes all our hopes
◇ vi **-1.** *(encaminarse)* **~ por la calle arriba** to go o head up the street; **~ por la derecha** to go (to the) right
-2. *(empezar)* **~ a andar** to set off; **~ a correr** to break into a run; **~ a llorar** to burst into tears; **~ a reír** to burst out laughing; **~ a volar** to fly off

◆ **echarse** *vpr* **-1.** *(lanzarse)* **echarse al agua** to dive o jump into the water; **echarse al suelo** to throw oneself to the ground; **se echó a sus brazos** she threw herself into his arms; **se echaron encima del enemigo** they fell upon the enemy; **el tren se les echó encima antes de que pudieran reaccionar** the train was upon them before they had time to react; **la noche se nos echó encima antes de llegar al refugio** night fell before we reached the shelter
-2. *(acostarse)* to lie down; **échate aquí** lie down here; **me voy a ~ un rato** I'm going to have a nap; **se echó en el sofá** she lay down on the sofa; **echarse a dormir** *(acostarse)* to go to bed; *Fig* **no nos podemos ~ a dormir** we can't afford to be complacent; **echarse una siesta** to have a nap
-3. *(empezar)* **echarse a hacer algo** to start to do sth, to start doing sth; **se echó a cantar/reír** he burst into song/laughter, he started singing/laughing; **se echó a correr** she broke into a run, she started running; **se echó a volar** it flew off
-4. *(ponerse)* **se echó encima todo el frasco de colonia** she put the whole bottle of cologne on; **échate un abrigo o pasarás frío** put a coat on or you'll be cold
-5. *(apartarse)* **echarse a un lado** to move aside; **se echó a la derecha para dejarle pasar** he moved to the right to allow her to pass; EXPR **echarse atrás: se echó atrás en el último momento** he backed out at the last moment; **ya es muy tarde para echarse atrás** it's a bit late to turn back now
-6. *(obtener)* **echarse (un) novio** to get oneself a boyfriend
-7. *Fam (expulsar)* **se echó un pedo en mitad de la película** he farted in the middle of the film; **se echó un eructo** he let out a belch
-8. *(tomarse)* **echarse un cigarrillo** to have a cigarette
-9. EXPR **echarse a perder** *(comida)* to go off, to spoil; *(plan)* to fall through; *(país, persona)* to go to the dogs; *Fam* **se la echa de entendido en arte** he makes out he's an expert on art

echarpe *nm* shawl
echón, -ona *Ven* ◇ *adj (fanfarrón)* bigheaded
◇ *nm (fanfarrón)* braggart, bighead
echonería *nf Ven Fam* bigheadedness
eclair [e'kler] *(pl* **eclairs)** *nm Chile* **(cierre)** ~ zip fastener
eclecticismo *nm* eclecticism
ecléctico, -a ◇ *adj* eclectic
◇ *nm,f* eclectic
eclesial *adj Am* ecclesiastical, church; **actividades eclesiales** church activities
Eclesiastés *nm* el ~ Ecclesiastes
eclesiástico, -a ◇ *adj* ecclesiastical, church; **la jerarquía eclesiástica** the ecclesiastical o church hierarchy
◇ *nm* clergyman
eclipsar ◇ *vt* **-1.** *(astro)* to eclipse **-2.** *(persona)* to eclipse

◆ **eclipsarse** *vpr* **-1.** *(astro)* to go into eclipse **-2.** *(persona)* to drop out of the limelight
eclipse *nm* **-1.** *(de astro)* eclipse ❑ **~ de luna** eclipse of the moon; **~ parcial** partial eclipse; **~ de sol** eclipse of the sun, solar eclipse; **~ solar** solar eclipse, eclipse of the sun; **~ total** total eclipse **-2.** *(de persona)* eclipse
eclíptica *nf ASTRON* ecliptic
eclosión *nf* **-1.** *(de huevo)* hatching, *Espec* eclosion **-2.** *(aparición)* rise

eco[1] ◇ *nm* **-1.** *(de sonido)* echo; **en este patio hay ~** there's an echo in this courtyard; **oímos el ~ de sus voces** we heard the echo of their voices; EXPR **hacerse ~ de algo** *(dar noticia)* to report sth; *(repetir)* to echo sth; **todos los periódicos se hicieron ~ de lo ocurrido** all the newspapers reported what happened; EXPR **tener ~** to arouse interest; **su última novela tuvo poco ~** her latest novel failed to arouse much interest; **el suceso tuvo ~ entre la prensa internacional** the incident aroused interest in the international press
-2. *(rumor)* rumour; **el ~ lejano de los tambores** the distant sound of the drums; **aún resuenan los ecos del escándalo** the scandal still hasn't quite died down ❑ **ecos de sociedad** society column
-3. INFORMÁT echo
◇ *nf Fam (ecografía)* (ultrasound) scan
eco[2] *interj Am Fam* exactly, absolutely; **¿entonces lo llamo a las once?** – **~** I'll phone you at eleven then? – fine; **¿me pasan a buscar por casa?** – **~** will you pick me up at home? – sure
ecoauditoría *nf* environmental audit
ecoetiqueta *nf* eco-label
Ecofin [eko'fin] *nm* UE *(abrev de* **Consejo de Ministros de Economía y Finanzas)** Ecofin
ecografía *nf (técnica)* ultrasound scanning; *(imagen)* ultrasound (image); **hacerse una ~** to have a scan
ecógrafo *nm* ultrasound scanner
ecoindustria *nf* **la ~** eco-industry, = sector of industry devoted to environmentally-friendly activities, such as recycling, alternative energy production etc
école, ecolecuá *interj Am Fam* that's it!
ecología *nf* **-1.** *(ciencia)* ecology **-2.** *(medio ambiente)* ecology
ecológicamente *adv* ecologically
ecológico, -a *adj* **-1.** *(medioambiental)* ecological; **preocupa mucho el tema ~** the subject of the environment is really worrying; **un desastre ~** an ecological disaster; **el deterioro/equilibrio ~** environmental deterioration/balance **-2.** *(alimentos)* organic; *(detergente, producto)* environmentally-friendly
ecologismo *nm* environmentalism
ecologista ◇ *adj* environmental, ecological; **el movimiento ~** the ecology o green movement
◇ *nmf* environmentalist, ecologist
ecólogo, -a *nm,f* environmentalist, ecologist
economato *nm* company cooperative shop
econometría *nf* ECON econometrics *(singular)*
economía *nf* **-1.** *(actividad productiva)* economy; **la ~ mundial** the global o world economy ❑ **~ capitalista** capitalist economy; **~ dirigida** command economy; **~ doméstica** housekeeping; *Am* **~ informal** black economy; **~ de libre mercado** free-market economy; **~ de mercado** market economy; **~ mixta** mixed economy; **~ planificada** planned economy; **~ socialista** socialist economy; **~ social de mercado** social market economy; **~ de subsistencia** subsistence economy; **~ sumergida** black economy
-2. *(ciencia, estudio)* economics *(singular)* ❑ **~ aplicada** applied economics; **~ de empresas** business economics; **~ familiar** home economics; **~ política** political economy
-3. *(situación económica)* *(de persona, familia)* finances
-4. *(ahorro)* saving; **por ~ de espacio** to save space; **hacer algo con gran ~ de medios** to do sth with the optimum use of resources; **hacer economías** to economize o make economies ❑ **~ de escala** economy of scale
económicamente *adv* **-1.** *(en recursos económicos)* economically; **~, mis padres no tienen problemas** my parents have no problems financially; **un país ~ pobre** an economically backward country **-2.** *(con ahorro)* cheaply, inexpensively
economicismo *nm* ECON economism
economicista *adj* ECON economicist
económico, -a *adj* **-1.** *(asunto, doctrina, crisis)* economic; **la política económica del gobierno** the government's economic policy; **una familia con problemas económicos** a family with financial problems; **mi situación económica es desesperante** my financial situation is desperate
-2. *(barato)* cheap, low-cost; **pagándolo al contado te sale más ~** it works out cheaper if you pay in cash
-3. *(que gasta poco)* *(motor, aparato)* economical; *(persona)* thrifty
economista *nmf* economist
economizar [14] ◇ *vt* to save
◇ *vi (ahorrar dinero)* to save, to economize
ecopunto *nm* recycling bank
ecosfera *nf* biosphere, ecosphere
ecosistema *nm* ecosystem
ecosonda *nf* sonar
ecotasa *nf (impuesto)* ecotax, green tax
ecoturismo *nm* ecotourism
ecoturista *nmf* ecotourist
ecovirus *nm inv* MED echo virus
ectodermo *nm* BIOL ectoderm
ectoparásito, -a BIOL ◇ *adj* ectoparasitic
◇ *nm* ectoparasite
ectópico, -a *adj* MED **embarazo ~** ectopic pregnancy
ectoplasma *nm* **-1.** BIOL ectoplasm **-2.** *(en parapsicología)* ectoplasm
ecu ['eku] *nm (abrev de* **unidad de cuenta europea)** ECU, ecu
ecuación *nf* **-1.** MAT equation; **resolver una ~** to solve an equation; **un sistema de ecuaciones** a set of equations ❑ **~ algebraica** algebraic equation; **~ diferencial** differential equation; **~ lineal** linear equation; **~ de primer grado** simple equation; **~ de segundo grado** quadratic equation **-2.** QUIM equation
Ecuador *n* Ecuador
ecuador *nm* **-1.** *(paralelo)* equator; **el Ecuador** the Equator ❑ **~ magnético** magnetic equator **-2.** *(punto medio)* half-way point; **nos hallamos en el ~ del partido/torneo** we are at the half-way point of the game/tournament
ecualizador *nm* equalizer ❑ **~ gráfico** graphic equalizer
ecuánime *adj* **-1.** *(en el ánimo)* level-headed **-2.** *(en el juicio)* impartial, fair
ecuanimidad *nf* **-1.** *(del ánimo)* equanimity, composure **-2.** *(del juicio)* impartiality, fairness
ecuatoguineano, -a ◇ *adj* of/relating to Equatorial Guinea
◇ *nm,f* native/inhabitant of Equatorial Guinea
ecuatorial *adj* equatorial
ecuatoriano, -a ◇ *adj* Ecuadorian, Ecuadoran
◇ *nm,f* Ecuadorian, Ecuadoran
ecuestre *adj* equestrian; **una estatua ~** an equestrian statue; **una exhibición ~** an equestrian exhibition
ecuménico, -a *adj* REL ecumenic(al)
ecumenismo *nm* REL ecumenism
eczema = **eccema**
ed. -1. *(abrev de* **editor)** ed. **-2.** *(abrev de* **edición)** edit. **-3.** *(abrev de* **editorial)** ed. **-4.** *(abrev de* **edificio)** bldg
edad *nf* **-1.** *(de persona, objeto)* age; **¿qué ~ tienes?** how old are you?; **tiene veinticinco años de ~** she's twenty-five years old; **un joven de veinte años de ~** a young man of twenty; **él aparenta más ~ que ella** he looks older than she does; **tiene el doble de ~ que él** she's twice his age; **la ~ media de los participantes es de treinta años** the average age of the participants is thirty; **a/desde temprana ~** at/from an early age; **a o con la tierna ~ de tres años** at the tender age of three; **se casó a la ~ de veintidós años** he got married at (the age of)

edáfico *-a adj* GEOL pedological; **twenty-two; a mi ~ uno se cansa con facilidad** one gets tired easily at my age; **a tu ~ yo ya trabajaba** I already had a job at your age; **mujeres entre los treinta y cuarenta años de ~** women aged between thirty and forty; **una persona de ~** an elderly person; **una persona de avanzada ~ o de ~ avanzada** an elderly person; **una señora de cierta ~** a lady of a certain age; **un niño de corta ~** a young child; **una persona de mediana ~** a middle-aged person; **¡son cosas de la ~!** it's (just) his/her/their age!; **ya estás en ~ de salir con chicos** you're old enough now to be going out with boys; **estar en ~ de merecer** to be of marriageable age; **estar en ~ de trabajar** to be of working age; **por ~ le correspondería estar en un curso más avanzado** by age he should be in a higher year; **distribuir/ordenar un grupo por edades** to divide/organize a group by age ❑ **~ adulta** adulthood, adult age; **~ escolar** school age; **estar en ~ escolar** to be of school age; **~ de jubilación** retirement age; **~ del juicio** age of reason; **~ madura** middle age; **~ mental** mental age; *Fam* **~ del pavo: está en la ~ del pavo** she's at that awkward age; *Méx Fam* **~ de la punzada: está en la ~ de la punzada** she's at that awkward age; **~ de la razón** age of reason

-2. *(periodo)* age ❑ **la ~ antigua** ancient times; **la Edad de** *o* **del Bronce** the Bronze Age; **la Edad Contemporánea** the modern age *(since the French revolution)*; **la Edad de** *o* **del Hierro** the Iron Age; **la Edad Media** the Middle Ages; **la ~ de los metales** = period comprising the Copper, Bronze and Iron Ages (c. 4000-500 BC); **la Edad Moderna** = period between 1492 and the French Revolution; **la ~ de oro** the golden age; **la ~ de oro de la pintura holandesa** the golden age of Dutch painting; **la Edad de Piedra** the Stone Age

edáfico, -a *adj* GEOL pedological
edafología *nf* GEOL soil science, pedology
edafólogo, -a *nm,f* GEOL soil scientist, pedologist
edecán ◇ *nm* MIL aide-de-camp
◇ *nmf Méx* **-1.** *(en congreso)* conference usher **-2.** *(acompañante)* escort
edelweiss [eðel'bais] *nm inv* BOT edelweiss
edema *nm* MED oedema; **un ~ pulmonar** (a) pulmonary oedema
edén *nm* **-1.** REL Eden **-2.** *(lugar o situación paradisíacos)* paradise
edición *nf* **-1.** *(acción de publicar)* publication; **Ediciones Herrero** Herrero Publications; **~ (a cargo de) Jorge Urrutia** *(en libro)* edited by Jorge Urrutia
-2. *(ejemplares publicados)* edition; **una ~ de dos mil ejemplares** an edition of two thousand copies; **nueva ~ revisada y ampliada** new edition revised and enlarged ❑ **~ abreviada** abridged edition; **~ anotada** annotated edition; **~ de bolsillo** pocket edition; **~ crítica** critical edition; **~ electrónica** electronic edition; **~ extraordinaria** special edition; **~ facsímil** facsimile edition; **~ limitada** limited edition; **~ de lujo** deluxe edition; **~ pirata** pirate edition; **~ príncipe** first edition
-3. INFORMÁT editing
-4. *(de programa)* **la primera/segunda ~ del telediario** ≃ the first/second news bulletin
-5. *(celebración periódica)* **la ~ de los Oscars/ del Mundial de 2002** the 2002 Oscars/ World Cup; **la décima ~ del festival** the tenth festival; **los cursos de verano cumplen su vigésima ~** the summer courses are now in their twentieth year

edicto *nm* edict; **un ~ judicial/municipal** a judicial/municipal edict ❑ HIST **el ~ de Nantes** the Edict of Nantes
edificabilidad *nf* suitability for building
edificable *adj* suitable for building; **lo declararon ~** it was classified as suitable for development, *US* it was zoned for building

edificación *nf* **-1.** *(edificio)* building; **una ~ de piedra** a stone building **-2.** *(acción de construir)* construction; **solares reservados para la ~ de oficinas** *Br* plots *o US* lots for the construction of office buildings
edificante *adj (conducta)* exemplary; *(libro, discurso)* edifying
edificar [59] ◇ *vt* **-1.** *(construir)* to build **-2.** *(aleccionar)* to edify
◇ *vi (construir)* to build
edificio *nm* building; **un ~ de oficinas** an office building ❑ **~ inteligente** intelligent *o* smart building
edil *nm* **-1.** *(concejal)* (town) councillor **-2.** HIST aedile
edila *nf* (town) councillor
edilicio, -a *adj* civic, municipal
Edimburgo *n* Edinburgh
edípico, -a *adj* Oedipal
Edipo *n* MITOL Oedipus
editar *vt* **-1.** *(publicar) (libro, periódico, revista)* to publish; *(disco, vídeo)* to release **-2.** *(modificar) (texto, programa, grabación)* to edit **-3.** INFORMÁT to edit
editor, -ora ◇ *adj* publishing; **empresa editora** publishing company
◇ *nm,f* **-1.** *(que publica) (libro, periódico, revista)* publisher **-2.** *(que modifica) (texto, programa, grabación)* editor
◇ *nm* INFORMÁT editor ❑ **~ de textos** text editor
editora *nf (empresa)* publisher, publishing house *o* company
editorial ◇ *adj* publishing; **empresa ~** publishing house *o* company; **el proceso ~** the publishing process; **proyecto ~** publishing project; **el sector ~** the publishing sector
◇ *nm (en periódico)* editorial, leader
◇ *nf* publisher, publishing house *o* company
editorialista *nmf* PRENSA leader writer
editorializar [14] *vi* to publish an editorial, *US* to editorialize (**sobre** on); **"El País" editorializa sobre la sequía** "El Pais" has an editorial on the drought, *US* "El Pais" editorializes on the drought
Edo. *Méx, Ven (abrev de* **Estado***)* State
EdoMex [eðo'meks] *nm Méx (abrev de* **Estado de México***)* Mexico State, the State of Mexico
edredón *nm* eiderdown, *Br* duvet
Eduardo *n pr* **~ I/II** Edward I/II
educación *nf* **-1.** *(enseñanza)* education; **quieren ~ de calidad para sus hijos** they want high-quality education for their children; **el Ministerio de Educación** the Ministry of Education ❑ **~ de adultos** adult education; **~ ambiental** environmental education; **~ a distancia** distance education; **~ escolar** schooling; **~ especial** special education; **escuela de ~ especial** special school; **~ física** physical education; *Antes* **~ general básica** = stage of Spanish education system for pupils aged 6-14; **~ infantil** infant education; **~ obligatoria** compulsory education; **~ preescolar** preschool education; **~ primaria** primary education; **~ secundaria** secondary education; **Educación Secundaria Obligatoria** = mainstream secondary education in Spain for pupils aged 12-16; **~ sexual** sex education; **~ vial** road safety education
-2. *(crianza)* upbringing, rearing
-3. *(modales)* good manners; **no tienes ninguna ~** you have no manners; **¡qué poca ~!** how rude!; **¡un poco de ~!** do you mind!; **mala ~** bad manners; **es una falta de ~, es de mala ~** it's bad manners; **meterse el dedo en la nariz es una falta de ~** *o* **es de mala ~** picking your nose is bad manners
educacional *adj* educational
educadamente *adv* nicely, politely
educado, -a *adj (cortés)* polite, well-mannered; **bien ~** well-bred, well-mannered; **mal ~** rude, ill-mannered
educador, -ora *nm,f* teacher ❑ **~ medioambiental** environmental educator
educando, -a *nm,f Formal* pupil, student

educar [59] ◇ *vt* **-1.** *(enseñar)* to educate **-2.** *(criar)* to bring up; **consejos sobre cómo ~ a los hijos** advice about how to bring up children **-3.** *(cuerpo, voz, oído)* to train **-4.** *(animal doméstico)* to train; **hay que ~ al perro para que no haga sus necesidades en la alfombra** you have to house-train the dog so it doesn't do its business on the carpet
◆ **educarse** *vpr* to be educated, to receive one's education; **me eduqué en** *o* **con los jesuitas** I went to a Jesuit school
educativo, -a *adj* **-1.** *(que educa)* educational; **juegos educativos** educational games **-2.** *(de la educación)* educational; **un centro ~** an educational establishment; **sistema ~** education system
edulcorante ◇ *adj* **sustancia ~** sweetener
◇ *nm* sweetener
edulcorar *vt* to sweeten
EEB *nf (abrev de* **encefalopatía espongiforme bovina***)* BSE
EEE *nm (abrev de* **espacio económico europeo***)* EEA
EEG *nm* MED *(abrev de* **electroencefalograma***)* EEG
EE.UU. *nmpl (abrev de* **Estados Unidos***)* USA
EFE ['efe] *nf* EFE, = Spain's largest news agency
efebo *nm* Adonis
efectismo *nm* striving for effect; **un guión lleno de ~** a script that's constantly striving for effect
efectista *adj* designed for effect, dramatic; **recursos efectistas** dramatic effects
efectivamente *adv (sí, eso es)* precisely, exactly; **¿o sea que te casas? – ~** in other words you're getting married – precisely; **¿es usted el dueño del vehículo? – ~, yo soy** are you the owner of the vehicle? – I am, yes; **tendrá unos cuarenta años – ~, tiene cuarenta y dos** he'll be about forty – correct, he's forty-two; **~, tal y como dijo el hombre del tiempo, llovió todo el día** sure enough, just as the weatherman said, it rained all day; **negó haber estado allí y, ~, era cierto** she denied having been there, and this was in fact true
efectividad *nf* **-1.** *(eficacia)* effectiveness **-2.** *(validez)* **la ordenanza municipal tendrá ~ desde el próximo lunes** the by-law will take effect as from next Monday
efectivo, -a ◇ *adj* **-1.** *(eficaz, útil)* effective; **hacer ~** *(realizar)* to carry out; *(promesa)* to keep; *(dinero, crédito)* to pay; **hacer ~ un cheque** to cash a cheque; **hacer ~ un ingreso en una cuenta bancaria** to make a deposit in a bank account; **hacer ~ un pago** to make a payment; **el técnico holandés hizo ~ el cambio en el descanso** the Dutch manager made the substitution at half time
-2. *(real)* actual, true; **su nombramiento no será ~ hasta mañana** her appointment will not take effect until tomorrow
◇ *nm* **-1.** *(dinero)* cash; **en ~** in cash; **pagos/premios en ~** cash payments/prizes; **pagar/cobrar en ~** to pay/be paid in cash; **¿pagará con tarjeta o en ~?** would you like to pay by credit card or in cash? ❑ **~ en caja** *Br* cash in hand, *US* cash on hand; **~ disponible** available funds
-2. **efectivos** *(personal)* forces; **efectivos militares** troops; **habían llegado efectivos policiales** a number of policemen had arrived
efecto ◇ *nm* **-1.** *(consecuencia, resultado)* effect; **los efectos del terremoto fueron devastadores** the effects of the earthquake were devastating; **sus declaraciones causaron el ~ que él esperaba** his statements had the desired effect; **el analfabetismo es un ~ de la falta de escuelas** illiteracy is a result of the lack of schools; **la decisión de bajar los tipos de interés tuvo un ~ explosivo** the decision to lower interest rates had an explosive impact; **un medicamento de ~ inmediato** a fast-acting medicine; **un mecanismo de ~ retardado** a delayed-action mechanism; *Esp* **conducía** *o Am* **manejaba bajo los**

efecto 276 **ejecutar**

efectos del alcohol she was driving under the influence (of alcohol); **hacer ~** to take effect; **todavía no me ha hecho ~ la aspirina** the aspirin still hasn't taken effect; **llevar algo a ~** to put sth into effect, to implement sth; **el desalojo de las viviendas se llevará a ~ mañana** the evacuation of the homes will be carried out tomorrow; **llevaron a ~ sus promesas/amenazas** they made good o carried out their promises/threats; **surtir ~** to have an effect, to be effective; **las medidas contra el desempleo no han surtido ~** the measures against unemployment haven't had any effect o haven't been effective; **por ~ de** as a result of; **el incendio se declaró por ~ de las altas temperaturas** the fire broke out as a result of the high temperatures ❑ INFORMÁT **el ~ 2000** the millennium bug; **~ bumerán** boomerang effect; **~ dominó** domino effect; FÍS **~ Doppler** Doppler effect; **~ fotoeléctrico** photoelectric effect; **~ invernadero** greenhouse effect; **~ mariposa** butterfly effect; **~ óptico** optical illusion; **~ placebo** placebo effect; **efectos secundarios** side effects; FÍS **~ túnel** tunnel effect

-2. *(finalidad)* aim, purpose; **al ~, a dicho ~, a tal ~** to that end; **rogamos contacte con nosotros, a tal ~ le adjuntamos...** you are requested to contact us, and to that end please find attached...; **un andamio levantado al ~** scaffolding erected for the purpose; **las medidas propuestas a dicho ~** the measures proposed to this end; **a estos efectos, se te suministrará el material necesario** you will be provided with the necessary materials for this purpose; **a efectos** o **para los efectos de algo** as far as sth is concerned; **a efectos fiscales, estos ingresos no cuentan** this income is not counted for tax purposes, this income is not taxable; **a efectos legales, esta empresa ya no existe** as far as the law is concerned o in the eyes of the law, this company no longer exists; **a todos los efectos el propietario es usted** for all practical purposes you are the owner

-3. *(impresión)* impression; **sus declaraciones causaron gran ~** his statements made a great impression; **nos hizo mucho ~ la noticia** the news came as quite a shock to us; **producir buen/mal ~** to make a good/bad impression

-4. *(vigencia)* effect; **con ~ desde** with effect from; **con ~ retroactivo** retroactively; **con ~ inmediato** with immediate effect; **un juez ha declarado sin ~ esta norma municipal** a judge has declared this by-law null and void; **tener ~** *(vigencia)* to come into o take effect; **¿desde cuándo tiene ~ esa norma?** how long has that law been in force?

-5. *(de balón, bola)* spin; **lanzó la falta con mucho ~** he put a lot of bend on the free kick; **dar ~ a la pelota, golpear la pelota con ~** *(en tenis)* to put spin on the ball, to spin the ball; *(en fútbol)* to put bend on the ball, to bend the ball; **dar a la bola ~ de la derecha/izquierda** *(en billar)* to put right-hand/left-hand side on the ball; **dar a la bola ~ alto** *(en billar)* to put topspin on the ball

-6. COM *(documento)* bill ❑ **~ bancario** bank bill; **efectos a cobrar** bills receivable; **~ de comercio** commercial paper; **efectos del estado** government securities; **~ de favor** accommodation bill; **~ interbancario** bank draft; **efectos a pagar** bills payable; **efectos públicos** government securities

◇ *nmpl* **efectos** -1. CINE & TV **efectos especiales** special effects; **efectos sonoros** sound effects; **efectos visuales** visual effects

-2. *(posesiones)* **efectos personales** personal possessions o effects

-3. *(mercancías)* goods ❑ **efectos de consumo** consumer goods

◇ **en efecto** *loc adv* indeed; **y, en ~, fuimos a visitar la ciudad** and we did indeed visit the city; **¿lo hiciste tú? – en ~** did you do it? – I did indeed o indeed I did

efectuar [4] ◇ *vt (realizar) (operación, maniobra, órdenes)* to carry out; *(compra, pago, viaje)* to make; **la policía efectuó varias detenciones/varios disparos** the police made a number of arrests/fired a number of shots; **deben efectuarse reparaciones en los conductos de gas** repairs should be carried out on the gas pipes; **el tren efectuará su salida a las ocho** the train will depart at eight; **el Papa efectuará una visita oficial a la zona** the Pope will make an official visit to the area

◆ **efectuarse** *vpr (ocurrir)* to take place

efedrina *nf* FARM ephedrine

efeméride *nf (suceso)* major event; *(conmemoración)* anniversary; PRENSA **efemérides =** list of the day's anniversaries published in a newspaper

eferente *adj* ANAT & FISIOL efferent

efervescencia *nf* -1. *(de líquido)* effervescence; *(de bebida)* fizziness -2. *(agitación, inquietud)* unrest; **estar en plena ~** to be buzzing o humming with activity; **el país está en plena ~ política** the country is in a state of political ferment

efervescente *adj (bebida)* fizzy; **aspirina/comprimido ~** effervescent aspirin/tablet

Éfeso *n* Ephesus

eficacia *nf* -1. *(de persona)* efficiency -2. *(de medicamento, medida, gestión)* effectiveness

eficaz *adj* -1. *(persona)* efficient -2. *(medicamento, medida, gestión)* effective; **un remedio ~ contra el acné** an effective treatment o remedy for acne

eficazmente *adv* effectively

eficiencia *nf* efficiency

eficiente *adj* efficient

eficientemente *adv* efficiently

efigie *nf* -1. *(imagen)* effigy; *(en monedas)* image, picture; **medallas con la ~ de la reina** medals bearing the likeness of the queen -2. Formal *(personificación)* personification, embodiment; **la ~ de la belleza** beauty personified

efímera *nf (insecto)* mayfly

efímero, -a *adj* ephemeral

eflorescencia *nf* -1. QUÍM efflorescence -2. MED efflorescence

eflorescente *adj* QUÍM efflorescent

efluente *nm* GEOG effluent

efluvio *nm* -1. *(emanación)* vapour; *(aroma)* scent; **los efluvios de su perfume** the smell of her perfume; *Fam Hum* **¡menudos efluvios salen de tus zapatos!** your shoes are smelling very fragrant! -2. *(de alegría, simpatía)* aura

EFTA ['efta] *nf (abrev de* **European Free Trade Association**) EFTA

efusión *nf* -1. *(cordialidad)* effusiveness, warmth -2. *Formal (de sangre)* effusion

efusivamente *adv* effusively

efusividad *nf* effusiveness

efusivo, -a *adj* effusive, demonstrative; **es efusiva y cariñosa** she's warm and affectionate; **no estuvo muy ~ con su familia** he wasn't very demonstrative towards his family; **un abrazo ~** a warm embrace, a big hug

EGA INFORMÁT *(abrev de* **enhanced graphics adaptor)** EGA

EGB *nf Antes (abrev de* **educación general básica)** = stage of Spanish education system for pupils aged 6-14

Egeo *nm* **el (mar) ~** the Aegean (Sea)

égida *nf (amparo)* aegis, protection; **bajo la ~ de** under the aegis o auspices of

egipcio, -a ◇ *adj* Egyptian
◇ *nm,f* Egyptian

Egipto *n* Egypt

egiptología *nf* Egyptology

egiptólogo, -a *nm,f* Egyptologist

eglantina *nf* BOT eglantine, sweetbrier

égloga *nf* eclogue

ego *nm* -1. PSI ego -2. *(egolatría)* ego; **tiene un ~ como una casa (de grande)** he's got an ego the size of a house

egocéntrico, -a ◇ *adj* egocentric, self-centred
◇ *nm,f* egocentric o self-centred person

egocentrismo *nm* egocentricity

egoísmo *nm* selfishness, egoism

egoísta ◇ *adj* egoistic, selfish; **¡mira que eres ~!** you're so selfish!; **era muy ~ con sus hermanos** he was very selfish towards his brothers and sisters
◇ *nmf* egotist, selfish person; **ser un ~** to be very selfish, to be an egotist

egoístamente *adv* egoistically

ególatra ◇ *adj* egotistical
◇ *nmf* egotist

egolatría *nf* egotism

egotismo *nm* PSI egotism

egotista PSI ◇ *adj* egotistic, egotistical
◇ *nmf* egotist

egregio, -a *adj Formal* illustrious

egresado, -a *nm,f Am* -1. *(de escuela)* = student who has completed their studies, *US* graduate -2. *(de universidad)* graduate

egresar *vi Am* -1. *(de escuela)* to leave school after completing one's studies, *US* to graduate -2. *(de universidad)* to graduate

egreso *nm* -1. *Am (de universidad)* graduation -2. *Méx (retirada)* withdrawal

EH *nf (abrev de* **Euskal Herritarrok)** = coalition of extreme-left Basque pro-independence parties

eh *interj* -1. *(para llamar la atención)* hey!; **¡eh, oiga! se le ha caído la cartera** hey! you've dropped your wallet; **¡eh, tú, mira por dónde vas!** hey, you, look where you're going! -2. *(para preguntar)* **¿eh?, ¿y por qué?** really? why's that?; **estaba rico, ¿eh?** it was delicious, wasn't it?; **¿estás dormido? – ...¿eh?** are you asleep? – ...eh? o what?

EIA *n (abrev de* **evaluación de impacto ambiental)** EIA, environmental impact assessment

éider *nm* eider

eidético, -a *adj* PSI eidetic

einstenio *nm* QUÍM einsteinium

Eire *n* HIST Eire

ej. *(abrev de* **ejemplo)** example, ex.; **p. ej., por ej.** e.g.

eje *nm* -1. *(de rueda)* axle; *(de máquina)* shaft ❑ AUT **~ delantero** front axle; **~ de transmisión** drive shaft; AUT **~ trasero** rear axle

-2. GEOM, ASTRON & FÍS axis; **la Tierra gira sobre su propio ~** the Earth rotates on its own axis ❑ **~ de abscisas** x-axis; **~ de ordenadas** y-axis; **~ de rotación** axis of revolution; **~ de simetría** axis of symmetry

-3. *(cosa central) (de obra)* central theme; *(de doctrina, teoría)* central idea; **es el ~ de la compañía** she holds the company together; **el ~ argumental de la novela** the central strand of the novel's plot ❑ *Am* **~ vial** main road

-4. HIST **el Eje** the Axis

ejecución *nf* -1. *(realización) (de trabajo, orden)* carrying out; *(de plan, proyecto)* implementation; *(de penalti, lanzamiento)* taking; *(de ejercicio, acrobacia)* performance; **tuvimos problemas durante la ~ de la tarea** we had problems while carrying out the task; **la ~ del golpe fue brillante** it was a brilliantly struck shot

-2. *(ajusticiamiento)* execution

-3. *(de pieza musical)* performance, rendition

-4. DER *(de desahucio)* carrying out, enforcement

-5. INFORMÁT *(de programa)* execution, running

ejecutable ◇ *adj* -1. *(realizable)* feasible, practicable -2. INFORMÁT executable
◇ *nm* INFORMÁT exe file

ejecutante *nmf (de pieza musical)* performer

ejecutar *vt* -1. *(realizar) (trabajo, tarea)* to carry out; *(plan, proyecto)* to implement, to carry out; *(penalti, lanzamiento, disparo)* to take; *(ejercicio, acrobacia)* to perform; **~ las órdenes de alguien** to carry out sb's orders; **~**

la sentencia de un juez to enforce a judge's sentence -2. *(condenado)* to execute -3. *(pieza musical)* to perform -4. DER *(desahucio)* to carry out, to enforce -5. INFORMÁT *(programa)* to execute, to run

ejecutiva *nf (junta)* executive; **la ~ del partido socialista** the executive of the socialist party

ejecutivo, -a ◇ *adj* executive
◇ *nm,f (persona)* executive; **~ agresivo** thrusting executive; **un alto ~ de la compañía** a top executive of the company ❏ **~ de cuentas** account executive; **~ de ventas** sales executive
◇ *nm* POL **el ~ o Ejecutivo** the government; **fuentes del ~** government sources

ejecutor, -ora *nm,f* -1. DER executor -2. *(verdugo)* executioner

ejecutoria *nf* -1. *(de título nobiliar)* letters patent of nobility -2. *(historial)* record of accomplishment -3. DER *(sentencia)* final judgement; *(despacho)* writ of execution

ejecutorio, -a *adj* DER final

ejem *interj* hum!, ahem!

ejemplar ◇ *adj* -1. *(modélico)* exemplary; **tuvo un comportamiento ~** his behaviour was exemplary; **fue un marido ~** he was a model husband -2. *(aleccionador)* exemplary; **castigo ~** exemplary punishment
◇ *nm* -1. *(de libro, diario)* copy; *(de revista)* issue, number; *(de moneda, sello)* example; **una tirada de diez mil ejemplares** a print run of ten thousand copies; **ejemplares atrasados del "New Yorker"** back issues of the "New Yorker" ❏ **~ de muestra** specimen copy; **~ de regalo** *(libro)* complimentary copy
-2. *(de especie, raza)* specimen; **pescó un ~ de 200 kilos** he caught one weighing 200 kilos; **quedan pocos ejemplares de panda gigante** there are few giant pandas left; **un magnífico ~ de secuoya gigante** a magnificent specimen of the giant sequoia *o* redwood; *Fam* **¡menudo ~!** he's/she's a sly one!

ejemplaridad *nf* exemplary nature

ejemplarizante, *Andes* **ejemplarizador** *adj* exemplary

ejemplarizar *vi (dar ejemplo)* to set an example

ejemplarmente *adv* in an exemplary manner

ejemplificación *nf* exemplification, illustration

ejemplificar [59] *vt* to exemplify

ejemplo ◇ *nm* -1. *(caso ilustrativo)* example; **un ~ más de mala gestión empresarial** another example of bad business management; **déjenme que les dé un ~** allow me to give you an example; **poner un ~** to give an example; **póngame un ~** give me an example
-2. *(modelo)* **nuestros vecinos son un ~ de amabilidad** our neighbours are very kind; **es el vivo ~ del optimismo** he's optimism personified; **dar ~** to set an example; **no des mal ~ a los niños** don't set the children a bad example; **poner a alguien de ~** to give sb as an example; **servir de ~ (a alguien)** to be an example (to sb); **toma ~ de tu hermano** follow your brother's example
◇ **por ejemplo** *loc adv* -1. *(para ilustrar)* for example, for instance; **grandes ciudades, por ~ Nueva York o Londres** big cities, for example New York or London
-2. *(en respuestas)* **este trabajo tiene sus ventajas – ¿por ~?** this job has its advantages – such as?; *Irónico* **podría prestarme el dinero un amigo, ¿no? – ¡por ~!** I could get a friend to lend me the money, don't you think? – dream on!

ejercer [40] ◇ *vt* -1. *(profesión)* to practise; *(cargo)* to hold; **ejerce la medicina** he's in practice as a doctor; **no tiene permiso para ~ su profesión** she is not authorized to practise her profession; **ejerció la presidencia de la empresa durante años** he was

Br chairman *o US* president of the company for years; **no es capaz de ~ las funciones de ministro** she's not up to the demands of a ministerial post; **¿qué actividad ejerce usted?** what is your occupation?
-2. *(poder, derecho)* to exercise; **~ el derecho al voto** to exercise one's right to vote
-3. *(influencia, dominio)* to exert; **~ presión sobre** to put pressure on; **~ influencia (en** *o* **sobre)** to have an effect *o* influence (on); **ejercen una enorme atracción sobre los adolescentes** they hold a tremendous attraction for teenagers
◇ *vi* to practise (one's profession); **estudió enfermería, pero no ejerce** she studied as a nurse, but is not working in the profession; **~ de** *o* **como** to practise *o* work as; **ejerce como abogada** she practises as a lawyer, she's a practising lawyer; **ejercía de juez y alcalde a la vez** he held the office of judge and mayor at the same time; **ejerce mucho de jefe** he acts like he's the boss

ejercicio *nm* -1. *(deporte)* exercise; **hacer ~** to exercise, to do exercise ❏ **ejercicios de calentamiento** warm-up exercises; **~ físico** physical exercise; **ejercicios de mantenimiento** keep-fit exercises
-2. *(tarea)* exercise; **ejercicios de inglés/guitarra** English/guitar exercises ❏ REL **ejercicios espirituales** retreat; **ejercicios de tiro** target practice
-3. *(examen)* test, *US* quiz; **el profesor nos puso un ~ escrito/oral** the teacher gave us a written/an oral *Br* test *o US* quiz
-4. MIL exercise
-5. *(de profesión)* practising; *(de cargo, funciones)* carrying out; **se le acusa de negligencia en el ~ de sus funciones** he has been accused of negligence in carrying out *o* in the performance of his duties; **(estar) en ~** (to be) in practice; **ya no está en ~** he no longer practises; **un médico en ~** a practising doctor
-6. *(de poder, derecho)* exercising; **el ~ del voto** the use of one's vote
-7. ECON financial year ❏ **~ económico** financial year; **~ fiscal** tax year

ejercitación *nf* -1. *(de derecho)* exercising, exercise -2. *(de idioma)* practising, practice -3. *(de la memoria, músculos, brazos)* exercising

ejercitar ◇ *vt* -1. *(derecho)* to exercise; *(profesión)* to practise; **~ el derecho al voto** to exercise one's right to vote -2. *(idioma)* to practise -3. *(entrenar) (conocimientos)* to use, to put to use; *(memoria, músculos, brazos)* to exercise; *(atletas)* to train; *(soldados)* to drill, to train; *(alumnos)* to coach; **ejercitaron a la tropa en el reconocimiento de minas** they trained the troops in mine detection
▸ **ejercitarse** *vpr* to train (**en** in)

ejército *nm* -1. *(fuerzas armadas)* army; **alistarse en el ~** to join the army, to enlist (in the army) ❏ **Ejército del Aire** Air Force; **~ profesional** professional army; **~ regular** regular army; HIST **el Ejército Rojo** *(en Rusia)* the Red Army; **el Ejército de Salvación** the Salvation Army; **Ejército de Tierra** army *(as opposed to navy and air force)*; **Ejército Zapatista de Liberación Nacional** Zapatista Army of National Liberation
-2. *(grupo numeroso)* army; **un ~ de admiradoras** an army *o* a host of admirers

ejidal *adj Méx* co-operatively owned

ejidatario, -a *nm,f Méx* = person who has been granted joint-title to an "ejido"

ejido *nm* -1. HIST common land -2. *Méx (institución)* = system of cooperative land tenure -3. *Méx (terreno)* = piece of land farmed by a cooperative -4. *Méx (sociedad)* = farming cooperative

---

EJIDO

After the Mexican Revolution, the 1917 Constitution brought in land reform measures which established **ejidos** (government-owned farms run by a collective of farmers). This was actually a tradition dating back to pre-Columbian culture. The original implementation of the reform was far from thorough, but the huge land reform programme carried out under the presidency of Lázaro Cárdenas (1934-40) meant that around half of the country's arable land fell within the **ejido** system, and Article 27 of the Constitution guaranteed that the land could not be sold. This remained the case until 1992, when the neoliberal policies of President Carlos Salinas de Gortari officially allowed **ejido** land to be sold.

---

ejote *nm CAm, Méx* green bean

el (*f* **la**, *mpl* **los**, *fpl* **las**) *art determinado*

> **el** is used instead of **la** before feminine nouns which are stressed on the first syllable and begin with "a" or "ha" (e.g. **el agua, el hacha**). Note that **el** combines with the prepositions **a** and **de** to produce the contracted forms **al** and **del**.

-1. *(con valor especificador)* the; **el coche** the car; **la casa** the house; **los niños** the children; **el agua/hacha/águila** the water/axe/eagle; **fui a recoger a los niños** I went to pick up the children
-2. *(con sustantivo abstracto, valor genérico)* **el amor** love; **la vida** life; **el hombre** Man, human beings; **los derechos de la mujer** women's rights; **los niños imitan a los adultos** children copy adults; **el pan es un alimento básico** bread is a basic food; **la mayoría de la gente no la conoce** most people don't know her; **vuelve el biquini** bikinis are back
-3. *(indica posesión, pertenencia)* **se partió la pierna** he broke his leg; **se quitó los zapatos** she took her shoes off; **tiene el pelo oscuro** he has dark hair; **me han robado la maleta** my suitcase has been stolen; **se dieron la mano** they shook hands
-4. *(con días de la semana, fechas, horas)* **vuelven el sábado** they're coming back on Saturday; **los domingos vamos al cine** we go to the movies (on) Sundays; **llegaré el 1 de mayo** *(escrito)* I'll arrive on 1 May; *(hablado)* I'll arrive on the first of May; **son las siete** it's seven o'clock; **el año pasado/que viene** last/next year
-5. *(con nombres propios geográficos)* **el Sena** the (River) Seine; **el Everest** (Mount) Everest; **la India** India; **La Haya** The Hague; **El Cairo** Cairo; **la España de la posguerra** post-war Spain
-6. *(con apellido)* **la señora Márquez** Mrs Márquez; **el señor/el doctor Juárez** Mr/Doctor Juárez; **los Amaya** *(matrimonio)* Mr and Mrs Amaya, the Amayas; *(familia completa)* the Amayas, the Amaya family; **los Austrias** the Hapsburgs; **el Hitler español** the Spanish Hitler
-7. *Fam (con nombre propio de persona)* **llama a la María** call Maria
-8. *(con numerales, porcentajes, fracciones)* **el siete es mi número de la suerte** seven's my lucky number; **llegó el tercero** he came third; **el tercer piso** the third floor; **un aumento del 30 por ciento** a 30 percent increase; **la quinta parte (de)** a fifth (of); **el 20 por ciento (de)** 20 percent (of)
-9. *(en proporciones, precios)* **100 pesos el kilo** 100 pesos a *o* per kilo
-10. *(con complemento especificativo)* **el/la del sombrero** the one with the hat; **los/las de azul** *(cosas)* the blue ones; *(personas)* the ones in blue; **he perdido el tren, cogeré el de las nueve** I've missed the train, I'll get the nine o'clock one; **el de aquí** this one here; **¿los del parque son amigos tuyos?** were those people in the park friends of yours?; **prefiero las del escaparate** I prefer the ones in the window; **los del fondo no se callan** the people at the back won't shut up
-11. *(con complemento posesivo)* **mi hermano y el de Juan** my brother and Juan's; **el mío** mine; **la tuya** yours; **los suyos** theirs
-12. *(con adjetivo)* **prefiero el rojo al azul** I prefer the red one to the blue one; **el/la mejor** the best; **es la mejor de la clase**

she's the best in the class, she's top of the class; **los seleccionados realizarán un examen** those chosen will sit an exam; **el tonto de Ignacio se equivocó** that idiot Ignacio got it wrong

-**13.** *(con infinitivo)* **el beber tanto acabó con él** all that drinking is what finished him off; **es amante del buen comer** she loves good food; **me sienta mal el tener que decírtelo** I don't like to have to tell you

-**14.** *(con frases subordinadas)* **el/la que** *(cosa)* whichever; *(persona)* whoever; **los/las que** *(cosas)* whichever; *(personas)* whoever; **coge el/los que quieras** take whichever you like; **el que más corra** whoever runs fastest, the one who runs the fastest; **las que quieran venir que levanten la mano** those who want to come o anyone who wants to come should put their hand up; **el que no te guste no quiere decir que sea malo** the fact that you don't like him doesn't make him a bad person

-**15.** *(con valor enfático)* **¡la pena que me dio verlo en ese estado!** I felt so sorry for him when I saw him in that state!

él, ella *pron personal* -**1.** *(sujeto) (persona)* he, *f* she; *(animal, cosa)* it; **él no sabe nada** he doesn't know anything; **¿quién lo dijo? – él** who said so? – he did *o* him; **nosotros estamos invitados, ella no** we're invited, but she's not *o* but not her; **ella misma lo organizó todo** she organized it (all by) herself; **he aprobado – él también** I passed – so did he; **ella se llama Clara** she's called Clara, her name is Clara

-**2.** *(predicado) (persona)* he, *f* she; *(animal, cosa)* it; **es él/ella, abre la puerta** it's him/her, open the door; **mi hermana es ella** she's my sister

-**3.** *(complemento con preposición o conjunción)* him, *f* her; **de él** his; **de ella** hers; **esta casa es de él/ella** this house is his/hers; **eres tan alto como él** you're as tall as him *o* as he is; **voy a ir de vacaciones con ella** I'm going on holiday with her; **díselo a ella** tell it to her, tell her it; **este regalo es para él** this present is for him; **excepto/incluso él** except/including him; **por él no hay problema** there's no problem as far as he's concerned

elaboración *nf* -**1.** *(de producto)* manufacture; *(de plato, alimento)* preparation; *(de bebida)* making, production; *(de sustancia orgánica, hormona)* production; **pasteles de ~ propia** cakes made on the premises; **de ~ casera** home-made; **un artefacto explosivo de ~ casera** a home-made explosive device; **proceso de ~** *(industrial)* manufacturing process

-**2.** *(de idea, teoría)* working out, development; *(de plan, proyecto)* drawing up; *(de estudio, informe)* preparation

elaborado, -a *adj (trabajado)* **un plan muy ~** an elaborate plan; **el guión está muy ~** it's a very well-crafted script; **un plato ~** an elaborate dish

elaborar *vt* -**1.** *(producto)* to make, to manufacture; *(plato, alimento)* to prepare; *(bebida)* to make, to produce; *(sustancia orgánica, hormona)* to produce -**2.** *(idea, teoría)* to work out, to develop; *(plan, proyecto)* to draw up; *(estudio, informe)* to prepare

elanio *nm* **~ azul** black-winged kite

elasmobranquio ZOOL ⋄ *adj (pez)* elasmobranch

⋄ *nm (pez)* elasmobranch, member of the subclass *Elasmobranchii*

⋄ *nmpl* **elasmobranquios** *(subclase)* Elasmobranchii; **de la subclase de los elasmobranquios** of the subclass *Elasmobranchii*

elástica *nf (camiseta)* vest

elasticidad *nf* -**1.** *(de material, cuerpo)* elasticity -**2.** *(de horario)* flexibility -**3.** *(de interpretación)* flexibility

elástico, -a ⋄ *adj* -**1.** *(material, cuerpo)* elastic -**2.** *(horario)* flexible -**3.** *(interpretación)* flexible; **lo de que todos los hombres son iguales es muy ~** the idea that all men are equal is very debatable

⋄ *nm (cinta)* elastic; *(goma elástica)* rubber band; *(de pantalón, falda)* elasticated waistband

elastina *nf* BIOQUÍM elastin

elastizado, -a *adj RP Br* elasticated, *US* elasticized

Elba ⋄ *nm* **el ~** the Elbe

⋄ *nf* **(la isla de) ~** the island of Elba

ELE, E/LE ['ele] *(abrev de español como lengua extranjera)* Spanish as a foreign language

elección ⋄ *nf* -**1.** *(opción de escoger)* choice; **no tenemos ~** we have no choice; **el color lo dejo a tu ~** I'll leave the (choice of) colour up to you; **un regalo de su ~** a gift of his own choosing -**2.** *(por nombramiento)* appointment; *(por votación)* election; **su ~ como ministro** his appointment as minister; **la ~ del árbitro no llevó mucho tiempo** it didn't take long to choose the referee

⋄ *nfpl* **elecciones** *(votación)* election; **convocar elecciones** to call an election; **las elecciones se celebrarán en octubre** the elections will be held in October; **presentarse a las elecciones** to stand in the elections ❑ **elecciones anticipadas** an early election; **convocar elecciones anticipadas** to call an early election; **elecciones autonómicas** elections to the regional parliament; **elecciones generales** elections to the national parliament, *Br* ≃ general election, *US* ≃ congressional elections; **elecciones legislativas** elections to the national parliament, *Br* ≃ general election, *US* ≃ congressional elections; **elecciones municipales** local elections; **~ parcial** by-election; **elecciones presidenciales** presidential election; **elecciones primarias** primary election

eleccionario, -a *adj Am* electoral

electivo, -a *adj* elective

electo, -a *adj* elect; **el presidente ~** the president elect

elector, -ora *nm,f* voter, elector

electorado *nm* electorate

electoral *adj (sistema, distrito, reforma)* electoral; *(campaña, resultado, propaganda)* election

electoralismo *nm* electioneering

electoralista *adj* electioneering; **una medida ~** a vote-catching measure

Electra *n* MITOL Electra

eléctrica *nf* electricity company

electricidad *nf* -**1.** *(energía)* electricity ❑ **~ estática** static electricity -**2.** *(suministro eléctrico)* electricity; **se ha cortado la ~** there's been a power cut

electricista ⋄ *adj* electrical

⋄ *nmf* electrician

eléctrico, -a *adj (corriente, luz, motor)* electric; *(energía)* electric, electrical; *(aparato, instalación)* electrical; **el sector ~** the electricity industry

electrificación *nf* electrification

electrificar [59] *vt* to electrify

electrizante *adj (discurso, actuación, ambiente)* electrifying

electrizar [14] *vt* -**1.** *(producir electricidad en)* to electrify -**2.** *(exaltar)* to electrify

electro *nm Fam* ECG

electroacústica *nf* electroacoustics *(singular)*

electrocardiografía *nf* MED electrocardiography

electrocardiógrafo *nm* MED electrocardiograph

electrocardiograma *nm* electrocardiogram, ECG

electrochoque *nm (terapia)* electric shock therapy

electrocución *nf* electrocution

electrocutar ⋄ *vt* to electrocute

♦ **electrocutarse** *vpr* to electrocute oneself

electrodeposición *nf* electrodeposition

electrodiálisis *nf inv* electrodialysis

electrodinámica *nf* electrodynamics *(singular)*

electrodo *nm* electrode

electrodoméstico *nm* electrical (household) appliance; **tienda de electrodomésticos** electrical appliance shop

electroencefalógrafo *nm* electroencephalograph

electroencefalograma *nm* electroencephalogram

electrógeno, -a ⋄ *adj* **grupo ~** generator

⋄ *nm* generator

electroimán *nm* electromagnet

electrola *nf Perú* gramophone

electrólisis, electrolisis *nf inv* electrolysis

electrolítico, -a *adj* electrolytic

electrólito, electrolito *nm* electrolyte

electromagnético, -a *adj* electromagnetic

electromagnetismo *nm* electromagnetism

electromecánica *nf* electromechanics *(singular)*

electromecánico, -a *adj* electromechanical

electromotor, -ora *o* **-triz** ⋄ *adj* electromotive

⋄ *nm* electromotor

electrón *nm* electron

electrónica *nf* electronics *(singular)*

electrónico, -a *adj* electronic; **microscopio ~** electron microscope

electroquímica *nf* electrochemistry

electroscopio *nm* electroscope

electroshock [elektro'ʃok] (*pl* **electroshocks**) *nm (terapia)* electric shock therapy

electrostática *nf* electrostatics *(singular)*

electrostático, -a *adj* electrostatic

electrotecnia *nf* electrical engineering

electroterapia *nf* electrotherapy

electrotrén *nm* electric railcar, *Br* sprinter

eledé *nm Am* LP (record)

elefante, -a ⋄ *nm,f* elephant ❑ **~ africano** African elephant; **~ asiático** Asian *o* Indian elephant

⋄ *nm* **~ marino** elephant seal

elefantiasis *nf inv* elephantiasis

elegancia *nf* -**1.** *(en vestimenta) (de persona)* elegance, smartness; *(de ropa, calzado)* smartness -**2.** *(lujo) (de barrio, hotel, fiesta)* smartness, chicness -**3.** *(en garbo, porte)* gracefulness, elegance -**4.** *(en actitud, comportamiento)* graciousness; **la ~ de respuesta** the graciousness of his reply -**5.** *(de estilo, frase)* elegance

elegante *adj* -**1.** *(en vestimenta) (persona)* elegant, smart; *(ropa, calzado)* smart, elegant; **estás muy ~ con ese vestido** you look really smart in that dress; **ir ~** to be dressed smartly; **¡qué ~ vas!** you look smart!; **ponte ~, vamos a una boda** make yourself smart, we're going to a wedding; **es ~ en el vestir** he dresses elegantly *o* smartly

-**2.** *(lujoso) (barrio, hotel, fiesta)* smart, chic; **los elegantes bulevares parisinos** the elegant boulevards of Paris

-**3.** *(en garbo, porte)* graceful, elegant

-**4.** *(en actitud, comportamiento)* gracious; **fue un gesto poco ~ por su parte** it wasn't a very gracious gesture on his part

-**5.** *(estilo, frase)* elegant

elegantemente *adv* -**1.** *(vestir)* smartly, elegantly; *(decorar)* elegantly -**2.** *(moverse, caminar)* gracefully, elegantly -**3.** *(comportarse)* graciously; *(responder)* with grace, graciously

elegantoso, -a *adj Am Fam* smart, *Br* posh

elegía *nf* elegy (a to)

elegiaco, -a, elegíaco, -a *adj* elegiac

elegibilidad *nf* eligibility

elegible *adj* eligible

elegido, -a ⋄ *adj* -**1.** *(escogido)* selected, chosen -**2.** *(por votación)* elected

⋄ *nm,f* person chosen/elected; **los elegidos** the chosen few; **sólo unos cuantos elegidos podrán asistir al acto** only a select few will be able to attend the ceremony

elegir [55] ◇ vt **-1.** *(escoger)* to choose, to select; **siempre elige a los más guapos** she always chooses the best-looking ones; **entre todos los candidatos te han elegido a ti** out of all the candidates you have been selected; **eligió la carrera de actor** he chose a career in acting; **tiene dos colores a ~** you have two colours to choose from; **rojo o verde, ¿cuál eliges?** red or green, which one do you want?
-2. *(por votación)* to elect; **fue elegido por unanimidad** he was elected unanimously; **ha sido elegida mejor película del año** it was voted best film of the year
◇ vi *(escoger)* to choose; **tú eliges** YOU choose; **dar a alguien a ~ entre varias cosas** to give sb a choice between several things; **si me das a ~, prefiero el rojo** given the choice, I prefer the red; **hay mucho donde ~** there's a lot to choose from

elemental *adj* **-1.** *(básico)* *(conocimientos, característica, requisito)* basic; *(curso, nivel)* elementary; *(norma, ley, principio)* fundamental; **un derecho ~ de todos los ciudadanos** a basic right of all citizens **-2.** *(sencillo)* simple; **~, querido Watson** elementary, my dear Watson

elemento¹ ◇ *nm* **-1.** *(sustancia)* element; **~ (químico)** (chemical) element; **los cuatro elementos** the four elements
-2. *(medio natural)* element; **el agua es el ~ de estos animales** water is these animals' natural element; EXPR **estar (uno) en su ~** to be in one's element; **entre niños está en su ~** he's in his element when he's with children; **le quitaron el puesto de bibliotecario y lo sacaron de su ~** he was removed from his post as librarian and taken out of his element
-3. *(parte, componente)* element; **el ~ clave en el proceso de fabricación es la materia prima** the key element in the manufacturing process is the raw material; **cada ~ del motor debe estar bien ajustado** every part of the engine must be fitted tightly
-4. *(factor)* factor; **un ~ decisivo en el triunfo electoral** a decisive factor in the election victory; **un ~ de distensión en las negociaciones** a certain easing of tension in the negotiations; **el ~ sorpresa** the element of surprise
-5. *(persona)* **tiene muy buenos elementos trabajando para él** he has very good people working for him; **elementos incontrolados provocaron graves destrozos** unruly elements caused serious damage
◇ *nmpl* **elementos -1.** *(fuerzas atmosféricas)* elements; **se desataron los elementos** the force of the elements was unleashed; EXPR **luchar contra los elementos** to struggle against the elements
-2. *(nociones básicas)* rudiments, basics
-3. *(medios, recursos)* resources, means; **carece de los elementos mínimos indispensables para la tarea** he lacks the minimum resources necessary for the task; **no tenemos elementos de juicio para pronunciarnos** we don't have sufficient information to give an opinion

elemento², **-a** *nm,f* *Chile, Perú, PRico (torpe)* dimwit, blockhead

elenco *nm* **-1.** *(reparto)* cast **-2.** *(conjunto)* panoply, array **-3.** *Formal (catálogo)* list, index

elepé *nm* LP (record)

elevación *nf* **-1.** *(de pesos, objetos)* lifting **-2.** *(de nivel, altura, precios)* rise **-3.** *(de terreno)* elevation, rise **-4.** *(de cargo)* promotion (**a** to) **-5.** *(nobleza)* loftiness **-6.** *(de queja, recurso)* lodging, presentation; *(de propuesta)* submission, presentation

elevado, -a *adj* **-1.** *(alto)* *(monte, terreno, precio, inflación)* high; **un ~ edificio** a tall building; **era de elevada estatura** he was tall in stature; **una persona de elevada estatura** a person tall in stature; **un ~ número de accidentes** a large *o* high number of accidents; **consiguieron elevados beneficios** they made a large profit; **ocupa un ~ cargo en la empresa** she has a high-ranking position in the company
-2. *(noble)* lofty, noble; **elevados ideales** lofty *o* noble ideals
-3. *(estilo, tono, lenguaje)* elevated, sophisticated; **emplea un vocabulario muy ~** she uses very sophisticated vocabulary

elevador *nm* **-1.** *(montacargas)* hoist **-2.** ELEC booster **-3.** *Méx (ascensor)* Br lift, US elevator

elevadorista *nmf Méx (ascensorista) Br* lift operator, *US* elevator operator

elevalunas *nm inv* window winder ❏ **~ eléctrico** electric window

elevar ◇ *vt* **-1.** *(levantar)* *(peso, objeto)* to lift; **elevaron los muebles con poleas** they lifted the furniture with pulleys; **~ la moral de los jugadores** to boost the players' morale
-2. *(aumentar)* *(precio, nivel)* to raise; **~ las ventas/ganancias** to increase sales/profits; **~ el tono de voz** to raise one's voice; **elevaron a dos meses el plazo de matriculación** they extended the enrolment period to two months
-3. MAT to raise; **~ x al cuadrado/al cubo** to square/cube x; **diez elevado a quince** ten to the fifteenth (power)
-4. *(encumbrar)* to elevate (**a** to); **fue elevado al cargo de director** he was promoted to the post of director; **lo elevaron a la categoría de héroe** they made him into a hero
-5. *(presentar)* *(queja, recurso)* to lodge, to present; *(propuesta)* to submit, to present; **elevaremos un escrito de protesta al concejal** we shall present a formal protest to *o* lodge a formal protest with the councillor; **~ un recurso de apelación al Supremo** to lodge an appeal with *o* to present an appeal to the Supreme Court; **elevó una instancia al ministerio** he lodged an appeal with the Ministry
◆ **elevarse** *vpr* **-1.** *(subir)* to rise; **el globo se elevó por los aires** the balloon rose into the air; **el avión comenzó a elevarse** the plane began to climb; **elevarse a (altura)** to reach
-2. *(edificio, montaña)* to rise up
-3. *(aumentar)* *(precio, temperatura)* to increase, to go up; **el peso se ha elevado con respecto al dólar** the peso has risen against the dollar; **elevarse a (gastos, daños)** to amount *o* come to; **el número de muertos se eleva ya a treinta** the number of dead has now risen to thirty

elfo *nm* elf

Elías *n pr* Elijah

elidir *vt* to elide

eligió *ver* elegir

elijo *etc ver* elegir

eliminación *nf* **-1.** *(en juego, deporte, concurso)* elimination **-2.** *(de contaminación, grasas, toxinas)* elimination; *(de residuos)* disposal; *(de fronteras, obstáculos)* removal, elimination ❏ **~ de residuos** waste disposal **-3.** MAT *(de incógnita)* elimination; *Fig* **hallar algo por ~** to work sth out by a process of elimination **-4.** *Euf (de persona)* elimination

eliminar *vt* **-1.** *(en juego, deporte, concurso)* to eliminate (**de** from); **el que menos puntos consiga queda eliminado** the person who scores the lowest number of points is eliminated; **lo eliminaron en la segunda ronda** he was eliminated *o* knocked out in the second round
-2. *(acabar con)* *(contaminación)* to eliminate; *(grasas, toxinas)* to eliminate, to get rid of; *(residuos)* to dispose of; *(manchas)* to remove, to get rid of; *(fronteras, obstáculos)* to remove, to eliminate; **eliminó algunos trozos de su discurso** he cut out some parts of his speech
-3. MAT *(incógnita)* to eliminate
-4. *Euf (matar)* to eliminate, to get rid of

eliminatoria *nf* *(fase, ronda)* qualifying round; *(partido)* tie; *(en atletismo)* heat; **van cinco a dos a favor del Barcelona en el total de la ~** Barcelona are winning five-two on aggregate

eliminatorio, -a *adj* qualifying; **prueba eliminatoria** *(examen)* selection test; *(en deporte)* qualifying heat; **ronda eliminatoria** qualifying round

elipse *nf* GEOM ellipse

elipsis *nf inv* **-1.** GRAM ellipsis **-2.** CINE & LIT jump in time; **es muy dado a las ~** he favours elliptical narrative

elipsoidal *adj* GEOM ellipsoidal

elipsoide *nm* GEOM ellipsoid

elíptico, -a *adj* **-1.** GRAM elliptic, elliptical **-2.** GEOM elliptic, elliptical **-3.** CINE & LIT elliptical

Elíseo *nm* **el ~** *(en Francia)* the Élysée Palace

élite, elite *nf* elite; **soldados de ~** elite *o* crack troops; **un deportista de ~** a top-class sportsman

elitismo *nm* elitism

elitista ◇ *adj* elitist
◇ *nmf* elitist

élitro *nm* ZOOL wing case

elixir, elíxir *nm* **-1.** *(medicamento)* **~ (bucal)** mouthwash **-2.** *(remedio milagroso)* elixir; **el ~ de la eterna juventud** the elixir of eternal youth

ella *ver* él

ellas *ver* ellos

ello¹ *pron personal (neutro)* **no nos llevamos bien, pero ~ no nos impide formar un buen equipo** we don't get on very well, but it *o* that doesn't stop us making a good team; **no quiero hablar de ~** I don't want to talk about it; **por ~** for that reason; **todo ~ me hace pensar que...** it all makes me think that...

ello² *nm* PSI id

ellos, ellas *pron personal*
-1. *(sujeto)* they; **~ no saben nada** they don't know anything; **¿quién lo dijo? – ~** who said so? – they did *o* them; **nosotros estamos invitados, ~ no** we're invited, but they're not *o* but not them; **ellas mismas lo organizaron todo** they organized it (all by) themselves; **hemos aprobado – ~ también** we passed – so did they; **algunos de ~** some of them; **todos ~** all of them
-2. *(predicado)* they; **son ~, abre la puerta** it's them, open the door; **los invitados son ~** they are the guests
-3. *(complemento con preposición o conjunción)* them; **de ~** theirs; **esta casa es de ~** this house is theirs; **me fui después que ~** I left after they did *o* after them; **me voy al bar con ellas** I'm going to the bar with them; **díselo a ~** tell it to them, tell THEM; **este regalo es para ~** this present is for them; **excepto/incluso ~** except/including them; **por ~, no hay problema** there's no problem as far as they're concerned

ELN *nm (abrev de Ejército de Liberación Nacional)* Army of National Liberation, = Colombian guerrilla group

elocución *nf* elocution

elocuencia *nf* **-1.** *(de persona, discurso, declaraciones)* eloquence; **hablar con ~** to speak eloquently **-2.** *(de sonrisa, mirada, gesto)* eloquence, meaningfulness; *(de silencio, hechos, imágenes)* eloquence

elocuente *adj* **-1.** *(persona, discurso, declaraciones)* eloquent **-2.** *(sonrisa, gesto)* eloquent, meaningful; *(hechos, imágenes, datos)* eloquent; **se hizo un silencio ~** there was an eloquent *o* a meaningful silence; **una mirada ~** an eloquent *o* a meaningful look; **los datos son elocuentes** the facts speak for themselves

elocuentemente *adv* eloquently

elodea *nf* BOT Canadian pondweed *o* waterweed

elogiable *adj* praiseworthy

elogiar *vt* to praise; **~ a alguien por algo** to praise sb for sth

elogio *nm* praise; **la crítica sólo tuvo elogios para el director** the critics had nothing but praise for the director; **la colmaron de elogios, se deshicieron en elogios con ella** they heaped praise on her, they showered her with praise; **digno de ~** praiseworthy; **hizo un apasionado ~ de los australianos** he paid the Australians a glowing tribute; **recibió el ~ unánime de todos los partidos** he was praised by all the parties without exception

elogioso, -a *adj* **-1.** *(palabras, crítica, discurso)* appreciative, eulogistic; **sus declaraciones fueron elogiosas con el equipo rival** he spoke very highly *o* favourably of the opposing team **-2.** *(conducta, acto, actitud)* praiseworthy

elongación *nf* elongation

elote *nm CAm, Méx* **-1.** *(mazorca)* corncob, ear of maize *o US* corn **-2.** *(granos)* sweetcorn, *US* corn; **crema de ~** creamed sweetcorn *o US* corn; **torta de ~** corn cake

elucidación *nf Formal* elucidation

elucidar *vt Formal* to elucidate, to shed *o* throw light upon

elucubración, lucubración *nf* **-1.** *(reflexión)* deliberation, reflection **-2.** *(divagación, suposición)* **eso no son más que elucubraciones suyas** it's all just a lot of crazy ideas he's dreamed up; **pasaba el día haciendo elucubraciones sobre el futuro del negocio** he spent the day speculating on the future of the business

elucubrar, lucubrar ◇ *vi* **-1.** *(reflexionar)* to deliberate (**sobre** on) **-2.** *(divagar)* to ramble ◇ *vt* **-1.** *(idear)* *(teorías)* to come up with **-2.** *(imaginar)* *(fantasías)* to dream up

eludible *adj* avoidable

eludir *vt* **-1.** *(evitar)* *(compromiso, responsabilidad)* to avoid, to evade; *(problema, dificultad, tema)* to avoid; *(pregunta)* to evade, to avoid, to dodge; **~ el pago de una deuda** to avoid paying a debt; **~ al fisco** to avoid paying taxes; **~ el servicio militar** to avoid *o* get out of doing military service; **eludió hacer declaraciones** he avoided making any statement; **eludió su mirada** she avoided his eyes
 -2. *(perseguidores)* **~ a** to avoid, to evade; **consiguió ~ a la policía** he managed to avoid the police; DER **~ la acción de la justicia** to escape justice

elusión *nf* **~ fiscal** tax avoidance

elusivo, -a *adj* evasive

e.m. *(abrev de* **en mano***)* by hand

emanación *nf* emanation, emission; **emanaciones de gas** gas emissions ❑ **~ radiactiva** radioactive emission

emanante *adj* emanating

emanar ◇ *vt* **-1.** *(olor, humo, gas)* to give off, to exude **-2.** *(hostilidad)* to emanate; *(alegría, confianza)* to exude, to radiate; **emanaba tristeza** there was a tangible air of sadness about her
 ◇ *vi* **-1.** *(olor, humo, gas)* to emanate (**de** from) **-2.** *(derecho, poder)* to derive (**de** from)

emancipación *nf (de esclavos)* emancipation; *(de menores de edad)* coming of age; *(de país)* liberation; **la ~ de la mujer** the emancipation of women

emancipado, -a *adj (mujer)* emancipated; *(esclavo)* freed, emancipated; *(joven)* independent, self-supporting; *(país)* liberated

emancipador, -ora ◇ *adj* emancipating
 ◇ *nm,f* emancipator

emancipar ◇ *vt (liberar) (esclavo, pueblo)* to free, to emancipate; *(país)* to liberate
 ◆ **emanciparse** *vpr (país)* to become independent, to gain independence; *(mujer)* to become emancipated; **se emancipó (de su familia) a los diecisiete años** she became independent from her family at seventeen

emasculación *nf* emasculation

emascular *vt* to emasculate

embadurnado, -a *adj* smeared (**de** with)

embadurnar ◇ *vt* to smear (**de** with); **embadurnó la bandeja de mantequilla** she greased the tray with butter
 ◆ **embadurnarse** *vpr* to smear oneself (**de** with); **se embadurnó la cara de betún** he smeared his face with shoe polish

embajada *nf* **-1.** *(edificio)* embassy **-2.** *(cargo)* ambassadorship **-3.** *(empleados)* embassy staff

embajador, -ora *nm,f* **-1.** *(diplomático)* ambassador ❑ **~ itinerante** roving ambassador **-2.** *(abanderado)* ambassador; **es el mejor ~ del cine español en Estados Unidos** he is the best ambassador for Spanish cinema in the United States

embalado, -a *adj* **-1.** *(empaquetado)* packed, wrapped; **el paquete venía muy bien ~** the parcel was very well wrapped **-2.** *Fam (rápido)* **el tren pasó ~ sin detenerse** the train sped *o* hurtled past without stopping; **corrió ~ a avisar al médico** he rushed to tell the doctor **-3.** *RP Fam (entusiasmado)* excited; **está muy embalada con el casamiento** she's very excited about the wedding

embalador, -ora *nm,f Am (persona)* packer; *(máquina)* packing machine, packer

embaladura *nf Chile, Perú* packing

embalaje *nm* **-1.** *(acción)* packing **-2.** *(material)* packaging

embalar ◇ *vt* **-1.** *(empaquetar)* to pack, to wrap up
 -2. *RP Fam (entusiasmar)* **~ a alguien** to get sb excited; **no lo embales en proyectos irrealizables** don't get him all worked up *o* excited about plans that will never come to anything
 ◆ **embalarse** *vpr Fam* **-1.** *(tomar velocidad)* *(corredor)* to race *o* speed off; *(vehículo)* to pick up speed; **no te embales, que vamos a tener un accidente** don't go so fast or we'll have an accident
 -2. *(entusiasmarse)* to get carried away; **no te embales y piénsalo** don't get carried away, think about it; **cuando se embala a hablar no hay quien lo pare** once he gets into his stride you can't shut him up

embaldosado *nm* **-1.** *(acción)* tiling **-2.** *(pavimento)* tiled floor

embaldosar *vt (piso)* to tile

embalsamado, -a *adj* embalmed

embalsamador, -ora *nm,f* embalmer

embalsamamiento *nm* embalming

embalsamar *vt* to embalm

embalsar ◇ *vt* to dam (up); **han aumentado los niveles de agua embalsada en la provincia** water levels have risen in the province's dams
 ◆ **embalsarse** *vpr* to collect, to form puddles

embalse *nm* **-1.** *(pantano)* reservoir **-2.** *(recogida de agua)* collection, accumulation

embancarse *vpr* **-1.** *(barco)* to run aground **-2.** *Chile, Ecuad (río, lago)* to silt up

embanquetar *vt Méx* to pave

embarazada *nf* pregnant woman; **ropa para embarazadas** maternity wear

embarazado, -a *adj* pregnant; **estar embarazada de ocho meses** to be eight months pregnant; **está embarazada de su tercer hijo** she is expecting her third child; **dejar embarazada a alguien** to get sb pregnant; **quedarse embarazada** to get pregnant; *Hum* **estamos embarazados** we're pregnant, we're going to have a baby

embarazar [14] ◇ *vt* **-1.** *(preñar)* to get pregnant **-2.** *(avergonzar)* to inhibit **-3.** *(impedir)* to restrict
 ◆ **embarazarse** *vpr (avergonzarse)* to get embarrassed

embarazo *nm* **-1.** *(preñez)* pregnancy ❑ MED **~ ectópico** ectopic pregnancy; MED **~ extrauterino** ectopic pregnancy; **~ no deseado** unwanted pregnancy; **~ psicológico** phantom pregnancy **-2.** *(timidez)* embarrassment **-3.** *(impedimento)* obstacle

embarazoso, -a *adj* awkward, embarrassing

embarcación *nf* boat, vessel ❑ **~ deportiva** sailing boat, *US* sailboat; **~ de recreo** pleasure boat

embarcadero *nm* jetty

embarcar [59] ◇ *vt* **-1.** *(personas)* to board; *(mercancías)* to load; *(equipaje)* to load, to put on board
 -2. *(involucrar)* **~ a alguien en algo** to get sb involved in sth; **me embarcaron en su negocio** they got me involved in their business
 -3. *Ven Fam (plantar)* to let down, to leave in the lurch; **ya es la segunda vez que me embarca** that's the second time he's let me down *o* left me in the lurch
 -4. *Ven Fam (embaucar)* to put one over on; **deja ya de intentar embarcarme** stop trying to put one over on me
 ◇ *vi* to board; **pasajeros del vuelo 606, por favor embarquen por la puerta C** passengers on flight 606, please board the plane at gate C *o* proceed through gate C
 ◆ **embarcarse** *vpr* **-1.** *(para viajar)* to board, to embark; **se embarcó en un mercante rumbo a Australia** he boarded a merchant ship *o* he embarked on a merchant ship bound for Australia
 -2. *(aventurarse)* **embarcarse en algo** to get oneself involved in sth

embargable *adj* subject to embargo

embargado, -a *adj* **~ por la pena/la alegría** overcome with grief/joy

embargar [38] *vt* **-1.** DER *(bienes, casa)* to seize, *Espec* to distrain; *(vehículo)* to impound; *(cuenta bancaria)* to freeze; **le han embargado todos sus bienes** all his property has been seized **-2.** *(sujeto: emoción, pena, alegría)* **la emoción nos embargaba** we were overcome with emotion

embargo ◇ *nm* **-1.** DER *(de bienes, casa)* seizure; *(de vehículo)* impounding; *(de cuenta bancaria)* freezing; **sobre su casa pesa un ~ judicial** the house is the subject of a seizure order *o Espec* distrainment order
 -2. POL *(económico)* embargo; **~ a Cuba de Estados Unidos** the United States' embargo against Cuba; **~ de armamento** arms embargo
 ◇ **sin embargo** *loc conj* **-1.** *(no obstante)* however, nevertheless; **es, sin ~, uno de los mejores jugadores del equipo** nevertheless, he's one of the best players in the team; **te engaña y, sin ~, te quiere** she cheats on you, and yet she still loves you; **sin ~, es un buen chico** he's a good lad though
 -2. *(por el contrario)* on the other hand; **los ingresos han aumentado y, sin ~, los gastos se han mantenido al mismo nivel** income has increased, while on the other hand expenses have remained largely the same

embarque *nm* **-1.** *(de personas)* boarding; *(de mercancías)* loading; **el ~ se realizará por la puerta G** the flight will board at gate G **-2.** *Ven Fam (chasco)* let-down

embarrada *nf Andes, RP Fam Br* clanger, *US* boner; **¡qué ~!** talk about putting your foot in it!, how embarrassing!

embarrado, -a *adj (ropa, calzado, terreno)* muddy

embarrancamiento *nm* running aground

embarrancar [59] ◇ *vi* **-1.** *(barco)* to run aground **-2.** *(en dificultad)* to get bogged down
 ◆ **embarrancarse** *vpr (barco)* to run aground; *(coche)* to get stuck

embarrar ◇ *vt* **-1.** *(con barro)* to cover with mud **-2.** *Méx (untar)* **~ el pan con mantequilla** to spread butter on the bread **-3.** *Am (calumniar, desacreditar)* to smear **-4.** *CAm, Méx, RP* **~ a alguien en algo** *(en asunto turbio)* to get sb mixed up in sth **-5.** *Méx Fam* **~ la mano a alguien** to grease sb's palm **-6.** *Andes, RP Fam* **embarrarla** *(meter la pata)* to put one's foot in it
 ◆ **embarrarse** *vpr* to get covered in mud

embarullar *Fam* ◇ *vt* **-1.** *(mezclar)* to mix up; **lo embarullaste todo** you got everything mixed up **-2.** *(confundir)* to mix up; **me has embarullado y he terminado equivocándome** you got me mixed up and I ended up making a mistake
 ◆ **embarullarse** *vpr* **-1.** *(mezclarse)* to get mixed up **-2.** *(confundirse)* to get mixed up, to get into a muddle

embasado, -a *adj Am (jugador)* on base

embate nm **-1.** (de mar) pounding; **el ~ de las olas** the pounding of the waves **-2.** (de ejército, enemigo) onslaught, offensive **-3.** (de ira, celos) fit

embaucador, -ora ◇ adj deceitful
◇ nm,f swindler, confidence trickster

embaucamiento nm deception, swindling

embaucar [59] vt to deceive, to take in; **no te dejes ~** don't (let yourself) be taken in; **~ a alguien para hacer algo** to trick sb into doing sth

embeber vt ◇ **-1.** (absorber) to soak up **-2.** (empapar) to soak
◆ **embeberse** vpr **-1.** (ensimismarse) to become absorbed (**en** in); **se embebió en sus fantasías** he lost himself in his dream world **-2.** (asimilar) **embeberse de algo** to immerse oneself in sth; **me embebí de la poesía de Lorca** I immersed myself in Lorca's poetry

embeleco nm esp Am deceit, fraud

embelesado, -a adj spellbound, entranced; **todos la miraban embelesados** everyone watched her spellbound o entranced; **su actuación lo dejó embelesado** he was entranced by her performance; **quedarse ~ (con algo)** to be entranced (by o with sth)

embelesamiento nm enchantment

embelesar ◇ vt to captivate; **su belleza lo embelesó** he was enchanted o captivated by her beauty
◆ **embelesarse** vpr to be enchanted o captivated (**con** by)

embeleso nm **-1.** (encanto) enchantment; **ella lo miraba con ~** she watched him entranced o spellbound **-2.** Cuba (planta) leadwort

embellecedor, -ora ◇ adj beauty; **tratamiento ~** beauty treatment
◇ nm **-1.** (moldura) **embellecedores** (de automóvil) exterior trim; (en mueble, puerta) decorative fittings **-2.** (tapacubos) hubcap

embellecer [46] ◇ vt **-1.** (persona) to make beautiful **-2.** (pueblo, edificio) to make more attractive, to smarten up
◆ **embellecerse** vpr (persona) to beautify oneself, to make oneself beautiful; **se embellece con los años** she grows more beautiful with the years

embellecimiento nm **-1.** (de persona) beautification **-2.** (de pueblo, edificio) smartening up, beautification

embestida nf (ataque) attack; (de toro) charge; **la valla cedió ante las embestidas de la multitud** the barrier gave way under the onslaught of the crowd; **derribó la puerta de una ~** he broke down the door with a single charge

embestir [47] ◇ vt **-1.** (lanzarse contra) (sujeto: toro, antidisturbios) to charge; (sujeto: multitud) to rush (at) **-2.** (chocar contra) (sujeto: vehículo, embarcación) to crash o run into; **el coche embistió al árbol** the car crashed o smashed into the tree
◇ vi (toro, antidisturbios, multitud) to charge; **~ contra algo/alguien** (toro, antidisturbios) to charge sth/sb; (multitud) to rush (at) sth/sb

embetunar vt (calzado) to polish, to black

embicharse vpr Méx Fam to strip off, Br to get one's kit off

embijar vt CAm, Méx (ensuciar) to soil, to dirty

embisto etc ver **embestir**

emblanquecer [46] vt to whiten

emblema nm **-1.** (divisa, distintivo) emblem, badge **-2.** (símbolo) symbol

emblemático, -a adj symbolic, emblematic; **una figura emblemática del Renacimiento** a representative figure of the Renaissance

embobamiento nm stupefaction

embobar ◇ vt to fascinate; **miraba embobado la televisión** he was watching television, fascinated; **esa mujer lo tiene embobado** he's crazy o potty about that woman
◆ **embobarse** vpr to be captivated o fascinated (**con** by)

embocadura nf **-1.** (de río, puerto) mouth **-2.** (de instrumento) mouthpiece **-3.** (de vino) taste

embocar [59] vt **-1.** (encajar) to enter (a narrow space), to squeeze into; **~ la pelota** (en golf) to get the ball in the hole **-2.** RP Fam (acertar) **le emboqué a todas las preguntas** I got all his questions right

embochinchar = **bochinchear**

embolado, -a Fam ◇ adj RP **-1.** (aburrido) bored, fed up **-2.** (ofendido) Br narked, US pissed
◇ nm Esp **-1.** (lío) mess, jam; **en menudo ~ me he metido** this is a fine mess I've got myself into **-2.** (mentira) fib

embolador nm Col bootblack, shoeshine boy

embolante adj RP Fam boring

embolar ◇ vt **-1.** **~ un toro** to tip the horns of a bull with wooden balls **-2.** RP Fam (aburrir) to bore; **esas películas me embolan** those movies bore me **-3.** RP Fam (fastidiar) to annoy; **les embola que les repitas veinte veces lo mismo** the way you say the same thing twenty times gets them Br narked o US pissed **-4.** Col (lustrar) to polish
◆ **embolarse** vpr RP Fam (aburrirse) to get bored

embolatado, -a adj Col Fam in a muddle, mixed-up

embolatar vt Col Fam **-1.** (timar) to con **-2.** (enredar) to mess up, to mix up; **siempre me embolata todos mis papeles** she always messes up all my papers

embole nm RP Fam **-1.** (aburrimiento) bore; **ese libro que me recomendaste es un ~ total** that book you recommended is really boring o a real bore **-2.** (fastidio) pain; **¡qué ~!, cancelaron la proyección de la película** what a pain!, they cancelled the showing of the film **-3.** (complicación) drag; **es un ~ llegar hasta allá, hay que tomar dos trenes** it's a real drag getting over there, you have to catch two trains

embolia nf embolism; **~ cerebral/pulmonar** cerebral/pulmonary embolism

embolinar vt Chile Fam to bamboozle; EXPR **embolinarle la perdiz a alguien** to bamboozle sb

embolismar vt Chile Fam (alborotar) to stir up

émbolo nm **-1.** AUT piston **-2.** (de jeringa, fumigador) plunger

embolsado nm **se encargan del ~ de la fruta** they put the fruit in bags

embolsar ◇ vt (meter en bolsas) to bag, to put in bags; EXPR Ven Fam Fig **~ el violín** to be crushed o humiliated
◆ **embolsarse** vpr (ganar) to make, to earn

embonar vt Andes, Cuba, Méx Fam **-1.** (ajustar) to suit **-2.** (abonar) to manure **-3.** (ensamblar) to join

emboque nm Chile (juguete) cup and ball

emboquillado, -a adj filter-tipped

emborrachar ◇ vt **-1.** (sujeto: persona) to get drunk; (sujeto: bebida) to make o get drunk; **lo emborracharon con champán** they got him drunk on champagne **-2.** (pastel) to soak; **emborrachó el bizcocho en jerez** he soaked the sponge cake in sherry **-3.** (sujeto: emoción, aplausos) **~ a alguien** to go to sb's head; **la alegría lo emborrachaba** he was drunk with joy; **tiene que evitar que el éxito la emborrache** you should make sure success doesn't go to her head
◆ **emborracharse** vpr **-1.** (bebiendo) to get drunk (**de** on); **se emborrachó de vino** she got drunk on wine **-2.** (de emoción, éxito, aplausos) **emborracharse de algo** to get drunk with sth; **se emborracha de balón** he hogs the ball

emborrascarse [59] vpr to cloud over, to turn black

emborronar vt **-1.** (con garabatos) to scribble on **-2.** (con borrones) to smudge **-3.** (escribir sin cuidado) to scribble

emboscada nf **-1.** (militar) ambush; **caer en una ~** to walk into an ambush; **tender una ~ (a alguien)** to lay an ambush (for sb) **-2.** (política, legal) trap; **caer en una ~** to walk into a trap; **tender una ~ (a alguien)** to set a trap (for sb)

emboscar [59] ◇ vt to ambush
◆ **emboscarse** vpr to lie in ambush

embotado, -a adj (sentidos) dulled; (cabeza) muzzy; **tenía la mente embotada de tanto estudiar** his mind had been dulled by so much studying; **me siento completamente ~** I feel as if my brain won't work any more

embotamiento nm (de sentidos, mente) dullness; (de cabeza) muzziness

embotar ◇ vt (sentidos, mente) to dull; (cabeza) to make muzzy
◆ **embotarse** vpr (por ruido) to get confused

embotellado, -a ◇ adj **-1.** (bebida, líquido) bottled **-2.** (carretera, calle) jammed o blocked with traffic
◇ nm bottling

embotelladora nf **-1.** (aparato) bottling machine **-2.** (fábrica) bottling plant

embotellamiento nm **-1.** (de tráfico) traffic jam **-2.** (de líquidos) bottling

embotellar vt **-1.** (líquido) to bottle **-2.** (carretera, calle) to jam, to block; (tráfico) to block **-3.** Fam (equipo contrario) **embotellaron al rival en su campo** they pinned the other team back in their own half

embozar [14] ◇ vt (rostro) to cover (up) (**con** with)
◆ **embozarse** vpr (persona) to cover one's face (**en** with)

embozo nm **-1.** (de sábana) turnover **-2.** (de capa) shoulder cape

embragar [38] vi to engage the clutch

embrague nm clutch; **pisar/soltar el ~** to depress/let out the clutch

embravecer [46] ◇ vt to enrage
◆ **embravecerse** vpr **-1.** (animal, persona) to become enraged **-2.** (mar) to become rough

embravecido, -a adj (mar, aguas) rough, stormy

embravecimiento nm fury, rage

embrear vt to cover with tar

embriagado, -a adj Formal (borracho) intoxicated

embriagador, -ora, embriagante adj **-1.** (bebida) intoxicating **-2.** (olor, perfume, emoción) intoxicating, heady; **alcanzó un éxito/poder ~** he reached the dizzy heights of success/power

embriagar [38] ◇ vt **-1.** Formal (sujeto: alcohol, bebida) to inebriate, to intoxicate **-2.** (sujeto: perfume, aroma, olor) to intoxicate **-3.** (sujeto: éxito, poder) **tanto poder lo había embriagado** having so much power had gone to his head; **la ira la embriagó** she was overcome with anger
◆ **embriagarse** vpr **-1.** Formal (emborracharse) to become inebriated o intoxicated (**con** on o with) **-2.** (extasiarse) to become intoxicated (**de** with)

embriaguez nf **-1.** Formal (borrachera) inebriation, intoxication; **conducir en estado de ~** to drive under the influence of alcohol; **lo detuvieron por conducir en estado de ~** he was arrested for drunk-driving **-2.** (éxtasis) intoxication

embridar vt to put a bridle on, to bridle

embriología nf embryology

embrión nm **-1.** BIOL embryo **-2.** (origen) **contiene el ~ de su teoría** it contains his theory in embryo

embrionario, -a adj **-1.** BIOL embryonic **-2.** (en desarrollo) embryonic

embrocar vi Méx (vestirse) to put a garment on over one's head

embrollado, -a adj (asunto, situación) complicated, confused; (historia, explicación) involved, complicated; (teoría) complicated

embrollar ◇ vt **-1.** *(asunto, situación)* to complicate, to confuse; *(historia, explicación)* to make confusing o involved; *(persona)* to confuse, to mix up **-2.** *(hilo, ovillo, cuerda)* to tangle up
  ◆ **embrollarse** vpr **-1.** *(asunto, situación)* to get complicated o confused; *(historia, explicación)* to get confusing o involved; *(teoría)* to get confusing; *(persona)* to get mixed up o confused **-2.** *(hilo, ovillo, cuerda)* to get tangled (up)
embrollo nm **-1.** *(lío)* mess; **meterse en un ~** to get into a mess; **en menudo ~ nos hemos metido** this is a fine mess we've got ourselves into; **la trama de la obra es un verdadero ~** the plot of the play is really complicated o confusing **-2.** *(mentira)* lie **-3.** *(de hilos, cuerdas, cables)* tangle
embromado, -a adj Andes, Carib, RP Fam **-1.** *(complicado)* tricky; **cuidado con esta máquina, es bastante embromada** careful with that machine, it's quite tricky to get the hang of
  -2. *(mal)* **¿cómo andas de salud? – sigo bastante ~** how are you? – I'm still feeling pretty rough; **hace años que tiene la espalda embromada** she's had a bad back for years, she's been having problems with her back for years; **la situación económica de todo el mundo está muy embromada** financially, everyone is in a very bad way; **quedó muy ~ después de la muerte de su padre** he was in a really bad way after his father died
embromar Fam ◇ vt **-1.** *(tomar el pelo a)* to make fun of, Br to take the mickey out of; **la embroman por sus distracciones** they make fun of her o Br take the mickey out of her because she's so absent-minded
  -2. *(fastidiar)* to annoy; **deja de ~ a tu hermano** stop annoying your brother
  -3. Andes, Carib, RP *(engañar)* to rip off, to cheat; **ahí siempre embroman a los clientes** they always rip the customers off there
  -4. Andes, Carib, RP *(estropear)* to ruin; **la computadora le embromó la vista** the computer ruined his eyesight
  -5. Andes, Carib, RP *(para expresar sorpresa)* **se ganó la lotería – ¡no me embromes!** he won the lottery – you're kidding!
  ◇ vi Andes, Carib, RP **-1.** *(fastidiar)* **¡pará de ~!** stop being such a pest o pain!; **parás de llorar ya mismo, ¡qué ~!** stop crying this minute, I'm not having this!
  -2. *(para expresar sorpresa)* **nos divorciamos – ¡no embromes!** we're getting divorced – you're kidding!
  ◆ **embromarse** vpr Andes, Carib, RP **-1.** *(fastidiarse)* **si no le gusta, que se embrome** if she doesn't like it she can lump it
  -2. *(estropearse)* **se embromó la espalda cargando peso** he put his back out carrying heavy weights; **la licuadora se embromó hace días** the blender packed up a few days ago
embrujado, -a adj *(persona)* bewitched, under a spell; *(castillo, pueblo)* haunted
embrujamiento nm spell; **practicar embrujamientos** to cast spells
embrujar vt **-1.** *(hechizar)* to bewitch **-2.** *(atraer, cautivar)* to bewitch
embrujo nm **-1.** *(hechizo)* curse, spell **-2.** *(atractivo)* magic, charm
embrutecedor, -ora adj stultifying
embrutecer [46] ◇ vt to stultify, to make dull; **la televisión embrutece a los niños** television stunts children's mental development
  ◆ **embrutecerse** vpr to become stultified
embrutecimiento nm *(acción)* stultification
embuchado, -a ◇ adj **carne embuchada** cold cured meat
  ◇ nm *(carne)* cold cured meat
embuchar vt **-1.** *(embutir)* *(carne)* to process into sausages; *(tripa)* to stuff with minced meat **-2.** CULIN *(ave)* to feed up **-3.** Fam *(engullir)* to wolf down, to gobble up

embudo nm **-1.** *(para líquidos)* funnel **-2.** *(en vía, conducto)* blockage; *(en actividad, operación)* bottleneck; *(en líneas telefónicas, Internet)* overload, excess of traffic; **hay un ~ en la entrada a la ciudad** there is a bottleneck in the approach to the city
embullado, -a adj Carib Fam excited, worked up; **están muy embullados con el viaje a la China** they're really excited about the trip to China
embullar Carib Fam ◇ vt *(animar)* to get excited o worked up
  ◆ **embullarse** vpr to get excited
emburujar vt Carib *(confundir)* to bewilder, to confuse
embuste nm lie, fib
embustero, -a ◇ adj *(mentiroso)* lying; **¡mira que eres ~!** you lying hound!
  ◇ nm,f liar, fibber
embute nm Méx Fam bribe, backhander
embutido nm **-1.** *(comida)* cold cured meat **-2.** *(acción)* sausage-making, stuffing **-3.** Am *(entredós)* panel of lace
embutir ◇ vt **-1.** *(rellenar)* *(cojín, funda, colchón)* to stuff (**de** with) **-2.** *(meter)* *(lana, gomaespuma, carne)* to stuff (**en** into) **-3.** *(incrustar)* to inlay; **marfil embutido en madera** wood inlaid with ivory
  ◆ **embutirse** vpr Fam **-1.** *(meterse)* **se embutió en unos pantalones de cuero** he squeezed himself into a pair of leather trousers; **iba embutido en una estrecha cazadora** he was squeezed into a tight jacket **-2.** RP Fam *(hartarse)* to stuff oneself; **no te embutas, que después te sentís mal** don't stuff yourself with food, you'll only feel ill afterwards
eme nf Fam Euf **lo mandé a la ~** I told him where to go; **vete a la ~** Br take a running jump, US take a hike
emental nm Emmental
emergencia nf **-1.** *(urgencia)* emergency; **en caso de ~** in case of emergency **-2.** *(brote)* emergence
emergente adj emerging
emerger [52] vi **-1.** *(salir del agua)* to emerge; **el submarino emergió a la superficie** the submarine surfaced **-2.** *(aparecer)* to appear; **cineastas que emergen con fuerza en el panorama independiente** filmmakers who are making their presence felt on the independent scene
emeritense ◇ adj of/from Mérida (Spain)
  ◇ nmf person from Mérida (Spain)
emérito, -a ◇ adj emeritus; **profesor ~** professor emeritus, emeritus professor
  ◇ nm,f professor emeritus, emeritus professor
emerjo etc ver **emerger**
emerretista ◇ adj MRTA, = relating to the Tupac Amaru Revolutionary Movement in Peru
  ◇ nmf = member or supporter of the MRTA (Tupac Amaru Revolutionary Movement) guerrilla movement in Peru
emético, -a FARM ◇ adj emetic
  ◇ nm emetic
emigración nf **-1.** *(de animales)* migration **-2.** *(de personas)* emigration ❏ Méx **~ golondrina** temporary labour migration **-3.** *(grupo de personas)* emigrant community
emigrado, -a nm,f emigrant
emigrante ◇ adj emigrant
  ◇ nmf emigrant; **emigrantes ilegales** illegal emigrants
emigrar vi **-1.** *(persona)* to emigrate (**a** to) **-2.** *(animal)* to migrate (**a** to)
emilio nm Fam INFORMÁT e-mail (message); **mandar un ~ a alguien** to send sb an e-mail (message)
eminencia nf **-1.** *(persona eminente)* eminent figure, leading light; **es una ~ en neurocirugía** he is an eminent neurosurgeon ❏ **~ gris** éminence grise **-2.** *(excelencia)* excellence; **la ~ de su obra** the outstanding nature of his work **-3.** *(tratamiento)* **Su Eminencia** His Eminence
eminente adj *(excelente)* eminent

eminentemente adv *(principalmente)* predominantly, mainly; **una obra ~ divertida** a largely enjoyable play
emir nm emir
emirato nm **-1.** *(reino)* emirate **-2. los Emiratos Árabes Unidos** the United Arab Emirates
emisario, -a ◇ nm,f *(legado)* emissary
  ◇ nm *(canal)* outlet
emisión nf **-1.** *(de rayos, gas)* emission; *(de energía)* output; **emisiones tóxicas** toxic emissions
  -2. *(de monedas, sellos, acciones)* issue ❏ BOLSA **~ de acciones liberadas** scrip issue; FIN **~ convertible** conversion issue; FIN **~ con derecho preferente de suscripción** rights issue; COM **~ gratuita de acciones** bonus issue; COM **~ de obligaciones** debentures issue
  -3. *(radiotelevisiva)* *(transmisión)* broadcasting; *(programa)* programme, broadcast; **interrumpimos la ~ para comunicarles que...** we interrupt this programme o broadcast to inform you that...
emisor, -ora ◇ adj **-1.** *(de programas de radio o TV)* broadcasting; **nuestro centro ~ en Bilbao** our broadcasting centre o studios in Bilbao **-2.** *(de energía, rayos, gas)* **una fuente emisora de calor/radiación** a heat/radiation source **-3.** *(de dinero, bonos, acciones)* issuing; **la entidad emisora** the issuing body
  ◇ nm **-1.** ELEC *(transmisor)* transmitter **-2.** *(fuente)* *(de partículas, ondas)* source; **un ~ de ondas de radio** a source of radio waves **-3.** LING *(del mensaje)* sender
emisora nf *(de radio)* radio station; **cambiar de ~** to change stations ❏ **~ pirata** pirate radio station
emitir ◇ vt **-1.** *(rayos, calor, sonido)* to emit; *(gases, humos, dioxinas)* to emit, to give off **-2.** *(monedas, sellos, acciones)* to issue **-3.** *(programa de radio o TV)* to broadcast **-4.** *(juicio, opinión)* to express; *(veredicto)* to return, to give; *(sentencia)* to pronounce; *(comunicado, manifiesto)* to issue; *(voto)* to cast; **el fallo emitido por el jurado** the jury's decision
  ◇ vi to broadcast
emoción nf **-1.** *(conmoción, sentimiento)* emotion; **la ~ le impedía hablar** he was so emotional he could hardly speak; **temblaba de ~** he was trembling with emotion; **lloraba de ~** he was moved to tears **-2.** *(expectación)* excitement; **¡qué ~!** how exciting!; **seguían el partido con ~** they followed the game with excitement
emocionadamente adv emotionally
emocionado, -a adj **-1.** *(conmocionado)* moved **-2.** *(expectante)* excited; **estaba ~ con el viaje** he was excited about the trip
emocional adj emotional
emocionalmente adv emotionally
emocionante adj **-1.** *(conmovedor)* moving, touching **-2.** *(apasionante)* exciting, thrilling
emocionar ◇ vt **-1.** *(conmover)* to move **-2.** *(excitar, apasionar)* to thrill, to excite
  ◆ **emocionarse** vpr **-1.** *(conmoverse)* to be moved (**con** by) **-2.** *(excitarse, apasionarse)* to get excited
emoliente ◇ adj emollient
  ◇ nm emollient
emolumento nm Formal emolument
emoticón nm INFORMÁT smiley
emotivamente adv emotionally
emotividad nf **no pudo controlar su ~** he couldn't control his emotions o feelings; **unas imágenes de gran ~** very moving images; **un reencuentro lleno de ~** a very emotional reunion
emotivo, -a adj **-1.** *(persona, reencuentro)* emotional **-2.** *(escena, palabras, imágenes)* moving
empacadora nf **-1.** AGR *(máquina)* baler, baling machine **-2.** Ecuad, Méx *(fábrica)* *(para tarros)* bottling plant; *(para latas)* cannery
empacar [59] ◇ vt **-1.** *(empaquetar)* to pack **-2.** AGR to bale **-3.** Méx *(envasar)* *(en tarros)* to bottle; *(en latas)* to can, to tin
  ◇ vi Am to pack (one's bags)
  ◆ **empacarse** vpr Fam **-1.** Andes, RP *(con*

empachado

enojo) to refuse to budge **-2.** *Méx (engullir)* to scoff

empachado, -a *adj* **-1.** *(indigesto)* **estar ~** to have indigestion **-2.** *Fam (harto)* **estar ~ de algo** to be fed up with sth, to be sick and tired of sth **-3.** *(avergonzado)* embarrassed

empachar ◇ *vt* **-1.** *(indigestar)* **~ a alguien** to give sb indigestion **-2.** *Fam (hartar)* to make fed up; **la familia siempre termina empachándome** I always end up getting fed up with *o* feeling I've had enough of my family
◇ *vi (producir indigestión)* **un alimento que empacha** a food that is hard on the digestion

◆ **empacharse** *vpr* **-1.** *(comer demasiado)* to stuff oneself **(de** with), *(sufrir indigestión)* to get indigestion **-2.** *Fam (hartarse)* **empacharse de algo** to have had too much of sth, to overdose on sth; **me he empachado de televisión** I've overdosed on television

empacho *nm* **-1.** *(indigestión)* indigestion; **se agarró un ~ de pasteles** she gave herself indigestion eating too many cakes
-2. *Fam (hartura)* **tener (un) ~ de** to have had one's fill *o* enough of; **tengo ~ de tanta fiesta** I've had enough of all these parties, I'm partied out; **se dio un ~ de televisión** he overdosed on television
-3. *(vergüenza)* embarrassment; **se dirigió a los asistentes sin ningún ~** he addressed the audience without the least embarrassment; **no tuvo ~ en contárselo todo a la prensa** he had no qualms about telling everything to the press

empacón, -ona *nm,f Andes, RP Fam* **ser un ~** *(persona)* to be as stubborn as a mule

empadronamiento *nm (por cuestiones administrativas)* registration of residence; *(para votar)* registration on the electoral roll

empadronar ◇ *vt* **-1.** *(persona) (por cuestiones administrativas)* to register as a resident; *(para votar)* to register to vote, to enter on the electoral roll **-2.** *Urug (terreno)* to register **-3.** *Chile, Urug (auto)* to license

◆ **empadronarse** *vpr (por cuestiones administrativas)* to register as a resident; *(para votar)* to register to vote; **me he empadronado en Madrid** I'm registered to vote in Madrid

empajar ◇ *vt Chile (arcilla)* to mix with straw
◆ **empajarse** *vpr PRico, Ven (hartarse)* to eat one's fill

empalagar [38] ◇ *vt* **-1.** *(sujeto: pastel, dulce, licor)* **los bombones me empalagan** I find chocolates sickly; **este vino me empalaga** this wine is far too sweet for me **-2.** *(sujeto: persona)* to weary, to tire; **me empalaga con tanta cortesía** I find his excessive politeness rather cloying
◇ *vi* **-1.** *(pastel, dulces, licor)* to be sickly sweet **-2.** *(persona, estilo, actitud)* to be rather cloying

◆ **empalagarse** *vpr* **-1.** *(hartarse)* **empalagarse de** *o* **con** to get sick of **-2.** *(cansarse)* to be weary, to be tired

empalago *nm* **-1.** *(por pastel, dulce, licor)* **me produce ~** I find it sickly sweet; **dulce hasta el ~** so sweet as to be sickly **-2.** *(por persona, actitud, afectación)* **esas películas me producen ~** I find films like that rather sickly

empalagoso, -a *adj* **-1.** *(pastel, dulce, licor)* sickly sweet **-2.** *(persona, estilo, actitud)* cloying; *(obra, película, discurso)* syrupy, saccharine

empalamiento *nm* impalement, impaling
empalar ◇ *vt* to impale
◆ **empalarse** *vpr Chile (entumecerse)* to become numb *o* stiff

empalizada *nf (cerca)* fence; *(defensiva)* stockade

empalmar ◇ *vt* **-1.** *(tubos, cables, cuerdas)* to connect, to join
-2. *(película, foto)* to splice
-3. *(planes, ideas, temas)* to link (up); **empalmamos la juerga del sábado con el desayuno del domingo** the night out on Saturday

went on into breakfast on Sunday; **empalmaré las vacaciones con el puente de mayo** I'll take my *Br* holiday *o US* vacation so it combines with the long weekend in May; **el equipo ha empalmado cinco derrotas seguidas** the team has had five consecutive defeats
-4. *(en fútbol)* to volley; **empalmó de cabeza el pase** he got his head to the pass
◇ *vi* **-1.** *(autocares, trenes)* to connect **(con** with)
-2. *(carreteras)* to link *o* join (up) **(con** with)
-3. *(sucederse)* to follow on **(con** from)

◆ **empalmarse** *vpr Esp Vulg* to get a hard-on

empalme *nm* **-1.** *(entre tubos, cables)* connection; **hacer un ~ entre dos tubos/cables** to connect two pipes/cables **-2.** *(de líneas férreas, carreteras)* junction **-3.** *(de película)* splice, splicing

empanada *nf (individual)* pasty; *(grande)* pie; **~ de atún** tuna pasty/pie ❏ **~ gallega** = pie typical of Galicia, with a seafood or meat filling

empanadilla *nf* small pasty

empanado, -a *adj* breaded, covered in breadcrumbs

empanar, *Méx* **empanizar** *vt CULIN* to coat in egg and breadcrumbs

empanizado, -a *adj Méx* breaded, covered in breadcrumbs

empanizar = empanar

empantanado, -a *adj* **-1.** *(inundado)* flooded **-2.** *(atascado)* bogged down; **estoy ~ con la tesis** I'm stuck *o* I can't see the way forward with my thesis; **las obras del hospital han quedado empantanadas** building work at the hospital has got held up

empantanar ◇ *vt* to flood
◆ **empantanarse** *vpr* **-1.** *(inundarse)* to be flooded *o* waterlogged **-2.** *(atascarse)* to get bogged down

empañado, -a *adj* **-1.** *(cristal, ventana, espejo)* misted up, steamed up; *(metal)* tarnished; **tenía los ojos empañados por las lágrimas** his eyes were misted over with tears **-2.** *(reputación, imagen, historial)* tarnished

empañamiento *nm* **-1.** *(de cristal, ventana, espejo)* misting up, steaming up **-2.** *(de reputación, imagen, historial)* tarnishing

empañar ◇ *vt* **-1.** *(cristal, ventana, espejo)* to mist up, to steam up; **las lágrimas empañaban sus ojos** his eyes misted over with tears **-2.** *(reputación, imagen, historial)* to tarnish; *(felicidad)* to spoil, to cloud

◆ **empañarse** *vpr* **-1.** *(cristal, ventana, espejo)* to mist up, to steam up **-2.** *(reputación, imagen, historial)* to become tarnished; *(felicidad)* to be spoiled

empapado, -a *adj* soaked, drenched; **iba ~ en sudor** he was soaked *o* drenched in sweat

empapar ◇ *vt* **-1.** *(humedecer)* to soak; **empapa la bayeta bien de** *o* **en agua** soak the cloth in plenty of water
-2. *(absorber)* to soak up
-3. *(calar)* to saturate, to drench; **la lluvia me empapó** I got soaked *o* drenched in the rain; **el sudor le empapaba la frente** his forehead was drenched in sweat

◆ **empaparse** *vpr* **-1.** *(mojarse mucho)* *(persona)* to get soaked *o* drenched; *(objeto, lugar, prenda)* to get soaked *o* soaking wet; **me he empapado los zapatos** I've got my shoes soaked
-2. *(absorber)* **empaparse de algo** to soak sth up; **deje que el pescado se empape bien de la salsa** let the fish soak up the sauce thoroughly
-3. *(enterarse bien)* **empaparse de** *o* **en** to become steeped in; **se empapó de ideas nacionalistas** he became steeped in nationalist ideas; **se empapó del tema antes de dar la conferencia** he immersed himself in *o* got to know all about the subject before giving the talk; EXPR *Fam* **¡para que te empapes!** so there!, stick that in your pipe and smoke it!

empapelado *nm* **-1.** *(acción)* papering **-2.** *(papel)* wallpaper

empapelador, -ora *nm,f* paperhanger

empapelar *vt (pared, cuarto)* to paper, to wallpaper

empaque *nm* **-1.** *(seriedad, solemnidad) (de ocasión)* solemnity; *(de persona)* presence **-2.** *Andes, Carib, Méx (descaro)* nerve, cheek **-3.** *Méx (envase)* packaging **-4.** *RP (en tienda)* collection counter **-5.** *Méx TEC (arandela)* seal; *(de llave)* washer

empaquetado *nm* packaging

empaquetador, -ora *nm,f* packer

empaquetar ◇ *vt* **-1.** *(envolver)* to pack, to package **-2.** *RP Fam (engañar)* to rip off; **eso no cuesta más de £100, te empaquetaron** that doesn't cost more than £100, you were ripped off

◆ **empaquetarse** *vpr RP* to dress up; **acá la gente se empaqueta mucho para ir al teatro** people here get all dressed up to go to the theatre

emparamado, -a *adj Col, Ven Fam* soaked, drenched

emparamar *Col, Ven Fam* ◇ *vt* to soak, to drench
◆ **emparamarse** *vpr* to get soaked *o* drenched

emparchado, -a *adj Am Fam* patched up; **no quiero éste todo ~, me voy a comprar uno nuevo** I don't want that patched up old thing, I'm going to buy a new one

emparchar *Am Fam* ◇ *vt (ropa, vela)* to patch; **ella trata de ~ la situación, pero se nota que no se llevan bien** she's trying to patch things up, but you can see they don't get on
◇ *vi* **no empecemos a ~, es mejor comprar uno nuevo** don't let's start trying to patch it up, it's better to buy a new one

empardar *vt RP (igualar)* to match up to; **ninguno de sus otros libros emparda a este** none of her other books matches up to this one

emparedado, -a ◇ *adj* walled up
◇ *nm* sandwich

emparedamiento *nm* walling up

emparedar *vt* to wall up

emparejamiento *nm* pairing

emparejar ◇ *vt* **-1.** *(juntar en pareja) (personas)* to pair off; *(zapatos, calcetines)* to match (up)
-2. *(nivelar)* to make level; **hay que ~ los bajos del pantalón** the *Br* turn-ups *o US* cuffs on the trousers have to be made the same length
◇ *vi* to be a match

◆ **emparejarse** *vpr* **-1.** *(personas)* to find a partner; **están en edad de emparejarse** they're old enough to go out with boys/girls; **los invitados se emparejaron para el baile** the guests paired off for the dance
-2. *(nivelarse)* to catch up, to draw level; **se emparejó con el corredor británico a la salida de la curva** he drew level with the British runner coming out of the bend
-3. *Méx* **emparejarse con algo** *(conseguir)* to get hold of sth

emparentado, -a *adj* **-1.** *(persona)* related **(con** to); **está emparentada con una prima mía** she's related to a cousin of mine **-2.** *(asunto, problema)* related **(con** to)

emparentar [3] *vi (al casarse)* to become related; **~ con** *(una familia, clase social)* to marry into; *(una persona)* to become related to

emparrado *nm* = vines trained on an overhead frame to provide shade in a garden

emparrar *vt* to train

empastado, -a *adj Chile, Méx* turfed

empastar ◇ *vt (diente)* to fill
◆ **empastarse** *vpr Chile* to become overgrown with weeds

empaste *nm (de diente)* filling; **hacerle un ~ a alguien** to put a filling in sb's tooth

empatado, -a *adj* **-1.** *(partido)* drawn; *(equipos)* level; **los dos equipos van empatados en primer lugar** the two are tying for first place; **van empatados a uno en el descanso** at half-time the score is one all **-2.** *(en elecciones, votación)* equally placed, tied

empatar ◇ *vi* **-1.** *(en competición)* to tie; *(en partido)* to draw; **González empató en el minuto treinta** González equalized in the thirtieth minute; **~ a cero** to draw nil-nil; **~ a dos/tres (goles)** to draw two/three all; **~ en un hoyo** *(en golf)* to half a hole **-2.** *(en elecciones, votación)* to tie, to get the same number of votes **-3.** *Andes, Ven (enlazar, empalmar)* to join, to link

◇ *vt (partido, eliminatoria) (como resultado final)* to draw; **empataron el partido a dos minutos del final** they levelled the scores *o* equalized two minutes from the end

◆ **empatarse** *vpr Ven Fam* to get together; **mira bien con quién te empatas** be careful who you go out with

empate *nm* **-1.** *(en competición)* tie; *(en partido)* draw; **un ~ a cero/dos** a goalless/two-two draw; **el gol del ~** the equalizer; **el encuentro terminó con ~** the match ended in a draw; **un gol en el último minuto deshizo el ~** a goal in the last minute broke the stalemate
-2. *(en elecciones)* tie; **los sondeos arrojan un ~ técnico entre ambos candidatos** polls are indicating a dead heat between the two candidates
-3. *Andes, Ven (de cables)* connection
-4. *Ven Fam* relationship; **cuando llevaban dos años de ~ decidieron casarse** when they'd been going out for two years they decided to get married
-5. *Ven Fam* boyfriend, *f* girlfriend

empatía *nf* empathy
empático, -a *adj* empathetic
empatizar [14] *vi* **~ con alguien** to empathize with sb
empavar ◇ *vt* **-1.** *Perú (burlarse de)* to tease **-2.** *Ecuad (irritar)* to annoy, to irritate **-3.** *Ven Fam (dar mala suerte a)* to jinx, to bring bad luck to; **no digas eso, me vas a ~** don't say that, you'll bring me bad luck

◆ **empavarse** *vpr* **-1.** *Perú (avergonzarse)* to become embarrassed **-2.** *Ecuad (irritarse)* to get annoyed *o* irritated
empavonar ◇ *vt Col, PRico (superficie)* to grease

◆ **empavonarse** *vpr CAm* to dress up
empecinado, -a *adj* **-1.** *(tozudo)* stubborn **-2.** *(empeñado)* **estar ~ en hacer algo** to be determined to do sth, to be set on doing sth
empecinamiento *nm* **-1.** *(tozudez)* stubbornness **-2.** *(empeño)* determination
empecinarse *vpr (obstinarse)* to dig one's heels in; **~ en hacer algo** to stubbornly insist on (doing) sth; **se empecinó en que tenía que viajar en tren** he was quite insistent that he had to go by train
empedar *Méx, RP muy Fam* ◇ *vt* to get plastered *o Br* pissed

◆ **empedarse** *vpr* to get plastered *o Br* pissed
empedernido, -a *adj (bebedor, fumador)* heavy; *(criminal, jugador)* hardened; *(solterón, solterona)* confirmed; **un lector ~ de novelas de terror** a compulsive reader of horror stories
empedrado *nm* paving
empedrar [3] *vt* to pave
empegostado, -a *adj Ven Fam* sticky; **¿por qué siempre te dan los vasos empegostados?** why do they always give you glasses with sticky fingerprints all over them?
empegostar *Ven Fam* ◇ *vt* to get all sticky

◆ **empegostarse** *vpr* to get in a sticky mess
empeine *nm (de pie, zapato)* instep
empellón *nm* shove; **abrirse paso a empellones** to get through by pushing and shoving; **echar a alguien a empellones** to remove sb by force
empelotarse *vpr Andes, Cuba, Méx muy Fam (desnudarse)* to strip off

empeñado, -a *adj* **-1.** *(en prenda)* in pawn
-2. *(endeudado)* in debt; EXPR **estar ~ hasta las cejas** to be up to one's eyes in debt
-3. *(obstinado)* determined; **estar ~ en algo** to be set on sth; **estaba empeñada en una bici nueva** she had her heart set on a new bike; **estar ~ en hacer algo** to be determined to do sth; **el gobierno está ~ en acabar con el desempleo** the government is determined to eliminate unemployment; **estaba ~ en que viéramos su casa** he was determined that we should see his house
empeñar ◇ *vt* **-1.** *(joyas, bienes)* to pawn
-2. *(palabra)* to give; **empeñó su palabra en lograr un consenso** he gave his word that he would reach an agreement

◆ **empeñarse** *vpr* **-1.** *(obstinarse)* to insist; **si te empeñas, te contaré la verdad** if you insist, I'll tell you the truth; **empeñarse en (hacer) algo** *(estar decidido a)* to be set on (doing) sth; *(persistir)* to insist on (doing) sth; **cuando se empeña en una cosa** when she is set on something; **se empeñó en que nos quedáramos** he insisted that we stay; **no sé por qué te empeñas en hablar de ello** I don't know why you insist on talking about it
-2. *(endeudarse)* to get into debt; EXPR **se empeñaron hasta las cejas** they got themselves up to their eyes in debt
empeño *nm* **-1.** *(de joyas, bienes)* pawning; **casa de empeño(s)** pawnshop
-2. *(obstinación)* determination; **no entiendo ese ~ tuyo por justificarlo todo** I don't understand this insistence of yours on justifying everything; **con ~** persistently, tenaciously; **todo su ~ es poder viajar** the one thing she wants is to be able to travel; **tener ~ en hacer algo** to be determined to do sth
-3. *(afán, esfuerzo)* effort(s); **en su ~ por ayudar, lo que hacía era estorbar** in his efforts to help, all he did was get in the way; **no cejaremos en nuestro ~ (de...)** we will not flag in our efforts (to...); **puso gran ~ en sus estudios** she put a lot of effort into her studies; **poner ~ en hacer algo** to make a great effort to do sth, to take pains to do sth; **debes poner más ~ en aprobar** you should make more of an effort to pass
-4. *(intento)* **morir en el ~** to die in the attempt
empeñoso, -a *adj Andes, RP* persevering, tenacious
empeoramiento *nm (de tiempo)* deterioration; *(de conflicto)* worsening; **el enfermo sufrió un ~** the patient's condition deteriorated
empeorar ◇ *vi (enfermo, tiempo, conflicto)* to get worse, to deteriorate

◇ *vt* to make worse; **sólo consiguió ~ las cosas** she only managed to make things worse
empequeñecer [46] ◇ *vt (quitar importancia a)* to diminish; *(en una comparación)* to overshadow, to dwarf; **el alto nivel de abstención empequeñece un tanto su victoria** the high level of abstention rather detracts from his achievement in winning

◆ **empequeñecerse** *vpr* **-1.** *(sentirse inferior)* **empequeñecerse (ante)** to feel small *o* insignificant (beside) **-2.** *(ser inferior)* **ante líder como él los demás parecen empequeñecerse** beside such a leader the others seem smaller
empequeñecimiento *nm* **-1.** *(de tamaño)* diminishing, reduction **-2.** *(de importancia)* overshadowing
emperador *nm* **-1.** *(título)* emperor **-2.** *(pez espada)* swordfish **-3.** *Urug (sandwich)* toasted cheese and ham sandwich
emperatriz *nf* empress
emperejilar *Fam* ◇ *vt* to doll *o* tart up

◆ **emperejilarse** *vpr* to doll *o* tart oneself up
emperifollado, -a *adj Fam* dolled up, done up to the nines
emperifollar *Fam* ◇ *vt* to doll *o* tart up

◆ **emperifollarse** *vpr* to doll *o* tart oneself up
empero *adv Formal (sin embargo)* nevertheless, nonetheless; **yo, ~, sigo teniendo fe en él** I nevertheless *o* nonetheless continue to have faith in him
emperramiento *nm Fam* **-1.** *(obstinación)* stubbornness **-2.** *(rabia)* rage, anger
emperrarse *vpr Fam* **~ con** *o* **en algo** to be dead set on sth; **~ en hacer algo** to be dead set on doing sth; **se emperró en que tenía que ir él mismo** he wouldn't have it any other way but that he had to go himself
empertigar [38] *vt Chile* to yoke
empezar [17] ◇ *vt* to begin, to start; **empezó la conferencia dando la bienvenida a los asistentes** she began *o* started her speech by welcoming everyone there; **todavía no hemos empezado el colegio** we still haven't started school; **empecé el libro, pero no lo conseguí acabar** I started (reading) the book, but didn't manage to finish it; **hemos empezado la tarta** we've started the cake; **empezaron otra botella de vino** they started *o* opened another bottle of wine

◇ *vi* to begin, to start (**a/por** to/by); **la clase empieza a las diez** the class begins *o* starts at ten o'clock; **¿a qué hora empieza el partido?** what time does the game start?; **el concierto empezó tarde** the concert started late; **la película empieza con una escena muy violenta** the film begins with a very violent scene; **tuvieron que ~ de nuevo** they had to start again; **el aprender a nadar, todo es ~** with swimming, getting started is half the battle; **¡no empieces!, ¡ya hemos discutido este tema lo suficiente!** don't you start, we've spent long enough on this subject already!; **¡ya empezamos con el vecino y su música!** here we go again with our neighbour and his music!; **al ~ la reunión** when the meeting started *o* began; **al ~ resulta un poco difícil** it's quite hard at first *o* to begin with; **en noviembre empezó a hacer frío** it started getting colder in November; **empezó pidiendo disculpas por su retraso** she started *o* began by apologizing for being late; **~ por: empieza por el salón, yo haré la cocina** you start on the living room, I'll do the kitchen; **empieza por aflojar los tornillos** first, loosen the screws, start *o* begin by loosening the screws; **empieza por portarte bien, y ya hablaremos** first you start behaving well, then we'll talk; **para ~: para ~, sopa** I'd like soup for starters *o* to start with; **para ~, habrá que comprar los billetes** first of all *o* to start with, we'll have to buy the tickets; **no me gusta, para ~, es demasiado pequeño** I don't like it, it's too small to start with
empicharse *vpr Ven Fam* to go bad, *Br* to go off
empiece ◇ *ver* **empezar**

◇ *nm Fam* beginning, start
empiedro etc *ver* **empedrar**
empiezo etc *ver* **empezar**
empilchar *RP Fam* ◇ *vi (vestir bien)* to dress smartly, to dress to kill

◆ **empilcharse** *vpr (emperifollarse)* to doll *o* tart oneself up
empinado, -a *adj (calle, cuesta)* steep
empinar ◇ *vt* **-1.** *(inclinar)* to tip up **-2.** *(levantar)* to raise; EXPR *Fam* **~ el codo** to bend the elbow

◇ *vi Fam (beber alcohol)* to booze, to have a few drinks

◆ **empinarse** *vpr* **-1.** *(animal)* to stand up on its hind legs **-2.** *(persona)* to stand on tiptoe **-3.** *(calle, cuesta)* to get steeper **-4.** *muy Fam (pene)* **se le empinó** he got a hard-on
empingorotado, -a *adj Fam Pey* stuck-up, posh
empipada *nf Chile, Ecuad, PRico* blow-out
empíricamente *adv* empirically

empírico, -a ◇ adj empirical
◇ nm,f empiricist
empirismo nm empiricism
empistolado, -a nm Méx gunman, f gunwoman
emplasto nm -1. MED poultice -2. Fam (pegote, masa) sticky o gooey mess
emplazamiento nm -1. (ubicación) location ❏ ~ **arqueológico** archaeological site -2. DER summons (singular)
emplazar [14] vt -1. (situar) to locate; (armamento) to position; (misiles) to site; (tropas) to post, to station; **la basílica está emplazada en el casco viejo** the basilica is located o situated in the old part of town
-2. (citar) to summon; DER to summons; **me emplazó a una reunión** he summoned o called me to a meeting; **fue emplazado para declarar ante el tribunal** he was summonsed to give evidence in court
empleado, -a nm,f (asalariado) employee; (de banco, oficina) clerk; **está de ~ en una tienda/fábrica de ropa** he works in a clothes shop/clothing factory; **consultaron la propuesta con los empleados** they discussed the proposal with the staff; **sólo empleados y personal autorizado** (en letrero) staff and authorized personnel only ❏ ~ **de banca** bank clerk; ~ **del estado** civil servant; **empleada de hogar** maid; Méx ~ **de planta** permanent employee; ~ **público** public employee
empleador, -ora nm,f employer
emplear ◇ vt -1. (usar) (objeto, inteligencia, energía) to use; (medios, recursos, términos) to use, to employ; (tiempo, dinero) to spend; **emplea unos métodos poco ortodoxos** he uses o employs rather unorthodox methods; **ahí el subjuntivo está mal empleado** the subjunctive is used incorrectly there; **empleó mucho tiempo en leer el libro** he took a long time to read the book; EXPR **dar algo por bien empleado: dio por bien empleado el esfuerzo** he thought it had been well worth the effort; **si lo consigo, daré por bien empleado el tiempo** if I manage to do it, I'll regard it as time well spent; EXPR Esp **lo tiene** o **le está bien empleado** he deserves it, it serves him right
-2. (contratar) (sujeto: empresario, empresa) to employ
◆ **emplearse** vpr -1. (colocarse) to find a job; **se empleó de camarero** he found a job as a waiter
-2. (usarse) to be used; **una herramienta que se emplea en minería** a tool used in mining
-3. (esforzarse) **emplearse a fondo** to do one's utmost
empleo nm -1. (uso) use; **modo de ~** instructions for use
-2. (trabajo) employment; **la precariedad del ~** job insecurity ❏ ~ **comunitario** community service; ~ **juvenil** youth employment, ~ **temporal** temporary employment -3. (puesto) job; **un ~ de oficinista** an office job; **estar sin ~** to be out of work; **estar suspendido de ~ y sueldo** to be suspended without pay -4. MIL rank
emplomado, -a ◇ adj leaded
◇ nm (de ventana) leading
emplomadura nf RP (diente) filling
emplomar vt -1. (cubrir con plomo) to lead -2. RP (diente) to fill
emplumar ◇ vt -1. (como adorno) to adorn with feathers -2. (como castigo) to tar and feather -3. Esp Fam (delincuente, infractor) Br to do -4. Col Fam **emplumarlas** (huir) to make oneself scarce
◇ vi Andes, PRico (huir) to flee, to take flight
empobrecer [46] ◇ vt -1. (en recursos, riqueza, patrimonio) to impoverish -2. (en calidad, valor, importancia) to impoverish, to devalue
◆ **empobrecerse** vpr to get poorer
empobrecido, -a adj -1. (en recursos, riqueza, patrimonio) impoverished -2. (en calidad, valor, importancia) impoverished, devalued

empobrecimiento nm -1. (en recursos, riqueza, patrimonio) impoverishment -2. (en calidad, valor, importancia) impoverishment, devaluation; **un ~ de los contenidos televisivos** a reduction in quality of programme content on television
empollado, -a adj Esp Fam **está muy empollada en jardinería** she knows a lot about gardening
empollar ◇ vt -1. (huevo) to incubate -2. Esp Fam (estudiar) to bone up on, Br to swot up (on)
◇ vi Fam Br to swot, US to grind
◆ **empollarse** vpr Fam to bone up (on), Br to swot up (on)
empollón, -ona Esp Fam ◇ adj **ser ~** to be Br swotty o US a grind
◇ nm,f Br swot, US grind
empolvado, -a adj -1. (muebles, libros) dusty, covered in dust -2. (rostro) powdered
empolvar ◇ vt (rostro, peluca) to powder
◆ **empolvarse** vpr -1. (muebles, libros) to get dusty -2. (rostro) to powder one's face; **voy a empolvarme la nariz** I'm going to powder my nose
emponchado, -a adj Andes, RP (con poncho) wearing a poncho
emponchar ◇ vt to wrap in a poncho
◆ **emponcharse** vpr Andes, RP to wrap oneself in a poncho
emponzoñar vt -1. (aguas, persona) to poison -2. (relación, ambiente) to poison
emporcar [67] ◇ vt to soil, to dirty
◆ **emporcarse** vpr to become soiled o dirty
emporio nm -1. HIST (centro comercial) centre of commerce -2. (centro) centre; **Detroit era el ~ de la música negra** Detroit was the centre for black music; **es un importante ~ cultural** it's an important cultural centre; **creó un auténtico ~ financiero** he built a veritable financial empire
empotrado, -a adj (armario, mueble) fitted, built-in
empotrar ◇ vt -1. (armario, mueble) to build in; **empotraron el armario en la pared** they built the wardrobe into the wall -2. (vehículo) to smash; **empotró la moto en un árbol** he smashed the motorbike into a tree
◆ **empotrarse** vpr (vehículo) **la moto se empotró contra** o **en la pared** the motorbike smashed into the wall
empozado, -a adj Andes, RP, Ven (agua) stagnant
empozarse vpr Andes, RP, Ven to accumulate in pools; **el problema es que aquí se empoza el agua** the problem is that the water gathers o accumulates here
emprendedor, -ora adj enterprising; **se necesita ejecutivo dinámico y ~** (en anuncio de trabajo) dynamic and enterprising executive required
emprender vt (trabajo, tarea, proyecto) to undertake; (viaje) to set off on; (ataque, ofensiva) to launch; ~ **acciones judiciales contra alguien** to initiate legal proceedings against sb; **la prensa emprendió una campaña contra él** the press launched a campaign against him; ~ **el vuelo** to fly off; **¿a qué hora emprenderás la marcha?** what time are you setting off?; **al oír la sirena emprendieron la huida** when they heard the siren they took flight; **el Papa emprendió viaje a Oriente Medio** the Pope left on a trip to the Middle East; EXPR **emprenderla con alguien: la emprendió con él sin provocación alguna** she started laying into him without any provocation; **la emprendió a puñetazos con su hermano** he started punching his brother
emprendimiento nm CSur undertaking, initiative
empresa nf -1. (sociedad) company; **pequeña y mediana ~** small and medium-sized business; **prohibido fijar carteles: responsable la ~ anunciadora** (en letrero) stick no bills: advertisers will be held liable ❏ ~ **común** joint venture; ~ **conjunta** joint

venture; ~ **filial** subsidiary; ~ **funeraria** undertaker's; ~ **júnior** junior enterprise, = firm set up and run by business studies students; ~ **libre, libre ~** free enterprise; ~ **matriz** parent company; ~ **mixta** mixed company; ~ **privada** private company; ~ **pública** public sector firm; ~ **punto com** dot.com (company); ~ **de seguridad** security firm; ~ **de servicio público** public utility, US public service corporation; ~ **de servicios** service company; ~ **de trabajo temporal** temping agency; ~ **de transportes** haulage firm; Urug ~ **unipersonal** small business (with no more than 2 or 3 employees)
-2. (dirección) management; **las negociaciones con la ~** the negotiations with management
-3. (acción) enterprise, undertaking; **se embarcó en una peligrosa ~** he embarked on a risky enterprise o undertaking
empresariado nm employers
empresarial ◇ adj (estructura, crisis, líder) business; **estudios empresariales** management o business studies; **organización ~** employers' organization
◇ nfpl **empresariales** Esp business studies
empresario, -a nm,f -1. (patrono) employer; (hombre, mujer de negocios) businessman, f businesswoman; **las organizaciones de empresarios** employers' organizations; **los pequeños empresarios** owners of small businesses, small businesspeople ❏ ~ **individual** sole Br trader o US proprietor -2. (de teatro) impresario
empréstito nm FIN debenture loan
empuerca etc ver **emporcar**
empuerque etc ver **emporcar**
empujar ◇ vt -1. (puerta) to push (open); (persona, vehículo, objeto) to push; (palanca) to push (down on); **empújame un poquito** give me a little push, push me a bit; **las olas empujaron el cuerpo hasta la orilla** the waves carried the body to the shore
-2. (presionar) to push; (estimular) to push, to encourage; **ella me empujó a mentir** she pushed me into lying; **a ese niño habría que empujarlo un poco** that child needs to be pushed a bit; **¿qué le empujaría a hacer una cosa así?** what would drive him to do a thing like that?; **verse empujado a hacer algo** to find oneself forced o having to do sth
◇ vi to push; **¡eh, sin ~!** hey, stop pushing!; ~ (en letrero) push; **las nuevas generaciones de abogados vienen empujando con fuerza** the new generation of lawyers is making its presence felt
empuje nm -1. (presión) pressure -2. (energía) energy, drive -3. FÍS (impulso) thrust -4. ARQUIT thrust
empujón nm -1. (empellón) shove, push; **cerró la puerta de un ~** he pushed the door shut; **dar un ~ a alguien** to give sb a shove o push; **a empujones: abrirse paso a empujones** to shove o push one's way through; **bajaban del tren a empujones** they were pushing and shoving their way off the train; **sus captores los trataban a empujones** their captors pushed them around
-2. (avance) **hay que darle un buen ~ al trabajo** we need to get well ahead with the work; **dar un último ~ a algo** to make one last effort with sth
empujoncito nm prod; **dar un ~ a alguien** to give sb a prod; **hay que darle un ~** he needs a bit of prodding
empuntar ◇ vt -1. Col (encaminar, encarrilar) to give directions to -2. Col Fam **empuntárselas** (irse) to scram
◆ **empuntarse** vpr Ven to dig one's heels in
empuñadura nf (de paraguas, bastón) handle; (de espada, puñal) hilt; (de hacha) handle, haft; (de látigo) handle; (de raqueta) handle, grip
empuñar ◇ vt (bastón, paraguas) to take hold of, to grasp; (espada, hacha, látigo) to take up; (raqueta) to hold, to grip; **avanzaba**

empuñando la espada he advanced, sword in hand
◇ *vi Chile (mano)* to make a fist
emputecer *vt esp RP muy Fam (fastidiar, hastiar)* to piss off
emputecido, -a *adj esp RP muy Fam* **estar ~** to have turned really nasty
emú *nm* emu
emulación *nf* **-1.** *(imitación)* emulation **-2.** INFORMÁT emulation ❑ **~ de terminal** terminal emulation
emulador *nm* INFORMÁT emulator
emular *vt* **-1.** *(imitar)* to emulate **-2.** INFORMÁT to emulate
emulgente *nm* emulsifier
émulo, -a *nm,f Formal* imitator; **tiene ya un ~ en su propio hijo** her own son now wants to follow in her footsteps
emulsificante *nm* emulsifier
emulsión *nf* emulsion ❑ **~ fotográfica** photographic emulsion
emulsionante *nm* emulsifier
emulsionar *vt* to emulsify
EN *nm (abrev de* **Encuentro Nacional)** = Paraguayan political party
en *prep* **-1.** *(lugar) (en el interior de)* in; *(sobre la superficie de)* on; *(en un punto concreto de)* at; **viven en la capital** they live in the capital; **tiene el dinero en el banco** he keeps his money in the bank; **en la mesa/el plato** on the table/plate; **en casa/el trabajo** at home/work; **en la pared** on the wall; **en el primer piso** on the first floor; **tenemos una casa en el campo** we have a house in the country; **en el primer capítulo** in the first chapter; **viven en el número 40** they live at number 40
-2. *(dirección)* into; **el avión cayó en el mar** the plane fell into the sea; **entraron en la habitación** they came/went into the room; **la llave no entra en la cerradura** the key won't fit *o* into the lock
-3. *(tiempo) (mes, año)* in; *(día)* on; **nació en 1953/marzo** she was born in 1953/March; **en el año 36** in 1936; **en Nochebuena** on Christmas Eve; **en Navidades** at Christmas; **en aquella época** at that time, in those days; **en mis tiempos** in my day; **en esta ocasión** on this occasion; **en un par de días** in a couple of days; **en primavera/otoño** in (the) spring/autumn; *Am* **en la mañana/tarde** in the morning/afternoon; *Am* **en la noche** at night; **ayer salimos en la noche** we went out last night; **no he descansado en toda la noche** I didn't sleep all night; **lo leí en tres horas** I read it in three hours
-4. *(medio de transporte)* by; **ir en tren/coche/avión/barco** to go by train/car/plane/boat; **dimos un paseo en el coche de Eva** we went for a ride in Eva's car
-5. *(modo)* in; **en voz baja** in a low voice; **una televisión en blanco y negro** a black-and-white television; **lo dijo en inglés** she said it in English; **pagar en libras** to pay in pounds; **todo se lo gasta en ropa** he spends everything on clothes; **salió a abrir en pijama** he came to the door in his pyjamas; **vive en la miseria** she lives in poverty; **está en buenas condiciones** it's in good condition; **en la oscuridad no se ve nada** you can't see anything in the dark; **un edificio en construcción** a building under construction
-6. *(precio, cantidad)* in; **las ganancias se calculan en millones** profits are calculated in millions; **te lo dejo en 5.000** I'll let you have it for 5,000; **la inflación aumentó en un 10 por ciento** inflation increased by 10 percent; **las reservas de agua disminuyeron en una tercera parte** water reserves fell by a third
-7. *(tema)* **es un experto en la materia** he's an expert on the subject; **es doctor en medicina** he's a doctor of medicine
-8. *(causa)* from; **lo detecté en su forma de hablar** I could tell from the way he was speaking; **se lo noté en su mirada** I could see it in her eyes

-9. *(finalidad, objetivo)* **un concierto en ayuda de...** a concert in aid of...; **intervenir en favor de los necesitados** to take measures to help the poor
-10. *(materia)* in, made of; **en seda** in silk
-11. *(cualidad)* in terms of; **lo supera en inteligencia** she is more intelligent than he is
enagua *nf,* **enaguas** *nfpl* petticoat
enajenable *adj* DER transferable, alienable
enajenación *nf,* **enajenamiento** *nm* **-1.** *(locura)* **~ (mental)** mental derangement, insanity **-2.** *(éxtasis)* rapture **-3.** DER *(de propiedad, bienes)* transfer of ownership, alienation
enajenante *adj* alienating
enajenar ◇ *vt* **-1.** *(volver loco)* to drive mad **-2.** *(extasiar)* to enrapture **-3.** DER *(propiedad, bienes)* to transfer ownership of, to alienate
◆ **enajenarse** *vpr* **-1.** *(apartarse)* to become estranged **-2.** *(extasiarse)* to get carried away
enaltecedor, -ora *adj (elogioso)* praising; **palabras enaltecedoras** words of praise
enaltecer [46] *vt* **-1.** *(elogiar)* to praise, to extol **-2.** *(engrandecer)* to ennoble
enaltecimiento *nm (elogio)* praise
enamoradamente *adv* **-1.** *(con amor)* lovingly **-2.** *(con pasión)* passionately
enamoradizo, -a ◇ *adj* **es muy ~** he falls in love very easily
◇ *nm,f* person who falls in love easily; **es una enamoradiza** she falls in love very easily
enamorado, -a ◇ *adj* in love (**de** with); **se los ve muy enamorados** they look very much in love with each other; **estaba muy ~ de su mujer** he was very much in love with his wife; **está ~ de su moto** he's in love with his motorbike
◇ *nm,f* **-1.** *(amante)* lover; **son cosas de enamorados** that's lovers *o* sweethearts for you; **el día de los enamorados** St Valentine's Day **-2.** *(aficionado)* lover; **es un ~ de la ópera** he's an opera lover; **es un ~ de su trabajo** he's in love with his work **-3.** *Bol, Perú (novio)* boyfriend, *f* girlfriend
enamoramiento *nm* falling in love; **un ~ pasajero** a brief infatuation
enamorar *vt* to win the heart of; **la enamoró** she fell in love with him; **¿qué te enamoró de ella?** what made you fall in love with her?
◆ **enamorarse** *vpr* **-1.** *(sentir amor)* to fall in love (**de** with); **se enamoró perdidamente de ella** he fell madly in love with her **-2.** *(sentir entusiasmo)* to fall in love (**de** with); **me enamoré de la casa nada más verla** I fell in love with the house the moment I saw it
enamoriscarse, enamoricarse [59] *vpr* to be attracted; **~ de** to take a fancy to
enancarse [59] *vpr* **-1.** *Andes, Arg, Perú (montar)* to mount behind **-2.** *Méx (encabritarse)* to rear up
enana *nf* **-1.** ASTRON **~ blanca** white dwarf; **~ roja** red dwarf **-2.** *ver también* **enano**
enanismo *nm* MED dwarfism
enano, -a ◇ *adj* **-1.** *(menor de lo normal)* dwarf; **un arbusto ~** a dwarf shrub **-2.** *Fam (pequeñísimo)* tiny
◇ *nm,f* **-1.** *(persona pequeña, en cuentos)* dwarf; *Pey (como insulto)* midget; EXPR *Fam* **como un ~: disfruté como un ~** I had a whale of a time; **me lo pasé como un ~** I got a real kick out of it; **trabajar como un ~** to slog one's guts out; EXPR *Fam* **crecerle los enanos a alguien: siempre le crecen los enanos** his bread always falls butter side down
-2. *Fam (niño)* kid
enarbolar *vt (bandera)* to raise, to hoist; *(pancarta)* to hold up; *(arma, bastón)* to brandish
enarcar [59] *vt (cejas)* to raise, to arch
enardecedor, -ora *adj (discurso)* rousing, inflammatory; *(cántico, música)* rousing

enardecer [46] ◇ *vt (multitud, público)* to inflame, to whip up into a frenzy; **sus comentarios enardecieron los ánimos** his comments aroused people's passions; **enardecía a la hinchada con sus jugadas** the fans went wild at the way he played
◆ **enardecerse** *vpr* **los ánimos se enardecieron tras la intervención del presidente** people were whipped up by the president's speech; **la gente se enardecía al oírlo hablar** people were roused when they heard him speak
enarenar *vt* to cover with sand
enartrosis *nf inv* ANAT ball-and-socket joint
encabalgamiento *nm* LIT enjambment
encabestrar *vt (poner cabestro a)* to put a halter on, to halter
encabezado *nm Chile, Méx (en periódico)* headline
encabezamiento *nm* **-1.** *(de carta)* opening; *(de escrito, lista, apartado)* heading; *(en periódico)* headline **-2.** *(preámbulo)* foreword
encabezar [14] *vt* **-1.** *(marcha, manifestación, carrera)* to lead; **~ la competición** to be in first place *o* in the lead in the competition; **el Real encabeza la clasificación** Real is at the top of the league
-2. *(revuelta, movimiento, campaña)* to lead; *(comisión, delegación, misión)* to head
-3. *(carta)* to begin, to open; *(escrito, lista, apartado)* to head; *(artículo de periódico)* to headline
-4. *(libro)* to write the foreword for
-5. *(vino)* to fortify
encabritarse *vpr* **-1.** *(caballo)* to rear up **-2.** *(moto)* to rear up **-3.** *Fam (persona)* to get shirty
encabronar *Vulg* ◇ *vt Esp* to piss off
◆ **encabronarse** *vpr Esp, Méx* to get pissed off
encachado, -a *adj Chile Fam* nice
encadenado, -a ◇ *adj (verso)* linked
◇ *nm* **-1.** CINE fade, dissolve **-2.** CONSTR buttress
encadenamiento *nm* **-1.** *(con cadenas)* chaining **-2.** *(sucesión)* **un ~ de circunstancias** a chain of events
encadenar *vt* **-1.** *(atar)* to chain (up) (**a** to) **-2.** *(enlazar)* to link (together)
◆ **encadenarse** *vpr* **-1.** *(personas)* to chain oneself (**a** to); **se encadenaron a la entrada de la fábrica** they chained themselves to the factory gates **-2.** *(sucesos, acontecimientos, desgracias)* to happen in succession *o* one after another **-3.** CINE *(escenas, secuencias)* to fade into each other
encajar ◇ *vt* **-1.** *(meter ajustando)* to fit (**en** into); *(hueso dislocado)* to set; **encajaron el cristal en el marco de la ventana** they fitted the glass into the window frame
-2. *(meter con fuerza)* to push (**en** into); **hay que ~ el ropero en ese hueco** the wardrobe has to be squeezed into that space
-3. *(recibir) (golpe, críticas, noticia)* to take; *(goles, canastas)* to concede; **encajaron muy mal el cierre de la fábrica** they took the factory closure very badly; **encajaron pocas canastas triples** they didn't let them get many three-pointers; **ha encajado quince goles esta liga** he's let in fifteen goals this season; **~ una derrota** to be defeated
-4. *Fam (soltar) (insultos)* to hurl; **~ un golpe a alguien** to land sb a blow, to land a blow on sb; **nos encajó un sermón de dos horas** he treated us to a two hour lecture
-5. *Fam (endosar)* to land, to dump (**a** on); **me ha encajado a su bebé porque se va al cine** she dumped her baby on me because she's going to the cinema
-6. *Fam (dar, engañar con)* to palm off; **le encajaron un billete falso** they palmed off a counterfeit note on him
◇ *vi* **-1.** *(piezas, muebles)* to fit (**en** into); **esta puerta no encaja bien** this door doesn't fit the frame properly
-2. *(concordar) (hechos, declaraciones, datos)* to tally; **ahora todo encaja** it all falls into

encaje

place now; **~ con algo** to tally with sth, to match sth

-3. *(ser oportuno, adecuado)* **ese mueble no encaja ahí** that piece of furniture doesn't go there *o* look right there; **¿crees que encajará bien en el grupo?** do you think she'll fit into the group all right?; **su ropa no encaja con la seriedad del acto** her clothes aren't in keeping with the seriousness of the occasion

◆ **encajarse** *vpr* **-1.** *(pieza, objeto)* to get stuck **-2.** *Méx Fam (aprovecharse)* to take advantage; **si puede se encaja y me pide algo de dinero** whenever he gets the chance he takes advantage and asks me for money

encaje *nm* **-1.** *(ajuste)* insertion, fitting in **-2.** *(tejido)* lace; **pañuelo/bragas de ~** lace handkerchief/knickers; **un camisón de ~** a lacy nightdress ❏ **~ de bolillos** bobbin lace; EXPR **habrá que hacer ~ de bolillos para ajustarse al presupuesto** we'll have to perform a minor miracle to keep within the budget

encajonar ◇ *vt* **-1.** *(en cajas, cajones) (mercancía)* to box, to put into boxes **-2.** *(en sitio estrecho)* to squeeze (**en** into); **encajonaron al corredor ruso** the Russian runner was boxed in; **tengo el coche encajonado y no puedo salir** my car's boxed in and I can't get out **-3.** TAUROM *(toro)* to pen (up)

◆ **encajonarse** *vpr (río)* to run through a narrow place

encalado, -a ◇ *adj* whitewashed
◇ *nm* whitewash

encalar *vt* to whitewash

encalatarse *vpr Perú Fam* to strip off, *Br* to get one's kit off

encaletarse *vpr Ven* **se lo encaletó** she kept it for herself

encalladero *nm (de barcos)* shoal, sandbank

encallado, -a *adj* stranded

encallar *vi* **-1.** *(barco)* to run aground **-2.** *(proceso, proyecto)* to founder

encallecer [46] ◇ *vt* **-1.** *(manos, piel)* to harden **-2.** *(persona)* to harden, to make callous

◆ **encallecerse** *vpr* **-1.** *(manos, piel)* to become calloused *o* hard **-2.** *(persona)* to become callous *o* hard

encallecido, -a *adj (manos)* calloused; *(piel)* hardened, calloused

encalomar *vt Esp Fam (endosar)* **~ algo a alguien** to lumber *o* land sb with sth; **siempre me encaloman los peores trabajos** I always get lumbered *o* landed with the worst jobs

encamarse *vpr* **-1.** *(enfermo)* to take to one's bed **-2.** *muy Fam* **~ con alguien** *(acostarse)* to go to bed with sb

encamellado, -a *adj Col Fam* **estar ~** to be up to one's eyes in work

encaminar ◇ *vt* **-1.** *(dirigir) (persona)* to direct, to guide; *(esfuerzos, intereses, estudios)* to direct, to channel; **encaminaron sus pasos hacia el castillo** they made for the castle; **por esa senda vas mal encaminado** you're going the wrong way if you take that path; **sigue preguntando, que vas bien encaminado** keep asking, you're on the right track; **encaminó todos sus esfuerzos a lograr la paz** he directed *o* channelled all his efforts towards achieving peace; **han encaminado muy bien las negociaciones** the negotiations have been well-conducted; **supo ~ su carrera deportiva** she made the right choices in her sporting career; **la tesis va bien/mal encaminada** the thesis is going well/badly

-2. *(medidas, leyes, actividades)* to aim; **estar encaminado a hacer algo** *(medidas, actividades)* to be aimed at doing sth; **esta emisora está encaminada a un público más joven** this radio station is aimed at a younger audience; **investigaciones encaminadas a esclarecer los hechos** investigations aimed at clarifying the facts

◆ **encaminarse** *vpr* **-1.** *(hacia un lugar)* **encaminarse a/hacia** to set off for/towards; **se encaminó al jardín** she headed for the garden; **ahora nos encaminamos hacia la sala de Rubens** we are now making our way to the Rubens room **-2.** *(destinarse)* **encaminarse a** to be directed towards, to be aimed at

encamotado, -a *adj Andes, CAm Fam* in love

encamotarse *vpr Andes, CAm Fam* to fall in love

encampanar *vt* **-1.** *Col, PRico, Ven (elevar)* to raise, to lift **-2.** *Méx (dejar solo)* to leave in the lurch

encanar *vt Andes, Cuba, RP Fam* to put away, *Br* to bang up

encandelillar *vt* **-1.** *Am (deslumbrar)* to dazzle **-2.** *Andes, Arg (sobrehilar)* to overstitch

encandilado, -a *adj* dazzled, fascinated

encandilar ◇ *vt* **-1.** *(fascinar)* to dazzle, to fascinate; **encandila a los niños con sus cuentos** he delights the children with his stories, the children are fascinated by his stories **-2.** *(enamorar)* to bewitch **-3.** *(avivar)* to stir, to poke

◆ **encandilarse** *vpr* **-1.** *(quedarse fascinado)* to be dazzled, to be fascinated (**con** by) **-2.** *(enamorarse)* to be bewitched

encanecer [46] ◇ *vi* to go grey

◆ **encanecerse** *vpr* to go grey

encantado, -a *adj* **-1.** *(contento)* delighted (**con** with); **su profesor está ~ con él** his teacher is really pleased *o* delighted with him; **está encantada con su nuevo trabajo** she loves her new job; **está ~ de la vida** he's absolutely fine; **estar ~ de haber hecho algo** to be really glad to have done sth; **estoy ~ de haber ido** I'm really glad I went; **~ de poder ayudar** glad to be able to help; **no es ninguna molestia, te llevaré ~** it's no trouble, I'd be glad to take you; **¿quedamos para cenar? – por mí, ~** shall we stay to dinner? – that's fine by me **-2.** *(como saludo)* **te presento a mi padre – ~** this my father – pleased to meet you, how do you do; **~ de conocerle** pleased to meet you

-3. *(hechizado) (bosque, castillo)* enchanted; *(persona)* bewitched

encantador, -ora ◇ *adj* delightful, charming; **es un tipo ~** he's charming, he's a lovely guy

◇ *nm,f* **~ de serpientes** snake charmer

encantadoramente *adv* charmingly

encantamiento *nm* enchantment

encantar *vt* **-1.** *(gustar)* **me encanta el chocolate** I love chocolate; **le encanta ir al cine** he loves going to the cinema; **¡me encanta!** I love it/him/her!; **me encantaría asistir, pero tengo otros compromisos** I'd love to go, but I've got other things on **-2.** *(embrujar)* to bewitch, to cast a spell on

encanto *nm* **-1.** *(atractivo)* charm; **una ciudad llena de ~** a charming *o* lovely town; **hoteles con ~** hotels with that special something; **esta película ha perdido su ~ con los años** time hasn't been kind to this film; **no me pude resistir a sus encantos** I couldn't resist her charms; **una camiseta que realza sus encantos** a T-shirt that shows off her assets

-2. *(persona encantadora)* charming *o* lovely person; **ser un ~** to be a treasure *o* delight; **es un ~ de mujer** she's a charming *o* lovely woman; **¡qué ~ de nietos tiene!** what lovely grandchildren she has!

-3. *(apelativo cariñoso)* darling; **ven aquí, ~** come here, darling

-4. *(hechizo)* spell; **como por ~** as if by magic; **romper el ~** to break the spell

encañonar *vt* to point a gun at; **lo encañonó con un rifle** he pointed a rifle at him; **tenía encañonados a los rehenes** she had the hostages covered

encapotado, -a *adj* overcast

encapotarse *vpr* to cloud over

encaprichamiento *nm* whim, fancy

encapricharse *vpr* **-1.** *(obstinarse)* **~ con algo/hacer algo** to set one's mind on sth/doing sth **-2.** *(sentirse atraído)* **~ con** *o Esp* **de alguien** to become infatuated with sb; **~ con** *o Esp* **de algo** to take a real liking to sth

encapuchado, -a ◇ *adj* hooded
◇ *nm,f* hooded person; **unos encapuchados asaltaron el banco** some hooded men robbed the bank

encapuchar ◇ *vt* to put a hood on

◆ **encapucharse** *vpr* to put one's hood on

encaramar ◇ *vt* **-1.** *(subir)* to lift up **-2.** *Am (abochornar)* to make blush

◆ **encaramarse** *vpr* **-1.** *(trepar)* to climb (up) (**a** *o* **en** onto); **me encaramé a la silla** I climbed (up) onto the chair; **se encaramó a una farola** she climbed up a lamppost **-2.** *(subir puestos)* **~ a** to go to, to get to; **se encaramaron al primer puesto de la clasificación** they went *o* got to the top of the league **-3.** *Am (abochornarse)* to blush

encarar ◇ *vt* **-1.** *(hacer frente a)* to confront, to face up to; **hay que ~ la situación con valentía** you have to put a brave face on things; **¿usted cómo encararía este asunto?** how would you deal with *o* approach this? **-2.** *(poner frente a frente)* to bring face to face

◆ **encararse** *vpr (enfrentarse)* **encararse a** *o* **con** to confront, to square up to; **se encaró con el policía** he confronted the policeman

encarcelación *nf*, **encarcelamiento** *nm* imprisonment

encarcelar *vt* to imprison, to jail; **fue encarcelado por homicidio** he was jailed for murder

encarecer [46] ◇ *vt* **-1.** *(productos)* to make more expensive; **la subida del petróleo encarecerá los precios** the rise in oil prices will make things more expensive **-2.** *Formal (rogar)* to beg, to implore; **me encareció que la ayudara** she begged *o* implored me to help her; **encareció al ministro que se retractara** he urged the minister to withdraw his statement **-3.** *Formal (alabar)* to praise

◆ **encarecerse** *vpr (producto)* to become more expensive; **los precios de la vivienda se han encarecido** house prices have increased

encarecidamente *adv Formal* **le ruego ~ que guarde el secreto** I would urge you most earnestly to keep this secret; **me pidió ~ que colaborara con él** he begged *o* implored me to help him

encarecimiento *nm* **-1.** *(de producto)* increase in price; *(de coste)* increase; **el ~ de la vida** the rise in the cost of living **-2.** *Formal (empeño)* insistence; **con ~** insistently **-3.** *Formal (alabanza)* praise

encarezco *etc ver* **encarecer**

encargado, -a ◇ *adj* responsible (**de** for), in charge (**de** of); **está ~ de cerrar la oficina** he's responsible for locking up the office, it's his job to lock up the office

◇ *nm,f (responsable) (de tarea, trabajo)* person in charge; *(de tienda, negocio)* manager, *f* manageress; **él es el ~ de hacer las camas** he's responsible for making the beds, it's his job to make the beds; **póngame con el ~** can I speak to the person in charge, please? ❏ **~ de negocios** chargé d'affaires

encargar [38] ◇ *vt* **-1.** *(poner al cargo de)* **~ a alguien de algo**, **~ algo a alguien** to put sb in charge of sth; **le han encargado la investigación del caso** they've put him in charge of the investigation, they've charged him with investigating the case; **~ a alguien que haga algo** to tell sb to do sth; **me encargó que vigilara la puerta** he told me to keep an eye on the door; **me han encargado que organice la fiesta** they've asked me to organize the party

-2. *(pedir)* to order; **encargó unas botas de montaña** she ordered some mountaineering boots; **compré unos discos que me había encargado mi**

hermano I bought some records that my brother had asked me to get; **me encargó que le trajera un bumerán** he asked me to bring him back a boomerang; **si no lo tienen, encárgalo** if they haven't got it, order it; **he dejado encargada la comida para las dos** I've booked lunch for two o'clock; **el gobierno ha encargado un informe sobre la situación en las prisiones** the government has commissioned a report on the state of the prisons; **encargó su retrato a Goya** he commissioned Goya to paint his portrait; *Euf* **han encargado un bebé** they have a baby on the way; *Euf* **¿cuándo van a ~ un niño?** when are they going to start a family?

◆ **encargarse** *vpr (ocuparse)* **encargarse de algo** *(tener el control de)* to be in charge of sth; *(tomar el control de)* to take charge of sth; **él se encargaba de la tienda** he looked after the shop, he was in charge of the shop; **se encarga de la informática en la empresa** she is responsible for computing within the company; **yo me encargaré de eso** I'll take care of *o* see to that; **encargarse de alguien** to look after sb, to see to sb; **tú encárgate de los niños** you look after *o* see to the children; **si pone problemas, yo me encargaré de él** if he causes any problems, I'll deal with him; **encargarse de hacer algo** to undertake to do sth; **tú te encargarás de limpiar el baño** it'll be your job to clean the bathroom; **me encargo de abrir la puerta todas las mañanas** I see to it that the door is opened every morning; **ya habrá quien se encargue de contárselo a mis padres** no doubt someone will make it their business to tell my parents; **encargarse de que...** to see to it that..., to make sure that...; **encárgate de que nadie pase por aquí** see to it *o* make sure (that) no one comes through here; **yo me encargaré de que nadie se pierda** I'll make sure no one gets lost; **la lluvia se encargó de arruinar el espectáculo** the rain made sure the show was ruined, the rain ruined the show

encargo, *RP* **encargue** *nm* **-1.** *(pedido)* order; **hacer un ~ a alguien** to order sth from sb; **les hicimos un ~ de una mesa la semana pasada** we ordered a table from them last week; *Esp* **(hecho) de ~** tailor-made; *Esp* **mobiliario (hecho) de ~** furniture made to order; **se hacen paellas por ~** paella can be made to order; **el artista trabaja por ~** the artist does commission work; [EXPR] **ser más tonto que hecho de ~: es más tonta que hecha de ~** she couldn't be more stupid if she tried

-2. *(recado)* errand; **me han hecho un ~ para que se lo compre en Londres** they've asked me to buy something for them in London **-3.** *(tarea)* task, assignment; **viajó a Seattle con el ~ de cerrar el trato** he went to Seattle charged with closing the deal **-4.** *Am Fam (embarazo)* **estar de ~** to be expecting

encariñarse *vpr* **~ con algo/alguien** to become very attached to sth/sb, to grow fond of sth/sb; **se había encariñado con el viejo baúl** he'd become very attached to the old chest

encarnaceno, -a ◇ *adj* of/from Encarnación *(Paraguay)*
◇ *nm,f* person from Encarnación *(Paraguay)*

encarnación *nf* **-1.** *(personificación) (cosa)* embodiment; *(persona)* personification **-2.** REL **la Encarnación** the Incarnation

encarnado, -a ◇ *adj* **-1.** *(color)* red **-2.** *(personificado)* incarnate; **era el demonio ~** he was the devil incarnate; **es la elegancia encarnada** he's the epitome of elegance **-3.** *(uña)* ingrown, ingrowing
◇ *nm (color)* red

encarnar ◇ *vt* **-1.** *(ideal, doctrina, cualidad)* to represent, to embody; **una organización que encarna el fanatismo religioso** an organization which is the very embodiment of religious fanaticism; **el búho encarna la prudencia y la sabiduría** the owl represents wisdom and knowledge **-2.** *(personaje, papel)* to play

◆ **encarnarse** *vpr* **-1.** REL to become incarnate, to be made flesh (**en** in) **-2.** *(uña)* to become ingrown

encarnizadamente *adv* fiercely, bitterly
encarnizado, -a *adj* bloody, bitter
encarnizamiento *nm (crueldad)* bloodthirstiness
encarnizar [14] ◇ *vt* to blood
◆ **encarnizarse** *vpr* **encarnizarse con** *(presa)* to tear to pieces; *(prisionero, enemigo)* to treat savagely

encarpetar *vt* to file away
encarrilar ◇ *vt* **-1.** *(tren)* to put back on the rails **-2.** *(negocio, actividad)* to put on the right track; **por fin lograron ~ el proyecto** at last they managed to get the project on the right track; **no ha sabido ~ su vida** she hasn't been able to give her life a sense of direction **-3.** *(persona)* to guide *o* point in the right direction

◆ **encarrilarse** *vpr* **-1.** *(negocio, proyecto)* to get on the right track **-2.** *(persona)* to find out what one wants to do in life **-3.** *Méx Fam (comprometerse)* to commit oneself; **no me quise ~ con la compra de esa casa** I didn't want to commit myself to buying the house

encartar ◇ *vt (naipes)* to lead
◆ **encartarse** *vpr* **-1.** *(en naipes)* to have to follow suit **-2.** *Col Fam (complicarse)* **encartarse con algo/alguien** to take on sth/sb, to land oneself with sth/sb

encarte *nm* **-1.** *(en naipes)* lead **-2.** *(folleto)* insert **-3.** *Col Fam (complicación)* **qué ~, ¿para qué trajiste esa maleta?** what a pain, why did you bring that case?

encasillamiento *nm* pigeonholing
encasillar *vt* **-1.** *(clasificar)* to classify, to pigeonhole (**como** as); **lo encasillaron como un provocador** he was marked down *o* branded as an agitator **-2.** *(actor, actriz)* to typecast; **fue encasillada en papeles de mala** she was typecast as a villain **-3.** *(poner en casillas)* to put in a box, to enter into a grid

encasquetar ◇ *vt* **-1.** *(gorro, sombrero)* to pull on **-2.** *Fam (meter)* **~ algo a alguien** *(idea, teoría)* to drum sth into sb; **nos encasquetó un sermón de dos horas** he treated us to a two hour lecture **-3.** *Fam (endilgar)* **~ algo a alguien** to lumber *o* land sb with sth; **me encasquetaron la mochila más pesada** I got lumbered *o* landed with the heaviest rucksack

◆ **encasquetarse** *vpr (gorro, sombrero)* to pull on

encasquillador *nm Am* farrier
encasquillar ◇ *vt* **-1.** *(atascar)* to jam **-2.** *Am (herrar)* to shoe

◆ **encasquillarse** *vpr* **-1.** *(atascarse)* to get jammed **-2.** *Cuba Fam (acobardarse)* to get scared

encastillarse *vpr (empeñarse)* to insist, to be set (**en** on)
encastrar *vt (mueble, lavabo, electrodoméstico)* to fit, to install
encatrinarse *vpr CAm, Méx Fam* to doll *o* tart oneself up
encausado, -a *nm,f* DER defendant
encausar *vt* DER to prosecute
encauzar [14] ◇ *vt* **-1.** *(agua)* to channel **-2.** *(orientar)* to direct; **encauzan todos sus esfuerzos hacia la obtención de un empleo** they direct *o* channel all their efforts into finding a job

◆ **encauzarse** *vpr (arreglarse)* to get on the right track; **sus negocios se han encauzado bien** his business affairs are going well

encebollado, -a CULIN ◇ *adj* cooked with onions
◇ *nm* = stew of fish or meat and onions
encebollar *vt* CULIN to add onions to
encefálico, -a *adj* ANAT brain, *Espec* encephalic; **masa encefálica** brain mass

encefalitis *nf inv* MED encephalitis
encéfalo *nm* ANAT brain
encefalografía *nf* MED encephalograph, encephalogram
encefalograma *nm* MED electroencephalogram ❑ **~ plano** *(de muerto)* flat line; *Fam Fig* **tener un ~ plano** *(persona)* to have no brains
encefalomielitis *nf inv* MED encephalomyelitis ❑ **~ miálgica** myalgic encephalomyelitis
encefalopatía *nf* MED **~ espongiforme bovina** bovine spongiform encephalopathy
enceguecer *vt Am* to blind; **la pasión lo enceguecló** he was blinded by passion; **estaba enceguecida de rabia** she was in a blind rage

encelar ◇ *vt* to make jealous
◆ **encelarse** *vpr (sentir celos)* to become jealous

encenagado, -a *adj (con cieno)* muddy
encendedor *nm* lighter
encender [64] ◇ *vt* **-1.** *(vela, cigarro, chimenea)* to light; *(mecha)* to light; **~ una cerilla** to light *o* strike a match; **~ una hoguera** to light a bonfire

-2. *(aparato)* to switch on; *(motor)* to start up; **enciende la luz, que no veo** switch the light on, I can't see

-3. *(entusiasmo, ira)* to arouse; *(pasión)* to arouse, to inflame; **sus acusaciones encendieron los ánimos** his accusations aroused people's anger; **me enciende con esas cosas que dice** he makes me mad with those things he says

-4. *(guerra, contienda)* to spark off

◆ **encenderse** *vpr* **-1.** *(fuego, gas)* to ignite; *(luz, bombilla, estufa)* to come on; *(llama, piloto)* to light; **se encendió en ella la llama de la venganza** the desire for revenge was kindled within her

-2. *(persona, rostro)* to go red, to blush; *(ojos)* to light up; *(de ira)* to flare up; **cuando oigo estas cosas me enciendo** I get really mad when I hear things like that

-3. *(guerra, contienda)* to break out

encendidamente *adv* passionately
encendido, -a ◇ *adj* **-1.** *(luz, colilla)* burning; **la luz está encendida** the light is on; **te has dejado la estufa encendida** you've left the heater on **-2.** *(deseos, mirada, palabras)* passionate, ardent **-3.** *(mejillas)* red, flushed
◇ *nm* **-1.** *(acción)* lighting **-2.** AUT ignition ❑ **~ electrónico** electronic ignition

encerado, -a ◇ *adj* waxed, polished
◇ *nm* **-1.** *(acción)* waxing, polishing **-2.** *(pizarra) Br* blackboard; *US* chalkboard; **salir al ~** to come/go out to the *Br* blackboard *o US* chalkboard
enceradora *nf (aparato)* floor polisher
encerar *vt* **-1.** *(suelo, mueble)* to wax, to polish **-2.** *Méx (iglesia)* to furnish *o* provide with candles

encerrado, -a *adj* **se quedaron encerrados en el ascensor** they were trapped in the lift; **se quedó ~ en el desván** he got locked in the attic; **se pasó el día ~ en su habitación** he spent the day shut away in his room; **llevo todo el día ~** I've been stuck inside all day; **decenas de obreros permanecen encerrados en la fábrica** dozens of workers remain locked in inside the factory

encerrar [3] ◇ *vt* **-1.** *(recluir)* to shut up *o* in; *(con llave)* to lock up *o* in; *(en la cárcel)* to lock away *o* up; *(ganado, rebaño)* to pen (up); *(gallinas)* to shut up; *(en carreras)* to box in; **lo encerraron en un psiquiátrico** they shut him away *o* up in a mental hospital; **me encerraron en la curva y no pude esprintar** they boxed me in on the bend and I couldn't put on a sprint; [EXPR] *Fam* **estar para que lo/la/ etc. encierren** to be off one's head

-2. *(contener)* to contain; **el espectáculo encierra grandes sorpresas** the show has some big surprises; **sus palabras encerraban una amenaza** there was a threat in his words

encerrona

-3. *(en ajedrez)* to checkmate -4. *(con signos de puntuación)* to enclose (entre in); **encerró el comentario entre paréntesis** she enclosed the comment in brackets

◆ **encerrarse** *vpr (recluirse)* to shut oneself away; *(con llave)* to lock oneself away; **se encerró en su casa para acabar la novela** she shut herself away in her house to finish the novel; **se ha encerrado en sí misma y no quiere hablar con nadie** she's withdrawn into her shell and doesn't want to talk to anyone; **los estudiantes se encerraron en la biblioteca** the students occupied the library

encerrona *nf* -1. *(trampa)* trap; **preparar** o **tender una ~ a alguien** to lay o set a trap for sb -2. *(protesta)* sit-in -3. TAUROM = private bullfight, usually on bull-breeder's farm

encestador, -ora *nm,f (en baloncesto)* scorer; **el máximo ~ del equipo** the team's top scorer

encestar ◇ *vt (en baloncesto)* to score ◇ *vi (en baloncesto)* to score; **~ de tres (puntos)** to score a three-pointer

enceste *nm* DEP basket; **¡~ de Johnson!** Johnson scores!

enchalecar *vt Am* to put a curb on
enchapado, -a *Am* **enchape** *nm* veneer
enchapar *RP* ◇ *vt* to plate
◇ *vi* to plate

enchapopotar *vt Méx* to tar

encharcado, -a *adj (calle, calzada)* covered in puddles; *(campo de juego, terreno)* waterlogged

encharcamiento *nm* flooding, swamping
encharcar [59] ◇ *vt* to waterlog
◆ **encharcarse** *vpr* -1. *(calle, calzada)* to get covered in puddles; *(campo de juego, terreno)* to become waterlogged -2. *(pulmones)* to become flooded

enchastrado, -a *adj RP Fam* -1. *(sucio)* dirty -2. *(desprestigiado)* **como político está muy ~** he has a really bad name as a politician

enchastrar *RP Fam* ◇ *vt* -1. *(ensuciar)* to make dirty -2. *(desprestigiar)* to blacken
◆ **enchastrarse** *vpr* to get dirty; **siempre me enchastro de barro cuando trabajo en el jardín** I always get covered in mud when I work in the garden; **se enchastró todo con el helado** he got ice cream all over himself

enchastre *nm RP Fam* mess; **cada vez que entra a la cocina deja un ~** every time she comes into the kitchen she leaves everything in a complete mess; **hay que limpiar este ~** this mess has to be cleaned up

enchicharse *vpr Andes, CAm, Méx (emborracharse)* to get drunk

enchilada *nf CAm, Méx* = filled tortilla baked in chilli sauce

enchilado, -a ◇ *adj Méx* -1. *(alimento)* with chilli -2. *Fam (persona)* **está ~** that chilli has really got to him o has brought tears to his eyes
◇ *nm Cuba, Méx* = shellfish stew with chilli, tomatoes and onions

enchilar ◇ *vt* -1. *CAm, Méx (alimento)* to season with chilli -2. *Méx (persona)* to irritate, to annoy
◇ *vi CAm, Méx* to be hot o spicy
◆ **enchilarse** *vpr Méx* -1. *(con comida)* to overdose on chilli; **cuidado con el picante, no te vayas a ~** watch out for that bit of chilli, you don't want to set yourself on fire! -2. *Fam (enojarse)* to get angry

enchinar *Méx* ◇ *vt* to curl
◆ **enchinarse** *vpr Fam* **se le enchinó la piel** he got goose pimples o *US* bumps

enchinchar ◇ *vt* -1. *CAm, Méx (dar largas)* to put off; **lo enchincharon durante meses** they put it off for months -2. *CAm, Méx* **~ el tiempo** *(hacer tiempo)* to kill time -3. *Andes, CAm, Méx Fam (enojar)* to bug
◆ **enchincharse** *vpr RP Fam (enojarse)* to get mad; **no te enchinches, estaba bromeando** don't get mad, I was only joking

enchinchorrarse *vpr Ven Fam* -1. *(acostarse)* to get into one's hammock -2. *(vagar)* to laze around

enchiquerar *vt* TAUROM to shut in the bullpen

enchivarse *vpr Col, Ecuad, PRico (enfurecerse)* to fly into a rage

enchompado, -a *adj Perú Fam* wrapped up
enchompar *Perú Fam* ◇ *vt* to wrap up
◆ **enchomparse** *vpr* to wrap up

enchuecado, -a *adj Andes, Méx (planta)* twisted; *(mesa)* warped
enchuecar [59] *Andes, Méx* ◇ *vt* to twist
◆ **enchuecarse** *vpr* to grow twisted

enchufado, -a *Fam* ◇ *adj* -1. **estar ~** *(en un puesto)* = to have got one's job through connections; **está ~, la profesora siempre le pone buenas notas** he's well in with the teacher, she always gives him good marks -2. *RP Fam (ocupado)* **ahora está muy ~ con la lingüística** he's really into linguistics now; **se acaba de comprar una filmadora y está ~** he's just bought himself a cine camera and he's like a kid with a new toy
◇ *nm,f* = person who has got where they are through connections; **el puesto se lo darán a algún ~** they'll give the job to someone with the right connections; **es el ~ del director** he got the job because he knows the manager

enchufar ◇ *vt* -1. *(aparato) (conectar)* to plug in; *Fam (encender)* to turn o put on
-2. *(acoplar) (a un tubo, boca de riego)* to connect
-3. *Fam (colocar en un trabajo)* **su padre lo enchufó en la compañía** his father got him a job in the company by pulling strings
-4. *Fam (dirigir) (manguera, reflector)* to point; **no me enchufes la linterna** don't shine that *Br* torch o *US* flashlight at me
-5. *RP Fam (endosar)* to land, to dump (a on); **me enchufó al bebé porque se va al cine** she dumped her baby on me because she's going to the cinema
-6. *RP Fam (dar, engañar con)* to palm off; **le enchufaron un billete falso** they palmed off a counterfeit note on him
◇ *vi* INFORMÁT **~ y usar** plug and play
◆ **enchufarse** *vpr RP Fam* **enchufarse algo** to stick sth on; **si hace frío, te enchufás unas medias bien gruesas** if it's cold, just stick some really thick socks on

enchufe *nm* -1. ELEC *(macho)* plug; *(hembra)* socket ❑ **~ de clavija** jack plug -2. *Fam (recomendación)* connections; **tener ~** to have connections; **obtener algo por ~** to get sth by pulling strings o through one's connections

enchufismo *nm Esp Fam* string-pulling
encía *nf* gum
encíclica *nf* REL encyclical ❑ **~ papal** papal encyclical
enciclopedia *nf* encyclopedia; *Hum* **es una ~ viviente** o **ambulante** he's a walking encyclopedia
enciclopédico, -a *adj* encyclopedic
enciclopedista ◇ *adj* encyclopedist
◇ *nmf* encyclopedist
enciendo *etc ver* **encender**
encierro *ver* **encerrar**
◇ *nm* -1. *(protesta)* sit-in -2. *(retiro)* retreat -3. TAUROM running of the bulls

encima ◇ *adv* -1. *(arriba)* on top; *(en el piso de arriba)* upstairs; **un pastel con una guinda ~** a cake with a cherry on top; **pásame el de ~** pass me the top one o the one on top; **yo vivo ~** I live upstairs; **el vecino de ~** the upstairs neighbour; **tienes ~ un mosquito** you've got a mosquito on you; *Am* **de ~** in addition, besides; **le cayó ~ la responsabilidad de dirigir el partido** the responsibility of leading the party was thrust upon her; **el autobús se le echó ~ antes de que pudiera reaccionar** the bus was upon him before he had time to react; **tiene a su jefe ~ todo el día** his boss is on at him o on his back all day long
-2. *(en tiempo)* **las elecciones ya están ~** the elections are already upon us; **se nos echó**

encinta

la noche ~ night fell, night descended upon us
-3. *(además)* on top of that; **está lejos y ~ no hay transporte público** it's a long way away and on top of that o what is more, there's no public transport; **voy a consolarlo y ~ me grita** I go to comfort him and all he does is shout at me
-4. *(sobre sí)* **lleva un abrigo ~** she has a coat on; **ponte algo ~, vas a tener frío** put something on, you'll be cold; **¿llevas dinero ~?** have you got any money on you?; **le quitaron todo lo que llevaba ~** they took everything he had with him

◇ **encima de** *loc prep* -1. *(sobre, en)* on (top of); **el pan está ~ de la nevera** the bread is on (top of) the fridge
-2. *(en lugar más alto que)* above; **~ de la montaña el cielo se encapotó** the sky above the mountain clouded over; **vivo ~ de tu casa** I live upstairs from you; EXPR **estar ~ de alguien** *(controlar, vigilar)* to be on sb's back; **mi madre está ~ de mí todo el día** my mother's on at me o on my back all day long
-3. *(además de)* as well as; **~ de (ser) tonto, es feo** as well as being stupid, he's also ugly; **~ de no hacerlo bien...** not only did he not do it well...

◇ **por encima** *loc adv* -1. *(sobre la parte superior)* on top; **por ~ lleva una capa de chocolate** it has a layer of chocolate on top; **había ropa por ~ de la cama** there were clothes on the bed
-2. *(por arriba)* **la ciudad tenía una capa de contaminación por ~** the city was covered with a layer of pollution; **por ~ de** over; **volaron por ~ de los Alpes** they flew over the Alps; **el sol asomaba por ~ de las montañas** the sun was peeping over the mountains
-3. *(en nivel superior)* **sólo tiene a dos personas por ~** there are only two people above her; **por ~ de** over, above; **un precio muy por ~ de lo que habíamos presupuestado** a price well over o above what we had budgeted for; **una calidad muy por ~ de lo habitual** a much higher quality than usual; **la salud de sus hijos está por ~ de todo lo demás** their childrens' health comes before everything else; **está muy por ~ de los otros alumnos** he's far better than the other students; **vive por ~ de sus posibilidades** he lives beyond his means; EXPR **por ~ de todo: por ~ de todo, hazlo con mucho cuidado** above all o first and foremost, be very careful; **por ~ de todo, lo que más me preocupa...** what worries me more than anything else...; **por ~ de todo, no se lo digas a nadie** whatever else you do, don't tell anyone; **ponemos la seguridad por ~ de todo** we place safety first o before everything else
-4. *(superficialmente)* **lo conozco por ~** I only know it roughly; **sólo lo he leído por ~** I've only skimmed through it; **ordené la casa por ~ y me marché** I gave the house a quick tidy up and left

encimar ◇ *vt* -1. *Chile (alcanzar la cima de)* to reach the top of -2. *Méx (apilar)* to put o pile one on top of the other, to put in a pile
◇ *vi* to reach the top o summit
◆ **encimarse** *vpr Méx, RP* **no puedo cursar más de dos materias, si no se me enciman los horarios** I can't study more than two subjects, otherwise the timetables clash

encimera *nf Esp* -1. *(de cocina)* worktop -2. *(sábana)* top sheet
encimero, -a *adj* top
encimoso, -a *adj Méx Fam* **es tan ~** he's such a pain
encina *nf* holm oak
encinar *nm* oak forest/grove
encinta *adj inv* pregnant; **estar ~ de ocho meses** to be eight months pregnant; **está ~ de su tercer hijo** she is expecting her third child; **dejar ~ a alguien** to get sb pregnant; **quedarse ~** to get pregnant

enclaustrado, -a *adj* cloistered
enclaustrar ◇ *vt (en convento)* to shut up in a convent
◆ **enclaustrarse** *vpr* **-1.** *(en convento)* to shut oneself up in a convent **-2.** *(encerrarse)* to lock oneself away
enclavado, -a *adj* set, situated
enclave *nm* enclave
enclavijar *vt (instrumento)* to peg
enclenque *adj* sickly, frail
enclítico, -a *adj* LING enclitic
encocorar *vt Fam* to bug, to get to
encofrado *nm* **-1.** CONSTR formwork, *Br* shuttering **-2.** MIN plank lining, timbering
encofrador, -ora *nm,f* = building worker who puts up formwork *o Br* shuttering
encofrar *vt* **-1.** ARQUIT to put up formwork *o Br* shuttering for **-2.** MIN to timber
encoger [52] ◇ *vi (tejido, filete)* to shrink; **el algodón encoge al lavarlo** cotton shrinks when you wash it; **prendas que no encogen** non-shrink clothes
◇ *vt* **-1.** *(ropa, tejido)* to shrink **-2.** *(miembro, músculo)* to contract; *(pierna, brazo)* to tuck in; **encoja las piernas** tuck your legs in **-3.** *(apocar)* **sus duras palabras me encogieron** her harsh words took my breath away; **~ el ánimo a alguien** to discourage sb
◆ **encogerse** *vpr* **-1.** *(ropa, tejido, filete)* to shrink; **se me encoge el corazón de oírla llorar** it makes my heart bleed to hear her cry
-2. *(contraerse) (miembro, músculo)* to contract; **no te encojas al andar** don't slouch when you walk; **encogerse de hombros** to shrug one's shoulders
-3. *(apocarse)* to cringe; **es muy tímido y se encoge ante sus superiores** he's very timid and he clams up in the presence of his superiors
encogido, -a *adj (tímido)* shy; *(pusilánime)* fearful, faint-hearted
encogimiento *nm* **-1.** *(reducción)* shrinkage; **con un ~ de hombros** with a shrug of the shoulders **-2.** *(timidez)* shyness; *(cobardía)* faint-heartedness
encolado ◇ *adj Chile, Méx* foppish
◇ *nm* **-1.** *(de material, objeto)* glueing; *(de papel pintado)* pasting **-2.** *(del vino)* fining
encolar *vt* **-1.** *(material, objeto)* to glue; *(papel pintado)* to paste **-2.** *(vino)* to clarify
encolerizado, -a *adj* furious, enraged
encolerizar [14] ◇ *vt* to infuriate, to enrage
◆ **encolerizarse** *vpr* to get angry
encomendar [3] ◇ *vt* to entrust; **les fue encomendada la tarea de redactar la constitución** they were entrusted with the task of writing the constitution; **me han encomendado el cuidado de su perro** they've asked me to look after their dog; **encomendó su alma a Dios** he commended his soul to God
◆ **encomendarse** *vpr* **encomendarse a** *(persona)* to entrust oneself to; *(Dios, santos)* to put one's trust in; EXPR *Fam* **(hacer algo) sin encomendarse a Dios ni al diablo** (to do sth) entirely off one's own bat
encomendero *nm* **-1.** HIST = Spanish colonist in charge of an "encomienda" **-2.** *Cuba (carnicero)* wholesale meat supplier **-3.** *Perú (tendero)* grocer
encomiable *adj* laudable, praiseworthy
encomiar *vt Formal* to praise, to extol
encomiástico, -a *adj Formal* laudatory, eulogistic
encomienda *nf* **-1.** *(encargo)* assignment, mission **-2.** HIST = area of land and its native inhabitants given to a conquistador **-3.** *Am (paquete)* package, parcel
encomiendo *etc ver* **encomendar**
encomio *nm Formal* praise; **digno de ~** praiseworthy
encomioso, -a *adj Am* laudatory, eulogistic
enconado, -a *adj* **-1.** *(lucha, pelea, conflicto)* bitter; *(discusión, debate)* heated; *(partidario)* passionate, ardent **-2.** *(herida)* inflamed
enconamiento *nm* **-1.** *(rencor)* rancour, animosity **-2.** *(de herida)* inflammation

enconar ◇ *vt* **-1.** *(lucha, pelea, conflicto)* to intensify, to make more bitter; *(discusión, debate)* to make more heated **-2.** *(herida)* to inflame
◆ **enconarse** *vpr* **-1.** *(persona)* to get angry **-2.** *(lucha, pelea, conflicto)* to intensify, to become more bitter; *(discusión, debate)* to become more heated **-3.** *(herida)* to become inflamed
encono *nm (rencor)* rancour, animosity
encontradizo, -a *adj* **hacerse el ~ (con alguien)** to contrive a meeting (with sb)
encontrado, -a *adj (intereses)* conflicting; *(opiniones)* opposing; **tener sentimientos encontrados** to have mixed feelings
encontrar [63] ◇ *vt* **-1.** *(buscando, por casualidad)* to find; **he encontrado el paraguas** I've found my umbrella; **encontré el libro que buscaba** I found the book I was looking for; **le han encontrado un cáncer** they've diagnosed her as having cancer; **encontré la mesa puesta** I found the table already set; **lo encontré durmiendo** I found him sleeping; **no encuentro palabras para expresar mi gratitud** I can't find the words to express my gratitude; EXPR *CSur Fam* **~ la vuelta a algo** to get to grips with sth
-2. *(dificultades)* to encounter; **no encontraron ninguna oposición al proyecto** they encountered no opposition to the project
-3. *(juzgar, considerar)* to find; **encontré muy positivos tus comentarios** I found your comments very positive; **encuentro infantil tu actitud** I find your attitude childish; **encuentro la ciudad/a tu hermana muy cambiada** the city/your sister has changed a lot, I find the city/your sister much changed; **no lo encuentro tan divertido como dice la gente** I don't find it *o* think it is as funny as people say; **no sé qué le encuentran a ese pintor** I don't know what they see in that painter
◆ **encontrarse** *vpr* **-1.** *(estar)* to be; **se encuentra en París** she's in Paris; **¿dónde se encuentra la Oficina de Turismo?** where's the Tourist Information Office?; *Méx* **el Sr. López no se encuentra** Mr López isn't in; **entre los supervivientes se encuentran dos bebés** two babies are amongst the survivors; **varias ciudades, entre las que se encuentra Buenos Aires** several cities, including Buenos Aires
-2. *(de ánimo, salud)* to feel; **¿qué tal te encuentras?** how are you feeling?; **no se encuentra muy bien** she isn't very well; **no me encuentro con ganas de salir** I don't feel like going out; **el médico ha dicho que se encuentra fuera de peligro** the doctor said she's out of danger
-3. *(descubrir)* to find; **me he encontrado un reloj** I've found a watch; **encontrarse con que: fui a visitarle y me encontré con que ya no vivía allí** I went to visit him only to discover that he no longer lived there; **nos encontramos con que no quedaba comida** we found that there was no food left
-4. *(coincidir)* **encontrarse (con alguien)** to meet (sb); **me encontré con Juan** I ran into *o* met Juan
-5. *(reunirse)* to meet; **¿dónde nos encontraremos?** where shall we meet?; **quedaron en encontrarse a la salida del cine** they arranged to meet outside the cinema
-6. *(chocar)* to collide; **los dos trenes se encontraron con violencia** the two trains were involved in a violent collision
encontronazo *nm* **-1.** *(golpe) (entre vehículos)* collision, crash; *(entre personas)* collision, clash; **tuvo un ~ con un defensa y quedó lesionado** he clashed with a defender and was injured **-2.** *(discusión)* row, set-to; **tuvo un ~ con su jefe** she had a set-to with the boss

encoñado, -a *adj Esp Vulg* **-1.** *(enamorado)* **estar ~ con alguien** to have the hots for sb **-2.** *(encaprichado)* **estar ~ con algo** to be crazy *o* nuts about sth
encoñarse *vpr Esp Vulg* **-1.** *(enamorarse)* **~ con alguien** to get the hots for sb **-2.** *(encapricharse)* **~ con algo** to go crazy *o* nuts about sth
encopetado, -a *adj Pey (de clase alta)* posh, swanky; *(presuntuoso)* snooty, snobby
encorajinarse *vpr* to get angry, to lose one's temper
encorbatarse *vpr Fam* to wear a tie
encordado *nm CSur* strings
encordar [63] ◇ *vt* **-1.** *(instrumento, raqueta)* to string **-2.** *(atar con cuerda)* to bind with a cord
◆ **encordarse** *vpr (montañeros)* to rope up
encorsetar *vt* **-1.** *(poner corsé a)* to corset **-2.** *(poner límites a)* to straitjacket
encorvado, -a *adj* hunched; **anda** *o* **camina ~** he slouches
encorvadura *nf*, **encorvamiento** *nm* bending, curving
encorvar *vt* ◇ to bend
◆ **encorvarse** *vpr* to bend down *o* over
encostalar *vt Méx* to bag
encrespar ◇ *vt* **-1.** *(pelo)* to curl **-2.** *(mar)* to make choppy *o* rough **-3.** *(irritar) (persona)* to irritate; *(ambiente)* to inflame; **sus comentarios encresparon los ánimos** her remarks raised people's hackles
◆ **encresparse** *vpr* **-1.** *(pelo) (rizarse)* to curl; *(erizarse)* to stand on end **-2.** *(mar)* to get rough **-3.** *(persona)* to get irritated; **los ánimos se encresparon** people's hackles rose
encriptación *nf* INFORMÁT encryption
encriptar *vt* INFORMÁT to encrypt
encrucijada *nf* **-1.** *(cruce)* **una ~ (de caminos)** a crossroads; **su narrativa es una ~ de varios estilos** her writing brings together several different styles **-2.** *(situación difícil)* **estoy** *o* **me hallo en una ~** I'm in a quandary; **el proceso de paz se encuentra en una ~** the peace process has reached a crossroads
encuadernación *nf* **-1.** *(técnica)* binding; *(tapas)* covers □ **~ en canutillo** (plastic) comb binding; **~ en cuero** leather binding; **~ en rústica** paperback binding; **~ en tela** cloth binding **-2.** *(taller)* binder's, bookbinder's; **Encuadernaciones Olarte** *(empresa)* Olarte the Bookbinders
encuadernador, -ora *nm,f* bookbinder
encuadernar *vt* to bind
encuadrar ◇ *vt* **-1.** *(clasificar)* to categorize, to classify **(como** as); **es un texto difícil de ~ en los géneros habituales** it's a text which is hard to classify according to conventional genres; **la selección mexicana ha quedado encuadrada en el grupo A** the Mexican team has been drawn in group A **-2.** CINE, FOT & TV *(imagen)* to frame **-3.** *(enmarcar) (lienzo, fotografía, dibujo)* to frame
◆ **encuadrarse** *vpr* **esta ley se encuadra en la nueva política económica del gobierno** this law forms part of the government's new economic policy; **su obra se encuadra en el modernismo** her work can be classed *o* categorized as modernist
encuadre *nm* FOT composition
encubierto, -a ◇ *participio ver* **encubrir**
◇ *adj* **-1.** *(intento)* covert **-2.** *(insulto, significado)* hidden
encubridor, -ora ◇ *adj* concealing; **no es más que una maniobra encubridora** it's just an attempt to conceal things
◇ *nm,f (de delito)* accessory **(de** to)
encubrimiento *nm* **está acusado de ~** he is accused of being an accessory
encubrir *vt* **-1.** *(delito)* to conceal, to cover up **-2.** *(delincuente)* to cover up for **-3.** *(hechos, sentimientos, intenciones)* to conceal, to hide
encuentro ◇ *ver* **encontrar**
◇ *nm* **-1.** *(acción)* meeting, encounter; **tuvieron un ~ fortuito** they had a chance encounter *o* meeting; **fijemos un lugar** *o*

sitio de ~ let's decide on a place to meet; **ir o salir al ~ de alguien** *(para recibir)* to go to meet sb; *(para atacar)* to confront sb; **una dependienta fue a su ~** a sales assistant came over to her; **unos matones salieron a su ~** some thugs made towards him
-2. *(reunión)* meeting; **tener un ~ con alguien** to have a meeting with sb
-3. *(congreso)* conference
-4. *(deportivo)* game, match
-5. MIL skirmish

encuerado, -a *adj* Cuba, Méx Fam naked, Br starkers, US buck naked

encuerar Cuba, Méx Fam ◇ *vt* **-1.** *(desnudar)* to strip **-2.** *(en el juego)* to skin, to clear out
◆ **encuerarse** *vpr (desnudarse)* to strip

encuerdo *etc ver* **encordar**

encuesta *nf* **-1.** *(sondeo)* survey, opinion poll; **hacer** *o* **realizar una ~** to carry out *o* conduct a survey; **me hicieron una ~ en la calle** I was asked to answer a survey in the street □ **~ de opinión** opinion poll; **~ a pie de urna** exit poll; **~ de población activa** = survey of the economically active population **-2.** *(investigación)* investigation, inquiry

encuestado, -a *nm,f* person polled; **los encuestados** those polled, the respondents

encuestador, -ora *nm,f* pollster

encuestar *vt* to poll

encular ◇ *vt Vulg (realizar sexo anal con)* to assfuck
◆ **encularse** *vpr Arg muy Fam* to go into a huff, to take the huff

encumbrado, -a *adj* exalted, distinguished

encumbramiento *nm* **-1.** *(acción)* rise **-2.** *(posición)* distinguished *o* exalted position

encumbrar ◇ *vt* **-1.** *(subir de categoría)* to bring to prominence; **la novela que lo encumbró (a la fama)** the novel which brought him fame **-2.** *(ensalzar, elogiar)* to extol; **fue encumbrado por la crítica** it was extolled by the critics
◆ **encumbrarse** *vpr* to rise to a higher position; **se encumbró a** *o* **hasta la élite del atletismo mundial** he propelled himself into the ranks of the world's top athletes

encurtidos *nmpl* pickles

encurtir *vt* to pickle

ende: por ende *loc adv Formal* hence, therefore

endeble *adj* **-1.** *(persona)* weak, feeble **-2.** *(objeto, estructura, material)* fragile **-3.** *(argumento, pretexto, disculpa)* weak, feeble

endeblez *nf* **-1.** *(de persona)* weakness, feebleness **-2.** *(de objeto, estructura, material)* fragility **-3.** *(de argumento, pretexto, disculpa)* weakness, feebleness

endecágono *nm* GEOM hendecagon

endecasílabo, -a ◇ *adj* hendecasyllabic
◇ *nm* hendecasyllabic verse

endecha *nf* LIT lament

endemia *nf* MED endemic disease

endémico, -a *adj* **-1.** MED endemic **-2.** BIOL endemic **-3.** *(permanente)* endemic; **el hambre es ~ en la región** hunger is endemic in the region; **uno de los males endémicos de nuestra economía** one of the endemic ills of our economy

endemismo *nm* endemic species

endemoniadamente *adv (difícil, complicado)* fiendishly

endemoniado, -a ◇ *adj* **-1.** *(poseído)* possessed (by the devil) **-2.** *(maldito)* (niño, aparato) confounded, blasted **-3.** *(difícil)* (trabajo, crucigrama, examen) fiendishly difficult **-4.** *(desagradable)* (olor, sabor, genio) foul, vile; *(tiempo, clima, día)* foul, filthy
◇ *nm,f* person possessed by the devil

endenantes *adv Am Fam* before

enderezamiento *nm* **-1.** *(acción de poner derecho)* straightening **-2.** *(acción de poner vertical)* putting upright

enderezar [14] ◇ *vt* **-1.** *(poner derecho)* to straighten **-2.** *(poner vertical)* to put upright **-3.** *(corregir)* to set right, to straighten out; **el barco enderezó su rumbo** the ship steadied its course; **quiere ~ su vida** she wants to get her life in order; **el gobierno trata de ~ la economía** the government is trying to put the economy right *o* in order
◇ *vi (en un vehículo)* to straighten up; **pude ~ a tiempo** I managed to straighten up in time
◆ **enderezarse** *vpr* **-1.** *(sentado)* to sit up straight; *(de pie)* to stand up straight **-2.** *(corregirse)* (persona) to straighten oneself out; *(economía, situación)* to right itself, to sort itself out

endeudado, -a *adj* indebted, in debt

endeudamiento *nm (de persona, país)* indebtedness

endeudarse *vpr* to get into debt

endiabladamente *adv (difícil, complicado)* fiendishly

endiablado, -a *adj* **-1.** *(maldito)* confounded, blasted; **el ~ teléfono no paraba de sonar** the blasted phone wouldn't stop ringing; **¡esos niños endiablados me van a volver loco!** those little devils are going to drive me mad!
-2. *(difícil)* (problema, crucigrama, examen) fiendishly difficult
-3. *(desagradable)* (olor, sabor, genio) foul, vile; (tiempo, clima, día) foul, filthy; **soplaba un viento ~** there was a terrible wind blowing
-4. *(velocidad)* breakneck

endibia *nf* endive

endilgar [38] *vt Fam* **~ algo a alguien** *(bulto, tarea)* to lumber sb with sth; *(sermón, discurso)* to dish sth out to sb; **me han endilgado la limpieza de la casa** they've lumbered me with (the job of) cleaning the house; **les endilgó una conferencia de dos horas** she subjected them to a two hour lecture; **me endilgaron a los niños el sábado por la noche** they dumped their kids on me on Saturday evening

endiñar *vt Esp Fam* **-1.** *(golpe)* **le endiñó un puñetazo/una patada** he landed a punch/kick on him, she gave him a punch/kick; **le endiñó un bofetón** she gave him a slap in the face **-2.** *(trabajo, tarea)* **~ algo a alguien** to lumber sb with sth; **le endiñaron la tarea de llevar a los niños al cine** he was lumbered with taking the kids to the cinema

endiosamiento *nm* self-importance, conceit

endiosar ◇ *vt* to deify
◆ **endiosarse** *vpr* to become conceited *o* full of oneself

endivia *nf* endive

endocardio *nm* ANAT endocardium

endocarditis *nf inv* MED endocarditis

endocarpio *nm* BOT endocarp

endocrino, -a MED ◇ *adj* endocrine; **glándula endocrina** endocrine gland
◇ *nm,f* endocrinologist

endocrinología *nf* MED endocrinology

endocrinólogo, -a *nm,f* MED endocrinologist

endodoncia *nf* **-1.** *(tratamiento)* root canal treatment; **hacer una ~ a alguien** to give sb root canal treatment **-2.** *(especialidad)* endodontics *(singular)*

endoesqueleto *nm* ZOOL endoskeleton

endogamia *nf* **-1.** *(práctica cultural)* endogamy **-2.** *(en familia real, especies animales)* inbreeding **-3.** *Pey (en instituciones)* = tendency to favour internal candidates for appointments

endogámico, -a *adj* endogamous

endógeno, -a *adj* endogenous

endometrio *nm* ANAT endometrium

endometriosis *nf inv* MED endometriosis

endometritis *nf inv* MED endometritis

endomingado, -a *adj Fam* dressed-up, dolled-up; **iba todo ~** he was all dressed up in his Sunday best, he was dressed (up) to the nines

endomingar [38] *Fam* ◇ *vt* to dress up, to doll up
◆ **endomingarse** *vpr* to get dressed *o* dolled up in one's best clothes

endomorfo, -a *nm,f* endomorph

endorfina *nf* endorphin

endorreico, -a *adj* GEOL endorheic

endosante *nmf* COM endorser

endosar *vt* **-1.** COM to endorse **-2.** *Fam (bulto, tarea)* **~ algo a alguien** to lumber sb with sth; **le endosaron a los niños** they landed her with the children

endosatario, -a *nm,f* COM endorsee

endoscopia *nf* MED endoscopy

endoscopio *nm* MED endoscope

endosfera *nf* GEOL core

endoso *nm* COM endorsement

endospermo *nm* BOT endosperm

endotelio *nm* ANAT endothelium

endotérmico, -a *adj* CHEM endothermic

endovenoso, -a *adj* MED intravenous

endrina *nf* sloe

endrino *nm* blackthorn, sloe

endrogado, -a *adj* CAm, Méx **estar ~** to be in debt

endrogarse [38] *vpr Chile, Méx, Perú (endeudarse)* to get into debt

endulzante *nm* sweetener

endulzar [14] *vt* **-1.** *(con azúcar)* to sweeten **-2.** *(con dulzura)* to ease, to make more bearable

endurecedor *nm* hardener

endurecer [46] ◇ *vt* **-1.** *(hacer más duro)* (pasta, mezcla, alimento) to harden
-2. *(fortalecer)* (persona) to toughen, to strengthen; *(músculo)* to strengthen
-3. *(insensibilizar)* to harden; **el sufrimiento endureció su corazón** suffering hardened his heart
-4. *(hacer más severo)* (ley, pena, requisitos) to toughen; *(actitud, posturas)* to harden
◆ **endurecerse** *vpr* **-1.** *(ponerse duro)* (pasta, mezcla, alimento) to harden, to become hard; *(cemento)* to set, to harden **-2.** *(fortalecerse)* (persona) to become tough *o* hardy; *(músculo)* to become stronger **-3.** *(insensibilizarse)* (persona) to become hardened; *(corazón, carácter)* to grow hard **-4.** *(hacerse más severo)* (ley, pena, requisitos) to become tougher; *(actitud, posturas)* to harden

endurecimiento *nm* **-1.** *(de pasta, mezcla, alimento)* hardening **-2.** *(de músculo)* strengthening **-3.** *(de penas, requisitos)* toughening; *(de posturas)* hardening **-4.** *(insensibilización)* hardening

endurezco *etc ver* **endurecer**

ene. *(abrev de enero)* Jan., January

enea *nf Br* bulrush, *US* cattail; **silla de ~** chair with a wickerwork seat

eneágono *nm* GEOM nonagon

Eneas *n* MITOL Aeneas

enebrina *nf* juniper berry

enebro *nm* juniper

Eneida *nf* **la ~** the Aeneid

eneldo *nm* dill

enema *nm* enema; **poner un ~ a alguien** to give sb an enema

enemigo, -a ◇ *adj* **-1.** *(rival)* enemy; **los ejércitos enemigos** the enemy armies **-2.** *(no partidario)* **ser ~ de (hacer) algo** to be opposed to *o* against (doing) sth; **es ~ de una educación muy estricta** he is not in favour of bringing children up strictly; **soy ~ de tener animales en casa** I don't hold with keeping pets at home
◇ *nm,f (rival)* enemy; **va haciéndose enemigos por todas partes** he makes enemies wherever he goes; **los enemigos de la patria** the enemies of the nation; EXPR **no hay ~ pequeño** *(en general)* don't underestimate your opponent; *(en fútbol)* there are no easy games □ *Fam* **el ~ malo** the Devil; **el ~ público número uno** public enemy number one
◇ *nm (ejército rival)* enemy; **pasarse al ~** to go over to the enemy; EXPR *Hum* **al ~, ni agua** there'll be no quarter given

enemistad *nf* enmity; **su ~ duraba ya años** they had been enemies for years; **una ~ entre familias** a family feud; **siento una profunda ~ hacia ellos** I feel intense hatred for them

enemistado, -a *adj* **dos países enemistados por...** two countries who are enemies because of...; **está ~ con sus vecinos** he has fallen out with his neighbours

enemistar ◇ *vt* to make enemies of; **el testamento enemistó a los hermanos** the will set the brothers against each other
◆ **enemistarse** *vpr* to fall out (**con/por** with/over); **si Francia se enemistara con Alemania...** if France were to fall out with Germany...

energética *nf* energetics *(singular)*

energético, -a *adj* **-1.** *(de energía)* energy; **el consumo ~** energy consumption; **las legumbres proporcionan un alto aporte ~** pulses provide lots of energy **-2.** *(producto, alimento)* energy-giving

energía *nf* **-1.** *(para máquina, sistema)* power, energy; *(para el cuerpo, organismo)* energy; **fuentes de ~** sources of energy; **el aporte necesario de ~ para el organismo** the body's energy needs ❏ **energías alternativas** alternative energy sources; **~ atómica** nuclear power o energy; **~ calórica** heat energy; FÍS **~ cinética** kinetic energy; **~ eléctrica** electric energy; **~ eólica** wind energy o power; **~ geotérmica** geothermal energy o power; **~ hidráulica** water power; **~ hidroeléctrica** hydroelectric power; **~ limpia** clean energy; **~ mareomotriz** tidal o wave energy; **~ nuclear** nuclear power o energy; **~ de las olas** o **del oleaje** tidal o wave energy; FÍS **~ potencial** potential energy; **~ radiante** radiant energy; **energías renovables** renewable forms of energy; **~ solar** solar energy o power; **~ térmica** thermal energy o power
-2. *(vigor físico)* energy; **su trabajo le resta energías** his work doesn't leave him much energy; **hay que empujar con ~** you have to push hard
-3. *(actitud)* vigour, forcefulness; **defendió su postura con ~** she energetically defended her position; **respondió con ~** he responded emphatically

enérgicamente *adv (vigorosamente)* vigorously

enérgico, -a *adj* **-1.** *(físicamente)* *(persona, salto)* energetic; *(golpe)* vigorous, powerful; *(gesto, movimiento)* vigorous, energetic **-2.** *(decidido, firme)* *(persona, carácter)* forceful; *(medida)* firm; *(defensa, protesta)* vigorous, energetic; *(respuesta)* emphatic

energúmeno, -a *nm,f* lunatic; **se puso hecho un ~** he went berserk o crazy; **gritaba como un ~** he was screaming like one possessed; **tuve que trabajar como un ~** I had to work like crazy; **bebían como energúmenos** they were drinking like crazy o like there was no tomorrow

enero *nm* January; *ver también* **septiembre**

enervante *adj* **-1.** *(debilitador)* draining **-2.** *Fam (exasperante)* irritating

enervar *vt* **-1.** *(debilitar)* to sap, to weaken **-2.** *Fam (poner nervioso)* to irritate

enésimo, -a *adj* **-1.** MAT nth; **X elevado a la enésima potencia** X (raised) to the nth power **-2.** *(para indicar repetición)* umpteenth; **por enésima vez** for the umpteenth time

enfadadizo, -a *adj* touchy, irritable

enfadado, -a *adj esp Esp (irritado)* angry; *(molesto)* annoyed; **estar ~ con alguien** to be angry/annoyed with sb; **está ~ con sus padres** he's angry/annoyed with his parents; **estoy muy ~ contigo** I'm very angry/annoyed with you; **estar ~ por algo** to be angry/annoyed about sth; **están enfadados desde hace años** they've been on bad terms with one another for years

enfadar *esp Esp* ◇ *vt (irritar)* to anger; *(molestar)* to annoy; **consiguió ~ a todo el mundo con sus impertinencias** she managed to annoy everybody with her cheeky remarks
◆ **enfadarse** *vpr* **-1.** *(irritarse)* to get angry (**con** with); *(molestarse)* to get annoyed (**con** with); **vas a conseguir que me enfade** you're going to make me angry; **no te enfades, pero creo que te equivocas** don't get annoyed, but I think you're wrong; **no te enfades con quien no tiene la culpa** don't get angry with someone who's not to blame
-2. *(pelearse)* to fall out; **se enfadaron por una bobada** they fell out over a silly little thing

enfado *nm esp Esp* **-1.** *(por irritarse)* anger; *(por molestarse)* annoyance; **puso cara de ~** she scowled (in annoyance); **agarrarse un ~** to get angry/annoyed; **¿se te pasó ya el ~?** have you calmed down yet? **-2.** *(enemistad)* **su ~** the rift o hostility between them; **su ~ dura ya años** *(entre ellos)* they fell out years ago, they've been on bad terms with one another for years

enfadoso, -a *adj esp Esp* annoying, irritating

enfangar [38] ◇ *vt* to cover in mud
◆ **enfangarse** *vpr* **-1.** *(con fango)* to get covered in mud **-2.** *Fam (involucrarse)* to get mixed up (**en** in); **enfangarse en un asunto sucio** to get mixed up in shady business

enfardar *vt* to pack, to wrap

énfasis *nm inv* **-1.** *(en la entonación)* stress, emphasis **-2.** *(relieve, importancia)* emphasis; **poner ~ en algo** to emphasize sth **-3.** *(afectación)* exaggerated emphasis

enfáticamente *adv* emphatically

enfático, -a *adj* emphatic

enfatizar [14] *vt* to emphasize, to stress

enfermante *adj CSur* exasperating, infuriating

enfermar ◇ *vt* **-1.** *(causar enfermedad a)* to make ill **-2.** *Fam (irritar)* to drive up the wall; **me enferma esa actitud** that kind of attitude really gets to me
◇ *vi* to fall ill; **~ del corazón/pecho** to develop a heart condition/chest complaint
◆ **enfermarse** *vpr* **-1.** *(de enfermedad)* to fall ill **-2.** *CSur Fam (menstruar)* to have one's period

enfermedad *nf* **-1.** *(física)* illness; **contraer una ~** to catch a disease o illness; **padecer** o **sufrir una ~** to suffer from an illness; **enfermedades pulmonares** lung o Espec pulmonary diseases; **enfermedades del corazón/de la piel** heart/skin diseases ❏ **~ de Alzheimer** Alzheimer's disease; **~ autoinmune** autoimmune disease; **~ congénita** congenital disease; **~ contagiosa** contagious disease; **~ de Chagas** Chagas' disease; **~ de Creutzfeld(t)-Jakob** Creutzfeldt-Jakob disease; **~ degenerativa** progressive disease; **~ hereditaria** hereditary disease; **~ incurable** incurable disease; **~ infecciosa** infectious disease; **~ inflamatoria pélvica** pelvic inflammatory disease; **~ laboral** occupational disease; **~ mental** mental illness; **~ notificable** notifiable disease; **~ obsesivo compulsiva** obsessive compulsive disorder; **~ de los olmos** Dutch elm disease; **~ de Parkinson** Parkinson's disease; **~ profesional** occupational disease; **~ del sueño** sleeping sickness; **~ de transmisión sexual** sexually transmitted disease; *Fam* **~ de las vacas locas** mad cow disease; **~ vascular** vascular disease; **~ venérea** venereal disease
-2. *(problema)* ill; **una de las enfermedades de nuestra sociedad** one of the ills of our society

enfermera *nf* nurse ❏ **~ jefe** charge nurse

enfermería *nf* **-1.** *(lugar)* sick bay **-2.** *(oficio, estudios)* nursing

enfermero *nm* male nurse ❏ **~ jefe** charge nurse

enfermizo, -a *adj* **-1.** *(persona)* sickly **-2.** *(interés, pasión, curiosidad)* unhealthy

enfermo, -a ◇ *adj* ill, sick; **cuidaba de gente enferma** he looked after sick people o people who were ill; **está enferma con paperas** she's ill with mumps; **caer ~** to fall ill; *Esp* **ponerse ~** to fall ill, to get sick; *Esp* **se puso ~ del estómago** he got a stomach complaint; EXPR **poner ~ a alguien** *(enojar)* to drive sb up the wall; **su actitud me pone ~** his attitude really gets to me
◇ *nm,f (en general)* sick person; *(bajo tratamiento)* patient; **los enfermos** the sick; **los enfermos de este hospital** the patients in this hospital; **los enfermos de Parkinson** Parkinson's sufferers, people with o suffering from Parkinson's (disease); **un ~ del hígado** a person with a liver complaint ❏ **~ mental** *(en general)* mentally ill person; *(bajo tratamiento)* mental patient; **~ terminal** terminally ill person/patient; **los enfermos terminales** the terminally ill

enfervorizadamente *adv* with wild enthusiasm

enfervorizado, -a *adj* frenzied

enfervorizar [14] ◇ *vt (entusiasmar)* to thrill, to enthuse; *(exaltar)* to inflame, to whip up
◆ **enfervorizarse** *vpr (entusiasmarse)* to be thrilled, to go into ecstasies; *(exaltarse)* to get whipped up

enfiestarse *vpr Am* to live it up

enfilar ◇ *vt* **-1.** *(camino)* to go o head straight along; **el autobús enfiló la avenida hacia la plaza** the bus went down the avenue towards the square; **los atletas enfilaron la recta final** the runners headed into o entered the home stretch
-2. *(arma)* to aim (**a** o **hacia** at)
-3. *(protestas, acciones)* to aim, to direct; **enfiló la conversación hacia temas políticos** she steered the conversation towards political subjects
-4. *(enhebrar)* to thread, to string
◇ *vi* **~ hacia/por** to go o head straight towards/for; **la embarcación enfiló hacia el norte** the boat headed north

enfisema *nm* emphysema ❏ **~ pulmonar** pulmonary emphysema

enflaquecer [46] ◇ *vt* to make thin
◇ *vi* to grow thin, to lose weight

enflaquecimiento *nm* **-1.** *(adelgazamiento)* losing weight, slimming **-2.** *(debilitación)* weakening, debilitation

enflautar *vt Col, Guat, Méx Fam (encasquetar)* to foist, to unload

enflusarse *vpr Ven Fam* to get dressed up in a suit

enfocado *adj (imagen)* in focus

enfocar [59] ◇ *vt* **-1.** *(para dar nitidez)* *(imagen)* to get in focus; *(objetivo, aparato)* to focus; **enfócanos bien** make sure you get us in focus; **enfocó su cámara y disparó** she focused her camera and took the shot
-2. *(dirigir la cámara hacia)* to focus on
-3. *(iluminar)* *(sujeto: luz, foco)* to shine on; *(sujeto: persona)* to shine a light on; **me enfocó con una linterna** he shone a *Br* torch o *US* flashlight at me; **enfocaron el avión con los reflectores** they caught the plane in the searchlights
-4. *(tema, asunto)* to approach, to look at; **lo enfocaré de otro modo** I'll approach it from a different angle
◇ *vi* to focus; **~ hacia algo/alguien** *(sujeto: cámara)* to focus on sth/sb; *(sujeto: luz)* to shine on sth/sb

enfoque *nm* **-1.** *(de imagen)* *(acción)* focusing; *(resultado)* focus ❏ **~ automático** automatic focusing; **~ manual** manual focusing
-2. *(de tema, asunto)* approach (**de** to), angle (**de** on); **le dio un ~ muy original a su discurso** she took an original approach in her talk; **habría que darle otro ~ al asunto** the issue should be approached from a different angle, we should look at the issue in a different way

enfrascado, -a *adj* **estar ~ en** *(lectura, conversación, tarea)* to be totally absorbed o engrossed in; *(riña, pelea)* to be embroiled in

enfrascamiento *nm* total involvement

enfrascar [59] ◇ *vt (en frascos)* to bottle
◆ **enfrascarse** *vpr* **enfrascarse en** *(lectura, conversación, tarea)* to become absorbed o engrossed in; *(riña, pelea)* to get embroiled in

enfrentamiento *nm* confrontation; **hubo enfrentamientos con la policía** there were confrontations with the police; **un ~ entre**

enfrentado

las dos alas del partido a confrontation between the two wings of the party ❏ **~ armado** armed confrontation o clash

enfrentado, -a *adj* **mantienen posturas enfrentadas** they hold conflicting views

enfrentar ◇ *vt* **-1.** *(enemistar)* to bring into conflict **-2.** *(poner frente a frente)* to bring face to face (**con** with); **un partido que enfrentará al actual campeón con sus antiguos rivales** a game that will pit the current champions against their old rivals **-3.** *(hacer frente a)* to confront, to face; **enfrentan el futuro con inquietud** they face the future with unease

◆ **enfrentarse** *vpr* **-1.** *(afrontar)* **enfrentarse a algo** to confront sth, to face sth; **nos enfrentamos a una grave crisis** we are facing a serious crisis; **enfrentarse a los hechos** to face the facts; **se enfrentó a su enfermedad con valor** she faced up to her illness bravely

-2. *(en contienda)* *(dos bandos)* to meet, to clash; **los dos equipos se enfrentarán por el campeonato** the two teams will play each other for the championship; **enfrentarse a** o **con alguien** to confront sb; **nos enfrentamos al enemigo** we confronted the enemy; **los manifestantes se enfrentaron con la policía** the demonstrators clashed with the police; **a Brasil le toca enfrentarse con Suecia** Brazil has been drawn against Sweden

-3. *(discutir)* to clash

enfrente *adv* **-1.** *(al otro lado)* opposite; **vive ~** he lives opposite; **la tienda de ~** the shop across the road; **~ de algo** opposite o facing sth; **hay un hotel ~ de la estación** there's a hotel opposite o facing the station; **~ de alguien** opposite o facing sb; **yo me senté ~ de ella** I sat opposite o facing her; **lo tenía ~ de mí y no me daba ni cuenta** he was right in front of me and I didn't even notice

-2. *(en contra)* **tiene a todos ~** everyone's against him; **tuvimos ~ a un gran equipo** we were playing against a great team

enfriamiento *nm* **-1.** *(catarro)* chill **-2.** *(de motor, atmósfera)* cooling **-3.** *(de situación, relación, sentimiento)* cooling; **el ~ de las relaciones entre Francia y Estados Unidos** the cooling of relations between France and the United States

enfriar [32] ◇ *vt* **-1.** *(sopa, motor, atmósfera)* to cool (down); *(bebida fría)* to chill **-2.** *(situación, sentimiento)* to cool; **aquello enfrió su relación** that made their relationship more distant, their friendship cooled as a result

◇ *vi* **esta nevera no enfría** this fridge doesn't work properly; **espera hasta que la sopa enfríe** wait for the soup to cool down; **mete las cervezas a ~ en el refrigerador** put the beers in the fridge to get cold

◇ *v impersonal* to get colder

◆ **enfriarse** *vpr* **-1.** *(líquido)* *(quedarse suficientemente frío)* to cool down; **deja que se enfríe un poco el café** let the coffee cool down a bit

-2. *(líquido)* *(quedarse demasiado frío)* to go cold; **se te va a ~ la sopa** your soup is going to get cold

-3. *(situación, relación, sentimiento)* to cool down

-4. *(coger frío)* to get cold; *(resfriarse)* to catch a chill; **enseguida se me enfrían las manos** my hands get cold straight away

enfundar ◇ *vt (espada)* to sheathe; *(pistola)* to put in its holster, to reholster; *(paraguas)* to put the cover on; *(taco de billar)* to put in its case

◆ **enfundarse** *vpr* **enfundarse algo** to wrap oneself up in sth

enfurecer [46] ◇ *vt* to infuriate, to madden

◆ **enfurecerse** *vpr* **-1.** *(persona)* to get furious **-2.** *(mar)* to become rough

enfurecido, -a *adj* **-1.** *(persona)* furious; **estaba ~ con ella** I was furious with her **-2.** *(mar)* raging

enfurecimiento *nm* anger, fury

enfurezco *etc ver* **enfurecer**

enfurruñado, -a *adj Fam* sulky, in a huff; **estar ~** to be sulking

enfurruñamiento *nm Fam* sulking

enfurruñarse *vpr Fam* to sulk, to go in a huff

engalanado, -a *adj* **-1.** *(persona)* dressed up **-2.** *(ciudad, coche)* decked out (**con** o **de** with)

engalanar ◇ *vt* to decorate

◆ **engalanarse** *vpr* **-1.** *(persona)* to dress up **-2.** *(ciudad)* to be decked out (**con** with)

engalletamiento *nm Ven Fam* gridlock

engalletarse *vpr Ven Fam* to become gridlocked

enganchada *nf Fam* dust-up, set-to; **tener una ~ con alguien** to have a set-to o run-in with sb

enganchado, -a ◇ *adj* **-1.** *(prendido)* **la falda se me quedó enganchada a la puerta** I caught my skirt on the door **-2.** *Fam (adicto)* hooked (**a** on)

◇ *nm,f Andes, CAm, Méx* contract labourer

enganchador, -ora *nm,f Andes, CAm, Méx* = person who recruits labourers for a contractor

enganchar ◇ *vt* **-1.** *(acoplar)* *(vagones, trenes)* to couple; *(remolque, caballos)* to hitch up

-2. *(colgar)* to hang (up); **había un jamón enganchado de un garfio** there was a ham hanging from a hook; **enganchó las riendas a una rama** she tied the reins to a branch; **me enganchó del brazo** he linked arms with me; **me enganchó del cuello** he put an arm round my neck

-3. *(pescar con anzuelo)* to hook

-4. *Fam (engatusar)* to cajole; **~ a alguien para que haga algo** to rope sb into doing sth

-5. *Fam (pillar)* *(empleo, marido)* to land (oneself); *(gripe, resfriado)* to catch; **¡como te enganche, te enteras!** if I catch you, you'll know all about it!

-6. TAUROM to toss

-7. *Andes, CAm, Méx (reclutar)* to hire, to contract

◇ *vi Fam (hacer adicto)* to be addictive; **un videojuego de los que enganchan** an addictive video game

◆ **engancharse** *vpr* **-1.** *(prenderse)* **engancharse algo con** o **en** to catch sth on; **se le enganchó la falda en las zarzas** she caught her skirt on the brambles; **te has enganchado las medias** you've caught o snagged your tights on something

-2. *(alistarse)* to enlist, to join up

-3. *Fam (hacerse adicto)* to get hooked (**a** on)

-4. *Andes, CAm, Méx (para trabajo)* to sign up

-5. *RP Fam (enamorarse)* **engancharse con alguien** to hitch o hook up with sb

enganche *nm* **-1.** *(de vagones, trenes)* coupling; *(de remolque, caballos)* hitching up **-2.** *(gancho)* hook **-3.** *(reclutamiento)* enlistment **-4.** *Fam (afición)* **tener (un) ~ con algo** to be hooked on sth **-5.** *Méx (depósito)* deposit **-6.** *RP (en prenda)* snag

enganchón *nm (de ropa, tela)* snag

engañabobos *Fam* ◇ *nm inv (cosa)* con (trick); **esa promoción es un ~** that special offer is a con

◇ *nmf inv (persona)* con man, con artist

engañadizo, -a *adj* gullible, credulous

engañapichanga *es ~ RP Fam* con (trick); **esa propuesta es ~** that scheme is a con

engañar ◇ *vt* **-1.** *(mentir)* to deceive; **engañó a su padre haciéndole ver que había aprobado** he deceived her father into believing that she had passed; **es difícil engañarla** she is not easily deceived, she's hard to fool; **logró ~ al portero** he managed to outsmart the goalkeeper; **me engañó lo bien que vestía y que hablaba** she was so well dressed and so well spoken that I was taken in; **¿a quién te crees que vas a ~?** who are you trying to fool o kid?; **a mí no me engañas, sé que tienes cincuenta años** you can't fool me, I know you're fifty

-2. *(ser infiel a)* to deceive, to cheat on; **engaña a su marido** she cheats on her husband; **me engañó con mi mejor amiga** he cheated on me with my best friend

-3. *(estafar)* to cheat, to swindle; **te engañaron vendiéndote esto tan caro** they cheated you if they sold that to you for such a high price; EXPR **a alguien como a un chino** o **a un niño** to take sb for a ride

-4. *(hacer más llevadero)* to appease; **~ el hambre** to take the edge off one's hunger

◇ *vi* to be deceptive o misleading; **engaña mucho, no es tan tonto como parece** you can easily get the wrong impression, he's not as stupid as he seems; EXPR **las apariencias engañan** appearances can be deceptive

◆ **engañarse** *vpr* **-1.** *(hacerse ilusiones)* to delude oneself; **se engaña si cree esto** she's deluding herself if she thinks so; **no te engañes, ya no lo volverás a ver** don't kid yourself, you'll never see it again now

-2. *(equivocarse)* to be wrong; **si no me engaño...** if I'm not mistaken...

engañifa *nf Fam (estafa)* swindle

engaño *nm* **-1.** *(mentira)* deception, deceit; **se ganó su confianza con algún ~** she gained his trust through a deception; **lo obtuvo mediante ~** she obtained it by deception; **todo fue un ~** it was all a deception; EXPR **llamarse a ~** *(lamentarse)* to claim to have been misled; *(engañarse)* to delude oneself; **para que luego no te llames a ~** so you can't claim to have been misled afterwards; **no nos llamemos a ~, el programa se puede mejorar** let's not delude ourselves, the program could be improved; **que nadie se llame a ~, la economía no va bien** let no one have any illusions about it, the economy isn't doing well

-2. *(estafa)* swindle; **ha sido víctima de un ~ en la compra del terreno** he was swindled over the sale of the land

-3. *(ardid)* ploy, trick; **de nada van a servirte tus engaños** your ploys will get you nowhere; **las rebajas son un ~ para que la gente compre lo que no necesita** sales are a ploy to make people buy things they don't need

-4. TAUROM bullfighter's cape

-5. *(para pescar)* lure

engañosamente *adv (deshonestamente)* deceitfully

engañoso, -a *adj* **-1.** *(aspecto, apariencia, impresión)* deceptive **-2.** *(persona, palabras)* deceitful

engarabitarse *vpr Fam (subir)* to climb, to go up

engarce *nm* setting

engargolado, -a *adj Méx (metálico)* spiral binding; *(plástico)* comb binding

engarzar [14] *vt* **-1.** *(encadenar)* *(abalorios)* to thread; *(perlas)* to string **-2.** *(diamante, piedra preciosa)* to set; **un rubí engarzado en oro** a ruby set in gold **-3.** *(palabras, ideas, historias)* to string together

engastar *vt* to set, to mount

engaste *nm (en joyería)* *(acción)* setting, mounting; *(montura)* mount

engatillarse *vpr* to jam

engatusador, -ora *Fam* ◇ *adj* coaxing, cajoling

◇ *nm,f* coaxer

engatusamiento *nm Fam* coaxing, cajoling

engatusar *vt Fam* to sweet-talk; **se dejó ~ por un timador** he let himself be taken in by a con artist; **no trates de engatusarme** don't try to get round me; **logré engatusarlo para que viniera** I managed to coax him into coming

engavetar *vt Ven* **-1.** *(guardar)* to put away in a drawer **-2.** *(esconder)* to move to the bottom of the pile

engendrar *vt* **-1.** *(hijo, cría)* to conceive **-2.** *(proyecto, idea)* to conceive (of) **-3.** *(sentimiento, sensación, duda)* to give rise to, to engender; *(situación, conflicto, problema)* to give rise to, to cause; **la falta de cariño engendra inseguridad** lack of affection gives rise to insecurity; **engendró un clima de miedo y desconfianza** it gave rise to o engendered an atmosphere of fear and distrust

engendro *nm* **-1.** *(ser deforme)* freak, deformed creature; *(niño)* malformed child **-2.** *(obra fea o mala)* monstrosity

englobar *vt* to include

engolado, -a *adj (presuntuoso)* presumptuous, arrogant; *(pomposo)* pompous, bombastic

engolar *vt* ~ **la voz** to put on a pompous voice

engolosinarse *vpr* ~ **con algo** to develop a taste for sth

engomado *nm (papel)* gummed paper

engomar *vt* to put glue on, to gum

engominado, -a *adj (pelo)* slicked-back

engominar ◇ *vt* to put hair cream on
◆ **engominarse** *vpr* to put on hair cream

engorda *nf Chile, Méx* **-1.** *(ceba)* fattening (up) **-2.** *(ganado)* cattle fattened for slaughter

engordar ◇ *vt* **-1.** *(animal)* to fatten (up) **-2.** *(cifras, estadísticas)* to pad; *(cuenta bancaria)* to fatten
◇ *vi* **-1.** *(persona)* to put on weight; *(animal)* to grow fat, to fatten; **he engordado 6 kilos** I've put on 6 kilos **-2.** *(comida, bebida)* to be fattening; **sólo como cosas que no engorden** I only eat non-fattening foods

engorde *nm* fattening (up)

engorro *nm* nuisance

engorroso, -a *adj (molesto)* bothersome; *(físicamente)* cumbersome; **la engorrosa tarea de hacer la compra** the tedious job of doing the shopping; **un problema muy ~** a very awkward problem; **el ~ cinturón de seguridad** the irksome seat belt

engrampadora *nf RP* stapler

engrampar *vt RP* to staple

engranaje *nm* **-1.** *(acción)* gearing **-2.** *(mecanismo) (de reloj, piñón)* cogs; *(de automóvil)* gears ❑ **~ cónico** bevel gear; **~ helicoidal** helical gear; **~ de tornillo sin fin** worm gear **-3.** *(conjunto de dientes)* gear teeth **-4.** *(enlace) (de ideas)* chain, sequence **-5.** *(aparato) (político, burocrático)* machinery; **el lento ~ de la administración de justicia** the slow grinding of the wheels of justice

engranar ◇ *vt* **-1.** *(piezas)* to engage **-2.** *(ideas)* to link, to connect **-3.** *Am (marchas)* to engage
◇ *vi RP Fam* to fly off the handle, to flare up; **ojo con él, que enseguida engrana** watch what you say to him, he flies off the handle at the least thing

engrandecer [46] *vt* **-1.** *(ennoblecer)* **su gesto lo engrandece** his gesture does him every credit o redounds to his credit **-2.** *(aumentar)* to increase, to enlarge

engrandecimiento *nm* **-1.** *(ensalzamiento)* enhancement **-2.** *(aumento)* increase

engrane *nm Méx* cog, cogwheel, gearwheel

engrapadora *nf Am* stapler

engrapar *vt Am (grapar)* to staple

engrasado *nm (acción)* lubrication

engrasador *nm* grease gun

engrasar *vt* **-1.** *(motor)* to lubricate; *(bisagra, mecanismo)* to oil; *(eje)* to grease; EXPR *Ven* **engrasarle la mano a alguien** to grease sb's palm **-2.** CULIN *(molde, bandeja)* to grease, to oil

engrase *nm (de motor)* lubrication; *(de mecanismo)* oiling

engreído, -a ◇ *adj* **-1.** *(creído)* conceited, full of one's own importance **-2.** *Perú (mimado)* spoiled
◇ *nm,f* **-1.** *(creído)* conceited person; **ser un ~** to be very conceited **-2.** *Perú (mimado)* **ser un ~** to be spoiled

engreimiento *nm* conceit, self-importance

engreír [56] ◇ *vt* **-1.** *(envanecer)* to make vain o conceited **-2.** *Perú (mimar)* to spoil, to pamper
◆ **engreírse** *vpr* **-1.** *(envanecerse)* to become vain o conceited **-2.** *Ven (encariñarse)* **engreírse con alguien** to take a shine to sb

engrescar [59] *vt* to egg on, to incite

engría *etc ver* **engreír**

engriera *etc ver* **engreír**

engrifarse *vpr Fam (persona)* to get high

engrillarse *vpr PRico, Ven (caballo)* to lower its head

engringarse [38] *vpr Am Fam* to adopt American ways

engrió *etc ver* **engreír**

engripado, -a *adj CSur* **estar ~** to have (the) flu

engriparse *vpr CSur* to come down with (the) flu

engrosar [63] ◇ *vt (aumentar)* to swell; **la herencia pasó a ~ la fortuna familiar** the inheritance went to swell the family fortune; **diez mil personas pasaron a ~ la lista de desempleados** a further ten thousand people swelled the ranks of the unemployed
◇ *vi (engordar)* to put on weight

engrudo *nm* paste

engruesa *etc ver* **engrosar**

engrupido, -a *RP Fam* ◇ *adj* stuck-up, bigheaded; **desde el éxito de sus discos anda muy engrupida** since her records started to be successful she's been very bigheaded
◇ *nm,f* bighead; **no lo aguanto más, es un ~** I can't stand him any more, he's such a bighead

engrupir *RP Fam* ◇ *vt* to con, to lead up the garden path; **para mí que te engrupieron** I reckon you were done
◆ **engrupirse** *vpr* to get bigheaded, to get above oneself; **espero que no te engrupas con toda la plata que estás ganando** I hope all this money you're making doesn't go to your head

enguachinar *vt* **-1.** *(inundar)* to flood **-2.** *(aguar)* to water (down)

engualichado, -a *adj Andes, RP Fam* jinxed; **esta casa está engualichada** this house is jinxed; **ha andado más enfermo que sano este año, para mí que está ~** he's been ill more often than not this year, I reckon he must be jinxed

engualichar *vt Andes, RP Fam* to jinx, to put a jinx on; **le sale todo mal, para mí que lo engualicharon** nothing seems to go right for him, I reckon he must be jinxed

enguantado, -a *adj (persona)* wearing gloves; *(mano)* gloved

enguantarse *vpr* to put one's gloves on

enguatado, -a *adj (colcha, chaqueta)* padded

enguatar *vt Esp (colcha, chaqueta)* to pad

enguayabado, -a *adj Ven Fam* homesick

engullir ◇ *vt* to gobble up, to wolf down; **mastica bien y no engullas la comida** chew properly and don't wolf your food down; **las olas engulleron a la barca** the waves swamped the boat
◆ **engullirse** *vpr* to gobble up, to wolf down

enharinar *vt* to flour

enhebrar *vt* **-1.** *(aguja)* to thread; *(perlas)* to string **-2.** *(palabras, ideas, historias)* to string together

enhiesto, -a *adj Literario (figura)* upright, erect; *(árbol)* towering

enhorabuena ◇ *nf* congratulations; **dar la ~ a alguien por algo** to congratulate sb on sth; **estar de ~** to be in luck
◇ *interj* **¡~ (por...)!** congratulations (on...)!

enigma *nm* enigma

enigmático, -a *adj* enigmatic

enjabonada *nf Ven Fam* dusting down

enjabonado, -a ◇ *adj* **-1.** *(con jabón)* soapy **-2.** *Cuba (caballo)* piebald
◇ *nm* soaping

enjabonar ◇ *vt* **-1.** *(con jabón)* to soap **-2.** *Fam (dar coba a)* to soft-soap
◆ **enjabonarse** *vpr* to soap oneself

enjaezar [14] *vt* to harness *(with decorative harness)*

enjalbegado *nm* whitewashing

enjalbegar *vt* to whitewash

enjambre *nm* **-1.** *(de abejas)* swarm **-2.** *(de admiradores, periodistas)* swarm

enjaretar *vt* **-1.** *(cinta, cordón)* to thread through a hem **-2.** *Fam (hacer de prisa)* to rush through, to do in a rush **-3.** *Fam (decir sin cuidado)* to reel o rattle off **-4.** *Fam (endilgar)* to palm o foist off **-5.** *Fam (intercalar)* to insert

enjaulado, -a *adj* caged; **como un perro ~** like a caged animal

enjaular *vt* **-1.** *(en jaula)* to cage **-2.** *Fam (en prisión)* to jail, to lock up

enjoyar ◇ *vt* to adorn with jewels; **iban todos muy enjoyados** they were all covered in jewellery
◆ **enjoyarse** *vpr* to put on (one's) jewels

enjuagada *nf RP Fam* quick wash

enjuagar [38] ◇ *vt (platos, vasos)* to rinse; *(recipiente, ropa)* to rinse (out)
◆ **enjuagarse** *vpr* **enjuagarse (la boca)** to rinse one's mouth (out); **enjuagarse (las manos)** to rinse one's hands; **enjuagarse el pelo** to rinse one's hair

enjuague *nm* **-1.** *(con agua)* rinse ❑ **~ bucal** *(acción)* rinsing of the mouth; *(líquido)* mouthwash **-2.** *Fam (chanchullo)* **no me gustan los enjuagues en que anda metido** I don't like the dodgy things he's involved in; **los enjuagues de los políticos** politicians' wheeling and dealing **-3.** *Am (de pelo)* conditioning rinse

enjugador *nm* FOT photographic plate dryer

enjugar [38] ◇ *vt* **-1.** *(secar)* to dry, to wipe away; **enjugó sus lágrimas** he dried his tears **-2.** *(pagar) (deuda)* to pay off; *(déficit)* to cancel out
◆ **enjugarse** *vpr (secarse)* to wipe, to dry; **se enjugó el sudor de la frente** he wiped o mopped the sweat from his brow

enjuiciable *adj* DER indictable, liable to prosecution

enjuiciado, -a *nm,f* DER defendant

enjuiciamiento *nm* **-1.** DER trial ❑ **~ criminal** criminal prosecution **-2.** *(opinión)* judgment

enjuiciar *vt* **-1.** DER to try; **lo enjuiciaron por estafa** he was tried for fraud **-2.** *(opinar)* to judge

enjundia *nf (sustancia)* substance; **su último libro tiene mucha ~** there's a lot in her last book; **un ensayo con mucha ~** a very substantial o meaty essay

enjundioso, -a *adj* **-1.** *(sustancioso)* substantial, meaty **-2.** *(grasiento)* fatty

enjuto, -a *adj (rostro, cuerpo, persona)* lean

enlace *nm* **-1.** *(conexión)* link; **el ~ ferroviario/aéreo entre París y Madrid** the rail/air link between Paris and Madrid; **un ~ vía satélite** a satellite link o hook-up
-2. INFORMÁT *(de hipertexto)* link
-3. *(persona)* go-between; **sirvió de ~ en las negociaciones** he acted as mediator in the negotiations ❑ *Esp* **~ sindical** shop steward
-4. FERROC *(empalme)* connection; **estación de ~** junction; **vía de ~** crossover
-5. QUÍM bond ❑ **~ covalente** covalent bond; **~ de hidrógeno** hydrogen bond; **~ iónico** ionic bond; **~ químico** chemical bond
-6. *Formal (boda)* **~ (matrimonial)** marriage

enladrillado *nm* brick paving

enladrillar *vt* to pave with bricks

enlatado, -a ◇ *adj* **-1.** *(en lata)* canned, tinned **-2.** TV *(programa, música)* pre-recorded; *(risa)* canned
◇ *nm* canning
◇ *nmpl* **enlatados** *Am (comestibles)* groceries

enlatar *vt* **-1.** *(alimento)* to can, to tin **-2.** *CAm (techo)* to roof with tin

enlazar [14] ◇ *vt* **-1.** *(relacionar) (lugares, ideas)* to link, to connect; **~ algo con** to link o connect sth with; **enlazó el tema con una crítica a la sociedad de consumo** he linked the issue with a criticism of consumer society; **la autopista que enlaza una ciudad con otra** the motorway that links the two cities **-2.** *(atar)* **~ algo a** to tie sth up to **-3.** *(con lazos)* to lace **-4.** *Am (animal)* to lasso
◇ *vi (trenes)* to connect (**en** at); *(carreteras)* to join (up) (**con** with); **esta carretera enlaza con la autopista** this road joins up with

the motorway; **en la terminal C enlaza usted con su vuelo a Lima** your connecting flight to Lima leaves from Terminal C

◆ **enlazarse** *vpr* **-1.** *(unirse)* to become linked **-2.** *Formal (casarse)* to marry, to get married **-3.** *(emparentarse)* to become related by marriage

enlistar *Méx* ◇ *vt* to list

◆ **enlistarse** *vpr* to enlist

enlistado *nm Méx* list

enlodar *vt* to cover in mud

enloquecedor, -ora *adj (ruido, tarea)* maddening; *(dolor)* excruciating

enloquecer [46] ◇ *vt* **-1.** *(volver loco)* to drive mad **-2.** *(gustar mucho a)* to drive wild *o* crazy; **le enloquece el esquí** she's mad *o* crazy about skiing

◇ *vi* to go mad; **enloquecía de angustia/ dolor** he was half-crazy with worry/pain

enloquecidamente *adv* madly

enloquecido, -a *adj* mad, crazed

enloquecimiento *nm* madness

enlosado *nm (con losas)* paving; *(con baldosas)* tiling, tiles

enlosar *vt (con losas)* to pave; *(con baldosas)* to tile

enlozado, -a *adj Am* enamelling

enlozar [14] *vt Am* to enamel

enlucido *nm* plaster

enlucir [39] *vt* **-1.** *(blanquear)* to whitewash **-2.** *(enyesar)* to plaster **-3.** *(metales)* to polish

enlutado, -a *adj* in mourning

enlutar ◇ *vt* **-1.** *(poner de luto) (persona)* to dress in mourning; *(casa)* to drape in mourning; **un desastre que ha enlutado al país** a disaster which has plunged the country into mourning **-2.** *(entristecer)* to cast a shadow over

◆ **enlutarse** *vpr (persona, ciudad, país)* to go into mourning; *(casa)* to be draped in mourning

enluzco *etc ver* enlucir

enmaderar *vt (pared)* to panel; *(suelo)* to lay the floorboards of

enmadrado, -a *adj Esp* **estar ~** *(niño, hombre)* to be a mother's boy

enmalecerse [46] *vpr (con maleza)* to become covered with undergrowth, to get overgrown

enmantequillar, *RP, Ven* **enmantecar** *vt* to grease, to butter

enmarañado, -a *adj* **-1.** *(pelo)* tangled; *(ovillo, manguera, cable)* tangled **-2.** *(asunto, situación)* complicated, confused; *(argumento, narración)* involved, convoluted

enmarañamiento *nm* **-1.** *(de pelo, ovillo, manguera)* tangle **-2.** *(de asunto, situación)* confusion

enmarañar ◇ *vt* **-1.** *(enredar)* to tangle (up) **-2.** *(complicar)* to complicate, to confuse

◆ **enmarañarse** *vpr* **-1.** *(enredarse)* to become tangled **-2.** *(complicarse) (asunto, situación)* to become confused *o* complicated; *(argumento, narración)* to become involved *o* convoluted

enmarcar [59] ◇ *vt* **-1.** *(cuadro)* to frame **-2.** *(dar un contexto a)* **enmarcan su política energética dentro del respeto al medio ambiente** their energy policy is placed within a framework of respect for the environment; **enmarcan su obra artística dentro del vanguardismo** they regard his work as forming part of the avant-garde

◆ **enmarcarse** *vpr* **las medidas se enmarcan dentro de la nueva política conciliadora** the measures form part of the new policy of reconciliation; **esta actuación se enmarca dentro de la convención de Viena** this action falls within the provisions of the Vienna convention; **el nuevo grupo se enmarca en el ala izquierda del partido** the new group is situated on the left of the party

enmascarado, -a ◇ *adj* masked

◇ *nm,f* masked man, *f* masked woman

enmascarar ◇ *vt* **-1.** *(rostro)* to mask **-2.** *(encubrir) (sentimientos, intenciones, problema)* to disguise, to hide

◆ **enmascararse** *vpr (persona)* to put on a mask

enmasillar *vt* to putty

enmendable *adj* **-1.** *(error)* correctable **-2.** *(ley)* amendable

enmendación *nf* **-1.** *(de error)* correction **-2.** *(de ley)* amendment

enmendar [3] ◇ *vt* **-1.** *(error)* to correct; *(texto)* to correct, to emend; **el portero enmendó su error despejando la pelota** the goalkeeper made up for his mistake by clearing the ball **-2.** *(ley, dictamen)* to amend **-3.** *(comportamiento, actitud)* to mend, to improve **-4.** *(daño, perjuicio)* to redress

◆ **enmendarse** *vpr* to mend one's ways

enmicado, -a *adj Méx* laminated

enmicar *vt Méx* to laminate

enmienda *nf* **-1.** *(acción)* **hacer propósito de ~** to promise to mend one's ways **-2.** *(en un texto)* correction **-3.** *(de ley, contrato)* amendment; **presentar una ~ a un proyecto de ley** to propose an amendment to a bill

enmiendo *etc ver* enmendar

enmohecer [46] ◇ *vt* **-1.** *(con moho)* to turn mouldy **-2.** *(metal)* to rust

◆ **enmohecerse** *vpr* **-1.** *(con moho)* to grow mouldy **-2.** *(metal)* to go *o* get rusty **-3.** *(conocimientos, memoria)* to get rusty

enmohecido, -a *adj* **-1.** *(con moho)* mouldy **-2.** *(metal)* rusty **-3.** *(conocimientos, memoria)* rusty; **tengo los músculos enmohecidos** my muscles aren't used to much exercise

enmohecimiento *nm* **-1.** *(con moho)* mould **-2.** *(de metal)* rust **-3.** *(de conocimientos, memoria)* rustiness

enmontarse *vpr Col, Ven (campo)* to turn into a wilderness

enmoquetado, -a ◇ *adj* carpeted; **un apartamento totalmente ~** a fully carpeted apartment

◇ *nm* carpeting

enmoquetar *vt Esp, RP* to carpet

enmudecer [46] ◇ *vt* to silence

◇ *vi* **-1.** *(callarse)* to fall silent, to go quiet; *(dejar de sonar)* to fall silent; **todos enmudecieron de asombro** everyone stopped talking in astonishment; **las sirenas enmudecieron** the sirens fell silent **-2.** *(perder el habla)* to be struck dumb

enmudecimiento *nm* silence

enmugrecer [46], *Am* **enmugrar** ◇ *vt (ensuciar)* to soil, to dirty

◆ **enmugrecerse,** *Am* **enmugrarse** *vpr (ensuciarse)* to become soiled *o* dirty

enmuinarse *vpr Méx Fam* to fly off the handle, *Br* to lose one's rag

ennegrecer [46] ◇ *vt* **-1.** *(poner negro)* to blacken **-2.** *(oscurecer)* to darken

◇ *vi* to darken

◆ **ennegrecerse** *vpr* **-1.** *(ponerse negro)* to become blackened **-2.** *(oscurecerse)* to darken, to grow dark; **el cielo se ennegreció de repente** the sky suddenly darkened *o* grew dark

ennegrecimiento *nm* **-1.** *(acción)* blackening, turning black **-2.** *(oscurecimiento)* darkening

ennoblecer [46] *vt* **-1.** *(persona)* to ennoble, to dignify; **estas acciones lo ennoblecen** these actions do him credit; **tratan de ~ la profesión de artista de circo** they seek to dignify the profession of circus performer **-2.** *(lugar)* **las alfombras persas ennoblecen la estancia** the Persian carpets give the room a grand air

ennoblecimiento *nm (de persona)* ennoblement

enojada *nm Méx* fit of anger; **se pegó terrible ~ con él** she got terribly angry with him

enojadizo, -a *adj esp Am* irritable, touchy

enojado, -a *adj esp Am (irritado)* angry; *(molesto)* annoyed; **estar ~ con alguien** to be angry/annoyed with sb; **está enojada con sus padres** she's angry/annoyed with her parents; **estoy muy ~ contigo** I'm very angry/annoyed with you; **estar ~ por algo** to be angry/annoyed about sth; **están enojados desde hace años** they've been on bad terms with one another for years

enojar *esp Am* ◇ *vt (irritar)* to anger; *(molestar)* to annoy; **consiguió ~ a todo el mundo con sus impertinencias** she managed to annoy everybody with her cheeky remarks

◆ **enojarse** *vpr* **-1.** *(irritarse)* to get angry (**con** with); *(molestarse)* to get annoyed (**con** with); **vas a conseguir que me enoje** you're going to make me angry; **no te enojes, pero creo que te equivocas** don't get annoyed, but I think you're wrong; **no te enojes con quien no tiene la culpa** don't be angry with someone who's not to blame **-2.** *(pelearse)* to fall out; **se enojaron por una bobada** they fell out over a silly little thing

enojo *nm esp Am (por irritarse)* anger; *(por molestarse)* annoyance; **puso cara de ~** she scowled (in annoyance); **¿ya se te pasó el ~?** have you calmed down yet?

enojón, ona *adj Méx Fam* cranky, testy

enojoso, -a *adj esp Am (delicado, espinoso)* awkward; **la situación era de lo más enojosa** it was an extremely awkward situation; **pongamos fin a este ~ asunto** let's put an end to this unpleasant business

enología *nf* oenology, study of wine

enólogo, -a *nm, f* oenologist, wine expert

enorgullecer [46] ◇ *vt* to fill with pride; **nada me enorgullecería más que tenerte por yerno** nothing would make me prouder than to have you as my son-in-law; **no me enorgullece ser de su mismo partido** it gives me no pride to belong to the same party as him

◆ **enorgullecerse** *vpr* to be proud (**de** of); **un país que se enorgullece de su pasado** a country that is proud of its history; **hacen el gamberro y encima se enorgullecen de ello** they act like hooligans and what's more they're proud of it; **me enorgullezco de pertenecer a esta familia** I am proud to be a member of this family

enorme *adj* **-1.** *(muy grande) (objeto, persona, cantidad)* huge, enormous; *(defecto, error)* huge; **estos animales tienen una ~ capacidad para reproducirse** these creatures have an enormous reproductive capacity; **una torre de ~ altura** an enormously tall tower; **tu hijo está ya ~** your son's really huge; **le invadía una ~ tristeza** he was overcome by a great sadness **-2.** *Fam (excelente)* great, fantastic

enormemente *adv* enormously; **disfrutamos ~** we enjoyed ourselves enormously *o* hugely; **me satisface ~ su decisión** I am extremely pleased about her decision; **un ejercicio ~ complicado** an enormously *o* hugely complicated exercise

enormidad *nf* **-1.** *(de tamaño)* enormity, hugeness; **me gustó una ~** I liked it enormously *o* hugely; **ha debido de costarte una ~ (de dinero)** it must have cost you a vast amount (of money) **-2.** *(despropósito)* **¡lo que dijo/hizo fue una ~!** what she said/did was crazy!; **las enormidades perpetradas por el ejército invasor** the enormities perpetrated by the invading army

enotecnia *nf (art of)* wine-making

enquistado, -a *adj (odio, costumbre)* deep-rooted, deeply entrenched

enquistamiento *nm* MED encystment

enquistarse *vpr* **-1.** MED to develop into a cyst **-2.** *(odio, costumbre)* to take root, to become entrenched; *(proceso)* to become bogged down

enrabietarse *vpr* to throw a tantrum

enraizado, -a *adj (costumbre, odio, prejuicio)* deep-rooted

enraizar [14] ◇ *vi* **-1.** *(planta, árbol)* to take root, to put down roots **-2.** *(persona)* to put down roots **-3.** *(costumbre, odio, prejuicio)* to take root, to become entrenched

◆ **enraizarse** *vpr* **-1.** *(planta, árbol)* to take root, to put down roots **-2.** *(persona)* to put

enramada down roots **-3.** *(costumbre, odio, prejuicio)* to take root, to become entrenched

enramada *nf* **-1.** *(espesura)* branches, canopy **-2.** *(cobertizo)* bower

enramar *vt (adornar)* to decorate with branches

enrarecer [46] ◇ *vt* **-1.** *(situación, ambiente, relaciones)* to make strained *o* tense **-2.** *(aire, gas)* to rarefy

◆ **enrarecerse** *vpr* **-1.** *(situación, ambiente, relaciones)* to become strained *o* tense **-2.** *(aire, gas)* to become rarefied

enrarecido, -a *adj* **-1.** *(situación, ambiente, relaciones)* strained, tense **-2.** *(aire, gas)* rarefied

enrarecimiento *nm* **-1.** *(de situación, ambiente, relaciones)* deterioration **-2.** *(de aire, gas)* rarefying

enrarezco *etc ver* **enrarecer**

enratonado, -a *adj Ven Fam* hung-over

enratonarse *vpr Ven Fam* to get a hang-over

enredadera *nf* creeper

enredado, -a *adj* **-1.** *(cuerdas, madeja, pelo)* tangled **-2.** *(asunto, situación)* complicated, involved **-3.** *(persona) (implicado)* **estar ~ en algo** to be mixed up *o* involved in sth; **se vio ~ en un asunto de tráfico de drogas** he found himself caught up in a case of drug-trafficking

enredador, -ora ◇ *adj* **-1.** *(travieso)* naughty, mischievous **-2.** *(chismoso)* gossiping

◇ *nm,f* **-1.** *(travieso)* mischief-maker **-2.** *(chismoso)* gossip

enredar ◇ *vt* **-1.** *(cuerdas, madeja, pelo)* to tangle (up) **-2.** *(situación, asunto)* to complicate; **será mejor no ~ más las cosas** it's best not to make matters more complicated **-3.** *(implicar)* **~ a alguien en** to get sb involved in, to embroil sb in; **me enredaron en sus sucios negocios** they got me mixed up in their dirty dealings **-4.** *(entretener)* to bother, to annoy

◇ *vi Fam* **-1.** *(hacer travesuras)* to get up to mischief **-2.** *(juguetear)* **~ con algo** to fiddle with *o* mess about with sth

◆ **enredarse** *vpr* **-1.** *(plantas)* to climb; *(cuerdas, madeja, pelo)* to get tangled up; **la hiedra se enredaba en las columnas** the ivy wound its way up the columns; **la cola de la cometa se enredó en unas ramas** the tail of the kite got tangled in some branches

-2. *(situación, asunto)* to become complicated *o* involved; **las cosas se enredaron mucho** things got very complicated *o* involved

-3. *(implicarse)* **enredarse en un asunto** to get mixed up *o* involved in something

-4. *Fam (embarullarse)* to get into a muddle, to get mixed up

-5. *Fam (entretenerse)* to get caught up; **me enredé ordenando unos papeles y llegué tarde** I got sidetracked putting some papers in order and I arrived late

-6. *Fam (sentimentalmente)* **enredarse con alguien** to get involved *o* have an affair with sb

enredo *nm* **-1.** *(en cuerdas, madeja, pelo)* tangle

-2. *(de una situación)* mess, complicated affair; **¡en menudo ~ me he metido!** this is a fine mess I've got myself into!

-3. *(en la mente, al expresarse)* muddle; **tengo un ~ tremendo de fechas** *o* **con las fechas** I've got into a terrific muddle over the dates

-4. *(asunto ilícito)* shady affair

-5. *(amoroso)* (love) affair, entanglement; **tener un ~ con alguien** to have an affair with sb, to be involved with sb

-6. *(mentira, intriga)* mischief-making

-7. LIT plot

enredoso, -a *adj Chile, Méx* **-1.** *(intrigante)* troublemaking, mischievous **-2.** *(chismoso)* gossipy

enrejado *nm* **-1.** *(barrotes) (de balcón, verja)* railings; *(de jaula, celda, ventana)* bars **-2.** *(de cañas)* trellis

enrejar *vt (ventanas)* to bar

enrevesado, -a *adj* complex, complicated

enrielar *vt Chile, Méx (encarrilar)* to set *o* put on the right track

enripiar *vt* CONSTR to fill with rubble

Enrique *n pr* **~ I/II** Henry I/II

enriquecedor, -ora *adj* enriching

enriquecer [46] ◇ *vt* **-1.** *(hacer rico) (persona, clase social, región)* to make rich, to enrich **-2.** *(alimento, sustancia)* to enrich **-3.** *(moralmente, espiritualmente, en valor artístico)* to enrich; **los viajes enriquecen la personalidad** travelling makes you richer as a person

◆ **enriquecerse** *vpr (persona, pueblo, región)* to get rich; **la región se ha enriquecido con el turismo** tourism has made the region rich, the region has prospered through tourism

enriquecido, -a *adj* enriched; **yogures enriquecidos con vitamina C** yoghurts enriched with vitamin C

enriquecimiento *nm* **-1.** *(de persona, clase social, región)* enrichment **-2.** *(moral, espiritual, cultural)* enrichment

enriquezco *etc ver* **enriquecer**

enristrar *vt* **-1.** *(ajos, cebollas)* to string **-2.** *(lanza)* to couch

enrocar [59] ◇ *vt (en ajedrez)* to castle

◇ *vi (en ajedrez)* to castle

◆ **enrocarse** *vpr (en ajedrez)* to castle

enrojecer [46] ◇ *vt* **-1.** *(volver rojo)* to redden, to turn red; *(por turbación)* to cause to blush **-2.** *(con fuego)* to make red-hot

◇ *vi (por calor, sofoco)* to flush; *(por turbación)* to blush; **enrojeció de vergüenza** he blushed with shame

◆ **enrojecerse** *vpr* **-1.** *(volverse rojo)* to redden, to turn red; *(por calor, sofoco)* to flush; *(por turbación)* to blush; **cuando bebe mucho se le enrojece la nariz** when she drinks a lot her nose turns red **-2.** *(por fuego)* to turn red-hot

enrojecimiento *nm* **-1.** *(de piel)* redness, red mark **-2.** *(de cielo, hierro)* reddening

enrojezco *etc ver* **enrojecer**

enrolar ◇ *vt* to enlist

◆ **enrolarse** *vpr (en ejército)* to enlist (**en** in); *(en expedición, viaje)* to sign up (**en** for); **enrolarse en el ejército** to enlist in *o* join the army; **enrolarse en un barco** to join a ship's crew, to sign on board a ship

enrollado, -a *adj* **-1.** *(en forma de rollo) (papel, alfombra)* rolled up; *(manguera, cuerda)* coiled (up); **estar ~ en algo** to be wound round sth; **un pastel ~ de verduras** a vegetable roulade

-2. *Esp Fam (interesante, animado) (bar, música, película)* cool, great; **es un tío muy ~** he's a really great guy; **es un bar muy ~** it's a really cool *o* great bar

-3. *Fam (enfrascado)* **estar ~ con algo: están muy enrollados con el parapente** they're into paragliding in a big way; **no puedo ir, estoy muy ~ haciendo bricolaje en casa** I can't go, I'm getting stuck into some DIY at home; **estábamos muy enrollados hablando de música** we were having a great time talking about music

-4. *Fam (en relaciones amorosas)* **están enrollados desde hace tres años** they've been an item for the last three years; **¿pero están enrollados o no?** have they got something going or not?; **está ~ con una sueca** he's got a thing going with a Swedish woman

enrollar ◇ *vt* **-1.** *(arrollar) (papel, alfombra)* to roll up; *(manguera, cuerda)* to coil (up); **enrolló el hilo en su bobina** he wound the thread on to the bobbin

-2. *Fam (enredar, confundir)* to bamboozle; **me enrollaron para que lo comprara** they bamboozled me into buying it

-3. *Fam (gustar)* **me enrolla mucho** I love it, I think it's great; **me enrolla mucho ir de camping** I really get a kick out of going camping

◆ **enrollarse** *vpr* **-1.** *(arrollarse) (papel)* to roll up; *(manguera, cuerda)* to coil up; **enrollarse alrededor de algo** to coil round sth

-2. *Fam (al hablar, escribir)* to go on (and on); **por teléfono se enrolla una barbaridad** whenever she calls she just goes on and on; **me enrollé a hablar con una vecina y se me olvidó** I got chatting to a neighbour and forgot about it; **no te enrolles y dime qué quieres** just get to the point and tell me what you want; **me enrollé demasiado en la tercera pregunta** I spent too much time on the third question; EXPR *Esp* **enrollarse como una persiana** *o* **como las persianas** *o* **de mala manera: se enrolla como una persiana** he could talk the hind legs off a donkey; EXPR *Esp Hum* **¡no te enrolles, Charles Boyer!** do us a favour and put a sock in it!

-3. *Fam (enfrascarse)* **me enrollé a hacer cosas en casa y se me pasó la tarde** I got really involved in doing things around the house and that was the afternoon gone; **se enrolló con lo de la pintura hace unos años** she got into painting and all that a few years ago

-4. *Esp Fam (sexualmente) (hacer el amor) Br* to have it away, *US* get it on; *(besarse, abrazarse)* to neck, *Br* to snog, *US* to make out; *(empezar a salir)* to hook up; **se enrolló con su jefa** he had an affair with his boss

-5. *Esp Fam (portarse bien)* **anda, enróllate y limpia la cocina** come on, do me a favour and clean the kitchen, will you?; **¡qué bien/mal se enrollan en este bar!** the people in that bar are really cool/unfriendly!

-6. *Ven Fam (confundirse)* to get into a muddle

enronquecer [46] ◇ *vt* to make hoarse

◆ **enronquecerse** *vpr* to become hoarse

enroque *nm (en ajedrez)* castling ❏ **~ corto** short castling; **~ largo** long castling

enroscado, -a *adj (pelo)* curly

enroscadura *nf* **-1.** *(acción)* coiling **-2.** *(rosca)* coil

enroscar [59] ◇ *vt* **-1.** *(tornillo)* to screw in; *(tuerca, tapa, tapón)* to screw on **-2.** *(enrollar) (manguera, cuerda)* to coil up; *(cuerpo, cola)* to curl up; **~ algo en algo** to wind sth round sth

◆ **enroscarse** *vpr* **-1.** *(persona, animal)* to curl up; *(serpiente)* to coil up **-2.** *RP Fam (en conversación)* to go on (and on); *(en estudio)* to go deeply into; **nos enroscamos a hablar de autos** we got into a long discussion about cars; **se enroscaron con el tema del fútbol** they went on and on about football

enrostrar *vt Am Fam* **~ a alguien algo** to throw sth in sb's face

enrueca *etc ver* **enrocar**

enrulado, -a *adj CSur* curly

enrular *CSur* ◇ *vt* to curl

◆ **enrularse** *vpr* to curl

enrumbar *vi Andes* to head; **enrumbaron hacia la casa de la abuela** they headed for their grandmother's house

ensabanarse *vpr Ven* to rise up, to rebel

ensaimada *nf* = bun made of sweet coiled pastry

ensalada *nf* **-1.** *(de lechuga)* salad; **una ~ de atún/arroz** a tuna/rice salad ❏ **~ campera** = salad of boiled potatoes, tomato, pepper, onion and hard-boiled egg, in vinaigrette; **~ de frutas** fruit salad; **~ mixta** mixed salad; **~ rusa** Russian salad, = salad of boiled, diced potatoes and carrots or peas, in mayonnaise; **~ verde** green salad

-2. *Fam (lío)* mishmash; **una ~ de cifras** a jumble of figures; **la película acaba con una ~ de tiros** the movie ends in a blaze of gunfire; *RP* **se hizo flor de ~** she got in a muddle

-3. *Cuba (refresco)* = mint-flavoured citrus drink

ensaladera *nf (fuente)* salad bowl ❏ **~ de plata** *(en tenis)* silver plate

ensaladilla *nf Esp* **~ (rusa)** Russian salad, = salad of boiled, diced potatoes and carrots or peas, in mayonnaise

ensalmo nm incantation, spell; **como por ~** as if by magic

ensalzador, -ora adj praising

ensalzamiento nm praise

ensalzar [14] vt **-1.** (alabar) to praise **-2.** (enaltecer) to exalt, to glorify

ensamblado, -a adj (mueble, piezas) assembled
◇ nm assembly

ensamblador, -ora ◇ nm,f (persona) assembly-line worker
◇ nm INFORMÁT assembler

ensambladura nf, **ensamblaje** nm **-1.** (acción) assembly **-2.** (junta, unión) joint

ensamblar vt **-1.** (piezas) to assemble; (madera) to join **-2.** INFORMÁT to assemble

ensamble = ensambladura

ensanchamiento nm **-1.** (de orificio, calle) widening; (de ciudad) expansion **-2.** (de ropa) letting out

ensanchar ◇ vt **-1.** (orificio, calle) to widen; (ciudad) to expand **-2.** (ropa) to let out **-3.** (horizontes, perspectivas) to broaden
◇ vi Hum (engordar) to fill out, to put on weight
◆ **ensancharse** vpr **-1.** (orificio, calle) to widen, to open out **-2.** (ropa) (a lo largo) to stretch; (a lo ancho) to become baggy

ensanche nm **-1.** (de calle) widening **-2.** (en ciudad) new suburb

ensangrentado, -a adj (persona, rostro, ropa) bloodstained, covered in blood

ensangrentar [3] ◇ vt to cover with blood
◆ **ensangrentarse** vpr to become bloodstained

ensañamiento nm viciousness, savagery; **lo golpearon con ~** he was viciously o savagely beaten

ensañarse vpr **~ con alguien** to torment sb, to treat sb cruelly; **se ensañó con el pobre animal** she really laid into the poor creature; **la prensa amarilla se ensañó con ella** the gutter press tore her apart

ensartado, -a adj (perlas) strung; **trozos de carne ensartados en un pincho** pieces of meat threaded on a skewer

ensartar ◇ vt **-1.** (con hilo) (perlas) to string; (aguja) to thread **-2.** (con algo puntiagudo) (comida) to skewer; (torero) to gore; **ensartó las verduras en pinchos** he threaded the vegetables on skewers; **le ensartó el puñal en la espalda** she plunged the dagger into his back **-3.** (cosas inconexas) to reel o rattle off; **~ mentiras** to tell one lie after another **-4.** Am Fam (engañar) to rip off; **me ensartaron con estos CDs** these CDs were a rip-off
◆ **ensartarse** vpr Am Fam (ser engañado) to be ripped off

ensayar ◇ vt **-1.** (experimentar) to test **-2.** (obra de teatro, concierto, baile) to rehearse **-3.** (metales preciosos) to assay
◇ vi **-1.** (en teatro) to rehearse **-2.** (en rugby) to convert a try

ensayismo nm **el ~** the essay (genre); **un maestro del ~** a masterly essayist

ensayista nmf essayist

ensayístico, -a adj (estilo) essayistic; **su obra ensayística** her essays

ensayo nm **-1.** (en teatro, música, danza) rehearsal; **hoy tenemos ~** we've got a rehearsal today; **hacer un ~ (de algo)** to rehearse (sth) ❏ **~ general** dress rehearsal
-2. (prueba) test; **el nuevo prototipo será sometido a ~** the new prototype will undergo testing; **le salió al primer ~** he got it at the first attempt; **hacer un ~ de algo** to test sth ❏ FARM **~ clínico** clinical trial
-3. (escrito) essay; **el ~** (género literario) the essay
-4. (en rugby) try **-5.** (de metales preciosos) assay

enseguida adv (inmediatamente) immediately, at once; (pronto) very soon; **lo haré ~, antes de que se me olvide** I'll do it straight away before I forget; **llegará ~** he'll be here any minute now; **vino a las seis, pero se fue ~** he came at six, but he left soon after; **~ lo atiendo** I'll be with you in a minute o directly; **~ vuelvo** I'll be right back; **cruza el puente y ~ verás la casa a la derecha** cross the bridge and you'll see the house on your right; Am **~ de comer no se debe hacer ejercicio** you should not exercise immediately after a meal

ensenada nf **-1.** (en costa) cove, inlet **-2.** Arg (potrero) paddock

enseña nf ensign

enseñado, -a adj **-1.** (persona) **bien/mal ~** well/badly brought-up **-2.** (perro) housebroken

enseñante nmf teacher

enseñanza nf **-1.** (educación) education; (actividad docente) teaching; **la calidad de la ~ en este país** the quality of education in this country; **se dedica a la ~** he works as a teacher; **un centro de ~** an educational institution ❏ **~ a distancia** distance education; **~ estatal** state education; **~ de idiomas** language teaching; **~ media** secondary education; **~ personalizada** personal o individual tutoring; **~ primaria** primary education; **~ privada** private (sector) education; **~ pública** state education; **~ secundaria** secondary education; **~ superior** higher education; **~ universitaria** university education
-2. (lección) lesson; **de cualquier error puede extraerse o sacarse una ~** there's a lesson to be learned from every mistake you make; **aquello me sirvió de ~** that was a lesson to me; **enseñanzas** (de filósofo, profeta) teachings

enseñar ◇ vt **-1.** (instruir) to teach; **enseña inglés en una academia de idiomas** he teaches English in a language school; **~ a alguien a hacer algo** to teach sb to do sth; **está enseñando a su hijo a** Esp **conducir** o Am **manejar** she's teaching her son to drive; **mi padre me enseñó a hacerlo** o **cómo hacerlo** my father taught me how to do it
-2. (aleccionar) to teach; **~ a alguien a hacer algo** to teach sb to do sth; **la derrota les enseñó a ser más humildes** the defeat taught them some humility
-3. (mostrar) to show; **enséñame tu vestido nuevo** show me your new dress; **enséñanos lo que has aprendido** show us what you've learned; **al estirarse, enseñaba el ombligo** when he stretched you could see his belly button; **va enseñando los hombros provocativamente** her shoulders are provocatively uncovered
◆ **enseñarse** vpr Méx Fam **enseñarse a comer alimentos saludables** to get into the habit of eating healthy foods

enseñorearse vpr to take possession (**de** of)

enseres nmpl **-1.** (efectos personales) belongings **-2.** (muebles, accesorios) furnishings; (herramientas, utensilios) implements; **trajo consigo todos sus ~ de trabajo** he brought with him all the tools of his trade ❏ **~ de cocina** kitchen utensils; **~ domésticos** household goods; **~ de oficina** office equipment; **~ de pescar** fishing tackle

enseriarse vpr Carib, Perú to become serious

ensillado, -a adj (caballo) saddled

ensillar vt (caballo) to saddle up

ensimismado, -a adj **-1.** (enfrascado) absorbed, engrossed (**en** in); **estaba ~ oyendo música/en la lectura** he was engrossed in the music he was listening to/in what he was reading **-2.** (pensativo) lost in thought

ensimismamiento nm self-absorption

ensimismarse vpr **-1.** (enfrascarse) to become absorbed o engrossed (**en** in); **tanto se ensimismaba oyendo música/en la lectura que...** she became so engrossed in the music she was listening to/in what he was reading that... **-2.** (abstraerse) to lose oneself in thought, to become lost in thought

ensoberbecer [46] ◇ vt to fill with pride
◆ **ensoberbecerse** vpr to become puffed up with pride

ensombrecer [46] ◇ vt **-1.** (dar sombra a, oscurecer) to cast a shadow over **-2.** (dar aire triste a) to cast a shadow over; **la noticia ensombreció el acto** the news cast a shadow over the proceedings; **una repentina sospecha ensombreció su rostro** a sudden suspicion caused his face to darken
◆ **ensombrecerse** vpr **-1.** (oscurecerse) to darken **-2.** (entristecerse) (expresión, rostro) to become sad o gloomy; **se ensombreció his** mood darkened

ensoñación nf dream, daydream; **ni por ~** not even in one's wildest dreams; **tener ensoñaciones** to have daydreams

ensoñador, -ora ◇ adj dreamy
◇ nm,f dreamer

ensopar Andes, RP, Ven Fam ◇ vt to soak, to drench
◆ **ensoparse** vpr to get soaked o drenched

ensordecedor, -ora adj deafening

ensordecer [46] ◇ vt **-1.** (causar sordera a) to cause to go deaf **-2.** (no dejar oír) to deafen **-3.** (amortiguar) to muffle, to deaden
◇ vi (quedarse sordo) to go deaf

ensordecimiento nm deafness

ensordezco etc ver **ensordecer**

ensortijado, -a adj (pelo) in ringlets

ensortijamiento nm **-1.** (acción) curling **-2.** (rizos) curls

ensortijar ◇ vt (pelo) to curl
◆ **ensortijarse** vpr (pelo) to curl

ensuciar ◇ vt **-1.** (manchar) to (make) dirty; **me ensuciaron los pantalones de grasa** they got my trousers covered in grease; **excursionistas que ensucian el campo** hikers who litter the countryside **-2.** (desprestigiar) to sully, to tarnish; **~ el nombre de alguien** to sully sb's name o reputation
◆ **ensuciarse** vpr **-1.** (mancharse) (persona, objeto, superficie) to get dirty; **procura no ensuciarte el vestido** try not to get your dress dirty; **se me ensuciaron los pantalones** my trousers got dirty; **la alfombra se ha ensuciado de pintura** the carpet has got paint on it; **se ensució las manos o con grasa** he got his hands covered in grease
-2. Euf (evacuar) to soil o dirty oneself

ensueño ◇ nm (ensoñación) dream, daydream
◇ **de ensueño** loc adj dream, ideal; **tienen una casa de ~** they have a dream house
◇ **de ensueño** loc adv **baila de ~** he dances like a dream; **lo pasamos de ~** we had the most wonderful time

entablado nm **-1.** (armazón) wooden platform **-2.** (suelo) floorboards

entablamento nm ARQUIT entablature

entablar vt **-1.** (suelo) to put down floorboards on
-2. (iniciar) (conversación, amistad) to strike up; (negociaciones) to enter into, to open; (relaciones) to establish; **~ juicio contra alguien** to start court proceedings against sb; **los manifestantes entablaron batalla con la policía** the demonstrators joined battle with the police; **entablaron una acalorada discusión** they fell into a heated argument
-3. (entablillar) to put in a splint
-4. (en juegos de tablero) to set up **-5.** Am (empatar) to tie, to draw

entablillar vt to put in a splint

entalegar [38] vt **-1.** (meter en talegos) to put into sacks **-2.** (dinero) to hoard

entallado, -a adj (vestido, chaqueta) tailored

entalpía nf QUÍM enthalpy

entapar vt Chile to bind

entarimado nm **-1.** (plataforma) wooden platform **-2.** (suelo) floorboards

entarimar vt (suelo) to put down floorboards on

ente nm **-1.** (ser) being ❏ **~ de ficción** fictional character; **~ jurídico** legal entity; **~ de razón** imaginary being **-2.** (corporación) body, organization; **~ público** (institución) = state-owned body o institution; **el**

Ente público = the Spanish state broadcasting corporation **-3.** *Fam (personaje)* odd bod

entechar *vt Chile* to roof

enteco, -a *adj (flaco)* scrawny; *(enfermizo)* sickly

ENTEL [en'tel] *nf (abrev de* **Empresa Nacional de Telecomunicaciones***)* = the Chilean national telephone company

entelequia *nf* **-1.** *(fantasía)* pipe dream **-2.** *Filosofía* entelechy

entelerido, -a *adj CAm, Ven (flaco)* weak, sickly

entenado, -a *nm,f Méx* stepson, *f* stepdaughter

entendederas *nfpl Fam* EXPR **ser corto de ~, tener malas ~** to be a bit dim; **tener buenas ~** to be bright

entendedor *nm* PROV **a buen ~, pocas palabras bastan** a word to the wise is sufficient

entender [64] ◇ *vt* **-1.** *(comprender)* to understand; **ahora entiendo lo que quieres decir** now I understand *o* know what you mean; **entiendo perfectamente tu reacción** I completely understand your reaction; **¿es que no lo entiendes?** don't you understand?; **entiéndelo, lo hago por tu bien** try to understand, it's for your own good; **no te entiendo, habla más despacio** I don't understand you, could you speak more slowly?; **no entiendo los aparatos modernos** I don't understand modern technology; **no entiendo el chiste** I don't get the joke; **no entendí nada de lo que dijo** I didn't understand a word of what he said; **no entiendo nada, ¿no deberían haber llegado ya?** I just can't understand it, surely they were supposed to have arrived by now; **no entiendo la letra de mi médico** I can't read my doctor's handwriting; **~ mal algo** to misunderstand sth; **no entiendo cómo puede gustarte Arturo** I don't know what you see in Arturo; **no hay quien entienda a tu novio** no one knows what to make of your boyfriend; **¡no hay quien te entienda!** you're impossible!; **sabe ~ a las personas mayores** she understands older people; **¿tú qué entiendes por "amistad"?** what do you understand by "friendship"?; **¿debo ~ que no estás de acuerdo?** am I to understand that you disagree?; **¿cómo le puedo hacer ~ que eso no se hace?** how can I make her understand *o* get it through to her that that sort of behaviour is out?; **hasta que no llegue no podemos empezar, ¿entiendes?** we can't start until she gets here, all right?; **entiéndeme, si no se lo decimos se va a enfadar** look, if we don't tell him, he's going to get angry; **podríamos hacernos los despistados, ya me entiendes** we could make out we didn't really realize what was going on, you know what I mean; **dar a ~ algo (a alguien): dio a ~ que no le interesaba** she implied (that) she wasn't interested; **nos dio a ~ que no estaba de acuerdo** she gave us to understand that she disagreed; **hacerse ~** to make oneself understood; **se hizo ~ a base de signos** he made himself understood by using sign language; EXPR *Fam* **no entiendo ni jota** *o RP* **un pito** I can't understand a word (of it)
-2. *(juzgar, opinar)* to think; **yo no lo entiendo así** I don't see it that way; **entiendo que sería mejor no decir nada** I think it would be better not to say anything; **entendemos que deberías disculparte** we feel you ought to apologize
◇ *vi* **-1.** *(saber)* **~ de algo** to know about sth; **~ poco/algo de** to know very little/a little about; **entiende un montón de jardinería** she knows loads about gardening; **no entiendo nada de informática** I don't know anything about computing; **tú que entiendes de estas cosas, ¿qué es el "rafting"?** you know about these things, what is "rafting"?
-2. *(ocuparse)* **~ de** *o* **en** *(en general)* to deal with; *(sujeto: juez)* to be in charge of; **el magistrado que entiende de casos de terrorismo** the magistrate responsible for *o* in charge of cases involving terrorism
-3. *Fam (ser homosexual)* to be gay; **¿entiendes?** are you gay? *(as a discreet enquiry)*

◆ **entenderse** *vpr* **-1.** *(comprenderse)* *(uno mismo)* to know what one means; *(dos personas)* to understand each other; **yo ya me entiendo** I know what I'm doing; **el ilion, para entendernos, un hueso de la pelvis** the ilium, in other words *o* that is, one of the bones of the pelvis; **se entienden en inglés** they communicate with each other in English; **los sordomudos se entienden por señas** deaf-mutes communicate (with each other) using sign language
-2. *(llevarse bien)* to get on; **me entiendo muy bien con mis compañeros de trabajo** I get on very well with my workmates
-3. *(sentimentalmente)* to have an affair *(con* with*)*; **se entendía con una vecina** he was having an affair with a neighbour
-4. *(ponerse de acuerdo)* to reach an agreement; **te vas a tener que ~ con los organizadores** you're going to have to come to *o* reach an agreement with the organizers
-5. *Fam (apañarse)* **allá te las entiendas tú con la lavadora** the washing machine's your problem
◇ *nm* **a mi ~..., según mi ~...** the way I see it...; **a** *o* **según mi modesto ~, la culpa es del gobierno** in my humble opinion, it's the government's fault; **a tu ~ ¿cuáles son las razones de la derrota?** in your view, what are the reasons for this defeat?

entendido, -a ◇ *adj* **-1.** *(comprendido)* understood; **dar algo por ~: daba por ~ que nos apoyarían** I understood that they would support us; **eso se da por ~** that goes without saying; **que quede bien ~ que...** I want it clearly understood that...; **tener ~: tengo ~ que te casas, ¿es verdad?** I understand *o* I've heard you're getting married, is that right?; **tenía ~ que te mudabas de ciudad** I understood you were moving to another town; **según tenía ~, era una casa grande** from what I'd understood, it was a large house
-2. *(en preguntas, respuestas)* **¿~?** (is that) understood?; **si lo vuelves a hacer te castigaré, ¿~?** if you do it again, you'll be punished, is that clear *o* understood?; **¡~!** all right!, okay!
-3. *(versado)* expert **(en** in**)**; **un político ~ en relaciones internacionales** a politician well-versed in international relations
◇ *nm,f* expert **(en** on**)**; **según los entendidos en la materia...** according to the experts...

entendimiento *nm* **-1.** *(acuerdo)* understanding; **han llegado a un ~** they've reached an understanding **-2.** *(juicio)* judgement; *(inteligencia)* mind, intellect; **fenómenos que van más allá del ~ humano** phenomena that are beyond human understanding **-3.** *(comprensión)* understanding

entenebrecer [19] *vt* to darken

entente *nf* **-1.** POL **~ *cordial*** entente cordiale **-2.** COM agreement

enteradillo, -a *nm,f Fam Irónico* know-all

enterado, -a ◇ *adj* **-1.** *Esp (ducho, versado)* well-informed **(en** about**)**
-2. *(informado)* **estar ~ de algo** to be aware of sth, to know about sth; **el jefe estaba ~ de todo** the boss knew all about it; **¿estás ~ de lo que pasó ayer?** do you know about what happened yesterday?; EXPR **darse por ~** to take the hint; **ya me doy por ~** I get the idea; **no darse por ~** to turn a deaf ear
-3. *Chile (engreído)* conceited
◇ *nm,f Fam Irónico* know-all; **va de ~ por la vida** he acts as if he knows everything

enteramente *adv* completely, entirely

enterar ◇ *vt* **-1.** *(informar)* **~ a alguien de algo** to inform sb about sth **-2.** *CAm, Chile, Col, Méx (pagar)* to pay **-3.** *Chile (completar)* to make up

◆ **enterarse** *vpr* **-1.** *(descubrir, saber)* to find out **(de algo/por alguien** about sth/from sb**)**; **como se entere, me mata** if she finds out, she'll kill me; **nos acabamos de ~** we've just heard; **¿tú crees que se enterarán?** do you think they'll find out?; **no lo sabía, ahora me entero** I didn't know, this is the first I've heard of it; **se enterarán de tu pasado y lo publicarán** they'll find out about your past and make it public; **entérate bien de los horarios de los trenes** make sure you find out about the train times; **¿te has enterado de la noticia?** have you heard the news?; **¿te has enterado del accidente de Ana?** did you hear about Ana's accident?; **me enteré por mi prima** I heard about it from my cousin; **me enteré por la prensa** I read about it in the papers; EXPR **¡para que te enteres!** I'll have you know!, as a matter of fact!; EXPR **¡se va a ~ de quién soy yo!** he's going to find out what sort of stuff I'm made of!; EXPR **¡te vas a ~!** you'll know all about it!, you'll catch it!; EXPR *Fam* **¡te vas a ~ de lo que vale un peine!** I'll show you what's what!
-2. *(darse cuenta)* **enterarse (de algo)** to notice (sth); **tu mujer te está engañando y tú ni te enteras** your wife is cheating on you and you haven't even noticed; **no se enteró del golpe** she didn't notice the impact; **es una operación muy sencilla, no te vas ni a ~** it's a very straightforward operation, you won't feel a thing
-3. *Fam (comprender)* to understand; **cuando habla tan rápido no me entero** when she talks so fast, I don't understand a word; **no quiero ir, ¿te enteras?** I don't want to go, have you got that clear?; **¡entérate de una vez! ¡yo no soy tu criado!** get this straight, I'm not your servant!; **no me enteré de lo que dijo en clase** I didn't understand what she said in class; **no te enteras de nada** you haven't got a clue, have you?

entereza *nf* **-1.** *(serenidad)* composure, self-possession; **aceptó su muerte con ~** he accepted his death with great dignity **-2.** *(honradez)* integrity **-3.** *(firmeza)* firmness

entérico, -a *adj* ANAT enteric

enteritis *nf inv* enteritis

enterito *nm CSur (ropa) (de peto) Br* dungarees, *US* overalls; *(para bebé)* rompers

enterizo, -a *adj* **-1.** *(entero)* entire, whole **-2.** *(de una pieza)* in one piece

enternecedor, -ora *adj* touching, moving

enternecer [46] *vt* to move, to touch

◆ **enternecerse** *vpr* to be moved

enternecimiento *nm* **el desamparo de los refugiados consiguió su ~** he softened when he saw how helpless the refugees were

entero, -a ◇ *adj* **-1.** *(completo)* whole; **vi la película entera** I watched the whole film; **pasó la noche entera en vela** I was awake all night; **¿quiere la pieza entera o se la hago trozos?** do you want it in one piece or shall I cut it up?; **es de mi entera confianza** she has my complete confidence; **por ~** entirely, completely
-2. *(sin desperfecto)* in one piece; **la vajilla llegó toda entera** the dinner service arrived in one piece; **este cristal está ~** this pane hasn't been broken
-3. *(en buen estado físico)* **acabó la maratón muy ~** he finished the marathon in good shape
-4. *(sereno)* composed; **se mostró muy ~ en el juicio** he was very composed at the trial
-5. *(honrado)* upright, honest
-6. MAT *(número)* whole
-7. *(fruta)* hard
-8. *Guat, Perú Fam (idéntico)* identical
◇ *nm* **-1.** BOLSA point; **Prunosa sube dos enteros** Prunosa gained two points **-2.** MAT integer, whole number **-3.** *CSur (ropa) (con mangas) Br* overalls, *US* coveralls; *(de peto)*

Br dungarees, *US* overalls; *(para bebé)* rompers **-4.** *Andes, RP (lotería)* = complete lottery ticket (usually sold in one-tenth shares)

enterradero *nm RP* hide-out

enterrador, -ora *nm,f* gravedigger

enterramiento *nm* **-1.** *(acción)* burial **-2.** *(ceremonia)* burial **-3.** *(lugar)* burial site

enterrar [3] ◇ *vt* **-1.** *(cadáver)* to bury **-2.** *(objeto, tesoro)* to bury; [EXPR] **~ el hacha de guerra** to bury the hatchet **-3.** *(clavar)* to sink *o* drive in; **le enterró el puñal en el vientre** he plunged the dagger into his belly **-4.** *(olvidar)* to forget about **-5.** *(sobrevivir)* **enterró a todos sus hermanos** he survived all his brothers

◆ **enterrarse** *vpr* **enterrarse en vida** to hide oneself away

entibar *vt* MIN *(apuntalar)* to shore

entibiar ◇ *vt* **-1.** *(enfriar)* to cool **-2.** *(templar)* to warm

◆ **entibiarse** *vpr* **-1.** *(líquido) (enfriarse)* to cool (down); *(templarse)* to warm (up) **-2.** *(sentimiento)* to cool, to become lukewarm; **sus relaciones se entibiaron** *(de pareja)* their relationship lost its passion; *(diplomáticas, de amistad)* relations between them became more distant

entidad *nf* **-1.** *(organismo)* body; *(empresa)* firm, company; **las entidades públicas** public bodies ❏ **~ aseguradora** insurance company; **~ bancaria** bank; **~ benéfica** charitable organization; **~ de crédito** lending institution; **~ deportiva** sporting body; **~ financiera** financial institution **-2.** *(ente)* entity; **no existe como ~ política** it does not exist as a political entity **-3.** FILOSOFÍA entity **-4.** *(importancia)* importance; **de ~** of importance; **su lesión es de poca ~** his injury isn't serious; **autores de gran ~** authors of the first rank

entiendo *etc ver* entender

entierro ◇ *ver* enterrar

◇ *nm* **-1.** *(acción)* burial **-2.** *(ceremonia)* funeral; **el ~ recorrió el centro de la ciudad** the funeral procession passed through the city centre; **ir de ~, ir a un ~** to attend a funeral ❏ **el ~ de la sardina** the burial of the sardine, = mock burial of a sardine on Ash Wednesday, to mark the beginning of Lent

entintar *vt* **-1.** IMPRENTA to ink **-2.** *(teñir)* to dye, to tint

entlo. *(abrev de* entresuelo*)* mezzanine

entoldado, -a ◇ *adj* **-1.** *(terraza)* with an awning; *(calle)* with awnings **-2.** *(tarde)* overcast

◇ *nm (toldo)* awning; *(para fiesta, baile)* marquee

entoldar ◇ *vt (con toldo)* to put an awning over

◆ **entoldarse** *vpr (cielo)* to cloud over

entomófilo, -a *adj* BOT *(planta, fecundación)* entomophilous

entomología *nf* entomology

entomológico, -a *adj* entomological

entomólogo, -a *nm,f* entomologist

entonación *nf (al hablar, al cantar)* intonation; **darle a algo la ~ adecuada** to give sth the appropriate intonation ❏ **~ ascendente** rising intonation; **~ descendente** falling intonation

entonado, -a *adj* **-1.** *(canto)* in tune; *(instrumento)* tuned **-2.** *(en buena forma)* **estar ~** to be in good shape **-3.** *Fam (bebido)* merry; **después de dos cervezas ya se pone ~** after a couple of beers he's pretty merry

entonar ◇ *vt* **-1.** *(cantar) (canción, himno)* to sing; *(nota musical)* to give; *(plegaria)* to sing, to sound; **~ el mea culpa** to admit one's responsibility, to cry mea culpa **-2.** *(tonificar) (persona)* to perk up; *(músculos)* to tone up; **esta sopa te entonará** this soup will perk you up

◇ *vi* **-1.** *(al cantar)* to sing in tune **-2.** *(armonizar)* **~ (con algo)** to match (sth)

◆ **entonarse** *vpr Fam* **-1.** *(al beber)* to perk up; **se entonaba con una copa de oporto** he would take a glass of port as a pick-me-up *o* to perk himself up; **yo con dos copas ya me entono** after two glasses I start to feel merry **-2.** *(recuperarse)* to rally, to bounce back

entonces *adv* **-1.** *(en ese instante)* then; **~ abrí la puerta y salí corriendo** then I opened the door and ran out; **esperaremos a que se apaguen las luces y ~ salimos** we'll wait until the lights go out and then (we'll) leave

-2. *(en esa época)* then; **~ yo vivía en Manchester** I was living in Manchester at the time; **el ~ primer ministro** the then prime minister; **de ~** of the time, at that time; **los periódicos de ~** the newspapers at that time *o* in those days; **desde ~** since then; **desde ~ vengo teniendo pesadillas** ever since then I've had nightmares; **desde ~ son enemigos** they have been enemies ever since; **en aquel ~** at that time; **en aquel ~ nos conocimos** we met at that time; **hasta ~** until then; **hasta ~, devolvemos la conexión** until then, it's back to the studio; **para ~** by then; **esperan que para ~ las obras estén finalizadas** they hope the roadworks will be finished by then; **por (aquel) ~** at that time; **por (aquel) ~ estaba soltera** she was single at the time

-3. *(después)* then; **¿una bici?, primero aprueba el curso y ~ hablamos** a bike? first pass the course and then we'll talk

-4. *(introduciendo conclusión)* then; **~ ella es la culpable** so she's to blame, then; **si no ha llegado, ~ tiene que estar en la oficina** if he hasn't arrived yet, then he must still be at the office; **si no te gusta, ~ no vayas** if you don't like it, then don't go; **~, ¿vienes o no?** are you coming or not, then?; **pero ~, ¿quién lo hizo?** well, who did it, then?

entontecer [46] *vt* **~ a alguien** to dull sb's brain; **programas que entontecen a la audiencia** programmes which rot the audience's brains *o* minds

entorchado *nm* **-1.** *(bordado)* = silk braided with gold or silver **-2.** DEP title

entornado, -a *adj (puerta, ventana)* ajar; *(ojos)* half-closed

entornar *vt (puerta)* to half-close, to leave ajar; *(ventana)* to half-close, to leave half-open; *(ojos)* to half-close; **la luz del sol le hizo ~ los ojos** the sunlight made her squint

entorno *nm* **-1.** *(ambiente)* environment, surroundings; **el ~ familiar/social** the home/social environment; **fuentes bien informadas del ~ del presidente** well-informed sources close to the president; **España y los países de su ~** Spain and her European neighbours **-2.** *(medio ambiente)* environment **-3.** INFORMÁT environment

entorpecedor, -ora *adj* obstructive

entorpecer [46] *vt* **-1.** *(dificultar) (proceso, movimientos, negociaciones)* to hinder; *(tráfico)* to slow down; **problemas de última hora entorpecen la firma del tratado** last-minute problems are holding up *o* delaying the signing of the treaty; **el viento entorpecía el ritmo de los ciclistas** the wind slowed the cyclists down; **¡estás entorpeciendo el paso!** you're getting in the way!

-2. *(debilitar) (miembros)* to numb; *(mente)* to cloud

entorpecimiento *nm* **-1.** *(dificultad) (de proceso, movimientos, negociaciones)* hindrance, delay; **aquello provocó un ~ de las negociaciones** that was a hindrance to *o* that hindered the negotiations; **el accidente provocó un ~ del tráfico** the accident slowed down the traffic **-2.** *(debilitamiento) (físico)* numbness; *(mental)* haziness

entrada *nf* **-1.** *(acción)* entry; **prohibida la ~** *(en letrero)* no entry; **hizo una ~ espectacular** she made a spectacular entrance; **la ~ del equipo en el campo fue recibida con aplausos** applause broke out when the team came out on to the pitch; **la ~ de nuevos países a la organización** the entry of new countries into the organization; **están en contra de su ~ en la organización** they're opposed to him joining the organization; **su ~ en escena fue triunfal** he made a triumphant entrance; **celebraron su ~ a *o* en la sociedad** they celebrated her admission into the society; **la ~ en funcionamiento de la nueva línea férrea** the opening of the new railway line has been postponed; **dar ~ a** to let in, to admit ❏ **~ en vigor:** hoy se cumple un año de la **~ en vigor de la ley** it is a year today since the act came into force

-2. *(lugar)* entrance; *(puerta)* doorway; *(recibidor)* entrance hall; MIN adit; **la ~ al teatro estaba llena de admiradores** the theatre entrance was packed with admirers; **se quedó esperando en la ~** she waited at the entrance; **te espero a la ~ del cine** I'll meet you outside the cinema; **~** *(en letrero)* entrance, way in ❏ **~ principal** main entrance; **~ de servicio** service entrance

-3. TEC inlet, intake; **conducto/válvula de ~** intake pipe/valve ❏ **~ de aire** air intake

-4. *(en espectáculos) (billete)* ticket; *(recaudación)* receipts, takings; **sacar una ~ (a *o* para alguien)** to buy a ticket (for sb); **los mayores de 65 años no pagan ~** people over the age of 65 don't have to pay to get in; **no hay entradas** *(en letrero)* sold out; **~ libre *o* gratuita** *(en letrero)* admission free

-5. *(público)* audience; *(en estadio)* attendance; **el campo registró menos de media ~** the stadium was less than half full

-6. *Esp (pago inicial)* down payment, deposit; **hay que pagar un millón de ~** you have to put down a million as a deposit; **dimos una ~ de dos millones** we paid a deposit of two million

-7. *(en contabilidad)* income

-8. *(en un menú)* starter

-9. *(en la frente)* **tener entradas** to have a receding hairline

-10. *(en un diccionario)* entry

-11. *(principio)* beginning, start; **la ~ del año** the beginning of the year; **de ~:** **de ~ no me gustó, pero...** at first I didn't like it, but...; **de ~ me insultó y luego me explicó sus motivos** first she insulted me, then she explained why; **me di cuenta de ~ de que algo andaba mal** I realized from the start *o* from the word go that something was wrong; **de ~ lo reconocí** I recognized him right from the start

-12. *(en fútbol)* tackle; **hacer una ~ a alguien** to tackle sb; **~ dura *o* violenta** heavy challenge; **~ en plancha** sliding tackle

-13. *(en béisbol)* inning

-14. INFORMÁT input ❏ **~ de datos** data entry, data input; **~-salida** input-output, I/O

-15. MÚS **la ~ de los violines es espectacular** violins come in very dramatically

-16. *Cuba, Méx (paliza)* beating

-17. [EXPR] *Méx, RP Fam* **dar ~ a alguien** *(flirtear)* to flirt with sb; *Méx* **de ~ por salida** *(tiempo)* for a moment; *(persona)* paid by the hour

entradilla *nf (en periódico)* lead

entrado, -a *adj* **-1.** *(periodo de tiempo)* **~ el otoño** once we're into autumn; **entrada la noche** once night has set in; **no volvieron hasta bien ~ mayo** they didn't return until well into May **-2.** *(persona)* **~ en años** elderly; **~ en carnes** portly, rather large

entrador, -ora *adj* **-1.** *Méx, Perú, Ven (animoso)* spirited, energetic **-2.** *CRica, RP (agradable)* likeable, charming **-3.** *Chile, Perú (entrometido)* meddling, meddlesome

entramado *nm* **-1.** *(de hierro, madera)* framework **-2.** *(estructura)* framework, structure; **el ~ financiero del país** the financial structure of the country **-3.** *(red)* network; **la prensa destapó un ~ de corrupción en la policía** the press uncovered a web of corruption in the police force

entramar *vt Am* **-1.** *(hilos)* to interweave **-2.** *(articular)* to shape, to form

entrambos, -as *Formal* ◇ *adj pl* both ◇ *pron pl* both
entrampado, -a *adj Fam (endeudado)* **estar ~** to be up to one's neck in debt
entrampar ◇ *vt* **-1.** *Fam (endeudar)* to burden with debts **-2.** *(animal)* to trap, to snare **-3.** *(engañar)* to deceive, to trick **-4.** *Fam (enredar)* to make a mess of
◆ **entramparse** *vpr Fam (endeudarse)* to get into debt
entrante ◇ *adj* **-1.** *(año, mes, semana)* coming; *Méx (día)* next; **el año/mes ~** next year/month **-2.** *(presidente, gobierno)* incoming; **el presidente/gobierno ~** the incoming president/government
◇ *nm* **-1.** *Esp (plato)* starter; **¿qué tienen de entrantes?** what starters do you have? **-2.** *(hueco)* recess **-3.** *(en tierra, mar)* inlet
entraña *nf RP* skirt; **churrasco de ~** grilled skirt steak
entrañable *adj* **-1.** *(querido) (persona)* dear; *(amigo)* very dear; **es un anciano ~** he's a dear *o* lovely old man **-2.** *(cariño, amistad)* warm; *(recuerdo)* fond; **tengo un ~ recuerdo de aquel país** I have very fond memories of that country; **recibió un ~ homenaje de sus compañeros de trabajo** he received a warm tribute from his workmates
entrañar *vt* to involve
entrañas *nfpl* **-1.** *(vísceras)* entrails, insides; EXPR **arrancar a alguien las ~** to break sb's heart; EXPR *Fam* **echar (hasta) las ~** *(vomitar)* to puke *o* throw one's guts up; EXPR **no tener ~** to be heartless; **¿es que no tienes ~?** do you have no feelings?, are you made of stone? **-2.** *(centro)* heart; **en las ~ de la cueva/selva** in the depths of the cave/forest; **las ~ de la Tierra** the bowels of the earth
entrar ◇ *vi* **-1.** *(introducirse) (viniendo)* to enter, to come in; *(yendo)* to enter, to go in; **déjame ~** let me in; **~ en algo** to enter sth, to come/go into sth; **acababa de ~ en casa cuando...** she had just got back home *o* got into the house when...; **lo vi ~ en el restaurante** I saw him go into the restaurant; **entré por la ventana** I got in through the window; **no tiene edad para ~ en discotecas** she's not old enough to go to discos; **entró a toda velocidad** he rushed in; **entra al campo Rubio en sustitución de un compañero** Rubio is coming on for his teammate
-2. *(penetrar)* to go in; **cierra la puerta, entra mucho viento** close the door, you're letting the wind in; **este disquete no entra en la disquetera** this disk won't go into the disk drive
-3. *(caber)* to fit (**en** in); **esta llave no entra en la cerradura** this key won't fit in the lock; **en esta habitación entran dos alfombras** there's room for two rugs in this room; **este anillo no me entra** I can't get this ring on my finger; **el pie no me entra en el zapato** I can't get this shoe on
-4. *(incorporarse)* **~ (en algo)** *(colegio, empresa)* to start (at sth); *(club, partido político)* to join (sth); **entró en la universidad a los dieciocho años** he went to university when he was eighteen; **~ en la Unión Europea** to join the European Union; **entró a trabajar de ayudante** he started off as an assistant
-5. *(empezar)* **entramos a las nueve** we start at nine o'clock; **~ a hacer algo** to start doing sth; **entró a trabajar hace un mes** she started work a month ago; *RP Fam* **cuando me lo dijo, entré a atar cabos** when he told me, I started putting two and two together; *RP Fam* **cuando entró a pensar en el asunto, ya era demasiado tarde** by the time he began thinking about the matter, it was already too late
-6. *(participar)* to join in; **~ en** *(discusión, polémica)* to join in; *(negocio)* to get in on; **no entremos en cuestiones morales** let's not get involved in moral issues; **no tuvo tiempo de ~ en juego** she didn't have time to get into the game; **yo ahí ni entro ni salgo** it has nothing to do with me; **yo no entro en temas políticos porque no entiendo** I don't discuss politics because I don't understand it
-7. *(estar incluido)* **~ en, ~ dentro de** to be included in; **la cena entra en el precio** dinner is included in the price; **¿cuántos entran en un kilo?** how many do you get to the kilo?; **¿esto entra en *o* para el examen?** does this come into the exam?
-8. *(figurar)* **entro en el grupo de los disconformes** I number among the dissidents; **este retraso no entraba en nuestros planes** this delay did not form part of our plans
-9. *(estado físico, de ánimo)* **le entraron ganas de hablar** he suddenly felt like talking; **me entran ganas de ponerme a cantar** I've got an urge to start singing; **me está entrando frío/sueño** I'm getting cold/sleepy; **me entró mucha pena** I was filled with pity; **entró en calor rápidamente** she soon warmed up *o* got warm; **me entran sudores sólo de pensarlo** it makes me break out in a cold sweat just thinking about it; **me entró la risa** I got the giggles
-10. *(periodo de tiempo)* to start; **el verano entra el 21 de junio** summer starts on 21 June; **~ en** *(edad, vejez)* to reach; *(año nuevo)* to start; **entramos en una nueva era de cooperación** we are entering a new era of cooperation
-11. *(concepto, asignatura)* **no le entra la geometría** he can't get the hang of geometry; **no le entra en la cabeza que eso no se hace** he can't seem to get it into his head that that sort of behaviour is out
-12. AUT to engage; **no entra la tercera** it won't go into third gear
-13. MÚS to come in; **ahora entra la sección de viento** now the wind section comes in
-14. TAUROM to charge; **~ al engaño** to charge the cape
-15. *Fam (comida, bebida)* to go down; **¡qué bien entra este vino!** this wine goes down a treat!; **no, gracias, no me entra más** no thanks, I couldn't take any more
◇ *vt* **-1.** *(introducir) (trayendo)* to bring in; *(llevando)* to take in; **entra la ropa antes de que se moje** take *o* bring the washing in before it gets wet; **entra las herramientas en el cobertizo y vamos a pasear** put the tools in the shed and we'll go for a walk; **¿por dónde entraremos el piano?** where are we going to get the piano in?; **entran tabaco de contrabando** they bring in contraband tobacco, they smuggle tobacco
-2. *(acometer)* to approach; **a ése no hay por donde entrarle** it's impossible to know how to approach him; **hay un chico que le gusta, pero no sabe cómo entrarle** there's a boy she fancies, but she doesn't know how to get talking to him
-3. *(en fútbol)* to tackle; **entró al contrario con violencia** he made a heavy challenge on his opponent; **~ en falta a alguien** to commit a foul on sb
entre ◇ *prep* **-1.** *(en medio de dos)* between; **está ~ mi casa y la suya** it's between my house and hers, it's on the way from my house to hers; **~ las diez y las once** between ten and eleven o'clock; **~ 1939 y 1945** between 1939 and 1945, from 1939 to 1945; **~ paréntesis** in brackets; **no abre ~ semana** it doesn't open during the week; **no hay punto de comparación ~ la ciudad y el campo** there's no comparison between the city and the countryside; **la diferencia entre tú y yo es que...** the difference between you and me is that...; **era un color ~ verde y azul** the colour was somewhere between green and blue; **su estado de ánimo estaba ~ la alegría y la emoción** his state of mind was somewhere between *o* was a mixture of joy and excitement; **se encuentra ~ la vida y la muerte** she is fighting for her life; **~ nosotros** *(en confianza)* between you and me, between ourselves; **que quede esto ~ tú y yo** this is between you and me; **dudo ~ ir o quedarme** I don't know *o* can't decide whether to go or to stay; **~ una(s) cosa(s) y otra(s)...** what with one thing and another...; **no tuve tiempo de llamarte ~ unas cosas y otras** between one thing and another I didn't have time to phone you
-2. *(en medio de muchos)* among, amongst; **estaba ~ los asistentes** she was among those present; **~ los celtas se solía...** the Celts used to...; **~ los médicos se considera que...** most doctors believe that...; **lo hicieron ~ tres amigos** the three friends did it between them; **~ todos estoy seguro de que lo conseguiremos** I'm sure we'll manage to do it between us; **es el favorito ~ los expertos** the experts have him as the favourite; **estuvo ~ los mejores** he was one of *o* amongst the best; **no temas, estás ~ amigos** don't be afraid, you're amongst friends; **desapareció ~ la multitud** she disappeared into the crowd; **apareció de ~ el humo** it emerged from the smoke; **~ hombres y mujeres somos más de cien** there are over a hundred of us, men and women together; **me regaló, ~ otras cosas, una botella de whisky** she gave me several things, including a bottle of whisky; **tu principal defecto, ~ otros, es que...** your main defect, amongst others, is that...; **lo encontré ~ mis papeles** I found it amongst my papers; **~ sí** amongst themselves; **discutían ~ sí** they were arguing with each other
-3. *(en divisiones)* **divide veinte ~ cuatro** divide twenty by four; **ocho ~ dos cuatro** eight divided by two is four
◇ **entre que** *loc conj Fam (mientras)* **~ que se levanta y se arregla, se le va media mañana** it takes her half the morning just to get up and get ready
◇ **entre tanto** *loc adv (mientras tanto)* meanwhile; **haz las camas, ~ tanto, yo lavo los platos** you make the beds, in the meantime, I'll do the washing up
◇ **entre más** *loc adv Andes, CAm, Méx (cuanto más)* the more; **~ más duerme, más cansado se siente** the more she sleeps, the more tired she feels
entreabierto, -a ◇ *participio ver* **entreabrir**
◇ *adj (puerta)* half-open, ajar; *(ventana, ojos, boca)* half-open; **dejó la puerta entreabierta** he left the door half-open *o* ajar
entreabrir *vt (puerta)* to half-open, to leave ajar; *(ventana, ojos, boca)* to half-open
entreacto *nm* interval; **en el ~** during the interval
entrecano, -a *adj (cabello, barba, persona) Br* greying, *US* graying
entrecasa *nf Am* **estar de ~** to be casually dressed; **un batón de ~** a housecoat; **amo los guisos de ~** I love home cooking
entrecejo *nm* = space between the eyebrows; **arrugar** *o* **fruncir el ~** to frown
entrecerrado, -a *adj (puerta, ventana)* half-shut; *(ojos)* half-shut
entrecerrar [3] *vt (puerta)* to half-close, to leave ajar; *(ventana)* to half-close; **~ los ojos** to squint
entrechocar [59] ◇ *vt (espadas)* to clash; *(vasos)* to clink
◇ *vi (dientes)* to chatter
◆ **entrechocarse** *vpr (dientes)* to chatter
entrecomillado, -a ◇ *adj* in quotation marks
◇ *nm* text in quotation marks
entrecomillar *vt* to put in quotation marks
entrecoro *nm* chancel
entrecortadamente *adv (hablar)* falteringly; *(respirar)* with difficulty; *(escucharse, recibirse)* intermittently
entrecortado, -a *adj (voz, habla)* faltering; *(respiración)* laboured; *(señal, sonido, comunicación)* intermittent; **se oía su llanto ~** you could hear her choking sobs
entrecortar *vt* ◇ **-1.** *(cortar)* to cut into, to cut partially **-2.** *(interrumpir)* to interrupt, to cut off
◆ **entrecortarse** *vpr (voz)* to falter; *(respiración)* to become laboured; *(señal,*

sonido, comunicación) to become intermittent; **se le entrecortaba la voz de la emoción** her voice was choked with emotion

entrecot *(pl* **entrecots** *o* **entrecotes)** *nm* entrecôte

entrecruzado, -a *adj* interwoven; **varias historias entrecruzadas** several interconnected stories

◆ **entrecruzarse** *vpr (líneas, carreteras, destinos)* to interweave

entrecubiertas *nfpl* NÁUT between-decks

entredicho *nm* **-1.** *(duda)* **estar** *o* **quedar en ~** to be in doubt; **la credibilidad del gobierno está/ha quedado en ~** the credibility of the government is in/has been brought into doubt; **poner en ~** to question, to call into question; **puso en ~ la calidad de mi trabajo** he called into question the quality of my work
-2. REL interdict
-3. *CSur (conflicto)* argument; **tuvieron un ~ hace diez años y nunca más se hablaron** they fell out ten years ago and haven't spoken since

entredoble *adj (tejido)* of medium thickness

entredós *(pl* **entredoses)** *nm* **-1.** *(en costura)* insert, panel **-2.** *(armario)* dresser

entreforro *nm* interlining

entrega *nf* **-1.** *(acto de entregar)* handing over, handover; *(de pedido, paquete)* delivery; *(de premios)* presentation; **la ~ de rehenes/de un rescate** the handover of hostages/ransom money; **el acto de ~ de los Premios Nobel** the Nobel Prize award ceremony; **no acudió a la ~ de premios** he didn't attend the prizegiving ceremony; **hacer ~ de algo a alguien** to hand sth over to sb; **se le hizo ~ de una placa conmemorativa** she was presented with a commemorative plaque; **hará ~ de las medallas el presidente del COI** the president of the IOC will hand out *o* present the medals; **pagadero a la ~** payable on delivery ❏ **~ a domicilio** home delivery; **servicio de ~ a domicilio** delivery service; **~ de llaves:** **el resto a pagar con la ~ de llaves** the balance to be paid when the keys are handed over; **~ urgente** express delivery
-2. *(dedicación)* devotion (**a** to); **médicos que trabajan con gran ~** doctors who work with great dedication
-3. *(fascículo)* instalment; **por entregas** in instalments; **publicar por entregas** to serialize
-4. *(capítulo de serial, teleserie)* episode; **en nuestra anterior ~...** in our previous episode...
-5. *(envío, partida)* delivery; **nos enviaron el pedido en dos entregas** they sent us the order in two deliveries *o* shipments
-6. DEP pass
-7. ~ inicial *(pago inicial)* down payment, deposit

entregado, -a *adj* **-1.** *(dedicado)* dedicated (**a** to); **vive ~ a su trabajo** he lives for his work; **gentes entregadas al vicio y a la depravación** people given over to vice and depravity; **toda una carrera entregada a la investigación médica** a lifetime's work devoted to medical research
-2. *(entusiasmado)* enthusiastic; **la estrella actuó ante un público ~** the star performed in front of an enthusiastic audience
-3. *RP (resignado)* resigned; **durante un tiempo trató de cambiar la situación, pero ahora ya está ~** for a while he tried to change the situation, but now he's given up

entregar [38] ◇ *vt* **-1.** *(dar)* to hand over, to give; *(premio, medalla, diploma)* to present, to hand out; **exigen que se les entregue un rescate** they demand that a ransom be handed over; **me entregó las llaves de la habitación y se fue** she gave me the keys to the room and left; **me entregaron un libro para que se lo diera a mi hermano** they gave me a book for my brother; **le entregaron las llaves de la ciudad** they handed over the keys to the city to him; **el presidente entregó los premios a los ganadores** the president handed out *o* presented the prizes to the winners; **al final del curso te entregan un diploma** you're given a diploma at the end of the course
-2. *(pedido, paquete, correspondencia)* to deliver; *(examen, informe, solicitud)* to hand in; **una carta certificada hay que entregarla en mano** a registered letter must be delivered to the addressee in person
-3. *(ceder) (ciudad, posesiones)* to surrender; *(armas)* to hand over, to surrender; **entregó el poder a su hermano** he handed over power to his brother; **con cinco goles en contra, entregaron el partido** five goals down, they threw in the towel; EXPR **Ven Fam ~ los papeles** *(rendirse)* to throw in the towel; *(morir)* to kick the bucket
-4. *(persona)* to turn over; **entregó al ladrón a la policía** she turned the thief over to the police; **no entregarán a los rehenes hasta que no reciban el rescate** they won't turn over *o* release the hostages until they receive the ransom
-5. *(dedicar)* to devote; **ha entregado su vida a la lucha por el desarme** she has devoted her life to fighting for disarmament
-6. *RP Fam (crimen)* **ese asalto lo entregó algún empleado del banco** that robbery was an inside job; **desvalijaron el apartamento de arriba, para mí que lo entregó el portero** they cleaned out the apartment above, I think the *Br* caretaker *o US* superintendent was in on it

◆ **entregarse** *vpr* **-1.** *(rendirse)* to give oneself up; **el secuestrador se entregó sin oponer resistencia** the hijacker gave himself up without a struggle; **se fue a ~ a la policía** he turned himself in (to the police)
-2. entregarse a *(persona, trabajo)* to devote oneself to; *(vicio, pasión)* to give oneself over to; **se entrega por completo a su trabajo** she's totally devoted to her work; **se ha entregado a la bebida** he's given himself over to drink

entreguerras: de entreguerras *loc adj* periodo/literatura **de ~** time/literature between the wars

entreguismo *nm* defeatism; **una oposición sin entreguismos al liberalismo económico** an uncompromising opposition to economic liberalism

entreguista *adj* defeatist

entrejuntar *vt (en carpintería)* to assemble, to joint

entrelazamiento *nm* INFORMÁT interleaving

entrelazar [14] ◇ *vt (dedos)* to interlace; *(líneas, trazos)* to intertwine; *(hilos, cintas)* to interweave; *(historias, destinos, vidas)* to intertwine, to weave together; **entrelazaron sus manos** they joined hands

◆ **entrelazarse** *vpr (líneas, trazos)* to be intertwined; *(hilos, cintas)* to be interwoven; *(historias, destinos, vidas)* to intersect, to be intertwined

entrelínea *nf* IMPRENTA leading, space between lines

entremedias, entremedio *adv* **-1.** *(en el espacio)* in between; **yo estaba sentado ~ (de los dos)** I was sitting in between (the two of them); **había un barullo de gente, y ~ había policías** there was a confused mass of people and some police in among them
-2. *(en el tiempo)* in between; **nos tomamos un café** we had a coffee in between

entremés *(pl* **entremeses)** *nm* **-1.** *(plato frío)* **entremeses** hors d'oeuvres **-2.** *(pieza teatral)* = short, amusing one-act play

entremeter ◇ *vt* to insert, to put in

◆ **entremeterse** *vpr (inmiscuirse)* to interfere, to meddle (**en** in)

entremetido, -a ◇ *adj* interfering
◇ *nm,f* meddler

entremezclar ◇ *vt* to mix up

◆ **entremezclarse** *vpr* to mix

entrenador, -ora *nm,f* **-1.** *(deportivo) (preparador)* coach; *(director técnico)* manager **-2.** *(de animales, pilotos)* trainer

entrenamiento *nm* **-1.** *(adiestramiento, preparación)* training, coaching; **el campo de ~** the training ground **-2.** *(sesión de ejercicios)* training session

entrenar ◇ *vt* **-1.** *(deportistas)* to train **-2.** *(animales, soldados)* to train
◇ *vi* **-1.** *(deportistas)* to train **-2.** *(soldados)* to train

◆ **entrenarse** *vpr* **-1.** *(deportistas)* to train (**para** for) **-2.** *(soldados)* to train (**para** for)

entreno *nm* DEP training

entreoír [44] *vt* to half-hear

entrepaño *nm* **-1.** ARQUIT bay **-2.** *(estante)* shelf **-3.** *(de puerta)* panel

entrepierna *nf* **-1.** *(zona) (del cuerpo humano)* crotch; *(del pantalón)* inside leg; EXPR **muy Fam pasarse algo por la ~** to piss on sth from a great height **-2.** *Chile (traje de baño)* bathing *o* swimming trunks

entrepiso *nm* ARQUIT mezzanine

entrépito, -a *adj Ven Fam* meddling, interfering

entreplanta *nf* mezzanine

entresacar [59] *vt* **-1.** *(escoger)* to pick out **-2.** *(en peluquería)* to thin out

entresijo *nm* ◇ ANAT mesentery
◇ **entresijos** *nmpl (detalles)* ins and outs; **tener muchos entresijos** *(dificultades)* to be very complicated; *(persona)* to be a dark horse

entresuelo *nm* **-1.** *(en edificio)* mezzanine **-2.** *(en cine)* balcony; *(en teatro)* dress circle

entretanto ◇ *adv* meanwhile; **~, yo lavo los platos** in the meantime, I'll do the washing up
◇ *nm* **en el ~** in the meantime

entretecho *nm Arg, Chile, Col, Méx* loft, attic

entretejer *vt* **-1.** *(hilos)* to interweave **-2.** *(enlazar)* to interlace **-3.** *(incluir)* to insert, to put in; **~ citas con el texto** to insert quotations throughout the text

entretela *nf* **-1.** *(de ropa)* inner lining **-2.** *(de persona)* **Granada de mis entretelas** my beloved Granada; **se me rompen las entretelas de sólo pensarlo** just thinking about it breaks my heart

entretención *nf Chile* entertainment

entretener [65] ◇ *vt* **-1.** *(despistar)* to distract; **no me entretengas** don't distract me
-2. *(retrasar)* to hold up, to keep; **no te entretengo más** I won't keep you any longer
-3. *(divertir)* to entertain; **el libro lo entretuvo toda la mañana** the book kept him amused all morning; **escuchar la radio es lo que más me entretiene** listening to the radio is what I most enjoy doing
-4. *(hacer llevadero)* to while away; **entretuvo la espera leyendo una revista** while waiting she whiled away the time reading a magazine
-5. *(mantener)* to keep alive, to sustain

◆ **entretenerse** *vpr* **-1.** *(despistarse)* to get distracted
-2. *(retrasarse)* to be held up; **no te entretengas y vuelve rápido** don't get held up on the way and come back quickly; **me entretuve hablando** *o* **en hablar con ella y perdí el tren** I got held up talking to her and I missed the train
-3. *(divertirse)* to amuse oneself; **se entretiene con cualquier cosa** he can keep himself amused with almost anything; **es mayor y ya se entretiene solo** he's older and he can keep himself amused now; **me entretenía viendo la tele** I passed the time watching TV

entretenida *nf Anticuado (amante)* mistress

entretenido, -a *adj* **-1.** *(ameno) (película, juego, actividad)* entertaining, enjoyable; *(persona)* entertaining, amusing **-2.** *(distraído, ocupado)* busy; **estar ~ con algo/haciendo algo**

entretenimiento to be busy with sth/doing sth; **necesita estar ~ con algo** she needs to be occupied with sth **-3.** *(laborioso)* time-consuming; **pelar guisantes es muy ~** shelling peas is very time-consuming

entretenimiento *nm* **-1.** *(acción)* entertainment; **lo hace por ~** he does it for fun **-2.** *(pasatiempo)* pastime; **¿cuál es su ~ preferido?** what is your favourite hobby; **coleccionar sellos le sirve de ~** stamp collecting keeps him amused **-3.** *(conservación, mantenimiento)* maintenance, upkeep

entretiempo ◇ *nm CSur* half-time
  ◇ **de entretiempo** *loc adj* **ropa de ~** spring/autumn clothes; **una chaqueta de ~** a light jacket

entretuviera *etc ver* **entretener**

entrever [70] ◇ *vt* **-1.** *(vislumbrar)* to barely make out; *(por un instante)* to glimpse; **entrevimos unas luces a lo lejos** we glimpsed some lights in the distance; **sólo pude ~ su rostro** I could barely make out his face **-2.** *(adivinar)* to see signs of; **he podido ~ cierta ironía en sus palabras** I could detect a certain irony in his words; **dejar ~ algo** *(sujeto: persona)* to hint at sth; *(sujeto: hecho)* to suggest *o* indicate sth; **dejó ~ que se volvería a presentar a las elecciones** he hinted that he would stand again as a candidate; **sus gestos dejan ~ que está arrepentido** his gestures suggest that he is sorry
  ◆ **entreverse** *vpr* **-1.** *(vislumbrarse)* to be barely visible; **el faro se entreveía en el horizonte** the lighthouse could be glimpsed *o* could just be made out on the horizon **-2.** *(adivinarse)* **se entrevé que las negociaciones serán largas** there are signs that the negotiations will take a long time; **no se entrevé una solución** there is no sign of a solution, there is no solution in sight

entreverado ◇ *adj* **-1.** *CSur (mezclado)* mixed up; **guardan toda la ropa entreverada** they keep all the clothes mixed up together **-2.** *CSur (confuso)* muddled; **su planteo es muy ~** his proposal is very muddled **-3. tocino ~** streaky bacon
  ◇ *nm Ven* = roast lamb with salt and vinegar

entreverar *CSur* ◇ *vt* to mix
  ◆ **entreverarse** *vpr* to get tangled

entrevero *nm CSur* **-1.** *(lío)* tangle, mess **-2.** *(pelea)* brawl

entreviera *etc ver* **entrever**

entrevía *nf* gauge

entrevista *nf* **-1.** *(de periodista)* interview; *(de trabajo)* interview; **hacer una ~ a alguien** to interview sb; **le hicieron una ~ en la tele** they interviewed him on TV ❑ **~ de trabajo** job interview **-2.** *(cita)* meeting; **celebrar** *o* **mantener una ~ con alguien** to hold a meeting with sb

entrevistado, -a *nm,f* interviewee; **uno de cada tres entrevistados...** *(en encuesta)* one in three people interviewed...

entrevistador, -ora *nm,f* interviewer

entrevistar ◇ *vt (para un medio de comunicación)* to interview; *(para un empleo)* to interview
  ◆ **entrevistarse** *vpr (reunirse)* to have a meeting (**con** with)

entrevisto *participio ver* **entrever**

entripado *nm RP Fam* awkward *o* nagging problem; **hablá con ella y sacate de encima ese ~** talk to her and get the problem off your shoulders

entristecer [46] ◇ *vt* to sadden, to make sad; **su muerte entristeció a todos** her death saddened everyone; **no sabes lo que me entristece oírte decir eso** you don't know how sad it makes me to hear you say that
  ◆ **entristecerse** *vpr* to become sad; **se entristeció por el resultado de las elecciones** he was saddened by the election result

entristecimiento *nm* sadness

entrometerse *vpr* to interfere, to meddle (**en** in); **tú no te entrometas, yo arreglaré esto** don't you go interfering, I'll sort this out myself; **no te entrometas donde no debes** don't interfere where you shouldn't; **no hacía más que ~ en mis asuntos** she did nothing but interfere *o* meddle in my affairs

entrometidamente *adv* intrusively

entrometido, -a ◇ *adj* interfering
  ◇ *nm,f* meddler

entrometimiento *nm* meddling

entromparse *vpr* **-1.** *Fam (emborracharse)* to get legless **-2.** *Am (enfadarse)* to get angry

entrón, -ona *adj Méx Fam* gutsy; **es más entrona que muchos hombres** she's got more guts than a lot of men; **tiene un carácter ~ y habla sin tapujos** he's gutsy by nature and doesn't mince his words

entroncamiento *nm (parentesco)* relationship, connection

entroncar [59] *vi* **-1.** *(emparentarse)* to become related (**con** to) **-2.** *(trenes)* to connect **-3.** *(relacionarse)* to be related (**con** to) **-4.** *Méx (caballos)* to mate

entronización *nf* **-1.** *(de monarca)* enthronement **-2.** *(ensalzamiento)* exaltation; **sus películas son la ~ del mal gusto** his films revel in their bad taste

entronizar [14] *vt* **-1.** *(monarca)* to enthrone **-2.** *(ensalzar)* to exalt, to praise to the skies

entronque *nm* **-1.** *(parentesco)* blood relationship **-2.** *(de vías, carreteras)* junction

entropía *nf* FÍS entropy

entubación *nf,* **entubamiento** *nm* tubing

entubado, -a *adj* MED **tener a alguien ~** to have tubes going into sb

entubar *vt* **-1.** *(río, aguas)* to pipe **-2.** MED *(enfermo)* to put tubes/a tube into

entuerto *nm* wrong, injustice; **deshacer entuertos** to right wrongs; **le tocó a él deshacer el ~** it fell to him to resolve the situation

entumecer [46] ◇ *vt* to numb
  ◆ **entumecerse** *vpr* to become numb

entumecido, -a *adj* numb

entumecimiento *nm* numbness

enturbiar ◇ *vt* **-1.** *(líquido)* to cloud; *(aire)* to make murky **-2.** *(acto, relación, situación)* to cloud, to mar
  ◆ **enturbiarse** *vpr* **-1.** *(líquido)* to become cloudy; *(aire)* to become murky **-2.** *(acto, relación, situación)* to be marred

entusiasmado, -a *adj* excited; **estamos entusiasmados con la nueva casa** we're really excited about the new house; **aplaudieron entusiasmados** they clapped enthusiastically

entusiasmar ◇ *vt* **-1.** *(animar)* to fill with enthusiasm; **entusiasmaron al público con su actuación** their performance fired the public with enthusiasm **-2.** *(gustar)* **le entusiasma la música** he loves music; **la idea no le entusiasmó demasiado** he wasn't overly enthusiastic about the idea
  ◆ **entusiasmarse** *vpr* to get excited (**con** about); **con cualquier cosa se entusiasma** he gets excited about the slightest thing; **no te entusiasmes demasiado, que no hay nada seguro aún** don't get too excited, there's nothing settled yet

entusiasmo *nm* enthusiasm; **aplaudieron con ~** they clapped enthusiastically; **despertar ~ (en alguien)** to arouse (sb's) enthusiasm; **la noticia despertó un enorme ~** the news aroused great excitement; **pone mucho ~ en todo lo que hace** she puts a lot of enthusiasm into everything she does

entusiasta ◇ *adj* enthusiastic
  ◇ *nmf* enthusiast; **es un ~ de la jardinería** he's a keen gardener

entusiastamente *adv* enthusiastically

entusiástico, -a *adj* enthusiastic

enumeración *nf* enumeration, listing

enumerar *vt* to enumerate, to list

enunciación *nf* formulation, statement

enunciado *nm* **-1.** *(de problema, pregunta, idea)* formulation, statement **-2.** LING utterance

enunciar *vt* to formulate, to state

enunciativo, -a *adj* LING *(oración)* declarative

enuresis *nf inv* MED enuresis ❑ **~ nocturna** bed-wetting, *Espec* nocturnal enuresis

envainar *vt* **-1.** *(enfundar)* to sheathe **-2.** *Ven muy Fam (fastidiar)* to shaft; **los envainaron con un contrato falso** they shafted them with a dodgy contract; **¿de verdad te ha dicho eso?, ¡no envaines!** did he really say that to you? you can't be serious!

envalentonamiento *nm* boldness

envalentonar ◇ *vt* to urge on, to fill with courage
  ◆ **envalentonarse** *vpr* to become daring

envanecer [46] ◇ *vt* to make vain
  ◆ **envanecerse** *vpr* to become vain

envanecimiento *nm* vanity

envarado, -a ◇ *adj* stiff, formal
  ◇ *nm,f* stiff *o* formal person

envasado *nm (en cajas)* packing; *(en paquetes)* packaging, packing; *(en bolsas)* bagging; *(en latas)* canning; *(en botellas)* bottling ❑ **~ al vacío** vacuum packaging

envasador, -ora *nm,f (empaquetador)* packer; *(enlatador)* canner; *(embotellador)* bottler

envasadora *nf* **-1.** *(máquina) (para paquetes)* packaging machine; *(para latas)* canning machine; *(para botellas)* bottling machine **-2.** *(empresa) (de paquetes)* packaging plant; *(de latas)* canning plant; *(de botellas)* bottling plant

envasar *vt (en cajas)* to pack; *(en paquetes)* to package, to pack; *(en bolsas)* to bag, to put in bags; *(en latas)* to can; *(en botellas)* to bottle; **~ al vacío** to vacuum-pack

envase *nm* **-1.** *(envasado) (en cajas)* packing; *(en paquetes)* packaging, packing; *(en bolsas)* bagging; *(en latas)* canning; *(en botellas)* bottling **-2.** *(recipiente)* container; *(botella)* bottle; **envases de plástico/cartón** plastic/cardboard containers ❑ **~ desechable** disposable container; **~ no retornable** non-returnable bottle; **~ retornable** returnable bottle; **~ sin retorno** non-returnable bottle

envejecer [46] ◇ *vi* **-1.** *(persona) (hacerse viejo)* to grow old; *(parecer viejo)* to age; **los disgustos le hicieron ~** his misfortunes aged him **-2.** *(vino, licor)* to age, to mature **-3.** *(libro, novela, película)* to show its age
  ◇ *vt* **-1.** *(persona)* to age; **la muerte de su madre lo envejeció mucho** his mother's death aged him a lot; **la ropa que te pones te envejece** the clothes you wear make you look old **-2.** *(vino, licor)* to age, to mature **-3.** *(madera, mueble)* to distress
  ◆ **envejecerse** *vpr (hacerse viejo)* to grow old; *(parecer viejo)* to age

envejecido, -a *adj* **-1.** *(persona) (de edad)* old; *(de aspecto)* aged; **está muy ~** he looks very old **-2.** *(vino, licor)* aged, matured; **vino ~ en barrica de roble** wine aged *o* matured in oak casks **-3.** *(madera, mueble)* distressed

envejecimiento *nm* **-1.** *(de persona)* ageing **-2.** *(de piel)* ageing **-3.** *(de vino, licor)* ageing **-4.** *(de madera, mueble)* distressing

envejezco *etc ver* **envejecer**

envenenado, -a *adj* **-1.** *(bebida, alimento)* poisoned; **murió ~** he died from poisoning **-2.** *(comentario, mirada, lengua)* venomous

envenenador, -ora ◇ *adj* poisonous, venomous
  ◇ *nm,f* poisoner

envenenamiento *nm* **-1.** *(de persona)* poisoning **-2.** *(de relación, situación, amistad)* poisoning

envenenar ◇ *vt* **-1.** *(persona, alimento, flecha)* to poison **-2.** *(relación, situación, amistad)* to poison
  ◆ **envenenarse** *vpr* **-1.** *(tomar veneno) (a propósito)* to poison oneself; *(por accidente)* to be poisoned; **se envenenaron con setas** they ate poisonous mushrooms **-2.** *(relación)* to become bitter

envergadura *nf* **-1.** *(importancia)* size, extent; *(complejidad)* complexity; **para un negocio de esta ~ se necesita mucho dinero** a business of this size needs a lot of money;

envés

una reforma de gran ~ a large-scale reform; **políticos de poca** ~ minor politicians; **el accidente fue de tal** ~ **que hubo que cerrar el aeropuerto** the accident was so serious that the airport had to be shut down
-2. *(de ave, avión)* wingspan
-3. *(de brazos)* span
-4. *(de vela)* breadth

envés *(pl* **enveses)** *nm* **-1.** *(de hoja)* reverse (side), back **-2.** *(de tela)* wrong side

enviado, -a *nm,f* **-1.** *(diplomático)* envoy; **un** ~ **de la ONU** a UN envoy ❑ ~ **extraordinario** special envoy **-2.** *(corresponsal)* correspondent ❑ ~ **especial** special correspondent

enviar [32] *vt* **-1.** *(mandar, remitir)* to send; *(por barco)* to ship; *(por fax)* to fax; **envían la mercancía por avión** they send the goods by air; **te enviaré la información por correo electrónico** I'll e-mail the information to you, I'll send you the information by e-mail; **envíale mis saludos a tu madre** give my regards to your mother; **envió el balón al fondo de la red** he sent the ball into the back of the net
-2. *(persona)* to send; **lo enviaron de embajador** they sent him as an ambassador; **lo enviaron (a) por agua** they sent him for water; ~ **a alguien a hacer algo** to send sb to do sth; **me enviaron a negociar con vosotros** they sent me to negotiate with you

enviciar ◇ *vt* to addict, to get hooked
◆ **enviciarse** *vpr* to become addicted (**con** to)

envidia *nf* envy, jealousy; **¿pretendes darme** ~**?** are you trying to make me jealous?; **¡qué** ~ **me das al verte tan feliz con tu hijo!** it makes me really envious seeing you so happy with your son!; **tener** ~ **de algo** to envy sth; **tenía** ~ **de nuestro éxito** she was envious of our success; **tener** ~ **de** *o* **a alguien** to be envious *o* jealous of sb; **tiene** ~ **de su hermano, le tiene** ~ **a su hermano** he's jealous of his brother; **siento una** ~ **sana por él** I'm envious but I feel very happy for him; **eres la** ~ **de todas las chicas** you're the envy of all the girls; *Fam* **se lo comía la** ~ **al ver el éxito de sus rivales** he was consumed with jealousy *o* envy when he saw his rivals' success; *Fam* **morirse de** ~ to be green with envy

envidiable *adj* enviable

envidiablemente *adv* enviably

envidiar *vt* to envy; **envidio su valor** I envy him his courage; **le envidian porque tiene dinero** they're jealous of him because he has money; **será muy rico pero yo no lo envidio** he may be very rich but I don't envy him; **mi casa poco tiene que** ~ **a la tuya** my house is just as good as yours; **un joven golfista que en nada tiene que** ~ **a los grandes campeones** a young golfer who is every bit as good as the great champions

envidioso, -a ◇ *adj* envious, jealous; **no seas** ~**, que tú tienes uno igual** don't be jealous, you've got one just like it
◇ *nm,f* envious person; **ser un** ~ to be very envious

envilecedor, -ora *adj* debasing

envilecer [46] ◇ *vt* to debase
◇ *vi* to become debased
◆ **envilecerse** *vpr* to become debased

envilecimiento *nm* debasement

envinagrar *vt* to add vinegar to

envío *nm* **-1.** COM dispatch; *(de correo)* delivery; *(de víveres, mercancías)* consignment; *(de dinero)* remittance; **en el albarán figura la fecha y la hora de** ~ the date and time of delivery is stated on the delivery note; **el precio no incluye gastos de** ~ the price does not include postage and *Br* packing *o US* handling; **se hacen envíos a domicilio** *(en letrero)* we deliver **-2.** *(paquete)* package

envión *nm RP Fam* **-1.** *(empujón)* shove **-2.** *(impulso, de vehículo)* jolt; **aprovecharon el** ~ **del gol** they made good use of the boost given to them by the goal; **dar un** ~ **a algo** to give sth a boost

envite *nm* **-1.** *(en el juego)* raise **-2.** *(ofrecimiento)* offer **-3.** *(empujón)* push, shove; EXPR **al primer** ~ *(de buenas a primeras)* right away, from the outset

enviudar *vi* to be widowed

envoltorio *nm* **-1.** *(de producto)* packaging; *(de regalo)* wrapping; *(de caramelo)* wrapper **-2.** *(lío, atado)* bundle

envoltura *nf* **-1.** *(capa exterior)* covering; *(de semilla, reactor nuclear)* casing **-2.** *(de producto)* packaging; *(de regalo)* wrapping; *(de caramelo)* wrapper

envolvente *adj* **-1.** *(que envuelve)* (niebla, atmósfera, sonido) enveloping **-2.** MIL *(maniobra)* encircling

envolver [41] ◇ *vt* **-1.** *(embalar)* to wrap (up); **envuélvamelo para regalo, por favor** could you giftwrap it, please?; **¿quiere que se lo envuelva?** would you like it wrapped?; **envolvió el paquete con** *o* **en papel de embalar** she wrapped the parcel in brown paper; **envuelve al niño con** *o* **en la manta** wrap the child in the blanket
-2. *(cubrir, rodear)* to envelop, to cover; **la niebla envolvía el valle** the valley was deep in mist; **la membrana que envuelve al feto** the membrane which envelops *o* covers the foetus; **una sensación de melancolía la envolvía** a feeling of melancholy enveloped him
-3. *(enrollar)* to wind; ~ **hilo en un carrete** to wind thread onto a spool
-4. *(involucrar)* ~ **a alguien en algo** to involve sb in sth
-5. *(conllevar)* to imply; **lo que dijo no envuelve crítica alguna** what he said doesn't imply any criticism whatsoever
-6. MIL *(enemigo)* to encircle, to surround
◆ **envolverse** *vpr* **-1.** *(cubrirse)* envolverse en *o* con algo to wrap oneself in sth; **se envolvió el pelo con** *o* **en una toalla** she wrapped her hair in a towel **-2.** *(involucrarse)* envolverse en algo to get involved with sth; **se ha envuelto en un asunto de drogas** he has got involved in something to do with drugs

envuelto, -a ◇ *participio ver* **envolver**
◇ *adj* **-1.** *(embalado)* wrapped; ~ **para regalo** giftwrapped **-2.** *(rodeado)* **un edificio** ~ **en llamas** a building enveloped in flames; **el asesinato sigue** ~ **en un gran misterio** the murder is still shrouded in mystery **-3.** *(involucrado)* ~ **en algo** involved *o* implicated in sth; **se ha visto** ~ **en un escándalo de corrupción** he's been involved *o* implicated in a corruption scandal
◇ *nm Am (tortilla)* wrap

envuelvo *etc ver* **envolver**

enyesado, -a ◇ *adj* plastered
◇ *nm* plastering

enyesar *vt* **-1.** *(brazo, pierna)* to put in plaster **-2.** *(pared)* to plaster

enyetar *vt RP Fam* to jinx

enzarzar [14] ◇ *vt* to entangle, to embroil
◆ **enzarzarse** *vpr* enzarzarse en to get entangled *o* embroiled in; **se enzarzaron en un acalorado debate** they got embroiled in a heated debate; **nos enzarzamos en una pelea a puñetazos** we got involved in a punch-up

enzima *nm o nf* enzyme

enzimático, -a *adj* enzymatic

eoceno, -a GEOL ◇ *adj* Eocene
◇ *nm* **el** ~ the Eocene

eólico, -a *adj* wind; **energía eólica** wind energy

eón *nm* eon

EPA ['epa] *nf* (*abrev de* **encuesta de población activa**) = Spanish survey of economically active population

epa *interj Fam* **-1.** *CAm, Méx, Ven (¡hola!)* hi!, hello! **-2.** *(ante un imprevisto)* oops! **-3.** *Andes (¡ea!)* come on!

épale *interj Méx Fam* look out!

epatar *vt* to shock

epazote *nm* foetid goosefoot

e.p.d. *(abrev de* **en paz descanse**) RIP

epéntesis *nf inv* LING epenthesis

eperlano *nm (pez)* smelt, sparling

épica *nf (género)* epic

epiceno, -a *adj* GRAM **nombre/sustantivo** ~ epicene name/noun

epicentro *nm* epicentre

épico, -a *adj* **-1.** LIT epic **-2.** *(hazaña, victoria, esfuerzo)* epic; **fue un partido** ~ the game was an epic

epicureísmo *nm* Epicureanism

epicúreo, -a ◇ *adj* Epicurean
◇ *nm,f* Epicurean

Epicuro *n pr* Epicurus

epidemia *nf* **-1.** *(de enfermedad)* epidemic; **una** ~ **de gripe** a flu epidemic **-2.** *(de problema)* epidemic; **este problema se está convirtiendo en una verdadera** ~ the problem is reaching epidemic proportions

epidémico, -a *adj* epidemic

epidemiología *nf* MED epidemiology

epidemiológico, -a *adj* MED epidemiological

epidemiólogo, -a *nm,f* MED epidemiologist

epidérmico, -a *adj* ANAT epidermic

epidermis *nf inv* ANAT epidermis

epidural MED ◇ *adj* epidural; **anestesia** ~ epidural (anaesthetic)
◇ *nf* epidural

Epifanía *nf* REL Epiphany

epifenómeno *nm* epiphenomenon

epífisis *nf inv* ANAT *(glándula)* pineal gland

epifito, -a *adj* BOT epiphyte

epigastrio *nm* ANAT epigastrium

epiglotis *nf inv* ANAT epiglottis

epígono *nm* epigone

epígrafe *nm* **-1.** *(texto)* epigraph **-2.** *(de apartado, capítulo)* heading **-3.** *(en piedra, metal)* inscription

epigrafía *nf* epigraphy

epigrama *nm* epigram

epigramático, -a *adj* epigrammatic

epilepsia *nf* epilepsy; **le dio un ataque de** ~ he had an epileptic fit

epiléptico, -a ◇ *adj* epileptic
◇ *nm,f* epileptic

epilogar [38] *vt (resumir)* to summarize, to sum up

epílogo *nm* **-1.** *(de libro)* epilogue **-2.** *(de acto, conferencia, acontecimiento)* conclusion

episcopado *nm* **-1.** *(dignidad)* episcopate **-2.** *(territorio)* diocese, bishopric **-3.** *(mandato)* episcopate, episcopacy **-4.** *(conjunto de obispos)* episcopate

episcopal *adj* episcopal

episcopalismo *nm* REL Episcopalianism

episcopalista REL ◇ *adj* episcopalian
◇ *nmf* episcopalian

episiotomía *nf* MED episiotomy

episódico, -a *adj* episodic, episodical

episodio *nm* **-1.** *(de serie, libro)* episode; **un serial radiofónico de diez episodios** a radio series in ten episodes
-2. *(suceso)* event; **otro** ~ **más de su accidentada vida** one more chapter in his eventful life
-3. MED *(ataque)* episode; **un nuevo** ~ **de embolia pulmonar** another episode of pulmonary embolism
-4. *Fam (odisea)* palaver; **¡no te puedes imaginar qué** ~ **para salir de allí!** you can't imagine what a palaver it was to get out of there!

epistemología *nf* epistemology

epístola *nf* **-1.** *Formal (carta)* epistle **-2.** REL Epistle

epistolar *adj Formal* epistolary

epistolario *nm* collected letters

epitafio *nm* epitaph

epitelial *adj* ANAT epithelial

epitelio *nm* ANAT epithelium

epíteto *nm* **-1.** GRAM = adjective preceding the noun and usually denoting a conventional characteristic rather than a distinguishing feature **-2.** *(calificativo)* epithet; **la prensa le dedicó halagadores epítetos** the press referred to him in glowing terms

epítome *nm* summary, synopsis

EPL ◇ nf (abrev de **Esperanza Paz Libertad**) = Colombian political party
◇ nm (abrev de **Ejército Popular de Liberación**) = Colombian guerrilla group

e.p.m. (abrev de **en propia mano**) by hand

EPO ['epo] nf FARM (abrev de **eritropoyetina**) EPO

época nf -1. (periodo histórico) epoch, era; **la ~ victoriana** the Victorian era; **en la ~ de Zapata** at the time of Zapata; **en aquella ~ los dinosaurios poblaban la Tierra** at that time dinosaurs roamed the Earth; **coche de ~** vintage car; **muebles de ~** period furniture; **vestido de ~** period dress; [EXPR] **hacer ~** to become a symbol of its time; **una película/una victoria de las que hacen ~** a movie/victory that will go down in history
-2. (periodo de la vida) period; **prefiere no recordar esa ~ de su vida** he prefers not to recall that period in his life; **un Dalí de su ~ joven** an early Dali; **en aquella ~ vivíamos en Manchester** at that time we lived in Manchester; **lleva una ~ larga sin trabajar** he's been out of work for a long period; **la empresa ha pasado por una mala ~** the company has been through a bad spell
-3. (estación) season; **la ~ de las lluvias** the rainy season; **la ~ del apareamiento** the mating season
-4. GEOL age

epónimo, -a ◇ adj eponymous
◇ nm eponym

epopeya nf -1. (poema) epic -2. (género) epic -3. (hazaña) epic feat; **la ascensión de la montaña fue una auténtica ~** the ascent of the mountain was an epic feat

EPS nm INFORMÁT (abrev de **encapsulated PostScript**) EPS

épsilon nf epsilon

equidad nf fairness

equidistancia nf equidistance

equidistante adj equidistant

equidistar vi to be equidistant (**de** from)

equidna nm spiny anteater

équido, -a ◇ adj equine
◇ nm = member of the horse family

equilátero, -a adj GEOM equilateral

equilibrado, -a ◇ adj -1. (dieta) balanced; **el partido/combate fue o estuvo muy ~** the teams/fighters were very evenly matched -2. (persona) sensible, well-balanced
◇ nm (de ruedas) balancing

equilibrar ◇ vt -1. (carga, ruedas, fuerza) to balance; **~ el marcador** (en partido) to level the score, to equalize; [EXPR] **~ la balanza** (al pesar algo) to balance the scales; (para igualar fuerzas) to achieve a balance -2. (en finanzas) **~ las cuentas/el presupuesto** to balance the accounts/budget

◆ **equilibrarse** vpr -1. (piezas, ruedas, mecanismo) to balance; (enfrentamiento, partido) to even up; **con la llegada del nuevo jugador se equilibraron las fuerzas** the arrival of the new player evened things up; **el marcador se equilibró en la segunda parte** the score was levelled in the second half -2. (cuentas, presupuesto) to be balanced

equilibrio nm -1. (estabilidad) balance; FÍS equilibrium; **la balanza permanecía en ~** the scales were evenly balanced; **hay ~ de fuerzas en el parlamento** the forces are evenly balanced in the parliament; **el gobierno busca el ~ presupuestario** the government is seeking a balanced budget; **mantener algo en ~** to balance sth; **mantuvo el balón en ~ sobre un dedo** he balanced the ball on his finger; **mantener/perder el ~** to keep/lose one's balance; [EXPR] **hacer equilibrios** to perform a balancing act; **hacíamos verdaderos equilibrios para llegar a fin de mes** we performed balancing acts to reach the end of the month ❑ FÍS **~ dinámico** dynamic equilibrium; **~ ecológico** ecological balance; FÍS **~ inestable** unstable equilibrium; **~ de poder** balance of power; **~ político** balance of power; **~ químico** chemical equilibrium
-2. (contrapeso) counterbalance, counterpoise
-3. (sensatez) composure, poise ❑ **~ mental** mental equilibrium

equilibrismo nm (en trapecio) trapeze; (en cuerda) tightrope walking

equilibrista nmf (trapecista) trapeze artist; (en cuerda) tightrope walker

equilicuá interj Fam that's it!

equino, -a ◇ adj equine
◇ nm (caballo) horse

equinodermo ZOOL ◇ adj echinoderm
◇ nm (animal) echinoderm
◇ nmpl **equinodermos** (orden) echinodermata

equinoccial adj equinoctial

equinoccio nm equinox ❑ **~ de otoño** autumnal equinox; **~ de primavera** vernal equinox

equipaje nm (maletas) Br luggage, US baggage; **hacer el ~** to pack ❑ **~ de mano** hand luggage

equipal nm Méx = barrel-shaped wicker chair with leather seat and back

equipamiento nm -1. (acción) equipping -2. (sanitario, industrial, militar) equipment; (de oficina, cocina, cuarto de baño) furniture and fittings -3. (de automóvil) features, fittings ❑ **~ opcional** optional extras; **~ de serie** standard features

equipar ◇ vt -1. (persona) **~ a alguien (de** o **con)** (instrumentos, herramientas) to equip sb (with); (ropa, uniforme, calzado) to kit sb out (with); **un ejército bien equipado** a well-equipped army
-2. (edificio, institución) to equip, to provide; (barco) to fit out; (vivienda) to furnish; (local, cocina, cuarto de baño) to fit out; **el gimnasio está equipado con aparatos de última generación** the gymnasium is equipped with the latest apparatus; **un automóvil lujosamente equipado** a luxuriously fitted-out car

◆ **equiparse** vpr to equip oneself (**de** o **con** with); **se equiparon bien para la expedición** they equipped themselves well for the expedition

equiparable adj comparable (**a** o **con** to)

equiparación nf -1. (comparación) comparison -2. (igualación) **quieren lograr la ~ de su sueldo con el de los hombres** they want their pay to be on a par with men's, they want equal pay with men

equiparar ◇ vt -1. (igualar) to make equal, to put on a par (**a** o **con** to o with); **la nueva ley nos equipara a** o **con los funcionarios** the new law puts us on a par with o makes us equal with government employees -2. (comparar) to compare (**a** o **con** to o with)

◆ **equipararse** vpr (compararse) to be compared (**a** o **con** to o with)

equiparidad nf Chile, Perú equality

equipo nm -1. (de trabajadores, profesionales, voluntarios) team; **un ~ de extinción de incendios** a fire-fighting team; **trabajar en ~** to work as a team; **trabajo en ~** teamwork ❑ **~ de rescate** rescue team; **~ de salvamento** rescue team
-2. (de jugadores, atletas) team; **un ~ de rugby** a rugby team; **deportes de ~** team sports ❑ **~ local** local team; **~ visitante** visiting team
-3. (equipamiento) equipment; **un ~ de submarinismo** scuba diving equipment; **ya tiene listo el ~ de esquí** he has got his skiing gear ready now; [EXPR] Fam **caerse** o **estrellarse con todo el ~** to get it in the neck ❑ **~ de oficina** office equipment; **~ de primeros auxilios** first-aid kit; **~ quirúrgico** surgical instruments
-4. (indumentaria) (de novia) trousseau; (de soldado) kit; (de colegial) uniform; (de deportista) strip ❑ Arg **~ buzo** tracksuit
-5. (de música) system ❑ **~ de alta fidelidad** hi-fi system; **~ de música** music o sound system; **~ de sonido** sound system

equis ◇ adj X; **un número ~ de personas** x number of people
◇ nf inv -1. (letra) **la (letra) ~** (the letter) x;
-2. [EXPR] CAm, Col, Ecuad Fam **estar en la ~** (estar flaco) to be as thin as a rake -2. Esp (en quinielas) draw

equiseto nm BOT horsetail, Espec equisetum

equitación nf -1. (deporte) horse o US horseback riding, Espec equestrianism; **una escuela de ~** a riding school; **consiguió el oro en ~** he got a gold medal in equestrianism -2. (como arte) horsemanship, equestrianism

equitativamente adv fairly

equitativo, -a adj fair, even-handed

equivalencia nf equivalence; **cuadro** o **tabla de equivalencias (de medidas)** a conversion table (for measurements)

equivalente adj equivalent (**a** to)

equivaler [68] vi -1. (ser igual) to be equivalent (**a** to); **300 pies equivalen a unos 90 metros** 300 feet are equivalent to 90 metres; **un dólar equivale a 100 centavos** there are 100 cents in a dollar
-2. (significar) to amount, to be equivalent (**a** to); **aquello equivaldría a una rendición incondicional** that would amount to an unconditional surrender; **eso equivale a decir que todos los hombres son machistas** that's tantamount to saying that all men are male chauvinists

equivocación nf (error) mistake; **cometer una ~** to make a mistake; **ha debido de ser una ~** there must have been a mistake; **por ~** by mistake

equivocadamente adv mistakenly, by mistake; **ellos pensaban ~ que...** they mistakenly believed that...

equivocado, -a adj -1. (erróneo) wrong; **tomó la dirección equivocada** he went in the wrong direction -2. (persona) mistaken; **estás completamente ~** you're completely mistaken; **si crees que aquí se acaba todo, estás pero que muy ~** if you think that's the end of it, you are very much mistaken

equívocamente adv ambiguously, equivocally

equivocar [59] ◇ vt -1. (cosa) **~ algo con algo** to mistake sth for sth; **~ el camino** to take the wrong road; **equivoqué la fecha** I got the date wrong -2. (persona) **no me preguntes, que me equivocas** don't ask me questions, you'll make me go wrong

◆ **equivocarse** vpr (estar en un error) to be wrong; (cometer un error) to make a mistake; **yo creo que te equivocas** I think you're mistaken; **te equivocas si crees que me voy a asustar** you're mistaken if you think you're going to frighten me; **se equivocó al girar** she took the wrong turning; **te equivocas con tu profesor, no es tan mala persona** you're wrong about your teacher, he's not such a bad person; **se equivocó de nombre/puerta** he got the wrong name/door; **equivocarse de fecha/día** to get the date/day wrong; **te equivocaste de profesión, deberías haber sido actor** you're in the wrong profession, you should have been an actor; **equivocarse en algo** to make a mistake in sth; **¿en qué nos equivocamos con él?** where did we go wrong with him?; **se equivocó en la suma** she got the total wrong

equívoco, -a ◇ adj -1. (ambiguo) ambiguous, equivocal -2. (sospechoso) suspicious
◇ nm misunderstanding; **dar lugar a equívocos** to give rise to misunderstandings; **deshacer un ~** to clear up a misunderstanding

era[1] ver **ser**

era[2] nf (periodo) era; **la ~ postindustrial** the postindustrial era o age; **vivimos en la ~ de la informática** we are living in the computer age; **en el año 500 de nuestra ~** in 500 AD ❑ **~ atómica** atomic age; **~ cristiana** Christian era; **~ espacial** space age; **~ geológica** geological era; **~ glacial** ice age

era[3] nf (para trillar) threshing floor

erario nm funds ❑ **~ público** exchequer

Erasmo n pr Erasmus

Erasmus [e'rasmus] *nm inv* (*abrev de* **European Action Scheme for the Mobility of University Students**) Erasmus
erbio *nm* QUÍM erbium
erección *nf* **-1.** *(de órgano)* erection **-2.** *(de edificio, monumento)* construction, erection
eréctil *adj* erectile
erecto, -a *adj* erect
erector, -ora *adj* erecting
eremita *nmf* hermit
eremítico, -a *adj* hermitical, eremitic
eres *ver* ser
ergativo, -a *adj* GRAM ergative
ergio *nm* FÍS *(unidad)* erg
ergo *conj Formal* ergo
ergonomía *nf* ergonomics *(singular)*
ergonómico, -a *adj* ergonomic
ergotina *nf* ergot
ergotismo *nm* MED ergotism
erguido, -a *adj* erect, upright; **se sentaba muy ~** she sat bolt upright
erguir [28] ◇ *vt (cabeza)* to raise; *(cuerpo, espalda)* to straighten
 ◆ **erguirse** *vpr* **-1.** *(persona)* to rise up **-2.** *(edificio, montañas)* to rise; **el castillo se yergue sobre el pueblo** the castle rises above the town; **un enorme obelisco se yergue en el centro de la plaza** a huge obelisk stands in the middle of the square
erial, *nm* uncultivated land
eriazo, -a *adj Andes, Méx* waste, uncultivated
erigir [24] ◇ *vt* **-1.** *(construir)* to erect, to build **-2.** *(nombrar)* to name; **fue erigido rey de Dinamarca** he was named king of Denmark
 ◆ **erigirse** *vpr* **erigirse en** *(deliberadamente)* to set oneself up as; **se erigió en el máximo defensor del medio ambiente** he set himself up as the great champion of the environment; **con sus hazañas se erigió en héroe nacional** his exploits turned him into a national hero
erísimo *nm* hedge mustard
erisipela *nf* MED erysipelas
eritema *nm* MED skin rash, *Espec* erythema ❑ **~ solar** severe sunburn, *Espec* solar erythema
Eritrea *n* Eritrea
eritrocito *nm* erythrocyte
eritropoyetina *nf* FARM erythropoietin
Eriván *n* Yerevan
erizado, -a *adj* **-1.** *(levantado)* **se me puso el vello** *(por excitación)* the hairs on the back of my neck stood on end; *(por miedo)* my hair stood on end; *(por frío)* I got goosepimples **-2.** *(con púas, espinas)* spiky **-3.** *(lleno)* **~ de** bristling with; **una ascensión erizada de obstáculos** an ascent bristling with obstacles
erizar [14] ◇ *vt* **-1.** *(levantar)* **eso me erizó el vello** *(por excitación)* that made the hairs on the back of my neck stand on end; *(por miedo)* that made my hair stand on end; *(por frío)* that gave me goosepimples **-2.** *Am (irritar)* **ese chirrido me eriza** that screeching sets my teeth on edge
 ◆ **erizarse** *vpr* **-1.** *(levantarse)* **se me erizó el vello** *(por excitación)* the hairs on the back of my neck stood on end; *(por miedo)* my hair stood on end; *(por frío)* I got goosepimples **-2.** *(alarmarse) (persona)* to stiffen
erizo *nm* **-1.** *(mamífero)* hedgehog **-2.** *(pez)* globefish ❑ **~ de mar** sea urchin **-3.** EXPR *Méx Fam* **quedar ~: después de pagar las cuentas, quedé ~** after paying the bills I was cleaned out
ermita *nf* **-1.** *(capilla en el campo)* country chapel **-2.** *(morada del ermitaño)* hermitage
ermitaño, -a ◇ *nm,f (religioso)* hermit; **llevar una vida de ~** to live like a hermit
 ◇ *nm (cangrejo)* hermit crab
erogación *nf* **-1.** DER *(distribución)* distribution **-2.** *Am Formal (gasto)* expenditure **-3.** *Chile (donativo)* contribution
erogar [38] *vt* **-1.** DER *(distribuir)* to distribute **-2.** *Am Formal (gastar)* to spend **-3.** *Chile (donar)* to contribute
erógeno, -a *adj* erogenous; **zona erógena** erogenous zone

Eros *n* MITOL Eros
eros *nm inv* eros
erosión *nf* **-1.** *(de piedra, superficie, suelo)* erosion **-2.** *(de prestigio, derechos, relación)* erosion; *(de persona, institución)* weakening **-3.** *(herida)* abrasion, graze
erosionar ◇ *vt* **-1.** *(piedra, superficie, suelo)* to erode **-2.** *(prestigio, derechos, relación)* to erode; *(persona, institución)* to weaken
 ◆ **erosionarse** *vpr* **-1.** *(piedra, superficie, suelo)* to erode **-2.** *(prestigio, derechos, relación)* to be eroded; *(persona, institución)* to be weakened
erosivo, -a *adj* erosive
erótica *nf* **la ~ del poder** the thrill of power
erótico, -a *adj* erotic
erotismo *nm* eroticism
erotizar *vt* to eroticize
erotomanía *nf* erotomania
errabundo, -a *adj* wandering, roving
erradamente *adv* mistakenly
erradicación *nf* eradication
erradicar [59] *vt* to eradicate
errado, -a *adj* **-1.** *(tiro, golpe)* missed **-2.** *(persona, razonamiento)* mistaken; *(vocación, camino, rumbo)* wrong; *(cálculo, respuesta)* incorrect
errante *adj* wandering; **una estrella ~** a wandering star
errar [29] ◇ *vt* **-1.** *(tiro, golpe)* to miss **-2.** *(no acertar en)* **~ el cálculo/la respuesta** to get the figures/answer wrong; **~ el rumbo** to choose the wrong course; **~ la vocación** to mistake one's vocation; **le erraron con el diagnóstico** he was misdiagnosed; EXPR *RP Fam* **~ el biscochazo** to be wide of the mark
 ◇ *vi* **-1.** *(vagar) (persona, imaginación, mirada)* to wander; **erró de pueblo en pueblo** she wandered from town to town
 -2. *(equivocarse)* to make a mistake; **erró en la elección de carrera** he chose the wrong course; *RP* **errarle** to make a mistake; **le erré en las cuentas** I made a mistake in the accounts; **le erró, no le tendría que haber dicho nada** he made a mistake, he shouldn't have told him anything
 -3. *(al tirar)* to miss
errata *nf (de imprenta)* misprint; *(en manuscrito)* error
erráticamente *adv* erratically
errático, -a *adj* **-1.** *(conducta, política, decisiones)* erratic **-2.** *(errante) (rumbo)* erratic; *(vida)* itinerant **-3.** GEOL **roca errática** erratic
erre *nf* EXPR **~ que ~: le dije que no y él, ~ que ~, seguía insistiendo** I said no, and he just went on and on insisting; **ella sigue ~ que ~, que no piensa venir** she still absolutely insists that she's not going to come
erróneamente *adv* erroneously, mistakenly
erróneo, -a *adj (juicio, afirmación, decisión)* mistaken, erroneous; *(cálculo, datos)* incorrect, wrong; **sería ~ claudicar ahora** it would be a mistake to give in now
error *nm* **-1.** *(falta, equivocación)* mistake, error; **fue un ~ invitarla a la fiesta** it was a mistake to invite her to the party; **debe de haber un ~** there must be a mistake; **cometer un ~** to make a mistake; **estar en un ~** to be mistaken; **por ~** by mistake; **me enviaron la carta por ~** they sent me the letter by mistake; **sacar a alguien del ~** *o* **de su ~** to put sb right; **salvo ~ u omisión** errors and omissions excepted ❑ **~ absoluto** absolute error; **~ de bulto** huge *o* big mistake; **~ de cálculo** miscalculation; **~ de copia** clerical error; **~ no forzado** *(en tenis)* unforced error; **~ humano** human error; **~ de imprenta** misprint; **~ judicial** miscarriage of justice; **~ mecanográfico** typing error; **~ de muestreo** sampling error; **~ relativo** relative error; INFORMÁT **~ de sintaxis** syntax error; **~ típico** standard error; **~ tipográfico** typo, typographical error; **~ de traducción** translation error
 -2. INFORMÁT *(en un programa)* bug
ertzaina [er'tʃaina] *nmf Esp* = member of Basque regional police force

Ertzaintza [er'tʃaintʃa] *nf Esp* = Basque regional police force
eructar *vi* to belch
eructo *nm* belch; **soltar un ~** to let out a belch
erudición *nf* erudition
eruditamente *adv* eruditely
erudito, -a ◇ *adj* erudite
 ◇ *nm,f* scholar; **un ~ en la materia** an expert on the subject
erupción *nf* **-1.** *(de volcán)* eruption; **en ~** erupting; **entrar en ~** to erupt **-2.** MED **(cutánea)** rash; **le salió una ~** she came out in a rash
eruptivo, -a *adj (roca)* volcanic; *(volcán)* active
E/S INFORMÁT *(abrev de* **entrada/salida**) I/O
es *ver* ser
ESA ['esa] *nf (abrev de* **European Space Agency**) ESA
esa *ver* ese
ésa *ver* ése
esbeltez *nf* slenderness, slimness
esbelto, -a *adj* **-1.** *(persona, figura)* slender, slim **-2.** *Literario (columna, torre, árbol)* slender
esbirro *nm (matón)* henchman, thug
esbozar [14] *vt* **-1.** *(dibujo, plano)* to sketch, to outline **-2.** *(directrices, tema, plan)* to outline **-3.** *(gesto)* **~ una sonrisa** to give a hint of a smile
esbozo *nm* **-1.** *(de dibujo, plano)* sketch, outline **-2.** *(de directrices, tema, plan)* outline **-3.** *(de gesto, sonrisa)* hint
escabechado, -a CULIN ◇ *adj* pickled *(in oil, vinegar and bay leaves)*
 ◇ *nm* = pickling liquid made of oil and vinegar, flavoured with bay leaves
escabechar *vt* **-1.** CULIN to pickle *(in oil, vinegar and bay leaves)* **-2.** *Fam (matar)* to bump off
escabeche *nm* CULIN = pickling liquid made of oil and vinegar, flavoured with bay leaves
escabechina *nf Fam* **-1.** *(matanza)* massacre, slaughter; **el asalto de la policía al avión fue una ~ total** when the police stormed the plane it ended in a complete bloodbath; **me hice una ~ afeitándome** I really hacked myself about when I was shaving **-2.** *Esp (en examen)* **el examen final fue una ~** a lot of people came to grief in the final exam
escabel *nm* **-1.** *(para pies)* footstool **-2.** *(asiento)* stool
escabro *nm* BOT scaly bark
escabrosamente *adv* luridly
escabrosidad *nf* **-1.** *(de terreno, superficie)* roughness, ruggedness **-2.** *(de tema)* unpleasantness; *(de detalles)* luridness **-3.** *(de algo difícil)* awkwardness
escabroso, -a *adj* **-1.** *(abrupto)* rough **-2.** *(por obsceno) (tema)* unpleasant; *(detalles)* lurid; **contiene imágenes bastante escabrosas** it contains some fairly crude images **-3.** *(difícil)* awkward, thorny
escabullirse *vpr* **-1.** *(con disimulo)* to slip off *o* away; **siempre que hay trabajo se escabulle** he always slips off *o* away when there's work to be done; **se escabulleron de la sala** they slipped out of the hall **-2.** *(escaparse)* **el atracador consiguió ~** the mugger managed to make his getaway; **se me escabulló** he slipped out of my hands
escacharrado, -a *adj Esp Fam* bust, *Br* knackered
escacharrar *Esp Fam* ◇ *vt* to bust, *Br* to knacker
 ◆ **escacharrarse** *vpr Br* to get knackered, *US* to bust
escachar *vt Fam* to squash
escafandra *nf* diving suit ❑ **~ espacial** space suit
escafandrista *nmf* diver
escafoides ANAT ◇ *adj* scaphoid
 ◇ *nm inv* scaphoid bone
escala *nf* **-1.** *(para medir, ordenar)* scale; *(de colores)* range; *(de cargos militares)* scale of ranks; **subió varios puestos en la ~ social** he climbed several rungs of the social

escalabrar

ladder ▫ ~ *Celsius* Celsius (temperature) scale; ~ *centígrada* Celsius scale; ~ *Fahrenheit* Fahrenheit scale; INFORMÁT ~ **de grises** grayscale; ~ *Kelvin* Kelvin scale; MAT ~ *logarítmica* logarithmic scale; ~ **de popularidad** popularity stakes; ~ **de Richter** Richter scale; ~ **salarial** salary scale; ~ **de valores** set of values
-2. *(de dibujo, mapa)* scale; **un mapa a ~ 1/3000 a 1/3000** scale map; **una reproducción a ~** a scale model; **un dibujo a ~ natural** a life-size drawing
-3. *(de trabajo, plan, idea)* scale; **pretenden crear una casa de discos a ~ reducida** they aim to set up a small-scale record company; **a ~ nacional/mundial** on a national/worldwide scale; **una ofensiva a gran ~** a full-scale offensive
-4. MÚS scale; **la ~ musical** the musical scale ▫ ~ *cromática* chromatic scale; ~ *diatónica* diatonic scale
-5. *(en un vuelo)* stopover; *(en un crucero)* port of call; **un vuelo a Estambul con ~ en Roma** a flight to Istanbul with a stopover in Rome; **hacer ~ (en)** to stop over (in); **sin ~** non-stop; **un vuelo sin escalas** a non-stop flight ▫ ~ **de repostaje** refuelling stop; ~ **técnica** refuelling stop; **haremos ~ técnica en Londres** we will make a refuelling stop in London
-6. *(escalera)* ladder ▫ NÁUT ~ **de cuerda** rope ladder; NÁUT ~ **de viento** rope ladder

escalabrar = descalabrar

escalada nf -1. *(a montaña)* climb; **la difícil ~ al Aconcagua** the difficult ascent of Aconcagua ▫ ~ *artificial* artificial climbing; ~ *libre* free climbing; ~ **en roca** rock climbing -2. *(de violencia, precios)* escalation, rise (**de** in); **se produjo una ~ de violencia/precios** there was an escalation in violence/prices

escalador, -ora ◇ nm,f *(montañero)* climber -2. *(ciclista)* climber
◇ nm ~ *mecánico* step machine

escalafón nm scale, ladder; **ascendió rápidamente en el ~** she gained promotion quickly; **ascendió dos puestos en el ~ de la empresa** he rose two places on the company promotion ladder

escálamo nm NÁUT tholepin

escalar ◇ vt -1. *(montaña, pared)* to climb -2. *(en jerarquía, lista, ranking)* to climb; **ha escalado varios puestos en el ranking de la ATP** he has risen several places in the ATP ranking
◇ vi -1. *(por montaña, pared)* to climb -2. *(en jerarquía, lista, ranking)* to rise

escaldado, -a adj -1. CULIN scalded -2. Fam *(receloso)* wary

escaldadura nf -1. *(quemadura)* scald -2. *(acción)* scalding

escaldar ◇ vt -1. *(sujeto: agua, vapor)* to scald -2. CULIN to scald -3. *(abrasar)* to turn red-hot
♦ **escaldarse** vpr *(con agua, vapor)* to scald oneself

escaleno adj GEOM scalene

escalera nf -1. *(en edificio)* stairs, staircase; ~ **(de mano)** ladder; **me crucé con ellos en la ~** I passed them on the stairs; **se cayó por el hueco de la ~** she fell down the stairwell; **salió corriendo escaleras abajo/arriba** he rushed down/up the stairs; **antes que eso prefiero estar por ahí limpiando escaleras** I'd sooner clean stairs than do that ▫ ~ *automática* escalator; ~ **de caracol** spiral staircase; ~ **de emergencia** emergency stairs; ~ **de incendios** fire escape; ~ *mecánica* escalator, moving staircase; ~ **de servicio** service stairs; ~ **de tijera** stepladder
-2. *(en naipes)* run ▫ ~ **de color** straight flush; ~ *real* royal flush

escalerilla nf -1. *(de avión)* stairs -2. *(de barco)* gangway

escaléxtric nm Fam spaghetti junction

escalfado, -a adj *(huevo)* poached

escalfar vt to poach

escalinata nf staircase

escalofriante adj spine-chilling

escalofrío nm shiver; **dar escalofríos a alguien** to give sb the shivers; **cuando lo pienso, me dan escalofríos** it gives me the shivers when I think about it; **tener escalofríos** to be shivering; **me entraron escalofríos** I started shivering

escalón nm -1. *(de escalera)* *(peldaño)* step; *(barra, travesaño)* rung -2. *(en el terreno)* terrace -3. *(categoría, nivel)* grade; **ha ascendido varios escalones** he has risen several places up the ladder

escalona nf shallot

escalonadamente adv in stages

escalonado, -a adj -1. *(en el tiempo)* staggered, phased; **una retirada escalonada de las tropas de ocupación** a staggered o phased withdrawal of the occupying troops -2. *(terreno)* terraced; *(pirámide)* stepped

escalonar vt -1. *(en el tiempo)* to stagger, to phase -2. *(terreno)* to terrace

escalope, Am **escalopa** nm escalope; ~ **de ternera** veal escalope

escalpelo nm scalpel

escama nf -1. *(de peces, reptiles)* scale -2. *(de piel)* flake -3. *(de jabón)* flake

escamado, -a adj Fam suspicious, wary

escamar ◇ vt -1. *(pescado)* to scale -2. Fam *(causar recelo a)* to make suspicious
♦ **escamarse** vpr Fam to smell a rat, to get suspicious

escamoso, -a adj -1. *(pez, reptil)* scaly -2. *(piel)* flaky, scaly

escamotear vt -1. *(ocultar)* to keep secret; **la prensa escamoteó información a la opinión pública** the press concealed information from the public; **el gobierno ha escamoteado los resultados de la encuesta** the government has suppressed the results of the survey
-2. Fam *(hurtar)* ~ **algo a alguien** to rob sb of sth; **mi hermano me escamoteó la calculadora** my brother swiped my calculator
-3. *(hacer desaparecer)* to (cause to) vanish

escamoteo nm -1. *(ocultación)* concealment; **el ~ de un informe** the suppression of a report -2. Fam *(hurto)* stealing -3. *(destreza)* sleight of hand

escampada nf Fam break (in the rain)

escampar v impersonal to clear up, to stop raining; **saldremos cuando escampe** we'll go out when it clears up

escanciador, -ora nm,f *(de sidra)* = person who serves cider, pouring it from a great height; *(de vino)* wine waiter

escanciar vt to serve, to pour out

escandalizar [14] ◇ vt to scandalize, to shock; **logra ~ a todos con las cosas que dice** he manages to shock everyone with the things he says; **casos de corrupción que escandalizan a la opinión pública** cases of corruption which scandalize o shock public opinion
◇ vi *(alborotar)* to make a fuss
♦ **escandalizarse** vpr to be shocked (**de** o **por** at o by); **se escandaliza por cualquier cosa** she is easily shocked; **no sé de qué se escandalizan tanto** I don't know what it is they find so shocking; **la gente se escandaliza al ver cómo suben los precios** people are shocked when they see how prices are rising

escandallar vt NÁUT to sound

escandallo nm NÁUT sounding lead

escándalo ◇ nm -1. *(hecho inmoral)* scandal; *(indignación)* outrage; **un ~ de corrupción política** a political corruption scandal; **hubo ~ generalizado entre la opinión pública** there was widespread indignation among public opinion; **¡esto es un ~!, quiero que me devuelvan el dinero** this is outrageous! I want my money back; **los sueldos de los políticos son un ~** o **de ~** politicians' salaries are a scandal o a disgrace; **sus declaraciones causaron ~** her statements caused a great scandal ▫ DER ~ *público* public indecency; ~ *sexual* sex scandal
-2. *(alboroto)* uproar, racket; **¡dejen ya de armar tanto ~!** stop making such a racket!; **armar un ~** to kick up a fuss; **menudo ~ armó al enterarse** she made quite a scene when she found out
◇ **de escándalo** loc adj Fam -1. *(enorme)* enormous; **una goleada de ~** a real hammering -2. *(asombroso)* astonishing; **precios de auténtico ~** really amazing prices

escandalosa nf NÁUT topsail, gaff

escandalosamente adv -1. *(actuar, vestir)* outrageously, scandalously; *(vestir)* outrageously -2. *(gritar, hablar)* noisily; *(reír)* uproariously

escandaloso, -a ◇ adj -1. *(inmoral)* outrageous, shocking; **se vio envuelto en un asunto ~** he got caught up in a scandalous business -2. *(ruidoso)* very noisy; **¡mira que eres ~!** what a racket you make!
◇ nm,f very noisy o loud person; **son unos escandalosos** they're terribly noisy people

Escandinavia n Scandinavia

escandinavo, -a ◇ adj Scandinavian
◇ nm,f Scandinavian

escandio nm QUÍM scandium

escanear vt -1. INFORMÁT to scan -2. MED to scan

escáner *(pl* **escáneres)** nm -1. INFORMÁT scanner ▫ ~ *plano* flatbed scanner; ~ **de sobremesa** flatbed scanner; ~ **de tambor** drum scanner -2. MED scanner; **hacer un ~ a alguien** to give sb a scan

escaño nm -1. *(parlamentario)* *(asiento, cargo)* seat; **los escaños de la oposición** the opposition benches -2. *(banco)* bench

escapada nf -1. *(huida)* escape, flight -2. *(viaje)* quick trip; **hicimos una ~ a la montaña el fin de semana** we made a quick trip to the mountains at the weekend; **iré a comprar el periódico en una ~** I'll pop out to get a newspaper -3. *(en ciclismo)* breakaway; **meterse en una ~** to join a breakaway

escapado, -a ◇ adj *(en ciclismo)* breakaway
◇ nm,f **el pelotón dio caza al ~** the pack gave chase to the breakaway rider; **los escapados llevan tres minutos de ventaja** the breakaway group have a three-minute lead

escapar ◇ vi -1. *(huir)* to get away, to escape (**de** from); **escapó de la cárcel** he escaped from jail; **escapó por la salida de emergencia** he got out through the emergency exit; **nadie escapó con vida del incendio** nobody got out of the fire alive; **escaparon por los pelos de una muerte segura** they narrowly escaped certain death; **quieren ~ de la monotonía de sus vidas** they want to get away from the monotony of their lives; **dejar ~** *(animal, persona)* to set free; *(carcajada, grito, suspiro)* to let out; *(ocasión)* to pass up, to let pass; **dejó ~ un grito** he let out a scream; **no quiero dejar ~ esta oportunidad para agradecer...** I don't want to let this opportunity pass by without thanking...
-2. *(quedar fuera del alcance)* ~ **a:** **son temas que escapan a mi comprensión** these subjects are beyond my understanding; **ese asunto escapa a mis competencias** that matter is outside my sphere of responsibility; **tampoco los adultos escapan a la influencia de los videojuegos** nor are adults immune from the influence of video games
-3. *(en carrera)* to break away; ~ **del pelotón** to break away from the pack
♦ **escaparse** vpr -1. *(huir)* to get away, to escape (**de** from); **se escaparon de la cárcel** they escaped from prison; **escaparse de casa** to run away from home; **se me escaparon las cabras** the goats got away from me; **no te escapes, que quiero hablar contigo** don't run off, I want to talk to you
-2. *(librarse)* **me escapé de milagro** *(de accidente)* I escaped by a miracle; **siempre se escapa de hacer las camas** he always gets out of making the beds; Fam **¡de esta no te escaparás!** you're not going to get out of this one!

-3. *(en carrera)* to break away; **Herrera se escapó en solitario** Herrera broke away on his own
-4. *(sujeto: gas, agua)* to leak; **el aire se escapa por un agujero** the air is leaking out through a hole
-5. *(sin querer)* **se me escapó la risa/una palabrota** I let out a laugh/an expletive; *Fam* **se me ha escapado un pedo** I've just farted; **¡era un secreto! – lo siento, se me escapó** it was a secret! - I'm sorry, it just slipped out
-6. *(irse)* **se me escapó el tren** I missed the train; **se me escapó la ocasión** the opportunity slipped by
-7. *(quedar fuera del alcance)* to escape, to elude; **los motivos de su comportamiento se me escapan** the reasons for her behaviour are beyond me
-8. *(pasar inadvertido)* **a tu madre no se le escapa nada** your mother doesn't miss a thing; **se me escapó lo que dijo** I missed what he said
-9. *(sujeto: punto de tejido)* to drop; **se te han escapado unos puntos** you've dropped a couple of stitches
escaparate *nm* **-1.** *(de tienda)* (shop) window; **ir de escaparates** to go window-shopping; **la Exposición Universal será un ~ para el país** the Universal Exposition will be a showcase for the country **-2.** *Col, Cuba, Ven (ropero)* wardrobe
escaparatismo *nm* window dressing
escaparatista *nmf* window dresser
escapatoria *nf* **-1.** *(fuga)* escape; **no tener ~** to have no way out **-2.** *Fam (evasiva)* way (of getting) out
escape *nm* **-1.** *(de gas, agua)* leak; [EXPR] *Esp Fam* **a ~** *(a toda prisa)* in a great hurry; **salir a ~** to leave in a rush, to rush off **-2.** *(de vehículo)* exhaust **-3.** *(en reloj, piano)* escapement **-4.** INFORMÁT **tecla de ~** escape key
escapero, -a *nm,f Andes Fam* bag snatcher
escapismo *nm* **-1.** *(magia)* escapology **-2.** *(de problemas, realidad)* escapism
escapista ◇ *adj* escapist
◇ *nmf* **-1.** *(mago)* escapologist **-2.** *(de problemas, realidad)* escapist
escápula *nf* ANAT scapula
escapulario *nm* REL scapular
escaque *nm* *(en ajedrez)* (chess) square
escaquearse *vpr Esp Fam* to duck out, *Br* to skive (off); **en el trabajo no para de ~** at work he's always ducking out *o Br* skiving off; **~ de (hacer) algo** to worm one's way out of (doing) sth; **nos escaqueamos de fregar los platos** we got out of washing the dishes
escaqueo *nm Esp Fam* shirking
escara *nf (costra)* eschar, scab
escarabajo *nm* **-1.** *(animal)* beetle ❏ **~ de agua** water beetle; **~ de la patata** Colorado beetle; **~ pelotero** dung-beetle **-2.** *Fam (automóvil)* Beetle
escaramujo *nm* **-1.** *(rosal)* wild rose **-2.** *(fruto)* hip **-3.** *(percebe)* goose barnacle
escaramuza *nf* **-1.** *(combate)* skirmish **-2.** *(riña)* skirmish
escarapela *nf* rosette, cockade
escarapelar ◇ *vt* **-1.** *Col (manosear)* to rumple **-2.** *Col, CRica, Ven (descascarar)* to peel
◆ **escarapelarse** *vpr Perú* to get goose flesh *o* pimples
escarbadientes *nm inv* toothpick
escarbar ◇ *vt* **-1.** *(suelo) (por encima)* to scratch; *(haciendo hoyo)* to dig **-2.** *(dientes)* to pick **-3.** *(fuego)* to rake, to poke **-4.** *(investigar)* to investigate
◇ *vi* **-1.** *(en suelo) (por encima)* to scratch around; *(haciendo hoyo)* to dig **-2.** *(investigar)* **si uno escarba un poco más** if you dig *o* delve a bit deeper; **anduvieron escarbando en la vida del actor** they were delving into the actor's life
◆ **escarbarse** *vpr* **escarbarse los dientes/la nariz** to pick one's teeth/nose
escarcela *nf (de cazador)* game bag

escarceo *nm* **-1.** *(incursión)* foray; **sus escarceos con** *o* **en la música pop** his ventures into pop music **-2.** *(aventura)* **~ (amoroso)** fling; **tuvo algún que otro ~ en las vacaciones** she had the odd fling on holiday **-3. escarceos** *(en equitación)* caracoles
escarcha *nf* frost
escarchado, -a *adj* **-1.** *(fruta)* crystallized, candied **-2.** *(cubierto de escarcha)* frosty
escarchar ◇ *v impersonal* to freeze (over)
◇ *vt (fruta)* to crystallize
escarda *nf* AGR **-1.** *(azada)* weeding hoe **-2.** *(acción)* weeding
escardador *nm* TEX breaker
escardar *vt* to weed; [EXPR] *Fam* **mandar a alguien a ~ cebollinos** to send sb packing
escariar *vt* to ream
escarificar [59] *vt* **-1.** AGR to scarify **-2.** MED to scarify
escarlata ◇ *adj* scarlet
◇ *nm* scarlet
escarlatina *nf* scarlet fever
escarmentado, -a *adj* **estar/quedar ~** to have learnt one's lesson; **salió ~ de la experiencia** he emerged from the experience a wiser man
escarmentar [3] ◇ *vt* to teach a lesson to
◇ *vi* to learn (one's lesson); **con eso escarmentará para toda su vida** that's taught him a lesson he'll never forget; **este niño nunca escarmienta** this child never learns his lesson; [EXPR] **~ en cabeza ajena** to learn from sb else's mistakes
escarmiento *nm* lesson; **dar un ~ a alguien** to teach sb a lesson; **servir de ~ (a alguien)** to serve as a lesson (to sb)
escarnecer [46] *vt* to mock, to ridicule
escarnecimiento *nm* mockery, ridicule
escarnio *nm* mockery, ridicule; **ser motivo de ~** to be the object of ridicule
escarola *nf (curly)* endive
escarpa, escarpadura *nf* **-1.** *(en terreno)* slope **-2.** *(en fortificación)* escarpment
escarpado, -a *adj* **-1.** *(inclinado)* steep **-2.** *(abrupto)* craggy
escarpadura = escarpa
escarpia *nf* = L-shaped hook for hanging pictures etc
escarpín *nm* **-1.** HIST *(zapato)* pointed shoe **-2.** *(calcetín)* outer sock, woollen slipper **-3.** *Am (de bebé)* bootee **-4.** *(de neopreno)* shoe
escasamente *adv* **-1.** *(apenas)* scarcely, barely **-2.** *(con dificultad)* with difficulty
escasear *vi* to be scarce, to be in short supply; **empezaba a ~ el agua** water was beginning to run short; **escasean los expertos en informática** computer experts are in short supply; **escaseaba la comida entre los refugiados** the refugees didn't have much food
escasez *nf* **-1.** *(insuficiencia)* shortage; **hay ~ de agua en esa región** there is a shortage of water in that region; **la ~ de población es un problema en la zona** the dearth of population is a problem in the area; **montan espectáculos con gran ~ de medios** they put on shows with very slender resources **-2.** *(pobreza)* poverty; **en tiempos de ~** in times of hardship
escaso, -a *adj* **-1.** *(insuficiente) (conocimientos, recursos, medios)* limited, scant; *(víveres, trabajo)* scarce; *(cantidad, número, temperaturas)* low; *(visibilidad, luz)* poor, low; **~ público se dio cita para ver el partido** a poor crowd turned out to see the match; **sus posibilidades son más bien escasas** her chances are rather slim; **vino tanta gente que la comida se quedó escasa** so many people came that there wasn't enough food; **joyas de ~ valor** jewellery of scant *o* little value; **la obra tuvo ~ éxito** the play had little success; **debido al ~ tiempo con el que contaban** due to the little time they had, since time was short
-2. *(falto)* **andar** *o* **estar ~ de** to be short of; **ando ~ de dinero** I don't have much money; **el hotel está ~ de personal** the hotel is short-staffed; **la comida está un poco escasa de sal** the food is in need of a bit more salt

-3. *(casi completo)* **un metro ~** barely a metre; **dura dos horas escasas** it lasts barely two hours; **a un mes ~ de las elecciones** with barely a month to go to the elections; **pesó dos kilos escasos al nacer** she weighed barely two kilos at birth
escatimar *vt (comida, dinero, medios)* to skimp on; **no ~ esfuerzos/gastos** to spare no effort/expense; **la prensa no escatimó elogios hacia ella** the press was unstinting in its praise for *o* of her
escatología *nf* **-1.** REL eschatology **-2.** *(sobre excrementos)* scatology
escatológico, -a *adj* **-1.** REL eschatological **-2.** *(de excrementos)* scatological
escay *nm* Leatherette®
escayola *nf* **-1.** *(material)* plaster of Paris; **techo de ~** plaster ceiling **-2.** *(vendaje)* plaster, plaster cast; **le pusieron una ~ en la pierna** they put his leg in plaster, they put a plaster cast on his leg **-3.** *(figura, escultura)* (plaster) cast
escayolado, -a *adj (brazo, pierna)* in plaster; **lleva el brazo ~** her arm is in plaster, she has a (plaster) cast on her arm
escayolar *vt* to put in plaster
escayolista *nmf* decorative plasterer
escena *nf* **-1.** *(escenario)* stage; **el director de ~** the stage manager; **llevar a la ~** to dramatize; **poner en ~** to stage; **puesta en ~** staging; **salir a ~** to go on stage; [EXPR] **desaparecer de ~** *(sujeto: actor)* to leave the stage; *(sujeto: cualquier persona)* to disappear from the scene; [EXPR] **entrar en ~** *(sujeto: actor)* to come on stage; *(sujeto: cualquier persona)* to come *o* appear on the scene
-2. *(fragmento) (de obra de teatro, película)* scene; **rodar una ~** to film a scene; **acto primero, ~ tercera** act one, scene three ❏ **~ de cama** bedroom *o* sex scene; **~ retrospectiva** flashback
-3. *(arte dramático)* **la ~** the stage, the theatre; **Olivier, un monstruo de la ~** Olivier, a giant of the stage *o* theatre; **lleva años en el mundo de la ~** she's worked in theatre for years
-4. *(hecho real)* scene; **la ~ del reencuentro fue conmovedora** their reunion was a moving scene
-5. *(lugar)* scene; **la policía se presentó en la ~ del crimen** the police arrived at the scene of the crime
-6. *(ambiente, circunstancias)* scene; **la ~ política está muy animada** the political scene is very lively
-7. *Fam (escándalo)* scene, fuss; **hacer** *o* **montar una ~** to make a scene *o* fuss; **no me hagas una ~** don't make such a fuss
escenario *nm* **-1.** *(tablas, escena)* stage; **el autor subió al ~ a saludar** the author went up on stage to take a bow
-2. *(ambientación)* setting; **la película tiene como ~ el Berlín de los años treinta** the movie *o Br* film is set in thirties Berlin
-3. *(de suceso, hecho, acto)* scene; **una ambulancia acudió al ~ del suceso** an ambulance went to the scene of the incident; **el ~ del crimen** the scene of the crime, the crime scene; **la cumbre tuvo por ~ la capital mexicana** the summit took place in the Mexican capital
escénico, -a *adj* scenic
escenificación *nf (de novela)* dramatization; *(de obra de teatro)* staging
escenificar [59] *vt (novela)* to dramatize; *(obra de teatro)* to stage
escenografía *nf* **-1.** *(actividad)* set design **-2.** *(decorados)* sets, scenery
escenógrafo, -a *nm,f* set designer
escépticamente *adv* sceptically
escepticismo *nm* scepticism
escéptico, -a ◇ *adj* **-1.** *(filósofo)* sceptic **-2.** *(incrédulo)* sceptical
◇ *nm,f* sceptic
escindir ◇ *vt* **-1.** *(grupo)* to split (**en** into) **-2.** *(átomo)* to split (**en** into)
◆ **escindirse** *vpr* **-1.** *(dividirse)* to split (**en** into); **la organización se escindió en varios grupúsculos** the organization split into

Escipión n pr Scipio
escisión nf **-1.** (del átomo) splitting **-2.** (de partido político) split
esclarecedor, -ora adj illuminating
esclarecer [46] vt to clear up, to shed light on; ~ **los hechos** to establish the facts
esclarecido, -a adj Formal distinguished
esclarecimiento nm clearing up, elucidation
esclarezco etc ver **esclarecer**
esclava nf **-1.** (pulsera) = metal identity bracelet **-2.** ver también **esclavo**
esclavina nf short cape
esclavismo nm (system of) slavery
esclavista ◇ adj pro-slavery
◇ nmf supporter of slavery
esclavitud nf también Fig slavery
esclavizar [14] vt también Fig to enslave; **sus hijos la esclavizan** her children treat her like a servant; **estaba esclavizada por las labores domésticas** she was a slave to housework
esclavo, -a ◇ adj enslaved
◇ nm,f también Fig slave; **el comercio de esclavos** the slave trade; **es una esclava del trabajo** she's a slave to her work; **es un ~ del tabaco** he's addicted to tobacco
esclerosis nf inv MED sclerosis ❏ **~ múltiple** multiple sclerosis
esclerótica nf ANAT sclera, sclerotic
esclerótico, -a adj ANAT sclerotic
esclusa nf **-1.** (recinto de canal) lock **-2.** (compuerta) floodgate
escoba nf **-1.** (para barrer) broom; **pasar la ~** to sweep (up); **¿has pasado la escoba por la cocina?** have you swept the kitchen?; EXPR Fam **no vender una** = to get nowhere; EXPR **~ nueva barre bien** a new broom sweeps clean **-2.** (juego de cartas) = type of card game **-3.** (arbusto) broom
escobada nf (barrido) sweep
escobar vt (barrer) to sweep
escobazo nm blow with a broom; EXPR **echar a alguien a escobazos** to kick sb out
escobilla nf **-1.** (escoba pequeña) brush; **la ~ del retrete** the toilet brush **-2.** (de limpiaparabrisas) blade **-3.** MÚS (de batería) brush **-4.** TEC (en máquina eléctrica) (dynamo) brush **-5.** Chile **~ (de dientes)** toothbrush
escobillar vt Am (cepillar) to brush
escobillón nm Am (sweeping) brush
escobón nm broom
escoch = Scotch®
escocedura nf stinging, smarting
escocer [15] ◇ vi **-1.** (herida, piel) to sting, to smart; **me escuecen los ojos** my eyes are stinging o smarting; **dime si te escuece mucho** tell me if it stings o smarts too much **-2.** (ofender) to hurt; **la derrota escoció mucho al equipo** the defeat left the team smarting
➤ **escocerse** vpr **-1.** (herida, piel) to sting, to smart **-2.** (ofenderse) **escocerse de algo** to be hurt by sth
escocés, -esa ◇ adj **-1.** (de Escocia) Scottish; **whisky ~** Scotch whisky **-2.** (de cuadros de colores) tartan; **una falda escocesa** a kilt; **tela escocesa** tartan
◇ nm,f (persona) (hombre) Scot, Scotsman; (mujer) Scot, Scotswoman
◇ nm (lengua) (Scottish) Gaelic
Escocia n Scotland
escofina nf coarse file, rasp
escogencia nf Col, Ecuad, Ven choice
escoger [52] ◇ vt to choose; **escoge una carta** pick a card; **de (entre) cien candidatos lo escogieron a él** out of a hundred candidates they chose o selected him; **escogemos la mejor fruta para nuestros clientes** we select the best fruit for our customers; **tiene dos sabores a ~** there are two flavours to choose from; **tener mucho donde ~** to have plenty of choice, Br to be spoilt for choice; **tenemos poco donde ~** we don't have much to choose from
◇ vi to choose (**entre** between); **te toca ~** it's your turn to choose; **tenemos que ~ entre tres candidatos** we have to choose between three candidates
escogido, -a adj **-1.** (elegido) selected, chosen **-2.** (selecto) choice, select; **fruta escogida** selected fruit; **un ~ grupo de periodistas** a select group of journalists **-3.** Méx Fam (descartado) **a estas horas la fruta ya está muy escogida** all the best fruit has gone by now
escolanía nf choirboys
escolapio, -a nm,f REL = member of the religious teaching order of the Escuelas Pías
escolar ◇ adj school; **edad ~** school age
◇ nmf (niño) pupil, schoolboy; (niña) pupil, schoolgirl
escolaridad nf schooling
escolarización nf schooling
escolarizar [14] vt (niño) to provide schooling for; **muchos niños están sin ~** many children receive no schooling
escolástica nf FILOSOFÍA scholasticism, Scholasticism
escolasticismo nm **-1.** FILOSOFÍA scholasticism **-2.** (formalismo) scholasticism
escolástico, -a adj scholastic
escoleta nf Méx **-1.** (banda) band (of amateur musicians) **-2.** (ensayo) rehearsal, practice
escoliosis nf inv scoliosis
escollar vi **-1.** (barco) to run aground on a reef **-2.** Arg, Chile (propósito) to fail, to come to nothing
escollera nf breakwater
escollo nm **-1.** (en el mar) reef **-2.** (obstáculo) stumbling block; **salvar** o **superar un ~** to overcome an obstacle
escolopendra nf centipede, Espec scolopendrid
escolta ◇ nf (acompañamiento) escort; **lleva ~ veinticuatro horas al día** he has a twenty-four-hour escort ❏ **~ policial** police escort
◇ nmf **-1.** (persona) bodyguard **-2.** (en baloncesto) shooting guard
escoltar vt **-1.** (proteger) to escort **-2.** (acompañar) to accompany; **miles de ciudadanos escoltaron el féretro** thousands of citizens accompanied the coffin
escombrera nf (vertedero) tip
escombro nm, **escombros** nmpl **-1.** (de obra) rubble, debris (singular); **la comisaría quedó reducida a escombros** the police station was reduced to rubble; **siguen apareciendo cadáveres entre los escombros** bodies are still being found among the rubble **-2.** RP Fam **armar** o **hacer ~** to kick up a fuss
escón nm CSur scone
esconder ◇ vt to hide, to conceal; **me esconden el tabaco** they hide my cigarettes
➤ **esconderse** vpr **-1.** (ocultarse) (sujeto: persona) to hide (**de** from); (sujeto: el sol) to disappear, to hide; **¡rápido, escóndete!** quick, hide!; **no te escondas de mí** don't hide from me **-2.** (subyacer) to lie hidden; **detrás de su seriedad se esconde un gran sentido del humor** his seriousness conceals a lively sense of humour
escondidas ◇ nfpl RP **las ~** hide-and-seek; **jugar a las ~** to play hide-and-seek
◇ **a escondidas** loc adv in secret; **transportaban la mercancía de noche y a ~** they transported the goods secretly at o by night; **fumábamos a ~** we smoked in secret; **salían juntos a ~ de sus padres** they went out together behind their parents' backs
escondido, -a ◇ adj (lugar) secluded, remote; **una casa escondida entre las montañas** a house hidden o tucked away in the mountains; **el bar está en un sitio muy ~** the bar is in a very out-of-the-way place
◇ nm Ven **el ~** (juego) hide-and-seek; **jugar al ~** to play hide-and-seek
escondite nm **-1.** (lugar) hiding place **-2.** **el ~** (juego) hide-and-seek; **jugar al ~** to play hide-and-seek
escondrijo nm hiding place

escoñar Esp muy Fam ◇ vt to bust, Br to knacker; **escoñó la televisión de un golpe** he bust o Br knackered the TV with one blow
➤ **escoñarse** vpr **-1.** (objeto) to get bust o Br knackered **-2.** (persona) **por poco me escoño** I nearly did myself an injury o Br did myself in; **se escoñó la muñeca jugando a tenis** he crocked o Br knackered his wrist playing tennis
escopeta nf shotgun ❏ **~ de aire comprimido** airgun; **~ de cañones recortados** Br sawn-off shotgun, US sawed-off shotgun; **~ de dos cañones** double-barrelled shotgun; **~ recortada** Br sawn-off shotgun, US sawed-off shotgun
escopetado, -a, escopeteado, -a adj Esp Fam **salir ~** to shoot off; **volví ~ para casa** I rushed home; **fue escopetada a ayudar** she rushed to help
escopetazo nm **-1.** (disparo) shotgun blast **-2.** (herida) shotgun wound
escopeteado, -a = escopetado
escopetero nm (insecto) bombardier beetle
escoplo nm chisel
escora nf NÁUT **-1.** (inclinación) list **-2.** (madero) prop
escorar ◇ vi NÁUT to list
➤ **escorarse** vpr **-1.** NÁUT to list **-2.** (jugador) to swerve; **escorarse a la derecha/izquierda** (partido político) to veer to the right/left; (jugador) to swerve to the right/left **-3.** Cuba, Hond (esconderse) to hide oneself from view, to take cover
escorbuto nm scurvy
escorchar RP ◇ vt Fam **no me escorches** don't be such a pain; **no (me) escorches la paciencia** don't try pushing it; EXPR muy Fam **~ las pelotas** o **las bolas** o **los huevos a alguien** Br to get on sb's tits, US to bust sb's balls; **dejá de ~ las pelotas** o **las bolas** o **los huevos** stop being a pain in the Br arse o US ass
◇ vi Fam to be a pain; **¡no escorches!** don't be such a pain!
escoria nf **-1.** (desecho) dregs, scum; **la ~ de la sociedad** the dregs of society **-2.** (metal) slag
escoriación = excoriación
escoriar = excoriar
escorial nm **-1.** (vertedero) slagheap **-2.** **el Escorial** (palacio) the Escorial, = a vast royal palace North of Madrid, built by Philip II between 1563 and 1584
escorpiano, -a Am ◇ adj Scorpio; **ser ~** to be (a) Scorpio
◇ nm,f Scorpio; **los ~ son...** Scorpios are...
escorpio ◇ adj inv Esp Scorpio; **ser ~** to be (a) Scorpio
◇ nm (signo) Scorpio; **los de Escorpio son...** Scorpios are...
◇ nmf inv Esp (persona) Scorpio; **los ~ son...** Scorpios are...
escorpión nm **-1.** (animal) scorpion **-2.** (signo) Scorpio
escorrentía nf run-off
escorzo nm foreshortening; **en ~** foreshortened
escota nf NÁUT sheet ❏ **~ mayor** mainsheet
escotado, -a adj (vestido) low-cut, low-necked; **~ por detrás** with a low-cut back; **no salgas tan ~, que hace frío** don't go out with an open neck like that, it's cold
escotadura nf low neckline
escotar vt to lower the neckline of
escote ◇ nm **-1.** (de prendas) neckline; **un vestido con mucho/poco ~** a dress with a very low-cut/a fairly high neckline; **un ~ generoso** a plunging o revealing neckline ❏ **~ cuadrado** square neck; **~ de pico** V-neck; **~ redondo** round neck; **~ en V** V-neck **-2.** (de persona) cleavage
◇ **a escote** loc adv Esp **pagar a ~** to go Dutch; **lo compramos a ~** we went halves on it
escotera nf NÁUT clam cleat
escotilla nf hatch, hatchway
escotillón nm **-1.** (trampilla) trapdoor **-2.** NÁUT scuttle

escozor *nm* **-1.** *(sensación)* stinging **-2.** *(resentimiento)* resentment; *(desaprobación)* disapproval

escrachado, -a *adj RP Fam* **-1.** *(destrozado)* wrecked; **el auto quedó ~** the car was a write-off **-2.** *(puesto en evidencia)* **el actor y su amante salieron escrachados en todos los diarios** the actor and his lover were splashed across all the newspapers

escrachar *RP Fam* ◇ *vt* **si no me hacés ese favor, te escracho con el jefe** if you don't do me that favour, I'll tell the boss what you've been up to; **van a empezar a ~ a los torturadores** they're going to start showing the torturers in public

◆ **escracharse** *vpr* to have a smash-up; **se escracharon camino a la playa** they had a smash-up on the way to the seaside

escrache *nm RP Fam* **-1.** *(puesta en evidencia)* **salir en una foto con él es un ~** being photographed with him is a real embarrassment **-2.** *(forma de protesta)* = public protest aimed at humiliating a human rights violator

escracho *nm RP Fam* **es un ~** she's no oil painting

escrapie *nm (enfermedad lanar)* scrapie
escriba *nm* scribe
escribanía *nf* **-1.** *(mueble)* writing desk **-2.** *(útiles de escribir)* inkstand **-3.** *Andes, CRica, RP (notaría)* = notary public's position and duties **-4.** *Andes, CRica, RP (carrera)* **estudiar ~** to study to become a notary public

escribano, -a ◇ *nm* **-1.** HIST scrivener **-2.** *(ave)* bunting ❑ **~ *cerillo*** yellowhammer; **~ *nival*** snow bunting; **~ *palustre*** reed bunting **-3.** *(insecto)* **~ *de agua*** whirligig beetle

◇ *nm,f Andes, CRica, RP (notario)* notary (public)

escribiente *nmf* clerk

escribir ◇ *vt* **-1.** *(carta, novela, canción)* to write; **le escribí una carta** I wrote him a letter, I wrote a letter to him; **escribió unas notas a lápiz** she wrote some notes in pencil; **escriba las instrucciones en un papel** write the instructions on a piece of paper; **se ha escrito mucho sobre este tema** much has been written on this subject; **ha escrito una página brillante en la historia del ciclismo** he has added a glorious page to cycling history

-2. *(a persona, institución)* to write; **hace mucho que no me escribe** she hasn't written to me for a long time; **nos han escrito muchos oyentes protestando** many listeners have written in complaining; **¡escríbenos cuando llegues!** write to us when you get there!; **~ a casa** to write home

◇ *vi* to write; **todavía no ha aprendido a ~** he still hasn't learnt (how) to write; **escribe muy mal y no se le entiende nada** he has terrible handwriting and you can't understand a word of it; **~ a lápiz** to write in pencil; **~ a mano** to write by hand; **~ a máquina** to write on a typewriter; **¡no te olvides de ~!** don't forget to write!

◆ **escribirse** *vpr* **-1.** *(personas)* **llevamos años escribiéndonos** we've been writing to each other for years; **se escribe con un amigo alemán** he corresponds with a German friend **-2.** *(palabras)* **¿cómo se escribe?** how do you spell it?, how is it spelled?; **se escribe con "h"** it is spelled with an "h"; **se escribe con acento** it has an accent, it's written with an accent

escrito, -a ◇ *participio ver* **escribir**

◇ *adj* written; **por ~** in writing; EXPR **estar ~:** **estaba ~ que acabaría mal** it was fated *o* destined to end badly; **estaba ~ que nos conoceríamos** we were fated *o* destined to meet

◇ *nm* **-1.** *(texto, composición)* text; *(documento)* document; *(obra literaria)* writing, work; **envió un ~ de protesta al ayuntamiento** he sent a letter of protest to the council; **una antología de sus escritos periodísticos** a collection of his journalism; EXPR *Fam* **lo que no está en los escritos: trabajé lo que no está en los escritos** *Br* I slogged my guts out, *US* I worked my butt off; **aquello pesaba lo que no está en los escritos** it weighed a ton

-2. DER brief

escritor, -ora *nm,f* writer; **~ de cuentos** short-story writer

escritorio *nm* **-1.** *(mueble)* desk, bureau **-2.** *esp Am (oficina)* office **-3.** *esp Am (en casa)* study **-4.** INFORMÁT desktop

escritura *nf* **-1.** *(técnica)* writing

-2. *(sistema de signos)* script; **~ *jeroglífica*** hieroglyphic writing, hieroglyphics

-3. *(caligrafía)* handwriting

-4. DER deed; **firmar una ~** to sign a deed ❑ **~ *de compraventa*** bill of sale; **~ *de hipoteca*** mortgage deed; **~ *hipotecaria*** mortgage deed; **~ *de propiedad*** title deed; **la ~ de propiedad de la casa** the title deeds of *o* to the house; **~ *pública*** public instrument

-5. (Sagradas) Escrituras Holy Scripture

escrituración *nf Arg, PRico* DER notarizing, notarization

escriturar *vt* DER *(compraventa, préstamo hipotecario)* to execute (by deed); **escrituramos la casa a mi nombre** we registered the house in my name; **la propiedad está escriturada por 50.000 euros** the official purchase price for the property was 50,000 euros

escrofularia *nf (planta)* French figwort
escroto *nm* scrotum
escruchante *nmf RP Fam* picklock
escruche *nm RP Fam* = burglary carried out by an "escruchante"

escrúpulo *nm* **-1.** *(duda, recelo)* scruple; **sin escrúpulos** unscrupulous; **no tuvo ningún ~ en reconocerlo** he had no scruples *o* qualms about admitting it **-2.** *(aprensión)* qualm; **le da ~** he has qualms about it **-3.** *(minuciosidad)* scrupulousness, great care

escrupulosamente *adv* scrupulously
escrupulosidad *nf* scrupulousness
escrupuloso, -a *adj* **-1.** *(minucioso)* scrupulous; **en su trabajo es muy ~** he is very scrupulous in his work; **el respeto ~ de las leyes** strict observance of the law **-2.** *(aprensivo)* particular, fussy; **no seas tan ~ con la comida** don't be such a fussy eater **-3.** *(honrado)* scrupulous; **no es nada ~** he has no scruples

escrutador, -ora ◇ *adj (mirada)* searching
◇ *nm,f Br* scrutineer, *US* electoral inspector

escrutar *vt* **-1.** *(con la mirada)* to scrutinize, to examine; **desde el balcón escrutaba el horizonte** from the balcony he surveyed *o* scanned the horizon **-2.** *(votos)* to count

escrutinio *nm* **-1.** *(de votos)* count; **efectuar el ~ de los votos** to count the votes **-2.** *(inspección)* scrutiny **-3.** *(de quinielas)* results

escuadra *nf* **-1.** *(regla, plantilla)* set square (with two angles of 45° and one of 90°) ❑ **~ *de agrimensor*** cross staff, surveyor's cross; **~ *falsa* (*en carpintería*)** bevel square, carpenter's square **-2.** *(para estantería, armario)* bracket **-3.** *(de portería)* **el disparo entró por la ~** the shot went into the top corner of the net **-4.** *(de buques)* squadron **-5.** *(de soldados)* squad

escuadrar *vt* to square

escuadrilla *nf* **-1.** *(de buques)* squadron **-2.** *(de aviones)* squadron

escuadrón *nm* **-1.** *(de aviones)* squadron **-2.** *(de caballería)* squadron ❑ **~ *de la muerte*** death squad

escualidez *nf (delgadez)* emaciation
escuálido, -a *adj* emaciated
escualo *nm (tiburón)* shark
escuamaria *nf* toothwort
escucha ◇ *nf (acción)* listening in, monitoring; **estar *o* permanecer a la ~** to listen in; **para mayor información permanezcan a la ~** stay tuned for more information ❑ **escuchas telefónicas** telephone tapping

◇ *nm (centinela)* night scout
◇ *nmf Am (oyente)* listener

escuchar ◇ *vt* **-1.** *(oír con atención)* (sonido, radio, persona) to listen to **-2.** *(hacer caso a)* (consejo, aviso) to listen to, to heed; *(persona)* to listen to; **nunca escucha mis consejos** he never listens to my advice; **tú nunca me escuchas** you never listen to me; **escúchame, eso que tú quieres es imposible** listen, what you want is impossible

◇ *vi* to listen

◆ **escucharse** *vpr* **parece que se escucha cuando habla** he likes the sound of his own voice

escuchimizado, -a *Esp Fam* ◇ *adj* skinny, thin as a rake
◇ *nm,f* skinny person

escudar ◇ *vt* to shield

◆ **escudarse** *vpr* **escudarse en algo** to hide behind sth, to use sth as an excuse; **el gobierno se escuda en la falta de estadísticas** the government is using the lack of statistics as an excuse

escudería *nf* **-1.** *(en automovilismo)* (motor racing) team **-2.** *Urug (compra cooperativa)* = communal savings scheme *(usually for buying cars)*

escudero *nm* squire
escudilla *nf* deep bowl
escudo *nm* **-1.** *(arma)* shield **-2.** *(emblema)* **~ *(de armas)*** coat of arms **-3.** *(de club, asociación, institución)* badge **-4.** *(protección)* shield; **utilizaron a civiles como escudos humanos** they used civilians as human shields **-5.** *Antes (moneda)* escudo

escudriñar *vt* **-1.** *(examinar)* to scrutinize, to examine **-2.** *(otear)* to search; **~ el horizonte** to scan *o* survey the horizon

escuece *etc ver* **escocer**

escuela *nf* **-1.** *(establecimiento)* school; **ir a la ~** to go to school; **no pudo ir a la ~** she was unable to go to school; **aprendió en la ~ de la vida** she's a graduate of the university *o* school of life ❑ **~ *de arte*** school of art, art school; **~ *de arte dramático*** drama school; **~ *de artes y oficios*** = college for the study of arts and crafts; **~ *de bellas artes*** art school; *Am* **~ *de choferes*** driving school; **~ *de comercio*** business school; *CSur* **~ *diferencial*** school for children with special needs, special school; *Cuba* **~ *elemental*** *Br* primary school, *US* elementary school; **~ *de equitación*** riding school; **~ *hípica*** (horse)riding school; **~ *de hostelería*** catering school; **~ *de magisterio*** *Br* teacher training college, *US* teacher's college; *Am* **~ *de manejo*** driving school; **~ *normal*** teacher training college; **Escuela Oficial de Idiomas** = Spanish State language-teaching institute; **~ *de párvulos*** kindergarten; **~ *primaria*** *Br* primary school, *US* elementary school; **~ *privada*** *Br* private school, public school; **~ *pública*** state school; **~ *de secretariado*** secretarial college; **~ *secundaria*** *Br* secondary school, *US* high school; **~ *taurina*** bullfighting school; **~ *de turismo*** school of tourism; **~ *universitaria*** = section of a university which awards diplomas in a vocational discipline (e.g. engineering, business) after three years of study; **~ *de verano*** summer school

-2. *(enseñanza, conocimientos)* training; **tiene talento, pero le falta ~** he's talented, but he still has a lot to learn

-3. *(de artista, doctrina)* school; **la ~ cervantina** the school of Cervantes; **hacer ~** to have a following; **su forma de jugar al fútbol hizo ~** his style of football gained quite a following; **ser de la vieja ~** to be of the old school ❑ **~ *de pensamiento*** school of thought

escuetamente *adv* concisely

escueto, -a *adj (sucinto)* concise; *(sobrio)* plain, unadorned; **fue *o* estuvo muy ~ en la rueda de prensa** he was rather unforthcoming at the press conference

escueza *etc ver* **escocer**

escuincle, -a, escuintle, -a *Méx Fam* ◇ *adj* young; **todavía es muy ~ para casarse** he's far too young to get married yet
◇ *nm,f* nipper, kid

esculcar [59] *vt Méx* to search

esculpir vt (estatua) to sculpt, to carve; (inscripción) to carve; **una estatua esculpida en granito** a statue carved out of o sculpted in granite

esculque nm Méx (police) search; **en el ~ se encontraron varias armas** the search located several weapons; **dijo que no podían hacer el ~ sin una orden oficial** he said they couldn't make a search without a warrant

escultismo nm scouting, scout movement
escultista nmf (boy) scout, f girl guide
escultor, -ora nm,f sculptor, f sculptress
escultórico, -a adj sculptural; **un grupo ~** a sculptural group; **la obra escultórica de Picasso** Picasso's sculptures
escultura nf sculpture; **una ~ en mármol** a marble sculpture; **una ~ en madera** (pequeña) a wood carving; (grande) a wooden sculpture
escultural adj -1. (en arte) sculptural -2. (persona, figura) statuesque
escupida nf RP Fam gob of spit; **como ~** like a shot
escupidera nf -1. (para escupir) spittoon -2. Andes, RP (orinal) chamberpot
escupidor nm Andes, PRico spittoon
escupir ◇ vi to spit; EXPR Am **~ para arriba** to foul one's own nest
◇ vt -1. (sujeto: persona, animal) to spit out; **¡escúpelo!** spit it out!; **~ sangre** to spit blood; **~ a alguien** to spit at sb; **le escupió en la cara** she spat in his face -2. (sujeto: volcán) to spew out; (sujeto: chimenea) to belch out; **las ametralladoras escupían fuego** the machine guns were blazing away
escupitajo nm Fam gob of spit; **echar un ~** to spit (on the ground/floor etc)
escurreplatos nm inv -1. (bandeja) dish o plate rack -2. (mueble) = cupboard with built-in dish rack above sink
escurridero nm Br draining board, US drainboard
escurridizo, -a adj -1. (animal, material, suelo) slippery -2. (persona) slippery, evasive; **hacerse el ~** (desaparecer) to make oneself scarce
escurrido, -a adj -1. (ropa) (en lavadora) spun-dry; (estrujando) wrung-out -2. (verdura) drained -3. (persona) thin, skinny
escurridor nm -1. (colador) colander -2. (escurreplatos) (bandeja) dish o plate rack; (mueble) = cupboard with built-in dish rack above sink
escurrir ◇ vt -1. (platos) to drain; (verdura, pasta) to drain; (huevos fritos, pescado) to drain the fat off; (ropa) to wring out; **escúrrele el líquido a la lata de atún** drain the liquid from the can of tuna; EXPR **Fam ~ el bulto** (trabajo) to get out of it; (cuestión) to evade the issue -2. (botella) to empty (out)
◇ vi -1. (soltar líquido) to drain; (gotear) to drip; **deja los platos a ~** leave the dishes to drain; **deja aquí el paraguas para que vaya escurriendo** leave the umbrella here so it can dry off -2. (resbalar) to slide; **una lágrima escurrió por su mejilla** a tear slid down her cheek -3. (estar resbaladizo) to be slippery
◆ **escurrirse** vpr -1. (sujeto: líquido) to drain off, to drain away; **pon la pasta aquí para que se escurra el agua** put the pasta here for the water to drain off -2. (resbalarse) to slip; **me escurrí en el hielo** I slipped on the ice; **se me escurrió de las manos** it slipped through my fingers -3. Fam (escabullirse) to get away, to escape; **si puedo me escurriré de la reunión** I'll slip out of the meeting if I can
escusado = excusado
escúter (pl **escúteres**) nm o nf (motor) scooter
esdrújula nf word stressed on the third-last syllable
esdrújulo, -a adj stressed on the third-last syllable
ese[1] nf (figura) zigzag; **hacer eses** (en carretera) to zigzag; (al andar) to stagger about
ese[2], **-a** (pl **esos, -as**) adj demostrativo -1. (en general) (singular) that; (plural) those; **esa corbata** that tie; **~ regalo** that present -2. Fam Pey (singular) that; (plural) those; **el hombre ~ no me inspira confianza** I don't trust that man

ése, -a (pl **ésos, -as**) pron demostrativo

> Note that **ése** and its various forms can be written without an accent when there is no risk of confusion with the adjective.

-1. (en general) (singular) that one; (plural) those (ones); **ponte otro vestido, ~ no te queda bien** put on another dress, that one doesn't suit you; **estos pasteles están muy buenos, pero ésos me gustan más** these cakes are very good but I like those (ones) better; **¡a ~!** stop that man!
-2. Fam (despectivo) **~ fue el que me pegó** that's the one who hit me; **ésa es una bocazas** she's a bigmouth, she is
-3. EXPR **¿conque ésas tenemos?** so that's the deal, is it?; **ahora no me vengas con ésas** don't give me that nonsense now!; **ni por ésas: ni por ésas aceptó el cargo** even then he didn't accept the job; **no me lo vendió ni por ésas** even then he wouldn't sell it to me

esencia nf -1. (lo principal, lo básico) essence; **en ~** in essence, essentially; **en ~ sus opiniones apenas difieren** at bottom there's little difference between their views -2. (extracto, concentrado) essence; **~ de lavanda** lavender water; **~ de café/vainilla** coffee/vanilla essence ❑ **~ mineral** mineral oil; **~ de trementina** oil of turpentine

esencial adj -1. (básico) essential; **su participación fue ~ en el proyecto** her participation was essential to the project; **lo ~** the essential o main thing; **lo ~ es una buena preparación física** the essential o main thing is to have trained properly beforehand; **en lo ~ coincidimos** we agree on the basic points o the essentials; **no ~** non-essential, inessential -2. (aceite) essential

esencialmente adv essentially, in essence; **sus opiniones son ~ las mismas** their views are essentially o basically the same

ESEQUIBO

The **Esequibo** region, which makes up two thirds of the Republic of Guyana, has been claimed by Venezuela since before Guyana attained independence from the United Kingdom in 1966. The dispute dates back to the nineteenth century, when Venezuela signed a treaty with Britain which it began to call in question officially in the 1960s. More recently, the Venezuelan government has pressed its case with increasing force since Guyana conceded prospecting rights in the region to several foreign oil companies. Guyana regards such complaints as an attempt to limit its independence, and as a hangover from colonial times. More recently, relations have improved, and there has been talk of constructing a coastal highway to improve connections between the two countries.

esfenoides ANAT ◇ adj sphenoid
◇ nm inv sphenoid bone
esfera nf -1. (figura) sphere ❑ **~ armilar** armillary sphere; **~ celeste** celestial sphere; **~ terrestre** (terrestrial) globe -2. (de reloj) face -3. (círculo social) circle; **las altas esferas de la política** high political circles; **es muy conocido en la ~ teatral** he is very well-known in theatrical circles ❑ **~ de influencia** sphere of influence
esférico, -a ◇ adj spherical
◇ nm (balón) ball
esfero, esferográfico nm Col, Ecuad ballpoint pen
esferoidal adj spheroidal
esferoide nm spheroid
esfinge nf -1. MITOL sphinx; EXPR **ser o parecer una ~** to be inscrutable -2. (mariposa) hawk moth
esfínter (pl **esfínteres**) nm sphincter

esforzadamente adv -1. (con valentía) bravely, courageously -2. (con ánimo) spiritedly
esforzar [31] ◇ vt (voz, vista) to strain; **tuve que ~ la voz** I had to strain my voice
◆ **esforzarse** vpr to make an effort; **tienes que esforzarte más si quieres aprobar** you'll have to make more of an effort if you want to pass; **nos esforzamos, pero fue imposible ganarlos** we tried very hard, but they were impossible to beat; **no te esfuerces, no puede oírte** don't bother (shouting), she can't hear you; **se esforzaron enormemente en la tarea** they put a huge amount of effort into the task; **esforzarse en o por hacer algo** to make an effort to do sth; **me esforcé por ayudarlos** I made a real effort o did my best to help them; **nos hemos esforzado mucho por ti** we've made a real effort for you, we've really put ourselves out for you; **se esforzó en contener las lágrimas** she tried hard to hold back the tears
esfuerzo nm (físico, intelectual) effort; **cualquier movimiento cuesta o supone un terrible ~** any movement requires a huge effort; **no hagas ningún ~, que el médico ha recomendado reposo** don't exert yourself, the doctor has recommended rest; **hacer esfuerzos, hacer un ~** to make an effort, to try hard; **estoy haciendo esfuerzos por no llorar** I'm trying hard not to cry; **hizo un ~ por agradar** he made an effort to be pleasant; **haz un último ~, ya verás como ahora lo consigues** make one last attempt, you'll do it this time!; **sin ~** effortlessly
esfumar ◇ vt ARTE (trazo) to shade (off); (contorno, figura) to soften, to blur; (color) to tone down, to soften
◆ **esfumarse** vpr -1. (esperanzas, posibilidades) to fade away; (dudas, sospechas) to be dispelled -2. Fam (persona) to vanish, to disappear; **¡esfúmate!** beat it!, get lost!
esfumino nm ARTE stump, = roll of paper used for blurring chalk or charcoal drawings
esgrima nf fencing
esgrimidor, -ora nm,f DEP fencer
esgrimir vt -1. (arma) to brandish, to wield -2. (argumento) to use, to put forward; (excusa) to give; (datos) to use; (pruebas) to present, to produce
esguince nm sprain; **hacerse un ~ en el tobillo** to sprain one's ankle; **tiene ~ de tobillo** she has a sprained ankle
eslabón nm -1. (de cadena) link -2. (de sucesión, serie) link; **el ~ perdido** the missing link -3. (para pedernal) steel
eslabonar vt también Fig to link together
eslalon (pl **eslalons**) nm DEP slalom ❑ **~ especial** special slalom; **~ gigante** giant slalom
eslavo, -a ◇ adj Slav, Slavonic
◇ nm,f (persona) Slav
◇ nm (lengua) Slavonic
eslip (pl **eslips**) nm briefs
eslogan (pl **eslóganes**) nm slogan
eslora nf NÁUT length; **un yate con 20 metros de ~** a 20-metre yacht
eslovaco, -a ◇ adj Slovak, Slovakian
◇ nm,f (persona) Slovak, Slovakian
◇ nm (lengua) Slovak
Eslovaquia n Slovakia
Eslovenia n Slovenia
esloveno, -a ◇ adj Slovene
◇ nm,f (persona) Slovene
◇ nm (lengua) Slovene
esmachar vt (pelota) (en tenis) to smash; (en baloncesto) to dunk
esmaltado, -a ◇ adj enamelled
◇ nm enamelling
esmaltar vt to enamel
esmalte nm -1. (sustancia) enamel; **~ (de uñas)** nail varnish o polish ❑ **~ vítreo** vitreous enamel -2. (dental) enamel -3. (objeto, joya) enamel

esmeradamente *adv* painstakingly, with extreme care

esmerado, -a *adj (persona)* painstaking, careful; *(trabajo)* carefully done, polished

esmeralda ◇ *nf (piedra preciosa)* emerald
◇ *adj* emerald; **verde ~** emerald green
◇ *nm inv (color)* emerald

esmeraldino, -a *adj* emerald, emerald-coloured

esmerarse *vpr (esforzarse)* to take great pains; **tendrás que esmerarte más si quieres aprobar** you'll have to make much more of an effort if you want to pass; **los maquilladores se esmeraron con ella** the make-up artists took especial pains with her; **se esmera mucho en su trabajo** she's very painstaking in her work; **se esmeró en hacerlo bien** she took great pains to do it well; **se esmeró por quedar bien delante de sus padres** he made a great effort to impress her parents

esmerejón *nm (ave)* merlin

esmeril *nm* emery

esmerilado, -a ◇ *adj (translúcido)* frosted
◇ *nm* **-1.** *(de vidrio)* polishing **-2.** *(de metal)* grinding

esmerilar *vt* **-1.** *(vidrio) (pulir)* to polish with emery; *(deslustrar)* to frost **-2.** *(metal)* to grind

esmero *nm* great care; **puso mucho ~ en la tarea** he took great pains over the task; **hizo la comida con gran ~** she took great pains over the meal

esmirriado, -a *adj Fam (persona)* scrawny, weedy; *(planta)* spindly; *(animal)* scrawny

esmoquin *(pl* **esmóquines)** *nm Br* dinner jacket, *US* tuxedo

esnifada *nf Fam (de cola)* sniff; *(de cocaína)* snort

esnifar *vt Fam (cola)* to sniff; *(cocaína)* to snort

esnob *(pl* **esnobs)** ◇ *adj* **es muy ~** he's always trying to look trendy and sophisticated
◇ *nmf* = person who wants to appear trendy and sophisticated

esnobismo *nm* **sólo lo hace por ~** he's just doing that because he thinks it's trendy and sophisticated

ESO *nf (abrev de* **Educación Secundaria Obligatoria)** = mainstream secondary education in Spain for pupils aged 12-16

ESO

Mandatory secondary education or **ESO** ("Enseñanza Secundaria Obligatoria") in Spain lasts four years, from the age of twelve to sixteen. This new system implemented in stages throughout the 1990s extended mandatory secondary education by two years. It is divided into two two-year cycles. At the end of the second cycle (equivalent to junior year in high school), students can either go on to two years of further study if they want to go to college, or take vocational and technical courses.

---

eso *pron demostrativo* **-1.** *(neutro)* that; **~ es la Torre Eiffel** that's the Eiffel Tower; **~ es lo que yo pienso** that's just what I think; **~ que propones es irrealizable** what you're proposing is impossible; **~ de vivir solo no me gusta** I don't like the idea of living on my own; **¿qué es ~ de que no piensas acabarte la comida?** what's this about you not wanting to finish your dinner?; **¡y para ~ me llamas!** you're ringing me up for THAT?; **para ~ es mejor no ir** if that's all it is, you might as well not go; **por ~ vine** that's why I came
-2. *(en frases)* **a ~ de** *(aproximadamente)* (at) around *o* about; **a ~ del mediodía** (at) around *o* about midday; **en ~** *(entonces)* just then, at that very moment; **en ~ sonó el teléfono** just then *o* at that moment the telephone rang; **¿cómo es ~?** *(¿por qué?)* how come?; **¿no te han pagado?, ¿cómo es ~?** you haven't been paid? how come?; **¡~ es!** *(en efecto)* that's it!; **¿dices que te casas? – ¡~ es!** you say you're getting married? – that's right!; **¡~, ~!** *(sí)* that's right!, yes!; **¿os compro un helado? – ¡~, ~!** do you want me to get you an ice cream? – yes! you bet!; *Irónico* **¡~, ~! tú sigue bebiendo y verás mañana qué bien te sientes** go on, you carry on drinking and see how good you feel tomorrow; **¿y ~?** *(¿por qué?)* how come?; **¿no te han pagado?, ¿y ~?** you haven't been paid? how come?; **y ~ que: no me sale bien, y ~ que lo intento** try as I might, I can't get it right; **sabe tocar el violín, y ~ que sólo tiene cinco años** she can play the violin even though she's only five years old

esófago *nm* oesophagus

Esopo *n pr* Aesop; **las fábulas de ~** Aesop's fables

esos, -as *ver* **ese**

ésos, -as *ver* **ése**

esotérico, -a *adj* esoteric

esoterismo *nm* **-1.** *(impenetrabilidad)* esoteric nature **-2.** *(ciencias ocultas)* esotericism

esp. *(abrev de* **especialmente)** esp

espabilado, -a, despabilado, -a ◇ *adj* **-1.** *(despierto)* awake
-2. *(avispado)* sharp, smart, on the ball; **para este trabajo hace falta gente espabilada** for this job you need people who are on the ball; **es muy ~ para los negocios** he has a good eye for business; **Yáñez estuvo ~ y se escapó** Yáñez had his wits about him and managed to get away; **para la poca edad que tiene está muy ~** he's very sharp *o* smart for someone so young; **este chico es muy poco ~** the boy is rather slow
◇ *nm,f Fam Pey (listillo)* smart alec; **tú lo que eres es un ~** you're a smart alec, you are

espabilar, despabilar ◇ *vt* **-1.** *(despertar)* to wake up; **una ducha te espabilará** a shower will wake you up **-2.** *(avispar)* **~ a alguien** to wise sb up; **en el ejército lo espabilaron** being in the army wised him up *o* made him buck his ideas up; **el hambre espabila la mente** hunger sharpens one's wits
◇ *vi* **-1.** *(despertarse)* to wake up
-2. *(darse prisa)* to get a move on; **espabila o vamos a perder el tren** get a move on or we'll miss the train
-3. *(avisparse)* to wise up; **la vida en la calle lo hizo ~ pronto** life on the streets soon wised him up; **¡espabila, que nos quedamos sin asiento!** look sharp or we won't get a seat!; **si no espabilamos, la competencia se llevará todos los clientes** if we don't buck our ideas up the competition will get all our customers

● **espabilarse** *vpr* **-1.** *(despertarse)* to wake up, to brighten up; **espabílate, que ya es la hora** wake up, it's time to get up
-2. *(darse prisa)* to get a move on; **como no te espabiles llegaremos tarde** if you don't get a move on we'll be late
-3. *(avisparse)* to wise up; **los niños se espabilan pronto yendo al colegio** children soon wise up when they start going to school
-4. *Cuba Fam (marcharse)* to clear off

espachurramiento, despachurramiento *nm Fam* squashing

espachurrar, despachurrar *Fam* ◇ *vt* to squash

● **espachurrarse** *vpr* to get squashed

espaciado, -a ◇ *adj* **-1.** *(en el tiempo)* spaced out; **sus apariciones son ahora más espaciadas** his public appearances are now less frequent; **sus cartas llegaban cada vez más espaciadas** there were longer and longer intervals between her letters, her letters became less and less frequent
-2. *(en el espacio)* spaced out; **haz los renglones menos espaciados** reduce the space between the lines, make the lines closer together
◇ *nm* INFORMÁT spacing

espaciador *nm* space bar

espacial *adj* **-1.** *(vuelo, lanzadera, estación)* space; **cohete ~** space rocket **-2.** *(dimensión, distribución)* spatial; **coordenadas espaciales** spatial coordinates

espaciar *vt* **-1.** *(en el tiempo)* to space out; **fue espaciando sus visitas** he visited less frequently, the intervals between his visits became longer **-2.** *(en el espacio)* to space out; **debes ~ más los rosales** you should space the rosebushes out more, you should leave more space between the rosebushes **-3.** INFORMÁT to space

espacio *nm* **-1.** *(extensión física)* space; **la relación entre el ~ y el tiempo** the relationship between space and time ❏ FÍS **~-tiempo** space-time; MAT **~ vectorial** vector space
-2. *(hueco libre)* space, room; **hay ~ de sobra para construir una piscina** there's plenty of space *o* room to build a swimming pool; **no queda ~ en mi maleta** there's no room (left) in my suitcase; **deja más ~ entre las plantas** leave more space *o* room between the plants ❏ **~ aéreo** airspace; **~ vital** living space; **me falta ~ vital** I need more space; INFORMÁT **~ Web** Web space
-3. *(lugar)* space; **no soporto los espacios cerrados** I can't bear enclosed spaces ❏ **~ verde** *(grande)* park; *(pequeño)* lawn, green
-4. *(en texto)* space; **a dos espacios, a doble ~** double-spaced; **cuatro folios a un ~** four single-spaced sheets ❏ **~ en blanco** blank; **rellene los espacios en blanco** fill in the blanks; INFORMÁT **~ indivisible** hard space
-5. *(más allá de la Tierra)* **el ~** (outer) space; **la conquista del ~ es todavía un sueño** the conquest of (outer) space is still a dream ❏ **~ exterior** outer space; **~ interplanetario** deep space; **~ sideral** outer space
-6. *(radiofónico, televisivo) (programa independiente) programme; (dentro de otro programa)* slot; **espacios informativos** news programmes; **tiene un ~ en el programa de los sábados** he has a slot on the Saturday programme ❏ **~ electoral** party political broadcast; **~ publicitario** advertising slot, commercial
-7. *(duración)* **cortaron el agua por ~ de dos horas** the water was cut off for two hours; **en un corto ~ de tiempo** in a short space of time; **en el ~ de tiempo que se tarda en escribir una postal** in the time it takes to write a postcard

espacioso, -a *adj (vivienda, habitación, vehículo)* spacious, roomy; *(instalaciones, jardín, patio)* spacious

espada ◇ *nf* **-1.** *(arma)* sword; **ceñirse la ~** to put *o Literario* gird on one's sword; **desenvainar la ~** to unsheathe one's sword; EXPR **estar entre la ~ y la pared** to be between the devil and the deep blue sea, to be caught between a rock and a hard place; EXPR **ser un ~ de dos filos** *o* **de doble filo** to be a double-edged *o* two-edged sword ❏ **la ~ de Damocles** the sword of Damocles; **el pago de la hipoteca era una ~ de Damocles para la familia** the family always had the mortgage payments hanging over them
-2. *(naipe)* = any card in the "espadas" suit
-3. **espadas** *(palo)* = suit in Spanish deck of cards, with the symbol of a sword
◇ *nm* TAUROM matador
◇ *nm o nf (espadachín)* swordsman

espadachín *nm* swordsman

espadaña *nf* **-1.** *(planta)* bullrush **-2.** *(campanario)* bell gable

espadilla *nf (en naipes)* = ace of the "swords" suit in a Spanish deck of cards

espadín *nm (pez)* sprat

espagueti *nm* piece of spaghetti; **espaguetis** spaghetti *(singular)*; EXPR *Fam* **estar como** *o* **hecho un ~** to be as thin as a *Br* rake *o US* rail ❏ CINE **~ western** spaghetti western

espalda *nf* **-1.** *(de persona)* back; **dolor de ~** backache; **ancho de espaldas** broad-shouldered; **cargado de espaldas** round-shouldered; **caer** *o* **dar de espaldas** to fall flat on one's back; EXPR **casi me caigo de espaldas cuando me dieron la noticia** you could have knocked me down with a feather when

espaldar / **especialista**

they told me; **dar la ~ a alguien: perdone, le estoy dando la ~** I'm sorry, I've got my back to you; **su familia le dio la ~** his family turned their backs on him; *Am* **irse de espaldas** to fall flat on one's back; **túmbese de espaldas** lie (flat) on your back; **vuélvase de ~** turn onto your back; **lo vi de espaldas** I saw him from behind; **de espaldas a alguien** with one's back turned on sb; **~ con ~** back to back; **por la ~** from behind; *Fig* behind one's back; **le dispararon por la ~** he was shot in the back *o* from behind; **un atleta con varias olimpiadas a sus espaldas** an athlete with several Olympics behind him *o* under his belt; EXPR **cubrirse las espaldas** to cover oneself *o* one's back; EXPR **dar la ~ a algo** *(ignorar)* to ignore sth, to close one's eyes to sth; **no podemos dar la ~ a los hechos** we can't ignore the facts; EXPR *Euf Hum* **donde la ~ pierde su (casto u honesto o santo) nombre: le dio una patada donde la ~ pierde su casto nombre** she kicked him in his derriere *o* rear end; EXPR **echarse algo a *o* sobre las espaldas** to take sth on; **se echó a las espaldas toda la responsabilidad** she took on all the responsibility; EXPR **guardarse las espaldas** to cover oneself; EXPR **hacer algo a espaldas de alguien** to do sth behind sb's back; **hablaban de ella a sus espaldas** they talked about her behind her back; EXPR **tirar *o* tumbar de espaldas** to be amazing *o* stunning; **en la habitación había un tufo que tiraba de espaldas** there was a smell in the room that would have knocked you over; EXPR **volver la ~ a alguien** to turn one's back on sb ❏ **~ *mojada*** wetback
-2. *(de prenda de vestir)* back
-3. *(de lugar, edificio)* back; **a la ~ *o* a espaldas de la casa hay una carretera** there is a road at the back of *o* behind the house
-4. *(en natación)* backstroke; **los 200 metros ~** the 200 metres backstroke; **nadar a ~** to do the backstroke

espaldar *nm Am* -1. *(de gimnasio)* wall bars -2. *(de silla)* back

espaldarazo *nm* -1. *(reconocimiento)* recognition; **eso le dio el ~ (definitivo)** that finally gained her widespread recognition -2. HIST *(para armar caballero)* tap on the shoulder *(with a sword)*

espaldear *vt Chile (proteger)* to guard the back of

espalderas *nfpl* wall bars

espaldilla *nf* shoulder *(of lamb etc)*

espaldero *nm Ven* bodyguard

espaldista *nmf* DEP backstroker

espaldón *nm CRica, Ecuad Br* hard shoulder, *US* shoulder

espantada *nf* -1. *(caballo)* **dar *o* pegar una ~** to bolt -2. *Fam (de persona)* **dar la ~** to split, *Br* to leg it

espantadizo, -a *adj* nervous, easily frightened

espantado, -a *adj* -1. *(asustado)* frightened, scared; **huyó ~** he fled in fright -2. *(pasmado)* appalled, shocked; **sus malos modales me tenían ~** I was appalled at his bad manners

espantajo *nm* -1. *(espantapájaros)* scarecrow -2. *(persona mal vestida)* scarecrow; *(persona fea)* fright, sight

espantapájaros *nm inv* scarecrow

espantar ⬦ *vt* -1. *(ahuyentar)* to frighten *o* scare away; **espanta a las moscas con el rabo** it keeps the flies off with its tail; EXPR *RDom Fam* **~ la mula** to split
-2. *(asustar)* to frighten, to scare; *Fam* **el loco de mi hermano me espanta a todos los novios** my crazy brother frightens off *o* scares away all my boyfriends
-3. *(pasmar)* to appal, to shock; **sus costumbres espantarían a cualquier occidental** their customs would appal any Westerner
-4. *(apartar de la mente)* **espanta sus penas bebiendo** he drowns his sorrows in drink; **no conseguía ~ el fantasma de los celos** she couldn't rid herself of the jealousy she felt

⬦ *vi* -1. *(asustar)* to be frightening; **esa casa espanta sólo de verla** that house is frightening just to look at -2. *Méx, Ven (haber apariciones)* **en esa casa espantan** that house is haunted

◆ **espantarse** *vpr* -1. *(ser ahuyentado)* to get frightened away *o* off, to be scared off -2. *(asustarse)* to get frightened *o* scared **(con** by**)** -3. *(pasmarse)* to be appalled *o* shocked; **me espanté al ver lo caro que era todo** I got a shock when I saw how expensive everything was

espantasuegras *nm inv Méx* party blower

espanto *nm* -1. *(miedo)* fright; **le tiene ~ a las arañas** he's frightened *o* scared of spiders
-2. *(pasmo)* **la noticia causó ~ entre la gente** people were appalled at the news; **¡qué ~!** how terrible!; **hacía un calor de ~** the heat was appalling
-3. *Fam (persona o cosa fea)* **estos zapatos son un ~** those shoes are hideous; **tiene un novio que es un ~** she's got a boyfriend who's a real fright; **¡qué ~ de traje!** what a hideous *o* frightful suit!
-4. *Am (fantasma)* ghost

espantosamente *adv* -1. *(pavorosamente)* terrifyingly, frighteningly; **un cuerpo ~ mutilado** a horribly mutilated body -2. *(pasmosamente)* appallingly, shockingly; **jugamos ~ mal** we played appallingly *o* shockingly badly

espantoso, -a *adj* -1. *(pavoroso)* horrific
-2. *(enorme)* terrible; **allí dentro hacía un calor ~** it was roasting *o* boiling *o* terribly hot in there; **tengo un frío ~** I'm freezing to death; **teníamos un hambre espantosa** we were famished *o* starving
-3. *(feísimo)* hideous, frightful; **llevaba un vestido ~** she was wearing a hideous *o* frightful dress
-4. *(pasmoso)* appalling, shocking; **el servicio postal era ~** the postal service was appalling; **su capacidad para mentir es espantosa** he's an appalling liar

España *n* Spain

español, -ola ⬦ *adj* Spanish
⬦ *nm,f (persona)* Spaniard; **los españoles** the Spanish, Spaniards
⬦ *nm (lengua)* Spanish ❏ **~ *peninsular*** peninsular Spanish

españolada *nf Pey* **la película es una ~** the movie plays on all the old Spanish clichés

españolismo *nm* -1. *(apego, afecto)* affinity for things Spanish -2. *(carácter, naturaleza)* Spanishness, Spanish character -3. *(nacionalismo)* Spanish nationalism

españolista ⬦ *adj* -1. *(amante de lo español)* **es muy ~** she loves everything to do with Spain, she's a real Hispanophile -2. *(nacionalista)* Spanish nationalist, with Spanish nationalist sympathies
⬦ *nmf* -1. *(amante de lo español)* lover of all things Spanish, Hispanophile -2. *(nacionalista)* Spanish nationalist, person with Spanish nationalist sympathies

españolizar [14] ⬦ *vt* to make Spanish, to hispanicize

◆ **españolizarse** *vpr* to adopt Spanish ways

esparadrapo *nm Br* (sticking-)plaster, *US* Band-aid®

esparaván *nm (ave)* sparrowhawk

esparavel *nm (red)* casting net

esparcido, -a *adj (semillas, papeles, objetos)* scattered

esparcimiento *nm* -1. *(diseminación)* scattering -2. *(ocio)* relaxation, time off

esparcir [72] ⬦ *vt* -1. *(diseminar) (semillas, papeles, objetos)* to scatter; *(sal, azúcar)* to sprinkle; **hay que ~ las lentejas en la mesa** you need to spread the lentils out on the table -2. *(noticia, rumor)* to spread -3. *(entretener)* to amuse, to entertain

◆ **esparcirse** *vpr* -1. *(diseminarse) (semillas, papeles, objetos)* to be scattered; *(líquido)* to spread (out); *(sal, azúcar)* to scatter; **el azúcar se esparció por toda la mesa** the sugar scattered all over the table -2. *(noticia, rumor)* to spread -3. *(entretenerse)* to amuse oneself; *(relajarse)* to relax

espárrago *nm* stalk of asparagus; **espárragos** asparagus; EXPR *Fam* **estar como *o* hecho un ~** to be a beanpole; EXPR *Fam* **irse a freír espárragos: ¡vete a freír espárragos!** get lost!; **me mandó a freír espárragos** he told me to get lost, he told me where to go ❏ **espárragos trigueros** wild asparagus

esparraguera *nf* asparagus (plant)

Esparta *n* HIST Sparta

Espartaco *n pr* Spartacus

espartano, -a ⬦ *adj* -1. *(de Esparta)* Spartan -2. *(sobrio)* spartan
⬦ *nm,f* Spartan

esparto *nm* esparto (grass)

espasmo *nm* spasm; **le daban espasmos** he had spasms

espasmódico, -a *adj* spasmodic

espástico, -a *adj* spastic

espatarrado, -a = despatarrado

espatarrarse = despatarrarse

espato *nm* GEOL spar ❏ **~ *de Islandia*** Iceland spar

espátula *nf* -1. *(de albañil)* bricklayer's trowel; *(de empapelador)* scraper, stripping knife -2. ARTE palette knife -3. CULIN spatula -4. MED spatula -5. *(ave)* spoonbill

especia *nf* spice; **un plato con muchas especias** a very spicy dish

especiado, -a *adj* spicy, spiced

especial ⬦ *adj* -1. *(adecuado)* special; **~ para** especially for; **lejía ~ para lavadoras** bleach especially for washing machines; **una oferta ~ para nuestros clientes** a special offer for our customers
-2. *(particular, excepcional)* special; **hoy es un día ~, celebramos nuestro aniversario** today's a special day, we're celebrating our anniversary; **tienen ~ interés en conocerte** they're especially interested in meeting you; **recibe un trato ~ por ser discapacitado** he receives special treatment because he is disabled
-3. *(peculiar)* peculiar, strange; **esa forma tan ~ que tiene de mirar** that peculiar *o* strange way he has of looking at you
-4. *(quisquilloso)* fussy; **es muy ~ con la comida** he's very fussy about his food, he's a very fussy eater
⬦ *nm* -1. *(programa)* special; **un ~ informativo** a news special -2. *Chile (perrito caliente)* = hot dog with mayonnaise -3. *RP (sándwich) Br* baguette, *US* sub; **un ~ de pavita** *Br* a turkey baguette, *US* a turkey sub

⬦ **en especial** *loc adv* especially, particularly; **me gusta la pasta, en ~ los macarrones** I like pasta, especially macaroni; **¿alguno en ~?** any one in particular?

especialidad *nf* -1. *(culinaria) (en restaurante, de región)* speciality, *US* specialty ❏ **~ *de la casa*** speciality *o US* specialty of the house
-2. *(en estudios) US* major, = main subject of degree; **estudia la ~ de derecho canónico** she's specializing in canon law; **este tema no es de mi ~** this subject doesn't come into my specialist field; **son cinco años de carrera y tres de ~** there are five years of university study and three years of specialization
-3. *(en actividad)* speciality; *Hum* **meter la pata es su ~** she's an expert *o* a past master at putting her foot in it

especialista ⬦ *adj* specializing **(en** in**)**; **médico ~** specialist
⬦ *nmf* -1. *(experto)* specialist, expert **(en** in**)**; **los especialistas en materia financiera prevén otra subida** financial experts anticipate another rise; **un ~ en balística** a specialist in ballistics, a ballistics expert; *Hum* **es ~ en hacer la vida imposible a los demás** he's an expert *o* a past master at making life difficult for others ❏ **~ *universitario*** = postgraduate university qualification below that of master's
-2. *(médico)* specialist; **mi médico me mandó al ~** my doctor referred me to the

especialización nf specialization

especializado, -a adj specialized (**en** in); **un abogado ~ en casos de divorcio** a lawyer specializing in divorce cases; **un restaurante ~ en carnes a la brasa** a restaurant whose speciality is barbecued meats; **mano de obra especializada** skilled labour; **obrero ~** skilled worker; **no ~** (mano de obra) unskilled

especializar [14] ◇ vt to specialize
◆ **especializarse** vpr to specialize (**en** in)

especialmente adv **-1.** (con fin específico) especially, specially **-2.** (en especial) especially, particularly; **me gusta la pasta, ~ los macarrones** I like pasta, especially macaroni; **¿prefieres alguno ~?** do you want one in particular?

especie nf **-1.** (biológica) species (singular); **el origen de las especies** the origin of species; **~ endémica** endemic species; **~ protegida** protected species; **~ en vías de extinción** endangered species
-2. (clase) kind, sort; **llevaba una ~ de abrigo** she was wearing some sort of overcoat; **toda esta gente es de la misma ~** all these people are the same
-3. (productos, servicios) **en ~** in kind; **pagar en ~** to pay in kind; FIN **rendimientos** o **retribuciones en ~** (de empresa) benefits in kind
-4. Formal (rumor) rumour
-5. REL **especies sacramentales** species

especiería nf spice shop
especiero nm (mueble) spice rack
especificación nf specification
específicamente adv specifically
especificar [59] vt to specify; **la guía no especifica nada sobre el tema** the guide doesn't say anything specific on the subject; **no especificó las razones de su dimisión** she didn't specify her reasons for resigning; **¿podría usted ~ un poco más?** could you be a little more specific?; **por favor, especifique claramente el modo de pago** please state clearly the method of payment

especificativo, -a adj **-1.** (aclaratorio) specifying **-2.** GRAM (oración) defining

especificidad nf specificity

específico, -a ◇ adj specific
◇ nm (medicamento) specific

espécimen (pl **especímenes**) nm specimen
especioso, -a adj Formal (engañoso) specious
espectacular adj spectacular
espectacularidad nf spectacular nature; **todos se asustaron por la ~ del accidente** it was such a spectacular accident it shocked everyone rigid

espectacularmente adv (en sentido positivo) spectacularly; (en sentido negativo) dramatically

espectáculo nm **-1.** (diversión) entertainment; **el público pide ~** the public wants entertainment; **tocan bien y además les gusta dar ~** they play well and they like to give a good show too
-2. (función) show, performance; **el ~ comenzará a las ocho** the show o performance starts at eight; **un ~ infantil/circense** a children's/circus show; **espectáculos** (sección periodística) entertainment section; **el mundo del ~** (the world of) show business ❏ **~ pirotécnico** firework display; **~ de variedades** variety show
-3. (suceso, escena) sight; **desde el mirador, el paisaje es un verdadero ~** the view of the landscape from the lookout point is quite spectacular; **ver cómo le pegaban fue un penoso ~** seeing them hit him was a terrible sight; EXPR Fam **dar el ~** to cause a scene

espectador, -ora nm,f **-1.** (de televisión) viewer; (de cine, teatro) member of the audience; (de espectáculo deportivo) spectator; **los espectadores** (de televisión) the viewers; (de cine, teatro) the audience; (de espectáculo deportivo) the spectators, the crowd **-2.** (de suceso, discusión) onlooker; **yo fui un mero ~** I was just an onlooker

espectral adj **-1.** (misterioso, lúgubre) ghostly **-2.** FÍS spectral; **análisis ~** spectral o spectrum analysis

espectro nm **-1.** FÍS spectrum ❏ **~ luminoso** light spectrum; **~ solar** solar spectrum; **~ visible** visible spectrum **-2.** (gama, abanico) spectrum; **el ~ político** the political spectrum; **un antibiótico de amplio ~** a broad-spectrum antibiotic **-3.** (fantasma) spectre, ghost **-4.** (de hambre, guerra) spectre

espectrógrafo nm FÍS spectrograph ❏ **~ de masas** mass spectrograph

espectrómetro nm FÍS **~ de masas** mass spectrometer

espectroscopia nf spectroscopy
espectroscopio nm spectroscope
especulación nf **-1.** (económica, financiera) speculation; **~ bursátil** stock market speculation, speculation on the stock exchange; **la ~ inmobiliaria** property speculation **-2.** (conjetura) speculation

especulador, -ora nm,f speculator

especular vi **-1.** (reflexionar, conjeturar) to speculate (**sobre** on/about) **-2.** (comerciar) **~ con/en algo** to speculate in sth; **~ con terrenos/la propiedad** to speculate in land/property; **~ en bolsa** to speculate on the stock market o exchange

especulativo, -a adj **-1.** (comercio, economía, actividad) speculative **-2.** (conocimiento) speculative, theoretical

espéculo nm MED speculum
espejear vi to shine, to gleam
espejismo nm **-1.** (ilusión óptica) mirage **-2.** (apariencia) mirage, illusion

espejo nm **-1.** (para mirarse) mirror; **mirarse al** o **en el ~** to look at oneself in the mirror; **los padres se miran en los hijos como en un ~** parents see themselves in their children; EXPR **como un ~** (muy limpio) spotless; **dejó la mesa como un ~** he left the table spotless ❏ **~ de cuerpo entero** full-length mirror; **~ lateral** (de automóvil) wing mirror; **~ de mano** hand mirror; **~ retrovisor** rear-view mirror
-2. (imagen, reflejo) mirror; **su teatro es el ~ de la sociedad de la época** his plays mirror o reflect the society of his time; **la cara es el ~ del alma** the face is the mirror of the soul
-3. (modelo) model, example; **es el ~ en que se miran muchas jóvenes** many young people take her as a role model; **es un ~ de virtud** he's a paragon of virtue
-4. **~ de los Incas** (mineral) obsidian
-5. **~ de Venus** (planta) Venus's looking glass

espejuelos nmpl Cuba glasses, spectacles
espeleología nf caving, pot-holing, US spelunking, Espec speleology
espeleólogo, -a nm,f caver, pot-holer, US spelunker, Espec speleologist

espeluznante adj (escena, suceso) horrific, horrifying; (relato) hair-raising; (grito) bloodcurdling; (sonido) terrifying

espeluznar vt ◇ (asustar) to terrify
◆ **espeluznarse** vpr (asustarse) to be terrified

espera nf **-1.** (acción) wait; **la larga ~ había merecido la pena** the long wait had been worth it; **tras una ~ de seis horas,...** after a six-hour wait,...; **después de una ~ prudencial, partimos sin él** after waiting for a reasonable amount of time, we left without him; **la ~ se nos hizo interminable** the waiting seemed endless; **en ~ de, a la ~ de** waiting for, awaiting; **seguimos a la ~ de su respuesta** (en cartas) we await your reply; **en ~ de lo que decida el jurado** while awaiting the jury's decision
-2. DER (plazo) period of grace

esperado, -a adj **-1.** (anhelado) long-awaited, eagerly awaited; **por fin llegó la fecha del ~ concierto** at last the day of the long-awaited concert arrived; **su regreso a los escenarios** her long-awaited return to the stage
-2. (previsto) expected; **fue el resultado ~** it was the result they expected; **tuvo una reacción no por esperada menos violenta** he reacted in a way that was none the less violent for being expected

esperanto nm Esperanto

esperanza nf **-1.** (confianza) hope; **la reunión ha suscitado nuevas esperanzas de una solución** the meeting has given rise to new hopes of a solution; **aún hay ~ o esperanzas, aún quedan esperanzas** there is still hope; **tengo ~ de que todo se arregle** I have hopes that everything will be sorted out; **mantengo la ~ de volver a verla** I still hope to see her again; **él es nuestra única ~** he's our only hope; **te queda la ~ de que nadie se haya enterado** you can only hope that o your only hope is that no one has found out; **se dirigió a él con la ~ de que le firmara un autógrafo** she approached him hoping that he would give her his autograph; **dar esperanzas a alguien** to give sb hope; **le dio esperanzas y él pensó que podría ser su novio** she raised his hopes and he thought he could be her boyfriend; **los médicos no nos han querido dar esperanzas** the doctors haven't wanted to build up our hopes; **no quiero darles falsas esperanzas** I don't want to build your hopes up for nothing, I don't want to give you false hope(s); **perder la ~** to lose hope; **habíamos perdido toda ~** we had lost all hope; **perdimos la ~ de llegar a ser rescatados** we lost hope of ever being rescued; **tener ~ o esperanzas de hacer algo** to hope to be able to do sth; **aún tengo esperanzas de volver algún día** I still hope to go back one day; PROV **la ~ es lo último que se pierde** where there's life there's hope ❏ **~ de vida** life expectancy; **~ de vida al nacimiento** life expectancy at birth
-2. REL hope

esperanzadamente adv hopefully
esperanzado, -a adj hopeful
esperanzador, -ora adj encouraging, hopeful; **es una señal esperanzadora** it's an encouraging o hopeful sign; **la actuación del equipo ha sido esperanzadora** the team's performance was encouraging o promising

esperanzar [14] ◇ vt to give hope to; **no nos esperanzaron mucho** they didn't give us much hope, they weren't very encouraging
◆ **esperanzarse** vpr to be encouraged; **se esperanzaron al oír las noticias** they were encouraged when they heard the news; **no conviene esperanzarse demasiado** we shouldn't build our hopes up too much

esperar ◇ vt **-1.** (aguardar) to wait for; **~ el autobús** to wait for the bus; **te esperaremos en el aeropuerto** we'll meet you at the airport, we'll be waiting for you at the airport; **esperadnos un minuto** wait for us a minute; **¡espérame, que voy contigo!** wait for me, I'm coming with you!; **¿a qué estás esperando?** what are you waiting for?; **~ a que alguien haga algo** to wait for sb to do sth; **esperaré a que vuelva** I'll wait till she gets back
-2. (tener esperanza de) **todos esperamos la victoria** we all hope for victory; **esperamos salir al campo el domingo** we are hoping to go on a trip to the countryside on Sunday; **espero poder ayudar** I hope I can be of some help; **~ que...** to hope that...; **espero que sí/no** I hope so/not; **espero que no te hayas ofendido** I hope you didn't take offence; **esperamos que no sea nada** let's hope it's nothing serious; **ser de ~: es de ~ que no ocurra ninguna desgracia** let's hope nothing terrible happens; **era de ~ que ocurriría esto** you could have predicted this would happen; **como era de ~** as was to be expected; **como era de ~, llovió mucho** as was to be expected o as you might expect, there was a lot of rain
-3. (tener confianza en) to expect; **no**

esperábamos esta reacción we didn't expect this reaction; **espero que venga esta noche** I expect (that) she'll come tonight; **~ algo de alguien** to expect sth from sb, to hope for sth from sb; **espero discreción de usted** I expect discretion from you, I expect you to be discreet; **¿y qué esperabas (de alguien así)?** what did you expect (from someone like that)?; **no esperaba menos de él** I expected no less of him

-4. *(ser inminente para)* to await, to be in store for; **nos esperan un buen baño y una cama** there's a nice warm bath and a bed waiting for us; **le esperan dificultades** he's in for some problems, there are problems in store for him; *Fam* **¡me espera una buena en casa!** I'm in for it when I get home!; *Fam* **¡no sabes la** *o* **lo que te espera!** you don't know what you're in for!

◇ *vi* -1. *(aguardar)* to wait; **espera en este despacho** wait in this office; **espera, que ya voy** wait a minute, I'm coming; **espera un instante** *o* **momento, ¿no es el famoso Pedro Valverde?** hang on *o* wait a minute, isn't that the famous Pedro Valverde?; **no creo que puedas hacerlo – espera y verás** I don't think you'll be able to do it – just (you) wait and see; **su enfado no se hizo ~** it didn't take long for her anger to surface; *Fam* **si crees que te voy a dejar dinero, puedes ~ sentado** if you think I'm going to lend you some money, you've got another think coming; **hacer ~ a alguien** to keep sb waiting, to make sb wait; **me hiciste ~ una hora** you kept me waiting (for) an hour; PROV **quien espera desespera** a watched pot never boils

-2. *(estar embarazada)* to be expecting; **está esperando desde hace cuatro meses** she's four months pregnant

◆ **esperarse** *vpr* -1. *(imaginarse, figurarse)* to expect; **ya me esperaba yo esta contestación** I expected that answer; **se esperaban lo peor** they expected *o* feared the worst; **esto no me lo esperaba** I wasn't expecting this; **ya me lo esperaba** I expected as much; **¿qué te esperabas?** what did you expect?; **esperarse algo de alguien** to expect sth of sb; **no me esperaba eso de ti** I didn't expect that of you, I never thought you'd do that

-2. *(aguardar)* to wait; **espérate un momento** wait a minute; **esperarse a que alguien haga algo** to wait for sb to do sth; **no te esperes a que nadie resuelva tus problemas** don't wait for other people to solve your problems

-3. *(uso impersonal)* to be expected; **se esperan lluvias en toda la región** rain is expected *o* there will be rain across the whole region; **se espera que acudan varios miles de personas** several thousand people are expected to attend; **se esperaba que hiciera unas declaraciones** he was expected to make a statement

esperma *nm o nf* sperm ❏ **~ de ballena** *(grasa)* sperm oil; *(producto)* spermaceti

espermaceti *nm (grasa)* sperm oil; *(producto)* spermaceti

espermaticida ◇ *adj* spermicidal
◇ *nm* spermicide

espermatozoide *nm* sperm, *Espec* spermatozoon

espermatozoo *nm* spermatozoon

espermicida ◇ *adj* spermicidal
◇ *nm* spermicide

esperpéntico, -a *adj* grotesque

esperpento *nm* -1. *(persona)* grotesque sight; **vestido así pareces un ~** you look a sight dressed like that -2. *(cosa)* absurdity, piece of nonsense -3. LIT *(género)* = style of writing created by the Spanish dramatist and novelist Ramón María del Valle-Inclán (1866-1936), which consists of deforming reality to intensify its grotesque and absurd characteristics

espesante *nm* thickening, thickener

espesar ◇ *vt* to thicken
◇ *vi (líquido, salsa)* to thicken

◆ **espesarse** *vpr (bosque, vegetación)* to become more dense; *(niebla, humo)* to get thicker; *(líquido, salsa)* to thicken

espeso, -a *adj* -1. *(líquido, pintura, salsa)* thick -2. *(cabello, barba)* thick, bushy; *(bosque, vegetación)* dense; *(seto)* thick; *(niebla)* dense, thick; *(humo)* thick; *(nieve)* deep; *(muro)* thick -3. *(complicado)* dense, difficult -4. *Fam (torpe)* dense, slow; **hoy estás un poco ~** you're being a bit dense today, you're a bit slow today -5. *Perú, Ven Fam (pesado)* **¡no seas ~!** don't be a pain!

espesor *nm* -1. *(grosor)* thickness; **tiene 2 metros de ~** it's 2 metres thick -2. *(densidad)* *(de bosque, vegetación)* denseness; *(de seto)* thickness; *(de niebla)* denseness, thickness; *(de nieve)* depth

espesura *nf* -1. *(vegetación)* thicket; **se abrió camino entre la ~** he made his way through the undergrowth -2. *(grosor)* thickness -3. *(densidad)* density

espetar *vt* -1. *Fam (decir)* to snap; **de pronto me espetó que me callara** he suddenly snapped at me to be quiet; **"¡he dicho que no!", espetó ella** "I said no!" she snapped -2. *(carne)* to skewer

espetón *nm* -1. *(pincho)* skewer, spit -2. *(pez)* needlefish, pipefish

espía¹ ◇ *adj* **avión/satélite ~** spy plane/satellite
◇ *nmf (persona)* spy ❏ **~ doble** double agent

espía² *nf* NÁUT *(cabo)* warp

espiar¹ [32] ◇ *vt* to spy on, to keep a watch on; **un detective espiaba sus movimientos** a detective was keeping a watch on his movements
◇ *vi (en secreto)* to spy

espiar² [32] *vi* NÁUT to warp

espichado, -a *adj Ven Fam* down, deflated

espichar *vt* -1. *Chile, Perú (vasija, cuba)* to put a *Br* tap *o US* faucet on -2. *Ven Fam (desinflar)* to let down -3. *Fam* **espicharla** *(morir)* to kick the bucket

espídico, -a *adj* -1. *(nervioso)* on edge, uptight -2. *(lleno de energía)* hyper

espiga *nf* -1. *(de cereal)* ear; BOT *(de flores)* spike -2. *(en telas)* herringbone -3. *(pieza) (de madera)* peg; *(de hierro)* pin -4. *(de espada)* tang -5. NÁUT masthead

espigado, -a *adj* -1. *(persona)* tall and slim -2. *(cereal)* ripe

espigar [38] ◇ *vt (información)* to glean

◆ **espigarse** *vpr* -1. *Fam (persona)* to shoot up -2. *(planta)* to go to seed

espigón *nm* breakwater

espiguilla *nf (en telas)* herringbone (pattern)

espín *nm* FÍS spin

espina *nf* -1. *(astilla)* splinter; **se me ha clavado una ~** I've got a splinter
-2. *(de pez)* (fish) bone; **limpiar un pescado de espinas** to bone a fish; **se atragantó con una ~** she choked on a fish bone
-3. *(de planta)* thorn; *(de cactus)* spine; **una rosa con espinas** a thorny rose
-4. ANAT spine ❏ MED **~ bífida** spina bifida; **~ dorsal** *(de vertebrado)* backbone, spine; *(de equipo, organización)* backbone
-5. *(pena, pesar)* grief, sorrow; **sacarse una ~** *(desquitarse)* to settle an old score; *(desahogarse)* to relieve a long-standing frustration; **queremos sacarnos la ~ de la derrota del año pasado** we want to lay the ghost of last year's defeat; **todavía tengo clavada la ~ de no haber ido a la universidad** I still feel bad about not having gone to university; EXPR *Fam* **darle mala ~ a alguien** to make sb uneasy; **este sitio me da mala ~** I've got a bad feeling about this place, this place makes me uneasy
-6. **~ blanca** *(planta)* cotton thistle

espinaca *nf*, **espinacas** *nfpl* spinach

espinal *adj* spinal

espinazo *nm* spine, backbone; EXPR *Fam* **doblar el ~** *(humillarse)* to kowtow; *(trabajar duro)* to put one's back into it

espineta *nf* spinet

espinilla *nf* -1. *(hueso)* shin, shinbone -2. *(grano)* blackhead

espinillera *nf* shin pad *o* guard

espinillo *nm* -1. RP *(árbol)* nandubay -2. *Carib (arbusto)* = variety of mimosa

espino *nm* -1. *(planta)* hawthorn ❏ **~ amarillo** common sea-buckthorn; **~ cerval** purging buckthorn; **~ falso** common sea-buckthorn; **~ negro** buckthorn, blackthorn -2. *(alambre)* barbed wire

espinoso, -a ◇ *adj* -1. *(planta, tallo)* thorny; *(cactus)* prickly -2. *(asunto, problema, tema)* thorny
◇ *nm (pez)* three-spined stickleback

espionaje *nm* espionage, spying; **una red de ~** a spy ring; **hacía ~ para los rusos** he spied for the Russians ❏ **~ industrial** industrial espionage

espira *nf* -1. MAT spiral, helix -2. ZOOL *(de concha)* *(espiral)* spire; *(cada vuelta)* whorl -3. ARQUIT surbase

espiración *nf* exhalation, breathing out

espirador, -ora *adj* ANAT expiratory; **músculo ~** expiratory muscle

espiral *nf* -1. *(línea curva)* spiral; **un cuaderno de ~** a spiral-bound notebook; **en ~** *(escalera, forma)* spiral; **el avión descendió en ~** the plane spiralled downwards -2. *(escalada)* spiral ❏ ECON **~ inflacionaria** inflationary spiral; **~ de violencia** spiral of violence -3. *(anticonceptivo)* coil -4. *(de reloj)* balance spring, hairspring

espirar ◇ *vt* to exhale, to breathe out
◇ *vi* to exhale, to breathe out

espiritismo *nm* spiritualism; **hacer ~** to practise spiritualism; **sesión de ~** seance

espiritista *adj* spiritualist

espiritoso, -a, espirituoso, -a *adj (bebida)* alcoholic

espíritu *nm* -1. *(mente, alma)* spirit; REL soul ❏ **~ maligno** evil spirit; **Espíritu Santo** Holy Spirit *o* Ghost
-2. *(fantasma)* ghost; **se nos apareció el ~ del conde** the ghost of the Count appeared to us; **una casa poblada por espíritus** a haunted house
-3. *(actitud)* spirit; **fue un hombre de ~ aventurero** he was a man with an adventurous spirit; EXPR **ser el ~ de la contradicción, tener ~ de contradicción** to be contrary ❏ **~ deportivo** sporting spirit; **~ de equipo** team spirit; **~ de lucha** fighting spirit; **~ de sacrificio** spirit of sacrifice; **~ de venganza** desire for vengeance; **tener ~ de venganza** to be vengeful
-4. *(carácter)* spirit; **siempre tuvo un ~ juvenil** she was always young at heart, she always had a youthful spirit; **el ~ de la época** the spirit of the age; **el ~ de la ley** the spirit of the law
-5. *(ánimo)* **¡cómo quieres aprobar con ese ~!** how do you expect to pass if you feel like that!; **levantar el ~** to cheer up; **levantar el ~ a alguien** to lift *o* raise sb's spirits
-6. QUÍM spirit; **~ de sal/de vino** spirits of salt/of wine

espiritual ◇ *adj* spiritual
◇ *nm (canto)* spiritual

espiritualidad *nf* spirituality

espirituoso, -a = espiritoso

espirómetro *nm* spirometer

espita *nf* spigot, *Br* tap, *US* faucet

espléndidamente *adv* -1. *(maravillosamente)* splendidly -2. *(con ostentación)* magnificently -3. *(con abundancia)* generously, lavishly

esplendidez *nf* -1. *(generosidad)* generosity -2. *(magnificencia)* splendour

espléndido, -a *adj* -1. *(maravilloso)* splendid, magnificent; **hace un día ~** it's a beautiful *o* glorious day; **hace un tiempo ~** the weather is beautiful *o* glorious; **me parece un tipo ~** I think he's a wonderful guy; **desperdició una oportunidad espléndida** he wasted a golden *o* wonderful opportunity; **este arroz está ~** this rice is wonderful; **estás espléndida con ese vestido** you look magnificent in that dress

esplendor -2. *(generoso) (persona)* generous; *(obsequio)* generous, lavish -3. *(lujoso)* magnificent, lavish; **espléndidos decorados** magnificent o lavish sets

esplendor nm -1. *(magnificencia)* splendour -2. *(apogeo)* greatness; **la primavera se hallaba en todo su ~** spring was in its fullest glory; **la empresa atravesaba por su momento de máximo ~** the company was at its most successful

esplendoroso, -a adj magnificent

esplenio nm ANAT splenius

espliego nm lavender

esplín nm Literario melancholy, depression

espolear vt -1. *(caballo)* to spur on -2. *(persona)* to spur on

espoleta nf -1. *(de proyectil)* fuse -2. ZOOL *(hueso)* wishbone

espolón nm -1. *(de ave)* spur -2. *(de caballo)* fetlock -3. *(de sierra, montaña)* spur -4. ARQUIT buttress -5. *(muro de contención) (de mar)* sea wall, dike; *(de río)* Br embankment, US levee -6. NÁUT *(de proa)* ram

espolvorear vt *(azúcar, queso)* to sprinkle (**de** with); *(harina, polvos)* to dust (**de** with); **espolvoree chocolate rallado sobre la tarta** sprinkle grated chocolate over the cake; **finalmente, ~ los macarrones de** o **con parmesano** finally, sprinkle the macaroni with parmesan

espondeo nm LIT spondee

espongiario ZOOL ◇ adj spongiform, spongelike
   ◇ nm *(animal)* sponge
   ◇ nmpl **espongiarios** sponges Porifera

esponja nf -1. ZOOL sponge -2. *(para aseo, limpieza)* sponge; **beber como una ~** to drink like a fish ❑ **~ vaginal** contraceptive sponge; **~ vegetal** loofah, vegetable sponge -3. Fam *(borracho)* lush, old soak -4. Fam *(persona capaz de asimilar)* sponge; **los niños son esponjas y todo lo aprenden con facilidad** children are like sponges, they learn everything so easily

esponjar ◇ vt to fluff up
   ◆ **esponjarse** vpr -1. *(bizcocho, masa)* to rise -2. *(toalla, jersey)* to go o become fluffy

esponjosidad nf -1. *(de toalla, jersey, tejido)* fluffiness -2. *(de bizcocho, masa)* lightness, fluffiness; *(de pan)* softness

esponjoso, -a adj -1. *(toalla, jersey, tejido)* fluffy -2. *(bizcocho, masa)* light, fluffy; *(pan)* soft

esponsales nmpl Formal betrothal

espónsor nm sponsor

esponsorizar vt to sponsor

espontáneamente adv spontaneously

espontaneidad nf spontaneity; **actúa con ~** he acts spontaneously

espontáneo, -a ◇ adj spontaneous; **son hierbas que crecen de forma espontánea** they're plants that grow in the wild
   ◇ nm,f = spectator who tries to join in an event (e.g. by jumping into the bullring or climbing on stage at a concert)

espora nf spore; **reproducción por esporas** reproduction by means of spores

esporádicamente adv sporadically

esporádico, -a adj sporadic; **habrá chubascos esporádicos** there will be intermittent showers

esport [es'por]: **de esport** loc adj **chaqueta de ~** sports jacket; **ropa de ~** casual clothes

esposa nf Am *(anillo)* episcopal ring

esposado, -a adj handcuffed; **se lo llevaron ~** he was taken away in handcuffs

esposar vt to handcuff

esposas nfpl *(objeto)* handcuffs; **ponerle las ~ a alguien** to handcuff sb

esposo, -a nm,f *(persona)* husband, f wife; **los esposos salieron de la iglesia** the couple o the newlyweds left the church ❑ **esposa de hecho** common-law wife; **~ de hecho** common-law husband

espot [es'pot] *(pl* **espots**) *nm* (TV) advert; **un ~ publicitario** a (television) commercial

espray *(pl* **esprays**) *nm* -1. *(líquido)* spray; **desodorante/pintura en ~** deodorant spray/spray paint; **pintadas hechas con ~** spray-painted graffiti -2. *(envase)* spray, spray can

esprint *(pl* **esprints**) *nm* sprint; **la carrera se decidió al ~** it was a sprint finish ❑ **~ especial** *(en ciclismo)* hot spot sprint

esprintar vi to sprint

esprínter *(pl* **esprínters**) *nmf* sprinter

espuela nf -1. *(en el talón)* spur; **picar al caballo con las espuelas** to use spurs on one's horse -2. Fam *(última copa)* **tomar la ~** to have one for the road -3. **~ de caballero** *(planta)* larkspur -4. Arg, Chile *(hueso)* wishbone

espuerta nf *(recipiente)* basket; EXPR Fam **a espuertas** by the sackful o bucket; **ganaron dinero a espuertas** they made pots of money

espulgar [38] ◇ vt *(de pulgas, piojos)* to delouse
   ◆ **espulgarse** vpr *(uso reflexivo)* to pick the fleas off itself, to groom itself; *(uso recíproco)* to pick the fleas off each other, to groom each other

espulgo nm *(de pulgas, piojos)* delousing

espuma nf -1. *(burbujas)* foam; *(de cerveza)* head; *(de jabón)* lather, *(de caldo)* scum; *(de olas)* surf; *(de cascada)* spray; *(de río)* foam; **al descorchar el champán brotó un montón de ~** the champagne fizzed all over the place when it was uncorked; **póngame una cerveza con mucha ~** give me a beer with a good head on it; **se te ha quedado ~ en la barba** you've got some froth on your beard; **un baño de ~** a foam o bubble bath; **este gel hace mucha ~** this gel makes a lot of lather o lathers up really well; **al caldo quítale la ~ que suelte** remove the scum that forms on the stock; *también Fig* **echar ~ por la boca** to foam at the mouth; EXPR **como la ~: la bolsa subió como la ~** the share index shot up; **el negocio crecía como la ~** the business went from strength to strength; **su fortuna creció como la ~** his wealth increased dramatically -2. *(cosmético, limpiador) (para pelo)* (styling) mousse; *(para alfombras, tapicerías)* shampoo ❑ **~ de afeitar** shaving foam -3. *(gomaespuma)* foam rubber; **un colchón de ~** a foam-rubber mattress ❑ Urug **~ de plast** polyurethane foam; **~ de poliuretano** polyurethane foam -4. *(tejido)* stretch nylon; **medias de ~** stretch tights -5. **~ de mar** meerschaum

espumadera nf skimmer

espumante adj foaming, frothing

espumar ◇ vt *(caldo)* to skim
   ◇ vi to foam

espumarajo nm froth, foam; *también Fig* **echar espumarajos (por la boca)** to foam at the mouth; **el mar estaba lleno de espumarajos** there was lots of dirty foam on the sea

espumilla nf CAm, Ecuad *(merengue)* meringue

espumillón nm tinsel

espumoso, -a ◇ adj -1. *(baño)* foamy, bubbly; *(cerveza)* frothy, foaming; *(jabón)* lathery -2. *(vino)* sparkling
   ◇ nm *(vino)* sparkling wine

espundia nf Bol, Perú, Ven MED elephantiasis

espúreo, -a, espurio, -a adj Formal -1. *(bastardo)* illegitimate -2. *(falso)* spurious, false

espurrear vt Esp *(café, papilla)* to spit out

esputar vi to cough up o spit phlegm

esputo nm *(flema)* spittle; MED sputum

esqueje nm *(para injertar en planta)* scion; *(para plantar en tierra)* cutting

esquela nf -1. Esp funeral notice *(in newspaper)* -2. Am *(carta)* note

esquelético, -a adj -1. ANAT skeletal -2. Fam *(muy delgado)* skinny; **estar ~** to be extremely o painfully thin

esqueleto nm -1. *(de persona, animal)* skeleton; EXPR Fam **menear** o **mover el ~** to boogie (on down) -2. *(armazón) (de edificio)* framework; *(de vehículo)* frame; *(de novela)* framework, outline; *(de argumento)* outline -3. Fam *(persona muy delgada)* skeleton; EXPR **estar como un** o **hecho un ~** to be like a skeleton, to be skin and bones -4. CAm, Col, Méx *(formulario)* form -5. Col *(camiseta)* Br vest, US undershirt

esquema nm -1. *(gráfico)* diagram; **hazme un ~ de la ruta hasta tu casa** draw me a map of the route to your house -2. *(resumen)* outline; **hacerse un ~** to draw up an outline -3. *(estructura)* **los esquemas mentales de un niño** a child's view of the world; **los esquemas de comportamiento del enfermo anoréxico** the behaviour patterns of anorexics; EXPR **romper los esquemas a alguien**: **sus ideas sobre las drogas me rompieron los esquemas** his ideas on drugs really challenged my preconceptions; **ya tenía el itinerario preparado pero su respuesta me rompió los esquemas** I had already worked out the itinerary but her answer threw all my plans up in the air

esquemáticamente adv schematically

esquemático, -a adj *(dibujo, plano)* schematic; **un resumen ~** an outline; **explicó de manera esquemática su programa electoral** he set out the main points of his election programme; **un resumen muy/demasiado ~** a very simplified/an oversimplified summary

esquematismo nm schematism

esquematizar [14] vt -1. *(en forma de gráfico)* to draw a diagram of -2. *(resumir)* to outline

esquí *(pl* **esquíes** o **esquís**) *nm* -1. *(tabla)* ski -2. *(deporte)* skiing; **una pista de ~** a ski slope o run; **saltos de ~** ski-jumping; **hacer ~** to go skiing, to ski ❑ **~ acuático** water-skiing; **~ alpino** downhill skiing; **~ de baches** moguls; **~ de fondo** cross-country skiing; **~ náutico** water-skiing; **~ nórdico** cross-country skiing; **~ de saltos** ski jumping; **~ de travesía** cross-country skiing

esquiador, -ora nm,f skier

esquiar [32] vi to ski; **van a ~ a los Alpes** they're going skiing in the Alps

esquife nm -1. HIST longboat -2. DEP *(en remo)* (single) kayak

esquijama nm thick winter pyjamas

esquila[1] nf -1. *(cencerro)* cowbell -2. *(campanilla)* small bell

esquila[2] nf *(acción de esquilar)* shearing

esquilador, -ora nm,f *(persona)* (sheep-)shearer

esquiladora nf *(máquina)* (sheep)shearing machine

esquilar vt to shear

esquilmar vt -1. *(terreno, campo de cultivo)* to exhaust, overcultivate; *(recursos, riqueza natural)* to overexploit; *(bancos de pescado)* to deplete -2. *(fortuna, herencia)* to squander -3. *(persona)* **~ a alguien** to milk o bleed sb dry

Esquilo n pr Aeschylus

esquimal ◇ adj Eskimo
   ◇ nmf *(persona)* Eskimo
   ◇ nm *(lengua)* Eskimo

esquina nf -1. *(en calle)* corner; *también Fig* **a la vuelta de la ~** (just) round the corner; **el examen/la farmacia está a la vuelta de la ~** the exam/the chemist's is just around the corner; **doblar la ~** to turn the corner; **en la ~** on the corner; **hacer ~ (con)** to be on the corner (of); **el banco hace ~ con la calle principal** the bank is on the corner of Br the high street o US main street -2. *(de objeto, habitación, página)* corner; **me di un golpe con la ~ de la mesa** I bumped into the corner of the table -3. *(en fútbol)* corner; **saque de ~** corner (kick); **sacar de ~** to take a corner (kick)

esquinado, -a adj -1. *(en la esquina)* on the corner; **un balcón ~** a corner balcony -2. *(de trato difícil)* prickly, awkward

esquinar ◇ vt *(poner en esquina)* to put in a corner
   ◇ vi to form a corner (**con** with)

esquinazo nm -1. *(esquina)* corner; EXPR Esp **dar (el) ~ a alguien**: **consiguió dar ~ a sus perseguidores** he managed to give his pursuers the slip o shake off his pursuers;

intenta dar ~ a su ex novio she tries to avoid her ex-boyfriend **-2.** *Chile (serenata)* serenade

esquinera *nf* **-1.** *(mueble)* cornerpiece, corner cupboard **-2.** *Fam (prostituta)* tart, *US* hooker **-3.** *Ven (sábana ajustable)* fitted sheet

ESQUIPULAS

In 1986 the governments of El Salvador, Honduras, Nicaragua, Costa Rica and Guatemala signed the Esquipulas Declaration in the Guatemalan city of that name. The main purpose of the meeting was to promote the cause of peace in Central America, which was then ravaged by guerrilla and counterinsurgency war. As part of this process, and also to aid cooperation on the common political and economic problems facing the region, the countries agreed to form a Central American parliament, the "Parlacen". There were some delays in the ratification process and in holding elections in certain countries, so when it opened in 1991 the Parliament initially included only representatives from El Salvador, Honduras and Guatemala, though Nicaragua and Panama joined later. Currently there is much criticism of the parliament due to the costs of the bureaucracy involved, and because of its perceived ineffectiveness in resolving conflicts, as its resolutions have no binding force.

esquirla *nf (de loza, hueso, cristal)* splinter
esquirol, -ola *nm,f* scab, *Br* blackleg
esquisto *nm* GEOL schist
esquites *nmpl CAm, Méx* = cooked kernels of sweetcorn/maize used in soups
esquivar *vt* **-1.** *(golpe)* to dodge; *(valla, obstáculo)* to clear; **trató de ~ al perro para no atropellarlo** he tried to avoid the dog so as not to knock it down **-2.** *(persona, discusión, tema)* to avoid; *(pregunta)* to evade, to dodge; *(compromiso, responsabilidad)* to evade, to get out of; *(problema, inconveniente)* to avoid, to get round
esquivez *nf* shyness
esquivo, -a *adj* uncommunicative, unsociable; **es algo ~** he's not very communicative *o* sociable; **está muy ~ con todos nosotros** he's very unsociable towards us all; **estuvo ~ con la prensa** he didn't give much away to the press
esquizofrenia *nf* schizophrenia
esquizofrénico, -a ◇ *adj* schizophrenic
◇ *nm,f* schizophrenic
esquizoide *adj* schizoid
esta *ver* **este**
ésta *ver* **éste**
estabilidad *nf* stability; **continuará la ~ atmosférica** the settled weather will continue; **~ económica/emocional** economic/emotional stability; **~ en el empleo** job security ❏ **~ de precios** price stability
estabilización *nf* stabilization
estabilizador, -ora ◇ *adj* stabilizing
◇ *nm (de avión, barco)* stabilizer
estabilizante *nm (aditivo)* stabilizer
estabilizar [14] ◇ *vt* **-1.** *(vehículo, nave)* to stabilize **-2.** *(precios, economía, relación)* to stabilize
◆ **estabilizarse** *vpr* **-1.** *(vehículo, nave)* to stabilize, to become stable **-2.** *(precios, economía, relación)* to stabilize, to become (more) stable; **el índice de la bolsa se ha estabilizado en el 1.100** the share index has stabilized at 1,100
estable *adj* **-1.** *(firme)* stable **-2.** *(permanente, fijo) (situación, relación, empleo)* stable; *(cliente)* regular; **el tiempo permanecerá ~** the weather will remain settled **-3.** QUÍM stable
establecer [46] ◇ *vt* **-1.** *(instalar) (colonia, poblado)* to establish; *(campamento, negocio, sucursal)* to set up; **~ residencia en** to take up residence in
-2. *(fijar, emprender) (régimen, relaciones, comunicación)* to establish; *(costumbre)* to introduce; *(moda)* to start; *(récord)* to set; **no lograba ~ contacto con la torre de control** he couldn't make *o* establish contact with the control tower

-3. *(expresar) (principios, criterios)* to establish, to lay down; *(teoría, hipótesis)* to formulate; **estableció las bases de la física moderna** he laid the foundations of modern physics
-4. *(estipular)* to state, to stipulate; **las normas del club establecen que...** the club rules state that...; **según establece la ley,...** as stipulated by law,...
-5. *(averiguar)* to establish, to determine; **la policía no ha podido ~ la causa de su muerte** the police have been unable to establish *o* determine the cause of death
◆ **establecerse** *vpr* **-1.** *(instalarse)* to settle; **se establecieron en Madrid** they settled in Madrid, they set up home in Madrid **-2.** *(poner un negocio)* to set up a business; **voy a establecerme por mi cuenta** I'm going to set up on my own *o* set up my own business
establecido, -a *adj (convencional)* established
establecimiento *nm* **-1.** *(tienda)* establishment ❏ **~ comercial** commercial establishment **-2.** *(institución, centro)* institution ❏ **~ de enseñanza** educational institution; **~ penitenciario** penal institution **-3.** *(de normas, hechos)* establishment; *(de récord)* setting **-4.** *(de negocio, colonia)* setting up **-5.** *(de emigrantes, colonos)* settlement
establezco *etc ver* **establecer**
establo *nm (para caballos)* stable; *(para vacas)* cowshed; **¡arregla este cuarto, que parece un ~!** tidy this room up, it looks like a pigsty!
estabulación *nf (de ganado)* stabling
estaca *nf* **-1.** *(para clavar, delimitar)* stake; *(de tienda de campaña)* peg; **le clavó una ~ en el corazón** she drove a stake through his heart **-2.** *(garrote)* cudgel **-3.** *(de planta)* cutting
estacada *nf* stockade; [EXPR] **dejar a alguien en la ~** to leave sb in the lurch; [EXPR] **quedarse en la ~** to be left in the lurch
estacar ◇ *vt Andes, CAm, Ven (sujetar)* to fasten down with stakes
◆ **estacarse** *vpr CAm, Carib, Col (clavarse una astilla)* to get a splinter
estacazo *nm (golpe)* blow with a stake
estación *nf* **-1.** *(edificio) (de tren, metro, autobús)* station; **iré a esperarte a la ~** I'll meet you at the station; **te has pasado dos estaciones** you've gone two stations past your stop ❏ **~ de autobuses** *o* **autocares** bus *o* coach station; *Andes, Méx* **~ de bomberos** fire station; **~ climatológica** weather station, *Spec* climatological station; **~ emisora** broadcasting station; **~ espacial** space station; **la Estación Espacial Internacional** the International Space Station; **~ de esquí** ski resort; **~ de ferrocarril** railway station; **~ invernal** ski resort; **~ de invierno** ski resort; **~ de lanzamiento** launch site; **~ meteorológica** weather station; **~ de metro** *Br* underground station, *US* subway station; **~ orbital** space station; *Andes, CAm, Méx* **~ de policía** police station; **~ de seguimiento** tracking station; **~ de servicio** service station; **~ de tren** railway station
-2. *(del año, temporada)* season; **las cuatro estaciones** the four seasons; **la ~ húmeda/seca** the rainy/dry season
-3. INFORMÁT **~ de trabajo** workstation
-4. REL **estaciones (de la cruz)** Stations of the Cross
-5. *Am (de radio)* (radio) station
estacional *adj (del año, de temporada)* seasonal; **trabajo/empleo ~** seasonal work/employment
estacionamiento *nm* **-1.** *(acción)* parking ❏ **~ en batería** *(en letrero)* = sign indicating one must park at an angle to the *Br* kerb *o US* curb; **~ indebido** illegal parking; **~ en línea** *(en letrero)* = sign indicating one must park parallel to the *Br* kerb *o US* curb
-2. *Am (para muchos vehículos) Br* car park, *US* parking lot ❏ **~ subterráneo** underground car park; **~ vigilado** attended parking
-3. *Am (hueco)* parking place; **tardamos**

una hora en encontrar ~ it took us an hour to find a parking place *o* somewhere to park
-4. *(estabilización)* stabilization
estacionar ◇ *vt* to park
◇ *vi* to park; **prohibido ~** *(en letrero)* no parking
◆ **estacionarse** *vpr* **-1.** *Am (en vehículo)* to park **-2.** *(estabilizarse)* to stabilize; **el crecimiento del empleo se estacionó en el último trimestre** employment growth stabilized in the last quarter
estacionario, -a *adj* **-1.** *(inmóvil)* stationary **-2.** *(sin cambio) (economía)* stagnant; *(déficit)* constant; *(estado de salud)* stable; *(tiempo)* settled; *(temperaturas)* stable
estacionómetro *nm CRica, Méx* parking meter
estadía, estada *nf Am* **-1.** *(estancia)* stay; **planeó una ~ de tres días en Lima** he planned a three-day stop in Lima **-2.** COM lay day
estadio *nm* **-1.** *(deportivo)* stadium; **~ olímpico** Olympic stadium **-2.** *(fase)* stage
estadista *nmf* statesman, *f* stateswoman
estadística *nf* **-1.** *(ciencia)* statistics *(singular)* **-2.** *(dato)* statistic
estadísticamente *adv* statistically
estadístico, -a ◇ *adj* statistical
◇ *nm,f* statistician
estado *nm* **-1.** *(situación, condición)* state; **su ~ es grave** his condition is serious; **me lo encontré en un ~ penoso** I found him in a pitiful state; **el ~ de su cuenta arroja un saldo positivo** your account is in credit; **estar en buen/mal ~** *(vehículo, terreno, edificio)* to be in good/bad condition; *(alimento, bebida)* to be fresh/off; **la moqueta se halla en muy mal ~** the carpet is in very bad condition; **en ~ de alerta** on (the) alert; **en ~ de guerra** at war; [EXPR] **estar en ~ (de buena esperanza)** to be expecting, to be in the family way; **quedarse en ~** to become pregnant; [EXPR] **estar en ~ de merecer** to be marriageable ❏ **~ de ánimo** state of mind; **~ de bienestar** welfare state; **~ civil** marital status; **~ de coma: en ~ de coma** in a coma; **~ de cuentas** statement of accounts; **~ de emergencia** state of emergency; **~ de equilibrio** state of equilibrium; **~ estacionario** *(de enfermo)* stable condition; **~ de excepción** state of emergency; **~ de gracia** *(de santo)* state of grace; **estar en ~ de gracia** *(deportista)* to be on excellent form; **~ de reposo: en ~ de reposo** at rest; **~ de salud** (state of) health; **~ de sitio** state of siege; **~ vegetativo** vegetative state; **~ vegetativo permanente** persistent vegetative state ❏ **~ cristalino** crystalline state
-2. FÍS state; **un cuerpo en ~ sólido/líquido/gaseoso** a body in a solid/liquid/gaseous state ❏ **~ cristalino** crystalline state
-3. *(gobierno)* state; **temas de ~** affairs of state; **un hombre de ~** a statesman; **el Estado** *(el gobierno, la administración)* the State; **asuntos que atañen a la seguridad del Estado** matters relating to state security; **el Estado de las Autonomías** = the organization of the Spanish state into autonomous regions with varying degrees of devolved power
-4. *(país, división territorial)* state; **un ~ independiente** an independent state; **un ~ de derecho** a state which is subject to the rule of law ❏ **~-nación** nation state; **~ policial** police state; **Estados Unidos (de América)** United States (of America); **Estados Unidos Mexicanos** United Mexican States
-5. MIL **Estado Mayor** general staff
-6. HIST *(estamento)* estate ❏ HIST **los Estados Generales** the Estates General; **el ~ llano** the third estate, the common people
estadounidense, *Méx* **estadunidense** ◇ *adj* American; **la política ~** American *o* US politics
◇ *nmf* American; **los estadounidenses no necesitan visado** Americans *o* US citizens don't need a visa

estafa nf **-1.** (timo, robo) swindle; (a empresa, organización) fraud; **fue condenado por el delito de ~** he was convicted of fraud; **hicieron una ~ a la empresa de varios millones** they swindled several million out of the company, they defrauded the company of several million **-2.** Fam (precio abusivo) rip-off

estafador, -ora nm,f (timador) swindler; (de empresa, organización) fraudster

estafar vt **-1.** (timar, robar) to swindle; (a empresa, organización) to defraud; **estafó millones a la empresa** he defrauded the company of millions **-2.** Fam (cobrar abusivamente) to rip off; **¿10.000 por esta camisa? a ti te han estafado** 10,000 for that shirt? you've been ripped off o had

estafeta nf sub-post office
estajanovismo nm Stakhanovism
estajanovista ⟨⟩ adj Stakhanovite
⟨⟩ nmf Stakhanovite
estafilococo nm staphylococcus
estalactita nf stalactite
estalagmita nf stalagmite
estalinismo nm Stalinism
estalinista ⟨⟩ adj Stalinist
⟨⟩ nmf Stalinist

estallar vi **-1.** (reventar) (bomba) to explode, to go off; (misil) to explode; (petardo) to go off; (neumático, globo) to burst; (volcán) to erupt; (cristal) to shatter; (olas) to break, to crash; (botón) to fly off; (cremallera, costura) to burst; (vestido, falda, pantalón) to split; **hacer ~ un artefacto explosivo** to detonate an explosive device; **si sigo comiendo voy a ~** if I eat any more I'll burst
-2. (sonar) (ovación) to break out; (látigo) to crack; (trueno) to crash
-3. (desencadenarse) (guerra, revolución, disturbios, epidemia) to break out; (tormenta) to break; **ha estallado un nuevo escándalo de corrupción** a new corruption scandal has erupted
-4. (expresarse bruscamente) to blow up, to blow one's top; **se metieron tanto conmigo que al final estallé** they went on at me so much I eventually blew up o blew my top; **~ en aplausos** to burst into applause; **~ en una carcajada** to burst out laughing; **~ en llanto o sollozos** to burst into tears; **¡voy a ~ de nervios!** I'm so nervous!

estallido nm **-1.** (de bomba, misil, petardo) explosion; (de olas) breaking, crashing; (de trueno) crash; (de látigo) crack; **se oyó el ~ de un neumático/globo** we heard a tyre/balloon burst; **el motor pegó un ~** the engine went bang; **hubo un ~ de aplausos** there was a burst of applause
-2. (de guerra, revolución, disturbios, epidemia) outbreak; **el ~ de la tormenta se produjo a las cinco** the storm broke at five o'clock; **el ~ del escándalo provocó su dimisión** he resigned when the scandal broke

estambre nm **-1.** (de planta) stamen **-2.** (tejido) worsted; (hilo) worsted yarn

Estambul n Istanbul

estamental adj (relaciones, privilegios) class; **una sociedad ~** a stratified society

estamento nm **-1.** (clase social) stratum, class; **los estamentos sociales** the strata o classes of society; **el ~ eclesiástico** the clergy **-2.** (sector) **el ~ intelectual** the intelligentsia; **el ~ arbitral** the referees; **el presidente pidió calma a todos los estamentos del club** the president called for calm from everyone connected with the club

estameña nf worsted

estampa nf **-1.** (ilustración) illustration, picture; (tarjeta) print; **estampas de santos** pictures o images of saints
-2. (aspecto) appearance; **un pura sangre con una bella ~** a magnificent thoroughbred; **un caballero de fina ~** a fine-looking gentleman
-3. (reflejo, ejemplo) image; **su rostro era la viva ~ o la ~ misma del dolor** her face was a picture of misery; **¡es la viva ~ de su madre!** he's the (spitting) image of his mother!; **¡maldita sea su ~!** damn o curse him!

estampación nf (en tela, papel) printing; (en metal) stamping

estampado, -a ⟨⟩ adj printed
⟨⟩ nm **-1.** (acción) (en tela, papel) printing; (en metal) stamping **-2.** (dibujo) pattern; **~ de flores/en azul** floral/blue pattern **-3.** (tela) (cotton) print; **~ de flores/en azul** floral/blue print

estampador nm, **estampadora** nf INFORMÁT **~ de CD-ROM** CD-ROM writer

estampar vt ⟨⟩ **-1.** (imprimir) (en tela, papel) to print; (metal) to stamp
-2. (escribir) **~ la firma** to sign one's name
-3. (dejar huella de) to leave a mark of; **~ el pie en la arena** to make a mark in the sand with one's foot
-4. (arrojar) **~ algo/a alguien contra** to fling sth/sb against, to hurl sth/sb against; **lo estampó contra la puerta de un puñetazo** he punched him, flinging o hurling him against the door
-5. (dar) (beso) to plant; (bofetada) to land
◆ **estamparse** vpr (lanzarse, golpearse) **se estampó contra el muro** he crashed into the wall

estampida nf stampede; **de ~** suddenly, in a rush; **la gente salió de ~** people stampeded o rushed out

estampido nm (de bomba) bang; (de pistola) bang, report; (de cañón) boom ❏ AV **~ sónico** sonic boom

estampilla nf **-1.** (para marcar) rubber stamp **-2.** Am (de correos) stamp

estampillado nm Am stamps; **sólo el ~ costó veinte pesos** it cost twenty pesos just for the stamps

estampilladora nf Am franking machine

estampillar vt (sellar) to stamp; (documentos) to rubber-stamp

estancado, -a adj **-1.** (agua) stagnant **-2.** (economía) stagnant; (situación) at an impasse, in (a) deadlock; (negociación) in (a) deadlock, at a standstill; (proyecto) at a standstill **-3.** (persona) **me he quedado ~ y no sé cómo seguir** I'm stuck and I don't know how to go on; **en este trabajo estoy ~** I'm in a rut in this job

estancamiento nm **-1.** (de agua) stagnation **-2.** (de economía) stagnation; (de negociaciones) deadlock; **temen el ~ del proyecto** they're afraid the project will come to a standstill

estancar [59] ⟨⟩ vt **-1.** (aguas) to dam up, to stem **-2.** (progreso, negocio) to bring to a standstill; (negociación) to deadlock **-3.** COM to monopolize, to convert into a monopoly
◆ **estancarse** vpr **-1.** (aguas) to stagnate, to become stagnant **-2.** (economía) to stagnate; (progreso, negocio, proyecto) to come to a standstill; (negociaciones) to reach deadlock, to come to a standstill **-3.** (persona) to get stuck; **con ese problema nos estancamos** we've got stuck o we're not getting anywhere with this problem **-4.** COM to be converted into a monopoly

estancia nf **-1.** Esp, Méx (tiempo) stay; **durante su ~ en Marruecos** during her stay in Morocco; **no quiso prolongar más su ~** he didn't want to prolong his stay any further **-2.** Formal (habitación) room **-3.** CSur (hacienda) cattle ranch

estanciera nf RP Br estate car, US station wagon

estanciero, -a nm,f CSur ranch owner, rancher

estanco, -a ⟨⟩ adj watertight; **compartimento ~** watertight compartment
⟨⟩ nm **-1.** Esp (de tabaco) tobacconist's (also selling stamps) **-2.** Andes (de licores) Br off-licence, US liquor store

---
ESTANCO

The sale of tobacco products in Spain is regulated by the Treasury. People buy cigarettes, tobacco and stamps in state-run premises called **estancos**. Tobacco products can also be purchased in other premises such as bars and cafes but at a higher cost due to additional tax.

---

estándar (pl **estándares**) ⟨⟩ adj standard
⟨⟩ nm standard ❏ **~ de vida** standard of living

estandarización nf standardization
estandarizado, -a adj (normalizado) standardized
estandarizar [14] vt to standardize
estandarte nm **-1.** (insignia, bandera) standard, banner **-2.** (símbolo) standard bearer; **él fue el ~ del movimiento estudiantil en los sesenta** he was the standard bearer of the student movement in the sixties

estanflación nf ECON stagflation
estanque nm **-1.** (en parque, jardín) pond; (para riego) reservoir **-2.** Chile (depósito) tank (of petrol)

estanquero, -a nm,f tobacconist
estanquillo nm Méx corner shop
estante nm **-1.** (tabla) shelf **-2.** CAm (estaca) post, pillar
estantería nf (en general) shelves, shelving; (para libros) bookcase
estañar vt (cubrir con estaño) to tin-plate; (soldar con estaño) to solder
estaño nm QUÍM tin
estaquear vt RP to stretch with stakes
estaquilla nf (espiga) wooden peg

estar[1] [30] ⟨⟩ vi **-1.** (hallarse) to be; **¿dónde está la llave?** where is the key?; **¿está María? – no, no está** is Maria there? – no, she's not here
-2. (con fechas) **¿a qué estamos hoy?** what's the date today?; **hoy estamos a martes/a 15 de julio** today is Tuesday/15 July; **estábamos en octubre** it was October; **estamos en invierno** it's winter
-3. (quedarse) to stay, to be; **estaré un par de horas y me iré** I'll stay a couple of hours and then I'll go; **¿cuánto tiempo piensas ~?** how long do you plan on staying?; **estuvimos una semana en su casa** we stayed with her for a week, we spent a week at her place
-4. (antes de "a") (expresa valores, grados) **estamos a 20 grados** it's 20 degrees here; **el dólar está a 10 pesos** the dollar is at 10 pesos; **están a dos euros el kilo** they're two euros a kilo
-5. (hallarse listo) to be ready; **¿aún no está ese trabajo?** is that piece of work still not ready?; **¿ya estás? pues, vámonos** are you ready? let's go then
-6. (servir) **~ para** to be (there) for; **para eso están los amigos** that's what friends are for; **para eso estoy** that's what I'm here for; **la vida está para vivirla** life is for living; **no tires eso al suelo, que las papeleras están para algo** don't throw that on the floor, the wastepaper bins are there for a reason
-7. (antes de gerundio) (expresa duración) to be; **están golpeando la puerta** they're banging on the door
-8. (antes de "sin" + infinitivo) (expresa negación) **estoy sin dormir desde ayer** I haven't slept since yesterday; **está sin acabar** it's not finished; **estuve sin voz dos días** I had no voice o I lost my voice for two days
-9. (faltar) **eso está aún por escribir** that has yet to be written; **eso está por ver** that remains to be seen; **todavía está por hacer** it hasn't been done yet
-10. (consistir) **~ en** to be, to lie in; **el problema está en la fecha** the problem is the date; **el truco está en no mirar nunca al suelo** the trick o secret is not to look at the ground
-11. (hallarse a punto de) **~ al llegar** o **caer** (persona) to be about to arrive; (acontecimiento) to be about to happen; **~ por hacer algo** to be on the verge of doing sth; **estuve por pegarle** I was on the verge of hitting him; **estoy por no ir** I'm not so sure I want to go; **estuve por llamarte** I was about to phone you, I was just going to phone you
-12. (expresa disposición) **~ para algo** to be in the mood for sth; **no estoy para bromas** I'm not in the mood for jokes; **el enfermo no está para ver a nadie** the patient is in

no condition to see anyone
-13. *(ser favorable)* **~ por** to be in favour of; **estoy por la libertad de expresión** I'm in favour of *o* for freedom of speech
-14. *(hallarse embarazada)* **está de cinco meses** she's five months pregnant
-15. *RP (ir)* **estuve a verlo en el hospital** I went to see him in hospital; **estuvieron a visitarlo** they went to visit him
◇ *v copulativo* **-1.** *(antes de adj) (expresa cualidad, estado)* to be; **los pasteles están ricos** the cakes are delicious; **esta calle está sucia** this street is dirty; **¡qué alta estás!** you've really grown!; **estoy cansado/enfadado** I'm tired/angry; **¿qué tal estás?** how are you?; **está muy irritable últimamente** she's been very irritable lately; **está divorciado** he's divorced; **estoy enfermo/mareado** I am ill/I feel sick; *Andes* **cuando estaba chiquito** when I was little
-2. *(antes de "con" o "sin" + sustantivo) (expresa estado)* to be; **estamos sin agua** we have no water, we're without water; *Fam* **estoy sin blanca** I'm broke, *Br* I'm skint
-3. *(expresa situación, acción)* **~ de vacaciones** to be on holiday; **~ de viaje** to be on a trip; **~ de mudanza** to be (in the process of) moving; **estamos de suerte** we're in luck; **~ de mal humor** to be in a (bad) mood; **¿has cambiado la rueda? – estoy en ello** have you changed the tyre? – I'm working on it *o* I'm doing it right now; **¡ya está bien!** that's enough (of that)!
-4. *(expresa permanencia)* **~ en uso** to be in use; **~ en guardia** to be on guard
-5. *(expresa apoyo, predilección)* **estoy contigo** I'm on your side
-6. *(expresa ocupación)* **~ como** *o* **de** to be; **está como** *o* **de cajera** she's a checkout girl; **yo he estado de portero toda la primera parte** I've been in goal all of the first half
-7. *Esp (ropa)* **este traje te está bien** this suit looks good on you; **esa falda te está corta** that skirt's too short for you; **¿cómo me está?** how does this look?
-8. *(antes de "que" + verbo) (expresa actitud)* **está que muerde porque ha suspendido** he's furious because he failed
◇ *v aux* **-1.** *(antes de gerundio)* to be; **estuvo nevando** it was snowing; **se está peinando** she's brushing her hair; **estuvieron discutiendo durante toda la reunión** they spent the whole meeting arguing, they were arguing throughout the whole meeting; **mañana a estas horas estaré bañándome en la playa** this time tomorrow I'll be swimming at the beach
-2. *(antes de participio)* **está terminado** it's finished; **está organizado por el ayuntamiento** it's organized by the town council
◆ **estarse** *vpr* **-1.** *(permanecer)* to stay; **te puedes ~ con nosotros unos días** you can stay *o* spend a few days with us; **¡estáte quieto!** keep still!; **estáte ahí, ahora mismo vengo** stay *o* wait there, I'll be right with you **-2.** *RP (ir)* to be; **estáte en el cine a las seis** be at the cinema at six
estar² *nm Am* living room
estarcido *nm* TEC stencil printing
estarcir *vt* TEC to stencil
estárter *(pl* **estárters)** *nm* choke; **abrir/cerrar el ~** to pull the choke out/push the choke in
estasis *nf inv* MED stasis
estatal *adj* **-1.** *(público)* state; **una escuela ~** a state school; **una empresa ~** a state-owned company; **la política ~** government policy **-2.** *(del estado)* state; **una universidad ~** a state university
estatalizar [14] *vt* to nationalize
estática *nf* FÍS statics *(singular)*
estático, -a *adj* **-1.** *(inmóvil)* stock-still; **se quedó ~** he stood stock-still; **los centrocampistas están demasiado estáticos** the mid-fielders are not moving around enough **-2.** FÍS static
estatificar [59] *vt* to nationalize

estatismo¹ *nm (inmovilidad)* stillness
estatismo² *nm* POL statism, state interventionism
estatización *nf Am* nationalization
estatizar ◇ *vt* to nationalize
◇ *vi* to become nationalized
estatua *nf* statue; **¿qué hace Pedro ahí parado como una ~?** what's Pedro doing just standing there?
estatuaria *nf* statuary, sculptures
estatuario, -a *adj* statuary
estatuilla *nf* statuette
estatuir [34] *vt* **-1.** *(establecer)* to establish; **según queda estatuido en la ley,...** as established *o* stipulated by law,... **-2.** *(demostrar)* to demonstrate, to prove; **~ una teoría** to demonstrate a theory
estatura *nf* **-1.** *(altura)* height, stature; **tiene** *o* **mide 1,80 de ~** he's 1.8 m tall; **de baja ~** short; **de mediana ~** of medium *o* average height **-2.** *(categoría)* stature; **un personaje de gran ~ moral** a person of great moral stature
estatus *nm inv* status
estatutario, -a *adj* statutory
estatuto *nm (de asociación, organismo)* constitution, statutes; *(de club)* constitution, rules; *(de empresa)* articles of association ❑ **~ de autonomía** statute of autonomy, = legislation devolving powers to an autonomous Spanish region; **~ de los trabajadores** labour code, = Spanish law governing labour relations and workers' rights
estatuyo *etc ver* **estatuir**
estay *(pl* **estayes)** *nm* NÁUT stay ❑ **~ mayor** mainstay; **~ de proa** forestay
este¹ ◇ *adj inv (posición, parte)* east, eastern; *(dirección)* easterly; *(viento)* east, easterly; **la cara ~ del pico** the east face of the mountain; **la costa ~** the east coast; **tiempo soleado en la mitad ~ del país** sunny weather in the eastern half of the country; **partieron con rumbo ~** they set off in an easterly direction; **un frente frío que se desplaza en dirección ~** a cold front moving eastwards
◇ *nm* **-1.** *(zona)* east; **está al ~ de Madrid** it's (to the) east of Madrid; **la fachada da al ~** the front of the building faces east; **viento del ~** east *o* easterly wind; **habrá lluvias en el ~ (del país)** there will be rain in the east (of the country); **ir hacia el ~** to go east(wards)
-2. *(punto cardinal)* east; **el sol sale por el Este** the sun rises in the east
-3. *(bloque geopolítico)* **el Este** the East; **los países del Este** the countries of Eastern Europe
-4. *(viento)* easterly, east wind
este², -a *(pl* **estos, -as)** *adj demostrativo* **-1.** *(en general)* this; *(plural)* these; **esta camisa** this shirt; **~ año** this year; **esta mañana** this morning; **esta noche** tonight
-2. *Fam Pey (singular)* that; *(plural)* those; **no soporto a la niña esta** I can't stand that girl; **el teléfono ~ no funciona** this telephone's not working
-3. *Méx, RP (como muletilla)* well, er, um; **y entonces, ~, le propuse...** and then, um, I suggested...; **es un, ~, cómo se dice, un lexicógrafo** he's a, oh, what do you call it, a lexicographer; **~, ¿me prestás plata?** er, can you lend me some money?
éste, -a *(pl* **éstos, -as)** *pron demostrativo*

> Note that **éste** and its various forms can be written without an accent when there is no risk of confusion with the adjective.

-1. *(en general)* this one; *(plural)* these (ones); **dame otro boli, ~ no funciona** give me another pen, this one doesn't work; **aquellos cuadros no están mal, aunque éstos me gustan más** those paintings aren't bad, but I like these (ones) better; **ésta ha sido la semana más feliz de mi vida** this has been the happiest week of my life; **cualquier día de éstos** one of these days; **en éstas** just then; **en éstas sonó el teléfono** just then *o* at that very moment, the phone rang; **en una de éstas** one of these days; **en una de éstas te pillará la policía** one of these days the police will catch you; EXPR *Fam* **ésta es la mía/tuya/***etc*. this is the chance I've/you've/*etc* been waiting for, this is my/your/*etc* big chance; EXPR *Fam* **por éstas** *(lo juro)* I swear, honest to God; **¿seguro que no me estás mintiendo? – ¡por éstas!** are you sure you're not lying to me? – I swear *o* honest to God
-2. *(recién mencionado)* the latter; **entraron Juan y Pedro, ~ con un abrigo verde** Juan and Pedro came in, the latter wearing a green coat
-3. *Fam (despectivo)* **~ es el que me pegó** this is the one who hit me; **éstos son los culpables de todo lo ocurrido** it's this lot who are to blame for everything
-4. *Formal (en correspondencia)* **espero que al recibo de ésta te encuentres bien** I hope this letter finds you well
esteatita *nf* GEOL steatite, soapstone
Esteban *n pr* I/II Stephen I/II
estegosaurio *nm* stegosaurus
estela¹ *nf* **-1.** *(de barco)* wake; *(de avión, cohete)* vapour trail; *(de humo, olor, estrella fugaz)* trail; **por donde pasaba iba dejando una ~ de perfume** she left a trail of perfume in her wake wherever she went **-2.** *(impresión)* **su visita dejó una ~ imborrable** his visit left an indelible impression
estela² *nf* ARQUIT stele
estelar *adj* **-1.** ASTRON stellar **-2.** CINE & TEATRO star; **una figura ~** a star; **un reparto ~** a star-studded cast; **con la actuación** *o* **participación ~ de...** guest starring...
estelaridad *nf Andes, CAm, Carib, Méx* stardom
estelarizar *vt Méx* to star in
estenografía *nf* shorthand
estenógrafo, -a *nm,f* stenographer, shorthand writer
estenordeste, estenoreste *nm* east-northeast
estenotipia *nf* **-1.** *(arte)* stenotypy **-2.** *(máquina)* Stenotype®
estenotipista *nmf* stenotypist
estenotipo *nm* Stenotype®
estentóreo, -a *adj Formal* stentorian
estepa *nf* steppe
estepario, -a *adj* steppe; **clima ~** steppe climate
Ester *n pr* Esther
éster *nm* QUÍM ester
estera *nf* **-1.** *(tejido)* matting **-2.** *(alfombrilla)* mat; EXPR *Fam* **recibió** *o* **se llevó más (palos) que una ~** he was beaten black and blue
esterar *vt* to cover with mats
estercolar *vt (terreno)* to manure, to fertilize (with manure)
estercolero *nm* **-1.** *(para estiércol)* dunghill, dungheap **-2.** *(lugar sucio)* pigsty
estéreo ◇ *adj inv* stereo
◇ *nm* **-1.** *(estereofonía)* stereo; **una grabación/emisión en ~** a stereo recording/broadcast **-2.** *(equipo)* stereo
estereofonía *nf* stereo
estereofónico, -a *adj* stereophonic, stereo; **sonido ~** stereo sound
estereografía *nf* stereography
estereoscopia *nf* stereoscopy
estereoscopio, estereóscopo *nm* stereoscope
estereotipado, -a *adj* stereotyped, stereotypical; **una imagen estereotipada de México** a stereotyped image of Mexico; **personajes de ficción estereotipados** stereotypical *o* clichéd fictional characters
estereotipar *vt* **-1.** *(convertir en cliché)* to stereotype **-2.** IMPRENTA to stereotype
estereotipia *nf* **-1.** *(procedimiento)* stereotypy **-2.** *(máquina)* stereotype **-3.** MED *(comportamiento estereotipado)* stereotypy
estereotípico, -a *adj* stereotypical, stereotypic
estereotipo *nm* **-1.** *(idea, modelo)* stereotype **-2.** IMPRENTA stereotype

estéril *adj* **-1.** *(hombre, animal)* sterile, infertile; *(mujer)* infertile, barren, sterile; *(terreno)* barren, infertile; *(pensamiento, imaginación)* sterile **-2.** *(gasa, instrumental)* sterilized, sterile **-3.** *(inútil)* futile, fruitless

esterilete *nm* coil, IUD

esterilidad *nf* **-1.** *(de mujer, hombre, animal)* infertility, sterility; *(de terreno)* barrenness, infertility; *(de pensamiento, imaginación)* sterility **-2.** *(de gasa, instrumental)* sterility **-3.** *(inutilidad)* futility

esterilización *nf* **-1.** *(de persona, animal)* sterilization **-2.** *(de instrumental, biberón)* sterilization

esterilizado, -a *adj* **-1.** *(persona, animal)* sterilized **-2.** *(instrumental, biberón)* sterilized, sterile

esterilizador, -ora ◇ *adj* sterilizing
◇ *nm (aparato)* sterilizer

esterilizar [14] *vt* **-1.** *(persona, animal)* to sterilize **-2.** *(instrumental, biberón)* to sterilize

esterilla *nf* **-1.** *(para la playa)* beach mat; *(en casa)* mat **-2.** *Am (rejilla)* canework

estérilmente *adv* sterilely

esterlina *adj* **libra ~** pound sterling

esternocleidomastoideo *nm* ANAT sternocleidomastoid (muscle)

esternón *nm* breastbone, sternum

estero *nm* **-1.** GEOG *(zona costera) US* tideland, = land between high and low tide levels **-2.** *Am (pantano)* marsh, swamp **-3.** *Ven (charca)* puddle, pool **-4.** *Chile (arroyo)* stream

esteroide *nm* steroid ❑ **~ anabolizante** anabolic steroid

estertor *nm* death rattle; **estar en los últimos estertores** to be in one's death throes

estesudeste, estesureste *nm* east-southeast

esteta *nmf* aesthete

estética *nf* **-1.** FILOSOFÍA aesthetics *(singular)* **-2.** *(belleza)* beauty **-3.** *(estilo)* style; **la ~ de los años setenta** the style of the seventies

estéticamente *adv* aesthetically

esteticién *nmf* beautician

esteticismo *nm* aestheticism

esteticista *nmf* beautician

estético, -a *adj* aesthetic; **ese edificio resulta poco ~ en el casco viejo** that building is something of an eyesore in the old part of town; **cirugía ~** cosmetic surgery

estetoscopio *nm* stethoscope

estevado, -a *adj* bow-legged, bandy-legged

Esther *n pr* Esther

esthéticienne [esteti'θjen] *nf* beautician

estiaje *nm* **-1.** *(nivel de río)* low water **-2.** *(período)* period of low water

estiba *nf* NÁUT stowage

estibador, -ora *nm,f* stevedore

estibar *vt* to stow

estiércol *nm (excrementos)* dung; *(abono)* manure

estigma *nm* **-1.** *(marca)* mark, scar **-2.** REL **estigmas** stigmata **-3.** *(deshonra)* stigma **-4.** BOT stigma

estigmatización *nf* **-1.** *(marca)* branding **-2.** *(deshonra)* stigmatization

estigmatizar [14] *vt* **-1.** *(marcar)* to scar; *(con hierro candente)* to brand **-2.** *(deshonrar)* to stigmatize

estilarse *vpr Fam* to be in (fashion); **ahora se estilan las mujeres delgadas** it's the in thing now for women to be thin; **ya no se estila la minifalda** the miniskirt has gone out of fashion; **aún se estila ir a tomar el aperitivo antes de comer** it's still the custom to go and have an aperitif before eating

estilete *nm* **-1.** *(daga)* stiletto **-2.** *(punzón)* stylus, style **-3.** MED stylet

estilismo *nm* styling

estilista *nmf* **-1.** *(escritor)* stylist **-2.** *(de moda, accesorios)* stylist **-3.** *(peluquero)* (hair)stylist

estilística *nf* LING stylistics *(singular)*

estilísticamente *adv* stylistically

estilístico, -a *adj* stylistic

estilización *nf* stylization

estilizado, -a *adj (figura, cuerpo)* slim and elegant

estilizar [14] ◇ *vt* **-1.** *(hacer delgado)* **ese abrigo lo estilizaba** that coat made him look slim **-2.** *(hacer convencional)* to stylize
◆ **estilizarse** *vpr (adelgazar)* to get slimmer

estilo *nm* **-1.** *(artístico, literario)* style; **esta iglesia es de ~ gótico** this church was built in the Gothic style; **al ~ de** in the style of; **al ~ de Mozart** in the style of Mozart ❑ **~ imperio** Empire style
-2. *(manera, carácter)* style; **cada uno tiene un ~ de hacer las cosas** we all have our own way of doing things; **este vestido no es de su ~** that dress isn't her style; **mentiría, pero no es mi ~** I would tell a lie, but that's not my style *o* that's not me; **el ~ de juego brasileño** the Brazilian style of play; **un ~ de hablar pausado** a slow and deliberate way of speaking; **un peinado ~ años veinte** a twenties-style hairdo; **al ~ de: se visten al ~ de los años sesenta** they wear sixties-style clothes; **al ~ de lo que se hacía antes en los pueblos** in the way things used to be done in villages; EXPR **por el ~:** **dijo algo por el ~** she said something of the sort; **se apellida Garcés o algo por el ~** his surname's Garcés or something like that; **nos llevará tres horas o algo por el ~** it'll take us something like three hours; **todos los bares son por el ~** all the bars are similar *o* like that ❑ **~ de vida** lifestyle
-3. *(clase, elegancia)* style; **esa chica tiene mucho ~** that girl has a lot of style
-4. *(en natación)* stroke; **estilos** medley; **los 400 metros estilos** the 400 metres medley ❑ **~ libre** freestyle
-5. GRAM **~ directo** direct speech; **~ indirecto** indirect speech
-6. BOT style
-7. *(punzón)* stylus, style
-8. *(de reloj de sol)* gnomon

estilográfica *nf* fountain pen

estima *nf* **-1.** *(aprecio)* esteem, respect; **se ganó la ~ del público** he earned the public's respect; **tiene una gran ~ por su padre** he has great respect for his father; **no te tienen mucha ~ por aquí** people don't have a very high opinion of you round here; **tener a alguien en gran ~** to hold sb in high esteem; **en su trabajo lo tienen en gran ~** he is highly respected at his work
-2. NÁUT dead reckoning

estimable *adj* **-1.** *(cantidad, número)* considerable **-2.** *(digno de estimación)* worthy of appreciation **-3.** *(valorable)* **daños estimables en millones de dólares** damage that could run to millions of dollars

estimación *nf* **-1.** *(aprecio)* esteem, respect **-2.** *(valoración)* valuation; *(cálculo aproximado)* estimate; **hacer ~ (de algo)** to estimate (sth) **-3.** *(en impuestos)* assessment

estimado, -a *adj* **-1.** *(querido)* esteemed, respected; **~ Señor** *(en carta)* Dear Sir **-2.** *(aproximado)* estimated

estimador, -ora *nm,f (en obra)* quantity surveyor

estimar ◇ *vt* **-1.** *(apreciar) (persona)* to think highly of, to respect; *(cosa)* to value; **estima mucho a sus amigos** he values his friends highly; **te estimo mucho, pero esto no te lo puedo permitir** I have great respect for you, but I can't allow you to do this; **estimamos enormemente su colaboración** we value her help enormously, her help means a great deal to us; **estima su vida en bien poco** he has little regard for his own life; **un fruto muy estimado en la cocina oriental** a fruit that is highly prized in oriental cooking
-2. *(evaluar)* to value; **~ el valor de algo** to estimate the value of sth; **han estimado que las pérdidas superan los cien millones** the losses are estimated to be over a hundred million
-3. *Formal (creer)* to consider, to deem; **no estimó necesario realizar declaraciones** she didn't consider *o* deem it necessary to make any statement

◆ **estimarse** *vpr (tener dignidad)* to have self-respect

estimativo, -a *adj (cálculo, cantidad)* approximate, rough; **un juicio ~ (sobre** *o* **de)** an evaluation (of)

estimulación *nf* stimulation

estimulador, -ora *adj* encouraging

estimulante ◇ *adj* **-1.** *(que anima)* encouraging **-2.** *(que excita)* stimulating
◇ *nm* stimulant

estimular *vt* **-1.** *(animar)* to encourage; **el orgullo le estimula a seguir** his pride spurs him to go on **-2.** *(incitar)* to encourage, to urge on; **la muchedumbre lo estimuló con gritos** the crowd shouted him on **-3.** *(excitar sexualmente)* to stimulate **-4.** *(activar) (apetito)* to stimulate, to whet; *(circulación, economía)* to stimulate; *(ventas, inversión)* to stimulate, to encourage

estímulo *nm* **-1.** *(aliciente)* incentive; *(ánimo)* encouragement; **servir de ~** to act *o* serve as an incentive; **medidas de ~ a la creación de empleo** measures to encourage job creation **-2.** FISIOL stimulus

estío *nm Literario* summer

estipendio *nm* remuneration

estíptico, -a *adj* **-1.** *(astringente)* styptic **-2.** *(estreñido)* constipated

estiptiquez *(pl* **estiptiqueces)** *nf Am* constipation

estípula *nf* BOT stipule

estipulación *nf* **-1.** *(acuerdo)* agreement **-2.** DER stipulation

estipular *vt* to stipulate; **según lo estipulado en** *o* **por el artículo doce,...** as stipulated in article twelve,...

estirada *nf (en fútbol)* flying save

estirado, -a ◇ *adj* **-1.** *(persona) (altanero)* haughty; *(adusto)* uptight **-2.** *(brazos, piernas)* outstretched **-3.** *(jersey)* baggy, shapeless
◇ *nm* stretching

estiramiento *nm* **-1.** *(de músculos)* stretching; **hacer estiramientos** *o* **ejercicios de ~** to do stretching exercises **-2.** *(de piel)* **~ (facial)** face-lift; **se ha hecho un ~** she's had a face-lift

estirar ◇ *vt* **-1.** *(alargar, tensar)* to stretch; **hay que ~ más la soga** the rope needs to be pulled tighter; **estire bien los brazos** really stretch your arms (out); **~ el cuello** to crane one's neck; **estira un poco el cuello, a ver si ves algo** crane your neck a bit and see if you can see anything; **~ las piernas** to stretch one's legs; *Méx* **estira y afloja** hard bargaining; EXPR *Hum* **~ la pata** to kick the bucket
-2. *(desarrugar, alisar)* to straighten; **estira bien las sábanas** straighten the sheets properly, pull the sheets straight; **deja el vestido estirado sobre la cama** lay the dress out on the bed
-3. *(dinero)* to make last; *(medios, recursos)* to make go further, to eke out; *(discurso, tema)* to spin out; **he de ~ el sueldo para llegar a fin de mes** it's an effort to make my salary last till the end of the month
◇ *vi* **-1.** *(tirar)* **~ (de)** to pull **-2.** *(agrandarse)* **el jersey ha estirado al lavarlo** the jersey has gone baggy in the wash **-3.** *(crecer)* **el niño ha vuelto a ~** the boy has shot up again

◆ **estirarse** *vpr* **-1.** *(para desperezarse, para alcanzar)* to stretch; *(para ver)* to crane
-2. *(tumbarse)* to stretch out
-3. *(crecer)* to shoot up; **tu hijo se ha estirado mucho en el último año** your son has shot up over the past year
-4. *(agrandarse)* **el jersey se ha estirado al lavarlo** the jersey has gone baggy in the wash
-5. *Fam (ser generoso)* to splash out; **se estiró y nos invitó a cenar** he splashed out and treated us to dinner; **¡estírate un poco, hombre!** go on, splash out, why don't you! *o Br* push the boat out!

estirón *nm* **-1.** *(acción)* tug, pull **-2.** *(al crecer)* **dar** *o* **pegar un ~** to shoot up suddenly

estirpe *nf* stock, lineage

estivación *nf (adaptación al calor)* aestivation
estival *adj* summer; **la época ~** the summer period; **vacaciones estivales** summer *Br* holidays *o US* vacation
esto ◇ *pron demostrativo* **-1.** *(en general) (neutro)* this thing; **~ es tu regalo de cumpleaños** this is your birthday present; **~ es lo que me dijo** this is what she said to me; **~ que acabas de decir no tiene sentido** what you've just said doesn't make sense; **~ de aquí es una probeta** this thing here is a test tube; **¿cuánto dura ~ de la campaña electoral?** how long does this election campaign last?; **~ de trabajar de noche no me gusta** I don't like this business of working at night; **¿para ~ me has hecho venir?** you got me to come here for THIS?; **por ~ lo hice** that's why I did it
-2. *Esp (como muletilla)* well; **y entonces, ~, le dije...** and then, well, I told her...; **es un, ~, cómo se llama, un taxidermista** he's a, let me think *o* what's it called, a taxidermist
◇ **a todo esto** *loc adv (por cierto)* by the way; **a todo ~, ¿a qué hora sale el tren?** by the way, what time does the train leave?
◇ **en esto** *loc adv (entonces)* just then; **en ~ se fue la luz** just then *o* at that very moment, the lights went out; **en ~ que entró mi padre** just then *o* at that very moment my father came in
◇ **esto es** *loc adv (es decir)* that is (to say); **empezará el próximo mes, ~ es, en marzo** it will begin next month, that is (to say) in March
estocada *nf* **-1.** *(en esgrima)* stab **-2.** TAUROM (sword) thrust
Estocolmo *n* Stockholm
estofa *nf Pey* **de baja ~** lower-class; **son gente de baja ~** they're from the lower orders
estofado *nm* stew
estofar *vt* to stew
estoicamente *adv* stoically
estoicismo *nm* **-1.** FILOSOFÍA Stoicism **-2.** *(entereza)* stoicism
estoico, -a ◇ *adj* **-1.** FILOSOFÍA Stoic **-2.** *(austero)* stoic, stoical
◇ *nm* **-1.** FILOSOFÍA Stoic **-2.** *(austero)* stoic
estola *nf* **-1.** *(de mujer)* stole **-2.** *(de sacerdote)* stole
estólido, -a *adj Formal* slow-witted
estolón *nm* BOT runner, *Espec* stolon
estoma *nm* BOT stoma
estomacal ◇ *adj (del estómago)* stomach; *(bebida)* digestive; **afección ~** stomach complaint
◇ *nm (bebida)* digestive
estomagante *adj Fam* repellent, *Br* sickmaking
estomagar [38] *vt Fam* **me estomaga** it makes me want to puke *o* hurl
estómago *nm* stomach; **¿te duele el ~?** have you got a stomachache *o* a sore stomach?; **me revuelve el ~ ver imágenes de guerra** it turns my stomach to see pictures of war; **con el ~ vacío** on an empty stomach; EXPR **tener (buen *o* mucho) ~** to be tough, to be able to stand a lot; **hay que tener ~ para salir con un tipo así** you have to be hard *o* able to put up with a lot to go out with a guy like that
estomatitis *nf inv* MED stomatitis
estomatología *nf* stomatology
estomatólogo, -a *nm,f* stomatologist
Estonia *n* Estonia
estonio, -a ◇ *adj* Estonian
◇ *nm,f (persona)* Estonian
◇ *nm (lengua)* Estonian
estopa *nf (fibra)* tow; *(tela)* burlap; EXPR *Fam* **dar ~ a alguien** to give sb a thrashing, to lay into sb; EXPR *Fam* **repartir ~** to lay about oneself
estoperol *nm Col (tachuela)* stud
estoque *nm* **-1.** *(en esgrima)* rapier **-2.** TAUROM sword *(for killing the bull)*
estoquear *vt* to stab
estor *nm* (Roman) blind
estorbar ◇ *vt* **-1.** *(obstaculizar)* to hinder; **esta mesa estorba el paso** this table is in people's way **-2.** *(molestar)* to bother; **le estorba el flequillo para jugar al tenis** his fringe bothers him when he plays tennis; **el abrigo me estorba con tanto calor** I find wearing my coat uncomfortable in this heat
◇ *vi (estar en medio)* to be in the way; **no hace más que ~** all he does is get in the way; **no quites el aire acondicionado, que no estorba** don't turn the air conditioning off, it's not bothering me
estorbo *nm* **-1.** *(obstáculo)* hindrance; **quite cualquier objeto que pueda suponer un ~** remove any object that could get in people's way **-2.** *(molestia)* nuisance; **eres un ~** you're a nuisance
estornino *nm* **-1.** *(ave)* starling ❏ **~ *pinto*** starling **-2.** *(pez)* Spanish *o* chub mackerel
estornudar *vi* to sneeze
estornudo *nm* sneeze; **soltar un ~** to sneeze
estos, -as *ver* **este**
éstos, -as *ver* **éste**
estoy *ver* **estar**
estrábico, -a ◇ *adj* squint-eyed
◇ *nm,f* person with a squint
estrabismo *nm* squint
estrado *nm* **-1.** *(tarima) (de orador, personalidades)* platform, rostrum; *(para testigos)* witness *Br* box *o US* stand; **subir al ~** *(orador)* to go up onto the platform; *(testigo) Br* to enter the witness box, *US* to take the stand **-2.** DER **estrados** *(salas)* courtrooms
estrafalariamente *adv* **-1.** *(con extravagancia)* outlandishly, eccentrically **-2.** *(de forma desaliñada)* slovenly, sloppily
estrafalario *adj* **-1.** *(extravagante) (persona, ropa, ideas)* outlandish, eccentric **-2.** *(desaliñado)* slovenly, sloppy
estragado, -a *adj (estropeado)* ravaged
estragar *vt (destruir)* to ravage
estragón *nm* tarragon
estragos *nmpl* **los ~ de las heladas arruinaron la cosecha** frost damage ruined the harvest; **causar** *o* **hacer ~ (en algo)** *(destruir)* to wreak havoc (on sth), to devastate (sth); **la epidemia de cólera sigue causando** *o* **haciendo ~** the cholera epidemic continues to cause devastation; **el huracán causó** *o* **hizo ~ en la costa** the hurricane wreaked havoc on the coast; EXPR **hacer ~** *(triunfar)* to have devastating results; **el cantante hace ~ entre las niñas** the singer drives young girls wild
estrambótico, -a *adj* outlandish, eccentric
estramonio *nm* thorn apple
estrangis = **extranjis**
estrangulación *nf* **-1.** *(de persona)* strangulation **-2.** *(de vena, conducto)* strangulation
estrangulado, -a *adj* **-1.** *(ahogado)* strangled **-2.** *(vena, conducto)* strangulated
estrangulador, -ora ◇ *nm,f (persona)* strangler; **el ~ de Boston** the Boston strangler
◇ *nm (de automóvil)* choke
estrangulamiento *nm* **-1.** *(de persona)* strangulation **-2.** *(de vena, conducto)* strangulation
estrangular ◇ *vt* **-1.** *(ahogar)* to strangle **-2.** *(vena, conducto)* to strangulate **-3.** *(proyecto)* to stifle, to nip in the bud
◆ **estrangularse** *vpr* **-1.** *(ahogarse)* to strangle oneself **-2.** *(obstruirse)* to be *o* become blocked
estraperlista *nmf* black marketeer
estraperlo *nm* black market; **productos de ~** black market goods
Estrasburgo *n* Strasbourg
estratagema *nf* **-1.** MIL stratagem **-2.** *(astucia)* artifice, trick
estratega *nmf* strategist
estrategia *nf* strategy; **cambiar de ~** to change strategy ❏ MKTG **~ *de márketing*** marketing strategy
estratégicamente *adv* strategically
estratégico, -a *adj* strategic
estratificación *nf* stratification
estratificado, -a *adj* stratified
estratificar [59] ◇ *vt* to stratify
◆ **estratificarse** *vpr* **-1.** GEOL to form strata **-2.** *(sociedad)* to become stratified
estratigrafía *nf* GEOL stratigraphy
estratigráfico, -a *adj* GEOL stratigraphic
estrato *nm* **-1.** GEOL stratum **-2.** METEO stratum **-3.** *(clase social)* stratum; **los estratos sociales** the social strata
estratocúmulo *nm* METEO stratocumulus
estratosfera *nf* stratosphere
estratosférico, -a *adj* **-1.** *(de la estratosfera)* stratospheric **-2.** *Fam (precio)* astronomical, sky-high
estraza *nf* **papel de ~** brown paper
estrechamente *adv* **-1.** *(íntimamente)* closely; **~ relacionados** closely related **-2.** *(apretadamente)* tightly
estrechamiento *nm* **-1.** *(de calle, tubo)* narrowing; **atención: ~ provisional de la calzada** *(en letrero)* road narrows ❏ MED **~ *del túnel carpiano*** carpal tunnel syndrome **-2.** *(de relaciones) (entre países)* rapprochement; **producir el ~ de relaciones entre dos personas** to bring two people closer together
estrechar ◇ *vt* **-1.** *(hacer estrecho)* to narrow; *(ropa)* to take in **-2.** *(amistad, relaciones)* to make closer; *(lazos)* to reinforce, to strengthen; **ambos países estrecharon sus vínculos de amistad** the two countries strengthened their ties of friendship **-3.** *(apretar)* to squeeze, to hug; **~ la mano a alguien** to shake sb's hand; **la estrechó entre sus brazos** he hugged *o* embraced her
◆ **estrecharse** *vpr* **-1.** *(hacerse estrecho)* to narrow **-2.** *(amistad, relaciones)* to become *o* grow closer; *(lazos)* to grow stronger **-3.** *(apretarse)* to squeeze up; **se estrecharon en un fuerte abrazo** they hugged one another tightly; **se estrecharon la mano** they shook hands
estrechez *nf* **-1.** *(falta de anchura)* narrowness; *(falta de espacio)* lack of space; *(de ropa)* tightness ❏ **~ *de miras*** narrow-mindedness **-2.** *(falta de dinero)* hardship; **vivir en la ~** to live on slender means; **pasar estrecheces** to be hard up; **vivir sin estrecheces** to live comfortably **-3.** *(intimidad)* closeness
estrecho, -a ◇ *adj* **-1.** *(de poca anchura)* narrow; *(ropa)* tight; **es ~ de caderas** he is narrow-hipped; **desde que he engordado toda la ropa me está estrecha** since I put on weight, all my clothes have been too tight for me; **aquí se está muy ~** it's very cramped in here; **íbamos muy estrechos en el autobús** our bus was packed
-2. *(íntimo)* close; **tengo una estrecha relación con él** I have a close relationship with him; **el asunto tiene una estrecha relación con los juicios a la mafia** the affair is closely tied up with the mafia trials; **ambos países mantienen estrechos lazos de amistad** the two countries have close ties of friendship
-3. *(tacaño)* miserly, mean
-4. *(rígido)* strict; **serán sometidos a estrecha vigilancia** they will be kept under close *o* strict surveillance; **~ de miras** narrow-minded
-5. *Fam Pey (reprimido)* prudish, hung-up
◇ *nm,f Fam Pey (reprimido)* prude
◇ *nm (entre dos mares)* strait(s) ❏ **el *Estrecho de Bering*** the Bering Strait(s); **el *Estrecho de Bonifacio*** the Strait of Boniface; **el *Estrecho de Dardanelos*** the Dardanelles; **el *Estrecho de Gibraltar*** the Strait(s) of Gibraltar; **el *Estrecho de Magallanes*** the Strait(s) of Magellan; **el *Estrecho de Mesina*** the Strait(s) of Messina; **el *Estrecho de Ormuz*** the Strait(s) of Hormuz
estrechura *nf* **-1.** *(falta de anchura)* narrowness **-2.** *(aprieto, dificultad)* difficulty
estregar [43] *vt* to rub
estrella ◇ *adj inv* star; **producto ~** star *o* flagship product; **el deporte ~ de las Olimpiadas** the star event of the Olympics; **la pieza ~ de la colección** the jewel of the collection
◇ *nf* **-1.** *(astro)* star; **en forma de ~** star-shaped; EXPR **ver las estrellas** to see stars ❏ **~ *binaria*** binary star; **~ *doble*** binary star; **~ *enana*** dwarf star; **~ *enana blanca*** white dwarf star; **~ *enana roja*** red dwarf star; **~**

estrellado · 321 · **estrujar**

fugaz shooting star; **~ gigante** red giant; **~ nova** nova; **Estrella polar** Pole Star; **~ supernova** supernova
-2. *(suerte, destino)* fate; **su ~ quiso que la conociera** fate willed that he should meet her; **nacer con ~** to be born lucky; **tener buena/mala ~** to be lucky/unlucky
-3. *(artista, deportista)* star; **es la ~ del equipo** he's the star of the team ❑ **~ de cine** Br film star, US movie star; **~ invitada** guest star
-4. *(símbolo)* star; **un hotel de cuatro estrellas** a four-star hotel ❑ **~ de David** Star of David
-5. **~ de mar** starfish
estrellado, -a *adj* **-1.** *(con estrellas)* starry **-2.** *(por la forma)* star-shaped **-3.** *(que ha chocado)* smashed; EXPR **nacer ~** to be born unlucky
estrellar ◇ *vt* **-1.** *(arrojar)* to smash; **estrelló el vaso contra el suelo** she smashed the glass on the floor; **estrelló el balón en el poste** he smashed the ball into the post **-2.** *(huevo)* to fry
◆ **estrellarse** *vpr* **-1.** *(chocar) (objeto)* to smash (**contra** against); *(avión, vehículo)* to crash (**contra** into); **nos estrellamos con la moto** we crashed the motorbike; **se estrelló contra la oposición de su jefe** he ran smack into his boss's opposition
-2. *(fracasar)* to fail; **se estrelló con su última película** his last film was a disaster *o* a total flop
-3. *(cubrirse de estrellas)* to fill with stars
estrellato *nm* stardom; **alcanzó el ~ con su quinta película** she achieved stardom with her fifth film; **lanzar a alguien al ~** to propel sb to stardom, to make sb a star
estrellón *nm Méx (choque)* crash
estremecedor, -ora *adj (ruido, grito)* horrifying, ghastly; *(crimen, imágenes, historia)* horrifying, appalling
estremecer [46] ◇ *vt* to shake; **cualquier ruidito me estremecía** the slightest sound jangled my nerves; **un fuerte seísmo estremeció la ciudad** a violent earthquake shook the city; **el asesinato estremeció a todo el país** the assassination shook the whole country
◇ *vi* **la explosión hizo ~ los cimientos del edificio** the explosion shook the foundations of the building; **la sola idea me hace ~** just the thought of it makes me shudder
◆ **estremecerse** *vpr (de horror, miedo)* to tremble *o* shudder (**de** with); *(de frío)* to shiver (**de** with); **me estremezco sólo de pensarlo** I get the shivers just thinking about it
estremecimiento *nm (de miedo)* shudder; *(de frío)* shiver; **el suceso causó ~ entre la población** the crime horrified people
estrenar ◇ *vt* **-1.** *(objeto)* to use for the first time; *(ropa)* to wear for the first time; *(casa)* to move into; **¿estrenas zapatos, eh?** new shoes, huh?; **aún no has estrenado el balón que te regalé** you still haven't used the football I gave you; **los que hoy han estrenado la nueva línea de metro dicen que...** those who have used the new underground line on its first day say that...; **el mes que viene estrenamos despacho** next month we'll be moving to a new office; **se vende bicicleta, a ~** *(en anuncio)* bike for sale, unused
-2. *(película)* to release, to show for the first time; *(obra de teatro)* to premiere; **su montaje de "Macbeth" se acaba de ~ en el Olimpia** her production of "Macbeth" has just had its premiere at the Olympia
◆ **estrenarse** *vpr (persona)* to make one's debut, to start; **se estrenó como jugador de rugby ayer** he made his debut as a rugby player yesterday; **se estrena mañana en su nuevo empleo** tomorrow is her first day in her new job
estreno *nm* **-1.** *(de cosa)* first use; **me puse de ~ para el baile** I wore a new outfit to the dance; **unos zapatos de ~** a brand-new pair of shoes **-2.** *(de espectáculo, película)* premiere, first night; **la noche del ~** the opening night; **cine de ~** first-run cinema
-3. *(de casa, exposición)* opening **-4.** *(primera actuación)* debut
estreñido, -a *adj* constipated
estreñimiento *nm* constipation
estreñir [47] ◇ *vt* to constipate
◇ *vi* to be binding; **los huevos estriñen** eggs are binding *o* cause constipation
◆ **estreñirse** *vpr* to get constipated
estrépito *nm* **-1.** *(ruido)* racket, din; **se oyó un ~ de platos rotos en la cocina** from the kitchen there came the crash of breaking crockery; **la estantería se cayó con gran ~** the shelves collapsed with a great crash **-2.** *(ostentación)* fanfare
estrepitosamente *adv* **-1.** *(ruidosamente)* noisily **-2.** *(fracasar, hundirse, caer derrotado)* spectacularly
estrepitoso, -a *adj* **-1.** *(ruidoso) (risa, carcajada)* noisy; *(explosión, aplausos)* deafening; *(ruido)* deafening, thundering **-2.** *(derrota)* resounding; *(fracaso, hundimiento)* spectacular
estreptococo *nm* BIOL streptococcus
estreptomicina *nf* MED streptomycin
estrés *nm inv* stress
estresado, -a *adj* stressed, suffering from stress; **estar ~** to be stressed
estresante *adj* stressful
estresar *vt* to cause stress to; **ese ruido me está estresando** that noise is getting on my nerves
estresor *nm* source of stress
estría *nf* **-1.** *(surco)* groove **-2.** *(en piel)* stretch mark **-3.** *(en columna)* **estrías** fluting
estriado, -a *adj* **-1.** *(piel)* stretch-marked **-2.** *(columna)* fluted
estriar [32] ◇ *vt* to groove
◆ **estriarse** *vpr (sujeto: piel)* to become stretch-marked
estribaciones *nfpl* foothills; **en las estribaciones del Himalaya** in the foothills of the Himalayas
estribar *vi* **-1.** *Formal (fundamentarse)* **~ en** to lie in, to consist in; **la subida de tipos estriba en el repunte de la inflación** the interest rate rise is prompted by the resurgence of inflation; **su mayor problema estriba en la falta de dinero** her main problem is her lack of money **-2.** ARQUIT *(asentarse)* **~ en** to rest on
estribera *nf RP (correa)* stirrup strap
estribillo *nm* **-1.** MÚS chorus **-2.** LIT refrain **-3.** *Fam (coletilla)* pet word *o* phrase
estribo *nm* **-1.** *(de montura)* stirrup; EXPR **estar con un pie en el ~** to be halfway out of the door, to have one's hand on the doorknob; EXPR *Fam* **perder los estribos** to fly off the handle **-2.** *(de tren, tranvía)* step; *(de automóvil)* running board; *(de moto)* footrest **-3.** ANAT stirrup (bone), *Espec* stapes *(singular)* **-4.** ARQUIT *(contrafuerte)* buttress; *(de arco)* abutment
estribor *nm* starboard; **virar a ~** to turn to starboard; **¡barco a ~!** ship to starboard!
estricnina *nf* strychnine
estrictamente *adv* strictly; **desde un punto de vista ~ jurídico...** from a strictly legal point of view...; **hay que aplicar ~ el reglamento** the rules must be strictly enforced
estrictez *nf Am* strictness
estricto, -a *adj* strict; **no seas tan ~ con él** don't be so strict with him; **la estricta aplicación del reglamento** strict enforcement of the rules
estridencia *nf* **-1.** *(de ruido, risa, voz)* stridency, shrillness **-2.** *(de colores)* loudness **-3.** *(de persona, comportamiento, quejas)* loudness
estridente *adj* **-1.** *(ruido, risa, voz)* strident, shrill **-2.** *(color)* garish, loud **-3.** *(persona, comportamiento, quejas)* loud
estriega *etc ver* **estregar**
estrilda *nf* **~ ondulada** waxbill
estro *nm* **-1.** ZOOL *(celo)* oestrus **-2.** *Literario (inspiración)* inspiration
estroboscopio *nm* stroboscope
estrofa *nf* stanza, verse
estrógeno *nm* oestrogen
estroncio *nm* QUÍM strontium
estropajo *nm* scourer; **~ de aluminio** metal scouring pad, brillo pad®
estropajoso, -a *adj* **-1.** *(pelo)* coarse; *(textura)* fibrous; *(carne)* dry and chewy **-2.** *(lengua, boca)* dry and pasty
estropeado, -a *adj* **-1.** *(averiado)* broken **-2.** *(dañado)* damaged **-3.** *(echado a perder)* ruined, spoiled **-4.** *(envejecido)* aged; **la vi muy estropeada** I thought she had aged a lot
estropear ◇ *vt* **-1.** *(averiar)* to break
-2. *(dañar)* to damage; **no juegues al fútbol con esos zapatos, que los estropearás** don't play football in those shoes, you'll ruin them; **la lejía estropea la ropa** bleach damages clothes; **el exceso de sol estropea la piel** too much sun is bad for the skin
-3. *(echar a perder)* to ruin, to spoil; **la lluvia estropeó nuestros planes** the rain ruined *o* spoiled our plans; **siempre tienes que estropearlo todo** you always have to ruin everything
-4. *(envejecer)* to age
◆ **estropearse** *vpr* **-1.** *(máquina)* to break down; *(ropa)* to be ruined; **se ha vuelto a ~ el ascensor** the lift has broken down again; **se me ha estropeado el despertador** my alarm clock is broken; **se ha estropeado el día** the day has turned out badly
-2. *(comida)* to go off, to spoil; **no dejes la fruta fuera de la nevera, que se estropea** don't leave the fruit out of the fridge or it'll go off *o* spoil
-3. *(persona)* **María se ha estropeado mucho con los años** the years haven't been kind to MariOa
-4. *(plan)* to fall through; **se me estropeó el plan** my plan turned out badly
estropicio *nm Fam* **hacer o causar un ~** *(desorden)* to cause mayhem; **¡menudo ~ me has hecho en el pelo!** you've made a real mess of my hair!
estroquear ◇ *vt (en béisbol)* **estroqueó la pelota** he was struck out
◇ *vi (en béisbol)* to be struck out
estructura *nf* **-1.** *(de sustancia, cuerpo, de organización)* structure; **la ~ del átomo** the structure of the atom; **la ~ social en la India** the structure of Indian society **-2.** *(de edificio, mueble, nave)* frame, framework **-3.** LING *(de oración, texto)* structure ❑ **~ profunda** deep structure; **~ superficial** surface structure
estructuración *nf* structuring, organization
estructural *adj* structural; **el puente tiene fallos estructurales** the bridge has structural faults *o* is structurally unsound; **desempleo de carácter ~** structural unemployment
estructuralismo *nm* structuralism; **el ~ lingüístico** linguistic structuralism
estructuralista ◇ *adj* structuralist
◇ *nmf* structuralist
estructuralmente *adv* structurally
estructurar *vt* to structure, to organize
estruendo *nm* **-1.** *(ruido)* din, roar; *(de trueno)* crash; *(de explosión)* roar, boom; **las obras producían gran ~** the building work was causing a huge din **-2.** *(alboroto)* uproar, tumult
estruendoso, -a *adj* clamorous, noisy; **una estruendosa ovación** a thunderous ovation
estrujar ◇ *vt* **-1.** *(limón, naranja)* to squeeze; *(trapo, ropa)* to wring (out); *(esponja)* to squeeze out **-2.** *(papel)* to screw up; *(caja)* to crush **-3.** *(persona, mano)* to squeeze; **me estrujó un pie** he squashed my foot; **¡no me estrujes!** don't squash *o* crush me! **-4.** *(aprovecharse de)* to bleed dry
◆ **estrujarse** *vpr (apretujarse)* to huddle together; **íbamos todos estrujados en el asiento de atrás** we were all squashed together in the back seat; EXPR *Fam* **estrujarse la cabeza** *o* **el cerebro** to rack one's brains

estrujón nm -1. (abrazo) bear hug -2. (apretujón) **hubo muchos estrujones** there was a lot of pushing and shoving
Estuardo n pr **los ~** the Stuarts
estuario nm estuary
estucado nm stucco, stucco work
estucar [59] vt to stucco
estuchante nmf Andes Fam picklock
estuche nm (de instrumento, gafas, pendientes, reloj) case; (de cubertería) case, canteen; (de joyas) box; (de lápices) (dura) box; (blanda) case
estuco nm stucco
estudiado, -a adj studied
estudiantado nm students; **la mayoría del ~** the majority of the students
estudiante nmf (de universidad, secundaria) student; (de primaria) schoolchild, pupil; **una ~ de Medicina** a medical student; **un bar de estudiantes** a student bar
estudiantil adj student; **protestas estudiantiles** student protests; **un bar con ambiente ~** a studenty bar
estudiantina nf = traditional musical ensemble formed by university students
estudiar ⋄ vt -1. (carrera, asignatura, lección) to study; **estudia biológicas** he's studying biology; **tengo que ~ más inglés** I've got to work at my English; **¿qué estudiaste en la universidad?** what did you study at university
-2. (asunto) to study; (oferta, propuesta) to study, to consider; **después de ~ tu propuesta he decidido no aceptarla** having considered your proposal, I've decided not to accept it; **lo estudiaré y mañana te doy una respuesta** I'll consider it and get back to you tomorrow; **el gobierno estudia la posibilidad de subir las pensiones** the government is studying the possibility of raising pensions
-3. (observar) to observe; **estuvo estudiándonos durante un rato** he stayed watching us for a while; **desde allí podía ~ todos los movimientos del animal** from there I could observe all the animal's movements
⋄ vi to study; **estudia todas las tardes** he spends every afternoon studying; **no puede salir, tiene que ~** she can't come out, she's got to study; **hay que ~ más, González** you'll have to work harder, González; **estudió con el Presidente** he went to school/university with the President; **dejó de ~ a los quince años** he left school at fifteen; **estudié en los jesuitas** I went to a Jesuit school; **estudia en la Universidad Centroamericana** he's a student o he's studying at the University of Central America; **~ para médico** to be studying to be a doctor; **¿estudias o trabajas?** do you work or are you still at school?; Esp Hum ≃ do you come here often?
◆ **estudiarse** vpr -1. (lección, tema, asignatura) to study; **tengo que estudiarme cinco temas antes del viernes** I have to study five topics by Friday; **se estudió su papel en la obra** she learnt her part in the play -2. (observarse) **las dos fieras se estudiaron antes de atacar** the two animals studied o watched each other before attacking
estudio nm -1. (actividad) study; **ha dedicado muchos años al ~ del tema** she has studied the subject for many years; **estar en ~** to be under consideration ❑ **~ de mercado** (técnica) market research; (investigación) market survey
-2. (investigación) study; **ha publicado un ~ sobre el tema** she's published a study on the subject; **hacer un ~ de algo** to survey sth; **le hicieron un ~ de la flora intestinal** they investigated the composition of her intestinal flora ❑ **~ de campo** field study; **~ geológico** geological survey; **~ de impacto ambiental** environmental impact study; **~ de viabilidad** feasibility study
-3. (estudios) (educación) studies; **el niño va muy bien en los estudios** the boy is doing very well at school; **al terminar sus estudios en Viena, viajó a París** on completing his studies in Vienna he travelled to Paris; **dar estudios a alguien** to pay for o finance sb's education; **dejó los estudios a los quince años** he left school at fifteen; **tener estudios** to be educated ❑ **estudios de posgrado** postgraduate studies o education; **estudios primarios** primary education; **estudios secundarios** secondary education; **estudios superiores** higher education
-4. (despacho) study; (de fotógrafo, pintor, arquitecto) studio; RP (de abogado) practice
-5. (apartamento) studio Br flat o US apartment
-6. CINE, RAD & TV studio; **los estudios de la Metro** the Metro studios ❑ **~ de grabación** recording studio
-7. ARTE study
-8. MÚS étude, study; **~ para piano** piano study
estudioso, -a ⋄ adj studious
⋄ nm,f (especialista) expert, scholar; **un ~ de la cultura persa** a scholar of Persian culture; **un ~ de la naturaleza humana** a student of human nature
estufa nf -1. (calefacción) heater, Br fire ❑ **~ eléctrica** electric heater; **~ de gas** gas heater -2. Méx (cocina) stove
estulticia nf Formal stupidity, obtuseness
estupa muy Fam ⋄ nm (persona) drug squad detective, US narc; **los estupas** the drug squad, US the narcs
⋄ nf (brigada) **la ~** the drug squad, US the narcs
estupefacción nf astonishment
estupefaciente ⋄ adj narcotic
⋄ nm narcotic, drug; **brigada de estupefacientes** drugs squad
estupefacto, -a adj astonished, astounded; **dejar a alguien ~** to astonish o astound sb; **quedarse ~** to be astonished o astounded
estupendamente adv wonderfully; **estoy ~** I feel wonderful; **los niños lo pasaron ~ en el parque** the children had a wonderful time in the park; **unas vacaciones te vendrían ~** a holiday would do you a world of good; **¿cómo te encuentras? – ¡~!** how are you feeling? – great o fantastic!
estupendo, -a adj wonderful, marvellous; **estás estupenda** you look wonderful; **hace un día ~** it's a beautiful o wonderful day; **es una persona estupenda** she's a great person; **¡~!** wonderful!, marvellous!; **¿vamos mañana a la playa? – ¡~!** shall we go to the beach tomorrow? – good idea!
estúpidamente adv stupidly
estupidez nf stupidity; **decir/hacer una ~** to say/do something stupid; **no dice más que estupideces** all she ever talks is nonsense; **hizo la ~ de preguntarle al portero** he made the foolish mistake of asking the caretaker; **sería un ~ negarlo** it would be foolish to deny it; **¿y por eso se enfada? ¡pues vaya una ~!** she got annoyed about that? how stupid can you get!
estúpido, -a ⋄ adj stupid; **¡qué ~ soy!** me he vuelto a olvidar what an idiot I am! I've gone and forgotten again; **sería ~ no reconocerlo** it would be foolish not to admit it
⋄ nm,f idiot; **el ~ de mi vecino** my idiot of a neighbour
estupor nm -1. (asombro) astonishment; **causar ~** to cause astonishment; **con ~** in astonishment -2. MED stupor
estupro nm DER = use of deception or misuse of authority by an adult to engage in sex with a minor
esturión nm sturgeon
estuve etc ver **estar**
estuviera etc ver **estar**
esvástica nf swastika
ETA ['eta] nf (abrev de **Euskadi Ta Askatasuna**) ETA, = terrorist Basque separatist organization
etano nm ethane
etanol nm ethanol
etapa nf -1. (trayecto, fase) stage; **está pasando una mala ~** he's going through a bad patch; **por etapas** in stages; **la reforma educativa será implantada por etapas** the educational reforms will be introduced in stages -2. DEP stage; **una vuelta ciclista por etapas** a staged cycle race ❑ **~ ciclista** stage (of cycle race); **~ contrarreloj** (en ciclismo) time trial; **~ de montaña** (en ciclismo) mountain stage; **~ prólogo** (en ciclismo) prologue
etarra ⋄ adj ETA; **el terrorismo ~** ETA terrorism
⋄ nmf member of ETA
etc. (abrev de **etcétera**) etc
etcétera ⋄ adv etcetera
⋄ nm **y un largo ~ de...** and a long list of...
éter nm -1. (gas) ether -2. Formal (cielo) **el ~** the ether, the heavens
etéreo, -a adj ethereal
eternamente adv eternally; **te estaré ~ agradecido** I will be eternally grateful to you
eternidad nf -1. (existencia eterna) eternity -2. Fam (mucho tiempo) **llevo esperando una ~** I've been waiting an eternity o for ages; **hace una ~ que no la veo** it's ages since I last saw her
eternit® (pl **eternits** o **enternites**) nm Andes, RP = corrugated fibre cement sheeting
eternizar [14] ⋄ vt **~ algo** to make sth last forever
◆ **eternizarse** vpr eternizarse (haciendo algo) to spend absolutely ages (doing sth); **no te eternices haciendo las camas** don't take forever making the beds; **la reunión se eternizó** the meeting went on and on
eterno, -a adj -1. (perpetuo) eternal; **se juraron amor ~** they swore eternal o undying love -2. Fam (larguísimo) never-ending, interminable; **la eterna canción** the same old story; **el ~ problema** the eternal problem; **hacerse ~** to go on forever; **la obra se me hizo eterna** the play seemed to go on forever
Ethernet® [eθer'net] nf INFORMÁT Ethernet®
ética nf -1. (en filosofía) ethics (singular) -2. (moralidad) ethics; **gente que carece de ~** people who have no ethics ❑ **~ profesional** (professional) ethics
éticamente adv ethically
ético, -a adj ethical
etilenglicol nm QUÍM ethylene glycol
etileno nm QUÍM ethylene, ethene
etílico, -a adj QUÍM ethyl; **alcohol ~** ethyl alcohol; **intoxicación etílica** alcohol poisoning
etilismo nm intoxication
etilo nm ethyl
etimología nf etymology
etimológicamente adv etymologically
etimológico, -a adj etymological
etimólogo, -a nm,f etymologist
etiología nf MED etiology
etíope ⋄ adj Ethiopian
⋄ nmf (persona) Ethiopian
⋄ nm (lengua) Ethiopian
Etiopía n Ethiopia
etiqueta nf -1. (en envase, producto, prenda) (pegada o cosida) label; (colgada o atada) tag, label; **la ~ del precio** the price tag; **ponga una ~ con su nombre a la maleta** put a label/tag with your name on it on the suitcase; **cada sobre lleva una ~ con la dirección** each envelope has an address label on it
-2. (calificativo) label; **colgarle o ponerle a alguien la ~ de...** to label sb as...; **no me gusta poner etiquetas a la gente** I don't like to label people
-3. (ceremonial) etiquette; **de ~** formal; **una cena de ~** a formal dinner; **vestirse de ~** to wear formal dress
-4. INFORMÁT label
etiquetado nm labelling
etiquetadora nf pricing gun
etiquetaje nm labelling
etiquetar vt -1. (objeto) to label -2. (persona) to label; **~ a alguien de algo** to label sb sth; **la etiquetaron de rebelde** she was labelled (as) a rebel

etiquetero, -a *adj* ceremonious, formal
etmoides *nm inv* ANAT ethmoid bone
Etna *nm* el ~ (Mount) Etna
etnia *nf* ethnic group; **una persona de ~ oriental** a person of Asian extraction
étnico, -a *adj* ethnic
etnocéntrico, -a *adj* ethnocentric
etnocentrismo *nm* ethnocentrism
etnocidio *nm* genocide
etnografía *nf* ethnography
etnográfico, -a *adj* ethnographic
etnógrafo, -a *nm,f* ethnographer
etnología *nf* ethnology
etnológico, -a *adj* ethnologic, ethnological
etnólogo, -a *nm,f* ethnologist
etología *nf* ethology
etrusco, -a ◇ *adj* Etruscan
  ◇ *nm,f* Etruscan
ETT *nf (abrev de* **Empresa de Trabajo Temporal***)* temping agency
EUA *nmpl (abrev de* **Estados Unidos de América***)* USA
eucalipto *nm* eucalyptus; **caramelos de ~** eucalyptus sweets
eucarionte *nm*, **eucariota** *nf* BIOL eucaryote, eukaryote
eucaristía *nf* la ~ the Eucharist
eucarístico, -a *adj* Eucharistic
Euclides *n pr* Euclid
euclidiano, -a *adj* Euclidean
eufemismo *nm* euphemism
eufemísticamente *adv* euphemistically
eufemístico, -a *adj* euphemistic
eufonía *nf* euphony
eufónico, -a *adj* euphonic, euphonious
euforia *nf* euphoria, elation; **daban gritos de ~** they were shouting euphorically; **sentía una gran ~** he felt very elated
eufóricamente *adv* euphorically
eufórico, -a *adj* euphoric, elated; **los aficionados saltaban eufóricos** the fans were leaping up and down in excitement; **me sentía ~** I felt elated
Éufrates *nm* el ~ the Euphrates
eugenesia *nf* eugenics *(singular)*
eugenésico, -a *adj* eugenic
eunuco *nm* eunuch
Eurasia *n* Eurasia
eurasiático, -a ◇ *adj* Eurasian
  ◇ *nm,f* Eurasian
EURATOM [eura'tom] *nf (abrev de* **Comunidad Europea de la Energía Atómica***)* EURATOM
eureka *interj* eureka!
Euribor [euri'βor] *nm* FIN *(abrev de* **Euro Inter-Bank Offered Rate***)* EURIBOR
Eurípides *n pr* Euripides
euritmia *nf* MED regular heartbeat
euro *nm* **-1.** *(moneda)* euro; **la zona** *o* **el territorio (del) ~** the euro zone **-2.** *Literario (viento)* east wind
euro- *pref* Euro-; **euroeconomía** euro-economy
euroafricano, -a *adj* Afro-European
euroasiático, -a ◇ *adj* Eurasian
  ◇ *nm,f* Eurasian
eurobarómetro *nm* UE Eurobarometer
eurobono *nm* Eurobond
eurocámara *nf* European Parliament
eurocéntrico, -a *adj* Eurocentric
eurocheque *nm* Eurocheque
eurocomisario, -a *nm,f* EU commissioner
eurocomunismo *nm* Eurocommunism
eurocomunista ◇ *adj* Eurocommunist
  ◇ *nmf* Eurocommunist
euroconector *nm* TV SCART
eurócrata ◇ *adj* Eurocrat
  ◇ *nmf* Eurocrat
eurodiputado, -a *nm,f* Euro-MP, MEP
eurodivisa *nf* FIN eurocurrency
eurodólar *nm* FIN Eurodollar
euroejército *nm* Euro army
euroescéptico, -a ◇ *adj* Eurosceptic
  ◇ *nm,f* Eurosceptic
euroescepticismo *nm* Euroscepticism
Eurolandia *n* Euroland
euroliga *nf (de fútbol)* European super league
euromercado *nm* FIN Euromarket

Europa -1. *n* Europe ❑ **~ Central** Central Europe; **~ del Este** Eastern Europe; **~ Occidental** Western Europe; **~ Oriental** Eastern Europe **-2.** MITOL Europa
europarlamentario, -a *nm,f* member of the European Parliament, Euro-MP
europeidad *nf* Europeanness
europeísmo *nm* Europeanism
europeísta ◇ *adj* pro-European
  ◇ *nmf* pro-European
europeización *nf* Europeanization
europeizante *adj* Europeanizing
europeizar [14] ◇ *vt* to Europeanize
  ◆ **europeizarse** *vpr* to become Europeanized
europeo, -a ◇ *adj* European
  ◇ *nm,f* European
europio *nm* QUÍM europium
Europol [euro'pol] *nf (abrev de* **European Police***)* Europol
eurotúnel *nm* el ~ the Channel tunnel, the Eurotunnel
eurovisión *nf* Eurovision; **el torneo será retransmitido por ~** the tournament will be broadcast by Eurovision
euscaldún, euscalduna ◇ *adj* Basque-speaking
  ◇ *nmf* Basque speaker
Euskadi *n* the Basque Country
euskaldún, euskalduna ◇ *adj* Basque-speaking
  ◇ *nmf* Basque speaker
euskera, eusquera *nm* Basque

EUSKERA

Euskera (or Basque) is one of the four official languages spoken in Spain. It is spoken by about one million people in the northern Spanish region of Euskadi (the Basque Country), in the neighbouring province of Navarra, and in the Basque region of France. Its origin is unknown as it is not an Indo-European language. For decades **Euskera** was either banned or officially unrecognized, and as a consequence it was mainly spoken only in rural areas. However, in recent times it has re-emerged with the support of the Basque nationalist movement and is being promoted as the official language for use in schools and education, and a growing number of schoolchildren can now speak the language. Today **Euskera** is used by an increasing number of well-known authors, including the internationally acclaimed Bernardo Atxaga.

---

eutanasia *nf* euthanasia; **practicar la ~ a alguien** to practise euthanasia on sb ❑ **~ pasiva** passive euthanasia, = withholding of life-prolonging treatment from a terminally ill person
eutrofización *nf* BIOL eutrophication
Eva *n pr* Eve
evacuación *nf* **-1.** *(de zona, edificio, personas)* evacuation **-2.** *Formal (de vientre)* evacuation, bowel movement
evacuado, -a ◇ *adj* evacuated
  ◇ *nm,f* evacuee
evacuar ◇ *vt* **-1.** *(edificio, zona, personas)* to evacuate **-2.** *Formal (vientre)* **~ el vientre** to have a bowel movement **-3.** *(trámite)* to carry out, to transact
  ◇ *vi Formal (defecar)* to have a bowel movement
evadido, -a ◇ *adj* **-1.** *(persona)* escaped **-2.** *(divisas, impuestos)* evaded
  ◇ *nm,f* escapee, fugitive; **un ~ de la justicia** a fugitive from justice
evadir ◇ *vt* **-1.** *(problema, peligro, tema)* to avoid; *(compromiso, responsabilidad)* to avoid, to evade **-2.** *(divisas, impuestos)* to evade
  ◆ **evadirse** *vpr* **-1.** *(fugarse)* to escape **(de** from**) -2.** *(distraerse)* to escape **(de** from**);** **evadirse de la realidad** to escape from reality; **pasear en bici es su forma de evadirse** going for a bike ride is his way of taking his mind off things
evaluable *adj* calculable

evaluación *nf* **-1.** *(valoración)* evaluation, assessment; *(de daños, pérdidas, riesgos)* assessment; **una primera ~ de las estadísticas confirma que...** a first assessment of the statistics confirms that...; **realizaron una ~ de los daños** they assessed the damage; **hacen evaluaciones periódicas del rendimiento de los trabajadores** employees are given regular performance evaluations *o* appraisals; **hizo una ~ positiva de la situación** he gave a positive assessment of the situation ❑ COM **~ comparativa** benchmarking; **~ de impacto ambiental** environmental impact assessment; **~ de riesgos** risk assessment
  -2. EDUC *(acción)* assessment; *(examen)* exam, test; *(periodo)* = division of school year, of which there may be three to five in total ❑ **~ continua** continuous assessment
evaluador, -ora *adj* evaluating, evaluative
evaluar [4] *vt* **-1.** *(valorar)* to evaluate, to assess; *(daños, pérdidas, riesgos)* to assess **-2.** EDUC *(alumno)* to assess, to test; *(examen) Br* to mark, *US* to grade
evanescencia *nf Formal* evanescence
evanescente *adj Formal* evanescent
evangélico, -a ◇ *adj* evangelical
  ◇ *nm,f* evangelical
evangelio *nm* **-1.** *(de la Biblia)* gospel; **el ~ según San Marcos** the Gospel according to St Mark; **predicar el ~ a alguien** to preach the gospel to sb ❑ **los evangelios apócrifos** the apocryphal Gospels **-2.** *Fam (dogma)* **su opinión es el ~** whatever he says goes, his word is law
evangelismo *nm* evangelism
evangelista ◇ *nm* REL Evangelist; **los cuatro evangelistas** the four Evangelists; **San Juan Evangelista** St John the Evangelist
  ◇ *nmf Méx (escribano)* public letter-writer
evangelización *nf* evangelization, evangelizing
evangelizador, -ora ◇ *adj* evangelizing
  ◇ *nm,f* evangelist
evangelizar [14] *vt* to evangelize
evanol® *nm Arg* = an analgesic for period pain
evaporable *adj* evaporable
evaporación *nf* evaporation
evaporar ◇ *vt* to evaporate
  ◆ **evaporarse** *vpr* **-1.** *(líquido)* to evaporate **-2.** *Fam (persona)* to vanish *o* disappear (into thin air); *(fondos, fortuna)* to disappear, to vanish; *(posibilidad, esperanzas, ilusiones)* to evaporate, to vanish
evasión *nf* **-1.** *(huida)* escape **-2.** *(de dinero)* **~ de capitales** capital flight; **~ de divisas** capital flight; **~ fiscal** tax evasion; **~ de impuestos** tax evasion **-3.** *(entretenimiento)* amusement, recreation; *(escapismo)* escapism; **pasear, montar en bici y otras formas de ~** walking, cycling and other forms of relaxation; **literatura de ~** escapist literature
evasiva *nf* evasive answer; **contestar** *o* **responder con evasivas** to give evasive answers, to be evasive; **no me vengas con evasivas** don't beat about the bush, give me a straight answer
evasivo, -a *adj* evasive
evasor, -ora ◇ *adj* guilty of evasion
  ◇ *nm,f* **-1.** *(de la cárcel)* jailbreaker **-2.** *(de dinero)* **~ de capitales** *o* **divisas** = person who sends money abroad illegally; **~ fiscal** tax evader; **~ de impuestos** tax evader
evento *nm* event
eventual ◇ *adj* **-1.** *(no fijo) (trabajador, empleo)* casual, temporary; *(cargo)* temporary; *(gastos, ingresos)* incidental; **un contrato de trabajo ~** a temporary (employment) contract **-2.** *(posible)* possible; **ante una ~ reanudación de las hostilidades** in the event of a renewal of hostilities; **en el caso ~ de que...** in the event that...
  ◇ *nmf (trabajador)* casual *o* temporary worker

eventualidad nf -1. (temporalidad) temporariness -2. (hecho incierto) eventuality; (posibilidad) possibility; **estamos preparados para cualquier ~** we are prepared for every eventuality; **en la ~ de que viniera, lo recibiríamos** in the event of his coming, we would receive him

eventualmente adv -1. (por casualidad) by chance -2. (posiblemente) possibly

Everest nm el ~ (Mount) Everest

evidencia nf -1. (claridad) obviousness; **ante la ~ de las pruebas, tuvo que admitir su culpa** in the face of such undeniable evidence, he had to admit his guilt; **poner algo en ~** to demonstrate sth; **poner a alguien en ~** to show sb up; **quedar en ~** to be shown up; **me hiciste quedar en ~ delante de todo el mundo** you showed me up in front of everyone
  -2. (prueba) evidence, proof; **no hay evidencias de culpabilidad** there is no evidence of guilt

evidenciar ◇ vt to show, to demonstrate; **estos hechos evidencian la falta de interés del gobierno** these facts demonstrate the government's lack of interest; **los candidatos evidenciaron falta de preparación** the candidates showed a lack of preparation
  ◆ **evidenciarse** vpr to be obvious o evident; **tal y como se evidencia en su discurso** as is evident from her speech

evidente adj evident, obvious; **es ~ que no les caemos bien** it's obvious they don't like us; **su enfado era ~** she was clearly o visibly angry; **¿te gustaría ganar más? – ¡~!** would you like to earn more? – of course!

evidentemente adv evidently, obviously

evitable adj avoidable

evitar ◇ vt -1. (impedir) (desastre, accidente) to avoid, to prevent; **¿podría haberse evitado esta catástrofe ecológica?** could this environmental disaster have been avoided o prevented?; **~ que alguien haga algo** to stop o prevent sb from doing sth; **no pude ~ que se pelearan** I couldn't stop o prevent them from having a fight; **hemos de ~ que se extienda el incendio** we have to stop the fire spreading
  -2. (eludir) (problema, cuestión, persona) to avoid; **siempre me está evitando** she's always trying to avoid me; **Javier siempre evita encontrarse conmigo** Javier always avoids meeting me; **yo evité hablar del tema** I kept o steered clear of the subject; **no puede evitarlo** he can't help it; **no puedo ~ ser como soy** I can't help (being) the way I am
  -3. (ahorrar) to save; **esta máquina nos evitaría mucho trabajo** this machine would save us a lot of work; **esto me evita tener que ir** this gets me out of going, this saves me (from) having to go
  ◆ **evitarse** vpr (ahorrarse) to save oneself; **si sigues mis consejos te evitarás muchos problemas** if you follow my advice, you'll save yourself a lot of problems

evocación nf recollection, evocation

evocador, -ora adj evocative sth; **un título ~ de tiempos legendarios** a title that evokes legendary times

evocar [59] vt -1. (recordar) to recall; **la decoración evoca tiempos pasados** the decor recalls o evokes a bygone era; **evocó lo ocurrido en aquel último encuentro** she recalled what happened during that last meeting; **estas imágenes me hacen ~ mi infancia** these pictures remind me of my childhood -2. (espíritu) to invoke, to call up

evocativo, -a adj evocative

evolución nf -1. (progreso) (de sociedad, situación, negociaciones) development, progress; (de enfermo) progress; **me preocupa la ~ económica del país** I'm worried by the economic developments in this country; **la ~ tecnológica** technological development o progress; **una sociedad en plena ~** a rapidly developing society
  -2. (cambio) change
  -3. (de especies) evolution; **la ~ de las especies marinas** the evolution of marine life
  -4. (movimiento) **contemplaban las evoluciones del jugador en la banda** they watched the player warming up on the sidelines; **me gusta ver las evoluciones de los aviones en el aeropuerto** I like watching planes taking off and landing at the airport
  -5. MIL manoeuvre

evolucionar vi -1. (progresar) (sociedad, situación, negociaciones) to develop, to progress; (enfermo) to make progress; **una sociedad muy evolucionada** a highly developed society; **esta tecnología ha evolucionado mucho** the technology has developed a great deal; **después de la operación evoluciona favorablemente** his progress since the operation has been satisfactory; **el paciente no evoluciona** the patient isn't making any progress
  -2. (cambiar) to change; **mis padres han evolucionado con los años** my parents have changed with the years
  -3. (especies) to evolve
  -4. (moverse) **el jugador evolucionaba en la banda** the player was warming up on the sidelines; **el avión evolucionaba sobre la ciudad** the plane was flying over the city
  -5. MIL to carry out manoeuvres

evolucionismo nm evolutionism

evolucionista ◇ adj evolutionary
  ◇ nmf evolutionist

evolutivamente adv in evolutionary terms

evolutivo, -a adj evolutionary

ex ◇ nmf Fam (cónyuge, pareja) ex
  ◇ pref ex-, former; **el ex presidente** the ex-president, the former president; **un ex alumno de la escuela** a former pupil of the school

exabrupto nm sharp word o remark

exacción nf (de impuestos, multas) exaction, collection

exacerbación nf exacerbation, aggravation

exacerbado, -a adj **los ánimos estaban exacerbados** people were furious, tempers were running high

exacerbar ◇ vt -1. (agudizar) to exacerbate, to aggravate -2. (irritar) to irritate, to annoy; **su discurso exacerbó los ánimos** her speech worked people up even more
  ◆ **exacerbarse** vpr -1. (agudizarse) to get worse -2. (irritarse) to get o become infuriated

exactamente adv exactly, precisely; **son ~ iguales** they are exactly the same; **¿qué te dijo ~?** what exactly did she say to you?; **el problema es que nadie se atreve a protestar – ~** the problem is that nobody dares to complain - exactly

exactas nfpl mathematics (singular)

exactitud nf -1. (precisión) accuracy, precision; **describa con ~ lo ocurrido** describe exactly what happened; **no lo sé con ~** I don't know exactly -2. (rigor) rigorousness

exacto, -a ◇ adj -1. (justo) exact; **3 metros exactos** exactly 3 metres; **una hora exacta** exactly an hour
  -2. (preciso) accurate, precise; (correcto) correct, right; **dio una descripción exacta del lugar** she gave an exact description of the place; **no sé la fecha exacta de la boda** I don't know the exact date of the wedding; **¿llevas la hora exacta?** have you got the right time?; **para ser exactos** to be precise
  -3. (idéntico) identical (a to); **es ~ a su padre** he looks just like his father; **una copia exacta del original** an exact copy of the original
  ◇ adv exactly, precisely; **¡~!, eso es lo que está pasando** exactly! that's what is happening

ex aequo loc adv **conceder un premio ~** to award a prize jointly to two people

exageración nf exaggeration; **decir que son amigos sería una ~** to say they were friends would be to go too far; **este precio es una ~** that's a ridiculous price; **su reacción me pareció una ~** I thought his reaction was a bit extreme; **en su casa tiene una ~ de libros** she's got stacks of books at home

exageradamente adv excessively; **reaccionar ~** to overreact; **~ simplista** oversimplistic, excessively simplistic; **es ~ rico** he's enormously rich; **los actores que gesticulan ~** actors who gesture exaggeratedly

exagerado, -a adj -1. (persona) **es muy ~** (en sus cálculos, valoraciones) he exaggerates a lot; (en sus acciones) he really goes too far, he really overdoes it; (en sus reacciones) he overreacts a lot; **¡qué ~ eres! no había tanta gente** you're always exaggerating! there weren't as many people as that
  -2. (cifra, reacción, gesto) exaggerated; (precio) exorbitant; **había una cantidad exagerada de comida** there was an enormous amount of food; **muestran exagerada cautela** they are excessively cautious

exagerar ◇ vt to exaggerate; **la oposición exagera la trascendencia de este asunto** the opposition has blown this issue out of proportion
  ◇ vi -1. (al describir, calificar) to exaggerate; **yo creo que exageras** I think you're exaggerating; **no exageremos, no fue para tanto** let's not exaggerate, it wasn't that bad -2. (al actuar) to go too far, to overdo it (con with); **tantas precauciones, ¿no estás exagerando un poco?** aren't you going a bit too far with o overdoing it with all these precautions?

exaltación nf -1. (júbilo) elation, intense excitement -2. (acaloramiento) overexcitement -3. (ensalzamiento) exaltation; **la obra es una ~ romántica de la belleza** the work is a romantic paean to beauty

exaltado, -a ◇ adj -1. (acalorado) (persona) worked up; (discusión) heated; (discurso, defensa) fervent; **no te pongas tan ~** don't get so worked up; **los ánimos están muy exaltados en la zona** tempers are running high in the area -2. (excitable) hotheaded -3. (jubiloso) elated
  ◇ nm,f (fanático) hothead; **unos exaltados invadieron el campo** a few hotheads ran onto the pitch

exaltar ◇ vt -1. (excitar) **el orador exaltó a las masas** the speaker whipped up the crowds; **la decisión exaltó la cólera de los aficionados** the decision enraged the fans -2. (ensalzar) to praise, to exalt; **exaltó la cocina argentina** he praised Argentinian cuisine to the skies
  ◆ **exaltarse** vpr to get worked up o excited (por about)

examen nm -1. (ejercicio) exam, examination; **~ de inglés** English exam; **aprobar** o Am **pasar un ~** to pass an exam; **Esp suspender** o Am **reprobar un ~** to fail an exam; **hacer un ~** to do o take an exam; **poner un ~ a alguien** to set o give sb an exam; **presentarse a un ~** to sit an exam ❑ **Esp ~ de conducir** driving test; **~ escrito** written exam; **~ final** final (exam); **~ de ingreso** entrance exam; **Am ~ de manejar** driving test; **~ oral** oral (exam); **~ parcial** end-of-term exam
  -2. (indagación) consideration, examination; **después de un detallado ~, la policía descubrió la verdad** after careful consideration of the facts, the police found out the truth; **someter a ~** to examine; **hacer ~ de conciencia** to take a good look at oneself; **libre ~** personal interpretation ❑ **~ médico** medical examination o check-up

examinador, -ora ◇ adj examining
  ◇ nm,f examiner

examinando, -a nm,f examinee, candidate

examinar ◇ vt -1. (alumno) to examine -2. (analizar) to examine; **examinó detenidamente el arma** he examined the weapon carefully; **examinaremos su caso** we shall examine her case; **tienes que ir al médico a que te examine** you must go and get the doctor to examine you
  ◆ **examinarse** vpr Esp to sit o take an

exam; **mañana me examino de matemáticas** I've got my maths exam tomorrow
exangüe *adj Formal* **-1.** *(agotado)* exhausted **-2.** *(muerto)* lifeless
exánime *adj Formal* **-1.** *(muerto)* lifeless **-2.** *(desmayado)* motionless, inert **-3.** *(agotado)* exhausted, worn-out
exantema *nm* MED exanthem, exanthema
exasperación *nf* exasperation
exasperante *adj* exasperating, infuriating
exasperantemente *adv* exasperatingly, infuriatingly
exasperar ◇ *vt* to exasperate, to infuriate; **¿qué es lo que más te exaspera de él?** what is it you find most exasperating o infuriating about him?; **la actitud del equipo exasperó a los aficionados** the team's attitude exasperated o infuriated the fans
◆ **exasperarse** *vpr* to get exasperated
Exc. *(abrev de* **Excelencia***)* Excellency
excarcelación *nf* release (from prison)
excarcelar *vt* to release (from prison)
ex cátedra, ex cathedra *loc adv (en tono magistral)* ex cathedra
excavación *nf* **-1.** *(acción)* excavation **-2.** *(lugar)* dig, excavation; **~ arqueológica** archaeological dig
excavador, -ora ◇ *adj* excavating, digging
◇ *nm,f (persona)* excavator, digger
excavadora *nf (máquina)* digger
excavar *vt* **-1.** *(cavar)* to dig; **el terreno van a dig; **el perro excavó un hoyo** the dog dug a hole **-2.** *(en arqueología)* to excavate
excedencia *nf Esp (de funcionario, empleado)* leave (of absence); *(de profesor)* sabbatical; **un año de ~** *(de funcionario, empleado)* a year's leave of absence; *(de profesor)* a year's sabbatical; **estar de ~** *(funcionario, empleado)* to be on leave (of absence); *(profesor)* to be on sabbatical
excedentario, -a *adj* surplus; **la balanza de pagos ha sido excedentaria** the balance of payments has been in surplus
excedente ◇ *adj* **-1.** *(producción)* surplus **-2.** *(funcionario)* on leave; *(profesor)* on sabbatical
◇ *nmf Esp (persona)* person on leave ❑ **~ de cupo** = person excused from military service because there are already enough new recruits
◇ *nm* COM surplus; **excedentes agrícolas** agricultural surpluses
exceder ◇ *vt* to exceed, to surpass; **~ el límite de velocidad** to exceed o go over the speed limit; **excede en dos kilos el peso permitido** it is two kilos over the weight limit; **una cifra que excede con mucho la deuda externa del país** a figure well in excess of the country's foreign debt; **esto excede mis atribuciones** that is beyond my authority
◇ *vi* to be greater; **~ a** o **de** to exceed; **su fortuna excede de los cien millones** her fortune exceeds one hundred million
◆ **excederse** *vpr* **-1.** *(propasarse)* to go too far, to overstep the mark **(en** in) **-2.** *(rebasar el límite)* **se excede en el peso** it's too heavy
excelencia ◇ *nf (cualidad)* excellence; **elogió las excelencias de la cocina vasca** he praised the distinctive qualities of Basque cuisine; **por ~** par excellence; **Sartre, el existencialista por ~** Sartre, the existentialist par excellence
◇ *nmf* **Su Excelencia** His Excellency, *f* Her Excellency; **Su Excelencia el presidente del gobierno** His Excellency, the President; **es para mí un honor, Excelencia** I shall count it an honour, Your Excellency
excelente *adj* excellent
excelentísimo, -a *adj* most excellent; **el ~ ayuntamiento de Málaga** Malaga city council; **el ~ embajador de...** His Excellency the ambassador of...
excelso, -a *adj Formal* sublime; **una excelsa figura del teatro británico** a truly outstanding figure in British theatre
excéntricamente *adv* eccentrically

excentricidad *nf* **-1.** *(extravagancia)* eccentricity **-2.** GEOM eccentricity
excéntrico, -a ◇ *adj* **-1.** *(extravagante)* eccentric **-2.** GEOM eccentric
◇ *nm,f* eccentric
excepción *nf* exception; **a** o **con ~ de** with the exception of, except for; **a ~ de él, todos vinieron** they all came except for him o apart from him; **fue ~ exceptional; fue un ciclista de ~** he was an exceptional cyclist; **~ hecha de Pérez** Pérez excepted; **hacer una ~** to make an exception; **¿no podrías hacer una ~ con ella?** couldn't you make an exception for her?; **sin ~** without exception; **todos sin ~ deberán presentarse a las nueve** everyone without exception must be there at nine; EXPR **la ~ confirma la regla** the exception proves the rule
excepcional *adj* **-1.** *(ocasional)* exceptional; **sólo en circunstancias excepcionales** only in exceptional circumstances **-2.** *(extraordinario)* exceptional; **alcanzar el segundo puesto es un logro ~** reaching second place is an exceptional achievement
excepcionalmente *adv* **-1.** *(como excepción)* exceptionally; **para viajes a Europa y, ~, a África** for journeys to Europe and, exceptionally o in exceptional cases, to Africa **-2.** *(extraordinariamente)* exceptionally; **un verano ~ caluroso** an exceptionally hot summer
excepto *adv* except (for); **vinieron todos, ~ él** they all came except (for) him o apart from him; **todas cuestan lo mismo, ~ estas dos** they all cost the same, except for these two; **todos ~ tú** everyone except you; **me gusta hablar de todo ~ de política** I like talking about any subject except politics; **abierto ~ domingos y festivos** *(en letrero)* closed on Sundays and holidays
exceptuar [4] *vt (excluir)* to exclude **(de** from); *(eximir)* to exempt **(de** from); **lloverá en todo el país exceptuando el sur** it will rain throughout the country except in the south; **exceptuando a...** excluding...; **se exceptúa a los menores de dieciséis años** children under the age of sixteen are exempt; **todos fueron castigados, sin ~ a ninguno** everyone was punished, without a single exception
excesivamente *adv* excessively
excesivo, -a *adj* excessive; **se pagan precios excesivos** people pay inflated prices, *Br* people pay over the odds; **protegen al niño de un modo ~** they are overprotective of the boy; **no tuvo excesiva suerte en semifinales** she didn't do too well in the semifinals
exceso *nm* **-1.** *(demasía)* excess; **el ~ de sol puede provocar graves quemaduras** too much sun can cause serious sunburn; **en ~** *(fumar, beber, comer)* excessively, to excess; **trabaja en ~** he works too hard; **es meticuloso en ~** he is far too meticulous; **más vale pecar por ~ que por defecto** too much is better than not enough ❑ **~ de confianza** overconfidence; **~ de equipaje** excess baggage; **~ de peso** *(obesidad)* excess weight; **~ de velocidad** speeding
-2. *(abuso)* excess; **denunciaron los excesos de los invasores** they condemned the invaders' excesses o atrocities; **cometer un ~** to go too far; **cometer un ~ en la bebida/comida** to drink/eat to excess; **los excesos se pagan** we pay for our overindulgence
excipiente *nm* excipient
excisión *nf* MED excision
excitabilidad *nf* excitability
excitable *adj* excitable
excitación *nf* **-1.** *(nerviosismo)* agitation; *(por enfado, sexo)* arousal **-2.** BIOL excitation **-3.** ELEC excitation
excitado, -a *adj* **-1.** *(nervioso)* agitated; *(por enfado, sexo)* aroused **-2.** BIOL excited **-3.** ELEC excited
excitador *nm* ELEC exciter

excitante ◇ *adj* **-1.** *(sustancia)* stimulant; **el café es ~** coffee is a stimulant, coffee gets you worked up **-2.** *(sexualmente)* arousing **-3.** *(emocionante)* exciting
◇ *nm* stimulant
excitar ◇ *vt* **-1.** *(agitar) (enfermo, niño)* to get worked up o over-excited; **el café me excita demasiado** coffee gets me too worked up **-2.** *(sexualmente)* to arouse **-3.** *(estimular) (sentidos)* to stimulate; *(apetito)* to whet; *(curiosidad, interés)* to excite; *(ira, pasión)* to arouse
◆ **excitarse** *vpr* **-1.** *(alterarse)* to get worked up o over-excited **(por** about); **no te excites** don't get worked up o over-excited **-2.** *(sexualmente)* to become aroused
exclamación *nf* **-1.** *(interjección)* exclamation; *(grito)* cry **-2.** *(signo ortográfico)* exclamation mark
exclamar ◇ *vt* to exclaim
◇ *vi* to exclaim
exclamativo, -a *adj* exclamatory
excluir [34] *vt* **-1.** *(dejar fuera)* to exclude **(de** from); *(hipótesis, opción)* to rule out, to exclude; **fue excluido del equipo** he was excluded from the team, he was left out of the team; **no excluimos ninguna posibilidad** we are not ruling out o excluding any possibility; **excluyendo obras menores, toda su producción está aquí** excluding minor works, her entire output is here
-2. *(hacer imposible)* to rule out, to preclude; **esa postura excluye cualquier posibilidad de acuerdo** that stance rules out o precludes any possibility of an agreement
exclusión *nf* exclusion; **todos sin ~** all of them without exception
exclusiva ◇ *nf* **-1.** *(periodística)* exclusive; **conceder una ~ a una revista** to grant an exclusive interview to a magazine **-2.** *(comercial)* exclusive o sole right; **la ~ del producto nos costará un diez por ciento más este año** the exclusive rights to the product will cost us ten percent more this year
◇ **en exclusiva** *loc adv* **tenemos la distribución en España en ~** we are the sole distributor in Spain
exclusivamente *adv* exclusively
exclusive *adv* exclusive; **ambos ~** not inclusive; **los nacidos entre 1970 y 1980 (ambos ~)** those born between 1970 and 1980 (not inclusive)
exclusividad *nf* **-1.** *(de club, ambiente, producto)* exclusiveness **-2.** COM *(privilegio)* exclusive o sole right
exclusivismo *nm* exclusivism
exclusivista ◇ *adj* exclusivist
◇ *nmf* exclusivist
exclusivo, -a *adj* **-1.** *(club, ambiente)* exclusive **-2.** *(derecho, privilegio)* exclusive; **la política exterior es competencia ~ del gobierno central** foreign policy is entirely within the jurisdiction of central government **-3.** *(producto)* exclusive; *(distribución, distribuidor)* sole
excluyente *adj* which excludes; **dos posibilidades que no son excluyentes** two possibilities that do not exclude one another o that are not mutually exclusive
excluyera *etc ver* **excluir**
excluyo *etc ver* **excluir**
Excmo., -a. *(abrev de* **Excelentísimo, -a**) **el ~ Ayto. de Málaga** Malaga City Council
excombatiente *nmf Br* ex-serviceman, *f* ex-servicewoman, *US* war veteran
excomulgar [38] *vt* to excommunicate
excomunión *nf* excommunication
excoriación, escoriación *nf* MED excoriation
excoriar, escoriar *vt* MED to excoriate
excrecencia *nf* growth
excreción *nf* excretion
excremento *nm* excrement; **un ~ de perro** a piece of dog dirt; **excrementos** *(de ave, conejo, oveja)* droppings; *(de persona)* excremento
excretar ◇ *vt (soltar)* to secrete
◇ *vi (evacuar)* to excrete

excretorio, -a *adj* excretory
exculpación *nf* exoneration; DER acquittal
exculpar ◇ *vt* to exonerate; DER to acquit
◆ **exculparse** *vpr* to declare oneself innocent (**de** of)
exculpatorio, -a *adj* exonerative
excursión *nf* (*viaje*) excursion, trip; **una ~ a pie** (*de poca duración*) walk; (*de larga duración*) hike; **una ~ de un día a Versalles** a day trip to Versailles; **una ~ de una semana por los Alpes** a week-long excursion in the Alps; **hicimos una ~ a Toledo** we went on an outing *o* a trip to Toledo; **ir de ~** to go on an outing *o* a trip; **ir de ~ al campo** to go on a trip to the countryside ❑ **~ campestre** picnic; **~ con guía** guided tour
excursionismo *nm* (*en el campo*) rambling; (*de montaña*) hiking
excursionista ◇ *adj* **centro ~** hillwalking club
◇ *nmf* (*en el campo*) rambler; (*en la montaña*) hiker; (*en ciudad*) tripper, visitor
excusa *nf* -1. (*pretexto, motivo*) excuse; **eso no es ~ para que se peleen** that's no excuse for them to start fighting; **que mintieras a tu hermano no tiene ~** there's no excuse for you lying to your brother; **no busques más excusas** don't keep trying to find excuses; **¡nada de excusas!** no excuses!
-2. (*petición de perdón*) apology; **presentó sus excusas** (*en persona*) he apologized; (*a distancia*) he sent his apologies
excusable *adj* -1. (*perdonable*) excusable -2. (*evitable*) avoidable
excusado¹, -a, escusado, -a *adj* -1. (*disculpado*) excused -2. (*inútil*) unnecessary, superfluous; **~ (es) decir que...** needless to say...
excusado², escusado *nm Euf* **el ~** (*retrete*) the bathroom, *Br* the smallest room
excusar ◇ *vt* -1. (*disculpar*) to excuse; (*disculparse por*) to apologize for; **eso no excusa tu falta de puntualidad** that is no excuse for your being late; **les ruego excusen mi ignorancia, pero...** forgive my ignorance, but...; **no trates de excusarla** don't make excuses for her
-2. (*eximir*) **~ a alguien de (hacer) algo** to excuse sb from (doing) sth; **quedas excusado de asistir** you are excused from attendance
-3. *Esp Formal* (*evitar*) to avoid; **excuso decir que todos están invitados** there's no need for me to say that you're all invited
◆ **excusarse** *vpr* to apologize, to excuse oneself; **se excusaron por no venir a la cena** they apologized for not coming to the meal
exe *nm* INFORMÁT exe
execrable *adj* abominable, execrable
execrar *vt Formal* to abhor
exégesis *nf inv* exegesis, explanation
exegeta, exégeta *nmf* -1. (*de la Biblia*) exegete -2. (*de texto literario*) explicator
exención *nf* exemption ❑ **~ fiscal** tax exemption
exento, -a *adj* exempt; **~ de** (*sin*) free from, without; (*eximido de*) exempt from; **una obra totalmente exenta de interés** a play entirely devoid of interest *o* of no interest whatsoever; **un final no ~ de emoción** a final that had its moments of excitement; **quedan exentos de presentarse al examen** they are exempt *o* exempted from taking the exam
exequias *nfpl* funeral, funeral rites
exfoliación *nf* exfoliation
exfoliador *nm Andes, Méx* (*cuaderno*) loose-leaf notebook
exfoliante ◇ *adj* exfoliating; **crema ~** exfoliating cream
◇ *nm* = exfoliating cream/lotion etc
exfoliar ◇ *vt* to exfoliate
◆ **exfoliarse** *vpr* to flake off, *Espec* to exfoliate
ex gratia *adj* ex gratia

exhalación *nf* -1. (*emanación*) exhalation, vapour -2. (*suspiro*) breath; EXPR *Fam* **como una ~** as quick as a flash; **entró/salió como una ~** he rushed in/out, he shot in/out
exhalar *vt* -1. (*aire*) to exhale, to breathe out; (*suspiros*) to heave; **~ el último suspiro** to breathe one's last (breath) -2. (*olor, vapor*) to give off
exhaustivamente *adv* exhaustively
exhaustividad *nf* exhaustiveness; **investigaron el caso con ~** the case was exhaustively investigated
exhaustivo, -a *adj* exhaustive
exhausto, -a *adj* exhausted
exhibición *nf* -1. (*demostración*) show, display; **hicieron una ~ de fuerza** they gave a show of strength; **el equipo dio una auténtica ~** the team put on a magnificent performance -2. (*artística*) exhibition; **una ~ de objetos precolombinos** an exhibition of pre-Columbian artefacts -3. (*deportiva*) exhibition; **una ~ de billar artístico** an exhibition of artistic billiards -4. (*de películas*) showing
exhibicionismo *nm* exhibitionism
exhibicionista *nmf* -1. (*que gusta de llamar la atención*) exhibitionist -2. (*pervertido sexual*) exhibitionist, flasher
exhibir ◇ *vt* -1. (*exponer*) (*cuadros, fotografías*) to exhibit; (*modelos*) to show; (*productos*) to display; **exhibirá su colección primavera-verano en París** she will present her spring-summer collection in Paris
-2. (*alardear de*) (*joyas, trofeos*) to show off
-3. (*mostrar*) (*cualidades*) **exhibió sus dotes de cantante** she showed how good a singer she was; **exhibió su fuerza ante el público** he demonstrated his strength in front of the audience
-4. (*película*) to show, to screen
-5. *Méx* (*pagar*) to pay
◆ **exhibirse** *vpr* (*alardear*) to show off
exhortación *nf Formal* exhortation
exhortar *vt Formal* **~ a alguien a hacer algo**, **~ a alguien a que haga algo** to exhort *o* urge sb to do sth; **ella me exhortó a no abandonar** she exhorted *o* urged me not to give up
exhorto *nm* DER letter rogatory
exhosto *nm Col* exhaust (pipe)
exhumación *nf* exhumation, disinterment
exhumar *vt* to exhume, to disinter
exigencia *nf* -1. (*requisito*) demand, requirement; **tuvo que desnudarse por exigencias del guión** she had to take her clothes off because the script required it -2. (*petición*) demand; **venirle a alguien con exigencias** to make demands on sb; **¡no me vengas con exigencias!** don't start demanding things from me!
exigente ◇ *adj* demanding; **ser ~ con alguien** to be demanding of sb; **no seas tan ~ con el chico** don't ask so much from the lad; **últimamente está bastante ~** he's been pretty demanding recently
◇ *nmf* demanding person; **ser un ~** to be very demanding
exigible *adj* payable on demand
exigir [24] ◇ *vt* -1. (*pedir*) to demand; **exigimos nuestros derechos** we demand our rights; **exigen una licenciatura** you need to have a degree; **exijo saber la respuesta** I demand to know the answer; **¡exijo que venga el encargado!** I demand to see the manager!; **exigió que estuviera presente su abogado** she demanded that her lawyer be present; **~ algo de *o* a alguien** to demand sth from sb; **se te exigirá una conducta ejemplar** you will be expected to show exemplary behaviour; **no le exijas tanto, que acaba de empezar** you shouldn't demand so much of him, he's only just started
-2. (*requerir, necesitar*) to call for, to require; **este trabajo exige mucha concentración** this work calls for a lot of concentration; **si el guión lo exige** if the script requires it
◇ *vi* to be demanding
exigüidad *nf* meagreness, paltriness

exiguo, -a *adj* (*ración, sueldo*) meagre; (*espacio*) tiny; **un presupuesto cada vez más ~** a dwindling budget; **una exigua mayoría** a wafer-thin majority
exiliado, -a, *Am* **exilado, -a** ◇ *adj* exiled, in exile; **aún permanece ~ en Italia** he is still living in exile in Italy
◇ *nm,f* exile ❑ **~ político** political exile
exiliar ◇ *vt* to exile
◆ **exiliarse** *vpr* to go into exile; **se exiliaron en Francia** they went into exile in France
exilio *nm* exile; **en el ~** in exile; **estar/vivir en el ~** to be/live in exile
eximente DER ◇ *adj* absolutory, absolving; **una circunstancia ~ de culpabilidad** a circumstance which frees one from blame
◇ *nf* case for acquittal
eximio, -a *adj Formal* eminent, illustrious
eximir ◇ *vt* to exempt (**de** from); **han sido eximidos de pagar el IVA** they've been exempted from paying VAT; **me eximieron de las tareas domésticas** I was exempted from housework; **su condición no le exime de cumplir las leyes** her condition does not exempt her from obeying the law
◆ **eximirse** *vpr Am* to obtain an exemption, to be exempted; **se eximió de gimnasia por problemas de salud** he obtained an exemption from gym for health reasons
existencia *nf* -1. (*circunstancia de existir*) existence; **se ha confirmado la ~ de varios manuscritos inéditos** it has been confirmed that there are several unpublished manuscripts
-2. (*vida*) life; **este niño me está amargando la ~** that child is making my life a misery
-3. COM **existencias** stock, inventory; **quedan muy pocas existencias en el almacén** there's isn't much stock in the warehouse; **en existencias** in stock; **hasta agotar existencias** (*en letrero*) while stocks last; **quedarse sin existencias (de algo)** to run out (of sth); **reponer (las) existencias** to restock
existencial *adj* existential
existencialismo *nm* existentialism
existencialista ◇ *adj* existentialist
◇ *nmf* existentialist
existencialmente *adv* existentially
existente *adj* existing, existent; **los programas informáticos existentes en el mercado** the software currently available on the market; **la falta de entendimiento ~ entre ambos líderes** the lack of understanding between the two leaders; **los problemas existentes entonces aún no se han solucionado** the problems that existed then have still not been resolved
existir *vi* -1. (*ser real*) to exist; **los gnomos no existen** gnomes don't exist; **aquel año dejó de ~ la Unión Soviética** that year the Soviet Union ceased to exist; **pienso, luego existo** I think, therefore I am
-2. (*haber*) to exist; **existen zonas sin explorar** there are some unexplored areas; **existe el riesgo de...** there is the risk that...
-3. (*vivir*) **mientras yo exista no tienes que preocuparte** you don't have to worry while I'm still here; *Euf* **dejar de ~** to pass away *o* on
exitazo *nm Fam* (*logro, fama*) great success; (*canción, película*) huge hit
éxito *nm* -1. (*logro, fama*) success; **~ clamoroso** *o* **rotundo** resounding success; **la fiesta fue un ~** the party was a success; **su ~ se debe a su esfuerzo** she has achieved success through her own efforts; **con ~** successfully; **superó con ~ sus exámenes** she passed her exams successfully; **tener ~** to be successful; **el experimento no tuvo ~** the experiment was unsuccessful *o* was not a success; **la obra tuvo poco ~** the play was not a success; **tuvimos mucho ~ en América** we had great success *o* were very successful in America
-2. (*canción, película*) hit; (*producto, operación, experimento*) success; **~ (editorial)** bestseller; **la lista de éxitos** (*de libros*) the bestseller

exitoso

list; *(de canciones)* the charts; **un disco de grandes éxitos** a greatest hits album; **de ~** *(libro)* bestselling; *(canción)* hit; **ser un ~ (de ventas)** *(libro)* to be a bestseller; *(canción)* to be a hit ❏ **~ de taquilla** box-office hit

exitoso, -a *adj* successful

ex libris *nm inv* ex libris

éxodo *nm* **-1.** *(desplazamiento)* exodus; **el ~ estival desde el centro del país a la playa** the summer exodus from the centre of the country to the coast **-2.** REL **el Éxodo** Exodus

exoesqueleto *nm* ZOOL exoskeleton

exogamia *nf* BIOL exogamy

exogámico, -a *adj* BIOL exogamous

exógeno, -a *adj* exogenous

exoneración *nf* **-1.** *(liberación) (de carga, obligación, tarea)* exemption (**de** from); **piden su ~ de ambos cargos** they demand that he be cleared on both charges **-2.** *(despido)* removal (**de** from)

exonerar *vt* **-1.** *(liberar)* **~ a alguien de** *(carga, obligación, tarea)* to exempt sb from; *(responsabilidad)* to absolve sb from; **lo exoneraron de toda culpa** he was completely exonerated **-2.** *(despedir)* **~ a alguien de un cargo** to relieve sb of a post

exorbitante *adj* exorbitant

exorcismo *nm* exorcism

exorcista *nmf* exorcist

exorcizar [14] *vt* to exorcize

exordio *nm Formal* exordium

exotérmico, -a *adj* QUÍM exothermic

exótico, -a *adj* exotic

exotismo *nm* exoticism

expandible *adj* INFORMÁT expandible

expandir ◇ *vt* **-1.** *(cuerpo, gas)* to expand; *(incendio)* to spread, to cause to spread **-2.** *(empresa, mercado, ciudad)* to expand; *(fronteras)* to extend **-3.** *(rumor, noticia)* to spread **-4.** INFORMÁT to expand
◆ **expandirse** *vpr* **-1.** *(cuerpo, gas)* to expand; *(incendio)* to spread **-2.** *(empresa, mercado, territorio)* to expand, to grow **-3.** *(rumor, noticia)* to spread

expansión *nf* **-1.** *(de cuerpo, gas)* expansion; *(de incendio)* spread
 -2. *(de empresa, mercado, territorio)* expansion, growth; **un periodo de ~ económica** a period of economic expansion *o* growth; **en ~** expanding; **un sector económico en franca ~** a fast-growing *o* rapidly-growing sector of the economy
 -3. *(de rumor, noticia)* spread, spreading
 -4. *(relajación)* relaxation; *(diversión)* recreation

expansionar ◇ *vt* to expand
◆ **expansionarse** *vpr* **-1.** *(desarrollarse) (empresa, mercado, territorio)* to expand, to grow **-2.** *(relajarse)* to relax, to unwind; *(divertirse)* to have some fun *o* recreation **-3.** *(desahogarse)* to open up (**con** to)

expansionismo *nm* expansionism

expansionista *adj* expansionist

expansivo, -a *adj* **-1.** *(gases, vapores)* expansive **-2.** *(persona, modo de ser)* open, frank

expatriación *nf (emigración)* expatriation; *(exilio)* exile

expatriado, -a ◇ *adj* **los españoles expatriados** *(emigrantes)* expatriate Spaniards; *(exiliados)* Spanish exiles
 ◇ *nm,f (emigrante)* expatriate; *(exiliado)* exile

expatriar [32] ◇ *vt (expulsar)* to exile
◆ **expatriarse** *vpr (emigrar)* to leave one's country, to emigrate; *(exiliarse)* to go into exile

expectación *nf* **-1.** *(interés)* interest; **el juicio ha despertado una ~ inusitada** the trial has aroused an unusual degree of interest **-2.** *(espera)* expectation

expectante *adj* expectant; **permaneció ~ en su escondrijo** she waited expectantly in her hiding place

expectativa *nf* **-1.** *(esperanza)* hope; **no tiene muchas expectativas de encontrar trabajo** he doesn't have much hope of finding work
 -2. *(perspectiva)* prospect; **las expectativas de una solución al conflicto son mínimas** the prospects for an end to the conflict are remote; **contra toda ~** against all expectations; **estar a la ~** to wait and see; **estar a la ~ de** *(atento)* to be on the lookout for; *(a la espera)* to be hoping for ❏ **~ de vida** life expectancy

expectoración *nf* MED **-1.** *(acción)* expectoration **-2.** *(esputo)* sputum

expectorante MED ◇ *adj* expectorant
 ◇ *nm* expectorant

expectorar MED ◇ *vi* to expectorate
 ◇ *vt* to expectorate

expedición *nf* **-1.** *(viaje)* expedition; *(grupo)* expedition; **hicieron una ~ al Aconcagua** they went on an expedition to Aconcagua; **una ~ de cinco montañeros** an expedition of five climbers ❏ **~ de salvamento** *(viaje)* rescue mission; *(grupo)* rescue party
 -2. *(de documento, decreto)* issue, issuing; **la ~ del pasaporte tarda cinco días** it takes five days for the passport to be issued; **fecha de ~** date of issue
 -3. *(envío)* shipment, sending

expedicionario, -a ◇ *adj* expeditionary
 ◇ *nm,f (en viaje, grupo)* member of an expedition

expedido, -a *adj (documento)* issued; **~ en Bogotá el 15 de diciembre de 1999** issued in Bogota on 15 December 1999

expedidor, -ora *nm,f* sender, dispatcher

expedientar *vt (castigar)* to take disciplinary action against; *(llevar a juicio)* to start proceedings against; **fue expedientado por no asistir al entrenamiento** he was disciplined for missing the training session

expediente *nm* **-1.** *(documentación)* documents; *(ficha)* file
 -2. *(historial)* record; **el ~ del paciente** the patient's record; EXPR *Fam* **cubrir el ~** to do the bare minimum ❏ **~ académico** academic record, *US* transcript
 -3. *(investigación)* inquiry; **se ha abierto un ~ para aclarar lo ocurrido** an inquiry has opened to find out what happened; **abrir ~ a alguien** *(castigar)* to take disciplinary action against sb; *(llevar a juicio)* to start proceedings against sb; **formar** *o* **instruir ~ a un funcionario** to impeach a public official
 -4. *Esp* ECON **~ de crisis** = statement of the economic difficulties of a company, presented to the authorities to justify redundancies; **~ de regulación de empleo** redundancy plan, workforce adjustment plan

expedir [47] ◇ *vt* **-1.** *(carta, pedido, mercancías)* to send, to dispatch **-2.** *(pasaporte, certificado, decreto)* to issue; *(contrato, documento)* to draw up; **le fue expedido un visado** she was issued with a visa
◆ **expedirse** *vpr Am* to deliver an opinion; **la comisión todavía no se expidió sobre ese tema** the committee has not yet delivered an opinion on the subject

expeditivo, -a *adj* expeditious; **utilizar métodos expeditivos** to adopt harsh measures

expedito, -a *adj* clear, free; *también Fig* **tener el paso** *o* **camino ~** to have one's way clear

expeler *vt* to emit

expendedor, -ora ◇ *adj* **máquina expendedora** vending machine; **una máquina expendedora de bebidas** a drinks machine
 ◇ *nm,f (de mercancía)* dealer, retailer; *(de lotería)* seller, vendor

expendeduría *nf (de tabaco)* tobacconist's *(also selling stamps)*

expender *vt* to sell, to retail

expendio *nm Am* **-1.** *(tienda)* shop **-2.** *(venta)* sale; **~ de refrescos** *(en letrero)* cold drinks for sale; *Arg* **~ bajo receta** (available) by *o* on prescription only

expensar *vt Chile* to defray the costs of

expensas ◇ *nfpl* **-1.** DER *(procesales)* costs. expenses **-2.** *Arg (de vivienda)* service charge
 ◇ **a expensas de** *loc prep* at the expense of; **vive a ~ de sus abuelos** his grandparents support him financially; **no le gusta vivir a ~ de nadie** he doesn't want to live at anybody else's expense

experiencia *nf* **-1.** *(veteranía)* experience; **tiene mucha ~ en la reparación de lavadoras** he has a lot of experience at repairing washing machines; **se necesita jefe de mantenimiento con amplia ~** *(en anuncio)* wanted: maintenance foreman with extensive experience; **¿qué ~ tiene como jardinero?** what experience do you have as a gardener?; PROV **la ~ es la madre de la ciencia** experience is the mother of wisdom ❏ **~ laboral** work experience
 -2. *(vivencia)* experience; **viví una ~ única** I had a unique experience; **sé por (propia) ~ que este trabajo implica sacrificio** I know from my own experience that this job involves a lot of sacrifices
 -3. *(experimento)* experiment

experimentación *nf* experimentation; **~ con animales vivos** experiments on live animals; **en fase de ~** at the experimental stage

experimentado, -a *adj* **-1.** *(persona)* experienced **-2.** *(método)* tried and tested

experimentador, -ora ◇ *adj* experimenting
 ◇ *nm,f* experimenter

experimental *adj* experimental; **en fase ~** at the experimental stage

experimentalmente *adv* experimentally

experimentar ◇ *vt* **-1.** *(sensación, sentimiento, efecto)* to experience; **~ frío/calor** to feel cold/hot; **experimenté una gran tristeza** I felt a great sadness
 -2. *(derrota, pérdidas)* to suffer; *(cambios, empeoramiento)* to undergo, to suffer; *(mejoría)* to undergo, to experience; **las temperaturas experimentarán un leve ascenso/descenso** we will see a slight rise/fall in temperatures
 -3. *(probar)* to test; *(hacer experimentos con)* to experiment with *o* on
 ◇ *vi* **~ con** to experiment with *o* on

experimento *nm* experiment; **~ de laboratorio** laboratory experiment; **hacer un ~** to try an experiment

experticia *nf Ven* expertise, skill

experto, -a ◇ *adj* expert; **es experta en temas medioambientales** she's an expert on environmental matters; **es ~ en hacer diabluras** he's an expert at getting up to mischief
 ◇ *nm,f* expert; **un ~ en electrónica** an electronics expert; **déjese aconsejar por un ~** seek expert advice; **un comité** *o* **una comisión de expertos** a committee of experts; **¿poner pañales? ¡soy todo un ~!** changing nappies? I'm quite the expert *o Br* a dab hand!

expiación *nf* atonement, expiation

expiar [32] *vt* to atone for, to expiate

expiatorio, -a *adj* expiatory

expidiera *etc ver* **expedir**

expido *etc ver* **expedir**

expiración *nf* expiry

expirar *vi* **-1.** *(tener vencimiento)* to expire **-2.** *Formal (morir)* to expire

explanación *nf* **-1.** *(allanamiento)* levelling **-2.** *Formal (explicación)* explanation, explication

explanada *nf* area of flat *o* level ground

explanar *vt (terreno)* to level

explayarse *vpr* **-1.** *(hablar mucho)* to talk at length; **se explayó sobre su tema favorito** he went off on his hobbyhorse **-2.** *(desahogarse)* **me hacía falta ~** I needed to get it all off my chest; **~ con alguien** to open up to sb **-3.** *(divertirse)* to amuse oneself, to enjoy oneself

expletivo, -a *adj* GRAM expletive

explicable *adj* explicable

explicación *nf* explanation; **les daré una breve ~ de cómo funciona** I'll give you a brief explanation of how it works; **dar/pedir explicaciones** to give/demand an explanation; **no tengo que darte explicaciones de lo que hago** I don't have to

explicar

explain my actions to you; **¡exijo una ~!** I demand an explanation!; **creo que te debo una ~** I think I owe you an explanation; **el fenómeno no tiene ~** there is no explanation for the phenomenon

explicar [59] ◇ vt **-1.** *(exponer, contar)* to explain; *(teoría)* to expound; **explícame cómo funciona** tell me how it works; **¿te importaría explicarme qué pasa?** would you mind telling me o explaining what's going on?; **es una sensación rara, no lo puedo ~** it's a strange feeling, I can't explain it **-2.** *(enseñar)* to teach, to lecture in

◆ **explicarse** vpr **-1.** *(comprender)* to understand; **todavía no se explican cómo pudo suceder** they still can't understand how it could have happened; **no me lo explico** I can't understand it
-2. *(dar explicaciones)* to explain; **a ver, explícate, ¿qué quieres decir con eso?** come on, explain, what do you mean by that?; **no sé si me explico** do you know what I mean?; **¿me explico?** do you see what I mean?; *(como advertencia)* is that clear?; **espero haberme explicado con la suficiente claridad** I hope I have made myself sufficiently clear
-3. *(expresarse)* to make oneself understood; **¡qué bien se explica!** she expresses herself so well!, she's so articulate!

explicativo, -a adj explanatory
explícitamente adv explicitly
explícito, -a adj explicit; **las razones están explícitas en su carta de dimisión** the reasons are clearly set out in her letter of resignation
exploración nf **-1.** *(de territorio)* exploration ❏ **~ submarina** *(investigación)* underwater exploration; *(deporte)* skin diving **-2.** MIL reconnaissance **-3.** MED *(interna)* exploration; *(externa)* examination
explorador, -ora ◇ nm,f **-1.** *(viajero)* explorer **-2.** *(scout)* boy scout, f girl guide **-3.** MIL scout
◇ nm INFORMÁT browser
explorar vt **-1.** *(averiguar, reconocer)* to explore; **zonas aún por ~** as yet unexplored areas; **exploraremos todas las posibilidades** we will explore every option **-2.** MIL to scout **-3.** MED *(internamente)* to explore; *(externamente)* to examine **-4.** INFORMÁT to browse; **~ Internet** to browse the Internet
exploratorio, -a adj **-1.** *(instrumento, técnica)* exploratory **-2.** *(conversaciones)* preliminary **-3.** MIL *(misión)* scouting
explosión nf **-1.** *(de bomba, explosivo, caldera)* explosion; **una ~ de gas** a gas explosion; **el gol provocó una ~ de júbilo** there was an outburst of joy at the goal; **hacer ~** *(bomba, explosivo, petardo)* to explode, to go off; *(caldera)* to explode, to burst ❏ **~ atómica** atomic explosion; **~ controlada** controlled explosion; **~ nuclear** atomic explosion
-2. *(desarrollo rápido)* explosion ❏ **~ demográfica** population explosion; **~ urbanística** rapid urban expansion
explosionar ◇ vt to explode, to blow up
◇ vi to explode, to blow up
explosivo, -a ◇ adj **-1.** *(sustancia, artefacto, paquete)* explosive; **material ~** explosive **-2.** GRAM plosive **-3.** *(tema, discurso, situación)* explosive; **hizo unas explosivas declaraciones a la prensa** she made some explosive statements to the press; **una rubia explosiva** a blond bombshell
◇ nm explosive ❏ **~ detonante** high explosive; **~ plástico** plastic explosive; **~ de gran potencia** high explosive
explotable adj exploitable
explotación nf **-1.** *(acción)* *(de recursos)* exploitation; *(de fábrica, negocio)* running, operation; *(de yacimiento)* mining; *(agrícola)* farming; *(de petróleo)* drilling; **tiene el negocio en régimen de ~** he has the business on lease; **~ forestal** forestry
-2. *(de niños, trabajadores)* exploitation; **campaña contra la ~ infantil** campaign against child labour
-3. *(instalaciones)* **~ agrícola** farm; **~ agropecuaria** arable and livestock farm; **~ ganadera** livestock farm; **~ minera** mine; **~ petrolífera** oilfield
explotador, -ora ◇ adj **-1.** *(de niños, trabajadores)* exploiting **-2.** *(operador)* operating; **la sociedad explotadora del casino** the company that operates the casino
◇ nm,f **-1.** *(de niños, trabajadores)* exploiter **-2.** *(operador)* operator
explotar[1] vt **-1.** *(niños, trabajadores)* to exploit; **en esta empresa explotan a los trabajadores** this firm exploits its workers **-2.** *(recursos naturales)* to exploit; *(fábrica, negocio)* to run, to operate; *(terreno)* to farm; *(mina)* to work **-3.** *(tema, asunto, situación)* to exploit
explotar[2] vi **-1.** *(bomba, explosivo, petardo)* to explode, to go off; *(globo, neumático, caldera)* to explode, to burst; *(globo, neumático)* to burst **-2.** *(persona)* to explode (with rage)
expo nf *(exposición universal)* expo
expoliación nf pillaging, plundering
expoliador, -ora ◇ adj pillaging, plundering
◇ nm,f pillager, plunderer
expoliar vt to pillage, to plunder
expolio nm **-1.** *(saqueo)* pillaging, plundering **-2.** Esp Fam *(alboroto)* fuss; **montaron un ~** they kicked up a fuss
exponencial ◇ adj exponential; **crecer a ritmo ~** to increase exponentially
◇ nf exponential
exponencialmente adv exponentially
exponente nm **-1.** MAT exponent **-2.** *(representante)* *(persona)* exponent; *(cosa)* example; **esta película es un buen ~ del cine francés actual** this movie is a good example of current French cinema
exponer [50] ◇ vt **-1.** *(de palabra)* *(teoría)* to expound; *(tema)* to present; *(ideas, propuesta)* to set out, to explain; *(argumentos, razones)* to set out, to state; **he expuesto los hechos tal y como ocurrieron** I have related o set out the events exactly as they occurred
-2. *(a la vista)* *(cuadro, obra)* to exhibit; *(objetos en vitrinas)* to display
-3. *(vida, prestigio, carrera)* to risk, to put at risk
-4. *(a agentes físicos)* *(objeto, parte del cuerpo)* to expose (a to); **no ~ al sol o a temperaturas elevadas** *(en letrero)* do not expose to direct sunlight or high temperatures
◇ vi *(en una galería, museo)* to exhibit
◆ **exponerse** vpr **-1.** *(a riesgo)* to run the risk (a of); *(a ataque, crítica)* to expose oneself (a to); **ya sabes a lo que te expones** you know what you're letting yourself in for; **si salimos ahora nos exponemos a que nos caiga un chaparrón** if we go out now we run the risk of getting caught in a downpour
-2. *(a sol, radiaciones)* **exponerse a algo** to expose oneself to sth; **no se expongan al sol sin la debida protección** do not expose yourself to ~ go out in the sun without proper protection
exportable adj exportable
exportación nf **-1.** *(acción)* export; **una empresa de ~ de cerámica** a ceramics export company; **productos de ~** export goods **-2.** *(mercancías)* exports ❏ COM **exportaciones invisibles** invisible exports
exportador, -ora ◇ adj exporting; **país ~** exporting country, exporter; **una compañía exportadora de objetos de artesanía** a company exporting handicrafts
◇ nm,f exporter
exportar vt **-1.** COM to export (a to) **-2.** INFORMÁT to export **-3.** *(ideas, costumbres)* to export
exposición nf **-1.** *(de arte)* exhibition; *(de objetos en vitrina)* display; *(de máquinas, aparatos, herramientas)* show, fair; **una ~ de flores** a flower show; **una ~ canina** a dog show ❏ **~ universal** international exposition o exhibition, US world's fair

expreso

-2. *(de teoría)* exposition; *(de tema)* presentation; *(de ideas, propuesta)* setting out, explanation; *(de argumentos, razones)* setting out, statement; **ofreció una detallada ~ de los hechos** she gave a detailed account of the events
-3. *(al sol, calor, radiaciones)* exposure
-4. FOT exposure
-5. MÚS exposition
exposímetro nm exposure meter
expositivo, -a adj explanatory
expósito, -a Anticuado ◇ adj **niño ~** foundling
◇ nm,f foundling
expositor, -ora ◇ adj exponent
◇ nm,f **-1.** *(en feria, galería)* exhibitor **-2.** *(de teoría)* exponent **-3.** Andes, RP *(conferenciante)* speaker
◇ nm *(para productos, folletos, postales)* display stand; **un ~ giratorio de libros** a revolving book display o stand
exprés ◇ adj inv **-1.** *(café)* expresso **-2.** *(carta, correo)* ≃ first-class; *(servicio)* express
◇ nm inv *(compañía de transportes)* courier company
expresado, -a adj *(mencionado)* above-mentioned
expresamente adv **-1.** *(a propósito)* expressly; **he venido ~ para verte** I've come specially to see you; **una sociedad creada ~ para fomentar las artes** a body specifically set up to foster the arts
-2. *(explícitamente)* explicitly, specifically; **pidió ~ que su nombre no figurara en el contrato** she specifically asked that her name not be mentioned in the contract; **no se dirigió ~ a nadie** he wasn't talking to anyone in particular
expresar ◇ vt **-1.** *(manifestar)* to express; **quisiera expresarles mi más sincero agradecimiento** I would like to thank you most sincerely; **es una sensación rara, no sé cómo expresarlo** it is an odd feeling, I don't know how to express it; **exprésalo de una manera más formal** put it more formally; **tal y como queda expresado en los apartados dos y tres** as stated in sections two and three
-2. *(mostrar)* to show; **hechos que expresan por sí solos la hospitalidad de este pueblo** incidents that speak for themselves about this people's hospitality
◆ **expresarse** vpr to express oneself; **no consigo expresarme con fluidez** I can't express myself well; **creo que me he expresado con suficiente claridad** I think I have made myself clear enough
expresión nf **-1.** *(en el rostro)* expression **-2.** *(de sentimientos, palabras)* expression; **tiene facilidad de ~** she is very articulate; **tómenlo como ~ de nuestro agradecimiento** please accept it as a token of our gratitude ❏ **~ corporal** self-expression through movement; **~ escrita** writing skills; **~ oral** oral skills **-3.** *(palabra, locución)* expression **-4.** MAT expression
expresionismo nm expressionism ❏ **~ abstracto** abstract expressionism
expresionista ◇ adj expressionist
◇ nmf expressionist
expresivamente adv **-1.** *(con viveza)* expressively **-2.** *(afectuosamente)* affectionately
expresividad nf expressiveness
expresivo, -a adj **-1.** *(lleno de expresividad)* *(persona, rostro, lenguaje)* expressive; **hizo un gesto de enojo muy ~** she expressed her annoyance with an eloquent gesture **-2.** *(cariñoso)* affectionate
expreso, -a ◇ adj **-1.** *(explícito)* specific; **las condiciones expresas en el presente contrato** the conditions set out in this agreement; **por deseo ~ de los familiares** at the express wish of the family
-2. *(deliberado)* express; **con la expresa intención de hacer daño** with the express intention of causing harm
-3. *(claro)* clear; **por orden expresa del alcalde** by express order of the mayor
-4. *(tren)* express
-5. *(café)* espresso

exprimelimones

◇ nm **-1.** *(tren)* express train **-2.** *(café)* espresso **-3.** *(correo)* express mail
◇ adv on purpose, expressly
exprimelimones nm inv lemon squeezer
exprimidor nm squeezer; **un ~ eléctrico** an electric juicer
exprimir vt **-1.** *(fruta)* to squeeze; *(zumo)* to squeeze out **-2.** *(explotar)* to exploit; **aquí te exprimen al máximo** they get as much out of you as they can here, they really get their pound of flesh out of you here
ex profeso adv intentionally, expressly
expropiación nf expropriation
expropiar vt to expropriate
expuesto, -a ◇ participio ver **exponer**
◇ adj **-1.** *(desprotegido)* exposed (**a** to); **estar ~ a** *(viento, ataques, críticas)* to be exposed to **-2.** *(arriesgado)* dangerous, risky **-3.** *(dicho)* stated, expressed; **a lo ~ cabe añadir que...** to what has already been stated we should add that... **-4.** *(exhibido)* on display
expugnar vt Formal to (take by) storm
expulsar vt **-1.** *(de local)* to throw out; *(de clase)* to send out; *(de colegio, país, territorio)* to expel; *(de organización, club)* to expel, to throw out **-2.** DEP to send off **-3.** *(emitir) (humo)* to emit, to give off; *(lava, objeto, sustancia)* to expel; *(disquete)* to eject; **contenga la respiración y expulse el aire** hold your breath, then breathe out; **~ la placenta** to expel the placenta
expulsión nf **-1.** *(de clase, organización, país)* expulsion **-2.** DEP sending-off **-3.** *(de humo, fuego, lava)* discharge, expulsion; *(de objeto, sustancia)* expulsion
expulsor nm *(en arma de fuego)* ejector
expurgar [38] vt *(texto)* to expurgate
expusiera etc ver **exponer**
exquisitamente adv exquisitely
exquisitez nf **-1.** *(cualidad)* exquisiteness; **se comporta con ~** he behaves impeccably **-2.** *(cosa)* exquisite thing; *(comida)* delicacy
exquisito, -a adj **-1.** *(refinado) (objeto, vestimenta, modales)* exquisite; *(persona)* exquisite; **es muy ~ vistiendo** he dresses exquisitely **-2.** *(comida)* delicious, exquisite; **el asado está ~** the roast is delicious
ext. *(abrev de* **extensión**) *(de línea telefónica)* ext
extasiado, -a adj enthralled, enraptured; **quedarse ~** to be enthralled o enraptured
extasiarse [32] vpr **~ ante** o **con algo** to be enthralled o enraptured by sth
éxtasis nm inv **-1.** *(estado)* ecstasy **-2.** *(droga)* ecstasy
extemporáneo, -a adj **-1.** *(clima)* unseasonable **-2.** *(comentario, pregunta)* inopportune, untimely
extender [64] ◇ vt **-1.** *(tela, plano, periódico)* to spread (out); *(brazos, piernas)* to stretch out; *(alas)* to spread (out); **extendió el mantel sobre la hierba** he spread the blanket (out) on the grass; **me extendió la mano** she held out her hand to me
-2. *(mantequilla, pegamento, barniz)* to spread; *(objetos)* to spread out
-3. *(ampliar)* to extend, to widen; **extendieron el castigo a todos los alumnos** the punishment was extended to include all the pupils
-4. *(documento)* to draw up; *(cheque)* to make out, to write (out); *(certificado)* to issue; *(factura)* to make out; *(receta)* to write (out); **le extenderé un cheque** I'll write you (out) a cheque, I'll make out a cheque to you
-5. *(prolongar)* to prolong, to extend
-6. *(propagar)* to spread; **~ una creencia** to spread a belief

◆ **extenderse** vpr **-1.** *(ocupar)* **extenderse hasta** to go as far as; **extenderse por** to stretch o extend across; **sus tierras se extienden hasta la carretera/por todo el valle** his property extends as far as the main road/all the way along the valley
-2. *(durar)* to extend, to last; **su etapa de gobierno se extiende desde 1986 a 1994** her period of office extended o lasted from 1986 to 1994

-3. *(difundirse)* to spread (**por** across); **el incendio se extendió por el bosque** the fire spread through the forest; **el virus se extendió rápidamente por Internet** the virus spread quickly over the Internet; **pon servilletas para que no se extienda la mancha** put some paper napkins down so the stain doesn't spread; **la costumbre se ha extendido a otras zonas del país** the custom has spread to other parts of the country
-4. *(hablar mucho)* to enlarge, to expand (**en** on); **no quisiera extenderme más** I prefer not to say any more than that
-5. *(tenderse)* to stretch out
extendido, -a adj **-1.** *(esparcido)* spread out; **tiene el cáncer muy ~** his cancer has spread very extensively
-2. *(abierto)* outstretched, open; **con las piernas extendidas** with legs outstretched
-3. *(diseminado)* widespread, prevalent; **es un prejuicio muy ~** it is a very widespread prejudice; **el correo electrónico está muy ~ en las empresas** electronic mail is very widely used in business
extensamente adv extensively; **disertó ~ sobre temas políticos** he spoke at length on political matters
extensible adj extensible, extendible
extensión nf **-1.** *(superficie)* area, expanse; **solares con una ~ de 500 metros cuadrados** plots with an area of 500m²; **grandes extensiones de terreno desértico** large desert areas
-2. *(amplitud) (de país)* size; *(de conocimientos)* extent; **la novela tiene una ~ de 600 páginas** the novel is 600 pages long
-3. *(duración)* duration, length; **debido a la ~ de la película habrá un descanso** due to the length of the film there will be an interval
-4. *(ampliación)* extension; **se concedió una ~ del plazo** an extension was granted
-5. *(sentido)* range of meaning; **en toda la ~ de la palabra** in every sense of the word; **por ~** by extension
-6. INFORMÁT extension
-7. *(de línea telefónica)* extension
extensivo, -a adj **-1.** *(aplicable)* **ser ~ a** to extend to; **esta norma es extensiva a todos los alumnos** this norm is applicable to all pupils; **hacer algo ~ a** to extend sth to; **la medida se hará extensiva al resto del país** the measure will be extended to the rest of the country; **desearía hacer ~ mi agradecimiento a...** I would like to extend my thanks to... **-2.** AGR extensive
extenso, -a adj **-1.** *(terreno, solar)* large, extensive; *(país, región, desierto)* vast **-2.** *(duración, periodo, libro, película)* long; *(informe, discurso)* long, lengthy **-3.** *(conocimientos, vocabulario)* extensive
extensor, -ora ◇ adj *(músculo)* extensor
◇ nm *(aparato)* chest expander
extenuación nf severe exhaustion
extenuado, -a adj completely exhausted, drained
extenuante adj completely exhausting, draining
extenuar [4] ◇ vt to exhaust completely, to drain

◆ **extenuarse** vpr to exhaust oneself, to tire oneself out
exterior ◇ adj **-1.** *(de fuera)* outside; *(capa)* outer, exterior, **no se observan desperfectos en la parte ~ del vehículo** there are no signs of damage to the outside of the vehicle; **Ferreras adelanta a todos por la calle ~** Ferreras is overtaking them all in the outside lane
-2. *(visible)* outward; **su aspecto ~ es de calma** she is outwardly calm
-3. *(extranjero) (asuntos, comercio)* foreign; **una empresa de comercio ~** an import-export company
-4. *(que da a la calle)* **apartamento/habitación ~** flat/room that looks onto the street

◇ nm **-1.** *(superficie, zona)* outside; **el ~ del edificio se halla acordonado** the area outside the building is cordoned off; **pintaremos el ~ de la casa** we will paint the outside of the house; **desde el ~ no se ve nada** there's no sign of anything from outside; **todas las habitaciones/ventanas dan al ~** all the rooms/windows look onto the outside o have exterior views
-2. CINE **exteriores** exteriors; **rodar los exteriores** to film the exteriors; **rodar en exteriores** to film on location
exterioridad nf outward appearance
exteriorización nf outward demonstration, manifestation
exteriorizar [14] vt to show, to reveal
exteriormente adv outwardly, externally
exterminación nf extermination
exterminador, -ora adj exterminating
exterminar vt to exterminate
exterminio nm extermination
externamente adv externally, outwardly
externar vt Méx *(emoción, opinión)* to express
externo, -a ◇ adj **-1.** *(de fuera)* external; *(capa, superficie)* outer; *(influencia)* outside; *(signo, aspecto)* outward; **pinta la parte externa del cajón** paint the outside of the box; **no había signos externos de violencia** there were no outward signs of violence
-2. *(alumno)* **los alumnos externos** the day pupils **-3.** MAT *(ángulo)* exterior
◇ nm,f *(alumno)* day pupil
extiendo etc ver **extender**
extinción nf **-1.** *(de especie)* extinction; **en peligro de ~** in danger of extinction **-2.** *(de fuego, incendio)* putting out, extinguishing **-3.** *(de esperanzas)* loss **-4.** *(de plazo, obligaciones)* termination, end
extinguidor nm Am fire extinguisher
extinguir [26] ◇ vt **-1.** *(fuego, incendio)* to put out, to extinguish **-2.** *(animal, raza)* to wipe out **-3.** *(afecto, entusiasmo, esperanzas)* to put an end to

◆ **extinguirse** vpr **-1.** *(fuego, incendio, luz)* to go out; *(volcán)* to become extinct **-2.** *(animal, raza)* to become extinct, to die out **-3.** *(ruido)* to die away **-4.** *(afecto, entusiasmo, esperanzas)* to die **-5.** *(plazo)* to expire
extinto, -a ◇ adj *(especie, volcán, civilización)* extinct; *(organización)* defunct; **el ~ Pedro Bustamante** the late Pedro Bustamante; **la ya extinta Agrupación Popular Democrática** the now defunct People's Democratic Grouping
◇ nm,f Am **el ~/la extinta** the deceased
extintor nm Esp fire extinguisher
extirpación nf **-1.** *(quirúrgica) (de órgano, tumor, quiste)* removal, Espec extirpation; *(de muela)* extraction **-2.** *(erradicación)* eradication, stamping out
extirpar vt **-1.** *(quirúrgicamente) (órgano, tumor, quiste)* to remove, Espec to extirpate; *(muela)* to extract **-2.** *(erradicar)* to eradicate, to stamp out
extornar vt COM to rebate
extorno nm COM rebate
extorsión nf DER extortion
extorsionar vt DER to extort money from
extorsionista nmf DER extortionist
extra ◇ adj **-1.** *(adicional)* extra; **horas extras** overtime **-2.** *(de gran calidad)* top quality, superior; **chocolate ~** superior quality chocolate
◇ nmf *(en película)* extra; **hizo de ~ en una del oeste** he was an extra in a western
◇ nm *(gasto)* extra
◇ nf **-1.** Fam *(paga)* = additional payment of a month's salary or wages in June and December **-2.** Am *(gasolina)* Br 4-star petrol, US premium gas
◇ interj extra; **¡~, ~!, dimite el presidente** extra! extra! President resigns!
extra- pref extra-
extraacadémico, -a adj extracurricular
extracción nf **-1.** *(de astilla, bala)* removal, extraction; *(de diente)* extraction; **realizar una ~ de sangre** *(para análisis)* to take a blood sample; *(para donación)* to take a

blood donation -2. *(de carbón, mineral)* mining; *(de petróleo)* extraction -3. *(de humos)* extraction -4. *(en sorteos)* drawing -5. *(origen)* **de baja ~** of humble origins, from a humble background ❑ **~ social** social extraction

extraconyugal *adj* extramarital

extractar *vt* to summarize, to shorten

extracto *nm* -1. *(resumen)* summary, résumé ❑ **~ de cuenta** bank statement -2. *(concentrado)* extract ❑ **~ de carne** meat extract; **~ de malta** malt extract

extractor *nm (de humos)* extractor fan

extracurricular *adj* EDUC extracurricular

extradición *nf* extradition; **pedir/conceder la ~ de alguien** to call for/grant sb's extradition

extraditable *adj* extraditable

extraditar *vt* to extradite

extraer [66] *vt* -1. *(sacar) (astilla, bala)* to extract, to take out **(de** from); *(diente)* to extract **(de** from); *(sangre)* to extract **(de** from); *(humo)* to extract **(de** from); **extraiga una de las bolas que hay en esta bolsa** take out one ball from this bag
-2. *(obtener) (datos, cita)* to extract **(de** from); *(conclusiones)* to draw **(de** from); **trató de extraernos información** he tried to extract information from us; **¿qué enseñanza podemos ~ de todo esto?** what lesson can we learn from all this?
-3. *(carbón, mineral)* to mine **(de** from); *(petróleo)* to extract **(de** from)
-4. MAT to extract

extraescolar *adj* extracurricular

extrafino, -a *adj* top quality, de luxe; **chocolate ~** premium chocolate

extrahumano, -a *adj* nonhuman

extraigo *etc ver* **extraer**

extrajera *etc ver* **extraer**

extrajudicial *adj* extrajudicial; **un acuerdo ~** an out-of-court settlement

extralegal *adj* extralegal

extralimitación *nf* abuse *(of power, authority)*

extralimitarse *vpr* to go too far; **se extralimitó en el ejercicio de su cargo** she exceeded her authority

extramatrimonial, extramarital *adj* extramarital

extramuros *adv* outside the city o town

extranjería *nf* foreign status; **ley de ~** immigration legislation

extranjerismo *nm* foreign word

extranjerizar [14] *vt* to introduce foreign customs to

extranjero, -a ◇ *adj* foreign
◇ *nm,f (persona)* foreigner
◇ *nm (territorio)* **me gusta viajar por el ~** I like travelling abroad; **del ~** from abroad; **en** o **por el ~** abroad; **está de viaje en** o **por el ~** she's away on a trip abroad; **ir al ~** to go abroad

extranjis, estrangis: de extranjis, de estrangis *loc adv Esp Fam* on the quiet; **salí de la casa de ~** I sneaked out of the house; **trajeron de ~ un televisor** they sneaked in a television; **se encuentra con ella de ~** he meets her in secret

extrañamente *adv* strangely

extrañamiento *nm* banishment

extrañar ◇ *vt* -1. *(sorprender)* to surprise; **me extraña (que digas esto)** I'm surprised (that you should say that); **no me extraña nada que no haya venido** I'm not in the least surprised he hasn't come; **se enfadó, y no me extraña** she was annoyed, and I'm not surprised; **no es de ~ que pasen estas cosas** it's not surprising these things happen
-2. *(echar de menos)* to miss; **extraña mucho a sus amigos** she misses her friends a lot; **¿qué es lo que más extrañas de tu país?** what is the thing you miss most about your country?
-3. *(encontrar extraño)* to find strange, not to be used to; **he dormido mal porque extraño la cama** I slept badly because I'm not used to the bed
-4. *(desterrar)* to banish

◇ *vi RP* to be o feel homesick; **a pesar de haber estado afuera años, todavía extraña mucho** although he's been abroad for years, he still feels really homesick

◆ **extrañarse** *vpr (sorprenderse)* to be surprised **(de** at); **no sé de qué te extrañas, siempre han sido así** I don't know why you're so surprised, they've always been like that; **se extrañaba de que nadie le hubiera avisado** he was surprised that nobody had told him

extrañeza *nf* -1. *(sorpresa)* surprise; **nos miró con ~** he looked at us in surprise; **la decisión causó ~ entre sus amigos** the decision surprised her friends -2. *(rareza)* strangeness

extraño, -a ◇ *adj* -1. *(raro)* strange, odd; **es ~ que no hayan llegado ya** it's strange o odd they haven't arrived yet; **¡qué ~!** how strange o odd!; **me resulta ~ oírte hablar así** I find it strange o odd to hear you talk like that -2. *(ajeno)* detached, uninvolved -3. MED foreign
◇ *nm,f* stranger; **no hables con extraños** don't talk to strangers
◇ *nm (movimiento brusco)* **el vehículo hizo un ~** the vehicle went out of control for a second

extraoficial *adj* unofficial

extraoficialmente *adv* unofficially

extraordinaria *nf Esp (paga)* = additional payment of a month's salary or wages in June and December

extraordinariamente *adv* extraordinarily

extraordinario, -a ◇ *adj* -1. *(insólito)* extraordinary -2. *(excelente)* extraordinary -3. *(especial) (edición, suplemento)* special; *(congreso, asamblea, junta)* extraordinary; **hacer gastos extraordinarios** to have extra expenses
◇ *nm* -1. PRENSA special edition -2. *(correo)* special delivery

extraparlamentario, -a *adj* non-parliamentary

extraplano, -a *adj (reloj)* super-slim, ultra-thin; *(calculadora)* ultra-thin; *(pantalla)* super flat, ultra-thin; *(compresa)* ultra-slim

extrapolación *nf* extrapolation

extrapolar *vt* to extrapolate; **a partir de los datos hemos extrapolado algunas conclusiones** based on the data, we have extrapolated some conclusions

extrarradio *nm* outskirts *(often with connotations of poverty)*; **en el ~** on the outskirts

extrasensorial *adj* extrasensory

extraterrestre ◇ *adj* extraterrestrial
◇ *nmf* extraterrestrial

extraterritorial *adj* extraterritorial

extraterritorialidad *nf* extraterritorial rights

extravagancia *nf* -1. *(excentricidad)* eccentricity -2. *(rareza)* outlandishness

extravagante *adj* -1. *(excéntrico)* eccentric -2. *(raro)* outlandish

extravasarse *vpr* to flow out

extraversión *nf* extroversion

extravertido, -a ◇ *adj* extrovert
◇ *nm,f* extrovert

extraviado, -a *adj* -1. *(perdido) (persona, objeto)* lost, missing; *(animal)* stray, lost; **tenía la mirada extraviada** she was staring into space -2. *Fig (descarriado)* debauched

extraviar [32] ◇ *vt* -1. *(objeto)* to lose, to mislay -2. *(excursionista)* to mislead, to cause to lose one's way -3. *(mirada, vista)* to allow to wander

◆ **extraviarse** *vpr (persona)* to get lost; *(objeto)* to be mislaid, to go missing; *(animal)* to get lost, to go astray

extravío *nm* -1. *(pérdida)* loss, mislaying -2. *(desenfreno)* excess

extremadamente *adv* extremely

extremado, -a *adj* extreme

Extremadura *n* Extremadura

extremar ◇ *vt (precaución, vigilancia)* to maximize; **han extremado las medidas de seguridad** security measures have been stepped up to the maximum

◆ **extremarse** *vpr* to take great pains o care

extremaunción *nf* REL the last rites, *Espec* extreme unction; **dar la ~ a alguien** to give sb the last rites

extremeño, -a ◇ *adj* of/from Extremadura *(Spain)*
◇ *nm,f* person from Extremadura *(Spain)*

extremidad *nf (extremo)* end; **extremidades** *(del cuerpo)* extremities

extremis *ver* **in extremis**

extremismo *nm* extremism

extremista ◇ *adj* extremist; **¡no seas ~!, no es para tanto** don't exaggerate! it's not that bad
◇ *nmf* extremist

extremo, -a ◇ *adj* -1. *(sumo)* extreme; **con ~ cuidado** with extreme care -2. *(al límite)* extreme; **una situación de pobreza extrema** a situation of extreme poverty; **las condiciones climáticas de ese lugar son extremas** the climate here is extreme; **la ~ izquierda/derecha** the far left/right -3. *(lejano)* far, furthest

◇ *nm* -1. *(punta)* end; **agárralo por este ~** hold it by this end; **al otro ~ de la calle** at the other end of the street; **mientras, en el otro ~ del país,...** meanwhile, at the other end of the country,...; EXPR **los extremos se tocan** extremes meet
-2. *(límite)* extreme; **llegar a extremos ridículos/peligrosos** to reach ridiculous/dangerous extremes; **no desearía llegar a ese ~** I wouldn't want to go to those lengths; **llegamos al ~ de pegarnos** we actually ended up coming to blows; **en ~:** **le mimas en ~** you spoil him far too much; **es meticuloso en ~** he is extremely meticulous o meticulous to a fault; **una decisión en ~ sorprendente** an extremely surprising decision; **en último ~** as a last resort; **ir** o **pasar de un ~ al otro** to go from one extreme to the other
-3. *(en fútbol)* winger ❑ **~ derecho** *(en fútbol)* outside right; *(en rugby)* right wing; **~ izquierdo** *(en fútbol)* outside left; *(en rugby)* left wing
-4. *(punto, asunto)* issue, question; **...~ que ha sido rechazado por...** ...a claim which has been denied by...; **este ~ está aún por confirmar** that remains to be confirmed

extremosidad *nf (efusividad)* effusiveness

extremoso, -a *adj (efusivo)* effusive, gushing

extrínseco, -a *adj* extrinsic

extroversión *nf* extroversion

extrovertido, -a ◇ *adj* extrovert
◇ *nm,f* extrovert

extrusión *nf* TEC extrusion

exuberancia *nf* -1. *(de jardín, selva, vegetación)* lushness -2. *(de persona)* exuberance -3. *(de colores, aromas)* richness

exuberante *adj* -1. *(jardín, selva, vegetación)* lush -2. *(persona)* exuberant; **una rubia ~** a curvaceous blond -3. *(colores, aromas)* rich, luscious

exudación *nf* MED exudation

exudado *nm* MED exudate

exudar *vt* to exude, to ooze

exultación *nf Formal* jubilation, exultation

exultante *adj Formal* jubilant, exultant; **estaban exultantes (de alegría) con la noticia** they were jubilant at the news

exultar *vi Formal* to rejoice, to exult **(de** with)

exvoto *nm* votive offering, ex voto

ey *interj Am Fam* hey, oi

eyaculación *nf* ejaculation ❑ **~ precoz** premature ejaculation

eyacular *vi* to ejaculate

eyección *nf* ejection, expulsion

eyectar *vt* to eject, to expel

eyector *nm (de armas)* ejector; *(de aire, gases)* extractor

Ezequías *n pr* Ezechias

Ezequiel *n pr* Ezekiel

EZLN *nm Méx (abrev de* **Ejército Zapatista de Liberación Nacional***)* Zapatista Army of National Liberation

Ff

F, f ['efe] *nf (letra)* F, f; **el 23 F** 23rd February, = day of the failed coup d'état in Spain in 1981

f. -1. *(abrev de* **factura***)* inv. **-2.** *(abrev de* **folio***)* f

FA *nm (abrev de* **Frente Amplio***)* = left-wing party in Uruguay

fa *nm (nota musical)* F; *(en solfeo)* fa; *ver también* **do**

F.A.B. COM *(abrev de* **franco a bordo***)* f.o.b.

fabada *nf* = Asturian stew made of beans, pork sausage and bacon

fábrica *nf* **-1.** *(establecimiento industrial)* factory; **viene instalado de ~** it's pre-installed; **tiene un defecto de ~** it has a manufacturing defect; **es así de ~** it's like that when you buy it ❑ **~ de cerveza** brewery; **~ de conservas** canning plant, cannery; *Fábrica Nacional de Moneda y Timbre* = Spanish national mint; **~ de papel** paper mill; **~ siderúrgica** iron and steelworks *(singular)*
-2. *(construcción)* (ladrillo) brickwork; *(piedra)* stonework; **un muro de ~** *(de ladrillo)* a brick wall; *(de piedra)* a stone wall

fabricación *nf* manufacture; **un automóvil de ~ nacional** a domestically produced car; **una bomba de ~ casera** a home-made bomb ❑ **~ asistida por** *Am* **computadora** *o Esp* **ordenador** computer-aided *o* computer-assisted manufacture; **~ limpia** *(ecológica)* environmentally friendly manufacturing; **~ en serie** mass production

fabricador, -ora ◇ *adj (que inventa)* fabricating
◇ *nm,f (inventor)* fabricator; **es un ~ de mentiras** he's a liar

fabricante ◇ *adj* manufacturing; **la empresa ~** the manufacturer
◇ *nmf* manufacturer

fabricar [59] *vt* **-1.** *(producir)* to manufacture, to make; **~ en serie** to mass-produce; **fabricado en China** *(en etiqueta)* made in China **-2.** *(construir)* to build, to construct **-3.** *(inventar)* to fabricate, to make up

fabril *adj* industrial

fábula *nf* **-1.** *(relato)* fable; *(leyenda)* legend, myth **-2.** *(rumor)* piece of gossip; *(mentira)* story, invention; **sus hazañas no son más que fábulas** those exploits of his are all imaginary **-3. de ~** *(estupendo)* fabulous, fantastic; **la paella me salió de ~** my paella turned out wonderfully, my paella was superb; **lo pasamos de ~** we had a fabulous *o* fantastic time

fabulación *nf* invention, fantasy

fabular *vi* to make things up

fabulista *nmf* author of fables

fabulosamente *adv* **-1.** *(mucho)* fabulously, fantastically **-2.** *(estupendamente)* **lo pasamos ~** we had a fabulous *o* fantastic time

fabuloso, -a *adj* **-1.** *(muy bueno)* fabulous, fantastic **-2.** *(ficticio)* mythical

faca *nf* = type of large knife with curved blade

facción *nf* **-1.** *(bando)* faction **-2. facciones** *(rasgos)* features

faccioso, -a ◇ *adj* factious, rebellious
◇ *nm,f* rebel

faceta *nf* **-1.** *(aspecto)* aspect, facet **-2.** *(de piedra preciosa)* facet

facha[1] *nf* **-1.** *Fam (aspecto)* look; **con esta ~ no puedo ir a ninguna parte** I can't go anywhere looking like this; **tener buena ~** *(situación)* to look good *o* promising; *(persona)* to look good *o* attractive; **tener mala ~** *(situación)* to look bad; *(persona)* to look unpleasant **-2.** *Fam (mamarracho)* mess; **vas hecho una ~** you look a mess **-3.** *Chile (presunción)* arrogance, presumption

facha[2] *Esp Fam Pey* ◇ *adj (fascista)* fascist
◇ *nmf (fascista)* fascist

fachada *nf* **-1.** *(de edificio)* facade; **con ~ a** facing; **hacer ~ con** *o* **a** to be opposite, to face **-2.** *(apariencia)* outward appearance; **bajo esa ~ de tranquilidad se esconde una persona aventurera** behind that calm outward appearance of his there's a person who loves adventure; **es pura ~** it's just a show

fachento, -a *adj Méx Fam* scruffy; **andar ~** to be *o* look scruffy

facho, -a *Am Fam Pey* ◇ *adj* fascist
◇ *nm,f* fascist

fachoso, -a *adj Fam* **-1.** *(desastrado)* scruffy; **ir ~** to be *o* look scruffy **-2.** *Pey (fascista)* fascist **-3.** *Andes, Méx, Ven (fachendoso)* bigheaded

fachudo, -a *adj Urug Fam* scruffy; **andar ~** to be *o* look scruffy

facial *adj* facial; **rasgos faciales** (facial) features

fácil ◇ *adj* **-1.** *(sencillo)* easy; **~ de hacer/decir** easy to do/say; **dinero ~** easy money
-2. *(tratable)* easy-going; **me ha tocado una clase ~** I've got a really nice class; **es de carácter ~** he's an easy-going sort of person
-3. *(probable)* probable, likely; **es ~ que no venga** it's likely she won't come, she probably won't come; **es ~ que lo tenga que ayudar** it's likely that I'll have to help
-4. *(chiste)* obvious
-5. *(que se deja seducir)* easy; **tiene fama de ~** she has a reputation for being easy
◇ *adv Fam* easily; **eso se dice ~** that's easy to say; **eso se arregla ~** that's easily fixed

facilidad *nf* **-1.** *(simplicidad)* ease, easiness; **destaca por su ~ de uso** it is particularly user-friendly; **con ~** easily; **se cansa con mucha ~** she gets tired easily, she tires easily
-2. *(aptitud)* aptitude; **tener ~ para algo** to have a gift for sth; **tiene ~ de palabra** he has a way with words
-3. *(propensión)* **tiene mucha ~ para el lloro/para enfadarse** he cries/gets angry very easily
-4. *(condiciones especiales)* **nos dieron todo tipo de facilidades para realizar el estudio** they gave us all sorts of help so we could carry out the study; **me dan muchas facilidades para pagar la casa** they're giving me very favourable financial terms to pay for the house ❑ **~ de crédito** credit facilities; **facilidades de pago** easy (payment) terms

facilitación *nf* **-1.** *(acción)* facilitation **-2.** *(provisión)* provision

facilitador, -ora *adj* facilitating

facilitar *vt* **-1.** *(simplificar)* to facilitate, to make easy; *(posibilitar)* to make possible; **esta máquina nos facilita mucho la tarea** this machine makes the job a lot easier (for us); **la cooperación internacional facilitó el rescate** the rescue was made possible thanks to international cooperation; **su radicalismo no facilitó las negociaciones** her inflexibility did not make the negotiations any easier
-2. *(proporcionar)* to provide; **nos facilitaron toda la información que necesitábamos** they provided us with all the information we needed; **la nota de prensa facilitada por el portavoz del gobierno** the press release made available by the government spokesman

fácilmente *adv* **-1.** *(con facilidad)* easily; **esto se arregla ~** this can be easily fixed **-2.** *Fam (probablemente)* easily; **tardará ~ tres meses** it'll easily take three months

facilón, -ona, *Andes, RP* **facilongo, -a** *adj Fam* **-1.** *(fácil)* dead easy **-2.** *(demasiado fácil)* simplistic

facineroso, -a ◇ *adj* criminal
◇ *nm,f* miscreant, criminal

facistol ◇ *nm (atril)* lectern
◇ *adj Carib, Méx (vanidoso)* vain, conceited
◇ *nmf Carib, Méx (vanidoso)* vain *o* conceited person

facón *nm RP* sheath knife; **pelar el ~** to unsheathe one's knife

facóquero *nm* warthog

facsímil, facsímile ◇ *adj* facsimile; **edición ~** facsimile edition
◇ *nm* **-1.** *(copia)* facsimile **-2.** *(fax)* facsimile, fax

facsimilar *adj* facsimile

facsímile = **facsímil**

factible *adj* feasible

fáctico, -a *adj* de facto; **los poderes fácticos** the centres of power in society

factitivo, -a *adj* GRAM factitive

facto: de facto *loc adv* de facto

factor[1] *nm* **-1.** *(elemento)* factor; **el precio del petróleo es el ~ clave** the price of oil is the key factor; **sin olvidar el ~ tiempo** without forgetting the time factor; **~ (de protección) 8** *(de crema solar)* factor 8 (protection) ❑ DEP **~ campo:** **tienen la ventaja del ~ campo** they have home advantage; **~ humano** human factor; ECON **factores de producción** factors of production, factor inputs; **~ Rh** Rh factor; **~ riesgo** risk factor
-2. *(los excesos, años)* to take their toll; **ya verás cómo te pasa ~ por el favor que te hizo** just you wait, he'll be wanting something back for the favour he did you ❑ **~ detallada** itemized bill; COM **~ pro forma** *o* **proforma** pro forma invoice
-2. *(hechura)* **de buena/mala ~** well/badly

factor[2], **-ora** *nm,f* **-1.** COM agent, *Espec* factor **-2.** FERROC luggage clerk

factoría *nf* **-1.** *(fábrica)* factory **-2.** HIST trading post

factorial *nm* MAT factorial

factoring ['faktorin] *nm* ECON factoring

factótum *(pl* **factótums***) nmf* factotum

factual *adj* factual

factura *nf* **-1.** *(por mercancías, trabajo realizado)* invoice; *(de compra, luz, teléfono)* bill; **extender una ~** to issue an invoice; **pasar** *o* **presentar una ~** to send an invoice; EXPR **pasar**

facturación

made; **un mueble de muy bella ~** a beautifully made piece of furniture
-**3.** *Arg (repostería)* cakes and pastries
facturación *nf* **-1.** *(de equipaje) (en aeropuerto)* checking-in; *(en estación)* registration; **mostrador de ~** check-in desk **-2.** *(ventas)* turnover; **una ~ anual de 1.000 millones** an annual turnover of 1,000 million **-3.** *(cobro)* invoicing
facturar *vt* **-1.** *(equipaje) (en aeropuerto)* to check in; *(en estación)* to register **-2.** *(vender)* to turn over; **facturaron 4.000 millones en 1999** they had a turnover of 4,000 million in 1999 **-3.** *(cobrar)* **facturarle a alguien algo** to invoice *o* bill sb for sth
facu *nf Fam (facultad)* **tengo que ir a la ~** I've got to go in to college *o Br* the uni
facultad *nf* **-1.** *(capacidad)* faculty; **facultades (mentales)** (mental) faculties; **está en pleno uso de sus facultades mentales** she is in full possession of her mental faculties; **está empezando a perder facultades** his mind is beginning to go; **un corredor con portentosas facultades físicas** a runner with remarkable physical attributes; **tiene grandes facultades para la pintura** he's a very talented painter
-**2.** *(centro universitario)* faculty; **estudio en la Facultad de Química** I'm studying in the Faculty of Chemistry; **fue compañera mía de ~** she was at university *o esp US* college with me; *Am* **llegué a las nueve de ~** I got back from the university at nine o'clock ❑ **Facultad de Derecho** Law Faculty, Faculty of Law; **Facultad de Filosofía y Letras** Arts Faculty, Faculty of Arts; **Facultad de Humanidades** Arts Faculty, Faculty of Arts; **Facultad de Medicina** Medical Faculty, Faculty of Medicine
-**3.** *Am (enseñanza superior)* college; **mi hermano está en ~** my brother goes to college
-**4.** *(poder)* power, right; **su cargo no le da ~ para autorizar compras** his position doesn't allow him to authorize purchases
-**5.** *(propiedad)* property; **tiene la ~ de ablandar la madera** it has the property of softening wood
facultar *vt* to authorize; **este título lo faculta para ejercer en Francia** this qualification allows him to practise in France
facultativo, -a ◇ *adj* **-1.** *(voluntario)* optional
-**2.** *(médico)* medical; **un parte ~** a medical report; **por prescripción facultativa** on medical advice, on doctor's orders
◇ *nm,f* doctor
facundia *nf* **-1.** *(elocuencia)* eloquence **-2.** *Fam (verbosidad)* gift of the gab
facundo, -a *adj* **-1.** *(elocuente)* eloquent **-2.** *Fam (parlanchín)* talkative
FAD [fað] *nmpl (abrev de* **Fondos de Ayuda al Desarrollo***)* = Spanish development aid fund
fado *nm* fado, = melancholy Portuguese folk song
faena *nf* **-1.** *(tarea)* task, work; **hoy no puedo salir que tengo mucha ~** I can't go out today, I've got too much (work) to do; **estar en plena ~** to be hard at work; **meterse en ~** to get down to work, to start working ❑ **faenas agrícolas** farm work, agricultural work; **faenas del campo** farm work, agricultural work; **faenas domésticas** housework, household chores
-**2.** *Fam (fastidio)* **me han hecho una ~ cancelando el vuelo** they've really left me in it by cancelling the flight; **no me olvidaré de la ~ que me hizo** I won't forget the dirty trick he played on me; **¡qué ~!** what a pain!
-**3.** TAUROM = bullfighter's performance with the cape; **el torero ejecutó una ~ brillante** the bullfighter did a series of brilliant passes with the cape
-**4.** *Cuba, Guat, Méx (en hacienda)* overtime
-**5.** *Chile (cuadrilla de obreros)* group of labourers
-**6.** *Ecuad (trabajo matinal)* morning work
-**7.** *RP (matanza)* slaughtering *(of cattle)*
faenador, -ora *RP* ◇ *adj* **planta faenadora de reses** slaughterhouse, abattoir
◇ *nm,f* slaughterhouse *o* abattoir worker

faenamiento *nm Chile* slaughtering *(of cattle)*
faenar ◇ *vi* **-1.** *(pescar)* to fish **-2.** *(en el campo)* to work **-3.** *(trabajar)* to work
◇ *vt RP (ganado)* to slaughter
faenero *nm (barco)* fishing boat
faetón *nm* phaeton
fagácea BOT ◇ *nf (planta)* = member of the Fagaceae family of trees
◇ *nfpl* **fagáceas** *(familia)* Fagaceae
fagáceo, -a *adj* BOT fagaceous
fagocitar *vt* **-1.** BIOL to engulf **-2.** *(engullir)* to engulf, to swallow up
fagocito *nm* BIOL phagocyte
fagocitosis *nf inv* BIOL phagocytosis
fagot ◇ *nm (instrumento)* bassoon
◇ *nmf (músico)* bassoonist
fagotista *nmf* bassoonist
Fahrenheit [faren'xait] *adj* Fahrenheit
FAI ['fai] *nf* HIST *(abrev* **Federación Anarquista Ibérica***)* = Spanish anarchist organization founded in 1927
fainá *nf Urug (plato)* = baked dough made from chickpea flour, served with pizza
fair play ['ferplei] *nm* fair play
faisán *nm* pheasant ❑ **~ dorado** golden pheasant
faja *nf* **-1.** *(prenda de mujer)* girdle; *(terapéutica)* (surgical) corset ❑ **~ pantalón** panty girdle
-**2.** *(de esmoquin)* cummerbund; *(de campesino)* sash *(wrapped round waist)*; *(de presidente, general)* sash
-**3.** *(de terreno) (pequeña)* strip; *(grande)* belt; **la ~ costera del este** the eastern coastal strip
-**4.** *(de periódico)* (newspaper) wrapper
-**5.** *(de libro)* band *(around new book)*
-**6.** ARQUIT fascia
-**7.** *(en heráldica)* fesse
fajada *nf Carib (acometida)* attack, assault
fajador, -ora *nm,f* DEP **es un ~** he can take a lot of punishment
fajar ◇ *vt* **-1.** *(periódico)* to put a wrapper on; *(libro)* to put a band on
-**2.** *(niño)* to swaddle
-**3.** *Am Fam (acometer)* to attack, to assault
-**4.** *RP Fam (timar)* to rip off; **en ese restaurante te fajan** that restaurant's a rip-off; **qué camisa tan linda, ¿cuánto te fajaron?** what a lovely shirt, how much did they sting you for that?; **¿te costó 500? ¡te fajaron!** it cost you 500? you were ripped off!
-**5.** *Carib Fam (dinero)* **~ algo a alguien** to touch sb for sth
➤ **fajarse** *vpr* **-1.** *(luchar)* **el delantero se pasó el partido fajándose con los defensas** there was a lot of needle between the forward and the defenders throughout the match **-2.** *Am Fam (pegarse)* **se fajaron** they had a scrap; **se fajaron a piñazos** they had a punch-up
fajín *nm* sash
fajina *nf* **-1.** *Cuba (trabajo extra)* overtime **-2.** EXPR *RP* **estar de ~** to be in one's work clothes
fajo *nm* **-1.** *(de billetes, papel)* wad; *(de leña, cañas)* bundle **-2.** *Méx (cinturón)* leather belt
fakir *nm* fakir
falacia *nf* **-1.** *(mentira)* lie, untruth; **eso es una ~** that's a lie, that's not true **-2.** *(concepción errónea)* fallacy
falange *nf* **-1.** ANAT phalanx **-2.** MIL phalanx **-3.** POL **la Falange (Española)** the Falange, = Spanish fascist movement founded in 1933 which became the official party of the Franco regime
falangero *nm* phalanger
falangeta *nf* ANAT third phalanx
falangina *nf* ANAT second phalanx
falangismo *nm* POL *(movimiento)* Falangist movement; *(ideología)* Falangist ideology
falangista POL ◇ *adj* Falangist
◇ *nmf* Falangist, member of the "Falange"
falaz *adj* false
falca *nf* **-1.** *Méx, Ven (canoa)* = canoe with a roof **-2.** *Col (barcaza)* ferryboat *(at river crossing)*

fallar

falda ◇ *nf* **-1.** *(prenda)* skirt; EXPR *Fam* **estar pegado** *o* **cosido a las faldas de su madre** to be tied to his/her mother's apron strings ❑ **~ acampanada** skirt cut on the bias; **~ escocesa** kilt; **~ fruncida** gathered skirt; **~ pantalón** culottes, divided skirt; **~ plisada** pleated skirt *(with accordion pleats)*; **~ portafolio** wrapover skirt; **~ recta** straight skirt; **~ tableada** pleated skirt *(with knife pleats)*; **~ de tubo** pencil skirt; **~ de volantes** ruffled skirt; **~ de vuelo** full skirt
-**2.** *(de montaña)* lower slope; **las faldas de la montaña** the lower slopes of the mountain
-**3.** *(regazo)* lap; **se sentó en las faldas de su madre** she sat on her mother's lap
-**4. faldas** *(de mesa camilla)* tablecloth
-**5.** *(de carne)* flank, *Br* skirt
◇ *nfpl* **faldas** *Fam (mujeres)* **está metido en un asunto de faldas, tiene un lío de faldas** he's got something going with some *Br* bird *o US* broad
faldeo *nm Andes, RP* lower slope
faldero, -a *adj* **-1.** *(dócil)* **perro ~** lapdog **-2.** *Fam (mujeriego)* **es muy ~** he's a real ladies' man
faldeta *nf PRico Fam (camisa)* shirt-tail
faldón *nm* **-1.** *(de chaqueta, camisa)* tail; *(de cortina, mesa camilla)* folds **-2.** *(de tejado)* gable
falencia *nf* **-1.** *Am* COM *(bancarrota)* bankruptcy **-2.** *CSur (error)* shortcoming
falibilidad *nf* fallibility
falible *adj* fallible
fálico, -a *adj* phallic
falla *nf* **-1.** *(defecto)* fault, defect; **este cajón tiene una ~** there's something wrong with this drawer; **está rebajado porque tiene una ~** it's reduced because it's imperfect
-**2.** *Am (error)* mistake; **un trabajo lleno de fallas** a piece of work full of mistakes; **una ~ humana** a human error; **una ~ técnica** a technical fault
-**3.** GEOL fault ❑ **la ~ de San Andrés** the San Andreas Fault
-**4.** *(figura de cartón)* = giant papier-mâché figure burnt during las Fallas in Valencia
-**5. las Fallas** *(fiesta)* = festival in Valencia during which giant papier-mâché figures are burnt
-**6.** *Méx (gorro)* baby bonnet

FALLAS

The **Fallas** are an annual celebration held in Valencia, Spain, in the weeks leading up to St. Joseph's Day (March 18th). The festivities are centred round gigantic papier-mâché sculptures (the **fallas**) which are erected in public squares all over the city. They are constructed over the preceding eleven months by different local groups and normally depict caricatures of politicians and other celebrities of the year. Valencia is renowned for its fireworks, and they are much in evidence during the festival, especially during the famous "mascletá", in which thousands of fire crackers are exploded with deafening effect. At the end of the final week of festivities prizes are awarded to the best or most original **fallas** and the figures are then burnt. A small figure (or "ninot") is preserved from the winning **falla**, and kept in a special museum.

---

fallado, -a *adj RP* **-1.** *(defectuoso) (máquina)* faulty; *(argumento)* flawed **-2.** *Fam (loco)* crazy
fallar ◇ *vt* **-1.** *(equivocar) (respuesta)* to get wrong; *(tiro)* to miss **-2.** *(sentenciar)* to pass sentence on; *(premio)* to award
◇ *vi* **-1.** *(equivocarse)* to get it wrong; *(no acertar)* to miss; **sin ~** without fail; **este truco nunca falla** this trick never fails; **¡no falla, en cuanto salimos se pone a llover!** it never fails, whenever we go out, it starts raining!; **si la memoria no me falla** if my memory serves me correctly; EXPR *Fam Hum* **~ más que una escopeta de feria: esta impresora falla más que una escopeta de feria** this printer is a heap of junk
-**2.** *(fracasar, flaquear)* to fail; *(no funcionar)* to

falleba *nf* latch

fallecer [46] *vi* to pass away, to die; **un joven que falleció en accidente de circulación** a young man who died in a car accident

fallecido, -a ⋄ *adj* deceased
⋄ *nm,f* deceased; **los fallecidos en el accidente** those who died in the accident

fallecimiento *nm* decease, death; **el ~ se produjo a las 5:50** death occurred at 5:50 a.m.

fallero, -a ⋄ *adj* = of/relating to the "las Fallas" celebrations in Valencia during which giant papier-mâché figures are burnt
⋄ *nm,f* = person who helps to make the giant papier-mâché figures burnt during "las Fallas" ❑ **fallera mayor** = young woman picked to be festival queen during "las Fallas"

fallezco *etc ver* **fallecer**

fallido, -a *adj (esfuerzo, intento)* unsuccessful, failed; *(esperanza)* vain; *(disparo)* missed

fallo¹ *nm* **-1.** *Esp (error)* mistake; **tuve dos fallos en el examen** I made two mistakes in the exam; **tu ejercicio no ha tenido ningún ~** there were no mistakes in your exercise; **cometieron dos fallos desde el punto de penalti** they missed two penalties; **fue un ~ no llevar el abrelatas** it was silly *o* stupid not to bring the tin opener; **un ~ técnico** a technical fault; **un ~ humano** a human error
-2. *Esp (defecto)* fault; **tener muchos fallos** to have lots of faults; **tener fallos de memoria** to have memory lapses
-3. *(veredicto)* verdict; *(en concurso)* decision; **el ~ del jurado** the jury's verdict ❑ **~ absolutorio** acquittal

fallo², -a *adj Chile* AGR failed

falluca = **fayuca**

falluquear = **fayuquear**

falluquero, -a = **fayuquero, -a**

fallutería *nf RP Fam* hypocrisy

falluto, -a *RP Fam* ⋄ *adj* phoney, hypocritical
⋄ *nm,f* hypocrite

falo *nm* phallus

falocracia *nf* male chauvinism

falócrata *nm* male chauvinist

falopa *nf Fam* **-1.** *(cocaína)* coke, snow **-2.** *RP (droga)* dope

falopear *RP Fam* ⋄ *vt (drogar)* to drug
➤ **falopearse** *vpr* to take drugs

falopero, -a *RP Fam* ⋄ *adj* **es muy ~** he's a real junkie
⋄ *nm,f* junkie

falsa *nf Méx (falsilla)* guide sheet *(for writing paper)*

falsamente *adv* falsely

falsario, -a ⋄ *adj (persona)* untruthful
⋄ *nm,f* liar

falseable *adj* forgeable; **un billete difícilmente ~** a note that is hard to forge

falseador, -ora *adj* falsifying

falseamiento *nm (falsificación)* falsifying, falsification

falsear *vt (hechos, historia, datos)* to falsify, to distort; *(dinero, firma)* to forge; *(pruebas, facturas)* to fake; **falseó su testimonio** he gave false evidence

falsedad *nf* **-1.** *(falta de verdad, autenticidad)* falseness **-2.** *(mentira)* falsehood, lie

falseo *nm (falsificación)* forgery

falsete *nm* **-1.** MÚS falsetto; **voz de ~** falsetto voice **-2.** *Anticuado (puerta)* communicating door

falsificación *nf* **-1.** *(acción)* forging, forgery **-2.** *(pasaporte)* forgery, fake; *(firma, billete)* forgery

falsificado, -a *adj (firma, pasaporte)* forged; *(billete)* counterfeit, forged

falsificador, -ora *nm,f* forger

falsificar [59] *vt (firma, pasaporte)* to forge; *(billete)* to forge, to counterfeit

falsilla *nf* guide sheet *(for writing paper)*

falso, -a ⋄ *adj* **-1.** *(afirmación, información, rumor)* false, untrue; **eso que dices es ~** what you are saying is not true; **en ~** *(falsamente)* falsely; *(sin firmeza)* unsoundly; **si haces un movimiento en ~, disparo** one false move and I'll shoot; **dio un paso en ~ y se cayó** he missed his footing and fell; **jurar en ~** to commit perjury ❑ **falsa alarma** false alarm; **~ testimonio** *(en juicio)* perjury, false evidence; **dar ~ testimonio** to give false evidence
-2. *(dinero, firma, cuadro)* forged; *(pasaporte)* forged, false; *(joyas)* fake; **un diamante ~** an imitation diamond
-3. *(hipócrita)* deceitful; **no soporto a los falsos amigos que te critican a la espalda** I can't stand false friends who criticize you behind your back; **basta ya de falsa simpatía** that's enough of you pretending to be nice; EXPR *Fam Hum* **es más ~ que Judas** he's a real snake in the grass ❑ LING **~ amigo** false friend; **falsa modestia** false modesty
-4. *(simulado)* false ❑ **falsa costilla** false rib; **~ estuco** *(en bricolaje)* stick-on plasterwork; **~ muro** false wall; **~ techo** false ceiling
⋄ *nm,f (hipócrita)* hypocrite

falta *nf* **-1.** *(ausencia)* absence; *(carencia)* lack; *(escasez)* shortage; **nadie notó su ~** nobody noticed his/its absence; **estos animales tienen ~ de cariño** these animals suffer from a lack of affection; **en estos momentos hay ~ de trabajo** there's a shortage of work at the moment; **la ~ de agua impide el desarrollo de la región** water is in short supply in the region, something which is holding back its development; **estoy cometiendo muchos errores, es la ~ de costumbre** I'm making a lot of mistakes, I'm out of practice; **fue absuelto por ~ de pruebas** he was acquitted for lack of evidence; **ha sido una ~ de delicadeza decirle eso** it was tactless of you to say that to him; **es una ~ de educación** it's bad manners; **es una ~ de respeto** it shows a lack of respect; **¡qué *o* vaya ~ de seriedad!** it's disgraceful!; **a ~ de** in the absence of; **a ~ de un sitio mejor, podríamos ir a la playa** in the absence of anywhere better, we could always go to the beach; **echar en ~ algo/a alguien** *(notar la ausencia de)* to notice that sth/sb is missing; *(echar de menos)* to miss sth/sb; **no fuimos de vacaciones por ~ de dinero** we didn't go on holiday because we didn't have enough money; **si no voy contigo no es por ~ de ganas** if I don't go with you, it isn't because I don't want to; **sin ~** without fail; **hemos de entregar este proyecto el lunes sin ~** this project has to be handed in on Monday without fail; EXPR **a ~ de pan, buenas son tortas: no es ideal, pero a ~ de pan, buenas son tortas** it's not ideal, but it will have to do for want of anything better
-2. *hacer (ser necesario)* to be necessary; **me hace ~ suerte** I need some luck; **me haces mucha ~** I really need you; **si hiciera ~, llámanos** if necessary, call us; **¡hace ~ ser caradura!, ¡volver a pedirme dinero!** what a nerve, asking me for money again!; **espero que le traten con disciplina, que buena ~ le hace** I hope they are strict with him, he certainly needs it *o* it's high time someone was; **no va a venir, ni ~ que hace** he isn't coming, not that anyone cares
-3. *(no asistencia)* absence; **me han puesto dos faltas este mes** I was marked absent twice this month ❑ **~ de asistencia** absence
-4. *(imperfección)* fault; *(defecto de fábrica)* defect, flaw; **sacarle faltas a algo/alguien** to find fault with sth/sb
-5. *(infracción)* misdemeanour, offence; *(incumplimiento)* breach; *(error)* mistake; **una ~ contra la disciplina** a breach of discipline; **~ grave/leve** serious/minor misdemeanour *o* offence; **he tenido tres faltas en el dictado** I made three mistakes in my dictation ❑ **~ de ortografía** spelling mistake; COM **~ de pago** non-payment
-6. DEP *(infracción)* foul; *(en tenis)* fault; **cometer *o* hacer una ~** to commit a foul; **cometer *o* hacer una ~ a alguien** to foul sb; **señalar una ~** to give *o* award a free kick ❑ **~ antideportiva** *(en baloncesto)* unsportsmanlike foul; **~ libre directa** direct free kick offence; **~ libre indirecta** indirect free kick offence; **~ personal** *(en baloncesto)* personal foul; **~ de pie** *(en tenis)* foot fault; **~ de saque** *(en tenis)* service fault; **~ técnica** *(en baloncesto)* technical foul
-7. DEP *(tiro libre)* free kick; **marcar de ~** to score from a free kick; **lanzar *o* sacar una ~** to take a free kick ❑ **~ libre directa** direct free kick; **~ libre indirecta** indirect free kick
-8. *(en la menstruación)* missed period; **ha tenido ya dos faltas** she has missed two periods

faltante *Am* ⋄ *adj* missing
⋄ *nm* deficit

faltar *vi* **-1.** *(no haber)* to be lacking, to be needed; **falta aire** there's not enough air; **le falta sal** it needs a bit of salt; **faltó comida** there wasn't enough food; **a esta casa no le falta nada** this house lacks nothing *o* has everything; **después del robo faltaban dos cuadros** after the robbery, two paintings were missing; **abrí la cartera y me faltaban varios documentos** I opened my briefcase and several documents were missing
-2. *(estar ausente)* to be absent *o* missing; **falta Elena** Elena is missing; **el día que yo falte** when I have passed on; **falta de su domicilio desde hace tres semanas** she has been missing (from home) for three weeks
-3. *(no acudir)* **sólo faltaron mis padres** only my parents weren't there *o* failed to turn up; **~ a una cita** not to turn up at an appointment; **¡no faltes (a la cita)!** don't miss it!, be there!; **ha faltado a clase tres veces esta semana** she has been absent *o* off three days this week; **últimamente ha faltado mucho al trabajo** he's been off work a lot recently, he's had a lot of time off work recently
-4. *(no cumplir)* **faltó a su palabra** she went back on her word, she broke *o* didn't keep her word; **faltó a su obligación** he neglected his duty; **faltó a la verdad** she wasn't being truthful, she wasn't telling the truth
-5. *(ofender)* **~ a alguien en algo** to offend sb in sth; **~ a alguien al respeto** to be disrespectful to sb; **¡a mí no me faltes!, ¡sin ~!** don't you speak to me like that!
-6. *(no tener)* **le faltan las fuerzas** he lacks *o* doesn't have the strength; **le falta experiencia** she lacks experience; **le falta una mano** he has got only one hand; **al equipo le faltan buenos defensas** the team is short of good defenders; **le falta una pata a la mesa** the table is missing a leg; **me faltan palabras para expresar mi agradecimiento** I can't find the words to express my gratitude
-7. *(hacer falta)* **me falta tiempo** I need time; **nos va *o* cerveza** we're going to run out of beer, we're not going to have enough beer; **para que su felicidad fuera completa sólo faltaba que viniera su hijo** all it needed to make her happiness complete was for her son to arrive; **ganas no nos faltan, pero no vamos a poder ir** it isn't because we don't

falto

want to, but we won't be able to go; **sólo le faltó ponerse a llorar** he did everything but burst into tears; **¡lo que me faltaba!** that's all I needed!; **¡lo que faltaba, otro pinchazo!** that's all I needed, another flat tyre!
-**8.** (quedar) **falta mucho por hacer** there is still a lot to be done; **falta poco para llenar del todo el camión** the lorry is almost completely full now; **sólo te falta firmar** all you have to do is sign; **falta un mes para las vacaciones** there's a month to go till the holidays; **¿falta mucho para el final?** is there long to go?; **falta poco para las once** it's nearly eleven o'clock; **falta poco para que llegue** it won't be long till he arrives, he'll soon be here; **¿cuánto falta para Bogotá?** how much further is it to Bogotá?; **aún faltan 10 kilómetros** there are still 10 kilometres to go; **faltó poco para que lo matase** I very nearly killed him; **¿lo mató? – poco faltó** did she kill him? – very nearly
-**9.** Euf (morir) to pass away
-**10.** (en frases) **¡no faltaba** o **faltaría más!** (asentimiento) of course!; (rechazo) that tops it all!, that's a bit much!; **claro que puedes usar mi teléfono, ¡no faltaba** o **faltaría más!** of course you can use my telephone, there's no need for you to ask; **por supuesto que no te dejo ir, ¡faltaría más!** of course I'm not letting you go, what can you be thinking of!

falto, -a adj **~ de** lacking in, short of; **~ de escrúpulos** lacking scruples; **en estos momentos estamos faltos de recursos** we are short of resources at the moment; **~ de imaginación** unimaginative; **en su infancia estuvo ~ de cariño** she was starved of affection in her childhood

faltón, -ona Fam ◇ adj -**1.** (irrespetuoso) **¡no seas ~!** don't be so damn rude! -**2.** (no fiable) **es muy ~** he's dead unreliable
◇ nm,f (irrespetuoso) **ese chico es un ~** that young man's damn rude

faltriquera nf (bolso) Br small handbag, US small purse

falúa, faluca nf (embarcación) launch

falucho nm (embarcación) felucca

fama nf -**1.** (renombre) fame; **un escritor/restaurante de ~** a well-known o famous writer/restaurant; **alcanzar la ~** to achieve fame, to become famous; **tener ~** to be famous o well-known; **salir en ese programa le ha dado mucha ~** being on that programme has made her very well-known -**2.** (reputación) reputation; **buena/mala ~** good/bad reputation; **tener ~ de tacaño/generoso** to have a reputation o name for being mean/generous; **su ~ de excéntrico atrae a mucha gente** his reputation for eccentricity attracts a lot of people; PROV **cría ~ y échate a dormir** build yourself a good reputation, then you can rest on your laurels
-**3.** Literario **es ~ que...** (se dice que) it is said that...

famélico, -a adj -**1.** (hambriento) starving, famished -**2.** (delgado) emaciated

familia nf -**1.** (grupo de personas) family; **un asunto de ~** a family matter; **el director es ~ mía** the director is a relative of mine; **ser como de la ~** to be like one of the family; **venir de ~** to run in the family; **en ~** (con la familia) with one's family; **pasamos el fin de año en ~** we spent New Year with the family; **estábamos en ~** (casi solos) there were only a few of us; **no te dé vergüenza, que estamos en ~** don't be shy – you're among friends ❏ **~ adoptiva** adoptive family; **~ desestructurada** dysfunctional family; **~ monoparental** single parent family; **~ nuclear** nuclear family; **~ numerosa** large family; **la ~ política** the in-laws
-**2.** (hijos) **no tuvieron ~** they never had children
-**3.** (linaje) family; **de buena ~** from a good family

-**4.** (de plantas, animales) family; **una ~ de plantas** a family of plants
-**5.** LING family; **una ~ de lenguas** a family of languages

familiar ◇ adj -**1.** (de familia) family; **reunión ~** family gathering
-**2.** (en el trato) (agradable) friendly; (en demasía) overly familiar
-**3.** (lenguaje, estilo) informal, colloquial; **una expresión ~** an informal o colloquial expression
-**4.** (conocido) familiar; **su cara me es** o **me resulta ~** her face looks familiar; **su voz me es ~** I recognize her voice, her voice sounds familiar
-**5.** (tamaño) family-sized; **un envase ~** a family pack; **un vehículo ~** a family car
◇ nmf relative, relation

familiaridad nf -**1.** (en el trato) familiarity; **nos trató desde el principio con mucha ~** from the outset he dealt with us very informally
-**2. familiaridades** (exceso de confianza) **tomarse muchas familiaridades** to be overly familiar

familiarizado, -a adj familiar, conversant (**con** with); **estar ~ con algo** to be familiar o conversant with sth

familiarizar [14] ◇ vt to familiarize (**con** with)
➤ **familiarizarse** vpr familiarizarse con (estudiar) to familiarize oneself with; (acostumbrarse a) to get used to; **en pocos días se familiarizó con los nombres de todos los alumnos** within a few days she had learnt the names of all her pupils

familiarmente adv familiarly; **~ conocido como...** familiarly known as...

famoso, -a ◇ adj (actor, piñtor, monumento) famous; **se hizo ~ por sus murales** his murals made him famous; **es famosa por su belleza** she is famous for her beauty; **Fam volvieron a debatir el ~ artículo 14** they debated the famous clause 14 again
◇ nm,f famous person, celebrity

fámulo, -a nm,f Anticuado servant

fan nmf fan

fanal nm -**1.** (en puerto) (harbour) beacon; (en barco) lantern -**2.** (para pescar) = lantern on fishing boat used for attracting the fish -**3.** (campana) bell jar; (de lámpara) chimney -**4.** Méx (faro) headlight, headlamp

fanaticada nf Andes fans

fanáticamente adv fanatically

fanático, -a ◇ adj fanatical
◇ nm,f -**1.** (exaltado) fanatic; DEP fanatical supporter -**2.** (aficionado) **es una fanática del cine** she's mad about the cinema; **es un ~ de la comida italiana** he adores Italian food

fanatismo nm fanaticism; **con ~** fanatically

fanatizar [14] vt to arouse fanaticism in

fandango nm -**1.** (baile) fandango -**2.** Fam (jaleo, bullicio) racket; **montar un ~** to make a racket -**3.** Andes Fam (fiesta) party, bash

fandanguillo nm = type of fandango

fané adj RP estar **~** (cansado) to be worn out; (desgastado) to be past it

faneca nf pout, bib

fanega nf -**1.** (medida de capacidad) = grain measure which varies from region to region -**2.** (medida de superficie) = unit of area equivalent to 1.59 acres or 0.66 hectares

fanerógama ◇ nf (planta) seed-producing plant, Espec phanerogam
◇ nfpl **fanerógamas** (familia) Phanerogamae

fanerógamo, -a BOTadj seed-producing, Espec phanerogamic

fanesca nf = fish stew made with milk and vegetables, typical Ecuadorian Easter dish

fanfarria nf -**1.** (música) fanfare -**2.** (banda) brass band -**3.** Fam (ostentación) show, razz(a)matazz; (jactancia) bragging

fanfarrón, -ona Fam ◇ adj (bravucón, arrogante) bigheaded; (ostentoso) flashy
◇ nm,f (bravucón, arrogante) bighead; (ostentoso) show-off

faraónico

fanfarronada nf Fam brag; **decir** o **echar fanfarronadas** to brag; **estamos cansados de sus fanfarronadas** we're tired of his showing off

fanfarronear vi Fam to brag (**de** about); **fanfarronea de tener un BMW** she's always bragging about owning a BMW

fanfarronería nf Fam (bravuconería, arrogancia) bigheadedness; (ostentación) showing off; **no soporto sus fanfarronerías** I can't stand the way he shows off all the time

fangal nm quagmire

fangar nm quagmire

fango nm -**1.** (barro) mud -**2.** (deshonra) **el escándalo cubrió de ~ al presidente** the scandal sullied the president's reputation

fangoso, -a adj muddy

fangote nm RP Fam heaps o loads (of money); **me salió un ~** it cost me a fortune

fantasear ◇ vi to fantasize (**sobre** about)
◇ vt to imagine, to fantasize about

fantasía ◇ nf -**1.** (imaginación) imagination; **la realidad y la ~** reality and fantasy; **vive en un mundo de ~** she lives in a world of her own, she lives in a fantasy world -**2.** (cosa imaginada) fantasy ❏ **~ sexual** sexual fantasy -**3.** MÚS fantasia -**4.** RP (joya) piece of costume jewellery
◇ **de fantasía** loc adj **bisutería de ~** costume jewellery; **ropa de ~** fancy clothes

fantasioso, -a adj imaginative

fantasma ◇ adj -**1.** (deshabitado) **pueblo/barco ~** ghost town/ship -**2.** (que no existe) **una noticia ~** a false report; **una empresa ~** a bogus company; **el informe ~ sobre la recuperación económica** the mythical report on the economic turnaround -**3.** Esp Fam **es muy ~** (fanfarrón) he's a real show-off -**4.** RP Fam **es muy ~** (atontado) she's absolutely crazy
◇ nm -**1.** (espectro) ghost, phantom; **se le apareció el ~ de un pirata** the ghost of a pirate appeared to him ❏ **el Fantasma de la Ópera** the Phantom of the Opera -**2.** (amenaza) spectre; **el ~ de la guerra civil/del desempleo** the spectre of civil war/unemployment -**3.** Am TV ghost
◇ nmf -**1.** Esp Fam (fanfarrón) show-off -**2.** RP Fam (atontado) loony

fantasmada nf Fam -**1.** Esp (fanfarronería) brag -**2.** RP (tontería) **decir/hacer una ~** to say/do something stupid

fantasmagoría nf phantasmagoria

fantasmagórico, -a adj phantasmagoric

fantasmal adj ghostly

fantasmón, -ona nm,f Esp Fam show-off

fantásticamente adv **lo pasamos ~** we had a fantastic time

fantástico, -a ◇ adj -**1.** (imaginario) fantastic, imaginary -**2.** Fam (estupendo) fantastic, wonderful; **¿vamos a la ópera? – ~** shall we go to the opera? – yes, that would be terrific
◇ adv (muy bien) **lo pasamos ~** we had a fantastic o wonderful time

fantochada nf -**1.** (cosa grotesca) **eso es una ~** that's ridiculous o absurd -**2.** (fanfarronada) brag

fantoche nm -**1.** (títere) puppet -**2.** Fam (persona grotesca) sight; **iba hecho un ~** she looked a real o complete sight -**3.** Fam (presumido, vanidoso) bighead

fanzine [fanˈθine, fanˈsin] nm fanzine

FAO [fao] nf (abrev de **Food and Agriculture Organization**) FAO

faquir nm fakir

faradio nm farad

farallón nm (roca) = giant rock

farándula nf **la ~** the theatre, the stage

farandulero, -a adj RP, Ven Fam (fanfarrón) boastful, bragging

faraón nm pharaoh

faraónico, -a adj -**1.** (del faraón) pharaonic -**2.** (fastuoso) lavish, magnificent; **viven rodeados de un lujo ~** they live like kings -**3.** (gigantesco) enormous, huge; **un proyecto ~** a project on a monumental scale; **una tarea ~** a mammoth task

FARC [fark] *nfpl (abrev de* **Fuerzas Armadas Revolucionarias de Colombia**) Revolutionary Armed Forces of Colombia *(guerrilla group)*
fardada *nf Esp Fam* **se ha comprado una ~ de casa** she's bought herself a really flashy house
fardar *vi Esp Fam* **¡cómo farda esa moto!** that bike will really get you noticed!, that bike's really cool!; **con esas botas se farda mucho** those boots are bound to get you noticed, those boots are really cool; **le gusta ~ de tener padres ricos** she likes to brag about her rich parents
fardel *nm (talega)* knapsack
fardo *nm* bundle
fardón, -ona *Esp Fam* ◇ *adj* **-1.** *(fanfarrón)* **es muy ~** he's a real show-off **-2.** *(vistoso)* **¡qué gafas más fardonas!** those glasses will really get you noticed!
◇ *nm,f* show-off
farero, -a *nm,f* lighthouse keeper
fárfara *nf* coltsfoot
farfolla *nf* **-1.** *(de mazorca)* husk **-2.** *Pey (de texto, discurso)* waffle, padding
farfullar ◇ *vt (deprisa)* to gabble; *(con enfado)* to splutter; *(en voz baja)* to mutter, to mumble
◇ *vi (deprisa)* to gabble; *(con enfado)* to splutter; *(en voz baja)* to mutter, to mumble
faria *nm o nf Esp* = cheap Spanish cigar
farináceo, -a *adj* farinaceous
faringe *nf* pharynx
faríngeo, -a *adj* pharyngeal
faringitis *nf inv* sore throat, *Espec* pharyngitis
fariña *nf Andes, RP* coarse manioc *o* cassava flour
fario *nm Fam* **mal ~** bad luck
farisaico, -a *adj* **-1.** HIST Pharisaic, Pharisaical **-2.** *(hipócrita)* hypocritical
fariseísmo *nm* hypocrisy
fariseo, -a *nm,f* **-1.** HIST Pharisee **-2.** *(hipócrita)* hypocrite
farlopa *nf Fam (cocaína)* coke, snow
farmaceuta *nmf Col, Ven* pharmacist, *Br* chemist, *US* druggist
farmacéutico, -a ◇ *adj* pharmaceutical; **la industria farmacéutica** the pharmaceutical industry
◇ *nm,f* pharmacist, *Br* chemist, *US* druggist
farmacia *nf* **-1.** *(ciencia)* pharmacy **-2.** *(establecimiento)* pharmacy, *Br* chemist's (shop), *US* drugstore ❑ **~ de guardia** duty chemist's; **~ de turno** duty chemist's
fármaco *nm* medicine, drug
farmacodependencia *nf* drug dependency *o* addiction
farmacodependiente ◇ *adj* **ser ~** to be a drug addict
◇ *nmf* drug addict
farmacología *nf* pharmacology
farmacológico, -a *adj* pharmacological
farmacólogo, -a *nm,f* pharmacologist
farmacopea *nf* pharmacopoeia
farmacoterapia *nf* = treatment using course of drugs
faro *nm* **-1.** *(para barcos)* lighthouse **-2.** *(de coche)* headlight, headlamp ❑ **~ antiniebla** fog lamp *o* light; **~ halógeno** halogen lamp; **~ trasero** rear light, *US* tail-light
farol *nm* **-1.** *(farola)* street lamp *o* light; *(linterna)* lantern, lamp; EXPR *Fam* **¡adelante con los faroles!** go on, keep going! **-2.** *(en el juego)* bluff; **ir de ~** to be bluffing **-3.** *Fam (exageración)* brag; **no me lo creo, eso es un ~** I don't believe it, he's just bragging; EXPR *Esp* **marcarse** *o* **tirarse un ~** to brag
farola *nf* **-1.** *(farol)* street lamp *o* light **-2.** *(poste)* lamppost **-3. la Farola** *(revista)* = magazine sold by the homeless in Spain, *Br* ≃ The Big Issue **-4.** *Col (de coche)* headlight, headlamp
farolear *vi Fam* to brag
farolero, -a ◇ *nm,f* **-1.** *(oficio)* lamplighter **-2.** *Fam (fanfarrón)* braggart

farolillo *nm* **-1.** *(de papel)* paper *o* Chinese lantern **-2.** *(planta)* Canterbury bell **-3.** DEP **~ rojo** *(en clasificación)* = competitor or team last in a table; **ser el ~ rojo** to be propping up the bottom of the table
farra *nf* **-1.** *Fam (juerga)* binge, spree; **ir de ~** to go out on the town **-2.** EXPR *Andes, RP* **tomar a alguien para la ~** *(burlarse)* to make fun of sb
fárrago *nm* hotchpotch
farragoso, -a *adj (estilo, informe)* confused, rambling; *(legislación, normativa)* confused
farrear *vi Andes, RP Fam (ir de juerga)* to go out on the town
farrero, -a, farrista *Andes, RP Fam* ◇ *adj* **es muy ~** he's a real party animal
◇ *nm,f* party animal
farruco, -a *adj (valiente)* cocky; **ponerse ~** to get cocky
farsa *nf* **-1.** *(obra teatral)* farce **-2.** *(engaño)* farce; **la investigación fue una ~** the investigation was a complete farce
farsante ◇ *adj* deceitful; **¡qué farsantes son!** they're such frauds!
◇ *nmf* fraud; **es un ~** he's a fraud
farsear *vi Chile Fam* to fool around
FAS *nm inv* **-1.** *(abrev de* **Fondo de Asistencia Social)** = Spanish social welfare fund **-2.** COM *(abrev de* **free alongside ship)** f.a.s., FAS
fascículo *nm* **-1.** *(de publicación)* part, instalment *(of publication);* **por fascículos (semanales/mensuales)** in (weekly/monthly) parts *o* instalments **-2.** ANAT fasciculus
fascinación *nf* fascination; **sentir ~ por algo** to be fascinated by sth; **ejercer una gran ~** to be truly fascinating
fascinante *adj* fascinating
fascinar *vt* to fascinate; **me fascina Klee** I love *o* adore Klee; **me fascina con su belleza** I find her stunningly beautiful; **su conferencia me fascinó** I found her lecture fascinating
fascismo *nm* fascism
fascista ◇ *adj* fascist
◇ *nmf* fascist
fascistizante *adj* **una dictadura ~** a dictatorship with fascist tendencies
fascistoide ◇ *adj* fascist
◇ *nmf* fascist
fase *nf* **-1.** *(etapa)* phase; **estamos pasando una ~ difícil** we're going through a difficult phase; **el proyecto está en ~ de estudio** the project is still being researched; **la primera ~ de la competición** the first round of the competition; **la ~ final del campeonato** the final stage of the championship ❑ **~ REM** *(de los sueños)* REM stage
-2. *(de la luna)* phase
-3. *(de cohete)* stage
-4. ELEC phase
-5. FÍS & QUÍM phase
faso *nm RP Fam (cigarrillo)* smoke, *Br* fag
fastidiado, -a *adj Fam* **-1.** *Esp (de salud)* **ando ~** I'm feeling a bit rough; **ando ~ del estómago** I've got an upset stomach, *Br* my stomach's feeling rather dodgy; **tengo la espalda fastidiada** I've done my back in
-2. *Esp (emocionalmente)* cut up; **la noticia de su despido lo dejó muy ~** he was very cut up when he heard that he had been laid off
-3. *Esp (estropeado)* **la máquina de café está fastidiada** *(no funciona)* the coffee machine is bust; *(funciona mal)* the coffee machine isn't working properly
-4. *Am (enojado, molesto)* upset
fastidiar ◇ *vt* **-1.** *Esp (estropear) (máquina, objeto)* to break; *(fiesta, vacaciones)* to spoil, to ruin; EXPR **¡la hemos fastidiado!** that's really done it!
-2. *(molestar)* to annoy, to bother; **me fastidia tener que darle la razón** it annoys me having to admit that he's right; **fastidia que siempre lo sepa todo** it's annoying the way he always knows everything; EXPR *Esp* **¿no te fastidia? (¿qué te parece?)** would you believe it?
◇ *vi Esp* **¡no fastidies!** you're having me on!; **¡no fastidies que se lo ha dicho a ella!** don't tell me he went and told her!

◆ **fastidiarse** *vpr* **-1.** *Esp (estropearse) (máquina)* to break down; *(fiesta, vacaciones)* to be ruined; **se me ha fastidiado la impresora** the printer's broken down on me
-2. *Esp (aguantarse)* to put up with it; **si no le gusta, que se fastidie** if he doesn't like it he can lump it; EXPR **¡hay que fastidiarse!** that's really done it!
-3. *Esp (lesionar)* to injure, to hurt; **me fastidié la espalda levantando unas cajas** I hurt my back lifting some boxes
-4. *Am (molestarse)* to get annoyed; **se fastidió porque no la esperamos** she got annoyed because we didn't wait for her
fastidio *nm* **-1.** *(molestia)* nuisance, bother; **¡qué ~!** what a nuisance! **-2.** *(enfado)* annoyance **-3.** *(aburrimiento)* bore
fastidioso, -a *adj* **-1.** *(molesto)* annoying, irritating; **es un niño muy ~** he's a very annoying *o* irritating child; **es un dolor muy ~** it's a very annoying *o* irritating pain **-2.** *(aburrido)* boring, tedious
fasto *nm* **-1.** *(lujo)* lavishness, sumptuousness; *(ostentación)* show, ostentation; **la ceremonia se celebró con gran ~** the ceremony was carried out with great pomp **-2.** *(acto)* **los fastos del quinto centenario** the five-hundredth anniversary celebrations **-3. fastos** *(anales)* annals
fastuosamente *adv (lujosamente)* lavishly, sumptuously; *(ostentosamente)* ostentatiously
fastuosidad *nf (lujo)* lavishness, sumptuousness; *(ostentación)* ostentation
fastuoso, -a *adj (lujoso)* lavish, sumptuous; *(ostentoso)* ostentatious
fatal ◇ *adj* **-1.** *(mortal)* fatal; **el accidente fue ~** it was a fatal accident
-2. *(inevitable)* inevitable
-3. *(seductor)* **mujer ~** femme fatale
-4. *Esp Fam (muy malo)* terrible, awful; **una novela ~** a terrible *o* an awful novel; **eso que has hecho está ~** what you've done is terrible *o* awful
-5. *Esp Fam (enfermo)* **me encuentro ~** I feel terrible *o* awful; **está ~, igual se muere** he's in a very bad way and may well die
◇ *adv Esp Fam* **pasarlo ~** to have a terrible *o* an awful time; **sentirse ~** to feel terrible *o* awful; **ese vestido te sienta ~** that dress looks terrible *o* awful on you; **me cae ~ su novio** I can't stand her boyfriend
fatalidad *nf* **-1.** *(destino)* fate, destiny **-2.** *(desgracia)* misfortune
fatalismo *nm* fatalism
fatalista ◇ *adj* fatalistic
◇ *nmf* fatalist
fatalmente *adv* **-1.** *(desdichadamente)* unfortunately, unhappily **-2.** *(inevitablemente)* inevitably **-3.** *Esp Fam (muy mal)* terribly, awfully
fático, -a *adj* LING phatic
fatídicamente *adv* fatefully
fatídico, -a *adj* fateful
fatiga *nf* **-1.** *(cansancio)* tiredness, fatigue; **siento una gran ~** I feel extremely tired ❑ **~ crónica** chronic fatigue; **~ del metal** metal fatigue; **~ muscular** muscle fatigue; **~ nerviosa** strain, stress; **~ visual** eyestrain
-2. *(ahogo)* shortness of breath, breathlessness
-3. *(reparo)* **me dio ~ decírselo** I felt bad about telling him
-4. fatigas *(penas)* troubles, hardships; **pasó muchas fatigas en su juventud** she endured many hardships in her youth; **mis compañeros de fatigas** my fellow sufferers
fatigado, -a *adj* tired, weary **(de** from)
fatigante *adj* tiring
fatigar [38] *vt* to tire, to weary; **el abuelo fatiga a todos con sus historias** grandad tires us all with his stories; **la televisión me fatiga mucho la vista** my eyes get very tired watching television

◆ **fatigarse** *vpr* **-1.** *(cansarse)* to get tired **-2.** *(ahogarse)* to get breathless *o* out of breath; **se fatiga al subir una cuesta** she

fatigosamente *adv* wearily; **respiraba ~** he was breathing with difficulty, his breathing was laboured

fatigoso, -a *adj* tiring, fatiguing

Fátima *n* Fatima

fato *nm RP Fam (lío)* **esos dos tienen un ~** those two have got a thing going; **¿tenés algún ~?** are you seeing anybody?

fatuidad *nf* **-1.** *(necedad)* fatuousness, foolishness **-2.** *(vanidad)* conceit

fatuo, -a *adj* **-1.** *(necio)* fatuous, foolish **-2.** *(engreído)* conceited

fauces *nfpl* jaws

faul [faul] *nf Am* foul

faulear *Am* ◇ *vt* to foul
◇ *vi* to commit a foul

faulero, -a *Am Fam* ◇ *adj* **es muy ~** he's a really dirty player
◇ *nm,f* dirty player

fauna *nf* **-1.** *(animales)* fauna **-2.** *Fam (grupo de gente)* **punks, cabezas rapadas y otras faunas urbanas** punks, skinheads and other urban tribes; **en ese bar se reúne una ~ muy rica** you find all sorts of people in that bar

fauno *nm* faun

Fausto *n pr* Faust

fausto, -a *adj* happy, fortunate

fauvismo [fo'βismo] *nm* fauvism

fauvista [fo'βista] ◇ *adj* fauvist
◇ *nmf* fauvist, fauve

favela *nf* = Brazilian shanty town

favor *nm* **-1.** *(servicio)* favour; **pedir un ~ a alguien** to ask sb a favour; **hacerle un ~ a alguien** *(ayudar a)* to do sb a favour; **hágame el ~ de cerrar la puerta** would you mind shutting the door, please?; **se ruega a los señores viajeros que hagan el ~ de esperar sentados** passengers are requested to remain seated; *Am* **~ de pasar por la puerta B** please proceed through gate B; **¡haz el ~ de no golpear la puerta!** would you kindly stop slamming that door?; **¿abro la ventana? – si haces el ~...** shall I open the window? – please, if you don't mind...; **con esa actitud hace un flaco ~ a la democracia** he's not doing anything for democracy with an attitude like that; *Fam* **tu amiga está como para hacerle un ~**, **a tu amiga le hacía yo un ~** I wouldn't mind doing your friend a favour
-2. *Anticuado o Hum* **favores** *(de una mujer)* favours; **la dama le concedió sus favores** the lady graced him with her favours
-3. *(apoyo)* **tener a o en su ~ a alguien** to enjoy sb's support; **tenía a todo el pueblo a su ~** he had the people on his side; **los políticos tienen el ~ de sus votantes** the politicians enjoy the support of the voters; **goza del ~ del público** he has public support
-4. de ~ *(gratuito)* complimentary, free
-5. *(en frases)* **un viento/una corriente a ~** a favourable wind/current; **¿tú estás a ~ o en contra de la nueva ley?** are you for or against the new law?; **tienen diez goles a ~ y uno en contra** they've scored ten goals and conceded eleven; **89-99 a ~ de los Nets** 99-89 to the Nets; **el juez falló a su ~** the judge found in his favour; **a ~ de** in favour of; **estar a ~ de** to be in favour of; **extendió un cheque a ~ de Henar y Cía.** she made out a cheque to Henar & Co; **en ~ de** to the benefit of; **si ahora no contesta, más a mi ~** if he doesn't reply now, that proves I'm right all the more; **por ~** *(al pedir algo)* please; *(expresa indignación, sorpresa)* for heaven's sake!; **las cosas se piden por ~** you say "please" when you ask for something; **nos pidió por ~ que la acompañáramos** she asked if we could please go with her

favorable *adj* **-1.** *(beneficioso)* favourable; **tiempo ~** good weather; **el sondeo le es ~** the poll puts him ahead **-2.** *(partidario)* **ser ~ a algo** to be in favour of sth; **es favorable a intervenir** she's in favour of intervening

favorablemente *adv* favourably; **el paciente evoluciona ~** the patient is making good progress

favorecedor, -ora *adj* flattering, becoming

favorecer [46] *vt* **-1.** *(beneficiar)* to favour; *(ayudar)* to help, to assist; **esta política favorece a los más pobres** this policy works in favour of the poorest; **el árbitro favoreció al equipo visitante** the referee was biased in favour of the visitors; **a pesar de ser peores, les favoreció la suerte y ganaron el partido** despite being worse players, luck was on their side and they won the game
-2. *(sentar bien)* to suit; **ese corte de pelo te favorece** that haircut suits you

favorecido, -a ◇ *adj* **-1.** *(en foto)* **has salido muy favorecida** you've come out really well **-2.** *Am (en sorteo)* **resultó ~ con cinco millones** he won five million
◇ *nm,f Am* winner, prizewinner

favoritismo *nm* favouritism

favorito, -a ◇ *adj* favourite
◇ *nm,f* favourite

fax *nm* **-1.** *(aparato)* fax (machine); **mandar algo por ~** to fax sth **-2.** *(documento)* fax; **mandar un ~** to send a fax

faxear *vt Fam* to fax

fayuca, falluca *nf Méx Fam* contraband

fayuquear, falluquear *vi Méx Fam* to sell contraband

fayuquero, -a, falluquero, -a *nm,f Méx Fam* dealer in contraband

faz *nf* **-1.** *Formal (cara)* countenance, face **-2.** *(del mundo, de la tierra)* face; **fueron barridos de la ~ de la tierra** they were swept off o from the face of the earth; **el desarrollo de la industria ha transformado la ~ de la región** industrial development has transformed the appearance of the region **-3.** *(de tejido)* (right) side

FBI *nm (abrev de* **Federal Bureau of Investigation***)* FBI

F.C. *nm* **-1.** *(abrev de* **ferrocarril***)* railway, Ry **-2.** DEP *(abrev de* **Fútbol Club***)* FC

Fdez. *(abrev de* **Fernández***)* = written abbreviation of the surname Fernández

FDN *nm Antes (abrev de* **Frente Democrático Nacional***)* National Democratic Front, = left-wing Mexican party, now renamed the PRD

FDNG *nm (abrev de* **Frente Democrático Nueva Guatemala***)* = left-wing Guatemalan political party

fdo. *(abrev de* **firmado***)* signed

fe *nf* **-1.** *(creencia)* faith; EXPR **la fe mueve montañas** faith can move mountains; EXPR **la fe obra milagros** faith can work miracles ❏ **la fe del carbonero** blind o unquestioning faith; **fe ciega** blind faith; **tiene una fe ciega en ese medicamento** he has absolute faith in that medicine
-2. *(religión)* faith; **la fe católica/islámica** the Catholic/Islamic faith
-3. *(confianza)* faith, confidence; **ser digno de fe** to be credible; **tener fe en** to have faith in, to believe in; **hay que tener fe en el médico** one must have confidence in one's doctor
-4. *(documento)* certificate ❏ **fe de bautismo** baptismal certificate; **fe de erratas** errata (plural); **fe de vida** = certificate testifying that owner is still alive
-5. *(palabra de honor)* **dar fe de que** *(sujeto: notario)* to certify that; **doy fe de que ocurrió así** I confirm that this is how it happened; *Anticuado* **a fe mía** on my word (of honour)
-6. *(intención)* **buena/mala fe** good/bad faith; **hacer algo de buena/mala fe** to do sth in good/bad faith; **no pongo en duda su buena fe** I don't doubt her good intentions

fealdad *nf* **-1.** *(de rostro, paisaje, edificio)* ugliness **-2.** *(de conducta)* unworthiness

feb. *(abrev de* **febrero***)* Feb

febrero *nm* February; *ver también* **septiembre**

febrícula *nf* slight fever

febrífugo, -a *adj* FARM **tiene propiedades febrífugas** it reduces fever

febril *adj* **-1.** *(con fiebre)* feverish **-2.** *(actividad)* hectic

febrilmente *adv* hectically

fecal *adj* faecal; **aguas fecales** sewage

fecha *nf (día)* date; *(momento actual)* current date; **una ~ señalada** an important date; **pon la ~ en la carta** put the date on the letter, date the letter; **en ~ próxima** in the next few days; **a ~ de hoy todavía no se conocen los resultados** at the moment the results are still not known; **su lanzamiento todavía no tiene ~** a date has still not been set for its launch; **el 28 es la ~ de su cumpleaños** the 28th is his birthday; **fijar la ~ de algo** to set a date for sth; **a partir de esta ~** from this/that date; **hasta la ~** to date, so far; **ocurrió por estas fechas** it happened around this time of year ❏ **~ de caducidad** *(de alimentos)* use-by date; *(de medicamento)* use before date; CONT **~ de cierre** closing date; **~ de consumo** use-by date; **~ de entrega** delivery date; **~ de expedición** date of issue; **~ límite** deadline, closing date; **~ límite de venta** sell-by date; **~ de nacimiento** date of birth; *Am* **~ patria** national holiday *(commemorating important historical event)*; **~ tope** deadline; FIN **~ vencimiento** due date

fechador *nm* postmark

fechar *vt* **-1.** *(carta)* to date **-2.** *(por arqueólogos)* to date

fechoría *nf* bad deed, misdemeanour; **cometer una ~** to do sth wicked; **los niños han vuelto a hacer más fechorías** the kids have been up to mischief again

FECOM *nm Antes* UE *(abrev de* **Fondo Europeo de Cooperación Monetaria***)* EMCF

fécula *nf* starch *(in food)*

feculento, -a *adj (harinoso)* starchy

fecundación *nf* fertilization ❏ **~ artificial** artificial insemination; **~ asistida** artificial insemination; **~ in vitro** in vitro fertilization

fecundante *adj* fertilizing; **un espermatozoide ~** a fertilizing sperm

fecundar *vt* **-1.** *(fertilizar)* to fertilize **-2.** *(hacer productivo)* to make fertile; **la lluvia fecunda la tierra** the rain makes the soil fertile

fecundidad *nf* **-1.** *(fertilidad)* fertility **-2.** *(productividad)* fertility

fecundizar [14] *vt* **-1.** *(hembra)* to fertilize **-2.** *(tierra)* to make fertile

fecundo, -a *adj* **-1.** *(mujer)* fertile **-2.** *(tierra)* fertile **-3.** *(artista)* prolific

FED [feð] *nm* UE *(abrev* **Fondo Europeo de Desarrollo***)* EDF

fedatario, -a *nm,f* commissioner for oaths, = civil servant authorized to attest commercial documents

FE de las JONS HIST *(abrev de* **Falange Española de las Juntas de Ofensiva Nacional-Sindicalistas***)* the Falange, = Spanish fascist movement founded in 1933 which became the official party of the Franco regime

FEDER ['feðer] *nm* UE *(abrev de* **Fondo Europeo de Desarrollo Regional***)* ERDF

federación *nf* federation ❏ **~ deportiva** sports federation; **la Federación Rusa** the Russian Federation

federado, -a *adj (deportista)* **un corredor ~** a runner who is a member of a federation

federal ◇ *adj* federal
◇ *nmf* federal

federalismo *nm* federalism ❏ **~ asimétrico** = form of federalism where the degree of autonomy allowed to each region is relative to its economic or cultural weight

federalista ◇ *adj* federalist
◇ *nmf* federalist

federar ◇ *vt* to federate
◆ **federarse** *vpr* **-1.** *(formar federación)* to become o form a federation **-2.** *(ingresar en federación)* to join a federation

federativo, -a ◇ *adj* federative
◇ *nm,f* member of a federation

Federico *n pr* **~ I/II** Frederick I/II; **~ el Grande** Frederick the Great

feedback ['fiðβak] *(pl* **feedbacks***) nm* feedback

feérico, -a *adj Literario* fairy

féferes *nmpl Andes, Carib, Méx (trastos)* things, bits and pieces

fehaciente *adj* irrefutable

fehacientemente *adv* **no se ha comprobado ~ su existencia** its existence has not been conclusively proved; **se sabe ~ que es perjudicial para la salud** it is definitely known to be bad for your health

felación, felatio *nf* fellatio; **hacer una ~ a alguien** to perform fellatio on sb

feldespato *nm* feldspar

feliciano *nm Esp Fam Hum (coito)* **echar un ~** to have a roll in the hay, *Br* to have a bonk

felicidad *nf* happiness; **es una ~ volver a verla** it's a pleasure to see her again; **su mayor ~ sería ser abuela** being a grandmother would give her the greatest happiness

felicidades *interj (enhorabuena)* congratulations!; *(en cumpleaños)* happy birthday!; **¡~ por tu premio!** congratulations on your prize!

felicitación *nf* -1. *(acción)* felicitaciones congratulations; **sus felicitaciones no fueron sinceras** his congratulations were not sincere; **recibe mi más sincera ~** my warmest congratulations
-2. *(tarjeta)* greetings card; **no pude asistir a su boda, pero les envié una ~** I couldn't be at the wedding but I sent them a card ❑ **~ de cumpleaños** birthday card; **~ de Navidad** Christmas card

felicitaciones *interj Am (enhorabuena)* congratulations; **¡~ por el trabajo!** congratulations on your new job

felicitar ◇ *vt* to congratulate (**por** on); **¡te felicito!** congratulations!; **felicita a Juan, es su cumpleaños** wish Juan well, it's his birthday; **los vecinos vinieron a felicitarnos las navidades** the neighbours came round to wish us a happy Christmas
◆ **felicitarse** *vpr* to be pleased *o* glad; **se felicitaron por su éxito** they were pleased about their success; **me felicito de que no haya pasado nada** I am glad that nothing has happened

félido, -a *ZOOL* ◇ *adj* feline
◇ *nm* feline, cat
◇ *nmpl* **félidos** *(familia) Felidae*; **de la familia de los félidos** of the *Felidae* family

feligrés, -esa *nm,f* parishioner; **cuando los feligreses salen de la iglesia** when the congregation comes out of church

feligresía *nf* -1. *(feligreses)* parishioners -2. *(parroquia)* parish

felino, -a ◇ *adj* -1. *(del gato)* feline -2. *(mirada)* catlike -3. ZOOL *(félido)* feline
◇ *nm* feline, cat
◇ *nmpl* **felinos** *(familia) Felidae*; **de la familia de los felinos** of the *Felidae* family

Felipe *n pr* **~ I/II** Philip I/II; **~ de Borbón y Grecia** Prince Felipe *(heir to the Spanish throne)*

felipista *nmf Esp* POL = supporter of Felipe González

feliz *adj* -1. *(dichoso, alegre)* happy; **el ~ acontecimiento** the happy event; **el anuncio de su boda me ha hecho muy ~** the announcement of their wedding has made me very happy; **no me hace muy ~ que pierdas el tiempo de esa manera** I'm not very happy that you are wasting your time like this; **un final ~** a happy ending; **te deseo unas felices vacaciones** have a good holiday *o US* vacation!; **¡~ cumpleaños!** happy birthday!; **¡~ viaje!** have a good trip; **¡~ Navidad!** happy Christmas!; **¡~ Año Nuevo!** happy New Year!; **¡felices pascuas!** happy Easter!; EXPR **...y fueron felices y comieron perdices** ...and they all lived happily ever after
-2. *(afortunado)* lucky; **el ~ ganador se llevará tres millones** the lucky winner will get three million
-3. *(bueno)* **el tenista chileno tuvo una actuación muy poco ~** the Chilean tennis player performed poorly
-4. *(oportuno)* timely; **tuvo la ~ ocurrencia de llamarnos** fortunately, he thought to phone us

felizmente *adv* -1. *(alegremente)* happily; **todo acabó ~** it all *o* everything ended happily; **está ~ casada con cuatro niños** she's happily married with four children
-2. *(afortunadamente)* fortunately, luckily; **~, una ambulancia pasaba por el lugar de los hechos** fortunately, an ambulance was just passing the scene

felonía *nf Formal* -1. *(traición)* treachery, betrayal -2. *(infamia)* vile deed

felpa *nf (de seda)* plush; *(de algodón)* towelling

felpudo *nm* -1. *(alfombra)* doormat -2. *Esp muy Fam (vello púbico)* bush

femenino, -a ◇ *adj* -1. *(de mujer)* women's; **baloncesto ~** women's basketball; **un programa dirigido al público ~** a programme aimed at women; **la asistencia femenina al fútbol** the number of women going to football matches; **un toque ~** a woman's touch; **el sexo ~** the female sex
-2. *(de la feminidad)* feminine
-3. BOT & ZOOL female; **los órganos sexuales femeninos** the female sex organs
-4. GRAM feminine
◇ *nm* GRAM feminine

fémina *nf* woman, female

feminidad, femineidad *nf* femininity

feminismo *nm* feminism

feminista ◇ *adj* feminist
◇ *nmf* feminist

feminización *nf* feminization

feminizar [14] *vt* to make feminine

femoral ◇ *adj* femoral
◇ *nf* femoral artery

fémur *(pl* **fémures***) nm* femur, thighbone

fenec *(pl* **fenecs***) nm* fennec

fenecer [46] *vi Formal* -1. *(fallecer)* to pass away -2. *(desaparecer)* to die out

fenecimiento *nm Formal* -1. *(fallecimiento)* passing away, death -2. *(desaparición)* passing

Fenicia *n* HIST Phoenicia

fenicio, -a ◇ *adj* Phoenician
◇ *nm,f (persona)* Phoenician
◇ *nm (lengua)* Phoenician

fénico, -a *adj* QUÍM carbolic

fenilo *nm* QUÍM phenyl

fénix *nm inv (ave)* phoenix; **volvió como el ave ~** he rose like a phoenix from the ashes ❑ *el Fénix de los Ingenios (Lope de Vega)* = name used to refer to the Spanish Golden Age dramatist Lope de Vega

fenobarbital *nm* FARM phenobarbital, phenobarbitone

fenol *nm* QUÍM phenol

fenoma *nm* BIOL phenome

fenomenal *Fam* ◇ *adj* -1. *(magnífico)* great, fantastic; **eres un amigo ~** you're a great *o* wonderful friend; **este helado está ~** this ice cream is great *o* fantastic -2. *(enorme)* phenomenal; **una ~ cantidad de dinero** a phenomenal sum of money; **se dio un golpe ~** she banged herself really hard
◇ *adv* **lo pasamos ~** we had a great *o* fantastic time; **me siento ~** I feel great *o* fantastic
◇ *interj* great!, terrific!

fenomenalmente *adv Fam* **lo pasamos ~** we had a great *o* fantastic time; **me siento ~** I feel great *o* fantastic

fenoménico, -a *adj* phenomenal

fenómeno, -a ◇ *adj Fam* great, fantastic; **estás fenómena con esas gafas** you look great in those glasses; **es un ~ en la cocina** he's a fantastic cook, he works wonders in the kitchen
◇ *nm* -1. *(suceso)* phenomenon; **no se trata de un ~ aislado** this is not an isolated phenomenon ❑ **~ atmosférico** atmospheric phenomenon; **~ metereológico** meteorological phenomenon; **~ natural** natural phenomenon; **~ paranormal** paranormal phenomenon -2. *(monstruo)* freak
-3. *Fam (genio)* **es un ~ jugando al tenis** he's an amazing tennis player
◇ *adv Fam* **pasarlo ~** to have a great *o* fantastic time; **me siento ~** I feel great *o* fantastic
◇ *interj* great!, terrific!

fenomenología *nf* phenomenology

fenotipo *nm* phenotype

feo, -a ◇ *adj* -1. *(persona, animal, traje)* ugly; **es un pueblo muy ~** it's a very ugly town; **es fea con ganas** she's as ugly as sin; EXPR **ser más ~ que Picio** to be as ugly as sin; EXPR *Fam* **ser más ~ que pegarle a un padre** to be as ugly as sin
-2. *(aspecto, herida)* nasty; *(tiempo)* foul, horrible; *(color)* unpleasant; **está metido en un asunto muy ~** he's mixed up in some really nasty business; **ponerse ~** *(situación, tiempo)* to turn nasty; **la cosa está fea** things are looking bad
-3. *(desagradable)* unpleasant; *(ofensivo)* rude; **es o está ~ escupir** it's very rude to spit; **cuando me vio me hizo un gesto ~** when she saw me she made a rude gesture; **lo que hiciste quedó ~** that wasn't a very nice thing to do
-4. *Am (olor, sabor)* unpleasant
◇ *nm,f (persona)* ugly person; EXPR *Fam* **le tocó bailar con la más fea** he drew the short straw
◇ *nm (desaire)* **hacer un ~ a alguien** to offend *o* slight sb; **le hizo el ~ de no saludarla** he snubbed her by not saying hello
◇ *adv Am (oler, saber)* bad; **tus zapatos huelen muy ~** your shoes smell awful

FEOGA [fe'oga] *nm* UE *(abrev de* **Fondo Europeo de Orientación y de Garantía Agrícola***)* EAGGF, European Agriculture Guidance and Guarantee Fund

feracidad *nf Literario (del campo)* fertility, fecundity

feraz *adj Literario* fertile, fecund

féretro *nm* coffin

feria *nf* -1. *(exhibición)* fair; *Méx Fam* **en ese negocio le fue como en ~** that deal turned out really badly for him; *Méx Fam* **al equipo le ha ido como en ~** the team has done terribly badly ❑ **~ de artesanía** craft(s) fair; **~ del automóvil** car *o* motor show; **~ de ganado** cattle fair; **~ del libro** book fair; **~ de muestras** *(actividad)* trade fair; *(instalaciones)* = permanent site for trade fairs
-2. *(fiesta popular)* festival ❑ *Feria de Abril* = annual fair in Seville
-3. *(de atracciones)* funfair
-4. TAUROM = series of bullfights during a fiesta
-5. *Andes, RP (mercado)* open-air market
-6. *Méx Fam (cambio)* small change; **¿me cambia diez pesos por ~?** could you give me change of ten pesos, please?; **ese pasaje costó doscientas libras y ~** the ticket cost a bit over two hundred pounds
-7. *CAm (propina)* tip
-8. *RP* **~ *judicial*** holiday *(when the courts are closed)*

feriado, -a *Am* ◇ *adj* **día ~** (public) holiday
◇ *nm* (public) holiday; **abierto domingos y feriados** open on Sundays and public holidays

ferial ◇ *adj* fair; **recinto ~** showground, exhibition area
◇ *nm* showground, exhibition area

feriante *nmf* -1. *(en feria de muestras)* exhibitor -2. *RP (en mercado)* stallholder, trader

fermentación *nf* fermentation

fermentado, -a *adj* fermented

fermentar ◇ *vt* to ferment
◇ *vi* -1. *(con fermento)* to ferment -2. *(sentimiento)* **el odio fermentó en su corazón** hatred simmered in her heart

fermento *nm* -1. *(sustancia)* ferment -2. *(de sentimiento)* cause; **la tensión racial fue el ~ de los disturbios** the riots came about as a result of racial tension

fermio *nm* QUÍM fermium

Fernando *n pr* **~ I/II** Ferdinand I/II; **~ el Católico** Ferdinand the Catholic

ferocidad *nf* ferocity, fierceness

ferodo® *nm* = material used for brake lining

Feroe *nfpl* **las (Islas)** ~ the Faeroes, the Faeroe Islands
feromona *nf* pheromone
feroz *adj* **-1.** *(animal, bestia)* fierce, ferocious **-2.** *(criminal, asesino)* cruel, savage **-3.** *(intenso) (tempestad)* fierce, violent; *(dolor, angustia)* terrible; **tenía un hambre ~** I was ravenous *o* starving; **la competencia es ~** the competition is fierce; **lanzó un ataque ~ contra la propuesta del gobierno** he launched a fierce attack against the government's proposal **-4.** *Fam (enorme)* massive; **agarraron una ~ borrachera** they got terribly *o* incredibly drunk
ferozmente *adv* ferociously, fiercely
férreo, -a *adj* **-1.** *(de hierro)* iron; **una estructura férrea** an iron structure; **la vía férrea** *Br* the railway line, *US* the railroad track **-2.** *(firme) (disciplina, voluntad)* iron; **ejercen un ~ control sobre sus hijos** they are very strict with their children; **la sometieron a un ~ marcaje** they marked her very tightly
ferretería *nf Br* ironmonger's (shop), *US* hardware store
ferretero, -a *nm,f Br* ironmonger, *US* hardware dealer
férrico, -a *adj* ferric
ferrita *nf* ferrite
ferrobús *nm* = small passenger train with an engine at both ends
ferrocarril *nm* **-1.** *(sistema, medio)* railway, *US* railroad; **ese pueblo no tiene ~** that town isn't on a railway line *o US* a railroad; **por ~** by train ▫ **~ de cremallera** rack railway; **~ elevado** elevated railway; **~ funicular** funicular (railway); **~ subterráneo** underground railway; **~ de vía estrecha** narrow-gauge railway **-2.** *(tren)* train **-3.** *Urug Fam (en examen)* crib
ferroso, -a *adj* ferrous
ferroviario, -a, *Méx* **ferrocarrilero, -a** ◇ *adj* **línea ferroviaria** railway *o US* railroad line; **red ferroviaria** rail(way) *o US* railroad network; **accidente ~** rail *o* train crash
◇ *nm,f* railway *o US* railroad worker
ferruginoso, -a *adj* containing iron
ferry ['ferri] *(pl* **ferrys** *o* **ferries)** *nm* ferry
fértil *adj* **-1.** *(mujer)* fertile **-2.** *(tierra)* fertile **-3.** *(imaginación)* fertile
fertilidad *nf* **-1.** *(de mujer)* fertility **-2.** *(de tierra)* fertility **-3.** *(de imaginación)* fertility
fertilización *nf* **-1.** *(de mujer, óvulo)* fertilization ▫ **~ in vitro** in vitro fertilization **-2.** *(de tierra)* fertilization, fertilizing
fertilizador, -ora *adj* fertilizing
fertilizante ◇ *adj* fertilizing
◇ *nm* fertilizer ▫ **~ orgánico** organic fertilizer
fertilizar [14] *vt* **-1.** *(mujer, óvulo)* to fertilize **-2.** *(tierra)* to fertilize, to put fertilizer on
férula *nf* **-1.** MED splint **-2.** *(vara)* cane, ferule; EXPR **estar bajo la ~ de alguien** to be under sb's thumb
ferviente, fervoroso, -a *adj (admirador, apoyo)* fervent, ardent; *(seguidor, defensor)* passionate, ardent
fervientemente, fervorosamente *adv (admirar, apoyar)* fervently, ardently; *(seguir, defender)* passionately, ardently
fervor *nm* **-1.** *(religioso)* fervour; **rezaba a la virgen con ~** she prayed fervently to the Virgin **-2.** *(entusiasmo)* eagerness, keenness; **trabajaba con ~** he worked away keenly *o* eagerly
festejado, -a *nm,f CSur (en despedida)* guest of honour; *(en fiesta de cumpleaños)* birthday boy, *f* birthday girl; **los festejados** *(en casamiento)* the happy couple
festejante *nmf Anticuado* suitor
festejar ◇ *vt* **-1.** *(celebrar)* to celebrate; **festejó su cumpleaños con los amigos** she celebrated her birthday with her friends **-2.** *(agasajar)* to fête; **la ciudad festejó a los campeones** the champions were fêted by the town **-3.** *Anticuado (cortejar)* to court **-4.** *Méx Fam (golpear)* to beat, to thrash
◆ **festejarse** *vpr (celebrarse)* to be celebrated

festejo *nm* **-1.** *(fiesta)* party **-2. festejos** *(celebraciones)* public festivities ▫ **festejos taurinos** bullfights **-3.** *(agasajo)* entertaining
festero, -a *nm,f Fam* party animal
festichola *nf RP Fam* party, bash
festín *nm* banquet, feast; **darse un ~** to have a feast
festinación *nf Andes, Méx, Ven (rapidez)* haste, speed
festinar *vt Andes, Méx, Ven (apresurar)* to hasten, to hurry up
festival *nm* festival; *Fam* **un ~ de colores** a riot of colour ▫ **~ benéfico** charity festival; **~ de cine** film festival; **el Festival de Eurovisión** the Eurovision Song Contest
festivamente *adv* festively
festividad *nf* festivity
festivo, -a *adj* **-1.** *(de fiesta)* festive; **día ~** (public) holiday **-2.** *(alegre)* cheerful, jolly; *(chistoso)* funny, witty
festón *nm (en costura)* scallop; **adornar algo con un ~** to decorate sth with a scalloped edge, to scallop sth
festonear *vt (en costura)* to scallop
feta *nf RP* slice
fetal *adj* foetal
fetén *adj inv Esp Fam (genial)* great, *Br* brilliant
fetiche *nm* **-1.** *(ídolo, objeto)* fetish **-2.** PSI fetish
fetichismo *nm* **-1.** *(culto)* fetishism **-2.** PSI fetishism
fetichista ◇ *adj* fetishistic
◇ *nmf* **-1.** *(que adora fetiches)* fetishist **-2.** PSI fetishist
feticidio *nm* foeticide
fétidamente *adv* **olía ~** it smelt foul
fetidez *nf* fetidness, foul smell
fétido, -a *adj* fetid, foul-smelling
feto *nm* **-1.** *(embrión)* foetus **-2.** *Fam (persona fea)* ugly mug, face-ache ▫ *Esp* **~ malayo:** **es un ~ malayo** he's got a face like the back end of a bus, he's as ugly as sin
fetuchini, fettuccini [fetu'tʃini] *nmpl* fettuccine
feúcho, -a *adj Fam* plain, *US* homely
feudal *adj* feudal
feudalismo *nm* feudalism
feudo *nm* **-1.** HIST fief **-2.** *(dominio)* domain, area of influence; **el norte es uno de los feudos del partido en el gobierno** the north is one of the governing party's strongholds **-3.** DEP *(terreno)* home ground; **en su ~ son invencibles** they are unbeatable at home
FEVE ['feβe] *nm (abrev de* **Ferrocarriles de Vía Estrecha***)* = Spanish narrow-gauge railways
fez *nm* fez
FF. AA. *nfpl (abrev de* **Fuerzas Armadas***)* = armed forces
FF. CC. *nmpl (abrev de* **Ferrocarriles***)* railways
FGD *nm* FIN *(abrev de* **fondo de garantía de depósitos***)* Deposit Guarantee Fund
FIA [fia] *nf* DEP *(abrev de* **Federación Internacional de Automovilismo***)* FIA
fiabilidad *nf* reliability
fiable *adj* **-1.** *(máquina)* reliable **-2.** *(persona) (informal)* reliable; **ese electricista no es muy ~** that electrician is rather unreliable
fiaca *Fam* ◇ *adj RP* lazy, idle; **es muy ~** she's a real lazybones *o* layabout
◇ *nf* **-1.** *Méx, CSur (pereza)* **levantarme esta mañana, ¡me dio una ~!** I had to prise myself out of bed this morning!; **¡qué ~ tener que ponerme a planchar!** what a pain *o Br* fag having to do the ironing!; **hacer ~** to loaf *o* laze around **-2.** *Urug (hambre)* hunger; **¡qué ~ tengo!** I'm starving!
◇ *nmf RP* lazybones, layabout
fiado, -a ◇ *adj* trusting
◇ *nm* **dar ~** to give credit; **no venden ~ a nadie** they don't give credit to anyone
◆ **al fiado** *loc adv* on credit
fiador, -ora ◇ *nm,f* guarantor, surety; **salir ~ por alguien** to stand surety for sb
◇ *nm* **-1.** *(de escopeta)* safety (catch) **-2.** *Andes (de sombrero)* chinstrap

fiambre *nm* **-1.** *(alimento) Br* cold meat, *US* cold cut **-2.** *Fam (cadáver)* stiff; **dejar ~ a alguien** to bump sb off; **estar ~** to have kicked the bucket
fiambrera *nf* **-1.** *(tartera)* lunch *o* sandwich box **-2.** *RP (fresquera)* meat safe
fiambrería *nf RP* delicatessen
FIAMM [fi'am] *nmpl* FIN *(abrev de* **Fondos de Inversión en Activos del Mercado Monetario***)* = *Br* unit trusts *o US* mutual funds restricted to the currency market
fianza *nf* **-1.** *(depósito)* deposit; **piden medio millón de ~** they require a deposit of half a million **-2.** DER bail; **bajo ~** on bail; **salió en libertad bajo ~** she was released on bail
fiar [32] ◇ *vt* COM to sell on credit
◇ *vi* **-1.** COM to sell on credit; **en la carnicería me fían** they let me have credit at the butcher's; **en esta tienda no se fía** (en letrero) no credit (given here) **-2. ser ~** to be trustworthy; **los productos de esta marca son de ~** you can trust this brand; **no te dé reparo contarle el problema a él, que es de ~** you needn't have any qualms about telling him your problem, he's someone you can trust
◆ **fiarse** *vpr* **¡no te fíes!** don't be too sure (about it)!; **fiarse de algo/alguien** to trust sth/sb; **yo no me fío de nadie** I don't trust anyone; **no me fío de sus palabras** I don't trust what he says; **no me fío de que vaya a ayudarnos** I don't really believe he's going to help us
fiasco *nm* fiasco
FIBA ['fiβa] *nf* DEP *(abrev de* **Federación Internacional de Baloncesto Amateur***)* FIBA
fibra *nf* **-1.** *(de tela)* fibre; *(de madera)* grain; EXPR **tocar la ~ sensible: ha sabido tocar la ~ sensible del público juvenil** he's managed to strike a chord among young people ▫ **~ artificial** artificial fibre, man-made fibre; **~ de carbono** carbon fibre; **~ óptica** optical fibre; **~ sintética** synthetic fibre; **~ de vidrio** fibreglass, glass fibre **-2.** *(alimenticia)* fibre; **alimentos ricos en ~** foods rich in fibre ▫ **~ alimenticia** dietary fibre **-3.** ANAT fibre; **el acróbata era pura ~** the acrobat was all muscle ▫ **~ muscular** muscle fibre **-4.** *Arg (marcador)* fibre-tip pen
fibrilación *nf* MED fibrillation
fibrilado, -a *adj* fibrillose, fibrillar
fibrilar ◇ *adj* fibrillose, fibrillar
◇ *vi* MED to fibrillate
fibrina *nf* fibrin
fibroma *nm* MED fibroma ▫ **~ uterino** fibroid
fibrosis *nf inv* MED fibrosis ▫ **~ cística** cystic fibrosis; **~ pulmonar** pulmonary fibrosis; **~ quística** cystic fibrosis
fibroso, -a *adj* **-1.** *(carne)* chewy, tough **-2.** *(persona)* lean **-3.** ANAT *(tejido)* fibrous
ficción *nf* **-1.** *(invención)* fiction **-2.** *(simulación)* pretence, make-believe **-3.** *(género literario)* fiction; **literatura de ~** fiction
ficcional *adj* fictional
ficha *nf* **-1.** *(tarjeta)* (index) card; *(con detalles personales)* file, record card; **rellene esta ~ con sus datos** fill in your details on this card ▫ **~ policial** police record; **~ técnica** *(de producto)* (technical) specifications; *(de película)* credits **-2.** *(de guardarropa, aparcamiento)* token **-3.** *(de teléfono)* token **-4.** *(de juego)* counter; *(de dominó)* domino; *(de ajedrez, damas)* piece; *(de ruleta)* chip **-5.** DEP *(contrato)* contract ▫ **~ de traspaso** transfer fee **-6.** INFORMÁT card ▫ **~ perforada** perforated card **-7.** EXPR *Am Fam* **ser buena ~** to be a nasty piece of work
fichaje *nm* **-1.** DEP *(contratación)* signing (up) **-2.** *(jugador)* signing **-3.** *(importe)* transfer fee
fichar ◇ *vt* **-1.** *(archivar)* to note down on an index card, to file **-2.** *(sujeto: policía)* to put on police files *o* records; *Fam* **a ese alumno ya lo tenemos fichado** we've got that

fichera nf Méx, Ven Fam (copera) (nightclub) hostess, US B-girl

fichero nm -1. (conjunto de fichas) file -2. (mueble) filing cabinet; (cajón) filing cabinet drawer; (caja) card index box -3. INFORMÁT file ❏ **~ por lotes** batch file

ficología nf phycology

ficólogo, -a nm,f phycologist

ficticio, -a adj -1. (imaginario) fictitious -2. (convencional) imaginary

ficus nm inv rubber plant

fidedigno, -a adj reliable

fideicomisario, -a nm,f DER trustee

fideicomiso nm DER trust

fidelidad nf -1. (lealtad) loyalty; (de cónyuge, perro) faithfulness; **su marido siempre le guardó ~** her husband always remained faithful to her; **destaca por su ~ a la empresa** she has shown outstanding loyalty to the firm ❏ **~ del cliente** customer loyalty -2. (precisión) accuracy; **reprodujeron el original con gran ~** the original was very accurately o faithfully reproduced; **alta ~** high fidelity

fidelización nf COM building of customer loyalty

fidelizar vt COM **~ a los clientes** to build customer loyalty

fideo nm -1. **fideos** (para sopa) vermicelli -2. RP **fideos** (pasta) pasta -3. Fam (persona delgada) beanpole; EXPR **estar** o **quedarse como un ~** to be as thin as a rake

fideuá nf Esp = Catalan seafood stew with vermicelli

fiduciario, -a ◇ adj -1. ECON fiduciary -2. DER fiduciary
◇ nm,f DER fiduciary

fiebre nf -1. (corporal) fever; **tener ~** to have a temperature ❏ **~ aftosa** foot and mouth disease; **~ amarilla** yellow fever; **~ del heno** hay fever; **~ de Malta** brucellosis; **~ mediterránea** brucellosis; **~ palúdica** malaria; **~ puerperal** puerperal fever; **~ reumática** rheumatic fever; **~ tifoidea** typhoid (fever)
-2. (agitación, interés) fever, mania; **una ~ inversora** investment fever o mania; **ese año llegó la ~ de los yoyós** that was the year the yoyo craze started ❏ **~ del oro** gold fever

fiel ◇ adj -1. (leal) (amigo, seguidor) loyal; (cónyuge, perro) faithful; **es muy ~ a su dueño** he's very faithful to his master; **fue siempre ~ a sus ideas** she always remained faithful to her ideas -2. (preciso) accurate; **esta novela ofrece un ~ reflejo de la realidad** this novel gives a very accurate picture of reality
◇ nm -1. (de balanza) needle, pointer -2. REL **los fieles** the faithful; **el sacerdote y sus fieles** the priest and his flock

fielmente adv faithfully

fieltro nm -1. (material) felt -2. (sombrero) felt hat

fiera ◇ nf -1. (animal) wild animal -2. (persona) (cruel) brute; **estar/ponerse hecho una ~** to be/go wild with anger
◇ nmf Esp Fam (genial) demon; **es una fiera para la química** she's brilliant o a real star at chemistry

fieramente adv savagely, ferociously

fiereza nf (crueldad) savagery, ferocity; **con ~** savagely, ferociously

fiero, -a adj -1. (feroz) savage, ferocious -2. RP Fam (feo) (persona, edificio) hideous; (situación) horrendous; **no vayas a su casa que está fiera la cosa** don't go round to his place because things are pretty heavy

fierrero, -a nm,f Am Fam weightlifter

fierro nm -1. Am (hierro) iron; **hacer fierros** (hacer pesas) to pump iron; EXPR RP Fam **meter ~** to put one's foot down, US to step on the gas -2. Am (marca para ganado) brand -3. Am Fam (arma) shooter, US piece

fiesta nf -1. (reunión) party; **dar una ~ en honor de alguien** to give a party in sb's honour; Fam **¡se acabó la ~, todo el mundo a trabajar!** the party's over, back to work everyone!; EXPR Fam **aguar la ~ a alguien** to spoil sb's fun; EXPR Fam **no estar para fiestas** to be in no mood for joking; EXPR Fam **no sabe de qué va la ~** he hasn't got a clue; EXPR Fam **tengamos la ~ en paz** let's have no more arguments ❏ **~ benéfica** fête; **~ de cumpleaños** birthday party; **~ de disfraces** fancy dress party; **~ de fin de año** New Year o Year's party; Urug **~ lluvia** potluck party; **la ~ nacional** (de país) national holiday; Esp (los toros) bullfighting; Am **~ patria** national holiday (commemorating important historical event); **~ sorpresa** surprise party; **la ~ de los toros** bullfighting
-2. **fiestas** (de pueblo, barrio) (local) festivities; **el pueblo está en fiestas** the town is holding its annual fair o festival ❏ **fiesta(s) mayor(es)** = local celebrations for the festival of a town's patron saint; **fiesta(s) patronal(es)** = celebrations for the feast day of a town's patron saint
-3. (día) public holiday; **ser ~** to be a public holiday; **hacer ~** to be on holiday; **mañana tenemos ~ en la oficina** it's an office holiday tomorrow; **fiestas** (vacaciones) Br holidays, US vacation; **¡felices fiestas!** (en Navidad) Merry Christmas!, US happy holidays! ❏ REL **~ de guardar** holiday of obligation; REL **~ movible** moveable feast; REL **~ de prefecto** holiday of obligation

FIESTAS

Coming from the same Latin root as "feast", the Spanish word **fiesta** has long since entered the vocabulary of English. This is largely because of the importance of such celebrations in the Spanish-speaking world. Every town or village, of whatever size, has its day (if not week) of annual celebrations. These may be associated with the local patron saint or with some historical event, such as Independence Day. On these days people may dress up in traditional clothes, take part in traditional dances and eat special dishes associated with the festival. There may be firework displays and street processions of a more or less religious nature, and, as the saying goes, a good time is generally had by all.

fiestero, -a nm,f Fam party animal

FIFA ['fifa] nf (abrev de **Federación Internacional de Fútbol Asociación**) **la ~** FIFA

fifar RP muy Fam ◇ vi to screw, Br to shag
◇ vt to screw, Br to shag

fifí (pl **fifíes**) nm RP Fam wimp

fig. (abrev de **figura**) fig

figle nm ophicleide

figón nm cheap restaurant

figura ◇ nf -1. (objeto) figure; **una ~ de porcelana** a china o porcelain figure; **una ~ geométrica** a geometrical figure o shape; Fam **~ decorativa** (persona) figurehead
-2. (forma) shape; **un objeto con ~ de ave** an object shaped like a bird; **vislumbré una ~ de mujer** I was able to make out the shape of a woman
-3. (de persona) figure; **hace ejercicio para mantener la ~** she exercises to stay in shape; **tener buena ~** to have a good figure
-4. (en naipes) picture card
-5. (personaje literario, de ficción) character
-6. (personaje destacado) (well-known) figure; **es una ~ de las letras** she's a well-known figure in the literary world; **acudieron numerosas figuras del mundo del deporte** many well-known figures from the sporting world were in attendance
-7. (del lenguaje) **~ (retórica** o **del lenguaje)** figure of speech
-8. (en baile, patinaje) figure
-9. MÚS note (written)
-10. (de ajedrez) piece
-11. DER **~ (jurídica)** legal concept
◇ nmf Esp Fam **es todo un ~** he's really something

figuración nf -1. (representación) representation -2. (invención) invention; **figuraciones** imaginings; **son figuraciones tuyas** it's all in your imagination -3. CINE extras -4. EXPR RP **estar para la ~** to be all show

figuradamente adv figuratively

figurado, -a adj figurative; **en sentido ~** in a figurative sense

figurante, -a nm,f extra

figurar ◇ vi -1. (aparecer) to appear, to figure (**en** in); **su nombre figura al final de la lista** her name appears at the end of the list; **figura entre los artistas más destacados de su época** he was one of the most outstanding artists of his day; **figura en los títulos de crédito como productor** he appears o is listed in the credits as the producer
-2. Fam (destacar, sobresalir) **le encanta ~** she likes to seem important; **acude a todas las fiestas por un afán de ~** she goes to all the parties because she wants to be seen
◇ vt -1. (representar) to represent; **una imagen que figura una divinidad** an image representing a god -2. (simular) to feign, to simulate; **figuró estar satisfecho** he pretended to be satisfied

● **figurarse** vpr (imaginarse) to imagine; **me figuro que vendrá en tren** I imagine she'll come by train; **ya me lo figuraba yo** I thought as much; **figúrate si había contaminación que se morían los pajaritos** imagine how polluted it must have been when birds were dying; **¿le gustó? – figúrate, fue a verla otra vez al día siguiente** did he like it? – what do you think? he went to see it again the next day; **¿se rió? – figúrate** did she laugh? – and how!

figurativismo nm ARTE figurative o representational art

figurativo, -a adj ARTE figurative

figurín nm -1. (dibujo) fashion sketch; EXPR **ir** o **estar hecho un ~** to be dressed up to the nines -2. Anticuado (revista) fashion magazine -3. CINE & TEATRO costume design

figurinista nmf costume designer

figurita nf RP picture card

figurón nm Fam -1. (presumido) show-off, poser -2. **~ de proa** figurehead

fija RP Fam ◇ nf tip
◇ adv **que lo sabe** he's bound o sure to know

fijación nf -1. (sujeción) fixing; (de cartel) sticking up, posting -2. (de horario, salario, precios) fixing -3. Fam (obsesión) fixation; **tiene una ~ con esa actriz** he's obsessed with that actress -4. **fijaciones** (en esquí) bindings; (en ciclismo) clipless pedals -6. GRAM fixation

fijado nm FOT fixing, fixation

fijador nm -1. FOT fixer ❏ **~ fotográfico** fixer -2. (cosmético) **~ de pelo** (crema) Brylcreem®; (gomina) hair gel; (espray) hairspray

fijamente adv -1. (con atención) fixedly, attentively -2. (con seguridad) firmly, assuredly -3. (con intensidad) intensely, attentively; **mírame ~ a los ojos** look me straight in the eye

fijar ◇ vt -1. (asegurar, sujetar) to fix (**a** o **en** onto); (cartel) to stick up; (sello) to stick on; **fijaron las patas al suelo con clavos** they nailed the legs to the floor; **prohibido ~ carteles** (en letrero) stick o post no bills
-2. (establecer) to fix; **se fijaron como objetivo acabar el año con beneficios** they set themselves the target of ending the year in profit; **~ la mirada/la atención en** to fix one's gaze/attention on
-3. (fecha, precio) to set, to fix
-4. (significado) to establish; **~ el domicilio** to take up residence

● **fijarse** vpr -1. (prestar atención) to pay attention; **fijarse en algo** to pay attention to sth; **¡fíjate!** just imagine!; **¡fíjate en lo**

fijasellos nm inv stamp hinge

que te digo! mark my words! **-2.** *(notar algo)* **fijarse en algo** to notice sth; **¿no te has fijado en la expresión de su cara?** didn't you notice the expression on her face?; **qué atento eres, te fijas en todo** you're so alert, you notice everything; **fíjate qué mala suerte, llegué dos minutos tarde a la estación** can you believe my bad luck? I got to the station two minutes late; **¿te hizo ilusión? – fíjate, llevaba meses esperándolo** were you excited about it? – too right I was, I'd been waiting months for it **-3.** *RP (consultar)* **fijarse en un diccionario** to consult a dictionary; **fíjate en aquel libro** have a look in that book

fijasellos nm inv stamp hinge
fijativo nm **-1.** FOT fixer **-2.** ARTE fixative
fijeza nf **la miraba con ~** he stared at her intently
fijiano, -a, fidjiano, -a [fi'jiano, -a] ◇ adj Fijian
◇ nm,f Fijian
fijo, -a ◇ adj **-1.** *(sujeto)* firmly attached; **un mueble ~** a fixed piece of furniture **-2.** *(inmóvil)* fixed; **tiene residencia fija en Lima** he is domiciled in Lima, his permanent home is in Lima **-3.** *(mirada, vista)* fixed; **tenía los ojos fijos en él** she didn't take her eyes off him, she had her eyes fixed on him **-4.** *(seguro, definitivo)* definite; *(empleado, trabajo)* permanent; *(cliente)* regular; **estoy ~ en la empresa** I've got a permanent job in the company; **no tienen fecha fija para la boda** they haven't set a date for the wedding; **el reglamento todavía no es ~** the rules haven't been fixed yet
◇ adv Fam definitely; **~ que viene** he's definitely coming; **en que llegue a casa te llamo, ~** I promise I'll phone you as soon as I get home
◇ **de fijo** loc adv Fam definitely
fila nf **-1.** *(hilera)* line; **en ~, en ~ india** in line, in single file; **marchaban en ~ de a dos** they were marching two abreast; **ponerse en ~** to line up; **estacionar en doble ~** to double-park **-2.** *(de asientos)* row **-3.** *(de letras, números)* row **-4.** MIL **filas** ranks; **en filas** doing military service; **entrar en filas** to start one's military service; **llamar a filas a alguien** to call sb up; **romper filas** to fall out; **¡rompan filas!** fall out!; EXPR **cerrar filas (en torno a alguien)** to close ranks (around sb) **-5. filas** *(de partido)* ranks; **militaba en las filas socialistas** she was an active member of the socialist party; **milita en las filas del Águilas** he plays for Águilas
Filadelfia n Philadelphia
filamento nm filament
filandro nm four-eyed opossum
filantropía nf philanthropy
filantrópico, -a adj philanthropic
filantropismo nm philanthropy
filántropo, -a nm,f philanthropist
filarmónica nf philharmonic (orchestra)
filarmónico, -a adj philharmonic
filatelia nf stamp collecting, philately
filatélico, -a ◇ adj **colección filatélica** stamp collection; **exposición filatélica** stamp exhibition; **congreso ~** stamp collectors' congress
◇ nm,f stamp collector, philatelist
filatelista nmf stamp collector, philatelist
fildeador, -ora nm,f Am *(en béisbol)* fielder
fildear Am ◇ vt *(en béisbol)* to field
◇ vi *(en béisbol)* to field
fildeo nm Am *(en béisbol)* fielding
filet [fi'le(t)] nm RP *(grueso)* (fillet) steak; *(delgado)* fillet; *(solomillo)* sirloin ❏ **~ de lomo** rump steak; **~ de pescado** fillet of fish, fish fillet
filete nm **-1.** *(grueso)* (fillet) steak; *(delgado)* fillet; *(solomillo)* sirloin ❏ **~ de lomo** rump steak; **~ de pescado** fillet of fish, fish fillet **-2.** *(de tornillo)* thread **-3.** *(franja)* (decorative) border **-4.** IMPRENTA *(línea)* rule

filetear vt **-1.** *(hacer filetes)* to cut into fillets **-2.** *(adornar)* to fillet, to decorate with fillets
filfa nf Fam **¡menuda ~!** *(mentira)* what a whopper!; *(engaño)* what a swizz!; **eso que me has contado es pura ~** what you've told me is nothing but lies
filia nf **tener ~ por algo** to like sth; **filias y fobias** likes and dislikes
filiación nf **-1.** *(datos personales)* personal details **-2.** POL affiliation; **un ministro de ~ ecologista** a minister with ecological sympathies **-3.** *(parentesco)* relationship **-4.** *(origen)* origin
filial ◇ adj **-1.** *(de hijo)* filial **-2.** *(de empresa)* subsidiary; **una empresa ~** a subsidiary (company) **-3.** DEP **el equipo ~** the reserves
◇ nm **el ~** the reserves
◇ nf subsidiary
filiar vt to take down a description of
filibustero nm buccaneer, pirate *(in 17th century Caribbean)*
filiforme adj thread-like
filigrana nf **-1.** *(en orfebrería)* filigree **-2.** *(en billetes)* watermark **-3.** *(habilidad)* **hace filigranas con el balón** he performs all sorts of trickery with the ball; **tuve que hacer filigranas para dejar a todos contentos** it took some fancy footwork on my part to keep everyone happy **-4.** *Cuba (planta)* = variety of lantana
filípica nf **echar** o **soltar una ~ a alguien** to give sb a dressing down
Filipinas nfpl **(las) ~** the Philippines *(singular)*
filipino, -a ◇ adj Filipino
◇ nm,f *(persona)* Filipino
◇ nm *(lengua)* Filipino
filisteo, -a ◇ adj Philistine
◇ nm,f Philistine
film *(pl* **films***)* nm movie, *Br* film
filmación nf filming, shooting
filmadora nf **-1.** *(cámara)* cine camera **-2.** INFORMÁT imagesetter, photosetter
filmar vt to film, to shoot
filme nm movie, *Br* film
fílmico, -a adj movie, *Br* film; **la industria fílmica** the movie o *Br* film industry
filmina nf slide
filmografía nf filmography
filmoteca nf **-1.** *(archivo)* film library ❏ **la Filmoteca Nacional** the national film archive **-2.** *(sala de cine)* film institute
filo¹ ◇ nm **-1.** *(borde)* (cutting) edge; EXPR **ser un arma de doble ~** o **de dos filos** to be a two-edged o double-edged sword; EXPR **en el ~ de la navaja** on a knife edge; **sacar ~ a algo** to sharpen sth **-2.** *RP Fam (novio)* main squeeze
◇ **al filo de** loc prep *(en el tiempo)* just before; **al ~ de la medianoche** at the stroke of midnight; **al ~ de la desesperación** on the verge of despair; **se quedaron al ~ de la mayoría absoluta** they were just short of an absolute majority
filo² pref pro-; **filonacionalista** pro-nationalist
filocomunista ◇ adj pro-communist
◇ nmf pro-communist, communist sympathizer
filogénesis nf inv, **filogenia** nf BIOL phylogeny
filogenético adj phylogenetic
filología nf **-1.** *(ciencia)* philology; **~ clásica/comparada** classical/comparative philology **-2.** *(carrera)* language and literature; **estudié ~ inglesa** I studied English
filológico, -a adj philological
filólogo, -a nm,f philologist
filón nm **-1.** *(de carbón, oro)* seam, vein **-2.** Fam *(cosa provechosa)* gold mine
filoso, -a adj Am sharp
filosofal adj **piedra ~** philosopher's stone
filosofar vi to philosophize
filosofía nf **-1.** *(estudio)* philosophy ❏ **~ del lenguaje** philosophy of language; **Filosofía y Letras** humanities; **~ moral** moral philosophy; **~ natural** natural philosophy **-2.** *(ideas)* philosophy; **no entiendo la ~ de estos cambios** I don't understand the

thinking behind these changes; **tiene una ~ del trabajo muy distinta a la mía** she has a very different attitude to work to me **-3.** *(resignación)* **tomarse algo con ~** to be philosophical about sth
filosóficamente adv philosophically
filosófico, -a adj philosophical
filósofo, -a nm,f philosopher
filoxera nf phylloxera
filtración nf **-1.** *(proceso)* filtration, filtering **-2.** *(gotera)* leak **-3.** *(de información, noticia)* leak; **fue responsable de la ~ de la noticia** he was responsible for leaking the news
filtrante adj filtering
filtrar ◇ vt **-1.** *(tamizar)* to filter **-2.** *(información, noticia)* to leak **-3.** *(llamadas)* to screen
◆ **filtrarse** vpr **-1.** *(penetrar)* to filter, to seep *(por* through*)*; **la luz se filtra por una rendija** the light filters in through a crack; **la humedad se filtra por la pared** the damp seeps through the wall **-2.** *(información, noticia)* to be leaked
filtro nm **-1.** *(de café, aparato, cámara)* filter ❏ **~ acústico** acoustic filter; **~ de agua** water filter; **~ del aire** air filter; FOT **~ de color** colour filter; FOT **~ polarizador** polarizing filter; **~ solar** sun filter **-2.** *(de cigarrillo)* filter; **un cigarrillo con ~** a filter-tipped cigarette; **un cigarrillo sin ~** an unfiltered cigarette **-3.** ELEC filter **-4.** INFORMÁT *(para monitor)* filter ❏ **~ de pantalla** glare filter o screen **-5.** INFORMÁT *(software)* filter **-6.** *(de llamadas)* screening; **es un ~ para eliminar a los peores candidatos** it filters out o screens out the poorer candidates **-7.** *(pócima)* love potion, philtre ❏ **~ de amor** love potion
filudo, -a adj Andes sharp
fílum nm BIOL & ZOOL phylum
FIM [fim] nmpl FIN *(abrev de* **Fondos de Inversión Mobiliaria***) Br* unit trust, *US* mutual fund
fimosis nf inv MED phimosis, = condition in which the foreskin is too tight to be retracted
fin nm **-1.** *(final)* end; **el ~ del invierno** the end of winter; **Fin** *(en película)* The End; **dar** o **poner ~ a algo** to put an end to sth; **un infarto puso ~ a su vida** she died from a heart attack; **tocar a su ~** to come to a close; **a fines de** at the end of; **a ~** o **fines de mes** at the end of the month; **al** o **por ~** at last, finally; **¡al** o **por ~ hemos llegado!** we've arrived, at last!; **en ~, lo volveremos a intentar** well o anyway, we can try again; **en ~, que si no te interesa, no lo compres** well, if you don't want it, don't buy it; **en ~, para resumir...** anyway, to summarize...; **sin ~** endless; **diversión sin ~** no end of fun, endless fun; **recibió un sin ~ de regalos** she got hundreds of presents; EXPR **a ~ de cuentas**, **al ~ y al cabo**, **al ~ y a la postre** after all ❏ **~ de año** *(Nochevieja)* New Year's Eve; **voy a pasar el ~ de año con la familia** I'm going to stay with my family over New Year; **nuestros resultados de ~ de año** our year end results; **~ de curso** *(en colegio)* end of the school year; *(en universidad)* end of the academic year; **~ de fiesta** grand finale; **el ~ del mundo** the end of the world; **anímate, no es el ~ del mundo** cheer up, it isn't the end of the world; **al ~ del mundo** to the end of the earth (and back); **~ de semana** weekend
-2. *(objetivo)* aim, goal; **el ~ último** the ultimate goal; **con este ~** with this aim, to this end; **una organización con fines benéficos** a charity, a charitable organization; **un concierto con fines benéficos** a charity concert; **con fines lucrativos** profit-making; **esfuérzate a ~ de aprobar** make an effort (in order) to try and pass; **han subido los intereses a ~ de contener la inflación** they have raised interest rates (in order) to keep inflation down; **compórtate bien a ~ de que no te puedan reprochar nada** behave well so

finado (that) they can't reproach you for anything; **el ~ justifica los medios** the end justifies the means

finado, -a *nm,f* **el ~** the deceased

final ⋄ *adj* **-1.** *(último)* final, end; **sus palabras finales fueron muy aplaudidas** her closing words were loudly applauded; **punto ~** end point **-2.** GRAM final
⋄ *nm* **-1.** *(terminación)* end; **el ~ del libro es sorprendente** the book has a surprise ending; **a finales de** at the end of; *(en conclusión)* in the end; **la cocina está al ~ del pasillo** the kitchen is at the end of the corridor; **responderé preguntas al ~ de la charla** I will answer questions at the end of the talk; **al ~ siempre tengo que ayudarles** I always have to help them in the end; **ya verás como al ~ acepta** she'll agree in the end, you'll see ❏ **~ feliz** happy ending
-2. *(examen)* final (exam)
⋄ *nf* final; **cuartos de ~** quarter finals ❏ **~ de consolación** 3rd/4th place play-off; **~ de la copa** cup final; **~ a cuatro** *(en baloncesto)* final four

finalidad *nf* aim, purpose; **sin ninguna ~** aimlessly; **¿con qué ~ nos hicieron venir?** what was the purpose of getting us to come?, why did they get us to come?

finalísima *nf* DEP grand final

finalista ⋄ *adj* **los equipos finalistas** *(en final)* the teams in the final, the finalists; **los atletas finalistas** the athletes competing in the final
⋄ *nmf* finalist

finalización *nf* *(terminación)* end; *(de contrato)* completion

finalizar [14] ⋄ *vt* *(terminar)* to finish, to complete; *(contrato)* to complete
⋄ *vi* to end, to finish **(con** in**)**; **el plazo de inscripciones ya finalizó** the deadline for registration has passed; **la ceremonia finalizó con un desfile** the ceremony ended with a parade

finalmente *adv* finally; **si ~ cambias de opinión, dímelo** if in the end you change your mind, let me know; **~ no se llegó a ninguna conclusión** in the end no conclusion was reached; **~, me gustaría agradecer a...** finally, I should like to thank...

finamente *adv* **-1.** *(con cuidado)* finely **-2.** *(con cortesía)* courteously, politely **-3.** *(en trozos finos)* **picar ~ la cebolla** chop the onion finely

financiación *nf*, Am **financiamiento** *nm* financing; **la ~ de los partidos políticos** the funding of political parties ❏ FIN **~ mediante déficit** deficit financing

financiador, -ora *nm,f* financial backer

financiar *vt* **-1.** *(proyecto, organismo)* to fund, to finance **-2.** *(compra)* to offer credit facilities for; **la compra del televisor se la financiamos hasta en 10 veces** we allow you to pay for your television in up to 10 instalments

financiera *nf (firma)* finance company

financiero, -a ⋄ *adj* financial
⋄ *nm,f (persona)* financier

financista *nmf Am* financier

finanzas *nfpl (disciplina)* finance; **el ministro de ~** the finance minister; **las ~ de la empresa** the company's finances

finar *vi Formal* to pass away

finasangre *Chile* ⋄ *adj inv* thoroughbred
⋄ *nmf inv* thoroughbred

finca *nf* **-1.** *(bien inmueble)* property ❏ **~ rústica** property *(in the country)*; **~ urbana** property *(in the city)* **-2.** *(casa de campo)* country house **-3.** *Am (plantación)* plantation **-4.** *Col* **~ raíz** real estate

fincar *vt Méx* to build; **fincaron su casa en la capital** they built their house in the capital

finde *nm Esp Fam* weekend

finés, -esa *(pl* **fineses)** ⋄ *adj* Finnish
⋄ *nm,f (persona)* Finn
⋄ *nm (lengua)* Finnish

fineza *nf* **-1.** *(finura)* **trabaja con una ~ excepcional** his workmanship is exceptionally fine; **una pieza hecha con mucha ~** a very finely-crafted piece **-2.** *(cortesía)* courtesy; **siempre va diciendo finezas a las mujeres** he is always paying compliments to the ladies

finger *(pl* **fingers)** *nm* jetty *(for boarding aircraft)*

fingidamente *adv* feignedly, falsely

fingido, -a *adj* feigned, apparent

fingimiento *nm* pretence; **su enfado es puro ~** he's only pretending to be angry

fingir [24] ⋄ *vt* to feign; **fingió alegría para no desilusionarme** he pretended to be happy so as not to disappoint me; **fingió no saber nada** he pretended not to know anything
⋄ *vi* to pretend
◆ **fingirse** *vpr* **se fingió enfermo/cansado** she pretended to be ill/tired

finiquitar *vt* **-1.** *(deuda)* to settle; *(trabajador)* to pay off **-2.** *(concluir)* to end; **~ la transición democrática** to complete the transition to democracy

finiquito *nm* FIN *(de deuda)* settlement; *(por despido)* redundancy settlement; **dar ~** *(saldar cuenta)* to close *o* settle; *(concluir)* to finish, to wind up

finisecular *adj* turn-of-the-century, fin-de-siècle; **la Europa ~** turn-of-the-century Europe, Europe at the turn of the century

finito, -a *adj* finite

finjo *ver* **fingir**

finlandés, -esa ⋄ *adj* Finnish
⋄ *nm,f (persona)* Finn
⋄ *nm (lengua)* Finnish

Finlandia *n* Finland

finlandización *nf* POL Finlandization

finn [fin] *(pl* **finns)** *nm* NÁUT finn

fino, -a ⋄ *adj* **-1.** *(de calidad)* *(tela, alimentos)* fine, high-quality
-2. *(delgado)* *(capa, filete)* thin; *(lluvia)* fine
-3. *(cintura, cuerpo)* slim
-4. *(delicado)* *(manos)* delicate; *(piel)* smooth; *(pelo)* fine; **es de facciones finas** she has fine features
-5. *(cortés)* refined; **es una persona de finos modales** she has impeccable *o* exquisite manners
-6. *(oído, olfato)* sharp, keen; *(gusto)* refined
-7. *(humor, ironía)* refined
⋄ *nm* dry sherry

finolis *Fam* ⋄ *adj inv* affected, fussy; **es muy ~ con la comida** he's very fussy about his food
⋄ *nmf inv* affected *o* fussy person; **es un ~** he's terribly affected *o* fussy

finta *nf (en esgrima, boxeo)* feint; **hacer una ~** *(en fútbol, baloncesto)* to dummy

fintar ⋄ *vt* **~ a alguien** *(en esgrima, boxeo)* to feint at sb; *(en fútbol, baloncesto)* to sell sb a dummy
⋄ *vi* **-1.** *(en esgrima, boxeo)* to feint; *(en fútbol, baloncesto)* to dummy **-2.** *Méx (fingir)* to bluff

finura *nf* **-1.** *(buena calidad)* fineness, high quality **-2.** *(delgadez)* *(de lluvia)* thinness **-3.** *(delicadeza)* *(de manos)* delicacy; *(de piel)* smoothness; *(de pelo)* fineness **-4.** *(cortesía)* refinement **-5.** *(de oído, olfato)* sharpness, keenness; *(de gusto)* refinement **-6.** *(de humor, ironía)* refinement

fiordo *nm* fjord

fique *nm Am* sisal

firma *nf* **-1.** *(rúbrica)* signature; **estampó su ~** he signed (his name), he wrote his signature; **echa aquí una ~** put your signature here, sign here ❏ INFORMÁT **~ digital** digital signature; INFORMÁT **~ electrónica** digital signature
-2. *(acción)* signing; **la ~ de un acuerdo** the signing of an agreement
-3. *(escritor)* name; **una de las grandes firmas que escribe en el diario** one of the big names who writes for the newspaper
-4. *(estilo propio)* hallmark; **este robo lleva la ~ de la banda de Martínez** the robbery has all the hallmarks of Martínez's gang
-5. *(empresa)* firm

firmamento *nm* firmament

firmante ⋄ *adj* **los países firmantes del acuerdo** the countries that have signed the agreement; **las partes firmantes de un acuerdo** the signatories to an agreement
⋄ *nmf* signatory; **el abajo ~** the undersigned

firmar ⋄ *vt* to sign; EXPR **~ algo en blanco** to rubber-stamp sth; *Fam* **ahora mismo firmaría porque nos dieran la mitad de lo que prometieron** I'd settle right now for half of what they promised
⋄ *vi* to sign

firme ⋄ *adj* **-1.** *(fuerte, sólido)* firm; *(andamio, construcción)* stable; *(pulso)* steady; *(paso)* resolute; **tiene unos principios muy firmes** she has very firm principles, she's extremely principled; **tiene la ~ intención de resolver el problema** she fully intends to solve the problem, she has every intention of solving the problem; **llovió de ~ durante varias horas** it rained hard for several hours
-2. *(argumento, base)* solid; **trabaja de ~ en el nuevo proyecto** she's working full-time on the new project; **una respuesta en ~** a definite answer; **quedamos en ~ para el miércoles** we are definitely agreed on Wednesday; **tenemos un acuerdo en ~ para intercambiar información** we have a firm agreement to exchange information
-3. *(carácter, actitud)* resolute; **hay que mostrarse ~ con los empleados** you have to be firm with the workers; EXPR *Fam* **poner ~ a alguien** to bring sb into line
-4. MIL **¡firmes!** attention!; **en la posición de firmes** standing to attention
⋄ *nm* road surface; **~ en mal estado** *(en letrero)* uneven road surface
⋄ *adv* hard; **mantenerse ~ en** to hold fast to; **se mantuvo ~ en su actitud** he refused to give way, he stood his ground

firmemente *adv* firmly; **me aseguró ~ que vendría** he assured me he would definitely be coming

firmeza *nf* **-1.** *(fortaleza, solidez)* firmness; *(de construcción)* stability **-2.** *(de argumento)* solidity **-3.** *(de carácter, actitud)* firmness; **defendió con ~ su postura** he firmly defended his stance

firmware ['firmwer] *nm* INFORMÁT firmware

firulete *nm Andes, RP (en vestido)* frill, fancy trimming; *(en carta)* adornment

FIS [fis] *nm (abrev de* **Frente Islámico de Salvación)** Islamic Salvation Front

fiscal ⋄ *adj* **-1.** *(del fisco)* fiscal, tax; **año/asesor/fraude ~** tax year/adviser/evasion **-2.** DER **el ministerio ~** *Br* ≃ Office of the Director of Public Prosecutions, *US* ≃ Attorney General's Office
⋄ *nmf* **-1.** DER *Br* ≃ public prosecutor, *US* ≃ district attorney ❏ **Fiscal General del Estado** *Br* ≃ Director of Public Prosecutions, *US* ≃ Attorney General **-2.** *Andes (ayuda de párroco)* churchwarden **-3.** *Ven* **~ de tránsito** traffic policeman

fiscalía *nf* DER **-1.** *(cargo)* *Br* ≃ post of public prosecutor, *US* ≃ post of district attorney **-2.** *(oficina)* *Br* ≃ public prosecutor's office, *US* ≃ district attorney's office ❏ **Fiscalía Anticorrupción** = Spanish state anti-corruption agency; **Fiscalía Antidroga** = Spanish state agency responsible for combating drug trafficking, *US* ≃ Drug Enforcement Agency; **Fiscalía General del Estado** *Br* ≃ Office of the Director of Public Prosecutions, *US* ≃ Attorney General's Office

fiscalidad *nf (impuestos)* tax burden; **países con distintos regímenes de ~** countries with different tax regimes

fiscalización *nf* **-1.** *(de acciones, persona)* investigation **-2.** *(de cuentas)* inspection; *(de empresa)* tax investigation

fiscalizador, -ora *adj Formal* investigating, auditing; **órgano ~** auditing body; **función fiscalizadora** auditing function

fiscalizar [14] *vt* **-1.** *(acciones)* to inquire into, to investigate; *(persona)* to inquire into *o* investigate the affairs of **-2.** *(cuentas)* to inspect for tax purposes; *(empresa)* to investigate for tax purposes

fiscalmente *adv* una inversión que es más rentable ~ a more tax-efficient investment; **una empresa domiciliada ~ en las Bahamas** a company that has its registered office in the Bahamas for tax purposes

fisco *nm* **el ~** the Treasury, *Br* ≃ the Exchequer; **defraudar al ~** to evade tax; **pagar al ~** to pay *Br* the Inland Revenue *o US* the IRS

fisga *nf Guat, Méx* TAUROM banderilla, = barbed dart thrust into bull's back

fisgar [38] *vi Fam* to pry, to nose around; **¿quién ha estado fisgando en mis papeles?** who's been nosing around (in) my papers?

fisgón, -ona ◇ *adj* nosy, prying
◇ *nm,f* busybody, nosy parker

fisgonear *vi Fam* to pry, to nose around; **estaba fisgoneando por el ojo de la cerradura** he was spying through the keyhole

fisgoneo *nm Fam* prying, nosing around; **en esta casa todo el mundo se dedica al ~** everyone in this house pokes their nose into everyone else's business

fisible *adj* fissile

física *nf (ciencia)* physics *(singular)*; **un licenciado en física(s)** a physics graduate ❑ **~ aplicada** applied physics; **~ cuántica** quantum physics; **~ nuclear** nuclear physics; **~ de partículas** particle physics

físicamente *adv* physically; **me resulta ~ imposible estar allí a las seis** it's physically impossible for me to be there at six

físico, -a ◇ *adj* **-1.** *(de la física)* physical **-2.** *(geografía, mapa)* physical **-3.** *(del cuerpo)* physical **-4.** *Cuba, Méx Fam (melindroso)* finicky
◇ *nm,f (persona)* physicist
◇ *nm (complexión) (de hombre, atleta)* physique; *(de mujer)* figure; **una modelo con un ~ impresionante** a model with a stunning figure; **tiene un ~ atlético** he has an athletic physique

fisicoquímica *nf* physical chemistry

fisicoquímico, -a ◇ *adj* physicochemical
◇ *nm,f* physical chemist

fisiocracia *nf* HIST physiocracy

fisioculturismo *nm* body building

fisioculturista *nmf* body builder

fisiología *nf* physiology

fisiológico, -a *adj* physiological

fisiólogo, -a *nm,f* physiologist

fisión *nf* FÍS fission ❑ **~ nuclear** nuclear fission

fisionable *adj* fissionable

fisionomía = fisonomía

fisionomista = fisonomista

fisioterapeuta *nmf* MED physiotherapist

fisioterapia *nf* MED physiotherapy

fisonomía, fisionomía *nf* **-1.** *(de persona)* features, physiognomy **-2.** *(de ciudad, paisaje)* appearance

fisonómico, -a *adj* physiognomic(al); **rasgos fisonómicos** facial features

fisonomista, fisionomista *nmf* **ser un buen/mal ~** to be good/bad at remembering faces

fistol *nm Méx* tie pin

fístula *nf* MED fistula

fisura *nf* **-1.** *(grieta)* fissure, crack **-2.** MED *(en ano)* fissure **-3.** MED *(en hueso)* crack **-4.** *(quiebra, ruptura)* crack, split; **aparecieron las primeras fisuras en la coalición** the first cracks in the coalition appeared

fitipaldi *nm Esp Fam (conductor)* **es un ~** he drives like a maniac

fitness ['fitnes] *nm* fitness training

fitófago, -a BOT ◇ *adj* plant-eating, *Espec* phytophagous
◇ *nm,f* plant-eater, *Espec* phytophagous

fitología *nf* botany

fitopatología *nf* phytopathology, plant pathology

fitoplancton *nm* phytoplankton

fitosanitario, -a *adj* plant health; **control ~** plant health measure

fitoterapéutico, -a *adj (remedio)* herbal; *(tratamiento, producto)* herbal medicine

fitoterapia *nf* herbal medicine

fixture ['fikstur, fiks'ture] *nm RP* fixture list

Fiyi *n* Fiji

fiyiano, -a ◇ *adj* Fijian
◇ *nm,f* Fijian

flacidez, flaccidez *nf* flabbiness

flácido, -a, fláccido, -a *adj* flaccid, flabby

flaco, -a ◇ *adj* **-1.** *(delgado)* thin; *(esquelético)* skinny **-2.** *(frágil)* weak; **su punto ~ es la ortografía** his weak point is spelling **-3.** *(pobre)* **le haces un ~ servicio** *o* **favor mimándolo tanto** you're not doing him any favours by spoiling him like that
◇ *nm,f Am Fam (como apelativo)* **¿cómo estás, flaca?** hey, how are you doing?; **¿qué auto tiene el ~?** what kind of car has the guy got?

flacucho, -a, *Am* **flacón, -ona** *adj* skinny

flag [flaɣ] *(pl* **flags)** *nm* INFORMÁT flag

flagelación *nf* flagellation

flagelado, -a BIOL ◇ *adj* flagellate(d)
◇ *nm* flagellate

flagelante *nmf (penitente)* flagellant

flagelar ◇ *vt* to flagellate
◆ **flagelarse** *vpr* to flagellate oneself

flagelo *nm* **-1.** *(látigo)* whip **-2.** *(calamidad)* catastrophe, scourge **-3.** BIOL flagellum

flagrancia *nf* flagrancy

flagrante *adj* **-1.** *(evidente) (injusticia)* flagrant; *(verdad, prueba)* glaringly obvious; *(mentira)* blatant **-2.** DER **en ~ delito** in flagrante delicto

flama *nf Méx* flame

flamable *adj Méx* flammable, inflammable

flamante *adj* **-1.** *(vistoso)* resplendent; **nos enseñó fotos de su ~ yate** he showed us photos of his magnificent yacht **-2.** *(nuevo)* brand-new; **el ~ campeón del mundo** the new world champion

flambear *vt* CULIN to flambé

flameante *adj (bandera)* fluttering; *(vela)* flapping

flamear ◇ *vt (ave)* to singe
◇ *vi* **-1.** *(fuego)* to blaze, to flare up **-2.** *(bandera)* to flutter; *(vela)* to flap

flamenco, -a ◇ *adj* **-1.** *(música, baile)* flamenco; **cante/espectáculo ~** flamenco singing/show **-2.** *(de Flandes)* Flemish **-3.** *Esp Fam (robusto, saludable)* **está muy flamenca** she's bursting with health and vitality **-4.** *Esp Fam (chulo)* cocky; **ponerse ~ (con alguien)** to get cocky (with sb) **-5.** *Carib, Méx (flaco)* skinny
◇ *nm,f (persona)* Fleming; **los flamencos** the Flemish
◇ *nm* **-1.** *(ave)* flamingo **-2.** *(lengua)* Flemish **-3.** *(música, baile)* flamenco

flamencología *nf* study of flamenco

flamencólogo, -a *nm,f* expert in flamenco

flamígero, -a *adj* **-1.** *Literario (que arde)* blazing, flaming; **dragón ~** fire-breathing dragon **-2.** ARTE *(en forma de llama)* flamboyant

flámula *nf* streamer

flan *nm* **-1.** *(dulce)* crème caramel; **~ de huevo/vainilla** = crème caramel made with egg/vanilla; EXPR *Fam* **estar hecho un ~, estar como un ~** to be shaking like a jelly, to be a bundle of nerves **-2.** *(salado)* mould; **~ de verduras** vegetable mould, timbale of vegetables

flanco *nm* **-1.** *(de formación militar)* flank; *(de barco)* side **-2.** *(de cuerpo) (de persona)* side; *(de animal)* flank

Flandes *n* Flanders

flanera *nf* crème caramel mould

flanqueado, -a *adj* flanked (**de** *o* **por**) by)

flanquear *vt* to flank; **dos guardaespaldas flanqueaban al presidente** the president was flanked by two bodyguards

flanqueo *nm* flanking

flap *(pl* **flaps)** *nm* AV flap

flaquear *vi* **-1.** *(disminuir) (entusiasmo, equipo)* to flag; **al final del día le flaqueaban las fuerzas** at the end of the day he was beginning to flag; **le flaquea la vista** her eyesight is getting worse **-2.** *(flojear)* to lose heart **-3.** *(mostrarse débil)* to be weak *o* poor; **flaquea especialmente en latín** he's particularly weak in *o* poor at Latin

flaqueza *nf* **-1.** *(física)* weakness **-2.** *(de carácter)* weakness; **le dijo que sí en un momento de ~** she said yes to him in a moment of weakness **-3.** *(acción)* weakness; **la compra de ese abrigo fue una ~** buying that coat was a weakness on my part

flas, flash [flas] *(pl* **flashes)** *nm* **-1.** FOT flash ❑ **~ de relleno** fill-in flash **-2.** RAD & TV **~** *(informativo)* newsflash **-3.** *Fam (imagen mental)* flash of inspiration **-4.** *Esp Fam (impresión)* shock; **¡me llevé un ~!** I got a bit of a shock! **-5.** *Fam (por drogas)* rush

flashback ['flasβak] *(pl* **flashbacks)** *nm* CINE flashback

flato *nm* **-1.** *Esp (dolor abdominal)* **tener ~** to have a stitch; **me dio** *o* **entró ~** I got a stitch **-2.** *Am (tristeza)* sadness, melancholy

flatulencia *nf* flatulence, wind

flatulento, -a *adj* flatulent

flauta ◇ *nf* **-1.** *(instrumento)* **~ (dulce)** recorder; **~ (travesera)** flute; EXPR **sonar la ~ (por casualidad): compré un décimo por si sonaba la ~** I bought a tenth of a lottery ticket on the off-chance I might get lucky; **me sonó la ~ y acerté todas las preguntas** by a sheer fluke I answered all the questions right ❑ **~ de pico** recorder
-2. *Fam (pan)* baguette
-3. *Esp Fam (bocadillo) Br* filled baguette, *US* submarine (sandwich)
-4. *CSur Fam* **de la gran ~: hace un frío de la gran ~** it's *Br* flipping *o US* goddamn freezing; **tiene una casa de la gran ~** he's got one hell of a house; **¡(la gran) ~!** good grief!, good heavens!
◇ *nmf* flautist

flautín *nm* piccolo

flautista *nmf* flautist ❑ **el ~ de Hamelín** the Pied Piper of Hamelin

flebitis *nf inv* MED phlebitis

flebólogo, -a *nm,f* = doctor specializing in circulatory disorders

flebotomía *nf* MED blood letting

flecha ◇ *nf* **-1.** *(arma)* arrow; EXPR **como una ~** like a shot; EXPR **salir como una ~** to shoot *o* fly out **-2.** *(indicando dirección)* arrow; *RP, Ven (en calle)* one-way sign; **siga la ~** follow the arrow ❑ INFORMÁT **~ de desplazamiento** scroll arrow **-3.** ARQUIT spire **-4.** GEOM sagitta **-5.** *PRico (eje)* axle
◇ *adj Ven (calle)* one-way

flechado, -a *adj Fam* **salió ~** he shot *o* flew out

flechar *vt Fam* **lo flechó nada más verlo** he fell for her as soon as he laid eyes on her

flechazo *nm* **-1.** *(con saeta)* arrow shot; *(herida)* arrow wound **-2.** *Fam (amoroso)* **fue un ~** it was love at first sight

fleco *nm* **-1.** *(adorno)* fringe; **con flecos** fringed **-2.** *(de tela gastada)* frayed edge **-3.** *(asunto pendiente)* unresolved issue; **discutieron los flecos que quedaban por cerrar** they discussed the points that still had to be settled *o* the loose ends that needed tying up **-4.** *Méx (flequillo)* fringe

fleje *nm* **-1.** *(cinta adhesiva)* packing tape **-2.** *(aro)* barrel hoop

flema *nf* **-1.** *(en los bronquios)* phlegm **-2.** *(calma)* composure, phlegm; **la ~ británica** British phlegm *o* sangfroid

flemáticamente *adv* phlegmatically

flemático, -a *adj (tranquilo)* phlegmatic

flemón *nm* gumboil, abscess; **le ha salido un ~** he's got an abscess in his gum

fleo *nm* timothy (grass)

flequillo *nm Br* fringe, *US* bangs

fletador, -ora *nm,f, Am* **fletante** *nmf* **-1.** *(que alquila)* charterer **-2.** *(que embarca)* transport hirer

fletamiento, fletamento *nm* charter, chartering

fletán *nm* halibut ❑ **~ negro** Greenland halibut

fletante = fletador

fletar ◇ *vt* **-1.** *(buque, avión)* to charter **-2.** *Andes (insultos)* to hurl **-3.** *CSur Fam (enviar)* to dispatch, to pack off
◆ **fletarse** *vpr Am Fam (marcharse)* to scram, to split

flete *nm* **-1.** *(precio)* freightage **-2.** *(carga)* cargo, freight **-3.** *RP (caballo)* spirited horse

fletera *nf Cuba (prostituta)* prostitute

fletero, -a *Am* ⋄ *adj (que se alquila)* for hire ⋄ *nm* **-1.** *(de barco)* boatman, ferryman **-2.** *(de carro) (propietario, conductor)* haulier

flexibilidad *nf* **-1.** *(de material)* flexibility; *(de cuerpo)* suppleness; **un atleta con gran ~** a very supple athlete **-2.** *(de actitud)* flexibility; **aplican la normativa con ~** there is some flexibility in how the rules are applied **-3. ~ de horarios** *(de trabajador)* flexibility about working hours

flexibilización *nf (de normas)* relaxation; *(del mercado de trabajo)* liberalization

flexibilizar [14] *vt (normas)* to make more flexible; *(mercado de trabajo)* to liberalize

flexible *adj* **-1.** *(material)* flexible; *(cuerpo)* supple **-2.** *(actitud)* flexible **-3.** *(horario)* flexible

flexión *nf* **-1.** *(de brazo, pierna)* **flexiones abdominales** sit-ups; **flexiones de brazo** push-ups, *Br* press-ups **-2.** GRAM inflection ❑ **~ nominal** noun inflection; **~ verbal** verb inflection

flexionar *vt* to bend

flexivo, -a *adj* GRAM inflected

flexo *nm Esp* adjustable table lamp *o* light, Anglepoise® lamp

flexor, -ora ANAT ⋄ *adj* flexional ⋄ *nm* flexor

flipado, -a *adj Esp Fam* **-1.** *(asombrado)* flabbergasted, *Br* gobsmacked; **está ~ con su nuevo ordenador** he's crazy *o Br* mad about his new computer; **me quedé ~ de verla tan simpática** I was flabbergasted *o Br* gobsmacked to see her being so nice **-2.** *(drogado)* stoned, high

flipante *adj Esp Fam* cool, wild

flipar *Esp Fam* ⋄ *vi* **-1.** *(asombrarse)* to be flabbergasted *o Br* gobsmacked; EXPR **~ en colores** to be absolutely flabbergasted *o Br* gobsmacked; **yo flipo con las tonterías que dice** I just can't believe the rubbish *o US* garbage he talks **-2.** *(con una droga)* to be stoned *o* high
⋄ *vt (gustar a)* **me flipan los videojuegos** I'm wild about video games
 • **fliparse** *vpr* **-1.** *(disfrutar)* to go wild **(con** about) **-2.** *(drogarse)* to get stoned *o* high

flipe *nm Esp Fam* **-1.** *(asombro)* **tiene un ~ de moto** he's got an amazing *o* fantastic motorbike; **¡qué ~!** what a gas! **-2.** *(por drogas)* **coger un ~** to get stoned *o* high

flíper *(pl* **flípers)**, **flipper** *(pl* **flippers)** *nm* pinball machine

flirt [flirt] *(pl* **flirts)** *nm* **-1.** *(relación)* fling; **tener un ~ con alguien** to have a fling with sb **-2.** *(persona)* boyfriend, *f* girlfriend

flirtear *vi (con persona)* to flirt; **flirteó con la idea de presentarse candidato** she flirted with the idea of running as a candidate

flirteo *nm (acción)* flirting; *(relación)* fling; **tuvo un breve ~ con Raúl** she had a fling with Raúl

flit® *nm Am* insecticide

FLN *nm (abrev de* **Frente de Liberación Nacional***)* FLN

flojear *vi* **-1.** *(piernas, fuerzas)* to weaken; *(película, libro)* to flag; *(calor, trabajo)* to ease off; *(ventas)* to fall off; **me flojeaban las fuerzas** I was feeling weak; **le flojea la memoria** his memory is going *o* failing; **flojea especialmente en literatura** she is especially weak in literature
-2. *Andes Fam (holgazanear)* to laze about *o* around; **pasamos el domingo entero flojeando** we just lazed about *o* around all Sunday

flojedad *nf* weakness

flojera *nf Fam* **tengo ~ en los brazos** my arms feel weak

flojo, -a *adj* **-1.** *(suelto)* loose; **esta falda me queda floja** this skirt is too loose for me
-2. *(débil) (persona)* weak; *(sonido)* faint; *(salud)* poor; *(viento)* light; *(bebida)* weak
-3. *(sin calidad, aptitudes)* poor; **una obra muy floja** a very poorly written play; **estar ~ en algo** to be *o* weak at sth; **el pianista ha estado un poco ~ hoy** the pianist has been a bit off form today; **tuvo una floja actuación** he gave a poor performance; **tus notas son muy flojas** your *Br* marks *o US* grades are very poor
-4. *(mercado, negocio)* slack; **las ventas están muy flojas** sales are very slack
-5. EXPR *muy Fam* **me la trae floja** *Br* I couldn't give a toss, *US* I couldn't give a rat's ass
⋄ *nm,f Andes Fam (holgazán)* layabout, lazybones

floppy ['flopi] *(pl* **floppys)** *nm* INFORMÁT **~ (disk)** floppy disk

flor¹ *nf* **-1.** *(en planta)* flower; **en ~** in flower, in bloom; **una camisa de flores** a flowery shirt; EXPR **echar flores a alguien** to pay sb compliments; EXPR **echarse flores** to praise oneself, to blow one's own trumpet; EXPR **ir de ~ en ~** to flit from one relationship to another; EXPR **ser ~ de un día** to be a flash in the pan; EXPR **ser la ~ de la canela** to be the crème de la crème *o* the cream; EXPR *RP* **tirarse con flores** to be at one another's throats ❑ **~ de azahar** orange blossom; **~ de cerezo** cherry blossom; **~ de lis** fleur-de-lis; **~ de nieve** edelweiss; **~ del Paraíso** bird of paradise flower; **~ de Pascua** poinsettia, Christmas flower
-2. *(lo mejor)* **la ~ (y nata)** the crème de la crème, the cream; **en la ~ de la edad** *o* **de la vida** in the prime of life
-3. *(superficie)* **a ~ de agua/tierra** at water/ground level; **tiene una sensibilidad a ~ de piel** she's extremely sensitive; **tengo los nervios a ~ de piel** my nerves are really on edge
-4. *Chile (en uñas)* white spot *(on fingernails)*
-5. EXPR *Esp Fam (idea)* **no tener ni flores (de)** not to have a clue (about); **¿cuál es la capital de Mali? – ni flores** what's the capital of Mali? – no idea *o* I haven't a clue

flor² *CSur Fam* ⋄ *adj (muy bueno)* great, fantastic; **un espectáculo ~** a great *o* fantastic show
⋄ **flor de** *loc adv* **hicimos ~ de paseo** we had a lovely outing; **tenía ~ de gripe** she had a really bad dose of the flu

flora *nf (en planta)* flora, plant life **-2.** BIOL **~ bacteriana** intestinal flora; **~ intestinal** intestinal flora

floración *nf* **-1.** *(acción)* flowering, blossoming **-2.** *(época)* flowering season

floral *adj* floral

floreado, -a *adj (con flores)* flowery

florear ⋄ *vt RP (adornar)* to embellish
⋄ *vi* **-1.** *CAm, Méx (florecer)* to flower **-2.** *Méx (halagar)* to compliment

florecer [46] ⋄ *vi* **-1.** *(dar flor)* to flower **-2.** *(prosperar)* to flourish; **el sector de la telefonía móvil está floreciendo** the mobile phone industry is flourishing
 • **florecerse** *vpr* **-1.** *(enmohecerse)* to go mouldy **-2.** *RP (el pelo)* **se me florecen las puntas muy rápido** I get split ends very easily

florecido, -a *adj RP (pelo)* **tendrías que cortarte el pelo, lo tenés todo ~** you should get your hair cut, you've got a lot of split ends

floreciente *adj (próspero)* flourishing

florecimiento *nm* **-1.** *(de planta)* flowering **-2.** *(prosperidad)* flourishing; **el ~ del imperio inca** the flowering of the Inca empire

Florencia *n* Florence

florentino, -a ⋄ *adj* Florentine
⋄ *nm,f* Florentine

floreo *nm* **-1.** *(a la guitarra)* arpeggio **-2.** *(en danza)* flourish

florería *nf* florist's (shop)

florero *nm* vase; EXPR *Fam Hum* **estar de ~**: **esa secretaria joven está de ~** that young secretary is there purely for decorative purposes

florescencia *nf* **-1.** BOT florescence **-2.** QUÍM efflorescence

floresta *nf (terreno)* wood

floretazo *nm (golpe)* foil thrust

florete *nm* fencing foil

floretista *nmf* foilist

florezca *etc ver* **florecer**

floricultor, -ora *nm,f* flower grower

floricultura *nf* flower growing

floridez *nf (de lenguaje, estilo)* floridity, floweriness

florido, -a *adj* **-1.** *(con flores)* flowery **-2.** *(estilo, lenguaje)* florid, flowery **-3. lo más ~ de** *(lo más selecto de)* the cream of

florilegio *nm* anthology

florín *nm* **-1.** *(moneda holandesa)* guilder **-2.** *(moneda húngara)* forint **-3.** HIST florin

floripón *nm Col, RP* **-1.** *Fam (adorno)* great big flower **-2.** *(arbusto)* datura **-3.** *Fam Pey (homosexual) Br* poof, *US* fag

floripondio *nm* **-1.** *Fam (adorno)* great big flower **-2.** *(arbusto)* datura **-3.** *Andes Fam Pey (homosexual) Br* poof, *US* fag

florista *nmf* florist

floristería *nf* florist's (shop)

florístico, -a *adj* floral

floritura *nf* **-1.** *(adorno)* flourish **-2.** *Fam (cosa innecesaria)* **que se deje de florituras y se dedique a marcar goles** he should quit showboating and concentrate on scoring some goals; **ese texto necesita más contenido y menos florituras** this text needs less flowery language and more content

florón *nm* ARTE rosette, *Espec* fleurón

flota *nf* **-1.** *(de barcos)* fleet ❑ **~ de guerra** battle fleet; **~ mercante** merchant fleet; **~ pesquera** fishing fleet **-2.** *(de vehículos)* fleet **-3.** *Col Fam (fanfarronada)* brag, boast **-4.** *Bol, Col (bus interurbano) Br* coach, *US* bus

flotabilidad *nf* **-1.** *(en el agua)* buoyancy **-2.** ECON floatability

flotación *nf* **-1.** *(en el agua)* flotation **-2.** ECON flotation

flotador *nm* **-1.** *(para nadar)* rubber ring **-2.** *(de caña de pescar)* float **-3.** *(de cisternas)* ballcock **-4.** *RP Fam (grasa)* spare tyre

flotante *adj* **-1.** *(en el agua)* floating **-2.** ECON floating **-3.** *(población)* floating **-4.** *Col Fam (fanfarrón)* bragging, boastful

flotar ⋄ *vt* ECON to float
⋄ *vi* **-1.** *(en líquido)* to float; **el aceite flota en el agua** oil floats on water **-2.** *(en el aire)* to float **-3.** *(desconfianza, tensión)* to hang, to hover **-4.** ECON to float

flote: a flote *loc adv* afloat; **mantenerse a ~** to stay afloat; **sacaron a ~ el pesquero hundido** they refloated the sunken fishing boat; EXPR **sacar algo a ~** to get sth back on its feet; EXPR **salir a ~** to get back on one's feet

flotilla *nf* flotilla

fluctuación *nf* **-1.** *(variación)* fluctuation ❑ **~ del mercado** market fluctuation **-2.** *(vacilación)* wavering

fluctuante *adj* fluctuating

fluctuar [4] *vi* **-1.** *(variar)* to fluctuate **-2.** *(vacilar)* to waver

fluidez *nf* **-1.** *(de sustancia, líquido)* fluidity **-2.** *(del tráfico)* free flow **-3.** *(de relaciones)* smoothness **-4.** *(en el lenguaje)* fluency; **hablar un idioma con ~** to speak a language fluently

fluidificar [59] *vt* to fluidize

fluido, -a ⋄ *adj* **-1.** *(sustancia, líquido)* fluid **-2.** *(tráfico)* free-flowing **-3.** *(relaciones)* smooth **-4.** *(lenguaje)* fluent
⋄ *nm* **-1.** *(sustancia, líquido)* fluid **-2.** *(corriente)* current; **les cortaron el ~** their electricity was cut off; EXPR **~ eléctrico** electric current *o* power

fluir [34] *vi* **-1.** *(líquido, gas)* to flow **-2.** *(tráfico)* to flow **-3.** *(palabras, pensamientos)* to flow

flujo *nm* **-1.** *(movimiento)* flow ❑ COM **~ de caja** cash flow; COM **~ de fondos** cash flow; **~ migratorio** flow of immigrants; **~ sanguíneo** bloodstream; COM **~ de tesorería** cash flow **-2.** *(secreción)* **~ menstrual** menstrual flow; **~ vaginal** vaginal discharge **-3.** *(marea)* **~ de la marea** the rising *o* incoming tide; **~ y reflujo** ebb and flow

fluminense ⋄ *adj* of/from Río de Janeiro
⋄ *nm,f* person from the state of Río de Janeiro

flúor *nm* QUÍM fluorine

fluoración *nf* fluoridation

fluorado, -a *adj* fluoridized, fluoridated

fluorescencia *nf* fluorescence
fluorescente ◇ *adj* fluorescent; **rotulador** ~ highlighter (pen)
◇ *nm (lámpara)* strip light; *(tubo individual)* fluorescent tube
fluorina, fluorita *nf* GEOL fluorite
fluorización *nf* fluoridation
fluoruro *nm* QUÍM fluoride
fluvial *adj* river; **cuenca** ~ river basin
fluviómetro *nm* fluviometer, fluviograph
flux *nm inv* **-1.** *(en naipes)* flush **-2.** *Carib, Col, Méx (traje)* suit
fluya *etc ver* **fluir**
fluyera *etc ver* **fluir**
FM *nf (abrev de* **frecuencia modulada***)* FM
FMI *nm (abrev de* **Fondo Monetario Internacional***)* IMF
FMLN *nm (abrev de* **Movimiento** *o* **Frente Farabundo Martí de Liberación Nacional***)* FMLN
FN *nf (abrev de* **Fuerza Nueva***)* = former Spanish political party to the extreme right of the political spectrum
FNLA *nm (abrev de* **Frente Nacional para la Liberación de Angola***)* FNLA
FNMT *nf (abrev de* **Fábrica Nacional de Moneda y Timbre***)* = Spanish national mint
F.O.B. COM *(abrev de* **free on board***)* f.o.b.
fobia *nf* phobia; **le tiene** ~ **a los perros** he's terrified of dogs; *Fam* **el profesor me tiene** ~ the teacher can't stand me
foca *nf* **-1.** *(animal)* seal; EXPR *Fam* **está como una** ~ *(está gorda)* she's a fat cow ❑ ~ **gris** grey seal; ~ **monje** monk seal **-2.** *Fam (persona)* fat cow
focal *adj* focal
focalizar [14] *vt* to focus
focha *nf* coot ❑ ~ **americana** American coot
foco *nm* **-1.** *(centro)* centre, focal point; *(de epidemia)* source, breeding ground; **un** ~ **de miseria** a severely deprived area; **un** ~ **de infecciones** a source of infection; **un** ~ **cultural** a cultural centre; **el** ~ **de atención** the centre of attention
-2. *(lámpara) (para un punto)* spotlight; *(para una zona)* floodlight
-3. GEOM focus
-4. FOT *(enfoque)* focus; **fuera de** ~ *(desenfocado)* out of focus; **tiene el** ~ **estropeado** the focus doesn't work
-5. *Andes, Méx (bombilla)* light bulb
-6. *Am (farola)* street light
-7. *Am* AUT *(car)* headlight
fodongo, -a *Méx Fam* ◇ *adj* scruffy
◇ *nm,f* slovenly person
fofo, -a *adj* flabby
fogaje *nm* **-1.** *Cuba, Méx (erupción)* rash **-2.** *Ecuad (llamarada)* blaze **-3.** *Carib (sofoco)* stifling heat
fogata *nf* bonfire, fire
fogón *nm* **-1.** *(para cocinar)* stove **-2.** *(de máquina de vapor)* firebox **-3.** *CRica, CSur (fogata)* bonfire; EXPR *CSur* **arrimate** *o* **acercate al** ~ come and join us
fogonazo *nm* flash
fogonero, -a *nm,f* stoker
fogosamente *adv* passionately
fogosidad *nf (de persona)* passion; *(de caballo)* spirit
fogoso, -a *adj (persona)* passionate, intense; *(caballo)* spirited, lively
fogueado, -a *adj (experimentado)* experienced
foguear ◇ *vt* **-1.** *(arma, escopeta)* to scale **-2.** *(soldado, caballo)* to accustom to gunfire **-3.** *(dar experiencia)* ~ **a alguien en algo** to give sb experience of sth
◆ **foguearse** *vpr* to gain experience; **foguearse en algo** to gain experience in sth
fogueo *nm* **de** ~ blank
foie-gras [fwa'γras] *nm inv* (pâté de) foie gras
foja *nf Am* DER *(hoja)* folio; **a fojas 8** on page 8; EXPR **volver a fojas cero** to go back to square one, to start again from scratch ❑ ~ **de servicios** record (of service), track record
fol. *(abrev de* **folio***)* f.
folclore, folclor *nm* folklore

folclórico, -a, folklórico, -a ◇ *adj* traditional, popular
◇ *nm,f Esp* = singer of traditional Spanish songs
folclorismo, folklorismo *nm* folklore
fólder *nm Andes, CAm, Méx (carpeta)* folder
folía *nf* = folk song and dance from the Canary Islands
foliáceo, -a *adj* **-1.** BOT leaf-like, *Espec* foliaceous **-2.** GEOL foliaceous
foliación *nf* **-1.** BOT foliation **-2.** IMPRENTA pagination, *Espec* foliation
foliar ◇ *adj* BOT foliate
◇ *vt* IMPRENTA to foliate, to number the pages of
folicular *adj* follicular
folículo *nm* **-1.** BOT follicle **-2.** ANAT follicle ❑ ~ **piloso** hair follicle
folio *nm* **-1.** *(hoja de papel)* leaf, sheet *(approximately A4 size)*; **tamaño** ~ ≃ A4-sized *(approximately)* **-2.** *(hoja de libro, cuaderno)* page **-3.** IMPRENTA header, page heading
folíolo, foliolo *nm* BOT leaflet, *Espec* foliole
folk *nm* folk (music)
folklore *nm* folklore
folklórico = **folclórico**
folklorismo = **folclorismo**
folk-rock *nm* folk rock (music)
folla *nf Esp muy Fam* **tener mala** ~ *(mala intención)* to be a mean *o* complete bastard
follado, -a *adj Esp muy Fam* **-1.** *(con prisa)* **no me puedo detener, voy** ~ I can't stop, I'm rushed off my *Br* bloody *o US* goddamn feet **-2.** *(agotado)* bushed, *Br* shagged out
follaje *nm* foliage
follar *Esp muy Fam* ◇ *vt* to shag; EXPR **¡que te folle un pez!** piss off!
◇ *vi* to shag
◆ **follarse** *vpr* **-1.** *(hacer el amor)* **follarse a alguien** to shag sb **-2.** *(suspender)* **se me han follado en inglés** I screwed up in English
folletín *nm (melodrama)* melodrama; **de** ~ *(vida, incidente)* melodramatic
folletinesco, -a *adj* melodramatic
folleto *nm (librito)* brochure; *(hoja suelta)* leaflet ❑ ~ **informativo** (information) leaflet
follón *nm Esp Fam* **-1.** *(discusión)* row; **se armó un** ~ there was an almighty row; **me montó un** ~ **tremendo porque faltaba dinero** he kicked up an almighty fuss *o* row because there was some money missing
-2. *(lío)* mess; **¡vaya** ~**!** what a mess!; **tengo un** ~ **de libros encima de la mesa** I've got piles of books scattered all over my desk; **¡dejad de armar** ~**!** stop making such a row! **me hice un** ~ **con las listas** I got into a real muddle *o* mess with the lists; **está metido en un** ~ **de dinero** he's got into some money trouble; **esta tarde tengo mucho** ~**, mañana sería mejor** I won't have a minute this afternoon, so tomorrow would be better
follonero, -a *Esp Fam* ◇ *adj* **es muy** ~ he's a real troublemaker
◇ *nm,f* troublemaker
follones *nmpl Ecuad (braga)* panties, *Br* knickers
fome *adj Chile Fam* boring
fomentar *vt* **-1.** *(favorecer)* to encourage, to promote; **medidas para** ~ **el ahorro** measures to encourage saving; **una campaña para** ~ **la lectura** a campaign to encourage *o* promote reading **-2.** *Carib, Méx (organizar)* to open, to set up
fomento *nm* **-1.** *(de cultura, comercio, turismo)* encouragement, promotion; **Ministerio de Fomento** Ministry of Public Works **-2.** MED poultice
fon *nm* FÍS phon
fonación *nf* phonation
fonador, -ora *adj* **el aparato** ~ the speech apparatus; **los órganos fonadores** the speech organs

Fonart [fo'nart] *nf (abrev de* **Fondo Nacional para el Fomento de las Artesanías***)* = Mexican state organization that runs a network of shops selling traditional handcrafted products
FONASA [fo'nasa] *nm (abrev de* **Fondo Nacional de Salud***)* = Chilean national health service
fonazo *nm Méx Fam* phone, call; **echar un** ~ **a alguien** to give sb a buzz *o Br* bell
fonda *nf* **-1.** *(pensión)* boarding house **-2.** *(restaurante)* cheap restaurant
fondant *nm* **-1.** *(para glasear)* fondant icing **-2.** *(chocolate)* **(chocolate)** ~ cooking chocolate
fondeadero *nm* anchorage
fondeado, -a *adj* **-1.** *(barco)* anchored **-2.** *Am (acaudalado)* rich, wealthy
fondear ◇ *vi* to anchor
◇ *vt* **-1.** *(barco)* to anchor **-2.** *CSur (presos políticos)* = to throw from a plane over the sea
◆ **fondearse** *vpr Am* to get rich
fondeo *nm* **-1.** *(de barco)* anchoring **-2.** *CSur (de presos políticos)* = drowning of political prisoners by throwing them from a plane over the sea
fondillos *nmpl* seat *(of trousers)*
fondista *nmf* **-1.** DEP *(corredor)* long-distance runner; *(nadador)* long-distance swimmer; *(esquiador)* cross-country skier **-2.** *(propietario de fonda)* landlord, *f* landlady
fondo *nm* **-1.** *(parte inferior)* bottom; **el** ~ **del mar** the bottom of the sea; **fondos** *(de embarcación)* bottom; **dar** ~ *(embarcación)* to drop anchor; **echar a** ~ *(embarcación)* to sink; **irse a** ~ *(embarcación)* to sink, to founder; **sin** ~ bottomless; EXPR *RP Fam* **¡**~ **blanco!** bottoms up!; EXPR **tocar** ~ *(embarcación)* to hit the bottom (of the sea/river); *(crisis)* to bottom out; **mi paciencia ha tocado** ~ my patience has reached its limit; **su popularidad ha tocado** ~ their popularity has reached an all-time low *o* rock bottom
-2. *(de habitación, escenario)* back; **al** ~ **de** *(calle, pasillo)* at the end of; *(sala)* at the back of; **el** ~ **de la pista** the back of the court; **los baños están al** ~ **del pasillo, a la derecha** the toilets are at the end of the corridor, on the right
-3. *(dimensión)* depth; **un río de poco** ~ a shallow river; **tener un metro de** ~ to be one metre deep
-4. *(de cuadro, foto, tela)* background; **quiero una tela de flores sobre** ~ **negro** I'd like some material with a pattern of flowers on a black background; **al** ~ in the background
-5. *(de alcachofa)* heart
-6. *(de asunto, problema)* heart, bottom; **el problema de** ~ the underlying problem; **la cuestión de** ~ the fundamental issue; **llegar al** ~ **de** to get to the heart *o* bottom of; **el gobierno quiere llegar al** ~ **de la cuestión** the government wants to get to the bottom of the matter; **en el** ~ *(en lo más íntimo)* deep down; *(en lo esencial)* basically; **en el** ~ **está enamorada de él** deep down, she loves him; **en el** ~**, no es mala persona** deep down, she's not a bad person; **en el** ~ **tus problemas son los mismos** basically, you have the same problems
-7. *(de una persona)* **tener buen** ~ to have a good heart; **tener mal** ~ to be a nasty piece of work
-8. *(de obra literaria)* substance
-9. *(de dinero)* fund; **a** ~ **perdido** *(préstamo)* non-returnable; **no estamos dispuestos a invertir a** ~ **perdido** we're not prepared to pour money down the drain; **fondos** *(capital)* funds; **nos hemos quedado sin fondos** our funds have run out; **un cheque sin fondos** a bad cheque; **estar mal de fondos** *(persona)* to be badly off; *(empresa)* to be short of funds; **recaudar fondos** to raise funds ❑ ECON ~ **de amortización** sinking fund; **fondos bloqueados** frozen funds; ~ **de cohesión** cohesion fund; FIN ~ **de comercio**

fondón goodwill; **~ de compensación interterritorial** interterritorial compensation fund; **~ común** kitty; **poner un ~ (común)** to set up a kitty; FIN **~ de crédito permanente** evergreen fund; **~ de emergencia** contingency fund; UE **fondos estructurales** structural funds; FIN **~ ético** ethical fund; UE **Fondo Europeo de Desarrollo** European Development Fund; UE **Fondo Europeo de Desarrollo Regional** European Regional Development Fund; **~ de fideicomiso** trust fund; FIN **~ de garantía de depósitos** deposit guarantee fund; FIN **~ de inversión** investment fund; FIN **~ de inversión ético** ethical investment fund; **~ de inversión inmobiliaria** real estate investment fund; **~ de inversión mobiliaria** Br trust fund, US mutual fund; **Fondo Monetario Internacional** International Monetary Fund; **Fondo Mundial para la Naturaleza** World Wildlife Fund; ECON **~ de pensiones** pension fund; **fondos públicos** public funds; FIN **~ de renta fija** non-equity fund, bond fund; FIN **~ de renta variable** equity fund; **fondos reservados** = contingency funds available to ministries, for which they do not have to account publicly; FIN **~ rotativo** revolving fund; UE **Fondo Social Europeo** European Social Fund; **~ vitalicio** life annuity
-10. *(fundamento)* reason, basis; **sus acciones tienen siempre un ~ humanitario** everything she does is for humanitarian reasons
-11. **hacer algo a ~** *(en profundidad)* to do sth thoroughly; **hicimos una lectura a ~** we read it through carefully; **hacer una limpieza a ~** to have a thorough clean; **el juez ha ordenado una investigación a ~** the judge has ordered a full enquiry *o* an in-depth investigation; **emplearse a ~** to do one's utmost
-12. *(de biblioteca, archivo)* catalogue, collection ❑ **~ editorial** backlist
-13. DEP *(resistencia física)* stamina
-14. DEP *(larga distancia)* long-distance running; **medio ~** middle-distance running; **carrera de ~** long-distance race; **esquí de ~** cross-country skiing; **de medio ~** middle-distance ❑ **~ en carretera** *(ciclismo)* road racing
-15. DEP *(ejercicio)* push-up, press-up
-16. *Carib, Méx (prenda)* petticoat
-17. *Cuba (caldero)* cauldron
-18. *RP (patio)* back patio

fondón, -ona adj Fam **se ha puesto muy ~** he's got quite beefy *o* chunky

fondue [fon'du] nf **-1.** *(comida)* fondue ❑ **~ de queso** cheese fondue **-2.** *(utensilios)* fondue set

fonema nm phoneme
fonémico, -a adj phonemic
fonendo, fonendoscopio nm stethoscope
fonética nf phonetics *(singular)*
fonéticamente adv phonetically
fonético, -a adj phonetic
fonetista nmf phonetician
foniatra nmf speech therapist
foniatría nf speech therapy
fónico, -a adj phonic
fono nm Am Fam phone
fonoaudiología nf RP speech therapy
fonoaudiólogo, -a nm,f RP speech therapist
fonográfico, -a adj phonographic
fonógrafo nm gramophone, US phonograph
fonología nf phonology
fonológico, -a adj phonological
fonólogo, -a nm,f phonologist
fonometría nf phonometry
fonómetro nm phonometer
fonoteca nf record library
fontana nf Literario spring, fount
fontanal nm spring
fontanela nf ANAT fontanel, fontanelle
fontanería nf **-1.** *(oficio)* plumbing **-2.** *(instalaciones)* plumbing

fontanero, -a nm,f plumber
footing ['futin] nm jogging; **hacer ~** to go jogging
FOP nfpl Esp *(abrev* **Fuerzas de Orden Público)** security forces
foque nm NÁUT jib
forajido, -a nm,f outlaw
foral adj = relating to ancient regional laws still existing in some parts of Spain
foráneo, -a adj foreign
forastero, -a nm,f stranger
forcejear vi to struggle; **forcejeó con la cerradura** he struggled with the lock; **el preso forcejeó para liberarse** the prisoner struggled to free himself
forcejeo nm struggle
fórceps nm inv forceps
forense ◇ adj forensic; **médico ~** forensic scientist, pathologist
◇ nmf forensic scientist, pathologist
forestación nf forestation
forestal adj forest; **incendio ~** forest fire; **repoblación ~** reforestation
forestar vt to plant with trees
forfait [for'fait, for'fe] *(pl* **forfaits)** nm **-1.** *(para esquiar)* ski pass **-2.** DEP default **-3.** *(precio invariable)* fixed rate; **a ~** fixed price
forint, forinto nm forint
forja nf **-1.** *(taller)* forge **-2.** *(forjadura)* forging
forjado, -a ◇ adj *(hierro)* wrought
◇ nm forging
forjador, -ora nm,f *(metal)* forger
forjar ◇ vt **-1.** *(metal)* to forge **-2.** *(persona, nación)* to create, to form; **las guerras forjan héroes** wars create heroes **-3.** *(mentira)* to invent; *(plan)* to form
◆ **forjarse** vpr **-1.** *(labrarse)* to carve out for oneself; **se ha forjado una fama de duro** he has earned himself *o* built up a reputation as a hard man **-2.** *(ilusiones)* to build up; **forjarse demasiadas ilusiones** to build up false hopes (for oneself) **-3.** *(crearse, originarse)* to be forged; **la revolución se forjó en las minas de carbón** the revolution was forged in the coal mines
forma nf **-1.** *(figura)* shape, form; **¿qué ~ tiene?** what shape is it?; **en ~ de triángulo** in the shape of a triangle; **en ~ de L** L-shaped; **el escultor dio ~ al barro** the sculptor shaped the clay; **tener ~ ovalada** *o* **de óvalo** to be oval (in shape); **el proyecto comienza a tomar ~** the project is starting to take shape
-2. *(manera)* way, manner; **tiene una ~ de hablar muy divertida** she has a very funny way of talking; **no ha habido ~ de localizarlo** it was impossible to find him; **se puede hacer de varias formas** it can be done in several different ways; **lo siento, es mi ~ de ser** I'm sorry, that's just the way I am *o* that's just my way; **¡qué ~ de llover!** it's absolutely pouring down!; **de cualquier ~, de todas formas** anyway, in any case; **si lo hacemos de esta ~, acabaremos antes** if we do it this way, we'll finish earlier; **viajaremos en segunda, de esta ~ recortaremos gastos** we can travel second class, that way we'll keep the cost down; **han organizado las conferencias de ~ que haya diez minutos de intervalo entre ellas** they've arranged the speeches in such a way that there's a ten minute break between each one; **llegaremos a las ocho, de ~ que podamos comenzar temprano** we'll be there by eight so (that) we can start early; **dobla la camisa de ~ que no se arruguen las mangas** fold the shirt so (that) the sleeves don't get creased ❑ **~ de pago** method of payment
-3. *(manifestación)* form; **la fotografía es una ~ de arte** photography is an art form
-4. *(condición física)* fitness; **estar en ~** to be fit; **estar en baja/plena ~** to be in poor/top shape; **vuelvo a estar en plena ~** I'm fully fit again; **mantenerse/ponerse en ~** to keep/get fit
-5. *(de equipo, artista)* form; **estar en ~** to be

on form; **estar en baja/plena ~** to be off form/on top form
-6. formas *(silueta)* figure, curves; **un cuerpo de formas armoniosas** a curvaceous body
-7. formas *(modales)* manners, social conventions; **guardar las formas** to keep up appearances
-8. *(horma, molde)* mould
-9. REL host; **la Sagrada Forma** the Holy Host
-10. ARTE & LIT form; **a este escritor le importa más la ~ que el contenido** this writer is more interested in form than content
-11. LING form; **en ~ plural** in the plural
-12. *Méx (formulario)* form

formación nf **-1.** *(creación)* formation; **la ~ de un gobierno** the formation of a government; LING **la ~ de palabras** word formation
-2. *(educación)* training; **la ~ de los jóvenes es prioritaria para combatir el desempleo** it is extremely important to train young people in order to combat unemployment; **recibió una ~ clásica** he received a traditional education; **sin ~ académica** with little formal education ❑ **~ en alternancia** sandwich courses; **~ continua** in-service training; **~ de formadores** training of trainers; **~ ocupacional** vocational *o* occupational training; **~ pedagógica** teacher training; **~ profesional** *(ocupacional)* = vocational *o* occupational training; *(ciclo educativo)* = vocationally orientated secondary education in Spain for pupils aged 14-18, currently being phased out
-3. *(equipo)* team; *(alineación)* line-up; **~ política** political party
-4. MIL formation; **marchar en ~** to march in formation
-5. GEOL formation; **una ~ rocosa** a rock formation; **esta zona presenta formaciones calcáreas** there are limestone formations in this area

formado, -a adj **-1.** *(hecho, modelado)* formed, shaped **-2.** *(desarrollado)* grown, developed
formador, -ora ◇ adj forming, constituting
◇ nm,f trainer
formal adj **-1.** *(de la forma)* formal; **en su aspecto ~ la novela es excelente** the formal aspects of the novel are excellent
-2. *(legal)* formal; **un requisito ~** an official requirement
-3. *(que se porta bien)* well-behaved, good
-4. *(responsable, fiable)* reliable; **son muy poco formales** they're very unreliable
-5. *(serio)* serious, sober; **el lenguaje ~** formal language; **ser novios formales** to be engaged
formaldehído nm QUÍM formaldehyde
formalidad nf **-1.** *(requisito)* formality; **es una mera ~** it's just a formality **-2.** *(fiabilidad)* reliability; **este mecánico no tiene ninguna ~** this mechanic is totally unreliable; **¡qué poca ~!** you just can't rely on some people!
-3. *(seriedad)* seriousness
formalina nf QUÍM formalin, formol
formalismo nm formalism
formalista ◇ adj formal
◇ nmf formalist
formalización nf formalization; **ayer tuvo lugar la ~ del contrato** the contract was officially signed yesterday
formalizar [14] vt to formalize; **formalizaron su relación** they made their relationship official
formalmente adv formally
formar ◇ vt **-1.** *(hacer)* to form; **~ una bola con algo** to make sth into a ball; **~ un equipo** to make up a team; **~ gobierno** to form a government; **formó una asociación cultural** he set up a cultural organization; **los manifestantes formaron una cadena** the demonstrators formed a human chain; **~ parte de** to form *o* be part of; **forma parte del equipo del colegio** she's a member of the school team

-2. *(educar)* to train, to educate **-3.** MIL to form up
◇ *vi* MIL to fall in; **¡a ~!** fall in!

◆ **formarse** *vpr* **-1.** *(hacerse, crearse)* to form; **se formó un corro de gente en torno al accidentado** a circle of people formed around the injured person; **se formó espuma en la superficie** froth formed on the surface; **con esto ya me formo una idea de lo que pasó** that gives me a pretty good idea of what happened **-2.** *(educarse)* to be trained *o* educated; **se formó en la Universidad de Harvard** she was educated at Harvard

formateado, -a INFORMÁT ◇ *adj* formatted
◇ *nm (proceso)* formatting

formatear *vt* INFORMÁT to format

formateo *nm* INFORMÁT formatting

formativo, -a *adj* formative

formato *nm* **-1.** *(de libro, fotografía, película)* format **-2.** INFORMÁT format ❑ **~ de archivo** file format

formero *nm* ARQUIT supporting arch

formica®, **fórmica**® *nf* Formica®

fórmico, -a *adj* QUÍM formic

formidable ◇ *adj* **-1.** *(enorme)* tremendous **-2.** *(extraordinario)* amazing, fantastic
◇ *adv Fam* **lo pasaron ~** they had an amazing *o* a fantastic time

formol *nm* formalin

formón *nm* firmer chisel

Formosa *n* Formosa

fórmula *nf* **-1.** *(matemática)* formula
-2. *(química)* formula ❑ FARM **~ magistral** = medicine made up by pharmacist to doctor's prescription; QUÍM **~ molecular** molecular formula; **~ química** chemical formula
-3. *(oral, escrita)* expression, formula; **una ~ de despedida** an expression used to say goodbye ❑ **~ de cortesía** polite expression
-4. *(en automovilismo)* formula ❑ **Fórmula uno** formula one
-5. *(solución)* formula; **tengo la ~ para convencerlo** I know the way to persuade him; **llegaron a una ~ de compromiso** they reached a compromise solution; **no existe una ~ mágica** there's no magic formula
-6. Col *(receta)* prescription
-7. RP POL *(electoral)* ticket; **la ~ Batlle-Hierro** the Batlle-Hierro ticket

formulación *nf* formulation

formular ◇ *vt* **-1.** *(solicitud)* to make; *(reclamación)* to make, to lodge; **~ una pregunta** to ask a question; **~ un deseo** to express a wish; **formuló cuidadosamente su respuesta** she phrased her reply carefully; **~ graves cargos contra alguien** to bring serious charges against sb; **los que formulan la política del gobierno** the government's policy makers
-2. *(con números)* to formulate
-3. Col *(receta)* to prescribe
◇ *vi* to write formulae

formulario¹, -a *adj (lenguaje)* formalaic; **una visita formularia** a courtesy visit

formulario² *nm* form; **rellenar un ~** to fill in *o* out a form

formulismo *nm (apego)* (a las formas) formalism; *(a las normas)* sticking to the rules

formulista ◇ *adj* formulistic
◇ *nmf* formulist

fornicación *nf Formal* fornication

fornicar [59] *vi Formal* to fornicate

fornido, -a *adj* well-built

foro *nm* **-1.** *(lugar de discusión)* forum ❑ **~ de debate** forum for debate; INFORMÁT **~ de discusión** discussion group **-2.** TEATRO back of the stage; EXPR **desaparecer por el ~** to slip away unnoticed **-3.** HIST *(en Roma)* forum **-4.** *(tribunal)* court (of law)

forofo, -a *Esp Fam* ◇ *adj* **es muy ~** he's really fanatical
◇ *nm,f Fam* fan; **es un ~ de la escalada** he's crazy *o Br* mad about climbing

forrado, -a *adj* **-1.** *(libro)* covered; *(ropa)* lined **(de with)**; *(asiento)* upholstered **-2.** *Fam (rico)* **estar ~** to be rolling in it

forraje *nm* fodder, forage

forrajear *vt* to forage for

forrajero, -a *adj (planta)* for fodder

forrar ◇ *vt* **-1.** *(cubrir) (libro)* to cover; *(ropa)* to line **(de with)**; *(asiento)* to upholster **-2.** *Fam (pegar)* **lo forraron a puñetazos** they beat the hell out of him; EXPR *Esp Vulg* **~ a alguien a hostias** to beat the shit out of sb

◆ **forrarse** *vpr* **-1.** *Fam* **forrarse (de dinero *o* Chile en billetes)** *(enriquecerse)* to make a packet **-2.** *Am Fam (de comida)* to stoke up on food

forro *nm* **-1.** *(cubierta) (de libro)* cover; *(de ropa)* lining; *(de asiento)* upholstery; **tela de ~** lining material; EXPR *Vulg* **pasarse algo por el ~ de** *Esp* **los cojones** *o RP* **las bolas** to shit on sth from a great height; EXPR *Fam* **¡ni por el ~!: no se le parece ni por el ~** he doesn't look anything like him ❑ **~ polar** fleece (jacket)
-2. *Cuba (trampa)* trick
-3. *RP Fam (preservativo)* rubber, *Br* johnny
-4. *Méx Fam (persona)* babe

fortachón, -ona *adj Fam* strapping

fortalecer [46] ◇ *vt* to strengthen; **el acuerdo fortalecerá las relaciones entre los dos países** the agreement will strengthen relations between the two countries

◆ **fortalecerse** *vpr (físicamente)* to become stronger

fortalecimiento *nm* strengthening

fortaleza *nf* **-1.** *(fuerza) (física)* strength; *(moral, mental)* strength, fortitude; **tiene mucha ~ en los brazos** he has really strong arms **-2.** *(recinto)* fortress **-3.** Chile *(hedor)* stench, stink

fortalezco *etc ver* **fortalecer**

forte MÚS ◇ *nm* forte
◇ *adv* forte

fortificación *nf* **-1.** *(recinto)* fortification **-2.** *(acción)* fortification

fortificante *adj* fortifying

fortificar [59] *vt* **-1.** *(dar fuerza)* to fortify, to strengthen **-2.** *(lugar)* to fortify

fortín *nm* small fort

fortísimo, -a *superlativo ver* **fuerte**

FORTRAN, Fortran *nm* INFORMÁT FORTRAN, Fortran

fortuitamente *adv* fortuitously, by chance

fortuito, -a *adj* chance; **encuentro ~** chance encounter

fortuna *nf* **-1.** *(suerte)* (good) luck; **por ~** fortunately, luckily; **probar ~** to try one's luck; **quiere probar ~ en América** he's going to America to seek his fortune; **he tenido la ~ de encontrar un buen trabajo** I've had the good fortune *o* I've been lucky enough to find a good job; **tuvo la mala ~ de caerse** he had the misfortune *o* bad luck to fall; **tuvo muy poca ~ en la vida** he was very unlucky in life
-2. *(destino)* fortune, fate; **quiso la ~ que...** as fate would have it...
-3. *(riqueza)* fortune; **amasar una ~** to amass a fortune; **hacer ~** to make one's fortune; **se gasta una ~ en ropa** he spends a fortune on clothes
-4. *(éxito, aceptación)* **este libro tendrá ~ entre los jóvenes** this book will be very popular with young people; **sus ideas no tuvieron mucha ~** his ideas did not become widely accepted

fórum *nm* **-1.** *(lugar de discusión)* forum **-2.** INFORMÁT forum

forúnculo *nm* boil

forzadamente *adv* by force, forcibly

forzado, -a *adj (sonrisa, amabilidad)* forced; **trabajos forzados** hard labour; **verse ~ a hacer algo** to find oneself forced to do sth

forzar [31] *vt* **-1.** *(obligar, empujar)* to force; **~ a alguien a hacer algo** to force sb to do sth; **yo no forzaría la situación** I wouldn't force the situation **-2.** *(cerradura, mecanismo)* to force; **no fuerces el motor** don't overtax the engine; **~ la vista** to strain one's eyes; INFORMÁT **~ la salida** *(de programa)* to force quit **-3.** *(violar)* to rape

forzosamente *adv (necesariamente)* **el ladrón tuvo que entrar ~ por esta ventana** the thief MUST have come in through this window; **esto no quiere decir, ~, que haya que abandonar todas las esperanzas** this doesn't necessarily mean that we have to give up all hope

forzoso, -a *adj* **-1.** *(obligatorio)* obligatory, compulsory **-2.** *(inevitable)* inevitable **-3.** *(necesario)* necessary **-4.** *(de emergencia)* **aterrizaje ~** emergency landing

forzudo, -a ◇ *adj* strong
◇ *nm,f* strong man, *f* strong woman

fosa *nf* **-1.** *(sepultura)* grave ❑ **~ común** common grave **-2.** ANAT cavity; **fosas nasales** nostrils **-3.** *(hoyo)* pit ❑ **~ abisal** oceanic trench; **~ marina** oceanic trench; **~ séptica** septic tank; GEOL **~ tectónica** fault trough, *Espec* graben **-4.** *RP (en taller)* pit

fosfatar *vt (fertilizar)* to fertilize with phosphates

fosfatina *nf Fam* EXPR **estar hecho ~** to be wrecked *o Br* knackered; **hacer ~** to destroy, to smash up

fosfato *nm* phosphate ❑ **~ de cal** calcium phosphate; **~ cálcico** calcium phosphate

fosforecer = **fosforescer**

fosforera *nf (fábrica)* match factory

fosforero, -a ◇ *adj* **la industria fosforera** the match-making industry
◇ *nm,f* match seller

fosforescencia *nf* phosphorescence

fosforescente *adj* **-1.** FÍS phosphorescent **-2.** *(color, chaleco)* fluorescent

fosforescer, fosforecer [46] *vi* to phosphoresce

fosfórico, -a *adj* QUÍM phosphoric

fosforito ◇ *adj Fam* **-1.** *Esp (color, rotulador)* fluorescent **-2.** *Ven (impaciente)* **ser ~** to have a short fuse
◇ *nm Ven (petardo)* firecracker, *Br* banger

fósforo *nm* **-1.** QUÍM phosphorus **-2.** *Andes, Carib, RP (cerilla)* match

fosforoso, -a *adj* QUÍM phosphorous

fosgeno *nm* phosgene

fósil ◇ *adj* fossil; **combustible ~** fossil fuel
◇ *nm* **-1.** *(resto)* fossil **-2.** *Fam (viejo)* old fossil

fosilización *nf* fossilization

fosilizado, -a *adj* fossilized

fosilizarse [14] *vpr* **-1.** *(animal, hueso)* to fossilize **-2.** *Fam (persona)* to turn into an old fossil

foso *nm* **-1.** *(hoyo)* ditch **-2.** *(de castillo)* moat **-3.** *(de garaje)* pit **-4.** *(de teatro)* pit **-5.** DEP *(en salto de longitud)* pit; *(en campo de fútbol)* moat ❑ **~ olímpico** *(en tiro)* Olympic trench clay-pigeon shooting

foto *nf* photo, picture; **le saqué *o* tomé *o* tiré una ~** I took a photo *o* picture of him ❑ **~ de familia** family photo; **los presidentes se hicieron una ~ de familia** the presidents had a group photo taken; **~ fija** still

fotocélula *nf* photocell, photoelectric cell

fotocomponedora *nf* IMPRENTA typesetter, typesetting machine

fotocomponer *vt* IMPRENTA to typeset

fotocomposición *nf* IMPRENTA typesetting, photocomposition

fotocopia *nf* **-1.** *(objeto)* photocopy; **hacer una ~ de** to make *o* take a photocopy of **-2.** *(procedimiento)* photocopying

fotocopiadora *nf* **-1.** *(máquina)* photocopier **-2.** *(tienda)* copy shop

fotocopiar *vt* to photocopy

fotodegradable *adj* photodegradable

fotoelectricidad *nf* photoelectricity

fotoeléctrico, -a *adj* photoelectric

foto-finish [foto'finiʃ], **fotofinis** *nf inv* DEP photo finish

fotofobia *nf* photophobia

fotogenia *nf* photogenic qualities

fotogénico, -a *adj* photogenic

fotograbado *nm* photogravure

fotograbar *vt* to photoengrave

fotografía *nf* **-1.** *(arte)* photography ❑ **~ aérea** aerial photography; **~ digital** digital photography; **~ infrarroja** infrared photography; **~ publicitaria** commercial photography
-2. *(objeto)* photograph; **hacer** *o* **sacar una ~ a alguien** to take a picture *o* photograph of sb ❑ **~ aérea** aerial photograph; **~ de (tamaño) carné** passport-sized photograph; **~ instantánea** snapshot
fotografiar [32] *vt* to photograph, to take a photograph of
fotográfico, -a *adj* photographic
fotógrafo, -a *nm,f* photographer ❑ **~ de prensa** press photographer
fotograma *nm* still
fotolisis, fotólisis *nf inv* QUÍM photolysis
fotolito *nm* IMPRENTA piece of film; **ya han llegado los fotolitos** the film has arrived
fotolitografía *nf* **-1.** *(arte)* photolithography **-2.** *(objeto)* photolithograph
fotomatón *nm* passport photo machine
fotomecánica *nf* **-1.** *(técnica)* printing **-2.** *(lugar)* printer's
fotometría *nf* photometry
fotómetro *nm* **-1.** *(en fotografía)* light *o* exposure meter **-2.** FÍS photometer
fotomodelo *nmf* photographic model
fotomontaje *nm* photomontage
fotón *nm* FÍS photon
fotonoticia *nf* picture story *(in newspaper)*
fotonovela *nf* photo romance
fotoperiodismo *nm* photojournalism
fotoprotector, -ora ◇ *adj* **factor ~** sun protection factor
◇ *nm* sun cream, sunblock
fotoquímica *nf* photochemistry
fotoquímico, -a *adj* photochemical
fotorrealismo *nm* INFORMÁT photorealism
fotorrealista *adj* INFORMÁT photorealistic
fotosensible *adj* photosensitive
fotosfera *nf* photosphere
fotosíntesis *nf inv* photosynthesis
fotosintético, -a *adj* photosynthetic
fototeca *nf* photograph library
fototipia *nf* **-1.** *(arte)* collotype **-2.** *(objeto)* collotype
fototropismo *nm* phototropism
fotovoltaico, -a *adj* photovoltaic
fotuto *nm* **-1.** *Cuba (bocina)* horn **-2.** *Ven (trompeta)* = indigenous wind instrument made from gourd or conch shell
foul [faul, ful] *(pl* **fouls**) *nm Am* foul
foulard [fu'lar] *(pl* **foulards**) *nm* headscarf *(of fine material)*
foulear [faule'ar] *vt Am Fam* to foul
foulero, -a [fau'lero, -a] *Am Fam* ◇ *adj* **es muy ~** he's a really dirty player
◇ *nm,f* dirty player
fovismo *nm* fauvism
foxterrier [fokste'rrjer, foks'terrjer] *(pl* **foxterriers**) *nm* fox terrier
foxtrot *nm* foxtrot
foyeque *nm Perú Fam* heap, banger
foyer [fua'je] *(pl* **foyers**) *nm RP* foyer
FP *nf Esp (abrev de* **formación profesional**) = vocationally orientated secondary education in Spain for pupils aged 14-18, currently being phased out
FPLP *nf (abrev de* **Frente Popular de Liberación de Palestina**) PFLP
FPU *nf* INFORMÁT *(abrev de* **floating-point unit**) FPU
fra. *(abrev de* **factura**) *inv*
frac *(pl* **fracs**) *nm* tails, dress coat
fracasado, -a ◇ *adj* failed
◇ *nm,f* failure
fracasar *vi* **-1.** *(intento)* to fail; *(producto)* to be a failure; **el modelo fracasó en Europa** the model was a failure in Europe **-2.** *(persona)* to fail; **fracasó en su intento de obtener un acuerdo** he failed in his attempt to get an agreement; **fracasó como cantante** she was a failure as a singer
fracaso *nm* **-1.** *(falta de éxito)* failure; **ha sufrido varios fracasos amorosos** he has had a number of failed relationships; **todo fue un ~** it was a complete failure; **la película**

fue un ~ comercial the movie *o Br* film was a commercial failure *o* flop ❑ **~ escolar** school failure; **el entorno familiar contribuye al ~ escolar** the family environment is a contributory factor to educational failure
-2. *(persona)* failure; **como profesor es un ~** as a teacher he's a failure, he's useless as a teacher
fracción *nf* **-1.** *(parte)* fraction; **todos recibieron su ~ de la herencia** everyone received their part *o* share of the legacy; **~ de segundo** split second **-2.** *(quebrado)* fraction ❑ **~ decimal** decimal fraction; **~ impropia** improper fraction; **~ mixta** compound fraction; **~ propia** proper fraction **-3.** POL faction
fraccionador, -ora *nm,f Méx Br* estate agent, *US* real estate agent
fraccionadora *nf Méx Br* estate agents, *US* real estate agents
fraccionamiento *nm* **-1.** *(división)* division, breaking up **-2.** *Méx (urbanización)* housing estate
fraccionar *vt* **-1.** *(dividir)* to divide, to break up **-2.** *(pago)* to split up into instalments **-3.** *Am (parcelar)* to split up into plots, to divide out into plots
fraccionario, -a *adj* fractional; **moneda fraccionaria** small change
fractal *nm* fractal
fractura *nf* **-1.** *(de hueso)* fracture; **presenta ~ craneal** he has a fractured skull ❑ **~ abierta** compound *o* open fracture; **~ expuesta** compound *o* open fracture; **~ impactada** impacted fracture; **~ ósea** (bone) fracture; *Fig* **~ social** breakdown of the fabric of society **-2.** GEOL fault
fracturar ◇ *vt* to fracture
◆ **fracturarse** *vpr* to fracture; **fracturarse un brazo/una pierna** to fracture one's arm/leg
fragancia *nf* fragrance
fragante *adj* fragrant
fraganti *ver* **in fraganti**
fragata *nf* **-1.** *(nave)* frigate ❑ **~ ligera** corvette **-2.** *(ave)* frigate bird
frágil *adj* **-1.** *(objeto)* fragile; **~** *(en letrero)* fragile **-2.** *(persona)* frail; *(salud, situación)* delicate
fragilidad *nf* **-1.** *(de objeto)* fragility **-2.** *(de persona)* frailty; *(de situación)* delicacy; **la ~ de su salud** his delicate health
fragmentación *nf* **-1.** *(rotura)* fragmentation **-2.** *(división)* division; INFORMÁT *(de disco duro)* fragmentation
fragmentado, -a *adj* **-1.** *(roto)* fragmented **-2.** *(dividido)* divided; INFORMÁT *(disco duro)* fragmented
fragmentar ◇ *vt* **-1.** *(romper)* to break up **-2.** *(dividir)* to divide **-3.** INFORMÁT *(disco duro)* to fragment
◆ **fragmentarse** *vpr* **-1.** *(romperse)* to break up **-2.** *(dividirse)* to break up **-3.** INFORMÁT *(disco duro)* to become fragmented
fragmentario, -a *adj (incompleto)* fragmentary
fragmento *nm* **-1.** *(pedazo)* fragment, piece **-2.** *(de película)* excerpt, clip; *(de novela)* excerpt, passage; *(de ópera, sinfonía)* passage
fragor *nm (de batalla)* clamour; *(de trueno)* crash; *(de tormenta)* roar, raging
fragoroso, -a *adj* roaring, thunderous
fragosidad *nf* **-1.** *(de terreno)* ruggedness **-2.** *(de monte)* ruggedness; *(de bosque)* denseness
fragoso, -a *adj* **-1.** *(terreno)* rough, rugged **-2.** *(monte)* rugged; *(bosque)* dense **-3.** *(ruidoso)* roaring, thunderous
fragua *nf* **-1.** *(fogón)* forge, furnace **-2.** *(taller)* forge
fraguado *nm (en fragua)* forging **-2.** CONSTR setting, hardening

fraguar [11] ◇ *vt* **-1.** *(forjar)* to forge **-2.** *(idear)* to think up
◇ *vi* **-1.** *(cemento)* to set, to harden **-2.** *(idea, plan)* to be successful; **su proyecto no llegó a ~** their project never came to anything
◆ **fraguarse** *vpr (tramarse)* to be in the offing; *(crearse, originarse)* to be hatched; **durante aquellos años se fraguó la revolución** it was during those years that the groundwork was laid for the revolution
fraile *nm* **-1.** *(sacerdote)* friar **-2.** *(pez)* (freshwater) blenny
frailecillo *nm* puffin
frailejón *nm* frailejon
frambuesa *nf* raspberry
frambueso *nm* raspberry cane
francachela *nf Fam* **-1.** *(juerga)* **se gastaron el premio en una ~** they blew the prize on a party; **estuvieron toda la noche de ~** they were out partying all night **-2.** *(comilona)* spread
francamente *adv* **-1.** *(con sinceridad)* frankly; **~, no sé por qué te enfadas** frankly *o* to be honest, I don't know why you're angry **-2.** *(verdaderamente)* really; **es ~ divertido** it's really funny
francés, -esa ◇ *adj* French
◇ *nm,f (persona)* Frenchman, *f* Frenchwoman; **los franceses** the French; EXPR **marcharse** *o* **despedirse a la francesa** to leave without even saying goodbye
◇ *nm* **-1.** *(lengua)* French **-2.** *muy Fam (felación)* blowjob
francesada *nf Fam Pey (costumbre)* Frenchified habit; **¡es una ~!** *(película, libro)* it's typical French *Br* rubbish *o US* trash!
francesilla *nf* turban *o* Persian buttercup
Fráncfort *n* **~ (del Meno)** Frankfurt (am Main)
franchute, -a *Fam* ◇ *adj* Froggy, = frequently pejorative term meaning "French"
◇ *nm,f (persona)* Frog, = frequently pejorative term referring to a French person
◇ *nm (lengua)* Frog
Francia *n* France
francio *nm* QUÍM francium
franciscano, -a ◇ *adj* Franciscan
◇ *nm,f* Franciscan
Francisco *n pr* **~ I/II** Francis I/II; **San ~ de Asís** St Francis of Assisi; **San ~ Javier** St Francis Xavier
francmasón *nm* Freemason
francmasonería *nf* Freemasonry
francmasónico, -a *adj* masonic
franco, -a ◇ *adj* **-1.** *(sincero)* frank, open; *(directo)* frank; **si quieres que te sea ~...** to tell you the truth..., to be honest with you...; **sé ~ y admite que te equivocaste** be honest and admit you were wrong
-2. *(sin obstáculos)* free; **golpe ~** *(en fútbol)* free kick; *Esp* **piso ~** safe house; **el camino estaba ~ de obstáculos** the road was clear **-3.** *(sin impuestos)* free; **puerto ~** free port; **~ de porte** *(carta)* postpaid; *(pedido)* carriage-paid; **~ a bordo** free on board
-4. *(manifiesto)* clear, marked; **el paciente ha experimentado una franca mejoría** the patient is markedly better *o* has clearly improved; **la economía ha sufrido un ~ deterioro** there has been a clear *o* marked downturn in the economy
-5. HIST Frankish
-6. estar ~ de servicio *(de permiso)* to be off duty; *CSur, Méx* **me dieron el día ~** they gave me the day off
◇ *nm,f* HIST *(persona)* Frank
◇ *nm* **-1.** *(moneda)* franc ❑ **~ belga** Belgian franc; **~ francés** French franc; **~ suizo** Swiss franc **-2.** *(lengua)* Frankish **-3.** *CSur, Méx (permiso)* **esta semana tengo ~** I'm off work this week; **ayer tuvimos ~** we had the day off yesterday
franco- *pref* Franco-; **~español** Franco-Spanish
francocanadiense ◇ *adj* French Canadian
◇ *mf* French Canadian

francófilo, -a ◇ *adj* francophile, pro-French
◇ *nm,f* francophile
francófobo, -a ◇ *adj* francophobe, anti-French
◇ *nm,f* francophobe
francófono, -a ◇ *adj* francophone
◇ *nm,f* Francophone
francotirador, -ora *nm,f* **-1.** MIL sniper **-2.** *(rebelde)* maverick
franela *nf* **-1.** *(tejido)* flannel **-2.** *Bol, Col, Ven (camiseta) (interior) Br* vest, *US* undershirt; *(exterior)* T-shirt **-3.** *Bol, Col, Ven (sudadera)* sweatshirt **-4.** *RP (trapo)* dust cloth, *Br* duster
franfrúter = frankfúrter
frangollo *nm Carib (dulce)* = dessert made from mashed bananas
franja *nf (banda, tira)* strip; *(en bandera, uniforme)* stripe ❑ *la Franja de Gaza* the Gaza Strip; *~ horaria (en televisión)* time slot; *(huso horario)* time zone
frankfúrter, franfrúter *nm Urug* hotdog
franqueadora *nf* franking machine
franquear ◇ *vt* **-1.** *(dejar libre)* to clear; **el guardia nos franqueó el paso** the guard let us pass
-2. *(atravesar) (río)* to negotiate, to cross; *(puerta)* to go through; *(frontera)* to cross; *también Fig ~ el umbral* to cross the threshold
-3. *(correo)* to attach postage to; *(con máquina)* to frank; **enviar un sobre franqueado** send a stamped (addressed) envelope; **a ~ en destino** *(en sobre)* postage paid, post-paid, *Br* ≃ Freepost
◆ **franquearse** *vpr* **franquearse (con alguien)** to open one's heart to sb
franqueo *nm* postage; *~ pagado* postage paid, post-paid, *Br* ≃ Freepost
franqueza *nf (sinceridad)* frankness, openness; **con toda ~** to be perfectly frank *o* honest
franquicia *nf* **-1.** *(tienda)* franchise **-2.** *(exención)* exemption ❑ *~ aduanera* duty-free allowance; *~ postal* exemption from postage, free postage **-3.** *(en seguro)* excess **-4.** *Urug* **franquicias** *(en club)* free membership; **este verano: franquicias** this summer: free membership
franquiciado *nm* COM franchisee, franchise-holder
franquiciador, -ora *nm,f* COM franchiser
franquismo *nm* **el ~** *(régimen)* the Franco regime; *(doctrina)* Francoism; **durante el ~** under Franco, when Franco was in power
franquista ◇ *adj* pro-Franco, Francoist; **el régimen ~** the Franco regime
◇ *nmf* supporter of Franco, Francoist
frasca *nf* carafe
frasco *nm* bottle; ⟦EXPR⟧ *Esp Fam Hum* **¡toma del ~ (Carrasco)!** (it) serves you right!
frase *nf* **-1.** *(oración)* sentence **-2.** *(locución)* expression ❑ *~ hecha (modismo)* set phrase; *(tópico)* cliché; *~ lapidaria* memorable phrase; *~ proverbial* proverbial expression **-3.** MÚS *~ (musical o melódica)* (musical) phrase
frasear *vt* to phrase
fraseo *nm* MÚS phrasing
fraseología *nf* **-1.** *(estilo)* phraseology **-2.** *(palabrería)* verbiage
fraternal *adj* brotherly, fraternal
fraternidad *nf* brotherhood, fraternity
fraternizar [14] *vi* to fraternize (**con** with)
fraterno, -a *adj* brotherly, fraternal
fratricida ◇ *adj* fratricidal
◇ *nmf* fratricide
fratricidio *nm* fratricide
fraude *nm* fraud ❑ *~ electoral* election *o* electoral fraud; *~ fiscal* tax evasion; *~ informático* computer fraud
fraudulencia *nf* fraudulence
fraudulentamente *adv* fraudulently, by fraudulent means
fraudulento, -a *adj* fraudulent; **consiguió la victoria de forma fraudulenta** he won by fraudulent means *o* by cheating

fray *nm* brother; **Fray Esteban** Brother Esteban
frazada *nf Am* blanket ❑ *~ eléctrica* electric blanket
freático, -a *adj* GEOL **capa freática** aquifer; **manto ~** aquifer; **nivel ~** water table, groundwater level
frecuencia *nf* **-1.** *(asiduidad)* frequency; **el tren pasa con una ~ de dos horas** there's a train every two hours; **con ~** often; **¿con qué ~?** how often? **-2.** FÍS frequency; **alta ~** high frequency; **baja ~** low frequency ❑ *~ muy alta* very high frequency; *~ modulada* frequency modulation; *~ natural* natural frequency
frecuentación *nf* frequenting
frecuentado, -a *adj* **una plaza muy frecuentada** a very busy square; **un lugar muy ~ por estudiantes** a place which is very popular with students; **un sitio ~ por carteristas** a place frequented by pickpockets
frecuentar *vt* **-1.** *(lugar)* to frequent; **frecuenta unos ambientes poco recomendables** he has some rather dubious haunts **-2.** *(persona)* to see, to visit; **fuera del trabajo, no frecuenta a sus compañeros** she doesn't socialize with *o* see her colleagues outside work
frecuentativo, -a *adj* frequentative
frecuente *adj (reiterado)* frequent; *(habitual)* common
frecuentemente *adv* frequently
Fredemo [fre'ðemo] *nm (abrev de Frente Democrático)* = coalition of right wing Peruvian parties
freelance, free lance ['frilans] ◇ *adj inv* freelance
◇ *nmf inv* freelance; **colabora como ~ en varias revistas** he freelances for several magazines
free shop ['friʃop] *(pl free shops) nm RP* duty-free shop
Freetown ['fritaun] *n* Freetown
freeware ['friwer] *nm* INFORMÁT freeware
freezer ['friser] *(pl freezers) nm Am* freezer
fregada *nf* **-1.** *(limpiada)* scrub, scrubbing **-2. está que se lo lleva la ~** he's at his wits' end; **irse algo a la ~** to go to pot; **me dijo que yo era egoísta, egocéntrica, mezquina y la ~** he called me selfish, egocentric, mean and everything else you can think of; **cuando se van de vacaciones cargan con todo, la tostadora, el televisor, la cafetera, la licuadora y la ~** whenever they go on holidays they take everything but the kitchen sink: the toaster, the telly, the coffee machine, the blender; ⟦EXPR⟧ *Méx Fam* **mandar a alguien a la ~** to tell sb to get lost
fregadera *nf Andes, CAm, Carib, Méx Fam* pain, drag; **ir al supermercado es una ~** going to the supermarket is such a pain *o* drag; **tener que estudiar, ¡qué ~!** what a pain *o* drag it is, having to study!
fregadero *nm* (kitchen) sink
fregado, -a ◇ *adj Andes, Méx, Ven Fam* **-1.** *(persona) (ser)* annoying; **mi vecino es muy ~** my neighbour's a real pain **-2.** *(persona) (estar)* **perdí las llaves, ¡estoy fregada!** I've lost my keys, I've had it! **-3.** *(situación)* tricky; **este problema es muy ~** this problem is really tricky *o* a real stinker **-4.** *(objeto)* bust; **ese reloj está ~** that watch has had it
◇ *nm* **-1.** *(lavado) (de platos, suelo)* wash; *(frotando)* scrub **-2.** *Fam (lío)* mess; **meterse en un ~** to get into a mess **-3.** *Fam (discusión)* row, rumpus
◇ *nm,f Andes, Méx, Ven Fam (persona)* pain, awkward customer; **tu hermano es un ~** your brother's an awkward little beggar
fregador, -ora *nm,f Cuba* dishwasher
fregar [43] ◇ *vt* **-1.** *(limpiar)* to wash; *(frotar)* to scrub; *~ los platos* to wash the dishes, *Br* to do the washing-up; *~ el suelo* to mop the floor
-2. *Andes, Méx, Ven Fam (molestar)* to bother, to pester; **no friegues al perro** don't annoy the dog; **me está fregando la paciencia** he's driving me up the wall
-3. *Andes, Méx, Ven Fam (estropear)* **vas a ~ el**

televisor you're going to bust the television; **la lluvia nos fregó el fin de semana** the rain messed up our weekend
-4. *Andes, Méx, Ven Fam (fastidiar)* **me fregó con su decisión de quedarse en mi casa** it was a pain, him deciding to stay in my house
◇ *vi* **-1.** *(limpiar)* to clean; *(frotar)* to scrub; *(limpiar los platos)* to wash the dishes, *Br* to do the washing-up **-2.** *Andes, Méx, Ven Fam (molestar)* to be a pain; **¡deja de ~!** stop being such a pain!; **lo hace por ~** he just does it to be a pain **-3.** *Andes, Méx, Ven Fam* **¡no friegues!** *(expresando sorpresa)* you're kidding!, you can't be serious!
◆ **fregarse** *vpr* **-1.** *Andes, Méx, Ven Fam (estropearse)* **se nos han fregado las vacaciones** that's gone and messed our holidays up **-2.** *Andes, Méx, Ven Fam (fastidiarse)* **si no está de acuerdo, que se friegue** if she doesn't like it, she can lump it
fregón[1] *nm RP* scourer
fregón[2], **-ona** *Fam* ◇ *adj* **-1.** *Col, Ecuad, Méx (molesto)* annoying; **¡es más fregona!** she's such a pain! **-2.** *Méx (sobresaliente)* wicked; **es bien ~ para la física** he's really hot *o Br* ace at physics; **tiene una moto fregona** she's got this wicked *o Br* ace motorbike
◇ *nm,f Col, Ecuad, Méx* pain
fregona *nf* **-1.** *Esp (utensilio)* mop; **pasar la ~** to mop **-2.** *Fam Pey (criada)* skivvy
fregotear *vt Fam* to give a good wash to; *~ el suelo* to give the floor a good mop
freidora *nf* deep fat fryer
freiduría *nf* = shop where fried food, especially fish, is cooked and served
freír [56] ◇ *vt* **-1.** *(alimento)* to fry; *(con mucho aceite)* to deep fry **-2.** *Fam (molestar)* *~ a alguien a preguntas* to pester sb with questions; **me están friendo con tantas peticiones** they've got me at my wits end with all these requests **-3.** *Fam (matar)* *~ a alguien (a tiros)* to gun sb down
◆ **freírse** *vpr* to fry; *Fam* **me estoy friendo (de calor)** I'm boiling *o* roasting
frejol, fréjol *nm Andes, CAm, Méx* bean
FRELIMO [fre'limo] *nm (abrev de Frente de Liberación de Mozambique)* FRELIMO
frenada *nf Am (frenazo)* **dar una ~** to brake hard; **el cinturón protege en caso de ~** the seat belt protects you if the driver brakes suddenly
frenado *nm* braking
frenar ◇ *vt* **-1.** *(en vehículo)* to brake **-2.** *(contener)* to check; *(disminuir)* to curb, to slow down; **medidas para ~ el desempleo** measures to curb unemployment; **nadie pudo ~ a la estrella brasileña** no one could stop the Brazilian star; **los altos tipos de interés frenan a los inversores** the high interest rates are holding investors back
◇ *vi (en vehículo)* to brake
◆ **frenarse** *vpr* **-1.** *(detenerse)* to slow down **-2.** *(contenerse)* to restrain oneself
frenazo *nm* **-1.** *(en vehículo)* **dar un ~** to brake hard; **el cinturón protege en caso de ~** the seat belt protects you if the driver brakes suddenly **-2.** *(parón)* sudden stop; **el ~ del crecimiento económico** the sharp slowdown in economic growth
frenesí *(pl frenesíes) nm* frenzy; **trabajaba con ~** she was working frenetically; **se besaban con ~** they were kissing passionately
frenéticamente *adv* frenziedly, frantically
frenético, -a *adj* **-1.** *(colérico)* furious, mad; **su hermana lo pone ~** his sister drives him mad **-2.** *(enloquecido)* frenzied, frantic
frenillo *nm* **-1.** *(membrana)* frenum, frenulum **-2.** *(defecto del habla)* = speech impediment caused by defect in frenum **-3.** *CAm, Carib (de cometa)* kite strings
freno ◇ *nm* **-1.** *(en automóvil)* brake; **pisar el ~** to step on the brakes; ⟦EXPR⟧ *Fam* **¡echa el ~!** *(detente, cállate)* put a sock in it!, that's enough of that!; *(no te pases)* hold your horses! ❑ *frenos ABS* ABS brakes; *~*

frenología / **frío**

automático automatic brake; **frenos de disco** disc brakes; **~ hidráulico** hydraulic brake; **~ de mano** *Br* handbrake, *US* emergency brake; **~ neumático** air brake; **~ de pie** foot brake; **~ de tambor** drum brake; **~ de vacío** vacuum brake
-2. *(de caballerías)* bit; **morder** *o* **tascar el ~** to champ at the bit
-3. *(contención)* check; **la inflación es un ~ al crecimiento** inflation holds back growth; **una lucha sin ~** an all-out struggle; **su deseo de poder no tiene ~** his lust for power is insatiable; **poner ~ a** to put a stop to
◇ *nmf* **frenos** *Méx (en ortodoncia)* braces, *Br* brace

frenología *nf* phrenology
frenólogo, -a *nm,f* phrenologist
frenopatía *nf* psychiatry
frenopático, -a ◇ *adj* psychiatric
◇ *nm Fam (manicomio)* loony bin
frentazo *nm* **-1.** *Méx (decepción)* blow, disappointment **-2.** *RP (golpe) (con la frente)* head butt; *(en la frente)* bump on the head; **se dio un ~ con** *o* **contra la lámpara** he bumped his head on the lamp **-3.** *DEP* header
frente ◇ *nf* forehead; **arrugar la ~** to knit one's brow, to frown; **~ a** face to face; EXPR **ir con la ~ muy alta** to hold one's head high
◇ *nm* **-1.** *(parte delantera)* front; **el ~ de la casa está pintado de amarillo** the front of the house is painted yellow; **que den un paso al ~ los voluntarios** could the volunteers please step forward?; **su hermano está al ~ de la compañía** her brother is in charge of the company; **marchaba al ~ de los manifestantes** she was marching at the front of *o* leading the demonstration; **el Académico sigue al ~ de la liga** Académico are still top of the league; *Am* **pasar al ~** *(en clase)* to come to the front of the class *(to recite a lesson)*; **de ~** *(hacia delante)* forwards; *(uno contra otro)* head on; **chocaron de ~** they collided head on, they were involved in a head-on collision; **me encontré de ~ con él** I found myself face to face with him; **abordar un problema de ~** to tackle a problem head on; *Am* **de ~ a** facing; **se puso de ~ a la casa** he stood facing the house; **hay una panadería en ~** there's a baker's opposite; **en ~ de mi casa** opposite my house; **~ a** *(enfrente de)* opposite; **se encuentra ~ a él** she's opposite him
-2. *MIL* front; **murió en el ~** he died on the front; **hacer** *o* **formar ~ común** to make common cause □ **~ de batalla** battlefront
-3. *METEO* front □ **~ cálido** warm front; **~ frío** cold front
-4. *(grupo, organización)* front □ **Frente Amplio** = coalition of left-wing Uruguayan political parties; **~ popular** popular front; **Frente Sandinista (de Liberación Nacional)** Sandinista (National Liberation) Front
-5. hacer ~ a algo *(enfrentar algo)* to face up to sth, to tackle sth; **hicieron ~ a la situación** they faced up to the situation; **hacer ~ a un problema** to tackle a problem
◇ *prep* **~ a la injusticia es necesario actuar** we must combat injustice; **estamos ~ a una revolución científica** we are facing a scientific revolution; **~ al cielo nublado de ayer, hoy tendremos sol** unlike yesterday, when it was cloudy, today it will be sunny; **~ a las duras críticas de la oposición...** in the face of harsh criticism from the opposition...; **~ a los habitantes de la costa, los del interior...** compared to people who live on the coast, those who live inland...

frenteamplismo *nm* POL = ideology of the Uruguayan "Frente Amplio" coalition
frentista, frenteamplista POL ◇ *adj* = of/ relating to the Uruguayan "Frente Amplio" coalition
◇ *nmf* = member of the "Frente Amplio" coalition

Frepaso [fre'paso] *nm* POL *(abrev de* **Frente País Solidario***)* = Argentinian centre-left political party

fresa ◇ *nf* **-1.** *Esp, CAm, Carib, Méx (fruto)* strawberry **-2.** *Esp, CAm, Carib, Méx (planta)* strawberry plant **-3.** *(de dentista)* drill **-4.** *(de orfebre)* milling cutter
◇ *adj Méx Fam* **-1.** *(esnob)* posh **-2.** *(conservador)* square
◇ *nmf Méx Fam (esnob)* posh person

fresador, -ora *nm,f (persona)* milling machine operator
fresadora *nf (máquina)* milling machine
fresar *vt* to mill
fresca *nf* **-1.** *(frescor)* **salir a tomar la ~** to go out for a breath of fresh air; **saldremos por la mañana, con la ~** we'll leave early in the morning when it's cool **-2.** *Fam (insolencia)* EXPR **soltarle una ~** *o* **cuatro frescas a alguien** to tell sb a few home truths **-3.** *Pey (mujer)* loose woman **-4.** *Méx (cubalibre)* tequila and coke
frescales *nmf inv Esp Fam* brazen *o* cheeky person
fresco, -a ◇ *adj* **-1.** *(temperatura, aire)* cool; **corría un viento ~** there was a cool breeze; **tómate algo ~** have a cold drink
-2. *(ropa)* **un vestido ~** a cool dress
-3. *(alimento) (reciente)* fresh
-4. *(alimento) (no congelado)* fresh
-5. *(pintura, tinta)* wet
-6. *(lozano)* fresh; **ha pasado la noche en vela y está tan ~** he was up all night but he's still fresh as a daisy; EXPR *Fam* **estar ~ como una rosa** to be as fresh as a daisy
-7. *(despreocupado)* **no ha estudiado y sigue tan ~** he hasn't studied but he's not in the least bothered; *Fam* **quedarse tan ~** not to bat an eyelid; *Fam* **dijo una tontería enorme y se quedó tan ~** he made an incredibly stupid remark and just carried on as if nothing was wrong; *Fam* **no sé cómo te puedes quedar tan ~ después de lo que ha pasado** I don't know how you can be so laid-back after what happened
-8. *(espontáneo)* fresh; **este escritor tiene un estilo ~** this writer has a refreshing style
-9. *(reciente)* fresh; **noticias frescas** fresh news
-10. *(caradura)* cheeky, forward, *US* fresh; **¡qué ~!** what a nerve *o* cheek!
-11. *Pey (mujer)* loose
◇ *nm,f (caradura)* cheeky *o* forward person; **es un ~** he's really cheeky *o* forward
◇ *nm* **-1.** *(frescor)* coolness; **al ~** in a cool place; **hace ~** it's chilly; **tomar el ~** to get a breath of fresh air **-2.** *ARTE* fresco; **al ~** in fresco **-3.** *Andes, CAm, Méx (refresco)* soft drink
-4. EXPR *Fam* **me trae al ~ lo que digan los demás** I don't give two hoots what people say

frescor *nm* coolness, freshness
frescura *nf* **-1.** *(de fruta, verdura)* freshness **-2.** *(espontaneidad)* freshness **-3.** *(descaro)* cheek, nerve; **¡qué ~!** what a cheek *o* nerve!
fresno *nm* ash (tree)
fresón *nm* large strawberry
fresquera *nf* food cabinet
fresquería *nf Am* refreshment stand
fresquilla *nf (fruta)* = type of peach
FRETILIN [fre'tilin] *nm (abrev de* **Frente Timorense de Liberación Nacional***)* FRETILIN
freudiano, -a [froi'ðjano, -a] *adj* Freudian
freza *nf* **-1.** *(desove)* spawning **-2.** *(huevos)* spawn
frezar [14] *vi (desovar)* to spawn
FRG *nm (abrev de* **Frente Republicano Guatemalteco***)* = Guatemalan right-wing political party
fría *nf Col, Ven Fam* cold beer
friable *adj* friable
frialdad *nf* **-1.** *(baja temperatura)* coldness **-2.** *(indiferencia)* **la ~ de su mirada** the coldness of her look; **le recibieron con ~** he was given a rather cool reception; **me trata con mucha ~** he's very cold towards me, he

treats me very coldly **-3.** *(serenidad)* **examinar las cosas con ~** to look at things calmly *o* coolly
fríamente *adv* **-1.** *(con indiferencia)* coldly, coolly; **me miró ~** he looked at me coldly, he gave me a cold look; **la recibieron muy ~** she got a very cool *o* chilly reception **-2.** *(con serenidad)* calmly, coolly; **debemos abordar el problema ~** we must tackle the problem calmly
fricación *nf* LING friction
fricase *nm* fricassee
fricativa *nf* LING fricative
fricativo, -a *adj* LING fricative
fricción *nf* **-1.** *(rozamiento)* friction **-2.** *(tensión)* friction; **hubo fricciones entre los negociadores** there was some friction between the negotiators **-3.** *(friega)* rub, massage; **dar fricciones** to give a rubdown *o* massage
friccionar *vt* to rub, to massage
fríe *ver* **freír**
friega *nf* **-1.** *(masaje)* massage, rub; **dar friegas de alcohol a alguien** to give sb an alcohol rub **-2.** *Andes, Méx Fam (molestia)* pain, drag **-3.** *Andes, Méx Fam (zurra)* thrashing, hiding; **dar una ~ a alguien** to give sb a thrashing *o* hiding
friegaplatos ◇ *nm inv (máquina)* dishwasher
◇ *nmf inv (persona)* dishwasher
friego *etc ver* **fregar**
friera *etc ver* **freír**
Frigia *n* HIST Phrygia
frigider, friyider *nm Andes* refrigerator, *Br* fridge, *US* icebox
frigidez *nf* **-1.** *(sexual)* frigidity **-2.** *(de acogida, respuesta)* coldness, frostiness
frígido, -a *adj* **-1.** *(persona)* frigid **-2.** *(acogida, respuesta)* cold, frosty
frigio, -a HIST ◇ *adj* Phrygian
◇ *nm,f* Phrygian
frigoría *nf* FÍS negative kilo-calorie
frigorífico, -a ◇ *adj (que produce frío)* **cámara frigorífica** cold store; **camión ~** refrigerated *Br* lorry *o US* truck; *RP* **planta frigorífica** meat processing plant
◇ *nm* **-1.** *Esp (nevera)* refrigerator, *Br* fridge, *US* icebox **-2.** *RP (matadero)* meat processing plant
frigorista *nmf* refrigeration engineer
frijol, fríjol *nm Andes, CAm, Carib, Méx* bean
frijolar *nm* beanfield
frío *ver* **freír**
frío, -a ◇ *ver* **freír**
◇ *adj* **-1.** *(a baja temperatura)* cold; **una bebida fría** a cold drink; **hoy está el día ~** it's cold today; **tengo las manos frías** my hands are cold; **me he quedado ~ esperándote** I've got cold waiting for you; **me quedé ~ cuando me lo contaron** I was stunned when they told me; EXPR **dejar a alguien ~** to leave sb cold; **el fútbol me deja ~** football leaves me cold
-2. *(que no abriga)* not very warm; **esta camisa es muy fría** this shirt isn't very warm
-3. *(tono, color)* cold; **es una habitación muy fría** it's a very cold *o* unwelcoming room
-4. *(indiferente)* cold; **es demasiado fría y calculadora** she's too cold and calculating; **un recibimiento muy ~** a cold *o* frosty reception; **me dirigió una fría mirada** he gave me a cold look, he looked at me coldly; **estuvo muy ~ conmigo** he was very cold towards me
-5. *(sereno)* cool, calm; **mantener la cabeza fría** to keep a cool head
-6. *Fam (al buscar algo)* (you're) cold!
◇ *nm* **-1.** *(baja temperatura)* cold; **¡qué ~ (hace)!** it's freezing!; *Fam* **¡hace un ~ que pela!** it's freezing cold!; **los montañeros se murieron de ~** they mountaineers froze to death; *Fam* **¡me muero de ~!** I'm freezing (to death)!
-2. *(sensación)* **tener ~** to be *o* feel cold; **tengo ~ en la orejas** my ears are cold; *Esp* **coger** *o Am* **tomar ~** to catch a chill; EXPR **no me da ni ~ ni calor** I can leave it or leave it
◇ **en frío** *loc adv* **el aceite hay que cambiarlo en ~** the engine has to be cold when you change the oil; **mañana, en ~, lo**

friolento

analizarás mejor tomorrow, in the cold light of day, you'll look at it more clearly; **sorprendido en ~, no supe qué decir** they caught me cold and I didn't know what to say; EXPR *Esp Fam* **coger a alguien en ~** to catch sb on the hop
friolento, -a *adj Am* ◇ *adj* sensitive to the cold
  ◇ *nm,f* **es un ~** he really feels the cold
friolera *nf Fam* **costó la ~ de 20.000 pesos** it cost a cool 20,000 pesos
friolero, -a *Esp* ◇ *adj* sensitive to the cold
  ◇ *nm,f* **es un ~** he really feels the cold
friqui *nm (en fútbol)* free kick
frisa *nf* -1. *(tela)* frieze -2. *CSur (de felpa)* nap
frisar ◇ *vt* **frisa los cuarenta** she's getting on for forty, she's pushing forty
  ◇ *vi* **su edad frisa en los sesenta** he's getting on for sixty, he's pushing sixty
frisbee® ['frisβi:] *nm* frisbee®
friso *nm* -1. ARQUIT frieze -2. *(zócalo)* skirting board
frisón, -ona ◇ *adj* Frisian
  ◇ *nm,f* Frisian
fritada *nf* fry-up, dish of fried food
fritanga *nf Fam* -1. *Esp (comida frita)* fry-up; **olor a ~** smell of fried food -2. *Am Pey (comida grasienta)* greasy food
fritanguería *nf Am Fam* = cheap restaurant or stall selling fried snacks
fritar *vt Am* to fry
frito, -a ◇ *participio ver* **freír**
  ◇ *adj* -1. *(alimento)* fried
  -2. *Fam (harto)* fed up (to the back teeth); **me tienen ~ con tantas quejas** I'm sick (and tired) of all their complaining; **estos niños me tienen frita** I'm fed up with these children
  -3. *Fam (exhausto)* fit to drop, shattered
  -4. *Fam (dormido)* flaked out, asleep; **me estoy quedando ~** I'm nodding off; **todas las noches se queda ~ en el sofá** in the evenings, he flakes out on the sofa
  -5. *Esp Fam (muerto)* dead, stiff; **lo dejaron ~ delante de su casa** they did him in *o* bumped him off right outside his house
  -6. *RP Fam (perdido)* **si no cobramos hoy, estamos fritos** if we don't get paid today, we've had it
  ◇ *nmpl* **fritos** fried food
fritura *nf* fry-up, dish of fried food
frívolamente *adv* frivolously
frivolidad *nf* frivolity; **con ~** frivolously
frivolité *nm* tatting
frívolo, -a *adj* -1. *(superficial)* frivolous -2. *(despreocupado)* flippant
friyider = **frigider**
fronda *nf* -1. *(follaje)* foliage, leaves -2. *(hoja)* frond
frondosidad *nf* leafiness
frondoso, -a *adj (planta, árbol)* leafy; *(bosque)* dense
frontal ◇ *adj* -1. *(ataque)* frontal; *(colisión)* head-on; **la parte ~** the front, the front part; **cuenta con mi oposición ~** I am totally opposed to it -2. ANAT frontal
  ◇ *nm* -1. ANAT *(hueso)* frontal bone -2. ANAT *(músculo)* frontal muscle -3. *(de automóvil)* front
frontalmente *adv* head-on; **chocaron ~ they** collided head-on, they had a head-on collision; **se opuso ~ a la iniciativa** he was totally opposed to the initiative
frontenis *nm inv* DEP = ball game played on pelota court with rackets and balls similar to those used in tennis, *US* ≃ racquetball
frontera *nf* -1. *(división administrativa)* border
  -2. *(límite)* bounds; **dice que no está clara la ~ entre amor y odio** he says there is no clear dividing line between love and hate; **una película en la ~ del mal gusto** a movie *o Br* film bordering on bad taste; **su ambición no tiene fronteras** her ambition is limitless *o* knows no bounds; **alcanzó el éxito ya en la ~ de la vejez** he achieved success just as he was reaching old age

fronterizo¹, -a *adj* border; **Perú es ~ con Brasil** Peru shares a border with Brazil; **ciudad fronteriza** border town; **conflicto ~** border dispute
fronterizo², -a *Urug* ◇ *adj* of/from the border region with Brazil
  ◇ *nm,f* person from the border region with Brazil
  ◇ *nm* = border variety of Spanish influenced by Brazilian Portuguese
frontero, -a *adj* facing, opposite
frontil *nm Am (para caballos)* browband
frontis *nm inv* facade
frontispicio *nm* -1. *(de edificio) (fachada)* facade -2. *(de edificio) (remate)* pediment -3. *(de libro)* frontispiece
frontón *nm* -1. *(deporte)* pelota -2. *(cancha)* pelota court -3. ARQUIT pediment
frotación *nf*, **frotamiento** *nm* rubbing
frotar ◇ *vt (rozar, masajear)* to rub; *(al fregar)* to scrub
  ◇ *vi (rozar, masajear)* to rub; *(al fregar)* to scrub
  ◆ **frotarse** *vpr* **frotarse las manos** *(por frío, entumecimiento)* to rub one's hands (together); *(regocijarse)* to rub one's hands (with glee)
frote *nm* rub, rubbing; **darle un buen ~ a algo** to give sth a good rub
frotis *nm inv* smear ❑ **~ cervical** cervical smear; **~ de exudado nasal** nasal swab *o* smear
fructífero, -a *adj* fruitful
fructificación *nf* fructification
fructificar [59] *vi* -1. *(sujeto: árbol)* to bear *o* produce fruit -2. *(dar resultados)* to bear fruit
fructosa *nf* fructose
fructuoso, -a *adj* fruitful
frufrú *nm* swish
frugal *adj* frugal
frugalidad *nf* frugality
frugalmente *adv* frugally
frugívoro *adj* ZOOL fruit-eating
fruición *nf* gusto, delight; **comió con ~** she ate with relish *o* gusto; **devoró la novela con ~** she gleefully devoured the novel
frunce *nm (en tela)* gathering
fruncido, -a ◇ *adj* -1. *(tela)* gathered -2. **entró con el ceño ~** he was frowning as he came in -3. *(persona)* grumpy; **no me cae nada bien, está siempre ~** I don't like him much, he's always so grumpy
  ◇ *nm (en tela)* gathering
fruncir [72] *vt* -1. *(tela)* to gather -2. *(labios)* to purse; **~ el ceño** to frown
fruslería *nf* triviality, trifle
frustración *nf* frustration
frustrado, -a *adj* -1. *(persona)* frustrated; **se quedó muy ~ cuando se enteró del suspenso** he was very frustrated when he found out he'd failed -2. *(plan)* failed; **un golpe de Estado ~** a failed coup; **un intento ~ de mandar una nave tripulada a Marte** an unsuccessful attempt to send a manned spacecraft to Mars
frustrante *adj* frustrating
frustrar ◇ *vt* -1. *(persona)* to frustrate -2. *(posibilidades, ilusiones)* to thwart, to put paid to; *(plan, robo)* to thwart; **el mal tiempo frustró nuestras vacaciones** the bad weather ruined our holiday
  ◆ **frustrarse** *vpr* -1. *(persona)* to get frustrated -2. *(ilusiones)* to be thwarted; *(proyecto)* to fail
fruta *nf* fruit ❑ *Cuba* **~ bomba** papaya; **~ confitada** candied *o* crystallized fruit; **~ escarchada** candied *o* crystallized fruit; *RP* **~ de estación** seasonal fruit, fruit in season; **~ de la pasión** passion fruit; **la fruta prohibida** the forbidden fruit; *Esp* **~ de sartén** fritter; **~ del tiempo** seasonal fruit, fruit in season
frutal ◇ *adj* fruit; **árbol ~** fruit tree
  ◇ *nm* fruit tree
frutera *nf CSur* fruit bowl
frutería *nf* fruit shop

frutero, -a ◇ *nm,f (persona)* fruit seller, *Br* fruiterer
  ◇ *nm (recipiente)* fruit bowl
frutícola *adj* **la producción ~** fruit production; **una región ~** a fruit-growing region
fruticultor, -ora *nm,f* fruit grower *o* farmer
fruticultura *nf* fruit farming
frutilla *nf Bol, CSur, Ecuad* strawberry
frutillado, -a *adj Am* **leche frutillada** strawberry-flavoured milk drink
fruto *nm* -1. *(naranja, plátano)* fruit; *(nuez, avellana)* nut ❑ **~ prohibido** forbidden fruit; **esos lujos son, para mí, ~ prohibido** I can't permit myself such luxuries; **frutos secos** dried fruit and nuts
  -2. *(resultado)* fruit; **fue ~ de su empeño** it was the fruit *o* result of her efforts; **no es más que el ~ de su imaginación** it's just a figment of his imagination; **dar ~** to bear fruit; **sacar ~ a** *o* **de algo** to profit from sth; **los frutos de la tierra** the fruits of the earth
FSE *nm* UE *(abrev de* **Fondo Social Europeo***)* ESF
FSLN *nm (abrev de* **Frente Sandinista de Liberación Nacional***)* FSLN, Sandinista National Liberation Front
FTP INFORMÁT *(abrev de* **file transfer protocol***)* FTP; **hacer ~** to do FTP ❑ **~ anónimo** anonymous FTP
fu: ni fu ni fa *loc adv Fam* so-so; **¿te gustó? – ni fu ni fa** did you like it? – it was so-so; **¿te gustaría ir? – ni fu ni fa** would you like to go? – I'm not that bothered (either way); **a mí la natación ni fu ni fa** as far as swimming's concerned, I can take it or leave it
fuchi *interj Méx Fam* ugh!, yuck!
fuco *nm* wrack
fucsia ◇ *nf (planta)* fuchsia
  ◇ *adj inv (color)* fuchsia
  ◇ *nm inv (color)* fuchsia
fucú *nm Col Fam* bad luck
FUCVAM [fuk'βam] *(abrev de* **Federación Uruguaya de Cooperativas de Viviendas por Ayuda Mutua***)* = umbrella organization for Uruguayan housing cooperatives
fue -1. *ver* **ir** -2. *ver* **ser**
fuego ◇ *nm* -1. *(incandescencia)* fire; **pegar ~ a algo** to set sth on fire, to set fire to sth; EXPR **echar ~ por los ojos** to look daggers; EXPR **jugar con ~** to play with fire ❑ **fuegos artificiales** fireworks; **fuegos de artificio** fireworks; **~ fatuo** will-o'-the-wisp; **~ de San Telmo** St Elmo's fire
  -2. *(hoguera)* fire; **atizar el ~** to poke the fire; **hacer un ~** to make a fire
  -3. *(incendio)* fire; **los bomberos no pudieron controlar el ~** the firemen couldn't control the fire *o* blaze
  -4. *(para cigarrillo)* **pedir/dar ~** to ask for/give a light; **¿tiene ~?** have you got a light?
  -5. *(de cocina, fogón)* ring, burner; *(eléctrico)* ring; *(de vitrocerámica)* ring; **una cocina de cuatro fuegos** a cooker with four rings; **poner el agua al ~ hasta que empiece a hervir** heat the water until it starts to boil; **a ~ lento/vivo** *(cocinar)* over a low/high heat; **apagar/bajar el ~** to turn off/lower the heat
  -6. *(disparos)* fire; **abrir** *o* **hacer ~** to fire, to open fire; **romper el ~** to open fire; EXPR **estar entre dos fuegos** to be between the devil and the deep blue sea ❑ **~ cruzado** crossfire
  -7. *(apasionamiento)* passion, ardour; **la distancia avivó el ~ de su pasión** distance rekindled the fires of his passion; **tenía ~ en la mirada** his eyes blazed (with passion/anger)
  -8. *(sensación de ardor)* heat, burning
  ◇ *interj* fire!
fueguino, -a ◇ *adj* of/from Tierra del Fuego *(Argentina and Chile)*
  ◇ *nm,f* person from Tierra del Fuego *(Argentina and Chile)*
fuel *nm* fuel oil
fuelle *nm* -1. *(para soplar)* bellows -2. *(de maletín, bolso)* accordion pleats -3. *(de cámara fotográfica)* bellows -4. *(entre vagones)* connecting corridor, concertina vestibule

fuel-oil, fuelóleo nm fuel oil

fuente nf **-1.** *(para beber)* fountain ❑ **~ de agua potable** drinking fountain; *Chile, Carib, Col, Méx* **~ de soda** *(cafetería)* = cafe or counter selling ice cream, soft drinks etc, *US* soda fountain
-2. *(bandeja)* (serving) dish
-3. *(de información)* **no quiso revelar su ~ de información** he didn't want to reveal the source of his information; **fuentes oficiosas/oficiales** unofficial/official sources; **según fuentes del ministerio de Educación...** according to Ministry of Education sources...; **ha manejado gran número de fuentes para escribir su tesis** she has made use of many sources to write her thesis
-4. *(origen)* source; **la Biblia es la ~ de muchas obras medievales** the Bible provides the source material for many medieval works ❑ **~ de energía** energy source; **~ de energía ecológica/limpia/renovable** environmentally-friendly/clean/renewable source of energy; **~ de ingresos** source of income; **~ de riqueza** source of wealth
-5. *(causa)* cause, source; **~ de problemas** a source of problems *o* trouble; **la falta de higiene es ~ de infecciones** lack of hygiene is a cause of infection
-6. *(manantial)* spring ❑ **~ termal** thermal spring
-7. ~ de alimentación ELEC feed source; INFORMÁT power supply
-8. IMPRENTA font

fuentón nm *RP* = large washing-up bowl

fuer: a fuer de *loc adv Anticuado* as a, like a; **a ~ de hombre de bien** as a good man

fuera ◇ **-1.** *ver* **ir**
-2. *ver* **ser**
◇ *adv* **-1.** *(en el exterior)* outside; **hace frío ~** it's cold outside; **lo echó ~** she threw him out; **salen mucho a comer ~** they eat out a lot; **~ de la casa** outside the house; **el ruido viene de ~** the noise is coming from outside; **hacia ~** outwards; **sólo vimos la catedral por ~** we only saw the cathedral from the outside; **llevas la camisa por ~** your shirt isn't tucked in properly; **por ~ es de color amarillo** it's yellow on the outside
-2. *(en otro lugar)* away; *(en el extranjero)* abroad; **de ~** *(extranjero)* from abroad; **Marta está ~** *(de viaje)* Marta is away; *(ha salido)* Marta is out; **a los de ~ les sorprenden mucho las costumbres locales** people who aren't from round here *o* strangers find the local customs very strange
-3. ~ de *(alcance, peligro)* out of; *(cálculos, competencia)* outside; **estar ~ de sí** to be beside oneself (with rage); **ese comentario está ~ de lugar** that remark is out of place; **~ de plazo** after the closing date; **~ de la ley** illegal; **~ de control** out of control; **presentó su película ~ de concurso** his film was shown, but not judged as part of the competition
-4. DEP *(de límites)* **la pelota salió ~** the ball went out (of play) ❑ **~ de banda** out of play; **~ de combate** knocked out; *Fig* out of action; **~ de juego** offside; **estar en ~ de juego** to be offside; EXPR *Esp* **pillar a alguien en ~ de juego** to catch sb out; *Am* **~ de lugar** offside; *Am* **estar en ~ de lugar** to be offside
-5. DEP *(en campo ajeno)* away; **jugar ~** to play away (from home); **el equipo de ~** the away team
-6. ~ de *(excepto)* except for, apart from; **~ de eso, he cumplido todos tus caprichos** apart from that, I've done everything you wanted me to; **~ de bromas, ¿has fijado ya una fecha para la boda?** seriously though *o* joking apart, have you set a date for the wedding yet?; **~ de serie** exceptional, out of the ordinary; EXPR **ser un ~ de serie** to be one of a kind
◇ *interj* *(de habitación, lugar)* get out!; *(en el teatro)* get off!; **¡~, ~, ~!** *(cántico)* off!, off!, off!; **¡~ los políticos corruptos!** out with all corrupt politicians!; **¡~ de aquí!** get out of my sight!

fueraborda ◇ *adj inv* outboard; **motor (de) ~** outboard motor *o* engine; **lancha ~** outboard, boat with outboard motor
◇ *nm inv (motor)* outboard motor *o* engine
◇ *nf inv (lancha)* outboard, boat with outboard motor

fuerce *ver* **forzar**

fuereño, -a nm,f *Méx Fam* stranger; **es un ~** he's not from round here

fuero nm **-1.** *(ley local)* = ancient regional law still existing in some parts of Spain **-2.** *(jurisdicción)* code of laws **-3.** EXPR **en su ~ interno** in her heart of hearts, deep down; **el equipo ha vuelto por sus fueros** the team has recovered its form

fuerte ◇ *adj* **-1.** *(persona) (físicamente)* strong; EXPR **estar ~ como un roble** to be as strong as an ox
-2. *(persona) (psicológicamente)* strong; **tiene un carácter muy ~** she has a strong character
-3. hacerse ~ en MIL to make one's stronghold in; *Fig* **el equipo se hizo ~ en su área** the team fell back into their own half
-4. *(material)* strong; **necesito un tejido ~** I need a strong material
-5. *(viento)* strong; *(lluvia)* heavy
-6. *(intenso) (frío, dolor, color)* intense; *(golpe, pelea)* hard
-7. *(medicamento)* powerful
-8. *(influyente, sólido)* strong; **es una empresa ~ en el sector** the company's strong in this sector; **una moneda ~** a strong currency; **fuertes razones** powerful reasons
-9. *(violento, impactante)* powerful, shocking; **lenguaje ~** strong language; **un chiste ~** a crude joke; **algunas de las escenas son muy fuertes** some of the scenes are very shocking
-10. *(grande)* large, considerable; **una ~ cantidad de dinero** a large *o* considerable amount of money; **una ~ presencia de artistas caribeños** a large contingent of Caribbean artists
-11. *(comida) (pesado)* heavy; *(picante)* hot
-12. *(nudo)* tight
-13. *(sílaba)* accented, stressed
-14. *(vocal)* strong
-15. *(versado)* **estoy ~ en idiomas** I'm good at languages
-16. *(alto) (sonido)* loud; **la televisión está demasiado ~** the television is on too loud
-17. *Fam (increíble)* astonishing, amazing; **¡qué ~!** *(fabuloso)* wow!, amazing!; *(terrible)* how awful!, oh no!; **...y después me insultó – ¡qué ~!** ...and then he insulted me – that's awful *o* terrible!
◇ *adv* **-1.** *(intensamente)* hard; *(abrazar, agarrar)* tight; **está nevando ~** it's snowing hard *o* heavily; **lo ató bien ~** she tied it tight; **chuta ~** he has a powerful kick **-2.** *(abundantemente)* a lot; **en España se suele almorzar ~** in Spain, people usually have a big meal at lunchtime **-3.** *(en voz alta)* loudly; **¿podría hablar más ~?** could you speak louder?
◇ *nm* **-1.** *(fortificación)* fort **-2.** *(especialidad)* strong point, forte; **su ~ son las matemáticas** mathematics is his forte

fuertemente *adv* **-1.** *(con fuerza)* hard; **me apretó ~** he squeezed me hard **-2.** *(vehementemente)* vehemently, intensely

fuerza ◇ *ver* **forzar**
◇ *nf* **-1.** *(fortaleza)* strength; **el animal tiene mucha ~** the animal is very strong; **no me siento con fuerzas para caminar** I don't feel strong enough to walk, I don't feel up to walking; **su amor fue cobrando ~ con el tiempo** her love grew stronger with time; **recuperar fuerzas** to recover one's strength, to get one's strength back; **tener fuerzas para** to have the strength to; EXPR *Fam* **se le va la ~ por la boca** he's all talk and no action; EXPR **sacar fuerzas de flaqueza** to screw up one's courage ❑ **la ~ de la costumbre** force of habit; **la ~ del destino** the power of destiny; **~ física** strength; **se necesita mucha ~ física para hacer eso** you need to be very strong to do that; DER **~ mayor** force majeure; *(en seguros)* act of God; **no llegué por un caso de ~ mayor** I didn't make it due to circumstances beyond my control; **~ de voluntad** willpower
-2. *(resistencia) (de material)* strength
-3. *(intensidad) (de sonido)* loudness; *(de dolor)* intensity; **aprieta con ~** press hard; **llueve con ~** it's raining hard; **un viento de ~ 8** a force 8 wind
-4. *(violencia)* force; **ceder a la ~** to give in to force; **emplear la ~** to use force; **por la ~** by force; **recurrir a la ~** to resort to force ❑ **~ bruta** brute force
-5. MIL force ❑ **~ aérea** air force; **fuerzas armadas** armed forces; **fuerzas de choque** shock troops, storm troopers; **~ disuasoria** deterrent; **~ de intervención** troops, forces; **~ de intervención rápida** rapid reaction force; **fuerzas del orden (público)** security forces; **fuerzas de pacificación** peacekeeping force; **fuerzas de seguridad** security forces
-6. fuerzas *(grupo)* forces; **las diferentes fuerzas sociales** the different forces in society; **todas las fuerzas políticas se han puesto de acuerdo** all the political groups have reached an agreement; **las fuerzas vivas de la ciudad** the most influential people in the city
-7. FÍS force ❑ **~ centrífuga** centrifugal force; **~ centrípeta** centripetal force; **~ electromotriz** electromotive force; **~ de la gravedad** force of gravity; **~ hidráulica** water power; **~ motriz** *(que causa movimiento)* driving force; *Fig (impulso)* prime mover; FÍS **~ nuclear débil** weak nuclear force; FÍS **~ nuclear fuerte** strong nuclear force
-8. ELEC power; **han cortado la ~** the power has been cut
◇ **a la fuerza** *loc adv* **-1.** *(contra la voluntad)* by force, forcibly; **firmaron a la ~** they were forced to sign; **tuvo que llevarle al colegio a la ~** she had to drag him to school by force, she had to forcibly drag him to school
-2. *(forzosamente)* inevitably; **a la ~ tenía que saber la noticia** she must have known the news; **a la ~ tenía que ocurrir un accidente** there was bound to be an accident, an accident was inevitable
◇ **a fuerza de** *loc prep (a base de)* by dint of; **a ~ de gritar mucho, conseguimos que nos oyera** after a lot of shouting, we eventually managed to make him hear us; **he aprendido la lección a ~ de mucho estudiar** I learnt the lesson by studying hard
◇ **por fuerza** *loc adv (forzosamente)* inevitably; **tenía que ocurrir un desastre por ~** a disaster was inevitable; **esta noche tengo que salir por ~ para atender a un paciente** I absolutely have to go out tonight to see a patient

fuerzo etc *ver* **forzar**

fuese -1. *ver* **ir -2.** *ver* **ser**

fuet nm = type of cured pork sausage typical of Catalonia

fuetazo nm *Andes, CAm, Carib, Méx* lash

fuete nm *Andes, CAm, Carib, Méx* whip

fuga nf **-1.** *(huida)* escape; **darse a la ~** to take flight; **poner a alguien en ~** to rout sb, to put sb to flight ❑ **~ de capitales** capital flight; **~ de cerebros** brain drain; **~ de divisas** capital flight **-2.** *(de gas, líquido)* leak **-3.** MÚS fugue

fugacidad nf fleeting nature

fugarse [38] *vpr* **-1.** *(persona)* to escape; **se fugaron de la prisión** they escaped from prison; **~ de casa** to run away from home; **~ con alguien** to run off with sb; **se fugó con el dinero** he ran off with the money
-2. *(gas, líquido)* to leak, to escape

fugaz *adj* fleeting; **su alegría fue ~** her happiness was short-lived; **una visita ~** a flying visit

fugazmente *adv* briefly; **la película pasó ~ por las pantallas de la ciudad** the movie *o Br* film made a brief appearance on the city's cinema screens

fugitivo, -a ◇ *adj* **-1.** *(en fuga)* fleeing **-2.** *(fugaz)* fleeting
◇ *nm,f* fugitive; **un ~ de la justicia** a fugitive from justice

führer ['firer] *(pl* **führers)** *nm* führer

fui -1. *ver* **ir -2.** *ver* **ser**

Fujiyama *nm* **el ~** Fujiyama, Mount Fuji

ful ◇ *adj Esp Fam* **-1.** *(malo)* terrible **-2.** *(falso)* bogus
◇ *nm (en póquer)* full house

fula *nf Cuba Fam (dólar)* buck

fulana *nf (prostituta)* tart, whore

fulano, -a ◇ *nm,f (hombre)* so-and-so, what's-his-name; *(mujer)* so-and-so, what's-her-name; **siempre se queja, que si ~ no le habla, que si mengano le molesta...** she's always complaining, either it's someone who won't talk to her, or someone's bothering her...; **(don) ~ de tal** *Br* Joe Bloggs, *US* John Doe
◇ *nm Br* bloke, *US* guy; **vino un ~ preguntando por ti** there was a *Br* bloke *o US* guy looking for you

fular *nm* headscarf *(of fine material)*

fulbito *nm* **-1.** *Andes (fútbol sala)* indoor five-a-side football **-2.** *Perú (fútbol callejero)* kickabout ❑ **~ de mano** table football; **~ de mesa** table football

fulcro *nm* fulcrum

fulero, -a *Fam* ◇ *adj* **-1.** *(chapucero)* shoddy **-2.** *(malo)* cheap (and nasty); **un reloj ~** a cheap watch **-3.** *(tramposo)* **es muy ~** he's a cheating so-and-so **-4.** *(mentiroso)* **es muy ~** he's a lying so-and-so **-5.** *RP (feo)* ugly **-6.** *RP (complicado)* tricky; **la situación está fulera** it's a tricky situation
◇ *nm,f* **-1.** *(tramposo)* cheating so-and-so **-2.** *(mentiroso)* lying so-and-so

fulgente, fúlgido,-a *adj Formal* brilliant, radiant

fulgor *nm (resplandor)* shining; *(de disparo)* flash

fulguración *nf* ASTRON **~ cromosférica** solar flare

fulgurante, fulguroso, -a *adj* **-1.** *(resplandeciente)* flashing **-2.** *(rápido)* rapid; **un ascenso/éxito ~** a lightning rise/success

fulgurar *vi (resplandecer)* to gleam; *(intermitentemente)* to flash

full [ful] ◇ *(pl* **fulls)** *nm (en póquer)* full house
◇ **a full** *loc adj RP, Ven Fam* packed; **el restaurante estaba a ~** the restaurant was packed; **hoy no puedo ir, estoy a ~** I can't go today, I'm really busy
◇ **a full** *loc adv RP, Ven Fam* flat out; **trabajar a ~** to work flat out

fullería *nf Fam* **-1.** *(trampa)* cheating **-2.** *(astucia)* craftiness

fullero, -a *Fam* ◇ *adj* **-1.** *(tramposo)* **es muy ~** he's a cheating so-and-so **-2.** *(mentiroso)* **es muy ~** he's a lying so-and-so
◇ *nm,f* **-1.** *(tramposo)* cheating so-and-so **-2.** *(mentiroso)* lying so-and-so

fulmar *nm* fulmar ❑ **~ boreal** northern fulmar

fulminante ◇ *adj* **-1.** *(despido, muerte)* sudden; *(mirada)* withering **-2.** *(enfermedad)* devastating, *Espec* fulminant **-3.** *(explosivo)* fulminating
◇ *nm* initiating explosive

fulminar *vt (sujeto: enfermedad)* to strike down; **un rayo la fulminó** she was struck by lightning; **~ a alguien con la mirada** to look daggers at sb

fulo, -a *adj RP Fam* mad, fuming

fumadero *nm* **~ de opio** opium den

fumador, -ora *nm,f* smoker; **no ~** non-smoker; **¿quiere ~ o no ~?** would you like smoking or non-smoking?; **la zona de no fumadores** the no-smoking area ❑ **~ empedernido** chain-smoker; **~ pasivo** passive smoker

fumar ◇ *vt* to smoke
◇ *vi* to smoke; **~ en pipa** to smoke a pipe; EXPR **~ como un carretero** to smoke like a chimney; **prohibido ~, se prohíbe ~** *(en cartel)* no smoking
◆ **fumarse** *vpr* **-1.** *(cigarrillo)* to smoke **-2.** *Esp Fam* **fumarse una clase** *(en colegio)* to skip a class; *(en universidad)* to skip a lecture **-3.** *Esp Fam (fortuna, ahorros)* to blow **-4.** *RP Fam (a alguien, una situación)* to put up with; **se la fumó hasta la madrugada** she had to put up with her until the small hours; **otra espera como esta no me fumo** I won't put up with another wait like this

fumarada *nf* **-1.** *(de humo)* puff **-2.** *(de tabaco)* pipeful

fumarel *nm* black tern

fumaria *nf* fumitory

fumarola *nf* fumarole

fumata *nf* **~ blanca** white smoke *(as signal of election of a new Pope)*

fumeta *nmf Fam* pothead, dopehead

fumigación *nf* **-1.** *(de cosechas)* dusting, spraying; **~ de cosechas** crop-dusting, crop-spraying **-2.** *(de habitación)* fumigation

fumigador *nm* fumigator

fumigante *nm* fumigant

fumigar [38] *vt* **-1.** *(cosechas)* to fumigate **-2.** *(habitación)* to fumigate

fumo *nm RP Fam* pot, dope

fumón, -ona *nm,f Ven Fam* pothead, dopehead

funambulesco, -a *adj (extravagante)* grotesque, ridiculous

funámbulo, -a *nm,f,* **funambulista** *nmf* tightrope walker

funcar *vi RP Fam* **esta radio no funca** this radio is bust; **sus planes no funcaron** his plans fell through *o* didn't work out

función ◇ *nf* **-1.** *(actividad, objetivo)* function; *(trabajo)* duty; **la ~ de estas columnas es sólo decorativa** these columns have a purely decorative function; **esta pieza desempeña una ~ clave** this part has a crucial function *o* role; **la ~ del coordinador es hacer que todo discurra sin contratiempos** the coordinator's job *o* function is to make sure everything goes smoothly; **desempeña las funciones de portavoz** he acts as spokesperson; **director en funciones** acting director; **entrar en funciones** *(en empresa, organización)* to take up one's post; *(ministro)* to take up office ❑ BIOL **~ clorofílica** photosynthesis
-2. *(en teatro, cine)* show ❑ **~ benéfica** charity performance, benefit; **~ continua** continuous performance; *RP* **~ continuada** continuous performance; **~ de noche** evening performance; **~ de tarde** matinée
-3. LING function; **en ~ de sujeto** functioning as a subject
-4. MAT function ❑ **~ periódica** periodic function
◇ **en función de** *loc prep* depending on; **estar** *o* **ir en ~ de** to depend on, to be dependent on; **las ayudas se conceden en ~ de los ingresos familiares** the amount of benefit given depends *o* is dependent on family income, the benefits are means-tested

funcional *adj* **-1.** *(práctico)* functional **-2.** MAT functional

funcionalidad *nf* functional qualities; **este mueble no tiene mucha ~** this piece of furniture is not very practical; **su reducido tamaño añade ~** its smaller size makes it more practical

funcionalismo *nm* functionalism

funcionalmente *adv* functionally; **este edificio es ~ inadecuado** this building is badly designed (for its purpose)

funcionamiento *nm* operation, functioning; **el ~ de esta impresora es perfecto** this printer works perfectly; **me explicó el ~ de la empresa** she explained to me how the company works; **entrar/estar en ~** to come into/be in operation; **la máquina lleva ya dos horas en ~** the machine has been running for two hours; **poner algo en ~** to start sth (working); **la puesta en ~ de una central nuclear** the commissioning *o* bringing on-line of a nuclear power station

funcionar *vi* to work; **el sistema funciona de maravilla** the system works superbly; **funciona con gasolina** it runs on *Br* petrol *o US* gasoline; **funciona a** *o* **con pilas** it uses *o* runs off batteries, it's battery-powered; **no funciona** *(en letrero)* out of order; **su matrimonio no está funcionando** their marriage isn't working (out); **conmigo los lloros no funcionan** you won't get anywhere with me by crying

funcionariado *nm* **-1.** *(del Estado)* *(de la Administración central)* civil service; *(profesor, bombero, enfermero)* public sector workers **-2.** *(de organismo internacional)* staff

funcionario, -a *nm,f* **-1.** *(del Estado)* *(de la Administración central)* civil servant; *(profesor, bombero, enfermero)* public sector worker; **un ~ público** *(de la Administración central)* a civil servant; *(del Estado)* a public sector worker; **los funcionarios de Correos** *Br* Post Office workers, *US* mail service workers; **alto ~** senior civil servant ❑ **~ de aduanas** customs official *o* officer; **~ de prisiones** prison officer
-2. *(de organismo internacional)* employee, staff member
-3. *RP (de empresa)* employee, worker

funda *nf* **-1.** *(de sofá)* cover; **~ de almohada** pillowcase **-2.** *(de máquina de escribir, guitarra, raqueta)* cover; *(de gafas)* pouch **-3.** *(de disco)* sleeve **-4.** *(de diente)* cap

fundación *nf* **-1.** *(creación, establecimiento)* foundation **-2.** *(organización)* foundation; **una ~ benéfica** a charitable foundation

fundado, -a *adj* **-1.** *(argumento, idea)* well-founded; **sus temores no son fundados** his fears are groundless **-2.** *(creado, establecido)* founded

fundador, -ora ◇ *adj* founding
◇ *nm,f* founder

fundamentación *nf* foundation, basis

fundamental *adj* fundamental; **lo ~ es que hallemos una solución** the most important thing is that we find a solution; **es ~ que no nos pongamos nerviosos** it's essential that we don't get nervous

fundamentalismo *nm* fundamentalism

fundamentalista ◇ *adj* fundamentalist
◇ *nmf* fundamentalist

fundamentalmente *adv* **-1.** *(primordialmente)* mainly; **afecta ~ a las personas mayores** it mainly affects older people **-2.** *(en esencia)* fundamentally, basically; **es ~ un cómico** he's basically a comedian, in essence, he's a comedian

fundamentar ◇ *vt* **-1.** *(basar)* to base; **fundamentó sólidamente su tesis** she underpinned her theory with sound arguments; **fundamentó su defensa en la falta de pruebas** he based his defence on the lack of evidence **-2.** *(afianzar)* **el nuevo acuerdo fundamenta sus relaciones** the new agreement puts their relations on a firm footing **-3.** CONSTR to lay the foundations of
◆ **fundamentarse** *vpr (basarse)* to be based *o* founded (**en** on)

fundamento *nm* **-1.** *(base)* foundation, basis **-2.** *(razón)* reason, grounds; **sin ~** unfounded, groundless **-3.** *(seriedad)* reliability, responsibility **-4.** **fundamentos** *(principios)* basic principles **-5.** **fundamentos** *(cimientos)* foundations

fundamentoso, -a *adj Ven Fam* responsible, reliable

fundar ◇ *vt* **-1.** *(crear, establecer)* to found **-2.** *(basar)* to base; **~ algo en algo** to base sth on sth
◆ **fundarse** *vpr* **-1.** *(basarse)* to be based (**en** on); **¿en qué te fundas para decir eso?** what grounds do you have for saying that?; **su conclusión se funda en los resultados de su investigación** her conclusion is based on the results of her research
-2. *(crearse, establecerse)* to be founded; **en esa reunión se fundaron las bases del**

fundición *nf* **-1.** *(taller)* foundry ❑ ~ **de acero** steelworks *(singular)*, steel mill **-2.** *(fusión)* smelting **-3.** *(aleación)* cast iron

fundido, -a ◇ *adj* **-1.** *(derretido) (mantequilla, hielo)* melted; *(roca, hierro, plomo)* molten **-2.** *Am Fam (arruinado)* broke; **la mitad de los productores se fundieron** half of the producers went bust **-3.** *RP Fam (agotado)* shattered, *Br* knackered; **quedé ~** I was shattered *o Br* knackered **-4.** *Perú Fam (fastidioso)* **tu vecino es bien ~** your neighbour is a real pain
◇ *nm CINE (apareciendo)* fade-in; *(desapareciendo)* fade-out ❑ ~ **encadenado** dissolve; ~ **en negro** fade-out (to black)

fundidor, -ora ◇ *adj RP Fam* shattering, exhausting
◇ *nm,f* foundry worker

fundidora *nf Méx* foundry

fundillo *nm Col, Ven Fam* behind, *Br* bum

fundillos *nmpl* **-1.** *Am (de pantalón)* seat **-2.** *Chile (calzoncillos) Br* underpants, *US* shorts

fundir ◇ *vt* **-1.** *(derretir) (mantequilla, hielo)* to melt; *(roca, hierro, plomo)* to smelt
-2. *(estatua)* to cast; *(oro)* to melt down; ~ **oro en lingotes** to melt down gold into ingots
-3. COM to merge
-4. CINE to fade; ~ **un plano con otro** to fade one scene into another
-5. *(fusible, bombilla)* to blow
-6. *Esp Fam (gastar)* to blow
-7. *Am (motor)* ~ **el motor** to make the engine seize up
-8. *Am (arruinar)* to bankrupt, to ruin
-9. *Fam (derrotar)* **con ese comentario fundió a su oponente** he floored his opponent with this remark
◇ *vi Perú Fam (molestar)* to be a pest; **los vecinos están siempre fundiendo** our neighbours are a real pest

◆ **fundirse** *vpr* **-1.** *(derretirse) (mantequilla, hielo, plomo, roca, hierro)* to melt; EXPR **se fundieron en un abrazo** they fell into one another's arms
-2. *(fusible, bombilla)* to blow; **se han fundido los plomos** the fuses have gone; **se ha fundido la bombilla de la cocina** the light in the kitchen has gone
-3. COM to merge
-4. *Am (motor)* to seize up
-5. *Esp Fam (gastar)* to blow; **se fundió el sueldo en una tarde** he blew his wages in one afternoon
-6. *Am Fam (arruinarse) (persona, negocio)* to go bust; **Rodolfo se fundió** Rodolfo went bust

fundo *nm* DER rural property

fúnebre *adj* **-1.** *(de funeral)* funeral; **coche ~** hearse; **misa ~** funeral mass **-2.** *(triste) (paisaje, rostro)* gloomy; *(música)* funereal; *(ropa)* sombre; **¿por qué están todos tan fúnebres?** what are they all looking so gloomy for?

funeral *nm* **-1.** *(misa)* funeral (service *o* mass); **los funerales del presidente** the president's funeral ❑ ~ **de córpore insepulto** funeral mass *(before the body is buried or cremated)* **-2.** *(entierro, cremación)* funeral

funerala *nf* **a la ~** *(ojo)* black

funeraria *nf* undertaker's, *US* mortician's, funeral home *o US* parlor

funerario, -a *adj* funeral; **rito ~** funeral *o* funerary rite

funesto, -a *adj* fateful, disastrous; **tuvo la funesta idea de dejar solos a los niños** he had the fateful *o* disastrous idea of leaving the children on their own

fungible *adj* disposable; **bienes fungibles** perishables

fungicida ◇ *adj* fungicidal
◇ *nm* fungicide

fungiforme *adj* mushroom-shaped

fungir [24] *vi Méx, Perú* to act, to serve (**de** *o* **como** as)

fungoso, -a *adj* fungous

funicular ◇ *adj* funicular
◇ *nm* **-1.** *(por tierra)* funicular **-2.** *(por aire)* cable car

funk [funk], **funky** ['funki] ◇ *adj* **música ~** funk
◇ *nm* funk

fuñido, a *adj Ven Fam* **-1.** *(persona)* annoying, difficult; **mi vecino es muy ~** my neighbour's a real pain **-2.** *(situación)* tricky, tough; **la economía está ~** the economic situation is pretty tricky at the moment

fuñir *Ven Fam* ◇ *vt* **-1.** *(fastidiar)* to mess things up for; **siempre termina fuñendo a quien lo ayuda** he always ends up causing hassle for anyone who tries to help him **-2.** *(molestar)* to mess around
◇ *vi (molestar)* **llamarme a estas horas, son ganas de ~** calling me at this time is just messing me around *o* about

furcia *nf Esp Pey* slag, whore

furgón *nm* **-1.** *(furgoneta)* van ❑ ~ **policial** *Br* police van, *US* patrol wagon
-2. *(de tren)* wagon, van ❑ ~ **de cola** = rear wagon of a train; EXPR **el ~ de cola: el país ocupa el ~ de cola en lo que se refiere a inversión en educación en Europa** this country brings up the rear in terms of investment in education in Europe; **la cultura continúa siendo el ~ de cola de la construcción europea** culture is still the poor relation in terms of developing EU policy; ~ **de equipajes** *Br* guard's van, *US* caboose

furgoneta *nf* van ❑ ~ **de reparto** delivery van

furia *nf* **-1.** *(enfado)* fury, rage; **ponerse hecho una ~** to fly into a rage **-2.** *(violencia)* fury; **la ~ de los elementos** the fury of the elements **-3.** *(ímpetu, entusiasmo)* **atacaron con furia durante la segunda parte** they attacked relentlessly throughout the second half; **atacaron con ~ la posición enemiga** they launched a fierce *o* furious attack on the enemy position

furibundo, -a *adj* **-1.** *(enfadado)* furious; **me lanzó una mirada furibunda** he shot me a furious look **-2.** *(ímpetuoso, entusiasmado)* fanatical; **un ~ seguidor del equipo** a fanatical supporter of the team

fúrico, -a *adj Méx Fam* mad; **ponerse ~** to go ballistic; **estaba ~** he was foaming at the mouth

furiosamente *adv* **-1.** *(con enfado, irritación)* furiously **-2.** *(violentamente)* furiously; **las olas golpeaban ~ la costa** the waves beat furiously against the shore **-3.** *(con ímpetu, entusiasmo)* **atacaron ~ durante toda la segunda parte** they attacked relentlessly throughout the second half

furioso, -a *adj* **-1.** *(enfadado)* furioso; **ponerse ~** to get mad **-2.** *(violento)* furious; **nos atrapó una furiosa tempestad** we were caught in a raging *o* violent storm

furor *nm* **-1.** *(enfado)* fury, rage **-2.** *(violencia)* fury, raging; **el ~ del viento** the fury of the wind **-3.** *(ímpetu, entusiasmo)* **trabajaban con ~** they worked furiously; **siente ~ por la música country** he has a passion for country music; EXPR **causar** *o* **hacer ~** to be all the rage ❑ ~ **uterino** nymphomania

furriel *nm* MIL quartermaster

furruco *nm Ven* **-1.** *(tambor)* = traditional instrument consisting of a waxed stick passing through a drumhead, played by pulling the stick up and down **-2.** *Fam (ruido)* racket **-3.** *Fam (conversación)* tedious chatter **-4.** *Fam (vehículo)* boneshaker, jalopy

furruqueado, -a *adj Ven Fam (silla, mesa)* battered, *Br* knackered; *(camión, coche)* beat up, *Br* clapped-out

furtivamente *adv* **-1.** *(mirar, sonreír)* furtively; **sonrió ~** he smiled to himself; **la miró ~** he sneaked a look at her **-2.** *(ilegalmente)* **cazar/pescar ~** to poach

furtivo, -a *adj* **-1.** *(mirada, sonrisa)* furtive; *Literario* **una lágrima furtiva recorrió su rostro** a silent tear slid down her cheek **-2.** *(ilegal)* **cazador/pescador ~** poacher; **la caza/pesca furtiva** poaching
◇ *nm,f (cazador, pescador)* poacher

furúnculo *nm* boil

fusa *nf* MÚS hemidemisemiquaver

fusca *nf Esp Fam (pistola)* rod, piece; *(escopeta) Br* sawn-off shotgun, *US* sawed-off shotgun

fusco *nm Esp Fam (revólver)* rod, piece

fuseaux [fu'so] *nm inv* ski pants

fuselaje *nm* fuselage

fusible ◇ *adj* fusible
◇ *nm* fuse

fusil *nm* rifle ❑ ~ **ametrallador** (light) machine-gun; ~ **de asalto** assault rifle; ~ **automático** automatic rifle

fusilamiento *nm* **-1.** *(ejecución)* execution by firing squad; **pelotón de ~** firing squad **-2.** *Fam (plagio)* plagiarism

fusilar *vt* **-1.** *(ejecutar)* to execute by firing squad, to shoot **-2.** *Fam (plagiar)* to plagiarize

fusilería *nf* **-1.** *(fusiles)* rifles; **una descarga de ~** a salvo of rifle shots *o* fire **-2.** *(salva)* rifle shots *o* fire

fusilero *nm* fusilier, rifleman ❑ *Am* ~ **naval** marine

fusión *nf* **-1.** *(unión) (de empresas, bancos)* merger; *(de partidos)* merger, amalgamation **-2.** INFORMÁT merge ❑ ~ **de archivos** file merging **-3.** *(de metal, hielo)* melting **-4.** *(nuclear)* fusion ❑ ~ **fría**, ~ **en frío** cold fusion; ~ **nuclear** nuclear fusion; ~ **termonuclear** thermonuclear fusion **-5.** *(estilo musical)* fusion

fusionar ◇ *vt* **-1.** *(empresas, bancos)* to merge; *(de partidos)* to merge, to amalgamate **-2.** INFORMÁT to merge

◆ **fusionarse** *vpr* to merge

fusta *nf* riding crop

fustán *nm Am* petticoat

fuste *nm* **-1.** ARQUIT shaft **-2.** *(categoría, importancia)* standing, importance; **una persona/empresa de mucho ~** a person/company of considerable standing **-3.** *Am (enagua)* petticoat

fustigar [38] *vt* **-1.** *(azotar)* to whip **-2.** *(censurar)* to criticize harshly

futbito *nm Bol, Esp* five-a-side

fútbol, *Méx* **futbol** *nm* soccer, *Br* football ❑ ~ **americano** American football, *US* football; *Esp* ~ **sala** indoor five-a-side; *Urug* ~ **de salón** indoor five-a-side

futbolero, -a *Fam* ◇ *adj* **es muy ~** he is soccer *o Br* football crazy
◇ *nm,f* soccer *o Br* football fan

futbolín *nm Esp* **-1.** *(juego) Br* table football, *US* foosball **-2.** **~, futbolines** *(local)* amusement arcade

futbolista *nmf* soccer *o Br* football player, *Br* footballer

futbolístico, -a *adj* soccer, *Br* football; **campeonato ~** soccer *o Br* football championship

futbolito *nm* **-1.** *Chile, Ven (fútbol sala)* indoor five-a-side **-2.** *Méx, Urug (futbolín) Br* table football, *US* foosball

futesa *nf* (mere) trifle

fútil *adj* trivial

futileza *nf CSur* triviality

futilidad *nf* triviality

futón *nm* futon

futre *Fam* ◇ *adj* **-1.** *Chile (presumido)* bigheaded, full of oneself **-2.** *Bol, Perú (endomingado) Br* tarted-up; **ponerse ~** to doll *o Br* tart oneself up
◇ *nm,f* **-1.** *Chile (rico)* toff, posh person **-2.** *Bol, Perú (endomingado)* fancy dresser; **andan por ahí hechos unos futres** they go around all dolled *o Br* tarted up
◇ *nm* dandy

futurible *adj* potential

futurismo *nm* futurism

futurista ◇ *adj* **-1.** ARTE futurist **-2.** *(diseño, ropa)* futuristic
◇ *nmf* ARTE futurist

futuro, -a ◇ *adj* **-1.** *(venidero)* future; **el ~ sucesor del rey** the king's heir; **su futura esposa** his wife-to-be; **no cree que haya una vida futura** he doesn't believe in an

futuro

afterlife; **mi futura cuñada** my future sister-in-law; **generaciones futuras** future generations **-2.** GRAM future

◇ nm **-1.** (tiempo) future; **en el ~...** in future...; **en un ~ cercano** in the near future; **sin ~** with no future, without prospects; **ese negocio no tiene ~** there's no future in that business **-2.** GRAM future; **en ~** in the future (tense) ❏ **~ *imperfecto*** future (tense); **~ *perfecto*** future perfect **-3.** FIN **futuros** futures

◇ nm,f Fam (novio) intended; **¿cuándo me vas a presentar a tu futura?** when are you going to introduce me to your intended?

◇ **a futuro** loc adv CSur, Méx in the future; **eso lo veremos a ~** we'll see about that in the future o at some future date

futurología nf futurology

futurólogo, -a nm,f futurologist

Gg

G, g [xe] *nf (letra)* G, g
g *(abrev de* **gramo***)* g
G7 *(abrev de* **Grupo de los Siete***) nm* G7
G8 *(abrev de* **Grupo de los Ocho***) nm* G8
Ga *(abrev de* **García***)* = written abbreviation of the surname García
gabacho, -a *Fam* ⋄ *adj* **-1.** *Esp (francés)* Froggy **-2.** *Méx (estadounidense)* Yankee, Gringo **-3.** *Méx (rubio)* blond(e)
  ⋄ *nm,f* **-1.** *Esp (francés)* Frog **-2.** *Méx (estadounidense)* Yank, Gringo **-3.** *Méx (rubio)* blondie
gabán *nm* **-1.** *(prenda)* overcoat **-2.** *(ave)* wood stork *o* ibis
gabardina *nf* **-1.** *(prenda)* raincoat, mac **-2.** *(tela)* gabardine
gabarra *nf* barge, lighter
gabato, -a *nm,f* **-1.** *(ciervo)* faun **-2.** *(liebre)* leveret
gabela *nf* **-1.** HIST *(impuesto)* tax, duty **-2.** *(carga)* burden **-3.** *Carib,Col,Ecuad (ventaja)* advantage
gabinete *nm* **-1.** *(gobierno)* cabinet; **el ~ ministerial** the cabinet; **un ~ de crisis** a crisis cabinet
  -2. *(despacho)* office; **~ de abogados** law practice *o* firm; **~ de arquitectos** firm of architects ❑ **~ de estudios** research department; **~ jurídico** legal department; **~ de prensa** press office; **~ psicopedagógico** educational psychology service
  -3. *(sala)* study
  -4. *Méx, RP (cubículo)* cubicle, stall
  -5. *Méx (en restaurante)* private room
  -6. *Méx (mueble)* cabinet, cupboard
  -7. *Col (balcón)* enclosed balcony
gablete *nm* ARQUIT gable *(above arch)*
Gabón *n* Gabon
gabonés, -esa ⋄ *adj* Gabonese
  ⋄ *nm,f* Gabonese
gacela *nf* gazelle
gaceta *nf* **-1.** *(publicación)* gazette **-2.** *Fam (persona)* gossip-monger; **esa mujer es la ~ del barrio** that woman is the local news service
gacetilla *nf (noticia breve)* short news item
gacetillero, -a *nm,f* **-1.** *(redactor de breves)* reporter *(responsible for writing short news items)* **-2.** *Fam Anticuado (periodista)* hack
gacha *nf Col, Ven (cuenco)* bowl
gachas *nfpl (corn)* porridge
gachí *nf Fam* chick, *Br* bird
gacho, -a *adj* **-1.** *(caído)* drooping; **caminaba con la cabeza gacha** he was walking along with his head bowed *o* hanging his head **-2.** *Méx Fam (persona)* nasty, rotten; **cómprame un helado, no seas ~** don't be rotten, buy me an ice cream **-3.** *Méx Fam (objeto)* awful, ghastly; **siempre lleva ropa muy gacha** he always dresses in awful *o* ghastly clothes **-4.** *Méx Fam (feo)* ugly as sin
gachó *nm Fam* guy, *Br* bloke
gachupín, -ina *nm,f CAm, Méx Pey* Spaniard *(living in the Americas)*
gaditano, -a ⋄ *adj* of/from Cadiz *(Spain)*
  ⋄ *nm,f* person from Cadiz *(Spain)*
gadolinio *nm* QUÍM gadolinium
gaélico, -a ⋄ *adj* Gaelic
  ⋄ *nm (lengua)* Gaelic
gafado, -a *adj Esp Fam* **estar ~** to be jinxed
gafar *vt Esp Fam* to jinx, to bring bad luck to

gafas *nfpl* glasses; *(protectoras, para nadar)* goggles; *(para submarinismo)* diving mask; **unas ~** a pair of glasses; **llevar gafas** to wear glasses ❑ **~ bifocales** bifocal spectacles, bifocals; **~ de cerca** reading glasses; **~ de esquí** skiing goggles; **~ graduadas** prescription glasses; **~ oscuras** dark glasses; **~ de sol** sunglasses; **~ submarinas** *(para submarinismo)* diving mask; *(para nadar)* goggles
gafe *Esp Fam* ⋄ *adj* jinxed; **ser ~** to be jinxed
  ⋄ *nmf* jinxed person; **es un ~** he's jinxed, he's got a jinx on him
  ❑ **tener (el) ~** to be jinxed
gafera, gafería *nf Ven Fam* **está hoy con la ~** he's in a really silly mood today
gafete *nm Méx* badge
gaffe ['gafe] *nm RP* gaffe
gafo, -a *Ven Fam* ⋄ *adj* **-1.** *(tonto)* dumb, dim-witted **-2.** *(ingenuo)* innocent, naive **-3.** *(torpe)* oafish, clumsy
  ⋄ *nm,f* **-1.** *(tonto)* dummy, dim-wit **-2.** *(ingenuo)* innocent **-3.** *(torpe)* clumsy oaf
gafotas *nmf inv Esp Fam* four-eyes, *Br* speccy
gag *(broma)* gag
gagá *adj Fam* **-1.** *(decrépito)* gaga **-2.** *Perú (elegante)* posh
gago, -a *Andes, Carib Fam* ⋄ *adj* stammering, stuttering; **ser ~** to have a stammer *o* stutter, to stammer *o* stutter
  ⋄ *nm,f* stammerer, stutterer
gaguear *vi Andes, Carib Fam* to stammer, to stutter
gagueo *nm Andes,Carib Fam* stammer, stutter
gaguera *nf Andes,Carib Fam* stammer, stutter
gai ⋄ *adj* gay
  ⋄ *nm* gay
gaita¹ ⋄ *nf* **-1.** *(instrumento con bolsa)* bagpipes; EXPR *Esp Fam* **templar gaitas (con alguien)** to watch one's step (with sb) ❑ **~ escocesa** (Scottish) bagpipes; **~ gallega** Galician bagpipes
  -2. *(flauta)* = flute similar to a flageolet
  -3. *Esp Fam (molestia)* drag, pain; **es una ~ tener que ir en tren** it's a pain *o* drag having to go on the train; **¡qué ~! me he vuelto a olvidar** what a pain *o* nuisance! I've forgotten again
  -4. *Esp Fam (historia)* **¡déjate de gaitas!** stop your nonsense!; **¡qué lluvia ni qué gaitas! iremos aunque nieve** rain? never mind the rain! we're going even if it snows
  ⋄ *nmf RP Fam (español)* = sometimes pejorative term used to refer to a Spaniard, especially an immigrant
gaita² *nm Ven (canto)* = Christmas folksong
gaitero, -a *nm,f* **-1.** *(de gaita gallega)* piper, bagpiper **-2.** *(flautista)* = player of "gaita" flute
gaje *nm* **son gajes del oficio** it's all part of the job, it's an occupational hazard
gajo *nm* **-1.** *(de naranja, limón)* segment **-2.** *(racimo)* bunch **-3.** *(rama)* broken-off branch **-4.** *RP (de planta)* cutting
GAL [gal] *(abrev de* **Grupos Antiterroristas de Liberación***) nm o nmpl* = former Spanish terrorist group that directed its attacks against ETA
gal *nmf (terrorista)* = member of GAL

gala *nf* **-1.** *(fiesta)* gala; **cena de ~** black tie dinner, formal dinner; **recepción de ~** gala reception; **traje de ~** formal dress; **uniforme de ~** dress uniform; **iba vestido de ~** he was in full formal dress; EXPR **hacer ~ de algo** *(preciarse de)* to be proud of sth; *(exhibir)* to demonstrate sth; EXPR **tener a ~ algo** to be proud of sth ❑ **~ benéfica** benefit gala
  -2. galas *(ropa)* finery; **se puso sus mejores galas** she put on all her finery
  -3. *Esp (actuación)* gala show *o* performance
galáctico, -a *adj* galactic
galactita, galactites *nf* GEOL galactite
galaico, -a *adj Formal* Galician
galaicoportugués, -esa ⋄ *adj* **tradiciones galaicoportuguesas** = traditions common to Portugal and Galicia
  ⋄ *nm* = language spoken in Galicia and the north of Portugal in medieval times
galán *nm* **-1.** *(hombre atractivo)* heartthrob **-2.** TEATRO leading man, lead **-3. ~ de noche** *(planta)* lady of the night **-4. ~ de noche** *(percha)* = bedroom stand for man's suit
galano, -a *adj* **-1.** *(en el vestir)* spruce, smart **-2.** *(estilo, discurso)* elegant **-3.** *CAm, Cuba, Méx (res)* mottled
galante *adj* gallant
galanteador, -ora ⋄ *adj* flirtatious
  ⋄ *nm,f* flirt
galantear *vt* to court, to woo
galantemente *adv* gallantly
galanteo *nm* courting, wooing
galantería *nf* **-1.** *(cualidad)* politeness **-2.** *(acción)* gallantry, compliment
galantina *nf* galantine; **~ de pollo** galantine of chicken
galápago *nm* **-1.** *(tortuga)* terrapin **-2.** *Hond, Perú,Ven (silla de montar)* sidesaddle **-3.** *Col (sillín)* saddle
Galápagos *nfpl* **las (islas) ~** the Galapagos Islands
galapagueño, -a *adj* of/from the Galapagos Islands
galardón *nm* award, prize
galardonado, -a ⋄ *adj* award-winning, prize-winning; **el ~ director** the award-winning director
  ⋄ *nm,f* award winner, prizewinner
galardonar *vt* to award a prize to; **fue galardonada con un Óscar** she won an Oscar
gálata HIST ⋄ *adj* Galatian
  ⋄ *nmf* Galatian
galaxia *nf* **-1.** *(en el firmamento)* galaxy; *Fam* **es un deportista de otra ~** as a sportsman he's in a different class *o* league ❑ **~ elíptica** elliptical galaxy; **~ espiral** spiral galaxy **-2.** *(mundo)* world
galbana *nf Fam* laziness, sloth
galega *nf* goat's rue, French lilac
galena *nf* galena, lead sulphide
galeno *nm Anticuado o Hum* doctor
galeón *nm* galleon
galeote *nm* galley slave
galera *nf* **-1.** *(embarcación)* galley; **condenar a galeras** to send to the galleys **-2.** *(marisco)* mantis shrimp, squilla **-3.** *CSur (sombrero)* top hat; EXPR *Fam* **sacar algo de la ~** *(improvisar)* to make sth up on the spur of the moment; *(idear)* to come up with sth **-4.** *CAm, Méx (cobertizo)* shed

galerada nf galley proof
galería nf -1. (pasillo, en mina) gallery; (corredor descubierto) verandah ▫ **~ subterránea** underground passage(way) -2. (establecimiento) gallery ▫ **~ de arte** art gallery; **~ comercial** shopping arcade; **~ de tiro** shooting gallery (for target practice) -3. (para cortinas) curtain rail -4. (vulgo) masses; [EXPR] **hacer algo para la ~** to play to the gallery
galerista nmf gallery owner
galerna nf strong north-west wind
galerón nm -1. Col,Ven (canción, baile) = popular song and dance -2. CAm (cobertizo) shed
Gales n **(el país de) ~** Wales
galés, -esa ◇ adj Welsh
◇ nm,f (persona) Welshman, f Welshwoman; **los galeses** the Welsh
◇ nm (lengua) Welsh
galga nf -1. MED rash -2. (piedra) boulder -3. (freno) wagon hub brake -4. (de molino) millstone -5. (para calibrar) gauge -6. CRica (hormiga) = fast-moving yellow ant
galgo nm greyhound; **carreras de galgos** greyhound races; [EXPR] **correr como un ~** to run like the wind; [EXPR] **¡échale un ~!** (cualquiera lo alcanza) you'll never catch him now!; (olvídate de ello) you can forget it!; [EXPR] Fam **que no se lo salta un ~: tengo un hambre que no se la salta un ~** I'm absolutely ravenous; **me comí un filete que no se la salta un galgo** I had an absolutely huge steak ▫ **~ afgano** Afghan hound; **~ inglés** greyhound
galguear vi RP Fam (no tener plata) to be broke o Br skint; **vive galgueando** he lives from hand to mouth
Galia nf HIST **la ~** Gaul
gálibo nm TEC gauge
Galicia n Galicia
galicismo nm gallicism
Galilea n Galilee
galileo, -a ◇ adj Galilean
◇ nm,f Galilean
galimatías nm inv Fam **las instrucciones de esta lavadora son un ~** the instructions for this washing machine are complete gibberish; **su explicación fue un ~** his explanation was in double Dutch; **el debate acabó en un auténtico ~** the debate ended up in a free-for-all
galio nm QUÍM gallium
gallada nf Andes Fam -1. (bravuconería) act of bravado; **hacer eso fue una ~** what he did was an act of pure bravado -2. (grupo de gente) gang; **no podemos cosechar porque falta ~** we can't bring in the harvest because we just haven't got enough bodies
gallardete nm pennant
gallardía nf -1. (valentía) bravery -2. (apostura) noble bearing
gallardo, -a adj -1. (valiente) brave, dashing -2. (bien parecido) fine-looking, striking
gallareta nf coot
gallear vi to strut about, to show off
gallegada nf CSur,Cuba Fam -1. (gente española) crowd o mob of Spaniards -2. (españolada) **la película es una ~** the movie plays on all the old Spanish clichés -3. Pey (tontería) silly o stupid thing; **deja de hacer gallegadas** stop messing about o playing the fool
gallego, -a ◇ adj -1. (de Galicia) Galician -2. CSur,Cuba Fam = sometimes pejorative term used to refer to a Spanish person
◇ nm,f -1. (de Galicia) Galician -2. CSur,Cuba Fam = sometimes pejorative term used to refer to a Spaniard, especially an immigrant
◇ nm (lengua) Galician

GALLEGO

Gallego ("Galician") is one of the four official languages spoken in Spain. It is spoken in the northwestern region of Galicia. Like Spanish and Catalan, it stems from late Latin, and it has many similarities to Portuguese in grammar, vocabulary and pronunciation. For decades Galician was either banned or officially unrecognized, and as a consequence it was mainly spoken in traditional or rural areas. However, in recent times it has re-emerged with the support of the Galician nationalist movement and is being promoted as the official language for use in schools and education. Although many Galician-born authors have written mainly or exclusively in Spanish, one of Spain's greatest nineteenth century poets, Rosalía de Castro, wrote much of her poetry in **Gallego**. Today Galician is used by an increasing number of well-known authors, one of the best-known of whom is the poet and short story writer Manuel Rivas.

galleguismo nm -1. (palabra, expresión) = word or expression of Galician origin -2. (nacionalismo) Galician nationalism
gallera nf -1. (lugar de pelea) cockpit -2. (gallinero) gamecock coop
gallería nf Am (de gallos) cockpit
gallero, -a nm,f -1. (criador) breeder of gamecocks -2. (aficionado) cockfighting enthusiast
galleta nf -1. (para comer) Br biscuit, US cookie ▫ RP **~ de campaña** = type of round crusty bread; **~ maría** Br = type of tea biscuit, similar to Rich Tea, US = plain sweet cookie; **~ salada** cracker; Andes,CAm, Méx, Ven **~ de soda** cracker
-2. Esp Fam (cachete) slap, smack; **dar una ~ a alguien** to give sb a slap o smack
-3. Esp Fam (golpe) **se dieron una ~** (en automóvil) they crashed the car; **me di una ~ en la rodilla bajando las escaleras** I banged myself on the knee coming down the stairs
-4. Méx Fam (fuerza) **tiene mucha ~** he's dead strong
-5. Chile (pan) coarse bread
-6. Ven Fam (desorden) chaos; **se armó una ~** all hell broke loose
-7. Ven Fam (atasco) jam, bottleneck
-8. [EXPR] Arg Fam **colgar** o **dar la ~ a alguien** (despedir) to fire sb, to give sb the sack; (novio) to dump sb, to jilt sb
galletero, -a ◇ adj Am Fam (adulador) fawning
◇ nm,f Br biscuit maker, US cookie maker
◇ nm Br biscuit tin, US cookie tin
galliforme adj gallinaceous
◇ nmf (animal) bird of the Galliformes order
◇ nfpl **galliformes** (orden) Galliformes
gallina ◇ adj Fam (persona) chicken, wimp; **es muy ~** he's such a chicken o wimp
◇ nf hen; **cría gallinas** (gallinas, pollos y gallos) he keeps chickens; [EXPR] Fam **acostarse con las gallinas** to go to bed early; [EXPR] Fam **levantarse con las gallinas** to get up at cock-crow, to be up with the lark; [EXPR] Fam **como ~ en corral ajeno** like a fish out of water ▫ **~ de agua** coot; Fam **la ~ ciega** blind man's buff; **~ clueca** broody hen; **~ de Guinea** guinea fowl; **la ~ de los huevos de oro** the golden goose, the goose that lays the golden eggs; [EXPR] Fam **matar la ~ de los huevos de oro** to kill the goose that lays the golden eggs; **~ pintada** guinea fowl
◇ nmf Fam (persona) chicken, coward
gallináceo, -a ZOOL ◇ adj gallinaceous
◇ nm,f (animal) bird of the Galliformes order
◇ nfpl **gallináceas** (grupo) Galliformes
gallinazo nm Am turkey buzzard o vulture
gallinero nm -1. (corral) henhouse -2. Fam TEATRO gods (singular) -3. Fam (lugar alborotado) madhouse
gallineta nf -1. (pez) blackbelly rosefish -2. Am (ave) guinea fowl
gallito, -a ◇ adj Fam (bravucón) cocky; **ponerse ~** to get all cocky
◇ nm -1. Fam (bravucón) **es un ~** he's cocky -2. (ave) northern jacana -3. Col (dardo) dart
gallo, -a ◇ adj Fam (bravucón) cocky, full of oneself
◇ nm -1. (ave) cock, cockerel; [EXPR] Méx Fam **ser ~ duro de pelar** to be a tough nut to crack; [EXPR] Fam **en menos (de lo) que canta un ~** in no time at all; [EXPR] **al canto del ~** at daybreak; [EXPR] **otro ~ cantaría, otro ~ me/te/etc. cantaría** it would be a different story; [EXPR] Méx Fam **se le durmió el ~** he let the chance go by; [EXPR] Méx Fam **haber comido ~** to have got out of bed on the wrong side; [EXPR] Col,Ven Fam **mamar ~ a alguien** to pull sb's leg; [EXPR] Méx Fam **matarle el ~ a alguien** to shut sb up; [EXPR] Méx Fam **pelar ~** to kick the bucket ▫ **~ lira** black grouse; **~ de pelea** fighting cock; Carib, Nic **~ pinto** rice and beans; Andes, RP **~ de riña** fighting cock
-2. (al cantar) false note; (al hablar) squeak; **está cambiando la voz y le salen gallos de vez en cuando** his voice is breaking so it goes squeaky sometimes
-3. (pez) John Dory
-4. (bravucón) **es un ~** he's cocky; [EXPR] **bajar el ~ a alguien** to take sb down a peg or two; [EXPR] **alzar** o **levantar el ~** to strut about, to put on airs
-5. (en boxeo) bantamweight; **peso ~** bantamweight
-6. Chile (de bomberos) fire engine
-7. Méx (serenata) serenade; **esta noche le va a llevar ~** he's going to serenade her tonight
-8. Méx, RP Fam (flema) gob, spit
-9. [EXPR] RP **entre gallos y medianoche** on the fly
galludo nm longnose spurdog
galo, -a ◇ adj -1. HIST Gallic -2. (francés) French
◇ nm,f -1. HIST Gaul -2. (francés) Frenchman, f Frenchwoman
galocha nf patten
galón nm -1. (adorno) braid -2. (de militar) stripe -3. (medida) gallon
galopada nf gallop
galopante adj (inflación, ritmo, enfermedad) galloping
galopar vi to gallop
galope nm gallop; **al ~** at a gallop; también Fig **a ~ tendido** at full gallop
galopín nm -1. (pilluelo) urchin, ragamuffin -2. (pícaro) rascal, rogue
galpón nm Andes,Carib, RP shed
galvánico, -a adj galvanic
galvanismo nm galvanism
galvanización nf galvanization
galvanizado, -a ◇ adj galvanized
◇ nm galvanization
galvanizar [14] vt -1. (metal) to galvanize -2. (estimular) to galvanize; **su llegada galvanizó a los compañeros de equipo** his arrival galvanized his teammates
galvanómetro nm galvanometer
galvanoplastia nf electroplating
gama nf -1. (conjunto) range; **de ~ alta** top of the range; **de ~ media** middle of the range; **un modelo de ~ baja** an economy o budget model; **una computadora de ~ baja** an entry-level computer -2. (de colores, modelos) range -3. MÚS scale
gamada adj **cruz ~** swastika
gamba nf -1. (animal) (grande) prawn, US shrimp; (pequeño) shrimp; **cóctel de gambas** prawn cocktail ▫ **gambas a la** o **con gabardina** scampi -2. Fam (pierna) leg; [EXPR] **meter la ~** to put one's foot in it
gambado, -a adj Carib bowlegged
gamberrada nf Esp (acto violento) act of hooliganism; (travesura) loutish act; **¡deja de hacer gamberradas!** stop wrecking the place!
gamberrismo nm Esp hooliganism
gamberro, -a Esp ◇ adj loutish; **es muy ~** he's a real lout o Br yob
◇ nm,f (persona) hooligan, lout, Br yob; **hacer el ~** to behave loutishly, to cause trouble
gambeta nf -1. (al bailar) caper, prance -2. (de caballo) curvet
Gambia n The Gambia
gambiense ◇ adj Gambian
◇ nmf Gambian
gambito nm (en ajedrez) gambit
gambusia nf (pez) gambusia
gamelote nm (planta) guinea grass
gameto nm gamete
gamín, -ina nm,f Col street urchin

gamma *nf* gamma
gammaglobulina *nf* gamma globulin
gamo *nm* fallow deer
gamón *nm* onion-leaved asphodel
gamonal *nm Andes, CAm, Ven* **-1.** *(cacique)* village chief **-2.** *(caudillo)* cacique, local political boss
gamonalismo *nm Andes, CAm, Ven* caciquism
gamulán *nm RP* **-1.** *(cuero)* sheepskin **-2.** *(abrigo)* sheepskin coat
gamuza *nf* **-1.** *(tejido)* chamois (leather) **-2.** *(trapo)* duster **-3.** *(animal)* chamois
gana *nf* **-1.** *(afán, deseo)* desire, wish **de** ~ **de buena/mala** ~**: lo hizo de buena/mala** ~ she did it willingly/unwillingly; **de buena** ~ **lo dejaría todo y me iría lejos** I'd quite happily drop everything and go off somewhere far away; **no es nada trabajador, todo lo hace de mala** ~ he's not very hardworking, he always drags his feet when he has to do something; **comía con mucha** ~ he ate with great relish *o* gusto; **hace el trabajo con ganas** she goes about her work with relish *o* enthusiastically; **¡con qué ganas la mandaría a paseo!** I'd just love to tell her to get lost!; **me dan ganas de llorar** I feel like crying; **me entraron ganas de marcharme** I felt like walking out; **le entraron ganas de llorar** he felt like crying; **hacer algo sin ganas** to do sth without any great enthusiasm; **morirse de ganas de hacer algo** to be dying to do sth; **me quedé con las ganas de contestarle** I would have loved to answer her back; **se me han quitado las ganas de volver al cine** it's made me feel like never going to the cinema again; **tener** *o* **sentir ganas de (hacer) algo** to feel like (doing) sth; **ya tengo ganas de que vuelvas** I'm really looking forward to you coming back; **tengo ganas de comerme un pastel** I feel like (eating) a cake; **no tengo ganas de que me pongan una multa** I don't fancy getting a fine; **tengo ganas de ir al baño** I need to go to the toilet; **¡qué ganas tengo de empezar las vacaciones!** I can't wait for the holidays to start!; **¡qué ganas tienes de buscarte problemas!** you just can't resist looking for trouble!; **¿por qué habrá dicho eso? – son ganas de fastidiar** why would he say a thing like that? – he's just being nasty; EXPR *Fam* **con ganas: tu amigo es tonto con ganas** *Br* your friend isn't half stupid, *US* your friend sure is stupid; *Fam* **es un libro malo con ganas** it's a terrible book; EXPR *Fam* **dar la** ~**: no me da la** ~ I don't feel like it; EXPR *Fam* **no le dio la real** ~ **de ayudar** she couldn't be bothered to help; **porque me da la (real)** ~ because I (jolly well) feel like it; EXPR *Fam* **tenerle ganas a alguien** *(odiarlo)* to have it in for sb; *Andes, RP Fam (desearlo)* to have one's eye on sb; EXPR **venirle en** ~ **a alguien: hace/come todo lo que le viene en** ~ she does/eats whatever she pleases
-2. *(apetito)* appetite; **comer sin ganas** to eat without appetite, to pick at one's food; **no tengo** ~ I've got no appetite; **el paciente ha perdido la** ~ the patient has lost his appetite
ganadería *nf* **-1.** *(actividad)* livestock farming **-2.** *(ganado)* livestock **-3.** TAUROM **un toro de la** ~ **de Pedro Jiménez** a bull from the ranch of Pedro Jiménez
ganadero, -a ◇ *adj* livestock-farming; **región ganadera** livestock-farming region; **la exportación de productos ganaderos** livestock exports
◇ *nm,f (propietario)* livestock farmer; *(criador)* stockbreeder; *(empleado)* stockman
ganado *nm* **-1.** *(animales)* livestock ❏ ~ **bovino** cattle; ~ **caballar** horses; ~ **cabrío** goats; ~ **de cerda** pigs; ~ **equino** horses; ~ **lanar** sheep and goats; ~ **mayor** = cattle, horses and mules; ~ **menor** = sheep, goats and pigs; ~ **ovino** sheep; *Am* ~ **en pie** livestock (on the hoof); ~ **porcino** pigs; ~ **vacuno** cattle

-2. *Fam (personas)* crowd; **en esa discoteca hay muy buen** ~ you get some nice chicks *o Br* birds in that disco
ganador, -ora ◇ *adj* winning; **el escritor** ~ **del Nobel** the Nobel prize-winning writer
◇ *nm,f* winner
ganancia *nf* **-1.** *(rendimiento)* profit; *(ingreso)* earnings; **ganancias y pérdidas** profit and loss; EXPR *Fam* **no te arriendo la** ~ *(no te envidio)* I wouldn't like to be in your shoes, I don't envy you ❏ ~ **bruta** gross profit *o* earnings; **ganancias de capital** capital gains; ~ **inesperada** windfall profit; FIN **ganancias invisibles** invisible earnings; ~ **líquida** net profit *o* earnings; ~ **neta** net profit *o* earnings; FIN **ganancias sobre el papel** paper profits; ~ **total** gross profit *o* earnings
-2. ELEC gain
-3. *Chile, Guat, Méx (propina)* extra, bonus
ganancial *adj* **bienes gananciales** shared possessions
ganapán *nm* odd-job man
ganar ◇ *vt* **-1.** *(premio, competición)* to win; **ganaron las elecciones** they won the elections; **ganó un millón en la lotería** he won a million on the lottery
-2. *(obtener) (sueldo, dinero)* to earn; **gana dos millones al año** she earns *o* she's on two million a year; **¿cuánto ganas?** how much do you earn?
-3. *(obtener) (peso, tiempo)* to gain; ~ **fama** to achieve fame; ~ **importancia** to grow in importance; ~ **terreno** *(avanzar)* to gain ground; **en tren ganas una hora** you save an hour by taking the train; **ganaron nuevos adeptos para la causa** they won over new converts to the cause
-4. *(conseguir)* **¿qué gano yo con eso?** what's in it for me?, what do I stand to gain from that?; **llorando no ganas nada** it's no use crying, crying won't change anything
-5. *(derrotar)* to beat; **te voy a** ~ I'm going to beat you; EXPR *RP Fam* ~ **de mano a alguien** to beat sb to it
-6. *(aventajar)* **me gana en velocidad** he's faster than me; **me gana en hermosura pero no en inteligencia** she's prettier than me, but not as intelligent; *Fam* **a tonto no hay quien le gane** he's as thick as they come
-7. *(alcanzar)* to reach, to make it to; **ganó la orilla a nado** she made it to *o* gained the shore
-8. *(conquistar)* to take, to capture; **los aliados ganaron la playa tras una dura batalla** the Allies took *o* captured the beach after a hard battle
-9. *(recuperar)* **han ganado terreno al desierto** they have reclaimed land from the desert
◇ *vi* **-1.** *(vencer)* to win; **ganaron por tres a uno** they won three one; **ganaron por penalties** they won on penalties; **ganan de cuatro puntos** they're winning by four points, they're four points ahead; **no es justo, te has dejado** ~ it's not fair, you let me beat you *o* you lost on purpose; **que gane el mejor** may the best man win
-2. *(lograr dinero)* to earn money; *Am* **bien** to be well paid; ~ **mal** not to earn very much, to be badly paid; **sólo gana para subsistir** she earns only enough to live on; EXPR *Fam* **no gano para disgustos** *o* **sustos** I've more than enough worries *o* troubles
-3. *(mejorar)* to benefit (**con** from); **gana mucho con la barba** he looks a lot better with a beard; **ha ganado con el cambio de trabajo** he has benefited from changing jobs; ~ **en algo** to gain in sth; **ha ganado en amplitud** *(parece mayor)* it looks bigger; **hemos salido ganando con el cambio** we've benefited from the change
-4. *Urug Fam (con hombre, mujer)* **¿viste como te mira? estás ganando** have you seen her looking at you? she fancies *o* you're well in there

◆ **ganarse** *vpr* **-1.** *(conquistar) (simpatía, respeto)* to earn; *(persona)* to win over; **se ganó el aprecio de sus alumnos** she earned the respect of her pupils; **se ganó el odio de sus compañeros** his colleagues came to hate him
-2. *(obtener)* **se gana la vida de barrendero** he earns his living as a street sweeper
-3. *(merecer)* to deserve; **nos hemos ganado unas vacaciones** we've earned *o* we deserve a holiday; **te vas a** ~ **una bofetada** you'll end up getting a smack; EXPR **ganarse algo a pulso: se ha ganado a pulso su reputación de mujeriego** he has certainly earned his reputation as a ladies' man, he has a well-deserved reputation as a ladies' man; EXPR *Esp Fam* **ganársela: como no te estés quieto, te la vas a** ~ if you don't stay still, you'll catch it
ganchete *nm* **ir del** ~ to walk arm-in-arm
ganchillo *nm* **-1.** *(aguja)* crochet hook **-2.** *(labor)* crochet; **hacer** ~ to crochet; **colcha de** ~ crocheted bedspread
ganchito *nm* **-1.** *Esp (aperitivo)* = cheese-flavoured snack made from maize, *Br* ≃ Wotsit®, *US* ≃ Cheeto® **-2.** *RP (grapa)* staple **-3.** *RP (broche)* hook and eye
gancho *nm* **-1.** *(garfio)* hook; *(de percha)* peg; EXPR *Esp Fam* **echar el** ~ **a alguien: como le eche el** ~ **al que me ha robado la bici...** just wait till I get my hands on whoever stole my bike...
-2. *(cómplice) (de timador)* decoy
-3. *Fam (atractivo)* **esa chica tiene mucho** ~ that girl is quite something *o* can really turn heads; **tiene** ~ **como relaciones públicas** she has a real gift for public relations; **uno de los ganchos del proyecto es su bajo coste** one of the big plusses of the project is its low cost
-4. *(en baloncesto)* hook
-5. *(en boxeo)* hook; ~ **de izquierda/derecha** left/right hook
-6. *Andes, CAm, Méx, Ven (percha)* hanger
-7. *Col, Ven (pinza) Br* (clothes) peg, *US* clothespin
-8. *Andes, CAm, Méx (horquilla)* hairpin
-9. *Bol, Col (imperdible)* safety pin
-10. *Ecuad (silla)* sidesaddle
-11. *Méx (labor)* crochet
-12. *RP (para papeles)* staple
-13. *RP Fam (contacto)* **hacerle** ~ **a alguien con alguien** to fix sb up with sb; **si te gusta mi prima, te hago** ~ if you fancy my cousin, I'll try to fix you up with her; **las madres les hicieron** ~ their mothers tried to get them together
ganchudo, -a *adj* hooked
gandalla *nmf Méx Fam* **-1.** *(sinvergüenza)* swine **-2.** *(deshonesto)* crook
gandido, -a *adj CAm, Carib, Méx Fam* **ser** ~ to be a greedy pig
gandinga *nf Carib (guisado)* liver stew
gandola *nf Ven Br* articulated lorry, *US* semitrailer
gandolero, -a *nm,f Ven* truck *o Br* lorry driver
gandul, -ula *Fam* ◇ *adj* lazy
◇ *nm,f* lazybones, layabout
gandulear *vi Fam* to loaf *o* bum around
gandulería *nf Fam* idleness
ganga *nf* **-1.** *(bicoca)* snip, bargain; **se lo dejo a precio de** ~ I'll let you have it for a knockdown price **-2.** *(de mineral)* slag **-3.** *(ave)* pin-tailed sandgrouse
Ganges *nm* **el** ~ the Ganges
ganglio *nm* ANAT **-1.** **(linfático)** *(en vaso)* lymph node *o* gland **-2.** ~ **(nervioso)** *(en nervio)* ganglion
gangoso, -a ◇ *adj (voz)* nasal *(caused by cleft palate)*
◇ *nm,f* = person with a nasal voice caused by a cleft palate
gangrena *nf* gangrene
gangrenado, -a *adj* gangrenous
gangrenarse *vpr* to become gangrenous; **se le gangrenó la herida** his wound became gangrenous

gangrenoso, -a *adj* gangrenous
gángster ['ganster], **gánster** (*pl* **gángsters, gángsteres**) *nm* gangster
gangsterismo [ganste'rismo], **gansterismo** *nm* gangsterism
ganguear *vi* to speak nasally, to speak through one's nose
gansada *nf Fam (acto, dicho)* **hacer gansadas** to clown around; **no digas gansadas** don't talk nonsense
gansear *vi Fam (hacer tonterías)* to clown around; *(decir tonterías)* to talk nonsense
ganso, -a ◇ *adj Fam* **-1.** *(alto)* tall **-2.** *(grande)* huge, enormous; *Esp* **me costó una pasta gansa** it cost me a fortune *o* an arm and a leg **-3.** *Esp (genial)* great, terrific
 ◇ *nm,f* **-1.** *(ave) (hembra)* goose; *(macho)* gander ❏ **~ de las nieves** snow goose; **~ del Nilo** Egyptian goose **-2.** *Fam (tonto)* idiot, fool; **hacer el ~** to clown around **-3.** *Fam (perezoso)* lazy so-and-so
 ◇ *nm Ven* rump (steak)
gánster = gángster
gansterismo = gangsterismo
Gante *n* Ghent
ganzúa *nf* picklock
gañán *nm* **-1.** *(hombre rudo)* lout, boor **-2.** *(bracero)* farm labourer
gañido *nm* yelp
gañir *vi* **-1.** *(perro)* to yelp **-2.** *(ave)* to croak, to caw **-3.** *(persona)* to wheeze
gañote *nm Fam* gullet
garabatear, garrapatear ◇ *vt* **-1.** *(escribir)* to scribble **-2.** *(dibujar) (como un bebé)* to scribble; *(más artísticamente)* to doodle
 ◇ *vi* **-1.** *(escribir)* to scribble **-2.** *(dibujar) (como un bebé)* to scribble; *(más artísticamente)* to doodle
garabato, garrapato *nm* **-1.** *(escribir)* scribble; **hacer garabatos** to scribble **-2.** *(dibujo) (de bebé)* scribble; *(más artístico)* doodle **-3.** *(gancho)* hook
garaje, *Am* **garage** *nm* **-1.** *(estacionamiento)* garage **-2.** *(taller)* garage
garajista, *Am* **garagista** *nmf* garage attendant
garambaina *nf* **-1.** *(adorno)* trinket **-2.** *Fam (tontería)* **¡déjate de garambainas!** stop that nonsense!, stop messing about!
garambullo *nm* myrtillocactus
garante *nmf* guarantor; **salir ~** to act as guarantor
garantía ◇ *nf* **-1.** *(seguro, promesa)* guarantee; **me ha dado su ~ de que lo hará** she guaranteed that she'd do it; **no tenemos ninguna ~ de que vaya a lucir el sol** there's no guarantee that it will be sunny; **ser ~ de algo** to guarantee sth; **su diseño futurista es ~ de éxito** its futuristic design means its success is assured ❏ POL **garantías constitucionales** constitutional rights; FIN **~ prendaria** collateral security
 -2. *(de producto)* guarantee, warranty; **viene con una ~ de tres años, tiene tres años de ~** it comes with a three-year guarantee *o* warranty, it has a three-year guarantee *o* warranty; **estar en ~** to be under guarantee ❏ **~ de por vida** lifetime guarantee
 -3. *(fianza)* surety; **dejó su reloj como ~** he left his watch as security
 ◇ **de garantía** *loc adj* reliable, dependable
garantizado, -a *adj* guaranteed
garantizar [14] *vt* **-1.** *(asegurar)* to guarantee; **te garantizo que te lo devolveré el viernes** I guarantee *o* I assure you I'll give it back to you on Friday; **la central garantiza el suministro eléctrico a la ciudad** the power station ensures the city's supply of electricity
 -2. *(contra riesgo, deterioro)* to guarantee; **les garantizaron el televisor por un año** they guaranteed the television for a year, they gave them a year's guarantee for the television
 -3. *(avalar)* to vouch for
garañón *nm (caballo)* stud horse

garapiña *nf Cuba, Méx (bebida)* = drink made with pineapple skin and sugar
garbancero, -a *adj* chickpea; **zona garbancera** chickpea-growing area
garbanzo *nm* chickpea; EXPR *Fam* **ganarse *o* buscarse los garbanzos** to earn one's living *o* one's daily bread; EXPR *Fam* **ser el ~ negro (de la familia)** to be the black sheep of the family
garbeo *nm Esp Fam* **dar un ~** *(caminando)* to go for *o* take a stroll; *(en vehículo)* to go for a spin
garbo *nm* **-1.** *(de persona)* grace; **se mueve con mucho ~** he moves very gracefully **-2.** *(de escritura)* stylishness, style
garbosamente *adv (con gracia)* gracefully
garboso, -a *adj* **-1.** *(persona)* graceful **-2.** *(escritura)* stylish
garceta *nf* little egret
garchar *RP Vulg* ◇ *vt* to screw, to fuck
 ◇ *vi* to screw, to fuck
Garcilaso *n pr* **el Inca ~ de la Vega** the Inca Garcilaso de la Vega (Peruvian writer and chronicler of the Inca empire during the first years of the Spanish conquest (1539-1616))
garcilla *nf* ❏ **~ bueyera** cattle egret; **~ cangrejera** squacco heron
garçon: a lo garçon *loc adv* in a bob, very short; **llevaba el pelo cortado a lo ~** she had her hair in a bob
garçonniere [garso'njer] *nm RP* bachelor pad
gardenia *nf* gardenia
garduña *nf* beech *o* stone marten
garete *nm* EXPR *Fam* **ir *o* irse al ~** *(fracasar)* to go down the drain, to go to pot
garfio *nm* hook
gargajear *vi* to spit
gargajo *nm Fam* gob of phlegm; **el suelo estaba lleno de gargajos** the floor was covered in phlegm; **escupió un ~ en el suelo** he spat a gob of phlegm on the floor
garganta *nf* **-1.** *(conducto interno)* throat; **me duele la ~** I've got a sore throat; EXPR *Fam* **lo tengo atravesado en la ~** he/it sticks in my gullet *o* throat **-2.** *(cuello)* neck **-3.** *(voz)* (singing) voice; **tiene buena ~** he has a good (singing) voice **-4.** *(desfiladero)* gorge
gargantilla *nf* choker
gargantúa *nmf* big eater, glutton
gárgara *nf Col, Chile, Méx (elixir)* gargle
gárgaras *nfpl* gargling; **hacer ~** to gargle; *Fam* **nuestros planes se fueron a hacer gárgaras** our plans went out the window; EXPR *Fam* **mandar a alguien a hacer ~** to send sb packing; EXPR *Fam* **¡vete a hacer ~!** get lost!
gargarismo *nm* **-1.** *(líquido)* gargle **-2.** *(acción)* gargle, gargling
gárgola *nf* gargoyle
garguero, gargüero *nm Fam* windpipe
garita *nf* **-1.** *(de centinela)* sentry box **-2.** *(de conserje)* lodge
garito *nm* **-1.** *(casa de juego)* gambling den **-2.** *Fam (establecimiento)* **vamos a un ~ a tomar algo** let's go some place for a drink; **un ~ de mala muerte** a dive
garlar *vi Fam* to chatter
garlito *nm Fam (trampa)* trap, snare; EXPR **caer en el ~** to fall for it
garlopa *nf* trying plane, jointing plane
garnacha *nf (uva)* grenache, = very sweet purplish grape
Garona *nm* **el ~** the Garonne
garpar *RP Fam* ◇ *vt* to fork out for
 ◇ *vi* to cough up
garra *nf* **-1.** *(de mamífero)* claw; *(de ave)* talon, claw
 -2. *(de persona)* paw, hand; **¡quítame las garras de encima!** get your paws *o* dirty hands off me!; **caer en las garras de alguien** to fall into sb's clutches; EXPR *Fam* **echar la ~ a alguien** to get *o* lay hold of sb; **quedó atrapado en las garras de la droga** he was trapped in the clutches of drug addiction
 -3. *Fam (atractivo)* **tener ~** *(persona)* to have charisma; *(novela)* to be gripping; *(canción)* to be catchy
 -4. *(coraje)* gutsiness, fighting spirit; **un**

ciclista con mucha ~ a very gutsy cyclist ❏ *RP* **la ~ charrúa** Uruguayan fighting spirit *(inherited from the Charrúa, a nomadic indigenous people)*
 -5. *RP Fam (objeto malo)* **esta computadora es una ~** this computer is *Br* rubbish *o US* garbage
garrafa *nf* **-1.** *(botella)* carafe; *Fam* **de ~** *(bebida alcohólica)* cheap and nasty **-2.** *RP (bombona)* gas cylinder *o* bottle
garrafal *adj* monumental, enormous
garrafón *nm* **-1.** *(damajuana)* demijohn **-2.** *Méx (botella grande)* = large glass bottle for purified water
garrapata *nf* tick
garrapatear = garabatear
garrapato = garabato
garrapiñado, -a *adj* caramel-coated
garrapiñar *vt (fruta)* to candy; *(almendras)* to coat with caramelized sugar
garrido, -a *adj* elegant, smart
garriga *nf* uncultivated scrubland
garrobo *nm CAm* iguana
garrocha *nf* **-1.** *(lanza)* pike, lance **-2.** *Am (pértiga)* (vaulting) pole; **salto con ~** pole vault
garrochista *nm Am* pole vaulter
garrón *nm* **-1.** *(de animal)* = hoof by which dead animals are hung
 -2. *RP Fam (decepción)* let-down; **la película fue un ~** the movie *o Br* film was a real let-down
 -3. *RP Fam (contratiempo)* drag; **dos horas de cola, ¡qué ~!** two hours *Br* queuing *o US* standing in line, what a drag!
 -4. EXPR *RP Fam* **de ~** *(sin pagar)* (for) free; *(de pura suerte)* by sheer luck; **siempre fuma de ~** he's always scrounging *o* cadging cigarettes; **nos salvamos de ~** it was sheer luck that we escaped
garronear *RP Fam* ◇ *vt* **-1.** *(pedir)* to scrounge, to cadge; **siempre está garroneando cigarros** she's always scrounging *o* cadging cigarettes **-2.** *(ser tacaño con)* to be stingy with, to skimp on; **vamos a cenar a un restaurante, que en su casa siempre te garronea (la comida)** let's go to a restaurant for dinner, he's always really stingy with the food at his place
 ◇ *vi* to scrounge, to sponge; **mi vecino vive garroneando** my neighbour's always scrounging, my neighbour's always sponging off people
garronero, -a *RP Fam* ◇ *adj* **ser ~** to be a scrounger *o* sponger
 ◇ *nm,f* scrounger, sponger
garrota *nf* **-1.** *(garrote)* club, stick **-2.** *(bastón)* (walking) stick
garrotazo *nm* blow with a club *o* stick; **dar un ~ a alguien** to club sb
garrote *nm* **-1.** *(palo)* club, stick **-2.** *(instrumento de ejecución)* **~ (vil)** garrotte; **dar ~ (vil) a alguien** to garotte sb **-3.** *Méx (freno)* brake
garrotero, -a *nm,f Méx* FERROC brakeman, *f* brakewoman
garrotillo *nm* MED croup
garrucha *nf* pulley
garrudo, -a *adj Méx (forzudo)* muscular, brawny
garrulería *nf Fam Pey* **garrulerías** *(de garrulo)* uncouth *o* loutish behaviour
garrulo, -a *Fam Pey* ◇ *adj* coarse, uncouth
 ◇ *nm,f* country bumpkin, yokel, *US* hick
gárrulo, -a *adj* **-1.** *(hablador)* garrulous, talkative **-2.** *(ave)* noisy
garúa *nf Andes, RP, Ven* drizzle; **caía una suave ~** it was drizzling gently
garuar *v impersonal Andes, RP, Ven (lloviznar)* to drizzle
garufa *nm RP* **es un ~** he likes living it up, he's a fun-loving sort of person; **irse de ~** to go out on the town
garza *nf* heron ❏ **~ imperial** purple heron; **~ real** grey heron
garzo, -a *adj Literario* azure
garzón, -ona *nm,f Chile* waiter, *f* waitress
gas *nm* **-1.** *(fluido)* gas; **un horno de ~** a gas oven; **calefacción de ~** gas heating; **acaban de instalarnos el ~** they've just connected the gas; **con ~** *(agua, bebida)* sparkling; AUT

dale ~ step on the accelerator ❑ ~ *butano* butane (gas); *CSur* ~ *de cañería* town gas; ~ *de carbón* coal gas; *Esp* ~ *ciudad* town gas; ~ *hilarante* laughing gas; ~ *de hulla* coal gas; ~ *ideal* ideal gas; *gas inerte* inert gas; ~ *lacrimógeno* tear gas; ~ *licuado* liquefied petroleum gas; *Méx* ~ *LP* LPG, liquefied petroleum gas; ~ *mostaza* mustard gas; ~ *natural* natural gas; ~ *noble* noble gas; ~ *de los pantanos* marsh gas; ~ *perfecto* ideal gas; ~ *propano* propane gas; ~ *sarín* sarin gas; ~ *tóxico* poison gas

-2. **gases** *(en el estómago)* wind; **las legumbres dan muchos gases** pulses give you a lot of wind *o* US gas

-3. *Esp Fam (fuerza)* **aun jugando a medio ~ ganaron** they won even though they weren't really trying; **quedarse sin ~** to run out of steam

-4. *Esp Fam (velocidad)* **corrió a todo ~** he ran flat out *o* at top speed; **leí el periódico a todo ~** I read the newspaper as fast as I could

gasa *nf* gauze
Gascuña *n* Gascony
gasear *vt* to gas
gaseoducto *nm* gas pipeline
gaseosa *nf* -1. *Esp, Arg (bebida transparente)* pop, *Br* lemonade -2. *CAm, RP (refresco con gas)* fizzy drink, *US* soda
gaseoso, -a *adj* -1. *(estado)* gaseous -2. *(bebida)* fizzy
gásfiter *nmf Chile, Perú* plumber
gasfitería *nf Chile, Perú* plumber's (shop)
gasfitero, -a *nm,f Ecuad* plumber
gasificación *nf* gasification
gasificar [59] *vt* -1. *(convertir en gas)* to gasify -2. *(bebida)* to carbonate
gasoducto *nm* gas pipeline
gasofa *nf Esp Fam (fuel)* juice
gasóleo, gasoil *nm* -1. *(para vehículos)* diesel (oil) -2. *(para calderas)* oil, gas-oil
gasolero, -a *RP* ◇ *adj* -1. *(vehículo)* diesel-powered, diesel-engined -2. *Fam (persona)* thrifty
◇ *nm (vehículo)* diesel, diesel-engined *o* diesel-powered vehicle
◇ *nm,f Fam (persona)* thrifty person
gasolina *nf Br* petrol, *US* gas, *US* gasoline; **echar** *o* **poner ~** to put some *Br* petrol *o US* gas in ❑ ~ *normal Br* three-star petrol, *US* regular gasoline; ~ *con plomo* leaded *Br* petrol *o US* gasoline; ~ *sin plomo* unleaded *Br* petrol *o US* gasoline; ~ *súper Br* four-star petrol, *US* premium-grade gasoline
gasolinera *nf* -1. *(establecimiento) Br* petrol station, *US* gas station -2. *(lancha)* motorboat
gasolinería *nf Méx Br* petrol station, *US* gas station
gasómetro *nm* gasometer
Gaspar *n pr* Caspar
gastado, -a *adj (objeto)* worn out; *(frase, tema)* hackneyed; *(persona)* broken, burnt out; *(pila)* dead; *(batería)* flat
gastador, -ora ◇ *adj* spendthrift
◇ *nm,f* spendthrift
gastar ◇ *vt* -1. *(dinero)* to spend; ~ **algo en algo** to spend sth on sth; **gastó una fortuna en decorar la casa** she spent a fortune (on) decorating the house

-2. *(consumir) (tiempo)* to spend; *(gasolina, electricidad)* to use; **esta lámpara gasta mucha electricidad** this lamp uses a lot of electricity; **esta moto gasta muy poco** this motorbike uses very little *Br* petrol *o US* gas; **mi coche gasta 7 litros a los cien** ≃ my car does 41 miles to the gallon

-3. *(malgastar) (dinero, energía)* to waste
-4. *(desgastar) (ropa, zapatos)* to wear out
-5. *Esp (tener, usar) (ropa)* to wear; **gasta sombrero** he wears a hat; **gasto el 42** I take a size 42, I'm a size 42
-6. *Esp (hacer)* ~ **una broma (a alguien)** to play a joke (on sb)
-7. *Esp (genio)* ~ **mal genio** to have a bad temper; *Esp* **gastarlas** to carry on, to behave; **¡no sabes cómo se las gastan allí!** you can't imagine how they carry on there!
-8. *RP Fam (burlarse de)* to make fun of
◇ *vi* to spend (money)

◆ **gastarse** *vpr* -1. *(deteriorarse, desgastarse)* to wear out -2. *(consumirse)* to run out; **se nos ha gastado el aceite** we've run out of oil; **se gastó toda el agua que teníamos** we've used up all the water we had; **se han gastado las pilas** the batteries have run out *o* gone dead -3. *(dinero)* to spend; **nos gastamos veinte pesos en comida** we spent twenty pesos on food

gasto *nm (dinero gastado)* spending; *(costo)* expense; **el ~ de energía** energy consumption; **el ~ educativo/militar** *(de país)* spending on education/defence; **los gastos de la casa** household expenses; **mis padres me dan dinero para mis gastos** my parents give me pocket money; **correr con los gastos (de algo)** to meet *o* bear the cost (of sth), to pay (for sth); **cubrir gastos** to cover costs, to break even; **no reparar en gastos** to spare no expense ❑ FIN ~ *amortizable* capitalized expense; *CSur* **gastos comunes** service charge; **gastos de comunidad** service charge; COM **gastos corrientes** running costs; FIN ~ *deducible* tax-deductible expense; **gastos de desplazamiento** relocation expenses, settling-in allowance; COM **gastos diversos** sundries; **gastos de envío** postage and packing; COM **gastos de explotación** operating costs; COM **gastos fijos** fixed charges *o* costs; *(en una casa)* overheads; **gastos financieros** financing charges; COM **gastos generales** overheads; FIN **gastos de gestión** handling charges; **gastos de mantenimiento** maintenance costs; **gastos de personal** personnel expenses, staffing costs; ~ *público* public expenditure; **gastos de representación** entertainment allowance; FIN **gastos de tramitación** handling charges; **gastos de transporte** freight charges, transport costs; **gastos de viaje** travelling expenses

gástrico, -a *adj* gastric
gastritis *nf inv* MED gastritis
gastroenteritis *nf inv* gastroenteritis
gastroenterología *nf* gastroenterology
gastrointestinal *adj* gastrointestinal
gastronomía *nf* gastronomy
gastronómico, -a *adj* gastronomic
gastrónomo, -a *nm,f* gourmet, gastronome
gata *nf Chile, Perú* AUT jack
gatas: a gatas *loc adv* -1. *Fam (a cuatro patas)* on all fours; **andar ~** to crawl
-2. *RP (apenas)* barely; **estoy cansadísima, a ~ llegué aquí** I'm shattered, I barely managed to make it here; **¿sabes la lección? – a ~** do you know your lesson? – sort of; **¿le pedimos que nos regale un auto? – a ~ va a poder comprarnos una bicicleta** shall we ask him to give us a car? – he can barely afford to buy us a bicycle
gatear *vi* to crawl
gatera *nf* -1. *(puerta)* cat flap *o* door -2. *Andes (persona)* market stallholder
gatillazo *nm Fam* **dio** *o* **pegó (el) ~** he couldn't get it up
gatillero, -a *nm,f Méx* hired gunman *o* killer
gatillo *nm* trigger
gatito, -a *nm,f* kitten
gato, -a ◇ *nm,f* -1. *(animal)* cat; [EXPR] *Fam* **dar ~ por liebre a alguien** to swindle *o* cheat sb; [EXPR] *Fam* **aquí hay ~ encerrado** there's something fishy going on here; [EXPR] *Fam* **llevarse el ~ al agua** to pull it off; [EXPR] *Fam* **cuatro gatos**, *RP* **cuatro gatos locos: sólo había cuatro gatos** there was hardly a soul there; *Esp* **nos apuntamos cuatro gatos** hardly anyone signed up for it; [EXPR] *Fam* **defenderse/resistir como ~ panza arriba** to defend oneself/resist tooth and nail; [EXPR] *Fam* **tener más vidas que un ~** to have nine lives; [PROV] *Fam* **cuando el ~ duerme, bailan los ratones** when the cat's away the mice will play; [PROV] ~ **escaldado (del agua fría huye)** once bitten twice shy ❑ ~ *de algalia* civet; ~ *de Angora* Angora cat; *el* ~ *con botas* Puss in Boots; ~ *montés* wildcat; ~ *persa* Persian cat; ~ *siamés* Siamese cat

-2. *Esp Fam (madrileño)* = person from Madrid
-3. *Méx Fam Pey (sirviente)* flunkey
◇ *nm* -1. AUT jack -2. *(danza)* = Argentine folk dance -3. *Méx (tres en raya) Br* noughts and crosses, *US* tick-tack-toe
GATT [gat] *nm (abrev de* **General Agreement on Tariffs and Trade)** GATT
gatuno, -a *adj* catlike, feline
gatuña *nf* restharrow
gauchada *nf CSur* favour; **hacerle una ~ a alguien** to do sb a favour
gauchesco, -a *adj* gaucho; **literatura gauchesca** = literature about gauchos and their life
gauchismo *nm* = literary movement focused on gaucho life
gaucho, -a ◇ *adj RP Fam (servicial)* helpful, obliging
◇ *nm,f* gaucho

GAUCHO

The **Gauchos** were the cowboys of Argentina and Uruguay, skilled horsemen who were in charge of the huge cattle-herds of the pampas. The culture of the **Gaucho**, which dates from colonial times, combines elements from several sources: Spain, indigenous Indian culture, and that of freed slaves. They gained fame for their courage and daring during the wars of independence against Spain, but they later became increasingly marginalized because of their fiercely independent spirit and nomadic customs. Nevertheless they remain vivid figures in the national imagination, together with their working tools and weapons – the Spanish hunting knife and Indian "boleadoras" – their distinctive clothing, such as the poncho, and customs, such as drinking mate and singing campfire songs. They were immortalized by José Hernández in his long poem "El gaucho Martín Fierro" (1872-79), which is Argentina's national epic and did much to create and popularize their legend. Although this tradition may be affectionately sent up nowadays (e.g. in the comic strip "Inodoro Pereyra" by the cartoonist Fontanarrosa), the **Gaucho** is still regarded by many as the embodiment of the virtues of solidarity and companionship.

---

gaullismo [go'lismo] *nm* POL Gaullism
gaullista [go'lista] POL ◇ *adj* Gaullist
◇ *nmf* Gaullist
gavera *nf Ven* -1. *(para botellas)* crate -2. *(para hielo)* ice tray
gaveta *nf* drawer
gavia *nf* -1. *(vela)* topsail -2. *(gaviota)* seagull
gavial *nm* gavial
gavilán *nm* sparrowhawk
gavilla *nf* -1. *(haz)* sheaf -2. *RP (banda)* gang
gavillero *nm Am (persona)* thug
gavión *nm (armazón)* gabion
gaviota *nf* seagull ❑ ~ *argéntea* herring gull; ~ *cabecinegra* Mediterranean gull; ~ *cana* gull; ~ *enana* little gull; ~ *reidora* black-headed gull; ~ *sombría* lesser black-backed gull; ~ *tridáctila* kittiwake
gay [gai, gei] ◇ *adj inv* gay
◇ *nm* gay
gayal *nm* gayal
gayo, -a *adj Literario (alegre)* gay ❑ **gaya ciencia** *(la poesía)* art of poetry
gayola *nf RP Fam* slammer, clink; **en ~** in the slammer *o* clink
gayomba *nf* Spanish broom
gayumbos *nmpl Esp Fam (calzoncillos)* pants
gazapera *nf (madriguera)* burrow, rabbit hole
gazapo *nm* -1. *(animal)* young rabbit -2. *(error) (en texto)* misprint; *(al hablar)* slip of the tongue; *(en película)* goof
gazmoñería *nf* sanctimoniousness
gazmoño, -a ◇ *adj* sanctimonious, priggish
◇ *nm,f* prig

gaznápiro, -a *Fam* ◇ *adj* simple-minded, dull-witted
◇ *nm,f* numbskull, dunce
gaznatada *nf CAm, Carib (bofetada)* slap
gaznate *nm Fam* gullet; **se echó un trago de ron al ~** he took a swig of rum; EXPR **remojar el ~** to wet one's whistle, to have a drink
gazpacho *nm* gazpacho, = Andalusian soup made from tomatoes, peppers, cucumbers and bread, served chilled
gazpachuelo *nm* = hot gazpacho with poached eggs
gazuza *nf Fam (hambre)* **tener ~** to be famished *o* ravenous
gazuzo, -a *adj Fam* famished, ravenous
GB *nf* **-1.** *(abrev de* **Gran Bretaña)** GB **-2.** INFORMÁT *(abrev de* **gigabyte)** GB
géiser, géyser *nm* geyser
geisha ['geisa] *nf* geisha
gel *nm* gel ❏ **~ de baño** shower gel; **~ moldeador** styling gel; **~ de sílice** silica gel
gelatina *nf* **-1.** *(de carne)* gelatine **-2.** *(en jamón)* jelly **-3.** *(de fruta) Br* jelly, *US* Jell-O®
gelatinoso, -a *adj* gelatinous
gélido, -a *adj* gelid, icy
gelificar ◇ *vt* to gel
◇ *vi* to gel
gelignita *nf* gelignite
gelivación, gelifracción *nf* GEOL gelifraction
gema *nf* gem
gemación *nf* BOT gemmation
gemelo, -a ◇ *adj* **hermano ~** twin brother, twin; **ser el alma gemela de alguien** to be sb's soul mate
◇ *nm,f (persona)* twin ❏ **~ idéntico** identical twin; **~ monocigótico** identical twin; **~ univitelino** identical twin
◇ *nm* **-1.** *(músculo)* calf muscle **-2. gemelos** *(de camisa)* cuff links
◇ *nmpl* **gemelos** *(prismáticos)* binoculars; *(para teatro)* opera glasses; **unos gemelos** a pair of binoculars/opera glasses
gemido *nm* **-1.** *(de persona)* moan, groan; **dar gemidos** to groan **-2.** *(de animal)* whine **-3.** *(de viento)* moan; **los gemidos del viento** the moaning of the wind
geminación *nf* LING gemination
geminado, -a *adj* geminate
geminiano, -a *Am* ◇ *adj* Gemini; **ser ~** to be (a) Gemini
◇ *nm,f* Gemini; **los ~ son...** Geminis are...
Géminis ◇ *adj inv* Gemini; *Esp* **ser ~** to be (a) Gemini
◇ *nm (signo)* Gemini; *Am* **los de ~ son...** Geminis are...
◇ *nmf inv (persona)* Gemini; *Esp* **los ~ son...** Geminis are...
gemir [47] *vi* **-1.** *(persona)* to moan, to groan; **~ de placer** to moan *o* groan with pleasure **-2.** *(animal)* to whine **-3.** *(viento)* to moan
gemología *nf* gemology
gemólogo, -a *nm,f* gemologist
gen *nm* BIOL gene ❏ **~ dominante** dominant gene
genciana *nf* gentian
gendarme *nmf* gendarme
gendarmería *nf* gendarmerie
genealogía *nf* genealogy
genealógico, -a *adj* genealogical
genealogista *nmf* genealogist
generación *nf* **-1.** *(conjunto de personas)* generation
-2. *(de artistas, intelectuales)* generation
-3. *(de máquinas, tecnología)* generation; **los monitores de la última ~ son más ligeros** the latest generation of monitors are lighter
-4. *(acción)* generation; **la ~ de puestos de trabajo** job creation; **la ~ de basuras es un grave problema** waste production is a serious problem ❏ **~ espontánea** spontaneous generation

GENERACIÓN DEL 98

When Spain lost its last major colonies (Cuba, Puerto Rico and the Philippines) in 1898, this brought to a head the concern felt by many Spanish intellectuals about the political and cultural decline of their country. They began to question the identity of Spain, and this was reflected in a certain pessimism in their work, though they also celebrated what they held to be its distinctive values. These authors subsequently became known as the **Generación del 98**, and included many of Spain's greatest writers, such as the philosophers Ortega y Gasset (1883-1955) and Unamuno (1864-1936), the prolific novelist Pío Baroja (1872-1956) and the poet Antonio Machado (1875-1939).

generacional *adj* generational; **conflicto ~** conflict between the generations, generation gap
generador, -ora ◇ *adj* generating
◇ *nm* ELEC generator ❏ **~ eléctrico** electric generator; **~ eólico** wind turbine
general ◇ *adj* **-1.** *(común)* general; **sólo tengo unas nociones muy generales de griego** I only have a very general knowledge of Greek; **esa es la opinión ~ de los que no leen los periódicos** that's what people who don't read the papers usually think; **mi valoración ~ es negativa** my overall opinion of it is negative
-2. *(en frases)* **por lo ~, en ~** in general, generally; **los candidatos, en ~, estaban muy cualificados** the candidates were generally very well qualified, in general, the candidates were very well qualified; **en ~ el clima es seco** on the whole, the climate is dry, the climate is generally dry; **¿qué tal te va la vida? – en ~, no me puedo quejar** how's life treating you? – I can't complain, on the whole; **por lo ~, suelo ir en tren** I generally go by train, in general I go by train
◇ *nm* MIL general ❏ **~ de brigada** *Br* brigadier, *US* brigadier general; **~ de división** major general
◇ *nf* DEP *(clasificación)* overall standings; **con su victoria se ha puesto segunda en la ~** her victory has moved her up to second place in the overall standings
generala *nf* **-1.** MIL *(toque)* call to arms; **tocar a ~** to sound the call to arms **-2.** *Fam (mujer del general)* general's wife
generalato *nm* **-1.** *(grado)* rank of general **-2.** *(conjunto)* generals
Generalidad *nf* **la ~** = the autonomous government of the regions of Catalonia or Valencia or the Balearic Islands
generalidad *nf* **-1.** *(mayoría)* majority **-2.** *(vaguedad)* generalization **-3. generalidades** *(principios básicos)* basic principles
generalísimo *nm* supreme commander, generalissimo; HIST **el Generalísimo** = title given to Franco
generalista ◇ *adj* generalist; **un enfoque ~** a generalist approach; **médico ~** general practitioner
◇ *nmf* general practitioner
Generalitat [jenerali'tat] *nf* **la ~** = the autonomous government of the regions of Catalonia or Valencia or the Balearic Islands
generalizable *adj* **un análisis ~ al mundo capitalista** an analysis that can also be applied to the capitalist world; **esta técnica está lejos de ser ~** this technique can by no means be applied in all cases
generalización *nf* **-1.** *(comentario)* generalization **-2.** *(extensión) (de conflicto)* spread, widening; *(de prácticas, enseñanza)* spread; **apoyan la ~ del uso de la bicicleta** they are in favour of more widespread use of the bicycle
generalizado, -a *adj* widespread
generalizar [14] ◇ *vt* to spread, to make widespread
◇ *vi* to generalize; **no generalices** don't generalize, don't make generalizations
◆ **generalizarse** *vpr* to become widespread; **una costumbre que se ha generalizado** a custom that has become widespread
generalmente *adv* generally

generar *vt* **-1.** *(originar, causar)* to generate; **la decisión generó odios** the decision caused much resentment **-2.** *(crear) (energía)* to generate; *(empleo)* to create; **~ algo por ordenador** to generate sth by computer; **generado por ordenador** computer-generated
generativo, -a *adj* generative
generatriz GEOM ◇ *adj* generational
◇ *nf* generatrix
genéricamente *adv* generically
genérico, -a ◇ *adj (común)* generic
◇ *nm (medicamento)* generic drug
género *nm* **-1.** *(clase)* kind, type; **es el mejor de su ~** it's the best of its kind; **sin ningún ~ de dudas** absolutely without a doubt; **el ~ humano** the human race
-2. *(literario, cinematográfico)* genre ❏ **el ~ chico** = type of short, often musical farce, popular in Spain at the turn of the 20th century; **~ lírico** opera
-3. GRAM gender; **de ~ ambiguo** = that may be either masculine or feminine ❏ **~ femenino** feminine gender; **~ masculino** masculine gender; **~ neutro** neuter gender
-4. BIOL genus
-5. *(productos)* merchandise, goods
-6. *(tejido)* cloth, material ❏ *Esp* **géneros de punto** knitwear
generosamente *adv* generously
generosidad *nf* generosity; **con ~** generously
generoso, -a *adj* **-1.** *(dadivoso)* generous; **fue muy ~ con sus hermanos** he was very generous to his brothers and sisters; **ha sido muy ~ de tu parte** it was very generous of you; *Irónico* **¡gracias, ~!** you're too kind!
-2. *(grande)* generous; **una ración generosa** a generous helping; **una mujer de formas generosas** a woman with an ample figure, an amply-proportioned woman
-3. *(vino)* generous, full-bodied
génesis ◇ *nf inv* genesis
◇ *nm inv* REL **el Génesis** Genesis
genética *nf* genetics
genéticamente *adv* genetically
geneticista *nmf* geneticist
genético, -a *adj* genetic
genetista *nmf* geneticist
Gengis Kan *n pr* Genghis Khan
genial ◇ *adj* **-1.** *(artista, escritor)* **un escritor ~** an author who was a genius, an author of genius; **Dalí fue un artista ~** Dalí was an artistic genius **-2.** *Fam (estupendo)* great, *Br* brilliant; **me parece ~** it sounds like a great idea to me; **estuviste ~** you were brilliant *o* great; *Irónico* **¡~, tendré que empezar otra vez!** great *o Br* brilliant! now I'll have to start all over again!
◇ *adv Fam* brilliantly; **canta ~** she's a great *o Br* brilliant singer
genialidad *nf* **-1.** *(capacidad)* genius **-2.** *(acción)* stroke of genius
genialmente *adv (con talento)* brilliantly
génico, -a *adj* BIOL gene; **terapia génica** gene therapy
geniecillo *nm* elf
genio *nm* **-1.** *(talento)* genius; EXPR **~ y figura (hasta la sepultura)** a true genius
-2. *(persona)* genius; **un ~ del arte moderno** one of the geniuses of modern art
-3. *(carácter)* nature, disposition; **corto de ~** timid
-4. *(personalidad fuerte)* spirit; **tiene mucho ~** she's very feisty
-5. *(mal carácter)* bad temper; **estar de mal ~** to be in a mood; **tener mal** *o* **mucho ~** to be bad-tempered
-6. *(ser fantástico)* genie
-7. MITOL genie
genioso, -a *adj Méx Fam* bad tempered, moody
genista *nf* broom *(plant)*
genital ◇ *adj* genital
◇ *nmpl* **genitales** genitals

genitivo *nm* GRAM genitive ❑ **~ sajón** = English form of the possessive formed with 's or just '

genitourinario, -a *adj* genitourinary, urogenital

genocidio *nm* genocide

genoma *nm* genome

genómico *adj* genomic

genoteca *nf* gene bank

genotipo *nm* genotype

Génova *n* Genoa

genovés, -esa ◇ *adj* Genoese
◇ *nm,f* Genoese

gente[1] *adj inv Am (amable)* decent; **son muy ~** they're very decent folk

gente[2] *nf* **-1.** *(personas)* people; **acudió muy poca ~** very few people went; **toda la ~** everyone, everybody; **son buena ~** they're good people; **David es buena ~** David is a good guy; EXPR *CSur Fam* **como la ~:** hacer algo como la ~ to do sth properly; *CSur Fam* **una comida como la ~** a decent meal ❑ **~ bien** well-to-do people; **el barrio donde vive la ~ bien** the part of town where the well-to-do *o Br* posh people live; **~ de bien** decent folk; *Méx* **~ bonita** beautiful people; **~ de la calle** ordinary people; *Esp* **~ guapa** beautiful people; *Andes, RP Fam* **~ linda** beautiful people; **~ menuda** kids
-2. *Fam (grupo de amigos)* crowd; **ahora se ve con otra ~** she goes around with a different crowd now
-3. *Fam (familia)* folks
-4. gentes *(habitantes)* people; **las gentes del lugar** the local people, the locals

gentil ◇ *adj* **-1.** *(amable)* kind, nice (**con** to); *(cortés)* courteous, polite (**con** to) **-2.** REL gentile
◇ *nmf* REL gentile

gentileza *nf (amabilidad)* kindness; *(cortesía)* courtesy, politeness; **¿tendría la ~ de decirme...?** would you be so kind as to tell me...?; **tuvo la ~ de invitarme** he was kind enough to invite me; **por ~ de** by courtesy of; **esta ronda es ~ de la casa** this round is on the house

gentilhombre *nm* HIST gentleman *(in the royal court)*

gentilicio *nm* = term referring to the natives or inhabitants of a particular place

gentilmente *adv (con amabilidad)* kindly; *(con cortesía)* courteously

gentío *nm* crowd; **se perdió entre el ~** he disappeared into the crowd

gentuza *nf Pey* riffraff, rabble

genuflexión *nf* REL genuflection; **hacer una ~** to genuflect

genuflexo, -a *adj* **estaba ~ delante del altar** he was kneeling *o* on his knees in front of the altar

genuinamente *adv* genuinely

genuino, -a *adj* genuine; **es un Picasso ~** it's a genuine Picasso; **hizo un ~ esfuerzo por agradar** he made a genuine *o* real effort to please

GEO [ʒeo] *nm (abrev de* **Grupo Especial de Operaciones)** = specially trained Spanish police force, *Br* ≃ SAS, *US* ≃ SWAT

geo *nmf* = member of the "GEO"

geoambiental *adj* geo-environmental

geobotánica *nf* plant geography, geobotany

geocéntrico, -a *adj* geocentric

geoda *nf* GEOL geode

geodemografía *nf* COM geodemographics

geodesia *nf* geodesy

geodésico, -a *adj* geodesic

geodinámica *nf* geodynamics *(singular)*

geoestacionario, -a *adj (órbita, satélite)* geostationary

geofísica *nf (ciencia)* geophysics *(singular)*

geofísico, -a ◇ *adj* geophysical
◇ *nm,f (persona)* geophysicist

geografía *nf* **-1.** *(ciencia)* geography ❑ **~ física** physical geography; **~ humana** human geography; **~ lingüística** linguistic geography; **~ política** political geography **-2.** *(territorio)* **conozco muy bien la ~ de la región** I know the region very well; **por toda la ~ nacional** throughout *o* all over the country; **la ~ de la zona es muy accidentada** the area's terrain is very rugged

geográfico, -a *adj* geographical

geógrafo, -a *nm,f* geographer

geolingüística *nf* geolinguistics *(singular)*

geología *nf* geology

geológico, -a *adj* geological

geólogo, -a *nm,f* geologist

geomagnético, -a *adj* geomagnetic

geomagnetismo *nm* geomagnetism

geomancia *nf* geomancy

geómetra *nmf* geometrician

geometría *nf* geometry ❑ **~ analítica** analytical geometry; **~ fractal** fractal geometry

geométricamente *adv* geometrically

geométrico, -a *adj* geometric; **progresión geométrica** geometric progression

geomorfología *nf* geomorphology

geopolítica *nf* geopolitics *(singular)*

geopolítico, -a *adj* geopolitical

geoquímica *nf* geochemistry

geoquímico, -a *adj* geochemical

Georgetown ['ʤɔːrtʃtaʊn] *n* Georgetown

Georgia *n* Georgia

georgiano, -a ◇ *adj* **-1.** *(de Georgia)* Georgian **-2.** *(estilo)* Georgian
◇ *nm,f (persona)* Georgian
◇ *nm (lengua)* Georgian

geosinclinal *nm* GEOL geosyncline

geotermia *nf* geothermics *(singular)*

geranio *nm* geranium

gerbo *nm* jerboa

gerencia *nf* **-1.** *(dirección)* management **-2.** *(cargo)* post of manager **-3.** *(oficina)* manager's office **-4.** *(periodo)* time as management

gerencial *adj* managerial, management; **a nivel ~** at management level

gerenciar *vt Am* to manage

gerente *nmf* manager ❑ **~ de banco** bank manager; **~ general** general manager; COM **~ de línea** line manager

geriatra *nmf* geriatrician

geriatría *nf* geriatrics *(singular)*

geriátrico, -a ◇ *adj* geriatric
◇ *nm* **-1.** *(hospital)* geriatric hospital **-2.** *(residencia)* old folks' home

gerifalte *nm* **-1.** *(ave)* gerfalcon **-2.** *Fam (persona)* bigwig

Germania *n* HIST Germania

germanía *nf* HIST thieves' slang

germánico, -a ◇ *adj (tribus, carácter)* Germanic, Teutonic
◇ *nm (lengua)* Germanic

germanio *nm* QUÍM germanium

germanismo *nm* Germanism

germanista *nmf* German scholar

germanización *nf* germanization

germanizar [14] *vt* to germanize

germano, -a ◇ *adj* **-1.** *(alemán)* German **-2.** *(tribus, carácter)* Germanic, Teutonic
◇ *nm,f* **-1.** *(alemán)* German **-2.** HIST Teuton

germanófilo, -a ◇ *adj* Germanophile
◇ *nm,f* Germanophile

germanófobo, -a ◇ *adj* Germanophobic
◇ *nm,f* Germanophobe

germanooccidental *adj Antes* West German

germanooriental *adj Antes* East German

germen *nm* **-1.** *(microbio)* germ ❑ **~ patógeno** pathogen **-2.** *(origen)* origin; **esa asociación fue el ~ del partido comunista** that association was the origin of the communist party **-3.** *(de planta)* shoot ❑ **~ de trigo** wheat germ

germicida ◇ *adj* germicidal
◇ *nm* germicide

germinación *nf* germination

germinal *adj* germinal

germinar *vi* **-1.** *(planta)* to germinate **-2.** *(idea)* to germinate; *(movimiento)* to come into being; **la idea germinó en su mente** the idea took shape in his mind

germinativo, -a *adj* BOT germinative

Gerónimo *n pr (jefe apache)* Geronimo

gerontocracia *nf* gerontocracy

gerontología *nf* MED gerontology

gerontólogo, -a *nm,f* MED gerontologist

gerundense ◇ *adj* of/from Gerona *(Spain)*
◇ *nmf* person from Gerona *(Spain)*

gerundio *nm* gerund; EXPR *Esp Fam Hum* **¡andando *o* arreando o marchando, que es ~!** let's get a move on!, let's get going!

gesta *nf* exploit, feat

gestación *nf* **-1.** *(embarazo)* pregnancy, *Espec* gestation **-2.** *(de idea, proyecto)* gestation

gestalt *nf* PSI gestalt

gestáltico, -a *adj* PSI gestalt; **una estructura ~** a gestalt structure

gestante ◇ *adj* pregnant, expectant
◇ *nf* expectant mother, pregnant woman

Gestapo *nf* HIST **la ~** the Gestapo

gestar ◇ *vi* to gestate
◆ **gestarse** *vpr* **se estaba gestando una nueva era** the seeds of a new era had been sown; **se está gestando un golpe de estado** they're plotting a coup, there's a coup in the offing

gesticulación *nf (de manos, brazos)* gesticulation; *(de cara)* face-pulling

gesticular *vi (con manos, brazos)* to gesticulate; *(con la cara)* to pull faces

gesticulero, -a *adj* **es muy ~** he gesticulates a lot

gestión *nf* **-1.** *(diligencia)* **tengo que hacer unas gestiones en el ayuntamiento** I have a few things to do at the town hall; **las gestiones para obtener un visado** the formalities involved in getting a visa; **sus gestiones para obtener la beca no dieron fruto** his efforts to get a grant were unsuccessful; **las gestiones del negociador fracasaron** the negotiator's efforts came to nothing; **voy a intentar hacer unas gestiones a ver si puedo conseguirlo** I'll try and speak to a few people to see if I can manage it; EXPR *RP* **no hay peor ~ que la que no se hace** there's no harm in trying
-2. *(administración)* management ❑ **~ de calidad** quality control; FIN **~ de cartera** portfolio management; COM **~ de cobro** = collection of outstanding payments; **~ de crisis** crisis management; **~ de empresas** business management; **~ financiera** financial management; COM **~ de línea** line management; COM **~ de personal** personnel management; **~ política** *(de gobierno, ministro)* conduct in government; **~ de recursos** resource management; **~ de riesgos** risk management; FIN **~ de stocks** stock control
-3. INFORMÁT **~ de ficheros** file management; **~ de memoria** memory management
-4. *(gobierno)* administration; **tres años de ~ del gobierno socialista** three years under the socialist administration

gestionar *vt* **-1.** *(tramitar)* to arrange; **~ un préstamo** to arrange a loan; **~ un visado** to arrange *o* to get a visa; **~ una beca** to try to get a grant; **están gestionando el traspaso del jugador** they're arranging the transfer of the player **-2.** *(administrar)* to manage; **gestiona la empresa con eficacia** she manages *o* runs the business well

gesto *nm* **-1.** *(ademán)* gesture; **hacer un ~** *(con las manos)* to gesture, to make a gesture; **nos hizo un ~ con la mano para que paráramos** he flagged us down, he signalled us to stop; **hacer un ~ de asentimiento** *(con la cabeza)* to nod
-2. *(mueca)* face, grimace; **llegó con el ~ descompuesto** he arrived looking very upset; EXPR **torcer el ~** to pull a face *(expressing displeasure)*
-3. *(acción)* gesture; **un ~ de buena voluntad** a gesture of goodwill; **ha sido un ~ muy bonito ir a visitarla** visiting her was a very nice gesture

gestor, -ora ◇ *adj* **el equipo ~ del proyecto** the project management team; **el órgano ~ de las ayudas** the body responsible for the administration of the grants

gestoría ◇ *nm,f* = person who carries out dealings with public bodies on behalf of private customers or companies, combining the roles of solicitor and accountant ❑ FIN ~ **de fondos** fund manager
◇ *nm* INFORMÁT ~ **de archivos** file manager; ~ **de correo** mail manager; ~ **de memoria** memory manager
gestoría *nf* = office of a "gestor"
gestual *adj* using gestures, gestural
Getsemaní *n* Gethsemane
géyser = **géiser**
Ghana *n* Ghana
ghanés, -esa ◇ *adj* Ghanaian
◇ *nm,f* Ghanaian
ghetto ['geto] *nm* ghetto
giba *nf (de camello)* hump; *(de persona)* hunchback, hump
gibón *nm (simio)* gibbon
giboso, -a ◇ *adj* hunchbacked
◇ *nm,f* hunchback
Gibraltar *n* Gibraltar
gibraltareño, -a ◇ *adj* Gibraltarian
◇ *nm,f* Gibraltarian
GIF [gif] *nm* INFORMÁT *(abrev de* **graphics interchange format)** GIF
giga- *pref* giga-
gigabyte [χiγa'βait] *nm* INFORMÁT gigabyte
gigahercio *nm* gigahertz
giganta *nf* giantess
gigante[1] *adj* gigantic
gigante[2] *nm* **-1.** *(personaje fantástico)* giant **-2.** *(persona alta)* giant **-3.** *(en fiestas)* = giant papier-mâché carnival figure; **gigantes y cabezudos** = giant and giant-headed carnival figures **-4.** *(personalidad)* giant; **un ~ de la música latina** a giant of Latin music
gigantesco, -a *adj* gigantic
gigantismo *nm* MED gigantism
gigantón, -ona *nm,f (en fiestas)* = giant papier-mâché carnival figure
gigoló [jiγo'lo] *nm* gigolo
gil, -ila *CSur Fam* ◇ *adj* stupid
◇ *nm,f* jerk, *Br* twit
gilada *nf CSur Fam* **hacer una ~** to do something stupid; **hacer giladas** to do silly *o* stupid things; **decir una ~** to say something stupid; **decir giladas** to talk nonsense
gilí *Fam* ◇ *adj* stupid
◇ *nmf* jerk, *Br* twit
gilipollada, jilipollada *nf Esp muy Fam* **hacer una ~** to do something *Br* bloody *o US* goddamn stupid; **deja de hacer gilipolladas** stop being so *Br* bloody *o US* goddamn stupid; **decir una ~** to say something *Br* bloody *o US* goddamn stupid; **decir gilipolladas** to talk *Br* rubbish *o US* garbage
gilipollas, jilipollas *Esp muy Fam* ◇ *adj inv* **ser ~** to be a *Br* prat *o Br* pillock *o US* dork
◇ *nmf inv Br* prat, *Br* pillock, *US* dork
gilipollez, jilipollez *nf Esp muy Fam* **-1.** *(acto)* **hacer una ~** to do something *Br* bloody *o US* goddamn stupid; **deja de hacer gilipolladas** stop being so *Br* bloody *o US* goddamn stupid; **decir una ~** to say something *Br* bloody *o US* goddamn stupid; **decir gilipolleces** to talk *Br* rubbish *o US* garbage
-2. *(cosa insignificante)* silly *o* stupid little thing; **se pelearon por una ~** they fell out over some silly *o* stupid little thing; **le compré una ~** I bought her some silly *o* stupid little present
gilipuertas, jilipuertas *Esp Fam Euf* ◇ *adj inv* daft, *US* dumb
◇ *nmf inv* dumbo, *Br* twit
gillete® [ji'let] *nf* razor blade
gimiera *etc ver* **gemir**
gimnasia *nf* gymnastics *(singular)*; **hacer ~** *(ejercicios)* to do gymnastics, to do exercises; EXPR *Hum* **estás confundiendo la ~ con la magnesia** you're mixing up two completely different things ❑ ~ **artística** gymnastics; ~ **correctiva** physiotherapy exercises; ~ **deportiva** gymnastics; ~ **de mantenimiento** keep-fit; ~ **médica** physiotherapy exercises; ~ **mental** mental exercise; ~ **terapéutica** physiotherapy exercises; ~ **rítmica** rhythmic gymnastics; ~ **sueca** Swedish gymnastics

gimnasio *nm* gymnasium, gym
gimnasta *nmf* gymnast
gimnástico, -a *adj* gymnastic
gimnosperma *nf* BOT gymnosperm
gimnoto *nm* banded knifefish
gimo *etc ver* **gemir**
gimotear *vi* to whine, to whimper
gimoteo *nm* whining, whimpering
gincana *nf (carrera de obstáculos)* gymkhana; *(de automóviles)* rally
Ginebra *n* Geneva
ginebra *nf* gin
gineceo *nm* **-1.** HIST gynaeceum **-2.** BOT gynoecium, gynaeceum
ginecología *nf* gynaecology
ginecológico, -a *adj* gynaecological
ginecólogo, -a *nm,f* gynaecologist
ginesta *nf* BOT broom
gineta *nf* genet
ginger ale [jinje'reil] *nm inv* ginger ale
gingival *adj* gum; **una afección ~** a gum infection
gingivitis *nf inv* MED gingivitis
gingo, ginkgo *nm* ginkgo, maidenhair tree
ginseng [jin'sen] *nm* ginseng
gin(-)tonic [jin'tonik] *(pl* **gin(-)tonics)** *nm* gin and tonic
giñar = **jiñar**
gira *nf* **-1.** *(recorrido)* tour; **una ~ turística por Escandinavia** a tour of Scandinavia; **la ~ del rey por Sudamérica** the king's tour of South America **-2.** *(de artista)* tour; **estar de ~** to be on tour; **salir de ~** to go on tour
giradiscos *nm inv (de tocadiscos)* turntable
girador, -ora *nm,f* COM drawer
giralda *nf* **-1.** *(veleta)* weather vane **-2. la Giralda** *(de Sevilla)* = the 12th century cathedral tower in Seville
girándula *nf (de cohete)* pinwheel
girar *vi* **-1.** *(doblar)* to turn; **el camino gira a la derecha** the road turns to the right; **el conductor giró a la izquierda** the driver turned left *o* made a left turn
-2. *(dar vueltas)* to turn; *(rápidamente)* to spin; **la Luna gira alrededor de laTierra** the Moon revolves *o* goes around the Earth; **este coche gira muy bien** this car has a tight turning circle
-3. *(darse la vuelta)* to turn (round); **giré para verla mejor** I turned round to see her better
-4. *(tratar)* ~ **en torno a** *o* **alrededor de** to be centred around, to centre on; **el coloquio giró en torno a la pena de muerte** the discussion dealt with the topic of the death penalty
-5. COM to remit payment; ~ **en descubierto** to write a check without sufficient funds
◇ *vt* **-1.** *(hacer dar vueltas a)* to turn; **giró la llave en la cerradura** she turned the key in the lock; ~ **la cabeza** to turn one's head **-2.** COM to draw **-3.** *(dinero)* to transfer, to remit
➔ **girarse** *vpr* to turn round; **me giré para ver mejor** I turned round to see better
girasol *nm* sunflower
giratorio, -a *adj (puerta)* revolving; *(silla)* swivel
Giro ['jiro] *nm (carrera ciclista)* **el ~ (de Italia)** the Giro, the Tour of Italy
giro *nm* **-1.** *(rotación)* rotation
-2. *(de vehículo)* turn; **el camión dio un ~ repentino** the truck *o Br* lorry turned suddenly; **el avión dio un ~ completo** the plane turned right round; *también Fig* **un ~ de 180 grados** a U-turn
-3. *(cambio de dirección)* turn; **el partido ha dado un ~ a la derecha** the party has veered to the right; **los acontecimientos dieron un ~ inesperado** events took an unexpected turn; **la conversación tomó otro ~** the conversation took a different turn ❑ **un ~ copernicano** a complete change
-4. *(rotación)* rotation
-5. *(postal, telegráfico)* money order; **poner un ~** to send a money order; **enviar algo por ~** to send sth by money order; **le envió 100 euros por giro** she sent him a money order for 100 euros ❑ ~ **postal** postal order; ~ **telegráfico:** **poner un ~ telegráfico a alguien** to wire money to sb
-6. *(de letras, órdenes de pago)* draft ❑ ~ **bancario** banker's draft; ~ **a la vista** sight draft
-7. *(expresión)* turn of phrase
-8. *Am (ramo)* industry; **el ~ de la carne** the meat industry
girocompás *(pl* **girocompases)** *nm* gyrocompass
girola *nf* ARQUIT ambulatory
girómetro *nm* gyrometer
giróscopo, giroscopio *nm* gyroscope, gyro
GIS [χis] *nm inv* INFORMÁT *(abrev de* **geographical information system)** GIS
gis *nm Méx* chalk
gitanada *nf Pey (costumbre)* **eso es una ~** that's typical of the sort of things gypsies do
gitanería *nf* **-1.** *Pey (gitanada)* **eso es una ~** that's typical of the sort of things gypsies do **-2.** *(gitanos)* gypsies
gitanismo *nm* **-1.** *(forma de vida)* gypsy way of life **-2.** *(palabra, expresión)* = gypsy word or expression
gitano, -a ◇ *adj* **-1.** *(raza, persona)* gypsy **-2.** *Fam (artero)* **ser ~** to be a crafty devil **-3.** *Fam (con gracia)* **es muy ~** he knows how to get round people
◇ *nm,f* gypsy; EXPR *Esp Fam* **que no se lo salta un ~: tengo un hambre que no se la salta un ~** I'm absolutely ravenous; **me comí un filete que no se lo salta un ~** I had an absolutely huge steak
glaceado, -a *adj Urug* glacé
glaciación *nf* **-1.** *(periodo)* ice age **-2.** *(proceso)* glaciation
glacial *adj* **-1.** *(época)* glacial **-2.** *(viento)* icy **-3.** *(silencio)* stony
glaciar ◇ *adj* glacial
◇ *nm* glacier
glaciología *nf* glaciology
gladiador *nm* gladiator
gladiola *nf Méx, Ven* gladiolus
gladiolo, gladíolo *nm* gladiolus
glamoroso, -a *adj Fam* glamorous, ritzy
glamour [gla'mur] *nm* glamour
glamouroso, -a [glamu'roso, -a], **glamuroso, -a** *adj Fam* glamorous, ritzy
glande *nm* **-1.** ANAT glans (penis) **-2.** BOT glans, acorn
glándula *nf* ANAT gland ❑ ~ **adrenal** adrenal gland; ~ **endocrina** endocrine gland; ~ **mamaria** mammary gland; ~ **pineal** pineal gland; ~ **pituitaria** pituitary gland; ~ **salivar** *o* **salival** salivary gland; ~ **sebácea** sebaceous gland; ~ **sudorípara** sweat gland; ~ **suprarrenal** adrenal gland
glandular *adj* glandular
glasé ◇ *adj* glacé
◇ *nm* glacé silk
glaseado, -a ◇ *adj* glacé
◇ *nm* **-1.** *(de postre)* icing **-2.** *(de superficie, tela)* glaze
glasear *vt* **-1.** *(postre)* to ice **-2.** *(superficie, tela)* to glaze
glásnost *nf* glasnost
glaucio *nm* yellow horned poppy
glauco, -a *adj Literario (ojos)* green
glaucoma *nm* glaucoma
gleba *nf* **-1.** *(terrón)* clod **-2.** HIST feudal land
glicerina *nf* glycerine
glicerol *nm* glycerol
glicina, glicinia *nf (planta)* wisteria
glifo *nm* **-1.** *(maya)* glyph **-2.** ARQUIT glyph
glíptica *nf* glyptics
global *adj* **-1.** *(acuerdo)* general; *(solución, enfoque)* global; *(análisis)* comprehensive; *(aumento)* overall; *(precio)* total; INFORMÁT **una búsqueda ~** a global search; **lo compraron por un importe ~ de 10 millones** they bought it for a total sum of 10 milllion **-2.** *(mundial)* global, worldwide; **una economía ~** a global economy
globalidad *nf* **-1.** *(totalidad)* whole; **hay que defender el medio ambiente en su ~** it is necessary to protect the environment as a whole **-2.** *(carácter mundial)* global nature

globalización nf globalization
globalizar [14] vt **-1.** (generalizar) to give an overall view of **-2.** (internacionalizar) to globalize
globalmente adv globally, overall
globo nm **-1.** (Tierra) globe, earth ❑ **~ terráqueo** globe; **~ terrestre** globe **-2.** (aeróstato) balloon; [EXPR] Col **echar globos** to ponder ❑ **~ aerostático** hot-air balloon; **~ sonda** weather balloon; Fig **lanzar un ~ sonda** to fly a kite **-3.** (juguete) balloon **-4.** DEP (disparo) (en tenis, fútbol) lob; (en rugby) up-and-under **-5.** (lámpara) round glass lampshade **-6.** (en cómic) speech bubble, balloon ❑ INFORMÁT **globos de ayuda** balloon help **-7.** ANAT **~ ocular** eyeball **-8.** (de chicle) bubble; **hacer globos** to blow bubbles **-9.** Esp Fam (preservativo) rubber, Br johnny **-10.** Esp Fam **globos** (pechos) melons **-11.** Esp Fam (borrachera) **agarrar un ~** to get smashed **-12.** Esp Fam (por drogas) high; **coger un ~** to get high **-13.** Esp Fam (enfado) **coger un ~** to go ballistic
globular adj globular
globulina nf globulin
glóbulo nm blood cell, corpuscle ❑ **~ blanco** white blood cell, white corpuscle; **~ rojo** red blood cell, red corpuscle
gloria ◇ nf **-1.** (en religión) glory; **ganar** o **alcanzar la ~** to go to heaven; **que en ~ esté** God rest his/her soul **-2.** (celebridad) celebrity, star; **alcanzar la ~** to achieve fame **-3.** (grandeza, esplendor) glory; **la ~ de un país** the glory of a country **-4.** Fam (placer) **da ~ verlo comer** it's a treat to watch him eat; **estar en la ~** to be in seventh heaven; **saber a ~** to taste divine o heavenly; **este vino es una ~** this wine is divine o heavenly; **en esta playa se está en la ~** this beach is absolute heaven o bliss **-5.** (persona) **es una vieja ~ del ciclismo** he's one of the former greats of cycling; **las viejas glorias del toreo** the great names in the history of bullfighting
◇ nm Gloria
gloriarse vpr **-1.** (preciarse) to boast, to brag; **~ de algo** to boast o brag about sth **-2.** (complacerse) to glory
glorieta nf **-1.** (de jardín) arbour **-2.** (plazoleta) square; (circular) circus **-3.** Esp (rotonda) Br roundabout, US traffic circle
glorificación nf glorification
glorificar [59] vt to glorify
gloriosamente adv gloriously
glorioso, -a adj **-1.** (hazaña) glorious; (personaje) great **-2.** (del cielo) blessed
glosa nf marginal note
glosador, -ora nm,f commentator (on text)
glosar vt **-1.** (anotar) to annotate **-2.** (comentar) to comment on
glosario nm glossary
glosopeda nf foot-and-mouth disease
glotal adj LING glottal
glótico, -a adj ANAT glottal
glotis nf inv ANAT glottis
glotón, -ona ◇ adj gluttonous, greedy
◇ nm,f (persona) glutton
◇ nm (animal) wolverine, glutton
glotonear vi to eat greedily
glotonería nf gluttony, greed
gloxínea nf gloxinia
glucemia nf MED glycaemia
glúcido nm carbohydrate
glucógeno nm glycogen
glucosa nf glucose
gluglú nm glug-glug
glutamato nm glutamate ❑ **~ monosódico** monosodium glutamate
gluten nm gluten
glúteo, -a ◇ adj gluteal
◇ nm gluteus ❑ **~ mayor** gluteus maximus

glutinoso, -a adj glutinous
gneis [neis] nm inv gneiss
gnómico, -a adj ['nomiko, -a] adj LIT gnomic
gnomo ['nomo] nm gnome
gnosis ['nosis] nf inv gnosis
gnosticismo [nosti'θismo] nm gnosticism
gnóstico, -a ['nostiko, -a] ◇ adj gnostic
◇ nm,f gnostic
gobelino nm (tapiz) Gobelin (tapestry)
gobernabilidad nf governability
gobernable adj governable
gobernación nf **-1.** (gestión) governing **-2.** Méx **Gobernación** (ministerio del interior) Br ≃ the Home Office, US ≃ the Department of the Interior **-3.** Col (de provincia) provincial government
gobernador, -ora ◇ adj governing
◇ nm,f governor ❑ Esp Antes **~ civil** = person representing the central government in each province; **~ general** governor general
gobernanta nf **-1.** (en hotel) cleaning and laundry staff manageress **-2.** (en casa, institución) governess
gobernante ◇ adj ruling; **partido ~** governing party
◇ nmf ruler, leader
gobernar [3] ◇ vt **-1.** (regir, dirigir) to govern, to rule; (casa, negocio) to run, to manage; **no tiene carácter, se deja ~ por su marido** she has no character of her own, she allows herself to be ruled by her husband; **sus sentimientos gobiernan sus acciones** his feelings govern his actions **-2.** (barco) to steer; (avión) to fly
◇ vi **-1.** (político, partido) to govern, to be in power **-2.** (barco) to steer
Gobi nm **el desierto de ~** the Gobi Desert
gobiernismo nm Andes, Méx (actitud) pro-government position; (conjunto de personas) government supporters
gobiernista Andes, Méx ◇ adj pro-government
◇ nmf government supporter
gobierno ◇ nm **-1.** (organismo) government; **el ~ en pleno asistió al acto** all the members of the government attended ❑ **~ autónomo** autonomous government; **~ central** central government; Esp Antes **~ civil** = body representing the central government in each province; **~ de coalición** coalition government; **~ de concentración** government of national unity; **~ directo** direct rule; **~ mayoritario** majority rule; Esp **~ militar** = body representing the army in each province; **~ títere** puppet government; **~ de transición** caretaker o interim government **-2.** (edificio) government buildings **-3.** (administración, gestión) running, management; **~ de la casa** housekeeping **-4.** (de barco) steering
gobio nm (pez) gudgeon
goce nm **-1.** (placer) pleasure; **es un ~ verlos bailar** it's a pleasure to watch them dance **-2.** (uso, provecho) **en pleno ~ de sus facultades** in full possession of her faculties; **la enfermedad no le permitió el ~ de su herencia** the illness didn't allow her to enjoy his inheritance
godo, -a ◇ adj **-1.** HIST Gothic **-2.** Fam (en Canarias) (Peninsular) Spanish **-3.** Col, Ven Fam (conservador) conservative
◇ nm,f **-1.** HIST Goth **-2.** Fam (en Canarias) (Peninsular) Spaniard **-3.** Col, Ven Fam (conservador) conservative
gofio nm **-1.** Andes, Carib, RP (harina) roasted maize o US corn meal **-2.** CAm, Ven (pastel) = sweet cake made with maize o US corn meal
gofrado, -a ◇ adj corrugated
◇ nm goffering
gofrar vt IMPRENTA to goffer
gofre nm Esp waffle
gofrera nf Esp waffle iron
gogó ◇ nf go-go dancer
◇ **a gogó** loc adv Esp Fam **hubo comida/bebida a ~** there was loads of food/drink

gol (pl **goles**) nm **-1.** (tanto) goal; **marcar** o **meter un ~** to score a goal; **ganaron por tres goles a cero** they won three-nil; [EXPR] Fam **meter un ~ a alguien** (con ingenio) to put one over on sb; (con engaño) to con sb ❑ **~ average** goal difference; **un ~ cantado** an open goal; RP **~ en contra** own goal; **~ del empate** equalizer; **un ~ fantasma** (no concedido) a clear goal that wasn't given by the referee; (concedido) a goal that should never have been allowed; **~ del honor** consolation goal; **~ de oro** golden goal; **~ de penalty** penalty goal; **~ en propia meta** o **puerta** own goal **-2.** (graderío) stand (behind either goal)
gola nf **-1.** (garganta) gullet, throat **-2.** (adorno) ruff **-3.** (de fortificación) gorge **-4.** ARQUIT ogee **-5.** (canal) channel, narrows
golaveraje, golaverage [golaβe'raxe] nm goal difference
golazo nm Fam amazing goal
goleada nf **el equipo local ganó por ~** the home team scored a heavy victory
goleado, -a adj **el portero más ~ del campeonato** the goalkeeper who conceded the most goals in the championship
goleador, -ora ◇ adj goal-scoring; **un centrocampista ~** a midfielder who scores a lot of goals
◇ nm,f (goal) scorer; **el máximo ~** the top scorer
golear vt to thrash; **el Atlético goleó al Fluminense** Atlético thrashed Fluminense
golero, -a nm,f RP goalkeeper
goleta nf schooner
golf nm golf
golfa nf Esp Fam (mujer promiscua) tart, slag
golfante Fam ◇ adj **¡qué ~ eres!** you little rascal!
◇ nmf scoundrel, rascal
golfear vi Fam (hacer el golfo) to hang out
golfería nf Fam **-1.** (golfos) layabouts, good-for-nothings **-2.** (actitud, comportamiento) loutish o Br yobbish behaviour
golfillo nm urchin
golfista nmf golfer
golfístico, -a adj golf; **un torneo ~** a golf tournament
golfito nm Am mini-golf
golfo, -a ◇ adj (gamberro) loutish, Br yobbish; (pillo) roguish
◇ nm **-1.** (gamberro) lout, Br yob; (pillo) rogue, wide boy **-2.** GEOG gulf, bay ❑ **el ~ de Bengala** the Bay of Bengal; **el ~ de California** the Gulf of California; **el ~ de Guinea** the Gulf of Guinea; **el ~ de León** the Gulf of Leon; **el ~ de México** the Gulf of Mexico; **el ~ de Omán** the Gulf of Oman; **el ~ de Panamá** the Gulf of Panama; **el ~ Pérsico** the Persian Gulf; **el ~ de Tonkín** the Gulf of Tonkin; **el ~ de Venezuela** the Gulf of Venezuela; **el ~ de Vizcaya** the Bay of Biscay
Gólgota nm **el ~** Golgotha
Goliat n pr Goliath
golilla nf **-1.** (adorno) ruff **-2.** RP (pañuelo) neckerchief **-3.** Ven Fam (cosa fácil) cinch, piece of cake
golletazo nm TAUROM = sword thrust in the neck
gollete nm neck; [EXPR] RP Fam **no tener ~** to be absurd
golletear vt Col to collar, to grab by the neck
golondrina nf **-1.** (ave) swallow; [PROV] **una ~ no hace verano** one swallow doesn't make a summer ❑ **~ de mar** tern **-2.** CAm, Méx (planta) spurge **-3.** Chile (camioneta) moving van, Br removal van
golondrino nm **-1.** (polluelo) swallow chick **-2.** MED boil in the armpit
golosina nf **-1.** (dulce) sweet; **los niños están comiendo todo el día caramelos y golosinas** the children do nothing but eat Br sweets o US candy all day **-2.** (exquisitez) titbit, delicacy

goloso, -a ◇ *adj* sweet-toothed; **ser muy ~** to have a very sweet tooth
◇ *nm,f* sweet-toothed person; **es un ~** he has a sweet tooth

golpe ◇ *nm* **-1.** *(impacto)* blow; *(en puerta)* knock; *(entre coches)* bump; **se oyó un ~ en el piso de arriba** something went bump upstairs; **no le des tantos golpes a la fotocopiadora** stop hitting o banging the photocopier like that; **me di un ~ en la rodilla** I banged my knee; **la ventana estaba dando golpes** the window was banging; **el ~ me lo dieron cuando estaba detenido en un semáforo** they hit me o bumped into me when I was stopped at a traffic light; **el niño daba golpes en la pared** the child was banging on the wall; **darse golpes de pecho** to beat one's breast; **cerrar la puerta de ~** to slam the door; **devolver un ~** to strike back; **errar o fallar el ~** to miss the mark; **~ seco** thud; EXPR *Fam* **dar el ~** to cause a sensation, to be a hit; **con ese vestido seguro que das el ~ en la fiesta** in that dress, you're bound to be a hit at the party; EXPR *Fam* **no dio o pegó ~** he didn't lift a finger, he didn't do a stroke of work; EXPR **de ~** suddenly; EXPR *Fam* **de ~ y porrazo** without warning, just like that; EXPR **de un ~** at one fell swoop, all at once ❑ **~ de efecto: hacer algo para dar un ~ de efecto** to do sth for effect; **~ de fortuna** stroke of luck; **~ de gracia** coup de grâce; **~ maestro** masterstroke; **~ de mar** huge wave; **~ de suerte** stroke of luck; *Fig* **~ de timón** change of course; **~ de tos** coughing fit; **~ de viento** gust of wind; **~ de vista** glance; **al primer ~ de vista** at a glance
-2. *(bofetada)* smack; *(puñetazo, en boxeo)* punch; **a golpes** by force; *Fig* in fits and starts; **moler a alguien a golpes** to beat sb up ❑ **~ bajo** blow below the belt; **fue un ~ bajo** that was a bit below the belt
-3. *(de corazón)* beat; **los golpes de su corazón** her heartbeat
-4. *(efecto)* **mira qué ~ tengo en el brazo** look, I banged my arm; **el coche tiene un ~ en la puerta** the car door has a dent in it
-5. *(en tenis, golf)* shot; **dos golpes por encima/debajo** two shots ahead/behind; **dos golpes bajo par** two under par ❑ **~ de castigo** *(en rugby)* penalty; **~ franco** free kick; **~ liftado** *(en tenis)* topspin drive; **~ de penalización** *(en golf)* penalty stroke; **~ de salida** *(en golf)* tee shot, drive; **~ de talón** back heel
-6. *(disgusto)* blow; **la muerte de su madre fue un ~ muy duro para ella** her mother's death hit her very hard
-7. *(atraco)* raid, job, *US* heist; **dar un ~** to do a job
-8. POL **~ (de Estado)** coup (d'état) ❑ **~ de mano** surprise attack; **~ de palacio** palace coup
-9. *(ocurrencia)* witticism; **¡tienes unos golpes buenísimos!** you really come out with some witty remarks!
-10. *(pestillo)* spring lock
-11. *Méx (mazo)* sledgehammer
◇ **a golpe de** *loc prep (a base de)* through, by dint of; **aprenderá a ~ de fracasos** he'll learn from his mistakes; **crear un equipo a ~ de talonario** to build a team by throwing money at it
◇ **al golpe** *loc adv Cuba* instantly

golpeador *nm Chile, Col, Guat* door knocker

golpear ◇ *vt* **-1.** *(impactar)* to hit; *(puerta)* to bang; **las olas golpeaban el rompeolas** the waves beat against the breakwater; **no golpees la impresora** stop hitting o banging the printer
-2. *(pegar)* to hit; *(con puño)* to punch; **lo golpearon hasta dejarlo inconsciente** they beat him unconscious
-3. *(afectar, sacudir)* **la crisis económica ha golpeado a toda la zona** the economic crisis has hit o affected the whole region; **la vida lo ha golpeado duramente** life has dealt him some harsh blows

◇ *vi* **-1.** *(impactar)* **~ contra algo** to beat against sth **-2.** *Andes, RP (llamar)* to knock at the door; **están golpeando** someone's knocking at the door

◆ **golpearse** *vpr* **-1.** *(darse un golpe)* to give oneself a bump o bang; **se golpeó en la cabeza** he bumped o banged his head **-2.** *Am (sujeto: puerta)* to bang

golpetazo *nm* thump; **dar un ~ a alguien** to thump sb; **dio un ~ sobre la mesa con el puño** he thumped the table with his fist; **se dio un ~ con la moto** she had a crash on her bike

golpetear ◇ *vt* to drum on o against; **golpeteaba la mesa con los dedos** he was drumming his fingers on the table
◇ *vi (dedos, lluvia)* to drum; *(puerta, persiana)* to bang; **la lluvia golpeteaba contra la ventana** the rain was drumming on o against the window

golpeteo *nm* **-1.** *(de dedos, lluvia)* drumming **-2.** *(de puerta, persiana)* banging **-3.** *(de máquina)* hammering

golpismo *nm* **militares propensos al ~** military officers prone to staging coups; **el ~ sigue siendo un riesgo en este país** there is still a danger that there could be a coup in this country

golpista ◇ *adj (militares)* involved in a military coup; **la amenaza ~** the threat of a military coup; **una intentona ~** an attempted coup
◇ *nmf* = person involved in a military coup; **el presidente anunció su apoyo a los golpistas** the president announced his support for those who staged the coup

golpiza *nf Am* beating; **dar una ~ a alguien** to beat sb up, to give sb a beating

goma *nf* **-1.** *(sustancia viscosa)* gum ❑ **~ 2** *(explosivo)* plastic explosive; **~ laca** shellac; **~ de mascar** chewing gum
-2. *(pegamento)* glue, gum ❑ **~ arábiga** gum arabic
-3. *(caucho)* rubber; **botas de ~** rubber boots, *Br* wellingtons; EXPR *Fam* **de ~: esa gimnasta parece de ~** that gymnast's so supple, it's as if she were made of rubber ❑ **~ de borrar** eraser, *Br* rubber; **~ espuma** foam rubber
-4. *(tira elástica)* **~ (elástica)** rubber band, *Br* elastic band; **una ~ para el pelo** a hair elastic
-5. *Cuba, CSur (neumático)* tyre; *Cuba* **~ de repuesto** spare wheel
-6. *Méx (en béisbol)* home plate
-7. *Fam (preservativo)* rubber
-8. *Esp Fam (hachís)* good quality hash o pot
-9. *CAm, Méx Fam (resaca)* hangover
-10. *RP muy Fam (pecho)* tit

gomaespuma *nf* foam rubber

gomecismo *nm Ven* HIST **el Gomecismo** = the dictatorship of General Juan Vicente Gómez in the 1920s and 1930s

gomecista *nmf Ven* HIST supporter of General Juan Vicente Gómez (1854-1935)

gomería *nf CSur* tyre centre

gomero, -a ◇ *adj* **-1.** *(de la Gomera)* of/from la Gomera *(Canary Islands)* **-2.** *RP Fam (aficionado a los autos)* car-mad
◇ *nm,f* **-1.** *(de la Gomera)* person from la Gomera *(Canary Islands)* **-2.** *Andes (en plantación)* rubber plantation worker **-3.** *CSur (en gomería)* tyre centre attendant
◇ *nm CSur (planta)* rubber plant

gomina *nf* hair gel

gominola *nf Esp Br* fruit jelly, *US* soft fruit candy

gomorresina *nf* gum resin

gomoso¹, -a *adj* gummy

gomoso² *nm Anticuado* dandy, popinjay

gónada *nf* ANAT gonad

góndola *nf* **-1.** *(embarcación)* gondola **-2.** *(de dirigible)* gondola **-3.** *Perú (autobús interurbano)* (inter-city) bus **-4.** *Bol (autobús urbano)* city bus **-5.** *(en supermercado)* gondola

gondolero *nm* gondolier

Gondwana *n* Gondwana, Gondwanaland

gong *(pl* **gongs)** *nm* gong

gongorino, -a LIT ◇ *adj* Gongoristic
◇ *nm,f* Gongorist

gongorismo *nm* LIT Gongorism

goniómetro *nm* TEC goniometer

gonococo *nm* MED gonococcus

gonorrea *nf* gonorrhoea

gordal *adj* **aceituna ~** queen olive, = type of large olive used for marinating

gordinflón, -ona, gordinflas *Fam* ◇ *adj* chubby, tubby
◇ *nm,f* fatty; **es un ~** he's quite chubby

gordo, -a ◇ *adj* **-1.** *(persona)* fat; **está más ~ que antes** he's put on weight; EXPR *Fam* **me cae ~** I can't stand him; **el Gordo y el Flaco** Laurel and Hardy
-2. *(grueso)* thick; *Esp* **sal gorda** cooking salt
-3. *(grande)* big; **dedo ~** *(de la mano)* thumb; *(del pie)* big toe; **cayó una tormenta gorda** there was a big o terrible storm
-4. *Fam (problema, asunto)* major; **cometió un error muy ~** he made a major mistake; **tuve una discusión muy gorda con él** I had one hell of an argument with him
-5. *Fam* EXPR **armar la gorda** to kick up a row o stink; **cuando llegó la policía se armó la gorda** when the police arrived all hell broke loose; **ni gorda: no vi/no entendí ni gorda** *(nada)* I couldn't see/I didn't understand a thing
◇ *nm,f* **-1.** *(persona obesa)* fat man, *f* fat woman; **los gordos** fat people **-2.** *Am Fam (como apelativo)* **¿cómo estás, ~?** how's it going, big man?
◇ *nm* **-1.** *(en lotería)* first prize, jackpot; **le tocó el ~** *(en lotería)* he won first prize, he won the jackpot; **le tocó el ~ con ese trabajo** *(tuvo buena suerte)* he hit the jackpot with that job; **con esa hermana que tiene le ha tocado el ~** *(tuvo mala suerte)* you've got to feel sorry for him having a sister like that
-2. *(grasa)* fat

gordolobo *nm* mullein

gordura *nf* **-1.** *(obesidad)* fatness, obesity **-2.** *(en carne)* fat

gore ◇ *adj inv* **el género ~** slasher movies
◇ *nm* slasher movies

goretex® *nm* Goretex®

gorgojo *nm (insecto)* weevil

gorgonzola *nm* gorgonzola

gorgoritear *vi* to warble, to trill

gorgorito *nm* warble; *Fam* **hacer gorgoritos** *(cantar)* to warble

górgoro *nm Chile, Méx* bubbles

gorgotear *vi* to gurgle

gorgoteo *nm* gurgle, gurgling

gorguera *nf* **-1.** *(adorno)* ruff **-2.** *(en armadura)* gorget

gorigori *nm Fam* dirge, funeral chant

gorila¹ *nm* **-1.** *(animal)* gorilla **-2.** *Fam (guardaespaldas)* bodyguard **-3.** *Esp Fam (en discoteca, pub)* bouncer

gorila² *CSur Fam* ◇ *adj (fascista)* fascist, reactionary
◇ *nm (fascista)* fascist, reactionary

gorjear *vi* **-1.** *(ave)* to chirp **-2.** *(niño)* to gurgle

gorjeo *nm* **-1.** *(de ave)* chirping **-2.** *(de niño)* gurgling

gorra *nf* (peaked) cap; *Esp, Méx Fam* **de ~** for free; *Esp, Méx Fam* **vivir de ~** to sponge, to scrounge; EXPR *Esp Fam* **con la ~** easily, no problem ❑ *Am* **~ de baño** *(para piscina)* swimming cap, bathing cap; *(para ducha)* shower cap; **~ de plato** peaked cap *(of officer)*; **~ de visera** baseball cap

gorrear *Fam* ◇ *vt* to sponge, to scrounge
◇ *vi* to sponge, to scrounge

gorrero, -a *nm,f Fam* sponger, scrounger

gorrinada, gorrinería *nf* **-1.** *(acción sucia)* **no hagas gorrinadas con la comida** stop being so disgusting when you're eating; **hacer eso es una ~** that's a disgusting thing to do **-2.** *(lugar sucio)* pigsty **-3.** *(indecencia)* **una revista llena de gorrinadas** a magazine full of filth; **una pareja haciendo gorrinadas en un banco** a couple being gross on a park bench **-4.** *(jugarreta)* dirty trick

gorrino, -a *nm,f* **-1.** *(animal)* pig **-2.** *(persona sucia)* pig **-3.** *(persona malintencionada)* swine

gorrión nm (house) sparrow ▫ ~ *chillón* rock sparrow; ~ *molinero* tree sparrow

gorro nm -1. *(para la cabeza)* cap; EXPR *Fam* **estar hasta el ~ (de)** to be fed up (with); *Méx Fam* **me vale ~ (***no me importa***)** I couldn't care less ▫ **~ de baño** *(para piscina)* swimming cap, bathing cap; *(para ducha)* shower cap; **~ de dormir** nightcap; **~ de ducha** shower cap; **~ frigio** Phrygian cap; **~ de piscina** swimming cap, bathing cap
-2. *Fam (en baloncesto)* block; **poner** *o* **hacer un ~** to block a shot

gorrón, -ona *Esp, Méx Fam* ◇ adj sponging, scrounging; **es muy ~** he's always sponging *o* scrounging, he's always on the scrounge
◇ nm,f sponger, scrounger

gorronear *Esp, Méx Fam* ◇ vt to sponge, to scrounge; **siempre me gorronea cigarros** she's always scrounging cigarrettes off me
◇ vi to sponge, to scrounge; **siempre está gorroneando** he's always sponging *o* scrounging, he's always on the scrounge

gorronería nf *Esp Fam* sponging, scrounging

góspel nm MÚS gospel (music)

gota nf -1. *(de líquido)* drop; *(de sudor)* bead; **no probé una ~ de alcohol** I didn't drink a drop of alcohol; EXPR **caer cuatro gotas** to spit (with rain); EXPR **ni ~**: **ni ~ de sentido común** not an ounce of common sense; **no entiendo ni ~ de alemán** I don't understand a word of German; **no queda ni una ~ de azúcar** we're completely out of sugar; **no se veía ni ~** you couldn't see a thing; **no corre ni una ~ de brisa** there isn't a breath of wind; EXPR **fue la ~ que colma el vaso, fue la última** it was the last straw; EXPR **como dos gotas de agua** like two peas in a pod ▫ **~ a ~** intravenous drip; **me va entregando el dinero de la deuda ~ a ~** he's paying off his debt to me a little at a time
-2. *(medicamento)* **gotas (para los ojos)** eye drops; **gotas (para los oídos)** ear drops
-3. METEO **~ fría** = cold front that brings torrential rain
-4. *(enfermedad)* gout

gotear ◇ vi *(líquido)* to drip; *(techo, depósito)* to leak; *Fig* to trickle through; **el grifo gotea** the tap is dripping
◇ v impersonal *(chispear)* to spit, to drizzle

gotelé nm **pintado al ~** ≃ decorated with Artex

goteo nm -1. *(de líquido)* dripping -2. *(de gente, información)* trickle

gotera nf -1. *(filtración)* leak; **tener goteras** to leak -2. *(mancha)* stain *(left by leaking water)* -3. *Andes* **goteras** *(afueras)* outskirts

gotero nm -1. *(gota a gota)* (intravenous) drip; **le pusieron un ~** they put him on a drip -2. *Am (cuentagotas)* dropper

goterón nm *(gota)* big raindrop; **están cayendo goterones** it's raining big raindrops

gótico, -a ◇ adj -1. *(arte)* Gothic -2. *(letra)* Gothic -3. *(de los Godos)* Gothic
◇ nm -1. *(estilo)* Gothic ▫ *Gótico flamígero* flamboyant Gothic; *Gótico florido* flamboyant Gothic -2. *(lengua)* Gothic

gotoso, -a ◇ adj **un hombre ~** a man with gout
◇ nm,f person with gout, gout sufferer

gouache [guaʃ] nm ARTE gouache

gouda ['guda] nm Gouda

gourde nm gourde *(unit of currency of Haiti)*

gourmet [gur'met] *(pl* **gourmets**) nmf gourmet

goya nm = annual award by Spanish Academy of Cinema, ≃ Oscar

goyesco, -a adj relating to or like Goya's paintings

gozada, *Ven* **gozadera** nf *Fam* **la fiesta fue una ~** the party was great fun; **¡qué ~ de coche/película!** what a wonderful car/film!

gozar [14] ◇ vi to enjoy oneself; **~ de algo** to enjoy sth; **~ de buena salud** to be in good health; **goza de la confianza del presidente** he is trusted by the president; **goza de una buena posición social** he has *o* enjoys good social standing; **~ con** to (take) delight in; **goza haciendo sufrir a los demás** she delights *o* takes delight in making others suffer
◇ vt -1. *Literario (sexualmente)* to take, to have -2. EXPR *Fam* **gozarla: realmente la gozamos en la fiesta** we had a great *o* fantastic time at the party; *RP* **cuando pierde Peñarol, la goza** he loves it when Peñarol lose

gozne nm hinge

gozo ◇ nm *(alegría)* joy, pleasure; **sentí mucho ~ al verla tan feliz** it was lovely to see her so happy; **canta que es un ~** she sings beautifully, it's a joy *o* pleasure to hear her sing; EXPR **no caber en sí de ~** to be beside oneself with joy; EXPR *Fam* **mi ~ en un pozo** that's just my (bad) luck
◇ nmpl **gozos** REL = verses written in honour of the Virgin Mary or the saints

gozoso, -a adj -1. *(que siente gozo)* joyful, delighted -2. *(que produce gozo)* joyous, delightful

g/p, g.p. *(abrev de* **giro postal)** p.o.

GP nm *(abrev de* **gran premio)** GP

GPS nm *(abrev de* **Global Positioning System)** GPS

gr. *(abrev de* **gramo)** g, gr

grabación nf -1. *(acción)* recording ▫ **~ en cinta** tape recording; **~ digital** digital recording; **~ en vídeo** video recording -2. *(cinta, disco)* recording

grabado nm -1. *(técnica)* engraving ▫ **~ al aguafuerte** etching; **~ sobre madera** woodcut -2. *(lámina)* engraving

grabador, -ora nm,f *(artista)* engraver

grabadora nf -1. *(magnetófono)* tape recorder -2. INFORMÁT **~ de CD-ROM** CD-ROM recorder *o* burner

grabar ◇ vt -1. *(en metal)* to engrave; *(en madera)* to carve; **grabó su nombre en un tronco** she carved her name on a tree
-2. *(sonido)* to record; *(imagen)* to record; *(en cinta)* to record, to tape; **han grabado un nuevo disco** they've recorded a new album
-3. *(fijar)* **grabado en su memoria** imprinted *o* engraved on his memory; **¡que te quede bien grabado!** don't you forget it!
-4. INFORMÁT *(documento)* to save; *(CD-ROM)* to record, to burn

➤ **grabarse** vpr -1. *(registrarse, reproducirse)* to be recorded -2. *(fijarse)* **grabársele a alguien en la memoria** to become imprinted *o* engraved on sb's mind

gracejo, -a ◇ nm *(gracia)* **tener mucho ~** to be a good talker; **contar una historia con ~** to tell a story in an amusing way
◇ nm,f *Méx (payaso)* clown, joker

gracia ◇ nf -1. *(humor, comicidad)* **¡qué ~!** how funny!; **su voz me hace mucha ~** *(me divierte)* I think he's got a really funny voice, his voice makes me laugh; **me hizo ~ verlo con traje y corbata** it was funny seeing him in a suit and tie; **mi sombrero le hizo ~ a Ana** *(le gustó)* Ana liked my hat; **no me hizo ~** I didn't find it funny; **yo no le veo la ~** I don't see what's so funny about it; **tener ~** *(ser divertido, curioso)* to be funny
-2. *(arte, habilidad)* skill, natural talent; **tiene una ~ especial** she has a special talent; *Esp* **todavía no le he pillado** *o* **cogido la ~ a esta cámara** I still haven't got the hang of using this camera
-3. *(encanto)* grace, elegance; **baila con mucha ~** she's a very graceful dancer; **no consigo verle la ~ a este cuadro** I just don't know what people see in this painting; **la ~ del plato está en la salsa** the secret of the dish is (in) the sauce; **tiene mucha ~ contando chistes** she's really good at telling jokes
-4. *(ocurrencia)* **estuvo toda la tarde soltando gracias** he spent all afternoon making funny remarks; **no le rías las gracias al niño** don't laugh when the child does/says something silly
-5. *(incordio)* nuisance; **vaya ~ tener que salir a mitad de la noche** it's a real nuisance having to go out in the middle of the night; *Fam* **¡maldita la ~ que me hace tener que volverlo a hacer!** it's a real pain having to do it all over again!
-6. *(favor)* favour; **procura caer en ~ al director para que te dé el puesto** try and get in the manager's good books so he gives you the job; **por la ~ de Dios** by the grace of God
-7. *(indulto)* pardon; **esperan una medida de ~ del gobierno** they are hoping to be pardoned by the government
-8. REL grace; **en estado de ~** in a state of grace
-9. MITOL **las tres gracias** the three Graces
◇ nfpl **gracias** **dar las gracias a alguien (por)** to thank sb (for); **se marchó sin ni siquiera dar las gracias** she left without even saying thank you; *Fam* **a ese amigo tuyo yo no le doy ni las gracias** I've no time at all for that friend of yours; **lo he conseguido gracias a ti** I managed it thanks to you; **pudimos ir gracias a que no llovió** we were able to go thanks to the fact that it didn't rain; **salvó la vida gracias a que llevaba casco** the fact that he was wearing a crash helmet saved his life; **gracias a Dios ya estamos en casa** thank God we're home
◇ interj **gracias** thank you, thanks; **muchas gracias** thank you very much, thanks very much; **mil gracias por tu ayuda** thank you so much for your help, *esp Br* thanks ever so much for your help; **te pagarán el viaje, y gracias** you should be thankful *o* you're lucky they're paying your travel expenses

grácil adj -1. *(armonioso)* graceful -2. *(delicado)* delicate

gracilidad nf -1. *(armonía)* gracefulness -2. *(delicadeza)* delicacy

gracioso, -a ◇ adj -1. *(divertido)* funny, amusing; **se cree muy ~** he thinks he's so funny; *Irónico* **sería ~ que ahora me echaran la culpa a mí** it would be a bit rich if they blamed me now
-2. *(curioso)* funny; **es ~ que...** it's funny how...; **¡qué ~, los dos se llaman Vicente González!** how funny, they're both called Vicente González!; **lo ~ es que no es la primera vez que me pasa** the funny thing is, it's not the first time it's happened to me
-3. *(bonito, atractivo)* pretty; **ese sombrero le queda muy ~** that hat looks very pretty *o* nice on her
-4. **su Graciosa Majestad** her Gracious Majesty
◇ nm,f -1. *(persona divertida)* funny *o* amusing person; **es un ~** he's really funny -2. *(persona molesta)* smart alec, comedian; **¿quién ha sido el ~ que ha apagado la luz?** who's the smart alec *o* joker who turned the light out?
◇ nm TEATRO fool, clown

grada nf -1. *(peldaño)* step -2. TEATRO row -3. **gradas** *(en estadio)* terraces

gradación nf -1. *(en retórica)* climax -2. *(escalonamiento)* scale

gradería nf -1. TEATRO rows -2. *Am (en estadio)* terraces -3. *Am (público)* crowd

graderío nm *Esp* -1. TEATRO rows -2. *(en estadio)* terraces -3. *(público)* crowd

gradiente ◇ nm FÍS gradient
◇ nf *CSur, Ecuad (pendiente)* gradient, slope

grado nm -1. *(de temperatura)* degree ▫ *Celsius* degree Celsius; **~ centígrado** degree centigrade; **~ Fahrenheit** degree Fahrenheit; **~ Kelvin** Kelvin
-2. *(de alcohol)* **¿cuántos grados tiene ese whisky?** how strong is that whisky?; **alcohol de 90 grados** 90 degree proof alcohol
-3. *(índice, nivel)* degree; **el candidato mostró un alto ~ de preparación** the candidate was very well prepared; **un fenómeno que afecta en menor ~ a las ciudades** a phenomenon that affects cities to a lesser extent *o* degree; **eso depende del ~ de intransigencia de la gente** that depends on how prepared people are to compromise; **están examinando su ~ de ceguera** they're checking to see how blind she is; **la situación empeoró en tal** *o* *Am* **a tal ~ que...** the situation deteriorated to such a degree *o* to such an extent that...; **en ~ sumo** greatly

graduable — grandeza

-4. *(en escala)* degree; **quemaduras de primer ~** first-degree burns; **asesinato en segundo ~** second-degree murder
-5. *(rango)* grade; **es primo mío en segundo ~** he's my second cousin
-6. MIL rank
-7. EDUC *(año)* year, class, *US* grade
-8. EDUC *(título)* degree; **obtuvo el ~ de doctor** he obtained his doctorate
-9. LING degree ❏ **~ comparativo** comparative degree; **~ superlativo** superlative degree
-10. MAT *(de ángulo)* degree
-11. MAT *(de ecuación)* **una ecuación de segundo ~** a quadratic equation
-12. *(voluntad)* **hacer algo de buen/mal ~** to do sth willingly/unwillingly; **te lo prestaré de buen ~** I'd be happy to lend it to you

graduable *adj* adjustable

graduación *nf* **-1.** *(acción)* grading **-2.** *(de la vista)* eye-test **-3.** *(de gafas)* strength **-4.** EDUC *(obtención de título)* graduation; *(ceremonia)* graduation (ceremony) **-5.** *(de bebidas)* **~ (alcohólica)** strength; **¿cuál es la ~ de ese whisky?** how strong is that whisky?; **bebidas de alta ~** spirits **-6.** MIL rank

graduado, -a ◇ *adj* **-1.** *(termómetro)* graduated; **gafas graduadas** prescription glasses; **recipiente ~** *(jarra)* measuring jug **-2.** *(universitario)* graduate
◇ *nm,f (persona)* graduate ❏ **~ social** graduate in social work
◇ *nm Esp* EDUC **~ escolar** *(título)* = certificate of primary education

gradual *adj* gradual; **se ha producido un empeoramiento ~ de la situación** the situation has gradually got worse

gradualmente *adv* gradually

graduar [4] ◇ *vt* **-1.** *(medir)* to gauge, to measure
-2. *(regular)* to regulate; **la temperatura se gradúa con este botón** this button regulates *o* controls the temperature
-3. *(vista)* to test; **me graduaron mal las gafas** they gave me the wrong prescription for my glasses
-4. *(escalonar)* to stagger; **graduó su esfuerzo para llegar hasta el final** she paced herself to make sure she finished
-5. EDUC to confer a degree on
-6. MIL to confer a rank on, to commission
◆ **graduarse** *vpr* **-1.** *(titularse)* to graduate **(en** in) **-2.** *Esp (la vista)* **tengo que ir a graduarme la vista** I have to (go and) get my eyes tested

grafema *nm* LING grapheme

graffiti [graˈfiti] *nm* piece of graffiti; **la pared estaba llena de graffitis** the wall was covered in graffiti

grafía *nf* spelling; **tienen la misma ~, pero se pronuncian de forma diferente** they are spelt the same but are pronounced differently

gráfica *nf (figura)* graph, chart; *(dibujo)* diagram

gráficamente *adv* graphically

gráfico, -a ◇ *adj* **-1.** *(de la imprenta)* graphic; **artes gráficas** graphic arts
-2. *(con signos, dibujos)* graphic; **una representación gráfica** a graph; **diseño ~** graphic design
-3. *(con imágenes)* graphic; **un reportaje ~** a photo story, an illustrated feature; **un reportero ~** a press photographer
-4. *(expresivo, claro)* graphic; **hizo un gesto muy ~** he made a very expressive gesture; **lo explicó de una manera muy gráfica** she explained it very graphically
◇ *nm (figura)* graph, chart; *(dibujo)* diagram ❏ **~ de barras** bar chart; **~ circular** pie chart; *Am* **gráficos de computadora** computer graphics; *Esp* **gráficos de ordenador** computer graphics; **gráficos para presentaciones** presentation *o* business graphics; **~ de sectores** pie chart; **~ de tarta** pie chart; **gráficos vectoriales** vector graphics
◇ *nm,f RP* printer

grafila, gráfila *nf* milling, reeding
grafiosis *nf inv* Dutch elm disease
grafismo *nm (diseño)* graphics
grafista *nmf* graphic artist *o* designer
grafito *nm* graphite
grafología *nf* graphology
grafológico, -a *adj* graphological
grafólogo, -a *nm,f* graphologist, handwriting expert
gragea *nf* **-1.** *(píldora)* pill, tablet **-2.** *(confite)* sugar-coated sweet
graifrú, greifrú *nm CAm, Ven* grapefruit
grajilla *nf* jackdaw
grajo¹, -a *nm,f (ave)* rook
grajo² *nm Andes, Carib Fam (olor)* BO, body odour
gral. *(abrev de* **general)** gen.
grama *nf* **-1.** *(planta)* Bermuda grass ❏ **~ del norte** couch grass; **~ de olor** vernal grass
-2. *Am (césped)* lawn
gramaje *nm* IMPRENTA weight
gramática *nf* **-1.** *(disciplina)* grammar; EXPR *Fam* **tener ~ parda** to be streetwise *o* worldly-wise ❏ **~ comparada** comparative grammar; **~ descriptiva** descriptive grammar; **~ estructural** structural grammar; **~ funcional** functional grammar; **~ general** general grammar; **~ generativa** generative grammar; **~ genérico-contrastiva** contrastive grammar; **~ normativa** prescriptive grammar; **~ prescriptiva** prescriptive grammar; **~ tradicional** traditional grammar; **~ transformacional** transformational grammar; **~ transformativa** transformational grammar
-2. *(libro)* grammar
-3. *ver también* **gramático**
gramatical *adj* grammatical
gramaticalidad *nf* grammatical correctness
gramaticalmente *adv* grammatically
gramático, -a ◇ *adj* grammatical
◇ *nm,f (persona)* grammarian
gramilla *nf CSur (césped)* grass, lawn
gramínea BOT ◇ *nf* grass, *Espec* gramineous plant
◇ *nfpl* **gramíneas** *(familia)* grasses, *Espec* gramineae
gramíneo, -a *adj* BOT **una planta ~** a grass, *Espec* a gramineous plant
gramo *nm* gram; *Fig* **no tiene ni un ~ de cordura** he hasn't an ounce of good sense
gramófono *nm* gramophone
gramola *nf* gramophone
grampa *nf RP* staple
GRAN [gran] *nm (abrev de* **Grupo Andino)** = Andean organization for trade and economic cooperation, formed by Bolivia, Peru, Colombia, Ecuador and Venezuela
gran *ver* **grande**
grana *nf* **-1.** *(color)* scarlet **-2.** *(cochinilla)* cochineal **-3. ~ del Paraíso** cardamom
Granada *n* **-1.** *(en España)* Granada **-2.** *(en las Antillas)* Grenada
granada *nf* **-1.** *(fruta)* pomegranate **-2.** *(bomba de mano)* grenade ❏ **~ de mano** hand grenade **-3.** *(proyectil)* shell ❏ **~ de mortero** mortar shell
granadero *nm* MIL grenadier
granadilla *nf* **-1.** *(planta)* passion flower **-2.** *(fruto)* passion fruit
granadillo *nm* granadilla, cocuswood
granadina *nf* **-1.** *(bebida)* grenadine **-2.** *(cante)* = type of flamenco from Granada
granadino, -a *adj* **-1.** *(en España)* of/from Granada **-2.** *(en las Antillas)* Grenadian
granado, -a ◇ *adj (notable)* prominent; **acudió lo más ~ de la localidad** the cream of local society attended; **la exposición reúne lo más ~ del artista** the exhibition brings together all the artist's major works
◇ *nm* pomegranate tree
granar *vi* to seed
granate ◇ *nm* **-1.** *(gema)* garnet **-2.** *(color)* maroon
◇ *adj inv* maroon
granazón *nm* seeding; **estar en ~** to be seeding

grande

> **gran** is used instead of **grande** before singular nouns (e.g. **gran hombre** great man).

◇ *adj* **-1.** *(de tamaño)* big, large; **este traje me está *o* me queda ~** this suit is too big for me; **el gran Buenos Aires/Santiago** greater Buenos Aires/Santiago, the metropolitan area of Buenos Aires/Santiago; *Fig* **el cargo le viene ~** he's not up to the job; *Fam* **pagó con un billete de los grandes** he paid with a large note ❏ **grandes almacenes** department store; FOT **gran angular** wide-angle lens; **la Gran Barrera de Coral** the Great Barrier Reef; **Gran Bretaña** Great Britain; **el Gran Cañón (del Colorado)** the Grand Canyon; **gran danés** Great Dane; HIST **la Gran Depresión** the Great Depression; **gran ducado** grand duchy; **la Gran Explosión** the Big Bang; **la Gran Guerra** the Great War; **los Grandes Lagos** the Great Lakes; **gran maestro** *(en ajedrez)* grand master; HIST **Gran Mogol** Mogul; **la Gran Muralla (China)** the Great Wall (of China); DEP **Gran Premio** Grand Prix; HIST **el Gran Salto Adelante** the Great Leap Forward; **gran simio antropoide** great ape; **gran slam** *(en tenis)* grand slam; *Esp* COM **gran superficie** hypermarket
-2. *(de altura)* tall; **¡qué ~ está tu hermano!** your brother's really grown!
-3. *(en importancia)* great; **una gran mujer** a great woman; **los grandes bancos** the major banks; **la gran mayoría está a favor del proyecto** the great *o* overwhelming majority are in favour of the project; **el éxito se debe en gran parte a su esfuerzo** the success is largely due to her efforts, the success is in no small measure due to her efforts
-4. *(en intensidad)* great; **es un gran mentiroso** he's a real liar; **¡qué alegría más ~!** what joy!
-5. *Fam (adulto)* **cuando sea ~ quiere ser doctora** she wants to be a doctor when she grows up; **me dijeron que todavía no soy ~ como para salir solo** they told me I'm not big enough to go out on my own yet
-6. *Méx, RP (de edad)* **cuando se casó ya era ~** she was already quite old when she got married; **siempre se llevó bien con gente más ~** he always got on well with older people
-7. *RP Fam (fantástico)* fantastic, *Br* brilliant
-8. *RP Irónico (genial)* great; **ayer le hice un favor y hoy me vuelve la espalda, ¡~!** great! I did him a favour and now he doesn't want to know!
-9. EXPR *Fam* **hacer algo a lo ~** to do sth in a big way *o* in style; **vivir a lo ~** to live in style; **pasarlo en ~** to have a great time
◇ *nm* **-1.** *(noble)* grandee ❏ **Grande de España** = one of highest-ranking members of Spanish nobility
-2. *(persona, entidad importante)* **uno de los grandes del sector** one of the major players in the sector; **los tres grandes de la liga** the big three in the league; **uno de los grandes de la literatura mexicana** one of the big names in Mexican literature
-3. *Fam* **grandes** *(adultos)* grown-ups
◇ *nf RP (en lotería)* first prize, jackpot; **sacarse la ~** *(en lotería)* to win first prize *o* the jackpot; **se sacó la ~ con ese trabajo** *(tuvo buena suerte)* she hit the jackpot with that job; **con esa nuera que tiene le tocó la ~** *(tuvo mala suerte)* you've got to feel sorry for her having a daughter-in-law like that
◇ *interj RP Fam (fantástico)* great!

grandemente *adv (en extremo)* extremely, greatly
grandeza *nf* **-1.** *(de tamaño)* (great) size **-2.** *(esplendor)* magnificence, grandeur; **en toda su ~** in all its splendour *o* grandeur **-3.** *(de sentimientos)* generosity, graciousness; **aceptó su derrota con ~** he accepted defeat

grandilocuencia graciously, he was gracious in defeat; **~ de espíritu** generosity of spirit, magnanimity **-4.** *Esp (dignidad)* rank of grandee **-5.** *Esp (nobles)* **la ~** the Spanish grandees

grandilocuencia *nf* grandiloquence

grandilocuente *adj* grandiloquent

grandiosidad *nf* grandeur

grandioso, -a *adj* grand, splendid

grandullón, -ona, *CSur, Ven* **grandulón, -ona** *Fam* ◇ *adj* overgrown
◇ *nm,f* big boy, *f* big girl

granel: a granel *loc adv* **-1.** *(sin envase)* loose; *(en gran cantidad)* in bulk; **vender/comprar vino a ~** to sell/buy wine from the barrel **-2.** *(en abundancia)* in abundance; **habrá bebida a ~** there will be loads of drink; **hubo quejas a ~** there was a barrage of complaints

granelero, -a *adj* **barco ~** bulk carrier

granero *nm* **-1.** *(edificio)* granary **-2.** *(zona rica)* breadbasket

granítico, -a *adj* **-1.** *(de granito)* granitic, granite; **roca granítica** granite **-2.** *(apoyo)* rock solid

granito *nm* **-1.** *(roca)* granite **-2.** *(en la piel)* spot, pimple **-3.** [EXPR] **aportar** *o* **poner uno su ~ de arena** to do one's bit

granívoro, -a *adj* granivorous

granizada *nf* **-1.** METEO hailstorm **-2.** *(abundancia)* hail, shower

granizado, -a ◇ *adj RP (helado)* **helado ~** chocolate chip ice cream
◇ *nm* = drink of flavoured crushed ice; **~ de café** = coffee-flavoured crushed ice; **~ de limón** = lemon-flavoured crushed ice

granizar [14] *v impersonal* to hail; **está granizando** it's hailing

granizo *nm* hail

granja *nf* **-1.** *(en el campo)* farm ❑ **~ agropecuaria** agricultural and livestock farm; **~ avícola** poultry farm; **~ escuela** = farm which schoolchildren visit or stay at to learn about farming life and animals; **~ marina** marine farm **-2.** *Urug (tienda)* = shop selling farm produce

granjear ◇ *vt* **-1.** *(conquistar)* to earn; **su generosidad le ha granjeado la admiración de todos** his generosity has earned him everyone's admiration **-2.** *Chile (estafar)* to swindle
◆ **granjearse** *vpr* to gain, to earn; **con su actitud se ha granjeado el respeto de todos los alumnos** her attitude has earned *o* won her the respect of all her pupils; **con esa decisión se granjeó el odio de sus compañeros** that decision made his colleagues hate him

granjero, -a *nm,f* farmer

grano *nm* **-1.** *(de cereal, arena)* grain; **un ~ de uva** a grape; [EXPR] **aportar** *o* **poner uno su ~ de arena** to do one's bit; [EXPR] **ir al ~** to get to the point ❑ **~ de café** coffee bean; **~ de pimienta** peppercorn **-2.** *(cereal)* grain; [EXPR] **apartar** *o* **separar el ~ de la paja** to separate the wheat from the chaff **-3.** *(partícula)* grain **-4.** *(en la piel)* spot, pimple **-5.** FOT grain

granola *nf Am* granola

granuja *nmf* **-1.** *(pillo)* rogue, scoundrel **-2.** *(canalla)* trickster, swindler

granujada *nf* dirty trick

granulado, -a ◇ *adj* granulated
◇ *nm* granules

granular ◇ *adj (granuloso)* granular, grainy
◇ *vt* to granulate

gránulo *nm* **-1.** *(grano)* granule **-2.** *(píldora)* small pill

granuloso, -a *adj* bumpy

granza *nf* **-1.** MIN coal *(in pieces measuring between 15 and 25 cm)* **-2.** *(del trigo)* chaff **-3.** *(del hierro)* dross

grao *nm* beach, shore *(where boats can land)*

grapa *nf* **-1.** *(para papeles)* staple; **sujetar con grapas** to staple **-2.** *(para heridas)* stitch, (wire) suture **-3.** *CSur (bebida)* grappa

grapadora *nf* stapler ❑ **~ industrial** staple gun

grapar *vt* to staple

grapia *nf (árbol)* grapia, garapa

GRAPO ['grapo] *nmpl (abrev de* **Grupos de Resistencia Antifascista Primero de Octubre**) = left-wing Spanish terrorist group mainly active in the 70s and early 80s

grapo *nmf (terrorista)* member of "GRAPO"

grasa¹ *nf* **-1.** *(en comestibles)* fat; *(de cerdo)* lard; **la comida de la región tiene mucha ~** the food of the region is very greasy; **necesitas eliminar grasas** you need to get rid of some fat ❑ **~ de ballena** blubber; **~ saturada** saturated fat; **~ vegetal** vegetable fat
-2. *(lubricante)* grease, oil
-3. *(suciedad)* grease; **esta camisa está llena de ~** this shirt is covered in grease *o* is all greasy
-4. *Méx (betún)* shoe polish; **dar ~ a algo** to polish sth

grasa² *RP Fam* ◇ *adj* common
◇ *nmf* **sos un ~** you're so common

grasiento, -a, *esp Am* **grasoso, -a** *adj* **-1.** *(mantecoso)* greasy **-2.** *(cabello)* greasy; *(piel)* oily **-3.** *(sucio)* greasy

grasilla *nf* butterwort

grasitud *nf RP* grease

graso, -a *adj* **-1.** *(mantecoso)* greasy; *(con alto contenido en grasas)* fatty **-2.** *(cabello)* greasy; *(piel)* oily

grasoso, -a = **grasiento**

gratamente *adv* **-1.** *(agradablemente)* pleasingly; **estoy ~ impresionado** I am pleasantly surprised, I am favourably impressed **-2.** *(con agrado)* with pleasure

gratarola, graterola *RP Fam* ◇ *adj* free; **ser ~** to be free
◇ *adv* (for) free, for nothing; **me salió ~ el viaje** the journey didn't cost me anything

gratén *nm* CULIN gratin; **al ~** au gratin

gratificación *nf* **-1.** *(moral)* reward **-2.** *(monetaria) (por un trabajo)* bonus; *(por hallar algo)* reward

gratificador, -ora, gratificante *adj* rewarding

gratificar [59] *vt* **-1.** *(complacer)* to reward **-2.** *(retribuir)* to give a bonus to; *(dar propina a)* to tip; **se gratificará** *(en letrero)* reward

gratinado, -a ◇ *adj* au gratin
◇ *nm* **~ de langostinos** king prawns au gratin

gratinador *nm* grill

gratinar *vt* to cook au gratin

gratis ◇ *adj inv* free; **ser ~** to be free; **entrada ~** *(en letrero)* entrance free
◇ *adv* (for) free, for nothing; **entré ~ al concierto** I got into the concert (for) free *o* for nothing; **me salió ~ el viaje** the journey didn't cost me anything

gratitud *nf* gratitude

grato, -a *adj* **-1.** *(agradable)* pleasant; **nos es ~ comunicarle que...** we are pleased to inform you that... **-2.** *Bol, Chile (agradecido)* grateful

gratuidad *nf* **-1.** *(de servicio)* **mantener la ~ de la enseñanza** to keep education free; **el gobierno ha prometido la ~ de los libros de texto** the government has promised free textbooks for all children **-2.** *(de comentario)* gratuitousness

gratuitamente *adv* **-1.** *(gratis)* free (of charge) **-2.** *(sin fundamento)* gratuitously

gratuito, -a *adj* **-1.** *(gratis)* free **-2.** *(arbitrario)* gratuitous; *(infundado)* unfair, uncalled for; **violencia gratuita** gratuitous violence

grava *nf* gravel

gravamen *nm* **-1.** *(impuesto)* tax; **libre de ~** unencumbered, free from encumbrances **-2.** *(obligación moral)* burden

gravar *vt (con impuestos)* to tax; **el local está gravado con una fuerte hipoteca** the premises are heavily mortgaged

grave ◇ *adj* **-1.** *(enfermedad)* serious; **estar ~** to be seriously ill; **presenta heridas graves** he is seriously injured
-2. *(situación)* serious; **cometió un ~ error** he made a serious mistake
-3. *(serio)* serious; **su semblante ~ impone respeto** her serious features inspire respect
-4. *(estilo)* formal
-5. *(sonido, voz)* low, deep
-6. GRAM *(palabra)* stressed on the second-last syllable, *Espec* paroxytone
-7. GRAM *(tilde)* grave
◇ *nm* **graves** *(sonidos)* bass; **el control de los graves** the bass control
◇ *nf* GRAM word stressed on the second-last syllable, *Espec* paroxytone

gravedad *nf* **-1.** *(de lesiones, enfermedad)* seriousness; **resultó herido de ~ en el accidente** he was seriously injured in the accident **-2.** *(de situación)* seriousness **-3.** *(solemnidad)* seriousness; **con ~** seriously, gravely **-4.** FÍS gravity; **en la nave espacial no había ~** there was zero gravity within the spaceship ❑ **~ cero** zero gravity

gravemente *adv* seriously; **está ~ enfermo** he is seriously ill; **"necesito hablarte", dijo ~** "I must speak to you," he said seriously *o* gravely

gravidez *nf Formal* pregnancy, *Espec* gravidity

grávido, -a *adj Formal* **-1.** *(mujer)* pregnant, *Espec* gravid **-2.** *(lleno)* full; **estaba ~ de dudas** he was weighed down *o* oppressed by doubts

gravilla *nf* gravel

gravitación *nf* **-1.** FÍS gravitation ❑ **~ universal** universal gravitation **-2.** *CSur (influencia)* influence; **la ~ de la economía en la vida de un país** the economy's influence on people's lives

gravitacional = **gravitatorio**

gravitar *vi* **-1.** FÍS to gravitate
-2. *(centrarse)* to centre, to be centred; **su novela gravita en torno al problema colonial** his novel centres *o* is centred around the colonial problem
-3. ~ sobre *(recaer)* to rest on; **la bóveda gravita sobre los arbotantes** the vault rests on *o* is supported by the flying buttresses; **sobre mí gravita toda la responsabilidad** all the responsibility rests on my shoulders
-4. ~ sobre *(pender)* to hang *o* loom over; **la desgracia gravita sobre el pueblo** disaster is looming for the town

gravitatorio, -a, gravitacional *adj* gravitational

gravoso, -a *adj* **-1.** *(molesto)* burdensome **-2.** *(costoso)* expensive, costly

graznar *vi* **-1.** *(cuervo)* to caw; *(ganso)* to honk; *(pato)* to quack **-2.** *(persona)* to squawk

graznido *nm* **-1.** *(de cuervo)* caw, cawing; *(de ganso)* honk, honking; *(de pato)* quack, quacking; **el pato dio un ~** the duck gave a quack **-2.** *(de personas)* squawk, squawking

greca *nf* **-1.** ARQUIT fret **-2.** *Col, Ven (cafetera)* filter coffee maker

Grecia *n* Greece

Greco *n pr* **el ~** El Greco

grecochipriota ◇ *adj* Greek Cypriot
◇ *nm,f* Greek Cypriot

grecolatino, -a *adj* Graeco-Latin

grecorromano, -a *adj* Graeco-Roman

greda *nf* fuller's earth, clay

green [grin] *(pl* **greens**) *nm (en golf)* green

gregario, -a ◇ *adj* **-1.** *(animal)* gregarious **-2.** *(persona)* **no seas tan ~** stop always following the herd
◇ *nm (en ciclismo)* domestique

gregarismo *nm* **-1.** *(de animal)* gregariousness **-2.** *(de persona)* tendency to follow the herd

gregoriano, -a *adj* Gregorian

Gregorio *n pr* **San ~** St Gregory; **~ I/II** Gregory I/II

greifrú = **graifrú**

grela *nf RP Fam* filth

grelo *nm* turnip leaf

gremial ◇ *adj* **-1.** HIST guild; **ordenanzas gremiales** guild statutes **-2.** *Am (sindical) Br* trade-union, *US* labor-union; **dirigente ~** union leader; **organización ~** *Br* trade-union *o US* labor-union organization
◇ *nf Am Br* trade union, *US* labor union

gremialismo *nm* **-1.** *Pej (corporativismo)* = self-interested behaviour, especially of professional groups **-2.** *Am (sindicalismo)* unionism, *Br* trade unionism

gremialista nmf Am union member, Br trade unionist

gremio nm **-1.** HIST guild **-2.** (conjunto de profesionales) profession, trade; **el ~ del textil/de la construcción** the textiles/building trade **-3.** Fam (grupo) club; **soy del ~ de los fumadores** I'm a fully paid up member of the smokers' club **-4.** Am (sindicato) Br trade union, US labor union; (de estudiantes) student's union

greña nf **-1.** (mechón) tangle of hair; **greñas matted** o tangled hair; EXPR Fam **andar a la ~ (con alguien)** to be at loggerheads (with sb); EXPR Am Fam **acabaron agarrándose de las greñas** they ended up at each other's throats **-2.** Méx **en ~** (trigo) unthreshed; (droga) unrefined

greñudo, -a adj Pey with matted o tangled hair

gres nm stoneware

gresca nf **-1.** (alboroto) row; **se armó una ~** there was a fuss o row **-2.** (pelea) fight; **resultó herido en una ~** he was injured in a fight

grey (pl **greyes**) nf **-1.** Literario (de ovejas) flock; (de vacas) herd **-2.** (fieles) flock, congregation **-3.** (conjunto de individuos) **la ~ estudiantil** the students; **dirigió su discurso a la ~ nacionalista** he aimed his speech at the nationalist constituency

Grial nm **el (Santo) ~** the (Holy) Grail

griego, -a ◇ adj Greek
◇ nm,f (persona) Greek; **los antiguos griegos** the ancient Greeks
◇ nm (lengua) Greek

grieta nf (ranura) crack; (entre montañas) crevice; (en glaciar) crevasse; (que deja pasar luz) chink

grifa nf Fam dope, marijuana

grifería nf taps

grifero, -a nm,f Perú Br petrol pump attendant, US gas pump attendant

grifo¹ nm **-1.** Esp (llave) Br tap, US faucet; **agua del ~** Br tap water, US water from the faucet; EXPR **cerrar el ~: la banca internacional ha amenazado con cerrar el ~ de las ayudas** the international banks have threatened to cut the aid ❑ **~ monomando** mixer tap
-2. MITOL griffin
-3. Perú (gasolinera) Br petrol station, US gas station
-4. Chile (toma de agua) (fire) hydrant, US fireplug
-5. Col Fam (presuntuoso) **ser ~** to be conceited

grifo², -a Méx Fam ◇ adj **andar ~** (drogado) to be stoned o high; (loco) to be off one's head; **andas ~ mano, ¿cómo se te ocurren esas cosas?** are you off your head, pal? where do you get these ideas from?
◇ nm,f drunk, wino

grifón nm (perro) griffon

grill [gril] (pl **grills**) nm **-1.** (electrodoméstico) grill **-2.** (restaurante) grillroom

grilla nf **-1.** Andes (molestia) annoyance, bother **-2.** Col (riña) struggle, scuffle

grillado, -a adj Esp Fam crazy, loopy; **estar ~** to be crazy o loopy

grillarse vpr Esp Fam to go crazy

grillete nm shackle; **ponerle grilletes a alguien** to shackle sb

grillo nm **-1.** (insecto) cricket ❑ **~ cebollero** mole cricket; **~ real** mole cricket; **~ topo** mole cricket **-2.** **grillos** (grilletes) shackles

grima nf **-1.** (disgusto) **me da ~ que malgasten el dinero** I hate to see money being wasted, it really annoys me to see money being wasted **-2.** (dentera) **me da ~** it sets my teeth on edge

grimillón nm Chile Fam (multitud, gran cantidad) **un ~ de** loads of, masses of

grímpola nf NÁUT pennant

gringada nf Am **la película es una ~** the movie is the usual Hollywood nonsense

gringo, -a Fam ◇ adj **-1.** (estadounidense) gringo, Yankee **-2.** Am (extranjero) gringo, foreign
◇ nm,f **-1.** (estadounidense) gringo, Yank **-2.** Am (extranjero) gringo, foreigner (from a non-Spanish speaking country)

gringolandia nf Am Fam Hum Yankeeland

griñón nm wimple

gripa nf Col, Méx flu

gripaje nm **para evitar gripajes** to prevent the engine (from) seizing up

gripal adj flu-like; **síntomas gripales** flu(-like) symptoms

griparse vpr to seize up

gripe nf flu; **estar con (la) ~** to have (the) flu; **tener ~** to have (the) flu

griposo, -a adj fluey; **estar ~** to have the flu

gris (pl **grises**) ◇ adj **-1.** (de color) grey **-2.** (triste) gloomy, miserable **-3.** (insignificante) dull, characterless
◇ nm **-1.** (color) grey ❑ **~ marengo** dark grey; **~ perla** pearl-grey **-2.** Esp Fam Antes **los grises** (la policía) the cops (who formerly wore grey uniforms)

grisáceo, -a adj greyish

grisalla nf Méx scrap metal

grisear vi to become grey

grisín nm RP breadstick

grisma nf Chile bit, strand

grisú (pl **grisúes**) nm firedamp

gritadera nf Andes Fam screaming, shouting

gritar ◇ vi **-1.** (hablar alto) to shout; **no grites tanto, habla más bajo** don't shout so much, lower your voice a bit **-2.** (chillar) to scream, to yell; **gritó de dolor** he cried in pain; **gritó de alegría** he shouted for joy
◇ vt **-1.** (en voz alta) **~ algo a alguien** to shout sth at sb; **"¡no cruces!", me gritó** "don't cross!" he shouted at me **-2.** (reñir) to shout o yell at; **¡no me grites, que no fue culpa mía!** don't shout o yell at me, it wasn't my fault!; **no me gusta que me griten** I don't like being shouted at

griterío nm screaming, shouting

grito nm (chillido) shout; (de dolor, miedo) cry, scream; (de sorpresa, de animal) cry; **se escuchaban los gritos de los manifestantes** you could hear the demonstrators chanting; **los gritos de ánimo le ayudaron a finalizar la carrera** the shouts of encouragement helped him to finish the race; **dar un ~** to shout o scream (out); EXPR CSur Fam **estar en un ~** to be in agony; **hablar a gritos** to shout, to talk at the top of one's voice; EXPR **pedir algo a gritos** to be crying out for sth; **este niño está pidiendo a gritos que le den unos azotes** this boy is asking to get slapped; EXPR Fam **poner el ~ en el cielo** to hit the roof; EXPR **ser el último ~** to be the latest fashion o craze, to be the in thing ❑ **~ de guerra** war o battle cry

EL GRITO (DE LA INDEPENDENCIA)

At 11pm on 15th September every year, the President of Mexico appears on the balcony of the National Palace in the capital and begins Independence Day celebrations by addressing the crowds packed in the Plaza Mayor before him with the shout "Mexicanos, viva México!". This commemorates the night in 1810 (actually the early morning of 16th September) when the father of Mexican independence, the priest Miguel Hidalgo y Costilla, used these words at the close of a speech delivered to his parishioners in the small provincial town of Dolores (now Dolores Hidalgo), in the state of Guanajuato. In the address he urged the people of the town, who were mainly poor Indians and lower-class "mestizos", to rebel against Spanish colonial rule, and he then led them on his unsuccessful military campaign, which ended in his execution the following year. The president's re-enactment of the "grito de Dolores" is echoed in similar events in towns and cities across the nation.

gritón, -ona adj Fam loudmouthed

groenlandés, -esa (pl **groenlandeses**), **groelandés, -esa** (pl **groelandeses**) ◇ adj Greenlandic
◇ nm,f Greenlander

Groenlandia n Greenland

grog nm grog

grogui adj Fam **-1.** (en boxeo) groggy **-2.** (adormilado) **esa pastilla me dejó ~** that pill made me feel groggy; **se quedó ~ delante del televisor** he crashed out in front of the television

grojo nm common juniper

gronchada nf RP Fam **-1. la ~** (personas) the unhip o uncool **-2.** (acción) **llevar botas turquesa es una ~** wearing turquoise boots is so uncool o Br naff

groncho, -a RP Fam ◇ adj uncool, Br naff
◇ nm,f **es un ~** he's so uncool o Br naff

grosella nf **~ (roja)** redcurrant ❑ **~ espinosa** gooseberry; **~ negra** blackcurrant

grosellero nm currant bush ❑ **~ silvestre** gooseberry bush

groseramente adv rudely

grosería nf **-1.** (cualidad) rudeness **-2.** (acción) rude thing; **ese comentario fue una ~** that was a terribly rude thing to say **-3.** (palabrota) swear word; **siempre anda soltando groserías** she goes around swearing all the time

grosero, -a ◇ adj **-1.** (maleducado) rude, crude **-2.** (tosco) coarse, rough **-3.** (malhablado) foul-mouthed
◇ nm,f rude person; **es un ~** he's terribly rude

grosor nm thickness; **una tabla de 3 cm de ~** a board 3 cm thick

grosso: grosso modo loc adv roughly, in broad terms; **firmaron el documento, ~ modo, 5.000 personas** roughly o around 5,000 people signed the document; **su proyecto coincide, ~ modo, con el mío** his project is broadly speaking o roughly the same as mine

grotesco, -a adj (personaje) grotesque; (traje) hideous; (declaración) absurd

groupie ['grupi] nf Fam groupie

grúa nf **-1.** (máquina) crane ❑ Chile **~ horquilla** fork-lift truck **-2.** (vehículo) (para averías) Br breakdown van o truck, US tow truck; **la ~ (municipal)** = tow truck which removes illegally parked cars; **se me llevó el coche la ~** my car's been towed away; **se avisa ~** (en letrero) cars parked here will be towed away **-3.** CINE & TV crane

gruero, -a nm,f Ven crane operator

grueso, -a ◇ adj **-1.** (espeso) thick **-2.** (corpulento) thickset; (obeso) fat **-3.** (en grano) coarse; **sal gruesa** coarse salt **-4.** METEO **mar gruesa** = rough sea with waves under 6 metres **-5.** Méx Fam **¡está ~!** (¡está difícil!) it's a tough one!
◇ nm **-1.** (grosor) thickness **-2.** (parte mayor) **el ~ de** the bulk of; **el ~ del público ya se marchado** most of the crowd has already left; **el ~ del ejército está cerca de la frontera** the bulk of the army is near the border

grulla nf (ave) crane ❑ **~ canadiense** sandhill crane; **~ cantora** whooping crane

grullo, -a adj **-1.** Guat, Méx (gris) dark grey **-2.** Méx Fam (gorrón) sponging

grumete nm cabin boy

grumo nm (en líquido) lump

grumoso, -a adj lumpy

grunge [grunt∫] nm grunge

gruñido nm **-1.** (de perro) growl **-2.** (de cerdo) grunt **-3.** (de persona) grumble; **dar gruñidos** to grumble; **dijo con un ~ que no quería ir** he grumbled that he didn't want to go

gruñir vi **-1.** (perro) to growl **-2.** (cerdo) to grunt **-3.** (persona) to grumble

gruñón, -ona ◇ adj Fam grumpy
◇ nm,f old grump

grupa nf hindquarters; **montar a la ~** to ride pillion

grupaje nm groupage

grupal adj group; **terapia ~** group therapy

grupo nm **-1.** (conjunto) group; (de árboles) cluster; **~ (de empresas)** (corporate) group; **en ~** in a group; **el ~ de cabeza** (en carrera) the leading group ❑ POL **~ de contacto** contact group; ECON **~ de control** control group; INFORMÁT **~ de discusión**

discussion group; **~ ecologista** environmental group; **~ de edad** age group; **~ de estudio** study group; POL **~ mixto** = independent MPs and MPs from minor parties in Spanish parliament; INFORMÁT **~ de noticias** newsgroup; **el ~ de los ocho (grandes)** the G8 countries; **~ parlamentario** parliamentary group; POL **~ de presión** pressure group, lobby; **~ de riesgo** group at risk; UE **Grupo de Sabios** Committee of Wise Men; **~ sanguíneo** blood group; **el ~ de los siete (grandes)** the G7 countries; INFORMÁT **~ de usuarios** user group
-2. *(de músicos)* group, band
-3. TEC unit, set ❏ ELEC **~ electrógeno** generator
-4. QUÍM group
-5. LING **~ consonántico** consonant cluster; **~ fónico** phonic group; **~ nominal** noun phrase; **~ de palabras** word group; **~ vocálico** vowel cluster
grupúsculo *nm* minor group
gruta *nf* -1. *(natural)* cave -2. *(artificial)* grotto
gruyere [gru'jer] ◇ *adj* **queso ~** Gruyère
◇ *nm* Gruyère
gta. *abrev de* **glorieta**
gua *interj Perú, Ven Fam* wow!
guaba *nf CAm, Ecuad, PRico (fruta)* guama
guabina *nf* blind corvina
guabinear *vi Ven Fam* to dodge the issue
guaca *nf* -1. *Am (sepultura)* = pre-Columbian Indian tomb -2. *Am (tesoro)* hidden treasure -3. *CRica, Cuba (hucha)* moneybox -4. *CRica, Cuba (hoyo)* = pit for ripening fruit -5. *ver también* **guaco**
guacal *nm* -1. *CAm, Méx (calabaza)* gourd -2. *Carib, Col, Méx (jaula)* cage
guácala, guácatelas *interj Méx Fam (¡qué asco!)* ugh!, yuck!
guacamayo, -a *nm,f (ave)* macaw
guacamol, guacamole *nm* guacamole, avocado dip
guacarear, huacarear *vi Méx Fam* to throw up
guacarnaco, -a *adj Col, Cuba, Ecuad (tonto)* foolish, silly
guácatelas = **guácala**
guachada *nf Andes, RP Fam* mean trick
guachafita *nf Col, Ven Fam* racket, uproar
guáchara *nf CRica (maraca)* maraca
guácharo *nm* oilbird
guache *nm* -1. ARTE gouache -2. *Col, Ven (canalla)* thug -3. *Col (maraca)* maraca
guachimán *nm Am* night watchman
guachinango *nm Méx (pez)* red snapper
guacho -a, huacho, -a *Andes, RP* ◇ *adj* -1. *(calcetín)* odd -2. *Fam (persona)* single; **la veo medio triste, debe ser porque anda guacha** she seems rather sad, it must be because she's not going out with anyone at the moment
◇ *nm,f* -1. *(animal huérfano)* orphan -2. *muy Fam (persona huérfana)* orphan -3. *Fam (sinvergüenza)* bastard, swine
guaco, -a ◇ *adj* -1. *Andes (con el labio leporino)* harelipped -2. *Méx (mellizo)* twin
◇ *nm* -1. *Carib, Méx (planta)* guaco -2. *(ave gallinácea)* guan -3. *CAm (ave falcónida)* carracara -4. *Am (cerámica)* = pottery object found in pre-Columbian Indian tomb
guadal *nm Am* sandy bog
guadalajareño, -a, guadalajarense ◇ *adj* of/from Guadalajara *(Spain and Mexico)*
◇ *nm,f* person from Guadalajara *(Spain and Mexico)*
Guadalupe *n (país)* Guadeloupe
guadalupeño, -a ◇ *adj* of/from Guadeloupe
◇ *nm,f* person from Guadeloupe
guadaña *nf* scythe
guadañar *vt* to scythe
guadaño *nm Cuba, Méx* = small harbour boat
guadarnés *nm* -1. *(lugar)* harness room -2. *(mozo)* stable boy
Guadiana *nm* EXPR *Esp* **ser como el ~** to pop up every now and again
guagua *nf* -1. *Andes (niño)* baby -2. *Cuba, PRico, RDom (autobús)* bus

guaina *Andes, Arg* ◇ *adj* young
◇ *nmf (chico)* lad, young man; *(chica)* girl, young woman
guaira *nf* -1. *Andes (horno)* = earthenware smelting furnace -2. *Am (vela)* triangular sail -3. *CAm (flauta)* = Indian panpipe
guajira *nf* = Cuban popular song about country life
guajiro, -a ◇ *adj* -1. *(de Guajira)* of/from Guajira *(Colombia, Venezuela)* -2. *Cuba Fam (tímido)* shy
◇ *nm,f* -1. *Cuba Fam (campesino)* peasant -2. *Cuba Fam (del interior)* out-of-towner -3. *(de Guajira)* person from Guajira *(Colombia, Venezuela)*
guajolote *CAm, Méx* ◇ *adj (tonto)* silly, foolish
◇ *nm* -1. *(pavo)* turkey -2. *(tonto)* fool, idiot
gualda *nf* BOT dyer's rocket
gualdo, -a *adj* yellow
gualdrapa *nf (adorno)* caparison; *(manto sencillo)* horse blanket
gualicho *nm Andes, RP (hechizo)* evil spell; **hacer un ~ a alguien** to give sb the evil eye
guama *nf CAm, Col, Ven* -1. *(fruto)* guama fruit -2. *(mentira)* lie
guamazo *nm Col, Méx, Ven Fam* punch
guamo *nm CAm, Col, Ven* guama
guampa *nf Bol, CSur* horn
guampudo, -a *Bol, CSur* ◇ *adj* -1. *(animal)* horned -2. *Fam (persona)* cuckolded
◇ *nm,f Fam* cuckold
guamúchil, huamúchil *nm* camachile
guanábana *nf Am* soursop
guanábano *nm Am* soursop tree
guanacaste *nm* ear pod tree
guanaco ◇ *adj Am Fam (bobalicón)* nitwit
◇ *nm* -1. *(animal)* guanaco, wild llama -2. *Chile Fam (camión)* water cannon
guanajo *nm Carib* turkey
guanajuatense ◇ *adj* of/from Guanajuato *(Mexico)*
◇ *nm,f* person from Guanajuato *(Mexico)*
guanche *nmf* guanche, = original inhabitant of the Canary Islands
guando *nm Andes* stretcher
guandú *nm CAm, Carib, Col (arbusto)* guandu, pigeon pea
guanera *nf Am* guano deposit
guango, -a *adj Méx (holgado)* loose-fitting, baggy; **me queda ~** it's too loose *o* baggy; EXPR *Fam* **me viene** *o* **queda ~** I couldn't care less
guangoche *nm* sacking
guano *nm* -1. *(abono)* guano -2. *Cuba (hojas)* palm leaves *(used as roofing)*
guantanamero, -a ◇ *adj* of/from Guantanamo *(Cuba)*
◇ *nm,f* person from Guantanamo *(Cuba)*
guantazo, guantada *nm Fam* slap; **dar un ~ a alguien** to give sb a slap (on the face)
guante *nm* glove; EXPR **arrojar** *o* **tirar el ~ to throw down the gauntlet; EXPR **colgar los guantes** *(boxeador)* to hang up one's gloves; EXPR **de ~ blanco** gentlemanly; **un partido de ~ blanco** a match played in a good spirit; EXPR *Fam* **echarle el ~ a algo/alguien** to get hold of sth/sb, to get one's hands on sth/sb; EXPR **estar más suave que un ~** to be as meek as a lamb; EXPR **recoger el ~** to take up the challenge *o* gauntlet; EXPR **sentar como un ~** *(ropa)* to fit like a glove; EXPR **tratar a alguien con ~ de seda** *o CSur* **~ blanco** to handle sb with kid gloves ❏ **guantes de boxeo** boxing gloves; **guantes de cirujano** surgeon's gloves; **guantes de golf** golf(ing) gloves; **guantes de portero** goalkeeper's gloves
guantear *vt Méx Fam (agarrar)* to collar
guantelete *nm* gauntlet
guantera *nf* glove compartment
guantería *nf* -1. *(fábrica)* glove factory -2. *(tienda)* glove shop
guantón *nm Col, Perú Fam* slap
guapamente *adv Esp Fam* **todo salió ~** it all went dead well; **¿vendrás? – ¡~!** are you coming? – sure thing! *o* you bet!
guapango = **huapango**

guapear *vi Perú, RP, Ven Fam* to act the tough guy
guaperas *Esp Fam* ◇ *adj inv* **es muy ~** *(hombre)* he's a typical smooth good-looker; *(mujer)* she's the Barbie-doll type
◇ *nm inv (hombre)* typical smooth good-looker; *(mujer)* Barbie-doll type
guapetón, -ona *adj Esp Fam* -1. *(guapo)* **es guapetona** she's not bad-looking; **estás muy ~ con ese traje** you look really good in that suit -2. *(ostentoso)* flashy
guapeza *nf Am Fam* -1. *(valentía)* guts -2. *(bravuconería)* **no me vengas con guapezas** stop your macho posing
guapo, -a ◇ *adj* -1. *esp Esp (atractivo) (hombre)* handsome, good-looking; *(mujer)* pretty, good-looking; **¡guapa!** *(piropo)* hello, gorgeous!
-2. *esp Esp (elegante)* smart; **¡qué guapa te has puesto!** you look really nice!; **dame diez minutos para ponerme ~** give me ten minutes to get ready
-3. *Esp Fam (muy bueno)* cool, ace; **se ha comprado un piso muy ~** he's bought himself a really cool *o* ace apartment
-4. *Am (valiente)* gutsy; **ser ~** to have guts
◇ *nm,f* -1. *(valiente)* **a ver quién es el ~ que...** let's see who's brave enough to...
-2. *Esp Fam (apelativo)* pal, *Br* sunshine; **oye, ~, devuélveme mi bolígrafo** listen pal *o Br* sunshine, I want my pen back
guapura *nf (de hombre)* handsomeness; *(de mujer)* prettiness
guaquear = **huaquear**
guaqueo = **huaqueo**
guaquero = **huaquero**
guaraca *nf Andes* sling
guaracha *nf Carib (baile, música)* = popular song and dance
guarachar, guarachear *vi Carib Fam* to party, to live it up
guarache = **huarache**
guaragua *nf* -1. *Andes (contoneo)* swing, turn -2. *Andes (rodeo)* evasion, indirectness -3. *Guat, Hond (mentira)* lie
guarangada *nf Bol, CSur* rude remark
guaraní *(pl* **guaraníes)** ◇ *adj* Guarani
◇ *nmf (persona)* Guarani
◇ *nm* -1. *(lengua)* Guarani -2. *(moneda)* guarani

GUARANÍ

Paraguay is the only Latin American country where an indigenous language is used as widely as Spanish. Guaraní was the language spoken by the main indigenous people at the time of the Spanish conquest. The process of racial mixing between Spaniard and Guarani over centuries has resulted in a population that is largely bilingual. In the major urban areas about half the population are able to use both languages freely, while in rural areas Guarani speakers predominate. Spanish is the language of the press and education, but Guarani has had a great influence on the vocabulary of Spanish speakers, and this has given rise to a so-called "guarañol", a hybrid of both languages.

---

guaranismo *nm* = Guarani word or expression
guarao *nmf* person from the Orinoco delta
guarapeta *nf Méx Fam* **agarrar una ~** to get plastered
guarapita *nf Ven* = drink made from rum, juice of a citrus fruit and sugar
guarapo *nm* -1. *Am (licor)* = cane liquor -2. *Ven (café)* = very weak filtered coffee
guarapón *nm Andes* broad-brimmed hat
guarda ◇ *nmf* -1. *(vigilante)* guard, keeper ❏ **~ forestal** gamekeeper, forest ranger; **~ jurado** security guard; **~ de seguridad** security guard -2. *Urug (cobrador)* conductor
◇ *nf* -1. *(tutela)* guardianship -2. *(de libros)* flyleaf -3. *(de cerradura)* ward -4. *Andes, RP (ribete)* ribbing, trimming
guardabarrera *nmf* FERROC *Br* level crossing keeper, *US* grade crossing keeper

guardabarros *nm inv Esp, Bol, RP (de automóvil, bicicleta) Br* mudguard, *US* fender

guardabosque *nmf* forest ranger

guardacoches *nmf inv* parking attendant

guardacostas ◇ *nm inv (barco)* coastguard boat
◇ *nmf inv (persona)* coastguard

guardador, -ora *nm,f* keeper

guardaespaldas *nmf inv* bodyguard

guardafango *nm Andes, CAm, Carib (de automóvil, bicicleta) Br* mudguard, *US* fender

guardafaro *nm CSur* lighthouse keeper

guardafrenos *nmf inv* FERROC brakeman, *f* brakewoman

guardagujas *nmf inv* FERROC *Br* pointsman, *f* pointswoman, *US* switchman, *f* switchwoman

guardameta *nmf* goalkeeper

guardamuebles *nm inv* furniture warehouse *(for storage)*

guardapelo *nm* locket

guardapolvo *nm* -1. *(bata)* overalls; *(delantal)* pinafore -2. *(para mueble)* dust sheet, dust cover

guardar ◇ *vt* -1. *(conservar)* to keep; **guarda el vestido en el armario** she keeps the dress in the wardrobe; **esta caja guarda documentos muy antiguos** this box contains some very old documents; **guardo muy buenos recuerdos de mi infancia** I have very good memories of my childhood
-2. *(poner en su sitio)* to put away; **¡guarda los juguetes!** put your toys away!
-3. *(vigilar)* to keep watch over; *(proteger)* to guard; **guarda un rebaño de ovejas** he tends a flock of sheep; **el perro guarda la casa** the dog guards the house; **guarda a tu hijo del peligro** keep your child away from danger; **¡Dios guarde al rey!** God save the King!
-4. *(secreto, promesa)* to keep; **guardó su palabra** she kept her word
-5. *(reservar, ahorrar)* to save (**a** *o* **para alguien** for sb); **¿me guardas un sitio?** will you save a place for me?; **guarda un poco de pastel para tu hermano** leave *o* save a bit of cake for your brother; **he guardado parte de la paga para las vacaciones** I've put by *o* saved part of my wages for my *Br* holidays *o US* vacation; **el carnicero siempre me guarda la mejor carne** the butcher always saves *o* keeps the best meat for me
-6. *(observar) (ley, norma, fiesta)* to observe; **~ cama** to stay in bed; **~ silencio** to keep quiet; **~ las apariencias** to keep up appearances; *también Fig* **~ las distancias** to keep one's distance
-7. INFORMÁT to save; **~ cambios** to save changes

◆ **guardarse** *vpr* -1. *(colocar)* **se guardó la pluma en el bolsillo** she put the pen in her pocket
-2. *(quedarse con)* **guárdate tu ironía para otro momento** save *o* keep your irony for someone else
-3. **guardarse de hacer algo** *(evitar)* to avoid doing sth; *(abstenerse de)* to be careful not to do sth; **me guardaré de criticarle** I'll be careful not to criticize him; **guárdate de gente como él** be on your guard against *o* be careful of people like him
-4. *Fam* **ésta te la guardo** I'll get you for that, I won't forget that

guardarraya *nf Méx* = boundary line between plots of farmland

guardarredes *nm inv* goalkeeper

guardarropa ◇ *nm* -1. *(armario)* wardrobe -2. *(de cine, discoteca)* cloakroom -3. *(ropa)* wardrobe
◇ *nmf (persona)* cloakroom attendant

guardarropía *nf* TEATRO wardrobe

guardavallas *nmf inv Am* goalkeeper

guardavía *nm* signalman

guardavida *nmf RP (salvavidas)* lifeguard

guardería *nf (establecimiento)* nursery; *(en aeropuerto, supermercado)* crèche ❑ **~ infantil** nursery, day care centre

guardés, -esa *nm,f* caretaker

guardia ◇ *nf* -1. *(conjunto de personas)* guard; **la vieja ~** the old guard; **el cambio de ~** the changing of the guard ❑ *Guardia Civil* Civil Guard, = armed Spanish police force who patrol rural areas and highways, guard public buildings in cities and police borders and coasts; **~ costera** coastguard service; **~ fronteriza** border guard; **~ de honor** guard of honour; **la ~ municipal** the local police; *Guardia Nacional* National Guard; **~ pretoriana** HIST Praetorian Guard; *Fig* phalanx of bodyguards; **~ real** royal guard; *la Guardia Suiza* the Swiss guard; **la ~ urbana** the local police
-2. *(vigilancia)* watch, guard; *también Fig* **aflojar** *o* **bajar la ~** to lower *o* drop one's guard; **de ~** on guard; **me quedé de ~ toda la noche** I stayed up watching all night; **¡en ~!** en garde!; **hacer ~** to stand guard; **montar (la) ~** to mount guard; **poner a alguien en ~** to put sb on their guard; **ponerse en ~** *(en boxeo)* to raise one's guard
-3. *(turno)* shift; **este mes hice cinco guardias** *(médico)* I've done five shifts this month; *(soldado)* I've done five turns at guard duty this month; **le atenderá el médico de ~** the doctor on duty *o* duty doctor will see you; **estar de ~** *(médico)* to be on duty *o* call; *(farmacia)* to be open 24 hours *(on a given day)*

◇ *nmf* -1. *(agente)* policeman, *f* policewoman ❑ **~ civil** civil guard; **~ municipal** *(local)* policeman, *f* *(local)* policewoman; **~ de tráfico** traffic policeman, *f* traffic policewoman; **~ urbano** *(local)* policeman, *f* *(local)* policewoman -2. *(centinela)* guard ❑ **~ jurado** security guard; **~ de seguridad** security guard

guardiamarina *nmf* = sea cadet in final two years of training

guardián, -ana ◇ *adj* **ángel ~** guardian angel
◇ *nm,f (de persona)* guardian; *(de cosa)* watchman, keeper; **los guardianes de la fe** the keepers of the faith

guarecer [46] ◇ *vt* to protect, to shelter (**de** from)

◆ **guarecerse** *vpr* to shelter (**de** from)

guarida *nf* -1. *(de animal)* lair -2. *(escondite)* hideout

guarismo *nm* figure, number

guarnecer [46] *vt* -1. *(adornar)* to decorate; *(ropa)* to trim; **guarneció la habitación de cortinas verdes** she finished the room off with green curtains -2. *(plato)* to garnish -3. MIL *(vigilar)* to garrison

guarnición *nf* -1. *(adorno)* decoration; *(de ropa)* trimming -2. *(de plato)* garnish -3. MIL garrison -4. **guarniciones** *(arreos)* tack -5. *(de espada)* guard

guarnicionero, -a *nm,f* -1. *(de objetos de cuero)* leather worker -2. *(de arreos)* saddler

guaro *nm* -1. *(loro)* = small parrot -2. *CAm (aguardiente)* cane liquor

guarrada, guarrería *nf Esp Fam* -1. *(cosa sucia)* filthy thing; **es una ~** it's filthy; **hacer guarradas** *(porquerías)* to be disgusting -2. *(grosería)* dirty word; **decir guarradas** to use foul language; **hacer guarradas** *(sexuales)* to be naughty; **esa revista es una ~** that magazine is disgusting *o* filthy -3. *(mala jugada)* dirty trick; **hacer una ~ a alguien** to play a dirty trick on sb

guarrazo *nm Esp Fam* **me di un ~ con la puerta** I banged myself on the door; **se dieron un ~ con la moto** they had a crash on their motorbike

guarrear *vt Esp Fam* **~ algo** to get sth all dirty, to mess sth up

guarrería = guarrada

guarro, -a *Esp* ◇ *adj Fam* -1. *(sucio)* filthy -2. *(malintencionado)* mean -3. *(obsceno)* dirty
◇ *nm,f* -1. *(animal)* pig, *f* sow -2. *Fam (persona sucia)* dirty *o* filthy pig -3. *Fam (persona malintencionada)* pig, swine

guarura[1] *nm Méx Fam* bodyguard

guarura[2] *nf Ven (caracol)* conch (shell)

guasa *nf* -1. *Fam (burla, broma)* **lo dijo con ~** he was joking; **estar de ~** to be joking; **parece que has venido con ganas de ~** it looks like you're in the mood for having a laugh; **tomarse algo a ~** to treat sth as a joke -2. *Cuba, Méx, Ven (pez)* jewfish

guasacaca *nf Ven* = chilli or red pepper-based sauce with avocado and onion

guasada *nf RP* rude word

guasca *nf Andes* whip

guascazo *nm Andes* lash

guasearse *vpr Fam* to take the mickey (**de** out of)

guasería *nf Chile* coarseness, crudeness

guasipungo = huasipungo

guaso, -a ◇ *adj Andes, RP (grosero)* crude, coarse; *(maleducado)* rude
◇ *nm,f* -1. *Chile (campesino)* farmer, peasant -2. *Andes, RP* **ser un ~** *(grosero)* to be crude *o* coarse; *(maleducado)* to be rude

guasón, -ona ◇ *adj (comentario, risa)* joking, teasing; **¡qué ~ eres!** you're such a joker *o* tease!; **hoy estás muy ~** you're in the mood for jokes today
◇ *nm,f* joker, tease

guata *nf* -1. *(de algodón)* cotton padding *o* wadding -2. *Andes Fam (barriga)* belly

guate *nm CAm* = maize *o US* corn grown for cattle fodder

guateado, -a *adj* padded

guatear *vt* to pad

Guatemala *n* -1. *(país)* Guatemala -2. *(ciudad)* Guatemala City -3. EXPR *Fam Hum* **de ~ a Guatepeor** out of the frying pan, into the fire

guatemalteco, -a, guatemaltense ◇ *adj* Guatemalan
◇ *nm,f* Guatemalan

guateque *nm Esp, Cuba, Méx (fiesta)* party

guatero *nm Chile* hot water bottle

guatitas *nfpl Chile (tripas)* tripe

guato = huato

guatón, -ona *adj Andes Fam* potbellied

guau ◇ *nm* **un ~ ~** *(lenguaje infantil)* a bow-wow
◇ *interj* -1. *(ladrido)* woof! -2. *(de admiración)* wow!; **¡~!, ¡qué moto te has comprado!** wow! that's some motorbike you've bought yourself!

guay *Esp Fam* ◇ *adj* cool, *US* neat; **una fiesta tope ~** a dead cool party; EXPR *Hum* **es ~ del Paraguay** it's dead cool
◇ *adv* **pasarlo ~** to have a great time
◇ *interj (genial)* cool!

guaya *nf Col, Ven* steel cable

guayaba *nf* -1. *(fruta)* guava -2. *Andes, CAm, Cuba Fam (mentira)* fib

guayabate *nm CAm, Méx* guava paste

guayabear *vi Andes, CAm, Cuba Fam* to tell stories

guayabera *nf CAm, Carib, Col* = lightweight man's shirt with pockets and sometimes tucks or embroidery, worn outside trousers

guayabo *nm* -1. *(árbol)* guava tree -2. *Andes Fam (resaca)* hangover -3. *Ven Fam (nostalgia)* homesickness; **tengo ~ de mis amigos** I really miss my friends

guayacán *nm* lignum vitae

guayaco *nm* guaiacum

Guayana *n* **~ francesa** French Guiana; HIST **~ holandesa** Dutch Guiana; HIST **~ Inglesa** British Guiana

guayanés, -esa ◇ *adj* Guianese
◇ *nm,f* Guianese

guayaquileño, -a ◇ *adj* of/from Guayaquil *(Ecuador)*
◇ *nm,f* person from Guayaquil *(Ecuador)*

guayar ◇ *vt Carib (rallar)* to grate; *(raspar)* to scrape

◆ **guayarse** *vpr* -1. *PRico (emborracharse)* to

guayo get drunk **-2.** *Carib (fatigarse)* to get tired
guayo *nm* **-1.** *Carib (rallo)* grater **-2.** *(borrachera)* drunkenness **-3.** *(música mala)* poor-quality music, caterwauling
guayoyo *nm Ven (café)* = very weak filtered coffee
guayuco *nm Col, Ven* loincloth *(made of an old pair of trousers, cut down)*
guayule *nm* guayule
gubernamental *adj* government; **política ~** government policy; **organización no ~** non-governmental organization
gubernativo, -a *adj* government; **orden gubernativa** government decree
gubernatura *nf Méx* **-1.** *(puesto)* governorship **-2.** *(gestión)* governorship
gubia *nf* gouge
güemul = **huemul**
guepardo *nm* cheetah
güero, -a *Méx Fam* ◇ *adj (rubio)* blond, *f* blonde, fair-haired
◇ *nm,f* **-1.** *(rubio)* blond, *f* blonde; **se casó con un ~** she got married to a blond guy **-2.** *(como apelativo)* **¿cómo estás ~?** how are you, blondie?
guerra *nf (conflicto)* war; *(referido al tipo de conflicto)* warfare; *(pugna)* struggle, conflict; *(de intereses, ideas)* conflict; **la marina de ~** the navy; **nombre de ~** nom de guerre; **declararla ~** to declare war; *Fig* **le tiene declarada la ~ a García** he's at daggers drawn with García, he really has it in for García; EXPR **dar ~** to be a pain, to be annoying; **los niños han estado todo el día dando ~** the children have been misbehaving all day; EXPR *Fam* **de antes de la ~** ancient, prehistoric; **en ~** at war; **ir a la ~** to go to war; EXPR **buscar** *o* **pedir ~** *(problemas)* to look for trouble; *Fam (sexualmente)* to be looking to get laid, *Br* to be up for it ❑ **~ abierta** open warfare; **~ atómica** nuclear war; **~ bacteriológica** germ warfare; **la Guerra de los Cien Años** the Hundred Years War; **~ de cifras** war of numbers; **~ civil** civil war; **la Guerra Civil española** the Spanish Civil War; **~ comercial** trade war; **~ convencional** conventional warfare; **la Guerra de Crimea** the Crimean War; **~ sin cuartel** all-out war; **~ espacial** star wars; **~ del fletán** the halibut war *(between Spain and Canada over halibut fishing in the North Atlantic)*; **~ fría** cold war; **~ de las galaxias** star wars; **la ~ del Golfo** the Gulf War; **~ de guerrillas** guerrilla warfare; **la Guerra de la Independencia española** the Peninsular War; **las guerras médicas** the Persian Wars; **~ mundial** world war; **~ de nervios** war of nerves; **~ nuclear** nuclear war; **~ de precios** price war; **~ psicológica** psychological warfare; **las guerras púnicas** the Punic Wars; **~ química** chemical warfare; **~ relámpago** blitzkrieg; **~ santa** Holy War; **la Guerra de Secesión** the American Civil War; **la Guerra de los Seis Días** the Six Day War; **la Guerra de Sucesión** the War of (the) Spanish Succession; **~ sucia** dirty war; **la Guerra de los Treinta Años** the Thirty Years War; **la Guerra de Troya** the Trojan War; **la Guerra de Vietnam** the Vietnam War
guerrear *vi* to wage war (**contra** on *o* against)
guerrera *nf (prenda)* (military) jacket
guerrerense ◇ *adj* of/from Guerrero *(Mexico)*
◇ *nmf* person from Guerrero *(Mexico)*
guerrero, -a ◇ *adj (belicoso)* warlike; *(peleón)* argumentative, quarrelsome
◇ *nm,f* warrior
guerrilla *nf (grupo)* guerrilla group
guerrillero, -a ◇ *adj* guerrilla; **ataque ~** guerrilla attack
◇ *nm,f* guerrilla
guerrista *Esp* POL ◇ *adj* = that supports Alfonso Guerra
◇ *nmf* = supporter of Alfonso Guerra, Spanish socialist politician, vice-president during the González government
gueto *nm* ghetto

guevarismo *nm* POL = political ideas of Che Guevara
guevarista POL ◇ *adj* of Che Guevara
◇ *nmf* supporter of Che Guevara
güevo = **huevo**
güevón = **huevón**
güey *nm Méx muy Fam (tonto)* jerk, *Br* plonker
◇ *interj* **¡ay ~!** *(expresión de asombro) Br* bloody hell!, *US* goddamn!
guía ◇ *nmf (persona)* guide ❑ **~ espiritual** *(persona, libro)* spiritual guide; **~ de montaña** mountain guide; **~ turístico** tourist guide
◇ *nf* **-1.** *(indicación)* guidance; **te dejaré una copia para que te sirva de ~** I'll leave you a copy for your guidance *o* as a guide **-2.** *(libro)* guide (book) ❑ **~ de campo** field guide; **~ de carreteras** road atlas; **~ de conversación** phrase book; **~ de espectáculos** entertainment guide, what's on guide; **~ de ferrocarriles** train timetable; **~ del ocio** entertainment guide, what's on guide; *Esp, RP* **~ telefónica** telephone *o* directory; *Esp, RP* **~ de teléfonos** telephone book *o* directory; **~ turística** tourist guide
-3. *(de bicicleta)* handlebars
-4. *(para cortinas)* rail
guiar [32] ◇ *vt* **-1.** *(indicar dirección)* to guide, to lead; **la estrella les guió al pesebre** the star guided *o* led them to the manger; **no les guía ningún afán de lucro** they are not motivated by profit **-2.** *(aconsejar)* to guide, to direct; **no te dejes ~ por sus consejos** don't be guided by his advice **-3.** *(coche)* to drive; *(barco)* to steer **-4.** *(plantas, ramas)* to train
◆ **guiarse** *vpr* **guiarse por algo** to be guided by *o* to follow sth; **se guiaban por la posición de los astros** they were guided by the position of the stars; **se guía por el instinto** he's guided by instinct
guija *nf* **-1.** *(guijarro)* pebble **-2.** *(almorta)* chickling vetch
guijarral *nm* stony ground
guijarro *nm* pebble
guijarroso, -a *adj* pebbly
guillar *vt Ven Fam (vigilar)* to spy on
Guillermo *n pr* **~ I/II** William I/II; **~ Tell** William Tell
guillo *Ven Fam* ◇ *nm* **-1.** *(cuidado)* care; **con ~** carefully
◇ *adv (con cuidado)* carefully; **andar ~ con alguien** to watch out with sb
◇ *interj* **-1.** *(cuidado)* careful!, watch out! **-2.** *(ante mal agüero)* God *o* Heaven forbid!
guillotina *nf* **-1.** *(para ejecutar)* guillotine **-2.** *(para papel)* guillotine
guillotinar *vt* **-1.** *(decapitar)* to guillotine **-2.** *(papel)* to guillotine
güincha = **huincha**
guinche, güinche *nm Am* winch, hoist
guinda *nf* **-1.** *(fruta)* morello cherry **-2. la ~** *(el remate)* the finishing touch, the icing on the cake
guindar *Fam* ◇ *vt* **-1.** *Esp (robar)* to pinch, *Br* to nick; **~ algo a alguien** to pinch *o Br* nick sth off sb **-2.** *CAm, Méx, Ven (colgar)* to hang up; *(hamacas)* to hang
◆ **guindarse** *vpr* **-1.** *CAm, Méx, Ven (colgarse)* to hang **-2.** *Ven (pelearse)* to have a scrap; **guindarse con alguien** to get into a scrap with sb
guindilla *nf* **-1.** *(fruto)* chilli (pepper) **-2.** *Esp Fam Anticuado* **la ~** *(la policía) Br* the peelers, *US* the cops
◇ *nm Esp Fam Anticuado (policía) Br* peeler, *US* cop
guindo *nm* morello cherry tree; EXPR *Esp Fam* **caerse de un ~: ¿te crees que me he caído de un ~?** I wasn't born yesterday, you know!
Guinea *n* Guinea ❑ **~ Ecuatorial** Equatorial Guinea
guinea *nf* guinea
Guinea-Bissau *n* Guinea-Bissau

guineano, -a ◇ *adj* Guinean
◇ *nm,f* Guinean
guineo *nm Andes, CAm* banana
guiñada *nf (pestañeo)* wink
guiñador *nm Bol Br* indicator, *US* turn signal
guiñapo *nm* **-1.** *(andrajo)* rag **-2.** *Fam* EXPR **estar hecho un ~** to be a wreck; **la enfermedad lo dejó hecho un ~** the illness left him completely washed out; **poner a alguien como un ~** to lay into sb, to tear sb to pieces
guiñar ◇ *vt* to wink; **guiñarle un ojo a alguien** to wink at sb
◆ **guiñarse** *vpr* to wink at each other
guiño *nm* wink; **me hizo un ~** she winked at me
guiñol *nm* puppet theatre
guiñolesco, -a *adj* farcical
guiñote *nm* = card game similar to whist
guión, guion *nm* **-1.** *(resumen)* framework, outline **-2.** CINE & TV script, screenplay; *Fig* **eso no estaba en el ~** that wasn't in the script, that wasn't meant to happen **-3.** *(corto)* hyphen; *(más largo)* dash **-4.** ❑ **~ de codornices** corncrake
guionista *nmf* scriptwriter
güipil = **huipil**
guipuzcoano, -a ◇ *adj* of/from Guipúzcoa *(Spain)*
◇ *nm,f* person from Guipúzcoa *(Spain)*
güira *nf Carib, Méx (fruto, árbol)* calabash
guiri *Esp Fam* ◇ *adj* foreign
◇ *nmf* foreigner
guirigay *nm Esp Fam* **-1.** *(jaleo)* racket **-2.** *(lenguaje ininteligible)* gibberish
guirlache *nm* almond brittle
guirnalda *nf* garland
güiro *nm* **-1.** *Am (planta)* gourd, calabash **-2.** *Carib (instrumento)* guiro, = musical instrument made from a gourd **-3.** *Andes (tallo de maíz)* green maize *o US* corn stalk **-4.** EXPR *Ven Fam* **coger el ~ a algo** to get the hang *o* knack of sth
guisa *nf* way, manner; **a ~ de** by way of, as; **utilizaba una bolsa de plástico a ~ de impermeable** she used a plastic bag as a raincoat; **de esta ~** in this way; **con declaraciones de esa ~ no se fomenta el diálogo** that sort of statement does not encourage dialogue
guisado *nm* stew
guisante *nm Esp* pea ❑ **~ de olor** sweet pea
guisar *esp Esp* ◇ *vt (cocinar)* to cook; *(en salsa)* to stew
◇ *vi* to cook
◆ **guisarse** *vpr Fam (ocurrir, planearse)* to be cooking, to be going on; **se está guisando algún asunto turbio** there's some shady business going on; EXPR *Fam* **él se lo guisa, él se lo come: le ofrecí ayuda pero me dijo que prefería hacerlo solo – sí, él se lo guisa, él se lo come** I offered to help him but he said he'd rather do it on his own – yes, he prefers to do everything by himself
güiscola *nm RP Fam* whisky and coke
guiso *nm* **-1.** *(plato)* stew **-2.** *Col (salsa)* = lightly fried onions, garlic, and usually also pepper, used as a base for sauces, stews etc
güisqui *nm* whisky
guita *nf* **-1.** *Esp, RP Fam (dinero)* dough, *Br* dosh; **estoy sin ~** I'm broke; EXPR *RP* **tener la ~ loca** to be rolling in it **-2.** *(cuerda)* twine, string
guitarra ◇ *nf* **-1.** *(instrumento)* guitar ❑ **~ acústica** acoustic guitar; **~ eléctrica** electric guitar; **~ española** Spanish guitar; **~ solista** solo guitar; **a la ~ solista** on lead guitar **-2.** *(pez)* guitar fish
◇ *nmf* guitarist
guitarreada *nf CSur* singalong *(to guitars)*
guitarreo *nm* strumming (of a guitar)
guitarrero, -a *nm,f* guitar maker
guitarrillo *nm* = small four-string guitar
guitarrista *nmf* guitarist
guitarro *nm* = small four-string guitar
guitarrón *nm* = large, low-pitched guitar typical of the Mexican mariachi

güito *nm Br* stone, *US* pit
gula *nf* gluttony
gulag (*pl* **gulags**) *nm* gulag
gulasch [gu'las] *nm inv* goulash
gurí, -isa *RP* ⬦ *adj* young
⬦ *nm,f* (*niño*) kid, child; (*chico*) lad, boy; (*chica*) lass, girl
guripa *nm Esp Fam* **-1.** (*policía*) cop **-2.** (*soldado*) soldier, *Br* squaddie
gurrumina *nf* **-1.** *CAm, Cuba, Méx* (*fruslería*) trifle **-2.** *Ecuad, Guat, Méx* (*molestia*) annoyance, bother
gurrumino, -a ⬦ *adj* **-1.** (*enclenque*) sickly, frail **-2.** *Andes* (*cobarde*) cowardly
⬦ *nm,f* **-1.** *Méx* (*niño*) child **-2.** *Hond* (*persona astuta*) shrewd person
gurruño *nm Esp Fam* EXPR **estar hecho un ~** (*ropa*) to be all wrinkled; (*papel*) to be crumpled up; **hizo un ~ con la carta y la tiró a la papelera** she screwed *o* crumpled up the letter and threw it in the bin
gurú, guru *nm* guru
gusa *nf Esp Fam* (*hambre*) **tener ~** to be starving; **tener un poco de ~** to be peckish
gusanillo *nm Fam* **el ~ de la conciencia** conscience; **entrarle a uno el ~ del viaje** to be bitten by the travel bug; EXPR **matar el ~** (*bebiendo*) to have a drink on an empty stomach; (*comiendo*) to have a snack between meals; EXPR **sentir un ~ en el estómago** to have butterflies (in one's stomach)
gusano *nm* **-1.** (*animal*) worm **-2.** (*larva*) grub; (*de mariposa*) caterpillar; (*de mosca*) maggot ❑ **~ de luz** glow-worm; **~ de (la) seda** silkworm **-3.** INFORMÁT worm **-4.** *Fam* (*persona despreciable*) worm **-5.** *Fam Pej* (*exiliado cubano*) = anti-Castro Cuban living in exile
gusarapo, -a *nm,f* creepy-crawly
gustar ⬦ *vi* **-1.** (*agradar*) **me gusta esa chica** I like that girl; **me/te/le gustan las novelas** I like/you like/she likes novels; **las fresas me gustan con locura** I'm mad about strawberries, I adore strawberries; **¿te gustó la película?** did you like *o* enjoy the movie *o Br* film?; **no me gustó nada** I didn't like it at all; **no me gusta la playa** I don't like the seaside; **me gusta ir al cine** I like going to the cinema; **me gusta hacer las cosas bien** I like to do things properly; **me hubiera gustado ser famoso como él** I would have liked to be famous, like him; **me gusta como juega** I like the way he plays; **sus declaraciones no gustaron a los dirigentes del partido** her comments didn't go down too well with the party leaders; **el tipo de película que gusta al público** the sort of film that the audience likes; **la comedia no gustó** the comedy didn't go down well; **no nos gusta que pongas la música tan fuerte** we don't like you playing your music so loud; **así me gusta, has hecho un buen trabajo** that's what I like to see, you've done a fine job; **hazlo como más te guste** do it whichever way you see fit, do it however you like
-2. (*atraer*) **me gustas mucho** I like you a lot, I really like you; **Andrés y Lidia se gustan** Andrés and Lidia fancy each other *o* are pretty keen on each other
-3. (*en fórmulas de cortesía*) **como/cuando guste** as/whenever you wish; **para lo que usted guste mandar** at your service; **¿gustas?** (*¿quieres?*) would you like some?
-4. *Formal* **~ de hacer algo** to like *o* enjoy doing sth; **gusta de pasear por las mañanas** she likes *o* enjoys going for a walk in the mornings; **no gusta de bromas durante el horario laboral** he doesn't like people joking around during working hours; **gusta de recordar sus tiempos de embajador** he likes to reminisce about his time as ambassador
⬦ *vt* **-1.** (*saborear, probar*) to taste, to try; **gustó el vino y dio su aprobación** she tasted *o* tried the wine and said it was fine **-2.** *Am Formal* (*querer*) **¿gusta sentarse?** would you like to sit down?
gustativo, -a *adj* taste; **papila gustativa** taste bud
gustazo *nm Fam* **me di el ~ de mandarlo a paseo** it gave me great pleasure to tell him to get lost
gustillo *nm* **-1.** (*de alimento*) aftertaste **-2.** (*impresión*) **su protesta me dejó un ~ amargo** his objection left a nasty taste in my mouth
gusto ⬦ *nm* **-1.** (*sentido*) taste; **tiene atrofiado el sentido del ~** she has a poor sense of taste; **añada sal a ~** add salt to taste
-2. (*sabor*) taste, flavour; **este postre tiene un ~ muy raro** this dessert tastes very odd; **tiene ~ a chocolate** it tastes of chocolate; **tiene ~ a plástico** it tastes like plastic; **una barra de helado de dos gustos** a block of ice cream with two flavours
-3. (*estilo*) taste; **el buen ~ se forma desde la infancia** good taste is something you develop as a child; **es un cuadro de ~ romántico** the painting is rather Romantic in style; **está decorado al ~ de la época** it is decorated in the style of the period; **una casa decorada con (buen) ~** a tastefully decorated house; **de buen/mal ~** in good/bad taste; **fue una broma de mal ~** the joke was in bad *o* poor taste; **tener buen/mal ~** to have good/bad taste; **tiene muy buen ~ para la ropa** she has very good taste in clothes; PROV **sobre gustos no hay nada escrito** there's no accounting for taste, each to his own
-4. (*preferencia*) taste; **tenemos gustos distintos sobre ropa** we have different tastes in clothes; **no comparto su ~ por la violencia** I don't share his liking for violence; **su ~ por el mar es bien conocido** he is well known for liking the sea
-5. (*placer*) pleasure; **ponte a ~** make yourself comfortable; **contigo estoy muy a ~** I feel really comfortable *o* at ease with you; **a ~ del consumidor** in line with the customer's wishes; **siempre quieres que haga las cosas a tu ~** you always want me to do things your way; **con mucho ~** gladly, with pleasure; **iría con (mucho) ~, pero no puedo** I'd love to go but I can't; **lo haré con ~** I'll be pleased to do it, I'll do it with pleasure; **da ~ estar aquí** it's really nice here; **lo hago por darte ~** I'm doing it for you *o* to make you happy; **me di el ~ de contestarle** I allowed myself the satisfaction of answering him back; **date el ~, cómpratelo** go on, treat yourself and buy it; **encontrarse** *o* **estar** *o* **sentirse a ~** to feel comfortable *o* at ease; **está a ~ consigo mismo** he's at ease with himself; **hacer algo a ~** (*de buena gana*) to do sth willingly *o* gladly; (*cómodamente*) to do sth comfortably; **tomar** *o Esp* **coger ~ a algo** to take a liking to sth; EXPR *Fam* **que da ~: canta que da ~** it's a pleasure to hear her sing; **esta cerveza entra que da ~** this beer goes down a treat
-6. (*en fórmula de cortesía*) **mucho** *o* **tanto ~ ~ el ~ es mío** pleased to meet you – the pleasure's mine; **¿me podrías despertar a las 7? – con mucho ~** can you wake me at 7? – of course *o* with pleasure; **tener el ~ de hacer algo** to have the pleasure of doing sth; **no tengo el ~ (de conocerla)** I don't think I've had the pleasure
⬦ **de gusto, por gusto** *loc adv Perú, RP* (*adrede*) on purpose; **hacer algo de** *o* **por ~ que se queda** she's only staying to annoy us
gustosamente *adv* (*con placer*) gladly; **lo haré ~** I will do it gladly; **~ te acompañaría, pero no voy a poder** I'd be more than happy to go with you, but I won't be able to; **accedió ~ a enseñarles la casa** he willingly agreed to show them around the house
gustoso, -a *adj* **-1.** (*con placer*) **hacer algo ~** to do sth gladly *o* willingly; **lo habría hecho ~, pero no pude** I'd gladly have done it, but I wasn't able to; **acepto ~ su invitación** I'm pleased to accept your invitation **-2.** (*sabroso*) tasty
gutapercha *nf* **-1.** BOT gutta-percha **-2.** (*tela*) = cloth treated with gutta-percha
gutural *adj* guttural
Guyana *nf* Guyana
guyanés, -esa ⬦ *adj* Guyanese
⬦ *nm,f* Guyanese
gymkhana [jin'kana] *nf* (*carrera de obstáculos*) gymkhana; (*de automóviles*) rally
Gzlez. (*abrev de* **González**) = written abbreviation of the surname González

H h

H, h [ˈatʃe] *nf (letra)* H, h; EXPR *Fam* **por h o por b** for one reason or another

H[1] *(abrev de* **Hermano***)* Br.

H[2] **-1.** *(abrev de* **Hombre***)* M **-2.** *(abrev de* **Hembra***)* F

h, h. *(abrev de* **hora***)* hr, h.

ha ◇ *ver* **haber**
◇ *nf (abrev de* **hectárea***)* ha
◇ *interj* ah!, oh!

haba *nf*

> Takes the masculine articles **el** and **un**.

(planta) broad bean; *(semilla)* broad bean; EXPR *Fam* **en todas partes (se) cuecen habas** it's the same the world over; EXPR *Fam* **ser habas contadas: mi sueldo son habas contadas** I earn peanuts; **o aceptas o te vas, son habas contadas** either you agree to it or you leave, that's all there is to it *o* it's as simple as that

habanera *nf* MÚS habanera

habanero, -a ◇ *adj* of/from Havana
◇ *nm,f* person from Havana

habanitos *nmpl RP* = chocolate finger biscuits

habano *nm* Havana cigar

habeas corpus *nm inv* habeas corpus

haber[1] [1] ◇ *v aux* **-1.** *(en tiempos compuestos)* to have; **lo he/había hecho** I have/had done it; **los niños ya han comido** the children have already eaten; **no he estado en India** I haven't been to India; **en el estreno ha habido mucha gente** there were a lot of people at the première
-2. *(expresa reproche)* ~ **venido antes** you could have come a bit earlier; **¡haberlo dicho!** why didn't you say so?; **haberme escuchado** I told you (so), you should have listened to me; **de haberlo sabido...** if only I'd known...
-3. *(expresa obligación)* ~ **de hacer algo** to have to do sth; **has de estudiar más** you have to study more; **he de llamarle** I ought to call him

◇ *v impersonal* **-1.** *(existir, estar)* **hay** there is/are; **hay un regalo para ti** there's a present for you; **hay dos árboles en la plaza** there are two trees on the square; **hay mucha gente en la calle** there are a lot of people in the street; **había/hubo muchos problemas** there were a lot of problems; **no hubo tal penalty** it wasn't a penalty; **habrá dos mil** there will be two thousand; *(expresa hipótesis)* there must be two thousand; **es un caballero como hay pocos** he's a real gentleman; **es un artista donde los haya** he's as good an artist as you'll find; **algo habrá cuando todo el mundo habla de ello** if everyone's talking about it there must be something in it; **(todo) lo habido y por** ~ everything under the sun; **gracias – no hay de qué** thank you – don't mention it; **no hay más que apretar el botón** simply press the button; **no hay nada como una buena comida** there's nothing like a good meal; **no hay nadie como ella** there's no one like her; **no hay quien lo entienda** no one knows what to make of him; **¡hay que ver!** well I never!; **no hay más que ver lo feliz que está** you just have to see how happy she is; *Fam* **¿qué hay?,** *CAm, Col, Méx, Ven* **¿qué hubo?** *(saludo)* how are you doing?; *Fam* **¿qué hay de nuevo?** what's new?; *CSur Fam* **¿qué hay?** *(¿qué importa?)* so (what)?, big deal!; *CSur Fam* **está lloviendo – ¿y qué hay?, estamos en auto** it's raining – so what? we're in the car; **¡eres de lo que no hay!** you're unbelievable!
-2. *(expresa obligación)* **hay que hacer más ejercicio** one *o* you should do more exercise; **habrá que soportar su mal humor** we'll have to put up with his bad mood; **ha de llegar un día en el que todo se arregle** there's bound to come a time when everything gets sorted out; **siempre has de ser tú el que se queje** you always have to be the one to complain
-3. *Literario (hacer)* **tres meses ha que marchó** it is three months since she left

◆ **haberse** *vpr* **habérselas con alguien** to face *o* confront sb; **allá se las haya** that's his/her problem; **¡habráse visto cosa igual!** have you ever seen such a thing *o* the likes of it!

haber[2] *nm* **-1.** *(bienes)* assets; **confiscaron sus haberes** they confiscated his assets **-2.** *(en cuentas, contabilidad)* credit (side) **-3.** **haberes** *(sueldo)* remuneration; **todavía no han cobrado sus haberes del mes pasado** they still haven't been paid last month's wages **-4.** *(mérito)* **tiene en su** ~ **su capacidad de trabajo** in his favour is the fact that he's a good worker

habichuela *nf Esp, Carib, Col* bean

habido, -a *adj* occurred; **los accidentes habidos este verano** the number of accidents this summer

hábil *adj* **-1.** *(diestro)* skilful; **estuvo muy** ~ **en el debate** she argued very skilfully in the debate; **es muy** ~ **con las manos** he's very good with his hands; *Irónico* **se me ha quemado la comida – ¡qué** ~**!** I've burned the dinner – that was clever (of you)! *o* Br nice one!
-2. *(inteligente)* clever; **utilizó una** ~ **estrategia para convencernos** he used a clever strategy to persuade us
-3. *(utilizable) (lugar)* suitable, fit; **días hábiles** working days

habilidad *nf* **-1.** *(destreza)* skill; **una de sus muchas habilidades es la música** music is just one of his many skills; **tener** ~ **para algo** to be good at sth **-2.** *(inteligencia)* cleverness; **salió del compromiso con** ~ she cleverly extricated herself from the situation **-3.** LING performance

habilidoso, -a *adj* **-1.** *(diestro)* handy, good with one's hands; **es muy** ~ he's very handy, he's very good with his hands **-2.** *(inteligente)* skilled, clever

habilitación *nf* **-1.** *(acondicionamiento)* fitting out; **la** ~ **de un almacén para oficinas** the fitting out of a warehouse as offices **-2.** DER *(autorización)* authorization, right **-3.** *(financiación)* ~ **de fondos** provision of funds

habilitado, -a ◇ *adj* DER authorized
◇ *nm,f* paymaster

habilitar *vt* **-1.** *(acondicionar)* to fit out, to equip; **habilitó el desván para cuarto de huéspedes** he fitted out the attic as a guest bedroom
-2. DER *(autorizar)* to authorize; **no está habilitado para ejercer en el país** he's not authorized to practise in this country
-3. *(financiar)* to finance; **el gobierno ha habilitado créditos para la reconstrucción de la zona** the government has made funds available for the reconstruction of the area

hábilmente *adv* skilfully

habiloso, -a *adj Chile* shrewd, astute

habitabilidad *nf* habitability; **estar/no estar en condiciones de** ~ to be fit/unfit for human habitation

habitable *adj* habitable, inhabitable

habitación *nf (cuarto)* room; *(dormitorio)* bedroom; **quisiera una** ~ **con baño** I'd like a room with a bath ❑ ~ **doble** *(con cama de matrimonio)* double room; *(con dos camas)* twin room; ~ ***individual*** single room; ~ **de invitados** spare room; ~ ***sencilla*** single room; ~ ***simple*** single room

habitacional *adj CSur, Méx* housing; **problemas habitacionales** housing problems; **un complejo** ~ a housing development

habitáculo *nm* **-1.** *(casa)* dwelling **-2.** *(habitación)* room **-3.** *(de vehículo)* cabin

habitado, -a *adj (región, casa)* inhabited (**por** by)

habitante *nm (de ciudad, país)* inhabitant; *(de barrio)* resident; **una ciudad de doce millones de habitantes** a city with a population of twelve million; **un insecto** ~ **habitual de las zonas pantanosas** an insect commonly found in marshy areas

habitar ◇ *vi* to live; **una región sin** ~ an unpopulated area
◇ *vt* to live in, to inhabit; **una especie que habita las zonas montañosas** a species found in mountainous areas

hábitat *(pl* **hábitats***) nm* **-1.** BIOL habitat ❑ ~ ***marino*** marine habitat **-2.** GEOG environment ❑ ~ ***rural*** rural environment; ~ ***urbano*** urban environment **-3.** *(vivienda)* housing conditions

hábito *nm* **-1.** *(costumbre)* habit; **tener el** ~ **de hacer algo** to be in the habit of doing sth; **adquirió malos hábitos** she picked up bad habits
-2. *(adicción)* **crear** ~ to be addictive
-3. *(de monje, monja)* habit; EXPR **colgar los hábitos** *(monja)* to renounce one's vows; *(sacerdote)* to leave the priesthood; **el senador decidió colgar los hábitos** the senator decided to leave politics; EXPR **tomar el** ~ *o* **los hábitos** *(monja)* to take the veil; *(sacerdote)* to take holy orders; PROV **el** ~ **no hace al monje** clothes maketh not the man

habituación *nf* **-1.** *(a situación)* **la** ~ **al nuevo trabajo fue difícil** getting used to the new job was difficult **-2.** *(a drogas)* addiction

habitual *adj (costumbre, respuesta)* habitual; *(cliente, lector)* regular; **es** ~ it's not uncommon, it's normal; **el mal humor es** ~ **en él** he's more often than not in a bad mood; **lo** ~ **es dejar propina** it is usual *o* customary to leave a tip; **lo** ~ **en un caso así es llamar a la policía** in a case like this you would normally call the police

habitualmente *adv* usually, normally

habituar [4] ◇ *vt* ~ **a alguien a** to accustom sb to

habituarse *vpr* **habituarse a** *(acostumbrarse)* to get used *o* accustomed to; *(drogas)* to become addicted to

habitué *RP Fam* ◇ *adj* regular
◇ *nm,f* regular

habla *nf*

> Takes the masculine articles **el** and **un**.

-1. *(idioma)* language; *(dialecto)* dialect; **el ~ popular** everyday speech; **el ~ de los abogados** legal parlance, the language used by lawyers; **de ~ española** Spanish-speaking; **los países de ~ inglesa** English-speaking countries
-2. *(facultad)* speech; **no saben si recuperará el ~** they don't know if she will ever speak again; **quedarse sin ~** to be left speechless
-3. LING parole
-4. *(al teléfono)* **estar al ~ con alguien** to be on the line to sb; **¿el Sr. Pastor? – al ~** Mr Pastor? – speaking!

hablado, -a *adj* spoken; **bien ~** well-spoken; **mal ~** foul-mouthed

hablador, -ora ◇ *adj* **-1.** *(parlanchín)* talkative; **es demasiado ~** he talks too much **-2.** *(chismoso)* gossipy; **es muy ~** he's a real gossip **-3.** *Méx, RDom (mentiroso)* lying
◇ *nm,f* **-1.** *(parlanchín)* **ser un ~** to be talkative **-2.** *(chismoso)* gossip **-3.** *Méx, RDom (mentiroso)* liar

habladurías *nfpl (rumores)* rumours; *(chismes)* gossip; **no son más que ~** it's all just idle gossip

hablante ◇ *adj* speaking
◇ *nmf* speaker; **~ nativo** native speaker

hablantina *nf Col, Ven (charla)* idle talk, chatter

hablar ◇ *vi* **-1.** *(emitir palabras)* to speak; **el bebé ya habla** the baby is talking already; **~ en voz alta/baja** to speak loudly/softly
-2. *(expresarse, comunicarse)* to speak; **~ claro** to speak clearly; **~ en español/inglés** to speak Spanish/English; **~ por señas** to use sign language; **déjame ~ a mí** let me do the talking; **estos detalles hablan mucho del tipo de persona que es** these small points say a lot about the sort of person she is; **sus actos hablan por sí solos** his actions speak for themselves; **¡así se habla!** hear, hear!; **¡qué bien habla este político!** this politician's a really good speaker; **~ por ~** to talk for the sake of talking; [EXPR] **¡mira quién habla** *o* **quién fue a ~!** look who's talking!
-3. *(conversar)* to talk **(con** *o Am* **a** to), to speak **(con** *o Am* **a** to); **necesito ~ contigo** I need to talk *o* speak to you, we need to talk; **hablé con ella ayer por la noche** I spoke to her last night; **no debes ~ en clase** you mustn't talk in class; **hablé con él por teléfono** I spoke to him on the phone; **está hablando por teléfono** he's on the phone; **¡(de eso) ni ~!** no way!; [EXPR] **hablando se entiende la gente** it's good to talk
-4. *(tratar)* **~ de algo/alguien** to talk *o* speak about sth/sb; **~ sobre** *o* **acerca de algo** to talk *o* speak about sth; **~ bien/mal de** to speak well/badly of; **háblame de ti** tell me about yourself; **me han hablado muy bien de este restaurante** I've heard a lot of good things about this restaurant, people speak very highly of this restaurant; **es mejor no ~ del tema** it would be best if we didn't mention that subject
-5. *(murmurar)* to talk; **siempre va hablando de los demás** she's always going around saying things about *o* talking about other people; **dar que ~** to make people talk
-6. *(pronunciar un discurso)* to speak; **el presidente habló a las masas** the president spoke to *o* addressed the masses
-7. *(confesar)* to talk; **le torturaron y al final habló** they tortured him and in the end he talked
-8. *(dar un tratamiento)* **me puedes ~ de tú** you can address me as "tú"; **¡a mí no me hables así!** don't you speak to me like that!

◇ *vt* **-1.** *(idioma)* to speak; **habla danés y sueco** she can speak *o* she speaks Danish and Swedish; **habla muy bien el portugués** he speaks very good Portuguese
-2. *(asunto)* to discuss **(con** with); **es mejor que lo hables con el jefe** it would be better if you talked to the boss about it; **vamos a ir, y no hay nada más que ~** we're going, and that's that

hablarse *vpr* **-1.** *(comunicarse)* to speak (to each other); **no se hablan** they aren't speaking, they aren't on speaking terms; **no se hablan desde que tuvieron la discusión** they haven't been speaking since they had the row; **no se habla con nadie en la oficina** she isn't speaking to *o* on speaking terms with anyone in the office
-2. *(uso impersonal)* **se habla de una subida de precios** there is talk of a price rise, a price rise is rumoured; **se habla inglés** *(en letrero)* English spoken; **¡no se hable más! me voy** I'm going, and there's an end to it *o* and that's that!

habón *nm (roncha)* lump *(on skin)*

habrá *ver* **haber**

Habsburgo *n pr* **los ~** the Hapsburgs

hacedero, -a *adj* feasible, practicable

hacedor, -ora *nm,f* **-1.** *(creador)* maker; **el Hacedor** the Maker **-2.** *Perú (de licor)* = person who makes or sells corn liquor

hacendado, -a ◇ *adj* landowning; **una familia hacendada** a family of landowners
◇ *nm,f* **-1.** *(terrateniente)* landowner **-2.** *CSur (ganadero)* rancher

hacendista *nmf* public finance expert

hacendoso, -a *adj* hard-working around the house; **tiene un hijo muy ~** she has a son who does a lot *o* is very hard-working around the house

hacer [33] ◇ *vt* **-1.** *(elaborar, crear, cocinar)* to make; **~ una fiesta** to have a party; **~ un vestido/planes** to make a dress/plans; **~ un poema/una sinfonía** to write a poem/symphony; **~ un nudo** to tie a knot; **los cristianos creen que Dios hizo al hombre** Christians believe that God created mankind; **haz un poco más la carne** cook the meat a bit longer; *Fam* **tu hermano ha hecho una de las suyas** your brother has been up to his usual tricks; [EXPR] *Fam* **¡buena la has hecho!** you've really gone and done it now!
-2. *(construir)* to build; **han hecho un edificio nuevo** they've put up a new building
-3. *(generar)* to produce; **el árbol hace sombra** the tree gives shade; **la carretera hace una curva** there's a bend in the road
-4. *(movimientos, sonidos, gestos)* to make; **le hice señas** I signalled to her; **hizo un gesto de aprobación con la cabeza** she nodded her approval; **el gato hace "miau"** cats go "miaow"; **el reloj hace tic-tac** the clock goes tick-tock; **~ ruido** to make a noise
-5. *(obtener)* *(fotocopia)* to make; *(retrato)* to paint; *(fotografía)* to take
-6. *(realizar)* *(trabajo, estudios)* to do; *(viaje)* to make; *(comunión)* to take; *(sacrificio)* to make; *(promesa, oferta)* to make; *(milagro)* to perform; *(experimento)* to do, to perform; *(favor)* to do; *(pregunta)* to ask; *(declaración)* to make; *(crucigrama)* to do; **~ una entrevista** to do an interview; **~ una entrevista a alguien** to interview sb; **tengo mucho que ~** I have a lot to do; **hoy hace guardia** she's on duty today; **estoy haciendo segundo** I'm in my second year; **hago ingeniería** I'm doing *o* studying engineering
-7. *(obrar, realizar una acción)* to do; **¿qué habré hecho con las llaves?** what have I done with the keys?; *CSur Fam* **y mis llaves, ¿qué las hice?** and my keys, now what did I do with them?; **¡qué le vamos a ~!** never mind!; **¡mira que le he dicho veces que eso no se hace!** I've told him time and again that it's wrong to do that!; *Fam* **haz lo que te dé la gana** do whatever you want;

¿qué haces? vas a romper la bicicleta what are you doing *o* what do you think you're doing, you're going to break the bicycle!
-8. *(practicar)* *(en general)* to do; *(tenis, fútbol)* to play; **debes ~ deporte** you should start doing some sport
-9. *(arreglar)* *(casa, colada)* to do; *(cama)* to make; *(maleta)* to pack; *(uñas)* to do; *(barba)* to trim
-10. *(dar aspecto a)* to cause to look *o* seem; **este espejo te hace gordo** this mirror makes you look fat
-11. *(transformar en)* **~ a alguien feliz** to make sb happy; **la guerra no lo hizo un hombre** the war didn't make him (into) a man; **hizo pedazos el papel** he tore the paper to pieces; **~ de algo/alguien algo** to make sth/sb into sth; **hizo de ella una buena cantante** he made a good singer of her
-12. *(comportarse como)* **~ el tonto** to act the fool; **~ el vándalo** to act like a hooligan; **~ el ridículo** to make a fool of oneself
-13. *(causar)* **~ daño a alguien** to hurt sb; **me hizo gracia** I thought it was funny; **un poco de aire fresco le hará bien** a bit of fresh air will do her good; *Am* **esos ñoquis me hicieron mal** those gnocchi disagreed with me
-14. CINE & TEATRO *(papel)* to play; *(obra)* to do, to perform; **hace el papel de la hija del rey** she plays (the part of) the king's daughter; **hoy hacen una obra de Brecht** today they're putting on *o* doing one of Brecht's plays
-15. *(suponer)* to think, to reckon; **a estas horas yo te hacía en París** I thought *o* reckoned you'd be in Paris by now; **te hacía más joven** I thought you were younger, I'd have said you were younger
-16. *(ser causa de)* **~ que alguien haga algo** to make sb do sth; **me hizo reír** it made me laugh; **has hecho que se enfadara** you've made him angry; **haces que me avergüence** you make me ashamed; **la tormenta hizo que se cancelara el concierto** the storm caused the concert to be called off
-17. *(mandar)* **~ que se haga algo** to have sth done; **voy a ~ teñir este vestido** I'm going to have this dress dyed; **la hizo callarse** he made her shut up
-18. *(acostumbrar)* **la prisión lo hizo a la soledad** prison made *o* got him used to being alone
-19. *(cumplir)* **hizo los cincuenta la semana pasada** he was fifty last week, he celebrated his fiftieth birthday last week
-20. *(completar)* to make; **tres y dos hacen cinco** three and two make five; **y este huevo hace la docena** and this egg makes (it) a dozen; **hago el número seis en la lista** I'm number six on the list
-21. *(conseguir)* to make; **hizo una gran fortuna** he made a large fortune; **hizo muchas amistades en Australia** she made a lot of friends in Australia
-22. *(recorrer)* to do; **¿cuántos kilómetros hiciste ayer?** how many kilometres did you do yesterday?; **hago dos kilómetros a pie todos los días** I walk two kilometres every day
-23. *(referido a necesidades fisiológicas)* to do; *Euf* **tengo que ~ mis necesidades** I have to answer a call of nature; *Fam* **los niños quieren ~ pipí** the children want to have a pee
-24. *(sustituyendo a otro verbo)* to do; **se negó a ir y yo hice lo mismo** she refused to go and I did likewise; **ya no puedo leer como solía hacerlo** I can't read as well as I used to

◇ *vi* **-1.** *(intervenir, actuar)* **déjame ~ (a mí)** let me do it; [EXPR] **ser el que hace y deshace: en la empresa, él es el que hace y deshace** he's the one who calls the shots in the company
-2. **~ de** *(trabajar)* to work as; *(servir)* to serve as, to act as; CINE & TEATRO *(actuar)* to play;

hace de electricista he's an electrician, he works as an electrician; **este tronco hará de asiento** this tree trunk will do for somewhere to sit; **hace de don Quijote** he's playing don Quixote

-3. (aparentar) ~ **como si** to act as if; **haz como que no te importa** act as if you don't care

-4. (procurar, intentar) ~ **por** ~ **algo** to try to do sth; **haré por verle esta noche** I'll try to see him tonight

-5. (proceder) **haces mal en callarte** it's wrong of you not to say anything; **hizo bien dimitiendo** she was right to resign; **¿cómo hay que ~ para abrir esta caja?** how do you open this box?, what do you have to do to open this box?

-6. *Esp Fam* (apetecer) **¿hace un vaso de vino?** do you fancy a glass of wine?

-7. *Am* (necesidades fisiológicas) **¿hiciste?** have you done anything?; **preciso un baño, no hice antes de salir** I need to find a bathroom, I didn't go before I came out

-8. *Méx Fam* **hacer(la) buena:** (ojalá) **dicen que te sacaste la lotería – ¡házmela buena!** they say you've won the lottery – if only!; **me ofreció empleo don Paco, voy a ver si me la hace buena** Don Paco offered me a job, I'll see if he comes through for me

-9. *Méx Fam* **hacerle a** (profesión) to do; **por las mañanas estudia y en la tarde le hace a la peluquería** she studies in the morning and in the afternoon she does hairdressing

-10. *Méx Fam* **hacerle a** (droga) to do; **ese tipo le hace a la cocaína** that guy does coke

-11. *Méx Fam* **hacerle a** (aparentar) to pretend to be; **le hace al tonto, pero bien que sabe** he pretends to be clueless but he knows perfectly well; **dile que no le haga al cuento** tell him to stop *Br* spinning me a line *o US* jerking me around

-12. *Méx Fam* **no le hagas** (exclamación) come off it!, *Br* do me a favour!, *US* give me a break!; **perdí mi libro – ¡no le hagas!** I lost my book – pull the other one! *o* sure you did!

-13. *Méx, RP* **no le hace** (no importa) it doesn't matter; **no sé si voy a poder ir – no le hace** I don't know if I'll be able to go – it doesn't matter; **¿qué le hace?** so what?, big deal!

◇ *v impersonal* **-1.** (tiempo meteorológico) **hace frío/sol/viento** it's cold/sunny/windy; **hace un día precioso** it's a beautiful day; **mañana hará mal tiempo** the weather will be bad tomorrow

-2. (tiempo transcurrido) **hace diez años** ten years ago; **hace mucho** a long time ago; **hace poco** not long ago; **hace un rato** a short while ago; **hace un mes que llegué** it's a month since I arrived; **no la veo desde hace un año** I haven't seen her for a year; **¿cuánto hace de eso?** how long ago was that?

◆ **hacerse** *vpr* **-1.** *Literario* (formarse) **se hizo la noche** night fell; **y se hizo la luz** (cita bíblica) and there was light

-2. (convertirse en) **hacerse viejo** to grow old; **se hizo hombre** he became a man

-3. (guisarse, cocerse) to cook; **el pavo se está haciendo** the turkey's in the oven

-4. (fabricar) to make oneself; **me hice un vestido** (yo misma) I made myself a dress; (la modista) I had a dress made; **se han hecho una casa al lado del mar** they've built (themselves) a house by the sea

-5. (arreglarse) **hacerse las uñas** to do one's nails

-6. (convertirse en) to become; **hacerse musulmán** to become a Muslim; **hacerse del Universitario** to sign for *o* join Universitario

-7. (resultar) to get; **se hace muy pesado** it gets very tedious; **se me ha hecho muy corto el viaje** the journey seemed very short; **la clase se me ha hecho eterna** the class seemed to go on forever

-8. (crearse en la mente) **hacerse ilusiones** to get one's hopes up; **con lo que me has dicho ya me hago una idea de cómo es la escuela** from what you've told me I've got a pretty good idea of what the school is like; **no me hago una idea de cómo debió ser** I can't imagine what it must have been like

-9. (mostrarse) **se hace el gracioso/el simpático** he acts the comedian/the nice guy; **hacerse el distraído** to pretend to be miles away; **¿eres tonto o te lo haces?** are you stupid or are you just pretending to be?

-10. (conseguir) **se hizo con la medalla de oro** she won the gold medal; **se hizo con el control de la empresa** he took control of the company

-11. (acostumbrarse) **no consiguió hacerse a la comida británica** she couldn't get used to British food; **no me hago a su forma de trabajar** I can't get used to the way they work; **hacerse a una idea** to get used to an idea; **hazte a la idea de que no vamos a poder ir de vacaciones** you'd better start getting used to the idea that we won't be able to go on holiday

-12. (causarse) **me he hecho daño en el brazo** I've hurt my arm; **se hizo un corte en la mano** she cut her hand

-13. (moverse) **el policía se hizo a un lado** the policeman moved aside; **el camión se hizo a un lado para dejarnos adelantar** the truck *o Br* lorry pulled over to let us past

-14. (referido a necesidades fisiológicas) **el bebé se ha hecho encima** (orina) the baby has wet himself; (excremento) the baby has dirtied his *Br* nappy *o US* diaper; *Fam* **el bebé se ha hecho pipí** the baby's wet himself

-15. *Esp muy Fam* **hacérselo con alguien** (tener relaciones sexuales) to do it with sb, *Br* to have it off with sb

-16. *Am Fam* **hacerse de** (obtener) to get hold of; **tengo que hacerme de unas llaves para poder entrar** I need to get hold of some keys to get in; **se hizo de un diploma y salió a buscarse la vida** she got herself a qualification and set out to make her fortune; **nos hicimos de algo de comida y pasamos el día en el campo** we got some food together and spent the day in the country

-17. *Am Fam* **¿qué se habrá hecho mi vestido?** (¿dónde estará?) what's happened to my dress?; **¿y tu prima? ¿qué se hizo?** (corto plazo) where has your cousin got to?; (largo plazo) whatever happened to that cousin of yours?

-18. *Am Fam* (salir bien) **precisaba una beca y por suerte se le hizo** she needed a scholarship and luckily she got one; **después de años, se me hizo, gané la grande** after waiting for years, at last it happened for me, I got the big one

-19. *Méx, RP Fam* (creer) **¿llegará Pedro? – se me hace que no** do you think Pedro will come? – I don't think so

hacha *nf*

> Takes the masculine articles **el** and **un**.

axe; EXPR *RP Fam* **bajar el ~ a alguien** to run sb down; EXPR **desenterrar el ~ de guerra** to sharpen one's sword; EXPR **enterrar el ~ de guerra** to bury the hatchet; EXPR *Fam* **ser un ~ (en algo)** to be a whizz *o* an ace (at sth)

hachazo *nm* **-1.** (con hacha) blow of an axe, hack; **lo partió de un ~** he split it with a single blow of the axe **-2.** DEP *Fam* (patada) scything tackle **-3.** TAUROM = glancing blow from a sideways thrust from the bull's horn **-4.** Col (de caballo) start

hache *nf* = the letter "h"; EXPR *Fam* **por ~ o por be** for one reason or another; *Fam* **llamémosle ~, llámale ~** call it what you like

hachear ◇ *vt* to hew
◇ *vi* to hew with an axe

hachemita, hachemí ◇ *adj* Hashemite
◇ *nmf* Hashemite

hachís [χa'tʃis] *nm* hashish

hacia *prep* **-1.** (dirección) towards; **~ aquí/allí** this/that way; **~ abajo** downwards; **~ arriba** upwards; **~ adelante** forwards; **~ atrás** backwards; **~ la izquierda/derecha** to the left/right; **viajar ~ el norte** to travel north; **~ el norte del país** towards the north of the country; **miró ~ el otro lado** she looked the other way; **muévete ~ un lado** move to one side

-2. (tiempo) around, about; **~ las diez** around *o* about ten o'clock; **empezó a perder la vista ~ los sesenta años** he started to lose his sight at around the age of sixty; **~ finales de año** towards the end of the year

-3. (sentimiento) towards; **siente hostilidad ~ las reformas** he is hostile towards the reforms; **su actitud ~ el trabajo es muy seria** she has a very serious attitude towards her work, she takes her work very seriously

-4. (tendencia) towards; **este año se marcha ~ una cosecha excepcional** we are heading for a bumper crop this year; **un paso más ~ la guerra civil** a further step towards civil war

hacienda *nf* **-1.** (finca) country estate *o* property

-2. (bienes) property; **repartió su ~ entre sus hijos** she divided her property among her children

-3. (del Estado) **(el Ministerio de) Hacienda** *Br* ≃ the Treasury, *US* ≃ the Department of the Treasury; **declarar algo a Hacienda** to declare sth (to the *Br* Inland Revenue *o US* IRS); **pagar a Hacienda** to pay *Br* the Inland Revenue *o* the IRS ❏ **~ pública:** **un delito contra la ~ pública** a case of tax evasion; **las deudas de la empresa con la ~ pública** the company's debts to the State

-4. *RP* (ganadería) livestock

hacina *nf* (montón) pile, heap

hacinamiento *nm* (de personas) overcrowding; (de objetos) heaping, piling

hacinar ◇ *vt* to pile *o* heap (up)
◆ **hacinarse** *vpr* (gente) to be crowded together; (cosas) to be piled *o* heaped (up)

hacker ['χaker] (*pl* **hackers**) *nmf* INFORMÁT hacker

hada *nf*

> Takes the masculine articles **el** and **un**.

fairy ❏ **~ madrina** fairy godmother

Hades *n* MITOL Hades

hado *nm* fate, destiny

hadrón *nm* FÍS hadron

hafnio *nm* QUÍM hafnium

hagiografía *nf* **-1.** REL hagiography **-2.** *Pey* (biografía exagerada) hagiography

hagiográfico,-a *adj* **-1.** REL hagiographic **-2.** *Pey* (acrítico) hagiographic

hago etc *ver* **hacer**

hahnio *nm* QUÍM hahnium

haiga *nm Esp Anticuado Fam* big, flashy car

Haití *n* Haiti

haitiano, -a ◇ *adj* Haitian
◇ *nm,f* Haitian

hala *interj Esp* **-1.** (para dar ánimo, prisa) come on! **-2.** (para expresar incredulidad) no!, you're joking! **-3.** (para expresar admiración, sorpresa) wow! **-4.** (como coletilla) **si tú no vas yo tampoco, ¡~!** if you're not going, neither am I, so there!

halagador, -ora ◇ *adj* **-1.** (alabador) **palabras halagadoras** words of praise **-2.** (adulador) flattering
◇ *nm,f* (adulador) flatterer

halagar [38] *vt* **-1.** (alabar) to praise; **me halaga que diga eso** I'm flattered that you say that **-2.** (adular) to flatter

halago *nm* **-1.** (alabanza) praise; **la cubrió de halagos** he showered her with praise **-2.** (adulación) flattery; **lo colmó de halagos** she showered him with flattery

halagüeño, -a adj **-1.** (halagador) flattering **-2.** (prometedor) promising, encouraging; **un futuro poco ~** a rather unpromising future

halar = jalar¹

halcón nm **-1.** (ave) falcon, hawk ❑ **~ abejero** honey buzzard; **~ gerifalte** gyrfalcon; **~ peregrino** peregrine (falcon) **-2.** POL hawk

halconería nf falconry

halconero nm falconer, hawker

hale interj Esp come on!; **¡y ~ hop!** (¡y ya está!) and there you are!

halibut nm halibut

halita nf GEOL halite

hálito nm **-1.** (aliento) breath **-2.** Literario (brisa) zephyr

halitosis nf inv bad breath, Espec halitosis

hall [xol] (pl **halls**) nm (en casa) hall; (de cine, hotel) foyer; (de edificio) entrance hall

hallaca, hayaca nf Col, Ven = traditional Christmas dish consisting of a cornmeal dough stuffed with meat or chicken, almonds, olives and capers and wrapped in banana leaves

hallar ◇ vt **-1.** (encontrar) to find; **hallaron el cadáver en el fondo del río** they found the body on the river bed; **~ errores en un texto** to spot errors in a text; **no hallo palabras para expresar mi agradecimiento** I can't find the words to express my gratitude; **por fin he hallado la felicidad** I've finally found happiness; **cuando llegué hallé que ya no había nadie** when I arrived, I found there was nobody there any more; **halló la muerte en un safari** he met his death on a safari

-2. (averiguar) to find out; **no hallo la solución al problema** I can't find the solution to the problem

-3. (notar) **hallé rencor en sus palabras** I detected some resentment in her words; **hallé muy rejuvenecida a su mujer** I thought his wife seemed totally rejuvenated

◆ **hallarse** vpr **-1.** (en un lugar) (persona) to be, to find oneself; (cosa, edificio) to be (situated); **se hallaba sentado en el sofá** he was sitting on the sofa; **cuando despertó se halló en el medio del desierto** when she woke up she found herself in the middle of the desert; **la capital se halla en la costa** the capital is (situated) on the coast

-2. (en una situación) to be; **hallarse enfermo** to be ill; **el equipo se halla en un buen momento** the team is doing well; **se halla en lo mejor de la vida** she's in the prime of life; **se halla entre los mejores del mundo en su especialidad** he's among the best in the world in his field

-3. **no hallarse** (no estar a gusto) **no se halla en su nuevo trabajo** she doesn't feel at home in her new job

hallazgo nm **-1.** (descubrimiento) discovery; **comunicaron el ~ del cuerpo a las autoridades** they informed the authorities that the body had been discovered o found; **publicó sus hallazgos en una revista científica** he published his findings in a scientific journal

-2. (objeto) find; **un ~ arqueológico** an archaeological find; **ese restaurante fue todo un ~** that restaurant was a real find

hallulla nf Chile = type of round, slightly leavened bread

halo nm **-1.** (de santos) halo **-2.** (de objetos, personas) aura; **un ~ de misterio** an aura o air of mystery **-3.** ASTRON halo, corona ❑ **~ lunar** lunar halo

halógeno, -a ◇ adj halogenous; **faros halógenos** halogen headlights; **lámpara halógena** halogen lamp
◇ nm QUÍM halogen

haloideo, -a adj QUÍM haloid

halón nm Andes, CAm, Carib, Méx pull, tug; **dar un ~ de orejas a alguien** (tirón) to tweak sb's ear; (reprimenda) to give someone a telling-off o Br ticking-off

haltera nf DEP dumbbell

halterofilia nf weightlifting

halterófilo, -a DEP ◇ adj weightlifting; **competición halterófila** weightlifting competition
◇ nm,f weightlifter

haluro nm QUÍM haloid acid

hamaca nf **-1.** (para colgar) hammock ❑ RP **~ paraguaya** hammock **-2.** Esp (tumbona) (silla) deck chair; (canapé) sunlounger **-3.** RP (columpio) swing **-4.** RP (mecedora) rocking chair

hamacar [59] RP ◇ vt (en columpio) to swing; (en cuna) to rock
◆ **hamacarse** vpr (en columpio) to swing; (en cuna) to rock

hambre nf
> Takes the masculine articles **el** and **un**.

-1. (apetito) hunger; (inanición) starvation; **tener ~** to be hungry; **me ha entrado ~** I'm starting to feel hungry, I'm getting hungry; **prepara una buena cena, que venimos con ~** make sure there's plenty for dinner because we'll be hungry when we arrive; **me voy a tomar un yogur para entretener** o **engañar el ~** I'm going to have a yoghurt to keep me going (until my next meal); **matar el ~** to satisfy one's hunger; Fig **nos mataban de ~** they had us on a starvation diet; **morir** o **morirse de ~** (literalmente) to be starving, to be dying of hunger; (tener mucha hambre) to be starving; **pasar ~** to starve; **durante la posguerra, la población pasó mucha ~** in the years after the war, people often went hungry; **me he quedado con ~** I'm still hungry; EXPR **se juntan el ~ con las ganas de comer** it's one thing on top of another; EXPR **ser más listo que el ~** to be nobody's fool; PROV **a buen ~ no hay pan duro,** RP **cuando hay ~ no hay pan duro** (de comida) hunger is the best sauce; (de mujeres, placeres) beggars can't be choosers ❑ **~ canina** ravenous hunger

-2. (problema) famine; **el problema del ~ en la región** the problem of famine in the area; **una campaña contra el ~** a campaign against hunger

-3. (deseo) **~ de** hunger o thirst for; **se destaca por su ~ de justicia** his hunger for justice sets him apart; **su ~ de poder es insaciable** his hunger o thirst for power is insatiable

hambreado, -a adj Am starving

hambreador, -ora Andes, RP ◇ adj oppressive; **¡abajo este gobierno ~!** down with this government that's got us starving!
◇ nm,f exploiter

hambrear vt Andes, RP **-1.** (explotar) to exploit **-2.** (hacer pasar hambre) to starve

hambriento, -a ◇ adj starving
◇ nm,f starving person; **los hambrientos** the hungry

hambruna nf (catástrofe) famine

Hamburgo n Hamburg

hamburgués, -esa ◇ adj of/from Hamburg
◇ nm,f person from Hamburg

hamburguesa nf **-1.** (filete) (ham)burger, Br beefburger **-2.** (bocadillo) (ham)burger; **~ con queso** cheeseburger

hamburguesería nf hamburger joint

hampa nf
> Takes the masculine articles **el** and **un**.

el ~ the underworld

hampón nm thug

hámster ['xamster] (pl **hámsters**) nm hamster

handball ['xanβol] nm Am handball

hándicap ['xandikap] (pl **hándicaps**) nm **-1.** (dificultad) handicap **-2.** (en equitación) handicap **-3.** (en golf) handicap

handling ['xandlin] nm baggage handling

hangar nm hangar

Hanoi n Hanoi

Hansa nf HIST **la ~** the Hanseatic League

hanseático, -a adj HIST Hanseatic

haploide adj BIOL haploid

haragán, -ana ◇ adj lazy, idle
◇ nm,f layabout, idler
◇ nm Ven (lampazo) squeegee

haraganear vi to laze about, to lounge around

haraganería nf laziness, idleness

harakiri = haraquiri

harapiento, -a adj ragged, tattered

harapo nm rag, tatter

haraposo, -a adj ragged, tattered

haraquiri, harakiri nm hara-kiri; **hacerse el ~** to commit hara-kiri

Harare n Harare

haras nm Andes, RP,Ven stud farm

hardcore ['xarkor] nm **-1.** (música) hardcore **-2.** (pornografía) hardcore pornography

hardware ['xarwer] nm INFORMÁT hardware

haré etc ver hacer

harekrishna [xare'krisna] nmf inv Hare Krishna

harén nm harem

harina nf flour; EXPR Fam **estar metido en ~ con algo: no me interrumpas, estoy metido en ~** don't interrupt me, I'm right in the middle of something; EXPR Fam **ser ~ de otro costal** to be a different kettle of fish ❑ **~ de avena** oatmeal; **~ en flor** extra fine flour; **~ integral** whole wheat flour; **~ lacteada** = baby food containing wheat flour and dried milk; RP **~ leudante** Br self-raising flour, US self-rising flour; Esp **~ con levadura** Br self-raising flour, US self-rising flour; **~ de maíz** corn meal; **~ de pescado** fish meal; Am **~ con polvos de hornear** Br self-raising flour, US self-rising flour

harinoso, -a adj (consistencia, textura, manzana) floury

harmonía = armonía

harnero nm sieve

harpía nf harpy eagle

harpillera = arpillera

hartada nf, **hartazgo** nm fill; **darse una ~ (de)** to have one's fill (of); **nos dimos una ~ de moras** we stuffed ourselves with blackberries; **se dieron una ~ de ver la televisión** we did nothing but watch television

hartar ◇ vt **-1.** (atiborrar) to stuff (full); **hartaron de regalos a sus nietos** they showered gifts on their grandchildren; **sus detractores lo hartaron a insultos** his critics showered him with insults; **los atacantes los hartaron a golpes** they were very badly beaten up by the attackers

-2. (fastidiar, cansar) **~ a alguien** to annoy sb, to get on sb's nerves; **me estás hartando con tantas exigencias** I'm getting fed up with all your demands
◇ vi **esta comida harta mucho** you can't eat a lot of this food; **esta telenovela ya está empezando a ~** this soap is beginning to get tedious

◆ **hartarse** vpr **-1.** (atiborrarse) to stuff o gorge oneself (**de** with); **se hartó de beber cerveza** she drank her fill of beer; **comió pasteles hasta hartarse** she ate cakes until she was sick of them

-2. (cansarse) to get fed up; **hartarse de algo** to get fed up with sth; **hartarse de hacer** to get fed up of doing sth

-3. (no parar) **hartarse de hacer algo** to do sth non-stop; **nos hartamos de reír** we laughed ourselves silly; **se harta de trabajar** he works himself into the ground; **en las últimas vacaciones me harté de tomar el sol** I did nothing but sunbathe on our last holidays

hartazgo = hartada

harto, -a adj **-1.** (de comida) full; **estoy ~ de dulces** I've had enough sweet things; EXPR Esp Fam **ni ~ de vino: ése no ayuda a nadie ni ~ de vino** he wouldn't help you if you were drowning; Esp Fam **no le dejaría mi coche ni ~ de vino** I wouldn't lend him my car in a million years

-2. (cansado) tired (**de** of), fed up (**de** with); **estoy ~ de mi jefe** I'm sick of my boss; **estoy ~ de repetirte que cierres la puerta** I'm sick and tired of telling you to shut the

hartón, -ona ◇ *adj Méx, Ven Fam (glotón)* greedy-guts
◇ *nm Esp (hartazgo)* fill; **darse un ~ (de)** to have one's fill (of); **nos dimos un ~ de moras** we stuffed ourselves with blackberries; **se dieron un ~ de ver la televisión** they watched so much television that they got bored with it

hash [xaʃ, xas] *nm inv Fam* hash

hasta ◇ *prep* **-1.** *(en el espacio)* as far as, up to; **desde aquí ~ allí** from here to there; **llegaré ~ allí en diez minutos** I'll get there in ten minutes; **¿~ dónde va este tren?** where does this train go?; **¿~ dónde viajas?** where are you travelling to?, how far are you going?; **voy ~ la próxima estación** I'm going as far as the next station
-2. *(en el tiempo)* until, till; **quedan dos semanas ~ Navidad** there are two weeks to go until *o* till Christmas; **~ el final** right up until the end; **no vi el mar ~ los diez años** I never saw the sea until I was ten years old; **no parará ~ lograr su objetivo** she won't stop until she gets what she wants; **nos reímos ~ no poder más** we laughed ourselves silly; **~ ahora** *(por ahora)* (up) until now, so far; *(como despedida)* see you later *o* in a minute; **Carolina Méndez, la ~ ahora portavoz del gobierno** Carolina Méndez, who until now has been the government's spokesperson; **~ que** until, till; **esperaré ~ que llegues** I'll wait until *o* till you arrive; **no me detendré ~ que descubra la verdad** I won't stop until *o* till I find out the truth; **falta mucho ~ que esté acabado** there's still a long way to go until *o* till *o* before it's finished
-3. *(en saludos)* **~ luego** *o* **pronto** *o* **la vista** see you (later); **~ mañana** see you tomorrow; **~ más ver** I'll be seeing you; **~ nunca** I hope I never see you again; **~ otra** I'll see you when I see you, see you again some time; **la próxima** see you next time; **~ siempre** farewell; **~ la vuelta** I'll see you when you get back
-4. *CAm, Col, Ecuad, Méx (no antes de)* **pintaremos la casa ~ fin de mes** we won't start painting the house until the end of the month; **¿llevas diez días aquí y ~ ahora me llamas?** you've been here ten days and it's taken you that long to phone me?
-5. *(con cantidades)* up to; **puedes ganar ~ un millón** you can earn up to a million; **un interés de ~ el 7 por ciento** interest rates of up to 7 percent; **leí ~ la página 30** I read as far as *o* up to page 30
◇ *adv (incluso)* even; **~ en verano hace frío** it's even cold in summer; **~ cuando descansa está pensando en el trabajo** even when he's resting he's (still) thinking about work; **~ ellos querían venir** even they wanted to come

hastial *nm CONSTR* gable

hastiar [32] ◇ *vt* **-1.** *(aburrir)* to bore **-2.** *(asquear)* to sicken, to disgust
◆ **hastiarse** *vpr* **hastiarse de** to tire of, to

get fed up with; **me hastié rápidamente de la fiesta** I quickly got bored with the party; **se hastió de esperar y se fue** she tired of waiting and left, she got fed up with waiting and left

hastío *nm* **-1.** *(tedio)* boredom; **se lo repetí hasta el ~** I've lost count of the number of times I told him; **sus clases me producen ~** I find his classes boring **-2.** *(repugnancia)* disgust

hatajo *nm* **-1.** *(de ganado)* herd; *(de ovejas)* flock **-2.** *Esp Pey (panda)* **¡~ de cobardes/ladrones!** you bunch of cowards/thieves!; **dijo un ~ de disparates** he talked a load of nonsense

hatillo *nm* bundle of clothes; EXPR *Fam* **tomar el ~** *(marcharse)* to up sticks

hato *nm* **-1.** *(de ganado)* herd; *(de ovejas)* flock **-2.** *(de ropa)* bundle **-3.** *Carib, Col Fam (hacienda)* cattle ranch

Havre *n* **el ~** Le Havre

Hawai [xa'wai] *n* Hawaii

hawaiana [xawai'ana] *nf CSur, Perú (sandalia)* flip-flop, *US* thong

hawaiano, -a [xawai'ano] ◇ *adj* Hawaiian
◇ *nm,f* Hawaiian

hay *ver* **haber**

haya ◇ *ver* **haber**
◇ *nf*
Takes the masculine articles **el** and **un**.
-1. *(árbol)* beech (tree) **-2.** *(madera)* beech (wood)

hayaca = **hallaca**

hayal, hayedo *nm* beech wood

hayuco *nm* beechnut

haz ◇ *ver* **hacer**
◇ *nm* **-1.** *(de leña)* bundle; *(de cereales)* sheaf **-2.** *(de luz, electrones)* beam **-3.** BOT face

haza *nf*
Takes the masculine articles **el** and **un**.
= plot of arable land

hazaña *nf* feat, exploit; **fue toda una ~** it was quite a feat *o* an achievement; *Irónico* **¡vaya ~, engañar a un niño!** congratulations, that's some feat, tricking a child like that!

hazmerreír *nm* laughing stock; **se convirtió en el ~ de la política nacional** he became the laughing stock of national politics

HB *nf (abrev de* **Herri Batasuna***)* = former name of the political wing of ETA

HD INFORMÁT **-1.** *(abrev de* **alta densidad***)* HD **-2.** *(abrev de* **hard drive***)* HD

Hdez. *(abrev de* **Hernández***)* = written abbreviation of the surname Hernández

he¹ *ver* **haber**

he² *adv Formal* **he aquí el libro que te prometí** here's the book I promised you; **he aquí los resultados** here are the results; **mujer, he aquí a tu Hijo** *(lenguaje bíblico)* woman, behold thy Son; **te dije que vendría, y heme aquí** I told you I'd come and here I am

heavy ['xeβi] *(pl* **heavys** *o* **heavies***)* ◇ *adj* **-1.** *(música, concierto)* **un concierto ~** a heavy metal concert; **música ~** heavy metal **-2.** *Fam (increíble)* awesome; **es una película ~ total** it's an awesome movie **-3.** *Fam (fuerte)* **es muy ~ que ahora venga y me pida ayuda** it's a bit much of her to come and ask me for help now; **se ha rapado el pelo al cero – ¡qué ~!** he's had a skinhead – way out!
◇ *nmf Fam (persona)* heavy metal fan
◇ *nm* MÚS heavy metal ❑ **~ metal** heavy metal

hebdomadario, -a ◇ *adj* weekly
◇ *nm* weekly

hebilla *nf* **-1.** *(de cinturón, zapato)* buckle **-2.** *Arg (para pelo) Br* slide, *US* barrette

hebra *nf* **-1.** *(de hilo)* thread **-2.** *(fibra)* fibre **-3.** *(de judías, puerros)* string; *(de tabaco)* strand **-4.** *(de discurso)* **no cojo la ~ de lo que dice** I can't follow what she's saying; **he perdido la ~ de su explicación** I've lost the thread of his explanation; EXPR *Esp Fam* **pegar la ~** to start chatting **-5.** EXPR *Chile* **de una ~** all at once, in one breath

hebraico, -a *adj* Hebraic

hebraísta *nmf* Hebrew scholar, hebraist

hebreo, -a ◇ *adj* Hebrew
◇ *nm,f (persona)* Hebrew
◇ *nm (lengua)* Hebrew

Hébridas *nfpl* **las ~** the Hebrides

Hebrón *n* Hebron

hebroso, -a *adj (material, planta)* fibrous; *(judías, puerros)* stringy

hecatombe *nf* **-1.** *(desastre)* disaster **-2.** *(partido, examen)* massacre; **la inundación causó una ~** the flood caused great loss of life **-3.** HIST *(sacrificio)* hecatomb

hechicería *nf* **-1.** *(arte)* witchcraft, sorcery **-2.** *(maleficio)* spell

hechicero, -a ◇ *adj (personalidad, ojos, sonrisa)* enchanting, bewitching
◇ *nm,f (hombre)* wizard, sorcerer; *(mujer)* witch, sorceress

hechizado, -a *adj* spellbound

hechizante *adj* bewitching

hechizar [14] *vt* **-1.** *(echar un maleficio)* to cast a spell on **-2.** *(encantar)* to bewitch, to captivate; **hechizó al público con su voz** she bewitched *o* captivated the audience with her wonderful voice

hechizo ◇ *adj Chile, Méx* home-made
◇ *nm* **-1.** *(maleficio)* spell **-2.** *(encanto)* magic, charm; **se rindió al ~ de sus palabras** she surrendered to the magic of his words

hecho, -a ◇ *participio ver* **hacer**
◇ *adj* **-1.** *(llevado a cabo)* **~ a mano** handmade; **~ a máquina** machine-made; **una película bien hecha** a well-made film; **¡eso está ~!** it's a deal!, you're on!; **¡bien ~!** well done!; **¡mal ~, me tenías que haber avisado!** you were wrong not to tell me!; **¿me podrás conseguir entradas? – ¡eso está ~!** will you be able to get me tickets? – it's as good as done!; EXPR **lo ~, ~ está** what is done is done; EXPR *Fam* **a lo ~, pecho: no me gusta, pero a lo ~, pecho** I don't like it, but what's done is done; *Fam* **tú lo hiciste, así que a lo ~, pecho** you did it, so you'll have to take the consequences
-2. *(acabado)* mature; **una mujer hecha y derecha** a fully-grown woman; **estás ~ un artista** you've become quite an artist
-3. *(carne, pasta)* done; **quiero el filete muy ~/poco ~** I'd like my steak well done/rare
-4. *(acostumbrado)* **estar ~ a algo/a hacer algo** to be used to sth/to doing sth; **está hecha a la dureza del clima** she's used to the harsh climate; **no estoy ~ a levantarme tan temprano** I'm not used to getting up so early
-5. *Andes, RP Fam* **estar ~** *(en condiciones)* to have it all; **con la compra de estos zapatos creo que estoy ~** after buying these shoes I think I've got everything I need; **me faltan dos materias de la carrera y estoy hecha** I need to do two more subjects in my degree and that's me done
◇ *nm* **-1.** *(suceso)* event; **los hechos tuvieron lugar de madrugada** the events took place in the early morning; **el cuerpo de la víctima fue retirado del lugar de los hechos** the victim's body was removed from the scene of the crime ❑ **~ consumado** fait accompli
-2. *(realidad, dato)* fact; **el ~ de que seas el jefe no te da derecho a comportarte así** just because you're the boss doesn't mean you have the right to behave like that; **es un ~ indiscutido que...** it is an indisputable fact that...; **el ~ es que...** the fact is that...; **~ ineludible** fact of life
-3. *(obra)* action, deed; **sus hechos hablan por él** his actions speak for him; **queremos hechos, y no promesas** we want action, not promises ❑ **los Hechos de los Apóstoles** the Acts of the Apostles; MIL **~ de armas** feat of arms
-4. de ~ *(en realidad)* in fact, actually; **claro que le conozco, de ~, fuimos juntos al colegio** of course I know him, indeed *o* in fact we actually went to school together
-5. *(en la práctica)* de facto; **es el presidente de ~** he's the de facto president

hechor

◇ *interj* it's a deal!, you're on!; **te lo vendo por un millón – ¡~!** I'll sell it to you for a million – done! *o* it's a deal!

hechor, -ora *nm,f Andes* wrongdoer

hechura *nf* -1. *(de traje)* cut -2. *(forma)* shape; **un cuerpo de ~ robusta** a sturdy frame -3. *(confección)* craftmanship; **un disco de ~ brillante** a brilliantly crafted record

hectárea *nf* hectare

hectogramo *nm* hectogram

hectolitro *nm* hectolitre

hectómetro *nm* hectometre

Héctor *n pr* Hector

heder [64] *vi* -1. *(apestar)* to stink, to reek -2. *Formal (fastidiar)* to be annoying *o* irritating

hediondez *nf* stench, stink

hediondo, -a *adj* -1. *(pestilente)* stinking, foul-smelling -2. *Formal (insoportable)* unbearable

hedonismo *nm* hedonism

hedonista ◇ *adj* hedonistic
◇ *nmf* hedonist

hedor *nm* stink, stench

hegeliano, -a [xeɣe'ljano, -a] FILOSOFÍA ◇ *adj* Hegelian
◇ *nm,f* Hegelian

hegemonía *nf (dominación)* dominance; POL hegemony

hegemónico, -a *adj (dominante)* dominant; *(clase, partido)* ruling

hégira, héjira *nf* hegira

helada *nf* frost; **anoche cayó una ~** there was frost last night

heladera *nf CSur* -1. *(nevera)* fridge -2. *(portátil)* cool box

heladería *nf (tienda)* ice cream parlour; *(puesto)* ice cream stall

heladero, -a *nm,f* ice cream seller

helado, -a ◇ *adj* -1. *(hecho hielo) (agua)* frozen; *(lago)* frozen over
-2. *(muy frío) (manos, agua)* freezing; **esta sopa está helada** this soup is stone-cold; **llegó ~ de frío y mojado** he arrived frozen stiff and wet through; **me quedé ~ esperándola bajo la lluvia** I nearly froze to death waiting for her in the rain
-3. *Andes, RP (bebida)* ice-cold, well chilled; **sírvase bien ~** serve well chilled
-4. *(atónito)* dumbfounded, speechless; **¡me dejas ~!** I don't know what to say!; **me dejó ~ cuando me contó lo que le había pasado** she left me speechless when she told me what had happened to her
◇ *nm* ice cream ❑ *CSur* **~ de agua** *Br* ice lolly, *US* Popsicle®; *RP* **~ palito** *Br* ice lolly, *US* Popsicle®

helador, -ora *adj* freezing; **hace un frío ~** it's freezing; *Fig* **se escuchó un grito ~** we heard a spine-chilling cry

heladora *nf* ice cream machine

helar [3] ◇ *vt* -1. *(líquido)* to freeze -2. *(planta)* **el frío heló las plantas** the plants were caught by the frost -3. *(dejar atónito)* to dumbfound
◇ *v impersonal* **anoche heló** there was a frost last night
◆ **helarse** *vpr* -1. *(líquido)* to freeze; **el lago se ha helado** the lake has frozen over -2. *(plantas)* **las plantas se helaron** the plants were caught by the frost -3. *(persona)* to freeze; **me hielo de frío** I'm freezing; **se me están helando los pies** my feet are freezing

helecho *nm* fern; **helechos** ferns, bracken

helénico, -a *adj* Hellenic, Greek

helenio *nm* elecampane

helenismo *nm* -1. HIST Hellenism -2. LING = Greek word or expression

helenista *nmf* Hellenist

helenístico, -a *adj* Hellenistic

helenización *nf* Hellenization

helenizar [14] *vt* to Hellenize

heleno, -a ◇ *adj* -1. *(de Grecia antigua)* Hellenic, (Ancient) Greek -2. *(de Grecia moderna)* Greek
◇ *nm,f* -1. *(de Grecia antigua)* (Ancient) Greek -2. *(de Grecia moderna)* Greek

helero *nm* patch of snow *(left on mountain after thaw)*

Helesponto *n* **el ~** the Hellespont

heliantemo *nm* rock rose

hélice *nf* -1. *(de barco, avión)* propeller -2. *(espiral)* spiral, helix -3. ANAT helix

helicoidal *adj* helicoid, spiral

helicóptero *nm* helicopter ❑ **~ de guerra** helicopter gunship

helio *nm* QUÍM helium

heliocéntrico, -a *adj* heliocentric

heliocentrismo *nm* heliocentrism

heliogábalo *nm Literario* glutton

heliograbado *nm* -1. *(técnica)* photogravure -2. *(grabado)* photogravure

heliografía *nf* -1. *(grabado)* photogravure -2. ASTRON *(fotografía)* photograph of the Sun

heliógrafo *nm* heliograph

helioterapia *nf* heliotherapy

heliotropismo *nm* heliotropism

heliotropo *nm (planta)* heliotrope

helipuerto *nm* heliport

helitransportar *vt* to take by helicopter

hélix *nm* ANAT helix

Helsinki *n* Helsinki

Helvecia *n* HIST Helvetia

helvético, -a ◇ *adj* -1. HIST Helvetian -2. *(suizo)* Swiss
◇ *nm,f* -1. HIST Helvetian -2. *(suizo)* Swiss

hemático, -a *adj* hematic

hematíe *nm* red blood cell

hematites *nf inv* GEOL haematite

hematófago, -a *adj* BIOL haematophagous

hematología *nf* haematology

hematológico, -a *adj* haematological

hematólogo, -a *nm,f* haematologist

hematoma *nm* bruise

hematuria *nf* MED haematuria

hembra ◇ *adj* female; **un búho ~** a female owl
nf -1. *(animal, planta)* female -2. *(mujer)* woman; *(niña)* girl; *muy Fam* **una ~ muy atractiva** a very attractive bit of skirt -3. *(del enchufe)* socket

hembraje *nm Andes, RP* AGR female livestock

hembrilla *nf (de corchete)* eye

hemeroteca *nf* newspaper and periodicals library *o* archive

hemiciclo *nm* -1. *(semicírculo)* semicircle -2. *(en el parlamento) (cámara)* chamber; *(espacio central)* floor

hemiono, hemión *nm* wild ass, onager

hemiplejia, hemiplejía *nf* hemiplegia

hemipléjico, -a ◇ *adj* hemiplegic
◇ *nm,f* hemiplegic

hemisférico, -a *adj* hemispheric

hemisferio *nm* -1. *(terrestre)* hemisphere ❑ **~ austral** southern hemisphere; **~ boreal** northern hemisphere; **~ norte** northern hemisphere; **el ~ occidental** the western hemisphere; **~ oriental** eastern hemisphere; **~ sur** southern hemisphere -2. ANAT hemisphere

hemoderivado, -a *adj* derived from blood

hemodiálisis *nf inv* kidney dialysis

hemofilia *nf* haemophilia

hemofílico, -a ◇ *adj* haemophiliac
◇ *nm,f* haemophiliac

hemoglobina *nf* haemoglobin

hemograma *nm* blood test results

hemopatía *nf* blood disease *o* disorder

hemorragia *nf* haemorrhage; **se puso un torniquete para detener la ~** he put on a tourniquet to stop the bleeding ❑ **~ cerebral** brain haemorrhage; **~ nasal** nosebleed

hemorrágico, -a *adj* haemorrhagic

hemorroides *nfpl* haemorrhoids, piles

hemos *ver* haber

hemostático, -a *adj* haemostatic

henchido, -a *adj* bloated; **~ de orgullo** bursting with pride

henchir [47] ◇ *vt* to fill (up)
◆ **henchirse** *vpr* -1. *(hartarse)* to stuff oneself -2. *(llenarse)* to be full *(de* of)

hender [64], **hendir** *vt (carne, piel)* to carve open, to cleave; *(piedra, madera)* to crack open; *(aire, agua)* to cut *o* slice through

hendido, -a *adj* split (open)

hendidura *nf (en carne, piel)* cut, split; *(en piedra, madera)* crack

hendija *nf Am* crack, gap

hendir [62] = **hender**

henequén *nm* sisal, henequen

henna ['xena] *nf* henna

heno *nm* hay

hepática *nf* liverwort ❑ **~ blanca** grass of parnassus; **~ dorada** golden saxifrage

hepático, -a *adj* liver; **afección hepática** liver complaint; **insuficiencia hepática** liver failure

hepatitis *nf inv* hepatitis

heptagonal *adj* heptagonal

heptágono *nm* heptagon

heptámetro *nm* heptameter

heptasílabo, -a ◇ *adj* heptasyllabic
◇ *nm* heptasyllabic verse

heptatleta *nmf* heptathlete

heptatlón *nm* heptathlon

Heracles *n* MITOL Heracles

Heráclito *n pr* Heraclitus

heráldica *nf* heraldry

heráldico, -a *adj* heraldic

heraldista *nmf* heraldist

heraldo *nm* herald

herbácea *nf* BOT herbaceous plant

herbáceo, -a *adj* herbaceous

herbaje *nm (pasto)* pasture, herbage

herbario *nm (colección)* herbarium

herbicida *nm* weedkiller, herbicide

herbívoro, -a ◇ *adj* herbivorous
◇ *nm,f* herbivore

herbolario, -a ◇ *nm,f (persona)* herbalist
◇ *nm (tienda)* herbalist's (shop)

herboristería *nf* herbalist's (shop)

herboso, -a *adj* grassy

herciniano, -a *adj* GEOL Hercynian

hercio *nm* hertz

hercúleo, -a *adj* very powerful, incredibly strong; **un esfuerzo ~** a Herculean effort

Hércules *n* Hercules; **las Columnas de ~** *(el estrecho de Gibraltar)* the Pillars of Hercules; **los trabajos de ~** the labours of Hercules

hércules *nm inv* **es un ~** he's as strong as an ox

heredad *nf* country estate *o* property

heredar *vt* -1. *(recibir) (dinero)* to inherit (**de** from); **heredó el título de su padre** he inherited the title from his father
-2. *(recibir) (rasgos)* to inherit (**de** from); **ha heredado la nariz de su padre** he has his father's nose; PROV *Am* **lo que se hereda no se roba** like father, like son
-3. *(recibir) (objetos, ropa)* to inherit (**de** from); **heredó el abrigo de su hermano** she inherited the coat from her brother; **es un problema heredado del gobierno anterior** it's a problem we have inherited from the previous government
-4. *Méx (legar) (dinero)* to bequeath; *(rasgos)* **su padre le ha heredado la nariz** he has his father's nose

heredero, -a *nm,f* heir, *f* heiress; **el príncipe ~** the crown prince; **el ~ al trono** the heir to the throne; **el ~ del título** the heir to the title; **instituir ~** *o* **por ~ a** to name as one's heir, to name in one's will; **es el ~ de la generosidad de su madre** he has his mother's generosity; **un estilo ~ de los grandes clásicos** a style in the tradition of the classics ❑ DER **~ forzoso** heir apparent; DER **~ legal** heir (at law); DER **~ universal** residuary legatee

hereditariamente *adv* **la enfermedad se transmite ~** it is a hereditary disease

hereditario, -a *adj* -1. *(bienes, rasgos)* hereditary -2. *(enfermedad)* hereditary

hereje[1] *adj Ven Fam* **pasaron un hambre ~** they were dead hungry, they were starving

hereje[2] *nmf* -1. *(renegado)* heretic -2. *(irreverente)* iconoclast

herejía *nf* -1. *(heterodoxia)* heresy -2. *(insulto)* insult; *(disparate)* outrage

herencia *nf* -1. *(de bienes)* inheritance; **dejar algo en ~ a alguien** to bequeath sth to sb; **recibir una ~** to receive an inheritance; **la casa le corresponde por ~** the house has been left *o* bequeathed to him; **el conflicto es ~ de su pasado colonial** the conflict is a

herético, -a *adj* heretical

herida *nf* **-1.** *(lesión)* injury; *(en lucha, atentado)* wound; **me hice una ~ con un cuchillo** I cut myself on a knife; **sufrió heridas leves/graves** she suffered minor/serious injuries; **me golpeé con el techo y me hice una ~ en la cabeza** I hurt my head when I banged it on the ceiling ◻ **~ abierta** open wound; **los crímenes de la dictadura siguen siendo una ~ abierta** the crimes of the dictatorship are a wound that still hasn't healed; **~ de bala** bullet o gunshot wound; **heridas múltiples** multiple injuries; **~ punzante** stab wound; **~ superficial** flesh wound
-2. *(ofensa)* injury, offence; [EXPR] **escarbar o hurgar o tocar en la herida: no quería escarbar o hurgar o tocar en la ~, pero ¿cómo le va a tu ex esposa?** I know it's a sore point, but how's your ex-wife?; [EXPR] **renovar la ~** to reopen an old wound
-3. *(pena)* wound; **su desaparición es una ~ que tardará en cicatrizar** her disappearance is a wound that will take a long time to heal

herido, -a ◇ *adj* **-1.** *(físicamente) (en accidente)* injured; *(en lucha, atentado)* wounded; **resultaron heridos once civiles** eleven civilians were wounded; **resultó ~ leve/de gravedad** he suffered minor/serious injuries; **había dos personas heridas en el suelo** there were two people lying injured/wounded on the ground
-2. *(sentimentalmente)* hurt, wounded; **está herida por tus comentarios** she was hurt o wounded by your remarks; **se sintió ~ en su amor propio** his pride was hurt
◇ *nm,f (persona) (en accidente)* injured person; *(en lucha, atentado)* wounded person; **no hubo heridos** there were no casualties; **los heridos** *(en accidente)* the injured; *(en lucha, atentado)* the wounded; **hubo dos heridos graves/leves en el accidente** two people were seriously/slightly injured in the accident

herir [62] *vt* **-1.** *(físicamente) (en accidente)* to injure; *(en lucha, atentado)* to wound; **lo hirieron en el hombro** he was wounded in the shoulder, he suffered a shoulder wound; **la hirieron de muerte** she was fatally wounded
-2. *(vista)* to hurt; *(oído)* to pierce; **el nuevo edificio hiere la vista** the new building is an eyesore
-3. *(sentimentalmente)* to hurt; **me hiere que desconfíes de mí** I feel hurt that you don't trust me; **lo que dijiste le hirió profundamente** what you said hurt o wounded him deeply; **lo hirió en su amor propio** it hurt his pride; **estas imágenes pueden ~ la sensibilidad del espectador** some viewers may find these images disturbing
-4. *Literario (golpear)* to pound against; **el granizo hería las ventanas** the hail pounded o lashed against the windows

hermafrodita ◇ *adj* hermaphrodite
◇ *nmf* hermaphrodite

hermanado, -a *adj* **-1.** *(unido, ligado)* united, joined **(con** to**)** **-2.** *(ciudades)* twinned **(con** with**)**; **dos ciudades hermanadas** two twin towns, *US* two sister cities

hermanamiento *nm* **-1.** *(unión)* union **-2.** *(de ciudades)* twinning

hermanar ◇ *vt* **-1.** *(esfuerzos, personas)* to unite **-2.** *(ciudades)* to twin **-3.** *(compatibilizar)* to combine; **el director hermana la tragedia y la comedia** the director combines o blends tragedy with comedy; **hermana la inteligencia con la sencillez** she combines intelligence with unaffectedness
◆ **hermanarse** *vpr (ciudades)* to be twinned

hermanastro, -a *nm,f* **-1.** *(medio hermano)* half brother, *f* half sister **-2.** *(hijo del padrastro o de la madrastra)* stepbrother, *f* stepsister

hermandad *nf* **-1.** *(parentesco) (de hombres)* brotherhood; *(de mujeres)* sisterhood **-2.** *(asociación)* association **-3.** REL *(cofradía) (de hombres)* brotherhood; *(de mujeres)* sisterhood **-4.** *(amistad)* intimacy, close friendship

hermanita *nf* REL sister ◻ **~ de la Caridad** Little Sister of Charity

hermano, -a ◇ *adj* **ciudades hermanas** twin towns, *US* sister cities; **la amistad entre dos pueblos hermanos como México y España** the friendship between two countries with close ties, such as Mexico and Spain
◇ *nm,f* **-1.** *(pariente)* brother, *f* sister; **todos los hermanos se parecen mucho entre sí** all the brothers and sisters look very much alike; **son medio hermanas** they're half sisters; **los dos son como hermanos** the two of them are like brothers ◻ **hermanos gemelos** twin brothers; **~ de leche** foster brother; **hermana de leche** foster sister; **~ de madre** half brother *(on mother's side)*; **hermana de madre** half sister *(on mother's side)*; **~ mayor** older o big brother; **hermana mayor** older o big sister; **hermanos mellizos** twin brothers; **hermanas mellizas** twin sisters; **~ menor** younger o little brother; **hermana menor** younger o little sister; **~ de padre** half brother *(on father's side)*; **hermana de padre** half sister *(on father's side)*; *Fig* **~ pobre** poor relation; **~ político** brother-in-law; **hermana política** sister-in-law; **~ de sangre** blood brother; **hermana de sangre** blood sister; **hermanos siameses** Siamese twins
-2. REL brother, *f* sister; **la hermana Teresa** Sister Teresa ◻ **hermana de la Caridad** Sister of Charity
-3. *Fam (como apelativo)* my friend; **¡cómo te han engañado, ~!** you've been cheated, my friend!

hermenéutica *nf* hermeneutics *(singular)*
hermenéutico, -a *adj* hermeneutic
Hermes *n* MITOL Hermes
herméticamente *adv* hermetically; **~ cerrado** hermetically sealed
hermeticidad *nf (al aire)* airtightness; *(al agua)* watertightness
hermético, -a *adj* **-1.** *(al aire)* airtight, hermetic; *(al agua)* watertight, hermetic **-2.** *(persona)* uncommunicative; *(texto, comentario)* impenetrable
hermetismo *nm* **-1.** *(al aire)* airtightness; *(al agua)* watertightness **-2.** *(de persona)* uncommunicativeness; *(de texto, comentario)* impenetrability

hermosear *vt* to beautify, to make beautiful
hermosilla *nf* trachelium
hermoso, -a *adj* **-1.** *(bello) (paisaje, paseo, mujer)* beautiful, lovely; *(hombre)* handsome; **¡qué atardecer más ~!** what a beautiful o lovely sunset!
-2. *(grande)* **la casa tiene un salón muy ~** the house has a nice big living room; **cazaron un ~ ejemplar** they caught a really big one; **¡qué melones más hermosos!** what lovely big melons!
-3. *(noble)* kind; **fue un gesto muy ~** it was a very kind gesture
-4. *Fam (sano, fuerte)* strapping; *(gordo, grande)* plump; **el bebé está muy ~** he's a real bouncing baby; **con lo que come no me extraña que esté tan ~** it doesn't surprise me that he's so plump, considering how much he eats

hermosura *nf* **-1.** *(belleza)* beauty; *(de hombre)* handsomeness **-2.** *(persona, cosa)* **su hija es una hermosura** her daughter is really beautiful; **¡qué ~ de lago!** what a beautiful lake!

Hernán *n pr* **~ Cortés** Hernan Cortes
hernia *nf* hernia, rupture ◻ **~ discal** slipped disc, *Espec* herniated disc; **~ estrangulada** strangulated hernia; **~ de hiato** hiatus hernia; **~ inguinal** inguinal hernia

herniado, -a ◇ *adj* ruptured
◇ *nm,f* person suffering from a hernia
herniarse *vpr* **-1.** *(sufrir hernia)* to rupture oneself **-2.** *Fam Irónico* **¡cuidado, no te vayas a herniar!** careful! you don't want to strain yourself!

Herodes *n pr* Herod; [EXPR] *Fam Hum* **de ~ a Pilatos** out of the frying pan, into the fire
Heródoto, Herodoto *n pr* Herodotus
héroe *nm* hero
heroicamente *adv* heroically
heroicidad *nf* **-1.** *(cualidad)* heroism **-2.** *(hecho)* heroic deed; **atreverse a cuestionar al profesor fue una ~** it was heroic of her to question what the teacher said
heroico, -a *adj* heroic
heroína *nf* **-1.** *(mujer)* heroine **-2.** *(droga)* heroin
heroinomanía *nf* heroin addiction
heroinómano, -a *nm,f* heroin addict
heroísmo *nm* heroism
herpes *nm inv* herpes ◻ **~ genital** genital herpes; **~ simple** herpes simplex; **~ zóster** herpes zoster
herpesvirus *nm inv* MED herpes virus
herpético, -a *adj* MED herpetic
herrador, -ora *nm,f* blacksmith
herradura *nf* horseshoe
herraje *nm* iron fittings, ironwork
herramienta *nf* tool ◻ INFORMÁT **~ de autor** authoring tool
herrar [3] *vt* **-1.** *(caballo)* to shoe **-2.** *(ganado)* to brand
herrería *nf* **-1.** *(taller)* smithy, forge **-2.** *(oficio)* smithery, blacksmith's trade
herrerillo *nm* blue tit ◻ **~ capuchino** crested tit
herrerismo *nm* POL = philosophy/supporters of former Uruguayan president Luis Alberto de Herrera
herrerista POL ◇ *adj* = of/relating to the philosophy of former Uruguayan president Luis Alberto de Herrera
◇ *nm,f* = supporter of former Uruguayan president Luis Alberto de Herrera
herrero *nm* **-1.** *(herrador)* blacksmith, smith **-2.** *Am (de caballos)* horseshoer
herrete *nm* tag, metal tip *(of shoelace, etc)*
herrumbrarse *vpr* to rust, to go rusty
herrumbre *nf* **-1.** *(óxido)* rust **-2.** *(sabor)* **sabe a ~** it tastes of rusty metal
herrumbroso, -a *adj* rusty
hertz [χerts] *(pl* **hertzs**), **hertzio** [ˈχertsjo] *nm* hertz
hertziano, -a [χertˈsjano, -a] *adj* hertz
hervidero *nm* **-1.** *(de pasiones, intrigas)* hotbed; **el mercado bursátil es un ~ de rumores** the stock market is currently alive with rumours **-2.** *(de gente) (muchedumbre)* swarm, throng; **la sala era un ~ de periodistas** the hall was swarming with journalists; **durante el verano la ciudad se convierte en un ~ de gente** during the summer, crowds throng the streets of the city
hervido, -a ◇ *adj* boiled
◇ *nm Ven* = soup made with fish, chicken or beef and vegetables, usually served as a main course
hervidor *nm (para agua)* kettle; *(para leche)* milk pan
hervir [62] ◇ *vt* to boil
◇ *vi* **-1.** *(líquido)* to boil; **~ a fuego lento** to simmer; **~ a borbotones** to be at a rolling boil; **cuando empiece a ~** when it comes to the boil; [EXPR] **le hervía la sangre** his blood was boiling
-2. *(estar caliente)* to be boiling (hot); **esa sopa está hirviendo** that soup is boiling (hot)
-3. *(lugar)* **~ de** to swarm with; **la ciudad hierve de turistas** the city is swarming with tourists
-4. *(persona)* **~ de emoción** to be buzzing with excitement; **hervía de cólera** she was boiling with rage; **hiervo en deseos de decirle lo que pienso** I'm dying to tell him what I think

hervor nm -1. *(acción de hervir)* **dar un ~ a algo** to bring sth to the boil; **añadir las hierbas durante el ~** add the herbs while it's boiling -2. *(fogosidad)* fervour; **calentó hasta el ~ a su público** she whipped the audience up into a frenzy

herzegovino, -a ◇ *adj* Herzegovinan
◇ *nm,f* Herzegovinan

hetaira *nf* high-class prostitute

heterocigótico, -a *adj* BIOL heterozygous

heteróclito, -a *adj (heterogéneo)* heterogeneous

heterodoxia *nf* -1. REL heterodoxy -2. *(de método, ideas)* unorthodox nature

heterodoxo, -a ◇ *adj* -1. REL heterodox -2. *(método, ideas)* unorthodox
◇ *nm,f* -1. REL = person holding heterodox beliefs -2. *(en método, ideas)* unorthodox person; **es un ~** he is unorthodox

heterogeneidad *nf* heterogeneity

heterogéneo, -a *adj* heterogeneous; **un montón de objetos heterogéneos** a huge amount of all sorts of different things

heteromorfo, -a *adj* heteromorphous

heteronimia *nf* heteronymy

heterónimo *nm* heteronym

heterosexual ◇ *adj* heterosexual
◇ *nmf* heterosexual

heterosexualidad *nf* heterosexuality

heterótrofo *adj* BIOL heterotrophic

heurística *nf* heuristics *(singular)*

heurístico, -a *adj* heuristic

hevea *nm* hevea

hexadecimal *adj* INFORMÁT hexadecimal

hexaedro *nm* hexahedron, cube

hexagonal *adj* hexagonal

hexágono *nm* hexagon

hexámetro *nm* hexameter

hexasílabo, -a ◇ *adj* hexasyllabic
◇ *nm* hexasyllabic verse

hez *nf* -1. *(excremento)* dregs; **heces** faeces, excrement ❑ **heces fecales** faecal matter -2. **heces** *(del vino)* lees

Hezbolá *n* Hezbollah, Hizbollah

hg *(abrev de* **hectogramo***)* hg

hiato *nm* -1. GRAM hiatus -2. ANAT hiatus

hibernación *nf* -1. *(de animales)* hibernation -2. *(de personas)* cryogenic freezing

hibernar ◇ *vi* to hibernate
◇ *vt* to freeze cryogenically

hibisco *nm*, **hibiscus** *nm inv* hibiscus

hibridación *nf* hybridization

hibridar *vt* to hybridize

híbrido, -a ◇ *adj* -1. *(animal, planta)* hybrid -2. *(estilo)* hybrid
◇ *nm* -1. *(animal, planta)* hybrid -2. *(mezcla)* cross

hice *etc ver* **hacer**

hiciera *etc ver* **hacer**

hico *nm Carib,Col, Pan* = cord for suspending a hammock

hicotea *nf* hicatee

hidalgo, -a ◇ *adj* -1. *(noble)* noble -2. *(caballeroso)* courteous, gentlemanly
◇ *nm,f* nobleman, *f* noblewoman *(from the lower ranks of the nobility)*

hidalguense ◇ *adj* of/from Hidalgo (Mexico)
◇ *nm,f* person from Hidalgo (Mexico)

hidalguía *nf* -1. *(aristocracia)* lower ranks of the nobility -2. *(caballerosidad)* courtesy, chivalry

hidra *nf* -1. *(animal)* hydra -2. MITOL Hydra

hidrácido *nm* QUÍM hydrazide

hidrante *nm CAm,Carib* hydrant

hidratación *nf* -1. *(de la piel)* moisturizing; *(de persona)* rehydration -2. QUÍM hydration

hidratado, -a *adj* -1. *(piel)* moist -2. QUÍM hydrated

hidratante ◇ *adj* moisturizing
◇ *nm (crema, loción)* moisturizer

hidratar *vt* -1. *(piel)* to moisturize -2. QUÍM to hydrate

hidrato *nm* hydrate ❑ **~ de calcio** calcium hydrate; **~ de carbono** carbohydrate

hidráulica *nf* hydraulics *(singular)*

hidráulico, -a *adj* hydraulic

hídrico, -a *adj* **los recursos hídricos de una región** the water resources of a region; **la legislación en materia hídrica** the legislation governing rivers and lakes

hidroala *nm* hydrofoil

hidroavión *nm* seaplane, *US* hydroplane

hidrocálido, -a ◇ *adj* of/from Aguascalientes (Mexico)
◇ *nm,f* person from Aguascalientes (Mexico)

hidrocarburo *nm* hydrocarbon

hidrocefalia *nf* MED water on the brain, *Espec* hydrocephalus

hidrocefálico, -a *adj* MED hydrocephalic

hidrocéfalo, -a *adj* MED hydrocephalic

hidrocortisona *nf* hydrocortisone

hidrocultivo *nm* AGR hydroponics *(singular)*, aquiculture

hidrodinámica *nf* hydrodynamics *(singular)*

hidrodinámico, -a *adj* hydrodynamic

hidroelectricidad *nf* hydroelectricity

hidroeléctrico, -a *adj* hydroelectric; **central hidroeléctrica** hydroelectric power station

hidrófilo, -a *adj* -1. *(sustancia)* absorbent; **algodón ~** *Br* cotton wool, *US* cotton -2. BOT hydrophilous

hidrofobia *nf* rabies, hydrophobia

hidrófobo, -a *adj* rabid, hydrophobic

hidrofoil *nm* hydrofoil

hidrófugo, -a *adj (contra filtraciones)* waterproof; *(contra humedad)* damp-proof

hidrogenación *nf* QUÍM hydrogenation

hidrogenar *vt* QUÍM to hydrogenate

hidrógeno *nm* QUÍM hydrogen

hidrografía *nf* hydrography

hidrográfico, -a *adj* hydrographic(al)

hidrólisis *nf inv* QUÍM hydrolysis

hidrólito *nm* QUÍM hydrolyte

hidrolizado, -a *adj* QUÍM hydrolyzed

hidrolizar [14] *vt* QUÍM to hydrolyze

hidrología *nf* hydrology

hidrológico, -a *adj* hydrologic, hydrological; **un plan ~** a water management plan

hidromasaje *nm* whirlpool bath, Jacuzzi®; **bañera de ~** whirlpool bath, Jacuzzi®

hidromecánico, -a *adj* hydrodynamic, water-powered

hidrometría *nf* hydrometry

hidrómetro *nm* FÍS hydrometer

hidropesía *nf* MED dropsy

hidrópico, -a *adj* -1. MED dropsical -2. *Formal (sediento)* extremely thirsty

hidroplano *nm* -1. *(barco)* hydrofoil -2. *(avión)* seaplane

hidroponía *nf* hydroponics *(singular)*

hidropónico, -a *adj* **cultivo ~** hydroponics, aquiculture

hidrosfera *nf* hydrosphere

hidrosoluble *adj* water-soluble

hidrostática *nf* hydrostatics *(singular)*

hidrostático, -a *adj* hydrostatic

hidroterapia *nf* hydrotherapy

hidrotermal *adj* hydrothermal

hidrovía *nf Am* waterway

hidróxido *nm* QUÍM hydroxide ❑ **~ de calcio** calcium hydroxide

hidroxilo *nm* QUÍM hydroxyl

hidruro *nm* QUÍM hydride

hiedo *etc ver* **heder**

hiedra *nf* ivy

hiel *nf* -1. *(bilis)* bile; [EXPR] **echar o sudar la ~** to sweat blood -2. *(mala intención)* spleen, bitterness; **sus palabras destilaban ~** his words were dripping with venom -3. **hieles** *(sufrimientos)* trials; **las hieles de la derrota** the bitter taste of defeat

hielera *nf CSur, Méx* cool box, cooler

hielo ◇ *ver* **helar**
◇ *nm* -1. *(agua congelada)* ice; **un whisky con ~** a whisky on the rocks; **me lanzó una mirada de ~** she gave me a frosty o icy look; [EXPR] **quedarse de ~** to be stunned o speechless; [EXPR] **romper el ~** to break the ice ❑ **~ seco** dry ice -2. *(helada)* frost

hiena *nf* hyena ❑ **~ manchada** laughing hyena

hiendo *etc ver* **hender**

hierático, -a *adj* -1. *(expresión, actitud)* impassive -2. *(en arte)* hieratic

hieratismo *nm* -1. *(de expresión)* impassiveness -2. *(en arte)* hieratic style

hierba *nf* -1. *(planta)* plant; **mala ~** weed; [EXPR] *Fam* **ser mala ~** to be a nasty piece of work; [EXPR] *Fam* **y otras hierbas** and so on; [PROV] *Hum* **mala ~ nunca muere** ill weeds grow apace ❑ **~ limonera** lemon grass; **~ de las pampas** pampas grass; **~ de los pordioseros** traveller's joy -2. *(medicinal)* herb ❑ **hierbas medicinales** medicinal herbs -3. *(para condimentar)* herb; **a las finas hierbas** with herbs, aux fines herbes ❑ **hierbas aromáticas** aromatic herbs -4. *(césped)* grass; **hockey sobre ~** *Br* hockey, *US* field hockey ❑ **~ artificial** artificial turf o surface, Astroturf® -5. *Fam (marihuana)* grass

hierbabuena *nf* mint

hierbal *nm Chile* grassland, pasture

hierbaluisa *nf* lemon verbena

hiero *etc ver* **herir**

hierro ◇ *ver* **herrar**
◇ *nm* -1. *(metal)* iron; **una valla de ~** iron railings; **se enganchó en un ~** he got himself caught on a piece of metal; [EXPR] **tener una salud de ~** to have an iron constitution; [EXPR] **quitarle ~ a algo** to play sth down ❑ **~ colado** cast iron; **~ dulce** mild steel; **~ forjado** wrought iron; **~ fundido** cast iron; **~ laminado** sheet metal -2. *(de puñal)* blade; *(de flecha)* point; [PROV] **quien a ~ mata a ~ muere** he who lives by the sword dies by the sword -3. *(palo de golf)* iron; **un ~ del 5** a 5 iron; **un ~ corto/largo** a short/long iron -4. *(para marcar animales)* branding iron -5. *Fam (arma)* shooter, *US* piece

hiervo *etc ver* **hervir**

hi-fi ['ifi] *nf (abrev de* **high fidelity***)* hi-fi

higa *nf Fam* **¡me importa una ~!** I couldn't care less!

higadillo, higadito *nm* **higadillos de pollo** chicken livers

hígado *nm* liver; [EXPR] *Fam* **echar los hígados** to nearly kill oneself (with the effort); [EXPR] *Fam* **patear el ~: ese estofado me pateó el ~** that stew nearly did for me; *CSur Fam* **me patea el ~ que me mienta** it makes me sick when he lies to me like that; [EXPR] *Esp Fam* **me pone de ~ que...** it makes me sick that..; [EXPR] *Fam* **tener hígados** to have guts

higiene *nf* hygiene; **seguridad e ~** *(en el trabajo)* health and safety ❑ **~ bucal** oral hygiene; **~ dental** dental hygiene; **~ íntima** personal hygiene; **~ mental** mental health; **~ personal** personal hygiene

higiénico, -a *adj* -1. *(limpio)* hygienic -2. **papel ~** toilet paper; *Am* **toalla higiénica** sanitary towel

higienista *nmf* hygienist ❑ **~ dental** dental hygienist

higienización *nf* sterilization

higienizar [14] ◇ *vt* -1. *(acondicionar)* to improve hygiene in -2. *(limpiar)* to sanitize
➤ **higienizarse** *vpr RP Formal* to wash

higo *nm* fig; [EXPR] *Fam* **de higos a brevas** once in a blue moon; [EXPR] *Fam* **estar hecho un ~** *(persona)* to be wrecked; *(cosa)* to be falling apart; *(ropa)* to be all wrinkled ❑ **~ chumbo** prickly pear; **higos secos** dried figs

higrometría *nf* hygrometry

higrómetro *nm* hygrometer

higroscópico, -a *adj* hygroscopic

higuera *nf* fig tree; [EXPR] *Fam* **estar en la ~** to have one's head in the clouds ❑ **~ chumba** prickly pear

higueruela *nf* pitch trefoil

hijastro, -a *nm,f* stepson, *f* stepdaughter; **sus hijastros** her stepchildren

hijear *vi CAm, Méx* to shoot

hijo, -a ◇ *nm,f* -1. *(descendiente)* son, *f* daughter; **Alfonso Sánchez, ~** Alfonso Sánchez Junior; **estar esperando un ~** to be expecting (a baby); [EXPR] *Fam* **hacerle un ~ a alguien** to get sb pregnant; [EXPR] *Fam* **cualquier** o **todo ~ de vecino: nos gusta**

salir por la noche, como a cualquier o todo ~ de vecino like most people, we like going out in the evening; *Fam* **cualquier o todo ~ de vecino tiene derecho a trabajar** everyone, no matter who they are, has a right to work; EXPR *Fam Hum* **ser ~ de cristalero** o *RP* **vidriero: échate a un lado, que no eres ~ de cristalero** o *RP* **vidriero** move over a bit, I can't see through you!
❑ **~ adoptivo** adopted son; **hija adoptiva** adopted daughter; **~ bastardo** bastard son; **hija bastarda** bastard daughter; **~ biológico** biological son; **hija biológica** biological daughter; *Méx Vulg* **~ de la chingada** fucking bastard, motherfucker; *Méx Vulg* **hija de la chingada** fucking bitch; **Hijo de Dios** Son of God; *Méx Fam* **~ de la guayaba** pest; **Hijo del Hombre** Son of Man; **~ ilegítimo** illegitimate son; **hija ilegítima** illegitimate daughter; **~ legítimo** legitimate son; **hija legítima** legitimate daughter; *Fam Euf* **~ de su madre** *Br* beggar, *US* s.o.b.; **~ natural** illegitimate son; **hija natural** illegitimate daughter; *Fam Pey* **~ de papá**: **es un ~ de papá** daddy does everything for him; **este bar está lleno de hijos de papá** this bar is full of rich kids; *Vulg* **~ de perra** bastard; *Vulg* **hija de perra** bitch; **~ político** son-in-law; **hija política** daughter-in-law; **~ pródigo** prodigal son; *Vulg* **~ de puta** fucking bastard, motherfucker; *Vulg* **hija de puta** fucking bitch; *Vulg* **¡será ~ de puta!** he's a right fucking bastard!; *Méx Vulg* **~ de la tiznada** fucking bastard, motherfucker; *Méx Vulg* **hija de la tiznada** fucking bitch; **~ único** only son; **hija única** only daughter

-2. *(natural)* native ❑ **~ predilecto** = honorary title given by a city to a famous person born there or whose family comes from there

-3. *(como forma de dirigirse a alguien)* **¡~, no te pongas así!** don't be like that!; **¡pues ~, podrías haber avisado!** you could at least have told me, couldn't you?; **¡~, te lo he explicado ya veinte veces!** for heaven's sake, I must have explained it to you at least twenty times!; **¡hija mía, qué bruta eres!** God, you're stupid!; **¡~ mío, haz caso a los consejos de los mayores!** you should listen to the advice of your elders, son; **¡~, eres el colmo!** you really are the limit!

-4. *(resultado)* child; **los errores son hijos de la precipitación** mistakes are what comes of being too hasty
❑ *nm (hijo o hija)* child; **hijos** children; **no han tenido ningún ~** they don't have any children ❑ **~ adoptivo** adopted child; **~ bastardo** bastard child; **~ biológico** biological child; **~ ilegítimo** illegitimate child; **~ legítimo** legitimate child; **~ natural** illegitimate child; **~ no deseado** unwanted child; **~ único** only child
◇ *interj Méx Fam* **¡hijos!** wow!

híjole, híjoles *interj Méx* wow!

hijoputa *nmf Vulg* fucking bastard, motherfucker

HIJOS ['ixos] *nf (abrev de* Hijos por la Identidad y la Justicia, contra el Olvido y el Silencio*)* = organization founded by the children of those kidnapped (and presumably murdered) by the military governments of Argentina and Uruguay in the 1970s

hijuela *nf Andes, CRica (división territorial)* = plot forming a subdivision of an estate

hijuna *interj RP muy Fam (admiración)* son of a gun!; *(maldición) US* godammit!, *Br* bloody hell!

hilacha *nf* loose thread; EXPR *RP Fam* **mostrar la ~** to show one's true colours

hilachiento, -a, hilachento, -a *CSur* ◇ *adj* **-1.** *(prenda)* frayed **-2.** *(persona)* ragged
◇ *nm,f* ragged person; **un ~ a** a man dressed in rags

hilada *nf* row

hilado *nm* **-1.** *(actividad)* spinning **-2.** *(fibra)* yarn, thread

hilador, -ora *nm,f* spinner

hiladora *nf* spinning machine

hilandería *nf* **-1.** *(arte)* spinning **-2.** *(taller)* (spinning) mill

hilandero, -a *nm,f* spinner

hilar ◇ *vt* **-1.** *(hilo)* to spin; **la araña hiló una telaraña** the spider spun a web **-2.** *(ideas, planes)* to think up
◇ *vi* EXPR **~ delgado** o **muy fino**: **eso es ~ delgado** o **muy fino** that's splitting hairs; **voy a tener que ~ muy delgado** o **fino para que no rechace mi propuesta** I'm going to have to tread very carefully so he doesn't reject my proposal

hilarante *adj* hilarious; **gas ~** laughing gas

hilaridad *nf* hilarity; **la caída provocó la ~ de los asistentes** the fall gave rise to much hilarity among those present

hilatura *nf* **-1.** *(actividad)* spinning **-2.** *(fábrica)* spinning mill

hilera *nf (fila)* row, line; **en ~** in a row **-2.** TEC drawplate

hilio *nm* ANAT hilum, hilus

hilo *nm* **-1.** *(fibra, hebra)* thread; EXPR *Am* **al ~ in a row**; *Am* **me leí cinco libros al ~** I read five books one after the other o in a row; EXPR **colgar** o **pender de un ~** to be hanging by a thread; EXPR **mover los hilos** to pull some strings; **es él quien mueve los hilos de la empresa** he's the person who really runs the firm ❑ **~ de bramante** twine; **~ dental** *(para la boca)* dental floss; *Am (bañador)* G-string
-2. *(tejido)* linen; **un mantel de ~** a linen tablecloth
-3. *(cable)* wire; **sin hilos** wireless; EXPR **tener ~ directo con alguien** to have direct access to sb
-4. *(de agua, sangre)* trickle; **entraba un ~ de luz por la ventana** a thin shaft of light came in through the window; **apenas le salía un ~ de voz** he was barely able to speak
-5. MÚS **~ musical** piped music
-6. *(de pensamiento)* train; *(de discurso, conversación)* thread; **perder el ~** to lose the thread; **seguir el ~** to follow (the thread); **tomar** o **retomar el ~ (de la conversación)** to pick up the thread (of the conversation); **el ~ conductor del argumento de la película** the central strand of the film's plot; **al ~ de** *(a propósito de)* following on from; **esto viene al ~ de lo que dijimos ayer** this relates to what we were saying yesterday

hilván *nm* **-1.** *(costura) Br* tacking, *US* basting **-2.** *(hilo) Br* tacking stitch, *US* basting stitch **-3.** *Ven (dobladillo) (de traje, vestido)* hem; *(de pantalón) Br* turn-up, *US* cuff

hilvanado *nm Br* tacking, *US* basting

hilvanar *vt* **-1.** *(ropa) Br* to tack, *US* to baste **-2.** *(coordinar)* to piece together; **hilvanó sus argumentos en un discurso perfecto** he wove his arguments into a perfect speech **-3.** *(improvisar)* to throw together; **tuvieron que ~ una propuesta en el último minuto** they had to throw together a proposal at the last minute

Himalaya *nm* **el ~** the Himalayas

himen *nm* hymen

himeneo *nm Literario* wedding

himnario *nm* hymn book

himno *nm* **-1.** *(religioso)* hymn **-2.** *(en honor de algo)* anthem, hymn; **entonaron el ~ del colegio** they sang the school song ❑ **~ nacional** national anthem

hincada *nf Am* genuflection

hincapié *nm* **hacer ~ en** *(insistir)* to insist on; *(subrayar)* to emphasize, to stress; **hizo mucho ~ en ese punto** he laid stress o emphasis on that point

hincar [59] ◇ *vt* **-1.** *(introducir)* **~ algo en algo** to stick sth into sth; **hincó los postes en el suelo** he drove the posts into the ground; EXPR *Fam* **~ el diente a algo** *(a comida)* to sink one's teeth into sth; *(a trabajo, proyecto)* to tackle sth, to get one's teeth into sth
-2. *(apoyar)* to set (firmly); EXPR *Fam* **~ los codos** *(estudiar)* to study hard; **si quieres aprobar, vas a tener que ~ los codos** if you want to pass you're going to have to roll up your sleeves and do some serious studying

◆ **hincarse** *vpr* **se hincó ante el altar** he knelt before the altar; **hincarse de rodillas** to fall to one's knees

hincha ◇ *adj RP Fam (fastidioso, pesado)* boring
◇ *nmf* **-1.** *(seguidor)* fan **-2.** *RP Fam (fastidioso, pesado)* pain, bore
◇ *nf Esp (rabia)* **tener ~ a alguien** to have it in for sb

hinchable *adj* inflatable

hinchabolas, hinchahuevos, hinchapelotas *RP muy Fam* ◇ *adj inv (fastidioso, pesado)* **no seas ~, ya te dije que no** stop being such a pain in the *Br* arse *o US* ass, I've already said no
◇ *nmf inv (pesado)* pain in the *Br* arse *o US* ass

hinchada *nf* **-1.** *(afición)* fans **-2.** *Am (genuflexión)* genuflection **-3.** *Ven (pinchazo)* prick

hinchado, -a *adj* **-1.** *(rueda, globo)* inflated **-2.** *(cara, tobillo)* swollen **-3.** *(engreído) (persona)* bigheaded, conceited; *(lenguaje, estilo)* bombastic

hinchahuevos = **hinchabolas**

hinchapelotas = **hinchabolas**

hinchar ◇ *vt* **-1.** *(soplando)* to blow up, to inflate; *(con bomba)* to pump up; *Esp Fam* **lo hincharon a palos** they beat him till he was black and blue; EXPR *Esp Fam* **ya me está hinchando las narices** he's beginning to get up my nose
-2. *(exagerar)* to blow up, to exaggerate
-3. *RP Fam (fastidiar)* **no me hinches** stop bugging me; **no (me) hinches la paciencia** don't push your luck; EXPR *muy Fam* **~ las pelotas** *o* **las bolas** *o* **los huevos a alguien** *Br* to get on sb's tits, *US* to bust sb's balls; **dejá de ~ las pelotas** *o* **las bolas** *o* **los huevos** stop being such a pain in the *Br* arse *o US* ass
◇ *vi* **-1.** *CSur Fam* **~ por** *(ser fan de)* to support **-2.** *RP Fam (molestar)* to be a pest; **¡no hinches!** stop being a pest!

◆ **hincharse** *vpr* **-1.** *(de aire)* to inflate; **el globo se hinchó en pocas horas** the balloon was inflated in a few hours
-2. *(pierna, mano)* to swell (up); **se me ha hinchado el brazo** my arm has swollen (up)
-3. *(persona)* to get puffed up; **siempre que habla de sus títulos se hincha** she gets all puffed up whenever she talks about her qualifications
-4. *(hartarse)* **se hinchó a comer** she stuffed herself; **nos hinchamos de paella** we stuffed ourselves with paella; **nos hinchamos de reír** we laughed ourselves silly

hinchazón *nf* swelling; **ya está bajando la ~** the swelling is already going down

hinchiera *etc ver* **henchir**

hincho *etc ver* **henchir**

hindi *nm* Hindi

hindú *(pl* **hindúes***)* ◇ *adj* **-1.** *(de la India)* Indian **-2.** REL Hindu
◇ *nmf* **-1.** *(de la India)* Indian **-2.** REL Hindu

hinduismo *nm* Hinduism

hinduista ◇ *adj* Hindu
◇ *nmf* Hindu

hiniesta *nf* broom *(plant)*

hinojo *nm* fennel

hinojos: de hinojos *loc adv Literario* on bended knee; **hincarse de ~** to fall to one's knees

hip *interj* **-1.** *(hipido)* hic! **-2. ¡~! ¡~! ¡hurra!** *(vítores)* hip, hip, hooray!

hipar *vi* to hiccup

híper *nm inv Fam* hypermarket

hiper- *pref Fam (muy)* mega-; **me ha salido hipercaro** it was mega-expensive; **¡es hiperguapo!** he's a real dish!

hiperactividad *nf* hyperactivity

hiperactivo, -a *adj* hyperactive

hipérbaton *(pl* **hipérbatos** *o* **hiperbatones)** *nm* LIT hyperbaton

hipérbola *nf* MAT hyperbola

hipérbole *nf* hyperbole

hiperbólico, -a *adj* **-1.** MAT hyperbolic **-2.** LIT hyperbolic

hipercolesterolemia *nf* MED **tener ~** to have excessive cholesterol

hipercorrección nf hypercorrection
hipercrítico, -a ◇ adj hypercritical
◇ nm,f hypercritical person; **es un ~** he is hypercritical
hiperenlace nm INFORMÁT hyperlink
hiperespacio nm INFORMÁT hyperspace
hiperestesia nf MED hyperaesthesia
hiperfunción nf MED = increase in normal rate of functioning
hiperglicemia nf Am MED hyperglycaemia
hiperglicémico, -a adj Am MED hyperglycaemic
hiperglucemia nf MED hyperglycaemia
hiperglucémico, -a adj MED hyperglycaemic
hipérico nm Saint John's wort
hiperinflación nf ECON hyperinflation
hipermedia nf INFORMÁT hypermedia
hipermercado nm hypermarket
hipermétrope ◇ adj long-sighted
◇ nmf long-sighted person; **es un ~** he's long-sighted
hipermetropía nf long-sightedness, Espec hypermetropia, US hypertropia
hiperón nm FÍS hyperon
hiperplasia nf MED hyperplasia
hiperrealismo nm ARTE hyperrealism
hiperrealista ARTE ◇ adj hyperrealist
◇ nmf hyperrealist
hipersensibilidad nf hypersensitivity (**a** to)
hipersensible adj hypersensitive (**a** to)
hipersónico, -a adj hypersonic
hipertensión nf ~ **(arterial)** high blood pressure, Espec hypertension
hipertenso, -a ◇ adj with high blood pressure, Espec hypertensive
◇ nm,f person with high blood pressure, Espec hypertensive
hipertermia nf MED hyperthermia
hipertexto nm INFORMÁT hypertext
hipertextual adj INFORMÁT **enlace ~** hypertext link
hipertiroidismo nm MED hyperthyroidism
hipertrofia nf **-1.** MED hypertrophy **-2.** (de empresa) overexpansion
hipertrofiar ◇ vt MED to over-develop
♦ hipertrofiarse vpr **-1.** MED to become over-developed, Espec to hypertrophy **-2.** (empresa) to grow too big
hiperventilación nf MED hyperventilation
hiperventilar vi MED to hyperventilate
hipervitaminosis nf inv MED hypervitaminosis
hip-hop ['χipχop] nm hip-hop
hípica nf **-1.** (carreras) horseracing **-2.** (concursos de saltos) show jumping
hípico, -a adj **-1.** (de las carreras) **carrera hípica** horserace; **el mundo ~** the horseracing world **-2.** (de los concursos de saltos) show jumping; **concurso ~** show jumping event
hipido nm hiccup, hiccough
hipismo nm horseracing
hipnosis nf inv hypnosis
hipnoterapia nf hypnotherapy
hipnótico, -a ◇ adj hypnotic
◇ nm hypnotic, narcotic
hipnotismo nm hypnotism
hipnotización nf hypnotizing
hipnotizador, -ora ◇ adj **-1.** (de la hipnosis) hypnotic **-2.** (fascinante) spellbinding, mesmerizing
◇ nm,f hypnotist
hipnotizar [14] vt **-1.** (dormir) to hypnotize **-2.** (fascinar) to mesmerize
hipo nm hiccups; **tener ~** to have (the) hiccups; EXPR Fam **quitar el ~:** el volumen de trabajo que tenemos es como para quitar el ~ we're really snowed under with work; **se ha comprado una casa que quita el ~** she's bought an awesome new house
hipo- pref hypo-
hipoacusia nf MED hearing loss, Espec hypoacousis
hipoacúsico, -a MED ◇ adj **ser ~** to suffer from hearing loss
◇ nm,f **ser un ~** to suffer from hearing loss

hipoacústico, -a adj (aparato, teléfono) for the hard of hearing
hipoalergénico, -a, hipoalérgico, -a adj hypoallergenic
hipocalórico, -a adj (alimento, dieta) low-calorie
hipocampo nm (caballito de mar) seahorse
hipocentro nm hypocentre, focus
hipocondría nf hypochondria
hipocondriaco, -a ◇ adj hypochondriac
◇ nm,f hypochondriac
hipocorístico nm LING hypocorism
Hipócrates n pr Hippocrates
hipocrático, -a adj **juramento ~** Hippocratic oath
hipocresía nf hypocrisy
hipócrita ◇ adj hypocritical; **es muy ~** she's a real hypocrite, she's really hypocritical
◇ nmf hypocrite
hipócritamente adv hypocritically
hipodérmico, -a adj hypodermic
hipódromo nm racecourse, racetrack
hipófisis nf inv ANAT pituitary gland, Espec hypophysis
hipofunción nf MED = decrease in normal rate of functioning
hipogeo nm (sepultura) underground tomb
hipoglicemia nf Am MED hypoglycaemia
hipoglicémico, -a adj Am MED hypoglycaemic
hipoglucemia nf MED hypoglycaemia
hipoglucémico, -a adj MED hypoglycaemic
hipología nf study of horses
hipónimo nm LING hyponym
hipopótamo nm hippopotamus
hipóstasis nf inv hypostasis
hipotálamo nm ANAT hypothalamus
hipotaxis nf inv GRAM hypotaxis
hipoteca nf mortgage; **levantar una ~** to pay off a mortgage; **sobre su casa pesa una ~** they took out a mortgage to buy the house ❑ **~ a interés fijo** fixed-rate mortgage; **~ a interés variable** variable-rate mortgage
hipotecable adj mortgageable
hipotecar [59] vt **-1.** (bienes) to mortgage **-2.** (poner en peligro) **hipotecó su futuro con esa decisión** he mortgaged his future with that decision; **está hipotecando su salud con tantos excesos** all his excesses are putting his health at risk
hipotecario, -a adj mortgage; **crédito ~** mortgage (loan)
hipotensión nf low blood pressure
hipotenso, -a ◇ adj with low blood pressure, Espec hypotensive
◇ nm,f person with low blood pressure, Espec hypotensive
hipotensor nm hypotensive drug
hipotenusa nf GEOM hypotenuse
hipotermia nf MED hypothermia
hipótesis nf inv hypothesis ❑ **~ de trabajo** working hypothesis
hipotéticamente adv hypothetically
hipotético, -a adj hypothetic, hypothetical; **en el caso ~ de que se produjera una inundación** in the hypothetical case of there being a flood
hipotiroidismo nm MED hypothyroidism
hipotonía nf MED hypotonia
hippy, hippie ['χipi] (pl **hippies**) ◇ adj hippy
◇ nmf hippy
hiriente adj (palabras) hurtful, cutting
hiriera etc ver **herir**
Hiroshima [iro'ʃima] n Hiroshima
hirsutismo nm MED hirsutism
hirsuto, -a adj **-1.** (cabello) wiry; (brazo, pecho) hairy **-2.** (persona) gruff, surly
hirviente adj boiling
hirviera etc ver **hervir**
hisopo nm **-1.** REL aspergillum, sprinkler **-2.** (planta) hyssop **-3.** Chile (brocha de afeitar) shaving brush
hispalense ◇ adj Sevillian
◇ nmf Sevillian
Hispania n HIST Hispania

hispánico, -a adj **-1.** (de España) Hispanic **-2.** HIST (de Hispania) Hispanic **-3.** (hispanohablante) Spanish-speaking; **el mundo ~** the Spanish-speaking world
hispanidad nf **-1.** (cultura) Spanishness **-2. la ~** (pueblos) the Spanish-speaking world
hispanismo nm **-1.** (palabra, expresión) Hispanicism **-2.** (afición) = interest in or love of Spain
hispanista nmf Hispanist, student of Hispanic culture
hispanizar ◇ vt to hispanize
♦ hispanizarse vpr to become hispanized
hispano¹, -a ◇ adj **-1.** (español) Spanish **-2.** (hispanoamericano) Spanish-American; (en Estados Unidos) Hispanic
◇ nm,f **-1.** (español) Spaniard **-2.** (hispanoamericano) Spanish American; (estadounidense) Hispanic
hispano-² pref Hispano-, Spanish-; **~-francés** Franco-Spanish, Spanish-French
Hispanoamérica n Spanish America
hispanoamericano, -a ◇ adj Spanish-American
◇ nm,f Spanish American
hispanoárabe ◇ adj Hispano-Arabic
◇ nmf Spanish Arab
hispanofilia nf Hispanophilia
hispanófilo, -a ◇ adj Hispanophile
◇ nm,f Hispanophile
hispanofobia nf Hispanophobia
hispanófobo, -a ◇ adj Hispanophobic
◇ nm,f Hispanophobe
hispanohablante ◇ adj Spanish-speaking
◇ nmf Spanish speaker
hispanojudío, -a ◇ adj Spanish-Jewish
◇ nm,f Spanish Jew
hispanoparlante ◇ adj Spanish-speaking
◇ nmf Spanish speaker
hispanorromano adj Hispano-Roman
histamina nf BIOQUÍM histamine
histerectomía nf MED hysterectomy
histeria nf hysteria; **le dio** o **sufrió un ataque de ~** he had (an attack of) hysterics; **~ colectiva** mass hysteria
histérico, -a ◇ adj **-1.** PSI hysterical **-2.** Fam (nervioso) **estar ~** to be a bag o bundle of nerves; **ponerse ~** to get in a flap; **ese ruido me pone ~** that noise really gets on my nerves
◇ nm,f **-1.** PSI hysteric **-2.** Fam (nervioso) **es una histérica** she's always getting in a flap
histerismo nm hysteria
histerotomía nf MED hysterotomy
histocompatibilidad nf MED histocompatibility
histograma nm histogram
histología nf histology
histológico, -a adj histological
histólogo, -a nm,f histologist
histopatología nf MED histopathology
histopatológico, -a adj MED histopathological
historia nf **-1.** (ciencia) history; **un profesor/libro de ~** a history teacher/book; **~ de la ciencia/literatura** history of science/literature; **he comprado una ~ de Grecia** I've bought a history of Greece; **ha sido la mayor catástrofe de la ~** it was the worst disaster in history; EXPR **hacer ~** to make history; EXPR **pasar a la ~: una victoria que pasará a la ~** a victory that will go down in history; **el cine mudo ya pasó a la ~** silent movies are now a thing of the past ❑ **~ antigua** ancient history; **~ del arte** art history; **~ contemporánea** = modern history since the French revolution; **~ económica** economic history; **~ medieval** medieval history; **~ moderna** = history of the period between 1492 and the French Revolution; **~ natural** natural history; **~ oral** oral history; **~ política** political history; **~ sagrada** biblical history; **~ universal** world history
-2. (narración) story; **una ~ de amor/fantasmas** a love/ghost story; **una ~ real** a true story; **nos contó varias historias de su viaje a Rusia** she told us several stories

about her trip to Russia; **es siempre la misma ~** it's the same old story; **es una ~ larga de contar** it's a long story

-**3.** *Fam (excusa, enredo)* story; **¡déjate de historias!** that's enough of that!; **no me vengas ahora con historias** don't give me that!, you don't expect me to believe that, do you?; **es siempre la misma ~** it's always the same old story

-**4.** *Fam (asunto)* **a mí no me enredes en tus historias** don't drag me into your problems; **está metido en una ~ muy turbia** he's involved in a very shady business; **está metido en una ~ de drogas** he's mixed up in something to do with drugs

-**5.** *Fam (amorosa)* fling; **tener una ~ con alguien** to have a fling with sb
-**6. ~ clínica** medical o case history
historiado, -a *adj* gaudy
historiador, -ora *nm,f* historian
historial *nm* -**1.** *(ficha)* record ❏ **~ clínico** medical o case history o **médico** medical o case history -**2.** *(historia)* history; **tiene un ~ de fracasos** she has a history of failure
historiar *vt (relatar)* to tell the story of, to narrate
históricamente *adv* historically
historicidad *nf* historicity, historical authenticity
historicismo *nm* historicism
historicista *adj* historicist
histórico, -a *adj* -**1.** *(de la historia)* historical; **una novela histórica** a historical novel; **el legado ~ de los romanos** the historical legacy of the Romans; **el centro ~ de una ciudad** the historic centre of a city; **el dólar alcanzó ayer su máximo ~** the dollar climbed to an all-time high yesterday
-**2.** *(importante)* historic; **un acuerdo ~** an historic agreement
-**3.** *(veterano)* veteran; **uno de los líderes históricos del partido** one of the party's veteran leaders
historieta *nf* -**1.** *(tira cómica)* comic strip -**2.** *(chiste)* funny story, anecdote
historiografía *nf* historiography
historiógrafo, -a *nm,f* historiographer
histrión *nm* -**1.** *(actor)* actor -**2.** *(persona afectada)* play-actor
histriónico, -a *adj* histrionic
histrionismo *nm* histrionics
hit [χit] *(pl* **hits**) *nm* -**1.** *(musical)* hit ❏ **~ parade** hit parade -**2.** *(en béisbol)* hit
hitita ◇ *adj* Hittite
◇ *nmf* Hittite
hitleriano, -a [χitle'rχano, -a] ◇ *adj* Hitlerian, Hitler; **el régimen ~** the Hitler regime; **la Alemania hitleriana** Hitler's Germany
◇ *nm,f* Hitlerite
hito *nm* -**1.** *(poste)* milestone; EXPR **mirar a alguien de ~ en ~** to stare at sb -**2.** *(suceso)* milestone; **un descubrimiento que marcará un ~ en la lucha contra el cáncer** a landmark discovery in the fight against cancer
hizo *ver* hacer
hl *(abrev de* **hectolitro**) hl
hm *(abrev de* **hectómetro**) hm
hnos. *(abrev de* **hermanos**) bros
hoatzín *nm* hoatzin
hobby ['χoβi] *(pl* **hobbys** o **hobbies**) *nm* hobby
hocicar ◇ *vt (cerdo)* to root among
◇ *vi* -**1.** *(cerdo)* to root around -**2.** *Hum (persona)* to fall flat on one's face
hocico *nm* -**1.** *(de perro, zorro)* muzzle; *(de gato, ratón)* nose; *(de cerdo)* snout
-**2.** *Fam (de personas) (boca)* rubber lips; *(cara)* mug; EXPR **caer de hocicos** to fall flat on one's face; EXPR **meter los hocicos en algo: siempre está metiendo los hocicos donde le llaman** he's always sticking his nose into other people's business; EXPR **partir el ~: como no te calles te voy a partir el ~** if you don't shut up I'm going to smash your face in; EXPR **torcer el ~** to pull a face
hocicón, -ona ◇ *adj* -**1.** *(animal)* big-snouted -**2.** *Méx Fam (hablador)* **ser ~** to have a big mouth
◇ *nm,f Méx Fam (hablador)* bigmouth

hocicudo, -a *adj (animal)* big-snouted
hociquera *nf Perú* muzzle
hockey ['χokei] *nm* hockey ❏ **~ sobre césped** *Br* hockey, *US* field hockey; **~ sobre hielo** *Br* ice hockey, *US* hockey; **~ sobre hierba** *Br* hockey, *US* field hockey; **~ sobre patines** roller hockey
hoco *nm* great curassow
hogaño *adv Literario (este año)* this year; *(actualmente)* nowadays
hogar *nm* -**1.** *(de chimenea)* fireplace; *(de horno, cocina)* grate; **pasaron la tarde al calor del ~** they spent the whole afternoon in front of the hearth
-**2.** *(domicilio)* home; **las tareas del ~** the housework; **trabajaba como empleada del ~** she worked as a maid; **su marido trabaja fuera y ella se ocupa del ~** her husband goes out to work and she's a housewife; **en más de la mitad de los hogares del país** in more than half of the households in the country; **el consumo medio por ~ subió un 3 por ciento** average consumption per household o family rose by 3 percent; **aquí me siento como en mi propio ~** I feel at home here; **el problema de los jóvenes sin ~** the problem of young homeless people; EXPR **~ dulce ~** home sweet home ❏ **~ del jubilado** o **pensionista** = social centre for elderly people
-**3.** *(familia)* family; **quiere casarse y formar un ~** she wants to get married and start a family
-**4.** *(asignatura)* home economics *(singular)*
hogareño, -a *adj* -**1.** *(persona)* **es una persona hogareña** she enjoys family life -**2.** *(tarea, economía)* domestic; *(ambiente)* family; **ambiente ~** family atmosphere; **la paz hogareña** domestic bliss
hogaza *nf* large round loaf
hoguera *nf* bonfire; **morir en la ~** to be burned at the stake
hoja *nf* -**1.** *(de planta)* leaf; *(de hierba)* blade ❏ **~ caduca** deciduous leaf; **árbol de ~ caduca** deciduous tree; **~ de coca** coca leaf; **~ dentada** dentate leaf; **~ de parra** vine leaf; *(en arte)* fig leaf; **~ perenne** perennial leaf; **árbol de ~ perenne** evergreen (tree)
-**2.** *(de papel)* sheet (of paper); *(de libro)* page; **¿tienes una ~ suelta?** do you have a sheet of paper?; **volver la ~** to turn the page; *(cambiar de tema)* to change the subject ❏ **~ informativa** *(de gobierno, asociación)* fact sheet; *(entregada en la calle)* flyer; *(boletín)* newsletter; **~ parroquial** parish newsletter; COM **~ de pedido** order form; **~ de reclamación** complaint form; **~ de ruta** waybill; **~ de servicios** record (of service), track record; Col **~ de vida** curriculum vitae, *US* résumé
-**3.** *(de cuchillo)* blade ❏ **~ de afeitar** razor blade
-**4.** *(de puertas, ventanas)* leaf
-**5.** INFORMÁT **~ de cálculo** spreadsheet; **~ de estilos** style sheet
-**6.** *(lámina)* sheet, foil ❏ **~ de lata** tin plate
hojalata *nf* tin plate
hojalatería *nf* -**1.** *(tienda artesana)* tinsmith's -**2.** *Méx (chapistería) (lugar)* body shop; *(actividad)* panel beating
hojalatero, -a *nm,f* -**1.** *(artesano)* tinsmith -**2.** *Méx (chapista)* panel beater
hojaldrado, -a *adj* puff; **masa hojaldrada** puff pastry
hojaldre *nm* puff pastry
hojarasca *nf* -**1.** *(hojas secas)* (dead) leaves; *(frondosidad)* tangle of leaves -**2.** *(palabrería)* waffle
hojear *vt* to leaf through
hojilla *nf Ven (razor)* blade
hojuela *nf* -**1.** *(masa frita)* pancake -**2.** *Cuba, Guat (hojaldre)* puff pastry
hola *interj* -**1.** *(saludo)* hello! -**2.** *(expresión de sorpresa, admiración)* **¡~, menudo coche!** hey, that's some car! -**3.** *RP (al teléfono)* hello?
holá *interj RP (al teléfono)* hello?
Holanda *n* Holland

holandés, -esa ◇ *adj* Dutch
◇ *nm,f (persona)* Dutchman, *f* Dutchwoman; **los holandeses** the Dutch ❏ MITOL **el ~ errante** the Flying Dutchman
◇ *nm (lengua)* Dutch
holandesa *nf (hoja de papel)* = piece of paper measuring 22 x 28cm
holding ['χoldin] *(pl* **holdings**) *nm* COM holding company
holgadamente *adv* -**1.** *(ampliamente)* **cabemos todos ~** we can all fit in easily; **triunfaron ~** they won easily; **cumplió ~ lo que prometió** he more than fulfilled his promise, he did what he had promised and more; **la abstención sobrepasó ~ el 60 por ciento** well over 60 percent abstained
-**2.** *(con bienestar)* comfortably, easily; **viven ~** they live comfortably, they are comfortably off
holgado, -a *adj* -**1.** *(ropa)* baggy, loose-fitting; **los pantalones me están muy holgados** the trousers are very loose on me
-**2.** *(habitación, espacio)* roomy; **en los asientos de atrás cabemos cuatro holgados** there's (more than enough) room for four of us in the back seat
-**3.** *(victoria, situación)* comfortable; **gobernará con una holgada mayoría** he will govern with an ample o comfortable majority; **vamos holgados de tiempo** we're fine for time, we've got plenty of time
-**4.** *(económicamente)* comfortable; **están en una posición muy ~** they're very comfortably off
holganza *nf* idleness
holgar [16] *vi* -**1.** *(estar ocioso)* to be idle, to be taking one's ease; **pasamos las horas holgando** we spend the time lazing around
-**2.** *(sobrar)* to be unnecessary; **dado su comportamiento, huelgan los comentarios** as far as his behaviour is concerned, what can I say?; **huelga decir que...** needless to say...
holgazán, -ana ◇ *adj* idle, lazy
◇ *nm,f* layabout, lazybones
holgazanear *vi* to laze about
holgazanería *nf* idleness, laziness
holgura *nf* -**1.** *(de ropa)* bagginess, looseness -**2.** *(entre piezas)* play, give -**3.** *(comodidad)* **vencieron con ~** they won easily -**4.** *(bienestar)* **vivir con ~** to be comfortably off; **ahora que tenemos dos sueldos viviremos con más ~** we'll be able to live more comfortably now we've got two salaries coming in
holístico, -a *adj* holistic
hollado, -a *adj* trodden
hollar [63] *vt* to tread (on); **la primera persona en ~ la superficie de la Luna** the first person to walk on the surface of the moon
hollejo *nm* skin *(of grape, olive)*
hollín *nm* soot
hollinar *vt Chile* to cover with soot
hollywoodiense [χoliβu'djense] *adj* Hollywood; **la vida ~** life in Hollywood, the Hollywood scene
holmio *nm* QUÍM holmium
holocausto *nm* -**1.** *(sacrificio)* burnt offering -**2.** *(desastre)* holocaust; **un ~ nuclear** a nuclear holocaust -**3.** HIST **el Holocausto** the Holocaust
holoceno GEOL ◇ *adj* Holocene
◇ *nm* **el ~** the Holocene (period)
holografía *nf* holography
holográfico, -a *adj* holographic
hológrafo, -a ◇ *adj* holographical
◇ *nm* holograph
holograma *nm* hologram
holoturia *nf* sea cucumber
hombrada *nf* **hicieron la ~ de subir el piano entre los dos** they heroically carried the piano up between the two of them
hombre ◇ *nm* -**1.** *(varón adulto)* man; **ropa de ~** menswear; **el ~ blanco** white men; **paseaba del brazo de su ~** she walked along arm in arm with her man; **un pobre ~** a nobody; **¡pobre ~!** poor guy!; **¡~ al agua!** man overboard!; **de ~ a ~** man to man; **el ~ es un lobo para el ~** man is a wolf

to man; EXPR **como un solo ~: los trabajadores defendieron a su compañera como un solo ~** the workers defended their colleague as one; EXPR **hacer ~ a alguien: el ejército no lo hizo un ~** the army failed to make a man of him; EXPR **ser ~: da la cara si eres ~** show your face if you're a man; EXPR **ser ~ muerto: si me descubren, soy ~ muerto** if they find me out, I'm a dead man; **¡arroja el arma o eres ~ muerto!** throw down your weapon or you're a dead man!; EXPR **ser muy ~** to be a (real) man; **te crees muy ~, ¿no?** you think you're a big man, don't you?; EXPR *Fam* **ser un ~ de pelo en pecho** to be a real man, to be every inch a man; EXPR **ser todo un ~** to be a real man, to be every inch a man; PROV **el ~ y el oso, cuanto más feos más hermosos** people often prefer brawn to classical good looks; PROV **~ precavido o prevenido vale por dos** forewarned is forearmed; PROV **el ~ propone y Dios dispone** Man proposes and God disposes ❑ **~ de acción** man of action; **~ anuncio** sandwich-board man; **~ de bien** honourable man; **el ~ de la calle** the man in the street; **el ~ de las cavernas** cavemen; **~ de ciencias** man of science; **~ de confianza** right-hand man; **~ de Cromañón** Cro-magnon man; **~ de Estado** statesman; **~ de familia** family man; **~ fuerte** strongman; **el ~ fuerte del régimen** the strongman of the regime; **~ de iglesia** man of the cloth; **el ~ invisible** the invisible man; **~ de letras** man of letters; **~ lobo** werewolf; **~ de mar** seaman, sailor; **~ de mundo** man of the world; **~ de Neanderthal** Neanderthal man; **~ de negocios** businessman; **el ~ de las nieves** the abominable snowman; **~ objeto: me tratan como a un ~ objeto** they treat me as a sex object; **~ orquesta** one-man band; **~ de paja** front (man), *US* straw man; **~ de palabra: es un ~ de palabra** he's a man of his word; **el ~ de a pie** the man in the street; **~ público** public figure; **~ rana** frogman; *Fam* **el ~ del saco** the bogeyman; **~ del tiempo** weatherman -**2. el ~** *(la humanidad)* man, mankind; **la evolución del ~** the evolution of mankind
◇ *interj* -**1.** *Esp (como apelativo)* **¡~! ¡qué alegría verte!** (hey,) how nice to see you!; **¿te acuerdas de Marisol?, ¡sí, ~, nuestra compañera de clase!** do you remember Marisol? You know, she was at school with us!; **¿me acercas a casa? – sí, ~** can you give me a *Br* lift *o US* ride home? – sure; **¡sí, ~, que ya voy!** all right, all right, I'm coming!; **~, ¡qué pena!** oh, what a shame!; **pero ~, no te pongas así** oh, don't be like that!; **~, no es exactamente mi plato favorito, pero...** well, it's not exactly my favourite dish, but...; **¡~ Pepe, tú por aquí!** hey, Pepe, fancy seeing you here!
-**2.** *Méx Fam* **n' ~** *(uso enfático)* **¿cómo les fue? – n' ~, nos lo pasamos súper-bien** how did it go? – man, we had a blast!; **n' ~, no vayas a ver esa película, es aburridísima** god no, don't go to that movie *o Br* film, it's unbelievably boring

hombrear *vi Méx* to act the man
hombrera *nf* -**1.** *(de traje, vestido)* shoulder pad -**2.** *(de uniforme)* epaulette
hombrerío *nm Am* crowd *o* bunch of men
hombría *nf* manliness
hombrillo *nm Ven (arcén) (de autopista) Br* hard shoulder, *US* shoulder; *(de carretera)* verge
hombro *nm* shoulder; **al ~** across one's shoulder; **llevaba la caja al ~** he carried the box on his shoulder; **a hombros** over one's shoulders; **sacaron al torero a hombros** they carried the bullfighter out shoulder-high; **una camiseta sin hombros** a strapless top; **la chaqueta me queda ancha de hombros** this jacket is too wide in the shoulder, the shoulders are too wide on this jacket; EXPR **arrimar el ~** to lend a hand; **encogerse de hombros** to shrug one's shoulders; EXPR **hacer algo ~ con ~**

to do sth together; EXPR **mirar por encima del ~ a alguien** to look down one's nose at sb
hombruno, -a *adj (mujer)* masculine-looking, mannish; *(rasgo, voz)* masculine
homeless ['χomles] *nm inv* homeless person
homenaje *nm* -**1.** *(tributo) (en honor de alguien)* tribute; *(al soberano)* homage; **en ~ de** *o* **a** in honour of, as a tribute to; **rendir ~ a** to pay tribute to -**2.** *(acto)* ceremony, celebration; **dedicaron un ~ al poeta galardonado** they held a ceremony *o* organized a celebration in honour of the award-winning poet; **partido (de) ~** testimonial (match)
homenajeado, -a ◇ *adj* honoured
◇ *nm,f* guest of honour
homenajear *vt* to pay tribute to, to honour
homeópata *nmf* homeopath
homeopatía *nf* homeopathy
homeopático, -a *adj* homeopathic
homeostasis *nf inv* BIOL homeostasis
homeotermo, -a, homotermo,-a *adj* BIOL warm-blooded, *Espec* homeothermic
homérico, -a *adj* -**1.** LIT Homeric -**2.** *Am (enorme)* epic
Homero *n pr* Homer
homicida ◇ *adj (agresión, mirada, intención)* murderous; **arma ~** murder weapon
◇ *nmf* murderer
homicidio *nm* homicide, murder ❑ **~ involuntario** manslaughter
homilía *nf* REL homily, sermon
homínido *nm* hominid
Homo, homo *nm* Homo ❑ **~ erectus** Homo erectus; **~ hábilis** Homo habilis; **~ sapiens** Homo sapiens
homocigótico, -a *adj* BIOL **gemelos homocigóticos** identical twins, *Espec* homozygotic twins
homoeroticismo *nm* homoeroticism
homoerótico, -a *adj* homoerotic
homofilia *nf* homophilia
homofobia *nf* homophobia
homofóbico, -a *adj* homophobic
homófobo, -a ◇ *adj* homophobic
◇ *nm,f* homophobe
homofonía *nf* LING homophony
homófono, -a LING ◇ *adj* homophonic
◇ *nm* homophone
homogeneidad *nf* homogeneity
homogeneización *nf* homogenization
homogeneizador, -ora, homogeneizante *adj* homogenizing
homogeneizar [14] *vt* to homogenize
homogéneo, -a *adj* homogenous; **mezclarlo hasta obtener una masa homogénea** mix it until it is of uniform consistency
homografía *nf* LING homography
homógrafo, -a LING ◇ *adj* homographic
◇ *nm* homograph
homologable *adj (equiparable)* equivalent (**a** to); *(comparable)* comparable (**a** to *o* with)
homologación *nf* -**1.** *(equiparación)* bringing into line; **reivindican la ~ salarial de todos los docentes** they are demanding that all teachers should be on a uniform salary scale -**2.** *(de un producto)* official authorization -**3.** *(de un récord)* official confirmation -**4.** *(de un título)* certification of equivalence to an officially recognized qualification
homologado, -a *adj (producto)* officially approved; **un juguete ~ por la Unión Europea** a toy that meets European Union standards
homologar [38] *vt* -**1.** *(equiparar)* to bring into line, to make comparable (**con** with); **reivindican que se homologuen sus salarios con los del resto de los funcionarios** they are demanding that their wages be brought into line with those of other public sector workers
-**2.** *(producto)* to authorize officially
-**3.** *(récord)* to confirm officially
-**4.** *(título)* = to certify as equivalent to an officially recognized qualification
homólogo, -a ◇ *adj (semejante)* equivalent
◇ *nm,f* counterpart

homonimia *nf* homonymy
homónimo, -a ◇ *adj* homonymous
◇ *nm,f (tocayo)* namesake
◇ *nm* LING homonym
homosexual ◇ *adj* homosexual
◇ *nmf* homosexual
homosexualidad *nf* homosexuality
honda *nf* -**1.** *(de cuero)* sling -**2.** *RP (tirachinas) Br* catapult, *US* slingshot
hondamente *adv* deeply
hondo, -a ◇ *adj* -**1.** *(profundo) (lago, herida, plato)* deep; **lo ~** the depths; **en lo más ~ de** in the depths of; **en lo más ~ de su corazón sabía que no era cierto** in his heart of hearts he knew this wasn't true -**2.** *(intenso)* deep; **me causa honda alegría** it makes me very happy; **dio un ~ suspiro** she gave a deep sigh
◇ *adv* **respire ~** breathe deeply
hondonada *nf* hollow
hondura *nf* depth; EXPR **meterse en honduras** to get bogged down
Honduras *n* Honduras
hondureño, -a ◇ *adj* Honduran
◇ *nm,f* Honduran
honestamente *adv* -**1.** *(con honradez)* honestly -**2.** *(con sinceridad)* honestly; **si quieres que te diga lo que ~ pienso...** if you want me to tell you what I honestly *o* really think..., if you want me to tell you my honest opinion...
honestidad *nf* -**1.** *(honradez)* honesty -**2.** *(sinceridad)* honesty; **dime con ~ qué te parece?** tell me honestly, what do you think? -**3.** *(decencia)* modesty, decency
honesto, -a *adj* -**1.** *(honrado)* honest -**2.** *(sincero)* honest; **sé honesta y dime lo que piensas** be honest and tell me what you think -**3.** *(decente)* modest, decent
hongkonés,-esa [χonko'nes, -esa] ◇ *adj* of/from Hong Kong
◇ *nm,f* person from Hong Kong
Hong Kong [χon'kon] *n* Hong Kong
hongo *nm* -**1.** BIOL fungus
-**2.** *esp Am (comestible)* mushroom; *(no comestible)* toadstool; EXPR *Am Fam* **aburrirse como un ~** to be bored stiff; EXPR *Am* **como hongos: los celulares están proliferando como hongos** it's like those cellphones are breeding like rabbits ❑ **~ atómico** mushroom cloud; **~ venenoso** poisonous mushroom
-**3.** *(enfermedad)* fungus; **tiene hongos en la piel** he has a fungal infection
-**4. (sombrero) ~** *Br* bowler (hat), *US* derby
Honolulú [χonolu'lu] *n* Honolulu
honor *nm* -**1.** *(cualidad)* honour; **un hombre de ~** a man of honour, an honourable man; **luchó por defender su ~** he fought to defend his honour; **hacer ~ a** to live up to; **hizo ~ a su fama de generoso, y nos invitó a todos a cenar** he lived up to his reputation for being generous and bought us all a meal; **una cena en ~ del poeta** a dinner in honour of the poet *o* in the poet's honour; **gol *o* tanto del ~** consolation goal; EXPR **en ~ a la verdad** to be (quite) honest
-**2.** *(orgullo, satisfacción)* honour; **es un ~ para mí presentarles a...** it's an honour for me to present to you...; **nos hizo el honor de invitarnos** he did us the honour of inviting us; **tener el ~ de** to have the honour of
-**3. honores** *(ceremonial)* honours; **le recibieron con honores de jefe de Estado** he was welcomed with all the ceremony befitting a head of state; **rendir honores a alguien** to salute sb; **hacer los honores a** to pay one's respects to; **hizo los honores al excelente vino servido** he commended the excellent wine; **hacer los honores de la casa** to do the honours, to look after the guests
-**4.** *Anticuado (de mujer)* honour, virtue
honorabilidad *nf* honour
honorable *adj* honourable
honorar *vt* to honour
honorario, -a ◇ *adj* honorary
◇ *nmpl* **honorarios** fees

honorífico, -a *adj* honorific
honoris causa *adj inv* honoris causa; **doctor ~** doctor honoris causa
honra *nf* **-1.** *(dignidad)* honour; **ser la ~ de** to be the pride of; **es la ~ de su país** she's the pride o toast of her country; **tener algo a mucha ~** to be proud of sth; EXPR **¡y a mucha ~!** and proud of it! ❑ **honras fúnebres** funeral **-2.** *Anticuado (virginidad)* honour, virtue
honradamente *adv* honestly, honourably
honradez *nf* **-1.** *(honestidad)* honesty **-2.** *(decencia)* decency
honrado, -a *adj* **-1.** *(honesto)* honest, honourable **-2.** *(decente)* decent, respectable
honrar ⟡ *vt* to honour; **su sinceridad le honra** his sincerity does him credit; **nos honró con su presencia** she honoured us with her presence; **honrarás a tu padre y tu madre** *(lenguaje bíblico)* thou shalt honour thy father and thy mother
◆ **honrarse** *vpr* to be honoured; **me honro con su amistad** I am honoured to have him as a friend; **me honro de ser su hermano** it is an honour to be his brother
honrilla *nf Fam* pride, face
honrosamente *adv* honourably
honroso, -a *adj (acto, gesto)* honourable
hontanar *nm* spring
hooligan [ˈχuliɣan] *(pl* **hooligans**) *nmf (soccer)* hooligan
hop [χop] *interj* hup!
hopa *interj* oops!
hora *nf* **-1.** *(del día)* hour; **una ~ y media** an hour and a half; **se marchó hace una ~ y media** she left an hour and a half ago; **media ~** half an hour; **a primera ~** first thing in the morning; **a altas horas de la noche** in the small hours; **(pagar) por horas** (to pay) by the hour; **cobra 80 euros por ~** she charges 80 euros an hour; **el tren circulaba a 100 kilómetros por ~** the train was travelling at 100 kilometres an hour; **comer entre horas** to eat between meals; **se pasa las horas jugando** he spends his time playing; **el enfermo tiene las horas contadas** the patient hasn't got long to live; **se rumorea que el ministro tiene las horas contadas** it is rumoured that the minister's days are numbered; **a última ~** *(al final del día)* at the end of the day; *(en el último momento)* at the last moment; **hasta última ~ no nos dimos cuenta del error** we didn't notice the mistake until the last moment; **órdenes/preparativos de última ~** last-minute orders/preparations; **y nos llega una noticia de última ~** *(en telediario)* and here's some news just in; **última ~: atentado en Madrid** *(titular)* stop press: terrorist attack in Madrid ❑ **horas extra(s)** o **extraordinarias** overtime; **hacer horas extra(s)** to do o work overtime; **horas libres** free time; **tengo una ~ libre entre latín y griego** I've got an hour free between my Latin and Greek; **horas de oficina** office hours; *RP* **~ puente** = free period between classes; **~ de salida** departure time; *RP* **~ sándwich** = free period between classes; **horas de trabajo** working hours; **horas de visita** visiting times; **horas de vuelo** flying hours; *Fig* **tiene muchas horas de vuelo** he's an old hand
-2. *(momento determinado)* time; **¿qué ~ es?**, *Am* **¿qué horas son?** what time is it?; **¿tiene ~, por favor?** have you got the time, please?; **¿a qué ~ sale?** what time o when does it leave?; **el desfile comenzará a las 14 horas** the procession will begin at 14.00 hours o at 2 p.m.; **a esa ~ no me va bien** that's not a good time for me; **es ~ de irse** it's time to go; **es ~ de cenar** it's time for dinner; **se ha hecho la ~ de irse a dormir** it's time for bed; **ha llegado la ~ de marcharnos** the time has come for us to leave; **el equipo pasa por horas bajas** the team's going through a bad patch; **a estas horas deben estar aterrizando en Managua** they should be landing in Managua around now; **estaré ahí a la ~** I'll be there on time, I'll be punctual; **hay que tener cuidado a la ~ de aplicar la pintura** care should be taken when applying the paint; **a la ~ de cenar** at dinnertime; **a la ~ de ir de vacaciones, prefiero la playa** when it comes to holidays, I prefer the seaside; **a su ~** when the time comes, at the appropriate time; **el vuelo no llegó a su** o *RP* **en ~** the flight didn't arrive on time; **a todas horas** *(constantemente)* all the time; **el tren llegó antes de ~** the train arrived early; **cada ~** hourly; **dar la ~** *(reloj)* to strike the hour; **me dio la ~** she told me the time; **poner el reloj en ~** to set one's watch o clock; **¡ya era ~!** and about time too!; **ya es** o **ya iba siendo ~ de que te fueses a casa** it's about time you went home; EXPR **¡a buenas horas!** that's a lot of good now!; **¡a buenas horas me avisas!** now's a fine time to tell me!; EXPR *Fam Hum* **¡a buenas horas mangas verdes!** that's a fat lot of good now!; EXPR *Fam* **no dar ni la ~: ese tío no te dará ni la ~** that guy's as stingy o tight as they come; EXPR *Esp, Andes, Carib, RP* **la ~ de la verdad**, *CAm, Méx* **la ~ de la** ~ the moment of truth; *Esp, Andes, Carib, RP* **a la ~ de la verdad**, *CAm, Méx* **a la ~ de la** ~ when it comes to the crunch; EXPR **en mala ~ le conté el secreto** I wish I'd never told him the secret; **en mala ~ salimos de excursión** we couldn't have chosen a worse time to go on a trip; EXPR **no veo la ~ de hacerlo** I can't wait to do it ❑ **la ~ del bocadillo** *(en fábrica)* = break for refreshment during morning's work, *Br* ≃ morning tea break; **~ cero** zero hour; **la ~ de cerrar** o **de cierre** closing time; **la ~ de dormir** bedtime; **~ de Greenwich** Greenwich Mean Time, GMT; **~ H** zero hour; **~ legal** standard time; **~ local** local time; **~ muerta** free hour; *EDUC* free period; **~ oficial** official time; *Esp* **~ peninsular** = local time in mainland Spain as opposed to the Canaries, which are an hour behind; *Am* **~ pico** *(de mucho tráfico)* rush hour; *(de agua, electricidad)* peak times; **~ punta** *(de mucho tráfico)* rush hour; *(de agua, electricidad)* peak times; **~ del té** teatime; **~ valle** off-peak times
-3. *(cita)* appointment; **pedir/dar ~** to make/give an appointment; **tengo ~ en la peluquería** I've got an appointment at the hairdresser's; **tengo ~ con el dentista** I've got a dental appointment
-4. *(muerte)* **llegó su ~** her time has come
-5. *REL* **horas** *(libro)* book of hours; **horas canónicas** canonical hours

Horacio *n pr* Horace
horadar *vt (perforar)* to pierce; *(con máquina)* to bore through
hora-hombre *(pl* **horas-hombre**) *nf ECON* man-hour
horario, -a ⟡ *adj* **cambio ~** *(bianual)* = putting clocks back or forward one hour; **huso ~** time zone
⟡ *nm* **-1.** *(de actividad) Br* timetable, *US* schedule; **se limitan a cumplir el ~** they just work the hours they are supposed to do; *TEL* **una llamada hecha en ~ diurno/nocturno** a daytime/evening call ❑ **~ de atención al público** *(en oficina)* opening o office hours; **~ de atención: de 9 a 6** *(al teléfono)* lines open between 9 and 6; **~ comercial** opening hours; *Esp* **~ continuo** = working day with no lunch break, and an earlier finishing time; *Am* **~ corrido** = working day with no lunch break, and an earlier finishing time; **~ escolar** school *Br* timetable o *US* schedule; **~ flexible** flexitime; **~ intensivo** = working day with no lunch break, and an earlier finishing time; **~ laboral** working hours; **~ lectivo** *Br* lesson o *US* class time; **~ de oficina** office hours; **~ partido** = working day with long (2-3 hour) lunch break, ending at 7-8 p.m.; **~ previsto** scheduled time; **~ de trabajo** working hours; **~ de verano** summer opening hours; **~ de visitas** visiting hours
-2. *(de reloj)* hour hand

HORARIO CONTINUO

Spanish stores, offices and schools used to close at midday when everyone went home to have lunch with their families, and all activity would come to a standstill. Only shift workers and civil servants would depart from this pattern and work from eight to three in what is called **horario continuo** (or "working straight through"). Many small offices changed their timetable in the summertime to what is called the "intensive working day" or "summer timetable" and did not take a lunch break. This is still the case today, especially in rural areas and small towns or in very hot regions. However, department stores and superstores have now broken ranks and stay open all day. Many large companies now prefer their employees to take shorter lunch breaks, which means that, in big cities at least, they do not have time to return home for the traditional long lunch.

---

horca *nf* **-1.** *(patíbulo)* gallows; **condenar a alguien a la ~** to sentence sb to be hanged **-2.** *(herramienta)* pitchfork
horcajadas: a horcajadas *loc adv* astride; **se sentó a ~ en la silla** she sat astride the chair
horcajo *nm (de ríos)* fork
horcar *vt Méx* to hang
horchata *nf* **-1.** *(de chufa)* = cold drink made from ground tiger nuts, water and sugar **-2.** *(de arroz)* = Mexican cold drink made from rice, flavoured with sugar and cinnamon
horchatería *nf* = milk bar where "horchata de chufa" is served
horcón *nm Am (para vigas)* = wooden column supporting ceiling beams
horda *nf* **-1.** *(tribu)* horde **-2.** *(masa descontrolada)* horde, gang; **hordas de gamberros destrozaron varias tiendas** hordes o gangs of hooligans smashed up several shops **-3.** *CSur, Méx (multitud)* horde; **hordas de niños se apiñan para ver el espectáculo** hordes of children crowd round to see the show
hordiate *nm* barley water
horero *nm Am* hour hand
horizontal ⟡ *adj* **-1.** *GEOM* horizontal **-2.** *(posición)* horizontal; **poner en posición ~** to place horizontally **-3.** *(en crucigrama)* across; **3 ~ 3** across **-4.** *INFORMÁT (orientación)* landscape
⟡ *nf GEOM* horizontal
horizontalidad *nf* flatness
horizontalmente *adv* horizontally
horizonte *nm* **-1.** *(línea)* horizon; **la línea del ~** the horizon; **la barca se perdió por el ~** the boat disappeared over the horizon ❑ **~ artificial** artificial horizon
-2. *(perspectivas)* **un ~ poco prometedor** an unpromising outlook; **este proyecto amplía nuestros horizontes** this project represents a widening of our horizons; **no hay perspectivas de mejora en el ~ más cercano** there is no prospect of improvement in the immediate future
horma *nf* **-1.** *(molde)* mould, pattern; *(de zapatos)* shoe tree; *(de sombrero)* hat block; EXPR **encontrar** o **hallar alguien la ~ de su zapato** to meet one's match **-2.** *RP* **una ~ de queso** a (whole) cheese
hormiga *nf* **-1.** *(insecto)* ant; EXPR *RP muy Fam* **tener hormigas en el culo** *(moverse)* to have ants in one's pants; *(cambiar de vida)* to have itchy feet ❑ **~ blanca** termite, white ant; **~ león** antlion (fly); **~ obrera** worker ant; **~ reina** queen ant **-2.** *Fam (persona)* **ser una ~** to be hard-working and thrifty
hormigón *nm* concrete ❑ **~ armado** reinforced concrete
hormigonar *vt* to construct with concrete
hormigonera *nf* concrete mixer
hormiguear *vi* **-1.** *(dar sensación de hormigueo)* **me hormiguean las piernas** I've got pins and needles in my legs **-2.** *(moverse, bullir)* to

hormigueo swarm; **los asistentes hormigueaban en el vestíbulo del teatro** the foyer was thronged o seething with theatregoers

hormigueo nm **-1.** *(sensación)* pins and needles; **siento un ~ en las piernas** I've got pins and needles in my legs; **sentía un ~ de placer en la nuca** she felt a pleasant tingling at the back of her neck **-2.** *(movimiento)* bustle

hormiguero ◇ adj **oso ~** anteater
◇ nm **-1.** *(de hormigas) (agujero)* ants' nest; *(promontorio)* ant hill **-2.** *(lugar bullicioso)* **Tokio es un ~ humano** Tokyo is swarming o teeming with people

hormiguita nf Fam **ser una ~** to be hard-working and thrifty

hormona nf hormone ❏ **~ del crecimiento** growth hormone

hormonal adj hormonal; **sufre un desarreglo ~** she is suffering from a hormonal imbalance

hornacina nf *(vaulted)* niche

hornada nf **-1.** *(de pan, cerámica)* batch **-2.** Fam *(de personas)* crop; **la última ~ de jóvenes actores** the latest crop of young actors

hornalla nf RP *(de cocina, fogón)* ring, burner

hornear vt to bake

hornero nm *(ave)* ovenbird

hornilla nf Andes, Esp, Méx ring, burner

hornillo nm **-1.** Esp *(de cocina, fogón)* ring, burner **-2.** *(para cocinar)* **un ~ (de gas)** a camping o portable stove

horno nm **-1.** *(de cocina)* oven; **pescado al ~** baked fish; EXPR Fam **no está el ~ para bollos** the time is not right ❏ **~ de convección** fan oven; **~ eléctrico** electric oven; **~ de gas** gas oven; **~ microondas** microwave (oven)
-2. TEC furnace; *(de cerámica, ladrillos)* kiln ❏ **~ crematorio** crematorium; **~ industrial** industrial oven
-3. Fam *(lugar caluroso)* oven, furnace; **esta oficina es un ~ en verano** this office is like an oven o furnace in summer
-4. **~ (de pan)** *(panadería)* (baker's) oven

horóscopo nm **-1.** *(signo zodiacal)* star sign; **¿qué ~ eres?** what sign are you? **-2.** *(predicción)* horoscope

horqueta nf Am **-1.** *(de camino)* fork **-2.** *(de río)* bend

horquetilla nf Ven hairpin, Br hairgrip

horquilla nf **-1.** *(para el pelo)* hairpin, Br hairgrip **-2.** *(de bicicleta)* fork **-3.** *(herramienta)* pitchfork **-4.** *(entre valores)* range; **sitúan su mayoría en una ~ entre el 51 y el 53 por ciento** they put their majority at somewhere between 51 and 53 percent

horrendo, -a adj = horroroso

hórreo nm = raised granary typical of Asturias and Galicia

horrible adj **-1.** *(terrorífico)* horrific, terrifying; **un accidente ~** a horrific accident
-2. Fam *(muy malo)* appalling, awful; **nos hizo un tiempo ~** we had terrible o awful weather
-3. Fam *(muy feo)* horrible, hideous; **tiene un novio ~** she's got a horrible-looking o hideous boyfriend; **ese vestido le queda ~** that dress looks horrible o hideous on her
-4. Fam *(muy grande)* **tengo un frío ~** I'm absolutely freezing; **¡qué frío más ~!** it's absolutely freezing!; **tengo un hambre ~** I'm ravenous o starving

horripilante adj **-1.** *(terrorífico)* horrifying, spine-chilling **-2.** Fam *(muy malo)* appalling **-3.** Fam *(muy feo)* hideous

horripilar vt **-1.** *(dar terror)* to terrify, to scare to death; **me horripilan las arañas** I'm terrified of spiders **-2.** *(repugnar)* to horrify

horro, -a adj Literario **-1.** *(animal)* sterile **-2.** *(esclavo)* emancipated

horror ◇ nm **-1.** *(miedo)* terror, horror; **me da ~ pensarlo** just thinking about it gives me the shivers; **se quedó paralizado de ~** he was paralysed with fear; **¡qué ~!** how awful!; **¡qué ~ de día!** what an awful day!
-2. *(atrocidad)* atrocity; **los horrores de la guerra** the horrors of war
-3. Fam **un ~** *(mucho)* an awful lot; **me gusta un ~** I absolutely love it; **la quiero un ~** I love her to bits, I really love her; **nos costó un ~ convencerle** it was an incredible job to convince him
◇ adv Fam **horrores** terribly, an awful lot; **me gusta horrores** I absolutely love it; **la quiero horrores** I love her to bits, I really love her

horrorizado, -a adj terrified, horrified

horrorizar [14] ◇ vt to horrify; **me horroriza viajar en barco** I'm terrified of travelling by boat
◆ **horrorizarse** vpr to be horrified; **me horroricé cuando me dieron la noticia** I was horrified when they told me the news

horrorosamente adv horribly; **sufrieron ~** they suffered terribly; **viste ~** she has terrible dress sense

horroroso, -a, horrendo, -a adj **-1.** *(terrorífico)* horrific, horrifying, terrifying; **un accidente ~** a horrific accident
-2. Fam *(muy malo)* appalling, awful; **nos hizo un tiempo ~** we had appalling o awful weather
-3. Fam *(muy feo)* hideous; **tiene un novio ~** she's got a hideous boyfriend; **ese vestido le queda ~** that dress looks hideous on her
-4. Fam *(muy grande)* **tengo un frío ~** I'm absolutely freezing; **¡qué frío más ~!** it's absolutely freezing!; **tengo un hambre horrorosa** I'm ravenous o starving; **tengo unas ganas horrorosas de leerlo** I'm dying to read it

horst [xorst] *(pl* **horsts**) nm GEOL horst

hortaliza nf *(garden)* vegetable

hortelano, -a nm,f Br market gardener, US truck farmer

hortensia nf hydrangea

hortera Esp Fam ◇ adj **-1.** *(decoración, ropa, canción)* tacky, Br naff **-2.** *(persona)* **es muy ~** he has really tacky o Br naff taste
◇ nmf **es un ~** he has really tacky o Br naff taste

horterada nf Esp Fam **una ~ de zapatos** an incredibly tacky o Br naff pair of shoes; **esa canción es una ~** that song is really tacky o Br naff; **la ceremonia fue una ~** the ceremony was really tacky o Br naff

hortícola adj horticultural

horticultor, -ora nm,f horticulturalist

horticultura nf horticulture

hortofrutícola adj **el sector ~** the fruit and vegetable growing sector

hortofruticultura nf fruit and vegetable growing

hosanna ◇ nm hosanna
◇ interj hosanna; **¡~ el Señor!** praise the Lord!

hosco, -a adj **-1.** *(persona)* sullen, gruff **-2.** *(lugar)* grim, gloomy

hospedaje nm **-1.** *(alojamiento)* accommodation, lodgings, US accommodations; **dieron ~ al peregrino** they gave lodging to the pilgrim **-2.** *(dinero)* (cost of) board and lodging **-3.** INFORMÁT *(de páginas web)* hosting

hospedar ◇ vt to put up
◆ **hospedarse** vpr to stay (**en** at o in)

hospedería nf **-1.** *(lugar de alojamiento)* guest house **-2.** *(de convento)* hospice

hospedero, -a nm,f innkeeper

hospiciano, -a nm,f = resident of an orphanage

hospicio nm **-1.** *(para niños)* orphanage, children's home **-2.** *(para pobres)* poorhouse

hospital nm hospital; **la ingresaron en el ~** she was admitted to hospital; **tengo que ir al ~ a visitar a un tío** I have to go to the hospital to visit an uncle ❏ **~ de campaña** field hospital; **~ clínico** teaching hospital; **~ infantil** children's hospital; **~ psiquiátrico** mental hospital; **~ universitario** teaching hospital

hospitalariamente adv hospitably

hospitalario, -a adj **-1.** *(acogedor)* hospitable **-2.** *(de hospital)* hospital; **atención hospitalaria** hospital care

hospitalidad nf hospitality

hospitalización nf hospitalization

hospitalizar [14] ◇ vt to hospitalize, to take o send to hospital
◆ **hospitalizarse** vpr Am Br to go into hospital, US to go into the hospital

hosquedad nf sullenness, gruffness

host [xost] *(pl* **hosts**) nm INFORMÁT host

hostal nm guesthouse, cheap hotel ❏ **~ residencia** boarding house

hostelería nf *(sector hostelero)* hotel and catering industry

hostelero, -a ◇ adj **sector ~** hotel and catering industry
◇ nm,f landlord, f landlady

hostería nf **-1.** *(pensión)* guesthouse **-2.** CSur *(hotel)* country hotel

hostia ◇ nf **-1.** REL host; EXPR Esp Vulg **¡me cago en la ~!** fucking hell!
-2. Esp Vulg *(golpe)* **dar o pegar una ~ a alguien** to belt o clobber sb; **inflar a alguien a hostias** to beat the shit out of sb; **nos dimos o pegamos una ~ con el coche** we smashed up the car
-3. Esp Vulg *(para intensificar)* **¿para qué hostias...?** why the hell...?; **¿dónde hostias habré puesto las llaves?** where the hell did I put my keys?; **había la ~ de gente** the place was heaving; **estoy harto de este ordenador de la ~** I'm sick of this Br bloody o US goddamn computer; **hace un frío de la ~** it's Br bloody o US goddamn freezing out there!; **tiene una casa de la ~** she's got a house you just wouldn't believe; **con el viaje y toda la ~ me he quedado sin dinero** what with that Br bloody o US goddamn trip and everything, I'm out of cash; **ser la ~** *(de bueno)* to be Br bloody o US goddamn amazing; *(de malo)* to be Br bloody o US goddamn awful; **tus amigos son la ~, me encanta salir con ellos** your friends are Br bloody o US goddamn brilliant, I love going out with them; **tío, eres la ~, ¿cómo se te ocurre pegar a tu hermana?** you're fucking unbelievable! how could you hit your own sister?
-4. Esp Vulg *(velocidad)* **a toda ~** at full pelt o flat out; EXPR **ir cagando hostias** to run like fuck o Br buggery
-5. Esp Vulg *(humor)* **tener mala ~** to be a mean bastard; **hoy está de una mala ~ tremenda** he's in a really filthy mood today
-6. Esp Vulg *(excusas)* **¡déjate de hostias y cuéntame lo que pasó!** cut the crap o Br stop pissing around and tell me what happened!
◇ interj Esp Vulg **¡~!, ¡hostias!** Br bloody hell!, US goddamn it!; **¡~, no me había dado cuenta!** Christ o Br bloody hell!, I didn't realize!; **¡~, cómo has crecido!** Christ, haven't you grown!; EXPR **¡hostias en vinagre!** Br Christ on a bike!, US Jesus H. Christ!

hostiar [32] vt Vulg to bash

hostiario nm **-1.** REL wafer box **-2.** *(molde)* wafer mould

hostigamiento nm harassment

hostigar [38] vt **-1.** *(acosar)* to pester, to bother **-2.** *(golpear)* to whip **-3.** MIL to harass **-4.** Andes, CAm, Méx *(sujeto: dulces)* **los bombones me hostigan** I find chocolates sickly

hostigoso, -a adj Andes, CAm, Méx cloying, sickening

hostil adj *(persona, medio, actitud)* hostile; **fue muy ~ conmigo** he was very unfriendly o hostile towards me; **se mostraron ~ a la idea** their reaction to the idea was hostile

hostilidad nf **-1.** *(sentimiento)* hostility; **me trató con mucha ~** she was very unfriendly o hostile towards me **-2.** MIL **hostilidades** hostilities; **romper las hostilidades** to start hostilities

hostilizar [14] vt to harass

hostión nm Esp Vulg *(golpe)* **dar o pegar un ~ a alguien** to belt o clobber sb; **nos dimos o pegamos un ~ con el coche** we smashed up the car

hot dog [ˈxotdoɣ] *(pl* **hot dogs**) nm hot dog

hotel nm hotel ❏ CSur **~ alojamiento** = hotel where rooms are let by the hour; Esp **~ apartamento** apartment hotel

hotelería *nf Andes, RP* hotel and catering industry

hotelero, -a ◇ *adj* hotel; **hay escasez de plazas hoteleras** there is a shortage of hotel accommodation
◇ *nm,f (hombre)* hotelier, hotel manager; *(mujer)* hotelier, hotel manageress

hotentote ◇ *adj* Hottentot
◇ *nmf* Hottentot

hotline ['xotlain] *nf* hot line

house [xaus] *nm (estilo musical)* house

hovercraft [oβer'kraf] *(pl* **hovercrafts**) *nm* hovercraft

hoy ◇ *adv* **-1.** *(en este día)* today; **~ es martes** today is Tuesday, it's Tuesday today; **¿a qué estamos ~?** what's today's date?; **~ hace cuatro meses de su muerte** it's four months today since she died; **en un día como ~** on a day like today; **de ~ en adelante**, *RP* **de ~ en más** as from today; **de ~ no pasa, tengo que ordenar esta mesa** it can't wait any longer, I have to tidy this table today; **de ~ para mañana** as soon *o* quickly as possible; **lo necesito para ~** I need it for today; **la reforma entra en vigor a partir de ~ mismo** the reform comes in to force as of today *o* from today; **por ~ ya hemos terminado** we've finished for today; EXPR **~ por ti y mañana por mí** you can do the same for me some time
-2. *(en la actualidad)* nowadays, today; **~ es más fácil viajar** travelling is much easier nowadays, travel today is much easier; **~ (en) día** these days, nowadays; **la mujer de ~ en día** women today, modern women; **~ por ~** at the present moment, as things are at the moment; **en aquel tiempo el ~ presidente era un abogado laboralista** at that time the man who is now president was a labour lawyer
◇ *nm* **el ~** the here and now; **aprende a disfrutar el ~** learn to enjoy the moment *o* the here and now

hoya *nf* **-1.** *(llanura)* plain *(surrounded by mountains)* **-2.** *Am (cuenca de río)* river basin

hoyanco *nm Méx* pothole

hoyar *vt Cuba, Chile, PRico* to dig holes in

hoyito *nm Am* dimple

hoyo *nm* **-1.** *(agujero)* hole; *(artificial)* pit; **la carretera estaba llena de hoyos** the road was full of potholes **-2.** *(de golf)* hole; **un campo de nueve hoyos** a nine-hole course; **~ en uno** hole in one **-3.** *Fam (sepultura)* grave **-4.** *Méx* ASTRON **~ negro** black hole

hoyuelo *nm* dimple

hoz *nf* **-1.** *(herramienta)* sickle; **la ~ y el martillo** *(símbolo)* the hammer and sickle **-2.** *(barranco)* gorge, ravine

HR *(abrev de* **Hostal Residencia**) boarding house

HTML *nm* INFORMÁT *(abrev de* **hypertext markup language**) HTML

HTTP *nm* INFORMÁT *(abrev de* **hypertext transfer protocol**) HTTP

huaca *nf* **-1.** *Am (sepultura)* = pre-Columbian Indian tomb **-2.** *Am (tesoro)* hidden treasure

huacal *nm CAm, Col, Méx* **-1.** *(jaula)* cage **-2.** *(cajón)* drawer

huacarear = guacarear

huachafería *nf Perú Fam* **-1.** *(hecho)* tacky thing **-2.** *(dicho)* naff comment

huachinango *nm Méx (pez)* red snapper

huacho = guacho

huaco *nm Am (cerámica)* = pottery object found in pre-Columbian Indian tomb

huaico = huayco

huaino, huayno *nm* = traditional Peruvian song and dance

huamúchil = guamúchil

huancaíno, -a ◇ *adj* of/from Huancayo *(Perú)*
◇ *nm,f* person from Huancayo *(Perú)*

huapango, guapango *nm* = lively popular song and dance from the Huasteca region of Eastern Mexico

huapanguero, -a *nm,f Méx* "huapango" singer

huaquear, guaquear *vi Am* to rob graves

huaqueo, guaqueo *nm Am* grave robbing

huaquero, -a, guaquero, -a *Am nm,f* grave robber

huarache, guarache *nm Méx* **-1.** *(sandalia)* = crude sandal with a sole made from a tyre **-2.** *(parche)* patch *(on tyre)*

huasca *nf Andes* whip

Huáscar *n pr* Huáscar *(Inca ruler, 1525-32)*

huasipungo, guasipungo *nm Andes* = small plot of land given by landowner to Indians in exchange for their labour

huaso, -a *nm,f Chile Fam* farmer, peasant

huasteco, -a *Méx* ◇ *adj* Huasteca, Huastecan
◇ *nm,f (persona)* Huasteca, = Indian of Mayan stock, from Eastern Mexico
◇ *nm (lengua)* Huasteca

huata *nf Arg, Chile Fam (barriga)* belly

huato, guato *nm Bol* lace

huayco, huaico *nm Perú* landslide

huayna *Andes, Arg* ◇ *adj* young
◇ *nmf (chico)* lad, young man; *(chica)* girl, young woman

Huayna Cápac *n pr* Huayna Cápac *(Inca emperor, 1493-1525)*

huayno = huaino

hubara *nf* houbara bustard

hubiera etc *ver* haber

hucha *nf Esp (alcancía)* moneybox; *(en forma de cerdo)* piggy bank

hueco, -a ◇ *adj* **-1.** *(vacío)* hollow
-2. *(sonido)* resonant, hollow
-3. *(sin ideas)* empty; **su discurso fue ~** there was no substance to his speech; **eso no son más que palabras huecas** those are just empty words; *Fam* **es una cabeza hueca** she's an airhead
-4. *(mullido, esponjoso) (bizcocho)* light and fluffy; **lleva el pelo muy ~** she has a very bouffant hairstyle
-5. *Esp (orgulloso)* proud; **se puso muy ~ cuando anunciaron su triunfo** he swelled with pride when they announced his victory
◇ *nm* **-1.** *(cavidad)* hole; *(en pared)* recess; **suena a ~** it sounds hollow
-2. *(espacio libre)* space, gap; *(de ascensor)* shaft; **el ~ de la escalera** the stairwell; **no había ni un ~ en el teatro** there wasn't an empty seat in the theatre; **hazme un ~ en el sofá** make a bit of room for me on the sofa; **deja un ~ para poder insertar los gráficos** leave a space for the graphs; **estoy buscando un ~ para aparcar** I'm looking for a parking space; **la marcha de los hijos dejó un ~ en sus vidas** the children leaving left a gap in their lives; **deja un ~ que será difícil de llenar** she leaves a gap that will be hard to fill; **se abrió ~ entre la masa de curiosos** he made his way through the crowd of onlookers; **un producto que se ha abierto un ~ en el mercado** a product that has carved out a niche in the market
-3. *(rato libre)* spare moment; **tengo un ~ a la hora del almuerzo** I've got a moment at lunchtime; **te puedo hacer un ~ esta tarde** I can fit *o* squeeze you in this afternoon
-4. *(vacante)* vacancy; **ha quedado un ~ vacante en la cúpula del partido** there's a vacancy in the party leadership

huecograbado *nm* photogravure

huecú *(pl* huecúes) *nm Chile* bog, swamp

Huehuetéotl *n* MITOL Huehueteotl *(Aztec god of fire)*

huela etc *ver* oler

huelga ◇ *ver* holgar
◇ *nf* strike; **estar en ~** to be on strike; **declararse en ~** to go on strike; **hacer ~** to strike; **ir a la ~** to go on strike; **los trabajadores en ~** the strikers ❑ **~ de apoyo** sympathy strike; **~ de brazos caídos** sit-down (strike); **~ de celo** work-to-rule, *US* job action; **~ general** general strike; **~ de hambre** hunger strike; **~ indefinida** indefinite strike; **~ patronal** lockout; **~ salvaje** wildcat strike; **~ de solidaridad** sympathy strike

huelgo etc *ver* holgar

huelguista *nmf* striker

huelguístico, -a *adj* strike; **convocatoria huelguística** strike call

huella ◇ *ver* hollar
◇ *nf* **-1.** *(de persona)* footprint; *(de animal, rueda)* track; EXPR **seguir las huellas de alguien** to follow in sb's footsteps ❑ **~ dactilar** fingerprint; **~ digital** fingerprint; **~ genética** genetic fingerprint
-2. *(vestigio)* trace; **todavía no han desaparecido las huellas de las inundaciones** you can still see the signs of the flooding
-3. *(impresión profunda)* mark; **su rostro reflejaba las huellas del esfuerzo** her face showed signs of the effort she was putting in; EXPR **dejar ~: desaparecieron sin dejar ~** they vanished without trace; **un estilo de componer que ha dejado ~** a style of composing that has been very influential; **sus enseñanzas dejaron ~ en sus discípulos** her teachings influenced her followers
-4. *(de escalón)* tread

huemul, güemul *nm* huemul, = species of deer found in Southern Andes, national symbol of Chile

huérfano, -a ◇ *adj* **-1.** *(persona)* orphan; **se quedó ~ muy joven** he was orphaned at a very young age; **es ~ de madre** his mother died, he lost his mother **-2.** **~ de** *(carente de)* devoid of; **el partido está ~ de un líder** the party is without a leader
◇ *nm,f* orphan
◇ *nm* IMPRENTA orphan

huero, -a *adj Literario (vacío)* hollow; *(palabras)* empty

huerta *nf* **-1.** *(huerto) Br* market garden, *US* truck farm **-2.** *(tierra de regadío)* = irrigated crop-growing region

huertano, -a *nm,f Esp* **-1.** *(murciano)* = person from Murcia **-2.** *(valenciano)* Valencian

huertero, -a *nm,f Br* market gardener, *US* truck farmer

huerto *nm (de hortalizas)* vegetable garden; *(de frutales)* orchard; EXPR *Fam* **llevarse a alguien al ~** *(engañar)* to con sb; *(acostarse con)* to have one's way with sb

huesa *nf* grave

huesero, -a *nm,f Andes, RP Fam* bone doctor

huesillo *nm Andes* dried peach

hueso *nm* **-1.** *(del cuerpo)* bone; *Fam* **nos calamos hasta los huesos** we got soaked to the skin; **de color ~** ivory (coloured); EXPR *Fam* **acabar** *o* **dar con sus huesos en** to end up in; *Fam* **tropezó y dio con sus huesos en el suelo** she tripped and tumbled to the ground; *Fam* **la descubrieron y acabó con sus huesos en la cárcel** she was caught out and ended up in jail; EXPR *Fam* **estar en los huesos** to be all skin and bones; EXPR *Fam* **no puedo con mis huesos** I'm ready to drop, I'm exhausted; EXPR *Fam* **ser un ~ duro de roer** to be a hard nut to crack ❑ **~ del cráneo** skull bone; **~ maxilar** jawbone, *Espec* mandible; **~ de santo** *(pastel)* = small roll of marzipan filled with sweetened egg yolk
-2. *(de fruto) Br* stone, *US* pit; **aceitunas sin ~** pitted olives
-3. *Fam (persona)* very strict person; **el profe de inglés es un ~** our English teacher is dead strict
-4. *Fam (asignatura)* difficult subject
-5. **huesos** *(restos)* bones; **el cementerio en el que descansan sus huesos** the cemetery where her bones were laid to rest
-6. *Fam* **la sin ~** *(la lengua)* the tongue; **soltar la sin ~** to shoot one's mouth off
-7. *Méx Fam (enchufe)* contacts, influence; *(trabajo fácil)* cushy job

huésped, -eda ◇ *nm,f* guest
◇ *nm* BIOL *(de parásito)* host

huestes *nfpl* **-1.** *(ejército)* army **-2.** *(seguidores)* followers **-3.** *(masa)* hordes, army

huesudo, -a *adj* bony

hueva *nf* **-1.** *(de pescado)* roe; **huevas de bacalao** cod roe **-2.** *Méx Fam (aburrimiento)* **¡qué ~!** what a pain *o* drag!

huevada *nf Andes, RP muy Fam (dicho)* crap; **lo que dijiste es una ~** what you said is a load of crap; **no digas huevadas** don't talk crap

huevazos *nm inv muy Fam* **es un ~** he's pussy-whipped

huevear, huevonear *vi Andes Fam* to muck about

huevera *nf* **-1.** *(para servir)* egg cup **-2.** *(para guardar)* egg box

huevería *nf* = shop selling eggs

huevero, -a *nm,f* egg seller

huevo *nm* **-1.** *(de animales)* egg; [EXPR] *Fam* **es el ~ de Colón** it's so blindingly obvious that no one had thought of it ❑ *Andes* **~ a la copa** soft-boiled egg; **~ duro** hard-boiled egg; **~ escalfado** poached egg; *Méx* **~ estrellado** fried egg; **~ frito** fried egg; **~ de granja** free-range egg; *Andes* **~ pasado** soft-boiled egg; **~ pasado por agua** soft-boiled egg; **~ de Pascua** *(de chocolate)* Easter egg; *Col* **huevos pericos** scrambled eggs; **huevos al plato** = eggs cooked in the oven in an earthenware dish; *RP* **~ poché** poached egg; *Méx* **huevos rancheros** ranch-style eggs, = tortilla topped with fried eggs, tomato sauce and chilli; **huevos revueltos** scrambled eggs; *Ven* **~ sancochado** hard-boiled egg; *Méx* **~ tibio** soft-boiled egg
-2. *(cigoto)* zygote, egg
-3. *muy Fam* **huevos** *(testículos)* balls, nuts; **¡estoy hasta los huevos!** I'm *Br* bloody *o US* goddamn sick of it!; **tu comentario le sentó como una patada en los huevos** *Br* what you said really pissed him off, *US* he was really pissed about what you said
-4. *muy Fam (valor)* **tener huevos** to have balls; **¡tiene huevos la cosa!** it's a *Br* bloody *o US* goddamn disgrace!; **¡qué huevos tiene, insultarme delante de todos!** what a *Br* bloody *o US* goddamn nerve, insulting me in front of everyone!; **le echó huevos al asunto, y le confesó la verdad** he showed he had balls by telling her the truth
-5. *muy Fam (mucho)* **me duele un ~** it hurts like hell, *Br* it's bloody painful; **costar un ~** to cost a heck of a lot, *Br* to be bloody expensive; **sabe un ~ de informática** he knows *Br* bloody *o US* goddamn loads about computers
-6. [EXPR] *Fam* **me viene a ~** it's just what I need, it's just the right thing; *Fam* **le puso el gol a ~** he laid on an absolute sitter for him; *Méx muy Fam* **lo hicimos a ~** we did it because we *Br* bloody *o US* goddamn had to; *muy Fam* **me importa un ~ lo que piense** I couldn't give a *Br* toss *o US* good goddamn what she thinks; *muy Fam* **manda huevos que estando enfermo tenga que hacerlo yo** *Br* bloody *o US* goddamn great *o* can you *Br* bloody *o US* goddamn believe it, I'm the one who has to do it even though I'm ill!; *muy Fam* **no me sale de los huevos** I can't be *Br* bloody *o US* goddamn bothered; *muy Fam* **se ha pasado todo el día tocándose los huevos** *Br* he's done bugger-all all day, *US* he hasn't done a shit all day; *Fam* **cuando se enteró de su embarazo se le pusieron los huevos de corbata** he really freaked out when he found out she was pregnant; *muy Fam* **¡no me toques los huevos, y déjame en paz!** why can't you just damn well *o Br* bloody well leave me alone!; *muy Fam* **¡y un ~!** *Br* my arse!, *US* my ass!

huevón, -ona, güevón, -ona *muy Fam* ◇ *adj* **-1.** *Cuba, Méx (vago)* **es muy ~** *Br* he's a lazy sod *o* git, *US* he's so goddamn lazy **-2.** *Andes, Arg, Ven (tonto, torpe)* **es muy ~** *Br* he's a prat *o* pillock, *US* he's a jerk; **me dio una respuesta huevona** she gave me a really *Br* prattish *o US* jerky answer
◇ *nm,f* **-1.** *Cuba, Méx (vago)* **es un ~** *Br* he's a lazy sod *o* git, *US* he's so goddamn lazy **-2.** *Andes, Arg, Ven (tonto, torpe) Br* prat, *Br* pillock, *US* jerk; **son una tropa de huevones** *Br* they're a bunch of prats *o* pillocks, *US* they're a bunch of jerks; **hacer el ~** to prat around, *Br* to act like a jerk

huevonada *nf Ven muy Fam (acto) Br* bloody *o US* goddamn stupid thing to do; *(dicho) Br* bloody *o US* goddamn stupid thing to say;

hacer una **~** to do something *Br* bloody *o US* goddamn stupid; **decir una ~** to say something *Br* bloody *o US* goddamn stupid

huevonear = huevear

hugonote, -a ◇ *adj* Huguenot
◇ *nm,f* Huguenot

huida *nf* escape, flight; **el ladrón abandonó la moto y continuó su ~ a pie** the thief abandoned the motorbike and continued to flee on foot; **los refugiados tuvieron que abandonar todo en su ~ del país** the refugees had to leave everything behind when they fled the country; **emprender la ~** to take flight; **la ley es una ~ hacia delante** the law is an attempt to stay one step ahead of events; **~ de capitales** capital flight; **la ~ a Egipto** *(en Biblia)* the flight to Egypt

huidizo, -a *adj (esquivo)* shy, elusive

huido, -a *adj* **-1.** *(fugitivo)* **se busca a dos presos huidos** two escaped prisoners are being hunted; **están huidos de la justicia** they are on the run (from the law); **la joven se encuentra huida de su domicilio desde el lunes** the young woman ran away from home last Monday **-2.** *(reservado)* withdrawn

huincha, güincha *nf* **-1.** *Andes (cinta)* ribbon ❑ **~ aisladora** insulating tape **-2.** *Andes (para pelo)* hairband **-3.** *Chile (metro)* tape measure

huifa *nf* [EXPR] *Chile Fam* **esto está hecho como la ~** this is lousy quality; **se viste como la ~** she has a lousy dress sense

huipil, güipil *nm CAm, Méx* = colourful embroidered dress or blouse traditionally worn by Indian women

huir [34] ◇ *vi* **-1.** *(escapar) (de enemigo, peligro)* to flee (**de** from); **~ del país** to flee the country; **huyó a Francia** she fled to France; **los jóvenes que huyen de sus hogares** young people who run away from home; **los aldeanos huían del incendio** the villagers were fleeing from the fire; **el tesorero huyó con varios millones** the treasurer ran off with several million; **se metieron en un taxi huyendo de los periodistas** they got into a taxi in an attempt to get away from the journalists
-2. *(evadirse) (de cárcel)* to escape (**de** from)
-3. ~ de algo *(evitar)* to avoid sth, to keep away from sth; **siempre huyo de las grandes masas de gente** I always try to avoid *o* stay away from large crowds of people; **huye de la polémica** she steers clear of controversy
-4. *(tiempo)* to fly by
◇ *vt* to avoid; **me está huyendo últimamente** he's been avoiding me lately

huiro *nm Chile, Perú* seaweed

huisache = huizache

huitlacoche *nm CAm, Méx* corn smut, = edible fungus which grows on maize

Huitzilopochtli *n* MITOL Huitzilopochtli *(Aztec god of war and the sun)*

huizache, huisache *nm CAm, Méx* sweet acacia, perfume acacia

hula-hoop [χulaˈχop] *(pl* **hula-hoops)** *nm* hula-hoop®

hule *nm* **-1.** *(tela)* oilskin **-2.** *(mantel)* oilcloth **-3.** *CAm, Méx (caucho)* rubber ❑ **~ espuma** foam rubber

hulero, -a *nm,f CAm, Méx* rubber tapper

hulla *nf* soft coal ❑ **~ blanca** water power, white coal

hullero, -a *adj* soft coal; **producción hullera** soft coal production

humanamente *adv* **-1.** *(posible, imposible)* **hicimos todo lo ~ posible** we did everything humanly possible; **es ~ imposible acabarlo antes del lunes** it isn't humanly possible to finish it before Monday **-2.** *(con humanidad)* humanely

humanidad *nf* **-1.** *(género humano)* humanity; **el progreso de la ~** the progress of the human race *o* of humankind; *Fam* **aquí huele a ~** it's humming in here
-2. *(sentimiento)* humanity; **los trataron con ~** they were treated humanely

-3. EDUC **humanidades** humanities; **la Facultad de Humanidades** the Faculty of Humanities
-4. *Fam (cuerpo, corpulencia)* bulk; **tropezó y dio con toda su ~ en el suelo** he tripped and his enormous bulk came crashing to the ground

humanismo *nm* humanism

humanista ◇ *adj* humanist, humanistic
◇ *nmf* humanist

humanístico, -a *adj* humanistic

humanitario, -a *adj* **-1.** *(ayuda, organización)* humanitarian **-2.** *(persona)* kind-hearted

humanitarismo *nm* humanitarianism

humanización *nf* humanization; **la ~ de las condiciones laborales** making working conditions more humane

humanizar [14] ◇ *vt* to humanize, to make more human
◆ **humanizarse** *vpr* to become more human

humano, -a ◇ *adj* **-1.** *(del hombre)* human **-2.** *(compasivo)* humane
◇ *nm* human being; **los humanos** mankind

humanoide ◇ *adj* humanoid
◇ *nmf* humanoid

humarada, humareda *nf* cloud of smoke; **¡qué ~!** what a lot of smoke!, it's so smoky!

humazo *nm* cloud of smoke

humeante *adj* **-1.** *(que echa humo)* smoking; **las ruinas de las viviendas aún estaban humeantes** the ruins of the houses were still smouldering **-2.** *(que echa vapor)* steaming; **una ~ taza de café** a steaming *o* piping hot cup of coffee

humear ◇ *vi* **-1.** *(salir humo)* to smoke; **los restos del avión todavía humeaban** the wreckage of the plane was still smouldering **-2.** *(salir vapor)* to steam
◇ *vt Am (fumigar)* to fumigate

humectador, -ora FOT ◇ *adj* humectant
◇ *nm* humectant

humectante *adj* FOT humectant

húmeda *nf Fam Hum* **irse de la ~** to let the cat out of the bag

humedad *nf* **-1.** *(de suelo, tierra)* dampness; *(de pared, techo)* damp; **hay mucha ~ en la casa** the house is very damp; **hay manchas de ~ en el techo** there are damp patches on the ceiling; **huele a ~** it smells of damp
-2. *(de labios, ojos)* moistness
-3. *(de atmósfera)* humidity; **con una ~ superior al 90 por ciento** with over 90 percent humidity ❑ **~ absoluta** absolute humidity; **~ relativa** relative humidity

humedal *nm* wetland

humedecer [46] ◇ *vt* to moisten; **humedézcalo con un paño antes de pegarlo** moisten with a damp cloth before sticking it on
◆ **humedecerse** *vpr* to become moist; **humedecerse los labios** to moisten one's lips

humedecimiento *nm* moistening

húmedo, -a *adj* **-1.** *(suelo, tierra, casa)* damp; **mantenga la planta húmeda** keep the plant well-watered, keep the soil moist **-2.** *(labios, ojos)* moist **-3.** *(ropa, pelo)* damp **-4.** *(clima) (frío)* damp; *(cálido)* humid **-5.** *(aire, atmósfera)* humid

húmero *nm* ANAT humerus

humidificación *nf* humidification

humidificador *nm* humidifier

humidificar [59] *vt* to humidify

humildad *nf* **-1.** *(cualidad)* humility; **con ~** humbly **-2.** *(de origen social)* humbleness; **la ~ de sus orígenes** the humbleness of his background

humilde *adj* **-1.** *(actitud, comportamiento)* humble **-2.** *(pobre)* humble; **bienvenido a mi ~ morada** welcome to my humble abode

humildemente *adv* humbly

humillación *nf* humiliation; **sufrieron una ~** they were humiliated

humillado, -a *adj* humiliated

humillante *adj* humiliating

humillar ◇ vt to humiliate; **lo humillaron delante de todos** he was humiliated in front of everyone
◆ **humillarse** vpr to humble oneself; **se humilló ante su jefe** he grovelled to his boss; **humillarse a hacer algo** (rebajarse) to lower oneself to do sth, to stoop to doing sth

humita nf **-1.** Chile (pajarita) bow tie **-2.** Andes, Arg (pasta de maíz) = paste made of mashed Br maize o US corn kernels mixed with cheese, chilli, onion and other ingredients, wrapped in a maize o US corn husk and steamed

humo nm **-1.** (producto de combustión) smoke; (de vehículo) fumes; [EXPR] Fam **echar ~** to be fuming, to have smoke coming out of one's ears; Fam **estoy que echo ~** I'm fuming; [EXPR] Fam **se hizo ~** (desapareció) he made himself scarce; Fam **su fortuna se convirtió en ~ en pocos meses** his fortune went up in smoke within a few months
-2. (vapor) steam
-3. (soberbia) **humos: este profesor tiene demasiados humos** this teacher is too full of himself; [EXPR] Fam **bajarle a alguien los humos** to take sb down a peg or two; Fam **con esa derrota se les han bajado los humos** that defeat has brought them back down to earth; [EXPR] Fam **se le subieron los humos a la cabeza** it went to his head; [EXPR] Fam **darse humos** to give oneself airs

humor nm **-1.** (estado de ánimo) mood; (carácter) temperament; **estar de buen/mal ~** to be in a good/bad mood; [EXPR] Fam **estar de un ~ de perros** to be in a filthy mood
-2. (gracia) humour; **un programa de ~** a comedy programme; **no tiene sentido del ~** she doesn't have a sense of humour; **en vez de enfadarme, me lo tomé con ~** rather than get upset, I just laughed it off ❑ **~ negro** black humour
-3. (ganas) mood; **no estoy de ~** I'm not in the mood; **no está de ~ para ponerse a cocinar** she doesn't feel like cooking
-4. ANAT humour ❑ **~ ácueo** aqueous humour; **~ acuoso** aqueous humour; **~ vítreo** vitreous humour

humorada nf (chiste) joke

humorado, -a adj **bien ~** good-humoured; **mal ~** ill-humoured

humoral adj FISIOL humoral

humorismo nm **-1.** (carácter burlón) humour **-2.** (en televisión, teatro) comedy

humorista nmf **-1.** (persona burlona) humorist **-2.** (en televisión, teatro) comedian, f comedienne ❑ **~ gráfico** cartoonist

humorísticamente adv humorously

humorístico, -a adj humorous; **un programa ~** a comedy programme

humoso, -a adj smoky

humus nm inv **-1.** (suelo) hummus, humus **-2.** (comida) humus

hundido, -a adj **-1.** (desmoralizado) devastated **-2.** (ojos) sunken, deep-set **-3.** (mejillas) hollow, sunken

hundimiento nm **-1.** (de barco) sinking **-2.** (de terreno) subsidence **-3.** (de empresa) collapse

hundir ◇ vt **-1.** (sumergir) to sink; **el peso de los espectadores hundió el estrado** the platform collapsed under the weight of the spectators
-2. (introducir) to bury; **le hundió el cuchillo en la espalda** she buried the knife in his back; **hundió los dedos en su cabello** he ran his fingers through her hair
-3. (afligir) to devastate; **el anuncio de su fallecimiento hundió a todos sus familiares** his family was devastated by the news of his death
-4. (hacer fracasar) to ruin; **la tormenta hundió el espectáculo** the storm ruined the show
-5. (abollar) to dent
◆ **hundirse** vpr **-1.** (sumergirse) to sink; (intencionadamente) to dive
-2. (derrumbarse) to collapse; (techo) to cave in; (suelo) to subside; Fig **el estadio se hundió tras el tercer gol del equipo** the stadium went wild after the team scored its third goal
-3. (deformarse) (carrocería) to get dented; **se le hundieron las mejillas** he became hollow-cheeked
-4. (afligirse) to be devastated; **se hundió tras conocer su despido** he was devastated when he found out that he was being made redundant
-5. (fracasar) to be ruined

húngaro, -a ◇ adj Hungarian
◇ nm,f (persona) Hungarian
◇ nm (lengua) Hungarian

Hungría n Hungary

huno, -a ◇ adj Hunnish
◇ nm,f Hun

huracán nm hurricane

huracanado, -a adj (viento) hurricane-force

huraño, -a adj unsociable

Hurdes nfpl **las ~** = isolated mountainous region in the Spanish province of Cáceres, known for its extreme poverty

hurgar [38] ◇ vi (rebuscar) to rummage around (**en** in); (con dedo, palo) to poke around (**en** in)
◆ **hurgarse** vpr **hurgarse la nariz** to pick one's nose; **hurgarse los bolsillos** to rummage around in one's pockets

hurgón nm poker

hurgonear vt to poke

hurguetear Am ◇ vt to poke o rummage around in
◇ vi (rebuscar) to rummage around (**en** in)
◆ **hurguetearse** vpr **hurguetearse la nariz** to pick one's nose

hurí (pl **huríes**) nf houri

Hurón nm **lago ~** Lake Huron

hurón, -ona ◇ adj **-1.** (huraño) unsociable **-2.** Fam (curioso) nosy
◇ nm **-1.** (animal) ferret **-2.** HIST (indio) Huron **-3.** Fam (persona curiosa) nosy parker

huronear vi **-1.** (cazar) to ferret **-2.** Fam (curiosear) to nose around

huronera nf (madriguera) ferret hole

huroniano, -a adj GEOL Huronian

hurra interj hurray!

hurtadillas: a hurtadillas loc adv on the sly, stealthily; **la miraba a ~** he was casting furtive glances at her

hurtar ◇ vt (robar) to steal
◆ **hurtarse** vpr **hurtarse a** o **de alguien** to conceal oneself o hide from sb

hurto nm **-1.** (robo) theft **-2.** (botín) stolen goods

húsar nm MIL hussar

husillo nm (tornillo) screw

husky ['χaski] (pl **huskies** o **huskys**) nm husky

husmeador, -ora adj **-1.** (perro) sniffer **-2.** Fam (persona) nosy

husmear ◇ vt (olfatear) to sniff out, to scent
◇ vi Fam (curiosear) to nose around

husmeo nm **-1.** (olfateo) sniffing **-2.** Fam (curioseo) nosing around

huso nm **-1.** (para hilar) spindle; (en máquina) bobbin **-2. ~ horario** time zone

hutu ◇ adj Hutu
◇ nmf Hutu

huy interj **-1.** (expresa dolor) ouch! **-2.** (expresa sorpresa) gosh! **-3.** (expresa alivio) phew!; **¡~ que bien, no trabajamos mañana!** phew, what a relief, we don't have to work tomorrow!

huyera etc ver **huir**

huyo etc ver **huir**

Hz (abrev de **hertz**) Hz

I i

I, i [i] *nf (letra)* I, i ❑ *i griega* = name of the letter "y"; *i latina* = name of the letter "i"

IAE *nm (abrev de* **Impuesto sobre Actividades Económicas**) = Spanish tax paid by professionals and shop owners

IB *Esp Antes (abrev de* **Instituto de Bachillerato**) = state secondary school for 14-18-year-olds, *US* ≃ Senior High School

ib. *(abrev de* **ibídem**) ibid

iba *etc ver* **ir**

Iberia *n* HIST Iberia

ibérico, -a ◇ *adj* Iberian
◇ *nm,f* Iberian

íbero, -a, ibero, -a ◇ *adj* Iberian
◇ *nm,f (persona)* Iberian
◇ *nm (lengua)* Iberian

Iberoamérica *n* Latin America

iberoamericano, -a ◇ *adj* Latin American
◇ *nm,f* Latin American

íbice *nm* ibex

ibicenco, -a ◇ *adj* of/from Ibiza *(Spain)*
◇ *nm,f* person from Ibiza *(Spain)*

ibíd. *(abrev de* **ibídem**) ibid

ibídem, ibidem *adv* ibidem, ibid

ibis *nm inv* ibis ❑ *~ sagrado* sacred ibis

IBM® *nf Perú* calculator

ibón *nm Esp* = small Pyrenean lake

ibopé *nm* mesquite

ICADE [i'kade] *nm (abrev de* **Instituto Católico de Alta Dirección de Empresas**) = prestigious Spanish business school

ICAIC [i'kaik] *nm (abrev de* **Instituto Cubano del Arte e Industria Cinematográficos**) = Cuban national film institute

Ícaro *n* MITOL Icarus

ICE [i'θe] *nm (abrev de* **Instituto de Ciencias de la Educación**) = teacher training college in Spain

ice *etc ver* **izar**

iceberg [iθe'βer] *(pl* **icebergs**) *nm* iceberg

ICEX ['iθeks] *nm (abrev de* **Instituto de Comercio Exterior**) Spanish Department of Foreign Trade

ICI ['iθi] *nm (abrev de* **Instituto de Cooperación Ibero-americana**) Institute for Latin American cooperation

ICO ['iko] *Antes (abrev de* **Instituto de Crédito Oficial**) = former Spanish body which administered government loans

Icona [i'kona] *nm Antes (abrev de* **Instituto Nacional para la Conservación de la Naturaleza**) = Spanish national institute for conservation, *Br* ≃ NCC

icónico, -a *adj* iconic

icono, *Am* **ícono** *nm* **-1.** ARTE icon **-2.** INFORMÁT icon **-3.** *Literario (símbolo)* icon

iconoclasia *nf* iconoclasm

iconoclasta ◇ *adj* iconoclastic
◇ *nmf* iconoclast

iconoclastia *nf* iconoclasm

iconografía *nf* iconography

iconográfico, -a *adj* iconographical

iconología *nf* iconology

icosaedro *nm* GEOM icosahedron

ICRT *nm (abrev de* **Instituto Cubano de Radio y Televisión**) = Cuban state broadcasting company

ictericia *nf* jaundice

ictiología *nf* ichthyology

ictiólogo, -a *nm,f* ichthyologist

ictiosaurio *nm* ichthyosaur

ictus *nm inv* stroke

ID *nf (abrev de* **Izquierda Democrática**) = left-wing Ecuadoran political party

I+D ['imas'de] *nf (abrev de* **investigación y desarrollo**) R & D

id *ver* **ir**

id. *(abrev de* **ídem**) id., idem

ida *nf* outward journey; **el viaje de ~ lo haremos de noche** we'll travel out there overnight; **la ~ fuimos en tren** we went out there by train; **(billete de) ~ y vuelta** *Br* return (ticket), *US* round-trip (ticket); **partido de ~** first leg; **tras muchas idas y venidas conseguí localizarla** I managed to find her after a lot of running backwards and forwards; **la policía vigila sus idas y venidas** the police are monitoring his comings and goings

idea *nf* **-1.** *(concepto)* idea; **la ~ del bien y del mal** the concept of good and evil; **yo tenía otra ~ de Estados Unidos** I had a different image of the United States; **tiene una ~ peculiar de lo que es la honradez** he has a funny idea of (what's meant by) honesty; **hazte a la ~ de que no va a venir** you'd better start accepting that she isn't going to come; **no conseguía hacerme a la ~ de vivir sin ella** I couldn't get used to the idea of living without her; **con lo que me has dicho ya me hago una ~ de cómo es la escuela** from what you've told me I've got a pretty good idea of what the school is like; **no me hago una ~ de cómo debió ser** I can't imagine what it must have been like ❑ *~ fija* obsession; **ser una persona de ideas fijas** to be a person of fixed ideas
 -2. *(ocurrencia)* idea; **una buena/mala ~** a good/bad idea; **ha sido muy buena ~ escoger este restaurante** it was a very good idea to choose this restaurant; **se le ve falto de ideas en su última novela** he seems short of ideas in his latest novel; **lo que contaste me dio la ~ para el guión** what you said to me gave me the idea for the script; **se me ocurre una ~, podríamos...** I know what, we could...; **¿a quién se le habrá ocurrido la ~ de apagar las luces?** can you believe it, somebody's gone and turned the lights out!; **¡más vale que te quites esa ~ de la cabeza!** you can forget that idea!; **una ~ brillante** *o* **luminosa** a brilliant idea, a brainwave; **cuando se le mete una ~ en la cabeza...** when he gets an idea into his head...; EXPR *Esp* **tener ideas de bombero** to have wild *o* crazy ideas
 -3. *(conocimiento, nociones)* idea; **la policía no tenía ni ~ de quién pudo haber cometido el crimen** the police had no idea who could have committed the crime; **no tengo ni ~** I haven't got a clue; **no tengo ni ~ de física** I don't know the first thing about physics; **no tengo (ni) la menor** *o* **la más remota ~** I haven't the slightest idea; *Esp muy Fam* **no tengo ni pajolera ~** I haven't the faintest *Br* bloody *o US* goddamn idea; *Vulg* **no tengo ni puta ~** I haven't got a fucking idea; *Fam* **¡ni ~!** *(como respuesta)* search me!, I haven't got a clue!; **tener ~ de cómo hacer algo** to know how to do sth; **tener una ligera ~** to have a vague idea; **por la forma en que maneja las herramientas se ve que tiene ~** from the way she's handling the tools, you can tell she knows what she's doing; **¡no tienes ~** *o* **no puedes hacerte una ~ de lo duro que fue!** you have no idea *o* you can't imagine how hard it was!
 -4. *(propósito)* intention; **nuestra ~ es volver pronto** we intend to *o* our intention is to return early; **con la ~ de** with the idea *o* intention of; **tener ~ de hacer algo** to intend to do sth; **a mala ~** maliciously; **tener mala ~** *(ser malintencionado)* to be a nasty piece of work; **¡mira que tienes mala ~!** that's really nasty of you!
 -5. *(opinión)* opinion; **mi ~ de ella era totalmente errónea** I had completely the wrong impression of her; **no tengo una ~ formada sobre el tema** I don't have a clear opinion on the subject; **cambiar de ~** to change one's mind; **yo soy de la ~ de que mujeres y hombres deben tener los mismos derechos** I'm of the opinion that men and women should have equal rights; **somos de la misma ~** we agree, we're of the same opinion
 -6. ideas *(ideología)* ideas; **mi padre es de ideas progresistas** my father is a progressive *o* has progressive attitudes; **fue perseguido por sus ideas** he was persecuted for his beliefs *o* ideas
 -7. *CSur (manía)* **le tengo ~ a su hermana** I can't stand her sister; **le tengo ~ a eso** that drives me nuts; **si te vas a poner el vestido con ~, mejor ponete otra cosa** if you're not sure about the dress, you'd do better to wear something else

ideal ◇ *adj* ideal; **el hombre ~** the ideal man; **un mundo ~** an ideal world; **lo ~ sería hacerlo mañana** ideally, we would do it tomorrow; **sería ~ que lo enviaras por correo electrónico** it would be best if you could send it by e-mail
◇ *nm* **-1.** *(prototipo)* ideal; **el ~ de belleza de los griegos** the Greek ideal of beauty **-2.** *(aspiración)* ideal, dream; **su ~ es ayudar a los demás** her ideal *o* dream would be to help others **-3. ideales** *(ideología)* ideals; **ese tipo de actuación va en contra de mis ideales** that type of behaviour is against my principles
◇ *adv* **el domingo me vendría ~** Sunday would be perfect

idealismo *nm* idealism

idealista ◇ *adj* idealistic
◇ *nmf* idealist

idealización *nf* idealization

idealizar [14] *vt* to idealize

idealmente *adv* ideally

idear *vt* **-1.** *(planear)* to think up, to devise; **hemos ideado un plan para salir del aprieto** we've devised *o* come up with a plan to get out of trouble **-2.** *(inventar)* to invent

ideario *nm* ideology

ideático, -a *adj Am (caprichoso)* whimsical, capricious

ídem *pron* ditto; EXPR **~ de ~** *(lo mismo)* exactly the same; *(yo también)* same here; **el golf me aburre y el tenis, ~ de ~** I find golf boring and the same goes for tennis; **a mí**

idéntico

me cayó muy bien y a ella, ~ **de ~** I liked him a lot and so did she; **creo que al final lo invitaré, y a su mujer ~ de ~** I think I'll invite him and his wife after all

idéntico, -a *adj* identical (**a** to); **un edificio ~ al Capitolio** a building just like *o* identical to the Capitol; **es ~ a su abuelo** *(físicamente)* he's the image of his grandfather; *(en carácter)* he's exactly the same as *o* just like his grandfather

identidad *nf* **-1.** *(de persona, pueblo)* identity; **todavía no se ha podido descubrir la ~ de las víctimas** the victims have not yet been identified; **la ~ nacional de los griegos** the Greeks' national identity; **la ~ corporativa de la empresa** the company's corporate identity **-2.** *(igualdad)* identical nature **-3.** MAT identity

identificable *adj* identifiable

identificación *nf* **-1.** *(acción)* identification **-2.** *(documentos)* papers, ID; **la ~, por favor** may I see your papers, please?

identificado, -a *adj* identified; **no ~** unidentified

identificador, -ora ◇ *adj* identifying
◇ *nm* INFORMÁT identifier

identificar [59] *vt* **-1.** *(establecer la identidad de)* to identify; **han identificado al autor del robo** the person who carried out the robbery has been identified; **la identificaron como responsable del crimen** she was identified as the person who committed the crime; **descubrieron varios cuerpos sin ~** a number of unidentified bodies were found
-2. *(equiparar)* **~ algo con algo** to identify sth with sth

◆ **identificarse** *vpr* **-1. identificarse con** *(persona, ideas)* to identify with; **la revista no se identifica con las opiniones de sus colaboradores** the opinions expressed by contributors are not necessarily those of the editor
-2. *(mostrar documentos)* to show one's ID; **se identificó ante el guardia de seguridad** she showed the security guard her ID; **se identificó como trabajador de la empresa** he identified himself as a company employee; **¡identifíquese!** *(diga quién es)* identify yourself!; *(muestre una identificación)* show me some ID!

identikit *nm RP* Identikit® (picture)

ideografía *nf* ideography

ideográfico, -a *adj* ideographic

ideograma *nm* ideogram, ideograph

ideología *nf* ideology

ideológicamente *adv* ideologically

ideológico, -a *adj* ideological

ideologizado, -a *adj* **un debate ~** a debate which has become ideological

ideólogo, -a *nm, f* ideologist; *Pey* ideologue

ideoso, -a *adj Méx (caprichoso)* whimsical, capricious

idílico, -a *adj* idyllic

idilio *nm* **-1.** *(amoroso)* romance; **vivieron un ~ apasionado** they had a passionate romance; **la crisis puso fin al ~ entre los dos países** the crisis put an end to the love affair between the two countries **-2.** LIT idyll

idiolecto *nm* LING idiolect

idioma *nm* language

idiomático, -a *adj* idiomatic

idiosincrasia *nf (de persona, pueblo)* character; **conoce muy bien la ~ europea** he is well acquainted with the ways of the Europeans

idiosincrático, -a *adj* characteristic

idiota ◇ *adj* **-1.** *(tonto)* stupid **-2.** *(enfermo)* mentally deficient
◇ *nmf* **-1.** *(tonto)* idiot **-2.** *(enfermo)* idiot

idiotez *nf* **-1.** *(acto, dicho)* stupid thing; **decir/hacer una ~** to say/do something stupid; **no dice más que idioteces** he talks nothing but nonsense; **¿y por eso se enfada? ¡vaya (una) ~!** and she got angry about that? how stupid! **-2.** *(enfermedad)* mental deficiency

idiotismo *nm* LING idiom, idiomatic expression

idiotizar [14] ◇ *vt* to turn into a zombie; **la televisión idiotiza a los jóvenes** television turns young people into zombies

◆ **idiotizarse** *vpr* to turn into a zombie; **se ha idiotizado de tanto ver la televisión** she's turned into a zombie from watching so much television

ido, -a *adj Fam* **-1.** *(loco)* mad, touched **-2.** *(despistado)* distracted; **caminaba con un aire un poco ~** she was walking along rather distractedly; **estar ~** to be miles away

idólatra ◇ *adj* idolatrous
◇ *nmf* **-1.** *(pagano)* idolater, *f* idolatress **-2.** *(fanático)* idolizer

idolatrar *vt* **-1.** *(dios)* to worship **-2.** *(amar ciegamente a)* to idolize

idolatría *nf* **-1.** *(culto)* idolatry **-2.** *(admiración ciega)* worship, idolization

ídolo *nm* **-1.** *(religioso)* idol **-2.** *(persona)* idol

idoneidad *nf* suitability

idóneo, -a *adj (adecuado)* suitable (**para** for); *(ideal)* ideal (**para** for); **no es un candidato ~ para el puesto** he's not the most suitable candidate for the job; **es el lugar ~ para construir la escuela** it's the ideal place to build the school; **no es el momento ~** it's not the best time

i.e. *(abrev de* **id est)** i.e.

IES *nm Esp Antes (abrev de* **Instituto de Educación Secundaria)** HS

iglesia *nf* **-1.** *(edificio)* church; **ir a la ~** to go to church; **una ~ católica/protestante** a Catholic/Protestant church
-2. *(institución)* church; **un hombre de ~** a man of the cloth; **casarse por la ~** *o Andes, RP* **por ~** to have a church wedding ❑ **la ~ adventista** the Adventist church; **la ~ anglicana** the Church of England; **la ~ católica (romana)** the (Roman) Catholic church; **las iglesias evangélicas** the evangelical churches; **la ~ luterana** the Lutheran church; **la ~ metodista** the Methodist church; **la ~ ortodoxa** the Orthodox church; **la ~ presbiteriana** the Presbyterian church; **las iglesias protestantes** the protestant churches; **Iglesia de la Unificación** Unification Church

iglú *(pl* **iglúes)** *nm* **-1.** *(esquimal)* igloo **-2.** *Esp (contenedor)* bottle bank *(shaped like an igloo)*

Ignacio *n pr* **San ~ de Loyola** St Ignatius of Loyola

ígneo, -a *adj* igneous

ignición *nf (de motor)* ignition; **la chispa provocó la ~ del combustible** the spark ignited the fuel

ignífugo, -a *adj* fireproof, flameproof

ignominia *nf* **-1.** *(deshonor)* ignominy **-2.** *(acción)* outrage

ignominiosamente *adv* ignominiously

ignominioso, -a *adj* ignominious

ignorancia *nf* **-1.** *(desconocimiento)* ignorance; **la ~ de la ley no exime de su cumplimiento** ignorance of the law is not a valid defence; **~ supina** blind ignorance **-2.** *(falta de cultura)* ignorance; **por ~** out of ignorance; **mi ~ sobre el tema es completa** I know nothing whatsoever about the subject

ignorante ◇ *adj* **-1.** *(sin conocimiento)* ignorant; **~ de lo que ocurría...** unaware of what was happening... **-2.** *(con falta de cultura)* ignorant
◇ *nmf* ignoramus

ignorar *vt* **-1.** *(desconocer)* not to know; **ignoro su dirección** I don't know her address; **ignoro por qué lo hizo** I don't know why he did it; **lo ignoro por completo** I have absolutely no idea; **se ignoran las causas del accidente** the cause of the accident is unknown; **no ignoro que es una empresa arriesgada** I'm not unaware of the fact that it's a risky venture
-2. *(hacer caso omiso de)* to ignore; **lleva tiempo ignorándome** she's been ignoring me for some time

ignoto, -a *adj* unknown, undiscovered

igual ◇ *adj* **-1.** *(idéntico)* the same (**que** *o* **a** as); **llevan jerseys iguales** they're wearing the same sweater; **son iguales** they're the

igual

same; **¿has visto qué casa?, me gustaría tener una ~** have you seen that house? I wouldn't mind having one like it; **tengo una bicicleta ~ que la tuya** I've got a bicycle just like yours; **lo hirieron con un cuchillo ~ a éste** he was wounded with a knife just like this one; **su estadio es ~ de grande que el nuestro** their stadium is as big as *o* the same size as ours; **todos los chicos eran ~ de guapos** all the boys were equally good-looking, all the boys were just as good-looking as each other; **sigue siendo ~ de presumido** he's (just) as vain as ever; **todos los hombres sois iguales** you men are all the same; **todos somos iguales ante la ley** we are all equal in the eyes of the law
-2. *(parecido)* similar (**que** to); **son dos atletas muy iguales en su forma de correr** they are two athletes who have a very similar style of running; **este niño, de cara, es ~ que su padre** this child looks just like his father; **físicamente no se parecen, pero de carácter son iguales** they don't look anything like each other, but they have very similar characters
-3. *(tal, semejante)* **no había visto cosa ~ en toda mi vida** I'd never seen the like of it; **¿has oído alguna vez mentira ~?** have you ever heard such a lie?
-4. *(equivalente)* equal (**a** to); **su brillantez era ~ a su ambición** his brilliance was matched by his ambition
-5. *(llano)* even; *(sin asperezas)* smooth
-6. *(constante)* *(velocidad, aceleración)* constant; *(clima, temperatura)* even
-7. MAT **A más B es ~ a C** A plus B equals C
◇ *nmf* equal; **sólo se relacionaba con sus iguales** she only mixed with her equals; **de ~ a ~** as an equal; **te hablo de ~ a ~** I am speaking to you as an equal; **llevan una relación de ~ a ~** they treat each other as equals; **no tener ~** to have no equal, to be unrivalled; **sin ~** without equal, unrivalled; **el actor principal tiene un talento sin ~** the leading man is unrivalled in his ability; **es un espectáculo sin ~** it is a sight without equal
◇ *nm (signo)* equal *o* equals sign
◇ *nmpl* **iguales** *Antes (de la ONCE)* = tickets for the Spanish National Association for the Blind lottery which bear the same number
◇ *adv* **-1.** *(de la misma manera)* the same; **yo pienso ~** I think the same, I think so too; **¡qué curioso!, a mí me pasó ~** how odd, the same thing happened to me!; **el café estaba frío y el té ~** the coffee was cold and so was the tea; **es muy alto, al ~ que su padre** he's very tall, just like his father; **el limón, al ~ que la naranja, tiene mucha vitamina C** lemons, like oranges, contain a lot of vitamin C; **baila ~ que la Pavlova** she dances just like Pavlova; **por ~** equally; **nos trataron a todos por ~** they treated us all the same *o* equally
-2. *Esp (posiblemente)* **~ llueve** it could well rain; **con suerte, ~ llego mañana** with a bit of luck I may arrive tomorrow; **~ dejo este trabajo y me busco otra cosa** I may well give up this job and look for something different
-3. DEP **van iguales** the scores are level; **treinta iguales** *(en tenis)* thirty all; **cuarenta iguales, iguales a cuarenta** *(en tenis)* deuce
-4. dar ~: me da ~ lo que piense la gente *(no me importa)* I don't care what people think; **¿quieres salir o prefieres quedarte? – me es ~** do you want to go out, or would you rather stay in? – it's all the same to me *o* I don't mind; **lo siento, no voy a poder ayudar – da** *o* **es ~, no te preocupes** I'm sorry but I won't be able to help – it doesn't matter, don't worry; **¿vamos o nos quedamos? – da** *o* **es ~** should we go or should we stay? – it doesn't make any difference; **es ~, si no tienen vino tomaré otra cosa** never mind, if you haven't got any wine I'll have something else

iguala

-5. *Andes, RP (aún así)* all the same; **estaba nublado pero ~ fuimos a la playa** it was cloudy but we went to the beach all the same

iguala *nf* retainer *(esp for medical services)*

igualación *nf* -1. *(de terreno)* levelling; *(de superficie)* smoothing -2. *(de cantidades)* equalizing; **piden la ~ de salarios** they are asking for salaries to be made the same

igualada *nf (empate)* **la ~ se mantuvo hasta el final del partido** the scores remained level until the end of the match; **el tanto de la ~** the equalizer

igualado, -a *adj* -1. *(terreno)* levelled, level -2. DEP **de momento van igualados** *(empatados)* the scores are level at the moment; **acabaron el encuentro igualados** they drew -3. *(parejo)* evenly matched; **un partido muy ~** a very evenly balanced match; **son dos equipos muy igualados** they are two very evenly matched teams

igualamiento *nm* equalization

igualar ◇ *vt* -1. *(hacer igual)* to make equal, to equalize; **les han igualado los sueldos** they've brought their salaries into line with each other, they've started paying them the same salary; **~ algo a** *o* **con** to equate sth with; **esa acción lo iguala a sus enemigos** that act takes him down to his enemies' level; **intentan ~ sus productos a los de la competencia** they are trying to match their products to those of their competitors; **todavía no han conseguido ~ su récord** her record still hasn't been equalled
-2. *(persona)* to be equal to; **nadie la iguala en generosidad** her generosity is unrivalled
-3. *(terreno)* to level; *(superficie)* to smooth
-4. *(hierba, cabello)* to trim
-5. DEP **igualaron el marcador en el último minuto** they equalized in the last minute
◇ *vi* DEP to equalize; **igualaron en el último minuto** they equalized in the last minute; **igualaron a cero** they drew nil-nil

◆ **igualarse** *vpr* -1. *(cosas diferentes)* to become equal; **igualarse a** *o* **con** *(otra persona, equipo)* to become equal with, to match -2. *(compararse)* **su problema no puede igualarse con el nuestro** her problem cannot be compared *o* likened to ours

igualdad *nf* -1. *(equivalencia)* equality; **la ~ ante la ley** equality before the law; **piden un trato de ~** they are asking for equal treatment; **en ~ de condiciones** on equal terms; **para garantizar la ~ de condiciones** in order to ensure a level playing field; **en pie de ~** on an equal footing ❑ **~ de derechos** equal rights; **~ de oportunidades** equal opportunities; **~ de retribuciones** equal pay; **~ de sexos** sexual equality
-2. *(identidad)* sameness -3. MAT equation

igualitario, -a *adj* egalitarian

igualitarismo *nm* egalitarianism

igualmente *adv* -1. *(de manera igual)* equally; **la riqueza no está repartida ~** wealth is not distributed equally; **dos proyectos ~ importantes** two equally important projects
-2. *(también)* also, likewise; **ofreció ~ dar asilo a los refugiados** he also *o* likewise offered to grant the refugees asylum; **~, querría recordar a nuestro querido maestro** I would also like us to remember our beloved former teacher
-3. *(fórmula de cortesía)* **que pases un buen fin de semana – ~** have a good weekend – you too; **que aproveche – ~** enjoy your meal – you too; **¡Feliz Navidad! – ~** Merry Christmas! – same to you!; **encantado de conocerlo – ~** pleased to meet you – likewise; **recuerdos a tu madre – gracias, ~** give my regards to your mother – thanks, give mine to yours too

iguana *nf* iguana

iguanodonte *nm* iguanodon

Iguazú *n* **el ~** the Iguaçú

IGV [ige'βe] *nm Perú (abrev de* **impuesto general a las ventas)** *Br* VAT, *US* sales tax

IICA *nm (abrev de* **Instituto Interamericano de Cooperación para la Agricultura)** IICA, Inter-American Institute for Cooperation on Agriculture

ijada *nf,* **ijar** *nm* flank, side

ikastola *nf* = primary school in the Basque country where classes are given entirely in Basque

ikurriña *nf* = Basque national flag

ilación *nf* cohesion

ilativo, -a *adj* illative

ilegal ◇ *adj* illegal; **de forma ~** illegally
◇ *nm,f (inmigrante)* illegal immigrant, *US* illegal; *(trabajador)* illegal worker, *US* illegal

ilegalidad *nf* -1. *(acción)* unlawful act -2. *(cualidad)* illegality; **estar en la ~** to be illegal *o* outside the law; **un inmigrante en situación de ~** an illegal immigrant; **la ~ de las ayudas económicas recibidas por el partido** the illegal nature of the payments received by the party

ilegalización *nf* banning

ilegalizar *vt* to ban

ilegalmente *adv* illegally

ilegibilidad *nf* illegibility

ilegible *adj* illegible

ilegítimamente *adv* illegitimately

ilegitimar *vt (logro)* to invalidate; **su pasado lo ilegitima para ser alcalde** his past makes him unfit to be mayor; **sus infidelidades ilegitiman sus celos** her infidelities deny her the right to be jealous

ilegitimidad *nf* illegitimacy

ilegítimo, -a *adj* illegitimate; **hijo ~** illegitimate child

íleon *nm* ANAT *(en intestino)* ileum

ilerdense ◇ *adj* of/from Lerida *(Spain)*
◇ *nmf* person from Lerida *(Spain)*

ileso, -a *adj* unhurt, unharmed; **salir** *o* **resultar ~** to escape unharmed; **salió ~ del accidente** he was not injured in the accident

iletrado, -a ◇ *adj* illiterate
◇ *nm,f* illiterate

iliaco, -a, ilíaco, -a *adj* ANAT ileac, ileal

Ilíada *nf* **la ~** the Iliad

ilícito, -a ◇ *adj* illicit
◇ *nm,f Am* crime

ilicitud *nf* illegality

ilimitado, -a *adj* unlimited, limitless; **poder ~** absolute power

ilion *nm* ANAT ilium

Ilmo., -a *(abrev de* **ilustrísimo, -a)** *adj* **el Ilmo. Ayuntamiento de Madrid** the City Council of Madrid; **el Ilmo. señor juez don Lucas Hernández** Judge Lucas Hernández

ilocalizable *adj* **se encuentra ~** he cannot be found

ilógico, -a *adj* illogical

ilomba *nf* false nutmeg

iluminación *nf* -1. *(luces)* lighting; **lo mejor del concierto fue la ~** the best part of the concert was the light show; **en esta sala hay muy poca ~** this room is very poorly lit; **trabaje con buena ~** make sure you have plenty of light when you are working
-2. *(acción)* illumination; **de la ~ me encargo yo** I'll take care of the lighting -3. REL enlightenment

iluminado, -a ◇ *adj* -1. *(con luz)* lit (up); **el lugar estaba mal ~ y no pude verle la cara** the place was poorly lit and I couldn't see his face -2. REL enlightened -3. *Pey (político, terrorista)* **un político ~** a politician who thinks he's on a mission from above
◇ *nm,f* -1. REL enlightened person -2. *Pey (político, terrorista)* **son unos iluminados** they think they're on a mission from above

iluminador, -ora ◇ *adj* illuminating
◇ *nm,f* lighting technician

iluminar ◇ *vt* -1. *(dar luz a)* to illuminate, to light; **la antorcha iluminaba la cueva** the torch lit up the cave; **los focos que iluminan la iglesia** the floodlights which light up the church
-2. *(adornar con luces)* to light up; **en Navidad iluminan el centro de la ciudad con luces** at Christmas they light up the city centre; **iluminan el castillo por la noche** the castle is lit up at night
-3. *(grabado, códice)* to illuminate
-4. REL to enlighten
◇ *vi* to give light; **la lámpara ilumina muy poco** the lamp doesn't give much light

◆ **iluminarse** *vpr* -1. *(con luz)* to light up; **el baño se ilumina por una pequeña ventana** a small window provides the bathroom with light; **el cielo se iluminó con la bengala** the flare lit up the sky -2. *(de alegría)* **se le iluminó el rostro** his face lit up -3. REL to become enlightened

ilusión *nf* -1. *(esperanza)* hope; **con ~** hopefully, optimistically; **la ~ de su vida es ir al espacio** his life's dream is to travel into space; **hacerse** *o* **forjarse ilusiones** to build up one's hopes; **no te hagas demasiadas ilusiones** don't get your hopes up too much; **no me hago muchas ilusiones de que me vayan a dar la beca** I'm not too optimistic about getting the grant
-2. *(infundada)* delusion, illusion; **vive de ilusiones** he's completely deluded
-3. *esp Esp (emoción)* **han trabajado con mucha ~** they have worked with real enthusiasm; **¡qué ~!** how exciting!; **¡qué ~ verte otra vez!** it's great to see you again!; **me hace mucha ~** I'm really looking forward to it; **me hace mucha ~ que vengas** I'm really delighted *o* thrilled that you're coming; **la novia lleva los preparativos de la boda con ~** the bride is very excited about the preparations for the wedding
-4. *(espejismo)* illusion ❑ **~ óptica** optical illusion

ilusionar ◇ *vt* -1. *(esperanzar)* **~ a alguien (con algo)** to build up sb's hopes (about sth) -2. *(emocionar)* to excite, to thrill; **les ilusiona la llegada del nuevo bebé** they are thrilled about the new baby

◆ **ilusionarse** *vpr* -1. *(esperanzarse)* to get one's hopes up **(con** about); **se ha ilusionado mucho con el concurso** he's really got his hopes up about winning the competition -2. *(emocionarse)* to get excited **(con** about)

ilusionismo *nm* conjuring, magic

ilusionista *nmf* conjurer, magician

iluso, -a ◇ *adj* naive; **¡no seas ~!** don't be so naive!
◇ *nm,f* naive person, dreamer; **piensa que le van a subir el sueldo, ¡~!** she's so naive, she thinks she's going to get a pay rise!; **eres un ~ si crees que vas a conseguir algo así** you're dreaming *o* kidding yourself if you think you can achieve anything like that

ilusorio, -a *adj (imaginario)* illusory; *(promesa)* empty

ilustración *nf* -1. *(estampa, dibujo)* illustration -2. *(ejemplo)* illustration; **sirvan de ~ los siguientes datos...** the following facts and figures illustrate my point... -3. *(cultura)* learning; **no tiene mucha ~** he's not very educated -4. HIST **la Ilustración** the Enlightenment

ilustrado, -a ◇ *adj* -1. *(publicación)* illustrated -2. *(persona)* learned -3. HIST **un filósofo/monarca ~** a philosopher/monarch influenced by the Enlightenment
◇ *nm,f* HIST person influenced by the Enlightenment

ilustrador, -ora ◇ *adj* illustrative
◇ *nm,f* illustrator

ilustrar ◇ *vt* -1. *(explicar)* to illustrate, to explain; **ilústrame sobre la situación actual** explain the current situation to me, fill me in on the current situation; **~ algo con un ejemplo** to illustrate sth with an example -2. *(publicación)* to illustrate -3. *(educar)* to enlighten

◆ **ilustrarse** *vpr* to educate oneself

ilustrativo, -a *adj* illustrative

ilustre *adj* -1. *(distinguido)* illustrious, distinguished -2. *(título)* **el ~ señor alcalde** his Worship, the mayor

Ilustrísima *nf* Su ~ Your/His Grace, Your/His Worship

ilustrísimo, -a *adj* **el Ilustrísimo Ayuntamiento de Madrid** the City Council of Madrid; **el Ilustrísimo señor juez don Lucas Hernández** Judge Lucas Hernández

imagen *nf* **-1.** *(figura)* image; **su ~ se reflejaba en el agua** she could see her reflection in the water; **contemplaba su ~ en el espejo** he was looking at his reflection in the mirror; **su rostro era la pura ~ del sufrimiento** her face was a picture of suffering; **eran la ~ de la felicidad** they were a picture of happiness; EXPR **ser la viva ~ de alguien** to be the spitting image of sb; EXPR **a ~ y semejanza: Dios creó al hombre a su ~ y semejanza** God created man in his own image; **reconstruyeron el museo a ~ y semejanza del original** they rebuilt the museum so that it looked just like the old one
-2. *(en física)* image; *(televisiva)* picture; **las imágenes en movimiento** the moving image; **imágenes del partido/de la catástrofe** pictures of the game/the disaster; EXPR **una ~ vale más que mil palabras** one picture is worth a thousand words ❏ **imágenes de archivo** library pictures; **~ virtual** virtual image
-3. *(aspecto)* image; **necesitas un cambio de ~** you need a change of *o* a new image; **tiene una ~ de intolerante** she has the image of being an intolerant person; **quieren proyectar una ~ positiva** they want to project a positive image; **tener buena/mala ~** to have a good/bad image; **los casos de corrupción han deteriorado la ~ del gobierno** the corruption scandals have tainted the image of the government ❏ **~ corporativa** corporate identity; **~ de empresa** corporate image; **~ de marca** brand image; **~ pública** public image
-4. *(recuerdo)* picture, image; **guardo una ~ muy borrosa de mis abuelos** I only have a very vague memory of my grandparents; **tenía una ~ diferente del lugar** I had a different picture *o* image of the place, I had pictured the place differently ❏ **~ mental** mental image
-5. *(estatua)* statue
-6. *(literaria)* image; **utiliza unas imágenes muy ricas** she uses very rich imagery

imaginable *adj* imaginable, conceivable

imaginación *nf* **-1.** *(facultad)* imagination; **un niño con mucha ~** a child with a very vivid imagination, a very imaginative child; **pasar por la ~ de alguien** to occur to sb, to cross sb's mind; **no me pasó por la ~** it never occurred to me *o* crossed my mind; **se deja llevar por la ~** he lets his imagination run away with him; EXPR **dar rienda suelta a la ~** to let one's imagination run wild
-2. *(idea falsa)* **imaginaciones** delusions, imaginings; **son imaginaciones tuyas** you're just imagining things, it's all in your mind

imaginar ◇ *vt* **-1.** *(suponer)* to imagine; **imagino que te has enterado de la noticia** I imagine *o* suppose you've heard the news; **imagina por un momento que eres millonario** imagine for a moment that you were a millionaire; **no puedes ~ cuánto me enfadé** you can't imagine how angry I was; **imagina que llega y no estamos preparados** imagine what would happen if she arrived and we weren't ready
-2. *(visualizar)* to imagine, to picture; **imagina un mundo más justo** imagine a fairer world
-3. *(idear)* to think up, to invent

➤ **imaginarse** *vpr* **-1.** *(suponer)* to imagine; **no te llamé porque me imaginé que estabas muy ocupada** I didn't call you, because I thought you'd be very busy; **me imagino que estarás cansado** I imagine *o* suppose you must be tired; **no te imaginas cómo me alegré** you can't imagine how pleased I was; **¡imagínate!** just think *o* imagine!; **me imagino que sí** I suppose so; **se puso muy contenta – me lo imagino** she was very happy – I can well believe it; *Fam* **¿te imaginas que viene?** what if he were to come?
-2. *(visualizar)* to imagine, to picture; **no me lo imagino vestido de indio** I can't imagine *o* picture him dressed as an Indian; **no me lo imaginaba así** I hadn't imagined *o* pictured it like this

imaginaria *nf (guardia)* reserve guard, nightguard; **estar de ~** to be on nightguard duty

imaginario, -a ◇ *adj* imaginary
◇ *nm (conjunto de imágenes)* imagery; **el ~ colectivo** the collective consciousness

imaginativo, -a *adj* imaginative

imaginería *nf* **-1.** ARTE religious image-making **-2.** LIT imagery

imaginero, -a *nm,f* = painter or sculptor of religious images

imam *nm (entre musulmanes)* imam

imán *nm* **-1.** *(para atraer)* magnet **-2.** *(persona, lugar)* magnet **-3.** *(entre musulmanes)* imam

imanación, imantación *nf* magnetization

imanar, imantar *vt* to magnetize

Imax® *nm* IMAX®

imbancable *adj RP Fam (insoportable)* unbearable

imbaque *nm Ven* **-1.** *(recipiente)* earthenware container **-2.** *Fam (persona)* barrel, *Br* gutbucket

imbatibilidad *nf* **la derrota puso fin a su ~** this defeat ended their unbeaten run

imbatible *adj* unbeatable

imbatido, -a *adj* unbeaten

imbebible *adj* undrinkable

imbécil ◇ *adj* **-1.** *(tonto)* stupid **-2.** *(enfermo)* imbecile
◇ *nmf* **-1.** *(tonto)* idiot **-2.** *(enfermo)* imbecile

imbecilidad *nf (acto, dicho)* stupid thing; **decir/hacer una ~** to say/do something stupid; **no dice más que imbecilidades** he talks nothing but nonsense; **¿y por eso se enfada? ¡vaya (una) ~!** and she got angry about that? how stupid!

imberbe ◇ *adj* beardless
◇ *nm* **todavía es un ~** he hasn't started shaving yet

imbombera *nf Ven Fam* jaundice

imbornal *nm* scupper

imborrable *adj* **-1.** *(tinta)* indelible **-2.** *(recuerdo)* unforgettable

imbricación *nf* overlap

imbricado, -a *adj* **-1.** *(láminas, escamas)* overlapping **-2.** *(temas)* interwoven

imbricar [59] *vt* **-1.** *(láminas, escamas)* **imbricó las láminas** he arranged the sheets so they overlapped **-2.** *(temas)* to interweave

imbuir [34] ◇ *vt* to imbue (**de** with); **los imbuyen de valores patrióticos** they are imbued with patriotic values, they have patriotic values instilled in them

➤ **imbuirse** *vpr* **se imbuyó de ideas revolucionarias** he filled his head with revolutionary ideas

imbunchar *vt Chile* **-1.** *(embrujar)* to bewitch, to cast a spell over **-2.** *(estafar)* to swindle

imbunche *nm Chile* **-1.** *(ser mitológico)* = deformed evil spirit who helps witches **-2.** *(maleficio)* curse **-3.** *Fam (barullo)* mess

IME ['ime] *nm* UE *(abrev de* **Instituto Monetario Europeo)** EMI

imitación *nf* **-1.** *(copia)* imitation; **una ~ burda de algo** a crude imitation of sth; **a ~ de** in imitation of; **piel de ~** imitation leather; **joyas de ~** imitation jewellery **-2.** *(de humorista)* impression, impersonation; **hacer una ~ de alguien** to do an impression of sb, to impersonate sb

imitador, -ora *nm,f* **-1.** *(que copia)* imitator **-2.** *(humorista)* impressionist, impersonator

imitamonas, imitamonos *nmf inv Fam* copycat

imitar *vt* **-1.** *(copiar)* to imitate, to copy; **intentaron ~ mi firma** they tried to forge my signature; **se marchó del bar y nosotros la imitamos** she left the bar and we followed suit
-2. *(producto, material)* to simulate; **un material que imita al cuero** a material which looks like leather
-3. *(a personajes famosos)* to do an impression of, to impersonate; **imitó al presidente** he did an impression of *o* impersonated *o* took off the president

imitativo, -a *adj* imitative

impaciencia *nf* impatience; **con ~** impatiently

impacientar ◇ *vt* to make impatient, to exasperate; **su impuntualidad me impacienta** I find his lack of punctuality exasperating

➤ **impacientarse** *vpr* to grow impatient; **comenzábamos a impacientarnos** we were beginning to get impatient; **me impaciento con sus tonterías** I'm getting fed up with him clowning around

impaciente *adj* impatient; **no seas ~** be patient, don't be so impatient; **~ por hacer algo** impatient *o* anxious to do sth; **estoy ~ por que llegue Jaime** I can't wait for Jaime to get here

impacientemente *adv* impatiently

impactado, -a *adj Am* shocked

impactante *adj (imágenes)* hard-hitting; *(belleza)* striking, stunning

impactar ◇ *vt* to have an impact on; **me impactó oírle hablar de esa manera** it made a real impression on me to hear him talk like that; **la noticia de su asesinato nos impactó a todos** the news of her murder shocked us all
◇ *vi (bala)* to hit; **le impactó un ladrillo en la cara** he was struck in the face by a brick

impacto *nm* **-1.** *(choque)* impact; **recibió varios impactos de bala** he was shot several times
-2. *(señal)* (impact) mark ❏ **~ de bala** bullet hole
-3. *(impresión)* impact, impression; **causar un gran ~ en alguien** to have a big impact *o* make a big impression on sb; **el accidente le causó un gran ~** the accident made a big impression on him *o* affected him very severely; **el ~ político del cierre de una fábrica** the political impact *o* fallout of the closure of a factory ❏ **~ ambiental** environmental impact

impagable *adj* invaluable; **me hizo un favor ~** I'll never be able to repay the favour she did me

impagado, -a ◇ *adj* unpaid
◇ *nm* unpaid bill

impago, -a ◇ *adj Am (no pagado)* unpaid; **los salarios impagos** the unpaid wages; **los obreros impagos** the workers who haven't been paid; **factura impaga** unpaid *o* outstanding invoice
◇ *nm* non-payment; **el ~ de una multa** non-payment of a fine

impala *nm* impala

impalpable *adj* impalpable

impar ◇ *adj* **-1.** *(número)* odd **-2.** *(sin igual)* unequalled
◇ *nm* odd number

imparable *adj* unstoppable

imparablemente *adv* unstoppably

imparcial *adj* impartial

imparcialidad *nf* impartiality

imparcialmente *adv* impartially

impartir *vt* to give; **~ clases** to teach; **el obispo impartió la bendición** the bishop gave his blessing; **los tribunales imparten justicia** the courts dispense justice

impase = impasse

impasibilidad *nf* impassivity

impasible *adj* impassive; **su rostro permaneció ~** his face showed *o* betrayed no emotion; **escuchó ~ el veredicto** she listened impassively as the verdict was read out

impasiblemente *adv* impassively

impasse, impase [im'pas] *nm* impasse; **encontrarse** *o* **estar en un ~** to have reached an impasse

impavidez nf **-1.** (valor) fearlessness, courage **-2.** (impasibilidad) impassivity
impávido, -a adj **-1.** (valeroso) fearless, courageous **-2.** (impasible) impassive
impecable adj impeccable
impecablemente adv impeccably
impedancia nf impedance
impedido, -a ⋄ adj disabled; **estar ~ de un brazo** to have the use of only one arm
⋄ nm,f disabled person; **los impedidos** the disabled
impedimento nm **-1.** (obstáculo) obstacle; **no hay ningún ~ para hacerlo** there's no reason why we shouldn't do it; **no nos puso ningún ~ para la celebración de la fiesta** he didn't put any obstacles in the way of our having the party, he in no way tried to stop us having the party; **si no surge ningún ~ llegaremos a las ocho** all being well, we'll be there at eight o'clock **-2.** (para el matrimonio) impediment
impedir [47] vt **-1.** (imposibilitar) to prevent; **~ a alguien hacer algo** to prevent sb from doing sth; **la lesión le impedía correr** the injury stopped o prevented her from running; **impedirle el paso a alguien** to bar sb's way; **este camión impide el paso a la calle** this truck o Br lorry is blocking the street; **la nieve impidió la celebración del partido** the snow prevented the match from taking place; **nada te impide hacerlo** there's nothing to stop you doing it; **si nada lo impide saldremos por la mañana** all being well we'll leave in the morning **-2.** (dificultar) to hinder, to obstruct
impeler vt Formal **-1.** (hacer avanzar) to propel **-2.** (incitar) **~ a alguien a algo/hacer algo** to drive sb to sth/to do sth
impenetrabilidad nf **-1.** (de bosque, barrera) impenetrability **-2.** (de estilo, misterio) impenetrability; (de sonrisa) inscrutability
impenetrable adj **-1.** (bosque, barrera) impenetrable **-2.** (estilo, misterio) impenetrable; (sonrisa) inscrutable
impenitencia nf impenitence
impenitente adj **-1.** (que no se arrepiente) unrepentant, impenitent **-2.** (incorregible) inveterate
impensable adj unthinkable
impensado, -a adj **-1.** (inesperado) unexpected **-2.** (sin pensar) **dio una respuesta impensada** she answered without thinking
impepinable adj Esp Fam Hum **sus argumentos son impepinables** you can't deny her arguments; **lo que has dicho es una verdad ~** there's no denying what you said; **¡eso es ~!** that's for sure!
imperante adj **-1.** (estilo, tendencia, corrupción) prevailing **-2.** (régimen) ruling
imperar vi **-1.** (predominar) (estilo, tendencia) to prevail; **la corrupción que impera en la administración** the corruption which prevails throughout the administration **-2.** (dominar) (político, general) to rule
imperativamente adv as a matter of utmost urgency
imperativo, -a ⋄ adj **-1.** GRAM imperative **-2.** (autoritario) imperious
⋄ nm **-1.** GRAM imperative **-2.** (circunstancias, mandato) **para él ayudar a los necesitados sigue siendo un ~ moral** helping the poor remains a moral imperative for him; **imperativos económicos** economic considerations; **por ~ legal** for legal reasons ❑ FILOSOFÍA **el ~ categórico** the categorical imperative
imperatoria nf masterwort
imperceptible adj imperceptible
imperceptiblemente adv imperceptibly
imperdible nm safety pin
imperdonable adj unforgivable; **fue ~ que te olvidaras de su cumpleaños** it was unforgivable of you to forget her birthday
imperdonablemente adv unforgivably
imperecedero, -a adj **-1.** (producto) non-perishable **-2.** (eterno) immortal, eternal
imperfección nf **-1.** (cualidad) imperfection **-2.** (defecto) flaw, defect

imperfecto, -a adj **-1.** (no perfecto) imperfect **-2.** (defectuoso) faulty, defective **-3.** GRAM **futuro ~** future (tense); **pretérito ~** (past) imperfect
⋄ nm GRAM imperfect
imperial adj imperial
imperialismo nm imperialism
imperialista ⋄ adj imperialist
⋄ nmf imperialist
impericia nf **-1.** (torpeza) lack of skill **-2.** (inexperiencia) inexperience
imperio nm **-1.** (estilo, moda) Empire
⋄ nm **-1.** (territorio) empire; EXPR **valer un ~** to be worth a fortune ❑ **el Imperio Romano** the Roman Empire **-2.** (mandato) emperorship; **durante el ~ de Carlos V** during the reign of the emperor Charles V **-3.** (dominio) rule; **el ~ de la ley** the rule of law
imperiosamente adv **-1.** (con autoridad) imperiously **-2.** (con apremio) urgently
imperiosidad nf **-1.** (autoritarismo) imperiousness **-2.** (apremio) urgency
imperioso, -a adj **-1.** (autoritario) imperious **-2.** (apremiante) urgent, pressing
impermeabilidad nf impermeability
impermeabilización nf waterproofing
impermeabilizante adj waterproofing
impermeabilizar [14] vt to (make) waterproof
impermeable ⋄ adj **-1.** (al líquido) waterproof; **es ~ al agua** it's waterproof **-2.** (insensible) impervious; **es ~ a las críticas** he's impervious to criticism; **permaneció ~ a las presiones políticas** she remained impervious to political pressure
⋄ nm **-1.** (prenda) raincoat, Br mac **-2.** Esp Fam Hum (preservativo) rubber
impersonal adj **-1.** (trato, decoración) impersonal **-2.** (verbo) impersonal
impersonalidad nf (de trato) impersonality; (de decoración) impersonal nature
impersonalmente adv impersonally
impertérrito, -a adj (impávido) unperturbed, unmoved; (ante peligros) fearless
impertinencia nf **-1.** (cualidad) impertinence **-2.** (comentario) impertinent remark; **estoy cansado de sus impertinencias** I'm tired of his impertinent remarks o his impertinence
impertinente ⋄ adj **-1.** (insolente) impertinent; **no te pongas ~ con tu madre** don't be rude o impertinent to your mother; **hoy estás muy ~** you're being very impertinent today **-2.** (inoportuno) inappropriate
⋄ nmf (persona) impertinent person; **es un ~** he's very rude o impertinent
⋄ nmpl **impertinentes** (anteojos) lorgnette
impertinentemente adv impertinently
imperturbabilidad nf imperturbability
imperturbable adj **-1.** (persona) imperturbable; **escuchó ~ las acusaciones** he listened impassively to the accusations **-2.** (sonrisa) impassive
impétigo nm MED impetigo
ímpetu nm **-1.** (brusquedad) force; **el ~ del tornado arrasó el pueblecito** the force of the tornado flattened the village **-2.** (energía) energy; **empezó la carrera con gran ~** he started the race very energetically; **perder ~** to lose momentum **-3.** FÍS momentum
impetuosamente adv impetuously
impetuosidad nf **-1.** (de olas, viento, ataque) force **-2.** (de persona) impetuosity, impetuousness
impetuoso, -a ⋄ adj **-1.** (olas, viento) raging; (ataque) furious **-2.** (persona) impulsive, impetuous
⋄ nm,f impulsive person; **es un ~** he's very impulsive
impidiera etc ver **impedir**
impido etc ver **impedir**
impiedad nf **-1.** (falta de religión) godlessness, impiety **-2.** (falta de piedad) mercilessness
impío, -a adj **-1.** (sin religión) godless, impious **-2.** (sin piedad) merciless

implacable adj **-1.** (odio, ira) implacable; (sol) relentless; (clima) harsh; **el ~ avance del desierto** the relentless o inexorable advance of the desert **-2.** (persona) inflexible, firm; **es ~ con sus alumnos** she's very hard on her pupils **-3.** (incontestable) unassailable; **un argumento de una lógica ~** an argument of unassailable logic
implacablemente adv relentlessly
implantación nf **-1.** (establecimiento) introduction; **la ~ de la pena de muerte** the introduction of the death penalty; **la ~ de la democracia** the establishment of democracy; **durante el periodo de ~ del euro** when the euro is introduced; **una empresa con fuerte ~ en este país** a company which is well-established in this country; **una tradición sin ~ en la región** a tradition which never took hold in the region; **un medio de pago de creciente ~** an increasingly widely-used method of payment **-2.** BIOL implantation **-3.** MED (de nuevo) insertion
implantar ⋄ vt **-1.** (establecer) to introduce; **han implantado el toque de queda** they have imposed a curfew; **implantaron un racionamiento de los alimentos** food rationing was introduced o was brought in; **una moda implantada desde el exterior** a fashion introduced o imported from abroad **-2.** MED (huevo) to insert
♦ **implantarse** vpr **-1.** (establecerse) to be introduced; **una costumbre que se está implantando** a practice which is becoming more common; **la moda no llegó a implantarse** the fashion didn't catch on **-2.** BIOL to become implanted
implante nm implant ❑ **~ dental** (dental) implant
implementación nf implementation
implementar vt to implement
implemento nm implement; Am **implementos deportivos** sports equipment
implicación nf **-1.** (participación) involvement **-2. implicaciones** (consecuencias) implications
implicancia nf CSur implication
implicar [59] ⋄ vt **-1.** (conllevar) to involve (**en** in); **la protección del medio ambiente implica sacrificios** protecting the environment involves o means making sacrifices **-2.** DER (involucrar) to implicate (**en** in); **lo implicaron en el asesinato** he was implicated in the murder
-3. (significar, suponer) to mean, to imply; **dije que sí, lo que no implica que vaya a participar** I said yes, but that doesn't necessarily mean I'll take part
♦ **implicarse** vpr **-1.** DER to incriminate oneself **-2.** (comprometerse) **implicarse en** to become involved in
implícito, -a adj implicit
imploración nf entreaty, plea
implorante adj imploring; **una mirada ~** an imploring look
implorar vt to implore; **te lo imploro, déjales marchar** let them go, I implore o beg you; **le imploró clemencia** she begged (him) for mercy
implosión nf implosion
implosivo, -a adj implosive
impoluto, -a adj **-1.** (puro, limpio) unpolluted, pure **-2.** (sin mácula) unblemished, untarnished
imponderabilidad nf imponderability
imponderable ⋄ adj **-1.** (incalculable) invaluable **-2.** (imprevisible) imponderable
⋄ nm imponderable
imponencia nf Am grandeur; **nos impresionó la ~ del Aconcagua** we were impressed by Aconcagua in all its imposing grandeur
imponente ⋄ adj **-1.** (impresionante) imposing, impressive; **un perro ~ guardaba la entrada** an imposing-looking o a formidable dog guarded the entrance **-2.** (estupendo) sensational, terrific **-3.** Fam (guapo) stunning; **estaba ~ con esa falda** she

imponer

looked stunning in that skirt; **¡la profesora está ~!** the teacher is a stunner!
◇ *nm,f Esp* depositor

imponer [50] ◇ *vt* **-1.** *(forzar a aceptar)* **~ algo (a alguien)** to impose sth (on sb); **a nadie le gusta que le impongan obligaciones** no one likes to have responsibilities forced upon them; **desde el principio el campeón impuso un fuerte ritmo de carrera** the champion set a healthy pace right from the start of the race; **el profesor impuso silencio en la clase** the teacher silenced the class; **una política impuesta por el Banco Mundial** a policy imposed by the World Bank
-2. *(aplicar)* **~ una multa/un castigo a alguien** to impose a fine/a punishment on sb; **el juez le impuso una pena de dos años de cárcel** the judge sentenced him to two years' imprisonment; **le impusieron la difícil tarea de sanear las finanzas de la empresa** he was charged with the difficult task of straightening out the company's finances; **impusieron la obligatoriedad de llevar casco** they made it compulsory to wear a helmet
-3. *(inspirar) (miedo, admiración)* to inspire **(a** in); **~ respeto (a alguien)** to command respect (from sb)
-4. *(establecer) (moda)* to set; *(costumbre)* to introduce
-5. *(asignar) (nombre)* to give; *(medalla, condecoración, título)* to award; **a la isla se le impuso el nombre de su descubridor** the island was named after the person who discovered it; **le fue impuesto el título de doctor honoris causa por la Universidad de México** he received an honorary doctorate from the University of Mexico
-6. *(tributos, cargas fiscales)* to impose **(a** on)
-7. *(en banca)* to deposit
◇ *vi* to be imposing; **el edificio impone por sus grandes dimensiones** the size of the building makes it very imposing; **imponía con su presencia** he had an imposing presence

◆ **imponerse** *vpr* **-1.** *(hacerse respetar)* to command respect, to show authority; **trató de imponerse ante sus alumnos** she tried to assert her authority over her pupils
-2. *(ponerse) (obligación, tarea)* to take on; **me he impuesto una dieta muy estricta** I've imposed a very strict diet on myself, I've put myself on a very strict diet; **me impuse un fuerte ritmo de trabajo** I set myself a good pace for my work
-3. *(predominar)* to prevail; **esta primavera se impondrán los colores vivos y los vestidos cortos** this spring the fashion will be for bright colours and short dresses
-4. *(ser necesario)* to be necessary; **se impone una rápida solución al problema** a rapid solution to the problem must be found; **se impone tomar medidas urgentes** urgent measures are necessary
-5. *(vencer)* to win; **Francia se impuso por dos goles a uno** France won by two goals to one; **se impuso al resto de los corredores** she beat the other runners; **se impuso al esprint** he won the sprint for the line; **al final se impuso la sensatez y dejaron de insultarse** common sense finally prevailed and they stopped insulting each other

imponible *adj* FIN **base ~** taxable income
impopular *adj* unpopular
impopularidad *nf* unpopularity
importación *nf* **-1.** *(acción)* importing, importation; **la ~ de alimentos** the importing *o* importation of foodstuffs **-2.** *(artículo)* import; **un aumento de las importaciones** an increase in imports; **de ~** imported
importado, -a *adj* imported
importador, -ora ◇ *adj* importing; **empresa importadora** importer, importing company
◇ *nm,f* importer

importancia *nf* importance; **de ~** important, of importance; **un tratamiento médico reservado a los casos de ~** a treatment reserved for serious cases; **un arquitecto de ~** an important architect; **recibió un golpe de cierta ~** he took a fairly heavy knock; **adquirir** *o* **cobrar ~** to become important, to take on significance; **dar ~ a algo** to attach importance to sth; **darse ~** to give oneself airs; **no tiene ~** *(no es importante)* it's not important; *(no pasa nada)* it doesn't matter; **sin ~** unimportant; **ha sido un rasguño sin ~** it's only a little scratch; **quitar** *o* **restar ~ a algo** to play sth down

importante *adj* **-1.** *(destacado, significativo)* important; **el descontento está adquiriendo proporciones importantes** dissatisfaction is becoming widespread; **ocupa un cargo ~ en el ministerio** he has an important job at the ministry; **ella es muy ~ para mí** she's very important to me; **lo ~ es hacerlo despacio** the important thing is to do it slowly; **no te preocupes, lo ~ es que tengas buena salud** don't worry, the most important thing is for you to be healthy; EXPR **dárselas de ~, hacerse el ~** to give oneself airs, to act all important
-2. *(considerable, lesión)* serious; **una cantidad ~ de dinero** a significant *o* considerable amount of money; **el tren llegó con un retraso ~** the train was very late

importar ◇ *vt* **-1.** *(productos, materias primas, costumbres)* to import **(de** from) **-2.** INFORMÁT to import **-3.** *Formal (sujeto: factura, coste)* to amount to, to come to; **la factura importa 5.000 pesos** the bill comes to 5,000 pesos
◇ *vi* **-1.** *(preocupar, tener interés)* to matter; **no importa el precio, cómpralo de todas formas** the price doesn't matter, buy it anyway; **no me importa lo que piense la gente** I don't care what people think; **ya no te importo – al contrario, sí que me importas** you don't care about me any more – on the contrary, you do matter to me; **lo que importa es que todos salieron ilesos del accidente** what matters *o* the important thing is that nobody was hurt in the accident; **lo que me importa es saber quién lo hizo** the important thing for me is to know who did it
-2. *(incumbir, afectar)* **esto es algo entre tú y yo, y a nadie más le importa** this is between you and me and hasn't got anything to do with anyone else; **¡no te importa!** it's none of your business!; **¿a mí qué me importa?** what's that to me?, what do I care?; **¿y a ti qué te importa?** what's it got to do with you?; **¿adónde vas? – ¿te importa?** *(con enfado)* where are you going? – what's it to you!; *Fam* **siempre está metiéndose en lo que no le importa** she's always sticking her nose into other people's business; EXPR *Fam* **me importa un bledo** *o* **comino** *o* **pito** *o Chile* **pucho** *o* **rábano** I don't give a damn, I couldn't care less; EXPR *Esp Vulg* **me importa un cojón** *o* **tres cojones** I couldn't give a shit *o Br* toss
-3. *(molestar)* to mind; **no me importa tener que tomar el tren todos los días** I don't mind having to catch the train every day; **no me importa que venga tu familia** I don't mind if your family comes; **preferiría no salir, si no te importa** I'd rather not go out, if you don't mind *o* if it's all the same to you; **¿le importa que me siente?** do you mind if I sit down?; **¿te importaría acompañarme?** would you mind coming with me?
◇ *v impersonal* to matter; **no importa** it doesn't matter; **si no vienes, no importa, ya nos arreglaremos** it doesn't matter *o* never mind if you can't come, we'll manage; **¡qué importa que llueva!** so what if it's raining?

importe *nm (precio)* price, cost; *(de factura)* total; **~ total** total cost; **pagué el ~ de la consumición** I paid for what I'd had; **devolvió el ~ íntegro del préstamo** he repaid the loan in full; **ayudas por un ~ cercano a los 5.000 millones** aid to the tune of almost 5,000 million; **un cheque por un ~ de dos millones** a cheque for two million; **una inversión por un ~ máximo de 100 millones** a maximum investment of 100 million

importunar ◇ *vt* to bother, to pester; **no me importunes con preguntas** don't bother *o* pester me with questions
◇ *vi* to be tiresome *o* a nuisance

importuno, -a *adj* **-1.** *(en mal momento)* inopportune, untimely **-2.** *(molesto)* inconvenient **-3.** *(inadecuado)* inappropriate

imposibilidad *nf* impossibility; **su ~ para contestar la pregunta** his inability to answer the question; **reconoció la ~ de controlar la violencia** she acknowledged that it was impossible to control the violence; **~ física** physical impossibility

imposibilitado, -a *adj* **-1.** *(paralítico)* paralysed; *(discapacitado)* disabled; **se quedó ~ de las piernas tras el accidente** he lost the use of both legs in the accident **-2.** *(incapaz)* **estar ~ para hacer algo** to be unable to do sth; **se vio ~ de seguir caminando debido a la herida** he was unable to carry on walking because of his injury

imposibilitar *vt* **~ a alguien (para) hacer algo** to make it impossible for sb to do sth, to prevent sb from doing sth; **las nuevas normas imposibilitan el fraude** the new regulations make fraud impossible; **el atentado imposibilitó el acuerdo** the attack made it impossible to reach an agreement; **la lesión lo imposibilita para moverse** he's unable to move because of the injury, the injury makes it impossible for him to move

imposible ◇ *adj* **-1.** *(irrealizable)* impossible; **nos fue ~ asistir** we were unable to be there; **es ~ de arreglar** it's impossible to fix, it can't be fixed; **es ~ que no se haya enterado** he must have found out; **es ~ que se lo haya dicho** he can't possibly have told her; **hacer lo ~** to do everything possible and more
-2. *Fam (insoportable)* impossible; **estos niños son imposibles** these kids are impossible; **el tráfico en el centro estaba ~** the traffic in the centre was impossible *o* a nightmare
◇ *nm* **me estás pidiendo un ~** you're asking the impossible of me; **pedir imposibles** to ask for the impossible

imposición *nf* **-1.** *(obligación)* imposition; **fue una ~ de su jefe** it was imposed *o* forced on them by their boss
-2. *(de impuesto)* imposition; *(de condecoración)* awarding; **tras la ~ de una pena de diez años** after he had been sentenced to ten years' prison
-3. *(impuesto)* taxation; **doble ~** double taxation ❑ **~ directa** direct taxation; **~ indirecta** indirect taxation
-4. COM deposit; **hacer** *o* **efectuar una ~** to make a deposit ❑ **~ a plazo** fixed-term deposit
-5. REL **~ de manos** laying on of hands

Impositiva *nf Br* ≃ the Inland Revenue, *US* ≃ the IRS; **declarar algo a ~** to declare sth (to *Br* the Inland Revenue *o US* the IRS); **pagar a ~** to pay *Br* the Inland Revenue *o US* the IRS

impositivo, -a *adj* tax; **política impositiva** tax *o* taxation policy; **la carga impositiva de las empresas** the tax burden on companies

impositor, -ora *nm,f Esp* depositor
imposta *nf* ARQUIT impost
impostar *vt (la voz)* to make resonate
impostergable *adj* extremely urgent, impossible to postpone; **tengo una reunión ~** I have an extremely urgent meeting; **el debate es ~** the debate cannot be postponed

impostor, -ora ◇ *adj (suplantador)* fraudulent
◇ *nm,f (suplantador)* impostor

impostura *nf* **-1.** *(suplantación)* fraud **-2.** *(calumnia)* slander

impotencia nf -1. *(falta de fuerza, poder)* powerlessness, impotence -2. *(sexual)* impotence

impotente ◇ adj -1. *(sin fuerza, poder)* powerless, impotent -2. *(sexual)* impotent
◇ nm impotent man

impracticable adj -1. *(irrealizable)* impracticable -2. *(intransitable)* impassable

imprecación nf imprecation

imprecar [59] vt to imprecate

imprecatorio, -a adj imprecatory

imprecisión nf imprecision, vagueness; **contestó con imprecisiones** he gave vague answers

impreciso, -a adj imprecise, vague

impredecible adj -1. *(inesperado)* unforeseeable -2. *(imprevisible)* unpredictable

impregnación nf impregnation

impregnar ◇ vt -1. *(empapar)* to soak (**de** in), to impregnate (**de** with); **impregna el paño en aceite** soak the cloth in oil -2. *(sujeto: olor)* to fill -3. *(sujeto: idea)* to pervade
◆ **impregnarse** vpr -1. *(con líquido)* to get soaked (**de** in), to become impregnated (**de** with) -2. *(de olor)* to become filled (**de** with)

impremeditación nf lack of premeditation

impremeditado, -a adj unpremeditated

imprenta nf -1. *(máquina)* (printing) press -2. *(establecimiento)* printing house, printer's

imprentar vt Chile *(planchar)* to iron

imprescindible adj indispensable, essential; **mete sólo lo ~** only pack absolute essentials; **sé lo ~ de informática** I know the basics of computing; **es ~ subir los salarios** a pay rise is essential; **es ~ que vengas** it is essential that you come; **~: dominio de UNIX** *(en anuncio)* familiarity with UNIX essential

imprescriptible adj *(derecho)* imprescriptible

impresentable ◇ adj unpresentable; **con esos pelos estás ~** you can't go anywhere with your hair like that
◇ nmf **es un ~** he's a disgrace

impresión nf -1. *(efecto)* impression; **causar (una) buena/mala ~** to make a good/bad impression; **dar la ~ de** to give the impression of; **me dio la ~ de que estaban enfadados** I got the impression they were annoyed; **le dio mucha ~ ver el cadáver** seeing the body was a real shock to him; **me causó mucha ~ esa película** that film had a great effect on me ❑ DEP **~ artística** artistic impression
-2. *(opinión)* **me gustaría conocer tu ~ del tema** I'd like to know what your thoughts are on the issue; **tener la ~ de que** to have the impression that; **cambiar impresiones** to compare notes, to exchange views
-3. *Esp Fam* **de ~** *(como intensificador)* incredible; **me di un susto de ~** I got a hell of a fright; **tiene una casa de ~** he has an incredible o amazing house
-4. *(huella)* imprint ❑ **~ dactilar** fingerprint; **~ digital** fingerprint
-5. IMPRENTA *(acción)* printing; *(edición)* edition; **una ~ de lujo** a de-luxe edition; **~ en color** colour printing; **~ a una/dos caras** one-/two-sided printing ❑ INFORMÁT **~ subordinada** background printing

impresionable adj impressionable

impresionante adj -1. *(asombroso, extraordinario)* amazing, astonishing; **tuvo un éxito ~** it was amazingly successful -2. *(conmovedor)* moving; **era ~ verlos sufrir** it was terrible to watch them suffer -3. *(maravilloso)* impressive; **una puesta de sol ~** an impressive o spectacular sunset -4. *(grande)* enormous; **hace un frío ~** it's absolutely freezing

impresionar ◇ vt -1. *(asombrar)* to amaze, to astonish
-2. *(emocionar)* to move; *(conmocionar, horrorizar)* to shock; **me impresiona mucho ver sangre** the sight of blood horrifies me; **le impresionó mucho ver el cadáver** seeing the body was a real shock to him
-3. *(maravillar)* to impress
-4. FOT to expose

-5. *RP (causar impresión)* **me impresionó muy bien/mal** he made a very good/bad impression on me
◇ vi -1. *(asombrar)* to be amazing o astonishing -2. *(emocionar)* to be moving; *(conmocionar, horrorizar)* to be shocking -3. *(maravillar)* to make an impression -4. *(fanfarronear)* **lo dice sólo para ~** he's just saying that to show off o impress
◆ **impresionarse** vpr *(maravillarse)* to be impressed; *(emocionarse)* to be moved; *(conmocionarse, horrorizarse)* to be shocked

impresionismo nm impressionism

impresionista ◇ adj impressionist
◇ nmf impressionist

impreso, -a ◇ participio ver **imprimir**
◇ adj printed
◇ nm -1. *(texto)* printed sheet, printed matter; **impresos** *(en sobre)* printed matter -2. *(formulario)* form; **rellenar un ~** to fill in o out a form ❑ **~ de solicitud** application form

impresor, -ora nm,f *(persona)* printer

impresora nf INFORMÁT printer ❑ **~ de agujas** dot matrix printer; **~ de chorro de tinta** inkjet printer; **~ de inyección** bubble-jet (printer); **~ láser** laser printer; **~ matricial** dot matrix printer; **~ térmica** thermal printer

imprevisibilidad nf unpredictability

imprevisible adj unpredictable; **el tiempo aquí es muy ~** the weather here is very unpredictable; **una persona ~** an unpredictable person; **lograron un triunfo ~** they achieved an unexpected victory

imprevisión nf lack of foresight

imprevisor, -ora ◇ adj lacking foresight
◇ nm,f **es un ~** he doesn't think ahead

imprevisto, -a ◇ adj unexpected
◇ nm -1. *(hecho)* unforeseen circumstance; **surgió un ~** something unexpected happened; **salvo imprevistos** barring accidents -2. **imprevistos** *(gastos)* unforeseen expenses

imprimación nf -1. *(acción)* priming -2. *(sustancia)* primer

imprimátur nm inv imprimatur

imprimir ◇ vt -1. *(libro, documento)* to print; **~ algo a todo color** to print sth in full colour; **impreso en México** printed in Mexico
-2. *(huella, paso)* to leave, to make; **imprimió sus pisadas en la alfombra** she left footprints on the carpet
-3. *(dar) (movimiento)* **~ velocidad a algo** to speed sth up; **el atleta mexicano imprimió un ritmo endiablado a la carrera** the Mexican athlete set a fiendish pace in the race
-4. *(dar) (carácter)* **imprimió a su novela un carácter revolucionario** she imbued her work with a revolutionary spirit; **imprimió a su gobierno un toque progresista** he brought a progressive touch to his government; **imprimieron al acuerdo un carácter conciliador** they made the agreement conciliatory in tone; **sus dibujos imprimen carácter al libro** her illustrations lend character to the book; **su voz imprime un sello propio al grupo** his voice gives the group its own distinctive quality
◇ vi to print

improbabilidad nf improbability, unlikelihood

improbable adj improbable, unlikely; **es ~ que lo consigamos** we are unlikely to get it, it's unlikely that we'll get it

ímprobo, -a adj *Formal (trabajo)* Herculean, enormous; *(esfuerzo)* enormous

improcedencia nf -1. *(desacierto)* inappropriateness -2. DER inadmissibility

improcedente adj -1. *(inoportuno)* inappropriate -2. DER *(pruebas)* inadmissible; **despido ~** wrongful dismissal

improductividad nf unproductiveness

improductivo, -a adj unproductive

impromptu nm MÚS impromptu

impronta nf mark, impression; **llevar la ~ de** to have the hallmarks of

impronunciable adj unpronounceable

improperio nm insult; **lanzar improperios** to sling insults

impropiedad nf -1. *(cualidad)* inappropriateness -2. *(dicho, hecho)* **eso es una ~** that's inaccurate

impropio, -a adj -1. *(no adecuado)* improper (**de** for), unbecoming (**de** to); **es un comportamiento ~ de un cargo público** it is improper behaviour for someone in public office; **llevaba una camiseta impropia para la ocasión** she was wearing a T-shirt that was inappropriate for the occasion
-2. *(no habitual)* **es ~ en ella** it's not what you expect from her; **tiene una madurez impropia de su edad** he's unusually mature for his age

improrrogable adj *(plazo)* unextendable; **durante seis días improrrogables** for six days only; **la fecha es ~** the deadline is final

improvisación nf improvisation

improvisadamente adv **comimos una tortilla preparada ~** we ate an omelette that we had thrown together; **se reunieron ~ en el aparcamiento** they had an impromptu meeting in the car park

improvisado, -a adj *(comida, plan, actuación artística)* improvised; *(discurso)* impromptu; *(comentario)* ad-lib; *(cama, refugio)* makeshift

improvisador, -ora adj improviser

improvisar ◇ vt *(discurso, plan, actuación artística)* to improvise; *(comida)* to rustle up, to improvise; **~ una cama** to make (up) a makeshift bed; **improvisaron un campamento para albergar a los refugiados** a makeshift camp was set up to provide shelter for the refugees
◇ vi *(músico, orador, actor)* to improvise; *(al olvidar el diálogo)* to ad-lib

improviso: de improviso loc adv **llegó de ~** she arrived unexpectedly; **todo sucedió de ~** it all happened very suddenly; **se desató una tormenta de ~** a storm came out of the blue; *Esp* **coger a alguien de ~** to catch sb unawares

imprudencia nf -1. *(falta de prudencia)* *(en los actos)* carelessness, recklessness; *(en los comentarios)* indiscretion; **actuó con ~** she acted recklessly; **fue una ~ conducir bebido** it was reckless of him to drive while he was drunk ❑ DER **~ concurrente** contributory negligence; DER **~ temeraria** criminal negligence
-2. *(acción)* careless o reckless act, indiscretion; *(dicho indiscreto)* tactless remark, indiscretion; *(dicho desacertado)* foolish o reckless remark; **confiar en él fue una ~** it was unwise to trust him; **cometió una ~ y atropelló a un peatón** she knocked over a pedestrian as a result of a reckless piece of driving

imprudente ◇ adj *(en los actos)* careless, rash; *(en los comentarios)* indiscreet; **es muy ~ al conducir** he's a reckless driver
◇ nmf -1. *(en los actos)* reckless person; **es un auténtico ~** he's very reckless -2. *(en los comentarios)* indiscreet person; **es un ~** he's very indiscreet

impúber ◇ adj pre-pubescent
◇ nmf pre-pubescent child

impublicable adj unpublishable

impudicia nf immodesty; **viste con ~** she dresses rather immodestly

impúdico, -a adj immodest, indecent

impudor nm immodesty

impuesto, -a ◇ participio ver **imponer**
◇ nm tax; **pagar impuestos** to pay tax o taxes; **ganamos cinco millones antes de impuestos** we earned five million before tax; **beneficios antes de impuestos** pre-tax profits; **libre de impuestos** *(alcohol, cigarrillos)* tax-free, duty-free ❑ **~ sobre actividades económicas** = Spanish tax paid by professionals and shop owners; **~ adicional** surtax; **~ sobre el capital** capital tax; **~ de circulación** road tax; **~ complementario** surtax; **~ al consumo** tax on consumption; **~ directo** direct tax; **~ ecológico** ecotax, green tax; **~ indirecto**

impugnable indirect tax; **~ de lujo** luxury tax; **~ de matriculación** = tax paid on a new car; **~ municipal** local tax; **~ sobre el patrimonio** wealth tax; **~ sobre plusvalías** capital gains tax; **~ progresivo** progressive tax; **~ sobre la propiedad inmobiliaria** property tax; *Fig* **~ de protección** protection money; **~ sobre la renta (de las personas físicas)** income tax; *Fig* **~ revolucionario** revolutionary tax, = protection money paid by businessmen to terrorists; **~ de sociedades** corporation tax; **~ de sucesión** inheritance tax; **~ sobre sucesiones** inheritance tax; *Am* **~ sobre el valor agregado** value-added tax; *Esp* **~ sobre el valor añadido** value-added tax

impugnable *adj* contestable
impugnación *nf* contestation, challenge
impugnar *vt* to contest, to challenge
impulsar *vt* **-1.** *(empujar)* to propel, to drive **-2.** *(incitar)* **~ a alguien (a algo)** to drive sb (to sth); **¿qué te impulsó a marcharte?** what drove you to leave? **-3.** *(promocionar) (economía)* to stimulate; *(amistad)* to foster; **debemos ~ las relaciones Norte-Sur** we should promote North-South relations; **las claves que impulsan el sector** the key drivers for the industry
impulsivamente *adv* impulsively
impulsividad *nf* impulsiveness
impulsivo, -a ◇ *adj* impulsive
 ◇ *nm,f* impulsive person, hothead
impulso *nm* **-1.** FÍS impulse
 -2. *(empuje)* momentum; **llevaba tanto ~ que no pudo detenerse** he was going so fast that he couldn't stop; **tomar ~** *(tomar carrerilla)* to take a run-up; **esta nueva tendencia está tomando mucho ~** this new tendency is gaining momentum
 -3. *(estímulo)* stimulus, boost; **la medida supondrá un ~ al consumo** the measure will boost consumption; **dar ~ a una iniciativa** to encourage o promote an initiative
 -4. *(deseo, reacción)* impulse, urge; **un ~ me hizo gritar** a sudden impulse made me shout; **mi primer ~ fue marcharme** my first instinct was to leave; **sentir el ~ de hacer algo** to feel the urge to do sth; **se deja llevar por sus impulsos** he acts on impulse
impulsor, -ora ◇ *adj* driving; **fuerza impulsora** driving force
 ◇ *nm,f* dynamic force; **él fue el ~ del proyecto** he was the driving force behind the project
impune *adj* unpunished; **quedar ~** to go unpunished
impunemente *adv* with impunity
impunidad *nf* impunity; **las armas químicas se utilizaron con total ~** chemical weapons were used with total impunity
impuntual *adj* unpunctual
impuntualidad *nf* unpunctuality
impureza *nf* **-1.** *(elemento extraño)* impurity **-2.** *(del agua)* impurity **-3.** *(falta de decencia)* impurity
impuro, -a *adj* **-1.** *(aire, agua)* impure **-2.** *(inmoral)* impure
impusiera *etc ver* **imponer**
imputabilidad *nf* imputability
imputable *adj* attributable; **un accidente ~ a un fallo técnico** an accident caused by a technical fault; **un error ~ al director** a mistake for which the manager was responsible
imputación *nf* accusation
imputar *vt* **-1.** *(atribuir)* **~ algo a alguien** *(delito)* to accuse sb of sth; *(fracaso, error)* to attribute sth to sb; **~ algo a algo** *(error, accidente)* to attribute sth to sth, to put sth down to sth; **negó los cargos que se le imputaban** he denied the charges made against him **-2.** COM to allocate, to assign
IMSERSO [im'serso] *nm* (*abrev de* **Instituto de Migraciones y Servicios Sociales**) = Spanish government agency responsible for social services for the elderly and disabled, and for citizens living, or recently returned from, abroad

IMSS *nm* (*abrev de* **Instituto Mexicano del Seguro Social**) *Br* ≃ NHS, *US* ≃ Medicaid
in *Fam*; **una de las zonas más in de la ciudad** one of the most in places to go in town; **está in hablar de agricultura ecológica** it's very in o trendy to talk about organic farming
inabarcable *adj* **un concepto ~** a concept which is too vast to grasp; **es una ciudad ~** it's such a big city that it's impossible to take it all in; **posee una cultura ~** he is immensely cultured
inabordable *adj* **-1.** *(persona)* unapproachable **-2.** *(tema)* **un asunto ~ para los políticos** a subject which politicians do not want to broach
inacabable *adj* interminable, endless
inacabado, -a *adj* unfinished
inaccesibilidad *nf* inaccessibility
inaccesible *adj* **-1.** *(lugar, montaña)* inaccessible **-2.** *(persona) (por carácter)* unapproachable; *(difícil de contactar)* inaccessible **-3.** *(tema, idea)* inaccessible
inacción *nf* inaction, inactivity
inacentuado, -a *adj (vocal)* unaccented; *(sílaba)* unstressed
inaceptable *adj* unacceptable
inactivación *nf* inactivation
inactivar *vt* QUÍM *(gen, proteína)* to deactivate, to switch off
inactividad *nf* **-1.** *(de persona)* inactivity **-2.** *(de mercado)* sluggishness
inactivo, -a *adj* **-1.** *(persona)* inactive **-2.** *(mercado)* sluggish, flat **-3.** *(volcán)* inactive, dormant
inadaptable *adj* unadaptable
inadaptación *nf (psicológica)* maladjustment; **los inmigrantes sufren problemas de ~ social** immigrants have difficulty fitting into society
inadaptado, -a ◇ *adj* maladjusted
 ◇ *nm,f* misfit; **es un ~ social** he is a social misfit
inadecuación *nf* mismatch (**entre** between); **la ~ del producto a las necesidades del mercado** the fact the product fails to meet the needs of the market
inadecuado, -a *adj (conducta, comportamiento)* inappropriate; *(iluminación)* inadequate; *(traje)* unsuitable; **muchos niños reciben una alimentación inadecuada** many children do not have a proper diet; **este es un lugar ~ para discutir del tema** I don't think this is the best o right place to discuss the matter
inadmisible *adj* inadmissible
inadvertencia *nf* **el accidente se produjo por una ~ del conductor** the accident was caused by a mistake by the driver; **una corrección que se me pasó por ~** a correction which I inadvertently missed
inadvertidamente *adv* inadvertently
inadvertido, -a *adj* unnoticed; **pasar ~** to go unnoticed
inagotable *adj* **-1.** *(fuente de energía)* inexhaustible; *(paciencia)* infinite; **sus conocimientos de informática son inagotables** she's infinitely knowledgeable about computers; **su conducta era una fuente ~ de chistes** her behaviour was an endless o inexhaustible source of jokes **-2.** *Fam (persona)* **este niño es ~** this child never stops
inaguantable *adj (dolor, persona)* unbearable; **los alumnos están hoy inaguantables** the pupils are being unbearable today
INAH ['ina] *nm* (*abrev de* **Instituto Nacional de Antropología e Historia**) = Spanish state body responsible for museums and sites of archaeological interest
inalámbrico, -a ◇ *adj* cordless
 ◇ *nm (teléfono)* cordless phone; *(micrófono)* wireless
in albis *loc adv* in the dark; **quedarse ~** to be left none the wiser
inalcanzable *adj* unattainable
inalienable *adj* inalienable
inalterabilidad *nf* immutability

inalterable *adj* **-1.** *(salud)* stable; *(amistad)* undying; *(principios)* unshakeable; *(decisión)* final; **permanecer ~** to remain unchanged **-2.** *(color)* fast **-3.** *(rostro, carácter)* impassive **-4.** DEP *Fam* **el marcador permanece ~** the score remains unchanged
inalterado, -a *adj* unaltered, unchanged
inamovible *adj* immovable, fixed
inane *adj Formal* futile
inanición *nf* starvation; **morir de ~** to die of starvation, to starve to death
inanidad *nf Formal* futility
inanimado, -a *adj* inanimate
inánime *adj Formal* lifeless
inapagable *adj* **-1.** *(llamas)* inextinguishable **-2.** *(deseo, sed)* unquenchable
inapelable *adj* **-1.** DER not open to appeal; **el fallo será ~** there will be no right of appeal against the ruling **-2.** *(inevitable)* inevitable
inapetencia *nf* lack of appetite
inapetente *adj* lacking in appetite; **estar ~** to have no appetite
inaplazable *adj* **-1.** *(reunión, sesión)* **el debate es ~** the debate cannot be postponed o put off **-2.** *(necesidad)* urgent, pressing
inaplicable *adj* inapplicable, not applicable
inapreciable *adj* **-1.** *(incalculable)* invaluable, inestimable **-2.** *(insignificante)* imperceptible
inapropiado, -a *adj* inappropriate, unsuitable
inarrugable *adj* crease-resistant
inarticulado, -a *adj* inarticulate
in articulo mortis *loc adv Formal* in articulo mortis
inasequible *adj* **-1.** *(por el precio)* prohibitive; **en este momento una casa me resulta ~** I can't afford to buy a house at the moment **-2.** *(meta, ambición)* unattainable **-3.** *(persona)* unapproachable
inasistencia *nf* absence (**a** from)
inastillable *adj* shatterproof
inatacable *adj* **-1.** *(fortaleza, país)* unassailable **-2.** *(argumento)* irrefutable
inatención *nf* inattention
inatento, -a *adj* inattentive
inaudible *adj* inaudible
inaudito, -a *adj* unprecedented, unheard-of; **¡esto es ~!** *(expresa indignación)* this is outrageous o unheard-of!
inauguración *nf* **-1.** *(acto) (de edificio, puente, Juegos Olímpicos)* opening (ceremony); *(de congreso)* opening session; **ceremonia de ~** opening ceremony **-2.** *(entrada en funcionamiento) (de carretera, pantano)* opening; **la ~ de la central nuclear** the commissioning of the nuclear power station
inaugural *adj* opening, inaugural
inaugurar *vt (edificio, congreso)* to (officially) open; *(año académico, época)* to mark the beginning of, to inaugurate; *(estatua)* to unveil; **el delantero inauguró el marcador en el minuto 5** the forward opened the scoring in the fifth minute
INB *Esp Antes* (*abrev de* **Instituto Nacional de Bachillerato**) = state secondary school for 14-18-year-olds, *US* ≃ Senior High School
inca ◇ *adj* Inca
 ◇ *nmf* Inca
incaico, -a *adj* Inca
incalculable *adj* **-1.** *(que no se puede calcular)* incalculable **-2.** *(grande)* **de ~ valor** *(cuadro, casa)* priceless; *(ayuda)* invaluable
incalificable *adj* unspeakable, indescribable; **su comportamiento fue ~** her behaviour was unspeakable, she behaved unspeakably
incanato *nm* Inca empire
incandescencia *nf* incandescence
incandescente *adj* incandescent
incansable *adj* untiring, tireless
incansablemente *adv* untiringly, tirelessly
incapacidad *nf* **-1.** *(imposibilidad)* inability **-2.** *(falta de aptitud)* **su ~ para organizar fiestas es manifiesta** he's clearly no good at o useless at organizing parties; **tengo ~ para los idiomas** I'm no good at o useless at languages
 -3. DER incapacity ❑ **~ laboral** industrial

incapacitación disability o Br disablement; **~ laboral transitoria** temporary disability; **~ legal** legal incapacity; **~ permanente** invalidity; **~ temporal** temporary disability

incapacitación nf **-1.** *(física, psicológica)* incapacitation **-2.** DER *(para ejercer cargos, votar)* disqualification; *(para testar, testificar)* incapacity

incapacitado, -a ◇ adj **-1.** *(físicamente, psicológicamente)* unfit; **está ~ para conducir vehículos** he is unfit to drive; **quedó ~ tras un accidente** he was disabled in an accident **-2.** DER *(para ejercer cargos, votar)* disqualified (**para** from); *(para testar, testificar)* incapacitated
◇ nm,f **-1.** *(físico)* disabled person; *(psicológico)* mentally handicapped person **-2.** DER disqualified person, person declared unfit

incapacitar vt **-1.** *(sujeto: circunstancias) (para trabajar)* to render unfit (**para** for); **su lesión en la columna lo incapacita para el deporte de competición** his spinal injury makes him unable to participate in competitive sport
-2. DER *(sujeto: circunstancias) (para ejercer cargos, votar)* to disqualify (**para** from); *(sujeto: juez) (para ejercer cargos, votar)* to disqualify, to declare disqualified (**para** from); *(para trabajar)* to declare unfit (**para** for o to)

incapaz ◇ adj **-1.** *(no capaz)* incapable (**de** of); **fuimos incapaces de coronar la cumbre** we weren't able to o didn't manage to reach the top; **es ~ de hacer daño a nadie** he would never harm anyone; **es ~ de matar una mosca** he wouldn't hurt a fly; **es ~ de pedir perdón** she would never say she's sorry; **me siento ~ de seguir** I don't feel able to continue; **es ~ de hacer una suma sin equivocarse** he can't do the simplest sum without making a mistake
-2. *(sin talento)* **~ para** no good at, useless at; **soy ~ para las sumas** I'm no good at o useless at sums
-3. DER **declarar ~ a alguien** to declare sb incapable o unfit
◇ nmf incompetent, incompetent person

incario nm Inca Empire

incásico, -a adj Inca

incautación nf seizure, confiscation

incautamente adv incautiously, unwarily

incautarse vpr **-1.** DER **~ de** to seize, to confiscate; **la policía se incautó de un alijo de heroína** the police seized a consignment of heroin **-2.** *(apoderarse)* **~ de** to grab

incauto, -a ◇ adj gullible, naive
◇ nm,f gullible o naive person; **es un ~** he's very gullible o naive

incendiar ◇ vt to set fire to; **los guerrilleros incendiaron varias casas** the guerrillas set fire to o torched several houses
◆ **incendiarse** vpr to catch fire; **se ha incendiado el bosque** the forest has caught fire o is on fire

incendiario, -a ◇ adj **-1.** *(bomba)* incendiary **-2.** *(artículo, libro)* inflammatory
◇ nm,f arsonist, fire-raiser

incendio nm fire; **peligro de ~** *(en letrero)* fire hazard ❑ **~ forestal** forest fire; **~ provocado:** **fue un ~ provocado** it was a case of arson

incensario nm censer

incentivación nf **el plan pretende la ~ de la pequeña empresa** the plan seeks to provide incentives for small businesses; **una campaña de ~ al voto** a campaign to encourage people to vote; **programa de ~** incentive scheme

incentivador, -ora adj **medidas incentivadoras de las exportaciones** measures that provide an incentive to encourage exports

incentivar vt to encourage; **incentivan la compra de vehículos con rebajas fiscales** they are using tax cuts as an incentive to encourage people to buy vehicles

incentivo nm incentive; **un ~ para la compra de viviendas** an incentive for people to buy their own home ❑ **~ fiscal** tax incentive

incertidumbre nf uncertainty

incesante adj incessant, ceaseless

incesantemente adv incessantly, ceaselessly

incesto nm incest

incestuoso, -a adj incestuous

incidencia nf **-1.** *(repercusión)* impact, effect; **tener ~ sobre algo** to have an impact o effect on sth
-2. *(suceso)* event; **me contó las incidencias de la reunión** she told me what had happened at the meeting; **el viaje transcurrió sin incidencias** the journey passed without incident; **siguen las incidencias del conflicto con interés** they are following developments in the conflict with interest
-3. GEOM incidence

incidental adj incidental

incidentalmente adv **-1.** *(por casualidad)* by chance; **~ pasaba por ahí** I happened to be passing **-2.** *(a propósito)* incidentally

incidente ◇ adj *(luz, rayo)* incident
◇ nm incident; **el viaje transcurrió sin incidentes** the journey passed without incident; **tuve un pequeño ~ con mi jefe** I had a minor altercation with my boss; **los hinchas ingleses protagonizaron graves incidentes** there were some serious incidents involving English fans

incidir vi **-1.** **~ en** *(incurrir en)* to fall into, to lapse into; **volví a ~ en los mismos errores** I made the same mistakes again
-2. **~ en** *(insistir en)* to emphasize; **el conferenciante incidió en la importancia de una alimentación sana** the lecturer emphasized the importance of a healthy diet
-3. **~ en** *(influir en)* to have an impact on, to affect; **el frío incide en el consumo energético** cold weather affects energy consumption
-4. **~ en** o **sobre** *(luz, ondas, proyectil)* to hit, to fall on

incienso nm incense; **oro, ~ y mirra** gold, frankincense and myrrh

incierto, -a adj **-1.** *(dudoso)* uncertain; **les espera un futuro ~** their future is uncertain **-2.** *(falso)* untrue

incinerable adj incinerable

incineración nf **-1.** *(de cadáver)* cremation **-2.** *(de basura)* incineration

incineradora nf, **incinerador** nm *(de basura)* incinerator ❑ **~ de residuos** waste incinerator

incinerar vt **-1.** *(cadáver)* to cremate **-2.** *(basura)* to incinerate

incipiente adj **-1.** *(calvicie)* incipient; **lucía una barba ~** *(de joven)* he was starting to get a beard; *(sin afeitar)* his chin was covered in stubble **-2.** *(inicial)* incipient; *(democracia)* fledgling; *(amistad, talento)* budding

incircunciso, -a adj uncircumcised

incisión nf incision

incisivo, -a ◇ adj **-1.** *(instrumento)* sharp, cutting **-2.** *(diente)* **diente ~** incisor **-3.** *(mordaz)* incisive
◇ nm *(diente)* incisor

inciso nm **-1.** *(corto)* comment, passing remark; *(más largo)* digression; **me gustaría hacer un ~** I'd like to digress for a moment **-2.** *Urug* DER *(párrafo)* paragraph

incitación nf incitement; **sus declaraciones fueron una ~ a la violencia** her statements constituted an incitement to violence

incitador, -ora ◇ adj inciting
◇ nm,f inciter

incitante adj **-1.** *(insinuante)* provocative **-2.** *(interesante)* enticing

incitar vt to incite; **un discurso que incita a la violencia** a speech inciting people to violence; **el hambre le incitó a robar** hunger made him steal; **¿qué le incitó a hacerlo?** what made him do it?; **~ a alguien a la fuga/a la venganza** to urge sb to flee/to avenge himself

incivil, incívico, -a adj antisocial

incivilizado, -a adj uncivilized

incl. *(abrev de inclusive)* incl.

inclasificable adj unclassifiable

inclemencia nf harshness, inclemency; **las inclemencias del tiempo** the inclemency of the weather

inclemente adj harsh, inclement

inclinación nf **-1.** *(de terreno, tejado)* slope; **una ~ del 15 por ciento** *(en carretera)* a gradient of 15 percent; **preocupa la ~ del edificio** the angle at which the building is leaning is cause for concern ❑ FÍS **~ magnética** magnetic inclination o dip
-2. *(afición)* penchant o propensity (**a** o **por** for); **preocupa la ~ a la violencia de los seguidores del equipo** the team's fans' penchant for violence is worrying; **tiene una ~ natural por la música** she has a natural bent for music; **tiene ~ a utilizar colores vivos** he favours bright colours; **siento ~ por el golf** I'm keen on golf ❑ **~ sexual** sexual orientation
-3. *(cariño)* **~ hacia** o **por alguien** fondness towards sb
-4. *(saludo)* bow; **hizo una ~ cuando pasaba el obispo** he bowed as the bishop went past; **nos saludó con una ~ de cabeza** he greeted us with a nod

inclinado, -a adj **-1.** *(edificio, torre)* leaning, slanting; *(terreno)* sloping **-2.** *(cabeza)* bowed **-3.** *(objeto)* sloping, at o on a slant; **ese cuadro está ~** that picture isn't straight **-4.** *(tendente)* **una persona muy inclinada a la depresión** a person who is very prone to depression; **no estoy ~ a aceptar sus argumentos** I'm not inclined to accept their arguments

inclinar ◇ vt **-1.** *(doblar)* to bend; *(ladear)* to tilt; *Fig* **~ la balanza a favor de** to tip the balance in favour of **-2.** *(cabeza)* to bow; **inclinó la cabeza hacia un lado** she tilted her head to one side **-3.** *(influir)* **~ a alguien a hacer algo** to make sb inclined to do sth; **el anuncio me inclinó a no invertir** the advertisement made me inclined not to invest
◆ **inclinarse** vpr **-1.** *(doblarse)* to lean; **la grúa se está inclinando peligrosamente** the crane is leaning o tilting dangerously; **inclínate hacia adelante** lean forward; *Fig* **la balanza se inclinó a nuestro favor** the balance tipped in our favour
-2. *(para saludar)* to bow (**ante** before)
-3. *(tender)* to be o feel inclined (**a** to); **me inclino a pensar que no** I'm rather inclined to think not; **me inclino a aceptar** I feel o I am inclined to accept
-4. *(preferir)* **inclinarse por** to favour, to lean towards

ínclito, -a adj *Formal* illustrious

incluir [34] vt **-1.** *(comprender)* to include; **el precio incluye desayuno y cena en el hotel** the price includes breakfast and evening meals at the hotel **-2.** *(adjuntar)* to enclose **-3.** *(contener)* to contain **-4.** *(poner)* **te he incluido en la lista de participantes** I've included o put you on the list of participants; **a mí no me incluyas** count me out

inclusa nf foundling hospital, orphanage

inclusero, -a nm,f = person (who has been) brought up in an orphanage

inclusión nf inclusion

inclusive adv inclusive; **las solicitudes se pueden pedir hasta el día 15 ~** application forms may be requested up to and including the 15th; **del primero al tercero, ambos ~** from the first to the third inclusive

incluso ◇ adv even; **me gustó ~ a mí** even I liked it; **la comida de ayer estaba buena, la de hoy, mejor ~** yesterday's meal was good, and today's was even better
◇ prep even; **todos, ~ tú, debemos ayudar** we must all help, even you

incluyera etc ver **incluir**

incluyo etc ver **incluir**

incoación nf commencement, inception

incoar vt to commence, to initiate

incoativo, -a adj GRAM inchoative

incobrable adj irrecoverable

incoercible adj incoercible

incógnita *nf* **-1.** MAT unknown (quantity) **-2.** *(misterio)* mystery; **el contenido del libro sigue siendo una ~** the book's contents remain a mystery; **esta tarde se despejará la ~** the mystery will be cleared up this evening; **todavía queda la ~ de saber cuántos vendrán** we still don't know how many people will come

incógnito, -a ◇ *adj* unknown
◇ **de incógnito** *loc adv* **viajar/estar de ~** to travel/be incognito

incognoscible *adj* unknowable

incoherencia *nf* **-1.** *(inconexión)* incoherence **-2.** *(inconsecuencia)* inconsistency **-3.** *(comentario absurdo)* nonsensical remark; **no dice más que incoherencias** nothing he says makes sense, he's just talking nonsense **-4.** *(hecho)* **comprar ese abrigo de pieles fue una ~** buying that fur coat was inconsistent with her principles

incoherente *adj* **-1.** *(inconexo)* incoherent **-2.** *(inconsecuente)* inconsistent

incoloro, -a *adj* **-1.** *(líquido, mineral)* colourless **-2.** *(persona)* colourless

incólume *adj Formal* unscathed; **salió ~ del accidente** he emerged unscathed from the accident

incombustible *adj* **-1.** *(resistente al fuego)* fire-resistant **-2.** *(person)* **es ~** he's still going strong; **el ~ líder del partido se vuelve a presentar a las elecciones** the party leader, who is still going strong after all these years, is standing for election once more

incomestible, incomible *adj* inedible

incómodamente *adv* uncomfortably

incomodar ◇ *vt* **-1.** *(causar molestia)* to bother, to inconvenience; *(violentar)* to embarrass, to make uncomfortable; **su presencia me incomoda** her presence makes me feel uncomfortable *o* uneasy; **me incomoda su impuntualidad** his lack of punctuality is a nuisance for me; **¿te incomoda que fume?** would it bother you if I smoked?, do you mind if I smoke?; **¿te incomoda que te pregunte por tu vida privada?** do you mind if I ask you about your private life?
-2. *(enfadar)* to annoy
◆ **incomodarse** *vpr* **-1.** *(violentarse)* to get embarrassed *o* uncomfortable; **se incomodó mucho cuando le pregunté por su edad** she was very embarrasssed when I asked how old she was **-2.** *(enfadarse)* to get annoyed (**por** about)

incomodidad *nf* **-1.** *(de silla)* uncomfortableness **-2.** *(de situación, persona)* awkwardness, discomfort; **su pregunta me produjo ~** her question made me feel awkward *o* uncomfortable; **es una ~ vivir tan lejos del centro** it's inconvenient living so far from the centre

incomodo *nm* **te acompaño, no es ningún ~** I'll go with you, it's no trouble

incómodo, -a *adj* **-1.** *(silla, postura)* uncomfortable; **ya sabes lo ~ que es viajar en autobús** you know how uncomfortable travelling by bus is
-2. *(situación)* awkward, uncomfortable; **una pregunta incómoda** an awkward question; **me resulta ~ hablar con ella de estos temas** I find it embarrassing *o* I feel uncomfortable talking to her about these matters; **sentirse ~** to feel awkward *o* uncomfortable
-3. *(persona)* bothersome; **ese es un político ~** that politician is an awkward customer

incomparable *adj* incomparable

incomparablemente *adv* incomparably

incomparecencia *nf* failure to appear; **el juicio se suspendió por ~ de una de las partes** the trial was suspended because one of the parties failed to appear in court; **el equipo perdió tres puntos por ~** the team was deducted three points for failing to turn up

incompatibilidad *nf* **-1.** *(de medicamento, soluciones)* incompatibility; **hay ~ entre los dos sistemas informáticos** the two computer systems are incompatible ❏ DER **~ de caracteres** incompatibility; **entre ellos hay ~ de caracteres** their personalities really clash
-2. *(de funcionario)* conflict of interests; **defiende que no hay ~ entre su cargo de ministro y el de directivo de la empresa** he maintains that there is no conflict of interests between his ministerial post and his position as director of the company; **ley de incompatibilidades** = act regulating which other positions may be held by people holding public office

incompatible *adj* **-1.** *(medicamento, personalidad)* incompatible (**con** with); **el perdón es ~ con el rencor** forgiveness and resentment are incompatible; **un programa ~ con versiones anteriores del sistema operativo** a program which is incompatible with previous versions of the operating system
-2. *(cargo)* **estos dos puestos son incompatibles** the two posts cannot be held by the same person at the same time

incompetencia *nf* incompetence

incompetente *adj* incompetent

incompleto, -a *adj* **-1.** *(falto de una parte)* incomplete **-2.** *(inacabado)* unfinished

incomprendido, -a ◇ *adj* misunderstood
◇ *nm,f* misunderstood person; **fue siempre un ~** no one ever understood him

incomprensibilidad *nf* incomprehensibility

incomprensible *adj* incomprehensible; **su discurso me resultó ~** I couldn't understand his speech; **me parece ~ que ahora quiera marcharse** I find it incomprehensible that she wants to leave now, I cannot understand why she wants to leave now

incomprensiblemente *adv* incomprehensibly

incomprensión *nf* lack of understanding

incomprensivo, -a *adj* unsympathetic

incomunicación *nf* **-1.** *(falta de comunicación)* lack of communication **-2.** *(de una localidad)* isolation **-3.** *(de preso)* solitary confinement; **protestaron por la ~ de los detenidos** they complained about the fact that the detainees had been held incommunicado

incomunicado, -a *adj* **-1.** **estar ~** *(sin líneas de comunicación)* to be isolated; *(por la nieve)* to be cut off **-2.** **estar ~** *(preso)* to be in solitary confinement; *(detenido)* to be held incommunicado

incomunicar [59] *vt* **-1.** *(dejar sin líneas de comunicación)* to keep isolated; *(sujeto: la nieve)* to cut off **-2.** *(preso)* to place in solitary confinement; *(detenido)* to hold incommunicado

inconcebible *adj* inconceivable; **es ~ que no te guste** it's inconceivable that you won't like it; **resulta ~ que no se dé cuenta del daño que causa** it's unbelievable *o* it seems inconceivable that he doesn't realize the damage he's causing

inconcebiblemente *adv* inconceivably

inconciliable *adj* irreconcilable

incluso, -a *adj* unfinished

inconcreto, -a *adj* vague, imprecise

inconcuso, -a *adj Formal* indisputable

incondicional ◇ *adj* **-1.** *(rendición, perdón)* unconditional; *(ayuda)* wholehearted **-2.** *(seguidor)* staunch
◇ *nmf* staunch supporter

incondicionalmente *adv* unconditionally

inconducta *nf RP* misbehaviour

inconexo, -a *adj* **-1.** *(parte)* unconnected **-2.** *(pensamiento, texto)* disjointed

inconfesable *adj* shameful, unmentionable

inconfeso, -a *adj* **murió ~** he died without confessing

inconforme ◇ *adj* **mostrarse ~ con algo** not to be in agreement with sth, to disagree with sth; **una persona de carácter ~** a nonconformist
◇ *nmf* nonconformist

inconformismo *nm* nonconformism

inconformista ◇ *adj* nonconformist
◇ *nmf* nonconformist

inconfundible *adj* unmistakable

inconfundiblemente *adv* unmistakably

incongruencia *nf* **-1.** *(cualidad)* inconsistency **-2.** **hacer/decir una ~** *(algo fuera de lugar)* to do/say sth incongruous; *(algo absurdo)* to do/say sth crazy *o* illogical; **lleno de incongruencias** *(relato, libro)* full of inconsistencies

incongruente *adj* *(fuera de lugar)* incongruous; *(desarticulado)* inconsistent; *(absurdo)* crazy, illogical

inconmensurabilidad *nf* *(de espacio)* vastness

inconmensurable *adj* **-1.** *(sentimiento)* unmeasurable **-2.** *(espacio)* vast

inconmovible *adj* **-1.** *(seguro, firme)* firm, solid **-2.** *(inalterable)* unshakeable, unyielding

inconmutable *adj* immutable

inconquistable *adj* unassailable, impregnable

inconsciencia *nf* **-1.** *(aturdimiento, desmayo)* unconsciousness; **el accidentado estaba en estado de ~** the accident victim was unconscious **-2.** *(falta de juicio)* thoughtlessness

inconsciente ◇ *adj* **-1.** *(sin conocimiento)* unconscious; **estar ~** to be unconscious **-2.** *(reflejo)* unconscious; **un acto ~** an unconscious action **-3.** *(irreflexivo)* thoughtless, reckless; **~ de lo que hacía, se fue metiendo en la jungla** without realizing what she was doing, she went deeper and deeper into the jungle
◇ *nmf* thoughtless *o* reckless person; **es un ~** he's very thoughtless *o* reckless
◇ *nm* PSI **el ~** the unconscious; **el ~ colectivo** the collective unconscious

inconscientemente *adv* *(sin darse cuenta)* unconsciously, unwittingly

inconsecuencia *nf* inconsistency

inconsecuente ◇ *adj* inconsistent; **ser ~ con algo** to be inconsistent with sth
◇ *nmf* inconsistent person; **es un ~** he's very inconsistent

inconsistencia *nf* flimsiness

inconsistente *adj* flimsy, insubstantial

inconsolable *adj* disconsolate

inconsolablemente *adv* inconsolably

inconstancia *nf* **-1.** *(en el trabajo, la conducta)* unreliability **-2.** *(de opinión, ideas)* changeability

inconstante *adj* **-1.** *(en el trabajo, escuela)* **es muy ~** he never sticks at anything **-2.** *(de opinión, ideas)* changeable, fickle

inconstitucional *adj* unconstitutional

inconstitucionalidad *nf* unconstitutionality

incontable *adj* **-1.** *(innumerable)* countless, innumerable **-2.** GRAM uncountable

incontaminado, -a *adj* uncontaminated, unpolluted

incontenible *adj* *(alegría)* unbounded; *(llanto)* uncontrollable; **me entró un deseo ~ de comerme una ensalada** I had an uncontrollable urge to eat a salad

incontestable *adj* **-1.** *(argumento, razones)* indisputable; **ganaron al equipo visitante por un ~ 6-0** they thrashed the visitors 6-0 **-2.** *(campeón, líder)* undisputed

incontestado, -a *adj* *(argumentos)* uncontested, unquestioned; **el líder ~ de los socialistas** the undisputed leader of the socialists

incontinencia *nf* **-1.** *(vicio)* lack of restraint **-2.** MED incontinence

incontinente *adj* **-1.** *(insaciable)* lacking all restraint **-2.** MED incontinent

incontrolable *adj* uncontrollable

incontrolado, -a ◇ *adj* **-1.** *(velocidad)* furious; *(vehículo)* out of control; *(situación)* out of hand; *(aumento de precios)* spiralling; **la explotación incontrolada de los recursos naturales** the uncontrolled exploitation of natural resources; **un vertedero ~** an unauthorized rubbish tip
-2. *(comando)* maverick, not controlled by the leadership; **aficionados incontrolados se enfrentaron a la policía** wild fans clashed with police

incontrovertible

◇ *nm* **un grupo de incontrolados asaltó la redacción del periódico** a wild mob attacked the paper's editorial staff

incontrovertible *adj* incontrovertible, indisputable

inconveniencia *nf* **-1.** *(inoportunidad)* inappropriateness **-2.** *(comentario)* tactless remark; *(acto)* faux pas, mistake

inconveniente ◇ *adj* **-1.** *(inoportuno)* inappropriate **-2.** *(descortés)* rude

◇ *nm* **-1.** *(dificultad)* obstacle, problem; **si no tienes (ningún) ~, me voy a marchar** if you don't mind *o* if it's all right by you, I'll leave; **han puesto inconvenientes a su nombramiento** they have raised objections to his appointment; **no tener ~ en hacer algo** to have no objection to doing sth; **no tengo ~ en que venga ella también** I have no problem with *o* I have no objection to her coming too; **¿tienes algún ~?** is that all right with you?, do you have any objections? **-2.** *(desventaja)* disadvantage, drawback; **las ventajas y los inconvenientes de una propuesta** the advantages and disadvantages of a proposal; **tiene el ~ de que es muy caro** it suffers from the disadvantage *o* drawback of being very expensive; **tu plan presenta** *o* **reúne algunos inconvenientes** your plan has some drawbacks

incordiar *Esp Fam* ◇ *vt* to bother, to pester

◇ *vi* to be a pest; **¡deja ya de ~!** stop being such a pest!

incordio *nm Esp Fam* pain; **este coche es un ~** this car is a real pain; **nuestros vecinos son un ~** our neighbours are a pain (in the neck); **es un ~ tener que madrugar tanto** it's a pain having to get up so early

incorporación *nf (unión, adición)* incorporation (a into); **la escasa ~ de la mujer al mercado laboral** the low number of women in the labour market; **su ~ tendrá lugar el día 31** *(a un puesto)* she starts work on the 31st; **la ~ a filas de los nuevos reclutas tendrá lugar la próxima semana** the new recruits will start their military service next week

incorporado, -a *adj* built-in; **con DVD ~** with built-in DVD; **llevar** *o* **tener algo ~** to have sth built in

incorporar ◇ *vt* **-1.** *(añadir)* to incorporate (**a** into); **~ el azúcar a la nata** to mix the sugar into the cream; **incorporaron los territorios al imperio** the territories became part of the empire; **incorporaron las propuestas de los verdes en su programa electoral** they incorporated the Greens' proposals into their election manifesto **-2.** *(levantar)* **~ a alguien** to sit sb up **-3.** *(incluir)* to include, to incorporate; **el modelo incorpora la última tecnología digital** the model incorporates the latest digital technology

◆ **incorporarse** *vpr* **-1.** *(unirse) (a equipo)* to join; *(a trabajo)* to start; **incorporarse a filas** *(empezar el servicio militar)* to start one's military service **-2.** *(levantarse)* to sit up

incorpóreo, -a *adj* incorporeal, intangible

incorrección *nf* **-1.** *(falta de corrección)* incorrectness; *(error gramatical)* mistake **-2.** *(descortesía)* **no invitarla fue una ~** it was rude not to invite her

incorrectamente *adv* **-1.** *(con errores)* incorrectly **-2.** *(con descortesía)* rudely

incorrecto, -a *adj* **-1.** *(equivocado)* incorrect, wrong **-2.** *(descortés)* rude

incorregible *adj* **-1.** *(defecto, problema)* **tiene un defecto del habla ~** he has an incurable speech defect; **este es un problema ~** this is a problem which can't be solved **-2.** *(persona)* incorrigible

incorruptible *adj* **-1.** *(substancia)* imperishable **-2.** *(persona)* incorruptible

incorrupto, -a *adj (cadáver)* **encontraron el cuerpo ~ del montañero** they found the mountaineer's body which had still not decomposed

incredibilidad *nf* incredibleness

incredulidad *nf* incredulity

incrédulo, -a ◇ *adj* **-1.** *(que no cree)* sceptical, incredulous **-2.** *(que no tiene fe)* unbelieving

◇ *nm,f* unbeliever

increíble *adj* **-1.** *(inconcebible)* unbelievable; **es ~ que pasen cosas así** it's hard to believe that such things can happen; **me parece ~ que no te haya llamado** I think it's unbelievable that she hasn't called you **-2.** *(extraordinario)* incredible; **hace un calor ~** it's incredibly hot; **tuvimos una suerte ~** we were incredibly lucky

increíblemente *adv* incredibly, unbelievably

incrementar ◇ *vt* to increase

◆ **incrementarse** *vpr* to increase

incremento *nm (de precios, salario)* increase, rise; *(de actividad)* increase; *(de temperatura)* rise ❑ **~ porcentual** percentage increase

increpación *nf* severe rebuke *o* reproach

increpar *vt* **-1.** *(reprender)* to reprimand **-2.** *(insultar)* to abuse, to insult; **los manifestantes increparon a la policía** the demonstrators hurled abuse at the police

incriminación *nf* accusation

incriminar *vt* to accuse; **lo han incriminado de un delito de evasión fiscal** he has been accused of tax evasion

incriminatorio, -a *adj* incriminating; **no se han hallado pruebas incriminatorias** no incriminating evidence has been found

incruento, -a *adj* bloodless

incrustación *nf* **-1.** *(acción)* embedding; *(de joya)* inlaying **-2.** *(objeto, cuerpo)* inlay; **un marco con incrustaciones de oro** a frame with a gold inlay *o* inlaid with gold; **un collar con incrustaciones de diamantes** a diamond-studded necklace **-3.** *(en tuberías, calderas)* scale, sinter **-4.** *Andes, RP (corona)* crown

incrustado, -a *adj* **~ en** *(encajado)* embedded in; **tiene un diamante ~ en un diente** he has a diamond (set) in one of his teeth; **con rubíes incrustados** inlaid with rubies

incrustar ◇ *vt* **-1.** *(introducir, empotrar)* to embed; **~ nácar en la madera** to inlay the wood with mother of pearl; **incrustó la espada en la roca** he plunged the sword deep into the rock; *Fam* **me incrustó un codo en el costado** he jabbed his elbow into my ribs **-2.** INFORMÁT to embed

◆ **incrustarse** *vpr (introducirse, empotrarse)* **la bala se incrustó en el hueso/muro** the bullet embedded itself in the bone/wall; *Fam* **el coche se incrustó en el muro** the car ploughed into the wall; **la cal se había incrustado en las tuberías** the pipes had become furred up

incubación *nf* **-1.** *(de huevos)* incubation ❑ **~ artificial** artificial incubation **-2.** *(de enfermedad)* incubation; **periodo de ~** incubation period

incubadora *nf* incubator

incubar ◇ *vt* **-1.** *(huevo)* to sit on, *Espec* to incubate **-2.** *(enfermedad)* **debo estar incubando una gripe** I must have a dose of flu coming on **-3.** *(plan, complot)* to hatch

◆ **incubarse** *vpr* **se está incubando un golpe de estado** a coup is being plotted; **se está incubando un nuevo proyecto** a new project is being prepared *o* planned

íncubo *nm Literario* incubus

incuestionable *adj (teoría, razón)* irrefutable; *(deber)* bounden

inculcación *nf* inculcation

inculcar [59] *vt* **~ algo a alguien** to instil sth into sb; **desde pequeños les inculcan el respeto al medio ambiente** respect for the environment is instilled into them from an early age

inculpación *nf* charge

inculpado, -a ◇ *adj* charged

◇ *nm,f* **el ~, la inculpada** the accused

inculpar *vt* to charge (**de** with); **todas las pruebas le inculpan** all the evidence points to him being guilty

incultivable *adj* uncultivable, unfit for cultivation

inculto, -a ◇ *adj* **-1.** *(persona)* uneducated **-2.** *(tierra)* uncultivated

◇ *nm,f* ignoramus

incultura *nf* lack of education

incumbencia *nf* **es/no es de nuestra ~** it is/isn't a matter for us, it falls/doesn't fall within our area of responsibility; **no es asunto de tu ~** it's none of your business

incumbir *vi* **~ a alguien** to be a matter for sb, to be within sb's area of responsibility; **esto no te incumbe** this is not a matter for you, this doesn't concern you

incumplido, -a *Col, Méx, Perú* ◇ *adj* unreliable

◇ *nm,f* unreliable person

incumplidor, -ora *CSur* ◇ *adj* unreliable

◇ *nm,f* unreliable person

incumplimiento *nm* **el ~ de una orden/ley** failure to comply with an order/a law; **el ~ de una promesa** failure to keep a promise; **el ~ de una obligación** failure to fulfil an obligation ❑ **~ de contrato** breach of contract

incumplir *vt (deber)* to fail to fulfil, to neglect; *(orden, ley)* to fail to comply with; *(promesa)* to break; *(contrato)* to breach

incunable ◇ *adj* incunabular

◇ *nm* incunabulum

incurabilidad *nf* incurability

incurable *adj* incurable; **un vicio ~** an incurable vice

incurrir *vi* **-1.** **~ en** *(delito, falta)* to commit; *(error)* to make **-2.** **~ en** *(desprecio, castigo)* to incur; **incurrió en el odio de sus compañeros** he incurred the hatred of his colleagues **-3.** **~ en** *(gasto)* to incur; **incurrimos en muchos gastos en nuestro viaje por Asia** we incurred a lot of expenses during our Asian trip

incursión *nf* incursion; **su breve ~ en el mundo de la política** his brief incursion into the world of politics; *Fig* **hicieron una ~ en la cocina** they raided the kitchen ❑ **~ aérea** air raid

incursionar *vi* **-1.** *(en territorio)* to make an incursion (**en** into), to make a raid (**en** into); *(en ciudad)* to make a raid (**en** on); **los soldados incursionaron en el campamento** the soldiers raided the camp **-2.** *(en tema, asunto)* to dabble; **es veterinario pero ha incursionado en la literatura** he's a vet but he has also dabbled in literature

indagación *nf* investigation, inquiry; **hacer indagaciones acerca de algo** to investigate sth, to inquire into sth

indagar [38] ◇ *vt* to investigate, to inquire into

◇ *vi* to investigate, to inquire; **~ acerca de algo** to investigate sth, to inquire into sth

indagatoria *nf* DER statement

indagatorio, -a *adj* investigatory

indebidamente *adv* **-1.** *(ilegalmente)* illegally, unlawfully **-2.** *(inadecuadamente)* unduly, improperly

indebido, -a *adj* **-1.** *(ilegal)* unlawful, wrongful; **fue acusado de uso ~ de fondos** he was accused of unlawful *o* improper use of funds **-2.** *(incorrecto)* improper; **el uso ~ de medicamentos** the improper use of medicines

indecencia *nf* **-1.** *(cualidad)* indecency **-2.** **¡es una ~!** *(es impúdico)* it's not decent!; *(es indignante)* it's outrageous!

indecente *adj* **-1.** *(impúdico)* indecent **-2.** *(indigno)* miserable, wretched

indecentemente *adv* indecently

indecible *adj* indescribable, unspeakable; **sufrió lo ~ para llegar a la meta** she suffered indescribable *o* unspeakable pain to reach the finishing line; **hice lo ~ para convencerla** I did my utmost to persuade her

indecisión *nf* indecisiveness; **una ~ del piloto causó el accidente** indecisiveness *o* indecision on the part of the pilot caused the accident; **me molesta su ~** her indecisiveness annoys me

indeciso, -a ◇ *adj* **-1.** *(persona) (inseguro)* indecisive; *(que está dudoso)* undecided; **es una persona muy indecisa** she's a very indecisive person; **estar ~ sobre algo** to be undecided about sth **-2.** *(pregunta, respuesta)* hesitant; *(resultado)* undecided
◇ *nm* **es un ~** he's indecisive; **buscan el voto de los indecisos** they are after the votes of people who haven't yet made up their minds *o* haven't yet decided how to vote

indeclinable *adj* **-1.** *(ineludible)* **era una invitación ~** it was an invitation that we couldn't decline; **tengo varios compromisos indeclinables** I have several things arranged that I can't change; **nos hicieron una oferta ~** they made us an offer we couldn't refuse **-2.** GRAM indeclinable

indecoroso, -a *adj* unseemly

indefectible *adj* Formal *(apoyo, lealtad)* unfailing; **llegó fumando su ~ cigarro** he arrived smoking the inevitable cigar; **llegaron con su ~ buen humor** they arrived in their usual good mood, they arrived in a good mood, as ever

indefectiblemente *adv* Formal unfailingly; **su recuperación pasa ~ por que deje de fumar** his recovery is totally dependent on him giving up smoking; **fuimos al bar donde, ~, se encontraba mi abuelo** we went to the bar where, without fail, my grandfather could always be found

indefendible *adj (comportamiento, actitud)* indefensible; *(teoría)* untenable

indefensión *nf* defencelessness; **estar ~ en una situación de ~** to be defenceless

indefenso, -a *adj* defenceless

indefinible *adj* indefinable; **de edad ~** of indeterminate age

indefinición *nf* vagueness

indefinidamente *adv* indefinitely; **y así ~** and so on ad infinitum

indefinido, -a *adj* **-1.** *(ilimitado) (tiempo)* indefinite; *(contrato)* permanent **-2.** *(impreciso)* vague **-3.** GRAM indefinite

indeformable *adj* that keeps its shape

indeleble *adj* indelible; **me llevé un recuerdo ~ de su visita** I will never forget their visit

indelicadeza *nf* **-1.** *(cualidad)* lack of tact, indelicacy **-2.** *(comentario)* tactless *o* indelicate remark

indelicado, -a *adj* indelicate

indemallable = **indesmallable**

indemne *adj* unhurt, unharmed; **salir ~** to escape unhurt

indemnidad *nf* Formal indemnity

indemnización *nf (compensación) (por catástrofe)* compensation; **~ (por despido)** severance pay, redundancy money ❏ DER **~ por daños y perjuicios** damages

indemnizar [14] *vt* **~ a alguien (por)** to compensate sb (for); **le indemnizaron con varios millones** he was given several million in compensation; **la despidieron pero la indemnizaron** she was dismissed but received severance pay *o* redundancy money

indemostrable *adj* unprovable

independencia *nf* independence; **con ~ de** irrespective *o* regardless of; **el ser soltero le da mucha ~** being single allows him to be very independent

independentismo *nm* independence movement

independentista ◇ *adj* pro-independence
◇ *nmf* pro-independence campaigner

independiente ◇ *adj* **-1.** *(país, persona)* independent **-2.** *(aparte)* separate
◇ *nmf (político)* independent

independientemente *adv* **-1.** *(con independencia)* independently; **~ de si... regardless** of *o* irrespective of whether...; **te lo dejo ~ de que me lo puedas pagar o no** I'll let you have it (regardless of) whether you can pay me for it or not; **vive ~ desde hace años** she has lived on her own for years

-2. *(separadamente)* separately; **las dos piezas funcionan ~** the two parts function independently of each other

independizar [14] ◇ *vt* to grant independence to
▸ **independizarse** *vpr* to become independent (**de** of); **un país que se independizó el siglo pasado** a country which became independent *o* gained its independence in the last century; **sus hijos ya se han independizado** her children are independent now

indescifrable *adj* **-1.** *(código)* unbreakable; *(letra)* indecipherable **-2.** *(misterio)* inexplicable, impenetrable

indescriptible *adj* indescribable

indescriptiblemente *adv* indescribably

indeseable ◇ *adj* undesirable
◇ *nmf* undesirable

indeseado, -a *adj* undesirable

indesmallable, CSur **indemallable** *adj* run-resistant, Br ladderproof

indesmayable *adj* unwavering

indestructible *adj* indestructible

indeterminable *adj* indeterminable

indeterminación *nf (indecisión)* indecisiveness

indeterminado, -a *adj* **-1.** *(sin determinar)* indeterminate; **por tiempo ~** indefinitely **-2.** *(impreciso)* vague **-3.** GRAM **artículo ~** indefinite article

indeterminismo *nm* indeterminacy

indexación *nf* ECON & INFORMÁT indexing

indexado, -a *adj* ECON索引-linked

indexar *vt* ECON & INFORMÁT to index

India *nf* **(la) ~** India ❏ **las Indias Occidentales** the West Indies; **las Indias Orientales** the East Indies

indiada *nf* **-1.** Am Pey *(indios)* bunch of Indians **-2.** RP Fam *(travesura)* prank; **estos niños se pasan haciendo indiadas todo el día** these kids spend the whole day getting up to mischief

indiano, -a ◇ *adj (Latin American)* Indian
◇ *nm,f* **-1.** *(indígena) (Latin American)* Indian **-2.** *(emigrante)* = Spanish emigrant to Latin America who returned to Spain having made his/her fortune

indicación *nf* **-1.** *(señal, gesto)* sign, signal; **me hizo una ~ para que me sentara** he motioned me to sit down
-2. *(instrucción)* instruction; **sigan las indicaciones de los agentes de tráfico** follow the directions of the traffic police; **pedir/dar indicaciones** *(para llegar a un sitio)* to ask for/give directions; **ha dejado de fumar por ~ del médico** she's given up smoking on medical advice; **cerraron la puerta con llave por ~ del presidente** the door was locked on the president's instructions
-3. *(nota, corrección)* note
-4. indicaciones *(de medicamento)* uses

indicado, -a *adj* **-1.** *(apropiado)* suitable, appropriate; **este jarabe está ~ para la tos** this syrup is recommended for coughs; **un método ~ únicamente para casos extremos** a method recommended *o* to be used only in extreme cases; **no es el juguete más ~ para un niño de tres años** it's not the most suitable *o* appropriate toy for a three-year-old child; **este no es el momento ~ para discutir ese asunto** this is not the right time to talk about this matter; **no eres el más ~ para dar consejos** you're the last person who should be giving advice; **es el candidato más ~ para el trabajo** he's the best man for the job
-2. *(marcado)* specified; **se entregará en la fecha indicada por el cliente** it will be delivered on the date specified by the client

indicador, -ora ◇ *adj* indicating; **siga las flechas indicadoras** follow the arrows; **encontrarás un cartel ~** you'll find a sign showing the way
◇ *nm* **-1.** *(signo)* indicator; **los principales indicadores bursátiles** the main stock market indicators; **ese fallo es un ~ de la poca calidad del producto** that fault shows the poor quality of the product ❏ **~ económico** economic indicator
-2. ~ (de dirección) *(intermitente)* Br indicator, US turn signal
-3. TEC gauge, meter ❏ **~ de nivel de gasolina** fuel gauge, Br petrol gauge; **~ de velocidad** speedometer

indicar [59] *vt* **-1.** *(señalar)* to indicate; **esa flecha indica a la derecha** that arrow points to the right; **esa luz indica que le falta agua al radiador** that light shows that the radiator is low on water; **todo parece ~ que ganará el equipo visitante** everything seems to indicate that the visitors will win; **me indicó con un gesto que me sentara** she motioned to me to sit down; **el pronóstico del tiempo indica que va a llover** the weather forecast says it's going to rain; **su nerviosismo indica que no ha estudiado** his nervousness indicates *o* suggests that he hasn't studied; **un animal que, como su nombre indica, es salvaje** an animal which, as its name suggests, is wild
-2. *(explicar)* to tell, to explain to; **nos indicó el camino del aeropuerto** she told us the way to the airport; **¿me podría ~ cómo llegar al centro?** could you tell me how to get to the town centre?; **yo te indicaré lo que tienes que hacer** I'll tell you *o* explain what you have to do
-3. *(prescribir)* **el médico me indicó que reposara** the doctor told *o* advised me to rest
-4. *(sugerir)* to give an idea of, to intimate; **sólo indicaremos los resultados generales** we will only give an idea of the overall results

indicativo, -a ◇ *adj* indicative; **una señal indicativa de la crisis económica** a sign of the recession; **una reacción indicativa de su buen humor** a reaction indicative of her good mood
◇ *nm* **-1.** GRAM indicative; **presente de ~** present indicative **-2.** RAD call sign **-3.** TEL Br dialling code, US area code

índice *nm* **-1.** *(indicador)* index; *(proporción)* level, rate ❏ **~ de audiencia** audience ratings; **~ bursátil** stock market index; QUÍM **~ de cetano** cetane number; INFORMÁT **~ de compresión** compression ratio; **~ del costo** *o Esp* **coste de la vida** cost of living index; **~ de desempleo** unemployment rate; **el ~ de desempleo ha caído** unemployment has fallen; BOLSA **~ Dow Jones** Dow-Jones index; **~ económico** economic indicator; **~ de golpes** *(en golf)* stroke index; **~ de mortalidad** mortality rate; **~ de natalidad** birth rate; BOLSA **~ Nikkei** Nikkei index; **~ de popularidad** popularity rating; **~ de precios al consumo** Br retail price index, US consumer price index; FÍS **~ de refracción** refractive index
-2. *(señal, indicio)* sign, indicator; **el número de llamadas es ~ del interés despertado** the number of calls is a sign of how much interest has been generated
-3. *(lista, catálogo) (de libro)* index; **~ (de contenidos)** (table of) contents ❏ **~ alfabético** alphabetical index; **~ de materias** table of contents; **~ onomástico** index of proper names; **~ temático** subject index
-4. HIST **el Índice** the Index (Librorum Prohibitorum)
-5. (dedo) ~ index finger
-6. *(letra)* index
-7. MAT index

indicio *nm* **-1.** *(señal)* sign; *(pista)* clue; **hay indicios de violencia** there are signs of violence; **la propuesta es un ~ de su voluntad de negociar** the proposal is a sign of their willingness to negotiate **-2.** *(cantidad pequeña)* trace; **se encontraron indicios de veneno en su cuerpo** traces of poison were found in her body

Índico ◇ *adj* **el océano ~** the Indian Ocean
◇ *nm* **el ~** the Indian Ocean

indiferencia *nf* indifference

indiferente *adj* **-1.** *(indistinto)* indifferent; **me es ~** *(me da igual)* I don't mind, it's all the same to me; **me es ~ que vayas o no** it's all the same to me whether you go or not; **¿prefieres hacerlo hoy o mañana? – me es ~** would you rather do it today or tomorrow? – I don't mind **-2.** *(apático)* **siempre se muestra ~** he always seems so apathetic; **es ~ a la miseria ajena** other people's suffering means nothing to him; **no puedo permanecer ~ ante tanto sufrimiento** I cannot remain indifferent in the face of so much suffering; **su belleza me deja ~** her beauty leaves me cold o does nothing for me

indígena ◇ *adj* indigenous, native
◇ *nmf* native

indigencia *nf* destitution, poverty

indigenismo *nm* **-1.** *(cultural)* Indianism **-2.** *(político)* indigenism **-3.** *(palabra, frase)* indigenism, = word originating from an indigenous language

---

INDIGENISMO

During the colonial period, and even after independence, the indigenous peoples of Latin America were often regarded as inferior by the leaders of cultural thought among those of European or mixed-race descent. This generated a sense of guilt among many intellectuals when they confronted the issue of indigenous peoples in their society, and led to the growth of a movement in their favour. The political and cultural analyses of the Peruvian Marxist José Carlos Mariátegui (1895-1930) were one manifestation of this tendency. In Mexico, the pro-Indian policies of the government of Lázaro Cárdenas (1934-40) redressed many injustices, but scandalized the traditional urban elite. In literature, "indigenista" writers took as their subject the lives, and more particularly the sufferings, of the Indian. Major works of this kind, such as the Ecuadoran Jorge Icaza's "Huasipungo" (1934) or "Los ríos profundos" (1958) by Peru's José María Arguedas have undoubted power, though latterly their sometimes crude realism has been contrasted unfavourably with "magic realist" treatments of Indian culture, such as "Hombres de Maíz" (1949) by Guatemala's Miguel Angel Asturias.

---

indigenista ◇ *adj* **-1.** *(cultural)* Indianist **-2.** *(político)* indigenist
◇ *mf* **-1.** *(cultural)* Indianist **-2.** *(político)* indigenist

indigente ◇ *adj* poor, destitute
◇ *nmf* poor person; **los indigentes** the poor, the destitute

indigerible *adj* **-1.** *(comida)* indigestible **-2.** *Fam (novela)* stodgy; **la película fue ~** the movie was awful to watch

indigestarse *vpr* **-1.** *(sufrir indigestión)* to get indigestion **-2.** *(causar indigestión)* **se me ha indigestado el guiso** the stew gave me indigestion **-3.** *Fam (persona, asignatura)* **se me ha indigestado esa chica** I can't stomach that girl; **se me indigestó el latín de primero** I couldn't stand first year Latin

indigestión *nf* indigestion; **tener una ~** to have indigestion; **tuve una ~ de pistachos** I got indigestion from eating pistachio nuts

indigesto, -a *adj* **-1.** *(comida)* hard to digest; **estar ~** *(persona)* to have indigestion **-2.** *Fam (novela)* stodgy; **la película fue ~** the movie was awful to watch

indignación *nf (enfado)* indignation; *(cólera)* outrage; **su liberación provocó la ~ de las víctimas** his release caused outrage among his victims

indignado, -a *adj (enfadado)* indignant; *(colérico)* outraged; **están indignados por el asesinato del obispo** they are outraged by the bishop's murder

indignamente *adv* unworthily

indignante *adj* shocking, outrageous

indignar ◇ *vt (enfadar)* to anger; *(encolerizar)* to outrage; **me indigna que los traten así de mal** it makes me really angry that they should be treated so badly

◆ **indignarse** *vpr (enfadarse)* to get angry o indignant **(por** about); *(encolerizarse)* to be outraged **(por** about); **se indignó conmigo** she got angry with me

indignidad *nf* unworthiness

indigno, -a *adj* **-1.** *(impropio)* unworthy, not worthy **(de** of); **una reacción indigna de alguien en su posición** a reaction which was unworthy of somebody in her position **-2.** *(no merecedor)* unworthy, not worthy **(de** of); **soy ~ de tal honor** I am not worthy of such an honour **-3.** *(degradante)* shameful, appalling

índigo *nm* indigo

indino, -a *CAm, Méx* ◇ *adj* roguish
◇ *nm,f* rogue

indio, -a ◇ *adj* **-1.** *(nativo)* Indian **-2.** *(de India)* Indian
◇ *nm,f* **-1.** *(nativo)* Indian; [EXPR] *Esp Fam* **hacer el ~** to play the fool; [EXPR] *CSur Fam* **se le subió el ~, le salió el ~** he flew off the handle ❑ **~ americano** Native American **-2.** *(de India)* Indian **-3.** *RP (niño travieso)* rascal **-4.** *Carib, Méx (gallo)* = dark red cockerel with a black chest
◇ *nm* QUÍM indium

indirecta *nf* hint; **lanzar una ~ a alguien** to drop sb a hint; **no ha debido cazar** o *Esp* **coger la ~** she can't have taken the hint; **siempre dice todo con indirectas** he always talks in such a roundabout way

indirectamente *adv* indirectly

indirecto, -a *adj* **-1.** *(intervención, causa)* indirect; **una ley que nos afecta de forma indirecta** a law which affects us indirectly; **la fábrica creará 500 empleos indirectos** the factory will create 500 indirect jobs **-2.** *(impuesto, costo)* indirect **-3.** *(iluminación)* indirect **-4.** DEP *(falta)* indirect **-5.** GRAM *(objeto)* indirect; **estilo ~** indirect o reported speech, *US* indirect discourse

indiscernible *adj* **las diferencias entre un caso y el otro son indiscernibles** there are no discernible differences between the cases

indisciplina *nf* **-1.** *(de alumno, hijo)* indiscipline, lack of discipline **-2.** *(de soldado)* insubordination

indisciplinado, -a ◇ *adj* **-1.** *(jugador)* undisciplined; *(alumno, hijo)* badly behaved **-2.** *(soldado)* insubordinate
◇ *nm,f* **es un ~** *(jugador)* he's very undisciplined; *(alumno, hijo)* he's very badly behaved

indisciplinarse *vpr* **-1.** *(jugador)* to show a lack of discipline; *(alumno, hijo)* to behave badly **-2.** *(soldado)* to be insubordinate

indiscreción *nf* **-1.** *(cualidad)* indiscretion **-2.** *(comentario)* indiscreet remark; *(hecho)* indiscretion; **si no es ~** if you don't mind my asking; **fue una ~ preguntarle su edad** it was a bit tactless o indiscreet to ask her her age; **quieren evitar que una ~ descubra el resultado** they want to avoid the result being given away by an indiscreet o careless remark ❑ **~ amoroso** romantic adventure

indiscreto, -a ◇ *adj (persona, comentario, mirada)* indiscreet
◇ *nm,f* indiscreet person; **tu hermano es un ~** your brother is very indiscreet

indiscriminadamente *adv* indiscriminately

indiscriminado, -a *adj* indiscriminate

indiscutible *adj* **-1.** *(argumento, razones, realidad)* indisputable **-2.** *(campeón, líder)* undisputed

indiscutiblemente *adv* indisputably

indisociable *adj* inseparable **(de** from)

indisolubilidad *nf* **-1.** *(de sustancia)* insolubility **-2.** *(de matrimonio)* indissolubility

indisoluble *adj* **-1.** *(sustancia)* insoluble **-2.** *(matrimonio)* indissoluble

indispensable *adj* indispensable, essential; **es ~ que me llames** it's essential that you call me; **lo ~** the (bare) essentials

indisponer [50] ◇ *vt* **-1.** *(enfermar)* to make ill; **la comida le indispuso el estómago** the food he ate upset his stomach **-2.** *(enemistar)* to set at odds; **~ a alguien con alguien** to turn sb against sb

◆ **indisponerse** *vpr* **-1.** *(enfermar)* to fall o become ill **-2.** *(enemistarse)* to fall out **(con** with) **-3.** *CSur Euf (menstruar)* to start one's period

indisponibilidad *nf* unavailability

indisposición *nf* **-1.** *(malestar)* indisposition **-2.** *(reticencia)* unwillingness

indispuesto, -a ◇ *participio ver* **indisponer**
◇ *adj* **-1.** *(enfermo)* indisposed, unwell; **estar ~** to be unwell o indisposed **-2.** *CSur Euf (mujer)* **estoy indispuesta** it's my time of the month

indisputable *adj* **-1.** *(argumento, razones, realidad)* indisputable **-2.** *(campeón, líder)* undisputed

indistinguible *adj* indistinguishable **(de** from)

indistintamente *adv* **-1.** *(sin distinción)* equally, alike; **se refería a jóvenes y viejos ~** he was referring to young and old alike; **utilizan ~ el español y el inglés** they use Spanish and English interchangeably; **permite enviar ~ datos e imágenes** it allows you to send both data and images equally well **-2.** *(sin claridad)* indistinctly

indistinto, -a *adj* **-1.** *(indiferente)* **es ~** it doesn't matter, it makes no difference; **es ~ que lo haga aquí o desde casa** it doesn't matter o it makes no difference whether she does it here or from home **-2.** *(cuenta, cartilla)* joint **-3.** *(perfil, figura)* indistinct, blurred

individual ◇ *adj* **-1.** *(del individuo)* individual; **los derechos individuales** the rights of the individual **-2.** *(habitación, cama)* single; *(despacho)* personal **-3.** *(prueba, competición)* singles; **competición ~** singles competition
◇ *nmpl* **individuales** DEP singles

individualidad *nf* individuality

individualismo *nm* individualism

individualista ◇ *adj* individualistic
◇ *nmf* individualist

individualización *nf* individualization

individualizado, -a *adj* individualized

individualizar [14] *vt* **-1.** *(personalizar)* to individualize; **~ un tratamiento médico** to tailor a course of treatment for individual patients **-2.** *(caracterizar)* **su imaginación lo individualiza** his imagination singles him out

individualmente *adv* individually, one by one

individuo, -a *nm,f* **-1.** *(ser individual)* person, individual; **los derechos del ~** the rights of the individual

-2. *(persona desconocida)* person, individual; **dos individuos atracaron un banco** two people o individuals robbed a bank

-3. *(mala persona)* individual; **no me gusta nada el ~ con el que sales** I don't like that individual o character you're going out with at all

-4. *(de especie)* **quedan sólo 200 individuos de esta especie** only 200 individuals remain of this species; **algunos individuos de la especie** some members of the species; **cada ~ ocupa un territorio** each animal occupies its own territory

indivisibilidad *nf* indivisibility

indivisible *adj* indivisible

indivisión *nf* DER joint ownership

indiviso, -a *adj* undivided

indización *nf* indexation

Indo *n* **el (río) ~** the Indus

Indochina *n Antes* Indochina

indochino, -a *Antes* ◇ *adj* Indochinese
◇ *nm,f* Indochinese

indocumentado, -a ◇ *adj* **-1.** *(sin documentación)* without identity papers; **estar ~** to have no (means of) identification **-2.** *Esp Fam (ignorante)* **eres un ~** you're such an ignoramus
◇ *nm,f Esp Fam (ignorante)* **es un ~** he's a complete ignoramus

indoeuropeo, -a ◇ *adj* Indo-European
◇ *nm,f (persona)* Indo-European
◇ *nm (lengua)* Indo-European

índole *nf* **-1.** *(naturaleza)* nature; **un problema de ~ cardiaca** a heart problem **-2.** *(tipo)* type, kind; **de toda ~** of every kind

indolencia *nf* indolence

indolente *adj* indolent

indoloro, -a *adj* painless

indomable *adj* **-1.** *(animal)* untameable **-2.** *(carácter)* rebellious; *(pueblo)* unruly

indomesticable *adj* untameable

indómito, -a *adj* **-1.** *(animal)* untameable **-2.** *(carácter)* rebellious; *(pueblo)* unruly

Indonesia *n* Indonesia

indonesio, -a ◇ *adj* Indonesian
◇ *nm,f (persona)* Indonesian
◇ *nm (lengua)* Indonesian

Indostán *n* Hindustan

indostánico, -a ◇ *adj* Hindustani
◇ *nm (lengua)* Hindustani

indubitable *adj Formal* indubitable

inducción *nf* **-1.** FÍS induction ❑ **~ electromagnética** electromagnetic induction **-2.** FILOSOFÍA induction **-3.** MED induction **-4.** DER incitement (**a** to)

inducido *nm* ELEC armature

inducir [18] *vt* **-1.** *(incitar)* **~ a alguien a algo/a hacer algo** to lead sb into sth/into doing sth; **ello les indujo a pensar que el asesino era el mayordomo** this led them to think that the butler was the murderer; **~ a error: esa frase puede ~ a error** that sentence could be misleading; **sus instrucciones me indujeron a error** her instructions caused o led me to make a mistake
-2. *(deducir)* to infer
-3. FÍS to induce

inductancia *nf* FÍS inductance

inductivo, -a *adj* inductive

inductor, -ora ◇ *adj* instigating
◇ *nm* **-1.** *(de crimen)* instigator **-2.** ELEC inductor

indudable *adj* undoubted; **tiene un atractivo ~** it is undoubtedly appealing, it has undoubted appeal; **un libro de ~ interés** an undoubtedly o unquestionably interesting book; **es ~ que...** there is no doubt that...

indudablemente *adv* undoubtedly

indujera *etc ver* **inducir**

indujo *etc ver* **inducir**

indulgencia *nf* **-1.** *(actitud) (tolerancia)* indulgence; *(a la hora de castigar)* leniency; **mostrar ~ con alguien** to be indulgent/lenient towards o with sb **-2.** REL indulgence ❑ **~ plenaria** plenary indulgence

indulgente *adj (tolerante)* indulgent; *(a la hora de castigar)* lenient; **ser ~ con alguien** to be indulgent/lenient with o towards sb

indultar *vt* to pardon

indulto *nm* pardon; **otorgar** o **conceder el ~ a alguien** to grant sb a pardon

indumentaria *nf* attire; **iban vestidos con ~ paramilitar** they were dressed in paramilitary attire; **lo recibieron dos mujeres ataviadas con la ~ tradicional** he was received by two women in traditional dress o costume

industria *nf* **-1.** *(sector)* industry ❑ **la ~ agroalimentaria** the food and agriculture industry; **~ armamentística** arms industry; **~ automotriz** automobile industry; **~ del automóvil** automobile industry; **~ automovilística** automobile industry; **~ del entretenimiento** entertainment industry; **~ en expansión** growth industry; **~ ligera** light industry; **~ del ocio** leisure industry; **~ pesada** heavy industry; **~ punta** sunrise industry; **~ textil** textile industry; **~ de transformación** manufacturing industry; **~ del turismo** tourist industry; **~ turística** tourist industry
-2. *(fábrica)* factory
-3. *(habilidad)* industry, hard work

industrial ◇ *adj* **-1.** *(de la industria)* industrial **-2.** *Fam (muy grande)* **fumaba cantidades industriales de habanos** he used to smoke vast quantities of cigars; **había cerveza en cantidades industriales** there were gallons of beer
◇ *nmf* industrialist

industrialismo *nm* industrialism

industrialista *adj* = of/relating to industrialism

industrialización *nf* industrialization

industrializado, -a *adj* industrialized; **países industrializados** industrialized countries

industrializador, -ora *adj* **un proceso ~** a process of industrialization

industrializar [14] ◇ *vt* to industrialize
◆ **industrializarse** *vpr* to become industrialized

industrioso, -a *adj* industrious

induzco *etc ver* **inducir**

INE ['ine] *nm (abrev de Instituto Nacional de Estadística)* = organization that publishes official statistics about Spain

inecuación *nf* MAT inequality

inédito, -a *adj* **-1.** *(no publicado)* unpublished **-2.** *(nuevo)* new **-3.** *(sorprendente)* unheard-of, unprecedented

INEF [i'nef] *nm (abrev de Instituto Nacional de Educación Física)* = Spanish training college for PE teachers

inefable *adj* indescribable

inefablemente *adv* ineffably

ineficacia *nf* **-1.** *(bajo rendimiento)* inefficiency **-2.** *(baja efectividad)* ineffectiveness

ineficaz *adj* **-1.** *(de bajo rendimiento)* inefficient **-2.** *(de baja efectividad)* ineffective

ineficiencia *nf* **-1.** *(bajo rendimiento)* inefficiency **-2.** *(baja efectividad)* ineffectiveness

ineficiente *adj* **-1.** *(de bajo rendimiento)* inefficient **-2.** *(de baja efectividad)* ineffective

inelegibilidad *nf* ineligibility

inelegible *adj* ineligible

ineluctable *adj Formal* inevitable, inescapable

ineludible *adj* unavoidable

ineludiblemente *adv* unavoidably

INEM [i'nem] *nm (abrev de Instituto Nacional de Empleo)* = Spanish department of employment; **oficina del ~** *Br* ≃ Jobcentre, *US* ≃ Job Center

inembargable *adj* not subject to seizure

inenarrable *adj* indescribable

inepcia *nf Formal (ineptitud)* ineptitude, incompetence

ineptitud *nf* incompetence, ineptitude

inepto, -a ◇ *adj* incompetent, inept
◇ *nm,f* incompetent o inept person

inequívoco, -a *adj (apoyo, resultado)* unequivocal; *(señal, voz)* unmistakable

inercia *nf* **-1.** FÍS inertia **-2.** *(pereza)* inertia; **hacer algo por ~** to do sth out of inertia

inerme *adj* **-1.** *(sin armas)* unarmed **-2.** *(sin defensa)* defenceless

inerte *adj* **-1.** *(materia)* inert **-2.** *(cuerpo, cadáver)* lifeless

inescrutable *adj* **-1.** *(persona, rostro)* inscrutable **-2.** *(misterio, verdad)* impenetrable

inesperadamente *adv* unexpectedly

inesperado, -a *adj* unexpected; **hacer algo de forma inesperada** to do sth unexpectedly

inestabilidad *nf* **-1.** *(de construcción)* instability **-2.** *(de régimen, economía)* instability **-3.** *(de carácter)* instability **-4.** *(de tiempo)* changeability

inestable *adj* **-1.** *(construcción)* unstable **-2.** *(régimen, economía)* unstable **-3.** *(carácter)* unstable **-4.** *(tiempo)* changeable

inestimable *adj* inestimable, invaluable

inevitable *adj* inevitable; **apareció con su ~ habano** he turned up smoking the inevitable cigar

inevitablemente *adv* inevitably

inexactitud *nf* inaccuracy

inexacto, -a *adj* **-1.** *(impreciso)* inaccurate **-2.** *(erróneo)* incorrect, wrong

inexcusable *adj* **-1.** *(imperdonable)* inexcusable **-2.** *(ineludible)* unavoidable

inexistencia *nf* nonexistence; **la ~ de competencia ha favorecido su expansión** the absence of competition has made it easy for them to expand

inexistente *adj* nonexistent

inexorabilidad *nf* inexorability

inexorable *adj* **-1.** *(avance)* inexorable **-2.** *(persona)* pitiless, unforgiving

inexorablemente *adv* inexorably

inexperiencia *nf* inexperience

inexperto, -a ◇ *adj* **-1.** *(falto de experiencia)* inexperienced **-2.** *(falto de habilidad)* unskilful, inexpert
◇ *nm,f* **-1.** *(falto de experiencia)* inexperienced person **-2.** *(falto de habilidad)* **es un ~** he lacks the necessary skills

inexplicable *adj* inexplicable

inexplicablemente *adv* inexplicably

inexplicado, -a *adj* unexplained

inexplorado, -a *adj* unexplored

inexplotable *adj* unexploitable

inexpresable *adj* inexpressible

inexpresividad *nf (de rostro)* inexpressiveness, lack of expression; *(de persona, carácter)* undemonstrativeness

inexpresivo, -a *adj (rostro)* expressionless; *(persona, carácter)* undemonstrative

inexpugnable *adj* unassailable, impregnable

inextinguible *adj (fuego)* unextinguishable; *(sentimiento)* undying

inextirpable *adj* ineradicable

in extremis *loc adv* right at the very last moment

inextricable *adj* **-1.** *(problema, concepto)* intricate; *(misterio)* unfathomable **-2.** *(bosque)* impenetrable

infalibilidad *nf* infallibility

infalible *adj* **-1.** *(método, persona)* infallible; *(puntería)* unerring **-2.** *(inevitable)* inevitable; **es ~, siempre que la invito está ocupada** it's the same every time without fail, whenever I invite her over she's busy

infalsificable *adj (pasaporte, dinero)* forgery-proof

infaltable *adj CSur* inevitable; **la torta es ~ en una fiesta de cumpleaños** you can't have a proper birthday party without a cake

infamar *vt Formal* to defame

infamatorio, -a *adj Formal* defamatory

infame *adj* **-1.** *(persona)* vile, base **-2.** *Fam (libro, película)* dire, dreadful; **vivían en una casa ~** they lived in a dreadful house

infamia *nf* **-1.** *(deshonra)* infamy, disgrace; **padeció la ~ de ser desterrado** he suffered the disgrace of being banished **-2.** *(mala acción)* vile o base act; **es una ~ tratarlos así** treating them like that is despicable

infancia *nf* **-1.** *(periodo)* childhood; **tuvo una ~ muy feliz** she had a very happy childhood; **se interesó por la música desde su más tierna ~** he was interested in music from early childhood; **se casó con un amigo de la ~** she married a childhood friend **-2.** *(todos los niños)* children; **la salud de la ~** children's health

infantado, infantazgo *nm (título)* = title of infante or infanta

infante, -a ◇ *nm,f* **-1.** *(niño)* infant **-2.** *(hijo del rey) (niño)* infante, prince; *(niña)* infanta, princess
◇ *nm (soldado)* infantryman ❑ **~ de marina** marine

infantería *nf* infantry ❑ **~ ligera** light infantry; **~ de marina** marines

infanticida ◇ *adj* infanticidal
◇ *nmf* infanticide, child-murderer

infanticidio *nm* infanticide

infantil ◇ *adj* **-1.** *(para niños)* children's; **lenguaje ~** children's speech; **literatura ~** children's literature; **psicología ~** child psychology; **hospital ~** children's hospital **-2.** *(inmaduro)* childish, infantile; **es muy ~** she's very childish **-3.** DEP **equipo ~** ≃ youth team *(ages 12 to 13)*
◇ *nmf* DEP **infantiles** ≃ youth team *(ages 12 to 13)*

infantilismo nm **-1.** MED infantilism **-2.** *(de comportamiento)* childishness
infantilización nf infantilization
infantiloide adj childlike
infanzón nm HIST = in the Middle Ages, member of the lesser nobility
infarto ◇ nm *(ataque al corazón)* heart attack; **le dio un ~** he had a heart attack; *Fam Fig* **casi le dio un ~** she almost had a heart attack *o* a seizure ❑ **~ cerebral** stroke; **~ de miocardio** heart attack
◆ **de infarto** loc adj *Fam* heart-stopping; **el partido tuvo un final de ~** the end of the match was heart-stoppingly exciting
infatigable adj indefatigable, tireless
infatigablemente adv indefatigably, untiringly
infatuación nf vanity
infatuar [4] ◇ vt to make conceited
◆ **infatuarse** vpr to become *o* get conceited
infausto, -a adj very sad; **un día de ~ recuerdo para todos nosotros** a day which is remembered with great sadness by all of us
infección nf infection
infeccioso, -a adj infectious
infectado, -a adj infected
infectar ◇ vt to infect
◆ **infectarse** vpr to become infected
infecto, -a adj **-1.** *(agua, carroña)* putrid **-2.** *(población, zona)* infected **-3.** *(repugnante)* foul
infectocontagioso, -a adj infectious
infecundidad nf infertility
infecundo, -a adj **-1.** *(tierra)* infertile, barren **-2.** *(mujer)* infertile
infelicidad nf unhappiness
infeliz ◇ adj **-1.** *(desgraciado)* unhappy **-2.** *(ingenuo)* trusting **-3.** *(desafortunado) (comentario, decisión)* unfortunate; *(intento)* unsuccessful; *(coincidencia)* unhappy
◇ nmf *(ingenuo)* **es un ~** he's a trusting soul; **un pobre ~** a poor wretch
inferencia nf inference
inferior ◇ adj **-1.** *(de abajo)* bottom; **la parte ~ (de algo)** the bottom (of sth); **la mitad ~** the bottom *o* lower half; **labio/mandíbula ~** lower lip/jaw
-2. *(menor)* lower (**a** than); **ser ~ en número, ser numéricamente ~** to be fewer in number; **temperaturas inferiores a los 10 grados** temperatures below 10 degrees; **una cifra ~ a 100** a figure under *o* below 100; **lo venden a un precio un 30 por ciento ~ al del mercado** they are selling it for 30 percent less than the market price; **por un periodo no ~ a tres años** for a period of not less than three years
-3. *(peor)* inferior (**a** to); **es ~ a la media** it's below average; **un producto de calidad ~** an inferior *o* poor-quality product; **no me creo ~ a nadie** I don't consider myself inferior to anybody
-4. GEOG **curso ~** lower reaches
-5. GEOL lower; **el Paleolítico ~** the Lower Paleolithic
◇ nm inferior; **el jefe trata con desprecio a sus inferiores** the boss treats those beneath him with contempt
inferioridad nf inferiority; **complejo de ~** inferiority complex; **estar en ~ de condiciones** to be at a disadvantage; **acabaron el partido en ~ numérica** they ended the game with fewer players on the pitch than their opponents
inferiormente adv in an inferior way
inferir [62] vt **-1.** *(deducir)* to deduce, to infer (**de** from); **de sus declaraciones infiero que no está de acuerdo** I deduce *o* infer from her statements that she does not agree
-2. *(ocasionar) (herida)* to inflict; *(mal)* to cause; **el toro infirió una grave cornada al matador** the bull inflicted a serious wound on the matador with his horns, the bull gored the matador severely
infernal adj **-1.** *(del infierno)* infernal **-2.** *(ruido, tiempo)* abominable; **hizo un calor ~** it was infernally hot

infértil adj **-1.** *(mujer)* infertile **-2.** *(campo)* barren, infertile
infertilidad nf **-1.** *(mujer)* infertility **-2.** *(campo)* barrenness, infertility
infestación nf infestation
infestado, -a adj **~ de algo** infested with sth; **un lugar ~ de turistas** a place crawling with tourists
infestar vt to infest; **durante el verano, los turistas infestan la ciudad** in summer the city is overrun by tourists
inficción nf *Méx* pollution
infidelidad nf *(conyugal)* infidelity; *(a la patria, un amigo)* unfaithfulness, disloyalty
infiel ◇ adj **-1.** *(desleal) (cónyuge)* unfaithful; *(amigo)* disloyal; **su mujer le es ~** his wife is unfaithful to him; **fuiste ~ a tu promesa** you broke your promise; **si la memoria no me es ~...** if my memory serves me right...
-2. *(inexacto)* inaccurate, unfaithful; **es una descripción ~ de lo que ocurrió** it is an inaccurate description of what happened
-3. REL unbelieving
◇ nmf REL infidel
infiernillo nm portable stove
infierno nm **-1.** *(en religión)* hell; EXPR *Fam* **¡al ~ con...!**; **¡al ~ con la fiesta!** to hell with the party!; EXPR *Fam* **en el quinto ~: vive en el quinto ~** she lives in the back of beyond *o* in the middle of nowhere; *Fam* **tuvimos que ir hasta el quinto ~ para encontrar una farmacia** we had to go miles to find a *Br* chemist's *o* *US* drugstore; EXPR *Fam* **irse al ~** to go down the tubes *o* *Br* the pan; EXPR *Fam* **mandar a alguien al ~** to tell sb to go to hell; *Fam* **¡vete al ~!** go to hell!
-2. *(lugar de sufrimiento)* hell; **su vida con él era un ~** her life with him was hell; **está habitación es un ~, hace un calor horrible** this room's an oven, it's baking hot
infiero etc ver **inferir**
infijo nm GRAM infix
infiltración nf **-1.** *(de líquido)* seeping; **la ~ de agua había corrompido la madera** seeping water had rotted the wood **-2.** *(de persona, ideas)* infiltration **-3.** MED infiltration
infiltrado, -a ◇ adj infiltrated
◇ nm,f infiltrator
infiltrar ◇ vt **-1.** *(sujeto: espía)* to infiltrate; **infiltraron un agente en la organización** they infiltrated an agent into the organization **-2.** *(inyectar)* to inject; **lo infiltraron antes del partido** they gave him an injection before the game
◆ **infiltrarse** vpr **-1. infiltrarse en algo** *(espía)* to infiltrate sth; **se infiltró en el grupo terrorista** he infiltrated the terrorist organization; **se infiltraron en la red de la CIA** they hacked into the CIA's computer network **-2.** *(líquido)* to seep; **la humedad se infiltró en la pared** the damp seeped through the wall **-3.** *(ideas)* **sus ideas se infiltraron en el país rápidamente** her ideas quickly spread through the country
ínfimo, -a adj *(calidad, categoría)* extremely low; *(precio)* giveaway; *(importancia)* minimal; **un producto de ~ calidad** a very poor *o* low quality product; **sólo una ínfima minoría está en contra del proyecto** only a tiny minority are against the project
infinidad nf **~ de** countless, innumerable; **existen ~ de formas de hacerlo** there are countless ways of doing it; **en un día sucedieron ~ de cosas** in the course of one day thousands of things happened; **en ~ de ocasiones** on countless occasions; **nos ofrecieron una ~ de regalos** they showered us with gifts
infinitamente adv infinitely; **es ~ mejor** it's infinitely better; **siento ~ que no puedas ir** I'm extremely sorry that you can't go; **les estoy ~ agradecido** I'm extremely grateful to them
infinitesimal adj infinitesimal
infinitivo nm infinitive; **en ~ in** the infinitive
infinito, -a ◇ adj **-1.** *(sin límites)* infinite; **tiene una infinita paciencia** she has infinite patience, she's infinitely patient; **siento**

por ella un cariño ~ I'm immensely fond of her **-2.** *(incontable)* countless; **infinitas veces** hundreds of times
◇ nm **-1.** MAT infinity; **tender al ~** to tend to infinity **-2.** *(espacio)* infinity; **su figura se perdió en el ~** his figure disappeared into the distance **-3.** FOT infinity
◇ adv *(mucho)* extremely, infinitely; **me alegro ~** I'm extremely pleased
infinitud nf infinity
infiriera etc ver **inferir**
infla RP *Fam Euf* ◇ adj boring, tedious
◇ nmf bore, pain; **es un ~** he's a pain
inflable adj inflatable
inflabolas, inflahuevos, inflapelotas RP *muy Fam* ◇ adj inv *(fastidioso, pesado)* *Br* bloody *o US* goddamn boring
◇ nmf inv *(pesado)* bore, pain; **es un ~** he bores the *Br* arse *o US* ass off you
inflación nf ECON inflation ❑ **~ interanual** year-on-year inflation; **~ subyacente** underlying inflation
inflacionario, -a, inflacionista adj ECON inflationary
inflacionismo nm ECON inflationism
inflado, -a adj *(balón, cifras)* inflated
inflador nm *RP* bicycle pump
inflahuevos = **inflabolas**
inflamabilidad nf inflammability, flammability
inflamable adj inflammable, flammable
inflamación nf **-1.** *(de herida) (por infección)* inflammation; *(por golpe)* swelling **-2.** *(de gas)* ignition
inflamado, -a adj **-1.** *(herida) (por infección)* inflamed; *(por golpe)* swollen **-2.** *(con fuego)* burning, in flames **-3.** *(con pasiones)* heated
inflamar ◇ vt **-1.** *(con fuego)* to set alight **-2.** *(hinchar) (sujeto: infección, fiebre)* to inflame; **el golpe le inflamó el codo** the blow caused her elbow to swell up **-3.** *(con pasiones)* to inflame
◆ **inflamarse** vpr **-1.** *(con fuego)* to catch fire, to burst into flames **-2.** *(hincharse) (por infección)* to become inflamed; *(por golpe)* to swell up; **se me inflamado la rodilla por el golpe** my knee has swollen up as a result of the blow **-3.** *(con pasiones)* to become inflamed; **se inflamó cuando escuchó las noticias** he became inflamed with anger when he heard the news
inflamatorio, -a adj inflammatory
inflapelotas = **inflabolas**
inflar ◇ vt **-1.** *(soplando)* to blow up, to inflate; *(con bomba)* to pump up; *Esp Fam* **lo inflaron a golpes** they beat him up
-2. *(exagerar)* to blow up, to exaggerate
-3. *RP Fam (fastidiar)* **no me infles** stop bugging me!; **no (me) infles la paciencia** don't push your luck; *muy Fam* **~ las pelotas** *o* **las bolas** *o* **los huevos a alguien** *Br* to get on sb's tits, *US* to break sb's balls; *muy Fam* **dejá de ~ las pelotas** *o* **las bolas** *o* **los huevos** stop being such a pain in the *Br* arse *o US* ass
◇ vi *RP Fam (molestar)* to be a pain; **¡no infles!** don't be such a pain!
◆ **inflarse** vpr *Fam (hartarse)* to stuff oneself (**de** with)
inflexibilidad nf **-1.** *(de material)* inflexibility **-2.** *(de persona)* inflexibility
inflexible adj **-1.** *(material)* inflexible **-2.** *(persona)* inflexible; **es ~ con sus alumnos** he's very strict with his pupils
inflexiblemente adv inflexibly
inflexión nf **-1.** GRAM inflection **-2.** GEOM inflection **-3.** *(de voz)* inflection **-4.** *(cambio)* turnaround; **un punto de ~ histórico** a historical turning point
infligir [24] vt *(pena)* to inflict; *(castigo)* to impose
inflorescencia nf BOT inflorescence
influencia nf **-1.** *(poder)* influence; **ejerce una gran ~ sobre su marido** she has a lot of influence over her husband; **está creciendo su ~ dentro del partido** her influence within the party is growing; **tuvo gran ~ sobre el resultado de las elecciones** it had

a considerable influence on the result of the election, it greatly influenced the result of the election; **un país dentro de la esfera de ~ de Rusia** a country within Russia's sphere of influence; **bajo la ~ de la anestesia** under (the influence of the) anaesthetic

-2. **influencias** *(contactos)* contacts, pull; **consiguió ese puesto por influencias** she got that job through knowing the right people

influenciable *adj* easily influenced

influenciar *vt* to influence, to have an influence on

influenza *nf* influenza ❑ **~ aviaria** fowl pest

influir [34] ◇ *vt* to influence
◇ *vi* to have influence; **~ en** *o* **sobre** to influence, to have an influence on; **su muerte influyó mucho en él** her death made a great impression on him; **nuestra relación de parentesco no influyó para nada en mi decisión** the fact that we are related did not influence my decision in the slightest

influjo *nm* influence

influyente *adj* influential

infoadicto,-a *nm,f* INFORMÁT infoaddict

infografía *nf* INFORMÁT computer graphics

infografista *nmf* INFORMÁT computer graphics artist

infolio *nm* folio *(book)*

infopista *nf* INFORMÁT information highway

información *nf* **-1.** *(conocimiento)* information; **estoy buscando ~ sobre este autor** I'm looking for information on this writer; **para tu ~** for your information; **para mayor ~, visite nuestra página web** for more information visit our website; **~ confidencial** inside information; **~ privilegiada** privileged information

-2. *(noticias)* news *(singular)*; *(noticia)* report, piece of news; **hemos recibido informaciones contradictorias sobre el accidente** we have received conflicting reports about the accident; **ciencias de la ~** media studies ❑ **~ deportiva** sports news; **~ meteorológica** weather report *o* forecast

-3. *(oficina)* information office; **(el mostrador de) ~** the information desk; **Sr. López, acuda a ~** would Mr López please come to the information desk

-4. *(telefónica)* Br directory enquiries, US information ❑ **~ horaria** speaking clock

-5. BIOL **~ genética** genetic information

-6. INFORMÁT *(datos)* data

informado, -a *adj (sobre un tema, noticia)* informed; **no tengo una opinión informada del tema** I don't have an informed opinion on the subject, I don't know enough about the subject to give an opinion; **un periodista ~** a well-informed journalist; **muy ~ (sobre)** well-informed (about); **estás muy mal ~, no ocurrió así** you've been badly informed, it didn't happen like that; **según fuentes bien informadas...** according to well-informed sources...

informador, -ora ◇ *adj* informing, reporting
◇ *nm,f* **-1.** *(periodista)* reporter ❑ **~ gráfico** press photographer **-2.** *(informante)* informer

informal ◇ *adj* **-1.** *(desenfadado, no solemne)* informal; **una reunión ~** an informal meeting; **vestido de manera ~** casually dressed; **la lengua ~** informal language **-2.** *(irresponsable)* unreliable **-3.** *Am* **la economía ~** *(no regularizada)* the informal economy
◇ *nmf* **es un ~** he's an unreliable person

informalidad *nf* **-1.** *(desenfado, falta de formalismo)* informality **-2.** *(irresponsabilidad)* unreliability

informalmente *adv* **-1.** *(desenfadadamente)* informally; **iba vestido ~** he was informally *o* casually dressed **-2.** *(irresponsablemente)* unreliably

informante ◇ *adj* informing
◇ *nmf* informant, informer

informar ◇ *vt* **-1.** *(dar información a)* **~ a alguien (de)** to inform *o* tell sb (about); **le han informado mal** he has been misinformed; **me informan que el avión llega con retraso** I've been told that the flight is delayed; **se ha de ~ a los detenidos de sus derechos** you have to read people who have been arrested their rights; **¿me podría ~ de los horarios de trenes a Boston?** could you tell me the times of the trains to Boston?

-2. *Formal (impregnar)* to pervade, to inform; **la filosofía que informa sus novelas** the philosophy which informs her novels

◇ *vi* **-1.** *(dar información a)* to inform; **en esa oficina informan sobre el Festival** you can get information about the Festival from that office **-2.** *(periódico)* to report; **según informa nuestro corresponsal,...** according to our correspondent,...

◆ **informarse** *vpr* **me informaré y luego te llamo** I'll call you once I've found out the details; **informarse de** *o* **sobre** to find out about; **infórmate de dónde se puede encontrar alojamiento** find out where you can find somewhere to stay; **la próxima vez, infórmate mejor antes de acusar** next time get your facts straight before you make accusations

informática *nf* **-1.** *(tecnología)* computing, information technology; **el departamento de ~ de una empresa** the IT department of a company; **la empresa va a invertir más en ~** the company is going to invest more in computers; **no sé nada de ~** I don't know anything about computers; **se requieren conocimientos de ~** candidates should be computer-literate ❑ **~ de gestión** business computing

-2. *(asignatura)* computer science

informáticamente *adv* by computer

informático, -a ◇ *adj* computer; **red informática** computer network
◇ *nm,f (experto)* computer expert; *(técnico)* computer technician

informativo, -a ◇ *adj* **-1.** *(de la información)* **boletín ~** news bulletin; **folleto ~** information leaflet **-2.** *(útil)* informative; **es un folleto muy ~** it's a very informative leaflet
◇ *nm* news (bulletin)

informatización *nf* computerization

informatizado, -a *adj* computerized

informatizar [14] ◇ *vt* to computerize

◆ **informatizarse** *vpr* to become computerized; **empresas que todavía no se han informatizado** companies which have yet to computerize their operations

informe[1] ◇ *nm* **-1.** *(documento, estudio)* report (**sobre** on *o* about); **un ~ policial** a police report; **han solicitado el ~ de un técnico** they have asked for a report from an expert ❑ **~ anual** annual report; COM **~ de gestión** management report **-2.** DER ≃ oral summary of case given to the judge by counsel for defence or prosecution, ≃ closing speech

◇ *nmpl* **informes** *(información)* information; *(sobre comportamiento)* report; *(para un empleo)* reference(s)

informe[2] *adj* shapeless

infortunado, -a ◇ *adj (persona)* unfortunate, unlucky; *(encuentro, conversación)* ill-fated
◇ *nm,f* unfortunate *o* unlucky person

infortunio *nm* **-1.** *(hecho desgraciado)* calamity, misfortune **-2.** *(mala suerte)* misfortune, bad luck; **tuvo el ~ de contraer la enfermedad** he had the misfortune to catch the disease

infracción *nf (de reglamento)* infringement, violation; **una ~ del reglamento** an infringement *o* a violation of the rules; **~ leve/grave** minor/serious offence; **cometió una ~ contra las normas** she broke the rules; **~ de circulación** *o* **tráfico** driving offence, traffic violation

infraccionar *Am* ◇ *vt (multar)* to fine
◇ *vi (en deporte)* to commit a foul; *(contra la ley)* to offend, to break the law; *(contra reglamento)* to violate the rules

infractor, -ora ◇ *adj* offending
◇ *nm,f* offender

infradotado, -a ◇ *adj* **-1.** *(sin financiación)* underfunded; *(sin recursos materiales)* under-resourced; *(sin personal)* understaffed **-2.** *RP Fam Pey (subnormal)* moronic
◇ *nm,f RP Fam Pey* moron

infraestructura *nf* **-1.** *(de organización, país)* infrastructure **-2.** *(de construcción)* foundations

in fraganti *loc adv* in flagrante; **agarrar** *o Esp* **pillar a alguien ~** to catch sb red-handed *o* in the act

infrahumano, -a *adj* subhuman

infranqueable *adj* **-1.** *(río, abismo)* impassable **-2.** *(problema, dificultad)* insurmountable; *(diferencia)* irreconcilable

infrarrojo, -a *adj* infrared

infrascrito, -a *nm,f Formal* **el ~** the undersigned

infrasonido *nm* infrasound

infrautilización *nf* underuse

infrautilizar [14] *vt* to underuse

infravaloración *nf* underestimation

infravalorado, -a *adj* underrated

infravalorar ◇ *vt* to undervalue, to underestimate

◆ **infravalorarse** *vpr* to undervalue oneself

infravivienda *nf* **el problema de la ~** the problem of housing which is unfit for human habitation

infrecuente *adj* infrequent; **no es ~** it's not uncommon *o* unusual

infringir [24] *vt (quebrantar)* to infringe, to break

infructuosamente *adv* unfruitfully, fruitlessly

infructuoso, -a *adj* fruitless, unsuccessful

ínfulas *nfpl* pretensions; **darse** *o* **tener ~** to give oneself airs

infumable *adj* **-1.** *(cigarrillo)* unsmokable **-2.** *Esp, RP Fam (insoportable) (comportamiento)* unbearable, intolerable; *(libro, película)* awful, terrible

infundado, -a *adj* unfounded

infundio *nm Formal* untruth, lie

infundir *vt* **~ algo a alguien** to fill sb with sth, to inspire sth in sb; **~ miedo/respeto** to inspire fear/respect

infusión *nf* herbal tea, infusion ❑ **~ de manzanilla** camomile tea

infuso, -a *adj* EXPR *Hum* **por ciencia infusa** through divine inspiration

ingeniar *vt* to invent, to devise

◆ **ingeniarse** *vpr Fam* **ingeniárselas** to manage, to pull it off; **no sé cómo se las ingenia, pero siempre gana él** I don't know how he does it, but he always wins; **ingeniárselas para hacer algo** to manage to do sth; **se las ingenió para no tener que lavar los platos** she managed to wangle her way out of doing the dishes

ingeniería *nf* engineering; *Fig* **una obra de ~** a major operation ❑ **~ civil** civil engineering; **~ financiera** financial engineering; **~ genética** genetic engineering; **~ industrial** mechanical engineering; **~ naval** marine engineering; **~ de sistemas** system(s) engineering; **~ social** social engineering

ingeniero, -a ◇ *nm,f* engineer ❑ **~ aeronáutico** aeronautical engineer; **~ agrónomo** agronomist; *Esp* **~ de caminos, canales y puertos** civil engineer; **~ civil** civil engineer; **~ electrónico** electrical *o* electronic engineer; **~ de imagen** vision mixer; **~ industrial** industrial engineer; **~ de minas** mining engineer; **~ de montes** forester, forestry engineer; **~ naval** marine engineer; **~ de programas** software engineer; **~ químico** chemical engineer; *RP* **~ sanitario** drainage engineer; **~ de sistemas** systems engineer; **~ de sonido**

ingenio

sound engineer; ~ **superior** = engineer who has done a full five-year university course; ~ **técnico** = engineer who has done a three-year university course rather than a full five-year course; ~ **de telecomunicaciones** telecommunications engineer; ~ **de vuelo** flight engineer
◇ *nm Andes, CAm, Carib, Méx* = title used to address businessmen and professionals (even if they are not actually qualified as an engineer)

ingenio *nm* -1. *(inteligencia)* ingenuity; [EXPR] **aguzar el** ~ to sharpen one's wits -2. *(agudeza)* wit, wittiness -3. *(máquina)* device -4. *(azucarero)* sugar mill

ingeniosamente *adv* ingeniously

ingenioso, -a *adj* -1. *(inteligente)* ingenious, clever -2. *(agudo)* witty

ingente *adj* enormous, huge; **recibimos una ~ cantidad de información** we received an enormous amount of information; **el terremoto causó un número ~ de muertos** the earthquake caused a huge number of deaths; **realizan una ~ labor de prevención del sida** they are making a huge effort to prevent the spread of AIDS

ingenuamente *adv* ingenuously, naively

ingenuidad *nf* ingenuousness, naivety

ingenuo, -a ◇ *adj* naive, ingenuous; **¡no seas ~!** don't be so naive!
◇ *nm,f* ingenuous o naive person; **es un ~** he's (very) naive; **hacerse el ~** to act the innocent

ingerir [62] *vt* to consume, to ingest

ingesta *nf* intake ❑ PSI ~ **compulsiva** compulsive eating

ingestión *nf* consumption, ingestion; **en caso de ~ accidental** if accidentally swallowed

ingiero etc ver **ingerir**

ingiriera etc ver **ingerir**

Inglaterra *n* England

ingle *nf* groin

inglés, -esa ◇ *adj* -1. *(de Inglaterra)* English -2. *(británico)* British
◇ *nm,f* -1. *(de Inglaterra)* Englishman, f Englishwoman; **los ingleses** the English -2. *(británico)* British person, Briton; **los ingleses** the British
◇ *nm (lengua)* English

inglete *nm* mitre (joint)

ingletera *nf* mitre box

ingobernabilidad *nf* ungovernability

ingobernable *adj* -1. *(país)* ungovernable -2. *(niño)* uncontrollable, unmanageable

ingratitud *nf* ingratitude, ungratefulness

ingrato, -a ◇ *adj* -1. *(persona)* ungrateful; **ser ~ con alguien** to be ungrateful to sb -2. *(trabajo)* thankless
◇ *nm,f* ungrateful person; **es un ~** he's so ungrateful

ingravidez *nf* weightlessness; **en estado de ~** in conditions of zero-gravity

ingrávido, -a *adj* weightless

ingrediente *nm* ingredient

ingresar ◇ *vt* -1. *Esp (dinero) (meter)* to deposit, to pay in; ~ **dinero en una cuenta** to deposit money in an account, to pay money into an account; **los pagos me los ingresan en mi cuenta** the money is paid into my account, the payments are credited to my account
-2. *(dinero) (ganar)* to make, to earn; **la empresa ingresa varios millones cada día** the company makes several million a day
-3. *(persona)* **lo ingresaron en el hospital** he was admitted to hospital
◇ *vi* -1. ~ **en** *(asociación, ejército)* to join; *(convento, universidad)* to enter; **la primera mujer que ingresa en la Academia** the first woman to become a member of the academy
-2. ~ **en** *(hospital)* to be admitted to; *Esp* ~ **cadáver** to be dead on arrival
-3. ~ **en** *(prisión)* to go to, to be sent to; **el terrorista ingresó ayer en prisión** the terrorist went o was sent to prison yesterday
-4. *Am* ~ **a** *(lugar)* to get into; **un desconocido ingresó al palacio real** an unidentified intruder got into the royal palace

ingreso *nm* -1. *(entrada)* entry, entrance; *(en universidad)* admission; **examen de ~** entrance exam; **solicitud de ~** membership application; **todavía recuerdo la fecha de mi ~ en el club** I still remember the day I joined the club; **han solicitado su ~ en la organización** they have applied for membership of the organization, they have applied to join the organization
-2. *(en hospital)* admission; **se produjeron diez ingresos hospitalarios por salmonelosis** ten people were admitted to hospital with salmonella poisoning
-3. *(en prisión)* **el juez decretó el ~ en prisión del banquero** the judge ordered that the banker be sent to prison
-4. *Am (acceso a lugar)* entry; **el ~ a la sala de conciertos fue muy lento** it took a long time to get into the concert hall
-5. *Esp (de dinero)* deposit; **realizó un ~** she made a deposit
-6. **ingresos** *(sueldo)* income; *(recaudación)* revenue; **ingresos por publicidad** advertising revenue; **tienen unos ingresos anuales de 200 millones** they have an annual income of 200 million ❑ **ingresos brutos** gross income; **ingresos netos** net income

íngrimo, -a *adj CAm, Col, Méx, Ven* -1. *(persona)* **el asesinato del líder nos dejó íngrimos** our leader's murder left us all on our own -2. *(lugar)* abandoned, lonely

inguinal *adj* groin, *Espec* inguinal; **hernia ~** inguinal hernia

inhábil *adj* -1. *(torpe)* clumsy, unskilful; **ser ~ para algo** to be unsuited to sth -2. *(incapacitado) (por defecto físico)* unfit; *(por la edad)* disqualified -3. *(día)* **el día 31 será ~ a efectos bancarios** the banks will be closed on 31st

inhabilidad *nf* -1. *(falta de destreza)* lack of skill; **su ~ para la música** his lack of musical ability -2. *(minusvalía)* disability, handicap -3. *(jurídica)* ineligibility

inhabilitación *nf (jurídica)* disqualification

inhabilitar *vt* -1. *(jurídicamente)* to disqualify **(para** from); **fue inhabilitado para ejercer cargos públicos** she was disqualified from holding public office -2. *(físicamente)* to put out of action; **la tormenta inhabilitó la red telefónica** the storm put the telephone system out of action; **la caída lo inhabilitó para el ciclismo** the fall put an end to his cycling

inhabitable *adj* uninhabitable

inhabitado, -a *adj* uninhabited

inhalación *nf* inhalation

inhalador *nm* inhaler

inhalar *vt* to inhale

inherente *adj* inherent; **ser ~ a** to be inherent in o to, to be an inherent part of; **un problema ~ a la infraestructura del país** a problem inherent to the country's infrastructure; **un derecho ~ a los seres humanos** an inherent human right

inhibición *nf* -1. *(de tribunal, autoridad)* disqualification -2. FISIOL inhibition -3. PSI inhibition

inhibido, -a *adj* inhibited

inhibir ◇ *vt* -1. *(cohibir)* to inhibit; **su agresividad me inhibe** I feel inhibited by his aggressiveness -2. PSI to inhibit -3. FISIOL to inhibit

◆ **inhibirse** *vpr* -1. *(cohibirse)* to become inhibited o shy; **no te inhibas** don't be shy -2. *(mantenerse al margen)* **en esa discusión vuestra yo me inhibo** I'm keeping out of o I'm not going to get involved in your argument; **se inhibió de decir nada** he refrained from saying anything -3. DER to disqualify oneself; **el tribunal se inhibió en el caso** the court said it could not try the case

inhibitoria *nf* DER restraining order

inhospitalario, -a *adj* inhospitable

inhóspito, -a *adj* inhospitable

inhumación *nf* burial

inhumanamente *adv* inhumanly

inhumanidad *nf* inhumanity

inhumano, -a *adj* -1. *(despiadado)* inhuman -2. *(desconsiderado)* inhumane -3. *Chile (sucio)* filthy

inhumar *vt* to inter, to bury

INI ['ini] *nm* -1. *Antes (abrev de* **Instituto Nacional de Industria***)* = Spanish governmental organization responsible for the promotion of industry -2. *(abrev de* **Instituto Nacional Indigenista***)* = Mexican government organization responsible for matters concerning the indigenous peoples of the country

iniciación *nf* -1. *(introducción)* initiation; ~ **a la carpintería** introduction to carpentry -2. *(a sociedad, secreto)* initiation; **ceremonia de ~** initiation ceremony -3. *(principio)* start, beginning

iniciado, -a ◇ *adj* -1. *(empezado)* started -2. *(neófito)* initiated
◇ *nm,f* initiate; **para los no iniciados...** for the uninitiated...

iniciador, -ora ◇ *adj* initiating
◇ *nm,f* initiator

inicial ◇ *adj* initial
◇ *nf* -1. *(letra)* initial -2. *Ven (pago)* down payment

inicialar *vt RP* to initial

inicialista *nmf Am (en béisbol)* first base

inicialización *nf* INFORMÁT initialization

inicializar [14] *vt* INFORMÁT to initialize

inicialmente *adv* initially

iniciar ◇ *vt* -1. *(empezar)* to start, to initiate; *(debate, discusión)* to start off -2. *(en sociedad, secreto)* ~ **a alguien en algo** to initiate sb into sth -3. *(en disciplina)* ~ **a alguien en algo** to introduce sb to sth

◆ **iniciarse** *vpr* -1. *(empezar)* to start, to commence -2. *(en sociedad, secreto)* ~ **en algo** to be initiated into sth -3. *(en disciplina)* **iniciarse en el estudio de algo** to begin one's studies in sth; **se inició en el piano a los sesenta años** he took up the piano at sixty

iniciático, -a *adj* initiation; **rito ~** initiation rite

iniciativa *nf* -1. *(propuesta)* proposal, initiative ❑ **la ~ privada** private enterprise -2. *(cualidad, capacidad)* initiative; **tener ~** to have initiative; **tomar la ~** to take the initiative; **lo hice por ~ propia** I did it on my own initiative

inicio *nm* start, beginning

inicuo, -a *adj* iniquitous

inidentificable *adj* unidentifiable

inigualable *adj (belleza)* unrivalled, matchless; *(oferta)* unbeatable; *(oportunidad)* unique

inigualado, -a *adj* unequalled

in illo tempore *loc adv Formal* in those days

inimaginable *adj* unimaginable

inimitable *adj* inimitable

ininteligible *adj* unintelligible

ininterrumpidamente *adv* uninterruptedly, continuously; **corrió durante siete horas ~** she ran without stopping for seven hours; **nevó ~ durante una semana** it snowed non-stop o uninterruptedly for a week; **el servicio funciona ~ 24 horas al día** the service operates continuously o non-stop, twenty-four hours a day

ininterrumpido, -a *adj* uninterrupted, continuous; **bailaron durante cinco horas ininterrumpidas** they danced for five hours non-stop; **lleva tres años ininterrumpidos viviendo en el país** she's been living in the country continuously for three years

iniquidad *nf Formal* iniquity

injerencia *nf* interference, meddling; **su ~ en países vecinos** its interference in neighbouring countries

injerir [62] ◇ *vt* to introduce, to insert

◆ **injerirse** *vpr (entrometerse)* to interfere **(en** in), to meddle **(en** in)

injertar *vt* -1. *(en planta)* to graft -2. *(en ser humano)* to graft

injerto nm **-1.** (acción) grafting **-2.** (rama) graft **-3.** (en ser humano) graft; ~ **de cabello** hair implants; ~ **de piel** skin graft
injiero etc ver **injerir**
injiriera etc ver **injerir**
injuria nf **-1.** (insulto) insult; (agravio) offence **-2.** DER slander
injuriar vt **-1.** (insultar) to insult, to abuse; (agravar) to offend **-2.** DER to slander
injurioso, -a, injuriante adj **-1.** (insultante) insulting, abusive **-2.** DER slanderous
injustamente adv unfairly, unjustly
injusticia nf **-1.** (acto) injustice; **¡es una ~!** (quejándose) it's not fair!; (con indignación) it's an outrage!; **es una ~ que tenga que hacerlo yo todo** it's not fair that I have to do it all **-2.** (cualidad) unfairness, injustice; **la ~ de una decisión** the unfairness o injustice of a decision
injustificable adj unjustifiable
injustificado, -a adj unjustified
injusto, -a adj (persona) unfair, unjust; (castigo, ley) unjust, unfair; **vivimos en un mundo ~** we live in an unjust world; **fue muy ~ con nosotros** he was very unfair to us; **es ~ que siempre me echen la culpa a mí** it's not fair that they always blame me
Inmaculada nf **la ~** the Virgin Mary; **la ~ Concepción** the Immaculate Conception
inmaculado, -a adj **-1.** (sin mancha) spotless; **llevaba un ~ traje blanco** he was wearing a spotless white suit **-2.** (sin pecado) unblemished; **el candidato tiene un pasado ~** the candidate has an unblemished past
inmadurez nf immaturity
inmaduro, -a adj **-1.** (fruta) unripe **-2.** (persona) immature
inmancable adj Ven Fam foolproof
inmanencia nf Formal immanence
inmanente adj Formal immanent, inherent
inmanentismo nm FILOSOFÍA immanentism
inmarcesible adj Literario unfading, imperishable
inmarchitable adj unfading, imperishable
inmaterial adj immaterial
inmediaciones nfpl (de localidad) surrounding area; (de lugar, casa) vicinity; **en las ~ del accidente** in the immediate vicinity of the accident
inmediatamente adv **-1.** (en el tiempo) immediately, at once; **~ después del accidente** immediately after the accident; **¡ven aquí ~!** come here immediately o at once!; **~ de conocido el resultado, se marchó a su casa** as soon as she found out the result, she went home **-2.** (en el espacio) **estaba sentada ~ a su lado** she was sitting right beside him; **mi casa está ~ después del cruce** my house is immediately o just after the crossroads
inmediatez nf immediateness, immediacy
inmediato, -a adj **-1.** (instantáneo) immediate; **de ~** immediately, at once **-2.** (contiguo) next (**a** to); **está en un barrio ~ al centro** it's in an area near the town centre
inmejorable adj (momento, situación) ideal; (oferta, precio, calidad) unbeatable
inmemorial adj immemorial; **desde tiempo(s) inmemorial(es)** from time immemorial
in memoriam loc adv in memoriam
inmensamente adv immensely
inmensidad nf **-1.** (grandeza) immensity **-2.** (multitud) huge amount
inmenso, -a adj **-1.** (grande) (lago, continente) immense, vast; (camión, casa) enormous, huge **-2.** (profundo) deep; **sintió una inmensa alegría** she felt deeply o tremendously happy **-3.** Fam (fantástico) marvellous, wonderful; **es un escritor ~** he's a marvellous writer; **el tenor estuvo ~** the tenor was wonderful
inmensurable adj immeasurable
inmerecidamente adv undeservedly
inmerecido, -a adj undeserved

inmersión nf **-1.** (de submarino, submarinista) dive **-2.** (en situación, cultura) immersion; **su total ~ en la cultura árabe** his total immersion in Arab culture ❑ **~ lingüística** immersion; **un curso de ~ lingüística** an immersion course
inmerso, -a adj **-1.** (en líquido) immersed (**en** in) **-2.** (en situación) immersed (**en** in); **la empresa está inmersa en una grave crisis** the company has been plunged into a serious crisis; **estaba ~ en sus pensamientos** she was absorbed in her thoughts
inmesurado, -a adj Am **-1.** (excesivo) excessive, disproportionate; **le están dando una importancia inmesurada** you're giving it too much importance, you're making it more important than it is **-2.** (enorme) enormous; **hubo protestas inmesuradas** there were massive protests
inmigración nf **-1.** (movimiento de personas) immigration **-2.** (oficina) Immigration
inmigrante ⬦ adj immigrant
 ⬦ nmf immigrant
inmigrar vi to immigrate
inmigratorio, -a adj **política inmigratoria** immigration policy; **una corriente inmigratoria** a flow of immigrants
inminencia nf imminence
inminente adj imminent, impending
inmiscuirse [34] vpr to interfere (**en** in); to meddle (**en** in); **siempre se inmiscuye en mis asuntos** he's always interfering o meddling in my affairs
inmisericorde adj pitiless, merciless
inmobiliaria nf **-1.** (agencia) Br estate agency o agent's, US real estate agency **-2.** (constructora) property developer
inmobiliario, -a adj property, US real estate; **agente ~** Br estate agent, US realtor; **propiedad inmobiliaria** real estate
inmoderación nf immoderation, excess
inmoderado, -a adj immoderate, excessive
inmodestia nf immodesty
inmodesto, -a adj immodest
inmolación nf immolation, sacrifice
inmolar ⬦ vt to sacrifice
 ◆ **inmolarse** vpr to sacrifice oneself; **inmolarse por alguien** to sacrifice oneself for sb
inmoral adj immoral
inmoralidad nf **-1.** (cualidad) immorality **-2.** (acción) immoral action; **lo que hizo fue una ~** what he did was immoral
inmortal ⬦ adj **-1.** (que no muere) immortal **-2.** (fama) undying; (artista) immortal
 ⬦ nmf immortal
inmortalidad nf immortality
inmortalización nf immortalization
inmortalizar [14] ⬦ vt to immortalize
 ◆ **inmortalizarse** vpr to achieve immortality
inmotivado, -a adj (acción) motiveless; (temor) groundless
inmovible adj immovable, fixed
inmóvil adj (quieto) motionless, still; (coche, tren) stationary; **quédate ~** stay still, don't move
inmovilidad nf immobility
inmovilismo nm resistance to change, conservatism
inmovilista ⬦ adj conservative
 ⬦ nmf conservative
inmovilización nf **-1.** (física) immobilization **-2.** (de capital) tying-up
inmovilizado, -a ⬦ adj immobilized
 ⬦ nm ECON fixed assets
inmovilizador nm immobilizer
inmovilizar [14] vt **-1.** (físicamente) to immobilize **-2.** (capitales) to tie up
inmueble ⬦ adj **bienes inmuebles** real estate
 ⬦ nm (edificio) building
inmundicia nf **-1.** (suciedad) filth, filthiness; (basura) Br rubbish, US garbage **-2.** (inmoralidad) **esa novela es una ~** that novel is utter filth
inmundo, -a adj **-1.** (sucio) filthy, dirty **-2.** (inmoral) filthy, disgusting

inmune adj **-1.** (a enfermedad) immune; **ser ~ a algo** to be immune to sth **-2.** (a insulto, tristeza) immune; **ser ~ a las críticas** to be immune to criticism **-3.** (exento) exempt; **una región ~ a los efectos del turismo** a region untouched by the effects of tourism
inmunidad nf **-1.** (contra enfermedad) immunity **-2.** (privilegio) immunity ❑ **~ diplomática** diplomatic immunity; **~ parlamentaria** parliamentary immunity
inmunitario, -a adj immune
inmunización nf immunization
inmunizado, -a adj **-1.** (contra enfermedad) immunized (**contra** against) **-2.** (contra tristeza, críticas) immune (**contra** to)
inmunizar [14] vt **-1.** (contra enfermedad) to immunize (**contra** against) **-2.** (contra tristeza, críticas) to make immune (**contra** to)
inmunodeficiencia nf immunodeficiency
inmunodeficiente adj immunodeficient
inmunodepresión nf immunodepression
inmunodepresor, -ora ⬦ adj immunodepressant
 ⬦ nm immunodepressant
inmunoensayo nm BIOL immunoassay
inmunoglobulina nf FISIOL immunoglobulin
inmunología nf immunology
inmunológico, -a adj immune, immunological; **sistema ~** immune system
inmunólogo, -a nm,f immunologist
inmunosupresión nf MED immunosuppression
inmunosupresor, -ora MED ⬦ adj immunosuppressive, immunosuppressant
 ⬦ nm immunosuppressant
inmunoterapia nf immunotherapy
inmutabilidad nf immutability
inmutable adj **-1.** (que no cambia) immutable, unchangeable; **un principio ~** an unchanging principle **-2.** (imperturbable) impassive; **permaneció ~ mientras leían la sentencia** he remained impassive while the sentence was read out
inmutar ⬦ vt to upset, to perturb
 ◆ **inmutarse** vpr to get upset, to be perturbed; **ni se inmutó** he didn't bat an eyelid; **no se inmutó por las acusaciones que le dirigieron** he didn't allow the accusations made against him to upset him
innatismo nm FILOSOFÍA nativism
innato, -a adj innate; **tiene una simpatía innata** she's friendly by nature; **es ~ en él** it comes naturally to him
innavegabilidad nf **-1.** (de mar, río) unnavigability **-2.** (embarcación) unseaworthiness
innavegable adj **-1.** (mar, río) unnavigable **-2.** (embarcación) unseaworthy
innecesariamente adv unnecessarily, needlessly
innecesario, -a adj unnecessary
innegable adj undeniable; **tiene un atractivo ~** it is undeniably attractive
innegablemente adv undeniably
innegociable adj unnegotiable, not negotiable
innoble adj ignoble
innombrable adj unmentionable
innovación nf innovation
innovador, -ora ⬦ adj innovative, innovatory
 ⬦ nm,f innovator
innovar ⬦ vt (método, técnica) to improve on
 ⬦ vi to innovate
innumerable adj countless, innumerable; **el terremoto provocó innumerables víctimas** the number of casualties in the earthquake was huge; **te he dicho innumerables veces que no te comas las uñas** I've told you countless times not to bite your nails
inobjetable adj indisputable
inobservancia nf non-observance; **la ~ de una ley** failure to observe a law
inocencia nf **-1.** (falta de malicia) innocence **-2.** (falta de culpabilidad) innocence; **proclamó su ~** she proclaimed her innocence

inocentada *nf* practical joke, trick *(played on 28th December)*, ≃ April Fool's joke; **hacerle una ~ a alguien** to play a practical joke *o* trick on sb

inocente ◇ *adj* **-1.** *(no culpable)* innocent; **todo el mundo es ~ hasta que no se demuestre lo contrario** everyone is innocent until proven guilty **-2.** *(ingenuo)* naive, innocent **-3.** *(sin maldad)* harmless
◇ *nmf* **-1.** *(no culpable)* innocent person **-2.** *(sin maldad)* harmless person

inocentemente *adv* innocently

inocentón, -ona *Fam* ◇ *adj* naive
◇ *nm,f* **es un ~** he's so naive

inocuidad *nf* innocuousness, harmlessness

inoculación *nf* inoculation

inocular *vt* to inoculate

inocultable *adj* unconcealable

inocuo, -a *adj* innocuous, harmless

inodoro, -a ◇ *adj* odourless
◇ *nm* toilet (bowl)

inofensivo, -a *adj* inoffensive, harmless

inoficioso, -a *adj* **-1.** DER inofficious **-2.** *Am (inútil)* ineffective, useless

inolvidable *adj* unforgettable

inoperable *adj* **-1.** *(enfermo, tumor)* inoperable **-2.** *RP (aeropuerto)* closed

inoperancia *nf* ineffectiveness

inoperante *adj* ineffective; **las medidas resultaron inoperantes** the measures were ineffective

inopia *nf Fam* **estar en la ~** *(distraído)* to be miles away, to be day-dreaming; **a mí no me preguntes, yo estoy en la ~** don't ask me, I haven't got a clue

inopinadamente *adv* unexpectedly

inopinado, -a *adj* unexpected

inoportunamente *adv* inopportunely

inoportunidad *nf* inopportuneness, untimeliness

inoportuno, -a *adj* **-1.** *(en mal momento)* inopportune, untimely **-2.** *(molesto)* inconvenient **-3.** *(inadecuado)* inappropriate

inorgánico, -a *adj* inorganic

inoxidable *adj (acero)* stainless

input ['imput] *(pl* **inputs**) *nm* INFORMÁT input

inquebrantable *adj (fe, amistad)* unshakeable; *(lealtad)* unswerving

inquiero *etc ver* **inquirir**

inquietante *adj* worrying

inquietar ◇ *vt* to worry, to trouble
→ **inquietarse** *vpr* to worry, to get anxious; **inquietarse por algo** to worry about sth

inquieto, -a *adj* **-1.** *(preocupado)* worried, anxious **(por** about); **estoy ~ por su ausencia** I'm worried that he's not here
-2. *(agitado, nervioso)* restless; **es un niño muy ~** he's a very restless *o* fidgety child; **el paciente está muy ~** the patient is very unsettled
-3. *(con afán de saber)* curious; **tiene una mente inquieta** he has an enquiring mind
-4. *CAm (predispuesto)* inclined, predisposed

inquietud *nf* **-1.** *(preocupación)* worry, anxiety; **esperan el resultado con ~** they are awaiting the result anxiously; **hay ~ por el comportamiento de la inflación** people are worried *o* concerned about inflation
-2. *(afán de saber)* **desde pequeño mostró sus inquietudes musicales** she showed musical leanings from an early age; **tener inquietudes** to have an inquiring mind; **tiene inquietudes por la botánica** he's very interested in botany; **mis alumnos no tienen inquietudes de ningún tipo** my pupils aren't interested in anything

inquilinato *nm* **-1.** *(arriendo)* leasing **-2.** *(derecho)* tenancy **-3.** *RP (vivienda)* = communal dwelling where poor families each live in a single room and share a bathroom and kitchen with others

inquilino, -a ◇ *nm,f* tenant; **el ~ de 10 Downing Street** the current occupant of number 10 Downing Street
◇ *nm* BIOL inquiline

inquina *nf* antipathy, aversion; **tener ~ a** to feel aversion towards, to be averse to; **el profesor me tiene ~** the teacher seems to have something against me

inquirir [5] *vt* **-1.** *(indagar)* to inquire into, to investigate **-2.** *(preguntar)* to inquire

inquisición *nf* **-1.** *(indagación)* inquiry, investigation **-2. la Inquisición** *(tribunal)* the Inquisition

inquisidor, -ora ◇ *adj* inquisitive, inquiring
◇ *nm* inquisitor

inquisitivo, -a *adj* inquisitive

inquisitorial, inquisitorio, -a *adj* inquisitorial

INRI ['inri] *(abrev de* **Iesus Nazarenus Rex Iudaeorum**) INRI

inri *nm* EXPR *Esp Fam* **para más ~** to add insult to injury, to crown it all

insaciabilidad *nf* insatiability

insaciable *adj (apetito, curiosidad)* insatiable; *(sed)* unquenchable

insalubre *adj* insalubrious, unhealthy

insalubridad *nf* insalubrity, unhealthiness

Insalud [in'salud] *nm Esp (abrev de* **Instituto Nacional de la Salud**) *Br* ≃ NHS, *US* ≃ Medicaid

insalvable *adj (obstáculo)* insuperable, insurmountable

insania *nf Literario* insanity

insano, -a *adj* **-1.** *(no saludable)* unhealthy **-2.** *(loco)* insane

insatisfacción *nf (disgusto, descontento)* dissatisfaction

insatisfactorio, -a *adj* unsatisfactory

insatisfecho, -a *adj* **-1.** *(descontento)* dissatisfied **(de** *o* **con** with); **quedó ~ con la reparación** he was unhappy with *o* wasn't satisfied with the repair work **-2.** *(no saciado)* not full, unsatisfied; **un deseo ~** an unsatisfied desire; **quedarse ~** to be left unsatisfied, to be left (still) wanting more

inscribir ◇ *vt* **-1.** *(grabar)* to engrave, to inscribe **(en** on); **inscribieron sus nombres en el tronco** they carved their names on the tree trunk; **inscribió su nombre en el historial del torneo** he ensured that his name would go down in the history of the tournament
-2. *(apuntar)* **~ algo/a alguien (en)** to register sth/sb (on); **te he inscrito en un curso de cocina** I've enrolled you on a cookery course
-3. GEOM to inscribe
→ **inscribirse** *vpr* **-1.** *(apuntarse)* **inscribirse en** *(colegio)* to enrol in; *(curso)* to enrol on; *(asociación, partido)* to join; *(concurso)* to enter; **me inscribí en el censo electoral** I put my name on the electoral roll *o* register; **se inscribieron en la maratón** they entered (for) the marathon
-2. *(incluirse)* **esta medida se inscribe dentro de nuestra política de cooperación** this measure forms part of our policy of cooperation; **una guerra que se inscribe dentro del expansionismo romano** a war which was waged as part of the Roman policy of expansionism

inscripción *nf* **-1.** *(en colegio, curso)* registration, enrolment; *(en censo, registro)* registration; *(en concursos)* entry; **desde su ~** *(en asociación, partido)* since he joined; **abierto el plazo de ~** now enrolling, registration now open **-2.** *(de nacimiento, boda)* registration **-3.** *(escrito)* inscription

inscrito, -a, *RP* **inscripto, -a** *participio ver* **inscribir**

insecticida ◇ *adj* insecticidal
◇ *nm* insecticide

insectívoro, -a ZOOL ◇ *adj* insectivorous
◇ *nmpl* **insectívoros** *(orden)* Insectivora

insecto *nm* insect ❑ **~ palo** stick insect

inseguridad *nf* **-1.** *(falta de confianza)* insecurity **-2.** *(duda)* uncertainty **-3.** *(peligro)* lack of safety ❑ **~ ciudadana:** **ha aumentado la ~ ciudadana** there has been a rise in street crime

inseguro, -a *adj* **-1.** *(sin confianza)* insecure **-2.** *(dudoso)* uncertain **(de** about), unsure **(de** *o* about) **-3.** *(no estable)* unsafe, unstable **-4.** *(peligroso)* unsafe

inseminación *nf* insemination ❑ **~ artificial** artificial insemination

inseminar *vt* to inseminate

insensatez *nf* **-1.** *(cualidad)* foolishness, senselessness **-2.** *(acto, dicho)* **hacer una ~** to do something foolish; **decir una ~** to say something foolish

insensato, -a ◇ *adj* foolish, senseless
◇ *nm,f* foolish *o* senseless person, fool; **¡qué has hecho, ~!** what have you done, you fool *o* idiot?

insensibilidad *nf* **-1.** *(emocional)* insensitivity **-2.** *(física)* numbness

insensibilización *nf* **-1.** *(emocional)* lack of sensitivity, insensitivity **-2.** *(física)* anaesthetization; **después de la ~ de la encía** after the gum has been made numb

insensibilizar ◇ *vt* **-1.** *(emocionalmente)* to harden, to desensitize **(a** to) **-2.** *(físicamente)* to numb
→ **insensibilizarse** *vpr (emocionalmente)* to become desensitized **(a** to)

insensible *adj* **-1.** *(indiferente)* insensitive **(a** to); **es ~ a su sufrimiento** she's indifferent to his suffering **-2.** *(físicamente)* insensitive **(a** to); **es ~ al calor** he doesn't feel the heat **-3.** *(imperceptible)* imperceptible

inseparable *adj* inseparable

inseparablemente *adv* inseparably

insepulto, -a *adj Formal* unburied

inserción *nf* **-1.** *(de pieza)* insertion **-2.** *(de texto, párrafo)* insertion **-3.** *(de anuncio)* insertion, placing **-4.** *(de preso)* integration; **la ~ de los jóvenes en el mercado laboral** getting young people into work; **iniciativas de ~ laboral** employment initiatives; **la ~ social de los inmigrantes** the social inclusion of immigrants

INSERSO [in'serso] *nm Antes (abrev de* **Instituto Nacional de Servicios Sociales)** = Spanish government agency responsible for the elderly and disabled, and for citizens living, or recently returned from, abroad

insertar ◇ *vt* **-1.** *(pieza)* to insert; **~ algo en algo** to insert sth into sth **-2.** *(texto, párrafo)* to insert **-3.** *(anuncio)* to insert, to place **-4.** *(preso)* to integrate; **~ a jóvenes en el mercado laboral** to get young people into work
→ **insertarse** *vpr* **insertarse en algo** *(enmarcarse)* to form part of sth; **un libro que se inserta en el debate sobre el totalitarismo** a book which forms part of the debate on totalitarianism

inservible *adj* useless; **guarda un montón de objetos inservibles** she keeps loads of useless stuff; **esta lavadora está ~** this washing machine doesn't work

insidia *nf* **-1.** *(trampa)* trap, snare **-2.** *(mala acción)* malicious act

insidiosamente *adv* maliciously

insidioso, -a *adj* malicious

insigne *adj* distinguished, illustrious

insignia *nf* **-1.** *(distintivo)* badge; *(militar)* insignia **-2.** *(bandera)* flag, banner

insignificancia *nf* **-1.** *(cualidad)* insignificance **-2.** *(cosa, hecho)* trifle, insignificant thing

insignificante *adj* insignificant

insinceridad *nf* insincerity

insincero, -a *adj* insincere

insinuación *nf* hint, insinuation; **insinuaciones** *(amorosas)* advances; **se pasó toda la fiesta haciéndole insinuaciones** she spent the the whole party coming on to him

insinuante *adj (mirada, ropa)* suggestive; *(comentarios)* full of innuendo

insinuar [4] ◇ *vt* to hint at, to insinuate; **¿qué insinúas?** what are you suggesting *o* insinuating?; **insinuó que había sido culpa mía** she implied it had been my fault
→ **insinuarse** *vpr* **-1.** *(amorosamente)* to make advances **(a** to); **yo creo que se te está insinuando** I think he's coming on to

insípido you -2. *(notarse)* empiezan a insinuarse problemas it's beginning to look as if there might be problems; **insinuarse detrás de algo** *(asomar)* to peep out from behind sth; **empezaba a insinuarse el día** dawn was beginning to break

insípido, -a *adj* -1. *(comida)* insipid, tasteless -2. *(película, fiesta)* insipid, dull

insistencia *nf* insistence; **su ~ en venir acabó por convencerme** his insistence on coming finally persuaded me; **grité con ~ pero no me oyó** I shouted repeatedly but she didn't hear me; **ante la ~ de mis padres, acabé por invitarla** my parents insisted so much *o* were so insistent that I ended up inviting her

insistente *adj (persona)* insistent; *(preguntas)* persistent; **la ~ lluvia obligó a cancelar el concierto** the persistent rain meant that the concert had to be cancelled; **circulaban insistentes rumores sobre un golpe de estado** there were persistent rumours of a coup d'état

insistentemente *adv* insistently

insistir *vi* to insist (**en** on); **bueno, si insistes, tomaré uno** all right, if you insist, I'll have one; **tú insiste, que ya verás cómo al final abre la puerta** don't give up, she'll open the door eventually, you'll see; **insistió mucho sobre este punto** he laid great stress on this point; **no insistas, te he dicho que no** don't keep on about it, I've told you the answer is no; **no sé por qué insiste en llamarme** I don't know why he keeps on *o* persists in calling me; **insistió en la importancia del problema** he stressed the importance of the problem; **~ en que** to insist *o* maintain that; **la dirección insiste en que los empleados deben llevar corbata** the management insist on employees wearing a tie; **insistió en que él no era culpable** he insisted that he was not to blame

in situ ◇ *adj* on-the-spot; *(garantía)* on-site
◇ *adv* on the spot; *(reparar)* on site

insobornable *adj* incorruptible
insociabilidad *nf* unsociability
insociable *adj* unsociable
insolación *nf* -1. *(exposición al sol)* sunstroke; **le dio una ~, agarró** *o* **Esp cogió una ~** he got sunstroke -2. METEO sunshine
insolarse *vpr* to get sunstroke
insolencia *nf* -1. *(falta de respeto)* insolence; **respondió con ~** she replied insolently -2. *(dicho)* insolent remark; **ya estoy harto de sus insolencias** *(actos)* I'm fed up of her insolent behaviour; **ha hecho otra ~** he's been insolent again; **decir una ~** to make an insolent remark
insolentarse *vpr* to be insolent (**con** to)
insolente ◇ *adj (descarado)* insolent; *(orgulloso)* haughty
◇ *nmf* insolent person; **es un ~** he's very insolent
insolentemente *adv* insolently
insolidaridad *nf* **la ~ de una política económica** the unfairness of an economic policy; **estamos hartos de la ~ que muestra hacia los demás** we're fed up of the way she never supports anyone else
insolidario, -a ◇ *adj* **se mostraron insolidarios con los huelguistas** they didn't support the strikers; **un sistema fiscal muy ~** an unfair tax system
◇ *nm,f* **no seas un ~ y apoya a tus compañeros** don't be so selfish and support your colleagues; **es una ~, con ella no cuentes** you can't rely on her, she always looks after number one
insólito, -a *adj* very unusual
insolubilidad *nf* insolubility
insoluble *adj* -1. *(sustancia)* insoluble -2. *(problema)* insoluble, unsolvable
insolvencia *nf* insolvency
insolvente *adj* insolvent
insomne ◇ *adj* insomniac
◇ *nmf* insomniac
insomnio *nm* insomnia, sleeplessness

insondable *adj* -1. *(abismo, mar)* unfathomable, bottomless -2. *(misterio, sentimientos)* unfathomable
insonorización *nf* soundproofing
insonorizado, -a *adj* soundproof
insonorizar [14] *vt* to soundproof
insonoro, -a *adj* soundless
insoportable *adj* unbearable, intolerable; **en agosto hace un calor ~** it's unbearably hot in August
insoslayable *adj* inevitable, unavoidable
insospechable *adj* impossible to tell, unforeseeable
insospechado, -a *adj* unexpected, unforeseen
insostenible *adj* -1. *(situación)* untenable -2. *(afirmación, tesis)* untenable
inspección *nf* -1. *(examen)* inspection; *(policial)* search; **pasar una ~** to undergo an inspection ❑ **~ de calidad** quality control inspection; **~ ocular** visual inspection *o* examination; *Esp* **técnica de vehículos** = annual technical inspection for motor vehicles with an age of five years or more, *Br* ≃ MOT -2. *(lugar)* inspectorate
inspeccionar *vt* to inspect; **la policía inspeccionó la zona** the police searched the area
inspector, -ora *nm,f* inspector ❑ **~ de aduanas** customs officer; **~ de Hacienda** tax inspector; **~ de policía** police inspector; **~ de sanidad** public health inspector, sanitary inspector
inspectoría *nf* Chile police station
inspiración *nf* -1. *(artística)* inspiration; **me llegó la ~ de repente** I had a sudden flash of inspiration; **un trabajo de ~ modernista** a piece of work which draws its inspiration from modernism ❑ **~ divina** divine inspiration -2. *(respiración)* inhalation, breath
inspirado, -a *adj* inspired (**en** by); **estar ~** to be inspired
inspirador, -ora ◇ *adj* -1. *(que inspira)* inspiring -2. *(músculo)* inspiratory
◇ *nm,f* inspirer
inspirar ◇ *vt* -1. *(sentimientos, ideas)* to inspire; **me inspira mucha simpatía** I really like him; **me inspira terror** I find him frightening; **no me inspira mucha confianza** he doesn't inspire much confidence in me -2. *(artísticamente)* to inspire; **la belleza del paisaje lo inspiró a componer la sinfonía** the beauty of the landscape inspired him to compose the symphony -3. *(respirar)* to inhale, to breathe in
◇ *vi (respirar)* to inhale, to breathe in
◆ **inspirarse** *vpr* to be inspired (**en** by); **su trabajo se inspira en los clásicos** her work is inspired by the classics; **viajó al Caribe para inspirarse** he went to the Caribbean in search of inspiration
INSS (*abrev de* **Instituto Nacional de la Seguridad Social**) *Br* ≃ DWP, *US* ≃ Department of Health and Human Services
instalación *nf* -1. *(acción)* installation; *(de local, puesto)* setting up; **han anunciado la ~ de un hipermercado en las afueras de la ciudad** they have announced that a hypermarket is to be built on the outskirts of town
-2. *(aparatos)* system ❑ **~ de aire acondicionado** air-conditioning system; **~ eléctrica** wiring; **~ del gas** gas pipes; **~ sanitaria** plumbing
-3. *(lugar)* **el acto se celebró en las instalaciones de la empresa** the ceremony took place on company premises; **instalaciones deportivas** sports facilities; **instalaciones militares** military installations; **instalaciones portuarias** port facilities *o* installations; **instalaciones nucleares** nuclear installations *o* plants
instalador, -ora ◇ *adj* installing, fitting; **una empresa instaladora de cable** a cable-laying company
◇ *nm,f* fitter
◇ *nm* INFORMÁT installer

instalar ◇ *vt* -1. *(montar)* *(aparato)* to install, to fit; *(antena)* to install, to put up; *(computador)* to install; *(local, puesto)* to set up -2. *(situar)* *(objeto)* to place; *(tienda)* to pitch; *(gente)* to put; **instalaron a los refugiados en tiendas de campaña** they put the refugees up in tents -3. INFORMÁT *(programa)* to install -4. Am *(comisión)* to set up
◆ **instalarse** *vpr (establecerse)* **instalarse en** to settle (down) in; *(nueva casa)* to move into; **a falta de dormitorios, se instalaron en el salón** as there were no bedrooms, they installed themselves in the living room; *Literario* **la tristeza se instaló en su corazón** his heart was filled with sadness
instancia *nf* -1. *(solicitud)* application (form) -2. *(ruego)* request; **a instancias de** at the request *o* bidding of; **el abogado actuaba a instancias mías** the lawyer was acting on my instructions
-3. *(recurso)* **en última ~** as a last resort
-4. *(institución)* **se mueve entre las altas instancias del partido** he moves in the upper echelons of the party; **se goza del apoyo de las más altas instancias eclesiásticas** he enjoys the support of the highest authorities of the Church
-5. *Am (momento)* **en (una) primera ~, introduciremos los datos** first of all we'll input the data
instantánea *nf* snapshot, snap
instantáneamente *adv* instantaneously
instantáneo, -a *adj* -1. *(momentáneo)* momentary -2. *(rápido)* instantaneous; **provoca una reacción instantánea** it gets an immediate reaction; **el medicamento proporciona un alivio ~** the drug brings instant *o* immediate relief; **el impacto le produjo la muerte instantánea** he was killed instantly by the impact -3. *(café, sopa)* instant
instante *nm* moment, instant; **desde el ~ en que te vi, supe que estabas enfadado** I knew you were angry the moment I saw you; **en un ~** in a second; **un ~, por favor** one moment *o* just a moment, please; **a cada ~** all the time, constantly; **al ~** instantly, immediately; **por un ~ pensé que me había equivocado** for a moment I thought I'd made a mistake; **la tensión crece por instantes** the tension is increasing by the minute
instar *vt* **~ a alguien a hacer algo** *o* **a que haga algo** to urge sb to do sth
instauración *nf* establishment
instaurador, -ora *adj* **el proceso ~ de la democracia** the process of establishing democracy
instaurar *vt* to establish, to set up
insti *nm Esp Fam* (high) school
instigación *nf* **lo acusan de ~ a la violencia** he is accused of inciting violence; **por ~ de** at the instigation of
instigador, -ora ◇ *adj* instigating
◇ *nm,f* instigator
instigar [38] *vt* **~ a alguien (a hacer algo** *o* **a que haga algo)** to incite sb (to do sth); **~ a algo** to incite to sth
instilar *vt Formal (idea)* to instil; **~ algo a alguien** to instil sth in sb
instintivamente *adv* instinctively
instintivo, -a *adj* instinctive
instinto *nm* instinct; **tiene un ~ para detectar el peligro** he senses danger instinctively; **por ~** instinctively ❑ **~ de conservación** survival instinct; **~ maternal** maternal instinct; **~ de supervivencia** survival instinct
institución *nf* -1. *(organización)* institution; **la ~ monárquica** the institution of the monarchy; *Fig* **ser una ~** *(persona, establecimiento)* to be an institution ❑ **~ benéfica** charitable organization; **~ pública** public institution -2. *(de ley, sistema)* introduction; *(de organismo, premio)* establishment, setting up -3. **instituciones** *(del Estado)* institutions
institucional *adj* institutional
institucionalización *nf* institutionalization
institucionalizado, -a *adj* institutionalized

institucionalizar [14] *vt* to institutionalize

instituir [34] *vt* **-1.** *(fundar) (gobierno)* to establish; *(premio, sociedad)* to found, to establish; *(sistema, reglas)* to introduce **-2.** *(nombrar)* to appoint, to name

instituto *nm* **-1.** *(corporación)* institute ❑ **Instituto Cervantes** = organization that promotes Spain and its language in the rest of the world, *Br* ≃ British Council; **Instituto Nacional de Meteorología** = Spanish national weather forecasting agency, *Br* ≃ Met Office
-**2.** *Esp (militar)* **el ~ de la Guardia Civil** the Civil Guard, = armed Spanish police force who patrol rural areas and highways, and guard public buildings in cities and police borders and coasts
-**3.** *Esp (colegio)* high school; *Antes* **Instituto (Nacional) de Bachillerato** *o* **Enseñanza Media** = state secondary school for 14-18-year-olds, *US* ≃ Senior High School ❑ **~ de Formación Profesional** technical college
-**4.** *(salón)* **~ de belleza** beauty salon; **~ capilar** hair clinic

institutor, -ora *nm,f Col* schoolteacher

institutriz *nf* governess

instrucción *nf* **-1.** *(conocimientos)* education; **una persona con gran ~** a very well-educated person
-**2.** *(docencia)* instruction
-**3.** *(militar)* **hacer ~** to drill, to go through one's drill ❑ **~ militar** military training
-**4. instrucciones** *(órdenes)* instructions; **recibí instrucciones de no abandonar mi puesto** I received instructions not to leave my post
-**5. instrucciones** *(explicación)* instructions; **sigue las instrucciones** follow the instructions; **instrucciones (de uso)** instructions (for use)
-**6.** INFORMÁT instruction
-**7.** DER *(investigación)* preliminary investigation; *(curso del proceso)* proceedings

instructivo, -a *adj (experiencia, narración)* instructive; *(juguete, película)* educational

instructor, -ora ◇ *adj* training; **juez ~** examining magistrate
◇ *nm,f* instructor ❑ **~ de vuelo** flying instructor

instruido, -a *adj* educated; **muy ~** well educated; **está ~ en el arte de la diplomacia** he's well versed in the art of diplomacy

instruir [34] ◇ *vt* **-1.** *(enseñar)* to instruct; **la instruyó en las artes marciales** he taught her martial arts **-2.** DER to prepare; **el juez que instruye el sumario** the examining magistrate
◇ *vi* **los viajes instruyen mucho** travel really broadens the mind
◆ **instruirse** *vpr* **instruirse en algo** to teach oneself sth; **se instruyó en un colegio bilingüe** she was educated in a bilingual school

instrumentación *nf* **-1.** *(en música)* orchestration, instrumentation **-2.** *(de plan, acuerdo)* implementation **-3.** *(de vehículo)* controls

instrumentador, -ora *nm,f* **-1.** *Am (instrumentalizador)* architect, prime mover **-2.** *Arg* MED *Br* theatre nurse, *US* OR nurse

instrumental ◇ *adj* **-1.** *(composición musical)* instrumental **-2.** *(central)* **fue ~ para la consecución de la paz** it was key to the achievement of peace
◇ *nm* **-1.** *(equipamiento)* instruments ❑ **~ médico** surgical instruments **-2.** *(canción)* instrumental

instrumentalización *nf* exploitation

instrumentalizador, -ora *nm,f* architect, prime mover

instrumentalizar *vt* to use, to exploit

instrumentar *vt* **-1.** *(composición musical)* to orchestrate, to score **-2.** *(plan, acuerdo)* to implement

instrumentista *nmf* **-1.** *(músico)* instrumentalist **-2.** MED *Br* theatre nurse, *US* OR nurse

instrumento *nm* **-1.** *(musical)* instrument; **~ musical** *o* **de música** musical instrument ❑ *Méx* **~ de aliento** wind instrument; **~ de cuerda** stringed *o* string instrument; **~ de percusión** percussion instrument; **~ de viento** wind instrument
-**2.** *(herramienta)* tool, instrument ❑ **~ de medida** measuring instrument; **~ óptico** optical instrument; **~ de precisión** precision tool *o* instrument
-**3.** *(medio)* means, tool; **un ~ para estimular la demanda** a means of stimulating demand; **ella fue el ~ del gobierno** she was a tool of the government; **el canal televisivo es un ~ de propaganda de la oposición** the television channel is a propaganda tool for the opposition
-**4.** DER instrument
-**5.** *Fam (pene)* tool

instruyera *etc ver* **instruir**

instruyo *etc ver* **instruir**

insubordinación *nf* insubordination

insubordinado, -a ◇ *adj* insubordinate
◇ *nm,f* insubordinate (person), rebel

insubordinar ◇ *vt* to stir up, to incite to rebellion
◆ **insubordinarse** *vpr* to rebel

insubstancial = **insustancial**

insubstituible = **insustituible**

insuceso *nm Col, Ecuad, Méx, RP* unfortunate incident

insuficiencia *nf* **-1.** *(escasez)* lack, shortage; **el proyecto fue abandonado por ~ de medios** the project was dropped owing to a lack of resources; **fue producido por una ~ vitamínica** it was caused by a vitamin deficiency; **las insuficiencias de un tratado** the deficiencies *o* weak points of a treaty
-**2.** MED failure, insufficiency ❑ **~ cardiaca** heart failure; **~ renal** kidney failure; **~ respiratoria** respiratory failure

insuficiente ◇ *adj* insufficient
◇ *nm (nota)* fail

insuficientemente *adv* insufficiently

insuflar *vt* **-1.** *(gas, vapor)* to blow (**a** into) **-2.** *(ideas, sentimientos)* **los aficionados insuflaban ánimos a la selección** the supporters urged the team on; **me han insuflado ánimos para seguir adelante** they have given me the heart to carry on

insufrible *adj (carácter, persona)* insufferable, unbearable; *(dolor)* unbearable

ínsula *nf Literario* isle

insular ◇ *adj* insular, island; **el clima ~** the island climate
◇ *nmf* islander

insularidad *nf* insularity

insulina *nf* insulin

insulinodependiente ◇ *adj* insulin-dependent
◇ *nmf* insulin-dependent (person)

insulso, -a *adj* **-1.** *(comida)* bland, insipid **-2.** *(persona, libro)* insipid, dull

insultada *nf Andes, CAm, Méx* insult

insultante *adj* insulting, offensive

insultar *vt* to insult

insulto *nm* insult; **proferir insultos** to hurl insults; **sus declaraciones son un ~ a la inteligencia** his statements are an insult to people's intelligence

insumergible *adj* unsinkable

insumir *vt RP* **-1.** *(demorar)* to take **-2.** *(costar)* to cost

insumisión *nf* **-1.** *Esp* MIL = refusal to do military service or a civilian equivalent **-2.** *(rebeldía)* rebelliousness

insumiso, -a ◇ *adj* rebellious
◇ *nm,f* **-1.** *Esp* MIL = person who refuses to do military service or a civilian equivalent **-2.** *(rebelde)* rebel

insumo *nm Am* **-1.** COM **insumos** *(bienes)* raw materials; **un producto fabricado a partir de insumos chilenos** a product manufactured using Chilean materials **-2.** COM **insumos** *(suministros)* supplies; **van a mejorar la dotación de insumos para los hospitales** the provision of supplies to hospitals is to be improved **-3.** LING input

insuperable *adj* **-1.** *(inmejorable)* unsurpassable **-2.** *(sin solución)* insurmountable, insuperable

insurgente ◇ *adj* insurgent
◇ *nmf* insurgent

insurrección *nf* insurrection, revolt

insurreccionar ◇ *vt* to incite to insurrection
◆ **insurreccionarse** *vpr* to rebel, to revolt

insurrecto, -a ◇ *adj* insurgent, rebel
◇ *nm,f* insurgent, rebel

insustancial, insubstancial *adj* insubstantial

insustituible, insubstituible *adj* irreplaceable

intachable *adj* irreproachable

intacto, -a *adj* **-1.** *(que no ha sido tocado)* untouched **-2.** *(entero, íntegro)* intact; **el autobús quedó ~ después del accidente** the bus survived the accident intact, the bus was undamaged as a result of the accident; **el partido conserva ~ el apoyo de sus votantes** the support of the party's voters has been unaffected; **mantienen intactas sus esperanzas** their hopes are still alive

intangible *adj* intangible

integración *nf* **-1.** *(acción)* integration; **la ~ de los refugiados en la sociedad** the integration of refugees into society ❑ **~ racial** racial integration; **~ vertical** vertical integration **-2.** MAT integration

integrado, -a *adj* integrated

integrador, -ora *adj* **un proceso ~** a process of integration; **una iniciativa integradora** an initiative promoting integration

integral ◇ *adj* **-1.** *(total)* total, complete; **una educación ~** an all-round education; **contiene desnudos integrales** there are scenes of total nudity; *Fam* **es un idiota ~** he's a total *o* complete idiot
-**2.** *(esencial)* integral; **la creación de empleo es parte ~ del plan** job creation is an integral part of the plan
-**3.** *(sin refinar) (pan, harina, pasta) Br* wholemeal, *US* wholewheat; *(arroz)* brown
-**4.** *(constituyente)* integral; **ser parte ~ de algo** to be an integral part of sth
-**5.** MAT *(cálculo)* integral
◇ *nf* MAT integral

íntegramente *adv* wholly, entirely; **una casa ~ de madera** a house built entirely of wood; **el partido será televisado ~** the whole game will be televised, the game will be televised in its entirety

integrante ◇ *adj* integral, constituent; **estado ~ de la UE** member state of the EU; **ser parte ~ de algo** to be an integral part of sth
◇ *nmf* member

integrar ◇ *vt* **-1.** *(incluir)* to integrate; **han integrado un chip en el motor** the motor has a chip built into it; **integra fax y fotocopiadora en un solo aparato** it combines a fax and a photocopier in one machine; **su objetivo es ~ a los inmigrantes en la comunidad** their aim is to integrate immigrants into the community
-**2.** *(componer)* to make up; **integran la comisión expertos en el tema** the committee is made up of *o* composed of experts on the subject; **una banda integrada por siete asaltantes robó el banco** a gang of seven robbed the bank
-**3.** MAT to integrate
-**4.** *CSur (pagar)* to pay
◆ **integrarse** *vpr* **-1.** *(unirse)* to join; **integrarse en** to join; **se integraron en la ONU en 1972** they joined the UN in 1972
-**2.** *(adaptarse)* to integrate; **no llegó a integrarse con el resto de sus compañeros** he never integrated with *o* fitted in with the rest of his colleagues; **se integró rápidamente al nuevo equipo** she quickly fitted into the new team

integridad *nf* **-1.** *(moral)* integrity **-2.** *(física)* safety; **el estado del estadio ponía en peligro la ~ física de los espectadores** the condition of the stadium posed a safety risk to spectators; **van a defender la ~ territorial del país** they will defend the country's borders **-3.** *(totalidad)* wholeness; **leí la ley en su ~** I read the law in its entirety

integrismo *nm (religioso, económico)* fundamentalism; *(de terroristas no religiosos)* extremism; **el ~ islámico** Islamic fundamentalism

integrista ◇ *adj (en religión, economía)* fundamentalist; *(terroristas no religiosos)* extremist ◇ *nmf (en religión, economía)* fundamentalist; *(terrorista no religioso)* extremist

íntegro, -a *adj* **-1.** *(completo)* whole, entire; **versión íntegra** *(de libro)* unabridged edition; *(de película)* uncut version **-2.** *(honrado)* upright, honourable

intelecto *nm* intellect

intelectual ◇ *adj* intellectual ◇ *nmf* intellectual

intelectualidad *nf* intelligentsia, intellectuals

intelectualizar [14] *vt* to intellectualize

intelectualmente *adv* intellectually

intelectualoide *nmf Fam* pseudo-intellectual, *Br* pseud

inteligencia *nf* **-1.** *(entendimiento)* intelligence ❏ INFORMÁT **~ artificial** artificial intelligence **-2.** *(seres inteligentes)* intelligent life **-3.** *(espionaje)* intelligence; **servicio de ~** intelligence service **-4. la ~** *(la intelectualidad)* the intelligentsia

inteligente *adj* **-1.** *(que piensa)* intelligent **-2.** *(con mucha inteligencia)* intelligent **-3.** INFORMÁT *(sistema, edificio)* intelligent; *(tarjeta, bomba)* smart

inteligentemente *adv* intelligently

inteligibilidad *nf* intelligibility

inteligible *adj* intelligible

inteligiblemente *adv* intelligibly

intelligentsia [inteli'γensja] *nf* intelligentsia

intemperancia *nf* intemperance, immoderation

intemperie *nf* **no encontraron un sitio donde guarecerse de la ~** they couldn't find anywhere to shelter from the elements; **la lona protege la moto de la ~** the tarpaulin protects the motorbike from the effects of the weather; **a la ~** in the open air; **pasamos una noche a la ~** we spent a night out in the open; **el problema de los refugiados que viven a la ~** the problem of refugees sleeping rough; **el cadáver quedó expuesto a la ~** the body was exposed to the elements

intempestivamente *adv (visitar, proponer)* inopportunely

intempestivo, -a *adj (clima, comentario)* harsh; *(hora)* ungodly, unearthly; *(proposición, visita)* inopportune

intemporal *adj* timeless, independent of time

intemporalidad *nf* timelessness

intención *nf* intention; **su ~ es volver a presentarse al concurso** she intends to enter the competition again; **ya veo cuáles son tus intenciones** I see what you're up to now; **el prólogo del acuerdo es una declaración de intenciones** the preface to the agreement is a declaration of intent; **se agradece la ~** it was a nice thought; **tener la ~ de hacer algo** to intend to do sth; **no tengo ~ alguna de ir** I have no intention of going; **con ~** *(intencionadamente)* intentionally; **lo hizo con ~ de ayudar** he was trying to help; **los fans llegaron con ~ de causar problemas** the fans came with the intention of causing trouble; **buena/mala ~** good/bad intentions; **tener buenas/malas intenciones** to have good/bad intentions; **lo hizo sin mala ~** he didn't mean any harm; **lo dije sin ~ de ofender a nadie** it wasn't my intention to offend anyone, I didn't mean any offence; **lo dijo con segundas intenciones** he had an ulterior motive for saying it; EXPR **la ~ es lo que cuenta** it's the thought that counts; PROV **de buenas intenciones está empedrado el camino del infierno** the road to hell is paved with good intentions ❏ **~ de voto** voting intentions; **la encuesta le da el 20 por ciento de la ~ de voto** 20 percent of those interviewed in the poll said they would vote for her

intencionadamente *adv* deliberately, intentionally, on purpose

intencionado, -a *adj* intentional, deliberate; **cometió una falta de forma intencionada** he committed a deliberate foul; **bien ~** *(acción)* well-meant; *(persona)* well-meaning; **mal ~** *(acción)* ill-meant, ill-intentioned; *(persona)* malevolent

intencional *adj* intentional, deliberate

intencionalidad *nf* intent

intencionalmente *adv* intentionally

intendencia *nf* **-1.** *(administración)* management, administration **-2.** *(militar) Br* ≃ Royal Army Service Corps, *US* ≃ Quartermaster Corps **-3.** *Chile (gobernación)* regional government **-4.** *RP (corporación municipal)* town council, *US* city council **-5.** *RP (edificio)* town hall, *US* city hall

intendente *nm* **-1.** *(militar)* quartermaster **-2.** *RP (alcalde)* mayor **-3.** *Chile (gobernador)* provincial governor

intensamente *adv (con intensidad)* intensely; *(llover)* heavily; *(iluminar)* brightly; *(amar)* passionately; *(trabajar)* intensively; **me duele ~** it really hurts; **lo odio ~** I detest him, I really hate him; **vive su vida muy ~** she really lives life to the full; **el viento soplaba ~** there was a very strong wind

intensidad *nf* **-1.** *(fuerza)* intensity; *(de dolor)* intensity, acuteness; *(de lluvia)* heaviness; *(de viento)* strength; *(de luz, color)* brightness; *(de amor, odio)* strength; *(de vivencia)* intensity; **de poca ~** *(luz)* dim, weak; **llovía con poca ~** light rain was falling ❏ **~ luminosa** luminous intensity **-2.** ELEC intensity

intensificación *nf* intensification

intensificador, -ora *adj* intensifying

intensificar [59] ◇ *vt* to intensify
◆ **intensificarse** *vpr* to intensify; **el viento se intensificó** the wind stiffened *o* got stronger

intensivamente *adv* intensively

intensivista *nmf* intensive care specialist

intensivo, -a *adj* intensive; **curso ~** intensive course

intenso, -a *adj (mirada, calor)* intense; *(dolor)* intense, acute; *(lluvia)* heavy; *(viento)* strong; *(luz, color)* bright; *(amor, odio)* passionate; *(vivencia)* intense, powerful; **poco ~** *(lluvia)* light; *(luz)* dim, weak

intentar *vt* **~ (hacer algo)** to try (to do sth); **¡inténtalo!** have a try *o* go!; **¡ni lo intentes!** *(advertencia)* don't even try it!; **intentarán finalizar el trabajo antes del fin de semana** they will try to finish the work before the weekend; **intenta ser más discreto** try to be more discreet; **la próxima vez, intenta que no se te caiga** try not to drop it next time; **intenté que cambiara de opinión pero no hubo manera** I tried to get her to change her mind but she wasn't having any of it; EXPR **no se pierde nada por intentarlo, por intentarlo que no quede** there's no harm in trying

intento *nm (tentativa)* attempt; *(intención)* intention; **aprobó el examen en el segundo ~** he passed the exam at the second attempt; **lo conseguiré aunque muera en el ~** I'll do it if it kills me; **~ de golpe de Estado** attempted coup; **~ de robo** attempted robbery; **~ de suicidio** suicide attempt

intentona *nf* POL **~ (golpista)** attempted coup

inter- *pref* inter-

interacción *nf* interaction

interaccionar *vi* to interact

interactividad *nf* interactivity

interactivo, -a *adj* interactive

interactuar *vi* to interact

interamericano, -a *adj* inter-American

interandino, -a *adj* inter-Andean

interanual *adj* year-on-year

interbancario, -a *adj* interbank; **mercado ~** interbank market

intercalación *nf* insertion

intercalar *vt* to insert, to put in; **intercala los banderines rojos con los verdes** alternate red flags with green ones; **intercaló canciones de su nuevo disco con clásicos** she interspersed songs from her new album with old favourites; **intercaló varios chistes en el discurso** she interspersed her speech with a number of jokes; **intercaló la postal entre las demás** he inserted *o* put the postcard between the others

intercambiable *adj* interchangeable

intercambiador *nm* **-1.** *Esp (de transporte)* = station where passengers can change to various other means of transport **-2. ~ (de calor)** heat exchanger

intercambiar *vt (objetos, ideas)* to exchange; *(lugares, posiciones)* to change, to swap; *(cromos)* to swap; **los dos presidentes intercambiaron saludos** the two presidents exchanged greetings *o* greeted each other; **los jugadores se intercambiaron las camisetas** the players swapped shirts

intercambio *nm (de objetos, ideas)* exchange; *(de cromos)* swap; **se ha producido un ~ de lugares en la clasificación** the two teams have swapped places in the table; **la discusión acabó con un ~ de puñetazos** the argument ended with them trading punches; **un alumno de ~** an exchange student; **hizo ~ con una chica canadiense** she did an exchange with a Canadian girl ❏ **~ comercial** trade; **~ cultural** cultural exchange; FIN **~ de la deuda** debt swap; **~ de golpes** *(en tenis)* rally; **~ de ideas** exchange of ideas; **~ de parejas** swinging

interceder *vi* **~ (por alguien)** to intercede (on sb's behalf); **mi hermano intercedió ante mi novia para que me perdonara** my brother talked to my girlfriend to try to persuade her to forgive me

intercelular *adj* BIOL intercellular

intercentros *adj inv* IND **comité ~** central works committee

interceptación *nf* **-1.** *(detención)* interception **-2.** *(de teléfono)* tapping **-3.** *(obstrucción)* blockage **-4.** DEP *(de pase)* interception

interceptar *vt* **-1.** *(detener)* to intercept; **el mensaje fue interceptado por el servicio secreto** the message was intercepted by the secret service; **la policía interceptó un alijo de cocaína** the police intercepted a shipment of cocaine **-2.** *(teléfono)* to tap **-3.** *(obstruir)* to block; **un tronco intercepta el camino** a fallen tree is blocking the road **-4.** DEP *(pase)* to intercept

interceptor, -ora ◇ *adj* intercepting ◇ *nm* interceptor

intercesión *nf* intercession

intercesor, -ora ◇ *adj* interceding ◇ *nm,f* interceder, intercessor

intercity *nm* intercity train

interclasista *adj* **un fenómeno ~** a phenomenon that crosses class boundaries

intercomunicación *nf* intercommunication

intercomunicador *nm* intercom

intercomunicar *vt* to link, to connect

interconexión *nf* interconnection

interconfesional *adj* interdenominational

intercontinental *adj* intercontinental

intercostal *adj* intercostal

intercultural *adj* intercultural

interdental *adj* LING interdental

interdepartamental *adj* interdepartmental

interdependencia *nf* interdependence

interdependiente *adj* interdependent

interdicción *nf* interdiction

interdicto *nm* DER interdict

interdigital *adj (membrana)* interdigital

interdisciplinar, interdisciplinario, -a *adj* interdisciplinary

interés *(pl* **intereses)** *nm* **-1.** *(utilidad, valor)* interest; **de ~** interesting; **un descubrimiento de gran ~ para los enfermos de sida** a discovery of great significance to people with AIDS; **una construcción de ~ histórico** a building of historical interest

interesadamente

-2. *(curiosidad)* interest; **un tema de ~ común** a subject of interest to everyone; **el hallazgo ha despertado el ~ de los científicos** the discovery has aroused scientists' interest; **tener ~ en** *o* **por** to be interested in; **tengo ~ por recorrer el centro de la ciudad** I'm interested in doing a tour of the town centre; **sigo con ~ la polémica** I'm following the debate with interest
-3. *(esfuerzo)* interest; **trabajó con mucho ~ en el proyecto** she was an enthusiastic worker on the project; **poner ~ en algo** to take a real interest in sth; **tienes que poner más ~ en los estudios** you must show a bit more interest in your schoolwork
-4. *(conveniencia, provecho)* interest; **una obra de ~ general** *o* **público** a construction project that is in everyone's *o* the public interest; **hacer algo por el ~ de alguien, hacer algo en ~ de alguien** to do sth in sb's interest; **tengo ~ en que venga pronto** it's in my interest that he should come soon; **a todos nos mueve un ~ común** we are all motivated by a common interest
-5. *(egoísmo)* self-interest, selfishness; **por ~** out of selfishness; **casarse por (el) ~** to marry for money ❏ **intereses creados** vested interests
-6. **intereses** *(aficiones)* interests; **entre sus intereses se cuentan el golf y la vela** his interests include golf and sailing
-7. **intereses** *(económicos)* interests; **los intereses españoles en Latinoamérica** Spanish interests in Latin America; **tiene intereses en una empresa del sector** he has interests *o* a stake in a company in that sector; **su hermana administra sus intereses** her sister looks after her financial interests
-8. FIN interest; **un préstamo con un ~ del 5 por ciento** a loan at 5 percent interest; **~ a corto/largo plazo** short-term/long-term interest; **tipo** *o* **tasa de ~** interest rate ❏ **~ acumulable** cumulative interest; **~ compuesto** compound interest; **intereses de demora** penalty interest *(for late payment)*; **~ devengado** accrued interest; **~ interbancario** interbank deposit rate; **~ de mora** penalty interest *(for late payment)*; **~ preferencial** preferential interest rate; **~ simple** simple interest; **intereses vencidos** interest due

interesadamente *adv* selfishly; **ofreció su ayuda ~** he offered to help because he knew there was something in it for him

interesado, -a ◇ *adj* -1. *(preocupado, curioso)* interested (**en** *o* **por** in); **estoy muy ~ en la evolución del conflicto** I am very interested in the development of the conflict; **está ~ en comprar una casa** he's interested in buying a house; **estaría ~ en recibir más información sobre el festival** I would be interested in receiving more information about the festival
-2. *(egoísta)* selfish, self-interested; **actuó de forma interesada** she acted selfishly *o* out of self-interest
-3. *(implicado)* **las partes interesadas** the interested parties; **deben presentar la firma de la persona interesada** the signature of the person concerned is required
◇ *nm,f* -1. *(deseoso, curioso)* interested person; **los interesados** those interested; **una cita para los interesados en el cine** a date for movie fans; **yo soy el primer ~ en que lleguemos a un acuerdo** I'm as keen as anyone for us to reach an agreement
-2. *(egoísta)* selfish *o* self-interested person; **es un ~** he's a very selfish person, he always acts out of self-interest
-3. *(involucrado)* person concerned; **los interesados** the parties concerned, those involved

interesante *adj* interesting; EXPR *Fam* **hacerse el/la ~** to try to draw attention to oneself

interesar ◇ *vi* -1. *(atraer el interés)* to interest; **le interesa el arte** she's interested in art; **me interesaría conocerla** I'd like to meet her; **por si te interesa** in case you're interested; **este asunto nos interesa a todos** this matter concerns us all; **es un tema que no interesa** it's a subject of little interest; **a quien pueda ~** *(en carta)* to whom it may concern
-2. *(convenir)* **no les interesa que baje el precio** it wouldn't be to their advantage for the price to come down; **siempre hace lo que más le interesa** he always does whatever suits his interests best; **sólo le interesa acostarse con ella** all he's interested in is going to bed with her
◇ *vt* -1. *(despertar interés)* to interest; **lo interesé en mi proyecto** I got him interested in my project -2. MED **la bala interesó el riñón** the bullet damaged his kidney

● **interesarse** *vpr* to take an interest, to be interested (**en** *o* **por** in); **se interesó por ti/tu salud** she asked after you/your health; **se han interesado mucho por el prototipo** they have shown a lot of interest in the prototype

interestatal *adj* interstate
interestelar *adj* interstellar
interétnico, -a *adj* interethnic
interfaz, interface *nm o nf* INFORMÁT interface ❏ **~ común de pasarela** common gateway interface; **~ gráfico** graphical interface; **~ de usuario** user interface
interfecto, -a *nm,f* -1. *(víctima)* murder victim -2. *Esp Hum (de quien se habla)* **hice un comentario pero el ~ no se dio por aludido** I made a remark, but the person for whom it was intended didn't take the hint
interferencia *nf* -1. RAD & TEL interference; *(intencional)* jamming; **hay interferencias en la televisión** there's interference on the television -2. *(intromisión)* interference; **no voy a permitir interferencias políticas** I'm not going to allow any political interference -3. LING interference
interferir [62] ◇ *vt* -1. RAD & TEL to interfere with; *(intencionadamente)* to jam -2. *(interponerse a)* to interfere in -3. *(interceptar)* *(tráfico)* to obstruct; *(pase)* to intercept, to block
◇ *vi* to interfere (**en** in); **no quiero ~ en su vida privada** I don't want to interfere in his private life
interferón *nm* FISIOL interferon
interfijo *nm* GRAM infix
interfono *nm* intercom
intergaláctico, -a *adj* intergalactic
interglacial, interglaciar *adj* GEOL interglacial; **periodo ~** interglacial stage
intergubernamental *adj* intergovernmental
ínterin *nm inv Formal* interim; **en el ~ ocupó la presidencia el secretario** the secretary took over the chair in the interim; **ella entró al museo y en el ~ paseé por la ciudad** she went into the museum and in the meantime I went for a walk round the town
interinamente *adv* temporarily, provisionally
interinato *nm esp Am* -1. *(interinidad)* temporary nature; **el ~ de su cargo no le permite tomar muchas decisiones** the temporary nature of her post doesn't allow her to make many decisions -2. *(empleo interino)* temporary post -3. *(periodo)* **durante su ~ en la presidencia** during the time that he was acting chairman
interinidad *nf* -1. *(cualidad)* temporary nature -2. *(periodo)* **durante su ~ en la presidencia** during the time that he was acting chairman
interino, -a ◇ *adj (provisional)* temporary; *(presidente, director)* acting; *(gobierno)* interim; **un médico ~** a locum; **un juez ~** an interim judge
◇ *nm,f (suplente)* stand-in, deputy; *(médico, juez)* locum; *(profesor) Br* supply teacher, *US* substitute teacher
interior ◇ *adj* -1. *(de dentro)* inside, inner; *(patio, jardín)* interior, inside; *(habitación, vida)* inner; **ropa ~, prendas interiores** underwear; **adelantó por la calle ~** he overtook on the inside
-2. *(nacional)* domestic; **comercio ~** domestic trade; **un asunto de política ~** it is a domestic (policy) issue
-3. GEOG inland
◇ *nm* -1. *(parte de dentro)* inside, interior; **desalojaron el ~ del edificio** they evacuated the (inside of the) building; **pintaron el ~ de la habitación** they painted the room; **en el ~ del hotel se agolpaban las admiradoras** his admirers formed a crowd inside the hotel; **en el ~ de la botella había un mensaje** there was a message inside the bottle
-2. *(de país)* interior, inland area
-3. *(de una persona)* inner self, heart; **en mi ~** deep down
-4. *Col, Ven (calzoncillos)* underpants
◇ *nmf* DEP *(jugador)* central midfielder ❏ **~ izquierdo** inside left; **~ derecho** inside right
interioridad *nf (carácter)* inner self; **interioridades** *(asuntos)* private affairs; **conoce todas las interioridades del ministerio** he knows everything that goes on inside the ministry
interiorismo *nm* interior design
interiorista *nmf* interior designer
interiorización *nf (de sentimientos, ideas)* internalization
interiorizado, -a *adj CSur* **estar ~ de** *o* **sobre algo** to be au fait with sth, to know about sth
interiorizar [14] ◇ *vt* -1. *(asumir, consolidar)* to internalize -2. *(no manifestar)* **interioriza sus emociones** he doesn't show his emotions; **su problema es que todo lo que le pasa lo interioriza** her problem is that she keeps everything bottled up inside -3. *CSur (informar)* to fill in; **~ a alguien de algo** to fill sb in on sth

● **interiorizarse** *vpr CSur (informarse)* to familiarize oneself; **me interioricé de** *o* **sobre el tema** I familiarized myself with the subject
interiormente *adv* -1. *(en el interior)* inside; **la caja está revestida ~** the box is lined on the inside, the inside of the box is lined -2. *(en la mente, el corazón)* inwardly, inside; **~ sentía mucha rabia** inwardly she felt very angry, she felt very angry inside
interjección *nf* interjection
interjectivo, -a *adj* GRAM interjectional, interjectory
interlengua *nf* LING interlanguage
interletraje *nm* INFORMÁT kern, kerning
interlínea *nf* IMPRENTA *(interlineado)* line spacing
interlineado *nm* line spacing
interlineal *adj* interlinear
interlock [inter'lok] *(pl* **interlocks)** *nm* interlock
interlocución *nf* dialogue
interlocutor, -ora *nm,f (en negociación, debate)* participant; **su ~** the person she was speaking to; **un ~ válido en las negociaciones de paz** an acceptable mediator in the peace negotiations ❏ **interlocutores sociales** social partners
interludio *nm* -1. *(intermedio)* interlude -2. MÚS interlude
intermediación *nf* -1. *(en conflicto)* intervention, mediation; **por ~ de** through the intervention *o* mediation of -2. FIN intermediation
intermediar *vi* to mediate
intermediaria *nf Ven (en cine)* mid-evening showing; *(en teatro)* mid-evening performance
intermediario, -a ◇ *adj* intermediary
◇ *nm,f* intermediary, go-between ❏ COM **~ comercial** middleman; FIN **~ financiero** credit broker
intermedio, -a ◇ *adj* -1. *(etapa, nivel)* intermediate, halfway; *(calidad)* average; *(tamaño)* medium -2. *(tiempo)* intervening; *(espacio)* in between; **se halla en un punto ~ entre la comedia y la tragedia** it's somewhere between a comedy and a tragedy; DEP **tiempo ~** split time

interminable

◇ *nm* **-1.** *(en actividad)* interval; **vamos a hacer un ~ de diez minutos** we'll have o take a ten-minute break **-2.** *(en teatro)* interval; *(en cine)* intermission; *(en televisión)* break

◆ **por intermedio de** *loc prep* through; **la enfermedad se transmite por ~ de animales** the disease is transmitted through o by animals; **se estuvieron insultando por ~ de la prensa** they insulted each other through the press

interminable *adj* endless, interminable; **este viaje se me está haciendo ~** it feels like this journey's never going to end

interminablemente *adv* endlessly

interministerial *adj (entre ministerios)* interdepartmental; *(entre ministros)* interministerial; **comisión ~** interdepartmental committee

intermisión *nf* intermission

intermitencia *nf* intermittence, intermittency

intermitente ◇ *adj* **-1.** *(lluvia, ruido)* intermittent; *(luz)* flashing **-2.** *(fenómeno)* sporadic

◇ *nm Esp, Col Br* indicator, *US* turn signal; **poner el ~** to switch on one's *Br* indicator o *US* turn signal

intermitentemente *adv* intermittently

Intermón *n =* Spanish non-governmental development aid organization

internación *nf CSur* admission

internacional ◇ *adj* **-1.** *(de las naciones)* international **-2.** *(aeropuerto, vuelo)* international **-3.** *(mercado, noticias)* international **-4.** *(deportista)* international; **fue diez veces ~ por México** he was capped ten times for Mexico

◇ *nmf (deportista)* international

◇ *nf* **-1. la Internacional** *(himno)* the International **-2. la Internacional** *(organización)* the International; **la I/II Internacional** the First/Second International ❑ **la Internacional Socialista** the Socialist International

internacionalidad *nf* internationality

internacionalismo *nm* internationalism

internacionalista ◇ *adj* internationalist

◇ *nmf* internationalist

internacionalización *nf* internationalization

internacionalizar [14] ◇ *vt* to internationalize

◆ **internacionalizarse** *vpr* to become international; **quieren evitar que el conflicto se internacionalice** they want to prevent the conflict from spreading internationally

internacionalmente *adv* internationally, worldwide

internada *nf DEP* run

internado, -a ◇ *nm* **-1.** *(colegio)* boarding school **-2.** *(estancia) (en manicomio)* confinement; *(en colegio)* boarding **-3.** *Am (del médico)* internship

◇ *nm,f RP* patient

internamente *adv* internally

internamiento *nm (en manicomio)* confinement; *(en colegio)* boarding; *(en campo de concentración)* internment

internar ◇ *vt (en colegio)* to send to boarding school (**en** at); *(en manicomio)* to commit (**en** to); *(en campo de concentración)* to intern (**en** in); *RP (en hospital)* to admit (**en** to); **la internaron en un colegio muy prestigioso** they sent her to a very prestigious boarding school

◆ **internarse** *vpr* **-1.** *(penetrar) (en lugar)* to go o penetrate deep (**en** into); **se internaron en el bosque** they went (deep) into the forest; **el delantero se internó por la banda** the forward made a run down the wing

-2. *(penetrar) (en tema)* **desde muy joven se internó en el mundo de los templarios** he had a deep interest in the world of the Templars from an early age

-3. *RP (en hospital)* **hoy se interna y mañana lo operan** he is being admitted (to hospital) today and they're operating tomorrow

internauta *nmf* INFORMÁT Net user

Internet *nf* INFORMÁT Internet; **está en ~** it's on the Internet

internista ◇ *adj* internist

◇ *nmf* internist

interno, -a ◇ *adj* **-1.** *(de dentro)* internal; *(capa)* inner; **pinta la parte interna del cajón** paint the inside of the box; **escucha voces internas** she hears voices

-2. *(política)* domestic; **la política interna de un país** a country's domestic policy

-3. *(medicina)* internal

-4. *(hemorragia)* **ha sufrido una hemorragia interna** she has suffered internal bleeding

-5. *(alumno)* boarding; **estuvo ~ en Suiza** he went to a boarding school in Switzerland

-6. médico ~ *Br* house officer, *US* intern

◇ *nm,f* **-1.** *(alumno)* boarder **-2.** *(preso)* prisoner, inmate **-3.** *(médico) Br* house officer, *US* intern

◇ *nm RP (extensión)* (telephone) extension; **~ 28, por favor** extension 28, please

inter nos *loc adv* between ourselves, between you and me; **aquí, ~, creo que no te puedes quejar** between you and me, I don't think you've got anything to complain about here

interoceánico, -a *adj* interoceanic

interóseo, -a *adj* ANAT interosseous

interparlamentario, -a *adj* interparliamentary

interpelación *nf* formal question

interpelar *vt* to question

interpersonal *adj* interpersonal

interplanetario, -a *adj* interplanetary

Interpol [inter'pol] *nf (abrev de* **International Criminal Police Organization)** Interpol

interpolación *nf (en texto)* interpolation, insertion

interpolar *vt (texto)* to interpolate, to insert

interponer [50] ◇ *vt* **-1.** *(entre dos cosas)* to put o place *(between two things)*, to interpose; **interpusieron un biombo entre nuestra mesa y la suya** they put a screen between our table and theirs **-2.** DER to lodge, to make; **interpuso un recurso contra la orden de arresto** he lodged o made an appeal against the arrest warrant, he appealed against the arrest warrant

◆ **interponerse** *vpr* **interponerse entre** *(estar)* to be placed o situated between; *(ponerse)* to come o get between; **se interponía una barrera entre ellos** there was a barrier between them; **interponerse entre dos contendientes** to intervene between two opponents; **la enfermedad se interpuso en su carrera** the illness interrupted her career; **no piensa dejar que nadie se interponga en su camino** she's not going to let anyone get in her way

interposición *nf* **-1.** *(entre dos contendientes)* mediation; **la ~ del panel evita que llegue el ruido** the panel serves as a barrier against noise **-2.** DER lodging *(of an appeal)*

interpretable *adj* interpretable

interpretación *nf* **-1.** *(de ideas, significado)* interpretation; **mala ~** misinterpretation; **~ judicial** legal interpretation; **~ literal/restrictiva** literal/limited interpretation

-2. *(artística)* performance, interpretation; *(de obra musical)* performance, rendition; **estudia ~ teatral** she's studying acting; **su ~ de la quinta sinfonía fue emocionante** their performance of the fifth symphony was thrilling

-3. *(traducción)* interpreting ❑ **~ consecutiva** consecutive interpreting; **~ simultánea** simultaneous interpreting

interpretador, -ora ◇ *adj* interpreting

◇ *nm* INFORMÁT interpreter

interpretar ◇ *vt* **-1.** *(entender, explicar)* to interpret; **~ mal** to misinterpret; **interpretamos sus palabras como una amenaza** we are interpreting o taking his words as a threat **-2.** *(artísticamente) (obra de teatro, sinfonía)* to perform; *(papel)* to play; *(canción)* to sing **-3.** *(traducir)* to interpret

◇ *vi (traducir)* to interpret; **~ del español al inglés** to interpret from Spanish into English

interpretativo, -a *adj* **-1.** *(de la interpretación artística)* **tiene mucha capacidad interpretativa para los papeles cómicos** he's very good in comic roles; **el pianista tiene un gran estilo ~** he's a very stylish pianist **-2.** *(del significado)* interpretative

intérprete ◇ *nmf* **-1.** *(traductor)* interpreter ❑ **~ jurado** = interpreter qualified to work in court; **~ simultáneo** simultaneous interpreter **-2.** *(artista)* performer **-3.** *(comentarista)* commentator

◇ *nm* INFORMÁT interpreter

interprofesional *adj* industry-wide; **una asociación ~** an industry-wide association; **el salario mínimo ~** the minimum wage

interpuesto, -a *participio ver* **interponer**

interracial *adj* interracial

Inter-Rail, Inter-Raíl *nm* Inter-Rail

interregno *nm Formal* interregnum

interrelación *nf* interrelation

interrelacionar ◇ *vt* to interrelate

◆ **interrelacionarse** *vpr* to be interrelated

interrogación *nf* **-1.** *(signo)* question mark **-2.** *(pregunta)* question **-3.** *(interrogatorio)* interrogation

interrogador, -ora ◇ *adj* questioning

◇ *nm,f (que interroga)* questioner; *(con amenazas)* interrogator

interrogante *nm* o *nf* **-1.** *(incógnita)* question **-2.** *(signo de interrogación)* question mark

interrogar [38] *vt (preguntar)* to question; *(con amenazas)* to interrogate

interrogativo, -a *adj* interrogative

interrogatorio *nm (preguntas)* questioning; *(con amenazas)* interrogation; **someter a alguien a un ~** *(con preguntas)* to question sb; *(con amenazas)* to interrogate sb

interrumpir ◇ *vt* **-1.** *(conversación, frase)* to interrupt; **¿interrumpo algo importante?** am I interrupting anything important?

-2. *(servicio)* to suspend; **el servicio de metro quedó interrumpido durante dos horas** *Br* underground o *US* subway services were suspended for two hours

-3. *(acortar) (viaje, vacaciones)* to cut short; **interrumpió sus vacaciones el día 8** he ended his holiday early on the 8th

-4. *(circulación)* to block; **un árbol caído interrumpía el paso** a fallen tree was blocking the way

-5. *(embarazo)* to terminate

◇ *vi* to interrupt; **espero no ~** I hope I'm not interrupting

◆ **interrumpirse** *vpr* to be interrupted; *(tráfico)* to be blocked; **se interrumpió para beber agua** she paused to take a drink of water

interrupción *nf* **-1.** *(corte, parada)* interruption ❑ **~ (voluntaria) del embarazo** termination of pregnancy **-2.** *(de discurso, trabajo)* breaking-off; *(de viaje, vacaciones)* cutting short **-3.** *(de circulación)* blocking

interruptor *nm* switch ❑ **~ de corriente** power switch; ELEC **~ de cuchilla** knife switch; **~ general** mains switch; **~ de la luz** light switch; **~ de pie** foot switch

intersecarse *vpr* GEOM to intersect

intersección *nf* intersection; **la ~ entre dos calles** the intersection of two streets; **gire a la izquierda en la próxima ~** turn left at the next junction o *US* intersection ❑ MAT **~ de conjuntos** intersection of sets

intersideral *adj* interstellar

intersticio *nm Formal* crack, gap

intertanto *Am* ◇ *adv* meanwhile, in the meantime

◇ *nm* **en el ~** meanwhile, in the meantime

interurbano, -a *adj (autobús, llamada)* long-distance; *(tren)* inter-city

intervalo *nm* **-1.** *(entre lugares)* interval; **distribuyeron las mesas a intervalos regulares** they spaced the tables at regular intervals

intervención -2. *(en el tiempo)* interval; **a intervalos** at intervals; **en el ~ de un mes** in the space of a month; **intervalos nubosos/soleados** cloudy/sunny intervals o spells
-3. *(entre números, valores)* range; **en este ~ de temperatura** in this temperature range
-4. MÚS interval
-5. *(en representación)* Br interval, esp US intermission

intervención nf -1. *(acción, participación)* intervention; **la pelea fue controlada gracias a la rápida ~ de la policía** the fight was brought under control thanks to the rapid intervention of the police; **no ~** non-intervention; **~ televisiva** television appearance -2. *(discurso)* speech; *(pregunta)* question; *(comentario)* remark, comment
-3. *(operación)* ~ **(quirúrgica)** operation
-4. COM *(de cuentas)* auditing
-5. *(vigilancia) (de teléfono, línea)* tapping; **el juez ordenó la ~ de su correspondencia** the judge ordered her correspondence to be opened (by the authorities)
-6. *(incautación)* seizure, confiscation

intervencionismo nm interventionism
intervencionista ◇ adj interventionist
◇ nmf interventionist

intervenir [69] ◇ vt -1. *(operar)* ~ **(quirúrgicamente)** to operate on -2. COM *(cuentas)* to audit -3. *(teléfono, línea)* to tap; *(correspondencia)* to open -4. *(incautarse de)* to seize -5. Am *(institución privada)* to put into administration
◇ vi -1. *(participar)* to take part (**en** in); *(en pelea, discusión)* to get involved (**en** in); **intervino en varias películas cómicas** she appeared in several comedy films; **en la evolución de la economía intervienen muchos factores** several different factors play a part in the state of the economy; **después del presidente intervino el Sr. Ramírez** Mr Ramirez spoke after the president; **yo quisiera ~ para decir que no estamos de acuerdo con la propuesta** I would just like to say something: we do not agree with the proposal; **¿alguien más quisiera ~ sobre esta cuestión?** would anyone else like so say something on this issue?
-2. *(interferir, imponer el orden)* to intervene (**en** in); **la policía tuvo que ~ para separar a las dos aficiones** the police had to intervene to separate the two groups of fans
-3. *(mediar)* to intervene, to intercede; **su padre intervino ante su madre para que lo dejara salir** his father spoke to his mother to persuade her to let him go out; **la ONU intervino para lograr un acuerdo** the UN intervened o interceded in order to get an agreement
-4. *(operar)* ~ **(quirúrgicamente)** to operate

interventor, -ora nm,f -1. COM *(de cuentas)* auditor -2. *(de tren)* ticket collector -3. *(en elecciones)* scrutineer -4. Am *(administrador)* administrator *(appointed by the government)*

intervertebral adj ANAT intervertebral
interviú *(pl* **interviús)** nf interview
intervocálico, -a adj intervocalic
intestado, -a DER ◇ adj intestate; **morir ~** to die intestate
◇ nm,f intestate

intestinal adj intestinal
intestino, -a ◇ adj internecine
◇ nm intestine ❑ **~ ciego** caecum; **~ delgado** small intestine; **~ grueso** large intestine

Inti n MITOL Inti *(Incan sun god)*
inti nm Antes inti *(former unit of currency in Peru)*
intifada nf intifada
íntimamente adv -1. *(privadamente)* privately -2. *(a solas)* in private -3. *(a fondo)* intimately; **dos fenómenos ~ relacionados** o **ligados** two phenomena which are intimately o closely connected (with each other)

intimar vi to get close (**con** to); **intimé con ella cuando íbamos a la universidad** I got close to her when we were at university; **no es fácil ~ con él** it's not easy to get close to him

intimatorio, -a adj DER notifying
intimidación nf intimidation; **robo con ~** aggravated robbery
intimidad nf -1. *(vida privada)* private life; **en la ~** in private; **violar la ~ de alguien** to invade sb's privacy -2. *(privacidad)* privacy; **en la ~ de** in the privacy of -3. *(amistad)* intimacy -4. **intimidades** *(asuntos privados)* personal matters -5. Fam Euf **intimidades** *(partes pudendas)* privates, private parts
intimidante adj intimidating
intimidar vt to intimidate; **es de un serio que intimida** it's frightening how serious she is; **nos intimidó con un cuchillo** he threatened us with a knife
intimidatorio, -a adj intimidating, threatening
intimismo nm intimisme
intimista adj **pintor ~** painter of domestic scenes; **novela ~** novel of family life
íntimo, -a ◇ adj -1. *(vida, fiesta, ceremonia)* private; *(ambiente, restaurante)* intimate; **una cena íntima** a romantic dinner for two; **la higiene íntima** personal hygiene
-2. *(relación)* close; **existe una íntima relación entre los dos crímenes** the two crimes are closely connected
-3. *(amistad)* close
-4. *(sentimiento)* **me contó sus pensamientos más íntimos** she told me her innermost thoughts; **en lo (más) ~ de su corazón/alma** deep down in her heart/soul
◇ nm,f close friend

intitular vt Formal to entitle
intocable ◇ adj -1. *(persona, institución)* above criticism -2. *(tema)* taboo
◇ nmfpl **intocables** *(en India)* untouchables

intolerable adj -1. *(inaceptable, indignante)* intolerable, unacceptable -2. *(dolor, ruido)* unbearable
intolerancia nf -1. *(intransigencia)* intolerance -2. MED intolerance; **tener ~ a algo** to be allergic to sth
intolerante ◇ adj intolerant
◇ nmf intolerant person; **es un ~** he's very intolerant
intonso, -a adj -1. Literario *(persona)* unshorn -2. IMPRENTA *(libro)* untrimmed
intoxicación nf *(médica)* poisoning; **sufrió una ~ alimentaria** he had a bout of food poisoning; **una ~ por monóxido de carbono** carbon monoxide poisoning ❑ **~ etílica** MED alcohol poisoning; *(borrachera)* drunkenness -2. *(manipulación)* **la ~ informativa orquestada por el régimen** the regime's manipulation of the media
intoxicar [59] ◇ vt -1. *(médicamente)* to poison -2. *(manipular)* **nos intoxican con tanta publicidad** we are being manipulated by all this advertising; **intoxican a la opinión pública con sus informes** their reports manipulate public opinion
◆ **intoxicarse** vpr to poison oneself

intra- pref intra-
intracomunitario, -a adj within the EU; **ventas intracomunitarias** internal EU sales, sales within the EU
intradós nm ARQUIT intrados
intraducible adj untranslatable
intragable adj Fam *(película, libro)* unbearable, awful
intramuros adv within the city walls
intramuscular adj intramuscular
intranet nf INFORMÁT intranet
intranquilidad nf -1. *(preocupación)* unease, anxiety -2. *(nerviosismo)* restlessness
intranquilizar [14] ◇ vt to worry, to make uneasy
◆ **intranquilizarse** vpr to get worried
intranquilo, -a adj -1. *(preocupado)* worried, uneasy; **me quedé muy ~ por sus amenazas** his threats made me very uneasy o worried me -2. *(nervioso)* restless
intranscendencia = intrascendencia
intranscendente = intrascendente
intransferible adj non-transferable, untransferable

intransigencia nf intransigence
intransigente adj intransigent
intransitable adj impassable
intransitividad nf intransitivity
intransitivo, -a adj intransitive
intraocular adj ANAT intraocular
intrascendencia, intranscendencia nf insignificance, unimportance
intrascendente, intranscendente adj insignificant, unimportant
intratable adj unsociable, difficult to get on with; **hoy estás ~** there's no talking to you today
intrauterino, -a adj intrauterine
intravenosamente adv intravenously
intravenoso, -a adj intravenous
intrepidez nf daring, bravery
intrépido, -a adj intrepid
intriga nf -1. *(suspense)* suspense; **película/novela de ~** thriller; **la ~ se mantiene hasta el final** the suspense is maintained right to the end -2. *(curiosidad)* curiosity; **tengo ~ por saber el resultado** I'm curious to know the result; **¡qué ~! ¿qué habrá pasado?** how intriguing! what can have happened?
-3. *(maquinación)* intrigue; **intrigas palaciegas** court o palace intrigues -4. *(trama)* plot
intrigado, -a adj intrigued
intrigante ◇ adj intriguing
◇ nmf *(maquinador)* schemer; *(chismoso)* stirrer
intrigar [38] ◇ vt to intrigue; **me intriga saber qué habrá pasado** I'm intrigued to know what has happened
◇ vi to intrigue
intrincado, -a adj -1. *(bosque)* thick, dense -2. *(complejo) (problema)* intricate; **se perdió por las intrincadas callejuelas de la ciudad** she disappeared into the city's maze of sidestreets; **la intrincada orografía del país** the country's varied and difficult terrain
intrincar [59] vt to complicate, to confuse
intríngulis nm inv Fam *(dificultad)* snag, catch; *(quid)* nub, crux; **este juego tiene su ~** there's a knack to this game, this game is quite tricky
intrínsecamente adv intrinsically
intrínseco, -a adj intrinsic (**a** to)
intro nm INFORMÁT enter (key), return (key); **darle al ~** to press enter o return
introducción nf -1. *(presentación)* introduction (**a** to); **~ a la lingüística** *(título)* an introduction to linguistics; **un curso de ~ a la informática** an introductory course in computing
-2. *(de libro)* introduction
-3. *(de composición musical)* introduction; *(en música pop)* intro
-4. *(inserción) (de objeto)* insertion; INFORMÁT *(de datos)* input, entering
-5. *(de novedad, medida, política, en mercado)* introduction; **precio especial de ~** special introductory price; **la ~ de la moneda única** the introduction of the single currency; **a él se debe la ~ de la patata en Europa** he was responsible for the introduction of the potato to Europe; **una banda que se dedica a la ~ de tabaco de contrabando en Europa** a gang that smuggles tobacco into Europe
introducir [18] ◇ vt -1. *(meter) (llave, carta)* to put in, to insert; INFORMÁT *(datos)* to input, to enter; **introdujo la moneda en la ranura** she put o inserted the coin in the slot; **introdujo la carta en el sobre** he put the letter in the envelope; **introduzca su número secreto** enter your PIN number
-2. *(conducir) (persona)* to show in; **introdujo a los visitantes en la sala de espera** she showed the visitors into the waiting room
-3. *(en película, novela)* to introduce; **en su última obra el autor introduce a dos nuevos personajes** in his latest work the author introduces two new characters
-4. *(medidas, ley)* to introduce, to bring in; **introdujeron un plan para combatir el desempleo** they introduced o brought in a scheme to combat unemployment; **piensan ~ cambios en la ley** they are planning to make changes to the law

introductor -5. *(mercancías)* to bring in, to introduce; **los españoles introdujeron los caballos en América** the Spanish introduced horses to America; **una banda que introduce droga en el país** a gang smuggling drugs into the country; **fue él quien introdujo las ideas revolucionarias en el país** it was he who introduced o brought revolutionary ideas to the country
-6. *(dar a conocer)* ~ **a alguien en** to introduce sb to; **la introdujo en el mundo de la moda** he introduced her to the world of fashion; **nos introdujo en los principios básicos de la astronomía** he introduced us to the basic principles of astronomy

◆ **introducirse** *vpr* **introducirse en** to get into; **los ladrones se introdujeron en la casa por la ventana** the burglars got into the house through the window; **el balón se introdujo lentamente en la portería** the ball trickled into the goal; **se ha introducido un mosquito en la habitación** a mosquito has got into the room; **se está introduciendo agua en la mochila** water is getting into the rucksack; **se introdujo en la organización a los veinte años** she joined the organization at twenty; **poco a poco se ha introducido en el mundo del teatro** she has gradually established a footing in the world of theatre; **una costumbre que se introdujo el siglo pasado** a custom introduced during the last century

introductor, -ora ◇ *adj* introductory; **el país ~ de esta moda** the country that brought in this fashion
◇ *nm,f* introducer

introductorio, -a *adj* introductory
introdujera *etc ver* **introducir**
introduzco *etc ver* **introducir**
introito *nm* **-1.** *(introducción)* preliminary section, introduction **-2.** REL introit
intromisión *nf* intrusion
introspección *nf* introspection
introspectivo, -a *adj* introspective
introversión *nf* introversion
introvertido, -a ◇ *adj* introvert
◇ *nm,f* introvert

intrusión *nf* **-1.** *(en lugar)* intrusion **-2.** GEOL intrusion
intrusismo *nm* = illegal practice of a profession; **han denunciado el ~ en el sector médico** the existence of unqualified medical practitioners has been condemned
intruso, -a *nm,f* intruder
intubar *vt* to intubate
intuición *nf* intuition; **la ~ femenina** female intuition; **lo hice por ~** I did it instinctively; **tuvo la ~ de que algo iba a salir mal** she had a feeling something was going to go wrong
intuir [34] *vt* **intuyo que es una buena inversión** my intuition o instinct tells me it's a good investment; **intuyo que no va a hacer buen tiempo** I've got a feeling the weather's not going to be very good
intuitivamente *adv* intuitively
intuitivo, -a *adj* intuitive
intuyera *etc ver* **intuir**
intuyo *etc ver* **intuir**
inundación *nf (acción)* flooding; *(resultado)* flood; **es la segunda ~ que sufren este año** it's the second flood they've had this year; **las lluvias produjeron inundaciones** the rain caused floods o flooding; **los daños causados por las inundaciones** the damage caused by the floods o the flooding
inundar ◇ *vt* **-1.** *(las aguas)* to flood; **las tormentas inundaron la región** the storms caused flooding in the area
-2. *(sujeto: gente)* to swamp; **los aficionados inundaban el centro de la ciudad** fans swamped the town centre; **los turistas inundaban las carreteras** the roads were jammed with tourists
-3. *(sujeto: sentimiento)* to overwhelm, to overcome; **la tristeza/la alegría me inunda** I am overwhelmed o overcome with sadness/joy

-4. *(con quejas, pedidos)* to inundate, to swamp; **inundaron el mercado con imitaciones baratas** they flooded the market with cheap imitations; **estoy inundado de trabajo** I'm inundated o swamped with work

◆ **inundarse** *vpr* **-1.** *(con agua)* to flood; **se inundó el sótano** the basement flooded; **se le inundaron los ojos de lágrimas** her eyes flooded with tears
-2. *(con visitantes, turistas)* to be inundated o swamped; **la playa se inundó de gente** the beach was inundated o swamped with people
-3. inundarse de *(de quejas, pedidos)* to be inundated o swamped with; **el mercado se ha inundado de imitaciones** the market has been flooded with imitations

inusitado, -a *adj* uncommon, rare; **con una valentía inusitada** with uncommon valour
inusual *adj* unusual
inútil ◇ *adj* **-1.** *(objeto)* useless; *(intento, esfuerzo)* unsuccessful, vain; **sus intentos resultaron inútiles** his attempts were unsuccessful o in vain; **es ~, ya es demasiado tarde** there's no point, it's too late; **es ~ que lo esperes, se ha ido para siempre** there's no point in waiting for him, he's gone for good
-2. *(inválido)* disabled; **le dieron la baja por ~** he was allowed to take disability leave; **quedó ~ tras el accidente** she was disabled as a result of the accident
-3. *(no apto)* unfit; **fue declarado ~ para el servicio militar** he was declared unfit for military service
◇ *nmf* hopeless case, useless person; **es un ~** he's useless o hopeless

inutilidad *nf* **-1.** *(falta de utilidad)* uselessness; *(falta de eficacia)* ineffectiveness; *(falta de sentido)* pointlessness **-2.** *(invalidez)* disablement **-3.** *(persona)* **es una ~** he's useless o hopeless
inutilización *nf* **la humedad puede provocar la ~ del mecanismo** damp can ruin the mechanism; **eran responsables de la ~ de la alarma** they were responsible for putting the alarm out of action
inutilizado, -a *adj* unused; **tras el accidente, la máquina quedó inutilizada** after the accident the machine was useless
inutilizar [14] *vt (máquinas, dispositivos)* to disable, to put out of action; **esas cajas inutilizan la habitación de huéspedes** those boxes are stopping us from using the guest room
inútilmente *adv* in vain, to no avail; **no sueñes ~, no podemos permitirnos hacer ese viaje** there's no point in dreaming about it, we can't afford that trip
invadir *vt* **-1.** *(ejércitos)* to invade; **el caza invadió el espacio aéreo ruso** the fighter plane encroached on Russian airspace; **una plaga de langostas invadió los campos** a plague of locusts invaded the fields
-2. *(turistas)* **los turistas invadieron el museo** the tourists poured o flooded into the museum; **la población invadió las calles** people poured onto the streets
-3. *(sentimiento)* to overcome, to overwhelm; **lo invadió la tristeza** he was overcome o overwhelmed by sadness; **nos invade la alegría** we are overcome o overwhelmed with joy; **me invadió una sensación repentina de cansancio** a sudden feeling of tiredness overcame me
-4. *(vehículo)* **el vehículo invadió el carril contrario** the vehicle went onto the wrong side of the road; **la moto invadió la acera y atropelló a dos peatones** the motorbike mounted the *Br* pavement o *US* sidewalk and hit two pedestrians
-5. *(sobrepasar límite)* **acusaron al ministro de ~ las competencias de otro departamento** the minister was accused of encroaching upon another department's area of responsibility; **los fotógrafos invadieron la intimidad de la actriz** the photographers invaded the actress' privacy

invalidación *nf* invalidation
invalidar *vt (sujeto: circunstancias)* to invalidate; *(sujeto: juez)* to declare invalid; **les invalidaron dos goles** they had two goals disallowed
invalidez *nf* **-1.** *(física, psíquica)* disablement, disability ❏ **~ permanente** permanent disability; **~ temporal** temporary disability **-2.** DER invalidity
inválido, -a ◇ *adj* **-1.** *(física, psíquica)* disabled **-2.** DER invalid
◇ *nm,f* invalid, disabled person; **los inválidos** the disabled
invalorable *adj CSur* invaluable
invariabilidad *nf* invariability
invariable *adj* **-1.** *(que no varía)* invariable **-2.** LING invariable
invariablemente *adv* invariably
invasión *nf* **-1.** *(por ejércitos)* invasion
-2. *(por turistas)* invasion
-3. *(por vehículo)* **la ~ por un camión del carril contrario provocó el accidente** the accident was caused by a truck o *Br* lorry going onto the wrong side of the road
-4. *(de competencias)* **acusó al juez de ~ de competencias** he accused the judge of overreaching his powers
-5. *Col (barrio)* shantytown
invasor, -ora ◇ *adj* invading; **el ejército ~** the invading army
◇ *nm,f* invader
invectiva *nf Formal* diatribe; **lanzar una ~ contra alguien** to launch into a diatribe against sb
invencible *adj* **-1.** *(ejército, enemigo)* invincible **-2.** *(timidez)* insurmountable, insuperable
invención *nf* **-1.** *(acción)* invention **-2.** *(objeto)* invention **-3.** *(mentira)* fabrication, invention; **eso es una ~ suya** that's just something he's made up
invendible *adj* unsaleable
inventado, -a *adj* made-up
inventar ◇ *vt* **-1.** *(máquina, sistema)* to invent **-2.** *(narración, falsedades)* to make up

◆ **inventarse** *vpr* to make up; **una excusa que se ha inventado para no ir a clase** an excuse he has made up to get out of going to school

inventariar [32] *vt* to make an inventory of
inventario *nm* inventory; **hacer el ~** to do the stocktaking; **cerrado por ~** *(en letrero)* closed for stocktaking; **hizo el ~ de los muebles de la casa** she made an inventory of the furniture in the house
inventiva *nf* inventiveness; **tener mucha ~** to be very inventive, to have a very inventive mind
inventivo, -a *adj* inventive
invento *nm* **-1.** *(invención)* invention ❏ *Esp Fam* **un ~ del tebeo** *Br* a Heath Robinson invention, *US* a Rube Goldberg invention
-2. *(mentira)* lie, fib **-3.** EXPR *Esp Fam* **fastidiarse el ~: con esta lluvia se ha fastidiado el ~, ya no podemos salir de excursión** this rain has really gone and messed things up, we can't go on that trip now
inventor, -ora *nm,f* inventor
invernada *nf* **-1.** *Andes, RP (pasto)* winter pasture **-2.** *Andes, RP (periodo)* winter season **-3.** *Ven (aguacero)* heavy downpour
invernadero *nm (para criar plantas)* greenhouse, glasshouse; *(en jardín botánico)* hothouse; **el efecto ~** the greenhouse effect
invernal *adj (de invierno)* winter; *(tiempo, paisaje)* wintry; **temporada ~** winter season
invernante ◇ *adj* wintering
◇ *nm,f* winter visitor
invernar [3] *vi* **-1.** *(pasar el invierno)* to (spend the) winter **-2.** *(hibernar)* to hibernate
inverosímil *adj* improbable, implausible
inverosimilitud *nf* improbability, implausibility
inversamente *adv* **-1.** *(en proporción)* inversely; **~ proporcional a** inversely proportional to **-2.** *(a la inversa)* conversely
inversión *nf* **-1.** *(del orden)* inversion ❏ METEO **~ térmica** temperature inversion **-2.** *(de dinero)* investment ❏ **~ de capital** capital

inversionista

investment; **~ ética** ethical investment; **inversiones en paraísos fiscales** offshore investments **-3.** *(de tiempo)* investment; **inversiones extranjeras** foreign investments

inversionista *nmf* investor

inverso, -a *adj* **-1.** *(contrario)* opposite; **en sentido ~** in the opposite direction; **en orden ~** in reverse o inverse order; **contar/escribir en orden ~** to count/write backwards; **a la inversa** the other way round **-2.** *(traducción)* **una traducción inversa** a translation out of one's own language, a prose translation **-3.** MAT inverse

inversor, -ora ◇ *adj* **los países inversores en la región** the countries that have invested in the region; **ha habido un gran esfuerzo ~ en el sector** there has been heavy investment in the sector
◇ *nm,f* investor; **~ extranjero** foreign investor; **~ institucional** institutional investor
◇ *nm* ELEC inverter

invertebrado, -a ◇ *adj* **-1.** *(animal)* invertebrate **-2.** *(incoherente)* disjointed
◇ *nm (animal)* invertebrate

invertido, -a *adj* **-1.** *(al revés)* reversed, inverted; *(sentido, dirección)* opposite; **~ de arriba a abajo** (turned) upside down; **en forma de pirámide invertida** in the shape of an inverted pyramid **-2.** *(dinero)* invested **-3.** Anticuado *(homosexual)* homosexual
◇ *nm,f* Anticuado homosexual

invertir [62] ◇ *vt* **-1.** *(orden)* to reverse; *(poner boca abajo)* to turn upside down, to invert; **si invertimos estos dos elementos** if we reverse the order of these two elements; **invirtió la dirección de la marcha** he put the vehicle into reverse; EXPR **~ los papeles** to swap roles **-2.** *(dinero)* to invest **-3.** *(tiempo, esfuerzo)* to invest **-4.** *(tardar) (tiempo)* to spend; **invirtieron dos horas en llegar a la cumbre** they took two hours getting to the summit
◇ *vi (dinero)* to invest (**en** in); **~ en bolsa** to invest on the stock market
♦ **invertirse** *vpr (tendencia)* to be reversed; EXPR **se han invertido los papeles** their roles have been reversed

investidura *nf* investiture; **la ceremonia de ~ del presidente** the presidential inauguration ceremony

investigación *nf* **-1.** *(estudio)* research; **estoy haciendo una ~ sobre los incas** I'm doing a research project o I'm doing some research on the Incas ❑ **~ científica** scientific research; **~ y desarrollo** research and development; **~ de mercado** market research
-2. *(indagación)* investigation, inquiry; **la ~ de un atentado** the investigation into an attack; **se ha abierto una ~ sobre el incidente** an inquiry o an investigation into the incident has been opened; **comisión de ~** committee of inquiry ❑ **~ judicial** judicial inquiry

investigador, -ora ◇ *adj* **-1.** *(que estudia)* research; **un equipo ~** a research team; **capacidad investigadora** research capability **-2.** *(que indaga)* investigating; **comisión investigadora** committee of inquiry
◇ *nm,f* **-1.** *(estudioso)* researcher **-2.** *(detective)* investigator ❑ **~ privado** private investigator o detective

investigar [38] ◇ *vt* **-1.** *(estudiar)* to research **-2.** *(indagar)* to investigate; **un equipo investiga las causas del accidente** a team is investigating the causes of the accident; **la policía investigó a varios sospechosos** the police investigated several suspects
◇ *vi* **-1.** *(estudiar)* to do research (**sobre** into o on) **-2.** *(indagar)* to investigate

investir [47] *vt* **fue investido doctor honoris causa** he was awarded an honorary doctorate; **fue investido presidente de la nación** he was sworn in o inaugurated as president; **~ a alguien de o con algo** to invest sb with sth; **lo invistieron con el título de duque** he was granted the title of duke, he was made a duke

inveterado, -a *adj* **es un lector ~ de novelas cortas** he is a great reader of novellas; **sigue con su inveterada costumbre de fumar** she smokes just as much as ever, she continues to be an inveterate smoker

inviabilidad *nf* impracticality

inviable *adj* impractical, unviable

invicto, -a *adj (ejército)* unconquered, undefeated; *(equipo)* unbeaten

invidencia *nf* blindness

invidente ◇ *adj* blind, sightless
◇ *nmf* blind person; **los invidentes** the blind

invierno *nm* **-1.** *(estación)* winter; **en ~** in winter, in wintertime; **cuando llegue el ~** when winter comes; **el último ~** last winter; **deporte de ~** winter sport; **ropa de ~** winter clothes; **estación de ~** ski resort ❑ **~ nuclear** nuclear winter **-2.** *(estación lluviosa)* rainy season

invierto *etc ver* **invertir**

inviolabilidad *nf* inviolability ❑ **~ parlamentaria** parliamentary immunity

inviolable *adj* inviolable; **una fortaleza ~** an impregnable fortress

invirtiera *etc ver* **invertir**

invisibilidad *nf* invisibility

invisible *adj* invisible

invitación *nf* **-1.** *(acción)* invitation; **hacer una ~ a alguien** to invite sb; **sus palabras fueron una ~ a la revolución** her words were an incitement to revolution **-2.** *(tarjeta)* invitation

invitado, -a ◇ *adj* **estoy ~ a la boda** I've been invited o I'm invited to the wedding; **estrella invitada** guest star
◇ *nm,f* guest; **hoy no podemos salir, tenemos invitados** we can't go out today, we've got guests o we're having some people over ❑ **~ especial** special guest

invitar ◇ *vt* **-1.** *(convidar)* **~ a alguien (a algo/a hacer algo)** to invite sb (to sth/to do sth); **me han invitado a una fiesta** I've been invited to a party; **me invitó a la playa** she asked me to go the beach with her; **me invitó a entrar** she asked me in
-2. *(pedir)* to invite, to request; **la policía las invitó a desalojar la sala** the police invited o requested them to leave the room
-3. *(pagar)* **os invito** it's my treat, this one's on me; **~ a alguien a algo** to buy sb sth *(food, drink)*; **me invitó a una cerveza** he bought me a beer; **te invito a cenar fuera** I'll take you out for dinner
◇ *vi* **-1.** *(pagar)* to pay; **invito yo** it's my treat, this one's on me; **invita la casa** it's on the house **-2.** *(a algo) (incitar)* to encourage sth; **este sol invita a salir** the sun makes you want to go out

in vitro ◇ *adj* **fecundación ~** in vitro fertilization
◇ *adv (fecundar)* in vitro

invocación *nf* **-1.** *(a dios, espíritu, diablo) (para pedir ayuda)* invocation; *(para pedir su presencia)* summoning **-2.** *(petición)* plea **-3.** *(a derecho, ley)* **insistió en la ~ de la Constitución** he insisted on invoking the Constitution **-4.** *(de amistad)* appeal; **su ~ de nuestra amistad no me conmovió** I was unmoved by her appeal to our friendship

invocar [59] *vt* **-1.** *(dios, espíritu, diablo) (para pedir ayuda)* to invoke; *(para pedir su presencia)* to summon up **-2.** *(pedir)* to plead for, to make a plea for; **invocó auxilio** he pleaded for help, he made a plea for help **-3.** *(derecho, ley)* to invoke **-4.** *(amistad)* to appeal to

involución *nf* regression, deterioration

involucionar *vi* to regress, to deteriorate

involucionismo *nm* reactionary nature; **las fuerzas del ~** the forces of reaction

involucionista ◇ *adj* regressive, reactionary
◇ *nmf* reactionary

involucración *nf* involvement

involucrado, -a *adj (en acciones, proyecto, accidente)* involved; *(en delito, escándalo)* implicated

involucrar ◇ *vt* **-1.** *(comprometer)* **~ a alguien (en)** to involve sb (in); **no quiere ~ a su familia** he doesn't want to involve his family **-2.** *Am (conllevar)* to involve; **esto involucra gastos que no había calculado** this involves expenses I hadn't reckoned with
♦ **involucrarse** *vpr* to get involved (**en** in); **se involucró en un negocio de contrabando** he got involved in a smuggling racket

involuntariamente *adv* **-1.** *(espontáneamente)* involuntarily **-2.** *(sin querer)* unintentionally

involuntario, -a *adj* **-1.** *(espontáneo)* involuntary **-2.** *(sin querer)* unintentional

involutivo, -a *adj (fase)* reactionary; **sufre un proceso ~ en su enfermedad** he has had a relapse

invulnerabilidad *nf* invulnerability

invulnerable *adj* **-1.** *(físicamente)* invulnerable (**a** to) **-2.** *(moralmente)* immune, invulnerable (**a** to)

inyección *nf* **-1.** *(con jeringa)* injection; **poner o RP dar una ~ a alguien** to give sb an injection; **me tengo que poner la ~ de insulina** I have to give myself my insulin injection ❑ **~ intramuscular** intramuscular injection; **~ intravenosa** intravenous injection; **~ subcutánea** subcutaneous injection
-2. TEC & AUT injection; **motor de ~** fuel-injection engine ❑ **~ electrónica** electronic fuel injection; **~ de plástico** injection moulding; **la ~ de tinta** inkjet technology; **una impresora de ~ de tinta** an inkjet printer
-3. *(de dinero)* injection; **una ~ de capital extranjero** an injection of foreign capital; **una ~ de 300 millones de dólares** an injection of 300 million dollars
-4. *(de humor, vitalidad)* injection; **sus palabras fueron una ~ de moral para las tropas** his words were a morale boost for the troops; **el gol supuso una ~ de ánimo para el equipo** the goal gave the team new heart

inyectable ◇ *adj* injectable
◇ *nm* injection

inyectado, -a *adj* flushed, red; **ojos inyectados en sangre** bloodshot eyes

inyectar ◇ *vt* **-1.** *(con jeringa)* to inject; **le inyectaron insulina** they gave him an insulin injection; **le inyectaron un antídoto en la pierna** they injected an antidote into her leg **-2.** *(dinero)* to inject **-3.** *(humor, vitalidad)* to inject; **su presencia inyectó ánimos a los trabajadores** his presence gave the workers new heart
♦ **inyectarse** *vpr* **inyectarse (drogas)** to take drugs intravenously; **inyectarse algo** to inject oneself with sth, to take sth intravenously

inyector *nm* injector

iodo *nm* iodine

ion, ión *nm* ion ❑ **~ hidrógeno** hydrogen ion

iónico, -a *adj* ionic

ionización *nf* ionization

ionizador *nm* ionizer

ionizar [14] *vt* to ionize

ionosfera *nf* ionosphere

IP *nm* INFORMÁT *(abrev de* **Internet protocol***)* IP

IPC *nm (abrev de* **índice de precios al consumo***)* Br RPI, US CPI

IPCA *nm* UE *(abrev de* **índice de precios al consumo armonizado***)* HICP

ipecacuana *nf* ipecacuanha, ipecac

iperita *nf* mustard gas, yperite

ipso facto *loc adv* immediately

iquiqueño, -a ◇ *adj* of/from Iquique *(Chile)*
◇ *nm,f* person from Iquique *(Chile)*

iquiteño, -a ◇ *adj* of/from Iquitos *(Peru)*
◇ *nm,f* person from Iquitos *(Peru)*

ir [35] ◇ *vi* **-1.** *(desplazarse, dirigirse, acudir)* to go; **fuimos a caballo** we went on horseback, we rode there; **iremos andando** we'll go on foot, we'll walk there; **ir en autobús** to go by bus, to take the bus; **ir en automóvil** to go by car, to drive; **ir en taxi** to go by taxi, to catch o take a taxi; **ir en barco** to go by boat; **ir en avión** to go by plane, to fly; **ir por carretera/mar** to go by road/sea; **ir a casa/a la iglesia/al cine** to go home/to church/to the cinema; **ir a la escuela/al trabajo** to go to school/work; **los niños no tienen que ir a clase hoy** children don't have to go to school today; **me voy a clase, nos veremos luego** I'm going to my lecture, see you later; **ir de compras/de pesca** to go shopping/fishing; **ir de vacaciones** to go on Br holiday o US vacation; **ir hacia el sur/norte** to go south/north; **¿adónde va este autocar?** where's this coach going?; **este tren va a** o **para Guadalajara** this train is going to Guadalajara, this is the Guadalajara train; **todas las mañanas voy de la estación a** o **hasta la fábrica** every morning I go from the station to the factory; **¿para dónde vas?** where are you heading (for)?; **ahora mismo voy para allá** I'm on my way there right now; **¿por dónde** o **cómo se va a la playa?** how do you get to the beach from here?, could you tell me the way to the beach?; **no vayas por ahí que hay mucho barro** don't go that way, it's muddy; **¿eres alumno oficial? – no, sólo voy de oyente** are you an official student? – no, I'm just sitting in on classes; **fue a la zona como emisario de la ONU** he travelled to the area on behalf of the UN; **¡ahí** o **allá va!** (al lanzar una cosa) there you go; **ahí va el informe que me pediste** here's the report you asked for; **¡allá voy!** (al lanzarse uno mismo) here goes!, here we go!; Anticuado **¿quién va?** who goes there?; **¡Sergio, te llaman por teléfono! – ¡voy!** Sergio, there's a phone call for you! – (I'm) coming!; **¡ya voy!, ¡ya va!** (cuando llaman a la puerta) (I'm) coming!; **ir a alguien con algo** (contar) to go to sb with sth; **todos le van con sus problemas** everyone goes to her with their problems; **el autocar se salió de la calzada y fue a dar** o **a parar a un lago** the coach came off the road and ended up in a lake; **estuvimos de paseo y fuimos a dar a una bonita plaza** we were out walking when we came across a beautiful square; Fam Fig **¿dónde vais con tantos aperitivos? Luego no podremos con la comida** steady on with the snacks or we won't be able to manage our dinner!; Fam Fig **les habrá costado unas 100.000 – ¡dónde vas! mucho menos, hombre** it must have cost them about 100,000 – what are you talking about, it was much less!; PROV **(allá) donde fueres haz lo que vieres** when in Rome, do as the Romans do

-2. (conducir) (camino, calle, carretera) to lead, to go; **esta es la calle que va al museo** this is the road (that leads o goes) to the museum; **esta calle va a dar al puerto** this road leads to the harbour; **el camino va desde el pueblo hasta la cima de la montaña** the path leads o goes from the village to the top of the mountain

-3. (abarcar) **la zona de fumadores va del asiento 24 al 28** the smoking area is between seats 24 and 28; **el examen de arte va desde el Barroco hasta el Romanticismo** the art exam will cover the Baroque period to the Romanticism period; **la mancha iba de un lado a otro del techo** the stain stretched from one side of the ceiling to the other; **las películas seleccionadas van desde la comedia urbana hasta el clásico western** the films that have been selected range from urban comedies to classic westerns

-4. Esp (buscar) **ir (a) por algo/alguien** to go and get sth/sb, to go and fetch sth/sb; **fui (a) por él al aeropuerto** I went to meet him at the airport, I went to pick him up from the airport; **ha ido (a) por leche a la tienda** she's gone to the shop to get o for some milk; **el perro fue a por él** the dog went for him; **tendrás que esconderte porque van a por ti** you'll have to hide because they're (coming) after you; **a eso voy/iba** (al relatar) I am/was just getting to that

-5. (expresa estado, situación, posición) **fue muy callada todo el camino** she was very quiet throughout the journey; **con esta bufanda irás calentito** this scarf will keep you warm; **el precio va impreso en la contraportada** the price is printed on the back cover; **la manivela va floja** the crank is loose; **iba tiritando de frío** she was shivering with cold; **ir a lo suyo** to look out for oneself, to look after number one; **iba en el tren pensando en sus cosas** she was travelling on the train lost in thought; **los niños iban armando jaleo en el asiento de atrás** the children were kicking up a row on the back seat; **ve con cuidado, es un barrio peligroso** be careful, it's a dangerous area; **tu caballo va tercero/va en cabeza** your horse is third/in the lead

-6. (expresa apoyo o rechazo) **ir con** to support; **voy con el Real Madrid** I support Real Madrid; **ir contra algo, ir en contra de algo** to be opposed to o against sth; **ir en contra de la violencia** to be opposed to o against violence; **esta ley va contra la Constitución** this act goes against o contravenes the Constitution; **ir en beneficio de alguien** to be to sb's benefit, to be in sb's interest; **ir en perjuicio de alguien** to be detrimental to o against sb's interests

-7. (vestir) **ir con/en** to wear; **iba en camisa y corbata** he was wearing a shirt and tie; **aquí la gente va con** o **en bañador a todas partes** people here go around in their swimsuits; **ir de azul** to be dressed in blue; **ir de uniforme** to be in uniform; **iré (disfrazado) de Superman a la fiesta** I'm going to the party (dressed up) as Superman; **iba hecho un pordiosero** he looked like a beggar

-8. (marchar, evolucionar) to go; **le va bien en su nuevo trabajo** things are going well for him in his new job; **el niño va muy bien en la escuela** the child's doing very well at school; **¿cómo va el negocio?** how's business?; **su negocio va mal, el negocio le va mal** his business is going badly; **¿cómo te va?** how are you doing?; **¿cómo te va en la universidad?** how's university?, how are you getting on at university?; **¿cómo van?** (en partido) what's the score?; (en carrera, juego) who's winning?; **van empate a cero** it's zero-zero; **vamos perdiendo** we're losing; **¿qué tal te va con tus nuevos alumnos?** how are you getting on with your new pupils?; **¿qué tal va esa paella?** how's that paella coming along?; **¡hasta pronto! ¡que te vaya bien!** see you later, take care!; **¡que te vaya muy bien con el nuevo empleo!** I hope things go well for you in your new job!, the best of luck with your new job!

-9. (cambiar, encaminarse) **ir a mejor/peor** to get better/worse; **el partido fue a más en la segunda parte** the game improved o got better in the second half; **como sigamos así, vamos a la ruina** if we carry on like this we'll be heading for disaster; **voy para viejo** I'm getting old; **esta chica va para cantante** this girl has all the makings of a singer; **va para un mes que no llueve** it's getting on for o almost a month now since it last rained

-10. (alcanzar) **va por el cuarto vaso de vino** he's already on his fourth glass of wine; **vamos por la mitad de la asignatura** we've covered about half the subject; **¿por qué parte de la novela vas?** which bit in the novel are you at?; **aún voy por el primer capítulo** I'm still on the first chapter

-11. (expresa cantidades, diferencias) **con éste van cinco ministros destituidos por el escándalo** that makes five ministers who have now lost their job as a result of the scandal; **ya van dos veces que me tuerzo el tobillo** that's the second time I've twisted my ankle; **van varios días que no lo veo** it's several days since I (last) saw him; **en lo que va del** o Esp **de mes he ido tres veces al médico** so far this month I've been to the doctor three times, I've already been to the doctor three times this month; **de dos a cinco van tres** the difference between two and five is three; **va mucho de un apartamento a una casa** there's a big difference between Br a flat o US an apartment and a house

-12. (corresponder) to go; **estas tazas van con estos platos** these cups go with these saucers; **¿con qué clase de tornillos va esta tuerca?** what sort of screw does this nut take?

-13. (colocarse) to go, to belong; **esto no va ahí** that doesn't go o belong there; **¿en qué cajón van los calcetines?** which drawer do the socks go in?

-14. (escribirse) **"Edimburgo" va con "m"** "Edimburgo" is written o spelt with an "m"; **toda la oración va entre paréntesis** the whole sentence goes in brackets; **el "solo" adjetivo no va con acento** "solo" doesn't have an accent when used as an adjective

-15. (sentar) (ropa) **irle (bien) a alguien** to suit sb; **¡qué bien te van los abrigos largos!** long coats really suit you!; **ir con algo** to go with sth; **esta camisa no va con esos pantalones** this shirt doesn't go with these trousers

-16. (sentar) (vacaciones, tratamiento) **irle bien a alguien** to do sb good; **esa infusión me ha ido muy bien** that herbal tea did me a lot of good

-17. (funcionar) to work; **la televisión no va** the television isn't working; **una radio que va a** o **con pilas** a radio that uses batteries, a battery-powered radio; **estas impresoras antiguas van muy lentas** these old printers are very slow

-18. (depender) **en aquel negocio le iba su futuro como director de la empresa** his future as manager of the company depended on that deal; **todos corrieron como si les fuera la vida en ello** everyone ran as if their life depended on it; **esto de la ropa va en gustos** clothes are a matter of taste; CSur **¿es fácil aprobar? – va en el profesor** is it easy to pass? – it depends on the teacher

-19. (comentario, indirecta) **ir con** o **por alguien** to be meant for sb, to be aimed at sb; **y eso va por ti también** and that goes for you too; **hizo como si no fuera con él** he acted as if he didn't realize she was referring to him; **lo que digo va por todos** what I'm saying applies to o goes for all of you; **va** o **voy en serio, no me gustan estas bromas** I'm serious, I don't like this sort of joke

-20. Esp Fam (gustar) **no me va el pop** I'm not a big fan of pop music; **a mí lo que me va es la cocina** I'm really into cooking; **ni me va ni me viene** I don't care one way or the other

-21. Fam (costar) **ir a** to be, to cost; **¿a cómo** o **cuánto va el kilo de tomates?** how much is a kilo of tomatoes?

-22. Esp Fam (tratar) (conferencia, película, novela) **ir de** to be about; **¿de qué va "1984"?** what's "1984" about?

-23. Fam Esp **ir de** (dárselas) (persona) to think oneself; Esp **va de inteligente**, RP **la va de inteligente** he thinks he's clever; Esp **¿de qué vas?**, RP **¿de qué la vas?** just who do you think you are?

-24. Fam (apostarse) **¿va una cerveza a que llevo razón?** I bet you a beer I'm right

-25. (en frases) Fam **fue y dijo que...** he went and said that...; **y de repente va y se echa a reír** and suddenly she just goes and bursts out laughing; Fam **fue y se marchó sin mediar palabra** she upped and went without a word; Fam **¡ahí va! ¡qué paisaje tan bonito!** wow, what a beautiful landscape!; Fam **¡ahí va!** me he dejado el

paraguas en casa oh no, I've left my umbrella at home!; **¡qué va!** *(por supuesto que no)* not in the least!, not at all!; *(me temo que no)* I'm afraid not; *(no digas tonterías)* don't be ridiculous!; **¡no va más!** *(en el casino)* no more bets!; EXPR *Esp* **ser el no va más** to be the ultimate; *Esp* **este gimnasio es el no va más** this gym is the ultimate; EXPR *RP Fam* **desde el vamos** *(desde el principio)* from the word go; **me cayó mal desde el vamos** I didn't like him from the word go; EXPR *Fam* **¡dónde va a parar!** there's no comparison!; EXPR **sin ir más lejos: tu madre, sin ir más lejos** we need look no further than your mother; **sin ir más lejos, ayer mismo nos vimos** we saw each other only yesterday

◇ *v aux* **-1.** *(con gerundio) (expresa acción lenta o gradual)* **ir haciendo algo** to be (gradually) doing sth; **va anocheciendo** it's getting dark; **me voy haciendo viejo** I'm getting old; **voy mejorando mi estilo** I'm gradually improving my style; **su cine ha ido mejorando últimamente** her movies have been getting better recently; **fui metiendo las cajas en el almacén** I began putting the crates in the warehouse; **iremos aprendiendo de nuestros errores** we'll learn from our mistakes; **ve deshaciendo las maletas mientras preparo la cena** you can be unpacking the suitcases while I get dinner; **id haciéndoos a la idea** you'd better start getting used to the idea; **como iba diciendo...** as I was saying...

-2. *(con a + infinitivo) (expresa acción próxima, intención, situación futura)* **ir a hacer algo** to be going to do sth; **voy a hacerle una visita** *(ahora mismo)* I'm about to go and visit him; *(en un futuro próximo)* I'm going to visit him; **iré a echarte una mano en cuanto pueda** I'll come along and give you a hand as soon as I can; **¡vamos a comer, tengo hambre!** let's have lunch, I'm hungry!; **el tren con destino a Buenos Aires va a efectuar su salida en el andén 3** the train for Buenos Aires is about to depart from platform 3; **van a dar las dos** it is nearly two o'clock; **va a hacer una semana que se fue** it's coming up to *o* nearly a week since she left; **voy a decírselo a tu padre** I'm going to tell your father; **¿no irás a salir así a la calle?** surely you're not going to go out like that?; **he ido a comprar pero ya habían cerrado** I had intended to go shopping, but they were shut; **te voy a echar de menos** I'm going to miss you; **vas a hacerte daño como no tengas cuidado** you'll hurt yourself if you're not careful; **todo va a arreglarse, ya verás** it'll all sort itself out, you'll see; **¿qué van a pensar los vecinos?** what will the neighbours think?; **no le quise decir nada, no fuera a enfadarse conmigo** I didn't want to say anything in case she got angry with me

-3. *(con a + infinitivo) (en exclamaciones que expresan consecuencia lógica, negación)* **¿qué voy a pensar si llevas tres días fuera de casa?** what do you expect me to think if you don't come home for three days?; **¿la del sombrero es tu hermana? – ¿quién va a ser? ¡pues claro!** is the woman with the hat your sister? – of course she is, who else could she be?; **y ¿dónde fuiste? – ¿dónde iba a ir? ¡a la policía!** and where did you go? – where do you think? to the police, of course!; **¡cómo voy a concentrarme con tanto ruido!** how am I supposed to concentrate with all that noise?; **¡cómo voy a pagarte si estoy sin dinero!** how do you expect me to pay you if I haven't got any money?; **¡cómo no me voy a reír con las cosas que dices!** how can I fail to laugh *o* how can you expect me not to laugh when you say things like that!; **¿te ha gustado? – ¡qué me va a gustar!** did you like it? – like it? you must be joking!

◇ *vt Méx* **irle a** to support; **le va al Nexaca** he supports Nexaca

◆ **irse** *vpr* **-1.** *(marcharse)* to go, to leave; **me voy, que mañana tengo que madrugar** I'm off, I've got to get up early tomorrow; **tenemos que irnos o perderemos el tren** we have to be going or we'll miss the train; **irse a** to go to; **este verano nos vamos a la playa** we'll be going *o* off to the seaside this summer; **se ha ido a trabajar** she's gone to work; **se fueron a Venezuela a montar un negocio** they went (off) to Venezuela to start a business; **se fue de casa/del país** he left home/the country; **se me va uno de mis mejores empleados** I'm losing one of my best employees; **¡vete!** go away!; *Fam* **¡vete por ahí!** get lost!; **irse abajo** *(edificio)* to fall down; *(negocio)* to collapse; *(planes)* to fall through

-2. *(desaparecer)* to go; **se fue el mal tiempo** the bad weather went away; **se ha ido la luz** there's been a power cut; **estas manchas no se van tan fácilmente** these stains aren't easy to get out; **los granos se le irán con el tiempo** the spots will go *o* disappear in time; **no se me ha ido el dolor** the pain hasn't gone, the pain is still there

-3. *(gastarse)* to go; **se me fueron todos los ahorros en el viaje** all my savings went on the journey; **se me ha ido la mañana limpiando la casa** I've spent the whole morning cleaning the house; *Irónico* **el tiempo se va que es un gusto** I've no idea where all my time goes

-4. *(salirse, escaparse)* **ponle un corcho al champán para que no se le vaya la fuerza** put a cork in the champagne bottle so it doesn't go flat; **al motor se le va el aceite por alguna parte** the oil's leaking out of the engine somewhere, the engine's losing oil somewhere; **sin doble acristalamiento el calor se va por las rendijas** if you haven't got double glazing, the heat escapes through the gaps in the windows

-5. *(resbalar)* **se me fue el cuchillo y me corté un dedo** the knife slipped and I cut my finger; **se le fue un pie y se cayó** her foot slipped and she fell; **tomó la curva muy cerrada y todos nos fuimos para un lado** he took the bend very tight and we all slid to one side

-6. *(olvidarse)* **tenía varias ideas, pero se me han ido** I had several ideas, but they've all slipped my mind; **se me ha ido su nombre** her name escapes me

-7. *RP (en cartas, juegos)* **me voy** I'm out

-8. *RP* **irse a examen** *(en asignatura)* to have to do the exam *(if you fail to get an exemption)*

-9. *Euf (morirse)* **se nos fue hace un año** she passed away a year ago, we lost her a year ago

-10. *Fam Hum (ventosear)* to let off

-11. *muy Fam (tener un orgasmo)* to come

-12. EXPR **¡vete a saber!** who knows!

◇ *nm* **el ir y venir de los albañiles con sus carretillas** the comings and goings of the builders with their wheelbarrows; **con tanto ir y venir toda la mañana tengo los pies destrozados** my feet are really sore after all that running around this morning

IRA ['ira] *nm (abrev de Irish Republican Army)* IRA ❏ *el ~ Provisional* the Provisional IRA

ira *nf* anger, rage; **en un arrebato de ~ la insultó** he insulted her in a fit of rage; **sus declaraciones provocaron la ~ de la clase política** politicians were enraged at his statement, his statement incurred the wrath of politicians; **los exploradores tuvieron que hacer frente a la ~ de los elementos** the explorers had to contend with the fury of the elements

iraca *nf Col* Panama-hat palm

iracundia *nf* **-1.** *(propensión)* irascibility **-2.** *(cólera)* ire, wrath

iracundo, -a *adj* **-1.** *(furioso)* angry, irate **-2.** *(irascible)* irascible

Irak = Iraq

irakí = iraquí

Irán *nm* **(el) ~** Iran

iraní *(pl* **iraníes)** ◇ *adj* Iranian
◇ *nmf (persona)* Iranian
◇ *nm (lengua)* Iranian

Iraq, Irak *nm* **(el) ~** Iraq

iraquí *(pl* **iraquíes), irakí** *(pl* **irakíes)** ◇ *adj* Iraqi
◇ *nmf* Iraqi

irascibilidad *nf* irascibility

irascible *adj* irascible

irbis *nm inv* snow leopard

irgo *etc ver* **erguir**

irguiera *etc ver* **erguir**

iridio *nm* QUÍM iridium

iridiscencia *nf* iridescence

iridiscente *adj* iridescent

iridología *nf* iridology

iridólogo, -a *nm,f* iridologist

iris *nm inv (del ojo)* iris

irisación *nf* iridescence

irisado, -a *adj* iridescent

irisar *vi* to be iridescent

Irlanda *n* Ireland ❏ ~ *del Norte* Northern Ireland

irlandés, -esa ◇ *adj* Irish
◇ *nm,f (persona)* Irishman, *f* Irishwoman; **los irlandeses** the Irish
◇ *nm* **-1.** *(lengua)* Irish **-2.** *(café)* Irish coffee

ironía *nf* **-1.** *(cualidad)* irony; **¡qué ~!** how ironic!; **una ~ del destino** an irony of fate; **lo dijo con mucha ~** she said it very ironically **-2.** *(comentario)* ironic remark; **soltó unas ironías** he made some ironic remarks

irónicamente *adv* ironically

irónico, -a *adj* ironic, ironical; **lo dije en tono ~** I was being ironic

ironizar [14] ◇ *vt* to ridicule
◇ *vi* to be ironical (**sobre** about)

iroqués, -esa *(pl* **iroqueses)** ◇ *adj* Iroquois
◇ *nm,f* Iroquois

IRPF *nm (abrev de Impuesto sobre la Renta de las Personas Físicas)* = Spanish personal income tax

irracional *adj* irrational

irracionalidad *nf* irrationality

irradiación *nf* **-1.** *(de luz, calor)* radiation **-2.** *(de cultura, ideas)* dissemination, spreading **-3.** *(de alimentos, enfermo, órgano)* irradiation

irradiar *vt* **-1.** *(luz, calor)* to radiate **-2.** *(cultura, ideas)* to disseminate **-3.** *(alimentos, enfermo, órgano)* to irradiate **-4.** *(simpatía, felicidad)* to radiate **-5.** *RP (emitir)* to broadcast

irrazonable *adj* unreasonable

irreal *adj* **-1.** *(imaginario)* imaginary; **un mundo ~** a fantasy world; **aquel lugar tenía un aire ~** there was something unreal about that place **-2.** *(excesivo)* unrealistic

irrealidad *nf* unreality

irrealizable *adj (sueño, objetivo)* unattainable; *(plan)* impractical

irrebatible *adj* irrefutable, indisputable

irreconciliable *adj* irreconcilable

irreconocible *adj* unrecognizable; **con barba está ~** he's unrecognizable with a beard

irrecuperable *adj* irretrievable

irredentismo *nm* POL irredentism

irredentista POL ◇ *adj* irredentist
◇ *nmf* irredentist

irredento, -a POL *adj* unredeemed

irredimible *adj* unredeemable

irreductible *adj* **-1.** *(fenómeno, fracción)* irreducible **-2.** *(país, pueblo)* unconquerable

irreemplazable *adj* irreplaceable

irreflexión *nf* rashness

irreflexivamente *adv* unthinkingly; **actuó ~** he acted unthinkingly *o* without thinking

irreflexivo, -a *adj* rash; **es muy ~** he's very rash

irreformable *adj* incorrigible

irrefrenable *adj* irrepressible, uncontainable

irrefutable *adj* irrefutable

irregular *adj* **-1.** *(comportamiento)* erratic; **su rendimiento en los estudios es ~** her marks are inconsistent; **el equipo tuvo una actuación muy ~** the team's performance was very patchy; **el comportamiento ~ de la inflación** the erratic behaviour of inflation

irregularidad

-2. *(situación)* irregular; **un inmigrante en situación ~** an immigrant without the proper documentation, an immigrant who is not legally registered
-3. *(terreno, superficie)* uneven
-4. *(poco honesto)* irregular; **consiguió su fortuna de forma ~** the way he obtained his fortune was not entirely honest *o* was somewhat irregular; **la financiación ~ de los partidos** the irregular funding of the parties
-5. *(verbo)* irregular
-6. GEOM irregular

irregularidad *nf* -1. *(de comportamiento)* erratic nature; **la ~ del viento** the changeability of the wind; **la ~ de los discos de un artista** the erratic *o* inconsistent quality of an artist's records
-2. *(de situación)* irregularity
-3. *(de terreno, superficie)* unevenness
-4. *(de verbo)* irregularity
-5. *(delito, falta)* irregularity ❑ **~ administrativa** administrative *o* procedural irregularity

irregularmente *adv* irregularly
irrelevancia *nf* unimportance, insignificance
irrelevante *adj* unimportant, insignificant
irreligioso, -a ◇ *adj* irreligious
   ◇ *nm,f* irreligious person
irremediable *adj* -1. *(inevitable)* unavoidable; **una consecuencia ~** an inevitable *o* unavoidable consequence -2. *(irreparable)* irremediable, irreparable
irremediablemente *adv* inevitably; **la responsabilidad pesó ~ sobre él** he was inevitably held responsible
irremisible *adj* -1. *(imperdonable)* **una condena ~** a sentence which cannot be revoked -2. *(irremediable)* inevitable
irremisiblemente *adv* inevitably; **una guerra que cambió ~ el país** a war that changed the country for good
irremplazable *adj* irreplaceable
irrenunciable *adj* **para ellos la subida salarial es un objetivo ~** the pay rise is non-negotiable as far as they are concerned, obtaining the pay rise is an aim that they are not prepared to abandon
irreparable *adj* irreparable; **su muerte es una pérdida ~** her death is an irreparable loss; **el terremoto causó daños irreparables** the earthquake caused irreparable damage
irrepetible *adj* unique, unrepeatable
irreprimible *adj* irrepressible
irreprochable *adj* irreproachable
irresistible *adj* -1. *(dolor)* unbearable -2. *(persona, oferta)* irresistible
irresistiblemente *adv* irresistibly
irresoluble *adj* unsolvable
irresolución *nf* irresolution, indecisiveness
irresoluto, -a *Formal* ◇ *adj* irresolute
   ◇ *nm,f* irresolute person
irrespetar *vt Col, Ven (persona)* to be disrespectful to; *(cosa)* not to respect, to show no respect for
irrespetuoso, -a *adj* disrespectful
irrespirable *adj* -1. *(aire)* unbreathable -2. *Fig (ambiente)* oppressive; **la atmósfera en esta oficina es ~** the atmosphere in this office is really oppressive
irresponsabilidad *nf* irresponsibility
irresponsable ◇ *adj* irresponsible
   ◇ *nmf* irresponsible person; **es un ~** he's very irresponsible
irrestricto, -a *adj Am* unconditional, complete; **amnistía irrestricta** general amnesty; **apoyo ~** undconditional support; **tengo confianza irrestricta en él** I have complete *o* the utmost confidence in him
irretroactividad *nf* DER nonretroactive nature
irreverencia *nf* -1. *(cualidad)* irreverence -2. *(dicho)* irreverent remark; **eso es una ~** *(acto)* that's irreverent, that's an irreverent thing to do
irreverente *adj* irreverent

irreversibilidad *nf* irreversibility
irreversible *adj* irreversible
irrevocable *adj* irrevocable; **presentó su dimisión ~** he handed in his resignation, saying that there was no prospect of him changing his mind
irrevocablemente *adv* irrevocably
irrigación *nf* -1. *(de campo)* irrigation -2. MED *(circulación)* circulation -3. MED *(con líquido)* irrigation ❑ **~ del colon** colonic irrigation; **~ rectal** rectal irrigation; **~ vaginal** douche
irrigador *nm* MED irrigator
irrigar [38] *vt* -1. *(campo)* to irrigate -2. MED *(órgano)* to supply with blood -3. MED *(con líquido)* to irrigate
irrisión *nf* *(mofa)* ridicule, derision
irrisorio, -a *adj* -1. *(excusa, historia)* laughable, risible -2. *(muy pequeño)* derisory; **nos ofrecieron un precio ~** we were offered a derisory sum; **una cantidad irrisoria** a derisory amount
irritabilidad *nf* irritability
irritable *adj* irritable
irritación *nf* -1. *(enfado)* irritation, annoyance -2. *(de la piel)* irritation; *(de la garganta)* inflammation
irritado, -a *adj* -1. *(persona)* irritated, annoyed -2. *(garganta)* sore; **tengo la piel irritada** I've got a rash
irritante *adj* irritating, annoying
irritar ◇ *vt* -1. *(enfadar)* to irritate, to annoy -2. *(piel, garganta)* to irritate; **me irritó la garganta/piel** it gave me a sore throat/a rash; **el humo me irrita los pulmones** smoke irritates my lungs
   ◆ **irritarse** *vpr* -1. *(enfadarse)* to get annoyed; **se irrita con cualquier cosa** he gets annoyed at the slightest thing; **se irritó por mis comentarios** he was annoyed about what I said -2. *(sujeto: piel, garganta)* **se me irritó la garganta** I got a sore throat; **se me irritó la piel** I got a rash
irrogar [38] *vt Formal* to cause, to occasion
irrompible *adj* unbreakable
irrumpir *vi* **~ en** *(lugar, vida)* to burst into; *(escena política, pantalla)* to burst onto
irrupción *nf (en lugar)* **la ~ de los alborotadores obligó a suspender la reunión** the meeting had to be stopped when troublemakers burst in; **tras su ~ en la política** after she burst onto the political scene; **su ~ en mi vida se produjo hace seis años** she burst into my life six years ago
IRTP *nm (abrev de* **Impuesto sobre el Rendimiento del Trabajo Personal)** payroll tax, ≃ *Br* PAYE
irupé *nm* giant *o* royal water lily
Isaac *n pr* Isaac
Isabel *n pr* **~ I/II** Elizabeth I/II; **~ la Católica** Isabella the Catholic; **la reina ~ (de Inglaterra)** Queen Elizabeth II (of England)
isabelino, -a *adj* -1. *(en España)* Isabelline -2. *(en Inglaterra)* Elizabethan
Isaías *n pr* Isaiah
isatis *nm inv* Arctic fox
ISBN *nm (abrev de* **International Standard Book Number)** ISBN
Isis *n* MITOL Isis
isla *nf* -1. *(en el agua)* island; **una ~ desierta** a desert island ❑ **las islas Afortunadas** *(las Canarias)* the Canary Islands, the Canaries; **las islas Anglonormandas** the Channel Islands; **las islas Azores** the Azores; **las islas Baleares** the Balearic Islands; **las islas Británicas** the British Isles; **las islas Canarias** the Canary Islands, the Canaries; **las islas Carolinas** the Caroline Islands; **las islas Filipinas** the Philippines; **las islas Galápagos** the Galapagos Islands; **las islas Malvinas** the Falkland Islands; **la ~ de Man** the Isle of Man; **la ~ de Pascua** Easter Island; **la ~ de la Reunión** Réunion; **las islas Salomón** the Solomon Islands
-2. *Méx, RP (de árboles)* grove
-3. *Chile (terreno)* flood plain
-4. *Ven (mediana)* *Br* central reservation, *US* median (strip)

islam *nm* **el ~** Islam
Islamabad *n* Islamabad
islámico, -a *adj* Islamic
islamismo *nm* Islam
islamista ◇ *adj* -1. *(estudioso del islam)* Islamist -2. *(integrista)* Islamic fundamentalist, Islamist
   ◇ *nmf* -1. *(estudioso del islam)* Islamist, Islamic scholar -2. *(integrista)* Islamic fundamentalist, Islamist
islamizar [14] *vt* to Islamize, to convert to Islam
   ◆ **islamizarse** *vpr* to convert to Islam
islandés, -esa ◇ *adj* Icelandic
   ◇ *nm,f (persona)* Icelander
   ◇ *nm (lengua)* Icelandic
Islandia *n* Iceland
isleño, -a ◇ *adj* -1. *(de una isla)* island; **las costumbres isleñas** the island customs -2. *Ven (de Canarias)* of/from the Canary Islands
   ◇ *nm,f* -1. *(de una isla)* islander -2. *Ven (de Canarias)* immigrant from the Canary Islands
isleta *nf (en calle)* traffic island
islote *nm* small island
ismo *nm* ism
ISO ['iso] *nf (abrev de* **International Standards Organization)** ISO
isobara, isóbara *nf* isobar
isobárico, -a *adj* isobaric
isoca *nf RP* = butterfly larva which damages crops
isocarro *nm* three-wheeled van
isoglosa *nf* LING isogloss
isómero *nm* QUÍM isomer
isometría *nf* isometrics *(singular)*
isométrico, -a *adj* isometric
isomorfismo *nm* isomorphism
isomorfo, -a QUÍM ◇ *adj* isomorphic
   ◇ *nm* isomorph
isósceles *adj inv* isosceles
isoterma *nf* isotherm
isotérmico, -a, isotermo, -a *adj* isothermal; **camión ~** refrigerated truck *o Br* lorry; **un recipiente ~** a container that keeps the contents at a constant temperature
isotónico, -a *adj* isotonic
isótopo, -a ◇ *adj* isotopic
   ◇ *nm* isotope ❑ **~ radiactivo** radioactive isotope
isquemia *nf* MED ischaemia
isquion *nm* ANAT ischium
Israel *n* Israel
israelí *(pl* **israelíes)** ◇ *adj* Israeli
   ◇ *nmf* Israeli
israelita ◇ *adj* Israelite
   ◇ *nmf* Israelite
ISSSTE ['iste] *nm (abrev* **Instituto de Seguridad y Servicios Sociales de los Trabajadores del Estado)** = Mexican department that deals with healthcare and social security for public sector workers
istmo *nm* isthmus ❑ **~ de Panamá** Isthmus of Panama
Ítaca *n* Ithaca
itacate *nm Méx* packed lunch
Italia *n* Italy
italianada *nf RP Fam (gente)* Italian crowd; EXPR **se le subió la ~** she flew off the handle
italianismo *nm* Italianism
italianizante *adj* Italianizing
italiano, -a ◇ *adj* Italian
   ◇ *nm,f (persona)* Italian
   ◇ *nm (lengua)* Italian
itálico, -a ◇ *adj* -1. HIST Italic -2. *(letra)* italic; **en ~** in italics
   ◇ *nm,f* -1. HIST Italic -2. *(letra)* italic
ítalo, -a *Literario* ◇ *adj* Italian
   ◇ *nm,f* Italian
ítem *(pl* **ítems)** *nm* -1. *(elemento)* item -2. *(en test)* question
itemizar *vt Am* to itemize, to list
iteración *nf* repetition
iterar *vt* to repeat
iterativo, -a *adj* -1. *(canción, persona)* repetitive -2. LING iterative
iterbio *nm* QUÍM ytterbium

itinerante *adj (vida)* itinerant; *(exposición)* travelling; *(embajador)* roving
itinerario *nm* route, itinerary
itrio *nm* QUÍM yttrium
ITV *Esp nf (abrev de* **inspección técnica de vehículos***)* = annual technical inspection for motor vehicles with an age of five years or more, *Br* ≃ MOT
IU *nf (abrev de* **Izquierda Unida***)* = Spanish left-wing coalition party
IVA ['iβa] *nm (abrev de* **impuesto sobre el valor añadido,** *Am* **impuesto al valor agregado***) Br* VAT, *US* ≃ sales tax
Iván *n pr* ~ **el Terrible** Ivan the Terrible
ixtle *nm Méx* istle, ixtle, = fibre, especially from the maguey plant
izar [14] *vt* to raise, to hoist
izda. *(abrev de* **izquierda***)* L, 1

izdo. *(abrev de* **izquierdo***)* L, 1
izote *nm* Spanish dagger
izqda. *(abrev de* **izquierda***)* L, 1
izqdo. *(abrev de* **izquierdo***)* L, 1
izquierda ◇ *nf* **-1.** *(contrario de derecha)* left, left-hand side; **el de la ~ es mi primo** the person on the left is my cousin; **a la ~ (de)** on *o* to the left (of); **la primera bocacalle a la ~** the first turning on the left; **a mi/vuestra ~** on my/your left(-hand side); **a su ~ el Ayuntamiento** on your left is the Town Hall; **girar a la ~** to turn left; **prohibido girar a la ~** no left turn; **de la ~** on the left; **por la ~** on the left
-2. *(en política)* left (wing); **la ~** the left; **un partido de** *Esp* **izquierdas** *o Am* **~** a left-wing party; **ser de ~** *Esp* **izquierdas** *o Am* **~** to be left-wing

-3. *(mano)* left hand; *(pierna)* left foot; **marcó con la ~** he scored with his left foot
-4. *(puerta)* **el segundo ~** *Br* the left-hand flat on the second floor, *US* the left-hand apartment on the third floor
◇ *interj (orden militar)* left wheel!
izquierdismo *nm (de persona, partido)* left-wing views; **el ~ del gobierno** the government's left-wing policies
izquierdista ◇ *adj* left-wing
◇ *nmf* left-winger
izquierdización *nf (en política)* move to the left
izquierdo, -a *adj* left; **mano/pierna izquierda** left hand/leg; **el margen ~** the left-hand margin; **a mano izquierda** on the left-hand side
izquierdoso, -a *adj Fam* leftish

Jj

J, j ['χota] *nf (letra)* J, j

J *(abrev de* **jueves)** Th

ja *interj Fam* **-1.** *(expresando risa)* ha! **-2.** *(expresando desafío)* ha!; **ya verás como te gano – ¡ja!, que te lo has creído** I'll beat you, just you wait and see – ha, that's what you think!

jab [jaβ] *(pl* **jabs)** *nm (en boxeo)* jab

jaba *nf* **-1.** *Andes (cajón)* crate **-2.** *Cuba (bolsa)* bag

jabado, -a *adj PRico (ave)* mottled

jabalí *(pl* **jabalíes)** *nm* wild boar ❑ **~ verrugoso** warthog

jabalina *nf* **-1.** DEP javelin **-2.** *(animal)* wild sow

jabato, -a ◇ *adj Esp Fam (valiente)* brave
◇ *nm* **-1.** *(animal)* young wild boar **-2.** *Esp Fam (valiente)* dare-devil; **estar hecho un ~** to be a dare-devil

jábega *nf* **-1.** *(red)* dragnet **-2.** *(barco)* small fishing boat

jabillo *nm* sandbox tree

jabón *nm* **-1.** *(para lavar)* soap; **una pastilla de ~** a bar of soap; EXPR *Fam* **dar ~ a alguien** to soft-soap sb ❑ **~ de afeitar** shaving soap; *Ven* **~ en panela** laundry soap; **~ en polvo** soap powder; **~ de sastre** soapstone, French chalk; **~ de tocador** toilet soap **-2.** *Méx, RP Fam* **dar un ~ a alguien** *(asustar)* to freak sb; **¡me pegué un ~!** I freaked!

jabonada *nf* **-1.** *(con jabón)* **dar una ~ a algo** to wash sth with soap **-2.** *Chile, Méx Fam (reprimenda)* telling-off, *Br* ticking-off

jabonar ◇ *vt* to soap
◆ **jabonarse** *vpr* to soap oneself

jaboncillo *nm* **-1.** *(de sastre)* tailor's chalk **-2.** *Chile (para afeitar)* shaving soap **-3.** *Bol (de tocador)* toilet soap

jabonera *nf* soap dish

jabonero, -a ◇ *adj* soap; **la industria jabonera** the soap industry
◇ *nm,f* soapmaker

jabonoso, -a *adj* soapy

jabuco *nm Cuba* large straw basket

jabugo *nm* = good quality Spanish cured ham from Jabugo, similar to Parma ham

jaca *nf* **-1.** *(caballo pequeño)* pony; *(yegua)* mare **-2.** *muy Fam (mujer) Br* stunner, *US* tomato **-3.** *Am (gallo)* gamecock, fighting cock

jacal *nm Méx* hut

jacalear *vi Méx Fam* to gossip

jacalerío *nm Méx* **-1.** *(en el campo)* group of huts **-2.** *(en la ciudad)* shanty town

jacalón *nm Méx* lean-to, shed

jacana *nf* jacana

jácara *nf* LIT picaresque ballad

jacarandá *nm* jacaranda

jacarandoso, -a *adj Fam* merry, lively

jácena *nf* ARQUIT summer (beam)

jacinto *nm* **-1.** *(planta)* hyacinth **-2.** *(piedra)* hyacinth, jacinth

jack [jak] *(pl* **jacks)** *nm* jack

jaco *nm* **-1.** *(caballo)* nag **-2.** *Fam (heroína)* junk, smack

Jacob *n pr* Jacob

jacobeo, -a *adj* of/relating to St James; **año ~** = year in which the feast of St James (25th July) falls on a Sunday, during which special religious celebrations are held; **la ruta jacobea** = pilgrims' route to Santiago de Compostela

jacobinismo *nm* HIST Jacobinism

jacobino, -a HIST ◇ *adj* Jacobin
◇ *nm,f* Jacobin

jacobita HIST ◇ *adj* Jacobite
◇ *nmf* Jacobite

Jacobo *n pr* **~ I/II** James I/II (of England)

jacolote *nm* ocote pine

jactancia *nf* boasting; **habla de sus hijos con ~** he speaks boastfully about his children

jactancioso, -a *adj* boastful

jactarse *vpr* to boast (**de** about *o* of), to brag (**de** about); **se jacta de tener un Mercedes** she brags *o* boasts about having a Mercedes

jaculatoria *nf* short prayer

jacuzzi® [ja'kusi] *nm* Jacuzzi®

jade *nm* jade

jadeante *adj* panting; **llegó a la cima ~** she was panting when she got to the top

jadear *vi* to pant; **jadeaba de emoción** she was gasping with excitement

jadeo *nm* panting

jaez *nm* **-1.** *(arreo)* harness **-2.** *Pey (carácter)* ilk, kind; **todos esos son del mismo ~** they are all of the same ilk

jagua *nf* **-1.** *(árbol)* genipa, marmalade box **-2.** *(fruta)* genipa fruit **-3.** *(tintura)* genipa dye

jaguar *nm* jaguar

jaguay *nm Perú* **-1.** *(aguada)* watering trough **-2.** *(charca)* pond

jagüel *nm Andes, RP, Ven* pond

jagüey *nm* **-1.** *(bejuco)* liana **-2.** *Andes, RP, Ven (charca)* pond

jai *nf Am Fam* **la ~** *(la alta sociedad)* high society

jai alai *nm* jai alai, pelota

jaiba ◇ *nmf Carib, Méx Fam (persona)* sharp customer
◇ *nf* **-1.** *Andes, CAm, Carib, Méx (cangrejo)* crayfish **-2.** *Méx Fam (policía)* **la ~** the cops

jaibol *nm Méx Br* whisky and soda, *US* highball

jaima *nf* = Bedouin tent

Jaime *n pr* **~ I/II** Jaime I/II

jaimitada *nf Esp Fam* **¡estoy harto de sus jaimitadas!** I'm sick of his antics!

jalabolas *nmf inv Ven muy Fam* crawler

jalada *nf* **-1.** *Méx (tirón)* pull; *(suave)* tug; **dar una ~ a algo** to pull sth; *(suavemente)* to tug sth **-2.** *Méx Fam (reprimenda)* telling-off; **dar una ~ a alguien** to tell sb off **-3.** *Ven Fam (adulancia)* soft soap; **con las jaladas al jefe, consiguió un aumento** all that soft-soaping the boss got him a raise; **dar una ~ a alguien** to soft-soap sb **-4.** *Perú Fam (aventón) Br* lift, *US* ride; **pedir una ~** to ask for a *Br* lift *o US* ride; **dar una ~ a alguien** to give sb a *Br* lift *o US* ride

jalado, -a *adj Fam* **-1.** *CAm, Méx, Ven (borracho)* smashed, plastered **-2.** *Ven (demacrado)* gaunt

jalador, -ora ◇ *nm,f Fam* **-1.** *Méx (emprendedor)* **es un ~** he's always more than happy to help out **-2.** *Ven (adulador)* crawler
◇ *nm Méx* squeegee

jalapa *nf (planta)* jalap

jalapeño, -a ◇ *adj* of/from Jalapa (Mexico)
◇ *nm,f* person from Jalapa (Mexico)
◇ *nm (chile)* jalapeño chilli

jalar¹, halar [χa'lar] ◇ *vt* **-1.** *Andes, CAm, Carib, Méx (tirar de)* to pull; *(suavemente)* to tug; **~ la cadena** to pull the chain, to flush (the toilet); **~ un cajón** to pull out a drawer; **lo jaló de la manga** she pulled his sleeve; **~ el pelo a alguien** to pull sb's hair; *Méx, Ven* **jaló al niño hasta la escuela** she dragged the child to school; EXPR *Fam* **~ la lengua a alguien** to draw sb out; EXPR *Fam* **~ las orejas a alguien** to bawl sb out; EXPR *Ven Fam* **mecate (a alguien)** *(adular)* to crawl (to sb)
-2. *Méx (extender)* to stretch out; **jaló tanto el suéter que lo deformó** she stretched the sweater out of shape
-3. *Méx Fam (atraer)* **el deporte me jala mucho** I'm crazy about sport *o US* sports, I'm really into sport *o US* sports
-4. *Méx Fam (convencer)* **lo jalaron para que participara en la campaña** they talked him into joining the campaign
-5. *Perú Fam (transportar)* to give a *Br* lift *o US* ride; **me jaló hasta la estación** she gave me a *Br* lift *o US* ride to the station
-6. *Perú Fam (suspender)* to fail, *US* to flunk
-7. *Perú Fam (cobrar)* to sting; **¿cuánto te jalaron por esos zapatos?** how much did they sting you for when you bought those shoes?
-8. *Ven Fam (succionar)* to suck up
-9. *Ven Fam (consumir) (energía, combustible)* to guzzle; *(dinero)* to eat up
◇ *vi* **-1.** *Andes, CAm, Carib, Méx (tirar)* to pull; **jale** *(en letrero)* pull
-2. *Andes, CAm, Carib, Méx (irse)* to go; **jala a la derecha en la tercera calle** take the third street on the right; **jálale por la leche, que ya van a cerrar** go for some milk, the shop will be closing soon; **cada uno jaló por su lado** they all headed off their own way
-3. *Méx Fam (trabajar)* to work; **¿en qué jalas?** what are you working on?
-4. *Méx Fam (robar)* **jalaron con tres computadoras** they made off with *o Br* nicked three computers
-5. *Méx muy Fam (molestar)* to be a *Br* bloody *o US* goddamn pain; **deja de ~** stop being such a *Br* bloody *o US* goddamn pain
-6. *Méx Fam (funcionar)* to work; **este reloj es muy viejo pero todavía jala** this watch is very old, but it's still hanging on in there; **¿cómo van los estudios? – jalando** how are your studies going? – OK *o* not bad; **el negocio está jalando muy bien** the business is coming along nicely
-7. *Méx Fam (apresurarse)* to get a move on; **dejen de platicar y jálenle, que se hace tarde** stop gabbing and get a move on, it's late
-8. *Ven Fam (adular)* to crawl
-9. *Ven (chimenea)* to draw
-10. *Méx Fam* EXPR **~ parejo** *(compartir el gasto)* to go halves; **si queremos resolver el problema hay que ~ parejo** if we want to solve the problem we'll all have to pull our weight; **no ~ con alguien:** **éramos compañeras de primaria, pero nunca jalé con ella** we were at the same primary school, but we were never friends

◆ **jalarse** *vpr* **-1.** *Ven Fam (emborracharse)* to get plastered **-2.** *Méx Vulg* **jalársela** *(masturbarse)* to jerk off, *Br* to have a wank **-3.** *Méx Fam* **jalársela** *(exagerar)* to put on an act **-4.** *Méx Fam* **jalarse las medias** *Br* to ladder one's tights, *US* to get a run in one's tights

jalar² *Esp Fam* ◇ *vt* to eat, *Br* to scoff
◇ *vi* to eat, *Br* to nosh

◆ **jalarse** *vpr* to eat, *Br* to scoff; **se jaló dos manzanas** she ate *o Br* scoffed two apples
jale *nm Méx Fam* work; **acabo de perder el ~** I've just got the sack
jalea *nf* jelly ❑ **~ de guayaba** guava jelly; **~ de membrillo** quince jelly; **~ real** royal jelly
jalear *vt* **-1.** *(animar) (cantante, bailarín, equipo)* to cheer on **-2.** *Chile (molestar)* to pester, to bother
jaleo *nm Fam* **-1.** *(lío)* mess, confusion; **había un ~ enorme a la entrada del estadio** it was utter chaos outside the stadium; **no encuentro el documento entre tanto ~ de papeles** I can't find the document amongst such a muddle *o* jumble of papers; **tengo mucho ~ en la oficina** things are pretty hectic for me at the office just now; **un ~ de cifras** a jumble of figures; **en menudo ~ te has metido** that's a real mess you've landed yourself in; **con este programa me armo mucho ~** this program is a nightmare **-2.** *(alboroto)* row, rumpus; **armar ~** to kick up a row *o* fuss **-3.** *(ruido)* racket, row; *(aplausos, gritos)* cheering; **armar ~** to make a racket
jalifa *nf* HIST = Spanish Moroccan governor
jalisciense ◇ *adj* of/from Jalisco (Mexico)
◇ *nmf* person from Jalisco (Mexico)
jalisco *nm Méx* straw hat
jalisquillo, -a *nm,f Méx* = pejorative term for a person from Guadalajara
jalón *nm* **-1.** *(vara)* marker pole **-2.** *(hito)* landmark, milestone **-3.** *Andes, CAm, Carib, Méx (tirón)* pull; *(suave)* tug; **dar un ~ de orejas a alguien** *(tirón)* to tweak sb's ear; *(reprimenda)* to give someone a telling-off *o Br* ticking-off; EXPR **hacer algo de un ~** to do sth in one go **-4.** *Bol, Méx, Ven (trecho)* stretch, distance; **todavía nos queda un buen ~** we've still got quite a way to go **-5.** *Méx (trago)* swig **-6.** *Méx Fam* **hazme (el) ~ y acompáñame al centro, ¿sí?** be a love and come into town with me, will you?
jalonar *vt* **-1.** *(con varas)* to stake out, to mark out **-2.** *(señalar)* to mark; **un viaje jalonado de dificultades** a trip dogged by problems
jalonear *Méx* ◇ *vt (tirar)* to pull; *(suavemente)* to tug
◇ *vi (regatear)* to barter, to haggle
jaloneo *nm Méx* **-1.** *(tirón)* pulling; *(suave)* tugging **-2.** *(regateo)* barter, haggling
Jamaica *n* Jamaica
jamaica *nf* **-1.** *CAm, Méx (verbena)* street party **-2.** *(planta)* roselle **-3.** *Méx (bebida)* = non-alcoholic drink made from roselle flowers **-4.** *CAm, Méx (fiesta benéfica) Br* jumble sale, *US* rummage sale
jamaicano, -a, *Am* **jamaiquino, -a** ◇ *adj* Jamaican
◇ *nm,f* Jamaican
jamaquear *vt Ven Fam* **-1.** *(sacudir)* to shake **-2.** *(criticar)* to have a go at
jamar *Esp Fam* ◇ *vt* **¿hay algo para ~?** is there any *Br* grub *o US* chow?
◆ **jamarse** *vpr* to eat, *Br* to scoff; **se jamó dos bocadillos** she ate *o Br* scoffed two sandwiches; **en este restaurante se jama muy bien** the *Br* grub *o US* chow is very good at this restaurant
jamás *adv* never; **no lo he visto ~** I've never seen him; **la mejor novela que ~ se haya escrito** the best novel ever written; **~ en la vida había visto algo así** never before had I seen such a thing, I'd never seen such a thing in all my life; **nunca ~** never ever; **por siempre ~** for evermore; EXPR *Fam* **¡~ de los jamases!** not in a million years!
jamba *nf* jamb, door post
jambar *vt CAm, Méx Fam* to wolf down, *Br* to scoff
jamelgo *nm Fam* nag
jamón *nm* **-1.** *(embutido)* ham; EXPR *Esp Fam* **¡y un ~ (con chorreras)!** you've got to be joking!, not on your life!; EXPR *Esp Fam* **estar ~** to be dishy ❑ **~ dulce** (boiled) ham; **~ ibérico** = type of cured ham, similar to Parma ham; **~ de pata negra** = type of top-quality cured ham, similar to Parma ham; **~ serrano** = cured ham, similar to Parma ham; **~ (de) York** (boiled) ham **-2.** *Carib Fam (ganga)* snip, bargain
jamona *Fam* ◇ *adj* well-stacked, buxom
◇ *nf* buxom wench, well-stacked woman
jane® *nf Urug* bleach
jansenismo *nm* HIST Jansenism
jansenista HIST ◇ *adj* Jansenist
◇ *nmf* Jansenist
Januká *n* Chanukkah, Hanukkah
japo *nm Esp Fam* gob, spit
Japón *nm* **(el) ~** Japan
japonés, -esa ◇ *adj* Japanese
◇ *nm,f (persona)* Japanese; **los japoneses** the Japanese
◇ *nm (lengua)* Japanese
japuta *nf* Ray's bream, Atlantic pomfret
jaque *nm* **~ (al rey)** check; **¡~!** check!; EXPR **tener o traer en ~ a alguien** to keep sb in a state of anxiety ❑ **~ mate** checkmate; **dar ~ mate a alguien** to checkmate sb
jaqué [ʒa'ke], **jaquet** [ʒa'ket] *(pl* **jaquets***) nm CSur* morning coat
jaquear *vt (en ajedrez)* to check
jaqueca *nf* migraine; **tener ~** to have a migraine; *Fam* **dar ~ a alguien** to bother sb, to pester sb
jaquetón *nm (tiburón)* great white shark
jáquima *nf CAm Fam (borrachera)* drunkenness
jara *nf* **-1.** *(arbusto)* rockrose **-2.** *Carib, Méx Fam* **la ~** *(policía)* the cops
jarabe *nm* **-1.** *(bebida)* syrup ❑ **~ de arce** maple syrup; *Ven Fam* **~ de lengua**: **dar un ~ de lengua a alguien** to bawl sb out; **~ de maíz** corn syrup; *Esp Fam* **~ de palo**: **el único lenguaje que entiende el niño es el ~ de palo** the only language that child understands is a good thrashing; **¡te voy a dar ~ de palo!** *(a un niño)* you're going to feel the back of my hand!; *(a un adulto)* I'm going to give you a sound thrashing!; *Fam* **~ de pico** smooth talk; **esas promesas son puro ~ de pico** those promises are just so much hot air; *Fam* **tener mucho ~ de pico** to have the gift of the gab, to be a smooth talker; **~ para la tos** cough mixture *o* syrup **-2.** *Méx (canto, baile)* = traditional Mexican song and dance, derived from flamenco ❑ **el ~ tapatío** the Mexican hat dance
jaramago *nm* hedge mustard
jarana *nf Fam* **-1.** *(juerga)* **estar de ~** to party; **irse de ~** to go out on the town **-2.** *(alboroto)* rumpus; **se organizó una gran ~** all hell broke loose **-3.** *Méx (guitarra)* small guitar **-4.** *Méx (baile)* = traditional dance of the Yucatan **-5.** *CAm (deuda)* debt
jaranear *Fam* ◇ *vt Andes, CAm (estafar)* to swindle, to cheat
◇ *vi* to go out on the town
jaranero, -a *Fam* ◇ *adj* **es muy ~** he's a party animal
◇ *nm,f* party animal
jarano *nm Méx* sombrero
jarapa *nf* = rug made from rags woven together
jarcia *nf* **-1.** NÁUT rigging **-2.** *CAm, Cuba, Méx (cordel)* rope
jardín *nm* **-1.** *(con plantas) Br* garden, *US* yard ❑ **~ botánico** botanical garden; **~ colgante** hanging garden; **~ del Edén** Garden of Eden; **~ floral** flower garden; **~ de infancia** kindergarten, nursery school; *RP* **~ de infantes** kindergarten, nursery school; *Chile, Col* **~ infantil** kindergarten, nursery school; **~ de invierno** winter garden; **~ de rocalla** rock garden; **~ zoológico** zoo **-2.** *Am* **los jardines** *(en béisbol)* the outfield ❑ **~ central** centerfield; **~ exterior** outfield
jardinera *nf* **-1.** *(para plantas)* planter **-2. a la ~** *(carne)* garnished with vegetables **-3.** *Col (vestido)* pinafore dress **-4.** *Urug (jardín de infancia)* kindergarten, nursery school
jardinería *nf* gardening
jardinero, -a ◇ *nm,f* **-1.** *(de plantas)* gardener **-2.** *Am (en béisbol)* outfielder ❑ **~ central** centerfielder
◇ *nm RP Br* dungarees, *US* overalls
jareta *nf (dobladillo)* hem
jaretón *nm* wide hem
jarina *nf RDom* **-1.** *(pizca)* pinch **-2.** *(llovizna)* drizzle
jaripeo *nm Méx* = rodeo including bull-riding, display of horse riding skills, music and dance
jarocho, -a ◇ *adj* of/from Veracruz (Mexico)
◇ *nm,f* native of Veracruz (Mexico)
jarra *nf* **-1.** *(para servir)* jug; *(para beber)* tankard **-2. en jarras, con los brazos en jarras** *(postura)* hands on hips, with arms akimbo
Jarrai *n* = radical Basque nationalist youth organization
jarrear *v impersonal Fam* **está jarreando** it's bucketing down, it's pouring
jarrete *nm* hock
jarretera *nf* **-1.** *(liga)* garter **-2.** *(orden militar)* Order of the Garter
jarro *nm* **-1.** *(vasija)* jug; EXPR **fue *o* sentó como un ~ de agua fría** it was a bolt from the blue; EXPR *Fam* **llover a jarros** to be bucketing down **-2.** *CSur (taza alta)* mug; *(de cerveza)* mug, tankard
jarrón *nm* vase
jartarse *vpr Col Fam* to get fed up; **~ de algo** to get fed up with sth; **~ de hacer algo** to get fed up of doing sth
jarto, -a *adj Col Fam* tired **(de** of**)**, fed up **(de** with**)**; **estoy ~ de mi jefe** I'm sick of my boss; **estoy ~ de repetirte que cierres la puerta** I'm sick and tired of telling you to shut the door; **me tiene jarta con el piano** I'm fed up of her and her piano; **empiezo a estar un poco jarta de sus quejas** I'm starting to get rather tired *o* fed up with his complaints
Jartum *n* Khartoum
Jasón *n* MITOL Jason
jaspe *nm (piedra)* jasper
jaspeado, -a ◇ *adj (mármol)* veined; *(tela)* mottled
◇ *nm* mottling
jaspear *vt* to mottle
jato *nm Perú Fam* bachelor pad
jauja *nf Fam* heaven on earth, paradise; **ser ~** to be heaven on earth *o* paradise; **¡esto es ~!** this is a cushy number!; **¿qué te has creído, que esto es ~?** do you think this is a holiday camp, or what?
jaula *nf* **-1.** *(para animales)* cage ❑ *Fig* **una ~ de grillos** a madhouse; **aquello era una ~ de grillos** it was bedlam *o* a madhouse; *Fig* **~ de oro** gilded cage **-2.** *(en mina)* cage **-3.** *Fam (cárcel)* slammer **-4.** *Carib, Col, RP Fam (policial) Br* Black Maria, *US* paddy wagon
jauría *nf (de perros)* pack; **una ~ de lobos** a wolf pack; **una ~ de periodistas** a pack of journalists
Java[1] *n* Java
Java[2] *nm* INFORMÁT Java
javanés, -esa ◇ *adj* Javanese
◇ *nm,f* Javanese
jazmín *nm* jasmine ❑ *Arg, Chile* **~ del pago** hardy fuchsia
jazz [jas] *nm inv* jazz
jazzista [ʒa'sista] *nmf* jazz musician
jazzístico, -a [ʒa'sistiko] *adj* jazz; **música con elementos jazzísticos** music with jazz elements
J.C. *(abrev de* **Jesucristo***)* JC
je *interj* ha!
jean [jin] *(pl* **jeanes***) nm Am* jeans; **un ~** a pair of jeans
jeans [jins] *nmpl* jeans; **unos ~** a pair of jeans
jeba = **jeva**
jebe *nm Andes* **-1.** *(planta)* rubber plant **-2.** *(caucho)* rubber **-3.** *(tira elástica)* rubber band, *Br* elastic band **-4.** *Fam (preservativo)* rubber, *Br* johnny
jebo = **jevo**
jedi *(forma verbal invertida de* **decir***) RP Fam* **el que te ~** you-know-who
jeep [jip] *(pl* **jeeps***) nm* jeep

jefatura *nf* **-1.** *(cargo)* leadership; **ocupa la ~ de la organización** he is the head of the organization; **los candidatos a la ~ del gobierno** the candidates for prime minister **-2.** *(organismo)* headquarters, head office ❑ **~ de policía** police station; *Esp* **de tráfico** = traffic department, responsible for renewing driving licences, fines etc

jefazo, -a *nm,f Fam* big boss, *esp US* head honcho

jefe, -a *nm,f* **-1.** *(persona al mando)* boss; *(de empresa)* manager, *f* manageress; *(líder)* leader; *(de tribu, ejército)* chief; *(de departamento)* head; MIL **en ~** in-chief; EXPR *Méx Fam* **como ~: entró a la oficina como ~** he walked into the office as if he owned the place ❑ **~ de bomberos** fire chief; **~ de cocina** chef; **~ de compras** purchasing manager; **~ de estación** stationmaster; **~ de Estado** head of state; **~ del estado mayor** chief of staff; **~ de estudios** director of studies; DEP **~ de fila(s)** team leader *(driver or cyclist)*; **~ de gabinete** chief of staff; **~ de gobierno** prime minister; **una reunión de jefes de gobierno** a meeting of heads of government; **~ de policía** police chief, chief of police, *Br* chief constable; **~ de prensa** press officer; **~ de producción** production manager; **~ de producto** product line manager; **~ de protocolo** chief of protocol; **~ de proyecto** project manager; **~ de redacción** editor-in-chief; **~ de sección** departmental head *o* chief; **~ de ventas** sales manager

-2. *Fam (como apelativo)* **pregúntale al ~ qué se debe** ask the guy for the bill; **~, pónganos dos cervezas** give us two beers, *Br* guv *o US* mac

-3. *Méx Fam (padre, madre)* old man, *f* old girl

-4. *Esp Fam* **mis jefes** *(mis padres)* my folks

jefear *Ven Fam* ◇ *vt* to boss around; **¡no nos jefees!** stop bossing us around!
◇ *vi* **le gusta mucho ~** he loves bossing people around

Jehová *nm* Jehova

jején *nm Am* gnat

jemer *nm* **los jemeres rojos** the Khmer Rouge

jemiquear, jeremiquear *vi Andes, Carib* to whimper, to snivel

jengibre *nm* ginger

jeniquén *nm* henequen

jenízaro *nm (soldado)* janissary

Jenofonte *n pr* Xenophon

jeque *nm* sheikh

jerarca *nm (de iglesia)* leader; **los jerarcas del partido** the party bosses

jerarquía *nf* **-1.** *(autoridades)* hierarchy; **la ~ católica del país** the leaders of the Catholic church in the country; **las altas jerarquías de la nación** the nation's leaders **-2.** *(rango)* rank; **en esta oficina hay varias jerarquías** there is a clear hierarchy in this office

jerárquico, -a *adj* hierarchical

jerarquización *nf (efecto)* hierarchical structure; *(acción)* structuring into a hierarchy; **preocupa la ~ de prioridades del gobierno** the way the government has ordered its priorities is a cause for concern

jerarquizar [14] *vt* to structure in a hierarchical manner; **la empresa está jerarquizada según la antigüedad de sus empleados** one's position in the company is dependent on seniority; **el poder jerarquiza la sociedad** power creates a hierarchy within society

jerbo *nm* jerboa

Jeremías *n pr* Jeremiah

jeremiquear = **jemiquear**

jerez *nm* sherry ❑ **~ fino** dry sherry

jerga *nf* **-1.** *(habla)* jargon; **la ~ juvenil** youth slang; **la ~ periodística** journalese **-2.** *(galimatías)* gibberish **-3.** *Méx, RP (manta de caballo)* saddle blanket

jergal *adj* **el habla ~** jargon

jergón *nm* straw mattress

jeribeque *nm* **-1.** *(mueca)* grimace **-2.** *(guiño)* wink

Jericó *n* Jericho

jerifalte *nm* **-1.** *(ave)* gerfalcon **-2.** *Fam (persona)* bigwig

jerigonza *nf* **-1.** *(galimatías)* gibberish **-2.** *(jerga)* jargon

jeringa ◇ *nf* syringe ❑ **~ hipodérmica** hypodermic syringe
◇ *nmf RP Fam* pain

jeringar, *Am* **jeringuear** *Fam* ◇ *vt* **-1.** *(fastidiar)* to cheese off; **me jeringa que me hable así** it really cheeses me off when he talks to me like that **-2.** *(estropear)* to bust, *Br* to knacker
◆ **jeringarse** *vpr* **-1.** *(fastidiarse)* **¡que se jeringue!** he can like it or lump it!; **si no estás de acuerdo, te jeringas** if you don't agree, tough! **-2.** *(estropearse)* to bust; **se ha jeringado la televisión** the television's bust *o Br* knackered

jeringón, -ona *adj RP, Ven Fam* **ser ~** to be a pain

jeringoso *nm RP* = children's language in which each syllable is repeated with the same vowel preceded by a "p", e.g. "vamos" becomes "vamospo"

jeringuear = **jeringar**

jeringuilla *nf* syringe ❑ **~ hipodérmica** hypodermic syringe

Jerjes *n pr* Xerxes

jeroglífico, -a ◇ *adj* hieroglyphic
◇ *nm* **-1.** *(inscripción)* hieroglyphic **-2.** *(pasatiempo)* rebus **-3.** *(problema)* puzzle, mystery; **estas instrucciones son un ~** these instructions are indecipherable

Jerónimo *n pr* **-1.** *(jefe apache)* Geronimo **-2.** **san ~** St Jerome

jerónimo, -a REL ◇ *adj* Hieronymite
◇ *nm,f* Hieronymite monk, *f* Hieronymite nun

jerosolimitano, -a ◇ *adj* of/from Jerusalem
◇ *nm,f* person from Jerusalem

jersey[1] *(pl* **jerseys** *o* **jerséis)** *nm Esp* **-1.** *(de punto)* sweater, *Br* jumper ❑ **~ de cuello alto** polo-neck (sweater); **~ de cuello de pico** V-neck (sweater) **-2.** *(en ciclismo)* jersey; **el ~ amarillo** the yellow jersey

jersey[2] ['jersei] *nm Am (tejido)* jersey

Jerusalén *n* Jerusalem

Jesucristo *nm* Jesus Christ

jesuita ◇ *adj* Jesuit
◇ *nm* **-1.** *(sacerdote)* Jesuit; **estudió en los jesuitas** he went to a Jesuit school **-2.** *RP (aperitivo)* = small rectangular pastry snack filled with ham or cheese

jesuítico, -a *adj* **-1.** *(de la Compañía de Jesús)* Jesuit **-2.** *(ambiguo, disimulado)* jesuitical, devious

Jesús ◇ *n pr* Jesus; **el niño ~** the baby Jesus
◇ *interj (expresando sorpresa)* gosh!, good heavens!; *Esp (tras estornudo)* bless you!; EXPR *Fam* **~ María y José!** holy smoke *o* cow!; EXPR *Fam* **en un decir ~** in the blink of an eye!; EXPR *Fam* **estuve con el ~ en la boca** my heart was in my mouth

jet[1] [jet] *(pl* **jets***) nm* jet

jet[2] [jet] *nf Esp* **la ~** the jet set

jeta ◇ *nf* **-1.** *Fam (cara)* mug, face; **no pongas esa ~** there's no need to pull a face *o* wrinkle your nose; **romperle la ~ a alguien** to smash sb's face in; EXPR *Am* **estirar la ~** to pull a face
-2. *Esp Fam (descaro)* nerve, cheek; EXPR **entrar por la ~** to get in without paying; **tener (mucha) ~** to be a cheeky so-and-so *o* devil; **¡qué ~!** what a nerve *o* cheek!
-3. *(de cerdo, jabalí)* snout
-4. *Am Fam (boca)* kisser, *esp Br* gob
◇ *nmf Esp Fam* cheeky so-and-so, cheeky devil; **tu hermana es una ~** your sister's got a nerve *o* cheek; **el muy ~ se quedó el dinero** the cheeky so-and-so *o* devil kept the money; **¡qué ~, ahora dice que fui yo!** what a nerve *o* cheek, now he's saying it was me!

jet-foil ['jet'foil] *(pl* **jet-foils***) nm* jetfoil, hovercraft

jet lag ['jet'laɣ] *nm* jet lag; **tener ~** to be jet-lagged

jetón, -ona *adj Fam* **-1.** *Am (de boca grande)* bigmouthed; *(de labios gruesos)* thick-lipped **-2.** *Méx (dormido)* **quedarse ~** to crash **-3.** *Méx (enojado)* cheesed off; **ponerse ~** to get cheesed off

jet-set ['jetset] *Esp nf, Am nm* jet set

jetudo, -a *adj* **-1.** *Esp Fam (caradura)* cheeky **-2.** *(de boca abultada)* thick-lipped

jeva, jeba *nf Carib Fam (mujer)* chick, *Br* bird

jevo, -a, jebo, -a *nm,f Ven Fam (novio)* man, boyfriend; *(novia)* woman, girlfriend

Jezabel *n pr* Jezebel

ji *interj* **¡ji, ji, ji!** hee-hee!

jíbaro, -a ◇ *adj* **-1.** *(indio)* Jivaro; **las tribus jíbaras** the Jivaro tribes **-2.** *CAm, Carib, Méx (animal)* wild **-3.** *CAm, Carib, Méx Fam (huraño)* shy
◇ *nm,f* **-1.** *(indio)* Jivaro **-2.** *Ven Fam (traficante)* pusher

jibia *nf (molusco)* cuttlefish

jibión *nm* cuttlebone

jícama *nf* jicama, yam bean

jícara *nf CAm, Méx, Ven* **-1.** *(calabaza)* calabash, gourd **-2.** *(taza)* mug

jicote *nm CAm, Méx* **-1.** *(insecto)* wasp **-2.** *(nido)* wasp's nest

jicotera *nf CAm, Méx* **-1.** *(nido)* wasp's nest **-2.** *(zumbido)* buzzing **-3.** *(bullicio)* commotion, row

jiennense ◇ *adj* of/from Jaén *(Spain)*
◇ *nmf* person from Jaén *(Spain)*

jijona *nf (turrón de)* **~** = soft almond nougat from Jijona, Spain

jilguero *nm* goldfinch

jilipollada, jilipollas *etc* = **gilipollada, gilipollas** *etc*

jilote *nm CAm, Méx* = unripened ear of corn

jineta *nf* genet

jinete *nmf (civil)* horseman, *f* horsewoman; *(militar)* cavalryman; **el caballo derribó al ~** the horse threw its rider; **los cuatro Jinetes del Apocalipsis** the Four Horsemen of the Apocalypse

jineteada *nf Arg (doma)* = rural festival for the display of horseriding skills

jinetear ◇ *vt Méx Fam (deuda, pago)* = to delay paying in order to gain interest
◇ *vi* to ride on horseback

jinetera *nf Cuba Fam* prostitute

jinetero *nm Cuba Fam* pimp

jingle ['jingel] *nm* jingle

jingoísmo *nm* POL jingoism

jiña *nf* **-1.** *Chile (fruslería)* trifle **-2.** *Cuba (excremento)* (human) excrement

jiñar, giñar *Esp muy Fam* ◇ *vi* to have a shit
◆ **jiñarse** *vpr* to shit oneself; **jiñarse de miedo** to be scared shitless; **me he comprado una moto que te jiñas** I've bought a shit-hot new motorbike; **hace un frío que te jiñas** it's *Br* bloody *o US* goddamn freezing

jiote *nm Méx* rash

jipatearse *vpr Ven Fam* **-1.** *(empalidecer)* to turn white *o* pale **-2.** *(acobardarse)* to chicken out

jipato, -a *adj Méx, Ven Fam* pale

jipi ◇ *adj* hippy
◇ *nmf* hippy

jipiar *vt Esp Fam* **¡desde aquí no se jipia nada!** you can't see a damn thing from here!; **no hagas ninguna tontería, que te estoy jipiando** don't try and pull any tricks, I've got my eye on you

jipijapa *nm* **-1.** *(tira)* = strip of palm leaf **-2.** *(sombrero)* straw hat, Panama hat

jipío *nm* = cry given when singing flamenco

jipioso, -a *adj Fam (de estilo hippie)* hippy

jirafa *nf* **-1.** *(animal)* giraffe **-2.** *(para micrófono)* boom

jiribilla *nf Méx* spin; EXPR *Cuba Fam* **es una ~** he never sits still for five minutes

jirón *nm* **-1.** *(andrajo)* shred, rag; **hecho jirones** in tatters **-2.** *Perú (calle)* street

jitomate *nm Méx* tomato ❑ **~ bola** beef tomato

jiu-jitsu [jiu'jitsu] *nm* ju-jitsu

JJ.OO. *nmpl (abrev de* **Juegos Olímpicos***)* Olympic Games

jo interj Esp Fam **-1.** (fastidio) sugar!, shoot!; **¡jo, me he vuelto a olvidar las llaves!** sugar o shoot! I've forgotten my keys again!; **¡jo, mamá, yo quiero ir!** but mum, I want to go!; **¡jo, déjame en paz!** leave me alone, will you! **-2.** (sorpresa) gosh!, wow!; **me han dado la beca – ¡~, qué suerte!** I got the grant – gosh o wow, you lucky thing!

Job n pr Job

job [joβ] (pl **jobs**) nm INFORMÁT job

jobar interj Esp Fam Euf, Br flipping heck!; **¡~, ya me han vuelto a suspender!** Br flipping heck o US shoot, I've failed again!; **¡~!, ¿por qué no te callas?** why don't you Br flipping well o US dang well shut up

jobo nm **-1.** (árbol) mombia o hog plum, yellow mombin **-2.** (fruto) mombia o hog plum ❑ **~ de la India** ambarella

jocketa [joˈketa] nf CSur jockey

jockey [ˈjokei] (pl **jockeys**) nm jockey

jocoque nm Méx thick buttermilk

jocosamente adv jocularly, jokingly

jocosidad nf jocularity

jocoso, -a adj jocular; **se dirigió a mí en tono ~** he addressed me light-heartedly; **hoy estás muy ~** you're full of fun today

jocundo, -a adj Formal jovial, cheerful

joda nf RP, Ven muy Fam **-1.** (fastidio) pain in the Br arse o US ass; **este auto es una ~, se rompe a cada rato** this car is a pain in the Br arse o US ass, it keeps breaking down **-2.** (broma) piss-take; **¡no te enojes! lo dije/hice en ~** don't be angry, I was just pissing around; EXPR **no ser ~: hay una pobreza que no es ~** the poverty there's beyond a Br bloody o US goddamn joke; **hace un frío que no es ~** it's Br bloody o US goddamn freezing **-3.** (fiesta) **los espero el sábado en casa, va a haber ~** I'll see you at my place on Saturday, we're having a bash

jodedera nf Ven Vulg pain in the Br arse o US ass

jodedor, -ora ⬦ adj Ven Vulg (fastidioso) **ser ~** to be a pain in the Br arse o US ass
⬦ nm,f RP Fam (mala persona) nasty piece of work

joder Vulg

> This word is generally considered vulgar in Spain. However, some uses would not be shocking even in Spain, and in most of Latin America it is regarded as a relatively mild swearword.

⬦ vt **-1.** (fastidiar) **~ a alguien** to fuck sb about o around; **deja de ~ al gato** stop being such a bastard to the cat; **le encanta ~ al personal** he loves being a real bastard to people; **~ vivo a alguien** to well and truly fuck sb **-2.** (disgustar) to piss off; **me jodió mucho que no vinieras** I was really pissed off o US pissed that you didn't come; **no sabes cómo me jode lo que me jode tener que madrugar** you've no idea how much it pisses me off having to get up early **-3.** (estropear) (fiesta, planes, relación) to screw (up), Br to bugger; **el desgraciado ha jodido la economía del país** the bastard has fucked up the country's economy o has made a fucking mess of the country's economy **-4.** (romper) (objeto, aparato) to screw, Br to bugger; **¡ya has jodido la tele!** you've gone and fucked the TV now! **-5.** (lesionar) (espalda, pierna) to screw, Br to bugger **-6.** (traumatizar) to fuck up; **a mí donde me jodieron bien fue en el orfanato** they well and truly fucked me up at the orphanage **-7.** Esp (quitar, sisar) **me jodieron 2 euros por entrar al museo** they really screwed me at the museum, it cost 2 euros to get in **-8.** Esp (copular con) to fuck **-9.** EXPR Esp **¡anda y que te/le/etc. jodan!** fuck you/him/etc; Esp **joderla** to screw o Br bugger everything up; **¡como nos pille, la hemos jodido!** if he catches us, we're in the shit o we're up shit creek (without a paddle); Esp **~ la marrana** to screw o Br bugger everything up; **¡no me jodas!** no shit!, bloody well, bugger me!; **¿no me jodas que no te ha ayudado nadie?** shit o Br bloody hell, didn't anybody help you?; Esp **¡no te jode!, ahora nos viene con quejas** shit o Br bloody hell, and now she's got the nerve to complain!; Esp **claro que no me importaría ser millonario, ¡no te jode!** would I like to be a millionaire? no shit! o Br too bloody right I would!; Esp Hum **¡nos ha jodido mayo (con sus flores)!: dice que la empresa va bien, ¡nos ha jodido mayo con sus flores!** he says the company is doing fine, he really must think we're a bunch of Br bloody o US goddamn morons!
⬦ vi **-1.** (fastidiar) **¡deja ya de ~ con el mando a distancia!** stop pissing around with the remote control!; **¡cómo jode!** it's a real bummer o bastard!; **¡cómo jode cuando te dicen esas cosas!** it really pisses me off when they say things like that!; **¡no jodas!** (incredulidad, sorpresa) no shit!, Br well, bugger me!; **¿no jodas que esto lo has hecho tú solo?** shit o Br bloody hell, did you really do this all by yourself?; **lo hizo por ~** he was just being a bastard; **son ganas de ~** he's just doing it to be a bastard **-2.** Esp (copular) to fuck **-3.** Ven **que jode**: (mucho) **¡esta gente tiene plata que jode!** those people are Br bloody o US goddamn loaded

◆ **joderse** vpr **-1.** (aguantarse) to fucking well put up with it; **no hay otra cosa, así que te jodes y te lo comes** it's all we've got, so tough shit, you'll just have to eat it o you'll just have to fucking well put up with it and eat it; **si no puedes venir, te jodes** if you can't come, tough shit o too fucking bad!; **¡hay que joderse!** can you fucking believe it?; **¡que se joda!** he can fuck off!; EXPR Esp **a joderse y a aguantarse** tough shit!, too fucking bad!; EXPR **¡jódete y baila!** tough shit!; EXPR Am **joderse y tomar quina es la mejor medicina** too bad!, it can't be helped! **-2.** (estropearse) **se nos han jodido las vacaciones** that's gone and fucked up our holidays; Esp **¡se jodió el invento!** that's really gone and fucked things up! **-3.** (romperse) (objeto, aparato) **se ha jodido la tele** the TV's screwed o Br buggered **-4.** (lesionarse) **me jodí la espalda haciendo pesas** I screwed o Br buggered my back lifting weights
⬦ interj Esp (expresa dolor, enfado, sorpresa) Christ!, Jesus!; **¡~, cómo escuece la herida** Jesus, this wound really stings!; **¡calla ya, ~!** for fuck's sake, shut up!, shut the fuck up!; **¡~ con el niño de los cojones!** I've had it up to here with that fucking brat!; **¡~ qué sitio más bonito!** shit o Br bloody hell, this place is really beautiful!; **¡~, qué caro!** Christ, that's expensive!; **¡~ qué frío hace!** Christ but it's freezing!

jodido, -a Vulg

> This word is generally considered vulgar in Spain. However, some uses would not be shocking even in Spain, and in most of Latin America it is regarded as a relatively mild swearword.

⬦ adj **-1.** (físicamente, anímicamente) **tengo la rodilla jodida** I've screwed o Br buggered my knee; **el orfanato lo dejó ~ de por vida** the orphanage really fucked him up for life **-2.** (estropeado) **la radio está jodida** the Br bloody o US goddamn radio's bust o Br knackered **-3.** (difícil) **es muy ~ levantarse a las seis** getting up at six is a real bastard; **con ese profesor está muy ~ aprobar** it's fucking difficult getting a pass off that teacher **-4.** (maldito) **el muy ~ me ha quitado la novia** the bastard's stolen my girlfriend; **ha ganado la lotería, la muy jodida** she's won the lottery, the lucky bitch **-5.** (persona) **es un tipo muy ~** he's a really nasty piece of work
⬦ nm,f **-1.** (maldito) **el ~ de tu hermano** that Br bloody o US goddamn brother of yours **-2.** RP (perjudicado) screwed; **los jodidos son siempre los mismos** it's always the same people who end up getting screwed

jodienda nf Esp Vulg **-1.** (cosa mala) pain in the Br arse o US ass; **no tener vacaciones es una ~** it's a real bastard not having any holidays **-2.** (acto sexual) **la ~** fucking

jodo, jopé, jope interj Esp Fam Euf (expresando sorpresa, enfado) Jeez!, Br flipping heck!; **¡~!, ¡cómo ha crecido!** Jeez o Br flipping heck, she's grown!; **¡~!, ¡me podías haber avisado!** you could have damn o Br flipping well told me!

jodón, -ona nm,f **-1.** Am muy Fam (persona fastidiosa) pain in the Br arse o US ass **-2.** Méx Vulg (mala persona) bastard **-3.** RP muy Fam (bromista) joker, live wire

jofaina nf washbasin

jogging [ˈjoyin] (pl **joggings**) nm **-1.** (deporte) jogging; **hacer ~** to go jogging **-2.** RP (ropa) tracksuit

Johannesburgo, Johanesburgo [joχanesˈburɣo] n Johannesburg

jojoba nf jojoba

joker [ˈjoker] (pl **jokers**) nm joker (in cards)

jol nm Am (en casa) hall; (en hotel) lobby

jolgorio nm merrymaking; **se organizó un gran ~ en la oficina** everybody in the office started celebrating; **la hinchada celebró el triunfo con ~** the fans jubilantly celebrated the victory

jolín, jolines interj Esp Fam Euf **-1.** (expresando fastidio) **¡~, mamá, yo quiero ir!** oh o but mum, I want to go!; **¡~, déjame en paz!** jeez, just leave me alone, can't you?, Br just blinking well leave me alone! **-2.** (expresando sorpresa) wow!; **conseguí el trabajo – ¡~, qué bien!** I got the job – jeez, that's great! o Br that's flipping brilliant!

Jonás n pr Jonah

jondo adj **cante ~** = traditional flamenco singing, characterized by the elaborate drawing out of the words being sung, and a melancholy tone

jónico, -a ⬦ adj **-1.** ARQUIT Ionic **-2.** (mar) **el (mar) Jónico** the Ionian Sea
⬦ nm **el Jónico** the Ionian Sea

jonrón nm Am (en béisbol) home run; **pegar un ~** to hit a home run

jonronear vi Am (en béisbol) to hit a home run

jonronero, -a Am ⬦ adj **campeón ~** home run champion
⬦ nm,f (en béisbol) home run hitter, power hitter

jopé, jope = jodo

jopo nm **-1.** (rabo) bushy tail **-2.** RP (copete) quiff

jora nf Andes = type of maize used to make "chicha"

Jordán n **el (río) ~** the (River) Jordan

Jordania n Jordan

jordano, -a ⬦ adj Jordanian
⬦ nm,f Jordanian

Jorge n pr san **~** St George; **~ I/II** George I/II

jornada nf **-1.** (día) day; **una dura ~ de trabajo** a hard day's work; **una ~ de huelga** a day of strike action; **una ~ de lucha** a day of protest ❑ **~ electoral** election day, polling day; **~ de puertas abiertas** open day **~ de reflexión** = day immediately before elections when campaigning is forbidden **-2.** (de viaje) day's journey **-3.** (laboral) working day; **media ~** half day ❑ **~ completa** full working day; **un empleo a ~ completa** a full-time job; **~ continua** = working day from early morning to mid-afternoon with only a short lunch break; **~ intensiva** = working day from early morning to mid-afternoon with only a short lunch break; **~ laboral** working

jornal

day; **tenemos una ~ laboral de ocho horas** we work an eight-hour day; **una ~ laboral de 35 horas** a 35-hour week; **~ partida** = working day with lunch break of several hours, finishing in the evening

-4. DEP round of matches; **llevan seis jornadas sin perder** they have gone six games without losing

-5. **jornadas (sobre)** *(congreso)* conference (on)

-6. LIT act

jornal *nm* day's wage ❑ **~ mínimo** minimum wage

jornalero, -a *nm,f* day labourer

joroba ◇ *nf* hump
◇ *interj Esp Fam Euf (expresando sorpresa, enfado)* jeez!, *Br* flipping heck!

jorobado, -a ◇ *adj* -1. *(con joroba)* hunchbacked -2. *Fam (estropeado)* bust, *Br* knackered; **tengo el estómago ~** my stomach's playing up *o Br* giving me gyp
◇ *nm,f (con joroba)* hunchback

jorobar *Fam* ◇ *vt* -1. *(molestar)* to bug; **ese ruido me está jorobando** that noise is really bugging me; **lo que más me joroba es que no haya pedido perdón** what really bugs me is that she didn't say sorry -2. *(estropear) (fiesta, planes)* to mess up; *(máquina, objeto)* to bust, *Br* to knacker; **me jorobó las vacaciones** it messed up my *Br* holiday *o US* vacation
◇ *vi (molestar)* to be a pain; **¡deja ya de ~!** stop being such a pain!; **lo hizo por ~** he just did it to be difficult; **no jorobes y déjame estudiar** stop being such a pain and let me study; **¿sabías que se casó Claudia? – ¡no jorobes!** did you know that Claudia got married? – she never did! *o* you're kidding!

◆ **jorobarse** *vpr* -1. *(fastidiarse, aguantarse)* **¡pues te jorobas!** you can like it or lump it!; **¿no te joroba?** it's makes you want to puke, doesn't it? -2. *(estropearse)* to bust; **se ha jorobado el televisor** the television's bust; **me he jorobado el tobillo** I've done my ankle in

jorobón, -ona *RP Fam* ◇ *adj* **ser ~** to be a pain
◇ *nm,f* -1. *(persona fastidiosa)* pain -2. *(bromista)* joker, wag

jorongo *nm Méx* -1. *(manta)* blanket -2. *(poncho)* poncho

joropo *nm* -1. *(danza)* = popular Colombian and Venezuelan folk dance -2. *Ven (fiesta)* party

José *n pr* **san ~** St Joseph; **~ de Arimatea** Joseph of Arimathea

Josefina *n pr* **la emperatriz ~** the Empress Josephine

josefino, -a ◇ *adj* of/from San José *(Costa Rica)*
◇ *nm,f* person from San José *(Costa Rica)*

Josué *n pr* Joshua

jota *nf* -1. *(letra)* = name of the letter "j"; EXPR *Fam* **sin faltar una ~** without missing a thing, in minute detail

-2. *(baile)* = lively folk song and dance, originally from Aragon; EXPR *RP Fam* **bailar una ~** to jump for joy

-3. *(en cartas)* jack

-4. EXPR *Fam* **no entender ni ~ (de)** *(no comprender)* not to understand a word (of); **no saber ni ~ de algo** not to know the first thing about sth; **no ver ni ~** *(por mala vista)* to be as blind as a bat; *(por oscuridad)* not to be able to see a thing

jote *nm* -1. *Arg, Chile (ave)* turkey buzzard *o* vulture -2. *Chile (cometa)* kite

jotero, -a *nm,f (que baila)* jota dancer; *(que canta)* jota singer

joto *nm Méx Fam Pey Br* queer, *US* fag

jovato, -a *nm,f RP Fam* oldie, *Br* wrinkly

joven ◇ *adj (en edad)* young; **moda ~** youth fashion; **de ~** as a young man/woman; **está muy ~ para su edad** he looks very young for his age; **esa ropa te hace más ~** those clothes make you look younger; **la noche es ~** the night is young
◇ *nmf* -1. *(persona joven)* young man, *f*

young woman; **los jóvenes** young people -2. *(como apelativo)* **¡oiga, ~, se le ha caído esto!** excuse me young man, you dropped this; *Am* **el ~ Alfonso llegó ayer** young Alfonso arrived yesterday

jovencito, -a *nm,f* young man, *f* young lady

jovenzuelo, -a *nm,f* youngster

jovial *adj* jovial, cheerful

jovialidad *nf* joviality, cheerfulness

jovialmente *adv* jovially, cheerfully

joya *nf* -1. *(pieza de adorno)* jewel ❑ **las joyas de la corona** the crown jewels; **esa empresa es la ~ de la corona del sector público** that company is the jewel in the crown of the public sector; **~ de familia** family heirloom; **joyas de fantasía** costume jewellery -2. *(persona, cosa)* gem; **el nuevo empleado es una ~** the new worker is a real gem; **una de las joyas del arte barroco** one of the jewels of baroque art

joyería *nf* -1. *(tienda)* jeweller's (shop) -2. *(arte, comercio)* jewellery

joyero, -a ◇ *nm,f (persona)* jeweller
◇ *nm (caja)* jewellery box

joystick ['joistik] *(pl* **joysticks***) nm* joystick

joyuyo *nm* wood duck

JPEG [χota'peχ] *nm* INFORMÁT *(abrev de Joint Photographic Experts Group)* JPEG

Jr. *(abrev de júnior)* Jr

Jruschov *n pr* Krushchev

juagado, -a *adj Col* soaked

juagar *vt Col* to rinse

Juan *n pr Fam* **don ~** lady-killer, Casanova, Don Juan; **san ~ Bautista** (St) John the Baptist; *Ven Fam* **~ Bimba(s)** *o* **Bimbe** *Br* Joe Bloggs, *US* Joe Schmo; **~ de Borbón** Juan de Borbón *(father of King Juan Carlos of Spain)*; **~ Carlos I, ~ Carlos de Borbón y Borbón** (King) Juan Carlos *(of Spain)*; **san ~ de la Cruz** St John of the Cross; **san ~ Evangelista** (St) John the Evangelist; **~ Pablo I/II** (Pope) John Paul I/II; *Cuba, RP Fam* **~ de los Palotes** anybody (you like), whoever (you like); **~ sin Tierra** King John (of England)

Juana *n pr* **~ de Arco** Joan of Arc; **~ la Loca** Juana the Mad

juana, juanita *nf Méx Fam* pot, grass

juancarlista *nmf Esp* = supporter of King Juan Carlos of Spain

juanete *nm* -1. *(en el pie)* bunion -2. NÁUT *(vela)* topgallant

juanita = **juana**

jubilación *nf* -1. *(retiro)* retirement ❑ **~ anticipada** early retirement; **~ forzosa** compulsory retirement; **~ voluntaria** voluntary retirement -2. *(pensión)* pension

jubilado, -a ◇ *adj* retired
◇ *nm,f Br* pensioner, *US* retiree; **club de jubilados** senior citizens' club

jubilar[1] ◇ *vt* -1. *(persona)* **~ a alguien (de)** to pension sb off (from), to retire sb (from) -2. *Fam (objeto)* to get rid of; **van a ~ los trenes más viejos** they're going to get rid of the oldest trains

◆ **jubilarse** *vpr* -1. *(retirarse)* to retire -2. *Cuba, Méx (ganar experiencia)* to gain experience -3. *Ven Fam (ausentarse) (de clase, colegio) Br* to skive off, *US* to play hooky; *(del trabajo) Br* to skive off, *US* to goof off

jubilar[2] *adj Am* REL jubilee

jubileo *nm* REL jubilee

júbilo *nm* jubilation, joy

jubiloso, -a *adj* jubilant, joyous

jubón *nm* -1. *(vestidura)* jerkin, doublet -2. *(de mujer)* bodice

judaico, -a *adj* Judaic, Jewish

judaísmo *nm* Judaism

Judas *n pr* **~ (Iscariote)** Judas (Iscariot)

judas *nm inv Fam* Judas, traitor

Judea *n pr* Judaea

judeada = **judiada**

judeocristiano, -a *adj* Judaeo-Christian

judeoespañol, -ola ◇ *adj* Sephardic
◇ *nm,f (persona)* Sephardic Jew
◇ *nm (lengua)* Sephardi

judeomasónico, -a *adj* Judaeo-Masonic

judería *nf* HIST Jewish ghetto *o* quarter

judía *nf* bean ❑ **~ blanca** haricot bean; **~ negra** black bean; **~ pinta** pinto bean; *Esp* **~ verde** green bean

judiada, *Urug* **judeada** *nf Fam* dirty trick; **despedirte sin aviso fue una ~** it stinks that they sacked you without notice

judicatura *nf* -1. *(cargo)* office of judge -2. *(institución)* judiciary

judicial *adj* judicial; **el poder ~** the judiciary; **recurrir a la vía ~** to go to *o* have recourse to law

judicialización *nf* **la ~ de la política** the growing tendency to deal with political issues through the courts

judicializar ◇ *vt* **el gobierno ha judicializado la vida política** the government now frequently deals with political matters through the courts

◆ **judicializarse** *vpr* **la vida política se ha judicializado** political matters are increas-ingly dealt with through the court

judicialmente *adv* judicially; **resolvieron sus conflictos ~** they settled their disputes through the courts

judío, -a ◇ *adj* -1. *(hebreo)* Jewish -2. *Fam Pey (tacaño)* Jewish, tight
◇ *nm,f* -1. *(hebreo)* Jew, *f* Jewess -2. *Fam Pey (tacaño)* Jew, skinflint

judión *nm* large bean

judo ['juðo] *nm* judo

judogui [ju'ðoɣi] *nm* judogi, judo outfit

judoka [ju'ðoka] *nmf* judo player, judoka

jue. *(abrev de jueves)* Thur

juego ◇ *ver* **jugar**
◇ *nm* -1. *(entretenimiento, deporte)* game; **no es más que un ~** it's only a game; **terreno de ~** field, *esp Br* pitch; EXPR **ser un ~ de niños** to be child's play ❑ **~ de azar** game of chance; **~ de cartas** card game; *Am* **~ de computadora** computer game; **juegos florales** poetry competition; **~ de ingenio** guessing game; **juegos malabares** juggling; *Fig* balancing act; *Fig* **tuve que hacer juegos malabares para tener contentas a las dos partes** I had to perform a real balancing act to keep both sides happy; **~ de mesa** board game; **~ de naipes** card game; **el ~ de la oca** *Br* ≃ snakes and ladders, *US* ≃ chutes and ladders; **Juegos Olímpicos** Olympic Games; **Juegos Olímpicos de Invierno** Winter Olympics, Winter Olympic Games; *Esp* **~ de ordenador** computer game; **~ de palabras** play on words, pun; **hacer juegos de palabras** to make puns; **los Juegos Panamericanos** the pan-American games; **~ de prendas** game of forfeit; **~ de rol** *(técnica terapéutica, de enseñanza)* role-play; *(juego de fantasía)* fantasy role-playing game; **~ de salón** parlour game; **el ~ de las sillas** musical chairs

-2. *(acción de entretenerse o practicar deporte)* play, playing; **a los perros les encanta el ~** dogs love playing; **se vio buen ~ en la primera parte** there was some good play in the first half; **su ~ es más agresivo que el mío** she's a more aggressive player than I am, her game is more aggressive than mine; **es el encargado de crear ~** he's the playmaker; EXPR **dar ~:** **este traje me da mucho ~** this dress is very versatile; **mi horario de trabajo da bastante ~** my working hours give me a lot of freedom; EXPR **entrar en ~** *(factor)* to come into play; **no ha entrado en ~ en todo el partido** he's found it difficult to get into the game; EXPR **estar en ~** to be at stake; EXPR **poner algo en ~** *(arriesgar) o* put sth at stake; *(utilizar)* to bring sth to bear ❑ **~ aéreo** *(en fútbol)* aerial game; **~ limpio** fair play; **~ peligroso** dangerous play; **~ subterráneo** dirty play; **~ sucio** foul play

-3. *(en tenis, voleibol)* game ❑ **~ en blanco** love game

-4. *Am* DEP *(partido)* game, *Br* match

-5. *Am (en feria)* fairground attraction

-6. *(con dinero)* gambling; **se arruinó con el**

~ he lost all his money gambling; **¡hagan ~!** place your bets!

-7. *(truco)* trick; **voy a hacerte un ~** I'm going to show you a trick ❑ **~ de manos** conjuring trick

-8. *(mano) (de cartas)* hand; **me salió un buen ~** I was dealt a good hand

-9. *(artimaña, estratagema)* game; **ya me conozco tu ~** I know your game; **descubrirle el ~ a alguien** to see through sb; **hacerle el ~ a alguien** to play along with sb; **jugar** *o* **tener un doble ~** to play a double game

-10. *(conjunto de objetos)* set; **un ~ de llaves/sábanas** a set of keys/sheets; **un ~ de herramientas** a tool kit; **un ~ de té/café** tea/coffee service; *Esp* **a ~** *(ropa)* matching; *Esp* **zapatos a ~ con el bolso** shoes with matching *Br* handbag *o US* purse; **hacer ~** to match; **las cortinas hacen ~ con la tapicería del sofá** the curtains match the couch ❑ INFORMÁT **~ de caracteres** character set; TEATRO **~ de luces** lighting effects

-11. *(articulación de piezas)* joint; *(movimiento de las piezas)* movement; **sufre una lesión en el ~ de la muñeca** she's injured her wrist; **el ~ de la rodilla me produce dolor** it hurts when I move my knee ❑ **~ de piernas** footwork

juegue *etc ver* **jugar**

juepucha, jueputa *interj CSur muy Fam Euf* son of a gun!

juerga *nf Fam* **montar una ~** to party, *Br* to have a rave-up; **correrse una ~, irse de ~** to go out on the town; **estar de ~** to be partying; **tomar algo a ~** to take sth as a joke; **¡qué ~ nos pasamos anoche con su primo!** what a laugh we had with her cousin last night!

juerguista ◇ *adj* **es muy ~** she's a party animal
◇ *nmf* party animal

jueves *nm inv* Thursday; EXPR *Fam* **no es nada del otro ~** it's nothing out of this world; EXPR *Fam Hum* **está siempre en medio, como el ~** he's always under my feet, he's always in the way ❑ REL *Jueves Santo* Maundy Thursday; *ver también* **sábado**

juez *nmf,* **juez, -a** *nm,f* **-1.** DER judge; EXPR **ser ~ y parte: no puedes ser ~ y parte** you can't judge objectively when you're involved ❑ **~ de alzado** appeal court judge; **~ de apelaciones** appeal court judge; **~ de instrucción** examining magistrate; **~ de paz** Justice of the Peace; **~ de primera instancia** examining magistrate

-2. DEP *(árbitro)* referee; *(en atletismo)* official ❑ **~ árbitro** referee; **~ de línea** *(en fútbol)* linesman; *(en rugby)* touch judge; **~ de red** net cord judge; **~ de salida** starter; **~ de silla** umpire

jugada *nf* **-1.** DEP *(en fútbol, baloncesto, rugby, ajedrez)* move; *(en billar)* shot; **una ~ excelente del equipo visitante** an excellent move by the visitors; **¡maravillosa ~ de Raúl!** what a great play by Raúl!; **las mejores jugadas del partido** the highlights of the game ❑ **~ a balón parado** *(en fútbol)* set piece, dead ball situation; *RP* **~ a pelota detenida** *(en fútbol)* set piece, dead ball situation

-2. *Fam (treta)* dirty trick; **hacer una mala ~ a alguien** to play a dirty trick on sb

-3. *(operación hábil)* move, operation

-4. *Méx (movimiento)* dodge

jugador, -ora ◇ *adj* **-1.** *(en deporte)* playing **-2.** *(en casino, timba)* gambling
◇ *nm,f* **-1.** *(en deporte)* player; **~ de fútbol** soccer player, *Br* footballer; **~ de baloncesto** basketball player **-2.** *(en casino, timba)* gambler

jugar [36] ◇ *vi* **-1.** *(practicar un deporte, juego)* to play; **los niños juegan en el patio del colegio** the children are playing in the playground; **~ al ajedrez/a las cartas** to play chess/cards; **~ a la pelota/a las muñecas** to play ball/with one's dolls; **juegan a ser astronautas** they're playing at astronauts; **¿a qué juegas?** what are you playing?; *Fam* **¿tú a qué juegas, chaval?** *(en tono de enfado)* what do you think you're playing at, pal?; **les gusta ~ con la arena** they like playing in the sand; **~ en un equipo** to play for a team; **te toca ~** it's your turn *o* go; **~ limpio/sucio** to play fair/dirty; EXPR **a dos bandas** to play a double game; **~ con fuego** to play with fire; EXPR **el que juega con fuego se quema** if you play with fire you'll get burned; EXPR *Fam* **o jugamos todos o se rompe la baraja** either we all do it or nobody does

-2. *(con dinero)* to gamble (**a** on); **jugó al bingo y perdió mucho dinero** she played bingo and lost a lot of money; **le gusta ~ en los casinos** she likes gambling in casinos; **~ a la lotería** to play the lottery; **~ a las quinielas** to do the pools; **le gusta ~ a los caballos** he likes a bet on the horses; **~ a** *o* **en la Bolsa** to speculate (on the Stock Exchange); BOLSA **~ al alza** to try to bull the market, to speculate on share prices rising; BOLSA **~ a la baja** to try to bull the market, to speculate on share prices falling; **~ fuerte** to bet a lot of money

-3. *(ser desconsiderado)* **~ con alguien** to play with sb; **~ con los sentimientos de alguien** to toy with sb's feelings

-4. *(influir)* **~ a favor de alguien** to work in sb's favour; **el tiempo juega en su contra** time is against her; **el tiempo juega a nuestro favor** time is on our side

◇ *vt* **-1.** *(partido, juego, partida)* to play; *(ficha, pieza)* to move; *(carta)* to play; **¿jugamos un póquer?** shall we have a game of poker?; EXPR **jugó bien sus bazas** *o* **cartas** she played her cards well

-2. *(dinero)* to gamble (**a** on); **jugué 25 euros a mi número de la suerte** I gambled 25 euros on my lucky number

-3. *(desempeñar)* **~ un papel** *(considerado incorrecto)* to play a role; **la creatividad juega un importante papel en nuestro trabajo** creativity plays a very important part *o* role in our work

◆ **jugarse** *vpr* **-1.** *(apostarse)* to bet; **se lo jugó todo al 17** she bet *o* staked everything on number 17; **me juego contigo una cena a que no ganas** I bet you a meal out you won't win; **me juego lo que quieras a que no vienen** I bet you anything they won't come; **¿qué te juegas a que miente?** how much do you want to bet that he's lying?; EXPR **jugárselo todo a una carta** to put all one's eggs in one basket; **el equipo se lo juega todo a una carta** it's do or die for the team; EXPR **jugarse el todo por el todo** to stake everything

-2. *(arriesgar)* to risk; **se juega su futuro con este proyecto** she's staking her entire future on this project; **el equipo se juega esta noche el pase a la final** tonight the team is playing for a place in the final; **jugarse la vida** to risk one's life; EXPR *Fam* **jugarse el pellejo** to risk one's neck

-3. EXPR **jugársela a alguien** to play a dirty trick on sb

jugarreta *nf Fam* dirty trick; **nos hizo una ~** she played a dirty trick on us

juglar, -esa *nm,f* minstrel

juglaresco, -a *adj* minstrel; **poesía juglaresca** troubadour poetry

juglaría *nf* **-1.** *(de trovadores)* minstrelsy **-2.** *(de bufones)* buffoonery

jugo *nm* **-1.** *(líquido)* juice; **el ~ de la carne** the meat juices ❑ *jugos gástricos* gastric juices; **~ pancreático** pancreatic juice **-2.** *Am (de fruta)* juice; **~ de naranja** orange juice **-3.** *(provecho, interés)* meat, substance; **este libro tiene mucho ~** this is a very meaty book, this book has a lot of substance; EXPR **sacar (el) ~ a algo/alguien** *(aprovechar)* to get the most out of sth/sb

jugosidad *nf* juiciness

jugoso, -a *adj* **-1.** *(con jugo)* juicy **-2.** *(picante)* juicy; **traigo un cotilleo muy ~** I've got some juicy gossip **-3.** *(sustancioso)* meaty, substantial; *(rentable)* profitable

juguera *nf CSur* juicer

juguete *nm* **-1.** *(para niños)* toy; **una pistola/un carro de ~** a toy gun/car ❑ *juguetes bélicos* war toys; **~ educativo** educational toy **-2.** *(persona, cosa)* **tratar a alguien como un ~** to treat sb as a plaything; **el presidente es un ~ en manos de los militares** the president is a puppet of the military; **el barco era un ~ de los elementos** the boat was at the mercy of the elements **-3.** TEATRO sketch, skit

juguetear *vi* to play (around); **~ con algo** to toy with sth

juguetería *nf* **-1.** *(tienda)* toy shop **-2.** *(sector)* toy industry

juguetón, -ona *adj* playful

juguetonamente *adv* playfully

juicio *nm* **-1.** DER trial; **llevar a alguien a ~** to take sb to court; **tener un ~ justo** to receive a fair trial ❑ **~ civil** civil action; REL *el Juicio Final* the Last Judgement; **el Día del Juicio Final** Judgement Day; **~ nulo** mistrial; **~ oral** hearing; **~ sumario** summary trial; **~ sumarísimo** summary trial

-2. *(sensatez)* (sound) judgement; *(cordura)* sanity, reason; **no está en su (sano) ~** he is not in his right mind; EXPR **perder el ~** to lose one's reason, to go mad

-3. *(opinión)* opinion; **a mi ~** in my opinion; **en el ~ de Emilio** in Emilio's opinion; **no tengo un ~ formado sobre su actuación** I haven't yet formed an opinion on their performance; **no tengo suficientes elementos de ~ como para formarme una opinión** I don't have enough information to base an opinion on ❑ **~ de valor** value judgement

juiciosamente *adv* sensibly, wisely

juicioso, -a *adj* sensible, wise

juil *nm* carp

Jujem [xu'xem] *nf (abrev de Junta de Jefes de Estado Mayor)* = joint chiefs of staff of the Spanish armed forces

juke-box ['jukboks] *nm inv* jukebox

jul. *(abrev de julio)* Jul

julai, julay, jula *nm Esp muy Fam* **-1.** *(homosexual) Br* poof, *US* fag **-2.** *(inocente)* mug, sucker **-3.** *(mala persona) Br* git, *US* jerk

julandrón *nm Esp muy Fam (homosexual) Br* poof, *US* fag

julay = **julai**

julepe *nm* **-1.** *(juego de naipes)* = type of card game **-2.** *Fam (esfuerzo)* slog; **me di un ~ subiendo las cajas** I slogged my guts out carrying the boxes upstairs **-3.** *Fam (reprimenda)* telling-off, *Br* ticking-off; **nos metieron un ~ por faltar a clase** they had a go at us for missing class **-4.** *PRico, RP Fam (susto)* scare, fright; **dar un ~ a alguien** to give sb a scare **-5.** *(bebida)* julep

julepear ◇ *vt* **-1.** *RP Fam (asustar)* to scare, to frighten **-2.** *Méx (fatigar)* to tire, to exhaust **-3.** *Col (urgir)* to hurry along

◆ **julepearse** *vpr RP Fam (asustarse)* to get a fright

julia[1] *nf (pez)* rainbow wrasse

julia[2] *nf Méx Fam (policial) Br* Black Maria, *US* paddy wagon

juliana *nf (sopa)* = soup made with chopped vegetables and herbs; **cortar en ~** to cut into julienne strips

juliano, -a *adj* Julian

Julio *n pr* **~ César** Julius Caesar

julio *nm* **-1.** *(mes)* July; *ver también* **septiembre** **-2.** FÍS joule

juma, jumera *nf Fam* drunkenness; **agarrar una ~** to get sloshed *o* plastered

jumado, -a *adj Fam* sloshed, plastered

jumar *Fam* ◇ *vi Esp* to stink

◆ **jumarse** *vpr* to get sloshed *o* plastered

jumbo ['jumbo] *nm* jumbo (jet)

jumento, -a *nm,f (asno)* ass, donkey

jumera = **juma**

jumil *nm* = type of edible Mexican insect

jumo, -a *adj CAm, Carib, Méx Fam* sloshed, plastered

jumper ['jamper] *(pl* **jumpers**) *nm* **-1.** *(prenda) CSur, Méx Br* pinafore (dress), *US* jumper **-2.** INFORMÁT *(puente)* jumper

jun. *(abrev de junio)* Jun

junar *vt Esp, RP Fam* to watch; **cuidado con lo que haces, que te estoy junando** watch what you get up to, I've got my eye on you

juncal *nm* bed of rushes

juncia *nf* sedge

junco¹ *nm (planta)* rush, reed ❑ ~ **florido** flowering rush; ~ **marinero** alkali bulrush; ~ **oloroso** jonquil

junco² *nm (embarcación)* junk

jungla *nf* jungle ❑ ~ **de(l) asfalto** concrete jungle

junio *nm* June; *ver también* **septiembre**

júnior ['junjor] (*pl* **júniors**) ◇ *adj* **-1.** DEP **equipo** ~ ≃ youth team *(ages 18 to 21)* **-2.** *(hijo)* junior ◇ *nmf* DEP **júniors** ≃ youth team *(ages 18 to 21)*

junípero *nm (planta)* juniper

Juno *n* MITOL Juno

junquera *nf* rush, bulrush

junquillo *nm* **-1.** *(flor)* jonquil **-2.** *(junco de Indias)* rattan **-3.** ARQUIT rounded moulding

junta *nf* **-1.** *(grupo, comité)* committee; *(de empresa, examinadores)* board ❑ ~ **arbitral** arbitration panel; *Urug* ~ **departamental** provincial government; ~ **directiva** board of directors; ~ **electoral** electoral board; ~ **de gobierno** *(de universidad)* senate, governing body; ~ **militar** military junta; ~ **municipal** town *o* local council
-2. *(reunión)* meeting ❑ ~ **de accionistas** shareholders' meeting; ~ **general de accionistas** shareholders' meeting; ~ **general anual** annual general meeting; ~ **general extraordinaria** extraordinary general meeting; ~ **de portavoces** = meeting of the party spokespersons in a parliament or council to discuss a particular issue; ~ **de vecinos** residents' meeting
-3. *Esp (gobierno autónomo)* = government and administrative body in certain autonomous regions
-4. *(juntura)* joint ❑ ~ **cardánica** universal joint; ~ **de culata** gasket; ~ **de dilatación** expansion joint; ~ **esférica** ball joint; ~ **de solape** lap joint; ~ **universal** universal joint
-5. *RP, Ven Fam (compañía)* **anda con malas juntas** she hangs out with a bad crowd

juntamente *adv* ~ **con** together with

juntar ◇ *vt* **-1.** *(unir)* to put together; **junta los pies** put your feet together; **como no cabíamos todos, decidimos** ~ **las mesas** as we didn't all fit, we decided to push the tables together; **junté lo cables con cinta aislante** I tied the wires together with some insulating tape
-2. *(reunir)* to put together; *(cromos, sellos, monedas)* to collect; *(fondos)* to raise; *(personas)* to bring together; **poco a poco ha juntado una valiosa colección de cuadros** she has gradually put together a valuable collection of paintings; **he ido juntando dinero todo el año para las vacaciones** I've been saving up all year for my holidays; **juntaron todos los departamentos en un solo edificio** they brought all the departments together in a single building

◆ **juntarse** *vpr* **-1.** *(ríos, caminos)* to meet; **aquí se junta la A-1 con la M-40** this is where the A-1 joins *o* meets the M-40
-2. *(reunirse)* to get together; **se juntó con el resto de la familia para cenar** she got together with the rest of the family for dinner
-3. *(arrimarse)* **juntaos un poco, que si no no cabemos** squeeze up a bit, otherwise we won't all fit; **juntaos algo más, que no salís todos** move together a bit or you won't all be in the photo
-4. *(convivir)* **se ha juntado con una compañera de trabajo** he's moved in with a woman from work; **los jóvenes ya no se casan sino que se juntan** young people don't get married any more, they just live together
-5. *(coincidir)* to coincide (**con** with); **se junta su boda con nuestras vacaciones** her wedding clashes *o* coincides with our holidays; **¡caramba, se nos junta todo!** God, it never rains but it pours!; EXPR **se junta el hambre con las ganas de comer** it's one thing on top of another
-6. *(copular)* to copulate, to mate

juntillas: a pies juntillas *loc adv* unquestioningly

junto, -a ◇ *adj* **-1.** *(unido)* together; **si seguimos juntos, no nos perderemos** if we stay together, we won't get lost; **saltaba con los pies juntos** she was jumping up and down with her feet together
-2. *(agrupado, reunido)* together; **con tu dinero y el mío juntos nos compraremos el barco** with your money and mine we can buy the boat between us; **nunca he visto tanto niño** ~ I've never seen so many children all in one place; **hacer algo juntos** to do sth together; **¿comemos juntos el viernes?** shall we eat together on Friday?; **no se han casado pero viven juntos** they're not married, but they live together; EXPR *Fam* **juntos pero no revueltos: los dos partidos gobiernan juntos pero no revueltos** the two parties govern together but that doesn't mean they're the best of friends
-3. *(próximo, cercano)* close together; **las casas están muy juntas** the houses are too close together; **si los cables están demasiado juntos, sepáralos** if the cables are too close together, move them apart; **si no se ponen más juntos, no saldrán todos** if they don't all squeeze up a bit more I won't be able to get them all in the photo; **bailaban muy juntos** they were dancing very close
-4. *(al mismo tiempo)* **no puedo atender a tantos clientes juntos** I can't serve all these customers at the same time; **llegaron juntos a la meta** they crossed the line together

◇ **junto a** *loc prep (al lado de)* next to; *(cerca de)* right by, near; **el listín de teléfonos está** ~ **a la lámpara** the telephone directory is next to the lamp; **una casa** ~ **al mar** a house by the sea

◇ **junto con** *loc conj* together with; **nuestro objetivo,** ~ **con la calidad, es la competitividad** our aim is not only to achieve quality, but also to be competitive

◇ **todo junto** *loc adv (ocurrir, llegar)* all at the same time; **se escribe todo** ~ it's written as one word; **¿se lo envuelvo todo** ~**?** shall I wrap everything up together for you?

juntura *nf* **-1.** TEC joint **-2.** ANAT joint

Júpiter ◇ *nm (planeta)* Jupiter
◇ *n* MITOL Jupiter

jura *nf (promesa solemne)* oath; *(de un cargo)* swearing-in; **la ceremonia de** ~ **del nuevo presidente** the inauguration *o* swearing-in of the new president ❑ ~ **de bandera,** *Am* ~ **a la bandera,** *RP* ~ **de la bandera** oath of allegiance to the flag

juraco *nm CAm, Carib* hole

jurado, -a ◇ *adj (declaración)* sworn; **enemigo** ~ sworn enemy
◇ *nm* **-1.** *(en juicio)* jury **-2.** *(en concurso, competición)* (panel of) judges
◇ *nm,f* **-1.** *(en juicio)* member of the jury **-2.** *(en concurso, competición)* judge

juramentado, -a *adj* sworn, under oath

juramentar ◇ *vt* to swear in

◆ **juramentarse** *vpr* to swear; **juramentarse para hacer algo** to swear to do sth

juramento *nm* **-1.** *(promesa solemne)* oath; **bajo** ~ on *o* under oath; **hacer un** ~ **a alguien de que** to swear to sb (that)...; **prestar** ~ to take the oath; **tomar** ~ **a alguien** to swear sb in ❑ ~ **falso** perjury; ~ **hipocrático** Hippocratic oath **-2.** *(blasfemia)* oath, curse; **soltar juramentos** to curse, to swear

jurar ◇ *vt* **-1.** *(prometer solemnemente)* to swear; *(constitución, bandera)* to pledge *o* swear allegiance to; ~ **un cargo** to be sworn in; ~ **bandera,** *Am* ~ **la bandera** to swear allegiance to the flag; **juró vengar la muerte de su padre** she swore to avenge her father's death; ~ **que** to swear that; ~ **por...** to swear by...; **te lo juro por mi madre** I swear to God; **te lo juro** I promise, I swear (it); *Irónico* **no sé mucho alemán – no hace falta que lo jures** I don't know much German – you don't say! *o* tell me something I don't know!; EXPR *Fam* **tenérsela jurada a alguien** to have it in for sb
-2. *(asegurar)* to swear; **te juro que no ha sido culpa mía** I swear that it wasn't my fault; **habría jurado que era tu hermana** I could have sworn it was your sister; **juraba y perjuraba que él no había sido** he swore blind that it wasn't him

◇ *vi* to swear; ~ **en falso** *o* **vano** *(mentir)* to tell an outright lie; DER to commit perjury; EXPR *Fam* ~ **en hebreo** *o* **arameo** to swear like a trooper, *Br* to eff and blind

◆ **jurarse** *vpr* **se juraron amor eterno** they pledged their eternal love for each other; **los conspiradores se juraron fidelidad** the plotters swore to be loyal to one another

jurásico, -a GEOL ◇ *adj* Jurassic
◇ *nm* **el** ~ the Jurassic (period)

jurel *nm* horse mackerel

jurgar *vi RP, Ven Fam* to be a pain

jurgo *nm Col Fam (gran cantidad)* **un** ~ tons, loads; **habla un** ~ **de lenguajes** she speaks tons *o* loads of languages

jurguillo *nm RP Fam* **es un** ~ it's as if he had ants in his pants

jurídicamente *adv* legally

jurídico, -a *adj* legal; **asesor** ~ legal adviser

jurisconsulto, -a *nm,f* jurist

jurisdicción *nf* **-1.** *(autoridad)* jurisdiction; **tener** ~ **sobre algo** to have jurisdiction over sth **-2.** *(territorio)* jurisdiction

jurisdiccional *adj* jurisdictional; **aguas jurisdiccionales** territorial waters

jurispericia = **jurisprudencia**

jurisperito, -a *nm,f* legal expert, jurist

jurisprudencia, jurispericia *nf* **-1.** *(ciencia)* jurisprudence **-2.** *(casos previos)* case law, (legal) precedents; **no hay** ~ **en casos parecidos** there is no legal precedent; **sentar** ~ to set a legal precedent

jurista *nmf* legal expert, jurist

juro: a juro *loc adv Ven Fam* **se lo comió a** ~ he was made to eat it; **se puso esos zapatos a** ~ she wore those shoes because she was made to

jurungar *Ven Fam* ◇ *vt (hurgar)* to rummage around in; **no jurungues mis papeles** stop rummaging through my papers
◇ *vi (indagar)* to pry; EXPR ~ **el avispero** to stir up a hornet's nest

justa *nf* **-1.** HIST joust **-2.** *(certamen)* competition

justamente *adv* **-1.** *(con justicia)* justly; **obró** ~ she acted justly *o* fairly
-2. *(merecidamente)* deservedly; **fue** ~ **recompensado por su labor** he received a fair reward for his work
-3. *(exactamente)* exactly, precisely; ~**, eso es lo que estaba pensando** exactly, that's just what I was thinking; ~ **ahora te iba a llamar** I was just about to call you this minute; **tuvo que retirarse** ~ **cuando iba primero** he had to pull out, and just when he was in the lead, too; **te pedí** ~ **lo contrario** I asked you for the exact opposite

justedad, justeza *nf* fairness

justicia *nf* **-1.** *(equidad)* fairness, justice; **en** ~ in (all) fairness; **se le hizo** ~ **entregándole el premio** she received the recognition she deserved when she was awarded the prize; **esa foto no le hace** ~ that photo doesn't do him justice ❑ ~ **social** social justice
-2. *(derecho)* justice; **administrar** ~ to administer justice; EXPR **ser de** ~ to be only fair; **es de** ~ **que la indemnicen** it is only right *o* fair that she should be compensated; EXPR **tomarse la** ~ **por su mano** to take the law into one's own hands

-3. la ~ *(sistema de leyes)* the law
-4. *(organización)* **la ~ española** the Spanish legal system; **la persigue la ~ británica** she is being sought by the British courts
justicialismo *nm* POL = nationalistic Argentinian political movement founded by Juan Domingo Perón
justicialista POL ◇ *adj* = belonging or related to "justicialismo"
◇ *nmf* = member or supporter of the "Partido Justicialista"
justiciero, -a *adj* righteous; **ángel ~** avenging angel
justificable *adj* justifiable
justificación *nf* **-1.** *(de comportamiento)* justification; **su actuación no tiene ~** there can be no justification for her actions **-2.** IMPRENTA justification; **~ automática** automatic justification; **~ horizontal** horizontal justification; **~ vertical** vertical justification
justificadamente *adv* justifiably; **se marchó de la sala, y ~** he left the room, and with good reason
justificado, -a *adj* justified
justificante *nm* written proof, documentary evidence; **como ayer no fui a clase hoy tengo que llevar un ~ de mi madre** as I didn't go to school yesterday, I have to take a note from my mother today ❑ **~ de compra** receipt; **~ médico** doctor's note, sick note
justificar [59] ◇ *vt* **-1.** *(probar)* to justify; **justifiqué todos los gastos** I accounted for all the expenses
-2. *(hacer admisible)* to justify; **con sus treinta goles justificó el costo de su fichaje** his thirty goals justified *o* made up for the size of his transfer fee
-3. *(excusar)* **~ a alguien** to make excuses for sb; **que estuviera cansado no justifica su comportamiento** the fact that he was tired doesn't justify *o* excuse his behaviour
-4. IMPRENTA to justify
◆ **justificarse** *vpr* **-1.** *(actitud, decisión)* to be justified **-2.** *(persona)* to justify *o* excuse oneself; **justificarse por algo** to excuse oneself for sth; **justificarse con alguien** to make one's excuses to sb; **no intentes justificarte** I don't want to hear any excuses
justificativo, -a *adj* **un recibo ~ de la compra** a receipt as proof of purchase
Justiniano *n pr* Justinian
justipreciar *vt* to value
justiprecio *nm* valuation
justo, -a ◇ *adj* **-1.** *(equitativo)* fair; **luchó por una sociedad justa** she fought for social justice; **no es ~ que tenga que hacerlo todo yo** it isn't fair that I should have to do it all myself
-2. *(merecido)* *(recompensa, victoria)* deserved; *(castigo)* just; **fue el ~ campeón** he was the deserved champion
-3. *(lógico)* **es ~ que él también quiera ir** it is only normal that he should want to go too
-4. *(exacto)* exact; **tengo el dinero ~ para comprar el libro** I've got exactly the right amount of *o* just enough money to buy the book; **estamos los justos para jugar un partido de dobles** there's just enough of us for a game of doubles
-5. *(idóneo)* right; **no encuentro la palabra justa** I can't find the right word
-6. *(apretado, ceñido)* tight; **estar** *o* **venir ~** to be a tight fit; **cabemos cinco, pero un poco justos** there's room for five of us, but it's a bit of a squeeze
-7. *(escaso)* **vamos justos de tiempo** we've only just got enough time; **estamos justos de leche** we've barely *o* only just got enough milk; **ando ~ de dinero** I haven't got much money at the moment; **viven con lo ~** they only just have enough to live on; **le quedan las fuerzas justitas** he has barely enough strength left; **la comida fue muy justa** there was barely enough food to go round
-8. REL righteous
◇ *nm* REL **los justos** the righteous; EXPR **pagarán justos por pecadores** the innocent will suffer instead of the guilty
◇ *adv* **-1.** *(exactamente)* just; **~ a tiempo** just in time, in the nick of time; **~ en medio** right in the middle; **¿al lado del puente? – ~ ahí** by the bridge? – spot on *o* exactly **-2.** *(precisamente)* just; **~ ahora iba a llamarte** I was just about to ring you; **vaya, ~ ahora que llego yo se va todo el mundo** honestly, everybody's leaving just as I get here
jutía *nf* hutia, hog-rat
Jutlandia *n* Jutland
juvenil ◇ *adj* **-1.** *(aspecto)* youthful; *(desempleo, violencia)* youth; **delincuencia ~** juvenile delinquency; **moda ~** youth fashion; **en lenguaje ~** in young people's language **-2.** DEP **equipo ~** ≃ youth team *(ages 16 to 17)*
◇ *nmf* DEP **juveniles** ≃ youth team *(ages 16 to 17)*
juventud *nf* **-1.** *(edad, época)* youth; **en su ~** when she was young, in her youth; EXPR **~, divino tesoro** oh, to be young again!
-2. *(los jóvenes)* young people *(plural)*; **la ~ ha perdido el respeto por los ancianos** young people no longer respect the elderly; **cuenta con el apoyo de las juventudes del partido** he enjoys the support of the youth wing of the party ❑ *Juventudes Comunistas* Young Communists; HIST *Juventudes Hitlerianas* Hitler Youth; *Juventudes Socialistas* Young Socialists
juzgado *nm* **-1.** *(tribunal)* court ❑ **~ de lo civil** civil court; **~ de guardia** = court open during the night or at other times when ordinary courts are shut; EXPR *Fam* **ser de ~ de guardia** to be criminal *o* a crime; **~ de instrucción** court of first instance, *Br* ≃ magistrates' court, *US* ≃ justice's court; **~ de lo penal** criminal court; **~ de primera instancia** court of first instance, *Br* ≃ magistrates' court, *US* ≃ justice's court; **~ de lo social** = civil court dealing with employment and social security matters, *Br* ≃ industrial tribunal
-2. *(jurisdicción)* jurisdiction
juzgar [38] ◇ *vt* **-1.** DER to try **-2.** *(enjuiciar)* to judge; *(estimar, considerar)* to consider, to judge; **~ mal a alguien** to misjudge sb; **a ~ por (cómo)** judging by (how); **no tienes derecho a juzgarme** you have no right to judge me; **enseguida juzga a la gente** she's very quick to judge
◆ **juzgarse** *vpr* to consider oneself
juzgón, -ona *adj* CAm, Méx *Fam* overcritical; **es muy ~** nothing's good enough for him, he's a real nitpicker

Kk

K, k [ka] *nf (letra)* K, k
K *nm* INFORMÁT *(abrev de* **kilobyte***)* K
K2 *nm* el K2 K2
Kabul *n* Kabul
kafkiano, -a *adj Fig* Kafkaesque
káiser *(pl* **káisers***) nm* Kaiser
kaki = caqui
kala-azar *nm* MED kala-azar
Kalahari *nm* el (desierto del) ~ the Kalahari Desert
kamikaze ◇ *adj* **-1.** HIST kamikaze **-2.** *(atentado, táctica)* kamikaze
 ◇ *nmf* **-1.** HIST kamikaze **-2.** *(terrorista)* kamikaze
Kampala *n* Kampala
Kampuchea *n Antes* Kampuchea
kan *(pl* **kans***) nm* HIST *(de los tártaros)* khan
kantiano, -a ◇ *adj* Kantian
 ◇ *nm,f* Kantian
kaón *nm* FÍS kaon
kaput, kaputt [ka'put] *adj inv Fam* kaput; **la radio está ~** the radio's kaput
karaoke *nm* **-1.** *(aparato)* karaoke (machine) **-2.** *(bar)* karaoke bar
kárate, karate *nm* karate
karateka, karateca *nmf* karate expert, karateka
kárdex® *nm Andes, Ven Br* card index, *US* card catalog
karma *nm* karma
karst *nm* GEOL karst
kárstico, -a *adj* GEOL karstic
kart *(pl* **karts***) nm* go-kart, kart
karting ['kartin] *nm* go-kart racing, karting
kartódromo *nm* go-kart *o* karting track
KAS [kas] *nf (abrev de* **Koordinadora Abertzale Sozialista***)* = Basque left-wing nationalist umbrella organization which includes the terrorist organization ETA
kasbah *nf* kasbah
kata *nm* DEP kata
katiusca, katiuska *nf Esp Br* wellington boot, *US* rubber boot
Katmandú *n* Kathmandu
katún *nm* = period of 20 360-day years in the Mayan calendar
kayac *(pl* **kayacs***),* **kayak** *(pl* **kayaks***) nm* kayak
kazaco, -a, kazako, -a, kazajo, -a ◇ *adj* Kazak(h)
 ◇ *nm,f* Kazak(h)
Kazajistán *n* Kazak(h)stan
kazajo, kazako = kazaco
Kb *nm* INFORMÁT *(abrev de* **kilobyte***)* Kb
kbps INFORMÁT *(abrev de* **kilobytes por segundo***)* kbps
kebab *nm* kebab
kefia, kufia *nf* keffiyeh
kéfir *nm* kefir
kelvin *(pl* **kelvins***) nm* kelvin; **grados Kelvin** degrees Kelvin
kendo *nm* kendo
Kenia *n* Kenya
keniano, -a, keniata ◇ *adj* Kenyan
 ◇ *nm,f* Kenyan
kentia *nf* kentia
kepis *nm inv* kepi
kermés, kermesse [ker'mes] *nf* fair, kermesse
kero *nm* = decorated Inca ceremonial vessel made of earthenware or wood

keroseno, *Am* **kerosén,** *Am* **kerosene** *nm* kerosene
ketchup ['ketʃup] *(pl* **ketchups***) nm* ketchup, *US* catsup
keynesianismo *nm* ECON Keynesianism
keynesiano, -a ECON ◇ *adj* Keynesian
 ◇ *nm,f* Keynesian
kg *(abrev de* **kilogramo***)* kg
KGB *nm o nf Antes* KGB
kHz *(abrev de* **kilohertz***)* kHz
kibbutz, kibutz [ki'βuts] *nm inv* kibbutz
kichua *nm* Quechua, Quichua
Kiev *n* Kiev
kif *nm* kif
kiki = quiqui
kikirikí *(pl* **kikirikíes***)* ◇ *nm* crowing
 ◇ *interj* cock-a-doodle-do!
kiko *nm (maíz tostado)* = toasted, salted maize kernel
kilim *(pl* **kilims***) nm (alfombra)* kilim
Kilimanjaro *nm* el ~ (Mount) Kilimanjaro
kilo *nm* **-1.** *(peso)* kilo, kilogram **-2.** *Esp Fam (millón de pesetas)* million (pesetas); **gana cinco kilos al año** she earns five million (pesetas) a year **-3.** *RP Fam (mucho)* **cuesta un ~ de plata** it costs a fortune; **tengo kilos de cosas que hacer** I've got tons *o* loads of things to do
kilo- *pref* kilo-
kilobit [kilo'βit] *(pl* **kilobits***) nm* INFORMÁT kilobit
kilobyte [kilo'βait] *nm* INFORMÁT kilobyte
kilocaloría *nf* kilocalorie
kilociclo *nm* kilocycle
kilogramo *nm* kilogram(me)
kilohercio, kilohertz *nm* kilohertz
kilojulio *nm* kilojoule
kilolitro *nm* kilolitre
kilometraje *nm* **-1.** *(de vehículo)* ≃ mileage; **sin límite de ~** *(vehículo alquilado)* unlimited mileage **-2.** *(de carretera)* distance in kilometres
kilometrar *vt* ~ **una carretera** to put distance markers along a road
kilométrico, -a ◇ *adj* **-1.** *(distancia)* kilometric **-2.** *Fam (largo)* dead long; **había una cola kilométrica** there was a massive *Br* queue *o US* line
 ◇ *nm Esp* = ticket to travel a set distance
kilómetro *nm* kilometre ❏ **~ cero** *(de carretera)* = point from which road distances are measured, usually in a country's capital; **desde el ~ cero de la carrera salieron a por todas** they went flat out from the very start of the race; **~ cuadrado** square kilometre
kilopondio *nm* FÍS *(unidad)* kilopond
kilotón *nm* kiloton
kilovatio *nm* kilowatt ❏ **~ hora** kilowatt hour
kilovoltio *nm* kilovolt
kilt *(pl* **kilts***) nm* kilt
kiludo, -a *adj Ven Fam* chubby
kimono *nm, Méx* **kimona** *nf* kimono
kindergarten, *Andes, Méx* **kínder** *nm* kindergarten, nursery school
kindergarterina *nf Ven* kindergarten *o* nursery school teacher
kinesioterapeuta, kinesiterapeuta *nmf* kinesitherapist
kinesioterapia, kinesiterapia *nf* kinesitherapy

Kingston ['kinston] *n* Kingston
Kinshasa [kin'sasa] *n* Kinshasa
kiosco *nm* **-1.** *(de periódico, revistas)* newspaper stand *o* kiosk; *(de refrescos)* kiosk; *(de helados)* ice-cream stand; *(de lotería)* = kiosk where lottery tickets are sold ❏ **~ de música** bandstand **-2.** *RP (estanco)* tobacconist's (kiosk)
kiosquero, -a, quioskero, -a *nm,f* = person selling newspapers, drinks etc from a kiosk
Kioto *n* Kyoto
Kirguizistán *n* Kirg(h)izia, Kirg(h)izstan
kirguizo, -a ◇ *adj* Kirghiz
 ◇ *nm,f* Kirghiz
kirial *nm* REL plainsong book
Kiribati *n* Kiribati
kirie, kirieleisón *nm* REL kyrie, kyrie eleison; EXPR *Fam* **cantar el ~** to plead for mercy
kirsch [kirs] *nm* kirsch
kit *(pl* **kits***) nm (conjunto)* kit, set; *(para montar)* kit ❏ INFORMÁT **~ de conexión** connection kit
kitsch [kitʃ] *adj inv* kitsch, kitschy
kiwi *nm* **-1.** *(ave)* kiwi **-2.** *(fruto)* kiwi (fruit)
kleenex® ['klines, 'klineks]**, klínex** *nm inv* tissue, paper handkerchief, Kleenex®
km *(abrev de* **kilómetro***)* km
km/h *(abrev de* **kilómetros por hora***)* km/h
knickers ['nikers] *nmpl Urug* knickerbockers, *US* knickers
knockout [no'kaut] *(pl* **knockouts***) nm* knockout
know how ['nou'xau] *nm* know-how
K.O. *nm (abrev de* **knockout***)* KO; **dejar K.O. a alguien** *(en boxeo)* to knock sb out; *Fig* to stun *o* floor sb; **ganar por K.O.** *(en boxeo)* to win by a knockout; *Fig* to win convincingly; **quedar K.O.** *(en boxeo)* to be knocked out; *Fig* to be stunned *o* floored ❏ **K.O. técnico** technical knockout
koala *nm* koala (bear)
koljós, koljoz *nm* HIST kolkhoz
Komintern *nf* HIST Comintern, Komintern
kopek *(pl* **kopeks***) nm* kopeck
kosher *nm* kosher food
kosovar ◇ *adj* Kosovan; **la capital ~** the Kosovo *o* Kosovan capital
 ◇ *nmf* Kosovan, Kosovar
Kosovo *n* Kosovo
Kremlin *nm* el ~ the Kremlin
kril *nm* krill
kriptón *nm* QUÍM krypton
krugerrand *nm* Krugerrand
Kuala Lumpur *n* Kuala Lumpur
kufia = kefia
kung-fu *nm* kung fu
Kurdistán *nm* Kurdistan
kurdo, -a ◇ *adj* Kurdish
 ◇ *nm,f (persona)* Kurd
 ◇ *nm (lengua)* Kurdish
Kuriles *nfpl* **las (islas) ~** the Kuriles, the Kuril(e) Islands
Kuwait [ku'βait] *n* Kuwait
kuwaití [kuβai'ti] *(pl* **kuwaitíes***)* ◇ *adj* Kuwaiti
 ◇ *nmf* Kuwaiti
kW *(abrev de* **kilovatio***)* kW
kWh *(abrev de* **kilovatio hora***)* kWh
kV *(abrev de* **kilovoltio***)* kV

L, l ['ele] *nf (letra)* L, l

L *(abrev de* **lunes***)* Mon

l *(abrev de* **litro***)* l

la¹ *nm (nota musical)* A; *(en solfeo)* lah; *ver también* **do**

la² ⋄ *art ver* **el**
⋄ *pron ver* **lo¹**

laberíntico, -a *adj* **-1.** *(del laberinto)* labyrinthine **-2.** *(complejo)* labyrinthine

laberinto *nm* **-1.** *(mitológico)* labyrinth; *(en jardín)* maze; **un ~ de calles** a labyrinth *o* maze of streets **-2.** *(cosa complicada)* labyrinth, maze

labia *nf Fam* smooth talk; **tener mucha ~** to have the gift of the gab

labiado, -a *adj* BOT labiate

labial ⋄ *adj* **-1.** *(de los labios)* lip, *Espec* labial; **protector ~** lip salve *o* balm **-2.** LING labial
⋄ *nf* LING labial

labialización *nf* LING labialization

labializar [14] *vt* LING to labialize

labiérnago *nm* mock privet

lábil *adj (sustancia, estructura)* unstable; *(persona, situación)* volatile

labilidad *nf (de sustancia, estructura)* instability; *(de persona, situación)* volatility, volatile nature

labio *nm* **-1.** *(de boca)* lip; **~ superior/inferior** upper/lower lip; **leer los labios** to lip-read; **leer los labios a alguien** to read sb's lips; EXPR **estar pendiente de los labios de alguien** to hang on sb's every word; EXPR **morderse los labios** to bite one's tongue; EXPR **no despegar los labios** not to utter a word ❑ *leporino* harelip
-2. *(de vulva)* labium ❑ *labios mayores* labia majora; *labios menores* labia minora
-3. *(borde)* edge

labiodental LING ⋄ *adj* labiodental
⋄ *nf* labiodental

labioso, -a *adj CAm, Ecuad, Méx* glib

labor *nf* **-1.** *(trabajo)* work; *(tarea)* task; **hizo una buena ~ al frente de la empresa** she did a good job at the helm of the company; **profesión: sus labores** occupation: housewife; **ser de profesión sus labores** to be a housewife; EXPR **no estar por la ~** not to have one's mind on the job; **quiero ir al concierto pero mis padres no están por la ~ de dejarme** I want to go to the concert, but my parents won't let me go ❑ *labores agrícolas* farm work; *labores domésticas* household chores; **~ de equipo** teamwork; **~ de mina** mining
-2. *(de costura)* needlework ❑ **~ de encaje** lacemaking; **~ de punto** knitting
-3. AGR **casa de ~** farm; **tierra de ~** agricultural land, arable land

laborable ⋄ *adj* **día ~** *(hábil)* working day; *(de semana)* weekday
⋄ *nm (día hábil)* working day; *(día de la semana)* weekday

laboral *adj (semana, jornada, horario, condiciones)* working; *(derecho, costos, mercado)* labour; *(conflicto)* industrial; **accidente ~** industrial accident

laboralista ⋄ *adj* **abogado ~** labour lawyer
⋄ *nmf* labour lawyer

laboralmente *adv* **~ las cosas me van bien** things are going well on the work front; **la ley discrimina ~ a los refugiados** the law discriminates against refugees in terms of employment

laborar *vt* **-1.** *(cultivar)* to cultivate **-2.** *(arar)* to plough

laboratorio *nm* laboratory ❑ **~ espacial** spacelab; **~ farmacéutico** pharmaceutical laboratory; **~ fotográfico** photographic laboratory; **~ de idiomas** language laboratory; **~ de investigación** research laboratory; **~ de lenguas** language laboratory

laborear *vt (trabajar)* to work; **~ la tierra** to work the land

laboreo *nm (del campo)* cultivation

laboriosamente *adv* laboriously, elaborately

laboriosidad *nf* **-1.** *(dedicación)* application, diligence **-2.** *(dificultad)* laboriousness

laborioso, -a *adj* **-1.** *(aplicado)* hard-working **-2.** *(difícil)* laborious, arduous

laborismo *nm* **el ~** *(ideología)* Labourism; *(movimiento)* the Labour Movement

laborista ⋄ *adj* Labour
⋄ *nmf* Labour Party supporter *o* member; **los laboristas** Labour

labrado, -a ⋄ *adj* **-1.** *(tela, género)* embroidered **-2.** *(metales)* wrought; *(madera, piedra)* carved **-3.** *(pieles)* tooled **-4.** *(tierra)* cultivated, tilled
⋄ *nm (de metales)* working; *(de madera, piedra)* carving

Labrador *n* Labrador

labrador, -ora *nm,f* **-1.** *(agricultor)* farmer; *(trabajador)* farm worker **-2.** *(perro)* Labrador

labrantío, -a *adj* arable

labranza *nf* AGR **casa de ~** farm; **tierra de ~** agricultural land, arable land

labrar ⋄ *vt* **-1.** *(campo) (arar)* to plough; *(cultivar)* to cultivate **-2.** *(piedra, metal)* to work **-3.** *(porvenir, fortuna)* to carve out
→ **labrarse** *vpr* **labrarse un porvenir** to carve out a future for oneself

labriego, -a *nm,f* farm worker

laburante *nmf RP Fam* worker

laburar *vi RP Fam* to work; **labura de vendedora** she works in a shop

laburo *nm RP Fam* job

laca *nf* **-1.** *(para muebles)* lacquer **-2.** *(para el pelo)* hairspray **-3.** *(objeto)* lacquered box **-4. ~ de uñas** nail polish *o* varnish

lacado, -a ⋄ *adj* lacquered
⋄ *nm* lacquering

lacandón, -ona ⋄ *adj* Lacandon
⋄ *nm,f (persona)* Lacandon Indian
⋄ *nm (lengua)* Lacandon

lacar [59] *vt* to lacquer

lacayo *nm* **-1.** *(criado)* footman **-2.** *Pey (persona servil)* lackey

laceador, -ora *nm,f CSur* cowboy *(whose job it is to lasso cattle)*

lacear *vt CSur* to lasso

laceración *nf* laceration

lacerante *adj* **-1.** *(dolor)* excruciating, stabbing **-2.** *(palabras)* hurtful, cutting; *(grito)* piercing

lacerar *vt* **-1.** *(herir)* to lacerate **-2.** *(apenar)* to wound
→ **lacerarse** *vpr* to injure oneself; **se laceró el brazo** she injured her arm

laceria *nf Literario* tribulation

lacería *nf* ARTE = decorative designs of interlacing lines which form geometrical patterns, typical of Arab art

lacero *nm (de animales)* lassoer, roper; *(de perros)* dogcatcher

lacho, -a *Chile, Perú Fam* ⋄ *nm,f* lover
⋄ *nm* dandy

lacio, -a *adj* **-1.** *(cabello) (liso)* straight; *(sin fuerza)* lank **-2.** *(planta)* wilted **-3.** *(sin fuerza)* limp

lacón *nm* shoulder of pork

lacónicamente *adv* laconically

lacónico, -a *adj* **-1.** *(persona)* laconic **-2.** *(respuesta, estilo)* terse

laconismo *nm (de respuesta, estilo)* terseness

lacra *nf* **-1.** *(secuela)* **la enfermedad le dejó como ~ una cojera** he was left lame by the illness **-2.** *(problema)* scourge; **la ~ del terrorismo** the scourge of terrorism; **la droga se ha convertido en una ~ social** drugs have become the scourge of our society **-3.** *(defecto)* blight **-4.** *Am (costra)* scab

lacrar *vt* to seal *(with sealing wax)*

lacre *nm* **-1.** *(para sellar)* sealing wax **-2.** *Cuba (de abeja)* propolis

lacrimal *adj* lachrymal, tear; **conducto ~** tear duct

lacrimógeno, -a *adj* **-1.** *(novela, película)* weepy, tear-jerking **-2. gas ~** tear gas

lacrimoso, -a *adj* **-1.** *(ojos)* tearful **-2.** *(historia)* weepy, tear-jerking

lactancia *nf* lactation ❑ **~ artificial** bottle-feeding; **~ materna** breastfeeding

lactante ⋄ *adj* **-1.** *(que amamanta)* **madre ~** breastfeeding mother **-2.** *(que mama)* **bebé ~** baby *(not yet eating solid food)*
⋄ *nmf (que mama)* baby *(not yet eating solid food)*
⋄ *nf (que amamanta)* breastfeeding mother

lactato *nm* BIOQUÍM lactate

lacteado, -a *adj* **producto ~** = product ready-mixed with milk, usually for babies

lácteo, -a *adj* **-1.** *(industria, productos)* dairy **-2.** *(blanco)* milky; **de aspecto ~** milky

láctico, -a *adj* lactic

lactosa *nf* BIOQUÍM lactose

lacustre *adj (animal, planta)* lake-dwelling, lacustrine; **hábitat ~** lake habitat

ladeado, -a *adj (torcido)* tilted, at an angle; **el cuadro está ~** the painting isn't straight; **métalo ~** put it in sideways

ladear ⋄ *vt* to tilt
→ **ladearse** *vpr* **-1.** *(cuadro)* to tilt; *(persona)* to turn sideways **-2.** *Chile Fam (enamorarse)* to fall in love

ladera *nf* **-1.** *(de montaña)* slope, mountainside **-2.** *Bol (chabola)* shanty town

ladero, -a *nm,f RP Fam* regular companion; **llegó con sus laderos** he arrived accompanied by the usual crowd

ladilla ⋄ *nf* **-1.** *(insecto)* crab (louse) **-2.** *Ven Vulg (fastidio) Br* bloody *o US* goddamn pain; **limpiar la casa es una ~** doing the housework is a *Br* bloody *o US* goddamn pain
⋄ *nmf RP, Ven muy Fam (fastidioso) Br* bloody *o US* goddamn pain

ladillado, -a *adj Ven muy Fam* **estar ~ con algo** to be bored shitless with sth

ladillar *muy Fam* ◇ *vi RP, Ven* to be a *Br* bloody *o US* goddamn pain; **¡deja de ~!** stop being such a *Br* bloody *o US* goddamn pain!
◆ **ladillarse** *vpr Ven* to get bored shitless

ladilloso, -a *adj Ven muy Fam* **ser ~** to be a *Br* bloody *o US* goddamn pain

ladino, -a ◇ *adj* **-1.** *(astuto)* crafty **-2.** *(judeoespañol)* Ladino **-3.** *CAm, Méx, Ven (no blanco)* non-white
◇ *nm* **-1.** *(sefardí)* Ladino **-2.** *(lengua románica)* Ladino
◇ *nm,f CAm, Méx, Ven (no blanco)* = non-white Spanish-speaking person

LADINO
This term originally referred to Indians who spoke Spanish and adopted Spanish ways. It now also means any person who is not an American Indian. In Guatemala, where the ratio of indigenous people is the highest in Latin America, it can also mean "person of mixed race".

lado *nm* **-1.** *(costado, cara, parte lateral)* side; **me duele el ~ izquierdo** my left side is hurting; **el cine está a este ~ de la calle** the cinema is on this side of the street; **el ~ más áspero de la tela** the rougher side of the cloth; **un polígono con cuatro lados** a four-sided *o* quadrilateral polygon; **este cuadro se puede colgar en el ~ de la chimenea** we can hang this painting on the wall behind the fireplace; **a ambos lados** on both sides; **al ~** *(cerca)* nearby; **yo vivo aquí al ~** I live just round the corner from here; **al ~ de** *(junto a)* beside, next to; *(comparado con)* compared to; **la zapatería está al ~ de la joyería** the shoe shop is next to the jeweller's; **Juan, al ~ de su hermano, es muy alto** Juan is very tall compared to his brother; **al otro ~ de** on the other side of; **la mesa de al ~** the next table; **la casa de al ~** the house next door; **los vecinos de al ~** the next-door neighbours; **no te vayas de su ~** do not leave her side; **en el ~ de arriba/abajo** on the top/bottom; **de ~** *(torcido)* at an angle; **el cuadro está de ~** the painting isn't straight; **métalo de ~** put it in sideways; **dormir de ~** to sleep on one's side; **el viento sopla de ~** there's a crosswind; **atravesar algo de ~ a ~** to cross sth from one side to the other; **echarse** *o* **hacerse a un ~** to move aside; **poner algo a un ~** to put sth aside *o* to one side.
-2. *(lugar)* place; **por este ~ no oímos nada** we can't hear anything over here; **debe de estar en otro ~** it must be somewhere else; **columpiarse de un ~ para** *o* **a otro** to swing to and fro; **ando todo el día corriendo de un ~ para otro** I've been running around all day; **hacerle un ~ a alguien** to make room for sb; **iremos cada uno por nuestro ~ y nos reuniremos en el hotel** we will go our separate ways and meet up later at the hotel; **si cada cual va por su ~, nunca sacaremos este proyecto adelante** if everyone does their own thing, we'll never make a success of this project; **por todos lados** everywhere, all around; **por todos lados se ven anuncios de este nuevo refresco** there are adverts for this new drink everywhere.
-3. *(bando)* side; **y tú ¿de qué ~ estás?** whose side are you on?; **estoy de su ~** I'm on her side; **ponerse del ~ de alguien** to take sb's side
-4. *(línea de parentesco)* side; **por el ~ paterno** on my/his/her/*etc* father's side
-5. *(aspecto)* side; **siempre ve el ~ negativo de las cosas** she always sees the negative side of things; **la entrevista se centra en el ~ humano del campeón** the interview focuses on the human side of the champion; **por un ~** *(en primer lugar)* on the one hand; *(en cierto modo)* in one sense; **por otro ~,** *Am* **de otro ~** *(en segundo lugar)* on the other hand; *(además)* in any case
-6. EXPR **dar de ~ a alguien,** *Méx, RP* **dar a alguien por su ~** to cold-shoulder sb; **dejar algo de ~** *o* **a un ~** *(prescindir)* to leave

sth to one side; *Méx, RP Fam* **estar del otro ~** to be over the worst; **mirar de ~ a alguien** *(despreciar)* to look askance at sb; *RP, Ven Fam* **pasar al otro ~** to kick the bucket, to snuff it; *RP, Ven Fam* **pasar a alguien para el otro ~** to bump sb off; *CSur Fam* **ser** *o* **patear para el otro ~** to be one of them, to be queer

ladrador, -ora *adj* barking

ladrar *vi* **-1.** *(perro)* to bark **-2.** *(persona)* to bark; EXPR *Fam* **está que ladra** he's hopping mad, *US* he's fit to be tied; EXPR *Ven Fam* **estar ladrando** *(estar sin dinero)* to be broke, *Br* to be skint; *(tener hambre)* to be starving

ladrido *nm (de perro)* bark; **dar** *o* **soltar un ~** to bark; **nos despertaron los ladridos de un perro** we were woken by the sound of a dog barking

ladrillar *nm* brick factory *o* works *(singular)*

ladrillazo *nm* **dar un ~ a alguien** to throw a brick at sb; **me dieron un ladrillazo en la cabeza** I was hit on the head by a brick

ladrillo *nm* **-1.** *(para construir)* brick; **una casa de ~** a brick house ❏ **~ crudo** adobe **-2.** *Fam (pesadez)* drag, bore **-3. color ~** *(color)* brick red; **de color ~** brick red

ladrón, -ona ◇ *adj* thieving; **en esa tienda son muy ladrones** they're real crooks in that shop
◇ *nm,f (persona) (de coches)* thief; *(de bancos)* robber; *(de casas)* burglar; **ese tendero es un ~** that shopkeeper is a crook; PROV **cree** *o* **piensa el ~ que todos son de su condición** evildoers expect the worst of everyone ❏ **~ de guante blanco** gentleman burglar *o* thief; *Am* **~ y poli** *(juego infantil)* cops and robbers
◇ *nm (para enchufes)* adaptor

ladronera, ladronería *nf Andes Fam* **-1.** *(delincuencia)* crime, crookery; **por aquí no hay mucha ~** there isn't much crime round here; **su gobierno fue muy ineficiente y además, hubo tanta ~...** her government was very inefficient and besides, it was appallingly corrupt **-2.** *(estafa)* **hace años que se dedica a la ~** he's been ripping people off for years

lagaña = **legaña**

lagar *nm (de vino)* winepress; *(de sidra)* cider press; *(de aceite)* oil press

lagarta *nf* **-1.** *Fam (mujer)* scheming woman **-2.** *(insecto)* gypsy moth

lagartear *vt Chile* to pinion, to hold by the arms

lagartija *nf* (small) lizard

lagarto, -a ◇ *nm,f (reptil)* lizard
◇ *nm* **-1.** *Méx (caimán)* alligator **-2.** *Méx Fam (persona)* crafty so-and-so **-3.** *Ven (de carne)* silverside
◇ *interj Esp* **¡~, ~!** God *o* Heaven forbid!

lago *nm* lake ❏ **el ~ Constanza** Lake Constance; **el ~ Erie** Lake Erie; **el ~ Garda** Lake Garda; **el ~ Hurón** Lake Huron; **el ~ Mayor** Lago Maggiore; **el ~ Michigan** Lake Michigan; **el ~ Ontario** Lake Ontario; **el ~ Superior** Lake Superior; **el ~ Tiberíades** the Sea of Galilee; **el ~ Titicaca** Lake Titicaca; **el ~ Victoria** Lake Victoria

Lagos *n* Lagos

lágrima *nf* tear; **hacer saltar las lágrimas** to bring tears to the eyes; EXPR **beberse las lágrimas** to hold back one's tears; **nos costó muchas lágrimas** it caused us a lot of heartache; **deshacerse en lágrimas** to cry one's eyes out; **enjugarse** *o* **secarse las lágrimas** to wipe away *o* dry one's tears; EXPR **llorar a ~ viva** to cry buckets ❏ **lágrimas de cocodrilo** crocodile tears

lagrimal ◇ *adj* lachrymal, tear; **conducto ~** tear duct
◇ *nm* (inner) corner of the eye

lagrimear *vi* **-1.** *(persona)* to weep **-2.** *(ojos)* to water

lagrimeo *nm* **-1.** *(acción)* weeping **-2.** *(en ojo)* watering

lagrimilla *nf Chile* unfermented grape juice

lagrimoso, -a *adj* **-1.** *(ojo)* watery **-2.** *(persona)* tearful

laguna *nf* **-1.** *(lago) (de agua salada)* lagoon; *(de agua dulce)* pool **-2.** *(en memoria)* gap; **tengo lagunas importantes en latín** I have some major gaps in my knowledge of Latin **-3.** *(en colección)* gap **-4.** *(en leyes, reglamento)* loophole

La Habana *n* Havana

La Haya *n* The Hague

laicalización = **laicización**

laicalizar [14] *vt Andes* to laicize

laicismo *nm* laicism

laicización, *Andes* **laicalización** *nf* secularization

laicizar *vt* to secularize

laico, -a ◇ *adj* lay, secular
◇ *nm,f* layman, *f* laywoman

laísmo *nm* = incorrect use of "la" instead of "le" as indirect object, characteristic of certain regions in Spain

laissez-faire [le'se'fer] *nm* ECON laissez-faire

laísta ◇ *adj* prone to "laísmo"
◇ *nmf* = person prone to "laísmo"

laja *nf* **-1.** *Hond (arena)* fine sand **-2.** *Ecuad (declive)* bank, slope

lama[1] *nf* **-1.** *Am (musgo)* moss **-2.** *Am (verdín)* slime **-3.** *Méx (moho)* mould

lama[2] *nm* lama

lambada *nf* lambada

lambeculo = **lameculos**

lamber *vt Fam* **-1.** *Am (lamer)* to lick **-2.** *Col, Méx (adular)* to suck up to

lambeta *RP Fam* ◇ *adj* **ser ~** to be a greedy-guts
◇ *nmf* greedy-guts

lambetear *vt Fam* **-1.** *Méx, RP (lamer)* to lick **-2.** *Méx (adular)* to suck up to

lambiscón, -ona, lambón, -ona *Méx Fam*
◇ *adj* crawling, creeping
◇ *nm,f* crawler, creep

lambisconear, lambisquear *vt Méx Fam* to suck up to

lambón = **lambiscón**

lambucio, -a *Ven Fam* ◇ *adj* **-1.** *(glotón)* **ser ~** to be a greedy-guts **-2.** *(tacaño)* tight, stingy
◇ *nm,f* **-1.** *(glotón)* greedy-guts **-2.** *(tacaño)* tightwad, miser

lamé *nm* lamé

lameculos, *Méx* **lambeculo** *nmf inv muy Fam* brown-nose, arse-licker

lamentable *adj* **-1.** *(conducta, accidente, confusión)* regrettable; **sería ~ que no pudiera acudir** it would be a shame if she couldn't come **-2.** *(malo)* lamentable, deplorable; **llegó a casa con un aspecto ~** she looked terrible *o* she was in a pitiful state when she got home

lamentablemente *adv* unfortunately, sadly

lamentación *nf* moaning

lamentar ◇ *vt* to regret, to be sorry about; **lo lamento** I'm (very) sorry; **lamento tener que tomar una decisión así** I regret having to take a decision like this, I'm sorry to have to take a decision like this; **no hubo que ~ víctimas mortales** nobody was killed; **lamentamos comunicarle...** we regret to inform you...
◆ **lamentarse** *vpr* to complain (**de** *o* **por** about); **ya es tarde para lamentarse** it's no use complaining now; **me lamenté de mi mala suerte** I cursed my bad luck

lamento *nm (por dolor)* moan, cry (of pain); *(por pena, disgusto)* groan, wail

lamer ◇ *vt* **-1.** *(con lengua)* to lick; EXPR *muy Fam* **lamerle el culo a alguien** to brown-nose sb; EXPR *Méx Fam* **lamer los pies** *o* **las patas a alguien** to lick sb's boots **-2.** *(acariciar, rozar)* **las olas lamían los costados del barco** the waves lapped against the sides of the boat; **las llamas lamían el techo** the flames licked (at) the roof; **la pelota lamió el larguero** the ball grazed the crossbar
◆ **lamerse** *vpr* to lick oneself; EXPR **lamerse las heridas** to lick one's wounds

lametada *nf* lick

lametazo *nm* lick; **dar un ~ a algo** to lick sth, to give sth a lick
lametear *vt* to lick
lametón *nm* lick
lamida *nf* lick; **dar una ~ a algo** to lick sth, to give sth a lick; *RP Fam* **darse una ~** to freshen up
lamido, -a *adj* **-1.** *(delgado)* skinny **-2.** *(pulcro)* immaculate
lámina *nf* **-1.** *(plancha)* sheet; *(placa)* plate **-2.** *(rodaja)* slice **-3.** *(grabado)* engraving **-4.** *(dibujo)* plate **-5.** *Chile (cromo)* picture card
laminado, -a ◇ *adj* **-1.** *(cubierto por láminas)* laminated **-2.** *(reducido a láminas)* rolled
◇ *nm* **-1.** *(cubrir con láminas)* lamination **-2.** *(reducir a láminas)* rolling
laminador *nm*, **laminadora** *nf* rolling mill
laminar¹ *adj* laminar
laminar² *vt* **-1.** *(hacer láminas)* to roll **-2.** *(cubrir con láminas)* to laminate
lampa *nf Andes, RP (de agricultor)* hoe; *(de minero)* pick
lampalagua ◇ *adj Chile (glotón)* gluttonous
◇ *nf* **-1.** *Arg (serpiente)* boa constrictor **-2.** *Chile* MITOL = mythical snake that is said to drink the rivers dry
lampar *vi Esp Fam* to beg
lámpara *nf* **-1.** *(aparato)* lamp ❏ **~ de aceite** oil lamp; **la ~ de Aladino** Aladdin's lamp; **~ de araña** chandelier; **~ de arco** arc lamp; **~ fluorescente** fluorescent lamp; **~ de gas** gas lamp; **~ halógena** halogen lamp; **~ de incandescencia** incandescent lamp; **~ de mesa** table lamp; **~ de neón** neon light; **~ de noche** bedside lamp; **~ de pie** *Br* standard lamp, *US* floor lamp; **~ de querosene** kerosene lamp; **~ de rayos ultravioletas** sun lamp; **~ solar** sun lamp; **~ de soldar** blowtorch
-2. *(bombilla)* bulb
-3. TEC valve
-4. *Fam (mancha)* stain *(of oil or grease)*
lamparazo *nm Col, Méx* long draught
lamparilla *nf* small lamp
lamparita *nf RP* light bulb; EXPR *Fam* **se le prendió la ~** she had a flash of inspiration
lamparón *nm* **-1.** *(mancha) Fam* stain *(of oil or grease)* **-2.** MED scrofula
lampazo *nm* **-1.** NÁUT swab **-2.** *RP (de goma)* squeegee **-3.** *Ven (fregona)* mop
lampear *vt Andes* to shovel
lampiño, -a *adj (sin barba)* beardless, smooth-cheeked; *(sin vello)* hairless
lampista *nmf* plumber
lamprea *nf* lamprey
lamprear *vt* CULIN = to braise meat or fish and then cook it in wine or stock containing honey or sugar and spices
LAN [lan] *nf* INFORMÁT *(abrev de **local area network**)* LAN
lana *nf* **-1.** *(de oveja)* wool; **de ~** woollen; PROV **ir a por ~ y volver trasquilado** to be hoist with one's own petard ❏ **~ mineral** rock wool; **~ de vidrio** glass wool; **~ virgen** virgin wool **-2.** *Andes, Méx Fam (dinero)* dough, cash; EXPR **ser de ~** to be rolling in it
lanar *adj* **industria ~** wool industry; **ganado ~** sheep and goats
lance *nm* **-1.** *(acontecimiento)* event ❏ **~ de fortuna** stroke of luck
-2. *(jugada) (en deportes)* incident; *(en naipes)* play; **se lesionó en un ~ fortuito** he was injured in a freak incident; EXPR *CSur Fam* **tirarse un ~** to try one's luck; *CSur Fam* **tirarse el ~: dale, tirate el ~** *(con mujer)* go on, ask her out
-3. TAUROM *(de capa, muleta)* pass; **ejecutó el ~ de banderillas a la perfección** he did a magnificent job with the banderillas
-4. *(situación crítica)* predicament; **me hallé en un ~** I found myself in a predicament; **no sabía cómo salir de ese ~** I didn't know how to get out of my predicament
-5. *(riña)* dispute ❏ **~ de honor** duel
-6. *Chile (regate)* duck, dodge
-7. de ~ *(rebajado)* discounted; **libros de ~** discounted books; **comprar algo de ~** *(de segunda mano)* to buy sth second-hand

lancear *vt* **-1.** *(herir)* to spear **-2.** *Perú, Ven muy Fam (robar)* to lift, *Br* to nick
lanceolado, -a *adj* lanceolate
lancero *nm* **-1.** *(soldado)* lancer **-2.** *Perú, Ven Fam (ladrón)* dip, pickpocket
lanceta *nf* **-1.** MED lancet **-2.** *Andes, Méx (aguijón)* sting
lancha¹ *nf (embarcación) (grande)* launch; *(pequeña)* boat ❏ **~ cañonera** gunboat; **~ de desembarco** landing-craft; **~ motora** motor launch, motorboat; **~ neumática** rubber dinghy; **~ patrullera** patrol boat; **~ salvavidas** lifeboat; **~ torpedera** torpedo boat
lancha² *nf (piedra)* slab
lancha³ *nf Ecuad* **-1.** *(niebla)* fog **-2.** *(escarcha)* frost
lanchón *nm* lighter, barge
lancinante *adj Literario* lancing, stabbing
landa *nf* moor
landó *nm* landau
land rover® [lan'rroβer] *(pl* **land rovers**) *nm* four-wheel drive (vehicle), all-terrain vehicle
lanero, -a ◇ *adj* wool; **la producción lanera** wool production
◇ *nm,f (persona)* wool dealer
langanazo *nm Ven Fam* **-1.** *(golpe)* thump, wallop *(with fist)* **-2.** *(bebida)* shot
langosta *nf* **-1.** *(crustáceo)* rock *o* spiny lobster **-2.** *(insecto)* locust
langostino *nm* king prawn
lánguidamente *adv* languidly
languidecer [46] *vi (persona)* to languish; *(conversación, entusiasmo)* to flag
languideciente *adj* languid, sluggish
languidez *nf (debilidad)* listlessness; *(falta de ánimo)* disinterest
lánguido, -a *adj (débil)* listless; *(falto de ánimo)* disinterested
langur *nm* langur
lanilla *nf* **-1.** *(pelillo)* nap **-2.** *(tejido)* flannel
lanolina *nf* lanolin
lanoso, -a *adj* woolly
lantánido QUÍM ◇ *adj* lanthanide
◇ *nm* lanthanide
lantano *nm* QUÍM lanthanum
lanudo, -a *adj* **-1.** *(con lana, vello)* woolly **-2.** *Ven Fam (adinerado)* loaded
lanza ◇ *nf* **-1.** *(arma) (arrojadiza)* spear; *(en justas, torneos)* lance; EXPR **estar con la ~ en ristre** to be ready for action; EXPR **romper una ~ por alguien** to stand up for sb; EXPR *Am Fam* **ser una (buena) ~** to be sharp, to be on the ball **-2.** *(de carruaje)* shaft
◇ *nmf Andes Fam* dip, pickpocket
lanzabombas *nm inv (de trinchera)* trench mortar; *(de avión)* bomb release
lanzacohetes *nm inv* rocket launcher
lanzadera *nf* **-1.** *(de telar)* shuttle **-2. ~ espacial** space shuttle
lanzado, -a *adj Fam* **-1.** *(atrevido) (valeroso)* fearless; **es muy ~ con las chicas** he's not backward at coming forward with girls
-2. *(impetuoso)* hot-headed; **es muy lanzada, no piensa las cosas dos veces** she's very hot-headed, she doesn't think twice before she acts
-3. *(rápido)* **iba muy ~ y no pudo frenar** he was bombing along and didn't have time to brake; **¿dónde vas tan lanzada?** where are you going in such a hurry?; **en cuanto me enteré salí ~** as soon as I found out I was off in a flash
lanzador, -ora *nm,f* **-1.** *(de objeto) (en béisbol)* pitcher; **es un excelente ~ de faltas** he's an excellent free-kick taker ❏ *Am* **~ de bala** shot-putter; **~ de cuchillos** knife thrower; **~ de disco** discus thrower; **~ de martillo** hammer thrower; **~ de peso** shot-putter **-2.** *(en ciclismo)* = cyclist who leads out a sprint
lanzagranadas *nm inv* grenade launcher
lanzallamas *nm inv* flamethrower
lanzamiento *nm* **-1.** *(de objeto)* throwing
-2. *(de bomba)* dropping; *(de flecha, misil)* firing
-3. *(de cohete, satélite)* launching
-4. *(de ataque)* launching

-5. DEP *(de pelota) (con la mano)* throw; *(con el pie)* kick; *(en béisbol)* pitch; **un ~ de dos puntos** *(en baloncesto)* a two-pointer; **un ~ de tres puntos** *(en baloncesto)* a three-pointer ❏ *Am* **~ de bala** the shot put; **~ de disco** the discus; **~ de jabalina** the javelin; **~ de lateral** *(en rugby)* line-out; **~ de martillo** the hammer; **~ de penalti** penalty kick; **su ~ del penalti fue perfecto** he took a perfect penalty; **perdieron en los lanzamientos de penalti** they lost on penalties, they lost in the penalty shoot-out; **~ de peso** the shot put
-6. *(de producto, artista, periódico)* launch; *(de disco, película)* release
-7. *CSur* DER **(orden de) ~** eviction order
lanzamisiles *nm inv* rocket launcher
lanzaplatos *nm inv* DEP clay-pigeon trap
lanzar [14] ◇ *vt* **-1.** *(tirar)* to throw; *(con fuerza)* to hurl, to fling; **~ a alguien al mar/río** to throw sb into the sea/river; **los alborotadores lanzaban palos y piedras a la policía** the rioters were hurling sticks and stones at the police
-2. *(bomba)* to drop; *(flecha, misil)* to fire
-3. *(cohete, satélite)* to launch
-4. *(ataque)* to launch
-5. DEP *(pelota) (con la mano)* to throw; *(con el pie)* to kick; *(en béisbol)* to pitch; **lanzó el balón a las gradas (de una patada)** he kicked *o* sent the ball into the stands; **~ el balón fuera** to put the ball out of play; **~ un penalty** to take a penalty; **~ peso** to put the shot
-6. *(grito, gemido, aullido)* to let out; *(acusación)* to make; *(suspiro)* to heave; *(mirada, sonrisa)* to give; *(beso)* to blow; **~ insultos contra alguien** to insult sb; **el lobo lanzaba aullidos** the wolf was howling
-7. *(producto, artista, periódico)* to launch; *(disco, película)* to release; **~ una campaña de descrédito contra alguien** to start a campaign to discredit sb
-8. INFORMÁT *(programa)* to launch
-9. *(en ciclismo)* to lead out
-10. *(despojar)* to dispossess; *(desalojar)* to evict
◆ **lanzarse** *vpr* **-1.** *(tirarse)* to throw oneself; **lanzarse en paracaídas desde un avión** to parachute from a plane; **lanzarse a la piscina/al agua** to jump into the pool/water; **lanzarse de cabeza** to dive
-2. *(abalanzarse)* **los atracadores se lanzaron sobre él** the robbers fell upon him; **los niños se lanzaron sobre la comida** the children fell upon the food; **el toro se lanzó contra** *o* **hacia ellos** the bull charged (at) them; **varios espectadores se lanzaron al campo** a number of spectators ran onto the pitch
-3. *(empezar)* **era escritora y decidió lanzarse a la política** she was a writer who decided to enter the world of politics; **me lancé a correr calle abajo** I dashed off down the street; **hubo un grito y todos se lanzaron a disparar** there was a shout and everyone suddenly started shooting; **si se confirma la noticia los inversores se lanzarán a vender** if the news is confirmed, investors will not hesitate to start selling
-4. *(atreverse)* **¿escribir novelas? es fácil, sólo es cuestión de lanzarse** writing novels? that's easy, it's just a question of giving it a go; **después de meses, se lanzó y la invitó a cenar** after several months, he plucked his courage up and asked her out to dinner
Lanzarote ◇ *n* MITOL Lancelot
◇ *n (isla)* Lanzarote
lanzatorpedos *nm inv* torpedo tube
lanzazo *nm (golpe)* lance thrust; *(herida)* lance wound
Laos *n* Laos
laosiano, -a ◇ *adj* Laotian
◇ *nm,f* Laotian
lapa *nf* **-1.** *(molusco)* limpet **-2.** *Fam (persona)* hanger-on, pest; EXPR **pegarse como una ~** to cling like a leech **-3.** *Col, Ven (roedor)* paca

laparoscopia *nf* MED laparoscopy
laparoscópico, -a *adj* MED laparoscopic
laparoscopio *nm* MED laparoscope
laparotomía *nf* MED laparotomy
La Paz *n* La Paz
lapicera *nf CSur* ballpoint (pen), Biro®; **~ fuente** fountain pen
lapicero *nm* **-1.** *Esp (lápiz)* pencil **-2.** *Chile (estilográfica)* fountain pen **-3.** *CAm, Perú (bolígrafo)* ballpoint (pen), Biro® **-4.** *Am (portaminas) Br* propelling pencil, *US* mechanical pencil
lápida *nf* memorial stone ❑ **~ mortuoria** tombstone
lapidación *nf* stoning
lapidar *vt* to stone
lapidario, -a ◇ *adj* **-1.** *(de lápida)* lapidary **-2.** *(conciso, preciso)* lapidary **-3.** *(de piedras preciosas)* gem-cutting
◇ *nm,f* **-1.** *(de lápidas)* tombstone engraver **-2.** *(de piedras preciosas)* gem-cutter, lapidary
lapilli *nmpl* GEOL lapilli
lapislázuli *nm* lapis lazuli
lápiz (*pl* **lápices**) *nm* pencil; **un dibujo a ~** a pencil drawing ❑ *Arg* **~ de cera** wax crayon; **lápices de colores** coloured pencils, crayons; **~ de labios** lipstick; *Urug* **~ mecánico** *Br* propelling pencil, *US* mechanical pencil; **~ de ojos** eyeliner; INFORMÁT **~ óptico** light pen; *Chile* **~ de pasta** *(bolígrafo)* ballpoint pen
lapo, -a *Fam* ◇ *adj Ven* **-1.** *(incauto)* **es muy ~** he's a real sucker *o Br* mug **-2.** *(provinciano)* **es muy ~** he's a real country bumpkin *o US* hick
◇ *nm* **-1.** *Esp (escupitajo)* spit; **echar un ~** to spit **-2.** *Ven (incauto)* sucker, *Br* mug **-3.** *Ven (provinciano)* country bumpkin, *US* hick
lapón, -ona ◇ *adj* Lapp
◇ *nm,f (persona)* Lapp, Laplander
◇ *nm (lengua)* Lapp
Laponia *n* Lapland
lapso *nm* space, interval; **en el ~ de unas semanas** in the space of a few weeks ❑ **~ de tiempo** space of time
lapsus *nm inv* lapse, slip; **tener un ~** to make a slip of the tongue ❑ **~ cálami** slip of the pen; **~ linguae** slip of the tongue
laptop *nm* INFORMÁT laptop (computer)
laquear *vt* to lacquer
lar ◇ *nm* **-1.** *(lumbre)* hearth **-2.** MITOL household god
◇ *nmpl* **lares** *(hogar)* hearth and home; **¿qué haces tú por estos lares?** what are you doing in these parts?
larga ◇ *nf* **-1. largas** *(luces) Br* full beam, *US* high beam; **dar** *o* **poner las largas** to put one's headlights on *Br* full *o US* high beam **-2.** TAUROM = one-handed pass with the "muleta" **-3.** EXPR **dar largas a algo** to put sth off; **siempre me está dando largas** he's always putting me off
◇ **a la larga** *loc adv* in the long run
largada *nf CSur* start (of race); **dar la ~** to start the race, to give the starting signal
largamente *adv* **-1.** *(mucho tiempo)* for a long time, at length; **la propuesta fue ~ debatida** the proposal was discussed at length; **la ~ esperada aprobación llegó ayer** the long-awaited approval came through yesterday; **el público ovacionó ~ al cantante** the audience gave the singer a lengthy ovation **-2.** *(cómodamente)* easily, comfortably **-3.** *(con generosidad)* generously, liberally
largar [38] ◇ *vt* **-1.** *Fam (dar)* to give; **le largué un bofetón** I smacked him, I gave him a smack; **me largó una patada** she kicked me, she gave me a kick
-2. *Fam (decir)* **nos largó un sermón** she gave us a lecture *o* talking-to; **me largó que no era asunto mío** he snapped that it was none of my business; **le preguntamos sobre la decisión final pero no quiso ~ nada** we asked her if a final decision had been taken, but she wasn't giving anything away
-3. *(cuerda)* to pay out; **~ amarras** to cast off; **~ el ancla** to drop anchor
-4. *(soltar) (persona)* to release, to let go; **largaron a los prisioneros** they released the prisoners
-5. *(despedir)* to fire; **~ a un criado** to fire a servant
-6. *RP (olor)* to give off
◇ *vi* **-1.** *Esp Fam (hablar)* to yack (away) **-2.** *CSur (dar la salida)* to start the race, to give the starting signal; **¡ya largaron!** and they're off!

◆ **largarse** *vpr* **-1.** *Fam (marcharse)* to clear off; **lárgate antes de que lleguen mis padres** clear off *o* get out of here before my parents arrive; **¡me largo!** I'm off!; **se largó a la calle** he took off
-2. *CSur* **largarse a hacer algo** *(empezar a)* to begin to do sth, to start doing sth; **se largó a llorar** she began to cry, she started crying; **se largó a correr** he started running, he broke into a run; **el niño se largó a caminar al año** the baby started walking when he was one year old
-3. *CSur Fam (tirarse)* **se largó de cabeza al agua** she dived headfirst into the water; **se largó un pedo** he farted; **se largó un eructo** she burped

largavistas *nm inv Bol, CSur* binoculars

largo, -a ◇ *adj* **-1.** *(en el espacio)* long; **lleva el pelo ~** she has long hair; **un misil de ~ alcance** a long-range missile; **un vestido ~** a long dress; **unos pantalones largos** long trousers *o US* pants; **me está** *o* **queda ~** it's too long for me; **vestirse de ~** to wear evening dress
-2. *(en el tiempo)* long; **estuvo enfermo ~ tiempo** he was ill for a long time; **los parados de larga duración** the long-term unemployed; **vivió allí largos años** she lived there for many years; **es ~ de contar/explicar** it's a long story; **la película se me hizo muy larga** the movie seemed to drag on forever; **la espera fue muy larga** it was a very long wait
-3. *(sobrado)* **media hora larga** a good half hour; **debió de costar un millón ~** it must have cost a million and then some; **tiene setenta años largos** she's well into her seventies
-4. *Fam (alto)* tall; **¡qué tipo más ~!** that guy's really tall
-5. **a lo ~** *(en espacio)* lengthways; **es más fácil si lo cortas a lo ~** it's easier if you cut it lengthways; **a lo largo de** *(en el tiempo)* throughout; **a lo ~ de veinte años nunca había visto algo así** in twenty years I'd never seen such a thing; **recibimos varias llamadas a lo ~ del día de ayer** we received several calls throughout yesterday; **el virus se extendió a lo ~ y ancho del país** the virus spread throughout the country; **han construido numerosos hoteles a lo ~ de la costa** they've built several hotels all along the coast
-6. EXPR *Fam* **ser más ~ que un día sin pan** *(de duración)* to go on forever; *(de estatura)* to be a giant; *RP* **ser más ~ que esperanza de pobre** to go on forever
-7. *Esp* **larga duración** long-life; *CSur, Ecuad* **larga vida** long-life
◇ *adv* **-1.** *(largamente)* **un asunto sobre el que hemos hablado ~** a matter that we have discussed at length; **esta huelga va para ~** this strike looks like it's going to be with us for a while yet; EXPR **~ y tendido: habló ~ y tendido sobre su último disco** she talked at great length about her latest record; **ha escrito ~ y tendido sobre el asunto** he has written extensively on the matter
-2. MÚS largo
◇ *nm* **-1.** *(longitud)* length; **¿cuánto mide** *o* **tiene de ~?, ¿cómo es de ~?** how long is it?; **tiene dos metros de ~** it's two metres long
-2. *(de piscina)* length; **hacerse tres largos** to swim *o* do three lengths
-3. *Fam (largometraje)* feature
-4. MÚS largo
◇ *interj* go away!; **¡~ de aquí!** get out (of here)!

largometraje *nm* feature film
larguero *nm* **-1.** CONSTR main beam **-2.** DEP crossbar
largueza *nf (generosidad)* generosity
larguirucho, -a *adj Fam* lanky
largura *nf* length
laringe *nf* larynx
laríngeo, -a *adj* laryngeal
laringitis *nf inv* laryngitis
laringología *nf* MED laryngology
laringólogo, -a *nm,f* MED laryngologist
laringoscopia *nf* MED laryngoscopy
laringotomía *nf* MED laryngotomy
La Rioja *n* La Rioja
larva *nf* larva
larvado, -a *adj* latent; **un conflicto ~** a latent conflict; **la tensión permanece larvada** the tension remains just under the surface
larval, larvario, -a *adj* larval
las ◇ *art ver* **el**
◇ *pron ver* **lo**¹
lasaña *nf* lasagne, lasagna
lasca *nf (de piedra)* chip
lascivamente *adv (comportarse)* lasciviously, lewdly; *(gesticular)* lewdly; *(mirar)* lustfully, lecherously
lascivia *nf (de comportamiento)* lasciviousness, lewdness; *(de gesto)* lewdness; *(de persona, mirada)* lustfulness, lecherousness
lascivo, -a ◇ *adj (comportamiento)* lascivious, lewd; *(gesto)* lewd; *(persona, mirada)* lustful, lecherous
◇ *nm,f* lascivious *o* lewd person; **es un ~** he's a lecher
láser ◇ *adj inv* laser; **rayo ~** laser beam
◇ *nm inv* laser ❑ **~ disc** laser disc
laserterapia *nf* laser therapy
lasitud *nf Literario* lassitude
laso, -a *adj Literario* **-1.** *(cansado)* weary **-2.** *(liso)* straight
lástex® *nm* Lastex®
lástima *nf* **-1.** *(compasión)* pity; **tener** *o* **sentir ~ de** to feel sorry for
-2. *(pena)* shame, pity; **¡qué ~!** what a shame *o* pity; **¿no podrás venir?, ¡~!** you can't come? what a shame *o* pity!; **fue una ~ que no te invitaran** it's a shame *o* pity they didn't invite you; **dar ~ a alguien** to make sb feel sad; **da ~ ver gente así** it's sad to see people in that state; *Fam* **es tan malo que da ~** he's painfully bad; **me da ~ que no pueda venir** I'm sorry I can't come, it's a shame I can't come; **quedarse hecho una ~** to be a sorry *o* pitiful sight
lastimadura *nf Am* graze
lastimar ◇ *vt* **-1.** *(físicamente)* to hurt **-2.** *(sentimentalmente)* to hurt, to wound; **ha acabado por ~ nuestra relación** it's ended up damaging our relationship
◆ **lastimarse** *vpr* to hurt oneself; **se lastimó el tobillo** she hurt her ankle; **se lastimó en una caída** she was hurt in a fall
lastimero, -a *adj* pitiful
lastimosamente *adv* pitifully
lastimoso, -a *adj* **-1.** *(que produce lástima)* pitiful, pathetic **-2.** *(en mal estado)* pitiful; **la casa estaba en un ~ estado** the house was in a pitiful *o* terrible state
lastrar ◇ *vt* **-1.** *(globo, barco)* to ballast **-2.** *(estorbar)* to hamper
◇ *vi RP Fam* to pig out, to stuff one's face
lastre *nm* **-1.** *(peso)* ballast; **soltar ~** to discharge ballast **-2.** *(estorbo)* burden
lata *nf* **-1.** *(envase)* can, *esp Br* tin; *(de bebidas)* can; **una ~ de sardinas** a can of sardines; **los garbanzos son de ~** the chickpeas are out of a can; **en ~** canned, *esp Br* tinned
-2. *(hojalata)* tin plate; **un juguete hecho de ~** a toy made of tin
-3. *Fam (fastidio)* drag; **una ~ de libro** a dead boring book; **levantarse tan temprano es una ~** getting up so early is a real pain *o* drag; **¡qué ~!** what a pain *o* drag!; EXPR **dar la ~ a alguien** to pester sb; **¡deja ya de**

latazo

dar la ~! stop going on and on!, give it a rest!
-**4.** *Ven Fam (beso)* French kiss
latazo *nm Esp Fam* drag
latear *vt Andes Fam* to bore stiff
latencia *nf* latency; **período de ~** latent period
latente *adj* -**1.** *(calor, virus)* latent -**2.** *(sentimiento)* latent
lateral ◇ *adj* -**1.** *(del lado)* lateral; *(puerta, pared)* side -**2.** *(indirecto)* indirect -**3.** LING lateral
◇ *nm* -**1.** *(lado)* side -**2.** *(calle)* side street -**3.** *(de escenario)* **los laterales** the wings -**4.** DEP **~ derecho** right back; **~ izquierdo** left back
lateralmente *adv* laterally, sideways
latero, -a ◇ *adj Andes Fam* tiresome
◇ *nm,f* -**1.** *Am (hojalatero)* tinsmith -**2.** *Andes Fam (pesado)* pain (in the neck)
látex *nm inv* latex
Latibex *nm* BOLSA Latibex index, = index of Latin American stocks traded in Spain
latido *nm* -**1.** *(del corazón)* beat; **oigo los latidos de su corazón** I can hear her heartbeat -**2.** *(en dedo, herida)* throbbing
latiente *adj (corazón)* beating
latifundio *nm* large rural estate

LATIFUNDIO

A **latifundio** is a huge estate belonging to a single landowner, of the kind found in southern Spain and in many Latin American countries. They have their origins in periods of rapid conquest of territory – from the Moors in Spain in the Middle Ages, and by the conquistadors in Latin America. Historically, they are associated with backward farming methods and poverty among the workers living on them. This is because most of the rich landowners lived away from their estates and were not over-concerned with productivity, leaving the running of the estates to their foremen. The social problems caused by **latifundios** led to agitation for land reform in many countries. Despite land reform programmes, and more dramatic solutions such as the Mexican and Cuban revolutions, the legacy of the **latifundio** still prevails today in many countries.

---

latifundismo *nm* = system of land tenure characterized by the "latifundio"
latifundista *nmf* large landowner
latigazo *nm* -**1.** *(golpe)* lash; **dar latigazos** to whip; **le dieron diez latigazos** he was given ten lashes -**2.** *(chasquido)* crack (of the whip) -**3.** *Esp Fam (trago)* swig; **darse o pegarse un ~** to have a swig -**4.** *(dolor)* shooting pain
látigo *nm* -**1.** *(fusta)* whip -**2.** *(en feria)* whip -**3.** *Ecuad, Hond (latigazo)* whiplash -**4.** *Chile (meta)* finishing post
latigueada *nf Hond* flogging, whipping
latiguear *vt Hond (azotar)* to flog, to whip
latiguillo *nm* -**1.** *(muletilla)* verbal tic -**2.** *(expresión manida)* catchphrase -**3.** *(tubo)* hose, tube
latín *nm* Latin; EXPR **saber (mucho) ~** to be sharp, to be on the ball ❑ **~ clásico** Classical Latin; **~ macarrónico** dog Latin; **~ vulgar** Vulgar Latin
latinajo *nm Fam Pey* -**1.** *(expresión, término en latín)* **soltó un ~** he came out with some fancy term in Latin; **el ~ de la flor es Iris germanica** the fancy Latin name for the flower is Iris germanica -**2.** *(latín macarrónico)* dog Latin
latinismo *nm* Latinism
latinista *nmf* Latinist
latinización *nf* Latinization
latinizar [14] *vt* to Latinize
latino, -a ◇ *adj* -**1.** *(país, lengua, cultura)* Latin -**2.** *(latinoamericano)* Latin American; **América Latina** Latin America -**3.** *(en Estados Unidos)* Latino
◇ *nm,f* -**1.** *(de España, Francia, Italia)* Latin -**2.** *(de Latinoamérica)* Latin American -**3.** *(en Estados Unidos)* Latino
Latinoamérica *n* Latin America
latinoamericano, -a ◇ *adj* Latin American
◇ *nm,f* Latin American

latir ◇ *vi* -**1.** *(corazón)* to beat; *(arteria)* to pulse -**2.** *(percibirse)* to lurk; **en sus declaraciones late un cierto nerviosismo** there is a certain amount of nervousness lurking in his statements
◇ *v impersonal Méx, Ven (parecer)* **¿vendrá? – me late que sí** will she come? – I have a feeling she will
latitud *nf* -**1.** GEOG latitude; **a 10 grados de ~ sur** at (a latitude of) 10 degrees south -**2.** ASTRON (celestial) latitude -**3.** **latitudes** *(parajes)* region, area; **por o en estas latitudes** in this part of the world
lato, -a *adj Formal* -**1.** *(discurso)* extensive, lengthy -**2.** *(sentido)* broad; **en sentido ~** in the broad sense
latón *nm* -**1.** *(material)* brass -**2.** *RP (palangana)* brass washtub
latonero, -a *nm,f Col, Ven* panel beater
latoso, -a *Fam* ◇ *adj* tiresome, *US* pesky
◇ *nm,f* pain (in the neck)
latrocinio *nm* larceny
laucha *nf CSur* -**1.** *(ratón)* baby *o* small mouse -**2.** *Fam (persona)* **es una ~** he's a tiny little thing
laúd *nm* lute
laudable *adj* praiseworthy
láudano *nm* laudanum
laudatorio, -a *adj* laudatory
laudo *nm* DER **~ (arbitral)** = binding judgement in arbitration
laureado, -a ◇ *adj* prize-winning
◇ *nm,f* winner, prize-winner
laurear *vt* to honour; **~ a alguien con algo** to honour sb with sth, to award sth to sb
laurel *nm* -**1.** *(planta)* laurel -**2.** *(condimento)* bay leaf; **añada unas hojas de ~** add some bay leaves -**3.** **laureles** *(honores)* laurels; EXPR **dormirse en los laureles** to rest on one's laurels
laurencio *nm* QUÍM lawrencium
lauro *nm Literario* **lauros** laurels
lava *nf* -**1.** *(volcán)* lava -**2.** *Ven Fam (fastidio)* pain
lavable *adj* washable
lavabo *nm* -**1.** *(objeto) Br* washbasin, *US* washbowl -**2.** *(habitación) Br* lavatory, *US* washroom; **ir al ~** to go to the toilet; **los lavabos** *Br* the toilets, *US* the rest rooms
lavacoches *nmf inv* car washer
lavada *nf* wash; **a esta mesa le hace falta una buena ~** this table needs a good wipe; **me doy una ~ y voy** I'll have a quick wash and then I'll go
lavadero *nm* -**1.** *(habitación)* laundry room -**2.** *(público)* washing place -**3.** *(pila)* sink -**4.** MIN washery -**5.** *RP (lavandería) (en hospital, hotel)* laundry; *(automática)* launderette, *US* Laundromat®
lavado, -a ◇ *adj* -**1.** *(color)* faded -**2.** *RP (persona)* pale -**3.** *Ven Fam (descarado)* cheeky
◇ *nm* -**1.** *(de manos, ropa)* wash; **dar un ~ a algo** to give sth a wash, to wash sth; **un simple ~ de manos puede prevenir el contagio** you can avoid infection simply by washing your hands; **yo me encargo del ~ de los platos** I'll do the dishes, *Br* I'll do the washing-up; **con un buen ~ quedará como nuevo** all it needs is a good wash and it'll be as good as new; **~ y engrase** *(en garaje)* car wash and lubrication; **y planchado** *(en tintorería)* washing and pressing ❑ *Fig* **~ de cara** face-lift; **~ de cerebro** brainwashing; **hacer un ~ de cerebro a alguien** to brainwash sb; **~ de coches** car wash; **~ de estómago** stomach pumping; **le hicieron un ~ de estómago** she had her stomach pumped; **~ de imagen** makeover; **~ en seco** dry-cleaning
-**2.** *(de dinero, capitales)* laundering
lavador *nm Guat (lavabo) Br* washbasin, *US* washbowl
lavadora *nf* washing machine; **poner la ~** to do some washing (in the machine); **al volver del viaje puso tres lavadoras** when she came back from the trip she did three loads of washing ❑ **~ secadora** washer-dryer
lavafrutas *nm inv* = bowl containing water for washing fruit at the table
La Valeta *n* Valletta

lavamanos *nm inv Br* washbasin, *US* washbowl
lavanda *nf* lavender
lavandera *nf* -**1.** *(mujer)* laundress -**2.** *(ave)* wagtail ❑ **~ boyera** yellow wagtail; **~ cascadeña** grey wagtail
lavandería *nf (en hospital, hotel)* laundry; *(automática)* launderette, *US* Laundromat®
lavandero *nm* laundryman
lavandina *nf Arg (lejía)* bleach
lavándula *nf* lavender
lavaojos *nm inv Br* eyebath, *US* eye-cup
lavaplatos ◇ *nm inv* -**1.** *(aparato)* dishwasher -**2.** *Chile, Col, Méx, Ven (fregadero)* (kitchen) sink -**3.** *CAm, Ven (detergente)* dishwasher detergent
◇ *nmf inv (persona)* dishwasher, washer-up
lavar ◇ *vt* -**1.** *(limpiar) (ropa, coche)* to wash; **~ los platos** to do the dishes, *Br* to do the washing-up; **~ a mano** to hand-wash, to wash by hand; **~ en seco** to dry-clean; **lavado a la piedra** *(vaquero)* stonewashed; EXPR *RP* **~ el mate** to spoil the maté (by brewing it incorrectly); EXPR **lavarle el cerebro a alguien** to brainwash sb -**2.** *(dinero)* to launder -**3.** *(honor)* to clear; *(ofensa)* to make up for
◇ *vi* -**1.** *(detergente)* to get things clean -**2.** *(hacer la colada)* to do the washing -**3.** *(tejido)* to wash; **esta chaqueta lava muy bien** this jacket washes very well -**4.** **~ y marcar** *(en peluquería)* to shampoo and set
◆ **lavarse** *vpr* to wash; **espera un momento, que me estoy lavando** hold on a minute, I'm washing *o* I'm getting washed; **me lavo todas las mañanas** I wash every morning; **lavarse las manos/la cara** to wash one's hands/face; **lavarse los dientes** to brush *o* clean one's teeth; **lavarse una herida** to bathe one's wound
lavarropas *nm inv RP* washing machine
lavaseco *nm Andes* dry-cleaner's
lavativa *nf* -**1.** MED enema -**2.** *Ven Fam (problema)* pain
lavatorio *nm* -**1.** *(en misa)* lavabo -**2.** *(de Jueves Santo)* Maundy -**3.** *Andes, RP (lavabo) Br* washbasin, *US* washbowl
lavavajillas *nm inv* -**1.** *(aparato)* dishwasher -**2.** *(líquido) Br* washing-up liquid, *US* dish soap
laxante ◇ *adj* laxative
◇ *nm* laxative
laxar *vt (vientre)* to loosen
laxativo, -a ◇ *adj* laxative
◇ *nm* laxative
laxitud *nf* -**1.** *(de músculo, cable)* slackness -**2.** *(de moral)* laxity
laxo, -a *adj* -**1.** *(músculo, cable)* slack -**2.** *(moral)* lax
laya *nf Formal Pey* ilk; **gente de esa ~** people of that ilk
lazada *nf* -**1.** *(nudo)* bow -**2.** *CSur (al tejer)* slip stitch
lazar *vt* to lasso
lazareto *nm (leprosería)* leper hospital
lazarillo *nm* -**1.** *(persona)* blind person's guide -**2.** **(perro) ~** guide dog, *US* seeing-eye dog
Lázaro *n pr* Lazarus
lazo *nm* -**1.** *(atadura)* bow; **hacer un ~** to tie a bow; **hacerle el ~ del zapato a alguien** to tie sb's shoelace ❑ **~ corredizo** slipknot
-**2.** *(cinta)* ribbon
-**3.** *(bucle)* loop
-**4.** *(trampa)* snare; *(de vaquero)* lasso; **echar el ~ a un animal** to lasso an animal; EXPR **echar el ~ a alguien** to snare sb; EXPR *Méx Fam* **poner a alguien como ~ de cochino** to have a go at sb
-**5.** **lazos** *(vínculos)* ties, bonds; **los lazos económicos entre los dos países** the economic ties *o* links between the two countries; **los unen fuertes lazos de amistad** they share a strong bond of friendship; **no hay lazos de parentesco entre las víctimas** the victims were not related to each other
-**6.** *(en arte)* tracery motif
-**7.** *Col (juego)* skipping; **jugar** *o* **saltar al ~** to skip, *US* to jump rope
-**8.** *Col (cuerda)* skipping rope, *US* jump rope
-**9.** *RP* **~ de amor** spider plant
LCD *(abrev de* **liquid crystal display***)* LCD
LD *nm Am (abrev de* **eledé***)* LP

Lda. (*abrev de* **licenciada**) graduate *(used as title)*

Ldo. (*abrev de* **licenciado**) graduate *(used as title)*

L-dopa *nf* FARM L-dopa

le *pron personal* **-1.** *(complemento indirecto) (hombre)* (to) him; *(mujer)* (to) her; *(cosa)* to it; *(usted)* to you; **le expliqué el motivo** I explained the reason to him/her; **le tengo miedo** I'm afraid of him/her; **ya le dije lo que pasaría** *(a usted)* I told you what would happen; **le pegó una patada a la silla** she kicked the chair; **le pegaron un empujón** they pushed him; **se le cayó** she dropped it; **no le agrada viajar en tren** he doesn't like travelling by train; **le será de gran ayuda** it will be very helpful to her; **a esta novela le falta más acción** this novel could do with some more action in it
 -2. *Esp (complemento directo) (a él)* him; *(a usted)* you; **le conozco** I know him; **le visitaré mañana** I'll visit you tomorrow; **le atracaron en la calle** he was mugged in the street
 -3. *(uso impersonal)* **a todo el mundo le gusta que lo halaguen** everyone likes to be flattered
 -4. *ver* **se**

leal ◇ *adj* loyal (**a** to); **se mantuvo ~ a sus ideas** he remained true *o* faithful to his beliefs
 ◇ *nmf* loyal supporter (**a** of)

lealmente *adv* loyally

lealtad *nf* loyalty (**a** to); **faltar a su ~** to be unfaithful

leasing ['lisin] *(pl* **leasings**) *nm* FIN *(sistema)* leasing; *(documento)* lease; **tener algo en ~** to lease sth

lebrato *nm* leveret

lebrel *nm* whippet ❑ **~** *irlandés* Irish wolfhound

lebrero *nm* courser

lección *nf* **-1.** *(clase)* lesson ❑ **~** *magistral* MÚS master class; EDUC = lecture given by eminent academic to mark a special occasion; **~** *de vuelo* flying lesson
 -2. *(en libro de texto)* lesson; **aprenderse la ~** to learn the lesson
 -3. *(enseñanza)* lesson; **su humildad fue una ~ para todos nosotros** her humility was a lesson to us all; EXPR **aprenderse la ~** to learn one's lesson; EXPR **dar lecciones de algo: ¿quién es él para dar lecciones de honradez?** who does he think he is, giving lectures about honesty?; EXPR **dar a alguien una ~** *(como castigo, advertencia)* to teach sb a lesson; *(como ejemplo)* to give sb a lesson; EXPR **servir de ~** to serve as a lesson; **¡que te sirva de ~!** let that be a lesson to you!

lechada *nf* **-1.** *(de paredes)* whitewash; *(de argamasa)* grout ❑ **~** *de cal* limewash **-2.** *(para papel)* pulp

lechal ◇ *adj* suckling, sucking; **cordero ~** suckling lamb
 ◇ *nm* suckling lamb

lechar *vt* Andes *(ordeñar)* to milk

lechazo *nm* **-1.** *(cordero)* suckling lamb **-2.** *Ven muy Fam (suerte)* **el examen fue un ~** I was dead lucky with the exam

leche *nf* **-1.** *(de mujer, hembra)* milk; **~** *de cabra/vaca* goat's/cow's milk ❑ **~** *condensada* condensed milk; **~** *descremada* skimmed milk; **~** *desnatada* skimmed milk; **~** *entera* full cream milk, whole milk; **~** *esterilizada* sterilized milk; **~** *evaporada* evaporated milk; **~** *frita* sweet made from milk and flour fried in batter and cut into cubes; **~** *homogeneizada* homogenized milk; *Am* **~** *instantánea* powdered milk; **~** *malteada* malted milk; **~** *materna* mother's milk; **~** *maternizada* *Br* baby milk, *US* formula; **~** *merengada* = drink made from milk, beaten egg whites, sugar and cinnamon; **~** *pasteurizada* pasteurized milk; **~** *en polvo* powdered milk; **~** *semidesnatada* *Br* semi-skimmed milk, *US* two percent milk; **~** *de soja* soya milk; **~** *UHT* UHT milk; **~** *uperisada* UHT milk
 -2. *(de planta)* milk, milky sap ❑ **~** *de almendras* almond milk; **~** *de coco* coconut milk
 -3. *(loción)* **~** *bronceadora* sun lotion; **~** *hidratante* moisturizing lotion; **~** *limpiadora* cleansing milk; **~** *de magnesia* milk of magnesia
 -4. *Esp muy Fam (golpe)* **darse** *o* **meterse una ~ to come a cropper; se dio** *o* **metió una ~ con el coche** he was in a car smash, *US* he was in a car wreck
 -5. *Esp muy Fam (bofetada)* **dar** *o* **pegar una ~ a alguien** to belt *o* clobber sb; **como no te calles te voy a dar una ~** if you don't shut up I'm going to sock you one; **nos liamos a leches** we beat the crap out of each other
 -6. *muy Fam (semen)* come
 -7. *muy Fam (humor)* **estar de mala ~** to be in a *Br* bloody *o US* goddamn awful mood; **tener mala ~** *(mala intención)* to be a mean *o* complete bastard
 -8. *esp Am muy Fam (suerte)* luck; **tener buena ~** to be *Br* bloody *o US* goddamn lucky, *Br* to be a jammy bastard
 -9. EXPR *Esp muy Fam* **echando leches** like a bat out of hell, flat out; **correr/trabajar a toda ~** *(muy rápido)* to run/work like hell; **¡esto es la ~!** *(el colmo)* this is the absolute *Br* bloody *o US* goddamn limit!; **eres la ~, ¿por qué no me avisaste antes?** you're *Br* bloody *o US* goddamn unbelievable, why didn't you tell me before?; **su nuevo disco es la ~** *(muy bueno)* her new record is *Br* bloody *o US* goddamn brilliant; *(muy malo)* her new record sucks, *Br* her new record is crap; **¿cuándo/qué/por qué leches...?** when/what/why the hell...?; **¡una ~!** no way!; **me cago en la ~!** *Br* bloody hell!, *US* goddamn it!; **ya te he dicho que no, ¡~!** *Br* Jesus bloody Christ, haven't I already said no?, *US* I've already said no, goddamn it!; **prepara unas paellas de la ~** *Br* she cooks a bloody mean paella, *US* she sure as hell cooks a mean paella; **hace un frío de la ~** it's *Br* bloody *o US* goddamn freezing

lechecillas *nfpl (mollejas)* sweetbreads

lechera *nf* **-1.** *(para transportar)* milk churn; *(para servir)* milk jug **-2.** *muy Fam (coche de policía)* cop car **-3.** *RP (vaca)* dairy cow **-4.** *ver también* **lechero**

lechería *nf* dairy

lechero, -a ◇ *adj* **-1.** *(de la leche)* milk, dairy; **producción lechera** milk production; **vaca lechera** dairy cow; **el tren ~ parecer** *o* **ser un carro** *o* **tren ~** to stop at every station **-2.** *Bol, CAm, Méx, Perú muy Fam (afortunado)* *Br* bloody *o US* goddamn lucky **-3.** *Ven Fam (tacaño)* tight, stingy
 ◇ *nm,f (persona)* milkman, *f* milkwoman

lechiguana *nf RP (avispa)* = small honey-producing wasp

lechina *nf Ven* chickenpox

lecho *nm* **-1.** *(cama)* bed; EXPR **ser un ~ de rosas** to be a bed of roses ❑ **~** *de muerte* deathbed; **en su ~ de muerte** on her deathbed **-2.** *(de río)* bed; *(de mar)* bed, floor **-3.** *(capa)* layer

lechón¹ *nm* **-1.** *(cerdo que mama)* suckling pig **-2.** *(cerdo macho)* boar

lechón², -ona *adj Ecuad muy Fam Br* bloody *o US* goddamn lucky

lechona *nf Col (carne)* roast suckling pig

lechosa *nf Carib* papaya

lechoso, -a ◇ *adj* **-1.** *(con leche)* milky **-2.** *Ven muy Fam (con suerte) Br* bloody *o US* goddamn lucky
 ◇ *nm Carib* papaya tree

lechucear *vi Fam* **-1.** *RP (husmear)* to snoop around **-2.** *Perú (trabajar de noche)* to work nights **-3.** *Hond (trasnochar)* to stay up late

lechudo, -a *Bol, Ven muy Fam* ◇ *adj Br* bloody *o US* goddamn lucky
 ◇ *nm,f* lucky devil *o Br* jammy beggar

lechuga *nf (planta)* lettuce; EXPR *Fam* **estar tan fresco como una ~** *(lozano)* to be as fresh as a daisy; **a sus noventa años está tan fresco como una ~** at ninety he's as fit as a fiddle; **ser más fresco que una ~** *(descarado)* to be a cheeky so-and-so ❑ **~** *iceberg* iceberg lettuce; **~** *de mar* sea lettuce; **~** *repolluda* iceberg lettuce; **~** *romana* cos lettuce

lechuguilla *nf Col, Cuba, Méx* lechuguilla, shindagger

lechuguino *nm Fam* **-1.** *(muchacho)* callow youth **-2.** *(petimetre)* fancy dresser

lechuza *nf* barn owl ❑ **~** *campestre* short-eared owl; **~** *gavilana* hawk owl

lechuzo *nm Fam (tonto)* idiot, fool

lecitina *nf* lecithin

leco *nm Ven Fam (grito)* shout; **pegar un ~** to shout

lectivo, -a *adj* school; **día ~** school *o* teaching day; **durante el horario ~** during school hours; **el curso se compone de sesenta horas lectivas** the course consists of sixty hours of classes

lector, -ora ◇ *adj* reading; **el público ~** the reading public
 ◇ *nm,f* **-1.** *(de libros)* reader; **los lectores de esta revista** our readers *o* readership **-2.** *Esp* EDUC language assistant
 ◇ *nm (aparato)* reader ❑ INFORMÁT **~** *de CD-ROM* CD-ROM drive; **~** *de código de barras* bar-code scanner *o* reader; INFORMÁT **~** *de disco compacto* compact disc player; **~** *de DVD* DVD player; INFORMÁT **~** *óptico* optical scanner; INFORMÁT **~** *óptico de caracteres* optical character reader

lectorado *nm Esp* EDUC = post of language assistant; **hacer un ~** to work as a language assistant

lectura *nf* **-1.** *(de libro, texto)* reading; **dar ~ a algo** to read sth out loud
 -2. EDUC *(de tesis) Br* viva (voce), *US* defense
 -3. *(escrito)* reading (matter); **siempre voy de vacaciones con mucha ~** I always take plenty to read on *Br* holiday *o US* vacation
 -4. *(interpretación)* reading, interpretation; **mi ~ de la ley es completamente diferente** my reading *o* interpretation of the law is completely different; **hizo una ~ de la novela en clave política** she gave a political reading *o* interpretation of the novel
 -5. *(de contador)* reading
 -6. INFORMÁT read-out; *(de datos)* scanning

LED *nm* ELEC *(abrev de* **light-emitting diode**) LED

leer [37] ◇ *vt* **-1.** *(libro)* to read; **leo el francés, pero no lo hablo** I can read French, but I can't speak it; **~ el pensamiento a alguien** to read sb's mind; **~ la mano a alguien** to read sb's palm; **~ los labios a alguien** to read sb's lips; **todavía no sabe ~ la hora** he still hasn't learned to tell the time **-2.** *(tesis)* **~ la tesis** *Br* ≃ to have one's viva, *US* ≃ to defend one's dissertation **-3.** INFORMÁT to read
 ◇ *vi* to read; **~ en alto** to read aloud; **~ de corrido** to read fluently; EXPR **~ entre líneas** to read between the lines

lefa *nf Esp muy Fam* come

legación *nf* legation ❑ **~** *diplomática* legation

legado¹ *nm* **-1.** *(herencia)* legacy; **como ~ le dejó un montón de deudas** all she left him was a mountain of debts; **una ciudad con un gran ~ histórico** a city steeped in history **-2.** *(representante) (cargo)* legation; *(persona)* legate

legado², -a *nm* **-1.** *(persona)* legate ❑ **~** *pontificio* papal legate **-2.** *(cargo)* legation

legajador *nm Col* folder

legajar *vt Chile, Col, Hond* to file

legajo *nm* file

legal *adj* **-1.** *(conforme a ley)* legal; **su actuación no tiene base ~ alguna** his actions have no legal basis; **no cumple los requisitos legales** it doesn't meet the legal requirements; **una moneda de curso ~** a currency which is legal tender
 -2. *(relativo a la ley)* legal; **asesoramiento ~** legal advice; **una batalla ~** a legal battle
 -3. *(forense)* forensic; **medicina ~** legal medicine
 -4. *Esp (terrorista, comando)* with no criminal record; **detuvieron a tres terroristas legales** they arrested three terrorists who had never previously been charged
 -5. *Esp Fam (de confianza)* honest, decent; **es un tío muy ~** he's a great guy *o Br* bloke

legalidad *nf* **-1.** *(conjunto de leyes)* legislation, law; **según la ~ vigente** according to current legislation, as the law stands at the moment; **dentro de la ~** within the law, legal **-2.** *(cualidad de legal)* legality, lawfulness; **la ~ de una medida** the legality *o* lawfulness of a measure

legalismo *nm* fine legal point, legalism

legalista ⇔ *adj* legalistic
⇔ *nmf* legalist

legalización *nf* **-1.** *(de droga, partido, sindicato)* legalization **-2.** *(de documento)* (certificate of) authentication

legalizar [14] *vt* **-1.** *(droga, partido, sindicato)* to legalize **-2.** *(documento)* to authenticate

legalmente *adv* legally, lawfully

légamo *nm* **-1.** *(lodo)* ooze, slime **-2.** *(arcilla)* loam

legaña, *Col, RP, Ven* **lagaña** *nf* sleep *(in the eyes)*; **tienes legañas** you've got sleep in your eyes

legañoso, -a *adj (ojos)* full of sleep; **un niño sucio y ~ pedía limosna** a dirty, bleary-eyed child was begging

legar [38] *vt* **-1.** *(dejar en herencia)* to bequeath; **un gusto por la ópera legado por sus padres** a liking of opera inherited from her parents **-2.** *(delegar)* to delegate; **~ algo en alguien** to delegate sth to sb

legatario, -a *nm,f* DER legatee ❑ **~ universal** general legatee

legendario, -a *adj* **-1.** *(de la leyenda)* legendary **-2.** *(muy famoso)* legendary

leggings ['leɣins] *nm inv* leggings

legibilidad *nf* legibility

legible *adj* legible

legión *nf* **-1.** *(unidad militar)* legion ❑ **la ~ extranjera** the Foreign Legion; **Legión de Honor** Legion of Honour **-2.** *(gran cantidad)* **tiene una ~ de admiradores** she has legions of admirers; **sus detractores son ~** he has many detractors

legionario, -a ⇔ *adj* legionary
⇔ *nm* **-1.** HIST *(en Roma)* legionary **-2.** *(en la actualidad)* legionnaire

legionella [leɣjo'nela] *nf* **-1.** *(enfermedad)* Legionnaires' Disease **-2.** *(bacteria)* legionella bacterium

legionelosis *nf inv (enfermedad)* Legionnaires' Disease

legislación *nf* **-1.** *(leyes)* legislation; **~ antiterrorista** antiterrorism laws; **la ~ española en la materia es confusa** Spanish law *o* legislation is unclear on the matter **-2.** *(ciencia)* law

legislador, -ora ⇔ *adj* legislative
⇔ *nm,f* legislator

legislar *vi* to legislate

legislativas *nfpl (elecciones)* parliamentary elections

legislativo, -a *adj* legislative

legislatura *nf* **-1.** *(período)* term of office **-2.** *Am (congreso)* legislative body

legista *nmf (jurista)* legist, specialist in law

legitimación *nf* **-1.** *(de comportamiento, gobierno)* legitimation **-2.** *(de documento, firma)* authentication **-3.** *(de hijo)* legitimization

legítimamente *adv* legitimately, rightfully

legitimar *vt* **-1.** *(comportamiento, gobierno)* to legitimize **-2.** *(documento, firma)* to authenticate **-3.** *(hijo)* to legitimize

legitimidad *nf* legitimacy

legitimismo *nm* POL legitimism

legitimista *nmf* POL legitimist

legítimo, -a *adj* **-1.** *(conforme a derecho)* lawful; *(hijo)* legitimate; *(esposo)* lawful; *(sucesor)* rightful **-2.** *(lícito, justificado)* legitimate; **actuar en legítima defensa** to act in self-defence **-3.** *(auténtico)* real, genuine

lego, -a ⇔ *adj* **-1.** *(profano, laico)* lay **-2.** *(ignorante)* ignorant; **ser ~ en** to know nothing about
⇔ *nm,f* **-1.** *(laico)* layman, *f* laywoman **-2.** *(en convento)* lay brother, *f* lay sister **-3.** *(ignorante)* ignorant person; **es un ~ en la materia** he knows nothing about the subject

legón *nm* small hoe

legra *nf* MED *(para matriz)* curette; *(para hueso)* raspatory

legrado *nm* MED *(de matriz)* curettage; *(de hueso)* scraping

legrar *vt* MED *(matriz)* to curette; *(hueso)* to scrape

legua *nf* league; EXPR *Fam* **verse a la ~** to stand out a mile; EXPR *Fam* **se nota a la ~** you can tell it a mile away ❑ **~ marina** marine league

leguaje *nm CAm, Méx* distance in leagues

leguleyo, -a *nm,f Pey* bad lawyer

legumbre *nf* **-1.** *(garbanzo, lenteja)* pulse; **legumbres secas** (dried) pulses; **legumbres verdes** green vegetables **-2.** *(hortaliza)* vegetable

leguminoso, -a ⇔ *adj* leguminous
⇔ *nf* leguminous plant
⇔ *nfpl* **leguminosas** *(familia)* Leguminosae; **de la familia de las leguminosas** of the family Leguminosae

lehendakari [lenda'kari] *nm* = president of the autonomous Basque government

leída *nf* read; **dar una ~ a algo** to read sth

leído, -a *adj* **-1.** *(obra)* **muy/poco ~** much/little read **-2.** *(persona)* well-read

leísmo *nm* GRAM = use of "le" as direct object instead of "lo", characteristic of certain regions in Spain, considered correct in the case of people and incorrect in the case of animals and objects

leísta ⇔ *adj* prone to "leísmo"
⇔ *nmf* = person prone to "leísmo"

leitmotiv [leitmo'tif] *(pl* **leitmotivs**) *nm* leitmotif

lejanía *nf* **-1.** *(condición de lejano)* distance **-2.** *(lugar lejano)* **en la ~** in the distance

lejano, -a *adj* **-1.** *(en el espacio)* distant; **un país ~** a distant land *o* country ❑ **el Lejano Oeste** the Far West; **el Lejano Oriente** the Far East **-2.** *(en el tiempo)* **su boda queda ya muy lejana** her wedding is still a long way off; **no está ~ el día de su triunfo** her hour of glory is not far off **-3.** *(familiar)* distant

lejía *nf* bleach

lejos *adv* **-1.** *(en el espacio)* far (away); **¿está *o* queda ~?** is it far?; **eso queda muy ~** that's a long way away; **me hace falta un taxi porque voy bastante ~** I'll need to take a taxi because I'm going quite a long way; **vivo ~ del centro de la ciudad** I live a long way from the city centre; **desde aquí ~ no se le oye** you can't hear him from over here; **el castillo está allá ~** the castle is right over there; **no veo bien de ~** I'm short-sighted; **a lo ~** in the distance; **de *o* desde ~** from a distance; *Hum & Literario* **~ del mundanal ruido** far from the madding crowd
-2. *(en el pasado)* long ago; **eso queda ya ~** that happened a long time ago; **la pasión por el campo le viene de ~** her love of the countryside goes back a long way; **esta situación viene de ~** this situation has a history to it
-3. *(en el futuro)* **la fecha del estreno aún está *o* queda ~** the première is still a long way off, there's still a long while to go until the première
-4. *RP (con diferencia)* **ganaron ~** they won easily *o* by a mile; **es, ~, el más rápido** he's by far *o* easily the fastest
-5. EXPR **no andar ~:** **no acertó pero tampoco andaba ~** she didn't get it right, but she wasn't far off; **de ~** by far, easily; **es, de ~, el más rápido** he's by far *o* easily the fastest; **ir demasiado ~** to go too far; **sin ir más ~: este año, sin ir más ~, ha habido dos terremotos** this year alone there have been two earthquakes; **algo que sí sucede, sin ir más ~, en India** something which does happen in India, to name but one example; **~ de** far from; **~ de mejorar...** far from getting better...; **~ estábamos de sospechar lo que estaba pasando** we didn't have the faintest suspicion of what was going on; **llegará ~** she'll go far; *Fam* **ni de ~: no es el mejor ni de ~** he's nowhere near *o* nothing like the best; **no se le parece ni de ~** she's nothing like her, she doesn't look anything like her; *RP* **por ~: es, por ~, el más rápido** he's by far *o* easily the fastest; **¿cuál te gusta más? – el alto, por ~** which one do you like best? – the tall one, it's no contest

lelo, -a ⇔ *adj* stupid, slow
⇔ *nm,f* idiot

lema *nm* **-1.** *(norma)* motto **-2.** *(eslogan político, publicitario)* slogan **-3.** *(de diccionario)* headword **-4.** *Esp (pseudónimo)* pseudonym **-5.** *Urug Antes (partido político)* (political) party

Leman *nm* **el lago ~** Lake Geneva

lemario *nm* LING headword list

lemming ['lemin] *(pl* **lemmings**) *nm* lemming

lempira *nm* lempira

lémur *nm* lemur

lencería *nf* **-1.** *(ropa interior)* lingerie; **departamento de ~** lingerie department ❑ **~ fina** fine lingerie; **~ íntima** lingerie **-2.** *(tienda)* lingerie shop **-3.** *(ropa blanca)* linen

lendrera *nf* fine-tooth comb *(for removing lice)*

lengua *nf* **-1.** *(órgano)* tongue; **sacarle la ~ a alguien** to stick one's tongue out at sb; **se le trabó la ~** she stumbled over her words; *también Fig* **morderse la ~** to bite one's tongue; EXPR *Fam* **darle a la ~** to chatter; EXPR *Fam* **irse de la ~**, *RP* **aflojar *o* soltar la ~** to let the cat out of the bag; EXPR *Fam* **ir/llegar con la ~ fuera** to go along/arrive puffing and panting; EXPR *Fam* **ser largo de ~, tener la ~ muy larga** to be a gossip; **las malas lenguas dicen que...** according to the gossip...; EXPR **lo tengo en la punta de la ~** I've got it on the tip of my tongue; EXPR *Fam* **¿(se) te ha comido la ~ el gato?**, *Am* **¿te comieron la ~ los ratones?** has the cat got your tongue?; EXPR *Fam* **tirar a alguien de la ~** to draw sb out ❑ **~ de buey** *(planta)* bugloss; **~ de ciervo** *(planta)* hart's-tongue fern; **~ de fuego** tongue of flame; *Esp* **~ de gato** *(de chocolate)* chocolate finger, langue de chat; *Fig* **~ de víbora** malicious tongue; *Fig* **~ viperina** malicious tongue
-2. *(de tierra)* tongue ❑ GEOL **~ glaciar** glacier tongue
-3. *(idioma, lenguaje)* language ❑ **~ culta** educated speech; **~ de destino** target language; **~ escrita** written language; **~ estándar** standard language; **~ franca** lingua franca; **~ hablada** spoken language; **~ de llegada** target language; **~ materna** mother tongue; **mi ~ materna no es el español** I'm not a native speaker of Spanish; **~ meta** target language; **lenguas modernas** modern languages; **~ muerta** dead language; **~ normativa** standard language; **~ de oc** langue d'oc; **~ de oíl** langue d'oïl; **~ romance** Romance language; **~ románica** Romance language; **~ viva** living language; **~ vulgar** vulgar *o* coarse language
-4. *Esp (asignatura)* Spanish (language)

lenguado *nm* sole

lenguaje *nm* language; **sólo entienden el ~ de la violencia** violence is the only language they understand ❑ INFORMÁT **~ de alto nivel** high-level language; **~ de autor** authoring language; INFORMÁT **~ de bajo nivel** low-level language; **~ cifrado** code; **~ coloquial** colloquial language; INFORMÁT **~ comando** command language; INFORMÁT **~ de comandos** command language; **~ comercial** business language; **~ corporal** body language; INFORMÁT **~ ensamblador** assembly language; **~ gestual** gestures; INFORMÁT **~ máquina** machine language; INFORMÁT **~ de programación** programming language; **~ de señas** sign language; **~ por signos** sign language; **~ de los sordomudos** sign language

lenguaraz *adj* **-1.** *(malhablado)* foul-mouthed **-2.** *(charlatán)* talkative

lengüeta¹ *nf* **-1.** *(de instrumento musical)* tongue **-2.** *(de zapato)* tongue **-3.** *(de disquete)* sliding shield

lengüeta² *nmf RP Fam (charlatán)* chatterbox

lengüetazo nm, **lengüetada** nf lick; **dar un ~ a algo** to lick sth
lengüetear vi Carib, RP Fam (hablar) to chatter
lengüetero, -a adj Ven Fam gossipy
lenguón, -ona Andes, CAm, Méx Fam ◇ adj talkative
◇ nm,f chatterbox
lenidad nf Formal leniency
lenificar vt to soothe, to alleviate
Leningrado n Antes Leningrad
leninismo nm Leninism
leninista ◇ adj Leninist
◇ nmf Leninist
lenitivo, -a ◇ adj **-1.** (físicamente) soothing, lenitive **-2.** (moralmente) soothing
◇ nm **-1.** (físico) lenitive **-2.** (moral) balm
lenocinio nm Formal procuring, pimping; **casa de ~** house of ill repute
lentamente adv slowly
lente ◇ nf lens ❑ **~ de aumento** magnifying glass; **lentes bifocales** bifocals; Esp **~ de contacto** contact lens; Esp **lentes de contacto blandas** soft lenses; Esp **lentes de contacto duras** hard lenses; **lentes progresivas** varifocals
◇ nmpl **lentes** Am glasses ❑ **lentes de aumento** prescription glasses; **lentes bifocales** bifocals; **lentes de contacto** contact lenses; **lentes de contacto blandos** soft lenses; **lentes de contacto duros** hard lenses; **lentes negros** dark glasses; **lentes oscuros** dark glasses; **lentes de sol** sunglasses
lenteja nf lentil; EXPR Esp Fam **son lentejas, si las quieres las tomas y si no, las dejas** if you don't like it you'll have to lump it
lentejuela nf sequin; **un vestido de lentejuelas** a sequined dress
lenticular adj lenticular; DEP **rueda ~** disc wheel
lentilla nf Esp contact lens; **lentillas** contact lenses, contacts ❑ **lentillas blandas** soft lenses; **lentillas duras** hard lenses
lentitud nf slowness; **con ~** slowly
lento, -a ◇ adj **-1.** (pausado) slow; (muerte, agonía) lingering, long-drawn-out; **es muy ~ trabajando** he's a very slow worker; **una película lenta** a slow film; **¡qué lentas pasan las horas!** time is passing so slowly!;
EXPR **~, pero seguro** slow but sure; EXPR Fam Hum **ser más ~ que un desfile de cojos** o **que el caballo del malo** to be a real Br slowcoach o US slowpoke
-2. (con poca intensidad) **cocer algo a fuego ~** to cook over a low heat
-3. MÚS lento
◇ nm MÚS lento
◇ adv **-1.** (pausadamente) slowly; **trabaja muy ~** he's a very slow worker; **~, pero seguro** slowly but surely **-2.** MÚS lento
leña nf **-1.** (madera) firewood; **cortar ~** to chop firewood; **~ menuda** kindling; EXPR **añadir** o **echar ~ al fuego** to add fuel to the flames o fire; EXPR **hacer ~ del árbol caído** to turn somebody else's misfortune to one's advantage; EXPR **llevar ~ al monte** to make a pointless effort, Br to carry coals to Newcastle
-2. Fam (golpes) **dar ~ a alguien** to beat sb up; **es un futbolista que da mucha ~** he's a very dirty soccer player o Br footballer; **los gamberros repartieron ~ por todas partes** the hooligans beat up anyone who crossed their path; **hubo mucha ~ en la final** the final was really dirty
leñador, -ora nm,f woodcutter
leñazo nm Fam **-1.** (bofetada) whack; **dar un ~ a alguien** to whack sb **-2.** (golpe) **se metió un ~ contra una farola** (en vehículo) she smashed into a lamppost; (caminando) she walked smack into a lamppost; **me di un ~ contra el techo** I banged my head on the ceiling **-3.** RP, Ven Fam (no físico) blow; **con la cuenta de la luz, nunca se sabe cuánto va a ser el ~** you never know how much they're going to hit you for with the electricity bill

leñe interj Esp Fam Euf for heaven's sake!; **ya te he dicho que no, ¡~!** for heaven's sake, I've already said no!
leñera nf woodshed
leñero,-a Fam DEP ◇ adj dirty
◇ nm,f dirty player
leño nm **-1.** (de madera) log; EXPR Fam **dormir como un ~** to sleep like a log **-2.** Fam (persona) blockhead
leñoso, -a adj woody
Leo ◇ adj inv Leo; Esp **ser ~** to be (a) Leo
◇ nmf inv (persona) Leo; Esp **los ~ son...** Leos are...
◇ nm (signo del zodiaco) Leo; Am **los de ~ son...** Leos are...
león, -ona nm,f **-1.** (africano) (macho) lion; (hembra) lioness; PROV **no es tan fiero el ~ como lo pintan** he/it/etc is not as bad as he/it/etc is made out to be **-2.** Am (puma) puma **-3. ~ marino** sea lion **-4.** Fam (valiente) fighter
leonado, -a adj tawny
leonera nf **-1.** (jaula) lion's cage **-2.** Esp Fam (cuarto desordenado) **este cuarto es una ~** this room is in a real state, Br this room is a tip
leonés, -esa ◇ adj of/from León (Spain)
◇ nm,f person from León (Spain)
leonino, -a adj **-1.** (rostro, aspecto) leonine **-2.** (contrato, condiciones) one-sided, unfair **-3.** Am (de Leo) Leo; **ser ~** to be (a) Leo
◇ nm,f Am Leo; **los leoninos son...** Leos are...
leontina nf watch chain
leopardo nm leopard
leotardos nmpl **-1.** Esp (medias) thick tights **-2.** (de gimnasia) leotard
Lepe n pr EXPR **saber más que ~** to be very clever o astute
leperada nf CAm, Méx Fam **-1.** (expresión) coarse o vulgar remark **-2.** (acción) coarse o vulgar thing to do
lépero, -a Fam ◇ adj **-1.** CAm, Méx (vulgar) coarse, vulgar **-2.** Cuba (ladino) smart, crafty
◇ nm,f CAm, Méx (grosero) oaf
lepidóptero ZOOL ◇ nm lepidopteran
◇ nmpl **lepidópteros** (orden) Lepidoptera; **del orden de los lepidópteros** of the order Lepidoptera
leporino adj **labio ~** harelip
lepra nf leprosy
leprosario nm Am leper colony
leprosería nf leper colony
leproso, -a ◇ adj leprous
◇ nm,f leper
leptón nm FÍS lepton
lerdear vi CAm to lumber
lerdo, -a Fam ◇ adj **-1.** (idiota) dim, slow-witted **-2.** (torpe) useless, hopeless
◇ nm,f **-1.** (idiota) fool, idiot **-2.** (torpe) useless idiot
leridano, -a ◇ adj of/from Lérida (Spain)
◇ nm,f person from Lérida (Spain)
les pron personal pl **-1.** (complemento indirecto) (ellos) (to) them; (ustedes) (to) you; **~ expliqué el motivo** I explained the reason to them; **~ tengo miedo** (a ellos) I'm afraid of them; **ya ~ dije lo que pasaría** (a ustedes) I told you what would happen; **se les olvidó** they forgot; **les será de gran ayuda** it will be a great help to them; **a estos niños les falta salir más** these children could do with getting out more
-2. Esp (complemento directo) (ellos) them; (ustedes) you; **les conozco** I know them; **les visitaré mañana** I'll visit you tomorrow; **les atracaron en la calle** they were mugged in the street
-3. ver **se**
lesbiana nf lesbian
lesbianismo nm lesbianism
lesbiano, -a, lésbico, -a adj lesbian
lesear vi Chile Fam **-1.** (hacer tonterías) to clown around **-2.** (decir tonterías) to talk nonsense o Br rubbish **-3.** (perder el tiempo) to fart around
leseras nfpl Chile Fam (tonterías) nonsense, Br rubbish
lesión nf **-1.** (daño físico) injury; **varios pasajeros sufrieron lesiones de diversa consideración** passengers suffered varying

degrees of injury; **~ de columna/craneal** spinal/head injury; DER **lesiones graves** grievous bodily harm **-2.** (perjuicio) damage, harm
lesionado, -a ◇ adj injured
◇ nm,f injured person; **llegan a la final con varios lesionados** they will have a number of players out with injury for the final, a number of players will miss the final through injury
lesionar ◇ vt **-1.** (físicamente) to injure **-2.** (perjudicar) to damage, to harm; **el acuerdo lesiona los intereses de la empresa** the agreement is harmful to the company's interests
➤ **lesionarse** vpr to injure oneself; **se lesionó un hombro** she injured her shoulder
lesivo, -a adj Formal damaging, harmful; **una sustancia lesiva para la salud** a substance which can damage your health
leso, -a adj **-1.** Formal **crimen de lesa humanidad** crime against humanity; **crimen de lesa patria** high treason; **delito de lesa majestad** treason, lese-majesty **-2.** Andes Fam (tonto) stupid, dumb
Lesoto n Lesotho
let (pl **lets**) nm (en tenis) let
letal adj lethal
letalidad nf lethality, lethal nature
letanía nf **-1.** REL litany **-2.** (retahíla) litany; **una ~ de quejas** a litany of complaints
letárgico, -a adj **-1.** MED lethargic **-2.** ZOOL hibernating **-3.** (aburrido) lethargic
letargo nm **-1.** MED lethargy; **este medicamento produce ~** this medicine makes you feel lethargic **-2.** (hibernación) hibernation **-3.** (inactividad) lethargy; **el sector continúa en un estado de ~** the sector has remained sluggish
letón, -ona ◇ adj Latvian
◇ nm,f (persona) Latvian
◇ nm (lengua) Latvian
Letonia n Latvia
letra nf **-1.** (signo) letter ❑ **~ doble** double letter
-2. (escritura, caligrafía) handwriting; **escribe la carta con buena ~** write the letter in neat handwriting; **no entiendo su ~** I can't read her writing o handwriting; **mandar cuatro letras a alguien** to drop sb a line;
EXPR **la ~ con sangre entra** spare the rod and spoil the child ❑ Am **~ chica** small print; **~ pequeña** small print
-3. (en imprenta) type, typeface ❑ **~ bastardilla** italic type, italics; **~ capitular** drop cap; **~ cursiva** italic type, italics; **~ de imprenta** (impresa) print; (en formulario) block capitals; **escriba en ~ de imprenta** please write in block capitals; **~ itálica** italic type, italics; **~ mayúscula** capital letter, Espec upper-case letter; **en letra(s) mayúscula(s)** in capitals o capital letters, Espec in upper case; **~ minúscula** small letter, Espec lower-case letter; **en letra(s) minúscula(s)** in small letters, Espec in lower case; **~ de molde** (impresa) print; (en formulario) block capitals; **~ muerta** dead letter; **~ negrita** bold (face); **~ redonda** roman type; **~ redondilla** roman type; **~ versalita** small capital
-4. (texto de canción) lyrics
-5. COM **~ (de cambio)** bill of exchange; **girar una ~** to draw a bill of exchange; **protestar una ~** to protest a bill ❑ **~ avalada** guaranteed bill of exchange; **~ de cambio a la vista** sight bill; **~ del Tesoro** treasury bill
-6. (sentido) literal meaning; **nos atuvimos a la ~ del contrato** we abided by the contract word for word; **seguir instrucciones al pie de la ~** to follow instructions to the letter
-7. EDUC **letras** arts; **soy de letras** I studied arts; **una asignatura de letras** an arts subject ❑ **letras mixtas** = secondary school course comprising mainly arts

letrado subjects but including some science subjects; **letras puras** = secondary school course comprising arts subjects only

letrado, -a ◇ *adj* **-1.** *(culto)* learned **-2.** *(del abogado)* **asistencia letrada** legal advice
◇ *nm,f* lawyer ❏ **~ de oficio** legal aid lawyer

letrero *nm* sign ❏ **~ luminoso** illuminated sign; **~ de neón** neon sign

letrina *nf* latrine

letrista *nmf* lyricist

leu *nm* leu

leucemia *nf* MED leukaemia

leucocito *nm* ANAT *Br* leucocyte, *US* leukocyte

leucoma *nm* MED leucoma

leucorrea *nf* MED *Br* leucorrhoea, *US* leukorrhea

leudar *vt* to leaven

lev *nm* lev

leva *nf* **-1.** MIL levy **-2.** NÁUT weighing anchor; **la ~ de la flota** the departure of the fleet **-3.** TEC cam

levadizo, -a *adj* **puente ~** drawbridge

levadura *nf* yeast, leaven ❏ **~ de cerveza** brewer's yeast; **~ de panadero** fresh *o* baker's yeast; *Esp* **~ en polvo** baking powder

levantacristales *nm inv Arg* electric window

levantada *nf Andes, RP Fam* **la ~ siempre es difícil** it's always hard to drag yourself out of bed

levantado, -a *adj* up; **pasamos toda la noche levantados** we were up all night

levantador¹, -ora *nm,f* DEP **~ de pesas** weightlifter

levantador², -ora *Ven Fam* ◇ *adj* **-1.** *(atractivo)* gorgeous **-2.** *(conquistador)* **ser ~** to be a womanizer; **ser levantadora** to be a man-eater
◇ *nm,f (conquistador) (hombre)* womanizer; *(mujer)* man-eater

levantadora *nf Col* dressing gown

levantamiento *nm* **-1.** *(elevación)* raising; **el juez ordenó el ~ del cadáver** the judge ordered the body to be removed ❏ DEP **~ de pesas** weightlifting **-2.** GEOL uplift, upheaval **-3.** *(sublevación)* uprising; **el ~ de los militares contra el gobierno** the military uprising against the government **-4.** *(supresión)* lifting, removal; **el ~ de un embargo** the lifting of an embargo **-5.** *(en topografía)* survey

levantar ◇ *vt* **-1.** *(alzar, elevar)* to raise; *(objeto pesado, capó, trampilla)* to lift (up); *(persiana)* to pull up; **~ el telón** to raise the curtain; **el que quiera venir conmigo que levante la mano** anyone who wants to come with me should put their hand up; **levanta la tapa de la olla y verás qué bien huele** lift the lid off the pot and you'll see how good it smells; **~ algo del suelo** to pick sth up off the ground; **~ a alguien del suelo** to help sb up off the ground; **levantó al bebé en alto** she lifted the baby up in the air; **el juez ordenó ~ el cadáver** the judge ordered the body to be removed; **los perros levantaron el zorro** the dogs flushed out the fox; **levantaba polvo al barrer** she was raising clouds of dust as she swept; **~ la vista o mirada** to look up; **~ la voz** to raise one's voice; EXPR **no ha conseguido ~ cabeza** he's still not back to his old self
-2. *(de la cama)* **~ a alguien de la cama** to get sb out of bed; **¿no te habré levantado?** I hope I didn't wake *o* get you up
-3. *(enderezar)* **~ algo** to stand sth upright; **levanta la papelera, que se ha vuelto a caer** stand the wastepaper basket up, it's fallen over again
-4. *(construir) (edificio, muro)* to build, to construct; *(estatua, monumento)* to put up, to erect; **de la nada logró ~ un inmenso imperio empresarial** she managed to build a huge business empire from nothing
-5. *(quitar) (pintura, venda, tapa)* to remove
-6. *(retirar) (campamento)* to strike; *(tienda de campaña, tenderete)* to take down; *(mantel)* to take off; EXPR *RP Fam* **~ (el) campamento** to hit the road, to make tracks
-7. *(causar) (protestas, polémica, rumores)* to give rise to; **me levanta dolor de cabeza** it makes my head ache; **esto levantó las sospechas de la policía** this aroused the suspicions of the police
-8. *(poner fin a) (embargo, prohibición)* to lift; *(asedio)* to raise; **~ el castigo a alguien** to let sb off; **levantaron el embargo a la isla** they lifted the embargo on the island; **el presidente levantó la sesión** *(terminarla)* the chairman brought the meeting to an end; *(aplazarla)* the chairman adjourned the meeting; **si no hay más preguntas, se levanta la sesión** *(en reunión)* if there are no more questions, that ends the meeting
-9. *(realizar) (atestado, plano, mapa)* to draw up; **el notario levantó acta del resultado del sorteo** the notary recorded the result of the draw; **~ las actas** *(de una reunión)* to take the minutes
-10. *(dar un empuje a) (equipo, público)* to lift; **el gol levantó al equipo** the goal lifted the team; **no ha conseguido ~ la economía** he hasn't managed to get the economy back on its feet; **~ el ánimo** to cheer up; **~ la moral a alguien** to boost sb's morale
-11. *(sublevar)* **~ a alguien contra** to stir sb up against
-12. *Fam (robar)* to pinch, to swipe; **levantarle algo a alguien** to pinch *o* swipe sth off sb
-13. *RP,Ven Fam (ligar)* to pick up, *Br* to pull
◇ *vi (niebla, nubes)* to lift; **saldremos cuando levante el día** we'll go out when it clears up

◆ **levantarse** *vpr* **-1.** *(ponerse de pie)* to stand up; *(de la cama)* to get up; **levantarse de la silla** to get up from one's chair; **levantarse tarde** to sleep in, to get up late; EXPR **levantarse con el pie izquierdo** to get out of bed on the wrong side
-2. *(pintura, venda)* to come off
-3. *(viento, oleaje)* to get up; *(tormenta)* to gather; **con el viento se levantó una gran polvareda** the wind blew up a huge cloud of dust
-4. *(sobresalir)* **la cúpula de la catedral se levanta sobre la ciudad** the dome of the cathedral stands out against *o* rises up above the rest of the city
-5. *(sublevarse)* to rise up (**contra** against); **levantarse en armas** to rise up in arms
-6. *(elevarse) (sol)* to climb in the sky; *(niebla)* to lift
-7. *muy Fam (pene)* **no se le levanta** he can't get it up
-8. *RP,Ven Fam (ligar)* **se levantó una mina espectacular** he scored (with) *o Br* got off with a real babe

Levante *nm* Levant, = the coastal provinces of Spain between Catalonia and Andalusia: Castellón, Valencia, Alicante and Murcia

levante¹ *nm* **-1.** *(este)* east; *(región)* east coast **-2.** *(viento)* east wind

levante² *nm* **-1.** *CAm, PRico (calumnia)* slander **-2.** *Chile (tasa)* fee paid by a woodcutter **-3.** *RP,Ven Fam (ligue)* **salimos de ~** we went out on the pull; **apareció con un ~** he turned up with some *Br* bird *o US* chick he'd just picked up

levantino, -a ◇ *adj* of/from the Levant region of Spain
◇ *nm,f* person from the Levant region of Spain

levantisco, -a *adj* restless, turbulent

levar *vt* NÁUT **~ anclas** to weigh anchor; *Fam (marcharse)* to sling one's hook

leve *adj* **-1.** *(de poco peso)* light
-2. *(poco importante) (pecado, falta, herida)* minor; *(enfermedad)* mild, slight; **resultó herido de carácter ~** he suffered minor injuries; **la inflación experimentó una ~ subida** inflation rose slightly; **no tengo la más ~ sospecha de que sea él** I don't suspect him in the slightest; **el paciente experimentó una ~ mejoría** there was a slight improvement in the patient's condition
-3. *(poco intenso) (dolor)* slight; *(olor, sabor)* slight, faint; *(castigo)* mild; **soplaba una ~ brisa** a gentle breeze was blowing; **se produjo un ~ temblor de tierra** there was a minor earth tremor; **se detectaba un ~ temblor en su voz** a faint tremor was noticeable in her voice; **nos ofreció una ~ sonrisa** she gave us a faint smile

levedad *nf* **-1.** *(livianidad)* lightness **-2.** *(poca importancia) (de pecado, falta, herida)* minor nature; *(de enfermedad)* mildness **-3.** *(poca intensidad) (de dolor)* slightness; *(de olor, sabor)* faintness; *(castigo)* mildness

levemente *adv* **-1.** *(con poca importancia) (aumentar)* slightly; **pecar ~** to commit a minor sin **-2.** *(con poca intensidad) (doler)* slightly; *(oler, saber)* faintly; *(castigar)* mildly

leviatán *nm* leviathan

levita ◇ *nmf* Levite
◇ *nf* frock coat

levitación *nf* levitation

levitar *vi* to levitate

Levítico *nm* REL **el ~** Leviticus

levodopa *nf* FARM levodopa

levógiro, -a *adj* QUÍM laevorotatory

lexema *nm* LING lexeme

lexicalización *nf* LING lexicalization

lexicalizar LING ◇ *vt* to lexicalize
◆ **lexicalizarse** *vpr* to become lexicalized

léxico, -a ◇ *adj* lexical
◇ *nm* **-1.** *(vocabulario)* vocabulary; LING lexis **-2.** *(diccionario)* lexicon

lexicografía *nf* lexicography

lexicográfico, -a *adj* lexicographic(al)

lexicógrafo, -a *nm,f* lexicographer

lexicología *nf* lexicology

lexicológico, -a *adj* lexicological

lexicólogo, -a *nm,f* lexicologist

lexicón *nm* lexicon

ley *nf* **-1.** *(norma)* law; *(parlamentaria)* act; EXPR **hecha la ~, hecha la trampa** laws are made to be broken; **leyes** *(derecho)* law ❏ *Esp* **~ de extranjería** = laws concerning the status of foreigners and immigration; **~ de fugas** = illegal execution of prisoner pretending that he was shot while trying to escape; **~ fundamental** basic law, constitutional law; **~ de incompatibilidades** = act regulating which other positions may be held by people holding public office; **~ marcial** martial law; POL **~ marco** framework law; POL **~ orgánica** organic law; HIST **~ sálica** Salic law; **~ seca** prohibition law; DEP **~ de la ventaja** advantage (law); **aplicar la ~ de la ventaja** to play the advantage
-2. *(precepto religioso)* law ❏ **la ~ coránica** Koranic law; **la ~ judía** Jewish law
-3. *(principio)* law ❏ *Fam* **~ del embudo** one law for oneself and another for everyone else; **la ~ del más fuerte** the survival of the fittest; **la ~ del mínimo esfuerzo: seguir la ~ del mínimo esfuerzo** to take the line of least resistance; **~ natural** law of nature; **~ de la oferta y de la demanda** law of supply and demand; **la ~ de la selva** the law of the jungle; **la ~ del talión** an eye for an eye and a tooth for a tooth; **no cree en la ~ del talión** she doesn't believe in "an eye for an eye"; **~ de vida: es ~ de vida** it's a fact of life
-4. la ~ *(la justicia)* the law; **la igualdad ante la ~** equality before the law; EXPR *Fam* **con todas las de la ~:** **ganaron con todas las de la ~** they won fair and square; EXPR **ser de ~** *(situación)* to be right and proper; *(persona)* to be totally trustworthy
-5. *(de metal precioso)* **de ~** *(oro)* = containing the legal amount of gold; *(plata)* sterling; EXPR **de buena ~** reliable, sterling; EXPR **de mala ~** crooked, disreputable

leyenda *nf* **-1.** *(narración)* legend ❏ **la ~ negra** HIST = the negative picture traditionally given of Spain by many European historians, and especially of the Inquisition and the conquest of the Americas; *Fig* **sobre él pesa una ~ negra** he has an appalling reputation **-2.** *(ídolo)* legend; **una ~ del jazz**

a jazz legend **-3.** *(inscripción)* *(en moneda, escudo, estandarte)* inscription, legend; *(en mapa)* legend

leyera *etc ver* **leer**

LFP *nf (abrev de* **Liga de Fútbol Profesional***)* = association of Spanish first-division soccer teams

liado, -a *adj Fam* **-1.** *(ocupado)* tied up; **ahora ando muy ~** I'm pretty tied up at the moment; EXPR *Hum* **estar más ~ que la pata de un romano** to have an awful lot on one's plate **-2.** *(involucrado)* involved; **está ~ con una compañera de clase** he's got a thing going with a girl in his class

liana *nf* liana

liante *Esp Fam* ◇ *adj* **-1.** *(persuasivo)* smooth-talking **-2.** *(enredador)* **¡no seas ~!** don't complicate things!

◇ *nmf* **-1.** *(persuasivo)* smooth talker; **claro que me convenció, es un ~** of course he persuaded me, he could talk you into anything! **-2.** *(enredador)* stirrer, troublemaker

liar [32] ◇ *vt* **-1.** *(atar)* to tie up

-2. *(envolver)* **~ algo en** *(papel)* to wrap sth up in

-3. *(cigarrillo)* to roll

-4. *(involucrar)* to rope in; **~ a alguien en algo** to rope sb into sth; **me liaron para que fuera con ellos a la fiesta** they roped me into going to the party with them

-5. *(complicar)* to confuse; **¡ya me has liado!** now you've really got me confused!; **su declaración no hizo más que ~ el tema** his statement only complicated *o* confused matters

-6. *Esp Fam* **liarla** *(meter la pata)* to mess things up; **¡ya la hemos liado!, ¿por qué la invitaste?** you've really gone and done it now, why did you invite her?

◆ **liarse** *vpr* **-1.** *(complicarse)* to get complicated

-2. *(confundirse)* to get muddled (up) *o* confused; **me lié y tardé tres horas en terminar** I got muddled *o* confused and took three hours to finish

-3. *Esp (entretenerse)* to get caught up; **me lié hablando con los amigos y llegué tarde** I got caught up talking to some friends and arrived late

-4. *Esp (empezar)* to begin, to start; **liarse a hacer algo** to start *o* begin doing sth; **se liaron a puñetazos** they started hitting each other; **se liaron a insultarse** they started insulting each other

-5. *Esp Fam (sentimentalmente)* to get involved **(con** with); **se ha liado con una compañera de clase** he's got a thing going with a girl in his class

libación *nf* **-1.** *(de néctar)* **la ~ de néctar** drinking the nectar of flowers **-2.** *Literario (de bebida)* libation **-3.** *(ceremonia)* libation

libanés, -esa ◇ *adj* Lebanese

◇ *nm,f* Lebanese

Líbano *nm* **el ~** the Lebanon

libar *vt* **-1.** *(néctar)* to drink **-2.** *Literario (bebida)* to imbibe

libelo *nm* lampoon

libélula *nf* dragonfly

liberación *nf* **-1.** *(de ciudad, país)* liberation; *(de rehén, prisionero)* freeing ❑ **~ femenina** women's liberation; **~ de la mujer** women's liberation; **~ sexual** sexual liberation **-2.** *(de hipoteca)* redemption

liberado, -a ◇ *adj* **-1.** *(ciudad, país)* liberated; *(rehén, prisionero)* freed **-2.** *(mujer)* liberated **-3.** *Esp (sindicalista)* full-time; **un terrorista ~** a full-time terrorist *(receiving financial support from his organization)*

◇ *nm,f Esp (sindicalista)* full-time union official; *(terrorista)* full-time member of a terrorist organization

liberador, -ora ◇ *adj* liberating

◇ *nm,f* liberator

liberal ◇ *adj* **-1.** *(en política)* liberal **-2.** *(tolerante)* liberal **-3.** *(generoso)* liberal

◇ *nmf* **-1.** *(en política)* liberal **-2.** *(tolerante)* liberal **-3.** *(generoso)* liberal

liberalidad *nf* **-1.** *(tolerancia)* liberality **-2.** *(generosidad)* liberality

liberalismo *nm* **-1.** *(en política)* liberalism **-2.** **~ económico** economic liberalism, free-market economics

liberalización *nf* **-1.** *(de régimen, leyes)* liberalization **-2.** *(de economía, sector)* deregulation; **la ~ de precios** the abolition of price controls

liberalizar [14] *vt* **-1.** *(régimen, leyes)* to liberalize **-2.** *(economía, sector)* to deregulate; **~ los precios** to abolish price controls

liberalmente *adv* liberally

liberar ◇ *vt* **-1.** *(ciudad, país)* to liberate; *(rehén, prisionero)* to free **-2.** *(de compromiso)* **~ a alguien de algo** to free sb from sth **-3.** *(emitir)* to release, to give off

◆ **liberarse** *vpr* **-1.** *(librarse)* to free oneself **(de** from); **el prisionero se liberó de sus ataduras** the prisoner managed to untie himself; **me he liberado de la responsabilidad de cuidar de ellos** I have freed myself of the responsibility of looking after them **-2.** *(desinhibirse)* to become liberated, to lose one's inhibitions **-3.** *(emitirse)* to be released, to be given off

Liberia *n* Liberia

liberiano, -a ◇ *adj* Liberian

◇ *nm,f* Liberian

líbero *nm* DEP sweeper

libérrimo, -a *adj (superlativo)* entirely *o* absolutely free

libertad *nf* **-1.** *(para hacer algo)* freedom, liberty; **dejar** *o* **poner a alguien en ~** to set sb free, to release sb; **estar en ~** to be free; **quedas en ~** you are free to go; **tener ~ para hacer algo** to be free to do sth; **~, igualdad y fraternidad** liberty, equality and fraternity ❑ **~ de cátedra** academic freedom; ECON **~ de circulación de trabajadores** free movement of workers; **~ de conciencia** freedom of conscience; DER **~ condicional** parole; **~ de culto** freedom of worship; **~ de expresión** freedom of speech; **~ de horarios (comerciales):** **las tiendas tienen ~ de horarios** shops can open when they like; **~ de imprenta** freedom of the press; **~ de movimientos** freedom of movement; **~ de pensamiento** freedom of thought; **~ de prensa** freedom of the press; DER **~ provisional** *(bajo fianza)* bail; **~ religiosa** religious freedom; **~ de reunión** freedom of assembly

-2. libertades *(derechos)* rights; **las libertades civiles/individuales** civil/individual rights; **las libertades fundamentales** basic human rights

-3. *(confianza, familiaridad)* freedom; **puede entrar en mi casa con toda ~** she is entirely free to come into my house as she pleases; **tomarse la ~ de hacer algo** to take the liberty of doing sth; **tomarse libertades (con)** to take liberties (with)

libertador, -ora ◇ *adj* liberating

◇ *nm,f* liberator; **el Libertador** *(en Latinoamérica)* the Liberator *(name given to certain leaders of the fight for independence from Spain)*

LOS LIBERTADORES AMERICANOS

In the struggle for freedom in the early decades of the nineteenth century, the supporters of Latin American independence had to contend with more than just the defenders of Spanish monarchical rule. They had to work out constitutions which would consolidate the freedom they had achieved. They also had to ensure order and stability, while developing the political structures needed by the newly independent states. The leading figures of these military and political stuggles have become heroes both for their own countries, and, collectively, for all of Latin America. They include Simón Bolívar (1783-1830) who was active in gaining independence for Venezuela, Colombia, Ecuador, Peru and Bolivia; José de San Martín (1778-1850) who fought in Argentina, Chile and Peru; and Bernardo O'Higgins (1778-1842) who was active in Chile and Peru.

libertar *vt* to liberate

libertario, -a ◇ *adj* libertarian

◇ *nm,f* libertarian

libertinaje *nm* licentiousness

libertino, -a ◇ *adj* licentious

◇ *nm,f* libertine

liberto, -a *nm,f* HIST freedman, *f* freedwoman

Libia *n* Libya

libidinoso, -a *adj* libidinous, lewd

libido *nf* libido

libio, -a ◇ *adj* Libyan

◇ *nm,f* Libyan

libra[1] ◇ *adj inv* Libra; **ser ~** to be (a) Libra

◇ *nmf inv (persona)* Libran; **los ~ son...** Librans *o* Libras are...

◇ *nf (signo del zodiaco)* Libra; **los de Libra son...** Librans *o* Libras are...

libra[2] *nf* **-1.** *(moneda)* pound ❑ **~ esterlina** pound sterling **-2.** *(unidad de peso)* pound **-3.** *Esp Fam (cien pesetas)* = a hundred pesetas

libraco *nm* **-1.** *Pey (libro malo)* worthless book **-2.** *(libro grueso)* big book

librado, -a ◇ *adj* **salir bien ~** to get off lightly; **salir mal ~** to come off badly

◇ *nm,f* COM drawee

librador, -ora *nm,f* COM drawer

libramiento *nm* **-1.** COM order of payment **-2.** *Méx (circunvalación) Br* ring road, *US* beltway

librancista *nmf* COM bearer

librano, -a *Am* ◇ *adj* Libra; **ser ~** to be (a) Libra

◇ *nm,f* Libran; **los libranos son...** Librans *o* Libras are...

libranza *nf* COM order of payment

librar ◇ *vt* **-1.** **~ a alguien de** *(eximir)* to free sb from; *(de pagos, impuestos)* to exempt sb from; *(de algo indeseable)* to rid sb of; **¡líbreme Dios!** God *o* Heaven forbid! **-2.** *(entablar)* *(pelea, lucha)* to engage in; **~ una batalla** to fight a battle; **los manifestantes libraron una batalla campal con la policía** the demonstrators fought a pitched battle with the police **-3.** COM *(entablar)* to draw **-4.** DER *(sentencia)* to hand down *(in writing)*

◇ *vi Esp (no trabajar)* to be off work; **libro los lunes** I get Mondays off

◆ **librarse** *vpr* **-1.** *(salvarse)* **librarse (de hacer algo)** to escape (from doing sth); **se libró del servicio militar** he got off having to do military service; **me libré de tener que ir a la fiesta** I got out of having to go to the party; EXPR **de buena te libraste** you had a lucky escape

-2. *(deshacerse)* **librarse de algo/alguien** to get rid of sth/sb; **el asesino consiguió librarse de sus perseguidores** the killer managed to shake off his pursuers; **no conseguimos librarnos de ese olor** we can't get rid of that smell

libre *adj* **-1.** *(sin limitaciones)* free; **el amor ~** free love; **ser ~ de** *o* **para hacer algo** to be free to do sth; **eres ~ de hacer lo que quieras** you are free to do as you wish; **es ~ para casarse con quien quiera** she is free to marry whoever she pleases; **entrada ~** *(en letrero)* entry free ❑ **~ albedrío** free will; ECON **~ cambio** free trade; *(de divisas)* floating exchange rates; ECON **~ circulación de capitales** free circulation of capital; **~ circulación de mercancías** free movement of goods; **~ circulación de personas** free movement of people; **~ mercado** free market

-2. *(no encarcelado)* free

-3. *(país)* free

-4. *(sin novio, pareja)* free, available

-5. *(sin obstáculos) (camino, carretera)* clear

-6. **~ de** *(exento)* exempt from; **~ de culpa** free from blame; **~ de franqueo** post-free; **~ de impuestos** *(alcohol, cigarrillos)* tax-free, duty-free

-7. *(desocupado) (asiento)* free; *(retrete)* vacant; *(casa)* empty; **¿estarás ~ mañana?** will you be free tomorrow?; **el puesto de tesorero ha quedado ~** the post of treasurer is now vacant; **un taxi ~** a free *o* empty taxi; **libre** *(en taxi)* for hire; **ahora no tengo las manos libres** my hands are full at the moment; **aparcamiento:** ~ *(en letrero)* parking: spaces

-8. *(tiempo)* free, spare; **cuando tenga un rato ~, te llamo** I'll call you when I've got a (spare) moment; **en mis ratos libres me gusta tocar el piano** in my spare *o* free time I like to play the piano; **mañana tengo el día ~** I've got the day off tomorrow; **tengo dos horas libres** I have two hours spare

-9. *(independiente)* independent; *(alumno)* external; **trabajar por ~** to work freelance; **estudiar por ~** to be an external student; *Esp* **ir por ~** to do things one's own way; *Esp* **cuando viajo me gusta ir por ~ más que ir en grupo** I prefer travelling alone to travelling in a group

-10. *(estilo, traducción)* free; DEP **200 metros libres** 200 metres freestyle

librea *nf* livery; **un portero de ~** a liveried doorman

librecambio *nm* free trade
librecambismo *nm* free trade
librecambista ◇ *adj* free-market
◇ *nmf* free-marketeer
libremente *adv* freely
librepensador, -ora ◇ *adj* freethinking
◇ *nm,f* freethinker
librepensamiento *nm* freethinking
librería *nf* **-1.** *(tienda)* bookshop, *US* bookstore ❑ **~ de lance** second-hand bookshop; **~ de ocasión** second-hand bookshop; **~ de viejo** antiquarian bookshop **-2.** *Esp (mueble)* bookcase **-3.** INFORMÁT library
librero, -a ◇ *nm,f (persona)* bookseller
◇ *nm CAm, Col, Méx (mueble)* bookcase
libresco, -a *adj* **-1.** *(del libro)* **el mercado ~** the book market **-2.** *(irreal)* **su conocimiento de la vida es puramente ~** he only knows about life from books
libreta *nf* **-1.** *(para escribir)* notebook ❑ *Am* **~ de calificaciones** *Br* (school) report, *US* report card; *RP* **~ de casamiento** = document containing personal details of a married couple and, later, their children; *RP* **~ de cheques** chequebook; **~ de direcciones** address book; *Arg* **~ de enrolamiento** military service record book; *Urug* **~ de manejar** *Br* driving licence, *US* driver's license; *Andes* **~ de matrimonio** = document containing personal details of a married couple and, later, their children **-2.** *(de banco)* **~ (de ahorros)** savings book
libretista *nmf* **-1.** MÚS librettist **-2.** *Am (guionista)* screenwriter, scriptwriter
libreto *nm* **-1.** MÚS libretto **-2.** *Am (guión)* script; *Fig* **eso estaba fuera del ~** that wasn't in the script, that wasn't meant to happen
Libreville [libreˈβil] *n* Libreville
libriano, -a *Am* ◇ *adj* Libra; **ser ~** to be (a) Libra
◇ *nm,f* Libran; **los ~ son...** Librans *o* Libras are...
librillo *nm* **-1.** ZOOL third stomach **-2.** *(de papel de fumar)* packet *(of cigarette papers)*
libro *nm* **-1.** *(impreso)* book; **un ~ de aventuras** a book of adventure stories; EXPR **hablar como un ~** to express oneself very clearly; EXPR *Fam* **ser (como) un ~ abierto** to be an open book ❑ **~ de bolsillo** (pocket-sized) paperback; **~ de cabecera** bedside book; **~ de canciones** song book; **~ de cocina** cookery book, cookbook; **~ de consulta** reference book; **~ de cuentos** storybook; **~ de ejercicios** workbook; **~ electrónico** electronic book; **~ de estilo** style guide; **~ de himnos** hymn book; **~ de instrucciones** instruction book *o* manual; REL **~ sagrado** Book *(in Bible)*; **~ de texto** textbook; **~ de viajes** travel book
-2. POL paper ❑ **~ blanco** white paper; **~ verde** green paper
-3. *(registro)* book; **llevar los libros** to keep the books ❑ COM **~ de caja** cashbook; COM **~ de contabilidad** accounts book; EDUC **~ de escolaridad** = book containing a complete record of a pupil's academic results throughout his or her time at school; **~ de familia** = document containing personal details of the members of a family; **~ de oro** visitors' book *(for important guests)*; **~ de pedidos** order book; **~ de reclamaciones** complaints book; **~ de registro (de entradas)** register; **~ de visitas** visitors' book
Lic. *(abrev de* **licenciado, -a)** **-1.** *(de universidad)* graduate *(used as title)* **-2.** *Andes, CAm, Carib, Méx (forma de tratamiento)* = form of address used to indicate respect
licantropía *nf* lycanthropy
licántropo *nm* werewolf
licaón *nm* African painted hunting dog
liceal ◇ *adj Am Br* secondary school, *US* high school; **las autoridades liceales** the *Br* secondary school *o US* high school authorities
◇ *nmf Urug Br* secondary school *o US* high school pupil
liceano, -a *nm,f Chile Br* secondary school *o US* high school pupil
liceísta *nmf Ven Br* secondary school *o US* high school pupil
licencia *nf* **-1.** *(documento)* licence, permit; *(de software, vídeo)* licence agreement ❑ **~ de armas** gun licence; **~ artística** artistic licence; **~ de caza** hunting licence *o* permit; *Carib, Chile, Ecuad* **~ de conducir** *Br* driving licence, *US* driver's license; *Méx* **~ para conducir** *Br* driving licence, *US* driver's license; *Méx* **~ de conductor** *Br* driving licence, *US* driver's license; **~ de exportación** export licence; **~ fiscal** = official authorization to practise a profession; **~ de importación** import licence; *Méx* **~ de manejo** *Br* driving licence, *US* driver's license; **~ de obras** planning permission; **~ de pesca** fishing permit
-2. *(eclesiástica) (para predicar)* licence; *(para publicar un texto)* imprimatur
-3. *(autorización)* permission; **dar ~** to give permission; *Méx* **con ~** *(con permiso)* if I may, if you'll excuse me; *Méx* **con ~, ¿puedo pasar?** may I come in?
-4. *(en el ejército)* leave ❑ **~ absoluta** discharge
-5. *Am (en el trabajo)* leave; **estar de ~** to be off work ❑ *RP* **~ por enfermedad** sick leave; *RP* **~ por maternidad** maternity leave
-6. *(libertad)* liberty; **me he permitido la ~ de venir sin llamar** I took the liberty of coming without calling first; **tomarse licencias con alguien** to take liberties with sb ❑ LIT **~ métrica** metrical licence *o* freedom; LIT **~ poética** poetic licence
licenciado, -a ◇ *adj (soldado)* discharged
◇ *nm,f* **-1.** *(de universidad)* graduate; **~ en económicas/derecho** economics/law graduate; **~ en Filosofía y Letras** Bachelor of Arts; **es ~ en Derecho por la Universidad de Córdoba** he has a law degree from the University of Córdoba **-2.** *(soldado)* discharged soldier **-3.** *Andes, CAm, Carib, Méx (forma de tratamiento)* = form of address used to indicate respect; **el ~ Pérez** Mr Pérez; **¡por supuesto, ~!** of course, Mr Pérez, Sir
licenciamiento *nm (de soldado)* discharge
licenciar ◇ *vt* **-1.** *(soldado)* to discharge **-2.** *Am (en universidad)* to confer a degree on
◆ **licenciarse** *vpr* **-1.** *(soldado)* to be discharged **-2.** *(en universidad)* to graduate; **me licencié en Filosofía por la Universidad de Salamanca** I obtained a philosophy degree from the University of Salamanca
licenciatura *nf* degree; **~ en económicas/derecho** economics/law degree; **~ en Filosofía y Letras** Bachelor of Arts (degree)
licencioso, -a *adj* licentious
liceo *nm* **-1.** *(en Francia)* lycée **-2.** *(de recreo)* social club **-3.** *CSur, Ven (colegio) Br* secondary school, *US* high school; **durante mis años de ~** while I was at *Br* secondary school *o US* high school
lichi *nm* lychee
licitación *nf* tender; **estar en ~** to be out to tender; **salir a ~** to be put out to tender; **un proceso de ~** a call for tenders
licitador, -ora *nm,f* bidder
lícitamente *adv* lawfully
licitante ◇ *adj* bidding
◇ *nmf* bidder
licitar ◇ *vt* **-1.** *(en subasta, concurso)* to bid **-2.** *(sacar a concurso)* to put out to tender
◇ *vi (en subasta)* to bid
lícito, -a *adj* **-1.** *(legal)* lawful **-2.** *(correcto)* right **-3.** *(justo)* fair
licor *nm* **-1.** *(alcohol)* spirits, *US* liquor **-2.** *(bebida dulce)* liqueur ❑ **~ de menta** crème de menthe
licorera *nf* **-1.** *(botella)* decanter **-2.** *(mueble)* cocktail cabinet
licorería *nf* **-1.** *(fábrica)* distillery **-2.** *(tienda) Br* off-licence, *US* liquor store
licra *nf Am* Lycra®
licuado *nm Am (con leche)* milkshake; *(con agua, jugo)* smoothy
licuadora *nf* **-1.** *Esp (para extraer zumo)* juice extractor, juicer **-2.** *Am (para batir)* blender, *Br* liquidizer
licuar [4] ◇ *vt* **-1.** FÍS to liquefy **-2.** CULIN to liquidize
◆ **licuarse** *vpr* FÍS to liquefy
licuefacción *nf* FÍS liquefaction
lid *nf* **-1.** *Literario (lucha)* fight; EXPR **en buena ~** in a fair contest; **ganó el combate en buena ~** he won the fight fair and square **-2.** *(asunto)* **un experto en estas lides** an old hand in these matters; **un veterano en lides amorosas** an expert in matters of the heart
líder ◇ *adj* leading; **el equipo ~** the leading team; **la empresa es ~ en el sector** it is the leading company in the industry
◇ *nmf* **-1.** *(de partido político, país)* leader; **un ~ sindical** a union boss *o* leader ❑ POL **el ~ de la oposición** the leader of the opposition **-2.** *(de clasificación, mercado)* leader; **el Deportivo es el ~ de la liga** Deportivo are top of the league *o* are the current league leaders
liderar ◇ *vt* **-1.** *(partido político)* to head, to lead **-2.** *(clasificación)* to be top of; **nuestra empresa lidera el sector** we are the leading company in the industry; **la empresa lidera el mercado** the company is the market leader
◇ *vi (ir en cabeza)* **~ en** to be at the top of, to lead
liderazgo, liderato *nm* **-1.** *(de partido político, país)* leadership **-2.** *(primer puesto)* lead; *(en liga)* first place
lideresa *nf Méx* (woman) leader
liderizar *vt Ven* to lead
lidia *nf* **-1. la ~** *(arte)* bullfighting **-2.** *(corrida)* bullfight; **toro de ~** fighting bull **-3.** *Col, Ven Fam (trabajo)* **¡qué ~ dan estos gatos!** these cats are a real hassle!; **la tesis le está dando mucha ~** she's really got her hands full with her thesis
lidiador, -ora *nm,f* TAUROM bullfighter
lidiar ◇ *vi* **~ con** *(luchar)* to struggle with; *(hacer frente a)* to oppose, to face; *(soportar)* to put up with; **tengo que ~ con 30 alumnos todos los días** I have to deal with *o* cope with 30 pupils every day
◇ *vt* TAUROM to fight
lidioso, -a *adj Ven Fam* **-1.** *(difícil)* **¡qué ~ eres!** you're an awkward so-and-so! **-2.** *(molesto)* **ser ~** to be a pain
liebre *nf* **-1.** *(animal)* hare; EXPR **correr como una ~** to run like a hare; EXPR **levantar la ~** to let the cat out of the bag; EXPR **donde menos se piensa, salta la ~** you never know what might happen ❑ **~ patagónica** Patagonian hare **-2.** DEP pacemaker
Liechtenstein [ˈliχtenstain] *n* Liechtenstein
Lieja *n* Liège
liencillo *nm Andes, Carib, RP* rough cotton cloth
liendre *nf* nit
lienza *nf Chile* **-1.** *(cordel)* cord **-2.** *(sedal)* (fishing) line

lienzo nm **-1.** (tela) (coarse) cloth; (paño) piece of cloth **-2.** (para pintar) canvas **-3.** (cuadro) painting **-4.** ARQUIT (pared) wall; (trozo) stretch of wall **-5.** Méx (corral) corral (for rodeo)

liftado, -a adj DEP topspin

liftar vt DEP to put topspin on

lifting ['liftin] (pl **liftings**) nm face-lift

liga nf **-1.** (confederación, agrupación) league ❑ POL **la Liga Árabe** the Arab League **-2.** (para medias) (elástico) garter; (colgante) Br suspender, US garter **-3.** (goma elástica) elastic band **-4.** (deportiva) league ❑ **la Liga de Campeones** the Champions League; Esp **la Liga Fantástica**® = competition where players pick their own fantasy soccer teams, Br ≃ Fantasy Football League **-5.** (sustancia pegajosa) bird-lime

ligado, -a ◇ adj (vinculado, unido) linked, connected; **un fenómeno ~ al cambio climático** a phenomenon linked to o connected with climate change; **está íntimamente ligada al partido conservador** she has very strong ties o is closely linked to the Conservative Party; **estuvo sentimentalmente ~ a varias actrices** he was (romantically) involved with several actresses; **me siento muy ~ a mi familia** I have very close ties with my family
◇ nm MÚS (de notas) legato; (modo de tocar) slur

ligadura nf **-1.** MED ligature ❑ **~ de trompas** tubal ligation; **le hicieron una ~ de trompas** she had her tubes tied **-2.** (atadura) bond; **el prisionero logró librarse de sus ligaduras** the prisoner managed to break free of his bonds o untie himself **-3.** (compromiso) tie; **rompió todas sus ligaduras familiares** she broke off all contact with her family **-4.** MÚS ligature **-5.** IMPRENTA ligature

ligamento nm ligament; **rotura de ligamentos** torn ligaments

ligar [38] ◇ vt **-1.** (atar) to tie (up); **liga bien los paquetes** tie the packages up tightly; **les ligaron las manos** they tied their hands **-2.** (unir) to bind; **los ligan muchos lazos afectivos** they are bound together by a lot of emotional ties; **un contrato lo liga con la empresa** he is contractually bound to the company **-3.** (salsa) to thicken **-4.** MED to put a ligature on **-5.** MÚS to slur **-6.** (en naipes) to get; **ligué un póquer de ases** I got four aces **-7.** (metales) to alloy **-8.** Fam (droga) to score, to get hold of **-9.** RP (conseguir) to get; **siempre viene a ver si liga algo** he always comes along to see what he can get **-10.** EXPR Fam **~ bronce** to catch some rays **-11.** Cuba (cosecha) to contract in advance for **-12.** Ven DEP (béisbol) to hit; **ligó un cuadrangular** he hit a home run
◇ vi **-1.** (encontrar pareja) to score, Br to pull; **en esta ciudad no se liga nada** it's a nightmare trying to score o Br pull in this town; **esta noche vamos a salir a ~** we're going out to score with someone tonight, Br we're going out on the pull tonight **-2.** (salsa) to bind **-3.** RP, Ven Fam (tener suerte) to be damn lucky, Br to be jammy **-4.** Carib, Guat, Perú (deseo) to be fulfilled **-5.** Ven DEP (en béisbol) to go into the wind-up

◆ **ligarse** vpr **-1.** (unirse) to unite, to join together **-2.** Esp Fam (conseguir) **ligarse a alguien** Br to get off with sb, US to make out with sb **-3.** RP Fam **ligársela: como se entere nos la vamos a ~** we'll be in for it if she finds out; **si no te callas te la vas a ~** you're going to catch it if you don't shut up **-4.** Arg, Ven (línea telefónica) **se ligan las comunicaciones** there's a crossed line

ligazón nf link, connection; **es un asesor sin ninguna ~ con el partido** he's an adviser who has no links with the party

ligeramente adv **-1.** (levemente) lightly; (aumentar, bajar, doler) slightly; **está ~ torcido** it's not quite straight; **estoy ~ cansado** I'm a little tired **-2.** (superficialmente) lightly; **la pelota rozó ~ el larguero** the ball just grazed the crossbar; **lo juzgaste muy ~** you were very quick to judge him; **estudiaron el asunto muy ~** they looked at the matter very superficially

ligereza nf **-1.** (levedad) lightness **-2.** (de dolor) slightness **-3.** (agilidad) agility; **se movía con gran ~** he was very nimble o agile **-4.** (rapidez) speed **-5.** (superficialidad) **abordaron el problema con mucha ~** they tackled the problem in a very superficial manner **-6.** (irreflexión) rashness; **cometí la ~ de contárselo todo** I very rashly told her everything; **fue una ~ decir eso** it was rash o reckless to say that; **actuar con ~** to act flippantly

ligero, -a ◇ adj **-1.** (de poco peso) light; **ir o viajar ~ de equipaje** to travel light; **iba muy ligera de ropa** (provocativa) she was very scantily clad; (poco abrigada) she wasn't wearing enough clothes; EXPR **ser ~ como una pluma** to be as light as a feather **-2.** (traje, tela) thin **-3.** (comida) light; **en casa hacemos cenas ligeras** we have a light meal in the evening at home **-4.** (armamento) light **-5.** (leve) (roce, toque, golpe) light; (olor, rumor, sonido) faint; (sabor) slight, mild; (dolor, resfriado) slight; (herida, accidente, daño) minor; (descenso, diferencia, inconveniente) slight; (conocimientos, sospecha, idea) vague; **sufrieron heridas de ligera consideración** they suffered minor injuries; **tengo la ligera impresión de que te equivocas** I have a vague feeling that you might be wrong; **tener el sueño ~** to be a light sleeper **-6.** (literatura, teatro) light; **una comedia ligera** a light comedy; **quiero leer algo ~ que no me haga pensar** I want to read something light that I don't have to think about too hard **-7.** (rápido) quick, swift; **caminar a paso ~** to walk at a brisk pace; **tener una mente ligera** to be quick-thinking **-8.** (ágil) agile, nimble **-9.** (irreflexivo) flippant; **hacer algo a la ligera** to do sth without much thought; **juzgar (algo/a alguien) a la ligera** to be superficial in one's judgements (about sth/sb); **tomarse algo a la ligera** not to take sth seriously; EXPR **ser ~ de cascos** (irresponsable) to be irresponsible; (mujer) to be flighty
◇ adv (rápidamente) quickly; **~, que tengo mucha prisa** hurry up, I'm in a rush

light [lait] adj inv **-1.** (comida) low-calorie; (refresco) diet; (cigarrillos) light **-2.** (suavizado) toned down; **un chiste ~** a bland o inoffensive joke; **un marxismo ~** a watered-down Marxism; **la película es una versión ~ de la vida del pintor** the movie is a sanitized version of the painter's life

lignito nm brown coal, lignite

ligón, -ona Esp Fam ◇ adj **es muy ~** he's always getting off with somebody or other
◇ nm,f womanizer, f flirt; **el ~ de tu hermano** that womanizing brother of yours

ligoteo nm Esp Fam **salir de ~** to go out to score o Br on the pull; **el ambiente relajado de ese bar facilita mucho el ~** the bar's relaxed atmosphere makes it a happy hunting ground for singles

ligue nm Esp Fam **-1.** (acción) **salir de ~** to go out to score o Br on the pull; **domina el arte del ~** he's an expert at scoring with Br birds o US chicks **-2.** (novio) Br bloke, US squeeze; (novia) Br bird, US squeeze; **vino a la fiesta con su último ~** she came to the party with her new man **-3.** (relación) **tiene un ~ con una compañera de trabajo** he's having a fling with a woman from work

liguero, -a ◇ adj DEP league; **partido ~** league game o match
◇ nm Br suspender belt, US garter belt

liguilla nf DEP mini-league; **quedaron primeros en la ~ y pasaron a las semifinales** they finished top of their group and went through to the semifinals

lija ◇ adj **-1.** Méx (persona) shrewd, sharp **-2.** RP Fam **vino ~** rough wine, Br plonk
◇ nf **-1.** (papel) sandpaper **-2.** (pez) dogfish **-3.** EXPR Carib Fam **darse ~** to put on o give oneself airs

lijado nm (de suelo) sanding; **~ de pisos** floor sanding

lijadora nf sander

lijar vt to sand, to sand down

lijoso, -a adj Carib Fam **ser ~** to put on o give oneself airs

lila ◇ adj inv (color) lilac
◇ nf (flor) lilac
◇ nm (color) lilac

liliácea BOT ◇ nf liliaceous plant
◇ nfpl **liliáceas** (familia) Liliaceae; **de la familia de las liliáceas** of the family Liliaceae

liliáceo, -a adj BOT liliaceous

Liliput n Lilliput

liliputiense ◇ adj dwarfish
◇ nmf midget

lilo nm common lilac

Lima n Lima

lima nf **-1.** (herramienta) file; EXPR **comer como una ~** to eat like a horse ❑ **~ de uñas** nail file **-2.** (fruto) lime **-3.** (árbol) lime tree

limaco nm slug

limado nm **-1.** (pulimento) filing **-2.** (perfeccionamiento) polishing

limadora nf polisher

limadura nf filing ❑ **limaduras de hierro** iron filings

limanda nf dab

limar vt **-1.** (pulir) to file down; EXPR **~ asperezas** to iron out one's differences **-2.** (perfeccionar) to polish, to add the finishing touches to

limatón nm Am roof beam

limbo nm **-1.** REL limbo; EXPR Fam **estar en el ~** to be miles away **-2.** ASTRON limb **-3.** BOT limb **-4.** (baile) limbo

limeño, -a ◇ adj of/from Lima (Peru)
◇ nm,f person from Lima (Peru)

limero nm lime tree

limitación nf **-1.** (restricción) limitation, limit; **acuerdo de ~ de armamento** arms limitation agreement; **poner limitaciones a** to place restrictions on; **sin ~ de tiempo** with no time limit; **alquiler sin ~ de kilometraje** unlimited mileage ❑ **~ de velocidad** speed limit **-2.** (de distrito) boundaries **-3.** **limitaciones** (carencias) limitations; **reconozco mis limitaciones** I know my own limitations

limitado, -a adj **-1.** (restringido) limited; **disponemos de un espacio muy ~** we have very limited space; **tienen un acceso ~ a los servicios sanitarios** they have limited access to healthcare services; **el problema no está ~ a un solo país** the problem is not limited o restricted to just one country **-2.** (poco dotado) of limited ability, not very gifted; **es un alumno muy ~** he's a pupil of limited ability; **como cantante es muy ~** he has limited ability as a singer **-3.** COM **sociedad limitada** private limited company

limitador nm ELEC limiter, clipper ❑ **~ de corriente** current limiter

limitante nf CSur limitation; **esta localización tiene algunas limitantes** this position has certain limitations; **sé que tengo limitantes** I know that I have certain limitations

limitar ◇ vt **-1.** (restringir) to limit, to restrict; **quieren ~ el poder del presidente** they want to limit o restrict the president's power; **han limitado la velocidad máxima a cuarenta por hora** they've restricted the speed limit to forty kilometres an hour; **este sueldo tan bajo me limita mucho** I can't do very much on such a low salary **-2.** *(terreno)* to mark out; **limitaron el terreno con una cerca** they fenced off the area

◇ *vi* to border (**con** on); **limita al norte con Venezuela** it borders on Venezuela to the north

◆ **limitarse** *vpr* **limitarse a** to limit oneself to; **él se limitó a recordarnos nuestros derechos** he merely *o* just reminded us of our rights; **me limitaré a enumerar los puntos principales** I will restrict myself to a description of the main points; **limítate a ayudar** just concentrate on helping

límite *nm* **-1.** *(tope)* limit; **al ~** at the limit; **dentro de un ~** within limits; **tiene una amabilidad sin límites** his kindness knows no bounds; **su pasión no tiene ~** her passion knows no bounds; **está trabajando al ~ de sus posibilidades** she's working at full stretch; **estoy al ~ de mis fuerzas** I've reached the limit of my strength; **me dejan estar conectado a Internet sin ~ de tiempo** I have unlimited access to the Internet; **mi paciencia tiene un ~** my patience has limits; **no hay ~ de edad** there's no age limit ❑ FIN **~ de crédito** credit limit; **~ de velocidad** speed limit

-2. *(confín)* boundary; **el ~ norte de la finca** the northernmost boundary of the property

-3. MAT limit

-4. *(como adjetivo)* *(precio, velocidad, edad)* maximum; *(situación)* extreme; *(caso)* borderline; **fecha ~ de entrega: 15 de junio** deadline for submissions: 15 June

limítrofe *adj* *(país, territorio)* bordering; *(terreno, finca)* neighbouring

limo *nm* **-1.** *(barro)* mud, slime **-2.** *Andes, CAm (árbol)* lime tree

limón *nm* **-1.** *(fruta amarilla)* lemon **-2.** *Méx (fruta verde)* lime ❑ *Méx, Ven* **~ francés** lemon **-3.** *(bebida)* *(natural)* lemonade, = iced, sweetened lemon juice drink; *(refresco)* *Br* lemonade, *US* lemon soda

limonada *nf* *(natural)* lemonade, = iced, sweetened lemon juice drink; *(refresco)* *Br* lemonade, *US* lemon soda

limonar *nm* **-1.** *(plantación)* lemon grove **-2.** *Guat (árbol)* lemon tree

limonero *nm* **-1.** *(de limones)* lemon tree **-2.** *Méx (de limas)* lime tree

limonita *nf* GEOL limonite

limosna *nf* **-1.** REL alms **-2.** *(a mendigo)* **dar ~** to give money; **pedir ~** to beg; *Fig* to ask for charity; **una ~, por el amor de Dios** can you spare me some change, please? **-3.** *Fam (poco dinero)* pittance; **cobró una ~ por el trabajo que hizo** he earned peanuts *o* a pittance for the work he did

limosnear *vi* to beg

limosnero, -a *nm,f Méx* beggar

limpia *nmf Fam (limpiabotas)* shoeshine, *Br* bootblack

limpiabarros *nm inv* doormat

limpiabotas *nmf inv* shoeshine, *Br* bootblack

limpiabrisas *nm inv Col Br* windscreen wiper, *US* windshield wiper

limpiacabezales *nm inv* head cleaner

limpiachimeneas *nm inv* chimney-sweep

limpiacoches *nmf inv* squeegee *Br* merchant *o US* kid

limpiacristales, *Am* **limpiavidrios** ◇ *nm inv* window-cleaning fluid
◇ *nmf* window cleaner

limpiador, -ora ◇ *adj* cleaning, cleansing
◇ *nm,f* cleaner
◇ *nm* **-1.** *(producto)* cleaning product **-2.** *Méx (limpiaparabrisas)* *Br* windshield wiper, *US* windshield wiper

limpiamente *adv* **-1.** *(con destreza)* cleanly; **le robaron la billetera ~** they stole his wallet without him even noticing **-2.** *(honradamente)* honestly; **ganaron ~** they won fair and square

limpiametales *nm inv* metal polish

limpiaparabrisas *nm inv Br* windscreen wiper, *US* windshield wiper

limpiapiés *nm inv Chile* doormat

limpiar ◇ *vt* **-1.** *(quitar la suciedad)* to clean; *(con trapo)* to wipe; *(mancha)* to wipe away; *(zapatos)* to polish; **limpia la mesa de migas** clean *o* wipe the crumbs off the table; **limpia la superficie de grasa y polvo** wipe the grease and dust off *o* from the surface

-2. *(honor)* to restore
-3. *(pollo, pescado)* to clean
-4. *(desembarazar)* **~ algo de algo** to clear sth of sth; **la policía limpió la ciudad de delincuentes** the police cleared the city of criminals
-5. *Fam (en el juego)* to clean out
-6. *Fam (robar)* to swipe, to pinch; **los ladrones limpiaron el banco** the robbers cleaned out the bank
-7. *Méx (castigar)* to beat
-8. *RP, Ven Fam (matar)* to do in, *US* to whack

◇ *vi* to clean; **este detergente no limpia** this detergent doesn't clean well

◆ **limpiarse** *vpr* to clean *o* wipe oneself; **límpiate esa mancha** wipe that stain off yourself; **se limpió con una servilleta** she wiped herself with a napkin; **límpiate la nariz** wipe your nose

limpiavidrios = limpiacristales

limpidez *nf Formal* limpidity

límpido, -a *adj Formal* limpid

limpieza *nf* **-1.** *(cualidad)* cleanliness ❑ HIST **~ de sangre** racial purity

-2. *(acción)* cleaning; **hacer la ~** to do the cleaning; **esta oficina necesita una ~ general** this office could do with a good spring-clean; **hacer ~ general** to spring-clean ❑ **~ de cutis** facial; **~ étnica** ethnic cleansing; **~ en seco** dry-cleaning

-3. *(destreza)* skill, cleanness; **sobrepasó el listón con ~** she cleared the bar cleanly; **le quitó la pelota con ~** he took the ball off him cleanly

-4. *(honradez)* honesty; **ganaron con ~** they won fair and square

limpio, -a ◇ *adj* **-1.** *(sin suciedad)* clean; *(cielo, imagen)* clear; **tiene la casa muy limpia y ordenada** her house is very neat and tidy; EXPR **~ de polvo y paja** all-in, including all charges

-2. *(pulcro, aseado)* clean and smart; **un joven muy ~** a very clean and smart young man
-3. *(no contaminante)* clean
-4. *(pollo, pescado)* cleaned
-5. *(fractura)* clean
-6. *(neto)* net; **gana cinco millones limpios al año** she earns five million a year net
-7. *(honrado)* honest; *(intenciones)* honourable; *(juego)* clean
-8. *(sin culpa)* **estar ~** to be in the clear; **~ de culpa/sospecha** free of blame/suspicion
-9. *Fam (sin dinero)* broke, *Br* skint
-10. *Fam (para enfatizar)* **a puñetazo ~** with bare fists, bareknuckle; **abrió la puerta a patada limpia** he bust down *o* booted in the door

◇ *adv* cleanly, fair; *Fig* **jugar ~** to play fair; **pasar** *Esp* **a** *o Am* **en ~, poner en ~** to make a fair copy of, to write out neatly; **sacar algo en ~ de** to make sth out from

limpión *nm Carib, Col (paño)* cleaning rag

limusina *nf* limousine

linaje *nm* lineage; **de noble ~** of noble lineage

linaza *nf* linseed

lince *nm* **-1.** *(animal)* lynx ❑ **~ ibérico** Spanish lynx; **~ rojo** bobcat **-2.** *(persona)* **ser un ~** to be very sharp; **es un ~ para los negocios** he has a very sharp business sense; **no hace falta ser un ~ para entenderlo** you don't have to be a genius to understand it

linchamiento *nm* lynching

linchar *vt* to lynch; **~ a alguien** to lynch sb

lindamente *adv (con belleza)* prettily; **iba ~ vestida** she was prettily dressed

lindante *adj* **-1.** **~ (con)** *(espacio)* bordering **-2.** **~ (con)** *(conceptos, ideas)* bordering (on)

lindar *vi* **-1.** **~ con** *(terreno)* to adjoin, to be next to; **su finca linda con la mía** her land borders on mine **-2.** **~ con** *(conceptos, ideas)* to border on, to verge on; **un chiste que linda con lo grosero** a joke which borders *o* verges on being rude

linde *nm o nf* boundary

lindero, -a ◇ *adj* **~ (con)** *(espacio)* bordering
◇ *nm* boundary

lindeza *nf* **-1.** *(belleza)* prettiness **-2.** *Irónico* **lindezas** *(insultos)* insults; **le llamó "imbécil" y otras lindezas por el estilo** she called him an idiot and a few other choice names too

lindo, -a ◇ *adj* **-1.** *esp Am (bonito)* pretty; *(agradable)* nice; **tu hermana es muy linda** your sister's very pretty; **un día muy ~** it's a lovely day; **es la ciudad más linda que vi** it's the most beautiful city I've ever seen
-2. EXPR **de lo ~** a great deal; **nos reímos de lo ~** we laughed ourselves silly; **lloraba de lo ~** she was crying her eyes out; **sufrimos de lo ~** we suffered badly

◇ *adv Am* very well, beautifully; **dibuja muy ~** he draws very well *o* beautifully; **baila muy ~** she's a lovely dancer

lindura *nf Am* prettiness; **me emociona la ~ del paisaje** I'm moved by how pretty the landscape is

línea *nf* **-1.** *(raya, trazo, renglón, límite)* line; **una ~ recta** a straight line; **una ~ quebrada** a crooked line; **la ~ del cielo** the skyline; **ir en ~ recta** to go in a straight line; **leerle a alguien las líneas de la mano** to read (the lines on) sb's hand; **estar en ~ (en la) línea**; **poner/ponerse en ~** to line up; **estacionar en ~** to park end-to-end; **escribir** *o* **mandar unas líneas a alguien** to drop sb a line; EXPR **leer entre líneas** to read between the lines ❑ **~ continua** *(en carretera)* solid white line; COM **~ de crédito** credit limit; COM **~ de descubierto** overdraft limit; **~ discontinua** *(en carretera)* broken white line; **~ divisoria** dividing line; **~ de flotación** waterline; MIL **~ de fuego** firing line; **~ de mira** line of fire; **~ punteada** dotted line; **~ de puntos** dotted line; **~ de tiro** line of fire

-2. *(ruta)* line; **una nueva ~ de autobús** a new bus route; **han añadido varias paradas a la ~ 30** the number 30 bus has several new stops; **la ~ circular del metro** the *Br* underground *o US* subway circle line ❑ **~ férrea** *Br* railway (line), *US* railroad track; **~ de ferrocarril** *Br* railway (line), *US* railroad track

-3. *(compañía aérea)* **una ~ de vuelos charter** a charter airline ❑ **~ aérea** airline

-4. *(de telecomunicaciones)* line; **cortar la ~ (telefónica)** to cut off the phone; **dar ~ a alguien** to put in a line for sb; **no hay** *o* **no tenemos ~** the line's dead ❑ **~ arrendada** leased line; *Fam* **~ caliente** *(erótica)* chat line, telephone sex line; *(de atención al cliente)* hot line; **~ directa** direct line; *Fig* **tiene ~ directa con el presidente** she has a direct line to the president's office; **~ erótica** telephone sex line; **~ exterior** outside line; **~ privada** private line; INFORMÁT **~ RDSI** ISDN line; *RP* **líneas rotativas** *(centralita)* switchboard

-5. *(en deportes)* line; **la ~ defensiva/delantera** the back/front line, the defence/attack; **la ~ medular** the midfield ❑ **~ de banda** sideline, touchline; **~ de fondo** *(en fútbol)* goal line *(at end of field)*; *(en baloncesto)* end line; **~ de gol** goal line *(between goalposts)*; **~ de llegada** finishing line; **~ de marca** *(en rugby)* try *o* goal line; **~ de medio campo** halfway line; **~ de meta** *(en fútbol)* goal line; *(en carreras)* finishing line; **~ de salida** starting line; **~ de saque** baseline, service line; **~ de servicio** service line; **~ de seis veinticinco** *(en baloncesto)* three-point line; **~ de tiros libres** *(en baloncesto)* free throw line

-6. *(en comercio)* line; **una nueva ~ de productos** a new line of products ❑ **~ blanca** white goods; **~ marrón** brown goods

lineal

-7. *(silueta) (de persona)* figure; **guardar/mantener la ~** to watch/keep one's figure **-8.** *(contorno)* **un coche de ~ aerodinámica** a streamlined car **-9.** *(estilo, tendencia)* style; **la ~ del partido** the party line; **la ~ dura del sindicato** the union's hard line; **la ~ de pensamiento keynesiana** Keynesian thinking; **de ~ clásica** classical; **eso está muy en su ~** that's just his style; **seguir la ~ de alguien** to follow sb's style ❑ **~ de conducta** course of action; **~ de investigación** line of inquiry **-10.** *(categoría)* class, category; **de primera ~** *(actor, pintor, producto)* first-rate; *(marca, empresa)* top **-11.** *(de parentesco)* line; **está emparentada con ella por ~ materna** she's related to her on her mother's side **-12.** INFORMÁT line; **en ~** on-line; **fuera de ~** off-line ❑ **~ de base** baseline; **~ de comando** command line; **~ dedicada** dedicated line **-13.** *(en el bingo)* line; **cantar ~** to call a line; **¡~!** line! **-14.** *Fam (de cocaína)* line **-15.** [EXPR] **en líneas generales** in broad terms; **fueron derrotados en toda la ~** they were emphatically beaten

lineal *adj* **-1.** *(de la línea)* linear; **no ~** non-linear; **dibujo ~** = drawing of geometrical figures **-2.** *(hoja)* linear **-3.** *(aumento, descenso)* steady

lineamientos *nmpl Am* **-1.** *(generalidades)* outline; **sólo me comentaron los ~ del proyecto** they only told me the general outline of the project **-2.** *(directrices)* guidelines

linfa *nf* FISIOL lymph

linfático, -a *adj* **-1.** ANAT lymphatic **-2.** *(letárgico, apático)* lethargic

linfocito *nm* FISIOL lymphocyte ❑ **~ B** B-cell, B-lymphocyte; **~ T** T-cell, T-lymphocyte

linfoma *nm* MED lymphoma

lingotazo *nm Esp Fam* swig; **un buen ~ de whisky** a good swig of whisky

lingote *nm* ingot; **~ de oro** gold ingot

lingual *adj* ANAT lingual

lingüista *nmf* linguist *(academic specialist)*

lingüística *nf* linguistics *(singular)* ❑ **~ aplicada** applied linguistics; **~ computacional** computational linguistics; **~ descrip--tiva** descriptive linguistics; **~ teórica** theoretical linguistics

lingüístico, -a *adj* **-1.** *(de la lengua)* linguistic; **habilidades lingüísticas** language *o* linguistic abilities **-2.** *(de la lingüística)* linguistic

linier *(pl* **liniers)** *nm* linesman

linimento *nm* liniment

lino *nm* **-1.** *(planta)* flax **-2.** *(tejido)* linen

linóleo *nm* linoleum

linón *nm* lawn *(fabric)*

linotipia *nf* Linotype®

linotipista *nmf* linotypist

linotipo *nm* Linotype®

linterna *nf* **-1.** *(de pilas) Br* torch, *US* flashlight **-2.** *(farol)* lantern, lamp ❑ **~ mágica** magic lantern **-3.** ARQUIT lantern **-4.** *Méx Fam (ojo)* eye

linudo, -a *adj Chile* woolly, fleecy

linyera *nmf RP (vagabundo)* tramp, *US* bum

lío *nm* **-1.** *Fam (enredo)* mess; **esto de la declaración de hacienda es un ~** filling in your tax return is a real pain *o Br* palaver; **hacerse un ~** to get muddled up; **son tantos hermanos que siempre me armo un ~ con sus nombres** there are so many different brothers, I always get their names muddled up; **estoy hecho un ~, no sé qué hacer** I'm all confused, I don't know what to do **-2.** *Fam (problema)* **meterse en líos** to get into trouble; **me he metido en un ~ del que no sé salir** I've got myself into a mess that I don't know how to get out of **-3.** *Fam (jaleo)* racket, row; **armar un ~** to kick up a fuss **-4.** *Fam (amorío)* affair; **está casado pero tiene un ~ con alguien del trabajo** he's married, but he's having an affair with

someone from work; [EXPR] **tener un ~ de faldas** to be having an affair **-5.** *(paquete)* bundle

liofilización *nf* freeze-drying, *Espec* lyophilization

liofilizado, -a *adj* freeze-dried

liofilizar [14] *vt* to freeze-dry

lioso, -a *adj Fam* **-1.** *(complicado) (asunto)* complicated; *(explicación, historia)* convoluted, involved **-2.** *(persona)* **es muy ~** he's always messing us about *o* around

lipa *nf Ven Fam* gut, belly

lípido *nm* BIOQUÍM lipid

lipoescultura *nf* liposculpture

lipón, -ona *adj Ven Fam* **ser ~** to have a potbelly

liposoluble *adj* soluble in fat

liposoma *nm* BIOQUÍM liposome

liposucción *nf* liposuction

lipotimia *nf* fainting fit; **sufrió** *o* **le dio una ~** she fainted

liquen *nm* lichen

liquidación *nf* **-1.** *(pago)* settlement, payment; **hacer la ~ de una cuenta** to settle an account ❑ FIN **~ de activos** asset-stripping; COM **~ de bienes** liquidation of assets **-2.** *(rebaja)* **~ (de existencias)** clearance sale; **estar de ~** to be having a clearance sale ❑ **~ por cese de negocio** closing-down sale; **~ por fin de temporada** end-of-season sale; **~ por reforma** = sale before a shop is closed for renovation; **~ por traspaso** = sale before a business is sold to new management **-3.** *(final)* liquidation **-4.** *(finiquito)* redundancy settlement **-5.** *Fam (eliminación)* liquidation

liquidador, -ora ◇ *adj* liquidating ◇ *nm,f* liquidator

liquidámbar *nm* liquidambar

liquidar ◇ *vt* **-1.** *(pagar) (deuda)* to pay; *(cuenta)* to settle **-2.** *(negocio, sociedad)* to wind up **-3.** *(rebajar)* to sell off; **~ existencias** to have a stock clearance sale **-4.** *Fam (malgastar)* to throw away; **liquidó la herencia en dos años** she frittered away *o* squandered her inheritance in two years **-5.** *Fam (asunto)* to deal with, to see to; **y con esto hemos liquidado el tema segundo** that's the second subject seen to *o* dealt with; **no la invites, y asunto liquidado** just don't invite her and there's your problem solved **-6.** *Fam (matar)* to liquidate **-7.** *(gas, sólido)* to liquefy

➤ **liquidarse** *vpr* **-1.** *(gas, sólido)* to liquefy **-2.** *Fam (acabar)* to polish off; **se liquidó la botella él solito** he polished off the bottle by himself; **nos liquidamos el premio en dos semanas** we blew the prize money in two weeks

liquidez *nf* liquidity

líquido, -a ◇ *adj* **-1.** *(estado)* liquid; *Am* **crema líquida** single cream; **el ~ elemento** water **-2.** ECON *(neto)* net **-3.** LING *(sonido)* liquid
◇ *nm* **-1.** *(sustancia)* liquid ❑ **~ de frenos** brake fluid; **~ refrigerante** coolant **-2.** ECON liquid assets **-3.** MED fluid ❑ **~ amniótico** amniotic fluid; **~ cefalorraquídeo** cerebrospinal fluid; **~ cerebroespinal** cerebrospinal fluid; **~ sinovial** synovial fluid

liquiliqui, liquilique *nm Col, Ven* = linen suit with stand-up collar

lira *nf* **-1.** *Antes (moneda)* lira **-2.** MÚS lyre

lírica *nf* lyric poetry

lírico, -a *adj* **-1.** LIT lyric, lyrical **-2.** *(musical)* musical

lirio *nm* iris ❑ **~ africano** African lily; **~ de agua** yellow flag *o* iris; **~ azul** bearded lily; **~ naranja** tiger lily; **~ de los valles** lily of the valley

lirismo *nm* lyricism

lirón *nm* dormouse; [EXPR] **dormir como un ~** to sleep like a log ❑ **~ careto** garden dormouse

lis *nf* **(flor de) ~** *(planta)* iris; *(en heráldica)* fleur-de-lis

lisa *nf* **-1.** *(pez)* striped mullet **-2.** *Ven (cerveza)* beer **-3.** *ver también* **liso**

Lisboa *n* Lisbon

lisboeta ◇ *adj* of/from Lisbon *(Portugal)*
◇ *nmf* person from Lisbon *(Portugal)*

lisbonense, -a, lisbonés, -esa *Literario* ◇ *adj* of/from Lisbon *(Portugal)*
◇ *nm,f* person from Lisbon *(Portugal)*

lisiado, -a ◇ *adj* crippled
◇ *nm,f* cripple

lisiar ◇ *vt* to maim, to cripple
➤ **lisiarse** *vpr* to be maimed *o* crippled

liso, -a ◇ *adj* **-1.** *(llano)* flat; *(sin asperezas)* smooth; *Esp* **los 400 metros lisos** the 400 metres; **lisa y llanamente** quite simply; **hablando lisa y llanamente** to put it plainly **-2.** *(no estampado)* plain; **una tela lisa** a plain fabric **-3.** *(pelo)* straight **-4.** *(mujer)* flat-chested
◇ *nm,f Andes, CAm, Ven* cheeky person; **es un ~** he's so cheeky

lisonja *nf* flattering remark

lisonjeador, -ora ◇ *adj* flattering
◇ *nm,f* flatterer

lisonjear ◇ *vt* to flatter
➤ **lisonjearse** *vpr (mutuamente)* to flatter one another

lisonjero, -a *adj (persona, comentario)* flattering; *(perspectiva)* promising

lista *nf* **-1.** *(enumeración)* list; **hazme una ~ de lo que quieres** write me a list of what you want; **pasar ~** to call the register ❑ **~ de boda** wedding list; *Esp* **~ de la compra** shopping list; *Am* **~ de las compras** shopping list; INFORMÁT **~ de correo** mailing list; **~ de correos** *Br* poste restante, *US* general delivery; INFORMÁT **~ de distribución** mailing list; **~ electoral** = list of candidates put forward by a political party; AV **~ de embarque** passenger list; **~ de espera** waiting list; **~ de éxitos** *(musicales)* hit parade; **~ negra** blacklist; **~ de precios** price list **-2.** *(de tela, madera)* strip; *(de papel)* slip **-3.** *(en tela, de color)* stripe; **una camiseta a listas** a striped shirt **-4.** *ver también* **listo**

listado[1], -a ◇ *adj* striped
◇ *nm* **-1.** INFORMÁT listing; **sacar un ~** to print a list, to do a listing **-2.** *(lista)* list

listado[2] *nm* skipjack tuna

listar *vt* **-1.** INFORMÁT to list **-2.** *Am (hacer una lista de)* to list

listeria *nf* MED listeria *(bacteria)*

listeriosis *nf* MED listeriosis, listeria *(illness)*

listero, -a *nm,f* INFORMÁT *Fam* list member

listillo, -a *nm,f Esp Fam Pey* smart alec(k)

listín *nm Esp* **~ (de teléfonos)** (telephone) directory

listo, -a ◇ *adj* **-1.** *(inteligente, hábil)* clever, smart; [EXPR] **dárselas de ~** to make oneself out to be clever; [EXPR] **pasarse de ~** to be too clever by half; **¡no te pases de ~!** don't be such a smart alec(k)!; [EXPR] **ser más ~ que el hambre** to be nobody's fool **-2.** *Fam (aprovechado)* **fue muy ~ y se marchó sin pagar** he was really smart and left without paying **-3.** *(preparado)* ready; **¿estás ~?** are you ready?; **¡~!** *(that's me)* ready!, finished!; **lo pones cinco minutos al fuego, y ~** you heat it for five minutes and that's it; **preparados** *o RP* **prontos, listos, ¡ya!** ready, steady, go!, on your marks, get set, go! **-4.** *Fam (apañado)* **estás** *o* **vas ~ (si crees que...)** you've got another think coming (if you think that...); **¡estamos listos!** we're in real trouble!, we've had it!
◇ *nm,f* **¿quién es el ~ que ha apagado la luz?** who's the bright spark who switched the light off?; **hay mucho ~ por ahí que se cree que esto es fácil** there are a lot of smart alec(k)s around who think this is easy; [EXPR] **hacerse el ~: no te hagas el ~, que conozco tus intenciones** don't try and be clever, I know what you're up to

listón ◇ *interj Andes, RP* OK; **¿nos vemos a las ocho? – ¡~!** shall we meet at eight? – OK! *o* sure!

listón *nm* **-1.** *(de madera)* lath **-2.** DEP *(en salto de altura)* bar; EXPR **poner** *o* **colocar el ~ muy alto** to set very high standards **-3.** *Méx (de tela)* ribbon

lisura *nf* **-1.** *Andes, CAm, Ven (atrevimiento)* cheek **-2.** *Andes, CAm, Ven (dicho grosero)* rude remark **-3.** *Perú (donaire)* grace

litera *nf* **-1.** *(cama)* bunk (bed); *(de barco)* berth; *(de tren)* couchette *(vehículo)* litter

literal *adj* **-1.** *(sentido, significado)* literal **-2.** *(traducción)* literal

literalmente *adv* **-1.** *(de manera literal)* literally **-2.** *(traducir)* literally, word for word

literariamente *adv* literarily

literario, -a *adj* literary

literato, -a *nm,f* writer, author

literatura *nf* **-1.** *(arte, obras)* literature ❏ ~ **comparada** comparative literature; ~ **fantástica** fantasy (literature); ~ **de ficción** fiction **-2.** *(bibliografía)* literature; **hay mucha ~ sobre el periodo** there's a lot of literature on the period

litiasis *nf inv* MED lithiasis

litigación *nf* litigation

litigante ◇ *adj* litigant
◇ *nmf* litigant

litigar [38] *vi* to go to law

litigio *nm* **-1.** DER court case, lawsuit **-2.** *(disputa)* dispute; **en ~** in dispute; **entrar en ~ con alguien** to enter into a dispute with sb

litigioso, -a *adj* litigious

litio *nm* QUÍM lithium

litografía *nf* **-1.** *(arte)* lithography **-2.** *(grabado)* lithograph **-3.** *(taller)* lithographer's (workshop)

litografiar [32] *vt* to lithograph

litográfico, -a *adj* lithographic

litología *nf* lithology

litoral ◇ *adj* coastal
◇ *nm* coast

litosfera *nf* lithosphere

lítote *nf*, **lítotes** *nf inv* LING litotes

litro *nm* litre

litrona *nf Esp Fam* = litre bottle of beer

Lituania *n* Lithuania

lituano, -a ◇ *adj* Lithuanian
◇ *nm,f (persona)* Lithuanian
◇ *nm (lengua)* Lithuanian

liturgia *nf* liturgy

litúrgico, -a *adj* liturgical

liudez *(pl* **liudeces)** *nf Chile* laxity

liviandad *nf* **-1.** *(levedad)* lightness **-2.** *(frivolidad)* flightiness, frivolousness

liviano, -a *adj* **-1.** *(de poco peso) (carga)* light **-2.** *(delgado) (blusa)* thin **-3.** *(alimento)* light **-4.** *(poco intenso)* **es un trabajo ~** it's not a very demanding job; **tengo el sueño muy ~** I'm a very light sleeper; **un dolor ~** a slight pain **-5.** *(frívolo)* frivolous

lividez *nf (palidez)* pallor

lívido, -a *adj* **-1.** *(pálido)* very pale, pallid **-2.** *(amoratado)* livid

living ['liβin] *(pl* **livings)** *nm* living-room; *CSur* **juego de ~ comedor** three-piece suite ❏ *CSur* **~ comedor** living-cum-dining room

liza *nf (lucha)* battle; **en ~** in opposition; **los dos candidatos en ~ intercambiaron acusaciones** the two opposing candidates exchanged accusations; **entrar en ~** to enter the arena

Ll, ll ['eʎe, 'eʒe] *nf (letra)* = double l character, traditionally considered a separate character in the Spanish alphabet

llaga *nf* **-1.** *(herida)* sore, ulcer **-2.** *(desgracia)* open wound

llagar [38] ◇ *vt* to bring out in sores
◆ **llagarse** *vpr* to become covered in sores; **se llagó los pies por caminar descalzo** his feet got cut and bruised from him walking around barefoot

llama *nf* **-1.** *(de fuego)* flame; **en llamas** ablaze **-2.** *(de pasión)* flame; **mantenían viva la ~ de su amor** they kept the flame of their love alight **-3.** *(animal)* llama

llamada *nf* **-1.** *(para atraer atención)* call; *(a la puerta)* knock; *(con timbre)* ring ❏ ~ **de atención** warning; ~ **al orden** call to order; ~ **de socorro** call for help; AV & NÁUT distress call
-2. *(telefónica)* call; **hacer una ~** to make a phone call; **tienes dos llamadas en el contestador** you have two messages on your answering machine ❏ ~ **a cobro revertido** *o Am* ~ **por cobrar** *o Ecuad, Urug* **a cobrar** *Br* reverse-charge call, *US* collect call; **hacer una ~ a cobro revertido** *Br* to make a reverse-charge call, *US* to call collect; ~ **en espera** call waiting; ~ **interurbana** long-distance *o Br* national call; ~ **local** local call; ~ **nacional** national call; *Col* ~ **por pagar** *Br* reverse-charge call, *US* collect call; ~ **telefónica** telephone call, phone call; ~ **para tres** three-way calling; ~ **urbana** local call
-3. *(en un libro)* note, reference mark

llamado, -a ◇ *adj* **-1.** *(con nombre)* **fueron descubiertas por un naturalista ~ Marcelino** they were discovered by a naturalist called *o* named Marcelino; **el ~ "efecto invernadero"** what is known as the "greenhouse effect"; **Roma, también llamada la Ciudad Eterna** Rome, also known as the Eternal City; **la ardilla gris, llamada así por el color de su piel** the grey squirrel, so called because of the colour of its fur
-2. *(destinado)* **un descubrimiento ~ a revolucionar la vida moderna** a discovery destined to revolutionize modern life; **un joven ~ a convertirse el líder del partido** a young man destined to become party leader
◇ *nm Am* **-1.** *(en general)* call; *(a la puerta)* knock; *(con timbre)* ring ❏ ~ **de atención** warning; ~ **al orden** call to order; ~ **de socorro** distress signal
-2. *(telefónico)* call; **hacer un ~** to make a phone call; **tienes dos llamados en el contestador** you have two messages on your answering machine ❏ ~ **a cobro revertido** *Br* reverse-charge call, *US* collect call; **hacer un ~ a cobro revertido** *Br* to make a reverse-charge call, *US* to call collect; ~ **interurbano** long-distance *o Br* national call; ~ **local** local call; ~ **nacional** national call; ~ **telefónico** telephone call, phone call; ~ **urbano** local call
-3. *(apelación)* appeal, call; **hacer un ~ a alguien para que haga algo** to call upon sb to do sth; **hacer un ~ a la huelga** to call a strike
-4. MIL call-up; **un ~ a filas** call-up

llamador *nm (aldaba)* door knocker; *(timbre)* bell

llamamiento *nm* **-1.** *(apelación)* appeal, call; **un ~ a la calma** an appeal *o* call for calm; **hacer un ~ a alguien para que haga algo** to call upon sb to do sth; **hacer un ~ a la huelga** to call a strike **-2.** MIL call-up

llamar ◇ *vt* **-1.** *(dirigirse a, hacer venir)* to call; *(con gestos)* to beckon; **llamó por señas/con la mano al camarero** she beckoned to the waiter; **~ a alguien a voces** to shout to sb to come over; **~ al ascensor** to call the *Br* lift *o US* elevator; **~ (a) un taxi** *(en la calle)* to hail a cab; *(por teléfono)* to call for a taxi
-2. *(por teléfono)* to phone, to call, to ring; *(con el buscapersonas)* to page; **~ a los bomberos/al médico** to call the fire brigade/doctor; **te llamo mañana** I'll call *o* ring you tomorrow; **te ha llamado Luis** Luis phoned (for you), there was a call from Luis for you; **te han llamado de la oficina** there was a call from the office for you; **¿quién lo/la llama, por favor?** who's calling, please?
-3. *(dar nombre, apelativo, apodo)* to call; **¿ya sabes cómo vas a ~ al perro?** have you decided what you're going to call the dog yet?; **me llamó mentiroso** she called me a liar; **fue lo que se dio en ~ la Guerra de los Seis Días** it was what came to be known as the Six Day War; **¿a eso llamas tú un jardín?** do you call that a garden?; **eso es lo que yo llamo un buen negocio** that's what I call a good deal; **es un aparato para el aire, un humidificador, que lo llaman** it's a device for making the air more humid, a humidifier as they call it *o* as it is known
-4. *(convocar)* to summon, to call; **el jefe me llamó a su despacho** the boss summoned *o* called me to his office; **la han llamado para una entrevista de trabajo** she's got an interview for a job; **~ a alguien a filas** to call sb up; **~ a los trabajadores a la huelga** to call the workers out (on strike); **~ a alguien a juicio** to call sb to trial
-5. *(atraer)* to attract; **nunca me han llamado los deportes de invierno** I've never been attracted *o* drawn to winter sports
◇ *vi* **-1.** *(a la puerta) (con golpes)* to knock; *(con timbre)* to ring; **~ a la puerta** *(con golpes)* to knock on the door; **están llamando** there's somebody at the door; **por favor, llamen antes de entrar** *(en letrero)* please knock/ring before entering
-2. *(por teléfono)* to phone
◆ **llamarse** *vpr (tener por nombre, título)* to be called; **¿cómo te llamas?** what's your name?; **me llamo Patricia** my name's Patricia; **¿cómo se llama su última película?** what's her latest film called?; **¡tú vienes conmigo, como que me llamo Sara!** you're coming with me, or my name's not Sara!; **eso es lo que se llama buena suerte** that's what you call good luck; **no nos llamemos a engaño, el programa se puede mejorar y mucho** let's not kid ourselves, the programme could be a lot better; **que nadie se llame a engaño, la economía no va bien** let no one have any illusions about it, the economy isn't doing well

llamarada *nf* **-1.** *(de fuego)* blaze **-2.** *(de ira)* blaze; *(de rubor)* flush **-3.** INFORMÁT flame

llamativamente *adv (vestir)* showily, flamboyantly

llamativo, -a *adj (color)* bright, gaudy; *(ropa)* showy, flamboyant

llameante *adj* flaming, blazing

llamear *vi* to burn, to blaze

llana *nf* **-1.** GRAM = word stressed on the last syllable **-2.** *(herramienta)* trowel

llanamente *adv* simply

llanear *vi* to roam the plains

llanero, -a ◇ *adj* **-1.** *(del llano)* of the plainspeople **-2.** *Col, Ven (de los Llanos)* of/from the region of los Llanos *(Venezuela, Colombia)*
◇ *nm,f* **-1.** *(del llano)* plainsman, *f* plainswoman ❏ **el Llanero Solitario** the Lone Ranger **-2.** *Col, Ven (del campo) (dueño)* farmer; *(empleado)* farm labourer **-3.** *Col, Ven (de los Llanos)* person from the region of los Llanos *(Venezuela, Colombia)*

llaneza *nf* naturalness, straightforwardness

llanito, -a *Esp Fam* ◇ *adj* Gibraltarian
◇ *nm,f* Gibraltarian

llano, -a ◇ *adj* **-1.** *(campo, superficie)* flat; **un plato ~** a (dinner) plate; *Am* **los 400 metros llanos** the 400 metres **-2.** *(trato, persona)* natural, straightforward **-3.** *(pueblo, clase)* ordinary **-4.** *(lenguaje, expresión)* simple, plain **-5.** GRAM = stressed on the last syllable
◇ *nm (llanura)* plain; *Col, Ven* **los Llanos** = name of vast region of tropical plains, mainly in Venezuela and Colombia

llanta *nf* **-1.** AUT *(aro metálico)* rim **-2.** *Am* AUT *(cubierta)* tyre; EXPR *RP* **estar en ~** to have a flat tyre ❏ *Méx* ~ **de refacción** spare wheel; *Col* ~ **de repuesto** spare wheel **-3.** *Méx Fam (pliegue de grasa)* spare tyre

llantén *nm* **-1.** *(planta)* plantain **-2.** *Ven Fam (llanto)* crying fit

llantera, llantina *nf Fam* crying fit

llanto *nm* crying; **se escuchaba el ~ de un bebé** we could hear a baby crying; **anegarse en ~** to burst into a flood of tears

llanura *nf* **-1.** *(terreno)* plain ❏ ~ **aluvial** flood plain **-2.** *(de superficie)* flatness

llave nf **-1.** *(de cerradura)* key; **una ~ extra** o **adicional** a spare key; **bajo ~** under lock and key; EXPR **bajo siete llaves** under lock and key; **guardaba el secreto bajo siete llaves** he didn't tell the secret to another soul; **echar la ~,** *Am* **pasar ~, cerrar con ~** to lock up; **~ en mano** *(vivienda)* ready for immediate occupation ❏ **~ de contacto** ignition key; INFORMÁT **~ de hardware** dongle; **~ maestra** master key
-2. *(grifo) Br* tap, *US* faucet ❏ **~ de paso** stopcock; **cerrar la ~ de paso** to turn the water/gas off at the mains
-3. *(interruptor)* **~ de la luz** light switch
-4. *(herramienta)* **~ allen** Allen key; **~ inglesa** monkey wrench, *Br* adjustable spanner; **~ de torsión** torque wrench; **~ de tuerca** spanner
-5. *(clave)* key
-6. *(de judo, lucha libre)* hold, lock
-7. *(signo ortográfico)* curly bracket
-8. *(de flauta)* key; *(de órgano)* stop; *(de trompeta)* valve
-9. *RP* **llaves** *(en compra inmobiliaria)* occupancy fee *(paid when keys are handed over)*
-10. *RP* DEP *(grupo)* group
-11. *Col, Ven muy Fam (amigo)* pal, *Br* mate, *US* buddy

llavero nm key ring

llavín nm latchkey

lleca nf *RP Fam* street *(in reverse slang)*

llegada nf **-1.** *(acción)* arrival; **a mi ~** on my arrival, when I arrived; **con la ~ del invierno las aves migran** with the onset of winter the birds migrate; **llegadas nacionales/internacionales** *(en aeropuerto)* domestic/international arrivals **-2.** DEP finish

llegar [38] ◇ vi **-1.** *(persona, vehículo, medio de transporte)* to arrive **(de** from); **~ a un hotel/al aeropuerto** to arrive at a hotel/at the airport; **~ a una ciudad/a un país** to arrive in a city/in a country; **~ a casa** to get home; **~ a la meta** to cross the finishing line; **cuando llegué a esta empresa...** when I arrived at o first came to this company...; **llegaremos a la estación de Caracas a las dos** we will be arriving at Caracas station at two o'clock; **nosotros llegamos primero** o **los primeros** we arrived first; **el atleta cubano llegó primero** the Cuban athlete came first; **llegaban muy contentos** they were very happy when they arrived, they arrived very happy; **llegaré pronto** I'll be there early; **este avión llega tarde** this plane is late; **estar al ~: deben de estar al ~** they must be about to arrive, they're bound to arrive any minute now; **los Juegos Olímpicos están al ~** the Olympics are coming up soon; **¿falta mucho para ~** o **para que lleguemos?** is there far to go?; **así no llegarás a ninguna parte** you'll never get anywhere like that; *Fig* **llegará lejos** she'll go far
-2. *(carta, recado, mensaje)* to arrive; **llegarle a alguien: no me ha llegado aún el paquete** the parcel still hasn't arrived, I still haven't received the parcel; **ayer me llegó un mensaje suyo por correo electrónico** I got o received an e-mail from him yesterday; **hacer ~ un mensaje** o **recado a alguien** to pass a message on to sb; **si llega a oídos de ella...** if she gets to hear about this...
-3. *(tiempo, noche, momento)* to come; **cuando llegue el momento te enterarás** you'll find out when the time comes; **ha llegado el invierno** winter has come o arrived
-4. *(alcanzar)* **~ a** to reach; **no llego al techo** I can't reach the ceiling; **el barro me llegaba a las rodillas** the mud came up to my knees, I was up to my knees in mud; **quiero una chaqueta que me llegue por debajo de la cintura** I want a jacket that comes down to below my waist; **~ a un acuerdo** to come to o reach an agreement; **llegamos a la conclusión de que era inútil seguir** we came to o reached the conclusion that it wasn't worth continuing; **~ hasta** to reach up to; **esta carretera sólo llega hasta Veracruz** this road only goes as far as Veracruz; **el ascensor no llega a** o **hasta la última planta** the *Br* lift o *US* elevator doesn't go up to the top floor
-5. *(ascender)* **el importe total de la reparación no llega a 5.000 pesos** the total cost of the repairs is less than o below 5,000 pesos; **los espectadores no llegaban ni siquiera a mil** there weren't even as many as a thousand spectators there
-6. *(ser suficiente)* to be enough **(para** for); **el dinero no me llega para comprarme una casa** the money isn't enough for me to buy a house
-7. *(lograr)* **~ a (ser) algo** to get to be sth, to become sth; **llegó a ser campeón de Europa** he became European champion; **~ a hacer algo** to manage to do sth; **pesaba mucho, pero al final llegué a levantarlo** it was very heavy, but I managed to lift it up in the end; **nunca llegó a (entrar en) las listas de éxitos** she never made it into the charts; **nunca llegué a conocerlo** I never actually met him; **si llego a saberlo...** *(en el futuro)* if I happen to find out...; *(en el pasado)* if I had known...
-8. *(al extremo de)* **llegó a decirme...** he went as far as to say to me...; **hemos llegado a pagar 4.000 euros** at times we've had to pay as much as 4,000 euros; **cuesta ~ a creerlo** it's very hard to believe it; EXPR **¡hasta aquí** o **ahí podíamos ~!** this is beyond a joke o absolutely outrageous!
-9. *(causar impresión, interesar)* **tiene una imagen que no llega al electorado** she fails to project a strong image to the electorate; **son canciones sencillas que llegan a la gente** they are simple songs that mean something to people; **lo que dijo me llegó al alma** her words really struck home
-10. *(durar)* **~ a** o **hasta** to last until; **este año las rebajas llegarán hasta bien entrado febrero** the sales this year will last until well into February; **está muy enferma, no creo que llegue a las Navidades** she's very ill, I doubt whether she'll make it to Christmas
-11. *Méx Fam* **voy a llegarle** *(ya me voy)* I'm off home; **¡llégale!** *(no hay problema)* no problem!, don't worry!
-12. *Méx Fam* **llegarle a alguien** *(pedirle salir)* to ask sb out

◆ **llegarse** vpr **llegarse a** to go round to; **llégate donde el abuelo y que te preste las herramientas** go over o round to your grandfather's and ask if you can borrow his tools; **me llegué a casa para ver si habías vuelto** I went home to see if you were back yet

llegue nm *Méx Fam* bump

llenado nm filling

llenador, -ora ◇ adj **-1.** *CSur (comida)* filling
-2. *Urug Fam (persona)* **ser ~** to be a pain
◇ nm,f *Urug Fam (persona)* pain

llenar ◇ vt **-1.** *(ocupar) (vaso, hoyo, habitación)* to fill **(de** o **con** with); **llenó la casa de muebles usados** she filled the house with second-hand furniture; **~ el depósito** *(del coche)* to fill up the tank; **¡llénemelo!** *(el depósito)* fill her up, please; **llenan su tiempo libre leyendo y charlando** they spend their spare time reading and chatting
-2. *(cubrir) (pared, suelo)* to cover **(de** with); **llenó de adornos el árbol de Navidad** she covered the Christmas tree with decorations; **has llenado la pared de salpicaduras de aceite** you've spattered oil all over the wall
-3. *(colmar)* **~ a alguien de** *(alegría, tristeza)* to fill sb with; **este premio me llena de orgullo** this prize fills me with pride o makes me very proud; **llenaron de insultos al árbitro** they hurled abuse at the referee; **nos llenaron de obsequios** they showered gifts upon us
-4. *(rellenar) (impreso, solicitud, quiniela)* to fill in o out
-5. *(satisfacer)* **le llena su trabajo** he's fulfilled in his job; **no le llena la relación con su novio** she finds her relationship with her boyfriend unfulfilling
-6. *Fam (gustar)* **a mí el queso no me termina de ~** cheese isn't really my thing
-7. *RP Fam (fastidiar)* **¡no me llenes!** stop bugging me!; **no (me) llenes la paciencia** don't push your luck; EXPR *muy Fam* **~ las pelotas** o **las bolas** o **los huevos a alguien** *Br* to get on sb's tits, *US* to bust sb's balls; *muy Fam* **dejá de ~ las pelotas** o **las bolas** o **los huevos** stop being a pain in the *Br* arse o *US* ass
◇ vi **-1.** *(comida)* to be filling **-2.** *RP Fam (molestar)* to be a pest; **¡no llenes!** stop being a pest!

◆ **llenarse** vpr **-1.** *(ocuparse)* to fill up **(de** with); **la sala se llenó para ver al grupo** the venue was full for the band's performance; **la calle se llenó de gente** the street filled with people; **se llenó de humo la cocina** the kitchen filled with smoke; **su mente se iba llenando de remordimientos** her mind was plagued by remorse
-2. *(cargar)* **se llenó el bolsillo de monedas** he filled his pocket with coins; **se llenó la mochila de comida para el viaje** she filled her backpack with food for the journey
-3. *(cubrirse)* **llenarse de** to get covered in; **el traje se me llenó de barro** my suit got covered in mud; **las manos se le llenaron de ampollas** his hands got covered in blisters
-4. *(saciarse)* **comieron hasta llenarse** they ate their fill; **me he llenado mucho con el arroz** this rice has really filled me up

llenazo nm full house

llenito, -a adj *Fam (regordete)* chubby

lleno, -a ◇ adj **-1.** *(recipiente, habitación)* full **(de** of); *(suelo, mesa, pared)* covered **(de** in o with); **~, por favor** *(en gasolinera)* fill her up, please; **el estadio estaba ~ hasta los topes** o **hasta la bandera** the stadium was packed to the rafters; **estaba ~ de tristeza** I was full of sadness; **su discurso estaba ~ de promesas** her speech was full of promises
-2. *(regordete)* plump
-3. *(satisfecho)* full (up); **no quiero postre, gracias, estoy ~** I don't want a dessert, thanks, I'm full (up)
-4. *(luna)* full
-5. *Urug Fam (harto)* fed up; **estoy ~ de esta computadora** I'm fed up o I've had it up to here with this computer; **me tiene llena** I've had it with him; EXPR *muy Fam* **tengo las pelotas llenas** I'm *Br* bloody o *US* goddamn fed up!
◇ nm *(en teatro, estadio)* full house; **se espera un ~ total** a full house is expected

◆ **de lleno** loc adv **le dio de ~ en la cara** it hit him full in the face; **acertó de ~** he was bang on target

llevadero, -a adj bearable

llevar ◇ vt **-1.** *(de un lugar a otro)* to take; **le llevé unos bombones al hospital** I took her some chocolates at the hospital, I brought some chocolates for her to the hospital with me; **llevaré a los niños al zoo** I'll take the children to the zoo; **llevó una botella de vino a la fiesta** he brought a bottle of wine to the party; **nosotros llevamos la mercancía del almacén a las tiendas** we bring o transport the goods from the warehouse to the shops; **me llevó en coche** he drove me there; **¿vas al colegio? ¡sube, que te llevo!** are you going to school? get in, I'll give you a *Br* lift o *US* ride; **¿para tomar aquí o para ~?** is it to eat in or *Br* to take away o *US* to go?; **pizzas para ~** *(en letrero) Br* takeaway pizzas, *US* pizzas to go
-2. *(acarrear)* to carry; **llevaba un saco a sus espaldas** she was carrying a sack on her back; **llevaban en hombros al entrenador** they were carrying the coach on their

llevar

shoulders; **¿llevas rueda de recambio?** have you got a spare wheel?; **~ adelante algo** (planes, proyecto) to go ahead with sth; **~ consigo** (implicar) to lead to, to bring about; **está prohibido ~ armas** carrying arms is prohibited

-3. (encima) (ropa, objeto personal) to wear; **llevo gafas** I wear glasses; **¿llevas reloj?** (en este momento) have you got a watch on?, are you wearing a watch?; (habitualmente) do you wear a watch?; **llevaba una falda azul** she was wearing a blue skirt; **no lleva nada puesto** she hasn't got anything o any clothes on; **no llevo dinero** I haven't got any money on me; **nunca llevo mucho dinero encima** I never carry a lot of money on me o around; **todavía lleva pañales** he's still in Br nappies o US diapers

-4. (tener) to have; **~ bigote** to have a moustache; **lleva el pelo largo** he has long hair; **me gusta ~ el pelo recogido** I like to wear my hair up; **llevas las manos sucias** your hands are dirty; **los productos ecológicos llevan una etiqueta verde** environmentally friendly products carry a green label

-5. (como ingrediente) **esta tortilla lleva cebolla** this omelette has got onion in it; **¿qué lleva el daiquiri?** what do you make a daiquiri with?

-6. (guiar, acompañar) to take; **los llevé por otro camino** I took them another way; **lo llevaron a la comisaría** he was taken to the police station; **un guía nos llevó hasta la cima** a guide led us to the top; Méx **lléveme con el gerente** I want to see the manager

-7. (dirigir) to be in charge of; (casa, negocio) to look after, to run; **lleva la contabilidad** she keeps the books

-8. (manejar, ocuparse de) (problema, persona) to handle; (asunto, caso, expediente) to deal with; (automóvil) to drive; (bicicleta, moto) to ride; **este asunto lo lleva el departamento de contabilidad** this matter is being handled by the accounts department; **ella llevó las negociaciones personalmente** she handled the negotiations herself; **el inspector que lleva el caso** the inspector in charge of the case; **lleva muy bien sus estudios** he's doing very well in his studies; **sabe cómo ~ a la gente** she's good with people

-9. (mantener) to keep; **el hotel lleva un registro de todos sus clientes** the hotel keeps a record of all its guests; **llevo la cuenta de todos tus fallos** I've been keeping count of all your mistakes; **~ el paso** to keep in step; **~ el ritmo** o **compás** to keep time; **llevan una vida muy tranquila** they lead a very quiet life

-10. (soportar) to deal o cope with; **~ algo bien/mal** to deal o cope with sth well/badly; **qué tal llevas** o **cómo llevas el régimen?** how are you getting on with the diet?; **llevo bien lo de ir en tren todos los días, pero lo de madrugar...** I can quite happily cope with catching the train every day, but as for getting up early...; Fam **¿cómo lo llevas con el nuevo jefe?** how are you getting on with your new boss?

-11. (ir por) **la dirección que lleva el vehículo** the direction in which the vehicle is heading; **lleva camino de ser famoso/rico** he's on the road to fame/riches; EXPR **llevar las de ganar/perder: el equipo local lleva las de ganar/perder** the local team are favourites to win/lose; **en un juicio, llevamos las de ganar** if the matter goes to court, we can expect to win; **no te enfrentes con él, que llevas las de perder** don't mess with him, you can't hope to win

-12. (conducir) **~ a alguien a algo** to lead sb to sth; **aquella inversión le llevaría a la ruina** that investment was to bring about his ruin; **¿adónde nos lleva la ingeniería genética?** where is all this genetic engineering going to end?; **~ a alguien a hacer algo** to lead o cause sb to do sth;

esto me lleva a creer que miente this makes me think she's lying; **¿qué pudo llevarle a cometer semejante crimen?** what could have led o caused him to commit such a crime?

-13. (sobrepasar en) **te llevo seis puntos** I'm six points ahead of you; **me lleva dos centímetros/dos años** he's two centimetres taller/two years older than me

-14. (amputar) **la motosierra casi le lleva una pierna** the power saw nearly took o cut his leg off

-15. (costar) (tiempo, esfuerzo) to take; **aprender a conducir** o Am **manejar lleva tiempo** it takes time to learn to drive; **me llevó un día hacer este guiso** it took me a day to make this dish

-16. (pasarse) (tiempo) **lleva tres semanas sin venir** she hasn't come for three weeks now, it's three weeks since she was last here; **llevaba siglos sin ir al cine** I hadn't been to the cinema for ages, it was ages since I'd been to the cinema; **¿cuánto tiempo llevas aquí?** how long have you been here?; **llevo todo el día llamándote** I've been trying to get through to you on the phone all day; **~ mucho tiempo haciendo algo** to have been doing sth for a long time

-17. Esp (cobrar) to charge; **¿qué te llevaron por la revisión del coche?** how much o what did they charge you for servicing the car?

-18. CSur (comprar) to take; **llevaré la roja** I'll take o have the red one; **¿lo envuelvo o lo lleva puesto?** shall I wrap it up for you or do you want to keep it on?

◇ vi (conducir) **~ a** to lead to; **esta carretera lleva al norte** this road leads north

◇ v aux (antes de participio) **llevo leída media novela** I'm halfway through the novel; **llevo dicho esto mismo docenas de veces** I've said the same thing time and again; **llevaba anotados todos los gastos** she had noted down all the expenses

◆ **llevarse** vpr **-1.** (tomar consigo) to take; **alguien se ha llevado mi sombrero** someone has taken my hat; **voy a llevarme esta falda** (comprar) I'll take o have this skirt; **¿se lo envuelvo o se lo lleva puesto?** shall I wrap it up for you or do you want to keep it on?

-2. (trasladar, desplazar) to take; **los agentes se lo llevaron detenido** the policemen took him away; **se llevó el cigarrillo a la boca** she brought o raised the cigarette to her lips; **llevarse algo por delante: la riada se llevó por delante casas y vehículos** the flood swept o washed away houses and vehicles; **un coche se lo llevó por delante** he was run over by a car

-3. (conseguir) to get; **se ha llevado el premio** she has carried off o won the prize

-4. (recibir) (susto, sorpresa) to get; (reprimenda) to receive; **como vuelvas a hacerlo te llevarás una bofetada** if you do it again you'll get a smack; **me llevé un disgusto/una desilusión** I was upset/disappointed; **llevarse una alegría** to have o get a pleasant surprise; **yo me llevo siempre las culpas** I always get the blame

-5. (entenderse) **llevarse bien/mal** (con alguien) to get on well/badly (with sb); **no me llevo muy bien con él** I don't get on very well with him; EXPR **se llevan a matar** they are mortal enemies

-6. (estar de moda) to be in (fashion); **este año se lleva el verde** green is in this year; **ahora se llevan mucho las despedidas de soltera** hen parties are really in at the moment

-7. (recíproco) (diferencia de edad) **mi hermana mayor y yo nos llevamos cinco años** there are five years between me and my older sister

-8. (en operaciones matemáticas) **me llevo una** carry (the) one

lloradera nf Am Fam **-1.** (llanto) crying fit **-2.** (lamento) wailing

llorado, -a adj late lamented

llorar ◇ vi **-1.** (con lágrimas) to cry; **me entraron ganas de ~** I felt like crying; **~ por alguien** to mourn sb; **cuando se enteró rompió a ~** when she found out she burst into tears; **~ de rabia** to cry with anger o rage; **~ de risa** to cry with laughter o rage; **~ a moco tendido, ~ a lágrima viva** to cry one's eyes out, to sob one's heart out; EXPR Fam **~ como una Magdalena** to cry one's eyes out, to sob one's heart out; EXPR **para echarse a ~** dismal, depressingly bad; **su examen estaba para echarse a ~** his exam was dismal o depressingly bad

-2. (ojos) to water; **me lloran los ojos** my eyes are watering

-3. Fam (quejarse) to whinge; **consigue lo que quiere a fuerza de ~** she gets what she wants by whingeing until you give it to her

◇ vt **~ la muerte de alguien** to mourn sb's death; **todos lloraron su desaparición** everybody lamented her disappearance

llorera nf Fam crying fit; **agarró una ~** she burst into tears; **le entró la ~** he burst into tears

llorica Esp Fam Pey ◇ adj **ser ~** to be a crybaby
◇ nmf crybaby

lloriqueadera, lloriquera nf Ven Fam whining, snivelling

lloriquear vi to whine, to snivel

lloriqueo nm whining, snivelling

lloriquera = lloriqueadera

lloro nm crying; **nos despertaron sus lloros** we were woken by the sound of him crying

llorón, -ona ◇ adj **-1.** (que llora) **ser ~** to cry a lot; **no seas ~** don't be such a crybaby **-2.** (quejica) whining, Br whingeing
◇ nm,f **-1.** (que llora) crybaby **-2.** (quejica) whiner, Br whinger

llorona nf **-1.** Esp Fam **coger la ~** (por borrachera) to get maudlin drunk **-2.** RP (espuela) spur

lloroso, -a adj tearful; **se acercó a la tumba y ~ depositó una corona de flores** he approached the grave and tearfully laid a wreath of flowers on it; **tenía los ojos llorosos** she had tears in her eyes

llovedera nf Col, Ven Fam **-1.** (lluvia) **una ~** a downpour, torrential rain **-2.** (estación) rainy season

llover [41] ◇ v impersonal to rain; **está lloviendo** it's raining; CSur **se largó a ~** it suddenly started raining; EXPR **está lloviendo a cántaros** o **a mares** o Méx **duro** it's pouring, Br it's bucketing down; EXPR **nunca llueve a gusto de todos** you can't please everyone; EXPR **llueve sobre mojado** it's just one thing after another; EXPR **él, como quien oye ~** he wasn't paying a blind bit of attention; EXPR **ha llovido mucho desde entonces** a lot of water has passed o gone under the bridge since then; EXPR **como llovido del cielo: el trabajo me cayó** o **llegó como llovido del cielo** the job fell into my lap; **la ayuda cayó** o **llegó como llovida del cielo** the help came just at the right moment, the help was a godsend; EXPR Am Hum **anda a la esquina a ver si llueve** go and play with the traffic

◇ vi **le llueven las ofertas** offers are raining down on him; **las peticiones de indulto llovieron sobre el presidente** the president was inundated with pleas for pardon; **le llovieron las felicitaciones** everyone rushed to congratulate her; **sobre esa familia han llovido las desgracias** misfortune has rained down on that family, that family has suffered one misfortune after another

llovida nf Andes, RP shower; **el campo precisa una ~** the fields could do with some rain

llovido, -a adj RP (pelo) thin and lank

llovizna nf drizzle

lloviznar v impersonal to drizzle

lloviznoso, -a adj Am Fam rainy

llueva etc ver **llover**

lluvero nm Urug shower

lluvia nf **-1.** (precipitación) rain; **caía una ~ torrencial** there was torrential rain; **la época de lluvias** the rainy season; **la falta de lluvias ha dañado la cosecha** the lack of rain o low rainfall has damaged the crops; **bajo la ~** in the rain ❑ **lluvias de abril** April showers; **~ ácida** acid rain; **~ artificial** artificial rain; **~ de cenizas** shower of ash; **~ de estrellas** shower of shooting stars; **~ de meteoritos** meteor shower; **~ radiactiva** (nuclear) fallout
-2. (de panfletos, regalos) shower; (de preguntas) barrage
-3. CAm,CSur (ducha) shower

lluvioso, -a adj rainy

lo¹, -a (mpl **los**, fpl **las**) pron personal (complemento directo) **-1.** (a él, a ella) him, f her; pl them; **lo conocí en una fiesta** I met him at a party; **la han despedido** she's been sacked, they've sacked her; **¡si lo insultan a uno, habrá que contestar!** if people insult you, you have to answer back!
-2. (a usted) you; **¿la acerco a algún sitio?** can I give you a Br lift o US ride anywhere?
-3. (ello, esa cosa) it; pl them; **no lo he visto** I haven't seen it; **esta pared hay que pintarla** this wall needs painting

lo² ◇ pron personal **-1.** (neutro & predicado) it; **lo pensaré** I'll think about it; **no lo sé** I don't know; **me gusta – ¡ya lo veo!** I like it – I can see that!; **su hermana es muy guapa pero él no lo es** his sister is very good-looking, but he isn't; **¿estás cansado? – sí que lo estoy** are you tired? – yes, I am; **es muy bueno aunque no lo parezca** it's very good, even if it doesn't look it
-2. RP (lugar) **vamos a lo de Claudio** let's go to Claudio's (place); **compré este vestido en lo de Vicky** I bought this dress at Vicky's (shop)
◇ art (neutro) **-1.** (antes de adjetivo, frase sustantiva o pronombre) **lo antiguo me gusta más que lo moderno** I like old things better than modern things; **te olvidas de lo principal** you're forgetting the most important thing; **lo interesante viene ahora** now comes the interesting bit o part; **lo mejor/peor es que...** the best/worst part is (that)...; **quiere lo mejor para sus hijos** she wants the best for her children; **¿y lo de la fiesta?** what about the party, then?; **siento lo de ayer** I'm sorry about yesterday; **lo de abrir una tienda no me parece mala idea** opening a shop doesn't seem at all a bad idea to me; **lo de la huelga sigue sin resolverse** that strike business still hasn't been resolved; **lo mío/tuyo/suyo/***etc.* (cosas personales) my/your/his/*etc* things; **lo mío son los toros** (lo que me va) bullfighting's my thing, I'm a big bullfighting fan; **el ajedrez no es lo mío** (mi punto fuerte) chess isn't really my thing o game, I'm not very good at chess
-2. (con valor enfático) **¡mira que no gustarle el queso, con lo bueno que está!** how can she say she doesn't like cheese when it's so good?; **no me quiere ayudar, ¡con todo lo que yo he hecho por ella!** she doesn't want to help me – and after all I've done for her!; **no te imaginas lo grande que era** you can't imagine how big it was; **¡lo que me pude reír con sus chistes!** I did laugh o I really laughed at his jokes!
-3. (con frases de relativo) **lo cual** which; **no quiso participar, lo cual no es de extrañar** she didn't want to take part, which is hardly surprising; **acepté lo que me ofrecieron** I accepted what they offered me; **gano menos de lo que te imaginas** I earn less than you think; **lo que ocurre es que...** the thing is (that)...; **puedes tomar lo que te apetezca** you can have whatever you want; **en lo que respecta a...** as far as... is concerned, with regard to...
◇ **a lo que** loc conj Andes, RP (en cuanto) as soon as; **a lo que lo vio, salió corriendo** she ran away as soon as she saw him

loa nf **-1.** (alabanza) praise; **cantar ~ a, hacer ~ de** to sing the praises of **-2.** LIT eulogy **-3.** Méx (regañina) ticking-off

loable adj praiseworthy

loar vt to praise

lob nm (en tenis) lob

lobanillo nm (tumor) cyst, wen

lobato nm **-1.** (animal) wolf cub **-2.** (niño) Cub (Scout)

lobbista nmf RP lobbyist

lobby ['loβi] (pl **lobbies**) nm lobby

lobelia nf lobelia

lobezno nm wolf cub

lobizón nm RP werewolf

lobo, -a adj **-1.** Col Fam (cursi) tacky, Br naff
◇ nm,f wolf; EXPR Fam **¡menos lobos!** tell me another one!, come off it! ❑ **el ~ feroz** the big bad wolf; **~ de mar** (marinero) sea dog; **~ marino** (foca) seal; **~ de río** (pez) stone loach; **~ solitario** lone wolf

lobotomía nf lobotomy ❑ **~ frontal** frontal lobotomy

lóbrego, -a adj **-1.** (oscuro, sombrío) gloomy **-2.** (triste, melancólico) sombre, gloomy

lobreguez nf **-1.** (oscuridad) gloominess **-2.** (tristeza) gloominess

lobulado, -a adj lobulate

lóbulo nm **-1.** (de la oreja) lobe **-2.** (de pulmón, hígado) lobe ❑ ANAT **~ frontal** frontal lobe; ANAT **~ occipital** occipital lobe; ANAT **~ temporal** temporal lobe **-3.** (de arco, planta) lobe

lobuno, -a adj wolf-like

loca nf **-1.** Fam (homosexual) queen **-2.** RP Fam (prostituta) whore, US hooker **-3.** EXPR RP Fam **darle la ~ a alguien: le dio la ~ y se mandó mudar** he had a sudden brainstorm and decided to move house; **le dio la ~ de irse al Tíbet** she took it into her head to head off for Tibet **-4.** ver también **loco**

locación nf Méx location

local ◇ adj **-1.** (de un lugar) local; **el equipo ~** the home team **-2.** (anestesia) local
◇ nm (establecimiento) premises ❑ **~ comercial** business premises; **~ de ensayo** rehearsal space; **buscan un ~ de ensayo** they're looking for somewhere to rehearse; **~ nocturno** night spot

localidad nf **-1.** (población) place, town **-2.** (asiento) seat; **el estadio sólo tiene localidades de asiento** it's an all-seater stadium **-3.** (entrada) ticket; **no hay localidades** (en letrero) sold out; **las localidades de asiento cuestan 2.000 pesos** seats cost 2,000 pesos

localismo nm **-1.** (carácter local) **el ~ abunda en sus novelas** her novels are full of local colour **-2.** (preferencia por lo local) local patriotism **-3.** LING localism

localista adj **-1.** (del lugar) local **-2.** (que prefiere lo local) **sentimientos localistas** feelings of local patriotism

localizable adj **en estos momentos no está ~** we can't get hold of him at the moment

localización nf **-1.** (acción) tracking down; **la ~ de los montañeros extraviados fue difícil** it proved difficult to track down o find the mountaineers **-2.** (emplazamiento) **la ~ del tumor hace difícil la intervención** the position of the tumour makes it a difficult operation; **buscan una ~ para la central nuclear** they are searching for a site for the nuclear power station **-3.** INFORMÁT (de software) localization

localizado, -a adj located; **estar bien ~** (casa) to be conveniently located

localizador, -ora ◇ nm **-1.** INFORMÁT (de página Web) URL **-2.** Méx (buscapersonas) pager
◇ nm,f INFORMÁT (de software) localizer

localizar [14] ◇ vt **-1.** (encontrar) to locate, to find; **~ una llamada** to trace a call; **no han localizado al excursionista extraviado** the missing hiker hasn't been found; **llevo horas intentando localizarlo** I've been trying to get hold of him for hours **-2.** (circunscribir) to localize; **han localizado la epidemia** the epidemic has been localized **-3.** INFORMÁT (software) to adapt for the local market, to localize
➥ **localizarse** vpr **la infección se localiza en el hígado** the infection is localized in the liver

localmente adv locally

locamente adv madly; **está ~ enamorada** she's madly o head over heels in love

locatario, -a nm,f tenant

locateli CSur Fam ◇ adj inv nutty
◇ nmf nutcase

locatis Esp Fam ◇ adj inv nutty
◇ nmf inv nutcase

locativo nm locative

loc. cit. (abrev de **loco citato**) loc. cit.

locha nf Ven = old coin formerly worth 25 cents; **estar en la lucha por la ~** to be struggling to make ends meet

loción nf lotion ❑ **~ bronceadora** sun o suntan lotion; **~ de calamina** calamine lotion; **~ capilar** hair lotion; **~ para después del afeitado** aftershave (lotion); **~ limpiadora** cleansing lotion; **~ para las manos** hand lotion

locker [lo'ker] (pl **lockers**) nm Am locker

lock-out [lo'kaut] (pl **lock-outs**) nm IND lockout

loco, -a adj **-1.** (demente) mad, crazy; **volver ~ a alguien** (enajenar, aturdir) to drive sb mad; **esos martillazos en la pared me van a volver ~** that hammering on the wall is driving me mad; **el dolor lo volvía ~** the pain was driving him mad; **volverse ~** to go mad; **este niño me trae ~** this child is driving me mad; EXPR **estar ~ de atar** o **de remate** to be stark raving mad; EXPR **¡ni ~!** (absolutely) no way!; **¡no lo haría ni ~!** there's no way you'd get me doing that!
-2. (insensato) mad, crazy; **no seas loca, es muy peligroso** don't be (so) stupid, it's very dangerous; **está medio ~ pero es muy simpático** he's a bit crazy, but he's very nice with it; **a lo ~** (sin pensar) hastily; (temerariamente) wildly; **conduce** o Am **maneja a lo ~** he drives like a madman
-3. (apasionado, entusiasmado) mad, crazy; **la abuela está loca con su nieto** the grandmother's mad o crazy about her grandson; **estar ~ de contento/pasión** to be wild with joy/passion; **estar ~ de amor** to be madly in love; **estar ~ de celos** to be wildly o insanely jealous; **estar ~ de ira** to be raging mad; **estar** o CSur **ser ~ por algo/alguien** to be mad about sth/sb; **está** o CSur **es ~ por ella** (enamorado) he's madly in love with her, he's crazy about her; **está loca por conocerte** she's dying to meet you; **está (como) ~ por que lleguen los invitados** he's desperate for the guests to arrive, he can't wait for the guests to arrive; **le vuelve ~ el fútbol** he's mad about soccer, he's soccer-crazy; **la vuelve loca la paella** she absolutely adores paella
-4. (muy ajetreado) mad, hectic; **llevamos una semana loca** it's been a mad week for us
-5. (enorme) **tengo unas ganas locas de conocer Italia** I'm absolutely dying to go to Italy; **tuvimos una suerte loca** we were extraordinarily o amazingly lucky; RP Fam **tener la guita loca** to be rolling in it
-6. RP Fam (insignificante) **sólo van a venir tres o cuatro invitados locos** only a handful of guests will show up; **no nos vamos a pelear por dos pesos locos** let's not quarrel over a few measly pesos
◇ nm,f **-1.** (enfermo) (hombre) lunatic, madman; (mujer) lunatic, madwoman; **conduce** o Am **maneja como un ~** he drives like a madman; **corrimos como locos** we ran like mad o crazy; **el ~ de tu marido se puso a chillar** that madman husband of yours started shouting; **ponerse como un ~** (enfadarse) to go mad; **sería de locos empezar de nuevo todo el trabajo** it would be crazy o madness to start the whole job over again; Fam **¡deja de hacer el ~!** stop messing around!; EXPR **cada ~ con su tema: ya está otra vez Santi con lo del yoga, cada ~ con su tema** Santi's going on about yoga again, the man's obsessed!; EXPR Fam **hacerse el ~** to play dumb, to

locochón pretend not to understand
-**2.** *RP, Ven Fam (como apelativo)* **este ~ se encarga de todo** this guy's in charge of everything; **~, vení para acá** come over here, *Br* mate *o US* buddy
-**3.** *Chile (molusco comestible)* false abalone
locochón, -ona *nm,f Méx Fam* junkie
locomoción *nf* -**1.** *(movimiento)* locomotion; **órgano de ~** organ of locomotion *o* movement; **medio de ~** means of transport -**2.** *Am (transporte público)* public transport
locomotor, -ora *o* **-triz** *adj* locomotive
locomotora *nf* engine, locomotive; *Fig* **el turismo es la ~ de la economía** tourism is the driving force behind the economy ❏ **~ diesel** diesel engine; **~ eléctrica** electric locomotive; **~ de tracción** traction engine; **~ de vapor** steam locomotive
locoto *nm Andes* chilli
locro *nm Andes, RP* = stew of meat, potatoes and sweetcorn
locuacidad *nf* loquacity, talkativeness
locuaz *adj* loquacious, talkative
locución *nf* phrase ❏ **~ adjetiva** adjectival phrase; **~ adverbial** adverbial phrase; **~ conjuntiva** conjunctional phrase; **~ prepositiva** prepositional phrase; **~ verbal** verb phrase
locuelo, -a ◇ *adj* crazy, halfwitted
◇ *nm,f* **es un ~** he's crazy *o* a halfwit
locura *nf* -**1.** *(demencia)* madness; **la mató en un arrebato de ~** he killed her in a fit of madness
-**2.** *(imprudencia)* **hacer locuras** to do stupid *o* crazy things; **decir locuras** to talk nonsense; **temía que hiciera una ~** I was afraid he might do something desperate; **sería una ~ hacerlo** it would be folly *o* madness to do it
-**3.** *(exageración)* **estos precios son una ~** these prices are extortionate; **con ~** madly; **se quieren con ~** they're madly in love (with one another)
-**4. una ~** *(mucho)* a fortune, a ridiculous amount; **gastar una ~** to spend a fortune
locutor, -ora *nm,f (de noticias)* newsreader; *(de continuidad)* announcer; *(de programa de radio)* presenter
locutorio *nm* -**1.** *(para visitas)* visiting room -**2. ~ (telefónico)** = establishment containing a number of telephone booths for public use -**3.** *(radiofónico)* studio
lodazal *nm* quagmire
loden *nm* loden coat
lodo *nm* mud; ⟦EXPR⟧ **arrastrar por el ~** to drag through the mud
loes *nm inv GEOL* loess
logarítmico, -a *adj* logarithmic
logaritmo *nm* logarithm
logia *nf* -**1.** *(masónica)* lodge -**2.** *ARQUIT* loggia
lógica *nf* -**1.** *(ciencia)* logic ❏ *INFORMÁT* **~ booleana** Boolean logic; *INFORMÁT* **~ borrosa** fuzzy logic; *INFORMÁT* **~ difusa** fuzzy logic; **~ matemática** mathematical logic -**2.** *(coherencia)* logic; **por ~** obviously; **tener ~** to make sense; **eso no tiene ~** that doesn't make any sense -**3.** *ver también* **lógico**
lógicamente *adv* logically; **~, no volvió a acercarse por ahí** naturally *o* obviously, he didn't go near there again
lógico, -a ◇ *adj* -**1.** *(del pensamiento)* logical -**2.** *(natural)* logical; **como es ~, ellos también están invitados** naturally, they are also invited; **es ~ que se enfade** it stands to reason that he should get angry; **es ~ que tras la enfermedad se sienta débil** it's only natural that she should feel weak after the illness; **¿te gustaría acompañarnos? – ¡~!** would you like to come with us? – of course I would!
◇ *nm,f* logician
logística *nf* logistics *(singular o plural)*; **la ~ desempeña un papel fundamental en nuestra empresa** logistics plays a vital role in our company; **la ~ de la operación es bastante complicada** the logistics of the operation are quite complicated
logístico, -a *adj* logistic
logo *nm (logotipo)* logo

logopeda *nmf* speech therapist
logopedia *nf* speech therapy
logorrea *nf MED* logorrhoea
logos *nm inv FILOSOFÍA* logos
logotipo *nm* logo
logrado, -a *adj (bien hecho)* accomplished; **es una imitación muy lograda** it is a very authentic imitation
lograr *vt (objetivo)* to achieve; *(puesto, beca, divorcio)* to get, to obtain; *(resultado)* to obtain, to achieve; *(perfección)* to attain; *(victoria, premio)* to win; *(deseo, aspiración)* to fulfil; **¡lo logramos!** we did it!, we've done it!; **~ hacer algo** to manage to do sth; **~ que alguien haga algo** to manage to get sb to do sth; **no logro entender cómo lo hizo** I just can't see how he managed it
logro *nm* -**1.** *(consecución)* achievement; **su objetivo es el ~ de la paz** her aim is to achieve peace -**2.** *(éxito)* achievement; **destacó los logros del gobierno** she highlighted the government's achievements
logroñés, -esa ◇ *adj* of/from Logroño *(Spain)*
◇ *nm,f* person from Logroño *(Spain)*
LOGSE ['loɣse] *nf (abrev de Ley Orgánica de Ordenación General del Sistema Educativo)* = Spanish education act
Loira *nm* **el ~** the (river) Loire
loísmo *nm GRAM* = incorrect use of "lo" as indirect object instead of "le"
loísta ◇ *adj* prone to "loísmo"
◇ *nmf* = person prone to "loísmo"
lola *RP Fam* ◇ *nf* -**1.** *(teta)* tit -**2.** *ver también* **lolo**
◇ *interj (lo lamento)* I'm sorry
lolerío *nm Chile Fam* kids; **a ese bar va todo el ~** that bar is where all the kids go
lolo, -a *nm,f Chile Fam* kid
loma *nf* hillock; ⟦EXPR⟧ *RP Fam* **la ~ del diablo: vive en la ~ del diablo** *o* **del quinoto** she lives in the middle of nowhere *o* the back of beyond
lomada *nf Perú, RP (loma)* hillock
lombarda *nf (verdura)* red cabbage
Lombardía *n* Lombardy
lombardo, -a ◇ *adj* Lombard
◇ *nm,f* Lombard
lombriz *nf* -**1.** *(gusano)* worm ❏ **~ de tierra** earthworm -**2. ~ (intestinal)** tapeworm; **tener lombrices** to have worms
Lomé *n* Lomé
lomillo *nm Bol, Carib, RP (de montar)* saddle pad
lomito *nm Ven* sirloin steak
lomo *nm* -**1.** *(de animal)* back; **a lomos de un caballo/elefante** astride *o* riding a horse/elephant ❏ *RP* **~ de burro** *Br* sleeping policeman, *US* speed ramp
-**2.** *(de cerdo)* loin ❏ *Esp* **~ embuchado** cured pork loin sausage; *(de vaca)* tenderloin
-**3.** *(de libro)* spine
-**4.** *Fam (de persona)* loins, lower back
-**5.** *(de cuchillo)* blunt edge
-**6.** ⟦EXPR⟧ *Ven Fam* **me da ~** I couldn't give a hoot; *Am* **hacer ~ a la carga** to take responsibility; *Am* **tener hecho el ~ a la carga** to be battle-hardened; *Méx Fam* **sobarse el ~** to work one's socks off; *RP muy Fam* **tiene buen ~** she has an amazing bod
lompa *nm RP Fam (pantalón)* trousers
lona *nf* -**1.** *(tela)* canvas; **una ~** a tarpaulin -**2.** *(en cuadrilátero)* canvas; *(en circo)* marquee; **besar la ~** to hit the canvas, to be knocked down; ⟦EXPR⟧ *RP, Ven Fam* **estar** *o* **quedar en la ~** *(cansado)* to be beat *o Br* knackered; *(empobrecido)* to be broke; *(deteriorado)* to have had it -**3.** *RP (para la playa)* canvas beach mat
lonch *nm Méx Fam (packed)* lunch
loncha *nf (de queso, jamón)* slice; *(de panceta)* rasher
lonchar *vi Méx* to have one's lunch
lonche *nm* -**1.** *Perú, Ven (merienda) (en escuela)* = snack eaten during break time; *(en casa) (afternoon)* tea -**2.** *Am (comida fría) (packed)* lunch -**3.** *Méx (torta)* filled roll
lonchera *nf Perú, Ven* lunchbox
lonchería *nf Méx, Ven* = small fast food restaurant selling snacks, sandwiches etc

lonchero, -a *nm,f Méx, Ven* = person who works in a "lonchería"
londinense ◇ *adj* London; **las calles londinenses** the London streets, the streets of London
◇ *nmf* Londoner
Londres *n* London
loneta *nf* sailcloth
longanimidad *nf Formal* magnanimity
longánimo, -a *adj Formal* magnanimous
longaniza *nf* = type of spicy cold pork sausage
longevidad *nf* longevity
longevo, -a *adj* long-lived
longitud *nf* -**1.** *(dimensión)* length; **tiene medio metro de ~** it's half a metre long; **tiene una ~ de cinco metros** it's five metres long -**2.** *ASTRON & GEOG* longitude -**3.** *Fam (distancia)* distance -**4. ~ de onda** wavelength; ⟦EXPR⟧ **estar en la misma ~ de onda** to be on the same wavelength
longitudinal *adj* longitudinal, lengthways
longitudinalmente *adv* lengthwise
long play ['lomplei] *(pl* **long plays***) nm* LP, album
longui, longuis *nmf* ⟦EXPR⟧ *Esp Fam* **hacerse el ~** to act dumb, to pretend not to understand
lonja *nf* -**1.** *(loncha)* slice -**2.** *Esp (de pescado)* fish market -**3.** *HIST (edificio)* (stock) exchange -**4.** *RP (tira)* thong, strap
lontananza *nf* background; **en ~** in the distance
look [luk] *(pl* **looks***) nm Fam* look; **tiene un ~ retro** it has an old-fashioned look about it; **¿qué te parece mi nuevo ~?** what do you think of my new look *o* image?
loor *nm Literario* **fue recibido en ~ de multitudes** he was welcomed by enraptured crowds
loquear *vi Am Fam* to fool around
loquera *nf Fam* -**1.** *Am (acceso de locura)* fit of madness -**2.** *Am (acción)* **hacer loqueras** to act crazy *o* like a madman -**3.** *Col (alboroto)* commotion, uproar; **se armó una ~** there was a huge commotion; **su casa es una ~** her home is a madhouse -**4.** *ver también* **loquero**
loqueras *Fam* ◇ *adj inv* loony
◇ *nmf inv* loony, *Br* nutter
loquero, -a *Fam* ◇ *nm,f* **se lo llevaron los loqueros** the men in white coats took him away
◇ *nm* -**1.** *(manicomio)* loony-bin, madhouse -**2.** *Am (alboroto)* commotion, uproar; **se armó un ~** there was a huge commotion; **su casa es un ~** her home is a madhouse
lora *nf Andes, CAm (papagayo)* parrot
lord *(pl* **lores***) nm* lord
lordosis *nf inv MED* lordosis
Lorenzo *o pr san* ~ St Lawrence
loriga *nf* -**1.** *(para soldado)* lamellar armour -**2.** *(para caballo)* armour
loro *nm* -**1.** *(animal)* parrot; ⟦EXPR⟧ *Fam* **hablar como un ~** to chatter; **enumeró la lista como un ~** she reeled off the list parrot-fashion ❏ **~ real** yellow-headed *o* yellow-crowned amazon
-**2.** *Fam (charlatán)* chatterbox
-**3.** *Esp Fam (aparato de música)* = radio and/or cassette or CD player
-**4.** *Esp Fam* ⟦EXPR⟧ **estar al ~** *(alerta)* to keep a lookout *o* an eye open; *(enterado)* to be well up (on what's happening); **si no estamos al ~, no conseguiremos entradas** if we're not quick off the mark we won't get tickets; **¿estás al ~ de lo que le ha pasado a Claudia?** are you up on what happened to Claudia?; ⟦EXPR⟧ **¡al ~!: ¡al ~!, ¿a que no sabes a quién he visto?** listen! you'll never guess who I saw; **¡al ~ con Luis, si puede te engañará!** be careful with Luis, he'll cheat you if he gets a chance!
-**5.** *Chile Fam (espía)* spy
-**6.** *Chile Fam (orinal)* bedpan
lorquiano, -a *adj* = of/relating to Federico García Lorca
los ◇ *art ver* **el**
◇ *pron ver* **lo¹**

losa nf **-1.** (piedra) paving stone, flagstone ❏ RP ~ **radiante** (calefacción) underfloor heating **-2.** (de tumba) tombstone

loseta nf floor tile

Lot n pr Lot

lota nf threebeard rockling

lote nm **-1.** (parte) (para vender, subastar) share; **han hecho varios lotes con sus muebles** they've divided their furniture into several lots **-2.** (conjunto) batch, lot; **un ~ de libros** a set of books **-3.** Esp Fam **darse** o **pegarse el ~ (con)** to neck (with), Br to snog **-4.** Am (solar) plot (of land) **-5.** CSur Fam (cantidad) **acaba de comprarse un ~ de cosas** she's just bought a whole load of stuff

loteamiento nm Bol, Urug parcelling out, division into plots

lotear vt Andes, Méx, RP to parcel out, to divide into plots

loteo nm Andes, Méx, RP parcelling out, division into plots

lotería nf **-1.** (sorteo) lottery; **jugar a la ~** to play the lottery; **le tocó la ~,** Am **se sacó la ~** she won the lottery; también Irónico **con esa novia que tiene le ha tocado** o Am **se sacó la ~** he's really hit the jackpot with that girlfriend of his; EXPR **es una ~** (es aleatorio) it's a lottery ❏ **Lotería Nacional** = state-run lottery in which prizes are allocated to randomly chosen five-figure numbers; Esp ~ **primitiva** weekly state-run lottery, Br ≃ National Lottery
-2. (tienda) = place selling lottery tickets
-3. (juego de mesa) lotto

lotero, -a nm,f lottery ticket seller

lotificación nf CAm, Méx, Perú parcelling out, division into plots

lotificar vt CAm, Méx, Perú to parcel out, to divide into plots

lotización nf Ecuad, Perú parcelling out, division into plots

lotizar vt Ecuad, Perú to parcel out, to divide into plots

loto ◇ nf Esp Fam = weekly state-run lottery, Br ≃ National Lottery
◇ nm (planta) lotus

Lourdes ['lurdes] n Lourdes

Lovaina n Louvain

loza nf **-1.** (material) earthenware; (porcelana) china **-2.** (objetos) crockery **-3.** Ven (azulejo) (glazed) tile

lozanía nf **-1.** (de plantas) luxuriance **-2.** (de persona) youthful vigour

lozano, -a adj **-1.** (planta) lush, luxuriant **-2.** (persona) full of youthful vigour

LP nm (abrev de **elepé**) LP

LSD nm (abrev de **lysergic acid diethylamide**) LSD

Luanda n Luanda

lubina nf sea bass

lubricación, lubrificación nf lubrication

lubricante, lubrificante ◇ adj lubricating
◇ nm lubricant

lubricar, lubrificar [59] vt to lubricate

lubricidad nf lewdness

lúbrico, -a adj Formal lewd, salacious

lubrificante, lubrificar etc = lubricante, lubricar etc

luca nf Fam **-1.** Arg, Chile (mil pesos) = 1,000 pesos; EXPR Chile **le importa una ~** he doesn't give a hoot o damn; EXPR Chile **ni ~: no me dio ni ~** she didn't give me a damn thing **-2.** Perú (un nuevo sol) = 1 (new) sol **-3.** Col **unas lucas** some cash o dough **-4.** Urug (un nuevo peso) = 1 (new) peso **-5.** Ven (mil bolívares) = 1,000 bolivars

Lucas n pr **san ~** St Luke

lucense ◇ adj of/from Lugo (Spain)
◇ nmf person from Lugo (Spain)

Lucerna n Lucerne

lucero ◇ nm bright star; EXPR **como un ~** as bright as a new pin ❏ ~ **del alba** morning star; ~ **de la mañana** morning star; ~ **de la tarde** evening star; ~ **vespertino** evening star
◇ nmpl **luceros** Literario (ojos) eyes

lucha nf **-1.** (combate físico) fight ❏ **la ~ armada** the armed struggle
-2. (enfrentamiento) fight; **la ~ contra el cáncer/el desempleo** the fight against cancer/unemployment; **hubo una ~ muy dura por el liderato** the leadership was bitterly contested; **fracasó en su ~ por cambiar la ley** she failed in her struggle o fight to change the law; **las luchas internas del partido** the in-fighting within the party ❏ ~ **de clases** class struggle
-3. (esfuerzo) struggle; **es una ~ conseguir que se coman todo** it's a struggle to get them to eat it all up
-4. (deporte) wrestling ❏ ~ **grecorromana** Graeco-Roman wrestling; ~ **libre** freestyle o all-in wrestling
-5. (en baloncesto) jump ball

LUCHA LIBRE

Lucha libre, or freestyle wrestling, is a very popular spectator sport in Mexico and features comical masked wrestlers who often become larger-than-life figures. In any fight there will be a goodie ("técnico") and a baddie ("rudo") and the action consists of spectacularly acrobatic leaps and throws, and pantomime violence. These wrestlers are so popular that they often feature in special wrestling magazines, as well as on television and radio. The most famous of all was "el Santo" (The Saint), who always wore a distinctive silver mask. He appeared in dozens of films and is still remembered with affection despite his death in 1984.

luchador, -ora ◇ adj **ser muy ~** to be a fighter o battler
◇ nm,f **-1.** (deportista) wrestler **-2.** (persona tenaz) fighter, battler

luchar vi **-1.** (combatir físicamente) to fight; ~ **contra** to fight (against) **-2.** (enfrentarse) to fight; ~ **contra** to fight (against); ~ **por** to fight for **-3.** (esforzarse) to struggle; **llevo todo el día luchando con esta traducción** I've been struggling o battling with this translation all day long; **tuvieron que ~ mucho para sacar a su familia adelante** they had to struggle hard to provide for their family **-4.** (en deporte) to wrestle

luche nm Chile **-1.** (alga) = type of edible seaweed **-2.** (tejo) hopscotch

lúcidamente adv lucidly

lucidez nf lucidity

lucido, -a adj **-1.** (vistoso, bello) splendid; **una ceremonia lucida** a magnificent ceremony **-2.** (saludable) healthy-looking

lúcido, -a adj (razonamiento, análisis) lucid; (decisión) well-reasoned; **es una persona muy lúcida** he's a very clear-thinking person; **el enfermo está ~** the patient is lucid at the moment

luciérnaga nf glow-worm

Lucifer n pr Lucifer

lucimiento nm **-1.** (brillo) sparkle **-2.** (de artista) **una obra pensada para el ~ de los actores** a work designed to allow the actors to shine

lucio nm pike

lución nm slowworm

lucir [39] ◇ vi **-1.** (brillar) to shine; **la montaña lucía blanca tras la nevada** the mountain glistened white in the snow
-2. (dar luz) **esta lámpara luce muy poco** this lamp isn't very bright
-3. (rendir) **no me lucían tantas horas de trabajo** I didn't have much to show for all those hours of work; **dijo que estudió mucho para el examen – pues no le ha lucido** he said he studied very hard for the exam – well, it hasn't done him much good
-4. (quedar bonito) to look good; **ese sofá luce mucho en el salón** that couch looks really good in the lounge; **luce mucho decir que hablas cinco idiomas** being able to say that you speak five languages looks really good
-5. Am (parecer) to look; **luces cansada** you seem o look tired; **luce muy joven** she looks very young

◇ vt (llevar) to wear, to sport; (exhibir) to show off, to sport; **lucía un collar de perlas** she was wearing o sporting a pearl necklace

◆ **lucirse** vpr (destacar) to shine (**en** at); **a la hora de cocinar, siempre se luce** he's a real star when he gets in the kitchen; Irónico **te has lucido** you've really excelled yourself!; Irónico **te luciste con tu pregunta** now that was a really bright question, wasn't it?

lucrar ◇ vt to win, to obtain
◆ **lucrarse** vpr to make money (for oneself)

lucrativo, -a adj lucrative; **no ~** non-profit-making

lucro nm profit, gain; **una asociación sin ánimo de ~** a non-profit-making organization, a not-for-profit organization

luctuoso, -a adj sorrowful, mournful

lucubración = elucubración

lucubrar = elucubrar

lúcuma nf egg-plum

lúcumo nm egg-plum tree

lúdico, -a adj **espacios lúdicos** play areas; **actividades lúdicas** leisure activities; **quieren fomentar el espíritu ~ en los niños** they want to encourage children to play

ludista, ludita adj también Fig Luddite

ludo nm RP ludo

ludópata nmf pathological gambling addict

ludopatía nf pathological addiction to gambling

ludoteca nf toy library

luego ◇ adv **-1.** (a continuación) **primero aquí y ~ allí** first here and then there; ~ **de** after; ~ **de hablar con ella, me volví a casa** after talking to her I went home; ~ **que** as soon as; ~ **que se levantó me llamó** he called me as soon as he had got up
-2. (más tarde) later; **te veré ~** I'll see you later; **hazlo ~** do it later; **¡hasta ~!** see you (later)!; EXPR CAm, Méx **para ~ es tarde** what are you waiting for?
-3. (en el espacio) then; **primero hay un parque y ~ la plaza** first you come to a park and then the square
-4. Chile, Méx, Ven (pronto) soon; **acaba ~, te estoy esperando** hurry up and finish, I'm waiting for you; Méx Fam **~ ~, lueguito** immediately, straight away
-5. Méx Fam (a veces) from time to time
◇ conj (así que) so, therefore; **estaba enfermo aquel día – ~ no pudo ser él** he was ill that day – it can't have been him, then; EXPR **pienso, ~ existo** I think, therefore I am

lueguito adv Am Fam later; **¡hasta ~!** see you (later)!

luengo, -a adj Anticuado o Literario long; **pasó luengos años en el anonimato** she spent many long years out of the public eye

lugano, lúgano nm siskin

lugar ◇ nm **-1.** (sitio) place; (del crimen, accidente) scene; (para acampar, merendar) spot; **encontraron una pistola en el ~ de los hechos** they found a gun at the crime scene o scene of the crime; **¿en qué ~ habré metido las tijeras?** where can I have put the scissors?; **en algún ~** somewhere; **no lo veo por ningún ~** I can't see it anywhere; **vuelve a ponerlo todo en su ~** put everything back where it belongs; **he cambiado el televisor de ~** I've moved the television; **estoy buscando un ~ donde pasar la noche** I'm looking for somewhere to spend the night; **éste no es (el) ~ para discutir eso** this is not the place to discuss that matter ❏ ~ **de anidación** nesting site; ~ **de encuentro** meeting place; ~ **de interés** place of interest; ~ **de reunión** meeting place; ~ **sagrado** sanctum; ~ **de trabajo** workplace
-2. (localidad) place, town; **las gentes del ~** the local people; **ni los más viejos del ~ recuerdan algo semejante** not even the oldest people there can remember anything like it ❏ ~ **de nacimiento** (en biografía) birthplace; (en formulario, impreso) place of birth; ~ **de residencia** (en formulario, impreso) place of residence; ~

lugareño

turístico holiday resort; **~ de veraneo** summer resort
-3. *(puesto)* position; **ocupa un ~ importante en la empresa** she has an important position in the company, she is high up in the company; **¿puedes ir tú en mi ~?** can you go in my place?; **en primer/segundo ~, quiero decir...** in the first/second place, I would like to say...; firstly/secondly, I would like to say...; **llegó en primer/segundo ~** she finished o came first/second; **en último ~, quiero decir...** lastly o last, I would like to say...; **llegó en último ~** she came last; **ponte en mi ~** put yourself in my place; **yo en tu ~** if I were you
-4. *(espacio libre)* room, space; **esta mesa ocupa mucho ~** this table takes up a lot of room o space; **aquí ya no hay ~ para más gente** there's no room for anyone else here; **hacerle ~ a algo/alguien** to make room o some space for sth/sb
-5. ~ común platitude, commonplace
-6. *(ocasión)* **dar ~ a** *(rumores, comentarios, debate, disputa)* to give rise to; *(polémica)* to spark off, to give rise to; *(catástrofe)* to lead to, to cause; *(explosión, escape)* to cause; *Am* **a como dé ~** whatever the cost, whatever it takes; *DER* **no ha ~** objection overruled; **no hay ~ a duda** there's no (room for) doubt; **sin ~ a dudas** without doubt, undoubtedly
-7. tener ~ to take place; **la recepción tendrá ~ en los jardines del palacio** the reception will be held in the palace gardens
-8. [EXPR] **dejar en buen ~:** el cantante mexicano dejó en buen ~ a su país the Mexican singer did his country proud; **dejar en mal ~: no nos dejes en mal ~ y pórtate bien** be good and don't show us up; **estar fuera de ~** to be out of place; **poner a alguien en su ~** to put sb in his/her place; **poner las cosas en su ~** to set things straight

◇ **en lugar de** *loc prep* instead of; **acudió en ~ de mí** she came in my place o instead of me; **en ~ de la sopa, tomaré pasta** I'll have the pasta instead of the soup; **en ~ de mirar, podrías echarnos una mano** you could give us a hand rather than o instead of just standing/sitting there watching

lugareño, -a ◇ *adj* village; **vino ~** local wine
◇ *nm,f* villager
lugarteniente *nm* deputy
luge *nm* DEP luge
lugre *nm* NÁUT lugger
lúgubre *adj* **-1.** *(triste, melancólico)* *(semblante, expresión)* gloomy, mournful; *(pensamiento, tono)* gloomy, sombre **-2.** *(fúnebre)* *(idea, relato)* morbid; *(voz)* sepulchral
Luis *n pr* **~ I/II** Louis I/II
Luisiana *n* Louisiana
lujo *nm* **-1.** *(fastuosidad)* luxury; **a todo ~** with no expense spared; **de ~** luxury; **un hotel de ~** a luxury hotel; **hoy contamos con un invitado de ~** we have a really special guest today; **permitirse el ~ de algo/de hacer algo** to be able to afford sth/to do sth; **no nos podemos permitir el ~ de irnos un mes de vacaciones** we can't afford to go on holiday for a month; **se permitió el ~ de criticar a su profesor** she had the gall to criticize her teacher; **~ asiático** undreamt-of opulence o luxury
-2. *(profusión)* profusion; **con todo ~ de detalles** in great detail
lujosamente *adv* luxuriously
lujoso, -a *adj* luxurious
lujuria *nf* lust
lujuriante *adj* luxuriant, lush
lujurioso, -a ◇ *adj* lecherous
◇ *nm,f* lecher
lulú *nf* Pomeranian
lumbago *nm* lumbago
lumbalgia *nf* MED lumbago
lumbar *adj* lumbar

lumbre *nf* **-1.** *(en cocina)* **encender la ~** to put the stove on; **poner algo a la ~** to put sth on the stove **-2.** *(de leña)* fire; **conversaban a la luz de la ~** they were talking in the firelight
-3. *(para cigarrillo)* **pedir ~ a alguien** to ask sb for a light; **dar ~ a alguien** to give sb a light
-4. *(luz)* glow
lumbrera *nf* **-1.** *(sabio)* genius; **su hijo es una ~ para la música** her son is a musical genius; **no es precisamente una ~** he's no genius o Einstein **-2.** TEC port ❑ **~ de admisión** inlet port; **~ de escape** exhaust port
lumen *nm* lumen
luminaria *nf* **-1.** *(luz)* light **-2.** *(en iglesia)* altar lamp **-3.** *esp Am (sabio)* luminary **-4.** *Am (persona importante)* celebrity; **a la fiesta acudieron varias luminarias de la televisión** the party was attended by several television celebrities o stars
lumínico, -a *adj* light; **energía lumínica** light energy
luminiscencia *nf* luminescence
luminiscente *adj* luminescent
luminosidad *nf* **-1.** *(por luz)* brightness, luminosity **-2.** *(por alegría)* brightness, brilliance
luminoso, -a ◇ *adj* **-1.** *(con mucha luz)* bright **-2.** *(que despide luz)* bright; **cuerpo ~** luminous body; **fuente luminosa** light source; **rótulo ~** illuminated o neon sign **-3.** *(idea)* brilliant **-4.** *(alegre)* bright
◇ *nm* illuminated o neon sign
luminotecnia *nf* lighting
luminotécnico, -a ◇ *adj* lighting; **equipo ~** lighting equipment
◇ *nm,f* lighting specialist
lumpen ◇ *adj* **-1.** *(marginado)* deprived **-2.** *(del lumpenproletariado)* lumpenproletariat
◇ *nm* **-1.** *(sector marginado)* underclass **-2.** *(lumpenproletariado)* lumpenproletariat
lumpenproletariado *nm* lumpenproletariat
lun. *(abrev de* **lunes***)* Mon
luna *nf* **-1.** *(astro)* moon; **la Luna** the Moon; **media ~** *(bandera islámica)* half moon; [EXPR] **estar en la ~** to be miles away; [EXPR] **pedir la ~** to ask the impossible; [EXPR] *Esp Fam* **se quedó a la ~ de Valencia** her hopes were dashed ❑ **~ creciente** crescent moon *(when waxing)*; **~ llena** full moon; **~ menguante** crescent moon *(when waning)*; **~ nueva** new moon
-2. *(cristal)* window (pane)
-3. *(espejo)* mirror
-4. ~ de miel *(de novios)* honeymoon; **se fueron de ~ de miel al Caribe** they went to the Caribbean for their honeymoon; **las relaciones entre los dos países atraviesan una ~ de miel** relations between the two countries are going through a honeymoon period
-5. *RP Fam (mal humor)* **estar de ~** to be in a mood, *Br* to be in a strop
lunación *nf* ASTRON lunar month, *Espec* lunation
lunar ◇ *adj* lunar
◇ *nm* **-1.** *(en la piel humana)* mole, beauty spot **-2.** *(en la piel animal)* spot **-3.** *(en telas)* spot; **a lunares** spotted **-4.** *(defecto)* minor blemish
lunarejo, -a *adj* *Andes* spotted
lunático, -a ◇ *adj* crazy
◇ *nm,f* lunatic
lunch [lantʃ] *(pl* **lunches***) nm* buffet lunch
lunes *nm inv* Monday ❑ **Lunes de Pascua** Easter Monday; *ver también* **sábado**
luneta *nf* **-1.** *(de vehículo)* *Br* windscreen, *Am* windshield ❑ **~ térmica** *Br* demister, *US* defogger; **~ trasera** rear *Br* windscreen o *US* windshield **-2.** *RP* **lunetas** *(para nadar)* goggles
lunfardo *nm* = working-class Buenos Aires slang

LUNFARDO

Lunfardo was the lower-class slang of Buenos Aires in the early years of the 20th century. It was heavily influenced by the speech of the Italian immigrants who arrived in Argentina in huge numbers around the turn of the century. Its vocabulary was popularized through the words of tango music, and many terms have entered popular speech throughout the River Plate region. Despite its humble origins, **lunfardo** is now widely regarded as a fundamental part of the cultural heritage of Buenos Aires, and an academy dedicated to its study was founded in 1962. Nowadays it survives more in the words of classic tango songs than in daily use. Nevertheless, one of the typical features of **lunfardo** persists in popular speech – the inversion of the syllables in a standard Spanish word. Thus one can hear "lorca" used instead of "calor" or "ofri" instead of "frío", and this can be applied to almost any word.

lúnula *nf (de uñas)* half-moon
lupa *nf* magnifying glass; [EXPR] **mirar algo con ~** to examine sth in minute detail
lupanar *nm Formal* brothel
lúpulo *nm* hops
lupus *nm inv* MED lupus
Lusaka *n* Lusaka
Lusitania *n* **-1.** HIST *(región)* Lusitania **-2.** *(país)* Portugal
lusitanismo *nm* = Portuguese word or expression
lusitano, -a, **luso, -a** ◇ *adj* **-1.** HIST *(de Lusitania)* Lusitanian **-2.** *(de Portugal)* Portuguese
◇ *nm,f* **-1.** HIST *(de Lusitania)* Lusitanian **-2.** *(de Portugal)* Portuguese
lustrabotas *nmf inv Andes, RP* shoeshine, *Br* bootblack
lustrada *nf Andes, RP* polish; **cobra 10 pesos (por) la ~** he charges 10 pesos for polishing o shining your shoes; **a este suelo le hace falta una ~** this floor could do with a polish
lustrador, -ora *Andes, RP nm,f* shoeshine, *Br* bootblack
lustradora *nf* floor polisher
lustramuebles *nm inv CSur* furniture polish
lustrar ◇ *vt (muebles, zapatos)* to polish
◆ **lustrarse** *vpr* **se lustró los zapatos** he polished his shoes
lustre *nm* **-1.** *(brillo)* shine; **dar ~ a** *(muebles, zapatos)* to polish **-2.** *(prestigio, esplendor)* glory; **su presencia dio ~ a la ceremonia** her presence gave an extra sparkle to the ceremony
lustrín *nm* **-1.** *Chile (cajón)* shoeshine's box **-2.** *Arg (persona)* shoeshine, *Br* bootblack
lustro *nm* five-year period; *Fig* **desde hace lustros** for ages
lustroso, -a *adj (muebles, zapatos)* shiny
lutecio *nm* QUÍM lutetium
luteranismo *nm* Lutheranism
luterano, -a ◇ *adj* Lutheran
◇ *nm,f* Lutheran
luthier [luti'e] *(pl* **luthiers***) nmf* = maker or repairer of stringed instruments
luto *nm* mourning; **estar de ~** to be in mourning; **la ciudad está de ~ por la muerte de su alcalde** the city is mourning the death of the mayor; **en los pueblos el ~ puede durar varios años** in villages the period of mourning may last several years; **las banderas ondean a media asta en señal de ~** the flags are flying at half-mast as a sign of mourning; **vestirse** o **ir de ~** to wear black *(as a sign of mourning)* ❑ **~ oficial** official mourning
lux *nm inv* FÍS lux
luxación *nf* MED dislocation
luxar ◇ *vt* to dislocate
◆ **luxarse** *vpr* to dislocate
Luxemburgo *n* Luxembourg
luxemburgués, -esa ◇ *adj* of/from Luxembourg; **un ciudadano ~** a citizen of Luxembourg, a Luxembourg citizen
◇ *nm,f* Luxembourger
luz *nf* **-1.** *(foco, energía, luminosidad)* light; *(destello)* flash (of light); **se veía una ~ a lo lejos** a light could be seen in the distance; **estas farolas dan poca ~** these streetlights don't shine very brightly o aren't very bright; **esta habitación tiene mucha ~** you get a lot of sunlight in this room; **ya no hay ~ a esas horas** it's no longer light at that time of day, the light

has gone by that time of day; **apagar la ~** to switch off the light; **encender** *o Esp* **dar** *o Am* **prender la ~** to switch on the light; **la habitación estaba a media ~** *(con luz natural)* it was almost dark in the room; *(con luz artificial)* the room was dimly lit; **ponlo a la ~, que lo veamos mejor** hold it up to the light so we can see it better; **con las primeras luces** *(al amanecer)* at first light; **quitarle la ~ a alguien** *(ponerse en medio)* to block sb's light; **leer a la ~ de una vela** to read by the light of a candle; **una cena a la ~ de las velas** a candlelit dinner; *Fig* **a la ~ de** *(los hechos, los acontecimientos)* in the light of; **a plena ~ del día** in the full light of day; **arrojar ~ sobre** to shed light on; **a todas luces** whichever way you look at it; **dar a ~ (un niño)** to give birth (to a child); EXPR **con ~ y taquígrafos** with absolute transparency; EXPR **dar ~ verde (a)** to give the green light *o* the go-ahead (to); EXPR **entre dos luces** *Literario (entre el día y la noche)* at twilight; *Literario (entre la noche y el día)* at first light; *Fam Fig (achispado)* tipsy; EXPR **sacar algo a la ~** *(revelar)* to bring sth to light; *(publicar)* to bring sth out, to publish sth; EXPR **salir a la ~** *(descubrirse)* to come to light; *(publicarse)* to come out; EXPR *RP Fam* **ser una ~** to be a bright spark; EXPR **ver la ~** *(publicación, informe)* to see the light of day; *(tras penalidades)* to see the light at the end of the tunnel ❏ **~ blanca** white light; **~ cenital** light from above; **~ del día** daylight; **~ de discoteca** strobe light; **~ eléctrica** electric light; **~ de luna** moonlight; *RP* **~ mala** will-o'-the-wisp; **~ natural** *(del sol)* natural light; **~ de neón** neon light; **~ del sol** sunlight; **~ solar** sunlight

 -2. *(electricidad)* electricity; **cortar la ~ a alguien** to cut off sb's electricity supply; **se ha ido la ~** the lights have gone out; **pagar (el recibo de) la ~** to pay the electricity (bill)

 -3. luces *(de automóvil)* lights; **darle las luces a alguien** to flash (one's lights) at sb; **dejarse las luces del coche puestas** to leave one's lights on ❏ *Am* **luces altas: poner las luces altas** to put one's headlights on *Br* full *o US* high beam; *Am* **luces bajas** *Br* dipped headlights, *US* low beams; **luces de carretera:** **poner las luces de carretera** to put one's headlights on *Br* full *o US* high beam; **luces cortas** *Br* dipped headlights, *US* low beams; **luces de cruce** *Br* dipped headlights, *US* low beams; **luces de emergencia** *Br* hazard (warning) lights, *US* emergency lights; **luces de frenado** brake lights; **luces de freno** brake lights; **luces de gálibo** clearance lights; *Arg* **~ de giro** *Br* indicator, *US* turn signal; **luces largas: poner las luces largas** to put one's headlights on *Br* full *o US* high beam; **~ de marcha atrás** reversing light; **luces de navegación** navigation lights; **luces de niebla** fog lamps *o* lights; **luces de posición** sidelights; **luces de señalización** traffic lights; **luces de situación** sidelights; **luces de tráfico** traffic lights; **luces traseras** *Br* rear lights, *US* tail-lights

 -4. luces *(inteligencia)* intelligence; **es de** *o* **tiene pocas luces** he's not very bright

 -5. HIST **las Luces** the Enlightenment

 -6. *(modelo, ejemplo)* **Alá es la ~ que dirige nuestras vidas** Allah is our guiding light

 -7. ARQUIT *(ventana)* window; *(ancho de ventana)* span

luzco *etc ver* **lucir**

lycra® *nf* Lycra®

Lyon *n* Lyons, Lyon

M m

M, m ['eme] *nf* **-1.** *(letra)* M, m **-2.** EXPR *Fam Euf* **lo mandé a la m** I told him where to go

M *(abrev de* **martes)** Tues

m -1. *(abrev de* **metro)** m **-2.** *(abrev de* **millón)** m

M-19 *nm (abrev de* **Movimiento 19 de Abril)** = Colombian political party founded by left-wing guerrillas

Maastricht ['mastritʃ] *n* Maastricht

maca *nf* **-1.** *(de fruta)* bruise **-2.** *(de objetos)* flaw

macá *nf* pied-billed grebe

macabeo, -a *adj Fam* **un rollo ~** *(una mentira)* a ridiculous spiel; **ser un rollo ~** *(un aburrimiento)* to be a real bore *o* drag

macabí *(pl* **macabíes)** *nm Carib, Col* banana fish

macabro, -a *adj* macabre

macacada *nf Urug Fam* **hacer macacadas** to clown around

macaco, -a ◇ *adj Chile, Cuba, Méx Fam (feo)* ugly, misshapen
◇ *nm,f* **-1.** *(animal)* macaque **-2.** *Fam (niño) (insulto)* brat; *(apelativo cariñoso)* kid **-3.** *Urug Fam (diablillo)* little monkey

macadam *(pl* **macadams), macadán** *(pl* **macadanes)** *nm* macadam

macagua *nf* **-1.** *(ave)* laughing falcon **-2.** *(serpiente)* Columbian lance head **-3.** *Cuba (árbol)* breadfruit tree

macal, macale *nm Méx* cocoyam, yautia

macán *nm Ven Fam (alboroto)* fuss, uproar

macana *nf* **-1.** *Andes, Carib, Méx (garrote)* wooden *Br* truncheon *o US* billy club
-2. *Méx, Ven* HIST *(machete)* = wooden club used as weapon by Indians
-3. *CAm, Cuba (azada)* hoe
-4. *CSur, Perú, Ven Fam (disparate)* stupid thing; **siempre dice macanas** he's always talking nonsense *o Br* rubbish; **no hagas macanas** don't do anything crazy *o* hot-headed; **me temo que haga una ~** I'm afraid he might do something desperate
-5. *Andes, RP, Ven Fam (fastidio)* pain, drag; **¡qué ~, acaba de empezar a llover!** what a pain *o* drag, it's just started raining!
-6. *Andes, RP, Ven Fam (pena)* shame; **¡qué ~!** what a shame!

macaneador, -ora *nm,f CSur Fam* **es un ~** he's always talking nonsense

macanear *Fam* ◇ *vt CSur, Ven (hacer mal)* to botch, to do badly
◇ *vi CSur (decir tonterías)* to talk nonsense; *(hacer tonterías)* to be stupid

macaneo *nm CSur Fam* **-1.** *(disparate)* stupid thing **-2.** *(broma)* joke

macanudo, -a *Fam* ◇ *adj* **-1.** *Andes, RP (bueno)* great, terrific; **tu vecino nuevo es ~** your new neighbour is dead nice **-2.** *Ecuad, Ven (sobresaliente)* ace **-3.** *Andes, Ven (grande, fuerte)* **es un tipo ~** he's a great hulk of a man
◇ *interj Andes, RP* great!, terrific!; **¿vamos al cine mañana? – ¡~!** shall we go to the cinema tomorrow? – that's a great idea!

Macao *n* Macao

macao *nm Cuba* hermit crab

macaquear *vi CSur Fam* to clown around

macarra *Esp Fam* ◇ *adj* **-1.** *(matón)* loutish, *Br* yobbish **-2.** *(vulgar)* flashy; **conduce un coche muy ~** he drives a really tasteless flashy car
◇ *nm* **-1.** *(de prostitutas)* pimp **-2.** *(matón)* lout, *Br* yob **-3.** *(vulgar)* flash Harry

macarrón *nm* **-1. macarrones** *(pasta)* macaroni **-2.** *(dulce)* macaroon **-3.** *(tubo)* sheath *(of cable)*

macarrónico, -a *adj Fam* **tiene un inglés ~** his English is atrocious

macarse *vpr* to go bad

macartismo *nm* McCarthyism

Macedonia *n* **-1.** HIST Macedonia **-2.** *(país)* Macedonia; **Antigua República Yugoslava de ~** Former Yugoslavian Republic of Macedonia, FYROM

macedonia *nf* **-1.** *(de frutas)* fruit salad **-2.** *(de verduras)* mixed vegetables

macedonio, -a ◇ *adj* **-1.** HIST Macedonian **-2.** *(del país)* Macedonian
◇ *nm,f (persona)* **-1.** HIST Macedonian **-2.** *(del país)* Macedonian
◇ *nm (lengua)* Macedonian

macegual, macehual *nm Méx* = Indian from the lowest social class during the Spanish conquest

maceración *nf* **-1.** *(golpeando)* tenderizing **-2.** *(en líquido)* soaking, maceration

macerar *vt* **-1.** *(golpeando)* to tenderize **-2.** *(en líquido)* to soak, to macerate

macero *nm* mace-bearer

maceta *nf* **-1.** *(tiesto)* flowerpot **-2.** *(herramienta)* mallet **-3.** *Chile (ramo)* bouquet **-4.** *Méx Fam (cabeza)* nut

macetero *nm* flowerpot holder

macetudo, -a *adj RP Fam* **una mujer macetuda** a woman with fat ankles

mach *nm* FÍS mach

macha *nf* Chilean wedge clam

machaca[1] *Esp Fam* ◇ *adj (pesado)* boring; **música ~** really annoying music
◇ *nmf* **-1.** *(pesado)* pain, bore; **música ~** really annoying music **-2.** *(trabajador)* **es un ~** he's a real workhorse; **trabaja de ~ en un almacén** he works as a general dogsbody in a warehouse

machaca[2]**, machacado** *nm (plato)* = Mexican dish of ground dried beef, onion, tomato, chilli and egg

machacador, -ora *adj* crushing

machacadora *nf* crusher

machacar [59] ◇ *vt* **-1.** *(desmenuzar)* to crush
-2. *Fam (ganar)* to thrash
-3. *Fam (destrozar)* **estas gafas me están machacando la vista** these glasses are ruining *o Br* knackering my eyesight; **la caminata me ha machacado** I'm beat *o Br* knackered after that walk
-4. *Esp Fam (estudiar) Br* to swot up on, *US* to bone up on
-5. *Esp Fam (insistir sobre)* to go on and on about; **sigue machando las mismas ideas** she keeps on trotting out the same old ideas
-6. *(en baloncesto)* to dunk
◇ *vi* **-1.** *Esp Fam (insistir)* to go on and on (**sobre** about) **-2.** *(en baloncesto)* to dunk
◆ **machacarse** *vpr* **-1.** *(chafarse)* to crush; **se machacó el pie en el accidente** her foot got crushed in the accident; **me machaqué un dedo con el martillo** I banged my finger with the hammer
-2. *Fam (esforzarse)* to slog one's guts out; **me machaqué para preparar el examen** I slogged my guts out getting ready for the exam
-3. *muy Fam* **machacársela** *(masturbarse)* to beat one's meat; EXPR **por mí, como si se la machaca** I couldn't give a shit *o Br* toss (about him)

machacón, -ona *Fam* ◇ *adj* tiresome
◇ *nm,f* pain, bore

machaconamente *adv Fam* **me lo repitió ~** she kept on and on about it

machaconería *nf Fam* annoying insistence; **su ~ me tiene harto** I'm fed up with the way she just won't let it drop

machada *nf Fam* act of bravado; **hizo la ~ de subir todas las cajas él solito** he tried to show what a he-man he is by carrying all the boxes up himself

machamartillo: a machamartillo *loc adv* very firmly; **creer algo a ~** to be firm in one's belief of sth

machaque *nm (en baloncesto)* dunk

machaqueo *nm* **-1.** *(trituración)* crushing, pounding **-2.** *Fam (insistencia)* **estaba harto de tanto ~ sobre el tema** I was sick of them going on and on *o Br* banging on about the subject

machazo, -a *adj RP Fam* **tuvo una enfermedad machaza** she was dead ill; **hace un calor ~** it's dead hot; **tiene una suerte machaza** he's dead lucky, *Br* he's a jammy sod

maché *adj* **papel ~** papier-mâché

machetazo *nm* **-1.** *(golpe)* machete blow **-2.** *(herida)* machete wound

machete[1] ◇ *adj Ven Fam* **-1.** *(valiente)* **ser ~** to have guts **-2.** *(estupendo)* ace
◇ *nm* **-1.** *(arma)* machete **-2.** *Ven Fam (valiente)* **ser un ~** to have guts **-3.** *Ven Fam (amigo) Br* mate, *US* buddy **-4.** *Arg Fam (chuleta)* crib note

machete[2]**, -a** *adj RP Fam* scrooge, stingy so-and-so

machetear ◇ *vt* **-1.** *(cortar)* to cut (with a machete) **-2.** *RP Fam (escatimar)* to skimp on
◇ *vi* **-1.** *Méx Fam (trabajar duro)* to slog away; **hay que ~ mucho para salir adelante** it's a real slog just to get by **-2.** *Méx Fam (estudiar)* to study hard, *Br* to swot **-3.** *RP Fam (ser tacaño)* to be stingy

machetero, -a *nm,f* **-1.** *(cortador de caña)* cane-cutter **-2.** *Méx Anticuado (trabajador) (en el campo)* farm labourer; *(cargador)* porter; *(en puerto)* stevedore **-3.** *Méx Fam (estudiante)* swot

máchica *nf Perú* roasted cornmeal

machihembrado *nm* tongue and groove

machismo *nm* male chauvinism, machismo

machista ◇ *adj* male chauvinist
◇ *nmf* male chauvinist

machito *nm Méx (tapa)* = snack of fried offal

macho, -a ◇ *adj* **-1.** *(del sexo masculino)* male; **un hipopótamo ~** a male hippopotamus **-2.** *Fam (hombre)* macho; **es muy ~** he's a real man **-3.** *RP, Ven Fam (valiente)* brave **-4.** *RP, Ven Fam (fuerte, resistente)* industrial-strength; **un galpón ~** an industrial-strength shed **-5.** *RP, Ven Fam (importante, de peso)* major, serious; **un problema ~** a major *o* serious problem
◇ *nm* **-1.** *(animal, planta)* male ❑ **~ cabrío** billy goat **-2.** *(mulo)* (male) mule **-3.** *Fam (hombre)* macho man, he-man **-4.** *(enchufe)* male plug, jack plug; *(pata de enchufe)* pin **-5.** EXPR *Fam* **atarse** *o* **apretarse los machos** to brace oneself

machón *nm* ARQUIT buttress

machona *RP Fam* ◇ *adj* mannish
◇ *nf* (marimacho) (niña) tomboy; (mujer) butch woman

machonga *nf Col* -1. (de cobre) copper pyrite -2. (de hierro) iron pyrite

machorra *adj* (oveja) sterile

machote, -a ◇ *adj Fam* brave; **dárselas de ~** to act like a he-man
◇ *nm,f Fam* (niño) big boy, *f* big girl
◇ *nm CAm, Méx* (modelo) rough draft

machucadura *nf* (en fruta) bruise

machucar [59] *vt* -1. (golpear) to pound, to beat -2. (magullar) to bruise

Machu Picchu, Machu Pichu *n* Machu Picchu

macilento, -a *adj* (rostro) wan, pale; (luz) wan; (piel) pale

macillo *nm* (de instrumento musical) hammer

macis *nf inv* mace

macizo, -a ◇ *adj* -1. (sólido) solid; **una pulsera de oro ~** a solid gold wristwatch -2. *Fam* (atractivo) **estar ~** (hombre) to be hunky; (mujer) to be gorgeous; **¡maciza!** (piropo) fwoar!, hello gorgeous!
◇ *nm* -1. (montañoso) massif -2. (de plantas) flower-bed -3. (en pared) section

macla *nf* GEOL macle

macón, -ona, macote *adj Col* huge, very big

macramé *nm* macramé

macro ◇ *nm* FOT macro
◇ *nf* INFORMÁT macro

macro- *pref* macro-

macró *nm Fam* pimp

macrobiótica *nf* macrobiotics (singular)

macrobiótico, -a *adj* macrobiotic

macrocárcel *nf* super-prison

macrocefalia *nf* MED macrocephaly

macrocéfalo, -a *adj* macrocephalic, macrocephalous

macroconcierto *nm* big concert

macrocosmo *nm*, **macrocosmos** *nm inv* macrocosm

macroeconomía *nf* macroeconomics (singular)

macroeconómico, -a *adj* macroeconomic

macroencuesta *nf* large-scale opinion poll

macrófago *nm* BIOL macrophage

macrofestival *nm* = large open-air music festival

macrofotografía *nf* macrophotography

macroinstrucción *nf* INFORMÁT macro(instruction)

macromolécula *nf* macromolecule

macroproceso *nm* super-trial (of important case with many defendants)

macroscópico, -a *adj* macroscopic

macuarro *nm Méx Fam Pey* builder

macuco, -a, macucón, -ona *adj Chile Fam* (astuto) sly, crafty

mácula *nf* -1. *Formal* (mancha) blemish; **tiene un pasado sin ~** she has a spotless o unblemished past -2. ASTRON sunspot -3. ANAT macula ❑ **~ lútea** macula lutea

macuto *nm* backpack

Madagascar *n* Madagascar

madam, madama *nf* -1. *Fam* (en prostíbulo) madam -2. *Urug* (comadrona) midwife

Madeira *n* Madeira

madeira *nm* (vino) Madeira

madeja *nf* hank, skein; EXPR *Fam* **enredar** o **liar la ~** to complicate matters

madera *nf* -1. (en árbol) wood; (en carpintería) timber, *US* lumber; **~ de pino** pine; **~ de caoba** walnut; **de ~** wooden; EXPR *RP Fam* **ser de ~** to be slow on the uptake; EXPR *Fam* **tocar ~** *Br* to touch wood, *US* to knock on wood ❑ **~ contrachapada** plywood; **~ noble** fine wood; **~ policromada** polychrome wood
-2. (tabla) piece of wood; **atrancaron la puerta con dos maderas** they barred the door with two planks of wood
-3. (cualidades) **tener ~ de algo** to have the makings of sth; **tener ~ para algo** to have what it takes for sth
-4. (palo de golf) wood; **una ~ del 5** a 5 wood
-5. (en orquesta) **la ~** the woodwind instruments
-6. *Esp muy Fam* (policía) **la ~** the pigs

maderable *adj* timber-yielding, *US* lumber-yielding

maderaje, maderamen *nm* CONSTR timbers

maderería *nf* timberyard, *US* lumberyard

maderero, -a ◇ *adj* timber, *US* lumber; **industria maderera** timber o *US* lumber industry
◇ *nm,f* timber o *US* lumber merchant

madero *nm* -1. (tabla) (piece of) timber o *US* lumber -2. *Esp muy Fam* (agente de policía) pig

madona, madonna *nf* Madonna; EXPR *Arg* **¡a la ~!** (sorpresa) what a nice surprise!

madrás *nm inv* (tejido) madras

madrastra *nf* stepmother

madraza *nf Fam* = indulgent or doting mother

madrazo *nm Méx* hard blow; **se dio un ~** he banged himself; **un ~ a los derechos humanos** a severe blow to human rights

madre *nf* -1. (mujer) mother; **es ~ de tres niños** she's a mother of three; **Alicia va a ser ~** Alicia's going to have a baby; *Fam* **¡~ mía!, ¡mi ~!** Jesus!, Christ!; *Fam* **¡~ mía, cómo llueve!** Jesus o Christ, it's pouring down!; *Fam* **¡mi ~! ¿y ahora qué vamos a hacer?** oh my God, what are we going to do now? ❑ **~ adoptiva** foster mother; **~ de alquiler** surrogate mother; **~ biológica** natural mother; **la ~ naturaleza** Mother Nature; **la ~ patria** the motherland; *Am* (España) Spain; **~ política** mother-in-law; **~ soltera** single mother; **la ~ tierra** earth mother
-2. (hembra) mother; **la ~ cuida de los cachorros** the mother looks after the pups
-3. (religiosa) mother; **la ~ Teresa** Mother Teresa ❑ **~ superiora** mother superior
-4. (origen) source; **la pobreza extrema es la ~ de todos los males de la región** extreme poverty is the source of all the region's problems
-5. (cauce) bed; **salirse de ~** (río) to burst its banks; (persona) to go too far
-6. EXPR *Fam* **eran ciento y la ~** everybody and his dog o the world and his wife were there; *Fam* **ser la ~ del cordero** to be at the very root of the problem; *Méx Fam* **dar a alguien en la ~** to kick sb's head in; *Méx Fam* **de a ~:** **estoy aburrido de a ~** I'm fed up to the back teeth; **su casa está sucia de a ~** her house is a tip o pigsty; **me cae de a ~** I hate his guts; *Méx Fam* **echar madres** to swear, *Br* to eff and blind; *Méx muy Fam* **¡en la ~!** *Br* bloody hell!, *US* goddamn!; *Méx Fam* **estar hasta la ~** (lleno) to be jam-packed; *Méx Fam* **ir hecho ~** to bomb along; *Fam* **nombrar** o **mentar la ~ a alguien** = to insult someone by referring to their mother; *Méx Fam* **ni ~:** **no oye ni ~** she can't hear a damn thing; *Méx Fam* **¡ni madres!** no way!; *Am muy Fam* **no tener ~** to be a shameless bastard; *muy Fam* **¡la ~ que te parió!** you bastard!; *Esp Fam* **¡viva la ~ que te parió!** (en concierto, corrida de toros) we love you!; *Méx Fam* **estar de poca ~** to be great o fantastic; *Méx Fam* **ser de poca ~** to be great o fantastic; *Méx Fam* **tener poca ~** to be a swine; *Méx Fam* **ser a toda ~** to be a really great o nice person; *Fam* **ser una ~ para alguien** to be like a mother to sb; *Fam* **ser una ~ haciendo algo** *Chile* (bueno) to be a whizz at sth; *RP* (malo) to be useless at sth; *Méx muy Fam* **me vale ~** I couldn't give a damn o *Br* a toss

LAS MADRES DE LA PLAZA DE MAYO

The group now known as the **Madres de la Plaza de Mayo** started in Buenos Aires in April 1977, as the response of a group of mothers whose children had been illegally detained by military or paramilitary forces before and after the military coup of 24 March 1976. They could not find their children in prisons or police stations, and when they discovered how many of them there were, they started their silent weekly protest in the Plaza de Mayo, in front of the "Casa Rosada" (National Palace). Their distinctive symbol is a white headscarf, and since 1982 they have carried life-size placards with the outline of their missing children. Their persistence has won them international recognition, and they have developed into a grass-roots political organization in their own right.

madrear *vt Méx Fam* -1. (golpear) **~ a alguien** to knock the hell out of sb -2. (estropear) to bust, to jigger

madreperla *nf* (ostra) pearl oyster; (nácar) mother-of-pearl

madrépora *nf* -1. (celentéreo) madrepore -2. (polípero) coral reef

madreselva *nf* honeysuckle

Madrid *n* Madrid; EXPR *Esp Fam Hum* **pareces de ~** shut that door, will you?, were you born in a stable o barn?

madridismo *nm* DEP (apoyo) = support for Real Madrid Football Club; (seguidores) = Real Madrid Football Club supporters

madridista *adj* DEP = of/relating to Real Madrid football club

madrigal *nm* -1. LIT madrigal -2. MÚS madrigal

madriguera *nf* -1. (de animal) den; (de conejo) burrow, rabbit hole -2. (escondrijo) den

madrileño, -a ◇ *adj* of/from Madrid
◇ *nm,f* person from Madrid

Madriles *nmpl Esp Fam* **los ~** Madrid

madrina *nf* -1. (de bautizo) godmother -2. (de boda) ≃ matron of honour -3. (de confirmación) sponsor -4. (de barco) = woman who launches a ship -5. *Am* (animal) tame older animal (used when driving or breaking in younger animals); (manada) herd of tame older animals

madriza *nf Méx Vulg* (paliza) **le dieron una ~** they kicked the shit out of him

madroñal *nm* strawberry-tree grove

madroño *nm* -1. (árbol) strawberry tree -2. (fruto) strawberry-tree berry

madrugada *nf* -1. (amanecer) dawn; **de ~** at dawn -2. (noche) early morning; **las tres de la ~** three in the morning; **la fiesta duró hasta la ~** the party went on into the early hours of the morning; **la programación de ~** (en televisión, radio) the late-night programmes -3. (acción) **me tuve que dar una ~ para llegar a tiempo** I had to get up early to get there on time

madrugador, -ora ◇ *adj* early-rising; **es muy ~** he's a very early riser
◇ *nm,f* early riser

madrugar [38] ◇ *vi* -1. (levantarse temprano) to get up early; PROV **no por mucho ~ amanece más temprano** time must take its course; PROV **al que madruga, Dios le ayuda** the early bird catches the worm -2. (anticiparse) to be quick off the mark -3. (ocurrir pronto) **los goles madrugaron** it wasn't long before the goals started flowing
◇ *vt Am Fam* to beat to it; **nos madrugaste, te íbamos a hacer la misma sugerencia** you beat us to it, we were going to make the same suggestion to you

madrugón *nm Fam* early rise; **darse** o **pegarse un ~** to get up dead early

madrugonazo *nm Ven Fam* military coup

maduración *nf* -1. (de fruta) ripening -2. (de persona) maturing; **una experiencia que contribuye a la ~ de la persona** an experience which helps a person attain maturity -3. (de idea, proyecto) **la ~ del proyecto llevará tiempo** it will take time for the project to take proper shape

madurar ◇ *vt* -1. (fruto) to ripen -2. (persona) to mature -3. (idea, proyecto) to think through
◇ *vi* -1. (fruto) to ripen -2. (persona) to mature -3. (idea, proyecto) to take proper shape; **cuando haya madurado un poco**

más tomaremos una decisión when it has developed a bit further we'll take a decision

madurez *nf* **-1.** *(de fruto)* ripeness **-2.** *(de persona) (sensatez, juicio)* maturity **-3.** *(edad adulta)* adulthood; **a los veinte años había alcanzado ya la ~ artística** by the age of twenty she had already matured *o* grown up as an artist

maduro, -a *adj* **-1.** *(fruto)* ripe **-2.** *(persona) (sensata)* mature **-3.** *(persona) (adulta)* mature, older; **le gustan los hombres maduros** she likes mature *o* older men; **una mujer de edad madura** a middle-aged woman **-4.** *(idea, proyecto)* thought through; **este poema aún no está ~ para ser publicado** this poem isn't ready for publication yet

maese *nm* Anticuado Master

maestranza *nf* MIL **-1.** *(talleres)* arsenal **-2.** *(obreros)* arsenal workers

maestrazgo *nm* HIST = office and territory of the master of a military order

maestre *nm* MIL master

maestresala *nmf* head waiter, maître d'hôtel

maestría *nf* **-1.** *(habilidad)* mastery, skill; **pinta con gran ~** she's a very skilful painter **-2.** *Am (título)* master's degree

maestrillo *nm* EXPR **cada ~ tiene su librillo** everyone has their own way of doing things

maestro, -a ◇ *adj* **-1.** *(excelente)* masterly; **una obra ~ de la literatura universal** one of the masterpieces of world literature **-2.** *(principal)* main; **llave maestra** passkey, master key; **viga maestra** main beam
◇ *nm,f* **-1.** *(profesor)* teacher ❑ **~ de escuela** schoolmaster, *f* schoolmistress; *Col, RP* **maestra jardinera** kindergarten *o* nursery school teacher
-2. *Méx (en universidad) Br* lecturer, *US* professor
-3. *(experto)* master; **un ~ de la cocina francesa** a master of French cuisine
-4. *(en oficio)* master; **~ carpintero/albañil** master carpenter/builder
-5. MÚS maestro
-6. *(director)* **~ de ceremonias** master of ceremonies; **~ de obras** foreman
-7. TAUROM matador
◇ *nm Am (apelativo) Br* mate, *US* buddy; **¿qué tal está, ~?** how's it going *Br* mate *o US* buddy?; **¿cuánto le debo, ~?** what do I owe you *Br* mate *o US* buddy?

mafia *nf* **-1. la Mafia** *(italiana)* the Mafia **-2.** *(de criminales)* mafia **-3.** *(de profesionales)* **una ~ literaria** a literary mafia

mafioso, -a ◇ *adj* mafia; **organización mafiosa** mafia organization
◇ *nm,f* **-1.** *(italiano)* Mafioso **-2.** *(criminal)* crook

mafufada *nf Méx Fam* weird nonsense; **¿qué mafufadas dices?** what's that nonsense you're saying?

mafufo, -a *adj Méx Fam* weird; **está todo ~** he's in a really weird state

magacín = magazine

Magallanes *n pr* Magellan

magallánico, -a ◇ *adj* of/from Magallanes *(Chile)*
◇ *nm,f* person from Magallanes *(Chile)*

maganzón, -ona *adj Col, CRica Fam* lazy, idle

magazine, magacín *nm* **-1.** *(revista)* magazine **-2.** *(programa)* magazine programme

magdalena *nf* = small sponge cake; EXPR **llorar como una ~** to cry one's eyes out

magdaleniense ◇ *adj* Magdalenian
◇ *nm* **el Magdaleniense** the Magdalenian

magenta ◇ *adj inv* magenta
◇ *nm* magenta

magia *nf* **-1.** *(sobrenatural)* magic ❑ **~ blanca** white magic; **~ negra** black magic **-2.** *(trucos)* magic, conjuring; **hacer ~** to do conjuring *o* magic tricks; **un número de ~** a conjuring *o* magic trick **-3.** *(encanto)* magic; **la ~ del cine** the magic of the silver screen

magiar ◇ *adj* Magyar
◇ *nmf (persona)* Magyar
◇ *nm (lengua)* Magyar

mágicamente *adv* as if by magic

mágico, -a *adj* **-1.** *(de la magia)* magic **-2.** *(maravilloso)* magical; **fue un momento ~** it was a magical moment

magisterio *nm* **-1.** *(profesión)* teaching profession; **ejerció el ~ durante cuarenta años** he was a teacher for forty years; **el ~ español** Spanish teachers **-2.** *(estudios)* teaching degree; **estudiar ~** to do teacher training, to study to be a teacher **-3.** *(enseñanza)* teaching; **su ~ dejó una huella profunda en varias generaciones de estudiantes** her teaching had a profound influence on several generations of students

magistrado, -a *nm,f (juez)* judge

magistral *adj* **-1.** *(de maestro)* magisterial **-2.** *(excelente)* masterly

magistralmente *adv* masterfully

magistratura *nf* DER **-1.** *(oficio)* judgeship; **ejerce la ~ desde hace cinco años** he has been a judge for five years **-2.** *(periodo)* term of office as a judge **-3. la ~** *(jueces)* the magistrature **-4.** *(tribunal)* tribunal; **llevar a alguien a ~** to take sb to court ❑ *Esp* **~ de trabajo** industrial tribunal

magma *nm* **-1.** *(rocas fundidas)* magma **-2.** *(sustancia informe)* shapeless mass **-3.** *(mezcla confusa)* muddle; **la ciudad es un ~ de culturas** the city is a cultural melting-pot

magmático, -a *adj* volcanic, *Espec* magmatic

magnanimidad *nf* magnanimity

magnánimo, -a *adj* magnanimous

magnate *nm* magnate, tycoon ❑ **~ del petróleo** oil baron; **~ de la prensa** press baron *o* magnate

magnavoz *nm Méx* **-1.** *(bocina)* megaphone **-2.** *(con micrófono) Br* loudhailer, *US* bullhorn

magnesia *nf* QUÍM magnesia, magnesium oxide

magnesio *nm* QUÍM magnesium

magnético, -a *adj* **-1.** *(del imán)* magnetic **-2.** *(atractivo)* magnetic

magnetismo *nm* **-1.** *(del imán)* magnetism ❑ **~ terrestre** geomagnetism **-2.** *(atractivo)* magnetism ❑ **~ personal** charisma

magnetita *nf* GEOL magnetite

magnetización *nf* magnetization

magnetizar [14] *vt* **-1.** FÍS to magnetize **-2.** *(fascinar)* to mesmerize

magneto *nm o nf* magneto

magnetofón = **magnetófono**

magnetofónico, -a *adj (cinta)* magnetic

magnetófono, magnetofón *nm* tape recorder

magneto-óptico *adj* INFORMÁT magneto-optical

magnetoscopio *nm* video (cassette) recorder

magnetosfera *nf* magnetosphere

magnetrón *nm* ELEC magnetron

magnicida *nmf* assassin

magnicidio *nm* assassination

magníficamente *adv* magnificently; **me parece ~ que te vayas de vacaciones** I think it's a splendid idea for you to go on holiday

magnificar [59] *vt* **-1.** *(exagerar)* to exaggerate, to magnify **-2.** *(ensalzar)* to praise highly **-3.** *Am (aumentar)* to magnify

magníficat *nm* Magnificat

magnificencia *nf Literary* **-1.** *(grandiosidad)* magnificence **-2.** *(generosidad)* munificence

magnífico, -a *adj* **-1.** *(muy bueno)* *(idea, invento, oportunidad)* wonderful, magnificent; **una habitación con magníficas vistas al mar** a room with a magnificent view of the sea; **tus amigos son una gente magnífica** your friends are wonderful; **llegaré a las ocho – ¡~!** I'll be there at eight – splendid!
-2. *(grandioso, espléndido)* great, fantastic; **¡con esa falda estás magnífica!** you look great *o* fantastic in that skirt!
-3. *(tratamiento)* Honourable; **el Rector Magnífico de la Universidad** the Honourable Chancellor of the University

magnitud *nf* **-1.** *(tamaño, importancia)* magnitude; **la ~ de la crisis forzó a dimitir al presidente** the magnitude *o* severity of the crisis forced the president to resign; **todavía no se conoce la ~ de los daños** the extent *o* scale of the damage is still not known; **un problema de primera ~** a major problem **-2.** MAT & FÍS magnitude **-3.** ASTRON magnitude; **una estrella de primera/segunda ~** a first/second magnitude star

magno, -a *adj Literario* great, major; **un ~ acontecimiento** a major event

magnolia *nf* magnolia

magnolio *nm* magnolia (tree)

mago, -a *nm,f* **-1.** *(prestidigitador)* magician **-2.** *(en cuentos, leyendas)* wizard **-3.** *(persona habilidosa)* wizard; **un ~ de las finanzas** a financial wizard

magra *nf* **-1.** *(lonja)* slice **-2.** *(magro)* lean pork

magrear *Esp muy Fam* ◇ *vt* to touch up
◆ **magrearse** *vpr Br* to snog, *US* to neck

Magreb *nm* **el ~** the Maghreb, = Morocco, Algeria and Tunisia

magrebí *(pl* **magrebíes** *o* **magrebís)** ◇ *adj* Maghrebi
◇ *nmf* Maghrebi

magreo *nm Esp muy Fam* touching up

magro, -a ◇ *adj* **-1.** *(carne)* lean **-2.** *Literario (persona)* lean
◇ *nm Esp* lean pork

maguey, magüey *nm* maguey

magullado, -a *adj* bruised

magulladura *nf* bruise

magullar *vt* **-1.** *(persona)* to bruise **-2.** *(fruta)* to bruise
◆ **magullarse** *vpr* **me magullé la pierna** I bruised my leg

magullón *nm Am* bruise

maharajá [maraˈxa] *nm* maharajah

maharaní [maxaraˈni] *(pl* **maharaníes)** *nm* maharani

Mahoma *n pr* Mohammed

mahometano, -a ◇ *adj* Muslim
◇ *nm,f* Muslim

mahometismo *nm* Mohammedanism, Islam

mahón *nm (tela)* nankeen

mahonesa *nf* mayonnaise

mai *m Fam* joint

maiceado, -a *Ven Fam* ◇ *adj Br* well-fed, *US* corn-fed
◇ *nm,f* = well-fed person or animal

maicena *nf Br* cornflour, *US* cornstarch

maicería *nf Cuba, Méx Br* maize shop, *US* corn shop

maicero, -a ◇ *adj* **-1.** *Am (animal) Br* maize-fed, *US* corn-fed **-2.** *Am (región, sector) Br* maize-growing, *US* corn-growing
◇ *nm* oriole
◇ *nm,f Am Br* maize grower, *US* corn grower

maicillo *nm* **-1.** *(planta)* = type of sorghum **-2.** *Chile (arena)* gravel

mail ['mail, 'meil] *(pl* **mails)** *nm* INFORMÁT e-mail (message); **enviar un ~ a alguien** to e-mail sb

mailing ['meilin] *(pl* **mailings)** *nm* COM mailshot; **hacer un ~** to do a mailshot

maillot [ma'jot] *(pl* **maillots)** *nm* **-1.** *(prenda femenina)* leotard **-2.** *(en ciclismo)* jersey ❑ **el ~ amarillo** the yellow jersey; **el ~ de lunares** the polka-dot jersey; **el ~ verde** the green jersey

Maimónides *n pr* Maimonides

mainel *nm* ARQUIT mullion

maitines *nmpl* REL matins

maître ['metre] *nm Br* head waiter, *US* maître d'

maíz *nm* **-1.** *(planta) Br* maize, *US* (Indian) corn **-2.** *(utilizado en cocina) Br* sweetcorn, *US* corn ❑ **~ dulce** *Br* sweetcorn, *US* corn; *Col* **~ pira** popcorn; **~ tostado** = toasted, salted maize kernels

---

MAÍZ

Maíz ("corn" or "maize") is the principal indigenous cereal crop of the New World. It is a domesticated form of a native American grass, which may have been cultivated as early as 5000 BC by the ancestors of the Mayan and Aztec Indians, who bred it over centuries to become the plant we know today. Because of its fundamental role in society, it was invested with great cultural significance in their creation myths, and other legends and rituals. It is so hardy and productive that after Europeans reached America, its cultivation quickly spread round the world. It is now grown in most countries and is the third largest crop after wheat and rice. Corn is a basic ingredient in many traditional Latin American foods, such as tortillas, tamales and arepas and in drinks such as atole and chicha.

maizal *nm Br* maize field, *US* cornfield
maizena® *nf Br* cornflour, *US* cornstarch
maja *nf* **-1.** *(de mortero)* pestle **-2.** *ver también* **majo**
majá *(pl* **majáes)** *Cuba* ◇ *adj Fam* sluggish, sluggardly
◇ *nmf Fam Br* slowcoach, *US* slowpoke
◇ *nm* Cuban boa
majada *nf* **-1.** *(redil)* sheepfold **-2.** *CSur (manada)* flock of sheep
majaderear *Carib, Col Fam* ◇ *vt* to pester
◇ *vi* to be a nuisance *o* a pest
majadería *nf* **-1.** *(cualidad)* idiocy **-2.** *(acción, dicho)* **hacer majaderías** to do stupid *o* crazy things; **decir majaderías** to talk nonsense; **eso que has dicho es una ~** what you said is nonsense
majadero, -a ◇ *adj* **-1.** *(tonto)* stupid, idiotic **-2.** *CSur Fam (pesado) Br* tiresome, *US* pesky
◇ *nm,f* **-1.** *(tonto)* idiot **-2.** *CSur Fam (pesado)* pest, nuisance
majado *nm* **-1.** *(cosa triturada)* mash, pulp **-2.** *Chile (guiso)* = dish of ground wheat soaked in hot water
majagua *nf Carib* **-1.** *(árbol)* mahoe, sea hibiscus **-2.** *(fibra)* = mahoe fibre, used for making cord
majamama *nf Chile Fam* tangle, jumble
majar *vt (machacar)* to crush; *(moler)* to grind
majareta, Esp majara *Fam* ◇ *adj* nutty
◇ *nmf* nutcase
majarete *nm Ven* = cornflour and coconut custard
maje *Méx Fam* ◇ *adj* silly, *Br* daft, *US* dumb
◇ *nmf* dope; **hacerse el ~** to act dumb; **hacer ~ a alguien** to make a fool of sb, to dupe sb
majestad *nf* **-1.** *(grandiosidad)* majesty **-2. Su Majestad** *(tratamiento)* His/Her Majesty; **Sus Majestades los Reyes** their Majesties the King and Queen **-3.** ARTE **Cristo en ~** Christ Enthroned, Christ in Majesty
majestuosamente *adv* majestically
majestuosidad *nf* majesty
majestuoso, -a *adj* majestic
majo, -a ◇ *adj Esp Fam* **-1.** *(simpático)* nice; **tienen unos críos muy majos** they've got lovely kids **-2.** *(bonito)* pretty; **se compró una casa muy maja** she bought herself a beautiful *o* lovely house **-3.** *(apelativo)* **¡oye, ~, déjame ya!** look, leave me alone, will you?; **¿maja, por qué no me ayudas?** come on, give me a hand; **¡bueno, majos, nos veremos mañana!** right guys, I'll see you tomorrow, then
◇ *nm,f* ARTE & HIST = lower-class native of 18th-19th century Madrid, characterized by colourful traditional dress and proud manner
majorette [majo'ret] *nf* majorette
majuela *nf* hawthorn fruit
majuelo *nm* hawthorn
majuga *nf Urug* **-1.** *(pescadito)* whitebait **-2.** *Fam (niños)* **la ~** the young 'uns, *Br* the tiddlers; **vino a la fiesta una ~ increíble** a horde of kids came to the party
majunche *Ven Fam* ◇ *adj* **-1.** *(persona)* dull, drab **-2.** *(cosa)* shoddy
◇ *nmf* **ser un ~** to be a nobody
mal ◇ *adj ver* **malo**
◇ *nm* **-1.** *(maldad)* **el ~** evil; *Literario* **las fuerzas del ~** the forces of darkness *o* evil
-2. *(daño)* harm, damage; **nadie sufrió ningún ~** no one was harmed, no one suffered any harm; **¿no le hará ~ al bebé tanta agua?** all that water can't be good for the baby; **no te hará ningún ~ salir un rato** it won't harm you *o* it won't do you any harm to go out for a while; **todas aquellas habladurías le hicieron mucho ~** all the gossip hurt her deeply ❑ **~ de ojo** evil eye; **echarle** *o CSur* **hacerle (el) ~ de ojo a alguien** to give sb the evil eye; ARQUIT **el ~ de la piedra** = the problem of crumbling masonry caused by pollution etc
-3. *(enfermedad)* illness; *Fig* **esto te curará todos los males** this will make you feel better; **tener ~ de amores** to be lovesick ❑ **~ de (las) altura(s)** altitude sickness; **~ de montaña** mountain sickness; *Ven* **~ de páramo** altitude sickness; *Fam* **el ~ de las vacas locas** mad cow disease
-4. *(problema, inconveniente)* bad thing; **el hambre y la pobreza son males que afectan al Tercer Mundo** hunger and poverty are problems *o* ills which affect the Third World; **entre los dos opciones, es el ~ menor** it's the lesser of two evils; **un ~ necesario** a necessary evil
-5. EXPR **del ~, el menos** it's the lesser of two evils; **la crisis pasará, no hay ~ que cien años dure** the recession will end sooner or later, these things never last forever; PROV **a grandes males, grandes remedios** drastic situations demand drastic action; PROV **~ de muchos, consuelo de todos** *o* **de tontos: he suspendido, pero también mis compañeros – ~ de muchos, consuelo de tontos** *o* **de todos** I failed, but so did my classmates – it doesn't make it all right, just because they did too; **lo mismo pasa en otros países – ~ de muchos, consuelo de tontos** *o* **de todos** the same thing happens in other countries – that doesn't make it any better, though; PROV **no hay ~ que por bien no venga** every cloud has a silver lining
◇ *adv* **-1.** *(incorrectamente)* wrong; **obrar ~** to do wrong; **portarse ~** to behave badly; **juzgar ~ a alguien** to judge sb wrongly, to be wrong in one's judgement of sb; **está ~ hecho** *(un informe, un trabajo)* it hasn't been done properly; *(un producto, un aparato)* it's badly made; **eso está ~ hecho, no debían haberlo aceptado** it was wrong of them, they shouldn't have accepted it; **está ~ eso que has hecho** what you've done is wrong; **hacer algo ~** to do sth wrong; **has escrito ~ esta palabra** you've spelt that word wrong; **hiciste ~ en decírselo** it was wrong of you to tell him; **está ~ que yo lo diga, pero esta sopa esta buenísima** this soup is delicious, although I say so myself
-2. *(inadecuadamente, insuficientemente)* badly; **creo que me he explicado ~** I'm not sure I've explained myself clearly; **oigo/veo ~** I can't hear/see very well; **el niño come bastante ~** the boy isn't eating properly *o* very well; **calculé ~ el tiempo** I miscalculated the time; **canta muy ~** she sings terribly, she's a terrible singer; **esta puerta cierra ~** this door doesn't shut properly; **andar ~ de dinero** to be short of money; **andamos ~ de azúcar** we're running out of sugar; **la empresa/el equipo va ~** the company/team isn't doing very well; **va ~ en la universidad** she's not doing very well at university; **le fue ~ en la entrevista** his interview didn't go very well; **el sueldo no está nada ~** the pay's pretty good, the pay isn't at all bad *o* pretty nice; **ese chico no está nada ~** that boy's not bad *o* pretty nice; **la reparación quedó ~** it wasn't repaired properly; **me quedó ~ el retrato** my portrait didn't come out right; **la conferencia/reunión salió ~** the talk/meeting went badly; **la fiesta salió ~** the party was a failure
-3. *(desagradablemente, desfavorablemente)* **encontrarse ~** *(enfermo)* to feel ill; *(incómodo)* to feel uncomfortable; **estar ~** *(de salud)* to be *o* feel ill; *(de calidad)* to be bad; **hablar ~ de alguien** to speak ill of sb; **oler ~** to smell bad; **¡qué ~ huele!** what a smell!; *Fam Fig* **esto me huele ~** this smells fishy to me; **pasarlo ~** to have a bad time; **pensar ~ de alguien** to think ill of sb; **saber ~** to taste bad; *Fig* **me supo ~ que no vinieses a despedirme** I was a bit put out that you didn't come to see me off; **me sabe muy ~ que hablen a mis espaldas** I don't like it that they talk behind my back; **sentar ~ a alguien** *(ropa)* not to suit sb; *(comida)* to disagree with sb; *(comentario, actitud)* to upset sb
-4. *(difícilmente)* hardly; **~ puede saberlo si no se lo cuentas** he's hardly going to know it if you don't tell him, how's he supposed to know it if you don't tell him?
-5. EXPR **estar a ~ con alguien** to have fallen out with sb; **ir de ~ en peor** to go from bad to worse; **no estaría ~ que...** it would be nice if...; **tomar algo a ~** to take sth the wrong way
◇ **mal que** *loc conj* although, even though; **~ que le pese, las cosas están así** whether you like it or not, that's the way things are; **~ que bien** somehow or other
malabar *adj* **juegos malabares** juggling
malabarismo *nm Fig* juggling; **hacer malabarismos** to juggle; *Fig* **tuve que hacer malabarismos para tener contentas a las dos partes** I had to perform a real balancing act to keep both sides happy
malabarista *nmf* **-1.** *(artista)* juggler **-2.** *Chile (ladrón)* clever thief
Malabo *n* Malabo
malacate *nm CAm, Méx (huso)* spindle
malaconsejado, -a ◇ *adj* ill-advised
◇ *nm,f* ill-advised person
malacostumbrado, -a *adj* spoiled
malacostumbrar ◇ *vt* to spoil
➔ **malacostumbrarse** *vpr* to become spoiled
malacrianza *nm Ven* **-1.** *(grosería) (al hablar)* vulgarity; *(en conducta)* bad manners; **sería una ~ rechazar su oferta** it would be bad manners *o* very rude to reject their offer **-2.** *(mala educación)* **es insoportable debido a la ~ que le dio su madre** he's unbearable because of the spoiled upbringing his mother gave him
málaga *nm (vino)* Malaga (wine)
malagradecido, -a *adj* ungrateful, unappreciative
malagua *nf Perú* jellyfish
malagueño, -a ◇ *adj* of/from Malaga (Spain)
◇ *nm,f* person from Malaga (Spain)
malagueta *f* grains of paradise, Guinea *o* melegueta pepper
Malaisia *n* Malaysia
malaisio, -a ◇ *adj* Malaysian
◇ *nm,f* Malaysian
malaje *nmf Esp Fam* **-1.** *(persona)* nasty piece of work **-2.** *(mala intención)* **tener ~** to be a nasty piece of work
malaleche *Esp muy Fam* ◇ *adj* nasty, mean
◇ *nmf Br* nasty git, *US* mean son of a bitch
malambo *nm RP (baile)* = folk dance for men, involving fast rhythmic stamping
malamente *adv Fam* **-1.** *(muy mal)* badly; **todo acabó ~** it all ended badly **-2.** *(difícilmente)* hardly; **~ te pudo llamar sin saber tu número** she could hardly have rung you if she didn't have your number
malandanza *nf Literario* misfortune, calamity
malandraje *nm Carib, RP Fam* crooks, hustlers, *US* punks
malandrín, -ina ◇ *adj* wicked, evil
◇ *nm,f* scoundrel
malandro, -a *nm,f Carib, RP Fam* **-1.** *(delincuente) Br* crook, hustler, *US* punk **-2.** *(mentiroso)* cheat
malanga ◇ *adj Cuba Fam (torpe)* ineffectual, useless
◇ *nf CAm, Carib, Méx* **-1.** *(planta)* dalo, elephant's ear **-2.** *(tubérculo)* taro, dasheen
malapata *nmf Esp Fam (persona)* clumsy oaf
malaquita *nf* malachite
malar *adj* ANAT cheek, *Espec* malar; **el hueso/la región ~** the cheek *o Espec* malar bone/region
malaria *nf* malaria

malasangre *nmf (persona)* **ser un ~** to be malicious o spiteful
Malasia *n* Malaysia
malasio, -a ◇ *adj* Malaysian
◇ *nm,f* Malaysian
malasombra *nmf Esp Fam (persona)* pest
Malaui *n* Malawi
malaui ◇ *adj* Malawian
◇ *nmf* Malawian
malaventura *nf Literario* misfortune
malaventurado, -a *Literario* ◇ *adj* ill-fated, unfortunate
◇ *nm,f* unfortunate person; **es un ~** he's a poor soul
malaya *nf Chile* flank, *Br* skirt
malayo, -a ◇ *adj* Malay, Malayan
◇ *nm,f (persona)* Malay, Malayan
◇ *nm (lengua)* Malay, Malayan
malbaratar *vt* **-1.** *(malvender)* to undersell **-2.** *(malgastar)* to squander
malcarado, -a *adj* grim-faced
malcasar ◇ *vt* to mismatch
◆ **malcasarse** *vpr* to make an unhappy o a bad marriage
malcomer *vi* to eat poorly
malcriadez, malcrianza *nf Am* bad manners, lack of breeding
malcriado, -a ◇ *adj* spoiled
◇ *nm,f* spoiled brat
malcrianza = **malcriadez**
malcriar [32] *vt* to spoil
maldad *nf* **-1.** *(cualidad)* evil **-2.** *(acción)* evil thing; **cometer maldades** to do evil o wrong
maldecir [51] ◇ *vt* to curse; **maldigo el día en que te conocí** I curse the day I ever met you
◇ *vi* to curse; **~ de** to speak ill of
maldiciente ◇ *adj* slandering, defaming
◇ *nmf* slanderer
maldición *nf* curse; **echar una ~ a alguien** to put a curse on sb; **una ~ divina** God's curse
◇ *interj* damn!
maldigo etc ver **maldecir**
maldijera etc ver **maldecir**
maldita *nf Carib* **-1.** *(llaga)* boil **-2.** *(picadura)* = infected insect bite
maldito, -a ◇ *adj* **-1.** *(condenado)* cursed, damned **-2.** *(artista, poeta)* doomed, cursed **-3.** *Fam (para enfatizar)* damned; **¡apaga la maldita radio!** turn the damned radio off!; **malditas las ganas que tengo de madrugar** getting up early is the last thing I want to do; EXPR **¡maldita sea!** damn it!; **¡maldita (sea) la hora en que se me ocurrió invitarlos!** I wish it had never crossed my mind to invite them!
◇ *nm* **el ~** the Devil, Satan
Maldivas *nfpl* **las (Islas) ~** the Maldives
maldivo, -a ◇ *adj* Maldivian
◇ *nm,f* Maldivian
maldoso, -a *adj Méx* nasty, mean
maleabilidad *nf* malleability
maleable *adj* **-1.** *(material)* malleable **-2.** *(persona)* malleable
maleante ◇ *adj* wicked
◇ *nmf* criminal
malear ◇ *vt* to corrupt
◆ **malearse** *vpr* to become corrupted
malecón *nm* **-1.** *(muelle)* jetty **-2.** *(rompeolas)* breakwater, mole **-3.** *CAm, Cuba (paseo marítimo)* seafront; *(en un lago)* lakefront
maledicencia *nf (difamación)* slander
maleducadamente *adv* rudely
maleducado, -a ◇ *adj* rude, bad-mannered
◇ *nm,f* rude o bad-mannered person; **es un ~** he's very rude o bad-mannered
maleficencia *nf* evil-doing
maleficio *nm* curse
maléfico, -a *adj* evil
malenseñado, -a *CSur* ◇ *adj* rude, bad-mannered
◇ *nm,f* rude o bad-mannered person; **es un ~** he's very rude o bad-mannered
malenseñar *vt CSur* to spoil
malentender *vt* to misunderstand, to misinterpret

malentendido *nm* misunderstanding; **ha debido haber un ~** there must have been some misunderstanding
malestar *nm* **-1.** *(indisposición)* upset, discomfort; **sentir ~ (general)** to feel unwell; **siento un ~ en el estómago** I've got an upset stomach **-2.** *(inquietud)* **su dimisión causó un profundo ~ en el seno del partido** her resignation caused a lot of upset within the party; **su decisión creó mucho ~** her decision upset a lot of people
maleta ◇ *nf* **-1.** *(de equipaje)* suitcase; **hacer o preparar la ~** to pack (one's bags); EXPR *Chile* **largar** o **soltar la ~** to kick the bucket **-2.** *Andes, Guat (fardo)* bundle **-3.** *Chile (alforja)* saddlebag **-4.** *Chile, Ven (maletero) Br* boot, *US* trunk
◇ *nmf Esp, Méx Fam (inútil, malo)* **ser un ~** to be a waste of space
maletera *nf Andes Br* boot, *US* trunk
maletero *nm* **-1.** *Esp, Cuba (de automóvil) Br* boot, *US* trunk **-2.** *(persona)* porter **-3.** *Ven (trastero)* storeroom
maletilla *nmf* TAUROM apprentice bullfighter
maletín *nm* **-1.** *(de mano)* briefcase **-2.** *(maleta pequeña)* small suitcase ❏ **~ de médico** doctor's bag
maletón *Col Fam* ◇ *adj* hunchbacked
◇ *nm* hunchback
maletudo, -a *Méx Fam* ◇ *adj* hunchbacked
◇ *nm* hunchback
malevaje *nm Bol, RP Anticuado* band of rogues
malevo *nm Bol, RP Anticuado* rogue
malevolencia *nf* malevolence, wickedness
malévolo, -a *adj* malevolent, wicked
maleza *nf (arbustos)* undergrowth; *(malas hierbas)* weeds
malformación *nf* malformation ❏ **~ congénita** congenital deformity
malgache ◇ *adj* Madagascan, Malagasy
◇ *nmf* Madagascan, Malagasy
malgastador, -ora ◇ *adj* spendthrift
◇ *nm,f* spendthrift
malgastar *vt (dinero, tiempo)* to waste
malgeniado, -a *adj Col, Perú* ill-tempered, irritable
malgenioso, -a *adj Chile, Méx* ill-tempered, irritable
malhablado, -a ◇ *adj* foul-mouthed
◇ *nm,f* foul-mouthed person; **es un ~** he's foul-mouthed
malhadado, -a *adj Formal* wretched, unfortunate
malhaya *interj Am Fam* **¡~ sea mi suerte!** curse my luck!
malhechor, -ora ◇ *adj* criminal, delinquent
◇ *nm,f* criminal, delinquent
malherir [62] *vt* to injure seriously
malhumor *nm* bad temper
malhumoradamente *adv* **"¡déjame!", replicó ~** "leave me alone!" he replied bad-temperedly o crossly
malhumorado, -a *adj* **-1.** *(de mal carácter)* bad-tempered **-2.** *(enfadado)* in a bad mood
malhumorar *vt* to annoy, to irritate
Malí, Mali *n* Mali
malí ◇ *adj* of/from Mali
◇ *nmf* person from Mali
malicia *nf* **-1.** *(mala intención)* malice; **fue una decisión tomada con mucha ~** it was a thoroughly malicious decision **-2.** *(astucia, agudeza)* cunning, craftiness; **a este niño le falta ~** the boy needs to wise up
maliciar ◇ *vt* **-1.** *(sospechar)* to suspect **-2.** *(malear)* to corrupt
◆ **maliciarse** *vpr* **-1.** *(sospechar)* to suspect; **me maliciaba que eso era un timo** I suspected it was a con **-2.** *(malearse)* to go bad, to be corrupted
maliciosamente *adv* **-1.** *(con maldad)* maliciously **-2.** *(con astucia, agudeza)* cunningly, craftily
malicioso, -a *adj* **-1.** *(malintencionado)* malicious **-2.** *(astuto, agudo)* cunning, crafty
malignidad *nf* **-1.** *(maldad)* malign nature **-2.** *(de tumor)* malignancy

maligno, -a *adj* **-1.** *(con maldad)* evil, malign **-2.** *(tumor)* malignant
Malinche *n* = Mexican Indian who became Cortés' mistress
malinchismo *nm Méx* = preference for foreign goods, culture, values etc

MALINCHISMO

Malinchismo is a term used by Mexicans to refer pejoratively to the tendency to prefer everything foreign to the home-grown article. It comes from "la Malinche", the name of the Indian woman who served as interpreter to the conquistador Hernán Cortés, and who bore him two children. Like other indigenous people of the time, she may well have seen the Spaniards as allies in a fight against Aztec oppression of her own people, but she is remembered in Mexico today as the archetypal cultural quisling.

malinchista *Méx* ◇ *adj* = demonstrating "malinchismo"
◇ *nmf* = person who displays "malinchismo"
malinformar *vt Am* to misinform
malintencionado, -a ◇ *adj (acción)* ill-meant, ill-intentioned; *(persona)* malevolent
◇ *nm,f* spiteful o malicious person; **es un ~** he is spiteful o malicious
malinterpretar *vt* to misinterpret, to misunderstand
malla *nf* **-1.** *(tejido)* mesh ❏ **~ de alambre** wire mesh; **~ cristalina** crystal lattice; **~ metálica** wire mesh
-2. *(red)* net; **envió el balón al fondo de las mallas** he drove the ball into the back of the net
-3. *Ecuad, Perú, RP (traje de baño)* swimsuit
-4. *Esp* **mallas** *(de gimnasia)* leotard; *(de ballet)* tights
-5. *RP (de gimnasia)* leotard ❏ **~ amarilla** *(en ciclismo)* yellow jersey
-6. *RP (de reloj)* metal wristband
mallku *nm* HIST = chief of an indigenous Peruvian or Bolivian community
mallo *nm (mazo)* mallet
Mallorca *n* Majorca
mallorquín, -ina ◇ *adj* Majorcan
◇ *nm,f (persona)* Majorcan
◇ *nm (lengua)* Majorcan
malmeter *vt* **~ a la gente** to turn o set people against one another
malnacido, -a *nm,f* **ser un ~** to be a foul o nasty person
malnutrición *nf* malnutrition
malnutrido, -a *adj* undernourished
malo, -a

Mal is used instead of **malo** before singular masculine nouns (e.g. **un mal ejemplo** a bad example). The comparative form of **malo** (= worse) is **peor**, the superlative forms (= the worst) are **el peor** (masculine) and **la peor** (feminine).

◇ *adj* **-1.** *(perjudicial, grave)* bad; **traigo malas noticias** I have some bad news; **es ~ para el hígado** it's bad for your liver; **¿es algo ~, doctor?** is it serious, doctor?; **una mala caída** a nasty fall

-2. *(sin calidad, sin aptitudes)* poor, bad; **una mala novela/actriz** a bad novel/actress; **tiene muy malas notas** her marks are very poor o bad; **ser de mala calidad** to be poor quality; **este material/producto es muy ~** this material/product is very poor quality; **soy muy ~ para la música** I'm no good at o very bad at music; EXPR *Hum* **es más ~ que hecho de encargo** *(producto, jugador)* he's/it's truly awful o as bad as they come; PROV **más vale lo ~ conocido que lo bueno por conocer** better the devil you know (than the devil you don't)

-3. *(inapropiado, adverso)* bad; **fue una mala decisión** it was a bad decision; **he dormido en mala postura** I slept in a funny position; **es mala señal** it's a bad sign; **lo ~ es que...** the problem is (that)...;

disparó con la pierna mala y metió gol he shot with his weaker foot and scored; **tener mala suerte** to be unlucky; **¡qué mala suerte!** how unlucky! ❏ *Am* ***mala palabra*** swearword

-4. *(malvado)* wicked, evil; **es muy mala persona** she's a really nasty person; **tiene muy mala intención** he's very spiteful; **eso sólo lo haría un mal amigo** it's a poor friend who would do a thing like that; **¡mira que eres ~, criticarla así!** it's not very nice of you to criticize her like that!; **anda, no seas ~ y déjame que vaya** go on, don't be mean, let me go

-5. *(travieso)* naughty; **¡no seas ~ y obedece!** be good and do as I say!; **el crío está muy ~ últimamente** the child has been very naughty recently

-6. *(enfermo)* ill, sick; **estar/ponerse ~** to be/fall ill; **tiene a su padre ~** her father's ill; [EXPR] **poner ~ a alguien** to drive sb mad; **me pongo mala cada vez que la veo** I get mad every time I see her

-7. *(desagradable)* bad; **esta herida tiene mal aspecto** this wound looks nasty; **mal tiempo** bad weather; **hace mal tiempo** the weather's bad; *Esp* **está muy ~ el día** it's a horrible day, it's not a very nice day

-8. *(podrido, pasado)* bad, off; **la fruta está/ se ha puesto mala** the fruit is/has gone off

-9. *(uso enfático)* **ni un mal trozo de pan** not even a crust of bread; **no había ni un mal supermercado en el pueblo** there wasn't a single supermarket to be found in the village

-10. *(difícil)* **el asunto es ~ de entender** the matter is hard *o* difficult to understand; **una lesión muy mala de curar** an injury that won't heal easily

-11. *Esp Fam Euf (con la menstruación)* **estar/ ponerse mala** to be on/start one's period

◇ *nm,f* **el ~, la mala** *(en cine)* the villain, the baddy

◇ *interj* **cuando nadie se queja, ¡~!** it's a bad sign when nobody complains

◆ **malas** *nfpl* **está** *o* **se ha puesto a malas con él** she's fallen out with him; **estar de malas** to be in a bad mood; **por las malas** *(a la fuerza)* by force; **lo vas a hacer, aunque tenga que ser por las malas** you're going to do it, whether you like it or not; **por las malas es de temer** she's a fearful sight when she's angry; [EXPR] *Am* **estar** *o* **andar de malas** to be having a bad time; [EXPR] *Andes, CSur* **en las malas** *(de mal humor)* in a bad mood; **los amigos no te abandonan en las malas** friends don't let you down when things get bad

maloca *nf* HIST communal hut

malogrado, -a *adj* **-1.** *(desaprovechado)* wasted; **un actor/deportista ~** *(muerto)* an actor/sportsman who died before fulfilling his promise **-2.** *(fracasado)* unsuccessful, failed **-3.** *(fallecido)* late, departed; **un concierto en homenaje a la malograda princesa** a concert in memory of the late princess **-4.** *Andes (averiado) (vehículo)* broken down; *(máquina)* broken, out of order

malograr ◇ *vt* **-1.** *(desperdiciar)* to waste; **malograron dos penalties** they wasted two penalties **-2.** *Andes (estropear)* to make a mess of, to ruin **-3.** *Ven Fam (matar)* to do in, to waste

◆ **malograrse** *vpr* **-1.** *(fracasar)* **la cosecha se malogró con la helada** the frost ruined the harvest; *Méx* **se le malogró el hijo** she had a miscarriage and lost the baby; **por la pobreza, su talento se malogró** because of poverty, his talent went to waste **-2.** *Andes (estropearse) (máquina)* to break down; *(alimento)* to go off, to spoil; **se malogró el día** the day turned nasty

maloja *nf*, **malojo** *nm Am Br* maize *o US* corn stalks and leaves

malojal *nm Am Br* maize field, *US* cornfield

malojo = **maloja**

maloliente *adj* smelly

malón *nm* **-1.** *CSur (ataque)* = surprise Indian attack **-2.** *CSur Fam (masa de gente)* crowd, gang **-3.** *Chile (fiesta)* surprise party

malora *adj Méx Fam* naughty, rascally; **ser ~** to be a scamp

malparado, -a *adj* **salir ~ de algo** to come out of sth badly; **el gobierno salió ~ del escándalo** the government came out of the scandal looking bad; **la moto salió malparada pero el piloto no sufrió ningún rasguño** the bike was badly damaged but the rider got away without a scratch

malparido, -a *nm,f muy Fam* **ser un ~** to be an utter swine

malpensado, -a ◇ *adj* cynical, evil-minded; **no seas ~, seguro que tienen una buena excusa** don't be such a cynic, I bet they've got a good excuse; **no seas ~, que no estoy hablando de sexo** don't be dirty-minded, I'm not talking about sex

◇ *nm,f* cynic, evil-minded person; **es un ~** he always thinks the worst of people

malqueda *nmf Esp Fam* **es un ~** you can never rely on him

malquerencia *nf* dislike

malquerer [53] *vt* to dislike

malquistarse *vpr* **~ con alguien** to fall out with sb

malsano, -a *adj* **-1.** *(para la salud)* unhealthy **-2.** *(enfermizo)* unhealthy, unwholesome; **un interés ~ por controlar a la gente** an unhealthy desire to control people

malsonante *adj (palabra)* rude

Malta *n* Malta

malta *nm* **-1.** *(cereal)* malt **-2.** *(bebida)* = coffee substitute made from roasted malt

malteada *nf Am* milk shake

malteado, -a *adj* malted

maltear *vt* to malt

maltés, -esa ◇ *adj* Maltese
◇ *nm,f* Maltese

maltosa *nf* malt sugar, maltose

maltraer [66] *vt* **traer a ~ a alguien** *(sujeto: persona)* to give sb a hard time; *(sujeto: problema)* to cause sb headaches

maltraído, -a *adj Andes* dishevelled

maltratado, -a *adj* **-1.** *(persona)* battered; **una asociación de mujeres maltratadas** an association for victims of domestic violence **-2.** *(objeto)* damaged

maltratar *vt* **-1.** *(pegar, insultar)* to ill-treat; **maltrató a su mujer durante cinco años** he mistreated his wife over a five-year period; **la novela fue maltratada por la crítica** the novel was mauled by the critics **-2.** *(estropear)* to damage

maltrato *nm* ill-treatment; **sufrió maltratos cuando era un niño** he was mistreated as a child

maltrecho, -a *adj* **-1.** *(física, moralmente)* battered; **sus maltrechas rodillas no aguantaron el ritmo** his battered knees couldn't withstand the pace; **el divorcio lo dejó ~** the divorce left him in a sorry state

-2. *(dañado)* damaged; **la maltrecha economía del país** the country's battered economy; **la posición del presidente ha quedado maltrecha tras el escándalo** the president has been left with a shakier hold on power after the scandal

maltusianismo *nm* Malthusianism

maltusiano, -a ◇ *adj* Malthusian
◇ *nm,f* Malthusian

maluco, -a *adj* **-1.** *Col (medio enfermo)* poorly **-2.** *RP Fam Hum (loco)* crazy, mad; **¡está ~!** he's off his head! **-3.** *Ven Fam (perverso) Br* toerag, *US* varmint

maluqueza *nf Ven Fam* **-1.** *(maldad)* nastiness **-2.** *(acción)* wicked act

malura *nf Chile* malaise, indisposition

malva ◇ *adj inv* mauve
◇ *nf* mallow; [EXPR] *Fam* **criar malvas** to push up daisies
◇ *nm (color)* mauve

malvado, -a ◇ *adj* evil, wicked
◇ *nm,f* villain, evil person; **es un ~** he's evil *o* wicked

malvasía¹ *nf* **-1.** *(uva)* malvasia **-2.** *(vino)* malmsey

malvasía² *nmf (pato)* white-headed duck ❏ **~ canela** ruddy duck

malvavisco *nm* marshmallow

malvender *vt* to sell off cheap

malversación *nf* **~ (de fondos)** embezzlement

malversador, -ora *nm,f* **~ (de fondos)** embezzler

malversar *vt* to embezzle

Malvinas *nfpl* **las (islas) ~** the Falkland Islands, the Falklands

malvinense ◇ *adj* of/from the Falkland Islands
◇ *nmf* Falkland Islander, Falklander

malviviente *nmf CSur* criminal

malvivir *vi* to live badly, to scrape together an existence; **malvivía de las limosnas** he scraped a living by begging; **malvive con un sueldo mísero** he scrapes by on starvation wages

malvón *nm Méx, RP (planta)* geranium

mama *nf* **-1.** *(de mujer)* breast; *(de animal)* udder **-2.** *Fam (madre)* mum, mummy

mamá *nf (utilizado por niño) Br* mummy, *US* mommy; *Am (utilizado por adulto) Br* mum, *US* mom ❏ *Col, Méx Fam* **~ grande** grandma

mamacita *nf* **-1.** *CAm, Carib, Méx (mamá) Br* mummy, *US* mommy **-2.** *CAm, Carib, Méx Fam (piropo)* baby

mamada *nf* **-1.** *(de bebé)* (breast)feed, (breast)feeding **-2.** *Vulg (felación)* blow job; **hacerle una ~ a alguien** to give sb a blow job **-3.** *Chile, Perú (ganga)* cinch, piece of cake **-4.** *Méx Fam (tontería) (acto)* silly *o* stupid thing; *(dicho)* silly *o* stupid remark; **¡no digas mamadas!** don't talk rubbish!

mamadera *nf* **-1.** *RP (biberón)* (baby's) bottle **-2.** *Carib (tetina)* rubber nipple **-3.** *Ven Fam* **~ de gallo** hoax, leg-pull

mamado, -a *adj* **-1.** *Esp, RP muy Fam (borracho)* shit-faced, plastered, *Br* pissed **-2.** *Esp muy Fam (fácil)* **estar ~** to be piss easy **-3.** *Col, Ven Fam (cansado)* beat, *Br* knackered

mamador, -ora *nm,f Ven Fam* **ser un ~ de gallo** to be a joker *o* comedian

mamar ◇ *vt* **-1.** *(leche)* to suckle **-2.** *(aprender)* to grow up with; **mamó las telenovelas desde pequeña** she was brought up on TV soaps **-3.** *Esp muy Fam (beber)* to knock back **-4.** *Vulg (pene)* to suck; **se la mamó** she gave him head *o* a blow job, she sucked him off

◇ *vi* **-1.** *(bebé)* to suckle; **dar de ~** to breastfeed **-2.** *Esp muy Fam (beber) Br* to go on the piss, *US* to hit the sauce **-3.** *Méx Fam* **¡no mames!** *(no fastidies)* come off it!; *(no molestes)* cut it out!

◆ **mamarse** *vpr* **-1.** *Esp, RP muy Fam (emborracharse)* to get plastered **-2.** *Vulg* **mamársela a alguien** *(hacer una felación)* to give sb head *o* a blow job, to suck sb off **-3.** *Andes Fam (matar)* **mamarse a alguien** to bump sb off, to do sb in **-4.** *Ven Fam (aguantar)* to put up with

mamario, -a *adj* mammary

mamarrachada *nf Fam* stupid *o* idiotic thing; **tu plan es una ~** your plan is crazy; **pintar la puerta de rosa me parece una ~** I think it's daft *o* crazy to paint the door pink

mamarracho, -a *nm,f Fam* **-1.** *(persona ridícula, despreciable)* **no seas ~ y déjame entrar** don't be an idiot and let me in; **ir hecho un ~** to look a sight *o* mess **-2.** *(cosa ridícula)* sight, monstrosity; **tiene una colección de mamarrachos en las paredes de su casa** he's got a load of junk on his walls

mamba *nf* mamba

mambí, -isa *(pl* **mambises, mambisas)** *nm,f* HIST = rebel soldier in the 19th century Cuban wars of independence

mambo *nm* **-1.** *(baile, música)* mambo **-2.** *RP Fam (confusión)* **¡qué ~!** what a madhouse!; **tengo un ~** *(estoy confundido)* my head is swimming

mameluco *nm* **-1.** HIST Mameluke **-2.** *Fam (torpe, necio)* idiot **-3.** *(ropa) Méx (con mangas) Br* overalls, *US* coveralls; *CSur (de peto) Br* dungarees, *US* overalls; *(para bebé)* rompers

mamerto, -a *nm,f RP Fam* drunk, lush
mamey *nm* **-1.** *(árbol)* mamey, mammee **-2.** *(fruto)* mamey, mammee (apple)
mami *nf Fam* **-1.** *(mamá)* mum, mummy **-2.** *Andes, Carib (apelativo)* love, honey
mamífero, -a ◇ *adj* mammal
◇ *nm* mammal
mamila[1] *nf Cuba, Méx, Ven (biberón)* baby's bottle
mamila[2] *nmf Méx, Ven muy Fam (idiota) Br* prat, *US* jerk
mamita *nf Am Fam Br* mummy, *US* mommy
mamografía *nf* **-1.** *(técnica)* breast scanning, mammography **-2.** *(imagen)* breast scan
mamón[1], **-ona** ◇ *adj* **-1.** *(que mama)* unweaned; **es un bebé muy ~** the baby's a real guzzler **-2.** *muy Fam (idiota)* **¡qué ~ eres!** you bastard! **-3.** *Méx Fam (creído)* cocky, too big for his/her/etc boots
◇ *nm,f* **-1.** *(que mama)* unweaned baby **-2.** *muy Fam (idiota) Br* prat, *US* jerk **-3.** *Méx Fam (creído)* bighead
mamón[2] *nm* **-1.** *Bol, RP (papaya)* papaya, papaw **-2.** *Col, Ven (árbol)* Spanish lime, genip **-3.** *Col, Ven (fruta)* genip fruit
mamotreto *nm Fam* **-1.** *(libro)* hefty volume **-2.** *(objeto grande)* unwieldy object; **ayúdame a mover ese ~ de armario** help me move that massive great wardrobe
mampara *nf* screen
mamporro *nm Fam (golpe)* punch, clout; *(al caer)* bump; **acabaron liándose a mamporros** they ended up clobbering one another; **tropezó y se dio un ~ en la rodilla** he tripped and bashed his knee
mamposta *nf (en mina)* prop
mampostería *nf* **muro de ~** dry-stone wall; **obra de ~** rubblework masonry
mampuesto *nm* **-1.** *(piedra)* rubble, rough stone **-2.** *(parapeto)* parapet, ledge **-3.** *Chile (de arma)* support, rest
mamúa *nf RP Fam* **andaba con una ~** he was sloshed; **agarrarse una ~** to get sloshed
mamut *(pl* **mamuts***) nm* mammoth
maná *nm inv* **-1.** REL manna; EXPR **como ~ caído del cielo** like manna from heaven **-2.** *Bol (dulce) Br* nut sweet, *US* nut candy
manada *nf* **-1.** *(rebaño)* herd; *(de lobos)* pack; *(de ovejas)* flock; *(de leones)* pride **-2.** *Fam (de gente)* crowd, mob; **acudieron en ~** they turned up *o* out in droves
mánager ['manajer] *(pl* **managers***) nmf* manager
Managua *n* Managua
managüense ◇ *adj* Managuan
◇ *nmf* person from Managua *(Nicaragua)*
manantial *nm* **-1.** *(de agua)* spring **-2.** *(de conocimiento, riqueza)* source
manar ◇ *vi* **-1.** *(líquido)* to flow (**de** from) **-2.** *(abundar)* **su mente manaba en ideas** his mind teemed with ideas
◇ *vt (agua)* **la fuente manaba agua** water was flowing from the fountain; **la herida manaba sangre** blood was flowing from the wound
manare *nm Ven* sieve
manatí *(pl* **manatíes** *o* **manatís***) nm* manatee
manazas *Fam* ◇ *adj inv* clumsy
◇ *nmf inv* clumsy person; **ser un ~ to be** clumsy, to have two left hands
mancarse *vpr RP Fam* to get it wrong; **pensé que iba a llegar a tiempo, pero me manqué** I thought I was going to arrive in time but I miscalculated
manceba *nf* **-1.** *Literario (concubina)* concubine **-2.** *ver también* **mancebo**
mancebía *nf Formal (burdel)* house of ill repute, brothel
mancebo, -a ◇ *nm,f (en farmacia)* assistant
◇ *nm Literario o Hum (mozo)* swain
mancha *nf* **-1.** *(de suciedad)* stain, spot; *(de tinta)* blot; **me he echado una ~ en la camisa** I've stained my shirt, I've got a stain on my shirt; **no consiguió que se fuera la ~** she couldn't get the stain out; **una ~ de petróleo** *(en el mar)* an oil slick; **una ~ de aceite** oil stain; EXPR **extenderse como una ~ de aceite** to spread like wildfire
-2. *(de color)* spot, mark; **un caballo con manchas negras** a horse with black patches; EXPR *RP* **¿qué le hace una ~ más al tigre?** what difference does one more make?, one more won't make any difference
-3. *(en la piel) (por reacción)* blotch; *(de la vejez)* liver spot; **le han salido unas manchas en la piel** he's come out in blotches ❑ **~ de nacimiento** birthmark
-4. ASTRON **~ solar** sunspot
-5. *(deshonra)* blemish, blot; **este suspenso supondrá una ~ en su expediente** this fail will be a blot on his academic record; **tiene un historial sin ~** she has a spotless record
-6. *Perú Fam (grupo de amigos)* gang
-7. *RP* **la ~** *(juego)* tag
manchado, -a *adj* **-1.** *(sucio)* dirty; *(con manchas)* stained; *(emborronado)* smudged; **el mantel está muy ~ de aceite** the tablecloth has oil stains on it **-2.** *(piel) (por reacción)* blotchy; *(por vejez)* spotted
manchar ◇ *vt* **-1.** *(ensuciar)* to make dirty (**de** *o* **con** with); *(con manchas)* to stain (**de** *o* **con** with); *(emborronar)* to smudge (**de** *o* **con** with) **-2.** *(deshonrar)* to tarnish; **manchó la reputación de la institución** he tarnished the reputation of the institution
◇ *vi* to stain; **el vino blanco no mancha** white wine doesn't stain; **no toques la puerta, que la acaban de pintar y mancha** don't touch the door, it's just been painted and it's still wet
➧ **mancharse** *vpr (ensuciarse)* to get dirty; **se ha manchado la pared** the wall has got dirty, there are stains on the wall; **me manché el vestido de grasa mientras cocinaba** I got grease stains on my dress while I was cooking; **el niño se ha manchado de barro los pantalones** the boy has got mud on his trousers
manchego, -a ◇ *adj* of/from La Mancha *(Spain)*
◇ *nm,f* person from La Mancha *(Spain)*
◇ *nm (queso)* manchego, = hard yellow cheese made in La Mancha
mancheta *nf* **-1.** *(en periódico)* masthead **-2.** *Ven (nota, dibujo)* = short editorial or cartoon commenting on an important current event
manchón *nm Chile (de manos)* muff
Manchuria *n* Manchuria
mancilla *nf* stain, blemish
mancillar *vt Formal* to tarnish, to sully
manco, -a ◇ *adj* **-1.** *(sin una mano)* one-handed; *(sin un brazo)* one-armed; **se quedó ~ del brazo derecho** he lost his right arm; EXPR *Fam* **no ser ~:** **empezó insultando ella, pero él tampoco es ~** she started the insults, but he gave as good as he got; *Fam* **no ser ~ para** *o* **en algo** to be pretty good *o Br* a dab hand at sth **-2.** *(incompleto)* imperfect, defective
◇ *nm,f (sin una mano)* one-handed person; *(sin un brazo)* one-armed person ❑ **el ~ de Lepanto** = nickname given to Miguel de Cervantes
Manco Cápac *n* **I** Manco Capac *(mythical founder of Inca dynasty)*
mancomunar ◇ *vt* to pool (together)
➧ **mancomunarse** *vpr* to join together, to unite
mancomunidad *nf* association
mancorna *nf CAm, Chile, Col, Méx, Ven* cufflink
mancuerna *nf* **-1.** *(pesa)* dumbbell **-2.** *CAm, Chile, Col, Méx, Ven (gemelo)* cufflink
manda *nf* **-1.** *(oferta)* offer, proposal **-2.** *(legado)* legacy, bequest
mandadero, -a *nm,f RP (recadero)* errand boy, *f* errand girl
mandado[1], **-a** *adj* **-1.** *Méx Fam (aprovechado)* **¡órale, no sea ~, quieto con las manos!** hey, stop trying it on, keep your hands to yourself!; **lo invité, y el muy ~ llegó con tres amigos** I invited him but the wise guy *o Br* chancer arrived with three friends
-2. EXPR *CSur* **ser (como) ~ a hacer para algo: este niño es (como) ~ a hacer para ser veterinario** this boy was born to be a vet; **este lugar es (como) ~ a hacer para que vos vivas** this place is just perfect for you
mandado[2], **-a** ◇ *nm,f* **-1.** *(subordinado)* underling; *Fam* **yo sólo soy un ~** I'm only doing what I was told (to do) **-2.** *Méx Fam (caradura)* shameless person, swine
◇ *nm* **-1.** *(recado)* errand; **hacer un ~** to do *o* run an errand; **estuve toda la mañana haciendo mandados** I spent the whole morning running errands **-2.** *Méx (compra)* **comprar el ~** to do the shopping; EXPR **comerle a alguien el ~** to do the dirty on sb, to steal a march on sb
mandamás *(pl* **mandamases***) nmf Fam Br* big boss, *US* head honcho
mandamiento *nm* **-1.** *(orden)* order, command **-2.** DER writ ❑ **~ de arresto** arrest warrant; **~ de detención** arrest warrant; **~ judicial** warrant **-3.** REL commandment; **los diez mandamientos** the Ten Commandments
mandanga *nf Fam* **-1. mandangas** *(tonterías)* nonsense; **¡déjate de mandangas y ven a ayudar!** don't give me that rubbish and come and help **-2.** *(marihuana)* dope
mandar ◇ *vt* **-1.** *(ordenar)* to order; **el juez mandó la inmediata ejecución de la sentencia** the judge ordered the sentence to be carried out immediately; **la profesora nos ha mandado deberes/una redacción** the teacher has set *o* given us some homework/an essay; **~ a alguien hacer algo, ~ a alguien que haga algo** to order sb to do sth; **le mandaron que se fuera** they ordered him to leave; **yo hago lo que me mandan** I do as I'm told; **~ hacer algo** to have sth done; **mandaron revisar todas las máquinas** they had all the machines checked; **mandó llamar a un electricista** she asked for an electrician to be sent; **el maestro mandó callar** the teacher called for silence, the teacher told the class to be silent; **la jefa le mandó venir a su despacho** the boss summoned him to her office; **¿quién te manda decirle nada?** who asked you to say anything to her?; **¿quién me mandará a mí meterme en estos líos?** why did I have to get involved in this mess?
-2. *(recetar)* **el médico le ha mandado estas pastillas** the doctor prescribed her these pills; **el médico me mandó nadar** the doctor told me I had to go swimming
-3. *(enviar)* to send; **~ algo a alguien** to send sb sth, to send sth to sb; **me mandó un correo electrónico** she sent me an e-mail, she e-mailed me; **me lo mandó por correo electrónico** he sent it to me by e-mail; **lo mandaron a un recado/una misión** he was sent on an errand/mission; **lo mandaron a la cárcel/la guerra** he was sent to prison/away to war; **~ a alguien a hacer algo** *o* **a que haga algo** to send sb to do sth; **~ a alguien (a) por algo** to send sb for sth; **lo mandaron de embajador a Irlanda** he was sent to Ireland as an ambassador; **me mandan de la central para recoger un paquete** I've been sent by our main office to pick up a package; EXPR *Vulg* **~ a alguien a la mierda** to tell sb to piss off; EXPR *Fam* **~ a alguien a paseo** to send sb packing; EXPR *Fam* **~ a alguien a la porra** to tell sb to go to hell; EXPR *Fam* **~ a alguien al demonio** to tell sb to go to the devil
-4. *(dirigir) (país)* to rule; **manda a un grupo de voluntarios** she is in charge of a group of voluntary workers; **el corredor que manda el grupo perseguidor** the runner leading the chasing pack
-5. *Fam (lanzar)* to send; **mandó la jabalina más allá de los 90 metros** he sent the javelin beyond the 90 metre mark; **mandó el balón fuera** *(por la banda)* he put the ball out of play; *(disparando)* he shot wide
-6. *Fam (propinar)* to give; **le mandé un bofetón** I gave him a slap, I slapped him
-7. *Am (encargar)* **mandó decir que llegaría**

mandarín

tarde he sent word that he'd arrive late; **lo mandaron llamar del hospital** the hospital sent for him

-8. EXPR *Esp Fam* **¡manda narices!** can you believe it!; *muy Fam* **¡manda huevos!** can you *Br* bloody o *US* goddamn believe it!

◇ *vi* -1. *(dirigir)* to be in charge; *(partido político, jefe de estado)* to rule; **aquí mando yo** I'm in charge here; *Méx Fam* **¡mande!** *(a sus órdenes)* at your orders!; *Esp, Méx Fam* **¿mande? (¿cómo?)** eh?, you what?; **a ~, que para eso estamos** certainly, Sir/Madam!, at your orders!

-2. *Pey (dar órdenes)* to order people around

◆ **mandarse** *vpr* -1. *RP, Ven Fam (desplazarse)* **se mandó para adentro de su casa** he rushed indoors; **se mandó por la escalera** he rushed down the stairs

-2. *RP, Ven Fam (comida, bebida)* to polish off; **se mandó 2 litros de jugo en un ratito** he downed 2 litres of juice in a flash

-3. *RP, Ven Fam (expresando asombro)* **se mandó una casa de novela** he built himself a dream house; **¡qué cena te mandaste!** what a dinner you managed to come up with!

-4. EXPR *RP Fam* **mandarse (a) mudar** to be off, to walk out; **¡mandate (a) mudar!** clear off!; **mandarse la parte** to exaggerate, to lay it on thick

mandarín *nm* -1. *(título)* mandarin -2. *(dialecto)* Mandarin

mandarina *nf* mandarin; EXPR *RP Fam* **chupate esa ~** *Br* get that!, *US* how do you like them apples?

mandarino *nm* mandarin tree

mandatario, -a *nm,f* -1. DER representative, agent -2. *(gobernante)* ruler, governor; **primer ~** *(jefe de Estado)* head of state

mandato *nm* -1. *(orden, precepto)* order, command; **fue detenido por ~ del juez** he was arrested on the judge's instructions ❑ DER **~ judicial** warrant

-2. *(poderes de representación)* mandate ❑ **~ electoral** electoral mandate

-3. *(periodo)* term of office; **durante el ~ del alcalde** during the mayor's term of office; **el candidato republicano aspira a un tercer ~ consecutivo** the Republican candidate is seeking his third consecutive term

mandíbula *nf* jaw, *Espec* mandible

mandil *nm* -1. *(delantal)* apron -2. *Méx Fam (condescendiente)* henpecked husband; **ser un ~** to be *Br* henpecked *o US* whipped

mandilón *nm Méx Fam* henpecked husband; **ser un ~** to be *Br* henpecked *o US* whipped

Mandinga *n pr Am* the devil; **es cosa de ~** it's the devil's doing

mandioca *nf* -1. *(planta)* cassava -2. *(fécula)* tapioca, manioc

mando *nm* -1. *(poder)* command, authority; **entregar el ~** to hand over command; **estar al ~ (de)** to be in charge (of); **el grupo de rescate está al ~ de un capitán** the rescue group are under the command of a captain; **tomar el ~** to take command o control (of)

-2. *(jefe)* **el alto ~** the high command; **los mandos** *(militares)* the command; **los mandos policiales se reunieron para discutir la visita papal** senior police officers met to discuss the Pope's visit; **mandos intermedios** middle management

-3. *(dispositivo)* control; **tomó los mandos del avión** he took the controls of the plane; **tablero de mandos** *(de avión)* instrument panel; *(de coche)* dashboard ❑ **~ automático** automatic control; **~ a distancia** remote control

mandoble *nm* -1. *(con la mano)* slap -2. *(con la espada)* two-handed blow

mandolina *nf* mandolin

mandón, -ona *Fam* ◇ *adj* bossy; **es muy mandona** she's really bossy

◇ *nm,f* -1. *(que manda)* bossy-boots -2. *Chile (de mina)* foreman

mandrágora *nf* mandrake

mandria *Esp Fam* ◇ *adj* -1. *(cobarde)* cowardly -2. *(inútil)* useless, worthless

◇ *nmf* -1. *(cobarde)* coward -2. *(inútil)* useless person; **es un ~** he's useless

mandril *nm* -1. *(animal)* mandrill -2. *(pieza)* mandrel

manduca *nf Esp Fam* grub

manducar *Fam* ◇ *vt* to scoff

◇ *vi* to scoff

◆ **manducarse** *vpr* **se manducó dos chuletones** he scoffed two steaks

maneador *nm Méx, RP* = long strap used for hobbling animals

manecilla *nf* -1. *(del reloj)* hand ❑ **~ de las horas** big hand, hour hand -2. *(cierre)* clasp

manejabilidad *nf (de vehículo)* manoeuvrability

manejable *adj* -1. *(cosa)* manageable; *(herramienta)* easy to use; *(vehículo)* manoeuvrable -2. *(persona)* easily led

manejador *nm* INFORMÁT handle ❑ **~ de dispositivos** device (driver)

manejar ◇ *vt* -1. *(máquina, mandos)* to operate; *(herramienta)* to use; *(arma)* to handle; *(caballo, bicicleta)* to ride

-2. *(datos)* to handle; *(conocimientos)* to use, to marshal; **maneja varios lenguajes de programación** she can use several programming languages; **manejan información de primera mano** they use primary sources

-3. *(negocio)* to manage, to run; *(gente)* to handle

-4. *(dominar)* to boss about; **maneja a su novio a su antojo** she can twist her fiancé round her little finger

-5. *Am (conducir)* to drive

◇ *vi Am (conducir)* to drive

◆ **manejarse** *vpr (desenvolverse)* to manage, to get by; **se maneja muy bien en la Bolsa** he knows his way round the stock exchange; **no se maneja nada bien con las computadoras** he doesn't have much of an idea of how to use computers

manejo *nm* -1. *(de máquina, mandos)* operation; *(de armas, herramientas)* use; *(de caballo, bicicleta)* handling; **me están explicando el ~ del módem** they are telling me how to use the modem; **de fácil ~** user-friendly; **instrucciones de ~** user instructions

-2. *(de datos)* handling; *(de conocimientos)* marshalling; *(de idiomas)* command; **sus poemas destacan por el excelente ~ de las metáforas** her poems are remarkable for their superb use of metaphor

-3. *(de negocio)* management, running

-4. *(intriga)* intrigue

-5. *Am (de automóvil)* driving

manera *nf* -1. *(forma)* way, manner; **~ de pensar** way of thinking; **tiene una ~ de ser muy agradable** she has a very pleasant nature; **no me gusta su ~ de ser** I don't like the way he is; **no encuentro la ~ de dejar el tabaco** whatever I do, I just can't seem to give up smoking; **esa no es ~ de decir las cosas** that's no way to speak; **¿has visto la ~ en que o la como te mira?** have you seen how o the way he's looking at you?; **esta vez lo haremos a mi ~** this time we'll do it my way; **a la ~ de** in the style of, after the fashion of; **a ~ de** *(como)* as, by way of, **a mi ~ de ver** the way I see it; **de alguna ~** somehow; **se le cayó el botón porque lo cosió de cualquier ~** the button fell off because he sewed it on carelessly o any old how; **hazlo de cualquier ~** do it however you like; **no te preocupes, de cualquier ~ no pensaba ir** don't worry, I wasn't going to go anyway; **de esta/esa ~** this/that way; **trata a su hijo de mala ~** he treats his son badly; **lo dijo de mala ~** she said it very rudely; *Esp Fam* **estuvo lloviendo de mala ~** it was pouring o *Br* bucketing down; *Esp Fam* **se pusieron a beber de mala ~** they started a serious drinking session; *Esp Fam* **tu hermana se enrolla de mala ~** your sister goes on a bit; **de la misma ~** similarly, in the same way; **lo hice de la misma ~ que ayer/tú** I did

it the same way as yesterday/you; **lo organizaron de ~ que acabara antes de las diez** they organized it so (that) it finished before ten; **¿de ~ que no te gusta?** so, you don't like it (then)?; **de ninguna ~ o en ~ alguna deberíamos dejarle salir** under no circumstances should we let her out; **de ninguna ~ o en ~ alguna quise ofenderte** I in no way intended to offend you; **¿te he molestado? – de ninguna ~ o en ~ alguna** did I annoy you? – not at all o by no means; **¿quieres que lo invitemos? – ¡de ninguna ~!** shall we invite him? – no way o certainly not!; **de otra ~...** *(si no)* otherwise...; **de tal ~ (que)** *(tanto)* so much (that); **de todas maneras** anyway; **de todas maneras, ¿qué es eso que decías de un viaje?** anyway, what's that you were saying about going away?; **de una ~ o de otra** one way or another; **en cierta ~** in a way; *Formal* **la ópera me aburre en gran ~** I find opera exceedingly tedious; **no hay ~** there is no way, it's impossible; **no hay ~ de que haga los deberes** it's impossible to get him to do his homework; **¡contigo no hay ~!** you're impossible!; **¡qué ~ de hacer las cosas!** that's no way to do things!; **¡qué ~ de llover!** just look at that rain!; *Formal* **me place sobre ~ que recurran a nuestros servicios** I'm exceedingly pleased that you should have decided to use our services

-2. **maneras** *(modales)* manners; **buenas/malas maneras** good/bad manners; **de muy buenas maneras nos dijo que saliéramos** she very politely asked us to leave; **atiende a los clientes de malas maneras** he's rude to the customers; EXPR *Esp* **de aquella ~**: **lo hicieron de aquella ~** they did it any old how; **¿crees en Dios? – de aquella ~** do you believe in God? – well, sort of

manflor, -ora *nm,f Carib, Méx* -1. *(hermafrodita)* hermaphrodite -2. *Fam Pey (homosexual) (hombre) Br* poof, *US* fag; *(mujer)* dyke

manga¹ *nf* -1. *(de prenda)* sleeve; **en mangas de camisa** in shirtsleeves; **un vestido sin mangas** a sleeveless dress; EXPR *Fam* **andar o ir ~ por hombro** to be all higgledy-piggledy o topsy-turvy; EXPR **sacarse algo de la ~** *(improvisar)* to make sth up on the spur of the moment; *(idear)* to come up with sth; **eso de que es ilegal se lo ha sacado de la ~** he's just made up the bit about it being illegal; EXPR **ser de ~ ancha, tener ~ ancha** to be overindulgent; EXPR **tener o guardar algo en la ~** to have sth up one's sleeve; EXPR *RP Fam* **tirarle la ~ a alguien** to ask sb a favour/for money ❑ **~ corta** short sleeve; **~ de jamón** leg-of-mutton sleeve; **~ japonesa** batwing sleeve; **~ larga** long sleeve; **~ ranglan** raglan sleeve; *Col* **~ sisa**: **una camisa con ~ sisa** a sleeveless shirt

-2. *(manguera)* **~ (de riego)** hosepipe

-3. *(filtro)* muslin strainer

-4. *(medidor de viento)* windsock, wind cone

-5. *(de pastelería)* **~ (pastelera o de pastelero)** forcing o piping bag

-6. NÁUT beam

-7. DEP *(en competición)* stage, round; *(en tenis)* set

-8. *(en aeropuerto)* jetty *(for boarding aircraft)*

-9. *Am (mango)* large, round mango

-10. *Méx, RP Fam Pey (grupo de gente)* **tus amigos son una ~ de locos** your friends are a bunch of lunatics; **¡qué ~ de idiotas!** what a bunch o *Br* shower of idiots!

-11. *Méx (capa)* waterproof cape

-12. *CAm (manta)* blanket

-13. *Am (para ganado)* cattle chute

manga² *nm* **el ~** manga (comics)

manganeso *nm* QUÍM manganese

mangante *Esp Fam* ◇ *adj* -1. *(sinvergüenza)* good-for-nothing -2. *(ladrón)* thieving

◇ *nmf* -1. *(sinvergüenza)* good-for-nothing, layabout -2. *(ladrón)* thief

manganzón, -ona *Andes, CAm, Ven Fam* ◇ *adj* lazy, idle

◇ *nm,f* layabout

mangar [38] ◇ vt **-1.** *Esp Fam (robar)* to pinch, *Br* to nick; **~ algo a alguien** to pinch *o Br* nick sth off sb **-2.** *RP Fam (pedir)* to cadge, to scrounge; **siempre me manga cigarros** he's always cadging cigarettes off me
◇ vi *RP Fam* to sponge, to scrounge; **siempre está mangando** he's always sponging *o* scrounging

mangazo *nm RP Fam* sponging; **vive del ~** he lives by sponging *o* scrounging

manglar *nf* mangrove swamp

mangle *nm* mangrove tree ❑ **~ blanco** white mangrove; **~ botoncillo** buttonwood, button mangrove; **~ colorado** red mangrove; **~ negro** black mangrove

mango¹ *nm* **-1.** *(asa)* handle
-2. *muy Fam (pene)* cock
-3. *Méx, Ven Fam (persona)* stunner
-4. *RP Fam (dinero)* **en ese trabajo no gana un ~** you earn peanuts in that job; **no tengo un ~** I haven't got a bean, I'm broke; **¿cuánto te costó? – barato, tres mangos** how much did it cost? – dirt-cheap, almost nothing
-5. *RP Fam (peso)* peso
-6. *RP Fam* EXPR **ir al ~** to go flat out; **poner la radio al ~** to put the radio on full blast

mango² *nm* **-1.** *(árbol)* mango tree **-2.** *(fruta)* mango

mangonear *Fam* ◇ vi **-1.** *(entrometerse)* to meddle; **siempre está mangoneando en nuestros asuntos** he's always poking his nose in our affairs **-2.** *(mandar)* to push people around, to be bossy
◇ vt *(mandar)* to push *o* boss around

mangoneo *nm Fam (intromisión)* **ya estoy harto de su ~** I'm fed up with his meddling

mangosta *nf* mongoose

manguarear *vi Ven Fam* to laze about, *Br* to skive

manguareo *nm Ven Fam* idleness, *Br* skiving

manguear ◇ vt **-1.** *CSur, Méx (ganado)* to drive into a gangway **-2.** *RP Fam (pedir)* to cadge, to scrounge; **siempre me manguea cigarros** he's always cadging cigarettes off me
◇ vi *RP Fam* to sponge, to scrounge; **siempre está mangueando** he's always sponging *o* scrounging

manguera *nf (para regar)* hosepipe; *(de bombero)* fire hose

manguerear *vt CSur Fam (plants)* to water; *(car)* to hose down

manguero, -a *RP Fam* ◇ *adj* scrounging
◇ *nm,f* freeloader, cadger

mangui *Esp Fam* ◇ *adj (no fiable)* sneaky
◇ *nmf* **-1.** *(ladrón)* crook, thief **-2.** *(persona no fiable)* crook

manguito *nm* **-1.** *(para el frío)* muff **-2.** *(media manga)* protective sleeve, oversleeve **-3.** TEC *(tubo)* sleeve

maní *(pl* **maníes)** *nm* **-1.** *Andes, Carib, RP (semilla)* peanut **-2.** *Ven Fam (problema)* tricky business; **¿cuál es el ~?** what's the problem?

manía *nf* **-1.** *(enfermedad)* mania ❑ **~ persecutoria** persecution complex
-2. *(idea fija)* obsession
-3. *(mala costumbre)* bad habit; **tiene la ~ de morderse las uñas** he's always biting his fingernails; **le ha dado la ~ de tirar la ropa por el suelo** she has got into the bad habit of leaving her clothes scattered on the floor
-4. *(afición exagerada)* mania, craze
-5. *Fam (ojeriza)* dislike; **tomar** *o Esp* **coger ~ a alguien** to take a dislike to sb; **tener ~ a alguien: le tengo ~ a su hermana** I can't stand her sister

maniaco, -a, maníaco, -a ◇ *adj* manic
◇ *nm,f* maniac ❑ **~-depresivo** manic-depressive; **~ sexual** sex maniac

maniatar *vt* to tie the hands of

maniático, -a ◇ *adj* fussy
◇ *nm,f* fussy person; **es un ~** he's terribly fussy; **es un ~ de los detalles** he's a stickler for detail; **es una maniática con la limpieza** she's a cleaning freak; **es un ~ del fútbol** he's soccer-crazy

manicero, -a = manisero

manicomio *nm Br* mental *o* psychiatric hospital, *US* insane asylum; *Fam* **esta oficina es un ~** this office is a madhouse

manicura *nf (técnica)* manicure; **hacerle la ~ a alguien** to give sb a manicure; **hacerse la ~** to have a manicure

manicuro, -a *nm,f, Am* **manicurista** *nmf* manicurist

manido, -a *adj* **un tema muy ~** a well-worn *o* much-discussed topic

manierismo *nm* ARTE mannerism

manierista ◇ *adj* mannerist
◇ *nmf* mannerist

manifa *nf Esp Fam (manifestación)* demo

manifestación *nf* **-1.** *(de alegría, dolor)* show, display; *(indicio)* sign; **una ~ artística** an art form **-2.** *(de opinión)* declaration, expression; **en sus manifestaciones a la prensa se declaró inocente** in his statements to the press he said he was innocent **-3.** *(por la calle)* demonstration; **hacer una ~ a favor de/contra algo** to demonstrate *o* take part in a demonstration in favour of/against sth

manifestante *nmf* demonstrator

manifestar [3] ◇ *vt* **-1.** *(alegría, dolor)* to show; **manifestó su enfado golpeando la mesa** he showed his annoyance by banging on the table **-2.** *(opinión)* to express; **manifestó su intención de presentarse como candidato** he announced his intention to put himself forward as a candidate; **manifestaron su agradecimiento por la ayuda recibida** they expressed their gratitude for the help received
◆ **manifestarse** *vpr* **-1.** *(por la calle)* to demonstrate; **manifestarse a favor de/contra algo** to demonstrate for/against; **los sindicalistas se manifestaron por el centro de la ciudad** the union members demonstrated in the city centre
-2. *(hacerse evidente)* to become clear *o* apparent; **su odio se manifiesta en su mirada** you can see the hatred in her eyes
-3. *(expresarse)* **se manifestó contrario a la intervención militar** he spoke out against military intervention; **les dieron el proyecto para que se manifestaran sobre él** they gave them the plan so that they could give an opinion on it

manifiestamente *adv* clearly, evidently; **es un trabajo ~ mejorable** there is obvious room for improvement in this piece of work; **el presupuesto era ~ insuficiente** the budget was clearly inadequate

manifiesto, -a ◇ *adj* clear, evident; **es un hecho ~ que está insatisfecho** it's obvious he's not satisfied; **poner de ~ algo** *(revelar)* to reveal sth; *(hacer patente)* to make sth clear; **ponerse de ~** *(descubrirse)* to become clear *o* obvious
◇ *nm* **-1.** *(político)* manifesto ❑ **el Manifiesto comunista** the Communist Manifesto **-2.** NÁUT manifest

manigua *nf*, **manigual** *nm Carib, Col (selva)* marshy tropical forest

manija *nf* **-1.** *esp Am (asa)* handle **-2.** *esp Am (manivela)* handle, crank; *(tirador)* handle **-3.** *RP Fam (cerveza) Br* pint, *US* brew **-4.** EXPR *RP Fam* **dar ~: ya está enojado, no le des más ~** he's already angry, don't wind him up more; **si no me hubieran dado ~, no habría ido** if they hadn't egged me on I wouldn't have gone; *RP Fam* **tener la ~** to rule the roost; **¿quién tiene la ~ acá?** who's boss round here?

manijear *vt RP Fam* to egg on

Manila *n* Manila

manilargo, -a *adj Fam* **-1.** *(generoso)* generous **-2.** *(ladrón)* light-fingered **-3.** *RP (con las mujeres)* free with one's hands

manilense ◇ *adj* of/from Manila
◇ *nmf* person from Manila

manilla *nf* **-1.** *(del reloj)* hand **-2.** *(tirador)* handle **-3.** *(grillete)* manacle **-4.** *esp Am (manivela)* crank

manillar *nm (de bicicleta)* handlebars ❑ **~ de cuerno de cabra** drop handlebars; **~ de triatlón** time-trial bars

maniobra *nf* **-1.** *(con vehículo, máquina)* manoeuvre; **el accidente se produjo durante la ~ de adelantamiento** the accident occurred while the vehicle was overtaking; **evitó la colisión con una brusca ~** with a prompt manoeuvre he managed to avoid a collision; **hacer maniobras** to manoeuvre; **tuvo que hacer varias maniobras para estacionar** she had to do a lot of manoeuvring to park; **la nueva ley nos deja muy poco margen de ~** the new law gives us very little room for manoeuvre ❑ AV **~ de aproximación** approach; AV **hacer la ~ de aproximación** to approach
-2. **maniobras** *(militares)* manoeuvres; **maniobras conjuntas** joint exercises *o* manoeuvres; **estar de maniobras** to be on manoeuvres
-3. *(treta)* trick; **el anuncio ha sido una hábil ~ para distraer la atención** the announcement was a clever ploy to distract attention

maniobrabilidad *nf* manoeuvrability

maniobrable *adj* manoeuvrable

maniobrar *vi* **-1.** *(con vehículo)* to manoeuvre
-2. *(ejércitos)* to carry out manoeuvres **-3.** *(tramar)* to manoeuvre, to scheme

manipulación *nf* **-1.** *(de objeto)* handling; **~ de alimentos** food handling; **la ~ del aparato invalida la garantía** any interference with the device invalidates the guarantee ❑ **~ genética** genetic manipulation **-2.** *(de persona, datos)* manipulation; **denunció la ~ de sus declaraciones** he claimed his statements had been distorted

manipulador, -ora ◇ *adj (dominador)* manipulative
◇ *nm,f* **-1.** *(operario)* handler **-2.** *(dominador)* manipulator

manipular *vt* **-1.** *(manejar)* to handle; **manipuló el explosivo con mucho cuidado** he handled the explosives very carefully; **alguien había manipulado la cerradura** someone had tampered with the lock; **~ genéticamente** to genetically modify
-2. *(trastocar, dominar)* to manipulate; **le acusaron de ~ las papeletas** they accused him of tampering with the ballot papers; **están manipulando a las masas** they are manipulating the masses

maniqueísmo *nm* **-1.** *(actitud)* black-and-white view of things; **el ~ de su argumento** the black-and-white nature of his argument **-2.** REL Manicheanism

maniqueo, -a ◇ *adj* **-1.** *(simplista)* **una visión maniquea de la historia** a black-and-white view of history; **una tendencia maniquea** a tendency to see things in black and white **-2.** REL Manichean
◇ *nm,f* **-1.** *(simplista)* **es un ~** he sees everything in black and white **-2.** REL Manichean, Manichee

maniquí *(pl* **maniquíes)** ◇ *nm* dummy, mannequin
◇ *nmf (modelo)* model

manirroto, -a ◇ *adj* extravagant
◇ *nm,f* spendthrift

manisero, -a, manicero, -a *nm,f Andes, CAm, Carib, RP* peanut vendor

manitas *Esp Fam* ◇ *adj inv* handy; **ser muy ~** to be very good with one's hands
◇ *nmf inv* **-1.** *(persona habilidosa)* handy person; EXPR **ser un ~ de plata** to be (very) good with one's hands **-2.** EXPR **hacer ~** *(acariciarse)* to cuddle, to canoodle
◇ *nfpl* **~ (de cerdo)** pig's trotters

manito *nm* **-1.** *Méx Fam (amigo)* pal, *Br* mate, *US* buddy **-2.** *RP Fam* **hacer ~** to cuddle, to canoodle

manivela *nf* crank

manizaleño, -a ◇ *adj* of/from Manizales *(Colombia)*
◇ *nm,f* person from Manizales *(Colombia)*

manjar *nm* **-1.** *(alimento exquisito)* **manjares** delicious food; **¡este queso es un ~!** this cheese is delicious!; EXPR **ser ~ de dioses** to be a dish fit for the gods **-2.** *Chile (dulce de leche)* = toffee pudding made with caramelized milk

mano[1] ⬥ *nf* **-1.** *(de persona)* hand; **dar** *o* **estrechar la ~ a alguien** to shake hands with sb; **darse** *o* **estrecharse la ~** to shake hands; **le dije adiós con la ~** I waved goodbye to him; **bolso de ~** *Br* handbag, *US* purse; **equipaje de ~** hand luggage; **paseaban de la ~** they were walking along hand in hand; **ir de la ~** *(asuntos, problemas)* to go hand in hand; **de ~ en ~: la foto fue** *o* **pasó de ~ en ~** the photo was passed around; **entregar algo a alguien en ~** to deliver sth to sb in person; **frotarse las manos** *(por frío, entumecimiento)* to rub one's hands (together); *(regocijarse)* to rub one's hands (with glee); **hecho a ~** handmade; **lo tuve que hacer a ~** I had to do it by hand; **lavarse las manos** *(literalmente)* to wash one's hands; **¡yo me lavo las manos!** *(me desentiendo)* I wash my hands of it!; **leerle la ~ a alguien** to read sb's palm; **¡manos arriba!, ¡arriba las manos!** hands up!; **¡manos a la obra!** let's get down to it!; **pedir la ~ de una mujer** to ask for a woman's hand (in marriage); **robo a ~ armada** armed robbery; **votación a ~ alzada** show of hands ❏ **~ derecha** *(persona)* right-hand man/woman; **ser la ~ derecha de alguien** to be sb's right-hand man/woman; DER ***manos muertas*** mortmain
-2. *(de animal)* forefoot; *(de perro, gato)* (front) paw; *(de cerdo)* (front) trotter
-3. *(de pintura, barniz)* coat; **dar una ~ de pintura a algo** to give sth a coat *o* lick of paint
-4. *(de mortero)* pestle
-5. *(de naipes)* *(partida)* game; *(ronda)* hand; **eres ~** it's your lead
-6. *(en deportes)* *(falta)* handball; **el árbitro pitó ~** the referee blew for handball
-7. *(deporte)* pelota *(played with hand rather than with hand-held basket)*
-8. *(serie, tanda)* series
-9. *(lado)* **a ~ derecha/izquierda (de)** on the right/left (of); **gire a ~ derecha** turn right
-10. *Andes, CAm, Méx (objetos)* = group of four or five objects
-11. *Am (de plátanos)* bunch
-12. *CAm, Chile, Méx (accidente)* mishap, accident
-13. *RP (dirección)* direction *(of traffic)*; **calle de una/doble ~** one-/two-way street
-14. *(influencia)* influence; **tener ~ con alguien** to have influence with sb
-15. *(intervención)* hand; **la ~ de la CIA está detrás de todo esto** you can see the hand of the CIA in this affair ❏ **~ negra** hidden hand; **~ oculta** hidden hand
-16. *(habilidad)* **tener buena ~ para algo** to have a knack for sth; **¡que ~ tienes para las plantas!** you've really got *Br* green fingers *o US* a green thumb! ❏ **~ izquierda: tener ~ izquierda con algo/alguien** to know how to deal with sth/sb
-17. *(poder, posesión)* **a manos de** at the hands of; **de manos de alguien: recibió la medalla de manos del ministro** he received the medal from the minister himself; **cambiar de manos** to change hands; **en manos de: caer en manos de alguien** to fall into sb's hands; **dejar algo en manos de alguien** to leave sth in sb's hands; **estar en manos de alguien** to be in sb's hands; **estar en buenas manos** to be in good hands; **haré lo que esté en mi ~** I'll do everything within my power; **ponerse en manos de alguien** to put oneself in sb's hands; **de primera ~** *(vehículo)* brand new; *(noticias)* first-hand; **de segunda ~** second-hand
-18. manos *(ayudantes)* helpers; **nos van a hacer falta varias manos para mover el piano** we're going to need several people to help us move the piano
-19. EXPR **abrir la ~** to be more lenient; **alzar la ~ contra alguien** to raise one's hand to sb; *CSur* **agarrar la ~ a algo** to get the hang of sth; **bajo ~** secretly; **de manos a boca** suddenly, unexpectedly; **cargar la ~** to go over the top; *RP Fam* **con una ~ en la cintura: esto lo hago con una ~ en la cintura** I can do this with my hands tied behind my back; **con la ~ en el corazón: te lo digo con la ~ en el corazón** I'm being perfectly honest with you; *Fam* **con una ~ delante y otra detrás: está en la ruina, con una ~ delante y otra detrás** he hasn't got a penny to his name; **estar dejado de la ~ de Dios** *(lugar)* to be godforsaken; *(persona)* to be a total failure; **echar ~ a algo: echó ~ al bolso y se marchó** she took her bag and left; **echar ~ de algo** *(recurrir a)* to make use of sth, to resort to sth; **echar ~ de alguien** *(recurrir a)* to turn to sb; **echar una ~ a alguien** to give/offer sb one's hand; **ensuciarse las manos** to get one's hands dirty; **escaparse** *o* **irse de las manos: se me escapó** *o* **fue de las manos una oportunidad excelente** an excellent chance slipped through my hands; **este proyecto se nos ha escapado** *o* **ido de las manos** this project has got out of hand; **ganar por la ~** *o RP* **de ~ a alguien** to beat sb to it; **írsele la ~ a alguien: se le fue la ~** *(perdió el control)* she lost control; *(exageró)* she went too far; **se me fue la ~ con la sal** I overdid the salt; **levantarle la ~ a alguien** to raise one's hand to sb; **llegar a las manos (por algo)** to come to blows (over sth); **a manos llenas** generously; **llevarse las manos a la cabeza** *(gesticular)* to throw one's hands in the air (in horror); *(indignarse, horrorizarse)* to be horrified; **con ~ dura** *o* **de hierro** with a firm hand; *Fam* **~ a ~: se bebieron la botella ~ a ~** they drank the bottle between the two of them; **estar** *o* **sobre ~** to be sitting around doing nothing; *Esp* **coger** *o Am* **agarrar a alguien con las manos en la masa** to catch sb red-handed *o* in the act; *Fam* **meter ~ a alguien** *(investigar)* to get onto sb; *(sobar sin consentimiento)* to grope sb; *(sobar con consentimiento)* to pet sb; *Fam* **meter ~ a algo** to tackle sth; **meter la ~ en algo** *(intervenir)* to poke one's nose into sth, to meddle in sth; *RP Fam* **meter la ~ en el tarro** *o* **la lata** to dip one's fingers in the till; **ponerle la ~ encima a alguien: ¡como te ponga la ~ encima...!** if I lay *o* get my hands on you!; **¡no me pongas las manos encima!** don't you touch me *o* lay a finger on me!; **poner la ~ en el fuego: creo que es así, pero no pondría la ~ en el fuego** I think that's the case, but I couldn't vouch for it; *Fam* **ser ~ de santo** to work wonders; **tender una ~ a alguien** to give/offer sb one's hand; *Fam Hum* **tener manos de árbol** to be ham-fisted *o* ham-handed; **tengo las manos atadas** my hands are tied; **tener las manos muy largas** *(aficionado a pegar)* to be fond of a fight; *(aficionado a robar)* to be light-fingered; **tener manos libres para hacer algo** to have a free rein to do sth; **tengo las manos limpias** my hands are clean; **tener manos de mantequilla** to be butter-fingered; **traerse algo entre manos** to be up to sth; **untarle la ~ a alguien** to grease sb's palm; **con las manos vacías** empty-handed ❏ **~ de obra** *(trabajadores)* labour, workers; *(trabajo manual)* labour; **la ~ de obra barata atrae a los inversores** investors are attracted by the cheap labour costs; **~ de obra cualificada** skilled labour *o* workers; **~ de obra especializada** skilled labour *o* workers; **~ de obra semicualificada** semi-skilled labour *o* workers
⬥ *nmf* EXPR *RP Fam* **ser un ~ abierta** to be open-handed; **es un ~ larga** *(toquetón)* he's always poking around where he shouldn't; *(con las mujeres)* he has wandering-hand trouble
⬥ **a mano** *loc adv* **-1.** *(cerca)* to hand, handy; **¿tienes el encendedor a ~?** have you got your lighter handy *o* to hand?; **el supermercado está** *o* **queda muy a ~** the supermarket is very close by; **mi casa es muy a ~ de todo** my house is very handy for everything **-2.** *Am (en paz)* **estar** *o* **quedar a ~** to be quits *o* all square
⬥ **mano a mano** *nm* **un ~ a ~ entre los dos candidatos** a head-to-head between the two candidates

mano[2] *nm Andes, CAm, Carib, Méx Fam* pal, *Br* mate, *US* buddy

manojo *nm* **-1.** *(de hierbas)* bunch; EXPR **estar hecho** *o* **ser un ~ de nervios** to be a bundle of nerves **-2.** *(de llaves)* bunch **-3.** *(gran cantidad)* loads; **tiene un ~ de gatos** she's got loads of cats

manoletina *nf* **-1.** TAUROM = pass with the cape **-2.** *(zapato)* = type of open, low-heeled shoe, often with a bow

manomanista *nmf* DEP pelota player *(who plays with hand rather than with hand-held basket)*

manómetro *nm* pressure gauge, manometer

manopla *nf* **-1.** *(guante)* mitten; *(para el aseo)* bath glove *o* mitten ❏ ***manoplas de cocina*** oven gloves **-2.** *(de béisbol)* baseball glove *o* mitt

manosanta *nmf RP (curandero)* traditional healer

manoseado, -a *adj* **-1.** *(objeto)* shabby, worn **-2.** *(tema)* well-worn, hackneyed

manosear ⬥ *vt* **-1.** *(tocar)* to handle (roughly); *(papel, tela)* to rumple; **no manosees la fruta si no la vas a comprar** don't handle *o* touch the fruit if you're not going to buy it **-2.** *(persona)* to paw; *(sexualmente)* to grope
➤ **manosearse** *vpr* **-1. manosearse el pelo/la falda** *(tocar)* to fiddle with one's hair/skirt **-2.** *(mutuamente)* to fondle one another

manoseo *nm* **-1.** *(de objeto)* handling, touching **-2.** *(de persona)* pawing, groping

manotazo *nm*, **manotada** *nf* slap; **mató la mosca de un ~** he killed the fly with a swipe of his hand; **dar un ~ a alguien** to give sb a slap

manotear ⬥ *vt* **-1.** *(golpear)* to slap, to cuff **-2.** *RP Fam (quitar)* to grab
⬥ *vi* to gesticulate; **el niño manoteaba en la piscina** the boy was thrashing about in the pool

manoteo *nm* gesticulation

manotón *nm CSur* grab ❏ **~ de ahogado** a last-ditch effort; **la decisión de unir fuerzas para la elección fue el típico ~ de ahogado** the decision to join forces for the election was a classic case of clutching at straws

mansalva: a mansalva *loc adv (en abundancia)* **vinieron invitados a ~** loads of guests came; **lanzaron bombas a ~** they dropped tons of bombs

mansamente *adv (con mansedumbre)* calmly, gently

mansedumbre *nf* **-1.** *(tranquilidad)* calmness, gentleness **-2.** *(docilidad)* tameness

mansión *nf* mansion

manso, -a *adj* **-1.** *(animal)* *(dócil)* docile; *(domesticado)* tame **-2.** *(persona)* gentle, meek **-3.** *(aguas)* calm **-4.** *Chile Fam (extraordinario)* tremendous; **tiene la mansa casa** he has a gigantic *o* massive house

manta[1] *nf* **-1.** *(abrigo)* blanket; EXPR **liarse la ~ a la cabeza** to take the plunge; EXPR **tirar de la ~** to let the cat out of the bag ❏ **~ eléctrica** electric blanket
-2. *(pez)* manta ray
-3. *Méx (algodón)* = coarse cotton cloth ❏ **~ de cielo** muslin
-4. *Méx (pancarta)* cloth banner
-5. *Ven (vestido)* = traditional Indian woman's dress
-6. *Esp Fam (muchísimo)* in abundance; **llovía a ~** it was pouring down; **han cosechado éxitos a ~** they have had loads of hits

manta[2] *nmf Esp Fam (persona)* layabout; **ser un ~** to be a waste of space; **hacer el ~** *(vaguear)* to bum around

mantear *vt* to toss in a blanket

manteca ⬥ *nf* **-1.** *Esp (grasa animal)* fat; EXPR *Fam* **tener buenas mantecas** to be a tub of lard ❏ **~ de cerdo** lard

-2. *(grasa vegetal)* vegetable fat ❏ **~ de cacahuete** o *Méx* **cacahuate** peanut butter; **~ de cacao** cocoa butter; *Andes, CAm, RP, Ven* **~ de maní** peanut butter

-3. *RP, Ven (mantequilla)* butter; EXPR *RP Fam* **ser una ~** to be very tender; EXPR *RP Fam* **tener dedos de ~** to be a butterfingers; *RP Fam* **tirar ~ al techo** *(despilfarrar)* to splash money around; *(ser millonario)* to be rolling in it

-4. *Esp Fam (dinero)* dough

◇ *nmf* EXPR *RP Fam* **ser un ~** to be a wimp

mantecada *nf (magdalena)* = small rectangular sponge cake

mantecado *nm* **-1.** *Esp (dulce)* = very crumbly shortbread biscuit made with lard **-2.** *Esp (helado)* dairy ice cream **-3.** *RP (magdalena)* = small sponge cake

mantecoso, -a *adj* fatty, greasy
mantel *nm* tablecloth
mantelería *nf* set of table linen
manteleta *nf* shawl
mantención *nf CSur* **-1.** *(de persona)* support, maintenance **-2.** *(de máquina)* maintenance
mantenedor, -ora *nm,f* president *(of a jury)*
mantener [65] ◇ *vt* **-1.** *(sustentar)* to support; *(mascota, animal)* to keep; **con su sueldo mantiene a toda la familia** he has to support *o* keep his whole family with his wages

-2. *(sostener)* to support; **un andamio mantiene el edificio en pie** a scaffold supports the building *o* keeps the building from falling down; **mantén los brazos en alto** keep your arms in the air; **mantén el cable ahí** hold the cable there

-3. *(conservar)* to keep; *(ritmo, niveles, presión)* to keep up; **~ las amistades** to keep up one's friendships; **~ algo en buen estado** to keep sth in good condition; **~ la calma** to stay calm; **~ el orden** to keep order; **~ la línea** to keep one's figure; **~ una promesa/la palabra** to keep a promise/ one's word; **mantenga limpia su ciudad** *(en letrero)* keep your city tidy; **manténgase en un lugar seco** *(en etiqueta)* keep in a dry place; **manténgase fuera del alcance de los niños** *(en medicamento, producto tóxico)* keep out of the reach of children; **es incapaz de ~ la boca cerrada** he can't keep his mouth shut

-4. *(tener) (conversación)* to have; *(negociaciones, diálogo)* to hold; **~ correspondencia con alguien** to correspond with sb; **~ relaciones con alguien** to have a relationship with sb; **~ contactos con alguien** to be in contact with sb

-5. *(defender) (convicción, idea)* to stick to; *(candidatura)* to refuse to withdraw; **mantiene su inocencia** she maintains that she is innocent; **mantiene que no la vio** he maintains that he didn't see her

◆ **mantenerse** *vpr* **-1.** *(sustentarse económicamente)* to support oneself; *(alimentarse)* to live (**con** *o* **de** *o* **a base de** on); **nos mantenemos a duras penas con mi sueldo** my wages are barely enough for us to get by on

-2. *(permanecer, continuar)* to remain; *(edificio)* to remain standing; **¡manténte quieto!** keep still!; **¡por favor, manténganse alejados!** please keep clear!; **mantenerse aparte** *(en discusión)* to stay out of it; **mantenerse en contacto con alguien** to stay in touch with sb; **mantenerse joven/ en forma** to stay *o* keep young/fit; **mantenerse en pie** to remain standing

-3. *(perseverar)* **se mantiene en su postura** he refuses to change his position; **me mantengo en mi intención de decírselo** I still intend to tell her; **me mantengo en lo dicho** I stick by what I said before

mantenido, -a *adj* sustained

◇ *nm,f (hombre)* gigolo; *(mujer)* kept woman

mantenimiento *nm* **-1.** *(de persona)* **se encarga del ~ de sus hijos** he provides for *o* supports his children

-2. *(de máquina)* maintenance; *(de parque, edificio)* upkeep; **gastos de ~** maintenance costs; **manual de ~** service manual; **servicio de ~** maintenance service

-3. *(de situación)* preservation; *(de ley)* upholding; *(de promesa)* keeping; **las tropas se encargan del ~ de la paz** the troops are in charge of peacekeeping; **protestan contra el ~ del embargo** they are protesting against the continuation of the embargo

-4. *(gimnasia)* keep fit; **clases de ~** keep-fit classes; **ejercicios de ~** keep-fit exercises

manteo *nm (en manta, brazos)* = practice of tossing a person up in the air repeatedly and catching them either in a blanket or the linked arms of several people

mantequera *nf* butter dish
mantequería *nf* **-1.** *(fábrica)* dairy, butter factory **-2.** *(tienda)* grocer's (shop)
mantequilla *nf* **-1.** *(grasa)* butter ❏ **~ de cacahuete** peanut butter; **~ salada** salted butter **-2.** *Ven Fam (asunto)* **¡qué ~!** that was a piece of cake! **-3.** *Ven Fam (persona)* soft touch
mantequillera *nf* butter dish
mantequita *RP Fam* ◇ *adj* **ser ~** to be a crybaby

◇ *nmf* crybaby

mantiene *etc ver* **mantener**
mantilla *nf* **-1.** *(de mujer)* mantilla **-2.** *(de bebé)* shawl; EXPR *Fam* **estar en mantillas** *(persona)* to be wet behind the ears; *(plan)* to be in its infancy
mantillo *nm* **-1.** *(capa)* humus **-2.** *(abono)* compost
mantis *nf inv* mantis ❏ **~ religiosa** praying mantis
mantisa *nf* MAT mantissa
manto *nm* **-1.** *(indumentaria)* cloak **-2.** *(de nieve, barro)* mantle, layer; **un ~ de nieve cubría los campos** the fields were blanketed in snow **-3.** GEOL *(capa)* stratum, layer; **el ~ terrestre** the earth's mantle ❏ **~ freático** aquifer **-4.** *Arg* **~ negro** Alsatian, German Shepherd
mantón *nm* shawl ❏ **~ de Manila** embroidered silk shawl
mantra *nm* REL mantra
mantuano, -a *Ven HIST* ◇ *adj* = relating to the Venezuelan ruling class

◇ *nm,f* = member of the Venezuelan ruling class

mantuviera *etc ver* **mantener**
manual ◇ *adj* manual; **tiene gran habilidad ~** she's very good with her hands

◇ *nm* manual ❏ **~ de instrucciones** instruction manual; **~ de uso** instruction manual; **~ del usuario** user's manual

manualidades *nfpl* **-1.** *(objetos)* craftwork, handicrafts **-2.** EDUC *(asignatura)* craft
manualmente *adv* manually, by hand
manubrio *nm* **-1.** *(manivela)* crank **-2.** *Am (manillar)* handlebars
manuela *nf Carib muy Fam* hand-job; **hacerse una** *o* **la ~** to jerk off
manufactura *nf* **-1.** *(actividad)* manufacture **-2.** *(producto)* product; **las importaciones de manufacturas** imports of manufactured goods **-3.** *(fábrica)* factory
manufacturado, -a *adj* manufactured; **productos manufacturados** manufactured goods
manufacturar *vt* to manufacture
manufacturero, -a *adj* manufacturing; **la industria ~** manufacturing industry
manumisión *nf Formal (de esclavo)* liberation
manumiso, -a *adj Formal (esclavo)* freed, emancipated
manumitir *vt Formal (esclavo)* to emancipate
manuscrito, -a ◇ *adj* handwritten

◇ *nm* **-1.** *(escrito a mano)* manuscript ❏ *los Manuscritos del Mar Muerto* the Dead Sea Scrolls **-2.** *(original)* original manuscript, typescript

manutención *nf* **-1.** *(sustento)* support, maintenance **-2.** *(alimento)* food
manyar [man'ʒar] *RP Fam* ◇ *vt* **-1.** *(comer)* to eat **-2.** *(entender)* to understand; **no manyo nada de inglés** I don't understand a word of English; EXPR **tener a alguien muy manyado** to have sb's number

◇ *vi (comer)* to get a bite to eat

manzana *nf* **-1.** *(fruta)* apple; **~ asada** *o* **al horno** baked apple ❏ **~ deliciosa** Golden Delicious; *Fig* **~ de la discordia** bone of contention; **~ Granny Smith** Granny Smith; *Fig* **~ podrida** rotten apple; **~ reineta** = type of apple with tart flavour used for cooking and eating **-2.** *(grupo de casas)* block (of houses); **dar la vuelta a la ~** to go round the block **-3.** **~ de Adán** *(nuez)* Adam's apple

manzanal *nm* **-1.** *(huerto)* apple orchard **-2.** *(árbol)* apple tree
manzanar *nm* apple orchard
manzanilla *nf* **-1.** *(planta)* camomile **-2.** *(infusión)* camomile tea **-3.** *(vino)* manzanilla (sherry) **-4.** *(aceituna)* manzanilla, = type of small olive
manzano *nm* apple tree
maña *nf* **-1.** *(destreza)* skill; **tener ~ para** to have a knack for; PROV **más vale ~ que fuerza** brain is better than brawn **-2.** *(astucia)* wits, guile; **darse ~ para hacer algo** to contrive to do sth **-3.** *(engaño)* ruse, trick **-4.** *(mala costumbre)* bad habit; **tener la ~ de hacer algo** to have the bad habit of doing sth **-5.** *Am Fam (capricho)* **ese niño tiene muchas mañas** that child is spoiled rotten **-6.** *ver también* **maño**
mañana ◇ *nf* morning; **(muy) de ~** (very) early in the morning; **trabajo de ~** *o* **mañanas** I work mornings; **a la ~ siguiente** the next morning; **a las dos de la ~** at two in the morning; *Esp* **por la ~**, *Am* **en la ~**, *Arg* **a la ~**, *Urug* **de ~** in the morning; **mañana/el sábado** *Esp* **por la ~** *o Am* **en la ~** *o Arg* **a la ~** *o Urug* **de ~** tomorrow/Saturday morning

◇ *nm* **el ~** tomorrow, the future; **la tecnología del ~** the technology of tomorrow *o* the future; EXPR **~ será otro día** tomorrow is another day

◇ *adv* tomorrow; **~ es martes** tomorrow is Tuesday, it's Tuesday tomorrow; **~ hará tres años de su muerte** it's three years tomorrow since she died; **a partir de ~** starting tomorrow, as of tomorrow; **de ~ no pasa, tengo que llamarla** I have to ring her without fail tomorrow; **la ley entra en vigor a partir de ~ mismo** the law comes into effect as of tomorrow; **¡hasta ~!** see you tomorrow!; **~ por la ~** tomorrow morning; **pasado ~** the day after tomorrow

mañanero, -a *adj* **-1.** *(madrugador)* **son una familia muy mañanera** they are a family of early risers **-2.** *(matutino)* morning; **paseo ~** morning walk
mañanita *nf (prenda)* bed-jacket
mañanitas *nfpl Méx* birthday song
mañero, -a *adj RP (persona, animal)* difficult; *(máquina)* temperamental
maño, -a *Esp Fam* ◇ *adj* Aragonese

◇ *nm,f* Aragonese

mañoco *nm Ven* tapioca
mañosear *vi Chile, Ven Fam* to play up
mañoso, -a *adj* **-1.** *Esp (hábil)* skilful **-2.** *Andes, RP (caprichoso)* difficult; **no quiero andar más en este caballo, es demasiado ~** I don't want to ride this horse again, it's too strong-willed; **nunca se queda a cuidar a sus nietos, dice que son muy mañosos** he never stays and looks after his grandchildren, he says they play up too much
maoísmo *nm* Maoism
maoísta ◇ *adj* Maoist

◇ *nmf* Maoist

maorí *(pl* **maoríes)** ◇ *adj* Maori

◇ *nmf* Maori

mapa *nm* map; EXPR *Fam* **desaparecer del ~** to vanish into thin air; EXPR *Fam* **borrar algo del ~** to wipe sth off the map ❏ INFORMÁT **~ de bits** bit map; INFORMÁT **~ de caracteres** character map; **~ de carreteras** road map; **~ celeste** celestial map; **~ físico** physical map; **~ genético** genetic map; INFORMÁT **~ interactivo** *(en página Web)* clickable image map; **~ lingüístico** linguistic map; **~ mudo** blank map *(without names of*

mapache

countries, cities, rivers etc); **~ político** political map; **~ de relieve** relief map; **~ del tiempo** weather map; **~ topográfico** contour map
mapache *nm* raccoon
mapamundi *nm* world map
mapresa® *nf Perú* Formica®
mapuche ◇ *adj* Mapuche
  ◇ *nmf (persona)* Mapuche (indian)
  ◇ *nm (lengua)* Mapuche
mapurite *nm Ven* skunk
Maputo *n* Maputo
maqueta *nf* **-1.** *(reproducción a escala)* (scale) model **-2.** *(de libro)* dummy **-3.** *(de disco)* demo (tape)
maquetación *nf* INFORMÁT page layout
maquetador, -ora *nm,f* INFORMÁT layout editor
maquetar *vt* INFORMÁT to do the layout of
maquetista *nmf* model maker
maqueto, -a *Esp Fam Pey* ◇ *adj* = not born in the Basque Country
  ◇ *nm,f* = term for a person living in the Basque country who was not born there
maqui ◇ *nm* **-1.** *(guerrilla)* resistance movement **-2.** *Chile (árbol)* maqui
  ◇ *nmf inv* resistance fighter
maquiavélico, -a *adj* Machiavellian
maquiavelismo *nm* Machiavellianism
Maquiavelo *n pr* Machiavelli
maquila *nf CAm, Méx (de artículos electrónicos)* assembly; *(de ropa)* making-up
maquiladora *nf CAm, Méx* = bonded assembly plant set up by a foreign firm near the US border, *US* maquiladora

---
MAQUILADORAS

In the 1980s many non-Mexican companies set up assembly plants in areas along the US-Mexican border. They were attracted by the low wages, special tax concessions and the proximity to the US market. They produce many kinds of products, but usually by assembling parts manufactured elsewhere, and by law they must re-export 80 percent of their production. Today these **maquiladoras** are an important source of income for Mexico and they employ more than a million Mexicans — mostly women. The managers are usually foreigners, whereas the hourly-paid workers, who have little job security and few benefits, are Mexican.

---

maquilar *vt CAm, Méx (artículos electrónicos)* to assemble; *(ropa)* to make up
maquillador, -ora *nm,f* make-up artist
maquillaje *nm* **-1.** *(producto)* make-up ❑ **~ de cuerpo** body paint **-2.** *(acción)* making-up
maquillar ◇ *vt* **-1.** *(pintar)* to make up; **la maquillaron de vieja** she was made up like an old woman **-2.** *(disimular)* to cover up, to disguise; **intentaron ~ las pérdidas** they tried to massage the figures to hide the losses
  ➤ **maquillarse** *vpr* to make oneself up; **se maquilla demasiado** she wears *o* uses too much make-up
maquillista *nmf Méx* make-up artist
máquina *nf* **-1.** *(aparato)* machine; **coser a ~** to machine-sew; **escribir a ~** to type; **escrito a ~** typewritten; **hecho a ~** machine-made; **lavar a ~** to machine-wash; **pasar algo a ~** to type sth out *o* up; EXPR *Fam* **ser una ~** *(muy rápido, muy bueno)* to be a powerhouse ❑ **~ de afeitar** electric razor; **~ de bebidas** drinks machine; **~ de café** (espresso) coffee machine; **~ de cambios** change machine; **~ de coser** sewing-machine; **~ de discos** *(en bar)* jukebox; **~ destructora de documentos** document shredder; **~ de escribir** typewriter; **~ expendedora** vending machine; **~ fotográfica** camera; **~ de fotos** camera; **~ herramienta** machine tool; **~ de oficina** office machine; **~ quitanieves** snowplough; **~ recreativa** arcade machine; **~ registradora** cash register; **~ de tabaco** cigarette machine; **~ del tiempo** time machine; **~ voladora** flying machine

-2. *(para jugar)* **jugar a las máquinas** to play on the slot machines ❑ **~ de azar** slot machine, *Br* fruit machine; **~ de marcianos** Space Invaders® machine; *Am* **~ tragamonedas** slot machine, *Br* fruit machine; *Esp* **~ tragaperras** slot machine, *Br* fruit machine
-3. *(locomotora)* engine ❑ **~ de vapor** steam engine
-4. *(en buque)* engine; **sala de máquinas** engine room; *también Fig* **a toda ~** at full pelt; *Fig* **no fuerces la ~** don't overdo it
-5. *(de estado, partido)* machinery
-6. *Fam (vehículo) (moto)* (motor)bike; *(bicicleta)* bike; *(automóvil)* wheels, *Br* motor
-7. *Cuba (automóvil)* car
maquinación *nf* plot; **maquinaciones** machinations; **declaró ser víctima de maquinaciones** he claimed he was the victim of a plot
maquinador, -ora ◇ *adj* plotting, scheming
  ◇ *nm,f* plotter, schemer
maquinal *adj* mechanical
maquinalmente *adv* mechanically
maquinar *vt* to plot, to scheme; **estaban maquinando una conspiración contra el gobierno** they were plotting against the government
maquinaria *nf* **-1.** *(aparatos)* machinery ❑ **~ agrícola** agricultural *o* farming machinery; **~ industrial** industrial machinery; **~ pesada** heavy machinery **-2.** *(mecanismo) (de reloj, aparato)* mechanism **-3.** *(de Estado, partido)* machinery
maquinilla *nf* **-1.** *(de afeitar)* **~ de afeitar** razor; **~ eléctrica** electric razor **-2.** TEC **~ de carga** cargo winch
maquinismo *nm* mechanization
maquinista *nmf* **-1.** *(operador)* (machine) operator **-2.** *(de tren) Br* engine-driver, *US* engineer **-3.** *(de barco)* engineer
maquinizar [14] *vt* to mechanize
maquis ◇ *nm* resistance movement
  ◇ *nmf inv* resistance fighter
mar *nm o nf*

> Note that the feminine is used in literary language, by people such as fishermen with a close connection with the sea, and in some idiomatic expressions.

-1. *(océano, masa de agua)* sea; **al nivel del ~** at sea level; **se cayó al ~** she fell into the sea; **hacerse a la ~** to set sail, to put (out) to sea; **pasan meses en el ~** *(navegando)* they spend months at sea; **~ adentro** out to sea; **por ~** *(viajar, enviar)* by sea; **un viaje por ~** a sea voyage; *Literario* **surcar los mares** to ply the seas; EXPR **a mares: llover a mares** to rain cats and dogs; **lloraba a mares** she was crying her eyes out; **sudaba a mares** he was sweating buckets; EXPR *RP Fam* **la ~ en coche** the whole shebang; EXPR *Esp muy Fam* **me cago en la ~** *Br* bloody hell!, *US* goddamn it!; EXPR *Esp Fam Euf* **mecachis en la ~** *Br* sugar!, *US* shoot! ❑ **~ abierto** open sea; **el ~ Adriático** the Adriatic Sea; **el ~ Amarillo** the Yellow Sea; **el ~ Arábigo** the Arabian Sea; **el ~ de Aral** the Aral Sea; **~ arbolada** = rough sea with waves between 6 and 9 metres in height; **el ~ Báltico** the Baltic Sea; **~ calma** calm sea; **el ~ Cantábrico** the Bay of Biscay; **el ~ Caribe** the Caribbean (Sea); **el ~ Caspio** the Caspian Sea; **el ~ de(l) Coral** the Coral Sea; **el ~ de China** the China Sea; **el ~ Egeo** the Aegean Sea; *también Fig* **~ de fondo** groundswell; **el asunto ha creado mucha ~ de fondo en la opinión pública** the affair has given rise to a groundswell of public opinion; **~ gruesa** = rough sea with waves under 6 metres; **un ~ interior** an inland sea; **el ~ de Irlanda** the Irish Sea; **el ~ Jónico** the Ionian Sea; **~ llana** calm sea; **el ~ Mediterráneo** the Mediterranean Sea; **el ~ Muerto** the Dead Sea; **el ~ Negro** the Black Sea; **el ~ del Norte** the North Sea; **~ picada** very

maravilla

choppy sea; **~ rizada** choppy sea; **el ~ Rojo** the Red Sea; **el ~ de los Sargazos** the Sargasso Sea
-2. *(litoral)* seaside; **nos vamos a vivir al ~** we're going to live by the sea; **veranean en el ~** they spend their summer holidays at the seaside; **una casa en el ~** a house by the sea; **junto al ~** at the seaside
-3. *(gran abundancia)* **un ~ de gente** a sea of people; **un ~ de sangre** a river of blood; **estoy inmersa en un ~ de dudas** I'm plagued with doubts; EXPR **estar hecho un ~ de lágrimas** to be crying one's eyes out
-4. *Fam* **la ~ de** *(muchos)* loads of; *(muy)* dead; **es la ~ de inteligente** she's dead intelligent; **todo va la ~ de lento** everything's going dead slowly; **está la ~ de nerviosa** she's dead nervous; **tengo la ~ de cosas que hacer** I've got loads of things to do
mar. -1. *(abrev de* **marzo***)* Mar **-2.** *(abrev de* **martes***)* Tues
mara *nf* Patagonian hare
marabino, -a = maracaibero, -a
marabú *(pl* **marabúes** *o* **marabús***) nm* marabou stork, marabou
marabunta *nf* **-1.** *(de hormigas)* plague of ants **-2.** *Fam (muchedumbre)* crowd, throng; **cuando llega la ~ de turistas** when the hordes of tourists arrive
maraca *nf* **-1.** *(instrumento)* maraca **-2.** *Chile muy Fam (prostituta)* hooker
maracaibero, -a, marabino, -a ◇ *adj* of/from Maracaibo (Venezuela)
  ◇ *nm,f* person from Maracaibo (Venezuela)
maracayero, -a ◇ *adj* of/from Maracay (Venezuela)
  ◇ *nm,f* person from Maracay (Venezuela)
maracucho, -a *Fam* ◇ *adj* of/from Maracaibo (Venezuela)
  ◇ *nm,f* person from Maracaibo (Venezuela)
maracuyá *nf* passion fruit
maragota *nf* ballan wrasse
marajá *nm* maharajah; EXPR **vivir como un ~** to live in the lap of luxury
maraña *nf* **-1.** *(de cabellos, hilos)* tangle; **encontré el interruptor entre una ~ de cables** I found the switch amid a tangle of electric cables
-2. *(maleza)* thicket; **la ~ de arbustos no nos permitía avanzar** the dense undergrowth prevented us from going any further
-3. *(complicación)* tangle; **están intentando desenrollar la ~ de normas que regulan el sector** they are trying to unravel the tangle of regulations that regulate the industry; **no hay quien se entienda con la ~ de idiomas que se hablan allí** nobody can understand the jumble of languages they speak there; **le cuesta mucho encontrar lo que busca en la ~ de Internet** he finds it difficult to find what he's looking for on-line, the Internet is such a maze
maraquear *vi Carib* to play the maracas
maraquero, -a *nm,f Carib* maraca player
marasmo *nm* **-1.** MED wasting, *Espec* marasmus **-2.** *(de ánimo)* apathy; *(de negocio)* stagnation; **la economía sigue sumida en el ~** the economy is continuing to stagnate
maratón *nm o nf* **-1.** *(carrera)* marathon ❑ **~ popular** marathon *(in which professional and amateur athletes participate)* **-2.** *Fam (actividad larga)* marathon; **un ~ de 23 conciertos** a 23 concert marathon; **el acuerdo se logró tras un ~ negociador** the agreement was reached after a marathon bout of negotiations ❑ **~ televisivo** telethon
maratoniano, -a *adj* marathon; **una reunión maratoniana** a marathon meeting
maravedí *(pl* **maravedíes***) nm* HIST maravedi *(old Spanish coin)*
maravilla *nf* **-1.** *(cosa maravillosa)* marvel, wonder; **una ~ de niño/carretera** a wonderful *o* marvellous child/road; **¡qué ~ de lugar!** what a wonderful place!; **las siete maravillas del mundo** the Seven Wonders of the World; **es una ~** it's wonderful; **canta que es una ~** she a wonderful singer; EXPR **a**

maravillar

las mil maravillas, de ~: cocina a las mil maravillas *o* **de ~** he's an absolutely wonderful cook; **la fiesta salió a las mil maravillas** *o* **de ~** the party went absolutely wonderfully; **se llevan de ~** they get on brilliantly; **nos han contado maravillas sobre esa película** we've heard wonderful things about that movie; **decir maravillas de algo/alguien** to praise sth/sb to the skies; **hacer maravillas** to do *o* work wonders; **venir de ~** to be just the thing *o* ticket; **esta sartén viene de ~ para freír huevos** this pan is excellent for frying eggs; **su ayuda me vino de ~** her help was an absolute godsend
-**2.** *(admiración)* amazement; **su actuación causó ~** her performance was amazing
-**3.** *(planta compuesta)* calendula, pot marigold
-**4.** *(planta trepadora)* morning glory
-**5.** *Chile (girasol)* sunflower

maravillar ◇ *vt* to amaze; **este juguete maravilla a los niños** children are amazed by this toy; **me maravilla que esté tan tranquilo** I'm amazed that he is so calm
◆ **maravillarse** *vpr* to be amazed; **se maravilló de mi simpatía** he was amazed by my kindness

maravillosamente *adv* marvellously, wonderfully

maravilloso, -a *adj* -**1.** *(extraordinario)* marvellous, wonderful -**2.** *(milagroso)* miraculous; **la maravillosa intervención del portero evitó el gol** the goalkeeper's miraculous save prevented a goal

marbellí *(pl* **marbellíes** *o* **marbellís)** ◇ *adj* of/from Marbella *(Spain)*
◇ *nm,f* person from Marbella *(Spain)*

marbete *nm* -**1.** *(etiqueta)* label, tag -**2.** *(orilla)* border, edge

marca *nf* -**1.** *(señal)* mark; *(de rueda, animal)* track; *(en ganado)* brand; *(en papel)* watermark; *(cicatriz)* mark, scar; **se le nota la ~ del bañador** you can see her tan line, you can see where she's been wearing her swimsuit; **se quemó y le ha quedado una ~** she burned herself and has been left with a scar; DEP **en sus marcas, listos, ¡ya!** on your marks, get set, go! ❏ IMPRENTA **~ de corte** crop mark; INFORMÁT **~ de párrafo** paragraph mark; IMPRENTA **~ de recorte** crop mark
-**2.** COM *(de tabaco, café, perfume)* brand; *(de vehículo, computadora)* make; **sólo compro ropa de ~** I only buy designer clothes; **unos vaqueros de ~** a pair of designer jeans; *Fam* **de mayor** *(muy grande)* enormous; *(excelente)* outstanding ❏ **~ blanca** own-brand, own-label; **~ de fábrica** trademark; **~ registrada** registered trademark
-**3.** *(etiqueta)* label
-**4.** DEP *(tiempo, distancia, altura)* performance; **la mejor ~ mundial del año en los 100 metros** the fastest time in the world this year for the 100 metres; **su mejor ~ del año** her personal best this year
-**5.** DEP *(marcaje)* marking; **se encarga de la ~ del delantero más peligroso** he's marking the most dangerous forward
-**6.** *(en rugby)* **línea de ~** try *o* goal line; **zona de ~** in-goal area

marcación *nf* -**1.** *CSur* DEP *(marcaje)* marking -**2.** NÁUT *(orientación)* bearing

marcadamente *adv* markedly, noticeably

marcado, -a ◇ *adj (pronunciado)* marked; **tiene un ~ acento mexicano** he has a strong Mexican accent
◇ *nm* -**1.** *(señalado)* marking -**2.** *(peinado)* set

marcador, -ora ◇ *adj* marking; **siga las flechas marcadoras** follow the arrows
◇ *nm* -**1.** *(tablero)* scoreboard ❏ **~ electrónico** electronic scoreboard; **~ simultáneo** scoreboard *(on which the results of other matches being played are shown)*
-**2.** *(resultado)* score; **¿cuál es el ~?** what's the score?; **el ~ está empatado** the scores are level
-**3.** *(jugador) (defensor)* marker

-**4.** *(jugador) (goleador)* scorer
-**5.** *(para libros)* bookmark
-**6.** INFORMÁT *(de página web)* bookmark
-**7.** *Am (rotulador)* felt-tip pen; *Méx (fluorescente)* highlighter pen

marcaje *nm* DEP marking; **le hicieron un ~ muy duro** he was very closely marked ❏ **~ al hombre** man-to-man marking; **~ individual** man-to-man marking

marcapáginas *nm inv* bookmark

marcapasos *nm inv* pacemaker

marcar [59] ◇ *vt* -**1.** *(poner marca en)* to mark; *(nombre en una lista)* to tick off; *(poner precio a)* to price; **marcó el itinerario en el mapa** she marked the route on the map; **asegúrate de que marcas las maletas con tu nombre** make sure your suitcases are identified with your name; **marcó la ropa con mis iniciales** she put my initials on the clothes; **~ los naipes** to mark the cards
-**2.** *(indicar)* to mark, to indicate; **la cruz marca el lugar donde está enterrado el tesoro** the cross marks *o* indicates (the spot) where the treasure is buried
-**3.** *(dejar marca en)* to mark; **ese acontecimiento marcó su vida** her life was marked by that event
-**4.** *(significar)* to mark, to signal; **el tratado marcó un hito en las relaciones entre las dos potencias** the treaty was a landmark in relations between the two powers
-**5.** *(número de teléfono)* to dial
-**6.** *(sujeto: termómetro, contador)* to read; *(sujeto: reloj)* to say; **la balanza marca 3 kilos** the scales read 3 kilos; **¿qué precio marca la etiqueta?** what is the price on the label?; **cuando el reloj marque las seis** when the clock strikes six; **el euro ha marcado un nuevo mínimo frente al dólar** the euro has fallen to another all-time low against the dollar
-**7.** *(paso)* **~ el ritmo** to beat the rhythm; **el corredor más lento marcó el ritmo del resto del grupo** the slowest runner set the pace for the whole group
-**8.** DEP *(tanto)* to score
-**9.** DEP *(a un jugador)* to mark
-**10.** DEP *(tiempo)* to record; *(récord)* to set
-**11.** *(cabello)* to set
-**12.** EXPR *RP* **~ tarjeta** *(en el trabajo) (a la entrada)* to clock in; *(a la salida)* to clock out; *Fam* **tengo que ~ tarjeta** *(en casa de la novia)* I have to see my girlfriend
◇ *vi* -**1.** *(dejar secuelas)* to leave a mark -**2.** *(peinar)* to set, to style -**3.** DEP *(anotar un tanto)* to score; **~ en propia puerta** *o* **meta** to score an own goal
◆ **marcarse** *vpr* -**1.** DEP *(defender)* to mark each other -**2.** *(notarse)* to show; **se le marca el sostén por debajo de la blusa** you can see the outline of her bra under her blouse
-**3.** EXPR *Esp Fam* **marcarse un detalle** to do something nice *o* kind; **marcarse un tanto** to earn a brownie point; **¿nos marcamos un baile?** shall we have a dance?

marcasita *nf* MIN marcasite

marcha *nf* -**1.** *(partida)* departure; **ha anunciado su ~ de la empresa** she has announced that she will be leaving the company
-**2.** *(ritmo, velocidad)* speed; **acelerar la ~** to go faster; **reducir la ~** to slow down; **el tren detuvo su ~** the train stopped; **a esta ~ terminaremos pronto** at this rate we'll soon be finished; *Esp* **a marchas forzadas** *(contrarreloj)* against the clock; *RP* **a media ~** slowly; **trabajar a media ~** to work at half speed; **a toda ~** at top speed; *Esp* **¡llevas una ~ que no hay quien te siga!** you're going so fast, no one can keep up with you!; *Esp* **¡vaya ~ que llevan los pasteles!** those cakes are disappearing at a rate of knots!
-**3.** *(funcionamiento)* **para la buena ~ de su automóvil son necesarias revisiones periódicas** in order to make sure your car runs smoothly, it should be serviced regularly
-**4.** *(transcurso)* course; *(progreso)* progress; **un apagón interrumpió la ~ del partido** a power cut interrupted the (course of the) game; **informó sobre la ~ de la empresa** she gave a report on the company's progress; **se bajó en ~ del tren** he jumped off the train while it was moving; **estar en ~** *(motor, máquina)* to be running; *(campaña)* to be active; *(tren)* to be moving; **ya están en ~ las nuevas medidas para combatir la inflación** the new measures to fight inflation have been introduced; **poner en ~ un automóvil/motor/proyecto** to start a car/an engine/a project; **ponerse en ~** *(automóvil, tren, autocar)* to set off; *(proyecto, campaña)* to get under way; **hacer algo sobre la ~** to do sth as one goes along
-**5.** *(en automóvil)* gear; **cambiar de ~** to change gear; **no me entra la ~ atrás** it won't go into reverse; **meter la cuarta ~** to go into fourth gear ❏ **~ atrás** *(en automóvil)* reverse; *Fam Hum (al hacer el amor)* coitus interruptus; **el proceso de paz no tiene ~ atrás** the only way for the peace process is forwards; **dar ~ atrás** *(en automóvil)* to reverse; *(arrepentirse, desistir)* to back out; *Fam Hum (al hacer el amor)* to withdraw (halfway through)
-**6.** *(de soldados, manifestantes)* march; *(de montañeros, senderistas)* hike; **abrir la ~** to head the procession; **cerrar la ~** to bring up the rear; **emprender la ~** to set out; **¡en ~!** *(dicho a soldados)* forward march!; *(dicho a niños, montañeros)* on we go!, let's get going!; **hacer una ~** *(soldados, manifestantes)* to go on a march; *(montañeros, senderistas)* to go on a hike; **ir de ~** *(montañeros, senderistas)* to go hiking; **ponerse en ~** *(persona)* to set off ❏ HIST **la Marcha verde** the Green March, = march organized by King Hassan II in 1975 which led to Spain handing over sovereignty of Spanish Sahara to Morocco and Mauritania
-**7.** *(obra musical)* march ❏ **~ fúnebre** funeral march; **~ militar** military march; **~ nupcial** wedding march; **la Marcha Real** = the Spanish national anthem
-**8.** DEP **~ (atlética)** walk; **los 20 kilómetros ~** the 20 kilometres walk
-**9.** *Esp Fam (animación)* liveliness, life; **los lugares** *o* **sitios de ~** the places to go; **¿dónde está la ~ en esta ciudad?** where's the action in this city?; **hay mucha ~** there's a great atmosphere; **ir de ~** to go out on the town; **estuvimos de ~ hasta las siete** we were out on the town until seven in the morning; **este tío tiene mucha ~** this guy's a real live wire; **mis abuelos tienen mucha ~** my grandparents are dead cool; **esta ciudad tiene mucha ~** the atmosphere's great in this city; **¡qué poca ~ tienes!** you're so boring!; **le va la ~** *(le gusta divertirse)* she likes to have a good time; *(le gusta sufrir)* she's a sucker for punishment; **parece que te vaya la ~, mira que discutirle al jefe** have you got a death wish or something, questioning what the boss says like that?

marchador, -ora ◇ *adj* -**1.** *Cuba (andarín)* fond of walking -**2.** *Chile, Cuba (animal)* ambling
◇ *nm,f* DEP walker

marchamo *nm* -**1.** *(de aduana)* customs seal *o* stamp -**2.** *(marca distintiva)* seal -**3.** *Arg, Bol (impuesto)* = tax charged on each head of slaughtered cattle

marchand [mar'tʃan] *(pl* **marchands)** *nmf RP* (art) dealer

marchanta *nf* EXPR *RP Fam* **tirar algo a la ~** to throw sth away

marchante, -a *nm,f* -**1.** *(de arte)* (art) dealer -**2.** *CAm, Méx, Ven Fam (cliente)* customer, patron; **¿qué va a llevar hoy marchanta?** what would you like today, *Br* love *o US* ma'am? -**3.** *CAm, Méx, Ven Fam (vendedor)* = one's usual shop assistant or stallholder; **le preguntaré a mi ~ cuándo llegan las peras nuevas** I'll ask the man on the stall I always go to when the new season's pears will be in

marchantería, marchantía nf CAm, Méx, Ven Fam clientele, customers

marchar ◇ vi **-1.** (caminar) to walk
-2. (soldados, manifestantes) to march; **los agricultores marcharon sobre la capital** the farmers marched on the capital
-3. (partir) to leave, to go
-4. (funcionar) to work; **¿qué tal te marcha la moto?** how's your motorbike running?; **hay algo aquí que no marcha** something's not quite right here
-5. (desarrollarse) to progress; **el negocio marcha** business is going well; **¿cómo marchan las cosas con tu mujer?** how are things going with your wife?
-6. ¡marchando! (en bar) coming up!; **¡marchando dos cafés con leche!** two white coffees, coming up!
-7. Méx Fam **¡no marches!** (no te pases) cool it!, take it easy!
◆ **marcharse** vpr to leave, to go; **se marchó de aquí cuando era muy pequeño** he left here when he was very young; **me tengo que ~** I've got to go

marchista nmf RP, Ven marcher

marchitar ◇ vt **-1.** (planta) to wither **-2.** (persona) to wither; **la vejez marchitó su belleza** her beauty faded with age
◆ **marchitarse** vpr **-1.** (planta) to fade, to wither **-2.** (persona) to languish, to fade away

marchito, -a adj **-1.** (planta) faded **-2.** (persona) worn; **sus ilusiones quedaron marchitas** all his hopes faded away

marchoso, -a Esp Fam ◇ adj (bar) lively; (música) groovy; **la parte más marchosa de la ciudad** the liveliest part of the city; **es una chica muy marchosa** she loves having a good time; **hoy estoy muy marchosa** I feel really up for it today
◇ nm,f live wire

marcial adj (ley) martial; (disciplina) military
marcialidad nf military air
marcianitos nmpl (juego) Space Invaders®
marciano, -a ◇ adj Martian
◇ nm,f Martian

Marco n pr **~ Antonio** Mark Anthony; **~ Aurelio** Marcus Aurelius; **~ Polo** Marco Polo

marco nm **-1.** (de cuadro) frame; (de puerta) doorframe; **~ de ventana** window frame
-2. (ambiente, paisaje) setting; **un ~ incomparable** a perfect o an ideal setting
-3. (ámbito) framework; **su decisión se sitúa en el ~ del creciente interés por el mercado latinoamericano** their decision should be seen in the context of the growing interest in the Latin American market; **darán un concierto en el ~ del festival** they will give a concert as part of the festival; **el desarrollo económico en el ~ del Mercosur** economic development within Mercosur; **actuó en el ~ de la constitución** he acted within the framework of the constitution; **acuerdo ~** general o framework agreement
-4. (moneda) mark ❑ Antes **~ alemán** Deutschmark, German mark
-5. DEP (portería) goalmouth

Marcos n pr **San ~** St Mark

marea nf **-1.** (del mar) tide; **está subiendo/bajando la ~** the tide is coming in/going out ❑ **~ alta** high tide; **~ baja** low tide; **~ negra** oil slick; **~ roja** red tide; **~ viva** spring tide **-2.** (multitud) flood; **una ~ de turistas invadió la ciudad** hordes of tourists invaded the city

mareado, -a adj **-1. estar ~** (con náuseas) to feel sick o queasy; (en coche, avión) to feel travel-sick; (en barco) to feel seasick **-2.** (aturdido) dizzy; **tantas cifras lo han dejado ~** all these figures have made his head spin **-3.** Fam (fastidiado) fed up, sick; **estoy ~ con tanto niño de aquí para allá** I'm sick of kids running around all over the place

mareante adj (cifra) bewildering

marear ◇ vt **-1.** (provocar náuseas) to make sick; (en coche, avión) to make travel-sick; (en barco) to make seasick; **los viajes en barco me marean** I get seasick when I travel by boat **-2.** (aturdir) to make dizzy;

EXPR **~ la perdiz** to beat about the bush **-3.** Fam (fastidiar) to annoy; **me marea con sus quejas** she drives me up the wall with her complaining
◇ vi **-1.** (emborrachar) **este vino marea** this wine goes to your head **-2.** Fam (fastidiar) to be a pain; **¡niño, deja de ~!** stop being such a pain!
◆ **marearse** vpr **-1.** (tener náuseas) to get sick; (en coche, avión) to get travel-sick; (en barco) to get seasick **-2.** (aturdirse) to get dizzy **-3.** (emborracharse) to get tipsy

marejada nf **-1.** (mar agitada) heavy sea, swell **-2.** (agitación) wave of discontent

marejadilla nf slight swell

mare mágnum, maremagno nm Fam jumble; **su despacho es un ~** her office is a mess; **tengo un ~ de ideas en la cabeza** my head is full of confused ideas; **un ~ de gente protestaba delante de la embajada** there was a sea of protesters outside the embassy; **el congreso era un ~ de nacionalidades** the conference was attended by a plethora of different nationalities

maremoto nm **-1.** (ola) tidal wave **-2.** (seísmo) seaquake

marengo adj **gris ~** dark grey

Mare Nostrum n **el ~** the Mediterranean

mareo nm **-1.** (náuseas) sickness; (en coche, avión) travel sickness; (en barco) seasickness **-2.** (aturdimiento) dizziness; **le dio un ~** he had a dizzy spell o turn, he felt dizzy; **tantas cifras me dan ~** all these figures are making my head spin **-3.** Fam (fastidio) drag, pain; **es un ~ tener que ir de una oficina a otra** it's a drag o pain having to go from one office to another

marfil nm **-1.** (material) ivory ❑ **~ vegetal** ivory nut **-2.** (color) ivory; **de color ~** ivory-coloured, ivory

marfileño, -a adj ivory; **piel marfileña** ivory skin

marga nf GEOL marl

margarina nf margarine

margarita ◇ nf **-1.** (flor) daisy; EXPR Fam **es como echar margaritas a los cerdos** o **puercos** it's like casting pearls before swine; EXPR **deshojar la ~** to pull the petals off a daisy saying "she loves me, she loves me not" **-2.** IMPRENTA daisy-wheel
◇ nm o nf (cóctel) margarita

margariteño, -a ◇ adj of/from Margarita (Venezuela)
◇ nm,f person from Margarita (Venezuela)

margen ◇ nm **-1.** (de camino) side
-2. (de página) margin; **deja un ~ más amplio** leave a wider margin; **ver nota al ~** see note in the margin
-3. COM margin; **este negocio deja mucho ~** this business is very profitable ❑ **~ de beneficio(s)** profit margin
-4. (límite) margin; **ganaron por un ~ de 1.000 votos** they won by a margin of 1,000 votes; **tengo un ~ de dos meses para acabar el trabajo** I have two months to finish the work; **dar a alguien ~ de confianza** to allow sb to use his/her initiative ❑ **~ de actuación** room for manoeuvre; **~ de error** margin of error; **~ de maniobra** room for manoeuvre; **~ de seguridad: puedo decir, con un ~ de seguridad del 99 por ciento, que...** I can say with a 99 percent degree of certainty that...
-5. (ocasión) **dar ~ a alguien para hacer algo** to give sb the chance to do sth; **con su comportamiento dio ~ a críticas** his behaviour exposed him to criticism
◇ nf (de río) bank
◇ **al margen** loc adv **lleva muchos años al ~ del deporte** she has spent many years on the fringes of the sport; **al ~ de eso, hay otros factores** over and above that, there are other factors; **al ~ de la polémica, ha hecho un buen trabajo** irrespective of the controversy, she has done a good job; **al ~ de la ley** outside the law; **dejar al ~** to exclude; **estar al ~ de algo** to have nothing to do with sth; **mantenerse al ~ de algo** to keep out of sth

marginación nf exclusion; **los inmigrantes sufren ~** immigrants are excluded; **un colectivo que vive en la ~** a socially excluded group ❑ **~ social** social exclusion

marginado, -a ◇ adj excluded; **sentirse ~** to feel excluded; **un barrio ~** an area where there is a lot of social exclusion
◇ nm,f socially excluded person; **los marginados** the socially excluded

marginal adj **-1.** (de fuera de la sociedad) (persona, grupo social) socially excluded; **una zona ~ de la ciudad** an area in the city where there is a lot of social exclusion **-2.** (sin importancia) minor; **un asunto ~** a matter of minor importance **-3.** (en página) marginal; **una nota ~** a marginal note **-4.** ECON marginal; **costo ~** marginal cost; **tipo ~** marginal rate

marginalidad nf **vivir en la ~** to live on the fringes of society; **todavía quedan en la ciudad algunos reductos de ~** there are still some areas in the city where social exclusion remains a problem

marginalizar vt esp Am (discriminar) to exclude; **sus compañeros lo marginalizan** his colleagues exclude him from the group, his colleagues give him the cold shoulder

marginar ◇ vt **-1.** (persona) (discriminar) to exclude; **la nueva ley margina a los inmigrantes** the new law marginalizes immigrants; **sus compañeros lo marginan** his colleagues exclude him from the group, his colleagues give him the cold shoulder **-2.** (asunto, diferencias) to set aside, to set to one side **-3.** (texto) **margina un poco menos la página** leave a smaller margin on the page
◆ **marginarse** vpr to exclude oneself

María n pr (la virgen) **~ (the Virgin) Mary; ~ Antonieta** Marie Antoinette; **~ Magdalena** Mary Magdalene

maría nf Fam **-1.** (mujer sencilla) (typical) housewife **-2.** Esp, Ven (marihuana) grass **-3.** Esp (asignatura) Mickey-Mouse course, easy subject **-4.** Méx (pobre, indigenous migrant from country to urban areas

mariachi[1] nm **-1.** (música) mariachi (music) **-2.** (orquesta) mariachi band **-3.** (músico) mariachi (musician)

MARIACHI

A **mariachi** band may contain from six to eight violinists, two trumpeters and a guitarist, as well as other more specialized instruments, such as the "guitarrón" (an outsize, deep-toned guitar), the "vihuela" (a high-pitched guitar), and the harp. As well as providing the music for songs, **mariachi** music serves for dancing as well, often with foot-stamping steps which descend from Spanish Flamenco. **Mariachi** music began to acquire its current popularity in the 1930s, when band members began wearing the typical "charro" outfit that is familiar today - the short black jacket, tight trousers and wide-brimmed "sombrero" hat, all with silver trimmings. **Mariachi** bands were once a common sight at baptisms, weddings and national celebrations, and might even be hired to serenade a loved one, though nowadays they are less common, due to the high cost of contracting their services.

mariachi[2] adj Méx Fam ham-fisted; **Celia es bien ~ para cocinar** Celia is hopeless at cooking

marianista ◇ adj = of/relating to the Company of Mary, a religious order founded in 19th century France
◇ nm = member of the Company of Mary, a religious order founded in 19th century France

mariano, -a adj Marian

marica, Ven **marico** nm Fam Br poof, US fag

maricón, -ona muy Fam ◇ adj **-1.** (homosexual) Br poofy, US faggy; **venga, subamos corriendo, ¡~ el último!** the last person to the top's a sissy! **-2.** (como insulto) (cobarde) wimpy **-3.** (como insulto) (mala persona) **¡qué tío más ~!** what a bastard!

◇ nm,f **-1.** *(como insulto) (cobarde)* wimp **-2.** *(como insulto) (mala persona)* bastard
◇ nm *(homosexual) Br* poof, *US* fag ❑ **muy Fam ~ de playa** *(fanfarrón)* braggart, loudmouth

mariconada nf Fam **-1.** *(dicho, hecho típico de homosexuales)* **eso es una ~** that's really *Br* poofy o *US* faggy; **se compró una ~ de pantalones** he bought some really *Br* poofy o *US* faggy trousers **-2.** *(mala jugada)* dirty trick; **es una ~ que te hagan levantar a las seis** it's a bummer that they make you get up at six o'clock **-3.** *(tontería)* **no dice más que mariconadas** he talks a load of old nonsense; **se pelearon por una ~** they fell out over something really stupid

mariconear vi Fam to camp it up
mariconera nf Fam (man's) clutch bag
mariconería nf Fam **-1.** *(dicho, hecho)* **eso es una ~** that's really *Br* poofy o *US* faggy **-2.** *(cualidad)* campness
maridaje nm *(unión)* union; **un perfecto ~ entre música celta y ritmos africanos** a perfect fusion of Celtic music and African rhythms
maridar vt *(unir)* to join, to unite
marido nm husband
marielitos nmpl Fam = exiles who left Cuba from the port of El Mariel in 1980
marihuana, mariguana, marijuana nf marijuana
marihuanero, -a, mariguanero, -a, marijuanero, -a Fam ◇ adj **es muy ~** he's a real pothead
◇ nm,f pothead
marihuano, -a, mariguano, -a Méx Fam ◇ adj **es muy ~** he's a real pothead
◇ nm,f pothead
marimacho nm Fam **-1.** *(niña)* tomboy **-2.** *(mujer)* butch woman
marimandón, -ona Esp Fam ◇ adj bossy
◇ nm,f bossy-boots
marimba nf **-1.** *(xilófon)* marimba **-2.** Andes Fam *(marihuana)* grass
marimorena nf Fam row; EXPR **armar la ~** to kick up a row; **la insultó, y allí se armó la ~** he insulted her and then all hell broke loose
marina nf **-1.** *(flota)* navy ❑ **~ de guerra** navy; **~ mercante** merchant navy **-2.** *(ciencia de navegar)* navigation; **un término de ~** a nautical term **-3.** *(cuadro)* seascape
marinar vt to marinate
marine nm MIL marine
marinera nf **-1.** *(blusa)* sailor top **-2.** *(baile)* marinera, = popular Andean dance
marinería nf **-1.** *(profesión)* sailoring **-2.** *(marineros)* crew, seamen
marinero, -a ◇ adj *(de la marina, de los marineros)* sea; *(buque)* seaworthy; **un pueblo ~** *(nación)* a seafaring nation; **(población)** a fishing village; **vestido ~** sailor-suit
◇ nm sailor ❑ **~ mercante** merchant seaman; **~ de primera** able-bodied seaman
◇ **a la marinera** loc adj CULIN **almejas a la marinera** moules marinières; **arroz a la marinera** = dish similar to paella but in which the rice is cooked in a white wine and garlic sauce
marino, -a ◇ adj sea, marine; **el fondo ~** the sea bed; **brisa marina** sea breeze; **azul ~** navy blue
◇ nm sailor ❑ **~ mercante** merchant seaman
marioneta nf **-1.** *(muñeco)* marionette, puppet; **marionetas** *(teatro)* puppet show **-2.** *(persona)* puppet; **es una ~ del gobierno** he's a government puppet
marionetista nmf puppeteer
mariposa nf **-1.** *(insecto)* butterfly ❑ **~ de la col** cabbage white; **~ monarca** monarch butterfly; **~ nocturna** moth; **~ tigre** tiger moth
-2. *(tuerca)* wing nut
-3. *(candela, luz)* oil lamp
-4. *(en natación)* butterfly; **los 100 metros ~** the 100 metres butterfly; **nadar a ~**, *Méx* **nadar de ~** to do the butterfly
-5. ~ cervical *(almohada)* Butterfly Pillow
-6. *(pájaro)* painted bunting
-7. Cuba *(planta)* butterfly jasmine
-8. EXPR Fam Hum **a otra cosa, ~** let's move on; **acabamos la carta, y a otra cosa, ~** let's finish the letter and move on to something else
◇ nm Fam *(homosexual)* fairy
mariposear vi Fam **-1.** *(cambiar de trabajo, pareja)* to flit about; **le gusta ~ con unas y otras** he never stays with the same woman for more than about five minutes **-2.** *(revolotear)* to hover; **los camareros mariposeaban en torno a la mesa** the waiters were flapping around the table **-3.** *(comportarse afeminadamente)* to act camp
mariposista nmf DEP butterfly specialist
mariposón nm Fam **-1.** *(afeminado)* fairy, pansy **-2.** *(ligón)* flirt
mariquera nf Ven muy Fam **déjate de mariqueras** stop being such a wimp
mariquita ◇ nf *(insecto) Br* ladybird, *US* ladybug
◇ nm Fam *(homosexual)* fairy
marisabidilla nf Esp Fam know-all
mariscada nf seafood meal
mariscador, -ora nm,f shellfish gatherer
mariscal nm **-1.** *(oficial)* marshal ❑ **~ de campo** MIL field marshal; *Méx (en fútbol americano)* quarterback **-2.** Chile *(plato)* = dish of raw seafood with parsley, onion and lemon juice
mariscar [59] vi to gather shellfish
marisco nm seafood, shellfish; *Esp* **el ~** o *Am* **los mariscos de la región** the local seafood o shellfish
marisma nf marsh, salt marsh
marismeño, -a adj marshy
marisquería nf seafood restaurant
marista ◇ adj Marist
◇ nm Marist
marital adj marital; **la vida ~** married life
maritates nfpl CAm *(chucherías)* knickknacks, trinkets
marítimo, -a adj *(del mar)* maritime; *(comunicaciones, comercio)* maritime; **transporte ~** sea transport; **pueblo ~** seaside town; **paseo ~** promenade
marjal nm marsh, bog
marketing, márketing ['marketin] nm marketing ❑ **~ telefónico** telesales, telemarketing
marlín nm *(pez)* marlin
marlo nm RP corncob
marmita nf cooking pot
marmitaco, marmitako nm = Basque stew containing tuna and potatoes
mármol nm **-1.** *(piedra)* marble; **suelo de ~** marble floor **-2.** *(escultura)* marble **-3.** Urug *(encimera)* worktop
marmolería nf **-1.** *(mármoles)* marbles, marblework **-2.** *(taller)* workshop, studio
marmolista nmf marble cutter
marmóreo, -a adj Formal marmoreal
marmosa nf yacca
marmota nf **-1.** *(animal)* marmot; EXPR Fam **dormir como una ~** to sleep like a log **-2.** Fam *(dormilón)* sleepyhead
maroma nf **-1.** *(cuerda)* rope **-2.** Andes, CAm, Carib, Méx *(acrobacia)* acrobatic stunt; EXPR Méx Fam **hacer maromas en un popote** to work miracles **-3.** Andes, CAm, Carib, Méx Fam *(cambio)* **hacer maromas** to lean one way then the other
maromear vi Andes, CAm, Carib, Méx **-1.** *(hacer acrobacias) (en el suelo)* to perform acrobatics; *(en la cuerda floja)* to walk the tightrope **-2.** Fam *(cambiar de idea)* to lean one way then the other
maromero, -a nm,f Andes, CAm, Carib, Méx **-1.** *(acróbata)* tightrope walker **-2.** Fam *(político)* political opportunist
maromo nm Esp Fam **-1.** *(hombre)* guy, *Br* bloke **-2.** *(novio)* man, other half
maronita ◇ adj Maronite
◇ nmf Maronite
marote nm RP Fam nut, head

marplatense ◇ adj of/from Mar del Plata (Argentina)
◇ nmf person from Mar del Plata (Argentina)
marqués, -esa nm,f marquis, f marchioness
marquesado nm marquisate
marquesina nf *(cubierta)* canopy; *(en parada de autobús, estación de tren)* shelter
marquetería nf marquetry
marrajo nm *(tiburón)* porbeagle
Marrakech = **Marraquech**
marramuncia nf Ven Fam dirty trick
marramunciero, -a nm,f Ven Fam swindler
marranada, marranería nf Fam **-1.** *(porquería)* filthy thing; **esa camisa es una ~** that shirt is filthy **-2.** *(obscenidad)* filthy thing; **estaban haciendo marranadas sentados en un banco** they were sitting on a bench doing filthy things **-3.** *(mala jugada)* dirty trick; **le hicieron la ~ de no dejarle ir a la fiesta** they very nastily refused to let him go to the party
marrano, -a ◇ adj Fam **-1.** *(sucio)* filthy **-2.** *(malintencionado)* mean
◇ nm,f **-1.** *(animal)* pig, f sow **-2.** Fam *(sucio)* dirty o filthy pig **-3.** Fam *(persona malintencionada)* pig, swine **-4.** HIST = Jewish convert to Christianity **-5.** EXPR Esp Vulg **joder la marrana** to fuck everything up
Marraquech, Marrakech n Marrakesh
marrar ◇ vt *(disparo)* to miss; **el delantero marró el gol** the forward failed to convert the chance
◇ vi **-1.** *(fallar)* to fail; *(disparo)* to miss **-2.** *(desviarse)* to go astray o wrong
marras: de marras loc adj Fam **el perrito de ~** that blasted dog; **el problema de ~** the same old problem; **negó ser el autor de la llamada de ~** he denied having made the famous call
marrasquino nm *(licor)* maraschino
marro, -a ◇ adj Méx Fam tight-fisted
◇ nm **-1.** *(juego)* = children's game where two teams try to touch or catch each other **-2.** Méx *(mazo)* mallet *(with metal head)*; *(más grande)* sledgehammer **-3.** Méx Fam *(avaro)* tightwad
marrón ◇ adj brown; **~ claro** light brown, tan
◇ nm **-1.** *(color)* brown; **el ~ es mi color favorito** brown is my favourite colour
-2. ~ glacé marron glacé
-3. RP *(mazo)* large club *(for killing animals)*
-4. Ven Fam *(café)* = coffee with a dash of milk
-5. EXPR Esp Fam **¡qué ~!** what a pain!; **me ha tocado a mí comerme el ~ de limpiar la casa tras la fiesta** I got lumbered with having to clean the house after the party; **me cayó el ~ de acompañar a mi madre** I was the one who got stuck with having to go with my mother; **el profesor nos metió un ~** we got done by the teacher; **pillar a alguien de ~** to catch sb in the act
marroquí *(pl* **marroquíes)** ◇ adj Moroccan
◇ nmf Moroccan
marroquinería nf **-1.** *(arte)* leatherwork **-2.** *(artículos)* leather goods
marrubio nm common hoarhound
marrueco nm Chile fly, zipper
Marruecos n Morocco
marrullería nf *(trucos sucios)* underhand dealing; *(juego sucio)* dirty play
marrullero, -a ◇ adj *(tramposo)* underhand; *(futbolista)* dirty
◇ nm,f *(tramposo)* cheat; *(futbolista)* dirty player
Marsella n Marseille, Marseilles
Marsellesa nf **la ~** the Marseillaise
marsopa nf porpoise
marsupial ◇ adj marsupial
◇ nm marsupial
marta nf *(pino)* marten ❑ **~ cebellina** o **cibelina** sable
martajar vt CAm, Méx *(maíz)* to crush
Marte ◇ nm *(planeta)* Mars
◇ n MITOL Mars

martes nm inv Tuesday; PROV **en ~, ni te cases ni te embarques** = proverb recommending that it is best to avoid doing anything important on a Tuesday, traditionally seen as an unlucky day in Spain ❏ ***Martes de Carnaval*** Shrove Tuesday; **~ y trece** ≃ Friday 13th; *ver también* **sábado**

martiano, -a *Am* ◇ *adj* = of/relating to Jose Marti, Cuban nationalist hero (1853-95)
◇ *nm,f* = supporter of the ideas of Jose Marti

martillazo *nm* hammer blow; **dale otro ~** hit it again with the hammer; **me di un ~ en el dedo** I hit my finger with a hammer; **tuvieron que abrir la hucha a martillazos** they had to smash the moneybox open with a hammer

martillear, martillar ◇ *vt* **-1.** *(carpintero)* to hammer **-2.** *(lluvia, ruido)* to pound on; **las gotas le martilleaban la cara** the raindrops were lashing his face
◇ *vi* **-1.** *(con martillo)* to hammer **-2.** *(lluvia, ruido)* to pound; **la lluvia martilleaba en los cristales** the rain was pounding against the windowpanes

martilleo *nm* hammering; **el ~ de la lluvia en la ventana** the pounding of the rain against the window

martillero *nm CSur* auctioneer

martillo *nm* **-1.** *(herramienta)* hammer ❏ **~ neumático** *Br* pneumatic drill, *US* jackhammer; **~ de oreja** claw hammer **-2.** ANAT hammer, *Espec* malleus **-3.** *(en pistola)* hammer **-4.** *(en piano)* hammer **-5.** DEP hammer; **lanzamiento de ~** the hammer; **el campeón de (lanzamiento de) ~** the hammer champion

martinete *nm* **-1.** *(máquina)* pile-driver, maul **-2.** *(en piano)* hammer **-3.** *(ave)* night heron

martingala *nf* **-1.** *(artimaña)* trick, ploy **-2.** *RP (cinturón trasero)* back-belt

martini *nm (vermú)* martini; **~ (seco)** *(cóctel)* (dry) martini

Martinica *n* Martinique

martín pescador *nm* kingfisher

mártir *nmf* **-1.** *(persona que muere)* martyr; EXPR **hacerse el ~** to act the martyr **-2.** *(persona que sufre)* saint; **tu madre es una ~, con el trabajo que le dais** your mother is a saint to put up with the work you all create for her

martirio *nm* **-1.** *(muerte)* martyrdom **-2.** *(sufrimiento)* trial, torment; **¡qué ~ aguantar a este cantante!** it's torture having to listen to this singer!

martirizar [14] ◇ *vt* **-1.** *(torturar)* to martyr **-2.** *(hacer sufrir)* to torment, to torture
◆ **martirizarse** *vpr* to torment *o* torture oneself

martirologio *nm* martyrology

maruca *nf* ling

maruja *nf Esp Fam* typical housewife; **mi hermana está hecha una ~** my sister has become a typical housewife

marujear *vi Esp Fam (hacer tareas domésticas)* to do housework; *(cotillear)* to gossip

marxismo *nm* Marxism

marxismo-leninismo *nm* Marxism-Leninism

marxista ◇ *adj* Marxist
◇ *nmf* Marxist

marxista-leninista ◇ *adj* Marxist-Leninist
◇ *nmf* Marxist-Leninist

marzo *nm* March; *ver también* **septiembre**

MAS [mas] *nm (abrev de Movimiento al Socialismo)* = left-wing political party in Argentina and Venezuela

mas *conj* but

más ◇ *adj inv* **-1.** *(comparativo)* more; **~ aire/manzanas** more air/apples; **tener ~ hambre** to be hungrier *o* more hungry; **~... que...** more... than...; **hace ~ frío que ayer** it's colder than yesterday; **colócate a ~ distancia** stand further away; **ellas eran ~ y mejor preparadas** there were more of them and they were better prepared
-2. *(superlativo)* **es el alumno que ~ preguntas hace** he's the pupil who asks (the) most questions; **la que ~ nota sacó en el examen** the girl who did (the) best *o* got the best marks in the exam; **lo que ~ tiempo llevó** the thing that took (the) longest; **lo ~ que puede ocurrir/que te pueden decir es...** the worst thing that can happen/that they can say to you is...; **es lo ~ que puedo hacer** it's all *o* the most I can do; **compré varios kilos de manzanas, pero las ~ (de ellas) estaban malas** I bought several kilos of apples, but most of them were rotten
-3. *(en frases negativas)* any more; **no necesito ~ trabajo/libros** I don't need any more work/books; **ya no hay ~ leche/peras** there isn't any milk/aren't any pears left, there's no more milk/there are no more pears left; **no tengo ~ especias que las que ves ahí** these are all the spices I have, the only spices I have are the ones you can see here; **no te lo diré ~ veces** I'm not going to tell you again
-4. *(con pron interrogativos e indefinidos)* else; **¿qué/quién ~?** what/who else?; **¿cuándo/dónde ~?** when/where else?; **te voy a decir algo ~** I'm going to tell you something else; **¿algo ~?** *o* **¿alguna cosa ~?** – **nada ~, gracias** would you like anything else? – no, that's everything, thank you; **todavía falta alguien ~** somebody else is still missing; **¿te vio alguien ~?** did anyone else see you?; **no hay nada ~, Am no hay ~ nada** there's nothing else; **no hay nadie ~, Am no hay ~ nadie** there's no one else; **¿no quieres nada ~?** don't you want anything else?; **¿nada ~ que mil?** as little as a thousand?, only a thousand?; **no queda nadie ~ en la sala** there's no one left in the room
-5. *Fam (mejor)* **éste es ~ coche que el mío** this is a better car than mine; **es ~ hombre que tú** he's more of a man than you are
◇ *adv* **-1.** *(comparativo)* more; **Pepe es ~ alto/ambicioso** Pepe is taller/more ambitious; **~ tarde** later; **~ adentro** further in; **~ arriba** higher up; **nos quedaremos un poco ~** we'll stay a bit longer; **ésta me gusta ~** I like this one better *o* more; **de ~ que, había ~ de mil personas** there were more than *o* over a thousand people there; **eran ~ de las diez** it was past *o* gone ten o'clock; **bebió ~ de lo normal** he drank more than usual; **nos retrasamos ~ de lo esperado** we took longer than expected; **es ~ fácil de lo que parece** it's easier than it seems; **~ que** more than; **vas al cine ~ que yo** you go to the cinema more (often) than I do; **el vino me gusta ~ que la cerveza** I like wine better *o* more than beer; **la inflación subió ~ que los salarios** inflation rose by more than salaries; **ésta me gusta ~ que las demás** I like this one better *o* more than the others; **~... que...** more... than...; **Juan es ~ alto/ambicioso que tú** Juan is taller/more ambitious than you; **no hay persona ~ preparada que él** no one is better qualified than he is; **yo soy liberal como el/la que ~, pero...** I'm as liberal as the next man/woman, but...; **el que ~ y el que menos** everyone; **el motivo del conflicto es ni ~ ni menos que la religión** the cause of the conflict is actually religion; **la catedral se tardó en construir ni ~ ni menos que tres siglos** the cathedral took no less than three centuries to build; **apareció ni ~ ni menos que el presidente** who should appear but the president?
-2. *(superlativo)* **el/la/lo ~** the most; **el ~ listo/ambicioso** the cleverest/most ambitious; **es la ~ alta de todos/de la clase** she's the tallest of everyone/in the class; **lo ~ bonito que vimos** the most beautiful thing we saw; **el que ~ trabaja** the person *o* one who works (the) hardest; **lo que ~ me molesta es...** what annoys me most is...; **¿dónde te duele ~?** where does it hurt (the) most?; **no es el ~ indicado para criticar** he's hardly in a position to criticize; **a lo ~** *(como mucho)* at the most ❏ **el ~ allá** the great beyond
-3. *(en frases negativas)* **no hice ~ que lo que me pediste** I only did what you asked me to; **no nos queda ~ que esperar** all we can do is wait; **ya no lo haré ~** I won't do it again; **nunca ~** never again
-4. *(indica suma)* plus; **dos ~ dos igual a cuatro** two plus two is four; **tome una pastilla con las comidas ~ otra antes de acostarse** take one tablet with meals and another before going to bed
-5. *(indica intensidad)* **no lo aguanto, ¡es ~ tonto!** I can't stand him, he's so stupid!; **¡qué día ~ lindo!** what a lovely day!; **¡tengo ~ hambre!** I'm so *o* really hungry!; **¡me da ~ miedo!** it really scares me!; **ser de lo ~ divertido** to be incredibly funny; **hoy está de lo ~ amable** she's being really nice today; **~ y ~** increasingly; **cada vez es ~ y ~ difícil** it gets harder and harder, it gets increasingly harder; **ir a ~** to improve
-6. *(indica preferencia)* **vale que nos vayamos a casa** it would be better for us to go home; **~ te vale que tengas razón** you'd better be right; **~ que cansado, estoy agotado** I don't feel so much tired as exhausted; **mejor no fumar, ~ que nada por los niños** it would be better not to smoke, as much as anything for the sake of the children
-7. *(en frases)* **es ~, ~ aún** indeed, what is more; **lo que es ~** moreover; **¿qué ~ da?** what difference does it make?; **sin ~ (ni ~)** just like that

◇ **más o menos** *loc adv (aproximadamente)* more or less; *(regular)* so-so; **deben de ser ~ o menos las dos** it must be about two o'clock; **¿te gustó?** – **~ o menos** did you like it? – well, sort of; **¿qué tal te encuentras?** – **~ o menos** how are you feeling? – so-so

◇ **a más de** *loc adv (además de)* in addition to, as well as

◇ **de más** *loc adv (en exceso)* too much; *(de sobra)* spare; **me han cobrado 100 pesos de ~** they've charged me 100 pesos too much, they've overcharged me by 100 pesos; **tengo entradas de ~ para el estreno** I've got some spare tickets for the première; **eso está de ~** that's not necessary; **sé cuando estoy de ~ en un sitio** I know when I'm not wanted; **no estaría de ~ llevar un paraguas** it wouldn't be a bad idea *o* it wouldn't harm to take an umbrella

◇ **más bien** *loc adv* rather; **es ~ bien caro** it's a bit *o* rather expensive; **~ bien parece que la culpa es de ella** it seems more like she is to blame

◇ **por más que** *loc adv* however much; **por ~ que lo intente no lo conseguirá** however much *o* hard she tries, she'll never manage it

◇ *pron* any more; **no necesito ~** I don't need any more; **ya no hay ~** there isn't/aren't any left, there is/are no more left

◇ *nm inv (signo)* plus (sign); EXPR **tiene sus ~ y sus menos** *(pros y contras)* it has its good points and its bad points; **tuvieron sus ~ y sus menos** *(diferencias)* they had their differences

masa *nf* **-1.** *(en general)* mass; **las grandes masas de agua de la Tierra** the major expanses of water on the Earth ❏ METEO **~ de aire** air mass; **~ atómica** atomic mass; **~ crítica** critical mass; **~ molecular** molecular mass; ECON **~ monetaria** money supply; **~ salarial** total wage bill
-2. *(mezcla, pasta)* mixture
-3. *(de pan, bizcocho)* dough
-4. *(multitud)* crowd; **al poco tiempo se formó una ~ de curiosos** a crowd of onlookers quickly formed
-5. las masas *(el pueblo)* the masses
-6. en ~ en masse; **fabricación en ~** mass production; **los fusilamientos en ~ de disidentes** the mass execution by firing squad of dissidents; **fuimos en ~ a**

masacrar

escuchar la conferencia a large group of us went to listen to the lecture; **el pueblo acudió en ~ a recibir a los héroes** the town turned out en masse to welcome the heroes
-**7.** FÍS mass ❑ **~ específica** specific mass
-**8.** ELEC *(tierra)* Br earth, US ground; **hacer ~** to go to Br earth o US ground
-**9.** RP *(pastelito)* cake ❑ **~ seca** = cookie served with tea or coffee

masacrar vt to massacre
masacre nf massacre
masai ◇ adj Masai
◇ nmf Masai
masaje nm massage; **dar un ~ a alguien** to give sb a massage ❑ **~ cardíaco** cardiac massage; **~ terapéutico** therapeutic massage
masajear vt to massage
masajista nmf masseur, f masseuse; *(de equipo deportivo)* physio
masato nm -**1.** *Andes, CAm, Ven (bebida)* = lightly fermented drink made of maize, rice or wheat flour, cane syrup, orange leaves and cloves -**2.** *Arg, Col (golosina)* = dessert made of coconut, maize and sugar
mascada nf -**1.** *CAm, Méx, Ven (de tabaco)* plug -**2.** *CSur (bocado)* mouthful -**3.** *Cuba, Méx (pañuelo)* neckerchief
mascadura nf *Hond (pan, bollo)* roll, bun
mascar [59] ◇ vt to chew
➔ **mascarse** vpr *Fam* **se masca un golpe de estado** all the signs are that a coup d'état is imminent; **se mascaba la crisis** you could tell that a crisis was imminent
máscara nf -**1.** *(en teatro)* mask
-**2.** *(protectora)* mask ❑ **~ antigás** gas mask; **~ de oxígeno** oxygen mask
-**3.** *(de belleza)* face pack
-**4.** *(persona enmascarada)* **vimos muchas máscaras en la fiesta** we saw a lot of people wearing masks at the party; **baile de máscaras** masked ball
-**5.** *(fachada)* mask; **bajo esa ~ de felicidad se esconde un alma infeliz** behind that mask o outward show of happiness lies an unhappy person; **quitar la ~ a alguien** to unmask sb; **quitarse la ~** to reveal oneself
-**6.** INFORMÁT mask
mascarada nf -**1.** *(fiesta)* masquerade -**2.** *(farsa)* farce
mascarilla nf -**1.** *(de protección)* mask -**2.** *(de oxígeno)* mask -**3.** *(cosmética)* face pack -**4.** *(vaciado)* = plaster cast of a person's face
mascarón nm -**1.** ARQUIT grotesque head -**2.** **~ de proa** figurehead
mascota nf -**1.** *(emblema)* mascot -**2.** *(animal doméstico)* pet -**3.** *(amuleto)* charm -**4.** *Ven* DEP *(en béisbol)* baseball glove o mitt
masculinidad nf masculinity
masculinizarse [14] vpr to become mannish
masculino, -a ◇ adj -**1.** *(género, órgano, población)* male; **un programa dirigido al público ~** a programme aimed at male viewers; **los 100 metros masculinos** the men's 100 metres; **el sexo ~** the male sex -**2.** *(varonil)* manly -**3.** BOT & ZOOL male; **los órganos sexuales masculinos** the male sexual organs -**4.** GRAM masculine
◇ nm GRAM masculine
mascullar vt to mutter
masetero nm ANAT masseter
masía nf = traditional Catalan farmhouse
masificación nf overcrowding; **la ~ de las universidades** excessive student numbers at universities
masificar [59] ◇ vt *(con gente)* to cause overcrowding in; **los turistas masifican los museos** the museums are packed with tourists
➔ **masificarse** vpr *(con gente)* to become overcrowded; **las playas se masifican en verano** in summer, the beaches are packed with tourists; **las universidades se han masificado** universities have become overcrowded
masilla nf *(para sujetar cristales)* putty; *(para tapar grietas)* filler

masita nf RP cake ❑ **~ seca** = cookie served with tea or coffee
masivo, -a adj -**1.** *(en gran cantidad)* mass; **despidos masivos** mass redundancies -**2.** *(con mucha gente)* massive; **una fiesta masiva** an enormous party; **la asistencia masiva a los campos de fútbol** the huge crowds at US soccer stadia o Br football grounds -**3.** *(dosis)* massive
masoca *Fam* ◇ adj masochistic
◇ nmf masochist
masón, -ona ◇ adj Masonic
◇ nm,f Mason, Freemason
masonería nf Masonry, Freemasonry
masónico, -a adj Masonic
masoquismo nm masochism
masoquista ◇ adj masochistic
◇ nmf masochist
mass media, mass-media ['mas'media] nmpl mass media
mastaba nf ARTE mastaba
mastectomía nf mastectomy
mastelerillo nm NÁUT topgallant mast
mastelero nm NÁUT topmast
máster[1] (pl **masters**) ◇ nm *(título)* Master's (degree); **un ~ en lingüística** an MA in linguistics
◇ nmf *(alumno)* **es ~ en economía por la Universidad de Harvard** she has a Master's (degree) in economics from the University of Harvard
máster[2] (pl **masters**) ◇ adj inv master; **copia ~** master copy
◇ nm *(cinta)* master
masters nm inv DEP **el ~** the Masters
masticación nf chewing, *Espec* mastication
masticar [59] ◇ vt -**1.** *(mascar)* to chew, *Espec* to masticate -**2.** *(pensar)* to chew over, to ponder -**3.** *(preparar)* **a él no le pongas problemas difíciles, dáselo todo masticado** don't give him any difficult problems, you need to spoon-feed him o make everything as easy as possible for him
◇ vi to chew
mástil nm -**1.** *(de barco)* mast; *(de bandera, tienda de campaña)* pole -**2.** *(de guitarra)* neck
mastín nm mastiff ❑ **~ del Pirineo** Pyrenean Mastiff
mástique, mastique nm *Méx, Ven (para sujetar cristales)* putty; *(para tapar grietas)* filler
mastitis nf inv MED mastitis
mastodonte ◇ nm mastodon
◇ nmf *Fam* giant
mastodóntico, -a adj *Fam* mammoth, ginormous
mastoides ANAT ◇ adj inv mastoid
◇ nm inv mastoid
mastranzo nm apple mint
mastuerzo ◇ adj *Fam* oafish
◇ nm -**1.** *Fam (idiota)* oaf -**2.** *(planta)* watercress
masturbación nf masturbation
masturbar ◇ vt to masturbate
➔ **masturbarse** vpr to masturbate
mata nf -**1.** *(arbusto)* bush, shrub; **matas** scrub -**2.** *(matojo) (de hierba)* tuft; **una ~ de tomates** a bunch of tomatoes; **una ~ de perejil** a sprig of parsley -**3.** **~ de pelo** mop (of hair)
mataburros nm inv RP Fam Hum *(diccionario)* dictionary
matacán nm *Ecuad (cervato)* fawn
matacandil nm London rocket
matachín nm *Fam* -**1.** *(matarife)* slaughterman -**2.** *(bravucón)* bully-boy
matadero nm abattoir, slaughterhouse
matado, -a *Fam* ◇ adj *(agotado)* shattered
◇ nm,f *Esp (desgraciado)* poor wretch
matador, -ora ◇ adj *Fam* -**1.** *(cansado)* exhausting; **esta tarea es matadora** this job is a killer; **aguantar a su madre es ~** it's murder putting up with his mother -**2.** *(feo, de mal gusto)* awful, horrendous; **esos zapatos te quedan matadores** those shoes look awful on you
◇ nm TAUROM matador
matadura nf *(de animal)* sore, gall
matagigantes nm inv DEP giant killer
matalahúva nf anise

matar

matalotaje nm NÁUT ship's stores
matambre nm *Andes, RP* -**1.** *(carne)* flank o Br skirt steak -**2.** *(plato)* = flank steak rolled with boiled egg, olives and red pepper, which is cooked, then sliced and served cold
matamoscas nm inv -**1.** *(pala)* flyswat -**2.** *(espray)* flyspray
matanza nf -**1.** *(masacre)* slaughter -**2.** *(de cerdo) (acción)* slaughtering -**3.** *Esp (de cerdo) (productos)* = pork products from a farm-slaughtered pig
mataperrada nf *Perú Fam* prank; **hacer mataperradas** to play pranks, to get up to mischief
mataperro, -a nm,f *Perú Fam (diablillo)* little rascal; *(niño de la calle)* street urchin
matapolillas nm inv moth killer
matar ◇ vt -**1.** *(quitar la vida a)* to kill; *(animal) (para consumo)* to slaughter; **lo mató un rayo** he was struck by lightning and killed; **lo mató un tren** he died after being hit by a train; **lo mató de una puñalada/de un tiro en el corazón** she killed him with a single stab/shot to the heart; **en este comedor nos matan de hambre** the portions are terribly small in this canteen; **lo mataron a puñaladas** they stabbed him to death, he was stabbed to death; **lo mataron a tiros** they shot him (dead), he was shot (dead); **el alcohol la está matando** alcohol is killing her; *Fam Fig* **como descubra al responsable, lo mato** if I find out who's responsible I'll kill him; *Fam Fig* **si se entera me mata** she'll kill me if she finds out; *Fam Fig* **es para matarte que no sepas eso** you ought to be ashamed of yourself not knowing a thing like that; EXPR **~ dos pájaros de un tiro** to kill two birds with one stone; EXPR **estar o llevarse a ~ (con alguien)** to be at daggers drawn (with sb); EXPR *Fam* **matarlas callando** *(tramar algo)* to be up to something on the quiet; *(obrar con hipocresía)* to be a wolf in sheep's clothing; EXPR *Fam* **que me maten si: yo que me maten si lo entiendo** I'm damned if I can understand it; **que me maten si no ocurrió así** I swear to God that's what happened
-**2.** *(hacer sufrir, molestar mucho)* **¡me vais a ~ a disgustos!** you'll be the death of me!; **¡este calor/dolor me mata!** the heat/pain is killing me!; **¡estos zapatos me están matando!** these shoes are killing me!; **me matas con esas tonterías que dices** you're driving me mad with all the nonsense you talk!
-**3.** *(apagar, hacer pasar) (color)* to tone down; *(sed)* to quench; *(fuego)* to put out; *(cal)* to slake; **mato las horas** o **el tiempo viendo la televisión** I kill time watching television; **tomaré unas galletas para ~ el hambre** o **el gusanillo** I'll have some Br biscuits o Am cookies to keep me going
-**4.** *(redondear, limar)* to round (off)
-**5.** *(en juegos) (carta)* to beat, to top; *(ficha, pieza de ajedrez)* to take, to capture
-**6.** *Fam (destrozar, estropear)* to ruin; **no quisiera ~ sus ilusiones** I don't want to dash your hopes; **el salón es bonito, pero ese cuadro lo mata** the living-room is nice, but that picture totally ruins it
◇ vi to kill; **no matarás** *(mandamiento)* thou shalt not kill; EXPR **hay amores que matan** you can love somebody too much; EXPR **hay miradas que matan** if looks could kill; EXPR *RP Fam* **que mata: tiene un olor que mata** it smells disgusting; **con esa mini quedás que matás** you look drop-dead gorgeous in that miniskirt
➔ **matarse** vpr -**1.** *(morir)* to die; **se mató en un accidente de coche** he was killed in a car accident; **por poco me mato bajando las escaleras** I nearly killed myself going down the stairs
-**2.** *(suicidarse)* to kill oneself
-**3.** *Fam (esforzarse)* **matarse trabajando,** *Esp* **matarse a trabajar** to work oneself to death; **no te mates estudiando,** *Esp* **no te mates a estudiar** don't wear yourself out

matarife nm slaughterman
matarratas nm inv **-1.** (veneno) rat poison **-2.** Fam (bebida) rotgut
matasanos nm inv Fam Pey quack
matasellado nm postmarking, franking
matasellar vt to postmark, to frank
matasellos nm inv **-1.** (sello) stamp (for postmarking) **-2.** (marca) postmark
matasuegras nm inv party blower
matazón nf CAm, Col, Ven Fam massacre
match [matʃ] (pl **matchs** o **matches**) nm match
match-ball ['matʃβol] (pl **match-balls**) nm DEP match point
match-play ['matʃplei] (pl **match-plays**) nm DEP match play
mate ◇ adj matt
 ◇ nm **-1.** (en ajedrez) mate, checkmate **-2.** (en baloncesto) dunk **-3.** (en tenis) smash **-4.** (planta) yerba maté **-5.** Andes (té) herbal tea, herbal infusion ❏ ~ **de coca** coca leaf tea; ~ **de manzanilla** camomile tea; ~ **de menta** peppermint tea **-6.** CSur (infusión) maté; EXPR Fam **¡tomá mate!** Br get that!, US how do you like them apples? ❏ ~ **cocido** = maté drunk from a teacup **-7.** CSur (calabaza) (con semillas) gourd (used as ornament or type of maraca); (para beber) maté gourd **-8.** CSur Fam (cabeza) nut; **estar (mal) del** ~ to be nuts

MATE

Maté is the popular beverage of the River Plate region. It is a tea made from the dried leaves of the "yerba maté" plant. Most typically, it is made in, and then drunk from, a receptacle made from the husk of a small gourd, itself called a **maté**. These can also be made of other materials such as wood, china or bone. The **maté** is drunk through a type of metal straw with a perforated bulbous end called a "bombilla". **Maté** is a stimulant, contains various nutrients, and is held to be good for the digestion. It was drunk by the Guarani Indians long before the Spanish conquest. The conquistadors took to the habit, and also developed it as a commercial crop. Drinking **maté** is an everyday habit today for the majority of people from all social classes in Argentina, Uruguay and Paraguay, and it is felt by many to be an essential part of being from the River Plate region.

mateada nf CSur maté drinking session
matear vi CSur to drink maté
matelassé [matela'se] nm RP = quilted fabric for making bedspreads
matemática nf, **matemáticas** nfpl mathematics (singular) ❏ **matemáticas aplicadas** applied mathematics; ~ **puras** pure mathematics
matemáticamente adv mathematically
matemática = **matemática**
matemático, -a ◇ adj **-1.** (de la matemática) mathematical **-2.** (exacto) mathematical **-3.** Fam (infalible) **es** ~ it's like clockwork, it never fails
 ◇ nm,f (científico) mathematician
Mateo n pr **San** ~ St Matthew
matera nf **-1.** (bolsa) Urug = leather shoulder bag used to hold a maté gourd, maté, and a vacuum flask **-2.** ver también **matero**
materia nf **-1.** (sustancia) matter ❏ ANAT ~ **gris** grey matter; ~ **orgánica** organic matter; ASTRON ~ **oscura** dark matter
 -2. (asunto) matter; ~ **de reflexión** food for thought; **en** ~ **de** on the subject of, concerning; **un especialista en** ~ **de higiene** a hygiene expert; **han llegado a un acuerdo en** ~ **de impuestos** they have come to an agreement on o concerning taxation; **la legislación en** ~ **de medio ambiente** the legislation on the subject of o concerning the environment; EXPR **entrar en** ~ to get down to business
 -3. (material) material ❏ ~ **prima** raw material
 -4. (asignatura) subject ❏ RP UNIV ~ **previa** = module that has to be passed in order to do a more advanced module
material ◇ adj **-1.** (físico) physical; (consecuencias) material; **los daños materiales fueron cuantiosos** the physical damage o damage to property was considerable; **el objeto robado no tenía ningún valor** ~ the stolen object had no material o financial value
 -2. (real) real, actual; **el autor** ~ **del asesinato** the person actually responsible for carrying out the murder; **no hay tiempo** ~ **para discutir el problema** there's simply no time to discuss the problem
 ◇ nm **-1.** (sustancia) material ❏ ~ **de desecho** waste material; ~ **genético** genetic material; ~ **refractario** heat-resistant o fireproof material
 -2. (datos, información) material; **no hay suficiente** ~ **como para escribir una novela** there isn't enough material to write a novel
 -3. (instrumentos) equipment ❏ ~ **audiovisual** audiovisual equipment and material; ~ **bélico** military equipment; **materiales de construcción** building materials; ~ **deportivo** sports equipment, ~ **didáctico** teaching materials; ~ **escolar** school materials; ~ **fotográfico** photographic equipment; ~ **fungible** (desechable) disposable materials; INFORMÁT (cartuchos, disquetes) consumables; ~ **de guerra** war material; ~ **de laboratorio** laboratory materials; ~ **de oficina** office stationery
 -4. Esp Fam (droga) gear, merchandise
 -5. RP **de** ~ (de obra) built of brick, brick-built; **una casa de** ~ a house built of brick, a brick-built house
materialismo nm materialism ❏ **dialéctico** dialectical materialism; ~ **histórico** historical materialism
materialista[1] ◇ adj materialistic
 ◇ nmf materialist
materialista[2] Méx, Ven ◇ adj (de la construcción) **camión** ~ builder's truck o Br lorry
 ◇ nmf **-1.** (comerciante) builder's merchant **-2.** (camionero) truck o Br lorry driver
 ◇ nm (camión) builder's truck o Br lorry
materialización nf (de proyecto, acuerdo) implementation; **este viaje supone la** ~ **de sus sueños** this journey is a dream come true for her
materializar [14] ◇ vt **-1.** (idea, proyecto) to realize; **con ese proyecto materializó sus deseos** this project enabled him to fulfil his wishes **-2.** (hacer aparecer) to produce
 ➤ **materializarse** vpr **-1.** (idea, proyecto) to materialize; **al final la propuesta no se materializó en un proyecto** in the end the proposal never made it to the project stage **-2.** (aparecer) to appear **-3.** (volverse materialista) to become materialistic
materialmente adv **el país quedó** ~ **destrozado** the country was totally devastated; **nos será** ~ **imposible llegar a tiempo** it will be physically impossible for us to get there in time; ~, **vivíamos mucho mejor antes** from a material point of view, we used to live much better
maternal adj motherly, maternal
maternidad nf **-1.** (cualidad) motherhood ❏ ~ **subrogada** surrogate motherhood, surrogacy **-2.** (hospital) maternity hospital; (sección) maternity ward
maternizado, -a adj **leche maternizada** Br baby milk, US formula
materno, -a adj **leche materna** mother's milk; **apellido** ~ = second surname; **lengua materna** mother tongue; **mi abuela por parte materna** my maternal grandmother, my grandmother on my mother's side
matero[1]**, -a** CSur ◇ adj fond of maté
 ◇ nm,f maté drinker

matero[2] nm Ven (maceta) flowerpot
mates nfpl Fam Br maths, US math
matete nm RP Fam muddle; **con tantos números me armo un** ~ I get into a muddle with all these figures; **tengo un** ~ **en la cabeza** my head's spinning
matico nm matico
matinal ◇ adj morning; **sesión** ~ (de cine) morning showing
 ◇ nf morning showing
matinée, matiné nf (por la mañana) morning showing; RP (por la tarde) matinée
matiz nm **-1.** (de color) shade
 -2. (rasgo) **una revolución con** ~ **anarquista** a revolution with anarchist characteristics; **un conflicto que ha adquirido matices de guerra abierta** a conflict which is beginning to look like open warfare; **sus palabras tienen un** ~ **irónico** his words are tinged with irony
 -3. (diferencia) subtle difference; **se parecen en mucho, con algunos matices importantes** they are very similar, although they have a few important if subtle differences; **expresó su apoyo sin matices a la intervención militar** he expressed his unqualified o unconditional support for military intervention
matización nf **-1.** (de colores) blending **-2.** (puntualización) clarification, explanation; **me gustaría hacer una** ~ I'd like to clarify something
matizar [14] vt **-1.** (mezclar) (colores) to blend
 -2. (teñir) to tinge; **matizó de sarcasmo su discurso** his speech was tinged with sarcasm
 -3. (puntualizar) to clarify, to explain; **quisiera** ~ **unos aspectos de mi propuesta** I'd like to clarify a few points in my proposal, I'd like to explain a few points in my proposal in more detail; **matizó que no todo habían sido éxitos** he pointed out that it hadn't been an unqualified success story; **"acataré la ley", matizó, "aunque no esté de acuerdo con ella"** "I shall obey the law," he explained, "even though I don't agree with it"
mato nm Ven ameiva lizard, jungle runner
matojo nm (mata) tuft; (arbusto) bush, shrub
matón, -ona nm,f Fam **-1.** (persona agresiva) thug, bully **-2.** (guardaespaldas) heavy
matonismo nm bullying
matorral nm **-1.** (conjunto de matas) thicket **-2.** (terreno) scrubland, brush
matraca ◇ nf **-1.** (instrumento) rattle; EXPR Fam **dar la** ~ (molestar) to be a pain; **dar la** ~ **con algo** to go on about sth; **¡deja ya de dar la** ~! stop being such a pain!; **nos da la** ~ **con la guitarra todos los días** he plagues us with his guitar-playing every day **-2.** Am Fam (metralleta) machine-gun **-3.** Ven Fam (soborno) bribe, backhander **-4.** Ven Fam (carro) old crock, Br old banger
 ◇ nmf Fam (persona) pain
 ◇ nfpl **matracas** Fam (matemáticas) Br maths, US math
matraquear vi Fam **-1.** (hacer ruido) to rattle **-2.** (molestar) to be a pain; **¡deja de** ~, **no te voy a prestar el dinero!** stop going on about it, I'm not going to lend you the money! **-3.** Ven Fam (recibir sobornos) to receive bribes o backhanders
matraqueo nm Ven Fam **se dedica al** ~ he accepts bribes
matraquero, -a Ven Fam ◇ adj on the take, Br bent; **un policía** ~ a bad o Br bent cop
 ◇ nm,f **ser un** ~ to be on the take o Br bent
matraz nm flask
matrero, -a nm,f Andes, RP (fugitivo) outlaw
matriarca nf matriarch
matriarcado nm matriarchy
matricaria nf feverfew
matriarcal adj matriarchal
matricial adj **-1.** INFORMÁT (impresora) dot matrix **-2.** MAT matrix, done with a matrix
matricida ◇ adj matricidal
 ◇ nmf matricide
matricidio nm matricide

matrícula *nf* -1. *(inscripción)* enrolment, registration; **el plazo de ~ se abre la próxima semana** enrolment o registration starts next week; **tengo que hacer la ~ para dos cursos** I have to enrol in o register for two courses -2. *(importe)* enrolment o registration fee -3. *(documento)* registration document -4. *(personas matriculadas)* number of students, roll -5. UNIV **~ de honor** = distinction which exempts the student from the fees for a course in the following year -6. *(de vehículo) Br* number plate, *US* license plate; **un vehículo con ~ extranjera** a vehicle with a foreign *Br* number plate o *US* license plate -7. *(de barco)* registration (document); **un barco con ~ de Liberia** a ship registered in Liberia

matriculación *nf (inscripción)* registration

matricular ⬦ *vt* -1. *(alumno)* to register, to enrol -2. *(vehículo)* to register -3. *(barco)* to register
◆ **matricularse** *vpr* to register, to enrol; **me he matriculado en cinco asignaturas** I've registered for five subjects

matrimonial *adj* marital; **vida ~** married life; **enlace ~** marriage

matrimoniar ⬦ *vi* to marry, to get married
◆ **matrimoniarse** *vpr* to marry, to get married

matrimonio *nm* -1. *(institución)* marriage; **consumar el ~** to consummate one's marriage; **contraer ~** to get married; **fuera del ~** out of wedlock; **cama de ~** double bed ❏ **~ civil** civil wedding; **~ de conveniencia** marriage of convenience; **~ religioso** church wedding -2. *(pareja)* married couple -3. *Andes, Carib (boda)* wedding

matrioska *nf* Russian doll

matriz ⬦ *nf* -1. ANAT womb, *Espec* uterus -2. *(molde)* mould -3. IMPRENTA *(espacio)* character -4. *(de talonario)* (cheque) stub -5. INFORMÁT matrix ❏ **~ activa** active matrix -6. MAT matrix -7. *(empresa)* parent company
⬦ *adj (empresa)* parent; **casa ~** head office

matrona *nf* -1. *(madre)* matron -2. *(comadrona)* midwife

matufia *nf RP Fam* shady deal

matungo *nm RP Fam* old nag

maturranguero, -a *adj Cuba* tricky, cajoling

Matusalén *n pr* Methuselah, EXPR **ser más viejo que ~** to be as old as Methuselah

matusalén *nm Fam* ancient person; **ser un ~** to be ancient

matute: de matute *Fam* ⬦ *loc adv (clandestinamente)* on the quiet; **viajó de ~** he travelled without paying
⬦ *loc adj (de contrabando)* smuggled, contraband; **tabaco de ~** contraband tobacco

matutino, -a *adj* morning; **paseo ~** morning walk

matzá *nm* o *nf* matzo(h)

maul [mol] *(pl* **mauls***) nm (en rugby)* maul

maula *Fam* ⬦ *adj* -1. *(inútil)* useless -2. *RP (cobarde)* yellow, chicken
⬦ *nmf* -1. *(inútil)* good-for-nothing -2. *(estafador)* swindler
⬦ *nf (cosa inútil)* piece of junk, useless thing

maulear *vi Chile* to cheat

maullar *vi* to miaow

maullido *nm* miaow; **se oían los maullidos de un gato** a cat could be heard miaowing

Mauricio *n* Mauritius

Mauritania *n* Mauritania

mauritano, -a ⬦ *adj* Mauritanian
⬦ *nm,f* Mauritanian

máuser *(pl* **máuseres** o **máusers***) nm* Mauser

mausoleo *nm* mausoleum

maxi- *pref* maxi-

maxifalda *nf* maxi, maxiskirt

maxilar ⬦ *adj* maxillary; **hueso ~** jawbone
⬦ *nm* jaw ❏ **~ inferior** lower jaw, *Espec* mandible; **~ superior** upper jaw, *Espec* maxilla

maxilofacial *adj* MED facial, *Espec* maxillofacial

máxima *nf* -1. *(sentencia)* maxim -2. *(principio)* maxim -3. *(temperatura)* high, highest temperature; **una ~ de veinte grados** a high of twenty degrees; **ayer se midieron veinte grados de ~** the highest temperature recorded yesterday was twenty degrees, there was a high of twenty degrees yesterday

maximalismo *nm* maximalism

maximalista ⬦ *adj* maximalist
⬦ *nmf* maximalist

Maximato *nm Méx* **el ~** = period during which Plutarco Elías Calles exercised control of power, either as president (1924-28) or through puppet presidents effectively appointed by him (1928-34)

máxime *adv* especially; **deberías visitarla, ~ cuando sabes que está enferma** you should visit her, especially as you know she's ill; **hay que ahorrar, ~ ahora que no ganamos mucho dinero** we have to save, especially now we're not earning much money

maximizar *vt* to maximize

máximo, -a ⬦ *superlativo ver* **grande**
⬦ *adj (capacidad, cantidad, temperatura)* maximum; *(honor, galardón)* highest; **la máxima puntuación** *(posible)* the maximum score; *(entre varias)* the highest score; **el ~ goleador** the top scorer; **soy el ~ responsable del proyecto** I am the most senior person on the project; **los máximos responsables políticos del partido** the party's senior politicians ❏ MAT **~ común denominador** highest common denominator; MAT **~ común divisor** highest common factor
⬦ *nm* maximum; **trabajan un ~ de 35 horas** they work a maximum of 35 hours; **al ~** to the utmost; **llegar al ~** to reach the limit; **pon la calefacción al ~** put the heating on maximum o as high as it will go; **están trabajando al ~** they're working flat out; **la libra alcanzó un ~ histórico frente al dólar** the pound reached an all-time high against the dollar
⬦ **como máximo** *loc adv (a más tardar)* at the latest; *(como mucho)* at the most; **llegaremos como ~ a las seis** we'll be there by six at the latest; **podemos gastar como ~ cinco millones** we can spend up to a maximum of five million

maxisingle [maksi'singel] *(pl* **maxisingles***) nm* twelve-inch (single)

maxwell ['masɣwel] *(pl* **maxwells***) nm* FÍS maxwell

may. *(abrev de* **mayo***)* May

maya ⬦ *adj* Mayan
⬦ *nmf (persona)* Maya, Mayan; **los mayas** the Maya, the Mayans
⬦ *nm (lengua)* Maya

mayate *nm* -1. *(escarabajo)* = black-winged beetle -2. *Méx Fam Pey (homosexual) Br* poof, *US* fag

mayativo, -a *adj Méx Fam* garish

mayestático, -a *adj* majestic; **el plural ~** the royal we

mayo ⬦ *nm* May ❏ HIST **el ~ francés** the Paris spring; *ver también* **septiembre**
⬦ *nf Méx, RP Fam (mayonesa)* mayo

mayólica *nf* majolica ware

mayonesa *nf* mayonnaise

mayor ⬦ *adj* -1. *(comparativo)* *(en tamaño)* bigger (**que** than); *(en edad)* older (**que** than); *(en importancia)* greater (**que** than); *(en número)* higher (**que** than); **este puente es ~ que el otro** this bridge is bigger than the other one; **mi hermana ~** my older sister; **es ocho años ~ que yo** she's eight years older than me; **un ~ número de víctimas** a higher number of victims; **una ~ tasa de inflación** a higher rate of inflation; **en ~ o menor grado** to a greater or lesser extent; **no creo que tenga ~ interés** I don't think it's particularly interesting; **no te preocupes, no tiene ~ importancia** don't worry, it's not important; **apartamentos mayores de 100 metros cuadrados** *Br* flats o *US* apartments of over 100 square metres; **subsidios para parados mayores de cuarenta y cinco años** benefits for unemployed people (of) over forty-five; **la ~ parte de** most of, the majority of; **la ~ parte de los británicos piensa que...** most British people o the majority of British people think that...; MAT **~ que** greater than -2. *(superlativo)* **el/la ~...** *(en tamaño)* the biggest...; *(en edad)* the oldest...; *(en importancia)* the greatest...; *(en número)* the highest...; **la ~ de las islas** the biggest island, the biggest of the islands; **la ~ crisis que se recuerda** the biggest crisis in living memory; **el ~ de todos nosotros/de la clase** the oldest of all of us/in the class; **el ~ de los dos hermanos** the older of the two brothers; **vive en la ~ de las pobrezas** he lives in the most abject poverty -3. *(más)* further, more; **para ~ información solicite nuestro catálogo** for further o more details, send for our catalogue -4. *(adulto)* grown-up; **cuando sea ~...** when I grow up; **hacerse ~** to grow up; **ser ~ de edad** to be an adult -5. *(anciano)* elderly; **ser muy ~** to be very old; **la gente ~, las personas mayores** the elderly; **hay que escuchar a las personas mayores** you should listen to older people -6. *(principal)* major, main; **la plaza ~** the main square; **la calle ~** the main street; **el palo ~** the main mast -7. MÚS major; **en do ~** in C major -8. COM **al por ~** wholesale; **un almacén de venta al por ~** a wholesaler's
⬦ *nmf* **el/la ~** *(hijo, hermano)* the eldest; **mayores** *(adultos)* grown-ups; *(antepasados)* ancestors, forefathers; **es una película/revista para mayores** it's an adult movie/magazine; **respeta a tus mayores** you should respect your elders; **la cosa no llegó** o **pasó a mayores** the matter didn't go any further
⬦ *nm* MIL major

mayoral *nm* -1. *(capataz)* foreman, overseer -2. *(pastor)* chief herdsman -3. HIST *(cochero)* coachman

mayorazgo *nm* HIST -1. *(institución)* primogeniture -2. *(bienes)* entailed estate -3. *(persona)* = heir to an entailed estate

mayordomo *nm* butler

mayoreo *nm Am* wholesale; **vender algo al ~** to sell sth wholesale; **venta al ~** wholesale

mayoría *nf* -1. *(mayor parte)* majority; **la ~ de** most of; **la ~ de los españoles** most Spaniards; **la ~ de las veces** usually, most often; **en su ~** in the main ❏ **~ absoluta** absolute majority; **~ cualificada** qualified majority; **~ relativa** *Br* relative majority, *US* plurality; **~ silenciosa** silent majority; **~ simple** simple majority -2. *(edad adulta)* **~ de edad** (age of) majority; **llegar a la ~ de edad** to come of age; **la ~ de edad democrática del país** the country's democratic coming of age

mayorista ⬦ *adj* wholesale
⬦ *nmf* wholesaler

mayoritariamente *adv* -1. *(con mayoría)* **se acordó ~ declarar una huelga** a majority decision was taken to go on strike; **la reforma fue aprobada ~** the reform was approved by a majority -2. *(principalmente)* mainly; **un barrio ~ residencial** a mainly residential area; **financiado con capital ~ público** financed mainly with public funds

mayoritario, -a *adj* majority; **decisión mayoritaria** majority decision; **el partido ~ formará gobierno** the party with a majority will form a government

mayormente *adv* -1. *(especialmente)* mainly; **lo que ~ me molesta es su actitud** the main thing that annoys me is his attitude; **ritmos ~ latinos** mainly Latin rhythms -2. *Fam (mucho)* particularly; **no me importa ~** I'm not (all) that bothered o particularly bothered

mayúscula *nf* capital letter, upper-case letter; **en mayúsculas** in capitals o capital letters, in upper case; **se escribe con ~** it's written with a capital letter ❏ **mayúsculas fijas** *(en teclado)* caps lock

mayúsculo, -a *adj* **-1.** *(letra)* **letra mayúscula** capital letter, upper-case letter **-2.** *(grande)* terrible; **nos dieron un disgusto ~** they upset us terribly, they really upset us; **cometió un error ~** he made a terrible mistake; **mi sorpresa fue mayúscula al encontrarte allí** I was amazed to see you there

maza *nf* **-1.** *(arma)* mace **-2.** *(de bombo)* drumstick **-3.** *(en gimnasia)* club **-4.** *Chile (de rueda)* hub

mazacote *nm Fam* **-1.** *(plato)* **el arroz era un auténtico ~** the rice had stuck together **-2.** *(objeto, edificio)* eyesore; **están construyendo un ~ de viviendas** they're building a housing development that's going to be a complete eyesore *o* a blot on the landscape

mazamorra *nf* **-1.** *Perú (gachas) Br* maize porridge, *US* cornmeal mush **-2.** *Carib (bebida)* = drink made from a maize mixture, sugar and spices **-3.** *RP (maíz blanco)* = maize mixture used in the preparation of stews

mazapán *nm* marzipan

mazazo *nm* **-1.** *(golpe con mazo)* blow *(with a mallet)*; **me di un ~ en el dedo** I banged my finger with a mallet **-2.** *(golpe emocional)* real blow; **su muerte fue un ~** her death was a real blow

mazdeísmo *nm HIST* Mazdaism, Mazdeism

mazmorra *nf* dungeon

mazo ◇ *nm* **-1.** *(martillo)* mallet **-2.** *(de mortero)* pestle **-3.** *(conjunto) (de cartas, papeles)* bundle; *(de billetes)* wad **-4.** *(de naipes)* pack; EXPR *RP Fam* **irse al ~** to pull out **-5.** *Esp Fam (mucho)* **mola un ~** it's dead cool; **tuve que leer a ~** I had to read piles of stuff
◇ *adv Esp Fam* **mola ~** it's dead cool

mazorca *nf cob*; **~ de maíz** corncob, *Br* ear of maize

mazurca *nf MÚS* mazurka

MB INFORMÁT *(abrev de* **megabyte***)* megabyte

MBA *nm (abrev de* **Master of Business Administration***)* MBA

mbar *nm (unidad)* mb

MBps INFORMÁT *(abrev de* **megabytes por segundo***)* MBps

Mbps INFORMÁT *(abrev de* **megabits por segundo***)* Mbps

mburucuyá *nm RP* blue *o* common passionflower

MCA *nm (abrev de* **Mercado Común Andino***)* Andean Common Market

MCCA *nm (abrev de* **Mercado Común Centroamericano***)* CACM, Central American Common Market

mdd *Méx (abrev de* **millones de dólares***)* million dollars; **800 ~** 800 million dollars

me *pron personal* **-1.** *(complemento directo)* me; **le gustaría verme** she'd like to see me; **me atracaron en plena calle** I was attacked in the middle of the street; **me han aprobado** I've passed
  -2. *(complemento indirecto)* (to) me; **me lo dio** he gave it to me, he gave me it; **me tiene miedo** he's afraid of me; **me lo compró** *(yo se lo vendí)* she bought it from *o* off me; *(es para mí)* she bought it for me; **sujétame esto** hold this for me; **me extrajeron sangre** they took some of my blood; **me han quitado el bolso** they've stolen my bag; **me mancharon el traje** they stained my suit; **me pegaron un empujón** someone pushed me, I was pushed; **se me cayó** I dropped it; **no me resulta agradable hacer esto** it's not very pleasant for me to have to do this; **me será de gran ayuda** it will be a great help to me
  -3. *(reflexivo)* myself; **me visto** I get dressed; **me serví un whisky** I poured myself a whisky; **me puse la falda** I put my skirt on; **me acosté en el sofá** I lay down on the sofa; **me rompí una pierna** I broke a leg; **me he arreglado estos pantalones** *(yo mismo)* I've mended these trousers; *(en modista, sastre)* I've had these trousers mended
  -4. *(con valor intensivo o expresivo)* **¡no me lo creo!** I can't believe it!; **me espero lo peor** I'm expecting the worst; **me lo comí todo** I ate the whole lot; **no te me eches a llorar ahora** don't start crying on me now; **se me ha estropeado la lavadora** the washing machine has gone and got broken; **yo sé lo que me digo** I know what I'm talking about
  -5. *(para formar verbos pronominales)* **me refiero a ti** I'm referring to you; **yo me abstengo** I abstain

mea culpa *nm* mea culpa; **¿quién ha apagado la luz? – ~** who switched the light off? – mea culpa; **entono el ~** mea culpa, I acknowledge I have made a mistake

meada *nf Fam* **-1.** *(acción, orina)* piss, pee; **echar una ~** to have a piss *o* pee **-2.** *(mancha)* piss *o* pee stain

meadero *nm Fam Br* bog, *US* john

meado *nm Fam* piss, pee

meandro *nm* meander

meapilas *nmf inv Fam Pey* holy Joe

mear *Fam* ◇ *vt* to piss, to pee
◇ *vi* to piss
◆ **mearse** *vpr* **-1.** *(orinar)* to piss oneself; **mearse en la cama** to wet one's bed; **el niño se ha meado encima** the child has wet himself; EXPR **estás meando fuera del tiesto** you've got hold of the wrong end of the stick; EXPR *RP muy Fam* **estás meando afuera del tarro** you've got hold of the wrong end of the *Br* bloody *o US* goddamn stick
  -2. mearse (de risa) *(desternillarse)* to piss oneself laughing; **yo con tu hermano me meo** I think your brother's a scream; **la película fue de mearse** we nearly wet ourselves laughing in the movie
  -3. *DEP* **se meó a varios contrarios** he weaved his way past several defenders

meato *nm ANAT* meatus ❑ **~ auditivo** auditory meatus; **~ urinario** urinary meatus

MEC [mek] *nm (abrev de* **Ministerio de Educación y Ciencia***)* = Spanish ministry of education and science

meca *nf* **-1.** *(centro)* mecca; **la ~ del arte abstracto** the mecca for abstract art; **la ~ del cine** Hollywood **-2. La Meca** *(ciudad)* Mecca **-3.** *Chile Fam Euf (excremento)* dung

mecachis *interj Fam Euf (expresando enfado) Br* sugar!, *US* shoot!; *(expresando sorpresa)* my God!, wow!; EXPR *Esp* **¡~ en la mar!** *Br* sugar!, *US* shoot!

mecánica *nf* **-1.** *(ciencia)* mechanics *(singular)* ❑ **cuántica** quantum mechanics *(singular)* **-2.** *(mecanismo)* mechanics; **la ~ del motor es muy sencilla** the mechanics of the engine are very simple **-3.** *Fam (funcionamiento)* mechanics; **conoce a fondo la ~ de la oficina** he knows everything about how the office works

mecánicamente *adv* **-1.** *(automáticamente)* mechanically **-2.** *(con la mecánica)* mechanically

mecanicismo *nm* mechanism

mecanicista ◇ *adj* mechanistic
◇ *nmf* mechanist

mecánico, -a ◇ *adj* **-1.** *(de la mecánica)* mechanical **-2.** *(automático)* mechanical; **un gesto ~** a mechanical gesture; **lo hace de forma mecánica** he does it mechanically
◇ *nm,f (persona)* mechanic ❑ **~ dentista** dental technician; **~ de vuelo** flight engineer

mecanismo *nm* **-1.** *(estructura)* mechanism; **acordaron un ~ automático de revisión salarial** they agreed on a procedure *o* system for automatic salary reviews ❑ PSI **~ de defensa** defence mechanism; FIN **~ de los tipos de cambio** exchange rate mechanism **-2.** *(funcionamiento)* way of working, modus operandi; **conoce muy bien el ~ electoral** she's very familiar with the electoral procedure

mecanización *nf* mechanization

mecanizado, -a *adj* mechanized

mecanizar [14] *vt* to mechanize

mecano® *nm* Meccano®

mecanografía *nf* typing ❑ **~ al tacto** touch-typing

mecanografiar [32] *vt* to type

mecanógrafo, -a *nm,f* typist

mecanoterapia *nf MED* mechanotherapy

mecapal *nm CAm, Méx* = porter's leather harness

mecapalero, -a *nm,f CAm, Méx* porter *(who uses a leather carrying-harness)*

mecatazo *nm* **-1.** *CAm, Méx (latigazo)* whiplash **-2.** *CAm Fam (trago)* drink, slug

mecate *nm* **-1.** *CAm, Méx, Ven* rope **-2.** EXPR *Méx Fam* **a todo ~: se compró una casa a todo ~** she bought herself a really posh house; **organizó una recepción a todo ~** he organized a lavish reception

mecatero, -a *nm,f Ven Fam* toady, bootlicker

mecato *nm Col* packed lunch

mecedora *nf, Col, Ven* **mecedor** *nm* rocking chair

mecenas *nmf inv* patron

mecenazgo *nm* patronage

mecer [40] ◇ *vt* to rock; **las olas mecían la barca** the waves gently rocked the boat
◆ **mecerse** *vpr (en silla)* to rock; *(en columpio, hamaca)* to swing; *(árbol, rama)* to sway

mecha *nf* **-1.** *(de vela)* wick; *(de explosivos)* fuse; EXPR *Fam* **a toda ~: arréglate a toda mecha, que llegamos tarde** hurry up and get ready or we'll be late; **acabamos el trabajo a toda ~** we worked flat out to finish the job; **tenía la radio a toda ~** he had the radio on at full blast; EXPR *Fam* **aguantar ~** to grin and bear it
  -2. CULIN *(relleno)* = bacon used for larding or stuffing
  -3. *Andes, RP (broca)* bit
  -4. *Andes, Ven Fam (broma)* gag; **eso no es cosa de ~** that's no laughing matter
  -5. *(mechón)* lock
  -6. mechas *(en el pelo)* highlights
  -7. *Am Fam* **mechas** *(pelo)* mop; **tengo que ir a cortarme estas mechas** I have to go and get my hair cut, it's a mess; **se agarraron de las mechas** they grabbed each other by the hair; EXPR *Fam* **venir tirado de las mechas** to have been thrown together at the last minute

mechar *vt* CULIN *(carne)* to lard

mechero¹ *nm* **-1.** *Esp (encendedor)* (cigarette) lighter **-2.** *(en laboratorio)* burner ❑ **~ Bunsen** Bunsen burner; **~ de gas** gas burner

mechero², -a *nm,f Esp Fam (ladrón)* shoplifter

mechón, -ona ◇ *nm* **-1.** *(de pelo)* lock **-2.** *(de lana)* tuft
◇ *nm,f Chile Fam (estudiante) Br* fresher, *US* freshman

mechudo, -a *Fam* ◇ *adj Am (de pelo largo)* long-haired; *(despeinado)* dishevelled; **no vayas así, tan ~** don't go like that, with your hair in such a mess
◇ *nm Méx* mop
◇ *nm,f Am* long-haired man, *f* long-haired woman

meconio *nm* meconium

medalla ◇ *nf* medal; EXPR *Fam* **ponerse** *o* **colgarse medallas** to show off; **no querría ponerme** *o* **colgarme medallas, pero...** I don't like to blow my own trumpet, but...; **se está poniendo** *o* **colgando medallas que no le corresponden** he's taking the credit for something he didn't do ❑ **~ de bronce** bronze medal; **~ de oro** gold medal; **~ de plata** silver medal
◇ *nmf* medallist; **fue ~ de oro en Barcelona** she was a gold medallist in Barcelona, she won a gold medal in Barcelona

medallero *nm* medals table

medallista *nmf* medallist

medallón *nm* **-1.** *(joya)* medallion **-2.** *(rodaja)* médaillon ❑ **~ de pescado** *(empanado)* fishcake

medanal *nm Chile (pantano)* marshy land

médano *nm* **-1.** *(duna)* (sand) dune **-2.** *(banco de arena)* sandbank

Medea *n MITOL* Medea

medellinense ◇ *adj* of/from Medellín *(Colombia)*
◇ *nm,f* person from Medellín *(Colombia)*

media ◇ *nf* **-1. medias** *(prenda interior) (hasta la cintura) Br* tights, *US* pantyhose; *(hasta medio muslo)* stockings ❑ *RP* **medias bombacha**

Br tights, *US* pantyhose; *RP* **medias cancán** *Br* tights, *US* pantyhose; **medias elásticas** surgical stockings; *RP* **medias largas** *Br* tights, *US* pantyhose; *Col* ~ **pantalón** *Br* tights, *US* pantyhose
 -2. *(calcetín) (hasta la rodilla)* (knee-length) sock; *Am (de cualquier longitud)* sock; EXPR *CSur Fam* **chupar las medias a alguien** to lick sb's boots ❏ *Col* ~ ~ *(hasta la rodilla)* knee-length sock; *(calcetín corto)* ankle sock; *Col* **medias rodilleras** knee-length socks; *Col* **medias tobilleras** *(calcetines cortos)* ankle socks; *RP* **medias tres cuartos** knee-length socks
 -3. *(promedio)* average, mean; **a una ~ de 50 km/h** at an average speed of 50 km/h ❏ ~ **aritmética** arithmetic mean; ~ **geométrica** geometric mean; ~ **horaria** hourly average; ~ **ponderada** weighted mean; ~ **proporcional** proportional mean
 -4. *(hora)* **al dar la ~** on the half-hour
 ◇ **a medias** *loc adv* **-1.** *(sin completar)* **hacer algo a medias** to half-do o half-finish sth; **la central está funcionando sólo a medias** the power station is operating at only half its full capacity; **se ve perfectamente que este trabajo está hecho a medias** it's perfectly obvious that this piece of work is only half-finished; **me contó la verdad a medias** he only told me half the truth
 -2. *(por la mitad)* **dejaron la comida a medias** they left their food half-eaten
 -3. *(a partes iguales)* **pagar a medias** to go halves, to share the cost; **el alquiler lo pagamos a medias** we split the rent; **¿por qué no compramos el libro a medias?** why don't we go halves on the book?
mediación *nf* mediation; **por ~ de** through
mediado, -a *adj* **-1.** *(a media capacidad)* half-full, half-empty; **una botella mediada** a half-full o half-empty bottle **-2.** *(a media duración)* **mediada la película** halfway through the movie
mediados *nmpl* **a ~ de abril/de año** in the middle of o halfway through April/the year
mediador, -ora ◇ *adj* **los esfuerzos mediadores del presidente** the president's attempts at mediating
 ◇ *nm,f* mediator
mediagua *nf* **-1.** *Andes, CAm (cabaña)* shack, hut **-2.** *Andes (casa)* = house with a roof that slopes one way only
medial *adj* **-1.** ANAT medial **-2.** LING medial
medialuna *nf* **-1.** *Am (bollo)* croissant **-2.** *(símbolo musulmán)* crescent **-3.** *(instrumento)* hamstringing o hacking knife
mediana *nf* **-1.** *(en autopista) Br* central reservation, *US* median (strip) **-2.** GEOM median
medianamente *adv* acceptably, tolerably; **habla francés ~ bien** he can get by in French; **sólo entendí ~ lo que dijo** I only half understood what he said; **buscamos a alguien ~ experimentado** we're looking for somebody with at least a reasonable amount of experience
medianería *nf (pared)* dividing o party wall
medianero, -a *adj (pared, muro)* dividing
medianía *nf* **-1.** *(mediocridad)* **como futbolista es una ~** he's a pretty mediocre footballer **-2.** *(parte media)* halfway point **-3.** *Andes (medianería)* dividing o party wall
mediano, -a *adj* **-1.** *(de tamaño)* medium; **una talla mediana** a medium size; **de estatura mediana** of average o medium height **-2.** *(de calidad)* average **-3.** *(mediocre)* average, ordinary
medianoche *nf* **-1.** *(hora)* midnight; **a ~ at midnight; llegaremos hacia la ~** we'll be there around midnight **-2.** *Esp (pl* **medias-noches)** *(bollo)* = small bun used for sandwiches **-3.** *Méx (pan)* hot dog roll, finger roll
mediante *prep* **-1.** *(por medio de)* by means of; **lo levantaron ~ una polea** it was lifted by means of a pulley system; **las obras se adjudicarán ~ concurso público** the contract for the work will be put out to tender; **puede aplazar la compra ~ 12 pagos mensuales** you can spread the purchase over 12 monthly payments; **la información se puede encontrar ~ un motor de búsqueda** the information can be found using o with a search engine
 -2. EXPR **Dios ~** God willing; **nos veremos el lunes, Dios ~** I'll see you Monday, hopefully
mediapunta *nm (en fútbol)* **jugar como ~** to play just in behind the strikers
mediar *vi* **-1.** *(llegar a la mitad)* to be halfway through; **mediaba julio** it was mid-July; **al ~ la tarde** halfway through the afternoon
 -2. *(haber en medio)* **~ entre** to be between; **media un jardín/un kilómetro entre las dos casas** there is a garden/one kilometre between the two houses; **la distancia que media entre las dos capitales** the distance between o that separates the two capitals; **media un abismo entre ambas posturas** the two positions are poles apart; **de ahí a decir que es el mejor media un abismo** there's a world of difference between that and saying he's the best; **medió una semana** a week passed by; **sin ~ palabra** without saying a word
 -3. *(intervenir)* to mediate; **medió en la disputa entre las dos partes** he mediated between the two sides in the dispute
 -4. *(interceder)* to intercede, to intervene; **~ en favor de** o **por** to intercede o intervene on behalf of o for; **medió por su sobrino para que le dieran el trabajo** he interceded o intervened on behalf of his nephew in order to get him the job
 -5. *(ocurrir)* to intervene, to happen; **íbamos a reunirnos el sábado, pero medió el accidente** we were going to meet on Saturday, but then the accident happened; **media la circunstancia de que...** it so happens that...
mediasnueves *nfpl inv Col* mid-morning snack, *Br* elevenses; **hoy hay de ~ helado** there's ice cream for mid-morning snack o *Br* elevenses today
mediático, -a *adj* media
mediatización *nf* interference
mediatizar [14] *vt* to interfere in
mediatriz *nf* GEOM perpendicular bisector
medicación *nf* medication
medicamento *nm* medicine ❏ **~ genérico** generic drug
medicamentoso, -a *adj* medicinal
medicar [59] ◇ *vt* to give medicine to
 ◆ **medicarse** *vpr* to take medicine
medicatura *nf Ven* small clinic, community health centre
medicina *nf* **-1.** *(ciencia)* medicine; **estudiar ~** to study medicine; **ejercer la ~** to practise medicine ❏ ~ **alternativa** alternative medicine; ~ **deportiva** sports medicine; ~ **forense** forensic medicine; ~ **general** general medicine; ~ **homeopática** homeopathic medicine; ~ **intensiva** intensive-care medicine; ~ **interna** = branch of medicine which deals with problems of the internal organs, without surgery, *US* internal medicine; ~ **legal** legal medicine; ~ **naturista** naturopathy, natural medicine; ~ **nuclear** nuclear medicine; ~ **ortomolecular** orthomolecular medicine; ~ **preventiva** preventive medicine; ~ **social** community medicine; ~ **tropical** tropical medicine; ~ **veterinaria** veterinary medicine
 -2. *(medicamento)* medicine
medicinal *adj* medicinal; **balón ~** medicine ball
medición *nf* **-1.** *(de temperatura, presión)* measurement; **un instrumento de ~** a measuring instrument **-2.** *(de un verso)* scansion
médico^1**, -a** ◇ *adj* medical; **reconocimiento ~** medical examination o checkup; **realizó estudios médicos** he studied medicine
 ◇ *nm,f* doctor; **ir al ~**, **ir a la consulta del ~** to go to the doctor o doctor's ❏ *Am* ~ **asimilado** = doctor attached to the army; ~ **de cabecera** family doctor, general practitioner; ~ **de cámara** royal physician; ~ **de familia** family doctor, general practitioner; ~ **forense** specialist in forensic medicine; ~ **de guardia** duty doctor; ~ **interno (residente)** *Br* house officer, *US* intern; *Am* ~ **legista** specialist in forensic medicine; ~ **militar** army o military doctor
médico^2**, -a** *adj* HIST Median
medida *nf* **-1.** *(dimensión, medición)* measurement; **¿qué medidas tiene el contenedor?** what are the measurements of the container?; **unidades de ~** units of measurement; **a (la) ~** *(mueble)* custom-built; *(ropa, calzado)* made-to-measure; **es una casa/un trabajo a tu ~** it's the ideal house/job for you, it's as if the house/job were made for you; **a (la) ~ de mi deseo** just as I would have wanted it; **medidas** *(del cuerpo)* measurements; **tomar las medidas a alguien** to take sb's measurements; **tomar las medidas de algo** to measure sth; *Fig* **le tengo tomada la ~ al jefe** I know what the boss is like; *Fig* **ya le voy tomando la ~ al nuevo trabajo** I'm getting the hang of the new job ❏ ~ **de capacidad** measure *(liquid or dry)*
 -2. *(cantidad específica)* measure; **el daiquiri lleva una ~ de limón por cada tres de ron** a daiquiri is made with one part lemon to three parts rum
 -3. *(disposición)* measure, step; **adoptar** o **tomar medidas** to take measures o steps; **yo ya he tomado mis medidas** I'm prepared, I've made my preparations; **tomar medidas disciplinarias (contra)** to take disciplinary action (against); **ejercer medidas de presión contra alguien** to lobby sb; **tomar medidas represivas (contra)** to clamp down (on) ❏ **medidas de choque** emergency measures; **medidas de seguridad** security measures
 -4. *(moderación)* moderation; **con/sin ~** in/without moderation
 -5. *(grado)* extent; **¿en qué ~ nos afecta?** to what extent does it affect us?; **en cierta/gran ~** to some/a large extent; **en mayor/menor ~** to a greater/lesser extent; **en la ~ de lo posible** as far as possible; **a ~ que iban entrando** as they were coming in; *Formal* **en la ~ en que** insofar as
 -6. LIT *(de verso)* measure
medido, -a *adj CSur* moderate, restrained; **es muy ~ con los gastos** he is very careful with his money
medidor *nm Am (contador)* meter
mediería *nf RP* hosier's, hosiery shop
mediero, -a *nm,f Am* sharecropper
medieval *adj* medieval
medievalismo *nm* medievalism
medievalista *nmf* medievalist
medievo *nm* Middle Ages
medina *nf* medina
medio, -a ◇ *adj* **-1.** *(igual a la mitad)* half; **media docena** half a dozen; **media hora** half an hour; **~ litro** half a litre; **el estadio registra media entrada** the stadium is half full; **~ pueblo estaba allí** half the town was there; **~ Quito se quedó sin electricidad** half of Quito was left without electricity; **la bandera ondeaba a media asta** the flag was flying at half mast; **a ~ camino** *(en viaje)* halfway there; *(en trabajo)* halfway through; **a media luz** in the half-light; **nos salimos a media película** we left halfway through the movie; **como algo a media mañana** I have something to eat halfway through the morning, I have a mid-morning snack; **docena y media** one and a half dozen; **un kilo y ~** one and a half kilos; **son las dos y media** it's half past two; **son y media** it's half past ❏ *Andes, Méx, Ven* ~ **fondo** waist petticoat o slip; **la media luna** the crescent; **la Media Luna Roja** the Red Crescent; *Fam Fig* **media naranja: mi/su/**etc. **media naranja** my/your/etc other o better half; **media pensión** half board; *CSur* ~ **pupilo** *(que va a dormir a casa)* day pupil; *(que va a casa el fin de semana)* boarder; **media suela** half-sole; **media volea** half volley
 -2. *(intermedio) (estatura, tamaño)* medium; *(posición, punto)* middle; **de una calidad media** of average quality; **a ~ plazo** in the

medium term; **de clase media** middle-class; **a media distancia** in the middle distance ▫ ~ *campo* midfield; *Am* ~ *tiempo* half-time
-3. *(de promedio) (temperatura, velocidad)* average; MAT mean; **el consumo ~ de agua por habitante** the average water consumption per head of the population
-4. *(corriente)* ordinary, average; **el ciudadano ~** the average person, ordinary people
◇ *adv* half; **~ borracho** half drunk; **estaba ~ muerto** he was half dead; **a ~ hacer** half done; **han dejado la obra a ~ hacer** they've left the building half finished; **aún estoy a ~ arreglar** I'm only half ready; **pasé la noche ~ en vela** I barely slept all night, I spent half the night awake
◇ *nm* **-1.** *(mitad)* half; **uno y ~** one and a half
-2. *(centro)* middle, centre; **íbamos por el carril del ~** *o* **de en ~** we were driving in the middle lane; **en ~ (de)** in the middle (of); **estaba incómoda en ~ de toda aquella gente** I felt uncomfortable among all those people; **está en ~ de una profunda depresión** she's in the middle of a deep depression; **no se oía nada en ~ de tanto ruido** you couldn't hear a thing with all that noise; **han puesto una valla en ~** they've put a fence in the way; **si te pones en ~ no veo la tele** I can't see the TV if you're in the way; **quítate de en ~** get out of the way; **siempre tienes todas tus cosas por ~** your things are always lying around all over the place; **estar por (en) ~** *(estorbar)* to be in the way; **equivocarse de ~ a ~** to be completely wrong; **hay muchos intereses de por ~** there are a lot of interests involved; **meterse** *o* **ponerse (de) por ~** *(estorbar)* to get in the way; *Fig (entrometerse)* to interfere; [EXPR] *Fam* **quitar de en ~ a alguien** to get rid of sb; [EXPR] **quitarse de en ~** *(suicidarse)* to do away with oneself
-3. *(sistema, manera)* means *(singular or plural)*, method; **utilice cualquier ~ a su alcance** use whatever means are available, use every means available; **encontró un ~ para pagar menos impuestos** she found a way of paying less tax; **no hay ~ de convencerla** she refuses to be convinced; **por ~ de** by means of, through; **ha encontrado trabajo por ~ de un conocido** she got a job through an acquaintance; **por todos los medios** by all possible means; **intentaré conseguir ese trabajo por todos los medios** I'll do whatever it takes to get that job; **su ~ de vida es la chatarra** he earns his living from scrap metal ▫ *los medios de comunicación* the media; *medios de comunicación electrónicos* electronic media; *los medios de comunicación de masas* the mass media; *los medios de difusión* the media; *~ de expresión* medium; *los medios de información* the media; *medios de producción* means of production; *medios de transporte* means of transport
-4. medios *(recursos)* means, resources; **no cuenta con los medios económicos para realizarlo** she lacks the means *o* the (financial) resources to do it
-5. *(elemento físico)* environment; **animales que viven en el ~ acuático** animals that live in an aquatic environment ▫ *~ ambiente* environment; BIOL *~ de cultivo* culture medium; *~ físico* physical environment
-6. *(ámbito)* **el ~ rural/urbano** the countryside/city; **en medios financieros/políticos** in financial/political circles; **en medios bien informados** in well-informed circles
-7. DEP *(en fútbol, hockey)* midfielder; *(en rugby)* halfback ▫ *~ (de) apertura* *(en rugby)* fly half, stand-off; *~ (de) melé* *(en rugby)* scrum half
-8. TAUROM **los medios** = centre of bullring
-9. [EXPR] *CSur Fam* **ni ~:** **no oye ni ~** he's as deaf as a post; **no entiende ni ~** she hasn't got a clue; **por ~: nado día por ~** I swim every other day
medioambiental *adj* environmental
mediocampista *nmf* DEP midfielder
mediocre *adj* mediocre, average
mediocridad *nf* mediocrity
mediodía *nm* **-1.** *(hora)* midday, noon; **a ~, al ~** at midday *o* noon **-2.** *(tiempo del día)* lunchtime; **a ~ me suelo quedar en el trabajo** I usually stay at work over lunchtime **-3.** *(sur)* south
medioevo *nm* Middle Ages
mediofondista *nmf* DEP middle-distance runner
mediometraje *nm* CINE = film which lasts between thirty and sixty minutes
mediopensionista ◇ *adj* = who has school dinners
◇ *nmf* = child who has school dinners
medir [47] ◇ *vt* **-1.** *(hacer mediciones)* to measure; [EXPR] **~ por el mismo rasero** to treat alike
-2. *(verso)* to scan
-3. *(sopesar)* to weigh up; **tenemos que ~ las ventajas y desventajas de este sistema** we have to weigh up the advantages and disadvantages of this system
-4. *(palabras)* to weigh carefully; **mide bien tus palabras cuando hables con ellos** be careful what you say when you talk to them
-5. *(fuerzas)* **los dos equipos medirán sus fuerzas en la semifinal** the two sides will do battle in the semifinal
◇ *vi (tener de medida)* **¿cuánto mides?** how tall are you?; **¿cuánto mide de largo?** how long *o* what length is it?; **mido 1,80** I'm 6 foot (tall); **mide diez metros** it's ten metres long; **el cuadro mide 30 por 90** the picture measures *o* is 30 by 90; **mide dos metros de ancho por cuatro de largo** it's two metres wide by four metres long; **mide 90-60-90** her vital statistics are 36-24-36; **este armario mide demasiado** this cupboard is too big
◆ **medirse** *vpr* **-1.** *(tomarse medidas)* to measure oneself; **se midió la cintura** she measured her waist **-2.** *(moderarse)* to act with restraint **-3.** *(enfrentarse)* **medirse con** to meet, to take on; **Cuba se medirá en la final contra Estados Unidos** Cuba will meet *o* take on the United States in the final **-4.** *Méx (probarse)* to try on; **se midió el sombrero** he tried the hat on
meditabundo, -a *adj* thoughtful, pensive
meditación *nf* meditation ▫ *~ trascendental* transcendental meditation
meditar ◇ *vt* **-1.** *(considerar)* to consider, to ponder; **meditó cuidadosamente su respuesta** he considered *o* pondered his reply very carefully; **estamos meditando qué hacer** we are pondering over *o* considering what to do **-2.** *(planear)* to plan, to think through
◇ *vi* to meditate (**sobre** on)
meditativo, -a *adj* pensive
mediterráneo, -a ◇ *adj* Mediterranean; **el mar Mediterráneo** the Mediterranean Sea
◇ *nm* **el Mediterráneo** the Mediterranean
médium *nmf inv* medium
medo, -a HIST ◇ *adj* Median
◇ *nm,f* Mede, Median
medrar *vi* **-1.** *(prosperar)* to prosper; *(enriquecerse)* to get rich; **no lo hizo por afán de ~** he didn't do it for personal gain *o* for what he could get out of it **-2.** *(crecer)* to grow; **los hierbajos medran por todas partes** there are weeds growing all over the place
medro *nm* **-1.** *(mejora)* improvement, progress; *(enriquecimiento)* prosperity **-2.** *(aumento)* increase, growth
medroso, -a *Literario* ◇ *adj (miedoso)* fearful
◇ *nm,f* coward
médula *nf* **-1.** ANAT (bone) marrow ▫ *~ espinal* spinal cord; *~ oblongada* medulla oblongata; *~ ósea* bone marrow
-2. *(esencia)* core; [EXPR] **hasta la ~: está metido hasta la ~ en la organización del congreso** he's very heavily involved in the organization of the conference; **es cuidadoso hasta la ~** he's scrupulously careful; **un cocinero mediterráneo hasta la ~** a chef who is Mediterranean through and through; **tuvo una actuación profesional hasta la ~** she gave a thoroughly professional performance
-3. BOT pith
medular *adj* **-1.** ANAT medullary, medullar **-2.** DEP **línea ~** midfield
Medusa *nf* MITOL Medusa
medusa *nf* jellyfish, medusa
Mefistófeles *n pr* Mephistopheles
mefistofélico, -a *adj* diabolical
mega *nm Fam* INFORMÁT meg, megabyte
mega- *pref* **-1.** *(millón)* mega- **-2.** *Fam (grande)* **un megaproyecto** a huge project; **es megarrico** he's mega-rich
megabit *(pl* **megabits***) nm* INFORMÁT megabit
megabyte [meɣa'βait] *(pl* **megabytes***) nm* INFORMÁT megabyte
megaciclo *nm* megacycle
megafonía *nf* public-address *o* PA system; **llamar por ~ a alguien** to page sb (over the PA system); **anunciar algo por ~** to announce sth over the public-address *o* PA system
megáfono *nm* megaphone
megahercio, megaherzio *nm* megahertz
megalítico, -a *adj* megalithic
megalito *nm* megalith
megalomanía *nf* megalomania
megalómano, -a ◇ *adj* megalomaniac
◇ *nm,f* megalomaniac
megalópolis *nf inv* megalopolis
megatón *nm* megaton
megavatio *nm* megawatt
meiga *nf* witch
meiosis *nf inv* BIOL meiosis
mejicanismo *nm* Mexicanism
mejicano, -a ◇ *adj* Mexican
◇ *nm,f* Mexican
Méjico *n* Mexico
mejilla *nf* cheek; [EXPR] **ofrecer** *o* **poner la otra ~** to turn the other cheek
mejillón *nm* mussel
mejillonera *nf* mussel bed
mejor ◇ *adj* **-1.** *(comparativo)* better (**que** than); **un mundo ~** a better world; **ella tiene una moto mucho ~** she has a much better motorbike; **una televisión de ~ calidad** a better-quality television; **no hay nada ~ que...** there's nothing better than...; **es ~ que no vengas** it would be better if you didn't come; **será ~ que te calles** you'd better shut up, I suggest you shut up; **sería ~ que llamáramos a un médico** we ought to call a doctor; **un cambio** *o* **para ~** a change for the better
-2. *(superlativo)* **el/la ~...** the best...; **el ~ vino de todos/del mundo** the best wine of all/in the world; **un producto de la ~ calidad** a top-quality product, a product of the highest quality; **lo hice lo ~ que pude** I did my best; **es lo ~ que nos pudo ocurrir** it was the best thing that could have happened to us; **lo ~ es que nos marchemos** it would be best if we left; **te deseo lo ~** I wish you all the best; **lo ~ fue que...** the best thing was that...; **a lo ~** maybe, perhaps; **a lo ~ voy** I may go
◇ *nmf* **el/la ~ (de)** the best (in); **el ~ de todos/del mundo** the best of all/in the world; **el ~ de los dos** the better of the two; **en el ~ de los casos** at best; **que gane el ~** may the best man win
◇ *adv* **-1.** *(comparativo)* better (**que** than); **ahora veo ~** I can see better now; **el inglés se me da ~ que el alemán** I'm better at English than I am at German; **lo haces cada vez ~** you're getting better and better at it; **¿qué tal las vacaciones? – ~ imposible** how were your holidays? – they couldn't have been any better; **~ me quedo** I'd better stay; **~ no se lo digas** it'd be better if you didn't tell him; **~ quedamos**

mañana it would be better if we met tomorrow; **estar ~** *(no tan malo)* to feel better; *(recuperado)* to be better; **nos va ~ con este gobierno** we're better off under this government; **me lo he pensado ~** I've thought better of it; **~ dicho** (or) rather; **para ti/él/***etc.* so much the better; **si tienen mucho dinero, ~ para ellos** if they've got lots of money, so much the better; **me han invitado a la ceremonia – ~ para ti** I've been invited to the ceremony – good for you; **~ que ~** so much the better; **tanto ~** so much the better

-2. *(superlativo)* best; **el que la conoce ~** the one who knows her best; **esto es lo que se me da ~** this is what I'm best at; **los vinos ~ elaborados** the finest wines; **el personal ~ preparado** the best-qualified staff

mejora *nf* -1. *(progreso)* improvement; **se nota una clara ~** you can see a clear improvement; **un factor que contribuye a la ~ de la calidad de vida** a factor which contributes to a better quality of life -2. *(cambio)* improvement; **este trabajo necesita varias mejoras** several things about this piece of work need improving

mejorable *adj* **la calidad es ~** the quality could be improved (on) *o* could be better

mejorado, -a *adj* -1. *(mejor)* **el paciente está muy ~** the patient is much better; **está muy ~ de la lesión de rodilla** she's made a good recovery from her knee injury -2. *(aumentado)* increased

mejoramiento *nm* improvement

mejorana *nf* marjoram

mejorar ◇ *vt* -1. *(hacer mejor)* to improve; **mejoraron las condiciones de trabajo** working conditions were improved; **su principal objetivo es ~ la economía** their main aim is to improve the economy's performance

-2. *(enfermo)* to make better; **estas pastillas lo mejorarán** these tablets will make him better

-3. *(superar)* to improve; **~ una oferta** to make a better offer; **mejoró el récord mundial** she beat the world record

◇ *vi* -1. *(ponerse mejor)* to improve, to get better; **el paciente está mejorando** the patient's condition is improving, the patient is getting better; **necesita ~ en matemáticas** he needs to improve *o* do better in mathematics

-2. *(tiempo, clima)* to improve, to get better; **tan pronto como mejore, salimos a dar un paseo** as soon as the weather improves *o* gets better we'll go out for a walk; **después de la lluvia el día mejoró** after the rain it cleared up

◆ **mejorarse** *vpr* to improve, to get better; **¡que te mejores!** get well soon!

mejoría *nf* improvement; **el paciente ha experimentado una clara ~** the patient's condition has shown a clear improvement; **se prevé una ligera ~ del tiempo** the weather is forecast to improve slightly

mejunje *nm Fam Pey* -1. *(bebida)* concoction -2. *(ungüento)* muck, *Br* gunge

melado *nm Am* thick cane syrup

melancolía *nf* melancholy

melancólico, -a ◇ *adj (música)* melancholy, melancholic; *(paisaje)* gloomy; **está muy ~** he's very melancholy

◇ *nm,f* melancholy *o* melancholic person

Melanesia *n* Melanesia

melanesio, -a ◇ *adj* Melanesian
◇ *nm,f* Melanesian

melanina *nf* FISIOL melanin

melanoma *nm* MED melanoma

melar [3] *vi* to fill the combs with honey

melatonina *nf* FISIOL melatonin

melaza *nf* molasses ❑ **~ de caña** golden syrup

Melchor *n pr* Melchior

melcocha *nf* = type of chewy toffee made by cooling hot honey

melcochudo, -a *adj CAm, Cuba* soft, flexible

melé *nf* -1. *Esp (en rugby)* scrum ❑ **~ espontánea** ruck -2. *(aglomeración)* **se formó una ~ de jugadores en el área** the players all massed together in the penalty area; **había una ~ de papeles encima de la mesa** there was a jumble of papers on the desk

melena ◇ *nf* -1. *(de persona)* long hair; EXPR *Fam* **soltarse la ~** to let one's hair down -2. *(de león)* mane -3. **melenas** *(pelo largo)* mop of hair; **a ver si te cortas esas melenas** why don't you cut that mop of yours?

◇ *nm inv* **melenas** *Fam* long-haired guy

melenudo, -a *Fam* ◇ *adj* long-haired
◇ *nm* long-haired guy

meliáceo, -a BOT ◇ *adj* meliaceous
◇ *nfpl* **meliáceas** *(familia)* Meliaceae; **de la familia de las meliáceas** of the family Meliaceae

melifluo, -a *adj* honeyed, mellifluous

melillense ◇ *adj* of/from Melilla *(Spain)*
◇ *nmf* person from Melilla *(Spain)*

melindre *nm* -1. *(dulce)* = fried cake made from honey and sugar -2. **melindres** *(afectación)* affected scrupulousness; **no te andes con melindres** stop affecting scruples like that; **hace muchos melindres antes de sentarse en un banco público** he makes a big fuss of making sure it's clean before he sits on a public bench

melindroso, -a ◇ *adj* affectedly scrupulous *o* fussy
◇ *nm,f* affectedly scrupulous *o* fussy person

melisa *nf* lemon balm

melívora *nf* honey badger

mella *nf* -1. *(muesca) (en navaja)* nick; *(en porcelana)* chip; EXPR **hacer ~: el calor no le hace ~** the heat doesn't affect her at all; **sus críticas acabaron haciendo ~ en él** their criticism of him eventually struck home; **tanto gasto está haciendo ~ en la economía familiar** all this expense is having an effect on *o* making inroads into the family budget -2. *(en dentadura)* gap

mellado, -a *adj* -1. *(dañado) (navaja)* nicked; *(porcelana)* chipped -2. *(sin dientes)* gap-toothed

mellar *vt* -1. *(hacer mellas) (en navaja)* to nick; *(en porcelana)* to chip -2. *(menoscabar)* to damage

mellizo, -a ◇ *adj* twin
◇ *nm,f* twin

melocotón *nm esp Esp* peach ❑ **~ en almíbar** peaches in syrup

melocotonar *nm esp Esp* peach orchard

melocotonero *nm esp Esp* peach tree

melodía *nf* melody, tune

melódico, -a *adj* melodic

melodioso, -a *adj* melodious

melodrama *nm* -1. *(obra, película)* melodrama -2. *(suceso emocionante)* drama; **su despedida fue un ~** his dismissal was a real drama

melodramático, -a *adj* melodramatic

melolonta *nf* May beetle *o* bug

melomanía *nf* love of music

melómano, -a *nm,f* music lover

melón *nm* -1. *(fruta)* melon -2. *Fam (idiota)* lemon, idiot -3. *Fam (cabeza)* nut, *Br* bonce -4. *Esp muy Fam* **melones** *(pechos)* knockers, *Br* boobs

melonada *nf Fam* **hacer una ~** to do something stupid; **decir una ~** to say something stupid; **decir melonadas** to talk nonsense

melonar *nm* melon field *o* patch

meloncillo *nm* Egyptian mongoose

melopea *nf Esp Fam* **agarrar** *o* **coger una ~** to get plastered *o* wasted

melosidad *nf (dulzura)* sweetness; *(empalago)* sickliness

meloso, -a *adj* -1. *(fruta)* sweet -2. *(persona) (dulce)* sweet; *(empalagoso)* sickly

melva *nf* frigate mackerel

mema *nf* -1. *RP Fam (baby's)* bottle -2. *ver también* memo

membrana *nf* -1. *(tejido)* membrane ❑ **~ mucosa** mucous membrane -2. *(de tambor)* skin

membranoso, -a *adj* membranous

membresía *nf Am* membership

membretado, -a, membreteado, -a *adj Am* headed

membrete *nm* letterhead

membreteado = membretado

membrillero *nm* quince (tree)

membrillo *nm* -1. *(fruto)* quince -2. *(dulce)* quince jelly

memela *nf Méx* = thick corn tortilla, oval in shape ❑ **~ con chile** = tortilla filled with chilli; **~ de queso** = cheese-filled tortilla

memento *nm* -1. REL memento -2. *(libreta)* memo book, notebook

memez *nf* -1. *(cualidad)* stupidity -2. **hacer una ~** to do something stupid; **decir una ~** to say something stupid; **decir memeces** to talk nonsense -3. *Fam (insignificancia)* trifle, silly little thing; **discutieron por una ~** they had an argument over nothing *o* over some silly little thing

memo, -a *Esp* ◇ *adj* stupid
◇ *nm,f* idiot, fool

memorable *adj* memorable

memorándum, memorando *(pl* memorandos*)* *nm* -1. *(cuaderno)* notebook -2. *(nota diplomática)* memorandum

memoria *nf* -1. *(capacidad de recordar)* memory; **tener buena/mala ~, tener mucha/poca ~** to have a good/bad memory; **tengo mala ~** *o* **no tengo buena ~ para las caras** I'm not very good at remembering faces; **borrar algo de la ~** to erase sth from one's memory; **de ~** by heart; **recita poemas de ~** she recites poems from memory; **falta de ~** forgetfulness; **ser flaco de ~** to be forgetful; **hacer ~** to try to remember; **se me fue de la ~** it slipped my mind; **perdió la ~** she lost her memory; **su nombre se me quedó grabado en la ~** his name remained etched on my memory; **refrescar la ~ a alguien** to refresh sb's memory; **si la ~ no me engaña** *o* **falla** if I remember correctly; **tener (una) ~ fotográfica** to have a photographic memory; **me trae a la ~ los tiempos de antes de la guerra** it calls to mind the years before the war; **esto me trae a la ~ el colegio** this reminds me of when I was at school; **venir a la ~** to come to mind; **ahora no me viene a la ~** I can't think of it right now; EXPR **tener (una) ~ de elefante** to have an excellent memory

-2. INFORMÁT memory ❑ **~ de acceso aleatorio** random access memory; **~ alta** high memory; **~ de burbuja** bubble memory; **~ caché** cache memory; **~ convencional** conventional memory; **~ expandida** expanded memory; **~ extendida** extended memory; **~ intermedia** buffer; **~ principal** main memory; **~ programable** programmable memory; **~ RAM** RAM; **~ ROM** ROM; **~ de sólo lectura** read-only memory; **~ virtual** virtual memory

-3. *(recuerdo)* remembrance, remembering; **conservar la ~ de algo/alguien** to remember sth/sb; **ser de feliz/ingrata ~** to be a happy/an unhappy memory; **un día de triste ~** a sad day (to remember); **digno de ~** memorable; **en ~ de** in memory of; **un monumento en ~ del héroe nacional** a memorial to the national hero

-4. *(disertación)* (academic) paper *(sobre* on)

-5. *(informe)* **~ (anual)** (annual) report

-6. *(lista)* list, record

-7. **memorias** *(en literatura)* memoirs; **ha escrito unas** *o* **sus memorias** she has written her memoirs

memorial *nm* petition, request

memorión *Fam* ◇ *adj* **ser ~** to have an amazing memory
◇ *nm* -1. *(memoria)* amazing memory -2. *(persona)* **es un ~** he has an amazing memory

memorioso, -a ◇ *adj* having a good memory
◇ *nm,f* person with a good memory; **es un ~** he has a good memory

memorístico, -a *adj* memory; **ejercicio ~** memory exercise

memorización *nf* memorizing, memorization

memorizar [14] *vt* to memorize

mena nf ore

ménade nf Literario (mujer furiosa) hysterical woman; **parecía una ~** she was totally hysterical

ménage à trois [meˈnaʃaˈtrwa] nm threesome (for sex)

menaje nm household goods and furnishings ❑ **~ de cocina** kitchenware

menarquía, menarquia nf MED menarche

menchevique HIST ◇ adj Menshevik
◇ nmf Menshevik

mención nf -1. (distinción) mention; **hacer ~ de** to mention; **ser digno de ~** to be worth mentioning ❑ **~ honorífica** honourable mention -2. RP,Ven (especialidad) **licenciatura en Historia, ~ hispanoamericana** degree in history, specializing in Spanish American studies

mencionar vt to mention; **en el mencionado estudio se afirma que...** in the above-mentioned study it is stated that...

menda Esp Fam ◇ pron Hum (el que habla) yours truly, Br muggins; **el ~ tuvo que limpiar la casa solito** yours truly o Br muggins had to clean the house on his own; **mi ~ se va a casa** I'm off home
◇ nmf (uno cualquiera) guy, Br bloke, f girl; **vino un ~ y...** this guy came along and...; **se enamoró de un ~ que la engañó** she fell in love with some guy who cheated on her

mendacidad nf Formal mendacity, untruthfulness

mendaz adj Formal mendacious, untruthful

mendelevio nm QUÍM mendelevium

mendeliano, -a adj Mendelian

mendelismo nm Mendelism

mendicante ◇ adj -1. (que pide limosna) begging -2. (orden religiosa) mendicant
◇ nmf beggar

mendicidad nf begging

mendigar [38] ◇ vt to beg for; **siempre está mendigando favores** she's always asking for favours
◇ vi to beg

mendigo, -a nm,f beggar

méndigo, -a adj Méx Fam -1. (tacaño) stingy, tight-fisted -2. (despreciable) mean, nasty

mendocino, -a ◇ adj of/from Mendoza (Argentina)
◇ nm,f person from Mendoza (Argentina)

mendrugo nm -1. (de pan) crust (of bread) -2. Esp Fam (idiota) fathead, idiot

mene nm Ven = deposit of oil at surface level

menear ◇ vt -1. (mover) to move; (cabeza) to shake; (cola) to wag; (caderas) to wiggle; **el viento meneaba las aguas** the wind ruffled the water; EXPR **Ven Fam ~ la mata** to shake things up -2. (activar) to get moving; EXPR Fam **más vale no menearlo** o **meneallo: el tema ése, más vale no menearlo** o **meneallo** it would be best not to mention that subject

◆ **menearse** vpr -1. (moverse) to move (about); (agitarse) to shake; (oscilar) to sway; **siéntate ahí y ni te menees** sit there and don't move o budge
-2. (darse prisa, espabilarse) to get a move on
-3. muy Fam **meneársela** (masturbarse) Br to wank, US to jerk off; EXPR **me la menea** I couldn't give a shit o Br toss
-4. EXPR Esp Fam **de no te menees: un susto de no te menees** a hell of a scare; **es un idiota de no te menees** he's a complete idiot; **cogí un resfriado de no te menees** I caught a stinking cold

meneo nm -1. (movimiento) movement; (de cola) wagging; (de caderas) wiggle; **nos saludó con un ~ de la cabeza** he greeted us with a nod of his head; Esp Fam **dar un ~ a algo** to shake sth -2. Esp Fam (golpe) knock, bang; **dar un ~ a alguien** to give sb a hiding

menester nm -1. (necesidad) necessity; **haber ~ de algo** to be in need of sth; **ser ~ que alguien haga algo** to be necessary for sb to do sth; **es ~ continuar con las reformas** it is necessary to continue with the reforms
-2. **menesteres** (asuntos) business, matters; **se ocupa de la limpieza y demás menesteres** he does the cleaning and other odd jobs; **un abogado sin experiencia en estos menesteres** a lawyer with no experience in these matters
-3. Fam **menesteres** (herramientas) things, tools

menesteroso, -a Formal ◇ adj needy, poor
◇ nm,f needy o poor person

menestra nf vegetable stew

menestral, -ala nm,f artisan, craftsman, f craftswoman

mengano, -a nm,f (hombre) so-and-so, what's-his-name; (mujer) so-and-so, what's-her-name

mengua nf (reducción) reduction; **la empresa ha experimentado una fuerte ~ en los ingresos** the company has seen its income considerably reduced; **sin ~ de** without detriment to; **esto no supone ninguna ~ de su reputación** this in no way detracts from his reputation

menguado, -a ◇ adj reduced, diminished
◇ nm drop stitch (in knitting)

menguante adj (luna) waning; **en cuarto ~** on the wane

menguar [11] ◇ vi -1. (disminuir) to decrease, to diminish; **su salud ha menguado mucho** her health has deteriorated a lot; **la diferencia entre los dos equipos menguó en los últimos minutos** the gap between the two teams narrowed in the closing minutes; **su fortuna ha menguado** his fortune has dwindled; **el caudal del río está menguando** the river level is going down o falling; **el calor, lejos de ~, está aumentando** the heat, far from letting up, is increasing
-2. (luna) to wane
-3. (en labor de punto) to decrease
◇ vt -1. (disminuir) to lessen, to diminish; **la enfermedad menguó su resistencia** the illness sapped his resistance; **esto no mengua en nada su fama** this in no way detracts from his reputation -2. (en labor de punto) to decrease

mengue nm Fam -1. (diablo) devil -2. RP (duende) imp, goblin

menhir nm menhir

meninge nf ANAT meninx; **meninges** meninges; EXPR Fam Hum **estrujarse las meninges** to rack one's brains

meníngeo, -a adj ANAT meningeal

meningitis nf inv meningitis

menisco nm -1. ANAT meniscus -2. FÍS meniscus

menopausia nf menopause ❑ **~ masculina** male menopause

menopáusica nf menopausal woman

menopáusico, -a adj menopausal

menor ◇ adj -1. (comparativo) (en tamaño) smaller (**que** than); (en edad) younger (**que** than); (en importancia) less, lesser (**que** than); (en número) less, fewer (**que** than); **este apartamento es ~ que el otro** this Br flat o US apartment is smaller than the other one; **mi hermana ~** my younger sister; **es ocho años ~ que yo** he's eight years younger than me; **reciben ~ formación que nosotros** they receive less training than us; **en ~ grado** to a lesser extent; **un ~ número de víctimas** a lower o smaller number of victims; **una ~ tasa de inflación** a lower rate of inflation; **apartamentos menores de 100 metros cuadrados** Br flats o US apartments of less than o under 100 square metres; **ayudas para empresarios menores de veinticinco años** grants for businessmen (of) under twenty-five; **sólo la ~ parte de los encuestados estaba en contra** only a minority of those interviewed were opposed; MAT **~ que** less than

-2. (superlativo) **el/la ~...** (en tamaño) the smallest...; (en edad) the youngest...; (en importancia) the slightest...; (en número) the lowest...; **la ~ de las islas** the smallest island, the smallest of the islands; **la ~ de todos nosotros/de la clase** the youngest of all of us/in the class; **la ~ de las dos hermanas** the younger of the two sisters; **el ~ ruido le molesta** the slightest noise disturbs him; **no creo que tenga el ~ interés** I don't think it's at all o the slightest bit interesting; **no te preocupes, no tiene la ~ importancia** don't worry, it doesn't matter at all o in the least; **no tengo la ~ idea** I haven't the slightest idea

-3. (intrascendente, secundario) minor; **un problema ~** a minor problem

-4. (joven) **aún es ~ para salir solo** he's still a bit young to go out on his own; **ser ~ de edad** (para votar, conducir) to be under age; DER to be a minor

-5. MÚS minor; **en do ~** in C minor

-6. COM **al por ~** retail; **vender algo al por ~** to retail sth; **puntos de venta al por ~** retail outlets

◇ nmf -1. (superlativo) **el/la ~** (hijo, hermano) the youngest -2. DER (niño) minor; **es una película no apta para menores** this film has been classified as unsuitable for children; **no apta para menores** (en letrero) = unsuitable for children ❑ **~ de edad** minor

Menorca n Minorca

menorista = minorista

menorquín, -ina ◇ adj Minorcan
◇ nm,f Minorcan

menorragia nf menorrhagia

menos ◇ adj inv -1. (comparativo) (cantidad) less; (número) fewer; **~ aire** less air; **~ manzanas** fewer apples; **~... que...** less/fewer... than...; **tiene ~ experiencia que tú** she has less experience than you; **vino ~ gente que otras veces** there were fewer people there than on other occasions; **hace ~ calor que ayer** it's not as hot as it was yesterday; **colócate a ~ distancia** stand closer; **eran ~ pero mejor preparadas** there were fewer of them, but they were better prepared

-2. (superlativo) (cantidad) the least; (número) the fewest; **el que compró ~ acciones** the one who bought the fewest shares; **lo que ~ tiempo llevó** the thing that took the least time; **la que ~ nota sacó en el examen** the girl who did (the) worst o got the worst marks in the exam

-3. Fam (peor) **éste es ~ coche que el mío** this car isn't as good as mine; **es ~ hombre que tú** he's less of a man than you are

◇ adv -1. (comparativo) less; **a mí échame un poco ~** give me a bit less; **ahora con el bebé salen ~** they go out less now they've got the baby; **últimamente trabajo ~** I haven't been working as o so much recently; **estás ~ gordo** you're not as o so fat; **¿a cien?, no, íbamos ~ rápido** a hundred km/h? no, we weren't going as fast as that; **~ de/que** less than; **Pepe es ~ alto (que tú)** Pepe isn't as tall (as you); **Pepe es ~ ambicioso (que tú)** Pepe isn't as ambitious (as you), Pepe is less ambitious (than you); **este vino me gusta ~ (que el otro)** I don't like this wine as much (as the other one), I like this wine less (than the other one); **son ~ de las diez** it's not quite ten o'clock yet; **es difícil encontrar alquileres de** o **por ~ de 50.000** it's hard to find a place to rent for less than o under 50,000; **tardamos ~ de lo esperado** we took less time than expected, it didn't take us as long as we expected; **es ~ complicado de lo que parece** it's not as complicated as it seems, it's less complicated than it seems

-2. (superlativo) **el/la/lo ~** the least; **ella es la ~ adecuada para el cargo** she's the least suitable person for the job; **el ~ preparado de todos/de la clase** the least well trained of everyone/in the class; **el ~ preparado de los dos** the less well trained of the two; **la que ~ trabaja** the person o one who works (the) least; **aquí es donde ~ me duele** this is where it hurts (the) least; **él es el ~ indicado para criticar** he's the last person who should be criticizing; **es lo ~ que puedo hacer** it's the least I can do; **era lo ~ que te podía pasar** it was the least you

menoscabar could expect; **debió costar lo ~ un millón** it must have cost at least a million; **había algunas manzanas podridas, pero eran las ~** some of the apples were rotten, but only a very few
-3. *(indica resta)* minus; **tres ~ dos igual a uno** three minus two is one
-4. *Esp, RP (con las horas)* to; **son las dos ~ diez** it's ten to two; **son ~ diez** it's ten to
-5. *(otras frases hechas)* **ir a ~** *(fiebre, lluvia)* to die down; *(delincuencia)* to drop; **¡~ mal!** just as well!, thank God!; **~ mal que llevo rueda de repuesto/que no te pasó nada** thank God I've got a spare wheel/(that) nothing happened to you; **nada ~ (que)** no less (than); **le recibió nada ~ que el Papa** he was received by none other than the Pope; **no es para ~** not without (good) reason; **no pude por ~ que reírme** I had to laugh; **venir a ~** *(negocio)* to go downhill; *(persona)* to go down in the world; **no pienso montar y ~ si conduces** *o Am* **manejas tú** I've no intention of getting in, much less so if you're driving; [EXPR] **hacer de ~ a alguien** to snub sb

◇ *pron* **había ~ que el año pasado** there were fewer than the previous year; **ya queda ~** it's not so far to go now

◇ *nm inv* MAT minus (sign)

◇ *prep (excepto)* except (for); **todo ~ eso** anything but that; **vinieron todos ~ él** everyone came except (for) *o* but him; **el café, todo está incluido en el precio** everything except the coffee is included in the price

◇ **al menos** *loc conj* at least; **costará al ~ tres millones** it will cost at least three million; **dame al ~ una hora para prepararme** give me at least an hour to get ready

◇ **a menos que** *loc conj* unless; **no iré a ~ que me acompañes** I won't go unless you come with me

◇ **de menos** *loc adv* **hay dos libros de ~** there are two books missing; **me han dado 80 céntimos de ~** they've given me 80 cents too little, they've short-changed me by 80 cents; **eso es lo de ~** that's the least of it

◇ **por lo menos** *loc adv* at least; **por lo ~ pide perdón** you at least ought to apologize

menoscabar *vt (fama, honra)* to damage; *(derechos, intereses, salud)* to harm; *(belleza, perfección)* to diminish; **sus acciones han menoscabado la confianza que teníamos en él** what he did has diminished the trust we had in him

menoscabo *nm (de fama, honra)* damage; *(de derechos, intereses, salud)* harm; *(de belleza, perfección)* diminishing; **nuestros intereses no han sufrido ~** our interests have not been damaged; **(ir) en ~ de** (to be) to the detriment of; **sin ~ del papel de los profesores, se consultará también a los padres** without in any way wishing to devalue *o* diminish the role of teachers, parents will also be consulted; **defienden su lengua propia sin ~ de las demás** they defend their own language without diminishing the importance of others

menospreciar *vt* **-1.** *(despreciar)* to scorn, to despise **-2.** *(infravalorar)* to undervalue

menosprecio *nm* scorn, contempt

mensáfono *nm* pager

mensaje *nm* **-1.** *(comunicación)* message; **te dejé un ~ en el contestador** I left you a message on your answering machine ❑ **~ publicitario** advertisement
-2. *(discurso)* message, address; **un ~ del presidente a la nación** a message from the president to the nation, a presidential address to the nation
-3. LING message
-4. *(idea profunda)* message; **¿cuál es el ~ de la novela?** what is the novel's message?
-5. INFORMÁT message ❑ **~ de alerta** alert message; **~ en clave** coded message; **~ por correo electrónico** e-mail message; **~ de error** error message

mensajería *nf* **-1.** *(de paquetes, cartas)* courier service **-2.** INFORMÁT messaging
mensajero, -a ◇ *adj* **-1.** *(de mensajes)* message-carrying; **paloma mensajera** carrier *o* homing pigeon **-2.** *(de presagios)* announcing, presaging

◇ *nm,f (portador)* messenger; *(de mensajería)* courier; [EXPR] **matar al ~** to shoot the messenger

menso, -a *Méx Fam* ◇ *adj* foolish, stupid
◇ *nm,f* fool

menstruación *nf* menstruation
menstrual *adj* menstrual
menstruar [4] *vi* to menstruate, to have one's period
menstruo *nm* menstruation
mensual *adj* **-1.** *(que sucede cada mes)* monthly; **una inspección ~** a monthly inspection; **5.000 pesos mensuales** 5,000 pesos a month **-2.** *(que dura un mes)* monthly; **un pase ~** a monthly pass
mensualidad *nf* **-1.** *(sueldo)* monthly salary **-2.** *(pago)* monthly payment *o* instalment; **lo puede pagar en seis mensualidades** you can pay for it in six monthly instalments
mensualmente *adv* monthly
ménsula *nf* ARQUIT corbel
mensurable *adj* measurable
mensurar *vt* to measure
menta *nf* **-1.** *(planta)* mint **-2.** *(licor)* crème de menthe **-3.** *(esencia)* mint, peppermint; **un caramelo de ~** a mint, a peppermint; **té de ~** peppermint tea
mentada *nf Andes, Méx, Ven Fam* **una ~ (de madre)** *(un insulto)* = grave insult directed at sb's mother; **contestaron con mentadas (de madre)** they answered by insulting his mother
mentado, -a *adj* **-1.** *(mencionado)* abovementioned, aforementioned **-2.** *(famoso)* famous
mental *adj* mental
mentalidad *nf* mentality; **~ abierta/cerrada** open/closed mind; **la ~ del siglo pasado** the mentality of people in the last century
mentalización *nf* mental preparation; **una campaña de ~ de la opinión pública** a campaign to raise public awareness
mentalizar [14] ◇ *vt* **~ a alguien de un problema** to make sb aware of a problem; **~ a alguien para que haga algo** to get sb to see *o* realize that they should do sth; **están mentalizados de la importancia del partido** they are fully aware of the importance of the match

◆ **mentalizarse** *vpr* **todavía no se ha mentalizado de que ya no es el jefe** he still hasn't come to terms with the fact that he's not the boss any more; **ya me he mentalizado de que tengo que dejar de fumar** I've come to accept the fact that I have to stop smoking; **mentalízate, va a ser muy difícil** you've got to realize that it's going to be very difficult; **nos tenemos que mentalizar de que éste es un problema que nos afecta a todos** we have to realize that this is a problem that affects us all

mentalmente *adv* **-1.** *(con la mente)* mentally **-2.** *(intelectualmente)* intellectually
mentar [3] *vt* to mention; [EXPR] *Fam* **le mentó la madre,** *Méx* **le mentó madres** he swore at him, insulting his mother; [EXPR] *Méx Fam* **mejor miéntamela** I'd rather you gave me a kick in the head
mente *nf* **-1.** *(intelecto)* mind; **tiene una ~ analítica** she has an analytical mind
-2. *(pensamiento)* mind; **no consigo borrar de la ~ el accidente** I can't get the accident out of my mind; **me quedé con la ~ en blanco** my mind went blank; **tener en ~ algo** to have sth in mind; **tener en ~ hacer algo** to intend to do sth; **traer a la ~** to bring to mind; **me vienen a la ~ una serie de soluciones** a number of possible solutions come to mind; **el nombre no me viene a la ~** I can't think of the name
-3. *(mentalidad)* mentality; **abierto de ~**

open-minded; **cerrado de ~** set in one's ways *o* opinions; **tiene una ~ muy abierta** she's very open-minded
mentecato, -a ◇ *adj* silly
◇ *nm,f* nitwit
mentidero *nm* **-1.** *(lugar)* **es el ~ del pueblo** it's where you get all the good village gossip **-2.** *(círculo de personas)* **en los mentideros políticos/intelectuales** in political/intellectual circles
mentir [62] *vi* to lie; **no me mientas** don't lie to me; **miente más que habla** he's a born liar; **esas estadísticas mienten, porque no tienen en cuenta...** those statistics give a false picture *o* are misleading, because they don't take into account...; **llovía, miento, granizaba cuando nos preparábamos para salir** it was raining, I tell a lie, it was hailing as we were getting ready to leave
mentira *nf* **-1.** *(falsedad)* lie; **una ~ como una casa** *o* **una catedral** a whopping great lie; **¡~ cochina!** that's a filthy lie!; **siempre soy yo el que tiene que lavar los platos – ¡~!** I'm always the one who has to wash the dishes – that's not true! *o* that's a lie!; **es ~** it's a lie, it's not true; **decir mentiras** to tell lies; **de ~** pretend, false; [EXPR] **parecer ~: aunque parezca ~** strange as it may seem; **parece ~ que lo hayamos conseguido** I can hardly believe we've done it; **parece ~ que te creas una cosa así** how can you possibly believe a thing like that?; **¡parece ~, las cinco y todavía no ha llegado!** can you believe it, it's five o'clock and she still hasn't arrived! ❑ **~ piadosa** white lie
-2. *Fam (en la uña)* white mark
mentirijilla *nf Fam* fib; **de mentirijillas** *(en broma)* as a joke, in fun; *(falso)* pretend, make-believe
mentiroso, -a ◇ *adj* lying; *(engañoso)* deceptive
◇ *nm,f* liar
mentís *nm inv* denial; **dar un ~ (a)** to issue a denial (of)
mentol *nm* menthol
mentolado, -a *adj* menthol, mentholated
mentón *nm* chin
mentor, -ora *nm,f* mentor
menú *nm* **-1.** *(lista; comida)* food; **el ~ (del día)** the set meal ❑ **~ de degustación** = set meal comprising small portions of various typical dishes **-2.** INFORMÁT menu ❑ **~ de ayuda** help menu; **~ desplegable** pull-down menu; **~ jerárquico** hierarchical menu
menudear ◇ *vi* **-1.** *(abundar)* **en el debate menudearon las acusaciones** accusations flew thick and fast in the debate; **por la calle menudeaban los turistas** tourists thronged the streets; **en septiembre menudearon las tormentas** there were a lot of storms in September **-2.** *Andes, Méx* COM to sell retail

◇ *vt* **-1.** *(repetir)* **sus padres menudeaban las visitas** her parents visited her repeatedly **-2.** *Andes, Méx* COM to sell retail
menudencia *nf* **-1.** *(tontería)* trifle, insignificant thing; **se pelearon por una ~** they had a fight over nothing *o* over some stupid little thing **-2.** *Am* **menudencias** *(menudillos)* giblets
menudeo *nm Andes, Méx* COM retailing; **vender al ~** to sell retail; **venta al ~** retailing
menudillos *nmpl* giblets
menudo, -a ◇ *adj* **-1.** *(pequeño)* small; **gente menuda** kids
-2. *(insignificante)* trifling, insignificant
-3. *(para enfatizar)* **¡~ lío/gol!** what a mess/goal!; **¡menuda resaca llevas!** that's some hangover you've got there!; **¡~ susto me diste!** you gave me a real fright!, you frightened the life out of me!; **¡~ frío hace aquí!** it's absolutely freezing here!; **¡menuda hambre tengo!** I'm absolutely starving!; **claro que no pidió perdón, ¡menuda es ella!** of course she didn't apologize, she's not one to do things like that!

-4. menudos (*vísceras*) (*de aves*) giblets; (*de otros animales*) offal
-5. (*plato*) = stew made with tripe
◇ **a menudo** *loc adv* often

meñique *nm* (**dedo**) ~ little finger, *US & Scot* pinkie

meódromo *nm Esp Fam Hum Br* bog, *US* john

meollo *nm* core, heart; **el ~ de la cuestión** the nub of the question, the heart of the matter

meón, -ona *nm,f Fam* **es un ~** (*adulto*) he has a weak bladder; (*niño*) he's always wetting himself

mequetrefe *nmf Fam* good-for-nothing

meramente *adv* merely

merca *nf CSur Fam* snow

mercachifle *nmf Pey* **-1.** (*comerciante*) pedlar **-2.** (*usurero*) money-grabber, shark

mercadear ◇ *vi* (*comerciar*) to trade, to do business
◇ *vt Col* (*productos*) to sell, to market

mercadeo *nm* marketing

mercader *nmf* merchant, trader

mercadería *nf esp Am* merchandise, goods; **se me arruinó toda la ~** all my produce was ruined

mercadillo *nm* flea market

mercado *nm* **-1.** (*lugar*) market ❏ *RP* **~ de abasto** wholesale market; **~ de abastos** wholesale market; **~ al aire libre** open-air market; **~ de alimentación** food market; **~ de ganado** cattle market; **~ mayorista** wholesale market; *Chile* **~ persa** flea market; EXPR *RP Fam* **ser un ~ persa** to be a mess; *Méx* **~ sobre ruedas** street market **-2.** COM & FIN **~ alcista** bull market; **~ al alza** bull market; **~ a la baja** bear market; **~ bajista** bear market; **~ bursátil** stock market; **~ de capitales** capital market; **~ común** Common Market; **Mercado Común Centroamericano** Central American Common Market, = Central American economic community formed by Costa Rica, El Salvador, Guatemala, Honduras and Nicaragua; *Antes* **Mercado Común Europeo** European Common Market; **Mercado Común del Sur** MERCOSUR, = South American economic community consisting of Argentina, Brazil, Paraguay and Uruguay; **~ continuo** continuous market; **~ de divisas** currency market, foreign exchange market; **~ exterior** foreign market; **mercados financieros** financial markets; **~ de futuros** futures market; **~ inmobiliario** housing market, property market; **~ interbancario** interbank market; **~ interior** domestic market; **~ laboral** labour market; **~ libre** free market; **~ de materias primas** commodity market; **~ monetario** money market; **~ nacional** domestic market; **~ negro** black market; *Am* **~ paralelo** parallel market; **~ de trabajo** labour *o* job market; UE **~ único** single market; **~ de valores** securities market

mercadotecnia *nf* marketing

mercadotécnico, -a *adj* marketing; **técnicas mercadotécnicas** marketing techniques

mercancía ◇ *nf* **-1.** (*producto*) merchandise, goods; **mercancías perecederas** perishable goods, perishables; **mercancías peligrosas** hazardous products; **transporte de mercancías** freight transport **-2.** *Fam* (*droga*) merchandise
◇ *nm inv* **mercancías** FERROC *Br* goods train, *US* freight train

mercante ◇ *adj* merchant
◇ *nm* (*barco*) merchantman, merchant ship

mercantil *adj* mercantile, commercial

mercantilismo *nm* **-1.** ECON mercantilism **-2.** *Pey* (*actitud*) commercialism

mercantilista ◇ *adj* **-1.** (*partidario*) mercantilist **-2.** (*abogado*) specializing in commercial law
◇ *nmf* **-1.** (*partidario*) mercantilist **-2.** (*abogado*) expert in commercial law

mercantilizar [14] *vt* to commercialize

mercar [59] *vt Fam* to buy

merced *nf* **-1.** (*favor*) favour; **conceder una ~ a alguien** to grant sb a favour; **~ a** thanks to; **a ~ de algo/alguien** at the mercy of sth/sb **-2.** (*fórmula de tratamiento*) **vuestra** *o* **su ~** Your Grace

mercenario, -a ◇ *adj* **-1.** (*soldado*) mercenary **-2.** *Pey* (*vendido*) mercenary
◇ *nm,f* **-1.** (*soldado*) mercenary **-2.** *Pey* (*persona vendida*) **ser un ~** to be mercenary

mercería *nf* **-1.** (*género*) *Br* haberdashery, *US* notions **-2.** (*tienda*) *Br* haberdasher's (shop), *US* notions store

mercero, -a *nm,f Br* haberdasher, *US* notions seller

merchandising [mertʃan'daisin] *nm* merchandising

Mercosur [merko'sur] *nm* (*abrev de* **Mercado Común del Sur**) MERCOSUR, = South American economic community consisting of Argentina, Brazil, Paraguay and Uruguay

mercromina® *nf* mercurochrome®

mercurial *adj* **-1.** (*del metal*) mercurial **-2.** (*del dios, del planeta*) Mercurial

Mercurio *nm* Mercury

mercurio *nm* mercury

mercurocromo *nm* mercurochrome®

merecedor, -ora *adj* **no soy ~ de tu amor** I am not worthy of your love; **el jurado lo consideró ~ del premio** the jury thought he deserved to win the prize; **no es ~ de un castigo tan duro** he doesn't deserve such a harsh punishment

merecer [46] ◇ *vt* to deserve, to be worthy of; **la isla merece una visita** the island is worth a visit; **merece la pena detenernos un poco más en este punto** it's worth spending a bit more time on this point; **no merece la pena** it's not worth it; **no merece la pena que te enfades** it's not worth getting angry about, there's no point in getting angry about it; **merece ser ascendido** he deserves to be promoted
◇ *vi* to be worthy; **en edad de ~** of marriageable age

➔ **merecerse** *vpr* to deserve; **se merece algo mejor** she deserves better; **se merece ganar** she deserves to win; **se lo tiene bien merecido** it serves him right; **te mereces que te expulsen** you deserve to be expelled; **no se merece la mujer que tiene** he doesn't deserve a wife like that

merecidamente *adv* deservedly; **ganaron ~ they** deserved to win; **recibió ~ el premio al mejor actor** he deservedly won the award for best actor

merecido *nm* **darle a alguien su ~** to give sb his/her just deserts; **recibió su ~** he got his just deserts

merendar [3] ◇ *vi* to have tea (*as a light afternoon meal*)
◇ *vt* to have for tea (*as a light afternoon meal*)

➔ **merendarse** *vpr Fam* **-1.** (*derrotar*) **merendarse a alguien** to thrash sb **-2.** (*terminar*) to polish off; **me merendé el libro en una semana** I polished the book off in a week

merendero *nm* **-1.** (*chiringuito*) = open-air café or bar in the country or on the beach **-2.** (*zona de picnic*) picnic area

merendola *nf Esp Fam* splendid spread, *Br* slap-up tea

merengue ◇ *nm* **-1.** (*dulce*) meringue **-2.** (*música, baile*) merengue **-3.** *RP Fam* (*lío, desorden*) mess; **tengo un ~ de papeles encima de la mesa** my desk is covered in a mess *o* a jumble of papers
◇ *adj Esp Fam* DEP = relating to Real Madrid Football Club; **el equipo ~** Real Madrid

merequetén *nm Ven Fam* rumpus

meretriz *nf Formal* prostitute

merezco *etc ver* **merecer**

meridano, -a ◇ *adj* of/from Mérida (*Mexico*)
◇ *nm,f* person from Mérida (*Mexico*)

merideño, -a ◇ *adj* of/from Mérida (*Spain or Venezuela*)
◇ *nm,f* person from Mérida (*Spain or Venezuela*)

meridiana *nf* (*sofá*) chaise longue

meridiano, -a ◇ *adj* **-1.** (*hora*) midday **-2.** (*claro*) crystal clear; **su razonamiento es de una claridad meridiana** her reasoning is crystal clear
◇ *nm* **-1.** GEOG meridian ❏ **el ~ celeste** the celestial meridian; **el ~ cero** the Greenwich meridian; **el ~ de Greenwich** the Greenwich meridian **-2.** GEOM meridian

meridional ◇ *adj* southern
◇ *nmf* southerner

merienda *nf* **-1.** (*por la tarde*) tea (*as a light afternoon meal*); (*en el campo*) picnic; EXPR *Esp Fam* **fue una ~ de negros** (*fue un caos*) it was total chaos; (*fue una masacre*) it was a massacre ❏ **~ cena** early evening meal **-2.** *Cuba, RP* (*para la escuela*) snack

meriendo *etc ver* **merendar**

merino, -a ◇ *adj* merino
◇ *nm* (*tela*) merino (wool)

mérito *nm* merit; **todo el ~ es suyo** she deserves all the credit; **tiene mucho ~** it's no mean achievement; **tiene mucho ~ que cuide él solo de sus padres** he deserves a lot of praise for looking after his parents on his own; **de ~**: **un dramaturgo de ~** an accomplished playwright; **un edificio de ~** a fine building; **no quiero quitar ~ a lo que ha hecho** I don't want to take away from *o* detract from what she has done; EXPR **hacer méritos**: **está haciendo méritos para que lo elijan** he is doing everything he can to get elected; **no ha hecho méritos para merecer un aprobado** he hasn't done enough to deserve a pass; **se está esforzando por hacer méritos ante su jefe** she's trying to get into her boss's good books ❏ **~ técnico** (*en patinaje sobre hielo*) technical merit

meritocracia *nf* meritocracy

meritorio, -a ◇ *adj* worthy, deserving; **no es ~ de tal distinción** he is not worthy of such an honour, he does not deserve such an honour
◇ *nm,f* unpaid trainee *o* apprentice

Merlín *n pr* (**el mago**) ~ Merlin (the Magician)

merlón *nm* brown wrasse

merluza *nf* **-1.** (*pez, pescado*) hake **-2.** EXPR *Esp Fam* (*borrachera*) **agarrar una ~** to get sozzled

merluzo, -a *nm,f Esp Fam* dimwit

merma *nf* (*de caudal*) fall; (*de energía, vitalidad, dinamismo*) diminishing; (*de ingresos, productividad*) fall; (*de calidad*) deterioration; **se ha producido una ~ en los ingresos** there has been a reduction *o* fall in income, income has fallen

mermar ◇ *vi* (*caudal*) to go down, to fall; (*energía, vitalidad, dinamismo*) to diminish; (*ingresos, productividad*) to fall; (*calidad*) to deteriorate
◇ *vt* (*energía, vitalidad, dinamismo*) to diminish; (*ingresos, productividad, calidad*) to reduce

mermelada *nf* jam ❏ **~ de naranja** marmalade

mero, -a ◇ *adj* **-1.** (*simple*) mere; **una mera excusa** just an excuse; **eso no deja de ser una mera opinión** that's still only an opinion; **es una mera coincidencia** it's a mere coincidence, it's nothing more than a coincidence
-2. *CAm, Méx Fam* (*propio, mismo*) **¿es usted? – yo ~** is that you? – the very same *o* it sure is; **me lo contó a mí ~** he told me himself *o* in person; **las meras vacaciones ya pasaron** *Br* the holidays as such are over, *US* the vacation as such is over; **viven en el ~ centro** they live right in the centre
-3. *CAm, Méx Fam* (*preciso*) **llegó a la mera hora** he arrived on the dot *o* right on time; **el disparo dio en el ~ centro** the shot hit it right *o* bang in the centre
◇ *adv CAm, Méx Fam* **-1.** (*exactamente*) sharp; **aquí ~** right here; **nos vemos en el cine, ahí**

merodeador ~ I'll see you there, at the cinema **-2.** *(casi)* nearly, almost; ~ **me mato** I nearly *o* almost got killed **-3. ya** ~ *(ahora mismo)* right now; **ya** ~ **me voy** I'm on my way right now
◇ *nm* **-1.** *(pez)* grouper **-2.** *Méx Fam* **el** ~ ~: **¿quién es el** ~ ~ **en esta oficina?** who calls the shots in this office?

merodeador, -ora *nm,f* prowler, snooper

merodear *vi* to snoop, to prowl (**por** about)

merodeo *nm* prowling, snooping

merolico, -a *nm,f Méx Fam* = street vendor of patent medicines and herbal remedies

mersa *RP Fam* ◇ *adj (decoración, ropa, canción)* tacky, *Br* naff; **es muy** ~ *(persona)* he has really tacky *o Br* naff taste
◇ *nmf* **es un** ~ he has really tacky *o Br* naff taste
◇ *nf* **la** ~ the plebs, the riff-raff

mersada *nf RP Fam* **la ceremonia fue una** ~ the ceremony was really tacky; **esa canción es una** ~ that song is incredibly corny

mes *nm* **-1.** *(del año)* month; **se va unos meses de vacaciones** she's going away on *Br* holiday *o US* vacation for a few months; **las elecciones se celebrarán en el** ~ **de enero** the election will take place in January; **al** ~ **siguiente** the following month; **a los pocos meses** only a few months later; **todos los meses** every month; **un** ~ **sí y otro no** every other month; **no ha parado de llover en todo el (santo)** ~ it hasn't stopped raining all month (long); **al** *o* **por** ~ a month; **viajo a Lima tres veces al** *o* **por** ~ I go to Lima three times a month
-2. *(salario)* monthly salary
-3. *Fam (menstruación)* **está con el** ~ it's her time of the month

mesa *nf* **-1.** *(mueble)* table; *(de oficina, despacho)* desk; **de** ~: **vino la** ~ table wine; **calendario de** ~ desk calendar; **quería reservar una** ~ I'd like to book a table; **bendecir la** ~ to say grace; **poner** *o Am* **tender la** ~ to set the table; **quitar la** ~ to clear the table; **sentarse a la** ~ to sit down at the table; **¡a la** ~! dinner is/tea is/lunch is ready!; EXPR **a** ~ **puesta** with all one's needs provided for; EXPR *Ven Fam* **pasar algo por debajo de la** ~ not to bother with sth ❏ ~ **de billar** billiard table; ~ **camilla** = small round table under which a heater is placed; ~ **de comedor** dining table; ~ **de dibujo** drawing board; ~ **de juego** gambling *o* gaming table; *RP* ~ **de luz** bedside table; ~ **de mezclas** mixing desk, mixer; ~ **(de) nido** = nest of tables; *RP* ~ **de noche** bedside table; ~ **de operaciones** operating table; ~ **plegable** folding table; *CSur* ~ **ratona** coffee table; HIST **la Mesa Redonda** the Round Table; ~ **de trabajo** worktable
-2. *(comité)* board, committee; *(en un debate)* panel ❏ *Esp* ~ **del congreso** parliamentary committee; ~ **directiva** executive board *o* committee; ~ **electoral** = group supervising the voting in each ballot box; *RP* ~ **de examen** examining board; ~ **de negociación** negotiating table; ~ **redonda** *(coloquio)* round table
-3. *(comida)* food; **le gusta la buena** ~ she likes good food

mesada *nf* **-1.** *Am (pago mensual)* monthly payment, monthly instalment **-2.** *RP (para adolescentes)* pocket money, *US* allowance **-3.** *RP (encimera)* worktop

mesana *nf* **-1.** *(mástil)* mizzenmast **-2.** *(vela)* mizzensail

mesar ◇ *vt* to tear
➔ **mesarse** *vpr* **mesarse los cabellos** to pull *o* tear at one's hair

mescalero, -a ◇ *adj* Mescalero, = of/from an Apache tribe once living in the south east of New Mexico
◇ *nm,f* Mescalero, = person from an Apache tribe once living in the south east of New Mexico

mescalina *nf* mescaline

mescolanza = **mezcolanza**

mesenterio *nm* ANAT mesentery

mesero, -a *nm,f Col, Guat, Méx, Salv* waiter, *f* waitress

meseta *nf* **-1.** *(llanura)* plateau, tableland; **la Meseta (Central)** the Castilian plateau *o* tableland **-2.** *(de escalera)* landing

mesetario, -a *adj* of the plateau *o* tableland; **la vegetación mesetaria** the vegetation of the plateau *o* tableland, the plateau's *o* tableland's vegetation

mesiánico, -a *adj* **-1.** REL Messianic **-2.** *Pey (líder, comportamiento)* messianic

mesianismo *nm* **-1.** REL Messianism **-2.** *Pey (fe ciega)* righteous faith

mesías *nm inv* **-1.** REL **el Mesías** the Messiah **-2.** *Pey (salvador)* saviour, Messiah

mesilla, *RP* **mesita** *nf* ~ **(de noche)** bedside table

mesnada *nf* armed retinue

Mesoamérica *n* Mesoamerica, = the cultural and geographical area extending from northern Mexico to Panama

mesoamericano, -a *adj* Mesoamerican

mesocarpio *nm* BOT mesocarp

mesocéfalo, -a *adj* MED mesocephalic

mesocracia *nf* government by the middle classes

mesocrático, -a *adj (sociedad)* governed by the middle classes; *(partido)* supporting government by the middle classes

mesolítico, -a ◇ *adj* Mesolithic
◇ *nm* **el Mesolítico** the Mesolithic (period)

mesomorfo, -a *nm,f* mesomorph

mesón *nm* **-1.** *(posada)* inn **-2.** *(bar, restaurante)* = old, country-style restaurant and bar **-3.** FÍS meson **-4.** *Chile (mostrador) (en bar)* bar; *(en tienda)* counter

mesonero, -a *nm,f* **-1.** *Esp (en mesón)* innkeeper **-2.** *Chile, Ven (camarero)* waiter, *f* waitress

Mesopotamia *n* **-1.** *(en Asia)* Mesopotamia **-2.** *(en Argentina)* = region between the Paraná and the Uruguay-Pepirí Guazú rivers

mesopotámico, -a *adj* Mesopotamian

mesosfera *nf* GEOG mesosphere

mesozoico, -a GEOL ◇ *adj* Mesozoic
◇ *nm* **el Mesozoico** the Mesozoic (era)

mesta *nf* HIST **la Mesta** = organization set up during the reign of Alfonso X of Spain to oversee seasonal movements of livestock

mester *nm* Anticuado trade, craft ❏ LIT ~ **de clerecía** = Spanish medieval poetry composed by clerics and learned people; LIT ~ **de juglaría** = popular Spanish medieval poetry performed by minstrels

mestizaje *nm* **-1.** *(de razas)* mixed-race breeding, racial interbreeding **-2.** *(de animales)* crossbreeding, interbreeding; *(de plantas)* crossing **-3.** *(de culturas)* mixing, crossfertilization

mestizo, -a ◇ *adj* **-1.** *(persona)* of mixed race, half-caste **-2.** *(animal, planta)* cross-bred
◇ *nm,f* person of mixed race, half-caste

mesura *nf* **-1.** *(moderación)* moderation, restraint; **con** ~ in moderation **-2.** *(cortesía)* courtesy, politeness **-3.** *(gravedad)* dignity, seriousness

mesurado, -a *adj* moderate, restrained

mesurar ◇ *vt* to measure
➔ **mesurarse** *vpr* to restrain oneself

meta ◇ *nf* **-1.** DEP *(llegada)* finishing line ❏ ~ **volante** *(en ciclismo)* hot spot sprint **-2.** DEP *(portería)* goal; **marcar en propia** ~ to score an own goal **-3.** *(objetivo)* aim, goal; **fijarse una** ~ to set oneself a target *o* goal
◇ *nmf* DEP *(portero)* goalkeeper

metabólico, -a *adj* metabolic

metabolismo *nm* metabolism ❏ FISIOL ~ **basal** basal metabolism

metabolizar *vt* to metabolize

metacarpiano *nm* ANAT metacarpal

metacarpo *nm* ANAT metacarpus

metacrilato *nm* methacrylate (resin)

metadona *nf* methadone

metafísica *nf* metaphysics *(singular)*

metafísico, -a ◇ *adj* metaphysical
◇ *nm,f* metaphysician

metáfora *nf* metaphor

metafóricamente *adv* metaphorically

metafórico, -a *adj* metaphorical

metagoge *nf* LING personification

metal *nm* **-1.** *(material)* metal; *Hum* **el vil** ~ filthy lucre ❏ ~ **blanco** white metal; ~ **noble** noble metal; ~ **pesado** heavy metal; **metales preciosos** precious metals **-2.** MÚS brass **-3.** *(de voz)* timbre **-4.** *(medalla)* medal

metalenguaje *nm* metalanguage

metálico, -a ◇ *adj* **-1.** *(objeto)* metal **-2.** *(sonido)* metallic **-3.** *(color)* metallic
◇ *nm* **pagar en** ~ to pay (in) cash; **recibieron una compensación en** ~ they received a cash payment as compensation

metalífero, -a *adj* metal-bearing, metalliferous

metalingüístico, -a *adj* metalinguistic

metalización *nf* metallization

metalizado, -a *adj (pintura)* metallic

metalizar [14] ◇ *vt* to metallize
➔ **metalizarse** *vpr* to become metallized

metalografía *nf* metallography

metaloide *nm* metalloid

metalurgia *nf* metallurgy

metalúrgico, -a ◇ *adj* metallurgical
◇ *nm,f* metallurgist

metamórfico, -a *adj* metamorphic

metamorfismo *nm* metamorphism

metamorfosear ◇ *vt* to metamorphose
➔ **metamorfosearse** *vpr* to be metamorphosed *o* transformed (**en** into)

metamorfosis *nf inv* **-1.** *(en animales)* metamorphosis **-2.** *(en personas, ciudades)* metamorphosis, transformation

metano *nm* methane

metanol *nm* methanol

metástasis *nf inv* MED metastasis

metatarsiano, -a *adj* ANAT metatarsal

metatarso *nm* ANAT metatarsus

metate *nm Guat, Méx* grinding stone

metátesis *nf inv* LING metathesis

metazoo ZOOL ◇ *nm* metazoan
◇ *nmpl* **metazoos** *(reino)* Metazoa; **de la familia de los metazoos** of the family *Metazoa*

metedura *nf Fam* ~ **de pata** blunder, *Br* clanger

metegol *nm Arg Br* table football, *US* foosball

metejón *nm RP Fam* **tener un** ~ **con alguien** to be crazy about sb

metempsícosis, metempsicosis *nf inv* metempsychosis, transmigration of souls

meteórico, -a *adj* **-1.** *(de los meteoros)* meteoric **-2.** *(crecimiento, desarrollo)* extremely rapid; **un ascenso** ~ a meteoric rise

meteorismo *nm* MED tympanites, meteorism

meteorito *nm* meteorite

meteorización *nf (de roca)* weathering

meteoro *nm* meteor

meteorología *nf* meteorology

meteorológico, -a *adj* meteorological

meteorólogo, -a *nm,f (científico)* meteorologist; *(en televisión)* weatherman, *f* weatherwoman

metepatas *Fam* ◇ *adj* **¡qué** ~ **eres!** you're always putting your foot in it!
◇ *nmf inv* **es un** ~ he's always putting his foot in it

meter ◇ *vt* **-1.** *(introducir)* to put in; ~ **algo/a alguien en algo** to put sth/sb in sth; **metió las manos en los bolsillos** she put her hands in her pockets; **no puedo** ~ **la llave en la cerradura** I can't get the key in the lock; **lo metieron en la cárcel** they put him in prison; **su padre lo metió de conserje en la empresa** his father got him a job in the company as a porter; ~ **dinero en el banco** to put money in the bank; **he metido todos mis ahorros en este proyecto** I've put all my savings into this project; **¿podrás** ~ **todo en un solo disquete?** will you be able to get *o* fit it all on one disk?; *Fam* **meterle ideas a alguien en la cabeza** to put ideas into sb's head; *Fam* **no consigo meterle en la cabeza (que...)** I can't get it into his head (that...); *Fam* **mete la tijera todo lo que quieras** cut off as much as you like
-2. *(hacer participar)* ~ **a alguien en algo** to

meter

get sb into sth; **¡en buen lío nos has metido!** this is a fine mess you've gotten us into!
-3. *(obligar a)* ~ **a alguien a hacer algo** to make sb start doing sth; **me dieron un trapo y me metieron a limpiar el polvo** they gave me a cloth and set me dusting
-4. *(causar)* ~ **prisa/miedo a alguien** to rush/scare sb; ~ **ruido** to make a noise
-5. *(en automóvil)* ~ **la primera/la marcha atrás** to go into first gear/reverse; ~ **el freno** to brake
-6. *(en deportes) (anotar)* to score; **nos metieron dos goles** they scored two goals against us
-7. *Fam (asestar)* to give; **le metió un puñetazo** she gave him a punch
-8. *Fam (echar, soltar)* to give; ~ **una bronca a alguien** to tell sb off; **me metió un rollo sobre la disciplina militar** he gave me this routine about military discipline; **te han metido un billete falso** they've given you a forged banknote
-9. *(prenda, ropa)* to take in; **hay que ~ los pantalones de cintura** the trousers need taking in at the waist; ~ **el bajo de una falda** to take up a skirt
-10. *Fam (dedicar, destinar)* **sabe jugar muy bien al billar porque le ha metido muchas horas** he plays billiards really well because he's put the hours in *o* spent hours practising
-11. *Am Fam* **¡métele!** *(date prisa)* get a move on!, hurry up!; **¡métele, que empieza la película!** get a move on *o* hurry up, the movie's starting!
-12. *RP Fam (aprobar)* to pass
◇ *vi* -1. *muy Fam (copular)* to do it, *Br* to get one's end away -2. EXPR *Fam* **a todo ~** at full pelt

◆ **meterse** *vpr* -1. *(entrar)* **no pudimos meternos** we couldn't get in; **nos metimos a** *o* **en un cine** we went into a cinema; **se metió debajo de un árbol para protegerse de la lluvia** she took refuge from the rain under a tree; **se metió dentro del bosque** she entered the forest; **meterse en** to get into; **meterse en la cama** to get into bed; **dos semanas más y nos metemos en marzo** another two weeks and we'll be into March already; **se me ha metido agua en los oídos** I've got water in my ears; **se metió las manos en los bolsillos** she put her hands in her pockets; **meterse el dedo en la nariz** to pick one's nose; *Fig* **meterse mucho en algo** *(un papel, un trabajo, una película)* to get very involved in sth; *Fam* **se le ha metido en la cabeza (que...)** he's got it into his head (that...); **muchos jóvenes se meten en sí mismos** a lot of young people go into their shell; EXPR *muy Fam* **¡métetelo donde te quepa!** stick it where the sun don't shine!
-2. *(en frase interrogativa) (estar)* to get to; **¿dónde se ha metido ese chico?** where has that boy got to?
-3. *(dedicarse)* **meterse a algo** to become sth; **meterse a torero** to become a bullfighter; **se ha metido de dependiente en unos grandes almacenes** he's got a job as a shop assistant in a department store; **me metí a vender seguros** I became an insurance salesman, I got a job selling insurance
-4. *(involucrarse)* to get involved (**en** in); **meterse en problemas** *o* **líos (con alguien)** to get into trouble (with sb)
-5. *(entrometerse)* to meddle, to interfere; **no te metas donde no te llaman** *o* **en lo que no te importa** mind your own business; **se mete en todo** he's always sticking his nose into other people's business; **meterse por medio** to interfere
-6. *(empezar)* **meterse a hacer algo** to get started on doing sth
-7. *(atacar)* **se meten con él en colegio** they pick on him at school; **¡no te metas con mi novia!** leave my girlfriend alone!
-8. *Fam (comer)* to wolf down, *Br* to scoff

-9. *Fam (drogas)* **meterse coca/LSD** to do coke/LSD
meterete = metomentodo
metete = metomentodo
metiche = metomentodo
meticón, -ona *Fam* ◇ *adj* **no seas ~** don't be such a busybody *o Br* nosey-parker
◇ *nm,f* busybody, *Br* nosey-parker
meticulosamente *adv* meticulously
meticulosidad *nf* meticulousness
meticuloso, -a *adj* meticulous
metida *nf Am Fam* **~ de pata** blunder, *Br* clanger
metido, -a ◇ *adj* -1. *(implicado)* involved; **andar** *o* **estar ~ en** to be involved in; **está ~ en un lío** he's in trouble; **lleva años ~ en el mundo del teatro** he's been involved in theatre for years; **el actor estaba muy ~ en su papel** the actor was very involved in his part *o* had really got into his part
-2. *(abundante)* ~ **en años** elderly; ~ **en carnes** plump
-3. *Am Fam (entrometido)* **no seas ~** don't be such a busybody *o Br* nosey-parker
-4. *RP Fam (enamorado)* **estar ~ con alguien** to be crazy about sb
◇ *nm,f Am Fam* busybody, *Br* nosey-parker
metilo *nm* methyl
metlapil *nm Méx* = roller for grinding corn
metódicamente *adv* methodically
metódico, -a *adj* methodical
metodismo *nm* Methodism
metodista ◇ *adj* Methodist
◇ *nmf* Methodist
metodizar [14] *vt* to methodize, to systematize
método *nm* -1. *(sistema)* method; **no estoy de acuerdo con sus métodos de hacer las cosas** I don't agree with her way of doing things *o* her methods ❑ ***anticonceptivo*** method of contraception; **el ~ (de) Ogino** the rhythm method -2. *(modo ordenado)* method; **proceder con ~** to proceed methodically -3. *(educativo)* method; **un ~ de mecanografía** a method of teaching typing
metodología *nf* methodology
metodológico, -a *adj* methodological
metomentodo, *Andes, CAm* **metete**, *RP* **meterete**, *Méx, Ven* **metiche** *Fam* ◇ *adj* **no seas ~** don't be such a busybody *o Br* nosey-parker
◇ *nmf* busybody, *Br* nosey-parker
metonimia *nf* metonymy
metopa *nf ARTE* metope
metra *nf Ven* -1. *(canica)* marble -2. *Fam (cabeza)* nut, *Br* bonce
metraje *nm* -1. *(longitud)* length (in metres); *(de película)* length, running time -2. *esp RP (extensión)* area; **según el ~ del jardín** depending on how many square metres the garden is
metralla *nf* shrapnel
metralleta *nf* submachine gun
métrica *nf* LIT metrics
métrico, -a *adj* -1. *(del metro)* metric -2. LIT metrical
metrificación *nf* LIT versification
metro¹ *nm* -1. *(unidad)* metre; **metros por segundo** metres per second ❑ ~ **cuadrado** square metre; ~ **cúbico** cubic metre -2. *(cinta métrica)* tape measure -3. LIT metre
metro² *nm (transporte) Br* underground, *US* subway; **en ~** *Br* on the *o* by underground, *US* on the *o* by subway
metrología *nf* metrology
metrónomo *nm* metronome
metrópoli *nf*, **metrópolis** *nf inv* -1. *(ciudad importante)* metropolis -2. *(de colonia) (nación)* mother country; *(ciudad)* metropolis
metropolitano, -a ◇ *adj* metropolitan; **el cinturón ~ de Barcelona** the metropolitan area of Barcelona, greater Barcelona; **ferrocarril ~** *Br* underground, *US* subway
◇ *nm (metro) Br* underground, *US* subway
mexica [me'χika] ◇ *adj* Mexica
◇ *nmf* Mexica

mexicalense [meχika'lense] ◇ *adj* of/from Mexicali *(Mexico)*
◇ *nmf* person from Mexicali *(Mexico)*
mexicanismo [meχika'nismo] *nm* Mexicanism
mexicano, -a [meχi'kano, -a] ◇ *adj* Mexican
◇ *nm,f* Mexican
México ['meχiko] *n* -1. *(país)* Mexico -2. *(capital)* Mexico City ❑ ~ ***Distrito Federal*** the Federal District of Mexico
mexiquense [meχi'kense] ◇ *adj* of/from the state of Mexico
◇ *nmf* person from the state of Mexico
mezanina, mezzanina *nf Ven* mezzanine
mezanine, mezzanine *nm CAm, Col, Méx* mezzanine
mezcal *nm* -1. *(planta)* mescal -2. *(bebida)* mescal
mezcalina *nf* mescaline
mezcla *nf* -1. *(de materiales, productos) (resultado)* mixture, combination; *(acción)* mixing; **una ~ de tabacos/whiskys** a blend of tobaccos/whiskies; **el verde es resultado de la ~ del azul y del amarillo** green is the result of mixing blue and yellow; **cuando hierva la leche, añádala a la ~** when the milk boils, add it to the mixture; **es una ~ de comedia y tragedia** it's a mixture of comedy and tragedy
-2. *(de culturas, pueblos) (resultado)* mixture; *(acción)* mixing
-3. *(tejido)* mix
-4. MÚS & TV *(resultado)* mix; *(acción)* mixing; **mesa de mezclas** mixing desk, mixer
-5. ~ **explosiva** explosive mixture; *Fig* **la ~ explosiva de alcohol y drogas** the explosive combination of alcohol and drugs
mezclador, -ora ◇ *nm,f (persona)* mixer ❑ ~ **de imagen** vision mixer; ~ **de sonido** sound mixer
◇ *nm (dispositivo)* mixer ❑ ~ **de imagen** *Br* vision mixer, *US* switcher; ~ **de sonido** mixer
mezcladora *nf (hormigonera)* cement mixer
mezclar ◇ *vt* -1. *(combinar, unir)* to mix; *(tabaco, whisky)* to blend; ~ **algo con algo** to mix sth with sth; **mezcló la pintura roja con la amarilla** she mixed the red and yellow paint together, she mixed the red paint with the yellow
-2. *(culturas, pueblos)* to mix
-3. *(confundir, desordenar)* to mix up; **no mezcles las piezas** don't mix the pieces up; **creo que estás mezclando los países** I think you're mixing up *o* muddling up the countries
-4. *(implicar)* ~ **a alguien en algo** to involve sb in sth, to get sb mixed up in sth; **no me mezcles en tus asuntos** don't involve me in your affairs, don't get me mixed up in your affairs

◆ **mezclarse** *vpr* -1. *(juntarse)* to mix (**con** with); **no me mezclo con gente como esa** I don't mix *o* associate with people like that
-2. *(culturas, pueblos)* to mix
-3. *(difuminarse)* **mezclarse entre** to disappear *o* blend into; **se mezcló entre la muchedumbre** she disappeared into the crowd
-4. *(implicarse)* **mezclarse en** to get involved in, to get mixed up in; **se mezcló en un asunto de contrabando** he got involved *o* mixed up in a smuggling racket
mezclilla *nf* -1. *(tela basta)* = cloth woven from mixed fibres -2. *Chile, Méx (tela vaquera)* denim; **pantalones de ~** jeans
mezco *etc ver* mecer
mezcolanza, mescolanza *nf Fam* mishmash, *Br* hotchpotch, *US* hodgepodge; **había una ~ de cosas encima de su mesa** there was a jumble of things on her desk; **su música es una ~ de estilos** his music is a *Br* hotchpotch *o US* hodgepodge of styles
mezquinar *vt Am Fam* to be mean *o* stingy with, to skimp on
mezquindad *nf* -1. *(avaricia)* meanness, stinginess -2. *(carácter miserable)* meanness, nastiness -3. *(acción avara)* **estoy harta de tus mezquindades** I'm fed up of you being so

mean o stingy **-4.** *(acción miserable)* **estoy harta de tus mezquindades** I'm fed up of you being so mean o nasty

mezquino¹, -a ◇ *adj* **-1.** *(avaro)* mean, stingy **-2.** *(miserable)* mean, nasty **-3.** *(diminuto)* miserable
◇ *nm,f* **-1.** *(avaro)* miser; **eres un ~** you're so mean o stingy **-2.** *(miserable)* **eres un ~** you're so mean o nasty

mezquino² *nm Méx* wart

mezquita *nf* mosque

mezquite *nm* mesquite

mezzanina = mezanina

mezzanine = mezanine

mezzosoprano, mezzo-soprano [metsoso'prano] *nf* mezzo-soprano

mg *(abrev de* **miligramo)** mg

MHz *(abrev de* **megahercio)** MHz

mi¹ *nm (nota musical)* E; *(en solfeo)* mi; *ver también* **do**

mi² *(pl* **mis)** *adj posesivo* **-1.** *(en general)* my; **mi casa** my house; **mis libros** my books **-2.** *(en tratamiento militar)* **¡sí, mi teniente/capitán!** yes, sir!

mí *pron personal (después de prep)* **-1.** *(en general)* me; **este trabajo no es para mí** this job isn't for me; **no se fía de mí** he doesn't trust me **-2.** *(reflexivo)* myself; **debo pensar más en mí (mismo)** I should think more about myself
-3. *(en frases)* **¡a mí qué!** so what?, why should I care?; **para mí** *(yo creo)* as far as I'm concerned, in my opinion; **por mí** as far as I'm concerned; **por mí, no hay inconveniente** it's fine by me

mía *ver* **mío**

miaja *nf Fam* **-1.** *(miga)* crumb **-2.** *(pizca)* tiny bit; **dame una ~ de helado** give me a tiny bit of ice cream; **su casa está una ~ lejos** her house is a tad far away

mialgia *nf MED* myalgia

miasma *nm* miasma

miau *nm* miaow

Mibor ['miβor] *nm FIN (abrev de* **Madrid Inter-Bank Offered Rate)** Mibor

mica *nf* **-1.** *(mineral)* mica **-2.** *Méx (plástico)* plastic sheet

micado = mikado

micción *nf MED (acción)* urination

Micenas *n* Mycenae

micénico, -a *adj* Mycenaean

miche *nm Ven* **-1.** *(aguardiente)* = cane spirit flavoured with herbs and spices **-2.** *Fam (bebida alcohólica)* booze

michelín *nm Fam* spare tyre

michero, -a *nm,f Ven Fam* boozer

michino, -a, micho, -a *nm,f Fam* kitty, pussy

michoacano, -a ◇ *adj* of/from Michoacán (Mexico)
◇ *nm,f* person from Michoacán *(Mexico)*

micifuz *(pl* **micifuces)** *nm Fam* kitty, puss

mico *nm* **-1.** *(animal)* (long-tailed) monkey; EXPR **ser el último ~** to be the lowest of the low; EXPR *Fam* **volverse ~: me volví ~ para hacerlo** I had a hell of a job doing it; *Fam* **se volvió ~ para encontrar la salida** I nearly did my head in trying to find the way out **-2.** *Fam (pequeño)* **es un ~** he's a midget o *Br* titch **-3.** *Fam (feo)* **es un ~** he's an ugly devil

micología *nf* mycology

micólogo, -a *nm,f* mycologist

micosis *nf inv* mycosis

micra *nf* micron

micrero, -a *Chile* ◇ *adj* bus; **la huelga micrera** the bus strike
◇ *nm,f* bus driver

micro- *pref* micro-

micro ◇ *nm* **-1.** *Fam (micrófono)* mike **-2.** *Fam (microbús)* minibus
◇ *nm o nf Arg, Bol, Chile (autobús)* bus

microamperio *nm FÍS* microampere

microbiano, -a *adj* microbial

microbicida *adj* germicidal

microbio *nm* **-1.** *(organismo unicelular)* germ, microbe **-2.** *Fam (niño)* ankle-biter **-3.** *Fam (enano)* shrimp

microbiología *nf* microbiology

microbiológico, -a *adj* microbiological

microbiólogo, -a *nm,f* microbiologist

microbús *(pl* **microbuses)** *nm* **-1.** *(autobús)* minibus **-2.** *Méx (taxi)* (collective) taxi

microcéfalo, -a *adj* microcephalic

microcentro *nm RP* business district *(in a city centre)*

microchip *nm* microchip

microcircuito *nm* microcircuit

microcirugía *nf* microsurgery

microclima *nm* microclimate

microcomputador *nm*, **microcomputadora** *nf esp Am* microcomputer

microcosmo *nm*, **microcosmos** *nm inv* microcosm

microcrédito *nm ECON* microcredit

microeconomía *nf* microeconomics *(singular)*

microeconómico, -a *adj* microeconomic

microelectrónica *nf* microelectronics *(singular)*

microelectrónico, -a *adj* microelectronic

microempresa *nf COM* very small company

microficha *nf* microfiche

microfilme *(pl* **microfilms)**, **microfilme** *nm* microfilm

microfilmación *nf* microfilming

microfilmar *vt* to microfilm

microfilme = microfilm

micrófono *nm* microphone ❑ **~ inalámbrico** cordless microphone

microfotografía *nf* **-1.** *(actividad)* microphotography **-2.** *(fotografía)* microphotograph

microinformática *nf INFORMÁT* microcomputing

microlentilla *nf* contact lens

micrómetro *nm* micrometer

micrón *nm* micron

Micronesia *n* Micronesia

microonda *nf* microwave

microondas *nm inv* microwave (oven)

microordenador *nm Esp* microcomputer

microorganismo *nm* micro-organism

microporoso, -a *adj* microporous

microprocesador *nm INFORMÁT* microprocessor

microprogramación *nf INFORMÁT* microprogramming

microscopía *nf* microscopy

microscópico, -a *adj* **-1.** *(con microscopio)* microscopic **-2.** *(organismo)* microscopic **-3.** *Fam (diminuto)* microscopic

microscopio *nm* microscope ❑ **~ electrónico** electron microscope

microsegundo *nm* microsecond

microsurco *nm* **-1.** *(surco)* microgroove **-2.** *Anticuado (disco)* long-playing record, LP

microtomo, micrótomo *nm TEC* microtome

Midas *n MITOL* **el rey ~** King Midas

MIDI ['miði] *nm INFORMÁT (abrev de* **musical instrument digital interface)** MIDI

midiera *etc ver* **medir**

mido *etc ver* **medir**

miéchica *interj Andes Fam Euf Br* sugar!, *US* shoot!; **¿dónde ~ estabas?** where the heck were you?

miedica *Esp Fam* ◇ *adj* yellow, chicken
◇ *nmf* scaredy-cat, coward

mieditis *nf inv Fam Hum* the jitters, the willies; **le tiene ~ al dentista** the dentist gives him the willies; **le entró ~** he got the jitters o willies

miedo *nm* fear; **~ cerval** terrible fear, terror; **dar ~** to be frightening; **me da ~ conducir** o *Am* **manejar** I'm afraid o frightened of driving; **me da ~ que se entere** I'm frightened o scared she'll find out; **agarró** o *Am* **tomó** o *Esp* **cogió ~ a volar** he developed a fear of flying; **meter ~ a alguien** to frighten sb; **nos metió ~ en el cuerpo** it put the fear of God into us; **por ~ a** for fear of; **no le dije la verdad por ~ a ofenderla** I didn't tell her the truth for fear of offending her; **temblar de ~** to tremble with fear; **tener ~ a** o **de (hacer algo)** to be afraid of (doing sth); **le tiene ~ a la oscuridad** he's scared o afraid of the dark; **tengo ~ de que se estropee** I'm frightened it'll get damaged; **morirse de ~** to die of fright, to be terrified; EXPR *Esp Fam* **de ~: la película estuvo de ~** the movie was brilliant; **lo pasamos de ~** we had a fantastic time; **cogió una borrachera de ~** he got totally plastered; **cocina de ~** he's a fantastic o an amazing cook; EXPR *muy Fam* **cagarse de ~** to shit oneself; EXPR *muy Fam* **estar cagado de ~** to be shit-scared ❑ **~ escénico** stage fright

miedoso, -a ◇ *adj* **¡no seas ~!** don't be so scared o frightened!; **es muy ~** he gets scared very easily
◇ *nm,f* **es un ~** he gets scared easily

miel *nf* **-1.** *(sustancia)* honey; EXPR **ser pura ~** to be as sweet as honey; EXPR **~ sobre hojuelas** all the better; EXPR **no está hecha la ~ para la boca del asno** it's like casting pearls before swine; EXPR **dejar a alguien/quedarse con la ~ en los labios** to leave sb/to be left feeling frustrated ❑ **~ líquida** clear honey
-2. mieles *(satisfacción)* **saborear las mieles del éxito/de la victoria** to savour the sweet taste of success/victory

miela *etc ver* **melar**

mielga *nf* **-1.** *(pez)* spiny dogfish **-2.** *(alfalfa)* alfalfa

mielina *nf FISIOL* myelin

mieloma *nf MED* myeloma

miembro *nm* **-1.** *(integrante)* member; **los países miembros de la OTAN** NATO's member states ❑ **~ fundador** founder member; **~ de pleno derecho** full member **-2.** *(extremidad)* limb, member ❑ **miembros inferiores** lower limbs; **miembros superiores** upper limbs **-3.** *Euf (pene)* **~ (viril)** male member

mientes *nfpl* mind; **parar ~ (en algo)** to consider (sth); **traer a las ~** to bring to mind

miento -1. *ver* **mentar -2.** *ver* **mentir**

mientras ◇ *conj* **-1.** *(al tiempo que)* while; **leía ~ comía** she was reading while eating **-2.** *(siempre que)* **~ viva** as long as I live; **~ pueda** as long as I can
-3. *(hasta que)* **~ no se pruebe lo contrario** until proved otherwise
-4. *(cuanto)* **~ más/menos** the more/less; **~ menos hables, mejor** the less you speak the better
-5. *(con tal de que)* as long as; **~ que no hagas ruido, puedes quedarte** as long as you don't make any noise, you can stay
-6. ~ (que) *(por el contrario)* whereas, whilst
◇ *adv* **~ (tanto)** meanwhile, in the meantime

miér. *(abrev de* **miércoles)** Wed

miércoles ◇ *nm inv* Wednesday ❑ **Miércoles de Ceniza** Ash Wednesday; *ver también* **sábado**
◇ *interj Fam Euf Br* sugar, *US* shoot; *Am* **¡de ~!: ¡qué irresponsable de ~!** what an irresponsible so-and-so!; *Am* **¡hace un frío de ~!** *Br* it's blinking freezing!, *US* it's goddamn freezing!

mierda *muy Fam* ◇ *nf* **-1.** *(excremento)* shit; **casi piso una ~** I almost trod in some shit **-2.** *(suciedad)* crap; **tu mesa está llena de ~** your desk is covered in crap; **la casa está hecha una ~** the house is *Br* a bloody o *US* a goddamn tip
-3. *(cosa sin valor)* **una ~ de guitarra** a crappy guitar; **es una ~** it's (a load of) crap; **fue una ~ de actuación** it was a crap performance; *Hum* **es una ~ pinchada en un palo** it's a heap of shite; **de ~** *(malo)* shitty, crappy; **es un imbécil de ~** he's a *Br* bloody o *US* goddamn idiot
-4. *Esp (borrachera)* **agarrar** o **coger una ~** to get shit-faced; **tener una ~** to be shit-faced
-5. *(hachís)* shit
-6. EXPR **¡a la ~ con el examen!** screw the exam!; **¡y una ~!** like hell (I/you/etc will)!; **cubrirse de ~** to make a complete *Br* arse o *US* ass of oneself; **irse a la ~** *(proyecto)* to go down the tubes; **mandar a alguien a la ~** to tell sb to piss off; **estar hecho una ~** to be a complete wreck; **mandó el proyecto a la ~** she said to hell with the

mierdoso, **-a** muy Fam adj **-1.** (sucio) disgusting, gross **-2.** (despreciable) (persona) shitty; (cosa) crappy
project; **¡vete a la ~!** go to hell!, piss off!
◇ nmf shithead
◇ interj shit!; **¡~, ya me he olvidado!** shit, I've forgotten!

mies ◇ nf (cereal) ripe corn
◇ nfpl **mieses** (campo) cornfields

miga nf **-1.** (de pan) crumb **-2. migas** (plato) fried breadcrumbs **-3.** EXPR Fam **hacer buenas/malas migas** to get on well/badly; Fam **hacerse migas** (cosa) to be smashed to bits; Fam **estar hecho(a) migas** (persona) to be shattered; Fam **hacer migas a alguien** (desmoralizar) to shatter sb; Fam **tener ~** (ser sustancioso) to have a lot to it; (ser complicado) to have more to it than meets the eye

migaja nf **-1.** (de alimento) bit; (de pan) crumb **-2. migajas** (restos) leftovers; **los hijos se disputaron las migajas de la herencia** the children fought over what was left of their inheritance

migala, migale nf (araña) bird spider ❏ **~ albañil** trapdoor spider

migar [38] vt **-1.** (pan) to crumble **-2.** (líquido) to add crumbs to

migra nf Méx Fam Pey **la ~** = US police border patrol

migración nf migration
migraña nf migraine
migrar vi to migrate
migratorio, -a adj migratory
Miguel n pr **San ~** St Michael; **~ Ángel** Michelangelo

miguelito nm CSur = three-headed nail spread on the road to puncture vehicles' tyres

mijo¹ nm millet
mijo², -a nm,f Am Fam **-1.** (a un hijo) Br love, US honey; **¿por qué lloras, ~?** why are you crying, Br love o US honey? **-2.** (a un adulto) dear; **¿qué precisa, mija?** what is it you need, dear? **-3.** (entre iguales) pal, Br mate, US buddy; **¡mirá, ~, callate la boca!** listen, pal o Br mate o US buddy, just shut your mouth!

mikado, micado nm mikado

mil núm thousand; **dos ~** two thousand; **~ pesos** a thousand pesos; **miles de dólares** thousands of dollars; **~ cien** one thousand one hundred; **miles (de)** (gran cantidad) thousands (of); **tengo ~ cosas que hacer** I've got loads of things to do; EXPR RP Fam **a ~: estar a ~** to be rushed off one's feet; **ponerse a ~** to go flat out; EXPR **~ y una o uno** a thousand and one; ver también **treinta**

milagrero, -a Fam ◇ adj **-1.** (crédulo) = who believes in miracles **-2.** (milagroso) miraculous, miracle-working
◇ nm,f = person who believes in miracles

milagro nm **-1.** (crédulo) miracle; Fig **hacer milagros** to work wonders
-2. (cosa sorprendente) wonder, miracle; **fue un ~ que nos encontráramos** it was a wonder o miracle we found each other; **se acordó de mi cumpleaños – ¡~!** he remembered my birthday – wonders will never cease!; **de ~: cupieron todos de ~** it was a wonder o miracle that they all fitted in; **me acordé de su cumpleaños de ~** by some miracle or other o amazingly enough, I remembered his birthday

milagrosamente adv miraculously
milagroso, -a adj **-1.** (aparición) miraculous **-2.** (solución) **un remedio milagroso** a miracle cure **-3.** (asombroso) amazing; **es ~ que el jarrón siga entero** it's a wonder o miracle the vase is still in one piece

Milán n Milan
milanés, -esa ◇ adj of/from Milan (Italy)
◇ nm,f person from Milan (Italy)

milanesa nf (de ternera) Wiener schnitzel, breaded veal escalope; **~ de pollo/pescado** chicken/fish fried in breadcrumbs; **~ de berenjena** Br aubergine o US eggplant fried in breadcrumbs; **a la ~** fried in breadcrumbs

milano nm kite ❏ **~ negro** black kite; **~ real** red kite

mildiú, mildíu nm mildew
milenario, -a ◇ adj (antiguo) (very) ancient
◇ nm **-1.** (milenio) millennium **-2.** (aniversario) millennium

milenarismo nm (creencia) millenarianism
milenarista ◇ adj millenarianist
◇ nmf millenarianist

milenio nm millennium
milenrama nf yarrow, milfoil
milésima nf (fracción) thousandth ❏ **~ de segundo** millisecond

milésimo, -a núm thousandth; **la milésima parte** a thousandth; ver también **octavo**

milhojas nm inv (dulce) millefeuille
mili nf Esp military service; **hacer la ~** to do one's military service

miliamperio nm FÍS milliampere
milibar nm (unidad) millibar
milicia nf **-1.** (profesión) military (profession) **-2.** (grupo armado) militia ❏ Antes **milicias universitarias** = in Spain, military service for students

miliciano, -a nm,f militiaman, f female soldier

milico nm Andes, RP Fam Pey **-1.** (militar) soldier; **los milicos tomaron el poder** the military took power **-2.** (policía) pig

miligramo nm milligram
mililitro nm millilitre
milimetrado adj **papel ~** graph paper
milimétrico, -a adj (preciso) very precise; **con una precisión milimétrica** with pinpoint accuracy

milímetro nm millimetre; EXPR **al ~: tengo calculada la duración al ~** I've calculated how long it will take down to the last second; **siento no poder ofrecer datos al ~** I'm sorry I can't give you exact figures

militancia nf militancy; **la ~ activa del partido** the active membership of the party

militante ◇ adj militant
◇ nmf member; **un antiguo ~ comunista** a former Communist Party member ❏ **~ de base** grass roots o rank and file member

militar¹ ◇ adj military
◇ nmf soldier; **el general es el segundo ~ que asesina el grupo en lo que va de año** the general is the second member of the military to be murdered by the group this year; **los militares** the military

militar² vi **-1.** (en partido, sindicato) to be a member (**en** of); **militó en la izquierda durante su juventud** he was an active left-winger in his youth **-2.** (apoyar) **son muchas circunstancias las que militan a** o **en su favor** there are many circumstances in his favour; **en** o **a su defensa milita que es menor de edad** in his defence is the fact that he is a minor

militarismo nm militarism
militarista ◇ adj militarist
◇ nmf militarist

militarización nf militarization
militarizar [14] vt to militarize
militarmente adv militarily
militroncho nm Esp Fam Hum (soldado) Br squaddie, US grunt

milivoltio nm ELEC millivolt
milla nf **-1.** (terrestre) mile **-2.** (marina) mile ❏ **~ marina** nautical mile **~ náutica** nautical mile

millar nm **-1.** (mil unidades) thousand; **un ~ de personas** a thousand people **-2. millares** (grandes cantidades) thousands; **a millares** by the thousand

millardo nm billion, thousand million
millo nm Esp Br maize, US corn
millón núm **-1.** (mil millares) million; **dos millones** two million; **un ~ de personas** a million people; **tengo un ~ de cosas que hacer** I've got a million things to do; **un ~ de gracias** thanks a million; EXPR Ven Fam **a ~: estar a ~** to be rushed off one's feet; **ponerse a ~** to go flat out **-2. millones** (un dineral) a fortune, millions; **su casa costó millones** their house cost a fortune

millonada nf Fam **una ~** a fortune, millions
millonario, -a ◇ adj **un premio ~** a prize worth millions; **pérdidas millonarias** losses running into millions
◇ nm,f millionaire, f millionairess

millonésima nf millionth
millonésimo, -a núm millionth; **la millonésima parte** a millionth

milonga nf **-1.** (baile) = popular dance from Argentina and Uruguay **-2.** (canción) = popular song from Argentina and Uruguay; EXPR **llorar la ~: anda siempre llorando la ~** he's always moaning about something; **¡no vengas a llorarme la ~!** don't come crying to me! **-3.** RP Fam (juerga) partying; **salieron de ~** they went out on the town

milonguear vi RP to sing/dance "milongas"
milonguero, -a RP Fam ◇ adj **ser muy ~** to be a real party animal
◇ nm,f party animal

milpa nf CAm, Méx cornfield
milpear CAm, Méx ◇ vt (labrar) to till
◇ vi (brotar) to sprout

milpero nm CAm, Méx cornfield hand
milpiés nm inv millipede
milrayas nm inv striped cloth
miltomate nm CAm, Méx = small, whitish wild tomato

mimado, -a ◇ adj spoiled
◇ nm,f **es un ~** he's very spoiled

mimar vt to spoil, to pamper
mimbre nm **-1.** (material) wicker, wickerwork; **una cesta de ~** a wicker o wickerwork basket **-2.** (arbusto) osier

mimbrera nf **-1.** (arbusto) osier **-2.** (plantación) osier bed

mimbrería nf RP (arte) wickerwork
mimeografiar vt to mimeograph
mimeógrafo nm mimeograph
mímesis, mimesis nf inv mimesis
miméticamente adv **seguir algo ~** to follow sth exactly

mimético, -a adj **-1.** (de la mímesis) mimetic **-2.** (que muestra mimetismo) imitative

mimetismo nm (de animal, planta) mimicry, Espec mimesis

mimetizar [14] ◇ vt (imitar) to copy, to imitate
◆ **mimetizarse** vpr (camaleón) to change colour

mímica nf **-1.** (mimo) mime **-2.** (lenguaje) sign language

mímico, -a adj mime; **lenguaje ~** sign language

mimo ◇ nm **-1.** (zalamería) pampering; **con tanto ~ lo están malcriando** they're spoiling him by pampering him like that
-2. (cariño) **trata a sus nietos con mucho ~** she makes a real fuss of her grandchildren; **hacerle mimos a alguien** to kiss and cuddle sb
-3. (cuidado, esmero) loving care; **con ~** with loving care, lovingly; **trata su colección de discos con mucho ~** he looks after his record collection with loving care
-4. (representación teatral) mime; **hacer ~** to perform mime
◇ nmf (artista) mime artist

mimosa nf mimosa
mimoso, -a adj affectionate; **el bebé está ~** the baby wants a cuddle

min (abrev de **minuto**) min
mina¹ nf **-1.** (de mineral) mine; **~ de carbón/oro** coal/gold mine ❏ **~ a cielo abierto** opencast mine
-2. MIL mine; (en tierra) mine, land mine ❏ **~ antipersona** o **antipersonal** antipersonnel mine; **~ antitanque** antitank mine; **~ magnética** magnetic mine; **~ terrestre** land mine; **~ submarina** undersea mine
-3. (de lápiz) lead
-4. (cosa, persona rentable) gold mine; **este bar es una ~** this bar is a gold mine
-5. (fuente) mine; **la enciclopedia es una ~ de información** the encyclopaedia is a mine of information

mina² *nf CSur Fam* **-1.** *(mujer) Br* bird, *US* chick; **esta noche salimos a buscar minas** we're going out to try and *Br* pull some birds *o US* score some chicks tonight **-2.** *(amante)* **tiene una ~** he has a bit on the side

minado, -a *adj* mined

minador, -ora MIL ◇ *nm,f* sapper
◇ *nm (buque)* mine layer

minar *vt* **-1.** MIL to mine **-2.** *(socavar)* to undermine; **están minando los intentos de alcanzar un acuerdo** they are undermining the efforts to reach an agreement; **el tabaco está minando su salud** cigarettes are damaging her health

minarete *nm* minaret

mineral ◇ *adj* mineral
◇ *nm* **-1.** *(sustancia)* mineral **-2.** *(mena)* ore; **~ de hierro** iron ore

mineralización *nf* mineralization

mineralizar [14] *vt* to mineralize

✦ mineralizarse *vpr* to become mineralized

mineralogía *nf* mineralogy

mineralogista *nmf* mineralogist

minería *nf* **-1.** *(técnica)* mining **-2.** *(sector)* mining industry

minero, -a ◇ *adj* mining; *(producción, riqueza)* mineral; **industria minera** mining industry
◇ *nm,f* miner

mineromedicinal *adj* **agua ~** mineral water

Minerva *n* MITOL Minerva

minestrone *nf*, **minestrón** *nm Am* minestrone

minga¹ *Fam* ◇ *nf* **-1.** *Esp (pene) Br* willy, *US* peter **-2.** *RP (negación)* **hablé con él pero ~ de conseguir lo que quería** I spoke to him but there was no way he was going to give me what I wanted; **no tiene ~ de oído para la música** he's got absolutely no ear for music at all
◇ *interj RP* **¿terminaste el trabajo? – ¡~! ¡es larguísimo!** have you finished the work? – you must be joking, it's taking ages!

minga² *nf*, **mingaco** *nm Andes* **-1.** *(trabajo)* = farm labour done on holidays in exchange for a meal **-2.** *(cooperación)* = traditional communal labour performed in Andean rural communities; [EXPR] **hacer algo en ~** to do sth as a group, to do sth as a joint effort

mingitorio, -a ◇ *adj* urinary
◇ *nm* urinal

mingo *nm Ven* **-1.** *(en béisbol)* = hard rubber centre of a baseball **-2.** *(en bolas criollas)* jack

mini- *pref* mini-; **una minicumbre presidencial** a presidential mini-summit

mini¹ *nf Fam (minifalda)* mini

mini² *nm Esp Fam* **un ~ de cerveza** a litre (glass) of beer

mini®³ *nm (coche)* Mini®

miniatura *nf* **-1.** *(reproducción)* miniature; **en ~** in miniature **-2.** *(objeto pequeño)* **el apartamento es una ~** the *Br* flat *o US* apartment is tiny **-3.** INFORMÁT thumbnail

miniaturista *nmf* miniaturist

miniaturización *nf* miniaturization

miniaturizar [14] *vt* to miniaturize

minibar *nm* minibar

minibásket *nm* minibasket

minibús *(pl* **minibuses***) nm* minibus

minicadena *nf* midi system

minicine *nm* = cinema with several small screens

MiniDisc® *nm inv* MiniDisc®

minifalda *nf* mini skirt

minifaldera *nf* = girl in a miniskirt

minifaldero, -a *adj* **un vestido ~** a minidress; **una chica minifaldera** a girl in a miniskirt

minifundio *nm* smallholding

minifundismo *nm* = system of land tenure characterized by the "minifundio"

minifundista *nmf* smallholder

minigolf *(pl* **minigolfs***) nm* **-1.** *(lugar)* crazy golf course **-2.** *(juego)* crazy golf

mínima *nf* **-1.** *(temperatura)* low, lowest temperature; **una ~ de cinco grados** a low of five degrees; **ayer se midieron cinco grados de ~** the lowest temperature recorded yesterday was five degrees, there was a low of five degrees yesterday
-2. *(provocación)* **saltar a la ~** to blow up at the slightest thing; **tu jefe se enfada a la ~** your boss gets annoyed at the slightest thing
-3. DEP **ganar/perder por la ~** to win/lose by the narrowest of margins

minimalismo *nm* minimalism

minimalista *adj* minimalist

mínimamente *adv* minimally

minimizar [14] *vt* **-1.** *(gastos, pérdidas, riesgos)* to minimize **-2.** *(quitar importancia a)* to minimize, to play down

mínimo, -a ◇ *superlativo ver* **pequeño**
◇ *adj* **-1.** *(lo más bajo posible o necesario)* minimum; **la mínima puntuación para aprobar es el cinco** you need a minimum score of five to pass; **salario** *o* **sueldo ~** minimum wage; **lo ~ que podría hacer es disculparse** the least she could do is apologize ❑ MAT **~ común denominador** lowest common denominator; MAT **~ común múltiplo** lowest common multiple
-2. *(muy pequeño) (efecto, importancia)* minimal, very small; *(protesta, ruido)* slightest; **no tengo la más mínima idea** I haven't the slightest idea; **sus hijos no le importan lo más ~** he couldn't care less about his children; **en este país no existe la más mínima libertad** there's absolutely no freedom at all in this country; **en lo más ~** in the slightest
◇ *nm* minimum; **trabaja un ~ de 10 horas** she works a minimum of 10 hours; **al ~** to a minimum; **pon la calefacción al ~** put the heating at minimum; **la libra alcanzó un ~ histórico frente al dólar** the pound reached an all-time low against the dollar; **no tiene un ~ de sentido común** he hasn't an ounce of common sense; **si tuviera un ~ de decencia la llamaría** if he had an ounce of decency he'd call her; [EXPR] **estar bajo mínimos** *(de comida, gasolina)* to have almost run out; **la popularidad del presidente se encuentra bajo mínimos** the president's popularity is at rock bottom; **el equipo se presenta a la final bajo mínimos** the team is going into the final well below strength *o* with a severely depleted side

◇ **como mínimo** *loc adv (como muy tarde)* at the latest; *(como poco)* at the very least; **llegaremos como ~ a las cinco** we'll be there by five at the latest; **si te vas, como ~ podrías avisar** if you're going to leave, you could at least let me know

minino, -a *nm,f Fam* pussy (cat)

minio *nm* red lead

miniordenador *nm Esp* minicomputer

minipímer® *nf* hand-held mixer *(for whipping cream, mayonnaise)*

miniserie *nf* miniseries

ministerial *adj (cargo, cumbre)* ministerial; **remodelación ~** cabinet reshuffle; **equipo ~** cabinet

ministerio *nm* **-1.** *(institución) Br* ministry, *US* department; *(periodo)* time as minister; **durante el ~ de Sánchez** while Sánchez was minister ❑ **Ministerio de Agricultura** Ministry of Agriculture, *Br* = Ministry of Agriculture, Fisheries and Food, *US* ≃ Department of Agriculture; **Ministerio de Asuntos Exteriores** Ministry of Foreign Affairs, *Br* ≃ Foreign Office, *US* ≃ State Department; **Ministerio de Comercio** Ministry of Trade, *Br* ≃ Department of Trade and Industry, *US* ≃ Department of Commerce; **Ministerio de Defensa** Ministry of Defence, *US* ≃ Defense Department; **Ministerio de Economía** Ministry of Economic Affairs, *Br* ≃ Treasury, *US* ≃ Treasury Department; **Ministerio de Finanzas** Ministry of Finance; **Ministerio de Fomento** Ministry of Public Works; *Antes* **Ministerio de la Gobernación** Ministry of the Interior, *Br* ≃ Home Office, *US* ≃ Department of the Interior; **Ministerio de Hacienda** Ministry of Economic Affairs, *Br* ≃ Treasury, *US* ≃ Treasury Department; **Ministerio de Industria** Ministry of Industry, *Br* ≃ Department of Trade and Industry; **Ministerio del Interior** Ministry of the Interior, *Br* ≃ Home Office, *US* ≃ Department of the Interior; **Ministerio de Justicia** Ministry of Justice, *Br* ≃ office of the Attorney General, *US* ≃ Department of Justice; *Am* **Ministerio de Relaciones Exteriores** Ministry of Foreign Affairs, *Br* ≃ Foreign Office, *US* ≃ State Department; **Ministerio de Sanidad** Ministry of Health, *Br* ≃ Department of Health; **Ministerio de Trabajo** Ministry of Employment, *Br* ≃ Department of Employment, *US* ≃ Department of Labor
-2. DER **~ fiscal** *(acusación)* public prosecutor; **~ público** *(acusación)* public prosecutor
-3. REL ministry

ministrable POL ◇ *adj* likely to be appointed minister
◇ *nmf* potential minister

ministro, -a *nm,f* **-1.** POL *Br* minister, *US* secretary; **primer ~** prime minister ❑ **Ministro de Agricultura** Minister of Agriculture, *Br* ≃ Minister for Agriculture, Fisheries and Food, *US* ≃ Secretary of Agriculture; **Ministro de Asuntos Exteriores** Foreign Minister, *Br* ≃ Foreign Secretary, *US* ≃ Secretary of State; **~ sin cartera** minister without portfolio; **Ministro de Comercio** Minister of Trade, *Br* ≃ Secretary of State for Trade and Industry, *US* ≃ Secretary of Commerce; **Ministro de Defensa** Defence Minister, *US* ≃ Defence Secretary; **Ministro de Economía** Minister for Economic Affairs, *Br* ≃ Chancellor of the Exchequer, *US* ≃ Secretary of the Treasury; **Ministro de Finanzas** Minister of Finance; **Ministro de Fomento** Minister of Public Works; *Antes* **Ministro de la Gobernación** Minister of the Interior, *Br* ≃ Home Secretary, *US* ≃ Secretary of the Interior; **Ministro de Hacienda** Minister for Economic Affairs, *Br* ≃ Chancellor of the Exchequer, *US* ≃ Secretary of the Treasury; **Ministro de Industria** Minister for Industry, *Br* ≃ Secretary of State for Trade and Industry; **Ministro del Interior** Minister of the Interior, *Br* ≃ Home Secretary, *US* ≃ Secretary of the Interior; **Ministro de Justicia** Minister of Justice, *Br* ≃ Attorney General, *US* ≃ Secretary of Justice; **~ plenipotenciario** envoy extraordinary and minister plenipotentiary; *Am* **Ministro de Relaciones Exteriores** Foreign Minister, *Br* ≃ Foreign Secretary, *US* ≃ Secretary of State; **Ministro de Sanidad** Minister of Health, *US* ≃ Secretary of Health; **Ministro de Trabajo** Minister of Employment, *Br* ≃ Secretary of State for Employment, *US* ≃ Secretary of Labor
-2. REL minister ❑ **~ de Dios** minister of God

miniturismo *nm Arg* = short sightseeing trips in one's local area

mino *nm CSur Fam* **-1.** *(hombre)* hunk **-2.** *(amante)* man, boyfriend

minoico, -a *adj* Minoan

minorar *vt* to diminish, to reduce

minoría *nf* minority; **los que piensan así son una ~** people who think like that are in a minority; **estar en ~** to be in a minority ❑ **~ de edad** (legal) minority; **minorías étnicas** ethnic minorities; **~ racial** racial minority

minorista, *Chile, Méx* **menorista** ◇ *adj* retail; **comercio ~** retail trade
◇ *nmf* retailer

minoritario, -a *adj* minority; **son un grupo ~** they are a minority

Minos *n* MITOL Minos

Minotauro *n* MITOL **el ~** the Minotaur

mintiera *etc ver* **mentir**

minucia nf -1. (cosa pequeña) silly little thing; **se pelearon por una ~** they had a fight over nothing o some silly little thing -2. (meticulosidad) detail; (detalle) minor detail; **describió con ~ lo ocurrido** she described what had happened in great detail

minuciosamente adv (con meticulosidad) meticulously; (con detalle) in great detail

minuciosidad nf (meticulosidad) meticulousness; (detalle) attention to detail

minucioso, -a adj (meticuloso) meticulous; (detallado) highly detailed

minué nm minuet

minuendo nm MAT minuend

minueto nm minuet

minúscula nf small letter; Espec lower-case letter; **en minúsculas** in small letters, in lower case; **se escribe con ~** it's written with a small letter

minúsculo, -a adj -1. (tamaño) tiny, minute -2. (letra) small; Espec lower-case

minusvalía nf -1. (física, psíquica) handicap -2. ECON depreciation

minusválido, -a ◇ adj (físico, psíquico) handicapped
◇ nm,f (físico, psíquico) handicapped person; **los minusválidos** the handicapped

minusvalorar vt to underestimate

minuta nf -1. (factura) fee -2. (menú) menu -3. RP (comida rápida) = single-course meal which usually consists of meat or fish accompanied by French fries and sometimes vegetables

minutero nm minute hand

minutisa nf sweet william

minuto nm -1. (de hora) minute; **al ~** (al momento) a moment later; **vuelvo en un ~** I'll be back in a minute; **no tardo un ~** I won't be a minute; **¿tienes un ~?** do you have a minute?; **vivo a cinco minutos de aquí** I live five minutes from here; **no tengo (ni) un ~ libre** I don't have a minute free ❑ **minutos de la basura** (en baloncesto) garbage time; **un ~ de silencio** a minute's silence; **guardar un ~ de silencio (por alguien)** to observe a minute's silence (in memory of sb)
-2. (de grado sexagesimal) minute

mío, -a ◇ adj posesivo mine; **este libro es ~** this book is mine; **un amigo ~** a friend of mine; **no es asunto ~** it's none of my business
◇ pron posesivo **el ~** mine; **el ~ es rojo** mine is red; Fam **los míos** (mi familia) my folks; (mi bando) my lot, my side; EXPR **lo ~: lo ~ es el teatro** (lo que me va) theatre is what I should be doing; Fam **me costó lo ~** (mucho) it wasn't easy for me; EXPR Fam **ésta es la mía** this is the chance I've been waiting for o my big chance

miocardio nm ANAT myocardium; **infarto de ~** heart attack

mioceno, -a GEOL ◇ adj Miocene
◇ nm **el ~** the Miocene (era)

mioma nm MED myoma

mionca nm CSur Fam truck, Br lorry

miope ◇ adj -1. (corto de vista) short-sighted, Espec myopic -2. (poco perspicaz) short-sighted; **una política ~** a short-sighted policy
◇ nmf short-sighted person, Espec myopic person; **es un ~** he's short-sighted, Espec he's myopic

miopía nf -1. (en la visión) short-sightedness, Espec myopia -2. (falta de perspicacia) short-sightedness

miosotis nm inv forget-me-not, Espec myosotis

MIR¹ [mir] Esp (abrev de **médico interno residente**) ◇ nm (examen) = competitive national examination for placement in house officer's post
◇ nmf (médico) Br house officer, US intern

MIR² [mir] (abrev de **Movimiento Izquierdista Revolucionario**) = left-wing political party in Chile, Bolivia, Peru and Venezuela

mira nf -1. (en instrumento, arma) sight ❑ **~ telescópica** telescopic sight
-2. (intención, propósito) intention; **con miras a** with a view to, with the intention of; **celebraron una reunión con miras a llegar a un acuerdo** they held a meeting with a view to reaching an agreement; **se están preparando con miras a los Juegos Olímpicos** they are training with a view to competing in the Olympic Games; **poner la ~** o **las miras en algo** to set one's sights on sth; EXPR **ser amplio de miras** to be enlightened; EXPR **ser corto de miras** to be short-sighted -3. RP **miras** (posibilidades) **no hay ni miras de que podamos mudarnos antes del verano** there's no chance whatsoever of us being able to move before the summer; **no tengo ni miras de que me aumenten el sueldo** I haven't the slightest chance o prospect of getting a pay rise

mirada nf -1. (acción de mirar) look; **fue el blanco de todas las miradas** all eyes were on her; **apartar la ~** to look away; **dirigir** o **lanzar la ~ a** to glance at; **fulminar con la ~ a alguien** to look daggers at sb; **levantar la ~** to look up; **siguió con la ~ todos sus movimientos** his eyes followed her every movement; **sostener la ~ de alguien** to hold sb's gaze; EXPR **si las miradas mataran** if looks could kill
-2. (manera de mirar) (con cariño, placer, admiración) gaze; **~ asesina** glare; **me dirigió una ~ asesina** she looked daggers at me; **~ fija** stare; **caminaba con la ~ fija en el suelo** he walked along staring at the ground; **~ furtiva** peek; **le lanzó una ~ furtiva** he looked at her out of the corner of his eye; **le dirigió una ~ lasciva** he leered at her; **~ perdida** distant look; **tenía la ~ perdida** she was staring into space
-3. (vistazo, ojeada) look; **echar una ~ (a algo)** to glance o to have a quick look (at sth); **¿le podrías echar una ~ a esta carta que he escrito?** could you have a look at this letter I've written?; **echa una mirada a ver si está lloviendo** have a look and see if it's raining
-4. (intención, propósito) **tener puestas las miradas en algo** to have one's sights set on sth

mirado, -a adj -1. (prudente) careful; **es muy ~ para el dinero** he's very careful with his money -2. **ser bien ~** (bien considerado) to be well regarded; **es mal ~** (mal considerado) he's not well regarded o thought of

mirador nm -1. (para ver un paisaje) viewpoint -2. (balcón) enclosed balcony

miramiento nm consideration; **no es del tipo de personas que se anda con miramientos** he's not one to stand on ceremony; **siempre se anda con muchos miramientos** he always treads very carefully; **sin miramientos** without the least consideration; **expresó su opinión sin ningún ~** he expressed his opinion with no thought for anyone else; **la prensa se cebó con él sin ~ alguno** the press laid into him unceremoniously; **los rebeldes fueron ejecutados sin miramientos** the rebels were summarily executed

miranda: de miranda loc adv Esp Fam **estar de ~** to be loafing about o around

mirandino, -a ◇ adj of/from Miranda (Venezuela)
◇ nm,f person from Miranda (Venezuela)

mirar ◇ vt -1. (dirigir la vista a) to look at; (detenidamente, con atención) to watch; (fijamente) to stare at; **~ algo de cerca/lejos** to look at sth closely/from a distance; **¡míralos!** look at them!; **mira lo que pone en ese cartel** look (at) what that sign says; **~ a la gente pasar** to watch people go by; **no paraba de mirarme** he kept staring at me; **pasaba horas mirando las estrellas** I would spend hours gazing at the stars; **~ algo/a alguien con disimulo** to glance furtively at sth/sb; **~ algo por encima** to glance over sth, to have a quick look at sth; **~ a alguien con ira** to look angrily at sb, to glare at sb; **~ a alguien de arriba abajo** to look sb up and down; EXPR **a alguien por encima del hombro** to look down on sb; EXPR Fam **ser de mírame y no me toques** to be very fragile
-2. (fijarse en) **primero mira cómo lo hago yo** first, watch o see how I do it; **mira que no falte nada en las maletas** check to see nothing's missing from the suitcases; **míralos bien y dime cuál te gusta más** have a good look at them and tell me which you like best
-3. (examinar) to check, to look through; **he mirado todo el periódico** I've looked through the whole newspaper; **miraremos tu expediente con mucha atención** we'll look at your file very carefully; **le miraron todas las maletas** they searched all her luggage; **eso te lo tiene que ~ un médico** you should have that looked at by a doctor
-4. (considerar) **mira bien lo que haces** be careful about what you do; **míralo desde este ángulo...** look at it this way...; **bien mirado..., mirándolo bien...** if you think about it...; **aunque bien mirado, podemos ir los dos** on second thoughts, we could both go; **lo mires por donde lo mires** whichever way you look at it; **~ a alguien bien/mal** to approve/disapprove of sb; **en este país miran mucho la puntualidad** punctuality is very important to people in this country; **~ mucho el dinero** to be very careful with money

◇ vi (dirigir la vista) to look; (detenidamente, con atención) to watch; (fijamente) to stare; **mira bien antes de cruzar** look carefully before crossing the road; **miraban por la ventana** they were looking out of the window; **¡mira!** look (at that)!; **mira, yo creo que...** look, I think (that)...; Esp **mira por dónde** guess what?, would you believe it?; también Irónico **¡mira qué bien!** isn't that great!; **mira que te avisé** I told you so; **¡mira que eres pesado/tonto!** you're so annoying/silly!; **¡mira que salir sin paraguas con la que está cayendo!** fancy going out without an umbrella in this rain!; **¡mira si haría calor que no pude dormir!** it was so hot I couldn't sleep!; EXPR **¡mira quién fue a hablar!** look who's talking!; EXPR Am Fam **~ feo: siempre miraba feo a mis amigos** she always looked down her nose at my friends
-2. (buscar) to check, to look; **he mirado en todas partes** I've looked everywhere
-3. **~ a** (orientarse hacia) (casa, fachada) to face; (habitación, terraza) to look out onto; **la mezquita mira al este** the mosque faces east; **la habitación mira al mar** the room looks out onto the sea
-4. **~ por** (cuidar de) to look after; **~ por los demás** to look out for other people; **sólo mira por sus intereses** she only looks after her own interests
-5. Fam (averiguar, comprobar) **a ver si** to see if o whether; **mira a ver si ha llegado la carta** (go and) see if the letter has arrived; **mira a ver si tienes algo de cambio para dejarme** (have a look and) see if you've got any change you could lend me

◆ **mirarse** vpr (uno mismo) to look at oneself; (uno al otro) to look at each other; **mirarse al espejo** to look at oneself in the mirror; **mirarse en el agua** to look at one's reflection in the water; EXPR **si bien se mira** if you really think about it

mirasol nm sunflower

miríada nf myriad

miriápodo nm ZOOL myriapod

mirilla nf -1. (en puerta) spyhole -2. (en arma) sight

miriñaque nm (de falda) hoopskirt, crinoline

mirista ◇ adj = of/relating to the MIR party in Chile, Bolivia, Peru or Venezuela
◇ nmf = member o supporter of the MIR party in Chile, Bolivia, Peru or Venezuela

mirlo nm blackbird; EXPR **ser un ~ blanco** to be one in a million ❑ **~ acuático** dipper

mirobolano nm cherry plum

mirón, -ona Fam ◇ adj (curioso) nosey; (con lascivia) peeping
◇ nm,f -1. (espectador) onlooker; (curioso)

mironiano

busybody, *Br* nosey parker; *(voyeur)* peeping Tom; **estar de ~** to just stand around watching *o* gawping; **no te quedes allí de ~, echa una mano** don't just stand there gawping, lend a hand **-2.** INFORMÁT *(en fórum)* lurker

mironiano, -a *adj* = of/relating to the style of Joan Miró

mirra *nf* **-1.** *(resina)* myrrh **-2.** *Ven (migaja)* scrap, crumb

mirringa *nf Cuba Fam* tiny bit

mirruña *nf Méx Fam* tiny bit

mirtácea BOT ◇ *adj* myrtaceous
◇ *nfpl* **mirtáceas** *(familia)* Myrtaceae

mirto *nm* myrtle

misa *nf* mass; **cantar/decir/oír ~** to sing/say/hear mass; **ir a ~** to go to mass *o* church; *Fam Fig* **lo que yo digo va a ~ y no quiero que nadie rechiste** what I say goes, I don't want to hear a word of protest from anyone; EXPR **como en ~** *(en silencio)* in total silence; EXPR *Fam* **por mí como si dice ~** I couldn't care less what he says; EXPR *Fam* **no saber de la ~ la media** *o* **la mitad** not to know half the story ❑ **~ de campaña** open-air mass; **~ cantada** sung mass; **~ concelebrada** concelebrated mass; **~ de cuerpo presente** funeral mass *(before the body is buried or cremated)*; **~ de difuntos** requiem, mass for the dead; **~ del gallo** midnight mass *(on Christmas Eve)*; **~ negra** black mass; **~ solemne** High Mass

misal *nm* missal

misantropía *nf* misanthropy

misantrópico, -a *adj* misanthropic

misántropo, -a *nm,f* misanthrope, misanthropist

miscelánea *nf* **-1.** *(mezcla)* miscellany **-2.** *Méx (tienda)* = small general store

misceláneo, -a *adj* miscellaneous

miserable ◇ *adj* **-1.** *(pobre)* poor; *(vivienda)* wretched, squalid **-2.** *(penoso, insuficiente)* miserable **-3.** *(vil)* contemptible, base **-4.** *(tacaño)* mean
◇ *nmf* **-1.** *(persona vil)* wretch, vile person **-2.** *(tacaño)* mean person, miser

miserablemente, míseramente *adv (insuficientemente)* miserably

miserere *nm* miserere

miseria *nf* **-1.** *(pobreza)* poverty; **viven en la ~** they live in poverty
-2. *(desgracia)* **las miserias de la guerra** the hardships of war
-3. *(tacañería)* meanness
-4. *(vileza)* baseness, wretchedness
-5. *(poco dinero)* pittance; **le pagan una ~** he gets paid a pittance, they pay him next to nothing; *CSur Fam* **llorar ~** to plead poverty
-6. EXPR *RP Fam* **a la ~: es alérgica y está a la ~** she's allergic and she's in a really bad way; **después de tantos días sin agua, esa planta quedó a la ~** after so many days without water the plant was in a real state *o* half dead

misericordia *nf* compassion; **pedir ~** to beg for mercy; **para obras de ~** for charity

misericordioso, -a ◇ *adj* compassionate, merciful
◇ *nm,f* **los misericordiosos** the merciful

mísero, -a *adj* **-1.** *(pobre, desdichado)* wretched, miserable; **vive en una mísera choza** he lives in a miserable hovel; **no nos ofreció ni un ~ vaso de vino** she didn't even offer us a measly *o* miserable glass of wine
-2. *(tacaño)* mean, stingy

misia, misiá *nf CSur, Ven* Mistress, Miss

misil *nm* missile ❑ **~ balístico** ballistic missile; **~ de crucero** cruise missile; **~ intercontinental** intercontinental missile; **~ teledirigido** guided missile; **~ tierra-aire** ground-to-air missile

misio, -a *Perú Fam* ◇ *adj* broke, *Br* skint
◇ *nm,f* pauper

misión *nf* **-1.** *(delegación)* mission ❑ **~ diplomática** diplomatic delegation *o Br* mission
-2. misiones *(religiosas)* (overseas) mission
-3. *(cometido)* task, mission; **¡~ cumplida!** mission accomplished! ❑ **~ suicida** suicide mission **-4.** *(expedición científica)* expedition; **una ~ de la NASA a Marte** a NASA mission to Mars

MISIONES JESUÍTICAS

The Jesuit missionaries working along the Paraná river (which today flows through Argentina, Paraguay and Uruguay) set up self-sufficient communities for the Guarani indians from 1607 onwards. The communities had their own militias and cavalry for self-defence, and Spanish settlers were forbidden access. The Jesuits allowed for the indians religious practices and beliefs in their teaching of Christianity, and the missions gave them protection from the slavery practised outside. It was, however, their very success which led to their downfall, as they came to be regarded as a rival by the cities of Buenos Aires and Asunción. The missions were finally closed in 1767, leaving over 100,000 indians to their fate. This Jesuit utopia in the jungle was undoubtedly a paternalistic affair, but it has acquired an almost mythical status with the passing years. A recent manifestation of this is the 1986 film "The Mission".

misionero, -a ◇ *adj* **-1.** *(religioso)* missionary **-2.** *(de Misiones)* of/from Misiones *(Argentina)*
◇ *nm,f* **-1.** *(religioso)* missionary **-2.** *(de Misiones)* person from Misiones *(Argentina)*

Misisipi, Misisipí *nm* **el ~** the Mississippi

misiva *nf* missive

mismamente *adv Fam* **-1.** *(precisamente)* exactly, precisely; **lo encontrarás ~ dentro de la caja** you'll find it right inside the box
-2. *(por ejemplo)* for example; **yo ~ he estado allí varias veces** I myself have been there several times

mismísimo, -a ◇ *adj (superlativo)* very; **en ese ~ día** on that very day; **el ~ presidente acudió a la ceremonia** the president himself attended the ceremony
◇ *nmpl* **mismísimos** EXPR *Fam Euf* **estoy hasta los mismísimos (de)** I've just had it up to here (with)

mismo, -a ◇ *adj* **-1.** *(igual, idéntico)* same; **son del ~ pueblo** they're from the same town/village; **vive en la misma calle que yo** she lives in the same street as me, she lives in my street; **del ~ color/tipo que** the same colour/type as
-2. *(para enfatizar lugar, tiempo)* **en este ~ sitio** in this very place; **en aquel ~ momento** at that very moment; **delante de sus mismas narices** right in front of his nose; **eso ~ digo yo** that's exactly what I say; **y por eso ~ deberíamos ayudarles** and that is precisely why we should help them
-3. *(para reforzar pronombres)* **yo ~** I myself; **¿lo hiciste tú ~?** did you do it (by) yourself?; **él ~ se construyó la casa** he built his house (by) himself, he built his own house; **me dije a mí ~...** I said to myself...; **por mí/ti ~** by myself/yourself; *Fam* **¡tú ~!** it's up to you!, suit yourself!

◇ *pron* **-1.** *(igual cosa o persona)* **el ~/la misma** the same; **el pueblo ya no era el ~** the town was no longer the same; **la misma del otro día** the same one as the other day; **el ~ que vi ayer** the same one I saw yesterday; *Fam* **¿ése es el presidente? – sí, el ~ (que viste y calza)** is that the president? – yes, the very same *o* yes, that's him all right; *Méx* **enviamos un paquete a su oficina, ~ que no ha llegado a destino** we sent a package to his office which didn't arrive *o* but it didn't arrive; EXPR **estar en las mismas** to be no further forward
-2. lo ~ *(igual cosa, iguales cosas)* the same (thing); **¡qué aburrimiento, todos los días lo ~!** how boring, it's the same every day!; **pónganos otra de lo ~** (the) same again, please; *Fam* **lo ~ se pone a hablar contigo que no te saluda** one day he might start chatting to you and the next he won't even say hello; **lo ~ que** the same as; **me gusta lo ~ que a él** I like the same things as him; **yo tengo mis manías, lo ~ que todo el mundo** I've got my idiosyncrasies just like everyone else; **lloraba lo ~ que un niño** she was crying like a child; **me da lo ~** it's all the same to me, I don't mind *o* care; **¿vamos o nos quedamos? – da lo ~** should we go *o* should we stay? – it doesn't make any difference; **me da lo ~** I don't care; **lo ~ digo** *(como respuesta)* likewise, you too; **más de lo ~** more of the same; **o lo que es lo ~** *(en otras palabras)* or in other words; **por lo ~** for that (very) reason
-3. *(tal vez)* **lo ~ llegamos y ya no hay entradas** it's quite possible that we might arrive there and find there are no tickets left; **lo ~ está enfermo** maybe *o* perhaps he's ill, he may be ill; **lo ~ te saluda que te ignora por completo** he's just as likely to say hello to you as to ignore you completely
-4. *(antes mencionado)* **hay una cripta y un túnel para acceder a la misma** there is a crypt and a tunnel leading to it
-5. *RP Fam* **lo ~** *(igualmente)* still; **le dije que se callara y lo ~ siguió hablando** I told him to be quiet but he still carried on talking *o* he carried on talking all the same; **está nevando pero lo ~ el avión va a salir** it's snowing but the plane is still going to take off

◇ *adv* **-1.** *(para enfatizar)* **lo vi desde mi casa ~** I saw it from my own house; **ahora/aquí ~** right now/here; **ayer ~** only yesterday; **salimos hoy ~** we are leaving this very day; **llegarán mañana ~** they'll be arriving tomorrow, actually; **tiene que estar listo para mañana ~** it absolutely has to be ready by tomorrow; **por eso ~** precisely for that reason
-2. *(por ejemplo)* **escoge uno cualquiera, este ~** choose any one, this one, for instance; **¿y ahora quién me arregla a mí esto? – yo ~** who's going to fix this for me now? – I will *o* I'll do it (myself)

misoginia *nf* misogyny

misógino, -a ◇ *adj* misogynistic
◇ *nm,f* misogynist

misquito, -a ◇ *adj* Misquito
◇ *nm,f* Misquito

miss *(pl* **misses)** *nf* beauty queen ❑ **Miss Mundo** Miss World; **Miss Universo** Miss Universe

mistela *nf* = unfermented wine made from alcohol and grape must

míster *(pl* **místers)** *nm* **-1.** *Fam* DEP **el ~** *(el entrenador)* the boss, *Br* the gaffer **-2.** *(como apelativo)* sir

misterio *nm* **-1.** *(hecho inexplicable)* mystery; **la desaparición del empresario sigue siendo un ~** the disappearance of the businessman remains a mystery; *Fam* **yo no le veo el ~** I don't see what's so hard to understand about it
-2. *(secretismo)* secrecy; **están preparando la fiesta con mucho ~** they're being very secretive about the preparations for the party
-3. *(intriga)* mystery; **una novela de ~** a mystery
-4. REL *(de la vida de Jesús)* mystery
-5. REL *(verdad)* mystery; **el ~ de la Santísima Trinidad** the mystery of the Holy Trinity
-6. REL *(del rosario)* mystery
-7. TEATRO mystery play

misteriosamente *adv* mysteriously

misterioso, -a *adj* mysterious

misti *nmf Perú Fam Pey* whitey

mística *nf* **-1.** *(en teología)* mysticism **-2.** **la ~** *(en literatura)* mystic literature

misticismo *nm* mysticism

místico, -a ◇ *adj* mystical
◇ *nm,f (persona)* mystic

mistificación *nf* falsification

mistificar [59] *vt* to falsify

mistral *nm (viento)* mistral

mita *nf* HIST = forced labour by Indians during the Spanish colonial era

mitad *nf* **-1.** *(parte)* half; **la ~ de** half (of); **4 es la ~ de 8** 4 is half of 8; **la primera/segunda ~ del partido** the first/second half of the

mitayo

match; **la ~ del tiempo no está** half the time she's not in; **gana la ~ que yo** he earns half as much as I do; **me costó la ~ que a él** it cost me half what he paid, it cost me half as much as it cost him; **a ~ de precio** at half price; **~ y ~** half and half; **el centauro es ~ hombre ~ caballo** the centaur is half man half horse; **está ~ esperanzado ~ triste** he's half hopeful, half down-hearted
-2. *(centro)* middle; **a ~ de camino** halfway there; **a la ~ del viaje decidieron regresar** halfway through the journey they decided to turn back; **en ~ de** in the middle of; **había un camión cruzado en ~ de la calle** there was a truck across the middle of the road; **se marcharon en ~ de la ceremonia** they left in the middle of *o* halfway through the ceremony; **a ~ de película** halfway through the movie; **(cortar algo) por la ~** (to cut sth) in half
mitayo, -a *nm,f* HIST = Indian forced to work for the Spanish during the colonial era
mítico, -a *adj* mythical
mitificación *nf* mythologization
mitificar [59] *vt* to mythologize
mitigación *nf (de efecto)* mitigation; *(de miseria)* alleviation; *(de daño)* reduction; *(de ánimos)* calming; *(de sed)* quenching; *(de hambre)* lessening; *(de choque, golpe)* softening; *(de dudas, sospechas)* allaying
mitigar [38] *vt (aplacar) (efecto)* to mitigate; *(miseria)* to alleviate; *(daño)* to reduce; *(ánimos)* to calm; *(sed)* to quench, to slake; *(hambre)* to take the edge off; *(choque, golpe)* to soften; *(dudas, sospechas)* to allay
mitin *(pl* **mítines***), Am* **mítin** *(pl* **mitines***) nm* rally, political meeting; **celebrar un ~** to hold a rally
Mitla *n* Mitla *(pre-Columbian Mexican city)*
mito *nm* -1. *(leyenda)* myth -2. *(personaje)* legend; **es un ~ de la canción** he is a legend in the world of song -3. *(invención)* myth; **lo de su boda es un ~** all that about them getting married is a myth
mitocondria *nf* BIOL mitochondria
mitología *nf* mythology
mitológico, -a *adj* mythological
mitomanía *nf* mythomania
mitómano, -a ◇ *adj* mythomaniac
◇ *nm,f* mythomaniac
mitón *nm* -1. *(con dedos al aire)* (fingerless) mitten -2. *RP (manopla)* mitten
mitosis *nf* BIOL mitosis
mitote *nm Méx Fam* -1. *(alboroto)* commotion; **se armó un gran ~ al final de la manifestación** there was a big commotion *o* set-to at the end of the demonstration -2. *(fiesta)* house party -3. *(ceremonia)* = Aztec dance performed before sowing or harvesting of crops
mitotear *vi Méx Fam (hacer remilgos)* to fuss
mitotero, -a *Méx Fam* ◇ *adj* -1. *(que alborota)* rowdy, boisterous -2. *(remilgado)* fussy, finicky
◇ *nm,f* -1. *(alborotador)* rowdy *o* boisterous person; **es un ~** he's terribly rowdy *o* boisterous -2. *(remilgado)* finicky person
mitra *nf* -1. *(tocado)* mitre -2. *(cargo)* office of archbishop/bishop
mitrado, -a ◇ *adj* mitred
◇ *nm* -1. *(obispo)* bishop -2. *(arzobispo)* archbishop
mitral *adj* ANAT **válvula ~** mitral valve
miura *nm* TAUROM = Spanish breed of bull
mixomatosis *nf* myxomatosis
mixteco, -a ◇ *adj* Mixtec
◇ *nm,f (persona)* Mixtec
◇ *nm (lengua)* Mixtec
mixtificar [59] *vt* to mystify
mixtilíneo, -a *adj* GEOM mixtilineal, mixtilinear
mixto, -a ◇ *adj* -1. *(con dos elementos)* mixed; **capital ~** mixed capital **comisión mixta** joint committee; **financiación mixta** public-private financing -2. *(con hombres y mujeres)* mixed; **un colegio ~** a mixed school; **los dobles mixtos** the mixed doubles -3. *(matrimonio)* mixed
◇ *nm (sándwich)* cheese and ham sandwich

mixtura *nf* mixture
mízcalo *nm* saffron milk cap
ml *(abrev de* **mililitro***)* ml
MLN *nm (abrev de* **Movimiento de Liberación Nacional***)* = Guatemalan party of the far right founded in 1960
MLN-T *nm (abrev de* **Movimiento de Liberación Nacional Tupamaros***)* = urban guerrilla movement active in Uruguay in the sixties and seventies
mm *(abrev de* **milímetro***)* mm
MMM *nf* INFORMÁT *(abrev de* **Multimalla Mundial***)* WWW
MN, m/n *(abrev de* **moneda nacional***)* national currency
mnemónico, -a *adj* mnemonic
mnemotecnia, mnemotécnica *nf* mnemonics *(singular)*
mnemotécnico, -a *adj* mnemonic
MNR *nm (abrev de* **Movimiento Nacionalista Revolucionario***)* = Bolivian centre-right political party
moai *nm* Easter Island statue
moaré *nm* moiré
mobiliario *nm* furniture ▫ **~ de baño** bathroom furniture; **~ de cocina** kitchen furniture; **~ urbano** street furniture *(litter bins, shelters, plant displays etc)*
moblaje *nm* furniture, furnishings
moca *nf* mocha
mocasín *nm* loafer; *(de indios)* moccasin
mocedad *nf* youth
mocetón, -ona *nm,f Fam* strapping lad, *f* strapping lass
mocha *nf* -1. *Cuba (machete)* = type of machete -2. *Ven (engranaje)* extra low gear -3. *ver también* **mocho**
mochales *adj inv Esp Fam* crazy, mad; **estar ~** to have a screw loose, to be a bit touched
mocharse *vpr Méx Fam* -1. *(compartir)* **tienes que mocharte conmigo** you have to go *Br* halves *o US* halfies with me -2. *(sobornar)* **tuve que mocharme con el policía** I had to give the policeman a bribe *o Br* backhander -3. *(cooperar)* to chip in; **móchate con algo para ir a comprar más cerveza** chip something in so we can go and buy some more beer
mochila *nf* -1. *(bolsa)* rucksack, backpack -2. INFORMÁT dongle
mochilero, -a *nm,f* -1. *(excursionista)* backpacker -2. *Ven Fam (basurero) Br* dustman, *US* garbageman
mocho, -a ◇ *adj* -1. *(extremo, punta)* blunt; *(árbol)* lopped -2. *Méx Fam Pey (beato)* holier-than-thou -3. *Méx Fam Pey (mojigato)* prudish, straitlaced -4. *RP, Ven Fam (mutilado)* **tiene un brazo ~** he has lost an arm, he only has one arm; **la pata de la silla está mocha** the chair has a leg missing; **mi gato está ~ de una oreja** my cat only has one ear -5. *RP, Ven Fam (corto)* too short
◇ *nm (fregona)* mop
◇ *nm,f Méx Fam Pey* -1. *(beato)* holy Joe -2. *(mojigato)* **las mochas de la oficina se asustaron con mi escote** the straight-laced old prudes at the office got a shock when they saw my neckline
mochuelo *nm (ave)* little owl; [EXPR] *Fam* **cargar con el ~** to be landed with it; [EXPR] *Fam* **cargar a alguien el ~** to lumber sb with it ▫ **~ chico** little owl; **~ duende** elf owl
moción *nf* motion; **presentar una ~** to present *o* bring a motion; **apoyo la ~** I second the motion ▫ **~ de censura** motion of censure; **~ de confianza** motion of confidence
mocionar *vt Am* **~ que se haga algo** to propose *o* move that sth be done; **mocionar una propuesta** to put forward *o* present a proposal
mocito, -a *adj* very young
◇ *nm,f youngster, f young girl;* **está hecha una mocita** she's quite a young lady now
moco *nm* -1. *(de la nariz)* snot; **un ~** a piece of snot, a bogey; **limpiarse los mocos** to wipe one's nose; **sonarse los mocos** to blow one's nose; **tener mocos** to have a runny nose; [EXPR] *Fam* **llorar a ~ tendido** to cry one's eyes out
-2. *(mucosidad)* mucus ▫ **~ vaginal** vaginal mucus
-3. **~ de pavo** *(cresta)* comb; *(planta)* love-lies-bleeding; [EXPR] *Fam* **no es ~ de pavo** it's not to be sneezed at, it's no mean feat; *Fam* **conseguir un buen trabajo no es ~ de pavo** getting a good job is no mean feat
-4. *Esp Fam (borrachera)* **pillarse un ~** to get plastered
-5. [EXPR] *Esp Fam* **tirarse el ~** *(presumir)* to brag; **¡no te tires el ~, no sabes ruso!** stop bragging *o* showing off, you can't speak Russian!
mocochinche *nm Bol* = drink made of peach juice with water, caramelized sugar, cloves, cinnamon and dried peach
mocoso, -a ◇ *adj* runny-nosed
◇ *nm,f Fam* **tú no puedes entrar, eres sólo un ~** you can't come in, you're just a kid; **unos mocosos rompieron el cristal** some little brats broke the window; **nos vinieron a visitar con sus dos mocosos** they came to see us with their two little brats
Moctezuma *n pr* Montezuma *(Montezuma II (1466-1520), Aztec emperor of Mexico);* **Fam la venganza de ~** Montezuma's revenge
mod ◇ *adj* mod
◇ *nmf* mod
moda *nf* fashion; **no estoy al tanto de las últimas modas** I'm not very well up on the latest fashions; **un traje a la ~** actual a fashionable dress; **fue una ~ pasajera** it was a passing fad; **la ~ de llevar el móvil a todas partes** the craze for taking your mobile phone everywhere; **estar de ~** to be fashionable *o* in fashion; **el escritor/restaurante de ~** the most fashionable writer/restaurant at the moment; **estar pasado de ~** to be unfashionable *o* out of fashion; **pasar de ~** to go out of fashion; **ir a la última ~** to wear the latest fashion; **ponerse de ~** to come into fashion; **un bar que se ha puesto muy de ~** a bar that has become very fashionable
modal ◇ *adj* modal
◇ *nmpl* **modales** manners; **tener buenos/malos modales** to have good/bad manners
modalidad *nf (tipo, estilo)* form, type; **participa en la ~ de dobles** she's competing in the doubles; **es campeón en la ~ de los 100 metros** he is the 100 metres champion ▫ COM **~ de pago** method of payment
modelado *nm* modelling
modelador, -ora ◇ *nm,f* ARTE modeller
◇ *nm RP* -1. *(corsé)* corset -2. *(para el pelo)* hair gel
modelaje *nm* -1. *(modelado)* modelling -2. *Am (carrera)* modelling; **escuela de ~** school of modelling
modelar ◇ *vt* -1. ARTE to model -2. *(dar forma, configurar)* to form, to shape; **su padre modeló su personalidad** her father shaped *o* moulded her character -3. *Am (ropa)* to model
◇ *vi* ARTE to model
modélico, -a *adj* model, exemplary; **los fans tuvieron un comportamiento ~** the fans' behaviour was exemplary, the fans were a model of good behaviour
modelismo *nm* modelling
modelista *nmf* -1. *(creador)* modeller, model maker -2. *(operario)* mould operator
modelito *nm Fam* **llevaba un ~ muy sexy** she was wearing a sexy little number
modelo ◇ *adj* model; **es un estudiante ~** he is a model student
◇ *nmf* -1. *(de moda)* model; **desfile de modelos** fashion show *o* parade -2. *(de artista)* model
◇ *nm* -1. *(diseño)* model; **tengo un ~ anterior** I have an older model; **tengo una bicicleta último ~** I have the latest-model bicycle
-2. *(representación a escala)* model ▫ **~ a escala** scale model; **~ reducido** scale model
-3. *(prenda de vestir)* outfit; **llevaba un ~ de Versace** she was wearing a Versace outfit

módem

-4. *(patrón, referencia)* model; **servir de ~** to serve as a model; **usaré tu carta como ~** I'll use your letter as a model
-5. *(teórico)* model ❏ **~ económico** economic model; **~ matemático** mathematical model

módem *(pl* **modems***) nm* INFORMÁT modem ❏ **~ fax** fax modem

moderación *nf* **-1.** *(mesura)* moderation; **con ~** in moderation; **~ salarial** wage restraint **-2.** *(de debate)* chairing; **me han encargado la ~ de un debate** I've been asked to chair *o* facilitate a debate

moderadamente *adv* moderately, in moderation

moderado, -a ◇ *adj* **-1.** *(persona)* moderate; **es una persona moderada** he's not given to excesses **-2.** *(velocidad)* moderate; *(precio)* reasonable; **habrá lluvias moderadas en el norte** there will be some rain in the north **-3.** *(en política)* moderate
◇ *nm,f* moderate

moderador, -ora ◇ *adj* moderating; **un elemento ~ de las temperaturas** a factor which keeps temperatures at a reasonable level
◇ *nm,f (de debate)* chair, facilitator
◇ *nm* FÍS moderator

moderar ◇ *vt* **-1.** *(templar, atenuar)* to moderate; **le pidieron que moderara su estilo agresivo** he was asked to tone down his aggressive style; **modere el consumo de alcohol** you should try to avoid drinking excessive amounts of alcohol
-2. *(velocidad)* to reduce; **modere su velocidad** *(en cartel)* reduce speed
-3. *(debate)* to chair, to facilitate
-4. *(contener)* to contain, to restrain; **~ las pasiones** to contain one's passions
◆ **moderarse** *vpr* to restrain oneself; **moderarse en algo** to moderate sth; **moderarse en la bebida** to cut down on alcohol

modernamente *adv* **-1.** *(recientemente)* recently, lately **-2.** *(actualmente)* nowadays

modernidad *nf* **-1.** *(cualidad)* modernity, modernness; **la ~ de un estilo** the modernness of a style; **una propuesta retrógrada maquillada de ~** a retrograde proposal masquerading as something modern **-2.** *(periodo)* **uno de los grandes poetas de la ~** one of the great poets of the modern era

modernismo *nm* **-1.** LIT modernism **-2.** ARTE Art Nouveau

modernista ◇ *adj* **-1.** LIT modernist **-2.** ARTE Art Nouveau
◇ *nmf* **-1.** LIT modernist **-2.** ARTE Art Nouveau artist

modernización *nf* modernization

modernizador, -ora, modernizante *adj* modernizing; **un esfuerzo ~** an effort to modernize

modernizar [14] ◇ *vt* to modernize
◆ **modernizarse** *vpr* to modernize

moderno, -a ◇ *adj* **-1.** *(de la actualidad)* modern; **la mujer moderna** the modern woman **-2.** *(innovador)* modern; **un diseño muy ~** a very modern design **-3.** *(historia, edad)* modern **-4.** *Fam (persona)* trendy
◇ *nm,f Fam* trendy (person)

modess® *nm Arg, Ven Br* sanitary towel, *US* sanitary napkin

modestamente *adv* modestly

modestia *nf* **-1.** *(humildad)* modesty; EXPR **~ aparte** though I say so myself; **mi propuesta es la más innovadora, ~ aparte** my proposal is the most innovative, though I say so myself; **~ aparte, creo que somos los mejores del grupo** modesty apart, I think we're the best in the group, I think we're the best in the group, though I say so myself
-2. *(sencillez)* modesty; **a pesar de su puesto vive con ~** he lives modestly, in spite of his position

modesto, -a ◇ *adj* **-1.** *(humilde)* modest; **a mi ~ entender...** in my humble opinion... **-2.** *(sencillo)* modest; **vive en una casa ~** she lives in a modest house **-3.** *(reducido, pequeño)* modest; **contamos con un ~ presupuesto** we have a small *o* limited budget; **la producción creció un ~ 1 por ciento** production increased by a modest 1 percent
◇ *nm,f* modest person; **es un ~** he's very modest

módico, -a *adj (cantidad)* modest; *(precio)* reasonable; **a la venta por un ~ precio de 1.000 pesos** available at the very reasonable price of 1,000 pesos

modificable *adj* modifiable

modificación *nf* **-1.** *(de diseño)* alteration, modification; *(de plan, ley)* change; *(de programa)* alteration; *(de presupuesto)* revision **-2.** GRAM modification

modificado, -a *adj* modified; **~ genéticamente** genetically modified

modificador, -ora ◇ *adj* modifying
◇ *nm,f* GRAM modifier; **~ del nombre/verbo** noun/verb modifier

modificar [59] *vt* **-1.** *(diseño)* to alter, to modify; *(plan, ley)* to change; *(programa)* to change, to alter; *(presupuesto)* to revise; **~ genéticamente** to genetically modify **-2.** GRAM to modify

modillón *nm* ARQUIT modillion

modismo *nm* idiom

modista *nmf* **-1.** *(diseñador)* fashion designer **-2.** *(sastre)* tailor, *f* dressmaker

modistería *nf* dress shop

modisto *nm* **-1.** *(diseñador)* fashion designer **-2.** *(sastre)* tailor

modo ◇ *nm* **-1.** *(manera, forma)* way; **no encuentro el ~ de dejar el tabaco** whatever I do, I just can't seem to give up smoking; **ése no es ~ de comportarse** that's no way to behave; **¿has visto el ~ en que** *o* **el ~ como te mira?** have you seen how *o* the way he's looking at you?; **esta vez lo haremos a mi ~** this time we'll do it my way; **al ~ de** in the style of, after the fashion of; **a ~ de** as, by way of; **a mi ~ de ver** the way I see it; **de algún ~** somehow; **se le cayó el botón porque lo cosió de cualquier ~** the button fell off because he sewed it on carelessly *o* any old how; **hazlo de cualquier ~** do it however you like; **no te preocupes, de cualquier ~ no pensaba ir** don't worry, I wasn't going to go anyway; **de ese/este ~** that/this way; **del mismo ~** similarly, in the same way; **lo hice del mismo ~ que ayer/tú** I did it the same way as yesterday/you; **lo organizaron de ~ que acabara antes de las diez** they organized it so (that) it finished before ten; **¿de ~ que no te gusta?** so, you don't like it (then)?; **de ningún ~** *o* **en ~ alguno deberíamos dejarle salir** under no circumstances should we let her out; **de ningún ~** *o* **en ~ alguno quise ofenderte** I in no way intended to offend you; **¿te he molestado? – de ningún ~** *o* **en ~ alguno** did I annoy you? – not at all *o* by no means; **¿quieres que lo invitemos? – ¡de ningún ~!** shall we invite him? – no way *o* certainly not!; **de otro ~** *(si no)* otherwise; **de tal ~ (que)** *(tanto)* so much (that); **de todos modos** in any case, anyway; **de todos modos seguiremos en contacto** in any case, we'll keep in touch; **de todos modos, ¿qué es eso que decías de un viaje?** anyway, what's that you were saying about going away?; **de un ~ u otro** one way or another; **dicho de otro ~** in other words, put another way; **en cierto ~** in a way; **¡qué ~ de hacer las cosas!** that's no way to do things! ❏ LING **~ de articulación** manner of articulation; **~ de empleo** instructions for use; **~ de pensar** way of thinking; **a mi ~ de pensar** to my way of thinking; **~ de ser:** **tiene un ~ de ser muy agradable** she has a very pleasant nature; **no me gusta su ~ de ser** I don't like the way he is; **~ de vida** way of life, lifestyle
-2. modos *(modales)* manners; **buenos/malos modos** good/bad manners; **me contestó de buenos/malos modos** she answered politely/rudely

-3. GRAM mood; **~ indicativo/subjuntivo** indicative/subjunctive mood; **en ~ indicativo** in the indicative (mood)
-4. INFORMÁT mode ❏ **~ de edición** edit mode; **~ gráfico** graphic mode; **~ de inserción** insert mode
-5. MÚS mode
◇ **ni modo** *loc adv Andes, CAm, Carib, Méx (de ninguna manera)* no way, not a chance; **¿llegaremos a tiempo? – ni ~** will we get there on time? – no way *o* not a chance; **ni ~ pues** there's nothing we can do about it, then

modorra *nf Fam* drowsiness; **tener ~** to be *o* feel sleepy

modoso, -a *adj (recatado)* modest; *(formal)* well-behaved

modulación *nf* modulation ❏ RAD **~ de amplitud** amplitude modulation; RAD **~ de frecuencia** frequency modulation

modulado, -a *adj* **frecuencia modulada** frequency modulation, FM

modulador, -ora ◇ *adj* modulating
◇ *nm* modulator

modular¹ *adj* modular

modular² ◇ *vt* **-1.** *(voz, sonido)* to modulate **-2.** RAD to modulate
◇ *vi* MÚS *(entonar)* to modulate

modular³ *nm RP* **-1.** *(sofá)* modular sofa; *(pieza de sofá)* module, unit **-2.** *(estantería)* shelf unit

módulo *nm* **-1.** *(pieza, unidad)* module **-2.** *(de muebles)* unit ❏ **~ de cocina** kitchen unit **-3.** *(en educación)* module **-4.** *(en cárcel)* unit **-5. ~ (espacial)** (space) module ❏ **~ de alunizaje** lunar module **-6.** FÍS modulus **-7.** MAT modulus

modus operandi *nm inv* modus operandi

modus vivendi *nm inv* **-1.** *(acuerdo)* modus vivendi **-2.** *(manera de vivir)* way of life

mofa *nf* mockery; **hacer ~ de algo/alguien** to mock sth/sb, to make fun of sth/sb; **su metedura de pata fue motivo de ~** everyone made fun of *o* laughed at his blunder

mofarse *vpr* to scoff; **~ de algo/alguien** to mock sth/sb, to make fun of sth/sb

mofeta *nf* skunk

mofle *nm CAm, Méx* silencer

moflete *nm* chubby cheek

mofletudo, -a *adj* chubby-cheeked

Mogadiscio *n* Mogadishu

mogol, -a ◇ *nm,f (persona)* Mongol, Mongolian
◇ *nm (lengua)* Mongol, Mongolian

mogollón *Esp Fam* ◇ *nm* **-1. ~ de** *(muchos)* tons of, loads of; **invitó a un ~ de amigos** he invited loads of friends *o* a whole load of friends; **tiene (un) ~ de dinero** she's got loads of money, she's loaded **-2.** *(lío)* row, commotion; **entraron/salieron a ~** everyone rushed in/out at once; **acudieron en ~ a ver qué pasaba** everyone crowded over to see what was happening
◇ *adv* **me gusta ~** I like it loads *o Br* heaps; **me divierto ~ con ese cómico** that comedian really cracks me up

mogote *nm* hillock (with a flat top)

mogrebí (*pl* **mogrebíes** *o* **mogrebís**) ◇ *adj* Maghrebi
◇ *nmf* Maghrebi

mohair [mo'er] *nm* mohair

mohicano, -a HIST ◇ *adj* Mohican
◇ *nm,f* Mohican

mohín *nm* grimace, face; **hacer un ~, hacer mohines** to grimace, to pull faces

mohíno, -a *adj* **-1.** *(triste)* sad, melancholy **-2.** *(enfadado)* sulky

moho *nm* **-1.** *(hongo)* mould; **criar ~** to go *o* get mouldy **-2.** *(herrumbre)* rust

mohoso, -a *adj* **-1.** *(con hongo)* mouldy **-2.** *(oxidado)* rusty

moiré [mwa're], **muaré** *nm* **-1.** IMPRENTA & FOT moiré **-2.** *(tela)* moiré

Moisés *n pr* Moses

moisés *nm inv (cuna)* Moses basket; *(portátil)* carrycot

moishe ['mojʃe] *RP Fam* ◇ *adj* Jewish
◇ *nmf* Jew

mojabobos *nm inv CAm, Méx* drizzle

mojado, -a ◇ *adj (empapado)* wet; *(húmedo)* damp; **ten cuidado, el suelo está ~** be careful, the floor is wet; **llegué a casa completamente ~** I got home completely soaked; **tengo los zapatos mojados** my shoes are wet; **todavía tengo la ropa mojada** my clothes are still damp
◇ *nm,f Méx Fam (inmigrante)* wetback; **irse de ~** to enter the United States as an illegal immigrant

mojama *nf* dried salted tuna

mojar ◇ *vt* **-1.** *(con líquido)* to wet; *(humedecer)* to moisten; **la lluvia nos mojó de pies a cabeza** we got soaked through in the rain; **moje bien el trapo antes de limpiar la ventana** wet the cloth thoroughly before using it to clean the window; **moje la parte de atrás de la etiqueta con la lengua** moisten the back of the label with your tongue; **el niño ya no moja la cama** the boy doesn't wet his bed any more
-2. *(comida)* to dunk; **moja el pan en la salsa** dip your bread in the sauce
-3. *Fam (celebrar con bebida)* to celebrate with a drink; **esta victoria hay que mojarla** we'll have to celebrate this win with a drink
◇ *vi muy Fam (copular)* to get one's rocks off

◆ **mojarse** *vpr* **-1.** *(con líquido)* to get wet; *(humedecerse)* to get damp; **me he mojado el pelo para no pasar calor** I've wet my hair so I don't get too hot; **se ha mojado la ropa** the clothes have got wet; **no dejes que se moje la cámara** don't let the camera get wet; **no llevaba paraguas y se me mojó el pelo** I didn't have an umbrella and my hair got wet; **con esas nubes seguro que nos vamos a ~** by the look of those clouds we're going to get wet
-2. *Fam (comprometerse)* **yo prefiero no mojarme** I don't want to get involved; **no se moja por nadie** he wouldn't stick his neck out for anyone; **me han pedido que me moje y colabore económicamente** they've asked me to put my money where my mouth is

mojarra *nf* common base

mojicón *nm* **-1.** *(bizcocho)* = small cake with marzipan icing **-2.** *Fam (golpe)* slap in the face

mojiganga *nf (ridiculez)* farce

mojigatería *nf* **-1.** *(beatería)* prudery **-2.** *(falsa humildad)* sanctimoniousness

mojigato, -a ◇ *adj* **-1.** *(beato)* prudish **-2.** *(falsamente humilde)* sanctimonious
◇ *nm,f* **-1.** *(beato)* prude **-2.** *(persona falsamente humilde)* sanctimonious person

mojito *nm* **-1.** *(cóctel)* = cocktail containing rum, sugar, lemon juice and mint **-2.** *Ven (plato)* = dish of flaked fish with coconut milk and seasoning

mojo *nm (salsa)* = spicy Canarian sauce made with oil, garlic, chilli, cumin and vinegar

mojón *nm* **-1.** *(piedra)* milestone **-2.** *(poste)* milepost **-3.** *Fam (excremento)* turd **-4.** *Ven Fam (mentira)* fib **-5.** *Ven Vulg (como insulto)* shit

mojonear *vi Ven Fam* to tell fibs, to fib

mojonero, -a *adj Ven Fam* fibber

moka *nf* mocha

mol *nm* QUÍM mole

mola *nf Col, Pan (camisa)* = decorative shirt

molacho, -a *adj Méx Fam* **anda ~** he has a tooth missing

molar[1] *adj* QUÍM molar

molar[2] ◇ *adj* **diente ~** molar
◇ *nm* molar

molar[3] *vi Esp Fam* **¡cómo me mola esa moto/ese chico!** that motorbike/that guy is really cool!; **me mola esquiar** I'm really into skiing; **¿te mola una birra?** fancy a beer?; **hacer surf mola cantidad** surfing is really cool; **ahora mola mucho ir en patinete** skateboarding is really in at the moment; **trabajar los fines de semana no mola** it's such a drag working at weekends; **¡mola!** cool!; EXPR **~ (un) mazo, ~ un pegote: esas gafas molan mazo** *o* **un pegote** those glasses are mega-cool

molaridad *nf* QUÍM molarity

molasa *nf* GEOL molasse

molcajete *nm Méx* mortar

molcajetear *Méx* ◇ *vt* to grind (in a mortar)
◇ *vi* to grind

molcajetero, -a *nm,f Méx* = person who makes mortars

molcas *nmf inv Méx Fam* a certain person; **supe que ~ tiene una relación con su secretaria** I found out that a certain person is having an affair with his secretary

Moldavia *n* Moldavia

moldavo, -a ◇ *adj* Moldavian
◇ *nm,f* Moldavian

molde *nm* **-1.** *(objeto hueco)* mould; **un ~ de yeso** a plaster cast
-2. *(para tartas)* baking tin; *(para flanes)* mould □ **~ de pastel** cake tin
-3. *(norma)* tradition; EXPR **romper moldes: un estilo que rompe moldes** a style that breaks with tradition *o* breaks the mould; **una mujer acostumbrada a romper moldes en la política** a woman used to breaking with political tradition; EXPR *RP Fam* **quedarse en el** *o* **hacer ~** to behave
-4. IMPRENTA form
-5. *Am (para coser)* pattern

moldeable *adj (material)* mouldable, malleable; *(persona)* malleable

moldeado *nm* **-1.** *(con molde)* moulding **-2.** *Esp (del pelo)* soft perm

moldeador, -ora ◇ *adj* moulding
◇ *nm,f* moulder
◇ *nm Esp (del pelo)* soft perm

moldear ◇ *vt* **-1.** *(dar forma)* to mould **-2.** *(cabello)* to give a soft perm to

◆ **moldearse** *vpr* to curl; **se moldea el cabello** she curls her hair

moldeo *nm* TEC moulding □ **~ por inyección** injection moulding

moldura *nf* **-1.** ARQUIT moulding **-2.** *(marco)* frame

mole[1] *nf* **una ~ de cemento** *(edificio)* a huge mass *o* block of concrete; **chocaron contra una gigantesca ~ de hielo** they hit an enormous block of ice; **el toro, una ~ de centenares de kilos, miraba amenazador** the bull, a huge hulk of a beast weighing hundreds of kilos, looked around threateningly; **está hecho una ~** *(está gordo)* he's enormous

mole[2] *nm Méx* **-1.** *(salsa)* = thick, cooked chilli sauce □ **~ poblano** = rich, cooked chilli sauce, made with nuts, raisins and chocolate
-2. *(guiso)* = dish served in "mole" sauce □ **~ de olla** = stew made with meat, vegetables, and chilli
-3. *Fam* EXPR **darle a alguien en su (mero) ~** to chat to somebody about their pet subject; **con hablar de los caballos le dieron en su mero ~** when they got talking about horses they had him in his element; **ser algo el (mero) ~ de alguien: la física es su ~** physics has always been her (pet) subject; **la pesca siempre ha sido mi mero ~** fishing has always been my thing

molécula *nf* molecule

molecular *adj* molecular

moledura *nf* **-1.** *(acción)* grinding; *(de aceitunas)* pressing; *(de trigo)* milling **-2.** *Esp Fam (cansancio)* **fue una ~ tener que ir andando** it was dead tiring having to walk

molejón *nm Cuba (roca)* = rock near the water's surface

moler [41] *vt* **-1.** *(pulverizar)* to grind; *(aceitunas)* to press; *(trigo)* to mill **-2.** *(destrozar)* to beat; **lo molieron a palos** he was beaten to a pulp; **estas zapatillas me están moliendo los pies** these shoes are killing my feet **-3.** *Fam (cansar)* to wear out

molestar ◇ *vt* **-1.** *(perturbar)* to bother; **el calor no me molesta** the heat doesn't bother me; **esa luz tan brillante me molesta** that bright light is hurting my eyes; **deja ya de ~ al gato** leave the cat alone; **¡deja de molestarme!** stop annoying me!; **¿te están molestando los niños?** are the children bothering you?; **las moscas no paraban de molestarnos** the flies were a real nuisance; **¿le molesta que fume** *o* **si fumo?** do you mind if I smoke?; **¿te molesta la radio?** is the radio bothering you?; **¿te molesta si abro la ventana?** do you mind if I open the window?; **perdone que le moleste...** I'm sorry to bother you...
-2. *(doler)* **me molesta una pierna** my leg is giving me a bit of trouble; **me molesta un poco la herida** my wound is rather uncomfortable *o* a bit sore; **vuelva dentro de un mes si le sigue molestando** come back in a month's time if it's still troubling you
-3. *(ofender)* to upset; **me molestó que no me saludaras** I was rather upset that you didn't say hello to me; **... todo esto dicho sin ánimo de ~ a nadie** I don't want to cause anyone offence but...
◇ *vi* **vámonos, aquí no hacemos más que ~** let's go, we're in the way here; **deja ya de ~ con tantas preguntas** stop being such a nuisance and asking all those questions; **¿molesto? – no, no, pasa** am I interrupting? – no, not at all, come in; **no querría ~, pero necesito hablar contigo un momento** I don't want to interrupt, but I need to have a word with you; **puedes aparcar el camión allí, que no molesta** you can park the truck over there where it won't be in the way; **no ~** *(en letrero)* do not disturb

◆ **molestarse** *vpr* **-1.** *(tomarse molestias)* to bother; **no te molestes, yo lo haré** don't bother, I'll do it; **molestarse en hacer algo** to bother to do sth; **se molestó en prepararnos una comida vegetariana** she went to the trouble of preparing a vegetarian meal for us; **te agradezco que te hayas molestado en llamar** thank you for taking the trouble to phone; **ni siquiera se molestó en acompañarme a la puerta** he didn't even bother to show me to the door; **molestarse por algo/alguien** to put oneself out for sth/sb; **por mí no te molestes, aquí estoy bien** don't worry about me, I'm fine here
-2. *(ofenderse)* **molestarse (con alguien por algo)** to get upset (with sb about sth); **espero que no se molestara por lo que le dije** I hope what I said didn't upset you

molestia *nf* **-1.** *(incomodidad)* nuisance; **este ruido es una ~** this noise is a real nuisance *o* is really annoying; **es una ~ vivir lejos del trabajo** it's a real nuisance living a long way from work; **ahórrese molestias y pague con tarjeta** save yourself a lot of trouble and pay by credit card; **¿te llevo a la estación? – ahórrate la ~, iré en taxi** shall I give you a *Br* lift *o US* ride to the station? – don't bother, I'll get a cab; **ocasionar** *o* **causar molestias a alguien** to cause sb trouble; **si no es demasiada ~** if it's not too much trouble; **no es ninguna ~** it's no trouble; **perdone la ~, pero...** sorry to bother you, but...; **(les rogamos) disculpen las molestias (causadas)** we apologize for any inconvenience caused; **tomarse la ~ de hacer algo** to go to *o* take the trouble to do sth; **¡no tenías por qué tomarte tantas molestias!** you didn't have to go to such trouble!, you shouldn't have!
-2. *(malestar)* discomfort; **siento molestias en el estómago** my stomach doesn't feel too good; **se retiró porque sentía algunas molestias en la rodilla** he came off because his knee wasn't quite right

molesto, -a *adj* **-1. ser ~** *(incordiante)* *(costumbre, tos, ruido)* to be annoying; *(moscas)* to be a nuisance; *(calor, humo, sensación)* to be unpleasant; *(ropa, zapato)* to be uncomfortable; **es muy ~ tener que mandar callar constantemente** it's very annoying to have to be constantly telling you to be quiet; **tengo un dolor ~ en la espalda** I've got an

ache in my back which is causing me some discomfort
-2. ser ~ *(inoportuno) (visita, llamada)* to be inconvenient; *(pregunta)* to be awkward
-3. ser ~ *(embarazoso)* to be embarrassing; **esta situación empieza a resultarme un poco molesta** this situation is beginning to make me feel a bit uncomfortable
-4. estar ~ *(irritado)* to be rather upset; **está molesta porque no la invitamos a la fiesta** she's upset because we didn't invite her to the party; **están molestos por sus declaraciones** they are upset by what he has been saying
-5. estar ~ *(con malestar, incomodidad) (por la fiebre, el dolor)* to be in some discomfort; **no tenía que haber comido tanto, ahora estoy ~** I shouldn't have eaten so much, it's made me feel rather unwell; **¿no estás ~ con tanta ropa?** aren't you uncomfortable in all those clothes?
molestoso, -a *Andes, CAm, Carib, Méx Fam* ◇ *adj* annoying
◇ *nm,f* nuisance
molibdeno *nm* QUÍM molybdenum
molicie *nf* **-1.** *(blandura)* softness **-2.** *(comodidad)* luxurious *o* easy living
molida *nf Chile Br* mince, *US* ground beef
molido, -a *adj* **-1.** *(pulverizado)* ground; *(trigo)* milled **-2.** *Fam (cansado)* shattered; **estoy ~ de tanto caminar** I'm shattered after walking so much
molienda *nf* **-1.** *(acción de moler)* grinding; *(de trigo)* milling **-2.** *(cantidad)* batch *(of something to be ground or milled)* **-3.** *(temporada)* milling season
moliente *adj Fam* **corriente y ~** run-of-the-mill
molinero, -a *nm,f* miller
molinete *nm* **-1.** *(ventilador)* extractor fan **-2.** *(torniquete de entrada)* turnstile **-3.** *(juguete)* toy windmill **-4.** *(en gimnasia)* flair
molinillo *nm* **-1.** *(aparato)* grinder ▫ **~ de café** coffee mill *o* grinder; **~ de pimienta** pepper mill **-2.** *(juguete)* toy windmill
molino *nm* **-1.** *(aparato)* mill ▫ **~ de aceite** olive oil mill; **~ de agua** water mill; **~ de viento** *(para grano)* windmill; *(aerogenerador)* wind turbine **-2.** *(fábrica)* mill
molla *nf* **-1.** *(parte blanda)* flesh **-2.** *Esp Fam (gordura)* **con esos pantalones se le notan mucho las mollas** those trousers really show up her flab
mollar *adj* **-1.** *(blando)* soft, tender **-2.** *(carne)* lean and boneless
molleja *nf* **-1.** *(de ave)* gizzard **-2. mollejas** *(de ternera)* sweetbreads
mollera *nf Fam (cabeza)* nut, *Br* bonce; **se le ha metido en la ~ que va a nevar** he's got it into his head that it's going to snow; **le he dado vueltas a la ~ y no hallo una solución** I've been going over and over it in my head but I can't find a solution; EXPR **ser cerrado** *o* **duro de ~** *(estúpido)* to be thick in the head; *(testarudo)* to be pig-headed
molón, -ona *adj Fam* **-1.** *Esp (que gusta) Br* brilliant, *US* neat; **es un disco muy ~** it's a really *Br* brilliant *o US* neat record **-2.** *Esp (elegante)* smart; **¡qué gafas más molonas!** those glasses are really smart! **-3.** *Méx (pesado)* **ser ~** to be a pain
molote *nm* **-1.** *Méx (tortilla)* filled tortilla **-2.** *CAm, Carib, Méx (alboroto)* uproar, riot **-3.** *Méx (moño)* bun *(of hair)*
molotera *nf CAm, Cuba* uproar, riot
molotov *adj inv* **cóctel ~** petrol bomb, Molotov cocktail
molturar *vt (moler)* to grind; *(trigo)* to mill
Molucas *nfpl* **las (islas) ~** the Moluccas
molusco *nm* mollusc
moma *nf* dogfish
momentáneamente *adv* **-1.** *(en un momento)* immediately, right now **-2.** *(de forma pasajera)* momentarily
momentáneo, -a *adj* **-1.** *(de un momento)* momentary; **tuvieron que improvisar una solución momentánea** they had to come up with a solution on the spur of the moment **-2.** *(pasajero)* temporary; **no te preocupes, es un efecto ~** don't worry, the effect is only temporary

momento *nm* **-1.** *(instante preciso)* moment; **a partir de este ~** from this moment (on); **desde el ~ (en) que...** *(indica tiempo)* from the moment that...; *(indica causa)* seeing as...; **desde ese ~** from that moment on, since that moment; **hasta ese ~** until that moment, until then; **lo podemos hacer en cualquier ~** we can do it any time; **en cualquier ~ se puede producir la dimisión del presidente** the president could resign at any moment; **llegará en cualquier ~** she'll be arriving any moment now; **justo en ese ~ entró mi padre** at that very moment *o* right then, my father came in; **en ese ~ vivía en Perú** I was living in Peru at that time; **en este ~ está reunida** she's in a meeting at the moment; **en el ~ menos pensado te puede ocurrir un accidente** accidents can happen when you least expect them; **en todo ~** at all times; **en/hasta el último ~** at/right up until the last moment; **nos permite calcular la temperatura en un ~ dado** it enables us to calculate the temperature at any given moment; **si en un ~ dado necesitas ayuda, llámame** if at any time you need my help, call me; **~ decisivo** turning point; **el ~ de la verdad** the moment of truth; **la situación podría cambiar de un ~ a otro** the situation could change any minute now *o* at any moment; **era difícil predecir lo que iba a pasar de un ~ a otro** it was hard to predict what was going to happen from one moment to the next
-2. *(rato corto)* moment, minute; **¿puedo hablar un ~ contigo?** could I speak to you for a moment *o* minute?; **sólo será un ~** I'll only *o* I won't be a minute; **dentro de un ~** in a moment *o* minute; **le arreglamos sus zapatos en el ~** *(en letrero)* shoes mended while you wait; **estará preparado en un ~** it'll be ready in a moment *o* minute; *también Fig* **espera un ~** hold on a minute; **hace un ~** a moment ago; **momentos después** moments later; **sin dudarlo un ~** without a moment's hesitation; **¡un ~!** just a minute!
-3. *(periodo)* time; **llegó un ~ en que...** there came a time when...; **estamos pasando un mal ~** we're going through a difficult patch at the moment; **está en un buen ~ (de forma)** she's in good form at the moment; **las reformas fueron rechazadas por los políticos del ~** the reforms were rejected by the politicians of the day; **es el artista del ~** he's the artist of the moment; **en un primer ~** initially, at first; **la película tiene sus (buenos) momentos** the movie has its moments
-4. *(ocasión)* time; **cuando llegue el ~** when the time comes; **en algún ~** sometime; **si en algún ~ te sientes solo** if you ever feel lonely, if at any time you should feel lonely; **has venido en buen/mal ~** you've come at a good/bad time; **en momentos así** at times like this; **en ningún ~ pensé que lo haría** at no time did I think that she would do it, I never thought she would do it
-5. FÍS moment ▫ **~ angular** angular momentum; **~ de inercia** moment of inertia; **~ lineal** momentum; **~ de torsión** torque
-6. *(en frases)* **a cada ~** all the time; **al ~** *(inmediatamente)* straightaway; *Am (hasta ahora)* at the moment, so far; **quiere todo lo que pide al ~** she expects to get whatever she asks for straightaway; *Am* **al ~ se cuentan 38 muertos** at the moment the number of deaths stands at 38, the number of deaths so far stands at 38; **¿quieres café? – de ~ no** do you want some coffee? – not just now *o* not at the moment; **te puedes quedar de ~** you can stay for now *o* for the time being; **de ~ estoy de acuerdo contigo** for the moment,

I'll agree with you; **por el ~** for the time being, for the moment; **por momentos** by the minute; **me estoy poniendo nerviosa por momentos** I'm getting more and more nervous by the minute
momia *nf* mummy
momificación *nf* mummification
momificar [59] ◇ *vt* to mummify
◆ **momificarse** *vpr* to mummify
momio, -a *adj Chile Fam (carcamal)* square, untrendy
mona *nf* **-1.** EXPR *Fam (borrachera)* **agarrar una ~** to get plastered; **dormir la ~** to sleep it off **-2.** *(pastel)* **~ (de Pascua)** = cake traditionally eaten at Easter especially in Catalonia **-3.** *Chile (maniquí)* mannequin **-4.** *CSur Fam* EXPR **como la ~** *(terrible)* terrible; **me siento como la ~** I feel terrible; **este libro está escrito como la ~** this book is atrociously written **-5.** *ver también* **mono**
monacal *adj* monastic
monacato *nm (de monjes)* monasticism, monastic life; *(de monjas)* convent life
Mónaco *n* Monaco
monada *nf Fam* **-1.** *(persona)* **tienen una ~ de niña** they've got a lovely little girl; **¡qué ~ de bebé!** what a lovely baby!; **su mujer es una ~** his wife's gorgeous; **¿bailas, ~?** hey gorgeous, do you fancy a dance?
-2. *(cosa)* **viven en una ~ de apartamento** they live in a gorgeous *Br* flat *o US* apartment; **ese sombrero es una ~** that's a lovely hat
-3. *(gracia)* **el bebé estaba haciendo monadas** the baby was being all cute
mónada *nf* FILOSOFÍA monad
monaguillo *nm* altar boy
monarca *nm* monarch ▫ **~ absoluto** absolute monarch
monarquía *nf* monarchy ▫ **~ absoluta** absolute monarchy; **~ constitucional** constitutional monarchy; **~ parlamentaria** parliamentary monarchy
monárquico, -a ◇ *adj* **-1.** *(régimen, poder)* monarchic **-2.** *(partido, ideas)* monarchist
◇ *nm,f* monarchist
monasterio *nm (de monjes)* monastery; *(de monjas)* convent
monástico, -a *adj* monastic
Moncloa *nf* **La ~** = residence of the Spanish premier which by extension refers to the Spanish government
monda *nf* **-1.** *(piel)* peel **-2.** *(acción de pelar)* peeling **-3.** *Esp Fam* **ser la ~** *(extraordinario)* to be amazing; *(gracioso)* to be a scream; **baila que es la monda** she's one hell of a dancer; **eres la ~, ¿cómo te has podido olvidar del regalo?** you're unbelievable, how could you forget the present?
mondadientes *nm inv* toothpick
mondadura *nf (piel)* peel
mondar ◇ *vt* to peel
◆ **mondarse** *vpr Esp Fam* **mondarse (de risa)** to laugh one's head off; **¡yo me mondo con ella!** I have a really good laugh with her!
mondo, -a *adj (pelado, limpio)* bare; *(huesos)* picked clean; EXPR *Fam* **~ y lirondo: dejaron el pollo ~ y lirondo** they picked the chicken clean; *Fam* **la verdad monda y lironda** the plain, unvarnished truth
mondongo *nm* **-1.** *(víscera)* guts **-2.** *RP, Ven (platillo)* tripe
moneda *nf* **-1.** *(pieza)* coin; **una ~ de diez pesos** a ten peso coin; EXPR **pagar a alguien con** *o* **en la misma ~** to pay sb back in kind; EXPR **ser ~ corriente** to be commonplace; EXPR *RP* **y monedas: costó 400 y monedas** it cost just over 400 ▫ **~ falsa** counterfeit coin; **~ fraccionaria** small change
-2. *(divisa)* currency ▫ **~ convertible** convertible currency; **~ corriente** legal tender; **~ de curso legal** legal tender; **~ débil** weak currency; **~ extranjera** foreign currency; **~ fiduciaria** fiat money; **~ fraccionaria** fractional money; **~ fuerte** strong currency; **~ nacional** national *o*

monedero 489 **monta**

local currency; UE **~ única** single currency **-3. La Moneda** (en Chile) = Chile's presidential palace
monedero nm **-1.** (bolsa) purse ❑ **~ electrónico** electronic purse **-2.** Am (teléfono) phone box
monegasco, -a ◇ adj Monacan, Monegasque
◇ nm,f Monacan, Monegasque
monei nm Fam (dinero) dough
monema nm LING moneme
monería nf Fam **-1.** (cosa) **tienen una ~ de cocina** they have a gorgeous kitchen **-2.** (cosa) **sus bebés son una ~** her babies are lovely **-3.** (gracia) **el bebé estaba haciendo monerías** the baby was being all cute **-4.** (bobada) **dejad de hacer monerías** stop monkeying around
monero, -a nm,f Méx cartoonist
monetario, -a adj monetary
monetarismo nm ECON monetarism
monetarista ECON ◇ adj monetarist
◇ nmf monetarist
monetizar [14] vt ECON **-1.** (cursar) to make legal tender **-2.** (convertir en moneda) to mint, to coin
mongol, -ola ◇ adj Mongolian
◇ nm,f (persona) Mongol, Mongolian
◇ nm (lengua) Mongol, Mongolian
Mongolia n Mongolia
mongólico, -a ◇ adj **-1.** (enfermo) Down's syndrome; **niño ~** Down's syndrome child **-2.** Fam (imbécil) moronic **-3.** (de Mongolia) Mongolian
◇ nm,f **-1.** (enfermo) person with Down's syndrome; **es un ~** he has Down's syndrome **-2.** Fam (imbécil) moron **-3.** (de Mongolia) Mongol, Mongolian
mongolismo nm Down's syndrome
mongoloide nm mongoloid
moni nm Fam (dinero) dough
monicaco, -a nm,f Fam shrimp, squirt
monigote nm **-1.** (muñeco) rag o paper doll **-2.** (dibujo) **hacer monigotes** to doodle pictures **-3.** (persona) puppet; **es un ~ del gobierno** he's a government puppet
monises nmpl Fam dough
monitor, -ora ◇ nm,f (persona) (profesor) instructor; (en campamento infantil) monitor; Am (en universidad) teaching assistant ❑ **~ de autoescuela** driving instructor; **~ de esquí** skiing instructor; **~ de tenis** tennis coach
◇ nm INFORMÁT & TEC monitor; **~ en color** colour monitor
monitorear vt Am to monitor
monitoreo nm Am (control) monitoring
monitorización nf (control) monitoring
monitorizar vt to monitor
monitos nmpl Méx cartoon
monja nf nun
monje nm monk
monjil adj **-1.** (de monja) nun's **-2.** Pey (demasiado recatado) extremely demure
monjita nf (ave) = small bird of the Pampas
mono- pref mono-; **una reunión monotemática** a meeting on a single subject
mono¹, -a adj **-1.** Fam (bonito) lovely, pretty; **es mona, pero muy sosa** she's pretty but really dull; **está muy mona con ese traje** she looks really lovely in that dress; **viste siempre muy mona** she always wears really pretty clothes **-2.** (sonido) mono **-3.** Col (rubio) blond, f blonde **-4.** Ven Fam (presumido) conceited
mono², -a ◇ nm,f **-1.** (animal) monkey; EXPR Fam **mandar a alguien a freír monas** o Ven **monos** to tell sb to get lost; EXPR Ven Fam **en lo que pestañea un ~** in the blink of an eye; EXPR Fam **tener monos en la cara: ¿qué miras? ¿tengo monos en la cara?** what are you looking at? have I got two heads or something?; EXPR Fam **ser el último ~** to be bottom of the heap; PROV **aunque la mona se vista de seda, mona se queda** you can't make a silk purse out of a sow's ear ❑ **~ araguato** red howler monkey; **~ araña** spider monkey; **~ aullador** howler monkey; **~ caparro** common woolly monkey; **~ capuchino** capuchin monkey; **~ mari-**

monda white-bellied spider monkey; **~ tití** squirrel monkey **-2.** Col (rubio) blond, f blonde
◇ nm **-1.** (prenda) (con mangas) Br overalls, US coveralls; (de peto) Br dungarees, Br boiler suit, US overalls; **un ~ de esquiar** salopettes
-2. Esp Fam (síndrome de abstinencia) cold turkey; **estar con el ~** to have gone cold turkey
-3. Esp Fam (ganas) **tengo ~ de playa** I'm dying to go to the beach
-4. Méx (muñeco) soft toy
-5. RP, Ven (ropa de bebé) romper suit, Br Babygro®
-6. Ven (ropa deportiva) tracksuit
-7. Ven (comodín) joker
-8. Ven Fam (deuda) bad debt
-9. Andes, Méx (monigote) cartoon figure ❑ Andes **~ animado** cartoon
-10. Chile (montón) pile of produce
-11. EXPR Col **meterle a alguien los monos** to frighten sb
monoambiente nm Arg Br studio flat, US studio apartment
monoaural adj monaural
monobikini, monobiquini nm monokini
monobloc adj **grifo ~** mixer tap (with single control)
monobloque nm Arg tower block
monocarril ◇ adj monorail
◇ nm monorail
monocasco nm NÁUT monohull
monociclo nm unicycle, monocycle
monocolor adj monochrome
monocorde adj **-1.** (monótono) monotonous **-2.** MÚS single-stringed
monocotiledónea nf BOT monocotyledon
monocotiledóneo, -a adj BOT monocotyledonous
monocromático, -a adj monochromatic
monocromo, -a adj monochrome
monóculo nm monocle
monocultivo nm AGR monoculture
monoespaciado INFORMÁT ◇ adj monospaced
◇ nm monospacing
monoesquí (pl **monoesquís**) nm monoski
monofásico, -a adj ELEC single-phase
monogamia nf monogamy
monógamo, -a ◇ adj monogamous
◇ nm,f monogamous person
monografía nf monograph
monográfico, -a adj monographic
monograma nm monogram, initials
monokini nm monokini
monolingüe adj monolingual
monolítico, -a adj monolithic
monolito nm monolith
monologar [38] vi to give a monologue
monólogo nm monologue; TEATRO soliloquy
monomando ◇ adj **grifo ~** mixer tap (with single control)
◇ nm mixer tap (with single control)
monomanía nf obsession
monomaniaco, -a, monomaníaco, -a ◇ adj obsessive
◇ nm,f obsessive
monómero nm QUÍM monomer
monomio nm MAT monomial
monono, -a adj CSur Fam gorgeous
mononucleosis nf inv mononucleosis ❑ **~ infecciosa** glandular fever, US mono
monoparental adj **familia ~** one-parent o single-parent family
monopartidismo nm single-party system
monopatín nm **-1.** Esp (tabla) skateboard **-2.** RP (patinete) scooter
monoplano, -a ◇ adj monoplane
◇ nm monoplane
monoplaza ◇ adj single-seater; **avión ~** single-seater aeroplane
◇ nm (avión, coche) single-seater; (coche de carreras) racing car
monopolio nm **-1.** (de sector) monopoly **-2.** (empresa) monopoly **-3.** (privilegio) monopoly; **la riqueza en el país es ~ de unos pocos** the country's wealth is concentrated in the

hands of a chosen few; **se cree que tiene el ~ de la verdad** he thinks he has a monopoly on the truth
monopolista adj monopolist; **tienen una posición ~** they have a monopoly
monopolización nf monopolization
monopolizador, -ora ◇ adj monopolistic
◇ nm,f monopolist
monopolizar [14] vt **-1.** (en economía) to monopolize **-2.** (atraer) to monopolize; **la actriz monopolizó la atención** all eyes were on the actress; **el reciente escándalo monopolizó la rueda de prensa** the recent scandal dominated the press conference
Monopoly® nm Monopoly®
monoprocesador nm INFORMÁT single-chip computer
monoquini nm monokini
monorraíl, Am monorriel ◇ adj monorail
◇ nm monorail
monosabio nm TAUROM = picador's assistant in a bullfight
monosacárido nm QUÍM monosaccharide
monosilábico, -a adj monosyllabic
monosílabo, -a adj monosyllabic
◇ nm monosyllable; **responder con monosílabos** to reply in monosyllables
monoteísmo nm monotheism
monoteísta ◇ adj monotheistic
◇ nmf monotheist
monotema nm **el sexo es su ~** all he ever talks about is sex
monotemático, -a adj **es ~** he always talks about the same thing; **sus películas son monotemáticas** all her films deal with the same theme
monotipia nf, **monotipo** nm monotype
monótonamente adv monotonously
monotonía nf **-1.** (falta de variedad) monotony **-2.** (de voz) monotone
monótono, -a adj monotonous
monousuario adj single-user
monovalente adj QUÍM monovalent, univalent
monovolumen nm people carrier
monóxido nm monoxide ❑ **~ de carbono** carbon monoxide
monra nf Andes Fam breaking and entering
monrero, -a nm,f Andes Fam burglar (who breaks his way into a house)
Monrovia n Monrovia
monseñor nm **-1.** (religioso) Monsignor **-2.** (aristócrata) Monseigneur
monserga nf Esp Fam drivel; **no me vengas con monsergas** don't give me that rubbish; **nos soltó una ~ sobre la santidad del matrimonio** he droned on at us about the sanctity of marriage
monstruo ◇ nm **-1.** (ser fantástico) monster ❑ **el ~ de Frankenstein** Frankenstein's monster; **el ~ del Lago Ness** the Loch Ness monster
-2. (persona deforme) **es un ~** he's terribly deformed
-3. (persona cruel) monster
-4. (persona fea) **es un ~** he's hideous
-5. Fam (prodigio) **uno de los monstruos del arte contemporáneo** one of the giants of contemporary art; **es un ~ de la electrónica** he's a wizard at electronics; **es un ~ esquiando** he's a brilliant skier ❑ **~ sagrado** legend
◇ adj inv Fam massive; **una concentración ~** a mass meeting
monstruosidad nf **-1.** (anomalía) freak **-2.** (enormidad) hugeness **-3.** (crueldad) monstrosity, atrocity **-4.** (fealdad) **han construido una ~ de edificio** they've built a monstrosity of a building
monstruoso, -a adj **-1.** (enorme) huge, enormous **-2.** (deforme) terribly deformed **-3.** (cruel) monstrous; **un crimen ~** a monstrous crime **-4.** (feo) hideous
monta nf **-1.** (suma) total **-2.** (importancia) importance; EXPR **de poca ~** of little importance; **un ladrón de poca ~** a petty o small-time thief; **un problema de poca ~** a minor problem; **tendrá consecuencias de poca ~** the consequences will be of little import-

montacargas ance **-3.** *(en caballo)* ride; **el arte de la ~** the art of riding; **un caballo de ~** a saddle horse

montacargas *nm inv Br* goods lift, *US* freight elevator

montado *nm Esp (bocadillo)* = small piece of bread with a savoury topping

montador, -ora *nm,f* **-1.** *(obrero)* fitter **-2.** CINE editor

montaje *nm* **-1.** *(de máquina, estructura)* assembly; **~ de andamios** putting up *o* erecting scaffolding **-2.** TEATRO staging **-3.** FOT, ARTE montage; **un ~ fotográfico** a photomontage **-4.** CINE editing **-5.** *(farsa)* **el rescate fue un ~ de la CIA** the rescue was staged by the CIA; **la enfermedad fue un ~ para poder quedarse en casa** his illness was a ruse to enable him to stay at home

montallantas *nm inv Col* **-1.** *(persona)* = person who retreads tyres **-2.** *(taller)* = garage that retreads tyres

montante *nm* **-1.** ARQUIT *(de armazón)* upright; *(de ventana)* mullion; *(de puerta)* jamb **-2.** *(ventanuco)* fanlight **-3.** *(importe)* total

montaña *nf* **-1.** *(elevación)* mountain; **bicicleta de ~** mountain bike, **botas de ~** climbing boots; **tengo una ~ de papeles sobre mi mesa** I've got a mountain of papers on my desk; EXPR **si la ~ no va a Mahoma, Mahoma va a la ~** if the mountain won't come to Mohammed, Mohammed must go to the mountain; EXPR **hacer una ~ de algo** to make a big thing of sth; EXPR **hacer una ~ de un grano de arena** to make a mountain out of a molehill ❏ **las Montañas Rocosas** *o Am* **Rocallosas** the Rocky Mountains; **~ rusa** rollercoaster
-2. *(región)* the mountains; **pasaremos el verano en la ~** we'll spend summer in the mountains
-3. *Fam* **una ~ de** *(un montón de)* piles of; **tengo una ~ de cosas que hacer** I've got piles of things to do

montañero, -a ⬦ *adj* **la vida montañera** life in the mountains; **unos calcetines montañeros** hiking socks
⬦ *nm,f* mountaineer

montañés, -esa ⬦ *adj* **-1.** *(de la montaña)* **pueblo ~** mountain village; **mis padres son montañeses** my parents are from the mountains **-2.** *Esp (cántabro)* of/from Cantabria *(Spain)*
⬦ *nm,f* **-1.** *(de la montaña)* **los montañeses** people from the mountains **-2.** *Esp (cántabro)* person from Cantabria *(Spain)*

montañismo *nm* mountaineering

montañoso, -a *adj* mountainous; **una cadena montañosa** a mountain chain

montaplatos *nm inv* dumbwaiter

montar ⬦ *vt* **-1.** *(ensamblar) (máquina, estantería, armario)* to assemble; *(tienda de campaña, tenderete, barricada)* to put up
-2. CINE *(película)* to cut, to edit
-3. *(encajar)* **~ algo en algo** to fit sth into sth; **~ una joya en un anillo** to set a jewel in a ring
-4. *(organizar) (negocio, empresa)* to set up; *(tienda)* to open; *(ataque, ofensiva)* to mount; *(exposición, congreso)* to organize; *(fiesta)* to throw; *(obra teatral)* to stage; **han montado un cibercafé cerca de mi casa** they've opened a cybercafe near my house; **~ la casa** to set up home
-5. *Esp Fam (organizar) (escándalo, jaleo)* to make; **~ ruido** to make a noise; **me montó una escena** *o* **escándalo** *o* **numerito** she made a scene in front of me
-6. *(cabalgar)* to ride
-7. *(poner encima)* **~ a alguien en algo** to lift sb onto sth
-8. *Esp (nata)* to whip; *(claras, yemas)* to beat, to whisk
-9. *(para criar) (yegua, vaca, cerda)* to mount
-10. *muy Fam (mujer)* to screw
-11. *(arma)* to cock
-12. INFORMÁT *(partición)* to mount
-13. *Ven Fam (alimentos)* to get, *US* to fix
⬦ *vi* **-1.** *(subir)* to get on; *(en automóvil)* to get in; *(en un animal)* to mount; **~ en** *(subir a)* to get onto; *(automóvil)* to get into; *(animal)* to mount
-2. *(ir cabalgando, conduciendo)* to ride; **¿sabes ~?** *(en caballo)* can you ride?; *(en bicicleta)* do you know how to ride a bike?; **~ en bicicleta/a caballo/en burro** to ride a bicycle/a horse/a donkey
-3. *Esp (sumar)* **~ a** to come to, to total; **¿a cuánto montan los ingresos?** what is the total income?; EXPR **tanto monta (monta tanto, Isabel como Fernando)** it's all the same
-4. **~ en cólera** to get angry, to fly into a temper *o* rage

➔ **montarse** *vpr* **-1.** *(subirse)* to get on; *(en automóvil)* to get in; *(en animal)* to mount; **montarse en** *(subirse)* to get onto; *(automóvil)* to get into; *(animal)* to mount; **nos montamos en todas las atracciones** we had a go on all the rides
-2. *RP muy Fam (copular)* to screw; **montarse a alguien** to screw sb
-3. EXPR *Esp Fam* **montárselo: móntatelo para tenerlo acabado mañana** try and work it *o* to organize things so you have it finished by tomorrow; **móntatelo como quieras pero lo necesito para el lunes** I don't care how you do it, but I need it for Monday; **me lo monté para que me invitaran a cenar** I managed to get myself invited to dinner; **con nosotros siempre se lo ha montado bien** he's always been a good *Br* mate *o US* buddy to us; **se lo montan muy mal con la música en ese bar** the music's rubbish in that bar; *Fam* **¡qué bien te lo montas!** you've got it well worked out!; *muy Fam* **montárselo con alguien** *(sexualmente)* to screw sb, *Br* to have it off with sb

montaraz *(pl* **montaraces***) adj* **-1.** *(del monte)* **un animal ~** a wild animal **-2.** *(tosco, rudo)* savage, wild

Mont Blanc *nm* **el ~** Mont Blanc

monte *nm* **-1.** *(elevación)* mountain ❏ **Monte Albán** *(centro arqueológico)* = excavated ruins of the main city of the Zapotec culture, found close to the city of Oaxaca in southern Mexico; **el Monte Sinaí** Mount Sinai
-2. *(terreno) (con arbustos)* scrubland; *(bosque)* woodland; **echarse** *o* **tirarse al ~** to take to the hills; *Fig* to go to extremes; PROV **no todo el ~ es orégano** life's not a bowl of cherries ❏ **~ alto** forest; *RP* **~ artificial** plantation; **~ bajo** scrub; *RP* **~ natural** natural woodland
-3. *Esp* **~ de piedad** *(casa de empeños)* state pawnbroker's; *(mutualidad)* mutual aid society
-4. **~ de Venus** mons veneris
-5. *Méx (pasto)* pasture
-6. *Ven (ensalada)* salad
-7. *Col, Ven Fam (marihuana)* grass
-8. EXPR *RP, Ven Fam* **tener a ~ a alguien** to hassle sb

montear *vt* to give chase to

Montecarlo *n* Monte Carlo

montenegrino, -a ⬦ *adj* Montenegran
⬦ *nm,f* Montenegran

Montenegro *n* Montenegro

montepío *nm* **-1.** *(institución)* mutual aid society **-2.** *(fondo)* charitable fund *(for workers and their dependents)* **-3.** *(pensión)* pension *(from mutual aid society)*

montera *nf* bullfighter's hat

montería *nf* **-1.** *(caza mayor)* hunting *(of big game)* **-2.** *(cinegética)* hunting

montero *nm (ojeador)* beater

montés *(pl* **monteses***) adj* wild

montevideano, -a ⬦ *adj* of/from Montevideo
⬦ *nm,f* person from Montevideo

Montevideo *n* Montevideo

montgomery [mon'gomeri] *nm CSur* duffle coat

montículo *nm* **-1.** *(montaña)* hillock; **un ~ de piedras** a heap of stones **-2.** *(en béisbol)* mound

montilla *nm* Montilla, = sherry-type wine from Montilla near Córdoba

monto *nm* total

montón *nm* **-1.** *(pila)* heap, pile; **roba dos cartas del ~** take two cards from the pile; *Fam* **del ~** ordinary, run-of-the-mill
-2. *Fam (cantidad)* **un ~ de** loads of; **me gusta un ~** I'm mad about him; **me duele un ~** it hurts like mad; **pregúntale a él que sabe un ~ de astronomía** ask him, he knows loads about astronomy; **a montones** by the bucketload; **tiene dinero a montones** she's got loads of money, she's loaded; **en verano vienen turistas a montones** in summer the place is crawling with tourists

montonera *nf* **-1.** *Am* HIST *(milicia)* militia **-2.** *RP Fam (cantidad)* **una ~ de** loads of; **tengo una ~ de cosas que hacer** I've got loads of things to do

montonero, -a ⬦ *adj* = of/relating to the "Montoneros"
⬦ *nm,f* **-1.** *(de los Montoneros)* = member of the "Montoneros" **-2.** *Am* HIST *(miliciano)* = member of a militia

Montoneros *nmpl* = Peronist urban guerrilla movement

Montreal *n* Montreal

montubio, -a ⬦ *adj* rustic
⬦ *nm,f* = peasant living in a coastal area

montuno, -a ⬦ *adj* **-1.** *(del monte)* mountain; **la región montuna** the mountain region **-2.** *Carib (rudo)* rustic; *(brutal)* wild, savage **-3.** *Carib (huraño)* unsociable
⬦ *nm,f Cuba Fam (guajiro)* peasant

montura *nf* **-1.** *(cabalgadura)* mount **-2.** *(arreos)* harness; *(silla)* saddle **-3.** *(de gafas)* frame **-4.** *(de joyas)* mounting

monumental *adj* **-1.** *(ciudad, lugar)* **es una ciudad ~** it's a city with a lot of historic monuments; **la ciudad contiene un espléndido conjunto ~ renacentista** the city has a wonderful collection of Renaissance buildings **-2.** *(fracaso, éxito)* monumental; **agarró un enfado ~** he flew into an almighty rage; **el concierto fue un aburrimiento ~** the concert was incredibly boring

monumento *nm* **-1.** *(construcción)* monument; *(estatua)* monument, statue; **un ~ a los caídos (en la guerra)** a war memorial; **un ~ a la constitución** a monument to the constitution; *Fam* **a tu madre habría que hacerle un ~** your mother deserves a medal ❏ **~ funerario** burial monument; **~ histórico** historical monument; **~ nacional** national monument
-2. *(obra artística o científica)* classic; **un ~ de la poesía del XIX** a classic of nineteenth-century poetry
-3. *(altar)* = decorated altar used during Holy Week
-4. *Fam (mujer atractiva)* babe

monzón *nm* monsoon

monzónico, -a *adj* monsoon; **lluvias monzónicas** monsoon rains

moña ⬦ *nf* **-1.** *(adorno)* ribbon **-2.** *Esp Fam (borrachera)* **agarrar una ~** to get smashed **-3.** *RP (lazo)* bow
⬦ *nm Esp muy Fam Br* poof, *US* fag

moñiga *nf Fam* cowpat

moñigo *nm Fam* cowpat

moñita *nf Urug* bow tie

moñito *nm Arg* bow tie

moño *nm* **-1.** *(de pelo)* bun *(of hair)*; **hacerse un ~** to put one's hair up in a bun; EXPR **agarrarse del ~** *(pegarse)* to pull each other's hair out; EXPR *Esp Fam* **estar hasta el ~ (de)** to be sick to death (of) **-2.** *Am (lazo)* bow **-3.** *Méx (pajarita)* bow tie **-4.** EXPR *Méx Fam* **ponerse los moños** to give oneself airs

mopa *nf* = soft brush for polishing floors

MOPU ['mopu] *nm Antes (abrev de* **Ministerio de Obras Públicas y Urbanismo***)* = Spanish ministry of public works and town planning

moquear *vi* **-1.** *(nariz)* to have a runny nose **-2.** *RP, Ven Fam (llorar)* to snivel

moqueo *nm* runny nose; **tener ~** to have a runny nose

moquero *nm Fam* snot rag

moqueta nf Esp fitted carpet
moquete nm RP Fam slap in the face
moquetear RP ◇ vt to carpet
◇ vi to have a carpet fitted
moquette [mo'ket] nf RP fitted carpet
moquillo nm (enfermedad) distemper
mor: por mor de loc adv Formal on account of, for the sake of; **por ~ de la verdad, debo decírselo** out of respect for the truth I have to tell him
mora nf **-1.** (de la zarzamora) blackberry **-2.** (del moral) (black) mulberry **-3.** (de la morera) (white) mulberry **-4.** ver también **moro**
morada nf Literario dwelling, abode; **entren en mi humilde ~** welcome to my humble abode; **miles de personas lo acompañaron a su última ~** thousands of people accompanied him to his final resting place
morado, -a ◇ adj (color) purple; ㊀EXPR㊀ Esp Fam **pasarlas moradas** to have a tough time of it; **las pasamos moradas para encontrar alojamiento** it was a nightmare finding somewhere to stay; ㊀EXPR㊀ Esp Fam **ponerse ~** (de comida) to stuff oneself; **nos pusimos morados de cerveza** we drank gallons of beer; **me puse ~ de bailar** I did nothing but dance
◇ nm **-1.** (color) purple **-2.** (moratón) bruise
morador, -ora nm,f inhabitant
moradura nf bruise
moral¹ ◇ adj **-1.** (espiritual) moral; **tienen el apoyo ~ de todos nosotros** they have our moral support; **presentó una demanda por daños morales** she made a claim for psychological damage
-2. (ético) moral; **tengo la obligación ~ de ayudarlos** I am morally obliged to help them; **no tiene autoridad ~ para exigir mi dimisión** she does not have the moral authority to demand my resignation
◇ nf **-1.** (ética) morality; **es un ejemplo de la doble ~ del presidente** it's an example of the president's double standards
-2. (ánimo) morale; **su victoria nos dio mucha ~** her win lifted our spirits o improved our morale; **estar bajo de ~** to be in poor spirits; **levantarle** o **subirle la ~ a alguien** to lift sb's spirits, to cheer sb up; ㊀EXPR㊀ Esp Fam Hum **tiene más ~ que el Alcoyano** she's not one to get downhearted easily
moral² nm (árbol) black mulberry tree
moraleja nf moral; **~: lo importante es participar** the moral of the story is that the important thing is to take part
moralidad nf morality
moralina nf Pey moralizing; **una novela con ~** a moralistic novel
moralismo nm moralism
moralista ◇ adj moralistic
◇ nmf moralist
moralización nf **la ~ de la vida pública** raising moral standards in public life
moralizador, -ora ◇ adj moralizing
◇ nm,f moralizer
moralizante adj moralistic
moralizar [14] ◇ vt to raise the moral standards of
◇ vi to moralize
moralmente adv morally
morar vi Literario to dwell (**en** in)
moratón nm bruise
moratoria nf moratorium
Moravia n Moravia
morbidez nf delicacy
mórbido, -a adj **-1.** (de la enfermedad) morbid **-2.** (delicado) delicate
morbilidad nf MED morbidity
morbo nm **-1.** Fam (atractivo) **el ~ atrajo a la gente al lugar del accidente** people were attracted to the scene of the accident by a sense of morbid fascination; **los cementerios le dan mucho ~** he gets a morbid pleasure out of visiting cemeteries; **esa chica tiene mucho ~** there's something perversely attractive about that girl **-2.** (enfermedad) illness
morbosidad nf **la ~ del accidente atrajo a los espectadores** the gruesomeness of the accident attracted the onlookers;

abordaron la información del accidente con mucha ~ they reported the accident rather morbidly
morboso, -a ◇ adj **-1.** (persona, interés) morbid, ghoulish; (escena, descripción) gruesome **-2.** (de la enfermedad) morbid
◇ nm,f ghoul
morcilla nf Br black pudding, US blood sausage; ㊀EXPR㊀ Esp Fam **¡que te den ~!** you can stick o shove it, then!; **si no quiere ayudar, ¡que le den ~!** if he doesn't want to help, he can stuff it!
morcillo nm foreknuckle
morcón nm = cured pork sausage
mordacidad nf sharpness, mordacity
mordaz adj caustic
mordaza nf **-1.** (para la boca) gag **-2.** (herramienta) clamp, jaw
mordedura nf bite
mordelón, -ona adj Méx (corrupto) open to bribery
morder [41] ◇ vt **-1.** (con los dientes) to bite **-2.** (apretar) to grip **-3.** (gastar) to eat into **-4.** Carib, Méx Fam (sobornar) to buy off **-5.** Carib, Méx (estafar) to cheat **-6.** Ven Fam (entender) to get
◇ vi **-1.** (con los dientes) to bite; Fam **salúdala, que no muerde** you can say hello to her, she doesn't bite; Fam **está que muerde** he's hopping mad **-2.** Carib, Méx Fam (aceptar soborno) to accept bribes o Br backhanders **-3.** Ven Fam (entender) to get it
♦ **morderse** vpr **morderse las uñas** to bite one's nails; también Fig **morderse la lengua** to bite one's tongue
mordida nf **-1.** (mordisco) bite **-2.** CAm, Méx Fam (soborno) bribe, Br backhander ; **cobrar ~** to receive a bribe o Br backhander; **dar ~** to offer a bribe o Br backhander **-3.** CSur (bocado) bite
mordiente ◇ adj **-1.** (que muerde) biting **-2.** (fijador) mordant
◇ nm caustic acid
mordisco nm **-1.** (con los dientes) bite; **dar** o **pegar un ~ a algo** to take a bite of sth; **dio un ~ a la manzana** he took a bite out of the apple; **¿me dejas darle un ~?** can I have a bite?; **los perros acabaron a mordiscos** the dogs ended up biting each other **-2.** Fam (beneficio) **obtuvieron un buen ~ de la venta del terreno** they made a nice fat profit from the sale of the land
mordisquear vt to nibble (at)
morelense ◇ adj of/from Morelos (Mexico)
◇ nmf person from Morelos (Mexico)
moreliano, -a ◇ adj of/from Morelia (Mexico)
◇ nm,f person from Morelia (Mexico)
morena nf **-1.** (pez) moray eel **-2.** ver también **moreno**
morenez nf (de pelo, piel) darkness
moreno, -a ◇ adj **-1.** (pelo, piel) dark; **ser ~** (por el pelo) to have dark hair; (por la piel) to be have dark skin **-2.** (por el sol) tanned; **ponerse ~** to get a tan; **volvió muy ~ de sus vacaciones** he came back from his holiday looking very tanned **-3.** (pan, azúcar) brown
◇ nm,f **-1.** ser un ~ (por el pelo) to have dark hair; (por la piel) to have dark skin **-2.** Fam Euf (negro) coloured person
◇ nm Esp (bronceado) suntan, tan
morera nf white mulberry tree
morería nf Moorish quarter
moretón nm bruise
morfar RP Fam ◇ vt to eat, Br to scoff
◇ vi to eat, Br to nosh
♦ **morfarse** vpr **~ algo** to eat o Br scoff sth
morfe, morfi nm RP Fam grub
morfema nm LING morpheme
morfémico, -a adj LING morphemic
Morfeo n MITOL Morpheus; ㊀EXPR㊀ **estar en brazos de ~** to be in the arms of Morpheus
morfi = morfe
morfina nf morphine
morfinomanía nf morphine addiction
morfinómano, -a ◇ adj addicted to morphine
◇ nm,f morphine addict
morfología nf morphology

morfológico, -a adj morphological
morfosintaxis nf inv morphosyntax
morganático, -a adj morganatic
morgue nf morgue
moribundo, -a ◇ adj dying; **un paciente ~** a dying patient
◇ nm,f dying man, f dying woman; **los moribundos** the dying
moridera nf Ven Fam **-1.** (desmayo) fainting fit **-2.** (desánimo) **anda con ~** he's on a downer
morigerado, -a adj Formal moderate
morillo nm firedog
morir [27] ◇ vi **-1.** (fallecer) to die (**de** of); **murió apuñalado** he was stabbed to death; **murió asesinado** he was murdered; **murió ahogado** he drowned; **~ (de) joven** to die young; **~ de cáncer/de frío/de muerte natural** to die of cancer/of cold/of natural causes; **murió de (un) infarto** he died from a heart attack; **~ por la patria/por una causa** to die for one's country/for a cause; **¡muera el tirano!** death to the tyrant!; ㊀EXPR㊀ Fam **a ~: la quiero a ~** I love her to death; **aquella noche bebimos a ~** we had absolutely loads to drink that night **-2.** (terminar) **este río muere en el lago** this river runs into the lake; **aquel camino muere en el bosque** that path peters out in the forest
-3. Literario (extinguirse) (fuego) to die down; (luz) to go out; (día) to come to a close; (tradición, costumbres, civilización) to die out; **nuestra relación murió hace tiempo** our relationship died a long time ago
♦ **morirse** vpr **-1.** (fallecer) to die (**de** of); **se está muriendo** she's dying; **se le ha muerto la madre** his mother has died; Fam **nadie se muere por hacer unas cuantas horas extras** a few hours of overtime never hurt anyone; Fam **¡muérete!** drop dead!; ㊀EXPR㊀ Fam **¡por mí como si se muere!** she could drop dead for all I care!
-2. (sentir con fuerza) **morirse de envidia/ira** to be burning with envy/rage; **morirse de miedo** to be scared to death; **casi me muero de risa/vergüenza** I nearly died laughing/of shame; **me muero de ganas de ir a bailar/fumar un pitillo** I'm dying to go dancing/for a cigarette; **me muero de hambre/frío** I'm starving/freezing; **morirse por algo** to be dying for sth; **se mueren por tener un niño** they're desperate to have a child; **morirse por alguien** to be crazy about sb
-3. Ven Fam (como exclamación) **¡muérete! que conseguí trabajo** guess what, I've got a job!; **¡muérete! que se robaron tu carro** you won't believe it, but your car's been stolen
morisco, -a ◇ adj = referring to Moors in Spain baptized after the Reconquest
◇ nm,f baptized Moor
morisqueta nf (mueca) **hacer morisquetas** to make o pull faces
morito nm glossy ibis
morlaco nm **-1.** (toro) large fighting bull **-2.** Am Fam (dinero) dough; **¿me prestas unos morlacos?** can you lend me some dough?
mormado, -a adj Méx **tengo la nariz mormada** my nose is blocked
mormón, -ona ◇ adj Mormon
◇ nm,f Mormon
mormónico, -a adj Mormon
mormonismo nm Mormonism
moro, -a ◇ adj **-1.** HIST Moorish **-2.** Esp muy Fam (machista) **ser muy ~** to be a sexist pig
◇ nm,f **-1.** HIST Moor; ㊀EXPR㊀ Fam **no hay moros en la costa** the coast is clear; **ahora no te lo puedo contar, que hay moros en la costa** I can't tell you right now, I don't want to be overheard ❏ **moros y cristianos** (en España) = traditional Spanish festival involving mock battle between Moors and Christians; (en el Caribe) rice and beans
-2. Esp Fam Pey (árabe) = term used to refer to Arabs, which is sometimes offensive
◇ nm Esp **-1.** muy Fam (machista) sexist pig

morocho

-2. Fam **el ~** (Marruecos) Morocco; [EXPR] **bajarse al ~** to go over to Morocco to score some hash

morocho, -a ◇ adj **-1.** Andes, RP (moreno) dark-haired; **es ~** he's got dark hair **-2.** Andes, RP Euf (negro) coloured **-3.** Ven (gemelo) twin
◇ nm,f **-1.** Andes, RP (moreno) dark-haired person **-2.** Andes, RP Euf (negro) coloured person **-3.** Ven (gemelo) twin

morondanga: de morondanga loc adj RP Fam lousy; **siempre trae esos brochecitos de ~** she always wears those cheap and nasty little brooches; **es un campito de ~** it's a lousy little field

moronga nf CAm, Méx Br black pudding, US blood sausage

morosidad nf **-1.** COM defaulting, failure to pay on time **-2.** (lentitud) slowness

moroso, -a COM ◇ adj defaulting; **un cliente ~** a debtor who is behind with his payments
◇ nm,f defaulter, bad debtor

morral nm (saco) haversack; (de cazador) gamebag

morralla nf **-1.** (personas) scum **-2.** (cosas) junk **-3.** (pescado) small fry **-4.** Méx (suelto) loose change

morrazo nf Fam [EXPR] **se dio** o **pegó un ~ contra un árbol** he went smack into a tree

morrear Esp Fam ◇ vi to smooch
◆ **morrearse** vpr to smooch

morrena nf moraine

morreo nm Esp Fam smooch; **se estaban dando un ~** they were having a smooch

morriña nf Esp (por el país) homesickness; (por el pasado) nostalgia; **tener** o **sentir ~** (por el país) to feel homesick

morrión nm **-1.** (casco) morion, helmet **-2.** (gorro) shako

morro[1] nm **-1.** (hocico) snout
-2. Esp (de avión) nose; (de coche) front
-3. Esp Fam **morros** (labios) lips; (boca) mouth; **límpiate los morros** give your chops a wipe; **beber a ~** to drink straight out of the bottle; [EXPR] **estar de morros** to be in a bad mood; [EXPR] **romperle los morros a alguien** to smash sb's face in
-4. Esp Fam (caradura) **¡qué ~ tiene!** he's got a real nerve!; [EXPR] **echarle ~: tú échale ~, ya verás como te dejan entrar** just go for it, they'll let you in, you'll see; **no se puede ir por ahí echándole tanto ~ a la vida** you can't just go around behaving with such a cheek; [EXPR] Hum **¡tiene un ~ que se lo pisa!** she's got one hell of a nerve!; [EXPR] **por (todo) el ~** (gratis) without paying, free; **me pidió que le diera clases así, por el ~** he had the nerve to ask if I would give him lessons for free; **se presentó allí por (todo) el ~** (con caradura) he had the nerve just to walk straight in there

morro[2], **-a** nm,f Méx Fam **-1.** (muchacho) kid **-2.** (novio) squeeze

morrocotudo, -a adj Fam **-1.** (enorme, tremendo) tremendous **-2.** Col (rico) rich, well-off

morrocoy nm Col, Ven **-1.** (animal) (sabanero) red-footed tortoise; (montañero) yellow-footed tortoise **-2.** Fam (persona) Br slowcoach, US slowpoke

morrón ◇ adj **pimiento ~** red pepper
◇ nm **-1.** Esp Fam (golpe) **darse un ~** to give oneself a real thump **-2.** CSur (pimiento) red pepper

morroñoso, -a adj **-1.** CAm (áspero) rough **-2.** Perú (débil) weak, sickly

morrudo, -a adj RP strong

morsa nf walrus

morse nm Morse (code); **un mensaje en ~** a Morse code message

mortadela nf mortadella

mortaja nf **-1.** (de muerto) shroud **-2.** Andes (papel de tabaco) cigarette paper

mortal ◇ adj **-1.** (no inmortal) mortal **-2.** (herida, caída, picadura) fatal; **tiene una enfermedad ~** she is terminally ill **-3.** (aburrimiento, susto) deadly **-4.** (enemigo) mortal, deadly **-5.** Fam (aburrido) deadly boring; **es un libro ~** it's a deadly boring book
◇ nmf mortal

mortalidad nf mortality ❏ **~ infantil** infant mortality

mortalmente adv **-1.** (de muerte) (enfermo, herido) mortally, fatally **-2.** (a muerte) **se odian ~** they have a deadly hatred for each other

mortandad nf loss of life; **el terremoto causó una gran ~** the earthquake caused great loss of life

mortecino, -a adj (luz, brillo) faint; (color, mirada) dull

mortero nm **-1.** (de cocina) mortar **-2.** (argamasa) mortar **-3.** (arma) mortar

mortífero, -a adj deadly

mortificación nf **-1.** (sufrimiento) mortification **-2.** (cosa) torture; **era una ~ verlos jugar** it was torture watching them play

mortificante adj mortifying

mortificar [59] ◇ vt **-1.** (el cuerpo) to mortify **-2.** (angustiar, molestar) to torment; **el recuerdo del accidente lo mortifica** he is tormented by the memory of the accident
◆ **mortificarse** vpr (torturarse) to torment oneself; **no te mortifiques, no fue culpa tuya** don't torment yourself, it wasn't your fault

mortuorio, -a adj death; **cámara mortuoria** funerary chamber

moruno, -a adj Moorish; Esp **pincho ~** = marinated pork cooked on a skewer

Mosa nm **el (río) ~** the (River) Meuse

mosaico nm **-1.** (artístico) mosaic **-2.** (mezcla) patchwork; **un ~ de colores/ideologías** a patchwork of colours/ideologies **-3.** Am (baldosa) tile; **un piso de ~** a tiled floor

mosca ◇ adj inv **-1.** (en boxeo) **peso ~** flyweight
-2. Esp Fam **estar ~** (con sospechas) to smell a rat; **estoy ~ con su oferta, no me inspira confianza** there's something fishy about his offer, I don't trust it
-3. Esp Fam **estar ~** (enfadado) to be in a mood; **está ~ conmigo** she's in a mood with me; **está ~ porque se ha vuelto a estropear el ordenador** he's in a mood because the computer's broken again
-4. Ven Fam (alerta) on the ball; **para ganar dinero hay que estar muy ~** if you want to make money you've got to be on the ball
◇ nmf (en boxeo) flyweight
◇ nf **-1.** (insecto) fly ❏ **~ escorpión** scorpion fly; **~ de la fruta** fruit fly; Fam Fig **~ muerta:** con lo **~ muerta que parecía y el novio tan guapo que se ha buscado** she's a dark horse, you'd never have thought she'd end up with a good-looking boyfriend like that; **parece una ~ muerta** he looks very innocent; **~ tse-tsé** tsetse fly
-2. (en pesca) fly
-3. RP Fam (dinero) dough; **estoy sin ~** I'm flat broke, Br I'm skint
-4. [EXPR] **aflojar** o **soltar la ~** to cough up, to fork out; **cazar moscas** to twiddle one's thumbs; Fam **estar con** o **tener la ~ detrás de la oreja** to be suspicious o distrustful; **no se oía ni una ~** you could have heard a pin drop; Fam **¿qué ~ te ha picado?** what's up with you?, who's rattled your cage?; Fam **por si las moscas** just in case; Méx Fam **viajar de ~** = to ride for free on a bus by clinging to the outside of it
◇ interj Ven Fam watch it!

moscada adj **nuez ~** nutmeg

moscarda nf bluebottle, blowfly

moscardón nm **-1.** (insecto) blowfly **-2.** Fam (persona) pest, creep

moscatel nm Muscatel, = dessert wine made from muscat grapes; **uvas de ~** muscat grapes

moscón nm **-1.** (insecto) meatfly, bluebottle **-2.** Fam (persona) pest, creep

mosconear ◇ vt Fam to pester
◇ vi **-1.** (zumbar) to buzz **-2.** Fam (molestar) **lleva toda la semana mosconeando a mi alrededor** he's been pestering me all week

moscovita ◇ adj Muscovite
◇ nmf Muscovite
◇ nf GEOL muscovite, mirror stone

Moscú n Moscow

mosén (pl **mosenes**) nm Esp REL father, reverend

mosqueado, -a adj Fam **-1.** (enfadado) in a huff; **estar ~ con alguien** to be in a huff with sb **-2.** (con sospechas) suspicious; **está ~ porque no han llamado todavía** he's rather surprised that they haven't phoned yet

mosquear Fam ◇ vt **-1.** (enfadar) **~ a alguien** Br to get up sb's nose, US to tick sb off **-2.** (hacer sospechar) **me mosquea que no haya llamado todavía** I'm a bit surprised he hasn't phoned yet; **su amabilidad me mosquea** I find his friendliness rather suspicious
◆ **mosquearse** vpr (enfadarse) to get in a huff (**con** with); **no te mosquees, no lo ha hecho a propósito** there's no need to get in a huff, he didn't do it on purpose; **se mosqueó por una bobada** he got in a huff over nothing

mosqueo nm Fam **-1.** (enfado) **tengo un ~, me acaban de decir que no me van a subir el sueldo** I'm really hacked off, they've just told me they aren't going to give me a pay rise; **tener un ~ con alguien** to be in a huff with sb; **cuando se lo dije agarró un ~ tremendo** when I told him he got in a real huff **-2.** (sospechas) **tener un ~** to be suspicious

mosquerío, mosquero nm Am swarm of flies

mosquete nm musket

mosquetero nm musketeer

mosquetón nm **-1.** (para escalada) karabiner **-2.** (arma) short carbine

mosquita nf Fam **~ muerta:** con lo **~ muerta que parecía y el novio tan guapo que se ha buscado** she's a dark horse, you'd never have thought she'd end up with a good-looking boyfriend like that; **parece una ~ muerta** he looks very innocent

mosquitera nf mosquito net

mosquitero nm **-1.** (mosquitera) mosquito net **-2.** (ave) chiffchaff ❏ **~ musical** willow warbler; **~ silbador** wood warbler

mosquito nm mosquito ❏ **~ anófeles** anopheles mosquito

mosso ['moso] nm **Mosso d'Esquadra** = member of the Catalan police force

mostacho nm moustache

mostacilla nf **-1.** RP (plástico) plastic bead (for threading) **-2.** Ven (perla) small pearl **-3.** Ven Fam (dinero) dough

mostajo nm common whitebeam

mostaza nf mustard; [EXPR] Arg Fam **se le subió la ~** he got really mad

mosto nm **-1.** (zumo de uva) grape juice **-2.** (residuo) must

mostrador nm (en tienda) counter; (en bar) bar; (en aeropuerto) desk; RP (encimera) worktop ❏ **~ de caja** cash desk; **~ de facturación** check-in desk; **~ de información** information desk

mostrar [63] ◇ vt **-1.** (objeto) to show; **me mostró su colección de sellos** he showed me his stamp collection; **el macho muestra su plumaje a la hembra** the male displays his plumage to the female
-2. (sentimiento) to show; **mostró su satisfacción por la concesión del premio** she expressed pleasure at having been awarded the prize
-3. (demostrar) to show; **muéstranos cómo se pone en marcha** show us how to start it; **te mostraré que lo que digo es verdad** I'll show you o prove to you that what I'm saying is true
◆ **mostrarse** vpr **se mostró muy amable con los invitados** he was very nice to the guests; **se mostró muy interesado** he expressed great interest; **se mostró reacia a colaborar** she was reluctant to cooperate; **se mostró conforme con el plan** he agreed to the plan

mostrenco, -a ◇ adj **-1.** (sin dueño) without an owner, unclaimed **-2.** Fam (torpe) thick, dense
◇ nm,f Fam **-1.** (torpe) clot; **es un ~** he's a clot, he's thick o dense **-2.** (gordo) fatso

mota *nf* **-1.** *(de polvo)* speck **-2.** *(en una tela)* dot; **una camisa con motas azules** a shirt with blue dots **-3.** *Andes, RP* **motas** *(rulos)* tight curls **-4.** *Méx, RP, Ven (de algodón)* cotton ball **-5.** *Cuba, Méx (cosmética)* powder puff **-6.** *Andes (bolita)* burl **-7.** *CAm, Méx Fam (marihuana)* grass

mote *nm* **-1.** *(nombre)* nickname; **poner ~ a alguien** to nickname sb, to give sb a nickname **-2.** *Andes (maíz)* stewed *Br* maize *o US* corn ❑ **~ con huesillos** = drink made from *Br* maize *o US* corn and peaches

moteado, -a *adj* speckled

motear *vi Perú (comer maíz)* to eat stewed *Br* maize *o US* corn

motejar *vt (poner mote a)* to nickname; **~ a alguien de algo** to brand sb sth

motel *nm* **-1.** *(hotel)* motel **-2.** *CSur (para parejas)* = hotel where rooms are let by the hour

motero, -a *nm,f Fam* biker

motete *nm* **-1.** MÚS motet **-2.** *CAm, PRico (lío)* bundle

motilón, -ona *nm,f* Motilon Indian

motín *nm (del pueblo)* uprising, riot; *(de las tropas, en barco)* mutiny; *(en cárcel)* riot ❑ HIST **el Motín del Té de Boston** the Boston Tea Party

motivación *nf* **-1.** *(causa)* motive **-2.** *(estímulo)* motivation; **no tengo ninguna ~ para estudiar** I have no motivation to study

motivado, -a *adj (persona)* motivated

motivador, -ora *adj* motivating

motivar ◇ *vt* **-1.** *(causar)* to cause; **la tormenta motivó el aplazamiento del concierto** the storm caused the concert to be postponed **-2.** *(estimular)* to motivate; **un incentivo así no me motiva nada** I'm not at all motivated by an incentive like that; **la desesperada situación lo motivó a emigrar** the desperate situation caused him to emigrate

◆ **motivarse** *vpr* to motivate oneself; **estos niños no se motivan con nada** nothing seems to motivate these children

motivo *nm* **-1.** *(causa)* reason (**de** for); *(de crimen)* motive (**de** for); **la situación económica se ha vuelto a convertir en ~ de preocupación** the economy has once again become a cause for concern; **el éxito de la misión es ~ de orgullo para todos nosotros** the success of the mission is a reason for all of us to be proud; **se retiró por motivos personales** she withdrew for personal reasons; **con ~ de** *(por causa de)* because of; *(para celebrar)* on the occasion of; *(con el fin de)* in order to; **implantaron el toque de queda con ~ de los desórdenes callejeros** a curfew was imposed because of the rioting; **las fiestas con ~ del V centenario** the celebrations to mark the 500th anniversary *o* on the occasion of the 500th anniversary; **con mayor ~** even more so; **dar ~ a** to give reason to; **no ser ~ para** to be no reason to *o* for; **por ~ de** because of; **tener motivos para** to have reason to; **tiene un buen ~ para no acudir porque va a estar su ex mujer** he has good reason for not coming because his ex-wife is going to be there; **sin ~** for no reason
-2. *(melodía)* motif
-3. *(dibujo, figura)* motif; **un ~ decorativo *o* ornamental** a decorative motif
-4. *Chile* **motivos** finickiness

moto¹ *nf* motorbike, bike; **montar en ~** to ride a motorbike; ⟦EXPR⟧ *Esp Fam* **estar como una ~** *(loco)* to be off one's head; *(nervioso)* to be hyper; *(excitado)* to be out of one's face; ⟦EXPR⟧ *Fam* **ir como una ~** to go full tilt ❑ **~ acuática** jet ski; **~ de carreras** racing bike; **~ náutica** jet ski

moto², **-a** *adj Bol Fam* **-1.** *(romo)* blunt **-2.** *(mutilado)* **tiene un dedo ~** she's lost a finger, she has a finger missing

motobomba *nf* motorized pump

motocarro *nm* three-wheeled van

motocicleta *nf* motorcycle, motorbike

motociclismo *nm* motorcycling

motociclista *nmf* motorcyclist

motociclo *nm* motorcycle

motocross [moto'kros] *nm* motocross

motocultivo *nm* mechanized farming

motocultor, motocultivador *nm* Rotavator®

motoesquí *(pl* **motoesquíes** *o* **motoesquís)** *nm* snowbike

motonáutica *nf* speedboat racing

motonáutico, -a *adj* speedboat; **competición motonáutica** speedboat race

motonave *nf* motorboat, motor vessel

motoneta *nf Am (motor)* scooter

motonetista *nmf Am* scooter rider

motor¹, **-ora** *o* **-triz** *adj* **-1.** ANAT motor; **habilidades motoras** motor skills **-2.** *(que produce desarrollo)* **el sector ~ de la economía** the sector which is the driving force of the economy

motor² *nm* **-1.** *(máquina)* engine, motor ❑ **~ alternativo** reciprocating engine; **~ de arranque** starter, starter motor; **~ de cohete** rocket engine; **~ de combustión** combustion engine; **~ de combustión interna** internal combustion engine; **~ de cuatro tiempos** four-stroke engine; **~ diesel** diesel engine; **~ de dos tiempos** two-stroke engine; **~ eléctrico** electric motor; **~ de explosión** internal combustion engine; **~ (de) fueraborda** outboard motor *o* engine; **~ de inducción** induction motor; **~ de inyección** fuel-injection engine; **~ iónico** ion engine; **~ de reacción** jet engine; **~ rotativo** rotary engine; **~ de turbina** turbine engine
-2. *(fuerza)* driving force; **el ~ de la economía** the driving force in the economy; **el ~ del equipo** *(en deporte)* the team dynamo
-3. *(causa)* instigator, cause
-4. INFORMÁT **~ de búsqueda** search engine

motora *nf* motorboat

motorismo *nm* motorcycling

motorista *nmf* **-1.** *Esp (motociclista)* motorcyclist **-2.** *CAm, Andes (automovilista)* driver, motorist

motorización *nf* *(índice)* **la alta ~ del país** the high level of car ownership in the country **-2.** *Esp (tipo de motor)* engine size

motorizado, -a ◇ *adj* motorized; **infantería motorizada** motorized infantry; **un agente ~** a police motorcyclist; *Fam* **estar ~** *(tener vehículo)* to have wheels
◇ *nm,f Ven* motorcyclist

motorizar [14] ◇ *vt* to motorize
◆ **motorizarse** *vpr Fam* to get oneself some wheels

motosierra *nf* power saw

motoso¹ *nm Col Fam* nap

motoso², **-a, motudo, -a** *adj Fam* **-1.** *Andes, RP (pelo)* frizzy **-2.** *Col (lana)* pilled **-3.** *Perú (persona)* = who speaks Spanish with the accent of a native speaker of an indigenous Indian language

motovelero *nm* motorized sailing boat

motricidad *nf* motor function

motriz *ver* **motor**

motudo = **motoso**

motu propio, motu proprio *adv* **(de) ~** of one's own accord

mouse [maus] *nm inv Am* INFORMÁT mouse

moussaka [mu'saka] *nf* moussaka

mousse [mus] *nf, Esp nm* mousse; **~ de chocolate** chocolate mousse

mouton [mu'ton] *nm* sheepskin

movedizo, -a *adj* **-1.** *(movible)* movable, easily moved **-2.** *(inestable)* unsteady, unstable; **arenas movedizas** quicksand **-3.** *(inconstante)* changeable

mover [41] ◇ *vt* **-1.** *(desplazar, trasladar)* to move (**de/a** from/to); *(mecánicamente)* to drive; **el viento mueve las palas** the wind drives *o* turns the blades; INFORMÁT **~ un fichero** to move a file; **~ una ficha** *(en juegos)* to move a counter; **el fútbol profesional mueve mucho dinero** a lot of money changes hands in the world of professional soccer; **ese cantante mueve masas** huge numbers of people go to see that singer wherever he performs; ⟦EXPR⟧ *Esp* **~ ficha: ahora le toca al gobierno ~ ficha** it's the government's move, it's the government's turn to make the next move
-2. *(menear, agitar) (caja, sonajero)* to shake; *(bandera)* to wave; **movía las caderas** she was wiggling *o* swinging her hips; **la vaca movía la cola** the cow was swishing its tail; **el perro movía la cola** the dog was wagging its tail; **~ la cabeza** *(afirmativamente)* to nod; *(negativamente)* to shake one's head; **muévelo bien** *(removiéndolo con cucharilla)* stir it well; *(agitándolo con las manos)* shake it well
-3. *(impulsar)* **~ a alguien a hacer algo** to make sb do sth, to prompt sb to do sth; **¿qué te movió a hacerlo?** what made you do it?, what prompted you to do it?; **eso fue lo que nos movió a la huelga** that was what made us strike *o* prompted us to strike; **sólo la mueve la ambición** she is driven solely by ambition; **~ a alguien a compasión** to move sb to pity
-4. *(hacer trámites con)* to do something about; **hay muchos interesados en ~ este asunto** there are several people who are interested in doing something about this issue

◇ *vi* **-1.** *(en ajedrez, damas, juego de mesa)* to move; **tú mueves** it's your move **-2.** *(provocar)* **su triste mirada movía a compasión** her sad gaze made you feel pity for her

◆ **moverse** *vpr* **-1.** *(desplazarse, trasladarse)* to move; *(en la cama)* to toss and turn; **no te muevas** don't move; **yo no me he movido de aquí** I've been here the whole time, I haven't left this spot; **si no dejas de moverte no te puedo vestir** if you don't stop moving about I won't be able to dress you; ⟦EXPR⟧ *Esp Fam* **el que se mueva, no sale en la foto** step out of line and you're out of the frame
-2. *(darse prisa)* to get a move on; **muévete, que es tarde** get a move on, it's late
-3. *Fam (hacer gestiones)* to get things going *o* moving; **me moví mucho para conseguir la subvención** I did everything I could to get the grant; **si te mueves puedes encontrar trabajo** if you make an effort *o* try you can get a job
-4. *(relacionarse)* **moverse en/entre** to move in/among; **se mueve con gente de la universidad** she mixes with people from the university

movible *adj* movable

Movicom® *nm RP* mobile phone, cellphone

movida *nf* **-1.** *Esp, RP Fam (lío, problema)* problem; **cuando llegó la policía se organizó una gran ~** there was a lot of aggro when the police arrived; **a mí no me metas en tus movidas** don't get me involved in any of your funny stuff; **mudarse es una ~** moving house is a real headache; **tener movidas *o* una ~ con alguien** to have a spot of bother with sb
-2. *Esp, RP Fam (ambiente, actividad)* scene; **en esta ciudad hay mucha ~** there's a lot going on in this city; **estuvieron toda la noche de ~** they were out on the town all night; **han organizado una gran ~ para pedir el cambio de la ley** a big campaign has been organized calling for the law to be changed; **no me va esa ~** it's not my scene ❑ **la ~ madrileña** = the Madrid cultural scene of the late 1970s and early 1980s
-3. *Méx, RP, Ven Fam (negocio)* shady deal
-4. *RP, Ven Fam (fiesta)* bash
-5. *Ven Fam (aventura)* fling

movido, -a *adj* **-1.** *(debate, torneo)* lively; *(jornada, viaje)* hectic **-2.** *(mar)* rough, choppy **-3.** *(fotografía)* blurred, fuzzy **-4.** *CAm Fam (enclenque, raquítico)* feeble **-5.** *Chile (huevo)* soft-shelled

móvil ◇ *adj* **un blanco ~** a moving target; **teléfono ~** mobile phone; **unidad ~** mobile unit

◇ *nm* **-1.** *(motivo)* motive; **se desconoce el ~ del secuestro** the motive for the kidnapping is unknown **-2.** *(teléfono)* mobile **-3.** *(juguete)* mobile

movilidad *nf* **-1.** *(movimiento)* mobility; **tener coche me da mucha ~** owning a car makes me very mobile; **una indemnización por ~ geográfica** a relocation allowance ❑ **~ social** social mobility **-2.** *Bol (transporte)* bus

movilización *nf* **-1.** *(de tropas, policía)* mobilization **-2.** *(protesta)* protest, demonstration; **una ~ estudiantil** a student protest *o* demonstration; **los camioneros han anunciado movilizaciones** the truck drivers have announced a series of protests **-3.** *Chile (transporte público)* public transport

movilizar [14] ◇ *vt* **-1.** *(tropas, policía)* to mobilize **-2.** *(obreros, estudiantes)* to mobilize **-3.** *CSur (transportar)* to transport
◆ **movilizarse** *vpr* **-1.** *(tropas, policía)* to mobilize **-2.** *(obreros, estudiantes)* to mobilize **-3.** *CSur (moverse)* to get around

movimiento *nm* **-1.** *(desplazamiento, traslado)* movement; **hizo un ~ con la mano** she made a movement with her hand; **asintió con un ~ de la cabeza** he nodded in agreement; **seguía con la mirada todos mis movimientos** he was watching my every move; **¡no hagas ningún ~!** don't move!; **si haces un ~ en falso, disparo** if you move, I'll shoot, one false move and I'll shoot; **la escayola entorpecía sus movimientos** the plaster cast meant she couldn't move freely; **hay pocos movimientos en la clasificación general** there have been few changes in the overall standings ❑ **~ *migratorio*** migratory movement; MED ***movimientos oculares rápidos*** rapid eye movement; ***movimientos de población*** population shifts; **~ *sísmico*** earth tremor
-2. *(en física y mecánica)* motion; **en ~** moving, in motion; **se bajó del tren cuando todavía estaba en ~** she got off the train while it was still moving; **poner algo en ~** to set sth in motion; **ponerse en ~** to start moving ❑ FÍS **~ *acelerado*** accelerated motion; FÍS **~ *continuo*** perpetual motion; FÍS **~ *ondulatorio*** wave motion; FÍS **~ *oscilatorio*** oscillatory motion; FÍS **~ *de rotación*** rotational motion; FÍS **~ *de traslación*** orbital motion; FÍS **~ *uniforme*** motion at a constant velocity
-3. *(corriente ideológica, artística)* movement; **el ~ dadaísta** the Dadaist movement; **el ~ obrero** the working-class movement; **el ~ pacifista** the peace movement
-4. HIST **el Movimiento (Nacional)** *(en España)* = organisation uniting all Fascist groups supporting Franco, founded on 19th April 1937, and which served as the official party of his regime until 1975
-5. **~ (militar)** *(sublevación)* (military) uprising
-6. *(actividad)* activity; *(de vehículos)* traffic; *(de personal, mercancías)* turnover; *(en cuenta bancaria)* transaction; *(en contabilidad)* operation; **últimos movimientos** *(opción en cajero automático)* print mini-statement ❑ **~ *de capital*** cash flow
-7. MÚS *(parte de la obra)* movement
-8. MÚS *(velocidad del compás)* tempo
-9. *(en ajedrez, damas, juego de mesa)* move
-10. *(alzamiento)* uprising

moviola *nf* **-1.** *(proyector)* editing projector **-2.** *(repetición de jugada)* action replay

moza *nf* **-1.** *(sirvienta)* girl, maid **-2.** *ver también* **mozo**

mozalbete *nm* young lad

Mozambique *n* Mozambique

mozambiqueño, -a ◇ *adj* Mozambican
◇ *nm,f* Mozambican

mozárabe ◇ *adj* Mozarabic, = Christian in the time of Moorish Spain
◇ *nmf (persona)* Mozarab, = Christian of Moorish Spain
◇ *nm (lengua)* Mozarabic

mozo, -a ◇ *adj* **-1.** *(joven)* young; **en mis años mozos...** when I was young...; **-2.** *(soltero)* single, unmarried
◇ *nm,f* **-1.** *(niño)* young boy, young lad; *(niña)* young girl; EXPR **ser buen ~** to be a good-looking man
-2. *Andes, RP (camarero)* waiter, *f* waitress; *Esp, Andes, RP* **¡~, la cuenta!** the *Br* bill *o US* check please, waiter!
-3. *(trabajador)* **~ de caballos** groom; **~ de cordel** porter; **~ de cuadra** stable lad; **~ de cuerda** porter; **~ de equipajes** porter; **~ de estación** (station) porter; TAUROM **~ de estoques** = bullfighter's assistant who looks after his equipment
-4. *Col (novio)* boyfriend; *(novia)* girlfriend
◇ *nm Esp (recluta)* conscript

mozuelo, -a *nm,f* lad, *f* girl

mozzarella [motsa'rela, moθa'rela] *nm* mozzarella

MPM *nm (abrev de* **Movimiento Peronista Montonero***)* = Peronist urban guerrilla movement

MRS *nm (abrev de* **Movimiento de Renovación Sandinista***)* = breakaway Sandinista party

MRTA *nm (abrev de* **Movimiento Revolucionario Túpac Amaru***)* = Peruvian Marxist guerrilla organization

ms INFORMÁT *(abrev de* **milisegundos***)* ms

m.s. *(abrev de* **manuscrito***)* ms., MS

MS-DOS *nm* INFORMÁT *(abrev de* **Microsoft Disk Operating System***)* MS-DOS

MTA *nm (abrev de* **Movimiento de los Trabajadores Argentinos***)* = radical trade union movement opposed to the main union federation

Mtro., -a *nm,f* **-1.** *(abrev de* **ministro, -a***)* Min **-2.** *Méx (abrev de* **maestro, -a***)* Prof

mu *nm (mugido)* moo; EXPR *Fam* **no decir ni mu** not to say a word

muá *interj* muah *(sound made when giving a kiss)*

muaré = **moiré**

mucamo, -a *nm,f Andes, RP* **-1.** *(en casa)* servant, *f* maid **-2.** *(en hotel)* chamberperson, *f* chambermaid

muceta *nf* cloak

muchacha *nf* **-1.** *(sirvienta)* maid; *Am* **~ de adentro** live-in maid **-2.** *ver también* **muchacho**

muchachada *nf* bunch of kids; **toda la ~ del lugar** all the local kids

muchachera *nf*, **muchachero** *nm Ven Fam* bunch of kids

muchacho, -a *nm,f* **-1.** *(joven)* boy, *f* girl; **un grupo de muchachas esperaba al cantante** a group of girls was waiting for the singer; **es un buen ~** he's a good sort; **anda ~, no seas tonto** come on son, don't be silly **-2.** *(recadero)* errand boy

muchachón *nm* **-1.** *RP (gamberro)* lout **-2.** *Ven (joven)* lad

muchedumbre *nf (de gente)* crowd, throng; *(de cosas)* great number, masses

mucho, -a ◇ *adj* **-1.** *(gran cantidad de)* a lot of; **comemos ~ pescado/mucha verdura** we eat a lot of fish/vegetables; **había mucha gente** there were a lot of people there; **producen muchos residuos** they produce a lot of waste; **tengo muchos más/menos amigos que tú** I've got a lot more/fewer friends than you; **no tengo ~ tiempo** I haven't got much *o* a lot of time; **no nos quedan muchas entradas** we haven't got many *o* a lot of tickets left; **¿hay muchas cosas que hacer?** are there a lot of things to do?, is there much to do?; **no tengo muchas ganas de ir** I don't really *o* much feel like going; **tengo ~ sueño** I'm very sleepy; **hoy hace ~ calor** it's very hot today; **hace ~ tiempo** a long time ago; **¡mucha suerte!** the best of luck!; **¡muchas gracias!** thank you very much!
-2. *(singular) (demasiado)* **hay ~ niño aquí** there are rather a lot of kids here; **mucha sal me parece que le estás echando** I think you're overdoing the salt a bit, I think you're adding a bit too much salt; **ésta es mucha casa para mí** this house is much too big for me; *Fam* **es ~ hombre** he's a real man; **es ~ coche para un conductor novato** it's far too powerful a car for an inexperienced driver; *Fam* **~ lujo y ~ camarero trajeado pero la comida es horrible** it's all very luxurious and full of smartly dressed waiters, but the food's terrible
◇ *pron (singular)* a lot; *(plural)* many, a lot; **tengo ~ que contarte** I have a lot to tell you; **¿queda dinero? – no ~** is there any money left? – not much *o* not a lot; **muchos de ellos** many *o* a lot of them; **somos muchos** there are a lot of us; **muchos piensan igual** a lot of *o* many people think the same; **realizaba experimentos, muchos sin resultado** he performed a lot of experiments, many of which failed
◇ *adv* **-1.** *(gran cantidad)* a lot; **habla ~** he talks a lot; **trabajo/me esfuerzo ~** I work/try very hard; **llovía/nevaba ~** it was raining/snowing hard, it was raining/snowing heavily; **ayer llovió/nevó ~** it rained/snowed a lot yesterday, there was a lot of rain/snow yesterday; **me canso ~** I get really *o* very tired; **me gusta ~** I like it a lot *o* very much; **no me gusta ~** I don't like it much; **~ más/menos** much more/less, a lot more/less; **~ mayor/menor** much bigger/smaller, a lot bigger/smaller; **~ mejor/peor** much better/worse, a lot better/worse; **¿es caro? – sí, ~** is it expensive? – yes, very; **como ~** at the most; **con ~** by far, easily; **no es ni con ~ tan divertida como su anterior novela** it's nowhere near as funny as her previous novel; **ni ~ menos** far from it, by no means; **no está ni ~ menos decidido** it is by no means decided; **por ~ que** no matter how much, however much; **por ~ que insistas** no matter how much you insist, however much you insist; EXPR *Fam* **ser ~ ~** *(ser excepcional)* to be something else
-2. *(largo tiempo)* **hace ~ que no te veo** I haven't seen you for a long time; **¿dura ~ la obra?** is the play long?; **¿te queda ~?** *(para terminar)* have you got long to go?; **~ antes/después** long before/after; **(no) ~ más tarde** (not) much later
-3. *(a menudo)* often; **¿vienes ~ por aquí?** do you come here often?
-4. *Méx* **~ muy** *(para enfatizar)* very, very; **es muy grande** it's very, very big

mucílago *nm* mucilage

mucosa *nf* mucous membrane ❑ **~ *bucal*** buccal mucosa; **~ *nasal*** nasal mucus

mucosidad *nf* mucus

mucoso, -a *adj* mucous

múcura, mucura *nf* **-1.** *Andes, Ven (vasija)* earthenware pitcher **-2.** *Col Fam (tonto)* blockhead, dunce

mucus *nm inv* mucus

muda *nf* **-1.** *(de plumas)* moulting; *(de piel)* shedding **-2.** *(ropa interior)* change of underwear **-3.** *ver también* **mudo**

mudable *adj (persona)* changeable; *(carácter)* fickle

mudada *nf Andes, CAm* **-1.** *(de ropa)* change of clothing **-2.** *(de domicilio)* move, change of address

mudanza *nf* **-1.** *(de casa)* move; **estar de ~** to be moving; **un camión de mudanzas** *Br* a removal van, *US* a moving van; **una empresa de mudanzas** a furniture remover **-2.** *(cambio)* change; *(de carácter)* changeability, fickleness

mudar ◇ *vt* **-1.** *(cambiar)* to change; **cuando mude la voz** when his voice breaks **-2.** *(piel, plumas)* **muda la piel en verano** it sheds its skin in summer; **~ las plumas** to moult **-3.** *Am (bebé)* to change; **ya es hora de mudarla** it's time to change her *o* change her nappy
◇ *vi* **-1.** *(cambiar)* **~ de opinión/color** to change opinion/colour; **~ de domicilio** to move home; **está mudando de voz** his voice is breaking **-2.** *Méx (niño)* to lose one's milk teeth
◆ **mudarse** *vpr* **-1.** *(trasladarse)* to move; **mudarse de casa** to move house; **se mudaron a una casa en el campo** they moved to a house in the country **-2.** *(cambiarse)* to change; **mudarse de ropa** to change clothes

mudéjar ◇ adj Mudejar, = of/relating to Muslims in Christian-occupied Spain
◇ nmf Mudejar, = Muslim in Christian-occupied Spain

mudez nf muteness, inability to speak

mudo, -a ◇ adj **-1.** (sin habla) mute, dumb; **es ~ de nacimiento** he was born mute **-2.** (callado) silent, mute; **fue ~ testigo del asesinato** she was a silent witness to the murder; **se quedó ~** he was left speechless; **me quedé ~ de terror** I was speechless o I was struck dumb with fright **-3.** (sin sonido) silent; **cine ~** silent films **-4.** (letra) silent
◇ nm,f dumb person, mute

mueble ◇ nm **-1.** (objeto) piece of furniture; **los muebles** the furniture ❑ **muebles de baño** bathroom furniture; **~ bar** cocktail cabinet; **~ cama** foldaway bed; **muebles de cocina** kitchen furniture; **muebles de época** period furniture; **muebles de jardín** garden furniture; **muebles de oficina** office furniture **-2.** RP Fam (hotel) = cheap hotel where prostitutes take their clients
◇ adj DER **bienes muebles** personal property

mueblería nf furniture shop

mueca nf (gesto) face, expression; **hacer una ~** to make o pull a face; **hizo una ~ de dolor** she winced in pain, she grimaced with pain; **esbozó la ~ de una sonrisa** he forced a smile; **los alumnos hacían muecas a espaldas del profesor** the children were making o pulling faces behind the teacher's back

muecín nm muezzin

muela nf **-1.** (diente) back tooth, molar; **dolor de muelas** toothache; **tiene varias muelas picadas** she has several teeth with tooth decay ❑ **~ del juicio** wisdom tooth **-2.** (de molino) millstone **-3.** (para afilar) grindstone **-4.** (cerro) = flat-topped hill

muelle ◇ adj **-1.** (asiento) comfortable **-2.** (vida) easy, comfortable
◇ nm **-1.** (resorte) spring **-2.** (en puerto) dock, quay; (en el río) wharf **-3.** (de carga y descarga) loading bay

muelo etc ver **moler**

muérdago nm mistletoe

muerdo ◇ ver **morder**
◇ nm Esp **-1.** Fam (mordisco) bite; **¿me dejas darle un ~ al bocadillo?** can I have a bite of your sandwich? **-2.** Fam (beso) **se estaban dando un ~** they were necking o Br snogging

muere nm EXPR RP Fam **irse al ~** (proyecto) to go down the tubes; (planes) to be ruined

muérgano, -a Col, Ven Fam ◇ adj (inútil) useless, worthless
◇ nm,f (mala persona) swine
◇ nm (objeto inútil) useless o worthless object

muermo nm Esp Fam **-1.** (aburrimiento) **fue un ~ de conferencia** it was a deadly boring lecture; **¡menudo ~ de película!** what a deadly boring movie!; **me entró un ~ terrible** I was overcome with boredom **-2.** (persona) **ser un ~** to be a bore

muero etc ver **morir**

muerte nf **-1.** (fin de la vida) death; **la malaria le produjo la ~** malaria was the cause of death; **ha sido herido de ~** he has been fatally wounded; **una lucha a ~** a fight to the death; **la odio a ~** I hate her with all my heart, I absolutely loathe her; **hasta que la ~ nos separe** till death us do part; **tener una ~ dulce** to die peacefully; EXPR Am Fam **cada ~ de obispo** once in a blue moon; EXPR Fam **de ~:** vas a agarrar un resfriado de ~ you're going to catch your death of cold; Fam **me he llevado un susto de ~** I got the fright of my life; Fam **hace un frío de ~** it's absolutely freezing; Fam **esta sopa está de ~** this soup is yummy; Fam **de mala ~** (cine, restaurante) third-rate; **un bar de mala ~** a dive; **un pueblo/una casa de mala ~** a hole, a dump; EXPR Ven Fam **ser de ~** (muy bueno) to be fantastic; (muy malo) to be the pits ❑ **~ aparente** suspended animation; **~ cerebral** brain death; DER **~ civil** civil death, attainder; **~ natural:** morir de **~ natural** to die of natural causes; **vivió en una residencia hasta su ~ natural** she lived in a home until she died of old age; **~ súbita** (del bebé) sudden infant death; (en tenis) tie break; (en golf) play-off; **~ violenta** violent death; **morir de ~ violenta** to die a violent death
-2. (homicidio) murder; **se le acusa de la ~ de varias mujeres** he has been accused of murdering o of the murder of several women; **dar ~ a alguien** to kill sb
-3. la ~ (ser imaginario) death
-4. (final, desaparición) death, demise; **la ~ de los regímenes comunistas** the demise of the Communist regimes

muerto, -a ◇ participio ver **morir**
◇ adj **-1.** (sin vida) dead; **caer ~** to drop dead; **dar por ~ a alguien** to give sb up for dead; **varios transeúntes resultaron muertos** a number of passers-by were killed; **este sitio está ~ en invierno** this place is dead in winter; **estar ~ de frío** to be freezing to death; **estar ~ de hambre** to be starving; **estar ~ de miedo** to be scared to death; **estábamos muertos de risa** we nearly died laughing; EXPR Fam **estar ~ de risa** (objeto) to be lying around doing nothing; EXPR **estar más ~ que vivo de hambre/cansancio** to be half dead with hunger/exhaustion; EXPR Am **estar ~ por alguien** (enamorado) to be head over heels in love with sb; EXPR **no tiene dónde caerse ~** he doesn't have a penny to his name; PROV **~ el perro, se acabó la rabia** the best way to solve a problem is to attack its root cause
-2. Fam (muy cansado) **estar ~ (de cansancio), estar medio ~** to be dead beat; **estoy que me caigo ~** I'm fit to drop
-3. Formal (matado) **fue ~ de un disparo** he was shot dead; **~ en combate** killed in action
-4. (color) dull
◇ nm,f **-1.** (fallecido) dead person; (cadáver) corpse; **hubo dos muertos** two people died; **hacer el ~** (sobre el agua) to float on one's back; **hacerse el ~** to pretend to be dead, to play dead; **las campanas tocaban a ~** the bells were tolling the death knell; EXPR Fam **cargar con el ~** (trabajo, tarea) to be left holding the baby; (culpa) to get the blame; EXPR Fam **cargarle o echarle el ~ a alguien** (trabajo, tarea) to leave the dirty work to sb; (culpa) to put the blame on sb; EXPR Fam **un ~ de hambre: se casó con un ~ de hambre** she married a man who didn't have a penny to his name; PROV **el ~ al hoyo y el vivo al bollo** life goes on (in spite of everything)
-2. los muertos (los fallecidos) the dead; **el ejército derrotado enterraba a sus muertos** the defeated army was burying its dead; **resucitar de entre los muertos** to rise from the dead; EXPR Vulg **(me cago en) tus muertos!** you motherfucker!
◇ nm (en naipes) dummy hand

muesca nf **-1.** (marca, concavidad) notch, groove **-2.** (corte) nick

muesli nm muesli

muestra nf **-1.** (cantidad representativa) sample; **una ~ gratuita** o **de regalo** a free sample; EXPR **para ~ (basta) un botón** one example is enough
-2. (de sangre, orina) sample
-3. (en estadística) sample ❑ **~ aleatoria** random sample; **~ piloto** pilot sample; **~ representativa** cross-section
-4. (señal) sign, show; (prueba) proof; (de cariño, aprecio) token; **los recibieron con muestras de cariño** they gave them an affectionate welcome; **recibe este regalo como ~ de aprecio** please accept this gift as a token of appreciation; **dio claras muestras de alegría/enfado** it was clear that she was happy/annoyed; **este contrato supone una clara ~ de confianza en la empresa** this contract is a clear indication of confidence in the company; **existe nerviosismo, ~ de ello son las declaraciones del delegado** there is some anxiety, as evidenced by the delegate's statements
-5. (modelo) model, pattern
-6. (exposición) show, exhibition

muestrario nm collection of samples

muestreo nm sampling ❑ **~ aleatorio** random sampling

muestro etc ver **mostrar**

muevo etc ver **mover**

mufa nf RP Fam foul mood; **hoy tiene una ~ impresionante** she's in a really foul mood today

Muface [mu'faθe] nf (abrev de **Mutualidad General de Funcionarios Civiles del Estado**) = mutual benefit society for Spanish civil servants

mufado, -a adj RP Fam **andar ~** to be in a foul mood

mufarse vpr RP Fam to get in a huff

muflón nm mouflon

mugido nm **-1.** (de vaca) **un ~** a moo; **el ~ de las vacas** the mooing of the cows **-2.** (de toro) **un ~** a bellow; **el ~ de los toros** the bellowing of the bulls

mugir [24] vi (vaca) to moo; (toro) to bellow

mugre ◇ adj Méx (inútil) useless
◇ nf filth, muck; **este cuarto está lleno de ~** this room is filthy

mugriento, -a, Méx **mugroso, -a** adj filthy

mugrón nm **-1.** (de vid) layer **-2.** (vástago) shoot

mugroso, -a = **mugriento**

muguete, RP **muguet** nm lily of the valley

muino, -a adj Méx Fam **andar ~** to be in a foul mood

mujer ◇ nf **-1.** (hembra adulta) woman; **ropa de ~** women's clothes; **los derechos de la ~** women's rights; **la ~ española** Spanish women; **ya eres toda una ~** you're a grown-up woman now; **una ~ hecha y derecha** a fully-grown woman; **de ~ a ~** woman to woman ❑ RP **~ de la calle** streetwalker; **~ de su casa** good housewife; **~ fatal** femme fatale; **~ de la limpieza** cleaning lady; **~ de mala vida** streetwalker; **una ~ de mundo** a woman of the world; **~ de negocios** businesswoman; **~ objeto** woman treated as a sex object; **~ piloto** woman pilot; **~ policía** policewoman; **~ pública** prostitute; **~ sacerdote** woman priest; **~ de vida alegre** loose woman
-2. (cónyuge) wife
◇ interj Esp **¿te acuerdas de Marisol?, ¡sí, ~, nuestra compañera de clase!** do you remember Marisol? you know, she was at school with us!; **¿me acercas a casa? – sí, ~, can you give me a** Br lift o US ride home? – sure; **pero ~, no te pongas así** oh, don't be like that!

mujeriego Ven Fam ◇ adj fond of the ladies; **es muy ~** he's a real womanizer
◇ nm **-1.** (grupo) crowd of women **-2.** (hombre) womanizer, ladies' man

mujeriego, -a ◇ adj fond of the ladies; **es muy ~** he's a real womanizer
◇ nm womanizer, ladies' man

mujeril adj female

mujerío, Am **mujererío** nm Fam crowd of women

mujerzuela nf Pey loose woman

mújol nm striped mullet

mula nf **-1.** (animal) mule; EXPR **trabajar como una ~** to work like a dog
-2. Fam (terco) **ser una ~** to be as stubborn as a mule
-3. Fam (estúpido) thickhead
-4. RP,Ven (traficante) mule, courier
-5. Méx (cojín) shoulder pad
-6. Méx (mercancía) junk, unsaleable goods
-7. RP Fam (mentira) fib; **meterle una ~ a alguien** to tell sb a fib
-8. Méx (en dominó) **~ de treses** double three

muladar nm (lugar sucio) tip, pigsty

mulato, -a ◇ adj of mixed race, mulatto
◇ nm,f person of mixed race, mulatto

mulero[1] nm muleteer

mulero², -a *RP Fam* ◇ *adj* **es muy ~** he's a real fibber
◇ *nm,f* fibber

muleta *nf* **-1.** *(para andar)* crutch; **camina con muletas** he uses crutches, he walks on crutches **-2.** *(apoyo)* prop, support **-3.** TAUROM muleta, = red cape hanging from a stick used to tease the bull

muletazo *nm* TAUROM = pass made with the "muleta"

muletilla *nf (frase)* pet phrase; *(palabra)* pet word

muleto *nm* DEP *(coche reserva)* spare car

muletón *nm* flannelette

mulillas *nfpl* TAUROM = team of mules which drag out the dead bull at the end of a fight

mulita *nf RP* armadillo

mullido, -a *adj (sofa, sillón)* soft, springy; *(cojín)* soft

mullir *vt* **-1.** *(almohada, lana)* to fluff up **-2.** *(tierra)* to turn over

mulo *nm* **-1.** *(animal)* mule **-2.** *Fam (persona fuerte)* **es un ~** he's as strong as a horse **-3.** *Fam (estúpido)* thickhead

multa *nf* fine; **una ~ por exceso de velocidad** a speeding ticket; **poner una ~ a alguien** to fine sb; **le pusieron cinco euros de ~** he was fined five euros

multar *vt* to fine

multicelular *adj* multicellular

multicentro *nm* large shopping mall

multicine *nm* multiplex (cinema)

multicolor *adj* multicoloured

multiconferencia *nf* TEL conference call

multicopista *nf Esp* duplicator, duplicating machine

multicultural *adj* multicultural

multidifusión *nf* INFORMÁT & TV multicast

multidisciplinario, -a, multidisciplinar *adj* multidisciplinary

multifamiliar *nm Méx Br* block of flats, *US* apartment block

multiforme *adj* multiform, differently shaped

multigrado *adj* multigrade

multigrafiar *vt Ven* to mimeograph

multígrafo *nm Ven* mimeograph

multilateral *adj* multilateral

multilingüe *adj* **-1.** *(en varias lenguas)* multilingual **-2.** *(políglota)* multilingual

Multimalla *nf* INFORMÁT **la ~ Mundial** the World Wide Web

multimedia INFORMÁT ◇ *adj inv* multimedia
◇ *nf* multimedia

multimillonario, -a ◇ *adj* **es ~** he's a multimillionaire; **un negocio ~** a multimillion pound/dollar/*etc* business
◇ *nm,f* multimillionaire

multinacional ◇ *adj* **-1.** *(de varias naciones)* multinational **-2.** *(empresa)* multinational
◇ *nf* multinational

multipartidario, -a *adj (pacto)* cross-party; **un gobierno ~** a coalition government; **negociaciones multipartidarias** negotiations between various parties

multipartidismo *nm* multiparty system

multipartidista *adj (pacto)* cross-party; *(sistema)* multiparty; **un gobierno ~** a coalition government; **negociaciones multipartidistas** negotiations between various parties

múltiple *adj* **-1.** *(variado)* multiple; **una colisión ~** a multiple collision, a pile-up **-2.** **múltiples** *(numerosos)* many, numerous

múltiplex *adj inv* INFORMÁT multiplex

multiplicable *adj* multipliable

multiplicación *nf* **-1.** *(operación matemática)* multiplication **-2.** *(incremento)* rapid increase; **la ~ de los casos de gripe** the rapid increase in the number of flu cases

multiplicador, -ora ◇ *adj* multiplying
◇ *nm* MAT multiplier

multiplicando *nm* MAT multiplicand

multiplicar [59] ◇ *vt* **-1.** *(en matemáticas)* to multiply; **~ 4 por 5** to multiply 4 by 5; **4 multiplicado por 3 igual a 12** 4 multiplied by 3 is 12, 4 times 3 is 12 **-2.** *(efecto)* to magnify; *(riesgo, probabilidad)* to increase
◇ *vi* to multiply

◆ **multiplicarse** *vpr* **-1.** *(reproducirse)* to multiply **-2.** *(incrementarse)* to increase rapidly; **se han multiplicado los robos en la zona** there has been a rapid rise in the number of burglaries in the area **-3.** *(desdoblarse)* to attend to lots of things at the same time; **se multiplicó para atender a todo el mundo** she ran around all over the place trying to attend to everyone

multiplicidad *nf* multiplicity

múltiplo *nm* multiple; **30 es ~ de tres** 30 is a multiple of three

multiprocesador INFORMÁT ◇ *adj* multiprocessor
◇ *nm* multiprocessor

multiproceso *nm* INFORMÁT multiprocessing

multiprogramación *nf* INFORMÁT multiprogramming

multipropiedad *nf* time-sharing

multirracial *adj* multiracial

multirriesgo *adj (seguro)* all risks

multisalas *nm inv (cine)* multiscreen cinema

multitarea INFORMÁT ◇ *adj inv* multitasking
◇ *nf* multitasking

multitratamiento *nm* INFORMÁT multiprocessing

multitud *nf* **-1.** *(de personas)* crowd **-2. una ~ de** *(gran cantidad)* a huge number of; **tengo una ~ de cosas que hacer** I've got a huge number of things to do

multitudinario, -a *adj (concierto)* packed; *(fiesta)* huge; **un bautismo ~** a mass baptism; **un grupo ~ se concentró ante la embajada** a large crowd gathered in front of the embassy; **una manifestación multitudinaria** a mass demonstration

multiuso *adj inv* multipurpose

multiusuario *adj* INFORMÁT multi-user

multivariable *adj (en estadística)* multivariate; **análisis ~** multivariate analysis

muna *nf Ven Fam* dough; **no tengo ~** I'm strapped for cash, I'm out of dough

mundanal *adj* worldly; **placeres mundanales** worldly pleasures

mundano, -a *adj* **-1.** *(del mundo)* worldly, of the world **-2.** *(de la vida social)* (high) society

mundial ◇ *adj (política, economía, guerra)* world; *(tratado, organización)* worldwide; **los líderes del sector a nivel ~** the world leaders in the sector; **un escritor de fama ~** a world-famous writer
◇ *nm* World Championships; *(de fútbol, rugby)* World Cup; *(de Fórmula 1, motociclismo)* world championship ❏ **Mundial de Clubes** *(de fútbol)* World Club Championship; **~ de rallies** world rally championship

mundialista DEP ◇ *adj* **equipo ~** World Championship team; *(en fútbol)* World Cup squad
◇ *nmf* = competitor in a World Cup or World Championship

mundialito *nm* World Club Championship

mundialización *nf* globalization

mundialmente *adv* **es ~ conocido** he's known throughout the world; **es ~ famoso** he's world-famous

mundillo *nm Fam* world; **el ~ literario** the literary world, literary circles

mundo *nm* **-1. el ~** *(la Tierra, el universo)* the world; **el récord/campeón del ~** the world record/champion; **el mejor/mayor del ~** the best/biggest in the world; **es un actor conocido en todo el ~** he's a world-famous actor; **ha vendido miles de discos en todo el ~** she has sold thousands of records worldwide *o* all over the world; **seres de otro ~** creatures from another world; **el ~ árabe/desarrollado** the Arab/developed world; **traer un niño al ~** to bring a child into the world; **venir al ~** to come into the world, to be born; EXPR **se le cayó el ~ encima** his world fell apart; EXPR **no se va a caer** *o* **hundir el ~ por eso** it's not the end of the world; EXPR **comerse el ~: vino a la ciudad a comerse el ~** when he came to the city he was ready to take on the world; EXPR **¡hay que ver cómo está el ~!** what is the world coming to!; EXPR **desde que el ~ es ~** since the dawn of time; EXPR *Euf Anticuado* **echarse al ~** *(prostituirse)* to go on the streets; EXPR **el ~ es un pañuelo** it's a small world; EXPR **el ~ anda al revés** the world has been turned on its head; EXPR **hacer un ~ de cualquier cosa** *o* **de algo sin importancia** to make a mountain out of a molehill; EXPR **todo se le hace un ~** she makes heavy weather out of everything; EXPR **el otro ~** the next world, the hereafter; EXPR **irse al otro ~** to pass away; EXPR **mandar a alguien al otro ~** to kill sb; EXPR **no es nada del otro ~** it's nothing special; EXPR *Fam* **se pone el ~ por montera** she doesn't *o* couldn't give two hoots what people think; EXPR **por esos mundos de Dios: están de viaje por esos mundos de Dios** they're travelling around (all over the place); EXPR **como nada en el ~: querer a alguien como a nada en el ~** to love sb more than anything else in the world; EXPR **por nada del ~: no me lo perdería por nada del ~** I wouldn't miss it for (all) the world *o* for anything; EXPR **tenemos todo el tiempo del ~** we have all the time in the world; EXPR **se le vino el ~ encima** his world fell apart; EXPR **vivir en otro ~** to live in a world of one's own

-2. *(la civilización)* world; **el ~ precolombino** pre-Columbian civilizations ❏ **el Mundo Antiguo** the Old World

-3. *(ámbito, actividad)* world; **el ~ animal** the animal kingdom *o* world; **el ~ rural** the countryside, the country; **el ~ de los negocios/de las artes** the business/art world; **el ~ del espectáculo** show business; **Lupe vive en su (propio) ~** *o* **en un ~ aparte** Lupe lives in her own little world

-4. *(gente)* **medio ~** half the world, a lot of people; **todo el ~**, *Méx* **todo ~** everyone, everybody; **no vayas por ahí contándoselo a todo el ~** don't go around telling everyone; **pago mis impuestos como todo el ~** I pay my taxes the same as everyone else

-5. *(gran diferencia)* **hay un ~ entre ellos** they're worlds apart

-6. *(experiencia)* **un hombre/una mujer de ~** a man/woman of the world; **correr ~** to see life; **tener (mucho) ~** to be worldly-wise, to know the ways of the world; **ver ~** to see life

-7. *(vida seglar)* **renunciar al ~** to renounce the world

mundología *nf* worldly wisdom, experience of life

Múnich *n* Munich

munición *nf* ammunition; **municiones** ammunition; *Fig* **el escándalo sirvió de ~ para atacar al gobierno** the scandal gave them ammunition to attack the government

municipal ◇ *adj (cementerio, polideportivo)* municipal; *(policía, elecciones)* local; *(instalaciones)* public; **trabajadores municipales** council workers; **las fiestas municipales** the local *o* town festival
◇ *nmf Esp (guardia)* (local) policeman, *f* policewoman

municipales *nfpl (elecciones)* local elections

municipalidad *nf* **-1.** *(corporación)* local council **-2.** *(territorio)* town, municipality

municipalizar [14] *vt* to municipalize, to bring under municipal authority

municipio *nm* **-1.** *(corporación)* local council **-2.** *(edificio)* town hall, *US* city hall **-3.** *(territorio)* town, municipality **-4.** *(habitantes)* **asistió todo el ~** the whole town was there

munido, -a *adj RP* **~ de algo** equipped with sth; **acudieron al rescate munidos de todo lo necesario** they went to take part in the rescue operation equipped with everything they needed; **se ruega presentarse ~ del pasaporte** you are requested to have your passport with you

munificencia *nf Formal* munificence

munificente *adj Formal* munificent

muniqués, -esa ◇ *adj* of/from Munich (Germany)
◇ *nm,f* person from Munich (Germany)

munir *RP* ◇ *vi* **~ de algo a algo/alguien** to provide sth/sb with sth
◆ **munirse** *vpr* **~ de algo** to equip oneself with sth

muñeca *nf* **-1.** *(del cuerpo)* wrist **-2.** *(juguete)* doll ❑ **~ rusa** Russian doll; **~ de trapo** rag doll **-3.** *Fam (como apelativo)* darling, *US* doll; **¿cómo te llamas, ~?** what's your name, darling *o US* doll? **-4.** *Andes, RP Fam* **tener ~** *(enchufe)* to have friends in high places; **llegó hasta ahí por ~** he got there by using his influence *o* by pulling strings **-5.** *Andes, RP Fam* **tener ~ (para hacer algo)** *(habilidad)* to have the knack (of doing sth) **-6.** *Méx (mazorca)* baby sweetcorn

muñeco *nm* **-1.** *(juguete)* doll; *(marioneta, títere)* puppet; *(de ventrílocuo)* dummy; **(de peluche)** cuddly *o* soft toy; EXPR *Perú Fam* **estar con (todos) los muñecos** to be a bundle of nerves, to have the jitters ❑ **~ de nieve** snowman; **~ de trapo** rag doll **-2.** *Fam (como apelativo)* sweetie, *US* honey

muñeira *nf* = popular Galician dance and music

muñequeado, -a *adj Perú Fam* **estar ~** to be a bundle of nerves, to have the jitters

muñequear *Fam* ◇ *vt Andes, RP* to wangle; **le muñequearon un cargo** they pulled a few strings to get her a job, they wangled her a job
◆ **muñequearse** *vpr Perú* to get all jumpy, to get the jitters

muñequera *nf* wristband

muñequilla *nf Chile* young ear of *Br* maize *o US* corn

muñequitos *nmpl Méx, Ven Fam* comic strip ❑ **~ animados** cartoons

muñón *nm* stump

muón *nm* FÍS muon

mural ◇ *adj (pintura)* mural; *(mapa)* wall
◇ *nm* mural

muralismo *nm* **-1.** *(arte)* mural painting **-2.** *(movimiento)* muralist movement

muralista ◇ *adj* muralist
◇ *nmf* muralist

muralla *nf* **-1.** *(muro)* wall; **la ~ de la ciudad** the city walls ❑ **la Muralla China** the Great Wall of China **-2.** *(barrera)* wall; **pasó la pelota por encima de la ~ de jugadores** he sent the ball over the wall

Murcia *n* Murcia

murciano, -a ◇ *adj* of/from Murcia *(Spain)*
◇ *nm,f* person from Murcia *(Spain)*

murciélago *nm* bat ❑ **~ enano** pipistrelle; **~ frugívoro** fruit bat

murga *nf* **-1.** *(charanga)* band of street musicians **-2.** *Esp Fam (pesadez)* drag, pain; **dar la ~** to be a pain **-3.** *Urug (comparsa)* = group of dancers in a carnival

muriera *etc ver* **morir**

murmullo *nm* **el ~ del agua** the murmuring of the water; **se escuchó un ~ de aprobación** there was a murmur of approval; **el ~ de las hojas** the rustling of the leaves

murmuración *nf* backbiting, gossip; **no hagas mucho caso de las murmuraciones** don't pay too much attention to gossip

murmurador, -ora ◇ *adj* gossiping; **ser ~** to be a gossip
◇ *nm,f* gossip

murmurar ◇ *vt* to mutter; **se murmura que engaña a su mujer** there are rumours that he cheats on his wife
◇ *vi* **-1.** *(criticar)* to gossip **(de** about); **se pasan el tiempo murmurando del jefe** they do nothing but gossip about the boss **-2.** *(susurrar)* *(agua, viento)* to murmur, to gurgle; *(hojas)* to rustle **-3.** *(rezongar, quejarse)* to grumble

muro *nm* **-1.** *(construcción)* wall ❑ **el ~ de Adriano** Hadrian's Wall; **el Muro de Berlín** the Berlin Wall; **~ de contención** retaining wall; **el Muro de** *Esp* **las Lamentaciones** *o Am* **los Lamentos** the Wailing Wall **-2.** *Fig (barrera)* **nunca superó el ~ de su timidez** she never overcame her shyness; **entre los dos hay un ~ de silencio** there is a wall of silence between them

mus *nm inv* = Spanish card game played in pairs with bidding and in which players communicate by signs

musa *nf* **-1.** MITOL Muse **-2.** *(inspiración)* muse

musaka *nf* moussaka

musaraña *nf (animal)* shrew; EXPR *Fam* **mirar a las musarañas** to stare into space *o* thin air; EXPR *Fam* **pensar en las musarañas** to have one's head in the clouds

muscardino *nm* hazel dormouse, common dormouse

musculación *nf* body-building

muscular *adj* muscular

musculatura *nf* muscles

músculo *nm* muscle ❑ **~ cardíaco** myocardium, cardiac muscle; **~ estriado** striated muscle; **~ liso** smooth muscle

musculosa *nf RP Br* vest, *US* undershirt *(sleeveless)*

musculoso, -a *adj* muscular

museístico, -a *adj* museum; **archivos museísticos** museum archives

muselina *nf* muslin

museo *nm (de ciencias, historia)* museum; *(de arte)* (art) gallery ❑ **~ arqueológico** museum of archaeology; **~ de arte moderno** museum *o* gallery of modern art; **~ de cera** waxworks, wax museum; **~ de la ciencia** science museum; **~ de ciencias naturales** natural science museum; **el Museo del Prado** the Prado, = Spain's most important art gallery, in Madrid

museología *nf* museology

museólogo, -a *nm,f* museologist

musgaño *nm* southern water shrew

musgo *nm* moss

musgoso, -a *adj* mossy, moss-covered

música[1] *adj Méx Fam* **-1.** **ser ~** *(inútil)* to be useless *o* hopeless; **soy muy ~ para los idiomas** I'm useless *o* hopeless at languages **-2.** **ser ~** *(egoísta)* to be mean; **no seas ~, déjame dar una vuelta en la moto** don't be so mean, let me have a go on the motorbike

música[2] *nf* **-1.** *(arte)* music; **pon un poco de ~** put some music on; **estudia ~ en el conservatorio** she is studying music at the conservatoire; **es el autor de la ~ y la letra** he wrote the music and the lyrics; EXPR **la ~ amansa a las fieras** music has a really calming effect; EXPR *Fam* **irse con la ~ a otra parte: nos fuimos con la ~ a otra parte** we made ourselves scarce; **¡vete con la ~ a otra parte!** clear off!, *US* take a hike! **~ de acompañamiento** incidental music; **~ ambiental** piped music; **~ antigua** early music; **~ de baile** dance music; **~ de cámara** chamber music; **~ celestial: eso me suena a ~ celestial** *(a falsa promesa)* that sounds like a lot of hot air; *(maravillosamente)* that's music to my ears; **~ clásica** classical music; **~ en directo** live music; **~ disco** disco music; **~ electrónica** electronic music; **~ enlatada** canned music; **~ étnica** world music; **~ folk** folk music; **~ de fondo** background music; **~ funcional** piped music; **~ heavy** heavy metal; **~ instrumental** instrumental music; **~ ligera** light music; **~ militar** military music; **~ pop** pop music; **~ popular** folk music; **~ rock** rock music; **~ sinfónica** orchestral music; **~ tecno** techno (music); **~ tradicional** traditional music; **~ vocal** vocal music **-2.** *ver también* **músico**

musical ◇ *adj* musical
◇ *nm* musical

musicalidad *nf* musicality

musicalmente *adv* musically

musicante *nmf Am Fam* **un ~** a musician of a sort

musicar [59] *vt* to set to music

musicasete *nf* cassette

music-hall ['musik'χol] *(pl* **music-halls)** *nm Br* music hall, *US* vaudeville

músico, -a ◇ *adj* musical
◇ *nm,f (persona)* musician ❑ **~ ambulante** street musician, *Br* busker; **~ callejero** street musician, *Br* busker

musicología *nf* musicology

musicólogo, -a *nm,f* musicologist

musicoterapia *nf* music therapy

musiquilla *nf* **-1.** *(música)* tune **-2.** *(tono)* singsong tones *o* voice

musitar *vt* to mutter, to mumble

musiú, -iúa *(pl* **musiúes, -iúas)** *Ven Fam* ◇ *adj* gringo
◇ *nm,f* gringo *(especially of Anglo-German origin)*

muslamen *nm Esp Fam Hum* thighs

muslera *nf* thighband

muslo *nm* **-1.** *(de persona)* thigh **-2.** *(de pollo, pavo) (entero)* leg; *(parte inferior)* drumstick

mustela *nf* **-1.** *(comadreja)* weasel **-2.** *(pez)* dogfish

mustélido, -a ◇ *adj* musteline
◇ *nm* musteline
◇ *nmpl* **mustélidos** *(familia)* Mustelidae

mustiar ◇ *vt* to wither, to wilt
◆ **mustiarse** *vpr* to wither, to wilt

mustio, -a *adj* **-1.** *(flor, planta)* withered, wilted **-2.** *(persona)* down, gloomy **-3.** *Méx Fam (hipócrita)* two-faced

musulmán, -ana ◇ *adj* Muslim, Moslem
◇ *nm,f* Muslim, Moslem

mutable *adj* changeable, mutable

mutación *nf* **-1.** *(cambio)* sudden change **-2.** BIOL mutation

mutágeno, -a *adj* mutagenic

mutante ◇ *adj* mutant
◇ *nmf* mutant

mutar *vt* to mutate

mutilación *nf* mutilation ❑ **~ genital femenina** female genital mutilation

mutilado, -a ◇ *adj* mutilated
◇ *nm,f* cripple ❑ **~ de guerra** disabled war veteran

mutilar *vt* **-1.** *(persona)* to mutilate **-2.** *(texto)* to mutilate; *(estatua)* to vandalize

mutis *nm inv* TEATRO exit; EXPR **hacer ~ (por el foro)** *(en teatro)* to exit; *(marcharse)* to leave, to go away

mutismo *nm* **-1.** *(mudez)* muteness, dumbness **-2.** *(silencio)* silence

mutua *nf Br* friendly society, *US* mutual benefit society ❑ **~ de accidentes** mutual accident insurance company; **~ de seguros** mutual insurance company

mutual *nf CSur, Perú Br* friendly society, *US* mutual benefit society

mutualidad *nf* **-1.** *(asociación) Br* friendly society, *US* mutual benefit society **-2.** *(reciprocidad)* mutuality

mutualismo *nm* **-1.** *(corporación) Br* friendly society, *US* mutual benefit society **-2.** BIOL mutualism

mutualista ◇ *nmf* member of a *Br* friendly society *o US* mutual benefit society
◇ *nf Urug Br* friendly society, *US* mutual benefit society

mutuamente *adv* mutually; **se vigilaban ~** they were both watching each other

mutuo, -a *adj* mutual; **de ~ acuerdo** by mutual *o* joint agreement; **el sentimiento es ~** the feeling is mutual; **se tienen una admiración mutua** they have a mutual admiration, they both admire each other; **tienen un amigo ~** they have a mutual friend; **los dos países se brindaron apoyo ~** the two countries offered each other mutual support

muy *adv* **-1.** *(en alto grado)* very; **~ bueno/cerca** very good/near; **estoy ~ cansado** I'm very tired; **es ~ hombre** he's very manly, he's a real man; **~ de mañana** very early in the morning; **¡~ bien!** *(vale)* OK!, all right!; *(qué bien)* very good!, well done!; **eso es ~ de ella** that's just like her; **eso es ~ de los americanos** that's typically American; **¡el ~ fresco!** the cheeky devil!; **¡la ~ tonta!** the silly idiot!; **me gusta ~ mucho** I really, really like it; **te cuidarás ~ mucho de hacerlo** just make absolutely sure you don't do it **-2.** *(demasiado)* too; **no cabe ahí, es ~ grande** it won't fit in there, it's too big; **ahora ya es ~ tarde** it's too late now

muyahidín *nm inv* mujaheddin

muzzarella [musa'rela] *nm RP* mozzarella

Myanmar *n* Myanmar

N n

N, n ['ene] *nf (letra)* N, n; **el 20 N** 20th November, = the date of Franco's death

N -1. (*abrev de* **norte**) N **-2.** *Esp* (*abrev de* **carretera nacional**) ≃ *Br* A road, *US* ≃ state highway **-3.** *Am* (*abrev de* **Nuevo nacional**) **N$100** 100 new pesos

n *(cantidad indeterminada)* n

n° *(abrev de* **número**) No, no

naba *nf* turnip

nabo[1] *nm* **-1.** *(planta)* turnip ❑ **~ sueco** *Br* swede, *US* rutabaga **-2.** *muy Fam (pene)* tool, *Br* knob

nabo[2], **-a** *RP Fam* ⬦ *adj* dumb
 ⬦ *nm,f* dope, *Br* twit

naborí, -ía *nm,f* HIST = Indian servant at the time of the Spanish conquest

Nabucodonosor *n pr* Nebuchadnezzar

nácar *nm* mother-of-pearl, nacre

nacarado, -a, nacarino, -a *adj* mother-of-pearl; **piel nacarada** pearly skin

nacatamal *nm CAm* = steamed maize dumpling with savoury filling, wrapped in a banana leaf

nacer [42] *vi* **-1.** *(niño, animal)* to be born; **al ~** at birth; **pesó al ~ 3.700 g** he weighed 3.7 kg at birth; **¿dónde naciste? – nací en Brasil** where were you born? – I was born in Brazil; **~ de familia humilde** to be born into a poor family; **nació de padres italianos** she was born of Italian parents, her parents were Italian; **~ para algo** to be born for sth; **ha nacido cantante** she's a born singer; EXPR *Fam* **tú has nacido cansado** you were born lazy; EXPR **no he nacido ayer** I wasn't born yesterday; EXPR **nació con un pan debajo del brazo** the birth of the child was a blessing for the family; EXPR *Esp Fam* **nació** *o* **ha nacido con una flor en el culo** he has the luck of the devil; EXPR *Méx Fam* **el que ha nacido en petate, siempre anda apestando a tule** you can't make a silk purse out of a sow's ear; EXPR *Ven Fam* **~ parado** to be born lucky; EXPR *Fam Hum* **unos nacen con estrella y otros nacen estrellados** fortune smiles on some people and not on others; EXPR **volver a ~** to have a lucky escape
 -2. *(ave, reptil)* to hatch (out)
 -3. *(planta)* to sprout, to begin to grow
 -4. *(pelo)* to grow
 -5. *(río)* to rise, to have its source
 -6. *(sol, luna)* to rise
 -7. *(originarse)* **la costumbre nació en Italia** this custom has its roots in Italy; **desde aquel momento, nació una gran amistad entre los dos** that moment was the beginning of a close friendship between them; **su nerviosismo nace de su inseguridad** his nervousness stems from his insecurity; **la revolución nació en el norte del país** the revolution started in the north of the country; **el Renacimiento nació en Italia** the Renaissance had its origins in Italy

nacho *nm* nacho

nacido, -a ⬦ *adj* born
 ⬦ *nm,f* **los nacidos hoy** people born today; **los no nacidos** people as yet unborn; **recién ~** newborn baby; EXPR **ser un mal ~** to be a wicked *o* vile person

naciente[1] *adj* **-1.** *(día)* dawning; *(sol)* rising **-2.** *(gobierno, estado)* fledgling, new; *(interés, amistad)* budding; **la fragilidad de la ~ democracia** the precarious nature of the fledgling democracy
 ⬦ *nm (este)* east

naciente[2] *nf*, **nacientes** *nfpl RP (nacimiento)* source

naciera *etc ver* **nacer**

nacimiento *nm* **-1.** *(de niño, animal)* birth; **de ~** from birth; **ser ciego de ~** = to be born blind; **por ~** by birth **-2.** *(de ave, reptil)* hatching **-3.** *(de planta)* sprouting **-4.** *(de pelo)* hairline **-5.** *(de río)* source **-6.** *(origen) (de amistad)* start, beginning; *(de costumbre)* origin **-7.** *(belén)* Nativity scene

nación *nf (pueblo)* nation; *(territorio)* nation, country ❑ **~ más favorecida** most favoured nation; **Naciones Unidas** United Nations

nacional ⬦ *adj* **-1.** *(de la nación)* national; **el equipo ~** the national team; **la moneda ~** the national currency; **el ron es la bebida ~** rum is the national drink
 -2. *(del Estado)* national; **monumento/biblioteca ~** national monument/library
 -3. *(vuelo)* domestic
 -4. *(mercado, noticias)* domestic, home; **una cadena de televisión de ámbito ~** a national television channel; **consuma productos nacionales** buy British/Spanish/*etc* products
 -5. *Esp* HIST **las fuerzas nacionales** the Nationalist forces
 ⬦ *nmpl* **nacionales** *Esp* HIST **los nacionales** the Nationalists

nacionalidad *nf* **-1.** *(situación jurídica)* nationality; **tengo la ~ española** I have Spanish nationality *o* citizenship; **un bailarín de ~ rusa** a Russian dancer; **trabajadores de ~ extranjera** foreign workers; **doble ~** dual nationality **-2.** *(nación)* people

nacionalismo *nm* nationalism

nacionalista ⬦ *adj* nationalist
 ⬦ *nmf* nationalist

nacionalización *nf* **-1.** *(de banca, bienes)* nationalization **-2.** *(de persona)* naturalization

nacionalizado, -a *adj* nationalized

nacionalizar [14] ⬦ *vt* **-1.** *(banca, bienes)* to nationalize **-2.** *(persona)* to naturalize
 ◆ **nacionalizarse** *vpr* to become naturalized; **nacionalizarse español** to become a Spanish citizen, to acquire Spanish nationality

nacionalmente *adv* nationally

nacionalsindicalismo *nm* HIST National Syndicalism, = Falangist doctrine adopted by the Franco regime

nacionalsindicalista *adj* HIST National Syndicalist, = in favour of the Falangist doctrine adopted by the Franco regime

nacionalsocialismo *nm* HIST National Socialism

nacionalsocialista HIST ⬦ *adj* National Socialist
 ⬦ *mf* National Socialist

naco, -a ⬦ *adj CAm, Méx Fam* **-1.** *Pey (indio)* Indian **-2.** *(ordinario)* common
 ⬦ *nm* **-1.** *Am (de tabaco)* chew, plug **-2.** *CAm, Méx Fam Pey (indio)* Indian **-3.** *CAm, Méx Fam (ordinario)* common person, *Br* pleb **-4.** *Col (puré)* thick soup; EXPR *Fam* **quedar vuelto ~** to be smashed to pulp ❑ **~ de papas** mashed potatoes

nada ⬦ *pron* **-1.** *(ninguna cosa o cantidad)* nothing; *(en negativas)* anything; **no he leído ~ de Lorca** I haven't read anything by Lorca; **no pasó ~** nothing happened; **a él ~ parece satisfacerle** he never seems to be satisfied with anything; **de ~ vale insistir** there's no point in insisting; **~ me gustaría más que poder ayudarte** there's nothing I'd like more than to be able to help you; **no hay ~ como un buen libro** there's nothing (quite) like a good book; **tranquilos, no es ~** don't worry, it's nothing serious; **casi ~** almost nothing; **de ~**, *Am* **por ~** *(respuesta a "gracias")* you're welcome, don't mention it; **esto no es ~** that's nothing; **no queda ~ de café** there's no coffee left; **no tengo ~ de ganas de ir** I don't feel like going at all; **no dijo ~ de ~** he didn't say anything at all; **no me ha gustado ~ de ~** I didn't like it at all *o* one little bit; **~ de quejas ¿de acuerdo?** no complaining, right?, I don't want any complaints, right?; **~ más** nothing else, nothing more; **¿desean algo más? – ~ más, gracias** do you want anything else? – no, that's everything *o* all, thank you; **no quiero ~ más** I don't want anything else; **me dio de plazo dos días ~ más** she only gave me two days to do it; **me ha costado ~ más que 20 dólares** it only cost me 20 dollars; **¡tanto esfuerzo para ~!** all that effort for nothing!
 -2. *(poco, muy poco)* **yo apenas sé ~ de ese tema** I hardly know anything about that subject; **es muy frágil y con ~ se parte** it's very fragile and is easily broken; **dentro de ~** any second now; **lo he visto salir hace ~** I saw him leave just a moment ago *o* just this minute; **no hace ~ que salió** he left just a moment ago *o* just this minute; **por ~ se enfada** she gets angry at the slightest thing, it doesn't take much for her to get angry; *CAm, Col, Ven Fam* **a cada ~** every five minutes, constantly; *Méx* **en ~ estuvo que se casara** he very nearly got married
 -3. *Esp (en tenis)* love; **treinta ~** thirty love
 -4. *(expresando negación)* **¡~ de eso!** absolutely not!; **no pienso ir, ni llamar, ni ~** I won't go, or call, or anything; **no tenemos ni coche, ni moto, ni ~ que se le parezca** we don't have a car or a motorbike, or anything of that sort
 -5. EXPR **¡ahí es ~!** *o* **¡casi ~!: cuesta cinco millones, ¡ahí es ~!** *o* **¡casi ~!** it costs a cool five million!; **como si ~** as if nothing was the matter, as if nothing had happened; **(~ más y) ~ menos que** *(cosa)* no less than; *(persona)* none other than; *Fam* **ni ~: ¡no es alta ni ~ la chica!** she's tall all right!, you could say she's tall!; **no es por ~: no es por ~ pero creo que estás equivocado** don't take this the wrong way, but I think you're mistaken; **no es por ~ pero llevas la bragueta abierta** by the way, your fly's undone
 ⬦ *adv* **-1.** *(en absoluto)* at all; **la película no me ha gustado ~** I didn't like the movie at

all; **no he dormido ~** I didn't get any sleep at all; **no es ~ extraño** it's not at all strange; **la obra no es ~ aburrida** the play isn't the slightest bit boring; **no está ~ mal** it's not at all bad; **no nos llevamos ~ bien** we don't get on at all well; *Fam* **¿te importa que me quede? – ¡para ~!** do you mind if I stay? – of course not! o not at all!
  -2. *Fam (enfático)* **~, que no hay manera de convencerle** but no, he just refuses to be convinced
  ◇ *nf* -1. **la** ~ nothingness, the void; *(el no ser)* **salir** o **surgir de la ~** to appear out of o from nowhere -2. *Méx, RP Fam (muy poco)* **le pedí plata y me dio una ~** I asked him for some money and he gave me next to nothing; **comí una ~ de helado** I had a tiny bit of ice cream
  ◇ **de nada** *loc adj* **te he traído un regalito de ~** I've brought you a little something; **es sólo un rasguño de ~** it's just a little scratch
  ◇ **nada más** *loc adv* -1. *(al poco de)* **~ más salir de casa...** no sooner had I left the house than..., as soon as I left the house...; **nos iremos ~ más cenar** we'll go as soon as we've had dinner, we'll go straight after dinner
  -2. *Méx (solamente)* **~ más vine yo** I'm the only one who's come
  -3. *Méx (sin más)* **de la fiesta regresaron a casa y ~ más** they went straight home after the party

nadador, -ora *nm,f* swimmer

nadar *vi* -1. *(avanzar en el agua)* to swim; **no sé ~** I can't swim; *Esp* **a braza,** *Am* **~ pecho** to do the breaststroke; *Esp* **a espalda,** *Andes, CAm, Carib, RP* **~ de dorso** to do the backstroke; *Esp* **a mariposa,** *Am* **~ mariposa** to do the butterfly; **~ contra corriente** to go against the tide; EXPR **~ en la abundancia** to be living in the lap of luxury; EXPR **nadan en deudas** they're up to their necks in debt; EXPR **~ entre dos aguas** to sit on the fence; EXPR *Fam* **no se puede ~ y guardar la ropa** you can't have your cake and eat it
  -2. *(flotar)* to float

nadería *nf* trifle, little thing; **se pelearon por una ~** they fell out over nothing; **hemos traído unas naderías para los abuelos** we've bought a few little things for grandma and grandpa

nadie ◇ *pron* nobody, no one; **~ lo sabe** nobody o no one knows; **no se lo dije a ~** I didn't tell anybody o anyone; **no vi a ~** I didn't see anybody o anyone; **llamé a la puerta pero no había ~** I knocked on the door but there was nobody o no one in; **no ha llamado ~** nobody phoned
  ◇ *nm* **un don ~** a nobody

nadir *nm* ASTRON nadir

nado *nm Méx, RP, Ven (natación)* swimming; **cruzaron a ~ el canal** they swam across the canal; **llegaron a ~ hasta la orilla** they swam to the shore ❑ **~ sincronizado** synchronized swimming

NAFTA ['nafta] *nm (abrev de* **North American Free Trade Agreement)** NAFTA

nafta *nf* -1. QUÍM naphtha -2. *RP (gasolina) Br* petrol, *US* gas, *US* gasoline; **cargar ~** to fill up (with *Br* petrol o *US* gas) ❑ **~ sin plomo** unleaded *Br* petrol o *US* gasoline; **~ súper** *Br* four-star petrol, *US* premium-grade gasoline

naftaleno *nm* naphthalene

naftalina *nf* naphthalene; **bolas de ~** mothballs; **sus trajes olían a ~** his suits smelled of mothballs

nagua *nf,* **naguas** *nfpl CAm, Col* petticoat

nagual *CAm, Méx* ◇ *nm* -1. *(hechicero)* sorcerer, wizard -2. *(animal)* pet
  ◇ *nf* lie

naguas = nagua

nahua, náhuatl ◇ *nmf (persona)* Nahuatl Indian
  ◇ *nm (lengua)* Nahuatl

NÁHUATL
Although many indigenous languages were (and still are) spoken in what was to become Mexico and Central America at the time of the Spanish conquest, it was Náhuatl, the language of the Aztecs, which the Spaniards adopted as a lingua franca. This has helped to ensure the survival of the language in better health than others, and has also meant that many of its words entered the vocabulary of Spanish, and through it other languages. In English, for example, we find "tomato", "chocolate" and "avocado". The first books published in Mexico were in Náhuatl, but as a Spanish-speaking ruling class established itself, the importance of the native language declined, although there are still over one and a half million speakers of its various dialects in Mexico today.

nahuatlato, -a *adj* Nahuatl-speaking

naiboa *Ven* ◇ *nf* = cassava bread sandwich containing brown sugar and cheese
  ◇ *adv Fam* nothing, *US* diddly-squat; **¿y qué novedades? – ~** what's new? – nothing

naíf, naïf *(pl* **naifs, naïfs)** *adj* ARTE naïve, primitivistic

nailon, náilon *nm* nylon

naipe *nm* (playing) card; **jugar a los naipes** to play cards

naira *nf* naira

Nairobi *n* Nairobi

naja *nf* EXPR *Esp Fam* **salir de ~** to beat it, *Br* to scarper

najarse *vpr Esp Fam* to beat it, *Br* to scarper

nalga *nf* -1. *(de persona)* buttock; **le dio un pellizco en las nalgas** she pinched his bottom
  -2. *RP (carne)* silverside

nalgada *nf Méx (palmada)* slap on the bottom

Namibia *n* Namibia

namibio, -a ◇ *adj* Namibian
  ◇ *nm,f* Namibian

nana *nf* -1. *(canción)* lullaby; EXPR *Fam* **el año de la ~** the year dot; EXPR *Fam* **del año de la ~, más viejo que la ~** as old as the hills, ancient -2. *Fam (abuela)* grandma, nana -3. *Col, Méx (niñera)* nanny -4. *Col, Méx (nodriza)* wet nurse -5. *CSur (rasguño)* **el nene se cayó y se hizo ~** the little boy fell and hurt himself -6. *CSur (achaque)* **la abuela está llena de nanas** grandma has lots of aches and pains

nanay *interj Fam* no way!, not likely!

nandrolona *nf* nandrolone

nanosegundo *nm* nanosecond

nanotecnología *nf* nanotechnology

nao *nf Literario* vessel

napa *nf* leather

napalm *nm* napalm

napia *nf,* **napias** *nfpl Fam Br* conk, *US* schnozz

Napoleón *n pr* **~ (Bonaparte)** Napoleon (Bonaparte)

napoleónico, -a *adj* Napoleonic

Nápoles *n* Naples

napolitana *nf* = flat, rectangular cake filled with cream

napolitano, -a ◇ *adj* Neapolitan
  ◇ *nm,f* Neapolitan

naranja ◇ *adj inv* orange
  ◇ *nm (color)* orange; **el ~ es mi color favorito** orange is my favourite colour
  ◇ *nf (fruto)* orange; EXPR *Fam* **¡naranjas de la china!** no way!; EXPR *RP, Ven Fam* **no pasa ~: salí sin los documentos – no pasa ~** I left without my documents – no hassle; **este es un pueblo muy aburrido, acá no pasa ~** this is a really boring town, there's zilch going on here ❑ **~ agria** Seville orange; **~ navelina** navel orange; **~ sanguina** blood orange

naranjada *nf* = orange juice drink

naranjal *nm* orange grove

naranjero, -a ◇ *adj* **la industria naranjera** the orange industry; **una región naranjera** an orange-growing region
  ◇ *nm,f* -1. *(vendedor)* orange seller -2. *(cultivador)* orange grower

naranjo *nm* -1. *(árbol)* orange tree -2. *(madera)* orange (wood)

narcisismo *nm* narcissism

narcisista ◇ *adj* narcissistic
  ◇ *nmf* narcissist

Narciso *n* MITOL Narcissus

narciso *nm* -1. *(planta)* narcissus ❑ **~ de los prados** daffodil -2. *(persona)* narcissist

narco ◇ *adj Am Fam* drug; **dinero ~** drug money
  ◇ *nmf Fam* -1. *(narcotraficante)* drug trafficker -2. *(narcotráfico)* drug trafficking

narcodependencia *nf* drug dependence, drug addiction

narcodinero *nm* drug money

narcodólares *nmpl* drug money

narcolepsia *nf* MED narcolepsy

narcomanía *nf* narcotism

narcosis *nf inv* narcosis

narcótico, -a ◇ *adj* narcotic
  ◇ *nm (somnífero)* narcotic; *(droga)* drug

narcotismo *nm* narcotism

narcotizante ◇ *adj* narcotic
  ◇ *nmf* narcotic

narcotizar [14] *vt* to drug

narcotraficante *nmf* drug trafficker

narcotráfico *nm* drug trafficking

nardo *nm (flor)* nard, spikenard

narguile *nm* hookah

narigón, -ona ◇ *adj Fam* big-nosed
  ◇ *nm,f* big-nosed person; **es un ~** he has a big nose
  ◇ *nm Cuba (agujero)* hole

narigudo, -a ◇ *adj* big-nosed
  ◇ *nm,f* big-nosed person; **es un ~** he has a big nose

nariz ◇ *nf* -1. *(órgano)* nose; **operarse (de) la ~** to have a nose job; **sangraba por la ~** her nose was bleeding; **sonarse la ~** to blow one's nose; **taparse la ~** to hold one's nose; **tengo la ~ tapada** my nose is blocked; **tener la ~ aguileña/griega** to have a Roman nose/Grecian profile; **tener la ~ chata/respingona** to have a snub/turned-up nose
  -2. *(olfato)* sense of smell
  -3. EXPR **dar a alguien en las narices con algo** to rub sb's nose in sth; **me da en la ~ que...** I have a feeling that...; **darse de narices con** o **contra algo/alguien** to bump into sth/sb; **el motorista se dio de narices contra el semáforo** the motorist went smack into the traffic lights; **delante de mis narices: me insultó delante de mis narices** he insulted me to my face; **me han robado el bolso delante de mis narices** they stole my *Br* handbag o *US* purse from right under my nose; *Esp Fam* **de las narices: ¡otra vez el teléfono de las narices!** that damn telephone's ringing again!; *Fam* **de narices** *(estupendo)* great, brilliant; **he agarrado un resfriado de narices** I've got a really nasty cold; **llueve de narices** it's raining like mad, it's chucking it down; **lo pasamos de narices** we had a great time; *Fam* **echarle narices: le eché narices y le pedí salir** I plucked up my courage and asked her out; **a esto de las carreras de motos hay que echarle narices** you've got to be really brave to be a racing driver; **en mis propias narices: me lo dijo/se reía de mí en mis propias narices** she said it/she was laughing at me to my face; **me lo robaron en mis propias narices** they stole it from right under my nose; *Fam* **estar hasta las narices (de algo/alguien)** to be fed up to the back teeth (with sth/sb); *Esp Fam* **me estás hinchando las narices** you're beginning to get up my nose; *Fam* **meter las narices en algo** to poke o stick one's nose into sth; *Fam* **no hay más narices que hacerlo** there's nothing for it but to do it; **no ve más allá de sus narices** she can't see past the end of her nose; *RP Fam* **ser un ~ para arriba** to be stuck-up o snooty; *Esp Fam* **por narices: tenemos que ir por narices** we have to go whether we like it or not; **tuve que hacerlo por narices** I had no choice but to do it; **restregar algo a alguien en** o **por las narices** to rub sb's nose in sth; *Fam* **romper las narices a alguien** to smash sb's face in; **romperse**

narizotas

las narices to fall flat on one's face; *Fam* **porque me sale/no me sale de las narices** because I damn well feel like it/damn well can't be bothered; *Esp Fam* **¡tiene narices (la cosa)!** it's an absolute scandal!; *Fam* **tocarle las narices a alguien** *(fastidiar)* to get up sb's nose; *Fam* **tocarse las narices** *(holgazanear)* to sit around doing nothing
⋄ **narices** *interj Esp Fam (ni hablar)* no way!

narizotas *nmf inv Fam* big-nose

narración *nf* -1. *(cuento, relato)* narrative, story -2. *(acción)* narration

narrador, -ora *nm,f* narrator

narrar *vt (contar)* to recount, to tell; **la película narra la caída del imperio romano** the movie tells the story of the fall of the Roman empire

narrativa *nf* narrative; **la ~ española contemporánea** contemporary Spanish fiction

narrativo, -a *adj* narrative

narval *nm* narwhal

NASA ['nasa] *nf (abrev de* **National Aeronautics and Space Administration**) **la ~** NASA

nasa *nf* creel, lobster pot

nasal ⋄ *adj* -1. *(orificio)* nasal; **fosa ~** nostril -2. LING nasal
⋄ *nm* ANAT nasal bone
⋄ *nf* LING nasal

nasalidad *nf* LING nasality

nasalización *nf* LING nasalization

nasalizar [14] *vt* to nasalize

nasciturus *nm inv* DER unborn child

násico *nm* proboscis monkey

naso *nm RP Fam Br* conk, *US* schnozz

Nassau *n* Nassau

nata *nf* -1. *Esp (crema de leche)* cream; **~ (batida)** whipped cream ❏ **~ agria** sour cream; **~ líquida** single cream; **~ montada** whipped cream; **~ para montar** whipping cream -2. *(en leche hervida)* skin -3. *Méx (escoria)* slag

natación *nf* swimming ❏ **~ sincronizada** synchronized swimming

natal ⋄ *adj (país, ciudad)* native; *(pueblo)* home; **la casa ~ de Goya** the house where Goya was born
⋄ *nmf Méx (nativo)* native; **un ~ de Chiapas** a native of Chiapas

natalicio *nm Formal* birthday

natalidad *nf* **(tasa** *o* **índice de) ~** birth rate

natatorio, -a *adj* swimming

natilla *nf Andes, RP (dulce sólido)* custard-flavoured sweet

natillas *nfpl Esp (dulce cremoso)* custard

natividad *nf* nativity; **la Natividad** Christmas

nativo, -a ⋄ *adj* -1. *(persona, costumbre)* native; **profesor ~** native-speaker teacher -2. *(mineral)* native
⋄ *nm,f* -1. *(natural)* native -2. *(hablante)* native (speaker)

nato, -a *adj (de nacimiento)* born; **un criminal ~** a born criminal

natura *nf* nature; **una alianza contra ~** an unholy alliance

natural ⋄ *adj* -1. *(de la naturaleza) (recursos, frontera)* natural; **un fenómeno ~** a natural phenomenon
-2. *(sin aditivos) (yogur)* natural; *(zumo)* fresh; **al ~** *(fruta)* in its own juice; *(en persona)* in the flesh; **es más guapa al ~ que en la fotografía** she's prettier in real life *o* in the flesh than in the photograph
-3. *(fresco) (flores, fruta, leche)* fresh
-4. *(lógico, normal)* natural, normal; **ser ~ en alguien** to be in sb's nature; **es lo más ~ del mundo** it's the most natural thing in the world, it's perfectly natural; **es ~ que se enfade** it's natural that he should be angry
-5. *(nativo)* native; **ser ~ de** to come from
-6. *(ilegítimo)* illegitimate; **hijo ~** illegitimate child
-7. *(hábil y no hábil)* **año/mes ~** calendar year/month; **30 días naturales de vacaciones** 30 working days' holiday
-8. *RP (del tiempo)* unchilled, at room temperature; **un agua ~** a glass of unchilled water
-9. MÚS natural
⋄ *nmf (nativo)* native

⋄ *nm* -1. *(talante)* nature, disposition -2. ARTE **un dibujo del ~** a life drawing -3. TAUROM = left-handed pass without the sword

naturaleza *nf* -1. **la ~** *(seres del universo)* nature; **aman a la ~** they love nature, they are nature lovers; **por ~** by nature; **la madre ~** Mother Nature ❏ **~ muerta** still life
-2. *(características)* nature; **se desconoce la ~ de la enfermedad** the nature of the illness is unknown
-3. *(complexión)* constitution
-4. *(carácter)* nature; **la ~ humana** human nature; **una persona de ~ nerviosa** a person of a nervous disposition, a person who is nervous by nature
-5. *(tipo, clase)* nature; **prefiero no meterme en negocios de esa ~** I prefer not to get involved in deals of that nature *o* in that kind of deal

naturalidad *nf* naturalness; **la ~ con la que anunció su divorcio sorprendió a todos** the natural way she announced her divorce surprised everybody; **con ~** naturally

naturalismo *nm* naturalism

naturalista ⋄ *adj* naturalistic
⋄ *nmf* naturalist

naturalización *nf* naturalization

naturalizar [14] *vt* to naturalize
◆ **naturalizarse** *vpr* to become naturalized; **naturalizarse español** to become a Spanish citizen, to acquire Spanish nationality

naturalmente *adv* -1. *(por naturaleza)* naturally; **una persona ~ calmada** a naturally calm person, a person who is calm by nature -2. *(por supuesto)* of course; **¿me podrías ayudar? – ¡~!** could you help me? – of course!; **¿te gusta? – ~ que sí** do you like it? – of course I do!

naturismo *nm* nudism

naturista ⋄ *adj* naturist, nudist
⋄ *nmf* naturist, nudist

naturópata *nmf* naturopath

naturopatía *nf* naturopathy

naufragar [38] *vi* -1. *(barco)* to sink, to be wrecked; *(persona)* to be shipwrecked -2. *(fracasar)* to fail, to collapse

naufragio *nm* -1. *(de barco)* shipwreck -2. *(fracaso)* failure, collapse

náufrago, -a ⋄ *adj* shipwrecked
⋄ *nm,f* shipwrecked person, castaway

náusea *nf* -1. *(vómitos)* nausea, sickness; **me da náuseas** it makes me feel sick; **sentir** *o* **tener náuseas** to feel sick *o* nauseous -2. *(repugnancia)* **me da náuseas** it makes me sick

nauseabundo, -a *adj* nauseating, sickening

náutica *nf* navigation, seamanship; **la ~ deportiva** sailing

náutico, -a ⋄ *adj (de la navegación)* nautical; **deportes náuticos** water sports; **club ~** yacht club
⋄ *nmpl* **náuticos** *(zapatos)* = lightweight lace-up shoes, made of coloured leather

nautilo *nm* nautilus

nauyaca *nf* fer-de-lance, lancehead

nava *nf* valley

navaja *nf* -1. *(cuchillo) (pequeño)* penknife; *(más grande)* jackknife ❏ **~ de afeitar** razor; **~ automática** flick knife, switchblade; **~ barbera** razor; **~ multiusos** Swiss army knife -2. *(molusco)* razor-shell, razor clam

navajazo *nm* stab, slash; **le dieron un ~ en el estómago** he was stabbed in the stomach

navajero, -a *nm,f* = thug who carries a knife

navajo ⋄ *adj* Navajo
⋄ *nmf* Navajo

naval *adj* naval

Navarra *n* Navarre

navarro, -a ⋄ *adj* Navarrese
⋄ *nm,f* Navarrese

nave *nf* -1. *(barco)* ship; EXPR **quemar las naves** to burn one's boats *o* bridges
-2. *(vehículo)* craft ❏ **~ espacial** spaceship, spacecraft
-3. *(de fábrica)* shop, plant; *(almacén)* warehouse ❏ **~ industrial** = large building for industrial or commercial use
-4. *(de iglesia)* **~ central** nave; **~ del crucero** transepts and crossing; **~ lateral** side aisle; **la ~ de San Pedro** the Roman Catholic Church
-5. *Ven Fam (automóvil)* wheels

navegabilidad *nf* -1. *(de río)* navigability -2. *(de barco)* seaworthiness

navegable *adj* navigable

navegación *nf* -1. *(en río, mar, aire)* navigation ❏ **~ aérea** air navigation; **~ de altura** ocean navigation; **~ de cabotaje** coastal navigation; **~ deportiva** sailing; **~ fluvial** river navigation; **~ marítima** sea navigation; **~ por satélite** satellite navigation; **~ a vela** sailing
-2. INFORMÁT *(en página web)* navigation; **una página de fácil ~** a page that is easy to navigate; **un programa de ~ por Internet** an Internet browser

navegador *nm* INFORMÁT browser

navegante ⋄ *adj (pueblo)* seafaring
⋄ *nmf* -1. *(marino)* navigator -2. *(piloto)* navigator

navegar [38] *vi* -1. *(barco)* to sail -2. *(avión)* to fly -3. INFORMÁT to browse; **~ por Internet** to surf *o* browse the Net; **lleva toda la mañana navegando** he's been surfing the Net all morning, he's been on the Internet all morning

naveta *nf (recipiente)* censer

Navidad *nf* -1. *(día)* Christmas (Day) -2. *(período)* **Navidad(es)** Christmas (time); **en ~** at Christmas; **feliz ~, felices Navidades** Merry Christmas; **Navidades blancas** white Christmas

navideño, -a *adj* Christmas; **adornos navideños** Christmas decorations

naviera *nf (compañía)* shipping company

naviero, -a ⋄ *adj* shipping
⋄ *nm (armador)* shipowner

navío *nm* large ship; **~ de guerra** warship; **~ mercante** merchant ship

náyade *nf* MITOL naiad

nayarita, nayaritense ⋄ *adj* of/from Nayarit *(Mexico)*
⋄ *nmf* person from Nayarit *(Mexico)*

nazareno, -a ⋄ *adj* Nazarene
⋄ *nm,f* Nazarene
⋄ *nm* = penitent in Holy Week processions; **el Nazareno** Jesus of Nazareth, the Nazarene

Nazaret *n* Nazareth

nazarí *(pl* **nazaríes**), **nazarita** *adj* HIST Nazarite, = of/relating to the Arab dynasty that ruled in Granada between the 13th and 15th centuries

Nazca *n (centro arqueológico)* Nazca

nazco *etc ver* **nacer**

nazi ⋄ *adj* Nazi
⋄ *nmf* Nazi

nazismo *nm* Nazism

NB *(abrev de* **nota bene**) NB

NBA *nf (abrev de* **National Basketball Association**) NBA

N. del T. *(abrev de* **nota del traductor**) translator's note

NE *(abrev de* **Nordeste**) NE

neandertal, neanderthal *nm* neanderthal

nébeda *nf* catmint, catnip

neblina *nf* mist

neblinear *v impersonal Chile* to drizzle

neblinoso, -a *adj* misty

nebulizador *nm* atomizer, spray

nebulosa *nf* nebula

nebulosidad *nf (de nubes)* cloudiness; *(de niebla)* fogginess

nebuloso, -a *adj* -1. *(con nubes)* cloudy; *(de niebla)* foggy -2. *(poco claro)* vague, nebulous

necedad *nf* -1. *(estupidez)* stupidity, foolishness -2. *(dicho, hecho)* stupid *o* foolish thing; **decir necedades** to talk nonsense; **fue una ~ dejarle salir solo** it was stupid to let him go out on his own

necesariamente *adv* necessarily; **tuvo que ser él** – it must have been him; **tiene que estar ~ en esta habitación** it has to *o* it's got to be in this room, it must be in this room

necesario, -a adj **-1.** (que hace falta) necessary; **me llevé la ropa necesaria para una semana** I took enough clothes for a week; **me eres muy necesaria** I really need you; **es ~ hacerlo** it needs to be done; **es ~ descansar regularmente** you need to rest regularly; **hacer ~ algo** to make sth necessary; **no es ~ que lo hagas** you don't need to do it; **si es ~** if need be, if necessary
-2. (inevitable) inevitable; **el desempleo es consecuencia necesaria de la desindustrialización** unemployment is an inevitable consequence of deindustrialization

neceser nm (bolsa) toilet bag; (maleta pequeña) vanity case

necesidad nf **-1.** (en general) need; **discutieron la ~ de detener la violencia** they discussed the need to stop the violence; **en esta oficina tenemos una urgente ~ de espacio** we are in urgent need of more space in this office; **no veo la ~ de darle un premio** I don't see any reason to give him a prize; **nos recordaron la ~ de ser discretos** they reminded us of the need for discretion; **tener ~ de algo** to need sth; **no hay ~ de que se lo digas** there's no need for you to tell her; **obedecer a la ~ (de)** to arise from the need (to); **~ perentoria** urgent need; **puedes hablarme, sin ~ de gritar** there's no need to shout; **se puede comer sin ~ de calentarlo previamente** can be eaten cold, needs no preheating; **de (primera) ~** essential; **un artículo de primera ~** a basic commodity
-2. (obligación) necessity; **por ~** out of necessity; **una herida mortal de ~** a fatal wound
-3. (hambre) hunger; (pobreza) poverty, need; **pasar necesidades** to suffer hardship; **la ~ la obligó a mendigar** poverty forced her to beg
-4. Euf **tengo que hacer mis necesidades** I have to answer a call of nature; **ya estoy harto de que los perros de los vecinos se hagan sus necesidades en la escalera** I'm fed up of neighbours' dogs doing their business on the stairs

necesitado, -a ◇ adj needy; **están muy necesitados de ayuda humanitaria** they are urgently in need of humanitarian aid; **este cuarto está ~ de una capa de pintura** this room needs a coat of paint, this room could do with a coat of paint
◇ nm,f needy o poor person; **los necesitados** the poor

necesitar ◇ vt to need; **necesito llamarla cuanto antes** I need to call her as soon as possible; **necesito que me lo digas** I need you to tell me; **esta planta necesita que la rieguen** this plant needs watering; **se necesita camarero** (en letrero) waiter wanted; **se necesita ser ignorante para no saber eso** you'd have to be an ignoramus not to know that
◇ vi **- de** to need, to have need of; **necesitamos de tu ayuda** we need your help

necio, -a ◇ adj **-1.** (tonto) stupid, foolish **-2.** Am (terco) stubborn, pigheaded **-3.** Méx (susceptible) touchy
◇ nm,f **-1.** (tonto) idiot, fool **-2.** Am (terco) stubborn o pigheaded person; **es un ~** he's really stubborn o pigheaded **-3.** Méx (susceptible) touchy person; **es un ~** he's really touchy

nécora nf = small edible crab
necrófago, -a adj carrion-eating, Espec necrophagous
necrofilia nf necrophilia
necrófilo, -a ◇ adj necrophiliac, necrophile
◇ nm,f necrophiliac, necrophile
necrofobia nf necrophobia
necrología nf (noticia) obituary; (lista de fallecidos) obituary column
necrológica nf (noticia) obituary; **necrológicas** (sección de periódico) obituaries, obituary column
necrológico, -a adj **nota necrológica** obituary
necromancia nf necromancy

necrópolis nf inv **-1.** (restos) necropolis **-2.** (cementerio) cemetery
necropsia nf autopsy
necrosis nf inv necrosis
néctar nm **-1.** (en flor) nectar **-2.** (licor) nectar; **~ de albaricoque** apricot nectar
nectarina nf nectarine
nectario nm BOT nectary
neerlandés, -esa ◇ adj Dutch
◇ nm,f Dutchman, f Dutchwoman
◇ nm (idioma) Dutch
nefando, -a adj abominable, odious
nefasto, -a adj (funesto) ill-fated; (dañino) bad, harmful; (pésimo) terrible, awful
nefregar vt Arg Fam **me nefrega** I don't give a damn
nefrítico, -a adj renal, nephritic; **cólico ~** renal colic
nefritis nf inv nephritis
nefrología nf nephrology
nefrólogo, -a nm,f nephrologist
nefrón nm ASTRON nephron
negación nf **-1.** (desmentido) denial **-2.** (negativa) refusal **-3. la ~** (lo contrario) the antithesis, the complete opposite; **es la ~ de la amabilidad** she's the antithesis of kindness
-4. GRAM negative **-5.** (persona) useless person; **ser una ~ para algo** to be useless o no good at sth

negado, -a ◇ adj useless, inept; **ser ~ para algo** to be useless o no good at sth
◇ nm,f useless person; **ser un ~ para algo** to be useless o no good at sth

negar [43] ◇ vt **-1.** (rechazar) to deny; **niega que existan los ovnis** he denies the existence of UFOs; **niega haber tenido nada que ver con el robo** he denies having had anything to do with the robbery; **no voy a ~ que la idea me atrae** I won't deny that the idea appeals to me
-2. (denegar) to refuse, to deny; **le negaron el permiso de trabajo** they refused o denied him a work permit; **nos negaron la entrada a la fiesta** they refused to let us into the party, they wouldn't let us into the party; **no le puedo ~ ese favor** I can't refuse o deny her that favour; **me niega el saludo** she won't say hello to me
◇ vi **- con la cabeza** to shake one's head
◆ **negarse** vpr to refuse (a to); **se negó a ayudarme** she refused to help me; **me niego a creer que fuera él** I refuse to believe it was him; **se negó en redondo a escucharnos** she refused point-blank to listen to us

negativa nf **-1.** (rechazo) refusal; **han condenado la ~ de los empresarios a negociar** they have condemned employers' refusal to negotiate **-2.** (desmentido) denial
negativamente adv negatively; **reaccionar ~** to react negatively; **responder ~** to reply in the negative, to say no
negativo, -a ◇ adj **-1.** (respuesta, oración) negative **-2.** (perjudicial) negative **-3.** (resultado) negative; **el análisis ha dado ~** the test results were negative, the test came back negative **-4.** (pesimista) negative; **no seas tan ~** don't be so negative **-5.** MAT minus, negative; **signo ~** minus sign **-6.** (carga eléctrica) negative
◇ nm (fotográfico) negative
negligé [neɣli'ʒe] nm negligée
negligencia nf negligence
negligente adj negligent
negociabilidad nf negotiability
negociable adj negotiable
negociación nf **-1.** (para obtener acuerdo) **el primer ministro participó en la ~ del acuerdo** the prime minister was involved in negotiating the agreement; **negociaciones** negotiations ❑ **~ colectiva** collective bargaining; **negociaciones colectivas** round of collective bargaining; **negociaciones de paz** peace talks; **~ salarial** pay bargaining; **negociaciones salariales** wage negotiations, pay talks
-2. (de compra, venta) negotiation
-3. Méx (empresa) business

negociado nm **-1.** (departamento) department, section **-2.** Andes, RP (chanchullo) shady deal
negociador, -ora ◇ adj negotiating; **una comisión negociadora** a negotiating committee
◇ nm,f negotiator
negociante nmf **-1.** (comerciante) businessman, f businesswoman; **un ~ de diamantes** a diamond merchant **-2.** Fam Pey (interesado) sharp customer
negociar ◇ vi **-1.** (comerciar) to do business; **~ con** to deal o trade with **-2.** (discutir) to negotiate
◇ vt to negotiate; **~ un acuerdo** to negotiate an agreement
negocio nm **-1.** (empresa) business; **tiene un ~ de electrodomésticos** he has an electrical appliance business; **¿cómo va el ~?** how's business? ❑ **~ familiar** family business
-2. negocios (actividad) business; **el mundo de los negocios** the business world; **un viaje de negocios** a business trip; **se dedica a los negocios** he's in business; **hacer negocios con** to do business with; **estoy aquí por cuestiones de negocios** I'm here on business
-3. (transacción) deal, (business) transaction; **hacer ~** to do well; **con esta compra hicimos (buen) ~** this was a good buy; **~ redondo** great bargain, excellent deal
-4. (ocupación) business; **¡ocúpate de tus negocios!** mind your own business!; **¿en qué negocios andas metido?** what are you involved in now?; EXPR **¡mal ~!** that's a nasty business!; **~ sucio** shady deal, dirty business
-5. RP (tienda) store
negra nf **-1.** MÚS Br crotchet, US quarter note **-2.** (en ajedrez, damas) black (piece); **las negras tienen ventaja** black is winning **-3.** EXPR **tener la ~** to have bad luck; **se las va a ver negras para llegar a fin de mes** he'll have a hard job to get to the end of the month **-3.** ver también **negro**
negrada nf **-1.** Urug, Ven Fam Pey (negros) crowd of blacks **-2.** Urug Fam Pey (pobres) low-class people
negrear ◇ vt **-1.** Fam Pey (explotar) to treat like a slave **-2.** RP Fam (no declarar) to conceal, to keep quiet about; **las empresas suelen ~ parte de sus ingresos, para no pagar tantos impuestos** companies usually conceal part of their income in order to pay less tax **-3.** Ven (excluir) to leave out
◇ vi **-1.** (ponerse negro) to turn black; **la noche negreaba** night was falling **-2.** RP Fam (evadir impuestos) to avoid paying tax
negrero, -a ◇ adj (explotador) tyrannical
◇ nm,f **-1.** HIST slave trader **-2.** (explotador) slave driver
negrilla ◇ adj **letra ~** bold (type), boldface
◇ nf bold (type), boldface; **en ~** in bold, in boldface
negrita ◇ adj **letra ~** bold (type), boldface
◇ nf bold (type), boldface; **en ~** in bold, in boldface
negritud nf negritude
negro, -a ◇ adj **-1.** (color) black; **estos pantalones están negros** these Br trousers o US pants are filthy o absolutely black; EXPR **~ como el azabache** jet black; EXPR **~ como el carbón** as black as coal
-2. (bronceado) tanned; **estar ~** to have a deep tan
-3. (pan) brown
-4. (tabaco) black, dark
-5. (raza) black
-6. (suerte) awful, rotten; (porvenir) black, gloomy; **llevo una tarde negra** I'm having a terrible afternoon; **ver(lo) todo ~** to be pessimistic; EXPR **pasarlas negras** to have a hard time
-7. Fam (furioso) furious, fuming; **me pone ~ que nunca me avisen de nada** it makes me mad that they never tell me anything
-8. (ilegal) (trabajo) illegal, in the black economy; (mercado) black; (dinero) dirty
-9. CINE **cine ~** film noir

negroide

◇ *nm,f* **-1.** *(de raza negra)* black man, *f* black woman; EXPR **trabajar como un ~** to work like a slave **-2.** *Fam (escritor)* ghost writer
◇ *nm* **-1.** *(color)* black; **el ~ es mi color favorito** black is my favourite colour **-2.** *(tabaco)* black *o* dark tobacco **-3.** *Ven Fam (café)* black coffee

negroide *adj* negroid
negrón *nm* common scoter ❏ **~ especulado** velvet scoter
negrura *nf* blackness
negruzco, -a *adj* blackish
negundo *nm* box elder
neis *nm inv* gneiss
nel *adv Méx Fam* no; **dijeron que llamarían, pero ~, hasta ahora nada** they said they'd call, but I haven't heard anything yet; **~ carnal, yo no quiero ir contigo** no pal *o Br* mate, I don't want to go with you; **ya te dije que ~, no te voy a prestar mi moto** I already told you no, I'm not going to lend you my motorbike
némesis *nf inv* nemesis
nemónico, -a *adj* mnemonic
nemorosa *nf* wood anemone
nemotecnia, nemotécnica *nf* mnemonics *(singular)*
nemotécnico, -a *adj* mnemonic
nena *nf Fam* **-1.** *(chica)* chick, *Br* bird **-2.** *(como apelativo)* darling; **¿bailas, ~?** do you want to dance, darling?
nene, -a *nm,f Fam (niño)* little boy; *(niña)* little girl; **los nenes** the kids
nené *nmf Ven Fam (niño)* little boy; *(niña)* little girl
nenúfar *nm* water lily
neo- *pref* neo-
neocapitalismo *nm* neocapitalism
neocapitalista ◇ *adj* neocapitalist
◇ *nm* neocapitalist
neocelandés, -esa = neozelandés
neoclasicismo *nm* neoclassicism
neoclásico, -a ◇ *adj* neoclassical
◇ *nm,f* neoclassicist
neocolonial *adj* neocolonial
neocolonialismo *nm* neocolonialism
neocórtex *nm* ANAT neocortex
neodimio *nm* QUÍM neodymium
neofascismo *nm* neofascism
neofascista ◇ *adj* neofascist
◇ *nmf* neofascist
neófito, -a *nm,f* **-1.** REL neophyte **-2.** *(aprendiz)* novice
neofobia *nf* fear of change
neogótico, -a *adj* Neo-Gothic
neoimpresionismo *nm* neo-impressionism
neolatino, -a *adj (lengua)* Romance
neoleonés, -esa ◇ *adj* of/from Nuevo León *(Mexico)*
◇ *nm,f* person from Nuevo León *(Mexico)*
neoliberal ◇ *adj* neoliberal
◇ *nmf* neoliberal
neoliberalismo *nm* neoliberalism
neolítico, -a ◇ *adj* Neolithic
◇ *nm* **el Neolítico** the Neolithic (period)
neologismo *nm* neologism
neón *nm* **-1.** QUÍM neon **-2. (luz de) ~** neon light
neonatal *adj* neonatal
neonato, -a *nm,f* newborn baby; BIOL & MED neonate
neonazi ◇ *adj* neo-Nazi
◇ *nmf* neo-Nazi
neoplasia *nf* tumour
neoplatónico, -a *adj* neo-Platonic
neopreno *nm* neoprene; **traje de ~** wet suit
neorrealismo *nm* neorealism
neoyorquino, -a ◇ *adj* New York, of/from New York; **las calles neoyorquinas** the New York streets, the streets of New York
◇ *nm,f* New Yorker
neozapatismo *nm* POL = Zapatista movement that originated in Chiapas, Mexico in 1994
neozapatista POL ◇ *adj* neo-Zapatista, = of/relating to the Zapatista movement that originated in Chiapas, Mexico in 1994
◇ *nmf* neo-Zapatista, = supporter of the Zapatista movement that originated in Chiapas, Mexico in 1994

neozelandés, -esa, neocelandés, -esa
◇ *adj* New Zealand, of/from New Zealand; **un producto ~** a New Zealand product
◇ *nm,f* New Zealander
Nepal *n* Nepal
nepalés, -esa, nepalí *(pl* **nepalíes)** ◇ *adj* Nepalese
◇ *nm,f (persona)* Nepalese
◇ *nm (lengua)* Nepalese
nepotismo *nm* nepotism
neptuniano, -a, neptúnico, -a *adj (del planeta)* Neptunian
neptunio *nm* QUÍM neptunium
Neptuno *n* MITOL Neptune
nerd *nmf RP Fam* nerd
nereida *nf* Nereid
Nerón *n pr* Nero
nerudiano, -a *adj* = typical of the style of the poet Pablo Neruda (1904-1973)
nervadura *nf* **-1.** *(de bóveda)* rib **-2.** *(de insecto)* nervure **-3.** *(de hoja)* vein
nervio *nm* **-1.** *(de persona)* nerve ❏ **~ auditivo** auditory nerve; **~ ciático** sciatic nerve; **~ craneal** cranial nerve; **~ cubital** cubital nerve; **~ femoral** femoral nerve; **~ lumbar** lumbar nerve; **~ mediano** median nerve; **~ óptico** optic nerve; **~ radial** radial nerve; **~ sacro** sacral nerve; **~ vestibular** vestibular nerve
-2. *(en filete, carne)* sinew
-3. *(de insecto)* vein
-4. *(de hoja)* vein, rib
-5. *(de libro)* rib
-6. *(de bóveda)* rib
-7. nervios *(estado mental)* nerves; **me entraron los nervios** I got nervous; **tener nervios** to be nervous; EXPR **me ataca** *o* **crispa los nervios** it gets on my nerves; EXPR **estar de los nervios** to be in a nervous state; EXPR **perder los nervios** to lose one's cool *o* temper; EXPR **poner los nervios de punta a alguien** to get on sb's nerves; EXPR **tener nervios de acero** to have nerves of steel; EXPR **tener los nervios de punta** to be on edge
-8. *(vigor)* energy, vigour; **es buen jugador pero le falta ~** he's a good player, but he lacks steel; EXPR *Fam* **ser puro ~: estos niños son puro ~** these children never sit still for five minutes
nerviosamente *adv* nervously
nerviosismo *nm* **el ~ de los inversores** the nervousness of investors; **una atmósfera de ~** a nervous atmosphere; **tras la quinta vuelta comenzó a mostrar ~** his nerves began to show after the fifth lap; **cantó con mucho ~** she sang very nervously
nervioso, -a *adj* **-1.** *(sistema, enfermedad)* nervous; **centro/tejido ~** nerve centre/tissue
-2. *(inquieto, agitado)* nervous; **está muy ~** he's very nervous; **está muy ~ por la operación de su padre** he's very anxious about his father's operation; **quise hablar con ella pero me puse muy ~** I wanted to talk to her but I got all nervous; **todavía no me han dicho el resultado y me estoy poniendo ~** they still haven't told me the result and I'm getting nervous *o* a bit jumpy; **ese ruidito me está poniendo ~** that noise is getting on my nerves
-3. *(muy activo) Br* highly strung, *US* high-strung; **es muy ~** he's very *Br* highly strung *o US* high-strung
nescafé® *nm* instant coffee, Nescafé®
net *(pl* **nets)** *nm (en tenis)* let
neta *nf Méx Fam* **la ~** *(la verdad)* the truth; **¿cómo estás? – ¿la ~? ¡muy mal!** how are you? – if you really want to know, terrible!; **la ~ que estábamos enamorados** the truth is, we were in love
netamente *adv* clearly, distinctly
netiqueta *nf* INFORMÁT netiquette
neto, -a *adj* **-1.** *(sueldo, ingresos)* net **-2.** *(peso, contenido)* net **-3.** *(claro) (perfil, recuerdo)* clear

neumático, -a *adj* pneumatic
◇ *nm* tyre ❏ **~ de repuesto** *o* **de recambio** spare tyre
neumococo *nm* BIOL pneumococcus
neumología *nf* pneumology
neumonía *nf* pneumonia
neumopatía *nf* MED pneumopathy
neumotórax *nm* pneumothorax
neura *Fam* ◇ *adj* neurotic; **no seas tan ~** don't be so neurotic
◇ *nmf* neurotic; **es un ~** he's a complete neurotic, he's really neurotic
◇ *nf* **-1.** *(manía)* bug, mania; **le dio la ~ de las maquetas** he caught the model-making bug; **le dio la ~ y se fue al Nepal** she took it into her head to go to Nepal **-2.** *(neurastenia)* **estar con la ~** to be really down
neural *adj* neural
neuralgia *nf* neuralgia
neurálgico, -a *adj* **-1.** *(de la neuralgia)* neuralgic **-2.** *(importante)* critical; **un punto ~ de la red ferroviaria** one of the key interchanges in the rail network
neurastenia *nf* MED nervous exhaustion, *Espec* neurasthenia
neurasténico, -a MED ◇ *adj* suffering from nervous exhaustion, *Espec* neurasthenic
◇ *nm,f* person suffering from nervous exhaustion, *Espec* neurasthenic person
neuritis *nf inv* neuritis
neuroanatomía *nf* neuroanatomy
neurobiología *nf* neurobiology
neurociencia *nf* neuroscience
neurocirugía *nf* neurosurgery
neurocirujano, -a *nm,f* neurosurgeon
neurofisiología *nf* neurophysiology
neurolingüística *nf* neurolinguistics *(singular)*
neurología *nf* neurology
neurológico, -a *adj* neurological
neurólogo, -a *nm,f* neurologist
neurona *nf* neuron(e), nerve cell
neuronal *adj* neural
neurópata *nmf* neuropath
neuropatía *nf* nervous disorder, *Espec* neuropathy
neuropatología *nf* neuropathology
neuropsicología *nf* neuropsychology
neuropsiquiatra *nmf* neuropsychiatrist
neuropsiquiatría *nf* neuropsychiatry
neurosis *nf inv* neurosis
neurótico, -a ◇ *adj* neurotic
◇ *nm,f* neurotic
neurotismo *nm* neuroticism
neurotizante *adj* **tiene un efecto ~** it makes people neurotic
neurotizar *vt* **~ a alguien** to make sb neurotic
neurotoxina *nf* neurotoxin
neurotransmisor *nm* neurotransmitter
neutral ◇ *adj* neutral
◇ *nmf* neutral
neutralidad *nf* neutrality
neutralismo *nm* neutralism
neutralista ◇ *adj* neutralistic
◇ *nmf* neutralist
neutralizable *adj (efecto, consecuencia)* remediable
neutralización *nf (de efecto)* neutralization
neutralizador, -ora *adj* neutralizing
neutralizante ◇ *adj* neutralizing
◇ *nmf* neutralizer
neutralizar [14] ◇ *vt* **-1.** *(efecto)* to neutralize **-2.** DEP *(carrera)* to neutralize
◆ **neutralizarse** *vpr (mutuamente)* to neutralize each other
neutrino *nm* FÍS neutrino
neutro, -a ◇ *adj* **-1.** *(color, voz)* neutral **-2.** *(actitud)* neutral **-3.** BIOL neuter **-4.** ELEC neutral **-5.** GRAM neuter
◇ *nm* **-1.** GRAM neuter **-2.** *Am (marcha)* neutral
neutrón *nm* neutron
nevada *nf* snowfall; **anoche cayó una ~** it snowed last night
nevado, -a ◇ *adj (tejado)* snow-covered; *(cumbre)* snowcapped, snow-covered
◇ *nm Andes, RP* snowcapped mountain

nevar [3] *v impersonal* to snow; **está nevando** it's snowing

nevasca *nf* **-1.** *(nevada)* snowfall **-2.** *(ventisca)* snowstorm, blizzard

nevazón *nf Arg, Chile* blizzard, snowstorm

nevera *nf* **-1.** *(electrodoméstico)* refrigerator, *Br* fridge, *US* icebox **-2.** *(de cámping)* ~ **(portátil) (***lugar frío)* fridge, icebox; **este apartamento es una ~** this apartment is like a fridge *o* an icebox

nevería *nf Carib, Méx* ice cream parlour

nevero *nm* snowfield

nevisca *nf* snow flurry

neviscar [59] *v impersonal* to snow lightly

nevoso, -a *adj* snowy

news [nius] *nfpl* INFORMÁT newsgroups

newton ['niuton] *(pl* **newtons***) nm* FÍS newton

newtoniano, -a [niuto'njano, -a] *adj* Newtonian

nexo *nm* **-1.** *(enlace)* link, connection **-2.** LING linking word, *Espec* connective

ni ⟡ *conj* **ni... ni...** neither... nor...; **ni mañana ni pasado** neither tomorrow nor the day after; **ni mi padre ni mi madre vendrá** neither my father nor my mother is coming; **no... ni...** neither... nor..., not... or... (either); **no es alto ni bajo** he's neither tall nor short, he's not tall or short (either); **no es rojo ni verde ni azul** it's neither red nor green nor blue; **ni un/una...** not a single...; **no me quedaré ni un minuto más** I'm not staying a minute longer; **ni uno/una** not a single one; **no he aprobado ni una** I haven't passed a single one; **ni que** as if; **¡ni que yo fuera tonto!** as if I were that stupid!; **¡ni que nos sobrara el dinero!** it's not as if we have money to burn!, anyone would think we had money to burn!; **ni que decir tiene** it goes without saying; **¡no es listo ni nada!** he isn't half clever!; **te queda que ni hecho a medida** it couldn't look better on you if it had been tailor-made; **¡ni hablar!** certainly not!, it's out of the question!

⟡ *adv* not even; **ni siquiera** not even; **ni (siquiera) me saludó** she didn't even say hello; **anda tan atareado que ni tiene tiempo para comer** he's so busy he doesn't even have time to eat

niacina *nf* niacin

Niágara *n* **las cataratas del ~** the Niagara Falls

Niamey *n* Niamey

nibelungo, -a *nm,f* Nibelung; **la Canción de los Nibelungos** the Nibelungenlied

nica *Am Fam* ⟡ *adj* Nicaraguan
⟡ *nmf* Nicaraguan

Nicaragua *n* Nicaragua

nicaragüense ⟡ *adj* Nicaraguan
⟡ *nmf* Nicaraguan

niche *Ven Fam Pey* ⟡ *adj* **-1.** *(persona)* common, plebby **-2.** *(objeto)* tacky, *Br* naff
⟡ *nmf* **-1.** *(negro)* darkie **-2.** *(hortera)* pleb

nicho *nm* **-1.** *(hueco)* niche ❏ **~ de mercado** niche (market) **-2.** *(en cementerio)* niche *(for coffin)* **-3. ~ biológico** biological niche, **~ ecológico** ecological niche

Nicolás *n pr* **San ~** St Nicholas; **~ I/II** Nicholas I/II

Nicosia *n* Nicosia

nicotina *nf* nicotine

nicotinismo *nm* nicotine poisoning, *Espec* nicotinism

nidada *nf* **-1.** *(pollitos)* brood **-2.** *(huevos)* clutch

nidal *nm* nest

nidificar [59] *vi* to (build a) nest

nido *nm* **-1.** *(refugio de animal)* nest; EXPR **caerse de un ~: ¿te crees que me he caído de un ~?** I wasn't born yesterday, you know
-2. *(en hospital)* baby unit; *(en guardería)* babies' room
-3. *(lugar de reunión)* **un ~ de vicio/ladrones** a den of vice/thieves; **esa zona es un ~ de prostitución** that area is crawling with prostitutes; **ese cuartel es un ~ de conspiradores** that barracks is crawling with conspirators; EXPR **ser un ~ de víboras** to be a nest of vipers

-4. *(hogar)* nest; **los niños ya han salido del ~** the children have already left *o* flown the nest; **~ de amor** love nest
-5. *(origen)* breeding ground; **esa mesa es un ~ de polvo** that table seems to attract the dust
-6. ~ de abeja *(punto)* smocking
-7. ~ de ametralladoras *(emplazamiento)* machine-gun nest

niebla *nf* **-1.** *(densa)* fog; *(neblina)* mist; **hay ~** it's foggy/misty; **hay ~ densa** it's very foggy, there is thick *o* dense fog; **la ~ obligó a cerrar el aeropuerto** the airport had to be closed because of the fog ❏ **~ tóxica** smog
-2. *(confusión)* **sus vidas están rodeadas de ~** their lives are shrouded in mystery; **una espesa ~ rodea la designación del nuevo presidente** the naming of the new president is shrouded in confusion

niego *etc ver* **negar**

niegue *etc ver* **negar**

nieto, -a *nm,f* grandson, *f* granddaughter

nieva *etc ver* **nevar**

nieve *nf* **-1.** *(precipitación)* snow ❏ **~ carbónica** dry ice; **nieves perpetuas** permanent snow; **~ en polvo** powder (snow) **-2. nieves** *(nevada)* snows, snowfall **-3.** *Fam (cocaína)* snow **-4.** *Carib, Méx (dulce)* sorbet

NIF [nif] *nm Esp (abrev de* **número de identificación fiscal**) = identification number for tax purposes, *Br* tax reference number, *US* TIN

Níger *n* Niger

Nigeria *n* Nigeria

nigeriano, -a ⟡ *adj* Nigerian
⟡ *nm,f* Nigerian

nigerino, -a ⟡ *adj* Nigerien
⟡ *nm,f* Nigerien

nigromancia *nf* necromancy

nigromante *nmf* necromancer

nigua *nf* **-1.** *(insecto)* jigger; EXPR *Chile, Perú, PRico Fam* **pegarse como ~** to stick like glue; EXPR *Ven Fam* **comer más que una ~** to eat like a horse **-2.** *Guat (cobarde)* coward

niguas *adv Méx Fam* no way; **~, tú no vuelves a usar mi carro** no way are you going to use my car again

nihilismo *nm* nihilism

nihilista ⟡ *adj* nihilistic
⟡ *nmf* nihilist

Nilo *nm* **el ~** the (river) Nile

nilón *nm* nylon

nimbo *nm* **-1.** METEO *(nube)* nimbus **-2.** *(de astro, santo)* halo, nimbus

nimboestrato *nm* METEO *(nube)* nimbostratus

nimiedad *nf* **-1.** *(cualidad)* insignificance, triviality **-2.** *(dicho, hecho)* trifle; **se enfadaron por una ~** they fell out over nothing

nimio, -a *adj* insignificant, trivial

ninfa *nf* **-1.** MITOL nymph **-2.** *(mariposa)* **~ de los bosques** white admiral

ninfómana ⟡ *adj f* nymphomaniac
⟡ *nf* nymphomaniac

ninfomanía *nf* nymphomania

ningún = **ninguno**

ningunear *vt (menospreciar)* to look down one's nose at; *(tratar con frialdad)* to cold-shoulder; **es arriesgado ~ a los candidatos antes de conocerlos** it's a bit risky to write off candidates as no good before you've even seen them

ninguneo *nm* **me fastidian mucho su ambición y su ~** I find his ambition and his dismissive attitude towards people very annoying; **fuimos víctimas del ~** we were cold-shouldered

ninguno, -a

> **Ningún** is used instead of **ninguno** before singular masculine nouns (e.g. **ningún hombre** no man).

⟡ *adj* **-1.** *(antes de sustantivo)* no; **no se dio ninguna respuesta** no answer was given; **no tengo ningún interés en hacerlo** I've no interest in doing it, I'm not at all interested in doing it; **no tengo ningún hijo/ninguna buena idea** I don't have any children/any good ideas; **no lo veo por**

ninguna parte I can't see it anywhere; **no tiene ninguna gracia** it's not funny; **en ningún momento** at no time; **yo no soy ningún mendigo ¿sabe usted?** I'm not a beggar, you know; **¿tijeras? yo no veo ningunas tijeras** scissors? I can't see any scissors; **no tengo ningunas ganas de ir** I don't feel like going at all
-2. *(después de sustantivo) (enfático)* **no es molestia ninguna** it's no trouble
⟡ *pron (cosa)* none, not any; *(persona)* nobody, no one; **~ funciona** none of them works; **no hay ~** there aren't any, there are none; **~ lo sabrá** no one *o* nobody will know; **~ de** none of; **~ de ellos/nosotros** none of them/us; **~ de los dos** neither of them *o* of the two; **no me gusta ~ de los dos** I don't like either of them

ninja *nm* ninja

niña *nf* **-1.** *(del ojo)* pupil; EXPR **ser la ~ de los ojos de alguien** to be the apple of sb's eye
-2. *ver también* **niño**

niñada = **niñería**

niñato, -a *nm,f Fam Pey* **-1.** *(arrogante)* spoiled brat **-2.** *(inexperto)* amateur, novice

niñera *nf* nanny

niñería, niñada *nf* **-1.** *(cualidad)* childishness **-2.** *(tontería)* silly *o* childish thing

niñez *nf (infancia)* childhood

niño, -a ⟡ *adj* **-1.** *(pequeño, joven)* young **-2.** *Pey (infantil, inmaduro)* childish
⟡ *nm,f* **-1.** *(crío) (varón)* child, boy; *(hembra)* child, girl; *(bebé)* baby; **los niños** the children; **¿es ~ o niña?** is it a boy or a girl?; **de ~ era muy gordo** he was very fat as a child; **desde ~** from childhood; EXPR **estar como un ~ con zapatos nuevos** to be as pleased as punch; EXPR *Fam* **ni qué ~ muerto: es culpa de la crisis – ¡qué crisis ni qué ~ muerto!** it's the fault of the recession – don't give me that recession stuff!; EXPR **ser el ~ bonito de alguien** to be sb's pet *o* blue-eyed boy ❏ *Pey* **~ bien** rich kid; **niños envueltos** *(plato)* beef olives; **el ~ Jesús** the Baby Jesus; **~ mimado** spoilt child; **~ de pecho** tiny baby; **~ probeta** test-tube baby; **~ prodigio** child prodigy; **~ de teta** tiny baby
-2. *(hijo)* son; *(hija)* daughter; **tuvo dos niñas con su primera mujer** he had two daughters by his first wife
-3. *(joven)* young boy, *f* young girl ❏ *RP* **niños cantores** = children who sing the results of the state lottery
-4. METEO **el Niño** el Niño; **la Niña** la Niña
-5. *Andes, CAm, Carib, Méx (amo)* master, *f* mistress; **hay que planchar la ropa de la niña Ana** Miss Anna's clothes need ironing
-6. *Col* **niña del servicio** maid, servant girl
-7. *Cuba (como apelativo)* dear; **¡~!, ¿por dónde se va a la estación de tren?** which way is it to the railway station, dear?

LOS NIÑOS HÉROES

When the United States invaded Mexico in the war of 1847, its troops laid seige to the military academy in Chapultepec castle, then on the outskirts of Mexico City. Despite an order to flee to their homes, the military cadets refused to leave, and six who died in the fighting are commemorated as the "Niños Héroes". The youngest was aged just 13 and none was older than 20. Despite some doubts which have been raised about the more colourful aspects of the legend (e.g. wrapping themselves in the national flag and leaping to their deaths from the battlements), they remain among the most honoured figures in Mexico's pantheon of national heroes. When US president Harry Truman placed a wreath at their monument on a visit to Mexico in 1947, the gesture went down very well, so much so that President Clinton repeated it in 1997.

---

niobio *nm* QUÍM niobium

niple *nm* **-1.** *Carib, CSur (unión)* nipple **-2.** *Carib (explosivo)* pipe bomb

nipón, -ona ⟡ *adj* Japanese
⟡ *nm,f* Japanese

níquel nm **-1.** (metal) nickel **-2.** Carib (moneda) coin; **níqueles** money

niquelado, -a ⬦ adj (con níquel) nickel-plated
⬦ nm nickel plating

niquelar vt to nickel-plate

niqui nm Esp polo shirt

nirvana nm nirvana

níscalo nm saffron milk cap

níspero nm **-1.** (árbol) medlar tree **-2.** (fruta) medlar

NIT [nit] nm Col (abrev de **número de identificación tributaria**) = identification number for tax purposes, Br tax reference number, US TIN

nitidez nf (claridad) clarity; (de imagen, color) sharpness

nítido, -a adj (claro) clear; (imagen, color) sharp

nitrato nm nitrate ❑ **~ de Chile** sodium nitrate; **~ de plata** silver nitrate

nítrico, -a adj nitric

nitrito nm nitrite

nitro nm nitre, potassium nitrate

nitrobenceno nm nitrobenzene

nitrocelulosa nf nitrocellulose

nitrogenado, -a adj nitrogenous

nitrógeno nm nitrogen

nitroglicerina nf nitroglycerine

nitroso, -a adj nitrous

nitruro nm nitride

nivel nm **-1.** (altura) level, height; **al ~ de** level with; **al ~ del mar** at sea level; **la capital está a 250 metros sobre el ~ del mar** the capital is 250 metres above sea level
-2. (piso, capa) level ❑ GEOL **~ freático** groundwater level o table
-3. (grado) level, standard; **a ~ europeo** at a European level; **son los líderes a ~ mundial** they are the world leaders; **una campaña realizada a ~ mundial** a worldwide campaign; **un problema que hay que abordar a ~ mundial** a problem that has to be tackled internationally o globally; **tiene un buen ~ de inglés** she speaks good English; **en esa universidad tienen un ~ altísimo** the standard at that university is very high; **una reunión al más alto ~** a meeting at the highest level, a top-level meeting; **al mismo ~ (que)** on a level o par (with) ❑ INFORMÁT **~ de acceso** access level; **~ de colesterol** cholesterol level; INFORMÁT **niveles de gris** grey(scale) levels; **~ mental** level of intelligence; **~ de vida** standard of living
-4. (instrumento) **~ (de burbuja)** spirit level
-5. **a ~ de** (considerado incorrecto) as regards, as for; **a ~ de salarios** as regards o as for salaries; **a ~ personal estoy contento** on a personal level I'm happy

nivelación nf **-1.** (de superficie) levelling **-2.** (de diferencias) evening out; **están pidiendo la ~ de salarios con el resto del sector** they are calling for their salaries to be brought into line with the rest of the sector

nivelador, -ora adj levelling

niveladora nf bulldozer

nivelar vt **-1.** (superficie) to level **-2.** (objetos) **nivela las dos mesas** push the two tables together so they're flush **-3.** (diferencias) to even out; (salarios) to bring into line with each other **-4.** (presupuesto) to balance

níveo, -a adj Literario snow-white

nixtamal nm CAm, Méx tortilla dough

Niza n Nice

NO (abrev de **Noroeste**) NW

no (pl **noes**) ⬦ adv **-1.** (para construir frases negativas) not; **no sé** I don't know; **no es fácil** it's not easy, it isn't easy; **no tiene dinero** he has no money, he hasn't got any money; **no veo nada** I can't see anything; **no vino nadie** nobody came; **no me lo dijiste nunca** you never told me; **todavía no** not yet; **no pasar** (en letrero) no entry; **no a la central nuclear** (en letrero) no to the nuclear power station; EXPR Am **nunca tuve ni un sí ni un no con él** I never had a cross word with him
-2. (en respuestas) no; **¿vienes? – no** are you coming? – no; **¿has oído las noticias? – no** have you heard the news? – no o no, I haven't; **¿aprobó? – no** did she pass? – no o no, she didn't; **¿comen juntos? – no siempre** do they go for lunch together? – not always; **¿ganaremos? – no (lo) creo** will we win? – I don't think so
-3. (para sustituir a frases negativas) **pídeme lo que quieras, pero eso no** ask me for anything, but not that; **¿vendrá tu familia a verte? – preferiría que no** will your family come to visit you? – I'd rather they didn't; **¿tú vas a ir? yo creo que no** are you going? I don't think I will; **me parece que no** I don't think so; **¡(he dicho) que no!** I said no!
-4. (con sustantivos) non-; **no fumadores** non-smokers; **la zona de no fumadores** the no-smoking area
-5. (con adjetivos) **un embarazo no deseado** an unwanted pregnancy; **fuentes de información no identificadas** unidentified information sources; **los países no alineados** non-aligned countries
-6. (indica duda, extrañeza) **¿no irás a venir?** you're not coming, are you?; **¿no te sobrará algo de dinero?** you wouldn't have any spare cash, would you?; **es transexual – ¡no!** he's a transsexual – no!; Méx **¿no que no querías sopa?** you didn't want any soup, did you?
-7. (muletilla para pedir confirmación) **estamos de acuerdo, ¿no?** we're agreed then, are we?; **es español, ¿no?** he's Spanish, isn't he?; **usted vive en Lima, ¿no?** you live in Lima, don't you?; **mejor no le echamos sal, ¿no?** we'd better not put any salt in it, don't you think?
-8. (redundante sin significado negativo) **es mejor que sobre que no que falte** it's better to have too much than too little; **no me voy hasta que no me lo digas** I won't go until you tell me to; **me da miedo no se vaya a romper** I'm scared it might get broken
-9. (en frases) **a no ser que llueva** unless it rains; **¡a que no lo haces!** I bet you don't do it!; **¡cómo no!** of course!; **no ya... sino que...** not only... but (also)...; Fam **¡no es listo/guapo ni nada!** is he clever/good-looking or what?; **pues no** certainly not
⬦ nm no; **nos dio un no por respuesta** his answer was no

Nobel nm **-1.** (premio) Nobel Prize; **el ~ de literatura/medicina** the Nobel Prize for literature/medicine **-2.** (galardonado) Nobel Prize winner, Nobel laureate; **el ~ de literatura/medicina** the winner of the Nobel Prize for literature/medicine

nobelio nm nobelium

nobiliario, -a adj noble

noble ⬦ adj **-1.** (de la nobleza) noble **-2.** (sentimiento, causa) noble; **fue un gesto muy ~** it was a very noble gesture **-3.** (animal) noble **-4.** (metal) noble; (madera) fine **-5.** (gas) noble
⬦ nmf noble; **los nobles** the nobility

nobleza nf nobility; EXPR **~ obliga** noblesse obliga

nobuk nm nubuck

nocaut (pl **nocauts**) Am ⬦ adj **quedé ~** I was knocked unconscious
⬦ nm knockout

noche nf **-1.** (en oposición al día) night; (atardecer) evening; **una ~ cerrada** a dark night; **una ~ de perros** a foul night; **el turno de ~** the night shift; **un lugar clásico de la ~ neoyorquina** a classic New York nightspot; **a las diez de la ~** at ten o'clock at night; **a estas horas de la ~** at this time of night; **ayer (por la) ~** last night; **bien entrada la ~** late at night; **de ~** at night; **trabaja de ~** she works nights; **esta ~** tonight; **de ~,** Esp **por la ~,** Am **en la ~,** Arg **a la ~** at night; **mañana/el sábado** Esp **por la ~** o **en la ~** o Arg **a la ~ tomorrow/Saturday night; **salir de ~** o Esp **por la ~** o Am **en la ~** o Arg **a la ~** to go out in the evening; **toda la ~** all night; **vemos la tele todas las noches** we watch the TV every night; **mi manzanilla de todas las noches** my nightly cup of camomile tea; **buenas noches** (saludo) good evening; (despedida) good night; **de la ~ a la mañana** overnight; **hicimos ~ en Puebla** we spent the night in Puebla; **~ y día** (constantemente) day and night; EXPR **pasar la ~ en claro** o **vela** (sin poder dormir) to have a sleepless night; (trabajando, cuidando de alguien) to be up all night; EXPR **ser (como)** o **parecerse como la ~ y el día** to be as different as night and day; EXPR Esp Fam **pasar una ~ toledana** to have a sleepless night, not to sleep a wink ❑ **~ de bodas** wedding night; **la ~ del estreno** the first o opening night; **~ temática** (en televisión) themed evening
-2. (oscuridad) **al caer** o **cuando cae la ~** at nightfall; **antes de que caiga la ~** before nightfall, before it gets dark; **hacerse de ~** to get dark; **a las cinco ya es de ~** it's already dark by five o'clock; Literario **en la ~ de los tiempos** in the mists of time

Nochebuena nf Christmas Eve

nochecita nf CSur dusk; **saldremos de ~** we'll go out at dusk o early in the evening

nochero nm **-1.** CSur (vigilante) night watchman **-2.** Col (mesilla de noche) bedside table

Nochevieja nf New Year's Eve

noción nf **-1.** (concepto) notion; **tener ~ (de)** to have an idea (of); **perdió la ~ del tiempo** he lost all track of time **-2. nociones** (conocimiento básico) a basic knowledge; **se busca guía con nociones de japonés** we are looking for a guide with a basic knowledge of Japanese; **tener nociones de** to have a smattering of

nocividad nf (cualidad de dañino) harmfulness; (de gas) noxiousness

nocivo, -a adj (dañino) harmful; (gas) noxious; **el tabaco es ~ para la salud** smoking damages your health; **su abuelo ha ejercido una influencia nociva en él** his grandfather has been a bad influence on him

noctámbulo, -a ⬦ adj **es muy ~** he's a real night owl; **animal ~** nocturnal animal
⬦ nm,f (persona) night owl

nóctulo nm noctule bat

nocturnidad nf DER **con ~** under cover of darkness

nocturno, -a ⬦ adj **-1.** (de la noche) night; (de la tarde) evening; **tren/vuelo ~** night train/flight **-2.** (animales, plantas) nocturnal
⬦ nm **-1.** MÚS nocturne **-2.** EDUC = classes held in the evening

Nodo nm Esp Antes = newsreel during the Franco regime

nodo nm **-1.** ASTRON node **-2.** FÍS node **-3.** INFORMÁT node

nodriza nf **-1.** (mujer) wet nurse **-2. buque/avión ~** refuelling ship/plane

nódulo nm nodule

Noé n pr Noah

nogal nm, **noguera** nf walnut (tree)

nogalina nf walnut stain

noguera = nogal

nogueral nm walnut grove

nómada, CSur **nómade** ⬦ adj nomadic
⬦ nmf nomad

nomadismo nm nomadism

nomás adv **-1.** Am (solamente) just; **estaba aquí ~ descansando** I was just having a rest here; **hasta allí ~** that far and no further; **~ lo hizo por molestar** she only did it to be difficult
-2. Am (mismo) **así ~** just like that; **déjelo ahí ~** just leave it there
-3. Am (como muletilla) **¡pase ~!** come right in!; **¿me presta su teléfono? – llame ~** can I borrow your phone? – be my guest; **¿hay algo de comer? – sírvase ~** is there anything to eat? – go ahead and help yourself
-4. Méx **~ que** (tan pronto como) as soon as; **~ que acabe te llamaré** I'll call you as soon as I finish

nombradía nf renown, fame

nombrado, -a adj **-1.** (citado) mentioned **-2.** (famoso) famous, well-known

nombramiento nm appointment

nombrar vt **-1.** (citar) to mention **-2.** (designar) to appoint

nombre nm -1. *(apelativo)* name; **un vecino, de quien no diré el ~, avisó a la policía** a neighbour, who shall remain nameless, told the police; **a ~ de** *(carta, sobre, paquete)* addressed to; *(cheque)* made out to; *(cuenta bancaria)* in the name of; *(propiedades)* belonging to; **el apartamento está a su ~** the Br flat o US apartment is in his name; **quiero abrir una cuenta a ~ de mi hijo** I'd like to open an account for my son; **se le conoce con el ~ de laparoscopia** it is known as a laparoscopy; **de ~ Juan** called Juan; **en ~ de** *(representando a)* on behalf of; **en (el) ~ de Dios/de la democracia** in the name of God/democracy; **en el ~ del Padre...** *(al rezar)* in the name of the Father...; **llamar a alguien por el ~** to call sb by his/her first name; **lleva o tiene por ~...** it is known as..., it is called...; **¿qué ~ le vas a poner al perro?** what are you going to call the dog?; **le pusieron el ~ de su abuelo** they named him Br after o US for his grandfather; **santificado sea tu ~** *(en padrenuestro)* hallowed be thy name; **llamar a las cosas por su ~** to call a spade a spade; Hum **esto de jardín sólo tiene el ~** you call this a garden?; **como su propio ~ indica...** as its name indicates o suggests...; EXPR **no tener ~** *(ser indignante)* to be outrageous ❑ **~ y apellidos** full name; **~ *artístico*** stage name; Am **~ *de batalla*** nom de guerre; **~ *científico*** *(de planta, animal)* scientific name; **~ *comercial*** trade name; **~ *completo*** full name; **~ *compuesto*** = two-part Christian name; **~ *común*** *(de planta, animal)* common name; INFORMÁT **~ *de dominio*** domain name; **~ *de guerra*** nom de guerre; **~ *de lugar*** place name; **~ *de pila*** first o Christian name; **~ *de soltera*** maiden name; INFORMÁT **~ *de usuario*** user name
-2. *(fama)* reputation; **hacerse un ~ (como)** to make a name for oneself (as); **manchar el buen ~ de alguien/algo** to tarnish sb's/sth's good name; **tener buen/mal ~** to have a good/bad name; **tener mucho ~** to be renowned o famous
-3. GRAM noun ❑ **~ *abstracto*** abstract noun; **~ *colectivo*** collective noun; **~ *común*** common noun; **~ *propio*** proper noun

nombrete nm Urug nickname; **le pusieron el ~ de el Adusto** he was nicknamed "el Adusto"

nomenclatura nf nomenclature

nomeolvides nm inv -1. *(flor)* forget-me-not -2. *(pulsera)* identity bracelet

nómina nf -1. *(lista de empleados)* payroll; **estar en ~** to be on the payroll o staff -2. *(pago)* wage packet, wages -3. *(hoja de salario)* pay slip -4. *(lista de nombres)* list

nominación nf nomination

nominado, -a adj nominated

nominal ⬦ adj nominal
⬦ nm ECON face o nominal value

nominalmente adv nominally

nominar vt to nominate

nominativo, -a ⬦ adj cheque ~ = cheque made out to a specific person; **un cheque ~ a favor de Carla Gimeno** a cheque made out to Carla Gimeno
⬦ nm GRAM nominative

nomo nm gnome

non ⬦ adj odd, uneven
⬦ nm odd number

nonada nf trifle

nonagenario, -a ⬦ adj ninety-year old
⬦ nm,f person in his/her nineties

nonagésimo, -a núm ninetieth; *ver también* octavo

nonato, -a ⬦ adj -1. *(bebé)* born by Caesarian section -2. *(inexistente)* nonexistent
⬦ nm CSur -1. *(carne)* lamb *(from unborn animal)* -2. *(cuero)* lambskin *(from unborn animal)*

nones adv Fam no way; **dijo que ~, que no me dejaba la moto** he said there was no way he was going to lend me the motorbike

nono[1], -a núm Formal ninth; *ver también* octavo

nono[2], -a nm RP, Ven Fam grandpa, f grandma

non plus ultra nm ser el ~ to be the best ever; **ese disco es el ~ de la música caribeña** that's the best ever Caribbean music record

nopal nm prickly pear

noquear vt -1. *(en boxeo)* to knock out -2. Am *(derrotar)* to thrash

noray *(pl norays)* nm NÁUT bollard

norcoreano, -a ⬦ adj North Korean
⬦ nm,f North Korean

nordeste = noreste

nórdico, -a ⬦ adj -1. *(del norte)* northern, northerly -2. *(escandinavo)* Nordic
⬦ nm,f Nordic person

nordista HIST ⬦ adj Yankee *(in US Civil War)*
⬦ nmf Yankee *(in US Civil War)*

noreste, nordeste ⬦ adj *(posición, parte)* northeast, northeastern; *(dirección, viento)* northeasterly
⬦ nm north-east

noria nf -1. *(para agua)* water wheel -2. Esp *(de feria)* Br big wheel, US Ferris wheel

norirlandés, -esa ⬦ adj Northern Irish
⬦ nm,f person from Northern Ireland; **los norirlandeses** the people of Northern Ireland

norma nf -1. *(patrón, modelo)* standard; *(regla)* rule; **las normas de circulación o de tráfico** the traffic regulations, Br the Highway Code; **este producto no cumple la ~ europea** this product does not meet European standards; **normas de conducta** *(principios)* standards (of behaviour); *(pautas)* patterns of behaviour; **la ~ es que llueva al final de la tarde** it usually o normally rains towards the end of the afternoon; **es la ~ hacerlo así** it's usual to do it this way; **por ~ (general)** as a rule; **tener por ~ hacer algo** to make it a rule to do sth
-2. LING norm

normal ⬦ adj -1. *(natural, regular)* normal; **lleva una vida ~** she leads a fairly normal o ordinary life; **el paciente tiene una temperatura/un pulso ~** the patient's temperature/pulse is normal; **cuando se lo dije se enfadó mucho – ¡~!** he was really cross when I told him – that's hardly surprising!; **este hermano tuyo no es ~** there must be something wrong with that brother of yours; **es ~ que estés cansado** it's hardly surprising that you're tired; **no es ~ que llore por una tontería así** it's not normal for him to cry over a silly thing like that; **~ y corriente** ordinary; **contiene todo lo que un usuario ~ y corriente necesita** it contains everything the average user needs; **es una persona ~ y corriente** he's a perfectly ordinary person
-2. *(gasolina)* Br three-star, US regular
-3. MAT perpendicular
⬦ nf *(gasolina)* Br three-star petrol, US regular gasoline
⬦ adv Fam normally; **me cuesta mucho caminar ~** I find it really hard to walk normally

normalidad nf -1. *(cualidad)* normality; **volver a la ~** to return to normal; **la jornada electoral transcurrió con ~** election day passed off without incident -2. QUÍM normality

normalista nmf Bol, Méx -1. *(estudiante)* student teacher -2. *(profesor)* teaching graduate

normalización nf -1. *(vuelta a la normalidad)* return to normal, normalization -2. *(regularización)* standardization ❑ Esp **~ *lingüística*** = regulation by legal means of the use of the different languages spoken in a multilingual region

normalizar [14] ⬦ vt -1. *(volver normal)* to return to normal, to normalize -2. *(estandarizar)* to standardize

➡ **normalizarse** vpr to return to normal

normalmente adv usually, normally; **~ se reúnen a primera hora de la mañana** they usually o normally meet first thing in the morning

Normandía n Normandy

normando, -a ⬦ adj -1. *(de Normandía)* of/from Normandy *(France)*; **el paisaje ~** the Normandy countryside -2. HIST *(nórdico)* Norse; *(de Normandía)* Norman
⬦ nm,f -1. *(habitante de Normandía)* person from Normandy *(France)* -2. HIST *(nórdico)* Norseman, f Norsewoman; *(de Normandía)* Norman

normar vt Am -1. *(regir)* to govern -2. *(dotar de norma)* to regulate

normativa nf regulations; **según la ~ vigente** under current rules o regulations

normativo, -a adj normative

nornordeste nm north-northeast

nornoroeste nm north-northwest

noroeste ⬦ adj *(posición, parte)* northwest, northwestern; *(dirección, viento)* northwesterly
⬦ nm northwest

norte ⬦ adj inv *(posición, parte)* north, northern; **viento ~** north wind; **la cara ~ de la montaña** the north face of the mountain; **la costa ~** the north coast; **habrá tiempo soleado en la mitad ~ del país** it will be sunny in the northern half of the country; **partieron con rumbo ~** they set off northwards; **un frente frío que se desplaza en dirección ~** a cold front moving north o northwards
⬦ nm -1. *(zona)* north; **está al ~ de Santiago** it's (to the) north of Santiago; **la fachada da al ~** the front of the building faces north; **viento del ~** north wind; **habrá lluvias en el ~ (del país)** there will be rain in the north (of the country); **ir hacia el ~** to go north(wards); **el Norte de África** North Africa ❑ **~ *geográfico*** true north; **el ~ *magnético*** magnetic north
-2. POL **el Norte** *(mundo desarrollado)* the North
-3. Am **el Norte** *(Estados Unidos)* the United States
-4. *(punto cardinal)* north
-5. *(viento)* north wind
-6. *(objetivo)* goal, objective; EXPR **perder el ~** to lose one's bearings o way
-7. PRico *(llovizna)* drizzle

norteafricano, -a ⬦ adj North African
⬦ nm,f North African

Norteamérica n -1. *(América del Norte)* North America -2. *(Estados Unidos)* the United States, America

norteamericano, -a ⬦ adj -1. *(de América del Norte)* North American -2. *(de Estados Unidos)* American
⬦ nm,f -1. *(de América del Norte)* North American -2. *(de Estados Unidos)* American

norteño, -a ⬦ adj northern
⬦ nm,f northerner

nortino, -a Andes ⬦ adj northern
⬦ nm,f northerner

Noruega n Norway

noruego, -a ⬦ adj Norwegian
⬦ nm,f *(persona)* Norwegian
⬦ nm *(lengua)* Norwegian

norvietnamita ⬦ adj North Vietnamese
⬦ nmf North Vietnamese

nos pron personal -1. *(complemento directo)* us; **le gustaría vernos** she'd like to see us; **~ atracaron en plena calle** we were attacked in the middle of the street; **~ aprobaron a todos** we all passed, they passed us all
-2. *(complemento indirecto)* (to) us; **~ lo dio** he gave it to us, he gave us it; **~ tiene miedo** he's afraid of us; **~ lo ha comprado** *(nosotros se lo vendimos)* she bought it from o off us; *(es para nosotros)* she bought it for us; **~ extrajeron sangre** they took some of our blood; **~ han quitado una maleta** they've stolen one of our suitcases; **~ hicieron quitarnos la ropa** they made us take off our clothes; **~ pegaron un empujón** someone pushed us, we were pushed; **se ~ olvidó** we forgot; **~ será de gran ayuda** it will be a great help to us
-3. *(reflexivo)* ourselves; **~ servimos un whisky** we poured ourselves a whisky; **~ vestimos** we get dressed; **~ hacíamos llamar "los cinco magníficos"** we called

nosocomio

ourselves "the magnificent five"; ~ **pusimos los abrigos y salimos** we put our coats on and left; ~ **acostamos en la cama** we lay down on the bed

-4. *(recíproco)* each other; ~ **enamoramos** we fell in love (with each other); ~ **concedimos una segunda oportunidad** we gave ourselves a second chance

-5. *(con valor intensivo o expresivo)* ~ **tememos lo peor** we fear the worst; ~ **lo comimos todo** we ate the whole lot; **no te ~ eches a llorar ahora** don't start crying on us now; *Fam* **tú descuida, que nosotros sabemos lo que ~ hacemos** don't you worry, we know what we're doing here

-6. *(para formar verbos pronominales)* ~ **pusimos cómodos** we made ourselves comfortable

-7. *(plural mayestático)* we; ~ **estamos de acuerdo** we agree

nosocomio *nm Am* hospital

nosotros, -as *pron personal* **-1.** *(sujeto)* we; ~ **somos los mejores** we're the best; **¿quién va primero?** – ~ who's first? – we are; ~ **los americanos** we Americans; **ellos están invitados,** ~ **no** they're invited, but we're not *o* but not us; **algunos de ~/todos ~ pensamos que deberías ir** some of us/all of us think you should go; ~ **mismos lo organizamos todo** we organized it all ourselves; **he aprobado – ~ también** I passed – so did we

-2. *(predicado)* **somos ~** it's us; **sus hermanos somos ~** we are her brothers

-3. *(complemento con preposición o conjunción)* us; **juegan mejor que ~** they play better than we do *o* than us; **trabaja tanto como ~** she works as hard as we do *o* as us; **excepto/según ~** apart from/according to us; **nos lo dijo a nosotras** she said it to us; **vente a comer con ~** come and eat with us; **de ~** *(nuestro)* ours; **todo esto es de ~** all this is ours; **lo arreglaremos entre ~** we'll sort it out among ourselves; **entre ~** *(en confidencia)* between you and me, just between the two of us; **por ~ no hay problema** there's no problem as far as we're concerned

nostalgia *nf (del pasado)* nostalgia; *(de país, amigos)* homesickness; **tengo ~ de mi infancia** I miss my childhood days; **siente ~ por su país** he's homesick for his country

nostálgico, -a ◇ *adj (del pasado)* nostalgic; *(de país, amigos)* homesick
◇ *nm,f* nostalgic person; **es un ~** he's very nostalgic

nosticismo *nm* gnosticism

nóstico, -a ◇ *adj* gnostic
◇ *nm,f* gnostic

nota¹ *nf* **-1.** *(apunte)* note; **déjale una ~ encima de la mesa** leave her a note on the table; **tomar ~ de algo** *(apuntar)* to note sth down; *(fijarse)* to take note of sth; **tomamos ~ de sus comentarios** we note your comments; EXPR **tomar buena ~ de algo** to take careful note of sth

-2. *(acotación)* note ❑ ~ **aclaratoria** explanatory note; ~ **bene** nota bene, N.B.; ~ **al margen** marginal note; ~ **a pie de página** footnote

-3. *(noticia breve)* ~ **necrológica** obituary; ~ **de prensa** press release; *Méx* ~ **roja** police reports (section); **notas de sociedad** society column

-4. *(cuenta)* bill; *(en restaurante) Br* bill, *US* check ❑ *Méx* ~ **de consumo** expenses claim; ~ **de gastos** expenses claim; *Méx* ~ **de remisión** delivery note

-5. *(calificación) Br* mark, *US* grade; **mañana nos dan las notas** we get our marks *o US* grades tomorrow; **sacar** *o* **tener buenas notas** to get good marks; EXPR *Esp Fam* **ir para ~** to go for top marks ❑ ~ **de corte** = minimum marks for entry into university; ~ **media** average mark

-6. *(toque, rasgo)* touch; **una ~ de distinción/de color** a touch of elegance/colour

-7. *(reputación)* **de mala ~** of ill repute

-8. *(musical)* note ❑ ~ **discordante** discordant note; **la ~ discordante la puso el discurso agresivo del presidente ruso** the Russian president's aggressive speech was out of key with the tone of the occasion; ~ **dominante** dominant note; **la tensión fue la ~ dominante de la reunión** an atmosphere of tension predominated at the meeting; **la ~ dominante de su estilo es la ironía** the predominant feature of his style is irony; ~ **falsa** false note; ~ **tónica** keynote

-9. *Fam* EXPR **dar la ~: allá donde vamos, siempre da la ~** she always has to draw attention to herself wherever we go; **con estos pantalones das la ~** nobody could miss you in those trousers; **forzar la ~,** *Ven* **pasarse de ~** to go too far

nota² *nm Esp Fam* **-1.** *(individuo)* guy, *Br* bloke **-2.** *Pey (que llama la atención)* poser

notabilidad *nf* notability

notable ◇ *adj* remarkable, outstanding; **hay una ~ diferencia entre las dos propuestas** there's a significant *o* clear difference between the two proposals; **es un violinista ~** he's an outstanding violinist
◇ *nm* **-1.** *(nota)* = mark between 7 and 8.9 out of 10, ≃ (pass with) credit, ≃ B **-2.** *(persona)* dignitary

notablemente *adv (visiblemente)* clearly, evidently; *(notoriamente)* considerably, markedly

notación *nf* notation

notar ◇ *vt (advertir)* to notice; *(sentir)* to feel; **noté que alguien me miraba** I sensed that someone was watching me; **¿notas una corriente de aire?** can you feel a draught?; **noto frío en los pies** my feet feel cold; **te noto cansado** you look tired; **lo noto raro** he's acting strangely; **la noté muy cambiada** she'd changed a lot; **la crisis económica se está dejando ~** the recession is really making itself felt; **hacer ~ algo** to point sth out; **nótese que el acusado estaba bebido** note *o* observe that the accused was drunk

◆ **notarse** *vpr (advertirse)* to be apparent; *(sentirse)* to feel; **me noto agotado** I feel exhausted; **ya no se nota la herida** you can't see where the wound was any more; **se nota que le gusta** you can tell she likes it; **se nota a la legua que no se ha preparado el discurso** it's blindingly obvious that he hasn't prepared his speech; **se le nota en la cara que no ha dormido nada** you can tell from her face that she didn't get any sleep; **no has descansado, ¿verdad? – ¿se me nota?** you didn't sleep well, did you? – can you tell? *o* is it that obvious?; *Fam* **¡pues no se nota!** you could have fooled me!; **¡cómo se nota que no es tu casa!** do you always behave like this in other people's houses?

notaría *nf Esp, CAm, Carib, Méx* **-1.** *(profesión)* profession of notary **-2.** *(oficina)* notary's office

notariado *nm* **-1.** *(profesión)* profession of notary **-2.** *(colectividad)* notaries

notarial *adj* notarial

notario, -a *nm,f Esp, CAm, Carib, Méx* notary (public); **en sorteo celebrado ante ~** in a draw which took place in the presence of a notary

noticia *nf* **-1.** *(información, hecho)* news *(singular)*; **una ~** a piece of news; **tengo una buena/mala ~** I've got some good/bad news; **me enteré de la ~ ayer** I heard the news yesterday; **su hijo le dio la ~** his son broke the news to him; **noticias de última hora** the latest news ❑ *Fam* ~ **bomba** bombshell; **¡~ bomba!: ¡nos van a subir el sueldo!** shock! horror! we're getting a pay rise!

-2. las noticias *(en televisión)* the news

-3. *(conocimiento)* **¿tienes noticias suyas?** have you heard from him?; **no tengo ~ de que se haya cambiado la fecha** I haven't heard anything about the date being changed

noticiario, *Am* **noticiero** *nm* **-1.** CINE newsreel **-2.** RAD & TV television news

notición *nm Fam* bombshell; **¡~!: ¡nos van a subir el sueldo!** shock! horror! we're getting a pay rise!

noticioso *nm Andes, RP* television news

notificación *nf* notification

notificar [59] *vt* to notify, to inform

notoriedad *nf* **-1.** *(fama)* fame **-2.** *(evidencia)* obviousness

notorio, -a *adj* **-1.** *(conocido)* widely-known; **un ~ pianista** a famous pianist **-2.** *(evidente)* obvious; **es notoria la antipatía que siente por ella** it's obvious he doesn't like her; **hay un malestar ~ entre los empleados** there is obvious *o* manifest discontent among the staff

nov. *(abrev de* **noviembre)** Nov.

nova *nf* ASTRON nova

novatada *nf* **-1.** *(broma)* practical joke *(on newcomer)*; **las novatadas** *Br* ragging, *US* hazing; **gastar una ~ a alguien** *Br* to rag sb, *US* to haze sb **-2.** *(error)* beginner's mistake; EXPR **pagar la ~** to learn the hard way; **pagué la ~ de irme de vacaciones durante la estación de los huracanes** I learned the hard way that you shouldn't go on holiday during the hurricane season

novato, -a ◇ *adj* inexperienced
◇ *nm,f* novice, beginner

novecientos, -as *núm* nine hundred; *ver también* **treinta**

novedad *nf* **-1.** *(cosa nueva)* new thing; *(innovación)* innovation; **el nuevo sistema operativo incluye muchas novedades** the new operating system incorporates many new features; **es igual que el model anterior con la ~ de que utiliza energía solar** it is the same as the previous model except that it now uses solar power

-2. novedades *(discos)* new releases; *(libros)* new publications; *(moda)* latest fashions; *(en página web)* what's new

-3. *(cualidad)* *(de nuevo)* newness; *(de novedoso)* novelty

-4. *(cambio)* change; **el enfermo evoluciona sin ~** there has been no change in the patient's condition; **desde que te fuiste ha habido muchas novedades en la oficina** there have been a lot of changes in the office since you left

-5. *(noticia)* news *(singular)*; **sin ~** *(sin contratiempo)* without incident; MIL all quiet; EXPR *Hum* **sin ~ en el frente** there's nothing to report

novedoso, -a *adj* novel, new; **una iniciativa novedosa para combatir el desempleo** a novel initiative to combat unemployment; **lo ~ del producto es que no funciona con electricidad** the original thing about the product is that it doesn't use electricity

novel *adj* **un escritor ~** a new writer; **un futbolista ~** an inexperienced player

novela ◇ *nf* novel; **la ~ contemporánea** the contemporary novel ❑ ~ **de caballería(s)** tale of chivalry; ~ **por entregas** serial; ~ **de intriga** mystery story; ~ **negra** crime novel; ~ **policíaca** detective story; ~ **rosa** romance, romantic novel

◇ **de novela** *loc adj RP Fam (muy bueno)* amazing; **se compró una estancia de ~** he bought this amazing ranch

◇ **de novela** *loc adv RP Fam (muy bien)* fantastically; **cocina de ~** he's a fantastic *o* an amazing cook

novelar *vt* to fictionalize, to make into a novel

novelería *nf* **-1.** *(ficciones)* fantasies **-2.** *Am* **novelerías** *(cosas novedosas)* novelties

novelero, -a ◇ *adj* **-1.** *(fantasioso)* overimaginative **-2.** *(aficionado a las novelas)* **es muy ~** he's a great reader of novels **-3.** *(aficionado a lo novedoso)* **es muy ~** he always has to have the latest thing

◇ *nm,f* **-1.** *(fantasioso)* **es un ~** he has an overactive imagination, he tends to exaggerate **-2.** *(aficionado a las novelas)* **es un ~**

novelesco

he's a great reader of novels **-3.** *(aficionado a lo novedoso)* **es un ~** he always has to have the latest thing

novelesco, -a *adj* **-1.** *(de la novela)* fictional **-2.** *(fantástico)* fantastic, extraordinary

novelista *nmf* novelist

novelística *nf* **-1.** *(estudio)* study of the novel **-2.** *(literatura)* novels, fiction; **la ~ hispanoamericana** Spanish American novels *o* fiction

novelístico, -a *adj* novelistic

novelón *nm (novela)* huge great novel

novena *nf* REL novena

noveno, -a *núm* ninth; *ver también* **octavo**

noventa *núm* ninety; **los (años) ~** the nineties; *ver también* **treinta**

noventavo, -a *núm* ninetieth; *ver también* **octavo**

noventón, -ona *nm,f* nonagenarian

noviar *vi CSur, Méx Fam* **~ con alguien** to go out with sb, *US* to date sb; **están noviando** they're going out together, *US* they're dating; **novian hace tiempo** they've been going out together *o US* dating for a while

noviazgo *nm* engagement; **se casaron después de dos meses de ~** they marrried after a two-month engagement *o* after being engaged for two months

noviciado *nm* **-1.** REL novitiate **-2.** *(aprendizaje)* apprenticeship

novicio, -a *nm,f* **-1.** REL novice **-2.** *(aprendiz)* novice

noviembre *nm* November; *ver también* **septiembre**

noviero, -a *adj* **desde chiquito fue muy ~** he was never shy of the girls, even as a child

novillada *nf* TAUROM = bullfight with young bulls

novillero, -a *nm,f* TAUROM apprentice bullfighter

novillo, -a *nm,f* **-1.** *(animal)* young bull, *f* young cow **-2.** EXPR *Esp Fam* **hacer novillos** to play *Br* truant *o US* hookey

novilunio *nm* new moon

novio, -a *nm,f* **-1.** *(compañero)* boyfriend, *f* girlfriend; *(prometido)* fiancé, *f* fiancée **-2.** *(el día de la boda)* bridegroom, *f* bride; **los novios** *(antes de la boda)* the bride and groom; *(después de la boda)* the newly-weds; **¡vivan los novios!** to the bride and groom!

novísimo, -a *adj* brand-new, up-to-the-minute

novocaína® *nf* Novocaine®

npi *adv Esp Fam Euf (abrev de* **ni puta idea**) no idea

NS/NC *(abrev de* **no sabe, no contesta**) *(en encuesta)* don't know, no reply given

NT *(abrev de* **Nuevo Testamento**) NT

Ntra. Sra. *(abrev de* **Nuestra Señora**) Our Lady

nubarrón *nm* storm cloud

nube *nf* **-1.** *(de lluvia)* cloud; EXPR **como caído de las nubes** out of the blue; EXPR *Fam* **estar en las nubes** to have one's head in the clouds; EXPR *Fam* **poner algo/a alguien por las nubes** to praise sth/sb to the skies; EXPR *Fam* **estar por las nubes** *(caro)* to be terribly expensive ❑ **~ de tormenta** thundercloud; **~ de verano** summer shower; **¿se enfadó mucho? – no, sólo fue una ~ de verano** was she very angry? – no, it soon blew over **-2.** *(de humo)* cloud ❑ **~ de polvo** dust cloud **-3.** *(de personas, moscas)* swarm; **una ~ de periodistas rodeó al ministro** a swarm of reporters surrounded the minister **-4.** *(en ojo)* film

núbil *adj Literario* nubile

nubilidad *nf Literario* nubility

nubio, -a ◇ *adj* Nubian
◇ *nm,f* Nubian

nublado, -a ◇ *adj* **-1.** *(cielo)* cloudy, overcast; **está ~** it's cloudy *o* overcast **-2.** *(vista, entendimiento)* clouded
◇ *nm (nube)* storm cloud

nublar ◇ *vt* **-1.** *(cielo)* to cloud; *(sol)* to hide **-2.** *(vista, entendimiento)* to cloud

◆ **nublarse** *vpr* **-1.** *(cielo)* to cloud over; **se está nublando** it's clouding over **-2.** *(vista)* to cloud over; *(entendimiento)* to become clouded

nublazón *nf Am* storm cloud

nubloso, -a *adj* cloudy

nubosidad *nf* **la ~ aumentará por la tarde** the cloud will increase in the afternoon, it will become cloudier in the afternoon; **~ parcial** partial cloud cover; **~ total** total cloud cover; **~ variable** variable cloud cover

nuboso, -a *adj* cloudy

nuca *nf* nape, back of the neck; EXPR *RP Fam* **estar de la ~** to be off one's head

nuclear[1] ◇ *adj* nuclear
◇ *nf* nuclear power station

nuclear[2] *Am* ◇ *vt* to bring together; **el foro nuclea a la intelectualidad del lugar** the forum brings together local intellectuals

◆ **nuclearse** *vpr* to congregate; **en ese barrio se nuclean los artistas de la región** the region's artists are congregated in this part of town

nuclearización *nf* **-1.** *(con energía nuclear)* introduction of nuclear power **-2.** *(con armas nucleares)* acquisition of nuclear weapons

nuclearizar [14] *vt* **-1.** *(con energía nuclear)* to introduce nuclear power into **-2.** *(con armas nucleares)* to acquire nuclear weapons for

nucleico, -a *adj* BIOQUÍM nucleic

núcleo *nm* **-1.** *(de la Tierra)* core **-2.** *(centro)* nucleus ❑ **~ duro** *(en economía, política)* hard core **-3.** *(foco)* **un ~ de pobreza** an area with an extremely high level of poverty, an area where poverty is concentrated; **forman el ~ intelectual del partido** they are the party's brains **-4.** *(grupo)* core; **un pequeño ~ de rebeldes** a small core of rebels **-5.** *(lugar habitado)* centre ❑ **~ de población** population centre **-6.** ASTRON nucleus ❑ **~ de la galaxia** galaxy's core **-7.** BIOL nucleus ❑ **~ celular** cell nucleus **-8.** FÍS nucleus ❑ **~ atómico** atomic nucleus **-9.** LING nucleus

nucléolo *nm* BIOL nucleolus, nucleole

nucleón *nm* nucleon

nudillo *nm* knuckle; **llamar con los nudillos** *(a la puerta)* to knock (on *o* at the door)

nudismo *nm* nudism

nudista ◇ *adj* nudist
◇ *nmf* nudist

nudo *nm* **-1.** *(lazo)* knot; **hacer un ~** to tie a knot; **se le hizo un ~ en la garganta** she got a lump in her throat ❑ **~ corredizo** slipknot; **~ gordiano** Gordian knot; **~ marinero** reef knot **-2.** *(cruce)* junction; **un ~ de autopistas** a motorway interchange ❑ **~ de comunicaciones** communications centre **-3.** *(en madera)* knot **-4.** *(en planta)* node **-5.** *(vínculo)* tie, bond **-6.** *(punto principal)* crux, nub **-7.** *(unidad de velocidad)* knot **-8.** TEATRO crisis point, climax

nudoso, -a *adj* **-1.** *(mano)* knotted, gnarled **-2.** *(tallo)* knotty, gnarled

nuera *nf* daughter-in-law

nuestro, -a ◇ *adj posesivo* our; **~ coche** our car; **este libro es ~** this book is ours, this is our book; **un amigo ~** a friend of ours; **no es asunto ~** it's none of our business; **lo es el teatro** *(lo que nos va)* theatre is what we should be doing; *Fam Fig* **nos costó lo ~** *(mucho)* it wasn't easy for us
◇ *pron posesivo* **el ~** ours; **el ~ es rojo** ours is red; *Fam* **ésta es la nuestra** this is the chance we've been waiting for *o* our big chance; *Fam* **los nuestros** *(nuestra familia)* our folks; *(nuestro bando)* our lot, our side

nueva *nf* **-1.** *Literario* (piece of) news; **la buena ~** *(el evangelio)* the good news; *Fam* **¿te has enterado de la buena ~?** have you heard the good news?; EXPR *Esp* **me coge de nuevas** that's news to me **-2.** *ver también* **nuevo**

nuevamente *adv (de nuevo)* again, once more

nueve *núm* nine; EXPR *Col* **tomar las medias nueves** to have a mid-morning snack, *Br* to have elevenses; *ver también* **tres**

nuevo, -a ◇ *adj* **-1.** *(reciente)* new; **tengo una casa nueva** I've got a new house; **es el ~ director** he's the new manager ❑ **Nueva Caledonia** New Caledonia; **el ~ continente** *(América)* the New World; **Nueva Delhi** New Delhi; HIST **Nueva España** New Spain *(Spanish colonial viceroyalty that included Mexico, the southern part of the US and parts of Central America)*; HIST **Nueva Granada** New Granada *(Spanish colonial viceroyalty that included the central and northwestern parts of South America)*; **Nueva Guinea** New Guinea; **Nueva Inglaterra** New England; **Nueva Jersey** New Jersey; **Nuevo México** New Mexico; **el Nuevo Mundo** the New World; **la nueva ola** the New Wave; **el ~ orden mundial** the new world order; **Nueva Orleans** New Orleans; **~ rico** nouveau riche; **~ sol** *(moneda)* new sol; **nuevas tecnologías** new technology; **el Nuevo Testamento** the New Testament; **Nueva York** New York; **Nueva Zelanda** New Zealand **-2.** *(poco usado)* new; **este abrigo está ~** this coat is new; **un poco de betún y quedarán como nuevos** with a bit of polish they'll be as good as new; **después del baño me quedé como ~** I felt like a new person after my bath **-3.** *(inédito)* new; **esto es ~ para mí, no lo sabía** that's news to me, I didn't know it **-4.** *(sin experiencia)* new; **soy ~ en esta clase** I'm new in this class; **es ~ en la profesión** he's new to the profession **-5.** *(hortaliza)* new, fresh; *(vino)* young **-6.** *(repetido)* renewed, **de ~** again; **se han producido nuevos enfrentamientos** there have been renewed clashes
◇ *nm,f* newcomer

nuevoleonés, -esa ◇ *adj* of/from Nuevo León *(Mexico)*
◇ *nm,f* person from Nuevo León *(Mexico)*

nuez *nf* **-1.** *(de nogal)* walnut ❑ **~ de Castilla** walnut; *Méx* **~ encarcelada** pecan; *Méx* **~ de la India** cashew nut; **~ moscada** nutmeg **-2.** ANAT Adam's apple

nulidad *nf* **-1.** *(no validez)* nullity **-2.** *(ineptitud)* incompetence **-3.** *Fam (persona)* **ser una ~** to be useless; **es una ~ para la física** he's useless *o* hopeless at physics

nulo, -a *adj* **-1.** *(sin validez)* null and void, invalid; **~ y sin valor** null and void **-2.** *Fam (inútil)* useless **(para** at) **-3.** *Fam (inexistente)* **mis conocimientos sobre la materia son nulos** I know absolutely zilch about the subject; **mi fe en ellos es nula** I have absolutely no faith in them

núm. *(abrev de* **número**) No, no

numantino, -a *adj* heroic

numbat *(pl* **numbats**) *nm* numbat, marsupial *o* banded anteater

numen *nm* **-1.** *(deidad)* numen **-2.** *Formal (inspiración)* inspiration, muse

numeración *nf* **-1.** *(acción)* numbering **-2.** *(sistema)* numerals, numbers ❑ **~ arábiga** Arabic numerals; **~ binaria** binary numbers; **~ decimal** Arabic numerals; **~ romana** Roman numerals

numerador *nm* MAT numerator

numeral *adj* numeral

numerar ◇ *vt* to number

◆ **numerarse** *vpr (personas)* to number off

numerario, -a ◇ *adj (profesor, catedrático)* tenured, permanent; *(miembro)* full
◇ *nm (dinero)* cash
◇ *nm,f* REL = member of Opus Dei who lives in one of their institutions and is celibate

numéricamente *adv* numerically

numérico, -a *adj* numerical

numerito *nm* EXPR *Esp Fam* **montar el ~** to make o cause a scene

número *nm* **-1.** *(signo)* number; **mi ~ de la suerte** my lucky number; **en números rojos** in the red; **hacer números** to reckon up; **ser el ~ uno** to be number one; *(en lista de éxitos)* to top the charts; **fue el ~ uno de su promoción** he was the best in his year; **el ~ dos del partido republicano** the number two o second in command of the Republican Party; **sin ~** *(muchos)* countless, innumerable; **un sin ~ de modelos diferentes** countless o innumerable different models ❑ **~ atómico** atomic number; **~ binario** binary number; **~ cardinal** cardinal number; **~ complejo** complex number; **~ complementario** *(en lotería)* = complementary number, *Br* ≃ bonus ball; **~ de cuenta** account number; **~ entero** whole number, integer; FOT **~ f** f number; **~ de fax** fax number; **~ fraccionario** fraction; **~ de identificación personal** PIN (number); **~ impar** odd number; INFORMÁT **~ IP** IP number; **~ irracional** irrational number; **~ de matrícula** *(de vehículo) Br* registration number, *US* license number; *(de alumno)* matriculation number; **~ natural** natural number; **~ ordinal** ordinal number; **~ par** even number; **~ primo** prime number; **~ quebrado** fraction; **~ racional** rational number; **~ redondo** round number; **~ de referencia** reference number; INFORMÁT **~ de registro** registration number; **~ romano** Roman numeral; **~ de serie** serial number; **~ de sucursal** *(de banco)* sort code; **~ de teléfono** telephone number

-2. *(tamaño, talla)* size; **¿qué ~ calzas?** what size shoe are you?, what size shoe do you take?
-3. *(de publicación)* issue, number ❑ **~ atrasado** back number; **~ extraordinario** special edition o issue
-4. *(de lotería)* ticket
-5. GRAM number
-6. *(de espectáculo)* turn, number; EXPR *Esp Fam* **montar el ~** to make o cause a scene
-7. *Esp (de policía)* officer
-8. REL **Números** Numbers

numerología *nf* numerology

numeroso, -a *adj* **-1.** *(con muchos elementos)* numerous; **un grupo ~** a large group **-2.** **numerosos** *(muchos)* many, several; **sufrieron numerosas bajas** they suffered many o several casualties

numerus clausus *nm inv* EDUC = restriction on number of students in university course

numismática *nf (estudio)* numismatics *(singular)*

numismático, -a ◇ *adj* numismatic
◇ *nm,f* numismatist

nunca *adv (en frases afirmativas)* never; *(en frases negativas)* ever; **no me cuentan ~ nada** they never tell me anything; **casi ~ viene** he almost never comes, he hardly ever comes; **¿~ la has visto?** have you never seen her?, haven't you ever seen her?; **como ~** like never before; **más que ~** more than ever; **~ jamás** o **más** never more o again; **¡~ vi nada parecido!** I never saw anything like it!; PROV **~ es tarde si la dicha es buena** better late than never

nunciatura *nf* REL **-1.** *(cargo)* nunciature **-2.** *(edificio)* nuncio's residence

nuncio *nm* REL nuncio ❑ **~ apostólico** papal nuncio

nupcial *adj* wedding; **ceremonia ~** wedding o marriage ceremony; **lecho ~** marriage bed

nupcias *nfpl* wedding; **contraer ~ con alguien** to marry sb; **nunca contrajo segundas nupcias** he never remarried; **contrajo segundas ~ con Carolina, se casó en segundas ~ con Carolina** he got married for the second time, to Carolina

nurse ['nurse] *nf* nurse, nanny

nursery [nurse'ri] *nf Urug* baby unit

nutria *nf* **-1.** *(animal)* otter ❑ **~ de mar** sea otter **-2.** *(piel)* otter (skin)

nutrición *nf* nutrition

nutricional *adj* nutritional

nutricionista *nmf* nutritionist

nutrido, -a *adj* **-1.** *(alimentado)* nourished, fed; **bien ~** well-fed; **mal ~** undernourished **-2.** *(numeroso)* large; **un grupo ~ de manifestantes** a large group of demonstrators; **una nutrida lista de peticiones** a long list of requests

nutriente *nm* nutrient

nutrir ◇ *vt* **-1.** *(alimentar)* to nourish, to feed (**con** o **de** with) **-2.** *(fomentar)* to feed, to nurture **-3.** *(suministrar)* to supply (**de** with)
◆ **nutrirse** *vpr* **-1.** *(alimentarse)* **nutrirse de** o **con** to feed on **-2.** *(utilizar)* **la programación televisiva se nutre de los ingresos publicitarios** TV programmes are financed by advertising revenue; **sus novelas se nutren de leyendas tradicionales** his novels draw on folk legends

nutritivo, -a *adj* nutritious

nylon ['nailon] *(pl* **nylons***) nm* nylon

Ñ, ñ [ˈeɲe] *nf (letra)* Ñ, ñ, = 15th letter of the Spanish alphabet

ña *nf Am Fam* Mrs, = contraction of "doña"

ñac = **ñácate**

ñacañaca *nm Esp Fam Hum* **hacer ~** *Br* to have a bit of rumpy-pumpy, *US* to make out

ñácate, ñac *interj RP Fam* **iba caminando y, ¡~!, tropecé** I was walking along and all of a sudden, bang, I tripped up!; **cuando la película se empezaba a poner interesante, ¡~!, corte de luz** the movie was just starting to get interesting when, bang, there was a power cut!

ñacundá *nm* nacunda nighthawk

ñame *nm CAm, Carib, Col* yam

ñandú *(pl* **ñandúes***) nm* rhea

ñandubay *nm* = type of mesquite

ñandutí *nm Par* fine lace

ñángara *Carib Fam Pey* ◇ *adj* commie, red
◇ *nmf* commie, red

ñango, -a *adj Méx Fam (persona)* weedy; *(animal)* scrawny

ñaño, -a ◇ *adj* **-1.** *Col, Pan (consentido)* spoiled, pampered **-2.** *Andes (muy amigo)* close, intimate
◇ *nm* **-1.** *Chile (hermano)* older brother **-2.** *Perú (niño)* child

ñapa *Ven Fam* ◇ *nf* bonus, extra
◇ **de ñapa** *loc adv* to cap o crown it all; **llovía y de ~ se pinchó una rueda** it was raining and, to cap o crown it all, we got a puncture; EXPR **ni de ~** no way

ñata *nf Fam* **-1.** *Am (nariz)* nose, *Br* conk, *US* schnozz **-2.** *Andes, RP (nariz chata)* snub nose

ñato, -a *Andes, RP* ◇ *adj* snub-nosed; **ser ~** to have a snub nose
◇ *nm,f* snub-nosed person

ñemita *nf Ven* = sweet made from egg yolk and sugar

ñeque ◇ *adj CAm, Andes* strong, vigorous
◇ *nm* **-1.** *CAm, Andes (fuerza)* strength, vigour **-2.** *CAm, Méx (bofetada)* slap, blow **-3.** *Chile Fam (tesón)* **tener mucho ~** to have a lot of grit o guts; **si queremos que este proyecto resulte, tenemos que ponerle ~** if we want this project to amount to anything we'll have to give it all we've got

ñero, -a ◇ *adj Ven* mug, sucker
◇ *nm,f Fam* **-1.** *Méx (hombre)* pal, *Br* mate, *US* buddy; *(mujer)* pal **-2.** *Ven (tipo)* guy, *Br* bloke; *(mujer)* woman; *(mujer joven)* girl

ñinga *nf Ven Fam (cantidad pequeña)* bit; *(de agua)* drop; *(de humor)* hint

ñisca *nf* **-1.** *CAm (excremento)* excrement **-2.** *Andes (pizca)* bit, small amount

ño, ñor *nm Am Fam* Mr, = contraction of "señor"

ñongo, -a *adj Ven Fam* **-1.** *(difícil)* tricky, awkward **-2.** *(remilgado)* fussy

ñoña *nf Andes, Ven muy Fam* **-1.** *(excremento)* crap, shit **-2.** *(cosa mala)* piece of crap; **esta ~ de bicicleta otra vez está sin frenos** the brakes have gone on this lousy bike again; **hoy todo me fue para la ~** I've had a lousy day today

ñoñería, ñoñez *nf* inanity

ñoño, -a *adj* **-1.** *(remilgado)* squeamish; *(quejica)* whining **-2.** *(soso)* dull, insipid **-3.** *Bol Fam (gordo)* porky **-4.** *Bol Fam (viejo)* gaga

ñoqui *nm* **-1.** *(plato)* gnocchi **-2.** *Arg Fam (persona)* = someone who receives a salary but does not turn up for work **-3.** *RP Fam (puñetazo)* punch; **le dio un ~** he socked him one

ñor = **ño**

ñorbo *nm Andes* passion flower

ñu *nm* gnu

ñudo: al ñudo *loc adv RP Fam* in vain

O

O, o [o] *nf (letra)* O, o; EXPR *Fam* **no saber hacer la o con un canuto** to be as thick as two short planks

O *(abrev de* **oeste***)* W

o *conj*

> u is used instead of **o** in front of words beginning with "o" or "ho" (e.g. **mujer u hombre** woman or man). Note that **ó** (with acute accent) is used between figures (e.g. **25 ó 26 invitados** 25 or 26 guests).

-1. *(disyuntiva)* or; **¿vienes o no vienes?** are you coming or not?; **cansado o no, tendrás que ayudar** (whether you're) tired or not, you'll have to help; **o sea (que)...** in other words...

-2. *(equivalencia)* or; **la propiedad de magnetizarse, o paramagnetismo, es propia de algunos metales** some metals exhibit the ability to magnetize themselves, or paramagnetism

-3. *(en correlación)* **~... ~...** either... or...; **o te comportas, o te quedarás sin cenar** either you behave yourself or you're not getting any dinner, unless you behave yourself, you won't get any dinner; **o lo tomas o lo dejas, no hay más opciones** take it or leave it, there are no other alternatives

o/ *(abrev de* **orden***)* order

oasis *nm inv* -1. *(en el desierto)* oasis -2. *(circunstancia agradable)* oasis; **un ~ de paz/de tranquilidad** an oasis *o* island of peace/tranquillity

oaxaqueño, -a ◇ *adj* of/from Oaxaca (Mexico)
◇ *nm,f* person from Oaxaca (Mexico)

obcecación *nf* blindness, stubbornness

obcecado, -a *adj* -1. *(tozudo)* stubborn -2. *(cegado)* **~ por** blinded by -3. *(obsesionado)* obsessed; **están obcecados con vivir en la costa** they're obsessed with the idea of living on the coast

obcecar [59] ◇ *vt* to blind; **me obcecaba la envidia** I was blinded by jealousy
◆ **obcecarse** *vpr* to become stubborn; **obcecarse en hacer algo** to stubbornly insist on doing sth; **se ha obcecado y no quiere escuchar a nadie** she has dug her heels in and refuses to listen to anyone; **se ha obcecado con la idea** she has become obsessed with the idea

ob. cit. *(abrev de* **obra citada***)* op cit

obedecer [46] ◇ *vt* to obey; **~ a alguien** to obey sb; **obedece a tu madre** obey your mother, do as *o* what your mother tells you; **~ las normas** to obey the rules
◇ *vi* -1. *(acatar)* to obey, to do as one is told; **procura ~** try to do as you're told; **hacerse ~** to command obedience

-2. *(estar motivado)* **~ a algo** to be due to sth; **una actitud que sólo obedece al miedo** an attitude which is due entirely to fear; **los malos resultados obedecen a fallos en el sistema** the poor results are due to faults in the system

-3. *(responder)* to respond; **las piernas no me obedecían** my legs wouldn't do what I wanted them to; **los mandos no me obedecían** the controls wouldn't respond

obediencia *nf* obedience; **~ ciega** blind obedience; **se comporta con ~** he's obedient

obediente *adj* obedient; **tienes que ser ~** you must be obedient, you must do as you're told

obedientemente *adv* obediently

obelisco *nm* obelisk

obenque, obenquillo *nm* NÁUT shroud

obertura *nf* overture

obesidad *nf* obesity

obeso, -a ◇ *adj* obese
◇ *nm,f* obese person

óbice *nm Formal* **no ser ~ para: eso no es ~ para que cumplan los objetivos** that does not prevent them from meeting the objectives, that is no reason why they should not meet the objectives

obispado *nm* -1. *(cargo)* bishopric -2. *(territorio)* bishopric, diocese

obispal *adj* episcopal

obispo *nm* bishop ❑ **~ auxiliar** auxiliary bishop

óbito *nm Formal* decease, demise

obituario *nm* -1. *(en la administración)* parish register of deaths -2. *(en periódico)* obituary

objeción *nf* objection; **poner objeciones a** to raise objections to; **tener objeciones to have objections**; **~ denegada** *(en juicio)* objection overruled ❑ **~ de conciencia** conscientious objection; **se negó a practicar abortos por razones de ~ de conciencia** he refused to carry out abortions on moral grounds

objetable *adj* objectionable

objetar ◇ *vt* to object to; **no tengo nada que ~** I have no objection; **¿tienes algo que ~ a su propuesta?** do you have any objection to her proposal?; **¿algo que ~?** any objections?; **objetó que era demasiado caro** he objected that it was too expensive
◇ *vi Esp* to register as a conscientious objector

objetivamente *adv* objectively

objetivar *vt* **intenta ~ la situación/los problemas** try to look at the situation/the problems objectively

objetividad *nf* objectivity; **analizó la situación con ~** he analysed the situation objectively

objetivismo *nm* FILOSOFÍA objectivism

objetivo, -a ◇ *adj* objective
◇ *nm* -1. *(finalidad)* objective, aim; **hemos logrado cumplir con nuestro ~** we have succeeded in achieving our objective *o* aim; **plantearse un ~** to set oneself an objective; **la medida tiene como ~ facilitar la comunicación** the aim of the measure is to make communication easier, the measure is aimed at making communication easier ❑ COM **~ de ventas** sales target
-2. MIL target
-3. FOT lens

objeto *nm* -1. *(cosa)* object ❑ **objetos perdidos** lost property, *US* lost and found; **objetos personales** personal effects; **objetos de valor** valuables; **~ volador no identificado** unidentified flying object

-2. *(propósito)* purpose, object; **el ~ de la visita** the purpose *o* object of the visit; **¿cuál es el ~ de estos cambios?** what is the purpose of these changes? **tener por ~** *(sujeto: persona)* to have as one's aim; *(sujeto: plan)* to be aimed at; **el ministro tiene por ~ reducir las importaciones** the minister is aiming to reduce imports; **con (el) ~ de *(para)*** in order to, with the aim of; **¿con qué ~?** to what end?; **sin ~** *(inútilmente)* to no purpose, pointlessly

-3. *(blanco)* **ser ~ de** to be the object of; **el artículo ha sido ~ de duras críticas** the article has come in for some harsh criticism; **fue ~ de las burlas de sus compañeros** he was the butt of his classmates' jokes; **de niño fue ~ de malos tratos** he was beaten as a child

-4. GRAM object ❑ **~ directo** direct object; **~ indirecto** indirect object

objetor, -ora *nm,f* objector ❑ **~ de conciencia** conscientious objector

oblación *nf* REL oblation

oblada *nf (pez)* sea bream

oblar *vt RP* DER to pay

oblea *nf* wafer

oblicuamente *adv* at a slant

oblicuo, -a ◇ *adj* -1. *(inclinado)* oblique, slanting -2. *(mirada)* sidelong -3. MAT oblique
◇ *nm* ANAT oblique (muscle) ❑ **~ mayor** *(del ojo)* superior oblique; *(del abdomen)* external (abdominal) oblique; **~ menor** *(del ojo)* inferior oblique; *(del abdomen)* internal (abdominal) oblique

obligación *nf* -1. *(deber, imposición)* obligation, duty; **me sentí** *o* **vi en la ~ de ayudarlos** I felt obliged to help them; **tu ~ es estudiar** what you have to do is study; **no lo hagas, no tienes ninguna ~** don't do it, you're not under any obligation; **me he puesto por ~ levantarme pronto** I've decided I must get up early; **todos los días hace ejercicio, se lo toma como una ~** he makes it a rule to exercise every day; **faltó a sus obligaciones** she failed in her duty; **cumple con tus obligaciones** fulfil your obligations *o* duties; **lo hice por ~** I did it out of a sense of duty

-2. FIN bond, security ❑ **~ convertible** convertible bond; **~ del Estado** Treasury bond, *Br* gilt; **~ del Tesoro** Treasury bond, *Br* gilt

obligacionista *nmf* FIN bondholder

obligado, -a *adj* **es de obligada lectura** it's essential reading; **una norma de ~ cumplimiento** a compulsory regulation; **las obligadas preguntas de cortesía** the obligatory polite questions; **fueron a la fiesta obligados** they were obliged to go to the party

obligar [38] ◇ *vt* -1. *(sujeto: persona)* **~ a alguien (a hacer algo)** to force sb to do sth, to make sb do sth; **yo no quería hacerlo, me obligaron** I didn't want to do it, they forced me to *o* they made me; **no lo compres, nadie te obliga** don't buy it, nobody is forcing you; **la obligué a descansar** I made her have a rest; **a los jefes de departamento se les obliga a presentar un informe al mes** the heads of department are required to hand in a monthly report; **~ a alguien a que haga algo** to force sb to do sth, to make sb do sth; **la obligué a que me contestase** I forced her to answer me, I made her answer me

obligatoriedad 510 **obstinar**

-2. *(sujeto: ley, norma)* **la ley obliga a todos los ciudadanos a declarar sus ingresos** all citizens are required by law to declare their income; **esta norma obliga a los mayores de dieciocho años** this rule applies to people over eighteen

◆ **obligarse** *vpr* **-1.** *(comprometerse)* **obligarse a hacer algo** to undertake to do sth; **con este acuerdo se han obligado a dar marcha atrás al plan** under this agreement they have undertaken to withdraw the plan; **se obligó a ser más organizada con el dinero** she undertook to be more organised where money was concerned

-2. *(forzarse)* **obligarse a hacer algo** to force oneself to do sth; **se obliga a estudiar cada día** she forces herself to study every day

obligatoriedad *nf* **la ley establece la ~ de ponerse el cinturón de seguridad en la ciudad** the law makes it compulsory to wear a seatbelt in the city

obligatorio, -a *adj* compulsory, obligatory; **un requisito ~** an essential requirement; **no es ~ llevar corbata al trabajo** you don't have to wear a tie to work

obliteración *nf* MED obliteration

obliterar *vt* ⬦ **-1.** *Formal (borrar, anular)* to obliterate, to wipe out; **el tiempo obliteró todos sus recuerdos** time erased all his memories **-2.** MED to obliterate

◆ **obliterarse** *vpr* MED to be obliterated

oblongo, -a *adj* oblong

obnubilación *nf* (mental) confusion

obnubilar ⬦ *vt* **-1.** *Formal (ofuscar)* to overwhelm, to confuse; **la ira obnubiló su juicio** anger clouded his judgement **-2.** *Formal (visión)* to blind, to dazzle **-3.** *Fam (fascinar)* to hold spellbound; **ese chico la ha obnubilado** that boy has her spellbound; **dejar obnubilado(a) a alguien** to bowl sb over; **quedar obnubilado(a)** to be bowled over, to be awestruck

◆ **obnubilarse** *vpr* **-1.** *Formal (ofuscarse)* to be overwhelmed, to become confused **-2.** *Fam (quedar fascinado)* to be all agog; **este hombre en cuanto ve una moto se obnubila** whenever this man sees a motorbike he's all agog

oboe ⬦ *nm (instrumento)* oboe
⬦ *nmf (persona)* oboist

oboísta *nmf* oboist, oboe player

óbolo *nm* small contribution

obra *nf* **-1.** *(trabajo, acción)* **hacer *o* realizar una buena ~** to do a good deed; **ya he hecho la buena ~ del día** I've done my good deed for the day; **poner algo en ~** to put sth into effect; **por ~ (y gracia) de** thanks to; **por sus obras los conoceréis** by their works will you know them; **es ~ suya** it's his doing; **la ruina de las cosechas es ~ de la sequía** the crops have been ruined as a result of the drought; PROV **obras son amores y no buenas razones** actions speak louder than words ❑ **~ benéfica** *(institución)* charity; *(acción, trabajo)* charitable deed; **~ de beneficencia** *(institución)* charity; *(acción, trabajo)* charitable deed; **~ de caridad** *(institución)* charity; *(acción, trabajo)* charitable deed; *Anticuado* **~ pía** charitable institution; *Arg* **~ social** benevolent fund; **obras sociales** community work

-2. *(creación artística)* work; *(de teatro)* play; *(de música)* work, opus; **la ~ pictórica de Miguel Ángel** Michelangelo's paintings; **una ~ de artesanía** a piece of craftsmanship ❑ **~ de arte** work of art; **obras completas** complete works; **~ de consulta** reference work; **~ dramática** *(pieza)* play, drama; *(conjunto)* plays, dramatic works; **~ maestra** masterpiece; **~ menor** minor work

-3. *(trabajo de construcción)* work; *(reforma doméstica, en local)* alteration; **el ayuntamiento va a empezar una ~ en el descampado** the council is going to start building on the wasteground; **vamos a hacer ~** *o* **obras en la cocina** we're going to make some alterations to our kitchen; **toda la calle está en obras** there are roadworks all along the road; **el edificio lleva en obras más de dos meses** the work on the building has been going on for over two months; **cortada por obras** *(letrero en calle)* road closed for repairs; **cerrado por obras** *(letrero en restaurante, edificio)* closed for refurbishment; **obras** *(en carretera)* roadworks ❑ NÁUT **~ muerta** freeboard; **obras públicas** public works

-4. *(solar en construcción)* building site; **encontró trabajo en una ~** he found work on a building site

-5. *(trabajo de albañilería)* **un horno de ~** a brick oven

-6. **la Obra** the Opus Dei, = traditionalist Roman Catholic organization, whose members include many professional people and public figures

obrador *nm (de pastelería)* bakery

obraje *nm RP* mill, factory ❑ **~ maderero** timber operation

obrar ⬦ *vi* **-1.** *(actuar)* to act; **el gobierno obró bajo una tremenda presión popular** the government acted under immense public pressure; **yo obré con toda inocencia** I acted in all innocence

-2. *(causar efecto)* to work, to take effect; **el remedio obró como se esperaba** the remedy took effect *o* worked as anticipated

-3. *(estar en poder)* **~ en manos de** *o* **en poder de** to be in the possession of

⬦ *vt* **-1.** *(producir)* to bring about; *(milagro)* to work; **esta experiencia obró un cambio profundo en su persona** this experience brought about a profound change in him

-2. *(trabajar)* to work; **~ la madera** to work wood

obrera *nf* **-1.** ZOOL worker **-2.** *ver también* **obrero**

obrerismo *nm (movimiento)* labour movement

obrero, -a ⬦ *adj* **-1.** *(trabajador)* **clase obrera** working class; **movimiento ~** labour movement **-2.** ZOOL worker; **las abejas obreras** worker bees

⬦ *nm,f (en fábrica)* worker; *(en obra)* workman, labourer ❑ **~** *Esp* **cualificado** *o Am* **calificado** skilled worker

obscenidad *nf* obscenity

obsceno, -a *adj* obscene

obscurantismo = oscurantismo

obscurantista = oscurantista

obscurecer, obscuridad etc = **oscurecer, oscuridad** etc

obsedido, -a *adj Ven* obsessed

obsequiar *vt Esp* **~ a alguien con algo,** *Am* **~ a alguien algo** to present sb with sth; *Esp* **le obsequiaron con un reloj como recuerdo,** *Am* **le obsequiaron un reloj como recuerdo** they presented him with a watch as a keepsake; **nos obsequiaron con todo tipo de atenciones** they lavished all kinds of attention on us; **finalizó obsequiando a su público su mayor éxito** he ended the concert by rewarding his fans with his greatest hit

obsequio *nm* gift, present; **el vino es ~ de la casa** the wine is on the house; **en obsequio a su gran labor** in recognition of her valuable work ❑ **~ de empresa** corporate gift

obsequiosamente *adv* ingratiatingly

obsequiosidad *nf* eagerness to please

obsequioso, -a *adj* ingratiating; **sus obsequiosas atenciones (para) con nosotros** their eagerness to please us

observable *adj* observable

observación *nf* **-1.** *(examen, contemplación)* observation; **el paciente está en** *o* **bajo ~** the patient is under observation; **tengo buenas dotes de ~** I have strong powers of observation

-2. *(comentario)* comment, remark; **hacer una ~** to make a comment *o* remark; **si se me permite una ~** if I might make an observation

-3. *(nota)* note; **el autor ha añadido una ~ en este punto** the author has added a note at this point

-4. *(cumplimiento)* observance; **Sanidad recomienda la ~ de estas normas** the Department of Health recommends following these guidelines

observador, -ora ⬦ *adj* observant
⬦ *nm,f* observer

observancia *nf* observance

observar *vt* **-1.** *(contemplar)* to observe, to watch; **observaban todos sus movimientos mediante unos prismáticos** they observed *o* followed all his movements through binoculars; **pasó años observando el comportamiento de estos animales** he spent years observing the behaviour of these animals

-2. *(advertir)* to notice, to observe; **observé que sus zapatos tenían barro** I noticed that his shoes were muddy; **no se han observado anomalías** no anomalies have been observed

-3. *(acatar)* *(ley, normas)* to observe, to respect; *(conducta, costumbre)* to follow

-4. *(comentar, señalar)* to remark, to observe; **"eso no es totalmente cierto", observó** "that's not entirely true," he remarked *o* pointed out

observatorio *nm* observatory ❑ **~ astronómico** (astronomical) observatory; **~ meteorológico** weather station

obsesión *nf* obsession; **tiene la ~ de que va a suceder de nuevo** he's obsessed with the idea that it's going to happen again

obsesionar ⬦ *vt* to obsess; **le obsesiona la muerte** he's obsessed with death; **está obsesionado con** *o* **por el dinero** he's obsessed with money

◆ **obsesionarse** *vpr* to become obsessed

obsesivo, -a ⬦ *adj* obsessive
⬦ *nm,f* obsessive (person)

obseso, -a ⬦ *adj* obsessed
⬦ *nm,f* obsessive (person); **es un ~ de la salud** he's a health freak *o* fanatic ❑ **~ sexual** sex maniac

obsidiana *nf* obsidian

obsolescencia *nf* obsolescence

obsoleto, -a *adj* obsolete; **este uso ha quedado ~** this usage has become obsolete

obstaculizar [14] *vt (proceso, relación)* to block, to put obstacles in the way of; *(salida)* to block, to obstruct; *(tráfico)* to hold up, to obstruct; **~ el paso** to block the way

obstáculo *nm* **-1.** *(impedimento)* obstacle (**para** to); **poner obstáculos a algo/alguien** to put obstacles in the way of sth/sb **-2.** *(en una carrera)* hurdle

obstante: no obstante *loc adv* **-1.** *(sin embargo)* nevertheless, however; **no me parece el sitio indicado, no ~, lo consideraré** I don't think it's the most suitable place; nevertheless *o* all the same, I'll consider it **-2.** *(a pesar de)* in spite of, despite; **no ~ mis recelos, decidí hacer lo que sugería** in spite of *o* despite my reservations, I decided to do as he suggested

obstar *vi Formal* **eso no obsta para que vengan si así quieren** that is no reason for them not to come if they so wish

obstetra *nmf esp Am* obstetrician

obstetricia *nf* obstetrics *(singular)*

obstétrico, -a *adj* obstetric, obstetrical

obstinación *nf* **-1.** *(terquedad)* obstinacy, stubbornness **-2.** *(tenacidad)* tenacity **-3.** *Ven Fam (molestia)* pain (in the neck) **-4.** *Ven Fam (aburrimiento)* drag

obstinadamente *adv* **-1.** *(con terquedad)* obstinately, stubbornly **-2.** *(con tenacidad)* tenaciously

obstinado, -a *adj* **-1.** *(terco)* obstinate, stubborn **-2.** *(tenaz)* tenacious **-3.** *Ven Fam (hastiado)* fed up

obstinante *adj Ven Fam* **-1.** *(irritante)* aggravating, exasperating **-2.** *(aburrido)* deadly, deadly dull

obstinar ⬦ *vt Ven Fam* to aggravate, to exasperate; **para ya de gritar, estás obstinando a los invitados** stop shouting, you're getting on the guests' nerves

◆ **obstinarse** *vpr* **-1.** *(insistir)* to refuse to give way; **~ en** to insist on; **se obstina en**

obstrucción

seguir adelante con el proyecto he insists on going ahead with the project; **se ha obstinado en conseguirlo** he is determined to achieve it
-2. *Ven Fam (exasperarse)* to get fed up; **tanto me molestan que termino obstinándome** they disturb me so much that in the end I get really fed up

obstrucción *nf* -1. *(taponamiento)* obstruction; **hay una ~ en la cañería** there's a blockage in the pipe -2. *(impedimento)* obstruction; **les acusaron de ~ al proceso democrático** they accused him of obstructing the democratic process; **~ a la justicia** obstructing justice -3. DEP obstruction -4. MED obstruction; **~ intestinal** intestinal obstruction

obstruccionismo *nm* obstructionism

obstruccionista ◇ *adj* obstructionist
◇ *nmf* obstructionist

obstructor, -ora ◇ *adj* obstructing
◇ *nm,f* obstructor

obstruido, -a *adj* -1. *(bloqueado)* blocked -2. *(obstaculizado)* obstructed

obstruir [34] ◇ *vt* -1. *(tubería, salida, camino)* to block, to obstruct; **~ el paso** to block the way; **~ el tráfico** to hold up *o* obstruct the traffic -2. *(desarrollo, proceso)* to obstruct, to impede; **la oposición no deja de ~ el proceso** the opposition is constantly obstructing the process; **~ el progreso de la cultura** to hinder cultural progress -3. DEP to block
◆ **obstruirse** *vpr* to get blocked (up)

obtención *nf* obtaining; **los requisitos para la ~ de la beca** the requirements to obtain the grant

obtener [65] *vt (beca, cargo, puntos, información)* to get, to obtain; *(resultado)* to obtain, to achieve; *(premio, victoria)* to win; *(ganancias)* to make; *(satisfacción, ventaja)* to gain, to obtain; **obtuvieron dos millones de beneficio de la venta de su casa** they made a profit of two million from the sale of their house; **la sidra se obtiene de las manzanas** cider is obtained *o* made from apples

obturación *nf* blockage, obstruction

obturador *nm* -1. FOT shutter -2. AUT choke

obturar *vt* to block

obtuso, -a ◇ *adj* -1. *(sin punta)* blunt -2. *(ángulo)* obtuse -3. *(torpe)* obtuse
◇ *nm,f (torpe)* **es un ~** he's obtuse

obtuviera *etc ver* **obtener**

obús *(pl* **obuses)** *nm* -1. *(cañón)* howitzer -2. *(proyectil)* shell -3. AUT *(de neumático)* cap

obviamente *adv* obviously; **~ se trata de un error** it's obviously a mistake

obviar *vt* to avoid; **obviaré en mi exposición los detalles técnicos** I shall avoid the technical details in my presentation

obvio, -a *adj* obvious; **como es ~, me equivoqué** needless to say *o* obviously, I was wrong

oca *nf* -1. *(animal)* goose -2. *(juego)* **la ~** = board game in which players move counters along a series of squares arranged in a spiral

ocarina *nf* ocarina

ocasión *nf* -1. *(oportunidad)* opportunity, chance; **una ~ de oro** a golden opportunity; **una ~ irrepetible** an unrepeatable opportunity; **aprovechar una ~** to take advantage of an opportunity; **estaba esperando una buena ~ para preguntarle** I was waiting for a suitable opportunity to ask him; **en *o* a la primera ~** at the first opportunity; **tener ~ de hacer algo** to have the chance to do sth; **apenas tuve ~ de hablar con ella** I scarcely had the chance to speak to her; **no tuvimos ~ de vernos** we didn't have the chance to meet up; [EXPR] *Fam* **la ~ la pintan calva** this is my/your/*etc* big chance; *Fam* **tenía ganas de ir a París y al tener unos días de vacaciones pensé, la ~ la pintan calva** I was keen to go to Paris and since I had a few days off I thought it's now or never; [EXPR] *Esp Fam* **coger la ~ por los pelos** to seize the opportunity (by the scruff of the neck); [PROV] **quien quita la ~ quita el peligro** opportunity makes the thief

-2. *(momento)* moment, time; *(vez)* occasion; **en dos ocasiones** on two occasions; **en alguna ~** sometimes; **en cierta ~** once; **en ocasiones** sometimes, at times; **en otra ~** some other time
-3. *(motivo)* **con ~ de** on the occasion of; **dar ~ para algo/hacer algo** to give cause for sth/to do sth; **no le des ~ para regañarte** don't give him cause to tell you off
-4. *(ganga)* bargain; **artículos de ~** bargains; **automóviles de ~** secondhand *o* used cars

ocasional *adj* -1. *(lluvias, visitantes, sucesos)* occasional; **un trabajo ~** a casual job -2. *(encuentro)* accidental; **un encuentro ~** a chance meeting

ocasionalmente *adv* -1. *(de vez en cuando)* occasionally -2. *(accidentalmente)* by chance, accidentally

ocasionar *vt* to cause; **los rumores ocasionaron su dimisión** the rumours brought about his resignation; **no quiero ~ molestias** I don't want to put you to any trouble

ocaso *nm* -1. *(puesta del sol)* sunset -2. *(de civilización, vida, era)* decline

occidental ◇ *adj (zona, área)* western; *(economía, cultura, sociedad)* Western
◇ *nmf* westerner

occidentalismo *nm* -1. *(caracter)* western nature -2. *(ideología)* occidentalism, westernism

occidentalista ◇ *adj* occidentalist, westernist
◇ *nmf* occidentalist, westernist

occidentalización *nf* westernization

occidentalizar [14] *vt* to westernize
◆ **occidentalizarse** *vpr* to become westernized

occidente *nm* west; **(el) Occidente** *(bloque de países)* the West

occipital ANAT ◇ *adj* occipital
◇ *nm* occipital (bone)

occipucio *nm* ANAT occiput

occiso, -a *Formal* ◇ *adj* murdered, killed
◇ *nm,f* murder victim

OCDE *nf (abrev de* **Organización para la Cooperación y el Desarrollo Económico**) OECD

Oceanía *n* Oceania *(including Australia and New Zealand)*

oceánico, -a *adj (del océano)* oceanic

océano *nm* -1. *(mar)* ocean ❏ **~ Atlántico** Atlantic Ocean; **~ Antártico** Antarctic Ocean; **~ Ártico** Arctic Ocean; **~ Glacial Antártico** Antarctic Ocean; **~ Glacial Ártico** Arctic Ocean; **~ Índico** Indian Ocean; **~ Pacífico** Pacific Ocean -2. *(inmensidad)* sea, host; **afrontamos un ~ de problemas** we face a host of problems

oceanografía *nf* oceanography

oceanográfico, -a *adj* oceanographic(al)

oceanógrafo, -a *nm,f* oceanographer

oceanología *nf* oceanology

ocelo *nm* ZOOL -1. *(ojo)* ocellus -2. *(dibujo)* ocellus, eyelet

ocelote *nm* ocelot

ochava *nf* -1. ARQUIT chamfer -2. *RP (esquina)* corner

ochavo *nm* = former Spanish copper coin of little value; [EXPR] *Fam* **no valer un ~** to be worthless; [EXPR] *Fam* **no tener un ~** to be penniless

ochavón, -ona *adj Cuba* octoroon

ochenta *núm* eighty; **los (años) ~** the eighties; *ver también* **treinta**

ochentavo, -a *núm* eightieth; *ver también* **octavo**

ochentón, -ona *Fam* ◇ *adj* eighty-year-old
◇ *nm,f* person in their eighties; **es un ~** he's in his eighties

ocho ◇ *núm* eight; **de aquí en ~ días** *(en una semana)* a week today; *Fam* **¡qué fiesta ni qué ~ cuartos!** it wasn't what I'd call a party!; [EXPR] *Fam* **dar igual ~ que ochenta** to make no difference; *ver también* **tres**
◇ *nm (en remo)* eight ❏ **~ con timonel** coxed eight

ochocientos, -as *núm* eight hundred; *ver también* **treinta**

ochomil *nm (montaña)* = mountain over eight thousand metres high

ocio *nm (tiempo libre)* leisure; *(inactividad)* idleness; **en sus ratos de ~ se dedica a leer** he spends his spare time reading

ociosidad *nf* idleness; [PROV] **la ~ es la madre de todos los vicios** the devil finds work for idle hands (to do)

ocioso, -a ◇ *adj* -1. *(inactivo)* idle -2. *(inútil)* pointless; **un comentario ~** a pointless *o* an idle remark; **volver a analizar las razones resultaba un ejercicio ~** analysing the reasons again was a pointless exercise; **es ~ repetirlo** there's no point in repeating it
◇ *nm,f* idler

ocluir [34] ◇ *vt* to occlude
◆ **ocluirse** *vpr* to become occluded

oclusión *nf* -1. *(cierre)* blockage -2. METEO occlusion -3. LING occlusion

oclusiva *nf* LING occlusive

oclusivo, -a *adj* LING occlusive

ocluyo *etc ver* **ocluir**

ocote *nm* ocote pine

ocozol *nm* **~ americano** witch hazel

OCR *nm* INFORMÁT *(abrev de* **optical character recognition**) OCR

ocráceo, -a *adj* ochreous

ocre ◇ *nm* ochre
◇ *adj inv* ochre; **fachadas ocres** ochre-coloured facades

oct. *(abrev de* **octubre**) Oct.

octaédrico, -a *adj* octahedral

octaedro *nm* octahedron

octagonal *adj* octagonal

octágono *nm* octagon

octanaje *nm* octane number *o* rating

octano *nm* octane; **es de más octanos** it has a higher octane number

octava *nf* MÚS octave

octavilla *nf* -1. *(de propaganda)* pamphlet, leaflet -2. *(tamaño)* octavo

octavo, -a ◇ *núm* -1. *(ordinal)* eighth; **el ~ día** the eighth day; **el ~ aniversario** the eighth anniversary; **en ~ lugar, en octava posición** eighth, in eighth place; **quedó ~ en la carrera** he was eighth in the race; **Enrique ~** *(escrito* Enrique VIII*)* Henry the Eighth *(written* Henry VIII*)*; **el capítulo ~** chapter eight; **el ~ centenario** the eight hundredth anniversary -2. *(partitivo)* **le tocó la octava parte** he got an eighth
◇ *nm,f* **el ~, la octava** the eighth (one); **llegó el ~** *(en carrera)* he came eighth; **quedar el ~** *(en carrera)* to come eighth; *(en examen)* to be eighth; **fue el ~ en venir** he was the eighth person *o* one to come
◇ *nm* -1. *(parte)* eighth -2. DEP **los octavos de final** the last sixteen; **llegar a octavos de final** to reach the last sixteen
-3. *(piso)* eighth floor; **el ~ izquierda** the left-hand *Br* flat *o US* apartment on the eighth floor

octeto *nm* -1. MÚS octet -2. INFORMÁT byte

octogenario, -a ◇ *adj* octogenarian
◇ *nm,f* octogenarian

octogésimo, -a *núm* eightieth; *ver también* **octavo**

octogonal *adj* octagonal

octógono *nm* octagon

octosílabo, -a ◇ *adj* octosyllabic
◇ *nm* octosyllabic line

octubre *nm* October; *ver también* **septiembre**

óctuplo, -a *adj* octuple, eightfold

OCU ['oku] *nf (abrev de* **Organización de Consumidores y Usuarios**) = Spanish consumer organization

ocular *adj* eye; **globo ~** eyeball; **testigo ~** eye-witness
◇ *nm* eye-piece

oculista *nmf* ophthalmologist

ocultación *nf* concealment, hiding ❏ DER **~ de pruebas** concealment, non-disclosure

ocultar ◇ *vt* -1. *(esconder)* to conceal, to hide; **~ algo a alguien** to conceal *o* hide sth from sb -2. *(información, noticia)* to conceal, to hide; **~ algo a alguien** to conceal *o* hide sth from sb; **le ocultaron la verdad** they concealed the truth from him -3. *(sorpresa, irri-*

ocultismo 512 **off**

tación) to conceal, to hide; **oculté mis verdaderos sentimientos** I concealed my true feelings **-4.** *(delito)* to cover up
◆ **ocultarse** *vpr* to hide
ocultismo *nm* occultism
ocultista *nmf* occultist
oculto, -a *adj* **-1.** *(escondido)* hidden **-2.** *(que se desconoce)* secret, hidden; **su objetivo ~** his secret goal **-3.** *(sobrenatural)* occult; **las ciencias ocultas** the occult sciences, the occult; **lo ~** the occult
ocumo *nm Ven* cocoyam
ocupa = **okupa**
ocupación *nf* **-1.** *(de territorio, edificio)* occupation; **la ~ de la Embajada por parte de los manifestantes** the occupation of the Embassy by the demonstrators; **~ ilegal de viviendas** squatting; **los hoteles registraron una ~ del 80 por ciento** the hotels reported occupancy rates of 80 percent
-2. *(empleo)* job, occupation
-3. *(actividad)* activity; **una de mis ocupaciones favoritas** one of my favourite activities
ocupacional *adj* occupational
ocupado, -a *adj* **-1.** *(atareado)* busy; **tengo toda la tarde ocupada** I'm busy all afternoon
-2. *(teléfono) Br* engaged, *US* busy; *(plaza, asiento)* taken; *(lavabo)* engaged; *Méx, RP* **dar ~** *(teléfono)* to be *Br* engaged *o US* busy
-3. *(territorio)* occupied; **casa ocupada** *(ilegalmente)* squat
ocupante ◇ *adj* occupying
◇ *nmf* occupant; **~ ilegal de viviendas** squatter
ocupar ◇ *vt* **-1.** *(invadir) (territorio, edificio)* to occupy; **han ocupado la casa** *(ilegalmente)* squatters have moved into the house
-2. *(llenar) (mente)* to occupy; **¿en qué ocupas tu tiempo libre?** how do you spend your spare time?; **ocupa su tiempo en estudiar** she spends her time studying; **los niños me ocupan mucho tiempo** the children take up a lot of my time; **este trabajo sólo te ocupará unas horas** this task will only take you a few hours
-3. *(abarcar, utilizar) (superficie, espacio)* to take up; *(habitación, piso)* to live in; *(mesa)* to sit at; *(sillón)* to sit in; **ocupamos los despachos que hay al final del pasillo** our offices are at the end of the corridor; **¿cuándo ocupas la casa?** when do you move into the house *o* move in?; **los embajadores siempre ocupan las primeras filas** the ambassadors always occupy the first few rows
-4. *(cargo, puesto, cátedra)* to hold; **ocupa el primer puesto en las listas de éxitos** she's top of the charts; **¿qué lugar ocupa el Flamingo en la clasificación?** where are Flamingo in the league?
-5. *(dar trabajo a)* to find *o* provide work for; **el sector turístico ocupa a la mayoría de la población del litoral** most of the people who live on the coast are employed in the tourist industry; **ha ido ocupando a toda su familia** he's found work for all of his family
-6. *Esp* DER *(confiscar)* **~ algo a alguien** to seize *o* confiscate sth from sb
-7. *CAm, Méx (usar, emplear)* to use; **¿qué palabra ocuparías tú en esta oración?** what word would you use in this sentence?; **en esa oficina ocupan veinte computadoras** twenty computers are used in that office
◆ **ocuparse** *vpr (encargarse)* **ocúpate tú, yo no puedo** you do it, I can't; **ocuparse de algo/alguien** *(encargarse de)* to deal with sth/sb; **ocuparse de alguien** *(cuidar, atender)* to look after sb; **¿quién se ocupa de la compra/de cocinar en tu casa?** who does the shopping/cooking in your house?; **un contable se ocupa de las cuentas de la empresa** an accountant deals with *o* looks after the company's accounts; **él se ocupa de llevar a los niños al colegio** he takes the children to school; **en este capítulo nos ocuparemos de la poesía medieval** this chapter will look at medieval poetry; **¡tú ocúpate de lo tuyo!** mind your own business!; **se ocupa mucho de su madre** he takes good care of his mother

ocurrencia *nf* **-1.** *(idea)* bright idea; **¡vaya ~!** the very idea!, what an idea!; **su ~ nos metió en un buen lío** his bright idea got us into a real mess **-2.** *(dicho gracioso)* witty remark **-3.** LING frequency of use
ocurrente *adj* witty
ocurrido, -a *adj* **-1.** *(que ha sucedido)* **lo demuestra que estábamos en lo cierto** what happened proved that we were right **-2.** *Ecuad, Perú (ocurrente)* witty
ocurrir ◇ *vi* **-1.** *(suceder)* to happen; **ocurre muy frecuentemente** it happens very often; **nadie sabe lo que ocurrió** nobody knows what happened; **ha ocurrido un accidente** there's been an accident; **lo que ocurre es que...** the thing is...; **¿qué le ocurre a Juan?** what's up with Juan?; **¿qué ocurre?** what's the matter?; **¿te ocurre algo?** is anything the matter?
-2. *Méx (ir)* to go; **ocurrí a la central camionera** I went to the central bus station
◆ **ocurrirse** *vpr (venir a la cabeza)* **se me ha ocurrido una idea** I've got an idea; **no se me ocurre ninguna solución** I can't think of a solution; **dije lo primero que se me ocurrió** I said the first thing that came into my head; **se me ocurre que...** it occurs to me that...; **¡ni se te ocurra!** don't you dare!; **como se te ocurra desobedecerme te la vas a ganar** if you even think of disobeying me, you're in for it; **después del accidente no se le ocurrió nada mejor que comprarse una moto** what did he do after the accident but buy a motorbike!; **¡se te ocurre cada cosa!** you do come out with some funny things!; **¿cómo se le ocurrió hacer semejante barbaridad?** whatever made him do such a frightful thing?; **sólo a tí se te podía ~ algo así** only you could come up with something like this; **pero, ¡a quién se le ocurre salir con esta lluvia!** it's madness to go out in this rain!
oda *nf* ode
odalisca *nf* odalisque
ODECA *nf (abrev de* **Organización de los Estados Centroamericanos)** OCAS
odeón *nm* odeon
odiar *vt* to hate; **~ a muerte a alguien** to loathe sb; **odio las aceitunas** I hate *o* can't stand olives; **odio levantarme pronto** I hate getting up early
odio *nm* hatred; **tener ~ a algo/alguien** to hate sth/sb; *Esp* **cogerle** *o Am* **tomarle ~ a algo/alguien** to develop a hatred for *o* of sth/sb
odioso, -a *adj (persona, actitud, acción)* hateful, horrible; **tiene la odiosa manía de interrumpir a todo el mundo** she has the annoying *o* irritating habit of interrupting everyone
odisea *nf* **-1.** *(viaje)* odyssey; **llegar hasta la frontera fue una ~** it was a real trek to get to the border **-2.** *(aventura)* **conseguir las entradas fue toda una ~** it was a real job to get the tickets **-3. la Odisea** the Odyssey
odontología *nf* dentistry
odontológico, -a *adj* dental
odontólogo, -a *nm,f* dentist, dental surgeon
odorífero, -a *adj* odoriferous
odre *nm (de vino)* wineskin
OEA *nf (abrev de* **Organización de Estados Americanos)** OAS

OEA

The **OEA** (Organización de Estados Americanos or Organisation of American States) was founded in 1948 to promote peace, economic co-operation and social advancement in the Western hemisphere. It also has a committee on legal matters and for observation of human rights issues. Each of its 35 member states has a vote in its decisions. Its General Secretariat is located in Washington, DC, and some have criticised it for being overly influenced by the United States. It was with US encouragement, for example, that the organisation suspended communist Cuba's membership in 1962.

OEI *nf (abrev de* **Oficina de Educación Iberoamericana)** OEI
oesnoroeste, oesnorueste *nm* west-northwest
oeste ◇ *adj inv (posición, parte)* west, western; *(dirección, viento)* west, westerly; **la cara del pico ~** the west face of the mountain; **la costa ~** the west coast; **tiempo nuboso en la mitad ~ de la región** overcast in the western half of the region; **partieron con rumbo ~** they set off westward(s); **un frente frío que se desplaza en dirección ~** a cold front moving westward(s)
◇ *nm* **-1.** *(zona)* west; **está al ~ de Madrid** it's (to the) west of Madrid; **la fachada da al ~** the facade faces west; **viento del ~** west wind; **habrá lluvias en el ~ (del país)** there will be rain in the west (of the country); **ir hacia el ~** to go west(wards)
-2. *(punto cardinal)* West; **el sol se pone por el Oeste** the sun sets in the West
-3. *(viento)* westerly
-4. *(de Estados Unidos)* West; **el lejano Oeste** the Wild West; **una película del Oeste** a Western
oesudoeste, oesudueste *nm* west-southwest
ofender ◇ *vt* **-1.** *(injuriar, molestar)* to offend; **tus palabras me ofenden** your words offend me; **disculpa si te he ofendido en algo** I'm sorry if I've offended you in some way **-2.** *(a la vista, al oído)* to offend; **una monstruosidad arquitectónica que ofende la vista** an architectural monstrosity that offends the eye
◇ *vi* to cause offence
◆ **ofenderse** *vpr* to take offence (**por** at); **se ofende por nada** she takes offence at the slightest thing; **no te ofendas, pero creo que te equivocas** don't be offended but I think you're wrong
ofendido, -a ◇ *adj* offended
◇ *nm,f* offended party
ofensa *nf* **-1.** *(acción)* offence, insult; **una ~ a la dignidad humana** an offence *o* insult to human dignity; **una ~ a la buena educación** an affront to good manners **-2.** *(injuria)* slight, insult; **no lo tomes como una ~ personal** don't take it as a personal insult *o* offence
ofensiva *nf* offensive; **pasar a la ~** to go on the offensive; **tomar la ~** to take the offensive; **una ~ política** a political offensive
ofensivo, -a *adj* **-1.** *(conducta, palabra)* offensive, rude **-2.** *(arma, táctica)* offensive
ofensor, -ora ◇ *nm,f* offender
◇ *adj* attacking
oferta *nf* **-1.** *(propuesta, ofrecimiento)* offer; **ofertas de empleo** *o* **trabajo** *(en anuncio)* situations vacant, job opportunities; **me han hecho una ~ de empleo** *o* **de trabajo** they've offered me a job; **~ en firme** firm offer; **la ciudad cuenta con una enorme ~ teatral** the city offers a very wide choice of theatrical entertainment
-2. ECON *(suministro)* supply; **la ~ y la demanda** supply and demand ❑ **~ monetaria** money supply
-3. *(rebaja)* bargain, special offer; **~ especial** special offer; **artículos de ~** sale goods, goods on offer; **estar de** *o* **en ~** to be on offer; **han puesto muchas ofertas en el supermercado** there are a lot of special offers at the supermarket
-4. FIN *(proposición)* bid, tender ❑ **~ pública de adquisición** takeover bid; **~ pública hostil** hostile takeover bid
ofertante ◇ *adj* bidding
◇ *nm,f* bidder
ofertar ◇ *vt (plaza, puesto)* to offer; *(producto, servicio)* to offer for sale; *(a un precio reducido)* to put on special (offer)
◇ *vi (en una subasta)* to bid (**por** for)
ofertorio *nm* REL offertory
off ◇ **en off** *loc adj* **voz en ~** CINE voice-over; TEATRO voice offstage
◆ **en off** *loc adv* **se oyó en ~ una voz** TEATRO a voice was heard offstage; CINE a

office 513 **ojeriza**

voice-over was heard, a voice was heard offscreen
◇ **off the record** *loc adv* off the record
◇ **off line** *loc adv* INFORMÁT off line
office ['ofis] *nm inv* scullery
offset (*pl* **offsets**) *nm* IMPRENTA offset
offside [of'saiδ] *nm* (*en fútbol*) offside; **estar en** ~ to be offside; EXPR **pillar** *o Am* **pescar a alguien en** ~ to catch sb out
oficial¹ ◇ *adj* official
◇ *nmf* **-1.** MIL officer ❑ ~ **al mando** commanding officer; ~ **de guardia** officer of the watch; ~ **de reserva** reserve officer **-2.** (*de policía*) police officer **-3.** (*funcionario*) clerk
oficial², -ala *nm,f* skilled worker, journeyman; ~ **montador** journeyman fitter; ~ **electricista** skilled electrician
oficialía *nf* **-1.** (*en el ejército*) officer rank **-2.** (*en la administración*) clerkship
oficialidad *nf* **-1.** (*carácter oficial*) official nature **-2.** MIL officer corps, officers
oficialismo *nm Am* **-1. el** ~ (*gobierno*) the Government **-2. el** ~ (*partidarios del gobierno*) government supporters
oficialista *Am* ◇ *adj* pro-government
◇ *nm,f* government supporter
oficializar [14] *vt* to make official
oficialmente *adv* officially
oficiante ◇ *nmf* REL officiant
◇ *adj* officiating
oficiar ◇ *vt* (*misa*) to celebrate; (*ceremonia*) to officiate at
◇ *vi* **-1.** (*sacerdote*) to officiate **-2.** ~ **de** (*actuar de*) to act as
oficina *nf* **-1.** (*despacho*) office; **puedes llamarlo a su** ~ you can phone him at the office ❑ ~ **de cambio** bureau de change; ~ **de clasificación de correo** sorting office; ~ **de colocación** employment agency; ~ **de correos** post office; ~ **de empleo** *Br* Jobcentre; ~ **de información** information office; ~ **inteligente** intelligent office; ~ **de objetos perdidos** *Br* lost property, *US* lost-and-found office; ~ **de prensa** press office; ~ **pública** public office; ~ **de reclamaciones** *o Am* **reclamos** complaints office; ~ **de turismo** tourist office
-2. *Ven* (*en hacienda*) = buildings where coffee or cocoa beans are processed and stored
oficinista *nmf* office worker
oficio *nm* **-1.** (*profesión manual*) trade; **de** ~ **by trade**
-2. (*trabajo*) job; EXPR *Fam* **no tener** ~ **ni beneficio** to have no trade; EXPR **ser del** ~ *Fam Euf* to be a working girl, *Br* to be on the game ❑ *Euf* **el** ~ **más viejo del mundo** the oldest profession (in the world)
-3. DER **de** ~ (*abogado*) court-appointed, legal aid; (*diligencia*) judicial proceedings
-4. (*documento*) official minute
-5. (*experiencia*) **tener mucho** ~ to be very experienced; **se llegó a un acuerdo gracias a los buenos oficios del ministro** an agreement was reached thanks to the good offices of the minister
-6. REL (*ceremonia*) service ❑ ~ **de difuntos** funeral service
-7. (*función*) function, role
-8. (*comunicación*) communiqué, official notice
-9. *Col, Ven Fam* (*tarea doméstica*) housework
oficiosamente *adv* (*no oficialmente*) unofficially
oficiosidad *nf* unofficial nature
oficioso, -a *adj* unofficial
ofidio *nm* (*serpiente*) snake, *Espec* ophidian
ofimática *nf* (*técnicas informáticas*) office IT, office automation **-2.** (*material de oficina*) office computer equipment
ofimático, -a *adj* **material** ~ office computer equipment; **gestión ofimática integrada** integrated office automation
ofrecer [46] ◇ *vt* (*proporcionar, dar*) to offer; **ofrecerle algo a alguien** to offer sb sth; **me han ofrecido el puesto de director** they've offered me the job of manager; **¿puedo ofrecerle algo de beber?** may I offer you

something to drink?; **ofrecen una recompensa por él** they are offering a reward for his capture; **le ofrecieron una cena homenaje** they held a dinner in his honour; **¿cuánto te ofrecen por la casa?** how much are they offering you for the house?; **me ofrece la oportunidad** *o* **la ocasión de conocer la ciudad** it gives me the chance to get to know the city
-2. (*en subastas*) to bid; **¿qué ofrecen por esta mesa?** what am I bid for this table?
-3. (*tener, presentar*) to present; **la cocina ofrece un aspecto lamentable** the kitchen's in a real mess; **esta tarea ofrece algunas dificultades** this task poses *o* presents a number of problems; **aquel negocio ofrecía inmejorables perspectivas** that business had excellent prospects
-4. (*oraciones, sacrificio*) to offer up; ~ **una misa por alguien** to have a mass said for sb
◆ **ofrecerse** *vpr* **-1.** (*presentarse*) to offer, to volunteer; **varios se ofrecieron voluntarios** several people volunteered; **ofrecerse a** *o* **para hacer algo** to offer to do sth; **me ofrecí de guía para enseñarles la ciudad** I volunteered *o* offered to act as a guide and show them round the city; **se ofrece diseñadora con mucha experiencia** (*en letrero, anuncio*) highly experienced designer seeks employment
-2. (*aparecer*) **se nos ofrece una oportunidad de oro para hacer dinero** this is a golden opportunity for us to make some money; **un hermoso paisaje se ofrecía ante sus ojos** a beautiful landscape greeted her eyes
-3. *Formal* (*desear*) **¿qué se le ofrece?** what can I do for you?; **estamos aquí para lo que se le ofrezca** we are here to be of service to you
ofrecimiento *nm* offer
ofrenda *nf* offering
ofrendar *vt* to offer up
ofrezco *etc ver* **ofrecer**
oftalmía, oftalmia *nf* ophthalmia
oftalmología *nf* ophthalmology
oftalmológico, -a *adj* ophthalmological
oftalmólogo, -a *nm,f* ophthalmologist
oftalmoscopia *nf* ophthalmoscopy
oftalmoscopio *nm* ophthalmoscope
ofuscación *nf,* **ofuscamiento** *nm* **-1.** (*deslumbramiento*) blindness **-2.** (*turbación*) **el odio ha provocado su** ~ he was so full of hatred he couldn't think clearly; **los mató en un momento de** ~ he killed them in a moment of madness *o* blind rage
ofuscar [59] ◇ *vt* **-1.** (*deslumbrar*) to dazzle, to blind **-2.** (*turbar*) to blind; **la envidia la ofuscó** she was blinded with envy
◆ **ofuscarse** *vpr* **-1.** (*deslumbrarse*) to be dazzled *o* blinded (**con** *o* **por** by) **-2.** (*turbarse*) to become confused; **después de equivocarse, se ofuscó y no sabía como seguir** after making the mistake he got flustered and couldn't go on **-3.** (*obsesionarse*) **se ha ofuscado con la idea** the idea has blinded him to everything else
ogro *nm también Fig* ogre
oh *interj* oh!
ohmio *nm* ohm
oídas: de oídas *loc adv* by hearsay; **lo conozco de** ~ I know of him, I've heard of him; **sabemos la noticia sólo de** ~ the news is only hearsay
oído *nm* **-1.** (*órgano*) ear; **se me han tapado los oídos** my ears are blocked; **le dolían los oídos** he had earache; **me zumban los oídos** my ears are ringing *o* buzzing; (*porque alguien habla de ti*) my ears are burning; **decir algo al** ~ **a alguien** to whisper sth in sb's ear; **si llega a oídos de ella...** if she gets to hear about this...; EXPR **abrir el** ~ *o* **los oídos** to pay close attention; EXPR **dar** *o* **prestar oídos a algo** to pay attention to sth; EXPR **entrar por un** ~ **y salir por el otro** to go in one ear and out the other; EXPR **hacer oídos sordos** to turn a deaf ear; EXPR **lastimar los oídos** to offend one's ears;

EXPR *Fam* **¡~ al parche!** listen!, *US* listen up!; EXPR **regalarle el** ~ **a alguien** to flatter sb; EXPR **ser todo oídos** to be all ears ❑ ~ **externo** outer ear; ~ **interno** inner ear; ~ **medio** middle ear
-2. (*sentido*) (sense of) hearing; **aguzar el** ~ to prick up one's ears; **ser duro de** ~ to be hard of hearing; **tener** ~**, tener buen** ~ to have a good ear; **tocar de** ~ to play by ear
OIEA *nm* (*abrev de* **Organismo Internacional para la Energía Atómica**) IAEA
oigo *ver* **oír**
oír [44] ◇ *vt* **-1.** (*percibir el sonido de*) to hear; **la oí salir** I heard her leaving; **los oí hablando** *o* **hablar** *o* **que hablaban** I heard them talking; **he oído muchas cosas buenas de ti** I've heard a lot of good things about you; **ahora lo oigo** (*lo escucho*) I can hear it now; **¿me oyes?** (*al teléfono, a distancia*) can you hear me?; (*¿entendido?*) do you hear (me)?; **¡no se oye!** (*en público, auditorio*) I can't hear!; **hacerse** ~ to make oneself heard; **¡lo que hay que ~!, ¡se oye cada cosa!** whatever next!; ~ **algo de labios de alguien** to hear sth from sb; **lo oí de sus propios labios** I heard it from the horse's mouth; ~ **a alguien decir algo** to hear sb say *o* saying sth; **he oído hablar de él/ello** I've heard of him/about it; **¡no quiero ni** ~ **hablar de él/ello!** don't mention him/it to me!; **se ha teñido el pelo de rubio, así, como lo oyes** he's dyed his hair blond, believe it or not; **se ha divorciado** – **¿de verdad?** – **como lo oyes** she's got divorced – really? – that's what I said; **como quien oye llover** without paying the least attention; *Fam* **¡me va a** ~**!** I'm going to give him a piece of my mind!
-2. (*escuchar, atender*) to listen to; **voy a** ~ **las noticias** I'm going to listen to the news; **¿has oído alguna vez algo de Bartok?** have you ever heard any Bartok?; **¿tú crees que oirán nuestras demandas?** do you think they'll listen to our demands?; **oye bien lo que te digo** listen carefully to what I'm going to tell you; **¿estás oyendo lo que te digo?** are you listening to me?; ~ **a alguien en confesión** to hear sb's confession
-3. (*saber, enterarse de*) to hear; **¿has oído algo de mi hermano?** have you heard from my brother?; **he oído lo de tu padre** I heard about your father; **he oído (decir) que te marchas** I hear you're leaving
-4. DER (*sujeto: juez*) to hear
-5. ~ **misa** to hear mass
◇ *vi* to hear; **de este oído no oigo bien** I don't hear very well with this ear; **¡oiga, por favor!** excuse me!; *Fam* **oye...** (*mira*) listen...; **oye, te tengo que dejar** listen *o* look, I have to go; *Fam* **¡oye!** (*¡eh!*) hey!; **¡oye, no te pases!** hey, steady on!; PROV ~, **ver y callar** hear no evil, see no evil, speak no evil
OIRT *nf* (*abrev de* **Organisation Internationale de Radiodiffusion et Télévision**) OIRT
OIT *nf* (*abrev de* **Organización Internacional del Trabajo**) ILO
ojal *nm* buttonhole
ojalá *interj* I hope so!; **¿saldrá el sol?** – **¡~!** will the sun come out? – I hope so!; **¡~ lo haga!** I hope she does it!; **¡~ fuera viernes!** I wish it was Friday!; **¡~ que salga bien!** I hope it goes well!
OJD *nf* (*abrev de* **Oficina de Justificación de la Difusión**) = Spanish audience measurement organization, ≃ Audit Bureau of Circulations (ABC)
ojeada *nf* glance, look; **echar una** ~ **a algo/ alguien** to take a quick glance *o* look at sth/sb; **darle una** ~ **a algo** to have a quick look at sth; **le he dado una** ~ **al informe** I've glanced through the report
ojeador *nm* **-1.** (*en caza*) beater **-2.** DEP scout
ojear *vt* to have a look at
ojeras *nfpl* bags *o* rings under the eyes; **llegó al trabajo con** ~ **de tres días** he arrived at work looking haggard
ojeriza *nf* dislike; **tener** ~ **a alguien** to have it in for sb

ojeroso, -a *adj* with bags o rings under the eyes, haggard

ojete, -a ◇ *adj Méx Vulg* **ser ~** to be an *Br* arsehole *o US* asshole
◇ *nm* **-1.** *(bordado)* eyelet **-2.** *muy Fam (ano)* arsehole, ring **-3.** *RP muy Fam (buena suerte)* the luck of the devil; **¡qué ~ tiene, se ganó la lotería!** what a lucky bastard, he's won the lottery!
◇ *nm,f Méx Vulg* shit, arsehole

ojetillo *nm Am* eyelet

ojímetro: a ojímetro *loc adv Fam* at a rough guess; **a ~ serán unos tres metros** at a rough guess it's about three metres; **lo medí a ~** I made a rough guess of the measurements

ojiva *nf* **-1.** ARQUIT ogive **-2.** MIL warhead

ojival *adj* ogival, pointed

ojo ◇ *nm* **-1.** *(órgano)* eye; **una chica de ojos azules** a girl with blue eyes; **lleva un parche en el ~** he has an eyepatch; **guiñar** *o Col* **picar el ~ a alguien** to wink at sb; **mírame a los ojos cuando te hablo** look at me when I'm speaking to you; **no me atrevía a mirarla a los ojos** I didn't dare look her in the eye; **me pican los ojos** my eyes are stinging; **a los ojos de la ley/de la sociedad** in the eyes of the law/of society; *también Fig* **poner los ojos en blanco** to roll one's eyes; **lo vi con mis propios ojos** I saw it with my own eyes; **abrir (bien) los ojos** *(estar atento)* to keep one's eyes open; **habrá que tener los ojos bien abiertos** we'll have to keep our eyes open; *Fig* **abrirle los ojos a alguien** to open sb's eyes; **cerré los ojos y me decidí a comprar una casa** I decided to ignore the consequences and buy a house anyway; **cerrar los ojos ante algo** *(ignorar)* to close one's eyes to sth; **con los ojos cerrados** *(sin dudarlo)* blindly, with one's eyes closed; **sabría ir allí con los ojos cerrados** *o* **vendados** I could find my way there blindfolded *o* with my eyes closed; *Fam* **mirar algo/a alguien con los ojos como platos** to stare at sth/sb wide-eyed; **cuatro ojos ven más que dos** four eyes are better than two; [EXPR] *Fam* **¡dichosos los ojos que te ven!** long time no see!; [EXPR] **en un abrir y cerrar de ojos** in the twinkling of an eye; [EXPR] *Am* **meter el ~** to pry, to snoop; [EXPR] **no pegar ~** not to get a wink of sleep; [EXPR] *CAm, Méx, Ven* **pelar los ojos** to keep one's eyes peeled; [EXPR] **ser el ~ derecho de alguien** to be the apple of sb's eye; [EXPR] **¿es que no tienes ojos en la cara?** are you blind?; [EXPR] **tener entre ojos a alguien** to detest sb; [EXPR] **tener ojos de lince** to have eyes like a hawk; [EXPR] *RP* **tener ojos en la nuca** *(profesor)* to have eyes in the back of one's head; *(la izquierda)* to be stuck in the past, to be always looking backwards; [EXPR] **sólo tiene ojos para él** she only has eyes for him; [EXPR] **valer** *o* **costar un ~ de la cara** to cost an arm and a leg; [PROV] **~ por ~, diente por diente** an eye for an eye, a tooth for a tooth; [PROV] **ojos que no ven, corazón que no siente** what the eye doesn't see, the heart doesn't grieve over ❑ *RP* **~ en compota** *(ojo morado)* black eye; *Esp* **~ de cristal** glass eye; *Esp Fam* **~ a la funerala** shiner; **ponerle a alguien un ~ a la funerala** to give sb a shiner; **~ morado** black eye; **ponerle a alguien un ~ morado** to give sb a black eye; **ojos rasgados** almond eyes; **ojos saltones:** **tiene los ojos saltones** he's pop-eyed *o US* bug-eyed; **una niña de ojos saltones** a girl with bulging eyes; *Am* **~ de vidrio** glass eye; *Fam* **~ a la virulé** shiner; *Fam* **ponerle a alguien un ~ a la virulé** to give sb a shiner
-2. *(mirada, vista)* **los ojos expertos del relojero enseguida detectaron el problema** the watchmaker's expert eye spotted the problem immediately; **alzar** *o* **levantar los ojos** to look up, to raise one's eyes; **bajar los ojos** to lower one's eyes *o* gaze, to look down; **los ojos se le iban detrás del muchacho/de la tarta** she couldn't keep her eyes off the boy/the cake; **come más con los ojos que con la boca** his eyes are bigger than his stomach; **mirar a alguien con ojos tiernos** to look fondly at sb; **poner los ojos en alguien** to set one's sights on sb; [EXPR] **a ~ (de buen cubero)** roughly, approximately; **echo los ingredientes a ~** I just add roughly the right amount of each ingredient without measuring them all out; **a ojos vistas** visibly; [EXPR] *Fam* **comerse a alguien con los ojos** to drool over sb; [EXPR] **echar el ~ a alguien/algo: le he echado un ~ a una compañera de clase** I've got my eye on a girl in my class; **le tenía el ~ echado a aquella moto** I had my eye on that motorbike; [EXPR] **echar un ~ a algo** to keep an eye on sth; [EXPR] **entrar por los ojos: esos pasteles entran por los ojos** those cakes look really mouthwatering; [EXPR] **mirar** *o* **ver algo/a alguien con buenos ojos** to approve of sth/sb; [EXPR] **mirar** *o* **ver algo/a alguien con malos ojos** to disapprove of sth/sb; [EXPR] **mirar algo/a alguien con otros ojos** to look differently at sth/sb; [EXPR] **no quitarle ~ a algo/alguien, no quitar los ojos de encima a algo/alguien** not to take one's eyes off sth/sb; [EXPR] **donde pone el ~, pone la bala** he's a dead shot; [EXPR] **ojos de carnero** *o* **cordero (degollado)** pleading eyes; **puso ojos de cordero degollado** she looked at me with pleading eyes
-3. *(cuidado)* **(ten) mucho ~ con lo que haces/al cruzar la calle** be very careful what you do/when crossing the road; **hay que andar(se) con (mucho) ~** you need to be (very) careful; [EXPR] **hay que andar(se) con cien ojos** you really have to keep your eyes open *o* be on your guard; [EXPR] **estar ~ avizor** to be on the lookout
-4. *(habilidad, perspicacia)* **es un tipo con mucho ~** *o* **con buen ~ para los negocios** he has an eye for a good deal, he has great business acumen; **tener (un) ~ clínico para algo** to be a good judge of sth
-5. *(agujero, hueco)* *(de aguja)* eye; *(de puente)* span; *(de arco)* archway; **el ~ de la cerradura** the keyhole; **el ~ de la escalera** the stairwell; **el ~ del huracán** the eye of the hurricane; *Fig* **el ministro está en el ~ del huracán** the minister is at the centre of the controversy ❑ **~ de buey** *(ventana)* porthole; *Vulg* **el ~ del culo** *Br* arsehole, *US* asshole; *Am* **~ mágico** peephole
-6. MED **~ de gallo** *(callo)* corn
-7. FOT **~ de pez** fish-eye lens
-8. *Méx, Ven* **~ de agua** spring
-9. *Ven* **~ de gato** cat's eye
◇ *interj* be careful!, watch out!

ojón, -ona *adj Andes, Carib* big-eyed

ojota *nf* **-1.** *Andes (zapatillas)* sandal **-2.** *RP (chancletas) Br* flip-flop, *US, Austr* thong

OK, okey [o'kei] *interj* OK

okapi *nm* okapi

okey *interj Am* OK

okupa, ocupa *nmf Esp Fam* squatter; **están de okupas en una vieja escuela** they're squatting in a disused school

okupar *vt Esp Fam* to squat

ola *nf* wave; **una ~ de atentados terroristas** a wave *o* spate of terrorist attacks; **una ~ de visitantes** a flood of tourists ❑ **~ de calor** heatwave; **~ de frío** cold spell; **la ~ mexicana** the Mexican wave; **hacer la ~ (mexicana)** to do the Mexican wave

OLADE *nf (abrev de* **Organización Latinoamericana de Energía)** OLADE, Latin American Energy Organization

olán *nm Méx* frill, flounce

ole, olé *interj* bravo!

oleada *nf* **-1.** *(del mar)* wave **-2.** *(de protestas, atentados)* wave; **sentí una ~ de indignación** I felt a surge of indignation

oleaginoso, -a *adj* oleaginous

oleaje *nm* swell, surge; **el fuerte ~ impidió que saliéramos a la mar** the heavy swell prevented us from putting out to sea

oleandro *nm* BOT oleander

olefina *nf* QUÍM olefin

oleicultura *nf* olive oil production

óleo *nm* **-1.** *(material)* oil; **pintar al ~** to paint in oils; **una pintura al ~** an oil painting **-2.** *(cuadro)* oil painting **-3.** REL **los santos óleos** the holy oils

oleoducto *nm* oil pipeline

oleómetro *nm* oil hydrometer, oleometer

oleosidad *nf* oiliness

oleoso, -a *adj* oily

oleosoluble *adj* oil-soluble

oler [45] ◇ *vt* to smell; **desde aquí huelo el tabaco** I can smell the cigarette smoke from here
◇ *vi* **-1.** *(despedir olor)* to smell **(a** of); **¡qué mal huele aquí!** it smells awful here!; **¡huele que apesta!** it stinks!; **te huele un poco el aliento** your breath smells a bit; **huele a quemado** it smells of burning; [EXPR] **~ que alimenta: este guisado huele que alimenta** this stew smells delicious; *Hum* **te huelen los pies que alimentan** your feet are humming; [EXPR] *Fam* **~ a cuerno quemado** to smell fishy; [EXPR] *Fam* **~ a rayos** to stink (to high heaven); [EXPR] *Fam* **~ a tigre** to stink; [EXPR] **~ a encerrado** to smell stuffy
-2. *(parecer)* **su cambio de actitud huele a soborno** his change of attitude smacks of bribery
◆ **olerse** *vpr Fig* **olerse algo** to sense sth; **me huelo que está enfadado conmigo** I sense he's angry with me; **ya me olía yo algo así** I suspected as much; [EXPR] *Méx Fam* **olérselas** to have a suspicion; [EXPR] *Fam* **ya me olía la tostada** I could sense there was trouble coming; [EXPR] *Fam* **me huele a chamusquina** it smells a bit fishy to me, I don't like the look of this

oletear *vt Perú* to pry into

olfa *nmf Arg Fam Br* swot, *US* grind

olfatear *vt* **-1.** *(olisquear)* to sniff; *(rastro)* to scent **-2.** *Fig (barruntar)* to smell, to sense; **~ en** *(indagar)* to pry into

olfativo, -a *adj* olfactory

olfato *nm* **-1.** *(sentido)* (sense of) smell **-2.** *(sagacidad)* nose, instinct; **tener (buen) ~ para algo** to be a good judge of sth

oliera *etc ver* **oler**

oligarca *nmf* oligarch

oligarquía *nf* oligarchy

oligárquico, -a *adj* oligarchic(al)

oligisto *nm* GEOL oligist, crystallized haematite

oligoceno, -a GEOL ◇ *adj* Oligocene
◇ *nm* **el ~** the Oligocene

oligoelemento *nm* trace element

oligofrenia *nf* severe mental handicap

oligofrénico, -a ◇ *adj* severely mentally handicapped
◇ *nm,f* severely mentally handicapped person

oligopolio *nm* ECON oligopoly

olimpiada, olimpíada *nf* **-1.** *(periodo de cuatro años)* Olympiad **-2.** *(juegos olímpicos)* **las olimpiadas** the Olympics, the Olympic Games

olímpicamente *adv Fam* **paso ~ de ayudarlos** I'm damned if I'm going to help them; **pasa de sus padres ~** she totally ignores her parents; **despreció ~ la oferta** he turned his nose up at the offer

olímpico, -a *adj* **-1.** DEP Olympic **-2.** *(altanero)* Olympian, haughty; **me trataron con un desprecio ~** they looked down their noses at me
◇ *nm Urug* = giant cheese and ham sandwich with salad, olives and egg

olimpismo *nm* Olympic movement

Olimpo *nm* **el ~** Mount Olympus

olisquear *vt* to sniff (at)

oliva *nf* olive ❑ **~ negra** black olive; **~ rellena** stuffed olive; **~ verde** green olive

oliváceo, -a *adj* olive

olivar *nm* olive grove

olivarero, -a ◇ *adj* olive; **el sector ~** the olive-growing industry
◇ *nm,f* olive-grower

olivícola *adj* olive-growing

olivicultor, -ora *nm,f* olive-grower

olivicultura *nf* olive growing

olivo *nm* olive tree ❏ **~ silvestre** wild olive tree

olla *nf* **-1.** *(cacerola)* pot ❏ **~ exprés** pressure cooker; *Fig* **una ~ de grillos** bedlam, a madhouse; **aquello era una ~ de grillos** it was bedlam *o* a madhouse; **~ a presión** pressure cooker; *Fig* **el campo era una ~ a presión** there was a pressure cooker atmosphere in the stadium
-2. *(cocido)* = meat and vegetable stew ❏ CULIN **~ podrida** = meat and vegetable stew containing also ham, poultry, sausages etc; *Urug* **~ popular** soup kitchen
-3. *Fam (cabeza)* head, nut; **tú estás mal de la ~** you're off your head
-4. *Fam (en fútbol)* (penalty) area
-5. [EXPR] *Ven Fam* **montar la ~** to make the food; *Fam* **no tener con qué montar la ~** not to be able to make ends meet; [EXPR] *Andes, RP Fam* **parar la ~** to be the breadwinner

ollar *nm* nostril

olmeca HIST ◇ *adj* Olmec
◇ *nmf* Olmec

olmeda *nf,* **olmedo** *nm* elm grove

olmo *nm* elm (tree) ❏ **~ americano** American elm tree

ológrafo, -a ◇ *adj* holographical
◇ *nm* holograph

olor *nm* smell (**a** of); **tener ~ a** to smell of; **los niños acudieron al ~ de la comida** the children were drawn to the smell of cooking; **miles de jóvenes aspirantes acuden a Hollywood al ~ de la fama** thousands of young hopefuls come to Hollywood looking for fame; [EXPR] *Fam* **en ~ de multitudes** enjoying popular acclaim; [EXPR] **vivir/morir en ~ de santidad** to live/die like a saint ❏ *RP Fam* **~ a chivo** BO; **~ corporal** body odour

oloroso, -a ◇ *adj* fragrant
◇ *nm* oloroso (sherry)

OLP *nf (abrev de* **Organización para la Liberación de Palestina)** PLO

olvidadizo, -a *adj* forgetful

olvidado, -a *adj* forgotten

olvidar ◇ *vt* **-1.** *(en general)* to forget; **no consigo olvidarla** I can't forget her; **intenté ~ aquellos años y rehacer mi vida** I tried to forget those years and rebuild my life **-2.** *(dejarse)* to leave; **olvidé las llaves en la oficina** I left my keys at the office; **Juan olvidó su bufanda al irse** Juan left his scarf behind when he left

◆ **olvidarse** *vpr* **-1.** *(en general)* to forget; **olvidarse de algo/hacer algo** to forget sth/to do sth; **me olvidé de su cumpleaños** I forgot her birthday; **olvídate de lo ocurrido** forget what happened; **se me olvidaba decirte que...** I almost forgot to tell you that...; **yo no me olvido de mis amigos** I don't forget my friends
-2. *(dejarse)* to leave; **me he olvidado el paraguas en el tren** I've left my umbrella on the train; **mira, se ha olvidado la cartera** look, he's forgotten his wallet

olvido *nm* **-1.** *(de un nombre, hecho)* **caer en el ~** to fall into oblivion; **enterrar en el ~** to cast into oblivion; **rescatar** *o* **sacar del ~** to rescue from oblivion **-2.** *(descuido)* oversight; **ha sido un ~ imperdonable** it was an unforgivable oversight

Omán *n* Oman

omaní *(pl* **omaníes)** ◇ *adj* Omani
◇ *nmf* Omani

ombligo *nm* navel; **se te ve el ~** your belly button's showing; [EXPR] **mirarse el propio ~** to contemplate one's navel; **deja de mirarte el ~** stop navel-gazing, stop contemplating your navel; [EXPR] **se cree el ~ del mundo** he thinks the world revolves around him

ombliguero *nm* bellyband

ombú *(pl* **ombúes)** *nm* ombu

ombudsman *nm inv* ombudsman

OMC *nf (abrev de* **Organización Mundial del Comercio)** WTO

omega *nf* omega

omelet *(pl* **omelets)**, **omelette** [ome'let] *nm Am* omelette

OMG *nm (abrev de* **Organismo Modificado Genéticamente)** GMO

ómicron *nf* omicron

ominoso, -a *adj* **-1.** *(abominable)* abominable **-2.** *(de mal agüero)* ominous

omisión *nf* omission

omiso, -a *adj* **hacer caso ~ de algo** to ignore sth, to pay no attention to sth

omitir *vt* to omit

ómnibus *(pl* **ómnibus** *o* **omnibuses)** *nm* **-1.** *Esp (tren)* local train **-2.** *Cuba, Urug (urbano)* bus; *Andes, Cuba, Urug (interurbano, internacional) Br* coach, *US* bus ❏ **~ de línea** *Br* coach, *US* bus

omnímodo, -a *adj* all-embracing, absolute

omnipotencia *nf* omnipotence

omnipotente *adj* omnipotent

omnipresencia *nf* omnipresence

omnipresente *adj* omnipresent

omnisapiente *adj* omniscient

omnisciencia *nf* omniscience

omnisciente *adj* omniscient

omnívoro, -a ◇ *adj* omnivorous
◇ *nm,f* omnivore

omoplato, omóplato *nm* shoulder-blade, *Espec* scapula

OMS [oms] *nf (abrev de* **Organización Mundial de la Salud)** WHO

onagra *nf* evening primrose

onagro *nm (asno salvaje)* onager

onanismo *nm* onanism

ONCE ['onθe] *nf (abrev de* **Organización Nacional de Ciegos Españoles)** = Spanish association for the blind

---
ONCE

Spain's "Organización Nacional de Ciegos Españoles" (National Organization for the Blind) or **ONCE** is a non-profit-making organization which helps those with impaired vision in the fields of education and employment. **ONCE** has been remarkably successful in raising awareness (and funds), making it probably the most famous institution of its kind in Spain. This is mainly due to its two best-known activities: firstly, the lottery it runs, for which its members sell tickets in the streets, and secondly, its sponsorship of the cycling team which bears its name.

---

once ◇ *núm* eleven; *ver también* **tres**
◇ *nm* **-1.** *(equipo)* eleven; **los integrantes del ~ colombiano** the Colombian eleven **-2.** *Andes* **onces** *(por la mañana)* mid-morning snack, *Br* elevenses; *(por la tarde)* mid-afternoon snack **-3.** *RP Fam* **en el ~** *(a pie)* on foot

onceavo, -a *núm (fracción)* eleventh; **la onceava parte** an eleventh

oncogén *nm* oncogene

oncogénico, -a *adj* oncogenic

oncología *nf* oncology

oncológico, -a *adj* oncological

oncólogo, -a *nm,f* oncologist

onda *nf* **-1.** FÍS, RAD wave; **longitud de ~** wavelength ❏ **~ de choque** shock wave, blast wave; **~ corta** short wave; **~ electromagnética** electromagnetic wave; **~ expansiva** shock wave; **~ hertziana** radio wave, Hertzian wave; **~ larga** long wave; **~ luminosa** *o* **lumínica** light wave; **~ media** medium wave; **~ pura** sine wave; **~ sinusoidal** sine wave; **~ sísmica** seismic wave; **~ sonora** sound wave
-2. *RP (en el pelo)* wave
-3. *Fam* [EXPR] **estar en (la) ~** to be hip *o* with it; **este grupo está muy en (la) ~** this group is really hip; [EXPR] **me alegra saber que estamos en la misma ~** I'm glad to know we're on the same wavelength; [EXPR] **estar fuera de ~** to be behind the times; [EXPR] **¡qué buena ~!** that's cool!; [EXPR] **me da mala ~** I've got bad vibes about him/her/it; [EXPR] **tus primos tienen** *o RP* **son muy buena ~** your cousins are really cool; [EXPR] *RP* **de ~: esta es la playa de ~** this is the beach to be seen at; **siempre tiene el modelo de ~** she's always got the latest outfit; [EXPR] *RP* **hacer algo de ~** to do sth for the hell of it; [EXPR]

Méx, RP **no me tires malas ondas** I don't want your bad vibes; [EXPR] *Méx, RP* **captar** *o* **agarrar la ~** *(entender)* to catch the drift; [EXPR] *Méx, RP* **¿qué ~?** *(¿qué tal?)* how's it going?, how are things?; [EXPR] *Méx, RP* **sacar de ~** to take by surprise; *Méx, RP* **cuando me ves concentrada no me hables, que me sacás de ~** don't talk to me when you see me concentrating, you put me off
-4. *(en el agua)* wave
-5. *(del pelo)* wave
-6. *(en costura)* scallop; **bordado en ~** embroidered in scallops

ondeado, -a *adj* wavy

ondeante *adj* rippling

ondear ◇ *vi (bandera)* to flutter, to fly; *(pelo)* to wave; **~ a media asta** to fly at half-mast
◇ *vt (pañuelo, bandera)* to wave

ondero, -a *adj RP Fam Pey* trendy; **a Pedro hoy le gusta el tenis y mañana prefiere el golf, no le hagas caso, es muy ~** Pedro's into tennis one day and golf the next, he's very faddish

ondina *nf* MITOL undine, water nymph

ondulación *nf* **-1.** *(acción)* rippling **-2.** *(onda)* ripple; *(del pelo)* wave **-3.** *(movimiento)* undulation

ondulado, -a *adj (pelo)* wavy; *(agua)* rippling; *(campo, terreno)* rolling, undulating; *(patata frita)* crinkly, crinkle-cut

ondulante *adj* undulating

ondular ◇ *vi (agua)* to ripple; *(terreno)* to undulate
◇ *vt (pelo)* to wave

ondulatorio, -a *adj* wavelike, *Espec* undulatory

oneroso, -a *adj Formal* **-1.** *(pesado)* burdensome, onerous **-2.** *(caro)* costly, expensive

ONG *nf inv (abrev de* **Organización no Gubernamental)** NGO

ONGD *nf inv (abrev de* **Organización no Gubernamental para el Desarrollo)** NGDO

ónice *nm o nf* onyx

onírico, -a *adj* dreamlike; **experiencia onírica** dreamlike experience

ónix *nm o nf* onyx

ONL *nf (abrev de* **Organización no Lucrativa)** *Br* non-profit(-making) *o US* not-for-profit organization

onomástica *nf Esp* name day

onomástico, -a ◇ *adj* onomastic; **índice ~** name index
◇ *nm Am* **-1.** *(cumpleaños)* birthday **-2.** *(santo)* name day

onomatopeya *nf* onomatopoeia

onomatopéyico, -a *adj* onomatopoeic

Ontario *nm* **el lago ~** Lake Ontario

ontogénesis *nf inv,* **ontogenia** *nf* BIOL ontogeny

ontogénico, -a *adj* ontogenic

ontología *nf* ontology

ontológico, -a *adj* ontological

ONU ['onu] *nf (abrev de* **Organización de las Naciones Unidas)** UN

onubense ◇ *adj* of/from Huelva *(Spain)*
◇ *nmf* person from Huelva *(Spain)*

ONUDI [o'nuði] *nf (abrev de* **Organización de las Naciones Unidas para el Desarrollo Industrial)** UNIDO

onza[1] *nf* **-1.** *(unidad de peso)* ounce **-2.** *(de chocolate)* square

onza[2] *nf (guepardo)* cheetah

onzavo, -a *núm ver* **onceavo**

op. *(abrev de* **opus)** op

OPA ['opa] *nf (abrev de* **oferta pública de adquisición)** takeover bid; **lanzar una ~ sobre** to launch a takeover bid for ❏ **~ hostil** hostile takeover bid

opa[1] *Andes, RP Fam* ◇ *adj* dumb, *Br* gormless
◇ *nmf* dumb cluck, *Br* twit

opa[2] *interj RP Fam* **-1.** *(cuando se cae algo)* oops!, whoops!; *(expresando sorpresa)* hey!, hello!
-2. *(hola)* hi!, *US* yo!

opacar *vt Am* **-1.** *(quitar brillo)* to mar; **su ausencia opacó las celebraciones** his absence cast a shadow over *o* marred the celebrations
-2. *(oscurecer)* to darken, to dull; **el polvo**

opacidad 516 **oposición**

opacaba el brillo de la platería the dust dulled the silverware
-3. *(eclipsar)* to overshadow, to outshine; **su belleza opacaba a todas las demás modelos** she outshone all the other models in her beauty, her beauty put all the other models in the shade

opacidad *nf también Fig* opacity
opaco, -a *adj* opaque
opalescencia *nf* opalescence
opalescente *adj* opalescent
opalina *nf* opaline
opalino, -a *adj* opaline
ópalo *nm* opal
opción *nf* -1. *(elección)* option; **no hay ~** there is no alternative; **no le quedó otra ~ que dimitir** she had no option *o* choice but to resign
-2. *(derecho)* right; **dar ~ a** to give the right to; **tener ~ a** *(empleo, cargo)* to be eligible for; **ya no tienen ~ al primer puesto** they've lost all chance of winning; **alquiler con ~ a compra** rental with the option to buy ❏ FIN *opciones sobre acciones* stock options; FIN **~ de adquisición** option to buy, purchase option; FIN **~ de compra** call option; FIN **~ de compra de acciones** stock option; FIN **~ de futuro** futures option; FIN **~ de venta** put option
opcional *adj* optional
opcionalmente *adv* optionally; **se puede visitar, ~, el museo arqueológico** there is the option of a visit to the museum of archaeology; **el techo solar se ofrece ~** the sun roof is available as an optional extra
op. cit. *(abrev de opere citato)* op cit
open *nm* DEP Open (tournament); **Open de Australia/Francia/USA** *(en tenis)* Australian/French/US Open
OPEP [o'pep] *nf (abrev de Organización de Países Exportadores de Petróleo)* OPEC
ópera *nf* -1. *(composición)* opera; *(edificio)* opera house ❏ **~ bufa** comic opera, opera buffa; **~ rock** rock opera -2. **~ prima** *(novela, película)* first work
operable *adj* operable
operación *nf* -1. *(acción organizada)* operation ❏ **~ policial** police operation; **~ de rescate** rescue operation; **~ retorno** = police operation to assist traffic at the end of popular holiday periods; **~ salida** = police operation to assist traffic at the beginning of popular holiday periods; **~ de salvamento** rescue operation
-2. *(quirúrgica)* operation; **~ (quirúrgica)** (surgical) operation; **una ~ de corazón** a heart operation; **una ~ a corazón abierto** open-heart surgery; **una ~ a vida o muerte** a life-or-death operation; **el paciente debe someterse a una ~** the patient needs to have an operation; **le realizaron una ~ de estómago** he had a stomach operation; **tuvo que ser sometido a una ~ de urgencia** he had to undergo an emergency operation
-3. *(matemática)* operation
-4. *(militar)* operation; **operaciones conjuntas** joint operations ❏ **~ de limpia** *o* **de limpieza** a mopping-up operation
-5. COM, FIN transaction; **una ~ bursátil** a stock-market transaction; **una ~ mercantil** a commercial transaction; **una ~ comercial** a commercial transaction; **una ~ de ingreso** a deposit; **una ~ de reintegro** a withdrawal
operacional *adj* operational
operador, -ora ◇ *nm,f* -1. INFORMÁT operator ❏ **~ del sistema** SYSOP, systems operator
-2. TEL operator -3. CINE & TV *(de la cámara)* cameraman, *f* camerawoman; *(del proyector)* projectionist; **un ~ de sonido** a sound engineer -4. *(de una máquina)* operator
◇ *nm* -1. **~ telefónico** telephone operator *o* company; **~ turístico** tour operator
-2. MAT operator ❏ **~ lógico** logical operator
operante *adj* operating, working

operar ◇ *vt* -1. *(enfermo)* **~ a alguien (de algo)** to operate on sb (for sth); **ese es el médico que la operó** that's the surgeon who operated on her; **casi me tienen que ~ de urgencia** I almost needed an emergency operation; **lo operaron del hígado** he had a liver operation; **la han operado de cáncer de pecho** she's had an operation for breast cancer; **de pequeño lo operaron de las amígdalas** he had his tonsils removed when he was a child
-2. *(cambio)* to bring about, to produce
-3. Am *(máquina)* to operate
◇ *vi* -1. *(realizar una actividad)* to operate; **el ladrón operaba en esta zona** the thief operated in this area; **el técnico operó con gran precisión** the technician operated *o* worked with great precision -2. COM & FIN to deal -3. MAT to operate -4. MIL to operate
◆ **operarse** *vpr* -1. *(enfermo)* to be operated on, to have an operation; **operarse de algo: se ha operado de un tumor** he's had an operation to remove a tumour; **me voy a ~ del hígado** I'm going to have an operation on my liver; **se va a tener que ~ del estómago** she's going to have to have a stomach operation; EXPR *Fam* **¡por mí como si se operan!** I couldn't care less what they do!
-2. *(cambio)* to occur, to come about
operario, -a *nm,f (trabajador)* worker; *(de máquina)* operator
operativa *nf* operations; **precisa agilidad en la ~** it requires operational agility
operatividad *nf (de ley, medida)* feasibility; *(de organización, dispositivo)* operational effectiveness; **los equipos de mejora y su ~** improvement teams and how they work
operativo, -a ◇ *adj* -1. *(que funciona)* operative; **medidas operativas** operational measures; **el servicio será ~ desde el viernes** the service will be operational from Friday; **una gran capacidad operativa** a large operating capacity -2. INFORMÁT operating; **el sistema ~** the operating system
◇ *nm* operation; **un ~ policial** a police operation
operatorio, -a *adj* operative
opérculo *nm* operculum
opereta *nf* operetta
operístico, -a *adj* operatic
opiáceo, -a ◇ *adj* opiate
◇ *nm* opiate
opinable *adj* debatable, arguable
opinar ◇ *vt* to believe, to think; **~ de algo/alguien, ~ sobre algo/alguien** to think about sth/sb; **¿qué opinas de la pena de muerte?** what are your views on *o* what do you think about the death penalty?; **ellos no lo veían necesario pero yo opinaba lo contrario** they didn't think it necessary but I held the opposite view; **ninguno de los consultados opina lo mismo** none of those consulted holds the same view; **el comité opinaba que era necesario invertir más** the committee was of the opinion *o* held the view that more investment was necessary; **~ bien de alguien** to think highly of sb; **opino de ella que es una excelente profesional** I think she's an excellent professional; **~ uno sobre algo** to give one's opinion about sth
◇ *vi* to give one's opinion; **no te dejan ~** they don't allow you to express an opinion; **prefiero no ~** I would prefer not to comment; **sólo algunos se atrevieron a ~ sobre este punto** only a few dared to express an opinion on this point
opinión *nf* opinion; **en mi ~ no deberíamos ir** in my opinion, we shouldn't go; **es mi ~ personal** that's my personal opinion; **¿cuál es tu ~ al respecto?** what's your opinion *o* view on this matter?; **después de escuchar distintas opiniones sobre el tema...** after hearing different views on the matter...; **compartir una ~** to share a view *o* an opinion; **he cambiado de ~** I've changed my mind; **expresar** *o* **dar una ~** to give an

opinion; **reservarse la ~** to reserve judgment; **ser de la ~ de que** to be of the opinion that; **ser una cuestión de ~** to be a matter of opinion; **tener buena/mala ~ de alguien** to have a high/low opinion of sb ❏ **la ~ pública** public opinion
opio *nm* opium; **el ~ del pueblo** the opium of the people; EXPR *RP Fam* **ser un ~** to be a yawn
opíparamente *adv* sumptuously
opíparo, -a *adj* sumptuous
opondré *etc ver* **oponer**
oponente *nmf* opponent
oponer [50] ◇ *vt* -1. *(resistencia)* to put up -2. *(argumento, razón)* to put forward, to give
◆ **oponerse** *vpr (no estar de acuerdo)* to be opposed; **oponerse a algo** *(desaprobar, rechazar)* to be opposed to sth, to oppose sth; *(ser contrario a)* to be opposed to sth; **todos se opusieron al plan** everybody was opposed to the plan; **me opongo a creerlo** I refuse to believe it; **me opongo a que vengan ellos también** I'm opposed to having them come along too
Oporto *n* Oporto
oporto *nm* port (wine)
oportunamente *adv* opportunely, conveniently
oportunidad *nf* -1. *(momento adecuado)* opportunity; **aprovechar la ~** to seize the opportunity; **no pienso desaprovechar la ~** I don't intend to waste the opportunity; **ahora es la ~ para planteárselo** now is the right moment to put it to her; **es una ~ única** it's a unique opportunity
-2. *(posibilidad)* chance, opportunity; **me dio una segunda ~** he gave me a second chance; **a la primera ~ que tenga se lo digo** I'll tell her just as soon as I get the chance *o* at the earliest opportunity; **me surgió esta ~ y decidí aprovecharla** this opportunity arose and I decided to make the most of it
-3. *(ocasión, vez)* occasion, time; **en esa ~ tuve que callarme, pero no lo haré más** on that occasion I had to keep quiet, but I won't in future; **como ya dijimos en otras oportunidades...** as we have already said on other occasions...
-4. *(conveniencia)* timeliness; **la ~ de esta decisión se pudo comprobar unos meses después** the timeliness of this decision became apparent a few months later
-5. **oportunidades** *(en gran almacén)* bargains; **la sección de oportunidades** the bargains section
oportunismo *nm* opportunism
oportunista ◇ *adj* opportunistic
◇ *nmf* opportunist
oportuno, -a *adj* -1. *(pertinente)* appropriate; **me pareció ~ callarme** I thought it best to say nothing
-2. *(propicio)* timely, opportune; **el momento ~** the right time; **en el momento menos ~** at the very worst time *o* moment; **su llegada fue muy oportuna** she arrived at an opportune moment; **se lo diré cuando sea ~** I'll tell him in due course *o* when the time is right; *Irónico* **¡ella siempre tan oportuna!** she really chooses her moments
-3. *(agudo)* sharp, acute; **has estado muy ~ al contestarle así** it was very sharp of you to answer him like that
oposición *nf* -1. *(resistencia)* opposition (**a** to); **la ~ de mis padres a que haga este viaje es total** my parents are totally opposed to me going on this trip
-2. *(política)* **la ~** the opposition; **los partidos de la ~** the opposition parties
-3. *(examen)* = competitive public examination for employment in the civil service, education, legal system etc; **~ a profesor** = public examination to obtain a state teaching post; **preparar oposiciones** to be studying for a public examination; **conseguir una plaza por ~** to obtain a post by sitting a public examination

OPOSICIONES

When a Spanish person wishes to work in the civil service (this includes becoming a teacher in a state school), he or she has to take **oposiciones**. These are public examinations held to fill vacancies on a national, provincial or local basis. The positions attained through these exams normally imply a job for life (with a working day from 8 a.m. to 3 p.m.), and they are much sought after in a country with a tradition of high unemployment. There are usually far too many candidates for every job advertised, so the requirements listed can be extremely rigorous: if you apply to be a mailman or a clerk you may have to show an in-depth knowledge of the Constitution and of Spanish cultural issues. This is why many people spend years preparing for these examinations, especially for posts with more responsibility.

opositar vi = to sit a public entrance examination; ~ **a** o **para algo** to sit a public exam for sth

opositor, -ora nm,f **-1.** (a un cargo) = candidate in a public entrance examination **-2.** (oponente) opponent

oposum nm opossum

opresión nf **-1.** (represión) oppression **-2.** (molestia, ahogo) **sentía una ~ en el pecho** he felt a tightness in his chest

opresivo, -a adj oppressive

opresor, -ora ◇ adj oppressive
◇ nm,f oppressor

oprimido, -a ◇ adj oppressed
◇ nm,f **los oprimidos** the oppressed

oprimir vt **-1.** (apretar) (botón) to press; (garganta, brazo) to squeeze **-2.** (sujetar: zapatos, cinturón) to pinch, to be too tight for; **la corbata le oprimía el cuello** his tie felt too tight **-3.** (reprimir) to oppress **-4.** (angustiar) to weigh down on, to burden; **me oprime la soledad** being on my own depresses me

oprobio nm shame, disgrace

optar vi **-1.** (escoger) ~ **(por algo)** to choose (sth); ~ **por hacer algo** to choose to do sth; ~ **entre** to choose between **-2.** (aspirar) ~ **a** to aim for, to go for; **optan al puesto siete candidatos** there are seven candidates for the job; **los que no son licenciados no pueden ~ a este cargo** non-graduates may not apply for o are not eligible for this post

optativa nf EDUC optional subject, US elective

optativamente adv optionally

optativo, -a adj optional, US elective

óptica nf **-1.** (ciencia) optics (singular) **-2.** (tienda) optician's (shop) **-3.** (punto de vista) point of view

óptico, -a ◇ adj optic
◇ nm,f (persona) optician

óptimamente adv ideally, in the best way

optimar vt to optimize

optimismo nm optimism

optimista ◇ adj optimistic
◇ nmf optimist

optimización nf optimization

optimizar vt to optimize

óptimo, -a adj optimum, optimal; **un alimento ~ para los niños** an ideal food for children

optómetra nmf optometrist, Br ophthalmic optician

optometría nf optometry

optometrista nmf optometrist, Br ophthalmic optician

opuesto, -a ◇ participio ver **oponer**
◇ adj **-1.** (contrario) opposed, contrary (**a** to); **los dos hermanos son opuestos en todo** the two brothers are completely different; **opiniones opuestas** contrary o opposing opinions; **ser ~ a algo** to be opposed o contrary to sth
-2. (del otro lado) opposite; **el extremo ~ a éste** the opposite end to this; **el coche venía en dirección opuesta** the car was coming the other way o in the opposite direction; EXPR **son dos polos opuestos** (personas) they are complete o polar opposites

opulencia nf (riqueza) opulence; (abundancia) abundance; **vivir en la ~** to live in luxury; **nadar en la ~** to be filthy rich

opulento, -a adj (rico) opulent; (abundante) abundant

opus nm inv **-1.** MÚS opus **-2. el Opus Dei** the Opus Dei, = traditionalist religious organization, whose members include many professional people and public figures

opúsculo nm short work

opusiera etc ver **oponer**

OPV nf (abrev de **Oferta Pública de Venta (de acciones)**) offer for sale, US public offering

oquedad nf (cavidad) hole; (en pared) recess

oquedal nm = forest of tall trees without undergrowth

oquis: de oquis loc adv Méx Fam (for) free

ORA nf (abrev de **Operación de Regulación del Aparcamiento**) = system of paid street parking in some parts of Spain

ora conj Formal ~... ~... now... now...; **miraba, ~ a un lado, ~ al otro** she looked first one way, then the other

oración nf **-1.** (rezo) prayer; **esa habitación está reservada para la ~** that room is set aside for prayer; **rezar una ~** to say a prayer ❏ **~ fúnebre** funeral oration **-2.** GRAM sentence ❏ **~ compuesta** compound o complex sentence; **~ principal** main clause; **~ relativa** relative clause; **~ simple** simple sentence; **~ subordinada** subordinate clause

oracional adj GRAM clausal

oráculo nm **-1.** (mensaje, divinidad) oracle **-2.** (persona) fount of wisdom

orador, -ora nm,f speaker; **un gran ~** a great speaker o orator

oral ◇ adj (examen, tradición) oral; **medicamento de administración ~** medicine to be taken orally
◇ nm (examen) oral exam

órale interj Méx Fam **-1.** (venga) come on!; **~, apúrate o llegaremos tarde** come on, hurry up or we'll be late **-2.** (de acuerdo) right!, OK!; **~, te espero a las cinco** right, I'll expect you at five

oralidad nf LING **-1.** (en fonología) orality **-2.** (en adquisición del lenguaje) orality, (spoken) language

oralmente adv orally; **este medicamento se administra ~** this medicine is taken orally

orangista ◇ adj Orange
◇ nmf Orangeman, f Orangewoman

orangután nm orang-outang

orar vi to pray; **~ por alguien** to pray for sb

orate nmf lunatic

oratoria nf oratory

oratorio, -a ◇ adj oratorical
◇ nm **-1.** (capilla) oratory **-2.** MÚS oratorio

orbe nm Literario **-1.** (mundo) world, globe **-2.** (esfera) orb, sphere

orbicular nm ANAT orbiculares muscle

órbita nf **-1.** (de astro) orbit; **~ terrestre** Earth's orbit; **entrar/poner en ~** to go/put into orbit; EXPR **le pegó tal bofetón que casi le pone en ~** he gave him such a slap he nearly knocked him into the middle of next week
-2. (de ojo) **~ (ocular)** eye socket, Espec orbit; **al verla casi se le salen los ojos de las órbitas** his eyes nearly popped out of his head when he saw her
-3. (ámbito) sphere, realm

orbital nm QUÍM orbital

orbitar vi to orbit

orca nf killer whale, orca

Órcadas fpl **las ~** the Orkney Islands, the Orkneys

órdago nm = all-or-nothing stake in the game of "mus"; Fig **una comida de ~** a terrific o lovely meal; **lleva un enfado de ~** he's absolutely raging

orden[1] nm **-1.** (secuencia, colocación correcta) order; **un ~ jerárquico** a hierarchy; **le gusta el ~ y la limpieza** she likes order and cleanliness; MAT **el ~ de los factores no altera el producto** the order of the factors does not affect the product; **en ~** (bien colocado) tidy, in its place; (como debe ser) in order; **poner en ~ algo, poner ~ en algo** (cosas, habitación) to tidy sth up; **tengo que poner mis ideas/mi vida en ~** I have to put my ideas/life in order, I have to sort out my ideas/life; **en** o **por ~ alfabético/cronológico** in alphabetical/chronological order; **por ~ in** order; **por ~ de antigüedad/de tamaños** in order of seniority/size; CINE & TEATRO **por ~ de aparición** in order of appearance; EXPR **sin ~ ni concierto** haphazardly ❏ **~ del día** agenda
-2. (normalidad, disciplina) order; **acatar el ~ establecido** to respect the established order; **llamar al ~ a alguien** to call sb to order; **el ~ natural de las cosas** the natural order of things; **mantener/restablecer el ~** to keep/restore order; **¡~ en la sala!** order!, order! ❏ **el ~ público** law and order
-3. (tipo) order, type; **dilemas de ~ filosófico** philosophical dilemmas; **problemas de ~ financiero** economic problems; **es una universidad de primer(ísimo) ~** it's a first-rate university; **del ~ de** around, approximately, of o in the order of; **en otro ~ de cosas** on the other hand ❏ **~ de magnitud** order of magnitude
-4. BIOL order
-5. ARQUIT order ❏ **~ corintio** Corinthian order; **~ dórico** Doric order; **~ jónico** Ionic order
-6. REL **el ~ sacerdotal** (sacramento) holy orders

orden[2] nf **-1.** (mandato) order; **¡es una ~!** that's an order!; MIL **¡a la ~!, ¡a sus órdenes!** (yes) sir!; Am **estoy a las/sus órdenes** I am at your service; Am **si no me queda bien, ¿la puedo cambiar? – cómo no, a sus** o **las órdenes** if it's not right, can I change it? – of course you can, we're at your disposal; Am **mi auto/casa está a la ~** my car/house is at your disposal; **cumplir órdenes** to obey orders; **dar órdenes (a alguien)** to give (sb) orders; **a mí nadie me da órdenes** I don't take orders from anyone; **hasta nueva ~** until further notice; **por ~ de** by order of; **el local fue cerrado por ~ del ayuntamiento** the premises were closed by order of o on the orders of the town council; **obedecer órdenes** to obey orders; **recibimos órdenes del jefe** we received orders from the boss; **sólo recibo órdenes de mis superiores** I only take orders from my superiors; **tener órdenes de hacer algo** to have orders to do sth ❏ DER **~ de arresto** arrest warrant; DER **~ de busca y captura** warrant for search and arrest; DER **~ de comparecencia** summons; **~ de desahucio** eviction order; **~ de desalojo** eviction order; DER **~ de detención** arrest warrant; MIL **la ~ del día** MIL the order of the day; Am (de reunión) agenda; EXPR **estar a la ~ del día** (muy habitual) to be the order of the day; **~ de embargo** order for seizure; DER **~ judicial** court order; CSur DER **~ de lanzamiento** eviction order; DER **~ de registro** search warrant
-2. COM order ❏ **~ de compra** purchase order; **~ de pago** payment order
-3. (institución) order ❏ **~ de caballería** order of knighthood; **~ mendicante** mendicant order; **~ militar** military order; **~ monástica** monastic order
-4. REL **órdenes sagradas** holy orders
-5. Am (pedido) order; **¿ya les tomaron la ~?** have you ordered yet?; **¿tiene la ~ del médico?** have you got the form from your doctor?

ordenación nf **-1.** (organización) ordering, arranging; (disposición) order, arrangement; (de recursos, edificios) planning ❏ **~ del suelo** town planning regulations, US zoning regulations; **~ territorial** regional planning; **~ del territorio** regional planning **-2.** REL ordination

ordenada nf MAT ordinate

ordenadamente adv (desfilar, salir) in an orderly fashion o manner; (colocar) neatly

ordenado, -a adj **-1.** (lugar, persona) tidy; (vida) ordered **-2.** (sacerdote) ordained

ordenador nm Esp computer; **pasar algo a ~** to key sth up (on a computer) ❑ **~ analógico** analogue computer; **~ de a bordo** onboard computer; **~ central** central computer; **~ compatible** compatible computer; **~ digital** digital computer; **~ doméstico** home computer; **~ personal** personal computer; **~ portátil** laptop computer; **~ de sobremesa** desktop computer

ordenamiento nm **-1.** (código de leyes) **el ~ constitucional** the constitution; **el ~ jurídico español** Spanish law **-2.** Am (organización) ordering, arranging; **el ~ de sus pertenencias es responsabilidad de cada uno** each person is responsible for putting their own belongings in order

ordenanza ◇ nm **-1.** (de oficina) office boy **-2.** MIL orderly
◇ nf ordinance, law; **ordenanzas municipales** by-laws

ordenar ◇ vt **-1.** (poner en orden) (alfabéticamente, numéricamente) to arrange, to put in order; (habitación, papeles) to tidy (up); **~ alfabéticamente** to put in alphabetical order; **~ en montones** to sort into piles; **~ por temas** to arrange by subject
 -2. INFORMÁT to sort
 -3. (mandar) to order; **te ordeno que te vayas** I order you to go; **me ordenó callarme** he ordered me to be quiet
 -4. REL to ordain
 -5. Am (pedir) to order; **acabamos de ~ el desayuno** we've just ordered breakfast
◇ vi **-1.** (mandar) to give orders; EXPR **(yo) ordeno y mando: Ana es de las de (yo) ordeno y mando** Ana's the sort of person who likes telling everybody what to do **-2.** Am (pedir) to order; **¿ya eligieron?, ¿quieren ~?** are you ready to order?
  ➤ **ordenarse** vpr REL to be ordained

ordenata nm Esp Fam computer
ordeña nf Am milking
ordeñador, -ora nm,f (persona) milker
ordeñadora nf (máquina) milking machine
ordeñar vt to milk
ordeño nm Esp milking
ordinal ◇ adj ordinal
◇ nm (número) ordinal (number)

ordinariamente adv **-1.** (normalmente) ordinarily **-2.** (groseramente) coarsely, vulgarly

ordinariez nf vulgarity, coarseness; **decir/hacer una ~** to say/do something rude; **¡no digas ordinarieces!** don't be so coarse o vulgar!; **¡qué ~!** how vulgar!

ordinario, -a ◇ adj **-1.** (común) ordinary, usual; **están más callados que de ~** they're quieter than usual; **de ~ la veo todos los días** I usually o normally see her every day **-2.** (vulgar) coarse, vulgar **-3.** (no selecto) unexceptional; (de poca calidad) poor-quality, cheap **-4. correo ~** Br normal o US regular delivery; **tribunal ~** court of first instance
◇ nm,f common o coarse person; **es un ~** he's terribly coarse o vulgar
◇ nm REL Ordinary

ordovícico, -a GEOL ◇ adj Ordovician
◇ nm **el ~** the Ordovician
oréada, oréade nf MITOL oread
orear ◇ vt to air
  ➤ **orearse** vpr (ventilarse) to air
orégano nm oregano
oreja ◇ nf **-1.** (de persona, animal) ear; **orejas de soplillo** sticky-out ears; **el perro puso las orejas tiesas** the dog pricked up his ears; **tirar a alguien de las orejas** to pull sb's ears (traditionally done to a person celebrating their birthday); Fig to give sb a good telling-off; **tenía una sonrisa de ~ a ~** he was grinning from ear to ear; EXPR Fam **agachar** o **bajar las orejas** (en discusión) to back down; EXPR Am Fam **le deben arder las orejas** his ears must be burning; EXPR Fam **calentarle a alguien las orejas** to box sb's ears; EXPR Fam **descubrir** o **enseñar la ~** to show one's true colours; EXPR Fam **con las orejas gachas** with one's tail between one's legs; EXPR Am Fam **parar la ~** to pay attention, to listen up; EXPR **ponerle las orejas coloradas a alguien** to tell sb off, to make sb feel uncomfortable; EXPR Fam **ver las orejas al lobo** to see what's coming
 -2. (de sillón) wing
 -3. (de vasija) handle
 -4. ~ de mar abalone
◇ nmf Méx Fam informer, Br grass

orejera nf (en gorra) earflap; **orejeras** earmuffs

orejón, -ona ◇ adj **-1.** (orejudo) big-eared, jug-eared **-2.** Col (rudo) coarse, uncouth
◇ nm (dulce) dried apricot/peach; EXPR RP Fam **ser el último ~ del tarro** to be the lowest of the low

orejudo, -a adj big-eared, jug-eared
orensano, -a ◇ adj of/from Orense (Spain)
◇ nm,f person from Orense (Spain)
orfanato, Méx **orfanatorio** nm orphanage
orfandad nf orphanhood
orfebre nmf (de plata) silversmith; (de oro) goldsmith
orfebrería nf **-1.** (objetos) (de plata) silver work; (de oro) gold work **-2.** (oficio) (de plata) silversmithing; (de oro) goldsmithing
orfelinato nm orphanage
Orfeo n MITOL Orpheus
orfeón nm choral group o society
organdí (pl **organdíes**) nm organdie
orgánico, -a adj **-1.** (ser, química) organic **-2.** (estructura, crecimiento) organic **-3. ley orgánica** constitutional law, organic law
organigrama nm **-1.** (de organización, empresa) organization chart **-2.** INFORMÁT flow chart o diagram
organillero, -a nm,f organ-grinder
organillo nm barrel organ
organismo nm **-1.** BIOL organism ❑ **~ modificado genéticamente** genetically modified organism **-2.** ANAT organism **-3.** (entidad) organization, body
organista nmf organist
organización nf **-1.** (orden) organization
 -2. (organismo) organization; **las organizaciones sindicales** the trade unions ❑ **~ de ayuda humanitaria** humanitarian aid organization; **~ benéfica** charity, charitable organization; **Organización para la Cooperación y el Desarrollo Económico** Organization for Economic Cooperation and Development; **Organización de Estados Americanos** Organization of American States; **Organización Internacional del Trabajo** International Labour Organization; **Organización para la Liberación de Palestina** Palestine Liberation Organization; **Organización Mundial del Comercio** World Trade Organization; **Organización Mundial de la Salud** World Health Organization; **Organización de las Naciones Unidas** United Nations Organization; **~ no gubernamental** non-governmental organization; **Organización de Países Exportadores de Petróleo** Organization of Petroleum Exporting Countries; **Organización para la Seguridad y Cooperación en Europa** Organization for Security and Cooperation in Europe; **Organización para la Unidad Africana** Organization of African Unity; **Organización del Tratado del Atlántico Norte** North Atlantic Treaty Organization

organizadamente adv in an organized way
organizado, -a adj organized
organizador, -ora ◇ adj organizing
◇ nm,f organizer
organizar [14] ◇ vt **-1.** (estructurar, ordenar) to organize **-2.** (fiesta, partido) to organize **-3.** Esp (pelea, lío) to cause
  ➤ **organizarse** vpr **-1.** (persona) to organize oneself **-2.** Esp (pelea, lío) to break out, to happen suddenly; **se organizó un verdadero follón a la salida** there was a real commotion as people left
organizativo, -a adj organizational

órgano nm **-1.** (del cuerpo) organ ❑ **~ vital** vital organ **-2.** (instrumento musical) organ ❑ **~ electrónico** electric organ **-3.** (institución) organ ❑ **~ ejecutivo** executive **-4.** Fig (instrumento) organ; **este periódico es el ~ del partido** this newspaper is the party organ
 -5. Méx (planta) organ pipe (cactus)
orgásmico, -a adj orgasmic
orgasmo nm orgasm
orgía nf orgy
orgiástico, -a adj orgiastic
orgullo nm **-1.** (actitud) pride; **no aguanto su ~** I can't bear his haughtiness o arrogance; EXPR **tragarse el ~** to swallow one's pride
 -2. (satisfacción) pride; **es el ~ de la familia** he's the pride of the family; **me llena de ~ poder inaugurar este centro** it fills me with pride o I am very proud to be able to open this centre; **tuve el ~ de conocerlo** I'm proud to say I knew him; EXPR **no caber en sí de ~, reventar de ~** to be bursting with pride
 -3. (amor propio) pride; **le picó el ~ y aceptó el reto** it wounded his pride so he accepted the challenge
orgullosamente adv proudly
orgulloso, -a ◇ adj proud; **estar ~ de algo** to be proud of sth; **estoy muy ~ de mi esfuerzo** I'm very proud of my effort; **estar ~ de hacer algo** to be proud to do sth, to be proud of doing sth; **estaba ~ de haberlo intentado** he was proud of having tried
◇ nm,f proud person; **es un ~** he's very proud

orientación nf **-1.** (dirección) (acción) guiding; (rumbo) direction; **sentido de la ~** sense of direction
 -2. (posicionamiento) (acción) positioning; (lugar) position; (de edificio) aspect; **una casa con ~ al oeste** a house that faces west; **hay que ajustar la ~ del sensor** the position o angle of the sensor needs adjusting; **¿cuál tiene que ser la ~ de la antena?** which way should the aerial be pointing? ❑ INFORMÁT **~ horizontal** horizontal o landscape orientation; INFORMÁT **~ vertical** vertical o portrait orientation
 -3. (enfoque) orientation; **le dieron una ~ práctica al curso** the course had a practical bias o slant
 -4. (información) guidance, advice; **algunas orientaciones** some guidance ❑ **~ pedagógica** = guidance on courses to be followed; **~ profesional** careers advice o guidance; CSur **~ vocacional** careers advice
 -5. (tendencia) tendency, leaning; **un partido con una ~ liberal** a party with liberal leanings o tendencies ❑ **~ sexual** sexual orientation
 -6. (deporte de aventura) orienteering
orientado, -a adj INFORMÁT **~ a objeto** object-oriented; **~ a usuario** user-oriented
orientador, -ora ◇ adj guiding, directing
◇ nm,f guide ❑ **~ psicológico** (psychological) counsellor
oriental ◇ adj **-1.** (del este) eastern; (del Lejano Oriente) oriental **-2.** Am (uruguayo) Uruguayan **-3.** (de Oriente, Venezuela) of/from Oriente
◇ nmf **-1.** (del Lejano Oriente) oriental **-2.** Am (uruguayo) Uruguayan; HIST **los 33 orientales** = group of Uruguayans who played a key role in the wars of independence by regaining control, in April 1825, of the area that was then eastern Uruguay **-3.** (persona de Oriente, Venezuela) person from Oriente
orientalismo nm orientalism
orientalista nmf orientalist
orientar ◇ vt **-1.** (dar una posición) to direct; **hay que ~ el foco hacia abajo** the spotlight needs to be pointed downwards; **orientó la popa hacia el este** he pointed the stern eastwards; **mi ventana está orientada hacia el sur** my window faces south o is south-facing
 -2. (indicar una dirección) to guide; **un lugareño les orientó** a local pointed them in the right direction

-3. *(aconsejar)* to give advice *o* guidance to; **necesito que me orienten sobre el mejor modelo** I need some advice about the best model
-4. *(enfocar)* **~ hacia** to direct towards *o* at; **orientaron las medidas a reducir la inflación** the measures were aimed at reducing inflation; **orientó sus investigaciones hacia la biogenética** he focused his research on biogenetics
◆ **orientarse** *vpr* **-1.** *(dirigirse)* *(foco)* **orientarse a** to point towards *o* at
-2. *(encontrar el camino)* to find one's direction; **se orientó con las estrellas** he found his direction by the stars; **tardó un rato en orientarse** it took her a while to get her bearings; **yo me oriento muy bien** I find my way around pretty well
-3. *(encaminarse)* **orientarse hacia** to be aiming at; **las negociaciones se orientan a la liberación de los rehenes** the aim of the talks is to free the hostages

orientativo, -a *adj* illustrative, guiding

oriente *nm* **-1.** *(este)* east; **el Oriente** the East, the Orient; **Extremo** *o* **Lejano Oriente** Far East ❑ **Oriente Medio** Middle East; **Oriente Próximo** Near East **-2.** *(de perla)* orient

orífice *nm* goldsmith

orificio *nm* hole, *Espec* orifice; TEC opening; **el cadáver tenía tres orificios de bala** there were three bullet holes in the body

oriflama *nf* oriflamme

origami *nm* origami

origen *nm* **-1.** *(principio)* origin; **en su ~ originally**; **dar ~ a** to give rise to; **sus palabras han dado ~ a especulaciones** her statements have given rise to *o* caused speculation; **esta idea dio ~ a la actual empresa** this idea was the origin of the company as it is today; **desde sus orígenes** from its origins; **tener su ~ en** *(lugar)* to have one's origins in, to originate in; **esta leyenda tiene su ~ en un hecho histórico** this legend has its origins in historical fact; **tiene su ~ en el siglo XIX** it originated in the 19th century
-2. *(ascendencia)* origins, birth; **Alicia es colombiana de ~** Alicia is Colombian by birth; **de ~ humilde** of humble origin
-3. *(causa)* cause; **el ~ del problema** the cause *o* source of the problem
-4. *(de un producto)* origin; **los aceites de ~ español** oils from Spain; **agua mineral envasada en ~** mineral water bottled at source
-5. MAT origin

original ◇ *adj* **-1.** *(nuevo, primero)* original; **el texto ~** the original text; **en versión ~** in the original version
-2. *(no imitación)* original; **este es ~ y esta la copia** this is original and this is the copy; **un Velázquez ~** an original Velázquez
-3. *(inusual)* original; **esa corbata es muy ~** that's a very original *o* unusual tie
-4. *(raro)* different, eccentric; **tú siempre tan ~** you always have to be different
-5. *(procedente)* **ser ~ de** *(persona)* to be a native of; *(animal, planta)* to be native to
◇ *nm* **-1.** *(primera versión)* original; **hay que entregar tres copias y el ~** you have to give them the original and three copies; **leer algo en el ~** to read sth in the original **-2.** *(manuscrito)* manuscript

originalidad *nf* **-1.** *(novedad)* originality **-2.** *(extravagancia)* eccentricity

originalmente *adv* originally

originar ◇ *vt (conflicto, problema)* to give rise to, to cause; *(discusión, incendio, epidemia)* to start; *(crisis)* to spark (off), to precipitate
◆ **originarse** *vpr (acontecimiento)* to (first) start; *(costumbre, leyenda)* to originate

originariamente *adv* originally

originario, -a *adj* **-1.** *(inicial, primitivo)* original **-2.** *(procedente)* **ser ~ de** *(costumbre)* to have its origins in, to originate in; *(producto)* to originally come from; *(persona)* to be a native of; *(animal, planta)* to be native to

orilla *nf* **-1.** *(ribera)* *(de río)* bank; *(de mar, lago)* shore; **a orillas de** *(río)* on the banks of; **a orillas del mar** by the sea; *Fig* **fue aclamado en las dos orillas del Atlántico** he was acclaimed on both sides of the Atlantic
-2. *(borde)* edge **-3.** *Méx, RP, Ven (de ciudad)* **orillas** outskirts

orillar ◇ *vt* **-1.** *(dificultad, obstáculo)* to get around **-2.** *(tela)* to edge **-3.** *Méx (forzar)* to force; **la situación desesperante los orilló a poner en marcha el plan de emergencia** the desperate situation forced them to put the emergency plan into action
◆ **orillarse** *vpr Esp, Méx (vehículo)* to pull over; *(persona)* to move to one side

orillero, -a *RP, Ven* ◇ *adj* common, low-class
◇ *nm,f* common *o* low-class person

orillo *nm* TEX selvage

orín *nm* **-1.** *(herrumbre)* rust **-2. orines** *(orina)* urine

orina *nf* urine

orinal *nm (de dormitorio)* chamberpot; *(para niños)* potty

orinar ◇ *vi* to urinate
◇ *vt* **el enfermo orinaba sangre** the patient was passing blood (in his/her urine)
◆ **orinarse** *vpr* to wet oneself; **orinarse en la cama** to wet the bed

Orinoco *nm* **el ~** the Orinoco

orinoquense ◇ *adj* of/from the River Orinoco area
◇ *nmf* person from the River Orinoco area

orinoqueño, -a *adj, nm,f* = **orinoquense**

Orión *n* MITOL Orion

orita *adv Méx Fam* (right) now; **~ voy** I'm just coming

oriundo, -a ◇ *adj* **ser ~ de** *(persona)* to be a native of; *(planta)* to be native to; **utiliza plantas oriundas del Brasil** it uses plants native to Brazil; **aunque vive en Europa, el artista es ~ de Chile** although he lives in Europe, the artist is a native of *o* is originally from Chile
◇ *nm,f* **-1.** *(nativo)* native; **los oriundos del lugar** the locals, the local inhabitants **-2.** DEP = non-native soccer player whose mother or father is a native of the country he plays for

orla *nf* **-1.** *(adorno)* *(de tela, papel)* (decorative) border; *(de vestido)* trimming; *(de escudo)* border, *Espec* orle **-2.** *Esp (fotografía)* graduation photograph

orlar *vt (tela, papel)* to border; *(vestido)* to trim

orlón® *nm* Orlon®

ornamentación *nf* ornamentation

ornamental *adj (de adorno)* ornamental; *Fig (inútil)* merely decorative

ornamentar *vt* to decorate, to adorn

ornamento *nm* **-1.** *(objeto)* ornament **-2.** REL **ornamentos** vestments

ornar *vt Formal* to decorate, to adorn

ornato *nm Formal* decoration

ornitología *nf* ornithology

ornitológico, -a *adj* ornithological

ornitólogo, -a *nm,f* ornithologist

ornitorrinco *nm* duck-billed platypus

oro *nm* ◇ **-1.** *(metal)* gold; **un reloj de ~** a gold watch; **~ de 18 quilates** 18-carat gold; *Literario* **sus cabellos de ~** her golden hair; *Hum* **voy a guardar los oros** *(joyas de oro)* I'm going to put away my gold jewellery; **vestido de ~ y negro** all dressed up, dressed up to the nines; EXPR **no lo haría ni por todo el ~ del mundo** I wouldn't do it for all the tea in China; EXPR **guardar algo como ~ en** *Esp* **paño** *o Am* **polvo** to treasure sth; EXPR **hacerse de ~** to make one's fortune; EXPR **no es ~ todo lo que reluce** all that glitters is not gold; EXPR *Vulg* **~ del que cagó el moro** *(oro falso)* fool's gold; *(cosa de mala calidad)* trash; EXPR **pedir el ~ y el moro** to ask for the moon; EXPR **prometer el ~ y el moro** to promise the earth; EXPR *Am* **ser alguien ~ en polvo** to be an absolute treasure ❑ **~ amarillo** yellow gold; **~ en barras** bullion; **~ batido** gold leaf; **~ blanco** white gold; **~ laminado** rolled gold; **~ de ley** standard gold, pure *o* real gold; **~ molido** powdered gold; **~ negro** oil, black gold; **~ en polvo** gold dust; **~ rojo** red gold; **~ viejo** old gold
-2. DEP *(medalla)* gold; **Kenia se llevó el ~** Kenya won (the) gold
-3. *(naipe)* any card of the "oros" suit
-4. oros *(palo)* = suit in Spanish deck of cards, with the symbol of a gold coin
-5. *(en escudo)* or
◇ *adj inv* gold

orogénesis *nf inv* orogenesis

orogenia *nf* orogeny

orogénico, -a *adj* orogenic

orografía *nf* **-1.** GEOG orography **-2.** *(relieve)* terrain

orográfico, -a *adj* orographic

orondo, -a *adj* **-1.** *(gordo)* rotund, plump **-2.** *(satisfecho)* pleased with oneself, smug

oronja *nf* Caesar's mushroom, Caesar's amanita ❑ **~ verde** deathcap

oropel *nm* **-1.** *(latón)* composition leaf, Dutch gold **-2.** *(decoración sin valor)* tinsel, flashy ornament **-3.** *(ostentación)* glitter, glitz; **un estilo de vida de mucho ~** a glitzy *o* flashy lifestyle; **se dejó deslumbrar por los oropeles de la fama** she let herself be dazzled by all the glamour and glitz of fame

oropéndola *nf* golden oriole

oroya *nf Am* = rope basket for crossing rivers

orozuz *nm* liquorice

orquesta *nf* **-1.** *(músicos)* orchestra ❑ **~ de cámara** chamber orchestra; **~ sinfónica** symphony orchestra **-2.** *(lugar)* orchestra pit

orquestación *nf* orchestration

orquestal *adj* orchestral

orquestar *vt* **-1.** *(música)* to orchestrate **-2.** *(campaña)* to orchestrate

orquestina *nf* dance band

orquídea *nf* orchid

orquitis *nf* MED orchitis

orsay ['orsai] *nm (en fútbol)* offside; **estar en ~** to be offside; EXPR **pillar a alguien en ~** to catch sb out

ortiga *nf (stinging)* nettle

ortigal *nf* bed of nettles

orto *nm* **-1.** ASTRON rising **-2.** *RP Vulg (ano)* *Br* arsehole, *US* asshole **-3.** *RP Vulg (suerte)* luck; **¡qué ~ tiene!, se sacó la grande** the lucky bastard! he won the jackpot

ortocentro *nm* GEOM orthocentre

ortodoncia *nf* orthodontics *(singular);* **hacerse la ~** to have orthodontic work done

ortodóntico, -a *adj* orthodontic

ortodontista *nmf* orthodontist

ortodoxia *nf* orthodoxy

ortodoxo, -a ◇ *adj* **-1.** *(aceptado, conforme)* orthodox **-2.** REL Orthodox
◇ *nm,f* **-1.** *(en partido político)* party-liner **-2.** REL member of the Orthodox Church

ortoedro *nm* GEOM rectangular prism

ortofonía *nf* speech therapy

ortofonista *nmf* speech therapist

ortogonal *adj* orthogonal

ortografía *nf* spelling, *Espec* orthography

ortográfico, -a *adj* spelling

ortopeda *nmf* orthopaedist

ortopedia *nf* orthopaedics *(singular)*

ortopédico, -a *adj* **-1.** *(zapato, corsé)* orthopaedic; **pierna ortopédica** artificial leg **-2.** *Fam Hum (deforme)* weird-looking, freaky; **llevaba un bolso muy ~** she was carrying a really weird-looking bag

ortopedista *nmf* orthopaedist

ortóptero, -a ZOOL ◇ *adj* orthopteran
◇ *nmpl* **ortópteros** *(orden)* orthoptera

ortosa *nf* GEOL orthoclase

oruga *nf* **-1.** *(insecto)* caterpillar **-2.** *(vehículo)* caterpillar tractor

orujo *nm* = strong spirit made from grape pressings, similar to eau-de-vie

orureño, -a ◇ *adj* of/from Oruro *(Bolivia)*
◇ *nm,f* person from Oruro *(Bolivia)*

orvallo *nm Esp* drizzle

orza *nf* **-1.** NÁUT ~ **(de la quilla)** centreboard **-2.** *(vasija)* pot *(of glazed earthenware, used especially for storing honey)*

orzar [10] *vt* NÁUT to luff

orzuelo *nm* stye

os *pron personal Esp* **-1.** *(complemento directo)* you; **me gustaría veros** I'd like to see you; **¿os atracaron en plena calle?** were you mugged in the middle of the street?; **al final os aprobarán a todos** you'll all pass *o* they'll pass all of you in the end

-2. *(complemento indirecto)* (to) you; **os lo dio** he gave it to you, he gave you it; **os tengo miedo** I'm afraid of you; **os lo ha comprado** *(vosotros se lo vendisteis)* she bought it from *o* off you; *(es para vosotros)* she bought it for you; **¿os han quitado el permiso?** have they taken your licence away from you?; **os estropearon el tocadiscos** they broke your record player; **os han pegado una paliza** they've thrashed you; **os olvidará** you'll forget (about it); **os será de gran ayuda** it will be a great help to you

-3. *(reflexivo)* yourselves; **os vestís** you get dressed; **servíos una copa** pour yourselves a drink; **poneos los abrigos** put your coats on; **os podéis acostar en el sofá** you can lie down on the sofa

-4. *(recíproco)* each other; **os enamorasteis** you fell in love (with each other); **os estabais pegando** you were hitting each other

-5. *(con valor intensivo o expresivo)* **¿no os lo creéis?** don't you believe it?; **os lo comisteis todo** you ate the whole lot; **si se os echa a llorar no le hagáis caso** don't take any notice if he starts crying (on you)

-6. *(para formar verbos pronominales)* **¿os acordáis?** do you remember?; **poneos cómodos** make yourselves comfortable

osadía *nf* **-1.** *(valor)* boldness, daring **-2.** *(descaro)* audacity, temerity

osado, -a *adj* **-1.** *(valeroso)* daring, bold **-2.** *(descarado)* impudent, audacious

osamenta *nf* **-1.** *(esqueleto)* skeleton **-2.** *(conjunto de huesos)* bones

osar ⋄ *vi* to dare
⋄ *vt* to dare; **osó contestarme** he dared to answer me back

osario *nm* ossuary

Oscar *nm* CINE Oscar; **los Oscar(s)** *(la ceremonia)* the Oscars

oscarizado, -a *adj* Oscar-winning

OSCE *nf (abrev de* **Organización sobre** *o* **para la Seguridad y Cooperación en Europa)** OSCE

oscense ⋄ *adj* of/from Huesca (Spain)
⋄ *nmf* person from Huesca (Spain)

oscilación *nf* **-1.** *(de péndulo)* *(movimiento)* swinging; *(espacio recorrido)* swing **-2.** *(de llama)* flickering **-3.** FÍS oscillation **-4.** *(variación)* fluctuation; **la ~ de los precios** the fluctuation in prices

oscilador *nm* oscillator

oscilante *adj* oscillating

oscilar *vi* **-1.** *(moverse)* *(péndulo)* to swing; *(torre)* to sway; *(llama)* to flicker
-2. FÍS to oscillate
-3. *(variar)* to vary, to fluctuate; **el precio oscila entre los mil y los dos mil pesos** the price ranges between one and two thousand pesos; **la temperatura osciló entre los 20° y los 30°** the temperature fluctuated between 20° and 30°; **la longitud de estas serpientes oscila entre cinco y siete metros** these snakes vary *o* range in length between five and seven metres
-4. *(vacilar)* to vacillate, to waver; **oscila entre el pesimismo y la esperanza** she fluctuates between pessimism and hope

oscilatorio, -a *adj* swinging; FÍS oscillating

oscilógrafo *nm* oscillograph

oscilograma *nm* oscillogram

osciloscopio *nm* oscilloscope

ósculo *nm Formal* kiss

oscuramente *adv* obscurely

oscurantismo, obscurantismo *nm* obscurantism

oscurantista, obscurantista ⋄ *adj* obscurantist
⋄ *nmf* obscurantist

oscurecer, obscurecer [46] ⋄ *vt* **-1.** *(habitación)* to darken; *(pantalla)* to make darker **-2.** *(mente)* to confuse, to cloud **-3.** *(deslucir)* to overshadow **-4.** *(mensaje, significado, sentido)* to obscure **-5.** ARTE & FOT to darken, to make darker

⋄ *v impersonal (anochecer)* to get dark

◆ **oscurecerse** *vpr* **-1.** *(cielo, habitación, imagen)* to darken, to grow dark **-2.** *(barniz, mezcla, madera)* to darken, to go *o* get darker; *(cabellos)* to go *o* get darker **-3.** *(futuro, perspectivas)* to look more gloomy **-4.** *Literario (rostro, mirada)* to darken

oscurecimiento *nm* darkening

oscuridad, obscuridad *nf* **-1.** *(falta de luz)* darkness; **me da miedo la ~** I'm afraid of the dark; **¿cómo puedes trabajar con esta ~?** how can you work in the dark like this? **-2.** *(zona oscura)* **en la ~** in darkness, in the dark; **se perdieron en la ~** they got lost in the dark
-3. *(falta de claridad)* obscurity
-4. *(falta de fama)* obscurity; **con ese disco salieron de la ~** that record brought them out of obscurity

oscuro, -a *adj* **-1.** *(sin luz)* dark; **nos quedamos a oscuras** we were left in darkness *o* in the dark; *Fig* **en este tema estoy a oscuras** I'm ignorant about this subject; **¡qué oscura está esta habitación!** this room is very dark!; **una casa oscura y lúgubre** a dark and gloomy house
-2. *(nublado)* overcast; **se quedó una tarde oscura** the afternoon turned out overcast
-3. *(color, traje, piel, pelo)* dark
-4. *(poco claro)* obscure, unclear; **palabras de ~ sentido** words whose meaning is unclear
-5. *(incierto)* uncertain, unclear; **tiene un origen ~** it's of uncertain origin
-6. *(intenciones, asunto)* shady
-7. *(porvenir, futuro)* gloomy
-8. *(de poca relevancia)* obscure, minor; **un ~ funcionario** a minor official

óseo, -a *adj (estructura, fractura)* bone; *(consistencia)* bony; **esqueleto ~** bony skeleton

osezno *nm* bear cub

osificación *nf* ossification

osificarse [59] *vpr* to ossify

Osiris *n* MITOL Osiris

osito *nm* **~ de peluche** teddy bear

Oslo *n* Oslo

osmio *nm* QUÍM osmium

osmosis, ósmosis *nf inv* **-1.** QUÍM osmosis **-2.** *(influencia)* osmosis

osmótico, -a *adj* osmotic

oso, -a *nm,f* bear, *f* she-bear; EXPR *Fam* **hacer el ~** to act the fool; EXPR *Esp* **¡anda la osa!** well I never!, upon my word!; EXPR *RP Fam* **hacerse el ~** to pretend one didn't hear/see etc; ❑ **~ blanco** polar bear; **~ de felpa** teddy bear; **~ hormiguero** anteater; **~ marino** fur seal; **la Osa Mayor** the Great Bear; *Ven* **~ melero** anteater; **la Osa Menor** the Little Bear; **~ negro** black bear; *Ven* **~ palmero** giant anteater; **~ panda** panda; **~ pardo** brown bear; *(norteamericano)* grizzly bear; **~ de peluche** teddy bear; **~ polar** polar bear

osobuco *nm* CULIN osso bucco

osornino, -a ⋄ *adj* of/from Osorno (Chile)
⋄ *nm,f* person from Osorno (Chile)

osteítis *nf inv* MED osteitis

ostensible *adj* obvious, evident; **con un gesto que hacía ~ su impaciencia** with a gesture that made clear *o* betrayed her impatience

ostensiblemente *adv* visibly, noticeably; **el consumo de tabaco se ha incrementado ~** there has been a noticeable *o* marked increase in tobacco consumption; **cojeaba ~** he had a pronounced limp

ostensivo, -a *adj* evident

ostentación *nf* ostentation, show; **hacer ~ de algo** to show sth off, to parade sth

ostentar *vt* **-1.** *(poseer)* to hold, to have **-2.** *(exhibir)* to show off, to parade **-3.** *(cargo)* to hold, to occupy

ostentosamente *adv* ostentatiously

ostentoso, -a *adj* ostentatious

osteoartritis *nf inv* MED osteoarthritis

osteomielitis *nf* MED osteomyelitis

osteópata *nmf* osteopath

osteopatía *nf (terapia)* osteopathy

osteoplastia *nf* osteoplasty

osteoporosis *nf inv* MED osteoporosis

ostión *nm* **-1.** *Méx (ostra)* Portuguese oyster, Pacific oyster **-2.** *Chile (vieira)* scallop

ostionería *nf Méx* oyster bar, seafood restaurant

ostra ⋄ *nf* oyster; EXPR **aburrirse como una ~** to be bored stiff ❑ **~ perlífera** pearl oyster

⋄ *interj Esp Fam* **¡ostras!** *(mostrando sorpresa)* good grief!, *Br* blimey!; *(mostrando disgusto o enfado)* dammit!

ostracismo *nm* ostracism; **un año en el ~ político** a year in the political wilderness

ostrería *nf* oyster bar

ostrero *nm* **-1.** *(ostral)* oyster bed **-2.** *(ave)* oystercatcher

ostrogodo, -a ⋄ *adj* Ostrogothic
⋄ *nm,f* Ostrogoth

osuno, -a *adj* bear-like

OTAN ['otan] *nf (abrev de* **Organización del Tratado del Atlántico Norte)** NATO

otario, -a *RP Fam* ⋄ *adj* gullible, wet behind the ears
⋄ *nm,f* sucker

otear *vt (horizonte)* to survey, to scan; **oteó las casas del pueblo desde la torre** from the tower he surveyed *o* scanned the houses in the village

Otelo *n pr* Othello

otero *nm* hillock

OTI ['oti] *nf (abrev de* **Organización de Televisiones Iberoamericanas)** = association of all Spanish-speaking television networks; **el festival de la ~** = televised song competition across the Spanish-speaking world

otitis *nf inv* inflammation of the ear

otoción *nm* bat-eared fox

otomano, -a ⋄ *adj* Ottoman
⋄ *nm,f* Ottoman

otoñal *adj* autumn, autumnal, *US* fall; **viento ~** autumn wind

otoño *nm* autumn, *US* fall; **en ~** in (the) autumn, *US* in the fall; **cuando llegue el ~** when autumn *o US* the fall comes; **el último ~** last autumn, *US* last fall; **en el ~ de la vida** in the autumn of one's life

otorgamiento *nm* **-1.** *(de favor, petición)* granting; *(de premio, beca)* awarding **-2.** DER *(documento)* execution; *(documento)* legal document, instrument

otorgar [38] *vt* **-1.** *(favor, privilegio, préstamo)* to grant; *(honor, título)* to confer; *(premio, beca)* to award, to present **-2.** DER to sign, *Espec* to execute **-3.** *(ley)* to pass, *Espec* to promulgate

otorrino, -a *nm,f Fam* ENT specialist

otorrinolaringología *nf* otolaryngology, otorhinolaryngology

otorrinolaringólogo, -a *nm,f* ear, nose and throat specialist

otredad *nf Formal* otherness

otro, -a ⋄ *adj* **-1.** *(distinto)* another; **otros/otras** other; **~ chico** another boy; **el ~ chico** the other boy; **(los) otros chicos** (the) other boys; **¿conoces ~ sitio donde podamos ir?** do you know anywhere else we could go?; **no hay otra impresora como ésta** there's no other printer quite like this one; **dame otra cosa, no quiero zumo** could I have something else? I don't feel like juice; **no hace otra cosa que llorar** she does nothing but cry; **el ~ día** *(pasado)* the other day; **al ~ año volvimos a Acapulco** *(año siguiente)* we returned to Acapulco the following year; **otros pocos/muchos votaron a favor** a few/several of the others voted in favour

-2. *(nuevo)* another; **estamos ante ~ Dalí** this is another Dalí; **otros tres goles** another three goals; **vendrán otros dos**

amigos another two friends will come; **yo hubiera hecho ~ tanto** I would have done just the same; **otra vez** again
◇ *pron* another (one); **el ~** the other one; **otros/otras** others; **los otros/las otras** the others; **¿nos tomamos otra?** shall we have another (one)?; **dame ~** give me another (one); **sé que sales con otra** I know you're seeing another woman *o* someone else; **¡pareces ~!** you look like a completely different person!; **mientras uno baila, el ~ canta** while one of them dances, the other sings; **la semana que viene no, la otra** the week after next; **los perros se mordían el uno al ~** the dogs were biting each other; **nos ayudamos los unos a los otros** we all help each other *o* one another; **algún ~ quedará** there's bound to be a couple left; **ningún ~ corre tanto como él** no-one runs as fast as he does; **su calidad de impresión es mejor que ninguna otra** it prints better than anything else; **yo no lo hice, fue ~** it wasn't me, it was somebody else; **~ habría abandonado, pero no él** anyone else would have given up, but not him; **la razón no es otra que la falta de medios** the reason is quite simply a lack of resources; **pónganos otra de lo mismo** (the) same again, please; **¡hasta otra!** I'll see you when I see you, see you again some time; **¡otra!** *(en conciertos)* encore!, more!; EXPR **~ que tal (baila): el padre era un mujeriego y el hijo es ~ que tal (baila)** the father was a womanizer and his son's a chip off the old block; EXPR **¡~ que tal!, ¡es que no paran de preguntar!** there goes another one! they never stop asking questions!; EXPR *Am* **¡otra que!: ¡otra que 20 años, debe tener como 25!** what do you mean, 20? he must be about 25!; EXPR *Am* **no hay** *o* **me queda otra** I've got no choice *o* alternative

otrora *adv Formal* formerly
otrosí *adv Formal* besides, moreover
Ottawa [o'tawa] *n* Ottawa
OUA *nf (abrev de* **Organización para la Unidad Africana)** OAU
ouija® ['wiχa] *nf (mesa)* ouija® board
out [aut] *adj* **-1.** DEP *(pelota)* out **-2.** *Fam (pasado de moda)* out, uncool; *(no al tanto de la moda)* behind the times
output ['autput] *(pl* **outputs)** *nm* INFORMÁT output
ova ◇ *nf* BOT green algae
◇ *nfpl* **ovas** ZOOL roe

ovación *nf* ovation; **ovaciones** cheering, applause
ovacionar *vt* to give an ovation to, to applaud
oval *adj* oval
ovalado, -a *adj* oval
óvalo *nm* oval
ovárico, -a *adj* ovarian
ovario *nm* ovary; EXPR *Esp muy Fam* **¡estoy hasta los ovarios!** I'm fed up to the back teeth!
oveja *nf* sheep, ewe; **contar ovejas** to count sheep; PROV **cada ~ con su pareja** birds of a feather flock together ❏ **~ descarriada** lost sheep; **~ merina** merino (sheep); *Fig* **~ negra** black sheep
ovejero, -a *nm,f* shepherd, *f* shepherdess
ovejuno, -a *adj* **-1.** *(leche, queso)* sheep's; **ganado ~** sheep **-2.** *(rasgos, comportamiento)* sheep-like, *Formal* ovine
overbooking [oβer'βukin] *(pl* **overbookings)** *nm* overbooking; *Fam* **yo no puedo llevarte porque tengo ~ en el coche** I can't give you a *Br* lift *o US* ride, my car's already too full
overo *nm* = animal, especially a horse, with pale reddish fur
overol *nm Am (de peto) Br* dungarees, *US* overalls; *(completo)* overalls, *Br* boilersuit; *(para bebé)* rompers
ovetense ◇ *adj* of/from Oviedo *(Spain)*
◇ *nmf* person from Oviedo *(Spain)*
Ovidio *n pr* Ovid
óvido, -a ZOOL ◇ *adj* of the sheep family
◇ *nm (animal)* animal of the sheep family
◇ *nmpl* **óvidos** *(orden)* Ovidae
oviducto *nm* ANAT oviduct
oviforme *adj* oviform, egg-shaped
ovillar ◇ *vt* to roll *o* wind into a ball
◆ **ovillarse** *vpr* to curl up into a ball
ovillo *nm* ball *(of wool etc)*; **hacerse un ~** to curl up into a ball
ovino, -a *adj* sheep, *Espec* ovine; **productos ovinos** sheep products; **enfermedades ovinas** sheep diseases, diseases of sheep
ovíparo, -a ◇ *adj* oviparous
◇ *nm,f* oviparous animal
ovni *nm (abrev de* **objeto volador no identificado)** UFO
ovogénesis *nf inv* BIOL ovogenesis
ovoide *adj* ovoid
ovolactovegetariano, -a ◇ *adj* lacto-vegetarian
◇ *nm,f* lacto-vegetarian

ovulación *nf* ovulation
ovular ◇ *adj* ovular
◇ *vi* to ovulate
óvulo *nm* ovum
oxálico, -a *adj* oxalic
oxiacetilénico, -a *adj* oxyacetylene
oxiacetileno *nm* oxyacetylene
oxidable *adj* oxidizable
oxidación *nf* **-1.** *(de hierro)* rusting **-2.** QUÍM oxidation ❏ **~-reducción** oxidation-reduction
oxidado, -a *adj* **-1.** *(cubierto de herrumbre)* rusty **-2.** QUÍM oxidized
oxidante ◇ *adj* oxidizing
◇ *nm* oxidizing agent, oxidant
oxidar ◇ *vt* **-1.** *(cubrir de herrumbre)* to rust **-2.** QUÍM to oxidize
◆ **oxidarse** *vpr* **-1.** *(cubrirse de herrumbre)* to rust **-2.** QUÍM to oxidize **-3.** *(anquilosarse)* to get rusty
oxidasa *nf* BIOQUÍM oxidase
óxido *nm* **-1.** *(herrumbre)* rust **-2.** QUÍM oxide ❏ **~ de cinc** zinc oxide; **~ férrico** ferric oxide; **~ de hierro** iron oxide; **~ nítrico** nitric oxide; **~ nitroso** nitrous oxide
oxigenación *nf* QUÍM oxygenation
oxigenado, -a *adj* **-1.** QUÍM oxygenated **-2.** *(cabello)* peroxide; **una rubia oxigenada** a peroxide blonde
oxigenar ◇ *vt* QUÍM to oxygenate
◆ **oxigenarse** *vpr* **-1.** *(airearse)* to get a breath of fresh air **-2.** *(cabello)* to bleach
oxígeno *nm* oxygen ❏ **~ líquido** liquid oxygen
oxte *interj Esp* oh, for heaven's sake!; EXPR **sin decir ni ~ ni moste** without (uttering) a word
oyamel *nm* oyamel fir
oye *ver* oír
oyente ◇ *adj* **alumno ~** *Br* occasional student, *US* auditing student
◇ *nmf* **-1.** *(de programa)* listener **-2.** *(alumno) Br* occasional student, *US* auditing student; **¿eres alumno oficial? – no, sólo voy de ~** are you an official student? – no, I'm just sitting in on classes
oyera *etc ver* oír
ozonizador *nm* ozone generator
ozono *nm* ozone; **la capa de ~** the ozone layer
ozonosfera *nf* ozonosphere

P p

P, p [pe] *nf (letra)* P, p
P[1] *(abrev de* **peón**) *(en notación de ajedrez)* P
P.[2] *(abrev de* **padre**) Fr.
P/ *(abrev de* **Plaza**) Sq.
p. *(abrev de* **página**) p
P° *(abrev de* **Paseo**) = Av., Ave.
PA *nm (abrev de* **Partido Arnulfista**) = Panamanian political party
pa *interj RP Fam* wow!, (good) heavens!; **¡pa!, mirá la hora que es** wow! *o* (good) heavens! look at the time!; **¿si me dolió? pa, ni te imaginás** did it hurt, you say? God, you've no idea
pa' *prep Fam* = colloquial form of "para"
p.a. -1. *(abrev de* **por ausencia**) pp **-2.** *(abrev de* **por autorización**) pp
PAAU *nfpl (abrev de* **Pruebas de Aptitud para el Acceso a la Universidad**) = former university entrance examination
pabellón *nm* **-1.** *(edificio)* pavilion; *(parte de un edificio)* block, section; **la feria está compuesta de varios pabellones** the fair consists of several exhibition halls *o* pavilions ❏ **~ de aduanas** customs house; **~ de caza** hunting lodge; **~ de deportes** sports hall; **~ de maternidad** maternity ward
-2. *(en parques, jardines)* summerhouse
-3. *(tienda de campaña)* bell tent
-4. *(dosel)* canopy
-5. *(bandera)* flag; **un barco de ~ panameño** a ship sailing under the Panamanian flag, a ship registered in Panama; **navega bajo ~ liberiano** it sails under the Liberian flag; *Fig* **ha defendido dos veces el ~ de su país** she has represented her country twice; *Fig* **dejaron alto el ~ de su país** they did their country proud ❏ **~ de conveniencia** flag of convenience
-6. MÚS bell
-7. ~ auditivo outer ear; **~ de la oreja** outer ear
-8. *Ven (platillo)* = dish consisting of portions of rice, fried or stewed meat and black beans ❏ **~ con baranda** = "pabellón" with slices of fried plantain
-9. *Ven (quirófano) Br* operating theatre, *US* operating room
pabilo, pábilo *nm* wick
Pablo *n pr San* **~** St Paul
pábulo *nm* **dar ~ a** to give rise to; **su conducta dio ~ a toda clase de rumores** her behaviour gave rise to *o* encouraged all kinds of rumours; **él mismo dio ~ a los rumores** he himself fed *o* fuelled the rumours; **la biblioteca fue ~ de las llamas** the library was burned to the ground
PAC [pak] *nf* UE *(abrev de* **Política Agrícola Común**) CAP
paca *nf* **-1.** *(paquete)* bale **-2.** *(roedor)* paca
pacana *nf* pecan
pacano *nm* **-1.** *(árbol)* pecan tree **-2.** *(fruto)* pecan (nut)
pácatelas *interj Méx Fam* **iba tan tranquila y ~ el carro de atrás me pegó un llegue** I was driving along perfectly normally, when bang!, the car behind ran straight into me; **iba corriendo y ¡~!, que se cae** he was running and fell smack on his face; **abrí el libro y ¡~!, que se deshoja** I opened the book and, would you believe it!, the pages fell out

pacato, -a ◇ *adj* **-1.** *(mojigato)* prudish **-2.** *(tímido)* shy
◇ *nm,f (mojigato)* prude
pacay *(pl* **pacayes** *o* **pacaes**) *nm Andes, Arg* **-1.** *(árbol)* pacay tree **-2.** *(fruto)* pacay fruit
pacense ◇ *adj* of/from Badajoz *(Spain)*
◇ *nmf* person from Badajoz *(Spain)*
paceño, -a ◇ *adj* of/from La Paz
◇ *nm,f* person from La Paz
pacer [42] *vi* to graze
pacha *nf Méx Fam* flask *o* bottle of booze
pachá *nm* pasha; EXPR *Fam* **vivir como un ~** to live like a lord
Pachacámac *n* = pre-Columbian ruins on the coast near Lima, Peru
Pachamama *n pr* MITOL Mother Earth *(in Inca mythology)*
pachamanca *nf Perú* = meat cooked between hot stones or in a hole in the ground under hot stones
pachanga *nf Fam* **-1.** *(juerga)* rowdy celebration; **vamos a salir de ~** we're going out partying *o* on the town **-2.** *(fiesta)* rave-up **-3.** EXPR *RP* **María no estudia nada, está para la ~** María doesn't do any work, all she's interested in is having a good time
pachanguear *vi RP Fam* to go out partying, to go out on the town
pachanguero, -a *Fam* ◇ *adj* **-1.** *Esp (música)* catchy; *(persona)* tacky **-2.** *Am (alegre)* lively, party-loving; **es muy ~** he loves going out partying
◇ *nm,f Am* party animal, raver
pacharán *nm* = liqueur made from a mixture of anisette and aguardiente with sloes
pachas: a pachas *loc adv Esp Fam* **lo pagamos a ~** we went halves on it, we split the cost; **nos fumamos el cigarro a ~** we shared the cigarette
pacheco *nm Ven Fam* cold spell; **ya bajó ~** the cold weather's here; **¡hace un ~!** there's a real chill in the air!
pachichi *adj Méx Fam* gaga
pachón, -ona ◇ *nm,f Fam* **es un ~** he's very laid back
◇ *nm (perro)* = gun dog similar to Spanish pointer
pachorra *nf Fam* calmness; **hace todo con mucha ~** she does everything very calmly *o* slowly; **¡qué ~ tiene el camarero!** the waiter's taking his time!
pachotada *nf Andes, Ven Fam* nasty remark, rude remark
pachucho, -a *adj Fam* **-1.** *(persona, animal)* under the weather, poorly **-2.** *(fruta)* overripe
pachuco, -a *Méx Fam* HIST *nm,f* **-1.** *(persona)* = young Mexican living in the southern USA in the 1950s **-2.** *(estilo)* = style of flashy dress fashionable in Mexico in the 1950s **-3.** *(proxeneta)* pimp, *f* madam
pachulí *(pl* **pachulíes**) *nm* patchouli
paciencia *nf* patience; **¡~, que todo se arreglará!** be patient, it'll all get sorted out!; **¡qué ~ hay que tener contigo!** you'd try the patience of a saint!; **se le acabó** *o* **se le agotó la ~** he lost his patience; **¡este niño va a acabar con mi ~!** I'm losing my patience with this child!; **armarse de ~** to summon up one's patience; **llevar algo con ~** to put up with sth, to be stoical about sth; **perder**

la ~ to lose one's patience; **tener ~** to be patient; EXPR **~ y barajar** hang on in there; EXPR **tener más ~ que Job** *o* **que un santo** to have the patience of Job *o* a saint; PROV **con ~ se gana el cielo** patience is a virtue
paciente ◇ *adj* patient
◇ *nmf* patient ❏ **~ externo** outpatient; **~ interno** in-patient
pacientemente *adv* patiently
pacienzudo, -a *adj Fam* patient
pacificación *nf* pacification
pacificador, -ora ◇ *adj (actitud, tono)* placatory; *(esfuerzo, papel, proceso)* peacemaking; **medidas pacificadoras** measures to achieve peace; **las fuerzas pacificadoras de la ONU** the UN peacekeeping forces
◇ *nm,f* pacifier, peacemaker
pacíficamente *adv* peacefully
pacificar [59] ◇ *vt* **-1.** *(país)* to pacify **-2.** *(calmar)* to calm, to appease; **hicieron un esfuerzo por ~ a los ánimos** they attempted to calm people down; **una serie de resoluciones encaminadas a ~ a la oposición** a series of resolutions designed to appease the opposition
◆ **pacificarse** *vpr (persona)* to calm down
Pacífico ◇ *adj* **el océano ~** the Pacific Ocean
◇ *nm* **el ~** the Pacific (Ocean)
pacífico, -a *adj (vida, relaciones, manifestación)* peaceful; *(persona)* peaceable
pacifismo *nm* pacifism
pacifista ◇ *adj* pacifist
◇ *nmf* pacifist
pack [pak] *(pl* **packs**) *nm* pack; **un ~ de seis** a six-pack
paco, -a ◇ *nm,f Andes, Pan Fam* cop
◇ *nm* **-1.** *RP Fam (mentira)* fib, lie; **meter un ~** to tell a fib *o* lie **-2.** *Andes* = hybrid of alpaca and guanaco **-3.** *Ecuad Fam (metal)* = silver ore containing iron **-4.** *Ecuad Fam (de marihuana)* big stash
pacotilla ◇ *nf Ven* junk, trash
◆ **de pacotilla** *loc adj* trashy, third-rate
pacotillero, -a *nm,f Am Fam Br* pedlar, *US* peddler, hawker
pactar ◇ *vt* to agree to; **~ un acuerdo** to reach an agreement; **los sindicatos han pactado no ir a la huelga** the unions have agreed not to go on strike
◇ *vi* to strike a deal **(con** with)
pacto *nm* agreement, pact; **hacer/romper un ~** to make/break an agreement; **cumplir un ~** to fulfil an agreement; PROV **hacer un ~ con el diablo** to make a pact with the devil ❏ **~ de no agresión** non-aggression pact; **Pacto Andino** = agreement between Andean countries to promote economic development and cooperation; **~ de** *o* **entre caballeros** gentleman's agreement; **~ electoral** electoral pact; POL **~ a la griega** = alliance of opposing forces in order to gain power; **~ de recompra** repurchase agreement; **~ social** social contract; HIST **el Pacto de Varsovia** the Warsaw Pact
padecer [46] ◇ *vt* **-1.** *(sufrimiento)* to endure, to undergo; *(hambre, injusticia)* to suffer; *(enfermedad)* to suffer from; **~ inundaciones/un terremoto** to be hit by floods/an earthquake **-2.** *Formal (error, confusión)* **padece usted un error** you are mistaken, you are labouring under a misapprehension

padecimiento ◇ vi to suffer; ~ **del corazón/riñón** to suffer from o have a heart/kidney complaint; **padeció mucho por sus hijos** she suffered a lot for the sake of her children

padecimiento nm suffering

pádel nm DEP paddle tennis, = game similar to tennis, in which the ball may be bounced off walls at either end of the court

padezco etc ver **padecer**

padrastro nm -1. (pariente) stepfather -2. (en el dedo) hangnail

padrazo nm Fam doting o dedicated father

padre ◇ nm -1. (pariente) father; **Cervantes es el ~ de la novela moderna** Cervantes is the father of the modern novel; **Emilio ~** Emilio senior; [EXPR] Fam **cada uno es de su ~ y de su madre** each one is different; [EXPR] Fam **de ~ y muy señor mío** incredible, tremendous; [EXPR] Esp Fam **hacer ~ a alguien** to make sb a happy man [EXPR] Fam **¡tu ~!** sod you!; [EXPR] Fam Hum **no tener ~ ni madre ni perrito que le ladre** to be without o not to have a friend in the world ❏ **~ de familia** head of the family; **~ de la patria** founding father; **~ político** father-in-law; **~ soltero** single parent
-2. (sacerdote) father ❏ **~ espiritual** confessor; REL **Padres de la Iglesia** Fathers of the Christian Church; REL **~ nuestro** Lord's Prayer
-3. REL **el Padre** the Father
◇ adj inv Fam -1. Esp (tremendo) incredible, tremendous; **se armó el lío ~** there was a terrible o huge fuss; **fue el cachondeo ~** it was a great laugh -2. Méx (genial) great, fantastic; **esa canción está muy ~** that song is really great o fantastic; **¡ay qué ~!** hey, that's great o fantastic!
◇ nmpl **padres** -1. (padre y madre) parents -2. (antepasados) forefathers, ancestors; **las tradiciones de nuestros padres** the traditions of our forefathers o ancestors

padrenuestro nm Lord's Prayer; **decir un ~** to say an Our Father o the Lord's Prayer; [EXPR] **saberse algo como el ~** to know sth by heart, to have sth off pat; [EXPR] Fam **en un ~** in the twinkling of an eye

padrillo nm RP stallion

padrinazgo nm -1. (cargo de padrino) godfathership -2. Fig (protección) sponsorship, patronage

padrino nm -1. (de bautismo) godfather; **padrinos** (padrino y madrina) godparents -2. (de boda) = man, usually the bride's father, who gives away the bride at her wedding -3. (en duelos, torneos) second -4. Fig (protector) patron; **ése tiene un buen ~ que pronto le colocará** he's got a good patron who'll soon find him a job

padrísimo, -a adj Méx Fam fantastic, great

padrón nm -1. (censo) census; (para votar) electoral roll o register -2. CAm, Carib, Andes (caballo) stallion -3. Chile (de automóvil) (vehicle) registration document -4. Urug (de terreno) (land) registration document

padrote nm -1. Méx Fam (proxeneta) pimp -2. CAm, Ven (caballo) stallion

padrotear vt Fam -1. Méx (explotar) to exploit -2. Ven (mandonear) to boss around

Padua n Padua

paella nf paella ❏ **~ marinera** seafood paella; **~ mixta** mixed paella (with meat or chicken and seafood); **~ valenciana** Valencia-style paella (with chicken and seafood)

paellera nf = large frying-pan for cooking paella

paf interj bang!, crash!

pág. (abrev de **página**) p

paga nf (salario) salary, wages; (de niño) pocket money; **día de ~** payday; **tenemos 14 pagas al año** we have 14 salary payments o wage packets a year; **hoy nos dan la ~** we get paid today ❏ **~ extra** o **extraordinaria** = additional payment of a month's salary or wages in June and December; **~ de Navidad** = additional payment of a month's salary or wages at Christmas

pagable adj payable

pagadero, -a adj payable; **~ a 90 días/a la entrega** payable within 90 days/on delivery

pagado, -a adj paid; **~ de sí mismo** pleased with oneself, full of oneself

pagador, -ora ◇ adj paying; **agente ~** payer
◇ nm,f payer; (de obreros) paymaster; **ser buen/mal ~** to be a good/bad payer

pagaduría nf accounts office

págalo nm **~ grande** great skua; **~ parásito** arctic skua; **~ pomarine** pomarine skua; **~ rabero** long-tailed skua

paganini nm Esp Fam dummy (who ends up paying)

paganismo nm paganism

paganizar vt ◇ to paganize
◆ **paganizarse** vpr to be paganized

pagano, -a ◇ adj pagan, heathen
◇ nm,f REL pagan, heathen

pagar [38] ◇ vt -1. (con dinero) (precio, alquiler, factura) to pay; (deuda, hipoteca) to pay off; (gastos, ronda) to pay for; (dividendo, indemnización) to pay out; **pagó dos millones por la casa** she paid two million for the house; **su padre le paga los estudios** his father is supporting him through college/university; **yo pago la cena** I'll pay for dinner; **aún no hemos pagado el reportaje de la boda** we still haven't paid for the wedding photos; **los jubilados no pagan las medicinas** pensioners don't pay for prescriptions; **no iría aunque me lo pagaras** I wouldn't go (even) if you paid me; **¿cómo lo va a ~?** how would you like to pay?; [EXPR] RP **~ derecho de piso** to earn one's place in the job o office
-2. (devolver) (ayuda, favor) to repay; **¡que Dios se lo pague!** God bless you!
-3. (expiar) (delito, consecuencias) to pay for; **pagarás caro lo que me has hecho** I'll make you pay for what you did to me; Fam **me las pagarás (todas juntas)** you'll pay for this; [EXPR] **el que la hace la paga** he/she/etc will pay for it in the end; [EXPR] Fam **~ el pato/los platos rotos** to carry the can; [EXPR] Fam **pagarla con alguien** (injustamente) to take it out on sb
◇ vi -1. (con dinero) to pay; **les pagaron puntualmente** they paid them promptly; **~ adelantado** to pay in advance; **~ al contado** to pay (in) cash; **~ a plazos** to pay in instalments; **~ con tarjeta (de crédito)** to pay by credit card; **~ en especie** to pay in kind; **~ en pesos/libras** to pay in pesos/pounds; **~ en efectivo** o **en metálico** to pay (in) cash; **esta cantidad queda a ~** this amount is still outstanding o to be paid; [EXPR] **~ a alguien con la misma moneda** to give sb a taste of their own medicine
-2. Am Fam (compensar) to be worth it; **ese viaje tan largo no paga** such a long journey is not worth it; **no paga mandar el auto al taller otra vez** it's not worth (it) taking the car to the garage again; **no paga hacer trampa** it doesn't pay to cheat
◆ **pagarse** vpr -1. (costearse) to pay for; **se paga los estudios** she's financing herself through college/university -2. **~ de algo** (vanagloriarse) to boast about sth

pagaré (pl **pagarés**) nm COM promissory note, IOU ❏ **~ del Tesoro** Treasury note

pagel nm (pez) pandora

página nf -1. (de libro, publicación) page; **a toda ~** full-page ❏ **las páginas amarillas** the Yellow Pages; **~ central** centrefold
-2. (episodio) chapter; **con su muerte se cierra una ~ en la historia del teatro mexicano** his death closes a chapter in the history of Mexican theatre
-3. INFORMÁT page ❏ **~ de búsqueda** search engine; **~ inicial** o **de inicio** home page; **~ web** web page

paginación nf pagination

paginar vt to paginate

pago, -a ◇ adj RP (trabajador) paid
◇ nm -1. (de dinero) payment; Fig reward, payment; **día de ~** payday; **en ~ de** o **a** (en recompensa por) as a reward for; (a cambio de) in return for; **tener pagos atrasados** to be in arrears ❏ **~ por adelantado** advance payment; **~ anticipado** advance payment; **~ al contado** cash payment; **~ a cuenta** payment on account; **~ domiciliado** direct debit; **~ en efectivo** cash payment; **~ a la entrega** cash on delivery; **~ en especie** payment in kind; **~ fraccionado** payment by instalments; **~ inicial** down payment; **~ en metálico** cash payment; **~ a plazos** payment by instalments; **~ contra reembolso** cash on delivery; **~ por visión** pay-per-view
-2. (lugar) **por estos pagos** around here; **¿qué hacías tú por aquellos pagos?** what were you doing around there o in those parts?

pagoda nf pagoda

págs. (abrev de **páginas**) pp

pai nm CAm, Méx pie

paico nm wormseed

paila nf -1. Andes, CAm, Carib (sartén) frying pan -2. Chile (huevos fritos) fried eggs -3. Chile Fam Hum (oreja) lug

paíño nm **~ europeo** storm(y) petrel

paipái (pl **paipáis**), **paipay** (pl **paipays**) nm Esp = rigid circular fan with handle

páirex nm Perú Pyrex®

pairo nm [EXPR] **estar al ~** to be marking time o sitting on the sidelines; [EXPR] **quedarse al ~** to be marking time o sitting on the sidelines; [EXPR] Fam **traer al ~: su opinión me trae al ~** I couldn't care less what she thinks

país (pl **países**) nm -1. (nación) country; **el ~ votó "no" en el referéndum** the country o nation voted "no" in the referendum; [PROV] **en el ~ de los ciegos, el tuerto es rey** in the kingdom of the blind, the one-eyed man is king ❏ **los países no alineados** the nonaligned countries; **los Países Bajos** the Netherlands; **los países bálticos** the Baltic States; **países desarrollados** developed countries; **País de Gales** Wales; **~ natal** native country, homeland; **~ neutral** neutral country; **~ de origen** country of origin; **~ satélite** satellite state; **países subdesarrollados** underdeveloped countries; **el País Valenciano** the autonomous region of Valencia; **el País Vasco** the Basque Country; **países en vías de desarrollo** developing countries
-2. (tierra) land; **en un ~ muy lejano...** in a distant o far-off land...; **en el ~ de las maravillas** in wonderland; **el ~ de nunca-jamás** never-never land

paisa Fam ◇ adj Col of/from Antioquia or its capital, Medellín
◇ nmf -1. Col (antioqueño) person from Antioquia or its capital, Medellín -2. Col, Méx, Ven (del mismo país) compatriot, fellow countryman, f fellow countrywoman; (de la misma región) person from the same region; (del mismo pueblo) person from the same town -3. Ven (como apelativo) pal, Br mate, US buddy

paisaje nm -1. (terreno) landscape; (vista panorámica) scenery, view; **una de las características del ~ de esta comarca** one of the features of the landscape of this area; **un ~ montañoso/accidentado/costero** a mountainous/rugged/coastal landscape; **se pararon a contemplar el ~** they stopped to admire the view o scenery ❏ **~ lunar** moonscape, lunar landscape; **~ natural** unspoilt countryside
-2. (pintura) landscape

paisajismo nm (en pintura) landscape painting

paisajista ◇ adj landscape; **pintor ~** landscape painter
◇ nmf landscape painter

paisajístico, -a adj landscape; **belleza paisajística** natural beauty

paisanada nf RP Fam group of peasants

paisanaje nm -1. civilians -2. RP Fam (paisanada) group of peasants

paisano, -a ◇ adj (del mismo país) from the same country; (de la misma región) from the same region; (del mismo pueblo) from the same town

paja

◇ *nm,f* **-1.** *(del mismo país)* compatriot, fellow countryman, *f* fellow countrywoman; *(de la misma región)* person from the same region; *(del mismo pueblo)* person from the same town **-2.** *(campesino)* country person, peasant

◇ *nm (civil)* civilian; **ir** *o* **vestir de ~** *(militar)* to be in *o* wearing civilian clothes; *(policía)* to be in *o* wearing plain clothes; **traje de ~** *(de militar)* civilian cothes; *(de policía)* plain clothes; **un policía de ~** a plain-clothes policeman

paja¹ *nf* **-1.** *(hierba, caña)* straw; **casa con techo de ~** thatched house, house with a thatched roof; EXPR **por un quítame allá esas pajas** over nothing, over some silly little thing; EXPR **separar la ~ del grano** to separate *o* sort out the wheat from the chaff; EXPR *RDom Fam* **no ser ~ de coco** to be no easy task; PROV **ver la ~ en el ojo ajeno y no la viga en el propio** to see the mote in one's neighbour's eye and the beam in one's own ❏ *Andes, RP* **~ brava** = tall, thick grass that grows on the altiplano and the pampas

-2. *(para beber)* (drinking) straw

-3. *(relleno)* waffle, padding; **has metido mucha ~ en el trabajo** your essay's got too much waffle *o* padding in it

-4. *muy Fam (masturbación) Br* wank, *US* jerkoff; **hacerse una** *o Am* **la ~** to jerk off, *Br* to have a wank ❏ ~ **mental:** **no son más que pajas mentales** it's just mental masturbation; **deja de hacerte pajas mentales y decídete** quit *o* stop jerking around and make your mind up

-5. *Col, Ven Fam (palabrería)* blather, waffle; **deja ya de hablar ~** stop blathering *o Br* wittering on

paja² *adj Perú Fam* wicked, brilliant

pajar *nm* hayloft

pájara *nf* **-1.** *Pey (mujer)* crafty *o* sly woman; **¡buena ~ está esa hecha!** she's a crafty devil! **-2.** *(in cycling)* bonk

pajarear *vi* **-1.** *Andes, Méx (caballo)* to shy **-2.** *Chile (estar distraído)* to be absent-minded **-3.** *Méx (intentar enterarse)* to eavesdrop

pajarera *nf* aviary

pajarería *nf* pet shop

pajarero, -a ◇ *adj Andes, Méx (caballo)* shy, skittish

◇ *nm,f (vendedor)* bird dealer *o* seller

pajarita *nf* **-1.** *Esp (corbata)* bow tie ❏ ~ **de broche** clip-on bow tie **-2.** *(de papel)* paper bird

pajarito *nm (pájaro pequeño)* small bird; **¡mira al ~!** *(al tomar una foto)* watch the birdie!; EXPR **comer como un ~** to eat like a bird, to eat practically nothing; EXPR **me lo ha contado** *o* **dicho un ~** a little bird told me; EXPR **morir** *o* **quedarse como un ~** to just fade away; EXPR **quedarse ~** to freeze to death, to be frozen stiff

pájaro *nm* **-1.** *(ave)* bird; **¡mira al ~!** *(al tomar una foto)* watch the birdie!; EXPR *RP Fam* **andar con** *o* **tener los pájaros volados** to be in a bad mood; EXPR **tener pájaros en la cabeza** to be scatterbrained *o* empty-headed; PROV **más vale ~ en mano que ciento volando** a bird in the hand is worth two in the bush; PROV *RP* **~ que comió, voló** I've got to love you and leave you *(said when one has to leave immediately after eating)* ❏ **~ bobo** penguin; **~ bobo real** king penguin; **~ carpintero** woodpecker; **~ del diablo** European coot; **~ de mal agüero** bird of ill omen; **~ mosca** hummingbird; **~ moscón** penduline tit; **~ moscón verde** verdin

-2. *Fam (persona)* crafty devil, sly old fox; **¡menudo ~ es ese!** he's a crafty devil!; EXPR **es un ~ de cuenta** he's a nasty piece of work *o* a bad lot

pajarón, -ona *CSur Fam* ◇ *adj* silly

◇ *nm,f* twit, *US* goof

pajarraco *nm Pey* **-1.** *(pájaro)* big ugly bird **-2.** *(persona)* nasty piece of work

paje *nm* page

pajear *Andes, RP Vulg* ◇ *vt Br* to wank off, *US* to jack off

◆ **pajearse** *vpr Br* to wank, *US* to jack off

pajería *nf Andes, RP muy Fam* **es una ~** it's *Br* bloody *o US* goddamn stupid; **decir pajerías** to talk *Br* rubbish *o US* garbage

pajero, -a ◇ *nm,f Vulg* **-1.** *(onanista) Br* wanker, *US* jerkoff **-2.** *(insulto) Br* wanker, *US* jerkoff

◇ *nm Ven Fam (charla)* blather, waffle

pajillero, -a *nm,f Esp muy Fam* **-1.** *(onanista)* wanker **-2.** *(prostituta)* = person who masturbates others for money

pajita, pajilla *nf* (drinking) straw

pajizo, -a *adj (color, pelo)* straw-coloured

pajolero, -a *adj Esp muy Fam* damn, blessed; EXPR **no tengo ni pajolera idea** I haven't the faintest *Br* bloody *o US* goddamn idea

pajón *nm Am (hierba)* scrub, coarse grass

pajonal *nm* **-1.** *(paja)* field of scrub **-2.** *Ven Fam (charla)* blather, waffle

pajuatada *nf Ven Fam* **es una ~** it's damn silly

pajuato, -a *Ven Fam* ◇ *adj* **-1.** *(simple)* simple **-2.** *(mojigato)* prudish

◇ *nm,f* **-1.** *(simple)* simpleton **-2.** *(mojigato)* prude

pajudo, -a *Ven muy Fam* ◇ *adj* **ser ~** to be a bullshitter

◇ *nm,f* bullshitter

pajuerano, -a *RP Fam Pey* ◇ *adj* rustic, provincial

◇ *nm,f* yokel

Pakistán *n* Pakistan

pakistaní *(pl* **pakistaníes)** ◇ *adj* Pakistani

◇ *nmf* Pakistani

pala *nf* **-1.** *(herramienta)* spade; *(para recoger)* shovel ❏ **~ excavadora** excavator, digger; **~ mecánica** power shovel; **~ quitanieves** *Br* snow plough, *US* snow plow **-2.** *(cubierto)* fish knife **-3.** *(de frontón)* racket; *(de ping-pong)* bat, *US* paddle; **jugar a las palas** *(en la playa)* to play beach tennis **-4.** *(de remo, hélice)* blade **-5.** *(diente)* (upper) front tooth

palabra *nf* **-1.** *(término, vocablo)* word; **con palabras no puedo expresar lo que sentía** words cannot express what I felt; **dilo con tus propias palabras** say it in your own words; **lo dijo, aunque no con esas palabras** she said it, though not in so many words; **no son más que palabras (vacías)** it's all talk; **buenas palabras** fine-sounding words; **no cruzaron ~ en todo el camino** they didn't exchange a word throughout the journey; **dejar a alguien con la ~ en la boca** to cut sb off in mid-sentence; **dirigir la ~ a alguien** to speak to sb; **no le dirige la ~ a su madre desde hace semanas** he hasn't spoken to his mother for weeks; **en cuatro** *o* **dos palabras** in a few words; **en otras palabras** in other words; **en una ~** in a word; **lo dijo todo a medias palabras** she only hinted at what she meant; **medir las palabras** to weigh one's words (carefully); **no habla ni (media) ~ de español** she doesn't speak a word of Spanish; **yo de este tema no sé ni (media) ~** I don't know a thing about this subject; **no dijo ~** he didn't say a word; **~ por ~** word for word; **me has quitado la ~ de la boca** you took the words right out of my mouth; **lo de comprar una casa son palabras mayores** buying a house is a very serious matter; **no hace falta llegar a palabras mayores** there is no need to get nasty about it; **le aguanto casi todo, pero eso ya son palabras mayores** I'll put up with almost anything from him, but that's going a bit (too) far; **sin mediar ~** without a single word; **tener la última ~** to have the last word; **tener unas palabras con alguien** to have words with sb; **tuvo que tragarse sus palabras** he had to eat his words; PROV **a palabras necias, oídos sordos** sticks and stones may break my bones (but words will never hurt me) ❏ INFORMÁT **~ clave** keyword; **~ compuesta** compound word; *CSur* **palabras cruzadas** crossword; **~ de Dios** word of God

-2. *(juramento, promesa)* word; **es su ~ contra la mía** it's her word against mine; **dar/empeñar la ~** to give/pledge one's word; **ella me dio su ~** she gave me her word; **dio (su) ~ de que nada saldría mal** he gave his word that nothing would go wrong; **estar bajo ~** *(en juicio)* to be under oath; **faltó a su ~** he went back on his word, he broke *o* didn't keep his word; **mantuvo su ~** she kept her word; **no tiene ~** he's not a man of his word; **tienes mi ~** you have my word; **tomar la ~ a alguien** to hold sb to their word ❏ **~ de honor** word of honour; **¡~ (de honor)!** honestly!; **yo no sabía nada ¡~ (de honor)!** I didn't know anything, honestly! *o* I swear!

-3. *(habla)* speech; **con el susto perdió la ~** the shock left her speechless; **de ~** by word of mouth, verbally; **el trato se hizo de ~** it was a purely verbal agreement *o* a gentleman's agreement

-4. *(derecho de hablar)* **dar la ~ a alguien** to give sb the floor; **pedir la ~** to ask for the floor; **¡pido la ~!** could I say something, please?; **tomar la ~** to take the floor

-5. palabras *(discurso)* words; **a continuación nuestro invitado nos dirigirá unas palabras** our guest will now say a few words

palabreado, -a *adj Am Fam* **Néstor ya está ~ para ayudarme con la mudanza** Néstor has already agreed *o* promised to help me with the move

palabrear *vt Am Fam* to agree verbally to

palabreja *nf* strange word; **la flexibilización, ¡vaya ~!** flexibilization, what an ugly word!

palabrería *nf Fam* hot air, talk; **basta de palabrerías** that's enough talk

palabrero, -a ◇ *adj* **-1.** *(muy hablador)* talkative **-2.** *(de poco fiar)* unreliable

◇ *nm,f* **-1.** *(persona muy habladora)* chatterbox **-2.** *(persona de poco fiar)* unreliable person

palabro *nm* **-1.** *(palabra ofensiva)* offensive word **-2.** *(palabra rara)* strange word

palabrota *nf* swearword, rude word; **decir palabrotas** to swear

palabrotero, -a ◇ *nm,f* **ser un ~** to swear a lot, to be foul-mouthed

◇ *adj* **ser ~** to swear a lot, to be foul-mouthed

palacete *nm* mansion, small palace

palaciego, -a *adj (costumbres, rutina)* palace, court; **lujo ~** palatial luxury; **intrigas palaciegas** palace/court intrigues

palacio *nm* palace ❏ **el ~ arzobispal** the archbishop's palace; **~ de congresos** conference centre; **~ de deportes** sports hall; **~ ducal** duke's *o* ducal palace; **~ de exposiciones** exhibition centre; **Palacio de Justicia** Law Courts; **~ real** royal palace

palada *nf* **-1.** *(con pala)* spadeful, shovelful **-2.** *(con remo)* stroke

paladar *nm* **-1.** *(en la boca)* palate **-2.** *(gusto)* palate, taste; **su arte no se ajusta al ~ europeo** his art doesn't appeal to European taste

◇ *nf o nm Cuba* = small restaurant in a private house

paladear *vt también Fig* to savour

paladeo *nm* savouring, relishing

paladín *nm* **-1.** HIST paladin, heroic knight **-2.** *Fig (adalid)* champion, defender

paladino, -a *adj (claro)* clear, obvious

paladio *nm* QUÍM palladium

palafito *nm* stilt house

palafrén *nm* HIST palfrey

palafrenero *nm* HIST groom

palanca *nf* **-1.** *(barra, mando)* lever; **tuvimos que hacer ~ para levantar la piedra** we had to use a lever to lift the rock ❏ **~ de arranque** kick-starter; **~ de cambio** *(de automóvil) Br* gear lever, gearstick, *US* gearshift, stick shift; **~ de freno** brake lever; **~ de mando** joystick

-2. *(trampolín)* diving board; *(en la parte más alta)* high board

-3. *Am Fam* **tener ~** *(enchufe)* to have friends in high places

palangana *nf* **-1.** *(para fregar)* washing-up bowl; *(para lavarse) Br* washbasin, *US* washbowl **-2.** *Am (fuente, plato)* wooden platter

◇ *nm Andes, CAm Fam (fanfarrón, descarado)* braggart, show-off

palanganear *vi Andes Fam* to brag, to boast

palanganero *nm* washstand

palangre nm **-1.** *(en pesca)* paternoster line **-2.** *Ven (en periodismo)* bribe *(paid to a newspaper or reporter to publish certain information)* **-3.** *Ven (negocio)* profitable sideline

palangrerismo, palangrismo nm *Ven* = practice of giving/accepting bribes in journalism

palangrero nm *(barco)* = fishing boat with a "palangre"

palangrista nmf *Ven* = journalist or newspaper accepting bribes for publishing information

palanqueado, -a *CSur, Ven Fam* ◇ *adj* **siempre entra ~** all the jobs he gets are through pulling strings *o* through patronage
◇ *nm,f* = person who gets a job through pulling strings; **llenaron todas las vacantes con palanqueados** all the vacancies were taken by people who had contacts

palanquear vt *CSur, Ven Fam* **está tratando de palanquearle un cargo a la hija** he's trying to use his influence to get his daughter a job

palanqueta nf jemmy, crowbar

palanquín nm NÁUT clew garnet

palapa nf *Méx* **-1.** *(palmera)* Cohune palm **-2.** *(quincho)* = open-air shelter with a palm roof

palatal *adj* LING palatal

palatalización nf LING palatalization

palatalizar [14] *vt* LING to palatalize

palatinado nm HIST palatinate

palatino, -a *adj* **-1.** *(de paladar)* palatine **-2.** *(de palacio)* palace, court; **oficio ~** position at court

palazo nm **dar un ~ a alguien** to hit sb with a shovel/spade

palco nm box *(at theatre)* ❏ **~ de autoridades** VIP box; **~ de honor** VIP box; **~ de platea** ground-floor *o* parterre box; **~ presidencial** president's box *(in bullring)*; **~ de proscenio** stage box; **~ real** royal box

palé¹ nm pallet

palé®² nm *Esp* Monopoly

palear *vt Ven Fam* to swipe, *Br* to nick

Palenque n site of an ancient Mayan city in South Mexico famous for its architectural remains

palenque nm **-1.** *(estacada)* fence, palisade **-2.** *(recinto)* arena; **salir al ~** to enter the fray **-3.** *Méx (para peleas de gallos)* cockpit, cockfighting arena **-4.** *Andes, RP (para animales)* hitching post

palentino, -a ◇ *adj* of/from Palencia *(Spain)*
◇ *nm,f* person from Palencia *(Spain)*

paleobiología nf palaeobiology

paleoceno, -a GEOL ◇ *adj* Palaeocene
◇ *nm* **el ~** the Palaeocene

paleocristiano, -a ◇ *adj* early Christian
◇ *nm (arte)* = early Christian art

paleógeno nm Palaeogene

paleografía nf palaeography

paleográfico, -a *adj* palaeographic

paleógrafo, -a *nm,f* palaeographer

paleolítico, -a ◇ *adj* palaeolithic
◇ *nm* **el Paleolítico** the Palaeolithic (period); **el Paleolítico inferior/superior** the Lower/Upper Palaeolithic

paleología nf = the study of ancient languages

paleontología nf palaeontology

paleontológico, -a *adj* palaeontological

paleontólogo, -a *nm,f* palaeontologist

paleozoico, -a ◇ *adj* Palaeozoic
◇ *nm* **el ~** the Palaeozoic

Palestina n Palestine

palestino, -a *nmf* DEP **-1.** *(piragüista)* canoeist **-2.** *(pelotari)* pelota player
◇ *nm,f* Palestinian

palestra nf HIST arena; EXPR **salir** *o* **saltar a la ~** to enter the fray

paleta¹ nf **-1.** *(pala pequeña)* small shovel, small spade; *(de albañil)* trowel
-2. *(en máquina)* blade, vane
-3. *(de pintor)* palette; **la ~ clara de los impresionistas** the light palette of the impressionists
-4. *(de frontón, ping-pong)* bat; **jugar a las paletas** *(en la playa)* to play beach tennis
-5. *(para servir)* fish slice
-6. *(de remo, hélice)* blade
-7. *(diente)* (upper) front tooth
-8. INFORMÁT palette ❏ **~ flotante** floating palette; **~ de herramientas** tool palette
-9. *Andes, CAm, Méx (piruli)* lollipop; *Bol, Col, Perú (polo) Br* ice lolly, *US* Popsicle®
-10. *CSur (omóplato)* *(de persona)* shoulder blade; *CSur, Ven (de vaca)* shoulder

paleta² *Fam* ◇ *adj Chile* helpful
◇ *nm* **-1.** *RP (carabina)* **es un ~** he's always tagging along where he's not wanted; **estar** *o* **ir de ~** to play chaperone *o Br* gooseberry **-2.** *Chile (persona servicial)* helpful person

paleta³ ver **paleto**

paletada nf **-1.** *(con paleta)* shovelful, spadeful; *(de yeso)* trowelful **-2.** *Fam (acción o dicho de paleto)* **deja de decir paletadas** don't talk such ignorant nonsense; **la moda de esta temporada me parece una ~** I think this season's fashion is really tacky

paletilla nf **-1.** *(omóplato)* shoulder blade **-2.** *(carne)* shoulder

paletización nf palletization

paletizar *vt* to palletize

paleto, -a *Esp Pey* ◇ *adj* coarse, uncouth
◇ *nm,f* country bumpkin, yokel, *US* hick

paletó nm *Chile* long fitted jacket

paletón nm bit

paliacate nm *Méx* = large checked scarf worn on the head or around the neck

paliar *vt (atenuar) (dolor)* to ease, to relieve; *(cansancio)* to relieve

paliativo, -a ◇ *adj* palliative
◇ *nm* MED palliative
◇ **sin paliativos** *loc adj* unmitigated; **una derrota sin paliativos** an unmitigated defeat
◇ **sin paliativos** *loc adv* unreservedly; **condenó sin paliativos el asesinato** she condemned the murder unreservedly

palidecer [46] *vi* **-1.** *(ponerse pálido)* to go *o* turn pale **-2.** *(perder importancia)* to pale, to fade; **una obra que palidece ante la de su maestro** a work which pales beside that of his master

palidez nf paleness

pálido, -a *adj* **-1.** *(rostro, enfermo)* pale; **ponerse ~** to turn *o* go pale **-2.** *(color)* pale **-3.** *(insuficiente)* **ser un ~ reflejo** *o* **una pálida imagen de** to be a pale reflection of; **el premio es un ~ reconocimiento de su trabajo** the prize is meagre reward for her work

paliducho, -a *adj Fam (persona)* pale

palier¹ nm AUT bearing

palier² [pa'lje] *(pl* **paliers***)* nm *RP (corredor)* landing

palillero, -a nm toothpick holder

palillo nm **-1.** *(mondadientes)* **~ (de dientes)** toothpick **-2.** *(baqueta)* drumstick **-3.** *(para comida china)* chopstick **-4.** *Fam (persona delgada)* matchstick; EXPR **está hecho un ~** he's as thin as a rake **-5.** **palillos** *(castañuelas)* castanets **-6.** *Chile (de tejer)* knitting needle **-7.** *Urug (pinza) Br* clothes peg, *US* clothes pin

palimpsesto nm palimpsest

palíndromo nm palindrome

palio nm *(dosel)* canopy; EXPR **recibir con** *o* **bajo ~** to receive with great pomp

palique nm *Esp Fam* chat, natter; **estar de ~** to have a chat *o* a natter; **se pasaron toda la mañana de ~** they spent the whole morning chatting *o* nattering

paliquear *vi Esp Fam* to chat, to natter

palisandro nm rosewood

palista *nmf* DEP **-1.** *(piragüista)* canoeist **-2.** *(pelotari)* pelota player

palito nm **-1.** **~ (de pescado)** *Br* fish finger, *US* fish stick ❏ **~ de cangrejo** crab stick **-2.** *RP (helado) Br* ice lolly, *US* Popsicle®

palitroque nm *(palo)* small stick

paliza ◇ nf **-1.** *(golpes)* beating; **le dieron una ~** they beat him up
-2. *(derrota)* thrashing; **¡menuda ~ recibió el equipo!** the team got completely thrashed!
-3. *Fam (esfuerzo)* hard grind; **el viaje hasta la capital es una auténtica ~** the journey to the capital is a real killer; **nos dimos una ~ tremenda para acabar a tiempo** we slogged our guts out to finish in time
-4. *Fam (rollo)* drag; EXPR **dar la ~ (a alguien)** to go on (at sb); **lleva semanas dándome la ~ con que tenemos que ir a esquiar** he's being going on at me *o* pestering me for weeks saying we've got to go skiing
◇ *nmf inv Esp Fam* **ser un paliza(s)** to be a pain in the neck

palizada nf **-1.** *(valla)* fence **-2.** *(recinto cercado)* fenced enclosure

palla nf *Chile (canción)* improvised song

pallar¹ nm *Andes* lima bean

pallar² *vi Chile (cantar)* = to sing improvised songs

palma nf **-1.** *(de mano)* palm; EXPR **conocer algo como la ~ de la mano** to know sth like the back of one's hand
-2. *(palmera)* palm (tree) ❏ *Col* **~ de cera** wax palm; **~ enana** (European) fan palm, palmetto; **~ real** royal palm
-3. *(hoja de palmera)* palm leaf
-4. palmas *(aplausos)* clapping, applause; **batir** *o* **dar palmas** to clap (one's hands)
-5. EXPR **llevarse la ~** to be the best; *Irónico* **él, es tonto, pero su hermano se lleva la ~** he's stupid but his brother takes the *Br* biscuit *o US* cake; **llevar** *o* **traer en palmas a alguien** to pamper sb

palmada nf **-1.** *(suave)* pat; *(más fuerte)* slap; **dar palmadas en la espalda a alguien** to pat/slap someone on the back **-2.** *(aplauso)* clap; **palmadas** clapping; **dar palmadas** to clap, to applaud **-3.** *Am (azote)* smack

palmadita nf pat; **dar palmaditas a alguien** to pat sb

palmar¹ ◇ *adj* of the palm *(of the hand)*
◇ *nm* palm grove

palmar² *Fam* ◇ *vi* to kick the bucket, to croak
◇ *vt* **palmarla** to kick the bucket, to croak

palmarés nm inv **-1.** *(historial)* record; **tiene un ~ brillante como ajedrecista** he has a brilliant record as a chess player **-2.** *(lista)* list *o* roll of winners; **el golfista inscribió su nombre en el ~ del torneo** the golfer added his name to the tournament's list of winners *o* roll of honour

palmario, -a *adj* obvious, clear

palmatoria nf candlestick

palmeado, -a *adj* **-1.** *(en forma de palma)* palm-shaped **-2.** *(hoja, raíz)* palmate **-3.** *(pata)* webbed

palmear ◇ *vt* **-1.** *(aplaudir)* to applaud **-2.** *(espalda, hombro) (suavemente)* to pat; *(con más fuerza)* to slap **-3.** *(en baloncesto)* to tip in
◇ *vi* **-1.** *(aplaudir)* to clap, to applaud **-2.** *(en baloncesto)* to tip in

palmeño, -a ◇ *adj* of/from Las Palmas *(Spain)*
◇ *nm,f* person from Las Palmas *(Spain)*

palmeo nm *(en baloncesto)* tip-in

palmera nf **-1.** *(árbol)* palm (tree); *(datilera)* date palm ❏ **~ de aceite** oil palm; **~ datilera** date palm; **~ real** royal palm **-2.** *(pastel)* = flat, heart-shaped pastry

palmeral nm palm grove

palmesano, -a ◇ *adj* of/from Palma (Majorca) *(Spain)*
◇ *nm,f* person from Palma (Majorca) *(Spain)*

palmeta nf *(palo)* (schoolmaster's) cane

palmetazo nm *(con palmeta)* stroke

palmípedo, -a ◇ *adj* web-footed
◇ *nfpl* **palmípedas** *(grupo)* water fowl *(plural)*

palmita nf **-1.** *RP (pastel)* = flat, heart-shaped pastry **-2.** EXPR *Esp Fam* **llevar** *o* **traer a alguien en palmitas** to pamper sb

palmito nm **-1.** *(árbol)* palmetto, fan palm **-2.** CULIN palm heart **-3.** *Esp Fam (buena planta)* good looks; EXPR **lucir el ~** to show off one's good looks

palmo *nm (distancia)* handspan; *también Fig* ~ a ~ bit by bit; [EXPR] **crecer a palmos** to shoot up; [EXPR] *Fam* **dejar a alguien con un ~ de narices** to leave sb feeling disappointed *o* cheated

palmotear *vi* to clap

palmoteo *nm* clapping

palo *nm* **-1.** *(trozo de madera)* stick; **~ de escoba** broomhandle; **los palos de la tienda de campaña** the tent poles; [EXPR] *Fam* **como un ~** *(flaco)* as thin as a rake; [PROV] **de tal ~, tal astilla** like father like son ❏ *RP* **~ de amasar** rolling pin
-2. *(de golf)* club; *(de hockey)* stick
-3. *(de portería) (laterales)* post; *(larguero)* bar; **estrellaron tres disparos en los palos** they hit the woodwork three times
-4. *(mástil)* mast; [EXPR] *Fam* **a ~ seco** *(sin nada más)* without anything else, on its own; *(bebida)* neat; [EXPR] **que cada ~ aguante su vela** each of us is responsible for his/her own affairs ❏ **~ mayor** mainmast; **~ de mesana** mizzenmast; **~ de trinquete** foremast
-5. *(golpe)* blow (with a stick); **dar de palos a alguien** to beat *o* hit sb (with a stick); **liarse a palos (con alguien)** to come to blows (with sb); **moler a alguien a palos** to thrash sb (with a stick); [EXPR] **dar palos de ciego** *(criticar)* to lash out (wildly); *(no saber qué hacer)* to grope around in the dark; [EXPR] *Andes, RP Fam* **ni a palos: eso no lo hago ni a palos** there's no way I'm going to do that; [EXPR] *Fam* **no dar** *o* **pegar un ~ al agua** not to do a stroke of work
-6. *(mala crítica)* bad review; **se llevó muchos palos de la crítica** she was panned by the critics
-7. *Fam (desgracia, trauma)* blow; **¡qué ~, me han suspendido!** what a drag, I've failed!; **se ha llevado muchos palos últimamente** he's had to put up with a lot recently
-8. *Fam (reparo)* **me da ~ hacerlo/decirlo** I hate having to do/say it; **prefiero que se lo digas tú, a mí me da mucho ~** I'd rather you told him, I really don't want to
-9. *Fam (pesadez)* pain, drag; **da mucho ~ ponerse a estudiar en verano** it's a pain *o* drag having to start studying during the summer
-10. *Fam (atraco, robo)* **darle un ~ a alguien** *(por la calle)* to mug sb; **dar un ~ en un banco** to stick up a bank
-11. *(de baraja)* suit
-12. IMPRENTA *(en letra)* stroke
-13. *(de cante flamenco)* = style of flamenco singing; [EXPR] *Fam* **tocar todos los palos** *(hacer de todo)* to do a bit of everything
-14. *(madera)* **de ~** wooden; **una cuchara de ~** a wooden spoon; *Am* **no ser de ~** not to be made of stone; *RP Fam* **los de afuera son de ~** outsiders have no say ❏ **~ de rosa** rosewood
-15. *Am (árbol, arbusto)* tree ❏ **~ borracho** silk floss tree; **~ de Brasil** brazil wood tree; **~ dulce** liquorice root; **~ santo** lignum vitae
-16. *Carib Fam (trago, copa)* drink
-17. *Am Fam (millón)* million; **esa casa vale dos palos y medio** this house is worth two and a half million ❏ **un ~ verde** a million bucks
-18. *Col, Méx, Pan, Ven Fam (como intensificador)* **~ de hombre** great man; **~ de mujer** real beauty; **~ de agua** *(aguacero)* downpour, deluge of rain
-19. [EXPR] *Cuba, Méx muy Fam* **echarse un ~** to have a screw, *Br* to have it off; *Ven Fam* **echar un ~** to have a drink; *Ven Fam* **ir** *o* **venir ~ abajo** to go downhill, to go from bad to worse

paloduz *nm* liquorice

paloma *nf* **-1.** *(animal) (silvestre)* dove; *(urbana)* pigeon ❏ **~ bravía** rock dove; **~ mensajera** carrier *o* homing pigeon; **la ~ de la paz** the dove of peace; **~ torcaz** ringdove, woodpigeon; **~ zurita** stock dove **-2.** POL *(persona)* dove **-3.** *Méx (marca)* tick **-4.** *Méx (cohete)* = triangular firework **-5.** *CAm, Méx, Ven Fam (vulva)* pussy **-6.** *Méx, Ven Fam (pene)* prick, cock

palomar *nm (pequeño)* dovecote; *(grande)* pigeon shed

palomazo *nm Méx Fam* unbilled appearance; **mi banda hizo un ~ en el concierto de Santana** my band made an unbilled appearance at Santana's concert

palomear *vt Méx (marcar)* to tick, to mark with a tick

palomero *nm Fam (en fútbol)* goalhanger; *(en baloncesto)* cherry picker

palometa *nf* **-1.** *(pez)* pomfret **-2.** *(rosca)* butterfly nut, wing nut

palomilla ❖ *adj Perú Fam* mischievous
❖ *nf* **-1.** *(insecto)* grain moth **-2.** *(rosca)* butterfly nut, wing nut **-3.** *(soporte)* bracket **-4.** *CAm, Chile, Méx Fam (pandilla)* gang **-5.** *CAm, Chile, Méx Fam (chusma)* rabble, riff-raff **-6.** *Perú Fam (travieso)* little monkey

palomillada *nf Perú Fam* prank

palomillar *vi Perú Fam* to play pranks

palomino *nm* **-1.** *(ave)* young dove *o* pigeon **-2.** *Esp Fam (en calzoncillos)* skidmark

palomita *nf* **-1. palomitas (de maíz)** popcorn **-2.** *(en fútbol)* diving stop **-3.** *(bebida)* = drink made with anisette and water

palomo *nm* male dove *o* pigeon

palosanto *nm* lignum vitae

palote *nm* **-1.** *(trazo)* = practice stroke used by children learning to write **-2.** *RP (de amasar)* rolling pin

palpable *adj* **-1.** *(que se puede tocar)* touchable, palpable **-2.** *(evidente)* evident, clear; **el malestar en la empresa es ~** the unease within the company is evident; **había una tensión ~ en la habitación** there was a noticeably strained atmosphere in the room

palpablemente *adv* clearly, palpably

palpación *nf* palpation

palpar ❖ *vt* **-1.** *(tocar)* to feel, to touch; *(sujeto: doctor)* to palpate **-2.** *RP* **~ de armas a alguien** *(cachear)* to frisk sb, to search sb for weapons **-3.** *(percibir)* to feel; **se palpaba el descontento** the restlessness could be felt
❖ *vi* to feel around

palpitación *nf* **-1.** *(de corazón)* beating; *(con fuerza)* throbbing; **una ~** *(de corazón)* a beat; *(con fuerza)* a throb **-2. palpitaciones** *(en párpados, dedo, etc.)* palpitations

palpitante *adj* **-1.** *(que palpita)* beating; *(con fuerza)* throbbing **-2.** *(interesante)* *(discusión, competición)* lively; *(interés, deseo, cuestión)* burning; **un asunto de ~ actualidad** a highly topical issue

palpitar ❖ *vi* **-1.** *(latir)* to beat; *(con fuerza)* to throb **-2.** *(sentimiento)* to be evident; **en su voz palpitaba el nerviosismo** her voice betrayed her nervousness
❖ *v impersonal RP Fam (parecer)* **me palpita que no van a llegar a tiempo** I have a feeling they're not going to arrive on time; **ya me palpitaba yo que no iba a llamar** I had a feeling he wasn't going to call

pálpito *nm esp RP Fam* feeling, hunch; **tener un ~** to have a feeling

palta *nf Andes, RP (fruto)* avocado

paltero *nm RP* avocado tree

palto *nm Andes* avocado tree

paltó *nm Ven (man's)* jacket ❏ **~-levita** frock coat

palúdico, -a *adj* malarial

paludismo *nm* malaria

palurdo, -a *Pey* ❖ *adj* coarse, uncouth
❖ *nm,f* country bumpkin, yokel, *US* hick

palustre ❖ *adj* marsh; **terreno ~** marshy ground
❖ *nm (paleta)* trowel

pamba, pambiza *nf Méx Fam* pummelling; **~ al que no sepa la respuesta** a cuffing for anyone who doesn't know the answer; **a Juan le dieron una ~ por haber contado el secreto** Juan was clouted *o* clobbered for telling the secret

pamela *nf* sun hat

pamemas *nfpl Esp Fam* **-1.** *(tonterías)* nonsense **-2.** *(melindres)* fuss; **hacer ~** to make a great fuss

pamentero, -a *RP Fam* ❖ *adj* exaggerated; **se puso muy ~** he got terribly worked up
❖ *nm,f* **no seas pamentera** don't make such a fuss

pamento *nm RP Fam* fuss; **armar** *o* **hacer ~: es un cortecito de nada, no armes tanto ~** it's just a scratch, don't make such a fuss; **no me gusta Alicia, por cualquier cosita hace ~** I don't like Alicia, she makes a song and dance about the slightest thing

PAMI ['pami] *nm (abrev de* **Programa de Asistencia Médico Integral***)* = Argentinian organization which provides for the welfare of pensioners and those who have retired

pampa[1] *nf* **la ~** the pampas ❏ **~ húmeda** humid pampas; **~ seca** dry pampas

pampa[2] ❖ *adj* pampas Indian
❖ *nmf* pampas Indian

pámpana *nf* vine leaf

pámpano *nm* **-1.** *(sarmiento, pimpollo)* vine tendril, vine shoot **-2.** *(hoja)* vine leaf

pampeano, -a ❖ *adj* **-1.** *(de La Pampa)* of/from La Pampa *(Argentina)* **-2.** *(de las pampas)* of/from the pampas
❖ *nm,f* **-1.** *(de La Pampa)* inhabitant of La Pampa *(Argentina)* **-2.** *(de las pampas)* inhabitant of the pampas

pampero, -a ❖ *adj* of/from the pampas
❖ *nm (viento)* = cold South wind from the pampas

pamplina *nf (planta)* chickweed

pamplinas *nfpl Fam (tontería)* trifle, unimportant thing; **¡no me vengas con ~!** don't try that nonsense with me!; **¡déjate de ~ y cómete la sopa!** stop your nonsense and eat your soup!

pamplona *nf Urug* grilled meat stuffed with olives and seasoning

pamplonés, -esa ❖ *adj* of/from Pamplona *(Spain)*
❖ *nm,f* person from Pamplona *(Spain)*

pamplonica ❖ *adj* of/from Pamplona *(Spain)*
❖ *nmf* person from Pamplona *(Spain)*

PAN [pan] *nm* **-1.** *(abrev de* **Partido de Acción Nacional***)* = right-wing Mexican political party **-2.** *(abrev de* **Partido de Avanzada Nacional***)* = centre-right Guatemalan political party

pan *nm* **-1.** *(alimento)* bread; *(barra, hogaza)* loaf; **~ con mantequilla** bread and butter; **a ~ y agua** on bread and water; [EXPR] **vivir a ~ y agua** to be *o* live on the breadline; [EXPR] *Fam* **con su ~ se lo coma** that's his/her problem; [EXPR] **contigo, ~ y cebolla** you're all I need (in the world); [EXPR] **ganarse el ~** to earn a living; [EXPR] **llamar al ~, ~ y al vino, vino** to call a spade a spade; [EXPR] **no sólo de ~ vive el hombre** man cannot live on bread alone; [EXPR] *Fam* **ser más bueno que el ~, ser un bendito** to be kindness itself; [EXPR] *Fam* **estar más bueno que el ~** to be gorgeous; [EXPR] *Méx* **ser un ~, RP ser un ~ de Dios** to be an absolute angel; [EXPR] *Fam* **ser ~ comido** to be a piece of cake, to be as easy as pie; [EXPR] *Fam* **ser el ~ nuestro de cada día** *(habitual)* to be commonplace, to be an everyday occurrence; [EXPR] **es ~ para hoy y hambre para mañana** it's little more than a short-term solution; [EXPR] **venderse como ~ caliente** to sell like hot cakes ❏ **~ de ajo** garlic bread; **~ ázimo** *o* **ácimo** unleavened bread; **~ de azúcar** sugar loaf; **~ de barra** French bread; REL **~ bendito** communion bread; *Esp* **~ Bimbo®** packaged sliced bread; **~ de centeno** rye bread; **~ dulce** *Méx (bollo)* bun; *RP (panetone)* panettone; **~ francés** French bread; *Chile* **~ Frica** hamburger bun; **~ de hogaza** large round loaf; **~ integral** *Br* wholemeal *o US* wholewheat bread; *Arg* **~ lactal** sliced bread; *Urug* **~ de miga** packaged sliced bread; **~ de molde** packaged sliced bread; **~ moreno** *(integral)* brown bread; *(con centeno)* brown *o* rye bread; **~ negro** *(integral)* brown bread; *(con centeno)* black *o* rye bread; **~ rallado** breadcrumbs; *Col* **~ tajado** sliced bread; **~ tostado** *Esp (de paquete)* Melba toast; *Am (tostada)* toast; **~ de Viena** *RP* hot dog roll,

Flora

Fauna

Fauna

Flora

finger roll; *Esp* = type of soft white bread made with the addition of milk
-2. ~ **de higo(s)** = dessert consisting of dried figs squashed together with whole almonds to form a kind of round cake
-3. ~ **de oro** gold leaf
-4. ~ **y quesillo** *(planta)* shepherd's purse

pana[1] *nf* **-1.** *(tela)* corduroy; **pantalones/camisa de** ~ corduroy trousers/shirt ❏ ~ **lisa** velveteen
-2. *Chile (hígado)* liver
-3. *Chile Fam (avería)* breakdown; **quedar en** ~ to have a breakdown; **no hay ropa limpia, la lavadora tiene una** ~ there are no clean clothes, the washing-machine's out of order
-4. *Chile Fam (audacia)* guts; **le sobra** ~ **para pelear** he's got the guts to fight; **achicar (a uno) la** ~ to intimidate, to unnerve; **helársele** *o* **derretírsele a uno la** ~ to lose one's nerve, *Br* to lose one's bottle

pana[2] *nmf Ecuad, Ven Fam* **-1.** *(amigo)* pal, *Br* mate, *US* buddy **-2.** *(como apelativo)* pal, *US* buddy; **¿qué hubo, ~?** how're you doing, pal?

panacea *nf* panacea
panaché *nm* ~ **(de verduras)** mixed vegetables
panadería *nf* **-1.** *(tienda)* bakery, baker's; *(fábrica)* bakery **-2.** *(oficio)* bread-making
panadero, -a *nm,f* baker
panafricanismo *nm* Pan-Africanism
panafricano, -a *adj* Pan-African
panal *nm* honeycomb
Panamá *n* Panama
panamá *nm* panama (hat)
panameño, -a ◇ *adj* Panamanian
◇ *nm,f* Panamanian
Panamericana *nf* **la** ~ the Pan-American Highway

LA PANAMERICANA

The **Panamericana** (the Pan-American highway) runs almost without a break for some 48,000 kilometres from Alaska to the southern tip of Chile, connecting the entire American continent. The project was first proposed in 1925 and construction began three years later, but the road has yet to cross the densely forested Darien Gap in Panama. For all its merits as a prestige project, and its concrete benefits as a means of communication, further construction is dogged by controversy over the real threat to the ecosystem of the rainforest and to the culture of the indigenous peoples who live in the Darien region.

---

panamericanismo *nm* Pan-Americanism
panamericano, -a *adj* Pan-American
panárabe *adj* Pan-Arab, Pan-Arabic
panarabismo *nm* Pan-Arabism
panavisión *nf* panavision
pancarta *nf* placard, banner; ~ **de meta** finishing line *(with banner across)*
panceta *nf* bacon
panchitos *nmpl Esp Fam* salted peanuts
pancho, -a ◇ *adj Fam* **se enteró del accidente y se quedó tan** ~ he didn't bat an eyelid *o* turn a hair when he heard about the accident; **le dijeron que estaba despedido y se quedó tan** ~ when they told him he was *Br* sacked *o US* fired he didn't seem the least bit concerned; **estaba tan ~, sentado en el sofá** he was sitting on the couch without a care in the world; **no te quedes ahí tan ~ y ayúdanos** don't just stand there, come and lend us a hand
◇ *nm* **-1.** *RP (perrito caliente)* hot dog **-2.** *Méx Fam* **hacer Panchos** to make a fool of oneself
panchólares *nmpl Méx Fam* pesos
pancista *Fam* ◇ *adj* opportunistic
◇ *nmf* opportunist
pancita *nf Méx* tripe stew
pancito *nm Am* bread roll
páncreas *nm inv* pancreas
pancreático, -a *adj* pancreatic
pancreatitis *nf inv* pancreatitis
pancromático, -a *adj* panchromatic

panda ◇ *adj* **oso** ~ panda
◇ *nm* panda ❏ ~ **gigante** giant panda
◇ *nf Esp Fam* **-1.** *(de amigos)* crowd, gang **-2.** *(de gamberros, delincuentes)* gang; **¡menuda ~ de vagos estáis hechos!** what a bunch of layabouts you've become!
pandear ◇ *vi* **-1.** *(madera)* to warp **-2.** *(pared)* to bulge, to sag
◆ **pandearse** *vpr* **-1.** *(madera)* to warp **-2.** *(pared)* to bulge, to sag
pandemia *nf* MED pandemic
pandémico, -a *adj* MED pandemic
pandemónium *nm* pandemonium; **se armó un auténtico** ~ there was absolute pandemonium, all hell broke loose
pandeo *nm* **-1.** *(de madera)* warping **-2.** *(de pared)* bulging, sagging
pandereta *nf* tambourine
pandero *nm* **-1.** *(instrumento)* tambourine **-2.** *Esp Fam (trasero) Br* bum, *US* butt **-3.** *Perú (compra cooperativa)* = communal savings scheme *(usually for buying cars)*
pandilla *nf* **-1.** *(de amigos)* crowd, gang **-2.** *(de gamberros, delincuentes)* gang; **¡vaya ~ de holgazanes!** what a bunch of lazybones!
pandillero, -a *nm,f* member of a gang
pándit *(pl* **pándits***) nm* REL pundit
pando, -a *adj* **-1.** *(madera)* warped **-2.** *(pared)* bulging, sagging
pandorga *nf Par (cometa)* kite
panecillo *nm Esp* bread roll
panecito *nm Am* bread roll
panegírico, -a ◇ *adj* panegyrical, eulogistic
◇ *nm* panegyric, eulogy
panegirista *nmf* panegyrist
panel *nm* **-1.** *(pared, biombo)* screen **-2.** *(tablero)* board ❏ ~ **de control** *(en máquina, computador)* control panel; ~ **de instrumentos** *(en vehículo)* instrument panel; ~ **solar** solar panel **-3.** *(de personas)* panel
panela *nf* **-1.** *CAm, Col, Méx, Ven (azúcar)* = brown-sugar loaf **-2.** *Méx (queso)* = type of fresh cheese **-3.** *Ven (pieza)* = rectangular bar or block
panera *nf* **-1.** *(para servir pan)* bread basket **-2.** *(para guardar pan) Br* bread bin, *US* bread box
panero, -a ◇ *adj* **ser muy** ~ to be very fond of bread
◇ *nm Br* bread tray, *US* bread box
panetone *nm* panettone
paneuropeísmo *nm* Pan-Europeanism
paneuropeo, -a *adj* Pan-European
pánfilo, -a ◇ *adj* simple, foolish
◇ *nm,f* fool, simpleton
panfletario, -a *adj* propagandist
panfletista *nmf* pamphleteer
panfleto *nm* **-1.** *(escrito)* polemical pamphlet **-2.** *(folleto)* (political) pamphlet
panga *nf* **-1.** *Méx (barcaza)* ferry **-2.** *CAm, Méx (canoa)* small fishing boat
pangaré *adj CSur* pangare, mealy
Pangea *n* Pangaea
pangermánico, -a *adj* Pan-German
pangermanismo *nm* Pan-Germanisn
pangolín *nm* pangolin, scaly anteater
paniaguado *nm Pey (enchufado)* protégé
pánico *nm* panic; **el** ~ **se apoderó de la sala tras la explosión** panic gripped *o* seized the hall after the explosion; **¡que no cunda el ~!** don't panic!; **ser presa del** ~ to be panic-stricken; **tener** ~ **a** to be terrified of; **me dan** ~ **los barcos** I'm terrified of sailing
panificación *nf* bread-making
panificadora *nf* (large) bakery
panislámico, -a *adj* Pan-Islamic
panislamismo *nm* Pan-Islamicism
panista *Méx* ◇ *adj* relating to the PAN party
◇ *nmf* PAN supporter
panizo *nm* millet
panocha *nf* **-1.** *(de maíz)* ear, cob **-2.** *Méx (de melaza)* brown sugar loaf **-3.** *Col, Méx Vulg (vulva)* cunt
panoja *nf* ear, cob
panoli *Fam* ◇ *adj* foolish, silly
◇ *nmf* fool, idiot

panoplia *nf* **-1.** *(tabla)* display panel **-2.** *(armas)* mounted display of weapons **-3.** *(conjunto, gama)* range, gamut; **se presentan a las elecciones una** ~ **de partidos** a whole range of parties are running for election
panorama *nm* **-1.** *(vista)* panorama **-2.** *(visión general)* overview; **un** ~ **de la música barroca** an overview of Baroque music **-3.** *(situación)* outlook; **el** ~ **económico no es bueno** the economic outlook is not good
panorámica *nf* **-1.** *(vista)* panoramic view **-2.** *(en cine, televisión)* pan
panorámico, -a *adj* panoramic
panqué *nm* **-1.** *Cuba, Méx (crepe)* pancake **-2.** *Méx (pastel)* sponge cake
panqueca *nf Ven* pancake
panqueque *nm Am* pancake
pantagruélico, -a *adj* gargantuan, enormous
pantalán *nm* NÁUT wharf
pantaleta *nf,* **pantaletas** *nfpl CAm, Carib, Méx (bragas)* panties, *Br* knickers
pantalla *nf* **-1.** *(de cine, televisión, ordenador)* screen; **la** ~ **grande** the big screen; **la pequeña** ~ the small screen, television; **van a llevar a la** ~ **la vida de Zapata** they're going to make a film about the life of Zapata; **mostrar en** ~ to show on the screen; **una estrella de la** ~ a TV/movie star ❏ ~ **acústica** *(musical)* baffle; *(en carretera)* acoustic screen; = roadside screen to reduce traffic noise; INFORMÁT ~ **de ayuda** help screen; *Am* ~ **chica** small screen; ~ **de cristal líquido** liquid crystal display; ~ **gigante** big screen; INFORMÁT ~ **de matriz activa** active matrix display; ~ **plana** flat screen; ~ **de radar** radar screen; INFORMÁT ~ **táctil** touch screen
-2. *(de lámpara)* lampshade
-3. *(de chimenea)* fireguard
-4. *(encubridor)* front; **esta empresa les sirve de** ~ **para sus actividades ilegales** this company serves as a front for their illegal activities
-5. *Andes, RP (abanico)* fan
-6. *Ven Fam (pose)* sham; **su casamiento es** ~ his marriage is a sham
pantallar, pantallear *vi Ven Fam* to show off; **está siempre pantallando** she's always showing off
pantallazo *nm* **-1.** INFORMÁT *Fam* screen capture *o* dump **-2.** *RP Fam (sinopsis)* snapshot; **es un curso muy rápido, pero te da un** ~ **del arte medieval** it's a very short course but it gives you a snapshot of mediaeval art
pantallero, -a *Ven Fam* ◇ *adj* showy, flashy
◇ *nm,f* show-off
pantalón *nm,* **pantalones** *nmpl* trousers, *US* pants; **se compró unos pantalones** he bought a pair of trousers *o US* pants; EXPR *Méx Fam* **amarrarse** *o* **fajarse** *o* **ponerse los pantalones** to take matters in hand; EXPR *Fam* **bajarse los pantalones** to climb down; EXPR *Fam* **llevar los pantalones** to wear the trousers *o US* pants ❏ *Am* ~ **acampanado** bell-bottoms; *Col* ~ **de baño** swimming trunks; **pantalones bombachos** baggy trousers; *(para golf)* plus fours; *RP* ~ **(de) bombilla** drainpipe trousers *o US* pants; ~ **de campana** bell-bottoms; *Esp* ~ **de chándal** tracksuit *Br* bottoms *o US* pants; ~ **corto** short trousers *o US* pants, shorts; ~ **de esquí** ski pants; *Col, Cuba* **pantalones interiores** *(braga)* panties, *Br* knickers; ~ **largo** (long) trousers *o US* (long) pants; *Méx* **pantalones de mezclilla** jeans; ~ **de montar** jodhpurs; ~ **de pana** cords; ~ **de peto** *Br* dungarees, *US* overalls; ~ **de pinzas** pleated trousers *o US* pants; ~ **(de) pitillo** drainpipe trousers *o US* pants; ~ **tejano** jeans; ~ **vaquero** jeans
pantaloncillo *nm,* **pantaloncillos** *nmpl Col, Ven (calzoncillos) Br* underpants, *US* shorts
pantaloneta *nf CAm, Col* short trousers *o US* pants, shorts
pantanal *nm* marsh, bog
pantano *nm* **-1.** *(ciénaga)* marsh; *(laguna)* swamp **-2.** *(embalse)* reservoir

pantanoso, -a *adj* **-1.** *(cenagoso)* marshy, boggy **-2.** *(difícil)* tricky

panteísmo *nm* pantheism

panteísta ◇ *adj* pantheistic
◇ *nmf* pantheist

panteón *nm* **-1.** *(templo)* pantheon **-2.** *(mausoleo)* mausoleum, vault ❏ **~ familiar** family vault **-3.** *Andes, CAm, Carib, Méx (cementerio)* cemetery

panteonero *nm Andes, CAm, Carib, Méx* cemetery worker

pantera *nf* panther; EXPR *Méx* **ser una ~** to be fearless ❏ **~ negra** black panther

panti *nm Br* tights, *US* pantyhose

pantimedias *nfpl Méx Br* tights, *US* pantyhose

pantocrátor *nm* ARTE Christ Pantocrator

pantógrafo *nm* pantograph

pantomima *nf* **-1.** *(mimo)* mime **-2.** *(farsa)* pantomime, acting

pantomimo *nm* mime artist

pantoque *nm* NÁUT bilge

pantorrilla *nf* calf

pantri, pantry *nm Ven* **-1.** *(comedor diario)* = family dining area off kitchen **-2.** *(comedor de formica)* = metal or plastic dining-table with chairs

pants *nmpl Méx* **-1.** *(pantalón)* tracksuit bottoms, *US* pants **-2.** *(traje)* track *o* jogging suit

pantufla *nf* slipper

panty *(pl* **pantis)** *nm Br* tights, *US* pantyhose

panza *nf* **-1.** *Fam (barriga)* belly **-2.** *(de rumiantes)* rumen **-3.** *(de avión, jarrón)* belly

panzada *nf Fam* **-1.** *(en el agua)* belly-flop; **darse una ~** to do a belly flop **-2.** *(hartazgo)* **se dieron una ~ de marisco** they pigged out on shellfish; **nos dimos una ~ de estudiar** we studied really hard

panzazo *nm Fam* belly-flop; **darse un ~** to do a belly flop

panzón, -ona *Fam* ◇ *adj* **-1.** *Am (panzudo)* paunchy **-2.** *Méx (embarazada)* pregnant
◇ *nm,f Am* paunch, potbelly

panzona *nf Méx Fam* pregnant woman

panzudo, -a *adj Fam* paunchy, potbellied

pañal *nm Br* nappy, *US* diaper; EXPR *Fam* **estar en pañales** *(en sus inicios)* to be in its infancy; *(sin conocimientos)* not to have a clue; *Fam* **dejar a alguien en pañales** to leave sb standing *o* behind

pañería *nf* **-1.** *(producto)* drapery **-2.** *(tienda) Br* draper's (shop), *US* dry goods store

paño *nm* **-1.** *(tela)* cloth, material
-2. *(trapo)* cloth; *(para polvo)* duster; *(de cocina)* tea towel; **pásale un ~ al salón** dust the living room ❏ *Chile* **~ de loza** tea towel
-3. *(lienzo)* panel, length
-4. *(tapiz)* hanging, tapestry
-5. ARQUIT *(pared)* length (of wall)
-6. *(en la cara)* liver spot
-7. *Ven (toalla)* bath towel
-8. *Fam* EXPR **conocer el ~** to know the score; **ser el ~ de lágrimas de alguien** to be a shoulder to cry on for sb; **en paños menores** in one's underthings; **paños calientes** half-measures

pañol *nm* NÁUT storeroom

pañolada *nf* = waving of handkerchiefs by crowd at bullfights and sporting events to signal approval or disapproval

pañolenci *nm RP* felt

pañoleta *nf* **-1.** *(de mujer)* shawl, wrap **-2.** *(de torero)* neckerchief

pañolón *nm* shawl

pañuelo *nm* **-1.** *(de nariz)* handkerchief ❏ **~ de bolsillo** pocket handkerchief; **~ de mano** pocket handkerchief; **~ de papel** paper handkerchief, tissue **-2.** *(para el cuello)* scarf, neckerchief; *(para la cabeza)* headscarf ❏ **~ de cuello** scarf, neckerchief

papa¹ *nm* pope; **el Papa Juan Pablo II** Pope John Paul II ❏ **~ negro** "black pope"

papa² *nf* **-1.** *esp Am (tubérculo)* potato; EXPR *Fam* **ni ~: no saber ni ~** not to have a clue; *Fam* **no entendí ni ~** I didn't understand a word; EXPR *Ven Fam* **ponerse/estar las papas duras: se estan poniendo las papas duras** the going is getting tough; EXPR *Am Fam Hum* **quítate la ~ de la boca** speak clearly; EXPR *RP Fam* **ser una ~** *(ser muy fácil)* to be a cinch, to be a pushover; EXPR *Ven Fam* **ser ~ pelada** *(ser muy fácil)* to be a cinch *o* a pushover ❏ *Esp* **papas bravas** = sautéed potatoes served with spicy tomato sauce; *Urug* **papas chip** *Br* crisps, *US* (potato) chips; *Am* **dulce** sweet potato; *Am* **papas fritas** *(de sartén) Br* chips, *US* (French) fries; *(de bolsa) Br* crisps, *US* (potato) chips; EXPR *RP Fam* **ser un/una ~ frita** to be a *Br* wally *o US* goofball; **~ nueva** new potato; **~ temprana** new potato
-2. *Am Fam (comida)* food; **cómete toda la ~** eat up all your food
-3. *CSur Fam (en la media)* hole
-4. *Méx Fam (mentira)* fib

papá *nm (utilizado por niño)* dad, daddy, *US* pop; *Am (utilizado por adulto)* dad; **invita también a tus papás** invite your *Br* mum *o US* mom and dad too ❏ **Papá Noel** Father Christmas

papable *adj* **el ~ cardenal Martini** Cardinal Martini, a candidate to be the next pope

papachado, -a *Méx* ◇ *adj* pampered, spoilt
◇ *nm,f* spoilt child

papachador, -ora *nm,f Méx* openly affectionate person

papachar *vt Méx* to cuddle, to pamper

papachento, -a *Méx* ◇ *adj* **es muy ~** he loves being pampered, he loves being made a fuss of
◇ *nm,f* **eres una papachenta** you love being pampered, you love being made a fuss of

papachero, -a *Méx* ◇ *adj* demonstrative
◇ *nm,f* openly affectionate person

papacho *nm Méx* hug, cuddle

papacito *nm CAm, Carib, Méx* daddy

papada *nf (de persona)* double chin; *(de animal)* dewlap

papado *nm* papacy

papagayo *nm* **-1.** *(animal)* parrot; EXPR **hablar como un ~** to be a chatterbox **-2.** *Carib, Méx (cometa)* kite **-3.** *Arg (orinal)* male urinal

papal *adj* papal

papalina *nf* **-1.** *(gorra)* = cap that covers the ears **-2.** *(cofia)* bonnet

papalote *nm CAm, Méx (cometa)* kite

papamoscas ◇ *nm* flycatcher ❏ **~ cerrojillo** pied flycatcher; **~ gris** spotted flycatcher
◇ *nmf inv RP Fam* sucker, simpleton

papamóvil *nm* popemobile

papanatas *nmf inv Fam* sucker, simpleton

Papanicolau *nm Am* smear test; **hacerse un ~** to have a smear test

papar *Fam* ◇ *vt* **-1.** *RP (comer)* to eat **-2.** *Méx, RP* EXPR **~ moscas** *(estar despistado)* to daydream
◇ *vi RP* to eat
✦ **paparse** *vpr RP* to scoff

paparazzi [papa'ratsi] *nmf inv* paparazzi

paparruchas *nfpl Fam* nonsense; **¡~!** *Br* codswallop!, *US* bunkum!

papaúpa *nmf Ven Fam* number one, kingpin

papaya *nf* **-1.** *(fruta)* papaya, pawpaw **-2.** *Ven Fam (cosa fácil)* cinch, piece of cake **-3.** *Cuba Vulg (vulva)* cunt

papayo *nm* papaya tree, pawpaw tree

papeado, -a *adj Ven Fam* sturdy, solid; **lo tiene al bebé bien ~** her baby's nice and chubby

papear *Esp, Ven Fam* ◇ *vt* to eat, *Br* to scoff
◇ *vi* to eat, *Br* to nosh

papel *nm* **-1.** *(material)* paper; *(hoja)* sheet of paper; *(trozo)* piece of paper; **una bolsa de ~** a paper bag; **un ~ en blanco** a blank sheet of paper; **espera un momento, que agarro lápiz y ~** wait a moment while I get a pencil and paper; **sobre el ~** *(teóricamente)* on paper; *Fam* **perder los papeles** *(perder control)* to lose one's cool, to lose control; *RP, Ven Fam (estar desorientado)* to lose one's touch; EXPR **ser ~ mojado** to be worthless ❏ *Esp* **~ albal®** tin *o* aluminium foil; **~ de aluminio** tin *o* aluminium foil; *RP* **~ de armar** cigarette paper; **~ de arroz** rice paper; **~ (de) barba** untrimmed paper; **~ biblia** bible paper; **~ de borrador** scrap *o* waste paper; **~ de calco o de calcar** *(transparente)* tracing paper; *(entintado)* carbon paper; **~ carbón** *o RP* **carbónico** carbon paper; **~ de carta** notepaper; **~ cebolla** onionskin; **~ celofán** Cellophane®; **~ de cera** *(para envolver) Br* greaseproof paper, *US* wax paper; **~ charol** coloured tissue paper; *Chile* **~ confort** toilet paper; INFORMÁT **~ continuo** continuous paper; **~ couché** coated (magazine) paper; *Am* **~ crepé** crepe paper; *Col* **~ crespón** crepe paper; **~ cuadriculado** graph paper; **~ cuché** coated paper; **~ ecológico** acid-free paper; **~ de embalar o de embalaje** wrapping paper; **~ de envolver** wrapping paper; **~ de estaño** tin *o* aluminium foil; **~ de estraza** brown paper; **~ de fumar** cigarette paper; *RP* **~ glasé** coloured tissue paper; **~ higiénico** toilet paper; **~ de lija** sandpaper; **~ maché** papier-mâché; *CSur* **~ madera** brown paper; *RP* **~ manteca** *(para envolver) Br* greaseproof *o US* wax paper; **~ milimetrado** graph paper; *Chile* **~ mural** wallpaper; *Am* **~ oficio** foolscap; **~ pautado** *(para música)* (music) manuscript paper, staff paper; **~ pentagramado** *(para música)* (music) manuscript paper, staff paper; **~ de periódico** newspaper, newsprint; *RP* **~ picado** confetti; *Esp* **~ pinocho** crepe paper; **~ pintado** wallpaper; **~ de plata** tin *o* aluminium foil; **~ reciclado** recycled paper; **~ de regalo** wrapping paper; *Cuba* **~ sanitario** toilet paper; **~ secante** blotting paper; **~ de seda** tissue (paper); **~ sellado** stamped paper, = paper bearing an official stamp to show that the corresponding tax has been paid; INFORMÁT **~ térmico** thermal paper; **~ timbrado** stamped paper, = paper bearing an official stamp to show that the corresponding tax has been paid; *Guat, Ven* **~ toilette** *o* **tualé** toilet paper; QUÍM **~ tornasol** litmus paper; **~ vegetal** tracing paper
-2. *(en película, teatro)* role, part; **Bogart está insuperable en el ~ de Rick** Bogart is superb as Rick; **hacer** *o* **representar el ~ de** to play the role *o* part of ❏ **~ principal** main part; **~ secundario** minor part
-3. *(función)* role, part; **hace el ~ de padre y de madre** he plays the role of both father and mother; **desempeña un ~ crucial en la compañía** she plays a crucial role in the company; **¡vaya un ~ que vamos a hacer con tantos lesionados!** we're going to make a poor showing with so many injuries!; **hacer (un) buen/mal ~** to make a good/poor showing
-4. FIN *(valores)* stocks and shares ❏ **~ del Estado** government bonds; **~ moneda** paper money, banknotes; **~ de pagos (al Estado)** = special stamps for making certain payments to the State
-5. *Esp Fam (1.000 pesetas)* = thousand pesetas
-6. papeles *(documentos, identificación)* papers; **los papeles del coche** the car's registration documents; **tener los papeles en regla** to have one's papers in order; **los sin papeles** undocumented immigrants
-7. *Fam* **los papeles** *(la prensa escrita)* the

papeleo *nm* paperwork, red tape; **ya he acabado todo el ~ del préstamo** I've done all the paperwork for the loan

papelera *nf* **-1.** *(cesto)* wastepaper basket, *Br* wastepaper bin; *(en la calle)* litter bin **-2.** *(fábrica)* paper mill **-3.** INFORMÁT *(en Windows)* recycle bin; *(en Macintosh) Br* wastebasket, *US* trash can

papelería *nf* stationer's (shop); **material** *o* **artículos de ~** stationery

papelero, -a ◇ *adj* paper; **industria papelera** paper industry
◇ *nm* **-1.** *CSur (papelera)* wastepaper basket, *Br* wastepaper bin **-2.** *Ven (desorden)* mess of papers

papeleta nf -1. (boleto) ticket, slip (of paper) -2. (de votación) ballot paper ❑ **~ en blanco** blank ballot paper; **~ nula** void ballot paper -3. EDUC = slip of paper with university exam results -4. (problema) **le tocó la ~ de comunicarle que estaba despedido** she got lumbered with the job of telling him he was fired; **tiene una buena ~ con la mujer en el hospital y el hijo en el paro** he has a lot on his plate with his wife in hospital and his son unemployed

papelillo nm Ven confetti

papelina nf Fam wrap, = sachet of paper containing drugs

papelitos nmpl Urug confetti

papelón nm -1. Fam (mal papel) spectacle; **hacer un ~** to make a fool of oneself, to be left looking ridiculous -2. Andes, Ven (azúcar) brown sugar loaf

papeo nm Fam grub

paperas nfpl mumps

papero, -a adj Am potato

papi nm Fam daddy, US pop

papiamento nm Papiamento (a creole language spoken in the Dutch Antilles)

papila nf papilla ❑ **~ gustativa** taste bud

papilar adj papillary

papilionáceo, -a BOT ◇ adj papilonaceous ◇ nfpl **papilionáceas** (familia) Papilonaceae

papilla nf -1. (para niños) baby food, US formula; EXPR Fam **echar** o **arrojar hasta la primera ~** to be as sick as a dog; EXPR Fam **hacer ~ a alguien** to make mincemeat of sb; EXPR Fam **hecho(a) ~** (cansado) shattered, exhausted; (roto) smashed to bits, ruined -2. MED barium meal

papiloma nm MED papilloma

papión nm baboon

papiro nm -1. (planta) papyrus -2. (escrito) papyrus

papiroflexia nf origami

papirotazo nm flick (of finger)

papisa nf female pope ❑ **la ~ Juana** Pope Joan

papismo nm papistry, popery

papista ◇ adj papist; EXPR Fam **ser más ~ que el Papa** to be more Catholic than the Pope
◇ nmf papist

papo nm Fam -1. (moflete) jowls -2. (de ave) crop -3. (descaro) **tener mucho ~** to have a lot of cheek; **¡tiene un ~ que se lo pisa!** he's got some cheek!

paporreta nf Perú Fam **de ~** (de memoria) parrot-fashion; **se sabía la lista de ~** she knew the list by heart

páprika, paprika nf paprika

papú (pl papúes) ◇ adj Papuan
◇ nmf Papuan

Papúa-Nueva Guinea n Papua New Guinea

paquebote nm packet boat

paquete¹, -a adj RP Fam smart, elegant; **es una mujer muy paqueta** she's a very smart dresser; **hoy estás muy ~** you're looking very elegant today; **tiene un apartamento muy ~** he's got a very chic apartment

paquete² nm -1. (de libros, regalos) parcel ❑ **~ bomba** parcel bomb; Col, Ven Fam **~ chileno** (timo) = deception involving the use of a fake wad of bank notes; (estafa) swindle; **~ postal** parcel -2. (de cigarrillos, folios) pack, packet; (de azúcar, arroz) bag -3. (maleta, bulto) bag -4. (en rugby) pack -5. (en ciclismo) pack -6. (en motocicleta) passenger; **ir de ~** to ride pillion -7. (conjunto) package ❑ BOLSA **~ de acciones** bundle o lot of shares; **~ de medidas** package of measures; **~ turístico** package tour -8. INFORMÁT package ❑ **~ integrado** integrated package -9. Esp Fam (pañales) Br nappies, US diapers

-10. Fam (cosa fastidiosa) **me ha tocado el ~ de hacer...** I've been lumbered with doing...
-11. Esp Fam (genitales masculinos) packet, bulge; **marcar ~** to draw attention to one's packet o bulge
-12. Fam (inútil) **ser un ~** to be useless o hopeless
-13. Méx Fam (problema) major hurdle
-14. Fam EXPR **meter un ~ a alguien** (castigar) to come down hard on sb; Méx **darse ~** to put on airs

paquetear vi RP Fam to dress up smart; **anda siempre paqueteando** she's always very dressed up

paquetería nf -1. (mercancía) small goods; **empresa de ~** parcel delivery company -2. (negocio) small goods shop -3. RP Fam (elegancia) smartness, elegance

paqueterío nm RP Fam pile of parcels

paquidermo nm pachyderm

Paquistán n Pakistan

paquistaní (pl paquistaníes) ◇ adj Pakistani
◇ nmf Pakistani

paquita nf Chile Fam female police officer

par ◇ adj -1. (número) even; **echar algo a pares o nones** = to decide something between two people by a game in which each holds out a certain number of fingers behind their back, predicts whether the total will be odd or even, then reveals their hand to the other -2. (igual) equal
◇ nm -1. (de zapatos, pantalones) pair; **a** o **en pares** in pairs, two by two
-2. (de personas, cosas) couple; EXPR Fam Hum **de tres pares de narices: está cayendo una tormenta de tres pares de narices** there's an almighty storm going on; **tengo un lumbago de tres pares de narices** I've got horrendous lumbago
-3. (número indeterminado) few, couple; **un ~ de copas** a couple of o a few drinks; **un ~ de veces** a couple of times, a few times; Vulg **es un tipo con un ~ de cojones** o **huevos** he's got guts o balls
-4. (número par) even number
-5. (en golf) par; **dos bajo/sobre ~** two under/over par; **hacer ~ en un hoyo** to par a hole
-6. (noble) peer
-7. FÍS couple ❑ **~ de fuerzas** couple; **~ de torsión** torque
-8. **sin ~** (sin comparación) without equal, matchless; **de una belleza sin ~** incomparably beautiful
-9. **(abierto) de ~ en ~** (puerta, ventana, boca) wide open
-10. TEL **~ trenzado** twisted pair
◇ **a la par** loc adv -1. (simultáneamente) at the same time; **los dos llegaron a la ~** they both arrived at the same time -2. (a igual nivel) at the same level; **se han colocado a la ~ de la competencia** they have put themselves on an equal footing with their competitors -3. FIN at par; **el dólar cotiza a la ~ con el euro** the dollar is trading at par with the euro

para prep -1. (indica destino, finalidad, motivación) for; **es ~ ti** it's for you; **significa mucho ~ mí** it means a lot to me; **"¡qué suerte!", dije ~ mí** "how lucky," I said to myself; **una mesa ~ el salón** a table for the living room; **desayuno ~ dos** breakfast for two; **crema ~ zapatos** shoe polish; **pastillas ~ dormir** sleeping pills; **están entrenados ~ el combate** they have been trained for combat; **estudia ~ dentista** she's studying to become a dentist; **esta agua no es buena ~ beber** this water isn't fit for drinking o to drink; **~ conseguir sus propósitos** in order to achieve his aims; **lo he hecho ~ agradarte** I did it to please you; **me voy ~ no causar más molestias** I'll go so I don't cause you any more inconvenience; **te lo repetiré ~ que te enteres** I'll repeat it so you understand; **resulta que se divorcian ~ un mes más tarde volverse a casar** so they get divorced, only to remarry a month later; **~ con** towards; **es buena ~ con los demás** she

is kind towards other people; **¿~ qué?** what for?; **¿~ qué quieres un martillo?** what do you want a hammer for?, why do you want a hammer?; **¿~ qué has venido?** why are you here?; **¿~ quién trabajas?** who do you work for?
-2. (indica dirección) towards; **el próximo vuelo ~ Caracas** the next flight to Caracas; **ir ~ casa** to head (for) home; **salir ~ el aeropuerto** to leave for the airport; **~ abajo** downwards; **~ arriba** upwards; **tira ~ arriba** pull up o upwards; **~ atrás** backwards; **échate ~ atrás** (en asiento) lean back; **~ delante** forwards; **ya vas ~ viejo** you're getting old; **esta muchacha va ~ pintora** this girl has all the makings of a painter
-3. (indica tiempo) for; **tiene que estar acabado ~ mañana/~ antes de Navidad** it has to be finished by o for tomorrow/before Christmas; **faltan cinco minutos ~ que salga el tren** the train leaves in five minutes; **tienen previsto casarse ~ el 17 de agosto** they plan to get married on 17 August; **llevamos comida ~ varios días** we have enough food for several days; Andes, CAm, Carib, Méx **diez ~ las once** ten to eleven; Andes, CAm, Carib, Méx **un cuarto ~ las once** (a) quarter to eleven; **va ~ un año que no nos vemos** it's getting on for a year since we saw each other; **¿y ~ cuándo un bebé?** and when are you going to start a family?; **~ entonces** by then
-4. (indica comparación) **tiene la estatura adecuada ~ su edad** she is the normal height for her age; **está muy delgado ~ lo que come** he's very thin considering how much he eats; **~ ser verano hace mucho frío** considering it's summer, it's very cold; **~ ser un principiante no lo hace mal** he's not bad for a beginner; **~ lo que me ha servido...** for all the use it's been to me...; **¡tanto esfuerzo ~ nada!** all that effort for nothing!; **¿y tú quién eres ~ tratarla así?** who do you think you are, treating her like that?; **yo no soy quien ~ decir...** it's not for me to say...
-5. (después de adjetivo y antes de infinitivo) (indica inminencia, propósito) to; **la comida está lista ~ servir** the meal is ready to be served; **el atleta está preparado ~ ganar** the athlete is ready to win
-6. (indica opinión) for; **~ Marx, la religión era el opio del pueblo** for Marx, religion was the opium of the people; **~ mí/ti/**etc. as far as I'm/you're/etc concerned; **~ mí que no van a venir** it looks to me like they're not coming; **¿~ ti quién es más guapo?** who do you think is the most handsome?
-7. (indica disposición, estado) **no estoy ~ fiestas** I'm not in the mood for parties; **el abuelo no está ya ~ hacer viajes largos** grandfather's no longer up to going on long journeys; **¿hace día ~ ir sin chaqueta?** is it warm enough to go out without a jacket on?
-8. (indica consecuencia) **~ su sorpresa, ~ sorpresa suya** to her surprise; **~ alegría de todos** to everyone's delight; **~ nuestra desgracia** unfortunately for us
-9. EXPR **no es/fue/**etc. **~ tanto** it's not/it wasn't/etc such a big deal; **no llores, que no es ~ tanto** don't cry, it's not such a big deal, there's no need to cry about it; **dicen que les trataron mal, pero no fue ~ tanto** they say they were ill-treated, but that's going a bit far; Fam **que ~ qué: hace un calor que ~ qué** it's absolutely boiling; **este plato pica que ~ qué** this dish is really hot, Br this dish isn't half hot

parabellum [para'βelum] nf **casquillos de nueve milímetros ~** 9 mm Parabellum cases

parabién (pl parabienes) nm Formal congratulations; **dar el ~ a alguien** to congratulate sb; EXPR RP **estar de parabienes** to be in luck

parábola nf -1. (alegoría) parable -2. MAT parabola

parabólica nf satellite dish

parabólico, -a adj parabolic

parabrisas nm inv Br windscreen, US windshield

paraca *nmf Fam (paracaidista)* paratrooper, para; **los paracas** the Paras

paracaídas *nm inv* parachute; **saltar** o **tirarse en ~** to parachute; **un salto en ~** a parachute jump; **lanzar algo en ~** to parachute sth, to drop sth by parachute

paracaidismo *nm* **-1.** *(deporte)* parachuting, parachute jumping **-2.** *Méx (invasión)* parachute squatting

paracaidista ◇ *adj* parachute; **brigada ~** paratroop brigade
◇ *nmf* **-1.** *(deportivo)* parachutist **-2.** *(militar)* paratrooper **-3.** *Am Fam (persona no invitada)* **calcula más comida, que nunca falta algún paracaidista** make sure there's enough food for a few extra people as there are always one or two who drop in uninvited **-4.** *RP Fam Pey (advenedizo)* upstart **-5.** *Méx (invasor)* squatter

paracetamol *nm* paracetamol

parachispas *nm inv* **-1.** *(de chimenea)* fireguard **-2.** *(de contacto eléctrico)* spark arrester

parachoques *nm inv (de automóvil)* bumper, *US* fender; *(de tren)* buffer

parada *nf* **-1.** *(detención)* stop; **hicimos una ~ para descansar** we stopped for a rest; **el tren hace ~ en todas las estaciones** the train stops at every station; EXPR **hacer ~ y fonda** *(para comer)* to stop for something to eat; *(para dormir)* to make an overnight stop ❑ **~ en boxes** *(en automovilismo)* pit stop
-2. *(de autobús)* (bus) stop; *(de metro)* (subway) station; **la próxima ~ es la mía** mine's the next stop, I get off at the next stop ❑ **~ discrecional** request stop; **~ de taxi** taxi rank, taxi stand
-3. DEP save
-4. *(desfile)* parade
-5. ~ nupcial courtship ritual
-6. *Arg, Ven* **~ de manos** handstand; **hacer un ~ de manos** to do a handstand
-7. *Andes, RP Fam (engreimiento)* airs and graces; **son gente de mucha ~** they're very high and mighty o hoity-toity
-8. *Perú (mercado)* market stall
-9. EXPR *CSur Fam* **hacer ~ de hacer algo** to move o make as if to do sth; **hizo ~ de abrirme la puerta** he made as if to open the door for me
-10. *ver también* **parado**

paradero *nm* **-1.** *(de persona)* whereabouts; **están en ~ desconocido** their present whereabouts are unknown; **averiguar el ~ de** to ascertain the whereabouts of, to locate; **ignorar** o **no saber el ~ de alguien** not to know where sb is **-2.** *Chile, Col, Méx, Perú (de autobús)* bus stop **-3.** *Méx (lugar)* area **-4.** *Ecuad (parador)* roadside inn

paradigma *nm* paradigm, example
paradigmático, -a *adj* paradigmatic
paradiña *nf* feint
paradisiaco, -a, paradisíaco, -a *adj* heavenly

parado, -a ◇ *adj* **-1.** *(inmóvil)* *(vehículo)* stationary; *(persona)* still, motionless; *(fábrica, proyecto)* at a standstill o halt; **¡no te quedes ahí parado!** don't just stand there!
-2. *Esp (pasivo)* lacking in initiative; **tu hermano es muy ~** your brother lacks initiative
-3. *Esp (sin empleo)* unemployed, out of work; **estar ~** to be unemployed
-4. *Am (en pie)* standing; **estar ~** to be standing; **caer ~** to land on one's feet
-5. *Am (en posición vertical)* standing; **tenía los pelos parados** her hair was on end; *muy Fam* **tenerlo ~, tenerla parada** to have a stiffie; EXPR *Méx Fam* **estar ~ de pestañas** to be in high dudgeon
-6. *Chile, PRico (orgulloso)* vain, conceited
-7. EXPR *Am* **está bien ~ con el jefe** he's well in with the boss; **salir bien/mal ~ de algo: el actual campeón salió muy bien ~ en el sorteo** the current holder of the title had a lucky draw; **fue el que mejor ~ salió del accidente** he was the one who came off best in the accident; **el conductor salió muy mal ~** the driver was badly hurt o injured; **la imagen de la empresa ha salido muy mal parada** the company's image has suffered a serious blow
◇ *nm,f Esp (desempleado)* unemployed person; **los parados** the unemployed ❑ *los parados de larga duración* the long-term unemployed

paradoja *nf* paradox
paradójicamente *adv* paradoxically
paradójico, -a *adj* paradoxical, ironical
paradón *nm Fam* great save
parador *nm* **-1.** *(mesón)* roadside inn **-2.** *Esp (hotel)* **~ (nacional)** = state-owned luxury hotel, usually a building of historic or artistic importance

paraestatal ◇ *adj* semi-public
◇ *nf Am* semi-public company

parafango *nm Ven* mudguard
parafernalia *nf* paraphernalia
parafina *nf* paraffin
parafinar *vt* to paraffin
parafrasear *vt* to paraphrase
paráfrasis *nf inv* paraphrase
paragolpes *nm inv RP* bumper, *US* fender
parágrafo *nm Am* paragraph
paraguas *nm inv* **-1.** *(para lluvia)* umbrella **-2.** *(escudo)* shield ❑ **~ nuclear** nuclear umbrella; **~ protector** protective umbrella **-3.** *Fam (condón)* rubber

Paraguay *nm* **(el) ~** Paraguay
paraguaya *nf (fruta)* = fruit similar to peach
paraguayo, -a ◇ *adj* Paraguayan
◇ *nm,f* Paraguayan
paragüería *nf* umbrella shop
paragüero *nm* umbrella stand
paraíso *nm* **-1.** REL Paradise ❑ **~ terrenal** earthly Paradise **-2.** *(edén)* paradise; **en esta playa estoy en el ~** I'm in paradise on this beach; **estas montañas son el ~ de los esquiadores** these mountains are a skier's paradise ❑ **~ fiscal** tax haven **-3.** TEATRO **asientos de ~** seats in the gods

paraje *nm* spot, place
paral *nm Ven* upright
paralaje *nm* ASTRON parallax
paralela *nf* **-1.** *(línea)* parallel (line) **-2.** DEP **paralelas** parallel bars ❑ *paralelas asimétricas* asymmetric bars

paralelamente *adv* **-1.** *(en el espacio)* parallel; **la carretera discurre ~ al río** the road runs parallel to the river **-2.** *(en el tiempo)* at the same time; **~, otro grupo se encarga de estudiar el presupuesto** at the same time, another group will study the budget

paralelepípedo *nm* GEOM parallelepiped
paralelismo *nm* **-1.** *(semejanza)* similarity, parallels; **existe un cierto ~ entre las dos propuestas** there is a certain similarity between the two proposals **-2.** MAT parallelism

paralelo, -a ◇ *adj* **-1.** *(en el espacio)* parallel; **la cordillera corre paralela al mar** the mountain range runs parallel to the sea
-2. *(en el tiempo)* at the same time; **dos computadores funcionando en ~** two computers working in parallel
-3. *(semejante)* parallel, similar; **los dos políticos han seguido caminos paralelos** the two politicians have followed similar paths
-4. ELEC **estar en ~** to be in parallel
◇ *nm* **-1.** GEOG parallel **-2.** *(comparación)* comparison; **trazar un ~ con** to draw a comparison o parallel with

paralelogramo *nm* parallelogram
paralenguaje *nm* LING paralanguage
paralímpico, -a *adj* Paralympic; **juegos paralímpicos** Paralympic games, Paralympics
paralingüístico, -a *adj* LING paralinguistic
parálisis *nf inv* **-1.** *(enfermedad)* paralysis ❑ **~ agitada** Parkinson's disease; **~ cerebral** cerebral palsy; **~ facial** facial paralysis; **~ infantil** polio; **~ progresiva** progressive o creeping paralysis **-2.** *(de país, economía)* paralysis

paralítico, -a ◇ *adj* paralytic; **quedarse ~** to be paralysed
◇ *nm,f* paralytic

paralización *nf* **-1.** *(parálisis)* paralysis **-2.** *(detención)* **los huelguistas persiguen la ~ del transporte por carretera** the strikers are aiming to bring road transport to a halt; **la empresa ha anunciado la ~ de la producción** the company has announced that production has been halted; **la amenaza de una ~ de la economía** the threat of economic paralysis

paralizador, -ora, paralizante *adj* paralysing

paralizar [14] ◇ *vt* **-1.** *(causar parálisis)* to paralyse; **un veneno que paraliza los músculos** a poison which paralyses the muscles; **el susto lo paralizó** he was paralysed with fear **-2.** *(detener)* to stop; **el transporte aéreo está paralizado** air traffic has come to a standstill
◆ **paralizarse** *vpr* **-1.** *(pararse)* to become paralysed **-2.** *(producción, proyecto)* to come to a standstill; **la construcción del puente se ha paralizado indefinidamente** construction work on the bridge has been suspended indefinitely

paralogismo *nm* paralogism
paramagnético, -a *adj* FÍS paramagnetic
paramagnetismo *nm* FÍS paramagnetism
Paramaribo *n* Paramaribo
paramento *nm* **-1.** *(adorno)* adornment ❑ *paramentos sacerdotales* ecclesiastic vestments o robes **-2.** CONSTR facing *(of a wall)*
parameño, -a, paramero, -a ◇ *adj* upland
◇ *nm,f* inhabitant of an upland area, uplander
paramera *nf* highland, upland area
paramero = **parameño**
parámetro *nm* **-1.** *(dato, valor)* parameter **-2.** MAT parameter
paramilitar ◇ *adj* paramilitary
◇ *nmf* paramilitary
páramo *nm* **-1.** *(terreno yermo)* highland, upland area; **los páramos** the highlands **-2.** *(lugar solitario)* wilderness **-3.** *Col, Ecuad, Ven Fam (llovizna)* drizzle **-4.** *Col, Ven (cordillera)* Andean highlands
Paraná *n* **el ~** the Parana
parangón *nm* paragon; **sin ~** unparalleled; **tener ~ con** to be comparable with
parangonar *vt* **-1.** *(comparar)* to compare, to establish a parallel between; **no deseo ~ su situación con la mía** I don't want to compare her situation with mine **-2.** IMPRENTA to justify
paraninfo *nm* assembly hall, auditorium
paranoia *nf* paranoia
paranoico, -a ◇ *adj* paranoiac
◇ *nm,f* paranoiac
paranormal *adj* paranormal
parante *nm RP* upright
paraolímpico, -a *adj* Paralympic; **juegos paraolímpicos** Paralympic games, Paralympics
parapente *nm* **-1.** *(actividad)* *(desde montaña)* paragliding, parapenting; *(a remolque de lancha motora)* parascending; **ir a hacer ~** to go parapenting **-2.** *(paracaídas)* parapente
parapentista *nmf* paraglider
parapetarse *vpr* **-1.** *(protegerse)* to take cover *(detrás* o *tras* behind) **-2.** *(escudarse)* **no se parapetes tras ninguna excusa** don't hide behind excuses
parapetear *Ven Fam* ◇ *vt* **-1.** *(asistir)* **~ a alguien** to give sb a once-over **-2.** *(apuntalar)* to patch up
◆ **parapetearse** *vpr* **-1.** *(reponerse)* to recover **-2.** *(arreglárselas)* to make do
parapeto *nm* **-1.** *(antepecho)* parapet **-2.** *(barandilla)* bannister **-3.** *(barricada)* barricade
paraplejia, paraplejía *nf* MED paraplegia
parapléjico, -a MED ◇ *adj* paraplegic
◇ *nm,f* paraplegic
parapolicial *adj* vigilante
parapsicología *nf* parapsychology
parapsicológico, -a *adj* parapsychological
parapsicólogo, -a *nm,f* parapsychologist

parar ◇ *vi* **-1.** *(detenerse, interrumpirse)* to stop; **este tren para en todas las estaciones** this train stops at all stations; **¿paramos a** *o* **para comer algo?** shall we stop and *o* to have something to eat?; **párenos aquí** *(al taxista, conductor)* drop us off here; **no abra la lavadora hasta que (no) pare por completo** do not open the washing machine until it has come to a complete stop; **los obreros pararon diez minutos en señal de protesta** the workers stopped work for ten minutes as a protest; **¡no para callado/quieto un momento!** he won't be quiet/stay still for a single moment!; **~ de hacer algo** to stop doing sth; **no ha parado de llover desde que llegamos** it hasn't stopped raining since we arrived; **no para de molestarme** she keeps annoying me; **no para de llamarme por teléfono** he keeps ringing me up, he's always ringing me up; **no parará hasta conseguirlo** she won't stop until she gets it; *Fam* **no para** *(está siempre liado)* he's always on the go; *Fam* **hoy no he parado un momento** I've been on the go all day; *Fam* **ser un no ~** *(trabajo, vida)* to be hectic; **¡para ya!** stop it!; **¡para ya de hacer ruido!** stop that noise!; **un perro, dos gatos y para de contar** a dog, two cats and that's it; **~ en seco** to stop dead; **sin ~** non-stop

-2. *(alojarse)* to stay; **siempre paro en el mismo hotel** I always stay at the same hotel; *Fam* **solía ~ en** *o* **por aquel bar** I used to hang out at that bar; **paro poco** *o* **por casa** I'm not at home much

-3. *(acabar)* to end up; **¿en qué parará este lío?** where will it all end?; **ir a ~ a** to end up in; **todos fuimos a ~ al mismo lugar** we all ended up in the same place; **ese camino va a ~ a la carretera** this path leads to the road; **¿dónde habrán ido a ~ mis llaves?** where can my keys have got to?; EXPR **¡dónde iremos a ~!** *(¡es increíble!)* whatever next!; EXPR *Fam* **¡dónde va a ~!** *(¡no comparés!)* there's no comparison!

-4. *(recaer)* **~ en manos de alguien** to come into sb's possession

-5. *Am (ir a la huelga)* to go on strike; **los médicos paran mañana** doctors are on strike tomorrow

◇ *vt* **-1.** *(detener, interrumpir)* to stop; *(asalto)* to repel; *(golpe)* to parry; *(penalti, tiro)* to save; *(balón)* to stop; **para el motor** turn the engine off, stop the engine; **nos paró la policía** we were stopped by the police; **~ (a) un taxi** to hail *o* stop a taxi; **cuando le da por hablar no hay quien la pare** once she starts talking, there's no stopping her; EXPR *Perú, RP* **pararle el carro a alguien** to put sb in his/her place; EXPR *Méx Fam* **pararle el gallo** *o* **macho a alguien** to put sb in his/her place

-2. *Am (poner de pie)* to stand; **pará a la nena, así la peino** stand her up so I can comb her hair

-3. *Am (levantar)* to raise; **paré el espejo para verme mejor** I lifted the mirror up so I could see myself better

◆ **pararse** *vpr* **-1.** *(detenerse)* to stop; **se me ha parado el reloj** my watch has stopped; **pararse a hacer algo** to stop to do sth; **me paré a echar gasolina** I stopped to fill up with *Br* petrol *o US* gas; **no me paré a pensar si le gustaría o no** I didn't stop to think whether she'd like it or not

-2. *Am (ponerse de pie)* to stand up; **párense para cantar el himno** please stand to sing the hymn; *Méx* **pararse de puntas,** *CSur* **pararse en puntas de pie** to stand on tiptoe; *RP* **pararse de cabeza** to do a headstand; EXPR *RP Fam* **pararse para toda la vida** to be made for life

-3. *Am (levantarse)* to stand; **se le pararon los pelos** her hair stood on end; *muy Fam* **no se le para** *(el pene)* he can't get it up

-4. *Carib, Méx (salir de la cama)* to get up

pararrayos *nm inv (en un tejado)* lightning rod *o* conductor; **funciona como un ~** it acts as a lightning conductor

parasíntesis *nf inv* LING parasynthesis

parasitario, -a *adj* parasitic
parasitismo *nm* parasitism
parásito, -a ◇ *adj* BIOL parasitic
◇ *nm* **-1.** BIOL parasite **-2.** *(persona)* parasite ❑ **~ social** social parasite **-3.** TEL **parásitos** *(interferencias)* static
parasitología *nf* parasitology
parasitosis *nf inv* parasitosis
parasol *nm* **-1.** *(sombrilla)* parasol **-2.** *(en coche)* sunroof **-3.** *(en objetivo)* lens hood
paratifoidea *nf* paratyphoid
parcela *nf* **-1.** *(de tierra)* plot (of land) **-2.** *(de saber)* area; **el ministro no quiere que nadie invada su ~ de poder** the minister doesn't want anyone encroaching on his area of authority; **se agarra a su ~ de poder** he's holding on to his power
parcelable *adj* divisible into plots
parcelación *nf* **-1.** *(de terreno)* parcelling out, division into plots **-2.** *(de saber, poder)* subdivision; **la creciente ~ del poder en la región** the increasing subdivision of power in the region
parcelar *vt* to parcel out, to divide into plots
parcelario, -a *adj* of *o* relating to plots of land
parcero *nm Col Fam* pal, *US* buddy
parcha *nf Ven* passion fruit
parchado, -a *adj Am Fam* patched up; **no quiero éste todo ~, me voy a comprar uno nuevo** I don't want this one all patched up, I'm going to buy myself a new one
parchar *vt Am Fam* to patch up; **no empecemos a ~, es mejor comprar uno nuevo** let's not start trying to patch it up, it's better to buy a new one
parche *nm* **-1.** *(de tela, goma)* patch; **poner un ~ a algo** to put a patch on sth; EXPR *Fam* **¡oído** *o* **ojo al ~!** watch out ❑ *Chile* **~ curita** *Br* sticking plaster, *US* band aid; **~ de nicotina** nicotine patch; **~ poroso** *Br* medicated plaster, *US* medicated band aid
-2. *(en el ojo)* eyepatch
-3. *(emplasto)* poultice
-4. *(solución transitoria)* makeshift solution; **la ley es sólo un ~ al problema de la inmigración** this law merely provides a makeshift solution to the problem of immigration; **la empresa sobrevive poniendo parches a sus problemas** the company survives by papering over the cracks
-5. INFORMÁT patch
-6. *(piel de tambor)* drumhead
-7. *(tambor)* drum
parchear *vt* **-1.** *(neumático, pantalón)* to put a patch on, to patch **-2.** *(problema)* to patch up
parchís *nm inv Br* ludo, *US* Parcheesi®
parchita *nf Ven* passion fruit
parcial ◇ *adj* **-1.** *(no total)* partial; **trabajar a tiempo ~** to work part-time **-2.** *(no ecuánime)* biased **-3.** *(examen)* end-of-term
◇ *nm* **-1.** *(examen)* = end-of-term exam at university which counts towards the final qualification **-2.** *(en partido)* **el ~ de la segunda parte fue 43-50** the score at the end of the second half was 43-50; **tuvieron que remontar un ~ de 3-0** they had to overcome a 3-0 deficit
parcialidad *nf* **-1.** *(tendenciosidad)* bias, partiality **-2.** *(bando)* faction
parcialmente *adv* **-1.** *(en parte)* partially, partly **-2.** *(de forma no ecuánime)* partially, in a biased way
parco, -a *adj (escaso)* meagre; *(cena)* frugal; *(explicación)* brief, concise; *(moderado)* sparing (**en** in); **es muy ~ en palabras** he is a man of few words; **el director fue ~ en detalles** the director gave few details
pardela *nf* shearwater ❑ **~ pichoneta** Manx shearwater
pardiez *interj Anticuado o Hum* by Jove!
pardillo, -a ◇ *adj Esp Fam* **-1.** *(ingenuo)* naive **-2.** *(paleto)* **ser ~** to be a *Br* bumpkin *o US* hick
◇ *nm,f Esp Fam* **-1.** *(ingenuo)* naive person **-2.** *(paleto) Br* bumpkin, *US* hick
◇ *nm (pájaro)* linnet ❑ **~ sizerín** redpoll

pardo, -a ◇ *adj* **-1.** *(color)* greyish-brown, dull brown; **oso ~** brown bear **-2.** *Carib, RP Pey (mulato)* mulatto
◇ *nm,f Carib, RP Pey (mulato)* mulatto
◇ *nm* **-1.** *(color)* greyish-brown, dull brown **-2.** **el Pardo** *(palacio)* = royal palace in Madrid, formerly the official residence of General Franco
pardusco, -a, parduzco, -a *adj* brownish
pare *nm RP (señal)* stop sign
pareado ◇ *adj* **chalet ~** semi-detached house
◇ *nm* **-1.** *(verso)* couplet **-2.** *(vivienda)* semi-detached house
parear *vt* to pair
parecer [46] ◇ *nm* **-1.** *(opinión)* opinion; **somos de igual** *o* **del mismo ~** we are of the same opinion; **a mi/nuestro/***etc.* **~** in my/our/*etc* opinion; **cambiar de ~** to change one's mind **-2.** *(apariencia)* **de buen ~** good-looking
◇ *vi (semejar)* to look like; **parece un palacio** it looks like a palace; **parecía un sueño** it was like a dream
◇ *v copulativo* to look, to seem; **pareces cansado** you look *o* seem tired; **en la tele parece más joven** she looks younger on the TV; **el casero parece buena persona** the landlord seems nice *o* seems like a nice person; **parece de metal** it looks like it's made of metal; **es alemán, pero no lo parece** he's German, but he doesn't look it; **¡pareces bobo!** are you stupid, or what?
◇ *v impersonal* **-1.** *(indica opinión)* **me parece que...** I think that..., it seems to me that...; **me parece que viven juntos** I think *o* believe they live together; **me parece que no voy a aprobar** I don't think I'm going to pass; **me parece que sí/no** I think/don't think so; **el examen me pareció bastante complicado** I found the exam rather difficult, I thought the exam was rather difficult; **no me pareció interesante** I didn't find it interesting, I didn't think it was interesting; **¿qué te parece mi vestido?** what do you think of my dress?; **¿qué te parece si vamos a mi casa?** why don't we go to my place?, what do you say we go to my place?; **¿qué te parece la idea? – me parece bien/mal** what do you think of the idea? – it seems OK to me/I don't think much of it; **nada le parece bien** she's never happy with anything; **todo le parece bien** he always says yes to everything; **no me parece bien que llegues tan tarde** I'm not pleased about you arriving so late; **me parece mal que se experimente con animales** I don't agree with experiments on animals; **no me parece mal que venga** I don't see anything wrong with her coming; **haz lo que te parezca** *(lo que quieras)* do what you like; **haz lo que te parezca mejor** do as you see fit, do what you think best; **parece mentira que todavía no haya dimitido** it's incredible that he hasn't resigned yet; **es bastante caro, ¿no te parece?** it's rather expensive, don't you think?; **si te parece (bien) quedamos el lunes** we can meet on Monday, if that's all right by you; **podemos comer fuera, ¿te parece?** why don't we go out for a meal?, what do you say we go out for a meal?; **¿te parece bonito lo que has hecho?** are you pleased with yourself *o* satisfied now?

-2. *(tener aspecto de)* **parece que va a llover** it looks like (it's going to) rain; **parece que le gusta** it looks as if *o* it seems (that) she likes it; **no parece que le guste** he doesn't seem to like it, it seems (that) he doesn't like it; **parece (ser) que hay un pequeño malentendido** there seems to be a small misunderstanding, it seems (like) there's a small misunderstanding; **ahora parece (ser) que quieren echarse atrás** it now seems they want to pull out; **a lo que parece, al ~** apparently; **tienen mucho dinero, aunque no lo parezca** it may not seem like it, but they've got a lot of money; **eso parece** so it seems; **parece como si estuviéramos**

parecido / **parque**

en invierno it's as if it was still winter; **parece que fue ayer cuando nos conocimos** it seems like only yesterday that we met; **¿lo ha hecho? – parece que sí** has she done it? – it seems so o it seems she has; **¿te han invitado? – parece que no** have they invited you? – it seems not o it doesn't seem so; **parece que no, pero se tarda en llegar hasta aquí** you'd be surprised how long it takes you to get here; **según parece** apparently

◆ **parecerse** vpr to be alike (**en** in); **se parecen mucho en sus gustos** they have very similar tastes; **no se parecen en nada** (personas, cosas) they are not at all alike; **parecerse a alguien** (físicamente) to look like sb; (en carácter) to be like sb; **nos parecemos bastante** (físicamente) we look quite similar; (en carácter) we're very similar; **no tenemos yate ni nada que se le parezca** we haven't got a yacht or anything (like that)

parecido, -a ◇ adj similar; ~ **a** similar to, like; **bien** ~ (atractivo) good-looking; **mal** ~ (feo) ugly; **es ~ a su padre** he resembles his father; **¡habráse visto cosa parecida!** have you ever heard o seen the like?
◇ nm resemblance (**con/entre** to/between); **el ~ entre todos los hermanos es asombroso** there's a startling resemblance between all the brothers; **tiene un gran ~ a John Wayne** he looks very like John Wayne; **cualquier ~ es pura coincidencia** any similarity is purely coincidental

pared nf **-1.** (de construcción) wall; **entre cuatro paredes** cooped-up at home; **me pusieron contra la ~** they had me up against the wall; EXPR **las paredes oyen** walls have ears; EXPR **si las paredes hablasen...** if the walls could talk...; EXPR **subirse por las paredes** to hit the roof, to go up the wall; **está que se sube por las paredes** she's in an absolute rage, she's fit to be tied; EXPR **intenté convencerle, pero como si hablara a la ~** I tried to persuade him, but it was like talking to a brick wall ❑ ~ **maestra** main wall; ~ **mediana** o **medianera** party wall
-2. (de montaña) face ❑ ~ **artificial** climbing wall
-3. (de nariz, intestino) wall; (caja) side ❑ ~ **arterial** arterial wall; ~ **celular** cell wall
-4. DEP one-two; **hacer la ~** to play a one-two

paredón nm **-1.** (muro) (thick) wall **-2.** (de fusilamiento) (execution) wall; **llevar** o **mandar a alguien al ~** to order sb to be shot

pareja nf **-1.** (par) pair; **por parejas** in pairs; **formar parejas** to get into pairs
-2. (de novios) couple; **vivir en ~** to live together ❑ ~ **de hecho** unmarried couple
-3. (sentimental) partner; (en baile) (dancing) partner; **no tiene ~ estable** she doesn't have a steady partner
-4. (de naipes) pair
-5. (guante, zapato) other one; **la ~ de este calcetín** the other sock of this pair
-6. Esp **una ~** (de la Guardia Civil) a pair of Civil Guards, a Civil Guard patrol

parejero, -a ◇ adj Ven Fam **-1.** (arribista) socially ambitious **-2.** (presumido) conceited
◇ nm Ven Fam **-1.** (arribista) (social) climber **-2.** (presumido) self-admirer

parejo, -a ◇ adj **-1.** (semejante) similar (**a** to); **ir parejos** to be neck and neck **-2.** esp Am (uniforme, liso) even **-3.** Méx (imparcial) even-handed; **fue muy ~ con todos sus hijos** he treated all his children equally
◇ adv Am equally; **si nos esforzamos ~ sacaremos la misma nota** if we both work as hard as each other we'll get the same Br marks o US grade; **las dos crecieron muy ~** they both grew at the same rate
◇ **al parejo** loc adv Méx **corrían al ~** they were running neck and neck; **ha puesto a la música de su país al ~ de los mejores ritmos caribeños** he has put his country's music on a par with the best of the Caribbean

paremia nf LING proverb, saying

parénquima nm BIOL **-1.** (en vegetales) parenchyma **-2.** (en animales) parenchyma
parentela nf Fam family, clan; **apareció con toda la ~** he turned up with the whole clan
parenteral adj MED **por vía ~** parenterally
parentesco nm **-1.** (entre personas) relationship; **les une una relación de ~** they are related to one another; ~ **lejano/cercano** distant/close relationship ❑ ~ **político** relationship by marriage **-2.** (entre cosas) tie, bond; **existe un claro ~ entre ambas propuestas** the two proposals are clearly related

paréntesis nm inv **-1.** (signo) bracket; **abrir/cerrar el ~** to open/close brackets; **entre ~** (texto) in brackets, in parentheses; (comentario) digression; **todo sea dicho entre ~** incidentally, by the way; **poner algo entre ~** to put sth in brackets, to bracket sth ❑ ~ **angular** angle bracket **-2.** (intercalación) digression **-3.** (interrupción) break; **hacer un ~** to have a break

pareo nm (prenda) wraparound skirt

parezco etc ver **parecer**

pargo nm **-1.** (pez mediterráneo) sea bream, porgy **-2.** (pez caribeño) snapper **-3.** Ven Fam (homosexual) queer

paria nmf pariah

parida nf Esp muy Fam **soltar paridas** to talk Br rubbish o US garbage; **eso que has dicho es una ~** you're talking Br rubbish o US garbage; **¡menuda ~!** what a lot of nonsense!

paridad nf **-1.** (semejanza) similarity **-2.** (igualdad) equality; **la ~ entre hombres y mujeres** equality between men and women; **reclaman la ~ de salarios** they demand equal pay **-3.** FIN parity; **la ~ del dólar con el euro** the dollar euro exchange rate ❑ ~ **de cambio** parity of exchange **-4.** INFORMÁT parity

parienta nf Esp Fam **la ~** (cónyuge) the old lady, Br the missus

pariente nmf (familiar) relation, relative; ~ **cercano/lejano** close/distant relation o relative

parietal ANAT ◇ adj parietal
◇ nm ANAT parietal

parihuela nf **-1.** (camilla) stretcher **-2.** Méx, Perú ~ **de mariscos** seafood casserole

paripé nm EXPR Esp Fam **hacer el ~** to put on an act, to pretend

parir ◇ vi **-1.** (mujer) to give birth, to have a baby; EXPR Esp Fam **poner algo/a alguien a ~** Br to slag sth/sb off, US to badmouth sth/sb; EXPR Esp muy Fam **¡la madre que lo parió!** son of a bitch!; EXPR Esp muy Fam **¡viva la madre que te parió!** (en concierto, corrida de toros) we love you! **-2.** (yegua) to foal; (vaca) to calve; (oveja) to lamb
◇ vt **-1.** (mujer) to give birth to, to bear **-2.** (animal) to bear, to have

París n Paris

parisiense, parisién ◇ adj Parisian
◇ nmf Parisian

parisino, -a ◇ adj Parisian
◇ nm,f Parisian

parista nmf Méx striker

paritario, -a adj joint; **comisión paritaria** joint commission

paritorio nm delivery room

parka nf parka

parking ['parkin] (pl **parkings**) nm car park, US parking lot ❑ ~ **disuasorio** park & ride

párkinson nm MED Parkinson's disease

parlamentar vi to negotiate

parlamentario, -a ◇ adj parliamentary
◇ nm,f member of parliament

parlamentarismo nm parliamentary system

parlamento nm **-1.** (asamblea) parliament ❑ **el Parlamento Europeo** the European Parliament; **el Parlamento Latinoamericano** the Latin American Parliament **-2.** (negociación) parley **-3.** TEATRO speech

parlanchín, -ina Fam ◇ adj chatty
◇ nm,f chatterbox

parlante ◇ adj talking
◇ nm Am speaker

parlar vi **-1.** Fam (persona) to chatter **-2.** (ave) to talk
parlotear vi Fam to chatter
parloteo nm Fam chatter
PARM [parm] nm (abrev de **Partido Auténtico de la Revolución Mexicana**) PARM
parmesano, -a ◇ adj **queso ~** Parmesan cheese
◇ nm (queso) Parmesan
parnaso nm Formal parnassus
parné nm Esp Fam dough

paro¹ nm **-1.** Esp (desempleo) unemployment; **estar en (el) ~** to be unemployed; **lleva cinco meses en el ~** she's been unemployed for five months; **quedarse en ~** to be left unemployed ❑ ~ **cíclico** cyclical unemployment; ~ **encubierto** hidden unemployment; ~ **estructural** structural unemployment; ~ **registrado** registered unemployment, official unemployment
-2. Esp (subsidio) unemployment benefit, dole money; **apuntarse al ~** to sign on; **cobrar el ~** to claim o receive unemployment benefit
-3. esp Am (huelga) strike; **estar en** o **de ~** to be on strike; Am **hacer ~** to strike; **los trabajadores en ~** the strikers ❑ Am ~ **de brazos caídos** sit-down (strike); Am ~ **cívico** community protest; Am ~ **general** general strike; Am ~ **indefinido** indefinite strike; ~ **laboral** industrial action
-4. (cesación) (acción) shutdown; (estado) stoppage; **los trabajadores realizaron un ~ de diez minutos para condenar el último atentado** the workers staged a ten-minute stoppage in protest at the latest attack ❑ ~ **biológico** = temporary halt to fishing at sea to preserve fish stocks; ~ **cardiaco** cardiac arrest
-5. Méx Fam (excusa) excuse; **con el ~ de que tiene mucho trabajo nunca sale** she never goes out, saying she's too busy
-6. Méx Fam (favor) favour; **hazme el ~, dile que la llamaré luego** be a dear, tell her I'll call her later
-7. RP ~ **de manos** handstand; **hacer un ~ de manos** to do a handstand

paro² nm (ave) titmouse

parodia nf (de texto, estilo) parody; (de película) send-up, spoof; **hacer una ~ de alguien** to do a send-up o take-off of sb

parodiar vt (texto, estilo) to parody; (película) to send up, to spoof; (persona) to send up, to take off

paródico, -a adj parodical
parodista nmf parodist
parolímpico, -a adj DEP Paralympic; **juegos parolímpicos** Paralympic games, Paralympics
parón nm sudden stoppage
parónimo nm paronym
paronomasia nf paronomasia, play on words
paroxismo nm paroxysm; **su furia llegó al ~** her rage reached a climax
paroxítono, -a adj paroxytone, = stressed on the penultimate syllable
parpadeante adj (luz) flickering
parpadear vi **-1.** (pestañear) to blink **-2.** (luz) to flicker; (estrella) to twinkle
parpadeo nm **-1.** (pestañeo) blinking **-2.** (de luz) flickering; (de estrella) twinkling
párpado nm eyelid
parque nm **-1.** (terreno) park ❑ ~ **acuático** waterpark; ~ **de atracciones** amusement park; Esp ~ **de bomberos** fire station; Col, RP ~ **de diversiones** amusement park; ~ **empresarial** business park; Chile ~ **de entretenciones** amusement park; ~ **eólico** wind farm; ~ **infantil** playground; ~ **nacional** national park; ~ **natural** nature reserve; ~ **tecnológico** science park; ~ **temático** theme park; ~ **zoológico** zoo
-2. (para bebés) playpen
-3. (vehículos) fleet; **el ~ automovilístico español ha crecido un 10 por ciento en el último año** the Spanish vehicle fleet has grown 10 percent over the last year ❑ RP

~ automotor fleet; **~ móvil** fleet **-4.** MIL **~ (de artillería)** (artillery) depot **-5.** CAm, Méx (municiones) munitions

parqué nm **-1.** (suelo) parquet (floor) **-2.** (en Bolsa) floor

parqueadero nm Col, Ecuad, Pan, Ven Br car park, US parking lot

parquear Bol, Carib, Col ◇ vt to park
◆ **parquearse** vpr to park

parquedad nf **-1.** (moderación) moderation **-2.** (prudencia) frugality; **con ~** sparingly

parqueo nm Bol, Col, Cuba **-1.** (acción) parking **-2.** (lugar) Br car park, US parking lot **-3.** (espacio) parking space

parqués nm Col Br ludo®, US Parcheesi®

parquet [par'ke] (pl **parquets**) nm **-1.** (suelo) parquet (floor) **-2.** (en Bolsa) floor

parquímetro nm parking meter

parra nf grapevine; [EXPR] Fam **subirse a la ~** (darse importancia) to get above oneself; (enfurecerse) to hit the roof

parrafada nf **-1.** (perorata) lecture; **nos soltó una ~ sobre los peligros de las drogas** he gave us a lecture on the dangers of drugs **-2.** (charla) chat; **quiero echar una ~ con él para ver qué opina** I want to have a a chat with him to see what he thinks

párrafo nm paragraph

parral nm **-1.** (emparrado) vine arbour **-2.** (terreno) vineyard

parranda nf Fam (juerga) **irse** o **salir de ~** to go out on the town

parrandear vi Fam to go out on the town

parrandero, -a ◇ adj Fam party-loving
◇ nm,f party lover, party animal

parricida nmf parricide

parricidio nm parricide

parrilla nf **-1.** (utensilio) grill; **a la ~** grilled **-2.** (restaurante) grillroom, grill **-3.** DEP **~ (de salida)** (starting) grid **-4.** TV programme schedule **-5.** (rejilla) grate, grating **-6.** Am (baca) roof rack **-7.** Am (portabultos) pannier rack, carrier **-8.** Urug (en cama) base

parrillada nf **-1.** (comida) = dish of barbecued fish and seafood or mixed meats **-2.** RP (restaurante) steak restaurant, grillroom

parrillero, -a ◇ adj RP grilling, barbecue; **queso ~** grilling cheese; **salchicha ~** grilling o barbecue sausage
◇ nm,f **-1.** (en parrillada) cook, barbecue cook; **un aplauso para el ~** three cheers for the cook **-2.** Ven (en moto) passenger

párroco nm parish priest

parrón nm Chile vine arbour

parronal nm Chile vineyard

parroquia nf **-1.** (iglesia) parish church **-2.** (jurisdicción) parish **-3.** (fieles) parishioners, parish **-4.** (clientela) clientele

parroquial adj parish; **iglesia ~** parish church

parroquiano, -a nm,f **-1.** (feligrés) parishioner **-2.** (cliente) customer, regular

pársec nm ASTRON parsec

parsimonia nf deliberation, calmness; **con ~** unhurriedly

parsimonioso, -a adj unhurried, deliberate

parte[1] nm **-1.** (informe) report; **dar ~ (a alguien de algo)** to report (sth to sb); **dimos ~ del incidente a la policía** we reported the incident to the police ❑ **~ de accidente** (para aseguradora) (accident) claim form; **~ facultativo** medical report; **~ de guerra** dispatch; **~ médico** medical report; **~ meteorológico** weather report **-2.** Anticuado (noticiario) news bulletin **-3.** Andes (multa) fine (for a traffic offence)

parte[2] nf **-1.** (porción, elemento, división) part; **hizo su ~ del trabajo** he did his share of the work; **las partes del cuerpo** the parts of the body; **"El Padrino, Segunda ~"** "The Godfather, Part Two"; **la mayor ~ de la gente** most people; **la mayor ~ de la población** most of the population; **la tercera ~ de** a third of; **repartir algo a partes iguales** to share sth out equally; **fue peligroso y divertido a partes iguales** it was both dangerous and fun at the same time; **dimos la lavadora vieja como ~ del pago** we traded in our old washing machine in part exchange; **en ~** to a certain extent, partly; **en gran ~** (mayoritariamente) for the most part; (principalmente) to a large extent; **en su mayor ~ están a favor** they're mostly in favour, most of them are in favour; **esto forma ~ del proyecto** this is part of the project; **forma ~ del comité** she's a member of the committee; **cada uno puso de su ~** everyone did what they could; **por mi/tu/**etc. **~** for my/your/etc part; **por mi ~ no hay ningún problema** it's fine as far as I'm concerned; **hubo protestas por ~ de los trabajadores** the workers protested, there were protests from the workers; **lo hicimos por partes** we did it bit by bit; **¡vamos por partes!** let's take one thing at a time!; Am Fam Hum **¡vamos por partes!, dijo Jack** one thing at a time, my friend!; **ser ~ integrante de algo** to be o form an integral part of sth; **llevarse la mejor/peor ~** to come off best/worst; **tomar ~ en algo** to take part in sth; [EXPR] **llevarse la ~ del león** to get the lion's share; [EXPR] CSur **mandarse la ~** to put on airs; [EXPR] Euf **en salva sea ~:** **le dio un puntapié en salva sea la ~** she gave him a kick up the rear; [PROV] **segundas partes nunca fueron buenas** things are never as good the second time round ❑ GRAM **~ de la oración** part of speech
-2. (lado, zona) part; **la ~ de abajo/de arriba, la ~ inferior/superior** the bottom/top; **la ~ trasera/delantera, la ~ de atrás/de delante** the back/front; **el español que se habla en esta ~ del mundo** the Spanish spoken in this part of the world; **viven en la ~ alta de la ciudad** they live in the higher part of the city; **¿de qué ~ de Argentina es?** what part of Argentina is he from?, whereabouts in Argentina is he from?; **la bala le atravesó el cerebro de ~ a ~** the bullet went right through his brain; **por una ~..., por otra...** on the one hand..., on the other (hand)...; **por otra ~** (además) what is more, besides ❑ Méx **~ baja** (en béisbol) end of the inning
-3. (lugar, sitio) part; **he estado en muchas partes** I've been lots of places; **¡tú no vas a ninguna ~!** you're not going anywhere!; **en alguna ~** somewhere; **en cualquier ~** anywhere; **en otra ~** elsewhere, somewhere else; **en** o **por todas partes** everywhere; **no lo veo por ninguna ~** I can't find it anywhere; **esto no nos lleva a ninguna ~** this isn't getting us anywhere; **2.000 pesos no van a ninguna ~** 2,000 pesos won't get you far; [EXPR] **en todas partes cuecen habas** it's the same wherever you go
-4. (bando) side; **las partes enfrentadas** o **en conflicto** the opposing parties o sides; **estar/ponerse de ~ de alguien** to be on/to take sb's side; **¿tú de qué ~ estás?** who's side are you on?; **es pariente mío por ~ de padre** he's related to me on my father's side; **tener a alguien de ~ de uno** to have sb on one's side
-5. DER (en juicio, transacción) party; **no hubo acuerdo entre las partes** the two sides were unable to reach an agreement; **las partes interesadas** the interested parties ❑ **la ~ acusadora** the prosecution; **~ compradora** buyer; **~ contratante** party to the contract; **~ vendedora** seller
-6. Euf (genitales) **partes** privates; **partes pudendas** private parts; **recibió un balonazo en sus partes** a ball hit him in the privates
-7. Méx (repuesto) (spare) part, spare
-8. (en frases) **de ~ de** on behalf of, for; **traigo un paquete de ~ de Juan** I've got a parcel for you from Juan; **venimos de ~ de la compañía de seguros** we're here on behalf of the insurance company, we're from the insurance company; **de ~ de tu madre, que vayas a comprar leche** your mother says for you to go and buy some milk; **dale recuerdos de mi ~** give her my regards; **fue muy amable/generoso de tu ~** it was very kind/generous of you; **¿de ~ de (quién)?** (al teléfono) who's calling, please?; **de un tiempo a esta ~** for some time now; **de un mes/unos años a esta ~** for the last month/last few years

parteluz nm ARQUIT mullion

partenaire [parte'ner] nmf (pareja artística) partner

partenariado nm partnership

partenogénesis nf inv parthenogenesis

Partenón nm **el ~** the Parthenon

partera nf midwife

partero nm male midwife

parterre nm Esp flowerbed

partición nf **-1.** (reparto) sharing out; (de territorio) partitioning **-2.** (división) divison **-3.** INFORMÁT (de palabra) hyphenation ❑ **~ silábica** syllabic division **-4.** INFORMÁT (de disco duro) partition

participación nf **-1.** (colaboración, intervención) participation; **hubo mucha ~** (en actividad) many people took part; (en elecciones) there was a high turnout; **anunció su ~ en el torneo** he announced that he would be taking part o participating in the tournament; **han negado su ~ en el atentado** they have denied taking part in the attack; **la ~ cubana en los Juegos Olímpicos fue la mejor de las últimas décadas** Cuba's performance in the Olympic Games was the best in recent decades
-2. (de lotería) = ticket or receipt representing a share in a lottery number
-3. (comunicación) notice ❑ **~ de boda** wedding invitation
-4. ECON (acción) share, interest; (inversión) investment; **quieren una ~ en los beneficios** they want a share in the profits ❑ **~ mayoritaria** majority interest; **~ minoritaria** minority interest

participante ◇ adj participating; **los equipos participantes** the participating teams, the teams taking part
◇ nmf (que toma parte) participant; (en carrera) entrant, competitor

participar ◇ vi **-1.** (colaborar, intervenir) to take part, to participate (**en** in); **participaron diez corredores/equipos** ten runners/teams took part o participated; **todo el mundo participó con entusiasmo en la limpieza del río** everyone joined in enthusiastically in cleaning up the river
-2. ECON to have a share (**en** in); **varias personas participan en la empresa** several people have shares in the company
-3. (recibir) to receive a share (**de** of); **todos participan de los beneficios** everyone has a share in the profits
-4. (compartir) **~ de** to share; **no participo de tus ideas** I don't share your ideas
◇ vt **-1.** (comunicar) **~ algo a alguien** to notify o inform sb of sth; **nos participaron la celebración de la boda** we received an announcement of the wedding **-2.** ECON **una empresa participada por varias sociedades** a company in which several firms hold equity interests

participativo, -a adj **es muy ~ en clase** he participates a lot in class

partícipe ◇ adj involved (**de** in); **hacer ~ de algo a alguien** (notificar) to notify o inform sb of sth; (compartir) to share sth with sb; **somos partícipes de tu alegría** we share your happiness
◇ nmf participant

participio nm participle ❑ **~ pasado** past participle; **~ presente** present participle

partícula nf **-1.** (trozo pequeño) particle, speck; **partículas de polvo** dust particles **-2.** FÍS particle ❑ **~ alfa** alpha particle; **~ beta** beta particle; **~ elemental** elementary particle; **~ subatómica** subatomic particle **-3.** LING particle

particular ◇ adj **-1.** (especial) particular; **tiene su sabor ~** it has its own particular taste; **en casos particulares puede hacerse una excepción** we can make an exception in special cases; **es una persona muy ~** she's a very unusual person; **eso no tiene nada de ~** that's nothing special o unusual; **lo que tiene de ~ es...** the unusual thing

particularidad 534 **pasado**

about it is...; **en ~** in particular

-2. *(privado)* private; **se vieron en su domicilio** – they met at his private residence; **dar clases particulares** to teach privately; **domicilio ~** home address; **la casa tiene jardín ~** the house has its own *Br* garden *o US* yard

◇ *nmf (persona)* member of the public; *Am* **de ~** *(de paisano) (policía)* in plain clothes; *(soldado)* in civilian clothes; **iba vestido de ~** *(policía)* he was in *o* wearing plain clothes; *(soldado)* he was in *o* wearing civilian clothes

◇ *nm (asunto)* matter; **¿cuál es tu opinión sobre el ~?** what's your opinion on this (matter)?; **te llamaba sin otro ~ que preguntarte por la operación de tu madre** I was just calling to ask about your mother's operation; **sin otro ~, se despide atentamente** *(en carta) Br* yours faithfully, *US* sincerely yours

particularidad *nf* **-1.** *(rasgo)* particular feature, peculiarity; **tiene la ~ de funcionar con energía solar** a particular feature of it is that it runs on solar energy **-2.** *(cualidad)* **la ~ de su petición** the unusual nature of his request **-3. particularidades** *(pormenores)* details, finer points

particularismo *nm* **la lucha en torno a los particularismos étnicos y religiosos** the struggle over ethnic and religious differences *o* distinctions; **la tradición humanista que respeta los particularismos de cada grupo cultural** the humanistic tradition that respects the particularities *o* peculiarities of each cultural group

particularizar [14] ◇ *vt* **-1.** *(caracterizar)* to characterize **-2.** *(concretar, precisar)* to specify

◇ *vi* **-1.** *(detallar)* to go into details **-2.** *(personalizar)* **~ en alguien** to single sb out; **la responsabilidad es de todos, no particularices** everyone is responsible, don't single anybody out

◆ **particularizarse** *vpr (caracterizarse)* **particularizarse por** to be characterized by

particularmente *adv* **-1.** *(especialmente)* particularly; **está ~ molesto** he is particularly upset **-2.** *(en particular)* in particular; **me refiero ~ a los productos orgánicos** I am referring in particular to organic products

partida *nf* **-1.** *(marcha)* departure

-2. *(en juego)* game; **una ~ de ajedrez** a game of chess; **echar una ~** to have a game

-3. *(documento)* certificate ❏ **~ de bautismo** baptismal certificate; **~ de defunción** death certificate; **~ de matrimonio** marriage certificate; **~ de nacimiento** birth certificate

-4. COM *(mercancía)* consignment

-5. COM *(entrada)* item, entry

-6. *(expedición)* party; *(militar)* squad ❏ **~ de caza** hunting party; **~ de reconocimiento** reconnaissance party

-7. EXPR **por ~ doble: hacer algo por ~ doble** to do sth twice; **nos engañaron por ~ doble** they fooled us twice over; **la familia real es hoy noticia por ~ doble** the royal family is in the news today on two accounts; **un producto que es beneficioso para la salud por ~ doble** a product which is doubly beneficial to health

partidario, -a ◇ *adj* **ser ~ de** to be in favour of; **es ~ de medidas más radicales** he is in favour of *o* he supports more radical measures; **yo sería ~ de invitarles a ellos también** I think we should invite them as well

◇ *nm,f* supporter; **los partidarios de la paz** those in favour of peace

partidillo *nm* practice game *o Br* match
partidismo *nm* partisanship, bias
partidista *adj* partisan, biased
partido *nm* **-1.** *(político)* party; **~ político** political party; **un ~ de izquierda(s)** a leftwing party; **el ~ en el gobierno** the ruling party; **un ~ de (la) oposición** an opposition party ❏ **~ bisagra** = minority party holding the balance of power

-2. *(deportivo)* game, *Br* match; **un ~ de baloncesto/rugby** a game of basketball/rugby; **un ~ de liga/copa** a league/cup game *o Br* match ❏ **~ amistoso** friendly; **~ benéfico** benefit game *o Br* match; **~ de clasificación** qualifying game *o Br* match, qualifier; **~ de consolación** consolation final; **~ de desempate** play-off; **~ de dobles** game of doubles, doubles game *o Br* match; **~ de entrenamiento** practice game *o Br* match; **~ de las estrellas** all-star game; **~ de exhibición** exhibition game *o Br* match; **~ (de) homenaje** testimonial (game); **~ de ida** *(en copa)* first leg; **~ internacional** international, *Br* international match; **~ de vuelta** *(en copa)* second leg

-3. *Am (partida)* game; **un ~ de ajedrez** a game of chess

-4. *(futuro cónyuge)* **ser buen/mal ~** to be a good/bad match

-5. *Esp* **~ judicial** = area under the jurisdiction of a court of first instance

-6. EXPR **sacar ~ de, sacarle ~ a** to make the most of; **tomar ~ por** *(ponerse de parte de)* to side with; *(decidir)* to decide on; **tomar ~ por hacer algo** to decide to do sth

partir ◇ *vt* **-1.** *(dividir)* to divide, to split (**en** into); **parte el pastel en tres** cut the cake in three; **70 partido por 2 es igual a 35** 70 divided by two equals 35

-2. *(repartir)* to share out; **partió el dinero del premio con sus hermanos** he shared the prize money with his brothers; **partió el dinero del premio entre sus hermanos** he shared out the prize money between his brothers

-3. *(romper)* to break open; *(cascar)* to crack; *(cortar)* to cut; *(diente)* to chip; *(ceja, labio)* to split (open), to cut; **le partieron el brazo** they broke his arm; **le partieron la ceja/el labio** they split *o* cut her eyebrow/lip; **párteme un pedazo de pan** break me off a piece of bread; **párteme otra rodaja de melón** cut me another slice of melon; **~ una tarta por la mitad** *o* **en dos** to cut a cake in half; *Fam* **partirle la boca** *o* **la cara a alguien** to smash sb's face in

-4. *Fam (fastidiar)* **tener que salir de casa me parte por completo** it's a real pain having to go out; **aquel contratiempo nos partió la mañana** that setback ruined our morning for us

◇ *vi* **-1.** *(marchar)* to leave, to set off (**de/para** from/for); **el buque partió de las costas británicas con rumbo a América** the ship set sail from Britain for America

-2. *(empezar)* **~ de** to start from; **~ de cero** to start from scratch; **la idea partió de un grupo de colegiales** it was a group of schoolchildren that first had the idea; **partimos de la base de que todos saben leer** we are assuming that everyone can read; **partiendo de este hecho, Newton creó una nueva teoría** Newton built a new theory around this fact

-3. *(repartir)* to share out; PROV **el que parte y reparte se lleva la mejor parte** people always save the biggest part for themselves

◆ **partirse** *vpr* **-1.** *(romperse)* to split; **se me ha partido una uña** one of my nails has split; **el vaso se partió al caer al suelo** the glass smashed when it hit the floor; **partirse en dos** to split *o* break in two

-2. *(rajarse)* to crack; **se partió la cabeza al caer de un andamio** he cracked his head when he fell from the scaffolding

-3. *Fam (desternillarse)* **partirse (de risa)** to crack up (with laughter); **¡yo me parto con sus hermanas/chistes!** his sisters/jokes really crack me up!; EXPR *muy Fam* **partirse el culo** to piss oneself (laughing)

◇ **a partir de** *loc prep* starting from; **a ~ de ahora** from now on; **a ~ de aquí** from here on; **a ~ de entonces** from then on, thereafter; **el autor creó el relato a ~ de un hecho real** the author based the story on an actual event

partisano, -a ◇ *adj* partisan
◇ *nm,f* partisan

partitivo, -a ◇ *adj* partitive
◇ *nm* partitive

partitura *nf* score
parto *nm* **-1.** *(de bebé)* birth; **los días anteriores al ~** the days preceding the birth; **estar de ~** to be in labour; **asistir a un ~** to deliver a baby ❏ **~ sin dolor** painless childbirth; **~ inducido** induced labour; **~ múltiple** multiple birth; **~ de nalgas** breech delivery *o* birth; **~ natural** natural childbirth; **~ prematuro** premature birth

-2. *(de proyecto)* **el acuerdo tuvo un ~ muy largo** the agreement was a long time in the making; **este proyecto ha tenido un ~ muy difícil** it was very difficult getting this project off the ground

parturienta *nf (de parto)* woman in labour; *(que ha parido)* woman who has just given birth

parva *nf* AGR unthreshed grain
parvada *nf* **-1.** AGR heap of unthreshed grain
-2. *Andes, CAm, Méx (de pájaros)* flock **-3.** *Andes, CAm, Méx (de personas)* crowd

parvulario, -a ◇ *nm* nursery school, kindergarten

◇ *nm,f Chile Br* infant, *US* preschooler

parvulista *nmf* nursery (school) teacher
párvulo, -a *nm,f Br* infant, *US* preschooler
pasa *nf (fruta)* raisin; EXPR *Fam* **estar** *o* **quedarse hecho una ~** *(persona)* to become all shrivelled up ❏ **~ de Corinto** currant; **~ de Esmirna** sultana; *RP* **~ de uva** raisin

pasable *adj* passable
pasaboca *nm Col* snack, appetiser
pasabordo *nm Col* boarding pass
pasacalle¹ *nm*, **pasacalles** *nm inv* street procession *(during town festival)*
pasacalle² *nm Col, Urug* banner *(hung across street)*

pasada *nf* **-1.** *(con trapo)* wipe; **dales una ~ a los muebles con el trapo del polvo** give the furniture a wipe *o* run-over with the duster; **dale una ~ con la plancha a los pantalones** just run the iron over the trousers, will you?; **dar una segunda ~** *(con brocha)* to give a second coat to

-2. *(en costura)* stitch

-3. *(repaso)* read through; **dar una ~ a un texto** to read a text through

-4. *(de vehículo)* **los alborotadores dieron varias pasadas en coche delante del cuartel** the troublemakers drove to and fro several times in front of the barracks; **el avión dio dos pasadas sobre el aeropuerto antes de aterrizar** the plane made two passes over the airport before landing

-5. de ~ *(de paso)* on the way; *(sin detalles)* in passing; **vete a comprar el pan y de ~ tráeme el periódico** go and buy the bread and get me the paper while you are at it; **decir algo de ~** to say sth in passing

-6. *Esp Fam (exageración)* **lo que le hiciste a Sara fue una ~** what you did to Sara was a bit much, you went too far doing that to Sara; **ese sitio es una ~ de bonito** that's a really lovely spot; **me han regalado una ~ de ordenador** I've been given this amazing computer; **le metieron diez puñaladas – ¡qué ~!** he was stabbed ten times – that's barbaric!

-7. mala ~ dirty trick; **los frenos me jugaron una mala ~** the brakes let me down

pasadizo *nm* passage
pasado, -a ◇ *adj* **-1.** *(terminado)* past; **~ un año** a year later; **son las nueve pasadas** it's gone nine (o'clock); **se pusieron en marcha pasada la medianoche** it was past *o* gone midnight when they set off; EXPR **lo ~, ~ está** let bygones be bygones; EXPR *Am* **lo ~, pisado** let bygones be bygones

-2. *(último)* last; **el año/mes ~** last year/month; **ocurrió el ~ martes** it happened last Tuesday

-3. *(podrido)* off, bad

-4. *(muy hecho) (pasta)* overcooked; *(filete, carne)* overdone

-5. *(anticuado)* old-fashioned, out-of-date

-6. *Fam* **estar ~** *(drogado)* to be stoned

-7. EXPR *Fam* **ese tío está ~ de rosca** *o* **de revoluciones** he goes too far *o* over the top

pasador ◇ *nm* **-1.** *(tiempo)* past; **tiene un ~ muy sospechoso** he has a very suspect past **-2.** GRAM past (tense); **en ~** in the past (tense)

pasador[1] *nm* **-1.** *(cerrojo)* bolt **-2.** *(para corbata)* tie pin o clip **-3.** *(para cinturón)* (belt) loop **-4.** *(colador)* colander, strainer **-5.** *(aguja para pelo)* slide **-6.** *Méx (horquilla)* hairpin, *Br* hairgrip, *US* bobby pin **-7.** *Perú (de zapato)* shoelace

pasador[2], **-ora** *nm,f* DEP passer

pasaje *nm* **-1.** *esp Am (billete)* ticket; **el ~ cuesta 1.000 dólares** the ticket costs 1,000 dollars, the fare is 1,000 dollars ❑ *Am ~ abierto* open ticket; *Am ~ de ida Br* single, *US* one-way ticket; *Am ~ de ida y vuelta Br* return (ticket), *US* round-trip (ticket) **-2. el ~** *(pasajeros)* the passengers **-3.** *(calle)* passage; *(galería)* arcade **-4.** *(fragmento)* passage

pasajero, -a ◇ *adj (amor)* short-lived, brief; *(moda)* passing; **una molestia pasajera** a passing discomfort; **es algo ~** it's (something) temporary, it'll pass
◇ *nm,f* passenger; **"pasajeros, al tren"** "all aboard"

pasamanería *nm (adornos)* decorative fringe

pasamanos *nm inv* **-1.** *(de escalera interior)* bannister; *(de escalera exterior)* handrail **-2.** *CSur (en transporte público)* handrail

pasamontañas *nm inv* balaclava (helmet)

pasante *nmf* **-1.** *(de abogado)* articled clerk **-2.** *Am (ayudante en prácticas)* assistant **-3.** *Méx (profesor)* probationary teacher

pasantía *nf* **-1.** *(función)* assistantship **-2.** *(tiempo)* probationary period, apprenticeship

pasapalo *nm Ven* snack, appetiser

pasaportar *vt Fam (matar)* to bump off

pasaporte *nm* passport; EXPR *Esp Fam* **dar (el) ~ a alguien** *(echar)* to send sb packing; *(matar)* to bump sb off ❑ *~ diplomático* diplomatic passport

pasapuré *nm*, **pasapurés** *nm inv* **-1.** *(chino)* conical sieve, chinois **-2.** *(con mango)* = hand-operated food mill, *Br* mouli-legumes

pasar ◇ *vt* **-1.** *(dar, transmitir)* to pass; *(noticia, aviso)* to pass on; **¿me pasas la sal?** would you pass me the salt?; **pásame toda la información que tengas** give me o let me have all the information you've got; **no se preocupe, yo le paso el recado** don't worry, I'll pass on the message to him; **páseme con el encargado** *(al teléfono)* could you put me through to o could I speak to the person in charge?; **le paso (con él)** *(al teléfono)* I'll put you through (to him); **Valdez pasó el balón al portero** Valdez passed the ball (back) to the keeper; **pasan sus conocimientos de generación en generación** they pass down their knowledge from one generation to the next; **el Estado le pasa una pensión** she gets a pension from the State; **~ harina por un cedazo** to sieve flour; **~ leche por el colador** to strain the milk; **pasa la cuerda por ese agujero** pass the rope through this hole; **hay que ~ las maletas por la máquina de rayos X** your luggage has to go through the X-ray machine; **pase las croquetas por huevo** coat the croquettes with egg; **~ el cepillo por el suelo** to scrub the floor; **pasa un paño por la mesa** give the table a wipe with a cloth; **unas vacaciones pasadas por agua** a *Br* holiday *o US* vacation when it rained the whole time; **se dedican a ~ tabaco de contrabando/inmigrantes ilegales por la frontera** they smuggle tobacco/illegal immigrants across the border

-2. *(contagiar)* **~ algo a alguien** to give sb sth, to give sth to sb; **me has pasado el resfriado** you've given me your cold

-3. *(cruzar)* to cross; **~ la calle/la frontera** to cross the road/border; **pasé el río a nado** I swam across the river

-4. *(rebasar, sobrepasar) (en el espacio)* to go through; *(en el tiempo)* to have been through; **¿hemos pasado ya la frontera?** have we gone past o crossed the border yet?; **~ un semáforo en rojo** to go through a red light; **al ~ el parque gire a su izquierda** once you're past the park, turn left, turn left after the park; **cuando el automóvil pase los primeros cinco años debe ir a revisión** the car should be serviced after five years; **ya ha pasado los veinticinco** he's over twenty-five now; **mi hijo me pasa ya dos centímetros** my son is already two centimetres taller than me

-5. *(adelantar) (corredores, vehículos)* to overtake; **pasa a esa furgoneta en cuanto puedas** overtake that van as soon as you can

-6. *(trasladar)* **~ algo a** to move sth to; **hay que ~ todos estos libros al estudio** we have to take all these books through to the study, we have to move all these books to the study

-7. *(conducir adentro)* to show in; **el criado nos pasó al salón** the butler showed us into the living room

-8. *(hacer avanzar) (páginas de libro)* to turn; *(hojas sueltas)* to turn over; EXPR **~ página** to make a fresh start

-9. *(mostrar) (película, diapositivas, reportaje)* to show

-10. *(emplear) (tiempo)* to spend; **pasó dos años en Roma** he spent two years in Rome; **¿dónde vas a ~ las vacaciones?** where are you going to spend your holidays?, where are you going to spend your holidays?; **pasé la noche trabajando** I worked all night, I spent the whole night working; **he pasado muy buenos ratos con él** I've had some very good times with him

-11. *(experimentar)* to go through, to experience; **hemos pasado una racha muy mala** we've gone o been through a very bad patch; **~ frío/miedo** to be cold/scared; **¿has pasado la varicela?** have you had chickenpox?; **¿qué tal lo has pasado?** did you have a nice time?, did you enjoy yourselves?; **pasarlo bien** to enjoy oneself, to have a good time; **¡que lo pases bien!** have a nice time!, enjoy yourself!; **lo hemos pasado muy mal últimamente** we've had a hard time of it recently; EXPR *Fam* **pasarlas canutas** to have a rough time

-12. *(superar)* to pass; **muy pocos pasaron el examen/la prueba** very few people passed the exam/test; **hay que ~ un reconocimiento médico** you have to pass a medical; **no pasamos la eliminatoria** we didn't get through the tie

-13. *(consentir)* **~ algo a alguien** to let sb get away with sth; **que me engañes no te lo paso** I'm not going to let you get away with cheating me; **este profesor no te deja ~ (ni) una** you can't get away with anything with this teacher; **~ algo por alto** *(adrede)* to pass over sth; *(sin querer)* to miss sth out

-14. *(transcribir)* **~ algo a limpio** to make a fair copy of sth, to write sth out neatly; **yo te lo paso a máquina** I'll type it up for you; **~ un documento a** *Esp* **ordenador** *o Am* **a la computadora** to type o key a document (up) on the computer

-15. *RP Fam (engañar)* to diddle; **están siempre tratando de pasarte con el vuelto** they always try to short-change you o diddle you over the change

◇ *vi* **-1.** *(ir, moverse)* to pass, to go; **vimos ~ a un hombre corriendo** we saw a man run past; **¿cuándo pasa el camión de la basura?** when do the *Br* dustmen *o US* garbage collectors come?; **deja ~ a la ambulancia** let the ambulance past; **¿me deja ~, por favor?** may I come past, please?; **pasó por mi lado** he passed by my side; **he pasado por tu calle** I went down your street; **el autobús pasa por mi casa** the bus passes in front of o goes past my house; **¿qué autobuses pasan por aquí?** which buses go past here?, which buses can you catch from here?; **el Támesis pasa por Londres** the Thames flows through London; **yo sólo pasaba por aquí** I was just passing by; **pasaba por allí y entré a saludar** I was in the area, so I stopped by to say hello; **~ de largo** to go straight by

-2. *(entrar)* to go/come in; **pasen por aquí, por favor** come this way, please; **lo siento, no se puede ~** sorry, you can't go in there/come in here; **pasamos a un salón muy grande** we entered a very large living room; **¿puedo ~?** may I come in?; **¿puedo ~ al cuarto de baño?** can I use the bathroom?; **¡pase!**, *Méx* **¡pásale/pásele!** come in!; **hazlos ~** show them in; *RP* **~ al pizarrón** to go/come to the blackboard

-3. *(caber)* to go (**por** through); **por ahí no pasa este armario** this wardrobe won't go through there

-4. *(acercarse, ir un momento)* to pop in; **pasaré por mi oficina/por tu casa** I'll pop into my office/round to your place; **pasa por la farmacia y compra aspirinas** pop into the *Br* chemist's *o US* pharmacy and buy some aspirin; **pasé a verla al hospital** I dropped in at the hospital to see her; **pase a por el vestido** *o* **a recoger el vestido el lunes** you can come and pick the dress up on Monday

-5. *(suceder)* to happen; **¿qué pasa aquí?** what's going on here?; **¿qué pasa?** *(¿qué ocurre?)* what's the matter?; *Fam (al saludar a alguien)* how's it going?; *Méx Fam* **¿qué pasó?** *(¿qué tal?)* how's it going?; **¿qué pasa con esas cervezas?** where have those beers got to?, what's happened to those beers?; **no te preocupes, no pasa nada** don't worry, it's OK; **aquí nunca pasa nada** nothing ever happens here; **¿qué le pasa?** what's wrong with him?, what's the matter with him?; **¿le pasó algo al niño?** did something happen to the child?; **¿qué te pasa en la pierna?** what's wrong with your leg?; **eso te pasa por mentir** that's what you get for lying; **lo que pasa es que...** the thing is...; **pase lo que pase** whatever happens, come what may; **siempre pasa lo mismo, pasa lo de siempre** it's always the same; **dense la mano y aquí no ha pasado nada** shake hands and just forget the whole thing (as if it had never happened)

-6. *(terminar)* to be over; **pasó la Navidad** Christmas is over; **ya ha pasado lo peor** the worst is over now; **cuando pase el dolor** when the pain passes o stops; **la tormenta ya ha pasado** the storm is over now; **el efecto de estos fármacos pasa enseguida** these drugs wear off quickly

-7. *(transcurrir)* to go by; **pasaron tres meses** three months went by; **cuando pase un rato te tomas esta pastilla** take this tablet after a little while; **¡cómo pasa el tiempo!** time flies!

-8. *(cambiar)* **~ de... a...** *(de lugar, estado, propietario)* to go *o* pass from... to...; **pasamos del último puesto al décimo** we went (up) from last place to tenth; **pasa de la depresión a la euforia** she goes from depression to euphoria; **pasó a formar parte del nuevo equipo** he joined the new team; **~ a** *(nueva actividad, nuevo tema)* to move on to; **pasemos a otra cosa** let's move on to something else; **ahora pasaré a explicarles cómo funciona esta máquina** now I'm going to explain to you how this machine works; **Alicia pasa a (ser) jefa de personal** Alicia will become personnel manager; **~ de curso** *o* **al siguiente curso** = to pass one's end-of-year exams and move up a year

-9. *(ir más allá, sobrepasar)* **si pasas de 160, vibra el volante** if you go faster than 160, the steering wheel starts to vibrate; **yo creo que no pasa de los cuarenta años** I doubt she's older than forty; **no pasó de ser un aparatoso accidente sin consecuencias** the accident was spectacular but no-one was hurt

-10. *(conformarse, apañarse)* **~ (con/sin algo)** to make do (with/without sth); **tendrá que ~ sin coche** she'll have to make do without a car; **¿cómo puedes ~ toda la mañana sólo con un café?** how can you last all morning on just a cup of coffee?; **no sabe ~ sin su familia** he can't cope without his family

pasar

-11. *(experimentar)* **hemos pasado por situaciones de alto riesgo** we have been in some highly dangerous situations

-12. *(tolerar)* **~ por algo** to put up with sth; **¡yo por ahí no paso!** I draw the line at that!

-13. *(ser considerado)* **pasa por ser uno de los mejores tenistas del momento** he is considered to be one of the best tennis players around at the moment; **hacerse ~ por alguien/algo** to pretend to be sb/sth, to pass oneself off as sb/sth

-14. *Fam (prescindir)* **~ de algo/alguien** to want nothing to do with sth/sb; **paso de política** I'm not into politics; **¡ése pasa de todo!** he couldn't care less about anything!; **paso de ir al cine hoy** I don't fancy o can't be bothered going to the cinema today; **paso olímpicamente** o **ampliamente de hacerlo** I'm damned if I'm going to do it

-15. *(en naipes)* to pass

-16. *(servir, valer)* **puede ~** it'll do; **por esta vez pase, pero que no vuelva a ocurrir** I'll overlook it this time, but I don't want it to happen again

-17. *Méx Fam (gustar)* **me pasa ese cantante** I think that singer's great

◆ **pasarse** *vpr* -1. *(acabarse, cesar)* **se me ha pasado el dolor** the pain has gone; **se le ha pasado la fiebre** his temperature has gone down o dropped; **se me ha pasado la gripe** I've got over my bout of flu; **se nos han pasado los efectos** the effects have worn off; **siéntate hasta que se te pase** sit down until you feel better; **si no se le pasa, habrá que ir al médico** if she doesn't get better, we'll have to go to the doctor; **se le ha pasado el enfado/sueño** he's no longer angry/sleepy; **ya se le ha pasado el berrinche** he's got over his tantrum; **se ha pasado la tormenta** the storm's over; **saldremos cuando se pase el calor** we'll go out when it's a bit cooler o not so hot; **¿ya se ha pasado la hora de clase?** is the class over already?; **los días se (me) pasan volando** the days seem to fly by

-2. *(emplear) (tiempo)* to spend; **se pasaron el día hablando** they spent all day talking; *Am* **se pasa molestando a los compañeros** he spends the whole time annoying his classmates; *Am* **se pasa al teléfono** she spends all her time on the phone

-3. *(cambiar)* **pasarse al enemigo/a la competencia** to go over to the enemy/competition; **me he pasado a la cerveza sin alcohol** I've gone over to drinking alcohol-free beer; **nos hemos pasado al edificio de al lado** we've moved into the building next door

-4. *(ir demasiado lejos)* **creo que nos hemos pasado** I think we've gone too far; **se han pasado ustedes, el museo queda al principio de la calle** you've come too far, the museum's at the beginning of the street; **nos hemos pasado de parada** we've missed our stop

-5. *(excederse, exagerar)* **te has pasado con el ajo** you've overdone the garlic, you've put too much garlic in; **no te pases con el ejercicio** don't overdo the exercise; **pasarse de generoso/bueno** to be far too generous/kind; **se pasa de listo** he's too clever by half, he's too clever for his own good; **habría un millón de personas – ¡no te pases!** there must have been a million people there – don't exaggerate!; **¡no te pases con la sal!** steady on with o go easy on the salt!

-6. *Fam (propasarse)* **pasarse (de la raya)** to go too far, *Br* to go OTT; **te has pasado diciéndole eso** what you said went too far o was just a bit much; **¡no te pases, que yo no te he insultado!** keep your hair on, I didn't insult you!; EXPR *Esp* **te has pasado varios** o **cinco pueblos** you've really gone and done it (this time)

-7. *(estropearse) (comida)* to go off; *(flores)* to fade

-8. *(cocerse en exceso) (arroz, pasta)* **procura que no se te pase la paella** try not to overcook the paella

-9. *(desaprovecharse)* **se me pasó la oportunidad** I missed my chance; **se le pasó el turno, señora** you've missed your turn, madam

-10. *(olvidarse)* **pasársele a alguien** to slip sb's mind; **¡que no se te pase!** make sure you don't forget!; **se me pasó decírtelo** I forgot to mention it to you

-11. *(no notarse)* **pasársele a alguien** to escape sb's attention; **no se le pasa nada** he never misses a thing; **se me pasó ese detalle** I didn't notice that detail, that detail escaped my attention

-12. *(omitir)* to miss out; **te has pasado una página** you've missed a page out

-13. *(divertirse)* **¿qué tal te lo estás pasando?** how are you enjoying yourself?, are you having a good time?; **pasárselo bien/mal** to have a good/bad time, to enjoy/not to enjoy oneself; **¡que te lo pases bien!** have a good time!, enjoy yourself!

-14. *(acercarse, ir un momento)* to pop in; **me pasaré por mi oficina/por tu casa** I'll pop into my office/round to your place; **pásate por la farmacia y compra aspirinas** pop into the *Br* chemist's o *US* pharmacy and buy some aspirin; **pásate por aquí cuando quieras** come round any time you like; **pásese a por el vestido** o **a recoger el vestido el lunes** you can come and pick the dress up on Monday

-15. *CSur Fam (lucirse)* **te pasaste con lo que le dijiste** what you said was brilliant; **la modista se pasó con el vestido de la novia** the dressmaker did a fantastic job with the bride's dress

pasarela *nf* -1. *(puente)* footbridge; *(para desembarcar)* gangway ❑ **~ telescópica** *(en aeropuerto)* jetty *(for boarding aircraft)* -2. *(en desfile de moda) Br* catwalk, *US* runway -3. INFORMÁT gateway ❑ **~ de correo** mail gateway

pasatiempo *nm* -1. *(hobby)* pastime, hobby
-2. **pasatiempos** *(en periódico)* puzzles

PASCAL, Pascal *nm* INFORMÁT PASCAL, Pascal

pascana *nf Andes (mesón)* inn, tavern

pascua *nf* -1. *(de los cristianos)* Easter ❑ **Pascua Florida** Easter; **Pascua de Resurrección** Easter
-2. **Pascuas** *(Navidad)* Christmas *(singular)*; **¡felices Pascuas (y próspero año nuevo)!** Merry Christmas (and a Happy New Year)!
-3. *(de los judíos)* Passover
-4. EXPR *Fam* **estar como unas Pascuas** to be as pleased as Punch; **no va poder ayudarnos – ¡pues nos ha hecho la ~!** he's not going to be able to help us – well that's messed up our plans!; *Fam* **de Pascuas a Ramos** once in a blue moon; *Fam* **dile que no, ¡y santas Pascuas!** tell him no, and that's it o that's all there is to it

pascual *adj* Easter; **cordero ~** Paschal lamb

pascualina *nf RP,Ven* = tart with spinach and hard-boiled egg

pascuense ◇ *adj* of/from Easter Island *(Chile)*
◇ *nm,f* Easter Islander *(Chile)*

pase *nm* -1. *(permiso)* pass ❑ *Méx, Ven* **~ de abordar** boarding pass; MIL **~ (de) pernocta** overnight pass
-2. *(cambio de lugar)* **aprobaron su ~ al departamento de contabilidad** they approved her transfer to the accounts department; **obtuvieron el ~ a la final del campeonato** they qualified for the final of the championship; **no consiguió el ~ a la fase de entrevistas** he didn't get through to the interview stage
-3. DEP pass ❑ **~ adelantado** *(en rugby)* forward pass; **~ de la muerte** *(en fútbol)* killer pass; **~ de pecho** chest-level pass; **~ picado** o **de pique** *(en baloncesto)* bounce pass
-4. TAUROM pass

pasito

-5. *Esp (proyección)* showing, screening ❑ **~ privado** sneak preview
-6. *(desfile)* parade; **~ de modelos** fashion parade
-7. *(de mago)* sleight of hand; **dio** o *RP* **hizo un ~ y apareció un conejo** he waved his magic wand and a rabbit appeared
-8. *Esp Fam* **eso tiene un ~** that can be overlooked o forgiven
-9. *Col (de conducción) Br* (driving) licence, *US* driver's license
-10. *Col, RP Fam (de cocaína)* line

paseandero, -a *nm,f Andes, RP Fam* **es muy paseandera** she's always out and about

paseante *nmf* person out for a stroll; **los paseantes que llenaban el parque** the crowds out for a stroll in the park

pasear ◇ *vi (andando)* to go for a walk; *(a caballo)* to go for a ride; *(en coche)* to go for a ride o drive; **~ a caballo** to go horse riding
◇ *vt* -1. *(sacar a paseo)* to take for a walk; *(perro)* to walk -2. *(hacer ostentación de)* to show off, to parade -3. *CAm (arruinar)* to spoil, to ruin
◆ **pasearse** *vpr* -1. *(caminar)* to go for a walk -2. *Fam (ganar con facilidad)* **Colombia se paseó en la final** the final was a walkover for Colombia

paseíllo *nm* TAUROM = parade of bullfighters when they come out into the ring before the bullfight starts

paseo *nm* -1. *(acción) (a pie)* walk; *(en coche)* drive, ride; *(a caballo)* ride; *(en barca)* row; **un ~ en coche** a drive; **un ~ a caballo** a (horse) ride; **dar un ~** *(a pie)* to go for a walk; *(a caballo)* to go for a ride; *(en coche)* to go for a drive o ride; **ir de ~** *(andar)* to walk ❑ **~ espacial** space walk
-2. *(distancia corta)* short walk; **sólo es un ~ hasta el teatro** it's only a short walk to the theatre
-3. *(calle)* avenue ❑ **~ marítimo** promenade
-4. *Am (excursión)* trip, outing; **hacer un ~** to go on a trip o outing
-5. *RDom (arcén) Br* hard shoulder, *US* shoulder
-6. *Fam (cosa fácil)* walkover
-7. *Fam* EXPR **dar el ~ a alguien** to bump sb off; **mandar** o **enviar a alguien a ~** to send sb packing; **¡vete a ~!** get lost!; **mandó los estudios a ~** he said to hell with his studies

paseriforme ZOOL ◇ *adj* passerine
◇ *nm* passerine
◇ *nmpl* **paseriformes** *(orden)* Passeriformes

pasero *nm Méx* = person who, for a fee, helps people cross the border into the USA illegally

pashmina *nf* pashmina

pasillo *nm* -1. *(en casa, edificio)* corridor; *(en avión)* aisle; **hacer (el) ~** to form a corridor *(for people to walk down)*; **abrirse ~ entre la multitud** to make o force one's way through the crowd ❑ **~ aéreo** air corridor; **~ deslizante** travelator; **~ de honor** *(en fútbol)* guard of honour *(formed by the team about to play the champions to applaud them onto the pitch)*; **~ móvil** moving walkway; **~ rodante** moving walkway
-2. *Col, Ecuad, Pan (baile, música)* = folk song and dance

pasión *nf* -1. *(sentimiento)* passion; **la filatelia es la ~ de su vida** stamp-collecting is his great passion; **una noche de ~** a night of passion; **hacer las cosas con ~** to do things passionately; **siente** o **tiene gran ~ por los trenes** he really loves o adores trains; **siente** o **tiene gran ~ por Isabel** he's passionately in love with Isabel; **tienes que dominar tus pasiones** you must master your passions
-2. REL **la Pasión** the Passion

pasional *adj* passionate

pasionaria *nf* passion flower

pasito *adv Col* softly, quietly; **hablen más ~** could you talk more quietly?

pasiva *nf* **-1.** GRAM passive (voice); **en ~** in the passive (voice) ❏ **~ refleja** reflexive passive **-2.** *ver también* **pasivo**

pasividad *nf* **-1.** *(falta de iniciativa)* passivity **-2.** *Urug Formal (pensión)* pension

pasivo, -a ◇ *adj* **-1.** *(persona)* passive; **es muy ~** he's very passive **-2.** GRAM passive; **la voz pasiva** the passive voice **-3.** *(población)* inactive; **las clases pasivas** = pensioners and people on benefit **-4.** *(haber)* (received) from a pension
◇ *nm* COM liabilities, liabilities and equity ❏ **~ corriente** current liabilities
◇ *nm,f Urug (pensionista)* (old age) pensioner

pasma *Esp muy Fam* ◇ *nf* **la ~** the cops, the pigs; **un coche de la ~** a cop car
◇ *nmf* cop, pig

pasmado, -a ◇ *adj* **-1.** *(asombrado)* astonished, astounded **-2.** *(atontado)* stunned **-3.** *(enfriado)* frozen stiff; **me quedé ~ esperando el autobús** I nearly froze to death waiting for the bus
◇ *nm,f* halfwit

pasmar ◇ *vt* **-1.** *(asombrar)* to astound, to amaze **-2.** *(dejar atónito)* to stun **-3.** *(enfriar)* to freeze
◆ **pasmarse** *vpr* **-1.** *(asombrarse)* to be astounded *o* amazed; **te vas a ~ cuando te cuente lo que me ha pasado** you just won't believe it when I tell you what happened to me **-2.** *(atontarse)* to be stunned **-3.** *(enfriarse)* to freeze; **¡hace un frío que te pasmas!** it's freezing!

pasmarote *nmf Fam* halfwit, dumbo

pasmo *nm Fam* **-1.** *(asombro)* astonishment, amazement; **cuando se lo dije le dio un ~** she had a fit when I told her **-2.** *(de frío)* chill; **te va a dar un ~** you'll catch your death

pasmoso, -a *adj Fam* astounding, amazing; **tiene una habilidad pasmosa para cocinar** he's amazingly good at cooking

paso ◇ *nm* **-1.** *(con el pie)* step; *(huella)* footprint; **dar un ~ adelante** *o* **al frente** to step forwards, to take a step forwards; **dar un ~ atrás** *(al andar)* to step backwards, to take a step backwards; *(en proceso, negociaciones)* to take a backward step; **aprendí unos pasos de baile** I learnt a few dance steps; **oía pasos arriba** I could hear footsteps upstairs; **se veían sus pasos sobre la nieve** you could see its footprints in the snow; **a cada ~** *(cada dos por tres)* every other minute; **está a dos** *o* **cuatro pasos (de aquí)** it's just down the road (from here); **vivimos a un ~ de la estación** we live just round the corner from *o* a stone's throw away from the station; **el ruso está a un ~ de hacerse campeón** the Russian is on the verge of *o* just one small step away from becoming champion; **a pasos agigantados** at a terrific rate, at a rate of knots; **la economía crece a pasos agigantados** the economy is growing at a rate of knots; **el SIDA se propaga a pasos agigantados** AIDS is spreading like wildfire *o* at an alarming rate; **la ingeniería genética avanza a pasos agigantados** genetic engineering has made giant *o* enormous strides; **dar un ~ en falso** *o* **un mal ~** *(tropezar)* to stumble; *(equivocarse)* to make a false move *o* a mistake; *Fig* **no dio ni un ~ en falso** he didn't put a foot wrong; **seguir los pasos a alguien** *(perseguir, vigilar)* to tail sb; **seguir los pasos de alguien** *(imitar)* to follow in sb's footsteps; **volvimos sobre nuestros pasos** we retraced our steps
-2. *(acción)* passing; *(cruce)* crossing; *(camino de acceso)* way through, thoroughfare; **con el ~ del tiempo** with the passage of time; **con el ~ de los años** as the years go by; **el ~ de la juventud a la madurez** the transition from youth to adulthood; **su ~ fugaz por la universidad** his brief spell at the university; **el Ebro, a su ~ por Zaragoza** the Ebro, as it flows through Zaragoza; **la tienda está en una zona de mucho ~** the shop is in a very busy area; *también Fig* **abrir ~ a alguien** to make way for sb; **abrirse ~** *(entre la gente, la maleza)* to make one's way; **abrirse ~ en la vida/en el mundo de la política** to get on *o* ahead in life/politics; **¡abran ~!** make way!; **ceder el ~ (a alguien)** *(dejar pasar)* to let (sb) past; *(en automóvil)* to give way (to sb); **ceda el ~** *(en letrero) Br* give way, *US* yield; **cerrar** *o* **cortar el ~ a alguien** to block sb's way; **de ~** *(de pasada)* in passing; *(aprovechando)* while I'm/you're/*etc* at it; **de ~ que vienes, tráete las fotos de las vacaciones** you may as well bring the photos from your *Br* holiday *o US* vacation when you come; **la estación me pilla de ~** the station's on my way; **estar de ~** *(en lugar)* to be passing through; **prohibido el ~** *(en letrero)* no entry; **salir al ~ a alguien, salir al ~ de alguien** *(acercarse)* to come up to sb; *(hacer detenerse)* to come and bar sb's way; **salir al ~ de algo** *(rechazar)* to respond to sth ❏ **~ de cebra** *Br* zebra crossing, = pedestrian crossing marked with black and white lines; *Méx* **~ a desnivel** flyover, *US* overpass; **~ del Ecuador** *(en barco)* crossing the line ceremony; *(en universidad)* = (celebration marking) halfway stage in a university course; **~ elevado** *Br* flyover, *US* overpass; **~ fronterizo** border crossing (point); **~ a nivel** *Br* level crossing, *US* grade crossing; **~ a nivel con barrera** *Br* gated level crossing, *US* protected grade crossing; **~ a nivel sin barrera** *Br* ungated level crossing, *US* unprotected grade crossing; *Chile* **~ bajo nivel** *Br* subway, *US* underpass; **~ peatonal** *o* **de peatones** pedestrian crossing; **~ subterráneo** *Br* subway, *US* underpass
-3. *(forma de andar)* walk; *(ritmo)* pace; **con ~ cansino se dirigió a la puerta** he walked wearily towards the door; **a buen ~** at a good rate; **a este ~** *o* **al ~ que vamos, no acabaremos nunca** at this rate *o* at the rate we're going, we'll never finish; **al ~** *(en equitación)* at a walk; **a ~ lento** slowly; **a ~ ligero** at a brisk pace; MIL at the double; **aflojar el ~** to slow down; **apretar el ~** to go faster, to speed up; **llevar el ~** to keep step; **marcar el ~** to keep time; EXPR **a ~ de tortuga** at a snail's pace ❏ MIL **~ de la oca** goose-step
-4. GEOG *(en montaña)* pass; *(en el mar)* strait
-5. *(trámite, etapa, acontecimiento)* step; *(progreso)* step forward, advance; **antes de dar cualquier ~ siempre me pregunta** she always asks me before doing anything; **dar los pasos necesarios** to take the necessary steps; **dar los primeros pasos hacia la paz** to take the first steps towards peace; **la aprobación de una constitución supondría un gran ~ para la democracia** the passing of a constitution would be a big step forward for democracy; **explícamelo ~ a ~** *o* **por ~** explain it to me step by step; **~ a ~** *o* **por ~ se ganó la confianza de sus alumnos** she gradually won the confidence of her pupils; **salir del ~** to get out of trouble
-6. *(de llamadas telefónicas, consumo eléctrico)* unit
-7. *(en procesión)* float *(in Easter procession)*
-8. pasos *(en baloncesto)* travelling; **hacer pasos** to travel
◇ *interj* make way!

pasodoble *nm* paso doble

pasota *Esp Fam* ◇ *adj* **está muy ~ últimamente** he's had a very couldn't-care-less attitude lately; **tiene un comportamiento muy ~** she behaves as if she couldn't care less
◇ *nmf* **es un ~** he couldn't care less about anything

pasote *nm Esp Fam* **es un ~ de película** that movie is just too much; **tu compañero de piso es un ~ de divertido** your *Br* flatmate *o US* roommate is a scream

pasotismo *nm Esp Fam* couldn't-care-less attitude

paspadura *nf Andes, RP (en piel)* red/sore patch (on the skin)

pasparse *vpr* **-1.** *Andes, RP (piel)* to get chapped; **el bebé se paspó** the baby's got *Br* nappy *o US* diaper rash **-2.** *RP Fam (persona)* to get fed up; **vámonos de acá, me paspa esperar** let's go, I'm fed up of waiting; **se paspó y se fue** she got fed up and left

paspartú *nm* passe-partout

pasquín *nm* lampoon

pássim *adv* passim

passing-shot ['pasinʃot] (*pl* **passing-shots**) *nm (en tenis)* passing shot, pass

pasta *nf* **-1.** *(masa)* paste; *(de papel)* pulp ❏ **~ dentífrica** *o* **de dientes** toothpaste
-2. *(espaguetis, macarrones)* pasta; **me encanta la ~** *o Am* **las pastas** I love pasta ❏ **pastas alimenticias** pasta
-3. *(de pasteles)* pastry; *(de pan)* dough; **~ para croquetas** croquette mixture; ❏ **~ brisa** choux pastry; **~ de hojaldre** puff pastry; **~ quebrada** shortcrust pastry
-4. *(pastelito)* shortcake *Br* biscuit *o US* cookie ❏ *Esp* **pastas de té** = cookies served with tea *o* coffee
-5. *Esp Fam (dinero)* dough; EXPR **costar/ganar una ~ gansa** to cost/earn a packet *o* fortune; EXPR **aflojar** *o* **soltar la ~** to cough up the money
-6. *(encuadernación)* **de ~ dura/blanda** hardback/paperback
-7. *Chile (betún)* (shoe) polish
-8. *Fam* EXPR **ser de buena ~** to be good-natured; **tener ~ de** to have the makings of

pastaflora *nf* fine puff pastry

pastafrola *nf RP* = pastry filled with quince jelly

pastaje *nm Col, Guat, RP* pasture

pastar *vi* to graze

pastear *vt RP* to spy on

pastel ◇ *adj inv (color)* pastel; **colores ~** pastel colours
◇ *nm* **-1.** *(dulce)* cake ❏ **~ de bodas** wedding cake **~ de cumpleaños** birthday cake; **~ de manzana** apple pie
-2. *(salado)* pie; **~ de carne** meat pie ❏ *Chile* **~ de choclo** = chicken stew with ground *Br* sweetcorn *o US* corn; *CSur* **~ de papas** ≃ shepherd's pie
-3. ARTE pastel; **pintar al ~** to draw in pastels
-4. *Fam Euf (excremento)* **un ~ de vaca** a cowpat
-5. *Fam (chapucería)* botch-up
-6. *PRico (plato, guiso)* = pork stew with manioc and bananas, typical at Christmas
-7. EXPR **descubrir el ~** *(enterarse)* to find out what's going on; *(destapar)* to reveal what's going on, to give the game away; **finalmente su mujer descubrió el ~** in the end his wife found out about his little game; **se descubrió el ~** the goings-on were discovered; **repartirse el ~** to share things out

pasteleo *nm Esp Fam* wheeling and dealing, jobbery

pastelería *nf* **-1.** *(establecimiento)* cake shop, patisserie **-2.** *(repostería)* pastries **-3.** *(oficio)* pastry-making

pastelero, -a ◇ *adj* pastry; **crema pastelera** confectioner's custard; **la industria pastelera** the cake and biscuit manufacturing industry
◇ *nm,f* **-1.** *(cocinero)* pastry cook **-2.** *(vendedor)* patisserie owner **-3.** *Fam (en deportes)* turncoat, = fan who is always changing his allegiance to the winning side **-4.** *Perú Fam (drogadicto)* junkie

pasteurización, pasterización *nf* pasteurization

pasteurizado, -a, pasterizado, -a *adj* pasteurized

pasteurizar, pasterizar [14] *vt* to pasteurize

pastiche *nm* pastiche

pastilla *nf* **-1.** *(medicina)* pill, tablet; **tome la ~ dos veces al día** take the pills *o* tablets twice a day ❏ **~ para adelgazar** slimming pill *o* tablet; **~ para dormir** sleeping pill *o* tablet
-2. *(píldora anticonceptiva)* pill; **estar toman-**

pastillero

do la ~ to be on the pill
-3. *(caramelo) Br* sweet, *US* candy ❑ ~ **de menta** mint, peppermint; ~ **para la tos** cough drop
-4. *(de jabón)* bar
-5. *(de caldo)* cube
-6. *(de mantequilla)* pat
-7. *(de chocolate) (tableta)* bar; *(porción)* piece; *(de turrón)* bar
-8. AUT ~ **(de freno)** (brake) shoe
-9. ELEC microchip
-10. EXPR *Esp Fam* **ir a toda** ~ *(vehículo)* to go at top speed, *Br* to go like the clappers; *(persona)* to go at the double; **tuve que ir a toda** ~ **a la farmacia** I had to shoot o belt over to the chemist's; **pasó en su moto a toda** ~ he zoomed o shot past on his motorbike; **tuvimos que acabar el trabajo a toda** ~ we had to rush to get the job finished

pastillero, -a ◇ *nm (caja)* pillbox
◇ *nm,f Esp Fam (persona)* pill popper

pastinaca *nf* stingray

pastizal *nm* pasture

pasto *nm* -1. *(hierba)* fodder -2. *(sitio)* pasture; **una región de fértiles pastos** a region abounding in fertile pasture -3. *Am (césped)* lawn, grass; **cortar el** ~ to mow the lawn, to cut the grass -4. EXPR **a todo** ~ in abundance; **ser** ~ **de las llamas** to go up in flames

pastón *nm Esp Fam* **vale un** ~ it costs a fortune o *Br* a bomb; **nos costó un** ~ it cost us a fortune o *Br* a bomb

pastor, -ora ◇ *nm,f (de ganado)* shepherd, *f* shepherdess
◇ *nm* -1. *(sacerdote)* minister; ~ **protestante** Protestant minister -2. *(perro)* ~ **alemán** Alsatian, German shepherd; ~ **belga** Belgian sheepdog

pastoral ◇ *adj* pastoral
◇ *nf* REL *(documento)* pastoral letter

pastorear ◇ *vt* to put out to pasture
◇ *vi* to pasture, to graze

pastoreo *nm* shepherding

pastoril *adj* pastoral, shepherd; **novela** ~ pastoral novel

pastosidad *nf* -1. *(blandura)* pastiness -2. *(suavidad)* mellowness

pastoso, -a *adj* -1. *(blando)* pasty; *(arroz)* sticky -2. *(seco)* dry; **tener la boca pastosa** to have a furry tongue -3. *(voz)* mellow, rich

pastún ◇ *adj* Pashtun
◇ *nmf* Pashtun

pasudo, -a *Carib, Col, Méx* ◇ *adj* fuzzy, frizzy
◇ *nm,f* person with curly hair

pata ◇ *nf* -1. *(pierna de animal)* leg; **las patas delanteras** the forelegs; **las patas traseras** the hindlegs; CULIN ~ **de pollo** chicken leg ❑ *Esp* CULIN ~ **negra** = type of top-quality cured ham; EXPR *Esp* **ser (de)** ~ **negra** *(excelente)* to be first-rate o top-class
-2. *(pie de animal)* foot; *(de perro, gato)* paw; *(de vaca, caballo)* hoof ❑ ~ **de cabra** crowbar, *Br* jemmy, *US* jimmy; **pantalones de** ~ **de elefante** bell bottoms, flares; ~ **de gallo** *(tejido)* hound's-tooth check (material); **patas de gallo** *(arrugas)* crow's feet; *RP* **patas de rana** *(para bucear)* flippers
-3. *Fam (persona) (pierna)* leg; *Am (pie)* foot; *Am* **me torcí la** ~ I twisted my ankle; *Am* **¡qué olor a** ~**!** what a stink of smelly feet in here!; **a cuatro patas** on all fours; **a** ~ on foot; **ir a la** ~ **coja** to hop; **salimos de allí por patas** we legged it out of there; *Esp Fam* **tener la** ~ **chula** to have a gammy leg ❑ ~ **de palo** wooden leg
-4. *(de mueble, mesa)* leg; **una mesa de tres patas** a three-legged table
-5. *Chile Fam* **patas** *(poca vergüenza)* cheek
-6. *Chile Fam (etapa)* stage, leg
-7. *Fam* EXPR **a la** ~ **la llana** straightforwardly; *Esp* **nos tratamos a la** ~ **la llana** we were quite straight with each other; *RP* **por abajo de la** ~ at least; **estirar la** ~ to kick the bucket; *Esp Hum* **estoy más liado que la** ~ **de un romano** things are pretty hectic at the moment; *RP* **hacer** ~ **a alguien** to keep sb company; **tener mala** ~ to be unlucky;

¡qué mala ~ **tienes!** what rotten luck!; **meter la** ~ to put one's foot in it; **poner algo patas arriba** o *Am* **para arriba** to turn sth upside down; *CSur* **saltar en una** ~ to jump for joy; *RP* **ser** ~ to be willing to go along; **si van al cine soy** ~ if you're going to the cinema count me in; *Chile, Méx* **ser** ~ **de perro** to have itchy feet; *Am* **tener patas** to have friends in high places
-8. *ver también* **pato**
◇ *nm Perú Fam* -1. *(amigo)* pal, *Br* mate, *US* buddy -2. *(tipo)* guy, *Br* bloke

pataca *nf* Jerusalem artichoke

patacón *nm* -1. *(moneda antigua)* old silver coin -2. *Chile (cardenal)* welt, bruise -3. *Chile (borrón)* blot -4. *Col, Ven (plátano)* = slice of fried plantain

patada *nf* -1. *(con el pie)* kick; *(en el suelo)* stamp; **dar una** ~ **a algo/alguien** to kick sth/sb; **dar patadas** *(el feto)* to kick; **dar patadas en el suelo** to stamp one's feet; **echar a alguien a patadas de** to kick sb out of; *Am* **los agarraron a patadas** they gave them a kicking; **derribaron la puerta a patadas** they kicked the door down o in; *Fam* **había turistas a patadas** there were loads of tourists; EXPR *Am Fam* **a las patadas** really badly; **me trata a las patadas** he treats me really badly o like dirt; **se llevan a las patadas** they can't stand each other; EXPR *Fam* **me da cien patadas (que...)** it makes me mad (that...); EXPR **dar la** ~ **a alguien** *(de un lugar, empleo)* to kick sb out, to give sb the boot; *Fam Hum* **le da patadas continuas al diccionario** he murders o butchers the (English/Spanish/*etc*) language; EXPR *Fam* **darse de patadas con algo** *(no armonizar)* to clash horribly with sth; EXPR *CSur Fam* **le dio una** ~ **al hígado** it went straight to her liver; EXPR *Méx Fam* **de la** ~: **me cae de la** ~ I can't stand her; **hace un frío de la** ~ it's freezing; EXPR **en dos patadas** *(en seguida)* in two shakes; EXPR *RP Fam* **quedar como una** ~ to look really bad; EXPR *Fam* **sentar como una** ~ **(en el estómago)** to be like a kick in the teeth; EXPR *Fam* **lo que dijo me sentó como una** ~ **en el culo** *Br* what she said really pissed me off, *US* I was really pissed about what she said; EXPR **tratar a alguien a patadas** to treat sb like dirt ❑ *Méx* ~ **de ahogado** desperate last effort; ~ **a seguir** *(en rugby)* kick and chase
-2. *Am (descarga eléctrica)* (electric) shock; **el enchufe le dio una** ~ he got a shock when he touched the plug
-3. *Am (retroceso)* kick

patagón, -ona ◇ *adj* Patagonian (Indian)
◇ *nm,f* Patagonian (Indian)

Patagonia *n* **la** ~ Patagonia

patagónico, -a ◇ *adj* Patagonian
◇ *nm,f* Patagonian

patalear *vi* -1. *(en el aire)* to kick about; *(en el suelo)* to stamp one's feet; **el bebé lleva dos horas pataleando y llorando** the baby's been kicking and screaming for the last two hours -2. *(protestar)* to kick up a fuss, to scream and shout; **por mucho que pataleen no me van a convencer** no matter how much they scream and shout, they won't persuade me

pataleo *nm (en el aire)* kicking, thrashing about; *(en el suelo)* stamping; *Fam* **me queda el derecho al** ~ all I can do now is complain

pataleta *nf Fam* tantrum; **le dio una** ~ he threw a tantrum

patán ◇ *adj* uncivilized, uncouth
◇ *nm* -1. *(ignorante)* boor -2. *CSur (inútil)* good-for-nothing

Patas *nm Col, Méx Fam* **el** ~ the devil

patasca *nf* -1. *Andes, Arg (guiso)* pork and maize o *US* corn stew -2. *Pan, Perú (alboroto)* quarrel, row

patata *nf Esp* -1. *(tubérculo)* potato; EXPR *Fam* **ni** ~: **no entendí ni** ~ I didn't understand a word of it; *Fam* **¡(di) ~!** *(en foto)* say cheese! ❑ **patatas bravas** = sautéed potatoes served with spicy tomato sauce; *Fig* ~ **caliente** hot potato; **patatas fritas** *(de sartén) Br* chips, *US* (French) fries; *(de bolsa) Br*

---

patentizar

crisps, *US* (potato) chips; ~ **nueva** new potato; **patatas paja** potato straws; ~ **temprana** early potato
-2. *Fam (cosa sin valor)* **ser una** ~ to be useless; **esta impresora es una** ~ this printer's a dud

patatal, patatar *nm* potato field

patatero, -a *Esp* ◇ *adj* -1. *(de la patata)* potato; **una región patatera** a potato-growing area
-2. *Fam* **la película fue un rollo** ~ the movie was a real bore o drag
◇ *nm,f* potato farmer

patatín: que si patatín, que si patatán *loc Fam* **estuvimos hablando que si** ~, **que si patatán** we talked about this, that and the next thing; **no empieces que si** ~, **que si patatán, hazlo** don't start making excuses, just do it!

patatús *(pl* **patatuses)** *nm Fam* fit; **cuando se entere le va a dar un** ~ when he finds out he'll have a fit

paté *nm* pâté

pateador, -ora *nm,f* -1. *(en rugby)* kicker -2. *(en golf)* putter

pateadura *nf Andes, RP Fam* kicking; **le dieron una** ~ **a la salida del estadio** he got his head kicked in when he came out of the stadium; **su comentario me cayó como una** ~ her remark was like a kick in the teeth

patear ◇ *vt* -1. *(dar un puntapié a)* to kick; ~ **la pelota** to kick the ball
-2. *(en golf)* to putt
-3. *(pisotear)* to stamp on; EXPR *RP Fam* **patearle el chiquero a alguien** to spoil it o things for sb
-4. *Fam (andar por)* to traipse round; **he pateado varias tiendas buscando el libro** I traipsed round several shops looking for the book
-5. *CSur Fam (abandonar)* to dump, to ditch; **llevaban como cinco años juntos y él la pateó** after they'd been together for about five years, he dumped her
◇ *vi* -1. *(patalear)* to stamp one's feet
-2. *Fam (andar)* to tramp
-3. *(en golf)* to putt
-4. *Am (cocear)* to kick
-5. *Am (arma)* to kick
-6. *Am (artefacto eléctrico)* **ojo con la lavadora, mirá que patea** careful with the washing machine, it can give you a shock
-7. EXPR *RP Fam* ~ **para el otro lado** to swing the other way, to bat for the other side
▸ **patearse** *vpr Fam (recorrer)* to tramp; **se pateó toda la ciudad buscando el disco** he tramped o traipsed all over town looking for the record

patena *nf* paten; EXPR *Esp* **limpio** o **blanco como una** ~ as clean as a new pin

patentado, -a *adj* patent, patented

patentar *vt* -1. *(invento)* to patent -2. *CSur (vehículo)* to register

patente ◇ *adj (descontento, indignación)* obvious, evident; *(demostración, prueba)* clear; **su dolor era** ~ he was clearly in pain; **la declaración dejó** ~ **el fracaso de la cumbre** it was obvious o clear from the statement that the summit had failed; **el nerviosismo se hizo** ~ **en su actuación** her nervousness showed in her performance; **su enfado quedó** ~ **con su respuesta** her reply made it clear she was angry
◇ *nf* -1. *(de invento)* patent; **tiene la** ~ **de este invento** he holds the patent on o for this invention; EXPR *RP Fam Hum* **sacar** ~ **de algo: ese sacó** ~ **de bobo** he's as stupid as they come ❑ ~ **de invención** patent
-2. *(autorización)* licence ❑ HIST ~ **de corso** letter(s) of marque; *Fig* **se cree que tiene** ~ **de corso para hacer lo que quiera** she thinks she has carte blanche to do what she likes; ~ **de navegación** certificate of registration
-3. *CSur (matrícula) Br* number plate, *US* license plate
-4. *CSur (impuesto) (de circulación)* road tax; *(de perro)* (dog) licence
-5. *Chile (cuota)* membership fee, *Br* subscription

patentizar *vt* to reveal

pateo nm Fam stamping; **el presidente fue recibido con un sonoro ~** the president was greeted with a loud stamping of feet

patera nf **-1.** (barca) small boat, dinghy **-2.** ver también **patero**

PATERA

Both legal and illegal immigration into Spain have risen dramatically in recent years, as economic development attracts those from countries with limited job opportunities, especially in North Africa. Many of these immigrants cross the Straits of Gibraltar in small boats which can barely sustain their weight, and which the Spanish press refer to as **pateras**, a term rarely used before but now automatically associated with the idea of illegal immigration.

páter familias nm Formal paterfamilias
paternal adj fatherly, paternal
paternalismo nm paternalism
paternalista adj paternalistic
paternidad nf **-1.** (calidad de padre) fatherhood ❏ **~ responsable** responsible parenthood **-2.** DER paternity; **prueba de ~** paternity test **-3.** (creación) authorship; **la ~ del proyecto es suya** he devised the project
paterno, -a adj **-1.** (del padre) paternal **-2.** (abuelo) paternal, on one's father's side; **está emparentado con él por línea paterna** he's related to him on his father's side
patero, -a nm,f Chile Fam (adulador) bootlicker, toady
patético, -a adj **-1.** (emocionante) moving, pathetic **-2.** (ridículo, grotesco) pathetic; **su comportamiento fue ~** his behaviour was pathetic
patetismo nm pathos; **imágenes de gran ~** very moving pictures
patibulario, -a adj (horroroso) horrifying, harrowing
patíbulo nm scaffold, gallows; **lo condenaron al ~** he was sentenced to hang, he was sent to the gallows
paticojo, -a Fam ◇ adj lame
◇ nm,f lame person, cripple
patidifuso, -a adj Fam stunned, Br gobsmacked; **me quedé patidifusa** I was stunned o Br gobsmacked
patilla nf **-1.** (de pelo) sideboard, sideburn **-2.** (de gafas) arm **-3.** (de hebilla) prong **-4.** INFORMÁT (de enchufe) pin **-5.** Col, Ven (sandía) watermelon
patilludo, -a adj **-1.** (con patillas) **es ~** he has long thick sideburns **-2.** RP Fam (harto) fed up, sick; **me tenés ~ con tus preguntas** I'm fed up o sick of your questions
patín nm **-1.** (de hielo) ice skate; (de ruedas paralelas) roller skate; (en línea) rollerblade; **me regalaron unos patines en línea** they gave me some rollerblades **-2.** (patinete) scooter ❏ Méx **~ del diablo** scooter **-3.** Esp (embarcación) pedalo **-4.** Méx Fam **a ~** (a pie) on foot; **ir a ~** to hoof o leg it
pátina nf patina
patinada nf Am (de coche) skid; (de persona) slip; **el suelo estaba mojado y se dio una ~** the floor was wet and he slipped
patinador, -ora nm,f skater ❏ **~ artístico** figure skater; **~ sobre hielo** ice skater; **~ de velocidad** speed skater
patinaje nm skating ❏ **~ artístico** figure skating; **~ sobre hielo** ice skating; **~ sobre ruedas** roller skating; (con patines en línea) roller blading; **~ de velocidad** speed skating
patinar ◇ vi **-1.** (sobre hielo) to skate, to ice-skate; (sobre ruedas) to roller-skate; (con patines en línea) to roller-blade; **¿quieres venir a ~ sobre hielo?** do you want to come skating o ice-skating?
-2. (resbalar) (coche) to skid; (persona) to slip; **la bici patinó en una curva** the bike skidded on a bend; EXPR Esp Fam **le patinan las neuronas, le patina el embrague** he's going a bit funny in the head; EXPR Esp Fam **lo que diga me patina** I couldn't care less what he says, Br I don't give a monkey's

what he says, US I don't give a rat's ass what he says
-3. Esp Fam (equivocarse) to make a mistake, to slip up; **patiné comprándome ese coche** buying that car was a really bad move
◆ **patinarse** vpr RP Fam (dinero) to blow; **se patinó todo el sueldo en trajes** he blew all his salary on suits
patinazo nm **-1.** (de coche) skid; (de persona) slip; **el suelo estaba mojado y se dio un ~** the floor was wet and he slipped; **se dio un ~ en una curva y se cayó de la moto** he skidded on a bend and fell off the motorbike **-2.** Fam (equivocación) blunder; **dar un ~** to bungle, to mess up
patinete nm, **patineta** nf **-1.** (con manillar) scooter **-2.** Ven (sin manillar) skateboard
patio nm (de casa) courtyard; (de escuela) playground; (de cuartel) parade ground; EXPR Esp Fam **¡cómo está el ~!** what a fine state of affairs!; **visto como está el patio...** considering the way things are... ❏ **~ de armas** parade ground; Esp **~ de butacas** stalls; **~ interior** (en edificio) central courtyard; **~ de luces** central well, air shaft
patita nf EXPR Fam **poner a alguien de patitas en la calle** to kick sb out; EXPR CSur Fam Hum **patitas para qué te quiero: ahí viene la policía, ¡patitas para qué te quiero!** here come the police, time to leg it!
patitieso, -a adj Fam **-1.** (de frío) frozen stiff **-2.** (de sorpresa) stunned, Br gobsmacked; **dejar ~** to stun, to dumbfound; **me dejó con el anuncio** his announcement left me stunned; **quedarse ~** to be stunned o Br gobsmacked
patito nm **el ~ feo** the ugly duckling; Fam **los dos patitos** (el número 22) all the twos, twenty-two
patituerto, -a adj bow-legged, bandy-legged
patizambo, -a adj knock-kneed
pato, -a ◇ nm,f (ave) duck; EXPR Fam **¡al agua, patos!** (en piscina) in you jump!; EXPR Méx Fam **no te hagas ~, págame lo que me debes** don't mess me around, just pay me what you owe me; EXPR Fam **pagar el ~** Br to carry the can, US to pick up the tab; EXPR Arg, Chile, Méx Fam **ser el ~ de la boda** to be the one who pays the consequences, to be the one who foots the bill ❏ **~ almizclado** muscovy duck; **~ arlequín** harlequin duck; **~ colorado** red-crested pochard; **~ havelda** long-tailed duck; **~ mandarín** mandarin duck; **~ a la naranja** duck à l'orange
◇ nm **-1.** Esp Fam (persona torpe) clumsy oaf, clodhopper **-2.** Chile (biberón) (baby's) bottle **-3.** Méx (orinal) bed bottle
patochada nf Fam piece of nonsense, idiocy; **no dice más que patochadas** he just talks nonsense; **la última ~ del Gobierno** the government's latest crazy plan
patógeno, -a ◇ adj pathogenic; **agente ~** pathogen
◇ nm pathogen
patojo, -a nm,f Guat (niño) kid, youngster
patología nf pathology
patológico, -a adj **-1.** (de la patología) pathological **-2.** (enfermizo) pathological; **tiene un miedo ~ al dentista** she has a pathological fear of dentists
patólogo, -a nm,f pathologist
patón, -ona adj Am Fam **es muy ~** he's got enormous feet
patoso, -a Esp Fam ◇ adj clumsy; **no sabe bailar, es muy ~** he can't dance, he's got two left feet; **hoy estoy muy ~** I'm being really clumsy today
◇ nm,f clumsy idiot o oaf
patota nf Fam **-1.** Perú, RP (de gamberros) street gang **-2.** Col (de amigos) gang, crew
patotero, -a Perú, RP Fam ◇ adj thuggish; **es muy ~** he's a real thug
◇ nm,f young thug
patovica nmf RP Fam **-1.** (guardaespaldas) minder **-2.** (en una discoteca) bouncer
patraña nf yarn, cock-and-bull story

patria nf native country, fatherland; **la madre ~** the mother country, the motherland; **defender la ~** to defend one's country; **morir por la ~** to die for one's country; EXPR **hacer ~** to fly the flag ❏ **~ chica** home town; DER **~ potestad** parental authority
patriarca nm **-1.** (en familia) patriarch **-2.** REL patriarch
patriarcado nm **-1.** (organización social) patriarchy **-2.** REL patriarchate
patriarcal adj **-1.** (de la familia) patriarchal **-2.** REL patriarchal
patriciado nm patriciate
Patricio n pr **San ~** St Patrick
patricio, -a ◇ adj patrician
◇ nm,f patrician
patrimonial adj hereditary
patrimonio nm **-1.** (bienes) (heredados) inheritance; (propios) wealth, assets; (económico) national wealth; **el ~ natural de un país** a country's natural heritage; **el ~ de la empresa asciende a mil millones de dólares** the company has net assets of one billion dollars; **los ríos son ~ de todos** rivers are a heritage shared by all; **la paz no es ~ exclusivo de los partidos políticos** peace is not the exclusive preserve of political parties; **~ personal** personal estate
-2. (cultura) heritage; **Granada es ~ (mundial) de la humanidad** Granada is a world heritage site ❏ **~ histórico-artístico** artistic o cultural heritage; **~ nacional** national heritage
patrio, -a adj native; **el suelo ~** one's native soil; **el orgullo ~** national pride
patriota ◇ adj patriotic
◇ nmf patriot
patriotería nf, **patrioterismo** nm Pey jingoism, chauvinism
patriotero, -a Pey ◇ adj jingoistic, chauvinistic
◇ nm,f chauvinist
patriótico, -a adj patriotic
patriotismo nm patriotism
patrocinado, -a adj sponsored
patrocinador, -ora ◇ adj sponsoring; **la empresa patrocinadora del encuentro** the company sponsoring the event
◇ nm,f (de proyecto, equipo, programa) sponsor; (de exposición, concierto) sponsor, promoter
patrocinar vt **-1.** (proyecto) to sponsor, to finance; (equipo, programa) to sponsor; (exposición, concierto) to sponsor, to promote **-2.** Méx DER (acusado) to defend
patrocinio nm **-1.** (de proyecto) sponsorship, financing; (de equipo, programa) sponsorship; (de exposición, concierto) sponsorship, promotion; **una exposición con el ~ del Ministerio de Cultura** an exhibition sponsored by the Ministry of Culture **-2.** Méx DER (de acusado) defence
patrón, -ona nm,f **-1.** (de obreros) boss; (de criados) master, f mistress; (empresario) employer **-2.** Esp (de pensión) landlord, f landlady **-3.** (santo) patron saint
◇ nm **-1.** (de barco) skipper **-2.** (medida) standard ❏ ECON **~ internacional** international standard; **~ oro** gold standard; **~ de referencia** reference gauge **-3.** (en costura) pattern
patrona nf **-1.** CSur Fam **la ~** Br the missus o missis, US my old lady **-2.** ver también **patrono**
patronal ◇ adj **-1.** (empresarial) management; **organización ~** employers' organization **-2.** (del santo patrón) **fiestas patronales** = festival in honour of the local patron saint
◇ nf (organización) employers' organization; **la ~ del turismo** the tourist operators' association o organization; **negociaciones entre la ~ y los sindicatos** negotiations between employers and the unions
patronato nm (dirección) board of trustees; (con fines benéficos) trust ❏ Esp **~ de apuestas mutuas** totalizator
patronazgo nm patronage

patronímico, -a ◇ *adj* patronymic
◇ *nm* patronymic

patronista *nmf* pattern cutter

patrono, -a *nm,f* **-1.** *(de obreros)* boss; *(de criados)* master, *f* mistress; *(empresario)* employer **-2.** *(santo)* patron saint

patrulla *nf* **-1.** *(de soldados, vigilantes)* patrol; **una ~ de barcos** a sea patrol; **una ~ de rescate** a rescue team ❑ **~ urbana** vigilante group **-2.** *(acción)* patrol; **hoy nos toca ~ a nosotros** it's our turn (to be) on patrol today; **estar de ~** to be on patrol **-3.** *Méx (vehículo)* patrol car

patrullar ◇ *vt* to patrol
◇ *vi* to patrol; **~ por** to patrol

patrullera *nf* **-1.** *(barco)* patrol boat **-2.** *Chile (auto)* police (patrol) car, *US* cruiser

patrullero, -a ◇ *adj* patrol; **barco ~** patrol boat
◇ *nm* **-1.** *(barco)* patrol boat **-2.** *CSur (auto)* police (patrol) car, *US* cruiser

patuco *nm Esp* bootee

patudez *nf Chile Fam* cheek, *Br* brass neck

patudo, -a *adj* **-1.** *Fam (de pies grandes)* **es muy ~** he's got enormous feet **-2.** *Chile Fam (confianzudo)* cheeky, *US* fresh

patulea *nf Fam* **-1.** *(de niños)* rowdy mob **-2.** *(de criminales)* gang

paulatino, -a *adj* gradual

paulista ◇ *adj* of/from São Paulo
◇ *nmf* person from São Paulo

pauperismo *nm* pauperism

pauperización *nf* impoverishment

paupérrimo, -a *adj* very poor, impoverished

pausa *nf* **-1.** *(descanso)* pause, break; **con ~** unhurriedly; *Méx* **con pausa ~** at a leisurely pace; **hacer una ~** *(al hablar)* to pause; *(en actividad)* to take a break ❑ **~ publicitaria** commercial break **-2.** LING pause **-3.** MÚS rest

pausadamente *adv* deliberately, slowly

pausado, -a *adj* deliberate, slow

pauta *nf* **-1.** *(modelo)* standard, model; **dar** *o* **marcar la ~** to set the standard; **seguir una ~** to follow an example **-2.** *(en un papel)* guideline

pautado, -a *adj (papel)* lined, ruled

pava *nf* **-1.** *Esp Fam (colilla)* dog end **-2.** *CAm (flequillo) Br* fringe, *US* bangs **-3.** *Chile, Perú (broma)* coarse *o* tasteless joke **-4.** *Arg (hervidor)* kettle **-5.** *Col, Ven Fam (mala suerte)* bad *o* tough luck; **tener ~** to be unlucky

pavada *RP Fam* ◇ *nf* **-1.** *(estupidez)* **decir una ~** to say something stupid; **decir pavadas** to talk nonsense; **hacer una ~** to do something stupid; **hizo la ~ de decírselo** she was stupid enough to tell him; **¡cuánta ~ hay en el mundo!** people can be really stupid sometimes!
-2. *(cosa sin importancia)* silly little thing; **se pelearon por una ~** they had an argument over a silly little thing; **¡no es ~!** *(va en serio)* it's no joke!; **¿qué te ha pasado? – nada, una ~** what happened to you? – oh, it's nothing serious; **por hacer cuatro pavadas me cobró 500 pesos** he charged me 500 pesos for doing next to nothing
-3. *(cosa fácil)* **ser una ~** to be a piece of cake *o* a cinch
◇ **pavada de** *loc adv* **~ de fiesta hicieron** they threw a terrific party; **~ de discusión hubo** there was one hell of an argument

pavear *vi Fam* **-1.** *Chile, Perú (burlarse)* to play a joke **-2.** *RP (hacer tonterías)* to fool around, to play the fool **-3.** *Ecuad, Pan (faltar a clase)* to play truant

pavés *nm* cobbles, cobblestones

pavesa *nf* ember

pavía *nf Esp* clingstone peach

pavimentación *nf (con asfalto)* surfacing; *(con losas)* paving; *(con baldosas)* tiling

pavimentado, -a *adj (con asfalto)* surfaced, asphalted; *(con losas)* paved; *(con baldosas)* tiled

pavimentar *vt (con asfalto)* to surface; *(con losas)* to pave; *(con baldosas)* to tile

pavimento *nm (de asfalto)* (road) surface; *(de losas)* paving; *(de baldosas)* tiling

pavisoso, -a *adj Fam* bland, wishy-washy

pavo, -a ◇ *adj Fam Pey (persona)* wet, drippy
◇ *nm,f* **-1.** *(ave)* turkey; EXPR *Esp Fam* **se le subió el ~** she went bright red ❑ **~ real** peacock, *f* peahen **-2.** *Fam Pey (persona)* drip
◇ *nm* **-1.** *Esp Fam (cinco pesetas)* five pesetas; **cinco/cien pavos** twenty five/five hundred pesetas **-2.** *Chile (cometa)* large kite **-3.** *Chile Fam (polizón)* stowaway; **viajó de ~** he stowed away

pavón *nm* **-1.** *(ave)* peacock **-2.** *(mariposa)* emperor moth **-3.** *(óxido)* bluing, bronzing

pavonado *nm* bluing

pavonar *vt* to blue

pavonearse *vpr* to boast, to brag **(de** about)

pavoneo *nm* showing off, boasting

pavor *nm* terror; **le tengo ~ a los aviones** I'm terrified of flying

pavoroso, -a *adj* terrifying; **un incendio ~** a terrible fire

pavoso, -a *Ven Fam* ◇ *adj* jinxed
◇ *nm,f* jinx

pavote, -a *RP Fam* ◇ *adj* dopey, goofy
◇ *nm,f Br* wally, *US* dweeb

pay *nm Chile, Méx, Ven* ❑ **~ de limón** lemon meringue pie; **~ de manzana** apple pie; **~ de queso** cheesecake

paya *nf* **-1.** *Chile* = improvised folk song **-2.** *ver también* **payo**

payada *nf CSur* **-1.** *(canto)* = improvised folk song **-2.** *Fam (invento)* waffle; **sus discursos son siempre la misma ~** her speeches are always the same old waffle; **si no saben, no escriban, pero no llenen la hoja con payadas** if you don't know what to write, don't write anything, don't try to fill up the page with waffle

payador, -ora *nm,f CSur* **-1.** *(cantor)* = singer of improvised songs **-2.** *Fam (improvisador)* fabulist; **no le prestes atención cuando habla de cine, es un ~** don't pay any attention to him when he starts talking about movies, he makes it all up

payanés, -esa ◇ *adj* of/from Popayán *(Colombia)*
◇ *nm,f* person from Popayán *(Colombia)*

payar *vi CSur* **-1.** *(cantar)* = to sing improvised songs **-2.** *Fam (inventar)* to waffle, to make things up; **como no había estudiado, payé bastante** I hadn't done any revision, so I just waffled *o* so I just made it up as I went along

payasada *nf* **-1.** *(graciosa)* piece of clowning; **hacer payasadas** to clown *o* fool around **-2.** *(grotesca)* **eso que has dicho/hecho es una ~** what you said/did is ludicrous

payasear *vi Am Fam* to clown *o* fool around

payaso, -a ◇ *adj Fam Pey* **¡no seas ~!** stop clowning *o* fooling around!
◇ *nm,f* **-1.** *(de circo)* clown **-2.** *Fam Pey (poco serio)* **¡mi profesor es un ~!** my teacher is a clown!, my teacher is always clowning around!

payés, -esa *nm,f* = peasant farmer from Catalonia or the Balearic Islands

payo, -a ◇ *adj* **-1.** *Esp (no gitano)* = term used by gypsies to refer to non-gypsies **-2.** *Méx (campesino)* = typical of a peasant who has moved to the city
◇ *nm,f* **-1.** *Esp (no gitano)* = term used by gypsies to refer to non-gypsies **-2.** *Méx (campesino)* = peasant who has moved to the city

paz *nf* **-1.** *(ausencia de guerra)* peace; **mantener la ~** to keep the peace; **poner ~ entre** to reconcile, to make peace between; **y en ~** and that's that; **estar** *o* **quedar en ~** to be quits; EXPR **...y aquí ~ y después gloria** ...and let that be an end to it
-2. *(tranquilidad)* peacefulness; **dejar a alguien en ~** to leave sb alone *o* in peace; **que en ~ descanse, que descanse en ~** may he/she rest in peace
-3. *(acuerdo, convenio)* peace treaty; **la Paz de Aquisgrán** the Treaty of Aix-la-Chapelle; **firmar la ~** to sign a peace treaty; **hacer las paces** to make (it) up
-4. REL pax; **dar la ~** to make the sign of peace

pazguato, -a, *RP* **pazcuato, -a** *Fam* ◇ *adj* **-1.** *(simple)* simple **-2.** *(mojigato)* prudish
◇ *nm,f* **-1.** *(simple)* simpleton **-2.** *(mojigato)* prude

pazo *nm* = Galician mansion, belonging to noble family

PBI *nm Perú, RP (abrev de* **producto bruto interno***)* GDP

PBN *nm Am (abrev de* **producto bruto nacional***)* GNP

PC *nm* **-1.** *(abrev de* **personal computer***)* PC **-2.** *(abrev de* **Partido Comunista***)* CP

PCC *nm (abrev de* **Partido Comunista Cubano***)* Cuban Communist Party

PCE *nm (abrev de* **Partido Comunista de España***)* Spanish Communist Party

pche, pchs *interj* bah!

PCUS [pe'kus] *nm (abrev de* **Partido Comunista de la Unión Soviética***)* Soviet Communist Party

PD *(abrev de* **posdata***)* PS

PDC *nm (abrev de* **Partido Demócrata Cristiano***)* Christian Democratic Party

PE *nm (abrev de* **Parlamento Europeo***)* European Parliament

pe *nf Fam Fig* **de pe a pa** from beginning to end

pea *nf Esp Fam (borrachera)* **agarrarse una ~** to get plastered *o Br* pissed

peaje *nm* **-1.** *(importe)* toll; **autopista de ~** *Br* toll motorway, *US* turnpike **-2.** *(lugar)* toll barrier

peal *nm Am (lazo)* lasso

pealar *vt Am* to lasso

peana *nf* **-1.** *(pedestal)* pedestal **-2.** *Esp Fam (pie)* big foot

peatón *nm* pedestrian

peatonal *adj* pedestrian; **calle ~** pedestrian street

peatonalización *nf* pedestrianization

peatonalizar *vt* to pedestrianize

pebete, -a *RP* ◇ *nm,f* child
◇ *nm (panecillo)* = small bun used for sandwiches

pebetero *nm* **-1.** *(para perfumes)* incense burner **-2.** *(para antorcha olímpica)* cauldron

pebre *nm o nf* **-1.** *(salsa)* = sauce made with green pepper and garlic **-2.** *(pimienta)* black pepper

peca *nf* freckle

pecado *nm* **-1.** *(en religión)* sin; **estar en ~** to be in sin; **morir en ~** to die unrepentant; **ser ~** to be a sin; EXPR **se dice el ~ pero no el pecador** no names, no packdrill, I'm naming no names; EXPR *Fam* **de mis pecados: pero niña de mis pecados ¿cuántas veces tengo que decirte que te des prisa?** for goodness' sake, girl, how many times do I have to tell you to hurry up? ❑ **pecados capitales** deadly sins; **~ mortal** mortal sin; **~ original** original sin
-2. *(pena, lástima)* sin; **sería un ~ no aprovechar este día de primavera** it would be a sin not to make the most of this spring day; **es un ~ que no le guste la paella** it's such a pity she doesn't like paella

pecador, -ora ◇ *adj* sinful
◇ *nm,f* sinner

pecaminoso, -a *adj* sinful

pecán *nm (árbol)* pecan (tree)

pecar [59] *vi* **-1.** *(en religión)* to sin; **~ de obra/palabra/pensamiento** to sin in deed/word/thought **-2.** *(pasarse)* **~ de confiado/generoso** to be overconfident/too generous

pecarí *(pl* **pecaríes***)*, **pécari** *nm* peccary

pecblenda *nf* pitchblende

pecera *nf (rectangular)* fish tank; *(redonda)* fish bowl

pecero, -a *Fam* ◇ *adj* PC
◇ *nm,f* PC user

peceto *nm RP* eye round (of beef)

pechada *nf* **-1.** *Esp Fam (hartazgo)* **me di una ~ de estudiar** I really studied hard; **se dio una ~ de llorar** she cried her heart out **-2.** *CSur* **mandarse una ~ con alguien** *(pedir)* to sponge *o* scrounge off sb

pechar ◇ vt **-1.** *Andes, RP (empujar)* to push, to shove **-2.** *CSur Fam (pedir)* to scrounge, to bum; **se la pasa pechándole cigarrillos a todo el mundo** he's always bumming cigarettes off people

◇ vi **~ con** to bear, to shoulder

◆ **pecharse** vpr *RP* **pecharse a** o **con alguien** to bump into sb

pechazo nm *CSur Fam* **-1.** *(gorroneo)* **mandarse un ~ con alguien** to sponge o scrounge off sb; **vive del ~** he's always sponging o on the scrounge **-2.** *(golpe) (entre dos personas)* bump; **nos dimos un ~** we bumped into one another; **me di un ~ contra la puerta** I walked straight into the door

pechblenda nf pitchblende

peche adj *Salv (flaco)* thin

pechera nf **-1.** *(de camisa)* shirt front; *(de blusa, vestido)* bust **-2.** *Fam (de mujer)* bosom

pechiazul nm bluethroat

pechina nf ARQUIT pendentive

pecho nm **-1.** *(tórax)* chest; **un dolor en el ~** a pain in the chest, a chest pain
-2. *(de mujer)* bosom; **tener poco ~** to have a small bust; **tener mucho ~** to have a big bust
-3. *(mama)* breast; **dar el ~ a** to breast-feed
-4. *(interior)* heart; **guardaba mucha rabia en su ~** his heart was full of anger
-5. *Am (en natación)* breaststroke; **nadar ~** to do the breaststroke; **los 100 metros ~** the 100 metres breaststroke
-6. EXPR *Fam* **a lo hecho, ~: no me gusta, pero a lo hecho, ~** I don't like it but, what's done is done; *Fam* **tú lo hiciste, así que a lo hecho, ~** you did it, so you'll have to take the consequences; **a ~ descubierto** *(sin defensas)* without protection o any form of defence; *(con sinceridad)* quite openly o candidly; *Fam* **echarse** o **meterse entre ~ y espalda algo** *(comida)* to put o tuck sth away; *(bebida)* to knock sth back, to down sth; *Fam* **me partí el ~ por ayudarle** I bent over backwards to help him; **sacar (el) ~** to thrust one's chest out; **tomarse algo a ~** *(ofenderse)* to take sth to heart; *(tomar con empeño)* to take sth seriously; **no te lo tomes tan a ~** you shouldn't take it so to heart; **se toma el trabajo muy a ~** she takes her work very seriously

pechuga nf **-1.** *(de ave)* breast *(meat)*; **~ de pollo** breast of chicken, chicken breast **-2.** *Fam (de mujer)* bosom, bust **-3.** *Andes, CAm, Ven Fam (descaro)* nerve, audacity

pechugón, -ona *Fam* ◇ adj **-1.** *(con pechos grandes)* busty, buxom **-2.** *Andes, CAm, Ven (desvergonzado)* brazen, opportunistic

◇ nm,f *Andes, CAm, Ven (desvergonzado)* shameless opportunist

pecíolo, peciolo nm BOT stalk

pécora nf **-1.** EXPR **ser una mala ~** to be a bitch o harpy **-2.** *Perú Fam (olor a pies)* stink of smelly feet

pecoso, -a adj freckly

pectina nf pectin

pectíneo nm ANAT pectineus

pectoral ◇ adj **-1.** ANAT pectoral, chest; **músculos pectorales** pectorals **-2.** MED cough; **jarabe ~** cough syrup

◇ nm **-1.** ANAT pectoral **-2.** MED cough mixture o medicine **-3.** REL pectoral cross

pecuario, -a adj livestock; **actividad pecuaria** livestock raising

peculado nm esp *Am* misappropriation of public funds

peculiar adj **-1.** *(característico)* typical, characteristic; **tiene el sabor ~ de la cebolla** it has the characteristic o distinctive taste of onion; **trabajaba con su ~ seriedad** he worked with characteristic seriousness **-2.** *(raro, curioso)* peculiar; **tiene una manera muy ~ de hacer las cosas** she has a very peculiar o strange way of doing things

peculiaridad nf **-1.** *(cualidad)* uniqueness; **cada uno tiene sus peculiaridades** we all have our little ways o idiosyncracies **-2.** *(detalle)* particular feature o characteristic; **tiene la ~ de que funciona con energía solar** a particular feature of it is that it runs on solar energy

peculio nm **-1.** *(dinero)* personal money **-2.** DER peculium

pecuniario, -a adj pecuniary

peda nf *Méx Fam* **anoche nos pusimos una buena ~** we got totally plastered o *Br* pissed last night

pedagogía nf teaching, pedagogy

pedagógico, -a adj teaching, pedagogical

pedagogo, -a nm,f **-1.** *(especialista)* educationalist **-2.** *(profesor)* teacher, educator

pedal nm **-1.** *(de coche, fuente)* pedal ❏ **~ acelerador** accelerator; **~ de(l) embrague** clutch (pedal); **~ de freno** brake pedal **-2.** *(de piano, arpa)* pedal **-3.** *(de bicicleta)* pedal; **dar a los pedales** to pedal; **un as del ~** an ace cyclist **-4.** *Esp Fam (borrachera)* **agarrar un ~** to get plastered; **llevo un ~ que no me aguanto** I'm completely plastered o out of my head

pedalada nf turn of the pedals; **con cada ~ recorre cinco metros** with each turn of the pedals he travels five metres; **dar pedaladas** to pedal; **pedaladas rápidas/lentas** fast/slow pedalling

pedalear vi to pedal

pedaleo nm pedalling

pedanía nf district

pedante ◇ adj pretentious

◇ nmf pretentious person

pedantería nf **-1.** *(cualidad)* pretentiousness **-2.** *(dicho, hecho)* piece of pretentiousness

pedazo nm **-1.** *(trozo)* piece, bit; **un ~ de pan** a piece of bread; **caerse a pedazos** *(deshacerse)* to fall to pieces; *(estar cansado)* to be dead tired, to be worn out; **hacer pedazos algo** to break sth to bits; *Fig* to destroy sth; **saltar en (mil) pedazos** to be smashed to pieces; EXPR **ser un ~ de pan** to be an angel, to be a real sweetie
-2. *Fam (para enfatizar)* **¡~ de animal** o **de bruto!** stupid oaf o brute!; **¡~ de alcornoque!** you stupid idiot!

pederasta nm **-1.** DER *(contra menores)* paedophile **-2.** *(homosexual)* homosexual

pederastia nf **-1.** DER *(contra menores)* paedophilia **-2.** *(sodomía)* sodomy

pedernal nm flint; EXPR **duro como el** o **un ~** as hard as a rock

pederse vpr *Fam* to fart

pedestal nm pedestal, stand; EXPR **poner a alguien en un ~** to put sb on a pedestal; **la tiene en un ~** he's put her on a pedestal; EXPR **bajar del ~: desde que ganó el premio no hay quien lo baje del ~** since he won the prize, it's been impossible to get him down off his high horse

pedestre adj **-1.** *(a pie)* on foot; **una carrera ~** a foot race, a walking race **-2.** *(corriente)* pedestrian, prosaic

pediatra nmf paediatrician

pediatría nf paediatrics *(singular)*

pediátrico, -a adj pediatric

pedículo nm peduncle

pediculosis nm inv MED pediculosis

pedicura nf pedicure; **hacerle la ~ a alguien** to give sb a pedicure; **hacerse la ~** to have a pedicure

pedicuro, -a nm,f *Am* **pedicurista** nmf chiropodist, *US* podiatrist

pedida nf *Esp* = family ceremony in which the groom-to-be asks his future wife's parents for their daughter's hand in marriage, ≃ engagement party

pedido nm **-1.** *(de producto)* order; **hacer un ~** to place an order; **un ~ en firme** a firm order; **sólo se fabrica sobre ~** they are manufactured exclusively to order ❏ **~ por correo** mail order **-2.** *Am (petición)* request; **~ de arresto** arrest warrant; **a ~ de** at the request of

pedigrí, pedigree [peðiˈɣri] nm pedigree; **un perro con ~** a pedigree dog; *Fam* **un político/deportista con ~** a politician/sportsman with an impressive track record

pedigüeño, -a ◇ adj **qué hermano más ~ tengo** my brother's always asking for things

◇ nm,f *(que pide)* **es un ~** he's always asking for things

pedinche nmf *Méx Fam* scrounger

pedir [47] ◇ vt **-1.** *(solicitar)* to ask for; **~ algo a alguien** to ask sb for sth; **me pidió (mi) opinión** she asked me (for) my opinion; **~ un taxi (por teléfono)** to ring for a taxi; **~ a alguien que haga algo** to ask sb to do sth; **le pido que sea breve, por favor** I would ask you to be brief, please; **le pedí que saliera conmigo** I asked her out; **~ a alguien en matrimonio, ~ la mano de alguien** to ask for sb's hand (in marriage); **~ prestado algo a alguien** to borrow sth from sb; **pide un millón por la moto** he's asking a million for the motorbike; **no tienes más que pedirlo** all you need to do is ask; **si no es mucho ~** if it's not too much to ask; EXPR *CAm, Méx* **~ raid** to hitch a ride o *Br* lift
-2. *(en bares, restaurantes)* to order; **¿qué has pedido de postre?** what have you ordered for dessert?
-3. *(mercancías)* to order; **~ algo a alguien** to order sth from sb
-4. *(exigir)* to demand; **¡pido que se me escuche!** I demand to be heard!; **le pedimos al gobierno una inmediata retirada de las tropas** we demand that the government withdraw its troops immediately; **la acusación pide veinte años de cárcel** the prosecution is asking for twenty years
-5. *(requerir)* to call for, to need; **los cactus piden poca agua** cacti don't need a lot of water; **esta cocina está pidiendo a gritos que la limpies** this kitchen is crying out for you to clean it

◇ vi **-1.** *(mendigar)* to beg; **hay mucha gente pidiendo por la calle** there are a lot of beggars in the streets
-2. *(en bares, restaurantes)* to order; **¿han pedido ya?** have you ordered?
-3. *(rezar)* **~ por el alma de alguien** to pray for sb's soul

◆ **pedirse** vpr *(escoger)* **¿qué pastel te pides tú?** which cake do you want?; **¡me pido primero para subir al columpio!** *(uso infantil) Br* bags I get first go on the swing!, *US* dibs on first go on the swing!

pedo ◇ adj inv *Esp, Méx Fam* **estar ~** to be smashed o *Br* pissed

◇ nm **-1.** *(ventosidad)* fart; **echarse** o **tirarse un ~** to fart
-2. *Fam (borrachera)* **agarrarse** o *Esp* **cogerse un ~** to get smashed o *Br* pissed; *RP* **estar en ~** to be smashed o *Br* pissed
-3. *Méx Fam (problema)* problem; **se armó un gran ~** there was a big free-for-all o bust-up
-4. EXPR *RP Fam* **al ~** *(inútilmente)* for nothing; *RP Fam* **a los pedos** *(rapidísimo)* in a flash, double quick; *RP Fam* **de ~** *(de casualidad)* by chance, *Br* by a fluke; *Méx muy Fam* **hacerla de ~** to be a pain; *RP Fam* **ni en ~** no way, never in a million years; *Méx muy Fam* **no hay ~** it's OK; *Méx muy Fam* **ponerse al ~** to square up *(for a fight)*

◇ nm,f *Méx Fam* drunk

pedofilia nf paedophilia

pedófilo, -a nm,f paedophile

pedología nf pedology

pedorrear vi *Fam* to fart a lot

pedorrero, -a *Fam* ◇ adj **es muy ~** he's always farting

◇ nm,f **es un ~** he's always farting

pedorreta nf *Fam* raspberry *(sound)*

pedorro, -a *Fam* ◇ adj **-1.** *(que se tira pedos)* **es muy ~** he's always farting **-2.** *(tonto, pesado)* **ser ~** to be a drag o pain

◇ nm,f **-1.** *(que se tira pedos)* **es un ~** he's always farting **-2.** *(tonto, pesado)* drag, pain

pedrada nf **-1.** *(golpe)* **rompió la ventana de una ~** he smashed the window with a stone; **recibieron a la policía a pedradas** the police were met by a hail of stones; **el árbitro recibió una ~ en la cabeza** the referee was hit on the head by a stone;

pedrea

matar a pedradas a alguien to stone sb to death; **pegar una ~ a alguien** to hit sb with a stone; [EXPR] *Fam* **venir como ~ en ojo de boticario** to be just what one needed
 -**2.** *Méx Fam (indirecta)* snide remark; **tirar pedradas a alguien** to make snide remarks about sb
pedrea *nf* -**1.** *Esp (en lotería)* = group of smaller prizes in the Spanish national lottery -**2.** *(lucha)* stone fight
pedregal *nm* stony ground
pedregoso, -a *adj* stony
pedregullo *nm RP* gravel
pedrejón *nm* boulder, rock
pedrera *nf* stone quarry
pedrería *nf* precious stones
pedrero *nm (cantero)* stonecutter, quarryman
pedrisco *nm* hail
pedriza *nf (terreno)* rocky o stony ground
Pedro *n pr* **San ~** St Peter; **la Basílica de San ~** St Peter's (basilica); *Fam Hum* **~ Botero** Old Nick; **~ el Grande** Peter the Great
pedrusco *nm* -**1.** *(roca)* rough stone -**2.** *Esp Fam (piedra preciosa)* huge jewel
pedunculado, -a *adj* BOT pedunculate
pedúnculo *nm* BOT stalk, *Espec* peduncle
peeling ['pilin] *(pl* **peelings**) *nm* face mask o pack
peerse *vpr* to fart
pega *nf* -**1.** *Esp (obstáculo)* difficulty, hitch; **la ~ que tiene es que es muy caro** the only problem is it's very expensive; **le puso muchas pegas a nuestra propuesta** he kept raising objections to our proposal; **me pusieron muchas pegas para conseguir el visado** they made a lot of problems before they gave me a visa; **le veo muchas pegas al plan** I see a lot of problems with the plan -**2. de ~** *(falso)* false, fake; **un Rolex de ~** a fake Rolex; **un electricista de ~** a bogus electrician
 -**3.** *Andes, Cuba Fam (trabajo)* job; **está buscando ~** he's looking for work o a job
pegada *nf* -**1.** *(en boxeo)* punch; *(en fútbol)* kick; *(en tenis, golf)* shot; **un boxeador con una fuerte ~** a boxer with a powerful punch; **un delantero con buena ~** a forward with a good o powerful kick
 -**2.** *(colocación)* **la campaña comenzó con la ~ de carteles** the campaign started with posters being stuck o put up
 -**3.** *RP Fam (acierto)* **¡qué ~ fue comprar esa casa en aquel momento!** what a stroke of luck it was, buying that house when we did!; **fue una ~ llamar antes de salir** it was lucky we phoned before we left
pegadizo, -a *adj* -**1.** *(música)* catchy -**2.** *(contagioso)* catching
pegado ⟨> *adj* -**1.** *(junto)* **nuestra oficina está pegada a la suya** our office is right next to theirs; **ha aparcado el coche demasiado ~ al mío** he's parked his car too close to mine; **su novio estuvo ~ a ella durante toda la fiesta** her boyfriend was glued to her side all through the party; **lleva cinco horas ~ al televisor** he's been glued to the television for five hours
 -**2.** *(con pegamento)* glued, stuck; **la suela está pegada al zapato** the sole is glued o stuck to the shoe
 -**3.** *Esp Fam (asombrado)* amazed, flabbergasted; **me dejó ~ con su respuesta** I was amazed o flabbergasted at his answer; **me quedé ~ cuando me enteré** I was amazed o flabbergasted when I found out
 -**4.** *Esp Fam* **estar ~** *(no saber)* not to have a clue; **en latín estoy ~** I'm hopeless at Latin
 ⟨> *nm (parche)* plaster
pegadura *nf Col, Ecuad (burla)* trick
pegajoso, -a *adj* -**1.** *(adhesivo)* sticky; **tengo las suelas pegajosas** the soles of my shoes are sticky -**2.** *(calor)* sticky; *(frío)* clammy -**3.** *Fam (persona)* clingy, clinging; **es muy ~** he's very clingy -**4.** *Méx (música)* catchy
pegamento *nm* glue
pegante *nm Col* glue
pegapega *nf Col, RP (de caza)* birdlime

pegar [38] ⟨> *vt* -**1.** *(adherir)* to stick; *(con pegamento)* to glue; *(póster, cartel)* to fix, to put up; *(botón)* to sew on; **pegó la suela al zapato** he stuck the sole on the shoe
 -**2.** *(arrimar)* **~ algo a o contra algo** to put o place sth against sth; **no pegues la silla tanto a la pared** don't put the chair so close up against the wall; **pega el coche un poco más a la acera** move the car in a bit closer to the *Br* pavement o *US* sidewalk
 -**3.** *(golpear)* to hit; **el balón me pegó en la cara** the ball hit me in the face; **pega a su mujer/a sus hijos** he beats his wife/children
 -**4.** *(dar) (bofetada, paliza, patada)* to give; **pegó un golpe sobre la mesa** he banged the table; **~ un golpe a alguien** to hit sb; **~ un susto a alguien** to give sb a fright; **~ un disgusto a alguien** to upset sb; **~ un tiro a alguien** to shoot sb
 -**5.** *(realizar, producir)* **~ un bostezo** to yawn; **~ un grito** to cry out, to let out a cry; **no arregias nada pegando gritos** it's no use shouting; **~ un respingo** to (give a) start; **pegaban saltos de alegría** they were jumping for joy; **~ un suspiro** to (give a) sigh; **~ fuego a algo** to set sth on fire, to set fire to sth
 -**6.** *(contagiar)* **~ algo a alguien** to give sb sth, to pass sth on to sb; **le pegó el sarampión a su hermano** she gave her brother measles
 -**7.** *(corresponder a, ir bien a)* to suit; **no le pega ese vestido** that dress doesn't suit her; **esta corbata pega con esa camisa** this tie goes with that shirt; **no le pega ese novio** that boyfriend isn't right for her
 -**8.** INFORMÁT to paste
 -**9.** *Fam (tener el hábito de)* **le pega mucho al vino** he likes his wine
 -**10.** *RP Fam* **pegarla** *(acertar)* to be spot on; **la pegamos con esa idea** we were spot on with that idea
 ⟨> *vi* -**1.** *(adherir)* to stick
 -**2.** *(golpear)* to hit; **la lluvia pegaba en la ventana** the rain was driving against the windowpane; **una bala pegó contra el techo** a bullet hit the ceiling; **la pelota pegó en el larguero** the ball hit the crossbar
 -**3.** *(armonizar)* to go together, to match; **no pegan nada** they don't go together o match at all; **no pega mucho un bingo en este barrio** a bingo hall doesn't really fit o looks rather out of place in this part of town; **~ con** to go with; **un color que pegue (bien) con el rojo** a colour that goes (well) with red
 -**4.** *Fam (ser fuerte) (sol)* to beat down; *(viento, aire)* to be strong; *(vino, licor, droga)* to be strong stuff, to pack a punch; **el aire pega de costado** there's a strong side wind; **¡cómo pega el sol!** it's absolutely scorching!
 -**5.** *(estar al lado)* **~ a o con** to be right next to; **el restaurante está pegado a la estación** the restaurant's right next to the station
 -**6.** *Fam (tener éxito, estar de moda)* to be in; **este grupo está pegando mucho últimamente** this group is massive at the moment; **una nueva generación de tenistas viene pegando fuerte** a new generation of tennis players is beginning to come through
 ◆ **pegarse** *vpr* -**1.** *(adherirse)* to stick; *Fig* **se pega a la televisión y no hace otra cosa** he just sits in front of the television all day and never moves
 -**2.** *(guiso, comida)* to stick; **se me ha pegado el arroz** the rice has stuck (to the pan)
 -**3.** *(pelearse, agredirse)* to fight, to hit one another
 -**4.** *(golpearse)* **pegarse (un golpe) con** o **contra algo** to bump into sth; **me he pegado con el pico de la mesa** I bumped into the corner of the table; **me pegué (un golpe) en la pierna/la cabeza** I hit o bumped my leg/head; *Esp Fam* **perdimos el control del coche y nos la pegamos contra un árbol** we lost control of the car and smashed into a tree

 -**5.** *(contagiarse) (enfermedad)* to be passed on; *(canción)* to be catchy; **no te me acerques, que se te pegará el resfriado** don't come near me, you don't want to catch my cold off me; **se me pegó su acento** I picked up his accent; **se le ha pegado el sentido del humor británico** the British sense of humour has rubbed off on her
 -**6.** *Fig (engancharse)* **pegarse a alguien** to stick to sb; **se nos pegó y no hubo forma de librarse de él** he attached himself to us and we couldn't get rid of him
 -**7.** *(darse) (baño, desayuno)* to have; **no me importaría pegarme unas buenas vacaciones** I wouldn't mind (having) a good holiday; **nos pegamos un viaje de diez horas** we had a ten-hour journey; **me pegué un buen susto** I got a real fright; **¡vaya siesta te has pegado!** that was certainly a long siesta you had there!; **pegarse un tiro** to shoot oneself; *Fig* **como la elijan a ella, me pego un tiro** if they choose her, I'll kill myself; *Perú Fam* **pegarse una muñequeada** to get the fright of one's life
 -**8.** *Esp Fam (pasarse)* to spend; **se pega todo el rato protestando** she spends all her time complaining; **se pegó el fin de semana en la cama** he spent the weekend in bed
 -**9.** *Esp Fam* **pegársela a alguien** *(engañar)* to have sb on; *(cónyuge)* to cheat on sb; *Esp Fam* **se la pega a su marido con el vecino** she's cheating on her husband with the man next door
Pegaso *n* MITOL Pegasus
pegatina *nf Esp* sticker
pego *nm* [EXPR] *Esp Fam* **dar el ~** to look like the real thing; **no es piel auténtica pero da el ~** it's not real fur but it looks just like it o just like the real thing
pegote *nm Fam* -**1.** *(masa pegajosa)* sticky mess; **este arroz está hecho un ~** this rice is a sticky mess; **tenía la moto llena de pegotes de barro** her motorbike was covered in mud splashes
 -**2.** *(chapucería)* botch; **el final de la película es un ~** the ending just doesn't go with the rest of the movie
 -**3.** *Esp (mentira)* **tirarse pegotes** to tell tall stories, to boast; **se tiró el ~ diciendo que era jugador de baloncesto** he spun a yarn about being a basketball player
 -**4.** *RP (persona)* **es un ~ de la madre** he's tied to his mother's apron strings, he's a mummy's boy; **esos dos están siempre como un ~** those two are like Siamese twins, they're never apart
pegoteado, -a *adj CSur Fam* sticky
pegotear *CSur Fam* ⟨> *vt* to make sticky
 ◆ **pegotearse** *vpr* to get oneself all sticky
pegual *nm CSur* cinch, girth
pegue *nm Méx Fam* charisma, sex appeal; **ese cantante tiene mucho ~** that singer's got a lot of charisma o sex appeal
pehuén *nm* monkey-puzzle tree
pehuenche ⟨> *adj* Pehuenche, = relating to an indigenous people who inhabited part of present-day Chile
 ⟨> *nmf* Pehuenche, = member of an indigenous people who inhabited part of present-day Chile
peinado, -a ⟨> *adj* **siempre va muy peinada** she always has her hair very nicely done; **va muy mal ~** his hair's a mess
 ⟨> *nm* -**1.** *(acción)* combing -**2.** *(estilo, tipo)* hairstyle; *(más elaborado)* hairdo -**3.** *(rastreo)* thorough search; **la policía hizo un ~ de la zona** the police combed the area
peinador, -ora ⟨> *nm* -**1.** *(bata)* dressing gown, robe -**2.** *Bol, Chile, Cuba (tocador)* dressing table
 ⟨> *nm,f Am (peluquero)* hairdresser
peinadora *nf Ven (tocador)* dressing table
peinar ⟨> *vt* -**1.** *(cabello) (con peine)* to comb; *(con cepillo)* to brush; **¿quién te peina?** who does your hair? -**2.** *(caballo, gato)* to comb, to groom -**3.** *(rastrear)* to comb -**4.** *(en fútbol)* **~ la pelota** to flick the ball on with one's head
 ◆ **peinarse** *vpr* -**1.** *(cabello) (con peine)* to

peine comb one's hair; (con cepillo) to brush one's hair; **no salgas así, ¡péinate!** don't go out like that, comb your hair!; **me peino en la peluquería del barrio** I get my hair done at the local hairdresser's
-2. *RP Fam (ilusionarse)* to get one's hopes up; *Fig* **no te peines, mirá que en esta foto no salís** don't get your hopes up, you're not going to be in on this one

peine *nm* comb; **pasarse el ~** to comb one's hair; EXPR *Esp Fam* **enterarse de** *o* **saber lo que vale un ~** to find out what's what *o* a thing or two

peineta *nf* -1. *(adorno)* = decorative comb worn in hair -2. *Chile (peine)* comb

peinilla *nf* -1. *Am (peine)* comb -2. *Col (machete)* machete

p.ej. *(abrev de por ejemplo)* e.g.

pejesapo *nm* monkfish, angler (fish), *US* goosefish

pejiguera *nf Esp Fam* drag, pain

Pekín *n* Peking, Beijing

pekinés, -esa = **pequinés**

pela *nf Esp Fam (peseta)* peseta; **está forrado de pelas** he's rolling in it; **no tengo pelas** I'm broke *o Br* skint; EXPR **la ~ es la ~** money makes the world go round

pelacables *nm inv* wire stripper

pelada *nf* -1. *CSur Fam (calva)* blunder -2. *Andes, Cuba, RP Fam* **la Pelada** *(la muerte)* the Grim Reaper -3. *ver también* **pelado**

peladero *nm* -1. *Andes, Ven (terreno)* wasteland -2. *Chile (solar)* site, *US* lot

peladez *nf Méx (actitud)* rudeness; *(dicho grosero)* rude *o* coarse remark

peladilla *nf* sugared almond

pelado, -a ◇ *adj* -1. *(cabeza)* shorn
-2. *(fruta)* peeled
-3. *(piel, cara)* **tengo la nariz pelada** my nose is peeling
-4. *(habitación, monte, árbol)* bare
-5. *(número)* exact, round; **el treinta ~** a round thirty
-6. *(mínimo)* **saqué un aprobado ~** I passed, but only just; **nos sirvieron un vino ~, y ya está** they gave us a mingy glass of wine, and that was it
-7. *Fam (sin dinero)* broke, *Br* skint; **estar ~** to be broke *o Br* skint
-8. *CSur Fam (calvo)* bald
-9. *CAm, Méx Fam (grosero)* rude, foulmouthed
◇ *nm Esp Fam (corte de pelo)* **¡qué ~ te han metido!** you've really been scalped!
◇ *nm,f* -1. *Andes Fam (niño, adolescente)* kid
-2. *Andes Fam (novio)* childhood sweetheart
-3. *CAm, Méx Fam (persona humilde)* common person, *Br* pleb, *Br* oik; **la plaza estaba llena de pelados** the square was full of riffraff *o Br* plebs -4. *CSur Fam (calvo)* baldy

pelador, -ora *nm,f* peeler

peladura *nf* peeling; **~ de naranja** orange peel

pelagatos *nmf inv Fam Pey* nobody

pelágico, -a *adj* deep-sea, *Espec* pelagic

pelaje *nm* -1. *(de gato, oso, conejo)* fur; *(de perro, caballo)* coat -2. *Fam Pey (aspecto)* look; **no me gusta su ~** I don't like the look of him -3. *Fam Pey (calaña)* **gente de ese ~** people of that sort -4. *Fam (cantidad de pelo)* mop

pelambre *nm* -1. *(de pelo)* mane *o* mop of hair -2. *Chile Fam (chisme)* gossip; **un ~** a piece of gossip

pelambrera *nf Fam* long thick hair; **deberías cortarte esa ~** you should get that mop of hair cut

pelanas *nmf inv Fam* poor devil, wretch

pelandrún, -una *nm,f RP* rascal, rogue

pelandusca *nf Fam Pey* tart, slut

pelapapas *nm inv Am* potato peeler

pelapatatas *nm inv Esp* potato peeler

pelar ◇ *vt* -1. *(fruta, patatas)* to peel; *(guisantes, marisco)* to shell
-2. *(cable)* to strip; *(caramelo)* to unwrap
-3. *(aves)* to pluck; *(conejos)* to skin; EXPR *Fam* **~ la pava** *(novios)* to flirt, to have a lovey-dovey conversation; EXPR **~ el diente** *CAm, Col (coquetear)* to flirt; *Carib (adular)* to flatter
-4. *Fam (persona)* to scalp; **me han pelado** I've been scalped; **lo pelaron al cero** he had his head shaved
-5. *Fam Fig (dejar sin dinero)* to clean out, to fleece
-6. *Méx Fam (hacer caso)* **no me pela** he doesn't pay any attention to me
◇ *vi* EXPR *Fam* **hace un frío que pela** it's freezing cold; *RP Fam* **está que pela** *(caliente)* it's boiling (hot); *Ven Fam* **estar pelando** to be broke *o Br* skint

◆ **pelarse** *vpr* -1. *(piel, espalda)* to peel; **te estás pelando** you're peeling; **se me está pelando la cara** my face is peeling
-2. *Fam (cortarse el pelo)* to have one's hair cut; **tengo que ir a que me pelen** I've got to go and get my hair cut
-3. *muy Fam* **pelársela** *(masturbarse)* to jerk off, *Br* to wank
-4. *CSur Fam* **pelárselas** *(largarse)* to clear off, *Br* to scarper; **se las peló para Europa** he upped *Br* sticks *o US* stakes and went to Europe
-5. EXPR *Fam* **pelarse de frío** to be frozen stiff, to be freezing cold; *Fam* **corre que se las pela** she runs like the wind

Pelayo *n pr* **don ~** Pelayo, = Visigothic king of Asturias whose victory at Covadonga in 722 is traditionally regarded as the start of the reconquest of Spain from the Moors

pelazón *nf Ven Fam* poverty; **aquí la ~ es mucha** there's a lot of poverty here

peldaño *nm (escalón)* step; *(de escalera de mano)* rung

pelea *nf* -1. *(a golpes)* fight; **una ~ cuerpo a cuerpo** a hand-to-hand fight -2. *(discusión)* row, quarrel -3. *(combate)* fight; **una ~ de gallos** cockfight

peleado, -a *adj* -1. *(disputado) (combate, campaña electoral)* fierce, hard-fought; *(partido, carrera)* close -2. *(enfadado)* **está ~ con su novia** he's had a row with his girlfriend; **están peleados** they've fallen out, they're not on good terms

pelear ◇ *vi* -1. *(a golpes)* to fight -2. *(a gritos)* to have a row *o* quarrel; **han peleado y ya no se quieren ver** they've had a row *o* quarrelled, and don't want to see each other any more -3. *(esforzarse)* to fight hard, to struggle; **ha peleado por sacar a su familia adelante** he's fought hard *o* struggled to keep his family; **ha peleado mucho por ese puesto** she has fought hard to get that job

◆ **pelearse** *vpr* -1. *(a golpes)* to fight; **se pelearon a patadas** they fought and kicked each other
-2. *(a gritos)* to have a row *o* quarrel; **se pelearon por una estupidez** they had a row *o* they quarrelled over a stupid little thing
-3. *(enfadarse)* to fall out; **se ha peleado con su hermano** he's fallen out with his brother; **se ha peleado con su novia** he's had a row with his girlfriend

pelechar *vi* -1. *(echar plumas)* to grow feathers -2. *RP Fam (prosperar)* to make good

pelela *nf CSur* potty

pelele *nm* -1. *Fam Pey (persona)* puppet -2. *(muñeco)* guy, straw doll -3. *Esp (prenda de bebé)* romper suit, *Br* Babygro®

peleón, -ona *adj* -1. *(persona)* **es muy ~** he's always getting into fights -2. *Fam (vino)* rough

peletería *nf* -1. *(tienda)* fur shop, furrier's -2. *(oficio)* furriery -3. *(pieles)* furs; **artículos de ~** furs

peletero, -a ◇ *adj* fur; **industria peletera** fur trade
◇ *nm,f* furrier

peli *nf Esp Fam* movie, *Br* flick

peliagudo, -a *adj* tricky

pelicano, -a *adj* grey-haired

pelícano *nm* pelican

película ◇ *nf* -1. *(de cine)* movie, *Br* film; **una ~ de** *Esp* **vídeo** *o Am* **video** a video (movie); **una ~ de Scorsese** a Scorsese movie; **echar** *o* **poner una ~** to show a movie ❑ **~ de acción** action movie *o Br* film; **~ de animación** animated feature film; **~ de ciencia ficción** science fiction movie *o Br* film; **~ de culto** cult movie *o Br* film; **~ de dibujos animados** feature-length cartoon; **~ de época** period *o* costume drama; **~ de gángsters** gangster movie *o Br* film; **~ de miedo** horror movie *o Br* film; **~ muda** silent movie *o Br* film; **~ del Oeste** western; **~ porno** porn movie; *Esp* **~ de suspense** thriller; *Am* **~ de suspenso** thriller; **~ de terror** horror movie *o Br* film; **~ X** X-rated movie *o Br* film
-2. *(fotográfica)* film; **una ~ en blanco y negro/color** a black-and-white/colour film ❑ **~ fotográfica** photographic film; **~ virgen** unexposed film
-3. *(capa)* film
-4. *Fam (historia increíble)* (tall) story; **montarse una ~** to dream up an incredible story
◇ **de película** *loc adj Fam* **tienen una casa de ~** they've got a dream house; **pasamos unas vacaciones de ~** we had the holiday of our dreams
◇ **de película** *loc adv Fam* **canta/baila de ~** she's a fabulous singer/dancer

peliculero, -a *Fam* ◇ *adj* -1. *(cinéfilo)* **es muy ~ (que va al cine)** he's a keen moviegoer *o Br* filmgoer; *(entiende de cine)* he's a real movie *o Br* film buff -2. *(fantasioso)* **es muy ~** he's got a very vivid imagination
◇ *nm,f* -1. *(cinéfilo) (que va al cine)* moviegoer, *Br* filmgoer; *(que entiende de cine)* movie *o Br* film buff -2. *(fantasioso)* **es un ~** he's got a very vivid imagination

peliculón *nm Fam* fantastic *o* great movie

peligrar *vi* to be in danger; **su vida no peligra** her life is not in danger; **el asesinato hace ~ el alto el fuego** the murder is threatening the ceasefire

peligro *nm* -1. *(situación)* danger; **ya ha pasado el ~** the danger has passed; **correr ~ (de)** to be in danger (of); **corremos el ~ de que se enfade** there's a danger that he'll get angry; **estar/poner en ~** to be/put at risk; **una especie en ~ de extinción** an endangered species; **un animal en ~ de extinción** an animal threatened with extinction; **fuera de ~** out of danger; **¡~ de muerte!** *(en letrero)* danger!; **~ de incendio** *(en letrero)* fire hazard
-2. *(persona, objeto)* **ser un ~** to be dangerous; **ese cable eléctrico es un ~** that electric cable is dangerous; **un ~ público** a public menace

peligrosamente *adv* dangerously

peligrosidad *nf* dangerousness

peligroso, -a *adj* dangerous

pelillo *nm* EXPR *Esp Fam* **¡(echemos) pelillos a la mar!** let's just forget about it!

pelín *nm Esp Fam* **un ~** a little bit; **es un ~ caro** it's a bit on the expensive side; **estoy un ~ cansado** I'm a little bit tired; **te has pasado un ~** you've gone a little bit too far

pelirrojo, -a ◇ *adj* ginger, red-headed
◇ *nm,f* redhead

pella *nf Esp Fam* **hacer pellas** *Br* to skive off (school), *US* to play hookey

pelleja *nf (piel)* hide, skin

pellejería *nf* -1. *(lugar)* tannery -2. *(pieles)* skins, hides -3. *Andes Fam* **pellejerías** *(dificultades)* difficulties

pellejo *nm* -1. *(piel)* skin; EXPR *Fam* **estar/ponerse en el ~ de otro** to be/put oneself in someone else's shoes; *Fam* **si yo estuviera en tu ~...** if I were in your shoes... -2. *Fam (vida)* skin; **arriesgar** *o* **jugarse el ~** to risk one's neck; **salvar el ~** to save one's skin -3. *(padrastro)* hangnail -4. *(odre)* wineskin

pellica *nf (manta)* = coverlet made of fine skins

pelliza *nf* fur jacket

pellizcar [59] *vt* -1. *(persona)* to pinch -2. *(pan)* to pick at

pellizco *nm* -1. *(en piel)* pinch; **dar un ~ a alguien** to give sb a pinch -2. *(pequeña cantidad)* little bit; *(de sal)* pinch; *Fam* **un buen ~** *(de dinero)* a tidy sum

pellón *nm Am (cojín)* saddle pad

pelma *Esp Fam* ◇ *adj* annoying, tiresome
◇ *nmf* bore, pain

pelmazo, -a *Fam* ◇ *adj* annoying, tiresome ◇ *nm,f* bore, pain

pelo *nm* **-1.** *(cabello)* hair; **hay un ~ en la sopa** there's a hair in my soup; **la bañera estaba llena de pelos** the bathtub was full of hair; **se me está cayendo el ~** I'm losing my hair; **tiene un ~ rubio precioso** she has lovely fair hair; **llevar** *o* **tener el ~ de punta** to have spiky hair; **cortarse el ~** *(uno mismo)* to cut one's (own) hair; *(en peluquería)* to have one's hair cut; **teñirse el ~** to dye one's hair; **llevar el ~ recogido/suelto** to wear one's hair up/loose; EXPR **se le va a caer el ~** he'll be in big trouble; *Méx Fam* **de pelos** *(muy bien)* great; EXPR *Chile Fam* **echar el ~** to chill; EXPR *Fam* **estar hasta los pelos** to be fed up; EXPR **así te luce el ~: no estudias nada y así te luce el ~ en los exámenes** you never study and it shows in your exam results; EXPR **de medio ~** second-rate; EXPR *Fam* **te voy a dar para el ~** I'm going to give you what for; EXPR **ser un hombre de ~ en pecho** to be a real man; EXPR **por los pelos, por un ~** by the skin of one's teeth, only just; EXPR *CSur Fam* **andar** *o* **estar con los pelos de punta** to be strung-out; EXPR **poner a alguien los pelos de punta** to make sb's hair stand on end; **se me pusieron los pelos de punta** it made my hair stand on end; EXPR **con pelos y señales** with all the details; EXPR **no tiene pelos en la lengua** she doesn't mince her words; EXPR **no tiene un ~ de tonto** he's nobody's fool; EXPR **soltarse el ~** to let one's hair down; EXPR **tirarse de los pelos** *(de desesperación)* to tear one's hair out; EXPR **tocar un ~ (de la ropa) a alguien** *(hacer daño)* to lay a finger on sb; **no le toqué un ~** I never touched her, I never laid a finger on her; EXPR **tomar el ~ a alguien** to pull sb's leg; EXPR **traído por los pelos** *(argumento, hipótesis)* farfetched; EXPR **venir a ~** *(en la conversación, discusión)* to be relevant; **venir al ~ a alguien** to be just right for sb; EXPR **no ver el ~ a alguien** not to see hide nor hair of sb; EXPR *Fam* **¡y yo con estos pelos!: ¡mi novio ha llegado y yo con estos pelos!** my boyfriend's arrived and I am in such a state *o* look such a mess!
-2. *(pelaje)* *(de oso, conejo, gato)* fur; *(de perro, caballo)* coat; EXPR **a ~: montar (a caballo) a** *o RP* **en ~** to ride bareback; **presentarse a un examen a ~** to enter an exam unprepared; *Esp muy Fam* **follar a ~** to ride bareback *(have unprotected sex)* ❏ **~ de camello** *(tejido)* camel hair
-3. *(de melocotón)* down
-4. *(de una tela, tejido)* nap; *(de alfombra)* pile; **este jersey suelta mucho ~** *o* **muchos pelos** this jumper leaves a lot of hairs everywhere
-5. *Fam (pizca, poquito)* **échame un ~ más de ginebra** could I have a smidgin *o* tad more gin?; **pasarse un ~** to go a bit too far; **no me gusta (ni) un ~ ese tipo** I don't like that guy at all

pelón, -ona ◇ *adj Fam* **-1.** *(sin pelo)* bald **-2.** *Méx (difícil)* tricky; **está ~ pasar el examen si no estudiaste** you're going to have a job passing the exam if you haven't done any studying
◇ *nm* **-1.** *RP (fruta)* nectarine **-2.** *Ven Fam (error)* blunder

pelona *nf CAm, Col, Méx Fam* **la Pelona** *(la muerte)* Death, the Grim Reaper

Peloponeso *n* **el ~** the Peloponnese

pelota¹ ◇ *nf* **-1.** *(balón)* ball; **~ de golf/de tenis** golf/tennis ball; **jugar a la ~** to play ball; EXPR *Esp* **la ~ está en el tejado** it's in the air; EXPR *Esp* **la ~ está en su tejado** the ball is in their court; EXPR *CSur* **dar ~ (a algo/alguien)** to pay attention (to sth/sb); **dame ~ cuando te hablo** listen to me *o* pay attention when I'm talking to you; **la biodiversidad es una cuestión seria, hay que darle ~** biodiversity is a serious issue that deserves our attention; EXPR **devolver la ~ a alguien** to put the ball back into sb's court; EXPR *Esp Fam* **hacer la ~ (a alguien)** to suck up (to sb); EXPR **pasarse la ~** to pass the buck ❏ **~ base** baseball; *Arg* **~ al cesto** = school sport similar to basketball played by teams of six players; **~ de goma** rubber bullet; **~ mano** = pelota played with the hand as opposed to a basket strapped to the hand; **~ vasca** pelota, jai alai
-2. *muy Fam (testículo)* **pelotas** balls; EXPR **en pelotas,** *Esp* **en ~ picada** *Br* starkers, *US* butt-naked; EXPR *RP* **¡las pelotas!** balls to that!; EXPR **no me sale de las pelotas** I can't be arsed; EXPR **estar hasta las pelotas: estoy hasta las pelotas de ellos** I've had it up to here with them; EXPR *RP* **tener las pelotas llenas (de algo/de alguien)** to be pissed off (about sth/with sb); EXPR *RP* **llenar las pelotas a alguien** to piss sb off; **claro que está de mal humor, le llenaron las pelotas todo el día** of course he's in a bad mood, *Br* they've been getting on his tits *o US* they've been on his ass all day; EXPR **rascarse** *o* **tocarse las pelotas: se pasa todo el día rascándose** *o* **tocándose las pelotas** he spends the whole day pissing about *o* around
-3. *Am (béisbol)* baseball
◇ *nmf RP Fam* **ser un pelotas** to be a lazy so-and-so

pelota² *Esp Fam Pey* ◇ *adj (adulador)* **es muy ~** he's always sucking up to people, he's a real creep
◇ *nmf (persona)* creep, crawler

pelotari *nmf* pelota player

pelotazo *nm* **-1.** *(con pelota)* **rompió el espejo de un ~** she smashed the mirror with the ball; **me dieron un ~ en la cabeza** they hit me on the head with the ball **-2.** *Esp Fam (copa)* drink; **un ~ de ginebra** a gin **-3.** *Esp Fam (enriquecimiento)* **la cultura del ~** = ruthless obsession with money and power; **pegar un ~** to make a killing

pelotear *vi (en tenis)* to knock up; *(en fútbol)* to kick a ball about

peloteo *nm* **-1.** *(en tenis)* knock-up; *(en fútbol)* kickabout **-2.** *Esp Fam (adulación)* creeping; **se le da muy bien el ~** he's an expert at sucking up to people

pelotera *nf Fam* row; **cuando le negaron la solicitud montó una ~** she kicked up a row when her application was turned down

pelotero, -a ◇ *adj Esp Fam Pey* **es muy ~** he's always sucking up to people
◇ *nm,f* **-1.** *Esp Fam Pey (adulador)* creep, crawler **-2.** *Am (jugador de béisbol)* baseball player **-3.** *CSur (recogepelotas)* ball boy, *f* ball girl

pelotilla *nf Fam* **-1.** *Esp* **hacer la ~ a alguien** *(adular)* to suck up to sb **-2.** *(bolita) (de moco)* bogey, *US* booger; *(de suciedad)* = ball of grime rubbed from skin

pelotillero, -a *Esp Fam Pey* ◇ *adj* **es muy ~** he's always sucking up to people
◇ *nm,f* creep, crawler

pelotón *nm* **-1.** *(de soldados)* squad ❏ **~ de ejecución** firing squad; **~ de fusilamiento** firing squad
-2. *(de gente)* crowd; **la esperaba un ~ de periodistas** there was a pack of journalists waiting for her ❏ *Fam Hum* **el ~ de los torpes** the incompetent brigade
-3. *(de ciclistas)* bunch, peloton; *Fig* **una empresa en el ~ de cabeza de las ganancias** a company which is at the top end of the earnings league; *Fig* **un país que no consigue abandonar el ~ de cola de los más pobres** a country that has consistently ranked among the world's poorest

pelotudear *vi RP Fam* to mess about *o* around

pelotudez *nf RP Fam* **-1.** *(acto)* damn stupid thing; *(dicho)* damn stupid remark; **hacer una ~** to do something damn stupid; **hacer pelotudeces** to behave like an idiot; **decir una ~** to say something damn stupid; **decir pelotudeces** to talk nonsense
-2. *(cosa insignificante)* stupid little thing; **se pelearon por una ~** they fell out over something really stupid; **le compré una ~** I bought her a silly little present
-3. *(pereza)* **ayer no hice nada, me dio un ataque de ~** I didn't do anything yesterday, I just couldn't be bothered *o Br* fagged

pelotudo, -a *adj RP Fam* **-1.** *(estúpido)* damn stupid **-2.** *(grande)* massive; **tengo que leer un libro ~ para la próxima clase** I've got this really massive book to read for the next class; **se compraron una casa pelotuda** they bought a massive house

peltre *nm* pewter

peluca *nf* wig; **llevar ~** to wear a wig

peluche *nm* **-1.** *(material)* plush **-2.** *(muñeco)* cuddly toy; **osito de ~** teddy bear **-3.** EXPR *Méx Fam* **de peluches** *(muy bien)* great

pelucón, -ona *adj Perú Fam* **es muy ~** he's got long hair

peluda *nf (pez)* scaldfish

peludo, -a ◇ *adj* **-1.** *(con pelo)* hairy **-2.** *Ven Fam (complicado)* tricky
◇ *nm RP* **-1.** *(animal)* armadillo; EXPR *Fam* **caer como ~ de regalo** to appear out of the blue **-2.** *Fam (borrachera)* **agarrar un ~** to get plastered

peluquearse *vpr Am Fam* to get *o* have one's hair done

peluquería *nf* **-1.** *(establecimiento)* hairdresser's (shop); **~ de caballeros** barber's, *Br* men's hairdresser's, *US* barbershop; **~ de señoras** ladies' hairdressers **-2.** *(oficio)* hairdressing

peluquero, -a *nm,f* hairdresser

peluquín *nm* toupee; EXPR *Esp Fam Hum* **ni hablar del ~** no way, José

pelusa¹ *nf* **-1.** *(de tela)* fluff **-2.** *(vello)* down **-3.** *(de polvo)* ball of fluff **-4.** *Esp Fam (celos)* **tener ~ de** to be jealous of

pelusa² *nmf Chile Fam* urchin

pelviano, -a, pélvico, -a *adj* pelvic

pelvis *nf inv* pelvis

PEMEX ['pemeks] *nmpl (abrev de Petróleos Mexicanos)* = Mexican state oil company

PEN [pen] *nm (abrev de Plan Energético Nacional)* = Spanish national energy plan

pena *nf* **-1.** *(lástima)* shame, pity; **es una ~ (que no puedas venir)** it's a shame *o* pity (you can't come); **da ~ no poder hacer nada** it's a shame *o* pity we can't do anything; **el pobre me da ~** I feel sorry for the poor guy; **me da ~ ver lo pobres que son** it's awful to see how poor they are; **me da ~ tener que irme ya** I hate to have to leave already; **¡qué ~!** what a shame *o* pity!; **¡qué ~ de hijo tengo!** what a useless son I've got!
-2. *(tristeza)* sadness, sorrow; **sentía una gran ~** I felt terribly sad
-3. *(desgracia)* problem, trouble; **bebe para olvidar** *o* **ahogar las penas** he drinks to drown his sorrows; **me contó sus penas** she told me her troubles *o* about her problems
-4. *(dificultad)* struggle; **pasaron grandes penas durante la guerra** they suffered great hardship during the war; **subimos el piano a duras penas** we got the piano up the stairs with great difficulty; **con mi sueldo mantengo a duras penas a mi familia** my salary is barely enough for me to support my family; **consiguieron llegar a duras penas** they only just managed to get there
-5. *(castigo)* punishment; **le cayó** *o* **le impusieron una ~ de treinta años** he was sentenced to *o* given thirty years; **cumplió ~ en la prisión de Alcatraz** he served his sentence in Alcatraz; *Formal* **so** *o* **bajo ~ de** *(bajo castigo de)* under penalty of; *(a menos que)* unless ❏ **~ capital** death penalty; **~ de cárcel** prison sentence; **~ máxima** *(jurídica)* maximum sentence; *(en fútbol)* penalty; **~ de muerte** death penalty; **~ de reclusión** prison sentence
-6. *CAm, Carib, Col, Méx (vergüenza)* embarrassment; **me da ~ molestar** I'm terribly sorry to bother you; **tengo ~ de hablar con ella** I'm too embarrassed to talk to her
-7. EXPR *Esp Fam* **de ~:** *(muy mal)* **lo pasamos de ~** we had an awful time; **dibuja/cocina de ~** he can't draw/cook to save his life, he's useless at drawing/cooking; **ese peinado le**

penacho

queda de ~ that haircut looks terrible on her; *Fam* **hecho una** ~ in a real state; **(no) valer** *o* **merecer la** ~ (not) to be worthwhile *o* worth it; **una película que merece la** ~ a movie that's worth seeing; **vale la** ~ **intentarlo** it's worth a try; **no merece la** ~ **que te preocupes tanto** there's no point you getting so worried; **sin** ~ **ni gloria** without distinction; **un jugador que pasó por el equipo sin** ~ **ni gloria** a player who had an undistinguished career in the team; **el año acabó sin** ~ **ni gloria** it was a wholly unremarkable year

penacho *nm* **-1.** *(de pájaro)* crest **-2.** *(adorno)* plume

penado, -a *nm,f* convict

penal ◇ *adj* criminal; **derecho** ~ criminal law
◇ *nm* **-1.** *(prisión)* prison **-2.** *Am (penalti)* penalty

pénal *nm Andes* penalty

penalidad *nf* suffering, hardship; **sufrieron muchas penalidades** they suffered great hardship

penalista *nmf (abogado)* criminal lawyer

penalización *nf* **-1.** *(acción)* penalization **-2.** *(sanción)* penalty **-3.** *(en deporte)* penalty; **una** ~ **de dos minutos** a two-minute penalty

penalizar [14] *vt* **-1.** *(sancionar)* to penalize **-2.** *(en deporte)* to penalize

penalti, penalty *nm* penalty; **cometer un** ~ to give away a penalty; **ganar por penaltis** to win on penalties; **marcar de** ~ to score a penalty; **parar un** ~ to save a penalty; **señalar (un)** ~ to award a penalty, to point to the spot; **transformar un** ~ to score *o* convert a penalty; EXPR *Esp Fam* **casarse de** ~ to have a shotgun wedding ❑ *córner (en hockey)* penalty *o* short corner

penar ◇ *vt (castigar)* to punish; **un delito penado con cárcel** an offence punishable by imprisonment
◇ *vi (sufrir)* to suffer

penates *nmpl* MITOL household gods

penca¹ *nf* **-1.** *(de cactus)* fleshy leaf **-2.** *Méx (racimo)* bunch **-3.** *Urug (lotería)* sweepstake (among friends or co-workers) **-4.** *Chile Vulg (pene)* prick

penca² *adj Chile Fam* **-1.** *(hecho)* god-awful, really crap **-2.** *(objeto)* crappy **-3.** *(persona)* crap **-4.** *(mujer)* **anda con una mina** ~ he's going out with a real dog

pencar *vi Esp Fam* to work

pendanga *nf Ven* Surinam cherry

pendejada *nf Am muy Fam* **-1.** *(acto) Br* bloody *o US* goddamn stupid thing; *(dicho) Br* bloody *o US* goddamn stupid remark; **hacer una** ~ to do something *Br* bloody *o US* goddamn stupid; **hacer pendejadas** to behave like a *Br* bloody *o US* goddamn idiot; **decir una** ~ to say something *Br* bloody *o US* goddamn stupid; **decir pendejadas** to talk a load of *Br* bloody *o US* goddamn nonsense **-2.** *(cosa insignificante) Br* bloody *o US* goddamn stupid little thing; **se pelearon por una** ~ they fell out over something *Br* bloody *o US* goddamn stupid; **le compré una** ~ I bought her some stupid piece of crap

pendejear *vi Méx Fam* to mess about *o* around

pendejo, -a ◇ *nm muy Fam (pelo)* pube; EXPR *RP muy Fam Hum* **un** ~ **tira más que una yunta de bueyes** sex appeal can move mountains
◇ *nm,f* **-1.** *Méx Fam (cobarde)* coward **-2.** *Am muy Fam (tonto)* jerk, *Br* tosser; EXPR *Méx Fam* **hacerse** ~ to act dumb **-3.** *RP muy Fam Pey (adolescente)* spotty teenager

pendencia *nf* **-1.** *(riña)* quarrel, fight **-2.** DER lis pendens, pending lawsuit

pendenciero, -a ◇ *adj* **es muy** ~ he's always getting into fights
◇ *nm,f* **es un** ~ he's always getting into fights

pendentif [penden'tif] *(pl* **pendentifs**) *nm* Andes earring

pender *vi* **-1.** *(colgar)* to hang (**de** from); EXPR ~ **de un hilo** to be hanging by a thread **-2.** *(amenaza, catástrofe)* ~ **sobre** to hang over **-3.** *(sentencia)* to be pending; **el juicio pende ante el tribunal** the court is still considering the evidence

pendiente ◇ *adj* **-1.** *(por resolver)* pending; *(deuda)* outstanding; **estar** ~ **de** *(a la espera de)* to be waiting for; **tiene dos asignaturas pendientes** she has to retake two subjects; EXPR **estar** ~ **de un hilo** to be hanging by a thread
-2. estar ~ **de** *(atento a)* to keep an eye on; **estoy** ~ **de conocer la respuesta** I'm anxious to know the reply; **vive** ~ **del teléfono** she spends her life on the phone
-3. *(colgante)* hanging
◇ *nm* **-1.** *Esp (adorno)* earring ❑ ~ **de clip** clip-on earring **-2.** *Am (asunto)* unresolved matter; **la lista de pendientes es enorme** there is an enormous backlog of matters to be dealt with
◇ *nf* **-1.** *(cuesta)* slope; **una calle con mucha** ~ a very steep street; **el terreno está en** ~ the ground slopes *o* is on a slope; **una** ~ **del 20 por ciento** a 1:5 gradient **-2.** *(de tejado)* pitch

péndola *nf* **-1.** *(péndulo)* pendulum **-2.** *(reloj)* pendulum clock **-3.** *(de puente)* suspension cable

pendón¹ *nm (estandarte)* banner

pendón², -ona *nm,f Esp Fam* **-1.** *(golfa)* floozy **-2.** *(vago)* layabout, good-for-nothing

pendonear *vi Esp Fam* to hang out

pendoneo *nm Esp Fam* **les gusta ir de** ~ **con sus amigos** they like hanging out with their friends; **en vez de trabajar se pasa todas las tardes de** ~ instead of working he spends all his afternoons lazing around

pendular *adj (movimiento)* swinging, swaying

péndulo *nm* pendulum

pene *nm* penis

peneca *nmf Chile Fam* primary school pupil

Penélope *n* MITOL Penelope

penene *nmf Fam* = untenured teacher or lecturer

peneque *nm Méx* = fried, cheese-filled tortilla

penetrabilidad *nf* penetrability

penetración *nf* **-1.** *(introducción)* penetration; **no logró detener la** ~ **del delantero por la banda** he couldn't stop the forward from advancing up the wing; **un país con escasa** ~ **de Internet** a country with low Internet penetration ❑ ECON ~ **de mercado** market penetration **-2.** *(sexual)* penetration **-3.** *(sagacidad)* astuteness, sharpness

penetrante *adj* **-1.** *(intenso) (dolor)* acute; *(olor)* sharp; *(frío)* biting; *(mirada)* penetrating; *(voz, sonido)* piercing **-2.** *(sagaz)* sharp, penetrating

penetrar ◇ *vi* **el agua penetraba por la puerta** the water was seeping under the door; **la luz penetraba por entre las rendijas** the light came filtering through the cracks; ~ **en** *o Am* **a** *(internarse en)* to enter; *(filtrarse por)* to get into, to penetrate; *(perforar)* to pierce; *(llegar a conocer)* to get to the bottom of; **cinco terroristas penetraron en el palacio** five terrorists got into the palace; **no consiguen** ~ **en el mercado europeo** they have been unable to penetrate the European market
◇ *vt* **-1.** *(introducirse en) (sujeto: arma, sonido)* to pierce, to penetrate; *(sujeto: humedad, líquido)* to permeate; *(sujeto: emoción, sentimiento)* to pierce; **la bala le penetró el corazón** the bullet pierced her heart; **el frío les penetraba hasta los huesos** they were chilled to the bone; **el grito le penetró los oídos** the scream pierced her eardrums; **han penetrado el mercado latinoamericano** they have made inroads into *o* penetrated the Latin American market **-2.** *(secreto, misterio)* to get to the bottom of **-3.** *(sexualmente)* to penetrate

peneuvista *Esp* ◇ *adj* = of/relating to the Basque nationalist party PNV
◇ *nmf* = member/supporter of the Basque nationalist party PNV

peni *nf Chile Fam Br* nick, *US* joint

penicilina *nf* penicillin

penillanura *nf* GEOG erosion plain, peneplain

Peninos *n* **los montes** ~ the Pennines

península *nf* peninsula ❑ **la** ~ **Arábiga** the Arabian peninsula; **la** ~ **Ibérica** the Iberian peninsula; **la** ~ **de Yucatán** the Yucatan peninsula

peninsular ◇ *adj* peninsular
◇ *nmf* peninsular Spaniard

penique *nm* penny; **peniques** pence

penitencia *nf* **-1.** *(religiosa)* penance; **hacer** ~ to do penance **-2.** *RP Fam (castigo)* punishment; **está en** ~ he's in disgrace; **lo pusieron en** ~ they punished him

penitenciaría *nf* prison, *US* penitentiary

penitenciario, -a *adj* prison; **régimen** ~ prison regime

penitente *nmf* penitent

penol *nm* NÁUT yardarm

penoso, -a *adj* **-1.** *(trabajoso)* backbreaking; **llegaron a puerto tras una travesía penosa** they reached port after an arduous crossing **-2.** *(lamentable)* dreadful; **el arbitraje fue** ~ the refereeing was dreadful; **tenía un aspecto** ~ he was a sorry sight **-3.** *CAm, Carib, Col, Méx (embarazoso)* embarrassing **-4.** *CAm, Carib, Col, Méx (persona)* shy

penquista ◇ *adj* of/from Concepción *(Chile)*
◇ *nmf* person from Concepción *(Chile)*

pensado, -a *adj* **en el día/momento menos** ~ when you least expect it; **no está** ~ **para niños menores de cinco años** it's not designed *o* intended for children under five; **tener** ~ to have in mind, to intend; **mal** ~ twisted, evil-minded; **un mal** ~ a twisted person; **bien** ~ on reflection; **un sistema muy bien** ~ a very well conceived *o* well thought-out system

pensador, -ora *nm,f* thinker

pensamiento *nm* **-1.** *(facultad)* thought; *(mente)* mind; **se debe potenciar la capacidad de** ~ **en los alumnos** pupils should be encouraged to think; **sumido en sus pensamientos** deep in thought; **no me pasó por el** ~ it never crossed my mind; **leer el** ~ **a alguien** to read sb's mind *o* thoughts ❑ ~ **lateral** lateral thinking
-2. *(idea)* idea, thought; **el** ~ **socialdemócrata** social democratic thought *o* thinking ❑ POL **el** ~ **único**: **según el** ~ **único...** according to the current free-market liberal-democratic consensus...
-3. *(sentencia)* maxim, saying
-4. *(flor)* pansy

pensante *adj* thinking

pensar [3] ◇ *vi* to think; ~ **en algo/alguien** to think about sth/sb; ~ **en hacer algo** to think about doing sth; **¿en qué piensas** *o* **estás pensando?** what are you thinking (about)?; **hemos pensado en ti para este puesto** we thought of you for this position; **piensa en un número/buen regalo** think of a number/good present; **sólo piensas en comer/la comida** eating/food is all you think about; **sólo (de)** ~ **en ello me pongo enfermo** it makes me sick just thinking *o* just to think about it; ~ **para sí** to think to oneself; ~ **sobre algo** to think about sth; **piensa sobre lo que te he dicho** think about what I've said to you; **sin** ~ without thinking; **dar que** ~ **a alguien** to give sb food for thought; **da que** ~ **que nadie se haya quejado** it is somewhat surprising that nobody has complained; ~ **en voz alta** to think aloud; **no pienses mal...** don't get the wrong idea...; ~ **mal de alguien** to think badly *o* ill of sb; **pienso, luego existo** I think, therefore I am; PROV **piensa mal y acertarás: ¿quién habrá sido?** – **piensa mal y acertarás** who can it have been? – I think you know who it was; **¿le contará la verdad** *o* **no?** – **piensa mal y acertarás** will he tell

pensativo

her the truth or not? – it's not too hard to work that one out

◇ vt **-1.** *(reflexionar sobre)* to think about o over; **piénsalo** think about it, think it over; **después de pensarlo mucho** after much thought, after thinking it over carefully; **si lo piensas bien...** if you think about it...; **ahora que lo pienso...** come to think of it..., now that I think about it...; **cuando menos lo pienses, te llamarán** they'll call you when you least expect it; **¡ni pensarlo!** no way!; **pensándolo mejor, pensándolo bien** on second thoughts; **¡y ~ que no es más que una niña!** and to think (that) she's just a girl!

-2. *(opinar, creer)* to think; **¿tú qué piensas?** what do you think?; **~ algo de algo/alguien** to think sth of o about sth/sb; **¿qué piensas de...?** what do you think of o about...?; **piensa de él que es un memo** she thinks he's an idiot; **pienso que sí/no** I think so/not; **pienso que no vendrá** I don't think she'll come; **pensaba que no la oíamos** she thought we couldn't hear her; **no vayas a ~ que no me preocupa** don't think it doesn't bother me; **¡quién lo hubiera pensado!** who'd have thought it!

-3. *(idear)* to think up

-4. *(tener la intención de)* **~ hacer algo** to intend to do sth; **no pienso decírtelo** I have no intention of telling you; **¿qué piensas hacer?** what are you going to do?, what are you thinking of doing?; **¿estás pensando en mudarte de casa?** are you thinking of moving house?

-5. *(decidir)* to think; **¿has pensado ya el sitio donde vamos a cenar?** have you thought where we can go for dinner yet?

◆ **pensarse** *vpr* **pensarse algo** to think about sth, to think sth over; **piénsatelo** think about it, think it over; **me lo pensaré** I'll think about it, I'll think it over; **mejor que te lo pienses dos veces** *o* **muy bien antes de hacerlo** I'd think twice o carefully before doing it if I were you; **me ofrecieron el trabajo y no me lo pensé (dos veces)** they offered me the job and I had no hesitation in accepting it; **claro que se lo dije, ¿qué te pensabas?** of course I told her, what did you think I was going to do?

pensativo, -a *adj* pensive, thoughtful
pensil, pénsil *nm* delightful garden
Pensilvania *n* Pennsylvania
pensión *nf* **-1.** *(dinero)* pension; **cobra la ~ una vez al mes** he receives his pension once a month; **no ha empezado a cobrar la ~ todavía** she isn't on a pension yet ❑ **~ alimentaria** maintenance; **~ alimenticia** maintenance; **~ asistencial** = benefit paid to people with low incomes, Br ≃ income support; **~ contributiva** earnings-related pension; **~ no contributiva** non-contributory pension; **~ de invalidez** disability allowance; **~ de jubilación** retirement pension; **~ retributiva** earnings-related pension; **~ vitalicia** life pension; **~ de viudedad** widow's pension

-2. *(de huéspedes)* guest house; **media ~** *(en hotel)* half board; **estar a media ~** *(en colegio)* to have school dinners ❑ **~ completa** full board

-3. *Chile (melancolía)* **estar con ~** to be feeling blue

pensionado *nm* **-1.** *Esp (internado)* boarding school **-2.** *CSur (residencia)* *Br* hall of residence, *US* dormitory

pensionarse *vpr Col* to qualify for a pension
pensionista *nmf* **-1.** *(jubilado)* pensioner **-2.** *(en pensión)* guest, lodger **-3.** *Esp (en internado)* boarder

pensum *nm inv Col* syllabus
pentaedro *nm* pentahedron
pentagonal *adj* pentagonal
pentágono *nm* **-1.** *(figura)* pentagon **-2. el Pentágono** *(en Estados Unidos)* the Pentagon **-3.** *Méx (en béisbol)* home plate, home base
pentagrama *nm* MÚS stave
pentámetro *nm (en poesía)* pentameter

Pentateuco *nm* **el ~** the Pentateuch
pentatlón, pentathlon *nm* pentathlon ❑ **~ moderno** modern pentathlon
pentecostal *adj* Pentecostal
Pentecostés *nm* **-1.** *(cristiano)* Whitsun, Pentecost **-2.** *(judío)* Pentecost
penthouse [pent'χaus] *nm CSur,Ven* penthouse
pentotal *nm* Pentothal®
penúltimo, -a ◇ *adj* penultimate, last but one
◇ *nm,f* penultimate, last but one
penumbra *nf* **-1.** *(sombra, semioscuridad)* semi-darkness, half-light; **en ~** in semi-darkness **-2.** ASTRON penumbra
penuria *nf* **-1.** *(pobreza)* poverty; **vivieron muchos años en la ~** they lived in poverty for many years **-2.** *(escasez)* paucity, dearth; **pasar penurias** to suffer hardship
peña *nf* **-1.** *(roca)* crag, rock **-2.** *(monte)* cliff **-3.** *(club)* club; *(futbolística)* supporters' club; *(quinielística)* pool; **~ ciclista/taurina** club of cycling/bullfighting fans **-4.** *Esp Fam (grupo de amigos)* crowd; **fuimos toda la ~ al cine** the whole crowd went to the cinema **-5.** *Esp Fam (gente)* people; **a pesar de la lluvia acudió mucha ~** loads of folk turned up despite the rain **-6.** *CSur (reunión)* fiesta
peñascal *nm* rocky o craggy place
peñasco *nm* large crag o rock
peñazo *nm Esp Fam* bore; **es un ~ de libro** the book's deadly boring; **¡no seas ~!** don't be such a bore o so boring!
peñón *nm (monte)* rocky outcrop; **el Peñón (de Gibraltar)** the Rock (of Gibraltar)
peón *nm* **-1.** *(obrero)* unskilled labourer ❑ TAUROM **~ de brega** bullfighter's assistant; **~ caminero** roadworker, *Br* navvy **-2.** *(en granja)* farmhand, farm worker **-3.** *(en ajedrez)* pawn **-4.** *(peonza)* (spinning) top
peonada *nf* **-1.** *(día de trabajo)* day's work **-2.** *(sueldo)* day's wages **-3.** *(obreros)* gang of labourers **-4.** *(en granja)* group of farmhands
peonaje *nm* gang of labourers
peoneta = pioneta
peonía *nf* peony
peonza *nf* (spinning) top
peor ◇ *adj* **-1.** *(comparativo)* worse (**que** than); **este disco es bastante ~** this record is quite a lot worse; **hace mucho ~ tiempo en la montaña** the weather is much worse in the mountains; **he visto cosas peores** I've seen worse; **una televisión de ~ calidad** a worse quality television; **es ~ no decir nada** it's even worse not to say anything at all; **no hay nada ~ que...** there's nothing worse than...; **podría haber sido ~** it could have been worse; **un cambio a ~** a change for the worse; **y lo que es ~...** and what's worse...; EXPR **fue ~ el remedio que la enfermedad** it only made things worse

-2. *(superlativo)* **el/la ~...** the worst...; **el ~ equipo de todos/del mundo** the worst team of all/in the world; **un producto de la ~ calidad** an extremely poor quality product; **es lo ~ que nos podía ocurrir** it's the worst thing that could happen to us; **es una persona despreciable, le deseo lo ~** he's a horrible person, I hate him; **lo ~ fue que...** the worst thing was that...; **lo ~ estaba aún por venir** the worst was still to come; **ponerse en lo ~** to expect the worst

◇ *nmf* **el/la ~** the worst; **el ~ de todos/del mundo** the worst of all/in the world; **el ~ de los dos** the worse of the two; **en el ~ de los casos** at worst, if the worst comes to the worst ❑ *Am Fam Hum* **~ es nada** *(novio)* boyfriend; *(novia)* girlfriend; **vino con su ~ es nada** he came with his other half

◇ *adv* **-1.** *(comparativo)* worse (**que** than); **ahora veo ~** I can't see as well now; **el francés se me da ~ que el inglés** I'm worse at French than I am at English; **las cosas me van ~ que antes** things aren't going as well for me as before; **¿qué tal las vacaciones? – ~ imposible** how were your holidays? – they couldn't have been worse; **está ~ preparado que tú** he's not as well prepared as you; **lo hace cada vez ~** she's getting worse and worse at it; **está ~** *(el enfermo)* he has got worse; **estoy ~** *(de salud)* I feel worse; **~ para ti/él***/etc.* that's your/his*/etc* problem; **que se calle, y si no quiere, ~** *o* **tanto ~** tell him to shut up, and if he doesn't want to, so much the worse for him; **y si además llueve, ~ que** *o* **tanto ~** and if it rains too, that would be even worse

-2. *(superlativo)* worst; **el que lo hizo ~** the one who did it (the) worst; **esto es lo que se me da ~** this is what I'm worst at; **los exámenes ~ presentados** the worst-presented exams

pepa¹ *nf* **-1.** *Andes, CAm, Carib, Méx (pepita)* pip; *(hueso)* stone
-2. *Méx, RP,Ven muy Fam (vulva)* pussy
-3. *Ven (en la piel)* blackhead
-4. *Ven (en telas)* spot; **a pepas** spotted
-5. EXPR *Fam* **¡viva la Pepa!: no tiene casi dinero, pero él, ¡viva la Pepa!, ¡a gastar!** he hardly has any money, but he just goes ahead and spends it anyway; *RP Fam* **fue un viva la Pepa** it was a free-for-all; **su casa siempre fue un viva la Pepa** their house was always a bit chaotic

pepa² = **pepón**
pepenador, -ora *CAm, Méx* ◇ *adj* scavenging
◇ *nm,f* scavenger *(on rubbish tip)*
pepenar *vt CAm, Méx Fam* **-1.** *(juntar)* to pick up **-2.** *(recolectar)* to collect
pepián, pipián *nm Andes, CAm, Méx* **-1.** *(salsa)* = sauce thickened with ground nuts or seeds **-2.** *(guiso)* = type of stew in which the sauce is thickened with ground nuts or seeds
pepinazo *nm Fam* **-1.** *(explosión)* explosion, blast **-2.** DEP *(disparo)* powerful shot, screamer; *(pase)* powerful pass
pepinillo *nm* gherkin
pepino *nm* cucumber; EXPR *Fam* **me importa un ~** I couldn't care less, I don't give a damn
pepita *nf* **-1.** *(de fruta)* pip **-2.** *(de oro)* nugget **-3.** *Méx (de calabaza)* pumpkin seed *(eaten as snack)*
pepito *nm Esp* **-1.** *(de carne)* grilled meat sandwich **-2.** *(dulce)* = long, cream-filled cake made of dough similar to doughnut
pepitoria *nf (guisado)* = fricassee made with egg yolk
pepón, -ona, pepa *adj Perú Fam* tasty, *Br* fit
pepona *nf* large cardboard doll
pepsina *nf* pepsin, pepsine
péptico, -a *adj* peptic
peque *nmf Fam (niño)* kid
pequeñez *nf* **-1.** *(cualidad)* smallness **-2.** *(cosa insignificante)* little thing; **se pelearon por una ~** they fell out over a tiny little thing
pequeñín, -ina ◇ *adj* teeny, tiny
◇ *nm,f* tot
pequeño, -a ◇ *adj* **-1.** *(de tamaño)* small; **este traje me está** *o* **me queda ~** this dress is too small for me; **la casa se nos ha quedado pequeña** the house is too small for us now; **su jardín es un Versalles en ~** her garden is a miniature Versailles ❑ **~ burguesía** petty bourgeoisie; **pequeños comerciantes** small businessmen; **~ empresa** small business; **la pequeña empresa** small businesses; **~ empresario** small businessman; **pequeñas y medianas empresas** small and medium-sized enterprises; **la pequeña pantalla** the small screen

-2. *(de estatura)* small; **la niña está muy pequeña para su edad** the girl is very small for her age

-3. *(en cantidad) (ingresos, cifras)* low

-4. *(en intensidad) (dolor)* slight; *(explosión)* small; *(problema)* small, slight; *(posibilidad)* slight; **de pequeña importancia** of little importance

-5. *(en duración) (discurso, texto)* short

-6. *(hermano)* little

◇ *nm,f (niño)* little one; **de ~** as a child; **el ~, la pequeña** *(benjamín)* the youngest, the baby

pequeñoburgués, -esa ◇ *adj* petit bourgeois
◇ *nm,f* petit bourgeois, *f* petite bourgeoise
pequeñuelo, -a ◇ *adj* tiny, teeny
◇ *nm,f* tot
pequinés, -esa, pekinés, -esa ◇ *adj* Pekinese
◇ *nm,f* Pekinese
◇ *nm (perro)* Pekinese
PER [per] *nm (abrev de Plan de Empleo Rural)* = Spanish government project to support rural employment
pera ◇ *nf* -1. *(fruta)* pear; EXPR *Fam* **ser una ~ en dulce** to be a gem ❏ **~ de agua** dessert pear; **~ limonera** = type of pear which has a lemony taste
-2. *(de goma)* (rubber) bulb
-3. *(interruptor)* = light switch on cord
-4. *(en barba)* goatee
-5. *Esp Fam* **peras** *(tetas)* knockers
-6. *CSur Fam (mentón)* chin
-7. EXPR **partir peras** to fall out; **pedir peras al olmo** to ask (for) the impossible; *Fam* **ponerle a alguien las peras al cuarto** to put the squeeze on sb; *Esp Fam* **ser la ~** to be something else; *Fam* **ser una ~ en dulce** to be a gem
◇ *adj inv Esp Fam* posh; **niño ~** spoilt *o* posh brat
peral *nm* pear tree
peraleda *nf* pear orchard
peraltado, -a *adj (carretera)* banked
peralte *nm (de carretera)* banking
perborato *nm* perborate
perca *nf (pez)* perch ❏ **~ americana** largemouth *o* black bass; **~ sol** pumpkinseed
percal *nm* percale; *Fam* **conocer el ~** to know the score *o* what's what
percalina *nf* percaline
percán *nm Chile* mould
percance *nm* mishap; **tuvo un ~ con la moto** he had a minor motorcycle accident
per cápita *loc adj* per capita
percatarse *vpr* **~ (de algo)** to notice (sth); **no me percaté de que quería hablar conmigo** I didn't realize that she wanted to talk to me
percebe *nm* -1. *(marisco)* goose barnacle -2. *Fam (persona)* twit
percepción *nf* -1. *(por los sentidos)* perception ❏ **~ extrasensorial** extrasensory perception -2. *(por la inteligencia)* view, perspective; **tenemos una ~ de la realidad completamente diferente** we have a completely different view of *o* perspective on reality -3. *(cobro)* receipt; *(pago)* payment
perceptible *adj* -1. *(por los sentidos)* noticeable, perceptible -2. *(que se puede cobrar)* receivable, payable
perceptivo, -a *adj* sensory
perceptor, -ora ◇ *adj* -1. *(que siente)* perceiving, sensing -2. *(que cobra)* collecting
◇ *nm,f* -1. *(persona que siente)* perceiver -2. *(cobrador)* collector, receiver
percha *nf* -1. *(de armario)* (coat) hanger -2. *(de pared)* coat hook -3. *(de pie)* coat stand, hat stand -4. *(para pájaros)* perch -5. EXPR *Fam* **ser una buena ~** to have a good figure
perchero *nm* -1. *(de pared)* coat rack; *(de pie)* coat stand, hat stand -2. *Cuba (percha)* (coat) hanger
percherón, -ona *nm,f* shire horse
percibir *vt* -1. *(con los sentidos)* to perceive, to notice; *(con los oídos)* to hear -2. *(con la inteligencia)* to see, to grasp; **no percibió el tono amenazador de su carta** she failed to detect the menacing tone of his letter -3. *(cobrar)* to receive, to get
perclorato *nm* perchlorate
percudido, -a *adj Andes, RP* grimy, dirt-stained
percudirse *vpr Andes, RP* to get grimy, to become stained with dirt
percusión *nf* percussion
percusionista *nmf* percussionist
percusor = **percutor**
percutir *vt* -1. *(golpear)* to strike -2. MED to percuss

percutor, percusor *nm* hammer, firing pin
perdedor, -ora ◇ *adj* losing; **el equipo ~** the losing team, the losers
◇ *nm,f* loser; **es un mal ~** he's a bad loser
perder [64] ◇ *vt* -1. *(extraviar)* to lose; **he perdido el paraguas** I've lost my umbrella
-2. *(dejar de tener) (dinero, amigo, empleo, interés)* to lose; **he perdido el contacto con ellos** I've lost touch with them; **la policía ha perdido la pista** *o* **el rastro de los secuestradores** the police have lost track of the kidnappers; **no sé nada de Ana, le he perdido la pista** *o* **el rastro** I don't know anything about Ana, I've lost touch with her; **el accidente le hizo ~ la visión** he lost his sight in the accident; **ya hemos perdido toda esperanza de encontrarlo** we've now given up *o* lost all hope of finding him; **he perdido bastante práctica** I'm rather out of practice; **~ el equilibrio/la memoria** to lose one's balance/memory; **~ peso** to lose weight; **~ el miedo/el respeto a alguien** to lose one's fear of/respect for sb; **cientos de personas perdieron la vida** hundreds of people lost their lives; **no tienes/tiene/***etc.* **nada que ~** you have/he has/*etc* nothing to lose; EXPR *Esp* **más se perdió en Cuba** *o* **en la guerra** it's not as bad as all that, it's not the end of the world
-3. *(ser derrotado en) (batalla, partido, campeonato, elecciones)* to lose; **este error podría hacerle ~ el partido** this mistake could lose her the game
-4. *(desperdiciar) (tiempo)* to waste; *(oportunidad, ocasión)* to miss; **no pierdas el tiempo con *o* en tonterías** don't waste your time on nonsense like that; **he perdido toda la mañana en llamadas de teléfono** I've wasted all morning making phone calls; **no pierda la ocasión de ver esta fantástica película** don't miss this wonderful movie; **no hay tiempo que ~** there's no time to lose
-5. *(no alcanzar) (tren, vuelo, autobús)* to miss
-6. *(tener un escape de) (agua)* to lose, to leak; **la bombona pierde aire** air is escaping from the cylinder; **ese camión va perdiendo aceite** this lorry is losing *o* leaking oil
-7. *(perjudicar)* to be the ruin of; **le pierde su pasión por el juego** his passion for gambling is ruining him
-8. *Urug (examen)* to fail
◇ *vi* -1. *(salir derrotado)* to lose; **~ al póquer/billar** to lose at poker/billiards; **perdimos (por) dos a cero** we lost two-zero; **no te pelees con él, que llevas las de ~** don't get into a fight with him, you're bound to lose; **sabe/no sabe ~** he's a good/bad loser; **salir perdiendo** to lose out, to come off worse
-2. *(empeorar)* to go downhill; **este restaurante ha perdido mucho** this restaurant has really gone downhill; **estas alfombras pierden bastante al lavarlas** these carpets don't wash very well
-3. *(tener un escape) (de agua, aceite)* to have a leak; **esa bombona pierde** that gas cylinder is leaking; **una de las ruedas pierde por la válvula** the air's coming out of one of the tyres
-4. *(en frases)* **echar algo a ~** to spoil sth; **echarse a ~** *(alimento)* to go off, to spoil
◆ **perderse** *vpr* -1. *(extraviarse)* to get lost; **me he perdido** I'm lost; **se han perdido las tijeras** the scissors have disappeared; **se me ha perdido el reloj** I've lost my watch; *Fig* **a mí no se me ha perdido nada por allí** I've no desire to go there
-2. *(desaparecer)* to disappear; **se perdió entre el gentío** she disappeared amongst the crowd; *Fam* **¡piérdete!** get lost!
-3. *(distraerse, no seguir el hilo)* **me he perdido, ¿podría repetir?** I'm lost, would you mind repeating what you just said?; **cuando empiezan a hablar de toros yo me pierdo** when they start talking about bullfighting, I get completely lost; **uno se pierde entre tantas siglas de partidos políticos** all these acronyms for the different political parties

are so confusing; **explícamelo otra vez, que me he perdido** explain it to me again, you lost me
-4. *(desaprovechar)* **perderse algo** to miss out on sth; **¡no te lo pierdas!** don't miss it!; **me he perdido el principio** I missed the beginning; **no te has perdido gran cosa** you didn't miss much
-5. *(desperdiciarse)* to be wasted
-6. *(por los vicios, las malas compañías)* to be beyond salvation
-7. *(anhelar)* **perderse por** to be mad about
perdición *nf* ruin, undoing; **esos amigos van a ser tu ~** those friends will be the ruin of you
pérdida *nf* -1. *(extravío)* loss; **en caso de ~, entregar en ...** in the event of loss, deliver to...; *Esp* **no tiene ~** you can't miss it
-2. *(de vista, audición, peso)* loss ❏ **~ del conocimiento** loss of consciousness
-3. *(de tiempo, dinero)* waste
-4. *(escape)* leak
-5. *(muerte)* loss; **nunca se recuperó de la ~ de su mujer** he never got over losing his wife ❏ **pérdidas humanas** loss of life
-6. *(en baloncesto)* turnover
-7. **pérdidas** *(financieras)* losses ❏ **pérdidas y ganancias** profit and loss
-8. **pérdidas (materiales)** *(daños)* damage; **las inundaciones han causado grandes pérdidas** the floods have caused extensive damage
-9. **pérdidas** *(de sangre)* hemorrhage
perdidamente *adv* hopelessly; **~ enamorado** hopelessly in love
perdido, -a ◇ *adj* -1. *(extraviado)* lost; **lo podemos dar por ~** it is as good as lost; **estaba ~ en sus pensamientos** he was lost in thought; EXPR *Esp Fam Hum* **estar más ~ que un pulpo en un garaje** to be totally lost
-2. *(animal, bala)* stray
-3. *(tiempo)* wasted; *(ocasión)* missed
-4. *(remoto)* remote, isolated; **un pueblo ~** a remote *o* isolated village
-5. *(acabado)* done for; **¡estamos perdidos!** we're done for!, we've had it!; EXPR **¡de perdidos, al río!** in for a penny, in for a pound
-6. *Fam (de remate)* complete; **es idiota ~** he's a complete idiot; **es una esquizofrénica perdida** she's a complete schizophrenic
-7. *Esp Fam (sucio)* filthy; **se puso perdida de pintura** she got herself covered in paint; **lo dejaron todo ~ de barro** they left it covered in mud
-8. *(enamorado)* **estar ~ por** to be madly in love with
-9. *Méx Fam* **de perdida** *(al menos)* at least
◇ *nm,f* reprobate
perdigón *nm* -1. *(bala)* pellet -2. *(ave)* partridge chick
perdigonada *nf* -1. *(tiro)* shot -2. *(herida)* gunshot wound
perdiguero *nm* gun dog ❏ **~ de Burgos** Spanish pointer
perdiz *nf* partridge; EXPR **y fueron felices y comieron perdices** and they all lived happily ever after; EXPR *RP Fam* **levantar la ~** to give the game away ❏ **~ blanca** ptarmigan; **~ nival** ptarmigan; **~ pardilla** grey partridge; **~ roja** red-legged partridge
perdón ◇ *nm* -1. *(de ofensa, falta)* pardon, forgiveness; **el ~ de los pecados** the forgiveness of sins; **pedir ~** to apologize; **ve a pedirle ~ a tu abuela** go and apologize to your grandmother; **te pido mil perdones** I'm terribly sorry; **te pido ~ por el daño que te he causado** I apologize *o* I'm sorry for the hurt I've caused you; **es un gilipollas, con ~** he's a jerk, if you'll forgive the expression; EXPR **no tener ~ (de Dios)** to be unforgivable
-2. *(de delito)* pardon; **el gobierno estudia conceder el ~ a los militares sublevados** the government is considering granting the officers involved in the uprising a pardon
-3. *(de deuda)* pardon; **el ~ de la deuda externa** foreign debt pardon
◇ *interj (lo siento)* sorry!; *(tras estornudar,*

perdonable *adj* pardonable, forgivable

perdonar ◇ *vt* **-1.** *(ofensa, falta)* to forgive; **perdonarle algo a alguien** to forgive sb for sth; **no le perdonó nunca que no la invitara a la boda** she never forgave him for not inviting her to the wedding; **su mujer no le perdona ni una** his wife keeps him on a short leash; **perdona que no te haya dirigido la palabra** I'm sorry I've been ignoring you; **~ los pecados** to forgive sins; **que Dios me perdone, pero su padre es un sinvergüenza** God forgive me for saying so, but his father is a good-for-nothing
-2. *(condena)* **~ algo a alguien** to let sb off sth; **perdonarle la vida a alguien** to spare sb their life; *Fam Pey* **va por ahí perdonándole la vida a todo el mundo** she goes around patronizing everybody
-3. *(deuda)* to pardon; **te perdono lo que me debes** I'll let you off what you owe me; **~ la deuda externa de un país** to pardon a country's foreign debt
-4. *(como fórmula de cortesía)* **perdone que le moleste** sorry to bother you; **perdona que no te haga caso, estoy muy cansada** I'm sorry I'm not paying much attention to what you're saying, I'm very tired; **perdona la pregunta, ¿estás casada?** forgive o pardon my asking, but are you married?; **perdona mi ignorancia, ¿qué es un atomizador?** sorry to be so ignorant, but what's an atomizer?
-5. *Fam (desperdiciar)* **no ~ algo** not to miss sth; **no perdona su coñac y su puro después de la comida** he never misses his brandy and cigar after dinner
◇ *vi* **los años no perdonan** the years take their toll; **un delantero que no perdona** a lethal forward; **perdona, no lo hice a idea** I'm sorry, I didn't do it on purpose; **perdone, ¿me deja salir?** excuse me, can I get past?; **perdone, ¿le he hecho mucho daño?** I'm sorry, did I hurt you?; **ya perdonarás, pero yo estaba primero** I'm sorry o excuse me, but I was first; **perdona, pero creo que te equivocas** I'm sorry, but I think you're mistaken

perdonavidas *nmf inv Fam* bully

perdurabilidad *nf* **-1.** *(de lo duradero)* durability **-2.** *(de lo eterno)* eternal o everlasting nature

perdurable *adj* **-1.** *(que dura mucho)* long-lasting **-2.** *(que dura siempre)* eternal

perdurar *vi* **-1.** *(durar mucho)* to endure, to last; **todavía perdura el recuerdo de su última visita** her last visit still hasn't been forgotten **-2.** *(persistir)* to persist; **una costumbre que aún perdura** a custom that is still alive, a custom that survives to this day

perecedero, -a *adj* **-1.** *(productos)* perishable **-2.** *(naturaleza)* transitory

perecer [46] *vi* to perish, to die; **pereció en el rescate de las víctimas** he perished o died rescuing the victims; **todos los pasajeros perecieron en el accidente** all the passengers died in the accident

peregrina *nf (vieira)* scallop

peregrinación *nf,* **peregrinaje** *nm* **-1.** *(religiosa)* pilgrimage (**a** to); **una ruta de ~** a pilgrimage route **-2.** *(a un lugar)* trek; **este bar es el lugar de ~ favorito de los estudiantes a la hora del almuerzo** students flock to this bar at lunchtime

peregrinar *vi* **-1.** *(a lugar sagrado)* to make a pilgrimage **-2.** *(por un lugar)* to trail, to trek; **estuvo peregrinando por varios hospitales buscando a su hijo** he trailed o trekked from hospital to hospital in search of his son

peregrino, -a ◇ *adj* **-1.** *(ave)* migratory **-2.** *(idea, argumento)* strange, bizarre
◇ *nm,f (persona)* pilgrim

perejil *nm* parsley

perengano, -a *nm,f (hombre)* so-and-so, what's-his-name; *(mujer)* so-and-so, what's-her-name; **siempre se queja, que si fulano no le habla, que si ~ le molesta** she's always complaining: either somebody won't talk to her, or somebody won't leave her alone, there's always something

perenne *adj* **-1.** *(planta, hoja)* perennial; **un árbol de hoja ~** an evergreen tree **-2.** *(recuerdo)* enduring **-3.** *(continuo)* constant; **su ~ mal humor** his permanently bad mood

perentoriamente *adv* peremptorily

perentorio, -a *adj* **-1.** *(urgente)* urgent, pressing **-2.** *(gesto, tono)* peremptory **-3.** *(improrrogable)* **plazo ~** fixed time limit

perestroika *nf* perestroika

pereza *nf* idleness; **me da ~ ir a pie** I can't be bothered walking; **no lo hice por ~** I couldn't be bothered doing it; **sacudirse la ~** to wake oneself up; **sentir ~** to feel lazy

perezco *etc ver* **perecer**

perezosamente *adv* lazily

perezoso, -a ◇ *adj* **-1.** *(vago)* lazy **-2.** *(lento)* slow, sluggish
◇ *nm,f (vago)* lazy person, idler
◇ *nm (animal)* sloth

perfección *nf* perfection; **es de una gran ~** it's exceptionally good; **a la ~** perfectly; **habla inglés a la ~** she speaks perfect English

perfeccionamiento *nm* **-1.** *(acabado)* perfecting **-2.** *(mejoramiento)* improvement; **un curso de ~** an advanced training course

perfeccionar *vt* **-1.** *(redondear)* to perfect **-2.** *(mejorar)* to improve

perfeccionismo *nm* perfectionism

perfeccionista ◇ *adj* perfectionist
◇ *nmf* perfectionist

perfectamente *adv* **-1.** *(sobradamente)* perfectly; **caben ~ cinco personas** five people fit comfortably **-2.** *(muy bien)* fine; **¿cómo estás? - estoy ~** how are you? – I'm fine **-3.** *(de acuerdo)* **¡~!** fine!, great!

perfectivo, -a *adj* perfective

perfecto, -a ◇ *adj* **-1.** *(impecable, inmejorable)* perfect; **es el regalo ~** it's the perfect gift; **la sopa está perfecta** the soup is perfect o just right; **el televisor está en ~ estado** the television is in perfect o immaculate condition **-2.** *(total)* absolute, complete; **es un ~ idiota** he's an absolute o complete idiot; **es un ~ desconocido** he's a complete unknown **-3.** GRAM perfect
◇ *adj* GRAM perfect
◇ *interj (de acuerdo)* fine!, great!

perfidia *nf* perfidy, treachery

pérfido, -a ◇ *adj* perfidious, treacherous ❏ *Hum* **la pérfida Albión** perfidious Albion
◇ *nm,f* treacherous person

perfil *nm* **-1.** *(de cara, cuerpo)* profile; **una foto de ~** a photograph in profile; **en la foto salgo de ~** I appear in profile in the photo; **le vi de ~** I saw him in profile o from the side; **un ~ griego** a Greek profile
-2. *(contorno)* outline, shape; **un ~ aerodinámico** an aerodynamic shape
-3. *(característica)* characteristic; **el ~ de un candidato** a candidate's profile; **un ~ psicológico** a psychological profile; **buscan licenciados con un ~ comercial** they are looking for graduates with a background in sales
-4. MAT cross section

perfilado, -a *adj* **-1.** *(rostro)* long and thin **-2.** *(nariz)* perfect, regular **-3.** *(de perfil)* in profile

perfilar *vt* ◇ **-1.** *(trazar)* to outline **-2.** *(afinar)* to polish, to put the finishing touches to
◆ **perfilarse** *vpr* **-1.** *(destacarse)* to be outlined; **se perfila como el ganador de las elecciones** he's beginning to look like he'll win the election **-2.** *(concretarse)* to shape up; **la ciudad se perfilaba en el horizonte** the city could be seen on the horizon

perforación *nf* **-1.** *(acción)* drilling, boring **-2.** *(de estómago, intestino)* perforation **-3.** *(taladro, hueco)* bore-hole **-4.** *(en sellos, papeles)* perforation **-5.** *(de oreja, ombligo)* piercing

perforador, -ora ◇ *adj* drilling
◇ *nm,f Andes Fam* = robber who breaks in by making a hole in the wall of the adjoining premises

perforadora *nf* **-1.** *(herramienta)* drill **-2.** *(para papel)* hole punch

perforar *vt (agujerear)* to cut a hole/holes in; *(con taladro)* to drill a hole/holes in; **la bala le perforó el pulmón** the bullet pierced his lung; **están perforando un túnel** they are drilling a tunnel
◆ **perforarse** *vpr* **-1.** *(estómago, intestino)* to become perforated **-2.** *(para poner anillo)* **perforarse las orejas/la nariz** to have o get one's ears/nose pierced

performance *nf Am* performance

performativo, -a *adj* LING performative

perfumador *nm* perfume atomizer

perfumar ◇ *vt* to perfume
◆ **perfumarse** *vpr* to put perfume on

perfume *nm* perfume

perfumería *nf* **-1.** *(tienda, arte)* perfumery **-2.** *(productos)* perfumes

perfumista *nmf* perfumer

perfusión *nf* MED perfusion

pergamino *nm* parchment

pergenio, -a *nm,f CSur Fam* rascal

pergeñar *vt (plan, idea)* to rough out; *(comida)* to whip up

pérgola *nf* pergola

periantio, perianto *nm* BOT perianth

perica *nf Fam (cocaína)* snow, coke

pericardio *nm* ANAT pericardium

pericarpio *nm* BOT pericarp

pericia *nf* skill; **resolvió el caso con ~** he solved the case expertly o with expertise

pericial *adj* expert

Pericles *n pr* Pericles

Perico *n pr Fam* **(el) de los Palotes** anybody o whoever (you like)

perico *nm* **-1.** *(pájaro)* parakeet ❏ **~ monje** monk parakeet **-2.** *Esp, RP, Ven Fam (cocaína)* snow, coke **-3.** *Col (café con leche)* white coffee **-4.** *Carib, Guat, Méx (charlatán)* big talker

pericón *nm* = dance and music typical of the River Plate region

pericote *nm Arg, Bol, Perú* large rat

peridoto *nm* peridot

periferia *nf (contorno)* periphery; *(alrededores)* outskirts

periférico, -a ◇ *adj* peripheral; **barrio ~** outlying district
◇ *nm* **-1.** INFORMÁT peripheral ❏ **~ de entrada** input device; **~ de salida** output device; **~ en serie** serial device **-2.** *CAm, Méx (carretera) Br* ring road, *US* beltway

perifollo ◇ *nm (planta)* chervil ❏ **~ oloroso** sweet cicely
◇ *nmpl* **perifollos** *Fam* frills (and fripperies)

perífrasis *nf inv* wordy explanation ❏ GRAM **~ verbal** compound verb

perifrástico, -a *adj* long-winded

perigeo *nm* ASTRON perigee

perihelio *nm* ASTRON perihelion

perilla *nf* **-1.** *(barba)* goatee; EXPR *Fam* **venir de ~ o perillas** to be very handy o just the thing **-2.** *Am (de puerta)* doorknob; *(de aparato)* knob

perímetro *nm* perimeter

perimido, -a *adj RP* archaic

perinatal *adj* perinatal

periné, perineo *nm* ANAT perineum

perinola *nf (juguete)* teetotum

periódicamente *adv* periodically

periodicidad *nf* periodicity; **se publica con una ~ bianual** it is published twice yearly

periódico, -a ◇ *adj* **-1.** *(regular)* regular, periodic **-2.** MAT recurrent
◇ *nm* newspaper, paper ❏ **~ digital** online newspaper, digital newspaper; **~ del domingo** Sunday paper; **~ dominical** Sunday paper; **~ electrónico** electronic newspaper; **~ de la tarde** evening paper; **~ vespertino** evening paper

periodicucho *nm Pey* rag, bad newspaper

periodiquero, -a *nm,f Méx* newspaper seller

periodismo nm journalism ❑ ~ **amarillo** gutter journalism; ~ **gráfico** photojournalism; ~ **de investigación** investigative journalism

periodista nmf journalist ❑ ~ **gráfico** press photographer

periodístico, -a adj journalistic

periodización nf periodization

periodo, período nm **-1.** (espacio de tiempo) period; **el primer ~** (de partido) the first half ❑ ~ **contable** accounting period; ~ **de gestación** gestation period; ~ **de incubación** incubation period; ~ **de prácticas** trial period; ~ **de prueba** trial period; ~ **refractario** refractory period; ~ **de transición** transition period
-**2.** MAT period
-**3.** FÍS period
-**4.** GEOL age ❑ ~ **glacial** ice age; ~ **interglacial** interglacial period
-**5.** (menstruación) period; **estar con el ~, tener el ~** to be having one's period
-**6.** LING period

PERIODO ESPECIAL

In the early 1990s Cuba was hard hit by the fall of Soviet Communism. Financial support and cheap oil imports from the USSR were lost almost overnight, while the US continued with the trade embargo it had imposed in 1962. This led the Cuban government to adopt an emergency economic plan, including food and energy rationing. This period became known as the "**periodo especial en tiempo de paz**" ("special peacetime period") as opposed to the concept of "**periodo especial en tiempo de guerra**" ("special wartime period") which set out an emergency plan for resisting enemy attacks. During these years the Cuban government allowed limited free enterprise, and the use of US dollars as a parallel currency, while investing large amounts in biotechnology research and continuing to promote tourism.

periostio nm ANAT periosteum

peripatético, -a ◇ adj **-1.** FILOSOFÍA Peripatetic **-2.** Fam (ridículo) ludicrous
◇ nm,f Peripatetic

peripecia nf incident, adventure; **sus peripecias en la selva** his adventures in the jungle

periplo nm **-1.** (viaje) journey, voyage; **hicieron un ~ por África** they journeyed around Africa **-2.** (por mar) voyage

peripuesto, -a adj Fam dolled-up, tarted-up

periquete nm Fam **en un ~** in a jiffy

periquito ◇ nm (ave) parakeet; (australiano) budgerigar
◇ adj Esp Fam = of/relating to Español Football Club

periscopio nm periscope

perista nmf Esp Fam fence, receiver of stolen goods

peristáltico, -a adj FISIOL peristaltic

peristilo nm peristyle

perita nf EXPR Fam **ser una ~ en dulce** to be a gem

peritaje nm, **peritación** nf **-1.** (trabajo) expert work; **antes de comprar la casa encargaron un ~** before buying the house they got it surveyed **-2.** (informe) expert's report **-3.** (estudios) professional training

peritar vt (casa) to value; (coche) to assess the value of, to assess the damage to

perito ◇ adj expert; **ser ~ en algo** to be an expert in sth
◇ nm **-1.** (experto) expert; **un ~ en contabilidad** an accountancy expert ❑ ~ **agrícola** agronomist; ~ **agrónomo** agronomist; ~ **judicial** legal expert; ~ **tasador de seguros** loss adjuster **-2.** (ingeniero técnico) ~ (**industrial**) = engineer who has done a three-year university course rather than a full five-year course

peritoneo nm ANAT peritoneum

peritonitis nf inv MED peritonitis

perjudicado, -a ◇ adj affected; **los agricultores fueron los más perjudicados** the farmers were the worst affected; **aquí soy yo el que sale ~** I'm the one who's losing out here; DER **la parte perjudicada** the injured party
◇ nm,f **los perjudicados por la inundación** the people affected by the flood, the flood victims; DER **el ~** the injured party; **los perjudicados somos nosotros** we are the ones who are losing out

perjudicar [59] vt to damage, to harm; **el tabaco perjudica la salud** smoking damages your health; **esa decisión perjudica nuestros intereses** this decision damages our interests

perjudicial adj harmful (**para** to); **el exceso de colesterol es ~ para la salud** too much cholesterol is damaging to your health; **la decisión es ~ para nuestros planes** the decision upsets our plans

perjuicio nm harm, damage; **causar perjuicios (a)** to do harm o damage (to); **ir en ~ de** to be detrimental to; **la reforma educativa favorece a algunas asignaturas en ~ de otras** the education reform favours some subjects at the expense of others; **una indemnización por daños y perjuicios** compensation for damages; **sin ~:** **lo haré, sin ~ de que proteste** I'll do it, but I retain the right to make a complaint about it; **urge la reforma de la ley, sin ~ de la revisión de otras leyes** the law must be reformed as a matter of urgency, however this should not mean that the review of other laws is neglected

perjurar vi **-1.** (jurar mucho) **juró y perjuró que no había sido él** he swore blind that he hadn't done it **-2.** (jurar en falso) to commit perjury

perjurio nm perjury

perjuro, -a ◇ adj perjured
◇ nm,f perjurer

perla nf **-1.** (joya) pearl; EXPR **de perlas: su ayuda me viene de perlas** her help is just what I needed ❑ ~ **artificial** artificial pearl; ~ **cultivada** cultured pearl; ~ **de cultivo** cultured pearl; ~ **natural** natural pearl **-2.** (maravilla) gem, treasure; **la nueva señora de la limpieza es una ~** the new cleaning lady is a gem **-3.** (frase desafortunada) gem

perlado, -a adj (de gotas) beaded

perlocución nf LING perlocution

permafrost nm GEOL permafrost

permanecer [46] vi **-1.** (en un lugar) to stay; **los secuestradores todavía permanecen en la embajada** the hostage-takers are still o remain inside the embassy
-2. (en un estado) to remain, to stay; **permaneció enfermo dos semanas** he was ill for two weeks; **~ en silencio** to remain silent; **permanezcan en sus asientos hasta que el avión se haya parado por completo** please remain seated until the aircraft has come to a complete stop

permanencia nf **-1.** (en un lugar) staying, continued stay; **su ~ en el poder ha sido muy negativa** their prolonged period in office has had very damaging consequences; **se está cuestionando su ~ en el cargo de presidente** doubts are being raised as to whether he should continue as president; **su ~ en primera división depende de una victoria en este partido** they need to win this game in order to stay in the first division
-2. (en un estado) continuation

permanente ◇ adj permanent; **comisión ~** standing committee
◇ nf perm; **hacerse la ~** to have a perm
◇ nm Méx perm; **hacerse el ~** to have a perm

permanentemente adv permanently

permanezco etc ver **permanecer**

permanganato nm QUÍM permanganate

permeabilidad nf permeability

permeable adj permeable

pérmico, -a GEOL ◇ adj Permian
◇ nm **el ~** the Permian

permisible adj permissible, acceptable

permisionario, -a nm,f Méx official agent

permisividad nf permissiveness

permisivo, -a adj permissive

permiso nm **-1.** (autorización) permission; **dar ~ a alguien para hacer algo** to give sb permission to do sth; **pedir ~ para hacer algo** to ask permission to do sth
-2. (fórmula de cortesía) **con ~** if I may, if you'll excuse me; **con ~, ¿puedo pasar?** may I come in?
-3. (documento) licence, permit ❑ ~ **de armas** gun licence; ~ **de circulación** Br (vehicle) registration document, US vehicle license; ~ **de conducción** Br driving licence, US driver's license; ~ **de conducir** Br driving licence, US driver's license; ~ **de obras** planning permission; ~ **de residencia** residence permit; ~ **de trabajo** work permit
-4. (vacaciones) leave; **estar de ~** to be on leave; **le concedieron un ~ carcelario de tres días** he was allowed out of prison for three days ❑ ~ **por maternidad** maternity leave; ~ **por paternidad** paternity leave

permitido, -a adj permitted, allowed

permitir ◇ vt **-1.** (autorizar) to allow, to permit; ~ **a alguien hacer algo** to allow sb to do sth; **¿me permite?** may I?; **¿me permite su carnet de conducir, por favor?** may I see your Br driving licence o US driver's license, please?; **permítele venir** o **que venga con nosotros** let her come with us; **permíteme que te ayude** let me help you, allow me to help you; **si el tiempo lo permite** weather permitting; **no permitas que te tomen el pelo** don't let them mess you about; **¡no te permito que me hables así!** I won't have you talking to me like that!; **no se permite fumar** (en letrero) no smoking; **no se permite la entrada a menores de 18 años** (en letrero) no entry for under 18s; **sus padres no le permiten fumar en casa** his parents don't allow him to o won't let him smoke at home
-2. (hacer posible) to allow, to enable; **la nieve caída permitió abrir la estación de esquí** the fallen snow allowed o enabled the ski resort to be opened; **ese tractor permite roturar los campos más rápidamente** with this tractor the fields can be ploughed more quickly; **este modelo permite enviar y recibir faxes** this model allows you to send and receive faxes; **el cable permite enviar información a mayor velocidad** cable allows o enables information to be sent faster

◆ **permitirse** vpr **no puedo permitírmelo** I can't afford it; **de vez en cuando se permite un cigarrillo** he allows himself a cigarette from time to time; **se permite demasiadas confianzas con las mujeres** he takes too many liberties with women; **me permito recordarle que...** let me remind you that...

permuta nf (de bienes) exchange; (de trabajos) job swap

permutable adj exchangeable

permutación nf **-1.** (permuta) exchange **-2.** MAT permutation

permutar vt **-1.** (intercambiar) (bienes, trabajos) to exchange, to swap **-2.** MAT to permute

pernera nf trouser leg, US pant leg

pernicioso, -a adj damaging, harmful

pernil nm leg of ham

pernio nm hinge

perno nm bolt

pernoctar vi to stay overnight

pero ◇ conj **-1.** (adversativo) but; **el reloj es viejo, ~ funciona bien** the watch is old but it keeps good time; **hablo portugués, ~ muy poco** I speak some Portuguese, though not very much; **sí, ~ no** yes and no
-2. (enfático) (en exclamaciones, interrogaciones) **¿~ qué es todo este ruido?** what on earth is all this noise about?; **¡~ no se quede ahí; pase, por favor!** but please, don't stand

perogrullada

out there, do come in!; **¡~ cómo vas a** *Esp* **conducir** *o Am* **manejar, si no puedes tenerte en pie!** how on earth are you going to drive if you can't even stand up properly!; **~, ¡tú por aquí!** well I never, fancy meeting you here!; **~ bueno ¿tú eres tonto?** are you stupid or something?; **ahora dice que no me va a pagar – ¡~ bueno!** now she says she's not going to pay me – no!; **¡~ si eso lo sabe todo el mundo!** come on, everyone knows that!; **¿salir ahora? ¡~ si ya es la medianoche!** go out now? but it's already midnight!; **¡~ si es un Picasso auténtico!** *(expresa sorpresa)* well I never, it's a genuine Picasso!

-3. *(antes de adverbios, adjetivos) (absolutamente)* **llevo años sin escribir nada, ~ nada de nada** I haven't written anything at all for years, and when I say nothing I mean nothing; **estas peras están buenísimas, ~ que buenísimas** these pears are completely and utterly delicious; **el clima allí es ~ que muy frío** the climate there really is very cold indeed

◇ *nm* snag, fault; **poner peros (a algo/alguien)** to raise questions (about sth/sb); **poner peros a todo** to find fault with everything; [EXPR] **no hay ~ que valga** *o* **peros que valgan** there are no buts about it

perogrullada *nf Fam* truism
perogrullesco, -a *adj* trite, hackneyed
Perogrullo *n* **una verdad de ~** a truism
perol *nm* -1. *(plato)* casserole (dish) -2. *Ven Fam (lata)* can -3. *Ven Fam (chatarra)* piece of junk -4. *Ven Fam (cachivache)* thing
perola *nf* saucepan
peroné *nm* fibula
peronismo *nm* POL Peronism
peronista POL ◇ *adj* Peronist
◇ *nmf* Peronist
perorar *vi Pey* to speechify
perorata *nf Pey* long-winded speech; **le soltó una ~ sobre la inmoralidad** she gave him a long lecture on immorality
peróxido *nm* peroxide ❏ **~ de hidrógeno** hydrogen peroxide
perpendicular ◇ *adj* perpendicular; **ser ~ a algo** to be perpendicular *o* at right angles to sth
◇ *nf* perpendicular (line)
perpendicularmente *adv* perpendicularly
perpetración *nf* perpetration
perpetrar *vt* to perpetrate, to commit
perpetuación *nf* perpetuation
perpetuar [4] ◇ *vt* to perpetuate
◆ **perpetuarse** *vpr* to last, to endure
perpetuidad *nf* perpetuity; **a ~** in perpetuity; **presidente a ~** president for life; **condenado a ~** condemned to life imprisonment
perpetuo, -a *adj* -1. *(para siempre)* perpetual -2. *(vitalicio)* lifelong
Perpiñán *n* Perpignan
perplejidad *nf* perplexity, bewilderment; **me miró con ~** he looked at me in perplexity *o* bewilderment
perplejo, -a *adj* -1. perplexed, bewildered; **la noticia me dejó ~** the news perplexed *o* bewildered me
perra *nf* -1. *(animal)* bitch; **dale de comer a la ~** feed the dog
-2. *Esp Fam (rabieta)* tantrum; [EXPR] **coger una ~** to throw a tantrum
-3. *Esp Fam (obsesión)* obsession; **ha cogido la ~ de ir de crucero** she's become obsessed with the idea of going on a cruise
-4. *Esp Fam (dinero)* **tengo unas cuantas perras ahorradas** I've got a bit of money saved up; **me costó cuatro perras** it cost me next to nothing; **estoy sin una ~** I'm flat broke; [EXPR] **no tiene una ~ gorda** *o* **chica** he hasn't got a bean; [EXPR] **no vale una ~ gorda** *o* **chica** it isn't worth a bean; [EXPR] **¡para ti la ~ gorda!** you win!
-5. *ver también* **perro**
perrada *nf Fam (acción mala)* dirty trick
perramus® *nm Arg* raincoat

perredista *Méx* ◇ *adj* = of/relating to the PRD party
◇ *nmf* = member or supporter of the PRD party
perrera *nf* -1. *(lugar)* kennels ❏ **~ municipal** *Br* lost dogs' home, *US* dog pound, dog shelter -2. *(vehículo)* dogcatcher's van -3. *Méx (caseta)* kennel, *US* doghouse -4. *ver también* **perrero**
perrería *nf Fam* -1. *(acción)* **hacer perrerías a alguien** to do horrible things to sb; **estoy harto de aguantar las perrerías de mi jefe** I'm sick of putting up with the lousy treatment I get from my boss -2. *(insulto)* nasty remark; **le dijeron perrerías** they called him all sorts of names
perrero, -a *nm,f (persona)* dogcatcher
perrito *nm* -1. *(animal)* little dog -2. **~ (caliente)** hot dog -3. *Chile (pinza) Br* clothes peg, *US* clothes pin
perro, -a ◇ *adj Fam* -1. *(asqueroso, desgraciado)* lousy; **¡qué vida más perra!** life's a bitch!; **llevan una vida muy perra** they have a lousy life; [EXPR] *RP Fam* **en la perra vida: en la perra vida le dije eso** I never said that to him -2. *(perezoso)* bone idle; **¡mira que eres ~!** you lazy so-and-so!

◇ *nm* -1. *(animal)* dog; **comida para perros** dog food; **la caseta del ~** the dog kennel; **¡cuidado con el ~!** *(en letrero)* beware of the dog; **sacar a pasear al ~** to walk the dog, to take the dog for a walk; [EXPR] **allí no atan los perros con longaniza** the streets there aren't paved with gold; [EXPR] **andar** *o* **llevarse como el ~ y el gato** to fight like cat and dog; [EXPR] *Fam* **de perros** *(tiempo, humor)* lousy; **hace un día de perros** the weather's foul today, it's lousy weather today; [EXPR] *RP Fam* **estar como ~ en cancha de bochas** to be completely lost; [EXPR] *Fam* **echarle los perros a alguien** *(reprender)* to have a go at sb; [EXPR] **ser como el ~ del hortelano (que ni come ni deja comer al amo)** to be a dog in the manger; [EXPR] *RP Fam* **está meado por los perros** he's jinxed; [EXPR] **el mismo ~ con distinto collar: el nuevo régimen no es más que el mismo ~ con distinto collar** the new regime may have a different name but nothing has really changed; [EXPR] *Fam* **¡a otro ~ con ese hueso!** *Br* pull the other one!, *US* tell it to the marines!; [EXPR] **tratar a alguien como a un ~** to treat sb like a dog; [EXPR] **ser ~ viejo** to be an old hand; [PROV] **muerto el ~, se acabó la rabia** it's best to deal with problems at their source; [PROV] **a ~ flaco todo son pulgas** the worse off you are, the more bad things seem to happen to you; [PROV] **~ ladrador, poco mordedor,** *RP* **~ que ladra no muerde** his/her bark is worse than his/her bite ❏ **~ callejero** stray (dog); **~ de caza** hunting dog; **~ cobrador** retriever; **~ de compañía** pet dog; **~ esquimal** husky; **~ faldero** *(perrito)* lapdog; *Fig (persona)* lackey; **~ guardián** guard dog, watchdog; **~ de lanas** poodle; **~ lazarillo** *Br* guide dog, *US* seeing-eye dog; **~ lobo** Alsatian, German shepherd; *RP* **~ ovejero** sheepdog; **~ pastor** sheepdog; **~ policía** police dog; **~ de las praderas** *(roedor)* prairie dog; **~ rastreador** tracker dog; **~ de raza** pedigree dog; **~ salchicha** sausage dog; **~ de Terranova** Newfoundland; **~ vagabundo** stray dog

-2. *Fam (persona)* swine, dog
-3. *Chile (pinza) Br* clothes peg, *US* clothes pin
perruno, -a *adj* canine; **una vida perruna** a dog's life
persa ◇ *adj* Persian
◇ *nmf* Persian
◇ *nm (idioma)* Persian, Farsi
per saecula saeculorum *loc adv Formal* for ever and ever
per se *loc adv Formal* per se
persecución *nf* -1. *(seguimiento)* pursuit -2. *(acoso)* persecution; **los primeros cristianos sufrieron ~** the first Christians were persecuted -3. DEP pursuit ❏ **~ por equipos** team pursuit; **~ individual** individual pursuit

per sécula seculorum *adv Formal* for ever and ever
persecutorio, -a *adj* **complejo ~** persecution complex
perseguidor, -ora ◇ *adj* -1. *(que sigue)* pursuing -2. *(que atormenta)* persecuting
◇ *nm,f* -1. *(el que sigue)* pursuer -2. *(el que atormenta)* persecutor
perseguir [61] *vt* -1. *(seguir)* to pursue; *(a un corredor, ciclista)* to chase down
-2. *(tratar de obtener)* to pursue; **con esta medida, el gobierno persigue la contención de la inflación** the government's purpose in taking this measure is to curb inflation
-3. *(acosar)* to persecute; **lo persiguieron por sus ideas** he was persecuted for his beliefs; **lo persigue la mala suerte** she's dogged by bad luck; **los fantasmas de la niñez la persiguen** she is tormented by the ghosts of her childhood
Perseo *n* MITOL Perseus
perseverancia *nf* perseverance, persistence
perseverante *adj* persistent
perseverar *vi* to persevere (**en** with), to persist (**en** in)
Persia *n* Persia
persiana *nf (enrollable)* (roller) blind; *(con láminas)* (Venetian) blind; [EXPR] *Esp* **enrollarse como una** *o* **como las persianas: se enrolla como una ~** he could talk the hind legs off a donkey ❏ **~ enrollable** roller blind; **~ veneciana** Venetian blind
pérsico, -a *adj* Persian
persignarse *vpr* REL to cross oneself
persigo *etc ver* **perseguir**
persiguiera *etc ver* **perseguir**
persinado, -a *adj Méx Fam (mojigato)* prudish, strait-laced
persistencia *nf* persistence
persistente *adj* persistent
persistentemente *adv* persistently
persistir *vi* to persist (**en** in); **el riesgo de tormentas persistirá hasta la semana que viene** there will be a risk of storms until next week; **persiste en su idea de viajar al Nepal** she persists in her idea of going to Nepal
persona *nf* -1. *(individuo)* person; **vinieron varias personas** several people came; **cien personas** a hundred people; **la ~ responsable** the person in charge; **las personas adultas** adults; **necesitan la mediación de una tercera ~** they need the mediation of a third party; **ser buena ~** to be nice; **ha venido el obispo en ~** the bishop came in person; **este niño es el demonio en ~** this child is the very devil; **de ~ a ~** person to person, one to one; **por ~** per head ❏ **~ mayor** adult, grown-up; **~ non grata** persona non grata
-2. DER party ❏ **~ física** private individual; **~ jurídica** legal entity *o* person
-3. GRAM person; **la segunda ~ del singular** the second person singular
-4. REL person
personación *nf* DER appearance
personaje *nm* -1. *(persona importante)* important person, celebrity; **acudieron personajes del mundo del cine** celebrities from the movie world came; **¡menudo ~!** *(persona despreciable)* what an unpleasant individual! -2. *(en novela, teatro)* character
personal ◇ *adj (privado, íntimo)* personal; **una opinión/pregunta ~** a personal opinion/question; **mi teléfono ~ es...** my home *o* private number is...; **para uso ~** for personal use; **~ e intransferible** non-transferable

◇ *nm* -1. *(trabajadores)* staff, personnel ❏ **~ administrativo** administrative staff; **~ de cabina** cabin staff *o* crew; **~ docente** teaching staff; **~ de planta** staff; **~ de tierra** ground staff *o* crew; **~ de ventas** sales force *o* team -2. *Esp Fam (gente)* people; **el ~ quería ir al cine** the gang wanted to go to the cinema

◇ *nf (en baloncesto)* personal foul

personalidad *nf* **-1.** *(características)* personality; **tener ~** to have personality *o* character ❏ **~ múltiple** multiple personality **-2.** *(identidad)* identity **-3.** *(persona importante)* important person, celebrity **-4.** DER legal personality *o* status ❏ **~ jurídica** legal status

personalismo *nm* **-1.** *(parcialidad)* favouritism **-2.** *(egocentrismo)* self-centredness

personalizado, -a *adj* personalized; *(computador)* customized

personalizar [14] ◇ *vi* **-1.** *(nombrar)* to name names; **no quiero ~, pero...** I don't want to name names *o* mention any names, but... **-2.** *(aludir)* to get personal
◇ *vt* to personalize, to customize; *(computador)* to customize

personalmente *adv* personally; **me encargaré yo ~** I'll deal with it myself *o* personally; **no la conozco ~** I don't know her personally; **les afecta ~** it affects them personally; **a mí, ~, no me importa** it doesn't matter to me personally; **~, prefiero la segunda propuesta** personally I prefer the second proposal

personarse *vpr* **-1.** *(presentarse)* to turn up; **Señor López, persónese en caja central** would Mr Lopez please go to the main sales desk **-2.** *Esp* DER to appear; **~ como parte en un juicio** = to take part in a trial in support of, but independent from, the state prosecution, to represent victims or special interests

personería *nf* **-1.** *Col, CSur* **~ jurídica** legal personality **-2.** *Arg* **~ gremial** trade union status

personero, -a *nm,f Am* **-1.** *(representante)* representative **-2.** *(portavoz)* spokesperson

personificación *nf* **-1.** *(representación)* personification; **este niño es la ~ del mal** this child is an absolute devil **-2.** *(prosopopeya)* personification

personificar *vt* **-1.** *(representar)* to personify; **este niño es la maldad personificada** this child is an absolute devil **-2.** *(atribuir rasgos humanos)* to personify

perspectiva *nf* **-1.** *(en dibujo)* perspective; **en ~** *(dibujo)* in perspective ❏ **~ aérea** aerial perspective; **~ lineal** linear perspective
-2. *(paisaje)* view
-3. *(punto de vista)* perspective; **según su ~...** the way he sees it...
-4. *(futuro)* prospect; **en ~** in prospect; **tienen un viaje a África en ~** they have a trip to Africa in prospect
-5. *(posibilidad)* prospect; **la ~ de tener que visitarla no me entusiasma** the prospect of having to visit her doesn't exactly thrill me

perspex®, pérspex® *nm inv* Perspex®, *US* Plexiglas®

perspicacia *nf* insight, perceptiveness; **actuó con ~** she acted shrewdly

perspicaz *adj* sharp, perceptive

persuadir ◇ *vt* to persuade; **~ a alguien para que haga algo** to persuade sb to do sth
◆ **persuadirse** *vpr* to convince oneself; **persuadirse de algo** to become convinced of sth

persuasión *nf* persuasion; **tiene mucha capacidad de ~** she's very persuasive *o* convincing

persuasiva *nf* persuasive power

persuasivo, -a *adj* persuasive

pertenecer [46] *vi* **-1. ~ a** *(ser propiedad de)* to belong to; **este libro pertenece a la biblioteca de mi tío** this book is part of my uncle's library; **el león pertenece a la categoría de los felinos** the lion belongs to the cat family **-2.** *(corresponder a)* to be up to, to be a matter for; **es a él a quien pertenece presentar disculpas** it's up to him to apologize

perteneciente *adj* **~ a** belonging to

pertenencia *nf* **-1.** *(propiedad)* ownership **-2.** *(afiliación)* membership; **su ~ a la empresa lo invalida para participar en el concurso** he's not allowed to take part in the competition because he's a member of the company; **negó su ~ a la banda armada** he denied belonging to the terrorist organization **-3. pertenencias** *(efectos personales)* belongings

pértiga *nf* **-1.** *(vara)* pole **-2.** *(disciplina)* **(salto con) ~** pole vault

pertiguista *nmf* pole vaulter

pertinacia *nf* **-1.** *(terquedad)* stubbornness **-2.** *(persistencia)* persistence

pertinaz *adj* **-1.** *(terco)* stubborn **-2.** *(persistente)* persistent

pertinencia *nf* **-1.** *(adecuación)* appropriateness **-2.** *(relevancia)* relevance

pertinente *adj* **-1.** *(adecuado)* appropriate; **se tomarán las medidas pertinentes** the appropriate measures will be taken; **si lo consideras ~, llámale** telephone him if you think it's necessary **-2.** *(relativo)* relevant, pertinent; **ya he enviado todos los documentos pertinentes a la beca** I have already sent off all the forms relating to the grant

pertrechar ◇ *vt* **-1.** *(ejército)* to supply with food and ammunition **-2.** *(equipar)* to equip
◆ **pertrecharse** *vpr* **pertrecharse de** to equip oneself with

pertrechos *nmpl* **-1.** *(de ejército)* supplies and ammunition **-2.** *(utensilios)* gear

perturbación *nf* **-1.** *(desconcierto)* disquiet, unease **-2.** *(disturbio)* disturbance ❏ **~ del orden público** breach of the peace **-3.** *(mental)* mental imbalance **-4.** METEO **~ atmosférica** atmospheric disturbance

perturbado, -a ◇ *adj* **-1.** *(mental)* disturbed, mentally unbalanced **-2.** *(desconcertado)* perturbed
◇ *nm,f* mentally unbalanced person

perturbador, -ora ◇ *adj* unsettling
◇ *nm,f* troublemaker

perturbar *vt* **-1.** *(trastornar)* to disrupt **-2.** *(alterar)* to disturb, to unsettle **-3.** *(enloquecer)* to perturb

Perú *nm* **(el) ~** Peru

peruanismo *nm* = word or expression peculiar to Peruvian Spanish

peruano, -a ◇ *adj* Peruvian
◇ *nm,f* Peruvian

perversidad *nf* wickedness

perversión *nf* perversion ❏ **~ sexual** sexual perversion

perverso, -a ◇ *adj* evil, wicked
◇ *nm,f* **-1.** *(depravado)* depraved person **-2.** *(persona mala)* evil person

pervertido, -a *nm,f* pervert

pervertidor, -ora ◇ *adj* pernicious, corrupting
◇ *nm,f* reprobate, corrupter ❏ **~ de menores** corrupter of minors

pervertir [62] ◇ *vt* to corrupt
◆ **pervertirse** *vpr* to become corrupt, to be corrupted

pervivencia *nf* survival

pervivir *vi* to survive

pesa *nf* **-1.** *(balanza, contrapeso)* weight **-2.** *(de reloj)* weight **-3.** DEP **pesas** weights; **levantamiento de pesas** weightlifting; **levantar pesas** to do weightlifting; *Fam* **hacer pesas** to lift weights, to do weight training

pesabebés *nm inv* baby scales

pesadamente *adv* **-1.** *(con gran peso)* heavily; **dejó caer el puño ~ sobre la mesa** he brought his fist down heavily on the table **-2.** *(dificultosamente)* heavily; **respirar ~** to breathe heavily *o* with difficulty

pesadez *nf* **-1.** *(peso)* weight **-2.** *(sensación)* heaviness ❏ **~ de estómago** full feeling in the stomach, bloated stomach **-3.** *(molestia, fastidio)* drag, pain **-4.** *(aburrimiento)* bore; **¡qué ~ de película!** what a boring *o* tedious movie!

pesadilla *nf* **-1.** *(sueño)* nightmare **-2.** *(angustia)* nightmare

pesado, -a ◇ *adj* **-1.** *(que pesa)* heavy
-2. *(industria, maquinaria)* heavy
-3. *(tiempo, día)* oppressive; **el día está ~** it's very close today
-4. *(comida)* heavy, stodgy
-5. *(ojos, cabeza)* heavy; **tengo el estómago ~** I feel bloated
-6. *(sueño)* deep
-7. *(lento)* slow-moving; **un hombre de andares pesados** a man with a ponderous gait
-8. *(tarea, trabajo)* difficult, tough
-9. *(aburrido)* boring
-10. *(molesto)* annoying, tiresome; **¡qué pesada eres!** you're so annoying!; **ponerse ~** to be a pain; [EXPR] *Fam* **¡eres más ~ que una vaca en brazos!** you're such a pain in the neck!
◇ *nm,f* bore, pain

pesadumbre *nf* grief, sorrow

pesaje *nm* **-1.** *(acción)* weighing **-2.** *(en deporte)* weigh-in

pésame *nm* sympathy, condolences; **dar el ~** to offer one's condolences; **mi más sentido ~** my deepest sympathies

pesar[1] ◇ *nm* **-1.** *(tristeza)* grief; **todos sentimos un hondo ~ por su fallecimiento** we all felt a great sorrow at his death **-2.** *(arrepentimiento)* remorse; **no le daba ningún ~** she felt no remorse at all
◇ **a pesar de** *loc prep* despite, in spite of; **a ~ de las críticas** in spite of *o* despite all the criticism; **tuve que hacerlo a ~ mío** I had to do it against my will; **muy a nuestro ~, hubo que invitarles** we had to invite them, even though we really didn't want to; **muy a ~ mío no puedo darte lo que me pides** I can't give you what you want, much as I'd like to; **a ~ de que...** in spite of *o* despite the fact that...; **a ~ de que me dolía, seguí jugando** I carried on playing in spite of *o* despite the pain; **a ~ de todo** in spite of *o* despite everything; [EXPR] *Fam* **a ~ de los pesares** in spite of *o* despite everything

pesar[2] ◇ *vt* **-1.** *(en balanza)* to weigh; **pésemelo, por favor** could you weigh it for me, please?
-2. *Fig (examinar, calibrar)* to weigh up
◇ *vi* **-1.** *(tener peso)* to weigh; **pesa cinco kilos** it weighs five kilos; **¿cuánto pesa?** how much *o* what does it weigh?; **¡qué poco pesa!** it doesn't weigh much!
-2. *(ser pesado)* to be heavy; **¡cómo** *o* **cuánto pesa!** it's really heavy!; **¡ya va pesando la edad!, ¡ya van pesando los años!** I'm getting old!; **esta maleta no pesa nada** this suitcase hardly weighs anything
-3. *(recaer)* **pesa una orden de arresto sobre él** there is a warrant out for his arrest; **sobre ti pesa la decisión última** the final decision rests with you
-4. *(importar, influir)* to play an important part; **en su decisión pesaron muchas razones** a number of reasons influenced her decision
-5. *(doler, entristecer)* **me pesa tener que hacerlo** I regret having to do it; **me pesa tener que decirte esto** I'm sorry to have to tell you this; **no me pesa haber dejado ese trabajo** I have no regrets about leaving that job, I'm not at all sorry I left that job
-6. [EXPR] **mal que te pese** (whether you) like it or not
◆ **pesarse** *vpr* to weigh oneself
◇ **pese a** *loc prep* despite, in spite of; **pese a no conocerla...** although I didn't know her..., in spite of *o* despite the fact that I didn't know her...; **pese a que** in spite of *o* despite the fact that...; **el espectáculo, pese a que es caro, vale la pena** although the show's expensive, it's worth seeing, in spite of *o* despite the fact that the show's expensive, it's still worth seeing; **lo haré pese a quien pese** I'm going to do it, no matter who I upset

pesaroso, -a *adj* **-1.** *(arrepentido)* remorseful **-2.** *(afligido)* sad

PESC *nm* UE *(abrev de* política exterior y de seguridad común*)* CSFP

pesca *nf* **-1.** *(acción)* fishing; **la ~ de la ballena** whaling; **ir de ~** to go fishing ❏ **~ de altura** deep-sea fishing; **~ de arrastre** trawling; **~ de bajura** coastal fishing; **~ con caña** angling; **~ deportiva** angling *(in competitions)*; **~ submarina** underwater fishing

pescada -2. *(captura)* catch; EXPR *Fam* **toda la ~**: tuvimos que preparar la tienda de campaña y toda la ~ we had to get the tent ready and all the rest of it; vinieron Luis, su hermano y toda la ~ Luis, his brother and the rest of the crew all came

pescada *nf* hake

pescadería *nf* fishmonger's (shop)

pescadero, -a *nm,f* fishmonger

pescadilla *nf* whiting; EXPR *Esp Fam* **ser como la ~ que se muerde la cola** to be a vicious circle

pescadito *nm* **~ (frito)** = dish consisting of small fried fish

pescado *nm* fish ❑ **~ azul** oily fish; **~ blanco** white fish

pescador, -ora *nm,f (en barco)* fisherman, *f* fisherwoman; *(de caña)* angler ❑ **~ furtivo** poacher

pescante *nm* -1. *(de carruaje)* driver's seat -2. NÁUT davit -3. TEATRO hoist *(for lowering/lifting actors onto/from stage)*

pescar [59] ◇ *vt* -1. *(peces)* to catch; **sólo consiguieron ~ una bota** all they caught was an old boot
-2. *Fam (contraer)* to catch; **pescó una gripe** she caught the flu
-3. *Fam (pillar, atrapar)* to catch; **lo pescaron intentando entrar sin pagar** he got caught trying to get in without paying
-4. *Fam (conseguir)* to get, to land; **ha pescado un trabajo estupendo** she's landed a fantastic job; **pescó un buen marido** she landed herself a good husband
-5. *Fam (entender)* to pick up, to understand; **¿has pescado el chiste?** did you get the joke?; **no tengo un ~** I'm broke; **¿cuánto te costó? - no mucho, dos pesos** how much did it cost you? - not much *o* next to nothing
◇ *vi* to fish; **ir a ~** to go fishing

pescozada *nf*, **pescozón** *nm Fam* blow on the neck

pescuezo *nm* neck; EXPR *Fam* **retorcer el ~ a alguien** to wring sb's neck

pese *ver* pesar

pesebre *nm* -1. *(para los animales)* manger -2. *(belén)* crib, Nativity scene

pesero *nm Méx* -1. *(vehículo)* collective taxi *(with a fixed rate and that travels a fixed route)* -2. *(persona)* collective taxi driver

peseta *nf Antes* peseta; *Esp* **no tengo ni una ~, estoy sin una ~** I'm broke; EXPR *Esp Fam* **mirar la ~** to watch one's money

pesetero, -a *Esp Fam Pey* ◇ *adj* money-grubbing
◇ *nm,f* moneygrubber

pésimamente *adv* terribly, awfully

pesimismo *nm* pessimism

pesimista ◇ *adj* pessimistic
◇ *nmf* pessimist

pésimo, -a ◇ *superlativo ver* **malo**
◇ *adj* terrible, awful

pesista *nmf Am* weightlifter

peso *nm* -1. *(en general)* weight; **tiene un kilo de ~** it weighs a kilo; **ganar/perder ~** to gain/lose weight; **vender algo al ~** to sell sth by weight; **de ~** *(razones)* weighty, sound; *(persona)* influential; EXPR **caer por su propio ~** to be self-evident; EXPR **pagar algo a ~ de oro** to pay a fortune for sth; EXPR **valer su ~ en oro** to be worth its/his/etc weight in gold ❑ **~ atómico** atomic weight; **~ bruto** gross weight; FÍS **~ específico** relative density, specific gravity; *Fig* **tiene mucho ~ específico** he carries a lot of weight; QUÍM **~ molar** molar weight; **~ molecular** molecular weight; **~ muerto** dead weight; **~ neto** net weight
-2. *(sensación)* heavy feeling; **siento ~ en las piernas** my legs feel heavy
-3. *(fuerza, influencia)* weight; **su palabra tiene mucho ~** his word carries a lot of weight; **el ~ de sus argumentos está fuera de duda** there is no disputing the force of her arguments; **el vicepresidente ejerce mucho ~ en la organización** the vice president carries a lot of weight in the organization
-4. *(carga, preocupación)* burden; **el ~ de la culpabilidad** the burden of guilt; EXPR **quitarse un ~ de encima** to take a weight off one's mind
-5. *(balanza)* scales
-6. *(moneda)* peso
-7. DEP shot; **lanzamiento de ~** shot put
-8. *(en boxeo)* weight ❑ **~ gallo** bantamweight; **~ ligero** lightweight; **~ medio** middleweight; **~ mosca** flyweight; *también Fig* **~ pesado** heavyweight; **~ pluma** featherweight; **~ semiligero** light middleweight; **~ semipesado** light heavyweight; **~ welter** welterweight
-9. *Am Fam (dinero)* **en ese trabajo no gana un ~** she earns next to nothing in that job; **no tengo un ~** I'm broke; **¿cuánto te costó? - no mucho, dos pesos** how much did it cost you? - not much *o* next to nothing

pespunte *nm* backstitch

pespuntear *vt* to backstitch

pesquería *nf* -1. *(sitio)* fishery, fishing ground
-2. *(actividad)* fishing

pesquero, -a ◇ *adj* fishing; **la flota pesquera** the fishing fleet
◇ *nm* fishing boat

pesquisa *nf* investigation, inquiry

pestaña *nf* -1. *(de párpado)* eyelash; EXPR *Fam* **quemarse las pestañas** to burn the midnight oil -2. *(de recortable)* flap -3. TEC flange

pestañear *vi* to blink; EXPR **sin ~** *(con serenidad)* without batting an eyelid; *(con atención)* without losing concentration once

pestañeo *nm* blinking

pestazo *nm Fam* stink, stench

peste *nf* -1. *(enfermedad epidémica)* plague; EXPR **huir de alguien como de la ~** to avoid sb like the plague ❑ **~ aviar** *o* **aviaria** fowl pest; **~ bubónica** bubonic plague; **~ equina** African horse sickness; **la ~ negra** the Black Death; **~ porcina** *Br* swine fever, *US* hog cholera
-2. *Andes, RP Fam (resfriado)* cold; *(gripe)* flu; **se agarró una ~ que anda rondando** she caught a flu bug that's going around
-3. *Fam (mal olor)* stink, stench
-4. *Fam (molestia)* pain (in the neck); **¡qué ~ de vecinos tenemos!** what a pain (in the neck) our neighbours are!
-5. EXPR *Fam* **decir** *o* **echar pestes de alguien** *Br* to slag sb off, *US* to badmouth sb; *Fam* **echar pestes** to curse, to swear

pesticida ◇ *adj* pesticidal
◇ *nm* pesticide

pestilencia *nf* stench

pestilente *adj* foul-smelling

pestillo *nm* -1. *(cerrojo)* bolt; **correr** *o* **echar el ~ de la puerta** to bolt the door -2. *(pieza)* latch

pestiño *nm* -1. *(dulce)* honey-dipped fritter -2. *Esp Fam (aburrimiento)* bore; **¡menudo ~ de novela!** what a boring *o* dull novel!

pesto *nm (salsa)* pesto (sauce)

pestoso, -a *adj RP* foul-smelling

PET [pet] *nm* MED *(abrev de Positron Emission Tomography)* PET scan

petaca *nf* -1. *(para cigarrillos)* cigarette case; *(para tabaco)* tobacco pouch -2. *(para bebidas)* flask -3. *Méx (maleta)* suitcase -4. *Méx Fam* **petacas** *(nalgas)* buttocks -5. *Urug (polvera)* (powder) compact -6. *PRico (para lavar)* washing trough -7. EXPR *Fam* **hacer la ~ (como broma)** to make an apple-pie bed

pétalo *nm* petal

petanca *nf* petanque, = game similar to bowls played in parks, on beach etc

petardo, -a ◇ *nm* -1. *(cohete)* firecracker, *Br* banger -2. *Fam (aburrimiento)* bore; **¡qué ~ de película!** what a boring movie! -3. *Esp Fam (porro)* joint
◇ *nm,f Fam* -1. *(persona fea)* horror, ugly person -2. *(persona molesta)* pain (in the neck); **¡no seas ~!** don't be a pain (in the neck)!

petate ◇ *nm* -1. *(bolsa)* kit bag; EXPR *Esp Fam* **liar el ~** *(marcharse)* to pack one's bags and go; EXPR *CAm, Méx Fam* **doblar** *o* **liar el ~** *(morir)* to kick the bucket -2. *Andes, CAm, Méx (estera)* palm leaf mat *(for sleeping on)*; *Méx Fam* **el ~ del muerto: a mí no me espantan** *o* **asustan con el ~ del muerto** you don't scare me, you're just bluffing
◇ *nmpl* **petates** *RP Fam* gear, things; **vamos a poner orden aquí, juntá todos tus petates** let's tidy the place up, gather all your things together

petatearse *vpr CAm, Méx Fam* to kick the bucket

petenera *nf* = Andalusian popular song; EXPR *Esp Fam* **salir por peteneras** to go off at a tangent

petición *nf* -1. *(acción)* request; **el país formuló una ~ de ayuda al exterior** the country made an appeal for foreign aid; **a ~ de** at the request of; **a ~ del público habrá dos representaciones más** by popular request there will be two further performances; **el presidente compareció ante la cámara a ~ propia** the president appeared before the house at his own request; **certificado expedido a ~ del interesado** certificate issued at the request of the person concerned ❑ **~ de extradición** extradition request; **~ de indulto** appeal for a reprieve; **~ de mano** = act of formally asking a woman's parents for her hand in marriage
-2. DER *(escrito)* petition

peticionante *Am* ◇ *adj* petitioning
◇ *nmf* petitioner

peticionar *vt Am* to petition

peticionario, -a ◇ *adj* petitioning
◇ *nm,f* petitioner

petimetre *nm* fop, dandy

petirrojo *nm* robin

petiso, -a, petizo, -a ◇ *adj Andes, RP Fam* short
◇ *nm* -1. *Andes, RP Fam (persona)* shorty -2. *RP (caballo)* small horse

petit: en petit comité *loc adv* **la decisión se tomó en ~ comité** the decision was taken by a select few

petizo = petiso

peto *nm* -1. *(de prenda)* bib -2. *(de armadura)* breastplate -3. *(en béisbol)* chest protector -4. TAUROM = protective padding for picador's horse

Petrarca *n pr* Petrarch

petrel *nm* petrel

pétreo, -a *adj* -1. *(de piedra)* stone -2. *(como piedra)* stony

petrificación *nf* petrification

petrificado, -a *adj* -1. *(endurecido)* petrified -2. *(sorprendido)* petrified

petrificar [59] ◇ *vt* -1. *(endurecer)* to petrify -2. *(sorprender)* to stun
➤ **petrificarse** *vpr* -1. *(endurecerse)* to become petrified -2. *(sorprenderse)* to be stunned

petrodólar *nm* petrodollar

petroglifo *nm* petroglyph

Petrogrado *n* HIST Petrograd

petrografía *nf* GEOL petrography

petróleo *nm* oil, petroleum ❑ **~ crudo** crude oil

petrolera *nf* oil company

petrolero, -a ◇ *adj* oil; **compañía petrolera** oil company
◇ *nm* oil tanker

petrolífero, -a *adj* oil; **pozo ~** oil well

petrología *nf* petrology

petroprecio *nm Méx* price of oil

petroquímica *nf* petrochemistry

petroquímico, -a *adj* petrochemical

petulancia *nf* arrogance

petulante ◇ *adj* opinionated, arrogant
◇ *nmf* opinionated person; **es un ~** he's very opinionated

petunia *nf* petunia

peúco *nm* bootee

peyorativo, -a *adj* pejorative

peyote *nm* peyote

pez¹ *nm (animal)* fish; EXPR **estar como ~ en el agua** to be in one's element; EXPR *Esp Fam* **estar ~ (en algo)** to have no idea (about sth); EXPR **el ~ grande se come al chico** the big fish swallow up the little ones; PROV **por**

la boca muere el ~, *RP* **el ~ por la boca muere** silence is golden ❑ **~ de agua dulce** freshwater fish; **~ de agua salada** saltwater fish; **~ de colores** goldfish; EXPR *Fam* **me río yo de los peces de colores** I couldn't care less; **~ erizo** porcupine fish; **~ espada** swordfish; *Fam Fig* **~ gordo** big shot; **~ luna** sunfish; **~ martillo** hammerhead shark; **~ piloto** pilot fish; **~ de río** freshwater fish; **~ sierra** sawfish; **~ volador** flying fish

pez² *nf (sustancia)* pitch, tar

pezón *nm* **-1.** *(de pecho)* nipple **-2.** *(de planta)* stalk

pezonera *nf* nipple shield

pezuña *nf* **-1.** *(de animal)* hoof **-2.** *Fam (mano)* paw

PGB *nm Chile (abrev de* **producto geográfico bruto)** GDP

PGE *nmpl (abrev de* **Presupuestos Generales del Estado)** = Spanish National Budget, *Br* ≃ the Budget

PGOU *nm (abrev de* **Plan General de Ordenación Urbana)** = Spanish urban development plan

pH *nm* pH

Phnom Penh [nom'pen] *n* Phnom Penh

pi *nm* MAT pi

piadosamente *adv* **-1.** *(con compasión)* kindheartedly **-2.** *(con devoción)* piously

piadoso, -a *adj* **-1.** *(compasivo)* kind-hearted **-2.** *(religioso)* pious

piafar *vi* to paw the ground

pial *nm Am* lasso

pialar *vt Andes, RP* to lasso

piamadre, piamáter *nf* ANAT pia mater

Piamonte *nm* **(el)** ~ Piedmont

pianissimo [pja'nisimo] *adv* MÚS pianissimo

pianista *nmf* pianist

piano ◇ *nm* piano; *Esp Fam* **una mentira como un** ~ a huge lie, an absolute whopper ❑ **~ bar** piano bar; **~ de cola** grand piano; **~ de media cola** baby grand; **~ vertical** upright piano

◇ *adv* MÚS piano; EXPR *Méx, RP* **~, ~** take it easy

pianoforte *nm* MÚS pianoforte

pianola *nf* Pianola®

piar [32] *vi* to cheep, to tweet

piara *nf* herd

piastra *nf* piastre, piaster

PIB *nm (abrev de* **producto** *Esp* **interior** *o Am* **interno bruto)** GDP

pibe, -a *nm,f Fam* **-1.** *Esp (hombre)* guy; *(mujer)* girl **-2.** *Arg (niño)* kid, boy; *(niña)* kid, girl

piberío *nm Arg* bunch of kids

pibil *nm* **al ~** = wrapped in banana skins, cooked in an underground oven, and served in an annatto seed and orange or lime juice sauce

PIC [pik] *nm Esp (abrev de* **punto de información cultural)** = computer terminal for accessing cultural information

pica *nf* **-1.** *(lanza)* pike; EXPR **poner una ~ en Flandes** to do the impossible **-2.** TAUROM goad, picador's spear **-3.** *(naipe)* spade **-4. picas** *(palo)* spades **-5.** IMPRENTA *(medida)* pica **-6.** *Fam (revisor)* ticket inspector **-7.** *RP Fam (tensión)* resentment; **hay ~ entre los hinchas de estos dos cuadros** there's a lot of needle *o* ill-feeling between the fans of these two teams

picacera *nf Chile, Perú* pique, resentment

picacho *nm* summit, peak

picada *nf* **-1.** *RP (tapas)* appetizers, snacks **-2.** *RP Fam (carrera)* car race *(in street)* **-3.** *RP Br* mince, *US* ground beef **-4.** *Am (de avión)* nose dive; **hacer una ~** to dive; **caer en ~: el avión cayó en ~** the plane nose-dived; **la caída en ~ del PIB** the sharp drop in GDP

picadero *nm* **-1.** *(de caballos)* riding school **-2.** *Fam (de soltero)* = apartment or house used for sexual encounters **-3.** *Fam (de drogadictos)* shooting gallery

picadillo *nm* **-1.** *(preparación)* **añada un ~ de perejil y cebolla** add finely chopped parsley and onion; **hacer un ~ de cebolla** to chop an onion finely; EXPR *Fam* **hacer ~ a alguien** to beat sb to a pulp **-2.** *Chile (tapas)* appetizers, snacks

picado, -a ◇ *adj* **-1.** *(marcado) (piel)* pockmarked; *(fruta)* bruised

-2. *(agujereado)* perforated; **~ de polilla** moth-eaten

-3. *(diente)* decayed; **tengo una muela picada** I've got a bad *o* rotten tooth

-4. *(triturado) (alimento)* chopped; *(tabaco)* cut; *Esp, RP* **carne picada** *Br* mince, *US* ground beef

-5. *(vino)* sour

-6. *(mar)* choppy

-7. *Fam (enfadado)* peeved, put out; **está ~ porque no lo invitaron a la fiesta** he's peeved *o* put out because he wasn't invited to the party

-8. *Am (achispado)* tipsy

◇ *nm* **-1.** *Esp (de avión)* nose dive; **hacer un ~** to dive; **caer en ~: el avión cayó en ~** the plane nose-dived; **la caída en ~ del régimen** the collapse of the regime **-2.** *Col, RP Fam (de fútbol)* kickabout; **¿jugamos un ~?** shall we have a kickabout?

picador, -ora *nm,f* **-1.** TAUROM picador **-2.** *(domador)* (horse) trainer **-3.** *(minero)* face worker

picadora *nf Esp, RP* mincer

picadura *nf* **-1.** *(de mosquito, serpiente)* bite; *(de avispa, escorpión)* sting **-2.** *(de viruela)* pockmark **-3.** *(de diente)* decay **-4.** *(tabaco)* (cut) tobacco

picaflor *nm Am* **-1.** *(colibrí)* hummingbird **-2.** *(galanteador)* flirt

picajoso, -a *adj Fam* touchy

picamaderos *nm inv* woodpecker

picana *nf Am* **-1.** *(para ganado)* goad **-2.** *(eléctrica)* electric cattle prod

picanear *vt Am* **-1.** *(ganado)* to goad **-2.** *(persona)* to torture with an electric cattle prod

picante ◇ *adj* **-1.** *(comida)* spicy, hot **-2.** *(chiste, comedia)* saucy **-3.** *Chile Fam (ordinario)* common; **se fue a vivir a un barrio ~** she went to live in a downmarket area

◇ *nm* **-1.** *(salsa)* hot sauce; **le puso demasiado ~** she made it too hot *o* spicy; **me gusta el ~** I like spicy food **-2.** *Andes (guiso)* spicy meat stew **-3.** *Chile Fam (ordinario)* pleb; **son unos picantes** they're plebs

picantería *nf Andes* **-1.** *(restaurante)* cheap restaurant **-2.** *(carrito)* = cart selling snacks

picapedrero *nm* stonecutter

picapica *nm* **(polvos de) ~** itching powder

picapleitos *nmf inv Fam Pey* shyster (lawyer)

picaporte *nm* **-1.** *(mecanismo)* latch **-2.** *(aldaba)* doorknocker

picar [59] ◇ *vt* **-1.** *(sujeto: mosquito, serpiente)* to bite; *(sujeto: avispa, escorpión)* to sting; **me picó una avispa** I was stung by a wasp; **~ el cebo/anzuelo** *(pez)* to bite

-2. *(sujeto: ave) (comida)* to peck at; **la gaviota me picó (en) una mano** the seagull pecked my hand

-3. *(escocer)* **¿te pica?** does it itch?; **me pica mucho la cabeza** my head is really itchy; **me pican los ojos** my eyes are stinging

-4. *(trocear) (verdura)* to chop; *Esp, RP (carne)* to mince; *(piedra, hielo)* to break up; *(pared)* to chip the plaster off

-5. *Méx (pinchar)* to prick

-6. *(dañar, estropear) (diente, caucho, cuero)* to rot; **esos caramelos terminarán picándote las muelas** *Br* those sweets *o US* that candy will rot your teeth

-7. *(aperitivo)* **~ unas aceitunas** to have a few olives as an aperitif; **vamos a ~ algo antes de comer** let's have some nibbles before the meal; **está todo el día picando comida** she's always nibbling at something or other between meals

-8. *Esp Fam (enojar)* to annoy; **le encanta ~ a su hermana** he loves needling his sister

-9. *(estimular) (persona, caballo)* to spur on; **aquello me picó la curiosidad** that aroused my curiosity

-10. *(perforar) (billete, ficha)* to punch

-11. *Fam (mecanografiar)* to type (up)

-12. TAUROM to goad

-13. DEP *(con efecto) (balón, pelota)* to chip; *(bola de billar)* to screw

-14. *Am (botar) (balón, pelota)* to bounce

-15. MÚS *(nota)* to play staccato

-16. *Méx Fam* **picarla** to get a move on; **pícale, que se nos hace tarde para el teatro** get a move on, we'll be late for the play; **ya píquenle con eso, o no acabarán nunca** you'd better get a move on with that or you'll never finish

-17. *Col (guiñar)* to wink; **picarle un ojo a alguien** to wink at sb

◇ *vi* **-1.** *(escocer) (parte del cuerpo, herida, prenda)* to itch

-2. *(estar picante) (alimento, plato)* to be spicy *o* hot; *(cebolla)* to be strong

-3. *(ave)* to peck

-4. *(pez)* to bite

-5. *(dejarse engañar)* to take the bait; **no creo que pique** I don't think he's going to fall for it *o* take the bait

-6. *(tomar un aperitivo)* to nibble; **cosas de** *o* **para ~** nibbles; **¿te pongo unas aceitunas para ~?** would you like some olives as an aperitif?

-7. *(sol)* to burn; **cuando más picaba el sol** when the sun was at its hottest

-8. *Fam (mecanografiar)* to type

-9. *Am (balón, pelota)* to bounce; **la pelota picó fuera** the ball went out

-10. *RP Fam (largarse)* to take off

-11. EXPR **~ (muy) alto** to have great ambitions

◆ **picarse** *vpr* **-1.** *(echarse a perder) (vino)* to turn sour; *(fruta, muela, caucho, cuero)* to rot; **la manta se ha picado** the blanket is all moth-eaten

-2. *(oxidarse)* to go rusty

-3. *(embravecerse) (mar)* to get choppy

-4. *Fam (enfadarse)* to get in a huff; **se picó y ganó la carrera** he got nettled and went on to win the race; PROV **el que se pica, ajos come** if the cap fits, wear it

-5. *Fam (inyectarse droga)* to shoot up

-6. *RP Fam* **picárselas** *(largarse)* to take off; **si nos parece aburrido, nos las picamos** if we find it boring, we can always just take off

picardía ◇ *nf* **-1.** *(astucia)* cunning, craftiness; **hace todo con mucha ~** she does everything with great cunning *o* very cunningly **-2.** *(travesura)* naughty trick, mischief **-3.** *(atrevimiento)* brazenness; **a ese chico le falta ~ con las chicas** that boy isn't bold enough with the girls **-4.** *RP (lástima)* shame

◇ *nm inv* **picardías** *(con falda)* baby-doll nightdress; *(con pantalón)* baby-doll pyjamas

picaresca *nf* **-1.** LIT **la ~** picaresque literature **-2.** *(modo de vida)* roguery **-3.** *(falta de honradez)* dishonesty

picaresco, -a *adj* **-1.** LIT picaresque **-2.** *(del pícaro)* mischievous, roguish

pícaro, -a ◇ *adj* **-1.** *(astuto)* cunning, crafty; **¡qué ~ es este gato!** this cat is very cunning *o* sly **-2.** *(travieso)* naughty, mischievous **-3.** *(atrevido) (persona)* bold, daring; *(comentario)* naughty, racy; *(sonrisa)* wicked, cheeky

◇ *nm,f* **-1.** LIT rogue *(protagonist in picaresque novels)* **-2.** *(astuto)* sly person, rogue **-3.** *(travieso)* rascal **-4.** *(atrevido)* brazen person

picarón, -ona ◇ *adj Fam* roguish, mischievous

◇ *nm,f Fam* rogue, rascal

◇ *nm Andes* doughnut

picassiano, -a *adj* Picassoesque

picatoste *nm* crouton

picazón *nf* **-1.** *(en el cuerpo)* itch **-2.** *Fam (inquietud)* uneasiness

picha *nf* **-1.** *Esp muy Fam* prick EXPR **hacerse la ~ un lío** to get in a total *Br* bloody *o US* goddamn muddle **-2.** *Col Fam* sleep *(in the eyes)*

pichana, pichanga *nf* **-1.** *Andes (escoba)* broom **-2.** *Chile (de fútbol)* kickabout

piche *adj Ven Fam* **-1.** *(podrido)* off, rotten **-2.** *(escaso)* measly

pichear ⋄ *vt (en béisbol)* to pitch
⋄ *vi (en béisbol)* to pitch
pícher, pitcher *nm (en béisbol)* pitcher
pichi[1] *nm Esp Br* pinafore (dress), *US* jumper
pichi[2] *RP Fam* ⋄ *adj* cheap and nasty
⋄ *nmf* poor wretch
pichí *nm CSur Fam* pee; **hacer ~** to have a pee
pichicata *nf Andes, RP Fam* **-1.** *(droga)* drugs; **mi vecina le da a la ~** my neighbour's a druggie **-2.** *(medicamento)* medicine *(that makes you drowsy)*; **lo peor de estar enfermo es tener que tomar tanta ~** the worst thing about being ill is having to take all those medicines that make you drowsy
pichicatear *Andes, RP Fam* ⋄ *vt* to drug
◆ **pichicatearse** *vpr* to take drugs
pichicatero, -a *nm,f Andes, RP Fam* druggie
pichicato, -a *adj Méx Fam* stingy
pichichi *nm Esp* DEP top scorer
pichicho, -a *nm,f RP Fam* pooch
pichincha *nf RP Fam* snip, bargain
pichintún *nm Chile Fam* **un ~ de** a smidgen of
pichirre *adj Ven Fam* skinflint
pichiruche, pichiruchi *nm Andes, RP Fam* nobody
picho, -a *adj Col* rotten
pichón *nm* **-1.** *(ave)* young pigeon; **tiro de ~** pigeon shooting **-2.** *Fam (apelativo cariñoso)* darling, sweetheart **-3.** *Méx Fam (ingenuo)* novice, *US* rookie
pichula *nf Chile, Perú Vulg* prick, cock
pichulear *vi RP Fam (regatear)* to haggle
pichuleo *nm RP Fam* haggling
pichuncho *nm Chile* = cocktail made with pisco and vermouth
Picio *n pr* EXPR *Fam* **ser más feo que ~** to be as ugly as sin
pickles ['pikles] *nmpl RP* pickles
pickup [pi'kap] *(pl* **pickups***) nf Am* pick-up (truck)
picnic *(pl* **picnics***) nm* picnic; **hacer un ~** to have a picnic
pico *nm* **-1.** *(de ave)* beak; EXPR *Méx Fam* **ser ~ de gallo** to be a loudmouth
-2. *Fam (boca)* mouth, *esp Br* gob; **¡no se te ocurra abrir el ~!** keep your mouth shut!; **¡cierra el ~!** *(calla)* shut your trap!; **darle al ~** to talk a lot, to yak; EXPR *Fam* **irse del ~** to shoot one's mouth off; EXPR **ser** *o* **tener un ~ de oro, tener mucho ~** to be a smooth talker, to have the gift of the gab
-3. *(punta, saliente)* corner
-4. *(de vasija)* lip, spout
-5. *(herramienta)* pick, pickaxe
-6. *(cumbre)* peak; *(montaña)* peak, mountain ❑ **los Picos de Europa** = mountain range in the northern Spanish provinces of Asturias, León and Cantabria
-7. *(cantidad indeterminada)* **cincuenta y ~** fifty-odd, fifty-something; **llegó a las cinco y ~** he got there just after five; **pesa diez kilos y ~** it weighs just over ten kilos; **le costó** *o* **le salió por un ~** *(cantidad elevada)* it cost her a fortune
-8. *(ave)* **~ menor** lesser spotted woodpecker; **~ picapinos** great spotted woodpecker
-9. *Fam (inyección de heroína)* fix; **meterse un ~** to give oneself a fix
-10. *Arg, Col Fam (beso)* kiss
-11. *Chile Vulg (pene)* cock, knob
-12. EXPR *Esp Fam* **andar/irse de picos pardos** to be/go out on the town; *Fam* **darse el ~** *(besarse) Br* to snog, *US* to suck face; *RP* **a ~ seco** *(bebida)* neat
picogordo *nm* hawfinch
picoleto *nm Esp muy Fam* = derogatory name for member of the Guardia Civil
picor *nm* itch; **tengo un ~ en la espalda** my back itches, I've got an itchy back
picoso, -a *adj Méx* spicy, hot
picota *nf* **-1.** *(de ajusticiados)* pillory; EXPR **poner a alguien en la ~** to pillory sb **-2.** *(cereza)* cherry
picotazo *nm* peck; **la paloma le dio un ~ en el dedo** the pigeon pecked him on the finger

picotear *vt* ⋄ **-1.** *(ave)* to peck **-2.** *Fam (comer)* to pick at
⋄ *vi Fam (comer)* to nibble, to pick
picoteo *nm* pecking
pictografía *nf* pictography
pictograma *nm* pictogram
pictórico, -a *adj* pictorial
picudo, -a ⋄ *adj* **-1.** *(puntiagudo)* pointed **-2.** *Méx Fam (sagaz)* clever
⋄ *nm,f Méx Fam* **Manuel es un ~, todo le sale bien** Manuel's really clever, he's good at everything
pidén *nm* austral rail
pidgin ['piʤin] *(pl* **pidgins***) nm* pidgin
pidiera *etc ver* **pedir**
pido *etc ver* **pedir**
pídola *nf Esp* leapfrog
pie *nm* **-1.** *(de persona)* foot; **estos zapatos me hacen daño en los pies** these shoes hurt my feet; **a ~** on foot; **prefiero ir a ~** I'd rather walk *o* go on foot; **estar de** *o* **en ~** to be standing; **ponerse de** *o* **en ~** to stand up; **llevamos dos horas de ~** we've been on our feet for two hours; **llevo en ~ desde las seis de la mañana** I've been up and about since six in the morning; **la oferta sigue en ~** the offer still stands; **echar ~ a tierra** *(jinete)* to dismount; *(pasajero)* to alight; **se me fueron los pies** *(resbalé)* I slipped, I lost my footing; **se me iban los pies con la música** my feet were tapping along to the music; **perder/no hacer ~** *(en el agua)* to go/to be out of one's depth; *Formal* **a sus pies** at your service; **el ciudadano de a ~** the man in the street; **en ~ de igualdad** on an equal footing; **en ~ de guerra** on a war footing; EXPR **pies de barro: un héroe/líder con (los) pies de barro** a hero/leader with feet of clay; EXPR *Fam* **buscar (los) tres** *o* **cinco pies al gato** to overcomplicate matters; EXPR **de pies a cabeza** from head to toe; EXPR **con buen ~: empezar con buen ~** to get off to a good start; **terminar con buen ~** to end on a good note; EXPR **caer de ~** *(tener suerte)* to land on one's feet; EXPR **no dar ~ con bola** to get everything wrong; EXPR **con el ~ derecho: empezar con el ~ derecho** to get off to a good start; EXPR **estar con un ~ en el estribo** to be about to leave; EXPR **a pies juntillas** unquestioningly; EXPR **levantarse con el ~ izquierdo** to get out of bed on the wrong side; EXPR **con mal ~: empezar con mal ~** to get off to a bad start; **terminar con mal ~** to end on a sour note; EXPR **nacer de ~** to be born lucky; EXPR **andar** *o* **ir con pies de plomo** to tread carefully; EXPR **pararle los pies a alguien** to put sb in their place; EXPR *Fam* **poner pies en polvorosa: al llegar la policía, puso pies en polvorosa** when the police arrived, you couldn't see him for dust *o* he legged it; EXPR **poner los pies en** *o* **sobre la tierra** to get a grip on reality; EXPR *Esp* **saber de qué** *o* **cojea alguien** to know sb's weaknesses; EXPR *Fam* **salir con los pies por delante** to leave feet first *o* in a box; EXPR *Esp Fam* **salir por pies** to leg it; EXPR **no tener ni pies ni cabeza** to make no sense at all; EXPR **tener un ~ en la tumba** to have one foot in the grave; EXPR **no tenerse en ~: no me tengo de** *o* **en ~** I'm can't stand up a minute longer; **esa teoría no se tiene en ~** that theory doesn't stand up ❑ **~ de atleta** athlete's foot; **~ de cabra** crowbar, *Br* jemmy, *US* jimmy; **pies de cerdo** (pig's) trotters; **pies planos** flat feet
-2. *(base) (de lámpara, micrófono)* stand; *(de copa)* stem; *(de montaña, árbol, escalera)* foot; **al ~ de la página** at the foot *o* bottom of the page; **al ~ de** *o* **a los pies de la cama/de la montaña** at the foot of the bed/mountain; **al ~ de la letra** to the letter, word for word; **sigue las instrucciones al ~ de la letra** follow the instructions to the letter; **copiar algo al ~ de la letra** to copy sth word for word; **no hace falta que lo interpretes al ~ de la letra** there's no need to interpret it literally; EXPR **al ~ del cañón: ahí está, siempre al ~ del cañón** there he is, always hard at work

❑ **~ de foto** caption; **~ de imprenta** imprint; INFORMÁT **~ de página** footer
-3. *(unidad de medida)* foot; **mide tres pies de ancho** it's three foot *o* feet wide
-4. TEATRO cue; *Fig* **dar ~ a** *(críticas, comentarios)* to give rise to; *(sospechas)* to give cause for; *Fig* **dar ~ a alguien para que haga algo** to give sb cause to do sth
-5. LIT *(de verso)* foot ❑ **~ quebrado** = short line of four or five syllables alternating with longer lines
-6. ~ de lobo *(planta)* clubmoss
-7. pies de gato *(botas)* rock boots
-8. *Chile (anticipo)* down payment
piedad *nf* **-1.** *(compasión)* pity; **tener ~ de** to take pity on; **siento ~ por los que sufren** I feel sorry for those who suffer; **ten ~ de nosotros** have mercy on us **-2.** *(religiosidad)* piety **-3.** ARTE Pietà
pied-de-poule [pjeð'pul] *nm CSur* hound's-tooth check
piedra *nf* **-1.** *(material, roca)* stone; **una casa/un muro de ~** a stone house/wall; **lavado a la ~** stonewashed; EXPR **¡uno no es/yo no soy de ~!** I'm only human!; EXPR **dejar a alguien de ~** to stun sb; EXPR **estar más duro que una ~** to be rock hard; EXPR *Fam* **menos da una ~** it's better than nothing; EXPR **no dejar ~ por mover** *o* **sin remover** to leave no stone unturned; EXPR **no dejar ~ sobre ~** to leave no stone standing; EXPR *Esp muy Fam* **pasarse por la ~ a alguien** *(sexualmente)* to have it off with sb; EXPR **poner la primera ~** *(inaugurar)* to lay the foundation stone; *(sentar las bases)* to lay the foundations; EXPR **no quedar ~ sobre ~: tras el terremoto no quedaba ~ sobre ~** there wasn't a stone left standing after the earthquake; EXPR **quedarse de ~** to be stunned; EXPR **tirar la ~ y esconder la mano** to play the innocent; EXPR **tirar la primera ~** to cast the first stone; EXPR **están tirando piedras contra su propio tejado** they're just harming themselves ❑ **~ de afilar** whetstone, grindstone; *también Fig* **~ angular** cornerstone; **~ arenisca** sandstone; **~ caliza** limestone; **~ filosofal** philosopher's stone; **~ fina** precious stone; *RP* **~ laja** slate paving stone; **~ de molino** millstone; *Méx* **~ poma** pumice stone; **~ pómez** pumice stone; **~ preciosa** precious stone; HIST **la ~ de Roseta** the Rosetta stone; **~ semipreciosa** semi-precious stone; **~ de toque** touchstone; *Fig* **fue la ~ de toque del equipo** it was a chance to see how good the team was
-2. *(de mechero)* flint; **se le ha gastado** *o* **agotado la ~** the flint has worn down
-3. *(en vejiga, riñón, vesícula)* stone; **tiene una ~ en el riñón/en la vesícula** she has a kidney stone/gallstone
-4. *(granizo)* hailstone; EXPR *RP Fam* **cayó sin llover** oh no, look who's here
-5. *(de molino)* millstone, grindstone
-6. *Fam* **~ (de hachís)** lump of hash
-7. *Col Fam* EXPR **tener una ~ con alguien** to be hacked off with sb; **sacarle la ~ a alguien** to hack sb off
piel *nf* **-1.** *(epidermis)* skin; **una persona de ~ oscura** a dark-skinned person; EXPR **dejarse la ~** to sweat blood; EXPR **jugarse la ~** to risk one's neck; EXPR **salvar la ~** to save one's skin; EXPR *Fam* **ser de la ~ del diablo**, *Am* **ser la ~ de Judas** to be a little devil; EXPR **vender la ~ del oso antes de cazarlo** to count one's chickens before they are hatched ❑ **~ de gallina** gooseflesh, goose pimples, goose bumps; **se me pone la ~ de gallina al ver esas imágenes** it sends a shiver down my spine when I see those pictures; **~ roja** redskin; **los pieles rojas** the redskins; *Fig* **la ~ de toro** the Iberian Peninsula
-2. *Esp, Méx (cuero)* leather; **cazadora/guantes de ~** leather jacket/gloves ❑ **~ sintética** imitation leather
-3. *(pelo)* fur; **abrigo de ~** fur coat
-4. *(cáscara) (de naranja, limón, manzana)* peel; *(de plátano)* skin **quítale la ~ a la manzana** peel the apple

piélago *nm Literario (mar)* **el ~** the deep
pienso¹ *etc ver* **pensar**
pienso² *nm* feed ❏ **~ compuesto** compound (feed)
piercing ['pirsin] (*pl* **piercings**) *nm* body piercing; **hacerse un ~ en el ombligo** to have one's navel pierced
pierdo *etc ver* **perder**
pierna¹ *nf* **-1.** *(de persona, animal)* leg; **cruzar las piernas** to cross one's legs; **estirar las piernas** to stretch one's legs; EXPR *Fam* **dormir a ~ suelta** to sleep like a log; EXPR *Fam* **salir por piernas** to leg it ❏ **~ ortopédica** artificial leg **-2.** *(cocinada)* leg ❏ **~ de cordero** *(plato)* gigot, leg of lamb
pierna² *adj RP Fam* **ser ~** to be game for anything
pieza *nf* **-1.** *(unidad)* piece; **una ~ de ajedrez** a chesspiece; **una ~ de fruta** a piece of fruit; **una ~ dental** a tooth; **una vajilla de cien piezas** a hundred-piece dinner service; **una ~ de coleccionista** a collector's item; **piezas de artillería** guns, artillery; **construyó el televisor ~ a ~** he put the television together piece by piece; EXPR *Fam* **dejar/quedarse de una ~** to leave/be thunderstruck; *Am Fam* **es de una ~** she's a really decent person ❏ **~ arqueológica** archaeological piece; *Fig* **~ clave** linchpin; **~ de coleccionista** collector's item; **~ de museo** museum piece, exhibit; *Fig* **esta máquina de escribir es una ~ de museo** this typewriter's a museum piece
-2. *(de mecanismo)* part ❏ **~ de recambio** spare part, *US* extra; **~ de repuesto** spare part, *US* extra
-3. *(de pesca)* catch; *(de caza)* kill
-4. *Irónico (persona)* **ser una (buena) ~** to be a fine one *o* a right one; **¡menuda ~ está hecha Susana!** Susana's a fine one *o* right one!
-5. *(parche)* patch
-6. *(obra dramática)* play
-7. *(habitación)* room
-8. MÚS piece
-9. DER **~ de convicción** piece of evidence *(used by the prosecution)*
-10. *(rollo de tela)* roll
piezoelectricidad *nf* ELEC piezoelectricity
piezoeléctrico, -a *adj* ELEC piezoelectric
pífano *nm* **-1.** *(instrumento)* fife **-2.** *(persona)* fife player
pifia *nf* **-1.** *(error)* blunder; **hacer una ~** to make a blunder **-2.** *(en billar)* miscue **-3.** *Andes, Arg Fam (abucheo)* booing and hissing **-4.** *Andes, Arg Fam (burla)* joke
pifiada *nf RP Fam* blunder
pifiadera *nf Andes Fam* blunder
pifiar *vt Fam* **-1.** *(fallar)* **el jugador pifió el remate** the player fluffed his shot; **pifiarla** to mess up; **la pifié con el examen** I made a mess of the exam **-2.** *(en billar)* to miscue **-3.** *Andes, Arg Fam (abuchear)* to boo and hiss
pifión, -ona *Andes, Arg Fam* ◇ *adj* mocking
◇ *nm,f* scoffer
pigargo *nm* white-tailed eagle ❏ **~ cabeciblanco** bald eagle
Pigmalión *n* MITOL Pygmalion
pigmentación *nf* pigmentation
pigmentar *vt* to pigment
pigmento *nm* pigment
pigmeo, -a *nm,f* pygmy
pignoración *nf* FIN hypothecation
pignorar *vt* FIN to hypothecate
pignoraticio, -a *adj* FIN **préstamo ~** collateral loan
pija *nf* **-1.** *esp RP Vulg (pene)* prick, cock **-2.** *ver también* **pijo**
pijada, pijería, pijotada *nf Esp Fam Pey* **-1.** *(dicho)* trivial remark; *(hecho)* trifle; **¡no digas pijadas!** don't talk nonsense!; **¡deja de hacer pijadas!** stop behaving like an idiot!
-2. *(objeto)* **esos zapatos son una ~** those shoes are really tacky; **le gustan mucho todas esas pijadas electrónicas** he really likes all those electronic gizmos; **le compramos una ~ y ya está** we'll get him some stupid little knick-knack and that's it
-3. *(cosa insignificante)* **se pelearon por una ~** they fell out over some stupid little thing
pijama *nm* pyjamas; **un ~** a pair of pyjamas
pije *Chile Fam Pey* ◇ *adj* posh
◇ *nmf* rich kid
pijería = **pijada**
pijerío *nm Esp Fam Pey* **allí es donde va el ~ de la ciudad** that's where all the town's rich kids go
pijije *nm* lesser yellowlegs
pijo, -a *Esp* ◇ *adj Fam Pey* **-1.** *(esnob) (persona)* = who speaks and dresses in an affected way; **llevaba una chaqueta muy pija** he was wearing a typical rich kid jacket; **tenía un acento muy ~** he spoke with the affected accent of a trendy youth **-2.** *(refinado)* posh
◇ *nm,f Fam Pey (persona)* = person who speaks and dresses in an affected way
◇ *nm muy Fam (pene)* prick, cock
pijotada = **pijada**
pijotero, -a *adj Esp Fam* **-1.** *(molesto)* annoying, irritating **-2.** *(pijo) (persona)* = who speaks and dresses in an affected way; **llevaba una chaqueta muy pijotera** he was wearing a typical rich kid jacket
pijudo, -a *adj CAm Fam* wicked, awesome
pila ◇ *nf* **-1.** *(generador)* battery; **funciona a** *o* **con pilas** it works *o* runs off batteries; EXPR *Fam* **cargar las pilas** to recharge one's batteries; EXPR *Fam* **ponerse las pilas** to get one's act together ❏ **~ alcalina** alkaline battery; **~ atómica** atomic pile; **~ botón** watch battery; **~ de larga duración** long-life battery; **~ recargable** rechargeable battery; **~ seca** dry cell; **~ solar** solar cell
-2. *(montón)* pile; **una ~ de libros** a pile of books
-3. *Fam (cantidad)* **una ~ de** masses of; **tengo una ~ de trabajo** I've got a mountain of *o* masses of work; **tiene una ~ de deudas** he's up to his neck in debt
-4. *(fregadero)* sink; *(de agua bendita)* stoup, holy water font ❏ **~ bautismal** (baptismal) font
-5. INFORMÁT stack
-6. ARQUIT pile
-7. *Andes (fuente)* fountain
-8. *Cuba (grifo) Br* tap, *US* faucet
◇ *adv RP Fam* masses; **la quiere ~** *o* **pilas** he loves her a hell of a lot; **tengo ~** *o* **pilas de ganas de verla** I'm really dying to see her; **hace ~** *o* **pilas que no voy al cine** I haven't been to the cinema for ages *o Br* yonks
pilar ◇ *nm* **-1.** *(columna)* pillar; *(de puente)* pier **-2.** *(apoyo)* pillar; **uno de los pilares de la iglesia católica** one of the pillars of the Catholic Church **-3.** *(mojón)* milestone
◇ *nmf (en rugby)* prop ❏ **~ derecho** tight head prop; **~ izquierdo** loose head prop
pilastra *nf* pilaster
Pilatos *n pr* **(Poncio) ~** (Pontius) Pilate
pilchas *nfpl CSur Fam* gear
pilche *nm Andes* = cup or bowl made from a gourd
píldora *nf (pastilla)* pill; **la ~ (anticonceptiva)** the (contraceptive) pill; **estar tomando la ~** to be on the pill ❏ **~ del día siguiente** morning-after pill
pileta *nf RP* **-1.** *(piscina)* swimming pool **-2.** *(en baño)* washbasin; *(en cocina)* sink
piletón *nm RP* pool
pilila *nf Fam Br* willie, *US* peter
pilín *nm Col Fam* **un ~** a mite, a tiny bit
pillar ◇ *vt* **-1.** *(tomar, atrapar)* to catch; **~ un taxi** to catch a taxi; **me pillas de casualidad** you were lucky to catch me; **¿a que no me pillas?** bet you can't catch me; **un árbol cayó y le pilló la pierna** a tree fell and trapped his leg
-2. *(sorprender)* to catch; **lo pillé leyendo mi diario** I caught him reading my diary; **el terremoto me pilló fuera del país** the earthquake struck while I was out of the country
-3. *(atropellar)* to knock down; **lo pilló un autobús** he got knocked down by a bus
-4. *Fam (pulmonía, resfriado)* to catch; **pillamos una borrachera tremenda** we got really drunk
-5. *Fam (chiste, explicación)* to get; **no lo pillo** I don't get it
-6. *Esp Fam (comprar)* to get
-7. *Esp Fam (droga)* to get (hold of)
◇ *vi Esp (hallarse, coger)* **me pilla lejos** it's out of the way for me; **me pilla de camino** it's on my way
➤ **pillarse** *vpr* **-1.** *(atraparse)* **pillarse los dedos** to catch one's fingers; *Fig* to get burned; **me pillé la camisa con la puerta** I caught my shirt on the door **-2.** *CSur Fam (orinarse)* to wet oneself
pillastre *nmf Fam* rogue, crafty person
pillería *nf Fam (acción)* prank, trick
pillín, -ina *nm,f Fam* little scamp, rascal
pillo, -a *Fam* ◇ *adj* **-1.** *(travieso)* mischievous **-2.** *(astuto)* crafty
◇ *nm,f* **-1.** *(pícaro)* rascal **-2.** *(astuto)* crafty person
pilluelo, -a *nm,f Fam* rascal, scamp
pilmama *nf Méx* nanny
pilón *nm* **-1.** *(pila) (para lavar)* basin; *(para animales)* trough
-2. *(torre eléctrica)* pylon
-3. *(pilar grande)* post
-4. *Méx Fam (azúcar)* sugarloaf
-5. *Méx (regalo)* **compra una docena y no olvides pedir el ~** buy a dozen and don't forget to ask for something extra thrown in for free; **si compra una docena lleva uno de ~** if you buy a dozen you get one thrown in for free
-6. *RP, Ven Fam (gran cantidad)* masses; **tiene un ~** *o* **pilones de libros** she's got stacks of books; **ganó un ~** *o* **pilones de plata** he earned a packet; **te quiero un ~** *o* **pilones** I love you a hell of a lot
piloncillo *nm Méx* brown sugar *(sold in cone-shaped blocks)*
pilongo, -a *adj* thin, lean
pilono *nm* ARQUIT pylon
píloro *nm* ANAT pylorus
pilot [pi'lo] (*pl* **pilots**) *nm Urug* raincoat
pilotaje *nm* **-1.** *(de avión)* flying, piloting; **un aparato de fácil ~** a plane that is easy to fly **-2.** *(de automóvil, moto)* driving **-3.** *(de barco)* steering **-4.** *(pilotes)* pilings
pilotar, *Am* **pilotear** *vt* **-1.** *(avión)* to fly, to pilot **-2.** *(automóvil)* to drive; *(moto)* to ride **-3.** *(barco)* to steer
pilote *nm* pile
pilotear = **pilotar**
pilotín *nm RP (impermeable)* short raincoat
piloto ◇ *nmf* **-1.** *(de avión)* pilot ❏ **~ comercial** airline pilot; **~ de pruebas** test pilot **-2.** *(de automóvil, moto)* driver ❏ **~ de carreras** racing driver; **~ de pruebas** test driver; **~ de rallys** rally driver **-3.** *(de barco)* pilot
◇ *nm* **-1.** *(luz) (de coche)* tail light; *(de aparato)* pilot light; **se ha encendido el ~ de la gasolina** the fuel warning light has come on **-2.** **~ automático** *(de avión, vehículo)* automatic pilot **-3.** *(llama)* pilot light **-4.** *Arg, Chile (impermeable)* raincoat
◇ *adj inv* pilot; **casa ~** show house; **programa ~** pilot (programme); **proyecto ~** pilot project
pilsen® *nf Perú* lager
piltra *nf Esp Fam* pit, bed
piltrafa *nf* **-1.** *(de comida)* scrap **-2.** *Fam (persona débil)* wreck **-3.** *Fam (cosa inservible)* piece of junk; **estar hecho una ~** *(persona, coche)* to be a wreck; *(chaqueta, zapatos)* to be worn out
pilucho, -a *adj Chile Fam* naked, *Br* starkers
pimentero *nm* **-1.** *(planta)* pepper plant **-2.** *(vasija)* pepper shaker
pimentón *nm* **-1.** *(especia) (dulce)* paprika; *(picante)* cayenne pepper **-2.** *(pimiento)* pepper, capsicum
pimienta *nf* pepper ❏ **~ blanca** white pepper; **~ en grano** peppercorns; **~ molida** ground pepper; **~ negra** black pepper

pimiento *nm (fruto)* pepper, capsicum; *(planta)* pimiento, pepper plant; EXPR *Fam* **¡me importa un ~!** I couldn't care less!; EXPR *Fam* **¡y un ~!: ¿me dejas tu coche? – ¡y un ~!** could you lend me your car? – get lost! *o* like hell I will! ❑ **~ morrón** red pepper; **~ de Padrón** = small, hot pepper; **~ rojo** red pepper; **~ verde** green pepper

pimpampum *nm Esp* shooting gallery

pimpante *adj Fam* **-1.** *(satisfecho)* well-pleased; **le informé del accidente y se quedó tan ~** when I told him about the accident he didn't turn a hair **-2.** *(garboso)* swish, smart

pimpinela *nf* pimpernel

pimplar *Esp Fam* ◇ *vi* to booze
◆ **pimplarse** *vpr* **se pimpló dos botellas él solo** he downed two bottles on his own

pimpollo *nm* **-1.** *(de rama, planta)* shoot; *(de flor)* bud **-2.** *Fam (persona atractiva) (hombre)* hunk; *(mujer)* babe **-3.** *Fam (niño hermoso)* angel, cherub

pimpón *nm* ping-pong, table-tennis

PIN *nm* **-1.** *(abrev de* **producto interior neto***)* NDP **-2.** *(abrev de* **personal identification number***)* PIN

pin *nm* **-1.** *Fam (insignia)* pin, lapel badge **-2.** *(de enchufe)* pin

pinacoteca *nf* art gallery

pináculo *nm* **-1.** *(de edificio)* pinnacle **-2.** *(cumbre, apogeo)* pinnacle, peak; **está en el ~ de su carrera literaria** he's at the pinnacle *o* peak of his literary career **-3.** *(juego de naipes)* pinochle

pinar *nm* pine wood/grove

pinaza *nf* pine needles

pincel *nm* **-1.** *(para pintar)* paintbrush; *(para maquillar)* brush **-2.** *(estilo)* style

pincelada *nf* **-1.** *(con el pincel)* brushstroke; EXPR **a grandes pinceladas** in broad terms; EXPR **dar la última ~ a algo** to put the finishing touches to sth **-2.** *(toque, detalle)* touch; **el autor describe con unas pocas pinceladas el ambiente de la época** the author conveys the atmosphere of the period in a few short sentences

pincha *nmf Esp Fam* DJ

pinchadiscos *nmf inv Esp Fam* DJ

pinchar ◇ *vt* **-1.** *(punzar)* to prick; *(rueda)* to puncture; *(globo, balón)* to burst; **pincha la carne con el tenedor** prick the meat with the fork
-2. *(penetrar)* to pierce
-3. *(con conchetas, alfileres)* **~ algo en la pared** to pin sth to the wall
-4. *(inyectar)* **~ a alguien** to give sb an injection *o* a jab
-5. *Fam (teléfono)* to tap
-6. *Fam (irritar)* to wind up; **deja de ~ a tu hermana** stop winding your sister up
-7. *Fam (incitar)* **~ a alguien para que haga algo** to prod sb into doing sth
-8. *Esp Fam (discos)* to play
◇ *vi* **-1.** *(vehículo)* to get a puncture; **pinchó a cinco kilómetros de la meta** he got a puncture *o* flat tyre five kilometres from the finish
-2. *(barba)* to be prickly
-3. *Fam (fracasar)* to be a flop; **el director australiano pinchó con su última película** the Australian director's latest movie has been a flop; **la oposición pinchó en los barrios más acomodados** the opposition came to grief in the better-off areas
-4. INFORMÁT to click; **para acceder a la página, pinche aquí** click here to go to the page
-5. *Fam* EXPR **ella ni pincha ni corta** her opinion doesn't count for anything; **a mí no me preguntes, que en esto ni pincho ni corto** don't ask me, I don't have any say in the matter; **~ en hueso** to go wide of the mark, to misfire
◆ **pincharse** *vpr* **-1.** *(punzarse) (persona)* to prick oneself; **me pinché intentado coser el botón** I pricked myself trying to sew the button on
-2. *(rueda)* to get a puncture; *(globo, balón)* to burst; **se nos ha pinchado una rueda** we've got a puncture *o* flat tyre
-3. *Fam (irritarse)* to get annoyed
-4. pincharse (algo) *(medicamento)* to inject oneself (with sth)
-5. *Fam* **pincharse (algo)** *(droga)* to shoot (sth) up; **su hijo se pincha** her son's on drugs

pinchazo *nm* **-1.** *(punzada)* prick; **se dio un ~ con una jeringuilla** he pricked himself with a syringe
-2. *(inyección)* injection, *Br* jab, *US* shot
-3. *(marca)* needle mark
-4. *(de neumático)* puncture, flat; **sufrió un ~ a los cinco kilómetros de carrera** he got a puncture *o* flat tyre five kilometres into the race
-5. *(dolor agudo)* stabbing pain, pang; **me ha dado un ~ en la espalda** I felt a stabbing pain in my back
-6. *Fam (de teléfono)* tap
-7. *Fam (fracaso)* **el nuevo modelo ha sido un ~** the new model has been a flop; **la empresa no se ha recuperado de su ~ en la Bolsa** the company hasn't recovered from the collapse of its share price

pinche[1] *nmf* **-1.** *(de cocina)* kitchen boy, *f* maid **-2.** *RP Fam (en oficina)* office junior; *Fig* **yo no sé nada, acá soy el ~** I don't know anything, I'm nobody round here **-3.** *Chile (horquilla)* hairgrip, hairpin

pinche[2] *adj Méx Fam* damn, *Br* bloody; **¡ese ~ perro!** that damn *o Br* bloody dog!; **no es más que un ~ campesino** he's just a lousy *o Br* bloody peasant

pinchito *nm (tapa)* bar snack, aperitif

pincho *nm* **-1.** *(punta)* (sharp) point **-2.** *(espina) (de planta)* prickle, thorn **-3.** *(varilla)* pointed stick **-4.** *Esp (tapa)* bar snack, aperitif ❑ **~ moruno** = marinated pork cooked on a skewer; **~ de tortilla** = small portion of Spanish omelette **-5.** *Fam (cuchillo)* knife

pinchurriento, -a *adj Méx Fam* measly, miserable

pindonguear *vi Esp Fam* to loaf about

pinga *nf Andes, Carib, Méx muy Fam* prick; EXPR *Ven muy Fam* **de ~** wicked, awesome

pingajo *nm Esp Fam* rag; EXPR **ir hecho un ~** to look a sight

pinganilla *nf Chile Fam* dandy

pingo *nm* **-1.** *Esp Fam (pingajo)* rag; EXPR **ir hecho un ~** to look a sight; EXPR **poner a alguien como un ~** to badmouth sb, *Br* to slag sb off **-2.** *Fam (persona despreciable)* rotter, dog **-3.** *RP (caballo vivo)* fast horse **-4.** *Chile, Perú (caballo malo)* nag **-5.** *Méx (diablo)* **el ~ the Devil -6.** *Méx (niño)* little devil

pingonear *vi Fam* to loaf about

pingoneo *nm Fam* **estar de ~** to loaf about

ping-pong [pim'pon] *nm* ping-pong, table-tennis

pingüe *adj* plentiful; **pingües beneficios** a fat profit

pingüinera *nf Arg, Chile* penguin reserve

pingüino *nm* penguin ❑ **~ emperador** emperor penguin; **~ enano** little penguin; **~ real** king penguin

pinitos *nmpl Fam* **-1.** *(de bebé)* **Carlitos comienza a hacer ~** Carlitos is starting to walk **-2.** *(en actividad)* **ha comenzado a hacer sus ~ en fotografía** he's started dabbling in photography; **desde sus primeros ~ como cantante ha mejorado muchísimo** she's improved enormously since when she started out as a singer

pinnípedo, -a ZOOL ◇ *adj* pinniped
◇ *nm* pinniped
◇ *nmpl* **pinnípedos** *(orden)* Pinnipedia

pino *nm* **-1.** *(árbol)* pine (tree); EXPR *Esp Fam* **en el quinto ~** in the back of beyond ❑ **~ albar** Scots pine; **~ carrasco** Aleppo pine; **~ insigne** Monterey pine; **~ marítimo** pinaster; **~ piñonero** stone pine; **~ silvestre** Scotch pine
-2. *(ejercicio)* EXPR *Esp* **hacer el ~** *(sin apoyar la cabeza en el suelo)* to do a handstand; *(apoyando la cabeza en el suelo)* to stand on one's head
-3. Los Pinos *(en México)* = official residence of the Mexican president

Pinocho *nm* Pinocchio

pinol, pinole, pinolillo *nm CAm, Méx (harina) Br* maize flour *US* corn flour

pinolate *nm CAm, Méx (bebida)* = flavoured non-alcoholic drink made from roasted *Br* maize flour *o US* corn flour

pinole, pinolillo = **pinol**

pinrel *nm Esp Fam* foot

pinsapo *nm* Spanish fir

pinta ◇ *nf* **-1.** *(lunar)* spot
-2. *(aspecto)* **tiene ~ de estar enfadado** he looks like he's annoyed; **tiene buena ~** it looks good; **ese cocido tiene muy buena ~** that stew looks delicious; **¡menuda ~ tienes, todo lleno de barro!** you look a real sight, all covered in mud!; EXPR *Am* **echar** *o* **hacer** *o* **tirar ~** to show off; EXPR *RP* **ser alguien en ~** to be the spitting image of sb
-3. *(unidad de medida)* pint
-4. *Méx (pintada)* graffiti
-5. *Méx* **irse de ~** *(hacer novillos) Br* to play truant, *US* to play hooky
◇ *nmf Urug Fam (hombre)* guy, *Br* bloke; *(mujer)* woman

pintada *nf* **-1.** *(en pared)* graffiti; **la fachada del banco apareció llena de pintadas** the facade of the bank was covered in graffiti
-2. *(ave)* guinea fowl ❑ **~ vulturina** vulturine guinea fowl

pintado, -a *adj* **-1.** *(coloreado)* coloured; **recién ~** *(en letrero)* wet paint
-2. *(maquillado)* made-up; **le gusta ir muy pintada** she likes to wear a lot of make-up
-3. *(moteado)* speckled
-4. *Am Fam (idéntico)* identical; **salió ~ al padre** he's the spitting image of his father
-5. *RP Fam (perfecto)* **ese vestido te queda ~** you look great in that dress
-6. EXPR **el más ~: es capaz de timar al más ~** there's nobody he couldn't take in; **eso le puede pasar al más ~** it could happen to anyone *o* to the best of us; **venir que ni ~** to be just the thing; **el aumento de sueldo me viene que ni ~** this pay rise has come at just the right time; **el papel de malo le viene que ni ~** he could have been made for the role of the villain; *RP* **no puedo verle ni ~** I can't stand the sight of him

pintalabios *nm inv* lipstick

pintamonas *nmf inv Esp Fam* **-1.** *Pey (pintor)* dauber **-2.** *(persona poco importante)* **ser un ~** to be a nobody

pintar ◇ *vt* **-1.** *(dibujo, pared)* to paint; **~ algo de verde/azul** to paint sth green/blue **-2.** *(dibujar)* to draw; **pintó una casa** she drew a house **-3.** *(describir)* to paint, to describe; **me pintó la escena con pelos y señales** he painted the scene in graphic detail
◇ *vi* **-1.** *(con pintura)* to paint; **~ al óleo** to paint in oils
-2. *(escribir)* to write; **este bolígrafo no pinta** this pen isn't working
-3. *Fam (significar, importar)* **ella no pinta nada en esta empresa** she's nobody in this company; **aquí no pinto nada, me marcho mañana** there's no place for me here, I'm leaving tomorrow; **a mí no me preguntes, aquí no pinto nada** don't ask me, my opinion isn't worth anything round here; **¿qué pinto yo en este asunto?** what's any of this got to do with me?
-4. *(en juegos de cartas)* to be trumps; **pintan oros** "oros" are trumps; EXPR **pintan bastos** things are getting strained, the going's getting tough
-5. *Andes, RP Fam (situación)* **ese casamiento pinta muy bien** that marriage has every chance of succeeding; **las perspectivas pintan mal** things aren't looking good
-6. *RP Fam (aparecer)* **hace meses que no pinta nada** he hasn't been around for months; **pintá por casa esta noche** come round tonight
◆ **pintarse** *vpr* **-1.** *(maquillarse)* to make oneself up; **pintarse las uñas** to paint one's nails; EXPR **se las pinta solo para engañar a los clientes** he's a past master at cheating his clients **-2.** *(manifestarse)* to show, to be evident

pintarrajear *Fam* ◇ *vt* to daub

◆ **pintarrajearse** *vpr* to plaster oneself in make-up

pintarroja *nf* dogfish

pintiparado, -a *adj* **-1.** *(igual)* identical (**a** to), exactly the same (**a** as) **-2.** *(muy a propósito)* just right, ideal; **me viene ~ para decorar mi habitación** it's just perfect for my room; **es una ocasión pintiparada para darse a conocer** it's an ideal opportunity to become better known

Pinto *n* EXPR **estar entre ~ y Valdemoro** to be unable to make up one's mind

pinto, -a *adj* speckled, spotted

pintón, -ona *adj RP (atractivo)* good-looking

pintor, -ora *nm,f* **-1.** *(artista)* painter **-2.** *(profesional)* painter ❏ **~ de brocha gorda** *(decorador)* painter and decorator; *Pey (artista)* dauber

pintorcito *nm Arg (bata)* apron, pinafore

pintoresco, -a *adj* **-1.** *(bonito)* picturesque **-2.** *(extravagante)* colourful

pintura *nf* **-1.** *(técnica, cuadro)* painting; **la ~ renacentista** Renaissance painting; EXPR **no poder ver algo/a alguien ni en ~** not to be able to stand the sight of sth/sb ❏ **~ a la acuarela** watercolour; **~ al fresco** fresco; **~ mural** mural painting; **~ al óleo** oil painting; **~ rupestre** cave painting
-2. *(materia)* paint ❏ **~ acrílica** acrylic paint; **~ plástica** emulsion (paint); **~ al temple** tempera
-3. *(descripción)* description, portrayal
-4. *Am* **pinturas** *(material para pintar)* crayons

pinturero, -a *Fam* ⬦ *adj* vain, conceited
⬦ *nm,f* show-off

PINU ['pinu] *nm (abrev de* **Partido Innovación y Unidad)** = Honduran political party

pinza *nf* **-1.** *(de tender ropa)* clothes peg, *US* clothes pin
-2. *(para el pelo) Br* hairgrip, *US* bobby pin
-3. *(para papeles)* paper clip
-4. pinzas *(instrumento)* tweezers; *(de cirujano)* forceps; *(para el hielo)* tongs; EXPR *Fam* **coger** *o Am* **agarrar algo con pinzas** to handle sth with great care; EXPR *RP* **tratar a alguien con pinzas** to treat sb with kid gloves
-5. *(de animal)* pincer, claw
-6. *(pliegue)* fold
-7. *(en costura)* dart; **un pantalón de pinzas** pleated trousers *o US* pants

pinzón *nm* chaffinch ❏ **~ americano** American tree sparrow; **~ real** brambling

piña¹ *nf* **-1.** *(del pino)* pine cone **-2.** *(fruta tropical)* pineapple ❏ **~ colada** piña colada **-3.** *(conjunto de gente)* close-knit group; **formar una ~** to rally round **-4.** *Fam (golpe)* knock, bash; **darse una ~** to have a crash **-5.** *RP,Ven Fam (puñetazo)* thump; **dar una ~ a alguien** to thump sb **-6.** *Perú Fam (infortunio)* ¡**qué ~**! how unlucky!

piña², **piñoso, -a** *adj Perú Fam* unlucky; **qué ~ estoy hoy** I'm right out of luck today

piñal *nm Am* pineapple plantation

piñata *nf* = suspended pot full of sweets which blindfolded children try to break open with sticks at parties

piñazo *nm RP Fam* **-1.** *(golpe)* knock, bash; **darse un ~** to have a crash **-2.** *(puñetazo)* thump; **dar un ~ a alguien** to thump sb

piño *nm Esp Fam (diente)* tooth

piñón *nm* **-1.** *(fruto)* pine nut *o* kernel; EXPR *Fam* **estar a partir un ~ con alguien** to be hand in glove with sb **-2.** *(rueda dentada)* pinion; *(de bicicleta)* sprocket wheel ❏ **~ fijo** *(en bicicleta)* fixed wheel; *Fig* **ser de ~ fijo** to be fixed *o* rigid

piñonero, -a *adj* **pino ~** stone pine

piñoso = **piña**²

Pío *n pr* **I/II** Pius I/II

pío¹ *interj* cheep; ¡**~, ~**! cheep, cheep!; EXPR *Fam* **no decir ni ~**: **no ha dicho ni ~ desde que llegó** we haven't heard a peep out of her since she arrived; **y al jefe, no le digas ni ~ de lo que te he contado** and not a word of what I've told you to the boss

pío², **-a** *adj* pious

pío³ *nm* **un ~ ~** *(en lenguaje infantil)* a birdie

piocha *nf* **-1.** *Méx (barba)* goatee (beard); EXPR **por ~** *(por barba)* per head **-2.** *Chile (distintivo)* badge

piojo¹ *nm* louse; **piojos** lice

piojo², **-a** ⬦ *adj Méx, RP Fam* **-1.** *(objeto, lugar)* lousy **-2.** *(persona)* stingy, tightfisted
⬦ *nm,f RP Fam Hum* ankle-biter, rug rat

piojoso, -a ⬦ *adj* **-1.** *(con piojos)* lousy, covered in lice **-2.** *Fam (sucio)* flea-bitten, filthy
⬦ *nm,f* **-1.** *(con piojos)* louse-ridden person **-2.** *Fam (sucio)* filthy person, *US* scuzzball

piola ⬦ *nf Am* cord; EXPR *RP Fam* **darle ~ a alguien** to pay attention to sb
⬦ *adj RP Fam* **-1.** *(persona)* nice; **me gusta tu hermana, es muy ~** I like your sister, she's really nice **-2.** *(lugar)* cosy **-3.** EXPR **quedarse ~** to act the innocent
⬦ *nmf RP Fam* smart alec(k); **no te hagas el ~** stop being such a smart alec(k)
⬦ *adv RP Fam* very well; **ese vestido nuevo te queda muy ~** you look great in that new dress

piolet *(pl* **piolets***) nm* ice axe

piolín *nm Andes, RP* cord

pión *nm* FÍS pi-meson

pionero, -a ⬦ *adj* pioneer, pioneering
⬦ *nm,f* pioneer

pioneta, peoneta *nmf Chile* driver's mate

piorrea *nf* pyorrhoea

pipa ⬦ *nf* **-1.** *(para fumar)* pipe; **fumar en ~** to smoke a pipe; EXPR **fumar la ~ de la paz** to smoke the pipe of peace
-2. *(pepita)* seed
-3. pipas *(de girasol)* sunflower seeds *(sold as a snack)*; EXPR **eso no te da ni para pipas** that's not even enough to buy a bag of peanuts!
-4. *(tonel)* barrel
-5. *(lengüeta)* reed
-6. *Fam (pistola)* piece
-7. *Méx (camión)* tanker; **una ~ de agua** a water tanker
-8. *PRico Fam (barriga)* belly
⬦ *adv Fam* **pasarlo** *o* **pasárselo ~** to have a great time; **en esta playa se está ~** it's great on this beach

pipermín *nm* peppermint liqueur

pipeta *nf* pipette

pipí *nm Fam (lenguaje infantil)* pee, *Br* wee-wee; **hacer ~** to have a pee *o Br* wee-wee; **el niño se ha hecho ~** the child's done a pee *o Br* wee-wee

pipián = **pepián**

pipiolo *nm Fam* **-1.** *(muchacho)* youngster **-2.** *(principiante)* novice, beginner

pipirigallo *nm (planta)* sainfoin

pipón, -ona *adj RP Fam (lleno)* stuffed; **estoy** *o* **he quedado ~** I'm stuffed

pique ⬦ *ver* **picar**
⬦ *nm* **-1.** *Fam (enfado)* grudge; **tener un ~ con alguien** to have a grudge against sb; **su ~ dura ya un año** it's already a year since they fell out
-2. *Fam (rivalidad)* **hay mucho ~ entre ellas** there's a lot of rivalry *o* needle between them
-3. irse a ~ *(barco)* to sink; *(negocio)* to go under; *(plan)* to fail
-4. *Am (rebote)* bounce; **después de dos piques, la pelota se salió de la cancha** the ball bounced twice before going out
-5. *RP Fam (aceleración)* acceleration; **este auto no tiene nada de ~** this car's got no acceleration
-6. *Chile Fam (visita)* **dar un ~ por casa de alguien** to go round to sb's house
⬦ **a los piques** *loc adv RP Fam (muy rápido)* in a hurry

piqué *(pl* **piqués***) nm* piqué

piquera *nf Méx Fam* dive

piquero *nm Chile, Perú (ave)* booby

piqueta *nf* **-1.** *(herramienta)* pickaxe; *(de demolición)* mason's hammer *o* pick **-2.** *(en tienda de campaña)* metal tent-peg **-3.** *Arg, Chile (vino)* weak wine

piquete *nm* **-1.** *(herramienta)* peg, stake
-2. *(de huelguistas)* picket ❏ **~ informativo** = picket concerned with raising awareness and informing workers about the need for industrial action
-3. ~ de ejecución firing squad
-4. *Col (picnic)* picnic
-5. *Col (comida)* = roast meat chopped into small pieces and accompanied by potatoes, banana and corn
-6. *Méx Fam (picadura, pinchazo) (de aguja)* prick; *(de insecto)* sting
-7. *Méx Fam (golpe)* prod; **dar un ~ a alguien** to prod sb
-8. *Méx Fam (punzada)* stabbing pain
-9. *Méx Fam (de bebida)* shot

piqueteadero *nm Col Fam* = restaurant specialising in "piquetes"

piquituerto *nm* crossbill

pira *nf* pyre

pirado, -a *Fam* ⬦ *adj* crazy
⬦ *nm,f* loony, *Br* nutter

piragua *nf* canoe

piragüismo *nm* canoeing

piragüista *nmf* canoeist

piramidal *adj* pyramid-shaped, pyramidal

pirámide *nf* **-1.** *(monumento)* pyramid **-2.** *(figura)* pyramid ❏ **~ ecológica** ecological pyramid; **~ de población** pyramid of population; **~ trófica** ecological pyramid

---

PIRÁMIDES MAYAS Y AZTECAS

The major pre-Columbian cultures of Mesoamerica (the area from northern Mexico to Panama) had many common features, not least of which was the construction of ceremonial pyramids. They served as the focus of religious rites, and those of the Maya may also have functioned as astronomical observatories. The discovery in 1952 of a sarcophagus at the heart of the Mayan Pyramid of Inscriptions (built around 680 AD) at Palenque indicated that one at least was used as a tomb. The great pyramids of the Aztec capital Tenochtitlán (built in successive layers over the preceding two centuries) amazed the Conquistadors on their arrival in 1519, though this did not stop the Spanish from demolishing them and using the stone to build Mexico City's cathedral. Today the pyramids, whether ruined or restored, are among the most visited tourist sites in the Americas.

---

piraña¹ *nf (pez)* piranha

piraña², **pirañita** *nmf Perú Fam (niño)* street kid

pirar ⬦ *vi RP Fam* to go mad *o* crazy; ¿**cómo que me dejás? ¿vos piraste?** what you mean you're leaving me? are you out of your mind?; **no intentes entender lo que quiere, piró** don't try to make sense of what he wants, he's off his head

◆ **pirarse** *vpr Esp, RP Fam* to clear off; ¡**nos piramos!** we're off; ¿**ya te piras?** are you off, then?; **me las piro, hasta mañana** I'll be off, see you tomorrow

pirata ⬦ *adj* **-1.** *(barco, ataque)* pirate **-2.** *(radio, edición, vídeo)* pirate; *(casete, grabación)* bootleg **-3.** *Am (profesional, servicio)* cowboy; **un electricista ~** a cowboy electrician
⬦ *nmf* **-1.** *(corsario)* pirate ❏ **~ aéreo** hijacker; **~ del aire** hijacker; **~ informático** cracker, hacker **-2.** *Am (mal profesional)* cowboy

piratear ⬦ *vi* **-1.** *(asaltar barcos)* to be involved in piracy **-2.** INFORMÁT to crack
⬦ *vt* **-1.** *(propiedad intelectual)* to pirate **-2.** INFORMÁT **~ un programa** *(desproteger)* to hack *o* crack into a program; *(hacer copia ilegal)* to pirate a program

pirateo *nm Fam (de programa informático, de vídeos)* piracy

piratería *nf* **-1.** *(de corsarios)* piracy ❏ **~ aérea** hijacking **-2.** *(de programas, vídeos, ropa)* piracy ❏ **~ informática** *(copias ilegales)* software piracy; *(acceso no autorizado)* hacking

pirca *nf Andes, Arg* dry-stone wall

pirenaico, -a *adj* Pyrenean

Pireo *nm* **el ~** Piraeus

pírex® *nm* Pyrex®

pirincho *nm* guira cuckoo

pirindolo nm Fam decorative knob
Pirineo nm el ~, los Pirineos the Pyrenees; el ~ catalán the Catalan (part of the) Pyrenees
pirinola nf Méx spinning top
piripi adj Fam tipsy
pirita nf pyrite
piro nm Esp Fam darse el ~ Br to scarper, US to split
pirograbado nm (técnica) pokerwork
piromanía nf pyromania
pirómano, -a ◇ adj pyromaniacal
◇ nm,f pyromaniac
piropear vt ~ a alguien to make flirtatious remarks to sb
piropo nm flirtatious remark; **decir** o **echar piropos a alguien** to make flirtatious remarks to sb
pirotecnia nf pyrotechnics (singular)
pirotécnico, -a ◇ adj firework; **un montaje ~** a firework display
◇ nm,f firework specialist
piroxeno nm pyroxene
pirrar Fam ◇ vt **me pirran las albóndigas** I just adore o love meatballs
◆ **pirrarse** vpr ~ **por algo/alguien** to be dead keen on sth/sb
pírrico, -a adj Pyrrhic; **victoria pírrica** Pyrrhic victory
pirueta nf pirouette; [EXPR] **hacer piruetas** (esfuerzo) to perform miracles
piruja nf Col, Méx muy Fam (prostituta) whore, US hooker
pirujo nm Méx muy Fam womanizer
pirula nf Esp Fam -1. (jugarreta) dirty trick; **hacer una ~ a alguien** to play a dirty trick on sb -2. **montar una ~** (un escándalo) to make o cause a scene -3. (maniobra ilegal) **hacer una ~** to break the traffic regulations -4. (pene) Br willy, US johnson
piruleta nf Esp lollipop
pirulí nm -1. (golosina) lollipop -2. Esp (edificio) television tower (especially the one in Madrid)
pirulos nmpl RP Fam **tiene como cincuenta ~** (años) she's about fifty
pis (pl **pises**) nm Fam pee; **hacer ~** to have a pee; **hacerse ~** (tener ganas) to be dying o bursting for a pee; **el niño se ha hecho ~** the child's done a pee
pisacorbata nm Col tie-pin
pisada nf -1. (acción) footstep; [EXPR] **seguir las pisadas de alguien** to follow in sb's footsteps -2. (huella) footprint
pisadura nf footprint
pisapapeles nm inv paperweight
pisapuré nm Fam hand-operated food mill
pisar ◇ vt -1. (con el pie) to tread on; (uvas) to tread; ~ **el freno** to put one's foot on the brake; **prohibido ~ el césped** (en cartel) keep off the grass; [EXPR] Andes, RP Fam **dejarse ~ el poncho** to be a doormat; [EXPR] Andes, RP Fam ~ **el poncho: nadie me pisa el poncho bailando** nobody can beat me at dancing
-2. (visitar) to set foot in; **nunca he pisado su casa** I've never set foot in her house
-3. (despreciar) to trample on; **la conducta de este país pisa todas las leyes internacionales** this country's actions fly in the face of international law
-4. (anticiparse) ~ **un contrato a alguien** to beat sb to a contract; ~ **una idea a alguien** to think of something before sb; **el periódico rival les pisó la noticia** the rival paper stole o pinched the story from them, the rival paper got in first with the news
-5. MÚS (puntear) to pluck; (tocar) to strike
-6. (hembra) to cover
-7. RP (aplastar) to mash
-8. RP Fam (atropellar) to knock down, to run over
◇ vi to tread, to step; **pisa con cuidado** tread carefully; [EXPR] ~ **fuerte** to be firing on all cylinders; [EXPR] **venir pisando fuerte** to be on the road to success
◆ **pisarse** vpr RP Fam **pisarse el palito** (delatarse) to give oneself away
pisaverde nm Fam Anticuado dandy

pisca nf Méx (de maíz, café) harvesting; (de algodón) picking
piscador, -ora nm,f Méx (de maíz, café) harvester; (de algodón) picker
piscar, pizcar Méx ◇ vt (maíz, café) to harvest; (algodón) to pick
◇ vi to harvest
pisciano, -a Am ◇ adj Pisces; **ser ~** to be (a) Pisces
◇ nm,f Pisces, Piscean; **los ~ son...** Pisceans are...
piscícola adj piscicultural
piscicultor, -ora nm,f fish farmer
piscicultura nf fish farming
piscifactoría nf fish farm
pisciforme adj fish-shaped
piscina nf -1. (para nadar) swimming pool ❑ ~ **al aire libre** open-air swimming pool; ~ **climatizada** heated swimming pool; ~ **cubierta** covered o indoor swimming pool; ~ **infantil** paddling pool; ~ **inflable** paddling pool; ~ **olímpica** Olympic-size swimming pool -2. (para peces) fishpond
Piscis ◇ adj inv (persona) Pisces; Esp **ser ~** to be (a) Pisces
◇ nm (signo) Pisces; Am **los de ~ son...** Pisceans are...
◇ nmf inv (persona) Pisces, Piscean; Esp **los ~ son...** Pisceans are...
pisco nm -1. (bebida) pisco, = Andean grape brandy ❑ ~ **sour** = cocktail of pisco, beaten egg and lemon juice -2. Col (tipo) guy
piscola nm Chile = pisco and cola
piscolabis nm inv Esp Fam snack
piso nm -1. Esp (apartamento) apartment, Br flat ❑ ~ **franco** safe house; ~ **piloto** show apartment o Br flat
-2. (planta) (de edificio) floor; (de autobús) deck; (de teatro) circle; **primer ~** Br first floor, US second floor; **un autobús de dos pisos** a double-decker bus
-3. (suelo) (de carretera) surface; (de habitación) floor; [EXPR] Am **andar con el ánimo por el ~** to be very down o low
-4. (capa) layer; **un sandwich de dos pisos** a double-decker sandwich
-5. (de zapato) sole
-6. Chile (taburete) stool
pisotear vt -1. (con el pie) to trample on -2. (humillar) to scorn -3. (oprimir) to trample on
pisotón nm Fam stamp (of the foot); **darle un ~ a alguien** to stamp on sb's foot
pista nf -1. (carretera) unsurfaced road ❑ ~ **forestal** = minor road through forest or mountain area; ~ **de tierra** dirt road o track
-2. (superficie, terreno) ~ **de atletismo** athletics track; ~ **de baile** dance floor; Esp ~ **de cemento** (en tenis) hard court; ~ **cubierta** indoor track; **atletismo en ~ cubierta** indoor athletics; ~ **de esquí** piste, ski slope; ~ **de hielo** ice rink; Esp ~ **de hierba** (en tenis) grass court; ~ **de patinaje** skating rink; Esp ~ **de tenis** tennis court; Esp ~ **de tierra batida** (en tenis) clay court
-3. (para aviones) ~ **de aterrizaje** runway; **una ~ de aterrizaje en mitad de la selva** a landing strip in the middle of the jungle
-4. (de circo) ring; ~ **de rodaje** taxiway
-5. INFORMÁT & MÚS track
-6. (indicio) clue; **te daré una ~** I'll give you a clue
-7. (rastro) trail, track; **estar sobre la ~** to be on the trail o track; **seguir la ~ a alguien** to be on sb's trail
pistacho, Méx **pistache** nm -1. (fruto) pistachio -2. (árbol) pistachio tree
pistear vt Méx Fam **¿qué estás pisteando?** what are you having (to drink)?
pistilo nm pistil
pisto nm -1. (guiso) ratatouille -2. Esp Fam **darse ~** to show off -3. CAm Fam (dinero) dough -4. Méx Fam (bebida alcohólica) booze
pistola nf -1. (arma) (con cilindro) gun; (sin cilindro) pistol ❑ ~ **de agua** water pistol; ~ **de aire comprimido** air pistol -2. (pulverizador) spray gun; **pintar a ~** to spray-paint -3. (herramienta) gun ❑ ~ **de engrase** grease gun -4. (de pan) French loaf

pistolera nf -1. (funda) holster -2. Fam **pistoleras** (celulitis) saddlebags
pistolerismo nm el ~ **aún no ha desaparecido** people are still hiring gunmen
pistolero, -a nm,f (persona) gunman ❑ ~ **a sueldo** hired gunman o killer
pistoletazo nm pistol shot ❑ ~ **de salida** (en carrera) shot from the starter's gun; (de proyecto, campaña electoral) starting signal
pistón nm -1. TEC piston -2. MÚS (corneta) cornet; (llave) key -3. (de arma) percussion cap
pistonudo, -a adj Esp Fam wicked, awesome
pita nf -1. (planta) pita -2. (hilo) pita fibre
pitada nf -1. (silbidos de protesta) whistling; **despidieron al equipo con una sonora ~** the team were loudly whistled off the field -2. (con bocina) beep; **dar una ~** to beep one's horn -3. Am Fam (calada) drag, puff
Pitágoras n pr Pythagoras
pitagórico, -a ◇ adj Pythagorean
◇ nm,f Pythagorean
pitagorín, -ina nm,f Fam brain, Br swot
pitahaya, pitaya nf CAm, Carib, Méx -1. (planta) pitaya -2. (fruta) pitaya
pitanga nf RP Surinam cherry
pitanza nf -1. Anticuado (ración de comida) daily rations -2. Fam (alimento) grub -3. Chile (broma) joke
pitar ◇ vt -1. (arbitrar) (partido) to referee -2. (señalar) (falta) to blow for; **el árbitro pitó penalti** the referee blew for a penalty -3. (abuchear) ~ **a alguien** to whistle at sb in disapproval -4. Am Fam (dar una calada a) to puff (on)
◇ vi -1. (tocar el pito) to blow a whistle; (del coche) to beep one's horn; **el coche pitaba para abrirse paso** the car beeped its horn to get through
-2. (arbitrar) to referee
-3. Fam (funcionar) (cosa) to work; (persona) to get on
-4. Am Fam (dar caladas) to smoke
-5. Chile (burlarse de) to make fun of
-6. Esp Fam [EXPR] **salir/irse pitando** to rush out/off like a shot, to dash out/off; **venir pitando** to come rushing
pitaya = pitahaya
pitazo nm -1. Andes, RP, Ven (pitido) whistle; **el árbitro dio un ~** the referee blew his whistle -2. Ven Fam **dar el ~ a alguien** (chivatazo) to tip sb off
pitbull ['pitßul] (pl **pitbulls**) nm pit bull (terrier)
pitcher = pícher
pitecántropo nm pithecanthropus
pitido nm (con pito) whistle; (de aparato electrónico) beep, bleep; **los pitidos de los coches** the honking of car horns; **tengo un ~ en los oídos** I've got a whistling noise in my ears
pitillera nf cigarette case
pitillo nm -1. (cigarrillo) cigarette -2. Col (paja) drinking straw
pitiminí (pl **pitiminíes**) ◇ nm (rosal) fairy rose; **rosa de ~** fairy rose
◇ **de pitiminí** loc adj **una boquita de ~** a dainty little mouth; **¡tú pide por esa boquita de ~!** here we go, I can see you're going to ask for the impossible!
pito nm -1. (silbato) whistle; **tener voz de ~** to have a very shrill voice; RP Fam **¿y vos qué ~ tocás acá?** and what the hell are you doing here?; [EXPR] RP **hacerle ~ catalán a alguien** to cock a snook at sb
-2. (claxon) horn; **tocar el ~** to sound one's horn
-3. ~ **real** (ave) green woodpecker
-4. Fam (cigarrillo) smoke, Br fag
-5. Fam (pene) Br willie, US peter
-6. esp Méx Vulg (pene) cock
-7. [EXPR] Fam **entre pitos y flautas** what with one thing and another; Fam **(no) me importa un ~** I couldn't give a damn; Fam **por pitos o por flautas** for one reason or another; Fam **me toman por el ~ del sereno** they don't pay me a blind bit of notice
pitoitoy nm red-breasted snipe
pitón[1] nm -1. (cuerno) horn -2. (pitorro) spout -3. (en alpinismo) piton -4. muy Fam (pecho) tit

pitón² nm o nf (serpiente) python
pitonazo nm (herida) gore
pitonisa nf fortune-teller
pitorrearse vpr Esp Fam ~ **de alguien** to pull sb's leg, Br to take the mickey out of sb; **con él nunca se sabe si se está pitorreando** you can never tell with him whether he's winding you up or not
pitorreo nm Esp Fam **esta empresa es un** ~ this company is a joke; **tomarse algo a** ~ to treat sth as a joke; **¡ya basta de** ~**!** that's enough clowning around!
pitorro nm **-1.** (de botijo) spout **-2.** Fam (pieza) **¿para qué sirve este** ~**?** what's this button thing for?
pitote nm Fam (jaleo) row, fuss; **armar un** ~ to kick up a row o fuss; **se armó un** ~ **cuando se anunció el resultado** all hell broke loose when the result was announced
pitucada nf CSur, Perú Fam **la** ~ the snobs
pituco, -a CSur, Perú Fam ◇ adj **-1.** (elegante) posh **-2.** (engreído) snobby
◇ nm,f snob
pitufo, -a nm,f **-1.** Fam (persona pequeña) shorty; (niño) ankle-biter, rug rat **-2. los pitufos®** the smurfs® **-3.** Esp Fam (guardia) = member of the local police force
pituitaria nf pituitary gland
pitusa nm Cuba jeans
pituso, -a Fam ◇ adj sweet, cute
◇ nm,f cute child
pituto nm Chile (enchufe) pull, influence
piure nm Chile sea squirt
pívot (pl **pívots**) nmf (en baloncesto) centre
pivotar vi **-1.** (pieza) to pivot **-2.** (jugador) to pivot
pivote nmf **-1.** (eje) pivot **-2.** (en baloncesto) centre
píxel nm INFORMÁT pixel
piyama nm o f Am (pijama) pyjamas; **un** ~ a pair of pyjamas
pizarra nf **-1.** (roca, material) slate **-2.** (encerado) blackboard; **salir a la** ~ to go up to the blackboard
pizarral nm slate quarry
pizarrín nm slate pencil
pizarrón nm Am (encerado) blackboard
pizca nf **-1.** (poco) tiny bit; (de sal) pinch; **pásame una** ~ **de pan** pass me a little bit of bread; **le falta una** ~ **de velocidad para ser campeón** he's just slightly short of the pace you need to be a champion; EXPR Fam **ni** ~ not one bit; Fam **ahora no tengo ni** ~ **de tiempo** I've got absolutely no time just now; Fam **no me hace ni** ~ **de gracia** I don't find it in the least bit funny
-2. Méx (cosecha) harvest, crop
pizcar = piscar
pizpireta adj Fam (niña, mujer) spirited, zippy
pizza ['pitsa] nf pizza
pizzería [pitse'ria] nf pizzeria, pizza parlour
pizzicato nm MÚS pizzicato
PJ nm (abrev de **Partido Justicialista**) = Argentinian political party
PJF nf (abrev de **Policía Judicial Federal**) = in Mexico, police force that acts under the orders of federal judges
PL nm (abrev de **Partido Liberal**) = Columbian/Honduran political party
Pl. (abrev de **Plaza**) square
placa nf **-1.** (lámina) plate; (de madera) sheet ❏ ~ **de hielo** patch of ice; **la moto patinó en una** ~ **de hielo** the motorbike skidded on a patch of ice; ~ **solar** solar panel
-2. (inscripción) plaque; ~ **conmemorativa** commemorative plaque
-3. (de policía) badge
-4. (de cocina) ring ❏ ~ **de vitrocerámica** ceramic hob
-5. AUT ~ **(de matrícula)** Br number plate, US license plate
-6. GEOL plate ❏ ~ **tectónica** tectonic plate
-7. ELEC board
-8. INFORMÁT board ❏ ~ **base** motherboard; ~ **lógica** logic board; ~ **madre** motherboard; ~ **de vídeo** o Am **video** video board
-9. FOT plate
-10. (en dientes) ~ **(bacteriana** o **dental)** plaque
-11. (en garganta) infected area, Espec plaque
placaje nm DEP tackle
placar¹ [59] vt DEP to tackle
placar², placard (pl **placares**) nm RP (para ropa) fitted wardrobe; (de cocina) fitted cupboard
placé [pla'se] adj inv Andes, RP **llegar** ~ to place
placebo nm placebo
pláceme nm Formal congratulations; **dar el** ~ **a alguien** to congratulate sb
placenta nf placenta
placentero, -a adj pleasant
placer nm pleasure; **los placeres de la carne** the pleasures of the flesh; **un viaje de** ~ a pleasure trip; **ha sido un** ~ **(conocerle)** it has been a pleasure (meeting you); **es un** ~ **ayudarte** it's a pleasure to help you; **¿me concede este baile?** – **con** ~ may I have this dance? – with pleasure; **es un** ~ **anunciar que...** it is my pleasure to announce that...
◇ **a placer** loc adv **comimos pasteles a** ~ we ate as many cakes as we wanted; **marcar a** ~ (en fútbol, balonmano) to score an easy goal
◇ vt to please; **me place conversar** I take great pleasure in conversation; **nos place comunicarle que...** we are pleased to inform you that...; **si me place** if I want to, if I feel like it; **haz lo que te plazca** do as you please
plácet (pl **plácets**) nm Formal (aprobación) approval; **dar el** ~ **a un embajador** to accept an ambassador's credentials
plácidamente adv placidly
placidez nf (de persona) placidness; (de día, vida, conversación) peacefulness
plácido, -a adj (persona) placid; (día, vida, conversación) peaceful
plafón nm **-1.** (lámpara) ceiling light (that is flush with the ceiling) **-2.** (tablero) soffit
plaga nf **-1.** (de insectos) plague ❏ ~ **de langosta** plague of locusts **-2.** (desastre, calamidad) plague; **el tabaco es una de las plagas modernas** smoking is one of the plagues of modern society; **la zona se vio afectada por una** ~ **de robos** the area suffered a spate of robberies **-3.** (de gente) swarm; **una** ~ **de turistas** a swarm of tourists
plagado, -a adj (de insectos) infested (**de** with); ~ **de dificultades**, o plagued with difficulties; **la ciudad está plagada de turistas** the city is overrun with tourists; **una declaración plagada de contradicciones** a statement riddled with contradictions
plagar [38] ◇ vt ~ **de** (propaganda) to swamp with; (moscas) to infest with
◆ **plagarse** vpr **el centro se está plagando de bares** the town centre is becoming covered in bars
plagiar vt **-1.** (copiar) to plagiarize **-2.** CAm, Col, Perú, Ven (secuestrar) to kidnap
plagiario, -a nm,f CAm, Col, Perú, Ven kidnapper
plagio nm **-1.** (copia) plagiarism **-2.** CAm, Col, Perú, Ven (secuestro) kidnapping
plaguicida ◇ adj pesticidal
◇ nm pesticide
plan nm **-1.** (proyecto, programa) plan; **hacer planes** to plan; **tenemos** ~ **de visitarte la próxima semana** we're planning to call on you next week; **¿tienes algún** ~ **para mañana por la tarde?** have you got any plans for tomorrow evening? ❏ ~ **de acción** action plan; ~ **de adelgazamiento** diet; ~ **de ahorro** savings plan; ~ **de amortización** repayment plan; ~ **de choque** emergency plan; ~ **de desarrollo** development plan; ~ **de emergencia** (para el futuro) contingency plan; (como reacción) emergency plan; ~ **de estudios** syllabus; ~ **hidrológico** water management plan; ~ **de jubilación** pension scheme o plan; ~ **de pensiones** pension scheme o plan; ~ **de pensiones contributivo** contributory pension scheme o plan; HIST ~ **quinquenal** five-year plan; ~ **de urbanismo** urban development plan; ~ **de viabilidad** feasibility plan; ~ **de vuelo** flight plan
-2. Fam (ligue) date; **salieron a buscar un** ~ they went out on the pull
-3. Fam EXPR **a todo** ~ in the greatest luxury, with no expense spared; **lo dijo en** ~ **serio** he was serious about it; **¡vaya** ~ **de vida!** what a life!; **si te pones en ese** ~**...** if you're going to be like that about it...; **se puso en** ~ **violento** he got o became violent; **lo dijo en** ~ **de broma** he was only kidding, he meant it as a joke; **vamos a Perú en** ~ **de turismo** we are going to Peru for a holiday; **no es** ~ it's just not on
plana nf **-1.** (página) page; **el anuncio saldrá a toda** ~ it will be a full-page advert; **en primera** ~ on the front page; EXPR **corregir** o **enmendar la** ~ **a alguien** (criticar) to find fault with sb, to criticize sb; (superar) to go one better than sb **-2.** (llanura) plain **-3. la** ~ **mayor** (de ejército) the general staff; (de empresa, partido político) the leading figures **-4.** (ejercicio escolar) writing exercise
plancha nf **-1.** (aparato para planchar) iron; **pasar la** ~ **a algo** to give sth a quick iron; **odio la** ~ I hate ironing; **esas camisas necesitan una** ~ those shirts need ironing ❏ ~ **de vapor** steam iron
-2. (ropa planchada) ironing
-3. (para cocinar) grill; **a la** ~ grilled
-4. (placa) plate; (de madera) sheet
-5. Fam (metedura de pata) boob, blunder
-6. (en fútbol) dangerous tackle (with studs showing); **entrar en** ~ to go in studs first
-7. IMPRENTA plate
-8. (al nadar) **hacer la** ~ to float on one's back
-9. RP, Ven (lista) slate, ticket
-10. Méx Fam EXPR **ser una** ~ to be a pain in the neck; **darle** ~ **a alguien** to stand sb up; **pegarse** ~ to get a nasty shock
planchada nf Am (planchado) ironing; **dale una** ~ **a esa camisa** give that shirt an iron
planchado, -a ◇ adj Fam **-1.** RP (cansado) (dead) beat, Br knackered **-2.** Chile (sin plata) broke, Br skint **-3.** Urug (dormido) dead to the world
◇ nm ironing; **dale un** ~ **a esa camisa** give that shirt an iron
planchadora nf (máquina) pressing machine
planchar ◇ vt **-1.** (ropa) to iron; EXPR Esp Fam Hum ~ **la oreja** (dormir) to get some shut-eye **-2.** Fam (aplastar) to flatten **-3.** Fam (hundir psicológicamente) to devastate; **se quedó planchado cuando escuchó la noticia** he was devastated when he heard the news
◇ vi **-1.** (con plancha) to do the ironing **-2.** RP Fam (caerse) to crash to the floor **-3.** CSur Fam (en baile) **¿bailaste mucho anoche?** – **no, planché** did you dance a lot last night? – no, nobody asked me
planchazo nm Fam **-1.** (sorpresa desagradable) shock; **menudo** ~ **se llevó cuando se enteró de que era su padre** she got a hell of a shock when she found out he was her father **-2.** (en piscina) belly-flop
plancton nm plankton
planeación nf Col, Méx planning
planeador nm glider
planeadora nf (lancha) speedboat
planeamiento nm **-1.** (planificación) planning **-2.** AV gliding
planear ◇ vt to plan; **planean una fiesta para el viernes** they are planning a party for Friday; **planeo viajar a Asia en verano** I'm planning to travel to Asia this summer
◇ vi **-1.** (hacer planes) to plan **-2.** (planeador) to glide **-3.** (ave) to glide, to soar
planeo nm **-1.** (de planeador) gliding **-2.** (de ave) gliding, soaring
planeta nm planet ❏ ~ **exterior** outer planet; ~ **interior** inner planet; ~ **mayor** major planet; **el** ~ **rojo** (Marte) the Red Planet
planetario, -a ◇ adj **-1.** (de un planeta) planetary **-2.** (mundial) world; **a nivel** ~ on a global scale
◇ nm planetarium

planetoide nm ASTRON planetoid

planicie nf plain

planificación nf planning ❑ **~ ambiental** environmental planning; **~ económica** economic planning; **~ familiar** family planning; **~ urbanística** town planning

planificador, -ora ◇ adj planning
◇ nm,f planner

planificar [59] vt to plan

planilla nf **-1.** Am (formulario) form **-2.** Am (nómina) payroll; **estar en ~** to be on the payroll, to be a permanent member of staff **-3.** Méx (lista) slate, ticket

planimetría nf planimetry

planisferio nm planisphere

planning ['planin] (pl **plannings**) nm schedule, agenda

plano, -a ◇ adj flat
◇ nm **-1.** (diseño, mapa) plan; **el ~ de una ciudad** the map of a city ❑ **~ acotado** spot height map; **~ de calles** street map; **~ de planta** floor plan
-2. (ámbito) **en el ~ político** politically; **una persona muy estable en el ~ afectivo** a very emotionally stable person
-3. CINE shot; **primer ~** close-up; también Fig **en segundo ~** in the background ❑ **~ corto** close-up; **~ general** pan shot; **~ largo** long shot
-4. (en pintura) **primer ~** foreground; **segundo ~** background
-5. MAT plane ❑ GEOL **~ de falla** fault plane; **~ inclinado** inclined plane
◇ **de plano** loc adv (golpear) right, directly; (negar) flatly; Fam **cantar de ~** to make a full confession; **te equivocas de ~** you're completely wrong; **rechazó de ~ la propuesta** she flatly rejected the proposal

planta nf **-1.** (vegetal) plant ❑ **~ acuática** aquatic plant; **~ anual** annual; **~ de interior** house plant, indoor plant; **~ medicinal** medicinal plant; **~ perenne** perennial; **~ transgénica** transgenic plant; **~ trepadora** climbing plant
-2. (fábrica) plant ❑ **~ depuradora** purification plant; **~ desaladora de agua** desalination plant; **~ desalinizadora** desalination plant; **~ envasadora** packaging plant; **~ de envase** packaging plant; RP **~ faenadora de reses** abattoir; **~ de reciclaje** recycling plant; **~ de tratamiento de residuos** waste treatment plant
-3. (piso) floor; **~ baja** Br ground floor, US first floor; **~ primera** Br first floor, US second floor
-4. (plano) plan; **un templo de ~ rectangular** a temple built on a rectangular plan
-5. (del pie) sole
-6. EXPR **de nueva ~** brand new; **tener buena ~** to be good-looking

plantación nf **-1.** (terreno) plantation **-2.** (acción) planting

plantado, -a adj **-1.** (planta, árbol) planted; **un terreno ~ de trigo** a field planted with wheat; EXPR Fam **ser bien ~** to be good-looking **-2.** EXPR Fam **dejar ~ a alguien** (no acudir) to stand sb up; **prometió prestarnos dinero pero luego nos dejó plantados** she promised to lend us some money but in the end she let us down

plantador, -ora ◇ nm,f (persona) planter
◇ nm (herramienta) dibble, dibber

plantadora nf (máquina) planter

plantar ◇ vt **-1.** (sembrar) to plant (**de** with); (semillas) to sow; **plantaron la zona de eucaliptos** they planted the area with eucalyptus
-2. (fijar) (tienda de campaña) to pitch; (poste) to put in
-3. Fam (dar) **le plantó una bofetada/un beso** he gave him a slap in the face/a kiss
-4. Fam (decir con brusquedad) **le plantó cuatro frescas** she gave him a piece of her mind
-5. Fam (dejar plantado) **~ a alguien** to stand sb up; **plantó a su novio tras cinco meses de noviazgo** she ditched o dumped her boyfriend after they'd been going out together for five months
-6. Fam (construcción, mueble, objeto) to plonk; **plantó los pies en el sofá** she plonked her feet on the sofa

◆ **plantarse** vpr **-1.** (ponerse, colocarse) to plant oneself; **el perro se plantó delante de la puerta** the dog planted itself in front of the door
-2. Fam (presentarse) to turn up; **se plantó en la fiesta con dos amigos** he turned up at the party with two friends
-3. Fam (en un sitio con rapidez) **plantarse en** to get to, to make it to; **nos podemos ~ ahí en quince minutos** we'll be able to get there in fifteen minutes
-4. (en una actitud) **plantarse en algo** to stick to sth, to insist on sth; **se ha plantado y dice que no quiere venir** he's standing firm o digging his heels in and refusing to come
-5. (en naipes) to stick; **¡me planto!** stick!

plante nm **-1.** (protesta) **ayer hubo un ~ en la fábrica** workers in the factory downed tools yesterday **-2.** (plantón) **dar** o **hacer un ~ a alguien** to stand sb up

planteamiento nm **-1.** (exposición) **no entiendo el ~ de esta pregunta** I don't understand the way this question is phrased; **hizo un ~ realista de la situación** he gave a realistic assessment of the situation; **su ~ del problema** the way she presented the problem
-2. (enfoque) approach; **no estoy de acuerdo con su ~ radical** I don't agree with her radical approach; **tenemos planteamientos diferentes** we see things differently
-3. LIT, TEATRO exposition; **~, nudo y desenlace** introduction, development and denouement

plantear ◇ vt **-1.** (formular) (problema matemático) to set out
-2. (exponer) (reivindicación) to put forward; (dificultad, duda, cuestión) to raise; **me planteó sus preocupaciones** he put his concerns to me, he raised his concerns with me
-3. (proponer) (solución, posibilidad) to propose; **plantean una solución radical al cambio climático** they are proposing a radical solution to climate change; **nos plantearon la posibilidad de abandonar** they asked us to consider the possibility of withdrawing
-4. (presentar) (problema) to pose

◆ **plantearse** vpr **plantearse algo** to consider sth, to think about sth; **se está planteando retirarse** she is considering retiring; **nunca me había planteado esa posibilidad** I had never considered that possibility; **se me planteó el dilema de elegir entre dos excelentes candidatos** I was confronted with the dilemma of choosing between two excellent candidates

plantel nm **-1.** (criadero) nursery bed **-2.** (conjunto) group; **lo respalda un ~ de asesoras** he is supported by a team of advisers **-3.** Am (equipo) team

planteo nm Am (propuesta) idea

plantificar [59] vt Fam **-1.** (dar) **le plantificó una bofetada/un beso** she gave him a slap in the face/a kiss **-2.** (colocar) to stick; **plantificaron a los niños en un internado** they stuck the children in a boarding school

plantígrado, -a ◇ adj ZOOL plantigrade
◇ nm plantigrade

plantilla nf **-1.** (de empresa) staff; **estar en ~** to be on the payroll, to be a permanent member of staff **-2.** (de equipo) squad **-3.** (para zapatos) insole ❑ **~ ortopédica** orthopaedic insole, US orthotic footbed **-4.** (patrón) pattern, template **-5.** INFORMÁT template **-6.** CSur (soletilla) = small, flat cake in the shape of a sole

plantillazo nm DEP dangerous tackle (with studs showing)

plantío nm bed (for plants)

plantón nm **-1.** Fam (espera) **perdona el ~, no he podido llegar antes** I'm sorry for keeping you waiting, I couldn't get here any earlier; **dar un ~ a alguien** to stand sb up; **estar de ~** to be kept waiting, to be cooling one's heels **-2.** (estaca) cutting **-3.** Méx Fam (sentada) sit-down protest

plántula nf plantlet

plañidera nf hired mourner

plañidero, -a adj plaintive, whining

plañido nm moan

plañir ◇ vt to bewail
◇ vi to moan, to wail

plaqueta nf **-1.** BIOL platelet **-2.** (de cerámica) tile

plasma nm plasma ❑ **~ sanguíneo** blood plasma

plasmación nf expression; **la ley es una ~ de su preocupación por los inmigrantes** the law is an expression of their concern about immigrants; **la inauguración del museo supuso la ~ de un sueño** the opening of the museum was the fulfilment of a dream

plasmar ◇ vt (reflejar) (sentimientos) to give expression to; (realidad) to reflect; (sueño) to fulfil; **plasma su radicalismo en la novela** she expresses her radical views in the novel

◆ **plasmarse** vpr to emerge, to take shape; **el acuerdo se plasmó en el último momento** the agreement took shape o gelled at the last moment; **su iniciativa se plasmó en un proyecto** his initiative turned into a project

plasta ◇ adj Fam **-1.** Esp (pesado) **ser ~** to be a pain; **un tío ~** a real bore **-2.** RP (perezoso) **ser ~** to be a lazy slob
◇ nmf Fam **-1.** Esp (pesado) pain, drag **-2.** RP (perezoso) lazy slob
◇ nf **-1.** (cosa blanda) mess **-2.** (cosa mal hecha) botch-up

plástica nf **-1.** ARTE plastic art **-2.** (en escuela) arts and crafts

plasticidad nf **-1.** (moldeabilidad) plasticity **-2.** (expresividad) expressiveness

plasticina® nf RP Plasticine®

plástico, -a ◇ adj **-1.** (moldeable) plastic **-2.** (expresivo) expressive
◇ nm **-1.** (material) plastic **-2.** (explosivo) plastic explosive **-3.** Fam (tarjeta de crédito) plastic (money) **-4.** Fam (disco) disc

plastificación nf (de carné, tarjeta) lamination; (de mesa, tela) plastic-coating

plastificado, -a ◇ adj (carné, tarjeta) laminated; (mesa, tela) plastic-coated
◇ nm (de carné, tarjeta) lamination; (de mesa, tela) plastic-coating

plastificante nm plasticizer

plastificar [59] vt (carné, tarjeta) to laminate; (mesa, tela) to coat with plastic

plastilina® nf Plasticine®

plata nf **-1.** (metal) silver; EXPR Fam **hablar en ~** to speak bluntly ❑ **~ de ley** sterling silver **-2.** (objetos de plata) silverware **-3.** DEP (medalla) silver; **Cuba se llevó la ~** Cuba took the silver **-4.** Am Fam (dinero) money; **¿tienes ~?** have you got any money?

plataforma nf **-1.** (superficie elevada, estrado) platform ❑ **~ de lanzamiento** launching o launch pad; **~ petrolífera** oil rig, oil platform
-2. **~ espacial** space station o platform
-3. (vagón) open o flatbed wagon
-4. (punto de partida) launching pad; **utilizó la sociedad como ~ para defender sus intereses económicos** she used the company as a basis to further her financial interests
-5. GEOL shelf ❑ **~ continental** continental shelf
-6. POL platform, programme ❑ **~ electoral** electoral platform
-7. (organización) organization; **una ~ estudiantil** a student organization
-8. INFORMÁT platform

platal nm Am Fam **un ~** a fortune, loads of money

platanal, platanar nm banana plantation

platanera nf, **platanero** nm banana tree

plátano nm **-1.** (fruta) banana **-2.** (árbol de sombra) plane tree

platea nf -1. (en teatro) Br stalls, US orchestra -2. RP (butaca) seat in the Br stalls o US orchestra

plateado, -a adj -1. (con plata) silver-plated -2. (color) silvery

platear vt to silver-plate

platelminto nm flatworm

platense ◇ adj -1. (de la ciudad) of/from La Plata (Argentina) -2. (de la región) of/from the River Plate region
◇ nm,f -1. (de la ciudad) person from La Plata (Argentina) -2. (de la región) person from the River Plate region

plateresco nm plateresque, = 16th century Spanish style of architecture and decoration

platería nf -1. (arte, oficio) silversmithing -2. (tienda) silversmith's (shop); (taller) silversmith's workshop -3. (objetos) silverware

platero, -a nm,f silversmith

plática nf CAm, Méx -1. (charla) talk, chat; **estar de ~** to chat -2. (relato) talk

platicador, -ora adj CAm, Méx conversational

platicar [59] CAm, Méx ◇ vi to talk, to chat (**de** about)
◇ vt to tell

platicón, -ona CAm, Méx Fam ◇ adj talkative
◇ nm,f talkative person

platija nf (pez) plaice

platillo nm -1. (plato pequeño) small plate; (de taza) saucer -2. (de una balanza) pan -3. ~ **volador** flying saucer; Esp ~ **volante** flying saucer -4. MÚS **platillos** cymbals -5. Méx (comida) meal, dish

platina nf -1. (de tocadiscos) turntable -2. (de casete) cassette deck -3. (de microscopio) stage -4. IMPRENTA platen, bedplate

platinado nm platinum plating

platinar vt to platinize

platino nm -1. (metal) platinum -2. AUT & TEC **platinos** contact points

plato nm -1. (recipiente) plate, dish; **lavar los platos** to wash the dishes, Br to do the washing-up; **estaba el mar como un ~** the sea was like a millpond; [EXPR] Fam **comer en el mismo ~** to be great friends; [EXPR] Fam **nada entre dos platos** nothing special; [EXPR] Fam **pagar los platos rotos** to carry the can; [EXPR] Fam **parece que no ha roto un ~ en su vida** he looks as if butter wouldn't melt in his mouth ❑ **~ hondo** soup plate; **~ llano** plate; RP **~ playo** plate; **~ de postre** dessert plate; **~ sopero** soup dish o plate
-2. (parte de una comida) course; **primer ~** first course, starter; **de primer ~** for starters; **segundo ~** second course, main course; [EXPR] Fam **ser ~ de segunda mano** o **mesa** (ser despreciado) to be a second-class citizen; (haber perdido la virginidad) to be spoiled goods ❑ **~ combinado** = single-course meal which usually consists of meat or fish accompanied by French fries and sometimes vegetables; Chile **~ de fondo** main course; **~ fuerte** (en una comida) main course; Fig main part; **su actuación es el ~ fuerte de la noche** her performance is the night's main event; **~ principal** main course
-3. (comida) dish; **mi ~ favorito** my favourite meal ❑ **~ del día** dish of the day; **~ precocinado** pre-cooked meal; **~ preparado** ready-made meal; **~ típico** typical dish; **~ único** single-course meal
-4. (de tocadiscos, microondas) turntable
-5. (de bicicleta) chain wheel
-6. (de balanza) pan, scale
-7. DEP clay-pigeon
-8. [EXPR] Am Fam **ser un ~** to be a scream; **¡qué ~!** how hilarious!

plató nm set

Platón n pr Plato

platón nm Méx serving dish

platónico, -a adj platonic

platonismo nm Platonism

platudo, -a adj Am Fam loaded, rolling in it

plausibilidad nf -1. (carácter admirable) praiseworthiness -2. (admisibilidad) acceptability -3. (posibilidad) plausibility

plausible adj -1. (admirable) praiseworthy -2. (admisible) acceptable -3. (posible) plausible

playa nf -1. (en el mar) beach; **ir a la ~ de vacaciones** to go on holiday to the seaside ; Am (en ciudad) **~ de estacionamiento** Br car park, US parking lot

play-back ['pleiβak] (pl **play-backs**) nm **cantar en o hacer ~** to mime (the lyrics)

playboy [plei'βoi] (pl **playboys**) nm playboy

playera nf -1. (zapatilla de deporte) tennis shoe; (de lona) canvas shoe -2. Méx (camiseta) T-shirt

playero, -a ◇ adj -1. (de la playa) beach; **toalla playera** beach towel -2. (persona) **es muy ~** he loves the beach
◇ nm RP Fam = beach guard on assignment from the navy

playo, -a adj Méx, RP (poco profundo) shallow; **plato ~** plate

play-off ['plei'of] (pl **play-offs**) nm DEP play-off

plaza nf -1. (en una población) square; **la ~ del pueblo** the village o town square ❑ **~ mayor** main square; **~ del mercado** market square; **la Plaza Roja** (de Moscú) Red Square
-2. (sitio) place; **tenemos plazas limitadas** there are a limited number of places available ❑ **~ de aparcamiento** parking space; **~ de garaje** parking space (in a private garage)
-3. (asiento) seat; **un vehículo de dos/cinco plazas** a two-seater/five-seater vehicle
-4. (puesto de trabajo) position, job; **está buscando una ~ de médico** he's looking for a position as a doctor; **han sido cubiertas todas las plazas** all the positions have been filled ❑ **~ vacante** vacancy
-5. (mercado) market, marketplace; **el producto que usted busca no está más en ~** the product you are looking for is no longer on the market
-6. TAUROM **~ (de toros)** bullring
-7. COM (zona) area
-8. (fortificación) **~ de armas** parade ground; **~ fuerte** stronghold

plazca etc ver **placer**

plazo nm -1. (de tiempo) period (of time); **en el ~ de un mes** within a month; **mañana termina el ~ de inscripción** the deadline for registration is tomorrow; **tenemos de ~ hasta el domingo** we have until Sunday; **hay un ~ de dos semanas para inscribirse** there is a period of two weeks for registration; **a corto/medio** o RP **mediano/largo ~** in the short/medium/long term; **una solución a corto/largo plazo** a short-/long-term solution; **en breve ~** within a short time; **invertir dinero a ~ fijo** to invest money for a fixed term ❑ COM **~ de entrega** delivery time
-2. (de dinero) instalment; **comprar a plazos** to buy on Br hire purchase o US an installment plan; **pagar a plazos** to pay in instalments ❑ **~ mensual** monthly instalment

plazoleta, plazuela nf small square

PLD nm (abrev de **Partido de la Liberación Dominicana**) = political party in the Dominican Republic

pleamar nf high tide

plebe ◇ nf -1. **la ~** (la masa) the plebs -2. Méx Fam **la ~** (los amigos) the guys
◇ nmf Méx Fam **los plebes** (los niños) the kids; **el ~ no quiere dormir** the kid doesn't want to go to sleep

plebeyo, -a adj -1. HIST plebeian -2. (vulgar) common

plebiscitar vt to submit to a plebiscite

plebiscito nm plebiscite

plectro nm -1. MÚS plectrum -2. Literario (inspiración) inspiration

plegable adj (silla, mesa) folding; (cama) foldaway

plegadera nf (cortapapeles) paperknife

plegamiento nm GEOL fold

plegar [43] ◇ vt (papel) to fold; (mesita, hamaca) to fold away
◇ vi Esp Fam (acabar) to knock off
➔ **plegarse** vpr -1. (ceder) **plegarse (a algo)** to give in o yield (to sth); **se pliega a todos sus caprichos** she gives in to all his whims -2. Andes, CSur (unirse) to join in; **muchos peatones se plegaron a la manifestación** many passers-by joined the demonstration

plegaria nf prayer

pleistoceno, -a GEOL ◇ adj Pleistocene
◇ nm **el ~** the Pleistocene

pleitear vi DER to litigate, to conduct a lawsuit

pleitesía nf homage; **rendir ~ a alguien** to pay homage to sb

pleito nm -1. DER (litigio) lawsuit; (disputa) dispute; **ganar/perder un ~** to win/lose a case o lawsuit; **poner un ~ (a alguien)** to take legal action (against sb) -2. Am (discusión) argument -3. Méx (de boxeo) fight

plenamente adv completely, fully

plenario, -a ◇ adj plenary
◇ nm plenary (session)

plenilunio nm full moon

plenipotenciario, -a ◇ adj plenipotentiary
◇ nm,f plenipotentiary

plenitud nf -1. (apogeo) completeness, fullness; **en la ~ de** at the height of; **el actor está en su ~ artística** the actor is at the peak of his abilities, the actor is in his prime; **el corredor no se halla en ~ de facultades** the runner is not at his best -2. (abundancia) abundance

pleno, -a ◇ adj full, complete; **en ~ día** in broad daylight; **en ~ invierno** in the middle of winter; **en plena guerra** in the middle of the war; **la bomba cayó en ~ centro de la ciudad** the bomb landed right in the city centre; **le dio en plena cara** she hit him right in the face; **en plena forma** on top form; **en plena naturaleza** in the middle of the country(side); **en ~ uso de sus facultades** in full command of his faculties; **miembro de ~ derecho** full member ❑ **~ empleo** full employment; **plenos poderes** plenary powers
◇ nm -1. (reunión) plenary meeting; **la reunión en ~** the meeting as a whole, everyone at the meeting -2. Esp (en las quinielas) = 14 correct forecasts on soccer pools ❑ **~ al quince** = 15 correct forecasts on soccer pools entitling player to jackpot prize

pleonasmo nm LING pleonasm

pleonástico, -a adj LING pleonastic

pletina nf cassette deck

plétora nf (abundancia) plethora

pletórico, -a adj **~ de** full of; **está ~ de salud** he's bursting with health; **está ~ de felicidad** he's radiant with happiness

pleura nf pleural membrane

pleural adj pleural

pleuresía nf MED pleurisy

pleuritis nf inv MED pleurisy

plexiglás® nm inv Perspex®, US Plexiglas®

plexo nm ANAT plexus ❑ **~ braquial** brachial plexus; **~ sacro** sacral plexus; **~ solar** solar plexus

pléyade nf (conjunto) **una ~ de historiadores** an illustrious company of historians

plica nf (sobre sellado) sealed envelope

pliego ◇ ver **plegar**
◇ nm -1. (de papel, cartulina) sheet -2. (carta, documento) sealed document o letter ❑ **~ de cargos** list of charges o accusations; **~ de condiciones** specifications; **~ de descargos** list of rebuttals -3. IMPRENTA signature

pliegue ◇ ver **plegar**
◇ nm -1. (en papel, piel) fold -2. (en un plisado) pleat -3. GEOL fold

plin nm Esp Fam **¡a mí, ~!** I couldn't care less!

plinto nm -1. ARQUIT plinth -2. (en gimnasia) vaulting box

plioceno, -a GEOL ◇ adj Pliocene
◇ nm **el ~** the Pliocene

plisado nm pleating

plisar vt to pleat

PLN *nm* (*abrev de* **Partido Liberación Nacional**) = Costa Rican political party

plomada *nf* **-1.** CONSTR plumb line **-2.** NÁUT *(de medición)* plumb line

plomazo *nm Fam* **-1.** *(persona, libro, película)* bore **-2.** *Méx (balazo)* bullet wound

plomería *nf Méx, RP, Ven* **-1.** *(negocio)* plumber's (workshop) **-2.** *(instalación)* plumbing

plomero *nm Méx, RP, Ven* plumber

plomizo, -a *adj (color, cielo)* leaden

plomo *nm* **-1.** *(metal)* lead; **sin ~** *(gasolina)* unleaded; *Fig* **caer a ~** to fall *o* drop like a stone **-2.** *(pieza de metal)* lead weight **-3.** *(fusible)* fuse; **se han fundido los plomos** the fuses have gone *o* blown **-4.** *Fam (pelmazo) (persona, libro, película)* bore; **¡no seas ~!** don't be such a bore! **-5.** *(balas)* lead; **le llenaron el cuerpo de ~** they filled him full of lead; *Col* **dar ~ a alguien** to shoot sb

plóter (*pl* **ploters**), **plotter** (*pl* **plotters**) *nm* INFORMÁT plotter

PLRA *nf* (*abrev de* **Partido Liberal Radical Auténtico**) = Paraguayan political party

plug-in [pluˈγin] (*pl* **plug-ins**) *nm* INFORMÁT plug-in

pluma ◇ *nf* **-1.** *(de ave)* feather; *(adorno)* plume, feather; **tiene un sombrero con plumas** she has a feathered hat; **un edredón de plumas** a feather duvet; EXPR **ser ligero** *o Am* **liviano como una ~** to be as light as a feather
-2. *(de humo, vapor)* plume
-3. *(de grúa)* boom
-4. *(para escribir)* (fountain) pen; *(de ave)* quill (pen); *Carib, Méx (bolígrafo)* (ballpoint) pen; **dejar correr la ~, escribir a vuela ~** to jot down; *Fig* **vivir de la ~** to live by the pen ❏ *Méx* **~ atómica** ballpoint (pen); **~ estilográfica** fountain pen; *Méx, Ven* **~ fuente** fountain pen
-5. *(estilo de escribir)* style
-6. *(escritor)* writer
-7. *Carib, Col, Méx (grifo) Br* tap, *US* faucet
-8. EXPR *Fam* **tener mucha ~** to be camp
◇ *adj inv* DEP featherweight; **peso ~** featherweight

plumada *nf Am* = plumazo

plumaje *nm* **-1.** *(de ave)* plumage **-2.** *(adorno)* plume

plumazo *nm* stroke of the pen; EXPR **de un ~** *(al tachar)* with a stroke of one's pen; **el nuevo presidente suprimió de un ~ las barreras arancelarias** the new president abolished the tariff barriers with a stroke of his pen; **la empresa eliminó a sus rivales de un ~** the company got rid of its rivals at a stroke; **la decisión resuelve de un ~ varios problemas** the decision solves several problems at a stroke *o* at once

plúmbeo, -a *adj* **-1.** *(de plomo)* lead **-2.** *(pesado)* tedious, heavy

plum-cake [plunˈkeik] (*pl* **plum-cakes**) *nm Esp* fruit cake

plumear *vt* ARTE to hatch

plumero *nm* feather duster; EXPR *Fam* **se le ve el ~** you can see through him

plumier (*pl* **plumiers**) *nm* pencil box

plumífero *nm (anorak)* feather-lined anorak

plumilla *nf* **-1.** *(pluma)* nib **-2.** *Fam (periodista)* journo

plumín *nm* nib

plumón *nm* **-1.** *(de ave)* down **-2.** *Méx (rotulador)* felt-tip pen

plural ◇ *adj* **-1.** *(múltiple)* pluralist **-2.** GRAM plural
◇ *nm* GRAM plural; **primera persona del ~** first person plural ❏ **el ~ mayestático** the royal we; **~ de modestia** = use of the pronoun 'we' instead of 'I' as a gesture of modesty

pluralidad *nf* diversity

pluralismo *nm* pluralism

pluralista *adj* pluralist

pluralizar [14] ◇ *vi (generalizar)* **no pluralices, yo no tuve nada que ver** don't say "we", I had nothing to do with it; **no pluralices, yo no he dicho que quiera ir** speak for yourself, I didn't say I wanted to go
◇ *vt* LING to pluralize

pluricelular *adj* multicellular

pluriempleado, -a ◇ *adj* **estar ~** to have more than one job
◇ *nm,f* = person with more than one job

pluriemplearse *vpr* to have more than one job

pluriempleo *nm* **el ~ es común en la región** having more than one job is common in the region

plurilingüe *adj* multilingual

pluripartidismo *nm* multiparty system

pluripartidista *adj* multiparty; **un acuerdo ~** a multiparty agreement

plurivalente *adj* polyvalent

plus (*pl* **pluses**) *nm* bonus ❏ **~ familiar** family allowance; **~ de peligrosidad** danger money, *US* danger pay; **~ de productividad** productivity bonus

pluscuamperfecto, -a ◇ *adj* pluperfect
◇ *nm* pluperfect

plusmarca *nf* record ❏ **~ mundial** world record; **~ personal** personal best

plusmarquista *nmf* record-holder ❏ **~ mundial** world record-holder

plusvalía *nf* **-1.** ECON appreciation, added value **-2.** *(concepto marxista)* surplus value

Plutarco *n pr* Plutarch

Pluto *n* MITOL Plutus

pluto, -a *adj Ecuad Fam (borracho)* plastered, *Br* pissed; **estar ~** to be plastered *o Br* pissed

plutocracia *nf* plutocracy

plutócrata *nmf* plutocrat

plutocrático, -a *adj* plutocratic

Plutón *n* Pluto

plutonio *nm* QUÍM plutonium

pluvial *adj* rain; **régimen ~** annual rainfall pattern

pluviometría *nf* measurement of rainfall, *Espec* pluviometry

pluviómetro *nm* rain gauge, *Espec* pluviometer

pluviosidad *nf* rainfall

pluvioso, -a *adj Formal* rainy

pluvisilva *nf* rainforest

PM *nf* (*abrev de* **policía militar**) MP

p.m. (*abrev de* **post meridiem**) p.m

PN *nm* (*abrev de* **Partido Nacional**) = Honduran political party

PNB *nm* (*abrev de* **producto nacional bruto**) GNP

PNN *nmf Esp* (*abrev de* **profesor no numerario**) = untenured teacher or lecturer

PNUD *nm* (*abrev de* **Programa de las Naciones Unidas para el Desarrollo**) UNDP

PNUMA *nm* (*abrev de* **Programa de las Naciones Unidas para el Medio Ambiente**) UNEP

PNV *nm* (*abrev de* **Partido Nacionalista Vasco**) = Basque nationalist party to the right of the political spectrum

Pº (*abrev de* **paseo**) ≃ Ave

p.o., p/o (*abrev de* **por orden**) pp

poblacho *nm Pey* godforsaken town

población *nf* **-1.** *(ciudad)* town, city; *(pueblo)* village **-2.** *(personas, animales)* population ❏ **~ activa** working population; **~ de derecho** permanent population; **~ flotante** floating population; **~ de riesgo** group at risk **-3.** *(acción de poblar)* settlement **-4.** *Chile (barrio)* **~ (callampa)** shanty town

poblacional *adj* population; **aumento ~** population growth

poblada *nf Andes, Ven* **-1.** *(tumulto)* riot **-2.** *(gentío)* crowd **-3.** *(sedición)* rebellion, revolt

poblado, -a ◇ *adj* **-1.** *(habitado)* inhabited; **una zona muy poblada** a densely populated area **-2.** *(lleno)* full; *(barba, cejas)* bushy
◇ *nm (pueblo)* settlement ❏ *Esp* **~ de chabolas** shanty town

poblador, -ora *nm,f* **-1.** *(habitante)* inhabitant **-2.** *(colono)* settler **-3.** *Chile (chabolista)* shanty town dweller

poblamiento *nm* settlement

poblano, -a ◇ *adj* **-1.** *(de Puebla)* of/from Puebla *(Mexico)* **-2.** *Am (de un pueblo)* village; **médico ~** village doctor
◇ *nm,f* **-1.** *(de Puebla)* person from Puebla *(Mexico)* **-2.** *Am (lugareño)* villager

poblar [63] ◇ *vt* **-1.** *(establecerse en)* to settle, to colonize **-2.** *(habitar)* to inhabit; **pueblan esa laguna muchas especies** the lagoon is home to a great variety of species **-3.** *(llenar)* **~ (de)** *(plantas, árboles)* to plant (with); *(peces)* to stock (with)
➤ **poblarse** *vpr* to fill up **(de** with); **la zona se pobló de aves tropicales** the area was colonized by tropical birds; **las gradas se poblaron de banderas del equipo** banners supporting the team started to fill the stands

pobre ◇ *adj* **-1.** *(necesitado)* poor; **un país ~** a poor country; EXPR *Fam* **más ~ que las ratas** as poor as a church mouse
-2. *(desdichado)* poor; **el ~ bebé estaba llamando a su mamá** the poor little baby was calling for its mother; **¡~ hombre!** poor man!; **¡~ de mí!** poor me!; **de aquél que se atreva a comerse mi ración** woe betide anyone who dares to eat my portion; **~ de ti como te dejes engañar por sus encantos** God help you if you fall for her charms
-3. *(mediocre, defectuoso)* poor; **utilizó un razonamiento muy ~** the arguments she gave were very weak *o* poor
-4. *(escaso)* poor; **utiliza un léxico muy ~** she has a very poor vocabulary; **una dieta ~ en proteínas** a diet lacking in protein; **esta región es ~ en recursos naturales** this region lacks natural resources
-5. *(poco fértil)* poor
◇ *nmf* **-1.** *(sin dinero, infeliz)* poor person; **los pobres** the poor, poor people; **¡el ~!** poor thing!; **la ~ está siempre luchando por dar de comer a sus hijos** the poor woman is forever struggling to keep her children fed; **el ~ no consigue aprobar el examen** the poor thing just can't seem to pass the exam **-2.** *(mendigo)* beggar

pobrecía *nf Col* **-1.** *(clase baja)* **la ~** the poor **-2.** *(pobreza)* poverty

pobrerío *nm CSur Fam* **el ~** the poor

pobreza *nf* **-1.** *(de bienes)* poverty; **vivir en la ~** to live in poverty; **~ de espíritu** spiritual poverty **-2.** *(escasez)* poverty; **~ de ideas** poverty of ideas **-3.** *(de terreno)* barrenness

pocero *nm* well digger

pocha *nf (judía)* haricot bean

pochada *nf RP Fam* **decir una ~** to say something tacky; **hacer una ~** to do something tacky

pocho, -a ◇ *adj* **-1.** *(persona)* off-colour **-2.** *(fruta)* over-ripe **-3.** *Méx Fam (americanizado)* Americanized **-4.** *RP Fam (ordinario)* tacky
◇ *nm Méx Fam* = mixture of Spanish and English

pochoclo *nm Arg* popcorn

pochola *nf Col Fam* beer

pocholada *nf Esp Fam* **una ~ de niño/vestido** a cute little child/dress

pocholo, -a *adj Esp Fam* cute

pocilga *nf* **-1.** *(porqueriza)* pigsty **-2.** *Fam (lugar sucio)* pigsty

pocillo *nm* **-1.** *RP (pequeño)* small cup **-2.** *Méx, Ven (grande)* enamel mug

pócima *nf* **-1.** *(poción)* potion **-2.** *Fam (bebida de mal sabor)* concoction

poción *nf* potion

poco, -a ◇ *adj (singular)* little, not much; *(plural)* few, not many; **de poca importancia** of little importance; **poca agua** not much water; **pocas personas lo saben** few *o* not many people know it; **hay pocos árboles** there aren't many trees; **tenemos ~ tiempo** we don't have much time; **hace ~ tiempo** not long ago; **dame unos pocos días** give me a few days; **esto ocurre pocas veces** this rarely happens, this doesn't happen often; **tengo pocas ganas de ir** I don't really *o* much feel like going; **poca sal me parece que le estás echando** I don't think you're putting enough salt in, I think you're putting too little salt in; **con lo ~ que le**

poda

gusta la ópera, y la han invitado a La Traviata it's ironic, considering how she dislikes opera, that they should have invited her to see La Traviata
◇ *pron* **-1.** *(escasa cantidad) (singular)* little, not much; *(plural)* few, not many; **hay que decir** there isn't much to say, there's very little to say; **queda ~** there's not much left; **tengo muy pocos** I don't have very many, I have very few; **pocos hay que sepan tanto** not many people know so much; **éramos pocos** there weren't very many of us, there were only a few of us; **lo ~ que tengo se lo debo a él** I owe what little I have to him; **otro ~** a little (bit) more; **un ~** a bit; **¿me das un ~?** can I have a bit?; **lo hice un ~ por ayudarles** in a way, I did it to help them; **me pasa un ~ lo que a ti** pretty much the same thing happens to me as to you; **un ~ de** a bit of; **un ~ de sentido común** a bit of common sense; **compra un ~ de pescado** buy some fish; **unos pocos** a few; **sólo unos pocos de ellos estaban de acuerdo** only a few of them agreed; **a ~ que estudies, aprobarás** you'll only need to study a little bit in order to pass; **es una madre como hay pocas** there aren't many mothers like her around; **necesitamos, como ~, veinte** we need at least twenty, we need twenty, minimum; **tener en ~ a alguien** not to think much of sb
-2. *(breve tiempo)* **espera un ~** wait a minute; **me quedaré un ~ más** I'll stay a bit longer; **a** *o* **al ~ de...** shortly after...; **dentro de ~** soon, in a short time; **hace ~** a little while ago, not long ago
◇ *adv* **-1.** *(escasamente)* not much; **este niño come ~** this boy doesn't eat much; **es ~ común** it's not very common; **es ~ profesional** it's not very professional, it's unprofessional; **resulta ~ práctico** it's not very practical, it's rather impractical; **es un ~ triste** it's rather sad; **va un ~ lento todavía** it's still going rather slowly; EXPR *Fam* **¡no ~!: dice que no le gustan los caramelos – ¡no ~!** she says she doesn't like *Br* sweets *o US* candy – not much she doesn't!; **dice que no se lo habías contado – ¡no ~!** he says you never told him – the hell I didn't!
-2. *(brevemente)* **tardaré muy ~** I won't be long; **queda ~ para el verano** it's not long till summer now; **~ antes/después** shortly before/after; **~ después oí un tiro** shortly *o* soon after, I heard a shot; **eran ~ más de las dos** it was just gone two o'clock
-3. *(infrecuentemente)* not often; **voy ~ por allí** I don't go there very often; **voy muy ~ por allí** I seldom go there
-4. *(en frases)* **a ~ a ~,** *RP* **de a ~** *(progresivamente)* little by little, bit by bit; **¡~ a ~!** *(despacio)* steady on!, slow down!; **~ más o menos** more or less; **es ~ menos que imposible** it's next to *o* virtually impossible; **menos que me dijo que me largara** he only came and told me to get lost; *Méx* **¿a ~ no?** *(¿no es verdad?)* isn't that right?; **es un robo la nueva alza a la gasolina, ¿a ~ no?** putting the price of petrol up again like this is daylight robbery, don't you think?; *Méx* **¿a ~ no vas a venir?** *(expresa incredulidad)* don't tell me you're not coming!; **por ~** almost, nearly; **por ~ no me caigo** I nearly fell
poda *nf* **-1.** *(acción)* pruning **-2.** *(tiempo)* pruning time
podadera, *Am* **podadora** *nf* garden shears
podar *vt* to prune
podenco *nm* hound
poder[1] *nm* **-1.** *(mando, autoridad)* power; **la gente con más ~ en la organización** the most powerful people in the organization; **estar en el ~** to be in power; **hacerse con** *o* **tomar el ~** to seize power; **perder el ~** to lose power; **el ~ corrompe** power corrupts; EXPR **de ~ a ~: un enfrentamiento de ~ a ~** a heavyweight contest; **el partido se disputó de ~ a ~** it was a close contest between two excellent sides; **la separación de poderes** the separation of powers ❑ **~ absoluto**

absolute power; **el ~ ejecutivo** *(el gobierno)* the executive; **los poderes fácticos** the centres of power in society; **el ~ judicial** *(los jueces)* the judiciary; **el ~ legislativo** *(las cortes)* the legislature; **poderes públicos** (public) authorities
-2. *(posesión, control)* **estar en ~ de alguien** to be in sb's hands; **obra en su ~ un documento comprometedor** she has in her possession a compromising document; **tienen en su ~ a varios rehenes** they have taken a number of hostages; **el pueblo cayó en ~ del enemigo** the town fell to the enemy; **la casa pasó a ~ del banco** ownership of the house was transferred to the bank
-3. *(capacidad)* power; **un producto con gran ~ de limpieza** a very powerful cleaning product; **tener poderes (paranormales)** to be psychic, to have psychic powers ❑ **~ adquisitivo** *(de salario)* purchasing power; *(de persona)* disposable income; **~ calorífico** calorific value; **~ de convicción** persuasive powers; **~ de convocatoria: tener ~ de convocatoria** to be a crowd-puller; MIL **~ de disuasión** deterrent force; MIL **~ disuasorio** deterrent force
-4. *(autorización)* power, authorization; *(documento)* power of attorney; **dar poderes a alguien para que haga algo** to authorize sb to do sth; **tener plenos poderes para hacer algo** to be fully authorized to do sth; **por poderes** by proxy; **casarse por** *Esp* **poderes** *o Am* **~** to marry by proxy ❑ **~ notarial** power of attorney *(witnessed by a notary)*

poder[2] [49] ◇ *vi* **-1.** *(tener facultad, capacidad)* can, to be able to; **no puedo decírtelo** I can't tell you, I'm unable to tell you; **ahora mismo no podemos atenderle, llame más tarde** we can't *o* we are unable to take your call right now, please call later; **¿puede correrse un poco, por favor?** could you move up a bit, please?; **al final pudo salir de allí** in the end she managed to get out of there; **¡así no se puede hacer nada!** we'll never get anywhere like this!; **de ~ ir, sería a partir de las siete** if I manage to *o* can make it, it will be after seven; **en cuanto pueda** as soon as possible; **si puedo, te llamaré** I'll call you if I get the chance
-2. *(tener permiso)* can, may; **no puedo salir por la noche** I'm not allowed to *o* I can't go out at night; **¿podríamos ir con vosotros?** could we go with you?; **¿podría hablar un momento con usted?** could I have a word with you?; **¿se pueden hacer fotos?** can we *o* are we allowed to take photos?; **¿puedo fumar aquí?** may *o* can I smoke here?; **no se puede fumar** you're not allowed to smoke; **¿se puede?** may I come in?; **¿se puede saber dónde te habías metido?** might I know *o* would you mind telling me where you were?
-3. *(ser capaz moralmente)* can; **no podemos portarnos así con él** we can't treat him like that; **¿cómo puedes decir una cosa así?** how can you say such a thing?
-4. *(tener posibilidad, ser posible)* may, can; **puede volver de un momento a otro** she could come back any moment; **puedo haberlo perdido** I may have lost it; **podías haber cogido el tren** you could have caught the train; **puede estallar la guerra** war could *o* may break out; **¿dónde puede** *o* **podrá estar?** where can it have got to?; **¡hubiera podido invitarnos!, ¡podría habernos invitado!** *(expresa enfado)* she could *o* might have invited us!; **ya podemos despedirnos de un aumento de sueldo** we can forget our pay rise now
-5. *(tener fuerza)* **~ con** *(enfermedad, rival)* to be able to overcome; *(tarea, problema)* to be able to cope with; **¿puedes con todas las bolsas?** can you manage all those bags?; **no puedo con este baúl, ¿me ayudas a levantarlo?** I can't lift this trunk on my own, can you give me a hand?; **no ~ con algo/alguien** *(no soportar)* not to be able to

poema

stand sth/sb; **no puedo con la hipocresía** I can't stand hypocrisy; **¡contigo no hay quien pueda!** you're impossible!
-6. *Méx (doler)* to hurt
-7. *(en frases)* **a** *o* **hasta más no ~** as much as can be; **es avaro a más no ~** he's as miserly as can be; **llovía a más no ~** it was absolutely pouring down; **la pierna me dolía a más no ~** you can't imagine how much my leg was hurting; **no ~ más** *(estar cansado)* to be too tired to carry on; *(estar harto de comer)* to be full (up); *(estar enfadado, harto)* to have had enough; **no puedo con mi alma** I'm ready to drop; **no pude por menos que reírme** I had to laugh, I couldn't help but laugh; *Fam* **¡ya podrás, con una máquina como esa!** anyone could do it with a machine like that!
◇ *v impersonal (ser posible)* may; **puede que llueva** it may *o* might rain; **puede que se haya equivocado** she may be wrong; **¿vendrás mañana? – puede** will you come tomorrow? – I may do; **puede que sí** *o* **puede que no** maybe, maybe not; **puede ser** perhaps, maybe; **si puede ser, a ~ ser** if (at all) possible; **lo siento, pero no va a ~ ser** I'm sorry, but it's not going to be possible; **puede ser que no lo sepa** she may not know; **¡no puede ser que sea ya tan tarde!** surely it can't be that late already!
◇ *vt* **-1.** *(ser más fuerte que)* to be stronger than; **tú eres más alto, pero yo te puedo** you may be taller than me, but I could still beat you up; **mi coche le puede al tuyo** my car is faster than yours any day
-2. *Méx (doler)* **me puede mucho que me desprecies** it hurts me a lot that you look down on me; **le pudo su derrota, todavía no se repone** losing really got to her, she still hasn't got over it
poderhabiente *nmf* **-1.** *(representante)* agent **-2.** DER attorney, proxy
poderío *nm* **-1.** *(poder, fuerza)* power **-2.** *(riqueza)* riches
poderoso, -a ◇ *adj* **-1.** *(con poder, riquezas)* powerful; EXPR **~ caballero es don dinero** money talks *o* makes the world go round **-2.** *(eficaz) (remedio, cura)* powerful **-3.** *(razón, motivo)* powerful, compelling
◇ *nm,f* powerful person; **los poderosos** the powerful
podiatra *nmf Am* chiropodist, *US* podiatrist
podio, pódium *nm* **-1.** *(en deporte)* podium; **subir al ~** to finish in a medal-winning position **-2.** *(en música)* podium **-3.** ARQUIT podium
podología *nf* chiropody, *US* podology
podólogo, -a *nm,f* chiropodist, *US* podiatrist
podómetro *nm* pedometer
podré etc ver **poder**
podredumbre *nf* **-1.** *(putrefacción)* putrefaction **-2.** *(inmoralidad)* corruption
podría etc ver **poder**
podrida *nf RP Fam* rumpus; **cuando se enteraron se armó una ~** when they found out, all hell broke loose; **supe que ayer hubo ~ en tu casa** I heard there was a bit of a rumpus round at your place yesterday
podrido, -a ◇ *participio ver* **pudrir**
◇ *adj* **-1.** *(descompuesto)* rotten; EXPR *Fam* **estar ~ de dinero** *o Am* **en plata** to be filthy rich
-2. *(corrupto)* rotten
-3. *RP Fam (harto)* fed up, sick; **estar ~ de algo/alguien** to be fed up with sth/sb, to be sick of sth/sb; **me tienen ~ con sus pedidos** I'm sick of their requests
-4. *RP Fam (aburrido)* fed up; **están podridos porque no tienen nada que hacer** they're fed up because they've got nothing to do
podrir = **pudrir**
poema *nm* poem; EXPR *Fam* **ser (todo) un ~: era todo un ~ verlo llorar** it was heartbreaking to see him cry; **su cara era todo un ~** her face was a picture; *Am* **esa novela es un ~** that novel's a joke ❑ MÚS **~ sinfónico** symphonic *o* tone poem

poesía nf -1. (género literario) poetry -2. (poema) poem
poeta nmf poet
poética nf poetics (singular)
poético, -a adj poetic
poetisa nf (female) poet, poetess
poetizar [14] ◇ vt to poeticize, to make poetic
◇ vi to write poetry
pogromo nm pogrom
póinter, pointer nm (perro) pointer
póker = póquer
pola nf Col Fam beer
polaco, -a ◇ adj -1. (de Polonia) Polish -2. Esp Fam Pey (catalán) = pejorative term for a Catalan
◇ nm,f -1. (de Polonia) Pole -2. Esp Fam Pey (catalán) = pejorative term for a Catalan
◇ nm (lengua) Polish
polaina nf -1. (de cuero, sintética) gaiter -2. RP (de lana) legwarmer
polar adj polar
polaridad nf polarity
polarización nf -1. (de interés, atención) concentration -2. FÍS & FOT polarization
polarizador, -ora ◇ adj polarizing; **filtro ~** polarizing filter
◇ nm FÍS & FOT polarizer
polarizar [14] ◇ vt -1. (miradas, interés, atención) to concentrate -2. FÍS & FOT to polarize
◆ **polarizarse** vpr (vida política, opinión pública) to become polarized
polaroid® nf inv Polaroid®
polca nf polka
pólder nm polder
polea nf pulley
poleadas nfpl porridge
polémica nf controversy
polémico, -a adj controversial
polemista nmf polemicist
polemizar [14] vi to argue, to debate; **~ con alguien sobre algo** to debate sth with sb
polen nm pollen
polenta nf -1. (comida) polenta; EXPR RP Fam **¿comiste mucha ~ cuando eras chico?** you're a strapping fellow, they must have fed you well when you were little -2. RP Fam (energía) drive, energy; **esa banda tiene mucha ~** they're an energetic band
polentear vt RP Fam to feed; **esos niños están muy bien polenteados** those kids are very well fed
polentón, -ona adj RP Fam **una película polentona** a meaty movie; **creo que lo va a lograr, es muy ~** I think he'll do it, he's a real go-getter
poleo nm -1. (planta) pennyroyal -2. (infusión) pennyroyal tea
pole-position ['polpo'siʃon] (pl **pole-positions**) nf DEP pole position
polera nf -1. Arg,Chile (polo) polo shirt -2. Urug (de cuello alto) turtleneck o Br polo neck sweater
poli Fam ◇ nmf cop ❑ **polis y cacos** (juego infantil) cops and robbers
◇ nf **la ~** the cops
poli- pref poly-
poliamida nf polyamide
poliandria nf polyandry
policarbonato nm polycarbonate
polichar vt Col to wax
polichinela nm -1. **Polichinela** (personaje) Punchinello -2. (títere) puppet, marionette
policía ◇ nmf police officer, policeman, f policewoman; **un ~ de paisano** a plainclothes policeman ❑ Ven Fam **~ acostado** speed bump, Br sleeping policeman; **~ municipal** local policeman, f local policewoman; **~ nacional** officer of the national police force; **~ de tráfico** traffic policeman, f traffic policewoman
◇ nf **la ~** the police; **viene la ~** the police are coming ❑ **~ antidisturbios** riot police; Esp **~ autónoma** = police force of one of Spain's autonomous regions; **~ de barrio** community police; RP **~ caminera** traffic police; **~ judicial** = division of police which carries out the orders of a court; Méx **~ judicial federal** = police force that acts under the orders of federal judges; **~ militar** military police; **~ montada** mounted police; **~ municipal** local police; **~ nacional** national police force; Esp **~ de proximidad** community police; **~ secreta** secret police; **~ de tráfico** traffic police; Am **~ de tránsito** traffic police; **~ urbana** local police; Arg, Col, Méx **~ vial** traffic police
policiaco, -a, policíaco, -a adj **película/novela policiaca** detective movie/novel
policial adj police; **investigación ~** police investigation o enquiry; **la intervención ~ puso fin al secuestro** the police intervened to bring the hostage situation to an end; **una novela ~** a detective story
policlínica nf, **policlínico** nm general hospital, polyclinic
policromado, -a adj polychrome
policromía nf polychromy
policromo, -a, polícromo, -a adj polychromatic
polideportivo, -a ◇ adj multi-sport; (gimnasio) multi-use
◇ nm sports centre
poliedro nm polyhedron
poliéster nm inv polyester
poliestireno nm polystyrene ❑ **~ expandido** expanded polystyrene
polietileno nm Br polythene, US polyethylene
polifacético, -a adj (persona) multifaceted; (actor) versatile
polifásico, -a adj ELEC polyphase, multiphase
poliflor® nf Perú floorwax
polifonía nf polyphony
polifónico, -a adj polyphonic
poligamia nf polygamy
polígamo, -a ◇ adj polygamous
◇ nm,f polygamist
poliglosia nf LING polyglottism
políglota, -a, polígloto, -a ◇ adj polyglot
◇ nm,f polyglot
poligonal adj polygonal
polígono nm -1. (figura) polygon ❑ **~ regular** regular polygon -2. (terreno) **~ industrial** Br industrial estate, US industrial area; **~ residencial** housing development, Br housing estate; **~ de tiro** firing range
poliinsaturado, -a adj polyunsaturated
polilla nf moth
polimerización nf QUÍM polymerization
polímero nm QUÍM polymer
poli-mili nmf Fam = member of the political-military wing of ETA
polimorfismo nm polymorphism
polimorfo, -a adj polymorphous
Polinesia n Polynesia
polinesio, -a ◇ adj Polynesian
◇ nm,f (persona) Polynesian
◇ nm (lengua) Polynesian
polinización nf pollination ❑ **~ cruzada** cross-pollination
polinizar [14] vt to pollinate
polinomio nm polynomial
polio nf inv polio
poliomielítico, -a ◇ adj with polio
◇ nm,f polio victim
poliomielitis nf inv poliomyelitis
polípero, polipero nm polypary
polipiel nf artificial skin
pólipo nm -1. (tumor) polyp -2. (animal) polyp
polis nf inv HIST polis
polisacárido nm QUÍM polysaccharide
Polisario [poli'sarjo] nm (abrev de **Frente Popular para la Liberación de Sakiet el Hamra y Río de Oro**) **el (Frente) ~** Polisario, = Western Sahara liberation front
polisemia nf polysemy
polisémico, -a adj polysemous, polysemic
polisílabo, -a ◇ adj polysyllabic
◇ nm polysyllable
polisíndenton nm LING polysyndeton
polisón nm bustle
polista nmf polo player
polistel® nm Perú = brand of synthetic fabric
Politburó nm HIST Politburo

politécnico, -a adj polytechnic; **universidad politécnica** technical university
politeísmo nm polytheism
politeísta ◇ adj polytheistic
◇ nmf polytheist
política nf -1. (arte de gobernar) politics (singular); **lleva treinta años dedicado a la ~** he has been in politics for the last thirty years; **hablar de ~** to discuss politics, to talk (about) politics
-2. (modo de gobernar, táctica) policy ❑ UE **Política Agrícola Común** Common Agricultural Policy; **la ~ del avestruz** burying one's head in the sand; **sigue con su ~ del avestruz** he still prefers to bury his head in the sand; **~ de empresa** company policy; **~ exterior** foreign policy; **~ fiscal** fiscal policy; **~ monetaria** monetary policy; UE **Política Pesquera Común** Common Fisheries Policy; **~ de tierra quemada** scorched earth policy
políticamente adv politically; **~ correcto** politically correct
politicastro nm Pey bad politician
político, -a ◇ adj -1. (de gobierno) political -2. (prudente) tactful -3. (pariente) **hermano ~** brother-in-law; **familia política** in-laws -4. (geografía, mapa) political
◇ nm,f politician
politiquear vi Pey to politick
politiqueo nm Pey politicking
politiquero, -a nm,f Pey politicker
politización nf politicization
politizar [14] ◇ vt to politicize
◆ **politizarse** vpr to become politicized
politología nf political science
politólogo, -a nm,f political scientist
poliuretano nm polyurethane
polivalencia nf polyvalency
polivalente adj (vacuna, suero) polyvalent
polivinilo nm polyvinyl resin
póliza nf -1. (de seguro) (insurance) policy; **~ de incendios/de vida** fire/life-insurance policy; **suscribir una ~** to take out a policy -2. (sello) = stamp on a document showing that a certain tax has been paid
polizón nm stowaway
polizonte nm Fam cop
polla nf -1. Esp Vulg (pene) cock, prick; **comer la ~ a alguien** to suck sb's cock; **¡una ~!** (no) no fucking way!, Br not bloody likely!; **¡qué sopa ni qué pollas!** to hell with soup!; EXPR **ser la ~** to be the absolute end; **porque me sale de la ~** because I Br bloody o US goddamn well want to; EXPR **¡me suda la ~!** I couldn't give a fuck o Br toss!; EXPR **pollas en vinagre: ¡ni excusas ni pollas en vinagre!** no excuses or that kind of shit!
-2. **~ de agua** (ave) moorhen
-3. Arg (carrera) horse race
-4. Chile (lotería) state lottery
-5. ver también **pollo**
pollada nf brood
pollera nf -1. CSur (occidental) skirt ❑ **~ acampanada** full skirt; **~ escocesa** kilt; **~ fruncida** gathered skirt; **~ pantalón** culottes, divided skirt; **~ plisada** pleated skirt (with accordion pleats); **~ portafolio** wrapover skirt; **~ recta** straight skirt; **~ tableada** pleated skirt (with knife pleats); **~ tubo** pencil skirt; **~ de volados** ruffled skirt
-2. Andes (indígena) = long skirt worn in layers by Indian women
-3. ver también **pollero**
pollería nf poultry shop
pollero, -a nm,f -1. (comerciante) poulterer -2. Méx Fam (en la frontera) = person who smuggles illegal immigrants from Mexico to the US
pollerudo, -a RP Fam ◇ adj wimpish
◇ nm,f wimp
pollino, -a nm,f -1. (asno) donkey -2. Fam (persona) clod
pollito nm chick
pollo, -a ◇ nm,f -1. Anticuado o Hum (joven) young shaver -2. Méx Fam (inmigrante ilegal) = illegal immigrant who is smuggled from Mexico into the US by a "pollero"

polluela / **poner**

◇ *nm* **-1.** *(animal)* chick ❑ **~ tomatero** spring chicken **-2.** *(guiso)* chicken ❑ **~ al ajillo** chicken fried with garlic; **~ asado** roast chicken; **~ frito** fried chicken; *Méx* **~ rostizado** roast chicken; *RP* **~ al spiedo** spit-roasted chicken **-3.** *Fam (escupitajo)* gob

polluela *nf* **~ chica** Baillon's crake

polluelo *nm* chick

polo *nm* **-1.** *(de la Tierra)* pole ❑ **~ celeste** celestial pole; **~ geográfico** terrestrial pole; **~ magnético** magnetic pole; **~ Norte** North Pole; **~ Sur** South Pole; **~ terrestre** terrestrial pole
-2. ELEC terminal; **~ negativo/positivo** negative/positive terminal; EXPR **ser polos opuestos** to be poles apart; EXPR **ser el ~ opuesto de** to be the complete opposite of
-3. *(helado) Br* ice lolly, *US* Popsicle®
-4. *(camiseta)* polo shirt
-5. *(centro)* **~ de atracción** *o* **atención** centre of attraction
-6. *(deporte)* polo ❑ *Am* **~ acuático** water polo

pololear *vi Chile Fam* to go out (together)

pololeo *nm Chile Fam* **-1.** *(trabajo)* small job **-2.** *(noviazgo)* **su ~ con ella dura ya tres meses** he's been going out with her for three months

pololito *nm Chile Fam* small job

pololo, -a *nm,f Chile Fam* boyfriend, *f* girlfriend

polonesa *nf* MÚS polonaise

Polonia *n* Poland

polonio *nm* QUÍM polonium

poltrón, -ona *adj Fam* lazy; **no seas ~** don't be such a lazy slob

poltrona *nf* easy chair

poltronear *vi Fam* to idle, to loaf around

polución *nf* **-1.** *(contaminación)* pollution ❑ **~ ambiental** air pollution; **~ atmosférica** air pollution, atmospheric pollution **-2.** *(eyaculación)* **~ nocturna** wet dream

polucionar *vt* to pollute

polulo *nm Chile* popcorn

poluto, -a *adj* soiled, polluted

polvareda *nf* dust cloud; EXPR **levantar una gran ~** to cause a commotion

polvera *nf* powder compact

polvo *nm* **-1.** *(en el aire)* dust; **limpiar** *o* **quitar el ~** to do the dusting; **quitar el ~ al televisor** to dust the TV ❑ **~ cósmico** cosmic dust
-2. *(de un producto)* powder; **leche en ~** powdered milk; **canela en ~** ground cinnamon ❑ *Fam* **~ de ángel** angel dust; *Am* **~ de hornear** baking powder; **polvos picapica** itching powder; *RP* **~ Royal**® baking powder; **polvos de talco** talcum powder
-3. **polvos** *(maquillaje)* powder; **ponerse polvos** to powder one's face
-4. *muy Fam (coito)* screw, *Br* bonk; **echar un ~** to have a screw, *Br* to have it off; **¡qué ~ tiene!** what a babe!
-5. EXPR *Fam* **estar hecho(a) ~** *(muy cansado)* to be dead beat *o Br* knackered; *(muy deprimido)* to be shattered *o Br* gutted; *Fam* **hacer ~ algo** to smash sth; **estos zapatos me están haciendo ~ los pies** these shoes are killing my feet; **el cambio de fecha me hace ~** the change of date is a bummer for me; *Fam* **morder el ~** to be humiliated; *Fam* **hacer morder el ~ a alguien** to make sb eat dirt; *Fam* **quedarse hecho(a) ~** *(agotado)* to be dead beat *o Br* knackered; *(deprimido)* to be shattered *o Br* gutted

pólvora *nf* **-1.** *(sustancia explosiva)* gunpowder; EXPR **correr como la ~** to spread like wildfire; EXPR **inventar la ~: no me parece que has inventado la ~** that's not exactly news; EXPR *Fam* **no ha inventado la ~** *(es tonto)* he's no genius **-2.** *(fuegos artificiales)* fireworks

polvoriento, -a *adj (superficie)* dusty; *(sustancia)* powdery

polvorilla *nmf Fam* **es un ~** *(inquieto)* he can't sit still for five minutes; *(de genio vivo)* he's a live wire

polvorín *nm* **-1.** *(almacén)* munitions dump **-2.** *Fam (lugar, situación)* powder keg

polvorita *adj RP Fam* **ser muy ~** to have a short fuse

polvorón *nm* = very crumbly shortbread biscuit

polvoroso, -a, *Am* **polvoso, -a** *adj* dusty

polyfom® *nm Urug* foam rubber

pomada *nf* ointment; EXPR *Méx, RP* **si seguís toqueteando esa planta la vas a hacer ~** that plant's going to fall to bits if you keep touching it; **esos argumentos te los hacen ~ en cinco minutos** they'll pull those arguments to pieces in next to no time; **hizo ~ el auto** he wrote the car off; **se hizo ~ con el accidente** he hurt himself really badly in the accident ❑ *RP* **~ para zapatos** shoe polish

pomelo *nm* **-1.** *(fruto)* grapefruit **-2.** *(árbol)* grapefruit tree

pómez *adj* **piedra ~** pumice stone

pomo *nm* **-1.** *(de puerta, mueble)* handle, knob **-2.** *(de espada)* pommel **-3.** *Am (de pasta)* tube **-4.** *RP (de agua)* spray bottle **-5.** *Méx (pote)* jar **-6.** *Méx Fam (botella)* bottle **-7.** *RP Fam* EXPR **no veo un ~** I can't see a thing; **no sabe un ~** she hasn't got a clue

pompa *nf* **-1.** *(suntuosidad)* pomp **-2.** *(ostentación)* show, ostentation **-3.** **~ (de jabón)** (soap) bubble **-4.** **pompas fúnebres** *(servicio)* undertaker's; *(ceremonia)* funeral

pompas *nfpl Méx Fam* behind, bottom

Pompeya *n* Pompeii

pompeyano, -a ◇ *adj* Pompeiian
◇ *nm,f* Pompeiian

pompis *nm inv Fam* behind, bottom

pompón *nm* pompom

pomposamente *adv* **-1.** *(con suntuosidad)* splendidly, with great pomp **-2.** *(con ostentación)* showily **-3.** *(hablar)* pompously

pomposidad *nf* **-1.** *(suntuosidad)* splendour, pomp **-2.** *(ostentación)* showiness **-3.** *(en el lenguaje)* pomposity

pomposo, -a *adj* **-1.** *(suntuoso)* sumptuous, magnificent **-2.** *(ostentoso)* showy **-3.** *(lenguaje)* pompous

pómulo *nm* **-1.** *(hueso)* cheekbone **-2.** *(mejilla)* cheek

pon *ver* **poner**

ponchada *nf CSur* **una ~ de** loads of; **esa casa le costó una ~ (de plata)** that house cost her a packet

ponchadura *nf CAm, Carib, Méx* puncture, *US* blowout

ponchar ◇ *vt* **-1.** *CAm, Carib, Méx (rueda)* to puncture **-2.** *Am (en béisbol)* to strike out
➤ **poncharse** *vpr* **-1.** *CAm, Carib, Méx (rueda)* to blow; **se ponchó un neumático** a tyre blew **-2.** *Am (en béisbol)* to strike out

ponchazo *nm CSur Fam* EXPR **andar a los ponchazos: anda a los ponchazos con todo el mundo** he's at loggerheads with absolutely everyone; **anda a los ponchazos por la vida** life has been a constant battle for her

ponche *nm* **-1.** *(en fiesta)* punch **-2.** *(con leche y huevo)* eggnog **-3.** *Am (en béisbol)* strikeout

ponchera *nf* punch bowl

poncho *nm* poncho

ponderable *adj* **-1.** *(en peso)* weighable **-2.** *(en ponderación)* worthy of consideration

ponderación *nf* **-1.** *(alabanza)* praise **-2.** *(moderación)* deliberation; **una crítica hecha con ~** a carefully weighed *o* deliberated criticism **-3.** *(en estadística)* weighting

ponderado, -a *adj* **-1.** *(alabado)* praised; **el nunca bien ~ director** the eternally underrated director **-2.** *(moderado)* considered **-3.** *(en estadística)* weighted

ponderar *vt* **-1.** *(alabar)* to praise **-2.** *(considerar)* to consider, to weigh up **-3.** *(en estadística)* to weight

ponderativo, -a *adj* **-1.** *(halagador)* praising **-2.** *(meditativo)* thoughtful, meditative

pondré *etc ver* **poner**

ponedero *nm* nesting box

ponedor, -ora ◇ *adj* **gallina ponedora** layer, laying hen
◇ *nm (ponedero)* nesting box

ponencia *nf* **-1.** *(conferencia)* lecture, paper; **una ~ sobre ecología** a lecture *o* paper on ecology **-2.** *(informe)* report **-3.** *(comisión)* reporting committee

ponente *nmf* **-1.** *(en congreso)* speaker **-2.** *(relator)* reporter, rapporteur

poner [50] ◇ *vt* **-1.** *(situar, agregar, meter)* to put; **me pusieron en la última fila** I was put in the back row; **ponle un poco más de sal** put some more salt in it, add a bit of salt to it; **pon los juguetes en el armario** put the toys (away) in the cupboard; **¿dónde habré puesto la calculadora?** where can I have put *o* left the calculator?; **~ un anuncio en el periódico** to put an advert in the paper; **~ un póster en la pared** to put a poster up on the wall; **~ una inyección a alguien** to give sb an injection; **hubo que ponerle un bozal al perro** we had to put a muzzle on the dog, we had to muzzle the dog
-2. *(ropa, zapatos, maquillaje)* **~ algo a alguien** to put sth on sb; **ponle este pañal al bebé** put this *Br* nappy *o US* diaper on the baby
-3. *(servir)* **¿qué le pongo?** what can I get you?, what would you like?; **póngame una cerveza, por favor** I'd like *o* I'll have a beer, please; **¿cuánto le pongo?** how much would you like?; **póngame un kilo** give me a kilo
-4. *(contribuir, aportar)* to put in; **~ dinero en el negocio** to put money into the business; **~ algo de mi/tu/***etc* **parte** to do my/your/*etc* bit; **~ mucho empeño en (hacer) algo** to put a lot of effort into (doing) sth; **pon atención en lo que digo** pay attention to what I'm saying; **hay que ~ más cuidado con** *o* **en la ortografía** you have to take more care over your spelling
-5. *(hacer estar de cierta manera)* **~ a alguien en un aprieto/de mal humor** to put sb in a difficult position/in a bad mood; **le has puesto colorado/nervioso** you've made him blush/feel nervous; **ponérselo fácil/difícil a alguien** to make things easy/difficult for sb; **lo puso todo perdido** she made a real mess; **el profesor nos puso a hacer cuentas** the teacher gave us some sums to do; **llegó y nos puso a todos a trabajar** she arrived and set us all to work; **pon la sopa a calentar** warm the soup up; **me pusieron de aprendiz de camarero** they had me work as a trainee waiter; **~ cara de tonto/inocente** to put on a stupid/an innocent face
-6. *(calificar)* **~ a alguien de algo** to call sb sth; **me pusieron de mentiroso** they called me a liar; **~ bien algo/a alguien** to praise sth/sb; **~ mal algo/a alguien** to criticize sth/sb
-7. *(oponer)* **~ obstáculos a algo** to hinder sth; **~ pegas a algo** to raise objections to sth
-8. *(asignar) (precio)* to fix, to settle on; *(multa)* to give; *(deberes, examen, tarea)* to give, to set; **le pusieron (de nombre) Mario** they called him Mario; **me han puesto (en el turno) de noche** I've been assigned to the night shift, they've put me on the night shift; **le pusieron un cinco en el examen** he got five out of ten in the exam
-9. *(comunicar) (telegrama, fax, giro postal)* to send; *(conferencia)* to make; *Esp* **¿me pones con él?** can you put me through to him?; *Esp* **no cuelgue, ahora le pongo** don't hang up, I'll put you through in a second
-10. *(conectar, hacer funcionar) (televisión, radio)* to switch *o* put on; *(despertador)* to set; *(instalación, gas)* to put in; *(música, cinta, disco)* to put on; **pon la lavadora** put the washing machine on; **pon el telediario** put the news on; **puse el despertador a las seis/el reloj en hora** I set my alarm clock for six o'clock/my watch to the right time; **¿te han puesto ya el teléfono?** are you on the phone yet?, have they connected your phone yet?; **ponlo más alto, que no se oye** turn it up, I can't hear it
-11. *(en el cine, el teatro, la televisión)* to show; **anoche pusieron un documental muy interesante** last night they showed a very

poner 566 **por**

interesting documentary; **¿qué ponen en la tele/en el Rialto?** what's on the TV/on at the Rialto?; **en el Rialto ponen una de Stallone** there's a Stallone movie on at the Rialto

-12. *(montar)* to set up; **~ la casa** to set up home; **~ un negocio** to start a business; **ha puesto una tienda** she has opened a shop; **han puesto una cocina nueva** they've had a new *Br* cooker *o US* stove put in; **hemos puesto moqueta en el salón** we've had a carpet fitted in the living room; **~ la mesa** to lay the table; **pusieron la tienda (de campaña) en un prado** they pitched their tent *o* put their tent up in a meadow

-13. *(decorar)* to do up; **han puesto su casa con mucho lujo** they've done up their house in real style

-14. *(suponer)* to suppose; **pongamos que sucedió así** (let's) suppose that's what happened; **pon que necesitemos cinco días** suppose we need five days; **poniendo que todo salga bien** assuming everything goes according to plan; **¿cuándo estará listo? – ponle que en dos días** when will it be ready? – reckon on it taking two days

-15. *Esp (decir)* to say; **¿qué pone ahí?** what does it say there?

-16. *(escribir)* to put; **¿qué pusiste en la segunda pregunta?** what did you put for the second question?

-17. *(huevo)* to lay

-18. *RP (demorar)* to take; **el tren pone media hora en llegar allá** the train takes half an hour to get there

◇ *vi (gallina, aves)* to lay (eggs)

◇ *v impersonal Am Fam (parecer)* **se me pone que...** it seems to me that...

◆ **ponerse** *vpr* **-1.** *(colocarse)* to put oneself; **ponerse de pie** to stand up; **ponerse de rodillas** to kneel (down); **ponerse de espaldas a la pared** to turn one's back to the wall; **ponerse de perfil** to turn sideways on; **¡no te pongas en medio!** you're in my way there!; **ponte en la ventana** stand by the window; **se pusieron un poco más juntos** they moved a bit closer together

-2. *(ropa, gafas, maquillaje)* to put on; **ponte la ropa** put your clothes on, get dressed; **¿qué te vas a ~ para la fiesta?** what are you going to wear to the party?

-3. *(volverse de cierta manera)* to go, to become; **se puso de mal humor** she got into a bad mood; **se puso rojo de ira** he went red with anger; **se puso muy triste cuando se enteró de su muerte** he was very sad when he heard she had died; **las cosas se están poniendo muy difíciles** things are getting very difficult; **se ha puesto muy gordo** he's got very fat; **se puso colorado** he blushed; **te has puesto muy guapa** you look lovely; **ponerse malo** *o* **enfermo** to fall ill; **ponerse bien** *(de salud)* to get better; **¡cómo te pones por nada!** there's no need to react like that!; **¡no te pongas así!** *(no te enfades)* don't be like that!; *(no te pongas triste)* don't get upset!, don't be sad!

-4. *(iniciar)* **ponerse a hacer algo** to start doing sth; **se puso a nevar** it started snowing; **me he puesto a dieta** I've started a diet; **ponerse con algo** to start on sth; *Fam* **ya que te pones, haz café para todos** while you're at it, why don't you make enough coffee for everyone?

-5. *(llenarse)* **¡cómo te has puesto (de barro)!** look at you (you're covered in mud)!; **se puso de barro hasta las rodillas** he got covered in mud up to his knees; *Fam* **nos pusimos hasta arriba** *o* **hasta las orejas de pasteles** we stuffed our faces with cakes

-6. *(sol, luna)* to set; **el sol se pone por el oeste** the sun sets in the west; **al ponerse el sol** when the sun goes/went down

-7. *Esp (al teléfono)* **dile a tu marido que se ponga** tell your husband to come on; **ahora se pone** she's just coming, I'll put her on in a moment; **ponte, es de la oficina** here, it's somebody from the office for you

-8. *Esp (llegar)* **ponerse en** to get to; **nos pusimos en Santiago en dos horas** we made it to Santiago in two hours; **con esta moto te pones en los 150 sin enterarte** on this motorbike you're doing 150 before you even realize it

-9. *Andes, RP Fam (tener ocurrencias)* **¡se te pone cada cosa!** you get the strangest ideas!

-10. *RP Fam (entregar dinero)* to chip in; **vamos, vamos, hay que ponerse para el regalo** come on, everybody's got to chip in for the present; **¿con cuánto te pusiste? – yo, con diez** how much did you put in? – ten

poney ['poni] *nm* pony
pongaje, pongueaje *nm Andes* HIST unpaid domestic service
pongo¹ *ver* **poner**
pongo², -a *nmf Andes* **-1.** HIST unpaid Indian domestic servant **-2.** *(sirviente)* domestic
poni *nm* pony
poniente *nm* **-1.** *(occidente)* West **-2.** *(viento)* west wind; **viento de ~** west wind
ponqué *nm Col, Ven* = fruit or custard-filled cake
pontevedrés, -esa ◇ *adj* of/from Pontevedra *(Spain)*
◇ *nm,f* person from Pontevedra *(Spain)*
pontificado *nm* papacy
pontifical *adj* papal
pontificar [59] *vi* to pontificate
pontífice *nm* **-1.** *(Papa)* Pope; **el Sumo Pontífice** the Supreme Pontiff, the Pope **-2.** *(obispo)* bishop
pontificio, -a *adj (de los obispos)* episcopal; *(del Papa)* papal
pontón *nm* pontoon
pontonero *nm* MIL engineer *(specialist in bridge building)*
ponzoña *nf* **-1.** *(veneno)* venom, poison **-2.** *(cosa perjudicial)* venom
ponzoñoso, -a *adj* **-1.** *(venenoso)* venomous, poisonous **-2.** *(crítica, comentario)* venomous
pool *nm* **-1.** COM pool **-2.** *(billar)* pool
pop ◇ *adj* pop
◇ *nm* **-1.** *(música)* pop **-2.** *Urug (maíz)* popcorn ❑ **~ acaramelado** toffee popcorn; **~ salado** salted popcorn
popa *nf* stern
pop-art *nm* pop art
pope *nm* **-1.** REL pope *(priest of the Orthodox church)* **-2.** *Fam (persona influyente)* **un ~ de la novela policíaca** a leading writer of detective stories; **uno de los popes de Internet** an Internet guru
popelín *nm*, **popelina** *nf* poplin
popis *Méx Fam* ◇ *adj* posh
◇ *nmf inv* posh person
popó *nm Méx* **-1.** *(lenguaje infantil) (excremento) Br* poo-poo, *US* poop **-2.** *(cosa sucia)* **no toques eso, es ~** don't touch that, it's dirty
popocho, -a *adj Col Fam* chubby
popoff *adj inv Méx Fam* ritzy, posh

POPOL VUH

The **Popol Vuh** is the Mayan Book of Creation and is thus an essential source for the study of their mythology. The **Popol Vuh**, meaning "the Book of Counsel", is made up of three parts, beginning with the creation of man. The second part tells of the mythical adventures of two gods, and part three narrates the history of the Maya Quiché people until their last kings were killed by the Spanish conquistadors. The codex (or manuscript) used today was written after the conquest in the Quiché language (although using the Latin alphabet) and was translated into Spanish in the 18th century.

poporopo *nm Guat* popcorn
popote *nm Méx* (drinking) straw
populachero, -a *adj Pey* **-1.** *(fiesta)* common, popular **-2.** *(discurso)* populist
populacho *nm Pey* **el ~** the mob, the masses
popular ◇ *adj* **-1.** *(del pueblo) (creencia, movimiento, revuelta)* popular; **la voluntad ~** the will of the people; **una insurrección/protesta ~** a popular uprising/protest
-2. *(arte, música)* folk
-3. *(precios)* affordable
-4. *(lenguaje)* colloquial
-5. *(famoso)* popular; **hacerse ~** to catch on
-6. *(aceptado)* popular; **es muy ~ en la oficina** she's very popular in the office
-7. *Esp* POL = of/relating to the Partido Popular
◇ *nmf Esp* POL = member/supporter of the Partido Popular
popularidad *nf* popularity
popularización *nf* popularization
popularizar [14] ◇ *vt* to popularize
◆ **popularizarse** *vpr* to become popular
popularmente *adv* **~ conocido como...** more commonly known as...
populismo *nm* populism
populista ◇ *adj* populist
◇ *nmf* populist
populoso, -a *adj* populous, crowded
popurrí *nm* **-1.** *(de canciones)* medley **-2.** *(de cosas)* mishmash
popusa *nf Bol, Guat, Salv (tortilla)* = tortilla filled with cheese or meat
póquer, póker *nm* **-1.** *(juego)* poker **-2.** *(jugada)* four of a kind; **~ de ases** four aces ❑ **~ descubierto** stud poker
poquito *nm* **un ~** a little bit
por *prep* **-1.** *(indica causa)* because of; **llegó tarde ~ el tráfico** she was late because of the traffic; **lo hizo ~ amor** he did it out of *o* for love; **me disculpé ~ llegar tarde** I apologized for arriving late; **miré dentro ~ simple curiosidad** I looked inside out of pure curiosity; **accidentes ~ conducción temeraria** accidents caused by reckless driving; **muertes ~ enfermedades cardiovasculares** deaths from cardiovascular disease; **no quise llamar ~ la hora (que era)** I didn't want to call because of the time; **cerrado ~ vacaciones/reformas** *(en letrero)* closed for holidays/alterations; **~ mí no te preocupes** don't worry about me; *Esp* **fue ~ eso ~ lo que tuvimos tantos problemas**, *Am* **fue ~ eso que tuvimos tantos problemas** that's why we had so many problems; **eso te pasa ~ (ser tan) generoso** that's what you get for being so generous; **la razón ~ (la) que dimite** the reason (why) she is resigning; **¿~ qué?** why?; **¿~ qué no vienes?** why don't you come?; **¿~ qué lo preguntas? – nada ~ qué** no reason; *Fam* **¿~? ~** why?; **~ si** in case; **~ si se te olvida** in case you forget

-2. *(indica indicio)* **~ lo que me dices/lo que he oído no debe de ser tan difícil** from what you say/what I've heard, it can't be that difficult; **~ lo que tengo entendido, viven juntos** as I understand it, they live together, my understanding is that they live together; **~ lo visto, ~ lo que se ve** apparently

-3. *(indica finalidad) (antes de infinitivo)* (in order) to; *(antes de sustantivo o pronombre)* for; **lo hizo ~ complacerte** he did it to please you; **vine ~ charlar un rato** I came to have a chat *o* for a chat; **escribo ~ diversión** I write for fun; **lo hice ~ ella** I did it for her; **vino un señor preguntando ~ usted** a man was here asking for you; **corrí las mesas ~ que tuvieran más espacio** I moved the tables along so they had more room

-4. *(indica inclinación, favor)* **sentía un gran amor/interés ~ los animales** she had a great love of/interest in animals; **existía cierta fascinación ~ lo oriental** there was a certain fascination with all things oriental; **tengo curiosidad ~ saberlo** I'm curious to know; **votó ~ los socialistas** he voted for the socialists; **la mayoría está ~ la huelga** *o* **~ hacer huelga** the majority is in favour of a strike

-5. *(indica medio, modo)* by; **~ mensajero/fax/teléfono** by courier/fax/telephone; **estuvimos hablando ~ teléfono** we were talking on the phone; **~ correo** by post, by mail; **se comunican ~ Internet** they communicate via the Internet; **te mandé un mensaje ~ correo electrónico** I sent you an e-mail; **te mandaré el archivo ~ correo electrónico** I'll send you the file by e-mail,

I'll e-mail the file to you; **~ escrito** in writing; **lo oí ~ la radio** I heard it on the radio; **van a echar ~ la tele un ciclo de Scorsese** they are going to have a season of Scorsese films on the TV; **conseguí las entradas/el empleo ~ un amigo** I got the tickets/job through a friend; **funciona ~ energía solar** it runs on o uses solar power; **nos comunicábamos ~ señas** we communicated with each other by o using signs; **los discos están puestos ~ orden alfabético** the records are arranged in alphabetical order; **~ la forma de llamar a la puerta supe que eras tú** I knew it was you from o by the way you knocked on the door; **lo agarraron ~ el brazo** they seized him by the arm; **lo harás ~ las buenas o ~ las malas** you'll do it whether you like it or not

-6. (indica agente) by; **el récord fue batido ~ el atleta cubano** the record was broken by the Cuban athlete

-7. (indica tiempo aproximado) **creo que la boda será ~ abril** I think the wedding will be some time in April; **~ entonces** o **~ aquellas fechas yo estaba de viaje** I was away at the time

-8. (indica tiempo concreto) **~ la mañana/tarde** in the morning/afternoon; **~ la noche** at night; **ayer salimos ~ la noche** we went out last night; **~ unos días** for a few days; **~ ahora** for the time being; **~ ahora no podemos hacer nada** for the time being, we can't do anything, there's nothing we can do for the moment

-9. (antes de infinitivo) (indica tarea futura) **los candidatos que quedan ~ entrevistar** the candidates who have not yet been interviewed o who have still to be interviewed; **tengo todos estos papeles ~ ordenar** I've got all these papers to sort out; **estuve ~ ir, pero luego me dio pereza** I was about to go o on the verge of going, but then I decided I couldn't be bothered; **¡eso está ~ ver!** that remains to be seen!; **está ~ ver si eso es cierto** it remains to be seen whether that is the case

-10. (indica lugar indeterminado) **¿~ dónde vive?** whereabouts does he live?; **vive ~ las afueras** he lives somewhere on the outskirts; **ese restaurante está ~ el centro** that restaurant is in the town centre somewhere; **estará ~ algún cajón/~ ahí** it'll be in a drawer somewhere/around somewhere

-11. (indica lugar o zona concretos) **voy ~ el principio/la mitad de la novela** I'm just starting/I'm halfway through the novel; **el agua nos llegaba ~ las rodillas** the water came up to our knees; **había papeles ~ el suelo** there were papers all over the floor; **estuvimos viajando ~ Centroamérica** we were travelling around Central America; **~ todo el mundo** all over o throughout the world; **hay poca vegetación ~ aquí/allí** there isn't much vegetation round here/there; **~ delante/detrás parece muy bonito** it looks very nice from the front/back; **sólo quedaba sitio ~ delante/detrás** there was only room at the front/back; **los que van ~ delante/detrás** the leaders/backmarkers; **está escrito ~ detrás** there's writing on the back

-12. (indica tránsito, trayectoria) (a través de) through; **vamos ~ aquí/allí** let's go this/that way; **¿~ dónde se entra/se sale?** where's the way in/out?; **iba paseando ~ el bosque/la calle/el jardín** she was walking through the forest/along the street/in the garden; **pasar ~ la aduana** to go through customs; **entraron ~ la ventana** they got in through the window; **se cayó ~ la ventana/la escalera** she fell out of the window/down the stairs

-13. (indica movimiento) (en busca de) for; Esp **a ~ for**; **baja (a) ~ tabaco** go down to the shops for some cigarettes, go down to get some cigarettes; **vino (a) ~ las entradas** she came for the tickets; **fui (a) por ellos al aeropuerto** I went to pick them up at the airport

-14. (indica cambio, sustitución, equivalencia) for; **lo ha comprado ~ poco dinero** she bought it for very little; **cambió el coche ~ la moto** he exchanged his car for a motorbike; **un premio/cheque ~ valor de 1.000 pesos** a prize of/cheque for 1,000 pesos; **él lo hará ~ mí** he'll do it for me; **se hizo pasar ~ policía** he pretended to be a policeman

-15. (indica reparto, distribución) per; **dos euros ~ unidad** two euros each; **mil unidades ~ semana** a thousand units a o per week; **20 kms ~ hora** 20 km an o per hour; **hay un parado ~ cada cinco trabajadores** there is one person unemployed for every five who have a job; **sólo vendemos las patatas ~ sacos** we only sell potatoes by the sack; **uno ~ uno** one by one

-16. (indica multiplicación) **dos ~ dos igual a cuatro** two times two is four

-17. (indica área geométrica) by; **la habitación mide cinco ~ tres metros** the room is five metres by three

-18. (indica concesión) **~ más** o **mucho que lo intentes no lo conseguirás** however hard you try o try as you might, you'll never manage it; **no me cae bien, ~ (muy) simpático que te parezca** you may think he's nice, but I don't like him

-19. (en cuanto a) **~ mí/nosotros** as far as I'm/we're concerned; **~ nosotros no hay inconveniente** it's fine by us; **~ mí puedes hacer lo que quieras** as far as I'm concerned, you can do whatever you like

-20. Am (durante) for; **fue presidente ~ treinta años** he was president for thirty years

porcelana nf -1. (material) porcelain, china -2. (objeto) piece of porcelain o china

porcentaje nm percentage; **nos dan un ~ sobre las ventas** we get a percentage of the sales

porcentual adj percentage; **seis puntos porcentuales** six percentage points

porcentualmente adv in percentage terms

porche nm (entrada) porch; (soportal) arcade

porcino, -a adj pig; **excrementos porcinos** pig excrement; **el sector ~** the pig-farming industry; **ganado ~** pigs

porción nf -1. (parte) portion, piece -2. (de comida) portion, helping; **sirven porciones abundantes en este restaurante** they serve big portions in this restaurant

pordiosear vi to beg

pordiosero, -a ◇ adj begging
◇ nm,f beggar

porfa adv Fam please

porfía nf -1. (disputa) dispute -2. (insistencia) persistence; (tozudez) stubbornness; **a ~** determinedly

porfiado, -a adj (insistente) persistent; (tozudo) stubborn

porfiar [32] vi -1. (disputar) to argue obstinately -2. (insistir) **~ en algo** to insist on sth; **porfió en que lo había hecho él** he insisted that HE had done it -3. (empeñarse) **porfió en su postura inamovible** she remained stubbornly immovable in her opinion

pórfido nm porphyry

porfiria nf MED porphyria

porfiriano, -a adj Méx = relating to Porfirio Díaz, dictatorial ruler of Mexico 1877-1911

Porfiriato nm Méx **el ~** = period during which Porfirio Díaz was dictator (1877-1911)

porfirista Méx ◇ adj = relating to Porfirio Díaz
◇ nmf = supporter of Porfirio Díaz

pormenor nm detail; **me explicó los pormenores del proyecto** she explained the details of the project to me

pormenorizadamente adv in detail

pormenorizado, -a adj detailed

pormenorizar [14] ◇ vt to describe in detail
◇ vi to go into detail

porno ◇ adj porn, porno
◇ nm porn ❏ **~ blando** soft porn; **~ duro** hardcore porn

pornografía nf pornography

pornográfico, -a adj pornographic

pornógrafo, -a nm,f pornographer

poro nm -1. (piel) pore -2. Chile, Méx (verdura) leek

porongo nm RP gourd

pororó nm RP popcorn; Fam **hablar como un ~** to talk nineteen to the dozen; Fam **ser como un ~** to be a live wire

porosidad nf porousness, porosity

poroso, -a adj porous

poroto nm Andes, RP (judía) kidney bean ❏ **~ blanco** butter bean; **~ de manteca** butter bean; **~ negro** black bean; Chile **~ verde** green bean -2. RP Fam EXPR **anotarse un ~** to score a point; **ser un ~** to be insignificant

porque conj -1. (debido a que) because; **¡~ sí/no!** just because!; **lo hice ~ sí** I did it because I felt like it; **¡~ lo digas tú!** says who? **lo vas a hacer ~ lo digo yo** you are going to do it because I say so; **~ haga mal tiempo no vamos a quedarnos en casa** we're not going to stay at home just because the weather's bad
-2. (para que) so that, in order that; **reza ~ no nos descubran** pray that they don't find us out

porqué nm reason; **el ~ de** the reason for

porquería Fam ◇ nf -1. (suciedad) filth; **la habitación está llena de ~** the room is absolutely filthy
-2. (cosa de mala calidad) Br rubbish, US garbage; **es una ~ de libro** the book is Br rubbish o US garbage; **una ~ de moto** a useless bike; **¡qué ~ de música escuchas!** that music you listen to is a load of Br rubbish o US garbage!
-3. **porquerías** (comida) Br rubbish, US garbage
-4. (grosería) vulgarity
◇ **de porquería** loc adj Andes, RP lousy, useless; **una moto de ~** a useless bike; **da unas clases de ~** his classes are lousy o useless; **son unos usureros de ~** they're a bunch of lousy loan sharks

porqueriza nf pigsty

porquero, -a nm,f swineherd

porra ◇ nf -1. (palo) club; (de policía) Br truncheon, US nightstick
-2. (masa frita) = deep-fried pastry sticks
-3. Esp Fam (apuesta) sweepstake (among friends or co-workers)
-4. Méx DEP (hinchada) fans
-5. Col, Méx (arenga) chant; **echar porras a alguien** to cheer sb on; **las porras del Santa Fe se escuchan más fuerte** the Santa Fe supporters are starting to make themselves heard
-6. Fam EXPR **mandar a alguien a la ~** to tell sb to go to hell; **¡vete a la ~!** go to hell!, get lost!; **¿por qué/dónde porras...?** why/where the hell...?; **¡qué concierto ni qué porras, esta noche te quedas en casa!** I don't give a damn about the concert, you're staying in tonight!; **¡y una ~!** no way!
◇ interj Fam **¡porras!** hell!, damn it!

porrada, RP **porrotada** nf Fam **una ~ (de)** loads (of); **tiene una ~ de discos** she's got loads of records; **gana una ~ de dinero** he earns loads of money, he earns a fortune

porrazo nm -1. (golpe con la porra) **un policía lo dejó inconsciente de un ~ en la cabeza** a policeman knocked him unconscious with a blow from his Br truncheon o US nightstick; **la policía se abrió paso a porrazos** the policeman beat his way through the crowd with his Br truncheon o US nightstick
-2. Fam (choque, caída) bump; **me di un ~ tremendo contra la puerta** I whacked myself on the door; **se dio un ~ con la moto** he had a smash-up on his bike

porrero, -a Fam ◇ adj **es muy ~** he's a real pothead o dopehead
◇ nm,f pothead, dopehead

porreta Fam ◇ nmf (fumador de porros) pothead, dopehead
◇ **en porreta(s)** loc adv (desnudo) in the altogether, in one's birthday suit

porrillo: a porrillo *loc adv Fam* by the bucket; **tiene clientes a ~** she has tons *o* loads of customers; **gana dinero a ~** he earns loads of money, he earns a fortune

porrista ⋄ *nmf Méx* fan, supporter
⋄ *nf Col, Méx* cheerleader

porro *nm* **-1.** *Fam (de droga)* joint **-2.** *Am (considerado incorrecto) (puerro)* leek

porrón¹ *nm* **-1.** *(vasija)* = glass wine vessel used for drinking wine from its long spout **-2.** *Esp Fam* **un ~ de** loads of; **tiene un ~ de coches** she's got loads of cars; **murió hace un ~ de años** she died donkey's years ago

porrón² *nm (ave)* pochard ❑ **~ coacoxtle** canvasback; **~ moñudo** tufted duck; **~ osculado** goldeneye; **~ pardo** ferruginous duck

porrotada = porrada

porta ANAT ⋄ *adj* **vena ~** portal vein
⋄ *nf* portal vein

portaaviones, portaviones *nm inv* aircraft carrier

portabebés *nm inv Br* carrycot, *US* portacrib®

portabicis *nm inv* bicycle rack *(on car)*

portabultos *nm inv Méx* roof rack

portabustos *nm inv Méx* bra

portación *nf Arg, CAm, Cuba, Méx* **~ de armas** carrying of weapons *o* arms; **arrestado por ~ ilegal de arma** arrested for carrying an illegal weapon

portada *nf* **-1.** *(de libro)* title page; *(de revista)* (front) cover; *(de periódico)* front page **-2.** INFORMÁT *(de página Web)* home page **-3.** *(de disco)* sleeve **-4.** ARQUIT façade, facade

portadocumentos *nm inv Andes, RP* document wallet

portador, -ora ⋄ *adj* carrying, bearing
⋄ *nm,f* **-1.** *(de noticia)* bearer; *(de virus)* carrier; **los portadores del virus del sida** carriers of the AIDS virus **-2.** COM bearer; **al ~** to the bearer

portadora *nf* TEL carrier

portaequipajes, portamaletas *nm inv* **-1.** *(en automóvil) (maletero) Br* boot, *US* trunk; *(baca)* roof *o* luggage rack **-2.** *(en autobús, tren)* luggage rack

portaesquís *nm inv* ski rack

portaestandarte *nm* standard-bearer

portafiltros *nm inv* filter holder

portafolio *nm*, **portafolios** *nm inv (carpeta)* file; *(maletín)* attaché case

portafusil *nm* rifle sling

portahelicópteros *nm inv* helicopter carrier

portal *nm* **-1.** *(entrada)* entrance hall; *(puerta)* main door; **viven en aquel ~** they live at that number **-2.** *(belén)* crib, Nativity scene; **el ~ de Belén** the stable at Bethlehem **-3.** INFORMÁT *(página Web)* portal

portalada *nf* = large doors or gate giving access to interior courtyard from street

portalámparas *nm inv* socket

portalápiz *nm* pencil holder

portalibros *nm inv* = strap tied round books to carry them

portaligas *nm inv Am Br* suspender belt, *US* garter belt

portalón *nm* = large doors or gate giving access to interior courtyard from street

portamaletas = portaequipajes

portaminas *nm inv Br* propelling pencil, *US* mechanical pencil

portamisiles *adj inv* **buque ~** missile carrier

portamonedas *nm inv* purse

portante *nm (del caballo)* amble, ambling gait; EXPR *Fam* **agarrar** *o* **tomar** *o* **coger el ~: agarró el portante** she upped and went

portaobjeto *nm*, **portaobjetos** *nm inv (de microscopio)* slide

portapapeles *nm inv* INFORMÁT clipboard

portar ⋄ *vt* to carry; **no se permite ~ armas** it is forbidden to carry weapons *o* arms
◆ **portarse** *vpr* to behave; **portarse bien** to behave (well); **se ha portado bien conmigo** she has treated me well; **portarse mal** to misbehave, to behave badly; **pórtate bien** behave (yourself)!; **se portó muy mal con su hermano** he treated his brother very badly; *Fam* **anda, pórtate bien y tráeme un café** be a star and bring us a cup of coffee

portarretratos *nm inv* picture frame, photograph frame

portarrollos *nm inv (en baño)* toilet roll holder; *(en cocina)* kitchen towel holder

portátil ⋄ *adj* portable
⋄ *nm (ordenador)* laptop

portatrajes *nm inv* garment bag

portaviandas *nm inv* lunch box

portaviones = portaaviones

portavoz *nmf* **-1.** *(persona)* spokesperson, spokesman, *f* spokeswoman **-2.** *(medio de comunicación)* mouthpiece; **esa cadena de televisión es la ~ del gobierno** that television channel is the voice *o* mouthpiece of the government

portazo *nm* **-1.** *(de puerta)* **oímos un ~** we heard a slam *o* bang; **dar un ~** to slam the door; **la puerta se cerró de un ~** the door slammed shut **-2.** *(negativa)* **dar un ~ a algo** to flatly reject sth; **el general dio un ~ al plan de paz** the general flatly rejected the peace plan

porte *nm* **-1.** *(gasto de transporte)* transport costs, carriage; **los portes corren a cargo del destinatario** transport *o* carriage is payable by the addressee ❑ COM **portes debidos** *Br* carriage forward, *US* freight collect; **enviar algo a portes debidos** to send sth *Br* carriage forward *o US* freight collect; COM **portes pagados** *Br* carriage paid, *US* freight paid; **enviar algo a portes pagados** to send sth *Br* carriage paid *o US* freight paid
-2. *(transporte)* carriage, transport; **una empresa de portes y mudanzas** *Br* a removal firm, *US* a moving firm
-3. *(capacidad, tamaño)* size, capacity; *Am* **llegó una caja de este ~** *(muy grande)* a box arrived that was THIS big
-4. *(aspecto)* bearing, demeanour; **su padre tiene un ~ distinguido** your father has a very distinguished air; **un edificio de ~ majestuoso** a very grand-looking building
-5. *RP (permiso)* permit, licence; **¿usted tiene ~ de armas?** do you have a gun licence?
-6. *RP (acción)* carrying; **se prohíbe el ~ de armas** the carrying of weapons *o* arms is forbidden

porteador, -ora *nm,f* porter

portento *nm* **-1.** *(persona)* wonder, marvel; **es un ~ tocando el piano** he's a wonderful piano player **-2.** *(hecho)* **es un ~ que la casa siga en pie después del incendio** it's a wonder the house is still standing after the fire

portentoso, -a *adj* amazing, incredible; **tiene una inteligencia portentosa** she's amazingly *o* incredibly intelligent

porteño, -a ⋄ *adj* **-1.** *(de Buenos Aires)* of/from the city of Buenos Aires **-2.** *(de Valparaíso)* of/from Valparaiso (Chile) **-3.** *RP (del puerto)* port; **autoridad porteña** port authority
⋄ *nm,f* **-1.** *(de Buenos Aires)* person from the city of Buenos Aires **-2.** *(de Valparaíso)* person from Valparaiso (Chile)

portería *nf* **-1.** *(de casa, escuela) Br* caretaker's office *o* lodge, *US* super(intendent)'s office **-2.** *(de hotel, ministerio)* porter's office *o* lodge **-3.** *(deporte)* goal, goalmouth

portero, -a ⋄ *nm,f* **-1.** *(de casa) Br* caretaker, *US* super(intendent) **-2.** *(de hotel, ministerio) (en recepción)* porter; *(a la puerta)* doorman **-3.** *(de discoteca)* doorman **-4.** *(en fútbol, balonmano, hockey)* goalkeeper; *(en hockey)* goalminder
⋄ *nm* **~ automático** entryphone; **~ eléctrico** entryphone; **~ electrónico** entryphone

portezuela *nf (de coche)* door

porticado, -a *adj* **una plaza porticada** a square surrounded by an arcade

pórtico *nm* **-1.** *(fachada)* portico **-2.** *(arcada)* arcade

portilla *nf* NÁUT porthole

portillo *nm* **-1.** *(abertura)* opening, gap **-2.** *(puerta pequeña)* wicket gate

Port Moresby *n* Port Moresby

portón *nm* large door

portorriqueño, -a ⋄ *adj* Puerto Rican
⋄ *nm,f* Puerto Rican

portuario, -a *adj* **-1.** *(del puerto)* port; **ciudad portuaria** port **-2.** *(de los muelles)* dock; **trabajador ~** docker; **la zona portuaria** the docks (area)

Portugal *n* Portugal

portugués, -esa ⋄ *adj* Portuguese
⋄ *nm,f (persona)* Portuguese
⋄ *nm (lengua)* Portuguese

portuguesismo *nm* = Portuguese word or expression

porvenir *nm* future; **adivinar el ~** to foresee the future, to see into the future; **se está labrando su ~** she is carving out a future for herself

pos¹: en pos de *loc prep* **-1.** *(detrás de)* behind; **corrió en ~ de su amo** he ran after his master **-2.** *(en busca de)* after; **esfuerzos en ~ de lograr la paz** efforts in pursuit of peace

pos-², post- *pref* post-

posada *nf* **-1.** *(fonda)* inn, guesthouse **-2.** *CAm, Méx (fiesta)* Christmas party

---

POSADA

A **posada** is a traditional Mexican Christmas party which takes place on one of the nine days before Christmas. To begin with, some of the guests go outside to represent Mary and Joseph, and sing a song asking for a room for the night (this is "pedir posada"). The guests inside sing the response, inviting them in, and the party begins. Along with traditional Christmas fare such as "tamales" (steamed corn dumplings), and drinks such as "ponche" (Christmas punch), there will be a "piñata" for the children. This is a cardboard or papier-mâché container which is suspended over people's heads, and which the children each in turn try to break with a stick while blindfolded. When the "piñata" breaks, its contents are scattered on the floor and there is a rush to gather up the candies.

---

posaderas *nfpl Fam* backside, bottom

posadero, -a *nm,f* innkeeper

posar ⋄ *vt* **-1.** *(objeto)* to put *o* lay down (**en** on); *(mano)* to rest (**en** *o* **sobre** on) **-2.** *(mirada)* to rest (**en** on)
⋄ *vi* to pose
◆ **posarse** *vpr* **-1.** *(insecto, polvo)* to settle **-2.** *(pájaro)* to perch (**en** on); *(nave, helicóptero)* to land, to come down (**en** on)

posavasos *nm inv (de madera, plástico)* coaster; *(de cartón)* beer mat

posdata *nf* postscript

pose *nf* **-1.** *(para cuadro, retrato)* pose **-2.** *(actitud)* pose; **adoptó una ~ salomónica** he made out that he was very even-handed

poseedor, -ora ⋄ *adj (propietario)* owning, possessing; *(de cargo, acciones, récord)* holding
⋄ *nm,f (propietario)* owner; *(de cargo, acciones, récord)* holder; **es el ~ del récord mundial** he is the world record-holder, he holds the world record

poseer [37] *vt* **-1.** *(ser dueño de)* to own; **posee una casa en las afueras** he has a house in the suburbs
-2. *(tener)* to have; **posee aire acondicionado** it has air conditioning, it is air-conditioned
-3. *(estar en poder de)* to have, to possess; *(puesto, marca)* to hold; **no poseo la llave del archivo** I don't have the key to the archive
-4. *(sexualmente)* to have; **la poseyó violentamente** he took her violently

poseído, -a ⋄ *adj* **~ por** possessed by
⋄ *nm,f* possessed person

Poseidón *n* MITOL Poseidon

posesión *nf* **-1.** *(acción, efecto)* possession; **la granja ha pasado a ~ de sus antiguos dueños** ownership of the farm has passed back to its previous owners; **está en ~ del**

posesionar 569 **postulado**

récord del mundo she holds the world record; **se cree en ~ de la verdad** she believes herself to be in possession of the truth; **para solicitar el puesto es necesario estar en ~ de un título universitario** in order to apply for the job you need to have a degree; **el acusado estaba en plena ~ de sus facultades mentales** the accused was in full possession of his mental faculties; **tomar ~ de un cargo** to take up a position o post
-2. *(cosa poseída)* possession; **tuvo que vender todas sus posesiones** she had to sell all her possessions; **las posesiones españolas en África** Spanish possessions in Africa
posesionar ⋄ *vt* to give possession of, to hand over
◆ **posesionarse** *vpr* posesionarse de to take possession of, to take over
posesivo, -a ⋄ *adj* -1. *(persona)* possessive -2. GRAM possessive
⋄ *nm* GRAM possessive
poseso, -a ⋄ *adj* possessed
⋄ *nm,f* possessed person; **gritar como un ~** to scream like one possessed
poseyera *etc ver* **poseer**
posfranquismo *nm* = period after the death of Franco
posgrado, postgrado *nm* postgraduate course; **un ~ en educación ambiental** a postgraduate course in environmental education; **estudios de ~** postgraduate studies
posgraduado, -a, postgraduado, -a ⋄ *adj* postgraduate
⋄ *nm,f* postgraduate
posguerra, postguerra *nf* post-war period
posibilidad *nf* -1. *(circunstancia)* possibility, chance; **no descartamos ninguna ~** we are not ruling anything out; **cabe la ~ de que...** there is a chance o possibility that...; **tienes muchas posibilidades de que te admitan** you have a good chance of being accepted; **no hay ninguna ~ de que aprueben la propuesta** there is no chance that they will approve the proposal
-2. *(opción)* possibility; **tienes tres posibilidades, ¿cuál eliges?** you've got three options, which will you choose?; **una ~ sería que fuéramos en avión** one possibility would be for us to go by plane
-3. **posibilidades (económicas)** *(medios)* financial means o resources; **comprar una casa no entra dentro de nuestras posibilidades** we don't have the means o we can't afford to buy a house
posibilismo *nm* pragmatism
posibilitar *vt* to make possible; **las negociaciones posibilitaron el alto el fuego** the negotiations made a cease-fire possible
posible ⋄ *adj* possible; **es ~ que llueva** it could rain; **es ~ que sea así** that might be the case; **¿llegarás a tiempo? – es ~** will you arrive in time? – possibly o I may do; **ven lo antes ~** come as soon as possible; **dentro de lo ~, en lo ~** as far as possible; **dentro de lo ~ intenta no hacer ruido** as far as possible, try not to make any noise; **a o de ser ~** if possible; **hacer ~** to make possible; **su intervención hizo ~ el acuerdo** his intervention made the agreement possible; **hacer (todo) lo ~** to do everything possible; **hicieron todo lo ~ por salvar su vida** they did everything possible to save his life; **lo antes ~** as soon as possible; **¿cómo es ~ que no me lo hayas dicho antes?** how could you possibly not have told me before?; **no creo que nos sea ~ visitaros** I don't think we'll be able to visit you; **¡será ~!** I can't believe this!; **¿será ~ que nadie le haya dicho nada?** can it be true that nobody told her anything about it?; **¡no es ~!** surely not!
⋄ *nmpl* **posibles** (financial) means
posiblemente *adv* possibly, perhaps; **~ no sepamos nada hasta mañana** we might not know anything until tomorrow; **¿se lo dirás? – ~** will you tell him? – possibly o perhaps

posición *nf* -1. *(postura física)* position ❏ **~ fetal** foetal position; **~ de loto** lotus position
-2. *(puesto)* position; **quedó en (la) quinta ~** he was fifth; **el equipo ha recuperado posiciones con respecto al líder** the team has closed the gap on the leaders; **~ ventajosa** vantage point
-3. *(lugar)* position; **tomaron las posiciones enemigas** they took the enemy positions
-4. *(situación)* position; **no estoy en ~ de opinar** I'm not in a position to comment; **estoy en una ~ muy difícil** I'm in a very difficult position
-5. *(categoría) (social)* status; *(económica)* situation; **está en una ~ económica difícil** he's in a difficult financial situation
posicionamiento *nm* position; **su ~ con respecto a la crisis** his position on the crisis
posicionarse *vpr* to take a position o stance; **evitó ~ en contra del candidato** he avoided declaring his opposition to the candidate
posidonia *nf* neptunegrass
positivado *nm* FOT *(de negativos)* printing
positivamente *adv* positively
positivar *vt* FOT *(negativos)* to print
positivismo *nm* -1. *(realismo)* pragmatism -2. FILOSOFÍA positivism
positivista FILOSOFÍA ⋄ *adj* positivist
⋄ *nmf* positivist
positivo, -a ⋄ *adj* -1. *(número respuesta, resultado)* positive; **el test dio ~** the test was positive; **saldo ~** credit balance -2. *(persona, actitud)* positive; **una experiencia muy positiva** a very positive experience -3. ELEC positive
⋄ *nm* FOT print
positrón *nm* FÍS positron
posmodernidad, postmodernidad *nf* post-modernity
posmodernismo, postmodernismo *nm* post-modernism
posmoderno, -a, postmoderno, -a ⋄ *adj* post-modernist
⋄ *nm,f* post-modernist
poso *nm* -1. *(sedimento)* sediment; *(de café)* grounds; **formar ~** to settle -2. *(resto, huella)* trace; **la discusión me dejó un ~ amargo** the argument left a bitter taste in my mouth
posología *nf* dosage
posoperatorio, -a, postoperatorio, -a ⋄ *adj* post-operative
⋄ *nm (período)* post-operative period
pospalatal, postpalatal *adj* LING pospalatal
posparto, postparto ⋄ *adj* postnatal
⋄ *nm* postnatal period
posponer [50] *vt* -1. *(relegar)* to put behind, to relegate -2. *(aplazar)* to postpone; **pospondremos la reunión para mañana** we will postpone the meeting until tomorrow
pospuesto, -a *participio ver* **posponer**
pospusiera *etc ver* **posponer**
post = **pos**²
posta ⋄ *adj RP Fam* cool
⋄ *nf* -1. *Am* **postas** *(carrera)* relay (race); EXPR *RP Fam* **pasarle la ~ a alguien** to pass the baton to sb, to hand over to sb -2.*Chile, Perú (médica)* clinic -3. *RP Fam* **la ~** *(la verdad)* the truth
⋄ **a posta** *loc adv* on purpose
postal ⋄ *adj* postal
⋄ *nf* postcard
postdata *nf* postscript
poste *nm* -1. *(madero)* post, pole; EXPR *Fam* **no te quedes ahí como un ~** don't just stand there! ❏ **~ de alta tensión** electricity pylon; **~ kilométrico** kilometre marker, ≃ milepost; *Am* **~ restante** *Br* poste restante, *US* general delivery; **~ telegráfico** telegraph pole -2. *(de portería)* post -3. *(en baloncesto)* centre
póster *(pl* **pósters***) nm* poster
postergación *nf (aplazamiento)* postponement
postergar [38] *vt* -1. *(aplazar)* to postpone -2. *(relegar)* to put behind

posteridad *nf* posterity; **hagámonos una foto para la ~** let's take a photo for posterity; **pasar a la ~** to go down in history, to be remembered; **quedar para la ~** to be left to posterity
posterior *adj* -1. *(en el espacio)* rear, back; **~ a** behind; **la piscina está en la parte ~ del hotel** the swimming pool is at the back o rear of the hotel -2. *(en el tiempo)* subsequent, later; **~ a** subsequent to, after; **fue un descubrimiento ~ al de la penicilina** it was a discovery made after that of penicillin -3. *(vocal)* back
posteriori *ver* **a posteriori**
posterioridad *nf* **con ~** later, subsequently; **con ~ a** later than, subsequent to
posteriormente *adv* subsequently, later (on); **~, se dieron la mano** later on they shook hands; **como se explicará ~...** as will be explained further on o later...
postgrado = **posgrado**
postgraduado, -a = **posgraduado, -a**
postguerra = **posguerra**
postigo *nm* -1. *(contraventana)* shutter -2. *(puerta)* wicket gate
postilla *nf* scab
postillón *nm* postilion
postimpresionismo *nm* postimpressionism
postimpresionista ⋄ *adj* postimpressionist
⋄ *nmf* postimpressionist
postín *nm* -1. *(distinción)* cachet; **de ~** posh; **fue una boda de ~** it was a posh o fancy wedding -2. *(presunción)* showiness; **darse ~** to show off; **lleva una vida de ~** she lives flashily
postindustrial *adj* post-industrial
post-it® *nm inv* Post-it®
postizo, -a ⋄ *adj* -1. *(diente, pelo, bigote)* false; **dentadura postiza** false teeth, dentures -2. *(cuello, manga)* detachable -3. *(sonrisa)* false
⋄ *nm* hairpiece
postmodernidad = **posmodernidad**
postmodernismo = **posmodernismo**
postmoderno, -a = **posmoderno, -a**
post mórtem *adj* ⋄ postmortem
⋄ *nm* postmortem (examination)
postoperatorio, -a = **posoperatorio, -a**
postor, -ora *nm,f* bidder; **vender al mejor ~** to sell to the highest bidder
postpalatal = **pospalatal**
postparto = **posparto**
postproducción *nf* CINE post-production
postración *nf* prostration
postrado, -a *adj* prostrate
postrar ⋄ *vt* **la gripe lo postró en cama** he was laid up in bed with flu
◆ **postrarse** *vpr* to prostrate oneself; **se postró ante el altar** he prostrated himself before the altar
postre ⋄ *nm (dulce, fruta)* dessert, *Br* pudding; **tomaré fruta de ~** I'll have fruit for dessert; **¿qué hay de ~?** what's for dessert?; EXPR **llegar a los postres** to come too late; EXPR **para ~** to cap it all
⋄ **a la postre** *loc adv* in the end; **votantes que, a la ~, han hecho posible el triunfo electoral** voters who, at the end of the day, are to thank for them winning the election; **el que a la ~ sería ganador pinchó en la primera vuelta** the eventual winner had a puncture on the first lap
postrero, -a *adj*

> Postrer is used instead of postrero before singular masculine nouns (e.g. el postrer día the last day).

last, final
postrimerías *nfpl* final stages; **en las ~ del siglo XIX** at the end o close of the 19th century; **marcaron el gol del empate en las ~ del encuentro** they equalized in the dying moments of the game
PostScript® ['poskrip] *nm* INFORMÁT PostScript®
postulación *nf* -1. *(colecta)* collection -2. *(acción)* postulation -3. *Am* POL *(candidatura)* nomination
postulado *nm* postulate

postulante, -a *nm,f* **-1.** *(en colecta)* collector **-2.** REL postulant **-3.** *Am (candidato)* candidate **-4.** CSur *(concursante)* candidate, applicant
postular ◇ *vt* **-1.** *(defender)* to call for **-2.** *Am (candidatar)* to nominate
◇ *vi* **-1.** *(en colecta)* to collect; **~ para una causa** to collect for a cause **-2.** CSur *(para trabajo)* to apply
◆ **postularse** *vpr* CSur **-1.** *(para cargo)* to stand, to run **-2.** *(para trabajo)* to apply (**para** o **Am a** for)
póstumamente *adv* posthumously
póstumo, -a *adj* posthumous; **un homenaje ~** a posthumous tribute; **recibió, a título ~, la medalla al valor** she was posthumously awarded the medal for bravery
postura *nf* **-1.** *(posición)* position, posture; **ponte en una ~ cómoda** get into a comfortable position, make yourself comfortable ❑ **~ del misionero** missionary position **-2.** *(actitud)* attitude, stance; **adoptar una ~, tomar ~** to adopt an attitude o a stance; **defiende posturas muy radicales** he upholds very radical opinions o views **-3.** *(en subasta)* bid **-4.** *Am (uso)* **este vestido se me estropeó a la segunda ~** this dress fell to pieces the second time I wore it **-5.** Chile **~ de argollas** *(celebración)* engagement party
posventa, postventa *adj inv* COM aftersales; **servicio ~** after-sales service
pota *nf Fam (vómito)* puke; **echar la ~** to puke (up)
potabilidad *nf* fitness for drinking
potabilización *nf* purification
potabilizador, -ora *adj* water-treatment; **planta potabilizadora** water-treatment plant, waterworks *(singular)*
potabilizadora *nf* water-treatment plant, waterworks *(singular)*
potabilizar *vt* to purify
potable *adj* **-1.** *(bebible)* drinkable; **agua ~** drinking water; **no ~** *(cartel)* not for drinking **-2.** *Fam (aceptable) (comida)* edible; *(novela)* readable; *(película)* watchable; *(chica)* passable
potaje *nm* **-1.** *(guiso)* vegetable stew; *(caldo)* vegetable stock **-2.** *Fam (brebaje)* potion, brew **-3.** *Fam (mezcla)* jumble, muddle
potar *vi Fam* to puke (up)
potasa *nf* potash
potásico, -a *adj* potassic; **cloruro/sulfato ~** potassium chloride/sulphate
potasio *nm* QUÍM potassium
pote *nm* **-1.** *(cazuela)* pan **-2.** *(cocido)* stew **-3.** RP *(recipiente)* jar, pot
potencia *nf* **-1.** *(capacidad, fuerza)* power; **la ~ de las aguas derribó el dique** the force of the water burst the dike; **este automóvil tiene mucha ~** this car is very powerful ❑ **~ sexual** sexual prowess
-2. FÍS power ❑ **~ acústica** acoustic power; **~ de un cohete** rocket thrust; **~ de una lente** power of a lens
-3. *(país)* power; **las grandes potencias** the major (world) powers ❑ **~ mundial** world power; **es una ~ mundial en la fabricación de automóviles** it's one of the major o main car manufacturers in the world; **una ~ nuclear** a nuclear power
-4. *(posibilidad)* **en ~** potentially; **una campeona en ~** a potential champion
-5. MAT power; **elevar a la segunda ~** to raise to the second power, to square; **elevar a la tercera ~** to raise to the third power, to cube
potenciación *nf* promotion; **ayudar a la ~ de algo** to promote sth, to encourage sth; **la ~ del interés por la lectura** promoting interest in reading
potenciador *nm* enhancer
potencial ◇ *adj* potential
◇ *nm* **-1.** *(fuerza)* power **-2.** *(posibilidades)* potential **-3.** GRAM conditional **-4.** ELEC (electric) potential
potencialidad *nf* potentiality, potential
potencialmente *adv* potentially

potenciar *vt* to promote, to encourage; **medidas para ~ el comercio justo** measures to promote fair trade; **el acuerdo potenciará los intercambios entre los países firmantes** the agreement will encourage o promote trade between the signatories; **una campaña para ~ el acceso de la población a Internet** a campaign to promote public access to the Internet
potenciómetro *nm* potentiometer
potentado, -a *nm,f* tycoon, magnate; **un ~ del sector bancario** a banking tycoon o magnate
potente *adj* **-1.** *(máquina, coche, nación)* powerful **-2.** *(grito)* powerful, loud; *(abrazo)* big **-3.** DEP *(disparo)* hard-hit **-4.** *(hombre)* virile
potestad *nf* authority, power; **tener ~ sobre alguien** to have authority over sb; **tener ~ para hacer algo** to have the authority o power to do sth
potestativo, -a *adj* optional
potiche *nm* CSur earthenware pot
potingue *nm Fam (cosmético)* potion
potito *nm* = jar of baby food
poto *nm* **-1.** *(árbol)* devil's ivy, hunter's robe **-2.** Andes *Fam (trasero)* bottom, backside **-3.** Perú *(vasija)* gourd, earthenware drinking vessel
potosí *(pl* potosíes*) nm Fam* **costar un ~** to cost a fortune; **valer un ~** to be worth one's weight in gold
potosino, -a ◇ *adj* **-1.** *(boliviano)* of/from Potosí *(Bolivia)* **-2.** *(mexicano)* of/from San Luis Potosí *(Mexico)*
◇ *nm,f* **-1.** *(boliviano)* person from Potosí *(Bolivia)* **-2.** *(mexicano)* person from San Luis Potosí *(Mexico)*
potra *nf* **-1.** *(yegua joven)* filly **-2.** *Fam (suerte)* luck; **¡qué ~!** how lucky can you get!; **tener ~** to be lucky o Br jammy
potrada *nf* = herd of young horses
potranco, -a *nm,f* = horse under three years of age
potrero *nm Am* field, pasture
potro *nm* **-1.** *(caballo joven)* colt **-2.** *(en gimnasia)* vaulting horse **-3.** *(aparato de tortura)* rack
POUM *nm* HIST *(abrev de* **Partido Obrero de Unificación Marxista***)* = former Trotskyist Spanish political party
poyo *nm (banco)* stone bench
poza *nf (de río)* pool, deep section of small river
pozal *nm* **-1.** *(brocal)* rim **-2.** *(cubo)* bucket
pozo *nm* **-1.** *(de agua)* well; EXPR **ser un ~ de sabiduría** to be a fountain of knowledge o wisdom; EXPR *Fam* **ser un ~ sin fondo** to be a bottomless pit ❑ **~ artesiano** artesian well; **~ de extracción** extraction shaft; **~ negro** cesspool; **~ de petróleo** oil well; **~ petrolífero** oil well; **~ de ventilación** ventilation shaft **-2.** *(de mina)* shaft **-3.** RP *(en vereda, en carretera)* pothole
pozole *nm CAm, Carib, Méx (guiso)* = stew made with maize kernels, pork or chicken and vegetables
PP *nm (abrev de* **Partido Popular***)* = Spanish political party to the right of the political spectrum
pp. *(abrev de* **páginas***)* pp
p.p. -1. *(abrev de* **por poder***)* pp **-2.** *(abrev de* **porte pagado***)* c/p
PPA *nm (abrev de* **Partido Peronista Auténtico***)* = Argentinian political party which follows the ideology of Perón
PPC *nm (abrev de* **Partido Popular Cristiano***)* = Peruvian political party
ppp INFORMÁT *(abrev de* **puntos por pulgada***)* dpi
PPS *nm (abrev de* **Partido Popular Socialista***)* = Marxist-Leninist political party in Mexico
práctica *nf* **-1.** *(experiencia)* practice; **te hace falta más ~** you need more practice; **con la ~ adquirirás más soltura** you'll become more fluent with practice; **esto es algo que se aprende con la ~** it comes with practice
-2. *(ejercicio)* practice; *(de un deporte)* playing; **se dedica a la ~ de la medicina** she practices medicine; **me han recomendado**

la ~ de la natación I've been advised to go swimming
-3. *(aplicación)* practice; **llevar algo a la ~, poner algo en ~** to put sth into practice; **en la ~** in practice
-4. *(clase no teórica)* practical; **prácticas de laboratorio** lab sessions
-5. prácticas *(laborales)* training; **contrato en prácticas** work-experience contract
-6. *(costumbre)* practice; **ser ~ establecida** to be standard practice
practicable *adj* **-1.** *(realizable)* practicable **-2.** *(transitable)* passable
prácticamente *adv (casi)* practically; **es ~ imposible que lo consiga** there's practically o almost no chance of him doing it; **¿estás lista ya?** – **~** are you ready yet? – almost o nearly
practicante ◇ *adj* practising; **un católico no ~** a non-practising o lapsed Catholic
◇ *nmf* **-1.** *(de deporte)* practitioner; *(de religión)* = practising member of a Church **-2.** MED = medical assistant who specializes in giving injections, checking blood etc **-3.** RP *(profesor)* student teacher
practicar [59] ◇ *vt* **-1.** *(ejercitar)* to practise; *(deporte)* to play; **practica natación tres veces a la semana** she goes swimming three times a week; **es creyente pero no practica su religión** he's a believer, but he doesn't practise his religion; **estos viajes me vienen muy bien para ~ el idioma** these trips are good for practising my language skills
-2. *(realizar)* to carry out, to perform; **le practicaron una operación de corazón** she had heart surgery; **le practicaron la autopsia** they carried out o performed an autopsy on him; **tuvieron que ~ un hueco en la pared para poder salir** they had to make a hole in the wall to get out
-3. *(profesión)* to practise; **practica la abogacía desde hace diez años** she has been practising law for ten years
◇ *vi* to practise; **es católico pero no practica** he's a Catholic, but not a practising one
practicidad *nf* CSur **me fascina la ~ de esta herramienta** I'm fascinated by how useful o handy this tool is; **las deportistas adoptan este corte de pelo por su ~** sportswomen favour this hairstyle because it is very practical
práctico¹, -a *adj* **-1.** *(objeto, situación)* practical; *(útil)* handy, useful; **un regalo ~** a practical gift; **es muy ~ vivir cerca del centro** it's very handy o convenient living near the centre
-2. *(curso, conocimientos)* practical; **un curso ~ de fotografía** a practical photography course; **estudiaremos varios casos prácticos** we will study a number of practical examples
-3. *(persona) (pragmático)* practical; **es una persona muy práctica** she's a very practical o pragmatic person
-4. RP *(persona) (experimentado)* **estar ~** to be experienced, to have experience
práctico² *nm* NÁUT pilot
pradera *nf* area of grassland; *(en Norteamérica)* prairie ❑ RP **~ artificial** = area of grassland grown especially for grazing cattle; RP **~ natural** area of natural grassland
prado *nm* **-1.** *(para el ganado)* meadow; **el (Museo del) Prado** the Prado (Museum) **-2.** Col *(césped)* lawn, grass
Praga *n* Prague
pragmática *nf* **-1.** HIST *(edicto)* royal edict. **-2.** LING pragmatics *(singular)*
pragmático, -a ◇ *adj* pragmatic
◇ *nm,f (persona)* pragmatist
pragmatismo *nm* pragmatism
praguense ◇ *adj* of/from Prague
◇ *nmf* person from Prague
pral. *(abrev de* **principal***) Br* first floor, *US* second floor
praliné *nm* praline
prángana *Cuba, Méx Fam* ◇ *adj* poor; **estoy bien ~** I'm completely broke
◇ *nmf* miserable wretch; **ese novio tuyo**

praseodimio

es un ~ that boyfriend of yours is a dead loss ◇ *nf* abject poverty **ésos viven en la ~** they live in abject poverty
praseodimio *nm* QUÍM praseodymium
praxis *nf inv* **-1.** *Formal (práctica)* praxis, practice **-2.** *(en teoría marxista)* praxis
PRD *nm* **-1.** (*abrev de* **Partido Revolucionario Democrático**) = Mexican political party **-2.** (*abrev de* **Partido Revolucionario Democrático**) = Panamanian political party **-3.** (*abrev de* **Partido Revolucionario Dominicano**) = political party in Dominican Republic
PRE *nm* (*abrev de* **Partido Rodolsista Ecuatoriano**) = Ecuadoran political party
pre- *pref* pre-
preacuerdo *nm* draft agreement; **llegar a un ~** to come to a preliminary agreement
prealerta *nf* = state of readiness in anticipation of natural disaster such as flooding, storms etc
preámbulo *nm* **-1.** *(introducción) (de libro)* foreword, preface; *(de congreso, conferencia)* introduction; **la recepción sirvió de lujoso ~ a la cumbre** the reception provided a luxurious introduction to the summit **-2.** *(rodeo)* **sin más preámbulos...** without further ado...; **casi sin preámbulos me empezó a relatar su viaje** he more or less went straight into telling me about his trip
preaviso *nm* prior notice; **hay que dar un mes de ~** you have to give a month's notice
prebenda *nf* **-1.** REL prebend **-2.** *(privilegio)* privilege; **denunciaron que los familiares del presidente disfrutan de prebendas** they condemned the fact that the president's relatives enjoy special privileges; **las prebendas de ser director** the perks of being a manager
preboste *nm* provost
precalentado, -a *adj* preheated
precalentamiento *nm* DEP warm-up
precalentar [3] *vt* **-1.** *(plato, horno)* to preheat **-2.** DEP to warm up
precámbrico, -a GEOL ◇ *adj* Precambrian ◇ *nm* **el ~** the Precambrian
precampaña *nf* POL run-up to the election campaign
precandidato, -a *nm,f Am* = person in the running to become a party's candidate for an election
precariedad *nf* precariousness; **viven en una situación de ~ económica** they are living in a precarious financial situation; **la ~ en el empleo** job insecurity
precario, -a *adj (salud, acuerdo)* precarious; **un empleo ~** a temporary job with poor pay and conditions; **la situación de su familia es muy precaria** her family's situation is very precarious; **inmigrantes que viven en condiciones precarias** immigrants living in poor conditions
precarización *nf* **la ~ del empleo** the casualization of labour, the rise in temporary jobs with poor pay and conditions
precaución *nf* **-1.** *(prudencia)* caution, care; *Esp* **conduce** o *Am* **maneja con ~** drive carefully; **por ~** as a precaution; **tuvo la ~ de desenchufar el aparato** he took the precaution of unplugging the appliance **-2.** *(medida)* precaution; **tomar precauciones** to take precautions
precautorio, -a *adj Méx* precautionary; **se decidió el desalojo ~ de las comunidades vecinas** it was decided to evacuate the people who lived in the area as a precautionary measure
precaver ◇ *vt* to guard against
◆ **precaverse** *vpr* to take precautions; **precaverse de** o **contra** to guard (oneself) against
precavidamente *adv* cautiously
precavido, -a *adj* **-1.** *(prevenido)* prudent; **es muy ~** he always comes prepared **-2.** *(cauteloso)* wary
precedencia *nf (de tiempo, orden, lugar)* precedence, priority
precedente ◇ *adj* previous, preceding; **en años precedentes** in previous years
◇ *nm* precedent; **sentar (un) ~** to set a precedent; **que no sirva de ~** this is not to become a regular occurrence; **sin precedentes** unprecedented
preceder *vt* to go before, to precede
preceptista ◇ *adj* preceptive
◇ *nmf* follower of literary precepts
preceptiva *nf* rules
preceptiva, -a *adj* obligatory, compulsory
precepto *nm* precept
preceptor, -ora *nm,f* (private) tutor
preceptuar *vt Formal* to stipulate
preces *nfpl Formal* prayers
preciado, -a *adj* valuable, prized; **un metal muy ~** a highly-prized metal; **un bien muy ~** a highly-valued possession
preciarse *vpr* **cualquier aficionado que se precie sabe que...** any self-respecting fan knows that...; **cualquier película policiaca que se precie debe contener una persecución** any police movie worth its salt has a chase in it; **~ de** to pride oneself on; **se precia de haber descubierto al actor** he prides himself on having discovered the actor
precintado *nm* **-1.** *(de caja, paquete)* sealing **-2.** *(de bar, lugar)* sealing off
precintadora *nf* sealing machine
precintar *vt* **-1.** *(caja, paquete)* to seal **-2.** *(bar, lugar)* to seal off
precinto *nm* **-1.** *(en sello, envoltorio)* seal ❑ **~ de garantía** protective seal **-2.** *(de caja, paquete)* sealing **-3.** *(de bar, lugar)* sealing off; **el juez ordenó el ~ de la sala** the judge ordered the room to be sealed off
precio *nm* **-1.** *(en dinero)* price; **¿qué ~ tiene esta corbata?** how much is this tie?; **subir los precios** to put prices up; **bajar los precios** to bring prices down; **ha subido el ~ de la vivienda** house prices have gone up; **está muy bien de ~** it's very reasonably priced; EXPR *Andes Fam* **a ~ de huevo** for next to nothing; EXPR **a ~ de oro: la merluza está a ~ de oro** hake has become ridiculously expensive; EXPR *RP* **hacer ~ a alguien** to give sb a discount; **poner ~ a** to put a price on; EXPR **poner ~ a la cabeza de alguien** to put a price on sb's head; EXPR **no tener ~** to be priceless ❑ BOLSA **~ de apertura** opening price; **~ de catálogo** list price; BOLSA **~ de cierre** closing price; **~ de compra** purchase price; **~ al contado** cash price; *Esp* **~ de coste** cost price; **~ de costo** cost price; **comprar algo a ~ de costo** to buy sth at cost price; BOLSA **~ de cotización** quoted price; FIN **el ~ del dinero** the cost of borrowing; BOLSA **~ de ejercicio** striking price; **~ de fábrica** factory price; **~ indicativo** guide price; **~ de lanzamiento** launch price; **~ de lista** list price; **~ al por mayor** trade price; **~ de mercado** market price; **~ prohibitivo** prohibitively high price; **~ de saldo** bargain price; **~ de salida** starting price; **~ de salida a Bolsa** issue price; **~ simbólico** nominal o token amount; **~ tope** top o ceiling price; **~ por unidad** unit price; **~ unitario** unit price; **~ de venta (al público)** retail price
-2. *(sacrificio)* price; **es el ~ de la fama** it's the price of fame; **pagaron un ~ muy alto por la victoria** they paid a very high price for victory, victory cost them dearly; **a cualquier ~** at any price; **al ~ de** at the cost of
preciosidad *nf* **-1.** *(cosa, persona)* **¡es una ~!** it's lovely o beautiful!; **su hija es una verdadera ~** their daughter is absolutely lovely o beautiful **-2.** *(como apelativo)* gorgeous
preciosismo *nm* preciousness
preciosista ◇ *adj* affected
◇ *nmf* affected writer
precioso, -a *adj* **-1.** *(bonito)* lovely, beautiful **-2.** *(valioso)* precious; **la salud es un bien ~** one's health is a precious thing
preciosura *nf Am* **-1.** *(cosa, persona)* **¡es una ~!** it's lovely o beautiful!; **su hija es una verdadera ~** their daughter is absolutely lovely o beautiful **-2.** *(como apelativo)* gorgeous

preciso

precipicio *nm* **-1.** *(de montaña)* precipice **-2.** *(abismo)* **la compañía está al borde del ~** the company is on the verge of ruin o collapse
precipitación *nf* **-1.** *(apresuramiento)* haste; **actuaron con ~** they acted hastily **-2.** **precipitaciones** *(lluvia)* rain, *Espec* precipitation; **precipitaciones en forma de nieve** snow; **intervalos nubosos con precipitaciones ocasionales** scattered cloud with occasional showers **-3.** QUÍM precipitation
precipitadamente *adv* hastily; **abandonó ~ el lugar** he left hastily
precipitado, -a ◇ *adj* hasty; **no seas ~, reflexiona un poco** don't be too hasty, think it over a little
◇ *nm* QUÍM precipitate
precipitar ◇ *vt* **-1.** *(arrojar)* to throw o hurl down **-2.** *(acelerar)* to hasten, to speed up; **su dimisión precipitó las elecciones** his resignation hastened o precipitated the elections; **no precipitemos los acontecimientos** let's not rush things, let's not jump the gun; **la muerte de su mujer precipitó su vuelta** his wife's death caused him to return early **-3.** QUÍM to precipitate
◇ *vi* QUÍM to precipitate
◆ **precipitarse** *vpr* **-1.** *(caer)* to plunge (down); **se precipitó al vacío desde lo alto del edificio** he threw himself from the top of the building
-2. *(acelerarse) (acontecimientos)* to speed up; **se precipitaron los acontecimientos** things happened very quickly
-3. *(apresurarse)* to rush (**hacia** towards); **el público se precipitó hacia las salidas de emergencia** the audience rushed towards the emergency exits
-4. *(obrar irreflexivamente)* to act rashly; **te precipitaste al anunciar los resultados antes de tiempo** you were rash to announce the results prematurely; **no nos precipitemos** let's not rush into anything, let's not be hasty
precisamente *adv* **-1.** *(con precisión)* precisely **-2.** *(justamente)* **¡~!** exactly!, precisely!; **~ por eso** for that very reason; **~ tú lo sugeriste** in fact it was you who suggested it; **~ te andaba buscando** I was just looking for you; **~ esta mañana hemos discutido el asunto** just this morning we were talking about it; **no es que sea ~ un genio** he's not exactly a genius
precisar ◇ *vt* **-1.** *(determinar)* to fix, to set; *(aclarar)* to specify exactly; **el lugar está sin ~** the location has not yet been fixed o specified; **no puedo ~ cuándo** I can't say exactly when **-2.** *(necesitar)* to need, to require; **se precisa una gran habilidad** much skill is needed o required; **empresa informática precisa ingeniero** *(en anuncio)* engineer required by computer firm
◇ *vi* **~ de** to need; **el equipo precisa de su actuación** the team needs him to play
precisión *nf* accuracy, precision; **con ~** accurately, precisely; **instrumento de ~** precision instrument
preciso, -a *adj* **-1.** *(exacto)* precise; **nos dio instrucciones precisas** she gave us precise instructions; **llegaste en el momento ~ en el que me marchaba** you arrived exactly as I was leaving; **en este ~ instante no puedo atender la llamada** I can't take the call right now; **el accidente ocurrió en este ~ lugar** the accident happened right here o on this very spot
-2. *(necesario)* **carecen de los medios precisos** they lack the necessary means; **ser ~ (para algo/hacer algo)** to be necessary (for sth/to do sth); **fue ~ llamar a los bomberos** the fire brigade had to be called; **es ~ que vengas** you must come; **no es ~ que madrugues** there's no need for you to get up early; **será ~ que obtengan un permiso** it will be necessary for them to get a permit; **cuando sea ~** when necessary; **si es ~, llámame** call me if necessary; **si es ~, contrataremos a un consultor** if necessary, we will hire a consultant

preclaro

-3. *(conciso)* exact, precise; **utiliza un lenguaje muy ~** he uses very precise language

preclaro, -a *adj Formal* illustrious, eminent

precocidad *nf* precociousness

precocinado, -a ◇ *adj* pre-cooked
◇ *nm* precooked dish

precolombino, -a pre-Columbian

preconcebido, -a *adj (idea)* preconceived; *(plan)* drawn up in advance

preconcebir [47] *vt* to draw up in advance

preconizar [14] *vt* to recommend, to advocate

precontrato *nm* pre-contract; **firmar un ~** to sign a pre-contract

precordillera *nf* Andes foothills of the Andes

precoz *adj* -1. *(persona)* precocious -2. *(lluvias, frutos)* early -3. *(diagnóstico)* early

precursor, -ora ◇ *adj* precursory; **un movimiento ~ del impresionismo** a movement which anticipated the Impressionists
◇ *nm,f* precursor

predador, -ora ◇ *adj* predatory
◇ *nm* predator

predatorio, -a *adj (animal, instinto)* predatory

predecesor, -ora *nm,f* predecessor

predecibilidad *nf* predictability

predecible *adj* predictable

predecir [51] *vt* to predict

predestinación *nf* predestination

predestinado, -a *adj* predestined, destined (**a** to); **un artista ~ a la fama** an artist predestined *o* destined to become famous

predestinar *vt* to predestine

predeterminación *nf* predetermination

predeterminado, -a *adj* predetermined

predeterminar *vt* to predetermine

predial *adj Am* property; **impuesto ~** property tax

prédica *nf* sermon; **su ~ en defensa de los derechos del hombre** her harangue in defence of human rights

predicado *nm* GRAM predicate

predicador, -ora *nm,f* preacher

predicamento *nm (estima)* esteem, regard; **un escritor que goza de mucho ~ entre los jóvenes** a writer held in high regard *o* great esteem by young people, a writer regarded very highly by young people

predicar [59] ◇ *vt* to preach
◇ *vi* to preach; EXPR **~ con el ejemplo** to practice what one preaches, to set a good example; EXPR **es como ~ en el desierto** it's like talking to a brick wall

predicativo, -a ◇ *adj* GRAM ◇ *adj* predicative
◇ *nm* complement

predicción *nf* prediction, forecast ❏ **~ meteorológica** weather forecast; **~ del tiempo** weather forecast

predice *ver* **predecir**

predicho, -a *participio ver* **predecir**

predigo *ver* **predecir**

predijera *etc ver* **predecir**

predilección *nf* particular preference (**por** for); **siento ~ por la ópera** I'm particularly fond of opera; **es un poeta de mi ~** he's one of my favourite poets

predilecto, -a *adj* favourite

predio *nm* -1. DER *(terreno)* estate, property -2. *Am (edificio)* building

predisponer [50] *vt* -1. to predispose (**a** to); **~ a alguien en contra de/a favor de algo** to prejudice sb against/in favour of sth -2. MED to predispose

predisposición *nf* -1. *(aptitud)* **~ para** aptitude for; **no tiene ~ para el tenis** he has no aptitude for tennis -2. *(tendencia)* **~ a** predisposition to; **tiene una gran ~ a enfermar** he's very prone to getting sick, he's very susceptible to illness

predispuesto, -a ◇ *participio ver* **predisponer**
◇ *adj* predisposed (**a** to); **están predispuestos en contra mía** they're biased against me

predominancia *nf* predominance

predominante *adj (que prevalece)* predominant; *(viento, actitudes)* prevailing

predominantemente *adv* predominantly

predominar *vi* to predominate, to prevail (**sobre** over); **una clase en la que predominan las mujeres** a class made up predominantly of women; **en su cuadro predominan los elementos abstractos** his painting is dominated by abstract elements; **una reunión en la que predominó la unidad** a meeting at which unity prevailed; **una región en la que predomina el cereal** a region in which cereals are the main crop; **el pesimismo predomina entre los inversores** the mood among investors is predominantly one of pessimism

predominio *nm* predominance; **~ de algo sobre algo** predominance of sth over sth; **había un ~ de gente joven entre el público** the audience was made up predominantly of young people

preelectoral *adj* pre-election; **el periodo ~** the pre-election period, the run-up to the elections

preeminencia *nf* preeminence

preeminente *adj* preeminent

preescolar ◇ *adj* preschool, nursery; **educación** *o* **enseñanza ~** nursery *o* preschool education
◇ *nm* nursery school, kindergarten

preestablecido, -a *adj* pre-established

preestreno *nm* preview

preexistencia *nf* pre-existence

preexistente *adj* pre-existing

preexistir *vi* to pre-exist

prefabricado, -a *adj* prefabricated

prefabricar [59] *vt* to prefabricate

prefacio *nm* preface

prefecto *nm* -1. REL prefect -2. *(en Perú)* civil governor -3. *(en Francia)* prefect

prefectura *nf* -1. REL prefecture -2. *(en Perú)* civil governor's office -3. RP *(naval)* naval command -4. *(en Francia)* prefecture

preferencia *nf* -1. *(prioridad)* preference; **tener ~** *(vehículo)* to have right of way; **tienen ~ los vehículos que vienen por la derecha** vehicles coming from the right have right of way *o* priority; **a la hora de pedir vacaciones tienen ~ los más veteranos** when it comes to requesting holiday leave, the older members of staff have first choice; **dan ~ a los jubilados** they give priority to the retired
-2. *(predilección)* preference; **es conocida su ~ por la playa antes que la montaña** it is well known that he prefers the seaside to the mountains; **con** *o* **de ~** preferably; **tener ~ por** to have a preference for
-3. *(en teatro, estadio)* **asientos de ~** = seats with the best view

preferencial *adj* preferential

preferente *adj* -1. *(prioritario)* preferential; **las personas mayores reciben un trato ~** older people receive preferential treatment -2. *(en transporte)* **clase ~** club class

preferentemente *adv* preferably

preferible *adj* preferable (**a** to); **es ~ madrugar** it's better to get up early; **es ~ que no vengas** it would be better if you didn't come; **un viaje en tren es ~ a uno en autobús** travelling by train is preferable to travelling by bus; **lo ~ sería que llamaras primero** it would be best if you could call first

preferiblemente *adv* ideally

preferido, -a ◇ *adj* favourite
◇ *nm,f* favourite; **es el ~ de su madre** he's his mother's favourite

preferir [62] *vt* to prefer; **¿qué prefieres, vino o cerveza?** what would you prefer, wine or beer?; **lo prefiero con un poco de sal** I prefer it slightly salted; **prefiere no salir** she'd prefer not to go out, she'd rather not go out; **prefirió quedarse en casa** he preferred to stay at home; **~ algo a algo** to prefer sth to sth; **prefiero el pescado a la carne** I prefer fish to meat; **prefiero que me digan las cosas a la cara** I prefer people to say things to my face, I'd rather people said things to my face

prefigurar *vt* to prefigure

prefijar *vt* to fix in advance

prefijo *nm* -1. GRAM prefix -2. *(telefónico) Br* dialling code, *US* area code

prefiriera *etc ver* **preferir**

preformateado, -a *adj* INFORMÁT preformatted

pregón *nm* -1. *(bando)* proclamation, announcement -2. *(en fiestas)* opening speech

pregonar *vt* -1. *(bando)* to proclaim, to announce -2. *(secreto)* to spread about; **no vayas por ahí pregonando la noticia** don't go spreading the news around -3. *(cualidades, virtudes)* to praise, to extol

pregonero, -a *nm,f* -1. *(de pueblo)* town crier -2. *(de fiestas)* = person who makes a "pregón" -3. *(bocazas)* blabbermouth

pregrabado, -a *adj* prerecorded

pregunta *nf* question; **hacer una ~** to ask a question; **¿te importa si te hago una ~?** do you mind if I ask you a question?; **¿te gustaría venir a la fiesta? – ¡qué ~!** would you like to come to the party? – what a question!; EXPR *Fam* **andar a la cuarta** *o* **última ~** to be broke; EXPR *Fam* **freír a preguntas** to bombard with questions ❏ **~ capciosa** trick question; *Fam Hum* **la ~ del millón de dólares** the sixty-four-thousand dollar question; **~ retórica** rhetorical question

preguntadera *nf Andes* barrage of questions

preguntar ◇ *vt* to ask; **~ algo a alguien** to ask sb sth; **a mí no me lo preguntes** don't ask me; **si no es mucho ~, ¿cuántos años tiene?** if you don't mind my asking, how old are you?; **esas cosas no se preguntan** you just don't ask questions like that
◇ *vi* to ask; **a mí no me preguntes** don't ask me; **preguntan por ti** they're asking for you; **pregunté por sus padres** I asked after his parents; **entra en la oficina y pregunte por Carolina** go into the office and ask for Carolina; **eso es ~ por ~** that's just asking for the sake of asking

◆ **preguntarse** *vpr* to wonder; **me pregunto si habré hecho bien** I wonder if I've done the right thing

preguntón, -ona *Fam* ◇ *adj (curioso)* nosey
◇ *nm,f (curioso)* nosey person, *Br* nosey parker

prehistoria *nf* prehistory

prehistórico, -a *adj* -1. *(de la prehistoria)* prehistoric -2. *Fam (anticuado)* prehistoric

preimpresión *nf* INFORMÁT pre-press

preindustrial *adj* preindustrial

preinscripción *nf* pre-enrolment, pre-registration

prejubilación *nf* early retirement

prejuiciado, -a *Am* ◇ *adj* prejudiced
◇ *nm,f* **es un ~** he has a lot of prejudices

prejuicio *nm* prejudice; **están cargados de** *o* **tienen muchos prejuicios** they're very prejudiced; **tiene muchos prejuicios contra los inmigrantes** she has a lot of prejudices about immigrants ❏ **~ racial** racial prejudice

prejuicioso, -a *Am* ◇ *adj* prejudiced
◇ *nm,f* **es un ~** he has a lot of prejudices

prejuzgar [38] ◇ *vt* to prejudge
◇ *vi* to prejudge

prelación *nf* priority, precedence; **tener ~ sobre** to take precedence over, to have priority over

prelado *nm* REL prelate

prelavado *nm* pre-wash

preliminar ◇ *adj* preliminary; **quedó el primero en la ronda ~** he came first in the preliminary round
◇ *nm* preliminary

preludiar *vt* **un fuerte viento preludiaba el invierno** a strong wind signalled the beginning *o* onset of winter, a strong wind heralded the coming of winter; **aquella discusión no preludiaba nada bueno** that argument did not bode well

preludio *nm* -1. *(anuncio)* prelude; **las lluvias eran el ~ de la primavera** the rains signalled the beginning *o* onset of spring, the rains heralded the coming of spring -2. MÚS prelude

premamá *adj inv (ropa)* maternity
prematrimonial *adj* premarital; **relaciones prematrimoniales** premarital sex
prematuramente *adv* prematurely
prematuro, -a ◇ *adj* **-1.** *(muerte, nacimiento)* premature **-2.** *(bebé)* premature **-3.** *(decisión)* premature; **todavía es ~ realizar un anuncio oficial** it is still too early to make an official announcement
◇ *nm,f* premature baby
premeditación *nf* premeditation; **actuó con ~** he acted with premeditation, it was a premeditated act; DER **con ~ y alevosía** with malice aforethought; *Fam* **intentó hundir sus planes con ~ y alevosía** she deliberately tried to ruin his plans
premeditadamente *adv* deliberately, with premeditation
premeditado, -a *adj* premeditated
premeditar *vt* to plan; **~ un crimen** to premeditate a crime
premenstrual *adj* premenstrual
premiación *nf Am (en escuela, club)* prize-giving; *(de cine, música)* awards ceremony
premiado, -a ◇ *adj* **-1.** *(vencedor) (número)* winning **-2.** *(película, escritor)* prize-winning
◇ *nm,f* winner, prizewinner
premiar *vt* **-1.** *(recompensar)* to reward; **premian la fidelidad con vales de descuento** they reward loyalty with discount vouchers; **la decisión premia la calidad sobre la originalidad** the decision places quality above originality
-2. *(dar un premio a)* to give a prize to; **fue premiado con un viaje al Caribe** he won a trip to the Caribbean; **fue premiado con el Óscar al mejor actor** he won *o* he was awarded the Oscar for best actor
premier *nm* prime minister, premier
premio *nm* **-1.** *(en competición, sorteo)* prize; **dar** *o* **conceder un ~** to award a prize; **obtener** *o* **ganar un ~** to win a prize; **le tocó un ~** he won a prize; **el ~ al mejor actor** the prize for best actor; **un ~ consistente en una vuelta al mundo** a prize of a trip round the world ❑ *Premio Cervantes* = annual literary prize awarded to Spanish language writers; **~ a la combatividad** *(en ciclismo)* most aggressive rider classification; **~ de consolación**, *RP* **~ consuelo** consolation prize; **~ en efectivo** cash prize; **~ gordo** first prize; **~ en metálico** cash prize, prize money; **~ de la montaña** *(en ciclismo) (competición)* king of the mountains competition; *(lugar)* = checkpoint at which cyclists can accrue points towards the king of the mountains competition; *Premio Nobel (galardón)* Nobel Prize; **~ de la regularidad** *(en ciclismo)* points competition
-2. *(recompensa)* reward; **recibió la medalla como ~ a su valor** he received the medal as a reward for his bravery
-3. *(ganador)* prize-winner ❑ **~ Nobel** Nobel Prize winner; **este año tampoco ha sido el ~ Nobel** he didn't win the Nobel Prize this year either

PREMIO CASA DE LAS AMÉRICAS

The Cuban cultural organisation **Casa de las Américas** set up this prestigious award in 1959. Every year it awards prizes for poetry, drama, novels and essays written in any Latin American language. The prize is the best known Latin-American literary award, and is given for individual works, rather than a writer's entire production. Many well-known Latin-American writers won the prize early in their career, or have served on its international jury.

PREMIO CERVANTES

Every year since 1975, on April 23rd — the day Miguel Cervantes died — the Spanish Ministry of Culture has awarded its **Premio Cervantes** to a Spanish-language writer with a lifetime of literary achievement. The jury is made up of the Director of the Real Academia Española (Spanish Royal Academy), the Director of one of the equivalent Latin American academies, the previous year's winner and other prominent literary figures. It is considered the most prestigious award in the Spanish language (sometimes referred to as the Spanish Nobel Prize) and those who receive it, such as Argentina's Jorge Luis Borges (1978), Mexico's Octavio Paz (1981), or Spain's Francisco Ayala (1991) and Miguel Delibes (1993), are major literary figures.

premioso, -a *adj* **-1.** *(apretado)* tight, constricting **-2.** *(lenguaje, estilo)* laboured
premisa *nf* premise; **partes de una ~ falsa** you are starting from a false premise
premolar ◇ *adj* premolar
◇ *nm* premolar
premonición *nf* premonition; **tuve la ~ de que íbamos a ganar** I had a premonition that we were going to win
premonitorio, -a *adj* portentous
premunido, -a *adj Andes* armed (**de** with); **llegó ~ de su pasaporte** he arrived armed with his passport
premunirse *vpr Andes* **~ de** *(armas)* to arm oneself with; *(valor, paciencia)* to summon up
premura *nf* **-1.** *(urgencia)* urgency, haste; **con ~** urgently **-2.** *(escasez)* lack, shortage; **dada la ~ de tiempo...** given the lack of time...
prenatal *adj* prenatal, antenatal
prenda *nf* **-1.** *(vestido)* garment, article of clothing; **prendas de abrigo/verano** warm/summer clothing ❑ **~ interior** undergarment; **~ íntima** undergarment, piece of underwear
-2. *(señal, garantía)* pledge; **dejar algo en ~** to leave sth as a pledge; **le dio el anillo en ~ de su amor** he gave her the ring as a token *o* pledge of his love; **el regalo era una ~ de su amistad** the gift was a token of his friendship
-3. *(en juego)* forfeit; **jugar a las prendas** to play forfeits
-4. *(virtud)* talent, gift
-5. *(apelativo cariñoso)* darling, treasure
-6. *Fam* EXPR **no doler prendas: no me duelen prendas reconocer que estaba equivocado** I don't mind admitting I was wrong; **no soltar ~** not to say a word
prendar ◇ *vt* to enchant
◆ **prendarse** *vpr* **prendarse de alguien** to fall in love with sb; **me quedé prendado de aquel coche** I fell in love with that car
prendedor *nm* brooch
prender ◇ *vt* **-1.** *(arrestar)* to arrest, to apprehend
-2. *(sujetar)* to fasten; **prendió el clavel en la solapa con un alfiler** she attached the carnation to her lapel with a pin
-3. *(fuego)* to light; **prendieron fuego a los matorrales** they set fire to the bushes, they set the bushes on fire
-4. *(agarrar)* to grip; **prendió con fuerza el brazo de su madre** he gripped his mother's arm tightly
-5. *esp Am (luz, interruptor)* to switch on; *(motor)* to start (up); **prende la luz, que no veo** turn *o* switch the light on, I can't see; **prendió un cigarrillo** she lit a cigarette
◇ *vi* **-1.** *(arder)* to catch fire; **esta leña no prende** this wood won't catch fire **-2.** *(planta)* to take root **-3.** *(opinión)* to spread; **es una idea que ha prendido entre el público** it's an idea that has caught on among the public
◆ **prenderse** *vpr* **-1.** *(arder)* to catch fire **-2.** *Am (luz, interruptor)* to switch itself on
prendido, -a *adj* **-1.** *(sujeto)* caught **-2.** *(encantado)* enchanted, captivated; **quedar ~ de** to be captivated by
prenombrado, -a *adj Arg, Chile* aforementioned, aforesaid
prensa *nf* **-1.** *(periódicos, periodistas)* press; **compro la ~ todos los días** I buy the newspapers every day; EXPR **tener buena/mala ~** to have a good/bad press ❑ *la ~ amarilla* the gutter press, the tabloids; *la ~ del corazón* gossip magazines; *la ~ deportiva* the sports press; *la ~ diaria* the daily press; *la ~ escrita* the press; *la ~ especializada* specialist publications
-2. la ~ *(los periodistas)* the press
-3. *(imprenta)* printing press; **entrar en ~** to go to press
-4. *(máquina)* press ❑ **~ hidráulica** hydraulic press

PRENSA ROSA

In recent decades, magazines devoted to the lives of celebrities have become increasingly popular in the Spanish-speaking world. Some magazines have even sought to export their recipe for success abroad. The avid interest of the media in prying into the lives of the famous has transferred to television, and there are a myriad of cheaply produced programs which do little more than hound celebrities attending social functions or just getting on with their daily lives. However, many celebrities have decided to cash in on this public interest and demand huge sums of money to appear in exclusive reports or interviews.

prensado *nm* pressing
prensar *vt* to press
prensil *adj* prehensile
prenupcial *adj* premarital
preñada *nf* pregnant woman
preñado, -a *adj* **-1.** *(hembra)* pregnant; **preñada de tres meses** three months pregnant; *Fam* **ha dejado preñadas a tres mujeres** he's got three women pregnant; *Fam* **se ha vuelto a quedar preñada** *(mujer)* she's expecting again; *Fam* **se quedó preñada de su novio** her boyfriend got her pregnant **-2.** *Literario (lleno)* **~ de** full of
preñar *vt* **-1.** *(hembra)* to make pregnant; *Fam* **ha preñado a tres mujeres** he's got three women pregnant **-2.** *Literario (llenar)* **~ de** to fill with; **música preñada de pasión** music bursting with passion
preñez *nf* pregnancy
preocupación *nf* concern, worry; **mi mayor ~ es no perder el empleo** my main concern is not to lose my job; **su ~ por el dinero ha llegado a alturas absurdas** his preoccupation with money has reached absurd heights; **para él no existen las preocupaciones** he doesn't have a care in the world
preocupado, -a *adj* worried, concerned (**por** about); **nuestro hijo nos tiene muy preocupados** we're very worried *o* concerned about our son
preocupante *adj* worrying; **lo ~ es que no haya llamado todavía** the worrying thing is that she still hasn't phoned
preocupar ◇ *vt* **-1.** *(inquietar)* to worry; **me preocupa no saber nada de él** I'm worried I haven't heard from him; **me preocupa que no haya llamado** I'm worried that she hasn't called; **no me preocupa que lo sepan otros** it doesn't worry me that other people know about it
-2. *(importar)* to bother; **sólo le preocupa su apariencia externa** he's only bothered about his appearance
◆ **preocuparse** *vpr* **-1.** *(inquietarse)* to worry (**por** about); **no te preocupes** don't worry; **no te preocupes por ella** don't worry about her; **se preocupa por cualquier cosa** he worries *o* gets worried about the slightest thing
-2. *(encargarse)* **preocuparse de algo** to take care of sth; **preocuparse de hacer algo** to see to it that sth is done; **preocuparse de que...** to make sure that...; **me preocuparé de que nunca les falte nada** I will make sure that they never lack for anything
preolímpico, -a DEP ◇ *adj* **torneo ~** Olympic qualifying competition
◇ *nm* Olympic qualifying competition
prepa *nf Méx Fam* = three-year course of studies for students aged 14-17, *Br* ≃ Sixth Form, *US* ≃ Senior High
prepalatal *adj* LING prepalatal

preparación *nf* **-1.** *(disposición, elaboración)* preparation; **dedicó sus vacaciones a la ~ de los exámenes** he spent his holidays preparing for the exams; **tiene un nuevo disco en ~** she's working on a new record
-2. *(de atleta)* training ❑ **~ física** *(entrenamiento)* physical training; *(estado)* physical condition
-3. *(formación) (práctica)* training; *(teórica)* education; **tiene una buena ~ en idiomas** he has good language skills
-4. *(para microscopio)* specimen

preparado, -a ◇ *adj* **-1.** *(dispuesto)* ready (**para** for); *(de antemano)* prepared (**para** for); **ya está todo ~ para la inauguración** everything is now ready for the opening; **les sirvió un plato que ya tenía ~** he served them a dish which he had prepared earlier; **no estaba ~ para la vida de soltero** he wasn't prepared for life as a single person; **preparados, listos, ¡ya!** ready, steady, go!, on your marks, get set, go!
-2. *(capacitado)* qualified; **no estoy ~ para hacer este trabajo** I'm not qualified to do *o* for this job; **varios candidatos muy preparados** several well-qualified candidates
-3. *(plato)* ready-cooked
◇ *nm (medicamento)* preparation

preparador, -ora *nm,f* DEP *(entrenador)* coach ❑ **~ físico** trainer

preparar ◇ *vt* **-1.** *(disponer, elaborar)* to prepare; *(trampa)* to set, to lay; *(maletas)* to pack; **estaban preparando un robo** they were planning a robbery; **voy a ~ la cena/el arroz** I'm going to get dinner ready/cook the rice; **nos preparó una cena estupenda** she made *o* cooked a delicious evening meal for us; **¿quién prepara la comida en tu casa?** who does the cooking in your household?; **le hemos preparado una sorpresa** we've got a surprise for you
-2. *(examen, oposiciones, prueba)* to prepare for
-3. *(entrenar, adiestrar) (físicamente)* to train; *(tácticamente)* to coach; *(alumnos)* to coach; *(animales)* to train; **no nos habían preparado para solucionar este tipo de problemas** we hadn't been taught to solve this type of problem

➔ **prepararse** *vpr* **-1.** *(disponerse)* to prepare oneself, to get ready (**para** for); **¡prepárate!** *(disponte)* get ready!; **como no esté terminado para mañana, prepárate** it had better be ready by tomorrow, or else...; **se prepara para el examen** she's preparing for the exam; **prepararse para hacer algo** to prepare *o* get ready to do sth; **prepárate para oír una buena/mala noticia** are you ready for some good/bad news?; **prepárate para aburrirte como una ostra** get ready *o* prepare yourself to be bored to death
-2. *(entrenarse) (equipo, deportista)* to train; **prepararse para algo/para hacer algo** to train for sth/to do sth; **se prepara para las olimpiadas** she's in training for the Olympics; **se preparó a fondo para el campeonato** she prepared thoroughly for the championships
-3. *(fraguarse) (tormenta, nevada)* to be on its way; **se estaba preparando una verdadera tormenta política** a major political storm was brewing *o* on its way

preparativo, -a ◇ *adj* preparatory, preliminary
◇ *nmpl* **preparativos** preparations; **están ultimando los preparativos para la cumbre** they are finalizing preparations for the summit

preparatoria *nf Méx* = three-year course of studies for students aged 14-17, *Br* ≃ Sixth Form studies, *US* ≃ Senior High School studies

preparatorio, -a *adj* preparatory

preparatorios *nmpl Urug* = last two years of secondary school, devoted to preparing for university, *Br* ≃ sixth form, *US* ≃ senior high school

prepizza *nf RP* pizza base

prepo *RP Fam* ◇ **a prepo** *loc adv* **terminó estudiando a ~** she ended up being forced to study against her will
◇ **de prepo** *loc adv* **entraron de ~** they barged in without asking

preponderancia *nf* preponderance; **tener ~ (sobre)** to predominate (over)

preponderante *adj (opinión, comportamiento)* prevailing; **desempeñó un papel ~ en las negociaciones** he played a major role in the negotiations

preponderar *vi* to prevail; **preponderaba el optimismo** a mood of optimism prevailed

preposición *nf* preposition

preposicional *adj* prepositional

prepositivo, -a *adj* LING prepositive

prepósito *nm* REL **~ general** superior general

prepotencia *nf* **-1.** *(arrogancia)* arrogance; **nos hablaba con mucha ~** he spoke to us very arrogantly *o* overbearingly **-2.** *(poder)* dominance, power

prepotente *adj* **-1.** *(arrogante)* domineering, overbearing **-2.** *(poderoso)* very powerful

prepucio *nm* foreskin

prerrafaelista *nmf* ARTE Pre-Raphaelite

prerrequisito *nm* prerequisite

prerrogativa *nf* prerogative

prerrománico *nm* early medieval architecture *(of 5th to 11th centuries)*

presa *nf* **-1.** *(captura) (de cazador)* catch; *(de animal)* prey; **hacer ~ en alguien** to seize *o* grip sb; **ser ~ de la emoción** to be overcome with excitement; **el público huyó ~ del pánico** the audience fled in panic; **es ~ fácil de los estafadores** she's easy prey for swindlers; **cayó ~ de un espejismo** she was taken in by an illusion
-2. *(dique)* dam ❑ **la ~ de Assuan** *o* **Asuán** the Aswan Dam
-3. Andes, RP *(de pollo)* piece
-4. *ver también* **preso**

presagiar *vt (prever)* to foretell, to foresee; **esas nubes presagian tormenta** there's going to be a storm, by the look of those clouds

presagio *nm* **-1.** *(premonición)* premonition; **tengo el ~ de que alguien va a morir** I have a premonition that somebody is going to die **-2.** *(señal)* omen; **un buen/mal ~** a good/bad omen

presbicia *nf Br* longsightedness, *US* farsightedness

presbiterianismo *nm* Presbyterianism

presbiteriano, -a ◇ *adj* Presbyterian
◇ *nm,f* Presbyterian

presbiterio *nm* presbytery

presbítero *nm* REL priest

presciencia *nf* prescience, foreknowledge

prescindencia *nf Am* omission; **con ~ de** without

prescindir *vi* **-1.** **~ de** *(renunciar a)* to do without; **no puedo ~ de su ayuda** I can't do without her help; **prescindieron del entrenador** they got rid of the coach; **prescindió del coche durante una semana** she did without the car for a week; **decidieron ~ de sus servicios** they decided to dispense with her services
-2. **~ de** *(omitir)* **prescinde de detalles, por favor** please leave out *o* skip the details; **prescindiendo de este capítulo, el resto está muy bien** apart from this chapter, the rest is very good; **prescindiendo de la normativa...** ignoring the regulations...

prescribir ◇ *vt* **-1.** *(sujeto: médico)* to prescribe **-2.** *(ordenar)* to prescribe; **la ley prescribe pena de prisión para ese tipo de delitos** the law prescribes *o* stipulates a prison sentence for this type of crime, this type of crime carries a prison sentence according to the law
◇ *vi* DER *(plazo, deuda)* to expire, to lapse; **estos delitos no prescriben** there is no statute of limitations on these crimes

prescripción *nf* **-1.** *(orden)* prescription; **por ~ facultativa** on medical advice, on doctor's orders; **un fármaco de rigurosa ~ facultativa** a drug which can only be obtained on prescription **-2.** DER *(de plazo, deuda)* expiry, lapsing

prescrito, -a *participio ver* **prescribir**

presea *nf Méx* trophy

preselección *nf* **tuvimos que hacer una ~** we had to draw up a short list; **no pasó de la fase de ~** he didn't get beyond the initial selection stage

preseleccionar *vt (candidatos)* to shortlist; **preseleccionaron a 40 jugadores para formar una plantilla de 25** an initial pool of 40 players was selected, from which the 25 making up the final squad would be chosen

presencia *nf* **-1.** *(en lugar)* presence; **en ~ de** in the presence of; **estamos en ~ de un hecho histórico** we are witnessing an historic event; **no hables así en ~ de tu abuela** don't speak like that in front of your grandmother; **hacer acto de ~** to attend; **se echó en falta su ~** her presence was missed; **critican la ~ de las bases americanas** they are critical of the presence of American bases; **sospechan de la ~ de un virus en la red** they suspect the presence of a virus in the network
-2. *(aspecto)* presence; **buena ~** good looks; **mucha/poca ~** great/little presence
-3. **~ de ánimo** presence of mind

presencial *adj* **testigo ~** eyewitness

presenciar *vt (asistir)* to be present at; *(ser testigo de)* to witness; **50.000 personas presenciaron la final en directo** 50,000 people were present at *o* attended the final

presentable *adj* presentable

presentación *nf* **-1.** *(aspecto exterior)* presentation; **una ~ muy cuidada** *(de libro, plato)* a very meticulous *o* careful presentation; *(de persona)* an impeccable appearance ❑ INFORMÁT **~ preliminar** preview
-2. *(entrega)* presentation; **mañana concluye el plazo de ~ de candidaturas** tomorrow is the last day for submitting applications
-3. *(entre personas)* introduction; **ya me encargo yo de hacer las presentaciones** I'll see to making the introductions
-4. *(de producto, persona)* launch, presentation; **la ~ de un libro/disco** the launch of a book/record; **la ~ del nuevo jugador tuvo lugar ayer** the new player was introduced to the press for the first time yesterday; **~ en sociedad** coming out, debut
-5. *(de programa)* **la ~ del telediario corre a cargo de María Gala** the news is presented *o* read by María Gala

presentador, -ora *nm,f* presenter

presentar ◇ *vt* **-1.** *(mostrar, entregar)* to present; *(dimisión)* to hand in; *(tesis)* to hand in, to submit; *(pruebas, propuesta)* to submit; *(recurso, denuncia)* to lodge; *(solicitud)* to make; *(moción)* to propose; **presente su pasaporte en la ventanilla** show your passport at the window; **~ cargos/una demanda contra alguien** to bring charges/an action against sb; **¡presenten armas!** *(en ejército)* present arms!
-2. *(dar a conocer)* to introduce; **Juan, te presento a Carmen** Juan, this is Carmen; **me presentó a sus amigos** she introduced me to her friends; **me parece que no nos han presentado** I don't think we've been introduced; **permítame que le presente a nuestra directora** allow me to introduce you to our manager, I'd like you to meet our manager; **no se conocían, pero yo los presenté** they didn't know each other, but I introduced them (to each other)
-3. *(anunciar) (programa de radio o televisión)* to present; *(espectáculo)* to compere; **la mujer que presenta el telediario** the woman who reads the news on TV
-4. *(proponer para competición)* **~ a alguien para algo** to propose sb for sth, to put sb forward for sth; **el partido presentará a la señora Cruz para la alcaldía** the party is putting Mrs Cruz forward for the office of mayor, Mrs Cruz will be the party's candidate for the office of mayor; **~ una**

presente

novela a un premio literario to enter a novel for a literary prize; **~ una película a concurso** to enter a film at a film festival
-5. *(exhibir por primera vez) (planes, presupuestos)* to present; *(película)* to premiere; *(libro, disco)* to launch; **el club presentó a su último fichaje ante la prensa** the club introduced its new signing to the press
-6. *(ofrecer) (disculpas, excusas)* to make; *(respetos)* to pay; **nos presentó (sus) disculpas** he made his excuses to us
-7. *(tener) (aspecto, características, novedades)* to have; **este fondo de inversión presenta grandes ventajas** this investment fund offers o has big advantages; **la playa presenta un aspecto deplorable** the beach is in a terrible state; **presenta difícil solución** it's going to be difficult to solve; **el paciente presentaba síntomas de deshidratación** the patient presented symptoms of dehydration; **es un trabajo muy bien presentado** it is a very well presented piece of work

◆ **presentarse** *vpr* -1. *(personarse)* to turn up, to appear; **se presentó borracho a la boda** he turned up drunk at the wedding; **se presentó en la fiesta sin haber sido invitada** she turned up at the party without having been invited; **mañana preséntate en el departamento de contabilidad** go to the accounts department tomorrow; **presentarse ante el juez** to appear before the judge; **tiene que presentarse en la comisaría cada quince días** he has to report to the police station once a fortnight; **presentarse a un examen** to sit an exam
-2. *(darse a conocer)* to introduce oneself; **se presentó como un amigo de la familia** he introduced himself as a friend of the family; **permítame que me presente** allow me to introduce myself
-3. *(para un cargo)* to stand, to run (**a** for); **presentarse a un concurso** to go in for a competition; **se presenta a alcalde** he's running for mayor; **presentarse de candidato a las elecciones** to run in the elections
-4. *(ofrecerse voluntario)* to offer oneself o one's services; **muchos se presentaron (voluntarios) para colaborar** several people volunteered
-5. *(surgir) (problema, situación)* to arise, to come up; *(ocasión, oportunidad, posibilidad)* to arise; **si se te presenta algún problema, llámame** if you have any problems, call me; **en cuanto se me presente la ocasión, me voy al extranjero** I'm going to go abroad as soon as I get the chance
-6. *(tener cierto aspecto) (el futuro, la situación)* to look; **el porvenir se presenta oscuro** the future looks bleak; **la noche se presenta fresquita** it's looking rather cool this evening

presente ◇ *adj* -1. *(asistente, que está delante)* present; **yo estuve ~ el día que hicieron la reunión** I was present on the day of the meeting; **siempre está ~ en mí su recuerdo** her memory is always present in my mind; **aquí ~** here present; **hacer ~ algo a alguien** to notify sb of sth; EXPR **mejorando lo ~: es muy guapa, mejorando lo ~** she's very pretty, though not as pretty as you; **todos los hombres son idiotas, mejorando lo ~** I think all men are stupid, present company excepted; **tener ~** *(recordar)* to remember; *(tener en cuenta)* to bear in mind; **lo tenemos ~ en nuestros ruegos** we remember him in our prayers; **ten ~ que acaba de salir del hospital** bear in mind that she has just left hospital; **Carlos Muñoz – ¡~!** *(al pasar lista)* Carlos Muñoz – present!
-2. *(en curso)* current; **del ~ mes** of this month; **en las presentes circunstancias es mejor no decir nada** in the present circumstances it is best to say nothing

◇ *nmf (en un lugar)* **los/las (aquí) presentes** everyone present; **invitó a los presentes a acudir a la próxima reunión** he invited everyone present to attend the next meeting

◇ *nm* -1. *(tiempo actual)* present; **hasta el ~** up to now -2. GRAM present ❏ **~ histórico** historical present; **~ de indicativo** present indicative; **~ de subjuntivo** present subjunctive -3. *(regalo)* gift, present -4. *(corriente)* **el ~** *(mes)* the current month; *(año)* the current year

◇ *nf (escrito)* **por la ~ le informo...** I hereby inform you...; **por la ~ se le comunica su nombramiento como tesorero** I am writing to inform you that you have been appointed treasurer

presentimiento *nm* presentiment, feeling; **tengo el ~ de que...** I have the feeling that...

presentir [62] *vt* **~ que algo va a pasar** to have a feeling that something is going to happen; **~ lo peor** to fear the worst

preservación *nf* preservation; **la ~ de especies en peligro de extinción** the protection of endangered species

preservante *nm Am* preservative

preservar ◇ *vt* -1. *(proteger)* to protect -2. *Am (conservar)* to conserve, to maintain

◆ **preservarse** *vpr* **preservarse de** to protect oneself o shelter from

preservativo, -a ◇ *adj* protective

◇ *nm* -1. *(condón)* condom ❏ **~ femenino** female condom -2. *Am (conservante)* preservative

presidencia *nf* -1. *(de nación)* presidency; **el candidato a la ~** the presidential candidate; **ocupar la ~ del gobierno** to be the head of government; **la ~ de la Unión Europea** the EU presidency; **durante la ~ de Ford** during Ford's presidency, while Ford was president
-2. *(de asamblea, empresa, reunión)* chairmanship; **ocupa la ~ del banco** he is chairman of the bank; **la ~ tiene la palabra** the chair has the floor ❏ **~ de honor** honorary presidency
-3. *Méx* **~ municipal** *(corporación)* town council; *(edificio)* town hall

presidenciable *nmf esp Am* potential presidential candidate

presidencial *adj* presidential

presidencialismo *nm* presidential system

presidencialista ◇ *adj* presidential

◇ *nmf* supporter of the presidential system

presidente, -a *nm,f* -1. *(de nación)* president; **~ (del Gobierno)** prime minister
-2. *(de asamblea, jurado)* chairman, *f* chairwoman; *(de empresa)* chairman, *f* chairwoman, *US* president ❏ **~ de honor** honorary president o chairman; **~ de mesa** *(en elecciones) Br* chief scrutineer, *US* chief canvasser; *RP (en exámenes)* chairman, *f* chair-woman *(of the panel)*
-3. *(del parlamento)* speaker
-4. *(de tribunal)* presiding judge ❏ **~ del tribunal supremo** chief justice
-5. *Méx* **~ municipal** *(alcalde)* mayor

presidiario, -a *nm,f* convict

presidio *nm* -1. *(prisión)* prison -2. *(pena)* prison sentence

presidir *vt* -1. *(ser presidente de) (nación)* to be president of; *(jurado, tribunal)* to preside over; *(asamblea, reunión)* to chair
-2. *(predominar sobre)* to dominate; **una gran chimenea preside el salón** a large fireplace dominates the living room; **la bondad preside todos sus actos** kindness prevails in everything she does; **la tristeza presidió el funeral** a feeling of sadness reigned over the funeral

presienta *etc ver* **presentir**

presilla *nf* -1. *(lazo)* loop -2. *(en costura)* buttonhole stitching -3. *(para cinturón)* loop -4. *Cuba (horquilla)* hairpin

presintiera *etc ver* **presentir**

presintonía *nf (de radio)* pre-set station selector

presión *nf* -1. *(fuerza)* pressure; **a** o **bajo ~** under pressure; **una olla a ~** a pressure cooker; **tiene cierre a ~** you press it shut; **hacer ~** to press ❏ **~ arterial** blood pressure; **~ atmosférica** atmospheric pressure; **~ barométrica** barometric pressure; **~ de los neumáticos** tyre pressure; ECON **~ fiscal** tax burden; **~ sanguínea** blood pressure
-2. *(coacción, influencia)* pressure; **la ~ de la calle obligó a dimitir al presidente** pressure from the public forced the president to resign; **hacer** o **ejercer ~ sobre** to pressurize; **meter ~ a alguien** to put pressure on sb; **aceptó bajo ~** he accepted under pressure
-3. *(en baloncesto)* press; *(en fútbol, rugby)* pressure

presionar ◇ *vt* -1. *(apretar)* to press; **presione la tecla de retorno** press o hit the return key -2. *(coaccionar)* to pressurize, to put pressure on; **lo presionaron para que aceptara** they put pressure on him to accept -3. *(en baloncesto)* to press; *(en fútbol, rugby)* to put pressure on

◇ *vi (en baloncesto)* to press; *(en fútbol, rugby)* to put on the pressure

preso, -a ◇ *adj* imprisoned; **estuvo ~ durante tres años** he was imprisoned for three years

◇ *nm,f* prisoner ❏ **~ común** ordinary criminal; **~ de conciencia** prisoner of conscience; **~ político** political prisoner; **~ preventivo** remand prisoner

pressing ['presin] *nf* **hacer ~** *(en fútbol)* to put on the pressure

prestación *nf* -1. *(de servicio) (acción)* provision; *(resultado)* service ❏ **prestaciones por desempleo** unemployment benefit; **~ social** social security benefit, *US* welfare; **~ social sustitutoria** = community service done as alternative to military service -2. **prestaciones** *(de coche)* performance features

prestado, -a *adj* on loan; **dar ~ algo** to lend sth; **pedir/tomar ~ algo** to borrow sth; *Fam* **desde que se quedó sin trabajo, vive de ~** she's been living off other people since she lost her job

prestamiento *nm Méx (préstamo)* loan

prestamista *nmf* moneylender

préstamo *nm* -1. *(acción) (de prestar)* lending; *(de pedir prestado)* borrowing; **ese libro está en ~** that book is out on loan; **una biblioteca sin permiso de ~** a non-lending library -2. *(cantidad)* loan; **pedir un ~** to ask for a loan ❏ **~ bancario** bank loan; **~ hipotecario** mortgage; **~ a plazo fijo** fixed-term loan -3. LING loanword

prestancia *nf* excellence, distinction

prestanombres *nmf Méx Fam* front man

prestar ◇ *vt* -1. *(dejar) (dinero, cosa)* to lend; **¿me prestas mil pesos?** could you lend me a thousand pesos?; **¿me prestas tu pluma?** can I borrow your pen?
-2. *(dar) (ayuda)* to give, to offer; *(servicio)* to offer, to provide; **presté ayuda a los accidentados** I offered assistance to the accident victims; **~ atención** to pay attention
-3. *(declaración, juramento)* to make; **prestó juramento ante el rey** she took an oath before the king
-4. *(transmitir encanto)* to lend; **la decoración presta un aire de fiesta** the decorations lend a festive tone

◆ **prestarse** *vpr* -1. *(ser apto)* **prestarse (para)** to be suitable (for), to lend itself (to); **el lugar se presta para descansar** this is a good place to rest; **una casa que no se presta para hacer muchas reformas** a house which is not suitable for making many alterations to
-2. **prestarse a** *(ofrecerse a)* to offer to; **se prestó a ayudarme enseguida** she immediately offered to help me
-3. **prestarse a** *(acceder a)* to consent to; **no sé cómo se ha prestado a participar en esa película** I don't know how he consented to take part in that film
-4. **prestarse a** *(dar motivo a)* to be open to; **sus palabras se prestan a muchas interpretaciones** her words are open to various interpretations

prestatario, -a *nm,f* borrower

presteza *nf* promptness, speed; **con ~** promptly, swiftly

prestidigitación *nf* conjuring

prestidigitador, -ora *nm,f* conjuror

prestigiado = prestigioso

prestigiar *vt* **su nombre prestigia la institución** his name lends prestige to the institution; **hace mucho tiempo que no nos prestigia con su presencia** he hasn't honoured us with his presence for a long time

prestigio *nm* prestige; **una tienda de ~** a prestigious store; **un cirujano de ~ internacional** a surgeon of international renown; **una voz que goza de mucho ~ entre los intelectuales** a figure who enjoys great prestige among intellectuals

prestigioso, -a, *Chile, Méx* **prestigiado, -a** *adj* prestigious

presto, -a *adj* ◇ **-1.** *(dispuesto)* ready (**a** to); **estaban prestos a ayudar con lo que fuera** they were ready to help in whatever way they could **-2.** *(rápido)* prompt; **acudió ~ a ver lo que pasaba** he came quickly to see what was happening **-3.** MÚS presto
◇ *nm* MÚS presto
◇ *adv* MÚS presto

presumible *adj* probable, likely; **era ~ que ocurriera así** it was always likely that it would turn out like that; **como era ~, se llevó el primer premio** as (was to be) expected, he won first prize

presumiblemente *adv* presumably

presumido, -a ◇ *adj* **-1.** *(jactancioso)* **ser ~** to be a show-off **-2.** *(vanidoso)* conceited, vain
◇ *nm,f* **-1.** *(jactancioso)* show-off **-2.** *(vanidoso)* **ser un ~** to be conceited *o* vain

presumir ◇ *vt (suponer)* to presume, to assume; **presumo que no tardarán en llegar** I presume *o* suppose they'll be here soon; **es de ~ que ya se hayan enterado de la noticia** presumably they've already heard the news; **ese escándalo era de ~** that scandal was only to be expected
◇ *vi* **-1.** *(jactarse)* to show off; **presume de rico** he makes a show of being rich; **presume de artista** he likes to think he's an artist, he fancies himself as an artist; **presume de guapa** she thinks she's pretty; **pocos pueden ~ de haber ganado tantos premios como ella** few can boast of having won as many prizes as she has **-2.** *(ser vanidoso)* to be conceited *o* vain

presunción *nf* **-1.** *(suposición)* presumption **-2.** *(jactancia)* boastfulness **-3.** *(vanidad)* conceit, vanity **-4.** DER presumption; **~ de inocencia** presumption of innocence

presuntamente *adv (supuestamente)* presumably, supposedly; *(en delito)* allegedly

presunto, -a *adj (supuesto)* presumed, supposed; *(criminal)* alleged, suspected; **el ~ autor del asesinato** the suspected perpetrator of the murder, the person alleged to have committed the murder

presuntuosidad *nf* conceit

presuntuoso, -a ◇ *adj (vanidoso)* conceited; *(pretencioso)* pretentious
◇ *nm,f* conceited person

presuponer [50] *vt* to presuppose

presuposición *nf* assumption

presupuestal = presupuestario

presupuestar *vt* **esta partida no estaba presupuestada** this item wasn't budgeted for; **me presupuestaron la reparación en 100 euros** they gave me an estimate of 100 euros for the repair; **han presupuestado la construcción del museo en cien millones de euros** they have calculated that the museum will cost a hundred million euros to build

presupuestario, -a, *Am* **presupuestal** *adj* budgetary; **déficit ~** budget deficit

presupuesto, -a ◇ *participio ver* **presuponer**
◇ *nm* **-1.** *(dinero disponible)* budget □ **presupuestos (generales) del Estado** state budget, national budget **-2.** *(cálculo de costes)* estimate; **pedir (un) ~** to ask for an estimate; **me han dado un ~ de dos millones** they've given me an estimate of two million **-3.** *(suposición)* assumption

presurización *nf* pressurization

presurizado, -a *adj* pressurized

presurizar [14] *vt* to pressurize

presuroso, -a *adj* in a hurry; **acudió ~ en nuestro auxilio** he hurried to our assistance; **realizó una visita presurosa a la ciudad** she paid a flying visit to the city

prêt-à-porter [pretapor'te] ◇ *adj (ropa, moda)* ready-to-wear, *Br* off-the-peg
◇ *nm* ready-to-wear *o Br* off-the-peg clothing

pretecnología *nf* craftwork, handicrafts

pretemporada *nf* pre-season

pretenciosidad *nf* pretentiousness

pretencioso, -a ◇ *adj* pretentious
◇ *nm,f* pretentious person

pretender *vt* **-1.** *(intentar, aspirar a)* **sólo pretendo ayudarte** I just want to help you; **pretendo comprarme una casa** I'm hoping to buy a house; **pretende llegar a presidente** he aims to become president; **no sé qué pretende con esa actitud** I don't know what he hopes to achieve with that attitude; **¿pretendes que te crea?** do you expect me to believe you?; **¿qué pretendes decir?** what do you mean?; **¿no pretenderás que te deje el dinero?** you don't really expect me to lend you the money, do you?
-2. *(simular)* to pretend; **pretende estar estudiando** he pretends he's studying
-3. *(afirmar)* to claim
-4. *(cortejar)* to court

pretendidamente *adv* supposedly

pretendido, -a *adj* supposed; **la pretendida bajada de precios no se ha producido todavía** the supposed fall in prices has yet to materialize; **la obra describe con ~ realismo la guerra** the work provides a supposedly realistic portrayal of the war

pretendiente, -a ◇ *nm,f* **-1.** *(aspirante)* candidate (**a** for) **-2.** *(a un trono)* pretender (**a** to)
◇ *nm (a noviazgo, matrimonio)* suitor

pretensión *nf* **-1.** *(intención)* aim, intention; **tener la ~ de** to intend to
-2. *(aspiración)* aspiration; **una película con pretensiones artísticas** a film with artistic pretensions; **sin pretensiones** unpretentious; **no tiene grandes pretensiones económicas** she doesn't have great financial aspirations *o* ambitions
-3. *(supuesto derecho)* claim (**a** *o* **sobre** to)
-4. pretensiones *(exigencias)* demands

pretensor *nm* AUT **cinturón de seguridad con ~** inertia-reel seatbelt

pretérito, -a ◇ *adj Literario* past; **en tiempos pretéritos** in times past
◇ *nm* preterite, past □ **~ anterior** past anterior; **~ imperfecto** perfect; **~ indefinido** simple past; **~ perfecto** (present) perfect; **~ perfecto simple** (present) perfect simple; **~ pluscuamperfecto** pluperfect, past perfect

pretextar *vt* to claim; **pretextó un dolor de cabeza para no acudir** he claimed he had a headache in order to avoid having to go; **pretextó no saber nada del acuerdo** he claimed to know nothing about the agreement

pretexto *nm* pretext, excuse; **que nadie entre en este cuarto bajo ningún ~** under no circumstances is anyone to enter this room; **con el ~ de que...** on the pretext that...; *Formal* **so ~ de...** on the pretext of...

pretil *nm* parapet

pretina *nf* waistband

Pretoria *n* Pretoria

preuniversitario, -a ◇ *adj* preuniversity
◇ *nm Antes* = in Spain, former one-year course of study, successful completion of which allowed pupils to go to university

prevalecer [46] *vi* to prevail (**sobre** over); **al final prevaleció la cordura** common sense prevailed in the end

prevaleciente *adj* prevailing, prevalent

prevaler [68] ◇ *vi* to prevail (**sobre** over)
◆ **prevalerse** *vpr* to take advantage (**de** of); **se prevalió de su ingenuidad** he took advantage of her naivety

prevaricación *nf* DER perversion of the course of justice

prevaricar [59] *vi* DER to pervert the course of justice

prevención *nf* **-1.** *(acción)* prevention; *(medida)* precaution; **una campaña de ~ del sida** an AIDS prevention campaign; **en ~ de** as a precaution against □ **~ laboral** health and safety **-2.** *(prejuicio)* prejudice; **probó la sopa no sin cierta ~** she tried the soup, albeit rather reluctantly; **tener ~ contra alguien** to be prejudiced against sb

prevengo *etc ver* **prevenir**

prevenido, -a *adj* **ser ~** to be well-prepared; **es muy ~, tiene todos los teléfonos de emergencia a mano** he's very well-organized, he has all the emergency numbers to hand; **estar ~** to be in the know; **ahora ya estás ~, ten mucho cuidado con lo que vas diciendo por ahí** you've been warned, so be careful what you say

prevenir [69] *vt* **-1.** *(evitar)* to prevent; **para ~ la gripe** to prevent flu; **un medicamento que previene contra la malaria** a medicine that protects against malaria; PROV **más vale ~ que curar** prevention is better than cure
-2. *(avisar)* to warn; **te prevengo de que la carretera es muy mala** be warned that the road is very bad
-3. *(prever)* to foresee, to anticipate
-4. *(predisponer)* **~ a alguien contra algo/alguien** to prejudice sb against sth/sb
◆ **prevenirse** *vpr (tomar precauciones)* to take precautions; **prevenirse contra algo** to take precautions against sth

preventiva *nf Méx Br* amber *o US* yellow light

preventivo, -a ◇ *adj (medicina, prisión)* preventive; *(medida)* precautionary; **tomaron medidas preventivas contra el contagio** they took precautionary measures to prevent infection
◇ *nm,f Méx (policía)* policeman, *f* policewoman

prever [70] ◇ *vt* **-1.** *(predecir)* to forecast; **él había previsto el terremoto** he had forecast *o* predicted the earthquake
-2. *(planear)* to plan; **prevén vender un millón de unidades del nuevo modelo** they plan to sell a million units of the new model; **tenía previsto ir al cine esta tarde** I was planning to go to the cinema this evening; **tenía previsto llamarte en cuanto supiera la noticia** I was intending to phone you as soon as I heard the news
-3. *(anticipar)* to foresee, to anticipate; **era una reacción que los médicos no habían previsto** it was a reaction the doctors hadn't foreseen; **se prevé una fuerte oposición popular a la ley** strong popular opposition to the law is anticipated *o* expected; **todo hace ~ que nevará este fin de semana** all the signs are that it will snow this weekend; **no se prevén grandes atascos en las carreteras** no major holdups on the roads are anticipated
◇ *vi* **como era de ~** as was to be expected

previa *nf RP* UNIV = module that has to be passed in order to do a more advanced module

previamente *adv* previously

previene *etc ver* **prevenir**

previera *etc ver* **prever**

previniera *etc ver* **prevenir**

previó *etc ver* **prever**

previo, -a ◇ *adj* **-1.** *(anterior)* prior; **se requiere la autorización previa de los padres** parents' prior consent is required; **sin ~ aviso** without prior warning
-2. *(condicionado a)* subject to; **~ acuerdo de las partes interesadas** subject to the agreement of the interested parties; **~ pago de multa** on payment of a fine; **las maletas se podrán retirar previa entrega del resguardo** luggage will be returned on presentation of your receipt
◇ *nm* CINE prescoring, playback

previsible *adj* foreseeable; **era ~ que acabara cayéndose** it was only to be expected that she would end up falling

previsiblemente *adv* **llegarán ~ antes del anochecer** they'll probably arrive before it gets dark; **~ durará dos semanas** it's likely to last two weeks

previsión *nf* **-1.** *(predicción)* forecast ❑ **~ meteorológica** weather forecast; **~ del tiempo** weather forecast; **~ de ventas** sales forecast **-2.** *(visión de futuro)* foresight; **esto no entraba en mis previsiones** I hadn't foreseen *o* predicted this **-3.** *(precaución)* **en ~ de** as a precaution against **-4.** *Andes, RP* **~ social** social security

previsional *adj Andes, RP* **gastos previsionales** social security spending

previsor, -ora, *Am* **previsivo, -a** *adj* prudent, farsighted

previsto, -a ◇ *participio ver* **prever**
◇ *adj (conjeturado)* predicted; *(planeado)* forecast, expected, planned; **salió tal y como estaba ~** it turned out just as planned

prez *nm o nf Literario* honour, glory

PRI [pri] *nm (abrev de* **Partido Revolucionario Institucional**) = Mexican political party, the governing party from 1929 to 2000

prieto, -a *adj* **-1.** *(ceñido)* tight; **íbamos muy prietos en el coche** it was a real squash in the car; **los zapatos me quedan muy prietos** my shoes are very tight **-2.** *Cuba, Méx (moreno)* dark-skinned **-3.** *Méx (oscuro)* dark

priísta *Méx* POL ◇ *adj* relating to the "PRI"
◇ *nmf* member/supporter of the "PRI"

prima *nf* **-1.** *(paga extra)* bonus ❑ *Col* **~ legal** = additional payment of a month's salary or wages at Christmas; DEP **primas a terceros** = legal practice in soccer where one team gives another team financial inducement to beat a third team **-2.** *(de seguro)* premium ❑ FIN **~ de emisión** issue premium; **~ de riesgo** risk premium **-3.** *(subvención)* subsidy **-4.** *ver también* **primo**

primacía *nf* **la derrota puso fin a la ~ del equipo en la liga** the defeat knocked the team off the top of the league; **defienden la ~ de la estética sobre la técnica** they believe aesthetic qualities to be more important than technique; **esta tarea tiene ~ sobre las demás** this task takes priority over the others

primado *nm* REL primate

primadona *nf* prima donna

primar ◇ *vi* to have priority (**sobre** over); **el interés colectivo prima sobre el personal** collective interests have priority over personal ones
◇ *vt* **-1.** *(dar una prima a)* to give a bonus to; **la tienda prima la fidelidad de los clientes con vales de descuento** the *Br* shop *o US* store rewards customer loyalty with discount vouchers **-2.** *(dar prioridad a)* **el tribunal prima más el conocimiento del tema que la expresión oral** the examiners place greater importance on knowledge of the subject than oral expression

primaria *nf* **-1.** *(enseñanza)* primary education **-2. primarias** *(elecciones)* primaries

primario, -a *adj* **-1.** *(básico, elemental)* primary **-2.** *(primitivo)* primitive **-3.** *(era, enseñanza)* primary **-4.** *(elecciones)* primary

primate *nm (simio)* primate

primavera *nf* **-1.** *(estación)* spring; **en ~** in (the) spring; **cuando llegue la ~** when (the) spring comes; **la última ~** last spring; EXPR **la ~ la sangre altera** spring is in the air ❑ HIST **la ~ de Praga** the Prague spring **-2.** *(juventud)* springtime **-3.** *(año)* **tiene diez primaveras** she is ten years old, she has seen ten summers **-4.** *(planta)* primrose

primaveral *adj* spring; **día ~** spring day

primer *ver* **primero**

primera ◇ *nf* **-1.** *(marcha)* first (gear); **meter (la) ~** to go into first (gear) **-2.** *(en avión, tren)* first class; **viajar en ~** to travel first class **-3.** DEP first division; **subir a ~** to go up into the first division **-4.** EXPR **a la ~** at the first attempt; *Fam* **a las primeras de cambio** at the first opportunity **-5.** *ver también* **primero**
◇ **de primera** *loc adj* first-class, excellent

primeramente *adv* first, in the first place

primeriza *nf (madre)* first-time mother

primerizo, -a ◇ *adj* **-1.** *(principiante)* novice; **es ~ en el vuelo en ala delta** he's a novice at hang-gliding **-2.** *(embarazada)* first-time
◇ *nm,f (principiante)* beginner

primero, -a

> **Primer** is used instead of **primero** before singular masculine nouns (e.g. **el primer hombre** the first man).

◇ *núm adj* **-1.** *(en orden)* first; **el primer capítulo, el capítulo ~** chapter one; **los primeros diez párrafos, los diez párrafos primeros** the first ten paragraphs; **Carlos ~** *(escrito Carlos I)* Charles the First *(written Charles I)*; **el siglo ~** *(también escrito el siglo I)* the first century *(written 1st century)*; **el primer piso** the *Br* first *o US* second floor; **a primera hora de la mañana** first thing in the morning; **en primera fila** in the front row; **en primer lugar,** **abre la caja** first (of all), open the box; **en primera página** on the front page ❑ **primeros auxilios** first aid; **prestar primeros auxilios a alguien** to give sb first aid; **primer bailarín** leading dancer; **primera bailarina** prima ballerina; DEP **la primera base** *(posición)* first base; DEP **primera base** *(jugador)* first base; **primera comunión** first communion; **hacer la primera comunión** to celebrate one's first communion; **primera dama** TEATRO leading lady; POL *(esposa del presidente)* first lady; **primera división** first division; DEP **primer equipo** first team; TAUROM **primer espada** principal bullfighter; MIL **primera línea** front line; **estar en primera línea** *(de batalla)* to be on the front line; *(entre los mejores)* to be amongst the best; *RP* **primera magistratura** presidency; **primer ministro** prime minister; **primer plano** close-up; **en primer plano** in the foreground; **primer plato** first course, starter; **primer violín** first violin
-2. *(en importancia, calidad)* main; **la primera empresa del sector** the leading company in the sector; **el primer tenista del país** the country's top tennis player; **uno de los primeros objetivos del gobierno** one of the government's main aims; **el primer actor** the leading man; **la primera actriz** the leading lady; **productos de primera calidad** top-quality products; **deportistas de primera clase** *o* **categoría** *o* **fila** top-class sportsmen; **productos de primera necesidad** basic necessities; **lo ~** the most important *o* main thing; **lo ~ es lo ~** first things first

◇ *núm nm,f* **-1.** *(en orden)* **el ~** the first one; **el ~ fue bueno** the first one was good; **llegó él ~** he came first; **el ~ de la cola** the person at the front of the *Br* queue *o US* line; **¿quién es el ~ de la cola?** who's first?; **es el ~ de la clase** he's top of the class; **él fue el ~ en venir** he was the first (person *o* one) to come; **no eres el ~ que me pregunta eso** you're not the first person to ask me that
-2. *(mencionado antes)* **vinieron Pedro y Juan, el ~ con...** Pedro and Juan arrived, the former with...

◇ *adv* **-1.** *(en primer lugar)* first; **~ déjame que te explique una cosa** let me explain something to you first; **usted estaba ~ you** were in front of me *o* first; **¿quién va** *o* **está ~?** who's first?; *Am* **~ que nada** first of all
-2. *(indica preferencia)* **~... que...** rather... than...; **~ morir que traicionarle** I'd rather die than betray him

◇ *nm* **-1.** *(piso) Br* first floor, *US* second floor
-2. *(curso universitario)* first year; **estudiantes de ~** first years; **estoy en ~** I'm a first year

-3. *(curso escolar)* = first year of primary school, *US* ≃ first grade
-4. *(día del mes)* **el ~ de mayo** *(también escrito el 1 de mayo)* the first of May *(written 1 May)*
-5. *(en frases)* **a primeros de mes/año** at the beginning of the month/year; **a primeros de junio** at the beginning of June, in early June; **de ~** *(de primer plato)* for starters

primicia *nf* **-1.** *(fruto)* first fruit **-2.** *(noticia)* scoop, exclusive; **una gran ~ informativa** a real scoop *o* exclusive

primigenio, -a *adj* original, primitive

primípara MED ◇ *adj f* primiparous
◇ *nf* primípara

primitiva *nf Esp (lotería)* = weekly state-run lottery, *Br* ≃ National Lottery

primitivismo *nm* **-1.** *(rudimentariedad)* primitiveness **-2.** ARTE primitivism

primitivo, -a *adj* **-1.** *(arcaico, rudimentario)* primitive **-2.** *(original)* original **-3.** ARTE primitivist

primo, -a ◇ *adj* **-1.** *(número)* prime **-2.** *(materia)* raw
◇ *nm,f* **-1.** *(pariente)* cousin ❑ **~ carnal** first cousin; **~ hermano** first cousin; **~ segundo** second cousin **-2.** *Fam (tonto)* sucker; EXPR **hacer el ~** to be taken for a ride

primogénito, -a ◇ *adj* first-born
◇ *nm,f* first-born

primogenitura *nf* primogeniture

primor *nm* **-1.** *(persona)* treasure, marvel; *(cosa, trabajo)* fine thing; **hecho un ~** spick and span; **su abuela cose que es un ~** his grandmother sews beautifully **-2.** *(esmero)* **con ~** with skill

primordial *adj* fundamental; **reducir el paro es un asunto ~** cutting unemployment is a top priority; **es ~ que acabemos hoy** it's essential that we finish today

primorosamente *adv (con exquisitez)* finely, exquisitely

primoroso, -a *adj* **-1.** *(delicado)* exquisite, fine **-2.** *(hábil)* skilful

prímula *nf* primrose

primus® *nm inv Am* primus (stove)

princesa *nf* princess

principado *nm* principality ❑ **el Principado de Asturias** the Principality of Asturias; **el Principado de Mónaco** the Principality of Monaco

principal ◇ *adj* **-1.** *(más importante)* main, principal; **me han dado el papel ~ de la obra de teatro** I've been given the leading *o* lead role in the play; **puerta ~** front door; **lo ~** the main thing **-2.** *(oración)* main
◇ *nm* **-1.** *(piso) Br* first floor, *US* second floor **-2.** FIN principal

principalmente *adv* principally, mainly

príncipe ◇ *adj (edición)* first, original
◇ *nm* prince ❑ **el Príncipe de Asturias** the Spanish crown prince; **~ azul** Prince Charming; **~ consorte** prince consort; **~ heredero** crown prince; **~ regente** prince regent; **~ de las tinieblas** Prince of Darkness

principesco, -a *adj* princely

principiante, -a ◇ *adj* inexperienced; **se pone nervioso con los conductores principiantes** he gets nervous with inexperienced drivers; **para ser ~, no lo hace mal** he's not bad for a beginner
◇ *nm,f* beginner; **ha cometido un error de ~** he's made a really basic mistake

principiar *vt* to begin, to start

principio *nm* **-1.** *(comienzo)* beginning, start; **empieza por el ~** start at the beginning; **al ~** at first, in the beginning; **desde el ~** from the beginning; **se ha llegado a un ~ de acuerdo** a preliminary agreement has been reached; **a principios de** at the beginning of; **en un ~** at first; **el ~ del fin** the beginning of the end; **del ~ al fin, desde el ~ hasta el fin** from beginning to end, from start to finish
-2. *(fundamento, ley)* principle ❑ **~ de Arquímedes** Archimedes' principle; FILOSOFÍA **~ de causalidad** causality principle; **~ de incertidumbre** uncertainty principle;

~ **de indeterminación** uncertainty principle; ~ **del todo o nada** all-or-nothing policy
-**3.** *(origen)* origin, source
-**4.** *(elemento)* element ❏ ~ **activo** active ingredient
-**5. principios** *(reglas de conducta)* principles; **un hombre de principios** a man of principles; **sin principios** unprincipled, unscrupulous; **por** ~ on principle; **se negó a hacerlo por principios** she refused to do it on principle
-**6. principios** *(nociones)* rudiments, first principles; **tiene algunos principios de informática** she knows a bit about computing
-**7.** *(primera consideración)* **en ~: en ~, me parece buena la idea** in principle, the idea seems good; **en ~ quedamos en hacer una reunión el jueves** provisionally *o* unless you hear otherwise, we've arranged to meet on Thursday

principismo *nm Am* principlism
principista *Am* ◇ *adj* principlist
◇ *nmf* principlist

pringado, -a *nm,f Esp Fam* -**1.** *(desgraciado)* loser -**2.** *(iluso)* mug, sucker

pringar [38] ◇ *vt* -**1.** *(ensuciar)* to make greasy -**2.** *(mojar)* to dip -**3.** *Fam (comprometer)* ~ **a alguien en algo** to get sb mixed up in sth; **a mí no me pringues en tus asuntos** don't get me mixed up in your affairs -**4.** *Fam (fastidiar)* **¡ya la has pringado!** now you've done it! -**5.** *Fam* **pringarla** *(morir)* to peg out
◇ *vi* -**1.** *Fam (pagar las culpas)* to carry the can; **al final he pringado yo por todos** I've ended up carrying the can for everyone -**2.** *Fam (trabajar)* to slog away, to graft; **nos tocó ~ todo el fin de semana** we were landed with working all weekend
◇ *v impersonal CAm, Méx, Ven* to drizzle
◆ **pringarse** *vpr* -**1.** *(ensuciarse)* **pringarse de** *o* **con algo** to get covered in *o* with sth; **me he pringado las manos de tinta** I've got my hands covered in ink -**2.** *Fam (en asunto sucio)* to get one's hands dirty; **se ha pringado de lleno en el atraco** he's seriously mixed up in the robbery

pringoso, -a *adj (grasiento)* greasy; *(pegajoso)* sticky
pringue *nm (suciedad)* muck, dirt; *(grasa)* grease
prión *nm* prion
prior *nm REL* prior
priora *nf REL* prioress
priorato *nm REL* priorate
priori *ver* **a priori**
prioridad *nf* -**1.** *(preferencia)* priority; **los jubilados tienen ~** pensioners have priority; **tienen como ~ reducir el paro** their priority is to cut unemployment; **dan ~ a las madres solteras** they give priority to single mothers -**2.** AUT right of way, priority; **tienen ~ los vehículos que vienen por la derecha** vehicles coming from the right have right of way *o* priority
prioritario, -a *adj* priority; **objetivo ~** key objective *o* aim; **ser ~** to be a priority
priorizar *vt* to give priority to
prisa *nf (prontitud)* haste, hurry; *(rapidez)* speed; *(urgencia)* urgency; **¿por qué tantas prisas?** what's the hurry?; **con las prisas me olvidé de llamarte** in the rush I forgot to call you; **a toda ~** very quickly; **correr ~** to be urgent; **¿qué es lo que más ~ corre?** which is most urgent?; **darse ~** to hurry (up); **de ~** quickly; **de ~ y corriendo** in a slapdash way; **ir con ~, llevar ~** to be in a hurry; **meter ~ a alguien** to hurry *o* rush sb; **tener ~** to be in a hurry; EXPR **la ~ es mala consejera** more haste, less speed; EXPR **sin ~ pero sin pausa** slowly but steadily
prisión *nf* -**1.** *(cárcel)* prison ❏ ~ **de máxima seguridad** top-security prison; ~ **de régimen abierto** open prison
-**2.** *(encarcelamiento)* imprisonment; **fue condenado a veinte años de ~** he was sentenced to twenty years imprisonment ❏ ~ **incondicional** remand without bail; ~ **mayor** = prison sentence of between six years and twelve years; ~ **menor** = prison sentence of between six months and six years; ~ **preventiva** preventive custody
prisionero, -a *nm,f* prisoner; **caer ~** to be taken prisoner; **hacer ~ a alguien** to take sb prisoner ❏ ~ **de conciencia** prisoner of conscience; ~ **de guerra** prisoner of war; ~ **político** political prisoner
prisma *nm* -**1.** GEOM prism -**2.** FÍS prism -**3.** *(perspectiva)* viewpoint, perspective
prismático, -a ◇ *adj* prismatic
◇ *nmpl* **prismáticos** binoculars
Pristina *n* Pristina
prístino, -a *adj Formal* pristine, original
priva *nf Esp Fam (bebida)* booze
privacía *nf Méx* privacy
privacidad *nf* privacy
privación *nf* -**1.** *(acción)* deprivation; ~ **de libertad** loss of freedom -**2. privaciones** *(escasez)* hardship; **pasar** *o* **padecer privaciones** to suffer hardship
privada *nf Méx* private road
privadamente *adv* privately, in private
privado, -a ◇ *adj* private; **en ~** in private
◇ *nm Am (despacho)* private office
privar ◇ *vt* -**1.** ~ **a algo/alguien de** *(dejar sin)* to deprive sth/sb of; **un accidente la privó de la vista** she lost her sight in an accident; **una caída lo privó de conseguir el triunfo en la carrera** a fall robbed him of victory in the race
-**2.** ~ **a alguien de hacer algo** *(prohibir)* to forbid sb to do sth; **le han privado de salir por las noches** he's forbidden to go out at night -**3.** *Méx (desmayar)* to knock unconscious
◇ *vi* -**1.** *Fam (gustar)* **le privan los pasteles** he adores cakes -**2.** *Fam (estar de moda)* to be in (fashion) -**3.** *Esp Fam (beber)* to booze
◆ **privarse** *vpr* -**1. privarse de** *(quedarse sin)* to go without; **me privo de comer dulces** I've stopped eating sweet things; **no me privo de nada** I don't deprive myself of anything -**2.** *Fam (desear)* **privarse por: se priva por salir de excursión** she's dying to go on a trip -**3.** *Méx (desmayarse)* to faint
privativo, -a *adj* -**1.** *(característico)* exclusive; **una facultad privativa del presidente** a power which belongs exclusively to the president -**2.** *(que priva)* **una pena privativa de libertad** a custodial sentence, a prison sentence
privatización *nf* privatization, sell-off
privatizador, -ora *adj* **política privatizadora** privatization policy; **un gobierno ~** a privatizing government
privatizar [14] *vt* to privatize, to sell off
privilegiado, -a ◇ *adj* -**1.** *(favorecido)* privileged -**2.** *(excepcional)* exceptional
◇ *nm,f* -**1.** *(afortunado)* privileged person -**2.** *(muy dotado)* very gifted person
privilegiar *vt* -**1.** *(persona)* to favour; **una reforma que privilegia al partido en el poder** a reform which favours the party in power -**2.** *(intereses)* to put first
privilegio *nm* privilege; **tengo el ~ de presentar a...** I have the honour of introducing... ❏ INFORMÁT **privilegios de acceso** access privileges
PRN *nm (abrev de Partido de la Renovación Nacional)* = Chilean political party
pro ◇ *prep* **un grupo ~ amnistía** a pro-amnesty group; **una asociación ~ derechos humanos** a human rights organization
◇ *nm* advantage; **los pros y los contras** the pros and cons; **hay que sopesar los pros y los contras** the pros and cons have to be weighed up
◇ **de pro** *loc adj Formal* worthy; **un hombre de ~** a worthy man
◇ **en pro de** *loc prep* for; **luchan en ~ de los inmigrantes** they are fighting for *o* in support of the immigrants
proa *nf (de barco)* prow, bows; *(de avión)* nose; **poner ~ a** to set sail for

probabilidad *nf* -**1.** *(posibilidad)* probability; *(oportunidad)* likelihood, chance; **la ~ de que sobreviva es muy escasa** there's little possibility *o* chance that he'll survive, it's highly unlikely that he'll survive; **con toda ~ acabaremos mañana** in all probability *o* likelihood we'll finish tomorrow; **existe la ~ de que acabemos antes de tiempo** it's probable *o* likely that we'll finish early
-**2.** MAT probability
probable *adj* probable, likely; **es ~ que llueva** it'll probably rain; **es ~ que no diga nada** he probably won't say anything; **¿lo comprarás? – es ~** will you buy it? – probably; **es muy ~ que no pueda acudir** it's very likely that I won't be able to attend; **lo más ~ es que no pueda ir** she probably won't be able to go
probablemente *adv* probably; **¿vendrás a la fiesta? – ~** will you come to the party? – probably; **~ hayan ido al parque** they've probably gone to the park
probadamente *adv* **un tratamiento ~ eficaz** a treatment proven to be effective
probado, -a *adj* -**1.** *(demostrado)* proven; **un vino de probada calidad** a wine of proven quality -**2.** DER proven
probador *nm* fitting room
probanza *nf DER* proof
probar [63] ◇ *vt* -**1.** *(demostrar, indicar)* to prove; **eso prueba que tenía razón** that shows I was right
-**2.** *(comprobar)* to test, to check; **prueba tú mismo la potencia de mi coche** see for yourself how powerful my car is
-**3.** *(experimentar)* to try; **lo hemos probado todo** we've tried everything; **probaron a varios actores antes de encontrar el que buscaban** they tried *o* auditioned various actors before finding the one they were looking for
-**4.** *(ropa)* to try on; ~ **una camisa** to try on a shirt
-**5.** *(degustar)* to taste, to try; **¿has probado alguna vez el caviar?** have you ever tasted *o* tried caviar?; **no prueba el vino desde hace meses** he hasn't touched wine for months; **no he probado bocado en todo el día** I haven't had a bite to eat all day
◇ *vi* -**1.** *(tratar de)* ~ **a hacer algo** to try to do sth; **prueba a nadar de espaldas** try swimming backstroke; **deja que pruebe yo** let me try; **por ~ no se pierde nada** there's no harm in trying -**2.** *(degustar)* ~ **de todo** to try a bit of everything
◆ **probarse** *vpr (ropa)* to try on; **pruébate estos zapatos** try these shoes on; **¿me lo puedo probar?** can I try it on?
probeta ◇ *adj* **bebé** *o* **niño ~** test-tube baby
◇ *nf (para análisis, reacción)* test tube; *(para medir)* measuring cylinder
probidad *nf Formal* integrity
problema *nm* -**1.** *(dificultad)* problem; **el ~ del terrorismo** the terrorist problem, the problem of terrorism; **los niños no causan más que problemas** children cause nothing but trouble *o* problems; **no quiero más problemas** I don't want any more trouble; **el ~ es que no nos queda tiempo** the problem *o* thing is that we don't have any time left; *Am* **no te hagas ~** don't worry about it
-**2.** *(matemático)* problem; **resolver un ~** to solve a problem
problemática *nf* problems; **la ~ del desempleo** the problems of unemployment
problemático, -a *adj* problematic; **es un niño muy ~** he's a very difficult child
probo, -a *adj Formal* upright, honest
probóscide *nf ZOOL* proboscis
procacidad *nf* -**1.** *(desvergüenza)* obscenity -**2.** *(acto)* indecent act
procaz *adj* indecent, obscene
procedencia *nf* -**1.** *(origen)* origin; **es de ~ griega** it's of Greek origin -**2.** *(punto de partida)* point of departure; **con ~ de** (arriving) from -**3.** *(pertinencia)* properness, appropriateness

procedente *adj* **-1.** *(originario)* ~ **de** *(proveniente de)* originating in; *(avión, tren)* arriving from; **el vuelo ~ de Lima** the flight (coming) from Lima **-2.** *(oportuno)* appropriate; DER fitting, right and proper

proceder[1] *vi* **-1.** *(originarse)* ~ **de** to come from; **esta costumbre procede del siglo XIX** this custom dates back to the 19th century; **la sidra procede de la manzana** cider comes from apples
-2. *(actuar)* to act (**con** with); **no procedió correctamente** he did not behave correctly; **hay que ~ con cuidado en este asunto** we should proceed with care in this matter
-3. *(empezar)* to proceed (**a** with); **procedemos a leer el nombre de los ganadores** we will now read out the names of the winners; **vamos a ~ a la votación** we will now proceed with the vote
-4. *(ser oportuno)* to be appropriate; **procede estudiar la propuesta con detenimiento** it would be wise to study the proposal carefully; **procede cambiar de táctica** it would be a good idea to change tactics
-5. *(legalmente)* **van a ~ contra la empresa** they are going to start proceedings against the company

proceder[2] *nm* conduct, behaviour

procedimiento *nm* **-1.** *(método)* procedure, method **-2.** DER proceedings

proceloso, -a *adj Literario* stormy, tempestuous

prócer *nm Formal* great person

procesado, -a ◇ *nm,f* accused, defendant
◇ *nm* processing

procesador *nm* INFORMÁT processor ❏ **~ de coma flotante** floating-point processor; **~ RISC** RISC processor; **~ de textos** word processor

procesal *adj (costas, alegaciones)* legal; *(derecho)* procedural

procesamiento *nm* **-1.** DER prosecution **-2.** INFORMÁT processing ❏ **~ de datos** data processing; **~ de textos** word processing

procesar *vt* **-1.** DER to prosecute; **~ a alguien por algo** to prosecute sb for sth **-2.** *(productos, basuras)* to process **-3.** INFORMÁT to process

procesión *nf* procession; *Fam* **fuimos allí todos en ~** we all trooped over there; EXPR **la ~ va por dentro** he/she is putting on a brave face

procesionaria *nf* processionary moth

proceso *nm* **-1.** *(fenómeno, operación)* process; **el ~ de paz** the peace process; **el ~ de fabricación de la cerveza** the process of brewing beer; **el paciente está en un ~ de recuperación** the patient is in the process of recovering
-2. *(transcurso, intervalo)* course; **se esperan grandes cambios en el ~ de un año** great changes are expected in the course of the year
-3. DER *(juicio)* trial; *(causa)* lawsuit; **abrir un ~ contra alguien** to bring an action against sb
-4. MED **padece un ~ gripal** he has the flu
-5. INFORMÁT *(de datos)* processing ❏ **~ por lotes** batch processing; **~ subordinado** background process; **~ de textos** word processing
-6. *RP* POL **el Proceso** *(dictadura)* = military dictatorship in Uruguay (1973-85) or Argentina (1976-1983)

proclama *nf* **-1.** *(política)* proclamation **-2. proclamas** *(amonestaciones)* banns

proclamación *nf* **-1.** *(anuncio)* notification **-2.** *(acto, ceremonia)* proclamation

proclamar ◇ *vt* **-1.** *(nombrar)* to proclaim **-2.** *(anunciar)* to declare; **el presidente ha proclamado su inocencia en el escándalo** the president has declared his innocence in the scandal; **no es necesario proclamarlo a los cuatro vientos** you don't need to broadcast it
◆ **proclamarse** *vpr* **-1.** *(nombrarse)* to proclaim oneself; **se proclamó defensor de los inmigrantes** he proclaimed himself champion of the immigrants **-2.** *(conseguir un título)* **proclamarse campeón** to become champion

proclítico, -a *adj* LING proclitic

proclive *adj* **~ a** prone to; **es ~ a los resfriados** she's prone to colds; **es ~ a creerse todo lo que le cuentan** he tends to believe everything he's told; **un gobierno ~ al gasto público** a government predisposed to public spending; **un escritor proclive a moralizar** a writer given to moralizing

proclividad *nf* proclivity; **la ~ del peso a variar bruscamente** the tendency of the peso to fluctuate sharply

procónsul *nm* proconsul

proconsulado *nm (cargo)* proconsulate

procreación *nf* procreation

procrear ◇ *vi* to procreate
◇ *vt* to generate, to bear

procura *nf Am (busca)* search, hunt; **salieron en ~ del asesino** the set off in search of the murderer

procuración *nf* DER *(poder)* power of attorney, proxy; **por ~** by proxy

procurador, -ora *nm,f* **-1.** DER attorney **-2.** HIST **~ en Cortes** Member of Spanish Parliament *(in 19th century or under Franco)* **-3.** *Am* **~ general del Estado** *o* **de la nación** *o* **de la república** ≃ Director of Public Prosecutions, *US* ≃ Attorney General **-4.** *Méx (representante)* **~ del consumidor** ombudsman **-5.** *Méx* **~ general de justicia** Minister of Justice

procuraduría *nf* **-1.** *(oficio)* legal profession **-2.** *(oficina)* lawyer's practice **-3.** *Am* **~ general del Estado** *o* **de la nación** *o* **de la república** *Br* ≃ DPP's office, *US* ≃ Attorney General's office **-4.** *Méx* **~ general de justicia** Ministry of Justice

procurar ◇ *vt* **-1.** *(intentar)* **~ hacer algo** to try to do sth; **procura llegar puntual** try to arrive on time; **~ que...** to make sure that...; **procuraré que no les falte nada** I'll try to make sure they have everything they need **-2.** *(proporcionar)* to get, to secure; **nos procurarán todos los medios necesarios** they will provide us with everything we need
◆ **procurarse** *vpr* to get, to obtain; **se procuró un trabajo en el extranjero** she got herself a job abroad

Prode *nm Arg* = gambling game involving betting on the results of soccer matches, *Br* football pools

prodigalidad *nf* **-1.** *(derroche)* prodigality **-2.** *(abundancia)* profusion

prodigar [38] ◇ *vt* **~ algo a alguien** to lavish sth on sb; **prodiga mucho cariño a sus nietos** she lavishes great affection on her grandchildren
◆ **prodigarse** *vpr* **-1.** *(exhibirse)* to appear a lot in public; **se ha prodigado mucho últimamente** he's appeared a lot in public recently, he's been in the public eye a lot recently
-2. *(excederse)* **prodigarse en elogios** to be lavish with one's praise; **se prodigó en atenciones con sus invitados** she lavished attention on her guests; **se prodigó en insultos contra el presidente** he heaped abuse on the president

prodigio *nm* **-1.** *(suceso)* miracle; **es un ~ que haya sobrevivido** it's a miracle she survived **-2.** *(persona)* wonder, prodigy; **niño ~** child prodigy; **el bailarín es un ~ de elasticidad** the dancer is unbelievably supple

prodigiosamente *adv* marvellously

prodigioso, -a *adj* **-1.** *(sobrenatural)* miraculous **-2.** *(extraordinario)* extraordinary; **es de una inteligencia prodigiosa** she is phenomenally intelligent

pródigo, -a ◇ *adj* **-1.** *(derrochador)* extravagant; **el hijo ~** *(en la Biblia)* the prodigal son **-2.** *(generoso)* generous, lavish; **es muy ~ con su familia** he's very generous to his family **-3.** *(abundante)* **una región pródiga en recursos naturales** a region rich in natural resources; **un país ~ en abogados** a country with vast quantities of lawyers
◇ *nm,f* spendthrift

producción *nf* **-1.** *(acción)* production; *(producto)* product; **se ha incrementado la ~ de acero** steel production has increased; **un autor con una extensa ~ poética** an author with an extensive poetic output ❏ IND **~ en cadena** mass production; IND **~ en serie** mass production **-2.** CINE & TV production; **una ~ deTVE** a TVE production

producir [18] ◇ *vt* **-1.** *(productos agrícolas, recursos naturales)* to produce; **las abejas producen miel** bees produce honey
-2. *(manufacturar)* to produce
-3. *(generar) (calor, sonido)* to produce
-4. *(artista, campeón)* to produce; **un país que ha producido varios campeones mundiales** a country which has produced several world champions
-5. *(ocasionar)* to cause, to give rise to; **tu actuación me produce tristeza** your conduct makes me very sad; **un medicamento que produce náuseas** a medicine which causes nausea; **no me produjo muy buena impresión** it didn't make a very good impression on me
-6. *(interés)* to yield, to bear; **este negocio produce grandes pérdidas** this business is making huge losses; **la operación produjo muchas ganancias para el banco** the transaction yielded substantial profits for the bank
-7. *(en cine, televisión)* to produce
◆ **producirse** *vpr* **-1.** *(ocurrir)* **el accidente se produjo a las nueve de la mañana** the accident occurred at nine o'clock in the morning; **se produjeron disturbios en varias ciudades** there were disturbances in several cities; **el accidente se produjo por exceso de velocidad** the accident was caused by speeding; **se produjeron varios heridos** several people were injured; **tras su intervención se produjo un gran silencio** there was a long silence after her speech, a long silence followed her speech
-2. *Formal (comportarse)* to conduct oneself; **fue sancionado por producirse de manera violenta** he was banned for violent conduct

productividad *nf* productivity

productivo, -a *adj* **-1.** *(trabajador, método)* productive; *(encuentro)* productive, fruitful **-2.** *(inversión, negocio)* profitable

producto *nm* **-1.** *(bien, objeto)* product; **productos agrícolas** agricultural produce; **un ~ derivado del petróleo** an oil derivative ❏ **~ acabado** finished product; **~ alimenticio** foodstuff; **productos de belleza** cosmetics; **~ final** end product; *Esp* **~ interior bruto** gross domestic product; *Am* **~ interno bruto** gross domestic product; **~ líder** product leader; **~ manufacturado** manufactured product; **~ milagro** miracle product; **~ nacional bruto** gross national product; **~ de primera necesidad** staple; **~ químico** chemical; **productos de la tierra** agricultural *o* farm produce
-2. *(ganancia)* profit
-3. *(resultado)* result, product; **el accidente fue ~ de un despiste del conductor** the accident was caused by a lapse of attention on the part of the driver; **la obra es el ~ de un gran esfuerzo colectivo** the work is the product of a great collective effort
-4. MAT product

productor, -ora ◇ *adj* producing; **país ~ de petróleo** oil-producing country; **células productoras de dopamina** dopamine-producing cells
◇ *nm,f* **-1.** *(fabricante)* producer; **productores de papel** paper manufacturers **-2.** *(de productos agrícolas)* farmer; **productores de plátanos** banana growers; **productores agrícolas** farmers **-3.** *(en cine, televisión)* producer

productora *nf (de cine, televisión)* production company

produjera *etc ver* **producir**

produzco *ver* **producir**

proemio *nm (de libro)* preface, prologue

proeza *nf* exploit, deed; **realizó la ~ de cruzar el Atlántico en solitario** she accomplished the feat of a solo crossing of the Atlantic

prof. *(abrev de profesor) (en colegio, academia)* teacher; *(en universidad) Br* lecturer, *US* professor

profanación *nf* desecration

profanar *vt* to desecrate

profano, -a ◇ *adj* **-1.** *(no sagrado)* profane, secular; **literatura/música profana** secular literature/music **-2.** *(ignorante)* ignorant, uninitiated; **soy ~ en la materia** I'm a layman when it comes to that subject, I know nothing about the subject
◇ *nm,f (hombre)* layman; *(mujer)* laywoman; **soy un ~ en cuestiones de economía** I'm a layman when it comes to economics, I know nothing about economics

profe *nmf Fam (de colegio)* teacher; *(de universidad)* lecturer

profecía *nf (predicción)* prophecy

proferir [5] *vt (palabras, sonidos)* to utter; *(insultos)* to hurl; **los manifestantes profirieron gritos en contra del gobierno** the demonstrators shouted abuse against the government

profesar ◇ *vt* **-1.** *(religión)* to follow **-2.** *(arte, oficio)* to practise **-3.** *(admiración, amistad)* to feel; **profesa un gran amor hacia o por los animales** she has a great love of animals
◇ *vi* REL to take one's vows

profesión *nf* **-1.** *(empleo, ocupación)* profession; *(en formularios)* occupation; **de ~** by profession; **ser de la ~** to be in the same profession ❑ **~ liberal** liberal profession **-2.** *(declaración)* declaration, avowal ❑ REL **~ de fe** profession *o* declaration of faith

profesional ◇ *adj* **-1.** *(de la profesión)* professional **-2.** *(eficaz)* professional; **es un albañil muy ~** he's a very professional bricklayer **-3.** *(deportista)* professional
◇ *nmf* **-1.** *(trabajador liberal)* professional **-2.** *(deportista)* professional **-3.** *(practicante de actividad)* professional; **un ~ del crimen** a professional criminal; *Hum* **un ~ del pesimismo** a professional pessimist

profesionalidad *nf* professionalism

profesionalismo *nm* professionalism

profesionalización *nf* professionalization

profesionalizar [14] ◇ *vt* to professionalize

◆ **profesionalizarse** *vpr* to turn professional

profesionalmente *adv* professionally

profesionista *nmf Méx* professional

profeso, -a ◇ *adj* professed
◇ *nm,f* professed monk, *f* professed nun

profesor, -ora *nm,f* **-1.** *(de colegio, academia)* teacher; *(de autoescuela, esquí)* instructor; **~ de historia/música** history/music teacher ❑ **~ agregado** *(de secundaria)* teacher *(with permanent post)*; **~ particular** *(private)* tutor; **~ suplente** *Br* supply teacher, *US* substitute teacher
-2. *(de universidad) Br* lecturer, *US* professor ❑ **~ asociado** = university lecturer with part-time contract; **~ ayudante** = university lecturer who is also studying for their PhD; **~ emérito** professor emeritus, emeritus professor; **~ invitado** visiting lecturer; **~ titular** *Br* lecturer, *US* professor *(with tenure)*

profesorado *nm* **-1.** *(plantilla)* teaching staff, *US* faculty; **hay mucho malestar entre el ~** there is a lot of discontent among the teaching staff **-2.** *(profesión)* teaching profession; **ejerce el ~ desde hace diez años** he has been a teacher for ten years

profeta *nm* prophet; EXPR **nadie es ~ en su tierra** no man is prophet in his own land

profético, -a *adj* prophetic

profetisa *nf* prophetess

profetizar [14] *vt* to prophesy

profiero *etc ver* **proferir**

profiláctico, -a ◇ *adj* prophylactic
◇ *nm* prophylactic, condom

profilaxis *nf inv* prophylaxis

proforma, pro forma *adj* pro forma

prófugo, -a ◇ *adj* fugitive
◇ *nm,f* fugitive; **un ~ de la justicia** a fugitive from justice
◇ *nm* MIL = person evading military service

profundamente *adv* deeply; **lamento ~ lo que ha pasado** I deeply regret what has happened; **dormía ~** she was fast asleep; **una tradición ~ arraigada** a deep-rooted tradition

profundidad *nf* **-1.** *(de mar, lago, río)* depth; *(de hoyo, raíces, herida)* depth; **¿cuál es la ~ de esta piscina?** how deep is this swimming pool?; **tiene dos metros de ~** it's two metres deep; **de poca ~** shallow; **se encontraba a poca ~ cuando ocurrió el accidente** it was near the surface when the accident occurred; **hallaron los restos del barco en las profundidades del océano** they found the remains of the ship in the depths of the ocean
-2. *(de habitación, sala)* depth; **la cocina tiene una ~ de cuatro metros** the kitchen is four metres deep ❑ FOT **~ de campo** depth of field
-3. *(de libro, idea, pensamiento)* depth; **conocer un tema en ~** to know a subject in depth; **discutieron el problema en ~** they discussed the problem in depth

profundización *nf* **-1.** *(de estudio, conocimientos)* **un curso con un alto nivel de ~ en el tema** a course that goes into the subject in depth **-2.** *(de actividad, relaciones)* strengthening; **trabajar por la ~ de la democracia en la región** to work to strengthen democracy in the region

profundizar [14] ◇ *vt (hoyo, conocimientos)* to deepen
◇ *vi* **-1.** *(en excavación)* to dig deeper
-2. *(en estudio, conocimientos)* to go into depth; **~ en un tema** *(estudiar)* to study a topic in depth; *(debatir)* to discuss a topic in depth; **no profundizó demasiado en los personajes secundarios** he didn't really develop the secondary characters
-3. *(en actividad)* **piden seguir profundizando en la unidad monetaria** they are calling for monetary union to continue to be strengthened

profundo, -a *adj* **-1.** *(mar, lago, río)* deep; *(hoyo, raíces, herida)* deep; **navegaban por aguas profundas** they were sailing in deep waters; **es un lago muy poco ~** it's a very shallow lake; *Fig* **la España profunda** = backward, traditional Spain
-2. *(habitación, sala)* deep
-3. *(respeto, admiración, tristeza)* profound, deep; *(alegría, dolor)* intense; *(sueño)* deep
-4. *(voz)* deep
-5. *(mirada)* deep and meaningful
-6. *(libro, idea, pensamiento)* profound
-7. GRAM *(estructura)* deep

profusamente *adv* profusely; **una técnica ~ empleada en la medicina moderna** a widely-used technique in modern medicine; **un libro ~ ilustrado** a lavishly illustrated book

profusión *nf* profusion

profuso, -a *adj* profuse

progenie *nf Formal* **-1.** *(familia)* lineage **-2.** *(descendencia)* offspring

progenitor, -ora *nm,f* father, *f* mother; **progenitores** parents

progesterona *nf* progesterone

prognato, -a *adj Espec* prognathous; **los Austrias más prognatos** the Hapsburgs with the most prominent lower jaws

programa *nm* **-1.** *(de radio, televisión)* programme ❑ **~ concurso** game show; **~ de entrevistas** talk show
-2. *(de lavadora, lavavajillas)* cycle ❑ **~ de lavado** wash cycle
-3. *(proyecto)* programme ❑ **~ electoral** platform; **~ espacial** space programme; **~ de intercambio** exchange (programme)
-4. *(folleto)* programme ❑ **~ de mano** programme
-5. *(de actividades)* schedule, programme; **¿cuál es el ~ para esta tarde?** *(¿qué hacemos?)* what's the plan for this afternoon?; *Hum* **la tormenta no estaba en el ~** the storm wasn't part of the programme, the storm wasn't supposed to happen; **~ de fiestas** programme of events *(during annual town festival)*
-6. *(de curso, asignatura)* syllabus
-7. INFORMÁT program; **~ de maquetación** page layout program
-8. **~ libre** *(en patinaje artístico)* free skating
-9. *RP Fam (ligue)* pick-up; **empezaron a llegar, cada uno con su ~** they began to arrive, each with his or her pick-up

programable *adj* programmable

programación *nf* **-1.** *(de fiestas) (acción)* programming, scheduling; *(programa)* programme **-2.** *(de vídeo)* programming **-3.** *(televisiva)* scheduling; **la ~ del lunes** Monday's programmes **-4.** INFORMÁT programming ❑ **~ lineal** linear programming

programador, -ora ◇ *nm,f* INFORMÁT *(persona)* programmer
◇ *nm (aparato)* programmer; **el ~ de la calefacción/del vídeo** the heating/video programmer

programar ◇ *vt* **-1.** *(actividades, proyecto)* to plan; **han programado una reunión para el lunes** they have scheduled a meeting for Monday **-2.** *(en televisión)* to schedule; *(en cine)* to put on; **suelen ~ documentales por las tardes** they usually put on *o* show documentaries in the afternoons **-3.** *(máquina, vídeo)* to programme **-4.** INFORMÁT to program
◇ *vi* INFORMÁT to program

programático, -a *adj (de programa electoral)* **una propuesta programática** a manifesto proposal; **los partidos llegaron a un acuerdo ~** the parties reached an agreement on policy

progre *Fam* ◇ *adj (liberal)* liberal; *(moderno)* trendy, hip; **tengo unos padres muy progres** I have really trendy parents; **los miembros más progres del partido** the more liberal members of the party
◇ *nmf* progressive

progresar *vi* to progress, to make progress; **~ en** to make progress in

progresía *nf Fam (liberales)* liberals; *(modernos)* trendies

progresión *nf* progression, advance ❑ **~ aritmética** arithmetic progression; **~ geométrica** geometric progression; *Fig* **crecer en ~ geométrica** to increase exponentially

progresismo *nm* progressivism

progresista ◇ *adj* progressive
◇ *nmf* progressive

progresivo, -a *adj* **-1.** *(que progresa)* progressive **-2.** *(gradual)* gradual; **se espera un aumento ~ de las temperaturas** a gradual rise in temperatures is expected **-3.** *(impuesto)* progressive **-4.** GRAM progressive, continuous

progreso *nm* **-1.** *(adelanto, avance)* progress; **los progresos de la ciencia** scientific progress *o* advances; **hacer progresos** to make progress **-2.** *(en política)* progress; **se ha erigido en defensor del ~** he has appointed himself a champion of progress

progubernamental *adj* pro-government

prohibición *nf (efecto)* ban; *(acción)* banning; **han levantado la ~ de pescar en el mar del Norte** they have lifted the ban on fishing in the North Sea; **un tratado de ~ de pruebas nucleares** a nuclear test ban treaty; **está a favor de la ~ de la caza del zorro** she's in favour of banning fox-hunting; **lo hizo a pesar de la ~ expresa de sus jefes** he did it in spite of the fact that his bosses had expressly forbidden him to

prohibicionista *nmf* prohibitionist

prohibido, -a *adj* prohibited, banned; **un libro ~** a banned book; **la fruta prohibida** the forbidden fruit; **está ~ fumar aquí** this is a no-smoking area, smoking is prohibited here; **~ aparcar/fumar** *(en letrero)* no

prohibir vt **-1.** *(impedir, proscribir)* to forbid; ~ a alguien hacer algo to forbid sb to do sth; te prohíbo que vayas a la fiesta I forbid you to go to the party; el médico me ha prohibido fumar the doctor has told me to stop smoking; tengo prohibido el alcohol I've been told I mustn't touch alcohol; se prohíbe el paso *(en letrero)* no entry **-2.** *(por ley)* *(de antemano)* to prohibit; *(a posteriori)* to ban; a partir de ahora se prohíbe fumar en los lugares públicos smoking in public places has now been banned; se prohíbe la entrada a menores de 18 años *(en letrero)* over 18s only

prohibitivo, -a adj **-1.** *(norma, ley)* prohibitive **-2.** *(precio)* prohibitive

prohijar vt **-1.** *(niño)* to adopt **-2.** *(ideas, doctrinas)* to adopt

prohombre nm *Formal* great man

prójima nf *Fam* tart, slut

prójimo nm fellow human being, neighbour; intenta ayudar al ~ siempre que puede try to help your neighbour whenever you can; ama a tu ~ como a ti mismo *(cita bíblica)* love your neighbour as yourself

prolapso nm MED prolapse

prole nf offspring; llegaron nuestros amigos con toda su ~ our friends arrived with all their offspring in tow

prolegómenos nmpl *(de una obra)* preface; se produjo una pelea en los ~ del partido a fight broke out just before the kick-off

proletariado nm proletariat

proletario, -a ◇ adj proletarian
◇ nm,f proletarian

proliferación nf proliferation; ~ nuclear nuclear proliferation

proliferar vi to proliferate

prolífico, -a adj **-1.** *(animal)* prolific **-2.** *(artista)* prolific

prolijamente adv **-1.** RP *(con pulcritud)* tidily, neatly **-2.** *(a fondo)* exhaustively

prolijidad nf **-1.** *(extensión)* long-windedness; un relato de gran ~ a very long-winded account **-2.** RP *(pulcritud)* tidiness, neatness

prolijo, -a adj **-1.** *(extenso)* long-winded **-2.** *(esmerado)* meticulous **-3.** *(detallado)* exhaustive; una explicación prolija en detalles an exhaustively detailed explanation **-4.** RP *(pulcro)* tidy, neat

PROLOG, Prolog nm INFORMÁT PROLOG, Prolog

prologar vt prologó el libro un famoso escritor the preface to the book was written by a famous author

prólogo nm **-1.** *(de libro)* preface, foreword **-2.** *(de obra de teatro)* prologue **-3.** *(de acto)* prelude; se celebró una cena como ~ al congreso a dinner was held as a prelude to the conference **-4.** *(en ciclismo)* prologue

proloquista nmf author of prefaces; el ~ del libro the person who wrote the preface to the book

prolongación nf, **prolongamiento** nm **-1.** *(de espera, visita, conversación)* prolongation; *(de contrato)* extension **-2.** *(de cuerda, tubo)* lengthening; *(de carretera)* extension

prolongado, -a adj **-1.** *(alargado)* long **-2.** *(en el tiempo)* lengthy

prolongamiento = prolongación

prolongar [38] ◇ vt **-1.** *(en el tiempo)* *(espera, visita, conversación)* to prolong; *(contrato)* to extend; los médicos no quieren ~ su sufrimiento the doctors do not wish to prolong her suffering **-2.** *(en el espacio)* *(cuerda, tubo)* to lengthen; *(carretera)* to extend

◆ **prolongarse** vpr **-1.** *(en el tiempo)* to go on, to continue; la reunión se prolongó más de lo previsto the meeting went on for longer than expected; la familia no quiere que se prolongue su agonía the family do not wish his suffering to be prolonged **-2.** *(en el espacio)* to extend; la nueva línea se prolonga hasta el aeropuerto the new route extends to the airport, the new route now goes as far as the airport

promediar ◇ vt **-1.** *(calcular promedio de)* to average out **-2.** *(dividir en dos partes)* to divide in two; procura ~ la carne para dos días try to divide the meat up so it lasts for two days
◇ vi cuando promediaba el verano halfway o midway through the summer

promedio nm **-1.** *(media)* average; escribe un ~ de cinco libros al año on average, he writes five books a year; hacer o sacar el ~ de algo to find the average of sth ❑ ~ de goles goal average **-2.** *(punto medio)* midpoint; el banco abrió su central en el promedio de la calle principal the bank opened its headquarters in the middle of the high street

promesa nf **-1.** *(compromiso)* promise; me hizo la ~ de que no se lo diría a nadie he promised me not to tell anyone; cumplir (con) una ~ to keep a promise; faltar a una ~ to break a promise **-2.** *(persona)* promising talent; una joven ~ del tenis chileno a promising young talent of Chilean tennis

promesero, -a nm,f Andes, RP pilgrim

prometedor, -ora adj promising

Prometeo n MITOL Prometheus

prometer ◇ vt **-1.** *(dar palabra)* to promise; (te) lo prometo I promise; prometo hablar con ella I promise to talk to her; te prometo que no miento I promise you I'm not lying; *Fam* no aguanto más, te lo prometo I'm telling you, I can't take any more **-2.** *(cargo)* el presidente prometió su cargo ante el rey the president was sworn in before the king **-3.** *(augurar)* to promise; este libro promete ser entretenido this book promises to be entertaining
◇ vi *(tener futuro)* el programa de fiestas promete the programme for the celebrations looks promising; esto promete this is promising

◆ **prometerse** vpr **-1.** *(novios)* to get engaged **-2.** *Fam (esperar)* se las promete muy felices he thinks he's got it made; se las prometían muy felices pero se llevaron un chasco they had high hopes but they were in for a disappointment

prometido, -a ◇ adj **-1.** *(para casarse)* engaged **-2.** *(asegurado)* lo ~ what has been promised, promise; cumplir lo ~ to keep one's promise; EXPR lo ~ es deuda a promise is a promise
◇ nm,f fiancé, f fiancée

prometio nm QUÍM promethium

prominencia nf **-1.** *(abultamiento)* protuberance **-2.** *(elevación)* rise **-3.** *(importancia)* prominence

prominente adj **-1.** *(abultado)* protruding **-2.** *(elevado)* prominent **-3.** *(importante)* prominent

promiscuidad nf promiscuity

promiscuo, -a adj **-1.** *(persona)* promiscuous **-2.** *(confuso)* *(colectivo)* motley

promisorio, -a adj promissory

promoción nf **-1.** *(de producto, candidato)* promotion ❑ COM ~ **de ventas** sales promotion **-2.** *(ascenso)* promotion **-3.** *(en deportes)* promotion; van a jugar la ~ they will play off to decide who is promoted **-4.** *(curso)* class, year; compañeros de ~ classmates; la ~ del 91 the class of 91

promocional adj promotional

promocionar ◇ vt **-1.** *(producto, candidato)* to promote **-2.** *(empleado)* to promote
◇ vi DEP to play off

◆ **promocionarse** vpr to put oneself forward, to promote oneself

promontorio nm promontory

promotor, -ora ◇ adj promoting
◇ nm,f **-1.** *(constructor)* developer ❑ ~ **inmobiliario** Br property o US real estate developer **-2.** *(de boxeador, cantante)* promoter **-3.** *(organizador)* organizer; *(de una rebelión)* instigator; ¿quién fue el ~ de la idea? who initiated the idea? ❑ ~ **de conciertos** concert promoter

promover [41] vt **-1.** *(iniciar)* to initiate, to bring about; *(impulsar)* to promote; una campaña para ~ la lectura a campaign designed to promote reading **-2.** *(ocasionar)* to cause; sus declaraciones promovieron gran indignación his statements caused o provoked considerable indignation **-3.** *(ascender)* ~ a alguien a to promote sb to

promulgación nf *(de ley, decreto)* passing, enactment

promulgar [38] vt *(ley, decreto)* to pass, to enact

pronación nf ANAT pronation

pronador, -ora adj ANAT pronator

pronombre nm GRAM pronoun ❑ ~ **demostrativo** demonstrative pronoun; ~ **indefinido** indefinite pronoun; ~ **interrogativo** interrogative pronoun; ~ **personal** personal pronoun; ~ **posesivo** possessive pronoun; ~ **relativo** relative pronoun

pronominal GRAM ◇ adj pronominal
◇ nm pronominal verb

pronosticar [59] vt to predict, to forecast; han pronosticado sol para el fin de semana sunshine is forecast for the weekend; los sindicatos pronostican un año conflictivo the unions are predicting trouble in the year ahead

pronóstico nm **-1.** *(predicción)* forecast ❑ ~ **del tiempo** weather forecast **-2.** MED prognosis; de ~ **leve** suffering from a mild condition; de ~ **grave** in a serious condition; de ~ **reservado** under observation

prontitud nf promptness; respondió con ~ she answered promptly

pronto, -a adj **-1.** *(rápido)* quick, fast; *(respuesta)* prompt, early; *(curación, tramitación)* speedy ❑ ~ **pago** prompt payment **-2.** RP *(preparado)* ready; ¿demorás mucho? – no, ya estoy ~ are you going to be long? – no, I'm ready; prontos, listos, ¡ya! ready, steady, go!, on your marks, get set, go!
◇ adv **-1.** *(rápidamente)* quickly; tan ~ como as soon as; lo más ~ posible as soon as possible **-2.** *Esp (temprano)* early; salimos ~ we left early; llegó muy ~ a la cita she arrived very early for the appointment **-3.** *(dentro de poco)* soon; ¡hasta ~! see you soon!; ya verás cómo encontrarás casa you'll soon find a house, don't worry; ~ se acabará el año the year will soon be over
◇ nm *Fam* tiene unos prontos de rabia inaguantables she gets these sudden fits of rage which are really unbearable; le dio un ~ y se fue something got into him and he left

◆ **al pronto** loc adv at first

◆ **de pronto** loc adv **-1.** *(imprevistamente)* suddenly; el ladrón apareció de ~ en la salida the robber suddenly appeared in the exit **-2.** Andes, RP *(tal vez)* perhaps, maybe; de ~ se perdieron perhaps o maybe they got lost

◆ **por de pronto, por lo pronto** loc adv *(de momento)* for the time being; *(para empezar)* to start with; por o lo ~ pon los niños a dormir, luego hablaremos for the moment just put the children to bed, we'll talk later

prontuariar vt Andes, RP DER to open a file on

prontuario nm **-1.** *(resumen)* summary **-2.** Andes, RP DER police record

pronunciación nf pronunciation

pronunciado, -a adj **-1.** *(facciones)* pronounced **-2.** *(curva)* sharp; *(pendiente, cuesta)* steep **-3.** *(tendencia)* marked

pronunciamiento nm **-1.** *(golpe)* (military) coup **-2.** DER pronouncement **-3.** RP *(anuncio, declaración)* statement

pronunciar ◇ vt **-1.** *(palabra, sílaba)* to pronounce; no sabe ~ la erre he can't pronounce the 'rr' sound; no pronunció palabra en toda la reunión she didn't utter a word during the whole meeting **-2.** *(discurso)* to deliver, to make **-3.** *(acentuar, realzar)* to accentuate **-4.** DER to pronounce, to pass

◆ **pronunciarse** *vpr* **-1.** *(definirse)* to state an opinion (**sobre** on); **el rey todavía no se ha pronunciado sobre el tema** the king has not yet made any pronouncement on the subject; **el presidente se pronunció a favor del proyecto** the president declared that he was in favour of the project **-2.** *(sublevarse)* to stage a coup

propagación *nf* **-1.** *(extensión, divulgación)* spreading; **cortaron varios árboles para evitar la ~ del fuego** they cut down several trees to stop the fire from spreading **-2.** *(de especies, ondas)* propagation

propagador, -ora ◇ *adj* **-1.** *(difusor)* spreading **-2.** *(de razas, especies)* propagating
   ◇ *nm,f* **-1.** *(difusor)* spreader **-2.** *(de razas, especies)* propagator

propaganda *nf* **-1.** *(publicidad)* advertising; **hacer ~ de algo** to advertise sth; **un folleto de ~** an advertising leaflet **-2.** *(prospectos)* publicity leaflets; *(por correo)* junk mail; **repartir ~** to distribute advertising leaflets; *(en la calle)* to hand out advertising leaflets ❏ **~ electoral** *(folletos)* election literature; *(anuncios, emisiones)* election campaign advertising **-3.** *(política, religiosa)* propaganda

propagandista *nmf* propagandist

propagandístico, -a *adj* **-1.** *(de producto)* advertising; **campaña propagandística** advertising campaign **-2.** *(de ideas políticas o religiosas)* propaganda; **actividad propagandística** propaganda activity

propagar [38] ◇ *vt* **-1.** *(extender, divulgar)* to spread **-2.** *(especies, ondas)* to propagate; **los fuertes vientos propagaron el fuego** the strong winds caused the fire to spread

◆ **propagarse** *vpr* **-1.** *(extenderse, divulgarse)* to spread; **la noticia se propagó rápidamente** the news spread quickly; **el incendio se propagó de forma incontrolada** the fire spread uncontrollably **-2.** *(especies, ondas)* to propagate

propalar *vt* to divulge

propano *nm* propane

proparoxítono, -a *adj* proparoxytone, = stressed on the third-last syllable

propasarse *vpr* **-1.** *(excederse)* to go too far (**con** with); **creo que te propasas con el tabaco** I think you overdo it with the smoking **-2. ~ con alguien** *(sexualmente)* to make indecent advances to sb

propelente *nm* propellant

propender *vi* to tend, to be inclined

propensión *nf* propensity, tendency; **tiene ~ a resfriarse** she's prone to catching colds; **tiene cierta ~ a creer en milagros** he's inclined to believe in miracles; **un niño con ~ a encerrarse en sí mismo** a boy with a tendency to retreat into himself; **los fumadores tienen mayor ~ a desarrollar determinadas enfermedades** smokers show a greater tendency to develop certain diseases

propenso, -a *adj* **~ a algo/a hacer algo** prone to sth/to doing sth

propergol *nm* propellant

propiamente *adv (adecuadamente)* properly; *(verdaderamente)* really, strictly; **~ dicho** strictly speaking

propiciar *vt (favorecer)* to be conducive to; *(causar)* to bring about, to cause; **su actitud desafiante ha propiciado el enfrentamiento** her defiant attitude has helped bring about the confrontation; **la rotura de cristales propició la intervención de la policía** the smashing of windows caused the police to intervene

propiciatorio, -a *adj* propitiatory

propicio, -a *adj (favorable)* propitious, favourable; *(adecuado)* suitable, appropriate; **un bar no es un entorno ~ para el estudio** a bar is not a suitable place for studying in

propiedad *nf* **-1.** *(derecho)* ownership; *(bienes)* property; **la casa es ~ de sus padres** the house belongs to o is owned by her parents; **pertenecer en ~ a alguien** to rightfully belong to sb; **tener algo en ~** to own sth ❏ **~ horizontal** property in a tenement; **la legislación en materia de ~ horizontal** the legislation on ownership of properties in tenements; **~ industrial** patent rights; **~ inmobiliaria** real estate; **~ intelectual** copyright; **~ privada** private property; **~ pública** public ownership

-2. *(facultad)* property; **las propiedades de una sustancia** the properties of a substance; **con propiedades medicinales** with medicinal properties

-3. *(exactitud)* accuracy; **expresarse** o **hablar con ~** to use words properly; **empleaste esa expresión con mucha ~** you used exactly the right expression there

propietario, -a ◇ *adj* proprietary
   ◇ *nm,f* **-1.** *(de bienes)* owner **-2.** *(de cargo)* holder

propileno *nm* QUÍM propylene

propina *nf* **-1.** *(de empleado)* tip; **dar ~ (a alguien)** to tip (sb); **dejó 50 céntimos de ~** he left a tip of 50 cents; *Fig* **de ~** *(por añadidura)* on top of that **-2.** *(de niño)* pocket money

propinar *vt (paliza)* to give; **le propinó una patada en la pierna** he kicked him in the leg; **me propinó un susto increíble** she gave me a terrible shock

propincuidad *nf Formal* propinquity, proximity

propio, -a ◇ *adj* **-1.** *(en propiedad)* own; **tiene coche ~** she has a car of her own, she has her own car; **se requiere vehículo ~** *(en anuncio laboral)* own car required

-2. *(de la misma persona)* **lo vi con mis propios ojos** I saw it with my own eyes; **me lo dijo en mi propia cara** he said it to my face; **actuó en defensa propia** she acted in self-defence; **por tu ~ bien** for your own good

-3. *(peculiar)* **~ de** typical o characteristic of; **el monzón es ~ de esta época** the monsoon is characteristic of this season; **es muy ~ de él llegar tarde** it's absolutely typical of him to arrive late; **no es ~ de él** it's not like him

-4. *(adecuado)* suitable, right (**para** for); **recitó un poema ~ para la ocasión** she recited a suitable poem for the occasion

-5. *(correcto)* proper, true

-6. *(en persona)* himself, *f* herself; **el ~ compositor** the composer himself

-7. *(semejante)* true to life; **en ese retrato quedaste muy ~** that portrait is a very good likeness of you

-8. GRAM proper

-9. lo ~ *(lo mismo)* the same; **Elena se retiró a descansar y su compañero hizo lo ~** Elena went to have a rest and her companion did the same

   ◇ *nmpl* **a propios y extraños** all and sundry; **con su victoria sorprendió a propios y extraños** his victory surprised everyone

   ◇ **de propio** *loc adv (expresamente)* **fui de ~ a la ciudad para verla** I went to the city just to see her

própolis, propóleo *nm* propolis

proponer [50] ◇ *vt* **-1.** *(sugerir)* to propose, to suggest; **han propuesto varias ideas** they have put forward a number of ideas; **propongo ir al cine** I suggest going to the cinema; **me propuso un trato** he proposed a deal; **me propuso que fuéramos al teatro** she suggested going to the theatre

-2. *(candidato)* to put forward; **lo han propuesto para secretario general del partido** he has been put forward as a candidate for party chairman

◆ **proponerse** *vpr* **proponerse hacer algo** to plan o intend to do sth; **se ha propuesto perder diez kilos** she has decided to lose ten kilos; **el nuevo juez se ha propuesto acabar con la delincuencia** the new judge has set himself the task of putting an end to crime; **consigue todo lo que se propone** she achieves everything she sets out to; **no me proponía ofender a nadie** it wasn't my intention to offend anyone

proporción *nf* **-1.** *(relación)* proportion; **en ~ a** in proportion to; **guardar ~ (con)** to be in proportion (to); **los dos edificios no guardan ~ entre sí** the two buildings are out of proportion

-2. MAT proportion ❏ **~ aritmética** arithmetic proportion; **~ geométrica** geometric proportion

-3. proporciones *(tamaño)* size; *(importancia)* extent, scale; **un incendio de grandes proporciones** a major fire; **el escándalo alcanzó proporciones mayúsculas** the scandal reached huge proportions; **un desastre de proporciones gigantescas** a massive disaster

proporcionado, -a *adj (tamaño, sueldo)* commensurate (**a** with); *(medidas)* proportionate (**a** to); **un sueldo ~ al trabajo realizado** a salary commensurate with the work performed; **un castigo ~ a la falta** a punishment that fits the crime; **bien ~** well-proportioned

proporcional *adj* proportional (**a** to); **dos valores inversamente proporcionales** two inversely proportional values

proporcionalidad *nf* proportionality; **no hay ~ entre lo que pide y lo que ofrece** what he's asking for is out of proportion to what he's offering

proporcionalmente *adv* proportionally (**a** to); **el presupuesto se reparte ~ a la población de cada región** the budget is divided in proportion to the population of each region

proporcionar *vt* **-1.** *(facilitar)* **~ algo a alguien** to provide sb with sth; **las autoridades proporcionaron alojamiento a todos los refugiados** the authorities provided all the refugees with accommodation; **proporcionamos el material necesario a los alumnos** we provide o supply students with the necessary materials

-2. *(ajustar)* **~ algo a algo** to adapt sth to sth; **deben ~ los gastos a los ingresos** they ought to adjust their spending to their income

-3. *(producir)* **esta empresa sólo proporciona disgustos** this company causes nothing but trouble; **esta música proporciona paz y tranquilidad** this music produces a sensation of peace and tranquility

proposición *nf* **-1.** *(propuesta)* proposal; **una ~ de matrimonio** a proposal of marriage; **hacer proposiciones a alguien** to proposition sb ❏ **proposiciones deshonestas** improper advances **-2.** GRAM clause **-3.** *(enunciado)* proposition

propósito ◇ *nm* **-1.** *(intención)* intention; **mi ~ llamarte cuando llegara** I had intended to phone you when I arrived; **tengo el ~ de dejar el alcohol** I intend to give up alcohol; **hizo el ~ de no volver a fumar** she made a resolution o resolved not to smoke again; **con el ~ de** in order to; **con este ~** to this end

-2. *(objetivo)* purpose; **el ~ de las medidas es contener la inflación** the purpose o aim of the measures is to control inflation; **una ley con el único ~ de ayudar a los más débiles** a law the sole purpose of which is to help the weakest

   ◇ **a propósito** *loc adv* **-1.** *(adecuado)* suitable; **tu ayuda nos viene muy a ~** your help is coming just at the right time

-2. *(adrede)* on purpose; **hacer algo a ~** to do sth on purpose o deliberately; **lo dijo a ~ para que nos enfadáramos** he said it deliberately to annoy us; **no lo hice a ~** I didn't do it on purpose

-3. *(por cierto)* by the way; **a ~ de viajes, ¿has estado en Japón?** speaking of travelling, have you been to Japan?

   ◇ **a propósito de** *loc prep* with regard to, concerning; **ha habido un gran debate público a ~ de la ley** there has been considerable public debate concerning the law

propuesta *nf (proposición)* proposal; *(de empleo)* offer; **me hicieron una ~ de trabajo** they made me a job offer; **la ~ de Juan como**

propuesto, -a *participio ver* **proponer**: tesorero fue aprobada por unanimidad Juan's nomination as treasurer was approved unanimously; **se guardó un minuto de silencio, a ~ del presidente** there was a minute's silence at the suggestion of the president ❑ **~ de ley** bill; **~ no de ley** = motion for debate presented to parliament by someone other than the government

propuesto, -a *participio ver* **proponer**
propugnar *vt* to advocate, to support
propulsante *nm* propellant
propulsar *vt* **-1.** *(vehículo)* to propel **-2.** *(plan, actividad)* to promote
propulsión *nf* propulsion ❑ **~ a chorro** jet propulsion; **~ a reacción** jet propulsion
propulsor, -ora ◇ *adj* propulsive
  ◇ *nm,f (persona)* promoter
  ◇ *nm* **-1.** *(dispositivo)* engine **-2.** *(combustible)* propellant
propusiera *etc ver* **proponer**
prorrata *nf* quota, share; **a ~** pro rata
prorratear *vt* to divide proportionally
prorrateo *nm* sharing out (proportionally)
prórroga *nf* **-1.** *(de plazo, tiempo)* extension; **les concedieron dos semanas de ~ para la entrega del proyecto** they were given a two-week extension for handing in the project **-2.** *(en deporte) Br* extra time, *US* overtime **-3.** *(de estudios, servicio militar)* deferment; **le concedieron una ~ por estudios** *(del servicio militar)* he was granted a deferment for his studies
prorrogable *adj* **un permiso de trabajo ~ por dos años** a work permit which can be extended by two years; **un plazo no ~** a deadline which cannot be extended
prorrogar [38] *vt* **-1.** *(alargar)* to extend; **han prorrogado el plazo dos semanas más** the deadline has been extended by a further two weeks **-2.** *(aplazar)* to defer, to postpone
prorrumpir *vi* **~ en** to burst into; **el público prorrumpió en aplausos** the public broke into applause
prosa *nf* **-1.** *(en literatura)* prose; **en ~** in prose **-2.** *Andes Fam (petulancia)* pomposity; **echar** *o* **tirar ~** to give oneself airs
prosaico, -a *adj (trivial)* mundane, prosaic; *(materialista)* materialistic
prosapia *nf* lineage, ancestry
proscenio *nm* TEATRO proscenium
proscribir *vt* **-1.** *(prohibir)* to ban **-2.** *(desterrar)* to banish
proscripción *nf* **-1.** *(prohibición)* banning **-2.** *(destierro)* banishment, exile
proscrito, -a, *RP* **proscripto, -a** ◇ *participio ver* **proscribir**
  ◇ *adj* **-1.** *(prohibido)* banned **-2.** *(desterrado)* banished
  ◇ *nm,f* **-1.** *(fuera de la ley)* outlaw **-2.** *(desterrado)* exile
prosecución *nf Formal* continuation; **aprobaron la ~ de la huelga** they voted to continue the strike
proseguir [61] ◇ *vt* to continue; **prosiguió sus estudios en el extranjero** she continued her studies aboad
  ◇ *vi* to go on, to continue (**con** with); **la tormenta impidió ~ con el concierto** the storm prevented the concert from continuing; **prosigue con tu relato, por favor** please go on *o* continue with your account; **prosiguen los ataques a colonos** the attacks on settlers are continuing
proselitismo *nm* proselytism; **hacer ~** to proselytize
proselitista ◇ *adj* proselytizing
  ◇ *nmf* proselytizer
prosélito, -a *nm,f* proselyte
prosificar *vt* to turn into prose
prosigo *etc ver* **proseguir**
prosiguiera *etc ver* **proseguir**
prosista *nmf* **-1.** *(escritor)* prose writer **-2.** *Andes Fam (petulante)* pompous ass
prosodia *nf* **-1.** GRAM prosody **-2.** LIT prosody
prosódico, -a *adj* **-1.** GRAM orthoepic **-2.** LIT prosodic
prosopopeya *nf* **-1.** LIT prosopopeia, personification **-2.** *(solemnidad)* ceremoniousness, pomposity
prospección *nf* **-1.** *(de terreno)* prospecting; **están realizando prospecciones en busca de petróleo** they are prospecting for oil ❑ **~ geológica** geological prospecting; **~ petrolífera** oil prospecting **-2.** *(estudio)* research ❑ **~ de mercados** market research
prospectar *vt* to prospect
prospectivo, -a *adj* exploratory
prospecto *nm* **-1.** *(folleto)* leaflet **-2.** *(de medicamento)* = leaflet giving directions for use
prosperar *vi* **-1.** *(mejorar)* to prosper, to thrive **-2.** *(triunfar)* to be successful; **la idea no prosperó** the idea was unsuccessful
prosperidad *nf* **-1.** *(mejora)* prosperity **-2.** *(éxito)* success
próspero, -a *adj* prosperous, flourishing; **¡~ Año Nuevo!** Happy New Year!
prostaglandina *nf* FISIOL prostaglandin
próstata *nf* prostate
prosternarse *vpr Formal* to prostrate oneself
prostíbulo *nm* brothel
próstilo ARQUIT ◇ *adj* prostyle
  ◇ *nm* prostyle
prostitución *nf* **-1.** *(actividad)* prostitution **-2.** *(de ideales, valores)* betrayal
prostituir [34] ◇ *vt* **-1.** *(sexualmente)* to prostitute **-2.** *(ideales, valores)* to betray
  ◆ **prostituirse** *vpr* **-1.** *(sexualmente)* to prostitute oneself **-2.** *(envilecerse)* to prostitute oneself
prostituta *nf* prostitute
prostituto *nm* male prostitute
protactinio *nm* QUÍM protactinium
protagonismo *nm* **-1.** *(función destacada)* key role; **los militares tuvieron un ~ destacado en la caída del régimen** the military played a key role in the downfall of the regime **-2.** *(importancia)* significance, importance; **buscan un mayor ~ de las mujeres en la política** their aim is for women to play a more prominent role in politics; **han criticado su afán de ~** her desire to be the centre of attention *o* in the limelight has been criticized; **el atentado restó ~ a la cumbre de presidentes** the attack diverted attention from the presidential summit
protagonista *nmf* **-1.** *(de libro, película)* main *o* central character; *(de obra de teatro)* lead, leading role; **un actor que sólo acepta papeles de ~** an actor who only accepts leading roles
 -2. *(de suceso)* **los protagonistas de la revolución** the chief actors in the revolution; **ser ~ de** *(acontecimiento histórico)* to play a leading part in; *(accidente)* to be one of the main people involved in; *(entrevista, estudio)* to be the subject of
protagonizar [14] *vt* **-1.** *(película, obra)* to play the lead in, to star in; *(libro)* to be the main character in **-2.** *(acontecimiento histórico)* to play a leading part in; *(accidente)* to be one of the main people involved in; *(entrevista, estudio)* to be the subject of
protección *nf* protection; **diez guardaespaldas se encargan de la ~ del juez** ten bodyguards are responsible for protecting the judge; **sexo sin ~** unprotected sex ❑ **~ civil** civil defence; INFORMÁT **~ contra copia** copy protection; **~ de datos** data protection; INFORMÁT **~ de hardware** dongle
proteccionismo *nm* ECON protectionism
proteccionista ◇ *adj* protectionist
  ◇ *nmf* protectionist
protector, -ora ◇ *adj* protective; **pintura protectora** weatherproof paint; **casco ~** crash helmet
  ◇ *nm,f (persona)* protector
  ◇ *nm* **-1.** *(en boxeo)* gumshield **-2. ~ labial** lip salve **-3.** INFORMÁT **~ de pantalla** *(salvapantallas)* screensaver
protectorado *nm* protectorate
proteger [52] ◇ *vt* **-1.** *(persona, animal, objeto)* to protect (**de** *o* **contra** from *o* against); **el sombrero me protege del sol** the hat protects me from the sun, the hat keeps the sun off me; **la roca nos protegía del viento** the rock protected us against the wind; **los guardaespaldas la protegieron de los fans** the bodyguards shielded her from the fans; **un organismo para ~ la fauna** an organization set up to protect wildlife, a wildlife organization
 -2. ECON *(productos)* to protect
 -3. INFORMÁT to protect
  ◆ **protegerse** *vpr* to take cover *o* refuge (**de** *o* **contra** from); **se protegió del fuerte sol con un sombrero** she wore a hat to protect herself from the strong sun; **se protegieron del bombardeo en un refugio** they took refuge from the bombing in a shelter; **se protegió la cara con las manos** he shielded *o* protected his face with his hands
protege-slips *nm inv* panty liner
protegido, -a ◇ *adj* **-1.** *(especie)* protected **-2.** INFORMÁT protected; **~ contra copia** copy-protected; **~ contra escritura** write-protected
  ◇ *nm,f* protégé, *f* protégée
proteico, -a *adj* **-1.** *Literario (cambiante)* protean **-2.** *(de la proteína)* protein; **necesidades proteicas** protein requirements
proteína *nf* protein
proteínico, -a *adj* protein; **deficiencia proteínica** protein deficiency
protésico, -a ◇ *adj* prosthetic
  ◇ *nm,f* prosthetist ❑ **~ dental** dental technician
prótesis *nf inv* **-1.** MED prosthesis; *(miembro)* artificial limb; **~ auditiva** hearing aid; **~ dental** dentures **-2.** GRAM prothesis
protesta *nf* **-1.** *(queja)* protest; **se manifestaron en ~ por la realización de pruebas nucleares** they demonstrated in protest at the nuclear tests; **bajo ~** under protest; **en señal de ~** in protest **-2.** *(manifestación)* protest **-3.** DER objection; **se admite la ~** objection sustained; **~ denegada** objection overruled **-4.** *Méx (promesa)* oath
protestante ◇ *adj* Protestant
  ◇ *nmf* Protestant
protestantismo *nm* Protestantism
protestar ◇ *vi* **-1.** *(quejarse)* to protest (**por/contra** about/against); **protestaron por el mal servicio** they complained about the poor service; **los manifestantes protestaban contra la detención del líder sindical** the demonstrators were protesting against the arrest of the union leader; **haz lo que te digo sin ~** do what I tell you and no grumbling; **deja ya de ~** stop grumbling
 -2. DER **¡protesto!** *(en juicio)* objection!
  ◇ *vt* **-1.** COM to protest **-2.** *Méx (prometer)* **el presidente protestó su cargo ante el congreso** the president was sworn in before parliament
protesto *nm* COM protest ❑ **~ de letra** noting bill of exchange
protestón, -ona *Fam* ◇ *adj* **es muy ~** *(que se queja)* he's always complaining; *(que refunfuña)* he's always moaning
  ◇ *nm,f (que se queja)* complainer, awkward customer; *(que refunfuña)* grumbler, moaner
prótido *nm* protide
protocolario, -a *adj* ceremonial; **fue una visita protocolaria** it was a ceremonial visit
protocolo *nm* **-1.** *(ceremonial)* protocol; **como exige el ~** as required by protocol; **seguir el ~** to follow protocol **-2.** DER = documents handled by a solicitor **-3.** INFORMÁT protocol ❑ **~ de comunicación** communications protocol; **~ de Internet** Internet protocol **-4.** *(acta)* protocol ❑ **el Protocolo de Kioto** the Kyoto agreement **-5.** *Méx (de experimento)* protocol
protohistoria *nf* protohistory
protomártir *nm* protomartyr
protón *nm* proton
protoplasma *nm* protoplasm
protoplasmático, -a, protoplásmico, -a *adj* protoplasmic
prototípico, -a *adj* prototypical

prototipo *nm* **-1.** *(modelo)* archetype; **el ~ de ejecutivo agresivo** the archetypal aggressive executive; **es el ~ del egoísmo** he's selfishness personified **-2.** *(primer ejemplar)* prototype

protozoo *nm* protozoan, protozoon

protráctil *adj* protractile

protuberancia *nf* protuberance, bulge ❑ **~ solar** solar prominence

protuberante *adj* protuberant; **nariz ~** big nose

provecho *nm* **-1.** *(beneficio)* benefit; **un hombre de ~** a useful member of society; **sólo busca el ~ personal** all he is interested in is personal gain; **sus explicaciones nos fueron de gran ~** we found her explanations very helpful; **en ~ propio** in one's own interest, for one's own benefit; **hacer ~ a alguien** to do sb good; **sacar ~ de** *(aprovecharse de)* to make the most of, to take advantage of; *(beneficiarse de)* to benefit from, to profit from; **no saqué nada de ~ de su conferencia** I didn't learn *o* gain anything useful from her lecture; **¡buen ~!** enjoy your meal!
-**2.** *RP (eructo)* burp; **ya hizo ~** she has already burped

provechosamente *adv* **-1.** *(ventajosamente)* advantageously **-2.** *(lucrativamente)* profitably

provechoso, -a *adj* **-1.** *(ventajoso)* beneficial, advantageous; **sus consejos nos fueron muy provechosos** we found his advice very helpful **-2.** *(lucrativo)* profitable

provecto, -a *adj Formal (persona)* elderly; **la edad provecta** old age; **un hombre de edad provecta** a man advanced in years

proveedor, -ora *nm,f* supplier ❑ INFORMÁT **~ de acceso (a Internet)** Internet access provider; INFORMÁT **~ de servicios Internet** Internet service provider

proveer [37] ❖ *vt* **-1.** *(abastecer)* to supply, to provide; **~ a alguien de algo** to provide *o* supply sb with sth; **la empresa provee de acceso a Internet al ministerio** the company acts as Internet service provider for the Ministry **-2.** *(puesto, cargo)* to fill
❖ *vi* **¡Dios proveerá!** God will provide!
➨ **proveerse** *vpr* **proveerse de** *(ropa, víveres)* to stock up on; *(medios, recursos)* to arm oneself with

proveniente *adj* **~ de** (coming) from

provenir [69] *vi* **~ de** to come from; **sus problemas económicos provienen de su afición al juego** his financial problems all have their roots in his fondness for gambling

Provenza *n* Provence

provenzal ❖ *adj* Provençal
❖ *nmf (persona)* Provençal
❖ *nm (lengua)* Provençal

proverbial *adj* proverbial

proverbio *nm* proverb; REL **Proverbios** Proverbs

providencia *nf* **-1.** REL **la (Divina) Providencia** (Divine) Providence **-2.** *(medida)* measure, step; **tomaron providencias para evitar un atentado** measures were taken to prevent an attack **-3.** DER ruling; **el juez dictó varias providencias** the judge issued several orders

providencial *adj* **-1.** *(de la Providencia)* providential **-2.** *(oportuno)* fortunate; **fue ~ que pasara por ahí una ambulancia** it was most fortunate that an ambulance should happen to be passing by; **una ~ tormenta ayudó a contener el incendio** a timely storm helped to stop the fire from spreading

providente *adj (prevenido)* provident

próvido, -a *adj Literario* munificent; **la mano próvida del Señor** the Lord's providing hand

proviene *etc ver* **provenir**

provincia *nf* **-1.** *(división administrativa)* province **-2.** REL province **-3.** **provincias** *(no la capital)* the provinces; **la gente de provincias** people who live in the provinces; **hacer una gira por provincias** to go on a tour of the provinces

provincial ❖ *adj* provincial
❖ *nmf* REL provincial

provincianismo *nm* provincialism

provinciano, -a ❖ *adj* **-1.** *(de la provincia)* provincial **-2.** *Pey (de mentalidad cerrada)* provincial, parochial **-3.** *Pey (rústico)* provincial, old-fashioned
❖ *nm,f* **-1.** *Pey (de mentalidad cerrada)* **ser un ~** to be very parochial **-2.** *Pey (rústico) Br* country bumpkin, *US* hick

proviniera *etc ver* **provenir**

provisión *nf* **-1.** *(suministro)* supply, provision ❑ **~ de fondos** advance **-2.** **provisiones** *(alimentos)* provisions **-3.** *(disposición)* measure **-4.** *(de una plaza)* filling **-5.** *Urug (almacén) Br* grocer's shop, *US* grocery store

provisional, *Am* **provisorio, -a** *adj* provisional

provisionalidad *nf* provisional nature

provisionalmente *adv* provisionally

provisorio = **provisional**

provisto, -a *participio ver* **proveer**

provitamina *nf* provitamin

provocación *nf* **-1.** *(desplante)* provocation; **recibieron instrucciones de evitar las provocaciones** they were instructed to avoid provocation; **el delantero respondió con una patada a las provocaciones del defensa** the forward reacted to the defender's provocation by kicking him
-**2.** *(de incendio)* starting; *(de revuelta)* instigation; **le achacaron la ~ del incidente** he was accused of causing the incident

provocador, -ora ❖ *adj* **-1.** *(ofensivo)* provocative **-2.** *(vestido)* provocative
❖ *nm,f* agitator

provocadoramente *adv* provocatively

provocar [59] ❖ *vt* **-1.** *(incitar)* to provoke; **¡no me provoques!** don't provoke me!
-**2.** *(causar) (accidente, muerte)* to cause; *(incendio, rebelión)* to start; *(sonrisa, burla)* to elicit; **una placa de hielo provocó el accidente** the accident was caused by a sheet of black ice; **~ las iras de alguien** to anger sb; **provocó las risas de todos** he made everyone laugh; **el polvo me provoca estornudos** dust makes me sneeze; **su actitud me provoca más lástima que otra cosa** her attitude makes me pity her more than anything else
-**3.** *(excitar sexualmente)* to lead on; **le gusta ~ a los chicos con sus trajes** she likes to tease the boys with her dresses
❖ *vi Carib,Col, Méx Fam (apetecer)* **¿te provoca ir al cine?** would you like to go to the movies?, *Br* do you fancy going to the cinema?; **¿te provoca un vaso de vino?** would you like a glass of wine?, *Br* do you fancy a glass of wine?; **¿qué te provoca?** what would you like to do?, *Br* what do you fancy doing?

provocativo, -a *adj* **-1.** *(ofensivo)* provocative **-2.** *(insinuante)* provocative

proxeneta *nmf* pimp, *f* procuress

proxenetismo *nm* pimping, procuring

próximamente *adv* **-1.** *(pronto)* soon, shortly **-2.** *(en cartelera)* coming soon

proximidad *nf* **-1.** *(en el tiempo)* closeness, proximity; **dada la ~ de las elecciones** as the elections are imminent
-**2.** *(en el espacio)* closeness, proximity; **lo que más me gusta de esta casa es su ~ al centro** what I like best about this house is that it's so close to the centre
-**3.** **proximidades** *(de ciudad)* surrounding area; *(de lugar)* vicinity; **el avión cayó al mar en las proximidades de las Bahamas** the plane crashed into the sea in the vicinity of the Bahamas

próximo, -a *adj* **-1.** *(en el tiempo)* near, close; **en fecha próxima** shortly; **las vacaciones están próximas** the holidays are nearly here
-**2.** *(en el espacio)* near, close; **una casa próxima al río** a house near the river; **el colegio está muy ~ al centro** the school is very near to the centre
-**3.** *(en número)* close; **un número de muertos ~ al centenar** a death toll approaching one hundred
-**4.** *(siguiente)* next; **el ~ año** next year; **el ~ domingo** next Sunday; **la próxima vez** next time; **me bajo en la próxima** I'm getting off at the next stop; **gira en la próxima a la derecha** take the next right

proxy ['proksi] *nm* INFORMÁT proxy

proyección *nf* **-1.** *(de mapa)* projection ❑ **cartográfica** map projection; **~ cilíndrica** cylindrical projection; **~ cónica** conical projection; **~ ortogonal** orthogonal projection
-**2.** MAT projection
-**3.** *(de película)* screening, showing; **una ~ de diapositivas** a slide show
-**4.** *(lanzamiento)* throwing forwards
-**5.** *(trascendencia)* importance; **con ~ de futuro** with a promising future; **la ~ internacional de una empresa** the international presence *o* profile of a company

proyeccionista *nmf* CINE projectionist

proyectar ❖ *vt* **-1.** *(luz)* to shine, to direct; *(sombra)* to cast
-**2.** *(mostrar) (película)* to project, to screen; *(diapositivas)* to show
-**3.** *(viaje, operación)* to plan; **proyectan ir de vacaciones a la playa** they are planning to go on holiday to the seaside
-**4.** *(edificio)* to plan; *(puente, obra)* to design
-**5.** *(arrojar)* to throw forwards; **la fuente proyectaba un chorro de agua** a jet of water was spurting out of the fountain
-**6.** MAT to project
-**7.** PSI to project
➨ **proyectarse** *vpr (sombra, silueta)* to be cast

proyectil *nm* projectile, missile ❑ **~ dirigido** guided missile; **~ teledirigido** guided missile

proyectista *nmf* designer

proyecto *nm* **-1.** *(plan)* plan; **tener en ~ hacer algo** to be planning to do sth; **tengo el ~ de viajar cuando me jubile** I'm planning to travel when I retire
-**2.** *(programa)* project; **un ~ de investigación** a research project ❑ **Proyecto Genoma Humano** Human Genome Project
-**3.** *(diseño) (de edificio)* design; *(de pieza, maquinaria)* plan
-**4.** *(borrador)* draft ❑ **~ de ley** bill
-**5.** EDUC **~ fin de carrera** final project *(completed after the end of architecture or engineering degree)*; **~ de investigación** *(de un grupo)* research project; *(de una persona)* dissertation

proyector, -ora ❖ *adj* projecting
❖ *nm* **-1.** *(de cine, diapositivas)* projector ❑ **~ cinematográfico** film projector; **~ de diapositivas** slide projector **-2.** *(foco)* searchlight; *(en el teatro)* spotlight

prozac® *nm* Prozac®

PRSC *nm (abrev de* **Partido Reformista Social Cristiano)** = political party in the Dominican Republic

prudencia *nf* **-1.** *(cuidado, cautela)* care; *(previsión, sensatez)* prudence; **habló con mucha ~** she chose her words very carefully; **conduce con ~** she's a careful driver **-2.** *(moderación)* moderation; **con ~** in moderation

prudencial *adj* **-1.** *(sensato)* sensible; **dejé pasar un tiempo ~ antes de irme** I waited a prudent amount of time before leaving **-2.** *(moderado)* moderate; **una cantidad ~ de vino** a moderate amount of wine

prudenciarse *vpr CAm, Col, Méx* to be cautious

prudente *adj* **-1.** *(cuidadoso)* careful; *(previsor, sensato)* sensible; **lo más ~ sería esperar** the most sensible thing would be to wait; **se mostró muy ~ en sus declaraciones** she was very careful about what she said; **es muy ~ conduciendo** he's a very careful driver **-2.** *(razonable)* reasonable; **a una hora ~** at a reasonable time; **a una distancia ~** at a safe distance

prudentemente *adv* **-1.** *(cuidadosamente)* carefully, cautiously **-2.** *(juiciosamente)* prudently

prueba ❖ *ver* **probar**
❖ *nf* **-1.** *(demostración)* proof; **no existe ninguna ~ de que haya copiado en el examen**

there is no proof that he copied during the exam; **dio pruebas irrefutables de que era inocente** she gave irrefutable proof of her innocence, she proved beyond doubt that she was innocent; **no tengo pruebas** I have no proof; **¡ahí tienes la ~!** that proves it!

-2. DER piece of evidence; **pruebas** evidence, proof; **fue absuelto por falta de pruebas** he was acquitted owing to a lack of evidence; **presentar pruebas** to submit evidence; **a las pruebas me remito** the evidence will bear me out ❑ *pruebas indiciarias* circumstantial evidence; *pruebas de indicios* circumstantial evidence; *pruebas instrumentales* documentary evidence

-3. *(manifestación, señal)* sign; **eso es ~ de que les importa** this proves they care, this is a sign that they care; **a mitad de carrera empezó a dar pruebas de cansancio** halfway through the race she started to show signs of tiring; **en** o **como ~ de mi amistad** in o as proof of friendship; **le hice el regalo como ~ de agradecimiento/mi amor** I gave her the present as a token of my gratitude/love

-4. *(examen académico)* test; **el examen consta de una ~ escrita y otra oral** the exam has an oral part and a written part ❑ *~ de acceso* entrance examination; *~ de aptitud* aptitude test

-5. *(comprobación, ensayo, experimento)* test; **hicimos la ~ de cambiar las pilas** we tried changing the batteries; **¡haga usted la ~!** try it and see!; **hacerle a alguien una ~** to test sb, to give sb a test; [EXPR] *RP Fam* **hacer la ~: te voy a abandonar para siempre – hacé la ~** I'm going to walk out and leave you for good – go on, then!; **a** o **de ~** *(trabajador)* on trial; *(producto comprado)* on approval; **a ~ de agua** waterproof; **a ~ de balas** bulletproof; **a ~ de bombas** bombproof; *Hum* **tiene un estómago a ~ de bombas** she has an iron stomach; **fe a toda ~** o **a ~ de bombas** unshakeable faith; **paciencia a toda ~** o **a ~ de bombas** unwavering patience; **poner algo/a alguien a ~** to put sth/sb to the test; **poner a ~ la paciencia de alguien** to try sb's patience ❑ *~ del ADN* DNA test; *~ del alcohol* Breathalyser® test; **hacer la ~ del alcohol a alguien** to breathalyse sb; *~ de (la) alcoholemia* Breathalyser® test; *~ antidopaje* drugs test; *~ antidoping* drugs test; **hacer la ~ antidoping a alguien** to test sb for drugs; *~ del embarazo* pregnancy test; **hacerse la ~ del embarazo** to take a pregnancy test; *Fig* **la ~ de fuego** the acid test; *~ nuclear* nuclear test; *pruebas nucleares* nuclear testing; *~ de (la) paternidad* paternity test; *~ de resistencia* endurance test; *la ~ del sida* AIDS test; **hacerle a alguien la ~ del sida** to test sb for AIDS; **hacerse la ~ del sida** to have an AIDS test; *~ de sonido* sound check

-6. *(trance)* ordeal, trial; **la distancia fue una dura ~ para su relación** being separated really put their relationship to the test

-7. DEP event; **la ~ de los 110 metros vallas** the 110 metres hurdles; **la ~ de lanzamiento de jabalina** the javelin; **una ~ ciclista** a cycling race ❑ *~ clásica* classic; *~ clasificatoria* heat; *~ eliminatoria* heat; *~ de saltos (de equitación)* show jumping (competition)

-8. IMPRENTA proof; **corregir pruebas, hacer corrección de pruebas** to proofread

-9. FOT *~ negativa* negative; *~ positiva* print

-10. *Am (ejercicio)* acrobatic feat

prurigo *nm* MED prurigo

prurito *nm* **-1.** MED itch, itching **-2.** *(afán, deseo)* urge; **su ~ de modernidad es inaguantable** he is obsessively driven to be modern

Prusia *n* HIST Prussia

prusiano, -a HIST ◇ *adj* Prussian
◇ *nm,f* Prussian

PS -1. *(abrev de* **post scríptum***)* PS **-2.** *(abrev de* **Partido Socialista***)* = Socialist Party

PSC *nm (abrev de* **Partido Social Cristiano***)* = Ecuadoran political party

pseudo- *pref* pseudo-

pseudociencia *nf* pseudoscience

pseudofármaco *nm* = product claiming medical benefits, but not subject to legal tests of effectiveness

pseudónimo *nm* pseudonym

PSI *nm* INFORMÁT *(abrev de* **Proveedor de Servicios Internet***)* ISP

psi *nf* psi

psico- *pref* psycho-

psicoanálisis *nm inv* psychoanalysis

psicoanalista *nmf* psychoanalyst

psicoanalítico, -a *adj* psychoanalytic(al)

psicoanalizar [14] ◇ *vt* to psychoanalyze
➤ **psicoanalizarse** *vpr* to be psychoanalyzed

psicodélico, -a *adj* psychedelic

psicodrama *nm* psychodrama

psicofármaco *nm* psychotropic o psychoactive drug

psicofonía *nf* seance

psicolingüística *nf* psycholinguistics *(singular)*

psicología *nf* **-1.** *(ciencia)* psychology ❑ *~ clínica* clinical psychology; *~ cognitiva* cognitive psychology; *~ infantil* child psychology; *~ del trabajo* occupational psychology

-2. *(forma de pensar)* psychology; **la ~ de los niños** the psychology of children, the way children think

-3. *(comprensión)* **tiene mucha ~ para las negociaciones** he understands the psychology of negotiating; **hay que tener mucha ~ para tratar con niños** to deal with children you need to understand how their minds work

psicológicamente *adv* psychologically

psicológico, -a *adj* psychological

psicólogo, -a *nm,f* **-1.** *(profesional)* psychologist ❑ *~ clínico* clinical psychology; *~ cognitivo* cognitive psychologist; *~ infantil* child psychologist; *~ del trabajo* occupational psychologist **-2.** *(persona perceptiva)* **el entrenador es un ~ excepcional** the coach has an exceptional understanding of how players' minds work

psicometría *nf* psychometrics *(singular)*

psicomotor, -triz, psicomotor, -ora *adj* psychomotor

psicomotricidad *nf* psychomotricity

psicópata *nmf* psychopath

psicopatía *nf* psychopathy, psychopathic personality

psicopático, -a *adj* psychopathic

psicopatología *nf* psychopathology

psicopedagogo, -a *nm,f* educational psychologist

psicosis *nf inv* **-1.** *(enfermedad)* psychosis ❑ *~ maníaco-depresiva* manic-depressive psychosis **-2.** *(miedo)* psychosis; **la expansión de la enfermedad ha provocado una ~ colectiva** the spread of the disease has sparked collective psychosis

psicosomático, -a *adj* psychosomatic

psicotécnico, -a ◇ *adj* psychotechnical
◇ *nm,f* psychotechnician
◇ *nm (prueba)* psychotechnical test

psicoterapeuta *nmf* psychotherapist

psicoterapéutico, -a *adj* psychotherapeutic

psicoterapia *nf* psychotherapy

psicótico, -a ◇ *adj* psychotic
◇ *nm,f* psychotic

psicotrópico, -a *adj* psychotropic, psychoactive

psique *nf* psyche

psiquiatra *nmf* psychiatrist

psiquiatría *nf* psychiatry

psiquiátrico, -a ◇ *adj* psychiatric
◇ *nm* psychiatric o mental hospital

psíquico, -a *adj* psychic

psiquis *nf inv* psyche

psitacosis *nf inv* MED psittacosis

psoas *nm inv* ANAT psoas

PSOE [pe'soe, 'soe] *nm (abrev de* **Partido Socialista Obrero Español***)* = Spanish political party to the centre-left of the political spectrum

psoriasis *nf inv* psoriasis

PSS *nf Esp (abrev de* **Prestación Social Sustitutoria***)* = community service done as alternative to military service

pta. *(pl* **ptas.***) (abrev de* **peseta***)* pta

PTB *nm Perú (abrev de* **producto territorial bruto***)* GDP

pte. *(abrev de* **presidente***)* Pres

pterodáctilo [tero'ðaktilo] *nm* pterodactyl

ptomaína [toma'ina] *nf* BIOL ptomaine

púa *nf* **-1.** *(de planta)* thorn; *(de erizo)* barb, quill
-2. *(de peine)* spine, tooth; *(de tenedor)* prong
-3. MÚS plectrum **-4.** *(de tocadiscos)* needle
-5. *Esp Antes Fam (peseta)* peseta

pub [paβ, paf] *(pl* **pubs***) nm (bar)* bar *(open late, usually with music)*; *(de estilo irlandés)* pub

púber *Formal* ◇ *adj* adolescent
◇ *nmf* adolescent

pubertad *nf* puberty

púbico, -a, pubiano, -a *adj* pubic

pubis *nm inv* **-1.** *(área)* pubes **-2.** *(hueso)* pubic bone

publicación *nf* **-1.** *(acción)* publication; **una revista de ~ semanal** a weekly magazine
-2. *(escrito, revista)* publication

públicamente *adv* publicly

publicano *nm* HIST publican

publicar [59] *vt* **-1.** *(libro, revista)* to publish; **el escritor está a punto de ~ una nueva novela** the writer is about to have a new novel published **-2.** *(difundir)* to publicize; *(noticia)* to make known, to make public; *(aviso)* to issue; *(ley)* = to bring a law into effect by publishing it in the official government gazette

publicidad *nf* **-1.** *(difusión)* publicity; **dar ~ a algo** to publicize sth; **han preferido no dar ~ al nombramiento** they have chosen not to make the appointment public

-2. COM *(promoción)* advertising; *(en televisión)* adverts, commercials; **una campaña de ~** an advertising campaign ❑ *~ directa* direct mailing; *~ estática* billboards; *~ subliminal* subliminal advertising

-3. *(folletos)* advertising material; **no me gusta recibir ~ por correo** I don't like being sent junk mail

publicista *nmf* advertising agent

publicitario, -a ◇ *adj* advertising; **pausa publicitaria** commercial break
◇ *nm,f* advertising agent

público, -a ◇ *adj* **-1.** *(colegio, transporte, teléfono, servicio)* public; **en ~** in public; **no le gusta hablar en ~** she doesn't like speaking in public; **hacer algo ~** to make sth public; **personaje ~** public figure; **un acto ~ en honor al escritor fallecido** a public ceremony in honour of the late writer; **ese andamio es un peligro ~** that scaffolding is a danger to the public; **eso es de dominio ~** that's public knowledge

-2. *(del Estado)* public; **el sector ~** the public sector; **un funcionario ~** a public sector worker

-3. *(conocido)* public; **ser ~** to be common knowledge

◇ *nm* **-1.** *(en espectáculo)* audience; *(en encuentro deportivo)* crowd; **una película dirigida al ~ infantil** a movie aimed at young audiences; **para todos los públicos** o *CSur* **para todo ~** *(suitable)* for all ages; *(película) Br* ≃ U, *US* ≃ G; **muy poco ~ asistió al encuentro** very few people attended the game; **tiene un ~ fiel** she has a loyal following

-2. *(comunidad)* public; **el gran ~** the (general) public; **abierto al ~** open to the public

publirreportaje *nm (anuncio de televisión)* promotional film; *(en revista)* advertising spread

pucará *nf Andes, Arg* HIST Indian hill fortress

pucha *interj Andes, RP Fam Euf* **-1.** *(lamento) Br* sugar!, *US* shoot!; **¡~!, ¡cómo pasa el tiempo!** jeez, it's getting late!; **¡~ digo, ya son las 12!** *Br* sugar o *US* shoot! it's 12 o'clock already! **-2.** *(sorpresa)* wow; **¡~ que llegaste**

pucherazo *nm Fam* electoral fraud

puchero *nm* -1. *(perola)* cooking pot -2. *(comida)* stew -3. *(gesto)* pout; **hacer pucheros** to pout

puchito: de a puchitos *loc adv Andes, RP Fam* bit by bit

pucho *Fam* ⋄ *nm* -1. *Andes, RP (cigarrillo)* cigarette, *Br* fag -2. *Andes, RP (colilla)* cigarette butt -3. *Chile, Ecuad (hijo menor)* youngest child -4. EXPR *RP* **sobre el ~** in the nick of time
⋄ **de a puchos** *loc adv* bit by bit; **fue comiendo de a puchos hasta terminar el plato** she went on taking tiny mouthfuls until the plate was empty; **está pagando la deuda, pero de a puchos** she is paying off the debt, but only bit by bit *o* in dribs and drabs

puck ['puk] (*pl* **pucks**) *nm (en hockey)* puck

pudding ['puðiŋ] (*pl* **puddings**) *nm* (plum) pudding

pudendo, -a *adj* **partes pudendas** private parts

pudibundez *nf* prudishness

pudibundo, -a *adj* prudish

púdico, -a *adj* modest, demure

pudiente ⋄ *adj* wealthy, well-off
⋄ *nmf* wealthy person

pudiera *etc ver* **poder**

pudin (*pl* **púdines**), **pudín** (*pl* **pudines**) *nm* -1. *(dulce)* pudding -2. *(salado)* terrine ❏ **~ de carne** meat loaf; **~ de salmón** salmon terrine

pudor *nm* -1. *(recato)* shyness; *(vergüenza)* (sense of) shame; **no se ducha en público por ~** he's too embarrassed *o* shy to have a shower in front of other people -2. *(modestia)* modesty

pudoroso, -a *adj* -1. *(recatado)* modest, demure -2. *(modesto)* modest, shy

pudrición *nf* -1. *(putrefacción)* rotting -2. *RP Fam (aburrimiento)* deadly bore; **esa película es una ~** that movie is deadly boring

pudridero *nm Br* rubbish dump, *US* garbage dump

pudrir ⋄ *vt* -1. *(descomponer)* to rot; **el calor pudre los alimentos** hot weather makes food go off -2. *RP Fam (cansar)* **la pudrieron tanto con sus quejas, que al final se mandó mudar** she got so fed up with their complaints that in the end she left
◆ **pudrirse** *vpr* -1. *(descomponerse)* to rot; *Fam* **pudrirse en la cárcel** *(preso)* to rot in jail -2. *RP Fam (aburrirse)* to be bored stiff; **no es una película para niños, se van a ~** it's not a movie for children, they'll be bored stiff -3. EXPR *Fam* **¡ahí te pudras!** to hell with you!

pueblada *nf Andes, RP* rebellion, uprising

pueblerino, -a ⋄ *adj Pey* rustic, provincial; **tiene unos modales muy pueblerinos** he behaves like a real yokel *o US* hick
⋄ *nm,f* -1. *(habitante)* villager -2. *Pey (paleto)* yokel

pueblo ⋄ *ver* **poblar**
⋄ *nm* -1. *(población) (pequeña)* village; *(grande)* town; *Pey* **ser de ~** to be a *Br* country bumpkin *o US* hick; PROV *Am* **~ chico, infierno grande** village life can be very claustrophobic ❏ **~ abandonado** ghost town; **~ fantasma** ghost town; *Perú* **~ joven** shanty town; **~ de mala muerte** one-horse town; *Am* **~ nuevo** shanty town
-2. *(nación, ciudadanos)* people; **la voluntad del ~** the will of the people; **el ~ español** the Spanish people ❏ **el ~ elegido** the chosen people
-3. *(proletariado)* **el ~** the (common) people; **el ~ llano** the common people, ordinary people

puedo *etc ver* **poder**

puente *nm* -1. *(construcción)* bridge; EXPR **tender un ~** to offer a compromise ❏ **~ de barcas** pontoon (bridge); **~ basculante** balance *o* bascule bridge; **~ colgante** suspension bridge; **~ ferroviario** rail bridge; **~ giratorio** swing bridge; **~ levadizo** drawbridge; **~ de peaje** toll bridge; **~ peatonal** footbridge; **~ de pontones** pontoon (bridge)
-2. *(días festivos)* ≃ long weekend *(consisting of a public holiday, the weekend and the day in between)*; **hacer ~** = to take an extra day off to join a public holiday with the weekend
-3. *(en barco)* bridge ❏ **~ de mando** bridge
-4. **~ aéreo** *(civil)* air shuttle; *(militar)* airlift
-5. *(en dientes)* bridge
-6. *(de gafas)* bridge
-7. *(en instrumento de cuerda)* bridge
-8. *(del pie)* arch
-9. *(en gimnasia)* arch, back bridge
-10. **hacer un ~** *(para arrancar un coche)* to hot-wire a car

---
PUENTE

When a public holiday falls on a Tuesday or a Thursday, Spanish people usually take another day's holiday to make a four day "long weekend". This is called "hacer puente" (literally "making a bridge"). Depending on the employer, this extra day may be regarded as extra to the agreed annual holidays.

---

puentear *vt* ELEC *(circuito)* to bridge; *(para arrancar un coche)* to hot-wire

puenting *nm* bungee-jumping; **hacer ~** to go bungee-jumping

puercada *nf CAm, Méx, RDom* disgusting thing

puerco, -a ⋄ *adj Fam* -1. *(sucio)* filthy -2. *(malintencionado)* nasty, mean
⋄ *nm,f* -1. *(animal)* pig, *f* sow ❏ **~ espín** porcupine -2. *Fam (persona malintencionada)* swine -3. *Fam (persona sucia)* pig
⋄ *nm Méx (carne)* pork

puercoespín *nm* porcupine

puericultor, -ora *nm,f* nursery nurse

puericultura *nf* childcare

pueril *adj* childish

puerilidad *nf* childishness

puérpera *nf* MED woman who has just given birth

puerperal *adj* MED puerperal

puerperio *nm* MED puerperium

puerro *nm* leek

puerta ⋄ *nf* -1. *(de casa, habitación, vehículo, armario)* door; *(de jardín, ciudad, aeropuerto)* gate; **te acompaño hasta la ~** I'll see you out; **cerrar la ~ a alguien** to close the door on sb; **echar la ~ abajo** to knock the door down; **te espero en la o a la ~ del cine** I'll wait for you outside the entrance to the cinema; **llaman a la ~** there's somebody at the door; **viven en la ~ de al lado** they live next door; **no obstruyan las puertas** *(en letrero)* keep the doors clear; **un turismo de cuatro puertas** a four-door saloon; **servicio (de) ~ a ~** door-to-door service; **de ~ en ~** from door to door; **se gana la vida vendiendo de ~ en ~** he's a door-to-door salesman; **su despacho y el mío están ~ con ~** his office is right next to mine; **a las puertas de** *(muy cerca de)* on the verge of; **se quedó a las puertas de batir el récord** she came within an inch of beating the record; **a las puertas de la muerte** at death's door; **a ~ cerrada** *(reunión)* behind closed doors; *(juicio)* in camera; *(partido)* behind closed gates, in an empty stadium; EXPR **de puertas adentro: no me importa lo que hagas de puertas adentro** I don't care what you do in the privacy of your own home; EXPR **de puertas afuera: de puertas afuera parecía una persona muy amable** he seemed like a nice person to the outside world; EXPR *Esp* **coger la ~ y marcharse** to up and go; EXPR *Fam* **dar ~ a alguien** to give sb the boot, to send sb packing; EXPR **dar a alguien con la ~ en las narices** to slam the door in sb's face; EXPR *RP Fam* **en ~: parece que hay casorio en ~** I think I can hear wedding bells (ringing); EXPR **estar en puertas** *(acercarse)* to be knocking on the door, to be imminent; **estar en puertas de hacer algo** *(a punto de)* to be about to do sth, to be on the verge of doing sth; EXPR *Méx Fam* **no hallar la ~: ya no hallo la ~** *(no aguanto más)* I can't take any more; **Alma no halla la ~ con las exigencias de su jefa** *(no tiene tregua)* Alma doesn't get a moment's peace with her boss's constant demands; EXPR **salir por la ~ grande** to make a triumphant exit ❏ **~ blindada** reinforced door; **~ corredera** sliding door; **~ corrediza** sliding door; **~ de embarque** *(en aeropuerto)* departure gate; **~ falsa** secret door; **~ giratoria** revolving door; **~ contra incendios** fire door; **~ principal** *(en casa)* front door; *(en hotel, museo, hospital)* main door *o* entrance; **~ de servicio** service entrance; **~ trasera** *(en casa)* back door; *(en hotel, museo, hospital)* rear entrance; **~ vidriera** glass door
-2. *(posibilidad)* gateway, opening; **dejó una ~ abierta a otras sugerencias** she left the door open to other suggestions; **cerró la ~ a cualquier negociación** he closed the door on *o* put an end to any prospect of negotiation; **se le cerraban todas las puertas** he found all avenues blocked
-3. DEP *(portería)* goal, goalmouth; **hubo varios tiros *o* remates a ~** there were several shots on goal; **marcar a ~ vacía** to put the ball into an empty net; **fallar un gol a ~ vacía** to miss an open goal; **va a sacar de ~ el guardameta** the goalkeeper is going to take the goal kick
-4. DEP *(en esquí, piragüismo)* gate
-5. INFORMÁT gate
⋄ *interj Esp Fam (¡largo!)* the door's over there!, get out!

puerto *nm* -1. *(de mar)* port; **llegar a ~** to come into port; EXPR **llegar a buen ~** to come through safely ❏ **~ deportivo** marina; **Puerto España** Port of Spain; **~ fluvial** river port; **~ franco** free port; **~ libre** free port; **~ natural** natural harbour; **~ pesquero** fishing port; **Puerto Príncipe** Port-au-Prince; **Puerto Rico** Puerto Rico
-2. *(de montaña)* pass; **subir/bajar un ~** to go up/down a mountain pass ❏ **~ de primera categoría** *(en ciclismo)* first category climb; **~ puntuable** *(en ciclismo)* category climb
-3. INFORMÁT port ❏ **~ de la impresora** printer port; **~ del módem** modem port; **~ paralelo** parallel port; **~ del ratón** mouse port; **~ serie** serial port
-4. *(refugio)* haven

puertorriqueño, -a ⋄ *adj* Puerto Rican
⋄ *nm,f* Puerto Rican

pues ⋄ *conj* -1. *(dado que)* since, as; **no pude verlo, ~ olvidé las gafas** I couldn't really see it, because I'd forgotten my glasses
-2. *(así que)* so; **querías verlo, ~ ahí está** you wanted to see it, so here it is
-3. *(entonces, en ese caso)* then; **¿qué quieres hacer, ~?** what do you want to do, then?; **¿no quieres escucharme? ¡~ te arrepentirás!** you won't listen to me, eh? well, you'll regret it!; **¿no quieres ir? ~ te quedas en casa** you don't want to go? well, stay at home then; **¿no querías trabajo? ~ ya lo tienes** you said you wanted some work, didn't you? well, now you've got it
-4. *(enfático)* **¡~ ya está!** well, that's it!; **¡~ claro!** but of course!; **~ no** certainly not; **¡~ vaya amigo que tienes!** some friend he is!; **¡~ haberlo dicho antes!** well, you could have said so earlier!; **¿no te gustan? ¡~ a mí me encantan!** you don't like them? I LOVE them!
-5. *(como comodín)* **~, como iba diciendo** anyway, as I was saying; **~ nada, cuando tengas noticias de ellos me avisas** right, well let me know when you hear from them; **¿~ qué te pasa? – ~ nada** so what's the matter then? – nothing; **~ ¿qué quieres que te diga?, a mí no me gustó** what do you want me to say? I didn't like it
⋄ *adv (por lo tanto)* therefore, so; **creo, ~, que...** so, I think that...; **repito, ~, que hace bien** anyway, as I said before, I think he's doing the right thing

puesta *nf* -1. *(acción) (de un motor)* tuning ❏ **~ al día** updating; **~ en circulación** *(de moneda)* introduction; **~ en común** pooling;

puestero

hacer una ~ en común de algo to pool sth; ~ en escena staging, production; una ~ en escena muy tradicional a very traditional production; ~ en funcionamiento (de máquina) start-up; ~ de largo debut (in society); ~ en marcha (de máquina) starting, start-up; (de acuerdo, proyecto) implementation; la ~ en marcha del euro the introduction of the euro; ~ en órbita putting into orbit; ~ a punto (de una técnica) perfecting; (de un motor) tuning; este coche necesita una ~ a punto this car needs tuning; ~ en servicio (de máquina, tren) introduction; con la ~ en servicio de trenes más rápidos la duración del viaje se reducirá the journey time will be cut when the new trains come into service o when the new trains are introduced
-2. (de ave) laying
-3. (de un astro) setting ❏ ~ de sol sunset
puestero, -a nm,f Am stallholder
puesto, -a ◇ participio ver **poner**
◇ adj llevaba ~ el sombrero he was wearing his hat; iba sólo con lo ~ all she had with her were the clothes on her back; dejaron la mesa puesta they didn't clear the table; ir muy ~ to be all dressed up; EXPR Fam estar muy ~ en algo to be well up on sth; EXPR muy Fam los tiene bien puestos he's got guts o balls
◇ nm -1. (empleo) post, position; escalar puestos to work one's way up ❏ ~ de trabajo job; ~ vacante opening, vacancy
-2. (en fila, clasificación) place
-3. (lugar) place; ¡cada uno a sus puestos! to your places, everyone!; ¿quieres que te cambie el ~? do you want me to swap places o seats with you?
-4. (tenderete) stall, stand ❏ ~ de escucha (en tienda) listening post
-5. (de control) post ❏ ~ de la Cruz Roja Red Cross post; ~ de mando command post; ~ de observación observation post; ~ de policía police station; ~ de socorro first-aid post; ~ de vigilancia sentry post
-6. RP (de ganado) cattle station
-7. Col, Méx (estanco) tobacconist's
◇ **puesto que** loc conj since, as; preferimos este modelo, ~ que además de ser eficaz es barato we chose this model, since it is not only efficient but also cheap
pueyo nm hummock
puf¹ (pl **pufs**) nm pouf, pouffe
puf² interj (expresando molestia) humph; (expresando repugnancia) ugh; (expresando cansancio) phew
pufo nm Fam swindle, swizz
púgil nm -1. (boxeador) boxer -2. HIST bare-fist boxer (in ancient Rome)
pugilato nm -1. (pelea) fist fight -2. (disputa) battle
pugilismo nm (boxeo) boxing
pugilista nm boxer
pugilístico, -a adj boxing; **combate** ~ boxing match
pugna nf -1. (batalla, pelea) fight, battle
-2. (desacuerdo, disputa) confrontation, clash; una ~ entre partidarios y detractores de la ley a clash between supporters and opponents of the law; mantener una ~ con alguien por algo to vie o compete with sb for sth; estar en ~ con alguien to clash with sb; dos empresas en ~ por conseguir un contrato two companies fighting to win a contract
pugnacidad nf quarrelsomeness
pugnar vi -1. (luchar) to fight; pugnaban por ser los primeros en llegar al polo Norte they were battling to be the first people to reach the North Pole -2. (esforzarse) to struggle, to fight (por for); pugnan por conseguir la mayor cantidad de votos they are fighting to win the most votes
pugnaz adj Literario pugnacious, aggressive
puja nf -1. (en subasta) (acción) bidding -2. (en subasta) (cantidad) bid -3. (lucha) struggle
pujante adj thriving, flourishing
pujanza nf vigour, strength

pujar ◇ vi -1. (en subasta) to bid higher (por for) -2. (luchar) to struggle (por to) -3. Am (en parto) to push
◇ vt to bid
pujo nm MED tenesmus
pulcritud nf -1. (limpieza) neatness, tidiness -2. (esmero) great care, meticulousness; hacer algo con ~ to do sth meticulously o with great care
pulcro, -a adj -1. (aseado) neat, tidy -2. (esmerado) very careful, meticulous
pulga nf (insecto) flea; EXPR Fam **tener malas pulgas** to be bad-tempered, Br to be stroppy; EXPR Am Fam **estar con** o **tener la ~ detrás de la oreja** to be suspicious o distrustful; EXPR RP Fam **andar con** o **tener pocas pulgas** to be in a bad mood, Br to be in a strop
pulgada nf inch
pulgar ◇ adj **dedo** ~ (de mano) thumb; (de pie) big toe
◇ nm (dedo) (de mano) thumb; (de pie) big toe
Pulgarcito n pr Tom Thumb
pulgón nm greenfly, aphid
pulgoso, -a adj flea-ridden
pulido, -a ◇ adj -1. (piedra, madera, cristal) polished -2. (trabajo, estilo, texto) polished
◇ nm (de piedra, madera, cristal) polishing; durante el ~ del suelo while polishing the floor; procedieron al ~ de la superficie they proceeded to polish the surface
pulidor, -ora ◇ adj polishing
◇ nm Urug scouring powder
pulidora nf polisher
pulimentar vt (piedra, madera, cristal) to polish
pulimento nm -1. (acción) polishing -2. (sustancia) polish
pulir ◇ vt -1. (lustrar) (piedra, madera, cristal) to polish -2. (perfeccionar) (trabajo, estilo, texto) to polish up; **necesito** ~ **mi alemán para obtener ese trabajo** I've got to brush up my German to get the job
◆ **pulirse** vpr Fam (gastarse) to blow, to throw away; **nos pulimos una botella de whisky** we polished off o put away a bottle of whisky; **se pulió el sueldo en una semana** he blew his wages in a week
pulla nf gibe, dig
pullman ['pulman] (pl **pullmans**) nm luxury coach
pullover [pu'loβer] (pl **pullovers**) nm pullover
pulmón nm lung; **a pleno** ~ (gritar) at the top of one's voice; (respirar) deeply; EXPR **tener buenos pulmones** (vozarrón) to have a powerful voice; EXPR **ser el ~ de algo: ese parque es el ~ de la ciudad** that park is the lungs of the city; **Silva es el ~ del equipo** Silva covers more ground than anyone else in the team ❏ ~ **de acero** iron lung; ~ **artificial** iron lung
pulmonado nm ZOOL pulmonate
pulmonar adj pulmonary, lung; **enfermedad** ~ lung disease, pulmonary disease
pulmonía nf pneumonia
pulóver nm pullover
pulpa nf -1. (de fruta) flesh, pulp -2. (de papel) pulp -3. Urug (corte de carne) fillet
pulpejo nm -1. (del cuerpo) fleshy part -2. (del caballo) bulb
pulpería nf Am HIST general store
pulpero, -a nm,f Am HIST general store owner
púlpito nm pulpit
pulpo nm -1. (animal) octopus -2. Esp Fam Pey (hombre) **es un** ~ he can't keep his hands off women -3. (correa elástica) spider strap
pulque nm CAm, Méx pulque, = fermented agave cactus juice

PULQUE

The juice of the agave cactus was used for making drinks for centuries before the arrival of the Spanish in Mexico. The liquid (known as "aguamiel" when first extracted) was fermented to make the viscous, milky drink known as **pulque**. In pre-Columbian culture it was a social, religious and economic institution at the centre of many myths and cults. It was drunk by priests to induce fervour before rituals, or given to the victims of human sacrifice, or to warriors before battle. Still considered an aphrodisiac, it is less popular today. Most of the old "pulquerías" (or pulque bars) have disappeared, and attempts to bottle **pulque** have not proved popular. However, tequila and mescal, which are distilled from the sap of agave cacti, are increasingly popular internationally.

pulquería nf CAm, Méx "pulque" bar
pulquero, -a nm,f CAm, Méx owner of a "pulque" bar
pulsación nf -1. (del corazón) beat; **100 pulsaciones por minuto** 100 beats per minute, 100 bpm; **le aumentaron las pulsaciones** her heart rate went up -2. (en máquina de escribir) keystroke, tap; (en piano) touch; **pulsaciones por minuto** keystrokes per minute
pulsador nm button, push button
pulsar vt -1. (botón, timbre) to press; (teclas de ordenador) to press; (teclas de piano) to play; (cuerdas de guitarra) to pluck -2. (opinión pública) to sound out
púlsar nm ASTRON pulsar
pulseada nf RP echar una ~ (con alguien) to arm-wrestle (with sb); Fig **la patronal ganó la** ~ the employers won the battle of wills
pulsear vi RP -1. (echar pulseada) to arm-wrestle (con with) -2. (pelear) ~ con alguien to pit one's strength against sb
pulsera nf bracelet
pulsión nf drive
pulso nm -1. (latido) pulse; **tomar el ~ a alguien** to take sb's pulse; Fig **tomar el ~ a algo/alguien** to sound sth/sb out
-2. (firmeza) **tener buen** ~ to have a steady hand; **levantaron el piano a** ~ they lifted up the piano with their bare hands; **dibujar a** ~ to draw freehand; EXPR **se lo ha ganado a** ~ (algo bueno) he's earned it; (algo malo) he deserves it
-3. (lucha) **echar un** ~ **(con alguien)** to arm-wrestle (with sb); Fig **mantener un** ~ **con alguien** to be locked in struggle with sb; Fig **las negociaciones se han convertido en un** ~ **entre patronal y sindicatos** the negotiations have turned into a battle of wills between management and the unions
-4. (cuidado) tact
-5. TEL pulse
-6. Col, Cuba, Méx (pulsera) bracelet
pulsómetro nm pulsometer
pulular vi -1. (insectos) to swarm -2. (personas) to mill around; **miles de turistas pululaban por el centro de la ciudad** the city centre was swarming with thousands of tourists
pulverización nf -1. (de sólido) pulverization -2. (de líquido) spraying -3. (aniquilación) crushing -4. (de récord) breaking, smashing
pulverizador nm (para perfume, insecticida, limpiacristales) spray; (para pintura) spray gun; **un envase con** ~ a spray bottle
pulverizar [14] vt -1. (líquido) to spray -2. (sólido) to pulverize -3. (aniquilar) to crush, to pulverize -4. (récord) to break, to smash
pum interj bang!
puma nm -1. (animal) puma -2. **los Pumas** (en rugby) the Pumas (Argentinian rugby union team)
pumba interj wham!, bang!
pumita nf GEOL pumice
PUN [pun] nm (abrev de **Partido Unión Nacional**) = Costa Rican political party
puna nf Andes -1. (llanura) Andean plateau -2. (mal de altura) altitude sickness
punción nf puncture ❏ ~ **lumbar** spinal tap
pundonor nm pride
puneño, -a ◇ adj of/from the Puna region (Andes)
◇ nm,f person from the Puna region (Andes)
punga RP Fam ◇ nmf pickpocket
◇ nf pickpocketing
punguear vi RP Fam to pick pockets
punguista nmf RP Fam dip, pickpocket
punible adj punishable

punición *nf Formal* punishment

púnico, -a *adj* Punic

punitivo, -a *adj* punitive

punk [pank] (*pl* **punks**) ◇ *adj* punk
◇ *nmf* punk
◇ *nm* punk

punki ◇ *adj* punk
◇ *nmf* punk

punta ◇ *adj inv* **hora ~** rush hour; **velocidad ~** top speed
◇ *nf* **-1.** *(extremo) (de cuchillo, lápiz, aguja)* point; *(de pan, pelo, nariz)* end; *(de dedo, cuerno, flecha, pincel)* tip; *(de zapato)* toe; *(de pistola)* muzzle; *(de sábana, pañuelo)* corner; **este zapato me aprieta en la ~** this shoe's squashing the ends of my toes; **~ fina/gruesa** *(de bolígrafo)* fine/thick point; **lo sujetó con la ~ de los dedos** she held it with the tips of her fingers; **tengo las puntas (del pelo) abiertas** *o RP* **florecidas** I've got split ends; **en la otra ~ de la ciudad** on the other side of town; **en la otra ~ de la mesa** at the other end of the table; **se dio en la rodilla con la ~ de la mesa** she banged her knee on the corner of the table; **lleva el pelo de ~** he has spiky hair; **recorrimos Chile de ~ a ~** we travelled from one end of Chile to the other; **acabado en ~** *(objeto, instrumento)* pointed; **a ~ de pistola** at gunpoint; **sacar ~ a un lápiz** to sharpen a pencil; EXPR *Fam* **a ~ (de) pala: tiene libros a ~ (de) pala** he has loads of books; *Fam* **vinieron turistas a ~ (de) pala** loads of tourists came, tourists came by the busload; EXPR **estar de ~ con alguien** to be on edge with sb; EXPR **ir de ~ en blanco** to be dressed up to the nines; EXPR *Fam* **sacarle ~ a algo** to read too much into sth; EXPR **tener algo en la ~ de la lengua** to have sth on the tip of one's tongue ❏ **~ de flecha** arrowhead; *Fig* **la ~ del iceberg** the tip of the iceberg; *Fig* **~ de lanza** spearhead; **los obreros de la capital fueron la ~ de lanza de la revolución** the industrial workers of the capital spearheaded the revolution; *Perú, Ven* **~ trasera** rump tail; **~ de velocidad: tiene una gran ~ de velocidad** he's very pacey, *Br* he has a good turn of pace
-2. *(pizca)* touch, bit; *(de sal)* pinch
-3. *(clavo)* small nail
-4. DEP *(zona de ataque)* attack; *(jugador de ataque)* forward; **jugar en ~** to play in attack, to be a forward; **jugar como media ~** to play just in behind the strikers
-5. GEOG point, headland
-6. *CSur* **en puntas de pie** on tiptoe; **andar en puntas de pie** to (walk on) tiptoe
-7. *RP Fam* **una ~** *(mucho)* loads; **se casó hace una ~ de años** he got married donkey's years ago; **tiene una ~ de primos** she's got loads of cousins
-8. EXPR *Am* **a ~ de** *(a fuerza de)* by dint of; **lo convencí a ~ de amenazas** I threatened him into doing it

puntada *nf* **-1.** *(pespunte)* stitch; EXPR *RP Fam* **no dan ~ sin hilo** they never do anything without a reason **-2.** *RP (dolor)* stabbing pain; **me dio una ~ en el corazón** I felt a stabbing pain in my heart **-3.** *Méx (broma)* witticism

puntaje *nf Am (calificación)* mark, *US* grade; *(en concursos, competiciones)* score

puntal *nm* **-1.** *(madero)* prop **-2.** *(en mina)* shore, leg **-3.** *(apoyo)* mainstay; **el sector agrario es uno de los puntales de la región** farming is one of the mainstays of the regional economy **-4.** *Andes, CAm, Méx (aperitivo)* snack

puntapié *nm* kick; **darle** *o* **pegarle un ~ a alguien** to kick sb; **echar a alguien a puntapiés** to kick sb out; EXPR **tratar a alguien a puntapiés** to be nasty to sb ❏ **~ a botepronto** *(en rugby)* drop kick; **~ colocado** *(en rugby)* place kick; **~ a lateral** *(en rugby)* touch kick

puntarenense ◇ *adj* of/from Punta Arenas *(Chile)*
◇ *nmf* person from Punta Arenas *(Chile)*

puntazo *nm Fam* **¡qué ~ de fiesta!** what a great party!

punteado, -a ◇ *adj (línea)* dotted
◇ *nm* MÚS plucking

puntear *vt* **-1.** MÚS to pluck **-2.** *(trazar puntos en)* to dot **-3.** *(cuenta)* to check entry by entry **-4.** *Col, Perú, RP (encabezar)* to lead, to march at the front of

punteo *nm* **-1.** MÚS plucking **-2.** *(de cuenta)* checking

puntera *nf* **-1.** *(de zapato)* toecap; *(de calcetín)* toe **-2.** *ver también* **puntero**

puntería *nf* **-1.** *(destreza)* marksmanship; **afinar la ~** to aim carefully; **tener buena ~** to be a good shot; **tener mala ~** to be a bad shot **-2.** *(orientación para apuntar)* aim

puntero, -a ◇ *adj* leading; **una de las empresas punteras en el sector** one of the leading companies in the industry; **un país ~ en agricultura biológica** a world leader in organic farming
◇ *nm* **-1.** *(para señalar)* pointer **-2.** INFORMÁT pointer **-3.** *Andes, RP, Méx (persona)* leader; *(animal)* leading animal **-4.** *Andes (de reloj)* hand
◇ *nm,f CSur* DEP winger; **~ izquierdo/derecho** left/right winger

puntestereño, -a ◇ *adj* of/from Punta del Este *(Uruguay)*
◇ *nm,f* person from Punta del Este *(Uruguay)*

puntiagudo, -a *adj* pointed

puntilla *nf* **-1.** *(encaje)* point lace **-2.** TAUROM = short-bladed dagger used to administer the coup de grâce to the bull; **dar la ~** to finish off the bull; *Fig* to give the coup de grâce **-3. de puntillas** on tiptoe; **andar de** *o Am* **en puntillas** to (walk on) tiptoe; **ir de** *o Am* **en puntillas** to tiptoe

puntillazo *nm* TAUROM coup de grâce *(given to the bull using the "puntilla")*

puntillero *nm* TAUROM = bullfighter who administers the coup de grâce

puntillismo *nm* ARTE pointillism

puntillista ARTE ◇ *adj* pointillist
◇ *nmf* pointillist

puntillo *nm* pride

puntilloso, -a *adj* **-1.** *(susceptible)* touchy **-2.** *(meticuloso)* punctilious

punto *nm* **-1.** *(marca)* dot, spot; *(en geometría)* point; **recorte por la línea de puntos** cut along the dotted line ❏ **~ de fuga** vanishing point
-2. *(signo ortográfico) (al final de frase) Br* full stop, *US* period; *(sobre i, j, en dirección de correo electrónico)* dot; **dos puntos** colon; *Fam* **no vas a ir, y ~** you're not going, and that's that; EXPR **poner los puntos sobre las íes** to dot the i's and cross the t's ❏ *Bol, Perú* **~ acápite** semicolon; **~ y aparte** *Br* full stop *o US* period, new paragraph; **~ com** *(empresa)* dotcom; **~ y coma** semicolon; **~ final** *Br* full stop, *US* period; EXPR **poner ~ final a algo** to bring sth to an end; **~ y seguido** *Br* full stop, *US* period *(no new paragraph)*; **puntos suspensivos** suspension points
-3. *(unidad) (en juegos, competiciones, exámenes, bolsa)* point; **ganar/perder por seis puntos** to win/lose by six points; **ganar por puntos** *(en boxeo)* to win on points; **el índice Dow Jones ha subido seis puntos** the Dow Jones index is up six points; **los tipos de interés bajarán un ~** interest rates will go down by one (percentage) point ❏ **~ de break** break point; **~ de juego** game point; **~ de partido** match point; **~ porcentual** percentage point; **~ de set** set point
-4. *(asunto, parte)* point; **pasemos al siguiente ~** let's move on to the next point; **te lo explicaré ~ por ~** I'll explain it to you point by point; **tenemos los siguientes puntos a tratar** we have the following items on the agenda ❏ **~ débil** weak point; **~ fuerte** strong point
-5. *(lugar)* spot, place; **éste es el ~ exacto donde ocurrió todo** this is the exact spot where it all happened; **hay retenciones en varios puntos de la provincia** there are delays at several different points across the province ❏ **~ de apoyo** *(en palanca)* fulcrum; LING **~ de articulación** point of articulation; **los puntos cardinales** the points of the compass, *Espec* the cardinal points; **~ ciego** *(en el ojo)* blind spot; **~ de encuentro** meeting point; DEP **~ fatídico** penalty spot; **~ G** g-spot; **~ de mira** *(en armas)* sight; EXPR **está en mi ~ de mira** *(es mi objetivo)* I have it in my sights; **~ negro** *(en la piel)* blackhead; *(en carretera)* accident blackspot; **~ neurálgico** *(de ser vivo, organismo)* nerve centre; **la plaza mayor es el ~ neurálgico de la ciudad** the main square is the town's busiest crossroads; **éste es el ~ neurálgico de la negociación** this is the central issue at stake in the negotiations; **~ de partida** starting point; **~ de penalti** *o* **penalty** penalty spot; **~ de referencia** point of reference; **~ de reunión** meeting point; COM **~ de venta: en el ~ de venta** at the point of sale; **tenemos puntos de venta en todo el país** we have (sales) outlets across the country; **~ de venta autorizado** authorized dealer; **~ de venta electrónico** electronic point of sale; **~ de vista** point of view, viewpoint; **bajo mi ~ de vista...** in my view...; **desde el ~ de vista del dinero...** in terms of money...
-6. *(momento)* point, moment; **lo dejamos en este ~ del debate y seguimos tras la publicidad** we'll have to leave the discussion here for the moment, we'll be back after the break; **al ~** at once, there and then; **en ~** exactly, on the dot; **a las seis en ~** at six o'clock on the dot, at six o'clock sharp; **son las seis en ~** it's (exactly) six o'clock; **estar a ~** to be ready; **estuve a ~ de cancelar el viaje** I was on the point of cancelling the trip; **estamos a ~ de firmar un importante contrato** we are on the verge *o* point of signing an important contract; **estaba a ~ de salir cuando...** I was about to leave when...; **estuvo a ~ de morir ahogada** she almost drowned; **llegar a ~ (para hacer algo)** to arrive just in time (to do sth) ❏ **~ crítico** critical moment *o* point; *(de reactor)* critical point; **alcanzar el ~ crítico** *(reactor)* to go critical
-7. *(estado, fase)* state, condition; **estando las cosas en este ~** things being as they are; **llegar a un ~ en que...** to reach the stage where...; **estar a ~ de caramelo para** to be ripe for; **estar en su ~** to be just right; **¿cómo quiere el filete? – a ~** *o* **al ~** how would you like your steak? – medium, please; **poner a ~** *(motor)* to tune; *Fig (sistema, método)* to fine-tune ❏ **~ de congelación** freezing point; **~ culminante** high point; **~ de ebullición** boiling point; **~ de fusión** melting point; **~ muerto** *(en automóviles)* neutral; *Fig (en negociaciones)* deadlock; **estar en un ~ muerto** *(negociaciones)* to be deadlocked; **ir en ~ muerto** *(automóvil)* to freewheel; **~ de nieve: batir a ~ de nieve** to beat until stiff
-8. *(grado)* degree; **de todo ~** *(completamente)* absolutely; **hasta cierto ~** to some extent, up to a point; **el ruido era infernal, hasta el ~ de no oír nada** *o* **de que no se oía nada** the noise was so bad that you couldn't hear a thing; **hasta tal ~ que** to such an extent that
-9. *(cláusula)* clause
-10. *(puntada) (en costura, en cirugía)* stitch; *(en unas medias)* hole; **tienes** *o* **se te ha escapado un ~ en el jersey** you've pulled a stitch out of your jumper, you've got a loose stitch on your jumper; **le dieron diez puntos en la frente** he had to have ten stitches to his forehead; **coger puntos** to pick up stitches ❏ **~ atrás** backstitch; **~ de cadeneta** chain stitch; **~ de cruz** cross-stitch; **~ del revés** purl; MED **~ de sutura** suture
-11. *(estilo de tejer)* knitting; **un jersey de ~** a knitted sweater; **prendas de ~** knitwear; **hacer ~** to knit ❏ **~ de ganchillo** crochet
-12. *(pizca, toque)* touch; **son comentarios**

un ~ racistas they are somewhat racist remarks
-13. ARQUIT **de medio ~** *(arco, bóveda)* semicircular
-14. *Esp Fam (borrachera ligera)* **cogerse/tener un ~** to get/be merry
-15. *Esp Fam (reacción, estado de ánimo)* **le dan unos puntos muy raros** he can be really weird sometimes; **le dio el ~ generoso** he had a fit of generosity
-16. *Esp Fam (cosa estupenda)* **¡qué ~!** that's great *o* fantastic!
-17. EXPR *RP Fam* **agarrar a alguien de ~** to tease sb, *Br* to take the mickey out of sb

puntuable *adj* **un esprint ~ para la clasificación final** a sprint that counts towards the final classification

puntuación *nf* **-1.** *(calificación)* mark; *(en concursos, competiciones)* score **-2.** *(ortográfica)* punctuation

puntual ◇ *adj* **-1.** *(en el tiempo)* punctual; **es muy ~** she's very punctual **-2.** *(exacto, detallado)* detailed **-3.** *(aislado)* isolated, one-off
◇ *adv* punctually, on time; **llegó ~** he arrived punctually *o* on time

puntualidad *nf* **-1.** *(en el tiempo)* punctuality; **la ~ suiza** strict punctuality **-2.** *(exactitud)* exactness

puntualización *nf* clarification; **me gustaría hacer unas puntualizaciones** I'd like to make a few points

puntualizar [14] *vt (aclarar)* to specify, to clarify; **hay que ~ que no estaba solo** it should be made clear *o* pointed out that he wasn't alone; **quisiera ~ que éste es un caso aislado** I would like to make it clear *o* stress that this is an isolated case

puntualmente *adv (en el momento justo)* punctually, promptly

puntuar [4] ◇ *vt* **-1.** *(calificar)* to mark, *US* to grade **-2.** *(escrito)* to punctuate
◇ *vi* **-1.** *(calificar)* to mark, *US* to grade; **puntúa muy bajo** he gives very low marks *o US* grades, he marks very low **-2.** *(entrar en el cómputo)* to count (**para** towards) **-3.** *(obtener puntos)* to score, to score points; **el Atlético lleva tres partidos sin ~** Atlético has lost the last three games

puntudo, -a *adj* Chile **-1.** *(puntiagudo) (nariz, pico)* pointed; *(cuchillo, artefacto)* sharp **-2.** *(delicado) (tema)* thorny; *(persona)* prickly

Punyab *n* **el ~** the Punjab

punzada *nf* **-1.** *(pinchazo)* prick **-2.** *(dolor intenso)* stabbing pain; **sentí una ~ en el pecho** I felt a stabbing pain in my chest; **me da punzadas la espalda** I get this stabbing pain in my back **-3.** *(de remordimiento)* pang, twinge; **sentí una ~ de remordimiento** I felt a pang of remorse

punzante *adj* **-1.** *(que pincha)* sharp **-2.** *(intenso)* sharp, stabbing **-3.** *(mordaz)* caustic

punzar [14] *vt* **-1.** *(pinchar)* to prick **-2.** *(sujeto: dolor)* to stab **-3.** *(sujeto: actitud)* to wound

punzó *adj inv* Andes, RP red

punzón *nm* **-1.** *(para telas, cuero)* punch **-2.** *(para monedas, medallas)* die

puñado *nm* handful; EXPR **a puñados: había policías/ratas a puñados** the place was swarming with police/rats

puñal *nm* dagger; EXPR **poner a alguien el ~ en el pecho** to hold a gun to sb's head

puñalada *nf (acción)* stab; *(herida)* stab wound; **lo mataron a puñaladas** they stabbed him to death; EXPR **coser a puñaladas** to stab repeatedly; *Fam Fig* **una ~ trapera** *o* **por la espalda** a stab in the back

puñeta ◇ *nf* **-1.** *Fam (tontería)* trifle, trinket
-2. *Fam (fastidio, lata)* drag, pain; **¡qué ~ tener que trabajar el domingo!** what a drag *o* pain having to work on a Sunday!
-3. *(bocamanga)* border
-4. *Fam* EXPR **hacer la ~** to be a pain; **irse a hacer puñetas** *(planes)* to go up in smoke; **mandar a alguien a hacer puñetas** to tell sb to get lost; **¡vete a hacer puñetas!** get lost!; **¡no me vengas ahora con puñetas!** don't give me that nonsense!
◇ *interj Fam* **¡~!, ¡puñetas!** damn it!; **¡cállate, ~!** shut up, damn it!

puñetazo *nm* punch; **acabaron a puñetazos** they ended up brawling; **darle un ~ a alguien** to punch sb; **dio un ~ en la mesa** he thumped his fist on the table; **rompió la puerta de un ~** he smashed a hole in the door with his fist

puñete *nm* Chile Fam thump

puñetería *nf Fam* **-1.** *(molestia)* pain **-2.** *(menudencia)* trifle, unimportant thing

puñetero, -a *Esp Fam* ◇ *adj* **-1.** *(molesto)* damn; **la puñetera lavadora no quiere funcionar** the damn washing machine won't work; **no seas ~** don't be rotten *o* a swine; **tiene la puñetera manía de poner la música a todo volumen** he has the *Br* bloody *o US* goddamn annoying habit of playing music at full volume; **no me hacen ni ~ caso** they don't take a blind bit of notice of me; **¡cállate de una puñetera vez!** shut up, for Christ's sake!
-2. *(difícil)* tricky, awkward; **nos puso un examen muy ~** he set us a very tricky exam
◇ *nm,f* pain; **la puñetera de su hermana** his *Br* bloody *o US* goddamn sister

puño *nm* **-1.** *(mano cerrada)* fist; **apretar los puños** to clench one's fists; **saludar con el ~ cerrado** *o* **alzado** *o* **en alto** to give a clenched fist salute; *Fam* **una verdad como un ~** an undeniable fact; EXPR **de su ~ y letra** in his/her own handwriting; EXPR **meter** *o* **tener a alguien en un ~** to have sb under one's thumb; EXPR **estoy con el corazón en un ~** my heart's in my mouth
-2. *(de manga)* cuff
-3. *(empuñadura) (de espada)* hilt; *(de paraguas)* handle
-4. NÁUT **~ de la escota** clew

pupa *nf* **-1.** *(erupción)* blister **-2.** *Fam (daño)* **me he hecho ~ en el dedo** I've hurt my finger; **tengo ~ en la rodilla** my knee's sore **-3.** ZOOL *(crisálida)* pupa

pupas *nm inv* **ser un ~** to be accident-prone

pupila *nf* **-1.** *(de ojo)* pupil **-2.** *ver también* **pupilo**

pupilente *nm o nf Méx (lentilla)* contact lens

pupilo, -a ◇ *adj RP* **está ~** he's a boarder
◇ *nm,f* **-1.** *(discípulo)* pupil **-2.** *(huérfano)* ward **-3.** *RP (interno)* boarder

pupitre *nm* desk

pupusa *nf CAm* maize dumpling

pura *Fam* ◇ *nf CSur* **la ~** *(la verdad)* the honest truth
◇ **por las puras** *loc adv Andes* just for the sake of it, for no reason

puramente *adv* **-1.** *(únicamente)* purely, simply; **este jarrón es ~ decorativo** this vase is purely for decoration **-2.** *(con pureza)* purely, chastely

purasangre ◇ *adj* thoroughbred
◇ *nm inv* thoroughbred

puré *nm* thick soup; EXPR *Fam* **estar hecho ~** to be beat *o Br* knackered ❏ **~ de patatas** mashed potatoes; **~ de tomate** tomato purée

pureta *Fam* ◇ *adj* fogeyish
◇ *nmf* old fogey

puretera *nf*, **puretero** *nm RP (potato)* masher

pureza *nf* **-1.** *(de atmósfera, aire)* purity; **la ~ de las líneas del edificio** the building's clean lines **-2.** *(de conducta, persona)* purity; **nadie dudaba de la ~ de su amor por ella** nobody doubted the purity of his love for her

purga *nf* **-1.** MED purgative **-2.** *(depuración)* purge

purgaciones *nfpl* MED gonorrhoea

purgante ◇ *adj* purgative
◇ *nm* purgative

purgar [38] ◇ *vt* **-1.** MED to purge **-2.** *(radiador, tubería)* to drain **-3.** *(condena)* to serve **-4.** *(depurar)* to purge

◆ **purgarse** *vpr* to take a purge

purgatorio *nm* purgatory

puridad: en puridad *loc adv (en realidad)* strictly speaking; **un problema que, en ~, no es responsabilidad suya** a problem that, strictly speaking, is not his responsibility

purificación *nf* purification ❏ **~ del agua** water treatment

purificador, -ora ◇ *adj* purifying; **el fuego ~** the purifying fire
◇ *nm* **-1.** REL purificator **-2.** *Am (de agua)* purifier

purificar [59] *vt* **-1.** *(agua, sangre, aire)* to purify; *(mineral, metal)* to refine **-2.** REL *(persona)* to purify; *(pecados)* to wash away

purina *nf* QUÍM purine

purismo *nm* purism

purista ◇ *adj* purist; **una corriente ~** a purist tendency
◇ *nmf* purist

puritanismo *nm* puritanism

puritano, -a ◇ *adj* **-1.** REL puritan **-2.** *(mojigato)* puritanical
◇ *nm,f* **-1.** REL puritan **-2.** *(mojigato)* puritan

puro, -a ◇ *adj* **-1.** *(limpio, sin mezcla)* pure; *(oro)* solid; **este jersey es de pura lana** this sweater is 100 percent wool
-2. *(atmósfera, aire)* clear
-3. *(conducta, persona)* decent, honourable; **un alma pura** a pure soul; **la mirada pura de un niño** the clear *o* pure gaze of a child
-4. *(mero)* sheer; *(verdad)* plain; **por pura casualidad** by pure chance; **me quedé dormido de ~ cansancio** I fell asleep from sheer exhaustion; **fue una pura coincidencia** it was pure coincidence; *Fam* **y ésta es la realidad pura y dura** and that is the harsh reality of the matter
◇ *nm* **-1.** *(cigarro)* cigar ❏ **~ habano** Havana (cigar) **-2.** EXPR *Esp Fam* **meterle un ~ a alguien** *(regañina)* to give sb a row *o* rocket; *(castigo)* to throw the book at sb; **si te descubren te caerá un buen ~** if you're found out, you'll be in for it

púrpura ◇ *adj inv* purple
◇ *nm (color)* purple
◇ *nf (molusco)* **Purpura haemostoma**, = type of Mediterranean mollusc

purpurado *nm* REL cardinal

purpúreo, -a *adj* purple

purpurina *nf* **-1.** *(polvos)* glitter *(in metallic paint)* **-2.** *(pintura)* metallic paint

purulencia *nf* purulence

purulento, -a *adj* purulent

pus *nm* pus

PUSC [pusk] *nm (abrev de* **Partido Unidad Social Cristiana**) = Costa Rican political party

puse *etc ver* **poner**

pusiera *etc ver* **poner**

pusilánime ◇ *adj* faint-hearted; **tiene un carácter ~** he's a weak character
◇ *nmf* faint-hearted person; **la carrera no fue para los pusilánimes** the race was not for the faint-hearted

pústula *nf* pustule

puta *nf* **-1.** *muy Fam* whore; **ir** *o* **irse de putas** to go whoring; EXPR **¡me cago en la ~!** *(indica enfado, contrariedad)* fucking hell!, fuck it!; EXPR **pasarlas putas** to have a really shit time; EXPR **ser más ~ que las gallinas** to be a real old tart *o Br* slag *o Br* slapper; EXPR *RP* **de la gran ~: hace un frío de la gran ~** it's *Br* bloody *o US* goddamn freezing; *RP* **se armó un lío de la gran ~** it was *Br* bloody *o US* goddamn chaos
-2. *ver también* **puto**

putada *nf muy Fam* **es una ~ tener que madrugar todos los días** it's a pain in the *Br* arse *o US* ass having to get up so early every day; **hacerle una ~ a alguien** to be a mean bastard to sb; **¡qué ~!** what a bummer!

putaparió *nm RP Fam* = hot red chilli pepper

putativo, -a *adj* putative

putazo *nm Méx muy Fam* **se agarraron a putazos** they beat the shit out of each other

puteada *nf RP muy Fam (insulto)* swear word

puteado, -a *adj muy Fam* **tengo la espalda puteada** my back is fucked; **está ~ en el trabajo** they're fucking him around at work; **está ~ porque no tiene dinero** he can't do a fucking thing because he's got no money

putear *muy Fam* ◇ *vt* **-1.** *(fastidiar)* **~ a alguien** to fuck sb around; **me está puteando el dolor de espalda** my back is fucking killing

me; **lo putean mucho en el trabajo** he gets fucked around a lot at work **-2.** *Am (insultar)* **~ a alguien** to call sb for everything, to call sb every name under the sun
◇ *vi* **-1.** *(salir con prostitutas)* to go whoring **-2.** *Am (decir malas palabras)* to eff and blind; **es muy desagradable, se pasa puteando** he's very unpleasant, he never stops effing and blinding

puteo *nm muy Fam* **-1.** *(fastidio)* **es un ~** it's a pain in the *Br* arse *o US* ass **-2.** *(con prostitutas)* **ir de ~** to go whoring

puterío *nm muy Fam* **-1.** *(prostitución)* whoring **-2.** *RP (discusión, problema)* **no quiero volver a trabajar con ella, es mucho ~** I don't want to work with her again, it's too much of a pain in the *Br* arse *o US* ass; **basta de puteríos, tratemos de disfrutar las vacaciones** that's enough *Br* bloody *o US* goddamn rows, let's try to enjoy our holiday

putero *nm muy Fam* **-1.** *(persona)* **es un ~** he goes whoring a lot **-2.** *Méx, RP (prostíbulo)* whorehouse **-3.** *RP (relajo) Br* bloody *o US* goddamn chaos; **cuando llegué, aquello era un ~** when I arrived, the place was total *Br* bloody *o US* goddamn chaos

puticlub *nm Fam* pick-up joint

putiza *nf Méx Vulg* **-1.** *(paliza)* **le pusieron una buena ~** they kicked the shit out of him **-2. en ~** *(a toda velocidad)* at breakneck speed; **los de las motos pasaron en ~** the motorcyclists came tearing past like *Br* bloody *o US* goddamn maniacs

puto, -a ◇ *adj* **-1.** *Vulg (maldito)* fucking; **vámonos de una puta vez** let's just fucking well leave; **¡cállate de una puta vez!** shut the fuck up!; **tiene la puta manía de poner la música a todo volumen** she's got the fucking annoying habit of turning the music up full blast; **¡todos a la puta calle!** get the fuck out of here all of you!; *Esp muy Fam* **no tengo ni puta idea** I haven't got a *Br* bloody *o US* goddamn clue
-2. *muy Fam (difícil) Br* bloody *o US* goddamn difficult
-3. *Chile muy Fam (promiscuo)* **es muy ~** he really screws around
-4. EXPR *muy Fam* **de puta madre** *(estupendo) Br* bloody *o US* goddamn brilliant; **me parece de puta madre** that's *Br* bloody *o US* goddamn marvellous; **nos lo pasamos de puta madre** we had a *Br* bloody *o US* goddamn marvellous time; *Vulg* **¡me cago en su puta madre!** *(insultando a alguien)* fucking bastard/bitch!; *(indicando enfado, contrariedad)* fucking hell!, fuck it!; *Vulg* **¡la puta madre que te parió!** you fucking bastard/bitch!; *Vulg* **de puta pena** *(muy mal)* fucking terrible *o* awful; *Vulg* **esa tía me cae de puta pena** I fucking hate that girl; *Vulg* **en la puta vida: en la puta vida hice eso** I never did that in my fucking life
◇ *nm muy Fam* **-1.** *(prostituto)* rent boy **-2.** *RP (homosexual) Br* poof, *US* faggot **-3.** *Chile muy Fam (hombre promiscuo)* **es un puta** he really screws around

putón *nm muy Fam* **un ~ (verbenero)** a cheap slut

putrefacción *nf* rotting, putrefaction

putrefacto, -a *adj* rotting

pútrido, -a *adj* putrid

putt [pat] *(pl* **putts)** *nm* **-1.** *(golpe)* putt **-2.** *(palo)* putter

putter ['pater] *(pl* **putters)** *nm (palo)* putter

puya *nf* **-1.** *(punta de vara)* goad **-2.** *(palabras)* gibe, dig; **lanzar una ~** to make a gibe, to have a dig

puyar *vi Chile, Col, Pan (bregar)* to work hard

puyazo *nm* **-1.** *(golpe)* jab *(with goad)* **-2.** *Fam (palabras)* gibe, dig

puzzle ['puθle], **puzle** *nm* jigsaw puzzle

PVC *nm (abrev de* **cloruro de polivinilo)** PVC

PVP *nm (abrev de* **precio de venta al público)** retail price

PYME ['pime] *nf (abrev de* **Pequeña y Mediana Empresa)** SME

Pyongyang *n* Pyongyang

pyrex® *nm* Pyrex®

Pza., pza. *(abrev de* **plaza)** Sq

Q, q [ku] *nf (letra)* Q, q
Qatar *n* Qatar
qatarí (*pl* **qataríes**) ◇ *adj* Qatari ◇ *nmf* Qatari
q.e.p.d. (*abrev de* **que en paz descanse**) RIP
Qosqo *n Perú* Cuzco
Quáker® *nm Am* porridge
quántum (*pl* **quanta**) *nm* FÍS quantum
quark (*pl* **quarks**) *nm* FÍS quark
quásar *nm* ASTRON quasar
que ◇ *pron relativo* **-1.** *(sujeto) (persona)* who, that; *(cosa)* that, which; **la mujer ~ me saluda** the woman (who *o* that is) waving to me; **el ~ me lo compró** the one *o* person who bought it from me; **el hombre, ~ decía llamarse Simón, era bastante sospechoso** the man, who said he was called Simón, seemed rather suspicious; **¿hay alguien ~ tenga un encendedor?** does anyone have a lighter?; **la moto ~ me gusta** the motorbike (that) I like; **hace natación, ~ es muy sano** she swims, which is very good for your health; **la salsa fue lo ~ más me gustó** the sauce was the bit I liked best; **el ~ más y el ~ menos** every last one of us/them, all of us/them without exception
-2. *(complemento directo) (se puede omitir en inglés) (persona)* who, whom; *(cosa)* that, which; **el hombre ~ conociste ayer** the man (who *o* whom) you met yesterday; **la persona/el lugar ~ estás buscando** the person/the place (that) you're looking for; **eres de los pocos a los ~ invitaron** you're one of the few people (who) they invited; **esa casa es la ~** *o* **esa es la casa ~ me quiero comprar** that house is the one (that) I want to buy, that's the house (that) I want to buy; **eso es todo lo ~ sé** that's all *o* everything I know
-3. *(complemento indirecto) (se puede omitir en inglés)* **al ~, a la ~, a los/las ~** (to) who, (to) whom; **ese es el chico al ~ presté dinero** that's the boy (who) I lent some money to, that's the boy (to) whom I lent some money
-4. *(complemento circunstancial)* **la playa a la ~ fui** the beach where I went, the beach I went to; **la mujer con/de la ~ hablas** the woman (who) you are talking to/about; **la mesa en la ~ escribes** the table on which you are writing, the table you are writing on; **la manera** *o* **forma en ~ lo dijo** the way (in which) she said it; **(en)** ~ *(indicando tiempo)* when; **el día (en) ~ me fui** the day (when) I left; **el año (en) ~ nos conocimos** the year (when) we first met
-5. *(en frases)* **en lo ~ tú te arreglas, yo recojo la cocina** I'll tidy the kitchen up while you're getting ready
◇ *conj* **-1.** *(con oraciones de sujeto)* that; **es importante ~ me escuches** it's important that you listen to me, it's important for you to listen to me; **~ haya pérdidas no significa que vaya a haber despidos** the fact that we've suffered losses doesn't mean anyone is going to lose their job; **sería mejor ~ no se lo dijeras** it would be better if you didn't tell her; **se suponía ~ era un secreto** it was supposed to be a secret
-2. *(con oraciones de complemento directo)* that; **me ha confesado ~ me quiere** he has told me that he loves me; **creo ~ no iré** I don't think (that) I'll go; **procura ~ no se te escape el perro** try and make sure (that) the dog doesn't get away from you; **intentamos ~ todos estén contentos** we try to keep everybody happy; **me dijeron ~ me quedara en casa** they told me to stay at home; **me dijeron ~ dónde iba** they asked me where I was going
-3. *(después de preposición)* **estoy convencido de ~ es cierto** I'm convinced (that) it's true; **con ~ esté listo el jueves es suficiente** as long as it's ready by Thursday, that'll be fine; **estoy en contra de ~ siga en el cargo** I'm opposed to him continuing in his job; **sin ~ nadie se entere** without anyone realizing; **el hecho de ~...** the fact that...
-4. *(comparativo)* than; **es más rápido ~ tú** he's quicker than you; **alcanza la misma velocidad ~ un tren convencional** it can go as fast as a conventional train; **trabaja el doble de horas ~ yo** she works twice as many hours as me; **antes morir ~ vivir la guerra otra vez** I'd rather die than live through the war again
-5. *(indica causa, motivo)* **hemos de esperar, ~ todavía no es la hora** we'll have to wait, (as) it isn't time yet; **no quiero café, ~ luego no duermo** I won't have any coffee, it stops me from sleeping; **baja la voz, ~ nos van a oír** lower your voice or they'll hear us; **el dólar ha subido, ~ lo oí en la radio** the dollar has gone up, I heard it on the radio
-6. *(indica consecuencia)* that; **tanto me lo pidió ~ se lo di** he asked me for it so insistently that I gave it to him; **¡esta habitación huele ~ apesta!** this room stinks!; **mira si es grande ~ no cabe por la puerta** it's so big it won't go through the door
-7. *(indica finalidad)* so (that); **ven aquí ~ te vea** come over here so (that) I can see you
-8. *(indica deseo, mandato)* that; **espero ~ te diviertas** I hope (that) you have fun; **¡~ te diviertas!** have fun!; **quiero ~ lo hagas** I want you to do it; *Fam* **¡~ se vaya a la porra!** she can go to hell!; **por favor, ~ nadie se mueva de aquí** please don't anybody go away from here; **¡~ llamen a un médico!** get them to call a doctor!
-9. *(para reiterar, hacer hincapié)* **¡~ te doy un bofetón!** do that again and I'll slap you!; **¿no vas a venir? – ¡~ sí!** aren't you coming? – of course I am!; **¿pero de verdad no quieres venir? – ¡~ no!** but do you really not want to come? – definitely not!; **¡~ me dejes!** just leave me alone!; **¡~ pases te digo!** but do come in, please!
-10. *(para expresar contrariedad, enfado)* **¡~ tenga una que hacer estas cosas a sus años!** that she should have to do such things at her age!
-11. *(en oraciones interrogativas) (para expresar reacción a lo dicho)* **¿~ quiere venir? pues que venga** so she wants to come? then let her; *(con tono de incredulidad)* **¿~ te han despedido?** you're telling me they've sacked you?; **¿cómo ~ dónde está? ¡donde siempre!** what do you mean where is it? it's where it always is!
-12. *(para explicar)* **es ~...** the thing is (that)..., it's just (that)...; **es ~ yo ya tengo perro** the thing is (that) *o* it's just (that) I already have a dog; **¿es ~ te da vergüenza?** are you embarrassed (or what)?, is it that you're embarrassed?
-13. *(indica hipótesis)* if; **~ no quieres hacerlo, pues no pasa nada** it doesn't matter if you don't want to do it; **¿~ llueve? nos quedamos en casa** if it rains, we'll just stay at home; **¿tú ~ él qué harías?** what would you do if you were him *o* (if you were) in his shoes?
-14. *(indica disyunción)* or; **quieras ~ no, harás lo que yo mando** you'll do what I tell you, whether you like it or not; **han tenido algún problema ~ otro** they've had the odd problem
-15. *(indica reiteración)* **estuvieron charla ~ te charla toda la mañana** they were nattering away all morning; **se pasó el día llora ~ te llora** she cried and cried all day, she didn't stop crying all day

qué ◇ *adj* **-1.** *(interrogativo) (en general)* what; *(al elegir, al concretar)* which; **¿~ hora es?** what's the time?; **disculpa, no sabía ~ hora era** sorry, I didn't realize the time; **¿~ chaqueta prefieres?** which jacket do you prefer?; **¿para ~ empresa trabaja?** which company do you work for?; **¿a ~ distancia?** how far away?
-2. *(exclamativo)* **¡~ fallo!** what a mistake!; **¡~ día llevo!** what a day I'm having!; **¡~ casa más bonita!** what a lovely house!; **¡~ horror!** how awful!; **¡~ suerte!** that's lucky!, how fortunate!
◇ *pron* **-1.** *(interrogativo)* what; **¿~ te dijo?** what did he tell you?; **¿~ hay en la caja?** what's in the box?; **no sé ~ hacer** I don't know what to do; **¿para ~ has venido?** why have you come?, what have you come for?; **¿con ~ limpias los espejos?** what do you use to clean the mirrors?, what do you clean the mirrors with?; *Fam* **¿~ te costó?** *(¿cuánto?)* what did it cost you?; **¿~?** *(¿cómo dices?)* sorry? pardon?; **¡Carlos! – ¿~?** *(contestando a una llamada)* Carlos! – what?; **quiero el divorcio – ¿~?** *(expresando incredulidad)* I want a divorce – (you want) what?; **¿que le diga ~?** you want me to say WHAT to her?; *Esp* **¿bueno ~?, ¿nos vamos?** right, shall we go, then?; **¿y ~?** so what?
-2. *(exclamativo)* **¡~ sé yo!** how should I know!; **me ofrecieron casa, trabajo y ~ sé yo cuántas cosas más** they offered me a house, a job and heaven knows what else; *Fam* **¡~ va!** *(en absoluto)* not in the least, not at all; *Fam* **¿cansado? – ¡~ va!** are you tired? – not at all!
◇ *adv* **-1.** *(exclamativo)* how; **¡~ horrible/divertido!** how horrible/funny!; **¡~ tonto eres!**, *Am* **¡~ tonto que eres!** how stupid you are!, you're so stupid!; **¡~ bonita casa!** what a lovely house!; **¡~ bien te sale la pasta!**, *Am* **¡~ bien que te sale la pasta!** you're so good at cooking pasta!; **¡~ tarde es ya!**, *Am* **¡~ tarde que es ya!**, is it really that late?; **¡ya estás aquí?, ¡~ rápido has vuelto!** *o Am* **¡~ rápido que has vuelto!** are you back already? that was quick!
-2. *(interrogativo)* **¿~ tal?** how are things?, how are you doing?; *Fam* **¿~ hay?**, *CAm, Col, Méx, Ven* **¿~ hubo?**, *Ven* **¿~ más?**, *Ven* **¿~ pasó?**

how are you doing?; ¿~ **tal la fiesta/película?** how was the party/movie?; **¿por ~?** why?
-3. *(expresa gran cantidad)* **¡~ de...!** what a lot of...!; **¡~ de gente hay aquí!** what a lot of people there are here!, there are so many people here!
-4. *Am* **¿~ tan/tanto?** *(¿cuánto?)* how much?; **¿~ tanto gastaste?** how much did you spend?

Quebec *nm* **(el)** ~ Quebec

quebequés, -esa ◇ *adj* Quebecois
◇ *nm,f* Quebecois, Quebecker

quebracho *nm* quebracho

quebrada *nf* **-1.** *(desfiladero)* gorge **-2.** *Am (arroyo)* stream **-3.** *Méx Fam (oportunidad)* **Edgar quiere que le pases ~ y le presentes a tu amiga** Edgar's hoping you'll do him a favour and introduce him to your friend; **el profe nos dio ~ para entregar el trabajo hasta la semana próxima** the teacher gave us an extension till next week on handing in the work

quebradero *nm* ~ **de cabeza** headache, problem; **la preparación del viaje les ha dado muchos quebraderos de cabeza** the preparations for the trip have given them a lot of headaches

quebradizo, -a *adj* **-1.** *(frágil)* fragile, brittle **-2.** *(débil)* frail **-3.** *(voz)* wavering, faltering

quebrado, -a ◇ *adj* **-1.** *(terreno)* rough, rugged; *(línea)* crooked **-2.** *(fraccionario)* **número** ~ fraction **-3.** LIT broken **-4.** *Méx (pelo)* curly **-5.** *Cuba (hoja de tabaco)* full of holes
◇ *nm (fracción)* fraction

quebrantado, -a *adj* frail

quebrantahuesos *nm inv* bearded vulture, lammergeyer

quebrantamiento *nm* **-1.** *(incumplimiento)* breaking **-2.** *(de moral, resistencia)* breaking; **produjo el ~ de su salud** it caused her health to fail

quebrantar ◇ *vt* **-1.** *(promesa, ley)* to break; *(obligación)* to fail in **-2.** *(rocas)* to crack **-3.** *(moral, resistencia) (romper)* to break; *(debilitar)* to weaken
➔ **quebrantarse** *vpr* **-1.** *(rocas)* to crack **-2.** *(moral, resistencia) (romperse)* to break; *(debilitarse)* to weaken

quebranto *nm* **-1.** *(pérdida)* loss; **la devaluación supuso un ~ importante para la empresa** the devaluation caused the company significant losses **-2.** *(debilitamiento)* weakening, debilitation **-3.** *(pena)* grief

quebrar [3] ◇ *vt* **-1.** *(objeto)* to break; **tanto peso puede ~ la plancha de vidrio** all that weight may cause the sheet of glass to break
-2. *(situación, proceso)* to break; **el terrorismo pretende ~ la estabilidad constitucional** the terrorists are trying to destroy the constitutional order
-3. *(debilitar) (voz, salud)* to weaken
-4. *(cintura)* to bend; **al hacer este ejercicio, no se debe ~ la cintura** when doing this exercise you should avoid bending at the waist; **a fuerza de ~ la cintura, atrae todas las miradas** the way she swings her hips attracts a lot of attention
-5. *Col, Méx Fam (matar)* to do in
◇ *vi* **-1.** *(empresa)* to go bankrupt **-2.** *Méx (torcer)* to turn; **en la esquina, quebré a la izquierda** I turned left at the corner
➔ **quebrarse** *vpr* **-1.** *(romperse)* to break; **se quebró una pierna** she broke a leg; *Méx Fig* **quebrarse la cabeza** to rack *o US* cudgel one's brains
-2. *(voz)* to break, to falter; **se le quebró la voz** her voice faltered
-3. *Am (darse por vencido)* to give in, to throw in the towel; **se quiebra ante cualquier dificultad** she gives in at the slightest sign of difficulty
-4. *Méx Fam (morirse)* *Br* to snuff it, *US* to check out

quebrazón *nf CAm, Chile, Méx* **-1.** *(rotura) (de objeto, mercancía)* breakage; **se notaba la ~ de su voz** you could hear her voice faltering **-2.** *(quiebra)* bankruptcy

queche *nm* ketch

quechua, quichua ◇ *adj* Quechuan
◇ *nmf (persona)* Quechua
◇ *nm (idioma)* Quechua

QUECHUA

Quechua is an Amerindian language spoken by more than eight million people in the Andean region. In Peru, something between a quarter and a third of the population use **Quechua**, and the position in Bolivia and Ecuador is similar. It is also spoken in northern Chile and Argentina, and southern Colombia. **Quechua** was the language of the Inca empire, so the variety spoken in the Inca capital of Cuzco was the most important of its many dialects. The number of speakers declined dramatically in the centuries following the Spanish conquest, but in more recent years there have been official attempts to promote the language. As with the Aztec language Nahuatl, many **Quechua** words passed into Spanish, and on to many other languages. For example, in English we find "condor", "jerky" (*n*, = dried meat) and "quinine".

---

quechuismo *nm* = word or phrase of Quechuan origin

queda *nf* **toque de ~** curfew

quedada *nf Fam* wind-up; **estoy harto de tus quedadas** I'm fed up of you always winding me up

quedado, -a *adj CSur, Ven Fam* lackadaisical; **es muy ~, por eso nunca consiguió un buen empleo** he's got no initiative, that's why he's never found a decent job

quedamente *adv Literario* quietly, softly

quedar ◇ *vi* **-1.** *(permanecer)* to remain, to stay; **nuestros problemas quedaron sin resolver** our problems remained unsolved; **los tipos de interés han quedado al mismo nivel** interest rates have stayed *o* remained at the same level; **no le quedaron secuelas del accidente** he suffered no after-effects from the accident; *Andes, RP* **en el apuro, quedaron los abrigos** the coats got left behind *o* forgotten in the rush; **quedo a su entera disposición para cualquier consulta** *(en cartas)* I am available to answer any enquiries you may have; **todo quedó en un buen susto** she suffered nothing worse than a shock; **el viaje quedó en proyecto** the trip never got beyond the planning stage; **¡esto no puede** *o* **no va a ~ así!** I'm not going to let it rest at this!; **todos nuestros problemas han quedado atrás** all our problems are behind us now
-2. *(haber aún)* to be left, to remain; **¿queda azúcar?** is there any sugar left?; **no queda azúcar** there isn't any sugar left; **no nos queda leche** we're out of milk; **queda gente dentro haciendo el examen** there are still some people left inside doing the exam; **queda poco del casco antiguo de la ciudad** little remains of the old part of the city; **nos quedan 50 pesos** we have 50 pesos left; **lo que quede dáselo al perro** give whatever's left over to the dog; **no me quedan ganas de seguir hablando** I don't feel like talking any more; **me queda la esperanza de volver algún día** I can only hope that one day I will return; EXPR *Am* **no queda otra** there's nothing else for it; **voy a tener que vender el auto para pagar las cuentas, no queda otra** I'm going to have to sell the car to pay the bills, there's nothing else for it
-3. *(faltar)* **¿cuánto queda para Buenos Aires?** how much further is it to Buenos Aires?; **quedan dos vueltas para que termine la carrera** there are two laps to go until the end of the race; **queda poco/un mes para las vacaciones** there's not long to go/there's a month to go until the holidays, it's not long/it's a month until the holidays; **queda mucho para mi cumpleaños** my birthday's a long way off; **me quedan dos días para terminar el trabajo** I have two days (left) to finish the work; **sólo me queda despedirme hasta la próxima semana** all that remains is for me to say goodbye until next week; ~ **por hacer** to remain to be done; **queda por fregar el suelo** the floor has still to be cleaned; **nos quedan bastantes sitios por visitar** we still have quite a lot of places to visit
-4. *(mostrarse, dar cierta imagen)* ~ **bien/mal (con alguien)** to make a good/bad impression (on sb); **le gusta ~ bien con todo el mundo** he likes to keep everyone happy; **quedaste estupendamente trayendo flores** you made a very good impression by bringing flowers; **voy a ~ fatal si no voy** it'll look really bad if I don't go; **no me hagas ~ mal** don't show me up; **quedaste como un mentiroso** you ended up looking like *o* you came across like a liar; **quedó como un idiota** he ended up *o* he was left looking stupid
-5. *(resultar)* **el trabajo ha quedado perfecto** the job turned out perfectly; **el cuadro queda muy bien ahí** the picture looks great there; **el salón os ha quedado muy bonito** the living-room has turned out lovely, you've made a great job of the living-room; ~ **claro** to be clear; **no quiero que llegues después de las once, ¿queda claro?** I don't want you back later than eleven, is that clear?; ~ **en** *(llegar, acabar)* to end in; ~ **en quinto lugar,** ~ **el quinto** to come fifth; ~ **en nada** to come to nothing; *RP Fam* **quedamos en veremos** we left it open
-6. *(sentar)* **te queda un poco corto el traje** your suit is a bit too short; **esta falda me queda un poco justa** this skirt is a bit tight; **¡qué bien te queda ese traje!** that dress really suits you!, you look great in that dress!; **esa camisa te queda mal** that shirt doesn't suit you; **¿te quedan bien los zapatos?** do the shoes fit you?; ~ **bien/mal con algo** to go well/badly with sth; *Méx* **este pantalón no me queda** these *Br* trousers *o US* pants don't suit me; *Méx* **esas cortinas le quedan mal al salón** those curtains don't go well in the living-room
-7. *(citarse)* ~ **(con alguien)** to arrange to meet (sb); **¿cuándo/dónde quedamos?** when/where shall we meet?; **hemos quedado el lunes** we've arranged to meet on Monday; **he quedado con Juan para jugar al tenis** I've arranged to play tennis with Juan
-8. *(acordar)* ~ **en algo** to agree on sth; ~ *o Am* **de hacer algo** to agree to do sth; **¿en qué has quedado?** what have you decided to do?; ~ **en que...** to agree that...; **quedé con ellos en que iría** I told them I'd go; **¿en qué quedamos?** what's it to be, then?
-9. *(estar situado)* to be; **queda por las afueras** it's somewhere on the outskirts; **¿por dónde queda?** whereabouts is it?
-10. *(asignatura)* **me queda el inglés de primero** I still haven't passed first-year English; **¿cuántas te han quedado?** how many subjects from last year do you have to resit this year?
◇ *vt RP Fam* **quedarla: no apuestes todo a una sola posibilidad porque si no sale, la quedás** don't put all your eggs in one basket because if it doesn't work out, you've had it; **¿quién la queda?** *(en juego)* who's counting?
◇ *v impersonal* **por mí que no quede** don't let me be the one to stop you; **que no quede por falta de dinero** we don't want it to fall through for lack of money; **por probar que no quede** we should at least try it
➔ **quedarse** *vpr* **-1.** *(permanecer)* to stay, to remain; **todos le pidieron que se quedara** everyone asked her to stay; **va a tener que quedarse en el hospital** he is going to have to stay *o* remain in hospital; **¿por qué no te quedas un rato más?** why don't you stay on a bit longer?; **hoy me quedaré en casa** I'm going to stay at home *o* stay in today; **me quedé estudiando hasta tarde** I stayed up late studying; **me quedé en la cama hasta tarde** I slept in; **se quedó de pie mirándome** she stood there watching me

quedo

-2. *(terminar en un estado)* **quedarse ciego/sordo** to go blind/deaf; **quedarse viudo** to be widowed; **quedarse soltero** to remain single *o* a bachelor; **quedarse sin dinero** to be left penniless; **me quedé dormido** I fell asleep; **se quedó un poco triste** she was *o* felt rather sad; *Esp* **se ha quedado/se está quedando muy delgada** she's become/she's getting very thin; **al verla se quedó pálido** he turned pale when he saw her; *Esp* **la pared se ha quedado limpia** the wall is clean now; **quedarse atrás** to fall behind
-3. *(comprar, elegir)* to take; **me quedo éste** I'll take this one
-4. quedarse con *(retener, guardarse)* to keep; **quédese con la vuelta** *o* **el cambio** keep the change; **alguien se ha quedado con mi paraguas** someone has taken my umbrella; **no me quedé con su nombre** I can't seem to remember his name
-5. quedarse con *(preferir)* to go for, to prefer; **de todos los pescados me quedo con el salmón** I prefer salmon to any other sort of fish, when it comes to fish, I'd go for salmon every time
-6. *Fam (persona)* to kick the bucket; *Am (máquina)* to pack up; **anduvo bien los primeros kilómetros y de pronto se quedó** it was fine for the first few miles, then all of a sudden it packed up
-7. *Esp Fam* **quedarse con alguien** *(burlarse de)* to wind sb up; **te estás quedando conmigo** you're having me on!

quedo, -a ◇ *adj* quiet, soft
◇ *adv* quietly, softly

quehacer *nm* task; **quieren acercar al gran público al ~ científico** they want to bring the work of scientists to a wider public; **quehaceres domésticos** *o* **de la casa** housework

queimada *nf* = punch typical of Galicia, made from spirits and sugar, which is set alight to burn off some of the alcohol before being drunk

queja *nf* **-1.** *(lamento)* moan, groan **-2.** *(protesta)* complaint; **presentar una ~** *(formalmente)* to make *o* lodge a complaint; **tener ~ de algo/alguien** to have a complaint about sth/sb; **no tienes ningún motivo de ~** you've got nothing to complain about, you've no cause for complaint; **no me ha dado ningún motivo de ~** I've got no complaints about him

quejarse *vpr* **-1.** *(lamentarse)* to groan, to moan; **últimamente se queja mucho de la espalda** recently she's been complaining a lot that her back hurts
-2. *(protestar)* to complain; *(refunfuñar)* to moan; **siempre está quejándose del frío que hace en este país** he's always complaining about how cold it is in this country; **se quejó por la lentitud de la conexión** he complained about how slow the connection was; **no sé de qué te quejas** I don't know what you're complaining about; [EXPR] *Fam* **~ de vicio** to complain about nothing

quejica *Fam Pey* ◇ *adj* whining, whingeing; **es muy ~** he's always whining *o* whingeing; **no seas ~ y ponte a trabajar** stop whining *o* whingeing and get some work done
◇ *nmf* whinger

quejicoso, -a *adj & nm,f* = **quejica**
quejido *nm* cry, moan; **dar quejidos** to moan
quejigo *nm* gall oak
quejoso, -a ◇ *adj* **estar ~ de** *o* **por** to be unhappy *o* dissatisfied with
◇ *nm,f* **-1.** *Méx, RP Fam Pey (quejumbroso)* whinger **-2.** *Méx (demandante)* plaintiff

quejumbroso, -a *adj* **-1.** *(lastimero)* pitiful **-2.** *(quejica)* whining, whingeing
queli *nf Esp Fam* pad
quelite *nm Méx* fat hen, pigweed
quelonio ZOOL ◇ *nm* chelonian
◇ *nmpl* **quelonios** *(orden)* Chelonia
quema *nf* burning; **los soldados procedieron a la ~ del pueblo** the soldiers set fire to the village; **prohibida la ~ de rastrojos** stubble burning prohibited; [EXPR] **huir de la ~** to get out before it is too late; [EXPR] **salvarse de la ~** to escape the carnage *o* rout

quemada = **quemadura**
quemadero *nm* **~ (de basuras)** waste incineration site

quemado, -a ◇ *adj* **-1.** *(por fuego)* burnt; *(por agua hirviendo)* scalded; **huele a ~** it smells of burning; **unidad de quemados** *(en hospital)* burns unit
-2. *Am (bronceado)* tanned; **estaba preciosa, bien quemada y con un vestido blanco** she looked fabulous with her lovely tan and in her white dress
-3. *Fam* **estar ~** *(agotado)* to be burnt-out; *(harto)* to be fed up; **está muy ~ con sus compañeros de trabajo** he's completely fed up with his colleagues at work
◇ *nm* tan; **estaba preciosa, con un vestido blanco que le realzaba el ~** she looked fabulous in a white dress that brought out her tan

quemador *nm Br* gas ring, *US* burner
quemadura, *Méx* **quemada** *nf* **-1.** *(lesión) (por fuego)* burn; *(por agua hirviendo)* scald; *Andes, RP (por sol)* sunburn; **hacerse una ~** to burn/scald oneself; **~ de segundo grado/de primer grado** second-degree/first-degree burn; **cúbrete el rostro, que las quemaduras en la nariz son muy frecuentes** cover your face or your nose is likely to get sunburnt
-2. *(señal)* burn mark; **me hizo una ~ en la camisa** it left a burn mark on my shirt

quemar ◇ *vt* **-1.** *(sol, con fuego, calor)* to burn; *(con líquido hirviendo)* to scald; **quemaron una bandera americana** they set fire to an American flag; **has quemado los macarrones** you've burnt the macaroni; **quemaban a los herejes en la hoguera** heretics were burnt at the stake; [EXPR] **~ etapas** *(ir rápido)* to come on in leaps and bounds, to progress rapidly; *(ir demasiado rápido)* to cut corners; [EXPR] **~ el último cartucho** to play one's last card
-2. *(calorías)* to burn up; *(grasa)* to burn off
-3. *(plantas)* **la helada quemó las plantas** the frost killed the plants; **el sol quemó las plantas** the plants withered in the sun
-4. *(malgastar)* to run through, to fritter away; **quemó sus ahorros en pocos meses** she ran through her savings in just a few months
-5. *Fam (desgastar)* to burn out
-6. *CAm, Méx (delatar)* to denounce, to inform on
-7. *Carib, Méx (estafar)* to swindle
-8. *RP Fam (balear)* to shoot
-9. *RP Fam (dejar mal a)* **~ a alguien** to make sb look bad; **me quemaron con la publicación de esa noticia** they really landed me in it by publishing that story
◇ *vi* **-1.** *(estar caliente)* to be (scalding) hot; **ten cuidado que la sopa quema** be careful, the soup's (scalding) hot **-2.** *Fam (desgastar)* **la política quema** politics burns you out

◆ **quemarse** *vpr* **-1.** *(por fuego)* to burn down; *(por calor)* to burn; *(por agua hirviendo)* to get scalded; **se quemó con una sartén** he burnt himself on a frying pan; **se ha quemado la lasaña** the lasagne's burnt; **¡te quemas!** *(al buscar algo)* you're burning!
-2. *(por el sol) (abrasarse)* to get (sun)burnt; *Am (broncearse)* to get a tan; **en un mes de playa se quemó divinamente** after a month at the seaside he had a wonderful tan
-3. *Fam (desgastarse)* to burn out; **se quemó tras quince años en las canchas de tenis** after fifteen years as a tennis player he was burnt out
-4. *Esp Fam (hartarse)* to get fed up; **acabó quemándose por culpa de las críticas de su jefe** she ended up getting fed up with her boss's criticisms
-5. *RP Fam (quedar mal)* to make oneself look bad; **si largás en la mitad del proyecto te quemás para siempre** if you leave halfway through the project you'll be blowing your chances with them for good

quemarropa: a quemarropa *loc adv* **-1.** *(desde cerca)* **le dispararon a ~** he was shot at point-blank range **-2.** *(por sorpresa)* point-blank; **le hicieron la pregunta a ~** they asked him point-blank

quemazón *nf* **-1.** *(ardor)* burning (sensation); *(picor)* itch **-2.** *RP (quemo)* embarrassment

quemo *nm RP Fam* **ser un ~** *(situación)* to be dead embarrassing; **dejé de salir con Pedro porque es un ~** I stopped going out with Pedro because he's just so embarrassing *o* he makes me cringe; **ir a ese club es un ~** I wouldn't be seen dead at that club

quena *nf* = type of Andean flute
quepa etc *ver* **caber**
quepis *nm inv* kepi
quepo *ver* **caber**
queque *nm Andes, CAm, Méx* sponge (cake)
queratina *nf* keratin
queratomía *nf* keratotomy
querella *nf* **-1.** DER *(acusación)* charge; **presentar** *o* **poner una ~ contra alguien/por algo** to bring an action against sb/for sth **-2.** *(conflicto)* dispute

querellante *nmf* DER plaintiff
querellarse *vpr* DER to bring an action (**contra** against)
querencia *nf* **-1.** *(tendencia)* homing instinct **-2.** TAUROM = preference of the bull for a particular part of the bullring

querendón, -ona *adj Am Fam* loving, affectionate

querer [53] ◇ *vt* **-1.** *(amar)* to love; **te quiero** I love you; **lo quiero como a un hermano** I love him like a brother; **es muy querida por todo el mundo** she is much loved by everyone; **me quiere, no me quiere** *(deshojando margarita)* she loves me, she loves me not; **¡por lo que más quieras, cállate!** for heaven's sake shut up!; **~ bien a alguien** to care a lot about sb; **~ mal a alguien** to wish sb ill; [PROV] **quien bien te quiere te hará llorar** you have to be cruel to be kind
-2. *(desear)* to want; **quiero una bicicleta** I want a bicycle; **dime lo que quieres** tell me what you want; **lo único que quiero** *o* **todo lo que quiero es un poco de comprensión** all I want *o* all I ask for is a little understanding; **¿qué es lo que quieres ahora?** *(con tono de enojo)* what do you want now?, what is it now?; **haz lo que quieras** do what you want *o* like, do as you please *o* like; **~ hacer algo** to want to do sth; **quiere explicártelo, te lo quiere explicar** she wants to explain it to you; **no quiso ayudarnos** she didn't want to help us; **era muy tarde pero tú querías quedarte** it was very late, but you insisted on staying *o* would stay/you wanted to stay; **quisiera informarme** *o* **que me informaran sobre vuelos a Nueva York** I'd like some information about flights to New York; **quisiera hacerlo, pero...** I'd like to do it, but...; **¡eso quisiera yo saber!** that's what I want to know!; **¡ya quisieran muchos tener tu suerte!** a lot of people would be very grateful to be as lucky as you!; **el maldito clavo no quiere salir** the damn nail won't *o* refuses to come out; **~ que alguien haga algo** to want sb to do sth; **quiero que lo hagas tú** I want you to do it; **~ que pase algo** to want sth to happen; **queremos que las cosas te vayan bien** we want things to go well for you; **el azar quiso que nos volviéramos a ver** fate decreed that we should see each other again; **como quien no quiere la cosa** as if it were nothing; **qué quieres que te diga, a mí me parece caro** to be honest, it seems expensive to me, what can I say? It seems expensive to me; **¡qué quieres que haga!** what am I supposed to do?; **alto, guapo y todo lo que tú quieras, pero no me gusta** sure, he's tall, handsome and all that, but I don't find him attractive; [PROV] **el que algo quiere, algo le cuesta** no pain, no gain
-3. *(en preguntas, ofrecimientos, ruegos) (con amabilidad)* **¿quieren ustedes algo más/algo de postre?** would you like anything else/

anything for dessert?; **¿quieres un pitillo?** do you want a cigarette?; **¿quiere decirle a su amigo que pase?** could you tell your friend to come in, please?; **¿querrías explicarme qué ha pasado aquí?** would you mind explaining what happened here?; **¿quieres por esposo a Francisco?** do you take Francisco to be your lawfully wedded husband?

-**4.** *(pedir)* ~ **algo (por)** to want sth (for); **¿cuánto quieres por la casa?** how much do you want for the house?

-**5.** *Irónico (dar motivos para)* **tú lo que quieres es que te pegue** you're asking for a smack; **¿quieres que te atropelle el tren o qué?** do you want to get run over by a train or something?

-**6.** *(en naipes) (aceptar apuesta)* **quiero tus cinco mil** I'll see your five thousand

◇ *vi* to want; **ven cuando quieras** come whenever you like *o* want; **cuando quieras** *(estoy listo)* ready when you are; **no me voy porque no quiero** I'm not going because I don't want to; **si quieres, lo dejamos** we can forget about it if you like; **quieras o no, quieras que no** (whether you) like it or not; **pásame el martillo, ¿quieres?** pass me the hammer, would you?; **déjame en paz, ¿quieres?** leave me alone, will you?; *Fam* **le pedí que lo dejara, pero que si quieres** I asked him to stop, but would he; **queriendo** on purpose; **ha sido queriendo** he did it on purpose; **hacer algo sin** ~ to do sth accidentally; **lo siento, ha sido sin** ~ sorry, it was an accident; ~ **decir** to mean; **¿qué quieres decir con eso?** what do you mean by that?; **¿sabes lo que quiere decir "procrastination"?** do you know what "procrastination" means?; **"NB" quiere decir "nota bene"** "NB" stands for "nota bene"; EXPR *Fam* **está como quiere** *(es guapísimo)* he's gorgeous; PROV ~ **es poder** where there's a will there's a way

◇ *v impersonal (haber atisbos de)* **parece que quiere llover** it looks like rain

◇ *nm (amor)* love; **las cosas del** ~ matters of the heart

✦ **quererse** *vpr* to love each other; **se quieren con locura** they are madly in love

queretano, -a ◇ *adj* of/from Querétaro *(Mexico)*
◇ *nm,f* person from Querétaro *(Mexico)*

querido, -a ◇ *adj* -**1.** *(en cartas)* dear; **Querido Juan** Dear Juan; **Queridos padres** Dear Mum and Dad; **Mi** ~ **amigo** Dear friend -**2.** *(amado)* **la pena que causa la muerte de alguien** ~ the pain of losing a loved one *o* someone dear to you; **el alcalde era** ~ **por todos** the mayor was loved by everyone; **una ciudad especialmente querida para el cantante** a city that is particularly close to the singer's heart

◇ *nm,f* -**1.** *(amante)* lover -**2.** *(apelativo afectuoso)* darling

quermes *nm inv* kermes

quermés *nf inv*, **quermese** *nf (pl* **quermeses)** kermis

queroseno, *Am* **querosén,** *Am* **querosene** *nm* kerosene

querré *etc ver* **querer**

querubín *nm* cherub

quesadilla *nf* -**1.** *CAm, Méx (salada)* quesadilla, = filled fried tortilla -**2.** *Ecuad (dulce)* = sweet, cheese-filled pasty

quesera *nf* -**1.** *(recipiente)* cheese dish -**2.** *ver también* **quesero**

quesería *nf* cheese shop

quesero, -a ◇ *adj* -**1.** *(del queso)* cheese; **la industria quesera** the cheese-making industry -**2.** *(aficionado)* **es muy** ~ he loves cheese

◇ *nm,f* -**1.** *(fabricante)* cheese maker -**2.** *(vendedor)* cheese seller

quesillo *nm* *Ven* = dessert made with egg yolk and syrup, similar to crème caramel

quesito *nm* cheese portion *o* triangle

queso *nm* -**1.** *(producto lácteo)* cheese; EXPR *Fam* **a mí no me las das con** ~ don't you try and fool me ❑ ~ **azul** blue cheese; ~ **de bola** Dutch cheese; ~ **brie** Brie; ~ **de cabrales** = Asturian cheese similar to Roquefort; ~ **camembert** Camembert; *Andes, RP* ~ **de cerdo** head cheese, *Br* brawn; ~ **crema** cream cheese; ~ **emmental** Emmental; ~ **fresco** cottage cheese; ~ **gorgonzola** Gorgonzola; ~ **gouda** Gouda; ~ **gruyère** Gruyère; ~ **manchego** = hard yellow cheese made in La Mancha; ~ **mozzarella** mozzarella (cheese); ~ **parmesano** Parmesan (cheese); ~ **en porciones** cheese triangles; *CAm, Méx* ~ **de puerco** head cheese, *Br* brawn; ~ **rallado** grated cheese; ~ **roquefort** Roquefort; ~ **de tetilla** = soft mound-shaped Galician cheese; ~ **de untar** cheese spread

-**2.** *Fam (pie)* foot; **te huelen los quesos** you've got cheesy feet

-**3.** *Ven Fam (estafa)* fiddle

-**4.** *RP Fam (bobo)* thickhead, dummy

quetzal *nm* -**1.** *(ave)* quetzal -**2.** *(moneda)* quetzal

Quetzalcóatl *n* MITOL Quetzalcoatl

quevedos *nmpl Anticuado* pince-nez

quia *interj Fam* bah!; **¿vendrás?** – **¡**~**, estoy muy ocupado!** will you come? – bah! I'm too busy!

quiche [kiʃ] *nf* quiche

quiché ◇ *adj* Quiché
◇ *nm* Quiché

quichua = **quechua**

quicio *nm* -**1.** *(de puerta, ventana)* jamb *(on hinge side)* -**2.** EXPR **sacar de** ~ **a alguien** to drive sb mad; **me saca de** ~ **que utilice tantas palabrotas** I really hate it when she uses so much bad language; **sacar las cosas de** ~ to blow things (up) out of all proportion

quico *nm (maíz tostado)* = toasted, salted maize kernel; EXPR *Fam* **ponerse como el** ~ to stuff one's face

quid *(pl* **quids)** *nm* crux; **el** ~ **de la cuestión** the crux of the matter

quiebra *nf* -**1.** *(ruina)* bankruptcy; *(en Bolsa)* crash; **ir a la** ~ to go bankrupt; **declararse en** ~ to go into liquidation ❑ DER ~ **fraudulenta** fraudulent bankruptcy -**2.** *(pérdida)* collapse; ~ **moral** moral bankruptcy -**3.** *(grieta)* fissure, crack

quiebre *nm Andes, RP* breakdown

quiebro ◇ *ver* **quebrar**
◇ *nm* -**1.** *(ademán)* swerve; **hizo un** ~ **con la cintura y sorteó al defensa** he beat the defender with a swerve to one side -**2.** MÚS trill

quien *pron* -**1.** *(relativo)* *(sujeto)* who; *(complemento)* who, *Formal* whom; **fue mi hermano** ~ **me lo explicó** it was my brother who explained it to me; **él fue** ~ **me robó** he's the one who robbed me; **era Rosario a** ~ **vi/de** ~ **no me fiaba** it was Rosario (who) I saw/didn't trust; **buscaba a alguien con** ~ **hablar** I was looking for someone to talk to; **el atracador, a** ~ **nadie reconoció, logró escapar** the mugger, who nobody recognized, was able to escape; **gane** ~ **gane, el partido está siendo memorable** whoever wins, it has been an unforgettable game

-**2.** *(indefinido)* ~ **lo encuentre que se lo quede** whoever finds it can keep it; **quienes quieran verlo que se acerquen** whoever wants to see it will have to come closer; ~ **no sabe nada de esto es tu madre** one person who knows nothing about it is your mother; **hay** ~ **lo niega** there are those who deny it; **al billar no hay** ~ **le gane** he's unbeatable at billiards; ~ **más** ~ **menos** everyone; ~ **más** ~ **menos, todo el mundo se lo esperaba** that's what everyone expected, to some extent or other; EXPR *CAm, Méx, Ven Fam* **quita y...** *(tal vez)* maybe...; *(ojalá)* let's hope...; **visita nuestra página,** ~ **quita y te gusta** visit our website, you may like it *o* maybe you'll like it; **¿mañana sales de viaje?** ~ **quita y te vaya bien** so you're off on a trip tomorrow? I hope it all goes well

quién *pron* -**1.** *(interrogativo)* *(sujeto)* who; *(complemento)* who, *Formal* whom; **¿**~ **es ese hombre?** who's that man?; **¿quiénes son ustedes/ellos?** who are you/they?; **no sé** ~ **viene** I don't know who's coming; **no sé a** ~ **creer** I don't know who to believe; **¿**~ **puede ser** *o* ~ **será a estas horas?** who *o* whoever can it be at this hour?; **¿a quiénes has invitado?** who *o Formal* whom have you invited?; **¿con** ~ **estás saliendo?** who are you going out with?; **¿de** ~ **es esto?** whose is this?; **hay una carta para ti** – **¿de** ~**?** there's a letter for you – who from?; **¿**~ **es?** *(en la puerta)* who is it?; *(al teléfono)* who's calling?; **¡tú no eres** ~ **para darme órdenes!** who are you to give me orders?, who do you think you are giving me orders?; **yo no soy** ~ **para decir si es mi mejor novela** it's not for me to say whether it's my best novel

-**2.** *(exclamativo)* **¡**~ **pudiera verlo!** if only I could see it!; **¡**~ **sabe!** who knows?

quienquiera *(pl* **quienesquiera)** *pron* whoever; ~ **que venga** whoever comes

quiero *etc ver* **querer**

quieto, -a *adj* -**1.** *(parado)* still; **¡estate** ~**!** keep still!; **¡**~ **ahí!** don't move!; **¡las manos quietas!** keep your hands to yourself! -**2.** *(tranquilo)* quiet; **desde que se fue el director el trabajo está** ~ things have been a lot quieter at work since the boss left

quietud *nf* -**1.** *(inmovilidad)* stillness -**2.** *(tranquilidad)* quietness -**3.** *RP (reposo)* rest

quif *nm* kif

quihubo *interj CAm, Col, Méx* how are you doing?

quijada *nf* jaw

quijotada *nf* quixotic deed

quijote *nm (soñador)* do-gooder; **don Quijote** Don Quixote

quijotería *nf* quixotism

quijotesco, -a *adj* quixotic

quijotismo *nm* quixotism

quilate *nm* -**1.** *(de piedras preciosas, perlas)* carat -**2.** *(de oro)* carat; **oro de 24 quilates** 24-carat gold

quilla *nf (de barco)* keel

quillango *nm Arg, Chile* fur blanket

quillay *nm Arg, Chile* soapbark tree

quilo = **kilo**

quilombo *nm RP muy Fam* -**1.** *(burdel)* whorehouse -**2.** *(lío, desorden)* **¡tu mesa es un** ~**!** your desk's a *Br* bloody *o US* goddamn mess!; **se armó un gran** ~ all hell broke loose

quiltro, -a *nm,f Chile Fam* mongrel

quimba *nf* -**1.** *Andes (contoneo)* swaying -**2.** *Col, Ecuad, Ven (calzado)* peasant shoe

quimbambas *nfpl* EXPR *Fam* **en las** ~ in the back of beyond

quimbar *vi Andes (contonearse)* to sway

quimbombó *nm Cuba* okra, gumbo

quimera *nf* -**1.** *(ilusión)* chimera; **la** ~ **de una Europa unida** the chimera of a united Europe; **tus ideas no son más que una** ~ your ideas are pie in the sky -**2.** MITOL Chimera

quimérico, -a *adj* fanciful, unrealistic; **hizo unos cálculos quiméricos** she made some fanciful *o* far-fetched calculations

química *nf* -**1.** *(ciencia)* chemistry; **un licenciado en química(s)** a chemistry graduate ❑ ~ **agrícola** agrochemistry; ~ **física** physical chemistry; ~ **industrial** industrial chemistry; ~ **inorgánica** inorganic chemistry; ~ **orgánica** organic chemistry

-**2.** *(sustancias artificiales)* chemicals; **es pura** ~ it's full of chemicals

-**3.** *Fam (atracción, entendimiento)* chemistry; **no hay** ~ **entre los dos políticos** there's no chemistry between the two politicians

-**4.** *ver también* **químico**

químicamente *adv* chemically

químico, -a ◇ *adj* chemical
◇ *nm,f (científico)* chemist

quimioterapia *nf* chemotherapy

quimono *nm* kimono

quina *nf (extracto)* quinine; EXPR *Fam* **ser más malo que la** ~ to be truly horrible; EXPR *Fam* **tragar** ~ to grin and bear it

quincajú *nm* kinkajou, honey bear

quincalla *nf* trinket

quincallería nf (chatarra) trinkets
quincallero, -a nm,f Br ironmonger, US hardware dealer
quince núm fifteen; **~ días** a fortnight; EXPR **dar ~ y raya a alguien** to get the better of sb; Fam **un constipado del ~** a stinking cold; UE **los Quince** the Fifteen; ver también **tres**
quinceañero, -a ◇ adj teenage
◇ nm,f teenager
quinceavo, -a núm (fracción) fifteenth; ver también **octavo**
quincena nf fortnight; **la segunda ~ de agosto** the second fortnight o half of August
quincenal adj fortnightly
quincenalmente adv fortnightly, every two weeks
quincha nf, **quinchado** nm Andes, RP -1. (entramado) wickerwork -2. (pared) = wall made of reeds and adobe
quinchar vt Andes, RP to thatch
quincho nm -1. Andes, RP (techo) thatched roof -2. Andes, RP (refugio) thatched shelter -3. RP Fam Euf (lío) **se armó un ~ de novela** there was a terrific hullabaloo; **la fiesta fue un ~** the party was utter chaos
quincuagenario, -a ◇ adj **un político ~** a politician in his fifties
◇ nm,f **Emilio es ~** Emilio is in his fifties
quincuagésimo, -a núm fiftieth; ver también **octavo**
quinesioterapeuta, quinesiterapeuta nmf kinesitherapist
quinesioterapia, quinesiterapia nf kinesitherapy
quingombó nm Cuba okra, gumbo
quingos nmpl Col, Perú zigzag
quiniela nf -1. Esp (boleto) pools coupon; **quiniela(s)** (apuestas) Br (football) pools, US sports lottery; **jugar a las quinielas** Br to do the pools, US to play the sports lottery; **echar una ~** to hand in one's Br pools coupon o US sports lottery ticket; **hacer una ~** Br to do the pools, US to play the sports lottery; **le tocó la ~** she won the Br pools US sports lottery; Fig **ser una ~** to be a lottery ❏ **~ hípica** = gambling pool based on the results of horse races
-2. Méx, RP (juego de azar) lottery
quinielista nmf Esp = person who does the football pools
quinielístico, -a adj Esp Br (football) pools, US sports lottery; **peña quinielística** (football) pools syndicate
quinielón nm Esp = 15 correct forecasts on football pools entitling player to jackpot prize
quinientos, -as núm five hundred; ver también **treinta**
quinina nf quinine
quino nm (árbol) cinchona (tree)
quinoa, quínoa nf Andes, Arg quinoa
quinoto nm kumquat; EXPR RP muy Fam **romper los quinotos** to be a pain in the Br arse o US butt
quinqué nm oil lamp
quinquenal adj five-year; **plan ~** five-year plan
quinquenio nm -1. (periodo) five years; **el ~ 2000-2004** the five-year period 2000-2004 -2. (paga) = five-yearly salary increase
quinqui nmf Esp Fam (macarra) lout, Br yob
quinta nf -1. (finca) country house -2. MIL call-up year; **entrar en quintas** to be called up; **Juan es de mi ~** (tiene mi edad) Juan is my age -3. MÚS fifth -4. (marcha) fifth (gear); **meter (la) ~** to go into fifth (gear) -5. ver también **quinto**
quintacolumnista nmf fifth columnist
quintaesencia nf quintessence; **es la ~ del pop británico** it's quintessential British pop; **es la ~ de la sencillez** it's simplicity itself
quintal nm quintal, = weight measure equivalent to 46 kilos; EXPR **pesar un ~** to weigh a ton ❏ **~ métrico** quintal, = weight measure equivalent to 100 kilos

quintanense ◇ adj of/from Quintana Roo (Mexico)
◇ nmf person from Quintana Roo (Mexico)
quintar vt MIL to draft, to call up
quinteto nm quintet
quintillizo, -a ◇ adj quintuplet
◇ nm,f quintuplet
quinto, -a ◇ núm fifth; EXPR Fam **en el ~ infierno** o Esp **pino: vive en el ~ infierno** o Esp **pino** she lives in the back of beyond o in the middle of nowhere; EXPR Esp Vulg **en el ~ coño: vive en el ~ coño** she lives Br bloody o US goddamn miles from anywhere ❏ también Fig **quinta columna** fifth column; **quinta esencia** quintessence; ver también **octavo**
◇ nm -1. (parte) fifth -2. MIL = person who has been chosen (by lots) to do military service -3. (curso universitario) fifth year -4. (curso escolar) = fifth year of primary school, US ≃ fifth grade -5. Esp (de cerveza) = small bottle of beer containing 0.2 litres
quintral nm Arg, Chile mistletoe
quintuplicar [59] ◇ vt to increase fivefold
➤ **quintuplicarse** vpr to increase fivefold
quíntuplo, -a, quíntuple ◇ adj quintuple
◇ nm quintuple
quinua, quínua nf Andes, Arg quinoa
quiosco nm -1. (de periódico, revistas) newspaper stand o kiosk; (de refrescos) kiosk; (de helados) ice cream stand; (de lotería) = kiosk where lottery tickets are sold ❏ **~ de música** bandstand -2. RP (estanco) tobacconist's
quiosquero, -a nm,f = person selling newspapers, drinks etc from a kiosk
quipe nm Andes knapsack
quipos, quipus nmpl Andes quipus, = knotted cords used for record keeping by the Incas
quique nm Chile grison
quiqui, kiki nm Esp muy Fam **echar un ~** to do it, to get it on
quiquiriquí (pl quiquiriquíes o quiquiriquís)
◇ nm -1. (canto) crowing -2. (mechón) **llevas un ~** your hair's sticking up at the front
◇ interj cock-a-doodle-do!
quirófano nm operating Br theatre o US room
quiromancia nf palmistry, chiromancy
quiromántico, -a ◇ adj chiromantic
◇ nm,f palm reader, palmist
quiromasaje nm massage
quiromasajista nmf masseur, f masseuse
quiropráctica nf chiropractic
quiropráctico, -a ◇ adj chiropractic
◇ nm,f chiropractor
quiropraxia nf chiropractic
quiróptero ZOOL ◇ nm chiropteran
◇ nmpl **quirópteros** (orden) Chiroptera
quirquincho nm Andes, Arg armadillo
quirúrgico, -a adj surgical
quise etc ver **querer**
quisiera etc ver **querer**
quisque, quisqui nm **cada ~** everyone; **que cada ~ se ocupe de sus asuntos** everyone should mind their own business; **todo ~** everyone; **aquí todo ~ hace lo que le da la gana** everyone just does whatever they like round here; **por mí, como si se entera todo ~** personally, I don't care if the whole world knows it
quisquilla ◇ nf (camarón) Br shrimp, US prawn
◇ nmf Fam (susceptible) touchy person; **ser un ~** to be touchy
quisquilloso, -a ◇ adj -1. (detallista) pernickety -2. (susceptible) touchy, oversensitive
◇ nm,f -1. (detallista) nit-picker -2. (susceptible) touchy person; **ser un ~** to be touchy
quiste nm cyst ❏ **~ hidatídico** hydatid (cyst); **~ ovárico** ovarian cyst; **~ sebáceo** sebaceous cyst
quístico, -a adj cystic
quita nf DER acquittance, release
quitaesmalte nm nail-polish remover

quitaipón: de quitaipón loc adj Fam removable
quitamanchas nm inv stain remover
quitameriendas nm inv meadow saffron
quitamiedos nm inv -1. (en carretera) crash barrier -2. (para evitar caída) railing
quitamultas nm inv Fam = very lightweight crash helmet worn by motorcyclists not wishing to wear a proper helmet but wanting to avoid being fined
quitanieves ◇ adj **máquina ~** (con pala) snowplough; (por succión) snowblower
◇ nm inv (con pala) snowplough; (por succión) snowblower
quitapenas nm inv Fam (licor) pick-me-up
quitar ◇ vt -1. (retirar, extraer, apartar) to remove; (ropa, zapatos) to take off; Esp **~ la mesa** (despejar) to clear the table; **al ~ la tapa de la olla salió un delicioso olor** when she took the lid off the pot, a delicious smell came out; **le han quitado un tumor del pecho** they've removed a tumour from her breast; **quita tus cosas de la cama** take your things off the bed; **quita tus cosas de en medio** clear your things up (out of the way); **voy a ~ el polvo de los muebles** I'm going to dust the furniture; **quitarle algo a alguien** (arrebatar, privar de) to take sth away from sb; **me quitó la carta de las manos** she took the letter from my hands; **durante la guerra le quitaron la casa** they took her house away from her during the war; **le han quitado la custodia de los niños** they've taken away custody of the children from her; **eso fue lo que dijo, sin ~ ni poner nada** that's what he said, word for word; EXPR **por un quítame allá esas pajas** for no reason, over nothing; EXPR Méx **no ~ el dedo del renglón** to keep coming back to the same point
-2. (eliminar, suprimir) to remove; **quité la mancha con jabón** I removed the stain o got the stain out with soap; **han quitado mi programa favorito de la tele** they've taken my favourite programme off the TV; **ese ministerio lo han quitado** they've done away with o got rid of that ministry; **el médico me ha quitado el tabaco** (prohibido) the doctor has told me to stop smoking
-3. (robar) to take, to steal; **me han quitado la cartera** someone has taken o stolen my wallet; **le quitaron el puesto** they've taken his job away from him
-4. (mitigar del todo) (dolor, ansiedad) to take away, to relieve; (sed) to quench; **el aperitivo me ha quitado el hambre** the snack has taken away my appetite
-5. (ocupar) (tiempo, espacio) to take up; **me quitan mucho tiempo los niños** the children take up a lot of my time; **el trabajo me quita tiempo para el deporte** my job doesn't leave me much time for sport; **el armario va a ~ mucho sitio ahí** the wardrobe's going to take up a lot of space there
-6. (restar) to take away; **a esa cifra quítale el 20 por ciento** take away 20 percent from that figure; **no quiero ~ mérito** o **valor a lo que ha hecho** I don't want to take away from o detract from what she has done; **le quitó importancia al hecho** he played it down
-7. (impedir) **esto no quita que sea un vago** that doesn't change the fact that he's a layabout; **que me mude de ciudad no quita que nos sigamos viendo** just because I'm moving to another city doesn't mean we won't still be able to see each other
-8. (exceptuar) **quitando el queso, me gusta todo** apart from cheese, I like everything
-9. (desconectar) (aparato) to switch off; **quita el gas antes de salir** turn the gas off before leaving
◇ vi -1. (apartarse) to get out of the way; **¡quita (de ahí), que no veo!** get out of the way, I can't see!
-2. **de quita y pon** (asa, tapa, capucha) removable
-3. Fam (expresando incredulidad) **¡quita!**,

¡**quite!** don't talk rubbish!; **¿casarme yo? ¡quita, quita, estoy muy bien como estoy!** me, get married? You must be joking, I'm quite happy as I am!; **¡quita, yo no me lo creo!** pull the other one *o* come off it, you don't expect me to believe that, do you?

◆ **quitarse** *vpr* **-1.** *(apartarse)* to get out of the way; **¡quítate de en medio!** get out of the way!
-2. *(ropa, gafas, pendientes)* to take off; **quítese el abrigo** take your coat off
-3. *(librarse de) (fiebre, dolor, temores)* to get rid of; **no puedo quitármelo de la cabeza** I can't get it out of my head; **quitarse a alguien de encima** *o* **de en medio** to get rid of sb
-4. *(desaparecer) (sujeto: mancha)* to come out; *(sujeto: dolor, granos, sarpullido)* to go away; **no se le quita la fiebre** her temperature won't go down; **se me ha quitado el hambre** I'm not hungry any more
-5. *(dejar, abandonar)* **quitarse de algo** *(el tabaco, la bebida)* to give sth up; **me quité de fumar** I gave up *o* stopped smoking
-6. *Fam* **quitarse de en medio** *(suicidarse)* to kill oneself, *Br* to top oneself; **quitarse la vida** to take one's own life

quitasol *nm* parasol, sunshade

quitasueño *nm Fam* headache, worry

quite *nm* **-1.** DEP parry **-2.** TAUROM = attempt to distract the bull from attacking one of the other bullfighters **-3.** EXPR *Fam* **estar al ~** *(alerta)* to keep one's ears/eyes open; **estaré al ~ por si necesitas mi ayuda** I'll be on hand in case you need my help; **salió al ~ para defender a su hermano** he sprang to his brother's defence

quiteño, -a ◇ *adj* of/from Quito *(Ecuador)*
◇ *nm,f* person from Quito *(Ecuador)*

quitina *nf* BIOL chitin

Quito *n* Quito

quitrín *nm Am* = two-wheeled open carriage

quiubo, quiúbole *interj CAm, Col, Méx, Ven Fam (¿qué tal?)* how are you doing?

quivi *nm* kiwi

quizá, quizás *adv* perhaps, maybe; **¿vienes? – ~** are you coming? – perhaps *o* maybe *o* I may do; **~ llueva mañana** it may rain tomorrow; **~ no lo creas** you may not believe it; **~ sí** maybe, perhaps; **~ no** maybe not, perhaps not

quórum *nm* quorum; **hay ~** we have a quorum, we are quorate; **no hay ~** we are inquorate; **la votación se suspendió por falta de ~** the vote was postponed because there wasn't a quorum

Rr

R, r [Esp 'erre, Am 'ere] *nf (letra)* R, r

R -1. *(abrev de* **rey***) (en notación de ajedrez)* K **-2.** *(abrev de* **Residencia***)* boarding house

rabadilla *nf* **-1.** *(de persona)* tailbone **-2.** *(de ave)* parson's nose

rabanero, -a *Fam* ◇ *adj (vulgar)* coarse, vulgar
◇ *nm,f (vulgar)* coarse *o* vulgar person

rabanillo *nm* wild radish

rábano *nm* radish; EXPR *Fam* **me importa un ~** I couldn't care less, I don't give a damn; EXPR **¡y un ~!** no way!; EXPR **tomar** *o Esp* **coger el ~ por las hojas** to get the wrong end of the stick

Rabat *n* Rabat

rabear *vi* to wag its tail

rabel *nm* rebec

rabí *(pl* **rabís** *o* **rabíes***) nm* rabbi

rabia *nf* **-1.** *(enfermedad)* rabies *(singular)* **-2.** *(enfado)* rage; **me da ~** it makes me mad; **me da ~ no haber podido ayudarles** it's so annoying *o* frustrating not having been able to help them; **¡qué ~!** how annoying!; **¡qué ~ que no haya podido despedirme de ella!** I'm so annoyed I wasn't able to say goodbye to her!; **"¡déjame!", dijo con ~** "leave me alone," she said angrily; **¿dónde dejo esto? – donde más ~ te dé** where shall I put this? – wherever you like; **compra el que más ~ te dé** buy whichever one you like *o* fancy **-3.** *(antipatía)* **me tienen ~** they've got something against me **-4.** *(furia)* fury; **el equipo empezó a atacar con ~** the team started attacking furiously

rabiar *vi* **-1.** *(sufrir)* **~ de dolor** to writhe in pain **-2.** *(enfadarse)* to be furious; **estar a ~ (con alguien)** to be furious (with sb); **hacer ~ a alguien** *(enfadar)* to make sb furious; **sólo lo dije para hacerte ~** I only said it to annoy you **-3.** *(desear)* **~ por algo/hacer algo** to be dying for sth/to do sth **-4.** EXPR *Fam* **a ~: llovía a ~** it was pouring down; **me gusta a ~** I'm wild *o* crazy about it; **el público aplaudió a ~** the audience went wild; **pica que rabia** *(comida)* it's incredibly hot

rabicorto, -a *adj* short-tailed

rábida *nf* = Muslim frontier fort

rabieta *nf Fam* tantrum; **le dio una ~** she threw a tantrum

rabihorcado *nm* frigate bird

rabijunco *nm* yellow-billed tropicbird

rabilargo, -a ◇ *adj* long-tailed
◇ *nm (ave)* azure-winged magpie

rabillo *nm* **-1.** *(de hoja, fruto)* stalk **-2.** *(del ojo)* corner; **mirar algo con** *o* **por el ~ del ojo** to look at sth out of the corner of one's eye

rabinato *nm* rabbinate

rabínico, -a *adj* rabbinical, rabbinic

rabino *nm* rabbi

rabión *nm* rapid

rabiosamente *adv* **-1.** *(mucho)* terribly; **era ~ atractiva** she was drop-dead gorgeous **-2.** *(con enfado)* furiously; **lo miró ~** he looked at her furiously, he gave her a furious look

rabioso, -a *adj* **-1.** *(enfermo de rabia)* rabid **-2.** *(furioso)* furious **-3.** *(muy intenso)* terrible; **tenía un dolor ~** I was in excruciating pain; **tengo unas ganas rabiosas de que vuelva** I'm absolutely dying for her to get back; **de rabiosa actualidad** *(libro, emisión)* extremely topical **-4.** *(chillón)* loud, gaudy

rabo *nm* **-1.** *(de animal)* tail; EXPR **irse** *o* **salir con el ~ entre las piernas** to go off with one's tail between one's legs ❏ CULIN **~ de buey** oxtail; CULIN **~ de toro** = dish of stewed bull's tail **-2.** *(de hoja, fruto)* stalk **-3.** *muy Fam (pene)* prick, cock

rabón, -ona *adj* **-1.** *(con rabo corto)* short-tailed **-2.** *(sin rabo)* tailless

rabona *nf RP Fam* **hacerse la ~** *Br* to bunk off, *US* to play hooky

rabonearse *vpr RP Fam Br* to bunk off, *US* to play hooky

rabudo, -a *adj* long-tailed

rábula *nm Pey* shyster *(lawyer)*

racanear *Fam* ◇ *vt* to be stingy with
◇ *vi* **-1.** *(ser tacaño)* to be stingy **-2.** *(holgazanear)* to loaf about

racaneo *nm*, **racanería** *nf Fam* stinginess

rácano, -a *Fam Pey* ◇ *adj* **-1.** *(tacaño)* mean, stingy **-2.** *(holgazán)* idle, lazy
◇ *nm,f* **-1.** *(tacaño)* mean *o* stingy devil **-2.** *(holgazán)* lazybones

RACE ['rraθe] *nm (abrev de* **Real Automóvil Club de España***)* = Spanish automobile association, *Br* ≃ AA, RAC, *US* ≃ AAA

racha *nf* **-1.** *(época)* **buena/mala ~** good/bad patch; **estamos pasando una buena ~** *(en deportes, juegos de azar)* we're on a winning streak, we're on a roll; *(en empresa)* things are going well for us at the moment; **una ~ de buena suerte** a run of good luck, a lucky streak; **una mala ~ de resultados económicos** a string of poor financial results; **rompieron una ~ de seis derrotas consecutivas** they ended a run of six consecutive defeats; **a rachas** in fits and starts **-2.** *(ráfaga)* gust (of wind)

racheado, -a *adj* gusty, squally

rachear *vi* to gust

racial *adj* racial

racimo *nm (de uvas, plátanos, flores)* bunch

raciocinio *nm* **-1.** *(razón)* (power of) reason **-2.** *(razonamiento)* reasoning

ración *nf* **-1.** *(porción)* portion; *(en bar, restaurante)* **~** = portion of a dish served as a substantial snack; **contiene dos raciones** *(en envase de alimento)* serves two **-2.** *(cantidad correspondiente)* share; **terminó su ~ de trabajo** she finished her share of the work **-3.** *(cantidad de alimentos)* **poner a alguien a media ~** to put sb on short rations

racionado, -a *adj* rationed

racional *adj* **-1.** *(dotado de razón)* rational **-2.** *(lógico)* rational **-3.** MAT rational

racionalidad *nf* rationality

racionalismo *nm* FILOSOFÍA rationalism

racionalista FILOSOFÍA ◇ *adj* rationalistic
◇ *nmf* rationalist

racionalización *nf* rationalization

racionalizar [14] *vt* **-1.** *(expresar racionalmente)* to rationalize **-2.** *(gastos)* to rationalize **-3.** MAT to rationalize

racionalmente *adv* rationally

racionamiento *nm* rationing

racionar *vt* to ration

racismo *nm* racism

racista ◇ *adj* racist
◇ *nmf* racist

raconto *nm RP Fam* account

rácor *nm* CINE **no hay ~, hay una falta de ~** there's a lack of continuity

rada *nf* roadstead, inlet

radar, rádar *(pl* **radares***) nm* radar ❏ **~ de seguimiento** tracking radar

radiación *nf* radiation ❏ **~ alfa** alpha radiation; **~ beta** beta radiation; ASTRON **~ cósmica** cosmic radiation; ASTRON **~ de fondo** background radiation; **~ gamma** gamma radiation; **~ nuclear** nuclear radiation; **~ solar** solar radiation; **~ ultravioleta** ultraviolet radiation

radiactividad *nf* radioactivity

radiactivo, -a *adj* radioactive

radiado, -a *adj* **-1.** *(mensaje)* radioed; **programa ~** radio programme **-2.** *(radial)* radiate

radiador *nm* **-1.** *(para calefacción)* radiator ❏ **~ eléctrico** electric radiator **-2.** *(en vehículo)* radiator

radial *adj* **-1.** *(del radio)* radial **-2.** *(en forma de estrella)* radial **-3.** *Am (de la radio)* radio

radián *nm* radian

radiante *adj* **-1.** *(brillante)* brilliant; **lucía un sol ~** the sun was shining brightly **-2.** *(alegre)* radiant; **la novia estaba ~** the bride was radiant; **estar ~ de felicidad** to be beaming with joy

radiar *vt* **-1.** *(irradiar)* to radiate **-2.** FÍS to irradiate **-3.** MED to give X-ray treatment to **-4.** *(emitir por radio)* to broadcast **-5.** *Am (hacer el vacío a)* to cold-shoulder; **traté de integrarme, pero desde el principio me radiaron** I tried to join in, but they made me feel unwelcome right from the start

radicación *nf* **-1.** *(situación)* location; **pese a su ~ gallega, la asociación está abierta a gentes de toda España** despite being based in Galicia, membership of the association is open to people from all over Spain **-2.** MAT evolution

radical ◇ *adj* **-1.** *(drástico)* radical **-2.** *(no moderado)* radical **-3.** *Arg* POL = relating to the Unión Cívica Radical **-4.** GRAM root **-5.** BOT root
◇ *nmf* **-1.** *(que no es moderado)* radical **-2.** *Arg* POL = member or supporter of the Unión Cívica Radical
◇ *nm* **-1.** GRAM root **-2.** MAT square root sign **-3.** QUÍM radical ❏ **~ libre** free radical

radicalismo *nm* **-1.** *(intransigencia)* inflexibility, unwillingness to compromise **-2.** *(de ideas políticas)* radicalism **-3.** *Arg* POL = political ideology or movement of the Unión Cívica Radical

radicalización *nf (de postura)* hardening, radicalization; *(de huelga, conflicto)* intensification

radicalizar [14] ◇ *vt (postura)* to harden, to make more radical; *(huelga, conflicto)* to intensify
➤ **radicalizarse** *vpr (persona, postura)* to become more radical; *(huelga, conflicto)* to intensify

radicalmente *adv* radically

radicando *nm* MAT radicand

radicar [59] ◇ *vi* **-1.** *(consistir)* **~ en** to lie in; **el éxito de su proyecto radica en su sencillez** the success of her project lies in its simplicity **-2.** *(estar situado)* to be (located) **(en in)**

◆ **radicarse** *vpr (establecerse)* to settle (**en** in)
radícula *nf* BOT radicle
radiestesia *nf* radiesthesia
radiestesista *nmf* radiesthesist
radio¹ *nm* **-1.** *(de circunferencia)* radius; **en un ~ de** within a radius of ☐ **~ de acción** range; **el bombardero tiene un ~ de acción de 2.000 kilómetros** the bomber has a range of 2,000 kilometres; **el general queda fuera del ~ de acción del juez** the general is beyond the judge's jurisdiction; **la empresa quiere ampliar su ~ de acción** the company wants to expand the area in which it trades
-2. *(de rueda)* spoke
-3. QUÍM radium
-4. ANAT radius
-5. *Andes, CAm, Carib, Méx (transistor)* radio ☐ **~ despertador** clock radio
radio² *nf* **-1.** *(medio)* radio; **oír algo por la ~ to** hear sth on the radio ☐ *CRica, Cuba, Pan Fam* **~ bemba:** **enterarse de algo por ~ bemba** to hear sth on the grapevine *o* on the bush telegraph; *Esp Fam* **~ macuto: enterarse de algo por ~ macuto** to hear sth on the grapevine *o* on the bush telegraph; **~ pirata** pirate radio **-2.** *Esp, CSur (transistor)* radio ☐ **~ despertador** clock radio
radioactividad *nf* radioactivity
radioactivo, -a *adj* radioactive
radioaficionado, -a *nm,f* radio ham
radioastronomía *nf* radio astronomy
radiobaliza *nf* radio beacon
radiobiología *nf* radiobiology
radiocarbono *nm* radiocarbon
radiocasete *nm* radio cassette (player)
radiocompás *(pl* **radiocompases***) nm* radio compass
radiocomunicación *nf* radio communication
radiocontrol *nm* remote control
radiodespertador *nm* clock radio
radiodiagnóstico *nm* radiological diagnosis
radiodifusión *nf* broadcasting
radioemisora *Am,* **radiodifusora** *nf* radio station, radio transmitter
radioenlace *nm* radio link
radioescucha *nmf* listener
radiofaro *nm* radio beacon
radiofonía *nf* radio *(technology)*
radiofónico, -a *adj* radio; **programa ~** radio programme
radiofórmula *nf Esp* = radio which only plays hits and formulaic pop music
radiofrecuencia *nf* radio frequency
radiogoniometría *nf* radiogoniometry
radiogoniómetro *nm* direction finder
radiograbador *nm,* **radiograbadora** *nf CSur* radio cassette
radiografía *nf* **-1.** *(técnica)* radiography **-2.** *(fotografía)* X-ray; **le hicieron una ~ del tobillo** they X-rayed her ankle
radiografiar [32] *vt* to X-ray
radiográfico, -a *adj* X-ray; **un análisis ~ an** X-ray analysis
radiógrafo, -a *nm,f* radiographer
radiograma *nm* radiogram
radioisótopo *nm* radioisotope
radiola *nf Andes* radiogram
radiología *nf* radiology
radiológico, -a *adj* X-ray, radiological; **examen ~** X-ray examination
radiólogo, -a *nm,f* radiologist
radiomensaje *nm RP (buscapersonas)* pager
radiomensajería *nf* radio messages
radiometría *nf* radiometry
radiómetro *nm* radiometer
radionavegación *nf* radio navigation
radionovela *nf* radio serial
radiooperador, -ora *nm,f* radio operator
radiopatrulla *nm* (radio) patrol car
radiorreceptor *nm* radio (receiver)
radiorreloj *nm* clock radio
radioscopia *nf* radioscopy
radioscópico, -a *adj* radioscopic
radioso, -a *adj Am* radiant
radiosonda *nf* radiosonde

radiotaxi *nm* **-1.** *(taxi)* taxi *(fitted with two-way radio)* **-2.** *(aparato de radio)* = taxi-driver's two-way radio
radiotelecomunicación *nf* radio communication
radiotelefonía *nf* radiotelephony
radioteléfono *nm* radiotelephone
radiotelegrafía *nf* radiotelegraphy
radiotelegrafista *nmf* wireless operator
radiotelégrafo *nm* radiotelegraph
radiotelescopio *nm* radio telescope
radiotelevisión *nf* **empresa de ~** broadcasting company
radioterapeuta *nmf* radiotherapist
radioterapia *nf* radiotherapy
radiotransmisión *nf* broadcasting
radiotransmisor *nm* radio transmitter
radioyente *nmf* listener
radique *etc ver* **radicar**
radón *nm* QUÍM radon
RAE ['rrae] *nf (abrev de* **Real Academia Española)** Spanish Royal Academy

─ RAE ─

The "Real Academia Española" or **RAE** (Spanish Royal Academy) is the institution which sets the lexical and syntactic standards for the use of Spanish through the dictionaries and grammars it produces. It was founded in 1713, on the model of the French Academy. Its first major task was to produce a dictionary, the six-volume "Diccionario de Autoridades" (1726-39). This served as a basis for a single-volume dictionary which appeared in 1780, and this has been continually revised, the latest update being the 22nd edition of 2001.
The 46 members of the Academy are elected from among leading writers and intellectuals, though the first woman member did not arrive until 1978. They meet regularly to deliberate on problematic aspects of the language, and to discuss possible linguistic reforms. The Academy has been regarded by some as a conservative institution, out of touch with the everyday language used in the street and the varieties of Spanish spoken in Latin America. To address this latter issue, closer ties have been established with the various corresponding Academies of each of the Latin American countries, and regular international conferences have been held since 1951.

raer [54] *vt* **-1.** *(raspar)* to scrape (off) **-2.** *(desgastar)* to wear out; *(por los bordes)* to fray
Rafael *n pr (pintor)* Raphael
ráfaga *nf* **-1.** *(de aire, viento)* gust **-2.** *(de disparos)* burst **-3.** *(de luces)* flash
rafia *nf* raffia
rafting ['rraftin] *nm* DEP rafting; **hacer ~** to go rafting
raglán = **ranglan**
ragout [rra'ɣu] *(pl* **ragouts***) nm* ragout
ragtime [rraɣ'taim] *nm* ragtime
ragú *nm* ragout
raid *(pl* **raids***) nm* **-1.** MIL raid **-2.** *CAm, Méx (autoestop)* **pedir ~** to hitch a *Br* lift *o US* ride
raído, -a *adj (desgastado)* threadbare; *(por los bordes)* frayed
raigambre *nf* **-1.** *(tradición)* tradition; **de ~** traditional; **una costumbre que tiene mucha ~ en el país** a custom that is deeply rooted in the country's tradition **-2.** *(origen)* roots; **una familia de ~ aristocrática** a family with aristocratic roots
raigo *etc ver* **raer**
raigón *nm* **-1.** BOT thick root **-2.** *(de diente)* root
raíl, rail *nm* rail
raite *nm Méx Fam* **-1.** *(paseo)* ride; **me voy a dar un ~ con la moto** I'm going for a ride on the motorbike **-2.** *(aventón) Br* lift, *US* ride; **¿me das un ~ a la estación?** could you give me a *Br* lift *o US* ride to the station?
raíz ◇ *nf* **-1.** *(de planta)* root; **la solución tiene que ser de ~** the solution has to attack the heart of the problem; **arrancar algo de ~** *(planta)* to root sth out completely; **el gobierno cortó de ~ el levantamiento** the government nipped the uprising in the bud; **eliminaron de ~ el problema del terrorismo** the problem of terrorism was stamped out; **echar raíces** *(árbol, planta)* to take root; *(persona)* to put down roots ☐ **~ tuberosa** tuberous root
-2. *(de pelo, muela)* root
-3. *(origen)* origin; **de raíces humildes** of humble origins; **la costumbre tiene su ~ en la España del siglo XV** the custom has its roots *o* origin in 15th century Spain
-4. *(causa)* root; **el dinero es la ~ de todos sus males** money is at the root of all her problems
-5. LING root
-6. INFORMÁT root
-7. MAT root ☐ **~ cuadrada** square root; **~ cúbica** cube root
◇ **a raíz de** *loc prep* as a result of, following; **se produjo un gran escándalo a ~ de sus declaraciones** his statements caused outrage
raja *nf* **-1.** *(hendidura)* *(en cerámica, puerta)* crack; *(en tela)* tear, rip; *(en piel)* gash; **le ha salido una ~ al plato** the plate has cracked; **me he hecho una ~ en la camisa** I've torn *o* ripped my shirt; **me hice una ~ en la mano con un cuchillo** I cut *o* gashed my hand with a knife **-2.** *(rodaja)* slice; **una ~ de queso/melón** a slice of cheese/melon **-3.** *Vulg (vagina)* crack **-4.** *muy Fam* **~ del culo** (bum) crack
rajá *(pl* **rajás** *o* **rajaes***) nm* raja; EXPR *Fam* **vivir como un ~** to live like a lord *o* king
rajadera *nf Perú Fam* backbiting
rajado, -a *nm,f Fam (cobarde)* chicken; **¡eres un ~!** *(siempre te echas atrás)* you're always backing *o* pulling out at the last minute!; *(nunca participas)* you never join in anything!
rajadura *nf* crack
rajar ◇ *vt* **-1.** *(cerámica, puerta)* to crack; *(tela)* to tear, to rip; *(piel)* to gash; **le rajaron un neumático** he had one of his tyres slashed
-2. *Esp (melón, sandía)* to slice
-3. *Fam (herir con navaja)* to slash, to cut (up); **dame el dinero o te rajo** hand over the money or I'll cut you up
-4. *Col, PRico (aplastar, apabullar)* to crush, to defeat
-5. *Andes, RP Fam (echar)* to chuck out
-6. *Andes, RP Fam (criticar)* to knock, to pull to pieces
-7. *Andes Fam (reprobar)* to fail
-8. *Ven Fam (beber)* to knock back
◇ *vi Fam* **-1.** *Esp (hablar)* to natter, to witter on; **estuvo toda la tarde rajando por teléfono** he spent the whole afternoon nattering on the phone **-2.** *Andes, Carib, RP Fam (huir) Br* to scarper, *US* to hightail it **-3.** *Andes, Carib, RP Fam* **rajando** *(a toda velocidad)* at top speed; **se comió la sopa rajando** she guzzled the soup down as fast as she could
◆ **rajarse** *vpr* **-1.** *(partirse) (cerámica, puerta)* to crack; *(tela)* to tear, to rip; **se me rajó la camisa** my shirt ripped
-2. *Esp Fam (echarse atrás)* to back *o* pull out; **ahora ya es muy tarde para que te rajes** it's too late for you to back out now
-3. *Andes, CAm, RP Fam (gastar)* to blow; **se rajó todo el sueldo en una semana** she blew all her wages in one week
-4. *Andes, Carib, RP Fam (escaparse)* to rush *o* run off
-5. *Bol, CAm, Chile, Perú Fam (obsequiar)* **se rajó con un anillo de brillantes** he splashed out on a diamond ring
-6. *Andes Fam (esforzarse)* to slog one's guts out; **se rajó para que él pudiese terminar los estudios** she slogged her guts out so that he could finish his studies
-7. *Chile, Col Fam (suspender)* to fail, *US* to flunk; **si no estudia para el examen, va a rajarse** if she doesn't revise, she'll come a cropper in the exam
rajatabla: a rajatabla *loc adv* to the letter, strictly; **cumplió sus órdenes a ~** he followed his orders to the letter
raje *nm Fam* **-1.** *RP (huida)* **pegar(se) el ~** *Br* to scarper, *US* to hightail it; **ya es tarde, ¿nos pegamos el ~?** it's getting late, shall we split?; EXPR **dar el ~ a alguien** to give sb the boot **-2.** *Perú (crítica)* backbiting

rajón, -ona ◇ *nm,f Fam* **-1.** *Perú (criticón)* gossip **-2.** *CAm, Chile, Perú (dadivoso)* generous giver
◇ *nm* **-1.** *(rasguño)* rip, tear **-2.** *CAm, Méx (fanfarrón)* braggart

ralea *nf Pey* **-1.** *(clase)* breed, ilk; **de baja ~** *(persona)* ill-bred **-2.** *(calidad)* **es un mueble de mala ~** it's a poor-quality piece of furniture

ralear *vi (tela)* to wear thin; *(pelo)* to thin

ralentí *nm* **-1.** AUT **al ~** ticking over **-2.** CINE **al ~** in slow motion

ralentización *nf* slowing down

ralentizar ◇ *vt* to slow down
◆ **ralentizarse** *vpr* to slow down

rallado, -a ◇ *adj* grated; **pan ~** breadcrumbs
◇ *nm* grating

rallador *nm* grater ❑ **~ de queso** cheese grater

ralladura *nf* grating ❑ **~ de limón** grated lemon rind

rallar *vt* to grate

rally ['rrali] *(pl* **rallys)** *nm* rally

ralo, -a *adj (pelo, barba)* sparse, thin; *(bosque)* sparse; **tener los dientes ralos** to have several teeth missing

RAM [rram] *nf* INFORMÁT *(abrev de* **random access memory)** RAM ❑ **~ caché** cache RAM; **~ dinámica** dynamic RAM

rama *nf* **-1.** *(de planta)* branch; **la ~ materna de mi familia** my mother's side of the family; **algodón en ~** raw cotton; **canela en ~** cinnamon sticks; EXPR *Fam* **andarse** *o* **irse por las ramas** to wander off the point, to go off at a tangent; EXPR **ir de ~ en ~** *(sin rumbo fijo)* to jump from one thing to another **-2.** *(de ciencia)* branch **-3.** *(de colectivo)* wing; **la ~ más radical del partido** the radical wing of the party

ramadán *nm* Ramadan

ramaje *nm* branches

ramal *nm (de carretera, ferrocarril)* branch; *(de cordillera)* branch

ramalazo *nm Fam* **-1.** *(ataque)* fit; **cuando le da el ~ puede decir cualquier barbaridad** he's capable of talking absolute nonsense when the mood takes him; **le dio el ~ religioso** she suddenly went all religious **-2.** *(amaneramiento)* **tener ~** to be limp-wristed

rambla *nf* **-1.** *(río)* watercourse **-2.** *(avenida)* avenue, boulevard **-3.** *Urug (paseo marítimo)* promenade

ramera *nf* whore, *US* hooker

ramificación *nf* **-1.** *(de árbol)* ramification **-2.** *(de arterias, nervios)* branch **-3.** *(de cordillera)* embranchment, branch; *(de ferrocarril, carretera)* branch **-4.** *(consecuencia)* ramification

ramificarse [59] *vpr* **-1.** *(árbol)* to branch out **-2.** *(arterias, nervios)* to branch **-3.** *(cordillera)* to branch; *(ferrocarril, carretera)* to branch **-4.** *(empresa)* **el grupo se ramifica en cinco áreas de negocio** the group is made up of five divisions

ramillete *nm* **-1.** *(de flores)* bunch **-2.** *(conjunto)* handful; **acudió rodeado de un ~ de bellezas** he arrived surrounded by a bevy of beauties

ramio *nm* ramie

ramo *nm* **-1.** *(de flores)* bunch; **recibió el premio y un ~ de rosas** she received the award and a bouquet of roses **-2.** *(rama)* branch; **un ~ de olivo** an olive branch **-3.** *(sector)* industry; **el ~ de la construcción** the building industry **-4.** *CSur* **comercio de ramos generales** general store

ramonear ◇ *vt (podar)* to prune
◇ *vi (animales)* = to graze on the leaves of trees or bushes

ramoso, -a *adj* **un árbol ~** a densely branched tree

rampa *nf* **-1.** *(para subir y bajar)* ramp ❑ **~ de lanzamiento** launch(ing) pad **-2.** *(cuesta)* steep incline

rampante *adj* ARQUIT rampant

rampla *nf Chile* **-1.** *(rampa)* ramp **-2.** *(carretilla)* wheelbarrow

ramplón, -ona *adj* vulgar, coarse

ramplonería *nf (cualidad)* vulgarity, coarseness

ramplús *(pl* **rampluses)** *nm Ven* block of wood

Ramsés *n pr* Ramses

rana *nf* **-1.** *(animal)* frog; EXPR *Fam* **cuando las ranas críen pelo: te devolveré el libro cuando las ranas críen pelo** you'll be waiting till the cows come home for him to give you that book back; EXPR *Fam* **salir ~** to be a major disappointment ❑ **~ de San Antonio** European tree frog **-2.** *(juego)* = game in which the players throw coins or counters into the mouth of a metal frog

rancagüino, -a ◇ *adj* of/from Rancagua *(Chile)*
◇ *nm,f* person from Rancagua *(Chile)*

ranchera *nf* **-1.** *(canción)* = popular Mexican song **-2.** *(automóvil) Br* estate (car), *US* station wagon

ranchería *nf,* **rancherío** *nm Col, Méx, RP, Ven* **-1.** *(en el campo)* = group of labourers' dwellings **-2.** *(en la ciudad)* shanty town

ranchero, -a ◇ *adj* **-1.** *(del rancho)* ranch; **la vida ranchera** life on a ranch **-2.** *Méx Fam (tímido)* shy
◇ *nm,f* **-1.** *(propietario)* rancher **-2.** *(trabajador)* ranch hand

rancho *nm* **-1.** *(comida)* mess; EXPR *Fam* **hacer** *o* **formar ~ aparte: ésos siempre hacen** *o* **forman ~ aparte** they always form their own little clique **-2.** *(granja del Oeste)* ranch **-3.** *CSur, Ven (en la ciudad)* shack, shanty **-4.** *Méx (pequeña finca)* = small farmhouse and outbuildings **-5.** *RP (en el campo)* farm labourer's cottage **-6.** *RP (en la playa)* = thatched beachside building

ranciedad *nf (mal estado) (de mantequilla, aceite)* rancidness; *(de pan)* staleness

rancio, -a *adj* **-1.** *(en mal estado) (mantequilla, aceite)* rancid; *(pan)* stale **-2.** *(antiguo)* ancient; **de ~ abolengo** of noble lineage **-3.** *(añejo)* **vino ~** mellow wine **-4.** *(antipático)* sour, unpleasant

rand *nm* rand

randa *nf (encaje)* lace trimming

ranglan, raglán *adj* **manga ~** raglan sleeve

rango *nm* **-1.** *(social)* standing **-2.** *(jerárquico)* rank; **de alto ~** high-ranking **-3.** LING rank **-4.** *Andes, CAm, PRico (esplendor)* pomp, splendour **-5.** *RP (juego)* leapfrog

Rangún *n* Rangoon

ranita *nf* **~ de San Antonio** tree frog

ranking ['rrankin] *(pl* **rankings)** *nm* **el ~ de las 30 empresas con más facturación** the list of the 30 companies with the highest turnover; **el ~ del ATP** the ATP rankings; **el ~ de accidentes laborales** the industrial accidents league table; **ocupa el sexto puesto en el ~ mundial** it is ranked sixth in the world

ranúnculo *nm* buttercup

ranura *nf* **-1.** *(abertura) (para monedas)* slot; *(debajo de la puerta, ventana)* gap **-2.** *(surco)* groove **-3.** INFORMÁT slot ❑ **~ de expansión** expansion slot

rap *nm* rap; **música ~** rap music

rapacidad *nf* rapacity, greed

rapado, -a ◇ *adj (pelado)* shaven
◇ *nm,f* skinhead
◇ *nm* crew cut

rapapolvo *nm Esp Fam* **dar** *o* **echar un ~ a alguien** to tear a strip off sb

rapar ◇ *vt* **-1.** *Fam (cabeza)* to shave; **lo raparon** they gave him a crew cut; **lo raparon al cero** they gave him a skinhead **-2.** *(barba, bigote)* to shave off **-3.** *Col Fam (arrebatar)* to snatch
◆ **raparse** *vpr Fam* **se rapó la cabeza al cero** he shaved all his hair off

rapaz[1] *adj* **-1.** *(que roba)* rapacious, greedy **-2.** **ave ~** bird of prey, raptor
◇ *nf* bird of prey, raptor

rapaz[2]**, -aza** *nm,f Fam (muchacho)* lad, *f* lass

rape[1] *nm (pez)* monkfish

rape[2]**: al rape** *loc adv* **cortar el pelo al ~ a alguien** to give sb a crew cut

rapé *nm* snuff

rapear *vi* to rap

rápel *(pl* **rapels)**, **rappel** *(pl* **rappels)** *nm* DEP abseiling, rappelling; **hacer ~** to abseil, to rappel

rapero, -a *nm,f* rapper

rápidamente *adv* quickly

rapidez *nf* speed; **con ~** quickly; **ya está listo – ¡qué ~!** it's ready – that was quick!

rápido, -a ◇ *adj (veloz)* quick, fast; *(vehículo, comida)* fast; *(beneficio, decisión, vistazo)* quick; **ser ~ de reflejos** to have quick reflexes
◇ *adv* quickly, fast; **no conduzcas tan ~** don't drive so fast; **no hables tan ~, no te entiendo** don't talk so fast, I can't understand you; **más ~** quicker; **¡ven, ~!** come, quick!; **¡hazlo/termina ~!** hurry up!; **si vamos ~ puede que lleguemos a tiempo** if we're quick *o* if we hurry we may get there on time
◇ *nm* **-1.** *(tren)* express train **-2.** **rápidos** *(de río)* rapids

rapidógrafo *nm Col* Rotring® (pen)

rapiña *nf* **-1.** *(robo)* pillaging **-2.** **ave de ~** bird of prey

rapiñar *vt* to steal

raponazo *nm Col Fam (de bolsos)* bag-snatching; **me robaron el pasaporte de un ~** I had my passport snatched

raponear *vi Col Fam* to snatch bags

raponero, -a *nm,f Col Fam (de bolsos)* bag-snatcher

raposo, -a *nm,f* fox, *f* vixen

rappel = rápel

rapsoda *nm* HIST rhapsode, rhapsodist

rapsodia *nf* rhapsody

raptar *vt* to abduct, to kidnap

rapto *nm* **-1.** *(secuestro)* abduction, kidnapping **-2.** *(ataque)* fit; **en un ~ de entusiasmo se abrazó a su jefe** in a fit of enthusiasm he hugged his boss

raptor, -ora *nm,f* abductor, kidnapper

raque *nm* beachcombing

Raquel *n pr* Rachel

raqueta *nf* **-1.** *(de tenis, squash, badminton)* racket; *(de ping pong)* bat, *US* paddle **-2.** *(para la nieve)* snowshoe **-3.** *(en casino)* rake **-4.** *(tenista)* tennis player **-5.** *(en carretera)* = slip road to allow cars to cross oncoming traffic or do a U-turn

raquianestesia *nf* MED epidural (anaesthetic)

raquídeo, -a *adj* ANAT **bulbo ~** medulla oblongata

raquis *nm inv* ANAT vertebral column

raquítico, -a ◇ *adj* **-1.** *(canijo)* scrawny **-2.** *(escaso)* miserable **-3.** MED rachitic
◇ *nm,f* MED rickets sufferer

raquitismo *nm* MED rickets

rara avis *nf* **ser una ~** to be rather unusual

raramente *adv* **-1.** *(rara vez)* rarely, seldom; **~ la verás sonreír** you rarely *o* seldom see her smile **-2.** *(con rareza)* strangely, oddly

rareza *nf* **-1.** *(cualidad de raro)* rareness, rarity **-2.** *(objeto raro)* rarity **-3.** *(infrecuencia)* infrequency **-4.** *(extravagancia)* idiosyncrasy, eccentricity

rarificar FÍS ◇ *vt* to rarefy
◆ **rarificarse** *vpr* to become rarefied

raro, -a *adj* **-1.** *(extraño)* strange, odd; **¡qué ~!** how strange *o* odd!; **¡qué ~ que no haya llamado!** it's very strange *o* odd that he hasn't called; **es ~ que no nos lo haya dicho** it's odd *o* funny that she didn't tell us; **ya me parecía ~ que no hubiera dicho nada** I thought it was strange *o* odd that he hadn't said anything; **no sé qué le pasa últimamente, está** *o* **la noto muy rara** I don't know what's up with her lately, she's been acting very strangely **-2.** *(excepcional)* unusual, rare; *(visita)* infrequent; **rara vez** rarely; **es ~ el día que viene a comer** she very rarely comes round for lunch; **~ es el que no fuma** very few of them don't smoke **-3.** *(extravagante)* odd, eccentric **-4.** *(escaso)* rare **-5.** QUÍM rare

ras ◇ **a(l) ras** *loc adv* to the brim; **lleno** *o* **al ~** *(recipiente)* full to the brim; **una cucharada llena** *o* **al ~** *(cucharada)* a level tablespoon;

rasante

la bala le pasó al ~ *(muy cerca)* the bullet missed him by a hair's breadth
◇ **a(l) ras de** *loc prep* level with; **a ~ de tierra** o **del suelo** at ground level; **volar a ~ de tierra** to fly low

rasante ◇ *adj* **-1.** *(vuelo)* low-level **-2.** *(tiro)* low
◇ *nf (inclinación)* gradient; **cambio de ~** *(formando una elevación)* rise in the road; *(formando una depresión)* dip in the road; *(en letrero)* blind summit

rasar *vt* to skim, to graze

rasca ◇ *adj RP Fam* **-1.** *(ordinario)* tacky **-2.** *(de mala calidad)* shoddy
◇ *nf* **-1.** *Esp Fam (frío)* **hace mucha ~** it's absolutely freezing **-2.** *Andes, Ven Fam (borrachera)* **tener/pegarse una ~** to be/get plastered o smashed

rascacielos *nm inv* skyscraper

rascado, -a *adj Andes, Ven Fam* plastered, smashed

rascador *nm* **-1.** *(herramienta)* scraper **-2.** *(para las cerillas)* striking surface

rascar [59] ◇ *vt* **-1.** *(con uñas, clavo)* to scratch **-2.** *(con espátula)* to scrape (off); *(con cepillo)* to scrub **-3.** *(instrumento)* to scrape away at **-4.** *Fam (obtener) (dinero)* to scrape together
◇ *vi* to be rough, to scratch
◆ **rascarse** *vpr* **-1.** *(con uñas)* to scratch oneself; EXPR *Fam* **rascarse el bolsillo** to fork out; EXPR *Fam* **rascarse la barriga** to twiddle one's thumbs, to laze around; EXPR *RP muy Fam* **se pasa todo el día rascándose las bolas** *Br* he does bugger all day all day, *US* he doesn't do shit all day **-2.** *RP Fam (perder el tiempo)* to lounge around

rascón *nm* water rail

rascuache *adj Méx Fam* crummy

RASD [rrasð] *nf (abrev de* **República Árabe Saharaui Democrática***)* Democratic Arab Republic of the Western Sahara

rasear *vt DEP* **~ la pelota** to pass the ball along the ground

rasera *nf* fish slice

rasero *nm* strickle; EXPR **medir por el mismo ~** to treat alike

rasgado, -a *adj (boca)* wide; **ojos rasgados** almond(-shaped) eyes

rasgadura *nf* **-1.** *(en tela)* rip, tear **-2.** *(acción)* ripping, tearing

rasgar [38] ◇ *vt* to tear; **~ un sobre** to tear open an envelope
◆ **rasgarse** *vpr* to tear; EXPR **rasgarse las vestiduras** to kick up a fuss

rasgo *nm* **-1.** *(característica)* trait, characteristic **-2.** *(del rostro)* feature; **tiene un rostro de rasgos asiáticos** he has Asian features **-3.** *(acto elogiable)* act **-4.** *(trazo)* flourish, stroke **-5. a grandes rasgos** *(en términos generales)* in general o broad terms; **explicar algo a grandes rasgos** to outline sth

rasgón *nm* tear

rasgue *etc ver* **rasgar**

rasguear *vt (guitarra)* to strum

rasgueo *nm* strumming

rasguñar ◇ *vt* to scratch
◆ **rasguñarse** *vpr* to scratch oneself; **se rasguñó la rodilla** she scraped o grazed her knee

rasguño, *Am* **rasguñón** *nm* scratch; **sin un ~** without a scratch

rasilla *nf (ladrillo)* = type of thin, hollow brick

raso, -a ◇ *adj* **-1.** *(terreno)* flat **-2.** *(cucharada)* level **-3.** *(cielo)* clear **-4.** *(a poca altura)* low **-5. MIL soldado ~** private
◇ *nm (tela)* satin
◇ **al raso** *loc adv* in the open air; **pasar la noche al ~** to sleep rough

raspa ◇ *nf (espina)* bone; *(espina dorsal)* backbone; EXPR *Esp Fam* **no dejó ni la ~** he cleaned his plate
◇ *nmf Méx Fam (grosero)* lout, yob; **no te juntes con ésos, son pura ~** don't hang out with that lot, they're a bunch of louts o *Br* yobs

raspado *nm* **-1. MED** scrape **-2.** *(de pieles)* scraping **-3.** *Méx (refresco)* = drink of flavoured crushed ice

raspador *nm* scraper

raspadura *nf* **-1.** *(señal)* scratch **-2.** *(partícula) (de yeso, pintura)* flake; **raspaduras de limón** grated lemon peel o zest

raspaje *nm RP MED* scrape

raspar ◇ *vt* **-1.** *(rascar) (pintura)* to scrape off; *(pared)* to scrape **-2.** *(rasguñar)* to graze, to scrape **-3.** *(causar picor)* to burn; **este aguardiente raspa la garganta** this liquor burns your throat **-4.** *Ven Fam (en un examen)* to fail, *US* to flunk
◇ *vi* to be rough, to scratch; **esta lana raspa** this wool scratches
◆ **rasparse** *vpr* to graze, to scrape; **se raspó el codo** she grazed o scraped her elbow

raspón *nm* **-1.** *(herida)* graze, scrape; **se hizo un ~ en la rodilla** she grazed o scraped her knee **-2.** *Am (en vehículo)* scratch

rasponazo *nm (señal, herida)* graze, scrape; **se hizo un ~ en la rodilla** she grazed o scraped her knee

rasposo, -a *adj* **-1.** *(áspero)* rough **-2.** *RP Fam (gastado)* tatty, threadbare

rasque *etc ver* **rascar**

rasqueta *nf* **-1.** *(herramienta)* scraper **-2.** *Am (para caballo)* currycomb

rasquetear *vt* **-1.** *Am (caballo)* to brush down, to curry **-2.** *Andes, RP (rascar)* to scrape

rasta *adj Fam (rastafari)* Rasta; **pelo** o **peinado ~** dreadlocks

rastacuero, -a *nm,f Am Fam* nouveau riche

rastafari ◇ *adj* Rastafarian
◇ *nmf* Rastafarian

rastra *nf* **-1. AGR** *(rastrillo)* rake; *(azada)* hoe; *(grada)* harrow **-2.** *(ristra)* = string of dried fruit **-3.** *RP (de cinturón)* = decorative buckle of a gaucho's belt

rastras: a rastras *loc adv también Fig* **llevar algo/a alguien a ~** to drag sth/sb along; **se llevaron a los manifestantes a ~** they dragged the demonstrators away; **trajeron el piano a ~** they dragged the piano in; **tuvo que llevarlo a ~ al colegio** she had to drag him kicking and screaming to school; **llegaron casi a ~** *(agotados)* they were on their last legs when they arrived

rastreador, -ora ◇ *adj* tracker; **perro ~** tracker dog
◇ *nm,f* tracker
◇ *nm* **-1. ~ de minas** minesweeper **-2. INFORMÁT** crawler

rastrear *vt* **-1.** *(bosque, zona)* to search, to comb; **los submarinistas rastrearon el canal en busca del cuerpo** divers dredged the canal in search of the body **-2.** *(persona, información)* to track

rastreo *nm* **-1.** *(de bosque, zona)* search; *(de río)* dredging **-2.** *(de información)* trawling through

rastrero, -a *adj* **-1.** *(despreciable)* despicable **-2.** *(planta)* creeping, trailing

rastrillada *nf Bol, RP (huella)* track, trail

rastrilladora *nf* mechanical rake

rastrillaje *nm RP* thorough o systematic search

rastrillar *vt* **-1.** *(allanar)* to rake (over) **-2.** *(recoger)* to rake up **-3.** *Méx (disparar)* to fire **-4.** *RP (peinar)* to comb, to scour

rastrillo *nm* **-1.** *(instrumento)* rake **-2.** *(mercado)* flea market; *(benéfico) Br* jumble o *US* rummage sale **-3.** *(puerta, reja)* portcullis **-4.** *Méx (cuchilla de afeitar)* razor

rastro *nm* **-1.** *(pista)* trail; **seguir el ~ de alguien** to trail sb; **perder el ~ de alguien** to lose track of sb **-2.** *(vestigio)* trace; **desapareció sin dejar ~** he vanished without trace; **no hay** o **queda ni ~ de él** there's no sign of him; **cuando llegamos no había ni ~ de cerveza** when we got there there wasn't a drop of beer left **-3.** *(mercado)* flea market **-4.** *Méx (matadero)* abattoir, slaughterhouse

rastrojero *nm Arg* pick-up (truck)

rastrojo *nm* stubble

rasurador *nm,* **rasuradora** *nf Méx* shaver, electric razor

rasurar ◇ *vt* to shave
◆ **rasurarse** *vpr* to shave

rata¹ *nf* rat; EXPR *RP Fam* **hacerse la ~** *Br* to bunk off, *US* to play hooky ❑ **~ de agua** water vole o rat; **~ de alcantarilla** *(animal)* brown rat; *Fam (persona despreciable)* swine; **~ campestre** black rat; **~ canguro** kangaroo rat; *Fam* **~ de sacristía** *(persona)* fanatical churchgoer

rata² *Fam* ◇ *adj* stingy, mean
◇ *nmf* stingy o mean person; **ser un ~** to be stingy o mean

ratafía *nf* ratafia

rataplán *nm* rat-a-tat-tat

ratear *vt* **-1.** *Fam (robar)* to swipe, *Br* to nick **-2. ECON** *(prorratear)* to divide proportionally

ratel *nm* ratel, honey badger

ratería *nf Fam* **-1.** *(robo)* pilfering, stealing; **hacer raterías** to swipe o *Br* nick stuff **-2.** *(tacañería)* stinginess, meanness; **el regalo que me han hecho es una ~** the present they gave me is really cheap and nasty

ratero, -a *nm,f* petty thief

raticida *nm* rat poison

ratificación *nf* ratification

ratificar [59] ◇ *vt (anuncio, declaraciones)* to confirm; *(convenio)* to ratify
◆ **ratificarse** *vpr* **ratificarse en** to stand by, to stick to

ratificatorio, -a *adj* ratifying

rating ['rreitin] *(pl* **ratings***) nm* **-1. FIN** credit rating **-2.** *Am (de audiencia)* ratings

ratio *nf* ratio

rato *nm* while; **estuvimos hablando mucho ~** we were talking for quite a while; **te llamaré en que tenga un ~ (libre)** I'll call you as soon as I've got a free moment; **hace un ~ estaba en la oficina** she was in the office just a short while ago; **a cada ~ viene a hacerme preguntas** he keeps coming and asking me questions (all the time); **al poco ~ (de)** shortly after; **al ~ me di cuenta de que no le había dado mi teléfono** a bit later I realized I hadn't given her my phone number; *Méx* **¿vamos a comer algo? – al ~** shall we go and have something to eat? – in a while; **a ratos** at times; **a ratos perdidos** at odd moments; **un buen ~** *(momento agradable)* a good time; *(mucho tiempo)* a good while, quite some time; **pasamos un buen ~ con ellos** we had a good time with them; **¡hasta otro ~!,** *Méx* **¡nos vemos al ~!** see you soon!; **con esto hay para ~** this should keep us going for a while; **va para ~** it will take some (considerable) time; **tenemos lluvia para ~** the rain will be with us for some time; **pasar el ~** to kill time, to pass the time; **pasar un mal ~** to suffer; **me hizo pasar un mal ~** he made me suffer; **ratos libres** spare time; *Esp Fam* **un ~ (largo)**; **se enfadó un ~ largo** she was dead annoyed; *Esp Fam* **hay que saber un ~ (largo) de economía para ocupar ese puesto** you have to know loads about economics in that job

ratón *nm* **-1.** *(animal)* mouse; EXPR *Urug Fam* **estar lleno de** o **tener muchos ratones** to fancy oneself ❑ **~ de biblioteca** *(persona)* bookworm; **~ de campo** fieldmouse; **~ de las mieses** harvest mouse **-2.** *Esp* **INFORMÁT** mouse ❑ **~ óptico** optical mouse **-3.** *Ven Fam (resaca)* hangover

ratona *nf (ave)* house wren

ratoncito *nm* **el ~ Pérez** ≃ the tooth fairy

ratonear ◇ *vt Arg* to turn on
◇ *vi Chile* to slave away
◆ **ratonearse** *vpr Arg* to get turned on

ratonera *nf* **-1.** *(madriguera)* mousehole **-2.** *(para cazar)* mousetrap **-3.** *Fam (trampa)* trap **-4.** *Andes, RP (casucha)* hovel

ratonero *nm (ave)* buzzard

raudal *nm* **-1.** *(de agua)* torrent **-2.** *(gran cantidad)* abundance; *(de lágrimas)* flood; *(de desgracias)* string; EXPR **a raudales** in abundance, by the bucket; **salía gente a raudales** people were pouring o streaming out; **tiene dinero a raudales** he's got pots of money; **hubo emoción a raudales en la prórroga** it was a thrill a minute during *Br* extra time o *US* overtime

raudo, -a *adj* fleet, swift; **acudió ~ a abrir la puerta** he rushed to open the door

raulí *nm* southern beech

ravioli *nm* (piece of) ravioli; **raviolis** ravioli

raya ◇ *ver* **raer**
◇ *nf* **-1.** *(línea)* line; *(en tejido)* stripe; **a rayas** striped; **una camisa a** *o* **de rayas** a striped shirt
-2. *Esp, Andes, RP (del pelo) Br* parting, *US* part; **hacerse la ~** to part one's hair; **se peina con la ~** *Esp* **en el** *o Andes, RP* **al medio** she has a *Br* centre parting *o US* center part; **lleva la ~** *Esp* **al lado** *o Andes, RP* **costado** he has a *Br* side parting *o US* side part
-3. *(de pantalón)* crease
-4. *(límite)* limit; [EXPR] *Fam* **pasarse de la ~** to go too far; **te has pasado de la ~, ¿por qué le pegaste?** you went too far, why did you hit him?; [EXPR] **mantener** *o* **tener a ~ a alguien** to keep sb in line; [EXPR] **poner a ~ to** check, to hold back
-5. *(señal) (en disco, superficie)* scratch
-6. *(pez)* ray, skate
-7. *(guión)* dash
-8. *Fam (de cocaína)* line
-9. *Am Fam (del trasero)* crease; **estuve tantas horas sentada que se me borró la ~** I was sitting down for so long I couldn't feel my backside *o Br* bum any more
-10. *Méx (sueldo)* pay, wages
-11. *CAm, Carib, Perú (juego)* hopscotch

rayado, -a ◇ *adj* **-1.** *(a rayas) (tela)* striped; *(papel)* ruled **-2.** *(disco, superficie)* scratched **-3.** *CSur Fam (loco)* **estar ~** to be a headcase *o Br* nutter
◇ *nm (rayas)* stripes

rayador *nm (ave)* black skimmer

rayano, -a *adj* **en** verging *o* bordering on; **un optimismo ~ en la irresponsabilidad** optimism verging on the irresponsible

rayar ◇ *vt* **-1.** *(con marcas) (disco, superficie)* to scratch; **le rayaron el coche con una llave** they scratched his car with a key
-2. *(escribiendo)* to scribble on; **el bebé rayó la pared con un rotulador** the baby scribbled on the wall with a felt-tip pen
-3. *(trazar líneas en)* to rule lines on
-4. *Méx, RP (detener)* to stop suddenly
-5. *Esp Fam (molestar)* to rub up the wrong way
◇ *vi* **-1.** *(aproximarse)* **~ en algo** to border *o* verge on sth; **su cortesía raya en el servilismo** his politeness borders on servility; **raya en los cuarenta** he's pushing forty
-2. *(lindar)* **~ con** to border on, to be next to
-3. *(alba)* to break; **al ~ el alba** at the break of day
-4. *Am (espolear a caballo)* to spur on one's horse
-5. *Méx (pagar)* to pay; *(cobrar)* to get paid

◆ **rayarse** *vpr* **-1.** *(disco, superficie)* to get scratched; **se me han rayado dos discos** two of my records have got scratched; *Fam* **parece que te has rayado** you're like a broken record **-2.** *CSur muy Fam (volverse loco)* to go crazy *o Br* off one's head

raye *nm RP Fam* **tener un ~** to be crazy *o Br* a nutter; **no te preocupes por lo que dice, ¡tiene un ~!** don't take any notice of what he says, he's crazy *o Br* a nutter

rayo ◇ *ver* **raer**
◇ *nm* **-1.** *(de luz)* ray; **un ~ de sol** a ray of sunlight; **los rayos solares calientan la Tierra** the sun's rays heat the Earth
-2. FÍS beam, ray ❑ **rayos alfa** alpha rays; **rayos beta** beta rays; **rayos catódicos** cathode rays; **rayos cósmicos** cosmic rays; **rayos gamma** gamma rays; **rayos infrarrojos** infrared rays; **~ láser** laser beam; **rayos ultravioleta** ultraviolet rays; **rayos uva** UVA rays; **rayos X** X-rays
-3. METEO bolt of lightning; **le dan miedo los rayos** she's scared of lightning; **un ~ cayó en el edificio** the building was struck by lightning; [EXPR] **caer como un ~** to be a bombshell; [EXPR] *Fam* **¡que lo parta un ~!** he can go to hell!, to hell with him!; *Fam* **siempre lo mismo, ellos a lo suyo, y al abuelo, que lo parta un ~** it's always the same, they do their own thing and grandpa can go hang for all they care; [EXPR] *Esp Fam* **huele a rayos** it stinks to high heaven; [EXPR] *Esp Fam* **sabe a rayos** *(comida)* it tastes foul; *Esp Fam* **le supo a rayos que no la invitaras** she was none too impressed about you not inviting her
-4. *(persona)* **ser un ~** to be like greased lightning; **pasar como un ~** to flash by
-5. *CSur (de rueda)* spoke
◇ *interj Fam* **¡rayos (y centellas)!** heavens above!

rayón *nm (fibra)* rayon

rayuela *nf (juego)* hopscotch

raza *nf* **-1.** *(humana)* race; **la ~ humana** the human race; **la ~ blanca** whites, white people **-2.** *(animal)* breed; **de (pura)** *(caballo)* thoroughbred; *(perro)* pedigree **-3.** *Méx Pey (populacho)* **la ~** the masses **-4.** *Méx Fam (grupo)* gang, guys; **cuando llegué, la ~ ya estaba instalada** the guys were already there when I arrived **-5.** *Perú (descaro)* cheek, nerve

razia, razzia *nf* raid

razón *nf* **-1.** *(causa, motivo, argumento)* reason; **la ~ de la huelga/de que estén en huelga** the reason for the strike/why they are on strike; **no entiendo la ~ de su marcha** I don't understand why she's leaving; **no hay ~ para enfadarse** there's no reason to get angry; **la ~ por la que voy** the reason (why) I'm going; **atender a razones** to listen to reason; **con mayor ~ si...** all the more so if...; **¡con ~ no quería venir!** no wonder he didn't want to come!; **y con ~** and quite rightly so; **en** *o* **por ~ de** *(en vista de)* in view of; *(a causa de)* because of; **por razones de salud/seguridad** for health/safety reasons; **~ de más para quedarse/protestar** all the more reason to stay/protest; **tiene razones para estar enojado** he has good cause *o* good reason to be angry; **tenemos razones para creer que...** we have reason *o* cause to believe that...; **sus razones tendrá para hacer eso** she must have her reasons for doing something like that ❑ POL **razones de Estado** reasons of state; **~ de ser** raison d'être; **su actitud no tiene ~ de ser** her attitude is completely unjustified
-2. *(verdad)* **la ~ estaba de su parte,** *Formal* **le asistía la ~** he was in the right, he had right on his side; **~ no le falta** he's quite right; **con** *o* **sin ella** rightly or wrongly; **dar la ~ a alguien** to admit that sb is right; **llevar** *o* **tener ~** to be right; **llevas** *o* **tienes toda la ~** you're quite right; **tener ~ en** *o* **al hacer algo** to be right to do sth; **no tener ~** to be wrong; **quitar la ~ a alguien** *(demostrar su equivocación)* to prove sb wrong
-3. *(juicio, inteligencia)* reason; **entrar en ~** to see reason; **no hay quien le haga entrar en ~** no one can make him see reason; **perder la ~** to lose one's reason *o* mind
-4. *(información)* **se vende casa: ~ aquí** *(en letrero)* house for sale: enquire within; **dar ~ de** to give an account of; **se recompensará a quien dé ~ de su paradero** there is a reward for anyone giving information regarding his whereabouts ❑ COM **~ social** trade name *(of company)*
-5. MAT ratio; **a ~ de** at a rate of; **salimos** *o* **tocamos a ~ de 300 pesos por persona** it worked out at 300 pesos per person
-6. *Col, Méx, Ven (recado)* message; **Diego no está, ¿quiere dejarle ~?** Diego's not in, do you want to leave a message?; **viajo mañana, ¿tiene ~ para su madre?** I'm leaving tomorrow, do you have any messages for your mother?; **pídale a su padre que mande ~** ask her father to send us his news

razonable *adj* reasonable

razonablemente *adv* reasonably

razonadamente *adv* rationally

razonado, -a *adj* reasoned

razonamiento *nm* reasoning

razonar ◇ *vt (argumentar)* to reason out
◇ *vi (pensar)* to reason; **el anciano ya no razona** the old man has lost his reason; **es imposible ~ con él** there's no reasoning with him

razzia = **razia**

RDA *nf Antes (abrev de* **República Democrática Alemana** *o* **de Alemania**) GDR

RDSI *nf* TEL *(abrev de* **Red Digital de Servicios Integrados**) ISDN

re *nm (nota musical)* D; *(en solfeo)* re; *ver también* **do**

re- *pref* **-1.** *(indica repetición)* re-; **reexplicar** to re-explain, to explain again **-2.** *Fam (uso enfático)* **rebién** wonderfully *o* marvellously well; **iba muy repeinada** she had an incredibly smart hairdo

reabastecer *vt (avión)* to refuel; *(tropas)* to reprovision, to resupply

reabierto, -a *participio ver* **reabrir**

reabrir ◇ *vt* to reopen; **el juez reabrió el caso** the judge reopened the case
◆ **reabrirse** *vpr* to reopen

reabsorber ◇ *vt* to reabsorb
◆ **reabsorberse** *vpr* to be reabsorbed

reabsorción *nf* reabsorption

reacción *nf* **-1.** *(respuesta)* reaction; **tuvo una ~ rara/buena** she reacted strangely/well **-2.** FÍS & QUÍM reaction ❑ *también Fig* **~ en cadena** chain reaction; **~ nuclear** nuclear reaction; **~ química** chemical reaction; **~ redox** redox reaction; **~ termonuclear** thermonuclear reaction **-3.** *(a vacuna, alérgica)* reaction **-4.** AV **avión/motor a ~** jet plane/engine

reaccionar *vi* **-1.** *(responder)* to react; **no supo cómo ~** she didn't know how to react; **la economía reaccionó con las medidas del gobierno** the economy responded to the government's measures; **reaccionó con violencia ante las amenazas** he reacted violently to the threats **-2.** FÍS & QUÍM to react; **~ con algo** to react with sth **-3.** *(paciente)* to respond; **no reaccionó al tratamiento** she didn't respond to treatment

reaccionario, -a ◇ *adj* reactionary
◇ *nm, f* reactionary

reacio, -a *adj* reluctant; **ser ~ a hacer algo** to be reluctant to do sth; **es muy ~ a hacer reclamaciones** he's very reluctant to complain; **se mostró ~ a firmar el acuerdo** he was reluctant to sign the agreement; **ser ~ a los cambios** to be resistant to change

reaclimatación *nf* reacclimatization

reactancia *nf* ELEC reactance

reactivación *nf (de economía)* recovery

reactivar ◇ *vt* to revive; **~ la economía** to kick-start the economy
◆ **reactivarse** *vpr* to recover

reactivo, -a ◇ *adj* reactive
◇ *nm* QUÍM reagent

reactor *nm* **-1.** *(avión)* jet (plane *o* aircraft) ❑ **~ de despegue vertical** jump jet **-2.** *(propulsor)* jet engine **-3.** *(nuclear)* reactor ❑ **~ de agua presurizada** pressurized water reactor; **~ nuclear** nuclear reactor; **~ nuclear refrigerado por gas** gas-cooled reactor; **~ nuclear reproductor** breeder reactor

readaptación *nf* readjustment

readaptar ◇ *vt* to adapt
◆ **readaptarse** *vpr* to readjust

readmisión *nf* readmission

readmitir *vt* to accept *o* take back

reafirmar ◇ *vt* to confirm; **~ a alguien en algo** to confirm sb in sth
◆ **reafirmarse** *vpr* to assert oneself; **reafirmarse en algo** to become confirmed in sth

reagrupación *nf* **-1.** *(reunión)* regrouping **-2.** *(reorganización)* reorganization

reagrupamiento *nm* **-1.** *(reunión)* regrouping; **el ~ familiar de los refugiados** the reuniting of refugee families ❑ **~ espontáneo** *(en rugby)* maul **-2.** *(reorganización)* reorganization

reagrupar *vt* **-1.** *(reunir)* to regroup **-2.** *(reorganizar)* to reorganize

reajustar *vt* **-1.** *(ajustar de nuevo)* to readjust **-2.** *(corregir) (precios, impuestos, salarios)* to make changes to, to adjust; *(sector)* to streamline

reajuste *nm* **-1.** *(cambio)* readjustment; **~ ministerial** cabinet reshuffle **-2.** ECON *(de precios, impuestos, salarios)* change, adjustment; *(de sector)* streamlining ❏ **~ de plantilla** downsizing

real ◇ *adj* **-1.** *(verdadero)* real; **existe un peligro ~ de que explote** there is a real danger that it may explode; **una historia ~** a true story
-2. *(de la realeza)* royal ❏ **Real Academia Española (de la Lengua)** = institution that sets lexical and syntactical standards for Spanish; **~ decreto** = name given to acts passed by the Spanish parliament when appearing in the official gazette; HIST royal decree; EXPR *Fam* **tenemos que volver a casa a las diez por ~ decreto** it has been decreed that we should be back home by ten o'clock
◇ *nm* **-1.** *(moneda)* = old Spanish coin worth one quarter of a peseta; EXPR **cuatro reales: lo compró por cuatro reales** she bought it for next to nothing; EXPR **no tener un ~** not to have a penny to one's name; EXPR **no valer un ~** to be worthless **-2.** EXPR **sentar el ~, sentar los reales** *(ejército)* to set up camp; *(persona)* to settle down

realce ◇ *ver* **realzar**
◇ *nm* **-1.** *(esplendor)* glamour; **el maquillaje pone de ~ su belleza** make-up enhances *o* highlights her beauty; **la presencia del rey dio ~ al acto** the king's presence lent the occasion an air of particular importance ❏ INFORMÁT **~ de imagen** image enhancement **-2.** *(en arquitectura, escultura)* relief **-3.** *(bordado)* detail (in relief)

realengo, -a *adj* **-1.** HIST *(de la Corona)* belonging to the Crown **-2.** CAm, Carib, Méx *(sin dueño)* ownerless **-3.** Ven *(de la calle)* street; **niños realengos** street children **-4.** Ven *(vago)* idle **-5.** Col, Ven *(sin cargas)* unencumbered

realero *nm* Ven Fam fortune

realeza *nf* **-1.** *(monarcas)* royalty **-2.** *(grandeza)* magnificence

realidad *nf* **-1.** *(mundo real)* reality ❏ INFORMÁT **~ virtual** virtual reality **-2.** *(situación)* reality; **la ~ social de hoy en día** today's social reality **-3.** *(verdad)* truth; **la ~ es que me odia** the fact is, she hates me; **en ~** actually, in fact; **parece tímido, cuando en ~ no lo es** he seems shy, but actually he isn't; **hacerse ~** to come true; **aspira a convertir en ~ sus sueños** she is hoping to make her dreams come true

realimentación *nf* feedback

realismo *nm* **-1.** *(pragmatismo)* realism; **analizó con ~ la situación** he made a realistic analysis of the situation **-2.** *(en arte, literatura)* realism; **con mucho ~** very realistically ❏ LIT **~ mágico** magic(al) realism **-3.** HIST *(monarquismo)* royalism **-4.** FILOSOFÍA realism

realista ◇ *adj* **-1.** *(pragmático)* realistic **-2.** *(en arte, literatura)* realist **-3.** HIST *(monárquico)* royalist **-4.** FILOSOFÍA realist
◇ *nmf* **-1.** *(pragmático)* realist **-2.** *(en arte, literatura)* realist **-3.** HIST *(monárquico)* royalist **-4.** FILOSOFÍA realist

reality show [rre'aliti'ʃou] *(pl* **reality shows)** *nm* **los reality shows** reality TV

realizable *adj* **-1.** *(factible)* feasible **-2.** FIN realizable

realización *nf* **-1.** *(ejecución)* *(de esfuerzo, viaje, inversión)* making; *(de operación, experimento, trabajo)* performing; *(de encargo)* carrying out; *(de plan, reformas)* implementation; *(de desfile)* organization
-2. *(cumplimiento)* *(de sueños, deseos)* fulfilment, realization
-3. FIN **~ de beneficios** profit-taking
-4. *(satisfacción personal)* self-fulfilment
-5. *(película, programa)* production
-6. *(actividad)* *(en cine)* direction; *(en televisión)* editing
-7. LING realization

realizado, -a *adj* *(satisfecho)* fulfilled; **sentirse ~** to feel fulfilled

realizador, -ora *nm,f* **-1.** *(de cine)* director **-2.** *(de televisión)* editor

realizar [14] ◇ *vt* **-1.** *(ejecutar)* *(esfuerzo, viaje, inversión)* to make; *(operación, experimento, trabajo)* to perform; *(encargo)* to carry out; *(plan, reformas)* to implement; *(desfile)* to organize **-2.** *(hacer real)* to fulfil, to realize; **realizó su sueño** he fulfilled his dream **-3.** FIN *(bienes)* to sell off; **~ beneficios** to cash in one's profits **-4.** *(película)* to direct; *(programa)* to edit
◆ **realizarse** *vpr* **-1.** *(hacerse real)* *(sueño, predicción, deseo)* to come true; *(esperanza, ambición)* to be fulfilled **-2.** *(en un trabajo, actividad)* to find fulfilment; **quiere buscar trabajo fuera de casa para realizarse** she wants to look for a job outside the home so she can feel more fulfilled

realmente *adv* **-1.** *(en realidad, verdad)* really; **si ~ lo hizo él, habría que darle un premio** if he really did it himself, he deserves a prize
-2. *(muy)* really; **estaba ~ enfadado** he was really angry; **es un paisaje ~ precioso** the scenery is really beautiful
-3. *(sinceramente)* really, honestly; **~, no sé qué pensar** I really *o* honestly don't know what to think; **~, creo que te pasaste** I really *o* honestly think you went too far; **~, como no te pongas a estudiar no sé cómo vas a aprobar** if you don't start doing some work, I honestly *o* really don't know how you're going to pass

realojamiento, realojo *nm* rehousing
realojar *vt* to rehouse
realojo = **realojamiento**
realquilado, -a ◇ *adj* sublet
◇ *nm,f* subtenant
realquilar *vt* to sublet
realzar [14] *vt* *(destacar)* to enhance; **el fondo neutro realza el retrato** the neutral background brings out the portrait *o* makes the portrait stand out better

reanimación *nf* **-1.** *(física, moral)* recovery **-2.** MED resuscitation

reanimar ◇ *vt* **-1.** *(físicamente)* to revive **-2.** *(moralmente)* to cheer up; **~ la situación económica** to improve the economy **-3.** MED to resuscitate
◆ **reanimarse** *vpr* **-1.** *(físicamente)* to revive **-2.** *(moralmente)* to cheer up

reanudación *nf* *(de conversación, actividad)* resumption; *(de amistad)* renewal

reanudar ◇ *vt* *(conversación, actividad)* to resume; *(amistad)* to renew
◆ **reanudarse** *vpr* *(conversación, actividad)* to resume; *(amistad)* to be renewed; **los vuelos a la región se reanudarán la próxima semana** flights to the area will be resumed next week

reaparecer [46] *vi* *(enfermedad, persona)* to reappear; *(artista, deportista)* to make a comeback

reaparición *nf* *(de enfermedad, persona)* reappearance; *(de artista, deportista)* comeback

reapertura *nf* reopening
rearmar *vt* to rearm
rearme *nm* rearmament; **el ~ moral de la sociedad** the moral regeneration of society
reasegurar *vt* to reinsure
reaseguro *nm* reinsurance
reasentamiento *nm* resettlement
reasentarse *vpr* to resettle
reasumir *vt* to resume, to take up again

reata *nf* **-1.** *(de caballos, mulas)* single file; **de ~** (in) single file **-2.** *Méx (para ganado)* lasso; *Fam* **es bien ~ para bailar** she's a really good dancer

reavivar ◇ *vt* **-1.** *(fuego)* to rekindle **-2.** *(odio, polémica, interés)* to revive; **~ los enfrentamientos** to cause renewed clashes
◆ **reavivarse** *vpr* **-1.** *(fuego)* to be rekindled **-2.** *(odio, polémica, interés)* to be revived

rebaba *nf* jagged edge

rebaja *nf* **-1.** *(acción)* reduction **-2.** *(descuento)* discount; **hacer una ~ a alguien** to give sb a discount; **me hicieron una ~ del 5 por ciento** they gave me 5 percent discount, they gave me 5 percent off **-3.** *(en tienda)* sale; **las rebajas** the sales; **las rebajas de enero** the January sales; **estar de rebajas** to have a sale on; **grandes rebajas** *(en letrero)* massive reductions

rebajado, -a *adj* **-1.** *(precio)* reduced **-2.** *(humillado)* humiliated **-3.** *(acera, bordillo)* lowered **-4.** *(diluido)* diluted (**con** with) **-5.** RP *(pelo)* layered

rebajamiento *nm* reduction

rebajar ◇ *vt* **-1.** *(precio)* to reduce; **han rebajado los precios a la mitad** prices have been reduced *o* cut by half; **te rebajo 10 euros** I'll knock 10 euros off for you; **me rebajaron el 10 por ciento** they gave me 10 percent off
-2. *(humillar)* to humiliate, to put down; **se siente inferior, toda la vida lo rebajaron** he feels inferior, people have always put him down throughout his life
-3. *(intensidad)* to tone down
-4. *(altura)* to lower; *(acera, bordillo)* to lower
-5. *(diluir)* to dilute
-6. MIL to exempt
-7. RP *(adelgazar)* to lose; **rebajé 3 kilos en un mes** I lost 3 kilos in a month
-8. RP *(pelo)* to layer
◇ *vi* RP *(adelgazar)* to lose weight
◆ **rebajarse** *vpr (persona)* to humble oneself; **rebajarse ante alguien** to grovel to sb; **rebajarse a hacer algo** to lower oneself *o* stoop to do sth; **no tiene intención de rebajarse a pedirle disculpas** he has no intention of stooping so low as to apologize to her

rebalsar RP ◇ *vt* **el agua rebalsará la tina** the bathtub will overflow; EXPR **ser la gota que rebalsa el vaso** to be the last straw, to be the straw that broke the camel's back
◇ *vi* to overflow; **dos por tres el río rebalsa** the river is always bursting its banks
◆ **rebalsarse** *vpr* to overflow; **dos por tres el río se rebalsa** the river is always bursting its banks

rebanada *nf* slice
rebanar ◇ *vt* **-1.** *(pan)* to slice **-2.** *(dedo)* to cut *o* slice off; *(cabeza)* to cut off
◆ **rebanarse** *vpr* to cut *o* slice off; **se rebanó un dedo con un cuchillo** he sliced a finger off with a knife

rebañaduras *nfpl (sobras)* scrapings
rebañar *vt (plato)* to clean; *(con pan)* to mop up
rebaño *nm* **-1.** *(de ovejas)* flock; *(de vacas, cabras)* herd **-2.** *(de fieles)* flock

rebasar ◇ *vt* **-1.** *(sobrepasar)* to exceed, to surpass; **el agua rebasó el borde de la bañera** the bath overflowed; **la inflación rebasó la barrera del 5 por ciento** inflation passed the 5 percent mark; **el caza rebasó la barrera del sonido** the fighter plane broke the sound barrier; **la pelota rebasó la línea de gol** the ball went over *o* crossed the goal line; **nunca rebasa el límite de velocidad** she never speeds, she never drives over the speed limit; **las ventas rebasaron las predicciones** sales were higher than predicted; **un debate que rebasa el ámbito de lo político** a debate that goes beyond politics
-2. CAm, Méx *(corredor, vehículo)* to pass, to overtake
◇ *vi* CAm, Méx *(adelantar)* to overtake

rebatible *adj* **-1.** *(argumento)* refutable **-2.** RP *(abatible) (silla, mesa)* folding; *(cama)* foldaway

rebatiña *nf* scramble, fight
rebatir *vt* to refute
rebato *nm* alarm; **tocar a ~** to sound the alarm

Rebeca *n pr* Rebecca
rebeca *nf* cardigan
rebeco *nm* chamois

rebelarse *vpr* to rebel (**contra** against); **se rebelaron contra las órdenes de sus superiores** they refused to obey the orders of their superior officers; **un grupo de jóvenes que se rebela contra el racismo** a group of young people who reject racism

rebelde ◇ *adj* **-1.** *(sublevado)* rebel; **ejército ~** rebel army **-2.** *(desobediente)* rebellious **-3.** *(difícil de dominar) (pelo)* unmanageable;

rebeldía

(tos) persistent; *(mancha)* stubborn; *(pasiones)* unruly **-4.** DER defaulting
◇ *nmf* **-1.** *(sublevado, desobediente)* rebel **-2.** DER defaulter

rebeldía *nf* **-1.** *(cualidad)* rebelliousness **-2.** *(acción)* act of rebellion; **sus compañeros los animaron a la ~** their colleagues encouraged them to rebel **-3.** DER default; **declarar a alguien en ~** to declare sb in default; **lo juzgaron en ~** he was tried in his absence

rebelión *nf* rebellion; **una ~ militar** a military rebellion *o* uprising

rebenque *nm RP (fusta)* (riding) crop, whip

reblandecer [46] ◇ *vt* to soften
→ **reblandecerse** *vpr* to get soft

reblandecimiento *nm* softening

rebobinado *nm* rewinding

rebobinar *vt* to rewind

reboce *etc ver* **rebozar**

rebollo *nm* Pyrenean oak

reborde *nm (de piscina)* edge; *(de bandeja)* rim

rebosadero *nm* **-1.** *(desagüe)* overflow **-2.** *Chile, Hond* MIN large mineral deposit

rebosante *adj (lleno)* brimming, overflowing **(de** with); **~ de alegría** brimming with joy; **estaba ~ de felicidad** she was glowing *o* radiant with happiness; **~ de salud** glowing with health; **un vaso ~ de vino** a glass full to the brim with wine; **volvió al país ~ de nuevas ideas** she returned to the country brimming with new ideas

rebosar ◇ *vt (estar lleno de)* to be overflowing with; **rebosaba alegría** she was brimming with joy; **rebosaba salud** he was glowing with health
◇ *vi* to overflow; **~ de** *(estar lleno de)* to be overflowing with; **rebosaba de alegría** she was brimming with joy; **rebosaba de salud** he was glowing with health; **estar (lleno) a ~** to be full to overflowing; **el castillo rebosaba de turistas** the castle was overflowing with tourists; **rebosaba de satisfacción** she was glowing with satisfaction

rebotado, -a *adj Fam* **-1.** *(cura)* = who has given up the cloth *o* left the priesthood **-2.** *(enfadado) Br* cheesed off, *US* pissed

rebotar ◇ *vi* **-1.** *(botar)* to bounce, to rebound **(en** off**) -2.** INFORMÁT to bounce
→ **rebotarse** *vpr Esp Fam (irritarse)* to get *Br* cheesed off *o US* pissed; **se rebotó porque no la invitaste** she was none too impressed about you not inviting her

rebote *nm* **-1.** *(bote)* bounce; [EXPR] **de ~** *(indirectamente)* by chance, indirectly; **este es un problema que me ha llegado a mí de ~** this is a problem that's been passed on to me by someone else; **la huelga provocó problemas, de ~, en otros sectores** the strike had a knock-on effect on other industries **-2.** DEP rebound; **de ~** on the rebound ❑ **~ defensivo** *(en baloncesto)* defensive rebound; **~ ofensivo** *(en baloncesto)* offensive rebound
-3. INFORMÁT bounce
-4. [EXPR] *Esp Fam (enfado)* **coger** *o* **pillarse un ~** to get *Br* cheesed off *o US* pissed

reboteador, -ora *nm,f* DEP *(en baloncesto)* rebounder

rebotear *vi* DEP to rebound

rebotica *nf Anticuado (en farmacia)* back room

rebozado, -a *adj* breaded, = coated in flour, egg and breadcrumbs; **llegué a casa ~ de en barro** I got home covered in mud

rebozar [14] *vt* to coat in flour, egg and breadcrumbs

rebozo *nm Am* wrap, shawl; **sin ~** *(con franqueza)* frankly

rebozuelo *nm* chanterelle

rebrotar *vi* **-1.** BOT to sprout **-2.** *(fenómeno)* to reappear; **la violencia ha rebrotado en la región** there has been a new outbreak of violence in the region

rebrote *nm* **-1.** BOT sprout, shoot **-2.** *(de fenómeno)* reappearance; **intentan contener el ~ de la violencia** they are attempting to contain the renewed outbreaks of violence

rebufo *nm (de vehículo)* slipstream; **ir al ~ de algo/alguien** to travel along in sth's/sb's wake; **el piloto español se puso al ~ del líder de la carrera** the Spanish driver slipstreamed the race leader

rebujar *Fam* ◇ *vt* **-1.** *(amontonar)* to bundle (up) **-2.** *(arropar)* to wrap up (warmly)
→ **rebujarse** *vpr (arroparse)* to wrap oneself up; *(encogerse)* to huddle up; **se rebujó entre las mantas** he snuggled up under the blankets

rebujo *nm (montón) (de hilos, pelos)* tangled mass; *(de papeles)* ball

rebullir ◇ *vi* to stir, to begin to move
→ **rebullirse** *vpr* to stir, to begin to move

rebusca *nf* **-1.** *(desechos)* useless part **-2.** *(fruto)* gleanings

rebuscado, -a *adj (lenguaje)* obscure, recherché; **una explicación rebuscada** a roundabout explanation; **el final de la película es muy ~** the ending of the movie is very contrived

rebuscamiento *nm (de lenguaje)* obscurity; *(de explicación)* roundabout nature

rebuscar [59] ◇ *vi* to search (around); **no me gusta que rebusques en mis cajones** I don't like you poking around in *o* going through my drawers; **rebusqué por todas partes pero no lo encontré** I searched everywhere but I couldn't find it
→ **rebuscarse** *vpr Andes, RP Fam* to get by; **no consigo trabajo pero me rebusco** I can't find a job but I get by; **rebuscárselas** to get by; **gana muy poco pero se las rebusca** she earns very little but she gets by

rebusque *nm Andes, RP Fam* job on the side; **además del empleo, siempre tiene algún ~** as well as his main job, he's always got some job on the side

rebuznar *vi* to bray

rebuzno *nm* bray; **soltar un ~** to bray; **se escuchaba el ~ de un burro** you could hear a donkey braying *o* the braying of a donkey

recabar *vt* **-1.** *(pedir, reclamar)* to ask for; **todos los ciudadanos tienen derecho a ~ justicia ante los tribunales** every citizen has the right to expect justice from the courts
-2. *(conseguir)* **no han conseguido ~ ayuda para su proyecto** they haven't managed to get any assistance for their project; **recaban apoyos para su propuesta** they are seeking support for their proposal; **recaban información para un estudio de mercado** they are gathering information for market research

recadero, -a *nm,f (de mensajes)* messenger; *(de encargos)* errand boy, f errand girl

recado *nm* **-1.** *(mensaje)* message; **le dejé un ~ en el contestador** I left a message (for her) on her answering machine; **si no estoy, deja ~** if I'm not in, leave a message; **dile el ~ de que no voy a poder acudir a la reunión** let her know I won't be able to come to the meeting
-2. *(encargo, tarea)* errand; **hacer recados** to run errands; **tengo que hacer un ~ en el centro** I have to go into town for something
-3. *(material)* **~ de escribir** writing materials *o* things; **~ de fumar** smokers' requisites
-4. *CSur (para el caballo)* saddle and trappings
-5. *Nic, RDom* CULIN mincemeat filling

recaer [13] *vi* **-1.** *(enfermo)* to (have a) relapse
-2. *(reincidir)* **~ en** to relapse into; **ha vuelto a ~ en la bebida** he's started drinking again
-3. *(ir a parar) (sospechas)* to fall **(en** *o* **sobre** on); **la responsabilidad recayó en su hermano mayor** the responsibility fell to his older brother; **el premio recayó en un escritor uruguayo** the prize went to a Uruguayan writer
-4. *(tratar)* **~ sobre algo** to be about sth, to deal with sth
-5. *(acento)* to fall; **el acento recae en la última sílaba** the accent falls *o* is on the last syllable

recaída *nf* relapse; **tener una ~** to have a relapse

recaigo *etc ver* **recaer**

recalar ◇ *vt (mojar)* to soak
◇ *vi* **-1.** NÁUT to put in **(en** at**) -2.** *Fam (aparecer, pasar)* to drop *o* look in **(en** *o* **por** at**); en vacaciones siempre recaló por mi pueblo** when he was on *Br* holiday *o US* vacation he always stopped off at my home town
→ **recalarse** *vpr (mojarse)* to get soaked

recalcar [59] *vt* to stress, to emphasize; **recalcó la importancia del acuerdo** he stressed *o* emphasized the importance of the agreement; **recalcó que era simplemente una propuesta** she stressed *o* emphasized that it was merely a suggestion

recalcitrante *adj* **-1.** *(obstinado) (persona, mancha, actitud)* stubborn **-2.** *(incorregible)* recalcitrant

recalentado, -a *adj* warmed up, reheated

recalentamiento *nm* overheating; **el ~ del planeta** global warming; **el ~ de la economía** the overheating of the economy

recalentar [3] ◇ *vt* **-1.** *(volver a calentar)* to warm up, to reheat **-2.** *(calentar demasiado)* to overheat
→ **recalentarse** *vpr* to overheat; **se ha recalentado el motor** the engine has overheated

recalificación *nf* reclassification *(of land for planning or development purposes)*

recalificar *vt* to reclassify *(land for planning or development purposes)*; **recalificaron una zona verde como urbanizable** they reclassified *o US* rezoned a park as land that could be developed

recalzar *vt* **-1.** AGR to earth up **-2.** ARQUIT to reinforce

recamado *nm* overlay

recamar *vt* to overlay

recámara *nf* **-1.** *(de arma de fuego)* chamber; [EXPR] **guardar** *o* **tener algo en la ~** to have sth in reserve *o* up one's sleeve **-2.** *(habitación)* dressing room **-3.** *CAm, Col, Méx (dormitorio)* bedroom

recamarera *nf CAm, Col, Méx* chambermaid

recambiar *vt* to replace

recambio *nm* **-1.** *(acción)* replacement **-2.** *(repuesto)* spare; *(para pluma, cuaderno)* refill; **rueda de ~** spare wheel

recapacitar *vi* to reflect, to think; **recapacitó sobre su decisión** he thought his decision over

recapado *nm Arg* remoulding, retreading

recapar *vt Arg* to remould, to retread

recapitalización *nf* recapitalization

recapitulación *nf* recap, summary

recapitular *vt* to recapitulate, to summarize

recargable *adj (batería, pila)* rechargeable; *(encendedor)* refillable

recargado, -a *adj (estilo)* overelaborate; **un vestido ~ de lazos** a dress bedecked with too many ribbons

recargar [38] ◇ *vt* **-1.** *(volver a cargar) (encendedor, recipiente, pluma)* to refill; *(batería, pila)* to recharge; *(fusil, camión)* to reload; [EXPR] *Fam* **~ las pilas** *o* **baterías** *(recobrar fuerzas)* to recharge one's batteries
-2. *(cargar demasiado)* to overload; **recargó el baúl de libros** she put too many books in the trunk; **nos han recargado de trabajo** we've been overloaded with work
-3. *(adornar en exceso)* to overdecorate; **recargó el vestido con demasiados lazos** she overdid the ribbons on the dress
-4. *(cantidad)* **~ 1.000 pesos a alguien** to charge sb 1,000 pesos
-5. *(aire, ambiente)* to make stuffy
→ **recargarse** *vpr* **-1.** *(batería, pila)* to recharge **-2.** *(aire, ambiente)* to get stuffy **-3.** *Méx (apoyarse)* to lean; **no te recargues en** *o* **sobre** *o* **contra la puerta** don't lean on *o* against the door

recargo *nm* extra charge, surcharge; **pagaron un ~ del 15 por ciento** they paid a 15 percent surcharge; **nos añadieron un ~ por pagar fuera de plazo** they charged us extra for paying after the due date

recatadamente adv modestly, demurely

recatado, -a adj (pudoroso) modest, demure

recatarse vpr ~ **(de hacer algo)** to hold back (from doing sth); **sin** ~ openly, without reserve

recato nm **-1.** (pudor) modesty, demureness **-2.** (reserva) **no tuvo ningún ~ en admitir su culpa** he openly admitted his guilt; **sin** ~ openly, without reserve **-3.** (cautela) prudence, caution

recauchado = reencauchado

recauchadora = reencauchadora

recauchar = reencauchar

recauchutado, -a ◇ adj **-1.** (neumático) remoulded, retreaded; **un neumático ~** a remould, a retread **-2.** RP (objeto) patched up **-3.** RP Fam (persona) **está muy recauchutada** she's had more than a few nips and tucks
◇ nm remould, retread

recauchutaje nm **-1.** Am (lugar) tyre centre **-2.** Am (acción) remoulding, retreading **-3.** RP (reparación) patching up **-4.** RP Fam (cirugía plástica) **pasó por un buen ~** she had a few nips and tucks

recauchutar vt **-1.** (neumático) to remould, to retread **-2.** RP (objeto) to patch up **-3.** RP Fam (persona) to give a few nips and tucks

recaudación nf **-1.** (acción) collection, collecting; **~ de impuestos** tax collection **-2.** (cantidad) takings; (en teatro) box office takings; (en estadio) gate

recaudador, -ora nm,f **~ (de impuestos)** tax collector

recaudar vt to collect

recaudería nf Méx greengrocer's

recaudo nm **-1.** Chile, Guat, Méx (condimentos) spices and condiments **-2.** EXPR **a buen ~: los asesinos están a buen ~** the killers are in safe hiding; **poner algo a buen ~** to put sth in a safe place

recayera etc ver **recaer**

rece etc ver **rezar**

recelar ◇ vt **-1.** (sospechar) to suspect; **recelo que no dice la verdad** I suspect that he's not telling the truth **-2.** (temer) to fear
◇ vi to be mistrustful, to be suspicious; **recelo de él/de sus intenciones** I'm suspicious of him/of his intentions

recelo nm suspicion; **el policía nos miró con ~** the policeman looked at us suspiciously; **la decisión creó ~ entre los inversores** the decision made investors wary; **sentir ~ to be suspicious**

receloso, -a adj mistrustful, suspicious; **los empresarios están recelosos de la apertura a otros mercados** businessmen are wary of opening up to other markets

recensión nf review, write-up

recepción nf **-1.** (de carta, paquete) receipt; COM **pagar a la ~** to pay on delivery; COM **el pago se efectuará a la ~ del envío** payment will be made on receipt of the goods **-2.** (de hotel) reception; **te veré en ~** I'll see you in reception **-3.** (fiesta) reception; **ofrecer una ~ a alguien** to lay on a reception for sb **-4.** (de sonido, imagen) reception **-5.** (en béisbol) catch; (en fútbol americano) reception

recepcionar vt Am to receive

recepcionista nmf receptionist

receptáculo nm receptacle

receptividad nf receptiveness (**a** to); **mostró una gran ~ a nuestras propuestas** she was very receptive to our proposals

receptivo, -a adj receptive

receptor, -ora ◇ adj receiving; **un país ~ de inmigrantes** a country that welcomes immigrants
◇ nm,f **-1.** (paciente) recipient ❏ **~ de órgano** (en transplante) organ recipient; **~ universal** universal recipient **-2.** LING recipient **-3.** (en béisbol) catcher; (en fútbol americano) receiver
◇ nm **-1.** (aparato) receiver **-2.** BIOL receptor

recesión nf **-1.** (económica) recession **-2.** (suspensión) recess

recesivo, -a adj **-1.** ECON recessionary **-2.** BIOL recessive

receso nm **-1.** (separación) withdrawal **-2.** (descanso) (en juicio) adjournment; (parlamentario) recess; (en teatro) interval; (en reunión) break

receta nf **-1.** (de cocina) recipe; **la ~ del éxito** the recipe for success **-2.** (médica) prescription; **sin ~ médica** over the counter

recetar vt to prescribe

recetario nm **-1.** (de cocina) recipe book **-2.** (de médico) prescription pad

rechace nm DEP clearance

rechazar [14] vt **-1.** (no aceptar) to reject; (oferta, invitación) to turn down, to reject
-2. (negar) to deny; **el gobierno rechazó las acusaciones de corrupción** the government rejected o denied the accusations of corruption; **rechazó que vaya a presentarse a la presidencia** he denied that he was going to run for the presidency
-3. (órgano) to reject; **el paciente rechazó el órgano** the patient rejected the organ
-4. (repeler) (a una persona) to push away; (a atacantes) to drive back, to repel; **rechazaron el ataque de los enemigos** they repelled the enemy attack
-5. DEP to clear; **el portero rechazó la pelota y la mandó fuera** the goalkeeper tipped the ball out of play

rechazo nm **-1.** (no aceptación) rejection; (hacia una ley, un político) disapproval; **mostró su ~** he made his disapproval clear; **los ciudadanos mostraron su ~ al racismo** the people made plain their rejection of racism; **~ a hacer algo** refusal to do sth; **provocar el ~ de alguien** to meet with sb's disapproval
-2. (negación) denial **-3.** DEP clearance

rechifla nf **-1.** (abucheo) hissing, booing; **el público le dedicó una sonora ~** he was roundly booed by the audience **-2.** (burla) derision, mockery

rechiflar ◇ vt to hiss at, to boo
◆ **rechiflarse** vpr to mock; **rechiflarse de alguien** to mock sb

rechinar ◇ vt **rechinó los dientes** he gnashed o ground his teeth
◇ vi **-1.** (puerta, dientes) to grind; (frenos, ruedas) to screech; (metal) to clank **-2.** (dando dentera) to grate
◆ **rechinarse** vpr CAm, Méx (comida) to burn

rechistar vi to answer back; **lo vas a hacer sin ~** you'll do it, and I don't want to hear any arguments

rechoncho, -a adj Fam tubby, chubby

rechulo, -a adj Méx Fam absolutely lovely

rechupete: de rechupete Fam ◇ loc adj **este asado está de ~** this roast is yummy
◇ loc adv **nos lo pasamos de ~** we had a brilliant o great time

recibí nm **-1.** (documento) receipt, confirmation of receipt **-2.** (sello) "received" stamp

recibidor nm entrance hall

recibimiento nm reception, welcome; **tuvieron un caluroso ~** they were given a warm welcome o reception; **el equipo tuvo un ~ multitudinario** crowds of people turned out to welcome the team

recibir ◇ vt **-1.** (tomar, aceptar, admitir) to receive; (carta, regalo, premio, llamada, respuesta) to receive, to get; (propuesta, sugerencia) to receive; (castigo) to be given; (susto) to get; (clase, instrucción) to have; **~ una paliza** to get beaten up; **recibió un golpe en la cabeza** he was hit on the head, he took a blow to the head; **un sector que recibe muchas ayudas del gobierno** an industry which receives substantial government aid; **recibió el Premio Nobel de Literatura** he won o was awarded the Nobel Prize for Literature; **el anuncio fue muy bien recibido** the announcement was welcomed; **recibieron la orden de detener al general** they received o were given the order to arrest the general; **he recibido una carta suya** o **de ella** I've received o had a letter from her; **recibió la noticia con alegría** he was very happy about the news; **~ consejos de alguien** to receive advice from sb, to be given advice by sb; **recibí orden de que no la molestaran** I received orders that she was not to be disturbed; **estoy recibiendo clases de piano** I'm having o taking piano classes; **estos pilares reciben todo el peso del techo** these pillars take the weight of the whole roof; Formal **reciba mi más cordial** o **sincera felicitación** please accept my sincere congratulations
-2. (persona, visita) to receive; **lo recibieron con un cálido aplauso** he was received with a warm round of applause; **¿cuándo cree que podrá recibirnos?** when do you think she'll be able to see us?
-3. (ir a buscar) to meet; **fuimos a recibirla al aeropuerto** we went to meet her at the airport
-4. (captar) (ondas de radio, televisión) to get; **aquí no recibimos la CNN** we don't get CNN here; **torre de control a V-5, ¿me recibe?** ground control to V-5, do you read me?
◇ vi (atender visitas) (médico, dentista) to hold surgery; (rey, papa, ministro) to receive visitors; **el médico no recibe hoy** the doctor isn't seeing any patients today
◆ **recibirse** vpr Am (graduarse) to graduate, to qualify (**de** as); **se recibió de lingüista hace poco tiempo** she recently graduated in linguistics

recibo nm **-1.** (recepción) receipt; **al ~ de tu carta...** on receipt of your letter...; **acusar ~ de** to acknowledge receipt of
-2. (documento) (de compra) receipt
-3. (del gas, de la luz) bill
-4. EXPR **ser de ~:** su actuación no fue de ~ their performance wasn't up to scratch; **no sería de ~ ocultarle la situación** it wouldn't be right not to tell her the situation; **no es de ~ que ahora nos traten así** it's not on for them to treat us like that

reciclable adj recyclable

reciclado, -a ◇ adj recycled
◇ nm recycling

reciclador, -ora nm,f Col = person who collects and sorts Br rubbish o US garbage

reciclaje nm **-1.** (de residuos) recycling **-2.** (de personas) retraining

reciclar vt **-1.** (residuos) to recycle **-2.** (personas) to retrain

recidiva nf MED reappearance (of illness)

recidivar vi MED to reappear (of illness)

recién adv **-1.** (con participio) (hace poco) recently, newly; **el pan está ~ hecho** the bread is freshly baked; **~ pintado** (en letrero) wet paint ❏ **los ~ casados** the newly-weds; **los ~ llegados** (los nuevos) the newcomers; (los que acaban de llegar) those who have/had just arrived; **el ~ nacido** the newborn baby
-2. Am (apenas) just now, recently; **regresó ~ ayer** she only o just got back yesterday
-3. Am (ahora mismo) (only) just; **~ me entero** I've (only) just heard; **~ me llamaron para avisarme** they (only) just called to let me know
-4. Am (sólo) only; **~ el martes sabremos el resultado** we'll only know the result on Tuesday, we won't know the result until Tuesday; **~ me pasaron a buscar a las nueve** they only came to collect me at nine, they didn't come and collect me until nine

reciente adj **-1.** (acontecimiento) recent; **todavía tiene muy ~ su divorcio** she still hasn't got over her divorce; **su muerte está demasiado ~ para hablar de su sucesor** it's too soon after his death to talk about his successor **-2.** (pintura, pan) fresh

recientemente adv **-1.** (hace poco) recently **-2.** (en los últimos tiempos) recently, of late

recinto nm **-1.** (zona cercada) enclosure; **el ~ amurallado de la ciudad** the walled part of the city **-2.** (área) place, area; (alrededor de edificios) grounds; **me dan miedo los recintos cerrados** I'm frightened of enclosed spaces; **le prohibieron el acceso a recintos deportivos** he was banned from sports grounds; **el ~ diplomático** the embassy grounds ❏ **~ ferial** fairground (of trade fair)

recio, -a ◇ *adj* **-1.** *(persona)* robust **-2.** *(voz)* gravelly **-3.** *(objeto)* sturdy **-4.** *(material, tela)* tough, strong **-5.** *(lluvia, viento)* harsh
◇ *adv (trabajar, soplar, llover)* hard; *Méx* **hablar ~** to talk in a loud voice

recipiendario, -a *nm,f Formal* newly elected member

recipiente *nm* container; **necesito un ~ para poner la fruta** I need something to put the fruit in

reciprocidad *nf* reciprocity; **en ~ a** in return for

recíproco, -a *adj* **-1.** *(sentimiento)* mutual; *(acción)* reciprocal; **la admiración entre ellos es recíproca** they have a mutual admiration for each other **-2.** LING reciprocal

recitación *nf* recitation, recital

recitador, -ora ◇ *adj* reciting
◇ *nm,f* reciter

recital *nm* **-1.** *(de música clásica)* recital; *(de pop, rock)* concert **-2.** *(de lectura)* reading

recitar *vt* to recite

recitativo, -a *adj* recitative

reclamación *nf* **-1.** *(petición)* claim, demand **-2.** *(queja)* complaint; **hacer una ~** to make a complaint

reclamante ◇ *adj* claiming
◇ *nmf* claimant

reclamar ◇ *vt* **-1.** *(pedir, exigir)* to demand, to ask for; **le he reclamado todo el dinero que me debe** I've demanded that he return to me all the money he owes me; **reclamó ante un tribunal una indemnización** she went to court to claim compensation; **la multitud reclamaba que cantara otra canción** the crowd clamoured for her to sing another song
-2. *(necesitar)* to demand, to require; **el negocio reclama toda mi atención** the business requires *o* demands all my attention; **este conflicto reclama una solución inmediata** this conflict calls for an immediate solution
-3. *(llamar)* to ask for; **te reclaman en la oficina** they're asking for you at the office
-4. DER **~ a alguien** to summon sb to appear before the court
◇ *vi (protestar)* to protest; *(quejarse)* to complain; **reclamó contra la sanción** he protested against the suspension; **reclamaron por los malos tratos recibidos** they complained about the ill-treatment they had received

reclame *nm Am* advertisement

reclamo *nm* **-1.** *(para atraer)* inducement ❏ **~ publicitario** advertising gimmick **-2.** *(para cazar)* decoy, lure **-3.** *(de ave)* call **-4.** *(en texto)* note, reference mark **-5.** *Am (queja)* complaint; **cuente el vuelto antes de retirarse de la ventanilla, después no aceptamos reclamos** check your change before leaving, mistakes cannot be rectified later **-6.** *Am (reivindicación)* claim; **los reclamos de los trabajadores** the workers' demands

reclinable *adj* reclining

reclinar ◇ *vt* to lean; **reclinó la tabla contra la pared** she leant the board against the wall; **reclinó la cabeza en** *o* **sobre su hombro** he leant his head against *o* on her shoulder
◆ **reclinarse** *vpr* to lean back (**contra** against)

reclinatorio *nm* prie-dieu, prayer stool

recluir [34] ◇ *vt* to shut *o* lock away, to imprison; **recluyeron a los prisioneros en una cárcel de máxima seguridad** they put the prisoners in a maximum security prison
◆ **recluirse** *vpr* to shut oneself away; **se recluyó en un pueblo remoto** she hid herself away in a remote village

reclusión *nf* **-1.** *(encarcelamiento)* imprisonment **-2.** *(encierro)* seclusion

recluso, -a *nm,f (preso)* prisoner

reclusorio *nm Méx* prison

recluta *nmf (soldado) (obligatorio)* conscript; *(voluntario)* recruit

reclutamiento *nm* **-1.** *(de soldados) (obligatorio)* conscription; *(voluntario)* recruitment **-2.** *(de trabajadores)* recruitment

reclutar *vt* **-1.** *(soldados) (obligatoriamente)* to conscript; *(voluntariamente)* to recruit **-2.** *(trabajadores)* to recruit **-3.** *RP (ganado)* to round up

recluyo *etc ver* **recluir**

recobrar ◇ *vt (recuperar)* to recover; **~ el tiempo perdido** to make up for lost time; **~ el conocimiento** *o* **el sentido** to regain consciousness, to come round; **~ el juicio** to regain one's sanity; **la región ha recobrado la calma tras los disturbios** peace has returned to the area after the disturbances
◆ **recobrarse** *vpr (de enfermedad)* to recover (**de** from); **tardé un rato en recobrarme del susto** it was a while before I got over the shock *o* recovered from the shock; **la empresa aún no se ha recobrado de la crisis** the company still hasn't recovered from the crisis

recocer [15] ◇ *vt* **-1.** *(volver a cocer)* to recook **-2.** *(cocer demasiado)* to overcook **-3.** *(metal)* to anneal
◆ **recocerse** *vpr Fam (persona)* to get all steamed up

recocha *nf Col Fam* **hacer ~** to party

recochinearse *vpr Fam* **~ de alguien** to laugh at sb, *Br* to take the mickey out of sb; **no te recochinees de él, sólo lleva un mes en el trabajo** don't laugh at him *o Br* take the mickey out of him, he's only been in the job a month

recochineo *nm Fam* **decir algo con ~** to say sth to really rub it in

recodo *nm* bend

recogedor *nm* dustpan

recogelatas *nmf inv Ven Fam* tramp, *US* bum

recogemigas *nm inv* crumb scoop

recogepelotas *nmf inv* ball boy, *f* ball girl

recoger [52] ◇ *vt* **-1.** *(coger, levantar)* to pick up; **recogí los papeles del suelo** I picked the papers up off the ground; **recogieron el agua con una fregona** they mopped up the water
-2. *(reunir, retener)* to collect, to gather; **están recogiendo firmas/dinero para...** they are collecting signatures/money for...; **este trasto no hace más que ~ polvo** this piece of junk is just gathering dust
-3. *(ordenar, limpiar: mesa)* to clear; *(casa, habitación, cosas)* to tidy *o* clear up
-4. *(ir a buscar)* to pick up, to fetch; **iré a ~ a los niños a la escuela** I'll pick the children up from school; **¿a qué hora paso a recogerte?** what time shall I pick you up?; **¿a qué hora recogen la basura?** what time do they collect the rubbish?
-5. *(recolectar) (mies, cosecha)* to harvest; *(fruta, aceitunas)* to pick; *(setas, flores)* to pick, to gather; *(beneficios)* to reap; **ahora empieza a ~ los frutos de su trabajo** now she's starting to reap the rewards of her work
-6. *(mostrar) (sujeto: foto, película)* to show; *(sujeto: novela)* to depict; **su ensayo recoge una idea ya esbozada por Spinoza** her essay contains an idea already hinted at by Spinoza; **una comedia que recoge el ambiente de los ochenta** a comedy which captures the atmosphere of the eighties; **la exposición recoge su obra más reciente** the exhibition brings together his latest works
-7. *(acoger) (mendigo, huérfano, animal)* to take in; **en el albergue recogen a los sin techo** the hostel takes in homeless people
-8. *(plegar) (velas, sombrillas)* to take down; *(cortinas)* to tie back
-9. *(prenda) (acortar)* to take up, to shorten; *(estrechar)* to take in
◇ *vi (ordenar, limpiar)* to tidy *o* clear up; **cuando acabes de ~...** when you've finished tidying *o* clearing up...
◆ **recogerse** *vpr* **-1.** *(a dormir, meditar)* to retire; **aquí la gente se recoge pronto** people go to bed early here **-2. recogerse el pelo** *(en moño)* to put one's hair up; *(en trenza)* to tie one's hair back

recogida *nf* **-1.** *(acción)* collection; **hacer una ~ de firmas** to collect signatures ❏ **~ de basuras** refuse collection; **~ de datos** data capture; **~ de equipajes** baggage reclaim; **~ selectiva en origen** *(de basura)* waste segregation **-2.** *(cosecha)* harvest, gathering **-3.** *(de fruta)* picking; **la ~ de la uva** the grape harvest

recogido, -a *adj* **-1.** *(vida)* quiet, withdrawn; *(lugar)* secluded; **lleva una vida recogida** he leads a quiet life **-2.** *(cabello)* tied back

recogimiento *nm* **-1.** *(concentración)* concentration, absorption **-2.** *(retiro)* withdrawal, seclusion

recoja *etc ver* **recoger**

recolección *nf* **-1.** *(cosecha)* harvest, gathering **-2.** *(recogida)* collection; *(de fruta)* picking ❏ *RP* **~ de residuos** refuse *o US* garbage collection

recolectar *vt* **-1.** *(cosechar)* to harvest, to gather; *(fruta)* to pick **-2.** *(reunir)* to collect

recolector, -ora ◇ *adj* **-1.** *(maquinaria, época)* harvesting **-2.** *(que vive de la recolección)* **sociedad recolectora** foraging society; **hombre ~** forager
◇ *nm,f (de cosecha)* harvester; *(de fruta)* picker; *Am (de basura) Br* dustcart, rubbish truck, *US* garbage truck

recoleto, -a *adj* quiet, secluded

recolocación *nf* **la difícil ~ de...** the difficulty in finding new jobs for...

recolocar *vt* to find a new job for

recombinación *nf* BIOL recombination

recomendable *adj* **es un hotel muy ~** this hotel can be highly recommended; **es ~ pedir cita previa** it is advisable to make an appointment; **no es ~** it's not a good idea; **esa zona no es ~** it's not a very nice area; **va con gente poco ~** he keeps bad company

recomendación *nf* **-1.** *(consejo)* recommendation; **siguió sus recomendaciones al pie de la letra** he followed her advice to the letter; **por ~ de alguien** on sb's advice *o* recommendation **-2.** *(referencia)* **(carta de) ~** letter of recommendation **-3.** *(enchufe)* recommendation; **le dieron el trabajo porque tenía ~ del jefe** the boss got him the job

recomendado[1], -a *nm,f Pey* = person who gets a job, passes an exam etc through influence or connections; **es un ~ del jefe** he's got the boss looking out for him

recomendado[2], -a *adj Am (carta, paquete)* registered; **enviar un paquete ~** to send a parcel by registered *Br* post *o US* mail

recomendar [3] *vt* **-1.** *(aconsejar)* to recommend; **el médico me ha recomendado reposo** the doctor has recommended that I rest, the doctor has advised me to rest; **me han recomendado este restaurante** this restaurant has been recommended to me; **~ a alguien que haga algo** to recommend that sb do sth, to advise sb to do sth; **te lo recomiendo** I recommend it to you; **se recomienda precaución** caution is advised; **no recomendada para menores de 18** *(película)* not suitable for persons under 18
-2. *(a trabajador)* to recommend; **lo recomendaron para el puesto** he was recommended for the job

recomenzar [17] ◇ *vt* to begin *o* start again, to recommence
◇ *vi* to begin *o* start again, to recommence

recompensa *nf* reward; **en** *o* **como ~ por** as a reward for; **se ofrece ~** *(en letrero)* reward; **no recibió ninguna ~ por su trabajo** she got nothing in return for her work

recompensar *vt* to reward; **se recompensará** *(en letrero)* reward

recomponer [50] *vt* to repair, to mend

recompra *nf (de acciones)* buy-back, repurchase; *(de productos)* buying back; **una campaña de ~ de ordenadores viejos** a trade-in scheme for old computers

recompuesto, -a *participio ver* **recomponer**

reconcentrar ◇ vt **-1.** *(reunir)* to bring together **-2.** *(concentrar)* ~ **algo en** to centre *o* concentrate sth on; **reconcentró su atención en la tesis** she focused her attention on her thesis **-3.** *(solución)* to concentrate, to make more concentrated

◆ **reconcentrarse** vpr to concentrate (**en** on); **se reconcentró en el estudio** he concentrated on his studies

reconciliable adj reconcilable

reconciliación nf reconciliation

reconciliador, -ora ◇ adj reconciliatory ◇ nm,f reconciler

reconciliar ◇ vt to reconcile

◆ **reconciliarse** vpr **se reconciliaron rápidamente después de la discusión** they soon made (it) up after their argument; **se ha reconciliado con su padre** he is reconciled with his father; **tardaron años en reconciliarse** it was years before they were reconciled

reconcomer ◇ vt **los celos lo reconcomen** he's consumed with jealousy; **me reconcomen los nervios** I'm a bundle of nerves

◆ **reconcomerse** vpr to get worked up; **reconcomerse de celos** to be consumed with jealousy; **se reconcomía de envidia** she was consumed with envy

recóndito, -a adj hidden, secret; **viajó hasta el pueblo más ~ del país** she travelled to the remotest village in the country; **en lo más ~ de mi corazón** in the depths of my heart

reconducción nf **-1.** *(desviación)* redirection **-2.** *(devolución)* return

reconducir [18] vt **-1.** *(desviar)* to redirect **-2.** *(devolver)* to return

reconfortante adj **-1.** *(anímicamente)* comforting; **es ~ saber que no les pasó nada** it's good *o* a relief to know that they're all right **-2.** *(físicamente)* revitalizing

reconfortar vt **-1.** *(anímicamente)* to comfort **-2.** *(físicamente)* to revitalize

reconocer [19] ◇ vt **-1.** *(identificar)* to recognize; **con esa barba no te reconocía** I didn't recognize you with that beard; **reconocí su voz** I recognized her voice; **el buen vino se reconoce por el color** you can tell a good wine by its colour

-2. *(admitir)* to admit; **reconozco que estaba equivocada** I accept *o* admit that I was mistaken; **hay que ~ que lo hace muy bien** you have to admit that she's very good at it; **por fin le reconocieron sus méritos** they finally recognized her worth; **lo reconocieron como el mejor atleta del siglo** he was acknowledged as the greatest athlete of the century

-3. *(examinar)* to examine; **el doctor la reconocerá enseguida** the doctor will see you in a moment

-4. *(inspeccionar)* to survey; MIL to reconnoitre

-5. *(agradecer)* to acknowledge; **reconocieron su trabajo con un ascenso** they acknowledged his work *o* showed their appreciation of his work by promoting him; **reconoció su esfuerzo con un regalo** he gave her a present in recognition of all her hard work

-6. DER *(hijo)* to recognize; *(firma)* to authenticate; *(sindicato, partido, derecho)* to recognize; **no reconoce la autoridad del rey** he doesn't recognize *o* acknowledge the king's authority

◆ **reconocerse** vpr **-1.** *(identificarse)* *(mutuamente)* to recognize each other; **reconocerse en alguien** to see oneself in sb **-2.** *(confesarse)* **reconocerse culpable** to admit one's guilt

reconocible adj recognizable; **es una seta fácilmente ~ por su color** this mushroom is easily recognizable *o* recognized by its colour

reconocido, -a adj **-1.** *(admitido)* recognized, acknowledged; **un empresario de reconocida trayectoria** a businessman with a proven track record **-2.** *(agradecido)* grateful; **le estamos muy reconocidos por su ayuda** we're very grateful to him for his help

reconocimiento nm **-1.** *(identificación)* recognition ❑ INFORMÁT & LING **~ del habla** speech recognition; INFORMÁT **~ óptico de caracteres** optical character recognition; INFORMÁT **~ de voz** voice recognition

-2. *(admisión)* *(de error, culpa)* admission; *(de méritos, autoridad)* recognition

-3. *(examen, inspección)* examination ❑ **~ médico** medical examination *o* checkup

-4. *(inspección)* surveying; MIL reconnaissance; **hacer un ~** to reconnoitre; **hizo un viaje de ~ antes de irse a vivir a Perú** he went on a reconnaissance trip before moving to Peru; **un vuelo/avión de ~** a reconnaissance flight/plane

-5. *(agradecimiento)* gratitude; **en ~ por** in recognition of

-6. *(respeto)* recognition

-7. DER *(de hijo)* recognition; *(de firma)* authentication; *(de sindicato, partido, derecho)* recognition

reconozco etc ver **reconocer**

reconquista nf **-1.** *(de territorio, ciudad)* reconquest, recapture **-2.** HIST **la Reconquista** = the Reconquest of Spain, when the Christian Kings retook the country from the Muslims

reconquistar vt **-1.** *(territorio, ciudad)* to recapture, to reconquer **-2.** *(título, amor)* to regain, to win back

reconsiderar vt to reconsider

reconstitución nf reconstitution

reconstituir [34] ◇ vt **-1.** *(rehacer)* to reconstitute **-2.** *(reproducir)* to reconstruct

◆ **reconstituirse** vpr *(país, organización)* to rebuild itself

reconstituyente ◇ adj tonic
◇ nm tonic

reconstrucción nf **-1.** *(de edificios, país)* rebuilding **-2.** *(de sucesos)* reconstruction

reconstruir [34] vt **-1.** *(edificio, país)* to rebuild **-2.** *(suceso)* to reconstruct

reconvención nf reprimand, reproach

reconvenir [69] vt to reprimand, to reproach

reconversión nf restructuring ❑ **~ industrial** rationalization of industry, industrial conversion

reconvertir [62] vt *(reestructurar)* to restructure; *(industria)* to rationalize

Recopa nf Cup-Winners' Cup

recopilación nf **-1.** *(acción)* collection, gathering **-2.** *(libro)* collection, anthology; *(disco)* compilation; *(de leyes)* code

recopilador, -ora nm,f *(de escritos, leyes)* compiler

recopilar vt **-1.** *(recoger)* to collect, to gather **-2.** *(escritos, leyes)* to compile

recopilatorio, -a ◇ adj **un disco ~** a compilation (record)
◇ nm compilation

recórcholis interj Fam *(expresa sorpresa)* good heavens!; *(expresa admiración)* gosh!; *(expresa enfado)* for heaven's sake!

récord *(pl* **récords**) ◇ adj record; **en un tiempo ~** in record time
◇ nm record; **batir un ~** to break a record; **establecer un ~** to set a (new) record; **tener el ~** to hold the record

recordación nf *(acción)* remembering

recordar [63] ◇ vt **-1.** *(acordarse de)* to remember; **no recuerdo dónde he dejado las llaves** I can't remember where I left the keys; **recuerdo que me lo dijo** I remember him telling me; **no recordaba yo un invierno tan frío** I don't remember a winter as cold as this

-2. *(traer a la memoria)* to remind; **recuérdame que cierre el gas** remind me to turn the gas off; **te recuerdo que el plazo termina mañana** don't forget that the deadline is tomorrow; **tienes que ir al dentista esta tarde – ¡no me lo recuerdes!** you have to go to the dentist this afternoon – don't remind me!

-3. *(por asociación)* to remind; **me recuerda a un amigo mío** he reminds me of a friend of mine; **me recuerda aquella vez que nos quedamos sin luz** it reminds me of that time when the electricity got cut off

◇ vi **-1.** *(acordarse)* to remember; **si mal no recuerdo** as far as I can remember **-2.** *(traer a la memoria)* **ese pintor recuerda a Picasso** that painter is reminiscent of Picasso **-3.** Méx *(despertar)* to wake up

◆ **recordarse** vpr Méx *(despertarse)* to wake up

recordatorio nm **-1.** *(aviso)* reminder **-2.** *(estampa)* = card given to commemorate sb's first communion, a death etc

recordista nmf Am record holder

recordman nm DEP record holder

recorrer ◇ vt **-1.** *(atravesar)* *(lugar, país)* to travel through *o* across, to cross; *(ciudad)* to go round; **recorrieron la sabana en un camión** they drove round the savannah in a truck; **recorrió la región a pie** he walked round the region; **recorrieron el perímetro de la isla** they went round the island

-2. *(distancia)* to cover; **recorrió los 42 km en tres horas** he covered *o* did the 42 km in three hours

-3. *(con la mirada)* to look over; **lo recorrió de arriba a abajo con la mirada** she looked him up and down

◆ **recorrerse** vpr **-1.** *(atravesar)* *(lugar, país)* to travel through *o* across, to cross; *(ciudad)* to go round; **se recorrió el desierto en solitario** he crossed the desert on his own **-2.** *(distancia)* to cover

recorrida nf Am **-1.** *(ruta, itinerario)* route; **hacer una ~ turística** to go sightseeing **-2.** *(viaje)* journey; **una ~ a pie por la ciudad** a walk round the city; **una breve ~ por la prehistoria** a brief overview of prehistory; **hacer una ~ (mental) por algo** to run over sth (in one's head)

recorrido nm **-1.** *(ruta, itinerario)* route; **hacer un ~ turístico** to go sightseeing **-2.** *(viaje)* journey; **un ~ a pie por la ciudad** a walk round the city; **un breve ~ por la prehistoria** a brief overview of prehistory; **hacer un ~ (mental) por algo** to run over sth (in one's head) **-3.** *(en golf)* round **-4.** *(en esquí)* run **-5.** *(en estadística)* range

recortable ◇ adj cutout; **un animal ~** a cutout figure of an animal
◇ nm cutout (figure)

recortada nf *(escopeta)* sawn-off shotgun

recortado, -a adj **-1.** *(cortado)* cut **-2.** *(borde)* jagged

recortar ◇ vt **-1.** *(cortar)* *(lo que sobra)* to cut off *o* away; *(figuras)* to cut out **-2.** *(pelo, flequillo)* to trim **-3.** *(reducir)* to cut; **hay que ~ gastos** we'll have to cut (down) our expenditure **-4.** DEP to sidestep; **recortó a un defensa** he sidestepped a defender

◆ **recortarse** vpr *(perfil)* to stand out, to be silhouetted (**en** against); **el perfil del castillo se recortaba en el horizonte** the castle was silhouetted against the horizon

recorte nm **-1.** *(pieza cortada)* trimming; *(de periódico, revista)* cutting, clipping **-2.** *(reducción)* cut, cutback ❑ **~ presupuestario** budget cut; **~ salarial** wage *o* pay cut **-3.** *(cartulina)* cutout **-4.** DEP sidestep **-5.** Méx Fam *(crítica)* nasty *o* snide remark; **no me gustan tus amigos, están siempre en el ~** I don't like your friends, they're always being nasty about *o* Br slagging off other people

recoser vt **-1.** *(volver a coser)* to sew (up) again **-2.** *(zurcir)* to mend, to darn

recostar [63] ◇ vt to lean (back); **recostó la cabeza en el cojín** she leaned her head back against *o* on the cushion; **recostó la escalera en la pared** he leaned the ladder against the wall

◆ **recostarse** vpr *(tumbarse)* to lie down; **se recostó sobre mi hombro** he leaned on *o* against my shoulder

recoveco nm **-1.** *(rincón)* nook, hidden corner; **se conoce todos los recovecos de la carretera** he knows all the road's twists and

recreación

turns **-2.** *(complicación)* **recovecos** ins and outs; **sin recovecos** uncomplicated **-3.** *(lo más oculto)* **los recovecos del alma** the innermost recesses of the soul

recreación *nf* recreation

recrear ◇ *vt* **-1.** *(volver a crear, reproducir)* to recreate; **la novela recrea fielmente el ambiente de la época** the novel faithfully recreates the atmosphere of the time **-2.** *(entretener)* to amuse, to entertain; **~ la vista** to be a joy to behold

◆ **recrearse** *vpr* **-1.** *(entretenerse)* to amuse oneself, to entertain oneself (**en** with); **recrearse haciendo algo** to amuse *o* entertain oneself by doing sth **-2.** *(regodearse)* to take delight *o* pleasure (**en** in) **-3.** *(reinventarse)* to re-create oneself

recreativo, -a *adj* recreational; **máquina recreativa** arcade machine; **salón ~** amusement arcade

recreo *nm* **-1.** *(entretenimiento)* recreation, amusement; **embarcación de ~** pleasure boat **-2.** EDUC *(en primaria)* playtime; *(en secundaria)* break **-3.** EDUC *(patio)* playground

recriar [32] *vt (animales)* to breed, to raise

recriminación *nf* reproach, recrimination

recriminar ◇ *vt* to reproach; **le recriminó que no hubiera ayudado** he reproached her for not helping

◆ **recriminarse** *vpr (mutuamente)* to reproach each other

recriminatorio, -a *adj* reproachful, recriminatory

recrudecer [46] ◇ *vt (conflicto, crisis económica)* to intensify; *(tormenta, incendio)* to make worse

◆ **recrudecerse** *vpr (conflicto, crisis económica)* to worsen; *(tormenta, incendio)* to grow worse

recrudecimiento *nm (de crisis)* worsening; *(de criminalidad)* upsurge; **el ~ de la huelga ha obligado a intervenir al gobierno** the escalation of the strike has forced the government to intervene

recta *nf* **-1.** *(línea)* straight line **-2.** *(en carretera)* straight stretch of road; *(en pista de carreras)* straight ❏ **la ~ final** *(en pista de carreras)* the home straight; *(de competición, campaña electoral)* the closing *o* final stages; **entrar en la ~ final** *(corredor)* to enter the home straight; *(competición, campaña electoral)* to enter its closing *o* final stages **-3.** *ver también* **recto**

rectal *adj* rectal

rectamente *adv (con rectitud)* rightly, justly

rectangular *adj* **-1.** *(de forma)* rectangular **-2.** *(de ángulos rectos)* right-angled

rectángulo *nm* rectangle

rectificable *adj* rectifiable

rectificación *nf* **-1.** *(de error)* rectification; *(en periódico)* correction **-2.** ELEC rectification **-3.** *(en baloncesto)* double pump

rectificador *nm* ELEC rectifier

rectificar [59] *vt* **-1.** *(error)* to rectify, to correct **-2.** *(conducta, actitud)* to improve **-3.** *(ajustar)* to put right **-4.** ELEC to rectify

rectilíneo, -a *adj* **-1.** *(en línea recta)* straight; **una carretera rectilínea** a straight road **-2.** *(carácter, actitud)* rigid

rectitud *nf* **-1.** *(de línea)* straightness **-2.** *(de conducta)* rectitude, uprightness

recto, -a ◇ *adj* **-1.** *(sin curvas)* straight **-2.** *(vertical)* straight; **ese cuadro no está ~** that picture isn't straight **-3.** *(íntegro)* upright, honourable **-4.** *(justo, verdadero)* true, correct **-5.** *(literal)* literal, true **-6.** MAT **un ángulo ~** a right angle

◇ *nm* **-1.** ANAT rectum ❏ **~ abdominal** abdominal rectus; **~ anterior** anterior rectus **-2.** IMPRENTA *(de página)* recto

◇ *adv* straight on *o* ahead; **todo ~** straight on *o* ahead

rector, -ora ◇ *adj* governing, guiding; **el principio ~ de una política** the guiding principle of a policy

◇ *nm,f* **-1.** *(de universidad)* Br vice-chancellor, US president **-2.** *(dirigente)* leader, head

◇ *nm* REL rector

rectorado *nm* **-1.** *(cargo)* Br vice-chancellorship, US presidency **-2.** *(lugar)* Br vice-chancellor's office, US president's office

rectoría *nf* **-1.** *(cargo)* rectorate, rectorship **-2.** *(casa)* rectory

rectoscopia *nf* rectal examination

recua *nf* **-1.** *(de animales)* pack, drove **-2.** Fam *(de personas)* crowd

recuadrar *vt* to (put in a) box

recuadro *nm* box

recubierto, -a *participio ver* **recubrir**

recubrimiento *nm (cubrimiento)* covering; *(con pintura, barniz)* coating

recubrir *vt (cubrir)* to cover; *(con pintura, barniz)* to coat; **recubrió la tarta de chocolate** he iced the cake with chocolate; **recubrió el agujero con escayola** she covered up the hole with plaster, she plastered over the hole

recuece *etc ver* **recocer**

recuento *nm (por primera vez)* count; *(otra vez)* recount; **hubo que proceder al ~ de los votos** the votes had to be recounted, a recount was needed ❏ **~ espermático** *o* **de espermatozoides** sperm count

recuerdo ◇ *ver* **recordar**

◇ *nm* **-1.** *(rememoración)* memory; **quedar en el ~ (de)** to be remembered (by); **traer recuerdos a alguien de algo** to bring back memories of sth to sb; **tengo muy buen/mal ~ de ese viaje** I have very fond/bad memories of that trip

-2. *(objeto) (de viaje)* souvenir; *(de persona)* keepsake; **me quedé su agenda como ~** I kept her diary as a keepsake

-3. **recuerdos** *(saludos)* regards; **dale recuerdos a tu hermana (de mi parte)** give my regards to your sister, give your sister my regards; **Javier os manda recuerdos** Javier sends his regards; **recuerdos de Isabel** Isabel says hello

recuesto *etc ver* **recostar**

recuezo *etc ver* **recocer**

recular *vi* **-1.** *(retroceder)* to move back; **el camión reculó para dejar pasar al autobús** the truck moved back *o* reversed to let the bus through **-2.** Fam *(ceder)* to back down

recuperable *adj (información, objeto)* recoverable, retrievable; **esta clase es ~** you can catch *o* make this class up later

recuperación *nf* **-1.** *(de lo perdido, la salud, la economía)* recovery; *(de información)* retrieval; *(de espacios naturales)* reclamation

-2. *(rehabilitación) (de local, edificio)* refurbishment ❏ **~ paisajística** improving the visual environment

-3. INFORMÁT *(de información dañada)* recovery ❏ **~ de datos** data recovery

-4. *(reciclaje)* recovery

-5. *(examen)* resit; **(clase de) ~** = extra class for pupils or students who have to resit their exams

-6. *(fisioterapia)* physiotherapy

-7. *(en baloncesto)* steal

recuperar ◇ *vt* **-1.** *(recobrar) (lo perdido)* to recover; *(espacios naturales)* to reclaim; *(horas de trabajo)* to make up; *(conocimiento)* to regain; **~ el tiempo perdido** to make up for lost time; **recuperó la salud** she got better, she recovered; **recuperó la vista** she regained her sight, she got her sight back; **no recuperaron el dinero invertido** they didn't get back *o* recoup the money they invested; **recuperó la libertad tras diez años en la cárcel** he regained his freedom after ten years in prison; **haremos un descanso para ~ fuerzas** we'll have a break to get our strength back

-2. *(rehabilitar) (local, edificio)* to refurbish

-3. INFORMÁT *(información dañada)* to recover

-4. *(reciclar)* to recover

-5. *(examen)* to resit; **tengo que ~ la física en septiembre** I have to resit physics in September

-6. *(en baloncesto)* to steal

◆ **recuperarse** *vpr* **-1.** *(enfermo)* to recover, to recuperate **-2.** *(de una crisis)* to recover; *(negocio)* to pick up; **recuperarse de algo**

(divorcio, trauma) to get over sth; **tardé en recuperarme del susto** it took me a while to recover from *o* get over the shock

recurrencia *nf* recurrence

recurrente ◇ *adj* **-1.** DER appellant **-2.** *(repetido)* recurrent

◇ *nmf* DER appellant

recurrir ◇ *vt* DER to appeal against

◇ *vi* **-1.** *(utilizar)* **~ a alguien** to turn *o* go to sb; **~ a algo** *(violencia, medidas)* to resort to sth; **~ a un diccionario** to consult a dictionary **-2.** DER to appeal; **recurrirá contra la sentencia** she will appeal against the judgement

recursivo, -a *adj* LING recursive

recurso *nm* **-1.** *(medio)* resort; **como último ~** as a last resort; **es un hombre de recursos** he's very resourceful; **el único ~ que le queda es llamar a su hermano** his only remaining alternative *o* option is to call his brother

-2. DER appeal; **presentar ~ (ante)** to appeal (against) ❏ **~ de alzada** appeal (against an official decision); **~ de amparo** appeal for protection; **~ de apelación** appeal; **~ de casación** High Court appeal; **~ contencioso administrativo** = court case brought against the State; **~ de súplica** = appeal to a higher court for reversal of a decision

-3. *(bien, riqueza)* resource; **no tiene recursos, así que su familia le da dinero** he doesn't have his own means, so he gets money from his family ❏ **~ energético** energy resource; **recursos financieros** financial resources; **recursos hídricos** water resources; **recursos humanos** human resources; **recursos minerales** mineral resources; **recursos naturales** natural resources; ECON **recursos propios** equity; **recursos renovables** renewable resources; **recursos no renovables** non-renewable resources

-4. INFORMÁT resource

recusable *adj* rejectable, refusable

recusación *nf* **-1.** DER *(de juez, testigo)* challenge **-2.** DEP *(de árbitro)* rejection **-3.** *(rechazo)* rejection

recusar *vt* **-1.** DER *(juez, testigo)* to challenge **-2.** DEP *(árbitro)* to reject **-3.** *(rechazar)* to reject, to refuse

red *nf* **-1.** *(de pesca, caza)* net; EXPR **caer en las redes de alguien** to fall into sb's trap; también Fig **echar** *o* **tender las redes** to cast one's net ❏ **~ de arrastre** dragnet; **~ de deriva** drift net

-2. *(en tenis, voleibol, fútbol)* net; **subir a la ~** *(en tenis)* to go into the net

-3. *(para cabello)* hairnet

-4. *(sistema)* network, system; *(de electricidad, agua)* mains *(singular)*; **una ~ de traficantes** a network *o* ring of traffickers; **conectar algo a la ~** to connect sth to the mains ❏ **~ de distribución** distribution network; **~ eléctrica** mains *(singular)*; **~ ferroviaria** rail network; **~ hidrográfica** river system *o* network; BIOL **~ trófica** food chain; **~ viaria** road network *o* system

-5. *(organización)* *(de espionaje)* ring; *(de narcotraficantes)* network; *(de tiendas, hoteles)* chain

-6. INFORMÁT network; **la Red** *(Internet)* the Net; **lo encontré en la Red** I found it on the Net; **la Red de redes** *(Internet)* the Internet ❏ **~ en anillo** ring network; **~ de área extensa** wide area network; **~ de área local** local area network; **~ ciudadana** freenet; **~ de datos** (data) network; **~ local** local (area) network; **~ neuronal** neural network; **~ troncal** LING backbone

redacción *nf* **-1.** *(acción)* writing; *(de periódico)* editing; **la ~ de la enciclopedia llevó diez años** it took ten years to write *o* produce the encyclopedia **-2.** *(estilo)* wording **-3.** *(equipo de redactores)* editorial team *o* staff **-4.** *(oficina)* editorial office **-5.** *(escrito escolar)* essay

redactar ◇ vt to write; ~ **un contrato/un tratado** to draw up a contract/a treaty; **tenemos que redactarlo de forma más clara** we have to word it more clearly
◇ vi to write

redactor, -ora nm,f PRENSA (escritor) writer; (editor) editor ❑ ~ **jefe** editor-in-chief

redada nf (de policía) (en un solo lugar) raid; (en varios lugares) round-up; **hicieron una ~ en el barrio** they carried out a raid in o raided the neighbourhood

redaños nmpl (valor) spirit; **no tener ~ para hacer algo** not to have the courage to do sth

redecilla nf -1. (de pelo) hairnet -2. ZOOL reticulum

rededor: en rededor loc adv Literario around

redefinir vt to redefine

redención nf -1. (salvación) redemption -2. (de esclavo) redemption -3. (de penas) reduction -4. FIN (de hipoteca) repayment, redemption

redentor, -ora nm,f -1. (persona) redeemer -2. REL **el Redentor** the Redeemer

redescubrir vt to rediscover

redicho, -a adj Fam affected, pretentious

rediez interj Fam (expresa sorpresa, admiración) my goodness!; (expresa enfado) for heaven's sake!

redil nm fold, pen; EXPR **volver al ~** to return to the fold

redimible adj redeemable

redimir ◇ vt -1. (librar, liberar) to free, to deliver; (esclavo) to redeem; ~ **a alguien de la pobreza** to free o deliver sb from poverty -2. REL to redeem (**de** from) -3. FIN (hipoteca) to repay, to redeem -4. COM (recomprar) to redeem
◆ **redimirse** vpr -1. (librarse) to free o release oneself -2. REL to redeem oneself

rediós interj Fam (expresa sorpresa, admiración) my goodness!; (expresa enfado) for heaven's sake!

redireccionar vt INFORMÁT to readdress

redistribución nf redistribution

redistribuir [34] vt to redistribute

rédito nm interest, yield

redituable adj interest-yielding

redituar [4] vt to yield

redivivo, -a adj REL risen (from the dead); **este chico es su tío redivivo** this boy is the spitting image of his uncle

redoblado, -a adj (esfuerzo) renewed, redoubled

redoblamiento nm (de esfuerzos) redoubling

redoblar ◇ vt (aumentar) to redouble; **redoblaron las medidas de seguridad** security measures were stepped up o tightened
◇ vi (tambor) to roll

redoble nm (de tambor) roll, drum roll

redoblona nf Méx, RP Br accumulator, US parlay

redoma nf -1. (frasco) flask -2. Ven (rotonda) Br roundabout, US traffic circle

redomado, -a adj (mentiroso, jugador) inveterate; **es un vago ~** he's bone idle

redonda ◇ nf -1. MÚS Br semibreve, US whole note -2. IMPRENTA roman character; **en ~** in roman (type) -3. ver también **redondo**
◇ **a la redonda** loc adv **en 15 kilómetros a la ~** within a 15 kilometre radius; **la explosión se oyó en muchos kilómetros a la ~** the explosion was heard for miles around

redondeado, -a adj rounded

redondear vt -1. (hacer redondo) to round, to make round -2. (negocio, acuerdo) to round off -3. (cifra, precio) (al alza) to round up; (a la baja) to round down

redondel nm -1. (círculo) circle, ring -2. TAUROM bullring

redondeo nm (de cifra, precio) (al alza) rounding up; (a la baja) rounding down

redondez nf -1. (cualidad) roundness -2. **redondeces** (curvas de mujer) curves

redondilla ◇ adj roman
◇ nf octosyllabic quatrain

redondo, -a ◇ adj -1. (circular, esférico) round; **girar en ~** to turn round; EXPR **caerse ~** to collapse in a heap; **me caí ~ en la cama** I collapsed into bed
-2. (perfecto) excellent; **fue una compra redonda** it was an excellent buy; **salir ~** (examen, entrevista) to go like a dream; (pastel) to turn out perfectly
-3. (rotundo) categorical; **se negó en ~ a escucharnos** she refused point-blank to listen to us
-4. (cantidad) round; **mil pesos redondos** a round thousand pesos
◇ nm (de carne) topside

redor: en redor loc adv Literario around

reducción nf -1. (disminución) reduction; **piden la ~ de la jornada laboral** they are asking for working hours to be shortened; **se ha producido una ~ de los precios de 5 puntos porcentuales** prices have gone down o fallen by 5 percent ❑ **~ al absurdo** reductio ad absurdum; **~ de condena** remission; **~ de gastos** cost cutting; **han anunciado una ~ de gastos** they have announced that they are going to cut costs; **~ de precios** (acción) price-cutting; (resultado) price cut; **~ tributaria** tax cut
-2. (sometimiento) (de rebelión) suppression; (de ejército) defeat
-3. MED (de fractura) reduction
-4. QUÍM reduction
-5. HIST = settlement of Indians converted to Christianity
-6. RP (de cadáver) exhumation (for reburial of bones in smaller container)

reduccionismo nm reductionism

reduccionista adj reductionist

reducible adj reducible

reducido, -a adj -1. (pequeño) small; **un espacio muy ~** a very limited space; **lo compré a un precio ~** I bought it at a reduced price -2. (limitado) limited; **hay un número ~ de plazas** there is a limited number of places

reducidor, -ora nm,f -1. Am (de cabezas) headshrinker -2. Andes, RP (de objetos robados) receiver of stolen goods, fence

reducir [18] ◇ vt -1. (disminuir) to reduce; (gastos, costes, impuestos, plantilla) to cut; (producción) to cut (back on); **nos han reducido el sueldo** our salary has been cut; **reduzca la velocidad** (en letrero) reduce speed now; **~ algo a algo** to reduce sth to sth; **el edificio quedó reducido a escombros** the building was reduced to a pile of rubble; **~ algo al mínimo** to reduce sth to a minimum; **~ algo a o en la mitad** to reduce sth by half; **tú todo lo reduces a tener dinero** the only thing you care about is money; **~ a la mínima expresión** to cut down to the bare minimum
-2. (fotocopia) to reduce
-3. (someter) (país, ciudad) to suppress, to subdue; (atracador, ladrón, sublevados) to overpower
-4. MAT (unidades de medida) to convert (**a** to); (fracciones, ecuaciones) to cancel out
-5. MED (hueso) to set
-6. QUÍM to reduce
-7. CULIN (guiso, salsa) to reduce
-8. Andes, RP (objetos robados) to receive, to fence
-9. RP (cadáver) to exhume (for reburial in smaller container)
◇ vi -1. (en el automóvil) **~ (de marcha o velocidad)** to change down; **reduce a tercera** change down into third (gear) -2. CULIN (guiso, salsa) to reduce

◆ **reducirse** vpr -1. (disminuir) to go down, to fall, to decrease; **se ha reducido la diferencia** the gap has closed; **los salarios se han reducido un 2 por ciento** salaries have gone down o fallen o decreased by 2 percent
-2. **reducirse a** (limitarse a) **toda su ayuda se redujo a unas palabras de ánimo** her help amounted to nothing more than a few words of encouragement; **me he reducido a lo esencial** I've concentrated on the bare essentials

-3. **reducirse a** (equivaler a) to boil o come down to; **todo se reduce a una cuestión de dinero** it all boils o comes down to money

reductasa nf BIOQUÍM reductase

reductible adj reducible

reducto nm -1. (fortificación) redoubt -2. (refugio) stronghold, bastion

reductor, -ora QUÍM ◇ adj reducing
◇ nm reducer

redujera etc ver **reducir**

redundancia nf **eso es una ~** that's redundant o superfluous; **valga la ~** if you'll forgive me for using two words that sound so similar in the same sentence

redundante adj redundant, superfluous

redundar vi **redunda en beneficio nuestro** it is to our advantage; **la reforma redunda en perjuicio de los más débiles** the reform is to the detriment of the weakest

reduplicación nf -1. (intensificación) redoubling -2. (repetición) reduplication -3. LING reduplication

reduplicar [59] vt -1. (intensificar) to redouble -2. (duplicar) to reduplicate -3. LING to reduplicate

reduzco etc ver **reducir**

reedición nf -1. (nueva edición) new edition -2. (reimpresión) reprint

reedificación nf rebuilding

reedificar vt to rebuild

reeditar vt -1. (publicar nueva edición de) to bring out a new edition of -2. (reimprimir) to reprint

reeducar [59] vt to re-educate

reelaborar vt (trabajo) to redo

reelección nf re-election

reelecto, -a adj re-elected

reelegir [55] vt to re-elect

reembolsable, rembolsable adj (gastos) reimbursable; (fianza) refundable; (deuda) repayable

reembolsar, rembolsar vt (gastos) to reimburse; (fianza) to refund; (deuda) to repay

reembolso, rembolso nm (de gastos) reimbursement; (de fianza, dinero) refund; (de deuda) repayment; **contra ~** cash on delivery

reemplazante, remplazante nmf replacement

reemplazar, remplazar [14] vt -1. (persona) to replace; **Pérez reemplaza a Ramírez al frente del Ministerio de Defensa** Pérez is replacing Ramírez as Minister of Defence; **será difícil de ~** she will be difficult to replace
-2. (pieza) to replace; **reemplazaron el motor con o por uno nuevo** they replaced the engine (with a new one); **el correo electrónico ha reemplazado al tradicional** e-mail has replaced o superseded conventional mail

reemplazo, remplazo nm -1. (sustitución) replacement (**con** o **por** with); **buscan un ~ para el presidente** they are looking for a replacement for the president, they are looking for someone to replace the president -2. MIL call-up, draft; **el ~ de 1998** the 1998 draft; **soldado de ~** = person doing military service

reemprender vt to start again; **reemprendieron la marcha tras un breve descanso** they started walking again after a short rest

reencarnación nf reincarnation

reencarnar ◇ vt to reincarnate
◆ **reencarnarse** vpr to be reincarnated; **reencarnarse en algo/alguien** to be reincarnated as sth/sb

reencauchado, -a, recauchado, -a adj Andes, Ven remoulded, retreaded; **un neumático ~** a remould, a retread

reencauchadora, recauchadora nf Andes, Ven tyre centre

reencauchar, recauchar vt Andes, Ven to remould, to retread

reencontrar, rencontrar [63] ◇ vt to find again
◆ **reencontrarse** vpr (varias personas) to meet again

reencuentro, rencuentro nm reunion
reengancharse vpr MIL to re-enlist
reenganche nm MIL (acción) re-enlistment
reenviar [32] vt **-1.** (devolver) to return, to send back **-2.** (reexpedir) to forward, to send on
reenvío nm **-1.** (devolución) return, sending back **-2.** (reexpedición) forwarding
reescribir vt to rewrite
reestrenar vt **-1.** (película) to rerun, to re-release **-2.** (obra) to revive
reestreno nm **-1.** (película) rerun, rerelease; **cine de ~** second-run cinema; **reestrenos, películas de ~** (en cartelera) rereleases **-2.** (obra) revival
reestructuración nf restructuring
reestructurar vt to restructure
reexpedir [47] vt to forward, to send on
reexportación nf re-exportation
reexportar vt to re-export
refacción nf **-1.** Andes, CAm, RP, Ven (reforma) refurbishment; **la ~ de la casa llevó dos meses** the refurbishment of the house took two months; **cerrado para refacciones** (en letrero) closed for refurbishment **-2.** Andes, CAm, RP, Ven (reparación) restoration **-3.** Méx (recambio) spare part
refaccionar vt Andes, CAm, Ven **-1.** (reformar) to refurbish **-2.** (reparar) to restore
refaccionaria nf Méx (tienda) car spare parts shop; (taller) garage
refajo nm underskirt, slip
refanfinflar vt [EXPR] Esp Fam Hum **me la refanfinfla** I don't care two hoots
refectorio nm refectory
referencia nf **-1.** (mención) reference; **hacer ~ a** to make reference to, to refer to **-2.** (remisión) reference ❑ INFORMÁT **~ circular** circular reference **-3.** (base de comparación) reference; **con ~ a** with reference to; **tomar algo como ~** to use sth as a point of reference **-4. referencias** (información) information; (para puesto de trabajo) references
referéndum (pl **referendums** o **referendos**) nm referendum; **someter algo a ~** to hold a referendum on sth; **fue aprobado en ~** it was approved in a by referendum
referente ◇ adj **a** concerning, relating to; **en lo ~ a tu pregunta...** as regards your question...
◇ nm LING referent
referí nmf Am referee
referir [62] ◇ vt **-1.** (narrar) to tell, to recount **-2.** (remitir) **~ a alguien a** to refer sb to **-3.** (relacionar) **~ algo a** to relate sth to **-4.** COM (convertir) **~ algo a** to convert sth into
◆ **referirse** vpr **-1. referirse a** (estar relacionado con) to refer to; **por** o **en lo que se refiere a...** as far as... is concerned **-2. referirse a** (aludir, mencionar) **¿a qué te refieres?** what do you mean?; **¿te referías a ella?** were you referring to her?, did you mean her?; **no me refiero a ti, sino a ella** I don't mean you, I mean her; **se refirió brevemente al problema de la vivienda** he briefly mentioned the housing problem
refilón: de refilón loc adv **-1.** (de pasada) briefly; **mencionar algo de ~** to mention sth in passing; **leer una revista de ~** to flick through a magazine **-2.** (de lado) sideways; **mirar/ver algo de ~** to look at/see sth out of the corner of one's eye
refinado, -a ◇ adj **-1.** (de buen gusto) refined **-2.** (inteligencia, crueldad) supreme
◇ nm refining
refinamiento nm **-1.** (de petróleo, aceite, azúcar) refining **-2.** (de objeto, sistema) refinement **-3.** (de modales) refinement
refinanciación nf refinancing
refinanciar vt to refinance
refinar vt **-1.** (petróleo, aceite, azúcar) to refine **-2.** (objeto, sistema) to refine **-3.** (modales) to refine
refinería nf refinery
refiriera etc ver **referir**
refitolero, -a Carib Fam ◇ adj (zalamero) fawning
◇ nm,f (zalamero) flatterer

reflación nf ECON reflation
reflectante ◇ adj reflective
◇ nm reflector
reflectar vt to reflect
reflector, -ora ◇ adj reflective
◇ nm **-1.** (foco) spotlight; MIL searchlight **-2.** (telescopio) reflector **-3.** (aparato que refleja) reflector
reflejar ◇ vt **-1.** (onda, rayo) to reflect; Fig **no me veo reflejado en esa descripción** I don't see myself in that description **-2.** (sentimiento, duda) to show; **su rostro reflejaba el cansancio** his face looked tired; **esa pregunta refleja su ignorancia** that question shows o demonstrates his ignorance; **su voz reflejaba su nerviosismo** his nervousness showed in his voice
◆ **reflejarse** vpr **-1.** (onda, rayo) to be reflected (**en** in) **-2.** (sentimiento, duda) to be reflected (**en** in); **la felicidad se refleja en su mirada** her gaze radiates happiness; **su inexperiencia se refleja en su trabajo** her inexperience shows up in her work
reflejo, -a ◇ adj (movimiento, dolor) reflex; **acto ~** reflex action
◇ nm **-1.** (luz) reflection; **me cegó el ~ del sol** I was blinded by the sun's reflection **-2.** (imagen, manifestación) reflection; **la novela es un fiel ~ de la realidad** the novel is a faithful reflection of reality **-3.** ANAT reflex; también Fig **tener buenos reflejos** to have good o quick reflexes ❑ **~ condicional** o **condicionado** conditioned reflex o response **-4. reflejos** (de peluquería) highlights; **hacerse** o **darse reflejos** to have highlights put in (one's hair)
réflex FOT ◇ adj inv reflex, SLR
◇ nf inv (cámara) reflex o SLR camera
reflexión nf **-1.** (meditación) reflection; **sin previa ~** without thinking **-2.** (razonamiento) thought; **me hizo unas reflexiones sobre el asunto** he made a few remarks on the matter to me, he shared some of his thoughts on the matter with me **-3.** (de onda, rayo) reflection
reflexionar ◇ vi to think (**sobre** about), to reflect (**sobre** on); **reflexiona bien antes de tomar una decisión** think carefully before taking a decision; **actuó sin ~** she acted without thinking
◇ vt to think about, to consider
reflexivo, -a adj **-1.** (que piensa) reflective, thoughtful **-2.** GRAM reflexive
reflexología nf reflexology
reflexoterapia nf reflexology
reflorecimiento nm resurgence, rebirth
reflotamiento nm, **reflotación** nf ECON (de empresa, banco) saving; **un acuerdo para el ~ del sector** an agreement aimed at saving the industry
reflotar vt **-1.** (barco) to refloat **-2.** ECON (empresa, banco) to save, to bail out
refluir [34] vi to flow back o out
reflujo nm ebb (tide)
refocilarse vpr **~ haciendo algo** to take delight in doing sth; **~ en la desgracia ajena** to gloat over others' misfortune
reforestación nf reforestation, Br reafforestation
reforestar vt to reforest, Br to reafforest
reforma nf **-1.** (modificación) reform ❑ **~ agraria** land reform, agrarian reform; **~ electoral** electoral reform; **reformas estructurales** structural reforms; **~ fiscal** tax reform **-2.** (en local, casa) alterations; **hacer reformas en** to do up; **he gastado los ahorros en hacer reformas en mi casa** I've spent all my savings on doing up the house; **cerrado por reformas** (en letrero) closed for alterations **-3.** HIST **la Reforma** the Reformation
reformado, -a ◇ adj **-1.** (modificado) altered **-2.** (mejorado) improved **-3.** (rehecho) reformed
◇ nm,f Protestant
reformador, -ora ◇ adj reforming
◇ nm,f reformer

reformar ◇ vt **-1.** (cambiar) to reform **-2.** (local, casa) to do up **-3.** (criminal) to reform
◆ **reformarse** vpr to mend one's ways
reformatorio nm Br youth custody centre, US reformatory
reformismo nm reformism
reformista ◇ adj reformist
◇ nmf reformist
reformular vt to reformulate, to put another way
reforzado, -a adj reinforced
reforzar [31] vt **-1.** (hacer resistente) to reinforce; **reforzaron los pilares del puente** they reinforced the piers of the bridge **-2.** (intensificar) to strengthen; **han reforzado las medidas de seguridad en torno al palacio** they have tightened security around the palace **-3.** FOT to intensify
refracción nf refraction
refractar vt to refract
refractario, -a adj **-1.** (material) heat-resistant, refractory; (plato, fuente) ovenproof **-2.** (opuesto) **~ a** averse to; **es ~ a los cambios** he's opposed to change **-3.** (inmune) **~ a** immune to
refrán nm proverb, saying; **como dice el ~,...** as the saying goes,..., as they say,...
refranero nm = collection of proverbs or sayings
refregar [43] vt **-1.** (frotar) to scrub **-2.** (restregar) **se lo estuvo refregando toda la noche** he was rubbing it in all evening; **les refregó la derrota en sus narices** he really rubbed it in about the defeat
refregón nm Fam (refregamiento) scrubbing
refreír [56] vt **-1.** (volver a freír) to re-fry **-2.** (freír en exceso) to over-fry
refrenar ◇ vt to curb, to restrain
◆ **refrenarse** vpr to hold back, to restrain oneself
refrendar vt **-1.** (aprobar) to endorse, to approve **-2.** (legalizar) to endorse, to countersign
refrendo nm **-1.** (aprobación) endorsement, approval **-2.** (firma) countersignature
refrescante adj refreshing; **una bebida ~** a refreshing drink
refrescar [59] ◇ vt **-1.** (enfriar) to refresh; (bebidas) to chill **-2.** (conocimientos) to brush up; **~ la memoria a alguien** to refresh sb's memory **-3.** INFORMÁT to refresh
◇ vi (bebida) to be refreshing
◇ v impersonal **esta noche refrescará** it will get cooler tonight
◆ **refrescarse** vpr **-1.** (enfriarse) to cool down; **voy a darme una ducha para refrescarme** I'm going to have a shower to cool off **-2.** (tomar aire fresco) to get a breath of fresh air **-3.** (mojarse con agua fría) to splash oneself down **-4.** INFORMÁT to refresh
refresco nm **-1.** (bebida) soft drink; **un ~ de naranja** an orangeade **-2.** MIL **de ~** new, fresh **-3.** INFORMÁT refresh ❑ **~ de pantalla** (screen) refresh
refresquería nf CAm, Carib, Méx = shop which sells soft drinks
refría etc ver **refreír**
refriega ◇ ver **refregar**
◇ nf (lucha) scuffle; MIL skirmish
refriegue etc ver **refregar**
refriera etc ver **refreír**
refrigeración nf **-1.** (aire acondicionado) air-conditioning **-2.** (de alimentos) refrigeration **-3.** (de máquinas, motores) cooling; **(sistema de) ~** cooling system ❑ **~ por agua** water-cooling; **~ por aire** air-cooling
refrigerado, -a adj **-1.** (local) air-conditioned **-2.** (alimentos) refrigerated **-3.** (líquido, gas) cooled
refrigerador, -ora ◇ adj (líquido, sistema) cooling
◇ nm **-1.** (frigorífico) refrigerator, fridge, US icebox **-2.** (de máquinas, motores) cooling system
◇ nf CAm, Perú refrigerator, fridge, US icebox

refrigerante ⋄ *adj* **-1.** *(para alimentos)* refrigerating **-2.** *(para motores)* cooling
⋄ *nm (para motor)* coolant

refrigerar *vt* **-1.** *(local)* to air-condition **-2.** *(alimentos)* to refrigerate **-3.** *(máquina, motor)* to cool

refrigerio *nm* refreshments; **se servirá un ~** refreshments will be served

refrito, -a ⋄ *participio ver* **refreír**
⋄ *adj (frito de nuevo)* re-fried; *(demasiado frito)* over-fried
⋄ *nm* **-1.** *(sofrito)* = lightly fried onions, garlic and usually also tomato, used as a basis for sauces, stews etc **-2.** *Fam (cosa rehecha)* rehash; **es un ~ de varias novelas** it's a rehash of various other novels

refucilo *nm RP* flash of lightning

refuerce *etc ver* **reforzar**

refuerzo ⋄ *ver* **reforzar**
⋄ *nm* **-1.** *(acción)* reinforcement **-2.** *(de tela, cuero)* backing **-3.** MIL **refuerzos** reinforcements; **soldados de ~** reinforcements **-4.** *RP (bocadillo)* filled roll

refugiado, -a ⋄ *adj* refugee
⋄ *nm,f* refugee ▫ **~ político** political refugee

refugiar ⋄ *vt* to give refuge to
➡ **refugiarse** *vpr* to take refuge; **refugiarse de algo** to shelter from sth; **se refugió en la bebida** he took *o* sought refuge in drink

refugio *nm* **-1.** *(lugar)* shelter, refuge ▫ **~ antiaéreo** air-raid shelter; **~ antinuclear** nuclear bunker; **~ atómico** nuclear bunker; **~ de montaña** *(muy básico)* mountain shelter; *(albergue)* mountain refuge; **~ subterráneo** bunker, underground shelter **-2.** *(amparo, consuelo)* refuge, comfort; **la gente busca ~ en la religión** people seek refuge in religion **-3.** AUT traffic island

refulgencia *nf Literario* brilliance

refulgente *adj Literario* brilliant, refulgent

refulgir [24] *vi Literario* to shine brightly

refundición *nf* **-1.** *(de metales)* re-casting **-2.** *(unión)* merging, bringing together **-3.** LIT adaptation

refundir *vt* **-1.** *(fundir de nuevo)* to re-cast **-2.** *(unir)* to bring together **-3.** LIT to adapt **-4.** *CAm, Col, Méx, Perú Fam (extraviar)* to lose, to mislay

refunfuñar *vi* to grumble

refunfuñón, -ona ⋄ *adj* grumpy
⋄ *nm,f* grumbler

refusilo *nm RP* flash of lightning

refutable *adj* refutable

refutación *nf* refutation

refutar *vt* to refute

regadera *nf* **-1.** *(para regar)* watering can; EXPR *Esp Fam* **estar como una ~** to be as mad as a hatter **-2.** *Col, Méx, Ven (ducha)* shower

regadío *nm (sistema)* irrigation; **cultivos de ~** irrigated *o* irrigation crops; **tierras de ~** irrigated land

regaladamente *adv* **vivían ~** they had a comfortable *o* an easy life

regalado, -a *adj* **-1.** *(muy barato)* dirt-cheap; **precios regalados** giveaway prices
-2. *(como regalo)* **todos estos libros son regalados** all these books are presents *o* were given to me; **te lo doy ~** I'm giving it away to you; **no lo quiero ni ~** I wouldn't want it even if you were giving it away
-3. *(agradable)* comfortable, easy; **llevaba una existencia regalada** he led a very comfortable *o* easy life
-4. *Am Fam (muy fácil)* dead easy; **las pruebas que pone siempre son regaladas** the tests she sets are always dead easy
-5. *RP Fam (desprotegido)* **no aceptes trabajar sin contrato, porque quedás ~** don't agree to work without a contract, because that leaves you without a leg to stand on; **no tenían seguro, estaban muy regalados** they weren't insured, so they were very vulnerable; **no te metas por callejones oscuros, no andes regalada** don't put yourself at risk by going down dark alleyways

regalar ⋄ *vt* **-1.** *(dar) (de regalo)* to give *(as a present)*; *(gratis)* to give away; **¿qué le regalarás para Navidad?** what are you going to give *o* get her for Christmas?; **me regalaron un reloj para mi cumpleaños** I got a watch for my birthday; **si lo quieres, te lo regalo** if you'd like it, you can have it for free *o* I'll give it to you; **si compras dos, te regalan una** if you buy two, you get one free
-2. *(agasajar)* **~ a alguien con algo** to shower sb with sth; **les regalaron con muchas atenciones** they showered them with attentions; **esta música regala los oídos** this music is a joy to listen to
-3. *Andes, CAm, Carib, Méx (prestar)* to lend
-4. *Méx, RP (facilitar)* **el referí les regaló el triunfo** the referee handed them the victory on a plate; **ese profesor regala los exámenes** the exams that teacher sets are dead easy
➡ **regalarse** *vpr* **me he regalado un viaje a París** I've treated myself to a trip to Paris

regalía *nf* **-1.** *(privilegio real)* royal prerogative **-2.** *CAm, Carib (regalo)* present

regaliz *nm* liquorice; **pastillas de ~** liquorice pastilles ▫ **~ de palo** liquorice sticks

regalo *nm* **-1.** *(obsequio)* present, gift; *(en rifa)* prize; **~ de Navidad / de cumpleaños** Christmas/birthday present; **me hicieron muchos regalos para mi cumpleaños** I got lots of presents for my birthday; **por ese precio, es un auténtico ~** at that price, it's a real giveaway; **de ~** *(gratuito)* free; **compras tres y te dan uno de ~** if you buy three, you get one free
-2. *(placer)* joy, delight; **esa voz es un ~ para los oídos** that voice is a delight to listen to

regalón, -ona *adj* **-1.** *CSur Fam (niño)* **el niño ~ de su madre** the apple of his mother's eye **-2.** *RP (animal)* devoted

regalonear *vt CSur Fam* to pamper, to make a fuss of

regañadientes: a regañadientes *loc adv Fam* unwillingly, reluctantly

regañar ⋄ *vt (reprender)* to tell off; **me regañaron por acabarme toda la cerveza** I got a row for finishing all the beer
⋄ *vi Esp (pelearse)* to fall out; **ha regañado con su hermana** he's fallen out with his sister; **están regañados** they've fallen out

regañina *nf (reprimenda)* telling-off; **me echaron una ~ por volver a casa tarde** I got told off for coming home late

regaño *nm* telling-off

regañón, -ona ⋄ *adj* **es muy ~** he's always telling people off for nothing
⋄ *nm,f* **es un ~** he's always telling people off for nothing

regar [43] *vt* **-1.** *(con agua) (planta, campo)* to water; *(calle)* to hose down; **regaron la comida con un buen vino tinto** they washed down the meal with a good red wine
-2. *(sujeto: río)* to flow through; **el río que riega la región** the river which flows through the region
-3. *(sujeto: vasos sanguíneos)* to supply with blood; **esta arteria riega de sangre los pulmones** this artery supplies blood to the lungs
-4. *(desparramar)* to sprinkle, to scatter; **regaron el suelo de papeles** they scattered papers all over the floor
-5. *Méx Fam* **regarla** *(meter la pata)* to put one's foot in it

regata *nf* **-1.** NÁUT regatta, yacht race **-2.** *(reguera)* irrigation channel

regate *nm* DEP sidestep; **hizo un ~ al defensa** he sidestepped the defender

regateador, -ora *nm,f (con precios)* haggler

regatear ⋄ *vt* **-1.** *(escatimar)* to be sparing with; **no ha regateado esfuerzos** he has spared no effort **-2.** DEP to beat, to sidestep; **regateó al portero y marcó** he rounded the keeper and scored **-3.** *(precio)* to haggle over
⋄ *vi* **-1.** *(negociar el precio)* to barter, to haggle **-2.** NÁUT to race

regateo *nm* bartering, haggling

regatista *nmf* DEP participant *(in a regatta or yacht race)*

regato *nm* brook, rivulet

regatón *nm* tip, ferrule

regazo *nm* lap

regencia *nf* **-1.** *(reinado)* regency **-2.** *(administración)* running, management

regeneración *nf* **-1.** *(recuperación, restablecimiento)* regeneration **-2.** *(reciclado)* recycling **-3.** *(de delincuente, degenerado)* reform

regeneracionismo *nm* HIST regenerationism, = Spanish 19th century political reform movement

regenerar ⋄ *vt* **-1.** *(recuperar, restablecer)* to regenerate **-2.** *(reciclar)* to recycle **-3.** *(delincuente, degenerado)* to reform
➡ **regenerarse** *vpr* **-1.** *(recuperarse, restablecerse)* to regenerate **-2.** *(delincuente, degenerado)* to reform

regenerativo, -a *adj* regenerative

regenta *nf* wife of the regent

regentar *vt* **-1.** *(país)* to run, to govern **-2.** *(negocio)* to run, to manage **-3.** *(puesto)* to hold *(temporarily)*

regente ⋄ *adj* regent
⋄ *nmf* **-1.** *(de un país)* regent **-2.** *(administrador) (de tienda)* manager; *(de colegio)* governor **-3.** *Méx (alcalde)* mayor, *f* mayoress

reggae ['rrɪɣi, 'rreɣi] *nm* reggae

regicida *nmf* regicide *(person)*

regicidio *nm* regicide *(crime)*

regidor, -ora *nm,f* **-1.** TEATRO stage manager; CINE & TV assistant director **-2.** *(concejal)* councillor

régimen *(pl* **regímenes)** *nm* **-1.** *(sistema político)* regime; **~ parlamentario** parliamentary system
-2. *(normas)* rules; **alojarse en un hotel en ~ de media pensión** to stay at a hotel (on) half-board; **una cárcel en ~ abierto** an open prison; **estar en ~ abierto** *(preso)* to be allowed to leave the prison during the day
-3. *(dieta)* diet; **estar a ~** to be on a diet; **ponerse a ~** to go on a diet; **seguir un ~** to follow a diet ▫ **~ de adelgazamiento** slimming diet; **~ alimenticio** diet
-4. *(rutina)* pattern ▫ **~ climático** climate; **~ hidrológico** rainfall pattern; **~ de lluvias** rainfall pattern; **~ de marea** tide range; **~ de vida** lifestyle
-5. LING government
-6. TEC *(de motor)* speed

regimiento *nm* **-1.** MIL regiment **-2.** *(multitud)* army; **en su casa cabe un ~** you could fit an army in her house

regio, -a *adj* **-1.** *(real)* royal **-2.** *Andes, RP (genial)* great, fabulous

regiomontano, -a ⋄ *adj* of/from Monterrey *(Mexico)*
⋄ *nm,f* person from Monterrey *(Mexico)*

región *nf* **-1.** *(área)* region **-2.** *(administrativa)* region **-3.** MIL district ▫ **~ aérea** aerial zone; **~ militar** military zone; **~ naval** naval zone **-4.** ANAT region, area

regional *adj* regional

regionalismo *nm* **-1.** *(ideología)* regionalism **-2.** LING regionalism

regionalista ⋄ *adj* regionalist
⋄ *nmf* regionalist

regionalización *nf* regionalization

regionalizar [14] *vt* to regionalize

regir [55] ⋄ *vt* **-1.** *(gobernar)* to rule, to govern **-2.** *(administrar)* to run, to manage **-3.** LING to take; **este verbo rige la preposición "de"** this verb takes the preposition "de" **-4.** *(determinar)* to govern; **las leyes que rigen los intercambios comerciales** the laws governing trade; **las normas básicas que rigen la convivencia en una sociedad** the basic rules governing how people live together in a society
⋄ *vi* **-1.** *(ley)* to be in force; **rige una moratoria sobre la caza de ballenas** a moratorium on whaling is in force; **rige el toque de queda en la zona** a curfew is in force in the area; **la ley regirá con efecto retroactivo** the law will apply retrospectively **-2.** *(funcionar)* to work; **este reloj no rige** this

watch doesn't work **-3.** *Fam (persona)* **la abuela ya no rige** grandma has gone a bit gaga

◆ **regirse** *vpr* **regirse por** to be guided by; **su gestión se rige por criterios de eficacia** his approach to management is guided by *o* based on the principle of efficiency; **los valores por los cuales se rige la magistratura** the values which guide judges; **las votaciones se rigen por el criterio de la unanimidad** voting is governed by *o* based on the principle of unanimity

registrado, -a *adj* **-1.** *(grabado, anotado)* recorded **-2.** *(patentado, inscrito)* registered **-3.** *Am (certificado)* registered

registrador, -ora ⋄ *adj* registering; **un barómetro ~** a recording barometer; **una caja registradora** a cash register
⋄ *nm,f* registrar ❑ **~ de la propiedad** land registrar, recorder of deeds

registradora *nf Am* cash register

registrar ⋄ *vt* **-1.** *(zona, casa, persona)* to search; **registraban a todos los que entraban al estadio** everybody entering the stadium was searched; [EXPR] *Fam* **a mí, que me registren** don't look at me!
-2. *(datos, hechos)* to register, to record; **la empresa ha registrado un aumento de las ventas** the company has recorded an increase in sales, the company's sales have gone up; **esta enciclopedia registra muchos términos técnicos** this encyclopedia contains a lot of technical terms
-3. *(grabar)* to record
-4. *Am (certificar)* to register

◆ **registrarse** *vpr* **-1.** *(producirse)* **se ha registrado un aumento de los accidentes laborales** there has been an increase in accidents at work; **no se registraron víctimas mortales** there were no fatalities; **se registró una inflación superior a la prevista** the inflation figures were higher than predicted; **se registró un temblor de 7 grados en la escala de Richter** an earth tremor measuring 7 on the Richter Scale was recorded
-2. *(en censo)* to register; *(en hotel)* to check in

registro *nm* **-1.** *(oficina)* registry (office) ❑ **catastral** land register; **~ civil** registry (office); **~ de comercio** trade register office; **~ mercantil** trade register office; **~ parroquial** parish register; **~ de la propiedad** land registry office; **~ de la propiedad industrial** trademark registry office; **~ de la propiedad intelectual** copyright registry office
-2. *(libro)* register; **inscribir a alguien en el ~ civil** to register sb in the register of births, marriages and deaths
-3. *(inscripción)* registration; **llevar el ~ de algo** to keep a record of sth
-4. *(inspección)* search; **una orden de ~** a search warrant; **procedieron al ~ de la fábrica** they carried out a search of the factory; **efectuaron un ~ domiciliario** they searched his/her/*etc* home
-5. *(de libro)* bookmark
-6. INFORMÁT *(en base de datos)* record
-7. LING register
-8. MÚS *(notas)* register
-9. MÚS *(en órgano)* stop, register; *Fig* **tocar todos los registros** to pull out all the stops
-10. TEC *(abertura)* inspection hatch
-11. TEC *(llave)* stopcock

regla *nf* **-1.** *(para medir)* ruler, rule ❑ **~ de cálculo** slide rule
-2. *(norma)* rule; **las reglas del juego** the rules of the game; **en ~** in order; **ir en contra de las reglas** to be against the rules; **poner algo en ~** to put sth in order; **por ~ general** as a rule, generally; **salirse de la ~** to overstep the mark *o* line ❑ **~ de oro** golden rule; **reglas ortográficas** spelling rules
-3. MAT **las cuatro reglas** addition, subtraction, multiplication and division ❑ **~ de tres** rule of three; [EXPR] *Fam* **por la misma ~ de tres...** by the same token...
-4. *Fam (menstruación)* period; **tener la ~** to have one's period; **le ha venido la ~ hoy** her period started today
-5. REL rule

reglaje *nm (de motor)* tuning; *(de suspensión)* adjustment; **los faros necesitan un ~** the headlights need adjusting

reglamentación *nf* **-1.** *(acción)* regulation **-2.** *(reglas)* rules, regulations

reglamentar *vt* to regulate

reglamentario, -a *adj* **-1.** *(arma, uniforme)* regulation; **el tiempo ~** normal time **-2.** DER statutory

reglamento *nm (normas)* regulations, rules; **balón ~** *(en fútbol)* regulation football

reglar *vt* to regulate

regleta *nf (para enchufes)* multiple socket adaptor

regocijar ⋄ *vt* to delight
◆ **regocijarse** *vpr* to rejoice (**de** *o* **con** in)

regocijo *nm* joy, delight; **recibieron la noticia con ~** they received the news with delight

regodearse *vpr* to take delight (**en** *o* **con** in); **se regodea en** *o* **con las desgracias ajenas** he takes delight in other people's misfortunes

regodeo *nm* delight; **se equivocó de nombres, para ~ de todos** he mixed up the names, much to everyone's delight

regoldar [6] *vi* to belch

regordete *adj* chubby, tubby

regrabable *adj* INFORMÁT rewritable

regresar ⋄ *vi (yendo)* to go back, to return; *(viniendo)* to come back, to return; **¿cuándo regresará?** when will she be back?; **regresó a su casa después de dos meses en el extranjero** she returned home after two months abroad
⋄ *vt Andes, CAm, Carib, Méx* **-1.** *(objeto) (devolver)* to give back **-2.** *(persona) (mandar de vuelta)* to send back
◆ **regresarse** *vpr Andes, CAm, Carib, Méx (yendo)* to go back, to return; *(viniendo)* to come back, to return

regresión *nf* **-1.** *(de economía, exportaciones)* downturn **-2.** *(de epidemia)* regression **-3.** PSI *(en el tiempo)* regression

regresivo, -a *adj* regressive

regreso *nm* **-1.** *(a un lugar)* return; **estar de ~** to be back; **¿conoces el camino de ~?** do you know the way back?; **durante el ~** on the way back; **os llamaré al ~ de mis vacaciones** I'll ring you when I'm back from my *Br* holiday *o US* vacation; **el ~ de un país a la democracia** a country's return to democracy **-2.** *Andes, CAm, Carib, Méx (de dinero, producto)* return

regué *etc ver* **regar**

regüelda *etc ver* **regoldar**

regüeldo *nm* belch

reguera *nf* irrigation ditch

reguero *nm* **-1.** *(rastro) (de sangre, agua)* trickle; *(de harina, arena)* trail; **el huracán dejó tras de sí un ~ de muertes** the hurricane left a trail of fatalities in its wake; [EXPR] **correr como un ~ de pólvora** to spread like wildfire **-2.** *(canal)* irrigation ditch

regulable *adj* adjustable

regulación *nf* **-1.** *(de actividad, economía)* regulation ❑ **~ de empleo** workforce reduction **-2.** *(de nacimientos, tráfico)* control **-3.** *(de mecanismo)* adjustment

regulado, -a *adj (controlado)* regulated, controlled

regulador, -ora ⋄ *adj* regulatory; **un organismo ~ de la competencia** a body that regulates competition; **un acuerdo ~ del comercio mundial** an agreement regulating world trade
⋄ *nm* regulator, controller ❑ **~ de flujo** flow regulator agent; **~ de intensidad** *(de la luz)* dimmer; AUT **~ de velocidad** cruise control

regular¹ ⋄ *adj* **-1.** *(uniforme)* regular; **de un modo ~** regularly; **hay un servicio de autobús ~ a la capital** there is a regular bus service to the capital **-2.** *(mediocre)* average; **una actuación ~** an undistinguished *o* a rather average performance **-3.** *(normal)* normal, usual; *(de tamaño)* medium; **por lo ~** as a rule, generally **-4.** GRAM regular **-5.** GEOM regular **-6.** REL regular
⋄ *nm* MIL regular
⋄ *adv (no muy bien)* so-so; **lleva unos días ~, tiene un poco de fiebre** she's been so-so the last few days, she's got a bit of a temperature; **me encuentro ~** I feel a bit under the weather; **¿qué tal el concierto? – ~** how was the concert? – so-so *o* nothing special

regular² *vt* **-1.** *(actividad, economía)* to regulate; **la normativa regula estos casos** the regulations govern these cases **-2.** *(mecanismo)* to adjust; *(temperatura)* to regulate, to control; *(tráfico)* to control; **las presas regulan el cauce del río** the dams regulate the flow of the river

regularidad *nf* regularity; **con ~** regularly

regularización *nf* **-1.** *(normalización)* return to normal **-2.** *(legalización)* regularization

regularizar [14] ⋄ *vt* **-1.** *(devolver a la normalidad)* to get back to normal **-2.** *(legalizar)* to regularize
◆ **regularizarse** *vpr (volver a la normalidad)* to return to normal

regularmente *adv* **-1.** *(frecuentemente)* regularly **-2.** *(normalmente)* normally, usually

regulativo, -a *adj* regulative

regurgitación *nf* regurgitation

regurgitar ⋄ *vt* to regurgitate
⋄ *vi* to regurgitate

regusto *nm* **-1.** *(sabor)* aftertaste; **esa salsa deja un ~ ácido** that sauce has an acidic aftertaste **-2.** *(sensación)* aftertaste; **sus palabras me dejaron un ~ amargo** her words left a bitter taste in my mouth **-3.** *(semejanza, aire)* flavour; **la decoración tiene un claro ~ barroco** there's an obvious baroque flavour to the décor

rehabilitación *nf* **-1.** *(de toxicómano, delincuente)* rehabilitation **-2.** *(de órgano lesionado)* rehabilitation **-3.** *(en un puesto)* reinstatement **-4.** *(de local, edificio)* refurbishment **-5.** *(de reputación)* restoration

rehabilitador, -ora ⋄ *adj* **médico ~** rehabilitation doctor
⋄ *nm,f* rehabilitation doctor

rehabilitar *vt* **-1.** *(toxicómano, delincuente)* to rehabilitate **-2.** *(órgano lesionado)* to rehabilitate **-3.** *(en un puesto)* to reinstate **-4.** *(local, edificio)* to refurbish **-5.** *(reputación)* to restore

rehacer [33] ⋄ *vt* **-1.** *(volver a hacer)* to redo, to do again **-2.** *(reconstruir)* to rebuild; **tuvo que ~ su vida** he had to rebuild his life
◆ **rehacerse** *vpr* **-1.** *(recuperarse)* to recuperate, to recover; **tardó en rehacerse de la pérdida de su mujer** he took a long time to recover from the loss of his wife **-2.** *(recuperar la compostura)* to recover; **le costó rehacerse del susto** it took him a long time to get over the shock

rehecho, -a *participio ver* **rehacer**

rehén *(pl* **rehenes***) nm* hostage

rehíce *etc ver* **rehacer**

rehiciera *etc ver* **rehacer**

rehilamiento *nm* LING = pronunciation in Argentina and Uruguay of Spanish "ll" and "y" as [ʒ], the voiced fricative of "pleasure"

rehilar *vt* LING = in Argentina and Uruguay, to pronounce Spanish "ll" and "y" as [ʒ]

rehilete *nm* **-1.** *(flechilla)* dart **-2.** TAUROM banderilla **-3.** *(dicho malicioso)* dig, gibe **-4.** *Méx (juguete)* (toy) windmill

rehiletero *nm* TAUROM banderillero, = bullfighter's assistant who sticks "banderillas" into the bull

rehogar [38] *vt* = to fry over a low heat

rehuir [34] *vt* to avoid

rehumedecer [46] *vt* to soak

rehusar ◇ *vt* to refuse; **rehusó la invitación** he turned down the invitation; **rehusó colaborar con nosotros** she refused to work with us
◇ *vi* to refuse

rehuya *etc ver* **rehuir**

rehuyera *etc ver* **rehuir**

reidor, -ora *adj* **es una chica reidora** she's always laughing, she laughs a lot

Reikiavik *n* Reykjavik

reimplantar *vt* **-1.** *(reintroducir)* to reintroduce **-2.** MED to implant again

reimportación *nf* reimporting

reimportar *vt* to reimport

reimpresión *nf* **-1.** *(tirada)* reprint **-2.** *(acción)* reprinting

reimpreso, -a *adj* reprinted

reimprimir *vt* to reprint

reina ◇ *adj (prueba, etapa)* blue-ribbon
◇ *nf* **-1.** *(monarca)* queen ❏ **la ~ de las fiestas** = young woman chosen each year to preside at the various local celebrations, ≃ carnival queen; **la ~ madre** the Queen Mother **-2.** *(en ajedrez)* queen **-3.** *(en naipes)* queen **-4.** *(abeja)* queen **-5.** *(apelativo)* love, darling; **ven aquí, mi ~** come here, princess

reinado *nm* reign

reinante *adj* **-1.** *(monarquía, persona)* reigning, ruling **-2.** *(viento, ambiente, silencio)* prevailing

reinar *vi* **-1.** *(gobernar)* to reign **-2.** *(caos, confusión, pánico)* to reign; **el silencio reinó en la sala durante varios minutos** the hall fell completely silent for several minutes; **en esta casa reina la alegría** everyone is always happy in this house **-3.** *(triunfar)* **el bien reinó sobre el mal** good triumphed over evil

reincidencia *nf (en un vicio)* relapse; *(en un delito)* reoffending, recidivism

reincidente ◇ *adj* **un joven ~** a young reoffender; **un comportamiento ~** recidivist behaviour
◇ *nmf* reoffender, recidivist

reincidir *vi (en falta, error)* to relapse (**en** into); *(en delito)* to reoffend; **~ en un delito** to reoffend, to commit the same crime again

reincorporación *nf* return (**a** to)

reincorporar ◇ *vt (a puesto)* to reinstate (**a** in)
◆ **reincorporarse** *vpr* **¿cuándo te reincorporas?** *(al trabajo)* when will you be coming back *o* returning to work?; *(al ejército)* when will you be returning from leave?; **se reincorporó al equipo tras una larga lesión** he returned to the team after a long lay-off through injury

reineta *nf* = type of apple with tart flavour, used for cooking and eating

reingresar *vi* to return (**en** to); **reingresó en el servicio tras unas largas vacaciones** he returned to work after a long *Br* holiday *o US* vacation; **el paciente volvió a ~ tras un fallo cardiaco** the patient was readmitted to hospital after suffering heart failure

reinicializar [14], **reiniciar** *vt* INFORMÁT *(ordenador)* to reboot, to restart; *(impresora)* to reset

reino *nm* **-1.** *(territorio, estado)* kingdom; **el ~ de los cielos** the kingdom of Heaven ❏ HIST **~ de taifa** = independent Muslim kingdom in Iberian peninsula; **el Reino Unido (de Gran Bretaña e Irlanda del Norte)** the United Kingdom (of Great Britain and Northern Ireland) **-2.** BIOL kingdom ❏ **~ animal** animal kingdom; **~ mineral** mineral kingdom; **~ vegetal** vegetable kingdom **-3.** *(ámbito, dominio)* realm

reinona *nf Fam* queen

reinserción *nf* **la ~ (laboral) de los desempleados de larga duración** getting the long-term unemployed back to work; **~ (social)** social rehabilitation, reintegration into society

reinsertado, -a *nm,f* former criminal

reinsertar *vt* **-1.** *(en sociedad)* to reintegrate, to rehabilitate; **el objetivo del plan es ~ a los terroristas en la sociedad** the aim of the plan is to reintegrate terrorists into society; **tenemos que ~ a los parados de larga duración** we have to get the long-term unemployed back to work **-2.** *(en ranura)* to reinsert

reinstalación *nf* **-1.** *(en lugar)* reinstallation **-2.** *(en puesto)* reinstatement

reinstalar *vt* **-1.** *(en lugar)* to reinstall **-2.** *(en puesto)* to reinstate

reinstaurar *vt* to re-establish

reintegración *nf* **-1.** *(a puesto)* reinstatement (**a** in) **-2.** *(de gastos)* reimbursement, refund; *(de préstamo)* repayment

reintegrar ◇ *vt* **-1.** *(a un puesto)* to reinstate (**a** in) **-2.** *(gastos)* to reimburse, to refund; *(préstamo)* to repay **-3.** *(documento)* to put a fiscal stamp on
◆ **reintegrarse** *vpr* to return (**a** to); **se reintegró a la vida laboral** she returned to work, she found a new job

reintegro *nm* **-1.** *(a un puesto)* reinstatement **-2.** *(de gastos)* reimbursement, refund; *(de préstamo)* repayment; *(en banco)* withdrawal **-3.** *(en lotería)* **le tocó el ~** he won back the price of his ticket

reinversión *nf* reinvestment

reinvertir [62] *vt* to reinvest

reír [56] ◇ *vi* to laugh; EXPR **~ a mandíbula batiente** to laugh one's head off; EXPR *Irónico* **no me hagas ~: ¿se ha puesto a dieta? – ¡no me hagas ~!** has she gone on a diet? – don't make me laugh!; PROV **quien ríe el último ríe mejor** he who laughs last laughs longest
◇ *vt* to laugh at; **¡no le rías las gracias!** don't laugh at his antics!
◆ **reírse** *vpr* to laugh (**de** at); **se ríe por cualquier cosa** he'll laugh at anything; **se ríe de sus propios chistes** she laughs at her own jokes; **no te rías, es un asunto muy serio** don't laugh, it's a very serious matter; **se rió en mi propia cara** she laughed in my face; **reírse por lo bajo** to snicker, to snigger; **¡me río yo de los sistemas de seguridad!** I laugh at security systems!, security systems are no obstacle to me!; **sí, tú ríete de lo feo que es, pero es millonario** you can laugh as much as you like at how ugly he is, but the fact is he's a millionaire

reiteración *nf* reiteration, repetition

reiteradamente *adv* repeatedly

reiterado, -a *adj* repeated; **te lo he dicho reiteradas veces** I've told you repeatedly

reiterar ◇ *vt* to reiterate, to repeat
◆ **reiterarse** *vpr* **reiterarse en** to reaffirm; **me reitero en lo dicho** I stand by what I have said

reiterativo, -a *adj* repetitive

reivindicación *nf* **-1.** *(acción)* **estamos a la espera de la ~ del atentado** no one has yet claimed responsibility for the attack **-2.** *(resultado)* claim, demand; **el salario mínimo es una ~ histórica de los sindicatos** a minimum wage is one of the trade unions' traditional demands; **el país ha abandonado sus reivindicaciones territoriales** the country has renounced its territorial claims ❏ **~ salarial** pay claim

reivindicar [59] ◇ *vt* **-1.** *(derechos, salario)* to claim, to demand; **reivindican el derecho a sindicarse** they are demanding the right to join a union **-2.** *(atentado, secuestro)* to claim responsibility for; **la banda reivindicó el atentado** the group claimed responsibility for the attack **-3.** *(herencia, territorio)* to lay claim to **-4.** *(reputación, memoria)* to defend
◆ **reivindicarse** *vpr Am* **-1.** *(recuperarse)* to vindicate oneself; **en el próximo partido, el equipo buscará reivindicarse** in the next game, the team will be looking to restore its reputation; **reivindicarse con alguien** to restore one's reputation with sb **-2.** *(responsabilizarse de)* to claim responsibility for; **la banda se reivindicó el atentado** the group claimed responsibility for the attack

reivindicativo, -a *adj* **dio un discurso ~** he gave a speech in which he made a series of demands; **jornada reivindicativa** day of protest; **plataforma reivindicativa** pressure group

reja *nf* **-1.** *(barrotes)* bars; *(en el suelo)* grating; *(rejilla en ventana)* grille; EXPR **estar entre rejas** to be behind bars **-2.** *(del arado)* ploughshare

rejego, -a *adj Méx Fam (terco)* pigheaded

rejilla *nf* **-1.** *(enrejado)* grid, grating; *(de ventana)* grille; *(de ventilación)* grating; *(de cocina)* grill *(on stove)*; *(de horno)* gridiron; *(de confesionario)* screen ❏ AUT **~ del radiador** radiator grille
-2. *(celosía)* lattice window/screen
-3. *(en sillas, muebles)* **una silla de ~** a chair with a wickerwork lattice seat
-4. *(para equipaje)* luggage rack
-5. TV **~ (de programación)** programme schedule

rejo *nm* **-1.** ZOOL sting **-2.** BOT radicle **-3.** *Cuba, Ven (cuero)* = strip of raw leather

rejón *nm* TAUROM = pike used by mounted bullfighter

rejoneador, -ora *nm,f* TAUROM = bullfighter on horseback who uses the "rejón"

rejonear TAUROM ◇ *vt* = to wound with a "rejón"
◇ *vi* = to fight the bulls on horseback using a "rejón"

rejoneo *nm* TAUROM = use of the "rejón"

rejuntarse *vpr Fam (pareja)* to shack up together; **~ con alguien** to shack up with sb

rejuvenecedor, -ora *adj (efecto)* rejuvenating

rejuvenecer [46] ◇ *vt* to rejuvenate; **esa ropa te rejuvenece mucho** those clothes make you look a lot younger
◇ *vi* **las vacaciones rejuvenecen** holidays rejuvenate you; **la cirugía estética rejuvenece** plastic surgery makes you look younger
◆ **rejuvenecerse** *vpr* to be rejuvenated; **desde que se afeitó se ha rejuvenecido diez años** shaving his beard off has made him look ten years younger

rejuvenecimiento *nm* rejuvenation; **el ~ de la población** the drop in the average age of the population

relación ◇ *nf* **-1.** *(nexo)* relation, connection; **con ~ a, en ~ con** in relation to, with regard to; **no hay ninguna ~ entre los dos secuestros** the two kidnappings are unrelated *o* unconnected; **guardar ~ con algo** to be related to sth; **no guardar ~ con algo** to bear no relation to sth; **~ calidad-precio** value for money
-2. *(comunicación, trato)* relations, relationship; **mantener relaciones con alguien** to keep in touch with sb; **tener** *o* **mantener buenas relaciones con alguien** to be on good terms with sb ❏ **relaciones comerciales** *(vínculos)* business links; *(comercio)* trade; **relaciones diplomáticas** diplomatic relations; **han roto las relaciones diplomáticas** they have broken off diplomatic relations; **relaciones internacionales** international relations; **relaciones laborales** industrial relations; **~ de pareja: los problemas de las relaciones de pareja** relationship problems; **dice que no necesita de la ~ de pareja** she says she doesn't need to be in a relationship with anybody; **relaciones de parentesco** kinship; **relaciones personales** personal relationships; **relaciones públicas** *(actividad)* public relations, PR
-3. *(lista)* list
-4. *(descripción)* account
-5. *(informe)* report
-6. relaciones *(noviazgo)* relationship; **llevan cinco años de relaciones** they've been going out together for five years; **un cursillo sobre las relaciones de pareja** a course on being in a relationship; **relaciones prematrimoniales** premarital sex; **mantener relaciones prematrimoniales** to have premarital sex; **relaciones sexuales** sexual relations

relacionado

-7. relaciones (contactos) contacts, connections; **tener buenas relaciones** to be well connected
-8. MAT ratio
◇ nmf inv **relaciones públicas** (persona) public relations officer, PR officer

relacionado, -a adj **-1.** (emparentado) related; **~ con** related to, connected with **-2.** (concerniente) concerning, regarding; **le interesa todo lo ~ con el calentamiento global** he's interested in anything to do with global warming

relacional adj relational

relacionar ◇ vt **-1.** (vincular) to relate (**con** to), to connect (**con** with); **estar bien relacionado** to be well connected; **la policía relacionó la explosión con las protestas contra los experimentos con animales** the police linked the explosion to the protests against animal experiments **-2.** (enumerar) to list, to enumerate
◆ **relacionarse** vpr (alternar) to mix (**con** with); **no se relacionaba con los lugareños** he didn't have anything to do with the locals

relacionista nmf Andes, RP public relations officer

relajación nf, **relajamiento** nm **-1.** (de tensión) relaxation; **la ~ de un músculo** the relaxation of a muscle **-2.** (de severidad) relaxation; **la ~ de la moral** the decline in moral standards

relajadamente adv relaxedly

relajado, -a ◇ adj **-1.** (tranquilo) relaxed **-2.** RP Fam (picante) dirty, crude; (grosero) crude; **me hace ponerme roja, es muy ~** he makes me blush, he's so crude **-3.** RP Fam (indisciplinado) lax; **mi casa está hecha un desastre, ando muy relajada** my house is a complete mess, I've let things slip
◇ nm,f RP Fam **es un ~, le dice cosas a todas las mujeres que pasan** he's really crude, he makes lewd remarks to any woman that goes by

relajamiento = relajación

relajante ◇ adj relaxing
◇ nm relaxant

relajar ◇ vt **-1.** (distender) to relax; **una ducha te relajará** a shower will relax you o help you relax **-2.** (hacer menos estricto) to relax **-3.** PRico (burlarse de) to make fun of, to mock **-4.** RP (rezongar) to scold, to tell off; **me fui porque se pasaba relajándome** I left him because he was always pulling me to pieces; **su madre descubrió el secreto y la relajó toda** her mother discovered the secret and gave her an almighty row
◆ **relajarse** vpr **-1.** (distenderse) to relax; **siéntate y relájate** sit down and relax **-2.** (hacerse menos estricto) **se han relajado las restricciones a la inmigración** immigration restrictions have been relaxed **-3.** RP (desordenarse) to get out of hand; **en cuanto la maestra sale del salón, se relajan** as soon as the teacher leaves the room, they go wild

relajo nm **-1.** Esp (descanso) rest; **pasamos unos días de ~ en la playa** we had a restful few days at the seaside
-2. Am Fam (alboroto) **se armó un ~** there was an almighty row; **esta mesa es un ~** this table is a complete mess; **tiene un ~ en la cabeza** he doesn't know whether he's coming or going; EXPR **~ pero con orden** it's OK to be relaxed about things, but only up to a point
-3. Méx, RP (complicación) nuisance, hassle; **aquí hacer cualquier trámite es un ~** going through any official procedure here is a hassle
-4. CAm, Carib, Méx (broma) joke; **de** o **por ~** as a joke; Méx **echar a ~** to fool around

relamer vt to lick repeatedly
◆ **relamerse** vpr **-1.** (persona) to lick one's lips; **relamerse de gusto** to smack one's lips; **se relamía de gusto al pensar en...** he savoured the thought of... **-2.** (animal) to lick its chops

relamido, -a adj prim and proper

relámpago nm (descarga) flash of lightning; (destello) flash; **hubo muchos relámpagos** there was a lot of lightning; **un viaje ~** a quick trip; **una visita ~** a flying visit; EXPR **pasar como un ~: el coche pasó como un ~** the car flashed o zoomed past; **el Papa pasó por la ciudad como un ~** the Pope zoomed through the city

relampagueante adj flashing

relampaguear ◇ v impersonal **relampagueó** lightning flashed
◇ vi to flash

relampagueo nm **-1.** METEO lightning **-2.** (destello) flashing

relanzamiento nm relaunch

relanzar [14] vt to relaunch

relatar vt (suceso) to relate, to recount; (historia) to tell

relatista nmf Ecuad short story writer

relativamente adv relatively

relatividad nf relativity

relativismo nm relativism

relativista ◇ adj relativistic
◇ nmf relativist

relativizar [14] vt to play down

relativo, -a ◇ adj **-1.** (no absoluto) relative; **mayoría relativa** relative majority; **todo es ~** it's all relative; **su estudio tiene un ~ valor científico** her study's scientific value is relative
-2. (relacionado, tocante) **~ a** relating to; **un debate ~ al problema del desempleo** a debate on the problem of unemployment; **el precio debería ser ~ a la calidad** the price should be in proportion to the quality; **en lo ~ a...** regarding..., in relation to...
-3. GRAM (pronombre, adjetivo, adverbio) relative
-4. GRAM (oración) relative
◇ nm GRAM relative

relato nm (exposición) account, report; (cuento) tale, story; **hizo un ~ de su viaje** she gave an account of her trip

relator nm **-1.** POL rapporteur **-2.** RP (comentarista) commentator

relave nm Chile tailings

relax nm inv **-1.** (relajación) relaxation **-2.** (sección de periódico) personal services section

relé nm ELEC relay ❏ **~ fotoeléctrico** photoelectric relay

releer [37] vt to re-read

relegación nf relegation

relegar [38] vt to relegate (**a** to); **~ algo al olvido** to banish sth from one's mind; **fue relegado al olvido** it was consigned to oblivion; **~ algo a segundo plano** to push sth into the background

relente nm (night) dew

relevamiento nm RP (de datos, información) collection

relevancia nf importance

relevante adj outstanding, important

relevar vt **-1.** (sustituir) to relieve, to take over from; (en deporte) to substitute; **el presidente lo relevó por una mujer** the president replaced him with a woman; **los bomberos recién llegados relevaron a sus agotados compañeros** the firemen who had just arrived relieved o took over from their exhausted colleagues; **¿quién lo va a ~ cuando se jubile?** who's going to take over from him when he retires?
-2. (destituir) to dismiss (**de** from), to relieve (**de** of); **lo relevaron de la presidencia del partido** they dismissed him as leader of the party
-3. (eximir) to free (**de** from)
-4. (en relevos) to take over from
◆ **relevarse** vpr (turnarse) to take turns; **se relevan en el cuidado de los niños** they take turns looking after the children

relevista nmf DEP relay runner

relevo nm **-1.** (sustitución, cambio) change; **tomar el ~** to take over; **el ~ de la guardia** the changing of the guard
-2. (sustituto, grupo) relief; **el ~ del presidente estuvo presente en la reunión** the person who was taking over from the president was present at the meeting
-3. relevos (carrera) relay (race); **el ~ jamaicano** the Jamaican relay team; **tomar el ~** (de atleta) to take the baton; **España tomó el ~ de Francia como principal destino turístico** Spain took over from o replaced France as the most popular tourist destination

releyera etc ver **releer**

relicario nm **-1.** REL reliquary **-2.** (estuche) locket

relieve nm **-1.** GEOG terrain; **una región con un ~ muy accidentado** a region with very rugged terrain **-2.** ARTE **alto ~** high relief; **bajo ~** bas-relief; **en ~** in relief **-3.** (elevación) **la pieza tiene un centímetro de ~** the part protrudes by a centimetre **-4.** (importancia) importance; **de ~** important; **para dar ~ al acontecimiento...** to lend importance to the event...; **poner de ~** to underline, to highlight

religión nf religion; **la ~ judía/musulmana** the Jewish/Muslim religion

religiosamente adv religiously; **paga ~ sus facturas** he pays his bills religiously

religiosidad nf religiousness; **con ~** religiously; **cumple con ~ su horario** she sticks religiously to her working hours

religioso, -a ◇ adj religious
◇ nm,f (monje) monk; (monja) nun

relinchar vi to neigh, to whinny

relincho nm neigh

reliquia nf (restos) relic; (familiar) heirloom; **esta costumbre es una ~ de la Edad Media** this custom is a relic from the Middle Ages; Fam Hum **esta computadora es una ~** this computer is a museum piece

rellano nm **-1.** (de escalera) landing **-2.** (de terreno) shelf

rellenar vt **-1.** (volver a llenar) to refill; **rellenaron el agujero con cemento** they filled the hole back up with cement **-2.** (documento, formulario) to fill in o out **-3.** (pollo) to stuff; (tarta, pastel) to fill; **rellenó los canelones de** o **con atún** she filled the cannelloni with tuna **-4.** (cojín, almohadón) to stuff

relleno, -a ◇ adj **-1.** (lleno) stuffed (**de** with); (tarta, pastel) filled (**de** with); **aceitunas rellenas** stuffed olives **-2.** (gordo) plump; **un señor bastante ~** a rather portly gentleman
◇ nm **-1.** (de pollo) stuffing; (de pastel) filling **-2.** (de cojín, almohadón) stuffing
◇ **de relleno** loc adj **páginas de ~** padding; **necesitamos poner algo de ~** we need to pad it out a bit; **esta actuación es de ~** this act is just a filler

reloj nm (de pared, en torre) clock; (de pulsera) watch; IND (para fichar) time clock; **hacer algo contra ~** to do sth against the clock; EXPR **funcionar como un ~** to go like clockwork; EXPR Fam **es un ~** (es puntual) you can set your watch by him ❏ **~ de agua** water clock; **~ analógico** analogue watch; **~ de arena** hourglass; **~ atómico** atomic clock; **~ biológico** body clock, biological clock; **~ de bolsillo** pocket watch; **~ checador** time clock; **~ de cuarzo** quartz clock; **~ de cuco** o Am **cucú** cuckoo clock; **~ de cuerda** wind-up watch; **~ despertador** alarm clock; **~ digital** digital watch; INFORMÁT **~ interno** internal clock; **~ de pared** grandfather clock; **~ de péndulo** pendulum clock; **~ de pulsera**, RP **~ pulsera**, Col, Méx **~ de pulso** watch, wristwatch; **~ de sol** sundial

relojear vt RP Fam to eye up

relojería nf **-1.** (tienda) watchmaker's (shop) **-2.** (arte) watchmaking; **de ~** (mecanismo) clockwork; también Fig **bomba de ~** time bomb

relojero, -a nm,f (de relojes de pulsera) watchmaker; (de relojes de pared) clockmaker

reluciente adj shining, gleaming; **dejó el jarrón ~** she polished the vase until it was gleaming; **tiene la cocina ~** her kitchen is spotless

relucir [39] vi **-1.** (resplandecer) to shine; **sacar algo a ~** to bring sth up, to mention sth; EXPR **sacar a ~ los trapos sucios** to wash one's dirty linen in public; **el año pasado salió a ~ que tenía una amante** it came to

reluctancia

light last year that he had a mistress; **el problema de la inflación salió a ~ en el debate** the problem of inflation came up in the course of the debate
-2. *(destacar)* to stand out; **no reluce precisamente por su simpatía** he isn't exactly famous for his friendly personality
reluctancia *nf* FÍS reluctance
relumbrante *adj* dazzling, resplendent
relumbrar *vi* to shine brightly
relumbrón *nm* -1. *(golpe de luz)* flash; **el ~ del sol le cegó** he was blinded by the glare of the sun -2. *(oropel)* tinsel; **de ~: un trabajo de ~** a job that's not as important as it sounds; **ha ganado varios premios de ~** he's won several prizes, none of which really mean anything
reluzca *etc ver* relucir
rem *nm* FÍS rem
rema *nf* LING rheme
remachado *nm (del clavo)* clinching
remachar *vt* -1. *(clavo)* to clinch -2. *(poner remaches a)* to rivet -3. *(recalcar)* to stress; **remachó que era un acuerdo provisional** he stressed that it was a provisional agreement
remache *nm* -1. *(acción)* clinching -2. *(clavo)* rivet
remador, -ora *nm,f* rower
remake [rri'meik] *(pl* **remakes**) *nm* remake
remallar *vt* to mend *(fishing net)*
remanente *nm* -1. *(de géneros)* surplus stock; *(de productos agrícolas)* surplus -2. *(en cuenta bancaria)* balance -3. *(de beneficios)* net profit
remangado, -a, arremangado, -a *adj* -1. *(mangas)* rolled-up -2. *(persona)* **estaba ~** he had his sleeves rolled up
remangar, arremangar [38] ◇ *vt (pantalones)* to roll up; *(falda)* to hitch up; **remanga la camisa** roll up your (shirt) sleeves
◆ **remangarse** *vpr (falda)* to hitch up; **remangarse (los pantalones)** to roll up one's trouser legs; **remangarse (la camisa)** to roll up one's (shirt) sleeves
remanguillé: a la remanguillé *loc adj Fam* **la casa estaba a la ~** the house was in an awful mess
remansarse *vpr* to (form a) pool
remanso *nm* still pool; **un ~ de paz** an oasis of peace
remar *vi* to row
remarcar [59] ◇ *vt (recalcar)* to underline, to stress
◇ *vi Col, CRica, CSur (aumentar los precios)* to put up prices
rematadamente *adv* absolutely, utterly; **lo hizo ~ mal** he did it absolutely terribly; **está ~ loco** he's stark raving mad
rematado, -a *adj* utter, complete; **es tonto ~** he's a complete idiot
rematador, -ora *nm,f* -1. *(futbolista)* finisher -2. *Andes, RP (en subasta)* auctioneer
rematar ◇ *vt* -1. *(acabar)* to finish; **remató su actuación cantando su éxito más famoso** she rounded off the performance by singing her best-known hit; [EXPR] **para ~ to cap o crown it all**
-2. *(matar)* to finish off; **tuvieron que ~ al caballo de un tiro** they had to shoot the horse to put it out of its misery
-3. DEP **~ un córner** *(con el pie)* to shoot from a corner; *(con la cabeza)* to head a corner; **remató a gol un centro de su compañero** he turned in a cross from his team-mate
-4. *(liquidar, vender)* to sell off cheaply
-5. *(costura, adorno)* to finish off; **remató la tarta con trocitos de fruta** he decorated the cake with some pieces of fruit
-6. *(adjudicar en subasta)* to knock down
-7. *Andes, RP (subastar)* to auction
◇ *vi* -1. *(acabar)* **la casa remata con una veleta** the house is topped by a weather vane
-2. DEP *(con el pie)* to shoot; **~ a puerta** *(con el pie)* to shoot at goal; **~ de cabeza** to head at goal
remate *nm* -1. *(fin, colofón)* end; **el premio es el ~ de un año excelente para el director** the prize rounds off o crowns an excellent year for the director; [EXPR] **de ~: es una tonta de ~** she's a complete o utter idiot; [EXPR] **para ~ to cap o crown it all** -2. *(costura)* overstitch -3. ARQUIT top -4. DEP *(con el pie)* shot; **~ a puerta** *(con el pie)* shot at goal; **~ de cabeza** header (at goal) -5. *(liquidación)* sale -6. *Andes, RP (subasta)* auction
rematista *nmf Perú, PRico* auctioneer
rembolsable *ver* reembolsable
rembolsar *ver* reembolsar
rembolso *ver* reembolso
remecer [40] *vt Chile, Méx* to shake
remedar *vt (imitar)* to imitate; *(por burla)* to ape, to mimic
remediable *adj* remediable; **fácilmente ~** easily remedied
remediar *vt* -1. *(daño)* to remedy, to put right; *(problema)* to solve; **al fin se remedió su situación** her situation was finally resolved; **un mejunje que se solía beber para ~ la impotencia** a concoction that people used to drink as a cure for impotence; **ya no se puede ~** there's nothing to be done about it, it can't be helped; **no sé qué remedias con insultarla** I don't know what good you hope to do by insulting her
-2. *(peligro)* to avoid, to prevent; **si puedes remediarlo, no vayas ese día** don't go on that day if you can help it; **no lo puedo ~** I can't help it; **no pudo ~ que muchos militantes abandonaran el partido** he couldn't prevent many of the rank and file from leaving the party; **si alguien no lo remedia, vamos a perder el tren** if somebody doesn't do something, we're going to miss the train
remedio *nm* -1. *(solución)* solution, remedy; **este error ya no tiene ~** there's no longer anything that can be done about this mistake; **poner ~ a algo** to do something about sth; **no tiene ~** *(persona)* he's a hopeless case; *(problema)* nothing can be done about it; **sin ~** *(sin cura, solución)* hopeless; [EXPR] **es peor el ~ que la enfermedad** the solution is worse than the problem
-2. *(alternativa)* alternative; **no hay o queda más ~ que...** there's nothing for it but...; **no le quedó otro ~ que pedir perdón** she had no choice but to apologize; **no tener más ~ (que hacer algo)** to have no alternative o choice (but to do sth); **¿vas a invitarla? – ¡qué ~!** are you going to invite her? – what else can I do?; **como último ~** as a last resort
-3. *(medicamento)* remedy, cure; **un ~ contra el sida** a cure for AIDS ❑ **~ casero** home remedy; **conozco un ~ casero para quitar las manchas de vino** I know a home remedy for getting rid of wine stains
-4. *(consuelo)* comfort, consolation; **el mejor ~ contra la depresión es el trabajo** the best cure for depression is work
-5. *RP (fármaco)* medicine
remedo *nm (imitación)* imitation; *(por burla)* parody
remembranza *nf* memory, remembrance
rememoración *nf* recollection
rememorar *vt* to remember, to recall
remendado, -a *adj (con parches)* patched; *(zurcido)* darned, mended
remendar [3] *vt (con parches)* to patch, to mend; *(zurcir)* to darn, to mend
remendón, -ona *adj* **zapatero ~** cobbler
remera *nf RP (prenda)* T-shirt
remero, -a *nm,f (persona)* rower
remesa *nf (de productos)* shipment, consignment; *(de dinero)* remittance
remeter *vt* to tuck in
remezón *nm* -1. *Andes, RP (de barco)* rocking -2. *Andes (temblor)* earth tremor -3. *Chile Fam (reprimenda)* telling-off
remiendo ◇ *ver* remendar
◇ *nm* -1. *(parche)* patch; *(zurcido)* darn -2. *Fam (apaño)* **este cuarto de baño va a necesitar algún ~** this bathroom is going to need a bit of work on it; **hizo un ~ para que la moto siguiera funcionando** he patched up the motorbike to keep it on the road

remolachero

remilgado, -a, *Méx* **remilgoso, -a** *adj* -1. *(afectado)* affected -2. *(escrupuloso)* squeamish; *(con comida)* fussy, finicky
remilgo *nm* -1. *(afectación)* affectation -2. *(escrúpulos)* squeamishness; *(con comida)* fussiness; **hacer remilgos a algo** to turn one's nose up at sth
remilgoso = remilgado
reminiscencia *nf* -1. *(recuerdo)* reminiscence; **tener reminiscencias de** to be reminiscent of -2. *(influencia)* influence; **una iglesia con reminiscencias barrocas** a church reminiscent of the baroque style
remirado, -a *adj* -1. *(meticuloso)* meticulous -2. *(melindroso)* fussy, finicky
remirar *vt* -1. *(volver a mirar)* to look at again -2. *(examinar)* to look closely at, to examine
remise *nm RP* taxi *(in private car without meter)*
remisero, -a *nm,f RP* taxi driver *(of private car without meter)*
remisible *adj* remissible
remisión *nf* -1. *(envío)* **ordenó la ~ del proyecto al Senado** he ordered that the bill should be brought before the Senate -2. *(en texto)* cross-reference, reference; **una ~ a otra palabra** a cross-reference to another word -3. *(perdón)* remission, forgiveness; DER **la ~ de una pena** the reduction of a sentence; **sin ~** without hope of a reprieve -4. *(de enfermedad)* remission; *(de dolor)* easing off
remiso, -a *adj (reacio)* reluctant; **se mostró ~ a los cambios** he was resistant to the changes; **es ~ a intervenir** he is reluctant to intervene
remite *nm* = sender's name and address
remitente *nmf* sender
remitido *nm* announcement, notice *(paid for, in the press)*
remitir ◇ *vt* -1. *(enviar)* to send; **adjunto le remito mi currículum vítae** I enclose my CV; **remití el paquete por correo** I sent the parcel by mail -2. *(trasladar)* to refer; **remitiré tu solicitud al jefe** I'll refer your application to the boss -3. *(perdonar)* to forgive, to remit
◇ *vi* -1. *(en texto)* to refer **(a** to) -2. *(tormenta, viento)* to subside; *(lluvia, calor)* to ease off; *(temperatura)* to go down -3. *(fiebre)* to go down; *(dolor)* to go away; *(enfermedad)* to go into remission
◆ **remitirse** *vpr* -1. **remitirse a** *(atenerse a)* to abide by; **me remito a la decisión del presidente** I will abide by the president's decision -2. **remitirse a** *(referirse a)* to refer to; **me remito a los hechos** the facts speak for themselves
remo *nm* -1. *(pala)* *(de barco de remos)* oar; *(de canoa, kayak)* paddle; **llegaron a la orilla a ~** they rowed to the shore -2. *(deporte)* rowing
remoción *nf* -1. *(de personal)* dismissal, sacking -2. *Andes, RP (de heridos)* transport -3. *Andes, RP (de escombros)* removal
remodelación *nf* -1. *(de edificio, plaza)* renovation -2. *(de gobierno, organización)* reshuffle; **~ ministerial** cabinet reshuffle
remodelar *vt* -1. *(edificio, plaza)* to renovate; **~ algo para convertirlo en** to convert sth into -2. *(gobierno, organización)* to reshuffle
remojar *vt* -1. *(mojar)* to soak -2. *Fam (celebrar bebiendo)* to celebrate with a drink; **esta noticia hay que remojarla** this news calls for a drink
remojo *nm (agua)* **poner algo en o a ~** to leave sth to soak; **estar en ~** to be soaking
remojón *nm (en la piscina, el mar)* dip; *(bajo la lluvia)* soaking, drenching; **me di un ~ rápido en la piscina** I went for a quick dip in the pool
remolacha *nf Esp, CAm, Carib, Ecuad, RP Br* beetroot, *US* beet ❑ **~ azucarera** (sugar) beet
remolachero, -a *Esp, CAm, Carib, Ecuad, RP* ◇ *adj Br* beetroot, *US* beet; **el sector ~** the *Br* beetroot o *US* beet sector
◇ *nm,f Br* beetroot grower, *US* beet grower

remolcador, -ora ◇ *adj (vehículo)* **lancha remolcadora** tug, tugboat; **camión ~** *Br* breakdown van *o* truck, *US* tow truck
◇ *nm* **-1.** *(barco)* tug, tugboat **-2.** *(camión) Br* breakdown van *o* truck, *US* tow truck

remolcar [59] *vt* **-1.** *(barco)* to tug **-2.** *(coche)* to tow

remoler [41] *vi Chile, Perú (parrandear)* to live it up, to have a ball

remolienda *nf Chile, Perú Fam* binge, spree

remolino *nm* **-1.** *(de agua)* eddy, whirlpool; *(de viento)* whirlwind; *(de humo)* swirl **-2.** *(de gente)* throng, mass **-3.** *(de ideas)* confusion **-4.** *(de pelo)* cowlick **-5.** *RP (juguete)* (toy) windmill

remolón, -ona *Fam* ◇ *adj* lazy
◇ *nm,f* **hacerse el ~** to shirk, to be lazy

remolonear *vi Fam (perder el tiempo)* to shirk, to be lazy; *(en la cama)* to laze about in bed

remolque *nm* **-1.** *(acción)* towing; **nos llevaron a ~ hasta el garaje** they towed us to the garage; EXPR **a ~ de: la política exterior del país va a ~ de la estadounidense** the country's foreign policy is led by that of the United States; **va a ~ de lo que dice su hermano** he goes along with whatever his brother says **-2.** *(vehículo)* trailer

remonta *nf MIL* **-1.** *(conjunto de caballos)* supply of remounts **-2.** *(establecimiento)* remount establishment

remontada *nf Fam DEP* comeback; **la ~ del equipo en la liga** the team's rapid climb back up the league table

remontar ◇ *vt* **-1.** *(pendiente, río)* to go up; *(obstáculo)* to get over, to overcome; *(puestos)* to go up, to climb up; **remontaron un parcial de 3-0** they overcame a 3-0 deficit; **~ (el) vuelo** *(avión, ave)* to soar; **la empresa no consigue ~ (el) vuelo** the company hasn't been able to pull itself out of the crisis **-2.** *RP (cometa)* to fly
◆ **remontarse** *vpr* **-1.** *(ave, avión)* to soar, to climb high **-2.** *(gastos)* **remontarse a** to amount *o* come to **-3. remontarse a** *(datar de)* to go *o* date back to; **la disputa se remonta al siglo XIX** the dispute dates back to the 19th century **-4.** *(retroceder en el tiempo)* **si nos remontamos 300 años...** if we go back 300 years... **-5.** *RP Fam (entusiasmarse)* to get carried away

remonte *nm* ski lift

remoquete *nm Fam (apodo)* nickname

rémora *nf* **-1.** *(pez)* remora **-2.** *(impedimento)* hindrance; **la falta de inversiones constituye una ~ para el desarrollo del país** the lack of investment is hindering the country's development

remorder [41] *vt* **me remuerde (la conciencia) haberle mentido** I feel guilty *o* bad about lying to him; **le remuerde (la conciencia) no haberles ayudado** she feels guilty *o* bad about not helping them

remordimiento *nm* remorse; **tener remordimientos (de conciencia) por algo** to feel remorse about sth; **le mentí y luego sentí remordimientos** I lied to her and felt bad about it later

remotamente *adv* remotely; **no se parecen ni ~** they don't look even remotely like each other; **me recuerda ~ a mi país** it vaguely reminds me of my own country

remoto, -a *adj* **-1.** *(en el espacio)* remote; **visitantes de tierras remotas** visitors from far-off lands **-2.** *(en el tiempo)* distant, remote **-3.** *(posibilidad, parecido)* remote; **no tengo ni la más remota idea** I haven't got the faintest idea **-4.** INFORMÁT remote

remover [41] ◇ *vt* **-1.** *(agitar) (sopa, café)* to stir; *(ensalada)* to toss **-2.** *(tierra)* to turn over, to dig up; EXPR **~ Roma con Santiago** to leave no stone unturned **-3.** *(obstáculo)* to remove **-4.** *(recuerdos, pasado)* to stir up, to rake up; **prefieren no ~ el asunto** they would rather not rake up the matter **-5.** *esp Am (despedir)* to dismiss, to sack
◆ **removerse** *vpr (moverse)* to fidget; **se removía inquieto en la cama** he was tossing and turning in his bed

remozar *vt (edificio, fachada)* to renovate; *(equipo)* to give a new look to

remplazante = **reemplazante**
remplazar = **reemplazar**
remplazo = **reemplazo**
remuelco *etc ver* **remolcar**
remuelo *etc ver* **remoler**
remuerda *etc ver* **remorder**
remuevo *etc ver* **remover**
remunerable *adj* remunerable

remuneración *nf* **-1.** *(acción)* remuneration **-2.** *(cantidad)* remuneration; **cobra una alta ~ por sus servicios** she charges a high fee for her services; **~: a convenir** *o* **negociar** *(en anuncio)* salary *o* remuneration to be agreed, salary negotiable

remunerado, -a *adj* paid; **bien ~** well paid; **mal ~** badly paid; **no ~** unpaid

remunerar *vt* **-1.** *(pagar)* to remunerate **-2.** *(recompensar)* to reward; **se remunerará** *(en cartel)* reward

remunerativo, -a *adj* remunerative

renacentista ◇ *adj* Renaissance; **pintor ~** Renaissance painter
◇ *nmf (artista)* Renaissance artist

renacer [42] *vi* **-1.** *(flores, hojas)* to grow again **-2.** *(sentimiento, interés)* to return, to revive; **renació la esperanza de llegar a un acuerdo** hopes of reaching an agreement were revived *o* rekindled; **me siento ~** I feel reborn, I feel like I have a new lease of life; **renació de sus cenizas** it rose from its ashes

Renacimiento *nm* **el ~** the Renaissance

renacimiento *nm* **-1.** *(de flores, hojas)* budding **-2.** *(de sentimiento, interés)* revival, return; **~ espiritual** spiritual rebirth

renacuajo ◇ *nm (animal)* tadpole
◇ *nm,f Fam (niño)* tiddler

renal *adj* renal, kidney; **infección ~** kidney infection

Renania *n* the Rhineland

renazco *etc ver* **renacer**

rencilla *nf* (long-standing) quarrel, feud

renco, -a ◇ *adj* lame
◇ *nm,f* lame person

rencontrar *ver* **reencontrar**

rencor *nm* resentment, bitterness; **espero que no me guardes ~** I hope you don't feel bitter towards me; **le guardo mucho rencor** I feel a lot of resentment towards him; **me guarda ~ por lo que le hice** he bears me a grudge because of what I did to him

rencoroso, -a ◇ *adj* resentful; **es muy ~** he's very resentful
◇ *nm,f* resentful person; **ser un ~** to be resentful

rencuentro *ver* **reencuentro**

rendición *nf* surrender ❑ **~ incondicional** unconditional surrender

rendido, -a *adj* **-1.** *(agotado)* exhausted, worn out; **estoy ~ de tanto caminar** I'm exhausted *o* worn out from all that walking **-2.** *(sumiso)* submissive; *(admirador)* servile, devoted

rendidor, -ora *adj RP (inversión, acciones)* profitable; *(producto)* long-lasting; *(estudiante)* hard-working; **un champú muy ~** a shampoo that goes a long way; **comprar en grandes cantidades es más ~** buying in bulk is cheaper

rendija *nf* crack, gap

rendimiento *nm* **-1.** *(de inversión, negocio)* yield, return; *(de tierra, cosecha)* yield ❑ **~ del capital** capital yield **-2.** *(de motor, máquina)* performance; *(de trabajador, fábrica)* productivity; **trabajar a pleno ~** to work flat out **-3.** *(de estudiante, deportista)* performance

rendir [47] ◇ *vt* **-1.** *(cansar)* to wear out, to tire out; **este trabajo rinde a cualquiera** this work is enough to wear anyone out
-2. *(rentar)* to yield
-3. *(vencer)* to defeat, to subdue
-4. *(entregar, arma, alma)* to surrender; **rindió su alma a Dios** she surrendered her soul to God; **~ cuentas a alguien de algo** to give an account of sth to sb; **no tiene que ~ cuentas a nadie** he doesn't have to answer to anybody for his actions
-5. *(ofrecer)* to give, to present; *(pleitesía)* to pay; **~ culto a** to worship; **~ homenaje** *o* **tributo a alguien** to pay tribute to sb; **le rindieron honores de Jefe de Estado** he was accorded the same treatment as a Head of State
-6. *Méx* **~ protesta** to be sworn in
-7. *RP (examen)* to take, *Br* to sit
◇ *vi* **-1.** *(inversión, negocio)* to be profitable **-2.** *(motor, máquina)* to perform well; *(trabajador, fábrica)* to be productive **-3.** *(deportista, estudiante)* **este atleta ya no rinde como antes** this athlete isn't as good as he used to be; **el niño no está rindiendo en los estudios** the boy isn't doing well at school
-4. *(dar de sí)* **esta pintura rinde mucho** a little of this paint goes a long way; **me rinde mucho el tiempo** I get a lot done (in the time)
-5. *RP (hacer examen)* to take *o Br* sit an exam
◆ **rendirse** *vpr* **-1.** *(entregarse)* to give oneself up, to surrender; **los atracadores se rindieron a la policía** the bank robbers gave themselves up to the police; **¡ríndete!** give yourself up! **-2.** *(ceder, abandonar)* to give in, to give up; **no te rindas ahora, que ya casi has acabado** don't give in *o* up now, you've almost finished; **rendirse a la evidencia** to bow to the evidence; **¡me rindo!** *(en adivinanza)* I give in *o* up!

renegado, -a ◇ *adj* renegade
◇ *nm,f* renegade

renegar [43] ◇ *vt (negar)* to deny categorically; **negó y renegó que hubiera estado allí** he repeatedly and categorically denied that he had been there
◇ *vi* **-1. ~ de** *(fe)* to renounce **-2. ~ de** *(familia)* to disown; *(principios)* to abandon, to renounce **-3.** *Fam (gruñir)* to grumble

renegociación *nf* renegotiation

renegociar *vt* to renegotiate

renegrido, -a ◇ *adj* grimy, blackened
◇ *nm* shiny cowbird

renegué *ver* **renegar**

Renfe ['rrenfe] *nf (abrev de Red Nacional de los Ferrocarriles Españoles)* = Spanish state railway company

renglón *nm* **-1.** *(línea)* line; **escribir a alguien unos renglones** to drop sb a line; EXPR **a ~ seguido** straight after; **la insultó y a ~ seguido le pidió disculpas** he insulted her and then said sorry in the same breath **-2.** *Méx (colección)* line

rengo, -a *Andes, RP* ◇ *adj* lame
◇ *nm,f* lame person

renguear *vi Andes, RP* to limp, to hobble

renguera *nf Andes, RP* limp

reniego *etc ver* **renegar**

renio *nm* QUÍM rhenium

reno *nm* reindeer

renombrado, -a *adj* renowned, famous

renombrar *vt* INFORMÁT to rename

renombre *nm* renown, fame; **una marca de ~** a well-known make; **un empresario de ~ internacional** an internationally famous businessman

renovabilidad *nf (de recurso natural)* renewability

renovable *adj* renewable

renovación *nf* **-1.** *(de mobiliario, local)* renewal; **se ha producido una ~ del personal** changes have been made to the staff **-2.** *(de carné, contrato, suscripción)* renewal **-3.** *(de ataques, esfuerzos)* renewal **-4.** *(restauración)* restoration **-5.** *(revitalización)* revitalization **-6.** POL *(reforma)* reform

renovado, -a *adj* **-1.** *(carné, contrato)* renewed **-2.** *(ataques, esfuerzos)* renewed; **con renovados bríos** with renewed energy

renovador, -ora ◇ *adj* **-1.** *(que renueva)* innovative **-2.** POL *(que reforma)* reformist
◇ *nm,f* **-1.** *(persona que renueva)* innovator **-2.** POL *(persona que reforma)* reformer

renovar [41] ◇ vt **-1.** *(cambiar) (mobiliario, local)* to renovate; *(personal, plantilla)* to make changes to, to shake out; **~ el vestuario** to buy new clothes, to update one's wardrobe; **la empresa ha renovado su imagen** the company has brought its image up to date **-2.** *(carné, contrato)* to renew **-3.** *(ataques, esfuerzos)* to renew **-4.** *(restaurar)* to restore **-5.** *(revitalizar)* to revitalize **-6.** POL *(reformar)* to reform

◆ **renovarse** vpr **¡renovarse o morir!**, Am **¡renovarse es vivir!** adapt or die!

renqueante adj **-1.** *(cojo)* limping, hobbling **-2.** *(con dificultades)* struggling; **la ~ economía del país** the country's struggling economy

renquear vi **-1.** *(cojear)* to limp, to hobble **-2.** *(tener dificultades)* to struggle along

renqueo nm, Am **renquera** nf limp

renta nf **-1.** *(ingresos)* income; **vivir de las rentas** to live off one's (private) income; *Fam* **sacan un disco de éxito y luego, a vivir de las rentas** they bring out one hit record and then sit back and live off the profits ❑ **~ per cápita** per capita income; **~ gravable** taxable income; **~ por habitante** per capita income; **~ imponible** taxable income; **~ del trabajo** earned income; **~ vitalicia** life annuity
-2. *(alquiler)* rent
-3. *(beneficios)* return ❑ **~ del capital** capital yield
-4. *(intereses)* interest ❑ **~ fija** fixed (interest) rate; **acciones de ~ fija** fixed-interest shares; **~ variable** variable (interest) rate; **acciones de ~ variable** variable-interest shares; **los mercados de ~ variable** the equity markets
-5. *(deuda pública)* national o public debt

rentabilidad nf profitability; **el negocio tiene muy poca ~** the business is not very profitable; **un bono de alta ~** a bond offering a high yield o return

rentabilizar [14] vt to make profitable; **rentabilizaron la inversión inicial en dos años** it took them two years to make a profit on their initial investment; **al gobierno le costó ~ sus éxitos en las urnas** the government struggled to turn its achievements into votes o into success at the polls

rentable adj profitable; **la manera más ~ de hacerlo es...** the most cost-efficient way of doing it is...; **sólo es o sale ~ si viajas más de tres veces diarias** it's only worth it if you make more than three journeys a day

rentado, -a adj **-1.** Méx *(alquilado) (apartamento)* rented; **un carro ~** a hire car **-2.** RP *(remunerado)* paid

rentar ◇ vt **-1.** *(rendir)* to produce, to yield; **esa inversión no me renta mucho** my earnings on that investment aren't very high **-2.** Méx *(alquilar)* to rent; *(vehículo)* to hire; **se renta** *(en letrero)* to let
◇ vi to be profitable

rentista nmf person of independent means

renuencia nf reluctance, unwillingness

renuente adj reluctant, unwilling (**a** to); **se mostró ~ a la negociación** she was reluctant o unwilling to enter into negotiations

renuevo ◇ etc ver **renovar**
◇ nm BOT shoot

renuncia nf **-1.** *(abandono)* giving up; **demandan que el grupo anuncie su ~ a la violencia** they are demanding that the group renounce the use of violence **-2.** *(dimisión)* resignation; **presentó su ~** he handed in his (letter of) resignation

renunciar vi **-1. ~ a algo** *(abandonar, prescindir de)* to give sth up; **~ a un proyecto** to abandon a project; **~ al tabaco** to give up o stop smoking; **~ a la violencia** to renounce the use of violence
-2. *(dimitir)* to resign; **renunció a su cargo de secretario** he resigned his position as secretary
-3. *(rechazar)* **~ a hacer algo** to refuse to do sth; **~ a algo** *(premio, oferta)* to turn sth down; **renunció a recibir ayuda del extranjero** he refused to accept help from abroad
-4. *(en naipes)* to revoke

renuncio nm **-1.** *(en naipes)* revoke **-2.** EXPR **pillar a alguien en (un) ~** to catch sb out

reñidero nm pit ❑ **~ de gallos** cockpit

reñido, -a adj **-1.** *(enfadado)* **está ~ con su madre** he's fallen out with his mother; **están reñidos** they've fallen out
-2. *(disputado) (combate, campaña electoral)* fierce, hard-fought; *(partido, carrera)* close
-3. *(incompatible)* **estar ~ con** to be at odds with, to be incompatible with; **la técnica no está reñida con la creatividad** good technique is not incompatible with creativity, it is possible to have good technique and be creative at the same time

reñir [47] ◇ vt *(regañar)* to tell off; **les riñeron por hablar en clase** they were told off for talking in class
◇ vi **-1.** *(discutir)* to argue; **¡niños, dejad de ~!** stop arguing, children!; **riñeron por una tontería** they fell out over something really silly **-2.** *(enemistarse)* to fall out (**con** with)

reo¹ nmf **-1.** *(culpado)* offender, culprit **-2.** *(acusado)* accused, defendant

reo², -a RP Fam ◇ adj *(en aspecto)* scruffy; *(en modales)* loutish, Br yobbish
◇ nm,f *(en aspecto)* Br scruff, US bum; *(en modales)* lout, Br yob

reoca nf EXPR Fam **ser la ~** *(gracioso)* to be a scream; *(genial)* to be really cool; *(el colmo)* to be the absolute limit

reojo: de reojo loc adv **mirar algo/a alguien de ~** to look at sth/sb out of the corner of one's eye

reología nf rheology

reordenación nf restructuring

reordenar vt to restructure

reorganización nf *(reestructuración)* reorganization; *(del gobierno)* reshuffle

reorganizar [14] vt *(reestructurar)* to reorganize; *(gobierno)* to reshuffle

reorientar ◇ vt *(carrera, vida)* to give a new direction to; *(empresa, energías, interés)* to refocus (**hacia** on), to redirect (**hacia** towards)

◆ **reorientarse** *(carrera, vida)* to take a new direction; *(empresa, energías, interés)* to refocus (**hacia** on)

reóstato, reostato nm rheostat

Rep. *(abrev de República)* Rep

repajolero, -a adj Fam **no tengo ni repajolera idea** I haven't the foggiest; **no le hizo ni repajolera gracia** she didn't find it the slightest bit funny

repámpanos interj Fam *(expresa sorpresa)* good heavens!; *(expresa enfado)* for heaven's sake!

repampimflar vt Fam **me la repampimfla** I don't give a damn

repanchigarse, repanchingarse [38] vpr Fam to sprawl out

repanocha nf EXPR Fam **ser la ~** *(gracioso)* to be a scream; *(genial)* to be really cool; *(el colmo)* to be the absolute limit

repantigarse, repantingarse [38] vpr Fam to sprawl out

reparable adj *(remediable)* repairable

reparación nf **-1.** *(arreglo)* repair; **necesita varias reparaciones** it needs several things repairing; **en ~** under repair; **reparaciones** *(taller)* repair shop **-2.** *(compensación)* redress; **reclamó una ~ por la ofensa de que fue objeto** he sought redress for the wrong done to him

reparador, -ora adj *(descanso, sueño)* refreshing

reparar ◇ vt **-1.** *(vehículo, aparato)* to repair, to fix; **llevar algo a ~** to take sth to be repaired o fixed **-2.** *(error, daño)* to make amends for, to make up for **-3.** *(fuerzas)* to restore
◇ vi *(percatarse)* **~ en (la cuenta de) algo** to notice sth; **no reparó en que una de las ruedas estaba pinchada** he didn't notice that one of the tyres had a puncture; **¿reparaste en la cara que pusieron?** did you see their expression?; **no repara en los posibles obstáculos** she doesn't realize the possible pitfalls; **no ~ en gastos** to spare no expense

reparo nm **-1.** *(objeción)* objection; **no tengo ningún ~ en negociar con ellos** I have no objection to doing business with them; **poner reparos a algo** to raise objections to sth **-2.** *(apuro)* **con reparos** with hesitation o reservations; **me da ~** I feel awkward about it; **no tener reparos en hacer algo** to have no qualms o scruples about doing sth; **sin reparos** without reservation, with no holds barred

reparón, -ona adj Fam fault-finding, carping

repartición nf **-1.** *(reparto)* sharing out **-2.** Andes, RP *(departamento)* department

repartidor, -ora ◇ adj delivery; **camión ~** delivery lorry
◇ nm,f *(de butano, carbón)* delivery man, f delivery woman; *(de leche)* milkman, f milklady; *(de periódicos)* paperboy, f papergirl; **es ~ de publicidad** *(en la calle)* he hands out advertising leaflets; *(en buzones)* he distributes advertising leaflets

repartija nf CSur Fam share-out; **antes que se muriera ya había empezado la ~** they had already started carving up his estate before he died

repartimiento nm *(de tierras, recursos)* distribution

repartir ◇ vt **-1.** *(dividir)* to share out, to divide; **repartió los terrenos entre sus hijos** she divided the land amongst her children; **la riqueza está mal repartida** there is an uneven distribution of wealth
-2. *(distribuir) (leche, periódicos, correo)* to deliver; *(naipes)* to deal (out); **repartimos a domicilio** we do home deliveries; *Fam* **repartió puñetazos a diestro y siniestro** he lashed out with his fists in every direction
-3. *(esparcir) (pintura, mantequilla)* to spread; **reparte bien la salsa** pour the sauce evenly; **repartieron la carga por todo el camión** they spread the load over the whole of the truck o Br lorry
-4. *(asignar) (trabajo, órdenes)* to give out, to allocate; *(papeles)* to assign; **nos vamos a ~ las tareas** we're going to share the jobs out between us
◇ vi *(en juego de naipes)* to deal; **ahora reparto yo** it's my turn to deal

◆ **repartirse** vpr **-1.** *(dividirse)* to divide up, to share out; **se repartieron el botín** they divided up o shared out the loot **-2.** *(distribuirse)* to spread out; **las tropas se repartieron por el bosque** the troops spread out across the wood

reparto nm **-1.** *(división)* division; **hacer el ~ de algo** to divide sth up, to share sth out; **el ~ de la riqueza** the distribution of wealth ❑ Esp ECON **~ de beneficios** profit sharing; ECON **~ de dividendos** dividend payout; **~ del trabajo** division of labour; Am ECON **~ de utilidades** profit sharing
-2. *(distribución) (de leche, periódicos, correo)* delivery; *(de naipes)* dealing; **el camión del ~** the delivery van; **se dedica al ~ de publicidad** he distributes advertising leaflets ❑ **~ a domicilio** home delivery
-3. *(asignación)* giving out, allocation ❑ **~ de premios** prizegiving
-4. CINE & TEATRO cast; **actor de ~** supporting actor
-5. Cuba *(barrio)* neighbourhood, area

repasador nm RP *(trapo)* tea towel

repasar vt **-1.** *(revisar)* to go over, to check; **hay que ~ las cuentas para detectar el error** we'll have to go through all the accounts to find the mistake; **hoy repasaremos la segunda lección** we'll go over lesson two again today **-2.** *(estudiar)* to revise **-3.** *(zurcir)* to darn, to mend

repaso nm **-1.** *(revisión)* check; **hacer un ~ de algo** to check sth over **-2.** *(estudio)* revision; **dar un ~ a algo** to revise sth **-3.** *(de ropa)* **un ~ a algo** *(remendar)* to darn o mend sth; *(planchar)* to give sth a quick iron; **necesita un ~** *(remiendo)* it needs darning o mending;

repatear *(planchado)* it needs a quick iron **-4.** *Fam* **dar un ~ a alguien** *(regañar)* to give sb a stern telling-off; *(apabullar)* to thrash sb

repatear *vt Fam* **me repatea que...** it really annoys me that...; **ese tipo me repatea** I can't stand that guy

repatriación *nf* **-1.** *(de persona)* repatriation **-2.** *(de capitales)* repatriation

repatriado, -a ◇ *adj* **-1.** *(persona)* repatriated **-2.** *(capitales)* repatriated
◇ *nm,f* repatriate

repatriar [32] ◇ *vt* **-1.** *(persona)* to repatriate **-2.** *(capitales)* to repatriate
◆ **repatriarse** *vpr* **-1.** *(persona)* to be repatriated **-2.** *(capitales)* to be repatriated

repecho *nm* short steep slope

repeinado, -a *adj* **iba repeinada** she had had her hair all done up

repelar *Méx* ◇ *vt (exasperar)* to exasperate, to irritate
◇ *vi (rezongar, refunfuñar)* to grumble

repelencia *nf* repulsion

repelente ◇ *adj* **-1.** *Fam (niño)* **es un niño ~** he's a disgusting little goody-goody **-2.** *(odioso)* disgusting **-3.** *(de insectos)* repellent
◇ *nm* **~ (contra insectos)** insect repellent

repeler ◇ *vt* **-1.** *(ataque)* to repel **-2.** *(sustancia)* **una tela que repele las manchas** a stain-resistant fabric; **el poste repelió el balón** the ball was kept out by the post **-3.** *(repugnar)* to repulse, to disgust; **ese olor me repele** I find that smell disgusting *o* repulsive
◆ **repelerse** *vpr (mutuamente)* to repel

repelús, repeluzno *nm Fam* **-1.** *(escalofrío)* shiver; **me dio un ~** it sent a shiver down my spine **-2. me da ~** *(miedo)* it gives me the shivers; *(repugnancia)* I find it revolting *o* disgusting

repensar *vt* to think over

repente ◇ *nm (arrebato)* fit; **le dio un ~** she had a fit
◇ **de repente** *loc adv* **-1.** *(súbitamente)* suddenly; **se puso a llover de ~** it suddenly started raining; **todo sucedió de ~** it all happened very suddenly **-2.** *RP (tal vez)* maybe, perhaps; **de ~ cambió de idea** maybe *o* perhaps he changed his mind, he might have changed his mind

repentinamente *adv* suddenly

repentino, -a *adj* sudden; **su muerte repentina sorprendió a todos** her sudden death surprised everybody

repera *nf* EXPR *Fam* **ser la ~** *(gracioso)* to be a scream; *(genial)* to be really cool; *(el colmo)* to be the limit

repercusión *nf* **-1.** *(de sonido)* reverberation **-2.** *(eco)* impact; **el tratado tuvo ~ en todo el mundo occidental** the treaty had an impact throughout the Western world **-3.** *(consecuencia)* repercussion; **el atentado tendrá graves repercusiones en el proceso de paz** the attack will have serious repercussions on the peace process

repercutir ◇ *vi* **-1.** *(resonar)* to resound, to reverberate **-2. ~ en algo** *(afectar)* to affect sth; **sus problemas repercuten en su rendimiento** his problems are affecting his performance
◇ *vt (gastos)* **~ algo en alguien** to pass sth on to sb

repertorio *nm* **-1.** *(obras)* repertoire **-2.** *(serie)* selection **-3.** INFORMÁT **~ de instrucciones** instruction set

repesca *nf* **-1.** EDUC resit **-2.** DEP repechage

repescar [59] *vt* **-1.** EDUC **~ a alguien** to allow sb a resit **-2.** DEP **~ a alguien** to allow sb into the repechage

repetición *nf (de acción, dicho)* repetition; *(de programa)* repeat; **una ~ de los resultados de 2002** a repeat of the 2002 results; **la ~ (de la jugada)** the (action) replay; **la ~ de las jugadas más interesantes** the highlights; **fusil de ~** repeater, repeating firearm

repetidamente *adv* repeatedly

repetido, -a *adj* **-1.** *(reiterado)* repeated; **se lo he dicho repetidas veces** I've told him time and again, I've told him repeatedly **-2.** *(duplicado)* **tengo este libro ~** I've got two copies of this book

repetidor, -ora ◇ *adj* EDUC **alumno ~** = pupil repeating a year
◇ *nm,f* EDUC = pupil repeating a year
◇ *nm (de radio, televisión)* repeater

repetir [47] ◇ *vt* **-1.** *(hacer, decir de nuevo)* to repeat; *(ataque)* to renew; **vas a tener que ~ la redacción** you're going to have to re-write it; **repíteme tu apellido** could you repeat your surname?, could you tell me your surname again?; **el bebé repite todo lo que dicen sus padres** the baby repeats everything his parents say; **te lo he repetido mil veces** I've told you a thousand times; **te lo voy a ~: no quiero ir** I'm going to tell you one more time: I don't want to go; **no me gustaría ~ una experiencia así** I wouldn't like to repeat an experience like that
-2. EDUC **repitió tercero** he repeated his third year
-3. *(en comida)* to have seconds of; **voy a ~ postre** *(en un restaurante)* I'm going to have another dessert; *(en casa)* I'm going to have some more dessert *o* another helping of dessert
◇ *vi* **-1.** EDUC to repeat a year **-2.** *(sabor, alimento)* **~ a alguien** to repeat on sb; **el ajo repite mucho** garlic really repeats on you; **me está repitiendo la cebolla** the onion is repeating on me **-3.** *(de comida)* to have seconds; **esta ensalada me encanta, voy a ~** I love this salad, I'm going to have some more of it
◆ **repetirse** *vpr* **-1.** *(acontecimiento)* to recur; **este fenómeno se repite cada verano** this phenomenon recurs *o* is repeated every summer; **una oportunidad así no se repetirá** you/we/*etc* won't get another opportunity like this; **¡y que no se vuelva a ~!** and don't let it happen again! **-2.** *(persona)* to repeat oneself

repetitivo, -a *adj* repetitive

repicar [59] ◇ *vt (campanas)* to ring; *(tambor)* to beat
◇ *vi (campanas)* to ring; *(tambor)* to sound

repintar ◇ *vt* to repaint
◆ **repintarse** *vpr (maquillarse)* to put on heavy make-up

repipi *Fam Pey* ◇ *adj* **un niño ~** a precocious brat
◇ *nmf* precocious brat

repique ◇ *ver* **repicar**
◇ *nm* peals, ringing; **el ~ de las campanas se oía en todo el pueblo** the ringing of the bells could be heard throughout the village

repiquetear ◇ *vt (campanas)* to ring loudly
◇ *vi (campanas)* to peal (out); *(tambor)* to beat; *(timbre)* to ring; *(lluvia, dedos)* to drum

repiqueteo *nm (de campanas)* pealing; *(de tambor)* beating; *(de timbre)* ringing; *(de lluvia, dedos)* drumming

repisa *nf* **-1.** *(estante)* shelf; *(sobre chimenea)* mantelpiece **-2.** ARQUIT bracket

repitiera *etc ver* **repetir**

repito *etc ver* **repetir**

replana *nf Perú* slang *(especially that used by criminals)*

replantar *vt* **-1.** *(parque)* to replant **-2.** *(planta)* *(en jardín, huerto)* to transplant; *(en maceta)* to repot

replanteamiento *nm* **-1.** *(de situación, problema)* restatement **-2.** *(de cuestión)* *(parafraseo)* rephrasing; **el ~ de una cuestión** raising an issue again

replantear ◇ *vt* **-1.** *(situación, problema)* to restate **-2.** *(cuestión)* *(de nuevo)* to raise again; *(parafrasear)* to rephrase
◆ **replantearse** *vpr (situación, problema, cuestión)* to reconsider; **se replanteó su participación en el acto** he reconsidered taking part in the event

replay [rriplei] *(pl* **replays***) nm* replay

replegar [43] ◇ *vt* **-1.** *(tropas)* to withdraw; **el entrenador replegó a sus jugadores tras el gol** the coach got his team to play deeper after the goal **-2.** *(alas)* to fold
◆ **replegarse** *vpr* **-1.** *(tropas)* to withdraw; *(jugadores)* to play deeper **-2. replegarse (en sí mismo)** *(persona)* to withdraw into oneself

repleto, -a *adj (habitación, autobús)* packed; **estoy ~** *(de comida)* I'm full (up); **el centro estaba ~ de turistas** the town centre was packed with tourists

réplica *nf* **-1.** *(respuesta)* reply **-2.** *(copia)* replica **-3.** *(de terremoto)* aftershock

replicación *nf* BIOL replication

replicar [59] ◇ *vt* **-1.** *(responder)* to answer **-2.** *(objetar)* to answer back, to retort
◇ *vi (objetar)* to answer back; **hazlo ya, y sin ~** do it now, and no arguments!

replicón, -ona *Fam* ◇ *adj* argumentative
◇ *nm,f* argumentative person; **es un ~** he's always answering back

repliego *etc ver* **replegar**

repliegue *nm* **-1.** *(retirada)* withdrawal **-2.** *(pliegue)* fold

repoblación *nf* **-1.** *(con gente)* resettlement **-2.** *(con animales)* repopulation; *(con peces)* restocking; *(con árboles)* replanting ❏ **~ forestal** reafforestation

repoblador, -ora *nm,f* resettler

repoblar [63] *vt* **-1.** *(con gente)* to resettle **-2.** *(con animales)* to repopulate; *(con peces)* to restock; *(con árboles)* to replant, to reforest

repollito *nm Andes, RP* ❏ **~ de Bruselas** Brussels sprout

repollo *nm* cabbage ❏ *RP* **~ colorado** red cabbage

repolludo, -a *adj Fam (rechoncho)* chubby

reponer [50] ◇ *vt* **-1.** *(sustituir)* *(existencias, trabajador)* to replace; **repuso el dinero en la caja** he put the money back in the till, he returned the money to the till
-2. *(restituir)* *(en un cargo)* to reinstate; **repusieron al secretario en su cargo** the secretary was reinstated in his post
-3. *(película)* to re-run; *(obra)* to revive; *(serie)* to repeat
-4. *(replicar)* to reply; **repuso que le parecía muy bien** he replied that he thought it was a very good idea
-5. *(recuperar)* **haremos una parada para ~ fuerzas** we'll make a stop to get our strength back
◆ **reponerse** *vpr* to recover **(de** from); **el atleta se está reponiendo rápidamente de su lesión** the athlete is making a quick recovery from his injury; **tardé mucho en reponerme del susto** it took me a long time to recover from *o* to get over the shock

repóquer *nm* **un ~ de ases** five aces *(when playing with two decks)*

reportaje *nm* **-1.** *(en radio, televisión) (programa)* report; *Am (entrevista)* interview **-2.** *(en periódico) (artículo)* feature; *Am (entrevista)* interview ❏ **~ de boda** wedding photos; **~ fotográfico** illustrated feature; **~ gráfico** illustrated feature

reportar ◇ *vt* **-1.** *(traer)* to bring; **no le ha reportado más que problemas** it has caused him nothing but problems; **el negocio reporta muchos beneficios** the business generates a lot of profit, the business is very profitable **-2.** *Andes, CAm, Méx, Ven (informar)* to report **-3.** *CAm, Méx (denunciar)* to report (to the police); **reportó el ataque en la delegación** she reported the attack to the police
◆ **reportarse** *vpr* **-1.** *(reprimirse)* to control oneself **-2.** *CAm, Méx, Ven (presentarse)* to report (**a** to)

reporte *nm Andes, CAm, Méx, Ven (informe)* report; *(noticia)* news item *o* report; **recibí reportes de mi hermano** I had some news from my brother; **el ~ del tiempo** the weather report *o* forecast

reportear *Chile, Méx* ◇ *vt* to report on, to cover; **reporteó la entrega del premio** he reported on *o* covered the prizegiving

reportero

ceremony
◇ vi **fue a ~ al Medio Oriente** he went to work as a reporter in the Middle East

reportero, -a nm,f reporter ❏ **~ gráfico** press photographer

reposabrazos nm inv armrest

reposacabezas nm inv headrest

reposadamente adv **conversamos/caminamos ~** we had a leisurely conversation/walk

reposado, -a adj (persona) calm; (actividad, trabajo) leisurely

reposapiés nm inv footrest

reposar ◇ vi **-1.** (descansar) to (have a) rest; **le gusta ~ después de comer** she likes to have a rest after lunch **-2.** (sedimentarse) to stand; **deja que repose el agua** allow the water to settle; **la masa tiene que ~ durante media hora** the dough needs to stand for half an hour **-3.** (yacer) to lie; **su cuerpo reposa en el cementerio de la ciudad** her body lies in the town cemetery
◇ vt **-1.** (apoyar) to lean; **reposó la cabeza en su hombro** he leaned his head on her shoulder **-2.** (digerir) **todavía no he reposado la comida** I still haven't digested my meal

reposera nf RP Br sun-lounger, US beach recliner

reposición nf **-1.** (de película) rerun; (de obra) revival; (de serie) repeat **-2.** (de existencias, pieza) replacement

repositorio nm repository

reposo nm **-1.** (descanso) rest; **en ~** (cuerpo, persona) at rest; (máquina) not in use; CULIN **dejar algo en ~** to leave sth to stand; **guardar** o **hacer ~** to rest; **recomendó ~ absoluto** she recommended a complete rest **-2.** FÍS rest; **electrones en ~** electrons at rest

repostaje nm refuelling

repostar ◇ vi (avión) to refuel; (coche) to fill up
◇ vt **-1.** (gasolina) to fill up with; **repostamos combustible** we refuelled **-2.** (provisiones) to stock up on

repostería nf **-1.** (establecimiento) confectioner's (shop) **-2.** (oficio) confectionery **-3.** (productos) confectionery, cakes and pastries

repostero, -a ◇ nm,f (persona) confectioner
◇ nm Andes (armario) larder, pantry

reprender vt (a niños) to tell off; (a empleados) to reprimand

reprensible adj reprehensible

reprensión nf (a niños) telling-off; (a empleados) reprimand

represa nf **-1.** (dique) dam **-2.** Am (de presa) reservoir

represalia nf reprisal; **tomar represalias** to retaliate, to take reprisals; **un ataque en o como ~ por el asesinato de su líder** an attack made in retaliation o in reprisal for the assassination of their leader

represaliar vt **~ a alguien (por algo)** to take reprisals against sb (for sth)

represar vt (agua) to dam

representable adj (obra de teatro) performable

representación nf **-1.** (símbolo, imagen, ejemplo) representation; **no me hago una ~ clara de lo que ocurrió** I haven't got a clear picture of what happened; **la paloma es una ~ de la paz** the dove is a symbol of peace **-2.** (delegación) representation; **en ~ de** on behalf of; **acudió a la reunión en ~ de sus compañeros** he attended the meeting on behalf of his colleagues, he represented his colleagues at the meeting
-3. POL **~ mayoritaria** majority rule; **~ proporcional** proportional representation
-4. TEATRO performance; **una obra de difícil ~** a difficult play to perform; **~ única** one-night stand
-5. COM representation; **tener la ~ de** to act as a representative for

representante ◇ adj representative
◇ nmf (delegado) representative; **ganó el festival el ~ irlandés** the contestant representing Ireland won the contest; **~ (artístico)** agent; **~ (comercial)** (sales) rep ❏ **~ sindical** union rep o representative

representar vt **-1.** (simbolizar, ejemplificar) to represent; **este cuadro representa la Última Cena** this painting depicts the Last Supper; **la coma representa los decimales** the comma indicates decimal places; **Dalí representa perfectamente el surrealismo** Dalí is the ultimate surrealist painter
-2. (actuar en nombre de) to represent; **el delegado sindical representaba a sus compañeros** the shop steward represented his fellow workers; **ha participado en dos festivales representando a su país** she has represented her country at two festivals; **representa a varios artistas** she acts as an agent for several artists
-3. (aparentar) to look; **representa unos cuarenta años** she looks about forty; **representa muchos menos años de los que tiene** she looks a lot younger than she is
-4. (significar) to mean; **representa el 50 por ciento del consumo interno** it accounts for 50 percent of domestic consumption; **diez millones no representan nada para él** ten million is nothing to him; **representa mucho para él** it means a lot to him
-5. TEATRO (función) to perform; (papel) to play
-6. COM to represent

representatividad nf **este sindicato no tiene ~ entre los trabajadores del sector** this union is not representative of the workers in the industry

representativo, -a adj **-1.** (simbolizador) **ser ~ de algo** to represent sth; **un grupo ~ de la población general** a group that represents the population as a whole; **un escándalo ~ del clima de corrupción en el que vive el país** a scandal which reflects o is representative of the climate of corruption in the country
-2. (característico, relevante) **~ (de)** representative (of); **este cuadro es poco ~ de su estilo** this painting is not very representative of his style

represión nf **-1.** (política) repression **-2.** PSI repression

represivo, -a adj repressive

represor, -ora ◇ adj repressive
◇ nm,f oppressor

reprimenda nf reprimand; **recibieron una ~ por su comportamiento** they were reprimanded for their behaviour

reprimido, -a ◇ adj repressed
◇ nm,f repressed person; **ser un ~** to be repressed

reprimir ◇ vt **-1.** (llanto, risa) to suppress **-2.** (minorías, disidentes) to repress
➤ **reprimirse** vpr **reprimirse (de hacer algo)** to restrain oneself (from doing sth)

reprise (pl **reprises**), **reprís** nm acceleration

reprivatización nf privatization (of an industry that had previously been nationalized)

reprivatizar vt to privatize (an industry that had previously been nationalized)

reprobable adj reprehensible

reprobación nf reproof, censure

reprobar [63] vt **-1.** (desaprobar) to censure, to condemn **-2.** Am (estudiante, examen) to fail

reprobatorio, -a adj reproving

réprobo, -a ◇ adj damned
◇ nm,f lost soul

reprochable adj reproachable

reprochar ◇ vt **~ algo a alguien** to reproach sb for sth; **le reprocharon que no hubiera ayudado** they reproached him for not helping
➤ **reprocharse** vpr **reprocharse algo** (uno mismo) to reproach oneself for sth

reproche nm reproach; **hacer un ~ a alguien** to reproach sb; **el único ~ que se le puede hacer es que es un proyecto demasiado ambicioso** the only reproach that can be made of it is that it is too ambitious a project; **sus declaraciones le valieron muchos reproches** her statements earned her a great deal of criticism

reproducción nf **-1.** (procreación) reproduction; **tratamiento de ~ asistida** fertility treatment ❏ **~ asexual** asexual reproduction; **~ sexual** sexual reproduction **-2.** (copia) reproduction; **es una ~ exacta del original** it is an exact replica of the original **-3.** (repetición) recurrence; **preocupa la ~ de la enfermedad** there is concern about the possibility of the disease recurring **-4.** (de sonido) playback

reproducible adj reproducible

reproducir [18] ◇ vt **-1.** (repetir) to reproduce; (gestos) to copy, to imitate **-2.** (copiar) to reproduce; **reprodujo su declaración por escrito** he put his statement into writing **-3.** (representar) to depict; **la novela reproduce fielmente la atmósfera del periodo** the novel faithfully recreates the atmosphere of the period **-4.** (sonido) to play back
➤ **reproducirse** vpr **-1.** (volver a suceder) to recur; **anoche se reprodujeron los choques armados en la frontera** last night there were renewed armed clashes on the border **-2.** (procrear) to reproduce

reproductor, -ora ◇ adj reproductive; ANAT **el aparato ~** the reproductive system; **un aparato ~ de DVD** a DVD player
◇ nm,f (animal) breeding animal
◇ nm **~ de discos compactos** compact disc player, CD player; **~ de DVD** DVD player; **~ de vídeo** video player

reprografía nf reprographics (singular); **(servicio de) ~** copying service

repruebo etc ver **reprobar**

reptar vi (soldado, cocodrilo) to crawl; (serpiente) to slither

reptil nm reptile

república nf republic ❏ **~ bananera** banana republic; **la República Centroafricana** the Central African Republic; **la República Checa** the Czech Republic; **la República del Congo** the Republic of the Congo; Antes **la República Democrática Alemana** o **de Alemania** the German Democratic Republic; **la República Democrática del Congo** the Democratic Republic of Congo; **la República Dominicana** the Dominican Republic; **la República Eslovaca** the Slovak Republic; **~ federal** federal republic; Antes **la República Federal Alemana** o **de Alemania** the Federal Republic of Germany; Antes **la República Federal de Yugoslavia** the Yugoslav Federal Republic; **la República de Irlanda** the Republic of Ireland; **la República Irlandesa** the Irish Republic; **la República Oriental del Uruguay** = the official name of Uruguay; **la República Popular China** the People's Republic of China; **la República Popular de Corea** the Democratic People's Republic of Korea; **la República de Sudáfrica** the Republic of South Africa; HIST **la República de Weimar** the Weimar Republic

republicanismo nm republicanism

republicano, -a ◇ adj republican
◇ nm,f republican
◇ nm (ave) sociable weaver

repudiación nf repudiation

repudiar vt **-1.** (condenar) to condemn **-2.** (esposa) to repudiate, to disown **-3.** (herencia) to renounce

repudio nm **-1.** (condena) condemnation **-2.** (de esposa) repudiation, disowning **-3.** (de herencia) renouncement

repudrir ◇ vt to (cause to) rot away
➤ **repudrirse** vpr **-1.** (pudrirse) to rot away **-2.** Fam (consumirse) to pine away; **se repudría de tristeza** she was consumed with sadness

repueblo etc ver **repoblar**

repuesto, -a ◇ participio ver **reponer**
◇ adj recovered (**de** from)
◇ nm **-1.** (recambio) spare part; **de ~** spare, in reserve; **la rueda de ~** the spare wheel **-2.** (provisión extra) reserve

repugnancia nf (asco) disgust; **me da** o **produce ~** I find it disgusting; **sentir ~ hacia algo** to find sth disgusting

repugnante adj **-1.** (sabor, olor) disgusting, revolting **-2.** (acción, comportamiento) disgusting

repugnar *vi* **me repugna ese olor/su actitud** I find that smell/her attitude disgusting; **me repugna hacerlo** I'm loath to do it; **unas fotografías que repugnan** disgusting photographs

repujado, -a ◇ *adj* embossed
◇ *nm* embossed work

repujar *vt* to emboss

repulir ◇ *vt* **-1.** *(pulir)* to polish **-2.** *(acicalar)* to smarten up
➤ **repulirse** *vpr* to smarten up

repulsa *nf (censura)* condemnation; **se produjo una manifestación de ~ por el atentado** there was a demonstration in condemnation of the attack

repulsión *nf* **-1.** *(repugnancia)* repulsion; **me produce ~** it makes me sick **-2.** FÍS repulsion

repulsivo, -a *adj* **-1.** *(asqueroso)* repulsive **-2.** FÍS repulsive

repuntar ◇ *vt* Chile *(animales)* to round up
◇ *vi* **-1.** FIN *(valor)* to rally, to recover **-2.** *(marea)* to turn **-3.** *Am (mejorar)* to improve

repunte *nm* **-1.** FIN *(de valores, precios)* rally, recovery; **un ~ de la inflación** a slight rise in inflation; **la economía ha tenido un ~ al alza** the economy has rallied; **se ha producido un ~ de los precios** there has been a slight price rise *o* a rise in prices; **un ~ navideño de las ventas** a slight upturn in sales over the Christmas period **-2.** *(de marea)* turning

repusiera *etc ver* **reponer**

reputación *nf* reputation; **un cirujano de muy buena ~** a surgeon with a very good reputation; **tiene muy mala ~** he has a very bad reputation; **tiene ~ de ser un hábil negociador** he has a reputation for being a skilful negotiator

reputado, -a *adj* highly reputed; **uno de los economistas más reputados del país** one of the most highly reputed economists in the country

reputar *vt* to consider

requebrar [3] *vt (piropear)* to make flirtatious remarks to

requemado, -a *adj* burnt

requemar ◇ *vt* **-1.** *(comida)* to burn **-2.** *(planta, tierra)* to scorch **-3.** *(reconcomer)* **los celos lo requeman** he's consumed with jealousy
➤ **requemarse** *vpr (quemarse)* to get burnt, to burn

requerimiento *nm* **-1.** *(demanda)* request; **no liberaron al niño a pesar de los requerimientos de su padre** they refused to free the child in spite of his father's pleas; **el informe fue elaborado a ~ de la comisión** the report was written at the request of the committee **-2.** DER *(intimación)* writ, injunction; *(aviso)* summons *(singular)*; **acudió a ~ del juez** she appeared after being summonsed by the judge

requerir [62] *vt* **-1.** *(necesitar)* to require; **es un asunto que requiere mucha diplomacia** it is a matter which requires a great deal of tact; **se requieren conocimientos de francés** a knowledge of French is essential **-2.** *(ordenar)* **~ a alguien (para) que haga algo** to demand that sb do sth **-3.** DER to order; **el juez requirió la extradición del terrorista** the judge ordered the extradition of the terrorist

requesón *nm* = ricotta-type cheese

requete- *pref Fam* **requetebién** wonderfully *o* marvellously well; **requetegrande** absolutely enormous, *Br* ginormous; **todo está muy requetepensado** it's all been incredibly carefully thought out

requeté *nm* HIST **-1. el Requeté** the Carlist militia
-2. *(persona)* Carlist militiaman

requiebro ◇ *ver* **requebrar**
◇ *nm* flirtatious remark

réquiem *(pl* **requiems)** *nm* **-1.** REL requiem **-2.** MÚS requiem

requiero *etc ver* **requerir**

requilorio *nm Fam* **déjate de tantos requilorios** stop being so excessively formal

requintar *vt CAm, Col, Méx (apretar)* to tighten, to squeeze

requinto *nm (guitarra)* = small four-stringed guitar

requiriente *nmf* plaintiff

requiriera *etc ver* **requerir**

requisa *nf* **-1.** *(expropiación)* requisition; *(en aduana)* seizure **-2.** *(inspección)* inspection **-3.** *Am (registro)* search

requisar *vt (expropiar)* to requisition; *(en aduana)* to seize

requisición *nf (expropiación)* requisition

requisito *nm* requirement; **cumplir los requisitos** to fulfil the requirements; **reúne todos los requisitos** it meets *o* satisfies all the requirements; **un ~ previo** a prerequisite; **el dominio del alemán es ~ indispensable** a knowledge of German is essential

res *(pl* **reses)** *nf* **-1.** *(animal)* beast, animal ❏ **~ vacuna** head of cattle **-2.** *Am* **reses** *(ganado vacuno)* cattle

resabiado, -a *adj* **-1.** *(experimentado)* **estar ~** to be hardened **-2.** *(mal acostumbrado)* **un caballo ~** a vicious horse

resabiar ◇ *vt* to teach bad habits
➤ **resabiarse** *vpr* **-1.** *(adquirir vicios)* to acquire bad habits **-2.** *(enfadarse)* to get annoyed

resabido, -a *adj Fam Pey (sabelotodo)* **es un ~** he's such a *Br* know-all *o US* know-it-all

resabio *nm* **-1.** *(sabor)* nasty aftertaste; **la bebida me dejó un ~ en la boca** the drink left a nasty aftertaste in my mouth; **el asunto me dejó un ~ en la boca** the affair left a bad taste in my mouth **-2.** *(vicio)* bad habit *(left over from an earlier time)*; **aún le quedan resabios machistas** he can still be a bit of a male chauvinist sometimes

resaca *nf* **-1.** *(de las olas)* undertow; **hay mucha ~** the undertow is very strong **-2.** *Fam (de borrachera)* hangover; **estar con ~** to have a hangover; **todavía dura la ~ de la victoria** they're still suffering from the hangover of their victory

resacoso, -a *adj Fam* **estar ~** to have a hangover

resalado, -a *adj Fam* charming

resaltador *nm Col, RP (rotulador fluorescente)* highlighter

resaltar ◇ *vi* **-1.** *(destacar)* to stand out; **resalta en el equipo por su velocidad** he stands out as one of the fastest players in the team **-2.** *(en edificios) (cornisa, ventana)* to stick out
◇ *vt (destacar)* to highlight; **hacer ~ algo** to emphasize sth, to stress sth; **el orador resaltó la contribución del difunto a la ciencia** the speaker highlighted the contribution to science made by the deceased

resalte, resalto *nm* **-1.** *(saliente)* projection **-2.** *Esp (en la carretera)* speed bump, *Br* sleeping policeman

resarcimiento *nm* compensation

resarcir [72] ◇ *vt* **~ a alguien (de)** to compensate sb (for); **la aseguradora lo resarció por los daños sufridos** the insurance company paid him compensation *o* compensated him for the damage caused
➤ **resarcirse** *vpr (daño, pérdida)* to be compensated (**de** for); **se resarció de la derrota del mes pasado** he gained revenge for his defeat the previous month

resbalada *nf Am Fam* slip; **dar** *o* **pegar una ~** to slip

resbaladizo, -a *adj* **-1.** *(suelo, terreno)* slippery **-2.** *(asunto)* tricky

resbalar ◇ *vi* **-1.** *(caer)* to slip (**con** *o* **en** on) **-2.** *(deslizarse)* to slide (**por** along); **le resbalaban las lágrimas por el rostro** tears ran *o* trickled down her cheeks; **los coches resbalaban sobre el hielo** the cars were sliding on the ice **-3.** *(estar resbaladizo)* to be slippery; **este suelo resbala** this floor is slippery **-4.** *Fam (equivocarse)* to slip up
◇ *vt Fam* **sus problemas me resbalan** his problems leave me cold; **le resbala todo lo que le digo** everything I say to him goes in one ear and out the other; **¡me resbala lo que diga de mí!** I couldn't care less what she says about me!

➤ **resbalarse** *vpr* to slip (over); **me resbalé y me caí** I slipped and fell; **se resbaló con una piel de plátano** he slipped on a banana skin

resbalín *nm Chile Fam* slide

resbalón *nm* **-1.** *(caída)* slip; **dar** *o* **pegar un ~** to slip **-2.** *(indiscreción)* slip

resbalosa *nf* = heel-tapping dance typical of Argentina and Peru

resbaloso, -a *adj* **-1.** *(resbaladizo)* slippery **-2.** *Méx Fam (insinuante)* flirty

rescatador, -ora *nm,f* rescuer

rescatar *vt* **-1.** *(liberar, salvar)* to rescue **-2.** *(pagando rescate)* to ransom **-3.** *(recuperar) (herencia)* to recover

rescate *nm* **-1.** *(liberación, salvación)* rescue **-2.** *(dinero)* ransom; **pagaron un millón de dólares de ~** they paid a ransom of a million dollars **-3.** *(recuperación)* recovery

rescatista *nmf Méx* rescuer

rescindible *adj* rescindable

rescindir *vt* to rescind, to cancel

rescisión *nf* cancellation

rescoldo *nm* **-1.** *(brasa)* ember **-2.** *(resto)* lingering feeling, flicker; **todavía quedaban en él rescoldos de pasión** feelings of passion still lingered within him

resecamiento *nm* **evita el ~ de la piel** it prevents your skin from drying out

resecar [59] ◇ *vt* **-1.** *(piel)* to dry out **-2.** *(tierra)* to parch
➤ **resecarse** *vpr* **-1.** *(piel)* to dry out **-2.** *(tierra)* to become parched

resección *nf* MED resection

reseco, -a *adj* **-1.** *(piel, garganta, pan)* very dry **-2.** *(tierra)* parched **-3.** *(flaco)* emaciated

resembrar [3] *vt* to resow

resentido, -a ◇ *adj* bitter, resentful; **estar ~ con alguien** to be really upset with sb
◇ *nm,f* bitter *o* resentful person; **ser un ~** to be bitter *o* resentful

resentimiento *nm* resentment, bitterness

resentirse [62] *vpr* **-1.** *(debilitarse)* to be weakened; *(salud)* to deteriorate; **la calidad de su trabajo se resintió por la falta de motivación** her work deteriorated through lack of motivation **-2.** *(sentir)* **~ de** to be suffering from; **aún se resiente de aquel golpe** she's still suffering from the effects of that blow; **se resiente de la rodilla** he's got a bad knee, his knee is giving him trouble **-3.** *(ofenderse)* to be offended

reseña *nf* **-1.** *(crítica) (de libro, concierto, película)* review; *(de partido, conferencia)* report; **hizo** *o* **escribió una ~ de la película** she reviewed the movie, she wrote a review of the movie **-2.** *(descripción)* description; **hizo una ~ de su atacante** she gave a description of her attacker

reseñar *vt* **-1.** *(criticar) (libro, concierto, película)* to review; *(partido, conferencia)* to report on **-2.** *(describir)* to describe

reseque *etc ver* **resecar**

resero *nm RP (pastor)* herdsman

reserva ◇ *nf* **-1.** *(de hotel, avión)* reservation; **no tenemos ~** we don't have a reservation; **he hecho la ~ de las entradas** I've booked the tickets; **tengo una ~ en el restaurante** I've reserved *o* booked a table at the restaurant ❏ **~ anticipada** advance booking
-2. *(provisión)* reserves; **tenemos una ~ de carbón para el invierno** we're stocked up with coal for the winter; **tener algo de ~** to keep sth in reserve; **agotó sus reservas de agua** he used up his water supply *o* his reserves of water ❏ **reservas energéticas** energy reserves; **reservas hídricas** water reserves; **reservas minerales** mineral reserves
-3. ECON reserve ❏ **reservas de divisas** foreign currency reserves; **la Reserva Federal** *(en Estados Unidos)* the Federal Reserve; **reservas monetarias** monetary reserves; **reservas de oro** gold reserves
-4. *(objeción, cautela)* reservation; **aceptaron el acuerdo, pero con reservas** they accepted the agreement, with some reservations; **sin**

reservación

reservas without reservation; **tener reservas** to have reservations
-5. *(discreción)* discretion; **puedes hablar sin reservas** you can speak openly; **con la mayor ~** in the strictest confidence
-6. *(de indígenas)* reservation
-7. *(de animales, plantas)* reserve ❑ **~ de caza** game preserve; **~ forestal** forest park; **~ natural** nature reserve
-8. MIL reserve; **pasar a la ~** to become a reservist
-9. BIOL *(de grasa, energía)* reserves
◇ *nmf* DEP reserve, substitute
◇ *nm (vino)* vintage (wine) *(at least three years old)*
◇ **a reserva de** *loc prep* pending; **a ~ de un estudio más detallado...** pending a more detailed analysis...

reservación *nf Méx* reservation

reservado, -a ◇ *adj* -1. *(mesa, plaza)* reserved -2. *(tema, asunto)* confidential -3. *(persona)* reserved
◇ *nm (en restaurante)* private room; *(en tren)* reserved compartment

reservar ◇ *vt* -1. *(billete, habitación)* to book, to reserve; **~ por adelantado** to book in advance; **reservado** *(en cartel)* reserved -2. *(guardar, apartar)* to set aside; **reservan la primera fila para los críticos** the front row is reserved for the critics; **¿me puedes ~ un sitio a tu lado?** could you save a seat for me next to you?; **reservó la buena noticia para el final** she saved the good news till last -3. *(callar) (opinión, comentarios)* to reserve

◆ **reservarse** *vpr* -1. *(esperar)* **reservarse para** to save oneself for; **me estoy reservando para el postre** I'm saving myself for the dessert -2. *(guardar para sí) (secreto)* to keep to oneself; *(dinero, derecho)* to retain (for oneself); **me reservo mi opinión sobre este asunto** I'm reserving judgement on this matter

reservista MIL ◇ *adj* reserve; **militar ~** officer in the reserve
◇ *nmf* reservist

resfriado, -a ◇ *adj* **estar ~** to have a cold
◇ *nm* cold; **coger un ~** to catch a cold

resfriarse [32] *vpr (constiparse)* to catch a cold

resfrío *nm Andes, RP* cold; **agarrarse un ~** to catch a cold

resguardar ◇ *vt* to protect; **la sombrilla nos resguarda del sol** the parasol shades us from the sun
◇ *vi* to protect (**de** against)

◆ **resguardarse** *vpr (en un portal)* to shelter (**de** from); *(con abrigo, paraguas)* to protect oneself (**de** against); **se resguardaron de la lluvia debajo de un árbol** they sheltered from the rain under a tree

resguardo *nm* -1. *(documento) (de compra, carné)* receipt; *(de ingreso en un banco)* counterfoil; **conserve el ~ de compra** please keep your receipt -2. *(protección)* protection; **al ~ de** safe from; **estaban en un portal, al ~ de la lluvia** they were sheltering from the rain in a doorway -3. *Méx, RP (control)* control

residencia *nf* -1. *(establecimiento) (de oficiales)* residence; **~ (de ancianos)** old people's home; **~ (de estudiantes)** *Br* hall of residence, *US* dormitory ❑ **~ de animales** kennels; **~ universitaria** *Br* hall of residence, *US* dormitory
-2. *(vivienda)* residence; **su ~ de verano** their summer residence
-3. *(localidad, domicilio)* residence; **fijaron su ~ en la costa** they took up residence on the coast; **certificado de ~ =** official document confirming one's residence in a country, city etc; **permiso de ~** residence permit
-4. *(permiso para extranjeros)* residence permit
-5. *(hotel)* boarding house
-6. *(hospital)* hospital
-7. *(estancia)* stay; **durante su ~ en Alemania conoció a mucha gente** she met a lot of people while she was in Germany

residencial ◇ *adj* residential; **barrio ~** *(lujoso)* residential area
◇ *nm* -1. *CSur (pensión)* boarding house -2. *(edificio, urbanización) =* name given to up-market apartments or estates; **Residencial Louvre** ≃ Louvre Court

residente ◇ *adj* -1. *(ciudadano)* resident -2. *(médico)* **médico ~** *Br* house officer, *US* intern -3. INFORMÁT resident
◇ *nmf* -1. *(habitante)* resident -2. *(médico, veterinario) Br* house officer, *US* intern

residir *vi* -1. *(vivir)* to reside -2. *(radicar)* to lie, to reside (**en** in); **el atractivo del proyecto reside en su bajo costo** the attractive thing about the project is its low cost; **el poder legislativo reside en el Congreso** legislative power lies with o rests with Congress

residual *adj* residual; **aguas residuales** sewage

residuo *nm* -1. **residuos** *(material inservible)* waste ❑ **residuos industriales** industrial waste; **residuos nucleares** nuclear waste; **residuos radiactivos** radioactive waste; **residuos sólidos** solid waste; **residuos tóxicos** toxic waste -2. QUÍM residue -3. MAT remainder

resiembro *etc ver* **resembrar**

resiento *etc ver* **resentirse**

resignación *nf* resignation; **se tomaron la derrota con ~** they accepted the defeat with resignation

resignadamente *adv* with resignation

resignarse *vpr* **~ (a hacer algo)** to resign oneself (to doing sth); **no se resignaba a seguir viviendo en la miseria** she refused to resign herself to carrying on living in poverty

resina *nf* resin

resinoso, -a *adj* resinous

resintiera *etc ver* **resentirse**

resistencia *nf* -1. *(fuerza)* strength -2. *(aguante, oposición)* resistance; *(para correr, hacer deporte)* stamina; **ofrecer** *o* **oponer ~** to put up resistance ❑ **~ activa** active resistance; **~ pasiva** passive resistance -3. ELEC resistance -4. FÍS resistance -5. HIST **la Resistencia** the Resistance

resistente *adj (fuerte) (material)* strong, tough; *(tela)* tough, hard-wearing; *(estructura)* strong; *(persona, animal)* tough; *(planta)* tough, hardy; *(bacteria)* resistant; **~ al calor** heat-resistant; **~ al frío** resistant to the cold; **~ a los antibióticos** resistant to antibiotics; **hacerse ~ (a)** to build up a resistance (to)

resistir ◇ *vt* -1. *(peso, dolor, críticas)* to withstand, to take; *(ataque)* to withstand; **la presa no resistió la fuerza de las aguas** the dam could not withstand the force of the water; **resiste muy mal el calor** he can't take the heat -2. *(tentación, impulso, deseo)* to resist -3. *(tolerar)* to tolerate, to stand; **no lo resisto más** I can't stand it any longer
◇ *vi* -1. *(ejército, ciudad)* **~ (a algo/a alguien)** to resist (sth/sb)
-2. *(persona, aparato)* to keep going; **ese corredor resiste mucho** that runner has a lot of stamina; **el tocadiscos aún resiste** the record player's still going strong; **~ a algo** to stand up to sth, to withstand sth
-3. *(mesa, dique)* to take the strain; **este puente ya no resiste en pie** this bridge is on its last legs; **~ a algo** to withstand sth
-4. *(mostrarse firme) (ante tentaciones)* to resist (it); **¡ya no resisto más!** I can't stand it any longer!; **~ a algo** to resist sth

◆ **resistirse** *vpr* **resistirse (a algo)** to resist (sth); **por más que empujo esta puerta se resiste** however hard I push, this door refuses to give way; **resistirse a hacer algo** to refuse to do sth; **me resisto a creerlo** I refuse to believe it; **se resiste a marcharse de la ciudad** she refuses to leave the town; **el presidente se está resistiendo a abandonar el cargo** the president is unwilling to give up his post; **no hay hombre que se le resista** no man can resist her; **a este escritor no hay género que se le resista** there is

no literary genre to which this writer cannot turn his hand; **se le resisten los idiomas** she just can't get the hang of languages

resma *nf* IMPRENTA ream

resol *nm* (sun's) glare; **hace ~** it's cloudy but very bright

resolí, resolí *nm =* liqueur typical of Cuenca, containing aniseed and cinnamon

resollar [63] *vi (jadear)* to pant; *(respirar)* to breathe

resolución *nf* -1. *(solución) (de una crisis)* resolution; *(de un crimen)* solution ❑ INFORMÁT **~ de problemas** troubleshooting -2. *(firmeza)* determination, resolve -3. *(decisión)* decision; *(de tribunal)* ruling; *(de Naciones Unidas)* resolution; **tomar una ~** to take a decision -4. INFORMÁT *(de imagen)* resolution

resoluto, -a *adj* resolute

resolutorio, -a *adj* resolute

resolver [41] ◇ *vt* -1. *(solucionar) (duda, crisis)* to resolve; *(problema, caso, crucigrama, acertijo)* to solve -2. *(partido, disputa, conflicto)* to settle; **una canasta en el último segundo resolvió el partido a favor del equipo visitante** a basket in the last second of the game secured victory for the visitors -3. *(decidir)* **~ hacer algo** to decide to do sth; **resolvió llamar a la policía** she decided to call the police

◆ **resolverse** *vpr* -1. *(solucionarse) (duda, crisis)* to be resolved; *(problema, caso)* to be solved; **el secuestro se resolvió con la liberación de los rehenes** the hijacking was resolved *o* brought to an end with the release of the hostages -2. *(decidirse)* **resolverse a hacer algo** to decide to do sth -3. *(terminar)* **el huracán se resolvió en una tormenta tropical** the hurricane ended up as a tropical storm

resonancia *nf* -1. *(sonido)* resonance -2. MÚS resonance -3. FÍS resonance ❑ **~ magnética** magnetic resonance imaging; **le hicieron una ~ magnética** they gave him an MRI scan -4. *(importancia)* repercussions; **tener ~** to cause a stir; **el escándalo tuvo mucha ~ en la prensa** the scandal caused quite a stir in the press

resonante *adj* -1. *(que suena, retumba)* resounding -2. *(importante)* important

resonar [63] *vi* to resound, to echo; **aún resuenan en mi mente sus gritos de dolor** her cries of pain are still ringing in my head

resoplar *vi (de cansancio)* to pant; *(de enfado)* to snort

resoplido *nm (por cansancio)* pant; *(por enfado)* snort

resorción *nf* MED resorption

resorte *nm* -1. *(muelle)* spring -2. *(medio)* means; **tocar todos los resortes** to pull out all the stops -3. *Méx (elástico)* elastic -4. *Méx (órbita)* responsibility; **ese delito es del ~ de la justicia penal** that crime falls under the jurisdiction of criminal law

resortera *nf Méx* catapult, *US* slingshot

respaldar ◇ *vt* -1. *(proyecto, empresa)* to back, to support; **varios intelectuales respaldan la candidatura del escritor** several intellectuals are backing *o* supporting the writer as a candidate -2. *(tesis)* to back up, to support; **el descubrimiento respalda su teoría** the discovery backs up *o* supports his theory

◆ **respaldarse** *vpr* -1. **respaldarse en** *(la espalda)* to fall back on; **se respaldó en el sillón** she sat back in her armchair -2. *(apoyarse)* **se respalda siempre en sus padres** he's always leaning on his parents (for support)

respaldo *nm* -1. *(de asiento)* back; **asiento ~ abatible** reclining seat -2. *(apoyo)* backing, support; **cuenta con el ~ de todo el partido** he has the backing *o* support of the entire party

respectar *v impersonal* **por** *o* **en lo que a mí respecta, la fiesta puede celebrarse** as far as I'm concerned, the party can go ahead;

expuso sus reservas por o **en lo que respecta a la unión monetaria** he expressed his reservations concerning Monetary Union

respectivamente *adv* respectively

respectivo, -a *adj* respective; **en lo ~ a** with regard to

respecto ◇ **al respecto, a este respecto** *loc adv* in this respect; **no sé nada al ~** I don't know anything about it; **no tengo nada que añadir al ~** I have nothing to add on the matter; **a este ~ dijo que ya se había aprobado un paquete de ayudas a la región** with regard to this subject, he said that an aid package for the area had already been approved
◇ **(con) respecto a, respecto de** *loc prep* regarding

respetabilidad *nf* respectability

respetable ◇ *adj* **-1.** *(venerable)* respectable **-2.** *(considerable)* considerable; **le tocó una ~ cantidad de dinero** he won a considerable sum of money
◇ *nm Fam* **el ~** *(en concierto)* the audience; *(en encuentro deportivo, toros)* the crowd

respetar *vt* **-1.** *(persona, costumbre, deseos)* to respect; *(norma)* to observe; *(la palabra)* to honour; **hay que ~ a los ancianos** you should show respect for the elderly; **no respeta las señales de tráfico** he takes no notice of traffic signs; **el accidente se produjo porque no respetó un ceda el paso** the accident happened because he ignored a *Br* give way *o US* yield sign; **hacerse ~** to earn (people's) respect
-2. *(no destruir)* to spare; **respetad las plantas** *(en letrero)* keep off the flowerbeds

respeto *nm* **-1.** *(consideración)* respect (**a** *o* **por** for); **el ~ a los derechos humanos** respect for human rights; **trata a sus profesores con mucho ~** he shows a great deal of respect towards his teachers, he is very respectful towards his teachers; **es una falta de ~** it shows a lack of respect; **me parece una falta de ~ hacia sus compañeros** I think it shows a lack of consideration towards his colleagues; **faltar al ~ a alguien** to be disrespectful to sb; **con su acción se ganó el ~ de todos** what he did earned him everybody's respect; **dentro de la iglesia hay que guardar ~** you must be respectful inside the temple; **sus opiniones no me merecen demasiado ~** I have very little respect for her opinions; **siento mucho ~ por él** I respect him greatly; **por ~ a** out of consideration for
-2. *(miedo)* **tener ~ a las alturas** to be afraid of heights
-3. **respetos** *(saludos)* respects; **le presentaron sus respetos** they paid him their respects

respetuosamente *adv* respectfully

respetuoso, -a *adj* respectful (**con** of)

respingado, -a *adj Am* turned up

respingar [38] *vi (protestar)* to make a fuss, to complain

respingo *nm* **-1.** *(movimiento)* start, jump; **dar un ~** to start **-2.** *(contestación)* shrug *(of annoyance or disdain)*; **dio un ~ al escuchar mi propuesta** he reacted to my proposal with a disdainful/angry shrug

respingón, -ona *adj (nariz)* turned up, retroussé; *(trasero, pecho)* pert

respiración *nf* **-1.** *(humana, animal)* breathing, *Espec* respiration; **contener la ~** to hold one's breath; **quedarse sin ~** *(agotado)* to be out of breath; *(asombrado)* to be stunned ❑ **~ artificial** artificial respiration; **~ asistida** artificial respiration; **~ boca a boca** mouth-to-mouth resuscitation, the kiss of life; **hacer la ~ boca a boca a alguien** to give sb mouth-to-mouth resuscitation *o* the kiss of life **-2.** *(ventilación)* ventilation

respiradero *nm* **-1.** *(hueco)* vent **-2.** *(conducto)* ventilation shaft

respirador *nm* **~ (artificial)** *(máquina)* respirator, ventilator

respirar ◇ *vt* **-1.** *(aire)* to breathe; **respirábamos el aire puro de la montaña** we breathed in the pure mountain air; **en esa casa se respira el amor por la música** a love of music pervades that house; **en la ciudad se respira el ambiente carnavalesco** the carnival atmosphere pervades the city **-2.** *(mostrar)* to exude; **el equipo respiraba optimismo** the team was radiating *o* exuding optimism
◇ *vi* **-1.** *(aire)* to breathe; **respira hondo** breathe deeply, take a deep breath; **aún respira** she's still breathing; EXPR **no dejar ~ a alguien** not to allow sb a moment's peace
-2. *(ventilarse)* *(vino)* to breathe; **levanta el capó para que respire el motor** lift the *Br* bonnet *o US* hood so that the engine can cool down
-3. *(sentir alivio)* to breathe again; **ahora que han aparecido los niños ya podemos ~** now that the children have turned up we can breathe again
-4. *(relajarse)* to have a breather; **sin ~** *(sin descanso)* without a break; *(atentamente)* with great attention; **después de tanto trabajo necesito ~** I need a breather after all that work; **con tanto trabajo no puedo ni ~** I'm absolutely overwhelmed with work at the moment

respiratorio, -a *adj* respiratory

respiro *nm* **-1.** *(descanso)* rest; **no he tenido ni un momento de ~ en toda la mañana** I haven't had a moment's rest all morning; **no me da ni un ~** he never gives me a moment's rest; **dame un ~, ¿no ves que estoy ocupado?** give me a break, can't you see I'm busy?
-2. *(alivio)* relief, respite; **las ayudas públicas han dado un ~ a la crisis de la empresa** the government aid has provided temporary relief to the struggling company; **les dieron un ~ para la devolución de la deuda** they gave them a bit longer to pay off the debt

resplandecer [46] *vi* **-1.** *(brillar)* to shine **-2.** *(destacar)* **resplandecía por su belleza** she was dazzlingly beautiful **-3.** *(brillar)* **su rostro resplandecía de alegría** her face shone *o* glowed with happiness

resplandeciente *adj* **-1.** *(brillante)* *(sol, luna, estrellas)* sparkling; *(plata)* shiny, gleaming; *(vestimenta, color)* resplendent; **el salón quedó ~** the living-room was sparkling clean **-2.** *(sonrisa)* beaming; **su cara estaba ~ de orgullo** she glowed with pride

resplandor *nm* **-1.** *(luz)* brightness; *(de fuego)* glow **-2.** *(brillo)* gleam

responder ◇ *vt (contestar)* to answer; *(con insolencia)* to answer back; **respondió que sí/que no** she said yes/no; **respondió que lo pensaría** she said that she'd think about it
◇ *vi* **-1.** *(contestar)* **~ (a algo)** *(pregunta, llamada, carta, saludo)* to answer (sth); **no responde nadie** *(al llamar)* there's no answer; **responde al nombre de Toby** he answers to the name of Toby
-2. *(replicar)* to answer back; **¡no respondas a tu madre!** don't answer your mother back!
-3. *(reaccionar)* to respond (**a** to); **el paciente no responde al tratamiento** the patient isn't responding to the treatment; **la nueva máquina responde bien** the new machine is performing well; **los mandos no (me) responden** the controls aren't responding; **el delantero no respondió a las provocaciones de su marcador** the forward didn't react to his marker's attempts to provoke him
-4. *(responsabilizarse)* **si te pasa algo yo no respondo** I can't be held responsible if anything happens to you; **~ de algo/por alguien** to answer for sth/for sb; **yo respondo de su inocencia/por él** I can vouch for his innocence/for him; **responderá de sus actos ante el parlamento** she will answer for her actions before Parliament; **¡no respondo de mis actos!** I can't be responsible for what I might do!; **yo no respondo de lo que pueda pasar si se autoriza la manifestación** I won't be held responsible for what might happen if the demonstration is authorized
-5. *(corresponder)* **las medidas responden a la crisis** the measures are in keeping with the nature of the crisis; **un producto que responde a las necesidades del consumidor medio** a product which meets the needs of the average consumer; **no ha respondido a nuestras expectativas** it hasn't lived up to our expectations
-6. *(ser consecuencia de)* **~ a algo** to reflect sth; **las largas listas de espera responden a la falta de medios** the long waiting lists reflect the lack of resources

respondón, -ona ◇ *adj* **es muy ~** he answers back too much
◇ *nm,f* **es un ~** he answers back too much

responsabilidad *nf* **-1.** *(obligación)* responsibility; DER liability; **es ~ suya atender el teléfono** it's her job to answer the phone; **exigir ~ a alguien por algo** to call sb to account for sth; **no quiero que recaiga sobre mí esa ~** I don't want that responsibility to fall on my shoulders; **tener la ~ de algo** to be responsible for sth; **los padres tienen la ~ de alimentar a los hijos** fathers are responsible for feeding their children; **no tuve ninguna ~ en el accidente** I was not in the least to blame for the accident ❑ DER **~ atenuada** diminished responsibility; DER **~ civil** civil liability; **~ limitada** limited liability; DER **~ penal** criminal liability
-2. *(cualidad)* responsibility; **tiene un gran sentido de la ~** she has a strong sense of responsibility
-3. *(importancia)* responsibility; **puesto de ~** senior position; **no quiero tareas de tanta ~** I don't want to do tasks which involve so much responsibility

responsabilizar [14] ◇ *vt* **~ a alguien (de algo)** to hold sb responsible (for sth)
◆ **responsabilizarse** *vpr* to accept responsibility (**de** for); **la empresa se responsabilizó del accidente** the company accepted responsibility for the accident; **no nos responsabilizamos de ningún daño por uso indebido del producto** we do not accept liability for any harm caused by incorrect use of the product

responsable ◇ *adj* **-1.** *(de algo)* responsible (**de** for); DER liable; **soy ~ de mis actos** I'm responsible for my actions; **fue ~ del accidente** he was responsible for the accident; **hacerse ~ de** *(responsabilizarse de)* to take responsibility for; *(atentado, secuestro)* to claim responsibility for **-2.** *(sensato)* responsible; **es muy ~** she's very responsible
◇ *nmf* **-1.** *(culpable, autor)* person responsible; DER liable person; **los responsables** those responsible/liable; **tú eres el ~ de...** you're responsible/liable for... **-2.** *(encargado)* person in charge; **soy el ~ de la sección de ventas** I'm in charge of the sales department

responso *nm* prayer for the dead

respuesta *nf* **-1.** *(contestación)* answer, reply; *(en exámenes)* answer; **en ~ a** in reply to; **~ afirmativa** affirmative reply **-2.** *(reacción)* response ❑ BIOL **~ inmunitaria** immune response

resquebrajadizo, -a *adj* **es muy ~** *(loza)* it cracks very easily; *(madera)* it splits very easily

resquebrajadura *nf (en piedra, loza, plástico)* crack; *(en madera)* split

resquebrajamiento *nm* **-1.** *(grieta)* *(en piedra, loza, plástico)* crack; *(en madera)* split **-2.** *(cuarteamiento)* cracking; *(desmoronamiento)* crumbling

resquebrajar ◇ *vt (piedra, loza, plástico)* to crack; *(madera)* to split
◆ **resquebrajarse** *vpr (piedra, loza, plástico)* to crack; *(madera)* to split; **se está resquebrajando la sociedad** society is beginning to fall apart *o* crumble

resquemor *nm* resentment, bitterness

resquicio *nm* **-1.** *(abertura)* chink; *(grieta)* crack; **un ~ legal** a loophole in the law
-2. *(pizca)* glimmer; **el mal tiempo no deja**

~ alguno a la esperanza de encontrar **supervivientes** the bad weather does not permit even a glimmer of hope of finding survivors; **el comunicado de la organización revelaba sin ~ de duda su actitud beligerante** the communiqué made by the organization left not the slightest trace of doubt as to its belligerent attitude

resta *nf* subtraction; **las restas se me dan muy mal** I'm no good at subtraction

restablecer [46] ◇ *vt (paz, orden, confianza)* to restore; *(relaciones diplomáticas)* to re-establish

◆ **restablecerse** *vpr* **-1.** *(curarse)* to recover (**de** from) **-2.** *(reinstaurarse)* to be reestablished

restablecimiento *nm* **-1.** *(reinstauración) (de paz, orden, confianza)* restoration; *(de relaciones diplomáticas)* re-establishment **-2.** *(cura)* recovery

restallar ◇ *vt* **-1.** *(látigo)* to crack **-2.** *(lengua)* to click

◇ *vi* **-1.** *(látigo)* to crack **-2.** *(lengua)* to click

restallido *nm (de látigo)* crack

restante *adj* remaining; **lo ~** the rest

restañar *vt (herida)* to staunch

restar ◇ *vt* **-1.** MAT to subtract; **~ una cantidad de otra** to subtract one figure from another; **a esa cantidad réstale los gastos de envío** subtract *o* deduct the postage and packing from that figure

-2. *(quitar, disminuir)* **~ importancia a algo** to play down the importance of sth; **~ méritos a algo/a alguien** to detract from sth/sb; **su participación en el escándalo le resta legitimidad** her involvement in the scandal detracts from her legitimacy

◇ *vi* **-1.** *(faltar)* to be left; **me resta envolver los regalos** I still have to wrap up the presents; **sólo restan tres días** only three days are left; **sólo me resta agradecerles su ayuda** all that remains is for me to thank you for your help **-2.** *(en tenis)* to return

restauración *nf* **-1.** *(de muebles, arte, edificio)* restoration **-2.** *(de monarquía, democracia)* restoration **-3.** *(rama de hostelería)* **el sector de la ~** the restaurant sector

restaurador, -ora *nm,f* **-1.** *(de muebles, arte)* restorer **-2.** *(hostelero)* restaurateur

restaurante, *Am* **restaurant,** *Am* **restaurán** *nm* restaurant ❑ **~ de carretera** *Br* transport café, *US* truck stop

restaurar *vt* **-1.** *(muebles, arte, edificio)* to restore **-2.** *(monarquía, democracia)* to restore **-3.** *(recuperar)* to restore; **~ fuerzas** to get one's strength back

restinga *nf* sandbar

restitución *nf* return

restituir [34] ◇ *vt* **-1.** *(devolver) (objeto)* to return; *(derechos)* to restore **-2.** *(en cargo)* to reinstate; **~ a alguien en un puesto** to reinstate sb in a post **-3.** *(salud)* to restore

◆ **restituirse** *vpr* **restituirse a** *(regresar)* to return to

resto *nm* **-1. el ~** *(lo que queda)* the rest; **el ~ se fue a bailar** the rest (of them) went dancing; **me da igual lo que opine el ~** I don't care what the rest of them think *o* what the others think; **... y el ~ de la historia ya la sabes** ... and you already know the rest of the story; EXPR *Fam* **echar el ~: tenemos que echar el ~** we have to give it our all

-2. MAT **el ~** the remainder

-3. **restos** *(sobras)* leftovers; *(cadáver)* remains; *(ruinas)* ruins; **encontraron los cuerpos entre los restos del naufragio** the bodies were found amidst the wreckage of the ship ❑ **restos mortales** (mortal) remains

-4. *(en tenis)* return (of serve); **al ~, Jiménez** Jiménez to receive

restorán *nm RP* restaurant

restregar [43] ◇ *vt* **-1.** *(frotar)* to rub hard; *(para limpiar)* to scrub **-2.** *(refregar)* **se lo estuvo restregando toda la noche** he was rubbing it in all evening; **les restregó la derrota en sus narices** he really rubbed it in about the defeat

◆ **restregarse** *vpr (frotarse)* to rub; **al gato le gusta restregarse contra las piernas de su amo** the cat likes to rub against its owner's legs

restregón *nm (frotamiento)* hard rub; *(para limpiar)* scrub

restricción *nf* restriction; **no hay restricciones de edad** there's no age limit; **restricciones de agua** water rationing, water restrictions; **restricciones eléctricas** power cuts; **han impuesto restricciones a la importación de vehículos extranjeros** restrictions have been placed on the importing of foreign vehicles; **esta opción permite navegar por Internet sin restricciones horarias** this option allows you unmetered access to the Net twenty-four hours a day

restrictivo, -a *adj* restrictive

restriego *etc ver* **restregar**

restringido, -a *adj* limited, restricted

restringir [24] *vt* to limit, to restrict

resucitación *nf* resuscitation

resucitar ◇ *vt* **-1.** *(persona)* to bring back to life; **Jesús resucitó a varios muertos** Jesus raised several people from the dead; EXPR *Fam* **~ a un muerto: tómate un trago de este licor, resucita a un muerto** have some of this to drink, it's potent stuff; *Fam* **¡este olor resucita a un muerto!** it smells wonderful in here! **-2.** *(costumbre)* to resurrect, to revive

◇ *vi (persona)* to rise from the dead

resuello ◇ *ver* **resollar**

◇ *nm (jadeo)* pant, panting; **quedarse sin ~** to be out of breath

resueltamente *adv* resolutely, determinedly

resuelto, -a ◇ *participio ver* **resolver**

◇ *adj* **-1.** *(solucionado)* solved **-2.** *(decidido)* determined; **estar ~ a hacer algo** to be determined to do sth

resuelve *nmf Ven Fam Hum* casual lover

resuelvo *etc ver* **resolver**

resueno *etc ver* **resonar**

resultado *nm* **-1.** *(efecto)* result; **el ~ de sus gestiones fue un acuerdo de paz** their efforts resulted in a peace agreement; **los resultados económicos han sido muy positivos** the economic results have been very positive; **como ~** as a result; **dar ~** to work (out), to have the desired effect; **estos zapatos me han dado un ~ buenísimo** these shoes have turned out to be really good; **dar buen ~** to work well; **el edificio es ~ de muchos años de trabajo** the building is the result *o* fruit of many years' work; **el cambio tuvo por ~ una mejora en el juego** the substitution led to an improvement in their game; **el experimento no ha tenido el ~ esperado** the experiment has not had the expected result; **~ final** end result

-2. *(de análisis, competición)* result

-3. *(marcador)* score; **¿cuál es el ~?** what's the score?

resultando *nm* DER conclusion

resultante ◇ *adj* resultant

◇ *nf* resultant

resultar ◇ *vi* **-1.** *(salir)* to (turn out to) be; **¿cómo resultó?** how did it turn out?; **resultó un éxito** it was a success; **el viaje resultó ser una maravilla** the journey was wonderful; **toda la confusión resultó ser un malentendido** all the confusion turned out to be because of a misunderstanding; **~ en** *(dar como resultado)* to result in; **~ herido/muerto** to be injured/killed; **resultó ileso** he was uninjured; **nuestro equipo resultó vencedor** our team came out on top; **su idea no resultó** his idea didn't work; **intentaré convencerle, pero no creo que resulte** I'll try to talk him round, but I don't think it will work

-2. *(originarse)* **~ de** to come of, to result from; **de aquella reunión no resultó nada** nothing came of that meeting

-3. *(ser)* to be; **esta oficina resulta demasiado pequeña para tanta gente** this office is too small for so many people; **resulta sorprendente** it's surprising; **me resultó imposible terminar antes** I was unable to finish earlier; **me resulta muy simpática** I find her very nice; **este tema me está resultando ya aburrido** this topic is beginning to bore me; **resulta mejor comprar a granel** it's better to buy in bulk; **~ útil** to be useful; **resultó ser mentira** it turned out to be a lie

◇ *v impersonal (suceder)* **resultó que era un impostor** he turned out to be an impostor; **ahora resulta que no quiere alquilarlo** now it seems that she doesn't want to rent it; **al final resultó que tenía razón** in the end it turned out that she was right; **ahora va a ~ que la culpa es mía** so now it's suddenly all going to be my fault; **resulta que su marido ha tenido un accidente** it seems her husband has had an accident

resultas: a resultas de, de resultas de *loc adv* as a result of; **murió a *o* de resultas de las heridas recibidas** he died as a result of his injuries

resultón, -ona *adj Fam (person)* sexy, desirable; **el coche es muy ~** the car looks great

resumen *nm* summary; **hazme un ~ de lo que pasó** give me a summary of what happened; **van a emitir el ~ de la ceremonia inaugural** the highlights of the opening ceremony are going to be broadcast; **en ~** in short

resumidero *nm Am* drain, sewer

resumido, -a *adj* brief; **en resumidas cuentas** in short

resumir ◇ *vt (abreviar)* to summarize; *(discurso)* to sum up

◇ *vi* to sum up; **resume, no queda mucho tiempo** just give us a summary, there's not much time left; **resumiendo, que estamos muy contentos con los resultados** to sum up *o* in short, we are very happy with the results

◆ **resumirse** *vpr* **-1.** *(abreviarse)* **se resume en pocas palabras** it can be summed up in a few words **-2.** **resumirse en** *(saldarse con)* to result in

resurgimiento *nm* resurgence

resurgir [24] *vi* **el equipo ha resurgido tras una mala racha** the team has bounced back *o* returned to form after a bad patch; **el movimiento pacifista resurgió con fuerza en aquella década** the pacifist movement experienced a major resurgence during that decade; **la empresa ha resurgido de sus cenizas** the company has risen from the ashes; **han resurgido los combates en la frontera** there have been renewed outbreaks of fighting along the border

resurrección *nf* resurrection

retablo *nm* **-1.** *(en iglesia)* altarpiece **-2.** TEATRO tableau

retacado, -a *adj Méx Fam* packed, crammed

retacar *Méx Fam* ◇ *vt* to cram; **no se puede ~ las calles con puestos de comida rápida** you can't just cram the streets with fast-food stands; **la basura suele ~ las coladeras** the drains tend to get blocked up with *Br* rubbish *o US* garbage

◆ **retacarse** *vpr* to stuff oneself

retacear *vt RP* **-1.** *(recortar) (presupuesto)* to cut; *(recursos)* to cut back on **-2.** *(escatimar)* to skimp on

retaceo *nm RP* cut, cutback; EXPR **sin retaceos** openly

retachar *Méx Fam* ◇ *vt* to return; **préstame tu lápiz, ahorita te lo retacho** lend me your pencil, I'll give it back to you in a moment; **lo retacharon al hospital porque le dio otro ataque** they took him back to hospital because they had another attack; **me dio un golpe, pero se lo retaché** he hit me, but I hit him back

◆ **retacharse** *vpr* **-1.** *(retornar)* to go/come back, to return; **tuve que retacharme a la casa porque me había olvidado la cartera** I had to go back to the house because I'd left my wallet behind **-2.** *(volverse contra)* **quería perjudicarme, pero se le retachó** he wanted to harm me, but it backfired on

retache him; **no eches maldiciones, se te van a ~** don't curse anybody, the curses will return to haunt you

retache *nm Méx Fam* **de ~** back; **manda de ~ a ese niño a su casa, tiene fiebre** send this child back home, he's got a temperature; **lleva este queso de ~ a la tienda, está averiado** take this cheese back to the shop, it's off

retaco *nm Fam* **es un ~** he's short and fat

retacón, -ona *RP Fam* ◇ *adj* short and fat
◇ *nm,f* **es un ~** he's short and fat

retador, -ora *nm,f Am* challenger

retaguardia *nf* **-1.** *MIL (tropa)* rearguard **-2.** *MIL (territorio)* rear; **tienen dos acorazados en ~** they have two battleships at their rear **-3.** *Fam (parte trasera)* rear, back

retahíla *nf* string, series *(singular)*; **tenían que memorizar una ~ de nombres de reyes** they had to memorize a long list of kings' names; **una ~ de insultos** a stream of insults

retal *nm* remnant

retama *nf* broom ❑ **~ de olor** Spanish broom; **~ de los tintoreros** dyer's-greenweed

retar *vt* **-1.** *(desafiar)* to challenge (**a** to); **me retó a una carrera** she challenged me to a race **-2.** *RP (reñir)* to tell off **-3.** *Chile (insultar)* to insult, to abuse

retardado, -a ◇ *adj* **-1.** *(atrasado)* delayed **-2.** *RP Pey (persona)* (mentally) retarded
◇ *nm,f RP Pey (persona)* moron, cretin, *US* retard

retardador, -ora ◇ *adj* retardant
◇ *nm* retardant

retardar ◇ *vt* **-1.** *(retrasar)* to delay **-2.** *(frenar)* to hold up, to slow down
◆ **retardarse** *vpr (retrasarse)* to be delayed

retardo *nm* **-1.** *(atraso)* delay **-2.** *RP Pey (mental)* **tener un ~** to be (mentally) retarded

retazo *nm* **-1.** *(resto)* remnant **-2.** *(pedazo)* fragment; **una conferencia hecha de retazos** a speech patched together from bits and pieces of other speeches

retel *nm* = special fishing net used for catching crayfish

retén *nm* **-1.** *(de soldados)* reserve; **un ~ de bomberos** a squad of firefighters **-2.** *(de cosas)* stock **-3.** *Am (de menores)* reformatory, reform school

retención *nf* **-1.** *(en comisaría)* detention **-2.** *(en el sueldo)* deduction; **las retenciones fiscales han disminuido** the amount of tax deducted from wages at source has gone down **-3.** *(de tráfico)* hold-up, delay **-4.** *MED* retention

retener [65] *vt* **-1.** *(detener)* to hold back; *(en comisaría)* to detain; **no me retuvo mucho tiempo** he didn't keep me long; **~ el tráfico** to hold up the traffic
-2. *(contener) (impulso, ira)* to hold back, to restrain; *(aliento)* to hold
-3. *(conservar)* to retain; **las hojas retienen la humedad** leaves retain moisture
-4. *(quedarse con)* to hold on to, to keep
-5. *(memorizar)* to remember
-6. *(deducir del sueldo)* to deduct; **el fisco me retiene el 20 por ciento del sueldo** 20 percent of my salary goes in tax
-7. *(apoderarse de) (sueldo)* to withhold

retengo *etc ver* **retener**

retentiva *nf* memory

retentivo, -a *adj* retentive

Retevisión [rreteβiˈsjon] *nf (abrev de* **Red Técnica Española de Televisión***)* = Spanish national broadcasting network

reticencia *nf* **-1.** *(resistencia)* reluctance; **con reticencias** reluctantly; **aceptó el puesto, pero con muchas reticencias** he accepted the post, albeit with a great deal of reluctance *o* very reluctantly; **tengo algunas reticencias** I have some reservations **-2.** *(insinuación)* insinuation

reticente *adj* **-1.** *(reacio)* reluctant; **el gobierno es ~ a las privatizaciones** the government is reluctant to privatize; **se mostró ~ a dar su opinión** he was reluctant to give his opinion **-2.** *(con insinuaciones)* full of insinuation

rético, -a ◇ *adj* Rhaetian, Rhaeto-Romanic
◇ *nm* Rhaetian, Rhaeto-Romanic

retícula *nf* reticle

reticular *adj* reticulate

retículo *nm* **-1.** *(tejido)* reticulum **-2.** *ZOOL* reticulum **-3.** *(en óptica)* reticle, reticule

retiene *ver* **retener**

retina *nf* retina; **desprendimiento de ~** detached retina, retinal detachment

retinitis *nf inv* MED retinitis

retintín *nm* **-1.** *(ironía)* sarcastic tone; **con ~** sarcastically **-2.** *(tintineo)* ringing; **aún tengo el ~ de las campanas en el oído** I can still hear the bells ringing in my ears

retinto, -a *adj* dark brown

retirada *nf* **-1.** MIL *(retroceso)* retreat; **batirse en ~** to beat a retreat; **cubrir la ~** to cover the retreat; **tocar la ~** to sound the retreat
-2. *(de carné, pasaporte)* withdrawal
-3. *(de fondos)* withdrawal
-4. *(de acusación)* withdrawal
-5. *(de moneda, producto)* withdrawal; **el ayuntamiento es responsable de la ~ de las basuras** the town council is responsible for refuse collection; **han ordenado la ~ del mercado del producto** they have ordered the product to be withdrawn from *o* taken off the market
-6. *(de competición, actividad)* withdrawal; **el presidente ordenó la ~ del embajador** the president ordered the ambassador to be recalled; **piden la ~ de las tropas de la región** they are asking for the troops to be withdrawn from the region; **su ~ de la política sorprendió a todos** her retirement from politics surprised everybody; **el deportista ha anunciado su ~ de los terrenos de juego** the sportsman has announced his retirement from the game

retirado, -a ◇ *adj* **-1.** *(jubilado)* retired **-2.** *(solitario)* isolated, secluded; **un pueblecito ~ de la civilización** a little village miles away from anywhere
◇ *nm,f (jubilado)* retired person, *US* retiree

retirar ◇ *vt* **-1.** *(quitar, sacar)* to remove (**a** from); *(moneda, producto)* to withdraw (**de** from); *(carné, pasaporte)* to take away (**a** from); *(ayuda, subvención, apoyo)* to withdraw (**a** from); *(ejército, tropas)* to withdraw (**de** from); *(embajador)* to withdraw, to recall (**de** from); **~ dinero del banco/de la cuenta** to withdraw money from the bank/one's account; **el entrenador retiró a Claudio del terreno de juego/del equipo** the manager took Claudio off/left Claudio out of the team; **me ha retirado el saludo** she's not speaking to me
-2. *(apartar, quitar de en medio) (objeto)* to move away; *(nieve)* to clear; *(mano)* to withdraw; **habrá que ~ ese armario de ahí** we'll have to move that wardrobe (away) from there; **retira el dedo o te cortarás** move your finger back or you'll cut yourself
-3. *(recoger, llevarse)* to pick up, to collect; **puede pasar a ~ sus fotos el jueves** you can pick your photos up *o* collect your photos on Thursday
-4. *(retractarse de) (insultos, acusaciones, afirmaciones)* to take back; *(denuncia)* to drop; **¡retira eso que *o* lo que dijiste!** take that back!, take back what you said!
-5. *(jubilar) (a empleado)* to retire; **una lesión lo retiró de la alta competición** an injury forced him to retire from top-flight competition
◆ **retirarse** *vpr* **-1.** *(jubilarse)* to retire
-2. *(abandonar, irse) (de elecciones, negociaciones)* to withdraw (**de** from); *(de competición)* to pull out (**de** of); *(atleta, caballo)* to drop out (**de** of); *(en ciclismo, automovilismo)* to retire (**de** from); **se retiró de la reunión** he left the meeting; **se retira (del terreno de juego) López** López is coming off
-3. *(ejército, tropas) (de campo de batalla)* to retreat (**de** from); *(de país, zona ocupada)* to withdraw (**de** from), to pull out (**de** of)
-4. *(irse a dormir)* to go to bed; *(irse a casa)* to go home
-5. *(apartarse)* to move away (**de** from); **retírate, que no dejas pasar** move out of the way, people can't get past; **se retiró el pelo de la cara** she brushed the hair out of her eyes

retiro *nm* **-1.** *(jubilación)* retirement **-2.** *(pensión)* pension **-3.** *(refugio)* retreat **-4.** *(religioso)* retreat

reto *nm* **-1.** *(desafío)* challenge **-2.** *RP (regaño)* telling-off, talking-to

retobado, -a *adj* **-1.** *Méx (obstinado)* stubborn, obstinate **-2.** *Méx, RP (indómito)* wild, unruly

retobar *vpr RP* to get angry *o* irritated; **se retobó la yegua** the horse reared up; **lo regañé y se me retobó** I told him off and he snapped back at me

retobo *nm* **-1.** *Col, Hond (desecho)* refuse **-2.** *Chile, Perú (arpillera)* sackcloth

retocado *nm* **~ fotográfico** photo retouching; INFORMÁT **~ de imagen** image retouching

retocar [59] ◇ *vt (prenda de vestir)* to alter; *(proyecto, escrito)* to make a few final adjustments to; *(fotografía, imagen)* to retouch; **~ la pintura** to touch up the paintwork
◆ **retocarse** *vpr* **se retocó un poco antes de salir** she touched up her make-up before going out

retoce *etc ver* **retozar**

retomar *vt* to take up again; **~ la conversación** to pick up the conversation

retoñar *vi* **-1.** *(planta)* to sprout, to shoot **-2.** *(situación, problema)* to reappear

retoño *nm* **-1.** *(planta)* sprout, shoot **-2.** *Fam (hijo)* **vino con sus dos retoños** he came with his two little ones; **mis retoños** my offspring

retoque ◇ *ver* **retocar**
◇ *nm (toque)* touching-up; *(de prenda de vestir)* alteration; **hacer un ~ a algo** *(foto, con pintura)* to touch sth up; *(prenda de vestir)* to alter sth; **dar los últimos retoques a algo** to put the finishing touches to sth ❑ **~ fotográfico** photo retouching

retorcer [15] ◇ *vt* **-1.** *(torcer) (brazo, alambre)* to twist; *(ropa, cuello)* to wring; **¡le voy a ~ el pescuezo como lo vea!** I'll wring his neck if I get my hands on him! **-2.** *(tergiversar)* to twist
◆ **retorcerse** *vpr (persona)* **se retorcía de risa** she was doubled up with laughter, she was in stitches; **se retorcía de dolor** he was writhing (about) in agony

retorcido, -a *adj* **-1.** *(torcido) (brazo, alambre)* twisted; *(ropa)* wrung out **-2.** *(estilo, lenguaje)* involved, convoluted **-3.** *(enrevesado)* devious; **¿por qué eres siempre tan ~?** why do you always have to be so devious? **-4.** *(malintencionado)* twisted, warped

retorcijón = **retortijón**

retorcimiento *nm* **-1.** *(de brazo, alambre) (de ropa)* wringing out **-2.** *(de estilo, lenguaje)* convolutedness **-3.** *(carácter enrevesado)* deviousness **-4.** *(mala intención)* twisted nature, warped nature

retórica *nf* **-1.** *(arte)* rhetoric **-2.** *(habla rebuscada)* rhetoric, bombast

retórico, -a ◇ *adj* **-1.** *(figura, lenguaje, estilo)* rhetorical **-2.** *(rebuscado)* bombastic
◇ *nm,f (persona)* rhetorician

retornable *adj* returnable; **no ~** non-returnable

retornar ◇ *vt* to return
◇ *vi* to return

retorno *nm* **-1.** *(regreso)* return; **a su ~** on her return, when she got back **-2.** *(devolución)* return **-3.** INFORMÁT return ❑ **~ de carro** carriage return; **~ manual** hard return

retorromano, -a ◇ *adj* Rhaeto-Romanic
◇ *nm* Rhaeto-Romanic

retorta *nf* retort

retortero *nm Fam* [EXPR] **andar al ~** to be extremely busy; [EXPR] **tener al ~: tiene todo el cuarto al ~** his room is utter chaos; [EXPR] **traer a alguien al ~** to keep sb on the go

retortijón, retorcijón *nm* stomach cramp; **me dio un ~** I got a stomach cramp

retostado, -a *adj* dark brown

retostar [63] *vt* to toast brown

retozar [14] *vi* **-1.** *(niños, cachorros)* to gambol, to frolic **-2.** *(amantes)* to romp about

retozo *nm* **-1.** *(de niños, cachorros)* gambolling, frolicking **-2.** *(de amantes)* romp

retozón, -ona *adj (niño, cachorro)* playful

retracción *nf* **-1.** ECON *(del mercado)* shrinking; *(de la demanda)* reduction, fall; **se ha producido una ~ de las inversiones** there has been a drop in investments **-2.** MED retraction

retractable *adj* retractable

retractación *nf* retraction

retractarse *vpr (de una promesa)* to go back on one's word; *(de una opinión)* to take back what one has said; **me retracto de lo dicho** I take back what I said; **se retractó de su declaración** she took back what she had said; **se retractó públicamente de sus acusaciones** he publicly withdrew his accusations

retráctil *adj (antena, brazo mecánico)* retractable; *(uña)* retractile

retraer [66] ◇ *vt* **-1.** *(uñas, cuernos)* to retract, to draw in **-2.** *(disuadir)* **~ a alguien de hacer algo** to persuade sb not to do sth
→ **retraerse** *vpr* **-1.** *(encogerse)* to retract **-2.** *(aislarse, retroceder)* to withdraw, to retreat; **se retrae cuando hay extraños** he becomes very withdrawn *o* he goes into his shell in the company of strangers **-3.** ECON *(demanda, inversiones)* to fall

retraído, -a *adj* withdrawn, retiring

retraigo *etc ver* **retraer**

retraimiento *nm* **-1.** *(acción)* withdrawal **-2.** *(carácter)* shyness, reserve

retranca *nf* **-1.** *Fam (intención disimulada)* **le hizo una pregunta con ~** his question had an ulterior motive **-2.** *Col, Cuba (de carruaje)* brake

retransmisión *nf* **-1.** *(de mensaje, señal)* transmission **-2.** *(emisión)* broadcast; **~ en directo/en diferido** live/recorded broadcast; **una ~ deportiva** a sports programme *o* broadcast; **a continuación, ~ deportiva** coming up, sport

retransmisor *nm* transmitter

retransmitir *vt* **-1.** *(mensaje, señal)* to transmit **-2.** *(emitir)* to broadcast; **~ algo en directo** to broadcast sth live; **~ algo en diferido** to broadcast a recording of sth

retrasado, -a ◇ *adj* **-1.** *(país, industria)* backward **-2.** *(reloj)* slow; **llevo el reloj ~** my watch is slow; **ese reloj va ~** that clock is slow **-3.** *(tren)* late, delayed; **vamos muy retrasados en el proyecto** we're very behind with the project **-4.** *(persona)* retarded, backward; **un paciente ~ (mental)** a mentally retarded patient
◇ *nm,f* **-1.** *(discapacitado)* **~ (mental)** mentally retarded person **-2.** *Fam (como insulto)* moron, cretin, *US* retard

retrasar ◇ *vt* **-1.** *(aplazar)* to postpone; **retrasaron la fecha de la reunión** the meeting was postponed, they put back the date of the meeting
-2. *(demorar)* to delay, to hold up
-3. *(hacer más lento)* to slow down, to hold up; *(pago, trabajo)* to set back; **vamos muy retrasados en el proyecto** we're a long way behind (schedule) with the project
-4. *(reloj)* to put back; **habrá que ~ los relojes una hora** the clocks will have to be put back an hour
-5. DEP *(balón)* to pass back
◇ *vi (reloj)* to be slow
→ **retrasarse** *vpr* **-1.** *(llegar tarde)* to be late; **el vuelo se ha retrasado una hora** the flight is an hour late
-2. *(quedarse atrás)* to fall behind; **se retrasaron un mes en la entrega** they were a month late with the delivery
-3. *(aplazarse)* to be postponed; **la reunión se ha retrasado una hora** the meeting has been put back an hour
-4. *(demorarse)* to be delayed; **me he retrasado por el tráfico** I've been held up in the traffic
-5. *(reloj)* to lose time; **mi reloj se retrasa cinco minutos al día** my watch loses five minutes a day

retraso *nm* **-1.** *(demora)* delay; **el vuelo ha sufrido un pequeño ~** the flight has been slightly delayed; **perdón por el ~** I'm sorry about the delay; **llegar con (quince minutos de) ~** to be (fifteen minutes) late; **los trenes circulan hoy con (una hora de) ~** trains are running (an hour) late today; **el gobierno anunció el ~ de las elecciones** the government announced that the elections were to be put back *o* postponed
-2. *(por sobrepasar un límite)* **el proyecto lleva dos semanas de ~** the project is two weeks behind schedule; **llevo en mi trabajo un ~ de veinte páginas** I'm twenty pages behind with my work
-3. *(subdesarrollo)* backwardness; **llevar (siglos de) ~** to be (centuries) behind
-4. **~ mental** mental deficiency; **tener un ~ mental** to be mentally retarded

retratar ◇ *vt* **-1.** *(fotografiar)* to photograph **-2.** *(dibujar)* to do a portrait of **-3.** *(describir)* to portray; **la película retrata fielmente la época** the movie paints an accurate picture of the era
→ **retratarse** *vpr* **-1.** *(fotografiarse)* to have one's photograph taken **-2.** *(ser dibujado)* to have one's portrait painted **-3.** *Fam (pagar)* to cough up

retratista *nmf* **-1.** *(pintor)* portrait artist *o* painter **-2.** *(fotógrafo)* (portrait) photographer

retrato *nm* **-1.** *(dibujo, pintura)* portrait; **~ de medio cuerpo** head-and-shoulders portrait; **~ de cuerpo entero** full-length portrait; **ser el vivo ~ de alguien** to be the spitting image of sb ❏ *Andes, RP* **~ hablado** Identikit® picture, *Br* Photofit® picture; **~ robot** Identikit® picture, *Br* Photofit® picture
-2. *(fotografía)* portrait (photograph)
-3. *(descripción)* portrayal; **hace un ~ muy fiel de las costumbres de entonces** she paints a very accurate picture of the customs of the time

retrechero, -a *adj* **-1.** *Fam (astuto)* cunning, crafty **-2.** *(atractivo)* attractive, charming

retreparse *vpr* to lean back

retreta *nf* MIL retreat; **tocaron ~** they sounded the retreat

retrete *nm* **-1.** *(taza)* toilet **-2.** *(habitación)* toilet, *US* bathroom

retribución *nf* **-1.** *(pago)* payment; **retribuciones salariales** salaries **-2.** *(recompensa)* reward **-3.** *Am (de favor)* **en ~ del favor que me hizo, le mandé un ramo de flores** I sent her a bunch of flowers to thank her for *o* in return for the favour she did me

retribuido, -a *adj (trabajo)* paid; **no ~** unpaid

retribuir [34] *vt* **-1.** *(pagar)* to pay **-2.** *(recompensar)* to reward **-3.** *Am (favor, obsequio)* to return, to repay

retributivo, -a *adj* **la política retributiva** pay policy; **un premio ~** a cash prize

retro *adj Fam* **-1.** *(estilo, moda)* retro **-2.** POL reactionary

retroacción *nf* ELEC feedback

retroactivamente *adv* retroactively

retroactividad *nf (de ley)* retroactivity; *(del pago)* backdating

retroactivo, -a *adj (ley)* retrospective, retroactive; *(pago)* backdated; **con efecto *o* con carácter ~** retroactively

retroalimentación *nf* feedback ❏ ELEC **~ negativa** negative feedback; ELEC **~ positiva** positive feedback

retroceder *vi* **-1.** *(moverse hacia atrás)* to go back; **tuvo que ~ para salir del garaje** he had to back out of the garage; **la lluvia de piedras obligó a ~ a la policía** the shower of stones forced the police to move back; **retrocedió dos puestos en la clasificación** he dropped *o* fell two places in the table **-2.** *(ante obstáculo)* to back down; **no retrocederé ante nada** there's no stopping me now

retroceso *nm* **-1.** *(movimiento hacia atrás)* backward movement; **supuso un ~ en las negociaciones** it caused a setback in the negotiations **-2.** *(de fusil, cañón)* recoil **-3.** *(de tropas)* retreat **-4.** *(en la economía)* recession **-5.** *(en enfermedad)* deterioration; **el paciente ha experimentado un ~** the patient's condition has deteriorated

retrocohete *nm* retro-rocket

retroflexo, -a *adj* LING retroflex

retrógrado, -a ◇ *adj* **-1.** *Pey (anticuado)* backward-looking, hidebound; *(en política)* reactionary **-2.** *(movimiento)* retrograde
◇ *nm,f (anticuado)* backward-looking *o* hidebound person; *(en política)* reactionary

retropropulsión *nf* jet propulsion

retroproyector *nm* overhead projector

retrospección *nf* retrospection

retrospectiva *nf* retrospective; **en ~** in retrospect

retrospectivamente *adv* in retrospect

retrospectivo, -a *adj* retrospective; **echar una mirada retrospectiva a** to look back over

retrotraer [66] ◇ *vt (relato)* to set in the past; **una historia que nos retrotrae a la Rusia zarista** a story which takes us back to tsarist Russia
→ **retrotraerse** *vpr (al pasado)* to cast one's mind back, to go back; **mi memoria ahora se retrotrae constantemente a 1968** my mind keeps going back to 1968

retroventa *nf* DER resale

retrovirus *nm inv* MED retrovirus

retrovisor *nm* rear-view mirror; **~ interior** rear-view mirror; **~ lateral** wing mirror

retrucar [29] ◇ *vi* **-1.** *(en billar)* **la bola retrucó** he got a double-kiss **-2.** *Perú, RP, Ven Fam (responder)* to answer back
◇ *vt Perú, RP, Ven Fam (replicar)* to retort

retruécano *nm* pun, play on words

retuerzo *ver* **retorcer**

retuesto *etc ver* **retostar**

retumbante *adj* resounding

retumbar *vi* **-1.** *(resonar)* to resound; **sus gritos retumbaban en la cueva** his shouts echoed *o* resounded around the cave; **las paredes retumbaban con cada explosión** the walls shook with each explosion; *Fam* **me retumban los oídos** my ears are ringing **-2.** *(hacer ruido)* to thunder, to boom; **el trueno retumbó en la sala** the thunder rumbled through the hall

retuviera *etc ver* **retener**

reubicación *nf Am* relocation

reubicar *vt Am* to relocate

reuma, reúma *nm o nf* rheumatism

reumático, -a ◇ *adj* rheumatic
◇ *nm,f* rheumatic

reumatismo *nm* rheumatism

reumatología *nf* rheumatology

reumatólogo, -a *nm,f* rheumatologist

reunido, -a *adj (en reunión)* **ahora no puede ponerse, está ~** he can't come on the phone at the moment, he's in a meeting; **estuvieron reunidos toda la mañana** they were in a meeting all morning

reunificación *nf* reunification

reunificar [59] ◇ *vt* to reunify
→ **reunificarse** *vpr* to reunify

reunión *nf* **-1.** *(encuentro) (profesional)* meeting; *(de amigos, familiares)* get-together, gathering; **hacer *o* celebrar una ~** to have *o* hold a meeting ❏ **~ atlética** athletics meeting, *US* track and field meet **-2.** *(tras largo tiempo)* reunion; **una ~ familiar/de veteranos** a family/veterans' reunion **-3.** *(asistentes)* meeting **-4.** *(recogida)* gathering, collection

reunir ⋄ vt **-1.** *(juntar) (personas)* to bring together; **la fiesta de homenaje reunió a todos los amigos del artista** the party in his honour brought all the artist's friends together
-2. *(objetos, información)* to collect, to bring together; *(fondos)* to raise; **reunió una gran fortuna** he amassed a large fortune
-3. *(tener) (requisitos, condiciones)* to meet, to fulfil; *(cualidades)* to possess, to combine; **el plan reúne todas las condiciones para ser aceptado** the plan meets *o* fulfils all the criteria for acceptance; **no reúne los requisitos necesarios para el puesto** she doesn't meet the requirements for the post
-4. *(volver a unir)* to put back together
◆ **reunirse** *vpr (congregarse, juntarse)* to meet; **reunirse con alguien** to meet (up with) sb; **el presidente se reunirá con los sindicatos** the president will meet (with) the unions; **se reunió con su familia tras cinco años de separación** he was reunited with his family after being apart from them for five years
reutilizable *adj* reusable
reutilización *nf* reuse
reutilizar [14] *vt* to reuse
reválida *nf* **-1.** *Antes (examen)* = qualifying exam for higher stages of secondary education, taken at 14 and 16 **-2.** *(confirmación)* **pasó la ~ del título** he successfully defended the title **-3.** *Am (de estudios, título)* recognition
revalidar *vt* **-1.** *Esp (en deportes)* to successfully defend; **el ciclista revalidó su título mundial** the cyclist successfully defended his world title **-2.** *Am (estudios, diploma)* to validate; **para poder trabajar en otro país tiene que ~ el título** in order to work in another country she has to have her degree validated *o* recognized
revalorización *nf* **-1.** *(aumento del valor)* appreciation **-2.** *(de moneda)* revaluation **-3.** *(restitución del valor)* favourable reassessment
revalorizar [14] ⋄ *vt* **-1.** *(aumentar el valor de)* to increase the value of **-2.** *(moneda)* to revalue **-3.** *(restituir el valor de)* to reassess in a favourable light
◆ **revalorizarse** *vpr* **-1.** *(aumentar de valor)* to appreciate **-2.** *(moneda)* to be revalued; **la libra se revalorizó frente al dólar** the pound rose against the dollar **-3.** *(recuperar valor)* to be reassessed favourably; **un artista que se ha revalorizado en los últimos años** an artist who has undergone a favourable reappraisal in recent years
revaluación *nf* **-1.** *(evaluación)* reappraisal, reassessment **-2.** *(de moneda)* revaluation
revaluar ⋄ *vt* **-1.** *(evaluar)* to reappraise, to reassess **-2.** *(moneda)* to revalue
◆ **revaluarse** *vpr (moneda)* to be revalued; **la libra se revaluó frente al dólar** the pound rose against the dollar
revancha *nf* **-1.** *(venganza)* revenge; **tienen muchas ganas de ~** they are hungry for revenge; **tomarse la ~** to take revenge **-2.** *(partido, partida)* rematch; **el equipo derrotado pidió la ~** the losers asked for a rematch
revanchismo *nm* vengefulness
revanchista *adj (actitud, espíritu)* vengeful
revelación *nf* **-1.** *(de documento, secreto)* revelation **-2.** *(sorpresa)* revelation; **el cineasta tailandés fue la ~ del festival** the Thai director was the revelation *o* discovery of the festival; **el equipo ~ de la temporada** the team that has been the revelation of the season **-3.** REL revelation
revelado *nm* FOT developing
revelador, -ora ⋄ *adj (aclarador)* revealing, revelatory
⋄ *nm* FOT developer
revelar ⋄ *vt* **-1.** *(descubrir)* to reveal; **se negó a ~ la localización de la bomba** he refused to reveal *o* disclose the whereabouts of the bomb **-2.** *(manifestar)* to show; **sus acciones revelan una gran generosidad** his actions show great generosity **-3.** FOT to develop

◆ **revelarse** *vpr* **-1.** *(descubrirse)* **revelarse como** to show oneself to be; **se reveló como un poeta excepcional** he showed himself to be an exceptional poet **-2.** *(resultar)* **sus esfuerzos se han revelado inútiles** their efforts proved useless
revendedor, -ora *nm,f* ticket tout
revender *vt* **-1.** *(productos, bienes)* to resell **-2.** *(entradas)* to tout
revenirse [69] *vpr* **-1.** *(ponerse correoso)* to go soggy **-2.** *(avinagrarse)* to turn sour
reventa *nf* **-1.** *(de productos, bienes)* resale **-2.** *(de entradas)* touting; **las autoridades han prohibido la ~ de entradas** the authorities have banned ticket touting; **compré las entradas en la ~** I bought the tickets from a tout
reventadero *nm Chile* = place where the waves break
reventado, -a *adj Fam (cansado)* shattered, whacked
reventador *nm (boicoteador)* troublemaker
reventar [3] ⋄ *vt* **-1.** *(hacer estallar)* to burst; **el hielo reventó las tuberías** the ice burst the pipes
-2. *(romper)* to break; *(echar abajo)* to break down; *(con explosivos)* to blow up
-3. *Andes, RP Fam (golpear)* **si no me devolvés eso te reviento** if you don't give that back to me I'm going to thump you one
-4. *(hacer fracasar)* to ruin, to spoil; COM **~ los precios** to make massive price cuts
-5. *(boicotear)* to disrupt
-6. *Fam (cansar mucho)* to shatter; **el jinete reventó al caballo** the jockey rode the horse into the ground
-7. *Fam (fastidiar)* to get; **me revienta que... it really gets me that...; me revienta que nunca cuenten conmigo** it bugs the hell out of me that they never include me
⋄ *vi* **-1.** *(estallar) (globo, neumático)* to burst; **el jarrón reventó al estrellarse contra el suelo** the vase shattered when it hit the ground; *Fig* **si no se lo digo, reviento** I'd have exploded if I hadn't said anything to him; *Fam* **por mí, como si revienta** he can drop dead as far as I'm concerned
-2. *(estar lleno)* **~ de** to be bursting with; *Fam* **estoy que reviento** *(estoy lleno)* I'm stuffed; **el estadio reventaba de espectadores** the stadium was packed to the rafters; **la sala estaba (llena) a ~** the room was bursting at the seams
-3. *(desear mucho)* **~ por hacer algo** to be bursting to do sth; **reventaba por contarnos el último cotilleo** she was dying *o* bursting to tell us the latest gossip
-4. *Fam (cansarse mucho)* **trabajaron hasta ~** they worked their socks off
-5. *Fam (perder los nervios)* to explode (**de** with); **al final reventó de impaciencia** her impatience finally got the better of her
◆ **reventarse** *vpr* **-1.** *(explotar)* to explode; *(rueda, tuberías)* to burst; **no te revientes los granos** don't squeeze your spots; *Andes, RP* **venía mirando para otro lado y me reventé contra la puerta** I was looking the other way and banged into the door **-2.** *Fam (cansarse)* to get whacked, to tire oneself to death; **se reventó a limpiar** she tired herself to death *o Br* slogged her guts out doing the cleaning
reventón *nm* **-1.** *(pinchazo)* blow-out, *Br* puncture, *US* flat; **sufrimos un ~** we had a *Br* puncture *o US* flat **-2.** *(estallido)* burst; **dar un ~** to burst **-3.** *Arg, Chile* MIN outcrop **-4.** *Méx Fam (fiesta)* wild party
reverberación *nf* **-1.** *(de sonido)* reverberation **-2.** *(de luz, calor)* reflection
reverberante *adj* **-1.** *(sonido)* reverberating **-2.** *(luz)* reflecting
reverberar *vi* **-1.** *(sonido)* to reverberate **-2.** *(luz, calor)* to reflect; **el sol reverberaba sobre las aguas** the sunlight glinted on the water
reverbero *nm CAm, Cuba, Ecuad (cocinilla)* cooking stove

reverdecer [46] ⋄ *vt* **-1.** *(campos)* to turn green again **-2.** *(interés, sentimientos)* to revive
⋄ *vi* **-1.** *(campos)* to turn green again **-2.** *(interés, sentimientos)* to revive
reverencia *nf* **-1.** *(respeto)* reverence **-2.** *(saludo) (inclinación)* bow; *(flexión de piernas)* curtsy; **hacer una ~** *(con la cabeza)* to bow; *(inclinarse)* to curtsy **-3.** *(tratamiento)* **su Reverencia** Your/His Reverence
reverencial *adj* reverential
reverenciar *vt* to revere
reverendísimo, -a *adj* Right Reverend
reverendo, -a ⋄ *adj* **-1.** *(forma de tratamiento)* reverend; **el ~ padre** the reverend father; **la ~ madre** the reverend mother **-2.** *Am (enorme)* **eso es un ~ disparate** that's absolute nonsense
⋄ *nm* reverend
reverente *adj* reverent
reversa *nf Méx* reverse
reversibilidad *nf* reversibility
reversible *adj* reversible
reverso *nm (parte de atrás)* back; *(de moneda, medalla)* reverse; **ver al ~** see back, see other side; EXPR **ser el ~ de la medalla** to be the other side of the coin
reverter [64] *vi* to overflow
revertir [62] ⋄ *vt Am (invertir)* **~ la situación** to reverse the situation
⋄ *vi* **-1.** *(resultar)* **~ en** to result in; **~ en beneficio/perjuicio de** to be to the advantage/detriment of **-2.** *(volver)* **~ a** to revert to **-3.** DER *(propiedad)* to revert; **la obra revertirá al Estado después de cincuenta años** the work will revert to the State after fifty years
revés *(pl* **reveses**) *nm* **-1.** *(parte opuesta) (de papel, mano)* back; *(de tela)* other side, wrong side; **al ~** *(en dirección o sentido equivocado)* the wrong way round; *(en forma opuesta, invertido)* the other way round; **escribe las eses al ~** she writes the letter "s" backwards *o* back to front; **te has puesto los guantes al ~** you've put your gloves on inside out; **todo lo entiende al ~** she's always getting the wrong end of the stick; **no estoy triste, al ~ estoy contentísima** I'm not sad, on the contrary, I'm very happy; **lo hizo al ~ de como le dije** she did the opposite of what I told her to; **del ~** *(lo de detrás, delante)* the wrong way round, back to front; *(lo de dentro, fuera)* inside out; *(lo de arriba, abajo)* upside down; **volver algo del ~** to turn sth around; **me puso el estómago del ~** it turned my stomach
-2. *(contratiempo)* setback, blow; **sufrir un ~** to suffer a setback
-3. *(bofetada)* slap
-4. DEP *(en tenis)* backhand; **un golpe de ~** a backhand; **tiene un buen ~** she has a good backhand
-5. *Cuba (gusano)* tobacco weevil
revestimiento *nm (por fuera)* covering; *(por dentro)* lining; *(con pintura)* coating □ **~ de fachadas** facing
revestir [47] ⋄ *vt* **-1.** *(recubrir)* to cover; *(con pintura)* to coat; *(con forro)* to line; **revistieron las paredes de corcho** they put cork panels on the walls; **revistieron el patio de cemento** the courtyard was cemented over
-2. *(poseer)* **el incidente no revistió importancia** the incident was not important; **la herida no reviste importancia** the wound isn't serious; **el acto revistió gran solemnidad** it was a very solemn occasion
-3. *(adornar)* to dress up (**de** in), to adorn (**de** with)
-4. *(disfrazar)* to disguise, to cover up
◆ **revestirse** *vpr* **-1.** *(dotarse)* **revestirse de paciencia** to summon up one's patience; **se revistió de la seriedad que requería la situación** she showed the seriousness required by the situation; **el acto se revistió de gran solemnidad** the event was marked by great solemnity **-2.** *(sacerdote)* to put on one's vestments
reviene *etc ver* **revenirse**
reviento *etc ver* **reventar**
revierta *etc ver* **revertir**

reviniera etc ver **revenirse**
revirado, -a adj RP bad-tempered; **no le hagas caso, que hoy anda medio ~** don't pay any attention to him, he's in a bad mood today
revirarse vpr RP Fam to fly into a rage
revire nm RP Fam rage, bad mood
revirtiera etc ver **revertir**
revisación nf RP **-1.** (médica, odontológica) examination **-2.** (registro) search
revisar vt **-1.** (repasar) to go over again; **revisé el examen antes de entregarlo** I went over the exam again before handing it in **-2.** (examinar) to check; Am (pruebas, galeradas) to correct; Am (paciente) to examine; **déjame que revise la cuenta del supermercado** let me check the supermarket receipt; **un auditor vino a ~ las cuentas de la empresa** an auditor came to audit the company's accounts; **me tengo que ~ la vista** I have to get my eyes tested; **le revisaron el equipaje** they searched her luggage; **tengo que llevar el coche a que lo revisen** I have to take the car in to have it serviced; **revíseme los frenos** could you check my brakes? **-3.** (modificar) to revise; **han revisado sus previsiones de crecimiento** they've revised their growth forecasts **-4.** Am (registrar) to search; **revisaban a todos antes de subir al avión** they searched everyone before they boarded the plane; EXPR Fam **a mí, que me revisen** don't look at me!
revisión nf **-1.** (repaso) revision; **pidió la ~ del examen** he asked for the exam to be remarked **-2.** (examen) check; (de vehículo) service; **llevar el coche a una ~** to have one's car serviced □ **~ de cuentas** audit; **~ médica** check-up; **me tengo que hacer una ~ médica** I have to have a check-up; **~ de la vista** eye test **-3.** (modificación) review; **han hecho una ~ de las cifras de crecimiento** the growth figures have been revised; **el gobierno anunció una ~ de su política de empleo** the government announced a review of its employment policy; **~ de los precios** price review o change **-4.** CAm, Méx (registro) search
revisionismo nm revisionism
revisionista ◇ adj revisionist
◇ nmf revisionist
revisor, -ora nm,f (en tren, autobús) ticket inspector □ **~ de cuentas** auditor
revista ◇ ver **revestir**
◇ nf **-1.** (publicación) magazine; (académica) journal □ CSur **~ de chistes** (children's) comic; **~ del corazón** gossip magazine (with details of celebrities' lives); Am **~ de historietas** (children's) comic; **~ pornográfica** pornographic magazine **-2.** (espectáculo teatral) revue □ **~ musical** musical revue **-3.** (inspección) **pasar ~ a** (tropas) to inspect, to review; **el informe pasa ~ a la situación del sector agrícola** the report reviews the situation of the farming sector; **un estudio que pasa ~ a las transformaciones de final de siglo** a study which reviews o looks at the transformations undergone at the turn of the century
revistar vt (tropas) to review, to inspect
revistero nm (mueble) magazine rack
revistiera etc ver **revestir**
revitalización nf revitalization
revitalizar [14] vt to revitalize
revival [rri'βaiβal] nm revival
revivificar [59] vt to revive
revivir ◇ vi **-1.** (muerto) to revive, to come back to life **-2.** (sentimientos) to revive, to be rekindled; **su pasión por el deporte revivió al cabo de muchos años** his passion for sport revived after several years
◇ vt **-1.** (recordar) (sujeto: acontecimiento) to revive memories of; **revivieron su época de estudiantes** they recalled their time as students **-2.** (muerto) to revive, to bring back to life **-3.** (sentimientos) to revive, to rekindle
revocable adj revocable
revocación nf (de sentencia, testamento) revocation
revocar [59] vt **-1.** (sentencia, testamento) to revoke **-2.** (pared) (interior) to plaster; (exterior) to render
revocatoria nf Am revocation
revolcar [67] ◇ vt to throw to the ground, to upend; **el caballo revolcó a la amazona** the horse threw its ride
◆ **revolcarse** vpr **-1.** (por el suelo) to roll around; **el perro se revolcaba en la arena** the dog rolled around in the sand; **nos revolcamos por los suelos de risa** we rolled around (on the ground) with laughter; **se revolcaba de dolor** she was writhing in pain **-2.** Fam (amantes) to roll around (kissing and canoodling)
revolcón nm **-1.** (caída) tumble, fall; EXPR **darle un ~ a alguien** (vencerle) to thrash o hammer sb **-2.** Fam (juegos amorosos) **darse un ~** to roll around (kissing and canoodling)
revolear vt Méx, RP to whirl around; EXPR **~ la cartera** to walk the streets, to work as a prostitute; EXPR **~ la pata** to be full of life o verve
revolotear vi **-1.** (pájaro, mariposa) to flutter (about) **-2.** (persona) to flit about
revoloteo nm **-1.** (de pájaro, mariposa) fluttering (about) **-2.** (de persona) flitting about; **me está poniendo nervioso su ~ cerca de mi mesa** she's getting on my nerves flitting around my desk like that
revoltijo, revoltillo nm jumble
revoltoso, -a ◇ adj **-1.** (soldado, estudiante) rebellious **-2.** (niño) naughty
◇ nm,f **-1.** (soldado, estudiante) troublemaker **-2.** (niño) rascal
revolución nf **-1.** (cambio profundo) revolution □ HIST **la Revolución Cultural** the Cultural Revolution; HIST **la Revolución Francesa** the French Revolution; HIST **la Revolución Industrial** the Industrial Revolution; **~ de palacio** palace revolution **-2.** (giro, vuelta) revolution, rev; **33 revoluciones por minuto** 33 revolutions per minute
revolucionar vt **-1.** (agitar) (crear conflicto en) to cause uproar in; (crear excitación en) to cause a stir in; **¡no revoluciones a los niños!** don't get the children all excited! **-2.** (transformar) to revolutionize **-3.** TEC (motor) to rev (up)
revolucionario, -a ◇ adj **-1.** (de la revolución) revolutionary **-2.** (innovador) revolutionary
◇ nm,f revolutionary
revolvedor nm Cuba vat, cauldron
revolver [41] ◇ vt **-1.** (mezclar) (líquido) to stir; (ensalada) to toss; (objetos) to mix; Am (dados) to shake; CSur (baraja) to shuffle; **la travesía me ha revuelto el estómago** the crossing has made me sick in my stomach; PROV **~ Roma con Santiago** to leave no stone unturned **-2.** (desorganizar) to turn upside down, to mess up; (cajones) to turn out; **los niños revolvieron la casa** the children left the house in a complete mess; **lo dejaron todo revuelto** they turned the place upside down **-3.** (irritar) to upset; **me revuelve el estómago** o **las tripas** it makes my stomach turn **-4.** (alterar) **~ los ánimos** to cause feelings to run high
◇ vi **~ en** (armario, pasado) to rummage around in; **¿quién ha estado revolviendo en mis cajones?** who's been rummaging around in my drawers?
◆ **revolverse** vpr **-1.** (moverse) (en un sillón) to shift about; (en la cama) to toss and turn **-2.** (volverse) to turn around; **revolverse contra alguien** to turn on sb **-3.** (mar, río) to become rough; (tiempo) to turn; **se ha revuelto el día** the weather has turned
revólver (pl **revólveres**) nm revolver; EXPR RP **hacer algo con un ~ en el pecho** to do sth with a gun held to one's head; EXPR RP **poner un ~ en el pecho a alguien** to hold a gun to sb's head
revoque ◇ ver **revocar**
◇ nm **-1.** (de pared) (interior) plastering; (exterior) rendering **-2.** (material) (interior) plaster; (exterior) render
revuelco etc ver **revolcar**
revuelo nm **-1.** (agitación) commotion; **armar** o **causar un gran ~** to cause a stir **-2.** (revoloteo) fluttering **-3.** Am (de gallo) thrust with the spur
revuelque etc ver **revolcar**
revuelta nf **-1.** (disturbio) riot **-2.** (curva) bend, turn
revuelto, -a ◇ participio ver **revolver**
◇ adj **-1.** (desordenado) (habitación) upside down, in a mess; (pelo) dishevelled; **tengo el estómago ~** I feel sick in my stomach **-2.** (trastornado) restless; (época) troubled, turbulent; **los estudiantes andan un poco revueltos** the students are rather restless; **los ánimos están muy revueltos** people are really on edge **-3.** (mezclado) mixed up; **viven revueltos las gallinas y las personas** chickens and people all live under the same roof; **viven todos revueltos** they live on top of one another **-4.** (clima) unsettled; (aguas) choppy, rough; **el río baja muy ~** the river is very turbulent
◇ nm (plato) scrambled eggs; **~ de espárragos** = scrambled eggs with asparagus
revuelvo etc ver **revolver**
revulsión nf revulsion
revulsivo, -a ◇ adj (fármaco) **un fármaco ~** a counter-irritant, Espec a revulsive
◇ nm **-1.** (fármaco) counter-irritant, Espec revulsive **-2.** (estímulo) kick-start, stimulus; **el gol fue el ~ que necesitaba el equipo** the goal kick-started the team; **la nueva empresa fue un ~ para la competencia** the new company spurred the competition into action
rey nm **-1.** (monarca) king; **los Reyes** the King and Queen; **el ~ de la selva** the king of the jungle; EXPR **hablando del ~ de Roma** talk o speak of the devil □ **los Reyes Católicos** = the Spanish Catholic monarchs Ferdinand V and Isabella; **los Reyes Magos** the Three Kings, the Three Wise Men; **¿qué les vas a pedir a los Reyes (Magos)?** ≃ what are you going to ask Father Christmas for?; **~ de la montaña** (en ciclismo) king of the mountains; HIST **el Rey Sol** the Sun King; CAm, Méx **~ de los zopilotes** (ave) king vulture **-2.** (Día de) **Reyes** Epiphany (6 January, day on which children receive presents) **-3.** (en ajedrez) king **-4.** (en naipes) king **-5.** (apelativo) love, darling
reyerta nf fight, brawl
reyezuelo nm (ave) **~ (sencillo)** goldcrest
rezagado, -a ◇ adj **la atleta se quedó rezagada** the athlete fell behind; **las empresas del país se están quedando rezagadas** the country's businesses are beginning to lag behind; **venían rezagados 3 kilómetros más atrás** they were lagging 3 kilometres behind
◇ nm,f straggler; **ya espero yo a los rezagados** I'll wait for the stragglers
rezagarse [38] vpr to fall behind
rezago nm Am **los rezagos sociales del país** the country's social backwardness
rezar [14] ◇ vt **-1.** (oración) to say; **~ un Padrenuestro/un Avemaría** to say an Our Father/a Hail Mary; **~ el rosario** to say o to recite the rosary **-2.** (decir) to read, to say; **el cartel reza: "prohibido el paso"** the sign says "no entry"; **como reza el artículo segundo de la ley** as stated in article two of the law
◇ vi **-1.** (orar) to pray (a to); **~ por algo/alguien** to pray for sth/sb; **le reza a la Virgen** she prays to the Virgin **-2.** (decir) to read, to say **-3.** Fam (tener que ver) **esto no reza conmigo** that has nothing to do with me
rezo nm **-1.** (acción) praying; **el ~ del rosario** the saying o recitation of the rosary **-2.** (oración) prayer

rezongar [38] ◇ vi *(refunfuñar)* to grumble, to moan
◇ vt *Urug (regañar)* to scold, to tell off
rezongo nm *Urug* telling-off
rezongón, -ona ◇ adj **es muy ~** he's always grumbling o moaning
◇ nm,f grumbler, moaner
rezumar ◇ vt **-1.** *(transpirar)* to ooze; **las paredes rezumaban agua** the walls were running with damp **-2.** *(manifestar)* **rezumaba entusiasmo** he was bubbling with enthusiasm
◇ vi to ooze o seep out
RF nf *(abrev de* **radiofrecuencia***)* rf
RFA nf *Antes (abrev de* **República Federal Alemana** o **de Alemania***)* FRG
RGB INFORMÁT *(abrev de* **red, green and blue***)* RGB
Rh *(abrev de* **Rhesus***)* nm Rh; **Rh positivo/negativo** Rh positive/negative
rhesus nm rhesus monkey
Rhin = **Rin**
Rhodesia n *Antes* Rhodesia
ría ◇ ver **reír**
◇ nf **-1.** *(accidente geográfico)* ria, = long narrow sea inlet **-2.** *(en pista de atletismo)* water jump
riachuelo nm brook, stream
Riad n Riyadh
riada nf **-1.** *(de agua)* flood **-2.** *(de solicitudes)* flood; *(de preguntas)* barrage; *(de personas)* crowd
rial nm rial
ribazo nm *(terreno inclinado)* slope; *(del río)* sloping bank
ribeiro nm = wine from the province of Orense, Spain
ribera nf **-1.** *(orilla)* *(de río)* bank; *(de lago, mar)* shore **-2.** *(vega)* fertile plain; **la ~ del Ebro** the banks of the Ebro
ribereño, -a ◇ adj *(de río)* riverside; *(de lago)* lakeside; *(de mar)* coastal; **una aldea ribereña** a village on the banks of a river/on the shore of a lake; **los países ribereños del Mediterráneo** the Mediterranean countries
◇ nm,f = person who lives by a river or a lake or the sea
ribete nm **-1.** *(cinta)* edging, trimming **-2. ribetes** *(rasgos)* touches, nuances; **una política de izquierdas con ribetes revolucionarios** a leftist policy with revolutionary elements; **tener ribetes de poeta** to be something of a poet
ribeteado, -a adj edged, trimmed
ribetear vt to edge, to trim
riboflavina nf BIOL riboflavin
ribonucleico, -a adj BIOL **ácido ~** ribonucleic acid
ribosoma nm BIOL ribosome
ricachón, -ona nm,f *Pey* filthy o stinking rich person
ricamente adv **-1.** *(con riqueza)* richly; **viven ~** they live in luxury; **un palacio ~ decorado** a richly decorated palace **-2.** *Fam (a gusto)* **estar tan ~** to be quite happy; **me lo dijo así, tan ~** she told me just like that; **dormí muy ~** I slept like a baby
Ricardo n pr **~ Corazón de León** Richard the Lionheart
rice etc ver **rizar**
ricino nm *(planta)* castor oil plant
ricitos nmf inv *Fam (como apelativo)* curly locks
rico, -a ◇ adj **-1.** *(adinerado)* rich; **un país ~** a rich country
-2. *(abundante)* rich **(en** in**)**; **una dieta rica en proteínas** a protein-rich diet, a diet rich in proteins; **esta región es rica en recursos naturales** this region is rich in natural resources
-3. *(fértil)* fertile, rich
-4. *(sabroso)* delicious; **la sopa está muy rica** the soup is really delicious; **¡qué ~!** this is delicious!
-5. *(simpático)* cute; **¡qué perrito tan ~!** what a cute little dog!
-6. *(bello, de calidad)* *(telas, tapices, vocabulario)* rich
-7. *Andes, CAm, Carib, Méx (agradable)* lovely;

¡qué clima más ~ hace aquí! the climate here is lovely!
◇ nm,f **-1.** *(adinerado)* rich person; **los ricos** the rich; **los nuevos ricos** the nouveaux riches **-2.** *Fam (apelativo)* **¡oye, ~!** hey, sunshine!; **¿por qué no te callas, ~?** shut up, you!
◇ adv *Andes, CAm, Carib, Méx (bien)* well; **qué ~ toca el piano** she plays the piano so well; **qué ~ se está aquí en la playa** it's lovely here on the beach
rictus nm inv **un ~ de dolor** a wince o grimace of pain; **un ~ de ironía** an ironic smirk; **un ~ de desprecio** a disdainful sneer; **un ~ de amargura** a bitter expression
ricura nf *Fam* **-1.** *(persona)* delight, lovely person; **¡qué ~ de niño!** what a lovely o delightful child! **-2.** *(apelativo)* **¡oye, ~!** hey, sunshine!; **¿por qué no te callas, ~?** shut up, you! **-3.** *(guiso)* **¡qué ~ de sopa!** what delicious soup!
ridiculez nf **-1.** *(payasada)* silly thing; **esa corbata es una ~** that tie is ridiculous; **¡no digas ridiculeces!** don't talk nonsense! **-2.** *(nimiedad)* **cuesta una ~** it costs next to nothing; **se pelearon por una ~** they fell out over nothing; **me pagan una ~** I'm paid a pittance **-3.** *(cualidad)* ridiculousness
ridiculizar [14] vt to ridicule
ridículo, -a ◇ adj **-1.** *(sombrero, traje)* ridiculous; **quedas ~ con esos pantalones** you look ridiculous in those *Br* trousers o *US* pants **-2.** *(afirmación, situación)* ridiculous; **eso que ha dicho es ~** what she said was ridiculous; **acéptalo, ¡no seas ~!** take it, don't be ridiculous o silly! **-3.** *(precio, suma, sueldo)* laughable, ridiculously low
◇ nm ridicule; **hacer el ~** to make a fool of oneself; **hizo el ~ más espantoso** he made an utter fool of himself; **poner o dejar en ~ a alguien** to make sb look stupid; **quedar en ~ (delante de alguien)** to end up looking like a fool (in front of sb); **no tiene sentido del ~** he doesn't get embarrassed easily
ríe ver **reír**
riego ◇ ver **regar**
◇ nm *(de campo)* irrigation; *(de jardín)* watering; **ella se encarga del ~ del jardín** she's in charge of watering the garden ❑ **~ por aspersión** sprinkling; **~ sanguíneo** (blood) circulation
riegue etc ver **regar**
riel nm **-1.** *(de vía)* rail **-2.** *(de cortina)* (curtain) rail
rielar vi to shimmer
rienda nf **-1.** *(de caballería)* rein; EXPR **aflojar las riendas** to slacken the reins; EXPR **a ~ suelta: comer a ~ suelta** to eat one's fill; **hablar a ~ suelta** to talk nineteen to the dozen; **se reía a ~ suelta** she was laughing uncontrollably; EXPR **dar ~ suelta a** to give free rein to; **dio ~ suelta a su imaginación** she gave free rein to her imagination; **dio ~ suelta a su ira** he made no attempt to control his anger
-2. *(dirección)* **llevar o tener las riendas** to hold the reins, to be in control; **a la muerte de su padre, tomó las riendas del negocio** she took over the business when her father died; **él lleva las riendas de la casa** he's the boss in the household
riera etc ver **reír**
riesgo nm risk; **hay ~ de inundaciones** there's a danger of flooding; **a ~ de** at the risk of; **saltó por el barranco (aun) a ~ de matarse** he jumped across the ravine even though he was risking his life; **se lo contó, a ~ de que se enfadara** she told him, despite the risk of him getting annoyed; **a todo ~** *(seguro, póliza)* comprehensive; **aseguró la casa a todo ~** she took out comprehensive home insurance; **correr (el) ~ de** to run the risk of; **corremos el ~ de no llegar a tiempo** we are in danger of not arriving in time; **¿para qué correr riesgos innecesarios?** why should we take unnecessary risks?; **existe el ~ de que no queden localidades** there's a risk o danger that there won't be any tickets left

riesgoso, -a adj *Am* risky
rifa nf raffle ❑ **~ benéfica** charity raffle
rifar ◇ vt to raffle; **rifan un todoterreno** they're giving away a four-wheel drive in a prize draw
◆ **rifarse** vpr **-1.** *(sortear)* **nos rifamos la botella de vodka** we drew lots to see who got the bottle of vodka
-2. *(disputarse)* to fight over, to contest; **a mi prima se la rifan los chicos** the boys are always running after o fighting over my cousin
-3. *RP Fam (malgastar)* to blow; *(desperdiciar)* to waste; **se rifó el sueldo en una semana** he blew his wages in a week; **te estás rifando los mejores años de tu vida** you're throwing away the best years of your life
-4. *Urug Fam (tema, capítulo)* **rifarse algo** not to study sth, to give sth a miss
rifirrafe nm *Fam* tiff; **tuvieron un pequeño ~** they had a tiff
rifle nm rifle
rift nm GEOL rift valley
Riga n Riga
rige ver **regir**
rigidez nf **-1.** *(de objeto, material)* rigidity; *(de tela)* stiffness **-2.** *(de pierna, brazo)* stiffness **-3.** *(del rostro)* stoniness **-4.** *(severidad)* strictness, harshness; **la ~ de la disciplina militar** the harshness o severity of military discipline; **aplican las normas con ~** they apply the rules strictly
rígido, -a adj **-1.** *(objeto, material)* rigid; *(tela)* stiff **-2.** *(pierna, brazo)* stiff; **pon el brazo ~** tense your arm, hold your arm stiff **-3.** *(rostro)* stony **-4.** *(severo, inflexible)* *(normas)* strict, harsh; *(carácter)* inflexible; *(horario)* strict
rigiera etc ver **regir**
rigodón nm rigadoon
rigor nm **-1.** *(severidad)* strictness; **criticaron el ~ de la pena** they criticized the severity o harshness of the sentence; **con ~** strictly
-2. *(exactitud)* accuracy, rigour; **a este análisis le falta ~** this analysis isn't rigorous enough; **esta teoría no tiene ningún ~ científico** this theory is totally lacking in scientific rigour; **me dieron las instrucciones de ~** they gave me the usual instructions; **nos cayó la bronca de ~** we got the inevitable telling-off; **es de ~ en esas ocasiones** it's de rigueur on such occasions; **en ~** strictly (speaking)
-3. *(inclemencia)* harshness; **los rigores del invierno** the rigours of winter; **los rigores del verano** the harshness of the summer climate
-4. *(rigidez)* **~ mortis** rigor mortis
-5. EXPR *Fam* **es el ~ de las desdichas** she was born unlucky
rigurosamente adv **-1.** *(severamente)* strictly; **aplicó la ley ~** she applied the law strictly **-2.** *(exactamente)* rigorously; **es ~ cierto** it's the exact truth
rigurosidad nf **-1.** *(severidad)* strictness; **aplicó la ley con ~** she applied the law strictly **-2.** *(exactitud)* accuracy, rigour; **a este análisis le falta ~** this analysis isn't rigorous enough **-3.** *(inclemencia)* harshness; **la ~ del clima** the harshness of the climate
riguroso, -a adj **-1.** *(severo)* strict; **el árbitro estuvo muy ~** the referee was very strict; **vestía de luto** she was in strict mourning; **sigue una dieta rigurosa** he's on a strict diet; **someten el proceso de fabricación a un ~ control** the manufacturing process is strictly o tightly controlled; **las entradas se darán en ~ orden de llegada** the tickets will be issued strictly on a first come first served basis
-2. *(exacto)* rigorous; **un análisis ~** a rigorous analysis
-3. *(inclemente)* harsh; **ha sido un invierno ~** it has been a harsh winter
rijo etc ver **regir**
rijoso, -a adj **-1.** *(pendenciero)* **es un tipo ~** he's always getting into fights **-2.** *(lujurioso)* lustful
rilarse vpr *Fam* to back o pull out

rima *nf* **-1.** *(concordancia)* rhyme ❑ **~ asonante** assonant rhyme; **~ consonante** consonant rhyme **-2.** *(composición)* poem; **rimas** verse

rimar ◇ *vt* to rhyme
◇ *vi* to rhyme (**con** with)

rimbombancia *nf* **-1.** *(de estilo, frases)* pomposity **-2.** *(de desfile, fiesta)* razzmatazz

rimbombante *adj* **-1.** *(estilo, frases)* pompous **-2.** *(desfile, fiesta)* spectacular

rímel *nm* mascara

rimero *nm* heap, pile

rimmel® ['rrimel] *nm* mascara

Rin, Rhin *nm* el **~** the Rhine

rin *nm* **-1.** *Carib, Col, Méx (llanta)* rim **-2.** *Perú (cabina telefónica)* phone box, *US* phone booth

rincón *nm* **-1.** *(esquina)* corner *(inside)* **-2.** *(lugar apartado)* corner; **vive en un ~ apartado del mundo** she lives in a remote spot; **lo guardo en algún ~ de mi memoria** I keep it tucked away in a corner of my memory; **recorrimos todos los rincones de la ciudad** we explored every nook and cranny of the city **-3.** *(lugar pequeño)* corner; **te he dejado un ~ para que guardes tus cosas** I've given you a corner to keep your things in

rinconada *nf* corner

rinconera *nf* corner piece

rindiera *etc ver* **rendir**

rindo *etc ver* **rendir**

ring [rrin] *(pl* **rings**) *nm* (boxing) ring

ringla *nf*, **ringlera** *nf* line, row

ringorrango *nm Fam* **-1.** *(de estilo)* flourish **-2.** *(adorno)* frill, frippery

rinitis *nf inv* MED rhinitis ❑ **~ alérgica** allergic rhinitis

rinoceronte *nm* rhinoceros, rhino

rinofaringe *nf* ANAT nasopharynx

rinoplastia *nf* MED rhinoplasty; **le hicieron una ~** they operated on his nose

riña *nf* **-1.** *(discusión)* quarrel **-2.** *(pelea)* fight ❑ *RP* **~ de gallos** cockfight

riñera *etc ver* **reñir**

riño *etc ver* **reñir**

riñón *nm* **-1.** *(órgano)* kidney; EXPR *Fam* **costar un ~** to cost a fortune; EXPR *Fam* **valer un ~** to be worth a fortune; EXPR *Fam* **tener el ~ bien cubierto** to be well-heeled ❑ **~ artificial** kidney machine **-2. riñones** *(región lumbar)* lower back; **dolor de riñones** lower back pain

riñonada *nf* **-1.** *(región lumbar)* lower back **-2.** *(guisado)* kidney stew

riñonera *nf* **-1.** *(pequeño bolso) Br* bum bag, *US* fanny pack **-2.** *(faja)* back support

río¹ *etc ver* **reír**

río² *nm* **-1.** *(corriente de agua, de lava)* river; **ir ~ arriba/abajo** to go upstream/downstream; **se han escrito ríos de tinta sobre el tema** people have written reams on the subject; PROV **a ~ revuelto, ganancia de pescadores** it's an ill wind that blows nobody any good; PROV **cuando el ~ suena, agua lleva** there's no smoke without fire ❑ **el Río Bravo** the Rio Grande; **el Río Grande** the Rio Grande; **Río de Janeiro** Rio de Janeiro; **Río de la Plata** River Plate
-2. *(gran cantidad)* *(de cartas)* flood; *(de insultos)* stream; **un ~ de gente** a mass of people

rioja *nm* rioja (wine)

riojano, -a ◇ *adj* **-1.** *(de Argentina)* = of/from the Argentinian city or province of La Rioja **-2.** *(de España)* = of/from the Spanish region of La Rioja
◇ *nm,f* **-1.** *(de Argentina)* = person from the Argentinian city or province of La Rioja **-2.** *(de España)* = person from the Spanish region of La Rioja

rioplatense ◇ *adj* of/from the River Plate region
◇ *nmf* person from the River Plate region

R.I.P. [rrip] *(abrev de* **requiescat in pace***)* RIP

ripiado, -a *adj* *Andes, RP* gravel-covered

ripiar *vt* **-1.** *Carib, Col (destrozar)* to tear to pieces **-2.** *Andes, RP (pavimentar)* to cover with gravel

ripio *nm* **-1.** LIT *(en verso)* = word or phrase included to complete a rhyme; *(en escrito)* padding; EXPR **no perder ~** to be all ears **-2.** *(cascote)* rubble **-3.** *Andes, RP* gravel

riqueza *nf* **-1.** *(fortuna)* wealth; **la redistribución de la ~** the redistribution of wealth
-2. *(cosas de valor)* **el cofre estaba lleno de oro y riquezas** the chest was full of gold and riches
-3. *(abundancia)* richness; **una región de gran ~ minera** a region rich in mineral resources; **tiene gran ~ de vocabulario** she has a very rich vocabulary; **un alimento con gran ~ vitamínica** a food rich in vitamins; **la ~ de la decoración llamaba la atención** the lavish décor was striking

risa *nf* laughter; **se oía una ~ en el piso de arriba** somebody could be heard laughing in the flat above; **~ floja** o **tonta** giggle; **una película de ~** a comedy; **unos precios de ~** laughably low prices; **tiene una ~ muy contagiosa** she has a very infectious laugh; **se oían risas** laughter could be heard; **¡qué ~!** how funny!; **me da ~** I find it funny; **se me escapó la ~** I burst out laughing; **me entró la ~** I got the giggles; **estaba muerta de risa** she was in stitches; **tiene el ordenador muerto de ~** his computer's gathering dust; **contener la ~** to keep a straight face; **fue una ~ verle imitar a los profesores** it was hilarious *o* a scream watching him take off the teachers; **no es cosa de ~** it's no laughing matter; **provocó las risas del público** it made the audience laugh; **tomar algo a ~** to take sth as a joke; EXPR *Fam* **caerse** *o* **morirse** *o* **partirse** *o* *RP* **matarse de ~** to die laughing, to split one's sides (laughing); EXPR *Fam* **mearse de ~** to piss oneself laughing ❑ **~ enlatada** canned laughter; **risas grabadas** canned laughter

RISC [rrisk] INFORMÁT *(abrev de* **reduced instruction set computer***)* RISC

riscal *nm* craggy place

risco *nm* crag

risible *adj* laughable

risita *nf* giggle

risotada *nf* guffaw; **soltar una ~** to guffaw

risotto [rri'soto], **risoto** *nm* risotto

ristra *nf* string; **soltó una ~ de insultos** he let out a stream of insults ❑ **~ de ajos** string of garlic

ristre: en ristre *loc adv* at the ready; **cabalgaba, lanza en ~** he rode along, lance at the ready; **salió al escenario, guitarra en ~** he came out onto the stage, guitar at the ready

risueño, -a *adj* **-1.** *(alegre)* smiling **-2.** *(próspero)* bright, promising; **la agricultura ecológica tiene un ~ porvenir** organic farming has a bright *o* rosy future

Rita *n* EXPR *Fam Hum* **santa ~, ~, lo que se da no se quita** a present's a present; EXPR *Hum Fam* **¡que lo haga ~ (la cantaora)!** no way am I doing that!

rítmico, -a *adj* rhythmic

ritmo *nm* **-1.** *(compás, repetición)* rhythm, beat; **esa canción tiene mucho ~** that song's got a very strong beat *o* rhythm; **llevaba el ~ con los pies** she was tapping the rhythm *o* keeping time with her feet ❑ **~ cardíaco** heartbeat
-2. *(velocidad)* pace; **la economía está creciendo a un buen ~** the economy is growing at a healthy pace *o* rate; **llevan un ~ de trabajo agotador** they have a punishing work rate; **este ~ de vida me supera** this hectic lifestyle's too much for me; **a este ~ no vamos a acabar nunca** at this rate we're never going to finish; **acelerar el ~** to speed up; **el ciclista francés impuso su ~** the French cyclist dictated the pace

rito *nm* **-1.** REL rite ❑ **~ iniciático** initiation rite **-2.** *(costumbre)* ritual **-3.** *Chile (manta)* heavy poncho

ritual ◇ *adj* ritual
◇ *nm* ritual

ritualismo *nm* ritualism

rival ◇ *adj* rival
◇ *nmf* rival

rivalidad *nf* rivalry

rivalizar [14] *vi* to compete; **~ con alguien por algo** to compete with sb for sth; **rivalizan en belleza** they rival each other in beauty

rivera *nf* brook, stream

riverense ◇ *adj* of/from Rivera *(Uruguay)*
◇ *nmf* person from Rivera *(Uruguay)*

Riyad *n* Riyadh

riyal *nm* riyal

rizado, -a ◇ *adj* **-1.** *(pelo)* curly **-2.** *(mar)* choppy
◇ *nm (en peluquería)* **hacerse un ~** to have one's hair curled

rizador *nm* curling tongs

rizar [14] ◇ *vt* **-1.** *(pelo)* to curl **-2.** *(mar)* to make choppy **-3. ~ el rizo** *(avión)* to loop the loop; *(complicar)* to overcomplicate (things); **para ~ el rizo hizo un doble salto mortal** as if all that wasn't impressive enough, he performed a double somersault
◆ **rizarse** *vpr* **-1.** *(pelo)* to curl **-2.** *(mar)* to get choppy

rizo *nm* **-1.** *(de pelo)* curl **-2.** *(de avión)* loop **-3.** *(tela)* towelling, terry **-4.** NÁUT reef

rizoma *nm* BOT rhizome

rizoso, -a *adj* *(pelo)* (naturally) curly

RM *nf* *(abrev de* **Resonancia Magnética***)* MRI

RN *nm* *(abrev de* **Renovación Nacional***)* = Chilean political party

RNE *nf (abrev de* **Radio Nacional de España***)* = Spanish state radio station

roano, -a *adj* *(caballo)* roan

roast-beef [rros'βif] *(pl* **roast-beefs**) *nm* roast beef

robacarros, robacoches *nmf inv CAm, Méx* car thief

róbalo, robalo *nm* sea bass

robar ◇ *vt* **-1.** *(objeto)* to steal; *(casa)* to burgle; *(banco)* to rob; **~ a alguien** to rob sb; **me han robado la moto** my motorbike's been stolen; **nos robaron en el partido** we were robbed; **le robó el corazón** she stole his heart; PROV *Fam* **el que roba a un ladrón, tiene cien años de perdón** it's no crime to steal from a thief
-2. *(niño, mujer)* to abduct, to kidnap
-3. *(tiempo)* to take up; **te robaré sólo un minuto** I'll only take up a minute of your time; **la contabilidad me roba mucho tiempo** doing the accounts takes up a lot of my time
-4. *(espacio)* to take away; **con esta reforma le robamos unos metros al garaje** this alteration will take a few square metres away from the garage
-5. *(naipe)* to draw
-6. *(cobrar caro)* to rob; **en esa tienda te roban** the prices in that shop are daylight robbery
◇ *vi* **-1.** *(sustraer)* to steal; **han robado en una tienda del centro** there's been a robbery in a shop in the town centre **-2.** *(tomar un naipe)* to draw

robellón *nm (seta)* saffron milk cap

roble *nm* **-1.** *(árbol, madera)* oak; **un armario de ~** an oak wardrobe; EXPR **ser** *o* **estar fuerte como un ~** to be as strong as an ox **-2.** *(persona)* strong person

robledal *nm* oak wood

robledo *nm* oak grove

roblón *nm* **-1.** *(clavo)* rivet **-2.** *(en tejado)* ridge

robo *nm* **-1.** *(atraco)* robbery; *(hurto)* theft; *(en casa)* burglary ❑ **~ a mano armada** armed robbery **-2.** *(cosa robada)* stolen goods **-3.** *Fam* **ser un ~** *(precios)* to be daylight robbery; **¡qué ~!** what a rip-off!

robot *(pl* **robots**) *nm* robot; EXPR **actuar como un ~** to behave like a machine *o* robot ❑ **~ articulado** articulated robot; **~ de cocina** food processor; **~ industrial** industrial robot

robótica *nf* robotics *(singular)*

robotización *nf* automation

robotizar [14] *vt* to automate

robustecer [46] ◇ *vt* to strengthen
◆ **robustecerse** *vpr* to get stronger

robustecimiento *nm* strengthening

robustez *nf* robustness

robusto, -a *adj* robust

roca nf rock; [EXPR] **ser (como) una ~** to be as hard as nails ❑ **~ metamórfica** metamorphic rock; **~ sedimentaria** sedimentary rock; **~ volcánica** volcanic rock

rocalla nf rubble

Rocallosas nfpl Am **las ~** the Rockies

rocalloso, -a adj Am **las montañas Rocallosas** the Rocky Mountains

rocambolesco, -a adj fantastic, incredible; **nos sucedió una aventura rocambolesca** the most incredible series of things happened to us; **protagonizó una huída rocambolesca de la prisión** his escape from the prison involved a string of bizarre events

rocanrolero, -a adj (ritmo, música) rock and roll

roce ◇ ver **rozar**
◇ nm **-1.** (contacto) rubbing; **el ~ de la seda contra su piel** the brushing of the silk against her skin; **el ~ de su mano en la mejilla** the touch of his hand on her cheek; **el ~ de la silla con la pared ha desgastado la pintura** the back of the chair has worn away some of the paint on the wall; **me ha salido una ampolla del ~ del zapato** I've got a blister from my shoe rubbing against my foot; **el ~ del viento en la piedra** the weathering effect of the wind on the stone **-2.** (rozadura) **el pantalón tiene roces en las rodillas** the Br trousers o US pants are worn at the knees; **la pared está llena de roces** the wall has had the paint scraped off it in several places **-3.** (rasguño) (en piel) graze; (en madera, zapato) scuffmark; (en metal) scratch **-4.** (trato) close contact; **con el ~ se han ido tomando cariño** being in close contact has made them grow fond of each other **-5.** (desavenencia) brush, quarrel; **tener un ~ con alguien** to have a brush with sb **-6.** RP (modales) **tener ~** to have good social skills

rochabús nm Perú Fam water cannon truck

rochar vt Chile Fam to catch; **te roché que querías irte sin despedirte de mí** I caught you trying to leave without saying goodbye to me

rochela nf Col, Ven Fam (bullicio) racket

rociada nf **-1.** (rocío) dew **-2.** (aspersión) sprinkling **-3.** (de insultos, perdigones) shower

rociador nm **~ contra incendios** sprinkler

rociar [32] ◇ vt **-1.** (arrojar gotas a) to sprinkle; (con espray) to spray; **le roció la cabeza con colonia** she sprayed cologne on his head **-2.** (arrojar cosas a) **~ algo/alguien (con)** to shower sth/sb (with); **rociaron a los novios con arroz** they showered the newly-weds with rice **-3.** (con vino) **rociaron la cena con un tinto** they washed the meal down with a red wine
◇ v impersonal (caer rocío) **roció anoche** a dew fell last night

rociero, -a nm,f = participant in the "Rocío" pilgrimage to Almonte, Huelva

rocín nm **-1.** (caballo) nag **-2.** Bol (buey) ox

rocinante nm nag

rocío nm **-1.** (agua) dew **-2. el Rocío** (romería) = annual pilgrimage to Almonte, Huelva

rock ◇ adj inv rock
◇ nm rock ❑ **~ and roll** rock and roll; **~ duro** hard rock; **~ psicodélico** psychedelic rock

rocker nm Fam rocker

rockero, -a, roquero, -a ◇ adj rock; **grupo ~** rock group
◇ nm,f **-1.** (músico) rock musician **-2.** (fan) rock fan

rococó ◇ adj inv rococo
◇ nm rococo

rocódromo nm indoor climbing centre

rocola nf Andes, CAm, Méx, Ven jukebox

Rocosas nfpl **las ~** the Rockies

rocoso, -a adj rocky; **las montañas Rocosas** the Rocky Mountains

rocote, rocoto nm Andes = large green chilli pepper

roda nf NÁUT stem

rodaballo nm turbot

rodada nf tyre track

rodado, -a ◇ adj **-1.** (por carretera) road; **tráfico ~** road traffic **-2.** (piedra) rounded **-3.** [EXPR] **estar muy ~** (persona) to be very experienced; **venir ~ para** to be the perfect opportunity to
◇ nm **-1.** RP (vehículo) vehicle **-2.** Chile (de tierra) landslide; (de nieve) avalanche

rodador nm **-1.** (ciclista) = cyclist who is particularly good on flat stretches of road **-2.** Am (insecto) gnat

rodaja nf slice; **cebolla en rodajas** sliced onion; **cortar algo en rodajas** to cut sth in slices, to slice sth

rodaje nm **-1.** (filmación) shooting **-2.** (de motor) running-in; **el coche está en ~** we're running the car in **-3.** (experiencia) experience **-4.** (de avión) taxiing

rodamiento nm bearing ❑ **~ de bolas** ball-bearing

Ródano nm **el ~** the Rhône

rodante adj rolling

rodapié nm Br skirting board, US baseboard

rodar [63] ◇ vi **-1.** (deslizarse) to roll; **la moneda rodó y se metió debajo de la cama** the coin rolled under the bed
-2. (circular) to travel, to go; **rodaban a más de 180 km/h** they were doing more than 180 km/h
-3. (girar) to turn
-4. (caer) to tumble (**por** down); **rodó escaleras abajo** she tumbled down the stairs; Fam **echar algo a ~** (malograr) to ruin sth
-5. (ir de un lado a otro) to go around; **ha rodado por todo el mundo** he's been all over the world
-6. CINE to shoot; **¡silencio, se rueda!** we're rolling!
◇ vt **-1.** (hacer girar) to roll **-2.** CINE to shoot; **rodó varias comedias** he filmed several comedies **-3.** (automóvil) to run in **-4.** (avión) to taxi

Rodas n Rhodes

rodear vt **-1.** (poner o ponerse alrededor de) to surround (**de** with); **le rodeó el cuello con los brazos** she put her arms around his neck; **¡ríndete, estás rodeado!** surrender, we have you o you're surrounded!; **vive rodeado de libros** he's always surrounded by books
-2. (estar alrededor de) to surround; **el misterio que rodea la investigación** the mystery surrounding the investigation; **todos los que la rodean hablan muy bien de ella** everyone around her speaks very highly of her
-3. (dar la vuelta a) to go around
-4. (eludir) (tema) to skirt around
-5. Am (ganado) to round up
◆ **rodearse** vpr **rodearse de** to surround oneself with; **se rodeó de amigos** he surrounded himself with friends

rodela nf buckler, round shield

rodeo nm **-1.** (camino largo) detour; **dar un ~** to make a detour **-2.** (evasiva) **rodeos** evasiveness; **andar** o **ir con rodeos** to beat about the bush; **habló sin rodeos** he didn't beat about the bush **-3.** (espectáculo) rodeo **-4.** (reunión de ganado) rounding up

rodera nf tyre mark

Rodesia n Antes Rhodesia

rodete nm **-1.** (de tela) round pad **-2.** (moño) bun

rodilla nf knee; **estaba de rodillas** he was on his knees; Fig **te lo pido de rodillas** I'm begging you; **doblar** o **hincar la ~** (arrodillarse) to go down on one knee; Fig to bow (down), to humble oneself; **ponerse de rodillas** to kneel (down)

rodillazo nm **me dio un ~ en el estómago** he kneed me in the stomach

rodillera nf **-1.** (protección) kneepad **-2.** (remiendo) knee patch **-3.** (abultamiento) **tienes rodilleras en el pantalón** your Br trousers o US pants have gone baggy at the knees

rodillo nm **-1.** (para amasar) rolling pin **-2.** (para pintar) (paint) roller **-3.** (para asfaltar) road roller; Fam **el gobierno utilizó el ~ parlamentario para aprobar la ley** the government steamrollered the bill through parliament **-4.** (pieza cilíndrica) (en máquina de escribir, imprenta) roller

rodio nm QUÍM rhodium

rododendro nm rhododendron

rodoviario nm Chile coach terminal

rodrigón nm supporting cane (for plant)

rodríguez nm inv Fam = man who stays at home working while his family goes away on holiday; **estar** o **quedarse de ~** to be left at home while one's family is away on Br holiday o US vacation

roedor, -ora ◇ adj rodent; **animal ~** rodent
◇ nm rodent
◇ nmpl **roedores** (orden) rodents

roedura nf **-1.** (acción) gnawing **-2.** (señal) gnaw mark

roentgen ['rrengen] (pl **roentgens**) nm FÍS roentgen

roer [57] vt **-1.** (con dientes) to gnaw (at); [EXPR] **ser duro de ~** to be a tough nut to crack **-2.** (gastar) to eat away (at) **-3.** (atormentar) to nag o gnaw (at); **le roe la conciencia por lo mal que se ha portado** her appalling behaviour is gnawing (at) her conscience

rogar [16] ◇ vt (implorar) to beg; (pedir) to ask; **~ a alguien que haga algo** to beg/ask sb to do sth; **te lo ruego, no se lo cuentes a ella** don't tell her, I beg you; **le ruego (que) me perdone** I beg your forgiveness; **ruego a Dios que...** I pray to God that...; **se ruega silencio** (en letrero) silence, please
◇ vi to pray; **ruega a la Virgen por nosotros** pray to the Virgin for us; [EXPR] **hacerse (de) ~** to play hard to get

rogativa nf rogation

rogatoria nf DER = request made by a court of one country to that of another country

rogué etc ver **rogar**

roigo etc ver **roer**

rojear vi to turn red

rojez nf **-1.** (cualidad) redness **-2.** (en la piel) (red) blotch

rojillo, -a Fam ◇ adj **es muy ~** he's a real lefty
◇ nm,f lefty

rojizo, -a adj reddish

rojo, -a ◇ adj **-1.** (de color) red; **ponerse ~** (ruborizarse) to blush; (semáforo) to turn red **-2.** (izquierdista) red; **tiene ideas bastante rojas** she has rather left-wing ideas **-3.** HIST (en Guerra Civil española) Republican **-4.** Andes (vino) rosé
◇ nm,f **-1.** (izquierdista) red **-2.** HIST (en Guerra Civil española) Republican
◇ nm **-1.** (color) red; **el ~ es mi color favorito** red is my favourite colour; Méx Fam **¡(di) ~!** (en foto) say cheese! ❑ **~ blanco** white heat
◇ **al rojo** loc adj (metal) red-hot; **al ~ blanco** white-hot; **la situación está al ~ vivo** the situation is at boiling point

rol (pl **roles**) nm **-1.** (papel) role; **desempeña un ~ muy importante en su familia** he plays a very important role in his family **-2.** NÁUT muster

rola nf **-1.** Méx Fam number, song **-2.** ver también **rolo**

rolar vi **-1.** (embarcación) to roll **-2.** (viento) (en sentido de las agujas de reloj) to veer; (en sentido contrario a las agujas del reloj) to back **-3.** Chile, Perú (relacionarse) to mix, to socialize

roldana, Méx **rondana** nf pulley wheel

rolete a **rolete** loc adv RP Fam **gana plata a ~** she earns a packet; **tienen libros a ~** they've got loads o stacks of books

rollito nm CULIN **~ (de) primavera** spring roll

rollizo, -a adj chubby, plump

rollo ◇ nm **-1.** (cilindro) roll; (cuerda, cable) coil ❑ **~ de papel higiénico** toilet roll; **~ de pergamino** scroll; CULIN **~ de primavera** spring roll
-2. (carrete fotográfico) roll of film; (de película de cine) reel
-3. Fam (pesadez, aburrimiento) drag, bore; (molestia, latazo) pain; **¡qué ~!** (aburrimiento) what a drag o bore!; (molestia) what a pain!; **un ~ de discurso/tío** an incredibly boring speech/guy; **el ~ de costumbre** the same

old story; **¡corta el ~ ya!** shut up, you're boring me to death!; **soltar el ~** to go on and on; **tener mucho ~** to witter on; **es un ~ macabeo** o **patatero** (muy aburrido) it's a real bore o drag
-**4.** Fam (embuste) tall story; **nos metió un ~ diciéndonos que...** he gave us some story o spiel about... ❑ **~ macabeo** (mentira) ridiculous spiel; **~ patatero** (mentira) ridiculous spiel
-**5.** Fam (tema, historia) stuff; **el ~ ese de la clonación** all that stuff about cloning, all that cloning business; **¿de qué va el ~?** what's it all about?; **¡vamos, suelta el ~!** come on, out with it!
-**6.** Esp Fam (ambiente, tipo de vida) scene; **el ~ de la droga/de las discotecas** the drug/nightclub scene; **no me va ese ~** it's not my scene, I'm not into all that
-**7.** Esp Fam (relación) **tener un ~ (con alguien)** to have a fling (with sb); **tengo buen ~ con él** we're good Br mates o US buddies; **tengo mal ~ con él** we're not the best of Br mates o US buddies; **venga, colega, tírate el ~ y déjanos pasar** go on, be a pal and let us in
-**8.** Esp Fam (sensación) **esta música me da muy buen ~** this music really does something for me; **le daba mal ~ quedarse sola** she was really uncomfortable about being left on her own
-**9.** Ven (rulo) roller, curler
-**10.** RP Fam (pliegue de grasa) spare tyre
-**11.** EXPR RP Fam **largar el ~** (vomitar) to throw up
◇ adj inv Esp Fam (aburrido) boring; **yo lo encuentro un poco ~** I think he's a bit of a bore
rolo, -a ◇ adj Col Fam from Bogota
◇ nm -**1.** Ven (porra) Br truncheon, US nightstick -**2.** Ven (rodillo) ink roller -**3.** Ven Fam (aprovechador) smart guy -**4.** Col Fam (bogotano) person from Bogota
ROM [rrom] nf INFORMÁT (abrev de **read-only memory**) ROM
Roma n Rome; PROV **~ no se construyó en una hora** Rome wasn't built in a day
romana nf -**1.** (para pesar) steelyard -**2.** ver también **romano**
romance ◇ adj Romance
◇ nm -**1.** (idilio) romance -**2.** LING Romance language -**3.** LIT romance
romancear vt Chile to court, to woo
romancero nm LIT collection of romances
romanche nm Romans(c)h
romaní ◇ adj Romany
◇ nmf (persona) Romany
◇ nm (lengua) Romany
románico, -a ◇ adj -**1.** (arte) Romanesque -**2.** (lengua) Romance
◇ nm (arte) **el Románico** the Romanesque style
romanista nmf -**1.** DER Romanist -**2.** (lingüista) Romance scholar
romanización nf Romanization
romanizar [14] vt to Romanize
romano, -a ◇ adj Roman
◇ nm,f Roman
romanticismo nm -**1.** ARTE, HIST & LIT Romanticism -**2.** (sentimentalismo) romanticism
romántico, -a ◇ adj -**1.** ARTE & LIT Romantic -**2.** (sentimental) romantic
◇ nm,f -**1.** ARTE & LIT Romantic -**2.** (sentimental) romantic
romanza nf MÚS ballad
rómbico, -a adj GEOM rhombic
rombo nm -**1.** (figura) rhombus; IMPRENTA lozenge -**2.** (naipe) diamond -**3. rombos** (palo) diamonds
romboedro nm GEOM rhombohedron
romboidal adj GEOM rhomboid, rhomboidal
romboide nm GEOM rhomboid
romboideo, -a adj GEOM rhomboid, rhomboidal
romeo nm sweetheart
romeral nm rosemary patch
romería nf -**1.** (peregrinación) pilgrimage -**2.** (fiesta) = open-air festivities to celebrate a religious event -**3.** (mucha gente) **los fines de semana el centro es una ~** the centre is packed at weekends; **la entrada del hospital era una ~ de gente** there were crowds of people outside the hospital entrance

ROMERÍA

Many towns in Spain and Latin America maintain the Christian tradition of going on a **romería**. This is a pilgrimage to a rural chapel to honour the Virgin Mary or a patron saint. Some of these churches are on sites used by pre-Christian worshippers. People may walk for many miles, praying to the Virgin or saint for a special favour, showing gratitude for a previous one or praying for healing. The pilgrimages are often festive occasions where music and food play a key role.

romero, -a ◇ nm,f (peregrino) pilgrim
◇ nm (arbusto, condimento) rosemary
romo, -a adj -**1.** (sin filo) blunt -**2.** (de nariz) snub-nosed
rompebolas, rompehuevos, rompepelotas RP muy Fam ◇ adj inv Br bloody o US goddamn annoying
◇ nmf inv pain in the Br arse o US butt
rompecabezas nm inv -**1.** (juego) jigsaw -**2.** Fam (problema) puzzle
rompecocos CSur muy Fam ◇ adj inv Br bloody o US goddamn annoying
◇ nmf inv pain in the Br arse o US butt
rompecorazones nmf inv Fam heartbreaker
rompedero nm Arg Fam **~ de cabeza** puzzle
rompehielos nm inv icebreaker
rompehuevos = **rompebolas**
rompenueces nm inv nutcracker
rompeolas nm inv breakwater
rompepelotas = **rompebolas**
romper ◇ vt -**1.** (partir, fragmentar) to break; (hacer añicos) to smash; (rasgar) to tear; **~ algo en pedazos** to break/smash/tear sth to pieces; MIL **¡rompan filas!** fall out!; EXPR Fam **~ la baraja** to get annoyed; EXPR Fam **o jugamos todos, o se rompe la baraja** either we all play, or nobody does
-**2.** (estropear) to break
-**3.** (desgastar) to wear out
-**4.** (interrumpir) (monotonía, silencio, hábito) to break; (hilo del discurso) to break off; (tradición) to put an end to, to stop
-**5.** (terminar) to break off
-**6.** (incumplir) to break; **rompió su promesa de ayudarnos** she broke her promise to help us
-**7. ~ el par** (en golf) to break par
-**8. ~ el servicio de alguien** (en tenis) to break sb's serve
-**9.** RP Fam (fastidiar) **no me rompas** give me a break; **no (me) rompas la paciencia** you're trying my patience; muy Fam **~ las pelotas** o **las bolas** o **los huevos a alguien** to get on sb's tits; muy Fam **dejá de ~ las pelotas** o **las bolas** o **los huevos** stop being such a pain in the Br arse o US ass
◇ vi -**1.** (terminar una relación) **~ (con alguien)** to break up o split up (with sb); **rompió con su novia** he broke up o split up with his girlfriend; **ha roto con su familia** she has broken off contact with her family; **~ con la tradición** to break with tradition; **rompió con el partido** she broke with the party
-**2.** (empezar) (día) to break; (hostilidades) to break out; **al ~ el alba** o **día** at daybreak; **~ a hacer algo** to suddenly start doing sth; **~ a llorar** to burst into tears; **~ a reír** to burst out laughing
-**3.** (olas) to break
-**4.** Fam (tener éxito) to be a hit; **un cantante que rompe** a singer who's all the rage; EXPR **es una mujer de rompe y rasga** she's a woman who knows what she wants o knows her own mind
-**5.** RP Fam (molestar) to be a pain; **¡no rompas!** give me a break!
◆ **romperse** vpr -**1.** (partirse) to break; (rasgarse) to tear; **se rompió en mil pedazos** it smashed to pieces; **se ha roto una pierna** he has broken a leg
-**2.** (estropearse) to break; **se ha roto la tele** the TV is broken
-**3.** (desgastarse) to wear out; **se me están rompiendo las mangas** my sleeves are getting worn
-**4.** (quebrantarse) to break down; **se ha roto el consenso entre los partidos** the consensus between the parties has broken down
-**5.** RP Fam (esforzarse) to put oneself out; **no te rompiste demasiado para ese examen, ¿cómo sacaste tan buena nota?** you hardly killed yourself studying for the exam, so how did you get such good marks?
rompevientos nm RP -**1.** (jersey) Br polo neck, US turtleneck -**2.** (anorak) windcheater
rompible adj breakable
rompiente nm = place where the waves break
rompimiento nm Am break
rompope, rompopo nm Méx = type of eggnog with cinnamon or vanilla
Rómulo n MITOL **~ y Remo** Romulus and Remus
ron nm rum
roncador nm bastard grunt, roncador grunt
roncar [59] vi to snore; EXPR Am Fam **~ los motores: a mi auto ahora le roncan los motores** my car's running beautifully now
roncha nf lump (on skin); **me han salido unas ronchas en la espalda** my back has come out in a rash; **le salió una ~ por la picadura del tábano** he got a bump on his skin from the horsefly bite; EXPR Fam **levantar ronchas** to create bad feeling
ronco, -a adj -**1.** (persona) hoarse; **me he quedado ~** I've gone hoarse -**2.** (voz) hoarse; (sonido) harsh
ronda nf -**1.** (de vigilancia) patrol; **los agentes hacían la ~** the police officers were patrolling o Br on the beat; **salir de ~** to go out on patrol
-**2.** (de visitas) **hacer la ~** to do one's rounds; **salir de ~** (músico) to go (out) serenading
-**3.** (de conversaciones, en el juego) round
-**4.** Fam (de bebidas) round; **pagar una ~** to buy a round
-**5.** (avenida) avenue ❑ **~ de circunvalación** Br ring road, US beltway
-**6.** DEP (carrera ciclista) tour ❑ **la ~ francesa** the Tour de France
-**7.** CSur (corro) circle, ring
rondador nm Andes (instrumento) = type of panpipes
rondalla nf group of minstrels
rondana = **roldana**
rondar ◇ vt -**1.** (vigilar) to patrol; **rondaban las calles en parejas** they patrolled the streets in pairs -**2.** (parecer próximo) **me está rondando un resfriado** I've got a cold coming on; **le ronda el sueño** he's about to drop off; **me ronda una idea por** o **en la cabeza** I've been turning over an idea in my head
◇ vi -**1.** (vigilar) to patrol; **rondaban en parejas** they patrolled in pairs -**2.** (merodear) to wander (**por** around) -**3.** (edad, cifra) to be around; **ronda los cuarenta años** he's about forty; **las pérdidas rondan los tres millones** the losses are in the region of three million -**4.** (cortejar) to serenade
rondero, -a nm,f Perú voluntary watchman, f voluntary watchwoman
rondín nm Andes -**1.** (vigilante) watchman, guard -**2.** (armónica) mouth organ
rondó nm MÚS rondo
rondón nm Fam **entrar de ~** to barge in
ronero, -a adj Cuba rum; **la producción ronera** rum production
ronque etc ver **roncar**
ronquear vi to be hoarse
ronquera nf hoarseness
ronquido nm snore; **me despertaron sus ronquidos** I was woken by his snoring
ronroneante adj purring
ronronear vi (gato, motor) to purr
ronroneo nm purr; **el ~ del motor era un sonido agradable** the purring of the engine was pleasant to listen to
ronzal nm halter

ronzar [14] *vt* to munch

roña ◇ *adj Fam (tacaño)* stingy, tight
◇ *nmf Fam (tacaño)* skinflint
◇ *nf* **-1.** *(suciedad)* filth, dirt **-2.** *Fam (tacañería)* stinginess, tightness **-3.** *(enfermedad de animal)* mange **-4.** *(herrumbre)* rust **-5.** *Méx (juego)* catch

roñería, roñosería *nf Fam* stinginess, tightness

roñica *Fam* ◇ *adj* stingy, tight
◇ *nmf* skinflint

roñosería = roñería

roñoso, -a ◇ *adj* **-1.** *(sucio)* dirty; **la habitación estaba roñosa** the room was filthy **-2.** *Fam (tacaño)* tight, stingy **-3.** *Carib, Méx (ofendido)* resentful
◇ *nm,f Fam* skinflint, tightwad

ropa *nf* **-1.** *(de vestir)* clothes; **me gusta la ~ que lleva** I like the clothes she wears; **el cubo de la ~ sucia** the dirty laundry *o* clothes basket; **ligero de ~** scantily clad; EXPR **lavar la ~ sucia en público** to wash one's dirty linen in public ❑ **~ de abrigo** warm clothes; **~ blanca** *(sábanas, toallas y manteles)* linen; *(para lavadora)* whites; **~ de cama** bed linen; **~ de color** coloureds; **~ deportiva** sportswear; **~ de diseño** designer clothes; *RP* **~ de fajina** work clothes; **~ hecha** ready-to-wear clothes; **~ para el hogar** linen and curtains; **~ interior** underwear; **~ interior femenina** lingerie; **~ íntima** underwear; **~ de invierno** winter clothing; **~ de sport** casual clothes; **~ sucia** *(para lavar)* laundry, washing; **~ de trabajo** work clothes; **~ usada** second-hand *o* old clothes
-2. ~ vieja *(plato)* = stew made from leftovers

ropaje *nm* robes

ropavejero, -a *nm,f* secondhand clothes dealer

ropavieja *nf (plato)* = stew made from leftovers

ropero *nm* **-1.** *(armario)* wardrobe; *(habitación)* walk-in wardrobe; **tiene un ~ muy anticuado** *(ropas)* she wears very old-fashioned clothes; EXPR *RP Fam* **ser un ~** to be built like a tank **-2.** *(guardarropa)* cloakroom **-3.** *(de caridad)* = charitable organization that distributes old clothes to the poor

ropón *nm* **-1.** *(ropa)* robe, gown **-2.** *Chile, Col (de amazona)* riding skirt

roque ◇ *adj Fam* **estar ~** to be out for the count; **quedarse ~** to drop *o* nod off
◇ *nm (en ajedrez)* castle

roquedal *nm* rocky place

roquefort [roke'for] *nm* Roquefort

roquero, -a = rockero

rorcual *nm (cetáceo)* rorqual, finback ❑ **~ jiboso** humpback whale

rorro *nm Fam* baby

rosa ◇ *adj* **-1.** *(de color)* pink; EXPR **verlo todo de color (de) ~** to see everything through rose-tinted spectacles **-2.** *(del corazón)* **la prensa ~** gossip magazines; **una novela ~** a romance, a romantic novel
◇ *nm (color)* pink; **el ~ es mi color favorito** pink is my favourite colour
◇ *nf* rose; EXPR **estar (fresco) como una ~** to be as fresh as a daisy ❑ **~ del desierto** desert rose; **~ de Jericó** damask rose; **~ silvestre** wild rose; **~ de los vientos** compass rose

rosáceo, -a *adj* pinkish

rosado, -a ◇ *adj* **-1.** *(de color rosa)* pink **-2.** *(vino)* rosé
◇ *nm (vino)* rosé

rosal *nm (arbusto)* rose bush

rosaleda *nf* rose garden

rosarino, -a ◇ *adj* of/from Rosario *(Argentina)*
◇ *nm,f* person from Rosario *(Argentina)*

rosario *nm* **-1.** *(rezo)* rosary; **rezar el ~** to say one's rosary; EXPR *Fam* **acabar como el ~ de la aurora** to degenerate into chaos **-2.** *(cuentas)* rosary (beads) **-3.** *(serie)* string; **un ~ de desgracias** a string of disasters; **lanzó un ~ de acusaciones contra el gobierno** he made a litany of accusations against the government

rosbif *(pl* **rosbifs***) nm* roast beef

rosca *nf* **-1.** *(de tornillo)* thread; **un tapón de ~** a screw top; **un tornillo de ~** a screw; EXPR *Fam* **pasarse de ~** *(persona)* to go over the top
-2. *(forma) (de anillo)* ring; *(espiral)* coil
-3. *(de pan)* = ring-shaped bread roll; *Méx (bizcocho)* sponge cake; EXPR *Esp Fam* **hacerle la ~ a alguien** to suck up to sb; EXPR *Fam* **nunca se come una ~** he never gets off with anyone ❑ *Am* **~ de Reyes** = ring-shaped pastry eaten on 6 January
-4. *(en fútbol)* curl, bend; **pase/remate de ~** curling pass/shot
-5. *Andes, RP Fam (círculo de personas)* clique
-6. *Chile (almohadilla)* pad
-7. *CSur Fam (discusión, pelea)* fight

roscar [59] *vt* to thread

rosco *nm* **-1.** *(de pan)* = ring-shaped bread roll; EXPR *Esp Fam* **nunca se come un ~** he never gets off with anyone ❑ **~ de vino** = ring-shaped Christmas sweet **-2.** *Fam (cero)* zilch; **sacó un ~ en el examen** he got a big O in the exam

roscón *nm* = ring-shaped bread roll ❑ **~ de Reyes** = ring-shaped pastry eaten on 6 January

rosedal *nm Am* rose garden

Rosellón *n* **el ~** Rosellon (Catalan province of France)

roseta *nf* **-1.** *(rubor)* flush **-2. rosetas** *(palomitas)* popcorn **-3.** *(de regadera)* rose, sprinkler; *(de ducha)* shower head **-4.** *Arg (pan)* round bread loaf

rosetón *nm* **-1.** ARQUIT *(ventana)* rose window **-2.** *(adorno)* ceiling rose

rosque *etc ver* **roscar**

rosquete ◇ *adj Perú Fam Pey* queer
◇ *nm Am* large doughnut

rosquilla *nf* ring doughnut; EXPR *Fam* **venderse como rosquillas** to sell like hot cakes

rostizería *nf Chile, Méx* = shop selling roast chicken

rostizar *vt Méx* to spit-roast

rostro *nm* **-1.** *(cara)* face; **tenía un ~ triste** he had a sad face ❑ **~ pálido** paleface **-2.** *Fam (caradura)* **tener (mucho) ~** to have a (lot of) nerve; *Hum* **tiene un ~ que se lo pisa** she's got a hell of a nerve; **¡qué ~ tiene!, no nos quiere ayudar a limpiar** what a nerve, she refuses to help us with the cleaning; **échale ~, ya verás cómo lo consigues** just give it a go and you'll do it, I'm sure

rotación *nf* **-1.** *(giro)* rotation **-2.** *(alternancia)* rota; **por ~** in turn ❑ **~ de cultivos** crop rotation; **~ de personal** staff turnover **-3.** *(en voleibol)* rotation

rotacismo *nm* LING rhotacism

rotafolios *nm inv* flip chart

rotar ◇ *vt* **-1.** *(hacer girar)* to rotate **-2.** *(cultivos)* to rotate
◇ *vi* **-1.** *(girar)* to rotate, to turn **-2.** *(alternar, turnarse)* to rotate **-3.** *(cultivos)* to rotate
➤ **rotarse** *vpr (turnarse)* to take turns; **los tres grupos se van rotando** the three groups take turns; **nos rotamos en el cuidado de los niños** we take turns looking after the children

rotario, -a ◇ *adj* Rotary
◇ *nm,f* Rotarian

rotativa *nf* rotary press

rotativo, -a ◇ *adj* **-1.** *(movimiento)* rotary **-2.** *(turno)* **trabajan en turnos rotativos** they work a rotating shift pattern **-3.** *(cultivo)* **el cultivo ~** crop rotation
◇ *nm* newspaper

rotatorio, -a *adj* **-1.** *(movimiento)* rotary **-2.** *(turno)* **trabajan en turnos rotatorios** they work a rotating shift pattern **-3.** *(cultivo)* **el cultivo ~** crop rotation

rotería *nf Chile Fam Pey* **-1.** *(chusma)* rabble, plebs **-2.** *(horterada)* **eso es una ~** that's really common

rotisería *nf CSur* delicatessen

roto, -a ◇ *participio ver* **romper**
◇ *adj* **-1.** *(partido, rasgado)* broken; *(tela, papel)* torn; *(zapato)* worn out **-2.** *(estropeado)* broken **-3.** *(deshecho) (vida)* destroyed; *(corazón)* broken **-4.** *Fam (exhausto)* shattered; **la carrera me dejó ~** I was shattered after the race **-5.** *Chile Fam Pey (ordinario)* common **-6.** *Chile Fam Pey (pobre)* penniless
◇ *nm,f Chile Fam* **-1.** *(tipo)* guy; *(mujer)* woman **-2.** *Pey (trabajador)* worker **-3.** *Pey (persona ordinaria)* pleb, *Br* oik
◇ *nm Esp (en tela)* tear, rip; **tengo un ~ en el calcetín** there's a hole in my sock; EXPR *Fam* **vale** *o* **sirve lo mismo para un ~ que para un descosido** *(persona)* he can turn his hand to all sorts of different things

rotograbado *nm* IMPRENTA rotogravure

rotonda *nf* **-1.** *(en calle, carretera)* roundabout **-2.** *(plaza)* circus **-3.** *(edificio)* rotunda

rotor *nm* rotor

rotoso, -a *Andes, RP* ◇ *adj* ragged, in tatters
◇ *nm,f* scarecrow

rotring® ['rrotrin] *(pl* **rotrings***) nm* Rotring® pen

rottweiler [rrot'bailer] *(pl* **rottweilers***) nm* Rottweiler

rótula *nf* **-1.** ANAT kneecap **-2.** TEC ball-and-socket joint

rotulación *nf* **-1.** *(de mapa, gráfico)* labelling **-2.** *(de calle, carretera)* signposting

rotulador *nm* felt-tip pen ❑ **~ fluorescente** highlighter (pen)

rotular *vt* **-1.** *(con rotulador)* to highlight **-2.** *(carta, artículo)* to head with fancy lettering **-3.** *(mapa, gráfico)* to label **-4.** *(calle, carretera)* to signpost

rotulista *nmf* sign-painter

rótulo *nm* **-1.** *(letrero)* sign ❑ **~ luminoso** *(de neón)* neon sign **-2.** *(encabezamiento)* headline, title

rotundamente *adv* **-1.** *(categóricamente)* categorically; **rechazó ~ que tuviera nada que ver con el escándalo** he categorically denied having anything to do with the scandal **-2.** *(completamente)* completely; **la nueva empresa fracasó ~** the new company was a total *o* complete failure

rotundidad *nf* firmness, categorical nature; **con ~** categorically

rotundo, -a *adj* **-1.** *(negativa, persona)* categorical **-2.** *(lenguaje, estilo)* emphatic, forceful **-3.** *(completo)* total; **un ~ fracaso** a total *o* complete failure; **tuvo un ~ éxito** it enjoyed a resounding success, it was hugely successful **-4.** *(cuerpo)* rotund; **una mujer de formas rotundas** a curvaceous woman

rotura *nf (de hueso)* fracture; *(en tela)* rip, hole; **sufre una ~ de ligamentos** he has torn ligaments; **la ~ de la correa del ventilador obligó a interrumpir el viaje** the fan belt snapped *o* went, making it necessary to interrupt the journey ❑ **~ del servicio** *(en tenis)* service break

roturación *nf* ploughing

roturadora *nf* Rotavator®

roturar *vt* to plough

rough [raf] *nm (en golf)* rough

roulotte [rru'lot] *nf Br* caravan, *US* trailer

round [rraun(d)] *(pl* **rounds***) nm* DEP round

router ['rruter] *(pl* **routers***) nm* INFORMÁT router

roya *nf (hongo)* rust

royal® *nm Andes, RP* baking powder

royalty [rro'jalti] *(pl* **royalties***) nm* royalty

royera *etc ver* **roer**

roza *nf* groove

rozadura *nf* **-1.** *(señal)* scratch, scrape **-2.** *(herida)* graze; **estos zapatos me hacen rozaduras en los tobillos** these shoes are rubbing my ankles

rozagante *adj Esp* **estar ~** *(satisfecho)* to be extremely pleased; *(con buen aspecto)* to look lovely

rozamiento *nm* **-1.** *(fricción)* rubbing **-2.** FÍS friction; **el ~ del aire** air resistance

rozar [14] ◇ *vt* **-1.** *(frotar)* to rub; *(suavemente)* to brush; **la rueda está rozando con la horquilla** the wheel is rubbing against the fork of the bicycle; **separa la silla para que no roce la pared** move the chair away from the wall a bit so that it doesn't rub against it; **me roza el zapato en la parte de atrás** my shoe is rubbing my heel; **la rozó con el brazo ligeramente** his arm brushed against her

-2. *(pasar cerca de)* to skim, to shave; **la bala lo pasó rozando** the bullet missed him by a hair's breadth; **la pelota rozó el poste** the ball shaved the post

-3. *(estar cerca de)* to border on; **roza los cuarenta** he's almost forty; **su talento roza lo divino** he is touched by genius; **tu plan roza la locura** your plan is verging o bordering on madness

-4. *(desgastar)* to wear out

-5. AGR to clear

-6. *Méx (irritar)* to irritate; **no puedo usar tejidos sintéticos porque me rozan** I can't wear synthetics, they irritate my skin

◇ vi – **con** *(tocar)* to brush against; *(relacionarse con)* to touch on; **no dejes que el sofá roce con la pared** don't let the sofa rub against the wall

◆ **rozarse** vpr -1. *(tocarse)* to touch -2. *(pasar cerca)* to brush past each other -3. *(rasguñarse)* to graze oneself (**con** on); **me rocé la mano con la pared** I grazed my hand on the wall -4. *(tener trato)* **rozarse con** to rub shoulders with

rpm *(abrev de* **revoluciones por minuto***)* rpm

RR.HH. *(abrev de* **recursos humanos***)* HR

Rte. *(abrev de* **remitente***)* sender

RTF INFORMÁT *(abrev de* **rich text format***)* RTF

RTVE *nf (abrev de* **Radiotelevisión Española***)* = Spanish state broadcasting company

rúa *nf* street

ruana *nf* -1. *Andes (cerrado)* poncho -2. *RP (abierto)* wrap-around poncho

Ruanda *n* Rwanda

ruandés, -esa ◇ adj Rwandan

◇ *nm,f (persona)* Rwandan

◇ *nm (lengua)* Rwanda

ruano, -a *adj* roan

rubeola, rubéola *nf* German measles, *Espec* rubella

rubí *(pl* **rubíes** *o* **rubís***) nm* ruby

rubia *nf* -1. *Fam Anticuado (moneda)* peseta -2. *ver también* **rubio**

rubiácea BOT ◇ *nf* rubiaceous plant

◇ *nfpl* **rubiáceas** *(familia) Rubiaceae*; **de la familia de las rubiáceas** of the family *Rubiaceae*

rubiales *Esp Fam* ◇ *adj inv* blond(e), fair-haired

◇ *nmf inv* blond o fair-haired man, f blonde

Rubicón *nm* EXPR **pasar el ~** to cross the Rubicon

rubicundo, -a *adj* ruddy

rubidio *nm* QUÍM rubidium

rubio, -a ◇ *adj* -1. *(pelo, persona)* blond, f blonde, fair; **~ platino** platinum blonde -2. *(tabaco)* **tabaco ~** Virginia tobacco *(as opposed to black tobacco)* -3. *(cerveza)* **cerveza rubia** lager

◇ *nm,f* -1. *(persona rubia)* blond, f blonde, fair-haired person; **rubia** *Esp* **platino** *o Am* **platinada** platinum blonde -2. *Am Fam (como apelativo)* blondie; **¿cuándo se va la rubia?** when's the blonde woman leaving?

◇ *nm (tabaco)* Virginia tobacco *(as opposed to black tobacco)*; *(cigarrillo)* = cigarette containing Virginia tobacco

rublo *nm* rouble

rubor *nm* -1. *(vergüenza)* embarrassment; **causar ~ a alguien** to embarrass sb -2. *(sonrojo)* blush -3. *Am (colorete)* blusher

ruborizado, -a *adj* flushed

ruborizar [14] ◇ *vt* -1. *(hacer enrojecer)* to make blush -2. *(avergonzar)* to embarrass

◆ **ruborizarse** vpr to blush

ruboroso, -a *adj* -1. *(cara)* blushing, red -2. *(persona)* **es muy ~** he blushes very easily

rúbrica *nf* -1. *(de firma)* flourish -2. *(título)* title -3. *(conclusión)* close, conclusion; **poner ~ a algo** to conclude sth, to bring sth to a close o conclusion

rubricar [59] *vt* -1. *(firmar)* to sign -2. *(confirmar)* to confirm -3. *(concluir)* to complete

rubro *nm Am* -1. *(rótulo)* heading; **buscar por rubros: hoteles, posadas, restaurantes** search by category: hotels, boarding houses, restaurants

-2. *(campo)* area, field; **las acciones implementadas en el ~ "desarrollo social" fueron exitosas** the measures carried out in the area of o under the category of "social development" were successful; **preparamos empresas líderes en su ~** we provide training for companies which are leaders in their field

-3. CONT item; **~ presupuestal 2002: educación, salud, seguridad pública** 2002 budget headings: education, health, law and order

ruca *nf Chile* -1. *(indígena)* = Mapuche hut -2. *(moderna)* shack -3. *ver también* **ruco**

rucio, -a ◇ *adj* -1. *(gris)* grey -2. *Chile (rubio)* blond, f blonde, fair

◇ *nm,f Chile (rubio)* blond, f blonde, fair-haired person

◇ *nm (animal)* ass, donkey

ruco, -a *adj* -1. *CAm (gastado)* worn out -2. *Méx Fam (viejo)* old

ruda *nf* -1. *(planta)* rue -2. *ver también* **rudo**

rudeza *nf* -1. *(tosquedad)* roughness -2. *(brusquedad)* sharpness, brusqueness; *(grosería)* rudeness, coarseness; **trata a sus padres con mucha ~** she treats her parents very brusquely -3. *(rigurosidad, dureza)* harshness

rudimentario, -a *adj* rudimentary

rudimento ◇ *nm* BIOL rudiment

◇ *nmpl* **rudimentos** rudiments; **aprendió los rudimentos del inglés en la escuela** he learned the rudiments of English at school

rudo, -a *adj* -1. *(tosco, basto)* rough -2. *(brusco)* sharp, brusque; *(grosero)* rude, coarse; **es muy ~ en el trato** he's very brusque with people -3. *(riguroso, duro)* harsh; **un trabajo ~** a hard o tough job

rueca *nf* distaff

rueda *nf* -1. *(pieza)* wheel; **patines de ruedas** roller skates; EXPR **chupar ~** *(en motociclismo)* to slipstream; *(en ciclismo)* to tag on behind another cyclist, to slipstream; EXPR **ir a la ~ de alguien** *(en ciclismo)* to be on sb's wheel; EXPR **ir sobre ruedas** to go smoothly □ *Arg* **~ de auxilio** spare wheel; *RP* **~ de carro** cartwheel; *Andes* **~ de Chicago** *Br* big wheel, *US* Ferris wheel; **~ delantera** front wheel; **~ dentada** cogwheel; **la ~ de la fortuna** *(de hechos)* the wheel of fortune; *Méx (noria) Br* big wheel, *US* Ferris wheel; *Chile, Urug* **~ gigante** *Br* big wheel, *US* Ferris wheel; **~ hidráulica** waterwheel; DEP **~ lenticular** disc wheel; **~ de molino** millstone; **~ de recambio** spare wheel; **~ de repuesto** spare wheel; **~ trasera** rear wheel

-2. *(corro)* circle □ **~ de prensa** press conference; **~ de presos** identification parade; **~ de reconocimiento** identification parade

-3. *(rodaja)* slice; **una ~ de merluza** a hake cutlet

-4. *(en baloncesto)* = basketball drill in which each player in turn takes a shot at the basket

ruedo ◇ *ver* **rodar**

◇ *nm* -1. TAUROM bullring; **dar la vuelta al ~** to do a lap of honour round the bullring; EXPR **echarse al ~** to enter the fray -2. *Am (dobladillo)* hem

ruego ◇ *ver* **rogar**

◇ *nm* request; **sus ruegos no ablandaron a su captor** her pleas failed to soften her captor; **accedieron a mis ruegos** they acceded to my requests; **fui a verla a ~ suyo** I went to see her at her request; **ruegos y preguntas** any other business

rufián *nm* villain

rufianesca *nf* **la ~** the underworld

rufianesco, -a *adj* villainous

rufo, -a *adj Literario* **ir** *o* **estar ~** to be as pleased as punch

rugby ['rruγbi, *CSur* 'rraγbi] *nm* rugby □ **~ a siete** sevens; **~ a trece** rugby league

rugido *nm* -1. *(de animal)* roar; **oímos el ~ de un león** we heard a lion roar -2. *Literario (de mar, viento)* roar, roaring; **el ~ del viento era ensordecedor** the roaring of the wind was deafening -3. *(de persona)* bellow; **dar un ~** to bellow -4. *(de tripas)* rumble

rugir [24] *vi* -1. *(animal)* to roar -2. *Literario (mar, viento)* to roar -3. *(persona)* to bellow -4. *(tripas)* to rumble; **me rugen las tripas** my tummy's rumbling

rugosidad *nf* -1. *(cualidad)* roughness -2. *(arruga) (de piel)* wrinkle; *(de tejido)* crinkle

rugoso, -a *adj* -1. *(áspero)* rough -2. *(con arrugas) (piel)* wrinkled; *(tejido)* crinkled

Ruhr *nm* **el ~** the Ruhr

ruibarbo *nm* rhubarb

ruido *nm* -1. *(sonido)* noise; **escuchamos un ~** we heard a noise; **desde aquí se escuchan los ruidos de la fiesta** you can hear the noise of the party from here; **esta lavadora hace mucho ~** this washing machine is very noisy; **esta impresora hace un ~ muy raro** this printer is making a very strange noise; **¡no hagas ~!** be quiet!; EXPR **mucho ~ y pocas nueces** much ado about nothing □ **~ de fondo** background noise; POL **~ de sables: se oye ~ de sables** there has been some sabre-rattling

-2. *(alboroto)* row; **hacer** o **meter ~** to cause a stir

-3. TEL noise □ **~ blanco** white noise; **~ en la línea** line noise

ruidosamente *adv* noisily

ruidoso, -a *adj* -1. *(que hace ruido)* noisy -2. *(escandaloso)* sensational; **llevaba una corbata ruidosa** he was wearing a very loud tie

ruin *adj* -1. *(vil)* contemptible -2. *(avaro)* mean -3. *Cuba (en celo) Br* on heat, *US* in heat

ruina *nf* -1. *(quiebra)* ruin; **su negocio es una ~** his business is swallowing up his money; **la caída de la Bolsa causó su ~** the collapse of the Stock Exchange ruined him; **dejar en** o **llevar a la ~ a alguien** to ruin sb; **estar en la ~** to be ruined; **la epidemia ha supuesto la ~ de muchos ganaderos** the epidemic has ruined many cattle farmers; **vamos a la ~** we are going to wrack and ruin

-2. *(destrucción)* destruction; **el alcohol será su ~** drink will be the ruin o ruination of him

-3. **ruinas** *(de una construcción)* ruins; **un puente en ruinas** a bridge in ruins; **amenazar ~** *(edificio)* to be about to collapse

-4. *(persona)* wreck; **estar hecho una ~** to be a wreck

ruindad *nf* -1. *(cualidad)* meanness, baseness -2. *(acto)* vile deed

ruinoso, -a *adj* -1. *(poco rentable)* ruinous; **la situación del sector textil es ruinosa** the textile industry is in a disastrous o ruinous state -2. *(edificio)* ramshackle, dilapidated

ruiseñor *nm* nightingale

rujo *etc ver* **rugir**

rular *vi Fam* -1. *(funcionar)* to go, to work; **esta tele no rula** this telly is bust -2. *(deslizarse)* to roll

rulemán *nm RP* roller-bearing

rulero *nm RP (para el pelo)* roller, curler

ruleta *nf* roulette □ **~ rusa** Russian roulette

ruletear *vi CAm, Méx Fam (en taxi)* to drive a taxi

ruletero *nm CAm, Méx Fam (de taxi)* taxi driver

rulo *nm* -1. *(para el pelo)* roller, curler -2. *(rizo)* curl -3. *Chile (secano)* unirrigated land -4. EXPR *RP* **hacerse rulos** *(ilusión)* to get excited; *(apronarse)* to start preparing oneself

rulot *(pl* **rulots** *o* **rulotes***) nf Br* caravan, *US* trailer

ruma *nf Andes, Ven* heap, pile

Rumanía, Rumania *n* Romania

rumano, -a ◇ *adj* Romanian

◇ *nm,f (persona)* Romanian

◇ *nm (lengua)* Romanian

rumba *nf* -1. *(baile)* rumba -2. *Carib, Perú (juerga)* party

rumbear vi **-1.** *(bailar)* to dance the rumba **-2.** *Am (orientarse)* to get one's bearings **-3.** *Andes, RP* ~ **para** to be heading for **-4.** *Carib, Perú Fam (andar de juerga)* to party

rumbero, -a ⋄ *adj* **-1.** *(de la rumba)* rumba; **ritmo** ~ rumba beat **-2.** *Col, Perú Fam (cumbiambero)* party-loving
⋄ *nm,f Col, Perú Fam (cumbiambero)* party animal

rumbo *nm* **-1.** *(dirección) (al navegar)* course; **ir con** ~ **a** to be heading for; **zarparon con** ~ **a lo desconocido** they set out into the unknown; **cambió el** ~ **de su vida** it changed the course of her life; **corregir el** ~ to correct one's course; **habrá que corregir el** ~ **de la empresa** we will have to change the company's direction; **mantener el** ~ to maintain one's course; **perder el** ~ *(barco)* to go off course; *Fig (persona)* to lose one's way; **puso** ~ **al sur/a Terranova** he set a course for the south/for Newfoundland; **el** ~ **de los acontecimientos** the course of events; **caminar sin** ~ **(fijo)** to wander aimlessly; *Fig* **tomar otro** ~ to take a different tack; **no me gusta el** ~ **que están tomando las negociaciones** I don't like the direction *o* turn the negotiations have taken
-2. *(ostentación)* lavishness
-3. *CAm (juerga)* binge

rumboso, -a *adj Fam (generoso, suntuoso)* lavish

rumiante ⋄ *adj* ruminant
⋄ *nm* ruminant

rumiar ⋄ *vt* **-1.** *(masticar)* to chew **-2.** *(pensar)* to ruminate on, to chew over; **rumió la propuesta durante varios días** he chewed over the proposal for several days **-3.** *(mascullar)* to mutter
⋄ *vi (masticar)* to ruminate, to chew the cud

rumor *nm* **-1.** *(ruido sordo)* murmur; **el** ~ **de las olas** the murmur of the waves; **un** ~ **de voces** the sound of voices **-2.** *(chisme)* rumour; **corre un** ~ there's a rumour going round; **corre el** ~ **de que va a dimitir** it is rumoured that he's going to resign

rumorearse *v impersonal* **se rumorea que...** it is rumoured that...

runa ⋄ *nf* rune
⋄ *nmf Andes Pey (indígena)* = Indian man or woman

runfla *nf Méx Fam* gang

rúnico, -a *adj* runic

runrún *nm* **-1.** *(ruido)* hum; **se escuchaba un** ~ **de voces** a hum of voices could be heard **-2.** *(chisme)* rumour

runrunear *vi* to hum

runruneo *nm (ruido)* hum; **el** ~ **del motor era imperceptible** the hum of the engine was barely audible

rupestre *adj* **-1.** *(de las rocas)* rock **-2.** *(pinturas)* cave; **arte** ~ cave paintings

rupia *nf* rupee

ruptor *nm* ELEC contact breaker

ruptura *nf (de relaciones, conversaciones)* breaking-off; *(de pareja)* break-up; *(de contrato)* breach; **se han lamentado de la** ~ **del consenso entre los partidos políticos** they have lamented the breakdown of the consensus among the political parties; **acusan al ejército de la** ~ **de la tregua** they are accusing the army of breaking the truce; **su separación fue una** ~ **amistosa** they remained friends after breaking up; **su última novela marca una** ~ **con su estilo anterior** his latest novel marks a break with his previous style

rural ⋄ *adj* rural
⋄ *nf RP* van

ruralismo *nm (vocablo)* = word used by country people

Rusia *n* Russia

ruso, -a ⋄ *adj* Russian
⋄ *nm,f (persona)* Russian
⋄ *nm (lengua)* Russian

rústica *nf* **en** ~ *(encuadernación)* paperback

rusticidad *nf* roughness, coarseness

rústico, -a *adj* **-1.** *(del campo)* country; **casa rústica** country cottage **-2.** *(tosco)* rough, coarse

Rut *n pr* Ruth

ruta *nf* **-1.** *(itinerario)* route; **en** ~ **(hacia)** en route (to); **en** ~ *(en carretera)* on the road; **la seguridad en** ~ road safety ❑ ~ **aérea** air route, airway; ~ **comercial** trade route; ~ **marítima** sea *o* shipping lane; ~ **turística** scenic route; ~ **de vuelo** flight path
-2. *(trayectoria)* way, course; **ha escogido una** ~ **muy arriesgada para conseguir sus objetivos** he has chosen a very risky way of achieving his goals
-3. *RP (carretera)* road

rutenio *nm* QUÍM ruthenium

rutero, -a *adj (en carretera)* on-the-road

rutherfordio [rruter'fordjo] *nm* QUÍM rutherfordium

rutilante *adj* **-1.** *(brillante) (luna)* bright; *(estrellas)* bright, sparkling; *(belleza)* dazzling **-2.** *(destacado)* outstanding, brilliant

rutilar *vi* to shine brightly

rutilo *nm* GEOL rutile

rutina *nf* **-1.** *(costumbre)* routine; **de** ~ routine; **por** ~ out of habit; **intenta romper con la** ~ **diaria** she's trying to break away from her daily routine **-2.** INFORMÁT routine **-3.** *(serie de ejercicios)* routine

rutinariamente *adv* routinely

rutinario, -a *adj* **-1.** *(actividad, vida)* routine **-2.** *(persona)* **es muy** ~ he likes to stick to his routine

Rvda. *(abrev de* **Reverenda***)* Rev *(Mother etc)*

Rvdo. *(abrev de* **Reverendo***)* Rev *(Father etc)*

S, s ['ese] *nf (letra)* S, s
S *(abrev de* **sábado)** S, Sat
S. -1. *(abrev de* **San)** St **-2.** *(abrev de* **Sur)** S
s *(abrev de* **segundo)** s
s. -1. *(abrev de* **san)** St **-2.** *(abrev de* **siglo)** C; **el ~ XIX** the 19th century, the C19 **-3.** *(abrev de* **siguiente)** following
S.A. *nf (abrev de* **sociedad anónima)** *Br* ≃ PLC, *US* ≃ Inc
sáb. *(abrev de* **sábado)** Sat
sábado *nm* Saturday; **¿qué día es hoy? – (es) ~** what day is it (today)? – (it's) Saturday; **cada ~, todos los sábados** every Saturday; **cada dos sábados, un ~ sí y otro no** every other Saturday; **caer en ~** to be on a Saturday; **te llamo el ~** I'll call you on Saturday; **¡hasta el ~!** see you on Saturday!; **el próximo ~, el ~ que viene** next Saturday; **el ~ pasado** last Saturday; **el ~ por la mañana/tarde/noche** Saturday morning/afternoon/night; **el ~ 5 de enero** Saturday the 5 January; **en ~** on Saturdays; **nací en ~** I was born on a Saturday; **este ~** *(pasado)* last Saturday; *(próximo)* this (coming) Saturday; **¿trabajas los sábados?** do you work (on) Saturdays?; **trabajar en ~** to work on a Saturday; **un ~ cualquiera** on any Saturday ❏ **~ inglés** = half day's work on Saturday *(as part of a five and a half day working week)*; **Sábado Santo** Easter Saturday
sábalo *nm (pez)* shad
sabana *nf* savannah; EXPR *Ven Fam* **estar en la ~** to be in clover; EXPR *Ven Fam* **ponerse en la ~** to get rich overnight
sábana *nf* sheet; EXPR *Fam* **se le pegan las sábanas** she's not good at getting up; EXPR *Fam* **se me han pegado las sábanas** I overslept ❏ *RP* **~ de abajo** bottom sheet; *RP* **~ de arriba** top sheet; **~ bajera** bottom sheet; *Esp* **~ de cuatro picos** fitted sheet; **~ encimera** top sheet; **la Sábana Santa (de Turín)** the Turin Shroud
sabandija ◇ *nf* **-1.** *(animal)* creepy-crawly, bug **-2.** *Pey Fam (persona)* worm
◇ *nmf RP Fam (niño)* little monkey, little tyke
sabanear *vi Carib, Col, Ven* to herd cattle on the savannah
sabanera *nf CAm, Col, Ven (serpiente)* savannah snake
sabanero *nm Carib, Col, Ven (ganadero)* cowboy, cattle drover
sabañón *nm* chilblain
sabático, -a *adj (de descanso)* sabbatical; **año ~** sabbatical (year)
sabatino, -a *adj (del sábado)* Saturday; **dimos el paseo ~** we went on our Saturday walk
sabedor, -ora *adj* **~ de que nunca sería elegido, se presentó a la elección** knowing that he would never be elected, he presented himself as a candidate; **sabedores de su gusto por la cocina, le regalaron un recetario** knowing he loved cooking, they gave him a recipe book
sabelotodo *Fam* ◇ *adj inv* **niños ~** little *Br* know-alls *o US* know-it-alls; **tus amigos ~** your *Br* know-all *o US* know-it-all friends
◇ *nmf Br* know-all, *US* know-it-all
saber [58] ◇ *nm* knowledge; *Formal* **según mi/nuestro/etc. leal ~ y entender** to the best of my/our/etc knowledge; PROV **el ~ no ocupa lugar** you can never know too much

◇ *vt* **-1.** *(conocer)* to know; **ya lo sé** I know; **no lo sé** I don't know; **yo no sabía nada de eso** I didn't know anything about that; **no sabía que eras médico** I didn't know you were a doctor; **ya sé lo que vas a decir** I know what you're going to say; **de haberlo sabido (antes)** *o* **si lo llego a ~, me quedo en casa** if I'd known, I'd have stayed at home; **es de** *o* **por todos sabido que...** it's common knowledge that..., everyone knows that...; **hacer ~ algo a alguien** to inform sb of sth, to tell sb sth; **para que lo sepas, somos amigos** we're friends, for your information; **¿sabes qué (te digo)?, que no me arrepiento** you know what, I don't regret it; **si lo sabré yo, que tengo cuatro hijos** you're telling me! I've got four children!; **sin yo saberlo, sin saberlo yo** without my knowledge; *Fig* **no sabía dónde meterme** I didn't know where to put myself; **no sabe lo que (se) hace** she doesn't know what she's doing; **no sabe lo que tiene** he doesn't realize just how lucky he is; *Fam* **te ha llamado un tal Antonio no sé cuántos** there was a call for you from Antonio something or other; **no sé qué decir** I don't know what to say; **¡qué sé yo!, ¡y yo qué sé!** how should I know!; **¡qué sé yo la de veces que me caí de la bici!** heaven knows how many times I fell off my bike!; *Irónico* **como te pille vas a ~ lo que es bueno** just wait till I get my hands on you!; *Irónico* **cuando hagas la mili sabrás lo que es bueno** you'll be in for a nasty surprise when you do your military service; **tener un no sé qué** to have a certain something; *Fam* **y no sé qué y no sé cuántos** and so on and so forth
-2. *(ser capaz de)* **~ hacer algo** to be able to do sth, to know how to do sth; **¿sabes cocinar?** can you cook?; **no sé nadar** I can't swim, I don't know how to swim; **sabe hablar inglés/montar en bici** she can speak English/ride a bike; **sabe perder** he's a good loser; **su problema es que no saben beber** *(beben demasiado)* their problem is they don't know when to stop drinking
-3. *(enterarse de)* to learn, to find out; **lo supe ayer/por los periódicos** I found (it) out yesterday/in the papers; **supe la noticia demasiado tarde** I only heard the news when it was too late; **¿sabes algo de Juan?, ¿qué sabes de Juan?** have you had any news from *o* heard from Juan?; **¿sabes algo de cuándo será el examen?** have you heard anything about when the exam's going to be?
-4. *(entender de)* to know about; **sabe mucha física** he knows a lot about physics

◇ *vi* **-1.** *(tener sabor)* to taste (**a** of); **a mí me sabe a fresa** it tastes of strawberries to me; **sabe mucho a cebolla** it has a very strong taste of onions, it tastes very strongly of onions; **esto no sabe a nada** this has no taste to it, this doesn't taste of anything; **~ bien/mal** to taste good/bad; **¡qué bien sabe este pan!** this bread's really tasty!, this bread tastes really good!; **esta agua sabe** this water has a funny taste; EXPR *Fam* **~ a cuerno quemado** *o* **a rayos** to taste disgusting *o* revolting
-2. *Fig (sentar)* **le supo mal** *(le enfadó)* it upset *o* annoyed him; **me sabe mal mentirle** I feel bad about lying to him; EXPR *Fam* **~ a cuerno quemado** *o* **a rayos: sus comentarios me supieron a cuerno quemado** *o* **a rayos** I thought his comments were really off
-3. *(tener conocimiento)* to know; **no sé de qué me hablas** I don't know what you're talking about; **sé de una tienda que vende discos de vinilo** I know of a shop that sells vinyl records; **que yo sepa** as far as I know; **¡quién sabe!, ¡vete (tú) a ~!, ¡vaya usted a ~!** who knows!; **pues, sabes, a mí no me importaría** I wouldn't mind, you know; **es vecino mío, ¿sabes?** he's my neighbour, you know; EXPR *Méx Fam* **¡sepa Pancha!, ¡sepa la bola!** who knows?
-4. *(entender)* **~ de algo** to know about sth; **¿tú sabes de mecánica?** do you know (anything) about mechanics?; **ése sí que sabe** he's a canny one
-5. *(tener noticia)* **~ de alguien** to hear from sb; **no sé de él desde hace meses** I haven't heard (anything) from him for months; **~ de algo** to learn of sth; **supe de su muerte por los periódicos** I learnt of her death in the papers; **no quiero ~ (nada) de ti** I don't want to have anything to do with you
-6. *(parecer)* **eso me sabe a disculpa** that sounds like an excuse to me; **este postre me ha sabido a poco** I could have done with the dessert being a bit bigger; **las vacaciones me han sabido a muy poco** my holidays weren't nearly long enough, I could have done with my holidays being a lot longer
-7. *Am (soler)* **~ hacer algo** to be in the habit of doing sth

➤ **saberse** *vpr* **-1.** *(uso transitivo enfático) (conocer)* **saberse algo** to know sth; **se sabe todas las capitales de Latinoamérica** she knows (the names of) all the capitals in Latin America; EXPR **sabérselas todas** to know all the tricks; **se cree que se las sabe todas** he thinks he knows it all *o* has all the answers
-2. *(uso impersonal) (conocerse)* **¿se sabe si ha habido víctimas mortales?** is it known whether anyone was killed?; **aún no se sabe qué pasó** it is still not known what happened; **llegar a saberse** to come to light; **nunca se sabe** you never know; **¿se puede ~ porque no me avisasteis?** would you mind explaining why you didn't tell me?
-3. *(uso copulativo) (tener certeza de ser)* **él ya se sabía ganador del torneo** he already knew that he had won the tournament

◇ **a saber** *loc conj (es decir)* namely
sabiamente *adv* wisely
sabido, -a *adj* **como es (bien) ~** as everyone knows; **es ~ que este sistema operativo falla mucho** this operating system is known to be crash-prone
sabiduría *nf* **-1.** *(conocimientos)* knowledge, learning; **la ~ popular** folklore, popular wisdom **-2.** *(prudencia)* wisdom; **actuó con mucha ~** she acted very wisely

sabiendas: a sabiendas *loc adv* knowingly; **utilizaron una sustancia tóxica a ~** they knowingly used a toxic substance; **aprobaron el proyecto a ~ de su alto costo** they approved the project knowing that the cost would be high; **presentó la propuesta a ~ de que sería derrotada** she presented the bill knowing full well that it would be defeated

sabihondez = sabiondez

sabihondo, -a = sabiondo

sabina *nf (arbusto)* juniper

sabio, -a ◇ *adj* **-1.** *(sensato, inteligente)* wise **-2.** *(docto)* learned **-3.** *(amaestrado)* trained
◇ *nm,f* **-1.** *(sensato, inteligente)* wise person; [EXPR] **de sabios es rectificar** a wise man acknowledges his mistakes **-2.** *(docto)* learned person

sabiondez, sabihondez *nf Br* know-all *o US* know-it-all attitude

sabiondo, -a, sabihondo, -a *Fam* ◇ *adj Br* know-all, *US* know-it-all
◇ *nm,f Br* know-all, *US* know-it-all

sablazo *nm* **-1.** *Fam (de dinero)* **sablazos** scrounging; [EXPR] **dar** *o* **pegar un ~ a alguien** to scrounge money off sb **-2.** *(golpe)* blow with a sabre **-3.** *(herida)* sabre wound

sable *nm* **-1.** *(arma)* sabre **-2.** NÁUT batten **-3.** *(en heráldica)* sable **-4.** *Cuba (pez)* cutlass fish

sableador, -ora *nm,f Fam* scrounger

sablear *vi Fam* to scrounge money

sablista *nmf Fam* scrounger

saboneta *nf* pocket watch

sabor *nm* **-1.** *(gusto)* taste, flavour; **tener ~ a algo** to taste of sth; **tiene un ~ dulce/picante** it tastes sweet/spicy; **no conviene mezclar sabores** it's not a good idea to mix flavours; **con ~ a limón** lemon-flavoured
-2. *(impresión)* **dejó mal ~ (de boca)** it left a nasty taste in my mouth; **dejó buen ~ (de boca)** it left me with a warm feeling inside; **aquella conversación me dejó un ~ amargo** that conversation left me with a bitter taste in my mouth
-3. *(estilo)* flavour; **una obra de ~ clásico** a play with a classical flavour

saborear *vt* **-1.** *(comida)* to savour **-2.** *(victoria, momento)* to savour

saboreo *nm* savouring

saborizante *nm* flavouring

sabotaje *nm* sabotage; **el accidente fue debido a un ~** the accident was caused by sabotage

saboteador, -ora *nm,f* saboteur

sabotear *vt* to sabotage

Saboya *n* Savoy

sabré *etc ver* **saber**

sabroso, -a ◇ *adj* **-1.** *(gustoso)* tasty
-2. *(sustancioso)* tidy, considerable
-3. *(comentario) (gracioso)* juicy, tasty
-4. *(malicioso)* mischievous
-5. *Carib, Col, Méx (grato)* pleasant, nice; **tu compañía es muy sabrosa** you're very good company
-6. *Carib, Col, Méx (entretenido)* entertaining; **su último libro es ~** his latest book is entertaining *o* is a good read; **nadar es muy ~** swimming is good fun
-7. *Carib, Col, Méx (contagioso)* contagious; **tiene una risa sabrosa** she has a contagious laugh; **ese ritmo es muy ~** that beat is very catchy
-8. *Carib, Col, Méx Fam (hermoso)* lovely, gorgeous
◇ *adv Carib, Col, Méx* **-1.** *(en forma, bien)* on form; **hoy me siento ~** I'm feeling good *o* on form today **-2.** *(con habilidad)* well; **juega muy ~** he plays very well; **baila ~** he's a good dancer

sabrosón, -ona *adj Carib, Col, Méx Fam* **-1.** *(gustoso)* tasty **-2.** *(grato)* pleasant, nice **-3.** *(entretenido)* entertaining **-4.** *(contagioso)* contagious **-5.** *(hermoso)* lovely, gorgeous

sabrosura *Carib, Col, Méx Fam* ◇ *nf* **-1.** *(gusto)* tastiness **-2.** *(desenfado)* nerve, *Br* cheek
◇ *interj* gorgeous!

sabueso *nm* **-1.** *(perro)* bloodhound **-2.** *Fam (detective)* sleuth

saca *nf* **-1.** *(bolsa, saco)* sack ❑ **~ de correo** *Br* postbag, *US* mailbag **-2.** *Carib, Col (de ganado)* herd

sacabocados *nm inv* punch

sacabotas *nm inv* boot-jack

sacacorazones *nm inv (de manzana)* (apple) corer

sacacorchos *nm inv* corkscrew

sacacuartos, sacadineros, sacaperras
◇ *nm inv Fam (oferta, libro)* rip-off; **este coche es un ~** this car is a drain on our finances
◇ *nmf inv (persona)* scrounger

sacada *nf Andes, RP Fam* **la sacada de plata de una cuenta es hoy más fácil gracias a los cajeros automáticos** getting money out of the bank is easier today, thanks to ATMs; **la sacada de la mesa siempre genera discusiones entre ellos** clearing the table always leads to arguments between them

sacadineros = sacacuartos

sacadura *nf Chile (acción de sacar)* removal

sacalagua *nmf Am* light-skinned mestizo

sacaleches *nm inv* breast pump

sacamuelas *nm inv Fam Pey* dentist

sacaperras = sacacuartos

sacapuntas *nm inv* pencil sharpener

sacar [59] ◇ *vt* **-1.** *(poner fuera, hacer salir, extraer)* to take out; *(pistola, navaja, espada)* to draw; *(naipe, ficha)* to play; *(carbón, oro, petróleo)* to extract; **~ agua de un pozo** to draw water from a well; **sacó la lengua** she stuck her tongue out; **¡saca las manos de los bolsillos!** take your hands out of your pockets!; **sacó la mano/la cabeza por la ventanilla** he stuck his hand/head out of the window; **habrá que ~ los zapatos a la terraza** we'll have to put our shoes out on the balcony; **¿de qué carpeta has sacado estos papeles?** which folder did you take these papers out of?; **¿cómo lo vamos a ~ de ahí?** how are we going to get him out of there?; **me sacaron de allí/a la calle por la fuerza** they threw me out of there/into the street by force; **~ a alguien a bailar** to ask sb to dance; **~ a pasear al perro** to walk the dog, to take the dog for a walk; **nos sacaron algo de comer** they gave us something to eat; [EXPR] *Ven Fam* **~ la piedra a alguien** to make sb mad
-2. *(quitar)* to remove (**de** from); *(manchas)* to get out, to remove (**de** from); *(espinas)* to get *o* pull out (**de** from); **el dentista me sacó una muela** I had a tooth out at the dentist's; **sacarle sangre a alguien** to draw blood from sb; *RP* **¿quién me sacó el diccionario?** who's taken my dictionary?
-3. *(obtener)* *(carné, certificado, buenas notas)* to get; *(entradas, billetes, pasajes)* to get, to buy; *(datos, información)* to get, to obtain; *(premio)* to win; **¿qué sacaste en el examen de inglés?** what did you get for *o* in your English exam?; **saqué un ocho** I got eight out of ten; **~ beneficios (a** *o* **de un negocio)** to make a profit (from a business); **~ dinero del banco** to get *o* take some money out of the bank; **¿de dónde has sacado esa idea?** where did you get that idea (from)?; **lo que sigue está sacado de la Constitución** the following is an extract from the Constitution; **la sidra se saca de las manzanas** cider is made from apples; **de esta pizza no sacas más de seis raciones** you won't get more than six portions from this pizza; **¿y qué sacamos con reñirle?** what do we gain by telling him off?, what's the point in telling him off?; **¿y yo qué saco?** what's in it for me?
-4. *(librar, salvar)* **~ a alguien de algo** to get sb out of sth; **gracias por sacarme del apuro** thanks for getting me out of trouble; **5.000 pesos no nos van a ~ de pobres** 5.000 pesos isn't exactly enough for us never to have to work again
-5. *(realizar)* *(foto)* to take; *(fotocopia)* to make; *RP (apuntes, notas)* to take; **siempre me sacan fatal en las fotos** I always look terrible in photos; **juntaos, que no os saco a todos** move closer together, I can't fit you all in the photo like that
-6. *(sonsacar)* **~ algo a alguien** to get sth out of sb; **no me sacarán nada** they won't get anything out of me
-7. *(nuevo producto, modelo, libro)* to bring out; *(disco)* to release; **ha sacado un nuevo disco/una nueva novela** he has a new record/novel out
-8. *(manifestar)* **~ (a relucir) algo** to bring sth up; **yo no fui el que sacó el tema** it wasn't me who brought the matter up in the first place; **sacó su mal humor a relucir** he let his bad temper show
-9. *(resolver, encontrar)* to do, to work out; *(crucigrama)* to do, to solve; **~ la cuenta/la solución** to work out the total/the answer; **~ la respuesta correcta** to get the right answer; **siempre está sacando defectos a la gente** she's always finding fault with people
-10. *(deducir)* to gather, to understand; **~ una conclusión** to come to a conclusion; **~ algo en consecuencia de algo** to conclude *o* deduce sth from sth; **lo leí tres veces, pero no saqué nada en claro** *o* **limpio** I read it three times, but I couldn't make much sense of it
-11. *(aventajar en)* **sacó tres minutos a su rival** he was three minutes ahead of his rival; **mi hijo ya me saca la cabeza** my son's already a head taller than me
-12. *(en medios de comunicación)* to show; **sacaron imágenes en el telediario** they showed pictures on the news; **sacaron imágenes en el periódico** they printed pictures in the newspaper; **la sacaron en** *o* **por televisión** she was on television
-13. *Esp (prenda) (de ancho)* to let out; *(de largo)* to let down
-14. *Am (camisa, zapatos)* to take off; **sácale la ropa al niño** get the child undressed
-15. *(en deportes) (en tenis, voleibol)* to serve; **~ un córner/una falta** to take a corner/free kick
-16. **~ adelante** *(hijos)* to provide for; *(negocio, proyecto)* to make a go of; **sacó sus estudios adelante** she successfully completed her studies; **no sé cómo vamos a ~ adelante la empresa** I don't know how we're going to keep the company going; **saca adelante a su familia con un mísero salario** he supports his family on a miserable salary
◇ *vi (en fútbol, baloncesto, hockey)* to put the ball into play; *(en tenis, voleibol)* to serve; **~ de banda/de esquina/de puerta** to take a throw-in/corner/goal kick

◆ **sacarse** *vpr* **-1.** *(poner fuera)* **se sacó la cartera del bolsillo** he took his wallet out of his pocket; [EXPR] *Fam* **sacarse algo de la manga** to make sth up (on the spur of the moment)
-2. *(carné, título, certificado)* to get; **se sacó el pasaporte la semana pasada** she got her passport last week
-3. *Am (ropa, lentes, aros)* to take off; **sáquese la camisa** take your shirt off
-4. *Am (ganar)* **se sacó la lotería** he won the lottery

sacárido *nm* QUÍM saccharide

sacarina *nf* saccharine

sacarosa *nf* sucrose

sacerdocio *nm* **-1.** REL priesthood **-2.** *(dedicación)* vocation

sacerdotal *adj* priestly

sacerdote, -isa ◇ *nm,f (pagano)* priest, *f* priestess
◇ *nm (cristiano)* priest; **mujer ~** woman priest

sachar *vt* to weed

saciar ◇ *vt (satisfacer) (sed)* to quench; *(hambre, curiosidad)* to satisfy; *(ambición)* to fulfil; **acudieron al festival para ~ su sed de música** they went to the festival to quench their thirst for music

◆ **saciarse** *vpr* **-1.** *(de comida, bebida)* to have had one's fill; *(de conocimientos, poder)* to be satisfied; **nunca se sacia de ver la televisión** she never tires of watching television; **su**

saciedad ambición no se sacia con nada his ambition knows no bounds

saciedad nf (sensación) comió hasta la ~ she ate until she couldn't eat any more; repetir algo hasta la ~ to repeat sth over and over

saco ⟨⟩ nm -1. (bolsa) sack; un ~ de carbón/patatas a sack of coal/potatoes; EXPR caer en ~ roto to fall on deaf ears; espero que no eches en ~ roto mis consejos I hope you take good note of my advice; EXPR ser (como) un ~ sin fondo to be (like) a bottomless pit ❑ ~ de arena sandbag; ~ de dormir sleeping bag; ~ de dormir (tipo) momia mummy sleeping bag; ~ terrero sandbag
-2. Fam (persona) EXPR ser un ~ de huesos to be all skin and bones; EXPR ser un ~ de mentiras to be full of lies
-3. BIOL sac, bag ❑ ~ *lacrimal* lacrimal sac; ~ *vitelino* yolk sac
-4. Am (abrigo) coat
-5. Am (de tela) jacket; (de punto) cardigan; RP ~ largo overcoat, three-quarter-length coat ❑ Am ~ sport sports jacket
-6. EXPR Esp muy Fam mandar a alguien a tomar por ~ to tell sb to get screwed o Br stuffed; Esp muy Fam ¡que le den por ~! screw him!, Br he can get stuffed!
⟨⟩ a saco loc adv entraron a ~ en el pueblo they sacked o pillaged the village; los asaltantes entraron a ~ en el palacio presidencial the attackers stormed the presidential palace; el periodista entró a ~ con las preguntas the journalist didn't beat about the bush with his questions

sacón nm RP overcoat, three-quarter-length coat

sacralizar [14] vt to consecrate

sacramentado, -a adj having received the last sacraments o rites

sacramental adj -1. REL sacramental -2. (palabras, fórmula) ceremonial

sacramentar vt to administer the last rites to

sacramento nm sacrament; administrar un ~ to administer a sacrament; recibir un ~ to receive a sacrament; los últimos sacramentos the last rites

sacrificar [59] ⟨⟩ vt -1. (animal) (para consumo) to slaughter; (por enfermedad) to slaughter, to destroy -2. (a los dioses) to sacrifice (a to)
-3. (renunciar a) to sacrifice, to give up; sacrificó la carrera por su familia she gave up her career for her family
▶ **sacrificarse** vpr sacrificarse (para hacer algo) to make sacrifices (in order to do sth); sacrificarse por alguien to make sacrifices for sb

sacrificio nm -1. (de animal) (para consumo) slaughter; (por enfermedad) slaughter, destruction -2. (a los dioses) sacrifice ❑ *el ~ del altar* the sacrifice of the altar -3. (renuncia) sacrifice; me costó muchos sacrificios I had to make a lot of sacrifices

sacrilegio nm -1. (religioso) sacrilege -2. (blasfemia) sacrilege

sacrílego, -a ⟨⟩ adj sacrilegious
⟨⟩ nm,f sacrilegious person

sacristán, -ana nm,f -1. (ayudante de sacerdote) sacristan, sexton -2. Am Fam (entrometido) busybody

sacristía nf sacristy

sacro, -a ⟨⟩ adj -1. (sagrado) holy, sacred ❑ HIST*el Sacro Imperio Romano (Germánico)* the Holy Roman Empire -2. ANAT sacral; *el hueso ~* the sacrum
⟨⟩ nm ANAT sacrum

sacrosanto, -a adj sacrosanct

sacuanjoche nm CAm frangipani

sacudida nf -1. (movimiento) shake; (de la cabeza) toss; (de tren, coche) jolt; el avión dio una fuerte ~ the plane shuddered o lurched -2. (terremoto) tremor -3. (conmoción) shock; la noticia le produjo una fuerte ~ the news gave her a deep shock -4. (calambre) ~ (eléctrica) electric shock; le dio una ~ al tocar el enchufe she got a shock when she touched the socket

sacudidor nm carpet beater

sacudir ⟨⟩ vt -1. (agitar) to shake; el terremoto sacudió la ciudad the earthquake shook the city
-2. (quitar) (agitando) to shake off; (frotando) to brush off; ~ el polvo a una mesa to dust a table
-3. (golpear) (alfombra) to beat; (mantel, chaqueta) to shake out; Fam (persona) to whack; sacude bien las migas del mantel shake all the crumbs off the tablecloth; le sacudió una bofetada she slapped him
-4. (conmover) to shake, to shock; su asesinato sacudió a la población people were shaken by his assassination
⟨⟩ vi RP to shake oneself, to give oneself a shake; hay que ~ bien, si no queda todo el polvo you have to give yourself a good shake, or you stay covered in dust
▶ **sacudirse** vpr -1. (librarse) (de responsabilidad, tarea) to get out of; se sacudió a sus perseguidores (de encima) she shook off her pursuers; no consigo sacudírmelo (de encima) I can't seem to get rid of him -2. (apartar) la vaca se sacudía las moscas con el rabo the cow was swishing the flies away with its tail; sacúdete las migas de la falda shake the crumbs off your skirt

sacudón nm Am -1. (sacudida) shake; no sintieron el ~ que advertía de un movimiento sísmico de intensidad they did not notice the tremor that heralded a major earthquake -2. (golpe) blow; el banco había sufrido su primer gran ~ the bank had suffered its first major blow -3. (revuelo) upheaval, turmoil; hubo un ~ en los mercados bursátiles there was upheaval on the Stock Market

SAD nf Esp DEP (abrev de Sociedad Anónima Deportiva) = abbreviation indicating that a sports club is a public limited company

S.A. de C.V. nf Méx (abrev de sociedad anónima de capital variable) variable capital corporation

sádico, -a ⟨⟩ adj sadistic
⟨⟩ nm,f sadist

sadismo nm sadism

sadomasoquismo nm sadomasochism

sadomasoquista ⟨⟩ adj sadomasochistic
⟨⟩ nmf sadomasochist

saduceo, -a HIST ⟨⟩ adj Sadducean
⟨⟩ nm,f Sadducee

saeta nf -1. (flecha) arrow -2. (de reloj) hand; (de brújula) needle -3. (copla) = flamenco-style song sung on religious occasions

safacón nm RDom (papelera) wastepaper basket o bin

safari nm -1. (expedición) safari; ir de ~, hacer un ~ to go on a safari ❑ ~ *fotográfico* photo safari -2. (zoológico) safari park

Safo n pr Sappho

saga nf -1. LIT saga -2. (familia) dynasty

sagacidad nf astuteness, shrewdness

sagaz adj astute, shrewd

sagitariano, -a Am ⟨⟩ adj Sagittarian; ser ~ to be (a) Sagittarian o Sagittarius
⟨⟩ nm,f Sagittarian, Sagittarius; los sagitarianos son... Sagittarians are...

Sagitario ⟨⟩ adj inv Sagittarian; Esp ser ~ to be (a) Sagittarian o Sagittarius
⟨⟩ nm (signo) Sagittarian; los de ~ son... Sagittarians are...
⟨⟩ nmf (persona) Sagittarian, Sagittarius; Esp los ~ son... Sagittarians are...

sagrado, -a adj -1. REL holy, sacred ❑ *el Sagrado Corazón* the Sacred Heart; *las Sagradas Escrituras* Holy Scripture, the Holy Scriptures; *la Sagrada Familia* the Holy Family -2. (merecedor de respeto) sacred; para mí, la familia es sagrada my family is sacred to me

sagrario nm (tabernáculo) tabernacle

Sáhara ['saχara], **Sahara** [sa'ara] nm el (desierto del) ~ the Sahara (Desert) ❑ *el ~ Occidental* Western Sahara

saharaui [saχa'rawi] ⟨⟩ adj Saharawi; el pueblo ~ the Saharawi people
⟨⟩ nmf Saharawi

sahariana nf [saa'rjana] (prenda) safari jacket

sahariano, -a [saχa'rjano, -a, saa'rjano, -a] ⟨⟩ adj Saharan
⟨⟩ nm,f Saharan

sahino = saíno

sahumado, -a adj Am Fam (achispado) tight, tipsy

sahumador nm (para perfumes) incense burner

sahumar ⟨⟩ vt = to perfume or purify with aromatic smoke
▶ **sahumarse** vpr = to be perfumed or purified with aromatic smoke

sahumerio nm -1. (acción) = perfuming or purifying with aromatic smoke -2. (humo) aromatic smoke -3. (sustancia) incense

SAI nf INFORMÁT (abrev de sistema de alimentación ininterrumpida) UPS

saín nm (de animal) animal fat

sainete nm (teatro) = short, popular comic play

saíno, sahino nm Am peccary

sajar vt (grano) to lance; (quiste) to cut open

sajón, -ona ⟨⟩ adj Saxon
⟨⟩ nm,f Saxon

Sajonia nf Saxony

sake, saki nm sake

sal ⟨⟩ nf -1. (condimento) salt; echar ~ a (guiso) to add salt to; sin ~ (mantequilla) unsalted ❑ ~ *de cocina* cooking salt; ~ *común* cooking salt; ~ *fina* table salt; ~ *de fruta* fruit salts; ~ *gema* rock salt; Esp ~ *gorda* (condimento) cooking salt; (humor soez) coarse humour; ~ *gruesa* cooking salt; ~ *marina* sea salt; ~ *de mesa* table salt
-2. QUÍM salt ❑ ~ *amónica* sal ammoniac
-3. (gracia) wit; (garbo) verve; tiene mucha ~ bailando she dances with great verve; EXPR es la ~ de la vida it's one of the things that make life worth living
-4. CAm, Carib, Méx (desgracia) misfortune, bad luck; EXPR echar la ~ a alguien to put a jinx on sb
⟨⟩ nfpl sales -1. (para reanimar) smelling salts
-2. (para baño) sales (de baño) bath salts

sala nf -1. (habitación) room; (de una casa) lounge, living-room; (de hospital) ward ❑ ~ *capitular* chapter house; ~ *de embarque* (en aeropuerto) departure lounge; ~ *de espera* waiting room; ~ *de estar* lounge, living-room; ~ *de juntas* boardroom; ~ *de lectura* reading room; ~ *de máquinas* engine room; CINE ~ *de montaje* cutting room; ~ *de operaciones* Br operating theatre, US operating room; ~ *de partos* delivery room; ~ *de profesores* staff (common) room; ~ *de proyección* projection room; ~ *de tránsito* (en aeropuerto) transfer lounge; ~ *de urgencias* Br casualty ward, US emergency room; ~ *VIP* VIP lounge
-2. (local) (de conferencias, conciertos) hall; (de cine) screen; (de teatro) auditorium; un cine de ocho salas an eight-screen cinema o multiplex ❑ ~ *de bingo* bingo hall; ~ *de conciertos* (de música moderna) concert venue; (de música clásica) concert hall; ~ *de exposiciones* art gallery; ~ *de fiestas* discotheque; ~ *X* = porn cinema, US X-rated movie house
-3. DER (lugar) court(room); (magistrados) bench ❑ ~ *de lo civil* civil court; ~ *de lo penal* criminal court

salacidad nf Formal salaciousness

salacot (pl salacots o salacotes) nm pith helmet

saladillo, -a adj salted

saladito nm RP savoury snack o appetizer

salado, -a adj -1. (con sal) salted; (con demasiada sal) salty; (agua) ~ to be salty; agua salada salt water; bacalao ~ salt(ed) cod
-2. (opuesto a lo dulce) savoury; me gusta más lo ~ I prefer savoury food
-3. Esp (gracioso, simpático) amusing; (encantador) charming; tu amigo es muy ~ your friend is very amusing; ¡qué bebé más ~! what a charming baby!
-4. CAm, Carib, Méx (desgraciado) unlucky; EXPR estar ~ to have lousy luck
-5. CSur Fam (caro) pricey

salamanca *nf RP (animal)* = type of salamander considered by some cultures to be an evil spirit

salamandra *nf* **-1.** *(animal)* salamander **-2.** *(estufa)* = salamander stove

salamanquesa, *Andes* **salamanqueja** *nf* Moorish gecko

salame ◇ *nm CSur (salami)* salami
◇ *nmf RP Fam (tonto)* idiot

salami *nm* salami

salamín *nm RP (salami)* = type of thin salami

salar¹ *vt* **-1.** *(para conservar)* to salt **-2.** *(para cocinar)* to add salt to **-3.** *CAm, Carib, Méx (echar a perder)* to spoil, to ruin; *(causar mala suerte)* to bring bad luck

salar² *nm* salt flat

salarial *adj* **congelación** ~ pay freeze; **incremento** ~ pay rise; **política** ~ wage(s) policy

salario *nm* salary, wages ❏ ~ **base** *o* **básico** basic wage; ~ **bruto** gross wage; ~ **mínimo (interprofesional)** minimum wage; ~ **neto** net wage; *Esp* ~ **social** = benefit paid by local authorities to low-income families

salaz *adj Formal* salacious

salazón ◇ *nf* **-1.** *(de alimentos)* salting **-2.** *CAm, Cuba, Méx Fam (mala suerte)* bad luck
◇ *nfpl* **salazones** *(carne)* salted meat; *(pescado)* salted fish

salcedo *nm* willow grove

salchicha *nf* sausage ❏ ~ **de Fráncfort** frankfurter, *US* wiener

salchichería *nf* sausage shop

salchichero, -a *nm, f* **-1.** *(fabricante)* sausage maker **-2.** *(vendedor)* sausage seller

salchichón *nm* = cured pork sausage similar to salami

salchichonería *nf Méx* delicatessen

salchipapa *nf Perú* = dish of sliced frankfurter with French fries

saldar ◇ *vt* **-1.** *(pagar) (cuenta)* to close; *(deuda)* to settle **-2.** *(arreglar, finalizar)* to settle **-3.** COM *(vender)* to sell off
◆ **saldarse** *vpr (acabar)* **la pelea se saldó con once heridos** eleven people were injured in the brawl; **el partido se saldó con una victoria local** the game resulted in a home win

saldo *nm* **-1.** *(de cuenta)* balance; ~ **a favor/en contra** credit/debit balance; **la balanza comercial entre los dos países arroja un ~ favorable a Japón** the trade balance between the two countries is tipped in Japan's favour ❏ ~ **acreedor** credit balance; ~ **deudor** debit balance; ~ **disponible** balance available; ~ **medio** average (bank) balance; ~ **negativo** debit balance
-2. *(de deudas)* settlement
-3. *(de partido, enfrentamiento)* result, outcome; **la iniciativa tuvo un ~ positivo** on balance, the outcome of the initiative was positive; **el accidente tuvo un ~ de cinco muertos** the accident resulted in a total of five dead; **los incidentes arrojaron un ~ de cincuenta detenidos** the incidents ended with fifty arrests
-4. saldos *(restos de mercancías)* remnants
-5. saldos *(rebajas)* sale; **de** ~ bargain

saldré *etc ver* **salir**

saledizo ARQUIT ◇ *adj* projecting, overhanging
◇ *nm* overhang

salegar *nm* salt lick

salero *nm* **-1.** *(recipiente)* salt cellar **-2.** *Fam (gracia)* wit; *(garbo)* verve; **con Juan nos reímos siempre, tiene mucho** ~ Juan always makes us laugh, he's very witty; **baila con mucho** ~ she dances with great verve; **cuenta chistes con** ~ she's really good at telling jokes

saleroso, -a *adj Fam (gracioso)* witty; *(garboso)* vivacious

salesiano, -a ◇ *adj* Salesian
◇ *nm, f* Salesian

salgo *etc ver* **salir**

salicilato *nm* QUÍM salicylate

salicílico, -a *adj* QUÍM **ácido** ~ salicylic acid

sálico, -a *adj* HIST **ley sálica** Salic law

salida *nf* **-1.** *(partida, marcha)* departure; **tenían prevista la ~ al amanecer** they intended to leave at dawn; **el tren con destino a Santiago va a efectuar su ~ por la vía 4** the Santiago train is about to depart from platform 4; **salidas nacionales/internacionales** *(en aeropuerto)* national/international departures
-2. *(lugar para salir) (de edificio, recinto)* exit, way out; *(de red de cables, cañerías)* outlet; **gira en la próxima** ~ turn off at the next exit; **la región no tiene ~ al mar** the region has no outlet to the sea; ~ **20** *(en autopista)* junction 20; **¿dónde está la ~?** where's the way out?; ~ *(en letrero)* exit, way out; **esta calle no tiene** ~ this road's a dead end; **todas las salidas de Caracas estaban colapsadas** traffic was at a standstill on all the roads leading out of Caracas; *(de sentimientos)* to vent, to let out; *(ideas)* to find an outlet for ❏ ~ **de emergencia** emergency exit; ~ **de humos** air vent; ~ **de incendios** fire exit
-3. *(en deportes, carreras)* start; **dar la ~ a una carrera** to start a race ❏ ~ **nula** false start
-4. *(viaje)* trip; **una ~ al extranjero** a trip abroad; **hicimos una ~ al campo de un día** we went out for the day to the country, we went on an outing to the country for a day
-5. *(aparición) (de revista, nuevo modelo, producto)* appearance; **a la ~ del sol** at sunrise; **su ~ a escena fue recibida con aplausos** her entry on stage was greeted with applause, she was applauded as she came on stage; **esta llave regula la ~ del agua** this *Br* tap *o US* faucet controls the flow of water
-6. *(momento)* **quedamos a la ~ del trabajo** we agreed to meet after work; **te espero a la ~ del cine** I'll meet you after the movie
-7. *(solución)* way out; **es preciso encontrar una ~ al problema/a esta situación** we need to find a way round the problem/a way out of this situation; **si no hay otra ~** if there's no alternative
-8. *(ocurrencia)* witty remark; *(pretexto)* excuse; **tener salidas** to be witty; **desde luego tiene cada ~...** she certainly comes out with some witty remarks ❏ ~ **de tono** out-of-place remark
-9. COM *(producción)* output; *(posibilidades)* market; **dar ~ a** *(producto)* to find an outlet for; **este producto tiene mucha** ~ *(posibilidades de venta)* there's a big market for this product; *(se vende)* this product sells well; **este producto no tiene** ~ *(posibilidades de venta)* there's no market for this product; *(no se vende)* this product doesn't sell
-10. salidas *(en contabilidad)* outgoings
-11. INFORMÁT output
-12. DEP *(partido fuera de casa)* away game
-13. salidas *(posibilidades laborales)* openings, opportunities; **carreras con salidas** university courses with good job prospects
-14. *Am* ~ **de baño** bathrobe; *Am* ~ **de playa** beach robe

SALIDA AL MAR

The War of the Pacific, fought victoriously by Chile against Peru and Bolivia (1879-1883), was to have a huge influence on the later development of all three countries. The major incentive for turning a territorial dispute into a war was the rich deposits of nitrates (then a vital raw material for the production of fertilizers and explosives) in the Atacama Desert. By acquiring the Atacama, Chile also deprived Bolivia of its only access to the sea at the port of Antofagasta, with inevitably damaging consequences for the future economic and commercial development of the country. Bolivia's desire for a **salida al mar** ("outlet to the sea") led it to seek alternative access to the Atlantic, and this was partly behind the outbreak of the horrific Chaco War with Paraguay (1932-1935), though the interest of foreign oil companies in possible oil deposits in the Chaco region was at least as important a factor. Today, Bolivia has adopted the peaceful road of negotiations with Chile to resolve the problem.

salido, -a ◇ *adj* **-1.** *(saliente)* projecting, sticking out; *(ojos)* bulging; **dientes salidos** buckteeth **-2.** *(animal)* on heat **-3.** *muy Fam (excitado)* horny; **estar** ~ to be horny **-4.** *Ven Fam (atrevido)* pushy, interfering
◇ *nm, f* **-1.** *muy Fam (excitado)* horny bugger **-2.** *Ven Fam (atrevido)* busybody

salidor, -ora *adj Andes, RP* **es muy** ~ he loves going out

saliente ◇ *adj* **-1.** *(destacable)* salient **-2.** *(presidente, ministro)* outgoing
◇ *nm* projection

salina *nf* **-1.** MIN salt mine **-2. salinas** *(en el mar)* saltworks *(singular)* **-3.** *ver también* **salino**

salinera *nf* MIN salt mine

salinidad *nf* salinity

salinizar *vt* to salinize

salino, -a *adj* saline

salir [60] ◇ *vi* **-1.** *(ir fuera)* to go out; *(venir fuera)* to come out; **¡sal aquí fuera!** come out here!; **no pueden** ~, **están atrapados** they can't get out, they're trapped; **¿salimos al jardín?** shall we go out into the garden?; **salieron al balcón** they went out onto the balcony; **salió a la puerta** she came/went to the door; ~ **a escena** *(actor)* to come/go on stage; ~ **a pasear/tomar el aire** to go out for a walk/for a breath of fresh air; ~ **a hacer la compra/de compras** to go shopping; ~ **de** to go/come out of; **me lo encontré al ~ del cine** I met him as I was coming out of the cinema; **¡sal de aquí!** get out of here!; **¡sal de ahí!** come out of there!; **salimos por la escalera de incendios/la puerta trasera** we left via the fire escape/through the back door; EXPR *Fam* **porque me sale/no me sale de las narices** because I damn well feel like it/damn well can't be bothered; EXPR *muy Fam* **porque me sale/no me sale de los huevos** because I bloody well feel like it/because I can't be arsed
-2. *(marcharse)* to leave (**para** for); **cuando salimos de Quito/del país** when we left Quito/the country; **salí de casa/del trabajo a las siete** I left home/work at seven; **¿a qué hora** *o* **cuándo sale vuestro vuelo?** when does your flight leave?; **¿a qué hora** *o* **cuándo sales de trabajar?** what time do you leave *o* finish work?; ~ **corriendo** to run off; *Fam* ~ **pitando** to leg it; ~ **de vacaciones** to go (away) on *Br* holiday *o US* vacation; ~ **de viaje** to go away (on a trip)
-3. *(ser novios)* to go out (**con** with); **están saliendo** they are going out (together); **¿desde cuándo llevan saliendo?** how long have they been going out (together)?
-4. *(ir a divertirse)* to go out; **suelo** ~ **el fin de semana** I usually go out at the weekend; **salen mucho a cenar** they eat out a lot
-5. *(librarse)* ~ **de la droga** to get off drugs; **Marisa ha salido de la depresión** Marisa has got over *o* come through her depression; ~ **de la miseria** to escape from poverty; ~ **de un apuro** to get out of a tight spot; **le he ayudado a** ~ **de muchos líos** I've helped him out of a lot of tricky situations; **no sé si podremos** ~ **de ésta** I don't know how we're going to get out of this one; **con este dinero no vamos a** ~ **de pobres** this money isn't exactly enough for us never to have to work again
-6. *(desembocar) (calle, sendero, carretera)* **¿a dónde sale esta calle?** where does this street come out?
-7. *(separarse)* **este anillo sale fácilmente** this ring comes off easily; **este corcho no sale** this cork won't come out
-8. *(resultar)* to turn out; **ha salido muy estudioso** he's turned out to be very studious; **¿cómo salió la fiesta?** how did the party go?; **¿qué salió en la votación?** what was the result of the vote?; **a mí me sale un total de 35.000 pesos** I've got a total of 35,000 pesos, I make it 35,000 pesos in total; **salió (como) senador por California** he was elected (as) senator for California; **salió elegida actriz del año** she was voted actress of the year; **salió herido/ileso del accidente** he was/wasn't injured in the

accident; **~ premiado** to be awarded a prize; **~ bien/mal** (examen, entrevista) to go well/badly; (plato, dibujo) to turn out well/badly; **¿qué tal te ha salido?** how did it go?; **me ha salido bien/mal** (examen, entrevista) it went well/badly; (plato, dibujo) it turned out well/badly; (cuenta) I got it right/wrong; **normalmente me sale a la primera** I normally get it right first time; **a mí la paella no me sale tan bien como a ti** my paella never turns out as well as yours does; **¿te salen las cuentas?** do all the figures tally?; **~ ganando/perdiendo** to come off well/badly

-9. (en sorteo, juego) (número, nombre) to come up; **no me ha salido un as en toda la partida** I haven't got o had a single ace in the whole game

-10. (proceder) **~ de** to come from; **el vino sale de la uva** wine comes from grapes; **salió de él (lo de) regalarte unas flores** it was his idea to get you the flowers

-11. (surgir, brotar) (luna, estrellas) to come out; (sol) to rise; (flores, hojas) to come out; (dientes) to come through; **le han salido varias flores al rosal** the rose bush has got several flowers now; **le están saliendo canas** he's getting grey hairs, he's going grey; **le están saliendo los dientes** her teeth are starting to come through, she's teething; **me salen los colores con tanto cumplido** all these compliments are making me blush; **le ha salido un sarpullido en la espalda** her back has come out in a rash; **te está saliendo sangre** you're bleeding; **me ha salido un grano en la nariz** I've got a spot on my nose

-12. (aparecer) (publicación, producto, modelo) to come out; (disco) to come out, to be released; (moda, ley) to come in; (trauma, prejuicios) to come out; (tema, asunto) to come up; **una revista que sale los jueves** a magazine that comes out on Thursdays; **su nuevo disco saldrá al mercado en otoño** her new record comes out o will be released in the autumn; **salieron (a relucir) todos sus miedos** all his fears came out; **¡qué bien sales en esta foto!** you look great in this photo!; **ha salido en los periódicos/en la tele** it's been in the papers/on TV; **~ de/en** (en película, serie, obra de teatro) to appear as/in; **salía de extra en "Ben-Hur"** he appeared as o was an extra in ''Ben-Hur''; **~ en defensa de alguien** to come to sb's defence

-13. (presentarse, ofrecerse) (ocasión, oportunidad) to turn up, to come along; (puesto, empleo) to come up; (problema) to arise; (contratiempo) to occur; **le ha salido una plaza de profesor en Tegucigalpa** a job has come up for him as a teacher in Tegucigalpa; EXPR **a lo que salga, salga lo que salga** whatever happens

-14. (costar) **salimos a 20 dólares por cabeza** it came to o worked out at $20 each; **¿por cuánto me saldría una moto de segunda mano?** how much would a second-hand motorbike cost me o come to?; **en botella te saldrá más barata la cerveza** the beer works out cheaper if you buy it bottled; **~ caro** (económicamente) to be expensive; (por las consecuencias) to be costly

-15. (decir u obrar inesperadamente) **nunca se sabe por dónde va a ~** you never know what she's going to come out with/do next; **el jefe sale con cada tontería...** the boss comes out with some really stupid remarks; **salió con que era un incomprendido y nadie le hacía caso** he claimed he was misunderstood and that no one ever took any notice of him; **¿y ahora nos sales con ésas?** now you tell us!

-16. (parecerse) **~ a alguien** to take after sb; **eres un vago, en eso has salido a tu padre** you're a layabout, just like your father

-17. (en juegos) to lead; **te toca ~ a ti** it's your lead; **salió con un as** she led with an ace; **salen blancas** (en damas, ajedrez) white goes first

-18. (desaparecer) to come out; **la mancha de vino no sale** the wine stain won't come out

-19. INFORMÁT (instrucción) to quit, to exit; **~ de un programa** to quit o exit a program

-20. ~ adelante (persona, empresa) to get by; (proyecto, propuesta, ley) to be successful; **la familia lo está pasando muy mal para ~ adelante** the family is struggling to get by o to make ends meet

◆ **salirse** vpr **-1.** (marcharse) **salirse (de)** to leave; **muchos se salieron del partido** many people left the party; **la obra era tan mala que nos salimos (del teatro) a la mitad** the play was so bad that we left (the theatre) halfway through; **me salí del agua porque tenía frío** I came out of the water because I was cold

-2. (irse fuera, traspasar) **salirse de** (límites) to go beyond; **no te salgas del margen al escribir** stay inside the margin when you're writing; **el balón se salió del terreno de juego** the ball went out of play; **salirse del presupuesto** to overrun the budget; **eso se sale de mis competencias** that's outside my authority; **tiene una inteligencia que se sale de lo normal** she is exceptionally intelligent; **salirse del tema** to digress

-3. (filtrarse) (líquido, gas) to leak, to escape (**por** through); (humo, aroma) to come out (**por** through); **este grifo se sale** this Br tap o US faucet is leaking; **a esta rueda se le sale el aire** the air's getting out of o escaping from this tyre

-4. (rebosar) to overflow; (leche) to boil over; **el río se salió del cauce** the river broke its banks

-5. (desviarse) **salirse (de algo)** to come off (sth); **el autobús se salió de la carretera** the bus came off o left the road

-6. (desprenderse, soltarse) (tornillo, tapón, anillo) **salirse (de algo)** to come off (sth); **este anillo se me sale** this ring's too big for me; **se te sale la camiseta por detrás** your shirt's not tucked in properly at the back

-7. salirse con la suya to get one's (own) way

salitre nm **-1.** QUÍM saltpetre **-2.** (sustancia salina) salt residue

salitrera nf saltpetre bed o deposit

salitrero, -a nm,f saltpetre miner

saliva nf saliva, EXPR Fam **gastar ~ (en balde)** to waste one's breath; EXPR **tragar ~** to bite one's tongue

salivación nf salivation

salivadera nf Andes, RP spittoon

salivajo = **salivazo**

salival adj salivary

salivar ◇ adj salivary

◇ vi **-1.** (segregar saliva) to salivate **-2.** Am (escupir) to spit

salivazo, salivajo nm blob of spit; **echar un ~** to spit

salmantino, -a ◇ adj of/from Salamanca (Spain)

◇ nm,f person from Salamanca (Spain)

salmer nm ARQUIT voussoir

salmista nmf psalmist

salmo nm psalm; REL **Salmos** Psalms

salmodia nf **-1.** REL singing of psalms **-2.** (letanía) drone

salmodiar vt to sing in a monotone

salmón ◇ adj (color) salmon (pink)

◇ nm **-1.** (color) salmon (pink) **-2.** (pez) salmon ❏ **~ ahumado** smoked salmon

salmonela, salmonella [salmoˈnela] nf salmonella (bacterium)

salmonelosis, salmonellosis [salmoneˈlosis] nf inv salmonella (illness)

salmonera nf salmon ladder

salmonero, -a adj salmon; **río ~** salmon river

salmonete nm red mullet

salmuera nf brine

salobre adj salty

salobreño, -a adj saline

salobridad nf saltiness

Salomé n pr Salome

Salomón ◇ n pr Solomon

◇ n **las islas ~** the Solomon Islands

salomónico, -a adj **-1.** (decisión, solución) balanced, equitable **-2.** (columna) spiral

salón nm **-1.** (en vivienda) lounge, sitting room; **revolucionario de ~** armchair revolutionary; **intelectual de ~** armchair intellectual **-2.** (para reuniones, ceremonias) hall ❏ **~ de actos** assembly hall, assembly room; **~ de baile** ballroom; RP **~ de fiestas** function room; **~ de sesiones** committee room **-3.** (mobiliario) lounge suite **-4.** (feria) show, exhibition ❏ **~ del automóvil** motor show; **~ de la informática** computer fair **-5.** (establecimiento) shop ❏ **~ de belleza** beauty parlour, beauty salon; **~ de masaje** massage parlour; **~ recreativo** amusement arcade; **~ de té** tearoom

Salónica n Salonica

salpicadera nf Méx Br mudguard, US fender

salpicadero nm Esp dashboard

salpicado, -a adj **una tela salpicada de flores** a fabric dotted with flowers; **un discurso ~ de anécdotas** a speech peppered with anecdotes; **el viaje estuvo ~ de dificultades** the journey was punctuated by difficulties

salpicadura nf **-1.** (acción) splashing, spattering **-2.** (mancha) spot, spatter; **tengo las botas llenas de salpicaduras de barro** my boots are spattered all over with mud

salpicar [59] ◇ vt **-1.** (con líquido) to splash, to spatter; **me salpicó de agua/barro** he splashed water/mud over me; **te has salpicado la chaqueta** you've spattered your jacket

-2. (espolvorear) to sprinkle (**de** with); **salpicó el cocido de perejil** he sprinkled parsley on the stew; **salpicó de referencias literarias su discurso** he peppered his speech with literary allusions

-3. (reputación) **el escándalo salpicó al presidente** the scandal cast a cloud over o tainted the presidency

◇ vi to spit; **el aceite caliente salpica** hot oil tends to spit

salpicón nm **-1.** (plato) = cold dish of chopped fish or meat, seasoned with pepper, salt, vinegar and onion **-2.** Col, Ecuad (refresco) fruit juice

salpimentar [3] vt to season (with salt and pepper)

salsa nf **-1.** (condimento) sauce; (de carne) gravy; Fig **en su (propia) ~** in one's element ❏ **~ agridulce** sweet-and-sour sauce; **~ bearnesa** Béarnaise sauce; **~ bechamel** o **besamel** béchamel sauce; Col, CSur **~ blanca** white sauce; RP **~ golf** cocktail sauce; **~ mahonesa** o **mayonesa** mayonnaise; **~ Perrins®** Worcester sauce; **~ picante** hot sauce; Méx **~ ranchera** = chilli sauce made with green chilli peppers, tomatoes, onions and coriander; **~ rosa** ≃ Thousand Island dressing, US ≃ French dressing; **~ de soja** soy sauce; **~ tártara** tartar sauce; **~ de tomate** tomato sauce; **~ verde** (salsa de perejil) parsley sauce; Méx (ají) chilli sauce made with tomatillos

-2. (interés) spice; **ser la ~ de la vida** to make life worth living

-3. MÚS salsa

salsamentaría nf Col (tienda) = shop selling cold meats, sausages etc

salsera nf gravy boat

salsero, -a Am ◇ adj salsa

◇ nm,f salsa fan

salsifí (pl **salsifíes**) nm salsify ❏ **~ de España** black salsify; **~ negro** black salsify

saltador, -ora ◇ adj jumping; **un animal ~** a jumping animal

◇ nm,f DEP jumper ❏ **~ de altura** high jumper; **~ de esquí** ski jumper; **~ de longitud** long jumper; **~ de pértiga** pole vaulter; **~ de triple salto** triple jumper

saltamontes nm inv grasshopper

saltante adj Chile outstanding, noteworthy

saltar ◇ vt **-1.** *(obstáculo, valla, verja)* to jump (over); **si salta los 2,35 ganará la prueba** if he jumps o clears 2.35 metres, he'll win the competition

-2. *(omitir)* to skip, to miss out; **me saltaron al nombrar los candidatos** they missed me out of the list of candidates

-3. *(romper violentamente)* ~ **una cerradura** to force a lock; ~ **un ojo a alguien** to poke sb's eye out; INFORMÁT ~ **la protección de un programa** to break a program's protection, to crack a program

-4. CSur *(sofreír)* to sauté, to fry lightly

◇ vi **-1.** *(brincar, lanzarse)* to jump; **los chicos saltaron al otro lado de la tapia** the children jumped over the wall; **saltó de** o **desde una ventana** she jumped out of o from a window; **Bubka fue el primero en ~ por encima de los 6 metros** Bubka was the first person to clear 6 metres; ~ **de alegría** to jump for joy; ~ **a la cuerda** o Esp **comba** to skip; ~ **en paracaídas** to parachute; ~ **al río** to jump into the river; ~ **a tierra** to jump to the ground; ~ **del** o **desde el trampolín** to dive off the springboard; ~ **al vacío** to leap into space; **los jugadores saltan al campo** the players are coming out onto the field; ~ **de un tema a otro** to jump (around) from one subject to another; **saltábamos de la euforia al desánimo** our mood was swinging backwards and forwards between euphoria and dejection; ~ **sobre algo/alguien** *(abalanzarse)* to jump on sth/sb; EXPR Fam RP ~ **en una pata** to be over the moon

-2. *(levantarse de repente)* to jump up; ~ **de la silla/cama** to jump out of one's seat/out of bed

-3. *(salir disparado) (objeto)* to jump, to shoot; *(corcho, válvula)* to pop out; *(botón)* to pop off; *(aceite)* to spurt; *(esquirlas, astillas, chispas)* to fly

-4. *(explotar)* to explode, to blow up; **el automóvil saltó por los aires** the car was blown into the air; **han saltado los plomos** o CSur **tapones** the fuses have blown

-5. *(romperse)* to crack; **fregando los platos me saltó un vaso** I broke one of the glasses when I was doing the washing-up

-6. *(decir inesperadamente)* "de eso nada", saltó ella "no way," she blurted out; ~ **con** to suddenly come out with; **saltó con una impertinencia** he suddenly came out with an impertinent remark; **cuando le pasaron la factura saltó con que no tenía dinero** when they gave her the bill, she suddenly said she didn't have any money

-7. *(reaccionar bruscamente)* to explode; ~ **a la mínima** to be quick to lose one's temper

-8. *(alarma)* to go off; *(botón)* to jump out; *(mecanismo, termostato, interruptor)* to activate; **hacer ~ la alarma** to set off the alarm

-9. *(agua, cascada)* ~ **por** to gush down, to pour down

-10. *(venir)* **me salta a la memoria aquel momento inolvidable cuando...** that unforgettable moment springs to mind, when...

-11. EXPR **está a la que salta** *(para aprovechar ocasión)* she's always on the lookout; *(para señalar error ajeno)* she never misses a chance to criticize

◆ **saltarse** vpr **-1.** *(omitir) (intencionadamente)* to skip, to miss out; *(accidentalmente)* to miss out; **ese trozo saltátelo, que es muy aburrido** miss that bit out o skip that bit, it's very boring; **nos saltamos el desayuno** we skipped breakfast, we didn't have any breakfast

-2. *(salir despedido)* to pop off; **se me ha saltado un botón** one of my buttons has popped off; **se le saltaban las lágrimas** tears were welling up in her eyes

-3. *(no respetar) (cola, semáforo)* to jump; *(señal de stop)* to drive straight past; *(ley, normas)* to break

-4. Fam INFORMÁT **saltarse la protección de un programa** to break a program's protection, to crack a program

saltarín, -ina ◇ adj fidgety

◇ nm,f fidget

salteado, -a adj **-1.** *(sofrito)* sautéed **-2.** *(espaciado)* **en días salteados** every other day; **se sentaron en pupitres salteados** they sat at alternate desks

salteador, -ora nm,f ~ **(de caminos)** highwayman, highway robber

saltear ◇ vt **-1.** *(asaltar)* to rob **-2.** *(sofreír)* to sauté

◆ **saltearse** vpr RP *(intencionadamente)* to skip, to miss out; *(accidentalmente)* to miss out; **están peleados, ¿no viste que al saludar se lo salteó?** they've fallen out, didn't you see how she missed him out when she was saying hello to everybody?; **siempre se saltea alguna línea, por eso las cuentas le dan mal** he always misses out a line or two, that's why he's no good at keeping accounts

salteño, -a ◇ adj **-1.** *(en Argentina)* of/from Salta *(Argentina)* **-2.** *(en Uruguay)* of/from Salto *(Uruguay)*

◇ nm,f **-1.** *(en Argentina)* person from Salta *(Argentina)* **-2.** *(en Uruguay)* person from Salto *(Uruguay)*

salterio nm **-1.** REL *(de salmos)* psalter **-2.** MÚS psaltery

saltillense ◇ adj of/from Saltillo *(Mexico)*

◇ nmf person from Saltillo *(Mexico)*

saltimbanqui nmf **-1.** *(artista)* acrobat **-2.** Fam *(persona inquieta)* **este niño es un saltimbanqui** the boy has got ants in his pants, the boy can't keep still for a moment

salto nm **-1.** *(brinco)* jump; *(grande)* leap; *(al agua)* dive; **cruzó la grieta de un ~** he jumped across the crevice; **dar** o **pegar un ~** to jump; *(grande)* to leap; **dar saltos de alegría** o **contento** to jump for joy; **cuando se enteró de la noticia pegó un ~ de alegría** when she heard the news she was absolutely thrilled; **el corazón le dio un ~ cuando escuchó el disparo** her heart skipped a beat when she heard the shot; **la empresa ha decidido dar el ~ a Internet** the company has decided to go on line; EXPR **vivir a ~ de mata** to live from one day to the next ❏ Am ~ **alto** high jump; ~ **de altura** high jump; ~ **del ángel** swallow dive; ~ **entre dos** *(en baloncesto)* jump ball; **saltos de esquí** ski jumping; Am ~ **con garrocha** pole vault; ~ **inicial** *(en baloncesto)* tip-off; Am ~ **largo** long jump; ~ **de longitud** long jump; ~ **mortal** somersault; ~ **en paracaídas** parachute jump; ~ **con pértiga** pole vault

-2. *(omisión)* gap; **en este texto hay un ~ de varios párrafos** there are several paragraphs missing from this text

-3. *(progreso)* leap forward; **el nuevo modelo supone un significativo ~ cualitativo** this model represents a significant qualitative leap forward; **con esta victoria el equipo da un ~ importantísimo** this victory is a big leap forward for the team; **un ~ hacia atrás** a major step backwards; **finalmente dio el ~ a la fama** he finally made his big breakthrough

-4. *(despeñadero)* precipice ❏ ~ **de agua** waterfall; GEOL ~ **de falla** fault plane

-5. *(prenda)* ~ **de cama** *(liviano)* négligée

-6. INFORMÁT ~ **hipertextual** hypertext link; ~ **de línea automática** wordwrap; ~ **de página** page break

saltón, -ona adj **-1.** *(ojos)* bulging; **dientes saltones** buckteeth **-2.** Chile, Col *(medio crudo)* half-cooked

salubre adj healthy

salubridad nf healthiness

salud nf **-1.** *(de ser vivo)* health; **su estado de ~ no le permite viajar** his state of health does not allow him to travel; **el sistema de ~ de un país** a country's health system; **estar bien/mal de ~** to be well/unwell; **beber** o **brindar a la ~ de alguien** to drink to sb's health; **tiene una ~ de hierro** she has an iron constitution ❏ ~ **mental** mental health; ~ **pública** public health

-2. *(de nación, democracia)* health; **el sistema goza de un buen estado de ~** the system is in excellent health

◇ interj *(para brindar)* cheers!; Am *(después de estornudar)* bless you!; **¡~, camaradas!** greetings, comrades!

saluda nm = type of unsigned note written on a standard form for communicating with officials

saludable adj **-1.** *(sano)* healthy **-2.** *(beneficioso)* beneficial

saludar ◇ vt **-1.** *(por cortesía)* to greet; **ni siquiera nos saludó** she didn't even say hello (to us); **me saludó con la mano** he waved to me (in greeting); **saluda a Ana de mi parte** give my regards to Ana; **le saluda atentamente** *(en carta)* yours faithfully; **siempre que vamos a Lima pasamos a saludarlos** whenever we go to Lima we drop in to say hello; **tuvo que salir a ~ al público varias veces** he had to come back on stage to take a bow several times

-2. *(soldado, policía)* to salute

-3. *(acoger favorablemente)* to welcome; **los sindicatos saludaron el acuerdo como una victoria de los trabajadores** the unions hailed the agreement as a victory for the workers

◇ vi to say hello; **salió a ~ varias veces** she came on stage to take a bow several times

◆ **saludarse** vpr to greet one another; **ni siquiera se saludan** they don't even acknowledge each other

saludes nfpl Andes, CAm, Méx *(saludos)* greetings

saludo nm **-1.** *(por cortesía)* greeting; **Ana te manda saludos** *(en carta)* Ana sends you her regards; *(al teléfono)* Ana says hello; **dale saludos de mi parte** give her my regards; **saludos a Aitana** say hello to Aitana for me; **un ~ afectuoso** *(en cartas) (si se desconoce el nombre del destinatario)* yours faithfully; *(si se conoce el nombre del destinatario)* yours sincerely; **saludos (cordiales)** *(en cartas)* best wishes o regards; **me ha retirado el ~** she's not speaking to me

-2. *(de soldado, policía)* salute

salutación nf greeting

salva nf *(de cañonazos)* salvo; **fue recibido con la tradicional ~ de 21 cañonazos** he was received with the traditional 21-gun salute; **una ~ de aplausos** a round of applause

salvación nf **-1.** *(remedio, solución)* **no tener ~** to be beyond hope; **las lluvias fueron la ~ de los agricultores** the rains were the farmers' salvation **-2.** REL salvation

salvada nf PRico Fam good fortune o luck

salvado nm bran

Salvador nm **-1.** REL **el ~** the Saviour **-2.** *(país)* **El ~** El Salvador

salvador, -ora ◇ adj saving; **una medida salvadora** a saving measure

◇ nm,f *(persona)* saviour; **fue el ~ de la empresa** he was the white knight who saved the company

salvadoreño, -a ◇ adj Salvadoran

◇ nm,f Salvadoran

salvaguarda = salvaguardia

salvaguardar vt to safeguard

salvaguardia, salvaguarda nf **-1.** *(defensa)* protection **-2.** *(salvoconducto)* safe-conduct, pass

salvajada nf **-1.** *(acción) (en guerra)* atrocity; **las salvajadas cometidas por las tropas** the atrocities committed by the troops; **el despido de tantos trabajadores ha sido una ~** it was outrageous to sack all those workers **-2.** *(dicho)* **¡menuda ~!** what a terrible thing to say!; **su discurso estaba lleno de salvajadas racistas** his speech was full of racist abuse

salvaje ◇ adj **-1.** *(animal)* wild **-2.** *(planta, terreno)* wild **-3.** *(pueblo, tribu)* savage **-4.** *(cruel, brutal)* brutal, savage; **se escuchó una explosión ~** there was a massive explosion; **el capitalismo ~** ruthless capitalism **-5.** *(incontrolado)* **acampada ~** unauthorized camping; **una huelga ~** an unofficial strike, a wildcat strike; **vertidos salvajes** illegal dumping

◇ nmf **-1.** *(primitivo)* savage

-2. *(bruto)* brute; **unos salvajes prendieron**

salvajismo fuego a un inmigrante some inhuman brutes set fire to an immigrant; **la salvaje de tu hermana ha suspendido todas las asignaturas** your thick sister has failed every subject; **es un ~, se comió un pollo él sólo** he's an animal, he ate a whole chicken by himself; **eres un ~, ¿cómo tratas así a tu madre?** you're a monster, how can you treat your mother like that?

salvajismo nm **-1.** (de pueblo, tribu) savagery **-2.** (brutalidad) brutality; **el ~ de los hinchas futbolísticos** the barbaric behaviour of the football fans

salvamanteles nm inv (plano) table mat; (con pies) trivet

salvamento nm rescue; **equipo de ~** rescue team ❑ **~ marítimo** sea rescue

salvapantallas nm inv INFORMÁT screensaver

salvar ◇ vt **-1.** (librar de peligro) to save; **nos salvó del peligro** he saved us from danger; **la subvención los salvó de la ruina** the subsidy saved them from ruin; **el portero salvó el gol en el último instante** the goalkeeper saved the goal at the last moment; **me has salvado de tener que ir a visitarla** you've saved me from having to go and visit her
 -2. (rescatar) to rescue; **salvaron todo lo que pudieron del edificio en llamas** they rescued all they could from the blazing building
 -3. (superar) (dificultad) to overcome; (obstáculo) to go over o around; **el caballo salvó el foso de un salto** the horse jumped (across) the ditch; **un puente salva la distancia entre las dos orillas** a bridge spans the river; **la atleta salvó los 2 metros** the athlete cleared 2 metres
 -4. (recorrer) to cover; **salvaron la distancia entre las dos ciudades en tres días** they covered the distance between the two cities in three days
 -5. (exceptuar) **salvando algunos detalles** except for a few details; **salvando las distancias** allowing for the obvious differences
 -6. REL to save
 -7. Urug (aprobar) to pass

◆ **salvarse** vpr **-1.** (librarse) to escape; **la biblioteca se salvó del incendio** the library escaped being destroyed by the fire; **se salvó de morir ahogado** he escaped drowning; **se salvó gracias a que llevaba paracaídas** he survived because he was wearing a parachute; **no te vas a ~ de tener que limpiar** you won't get out of having to clean up; EXPR **sálvese quien pueda** every man for himself
 -2. (exceptuarse) **sus amigos son inaguantables, ella es la única que se salva** her friends are unbearable, she's the only one who's OK
 -3. REL to be saved

salvataje nm Andes, RP rescue

salvavidas ◇ adj inv **bote ~** lifeboat; **chaleco ~** life jacket
◇ nm inv **-1.** (chaleco) life jacket **-2.** (flotador) life belt
◇ nmf inv RP lifeguard

salve¹ interj hail!

salve² nf = prayer or hymn to the Virgin Mary

salvedad nf exception; **hacer una ~** to make an exception; **vinó toda la familia, con la ~ de la abuela** the whole family came, with the exception of the grandmother; **es el mismo modelo, con la ~ de que ahora funciona con diésel** it's the same model, except that this one runs on diesel

salvelino nm (pez) char

salvia nf sage

salvo¹ prep except; **todos, ~ los enfermos** everyone except (for) the sick; **~ ella, nadie más conocía el camino** apart from her, nobody else knew the way, nobody knew the way except for her; **~ que llueva** unless it rains; **~ que estés ocupado, ¿por qué no vienes a visitarnos?** if you're not busy, why don't you come and visit us?; **~ error u omisión** errors and omissions excepted

salvo²,-a ◇ adj **sano y ~** safe and sound
◇ nm **estar a ~** to be safe; **los marineros se encuentran ya a ~ en tierra firme** the sailors are now safely back on land; **poner algo a ~** to put sth in a safe place; **poner a alguien a ~** to lead sb to safety; **ponerse a ~** to reach safety

salvoconducto nm safe-conduct, pass

Salzburgo [sals'βurgo] n Salzburg

samán nm Col, Ven rain-tree

Samarcanda n Samarkand

samario nm QUÍM samarium

samaritano, -a ◇ adj Samaritan
◇ nm,f Samaritan; **el buen ~** the Good Samaritan

samba nf samba

sambayón nm RP zabaglione

sambenito nm Fam **poner** o **colgar a alguien el ~ de borracho/tacaño** to brand sb a drunk/a miser; **intenta quitarse el ~ de corrupto** he is trying to shake off his reputation as a crook; **desde hace tiempo arrastra el ~ de vago** for a long time he has had the reputation of being a layabout

sambumbia nf Méx (de piña) = cordial made from pineapple and sugar

samoano, -a ◇ adj Samoan
◇ nm,f (persona) Samoan
◇ nm (lengua) Samoan

Samoa Occidental n Western Samoa

samovar nm samovar

samoyedo, -a ◇ adj **-1.** (pueblo) Samoyedic **-2. perro ~** Samoyed
◇ nm,f Samoyed

sampablera nf Ven Fam uproar

sampán nm sampan

sampleado nm MÚS sampling

samplear vt MÚS to sample

sámpler nm MÚS sampler

samurái (pl **samuráis**) nm samurai

san¹ adj

> **santo** is shortened to **san** when it comes before a man's name, except before the names Domingo, Tomás, Tomé and Toribio.

Saint ❑ Urug **San Antonio** (mariquita) Br ladybird, US ladybug; **San Bernardo** (perro) Saint Bernard; **San Cristóbal y Nieves** (federación) Saint Kitts and Nevis; **San Francisco** (ciudad) San Francisco; **San José** (santo) Saint Joseph; (de Costa Rica) San José; Andes, Méx **San Lunes** = imaginary saint's day cited as an excuse for not going to work on Monday; **estaba festejando el San Lunes** he had a bad attack of lazyitis and didn't go to work on Monday; **San Marino** San Marino; RP **San Pablo** (ciudad) São Paulo; **San Petersburgo** Saint Petersburg; **San Salvador** San Salvador

san² nm Ven = popular savings scheme

Sana n Sanaa

sanable adj curable

sanador, -ora nm,f healer

sanamente adv (con sinceridad) sincerely, earnestly

sanar ◇ vt (persona) to cure; (herida) to heal
◇ vi (persona) to get better; (herida) to heal

sanata nf Arg Fam **-1.** (cantinela) yarn **-2.** (mentira) lie

sanatorio nm **-1.** (para tratamientos largos) sanatorium ❑ **~ psiquiátrico** psychiatric hospital **-2.** RP (hospital) private clinic, private hospital

sanción nf **-1.** (multa) fine; **la ~ por desobedecer el reglamento** the penalty for breaking the rules; **imponer sanciones (económicas) a** (a un país) to impose (economic) sanctions on; DEP **le han impuesto una ~ de un partido** he has been suspended o banned for one game **-2.** (aprobación) approval; **el parlamento dio su ~ al proyecto** parliament approved the plan

sancionable adj punishable; **una falta ~ con penalti** a penalty offence; **un delito ~ con la pena de...** an offence punishable by...

sancionar vt **-1.** (multar) to fine; (a un país) to impose sanctions on; **lo sancionaron con una multa** they fined him; **lo sancionaron por desobedecer el reglamento** he was punished for breaking the rules; DEP **le han sancionado con tres partidos de suspensión** he has been suspended o banned for three games **-2.** (aprobar) to approve, to sanction

sancochar vt (cocer) to parboil

sancocho nm **-1.** Andes (comida) = stew of beef, chicken or fish, vegetables and green bananas **-2.** RP Fam (chapucería) hash, mess

sanctasanctórum nm **-1.** (lugar) sanctum **-2.** (en Biblia) holy of holies

sanctus ['santus] nm inv REL Sanctus

sandalia nf sandal

sándalo nm sandalwood

sandez nf silly thing; **decir sandeces** to talk nonsense

sandía nf watermelon

sandial, sandiar nm watermelon field/patch

sandinismo nm Sandinista movement

sandinista ◇ adj Sandinista
◇ nmf Sandinista

sánduche, sánguche nm **-1.** (con pan de molde) (sin tostar) sandwich; (tostado) toasted sandwich ❑ **~ mixto** cheese and ham sandwich; Urug **~ olímpico** = giant cheese and ham sandwich with salad, olives and egg **-2.** Am (con pan de barra) sandwich (made with French bread)

sandunga nf **-1.** Fam (gracia) wit; (garbo) verve; **le echa mucha ~ al baile** she dances with great verve **-2.** Méx (baile) = type of Mexican dance

sandunguero, -a adj Fam (gracioso) witty; (garboso) vivacious

sándwich ['sanwitʃ, 'sanwis] (pl **sándwiches**) nm **-1.** (con pan de molde) (sin tostar) sandwich; (tostado) toasted sandwich ❑ **~ mixto** cheese and ham sandwich **-2.** Am (con pan de barra) sandwich (made with French bread) **-3.** Urug (feriado) = long weekend created when a holiday falls on a Tuesday or Thursday, and the working day in between is made a holiday too

sandwichera [sanwi'tʃera] nf toasted sandwich maker

sandwichería nf sandwich bar

saneado, -a adj **-1.** (amortizado) (totalmente) written off; (parcialmente) written down **-2.** (economía) sound, healthy; (cuenta) regularized

saneamiento nm **-1.** (limpieza) (de tierras) drainage; (de edificio) disinfection **-2.** (fontanería) plumbing; **artículos de ~** bathroom furniture **-3.** (de río) clean-up **-4.** (de activos) (amortización total) write-off; (reconocimiento de minusvalías) write-down **-5.** (de moneda) stabilization; (de economía) refloating; (de empresa) turnaround; (de cuenta) regularization; **el ~ de las cuentas públicas** the reform o restructuring of public finances

sanear vt **-1.** (higienizar) (tierras) to drain; (edificio) to disinfect **-2.** (río) to clean up **-3.** (amortizar totalmente) to write off; (reconocer minusvalías) to write down **-4.** (moneda) to stabilize; (economía) to refloat; (empresa) to turn around; (cuenta) to regularize; **~ las cuentas públicas** to reform o restructure public finances

sanedrín nm HIST Sanhedrin

sanfermines nmpl = festival held in Pamplona in July during which bulls are run through the streets of the town

---

SANFERMINES

The **sanfermines** of Pamplona, celebrations in honour of the local martyr Saint Fermín, are one of the most widely known of Spanish festivals, in no small part due to their being immortalized by Hemingway in "The Sun Also Rises" (1926). For a week on or around the feast of Saint Fermín (7 July) the people of Pamplona and visitors throw themselves wholeheartedly into non-stop celebration. The most eagerly awaited event, apart from the afternoon bullfights themselves, is the "encierro", the legendary "running of the bulls" at daybreak, where bulls are let loose to run through the city streets on the way to the bullring, pursuing crowds of local and visiting men who try to outrun them. During the three minutes or so of the run there is constant danger that runners (especially inexperienced ones) might be injured, even fatally, and over the years there have been more than a dozen fatalities, and hundreds of runners have been gored. Yet the running of the bulls goes on year after year, offering a unique opportunity for those so inclined to test their nerve and swiftness of foot.

sanforizado, -a Am ◇ adj Sanforized®
◇ nm = Sanforizing® process
sangrado nm IMPRENTA indentation
sangrante adj -1. (herida) bleeding -2. (situación, injusticia) shameful, outrageous
sangrar ◇ vi to bleed; **me sangra la nariz** my nose is bleeding
◇ vt -1. (sacar sangre a) to bleed -2. (árbol) to tap -3. Fam (robar) to bleed dry -4. IMPRENTA to indent
sangre nf -1. (fluido) blood; **una camisa manchada de ~** a bloodstained shirt; **te está saliendo ~** you're bleeding; **la ~ de Cristo** (en Misa) the blood of Christ; **animales de ~ caliente/fría** warm-blooded/cold-blooded animals; **ha corrido mucha ~ en este conflicto** there has been a lot of bloodshed in this conflict; **dar** o **donar ~** to give blood; **echar ~** (sangrar) to bleed; **echaba ~** o **le salía ~ por la boca/la nariz** her mouth/nose was bleeding; **hacer ~ (a alguien)** to draw (sb's) blood; **me he hecho ~ en el dedo** I've cut my finger; **arrasaron el pueblo a ~ y fuego** they brutally razed the village to the ground; EXPR Fam **chupar la ~ a alguien** to bleed sb dry; EXPR **~, sudor y lágrimas: me costó ~, sudor y lágrimas terminarlo** I sweated blood to get it finished; EXPR **dar la ~ por algo/alguien** (morir) to give one's life for sth/sb; EXPR **encender la ~ a alguien** to make sb's blood boil; EXPR **hacerse mala ~ (por algo)** to get worked up (about sth); EXPR **se me/le**/etc **heló la ~ en las venas** my/his/her/etc blood ran cold; EXPR **hervir la ~: me hierve la ~ cuando veo estas cosas** it makes my blood boil when I see things like that; EXPR **no llegó la ~ al río** it didn't get too nasty; EXPR **llevar** o Am **tener** o Am **traer algo en la ~** to have sth in one's blood; EXPR RP **con la ~ en el ojo** full of rancour; EXPR Fam **quemar la ~ a alguien** to make sb's blood boil; EXPR Fam **se le subió la ~ a la cabeza** he saw red; EXPR **sudar ~** to sweat blood; EXPR **tener la ~ caliente** to be hot-blooded; EXPR **tener ~ de horchata** (ser tranquilo) to be as cool as a cucumber; (ser demasiado frío) to have a heart of stone; EXPR Fam **tener mala ~** to be malicious; EXPR **no tiene ~ en las venas** he's got no life in him; EXPR **la ~ tira (mucho)** blood is thicker than water ❑ **~ azul** blue blood; **~ fría** sangfroid; **a ~ fría** in cold blood
-2. (linaje) blood; **gentes de ~ noble/real** people with noble/royal blood; **ser de la misma ~** (familiares) to be from the same family
sangría nf -1. (bebida) sangria -2. (matanza) bloodbath -3. (ruina) drain; **los continuos accidentes laborales son una ~ para la empresa** the constant accidents among its employees are a drain on the company's resources -4. MED bloodletting -5. IMPRENTA indentation
sangriento, -a adj -1. (ensangrentado, cruento) bloody -2. (despiadado, hiriente) cruel
sangriligero, -a adj CAm,Col,Méx Fam (persona) nice
sangripesado, -a, sangrón, -ona adj CAm, Col, Méx Fam (persona) nasty
sanguaraña nf -1. (baile) = Peruvian folk dance -2. Ecuad, Perú (rodeo) **sanguarañas** evasiveness; **hablar sin sanguarañas** to come straight to the point
sánguche = sánduche

sanguijuela nf -1. (gusano) leech -2. Fam (persona) leech
sanguina nf -1. (para dibujar) red chalk -2. (naranja) blood orange
sanguinario, -a adj bloodthirsty
sanguíneo, -a adj blood; **presión sanguínea** blood pressure
sanguinero nm buckthorn
sanguinolento, -a adj -1. (que echa sangre) bleeding -2. (bañado en sangre) bloody; (manchado de sangre) bloodstained -3. (ojos) bloodshot
sanidad nf -1. (salubridad) health, healthiness -2. **~ (pública)** (sistema) public health service; **los gastos en ~** public health spending ❑ **~ privada** private health care -3. (ministerio) **Sanidad** Department of Health
sanitario, -a ◇ adj health; **política sanitaria** health policy; **personal ~** health workers; **reforma sanitaria** reform of the health care system
◇ nm,f -1. (auxiliar) health (care) worker; **un ~ de la Cruz Roja** a Red Cross worker -2. RP (plomero) plumber
◇ nm -1. (retrete) toilet, US bathroom -2. **sanitarios** (bañera, lavabo, retrete) bathroom furniture
sanjacobo nm = two slices of steak or ham with a slice of cheese in between, fried in breadcrumbs
sanjuanino, -a ◇ adj of/from San Juan (Argentina)
◇ nm,f person from San Juan (Argentina)
sano, -a adj -1. (no enfermo) healthy; **tiene una corazón muy ~** he has a very healthy heart -2. (saludable) healthy; **un ejercicio/clima muy ~** a very healthy exercise/climate; **hacer vida sana** to have a healthy lifestyle -3. (positivo) (principios, persona) sound; (ambiente, educación) healthy, wholesome; **una diversión sana** a healthy pastime; **un ambiente familiar muy ~** a very healthy home environment
-4. (entero) intact, undamaged; **no quedó ni un vaso ~** not a glass was left unbroken o undamaged; **~ y salvo** safe and sound
sansalvadoreño, -a ◇ adj of/from San Salvador
◇ nm,f person from San Salvador
sánscrito, -a ◇ adj Sanskrit
◇ nm Sanskrit
sanseacabó interj Fam that's an end to it!; **he dicho que no y ~** I said no, and that's final o that's that
Sansón n pr Samson
sansón nm **es un ~** he's as strong as an ox
santabárbara nf magazine (on ship)
santafecino, -a, santafesino, -a ◇ adj of/from Santa Fe (Argentina)
◇ nm,f person from Santa Fe (Argentina)
santanderino, -a ◇ adj of/from Santander (Spain)
◇ nm,f person from Santander (Spain)
santería nf -1. (beatería) sanctimoniousness -2. (religión) santería, = Afro-Cuban religion -3. Am (tienda) = shop selling religious mementos such as statues of saints

SANTERÍA

On Cuban plantations, African slaves (mostly of the Yoruba tribe) were banned from practising their own religion, so devised a way to worship their gods ("orishas") by giving them the names of Christian saints. For example, they changed the name of the thunder god "Changó" to "Santa Bárbara", and "Ochún", the goddess of love, was identified with "la Virgen de la Caridad del Cobre", Cuba's offical Catholic patron. Despite the disapproval of the Catholic authorities, **santería** (as this "saint worship" is known) and its rituals have survived into the present, with some forms even becoming a tourist attraction.

santero, -a nm,f -1. (en ermita, santuario) = caretaker of a hermitage/shrine -2. (curandero) = faith healer who calls on the saints to assist with the healing process
Santiago[1] n pr St James

Santiago[2] n **~ de Chile** Santiago; **~ de Compostela** Santiago de Compostela
santiaguense adj, nmf = santiaguero
santiaguero, -a ◇ adj of/from Santiago de Cuba
◇ nm,f person from Santiago de Cuba
santiagueño, -a ◇ adj of/from Santiago del Estero (Argentina)
◇ nm,f person from Santiago del Estero (Argentina)
santiagués, -esa ◇ adj of/from Santiago de Compostela (Spain)
◇ nm,f person from Santiago de Compostela (Spain)
santiaguino, -a ◇ adj of/from Santiago (de Chile)
◇ nm,f person from Santiago (de Chile)
santiamén nm Fam **en un ~** in a flash
santidad nf -1. (cualidad) saintliness, holiness -2. **Su Santidad** (el Papa) His Holiness
santificación nf sanctification
santificar [59] vt REL -1. (consagrar) to sanctify; **santificado sea tu nombre** (en Padrenuestro) hallowed be thy name -2. (respetar) **~ las fiestas** to observe feast days
santiguarse [11] vpr to cross oneself
santo, -a ◇ adj -1. (sagrado) holy ❑ **el Santo Adveniminento** the Second Coming; HIST **la Santa Alianza** the Holy Alliance; **la santa cena** the Last Supper; **el Santo Grial** the Holy Grail; **los Santos Inocentes** the Holy Innocents; **los santos lugares** the holy places; **la Santa Madre Iglesia** the Holy Mother Church; **el Santo Oficio** the Holy Office; **el Santo Padre** the Holy Father; Am **~ patrono** patron saint; **los santos sacramentos** the Sacraments; **la Santa Sede** the Holy See
-2. (virtuoso) saintly; **su padre era un ~ varón** her father was a saintly man
-3. (antes de nombre propio) **Santa Claus** Santa Claus; Méx, Ven **Santa Clos** Santa Claus; **Santa María** Saint Mary; **Santo Tomás** Saint Thomas
-4. (en nombres geográficos) **Santo Domingo** Santo Domingo; **Santa Elena** Saint Helena; **Santo Tomé** São Tomé; **Santo Tomé y Príncipe** São Tomé and Príncipe
-5. **santa Rita** (planta) bougainvillea
-6. Fam (dichoso, maldito) damn; **todo el ~ día** all day long; **el teléfono lleva sonando toda la santa mañana** the damn phone hasn't stopped ringing all morning; **no paró de nevar en todo el ~ día** it went on snowing all day long; **él siempre hace su santa voluntad** he always does whatever he damn well likes
-7. Fam (beneficioso) miraculous; **esta infusión es cosa santa** this herbal tea works wonders
◇ nm,f saint; **su madre era una santa** her mother was a saint ❑ **~ patrón** patron saint; **santa patrona** patron saint
◇ nm -1. (onomástica) saint's day; **hoy es su ~** it's his saint's day today
-2. Fam (ilustración) illustration
-3. (contraseña) **~ y seña** password
-4. Chile (parche) patch
-5. EXPR **¿a ~ de qué?** why on earth?, for what earthly reason?; **¿a ~ de qué me llamas a casa?** why on earth are you calling me at home?; **desnudar a un ~ para vestir a otro** to rob Peter to pay Paul; **se le fue el ~ al cielo** he completely forgot; **llegar y besar el ~: fue llegar y besar el ~, nos dieron el permiso a los dos días** it couldn't have been easier, we got the licence within two days; **fue llegar y besar el ~, marcó a los dos minutos de su debut** he was an instant success, he scored within two minutes of his debut; **no es ~ de mi devoción** he's not my cup of tea; **¡por todos los santos!** for heaven's sake!; **quedarse para vestir santos** to be left on the shelf; **tener el ~ de cara** to have luck on one's side
santón nm -1. REL holy man -2. (persona influyente) guru

santoral *nm* **-1.** *(libro)* = book containing lives of saints **-2.** *(onomásticas)* = list of saints' days

santuario *nm* **-1.** *(templo)* shrine **-2.** *(lugar venerable)* holy place **-3.** *(de animales)* sanctuary **-4.** *(de exiliados, terroristas)* refuge **-5.** *Col (tesoro)* buried treasure

santurrón, -ona *Pey* ◇ *adj* sanctimonious
◇ *nm,f* sanctimonious person; **ser un ~** to be sanctimonious

santurronería *nf Pey* sanctimoniousness

saña *nf* viciousness, malice; **con ~** viciously, maliciously

sañudo, -a *adj* vicious, malicious

sao *nm Cuba (sabana)* = small savannah with clusters of trees or bushes

São Paulo *n* São Paulo

sapan *nm* sappanwood

sapear *vt Ven Fam* to snitch *o* rat on

sapelli *nm* sapele

sapiencia *nf* Formal knowledge

sapito *nm Urug* **hacer sapitos** *(juego)* to play ducks and drakes

sapo *nm* **-1.** *(anfibio)* toad; EXPR **echar sapos y culebras** to rant and rave; EXPR *RP* **estar** *o* **sentirse como** *o* **ser ~ de otro pozo** to be *o* feel like a fish out of water ❏ **~ partero** midwife toad **-2.** *Chile (suerte)* fluke, stroke of luck **-3.** *Pan Fam (canalla)* scoundrel, rascal **-4.** *Ven Fam (delator)* snitch, rat

sapolio *nm Perú* scouring powder

saque ◇ *ver* **sacar**
◇ *nm* **-1.** *(en fútbol)* **~ de banda** throw-in; **~ de centro** kick-off; **~ de esquina** corner (kick); **~ de fondo** goal kick; **~ de honor** = ceremonial kick-off by celebrity; **~ inicial** kick-off; *CSur* **~ lateral** throw-in; **~ de meta** goal kick; **~ neutral** drop ball; **~ de puerta** goal kick; *CSur* **~ de valla** goal kick **-2.** *(en rugby)* **~ de banda** line-out **-3.** *(en tenis, voleibol)* serve; **tener buen ~** to have a good serve **-4.** *Fam (apetito)* **tener buen ~** to have a hearty appetite

saqueador, -ora *nm,f* looter

saquear *vt* **-1.** *(ciudad, población)* to sack **-2.** *(tienda)* to loot; *Fam (nevera, armario)* to raid

saqueo *nm* **-1.** *(de ciudad)* sacking **-2.** *(de tienda)* looting; *Fam (de nevera, armario)* raiding

SAR [sar] *nm* (*abrev de* **Servicio Aéreo de Rescate**) = Spanish air rescue service

S.A.R. (*abrev de* **Su Alteza Real**) HRH

Sarajevo *n* Sarajevo

sarampión *nm* measles

sarao *nm* **-1.** *(fiesta)* party **-2.** *Fam (jaleo)* row, rumpus; **se armó un ~ enorme cuando llegó la policía** there was a huge ruckus when the police arrived

sarape, zarape *nm Guat, Méx* serape

sarasa *nm Fam Pey* queer, *US* fag

sarcasmo *nm* sarcasm

sarcásticamente *adv* sarcastically

sarcástico, -a ◇ *adj* sarcastic
◇ *nm,f* sarcastic person; **ser un ~** to be sarcastic

sarcófago *nm* sarcophagus

sarcoma *nm MED* sarcoma

sardana *nf* = traditional Catalan dance and music

sardina *nf* **-1.** *(pez)* sardine; EXPR **como sardinas en lata** packed like sardines **-2.** *ver también* **sardino**

sardinada *nf* barbecue of grilled sardines

sardinel *nm Col, Perú (bordillo) Br* kerb, *US* curb

sardinero, -a *adj* sardine; **barco ~** sardine fishing boat

sardino, -a *Col Fam* ◇ *adj* **-1.** *(joven)* wet behind the ears **-2.** *(novato)* green
◇ *nm,f* kid

sardo, -a ◇ *adj* Sardinian
◇ *nm,f (persona)* Sardinian
◇ *nm (lengua)* Sardinian

sardónico, -a *adj* sardonic

sarga *nf* **-1.** *(tela)* serge **-2.** *(para decorar)* wall hanging **-2.** *(arbusto)* willow

sargazo *nm* sargasso, gulfweed

Sargazos *nmpl* **el mar de los ~** the Sargasso Sea

sargenta = **sargentona**

sargentear *vi Fam* to boss people around; **él es muy simpático, pero ella no me cae nada bien, siempre está sargenteando** he's very nice but I don't like her, she's always bossing people around

sargento ◇ *nmf* **-1.** MIL sergeant ❏ **~ primero** *Br* staff sergeant, *US* sergeant-major **-2.** *Fam Pey (mandón)* dictator, little Hitler
◇ *nm (herramienta)* small clamp

sargentona, *Am* **sargenta** *nf Fam Pey* battle-axe, dragon

sari *nm* sari

sarmentoso, -a *adj* **tiene las manos sarmentosas** she has long and bony fingers

sarmiento *nm* vine shoot

sarna *nf* **-1.** *(en personas)* scabies; PROV **~ con gusto no pica** I'm/he's/etc more than happy to put up with it **-2.** *(en animales)* mange

sarnoso, -a ◇ *adj* **-1.** *(persona)* scabby **-2.** *(perro)* mangy
◇ *nm,f (persona)* scabies sufferer

sarpullido *nm* rash; **le ha salido un ~ en la espalda** her back has come out in a rash

sarraceno, -a HIST ◇ *adj* Saracen
◇ *nm,f* Saracen

Sarre *n* **-1. el ~** *(río)* the Saar **-2. el ~** *(región)* the Saarland

sarrio *nm* chamois

sarro *nm* **-1.** *(en dientes)* tartar **-2.** *(en tuberías)* scale, fur

sarta *nf (de objetos)* string; **una ~ de insultos/ mentiras** a string of insults/lies

sartal *nm Andes* string

sartén *nf, Am nm o nf* frying pan, *US* fry-pan; EXPR *Fam* **tener la ~ por el mango** to call the shots

sartorio *nm* ANAT sartorius

sastre, -a *nm,f* tailor

sastrería *nf* **-1.** *(oficio)* tailoring **-2.** *(taller)* tailor's (shop); *(en cine, teatro)* wardrobe (department)

Satanás, Satán *n* Satan

satanelo *nm* northern quoll

satánico, -a *adj* **-1.** *(de Satanás)* satanic **-2.** *(diabólico)* demonic

satanismo *nm* Satanism

satélite ◇ *adj inv* satellite; **las ciudades ~ de Barcelona** the towns around Barcelona; **estado ~** satellite (state)
◇ *nm* satellite ❏ **~ artificial** (artificial) satellite; **~ espía** spy satellite; **~ geoestacionario** geostationary satellite; **~ meteorológico** weather satellite; **~ de telecomunicaciones** telecommunications satellite

satén, *CAm, Méx* **satín** *nm* **-1.** *(tela) (de seda)* satin; *(de algodón)* sateen **-2.** *(árbol)* satinwood

satinado, -a ◇ *adj (papel)* glossy; *(tela)* satiny; *(pintura)* satin
◇ *nm (de papel)* glossy finish; *(de tela, pintura)* satin finish

satinar *vt (papel)* to give a glossy finish to; *(tela, pintura)* to give a satin finish to

sátira *nf* satire

satírico, -a ◇ *adj* satirical
◇ *nm,f* satirist

satirizar [14] *vt* to satirize

sátiro *nm* **-1.** MITOL satyr **-2.** *(lujurioso)* lecher **-3.** *RP (violador)* monster

satisfacción *nf* **-1.** *(agrado, gusto)* satisfaction; **espero que todo sea de su ~** *o* **esté a su ~** I hope everything is to your satisfaction; **ha sido una ~ poder ayudaros** I'm glad I've been able to help you; **me dio mucha ~** I found it very satisfying; **darle a alguien la ~ de hacer algo** to give sb the satisfaction of doing sth; **darse la ~ de hacer algo** to allow oneself the pleasure of doing sth; **nos mostró sus trofeos con ~** he took great pleasure in showing us his trophies; **sentir una gran ~ personal** to feel a sense of fulfilment *o* satisfaction
-2. *(de deseo)* fulfilment; **el viaje era la ~ de sus sueños** the trip was the fulfilment of her dreams
-3. *(de ofensa, daño)* satisfaction
-4. *(de deuda)* payment, settlement

satisfacer [33] ◇ *vt* **-1.** *(saciar)* to satisfy; **~ el hambre/la curiosidad** to satisfy one's hunger/curiosity; **~ la sed** to quench one's thirst; **satisfizo su sueño de viajar a Australia** he fulfilled his dream of travelling to Australia; **su explicación no nos satisfizo** we weren't satisfied with his explanation
-2. *(gustar, agradar)* to please; **me satisface anunciar...** I am pleased to announce...
-3. *(deuda)* to pay, to settle; *(pago)* to make
-4. *(ofensa, daño)* to redress
-5. *(duda, pregunta)* to answer
-6. *(cumplir) (requisitos, exigencias)* to meet; **un producto que satisface nuestras necesidades** a product which meets *o* satisfies our needs

◆ **satisfacerse** *vpr* **-1.** *(conformarse)* to be satisfied; **no se satisfacen con nada** nothing seems to satisfy them **-2.** *(de agravio)* to obtain satisfaction

satisfactoriamente *adv* satisfactorily

satisfactorio, -a *adj* **-1.** *(suficientemente bueno)* satisfactory **-2.** *(gratificante)* rewarding, satisfying

satisfago *etc ver* **satisfacer**

satisfecho, -a ◇ *participio ver* **satisfacer**
◇ *adj* **-1.** *(complacido, contento)* satisfied; **darse por ~** to be satisfied; **su explicación no me dejó ~** his explanation didn't satisfy me **-2.** *(saciado)* full; **estar** *o* **quedarse ~** *(de comida)* to be full; **dejar ~ a alguien** to satisfy sb; **tiene satisfechas todas sus necesidades** all his needs *o* requirements have been met *o* satisfied **-3.** *(orgulloso)* smug; **~ de sí mismo** self-satisfied

sátrapa *nm* **-1.** *(rico)* **vivir como un ~** to live like a lord **-2.** *(dictador)* dictator, little Hitler **-3.** HIST satrap

satsuma *nf* satsuma

saturación *nf* **-1.** QUÍM saturation; *Fig* **hasta la ~ ad nauseam -2.** *(de mercado, espacio aéreo)* saturation

saturado, -a *adj* **-1.** *(persona)* **estar ~ de trabajo** to be up to one's neck in work; **estoy ~ de comida** I've had as much as I can to eat; **estoy ~ de deporte en televisión** I've had my fill of TV sport **-2.** *(mercado, espacio aéreo)* saturated; **las líneas telefónicas están saturadas** the telephone lines are saturated; **el mercado está saturado de imitaciones** the market is saturated with imitations **-3.** QUÍM saturated (**de** with)

saturar ◇ *vt* **-1.** *(persona)* **ya me he saturado de cultura** I've had my fill of culture, I've had a bellyful of culture; **la cena me ha saturado** the dinner has left me full up **-2.** *(mercado, espacio aéreo)* to saturate **-3.** QUÍM to saturate

◆ **saturarse** *vpr* to become saturated (**de** with); **me he saturado de pasteles** I've stuffed myself with cakes; **el mercado se ha saturado de imitaciones** the market has been saturated *o* flooded with imitations

saturnal *adj* Saturnian

saturnino, -a *adj* MED lead

saturnismo *nm* MED lead poisoning

Saturno *n* Saturn

sauce *nm* willow ❏ **~ llorón** weeping willow

sauceda *nf,* **saucedal** *nm* willow grove

saúco *nm* elder(berry)

saudade *nf Literario* nostalgia

saudí (*pl* **saudíes**), **saudita** ◇ *adj* Saudi
◇ *nmf* Saudi

Saúl *n pr* Saul

sauna *nf, Am nm o nf* sauna; *Fam* **esto es una ~** it's like a sauna in here

saurio *nm* lizard

savia *nf* **-1.** *(de planta)* sap **-2.** *(vitalidad)* vitality; **~ nueva** new blood

sávila *nf Méx* aloe vera

savoir faire [saβuar'fer] *nm* savoir-faire

savora® *nf RP* Savora® mustard

saxífraga *nf* BOT saxifrage

saxo ◇ nm (instrumento) sax ❏ ~ **alto** alto sax; ~ **tenor** tenor sax
◇ nmf (persona) sax player ❏ ~ **alto** alto sax player; ~ **tenor** tenor sax player
saxofón, saxófono ◇ nm (instrumento) saxophone
◇ nmf (persona) saxophonist
saxofonista nmf saxophonist
saxófono = saxofón
saya nf Anticuado petticoat
sayal nm Anticuado sackcloth
sayo nm Anticuado smock
sazón ◇ nf **-1.** (madurez) ripeness; **en** ~ ripe **-2.** (sabor) seasoning, flavouring
◇ nm Am flair for cooking; **tener buen** ~ to be a great cook
◇ **a la sazón** loc adv then, at that time; **Blánquez, que a la** ~ **era presidente de la entidad,...** Blánquez, who was president of the organization at that time,...
sazonado, -a adj seasoned; **un plato** ~ **de especias** a dish seasoned with spices
sazonar vt to season; **sazonó su discurso de anécdotas** he peppered his speech with anecdotes
scalextric® [eska'lekstrik] nm **-1.** (cruce vial) Br spaghetti junction, = traffic interchange with several overpasses and underpasses **-2.** (juguete) Scalextric® set
schop [ʃop] (pl **schops**) nm CSur **-1.** (jarra) beer mug **-2.** (cerveza) (mug of) beer
schopería [ʃope'ria] nf CSur beer hall
scon, scone [es'kon] nm CSur scone
scooter [es'kuter] (pl **scooters**) nm (motor) scooter
Scotch® [es'kotʃ], **escoch** nm Andes, RP Br Sellotape®, US Scotch tape®
scout [es'kaut] (pl **scouts**) ◇ adj **un grupo** ~ a scout troop
◇ nmf (boy) scout, f girl guide
script [es'kript] (pl **scripts**) ◇ nm también INFORMÁT script
◇ nf script girl
scruchante [eskru'tʃante] nmf RP housebreaker
SCSI [es'kasi] INFORMÁT (abrev de **small computer system interface**) SCSI
SDRAM nf INFORMÁT (abrev de **synchronous dynamic random access memory**) SDRAM
SE (abrev de **Sudeste**) SE
S.E. (abrev de **Su Excelencia**) HE
se pron personal **-1.** (reflexivo) (de personas) (singular) himself, f herself; (plural) themselves; (usted mismo/misma) yourself; (ustedes mismos/mismas) yourselves; **se está lavando, está lavándose** he/she is washing (himself/herself); **se lavó los dientes** he/she cleaned his/her teeth; **se hizo una casa en la montaña** (él mismo) he built (himself) a house in the mountains; (mandó hacerla) he had a house built in the mountains
-2. (de cosas, animales) (singular) itself; (plural) themselves; **el perro se lame** the dog is licking itself; **se lame la herida** it's licking its wound
-3. (reflexivo impersonal) oneself, yourself; **uno se mira en el espejo y piensa...** one looks at oneself in the mirror and thinks...; you look at yourself in the mirror and think...; **hay que afeitarse todos los días** one has to shave every day, you have to shave every day
-4. (recíproco) each other, one another; **se aman** they love each other o one another; **se escriben cartas** they write to each other o one another; **se han enamorado** they have fallen in love (with each other o one another)
-5. (impersonal, con valor pasivo) **a esta oficina se viene a trabajar** you come to this office to work; **lo que se siente al perder un amigo** what you feel when you lose a friend; **se pasa muy bien en la universidad** university's great, it's great at university; **se empeñan en subir los impuestos** they insist on putting taxes up; **se espera mucho de él** a lot is expected of him; **¿cómo se dice juez en inglés?** how do you say "juez" in English?, what's the English for "juez"?;

en esta sociedad ya no se respeta a los ancianos in our society old people are no longer respected; **se ha suspendido la reunión** the meeting has been cancelled; **se dice que...** it is said that..., people say that...; **se prohíbe fumar** (en letrero) no smoking; **se habla español** (en letrero) Spanish spoken; **se busca cocinero** (en letrero) cook wanted; **se vende casa** (en letrero) house for sale; **rómpase en caso de incendio** (en letrero) break glass in the event of a fire
-6. (con verbos pronominales, con valor enfático) **¿a qué se refiere?** what is he referring to?; **se levantaron y se fueron** they got up and left; **se averió la máquina** the machine broke down; **todos se rieron** everyone laughed; **se lo bebió de un trago** she drank it down in one gulp; **espero que se diviertan** I hope they enjoy themselves
-7. (como complemento indirecto) (de personas) (singular) (to) him, f (to) her; (plural) (to) them; (a usted, ustedes) (to) you; **se lo dio** he gave it to him/her/etc; **se lo dije, pero no me hizo caso** I told him/her/etc but he/she/etc didn't listen; **si usted quiere, yo se lo arreglo en un minuto** if you like, I'll sort it out for you in a minute
-8. (como complemento indirecto) (de cosas, animales) (singular) (to) it; (plural) (to) them; **el gato tenía una herida en la pata, pero se la curamos** the cat had hurt its paw, but we cleaned the wound for it
sé -1. ver saber **-2.** ver ser
sebáceo, -a adj sebaceous
sebo nm **-1.** (grasa untuosa) grease **-2.** (para jabón, velas) tallow; EXPR RP Fam **hacer** ~ to laze around **-3.** (suciedad) grease **-4.** Chile (regalo) = christening present from godparents
seborrea nf seborrhoea; **un champú contra la** ~ a shampoo for greasy hair
seboso, -a adj **-1.** (grasiento) greasy, oily **-2.** (mugriento) greasy **-3.** Fam (gordo) tubby, podgy
secadero nm drying room
secado nm drying
secador nm **-1.** (aparato) dryer, drier; ~ **(de pelo)** hairdryer **-2.** CAm (trapo) tea towel
secadora nf **-1.** (de ropa) clothes dryer, tumble-drier **-2.** Méx (de pelo) hairdryer
secamanos nm inv (aparato) hand-drier
secamente adv (contestar) brusquely
secano nm (sistema) unirrigated o dry land; **cultivos de** ~ = crops suitable for unirrigated land
secante ◇ adj **-1.** (que seca) drying; **papel** ~ blotting paper **-2.** GEOM secant; **línea** ~ secant
◇ nf GEOM secant
◇ nmf DEP man marker
secar [59] ◇ vt **-1.** (platos, manos, niño) to dry; **el sol secó los campos** the sun parched the fields **-2.** (planta, tierra) to dry up **-3.** (enjugar) to wipe away; (con fregona) to mop up **-4.** DEP (jugador) to mark **-5.** RP Fam (fastidiar) to get on sb's nerves; **por favor, no me dejes sola con ella porque me seca** please don't leave me alone with her, she drives me up the wall
◇ vi to dry; **déjalo ahí a** ~ leave it there to dry
◆ **secarse** vpr **-1.** (planta, pozo) to dry up; **se ha secado el rotulador** the felt-tip pen has dried up; **se me ha secado la piel** my skin has got very dry **-2.** (vajilla, suelo, ropa) to dry; **nos secamos al sol** we dried off in the sunshine; **me sequé las manos en la toalla** I dried my hands with the towel
secarropas nf RP tumble-drier
sección nf **-1.** (parte) section; (departamento) department; **la** ~ **de discos** the record department ❏ ~ **de cuerda(s)** string section; ~ **de necrológicas** (en periódico) obituary section; ~ **rítmica** rhythm section; ~ **de viento(s)** wind section **-2.** (corte) section ❏ ~ **longitudinal** longitudinal section; ~ **transversal** cross-section **-3.** GEOM section **-4.** MIL section

seccional nf RP **-1.** (policial) police district, US police precinct **-2.** (gremial) section
seccionar vt **-1.** (cortar) to cut off; **la máquina le seccionó un dedo** the machine cut off one of his fingers **-2.** (dividir) to section
secesión nf secession
secesionismo nm secessionism
secesionista ◇ adj secessionist
◇ nmf secessionist
seco, -a ◇ adj **-1.** (ropa, lugar) dry; **el pantalón todavía no está** ~ the Br trousers o US pants aren't yet dry; **tiene la piel seca/el cabello** ~ she has dry skin/hair; **consérvese en un lugar** ~ (en etiqueta) keep in a dry place
-2. (higos, pasas) dried; **flores secas** dried flowers
-3. (clima, país) dry
-4. (marchito) withered
-5. (pozo, fuente) dry, dried up
-6. (persona, actitud) brusque (**con** to); **estuvo muy** ~ **con su madre** he was very short with his mother; **me contestó con un no** ~ she answered me with a curt "no"
-7. (flaco) thin, lean; **se está quedando** ~ he's getting skinny
-8. (vino, licor) dry
-9. (ruido) dull; (tos) dry; (voz) sharp; **un golpe** ~ a thud
-10. Fam (sediento) thirsty; **estar** ~ to be thirsty
-11. Fam (muerto) stone-dead; (pasmado) stunned; **dejar a alguien** ~ (matar) to kill sb stone-dead; (pasmar) to stun sb; RP Fam (agotar) to leave sb drained
-12. parar en ~ (bruscamente) to stop dead
◇ nm **-1.** Perú (guiso) = meat stew served with rice and a garlic, lemon and coriander sauce **-2.** Col (plato principal) main dish
◇ **a secas** loc adv simply, just; **llámame Juan a secas** just call me Juan; **no comas pan a secas** don't eat just bread
Secofi nf (abrev de **Secretaría de Comercio y Fomento Industrial**) SECOFI (Mexico's Ministry of Trade and Industry)
secoya = secuoya
secreción nf secretion
secreta nf **-1.** REL secret **-2.** Fam **la** ~ (policía) the secret police
secretamente adv secretly
secretar vt to secrete
secretaría nf **-1.** (oficina administrativa) secretary's office
-2. (organismo político) secretariat ❏ **Secretaría de Estado** (en España) = government department under the control of a Br junior minister o US under-secretary; (en Latinoamérica) ministry; (en Estados Unidos) State Department
-3. (cargo administrativo) post of secretary
-4. (cargo político) (en España) post of Br junior minister o US under-secretary; (en Latinoamérica) office of Br minister o US secretary; (en Estados Unidos) office of Secretary of State
secretariado nm **-1.** (estudios) secretarial skills; **estudia** ~ she's doing a secretarial course **-2.** (cargo) post of secretary **-3.** (organismo) secretariat
secretario, -a ◇ nm,f **-1.** (administrativo) secretary ❏ ~ **de dirección** secretary to the director; ~ **particular** private secretary; ~ **personal** personal assistant; ~ **de prensa** press secretary
-2. (político) (en Latinoamérica) Br minister, US secretary ❏ ~ **de embajada** embassy secretary; ~ **de Estado** (en España) Br junior minister, US under-secretary; (en Latinoamérica) Br minister, US secretary; (en Estados Unidos) Secretary of State; ~ **general** General Secretary
◇ nm secretary bird
secretear Fam ◇ vi to whisper, to talk secretively
◆ **secretearse** vpr to whisper, to talk secretively
secreteo nm Fam whispering
secreter nm bureau, writing desk
secretismo nm (excessive) secrecy

secreto, -a ◇ *adj* secret
◇ *nm* **-1.** *(noticia, información)* secret; **guardar un ~** to keep a secret; **mantener algo en ~** to keep sth secret; **ser un ~ a voces** to be an open secret; **no es ningún ~ que el país atraviesa una crisis** it's no secret that the country is going through a crisis; **la mecánica no tiene ningún ~ para él** mechanics holds no secrets for him ❑ **~ bancario** banking confidentiality; **~ de confesión** secrecy of the confessional; **~ de Estado** State secret; **~ profesional** professional secret; **~ sumarial** *o* **del sumario:** **decretar el ~ sumarial** *o* **del sumario** = to deny access to information relating to a judicial inquiry
-2. *(sigilo)* secrecy; **en ~** in secret; **me dijo en ~ que iba a divorciarse** she told me in secret that she was going to get divorced; **llevaban con mucho ~ los preparativos de la fiesta** they kept the preparations for the party very secret
secretor, -ora *adj* secretory
secta *nf* sect
sectario, -a ◇ *adj* sectarian
◇ *nm,f* **-1.** *(miembro de secta)* sect member **-2.** *(fanático)* fanatic
sectarismo *nm* sectarianism
sector *nm* **-1.** *(división)* section; **todos los sectores de la sociedad** the whole of society
-2. ECON sector, industry; **el líder del ~** the industry leader ❑ **~ cuaternario** leisure industries *o* sector; **~ exterior** foreign sector; **~ primario** primary sector; **~ privado** private sector; **~ público** public sector; **~ secundario** secondary sector; **~ servicios** service industries *o* sector; **~ terciario** service industries *o* sector
-3. *(zona)* sector, area; **en el ~ norte de la ciudad** in the northern area *o* part of the city
-4. GEOM sector
sectorial *adj* sectoral
secuaz *nmf Pey* minion
secuela *nf* consequence; **las secuelas del terremoto** the aftermath of the earthquake; **el accidente no le dejó secuelas** the accident didn't do him any permanent damage
secuencia *nf* **-1.** *(serie)* sequence **-2.** CINE sequence **-3.** MÚS sequence **-4.** INFORMÁT sequence
secuenciador *nm* **-1.** MÚS sequencer **-2.** INFORMÁT sequencer
secuencial *adj* sequential
secuenciar *vt* to arrange in sequence
secuestrado, -a ◇ *adj (raptado)* kidnapped; *(avión, barco, pasajero)* hijacked
◇ *nm,f* hostage
secuestrador, -ora *nm,f (de persona)* kidnapper; *(de avión, barco)* hijacker
secuestrar *vt* **-1.** *(raptar)* to kidnap; *(avión, barco)* to hijack **-2.** *(bienes, publicación)* to seize
secuestro *nm* **-1.** *(rapto)* kidnapping **-2.** *(de avión, barco)* hijack **-3.** *(de bienes, publicación)* seizure
secular *adj* **-1.** *(seglar)* secular, lay; **clero ~** secular clergy **-2.** *(centenario)* centuries-old, age-old
secularización *nf* secularization
secularizar [14] *vt* to secularize
sécula seculórum *loc adv* **(per) ~** for ever (and ever)
secundar *vt* to support, to back (up); **~ una propuesta** to second a proposal
secundaria *nf (educación)* secondary
secundario, -a ◇ *adj* **-1.** *(en orden)* secondary **-2.** *(de menor importancia)* minor; **actor ~** supporting actor **-3.** GEOL secondary
◇ *nm* **el Secundario** the Secondary (era)
secuoya, secoya *nf* sequoia, redwood ❑ **~ gigante** giant sequoia *o* redwood
sed ◇ *ver* **ser**
◇ *nf* thirst; **las palomitas dan ~** popcorn makes you thirsty; **tener ~** to be thirsty; **saciar la ~** to quench one's thirst; **los familiares de la víctima tienen ~ de venganza** the victim's family is thirsty for revenge

seda *nf* silk; EXPR **ir como una** *o* **la ~** to go smoothly ❑ **~ artificial** rayon, artificial silk; **~ cruda** raw silk; **~ dental** dental floss; **~ natural** pure silk
sedación *nf* MED sedation; *(con música)* soothing, calming
sedal *nm* fishing line
sedán *nm Br* saloon, *US* sedan
sedante, sedativo, -a ◇ *adj* MED sedative; *(música)* soothing
◇ *nm* sedative
sedar *vt (con medicamentos)* to sedate; *(sujeto: música)* to soothe, to calm
sedativo, -a = **sedante**
sede *nf* **-1.** *(de organización, empresa)* headquarters; *(de Gobierno)* seat; *(de congreso, Juegos Olímpicos)* venue **(de** for); **el país ~ del próximo mundial de fútbol** the country hosting the next World Cup ❑ **~ social** *(oficina principal)* headquarters, head office; *(de club)* headquarters **-2.** REL see
Sedena *nf (abrev de* **Secretaría de la Defensa Nacional)** SEDENA *(Mexico's Ministry of National Defence)*
sedentario, -a *adj* sedentary
sedentarismo *nm* sedentary lifestyle; **el ~ avanza** people are adopting an increasingly sedentary lifestyle
sedente *adj* ARTE seated
sedería *nf* **-1.** *(negocio)* silk trade **-2.** *(tejidos)* silks, silk goods **-3.** *(tienda)* silk shop
sedero, -a ◇ *adj* silk; **la industria sedera** the silk industry
◇ *nm,f* **-1.** *(tejedor)* silk weaver **-2.** *(comerciante)* silk trader
sedicente *adj* self-styled; **un ~ historiador** a self-styled historian
sedición *nf* sedition
sedicioso, -a ◇ *adj* seditious
◇ *nm,f* rebel
sediento, -a *adj (de agua)* thirsty; **~ de justicia/venganza** thirsty for justice/revenge
sedimentación *nf* settling, *Espec* sedimentation
sedimentar ◇ *vt* to deposit
➤ **sedimentarse** *vpr* to settle
sedimentario, -a *adj* sedimentary
sedimento *nm* **-1.** *(poso)* sediment **-2.** *Literario (huella)* residue
sedoso, -a *adj* silky
seducción *nf* **-1.** *(cualidad)* seductiveness **-2.** *(atracción)* attraction, charm; *(sexual)* seduction
seducir [18] *vt* **-1.** *(atraer)* to attract, to charm; **sedujo a sus compañeros con su simpatía** he won over his colleagues with his personal charm; **¿te seduce la idea de ir a la playa?** how do you like the idea of going to the beach?; **la idea no me seduce demasiado** I'm not too keen on the idea **-2.** *(sexualmente)* to seduce **-3.** *(persuadir)* **~ a alguien para que haga algo** to charm sb into doing sth
seductor, -ora ◇ *adj* **-1.** *(atractivo)* attractive, charming; *(idea)* seductive **-2.** *(sexualmente)* seductive **-3.** *(persuasivo)* persuasive, charming
◇ *nm,f* seducer
sedujera *etc ver* **seducir**
seduzco *etc ver* **seducir**
sefardí *(pl* **sefardíes)**, **sefardita** ◇ *adj* Sephardic
◇ *nmf (persona)* Sephardi
◇ *nm (lengua)* Sephardi
segada *nf (en fútbol)* scything tackle
segador, -ora *nm,f (agricultor)* reaper
segadora *nf (máquina)* reaping machine
segar [43] *vt* **-1.** AGR to reap **-2.** *(cortar)* to cut off; **la sierra le segó la mano** the saw cut off his hand **-3.** *(esperanzas)* to dash; **la epidemia segó la vida de cientos de personas** the epidemic claimed the lives of hundreds of people
seglar ◇ *adj* secular, lay
◇ *nm* lay person
segmentación *nf* **-1.** *(de óvulo)* division **-2.** *(de mercados)* segmentation

segmentar *vt (recta)* to cut *o* divide into segments
segmento *nm* **-1.** GEOM segment **-2.** ZOOL segment **-3.** *(trozo)* piece **-4.** *(de mercado)* segment
segoviano, -a ◇ *adj* of/from Segovia *(Spain)*
◇ *nm,f* person from Segovia *(Spain)*
segregación *nf* **-1.** *(separación, discriminación)* segregation ❑ **~ racial** racial segregation **-2.** *(secreción)* secretion
segregacionismo *nm* policy of racial segregation
segregacionista ◇ *adj* segregationist; **política ~** policy of racial segregation
◇ *nmf* segregationist
segregar [38] ◇ *vt* **-1.** *(separar, discriminar)* to segregate **-2.** *(secretar)* to secrete
➤ **segregarse** *vpr (separarse)* to cut oneself off
segué *etc ver* **segar**
segueta *nf* fretsaw
seguida: en seguida *loc adv (inmediatamente)* immediately, at once; *(pronto)* very soon; **lo haré en ~, antes de que se me olvide** I'll do it straight away before I forget; **llegará en ~** he'll be here any minute now; **vino a las seis, pero se fue en ~** he came at six, but he left soon after; **en ~ lo atiendo** I'll be with you in a minute *o* directly; **en ~ vuelvo** I'll be right back; **cruza el puente y en ~ verás la casa a la derecha** cross the bridge and you'll see the house on your right; **Am en ~ de comer no se debe hacer ejercicio** you should not exercise immediately after a meal
seguidamente *adv* then, next; **~ procederemos a anunciar los resultados** we shall now proceed to announce the results; **saludó a su familia y, ~, a sus compañeros** he first greeted his family and then his colleagues; **fue arrestado en Francia y ~ deportado a España** she was arrested in France and immediately deported to Spain
seguidilla *nf* **-1.** LIT = poem containing four or seven verses used in popular songs **-2.** *(cante flamenco)* mournful flamenco song
seguido, -a ◇ *adj* **-1.** *(consecutivo)* consecutive; **diez años seguidos** ten years in a row; **llamó a la puerta cinco veces seguidas** she knocked at the door five times; **llegaron los tres seguidos** the three of them arrived one after the other
-2. *(sin interrupción)* continuous; **llevan reunidos cuatro horas seguidas** they've been in the meeting for four hours without a break *o* for four solid hours; **ha nevado durante dos semanas seguidas** it's been snowing for two weeks solid; **viajaron durante todo el día ~** they travelled the whole day without a break
-3. *(inmediatamente después)* **~ de** followed by; **sopa, seguida de carne** soup, followed by meat
◇ *adv* **-1.** *(sin interrupción)* continuously **-2.** *(en línea recta)* straight on; **todo ~** straight on *o* ahead; **por ahí ~ llegarás a la autopista** go straight on *o* ahead and you'll get to the *Br* motorway *o US* highway **-3.** *Am (a menudo)* often
seguidor, -ora *nm,f* follower; **este filósofo tiene muchos seguidores** the philosopher has a considerable following; **los seguidores del equipo inglés protagonizaron muchas peleas** the England fans were involved in a number of fights
seguimiento *nm* **-1.** *(de persona)* following; *(de clientes)* follow-up **-2.** *(por radio, radar)* tracking **-3.** *(de noticia)* following **-4.** *(de elecciones, enfermedad)* monitoring; **efectuar el ~ de una epidemia** to monitor the course of an epidemic
seguir [61] ◇ *vt* **-1.** *(ir detrás de, tomar la ruta de)* to follow; **tú ve delante, que yo te sigo** you go ahead, I'll follow *o* I'll go behind; **síganme, por favor** follow me, please; **la generación que nos sigue** *o* **que sigue a la nuestra** the next generation, the generation after us; **sigue este sendero hasta llegar a un bosque** follow this path until you

come to a forest; **~ el rastro de alguien/algo** to follow sb's/sth's tracks; **siga la flecha** (en letrero) follow the arrow
-2. (perseguir) to follow; **me parece que nos siguen** I think we're being followed; **~ a alguien de cerca** to tail sb; **parece que le siguen los problemas** trouble seems to follow him around wherever he goes; PROV **el que la sigue la consigue** where there's a will there's a way
-3. (estar atento a, imitar, obedecer) to follow; **seguían con la vista la trayectoria de la bola** they followed the ball with their eyes; **no seguimos ese programa** we don't follow that programme; **~ algo de cerca** (su desarrollo, sus resultados) to follow o monitor sth closely; **siempre sigue los dictámenes de la moda** she always follows the latest fashion; **los que siguen a Keynes** followers of Keynes; **el cuadro sigue una línea clásica** the painting is classical in style; **~ las órdenes/instrucciones de alguien** to follow sb's orders/instructions; **sigue mi consejo y habla con ella** take my advice and talk to her; **siguiendo sus indicaciones, hemos cancelado el pedido** we have cancelled the order as instructed
-4. (reanudar, continuar) to continue, to resume; **yo seguí mi trabajo/camino** I continued with my work/on my way; **él siguió su discurso** he continued o resumed his speech
-5. (comprender) (explicación, profesor, conferenciante) to follow; **me costaba seguirle** I found her hard to follow; **¿me seguís?** do you follow?, are you with me?
-6. (mantener, someterse a) to follow; **hay que ~ un cierto orden** you have to follow o do things in a certain order; **seguiremos el procedimiento habitual** we will follow the usual procedure; **es difícil seguirle** (el ritmo), **va muy deprisa** it's hard to keep up with him, he goes very quickly; **los aspirantes elegidos seguirán un proceso de formación** the chosen candidates will receive o undergo training
-7. (cursar) **sigue un curso de italiano** he's doing an Italian course; **sigue la carrera de medicina** she's studying medicine
◇ vi **-1.** (proseguir, no detenerse) to continue, to go on; **¡sigue, no te pares!** go o carry on, don't stop!; **aquí se baja él, yo sigo** (al taxista) he's getting out here, I'm going on; **siga con su trabajo** carry on with your work; **el sendero sigue hasta la cima** the path continues o carries on to the top; **sigue la crisis en la bolsa de Tokio** Tokyo stock market crisis continues; **debes ~ haciéndolo** you should keep on o carry on doing it; **¿vas a ~ intentándolo?** are you going to keep trying?; **se seguían viendo de vez en cuando** they still saw each other from time to time, they continued to see each other from time to time; **~ adelante (con algo)** (con planes, proyectos) to go ahead (with sth)
-2. (mantenerse, permanecer) **sigue enferma/en el hospital** she's still ill/in hospital; **¿qué tal sigue la familia?** how's the family getting on o keeping?; **todo sigue igual** everything's still the same, nothing has changed; **sigue el buen tiempo en el sur del país** the good weather in the south of the country is continuing; **sigo trabajando en la fábrica** I'm still working at the factory; **¿la sigues queriendo?** do you still love her?; **sigo pensando que está mal** I still think it's wrong; **sigue habiendo dudas sobre...** doubts remain about...; **¡buen trabajo, sigue así!** good work, keep it up!; **si seguimos jugando así, ganaremos la liga** if we carry on o keep playing like that, we'll win the league; Fam **a ~ bien** (como despedida) take care, look after yourself; **de ~ así las cosas, si las cosas siguen así** if things go on like this, the way things are going
-3. (tomar un camino) **el resto siguió por otro camino** the rest went another way; **seguiremos hacia el este** we'll go east then; **siga todo recto** go straight on; **siga hasta el siguiente semáforo** carry on till you get to the next set of traffic lights
-4. (suceder, ir después) to follow; **lo que sigue es una cita del Corán** the following is a quotation from the Koran; **~ a algo** to follow sth; **la lluvia siguió a los truenos** the thunder was followed by rain; **¿cómo sigue el chiste?** how does the joke go on o continue?; **el proceso de selección se realizará como sigue:...** the selection process will be carried out as follows:...; **sigue en la página 20** (en periódico, libro) continued on page 20
-5. Col (para dar permiso) please do; **con permiso, ¿puedo entrar? - siga** excuse me, can I come in? – please do
◆ **seguirse** v impersonal (deducirse) to follow; **seguirse de algo** to follow o be deduced from sth; **de esto se sigue que estás equivocado** it therefore follows that you are wrong

seguiriya nf = mournful flamenco song
según ◇ prep **-1.** (de acuerdo con) according to; **~ el ministro, fue un accidente** according to the minister, it was an accident; **~ su opinión, ha sido un éxito** in her opinion o according to her, it was a success; **~ pone aquí, ahora hay que apretar la tecla de retorno** according to what it says here, now you have to press the return key; **~ Nietzsche,...** according to Nietzsche,...; **el Evangelio ~ San Juan** the Gospel according to St John
-2. (dependiendo de) depending on; **~ la hora que sea** depending on the time; **~ el tiempo que haga iremos a la montaña** depending on what the weather's like, we may go to the mountains; **~ como te vaya en el examen, podemos ir a celebrarlo** depending on how you do in the exam, we could go out for a celebration
◇ adv **-1.** (como) (just) as; **todo permanecía ~ lo recordaba** everything was just as she remembered it; **actuó ~ se le recomendó** he did as he had been advised; **hazlo ~ creas** do as you see fit; **lo hice ~ y como o ~ y conforme me dijiste** I did it exactly o just like you told me; **~ parece, no van a poder venir** apparently, they're not going to be able to come
-2. (a medida que) as; **entrarás en forma ~ vayas entrenando** you'll get fit as you train
-3. (dependiendo) **~ se mire** depending on how you look at it; **¿te gusta la pasta? – ~** do you like pasta? – it depends; **lo intentaré ~ esté de tiempo** I'll try to do it, depending on how much time I have; **~ qué días la clase es muy aburrida** some days the class is really boring

segunda nf **-1.** (marcha) second (gear); **meter (la) ~** to go into second (gear)
-2. (en avión, tren) second class; **viajar en ~** to travel second class
-3. (mala categoría) **de ~** second-rate
-4. DEP second division; **bajar a ~** to be relegated to the second division
-5. segundas (intenciones) **con segundas (intenciones)** with an ulterior motive; **¿me lo dices con segundas?** are you telling me this for any particular reason?
-6. EXPR Ven Fam **hacerle la ~ a alguien** to stand in for sb
-7. ver también **segundo**

segundero nm second hand
segundo, -a ◇ núm second; **de segunda mano** second-hand; **contraer segundas nupcias** to remarry; **casarse de segundas** to remarry ❑ DEP **la segunda base** (posición) second base; DEP **el/la segunda base** (jugador) second base; **~ equipo** (en deporte) second team; **la Segunda Guerra Mundial** the Second World War, World War Two; **segunda lengua** second language; **segunda línea** (en rugby) lock (forward), second row (forward); **segunda oportunidad** second chance; **segunda parte** second half; **~ violín** second violin; **segunda vivienda** second home
◇ nm,f **-1.** (mencionado antes) **vinieron Pedro y Juan, el ~ con...** Pedro and Juan arrived, the latter with...
-2. (ayudante) number two ❑ **~ de bordo** NÁUT first mate; Fig second-in-command; ver también **octavo**
◇ nm **-1.** (piso) Br second floor, US third floor; Am Br first floor, US second floor **-2.** (cantidad de tiempo) second; **tres segundos** (en baloncesto) three-seconds violation **-3.** (curso universitario) second year **-4.** (curso escolar) = second year of primary school, US ≃ second grade

segundón, -ona ◇ nm,f EXPR **ser el eterno ~** to be one of life's eternal bridesmaids
◇ nm (hijo) second son

segur nf (hacha) axe
seguramente adv probably; **~ iré, pero aún no lo sé** the chances are I'll go, but I'm not sure yet; **~ te veré en la fiesta** I expect I'll see you at the party; **¿crees que dirán que sí? – ~** do you think they'll agree? – I should think so

seguridad nf **-1.** (ausencia de peligro) safety; **la ~ de los pasajeros es nuestra prioridad** passenger safety is our priority; **de ~** (cinturón, cierre) safety ❑ **~ vial** road safety
-2. (protección) security; **~ en el trabajo** safety at work o in the workplace ❑ **~ ciudadana** public safety; **~ privada** security firms; **Seguridad Social** Social Security
-3. (estabilidad, firmeza) security; **una inversión que ofrece ~** a safe o secure investment
-4. (certidumbre) certainty; **con ~** for sure, definitely; **no lo sé con ~** I don't know for sure o for certain; **con toda ~** with absolute certainty; **tener la ~ de que** to be certain that
-5. (confianza) confidence; **habla con mucha ~** she speaks very confidently; **~ en sí mismo** self-confidence; **mostrar una falsa ~** to put on a show of confidence

seguro, -a ◇ adj **-1.** (sin peligro) safe; **el medio de transporte más ~** the safest means of transport; **¿es éste un lugar ~?** is it safe here?; **aquí estaremos seguros** we'll be safe here; **es una inversión segura** it's a safe investment; **prefiero ir sobre ~** I'd rather play (it) safe; **más vale ir sobre ~ y llamar antes** we'd better ring first, to be safe
-2. (protegido, estable) secure; **un trabajo ~** a secure job; **esta mesa no está segura** this table isn't very steady; **¿irán las botellas seguras ahí atrás?** are the bottles safe in the back there?
-3. (fiable, infalible) reliable; **un método ~ para combatir o contra la gripe** a sure-fire cure for colds
-4. (indudable, cierto) definite, certain; **creo que sí, pero no es ~** I think so, but I'm not certain o but it's not definite; **su nombramiento es ~** he's certain to be given the post; **ya sabemos la fecha segura de su llegada** we've now got a definite date for his arrival; **no es ~ que vengan** they're not definitely coming, they're not certain to come; **lo puedes dar por ~** you can be sure of it; **ya daban la victoria por segura** they were sure that they had won; **tener por ~ que...** to be sure (that)...; **ten por ~ que vendrá** you can be sure (that) she'll come; **¿crees que nos ayudará? – a buen ~, de ~** do you think she'll help us? – I'm sure she will; **a buen ~ que pone alguna pega** he's certain to find something wrong with it
-5. (convencido) sure; **¿estás ~?** are you sure?; **no estoy muy ~** I'm not too sure; **estar ~ de algo** to be sure about o of sth; **estoy ~ de ello** I'm sure of it; **estamos seguros de que te gustará** we're sure you'll like it; **no estoy ~ de habérselo dicho** I'm not sure I told him; **estaba segura de vencer** she was confident of winning
-6. (con confianza en uno mismo) self-assured, self-confident; **se le ve un tipo muy ~** he's very self-assured o self-confident; **ser ~ de sí mismo, ser una persona segura de sí misma** to be self-assured o self-confident

◇ nm **-1.** *(contrato)* insurance; **contratar** *o* **hacerse un ~** to take out insurance ❑ **~ de accidentes** accident insurance; **~ de asistencia en viaje** travel insurance; **~ del automóvil** car insurance; **~ de cambio** exchange rate hedge; **~ de la casa** buildings insurance; **~ de enfermedad** private health insurance; **~ de hogar** buildings insurance; **~ de** *o* **contra incendios** fire insurance; **~ médico** private health insurance; **~ multirriesgo** comprehensive insurance; **~ mutuo** joint insurance; **~ a todo riesgo** comprehensive insurance; **~ a terceros** liability insurance; **~ de viaje** travel insurance; **~ de vida** life insurance *o* assurance

-2. *Fam* **el ~** *(la seguridad social) Br* ≃ the National Health, *US* ≃ Medicaid; **ir al ~** to go to the hospital; **ese tratamiento no lo cubre el ~** ≃ you can't get that treatment on *Br* the National Health *o US* Medicaid ❑ **~ de desempleo** unemployment benefit; **~ de incapacidad** disability benefit; **~ de invalidez** disability benefit; **~ de paro** unemployment benefit

-3. *(dispositivo)* safety device; *(de armas)* safety catch; *(en automóvil)* door lock catch; **echa** *o* **pon el ~** lock the car door

-4. *CAm, Méx (imperdible)* safety pin

◇ *adv* for sure, definitely; **¿venís ~?** are you definitely coming?; **no lo sé ~** I don't know for sure; **~ que vendrá** she's bound *o* certain *o* sure to come; **~ que suspendo** I'm bound *o* certain *o* sure to fail; **~ que ahora va y se lo cuenta todo a ella** I bet she's going to go and tell her everything; **¿~ que no necesitas nada? – sí, sí, ~** are you sure you don't need anything? – yes, I'm sure

seibó *nm Col, Ven* sideboard

seis *núm* six; **el (Torneo de las) Seis Naciones** *(en rugby)* the Six Nations (Championship); *ver también* **tres**

seiscientos, -as ◇ *núm* six hundred; *ver también* **treinta**
◇ *nm inv (automóvil)* Seat 600 (car)

seísmo *nm* earthquake

SELA ['sela] *nm (abrev de* **Sistema Económico Latinoamericano)** SELA

selaginela *nf* clubmoss, selaginella

selección *nf* **-1.** *(acción)* selection; **hizo una ~ de los cuadros más interesantes** he made a selection of the most interesting paintings; **una prueba de ~ de candidatos** a candidate selection test; **test de ~ múltiple** multiple-choice test ❑ **~ natural** natural selection; **~ de personal** recruitment **-2.** *(equipo)* team; **~ (nacional)** national team

seleccionable *adj* eligible for selection (for a team)

seleccionado *nm DEP* **el ~ cubano** the Cuban (national) team

seleccionador, -ora ◇ *adj (de personal)* recruiting
◇ *nm,f* **-1.** *(de personal)* recruiter **-2.** DEP **~ (nacional)** national coach *o* manager

seleccionar *vt* to pick, to select

selectividad *nf* **-1.** *(selección)* selectivity **-2.** *Esp (examen)* = former university entrance examination

selectivo, -a *adj* selective

selecto, -a *adj* select

selector, -ora ◇ *adj* selecting
◇ *nm* **-1.** *(mando)* dial, knob **-2.** INFORMÁT chooser

selenio *nm* QUÍM selenium

selenita ◇ *nf* selenite
◇ *nmf (habitante)* moon dweller

self-service [selfˈserβis] *nm* self-service restaurant

sellado, -a *adj* **-1.** *(cerrado herméticamente)* sealed **-2.** *(documento)* sealed; *(pasaporte, carta)* stamped
◇ *nm* **-1.** *(proceso de cerrar herméticamente)* sealing **-2.** *(de documento)* sealing; *(de pasaporte, carta)* stamping

sellador, -ora *nm,f* **-1.** *(persona)* stamper **-2.** *(instrumento)* seal

sellar *vt* **-1.** *(timbrar)* to stamp **-2.** *(cerrar)* to seal **-3.** *(pacto, labios)* to seal; **sellaron el pacto con un abrazo** they sealed the pact with an embrace

sello *nm* **-1.** *(timbre)* stamp ❑ **~ de correos** postage stamp; **~ postal** postage stamp **-2.** *(tampón)* rubber stamp; *(marca)* stamp ❑ **~ de caucho** rubber stamp **-3.** *(lacre)* seal **-4.** *(sortija)* signet ring **-5.** *(carácter)* hallmark; **ese libro lleva el ~ de su autor** this book is unmistakably the work of its author **-6.** *(compañía)* **~ discográfico** record label; **~ independiente** independent record label **-7.** *Andes, Ven (de una moneda)* reverse

Seltz, seltz *nm* **(agua de) ~** Seltzer (water)

selva *nf (jungla)* jungle; *(bosque)* forest; **una ~ de libros** mountains of books ❑ **la Selva Lacandona** the Lacandon Rainforest; **la Selva Negra** the Black Forest; **~ tropical** tropical rainforest; **~ virgen** virgin forest

selvático, -a *adj* woodland; **zona selvática** woodland area

sema *nm* LING seme

semáforo *nm* **-1.** *(en calle)* traffic lights; **el ~ está (en) rojo** the lights are red; **saltarse un ~** to jump the lights; **gira a la derecha en el próximo ~** turn right at the next traffic lights ❑ **~ sonoro** pelican crossing *(with audible signal)* **-2.** FERROC railway signal

semana *nf* week; **entre ~** during the week; **fin de ~** weekend; **la ~ próxima** *o* **que viene** next week; **dos veces por ~** twice a week, twice weekly; **me deben tres semanas de alquiler** they owe me three weeks' rent ❑ **~ laboral** *Br* working week, *US* workweek; **Semana Santa** Easter; REL Holy Week

SEMANA SANTA

Semana Santa (Holy Week) runs from Palm Sunday to Easter Sunday, the day when Christians celebrate the resurrection of Jesus. The activities of the week can be more or less religious in nature, depending on the region. In Spain (especially in Andalusia) there are spectacular nocturnal processions with "pasos", which are floats carried through the streets on the shoulders of bearers, with huge banks of candles and dramatic sculptures of Jesus - crucified or resurrected - or the Virgin Mary, dressed in elaborate, jewel-studded costumes. The "pasos" are solemnly escorted by "cofrades", hooded members of a Catholic brotherhood or "cofradía", who march in step to the beat of a drum. Some walk barefoot and flagellate themselves as a sign of Christian repentance, while the atmosphere on other processions can be much more festive.

semanada *nf Am* (weekly) pocket money

semanal *adj* weekly

semanalmente *adv* every week, once a week; **se publica ~** it's published weekly

semanario *nm (publicación semanal)* weekly

semántica *nf* semantics *(singular)*

semánticamente *adv* semantically

semántico, -a *adj* semantic

semantista *nmf* semanticist

semblante *nm* countenance, face

semblantear *vt* **-1.** *Arg (calibrar)* to assess **-2.** *Méx Fam (encarar)* to look straight in the eye

semblanza *nf* portrait, profile; **el orador nos hizo una breve ~ del homenajeado** the speaker gave us a brief portrait of the guest of honour

sembradero *nm Col* sown field

sembradío *nm* arable land

sembrado, -a ◇ *adj* **-1.** *(plantado)* sown **-2.** *(lleno)* **de errores** plagued with mistakes; **~ de minas** mined
◇ *nm* sown field

sembrador, -ora ◇ *adj* sowing
◇ *nm,f (persona)* sower

sembradora *nf (máquina)* seed drill

sembrar [3] *vt* **-1.** *(plantar)* to sow **(con** *o* **de** with); PROV **quien siembra vientos recoge tempestades** as you sow, so shall you reap **-2.** *(llenar)* to scatter, to strew; **sembró la habitación de confeti** she showered the room with confetti

-3. *(confusión, pánico)* to sow; **el anuncio del gobierno sembró el pánico** the government's announcement sowed panic; **los resultados financieros han sembrado la inquietud entre los inversores** the financial results have spread unease among investors

sembrío *nm Andes* sown field

semejante ◇ *adj* **-1.** *(parecido)* similar (**a** to); **son de una edad ~** they are (of) a similar age; **su plan es ~ al nuestro** her plan is similar to ours

-2. *(tal)* such; **jamás aceptaría ~ invitación** I would never accept such an invitation; **una propuesta de ~ talante** a proposal of this nature, such a proposal; **no sé cómo pudo mover ~ piedra** I don't know how he managed to shift such a heavy rock; **¡cómo pudo decir ~ tontería!** how could he say something so stupid!; **¡~ mentiroso! ¡cómo puede decir eso!** what a liar! how can he say that!

◇ *nm* fellow (human) being

semejanza *nf* similarity; **a ~ de sus padres, prefiere el campo a la ciudad** he prefers the countryside to the city, just like his parents; **a ~ de lo que ocurrió en el partido de ida, el encuentro fue violento** like the first leg, the return game, too, was marred by violence

semejar ◇ *vt* to resemble
◆ **semejarse** *vpr* to be alike, to resemble each other; **semejarse a algo/alguien** to resemble sth/sb

semen *nm* semen

semental ◇ *adj* stud; **toro ~** stud bull
◇ *nm* **-1.** *(animal)* stud; *(caballo)* stallion **-2.** *Fam (persona)* stud

sementera *nf* **-1.** *(tierra)* sown land **-2.** *(siembra)* sowing

semestral *adj* **-1.** *(en frecuencia)* six-monthly, semiannual **-2.** *(en duración)* six-month; EDUC **asignatura ~** course lasting one semester

semestralmente *adv* every six months, semiannually

semestre *nm* **-1.** *(periodo)* period of six months; **cada ~** every six months; **el primer ~ del año** the first half of the year **-2.** UNIV semester

semi- *pref* semi-

semiabierto, -a *adj* half-open

semiacabado, -a *adj* half-finished, semi-finished

semiárido, -a *adj* semi-arid

semiautomático, -a *adj* semiautomatic

semibreve *nf* MÚS *Br* semibreve, *US* whole note

semicerrado, -a *adj* half-closed

semicircular *adj* semicircular

semicírculo *nm* semicircle

semicircunferencia *nf* semicircumference

semiconductor *nm* semiconductor

semiconsciencia *nf* semiconsciousness

semiconsciente *adj* semiconscious

semiconserva *nf* semipreserve

semiconsonante *nf* semiconsonant

semicorchea *nf* MÚS *Br* semiquaver, *US* sixteenth note

semiderruido, -a *adj* crumbling

semidesconocido, -a ◇ *adj* almost unknown
◇ *nm,f* **es un ~** he is almost unknown

semidesértico, -a *adj* semidesert; **un clima ~** a semidesert climate

semidesierto, -a ◇ *adj (calle, playa)* almost deserted; *(sala, oficina)* almost empty
◇ *nm* semidesert

semidesnatado, -a *adj* semi-skimmed

semidesnudo, -a *adj* half-naked

semidiós, -osa *nm,f* demigod, *f* demigoddess

semidirecto, -a ◇ *adj* **tren ~** = through train, a section of which becomes a stopping train
◇ *nm (tren)* = through train, a section of which becomes a stopping train

semidormido, -a *adj* half-asleep

semienterrado, -a *adj* half-buried

semiesfera nf hemisphere
semiesférico, -a adj semispherical
semifinal nf semifinal
semifinalista ◇ adj semifinalist; **equipo ~** semifinalist
◇ nmf semifinalist
semifusa nf MÚS Br hemidemisemiquaver, US sixty-fourth note
semiinconsciente adj semiconscious, half-unconscious
semilíquido, -a adj semiliquid
semilla nf **-1.** (de planta) seed; EXPR **sembrar la ~ de la discordia** to sow the seeds of discord **-2.** (origen) seed; **el control de la tierra es la ~ del conflicto en la región** control of land is at the root of the conflict in the region
semillero nm **-1.** (para plantar) seedbed **-2.** (para guardar) seed box **-3.** (fuente, criadero) seedbed, breeding ground; **esa universidad es un ~ de economistas** that university is a seedbed of economists; **la herencia familiar es un ~ de discordias** the family inheritance is a bone of contention
semimembranoso nm ANAT semimembranosus
seminal adj seminal
seminario nm **-1.** (escuela para sacerdotes) seminary **-2.** (curso, conferencia) seminar **-3.** (departamento) department, school
seminarista nm seminarist
semínola ◇ adj Seminole
◇ nmf Seminole
seminuevo, -a adj almost new
semioctava nf MÚS half octave, semioctave
semioculto, -a adj partially hidden
semiología nf **-1.** LING semiology **-2.** MED semiology
semiólogo, -a nm,f **-1.** LING semiologist **-2.** MED semiologist
semiótica nf **-1.** LING semiotics (singular) **-2.** MED semiotics (singular)
semipermeable adj semi-permeable
semipesado, -a DEP ◇ adj light heavyweight; **peso ~** light heavyweight
◇ nm light heavyweight
semipiso nm RP = Br flat o US apartment occupying half of one floor
semiprecioso, -a adj semi-precious
semirrecta nf GEOM half-line
semirremolque nm semitrailer
semiseco, -a adj medium dry
semisótano nm = level of building partially below ground level
semita ◇ adj Semitic
◇ nmf Semite
semitendinoso nm ANAT semitendinosus
semítico, -a adj Semitic
semitismo nm Semitism
semitono nm MÚS semitone
semitransparente adj translucent
semivocal nf LING semivowel
sémola nf semolina
sempiterno, -a adj Formal eternal
Sena nm **el ~** the Seine
senado nm **-1.** (asamblea) senate **-2.** (edificio) senate, US senate house
senador, -ora nm,f senator
senatorial adj **-1.** (del senado) senate; **comité ~** senate committee **-2.** (de senador) senatorial
sencillamente adv **-1.** (fácilmente) simply, easily; **esto se soluciona muy ~** there's a very simple solution to this **-2.** (vestir) simply **-3.** (hablar, comportarse) unaffectedly, naturally **-4.** (francamente) **~, porque no quiero** quite simply, because I don't want to; **su actuación fue ~ excepcional** her performance was simply outstanding
sencillez nf **-1.** (facilidad) simplicity **-2.** (de decoración, vestido) simplicity; **vestir con ~** to dress simply **-3.** (de lenguaje, estilo) simplicity **-4.** (campechanía) unaffectedness, naturalness
sencillo, -a ◇ adj **-1.** (fácil) simple; **no fue ~ convencerla** it was not easy to convince her **-2.** (sin lujo) (decoración, vestido) simple **-3.** (claro, natural) (lenguaje, estilo) simple **-4.** (cam-

pechano) natural, unaffected; **es muy ~ en el trato** he's very natural o unaffected **-5.** (billete) Br single, US one-way **-6.** (no múltiple) single; **habitación sencilla** single room
◇ nm **-1.** (disco) single **-2.** Andes, CAm, Méx Fam (cambio) loose change
senda nf **-1.** (camino) path; **siguió la ~ del mal** he went astray, he chose the path of evil **-2.** Urug (carril) lane
senderismo nm hiking, trekking, Br hillwalking
senderista nmf **-1.** (caminante) hiker, Br hillwalker **-2.** (miembro de Sendero Luminoso) = follower of the Peruvian guerrilla movement, the Shining Path
sendero nm path ❏ **Sendero Luminoso** Shining Path
sendos, -as adj pl **llegaron con ~ paquetes** they each arrived with a parcel; **los conferenciantes leyeron sendas ponencias** the speakers each read a paper
Séneca n pr Seneca
senectud nf Formal old age
Senegal nm **(el) ~** Senegal
senegalés, -esa ◇ adj Senegalese
◇ nm,f Senegalese
senescencia nf Formal senescence
senil adj senile
senilidad nf senility
sénior (pl **séniors**) ◇ adj **-1.** DEP senior **-2.** (padre) senior; **Joaquín Sánchez ~** Joaquín Sánchez Senior
◇ nm DEP senior
seno nm **-1.** (pecho) breast; **senos** breasts, bosom
-2. (amparo, cobijo) refuge, shelter; **acogieron en su ~ a los refugiados** they gave shelter to o took in the refugees; **nació en el ~ de una familia acaudalada** she was born into a wealthy family; **que Dios lo acoja en su ~** may the Lord take them unto Himself
-3. (útero) **~ (materno)** womb
-4. (de una organización) heart; **en el ~ de** within; **hay tensiones en el ~ del partido** the party is riven by internal dissension
-5. (concavidad) hollow
-6. MAT sine
-7. (de la nariz) sinus
sensación nf **-1.** (percepción) feeling, sensation; **una ~ de dolor** a painful sensation; **nos embargó una ~ de tristeza** we were overcome by a feeling of sadness; **tengo** o **me da la ~ de que estoy perdiendo el tiempo** I get the feeling o have a feeling I'm wasting my time
-2. (efecto) sensation; **causar ~** to cause a sensation; **causar una gran ~ a alguien** to make a great impression on sb
-3. (premonición) feeling; **tengo la ~ de que...** I have a feeling that...
sensacional adj sensational
sensacionalismo nm sensationalism
sensacionalista adj sensationalist
sensatez nf (common) sense; **pongo en duda la ~ de esta propuesta** I would have to question the wisdom of this proposal; **con ~** sensibly
sensato, -a adj sensible
sensibilidad nf **-1.** (percepción) feeling; **no tiene ~ en los brazos** she has no feeling in her arms
-2. (emotividad) sensitivity; **tener la ~ a flor de piel** to be easily hurt, to be very sensitive; **estas imágenes pueden herir la ~ del espectador** some viewers may find these images disturbing
-3. (inclinación) feeling; **~ artística/musical** feeling for art/music; **tiene una ~ especial para la poesía** she has a special feeling for poetry
-4. (de instrumento, película) sensitivity; **un termómetro de gran ~** a very sensitive thermometer
sensibilización nf **-1.** (concienciación) (acción) awareness-raising; (resultado) increased awareness; **una campaña de ~ sobre los

peligros del tabaco** an awareness-raising campaign about the dangers of tobacco **-2.** (a un estímulo) sensitization
sensibilizar [14] vt **-1.** (concienciar) to raise the awareness of; **una campaña para ~ a la población sobre el problema de la violencia doméstica** a campaign to raise public awareness of the problem of domestic violence; **estamos muy sensibilizados ante el problema** we are very aware of the problem **-2.** (a un estímulo) to sensitize
sensible adj **-1.** (susceptible) sensitive; **yo soy más ~ al frío que mi hermano** I feel the cold more than my brother; **una planta muy ~ a los cambios de temperatura** a plant which is very sensitive to changes in temperature; **mis ojos son muy sensibles a la luz** my eyes are very sensitive to the light
-2. (emocionalmente) sensitive; **no se lo digas directamente, es muy ~** don't just tell her straight out, she's very sensitive
-3. (evidente) perceptible; (importante) significant; **pérdidas sensibles** significant losses; **muestra una ~ mejoría** he has shown a notable improvement; **se espera una subida ~ de las temperaturas** a significant rise in temperatures is expected; **hay una ~ diferencia entre las dos culturas** the two cultures are perceptibly different
-4. (instrumento, película) sensitive
sensiblemente adv noticeably; **esta película es ~ mejor que su anterior** this movie is considerably better than her last one; **has adelgazado ~** you've noticeably lost weight; **las temperaturas han subido ~** temperatures have risen quite noticeably
sensiblería nf Pey mushiness, sloppiness
sensiblero, -a adj Pey mushy, sloppy
sensitiva nf sensitive plant
sensitivo, -a adj **-1.** (de los sentidos) sensory **-2.** (receptible) sensitive
sensor nm sensor
sensorial adj sensory
sensual adj sensual
sensualidad nf sensuality; **la ~ de una mirada/un baile** the sensuality of a look/a dance
sentada nf **-1.** (protesta) sit-in; **hacer una ~** to stage a sit-in **-2.** Fam **hacer algo de una ~** to do sth at one sitting o in one go
sentaderas nfpl Méx Fam behind, rump
sentado, -a adj **-1.** (juicioso) sensible, steady
-2. (en asiento) seated; **estar ~** to be sitting down; **espérame ~ en recepción** sit and wait for me in reception; Fam **si crees que te voy a dejar dinero, puedes esperar ~** if you think I'm going to lend you some money, you've got another think coming
-3. BOT stemless
-4. (establecido) **dar algo por ~** to take sth for granted, to assume sth; **di por ~ que ibas a venir** I took it for granted that you would be coming; **las autoridades dan por ~ que es el líder de la banda** the authorities are assuming that he is the leader of the gang; **doy por ~ que estás de acuerdo con mi idea** I'm assuming you agree with my idea; **dejar ~ que...** to make it clear that...; **dejó ~ que no estaba satisfecho con la solución** he made it clear that he was not satisfied with the solution
sentador, -ora adj RP becoming; **esa falda es muy ~** that dress is very becoming; **las vacaciones al aire libre suelen ser sentadoras** outdoor holidays always tend to do you a power of good
sentar [3] ◇ vt **-1.** (en asiento) to sit; **te sentaremos al lado de mi madre** we'll sit you next to my mother **-2.** (establecer) to establish; **~ las bases para** to lay the foundations of; **sus estudios sentaron las bases de la física moderna** his research laid the foundations of modern physics; **~ precedente** to set a precedent
◇ vi **-1.** (ropa, color) to suit; **no le sienta bien** it doesn't suit her; **ese peinado te sienta genial** that hairstyle suits you wonderfully
-2. (comida) **~ bien/mal a alguien** to agree/

sentencia / **señalar**

disagree with sb; **algunos consideran que una copita de vino sienta bien** some people think a glass of wine is good for you; **el café no me sienta bien** coffee disagrees with me

-3. *(vacaciones, medicamento)* **~ bien a alguien** to do sb good; **te sentaría bien tomar el aire** it would do you good to get a breath of fresh air

-4. *(comentario, consejo)* **le sentó bien** she appreciated it; **le sentó mal** it upset her; **le sentó mal que no la consultáramos** she was upset that we hadn't consulted her

◆ **sentarse** *vpr* to sit down; **sentarse a la mesa** to sit at the table; **sentarse a hacer algo** to sit down and do sth; **siéntate** take a seat; **siéntate donde quieras** sit wherever you like

sentencia *nf* -1. *(judicial)* sentence; **dictar** *o* **pronunciar ~** to pass *o* pronounce sentence; **visto para ~** ready for judgement ❑ **~ absolutoria** acquittal; **~ condenatoria** guilty verdict -2. *(proverbio, máxima)* maxim

sentenciado, -a *nm,f* **un ~ a muerte/a cadena perpetua** a person who has been sentenced to death/to life

sentenciar *vt* -1. *(judicialmente)* to sentence; **~ a alguien a algo** to sentence sb to sth; **lo sentenciaron a tres años/cadena perpetua** he was sentenced to three years/life, he was given a three-year/life sentence; **lo sentenciaron a muerte** he was sentenced to death

-2. *(condenar, juzgar)* to condemn; **está sentenciado** it's doomed

-3. *(competición, partido)* to decide, to settle; **el gol que sentenció el encuentro** the goal which decided the game

sentencioso, -a *adj* sententious

sentido, -a ◇ *adj* -1. *(profundo)* heartfelt; **mi más ~ pésame** with deepest sympathy -2. *(sensible)* **ser muy ~** to be very sensitive -3. *(ofendido)* hurt, offended; **quedó muy ~ por tu respuesta** he was very hurt by your reply -4. *RP (lesionado)* hurt; **el talonador no puede seguir jugando, está ~** the hooker is unable to carry on playing, he's hurt

◇ *nm* -1. *(capacidad para percibir)* sense; **~ del tacto** sense of touch; **con los cinco sentidos** *(completamente)* heart and soul; EXPR **poner los cinco sentidos en algo** to give one's all to sth; **no tengo ningún ~ del ritmo** I have no sense of rhythm; **tiene un ~ muy particular de la sinceridad** he has a very peculiar notion of sincerity ❑ **~ común** common sense; **tener ~ común** to have common sense; **~ del deber** sense of duty; **~ del humor** sense of humour; **~ de la orientación** sense of direction; **~ del ridículo** sense of the ridiculous

-2. *(consciencia)* consciousness; **perder/recobrar el ~** to lose/regain consciousness; **sin ~** unconscious

-3. *(significado)* meaning, sense; **esta frase tiene varios sentidos** this sentence has several possible interpretations; **esta expresión tiene un ~ peyorativo** this expression has a pejorative sense; **una frase de doble ~** a phrase with a double meaning; **en ~ figurado** in the figurative sense; **en ese ~** *(respecto a eso)* as far as that's concerned; **en ese ~, tienes razón** in that sense, you're right; **tener ~** to make sense; **no tiene ~ escribirle si no sabe leer** there's no point writing to him if he can't read; **no tiene ~ que salgamos si llueve** there's no sense in going out if it's raining; **dijo que para ella la vida ya no tenía ~** she said that life no longer had any meaning for her; **sin ~** *(ilógico)* meaningless; *(inútil, irrelevante)* pointless; **doble ~** double meaning; **un sin ~** nonsense

-4. *(dirección)* direction; **los trenes circulaban en ~ opuesto** the trains were travelling in opposite directions; **de ~ único** one-way; **de doble ~** two-way; **en el ~ de las agujas del reloj** clockwise; **en el ~ contrario al de las agujas del reloj** *Br* anticlockwise, *US* counter-clockwise

sentimental ◇ *adj* -1. *(persona)* sentimental; **se puso ~** he got sentimental -2. *(que expresa ternura)* **esa medalla tiene mucho valor ~** that medal has great sentimental value -3. *(amoroso)* **aventura ~** love affair; **compañero ~** partner; **problemas sentimentales** relationship problems; **relación ~** relationship; **ruptura ~** break-up
◇ *nmf* **es un ~** he's very sentimental

sentimentalismo *nm* sentimentality

sentimentalmente *adv* **está ~ unido a una famosa actriz** he's romantically involved with a famous actress

sentimentaloide *adj Pey* mushy, sloppy

sentimiento *nm* -1. *(estado afectivo)* feeling; **~ de culpabilidad/soledad** feeling of guilt/loneliness; **me inspira un ~ de rabia** it makes me furious; **le acompaño en el ~** my condolences; **dile que la acompaño en el ~** please give her my condolences

-2. *sentimientos (parte afectiva de persona)* feelings; **¡no tienes sentimientos!** you have no feelings!; **dejarse llevar por los sentimientos** to get carried away; **es una persona de buenos sentimientos** he's a kind-hearted person; **no juegues con los sentimientos de otros** don't play with other people's emotions *o* feelings

-3. *(sentido)* sense; **lo hizo por un ~ del deber** she did it out of a sense of duty

-4. *(amor)* **nunca le contó sus sentimientos** he never declared his feelings to her

sentina *nf* -1. *(cloaca)* sewer -2. *(antro)* den of iniquity -3. NÁUT bilge

sentir [62] ◇ *nm* -1. *(sentimientos)* feelings -2. *Formal (opinión)* **me gustaría conocer su ~ sobre este tema** I'd like to know your feelings *o* what you feel about this matter; **el ~ popular** public opinion

◇ *vt* -1. *(percibir, experimentar, notar)* to feel; **¿no sientes calor con tanta ropa?** aren't you hot with all those clothes on?; **no siento los pies del frío que hace** it's so cold I can't feel my feet; **sentía cierta tensión en el ambiente** I could sense *o* feel a degree of tension in the atmosphere; **sentimos mucha alegría/pena al enterarnos** we were very happy/sad when we found out; **siempre dice lo que siente** he always says what he thinks; **los trabajadores hicieron ~ su disconformidad** the workers made plain their disagreement; *Méx* **~ bonito/feo** to feel well/unwell

-2. *(lamentar)* to regret, to be sorry about; **sentimos mucho la muerte de su amigo** we deeply regret the death of your friend; **lo siento (mucho)** I'm (really) sorry; **no sabes cuánto lo siento** I can't tell you how sorry I am; **por él es por quien más lo siento** it's him I'm really sorry for; **siento que no puedas venir** I'm sorry you can't come; **siento no poder ayudarte** I'm sorry I can't help you; **siento haberle hecho esperar** sorry to keep you waiting; **sentimos mucho (tener que) comunicarle que...** *(en cartas)* we regret to inform you that...

-3. *(presentir)* to sense; **siento que hay algo que no va bien** I have a feeling *o* I sense that something's not quite right

-4. *(oír)* to hear; **sentí pasos** I heard footsteps; **no te sentí entrar** I didn't hear you come in

-5. *Am (olor, gusto)* **siento mal olor** there's a bad smell; **por el resfrío, no le siente gusto a la comida** she can't taste the food because of her cold

◇ *vi* to feel; **el frío ya se deja ~** you can really feel the cold now; **la antipatía entre ellos aún se deja ~** the dislike between them is still noticeable; **sin ~** without noticing

◆ **sentirse** *vpr* -1. *(encontrarse, considerarse)* to feel; **¿te sientes mal/bien?** are you feeling ill/all right?; **ya me siento mejor** I feel better now; **me siento feliz/mareada** I feel happy/sick; **después de la ducha me siento otro/otra** I feel like a new man/woman after my shower; **se siente superior** she feels superior; **me sentía obligado a ayudarle** I felt obliged to help him; **no me siento con ganas de hacer nada** I don't feel like doing anything; **me sentía morir** I felt like I was dying

-2. *Am (ofenderse)* to take offence; **se sintió mucho por lo que dijiste** he took great offence at what you said

seña ◇ *nf* -1. *(gesto, indicio, contraseña)* sign, signal -2. *RP (señal)* deposit; **dejé una ~ para que me guardaran la blusa hasta mañana** I left a deposit so they would keep the blouse for me until tomorrow; **para los arreglos de más de veinte libras, pedimos una ~ del cincuenta por ciento** for repairs in excess of twenty pounds, we ask for a 50 percent deposit

◇ *nfpl* **señas** -1. *(dirección)* address; **señas personales** (personal) description

-2. *(gesto)* signs; **hablar por señas** to talk in sign language; **hacer señas (a alguien)** to signal (to sb); **me hizo señas para que sentara** he signalled to me to sit down

-3. *(indicio)* signs; **dar señas de algo** to show signs of sth; **todavía no ha dado señas de cansancio** he still hasn't shown any signs of getting tired

-4. *(detalle)* details; **para** *o* **por más señas** to be precise

señal *nf* -1. *(gesto, sonido, acción)* signal; **la ~ convenida eran tres golpes en la puerta** the signal they agreed on was three knocks on the door; **cuando dé la ~ empujamos todos a la vez** when I give the signal, everyone push together; **hacerle una ~ a alguien para que haga algo** to signal to sb to do sth; **el guardia nos hizo una ~ de** *o* **para que pasáramos** the guard signalled to us to go through ❑ **~ de alarma** alarm signal; **las señales horarias** *(en la radio)* the time signal, *Br* the pips; **señales de humo** smoke signals; **~ de peligro** danger sign; **~ de salida** starting signal; **~ de socorro** distress signal

-2. FERROC signal

-3. *(tono telefónico)* tone ❑ **~ de comunicando** *Br* engaged tone, *US* busy signal; *Méx* **~ de libre** *Br* dialling *o US* dial tone; **~ de llamada** ringing tone; **~ de** *o* **para marcar** *Br* dialling *o US* dial tone; **~ de ocupado** *Br* engaged tone, *US* busy signal; **~ de portadora** carrier signal

-4. *(símbolo)* sign; **una ~ de prohibido adelantar** a no overtaking sign; **en ~ de** as a mark *o* sign of; **en ~ de duelo/buena voluntad** as a sign of mourning/goodwill ❑ **~ de circulación** road sign; **~ de la cruz** sign of the Cross; **~ indicadora (de dirección)** *(en carretera)* signpost; **~ de tráfico** road sign

-5. *(indicio)* sign; **esto es ~ de que están interesados** this is a sign that *o* this shows they're interested; **dar señales de vida** to show signs of life; **el temporal no daba señales de remitir** the storm showed no sign of abating; **ser buena/mala ~** to be a good/bad sign

-6. *(marca, huella)* mark; **hice** *o* **puse una ~ en las cajas con ropa** I marked *o* put a mark on the boxes with clothes inside; **el cuerpo presentaba señales de descomposición** the body showed signs of decomposition; **no quedó ni ~ de él** there was no sign of him left; **no dejó ni ~** she didn't leave a trace

-7. *(cicatriz)* scar, mark; **te va a quedar ~** you'll have a scar

-8. *(fianza)* deposit; **dar** *o* **dejar una ~** to leave a deposit

señaladamente *adv* -1. *(especialmente)* especially -2. *(claramente)* clearly, distinctly; **su reacción fue ~ hostil** her reaction was distinctly hostile

señalado, -a *adj* -1. *(importante)* *(fecha)* special; *(personaje)* distinguished -2. *(con cicatrices)* scarred, marked -3. *(lugar, hora)* agreed, arranged

señalar ◇ *vt* -1. *(marcar)* to mark; *(hora, temperatura)* to indicate, to show; **el termómetro señalaba 10 grados** the thermometer

señalero

showed 10 degrees; **la brújula debe ~ el norte** the compass should indicate north; **cuando el reloj señale las doce** when the clock says twelve; **las elecciones de aquel año señalaron el comienzo de la transición** that year's elections marked the beginning of the transition
-2. *(apuntar)* to point out; **nos señaló con el dedo** he pointed at us; **no quiero ~ a nadie, pero...** I don't want to point the finger at anyone, but...; **la flecha señala el camino** the arrow indicates the path; **me señaló los errores que había cometido** he showed me *o* pointed out to me the mistakes I had made
-3. *(ser el inicio de)* to mark, to signal; **las lluvias señalan la llegada del monzón** the rains signal *o* announce the arrival of the monsoon
-4. *(recalcar)* to point out; **me gustaría ~ que...** I'd like to point out that...
-5. *(fijar)* to set, to fix; **aún no han señalado el día de la boda** they haven't yet fixed the date of the wedding; **señaló su valor en 1.000 dólares** he set *o* fixed its value at 1,000 dollars
-6. *(ganado)* to brand
◆ **señalarse** *vpr (destacar)* to distinguish oneself (**por** for); **el montañero se señaló por su valor en el rescate** the mountaineer distinguished himself for his bravery in the rescue

señalero *nm Urug* indicator, *US* turn signal
señalización *nf* **-1.** *(conjunto de señales)* signs ❑ **~ vial** *o* **viaria** road signs **-2.** FERROC signals **-3.** *(colocación de señales)* signposting
señalizador *nm Chile* indicator, *US* turn signal
señalizar [14] *vt* **-1.** *(carretera, ciudad)* to signpost **-2.** FERROC to signal
señar *vt RP* to put a deposit on; **¿puedo ~ esta blusa y la vengo a buscar mañana?** may I leave a deposit on this blouse and come back for it tomorrow?
señera *nf* Catalan national flag
señero, -a *adj Formal* **-1.** *(solitario)* solitary **-2.** *(único)* unique, extraordinary; **una figura ~ de la literatura hispanoamericana** an outstanding figure in Spanish American literature
seño *nf Fam* **la ~** *(maestra)* miss, the teacher; **la ~ nos manda muchos deberes** the teacher gives us a lot of homework; **¡~!** miss!
señor, -ora ◇ *adj* **-1.** *(refinado)* noble, refined
-2. *Fam (antes de sustantivo) (gran)* real; *(excelente)* wonderful, splendid; **tienen una señora casa/un ~ problema** that's some house/problem they've got
◇ *nm* **-1.** *(tratamiento) (antes de apellido, nombre, cargo)* Mr; **el ~ López** Mr López; **los señores Ruiz** Mr and Mrs Ruiz; **¿están los señores (Ruiz) en casa?** are Mr and Mrs Ruiz in?; **dile al ~ Miguel que gracias** say thanks to Miguel from me; **¡~ presidente!** Mr President!; **el ~ director les atenderá enseguida** the manager will see you shortly
-2. *(tratamiento) (al dirigir la palabra)* Sir; **pase usted, ~** do come in, do come in, Sir; **¡oiga ~, se le ha caído esto!** excuse me! you dropped this; **señores, debo comunicarles algo** gentlemen, there's something I have to tell you; **¿qué desea el ~?** what would you like, Sir?; **sí, ~** yes, Sir; **Muy ~ mío, Estimado ~** *(en cartas)* Dear Sir; **Muy señores míos** *(en cartas)* Dear Sirs
-3. *(hombre)* man; **llamó un ~ preguntando por ti** there was a call for you from a man; **el ~ de la carnicería** the man from the butcher's; **en el club sólo dejaban entrar a (los) señores** they only let men into the club; **un ~ mayor** an elderly gentleman; **señores** *(en letrero)* men
-4. *(caballero)* gentleman; **es todo un ~** he's a real gentleman; **vas hecho un ~ con ese traje** you look like a real gentleman in that suit
-5. *(dueño)* owner; *Formal* **¿es usted el ~ de la casa?** are you the head of the household?

-6. *Formal (de criado, esclavo)* master
-7. *(noble, aristócrata)* lord ❑ HIST **~ feudal** feudal lord; **~ de la guerra** warlord
-8. *(en religión)* **el Señor** the Lord; **Nuestro Señor** Our Lord; **¡Señor, ten piedad!** Lord, have mercy upon us!
-9. *(indica énfasis)* **sí ~, eso fue lo que ocurrió** yes indeed, that's exactly what happened; **¡sí ~, así se habla!** excellent, that's what I like to hear!; **no ~, estás muy equivocado** oh no, you're completely wrong; **a mí no me engañas, no ~** you can't fool ME
◇ *interj* Good Lord!; **¡Señor, qué manera de llover!** Good Lord, look how it's raining!

señora *nf* **-1.** *(tratamiento) (antes de nombre, apellido, cargo)* Mrs; *(al dirigir la palabra)* Madam; **la ~ López** Mrs López; **¡~ presidenta!** Madam President!; **¿qué desea la ~?** what would you like, Madam?; **la ~ presidenta les atenderá enseguida** the president will see you shortly; **¡señoras y señores!** Ladies and Gentlemen!; **Estimada ~** *(en cartas)* Dear Madam; **¿es usted ~ o señorita?** are you a Mrs or a Miss?
-2. *(mujer)* lady; **llamó una ~ preguntando por ti** there was a call for you from a lady; **la ~ de la tienda** the woman from the shop; **una ~ mayor** an elderly lady; **~ de compañía** female companion; **señoras** *(en letrero)* women, ladies
-3. *(dama)* lady; **es toda una ~** she's a real lady
-4. *(dueña)* owner; **la ~ de la casa** the lady of the house
-5. *(ama)* mistress
-6. *(esposa)* wife; **el señor Ruiz y ~** Mr and Mrs Ruiz; **la ~ de Peralta** Mrs Peralta; **mi ~ esposa** my (good) wife
-7. REL **Nuestra Señora** Our Lady
-8. *(indica énfasis)* **sí ~, eso fue lo que ocurrió** yes indeed, that's exactly what happened; **¡sí ~, así se habla!** excellent, that's what I like to hear!; **no ~, estás muy equivocada** oh no, you're completely wrong; **a mí no me engañas, no ~** you can't fool ME

señorear *vt (dominar)* to control, to rule
señoría *nf* lordship, *f* ladyship; **su ~** *(a un noble)* Your Lordship, *f* Your Ladyship; *(a un parlamentario)* the Honourable gentleman, *f* the Honourable lady; *(a un ministro)* the Right Honourable gentleman, *f* the Right Honourable lady; *(a un juez)* your Honour
señorial *adj* **-1.** *(majestuoso)* stately **-2.** *(del señorío)* lordly
señorío *nm* **-1.** *(dominio)* dominion, rule **-2.** *(distinción)* nobility **-3.** *Fam (personas distinguidas) Br* nobs
señorita *nf* **-1.** *(soltera, tratamiento)* Miss; **la ~ Ana Martel** Miss Ana Martel; **~ Ana, no me pase ninguna llamada** Miss Martel, please don't put any further calls through; **¿es usted señora o ~?** are you a Mrs or a Miss?; **Estimada ~** *(en cartas)* Dear Madam
-2. *(joven)* young lady; **tu hija está hecha toda una ~** your daughter's turned into quite a young lady; **busco a la ~ que me atendió ayer** I'm looking for the young lady who served me yesterday
-3. *(maestra)* **la ~** miss, the teacher; **la ~ nos manda muchos deberes** the teacher gives us a lot of homework; **¡~!** miss!
-4. *ver también* **señorito**

señoritingo, -a *nm,f Pey* spoilt brat
señorito, -a ◇ *adj Fam Pey (refinado)* snooty, stuck-up
◇ *nm,f* **-1.** *Anticuado (hijo del amo)* master, *f* mistress; **~ Gabriel, ¿le preparo el caballo? master Gabriel, shall I get your horse ready?; **la señorita Paloma dijo que volvería a las ocho** mistress Paloma said she would return at eight **-2.** *Fam Pey (niñato)* rich kid
señorón, -ona *Pey* ◇ *adj* high and mighty, *US* high-hat
◇ *nm,f* personage, *Br* nob
señuelo *nm* **-1.** *(reclamo)* decoy **-2.** *(cebo, trampa)* bait, lure **-3.** *Arg, Bol (novillos)* = group of young lead bulls
seo *nf (catedral)* cathedral

separar

sep. *(abrev de* **septiembre***)* Sep, Sept
sepa *etc ver* **saber**
sépalo *nm* BOT sepal
separable *adj* separable, detachable
separación *nf* **-1.** *(de elementos)* separation; **es conveniente la ~ entre el poder judicial y el ejecutivo** it's best for the judiciary to be independent from the government ❑ IMPRENTA **~ de colores** colour separation; **~ de poderes** separation *o* division of powers
-2. *(en el tiempo)* separation; **se reunieron tras una ~ de tres meses** they were reunited after a three month separation; **se le hizo muy difícil la ~ de su compañera durante tanto tiempo** he found it very hard being apart from his partner for so long
-3. *(matrimonial)* separation ❑ DER **~ de bienes** separate estates *(in matrimony)*; **~ matrimonial** separation
-4. *(distancia)* space, distance; **deja más ~ entre los coches** leave more space between the cars; **hay demasiada ~ entre las plantas** the plants are too far apart
-5. *(de cargo)* dismissal; **fue anunciada su ~ del cargo de presidente** his removal from presidential office was announced

separadamente *adv* separately
separado, -a ◇ *adj* **-1.** *(apartado)* separate; **está muy ~ de la pared** it's too far away from the wall; **por ~** separately **-2.** *(del cónyuge)* separated
◇ *nm,f* separated person
separador, -ora ◇ *adj* separating
◇ *nm,f* separator
◇ *nm* **-1.** TEC separator **-2.** MED retractor **-3.** *(en carpeta)* divider
separar ◇ *vt* **-1.** *(alejar, dividir, aislar)* to separate (**de** from); **lo han separado de sus hijos** they've taken his children away from him; **tuvo que venir la policía para separarlos** the police had to be called to break them up *o* separate them; **el muro que separa los dos campos** the wall separating *o* that separates the two fields; **~ algo en grupos/partes iguales** to divide sth into groups/equal parts; **son muchas las cosas que nos separan** there are many differences between us; **quiere ~ su vida privada de su vida pública** she wants to keep her private life separate from her public life
-2. *(apartar, dejar espacio entre)* to move away (**de** from); **separe el cuerpo del volante** keep your body away from the steering wheel; **separa un poco las sillas** move the chairs apart a bit; **separa bien las piernas** open your legs wide
-3. *(desunir, quitar)* **las hojas se han pegado y no las puedo ~** the pages have stuck together and I can't separate them *o* get them apart; **separe la carne del caldo** remove the meat from the stock; **no separaba los ojos del reloj** she never took her eyes off the clock
-4. *(reservar)* to put aside
-5. *(destituir)* **~ de** to remove *o* dismiss from; **fue separado del cargo** he was removed (from his post), he was dismissed (from his job); **separaron al coronel del servicio** the colonel was removed from active service
◆ **separarse** *vpr* **-1.** *(apartarse)* to move apart; **separaos un poco** move apart a bit; **separarse de** to move away from; **sepárese un poco del micrófono** don't speak too close to the microphone; **no se separen del grupo** don't leave the group, stay together with the group; **no se separaba de mí** he didn't leave my side; **jamás se separa de su osito de peluche** she never goes anywhere without her teddy bear; **es la primera vez que se separa de sus padres** it's the first time he's been away from his parents
-2. *(ir por distinto lugar) (personas)* to separate, to part company; *(caminos, vías, carreteras)* to diverge; **aquí se separan nuestros caminos** this is where we each go our separate way, this is where we part company

-3. *(matrimonio)* to separate (**de** from); *(novios, grupo musical, entidades)* to split up (**de** with); **se ha separado de su marido** she has separated from her husband
-4. *(independizarse)* *(territorio, comunidad)* to break away (**de** from)
-5. *(desprenderse)* to come away o off

separata *nf* pull-out supplement
separatismo *nm* separatism
separatista ◇ *adj* separatist
◇ *nmf* separatist
separo *nm Méx* cell
sepelio *nm* burial
SEPI *nf (abrev de* **Sociedad Estatal de Participaciones Industriales**) = Spanish governmental organization that promotes industry
sepia ◇ *adj (color)* sepia
◇ *nm (color)* sepia
◇ *nf (molusco)* cuttlefish
sepiolita *nf* GEOL sepiolite
SEPLA *nm (abrev de* **Sindicato de Pilotos de Líneas Aéreas**) = Spanish airline pilots' union
sepsis *nf inv* MED sepsis
septentrión *nm Literario* north
septentrional ◇ *adj* northern
◇ *nmf* northerner
septeto *nm* septet
septicemia *nf* MED septicaemia
séptico, -a *adj* septic
septiembre, setiembre *nm* September; **el 1 de ~** 1 September; **uno de los septiembres más lluviosos de la última década** one of the rainiest Septembers in the last decade; **a principios/mediados/finales de ~** at the beginning/in the middle/at the end of September; **el pasado/próximo (mes de) ~** last/next September; **en ~** in September; **en pleno ~** in mid-September; **este (mes de) ~** *(pasado)* (this) last September; *(próximo)* next September, this coming September; **para ~** by September
septillizo, -a *nm,f* septuplet
séptimo, -a, sétimo, -a *núm* seventh ❏ **el ~ arte** the seventh art, the movies, the cinema; *ver también* **octavo**
septuagenario, -a ◇ *adj* septuagenarian
◇ *nm,f* septuagenarian
septuagésimo, -a *núm* seventieth; *ver también* **octavo**
septuplicar [59] ◇ *vt* to multiply by seven
◆ **septuplicarse** *vpr* to increase sevenfold
séptuplo *nm* septuple
sepulcral *adj* **-1.** *(del sepulcro)* **arte ~** funerary art; **una escultura ~** a funerary sculpture
-2. *(profundo)* *(voz)* lugubrious; *(frío)* deathly; **reinaba un silencio ~** it was as silent as the grave
sepulcro *nm* tomb
sepultar *vt* **-1.** *(enterrar)* to bury **-2.** *(cubrir)* to bury; **el corrimiento de tierras sepultó a diez personas** the landslide buried ten people; **la avalancha sepultó el pueblo** the avalanche buried the town
sepultura *nf* **-1.** *(enterramiento)* burial; **dar ~ a** to bury; **recibir ~** to be buried; **recibió cristiana ~** he received a Christian burial
-2. *(fosa)* grave
sepulturero, -a *nm,f* gravedigger
seque etc *ver* **secar**
sequedad *nf* **-1.** *(falta de humedad)* dryness **-2.** *(antipatía)* brusqueness; **me recibió con ~** he gave me a brusque welcome
sequía *nf* **-1.** *(falta de agua)* drought **-2.** *Col (sed)* thirst
séquito *nm* **-1.** *(comitiva)* retinue, entourage; **el cantante llegó con un ~ de cincuenta personas** the singer arrived with a fifty-strong entourage **-2.** *(sucesión)* **trajo consigo un ~ de consecuencias** it had a whole range of consequences
ser [2]

> The auxiliary verb **ser** is used with the past participle of a verb to form the passive (e.g. **la película fue criticada** the movie was criticized).

◇ *v aux (para formar la voz pasiva)* to be; **fue visto por un testigo** he was seen by a witness; **la propuesta es debatida** o **está siendo debatida en el parlamento** the proposal is being debated in parliament

◇ *v copulativo* **-1.** *(con adjetivos, sustantivos, pronombres) (indica cualidad, identidad, condición)* to be; **es alto/gracioso** he's tall/funny; **soy chileno/chiapaneco** I'm Chilean/from Chiapas; **es azul/difícil** it's blue/difficult; **sé discreta/paciente** be discreet/patient; **es un amigo/el dueño** he's a friend/the owner; **son unos amigos míos** they're friends of mine; **es el cartero/tu madre** it's the postman o US mailman/your mother; **soy yo, ábreme** open up, it's me; **soy Víctor** *(al teléfono)* it's Víctor; **la casa es aquella de ahí** the house is that one over there; **es un tipo muy simpático** he's a very nice guy; **¿es eso verdad?** is that true?; **eso no es cierto** that isn't true; **es obvio que le gustas** it's obvious that he likes you; **no es necesario ir** it isn't necessary to go; **es posible que llueva** it may rain; **no está mal para ~ de segunda mano** it's not bad considering it's second-hand; **no pierde sus derechos por ~ inmigrante** just because he's an immigrant doesn't mean he doesn't have any rights; **te lo dejo en la mitad por ~ tú** seeing as o because it's you, I'll let you have it half-price; **por ~ usted, señora, 15 euros** to you, madam, 15 euros; **que seas muy feliz** I wish you every happiness, I hope you'll be very happy; **¡será imbécil el tipo!** the guy must be stupid!; **este restaurante ya no es lo que era** this restaurant isn't as good as it used to be o isn't what it used to be; *RP Fam* **~ loco por algo** to be wild about sth
-2. *(con sustantivos, adjetivos) (indica empleo, dedicación, estado civil, religión)* to be; **soy abogado/actriz** I'm a lawyer/an actress; **son estudiantes** they're students; **para ~ juez hay que trabajar mucho** you have to work very hard to be o become a judge; **es padre de tres hijos** he's a father of three; **es soltero/casado/divorciado** he's single/married/divorced; **era viuda** she was a widow; **son budistas/protestantes** they are Buddhists/Protestants; **el que fuera gobernador del estado** the former governor of the state; EXPR *Am Fam* **¿tú eres o te haces?** are you stupid or what?; EXPR *RP Fam* **¿vos sos o te hacés?** are you stupid or what?
-3. *(con de) (indica material, origen, propiedad)* **~ de** *(estar hecho de)* to be made of; *(provenir de)* to be from; *(pertenecer a)* to belong to; **un juguete que es todo de madera** a completely wooden toy, a toy made completely of wood; **¿de dónde eres?** where are you from?; **estas pilas son de una linterna** these batteries are from a torch; **¿es de usted este abrigo?** is this coat yours?, does this coat belong to you?; **los juguetes son de mi hijo** the toys are my son's; **portarse así es de cobardes** only cowards behave like that, it's cowardly to behave like that
-4. *(con de) (indica pertenencia a grupo)* **~ de** *(club, asociación, partido)* to be a member of; **¿de qué equipo eres?** *(aficionado)* which team o who do you support?; **soy del Barcelona** I support Barcelona; **~ de los que...** to be one of those people who...; **ése es de los que están en huelga** he is one of those on strike; **no es de las que se asustan por cualquier cosa** she's not one to get scared easily

◇ *vi* **-1.** *(ocurrir, tener lugar)* to be; **fue aquí** it was here; **¿cuándo es la boda?** when's the wedding?; **la final era ayer** the final was yesterday; **¿cómo fue lo de tu accidente?** how did your accident happen?; **¿qué fue de aquel amigo tuyo?** what happened to that friend of yours?; **¿qué es de Pablo?** how's Pablo (getting on)?

-2. *(constituir, consistir en)* to be; **fue un acierto que nos quedáramos en casa** we were right to stay at home; **lo importante es decidirse** the important thing is to reach a decision; **su ambición era dar la vuelta al mundo** her ambition was to travel round the world; **tratar así de mal a la gente es buscarse problemas** treating people so badly is asking for trouble
-3. *(con fechas, horas)* to be; **¿qué (día) es hoy?** what day is it today?, what's today?; **hoy es jueves** today's Thursday, it's Thursday today; **¿qué (fecha) es hoy?** what's the date today?, what date is it today?; **mañana será 15 de julio** tomorrow (it) will be 15 July; **¿qué hora es?** what time is it?, what's the time?; **son las tres (de la tarde)** it's three o'clock (in the afternoon), it's three (pm); **serán** o **deben de ~ las tres** it must be three (o'clock)
-4. *(con precios)* to be; **¿cuánto es?** how much is it?; **son 300 pesos** that'll be 300 pesos; **¿a cómo son esos tomates?** how much are those tomatoes?
-5. *(con cifras, en operaciones)* to be; **ellos eran unos 500** there were about 500 of them; **11 por 100 son 1.100** 11 times 100 is 1,100
-6. *(servir, ser adecuado)* **~ para** to be for; **este trapo es para (limpiar) las ventanas** this cloth is for (cleaning) the windows; **este libro es para niños** this book is for children; **la ciudad no es para mí** the city isn't for me
-7. *(con más infinitivo) (indica necesidad, posibilidad)* **es de desear que...** it is to be hoped that...; **era de esperar que pasara algo así** it was to be expected that something like that would happen; **es de suponer que aparecerá** presumably, he'll turn up; **es de temer cuando se enoja** she's really scary when she gets angry
-8. *(para recalcar, poner énfasis)* **ése es el que me lo contó** he's the one who told me; **lo que es a mí, no me llamaron** they certainly didn't call me, they didn't call me, anyway; **¿es que ya no te acuerdas?** don't you remember any more, then?, you mean you don't remember any more?
-9. *(indica excusa, motivo)* **es que no me hacen caso** but o the thing is they don't listen to me; **es que no vine porque estaba enfermo** the reason I didn't come is that I was ill, I didn't come because I was ill, you see; **¿cómo es que no te han avisado?** how come they didn't tell you?
-10. *Literario (existir)* **Platón, uno de los grandes sabios que en el mundo han sido** Plato, one of the wisest men ever to walk this earth
-11. *(en frases)* **a no ~ que venga** unless she comes; **tengo que conseguirlo (sea) como sea** I have to get it one way or another; **hay que evitar (sea) como sea que se entere** we have to prevent her from finding out at all costs o no matter what; **hazlo cuando sea** do it whenever; **de no ~/haber sido por...** if it weren't/hadn't been for...; **de no ~ por él no estaríamos vivos** if it weren't for him, we wouldn't be alive; **de no ~ así** otherwise; **de ~ así** if that should happen; **déjalo donde sea** leave it anywhere o wherever; **érase una vez, érase que se era** once upon a time; **dile lo que sea, da igual** tell her anything o whatever, it doesn't make any difference; **haré lo que sea para recuperar mi dinero** I will do whatever it takes o anything to get my money back; **se enfadó, y no era para menos** she got angry, and not without reason; **no sea que..., no vaya a ~ que...** in case...; **la llamaré ahora no sea que luego me olvide** I'll call her now in case I forget later; **Estados Unidos y Japón, o sea, las dos economías mundiales más importantes** the United States and Japan, that is to say o in other words, the two most important

economies in the world; **50 euros, o sea unas 8.300 pesetas** 50 euros, that's about 8,300 pesetas; **o sea que no quieres venir** so you don't want to come then?; **por si fuera poco** as if that wasn't enough; **habla con quien sea** talk to anyone; **sea quien sea no abras la puerta** don't open the door, whoever it is; **si no fuera/hubiera sido por...** if it weren't/hadn't been for...; *Am* **siendo que...** seeing that *o* as..., given that...; *Am* **siendo que tienes la plata, cómprate el vestido más caro** seeing as *o* since you've got the money, buy yourself the more expensive dress

◇ *v impersonal (indica tiempo)* to be; **es muy tarde** it's rather late; **era de noche/de día** it was night/day

◇ *nm* **-1.** *(ente)* being; **seres de otro planeta** beings from another planet ❑ **~ humano** human being; **Ser Supremo** Supreme Being; **los seres vivos** living things **-2.** *(persona)* person; **sus seres queridos** his loved ones **-3.** *(existencia)* **mis padres me dieron el ~** my parents gave me my life **-4.** *(esencia, naturaleza)* being; **la quiero con todo mi ~** I love her with all my being *o* soul

seráfico, -a *adj Literario (angélical)* seraphic

serafín *nm* **-1.** REL seraph **-2.** *(animal)* **~ de platanar** silky anteater

serbal *nm* sorb, service tree

Serbia *n* Serbia

serbio, -a ◇ *adj* Serbian
◇ *nm,f* Serbian

serbobosnio, -a ◇ *adj* Bosnian Serb
◇ *nm,f* Bosnian Serb

serbocroata ◇ *adj* Serbo-Croat
◇ *nmf (persona)* Serbo-Croat
◇ *nm (lengua)* Serbo-Croat

Seremi *nf (abrev de* **Secretaría Regional Ministerial)** = Chilean regional ministerial secretariat

serenamente *adv (tranquilamente)* calmly, serenely

serenar ◇ *vt (calmar)* to calm
◆ **serenarse** *vpr (calmarse)* to calm down; *(tiempo)* to clear up; *(viento)* to die down; *(aguas)* to grow calm

serenata *nf* **-1.** MÚS serenade **-2.** *Fam (ruido)* **con toda esta ~ de ambulancias es imposible concentrarse** with all this wailing of ambulances, it's impossible to concentrate; EXPR **dar la ~** to pester

serendipidad *nf* serendipity

serenense ◇ *adj* of/from La Serena *(Chile)*
◇ *nmf* person from La Serena *(Chile)*

serenidad *nf* **-1.** *(tranquilidad)* calm; **no perdió nunca la ~** he never lost his calm **-2.** *(quietud)* tranquillity

serenísimo, -a *adj* **su Alteza Serenísima** His Serene Highness, *f* Her Serene Highness

sereno, -a ◇ *adj* **-1.** *(sobrio)* sober **-2.** *(tranquilo)* calm, serene **-3.** *(cielo)* clear; *(tiempo)* fine
◇ *nm* **-1.** *Anticuario (vigilante)* nightwatchman **-2.** *(humedad)* night dew

serial *nm, CSur nf* serial ❑ **~ radiofónico** *o CSur* **radiofónica** radio serial

serialización *nf* serialization

serializar *vt* to serialize

seriamente *adv* seriously; **tuve que hablar muy ~ con ella** I had to have a very serious talk with her

seriar *vt* to put in order

sericultor, -ora *nm,f* sericulturist

sericultura *nf* sericulture

serie *nf* **-1.** *(sucesión, conjunto)* series *(singular)*; *(de mentiras)* string; **ha escrito una ~ de artículos sobre el tema** he has written a series of articles on the topic; **me dijo una ~ de cosas** he told me a number of things
-2. *(de televisión)* series *(singular)*; **película de ~ B** B-movie
-3. *(de sellos, monedas)* set; *(de grabados)* series
-4. *(producción)* run, batch; **este coche es de la primera ~ que se fabricó** this car is

from the first batch that was produced; **fabricación en ~** mass production; **con ABS de ~** with ABS as standard
-5. ELEC **en ~** in series

seriedad *nf* **-1.** *(gravedad, importancia)* seriousness; **viste con demasiada ~** he dresses too formally **-2.** *(responsabilidad)* sense of responsibility; *(formalidad)* reliability; **¡qué falta de ~!** it's disgraceful!

serif, sérif *nm* IMPRENTA serif; **sans ~** sans serif

serigrafía *nf* (silk) screen printing

serigrafiado, -a *adj* (silk) screen printed

serio, -a ◇ *adj* **-1.** *(grave)* serious; **es una persona muy seria** he's a very serious person; **estar ~** to look serious; **me lanzó una mirada seria** she gave me a serious look; **me tuve que poner muy seria con mis alumnos** I had to get very serious with my pupils
-2. *(importante)* serious; **es una enfermedad muy seria** it's a very serious illness; **me dio un susto muy ~** I got a very nasty shock; **una seria amenaza para la paz mundial** a serious threat to world peace
-3. *(responsable)* reliable; *(cumplidor, formal)* reliable; **son muy serios, cumplirán los plazos** they're very reliable, they'll meet the deadlines; **no son gente seria** they're very unreliable; **¡esto no es ~!** this is ridiculous!; **lo que no es ~ es que ahora digan que necesitan dos meses más** what's really unacceptable is that now they're saying they need another two months
-4. *(sobrio)* sober; **un traje ~** a formal suit; **sólo ve programas serios** she only watches serious programmes
◇ **en serio** *loc adv* seriously; **lo digo en ~** I'm serious; **en ~, me ha tocado la lotería** seriously, I've won the lottery; **¿vas en ~?** are you (being) serious?; **tomarse algo/a alguien en ~** to take sth/sb seriously; **ponte a estudiar en ~** get down to some serious study

sermón *nm* **-1.** *(discurso)* sermon **-2.** *(bronca, perorata)* lecture; **echarle un ~ a alguien** to lecture sb, to give sb a lecture

sermonear *vt* to give a lecture *o* ticking-off to; **me sermoneó por estar fumando** he gave me a ticking-off for smoking

serodiagnóstico *nm* MED serodiagnosis

serología *nf* serology

seropositivo, -a ◇ *adj* HIV-positive
◇ *nm,f* HIV-positive person; **ser un ~** to be HIV-positive

seroso, -a *adj* serous

serotonina *nf* BIOQUÍM serotonin

sérox = **xérox**

serpentear *vi* **-1.** *(río, camino)* to wind, to snake **-2.** *(culebra)* to wriggle

serpenteo *nm* **-1.** *(de río, camino)* winding, meandering **-2.** *(de culebra)* wriggling

serpentín *nm* ❑ **~ calentador** heating coil; **~ refrigerante** cooling coil

serpentina *nf* streamer

serpiente *nf (culebra)* snake ❑ **~ de agua** water snake; **~ de cascabel** rattlesnake; **~ pitón** python; PRENSA **~ de verano** = story of questionable importance that attracts comment in newspapers during the summer months when more important news is scarce

serrado, -a *adj* **-1.** *(cortado)* sawn **-2.** *(con dientes)* serrated

serraduras *nfpl* sawdust

serrallo *nm* seraglio

serranía *nf* mountainous region

serranilla *nf* LIT = poem describing an encounter between a knight and a country girl

serrano, -a ◇ *adj* **-1.** *(de la sierra)* mountain, highland; **aire/pueblo ~** mountain air/village **-2.** *Fam (hermoso)* **¡vaya cuerpo ~!** what a great bod!; *Irónico* **¡vaya cuerpo ~ tengo!** I feel like death warmed up!
◇ *nm,f Am* person from the mountains

serrar [3] *vt* to saw (up)

serrato *nm* ANAT serratus

serrería *nf* sawmill

serreta *nf* **~ chica** smew; **~ grande** goosander; **~ mediana** red-breasted merganser

serrín *nm* sawdust

serrote *nm Méx* hand saw

serruchar *vt Am* to saw with a hand saw; EXPR *RP Fam* **serrucharle el piso a alguien** = to criticize another person's work in the hope of getting their job

serrucho ◇ *nm* **-1.** *(herramienta)* hand saw **-2.** *Cuba (pez)* sawfish **-3.** *Col* **hacer ~** to be on the fiddle
◇ **al serrucho** *loc adv Cuba Fam* **ir al ~** to go halves

serval *nm* serval

service *nm RP* customer service

servicentro *nm CAm, CSur* service station

servicial *adj* attentive, helpful

servicio *nm* **-1.** *(prestación, asistencia, sistema)* service; **se ha suspendido en ~ en la línea 1 de autobús** the number 1 bus isn't running today; **hubo que recurrir a los servicios de una agencia inmobiliaria** we had to use the services of *Br* an estate agent *o US* a real estate office; **el ~ postal/hospitalario** the postal/hospital service; **lleva muchos años al ~ de la empresa** she has worked for the company for several years; **estamos a su ~ para lo que necesite** we are at your service if you need anything; **hacer** *o* **prestar un buen ~ a alguien** *(prenda, utensilio, aparato)* to serve sb well; **nos ha ofrecido sus servicios** he has offered us his services; **por los servicios prestados** for services rendered; **prestar ~ como** *o* **de** to serve as ❑ **~ de asistencia técnica** technical support; **~ de atención al cliente** customer service department; **~ discrecional** private service; **~ a domicilio** home delivery service; **~ de habitaciones** room service; **servicios informativos** *(de cadena de radio, televisión)* news service; **~ de inteligencia** intelligence service; **~ en línea** on-line service; **~ de mensajería** courier service; **~ militar** military service; **hacer el ~ militar** to do one's military service; **servicios mínimos** *(en huelga)* skeleton service; **~ de paquetería** parcel service; **~ posventa** after-sales service; **~ de prensa** press department; **~ público** public service; **~ religioso** religious service; **~ secreto** secret service; **servicios sociales** social services; **~ técnico** technical assistance; **~ de urgencias** *Br* casualty department, *US* emergency room; **~ de veinticuatro horas** round-the-clock service
-2. *(funcionamiento)* service; **entrar en ~** to come into service; **estar fuera de ~** *(máquina)* to be out of order
-3. *(servidumbre)* servants; **el ~ está fatal hoy en día** you just can't find the staff these days ❑ **~ doméstico** domestic help
-4. *(turno)* duty; **estar de ~** to be on duty ❑ **~ activo** *(en el ejército)* active service *o* duty
-5. *(en tenis, squash)* serve, service; **primer/segundo ~** first/second serve *o* service; **al ~, Ríos** Ríos to serve; **mantener el ~** to hold one's serve
-6. *(cubierto)* place setting
-7. *(juego de tazas, platos)* **~ de café/té** coffee/tea set; **~ de mesa** dinner service
-8. *(en restaurante) (atención al cliente)* service; *(recargo)* service charge; **dan un ~ pésimo** the service is awful; **el ~ está incluido** service is included; **~ no incluido** service is not included
-9. **servicios** *(sector terciario)* services; **una empresa de servicios** a services company; **el sector servicios** the services sector
-10. *Esp (WC)* toilet, *US* bathroom; **¿dónde están los servicios?** where are the toilets?, *US* where's the bathroom?; **el ~ de señoras/caballeros** the ladies/gents

SERVICIO MILITAR

Military conscription is currently under review in many Latin American countries. Peru and Chile have substituted obligatory service with a voluntary system as in Honduras. Argentina

servidor 652 **sextillizo**

recently opted for a professional army (as in Spain) and Paraguay is considering doing away with its armed forces altogether. Uruguay has never had military conscription, and Panama and Costa Rica have no army.

servidor, -ora ◇ *nm,f* **-1.** *(criado)* servant **-2.** *(en cartas)* **su seguro ~** yours faithfully **-3.** *(yo)* yours truly, me; **¿quién es el último? – ~** who's last? – I am; **Lola López – servidora** *(al pasar lista)* Lola López – here!; **~ de usted** at your service
◇ *nm* INFORMÁT server ❑ **~ de archivos** file server; **~ de impresora** printer server; **~ de listas** list server; **~ proxy** proxy server; **~ de terminales** terminal server; **~ Web** Web server
servidumbre *nf* **-1.** *(criados)* servants **-2.** *(dependencia, esclavitud)* servitude
servil *adj* **-1.** *(obsequioso)* servile **-2.** *(humilde)* menial
servilismo *nm (comportamiento)* servile attitude
servilleta *nf* **-1.** *(de tela, papel)* napkin, *Br* serviette; **una ~ de papel** a paper napkin *o Br* serviette **-2.** *Méx Fam (servidor)* servant; **aquí tienes a tu ~ para lo que se te ofrezca** your wish is my command
servilletero *nm* napkin *o Br* serviette ring
servilmente *adv* servilely
serviola *nf (pez)* amberjack
servir [47] ◇ *vt* **-1.** *(comida, bebida)* to serve; **todavía no nos han servido** we haven't been served yet; **la cena se servirá** *o* **será servida a las ocho** dinner will be served at eight; **sírvanos dos cervezas** two beers, please; **¿te sirvo más patatas?** would you like some more potatoes?; **¿me sirve un poco más, por favor?** could I have a bit more, please?; **~ mesas** *Br* to wait at table, *US* to wait tables; **la polémica está servida** the gloves are off
-2. *(prestar servicio a)* to serve; **¿en qué puedo servirle?** *(en tienda, mostrador)* what can I do for you?; **~ a la patria/a Dios** to serve one's country/God; *Formal* **para servirle, para ~ a usted** *(como respuesta)* at your service
-3. *(suministrar) (mercancías)* to supply; **le serviremos el pedido en el acto** we'll bring you your order immediately; **nuestra empresa sirve a toda la zona** our company serves *o* supplies the whole area
-4. voy servido *(en naipes)* stick, I'm sticking; *Fig (tengo de sobra)* I've got plenty
◇ *vi* **-1.** *(prestar servicio)* to serve; **sirvió de ministro en el gobierno socialista** he served as *o* was a minister in the socialist government; **~ en el ejército** to serve in the Army
-2. *(valer, ser útil)* **esta batidora ya no sirve/ aún sirve** this mixer is no good any more/ can still be used; **esta mesa no me sirve, necesito una mayor** this table's no good *o* use to me, I need a bigger one; **~ de algo** *(cumplir la función de)* to serve as sth; **el desván le sirve de oficina** he uses the attic as an office, the attic serves as his office; **la radio me servía de distracción** the radio kept me entertained *o* served to entertain me; **~ de guía** to act as a guide; **~ para** *(utensilio, máquina, objeto)* to be for; **¿para qué sirve esto?** what's this for?; **este líquido sirve para limpiar la plata** this liquid is for cleaning silver; **¿te sirven estos papeles para algo?** are these papers any use to you?; **este pegamento no sirve para la madera** this glue is no good for wood; **yo no serviría para sacerdote** I wouldn't be any good as a priest; **no sirve para estudiar** he's no good at studying; **no ~ de** *o* **para nada** to be useless; **nuestro esfuerzo no sirvió de** *o* **para nada** our effort was in vain; **de nada sirve que se lo digas** it's no use telling him; **¿de qué sirve quejarse si no nos hacen caso?** what's the point in *o* what's the good of complaining if they never take any notice of us?
-3. *(como criado)* to be in service; **tuvo que ponerse a ~** she had to go into service; **~ en palacio/en una casa** to be a servant at a palace/in a household
-4. *(en tenis, squash)* to serve
➧ **servirse** *vpr* **-1.** *(aprovecharse, utilizar)* **servirse de algo** to make use of sth; **servirse de alguien** to use sb
-2. *(comida, bebida)* to help oneself; **¿no te sirves más?** is that all you're having?; **sírvase usted mismo** *(en letrero)* self-service; **me serví un coñac** I poured myself a brandy, I helped myself to a glass of brandy; **que cada uno se sirva lo que prefiera** help yourselves to whatever you like; **sírvase (bien) frío** *(en etiqueta)* serve chilled
-3. *Formal (tener a bien)* **se ha servido ayudarnos** she has been good enough to help us; **sírvase llamar cuando quiera** please call whenever you wish; **sírvanse cerrar la puerta** *(en letrero)* please close the door
servo *nm* TEC servo
servoasistido, -a *adj* AUT servo; **dirección servoasistida** power steering
servodirección *nf* power steering
servofreno *nm* servo brake
servomecanismo *nm* servomechanism
servomotor *nm* servomotor
sesada *nf* **-1.** *(de animal)* brains **-2.** *(para comer)* fried brains
sésamo *nm* **-1.** *(planta)* sesame **-2.** EXPR **¡ábrete, Sésamo!** open, Sesame!
sesear *vi* = to pronounce "c" and "z" as "s", as in Andalusia and Latin America
sesenta *núm* sixty; *ver también* **treinta**
sesentavo, -a *núm* sixtieth; *ver también* **octavo**
sesentón, -ona *Fam* ◇ *adj* **un señor ~** a man in his sixties
◇ *nm,f* man in his sixties, *f* woman in her sixties; **es un ~** he's in his sixties
seseo *nm* = pronunciation of "c" and "z" as an "s", as in Andalusian and Latin American dialects
sesera *nf Fam* **-1.** *(cabeza)* nut, *Br* bonce **-2.** *(inteligencia)* brains; **¡qué poca ~ tienes!** where's your common sense!
sesgado, -a *adj* **-1.** *(en diagonal)* slanted; **un corte ~** a diagonal cut, a crosswise cut **-2.** *(subjetivo)* biased
sesgar [38] *vt (tela)* to cut on the bias; **la senda discurría sesgando los cultivos de la ladera** the path wandered up the hillside, cutting across the fields
sesgo *nm* **-1.** *(oblicuidad)* slant; **al ~** *(en diagonal)* on a slant; *(costura)* on the bias **-2.** *(rumbo)* course, path; **preocupa el ~ que está tomando el conflicto** the conflict has taken a worrying turn
sesgue etc *ver* **sesgar**
sesión *nf* **-1.** *(reunión)* meeting, session; *(de juicio)* sitting, session; **abrir/levantar la ~** to open/adjourn the meeting ❑ **~ informativa** *(para presentar algo)* briefing; *(después de una misión)* debriefing; **~ plenaria** *(de congreso)* plenary (session); *(de organización)* plenary (assembly)
-2. *(proyección, representación)* show, performance ❑ **~ continua** continuous performance; **~ doble** double bill, double feature; **~ golfa** late-night showing; **~ de madrugada** late-night showing; **~ matinal** matinée; **~ de noche** evening showing; **~ de tarde** afternoon matinée
-3. *(de actividad)* session; **~ de espiritismo** séance; **~ fotográfica** photo session
sesionar *vi* to be in session
seso *nm* **-1.** *(cerebro)* brain; **le volaron de un tiro la tapa de los sesos** with one shot they blew his brains out **-2.** *(sensatez)* brains, sense **-3. sesos** *(para comer)* brains **-4.** *Fam* EXPR **calentarse** *o* **devanarse los sesos** to rack one's brains; EXPR **perder el ~: ha perdido el ~ por ella** he's madly in love with her; EXPR **sorber el ~** *o* **los sesos a alguien** to brainwash sb; EXPR **tiene poco ~** he's not very bright
sesquicentenario *nm Formal* 150th anniversary

sestear *vi (dormir una siesta)* to have a nap
sesteo *nm (de persona)* nap
sestercio *nm* HIST sesterce
sesudo, -a *adj Fam* **-1.** *(sensato)* wise, sensible **-2.** *(inteligente)* brainy
set *(pl* **sets)** *nm* **-1.** *(conjunto)* set **-2.** DEP set
seta *nf Esp* mushroom; EXPR **como setas: los teléfonos móviles proliferan como setas** mobile phones are everywhere nowadays ❑ **~ de cardo** oyster mushroom; **~ comestible** edible mushroom; **~ venenosa** poisonous mushroom, toadstool
setecientos, -as *núm* seven hundred; *ver también* **treinta**
setenta *núm* seventy; *ver también* **treinta**
setentavo, -a *núm* seventieth; *ver también* **octavo**
setentón, -ona *Fam* ◇ *adj* **un señor ~** a man in his seventies
◇ *nm,f* man in his seventies, *f* woman in her seventies; **es un ~** he's in his seventies
setiembre = **septiembre**
sétimo, -a = **séptimo**
seto *nm (valla)* fence; **~ (vivo)** hedge
setter ['seter] *(pl* **setters)** *nm* setter ❑ **~ inglés** English setter; **~ irlandés** Irish setter
seudo- *pref* pseudo-
seudónimo *nm* pseudonym
Seúl *n* Seoul
s.e.u.o. *(abrev de* **salvo error u omisión***)* E & OE
severamente *adv* severely; **lo castigaron ~** he was severely punished; **fue criticado ~** it was harshly *o* severely criticized; **la sequía afectó ~ al norte del país** the drought severely affected the north of the country
severidad *nf* **-1.** *(de persona)* strictness; *(de castigo)* severity, harshness **-2.** *(de clima)* severity, harshness; *(de enfermedad)* seriousness **-3.** *(de gesto, aspecto)* sternness
severo, -a *adj* **-1.** *(persona)* strict; *(castigo)* severe, harsh **-2.** *(clima)* severe, harsh; *(enfermedad)* serious **-3.** *(gesto, aspecto)* stern
seviche *nm* = raw fish marinated in lemon and garlic
sevichada *nf* = get-together where the main or only course is "seviche"
sevicia *nf Formal* excessive *o* undue cruelty
Sevilla *n* Seville; EXPR **quien** *o* **el que se fue a ~, perdió su silla** you shouldn't have gone away if you wanted to keep your place/ seat
sevillana *nf* = Andalusian dance and song
sevillano, -a ◇ *adj* Sevillian
◇ *nm,f* Sevillian
sexagenario, -a ◇ *adj* sexagenarian
◇ *nm,f* sexagenarian
sexagesimal *adj* sexagesimal
sexagésimo, -a *núm* sixtieth; *ver también* **octavo**
sex-appeal [seksa'pil] *nm* sex appeal
sexar *vt* to sex
sexenal *adj* **plan ~** six-year plan
sexenio *nm* six-year period
sexi = **sexy**
sexismo *nm* sexism
sexista ◇ *adj* sexist
◇ *nmf* sexist
sexo *nm* **-1.** *(género)* sex; **el ~ masculino/femenino** the male/female sex; **el bello ~, el ~ débil** the fair sex; **el ~ fuerte** the stronger sex; **un organismo de ~ masculino** a male organism; EXPR **esto es como hablar del ~ de los ángeles** there's no point in having this discussion **-2.** *(genitales)* genitals **-3.** *(sexualidad)* sex ❑ **~ oral** oral sex; **~ sin protección** unprotected sex; **~ sin riesgo** safe sex; **~ seguro** safe sex
sexología *nf* sexology
sexólogo, -a *nm,f* sexologist
sex-shop [sek'ʃop] *(pl* **sex-shops)** *nm* sex shop
sex-symbol *(pl* **sex-symbols)** *nmf* sex symbol
sextante *nm* sextant
sexteto *nm* **-1.** MÚS sextet **-2.** LIT sestina
sextillizo, -a ◇ *adj* sextuplet
◇ *nm,f* sextuplet

sexto, -a ◇ *núm* sixth ❑ **~ sentido** sixth sense; *ver también* **octavo**
◇ *nm* **-1.** *(piso)* sixth floor **-2.** *(curso universitario)* sixth year; **estudiantes de ~** sixth-year students; **estoy en ~** I'm in my sixth year **-3.** *(curso escolar)* ≃ last year of primary school, *US* ≃ sixth grade

sextuplicar [59] ◇ *vt* to multiply by six
◆ **sextuplicarse** *vpr* to increase sixfold

séxtuplo, -a ◇ *adj* sixfold
◇ *nm* sextuple

sexuado, -a *adj* sexed

sexual *adj* sexual; **educación/vida ~** sex education/life

sexualidad *nf* sexuality

sexualmente *adv* sexually

sexy, sexi *adj Fam* sexy

Seychelles [seiˈʃels] *nfpl* **las (islas) ~** the Seychelles

SGAE *nf* (*abrev de* **Sociedad General de Autores de España**) ≃ society that safeguards the interests of Spanish authors, musicians etc

SGBD *nm* INFORMÁT (*abrev de* **Sistema de Gestión de Bases de Datos**) DBMS

sgto. *nm* (*abrev de* **sargento**) Sgt

sha [sa, ʃa] *nm* shah

shakesperiano, -a [ʃespiˈrjano, -a] *adj* Shakespearian

shampoo [ʃamˈpu] *nm* shampoo

Shanghai [ʃanˈgai] *n* Shanghai

shareware [ˈʃerwer] *nm* INFORMÁT shareware

sheriff [ˈʃerif, ˈtʃerif] (*pl* **sheriffs**) *nm* sheriff

sherpa [ˈserpa, ˈʃerpa] *nm* Sherpa

shiatsu [ˈʃiatsu] *nm* shiatsu

shií [ʃiˈi] (*pl* **shiíes**) ◇ *adj* Shiite
◇ *nmf* Shiite

shock [ʃok] (*pl* **shocks**) *nm* **-1.** MED shock **-2.** *(emocional)* shock; **me llevé un ~ cuando me enteré** I had a shock when I found out

shopping [ˈʃopin] (*pl* **shoppings**) *nm RP* shopping centre, *US* shopping mall

short [ʃor, ʃort] (*pl* **shores**) *nm Am* shorts ❑ **~ de baño** swimming trunks

shorts [ʃorts] *nmpl* shorts

show [ʃou, tʃou] (*pl* **shows**) *nm* show; EXPR *Fam* **montar un ~** to cause a scene

showman [ˈʃouman] (*pl* **showmans** *o* **showmen**) *nm* showman

SI *nm* (*abrev de* **Sistema Internacional**) SI

si¹ (*pl* **sis**) *nm* (*nota musical*) B; *(en solfeo)* ti; *ver también* **do**

si² ◇ *conj* **-1.** *(condicional)* if; **si no te das prisa perderás el tren** if you don't hurry up you'll miss the train; **si viene él yo me voy** if he comes, then I'm going; **si tuviera dinero me compraría una casa** if I had a lot of money, I'd buy a house; **si hubieses venido te habrías divertido** if you had come, you would have enjoyed yourself; **si lo llego a saber** *o* **si lo sé me quedo en casa** if I had known, I would have stayed at home; **¡si me lo llegas a decir antes...!** if only you'd told me earlier...!; **quisiera que nos viéramos hoy si es posible** I'd like us to meet today, if possible; **si es tan amable de esperar un momento** if you'd be so kind as to wait a moment; **¿y si no nos dejan entrar?** what if they don't let us in?; **¿y si lo dejamos por hoy?** why don't we call it a day?
-2. *(en oraciones interrogativas indirectas)* if, whether; **ignoro si lo sabe** I don't know if *o* whether she knows; **pregúntale si van a venir a arreglar la fotocopiadora** ask her if *o* whether they're going to come and fix the photocopier; **no sabía si llorar o reír** I didn't know whether to laugh or to cry; **¿que si me gusta el caviar? ¡pues claro!** do I like caviar? you bet!
-3. *(indica protesta o énfasis)* but; **¡si te dije que no lo hicieras!** but I told you not to do it!; **¡si apenas le conoces!** but you hardly know him!; **¡si será imbécil el tipo!** the guy must be stupid!; **no, si no me importa que hablen de mí, pero...** no, it's not that I mind them talking about me, but...
◇ **si bien** *loc conj* although, even though; **si bien la música es buena, el guión es flojo** although the music is good, the script is weak; **aceptó la oferta, si bien con poco entusiasmo** she accepted the offer, if rather unenthusiastically
◇ **si no** *loc conj* if not, otherwise; **corre, que si no, llegamos tarde** run, or we'll be late

sí (*pl* **síes**) ◇ *adv* **-1.** *(en respuestas)* yes; **¿vendrás? – sí** will you come? – yes, I will; **¿aún te duele? – sí** does it still hurt? – yes, it does; **claro que sí** of course; **yo digo que sí, que se lo digamos** I say we tell her; **dijo que sí con la cabeza** she nodded; **sí, quiero** *(en una boda)* I do; **¡sí, mi sargento/capitán/teniente!** yes, Sergeant/Captain/Lieutenant!
-2. *(para sustituir a frases afirmativas)* **creo que sí** I think so; **¿vendrá a verte? – me gustaría que sí** will she come to see you? – I'd like her to *o* I'd like it if she did; **¿están de acuerdo? – algunos sí** do they agree? – some do; **a mí no me harán caso, pero a ti sí** they won't take any notice of me, but they will of you; **¿de verdad que me sienta bien? – ¡que sí, mujer!** does it really suit me? – yes, I've told you it does!; **¿lo conseguirá? – tal vez sí, tal vez no** will he get it? – maybe he will, maybe he won't; **un día sí y otro no** every other day; **no creo que puedas hacerlo – ¡a que sí!** I don't think you can do it – I bet I can!; **pero no me negarás que la obra es divertida – eso sí** but you can't deny that the play's entertaining – that's true
-3. *(enfático)* **sí debo decirte que la operación es de alto riesgo** what I must tell you is that the operation is extremely risky; **tú no estás embarazada – ¡te digo que sí lo estoy!** you're not pregnant – oh yes I am!; **sí que really, certainly; ¡esto sí que es vida!** this is the life!; **sí que me gusta** I (certainly) do like it; **éste sí que me gusta** this one I DO like; **¿usted vio lo que pasó? – sí señor, sí que lo vi** did you see what happened? – yes indeed, I certainly did; *Irónico* **¡sí, sí!** *(no me lo creo)* oh sure!; **es champán francés – ¡sí, sí, francés! aquí dice hecho en Italia** it's French champagne – sure it is, it says here it was made in Italy!
-4. *(en frases)* **me quedo con ello, eso sí, con una condición...** I'll buy it, but on one condition...; **eso sí que no** certainly not, no way; **van a subir la gasolina – ¡pues sí que...!** petrol prices are going up – what a pain!; *Irónico* **¿un caniche? ¡pues sí que entiendes tú mucho de perros!** a poodle? as if you knew anything about dogs!; **¿sí?** *(al contestar el teléfono)* hello?; *(¿en serio?)* really?; *(¿de acuerdo?)* all right?; **la han despedido – ¿ah sí?** she's been sacked – really?
◇ *pron personal* **-1.** *(reflexivo) (de personas) (singular)*, himself, *f* herself; *(plural)* themselves; *(usted)* yourself, *pl* yourselves; **lo quiere todo para sí (misma)** she wants everything for herself; **acercó la silla hacia sí** he drew the chair nearer (himself); **lo solucionará por sí sola** *o* **por sí misma** she'll solve it by herself *o* on her own; **"menudo lío", dijo para sí** "what a mess," he said to himself; **tenían ante sí un inmenso reto** they were faced with a huge challenge
-2. *(reflexivo) (de cosas, animales)* itself, *pl* themselves; **la Tierra gira sobre sí misma** the Earth revolves on its own axis
-3. *(reflexivo impersonal)* oneself; **cuando uno piensa en sí mismo** when one thinks about oneself, when you think about yourself
◇ *nm* **-1.** *(voto afirmativo)* aye; **gana el sí** the ayes have it **-2.** *(consentimiento)* consent; **dar el sí** to give one's consent; **esperaba un sí por respuesta** I had expected the answer to be yes
◇ **de por sí** *loc adv (cosa)* in itself; **el tema es de por sí complejo** the subject is already complex in itself; **ella ya es de por sí bastante charlatana** she's already talkative enough as it is
◇ **en sí** *loc adv* **me interesa el concepto en sí** I'm interested in the concept in itself; **la ciudad en sí carece de interés** the city itself is of no interest

Siam *n* Siam

siamés, -esa ◇ *adj* Siamese; **hermanos siameses** Siamese twins
◇ *nm,f* **-1.** *(de Siam)* Siamese person **-2.** *(gemelo)* Siamese twin
◇ *nm (gato)* Siamese

sibarita ◇ *adj* luxury-loving, *Literario* sybaritic; **tiene un estómago muy ~** he's a real gourmet
◇ *nmf* bon vivant, *Literario* sybarite

sibarítico, -a *adj* luxury-loving, *Literario* sybaritic

sibaritismo *nm* love of luxury, *Literario* sybaritism

Siberia *n* Siberia

siberiano, -a ◇ *adj* Siberian
◇ *nm,f* Siberian

sibila *nf* MITOL Sibyl

sibilante *adj* sibilant

sibilino, -a *adj* **-1.** *(profético)* sibylline **-2.** *(incomprensible)* mysterious, cryptic

SIC *nf* (*abrev de* **Servicio de Investigación Criminal**) ≃ former criminal investigation department of Ecuador

sic *adv* sic

sicalíptico, -a *adj* saucy

sicario *nm* hired assassin

Sicilia *n* Sicily

siciliano, -a ◇ *adj* Sicilian
◇ *nm,f* Sicilian

siclo *nm* HIST *(moneda)* shekel

sicoanálisis, sicoanalista = **psicoanálisis, psicoanalista** *etc*

sicodélico, -a = **psicodélico**

sicodrama = **psicodrama**

sicofanta *nf*, **sicofante** *nm* slanderer

sicofármaco = **psicofármaco**

sicofonía = **psicofonía**

sicología, sicológico, -a *etc* = **psicología, psicológico** *etc*

sicometría = **psicometría**

sicomoro, sicómoro *nm (planta)* sycamore

sicomotor = **psicomotor**

sicomotricidad = **psicomotricidad**

sicópata = **psicópata**

sicopatía = **psicopatía**

sicosis = **psicosis**

sicosomático, -a = **psicosomático**

sicotécnico, -a = **psicotécnico**

sicoterapia = **psicoterapia**

sicótico, -a = **psicótico**

sicotrópico, -a = **psicotrópico**

sicu, siku *nm Andes, Arg* panpipes

SID *nf* (*abrev de* **Servicio de Información de Defensa**) ≃ Uruguayan defence intelligence department

sida *nm* (*abrev de* **síndrome de inmunodeficiencia adquirida**) AIDS; **tener (el) ~** to have AIDS

SIDE *nf* **-1.** (*abrev de* **Secretaría de Inteligencia del Estado**) ≃ Argentinian national intelligence department **-2.** (*abrev de* **Servicio de Investigación de Delitos Económicos**) ≃ Chilean economic crime investigation department

sidecar [siðeˈkar] (*pl* **sidecares**) *nm* sidecar

sideral *adj* **-1.** *(espacio, tiempo)* sidereal **-2.** *RP Fam (precio)* astronomical

siderometalúrgico, -a *adj* iron and steel manufacturing; **industria siderometalúrgica** iron and steel manufacturing industry

siderurgia *nf* iron and steel industry

siderúrgico, -a *adj* iron and steel; **el sector ~** the iron and steel industry

Sidón *n* HIST Sidon

sidoso, -a ◇ *adj* suffering from AIDS
◇ *nm,f* AIDS sufferer

sidra *nf Br* cider, *US* hard cider

sidrería *nf Br* cider *o US* hard cider bar

siega *nf* **-1.** *(acción)* reaping, harvesting **-2.** *(época)* harvest (time)

siego *etc ver* **segar**

siembra *nf* **-1.** *(acción)* sowing **-2.** *(época)* sowing time

siembro *etc ver* **sembrar**

siempre *adv* **-1.** *(en todo momento, todo el tiempo)* always; **~ cenamos a las diez** we always have supper at ten; **tú ~ quejándote** you're always complaining; **anda ~ cambiando de**

siempreviva opinión she's forever o always changing her mind; **como ~** as usual; **hemos quedado en el bar de ~** we've arranged to meet at the usual bar; **la misma historia de ~** the same old story; **lo de ~** the usual; **somos amigos de ~** we've always been friends; **de ~ se ha hecho así** it's always been done that way; **es así desde ~** it has always been that way; **hasta ~** *(hasta dentro de mucho)* farewell; *(hasta dentro de poco)* see you again soon; **te odiaré para ~** I'll hate you forever; **nos quedamos a vivir allí para ~** we settled down there for good; **por ~ jamás** for ever and ever; **~ que** *(cada vez que)* whenever; *(a condición de que)* provided that, as long as; **ven a verme ~ que necesites ayuda** come and see me if you ever need any help; **llámame, ~ que no sea muy tarde** call me, as long as it's not too late; **prefiero ir contigo, ~ que no te moleste** I'd rather go with you, if that's all right (by you) o if you don't mind; **~ y cuando** provided that, as long as
-2. *(en cualquier caso, en último extremo)* always; **~ es mejor estar preparado** it's always better to be prepared; **si no hay autobuses ~ podemos ir a pie** if there aren't any buses, we can always walk
-3. *Am (todavía)* still; **~ viven allí** they still live there, they're still living there
-4. *Méx Fam (enfático)* **~ sí quiero ir** I do still want to go; **~ no me marcho** I'm still not leaving; **¿~ aceptaste la oferta?** did you accept the offer in the end o after all?; **~ sí que era un tumor** it did actually turn out to be a tumour

siempreviva *nf* everlasting flower, immortelle
sien *nf* temple
siena ◇ *adj* sienna
◇ *nm* sienna
siento *etc* **-1.** *ver* **sentar -2.** *ver* **sentir**
sierpe *nf Anticuado* serpent
sierra *nf* **-1.** *(herramienta)* saw ❑ **~ de calar** jigsaw; **~ circular** circular saw; **~ eléctrica** power saw; **~ de mano** hand saw **-2.** *(cordillera)* mountain range; **la ~ de Guadarrama** the Guadarrama mountains **-3.** *(región montañosa)* mountains; **se van a la ~ los fines de semana** they go to the mountains at the weekend **-4. Sierra Leona** Sierra Leone
sierraleonés, -esa ◇ *adj* Sierra Leonean
◇ *nm,f* Sierra Leonean
sierro *etc ver* **serrar**
siervo, -a *nm,f* **-1.** *(esclavo)* serf ❑ **~ de la gleba** serf **-2.** REL servant
sieso *nm Esp muy Fam (ano) Br* arsehole, *US* asshole
siesta *nf* siesta, nap; **dormir** o **echarse la ~** to have an afternoon nap; **no me llames a la hora de la ~** don't call me at siesta time
siete ◇ *núm* seven; EXPR **guardar algo bajo ~ llaves** to keep sth under lock and key; EXPR **tener ~ vidas (como los gatos)** to have nine lives ❑ **los ~ grandes** the G7 countries; **las ~ maravillas del mundo** the Seven Wonders of the World; **las ~ y media, el ~ y medio** = card game, related to blackjack and pontoon, in which players aim to get seven and a half points; **los ~ pecados capitales** the seven deadly sins; *ver también* **tres**
◇ *nm (roto)* tear *(right-angled in shape)*
◇ *nf* EXPR *RP Fam* **de la gran ~** amazing, incredible; *Euf* **¡la gran ~!** *Br* sugar!, *US* shoot!
sietemesino, -a ◇ *adj* premature *(by two months)*
◇ *nm,f* premature baby *(by two months)*
sífilis *nf inv* syphilis
sifilítico, -a ◇ *adj* syphilitic
◇ *nm,f* syphilis sufferer
sifón *nm* **-1.** *(agua carbónica)* soda (water) **-2.** *(botella)* siphon (bottle) **-3.** *(de WC)* trap, U-bend **-4.** *(tubo)* siphon
sifosis *nf inv* MED kyphosis
sifrino, -a *Ven Fam Pey* ◇ *adj* posh
◇ *nm,f* rich kid

SIG [siɣ] *nm* INFORMÁT *(abrev de* **sistema de información geográfica)** GIS
sig. *(abrev de* **siguiente)** following
siga *etc ver* **seguir**
sigilo *nm* **-1.** *(secreto)* secrecy; **actuar con ~** to be secretive **-2.** *(al robar, escapar)* stealth; **con ~** stealthily; **se me acercó con mucho ~** he crept up to me
sigilosamente *adv* **-1.** *(secretamente)* secretly **-2.** *(robar, escapar)* stealthily
sigiloso, -a *adj* **-1.** *(discreto)* secretive **-2.** *(al robar, escapar)* stealthy
sigla *nf (leída deletreando)* abbreviation; *(leída silábeando)* acronym; **¿qué significan las siglas CIA?** what do the letters CIA stand for?; **VHF es la ~** o **son las siglas de "very high frequency"** VHF is the abbreviation for o stands for very high frequency
siglo *nm* **-1.** *(cien años)* century; **el ~ XX** the 20th century ❑ **el ~ de las Luces** the Age of Enlightenment; **el Siglo de Oro** the Golden Age **-2.** *Fam (mucho tiempo)* **hace siglos que no la veo** I haven't seen her for ages; EXPR **por los siglos de los siglos** for ever and ever
signar ◇ *vt (firmar)* to sign
➤ **signarse** *vpr* to cross oneself
signatario, -a ◇ *adj* signatory
◇ *nm,f* signatory
signatura *nf* **-1.** *(en biblioteca)* catalogue number **-2.** *(firma)* signature **-3.** IMPRENTA signature
significación *nf* **-1.** *(importancia)* significance **-2.** *(significado)* meaning
significado, -a ◇ *adj* important; **un ~ defensor de los derechos humanos** a noted o renowned champion of human rights
◇ *nm* **-1.** *(sentido)* meaning **-2.** LING signifier
significante *nm* LING signifiant
significar [59] ◇ *vt* **-1.** *(querer decir)* to mean; **la luz roja significa que está en funcionamiento** the red light means (that) it's in operation; **¿qué significa "shrapnel"?** what does "shrapnel" mean? **-2.** *(suponer, causar)* to mean; **eso significaría una subida de los precios** that would mean a price rise; **hacer eso significaría nuestra ruina** if we did that it would be our ruin **-3.** *(expresar)* to express
◇ *vi (tener importancia)* **no significa nada para mí** it means nothing to me
➤ **significarse** *vpr (hacerse notar)* **significarse por algo** to be known for sth; **se significó como pacifista** he showed himself to be a pacifist
significativamente *adv* significantly
significativo, -a *adj* significant; **fue muy ~ que no pidiera disculpas** it was very significant that she did not apologize; **expresó su enfado con un ~ gesto** he showed his anger in a meaningful gesture; **no se han producido cambios significativos en el estado del paciente** there have been no significant changes in the patient's condition
signo *nm* **-1.** *(señal)* sign; **el acuerdo nace bajo el ~ del fracaso** the agreement is doomed to failure ❑ LING **~ lingüístico** linguistic sign
-2. *(del zodiaco)* (star) sign; **¿de qué ~ eres?** what (star) sign are you? ❑ **~ del zodiaco** sign of the zodiac
-3. *(en la escritura)* mark ❑ **~ de admiración** exclamation mark; **~ de dividir** o **de división** division sign; **~ de exclamación** exclamation mark; **~ igual** *Br* equals sign, *US* equal sign; **~ de interrogación** question mark; **~ más** plus sign; **~ menos** minus sign; **~ de multiplicar** o **de multiplicación** multiplication sign; **~ negativo** negative sign; **~ ortográfico** *(acento, diéresis)* diacritic; *(punto, coma)* punctuation mark; **~ porcentual** percentage sign; **~ de puntuación** punctuation mark
-4. *(símbolo)* symbol; **un yate es ~ de riqueza** a yacht is a symbol of wealth
sigo *etc ver* **seguir**
siguiente ◇ *adj* **-1.** *(posterior)* next; **me llamó al día ~** she called me the next o following day; **el día ~ a la catástrofe** the day after

the disaster; **eso está explicado en el capítulo ~** that is explained in the next chapter **-2.** *(a continuación)* following; **Juan me contó la ~ historia** Juan told me the following story; **lo ~** the following
◇ *nmf* **el ~** the next one; **¡(el) ~!** next, please!
siguiera *etc ver* **seguir**
sij *(pl* **sijs)** ◇ *adj* Sikh
◇ *nmf* Sikh
siku = **sicu**
sílaba *nf* syllable ❑ **~ tónica** tonic o stressed syllable
silabario *nm* = reader in which words are divided into syllables
silabear ◇ *vt* to spell out syllable by syllable
◇ *vi* to read syllable by syllable
silabeo *nm* syllabication, syllabification
silábico, -a *adj* syllabic
silba *nf* hissing
silbante *adj (respiración)* whistling
silbar ◇ *vt* **-1.** *(melodía)* to whistle; *(como piropo)* to wolf-whistle at; **silbó una melodía** he whistled a tune **-2.** *(abuchear)* to whistle at; **los espectadores silbaron al árbitro** the crowd whistled at the referee; **el público silbó y abucheó al cantante** the audience hissed and booed at the singer
◇ *vi* **-1.** *(melodía)* to whistle; **el dardo le pasó silbando** the dart whistled past him **-2.** *(abuchear)* to whistle, to catcall **-3.** *(oídos)* to ring; **me silban los oídos** my ears are ringing
silbatina *nf Andes, RP* hissing
silbato *nm* whistle; **tocar el ~** to blow the whistle
silbido *nm* **-1.** *(sonido)* whistle; **llamó al perro con un ~** she called the dog with a whistle; **el ~ del viento** the whistling of the wind; **se oía el ~ del ventilador** you could hear the whirring of the fan
-2. *(para abuchear)* whistle, catcall; **los silbidos del público eran ensordecedores** the whistling of the crowd was deafening; **su actuación fue recibida con silbidos y abucheos** her performance was greeted with hissing and booing
-3. *(de serpiente)* hiss; **la cobra emite un ~ agudo antes de atacar** the cobra emits a sharp hissing sound o hiss before attacking
silbo *nm* **-1.** *(silbido)* whistle **-2.** *(para abuchear)* whistle **-3.** *(de serpiente)* hiss
silenciador *nm* **-1.** *(de arma)* silencer **-2.** *(de coche, moto)* Br silencer, US muffler
silenciar *vt* **-1.** *(acallar) (persona, protestas)* to silence; **silenciaron a los testigos ofreciéndoles dinero** they silenced the witnesses with bribes, they bought the witnesses off; **los bombarderos silenciaron las baterías enemigas** the bombers silenced the enemy batteries **-2.** *(ocultar, omitir) (hecho, escándalo)* to hush up; **la prensa silenció el atentado** the press hushed up the attack
silencio *nm* **-1.** *(ausencia de sonido)* silence; **el ~ reinaba en la habitación** there was complete o absolute silence in the room; **¡~! silence!, quiet!; ¡~ en la sala!** silence in court!; **en ~** in silence; **estar en ~** to be silent; **tienes que guardar ~ en clase** you have to keep quiet in class; **guardó ~ sobre el escándalo** he kept silent about the scandal; **guardaron un minuto de ~** they held a minute's silence; **imponer ~ a alguien** to make sb be silent; **romper el ~** to break the silence ❑ **~ administrativo** = lack of official response to a request, claim etc within a given period, signifying refusal or tacit assent, depending on circumstances
-2. MÚS rest
silenciosamente *adv* silently, quietly
silencioso, -a *adj* **-1.** *(persona)* silent, quiet **-2.** *(motor, coche)* quiet
silente *adj Formal* silent, quiet
Silesia *n* Silesia
sílex *nm inv* flint

sílfide *nf* sylph; EXPR **está hecha una ~** she's really slim
silfo *nm* sylph
silicato *nm* silicate
sílice *nf* silica
silícico, -a *adj* silicic
silicio *nm* silicon
silicona *nf* silicone
silicosis *nf inv* silicosis
silla *nf* **-1.** *(asiento)* chair ❑ **~ eléctrica** electric chair; **~ giratoria** swivel chair; **~ de manos** sedan chair; *Esp* **~ de niño** pushchair; **~ de pista** courtside seat; **~ plegable** folding chair; **~ de la reina** = seat made by two people joining hands; **~ de ruedas** wheelchair; **~ de tijera** folding chair **-2.** *(para caballo)* **~ (de montar)** saddle
sillar *nm* **-1.** ARQUIT ashlar **-2.** *(lomo)* horse's back, saddle
sillería *nf* **-1.** *(sillas)* set of chairs **-2. la ~ del coro** the choir stalls **-3.** ARQUIT masonry
silleta *nf Andes, Ven (silla)* chair, seat
sillín *nm* saddle, seat
sillita *nf (cochecito)* pushchair
sillón *nm* armchair ❑ **~ de orejas** wing chair
silo *nm* **-1.** *(para trigo)* silo **-2.** *(para misiles)* silo
silogismo *nm* syllogism
silogístico, -a *adj* syllogistic
silueta *nf* **-1.** *(cuerpo)* figure; **esta falda realza la ~** this skirt shows off your figure **-2.** *(contorno)* outline; **se veía la ~ del castillo** you could see the outline *o* silhouette of the castle **-3.** *(dibujo)* silhouette
silúrico, -a GEOL ⬦ *adj* Silurian
⬦ *nm* **el ~** the Silurian (period)
siluro *nm* wels, *Br* wels catfish
silvestre *adj* wild
silvia *nf* wood anemone
silvicultor, -ora *nm,f* forestry worker
silvicultura *nf* forestry
silvina *nf* silvite
sima *nf* **-1.** *(cavidad)* chasm **-2.** GEOL *(capa)* sima
simbiosis *nf inv* **-1.** BIOL symbiosis **-2.** *(de personas, organismos)* symbiosis
simbiótico, -a *adj* symbiotic
simbólicamente *adv* symbolically
simbólico, -a *adj* symbolic
simbolismo *nm* **-1.** *(significado)* symbolism **-2.** *(movimiento)* Symbolism
simbolista ⬦ *adj* symbolist
⬦ *nmf* symbolist
simbolizar [14] *vt* to symbolize
símbolo *nm* symbol
simbología *nf* system of symbols
simetría *nf* symmetry
simétrico, -a *adj* symmetrical
simiente *nf* seed
simiesco, -a *adj* simian, apelike
símil *nm* **-1.** *(paralelismo)* similarity, resemblance; **establecer un ~** to draw a comparison **-2.** LIT simile **-3.** *(material)* **~ piel** artificial leather
similar *adj* similar (**a** to)
similior *nm* ormolu
similitud *nf* similarity
simio, -a *nm,f* simian, ape
SIMM [sim] *nm* INFORMÁT *(abrev de* **single in-line memory module)** SIMM
simón *nm* **-1.** *(coche de caballos)* = horse-drawn carriage for hire **-2.** *Ven Fam (moneda)* one bolivar
simonía *nf* simony
simoniz® *nf Perú* car wax
simonizar *vt Perú Fam* to wax, *US* to simonize
simpatía *nf* **-1.** *(cordialidad)* friendliness **-2.** *(cariño)* affection; **un actor que despierta muchas simpatías** a well-liked actor; **tomar** *o Esp* **coger ~ a alguien** to take a liking to sb; **ganarse** *o* **granjearse la ~ de** to win the affection of; **inspirar ~** to inspire affection; **tener ~ a, sentir ~ por** to like **-3. simpatías** *(apoyo)* sympathy; **de todos son conocidas sus simpatías por el régimen** her sympathies for the regime are well known **-4.** ANAT sympathy

simpático, -a *adj* **-1.** *(persona) (agradable)* nice, likeable; *(abierto, cordial)* friendly; **me cae muy ~** I find him very likeable, I think he's very nice; **estuvo muy ~ conmigo** he was very friendly to me; **hacerse el ~** to come over all friendly **-2.** *(ocasión)* agreeable, pleasant **-3.** *(anécdota, comedia)* amusing, entertaining **-4.** ANAT sympathetic
simpatizante ⬦ *adj* sympathizing
⬦ *nmf* sympathizer
simpatizar [14] *vi (persona)* to hit it off, to get on (**con** with); *(cosa)* to sympathize (**con** with); **no tardaron mucho en ~** they hit it off *o* took to each other straight away; **simpatiza con la ideología comunista** she has communist sympathies; *CSur Fam* **los nuevos vecinos no me simpatizan** I don't like the new neighbours much
simple ⬦ *adj* **-1.** *(sencillo, tonto)* simple **-2.** *(fácil)* easy, simple; **es muy ~, metes la moneda y ya está** it's quite simple, all you have to do is insert the coin **-3.** *(sin complicación)* simple; **una decoración ~** a simple decoration **-4.** *(único, sin componentes)* single; **dame una ~ razón** give me one single reason **-5.** *(mero)* **es un ~ trabajador** he's a simple *o* an ordinary worker; **no le pedí más que un ~ favor** I merely asked her a favour; **nos basta con su ~ palabra** his word is enough for us by itself; **por ~ estupidez** through sheer stupidity **-6.** MAT prime **-7.** QUÍM simple **-8.** LING *(verbo)* simple
⬦ *nmf (persona)* simpleton
simplemente *adv* simply; **tiene ~ un resfriado** she's just got a cold; **~ por eso ya se merecería un ascenso** for that alone he would deserve promotion; **su actuación fue, ~, vergonzosa** his behaviour was, quite simply, disgraceful; **es ~ genial** it's simply *o* just brilliant; **~ quería que supieras que lo siento** I just wanted you to know that I'm sorry; **simple y llanamente** purely and simply
simpleza *nf* **-1.** *(de persona)* simple-mindedness **-2.** *(dicho)* **decir simplezas** to talk foolish nonsense **-3.** *(hecho)* **confiar en ellos fue una ~** it was a foolish mistake to trust them **-4.** *(insignificancia)* trifle
simplicidad *nf* simplicity; **un aparato de una ~ increíble** an incredibly simple device
simplificación *nf* simplification
simplificar [59] ⬦ *vt* **-1.** *(procedimiento, trámite)* to simplify **-2.** MAT to simplify
➤ **simplificarse** *vpr* to be simplified
simplismo *nm* oversimplification
simplista ⬦ *adj* simplistic
⬦ *nmf* simplistic person; **ser un ~** to be simplistic
simplón, -ona *Fam* ⬦ *adj* naive
⬦ *nm,f* naive person; **ser un ~** to be naive
simposio, simposium *nm* symposium (**sobre** on)
simulación *nf* **-1.** *(fingimiento)* pretence, simulation **-2.** INFORMÁT simulation ❑ *Am* **~ por computadora** computer simulation; *Esp* **~ por ordenador** computer simulation
simulacro *nm* simulation ❑ **~ de combate** mock battle; **~ de incendio** fire drill
simulado, -a *adj* **-1.** *(fingido)* feigned; **su tristeza era simulada** he was only pretending to be sad **-2.** *(de prueba)* simulated
simulador *nm* simulator ❑ **~ de vuelo** flight simulator
simular *vt* **-1.** *(aparentar)* to feign; **~ una enfermedad** to pretend to have an illness; **simuló que no me había visto** he pretended not to have seen me **-2.** *(copiar, emular)* to simulate
simultáneamente *adv* simultaneously
simultanear *vt* to do at the same time; **simultanea el trabajo con los estudios** she combines her work with her studies
simultaneidad *nf* simultaneousness
simultáneo, -a *adj* simultaneous
simún *nm* simoom

SIN *nf* **-1.** *(abrev de* **Servicio de Inteligencia Nacional del Perú)** = Peruvian national intelligence department **-2.** *(abrev de* **Servicio de Inmigración y Naturalización)** INS *(US Immigration and Naturalization Service)*
sin *prep* **-1.** *(con sustantivos)* without; **la gente ~ empleo** the jobless, people without a job; **buscan gente ~ experiencia previa** they are looking for people with no *o* without previous experience; **organizaciones ~ ánimo de lucro** non-profit-making organizations; **~ alcohol** alcohol-free; **~ conservantes ni aditivos** *(en etiqueta)* free from preservatives and additives, no preservatives or additives; **estoy ~ una peseta** I'm completely out of money; **estamos ~ vino** we're out of wine; **muchos se quedaron ~ casa** a lot of people were left homeless, a lot of people lost their homes; **cantar/tocar ~ acompañamiento** to sing/play unaccompanied; **aceptó la oferta, no ~ ciertas reticencias** she accepted the offer, albeit with some reservations *o* though not without some reservations; **~ más (ni más)** just like that
-2. *(con infinitivos, subordinadas)* without; **se marcharon ~ despedirse** they left without saying goodbye; **lleva tres noches ~ dormir** she hasn't slept for three nights; **sigo ~ entenderlo** I still don't understand; **~ (contar) las novelas ha escrito cinco libros** he has written five books, not counting his novels; **está ~ hacer** it hasn't been done yet; **dejó una ópera ~ terminar** he left one opera unfinished; **llovió todo el día ~ parar** it rained non-stop all day; **los mercenarios se retiraron, no ~ antes saquear varias aldeas** the mercenaries withdrew, but not before they had looted several villages; **~ que** without; **~ que nadie se enterara** without anyone noticing; **no me voy de aquí ~ que me lo expliquen** I'm not leaving without an explanation, I'm not leaving until I get an explanation
⬦ **sin embargo** *loc conj* **-1.** *(no obstante)* however, nevertheless; **es, sin ~, uno de los mejores jugadores del equipo** he is, however *o* nevertheless, one of the best players in the team; **te engaña y, sin ~, te quiere** he cheats on you, and yet he loves you; **sin ~, es un buen chico** he's a good lad though
-2. *(por el contrario)* on the other hand; **los ingresos han aumentado y, sin ~, los gastos se han mantenido al mismo nivel** income has increased, while on the other hand expenses have remained largely the same
sinagoga *nf* synagogue
Sinaí *nm* **el ~, la península del ~** the Sinai Peninsula; **el monte ~** Mount Sinai
sinalefa *nf* LIT elision
sinaloense ⬦ *adj* of/from Sinaloa *(Mexico)*
⬦ *nmf* person from Sinaloa *(Mexico)*
sinapismo *nm (emplasto)* mustard plaster, *Espec* sinapism
sinapsis *nf inv* FISIOL synapse
sinartrosis *nf inv* ANAT synarthrosis
sinceramente *adv* sincerely; **te felicitó ~** (I offer you) my most sincere congratulations; **~, preferiría no ir** to be honest, I'd rather not go
sincerarse *vpr (hablar abiertamente)* to talk openly (**con** to); *(revelar sentimientos)* to open one's heart (**con** to); **se sinceró con la prensa** he talked openly to the press
sinceridad *nf* sincerity; **con toda ~** in all honesty *o* sincerity
sincero, -a *adj* sincere; **para serte ~,...** to be honest *o* frank,...
sinclinal GEOL ⬦ *adj* synclinal
⬦ *nm* syncline
síncopa *nf* **-1.** *(en palabra)* syncope **-2.** MÚS syncopation
sincopado, -a *adj* syncopated
sincopar *vt* to syncopate
síncope *nm* **-1.** MED blackout; **le dio un ~** he blacked out **-2.** LIT syncope
sincrético, -a *adj* syncretic

sincretismo *nm* syncretism

SINCRETISMO RELIGIOSO

Sincretismo religioso is a characteristic cultural phenomenon in Latin America, and the result of the fusion of the different religious beliefs of the peoples who have inhabited the continent: indigenous peoples, Catholic Spanish and Portuguese colonizers, and African slaves. Sincretismo has many forms, where the imposed Christian belief system shows evidence of an indigenous substrate, or the grafting on of African elements, as in "candomblé" of Brazil, or "santería" in the Caribbean. Other manifestations are the interiors, exteriors and statuary of colonial churches, which would have been decorated by indigenous craftsmen. A statue of the Virgin Mary, for example, may be given the features or attributes of a pre-Christian goddess of maternity and fertility.

sincronía *nf* **-1.** *(simultaneidad)* simultaneity **-2.** LING synchrony

sincrónico, -a *adj* **-1.** *(simultáneo)* simultaneous; *(coordinado)* synchronous **-2.** LING synchronic

sincronismo *nm (simultaneidad)* simultaneity

sincronización *nf* synchronization

sincronizar [14] *vt (coordinar)* to synchronize; **sincronizaron los relojes** they synchronized their watches

síncrono, -a *adj* INFORMÁT synchronous

sindicación *nf* **-1.** *(afiliación)* union affiliation **-2.** *Andes, RP, Ven (inculpación)* accusation, charge

sindicado, -a *adj* **-1.** *(trabajador)* **estar/no estar ~** to belong/not to belong to a *(Br* trade *o US* labor) union, to be/not to be unionized **-2.** FIN *(préstamo, crédito)* syndicated **-3.** *Andes, RP, Ven (inculpado)* accused, charged

sindical *adj (Br* trade *o US* labor) union; **dirigente ~** union leader; **organización ~** *Br* trade-union *o US* labor-union organization

sindicalismo *nm* unionism, *Br* trade unionism

sindicalista ◇ *adj* union
◇ *nmf* union member, *Br* trade unionist

sindicalización *nf* unionization

sindicar[1] [59], **sindicalizar** [14] ◇ *vt* to unionize
◆ **sindicarse** *vpr* to join a union

sindicar[2] *vt Andes, RP, Ven* to accuse; **~ a alguien de algo** to accuse sb of sth

sindicato *nm* **-1.** *(de trabajadores)* union, *Br* trade union, *US* labor union ❑ **~ amarillo** yellow union, = conservative trade union that leans towards the employers' interests; *Méx* **~ blanco** = union which serves the interests of the employers rather than of the workers; *Méx* **~ charro** = union which serves the interests of the employers rather than of the workers; **~ de estudiantes** students' union; **~ obrero** blue-collar union; *Esp* **~ vertical** = workers' and employers' union during the Franco period
-2. FIN **~ de bancos** banking syndicate

sindicatura *nf (de una quiebra)* receivership

síndico *nm* **-1.** *(representante)* community representative **-2.** *(administrador)* (official) receiver **-3.** ECON trustee ❑ **~ de la Bolsa** Chairman of the Stock Exchange

síndrome *nm* syndrome ❑ **~ de abstinencia** withdrawal symptoms; **~ de Down** Down's syndrome; **~ del edificio enfermo** sick building syndrome; **~ de Estocolmo** Stockholm syndrome; **~ de estrés postraumático** post-traumatic stress disorder; **~ de fatiga crónica** ME, myalgic encephalomyelitis; **~ de inmunodeficiencia adquirida** acquired immune deficiency syndrome; **~ de la muerte súbita infantil** sudden infant death syndrome, cot death; **~ premenstrual** premenstrual syndrome, premenstrual tension; **~ del túnel carpiano** carpal tunnel syndrome; **~ tóxico** = toxic syndrome caused by ingestion of adulterated rapeseed oil in Spain in the 1980s

sinécdoque *nf* synecdoche

sinecura *nf* sinecure

sine die ◇ *adj* **un aplazamiento ~** an indefinite postponement
◇ *adv* indefinitely

sine qua non *loc adj* **es condición ~ para poder participar** it is a sine qua non for participation

sinéresis *nf inv* syneresis

sinergia *nf* synergy

sinergismo *nm* synergism

sinestesia *nf* synaesthesia

sinfín *nm* **un ~ de problemas** no end of problems; **recibió un ~ de regalos** she got hundreds of presents

sínfisis *nf* ANAT **~ púbica** pubic symphysis

sinfonía *nf* symphony; **una ~ de luz y color** a symphony of light and colour

sinfónica *nf* symphony orchestra

sinfónico, -a *adj* symphonic

sinfonola *nf Méx* jukebox

singani *nm Bol* grape brandy

Singapur *n* Singapore

singapurense ◇ *adj* Singaporean
◇ *nmf* Singaporean

singar *vi Ven muy Fam* to screw

singladura *nf* **-1.** *(distancia)* day's run **-2.** NÁUT *(día)* nautical day **-3.** *(dirección)* course; **se inicia una nueva ~ en la compañía** the company is entering a new era

single ['singel] *nm* **-1.** *(disco)* single **-2.** *CSur (habitación)* single room

singular ◇ *adj* **-1.** *(raro)* peculiar, odd; **un hombre ~** a peculiar man **-2.** *(único)* unique; **tiene dotes singulares de cantante** she has unique talent as a singer **-3. ~ batalla** single combat **-4.** GRAM singular
◇ *nm* GRAM singular; **en ~** in the singular

singularidad *nf* **-1.** *(rareza, peculiaridad)* peculiarity, oddness; **una de las singularidades de esta especie** one of the special characteristics of this species **-2.** *(exclusividad)* uniqueness

singularizar [14] ◇ *vt (distinguir)* to distinguish, to single out
◇ *vi (particularizar)* **¡no singularices!** it's not just me/you/*etc*, you know!
◆ **singularizarse** *vpr* to stand out, to be conspicuous **(por** because of); **la iglesia se ~ por su planta circular** the church stands out for its circular floor plan

singularmente *adv* **-1.** *(raramente)* oddly **-2.** *(únicamente)* uniquely

sinhueso *nf Fam* **la ~** the tongue; EXPR **darle a la ~** to rabbit on

siniestra *nf Anticuado* left hand

siniestrabilidad *nf* accident rate

siniestrado, -a ◇ *adj (edificio)* ruined, destroyed; **el coche ~ viajaba en dirección contraria** the car that caused the accident was driving on the wrong side of the road; **los pilotos consiguieron salir del avión ~** the pilots managed to escape from the wreckage of the plane
◇ *nm,f* (accident) victim

siniestralidad *nf* accident rate

siniestro, -a ◇ *adj* **-1.** *(malo)* sinister **-2.** *(desgraciado)* disastrous **-3.** *(izquierdo)* left
◇ *nm* **-1.** *(daño, catástrofe)* disaster; *(accidente de coche)* accident; *(incendio)* fire; *(atentado)* terrorist attack **-2.** *(en seguros)* loss ❑ **~ total** total loss; **mi taxi fue declarado ~ total** my cab was declared a write-off

sinnúmero *nm* **un ~ de problemas** no end of problems; **recibieron un ~ de quejas** they received countless *o* innumerable complaints

sino[1] *nm* fate, destiny; **ése parece ser mi ~** that seems to be my fate *o* destiny

sino[2] *conj* **-1.** *(para contraponer)* **no lo hizo él, ~ ella** he didn't do it, she did; **no sólo es listo, ~ también trabajador** he's not only clever but also hardworking; **no vino, ~ que dejó un recado** he didn't come, he left a message; **no sólo uno, ~ tres** not one, but three
-2. *(para exceptuar)* **¿quién ~ tú lo haría?** who else but you would do it?; **no quiero ~ que se haga justicia** I only want justice to be done; **esto no hace ~ confirmar nuestras sospechas** this only serves to confirm our suspicions

sínodo *nm* synod

sinología *nf* Sinology

sinólogo, -a *nm,f* Sinologist

sinonimia *nf* synonymy

sinónimo, -a ◇ *adj* synonymous; **ser ~ de algo** to be synonymous with sth
◇ *nm* synonym

sinopsis *nf inv* **-1.** *(resumen)* synopsis **-2.** *Urug (corto)* trailer

sinóptico, -a *adj* synoptic; **cuadro ~** tree diagram

sinovial *adj* ANAT synovial

sinovitis *nf inv* MED synovitis

sinrazón *nf (falta de sentido)* senselessness; **es una ~ que lo hagas tú solo** it's ridiculous that you should do it on your own

sinsabores *nmpl* trouble, upsetting experiences; **ese trabajo me causó muchos ~** the job gave me a lot of headaches; **no tardó en descubrir los ~ de la vida adulta** she soon discovered the disappointments of adult life

sinsentido *nm* **eso es un ~** that doesn't make sense; **decir un ~** to say something that doesn't make sense

sinsonte *nm* mockingbird

sintáctico, -a *adj* syntactic

sintagma *nm* syntagma, syntagm ❑ **~ nominal** noun phrase; **~ verbal** verb phrase

sintagmático, -a *adj* syntagmatic

sintasol® *nm* linoleum, lino

sintaxis *nf inv* syntax

síntesis *nf inv* **-1.** *(resumen)* synthesis; **en ~** in short; **esta obra hace una ~ de sus ideas sobre el tema** this work draws together his ideas on the subject ❑ LING **~ del habla** speech synthesis **-2.** FILOSOFÍA synthesis **-3.** QUÍM synthesis **-4.** MED synthesis

sintéticamente *adv* synthetically

sintético, -a *adj* **-1.** *(artificial)* synthetic **-2.** *(conciso)* concise

sintetizador, -ora ◇ *adj* synthesizing
◇ *nm* synthesizer

sintetizar [14] *vt* **-1.** *(resumir)* to summarize; *(reunir)* to draw together **-2.** *(fabricar artificialmente)* to synthesize **-3.** FILOSOFÍA to synthesize **-4.** QUÍM to synthesize

sintiera *etc ver* sentir

sintoísmo *nm* Shintoism

sintoísta ◇ *adj* Shintoist
◇ *nmf* Shintoist

síntoma *nm* **-1.** *(de enfermedad)* symptom; **presenta síntomas de congelación en el pie** his foot shows signs of frostbite **-2.** *(señal, signo)* sign; **hay síntomas de mejoría en la economía** there are signs of improvement in the economy

sintomático, -a *adj* symptomatic

sintomatología *nf* symptoms

sintonía *nf* **-1.** *(música)* theme tune, *Br* signature tune; **la ~ del telediario** the TV news theme (tune) **-2.** *(conexión)* tuning; **están ustedes en la ~ de Radio 4** this is Radio 4 **-3.** *(compenetración)* harmony; **sus ideas están en ~ con las mías** her ideas are in line with mine; **sus ideas están en sintonía con la voluntad de la mayoría** her ideas are in tune with the wishes of the majority

sintonización *nf* **-1.** *(conexión)* tuning **-2.** *(compenetración)* **la ~ entre los dos es perfecta** the two of them are really on the same wavelength

sintonizador *nm* tuner, tuning dial

sintonizar [14] ◇ *vt (conectar)* to tune in to; **sintonizan ustedes Radio 4** this is Radio 4
◇ *vi* **-1.** *(conectar)* to tune in **(con** to) **-2.** *(compenetrarse)* **sintonizaron muy bien** they clicked straight away; **~ en algo (con alguien)** to be on the same wavelength (as sb) about sth

sinuosidad *nf* bend, wind
sinuoso, -a *adj* **-1.** *(camino)* winding **-2.** *(movimiento)* sinuous **-3.** *(disimulado)* devious
sinusitis *nf inv* sinusitis
sinusoide *nf* sinusoid
sinvergüenza ◇ *adj* **-1.** *(canalla)* shameless **-2.** *(fresco, descarado)* cheeky
◇ *nmf* **-1.** *(canalla)* scoundrel; **ser un ~** to be shameless **-2.** *(fresco, descarado)* cheeky person; **ser un ~** to be a cheeky rascal *o* so-and-so; **ese ~ me ha quitado el bocadillo** that cheeky rascal *o* so-and-so stole my sandwich
sinvergüenzada *nf Am Fam* dirty trick
Sión *n* Zion
sionismo *nm* Zionism
sionista ◇ *adj* Zionist
◇ *nmf* Zionist
sioux ['siu(k)s] ◇ *adj inv* Sioux
◇ *nmf inv* Sioux
siquiatra, siquiatría *etc* = **psiquiatra, psiquiatría** *etc*
síquico, -a = **psíquico**
siquiera ◇ *conj (aunque)* even if; **ven ~ por pocos días** do come, even if it's only for a few days
◇ *adv (por lo menos)* at least; **dime ~ tu nombre** (you could) at least tell me your name; **no tiene ~ dónde dormir** he doesn't even have a place to sleep; **ni (tan) ~** not even; **no me permiten ni (tan) ~ fumar** they don't even let me smoke; **ni (tan) ~ me hablaron** they didn't even speak to me; **¿te saludó? – ni (tan) ~ eso** did she say hello to you? – no, not even that; **no quiso ni (tan) ~ saludarlo** she would not so much as say hello to him
siquis = **psiquis**
sirena *nf* **-1.** MITOL mermaid, siren **-2.** *(señal)* siren
sirga *nf* towrope
Siria *n* Syria
siriar *vt Perú Fam* to chat up
sirimiri *nm* drizzle
siringa *nf Andes* BOT rubber tree
sirio, -a ◇ *adj* Syrian
◇ *nm,f* Syrian
sirlero, -a *nm,f Fam* = thug who carries a knife
siroco *nm (viento)* sirocco; ⎕EXPR⎕ *Fam* **dar el ~: le ha dado el ~** she's had a brainstorm
sirope *nm* golden syrup ❑ **~ de chocolate** *(para helado)* chocolate sauce; **~ de fresa** *(para helado)* strawberry sauce
sirviente, -a *nm,f* servant
sirviera *etc ver* **servir**
sirvo *etc ver* **servir**
sisa *nf* **-1.** *(de manga)* armhole **-2.** *(de dinero)* pilfering
sisal *nm* sisal
sisar *Esp* ◇ *vt* to pilfer
◇ *vi* to pilfer
sisear ◇ *vt* to hiss
◇ *vi* to hiss
siseo *nm (de serpiente, cinta magnética, aire)* hiss; *(de tela, brisa)* rustle; **el ~ del público le puso muy nervioso** the hissing from the audience really flustered him
Sísifo *n* MITOL Sisyphus
sísmico, -a *adj* seismic; **zona sísmica** earthquake zone
sismo *nm* earthquake
sismográfico, -a *adj* seismographic
sismógrafo *nm* seismograph
sismología *nf* seismology
sisón, -ona ◇ *adj* pilfering
◇ *nm,f (ladrón)* pilferer, petty thief
◇ *nm (ave)* little bustard
sistema ◇ *nm* **-1.** *(conjunto ordenado)* system ❑ **~ de apertura retardada** time lock; **~ de apoyo** support system; **el ~ bancario** the banking system; ASTRON **~ binario** *(de estrellas)* binary system; **~ cegesimal** *(de unidades)* CGS system; **el Sistema Central** = Spanish central mountain range; **~ de coordenadas** coordinate system; **~ decimal** decimal system; TV **~ dual** bilingual broadcasting; **~ fiscal** tax system; **el**

Sistema Ibérico the Iberian chain; **~ impositivo** tax system; **~ internacional de unidades** SI system; **~ métrico (decimal)** metric (decimal) system; **Sistema Monetario Europeo** European Monetary System; **~ montañoso** mountain chain *o* range; **~ periódico (de los elementos)** periodic table (of elements); **~ planetario** planetary system; **~ político** political system; **~ de referencia** frame of reference; **~ de seguridad** security system; **~ solar** solar system; **~ de transportes** transport system; **~ tributario** tax system
-2. ANAT system ❑ **~ cardiovascular** cardiovascular system; **~ circulatorio** circulatory system; **~ endocrino** endocrine system; **~ inmunológico** immune system; **~ linfático** lymphatic system; **~ nervioso** nervous system; **~ nervioso central** central nervous system
-3. *(método, orden)* method; **trabajar con ~** to work methodically
-4. INFORMÁT system ❑ **~ de alimentación ininterrumpida** uninterruptible power supply; **~ de almacenamiento** storage system; **~ de archivos jerárquicos** hierarchical file system; **~ de autor** authoring system; **~ binario** binary system; **~ experto** expert system; **~ de gestión de bases de datos** database management system; **~ hexadecimal** hexadecimal system, base 16; **~ multiprocesador** multiprocessor system; **~ multiusuario** multi-user system; **~ de nombres de dominio** domain name system; **~ operativo** operating system
-5. LING system
◇ **por sistema** *loc adv* systematically; **me lleva la contraria por ~** he always argues with everything I say
sistemáticamente *adv* **-1.** *(de manera sistemática)* systematically **-2.** *(invariablemente)* invariably; **me despierto ~ a las ocho** I invariably wake up at eight o'clock
sistemático, -a *adj* **-1.** *(que sigue sistema)* systematic **-2.** *(persona)* systematic
sistematización *nf* systematization
sistematizar [14] *vt* to systematize
sistémico, -a *adj* systemic
sístole *nf* FISIOL systole
sitar *nm* sitar
sitiado, -a *adj* besieged
sitiador, -ora ◇ *adj* besieging
◇ *nm,f* besieger
sitial *nm Formal* seat of honour
sitiar *vt* **-1.** *(cercar)* to besiege; **sitiaron el castillo** they laid siege to *o* besieged the castle
-2. *(acorralar)* to surround
sitio *nm* **-1.** *(lugar)* place; **lo tengo que haber dejado en algún ~** I must have left it somewhere; **estuve una hora buscando un ~ para aparcar** it took me an hour to find somewhere to park; **cambiar de ~ (con alguien)** to change places (with sb); **cambié los muebles de ~** I changed the furniture round; **en cualquier ~** anywhere; **en ningún ~** nowhere; **en otro ~** elsewhere; **en todos los sitios** everywhere; **hacer un ~ a alguien** to make room for sb; ⎕EXPR⎕ *Fam* **en el ~: un camión lo atropelló y lo dejó en el ~** he was hit by a truck and died on the spot; ⎕EXPR⎕ *Fam* **poner a alguien en su ~** to put sb in their place; ⎕EXPR⎕ *Fam* **quedarse en el ~: le dio un ataque al corazón y se quedó en el ~** she had a heart attack and dropped dead on the spot
-2. *(asiento)* place, seat; **está sentado en mi ~** you're sitting in my place *o* seat; **no queda ni un ~ (libre)** there isn't a single free seat; **¿me guardas un ~?** will you save me a place *o* seat?
-3. *(espacio)* room, space; **aquí hay ~ para tres personas** there's room *o* space for three people here; **no va a haber ~ para todos** there isn't going to be enough room *o* space for everybody; **hacer ~ a alguien** to make room for sb; **ocupa mucho ~** it takes up a lot of room *o* space; **no queda más ~** there's no more room; **no tengo ~ para**

tantos libros I don't have enough room *o* space for all those books
-4. *(cerco)* siege
-5. INFORMÁT site ❑ **~ web** website
-6. *Méx (granja)* small farm
-7. *Méx (parada de taxis)* taxi *Br* rank *o US* stand
-8. *Chile (terreno) Br* plot of land, *US* lot
sito, -a *adj* located
situación *nf* **-1.** *(circunstancias)* situation; *(legal, social)* status; **estar en ~ de hacer algo** *(en general)* to be in a position to do sth; *(enfermo, borracho)* to be in a fit state to do sth; **estar en una ~ privilegiada** to be in a privileged position ❑ **~ económica** economic situation; **~ límite** extreme *o* critical situation
-2. *(ubicación)* location; **la tienda está en una ~ muy céntrica** the shop is in a very central location
situado, -a *adj* **-1.** *(ubicado)* located; **estar bien ~** *(casa)* to be conveniently located **-2.** *(acomodado)* comfortably off; **estar bien ~** to be well-placed
situar [4] ◇ *vt* **-1.** *(colocar)* to place, to put; *(edificio, ciudad)* to site, to locate; **los arqueólogos sitúan el antiguo teatro en el centro de la ciudad** archaeologists place the ancient theatre in the centre of the town; **situó la acción de la novela en la Edad Media** he set the novel in the Middle Ages; *Fig* **me suena pero no lo sitúo** he sounds familiar, but I can't place him
-2. *(en clasificación)* **su victoria les sitúa en el primer puesto** their win moves them up to first place; **la nueva obra lo sitúa entre los artistas más importantes de su generación** his latest work places him among the most important artists of his generation
◆ **situarse** *vpr* **-1.** *(colocarse)* to take up position; **los agentes se situaron en las cercanías del banco** the police officers took up position in the vicinity of the bank
-2. *(ubicarse)* to be located; **está cerca de la plaza, ¿te sitúas?** it's near the square, do you know where I mean?
-3. *(desarrollarse) (acción)* to be set; **la acción se sitúa en la Segunda Guerra Mundial** the action is set during the Second World War
-4. *(acomodarse, establecerse)* to get oneself established
-5. *(en clasificación)* to be placed; **se situó en el tercer puesto** he was placed third
siútico, -a *adj Chile Fam* stuck-up
Sixto *n pr* Sixtus
Siva *n pr* REL Shiva, Siva
S.J. *(abrev de Societatis Jesu)* SJ
skateboard [es'keitbor], *RP* **skate** [es'keit] *(pl* **skateboards)** *nm* **-1.** *(tabla)* skateboard **-2.** *(deporte)* skateboarding
skay [es'kai] *nm* Leatherette®
sketch [es'ketʃ] *(pl* **sketches)** *nm (escena)* sketch
skin head [es'kinxeð] *(pl* **skin heads)** *nmf* skinhead
S.L. *nf (abrev de sociedad limitada) Br* ≃ Ltd, *US* ≃ Inc
slack [es'lak] *(pl* **slacks)** *nm Col* slacks; **llevaba un ~ blanco** he was wearing white slacks
slalom [es'lalom] *(pl* **slaloms)** *nm* DEP slalom ❑ **~ especial** special slalom; **~ gigante** giant slalom
Slam [es'lam] *nm* DEP **el Gran ~** the Grand Slam
sleeping [es'lipin] *(pl* **sleepings)** *nm Andes, Méx* sleeping bag
slip [es'lip] *(pl* **slips)** *nm* **-1.** *(calzoncillo)* briefs *(men's)*; **compré un ~** I bought some briefs, I bought a pair of briefs **-2.** *(bañador)* swimming trunks; **trae un ~** bring some swimming trunks, bring a pair of swimming trunks
S.M. *(abrev de Su Majestad)* HM
smash [es'maʃ] *(pl* **smashes)** *nm* DEP smash
SME *nm (abrev de Sistema Monetario Europeo)* EMS
SMI *nm (abrev de Sistema Monetario Internacional)* IMS

smog [es'moɣ] (pl **smogs**) nm smog

s/n (abrev de **sin número**) = abbreviation used in addresses after the street name, where the building has no number

snob [es'noβ] ◊ adj **es muy ~** he's always trying to look trendy and sophisticated
◊ nmf = person who wants to appear trendy and sophisticated

snobismo [es'noβismo]nm **sólo lo hace por ~** he's just doing that because he thinks it's trendy and sophisticated

snorkel [es'norkel] (pl **snorkels**) nm **-1.** (actividad) snorkelling; **hacer ~** to go snorkelling **-2.** (tubo) snorkel

snowboard [es'nouβor] (pl **snowboards**) nm **-1.** (tabla) snowboard **-2.** (deporte) snowboarding

SO (abrev de **Sudoeste**) SW

so ◊ prep under; **so pena de muerte/excomunión** on pain of death/excommunication; **so pretexto de** under the pretext of
◊ adv **¡so tonto!** you idiot!
◊ interj **¡so, caballo!** whoa!

soasar vt to roast lightly

soba nf Fam (paliza, derrota) hiding; **dar una ~ a alguien** to give sb a good hiding

sobaco nm armpit

sobado, -a adj **-1.** (cuello, puños) worn, shabby; (libro) dog-eared **-2.** (argumento, tema) well-worn, hackneyed **-3.** Esp Fam (dormido) asleep; **me quedé ~ viendo la televisión** I crashed out in front of the TV

sobadora nf RP bread kneading machine

sobajar, sobajear vt Andes, CAm, Méx, Ven **-1.** (humillar) to humiliate **-2.** (sobar) to paw

sobao nm (dulce) = small, flat, square sponge cake

sobaquera nf **-1.** (refuerzo) = reinforcement added to the underarm of a garment **-2.** (apertura) armhole **-3.** (para pistola) shoulder holster

sobaquina nf Fam body odour, BO

sobar ◊ vt **-1.** (toquetear) to finger, to paw **-2.** Fam (persona) to paw, to touch up **-3.** (ablandar) to soften **-4.** Fam (pegar, derrotar) to give a hiding **-5.** Méx, RP (frotar) to scrub **-6.** RP (amasar) to knead
◊ vi Esp Fam Br to kip, US to catch some zees

sobe, sobeo nm **-1.** Fam (toqueteo) pawing, touching up **-2.** (correa) strap

soberanamente adv **-1.** (independientemente) independently, free from outside interference **-2.** (enormemente) **aburrirse ~** to be bored stiff

soberanía nf sovereignty; **la ~ popular** the sovereignty of the people

soberano, -a ◊ adj **-1.** (independiente) sovereign **-2.** (belleza, calidad) supreme, unrivalled **-3.** Fam (grande) massive; **una soberana paliza** an almighty thrashing; **decir/hacer una soberana tontería** to say/do something unbelievably stupid; **fue un ~ aburrimiento** it was mindnumbingly boring
◊ nm,f sovereign

soberbia nf **-1.** (arrogancia) pride, arrogance **-2.** (magnificencia) grandeur, splendour

soberbio, -a ◊ adj **-1.** (arrogante) proud, arrogant **-2.** (magnífico) superb, magnificent
◊ nm,f (persona) proud o arrogant person; **es un ~** he's proud o arrogant

sobetear vt Fam **no sobetees esa manzana** stop playing with that apple

sobeteo nm Fam **de tanto ~ has dejado el vaso sucísimo** you've messed around with that glass so much you've made it filthy

sobón, -ona Fam ◊ adj touchy-feely; **es muy ~** he's a great one for hugging and kissing
◊ nm,f groper

sobornable adj bribable

sobornar vt to bribe

soborno ◊ nm **-1.** (acción) bribery **-2.** (dinero, regalo) bribe; **aceptar un ~** to accept a bribe
◊ **de soborno** loc adj Bol, Chile additional

sobra nf **-1. de ~** (en exceso) more than enough; (de más) superfluous; **tenemos dinero de ~** we have more than enough money; **tengo una raqueta de ~** I've got a spare racket; **me voy, aquí estoy de ~** I'm off, it's obvious I'm not wanted here; **lo sabemos de ~** we know it only too well; **sabes de ~ que no miento** you know perfectly well o full well that I'm not lying; **tengo motivos de ~ para no hablarle** I've got plenty of reasons for not talking to her
-2. sobras (de comida) leftovers; (de tela) remnants

sobradamente adv **un pintor ~ conocido** a very well-known artist; **como es ~ conocido...** as I/we/etc know all too well...; **te conoce ~** she knows you inside out

sobrado, -a ◊ adj **-1.** (de sobra) **con sobrada experiencia** with ample experience; **tengo sobradas sospechas para desconfiar de él** I've more than enough reasons to suspect him **-2.** (con suficiente) **estar ~ de dinero/tiempo** to have more than enough money/time **-3.** Chile (enorme) enormous, huge
◊ nmpl Andes **sobrados** leftovers

sobrador, -ora adj Andes, RP Fam snotty, stuck-up

sobrante ◊ adj remaining; **con el dinero ~ se irán de vacaciones** with the money that's left over they plan to go on Br holiday o US vacation; **los huesos sobrantes se pueden utilizar para una sopa** the leftover bones can be used for stock
◊ nm surplus

sobrar ◊ vi **-1.** (quedar, restar) to be left over, to be spare; **nos sobró comida** we had some food left over; **no me sobró ni un centavo** I didn't have a penny left; **nos van a ~ un par de días** we'll have a couple of days left
-2. (haber de más) **parece que van a ~ bocadillos** it looks like there are going to be too many o more than enough sandwiches; **sobra una silla** there's one chair too many
-3. (estar de más) to be superfluous; **lo que dices sobra** that goes without saying; **aquí sobra alguien** someone here is not welcome
◊ vt Andes, RP Fam **~ a alguien** to look down on sb, to patronize sb

sobrasada nf = Mallorcan spicy pork sausage that can be spread

sobre¹ nm **-1.** (para cartas) envelope **-2.** (para alimentos, medicamentos) sachet, packet **-3.** Fam (cama) **irse al ~** to hit the sack **-4.** Am (bolsa) clutch bag **-5.** Urug **~ de dormir** sleeping bag

sobre² ◊ prep **-1.** (encima de) on (top of); **el libro está ~ la mesa** the book is on (top of) the table; **aún hay nieve ~ las montañas** there's still snow on the mountains; **fui apilando las tejas una ~ otra** I piled the tiles up one on top of the other; **una cruz roja ~ fondo blanco** a red cross on o against a white background; **varios policías saltaron ~ él** several policemen fell upon him; **seguimos ~ su pista** we're still on her trail; EXPR Andes, RP **~ la hora: ¿tomamos algo antes de que subas al tren? – imposible, ya estoy ~ la hora** shall we have a bite to eat before you catch the train? – I can't, I'm already tight for time; **llegamos muy ~ la hora** we arrived with very little time to spare
-2. (por encima de) over, above; **el puente ~ la bahía** the bridge across o over the bay; **en estos momentos volamos ~ la isla de Pascua** we are currently flying over Easter Island; **la catedral destaca ~ los demás edificios** the cathedral stands out over o above the other buildings; **a 3.000 metros ~ el nivel del mar** 3,000 metres above sea level
-3. (en torno a) on; **la Tierra gira ~ sí misma** the Earth revolves on its own axis
-4. (indica superioridad) **su opinión está ~ las de los demás** his opinion is more important than that of the others; **una victoria ~ alguien** a win over sb

-5. (indica relación, contraste, efecto) **el impuesto ~ la renta** income tax; **tiene muchas ventajas ~ el antiguo modelo** it has a lot of advantages over the old model; **su efecto ~ la quemadura es inmediato** its effect on the burn is immediate; **no tienen influencia ~ ellos** they have no influence over them
-6. (acerca de) about, on; **discuten ~ política** they are arguing about politics; **un libro ~ el amor** a book about o on love; **una conferencia ~ el desarme** a conference on disarmament
-7. (aproximadamente) about; **llegarán ~ las diez/~ el jueves** they'll arrive at about ten o'clock/around Thursday; **tiene ~ los veinte años** she's about twenty; **los solicitantes deben de ser ~ dos mil** there must be about two thousand applicants
-8. (indica acumulación) upon; **nos contó mentira ~ mentira** he told us lie upon lie o one lie after another
-9. (indica inminencia) upon; **la desgracia estaba ya ~ nosotros** the disaster was already upon us
◊ **sobre todo** loc adv above all; **afectó ~ todo a la industria turística** it particularly affected the tourist industry; **y, ~ todo, no le digas nada a ella** and, above all, don't say anything to her

sobreabundancia nf surplus

sobreabundante adj excessive

sobreabundar vi to abound

sobreactuar vi to overact

sobrealimentación nf **-1.** (de persona) overeating **-2.** (de motor) supercharching, turbocharging

sobrealimentar ◊ vt **-1.** (alimentar en exceso) to overfeed **-2.** (motor) to supercharge, to turbocharge
◆ **sobrealimentarse** vpr to overeat

sobreañadido nm unnecessary addition

sobreañadir vt **~ algo a algo** to add sth on top of sth

sobrecalentamiento nm overheating

sobrecalentar [3] vt to overheat

sobrecama nf bedspread

sobrecarga nf **-1.** (exceso de carga) excess load **-2.** (saturación) overload; **~ de trabajo** excessive workload; **~ muscular** muscle strain; **por ~ en las líneas le rogamos marque dentro de unos minutos** all our lines are busy at the moment, please try again later **-3.** (eléctrica) surge

sobrecargado, -a adj **-1.** (con peso) overloaded; **estar ~ de trabajo** to be overburdened with work, to have an excessive workload **-2.** (con decoración) overdone

sobrecargar [38] vt **-1.** (con peso) to overload (**de** with); (con trabajo) to overburden (**de** with) **-2.** (decoración) to overdo

sobrecargo nm **-1.** NÁUT supercargo **-2.** AV flight attendant **-3.** COM surcharge

sobrecogedor, -ora adj **-1.** (terrorífico) frightening, startling **-2.** (impresionante) shocking, harrowing

sobrecoger [52] ◊ vt **-1.** (asustar) to frighten, to startle **-2.** (impresionar) to shock
◆ **sobrecogerse** vpr **-1.** (asustarse) to be frightened, to be startled; **se sobrecogió al oír el trueno** she was startled when she heard the thunder **-2.** (impresionarse) to be shocked

sobrecogimiento nm **-1.** (susto) fright **-2.** (impresión) shock

sobrecoste, sobrecosto nm extra cost

sobrecubierta nf **-1.** (de libro) (dust) jacket **-2.** (de barco) upper deck

sobrecuello nm (de sacerdote) dog collar

sobredicho, -a adj Formal aforementioned, above-mentioned

sobredimensionar vt to blow up out of all proportion

sobredorar vt (dorar) to gild

sobredosis nf inv overdose

sobreentender = sobrentender

sobreentendido, -a = sobrentendido

sobreesdrújula = sobresdrújula

sobreesdrújulo, -a = sobresdrújulo
sobreestimar = sobrestimar
sobreexcitación = sobrexcitación
sobreexcitado, -a = sobrexcitado
sobreexcitar = sobrexcitar
sobreexplotación *nf (de campos, cultivos)* overfarming; *(minera)* overmining; **~ de los recursos marítimos** overfishing; **~ de los recursos naturales** overexploitation of natural resources
sobreexplotar *vt (campos, cultivos)* to overfarm; *(recursos mineros)* to overmine; **~ los recursos marítimos** to overfish; **~ los recursos naturales** to overexploit *o* drain natural resources
sobreexponer = sobrexponer
sobreexposición = sobrexposición
sobrefalda *nf* overskirt
sobrefusión *nf* supercooling
sobregiro *nm* COM overdraft
sobrehilado *nm (en costura)* overcast stitching, whipstitching
sobrehilar *vt* to whipstitch
sobrehumano, -a *adj* superhuman
sobreimpresión *nf* superimposing
sobreimprimir *vt* to superimpose
sobrellevar *vt* to bear, to endure; **sobrelleva la desgracia con mucha resignación** he is bearing his misfortune with great resignation
sobremanera *adv Formal* exceedingly; **me place ~ que recurran a nuestros servicios** I'm exceedingly pleased that you should have decided to use our services
sobremesa *nf* = time after midday meal, usually between three and five o'clock in the afternoon, when people stay at the table talking, playing cards etc; **quedarse de ~** to stay at the table *(talking, playing cards etc)*; **la programación de ~** afternoon TV (programmes)
sobrenadar *vi* to float
sobrenatural *adj* supernatural; **poderes sobrenaturales** supernatural powers
sobrenombre *nm* nickname
sobrentender, sobreentender [64] ◇ *vt* to understand, to deduce
◆ **sobrentenderse** *vpr* **se sobrentiende que vendrán** it is understood that they'll come; **se sobrentiende que ellos correrán con los gastos** it goes without saying that they will pay the expenses
sobrentendido, -a, sobreentendido, -a *adj* implied, implicit; **eso está ~** that goes without saying
sobrepaga *nf* bonus
sobreparto *nm* confinement *(after childbirth)*
sobrepasar ◇ *vt* **-1.** *(exceder)* to exceed; **su sueldo no sobrepasa el de sus compañeros** his pay is no higher than that of his colleagues; **sobrepasó la barrera del sonido** it broke the sound barrier; **en este caso, la realidad sobrepasa a la ficción** in this instance, reality is stranger than fiction
-2. *(aventajar)* **me sobrepasa en altura** he's taller than me; **lo sobrepasa en inteligencia** she's more intelligent than he is
◆ **sobrepasarse** *vpr (excederse)* to go over the top; **se sobrepasaron en el dinero gastado** they went over the top in the amount they spent **-2.** *(propasarse)* to go too far **(con** with**); sobrepasarse con alguien** *(sexualmente)* to take liberties with sb
sobrepelliz *nf* surplice
sobrepesca *nf* overfishing
sobrepeso *nm* excess weight; **tuve que pagar por ~ de equipaje** I had to pay for excess baggage; *Am* **no pudo competir porque está con ~** he couldn't compete because he's overweight
sobreponer [50] ◇ *vt* **-1.** *(poner encima)* to put on top **-2.** *(anteponer)* **~ algo a algo** to put sth before sth
◆ **sobreponerse** *vpr* **sobreponerse a algo** to overcome sth; **todavía no se ha sobrepuesto a la pérdida de su amada** he still hasn't recovered from losing the woman he loved

sobreposición *nf* superimposing
sobreprecio *nm* extra charge, surcharge
sobreprima *nf* additional premium
sobreproducción *nf* ECON overproduction
sobreproteger [52] *vt* to overprotect
sobrepuesto, -a ◇ *participio ver* **sobreponer**
◇ *adj* superimposed
◇ *nm Am (panal)* = honeycomb formed after the hive is full
sobrepujar *vt* to outdo, to surpass
sobrero *nm* TAUROM = bull kept in reserve in case it is needed in a bullfight
sobresábana *nf Col* top sheet
sobresaliente ◇ *adj (destacado)* outstanding
◇ *nm (nota)* = mark of between 9 and 10 out of 10, ≃ excellent, ≃ A
◇ *nmf* **-1.** TAUROM reserve bullfighter **-2.** TEATRO understudy
sobresalir [60] *vi* **-1.** *(en tamaño)* to jut out, to stick out; **arreglaron la baldosa que sobresalía del pavimento** they have fixed the slab which was sticking out from the *Br* pavement *o US* sidewalk; **el tejado sobresale varios metros** the roof juts out several metres; **la enagua le sobresale por debajo de la falda** her petticoat is showing beneath her skirt; **su cabeza sobresalía entre la masa** his head stuck out above the rest of the crowd
-2. *(descollar)* to stand out; **sobresale por su inteligencia** he is outstandingly intelligent
sobresaltar ◇ *vt* to startle
◆ **sobresaltarse** *vpr* to be startled; **se sobresaltó al oír el portazo** she was startled when she heard the door slam
sobresalto *nm* start, fright; **dar un ~ a alguien** to startle sb, to give sb a fright; **vive en un continuo ~ por la frágil salud de sus padres** because of his parents' delicate health he lives in a constant state of alert
sobresaturar *vt* to supersaturate
sobrescribir *vt* to overwrite
sobrescrito, -a *participio ver* **sobrescribir**
sobresdrújula, sobreesdrújula *nf* = word stressed on the fourth-last syllable
sobresdrújulo, -a, sobreesdrújulo, -a *adj* = stressed on the fourth-last syllable
sobreseer [37] *vt* DER to discontinue, to dismiss
sobreseimiento *nm* DER discontinuation, dismissal
sobrestante *nm* supervisor
sobrestimar, sobreestimar ◇ *vt* to overestimate
◆ **sobrestimarse** *vpr* to overestimate one's own abilities
sobresueldo *nm* bonus; **cobrar un ~** to earn some extra income
sobretasa *nf* surcharge
sobretiempo *nm Andes* **-1.** *(en trabajo)* overtime **-2.** *(en deporte) Br* extra time, *US* overtime
sobretodo *nm* overcoat
sobrevalorado, -a *adj* **-1.** *(artista, obra)* overrated **-2.** *(casa, acciones, moneda)* overvalued
sobrevalorar ◇ *vt* **-1.** *(artista, obra)* to overrate **-2.** *(casa, acciones, moneda)* to overvalue
◆ **sobrevalorarse** *vpr* to have too high an opinion of oneself
sobrevenir [69] *vi* to occur; **sobrevino la guerra** the war intervened; **estaban en el extranjero cuando sobrevino la epidemia** they were abroad when the epidemic broke out *o* occurred; **no supieron reaccionar cuando sobrevino el desastre** they failed to react when the disaster struck *o* occurred; **la enfermedad le sobrevino durante las vacaciones** he was struck down by the illness during the holidays
sobreventa *nf* overbooking ❑ **~ de billetes** overbooking
sobrevida *nf Am* survival
sobreviviente ◇ *adj* surviving
◇ *nmf* survivor
sobrevivir *vi* to survive; **~ a un accidente** to survive an accident; **sobrevivió a sus hijos** she outlived her children
sobrevolar [63] *vt* to fly over

sobrexcitación, sobreexcitación *nf* overexcitement
sobrexcitado, -a, sobreexcitado, -a *adj* overexcited
sobrexcitar, sobreexcitar ◇ *vt* to overexcite
◆ **sobrexcitarse** *vpr* to get overexcited
sobrexponer, sobreexponer [50] *vt* to overexpose
sobrexposición, sobreexposición *nf* overexposure
sobriedad *nf* **-1.** *(moderación)* restraint, moderation; *(sencillez)* simplicity, sobriety **-2.** *(no embriaguez)* soberness
sobrino, -a *nm,f* nephew, *f* niece; **mis sobrinos** my nieces and nephews ❑ **sobrina nieta** grandniece, great niece; **~ nieto** grandnephew, great nephew; **sobrina segunda** second cousin; **~ segundo** second cousin
sobrio, -a *adj* **-1.** *(moderado)* restrained; *(no excesivo)* simple; **es ~ en el vestir** he dresses simply **-2.** *(austero) (decoración, estilo)* sober **-3.** *(no borracho)* sober
sobros *nmpl CAm, Méx* leftovers
socaire ◇ *nm* NÁUT lee
◇ **al socaire de** *loc adv* under the protection of
socarrado, -a *adj* burnt, scorched
socarrar ◇ *vt (quemar)* to burn, to scorch
◆ **socarrarse** *vpr* to burn, to get scorched
socarrón, -ona *adj* ironic
socarronería *nf* irony, ironic humour
sócate *nm Ven* socket
socavar *vt* **-1.** *(debilitar)* to undermine **-2.** *(excavar por debajo)* to dig under
socavón *nm* **-1.** *(hoyo)* hollow; *(en la carretera)* pothole **-2.** MIN gallery
sochantre *nm* precentor
sociabilidad *nf* **-1.** *(simpatía)* sociability **-2.** *Urug (vida social)* socializing; **hacer ~** *(charlar)* to chat; *(alternar)* to socialize
sociable *adj* sociable
social *adj* **-1.** *(clase, organización, lucha)* social **-2.** *(vida, actividad)* social **-3.** ECON **capital ~** share capital; **sede ~** headquarters, head office
socialdemocracia *nf* social democracy
socialdemócrata ◇ *adj* social democratic
◇ *nmf* social democrat
sociales *nfpl* **-1.** EDUC *Fam* social sciences **-2.** *Arg (vida social)* socializing; **hacer ~** *(charlar)* to chat; *(alternar)* to socialize **-3.** *RP (columna social)* society column
socialismo *nm* socialism
socialista ◇ *adj* socialist
◇ *nmf* socialist
socialización *nf* ECON nationalization
socializar [14] *vt* ECON to nationalize
socialmente *adv* socially
sociata *nmf Esp Fam Pey* = supporter of the PSOE (Spanish Socialist Party)
sociedad *nf* **-1.** *(de seres vivos)* society; **las hormigas viven en ~** ants are social creatures ❑ **la ~ civil** civil society; **~ de consumo** consumer society; **~ de la información** information society; **la ~ del ocio** the leisure society; **~ plural** plural society; **~ postindustrial** post-industrial society
-2. *(mundo elegante)* society; **entrar** *o* **presentarse en ~** to come out, to make one's debut; **alta ~** high society; **notas de ~** society column
-3. *(asociación)* society ❑ **~ deportiva** sports club; **~ gastronómica** dining club, gourmet club; **la Sociedad de Jesús** the Society of Jesus; **~ literaria** literary society; **~ médica** private health care company; HIST **la Sociedad de Naciones** the League of Nations; **la Sociedad Protectora de Animales** *Br* ≃ the RSPCA, *US* ≃ the SPCA
-4. COM & FIN *(empresa)* company ❑ **~ anónima** *Br* public (limited) company, *US* incorporated company; **~ de cartera** holding (company); **~ colectiva** general partnership; **~ comanditaria** *o* **en comandita** general and limited partnership; **~ cooperativa** cooperative; **~ industrial** industrial society; **~ de inversión** investment

socio company; **~ de inversión de capital variable** investment company; **~ de inversión mobiliaria** investment trust; **~ limitada** private limited company; **~ mercantil** trading corporation; **~ mixta** joint venture; **~ de responsabilidad limitada** private limited company

socio, -a *nm,f* **-1.** COM partner; **hacerse ~ de una empresa** to become a partner in a company ❏ **~ capitalista** *Br* sleeping partner, *US* silent partner; **~ comanditario** *Br* sleeping partner, *US* silent partner; **~ comercial** trading partner; **~ fundador** founding partner; **~ mayoritario** majority shareholder
-**2.** *(miembro)* member; **hacerse ~ de un club** to join a club ❏ **~ honorario** *o* **de honor** honorary member; **~ de número** full member; **~ vitalicio** life member
-**3.** *Fam (amigo)* mate

socio- *pref* socio-
sociobiología *nf* sociobiology
sociocultural *adj* sociocultural
socioeconomía *nf* socioeconomics *(singular)*
socioeconómico, -a *adj* socioeconomic
sociolecto *nm* LING sociolect, social dialect
sociolingüística *nf* sociolinguistics *(singular)*
sociolingüístico, -a *adj* sociolinguistic
sociología *nf* sociology
sociológico, -a *adj* sociological
sociólogo, -a *nm,f* sociologist
sociopolítico, -a *adj* sociopolitical
soco, -a *adj Chile, PRico (manco)* **es ~** he only has one arm
socorrer *vt* to help
socorrido, -a *adj (útil)* useful, handy; **los huevos fritos son un plato muy ~** fried eggs is a very handy dish
socorrismo *nm (primeros auxilios)* first aid; *(en la playa)* lifesaving; *(en la montaña)* mountain rescue
socorrista *nmf (en ambulancia)* first-aider; *(en la playa)* lifeguard; *(en la montaña)* mountain rescue worker
socorro ◇ *nm* help, assistance; **una llamada de ~** a call for help, an SOS; AV & NÁUT a distress call; **acudieron en ~ del barco** they came to the ship's aid *o* assistance; **prestar ~ a alguien** to offer sb help *o* assistance
◇ *interj* help!
socotroco, zocotroco *nm RP Fam* **-1.** *(golpe)* belt, wallop **-2.** *(bulto)* hunk, lump; **le pedí un pedazo de pan y me dio un tremendo ~** I asked him for a piece of bread and he gave me a huge great hunk
Sócrates *n pr* Socrates
socrático, -a *adj* Socratic
soda *nf (bebida)* soda water
sodero *nm RP* = man who delivers soda water to people's homes
sódico, -a *adj* sodium; **cloruro ~** sodium chloride
sodio *nm* sodium
Sodoma *nm* **~ y Gomorra** Sodom and Gomorrah
sodomía *nf* sodomy
sodomita *nmf* sodomite
sodomizar [14] *vt* to sodomize
soez *adj* vulgar
sofá *nm* sofa, couch ❏ **~-cama** sofa bed
sófero, -a *adj Perú Fam* massive, *US* humongous
Sofía *n* Sofia
sofisma *nm* sophism
sofista ◇ *adj* sophistic
◇ *nmf* sophist
sofisticación *nf* **-1.** *(refinamiento)* sophistication **-2.** *(complejidad)* sophistication
sofisticado, -a *adj* **-1.** *(refinado)* sophisticated **-2.** *(complejo)* sophisticated
sofisticar [59] ◇ *vt* **-1.** *(quitar naturalidad a)* to make too sophisticated **-2.** *(falsificar)* to adulterate, to doctor
◆ **sofisticarse** *vpr* to get sophisticated
sofístico, -a *adj* specious, fallacious
soflama *nf Pey (discurso)* harangue

sofocación *nf (asfixia)* suffocation
sofocado, -a *adj* **-1.** *(por cansancio)* out of breath; *(por calor)* suffocating **-2.** *(por vergüenza)* embarrassed **-3.** *(por disgusto)* upset
sofocante *adj (calor)* suffocating, stifling
sofocar [59] ◇ *vt* **-1.** *(ahogar, abrasar)* to suffocate, to stifle **-2.** *(incendio)* to put out, to smother **-3.** *(rebelión)* to suppress, to quell **-4.** *(agobiar) (con trabajo)* to overburden **-5.** *(avergonzar)* to embarrass
◆ **sofocarse** *vpr* **-1.** *(ahogarse, abrasarse)* to suffocate **-2.** *(agobiarse) (con trabajo)* to overburden **-3.** *(avergonzarse)* to get embarrassed **-4.** *(disgustarse)* **¡no te sofoques!** there's no need to get upset about it!
Sófocles *n pr* Sophocles
sofoco *nm* **-1.** *(ahogo)* breathlessness; **le dio un ~** he got out of breath **-2.** *(bochorno)* hot flush **-3.** *(vergüenza)* embarrassment; **pasar un ~** to be embarrassed **-4.** *(disgusto)* **llevarse un ~** to get upset
sofocón *nm Fam* **llevarse un ~** *(un disgusto)* to get really upset
sofoque *etc ver* **sofocar**
sófora *nf* pagoda tree
sofreír [56] *vt* to fry lightly over a low heat
sofrenar *vt* **-1.** *(retener)* to rein in suddenly, to check **-2.** *(refrenar)* to restrain, to control
sofrío, sofriera *etc ver* **sofreír**
sofrito, -a ◇ *participio ver* **sofreír**
◇ *nm* = lightly fried onions, garlic, and usually also tomato, used as a base for sauces, stews etc
sofrología *nf* relaxation therapy
software ['sofwer] *nm* INFORMÁT software; **paquete de ~** software package ❏ **~ de comunicaciones** communications software; **~ de dominio público** public domain software; **~ integrado** integrated software; **~ de sistema** system software
soga *nf (cuerda)* rope; *(para ahorcar)* noose; EXPR **estar con la ~ al cuello** to be in dire straits; EXPR **mentar la ~ en casa del ahorcado** to really put one's foot in it *(by mentioning a sensitive subject)*
soguear *vt* **-1.** *Ecuad (atar)* to tie with a long rope **-2.** *Col (burlarse de)* to make fun of
sois *ver* **ser**
soja, soya *nf* **-1.** *(planta, fruto)* soya bean, *US* soy bean **-2.** *(proteína)* soya
sojuzgar [38] *vt* to subjugate
sol *nm* **-1.** *(astro)* sun; **al salir/ponerse el ~** at sunrise/sunset; **de ~ a ~** from dawn to dusk ❏ **~ de medianoche** midnight sun; **~ naciente** rising sun; **~ poniente** setting sun
-**2.** *(rayos, luz)* sunshine, sun; **estar/ponerse al ~** to be in/move into the sun; **entraba el ~ por la ventana** sunlight was coming in through the window; **¡cómo pega** *o* **pica el ~!** the sun's really hot!; **estaba leyendo a pleno ~** he was reading in the sun; **hace ~** it's sunny; EXPR **hace un ~ de justicia** it's blazing hot; **quemado por el ~** sunburnt; **tomar el ~** to sunbathe; EXPR *Fam* **siempre se arrima al ~ que más calienta** he is loyal to whoever offers him the best deal; EXPR *Fam* **no dejar a alguien ni a ~ ni a sombra** to follow sb around wherever they go
-**3.** *Fam (ángel, ricura)* darling, angel; **tu hermana es un ~** your sister's an angel
-**4.** *(nota musical)* G; *(en solfeo)* soh; *ver también* **do**
-**5.** *(moneda)* sol
-**6.** TAUROM = seats in the sun, the cheapest in the bullring
-**7.** **~ y sombra** *(bebida)* = mixture of brandy and anisette
solado *nm*, **soladura** *nf* flooring
solador *nm* floorer
soladura = **solado**
solamente *adv* only, just; **~ he venido a despedirme** I've only *o* just come to say goodbye; **come ~ fruta y verdura** she only *o* just eats fruit and vegetables; **es ~ un bebé** he's only *o* just a baby; **~ le importa el dinero** she's only interested in money, all she cares about is money; **trabajo veinte horas a la semana – ¿~?** I work

twenty hours a week – is that all?; **no ~... sino (también)...** not only... but (also)...; **no ~ me insultaron sino que además me golpearon** they didn't only insult me, they beat me too, not only did they insult me, they beat me too; **con ~** *o* **~ con una llamada basta para obtener el crédito** all you need to do to get the loan is to make one phone call; **con ~** *o* **~ con accionar la palanca...** by simply operating the lever...; **~ con que te disculpes me conformo** all you need to do is apologize and I'll be happy, all I ask is that you apologize; **~ de pensarlo me pongo enfermo** just thinking about it makes me ill; **~ que...** only...; **lo compraría, ~ que no tengo dinero** I would buy it, only I haven't got any money
solana *nf* **-1.** *(lugar)* sunny spot **-2.** *(galería)* sun lounge
solanácea ◇ *nf* solanaceous plant
◇ *nfpl* **solanáceas** *(familia)* Solanaceae; **de la familia de las solanáceas** of the family Solanaceae
solano *nm* east wind
solapa *nf* **-1.** *(de prenda)* lapel **-2.** *(de libro, sobre)* flap
solapadamente *adv* underhandedly, deviously
solapado, -a *adj* underhand, devious
solapamiento *nm* overlapping
solapar *vt* to cover up
solar[1] *adj* solar; **energía ~** solar energy, solar power; **los rayos solares** the sun's rays
solar[2] *nm* **-1.** *(terreno)* vacant lot, undeveloped plot (of land) **-2.** *Cuba (casa de vecindad)* tenement
solariego, -a *adj* ancestral
solario, solárium *(pl* **solariums)** *nm* solarium
solaz *nm Formal* **-1.** *(entretenimiento)* amusement, entertainment **-2.** *(descanso)* rest
solazar [14] *Formal* ◇ *vt (entretener)* to amuse, to entertain
◆ **solazarse** *vpr* to amuse *o* entertain oneself
solazo *nm Fam* scorching *o* blazing sunshine
soldada *nf* pay
soldadera *nf Méx* HIST = woman who accompanied the soldiers during the Mexican Revolution
soldadesca *nf* rowdy *o* unruly gang of soldiers
soldadito *nm* **~ de plomo** tin soldier
soldado *nm* soldier ❏ **~ de caballería** cavalryman; **~ de infantería** infantryman; **~ de marina** marine; **~ de plomo** tin soldier; **~ de primera** *Br* lance corporal, *US* private first class; **~ raso** private
soldador, -ora ◇ *nm,f (persona)* welder
◇ *nm (aparato) (con material adicional)* soldering iron; *(sin material adicional)* welder, welding equipment
soldadura *nf* **-1.** *(acción) (con estaño)* soldering; *(por arco, oxiacetilénica)* welding ❏ **~ autógena** autogenous welding **-2.** *(juntura) (con estaño)* soldered joint; *(por arco, oxiacetilénica)* weld **-3.** *(de fractura)* knitting (together)
soldar [63] ◇ *vt (metal) (con estaño)* to solder; *(por arco, con oxiacetileno)* to weld
◇ *vi (huesos)* to knit
◆ **soldarse** *vpr (huesos)* to knit (together)
soleá *(pl* **soleares)** *nf* = type of flamenco song and dance
soleado, -a *adj* sunny
solear *vt* to put in the sun
solecismo *nm* solecism
soledad *nf* **-1.** *(falta de compañía)* solitude; **vive en completa ~** he lives in complete solitude; **necesito un poco de ~** I need to be alone for a while; **se dedicó a escribir en la ~ del exilio** he started writing in the solitude of exile **-2.** *(melancolía)* loneliness; **enfermó de ~** she grew sick with loneliness

solemne *adj* **-1.** *(con pompa, importante)* formal, solemn **-2.** *(serio)* solemn; **una promesa ~** a solemn promise **-3.** *(enorme)* utter, complete; **hacer/decir una ~ tontería** to do/say something incredibly stupid

solemnemente *adv* solemnly

solemnidad ◇ *nf* **-1.** *(suntuosidad)* pomp, solemnity; **la inauguración se celebró con gran ~** the inauguration took place with great solemnity **-2.** *(acto)* ceremony; **~ de María** Solemnity of Mary
◇ **de solemnidad** *loc adv* **malo de ~** really bad; **son pobres de ~** they're really poor; **fue aburrido de ~** it was deadly boring

solemnizar [14] *vt* **-1.** *(celebrar)* to celebrate, to commemorate **-2.** *(dar solemnidad a)* to lend an air of solemnity to

solenodonte *nm* Cuban solenodon

solenoide *nm* ELEC solenoid

sóleo *nm* ANAT soleus

soler [41] *vi* **~ hacer algo** to do sth usually; **solemos comer fuera los viernes** we usually eat out on Fridays; **aquí suele llover mucho** it usually rains a lot here; **solía ir a la playa cada día** I used to go to the beach every day; **solíamos vernos más** we used to see more of each other; **como se suele hacer en estos casos** as is customary in such cases; **como se suele decir en estos casos, que les vaya muy bien** as people usually say at times like these, I hope it goes very well for you; **este restaurante suele ser bueno** this restaurant is usually good

solera *nf* **-1.** *(tradición)* tradition; **una familia/marca de ~** a long-established family/brand; **un barrio con mucha ~** a neighbourhood with a lot of local character **-2. vino de ~** *(añejo)* vintage wine **-3.** *RP (vestido)* sun dress **-4.** *Chile (de acera) Br* kerb, *US* curb

solero *nm RP (vestido)* sun dress

soletilla *nf* sponge finger

solfa *nf Fam (paliza)* thrashing; EXPR **poner algo en ~** to make fun of sth, *Br* to take the mickey out of sth; EXPR *RP* **tomarse algo en ~** not to take sth too seriously

solfatara *nf* GEOL solfatara

solfear *vt* MÚS to sol-fa

solfeo *nm* MÚS music reading; **estudiar ~** to learn to read music; **estudia primero/segundo/tercero de ~** he's in his first/second/third year of music theory; **saber ~** to be able to read music

solicitada *nf Arg* = article inserted in a newspaper and paid for by the writer

solicitante *nmf* applicant

solicitar *vt* **-1.** *(pedir) (información, permiso)* to request, to ask for; *(puesto, préstamo, beca)* to apply for; **~ algo a alguien** *(pedir) (información, permiso)* to request sth from sb, to ask sb for sth; *(puesto, préstamo, beca)* to apply to sb for sth; **me han solicitado que lo haga** they've requested that I do it
-2. *(persona)* to ask for; **le solicita el director de ventas** the sales manager wants to see you; **estar muy solicitado** to be very popular, to be very sought after
-3. *Anticuado (cortejar)* to woo

solícito, -a *adj* solicitous, obliging; **siempre fue muy solícita conmigo** she was always very kind and helpful towards me; **acudió ~ a atender a los heridos** anxious to help, he came forward to take care of the injured

solicitud *nf* **-1.** *(petición) (de información, permiso)* request; *(de puesto, préstamo, beca)* application; **a ~ de** at the request of; **en estos momentos no podemos atender su ~** we are unable to respond to your request at this time **-2.** *(documento)* application form **-3.** *(atención)* attentiveness; **con ~** attentively

sólidamente *adv* solidly

solidariamente *adv* **-1.** *(con solidaridad)* **actuaron ~** they showed great solidarity **-2.** DER severally

solidaridad *nf* solidarity; **lo hago por ~ con los despedidos** I am doing it out of solidarity with the people who have been sacked; **mostrar ~ con alguien** to show solidarity with sb; **fueron a la huelga en ~ con otros compañeros del sector** they came out on strike in sympathy with other workers in the industry

solidario, -a *adj* **-1.** *(adherido) (actitud)* supportive (**con** of); **un gesto ~** a gesture of solidarity; **contamos con el apoyo ~ de nuestros compañeros en otras fábricas** we have the support of our fellow workers in other factories; **ser ~ con alguien** to show solidarity with sb; **nos hacemos solidarios de su causa** we join with you in their cause
-2. DER *(obligación, compromiso)* mutually binding
-3. TEC *(pieza)* integral

solidarizar [14] ◇ *vt* to make jointly responsible *o* liable
◆ **solidarizarse** *vpr (unirse)* to express *o* show one's solidarity (**con** with); **se solidarizaron con sus compañeros en huelga** they expressed their solidarity with their striking fellow workers; **nos solidarizamos con los manifestantes** we support the demonstrators

solideo *nm* REL skullcap

solidez *nf* **-1.** *(de terreno, construcción)* solidity **-2.** *(de relación)* strength **-3.** *(de argumento, conocimiento, idea)* soundness, solidity

solidificación *nf* solidification

solidificar [59] ◇ *vt* to solidify
◆ **solidificarse** *vpr* to solidify

sólido, -a ◇ *adj* **-1.** *(cuerpo)* solid; **un cuerpo ~** a solid **-2.** *(relación)* strong **-3.** *(fundamento)* firm; *(argumento, conocimiento, idea)* sound, solid **-4.** *(color)* fast
◇ *nm* solid

soliloquio *nm* soliloquy

solio *nm* canopied throne

solipsismo *nm* FILOSOFÍA solipsism

solista ◇ *adj* solo
◇ *nmf* soloist

solitaria *nf (tenia)* tapeworm

solitario, -a ◇ *adj* **-1.** *(persona, vida)* solitary; **una vida triste y solitaria** a sad and lonely life; **navegar en ~** to sail solo **-2.** *(lugar)* lonely, deserted; **es una calle muy solitaria** it's a very solitary street; **esto está muy ~** this place is deserted
◇ *nm,f (persona)* loner
◇ *nm* **-1.** *(diamante)* solitaire **-2.** *(juego) Br* patience, *US* solitaire; **hacer un ~** to play a game of *Br* patience *o US* solitaire

soliviantar ◇ *vt* **-1.** *(excitar, incitar)* to stir up; **~ a alguien contra algo** to stir sb up against sth **-2.** *(indignar)* to exasperate
◆ **soliviantarse** *vpr* **-1.** *(rebelarse)* to rise up, to rebel; **soliviantarse contra algo** to rise up against sth, to rebel against sth **-2.** *(indignarse)* to get annoyed

solla *nf* plaice

sollozar [14] *vi* to sob

sollozo *nm* sob

solo, -a ◇ *adj* **-1.** *(sin nadie, sin compañía)* alone; **me gusta estar ~** I like being alone *o* on my own *o* by myself; **¿vives sola?** do you live alone *o* on your own *o* by yourself?; **lo hice yo ~** I did it on my own *o* by myself; **me quedé ~** *(todos se fueron)* I was left on my own; *(nadie me apoyó)* I was left isolated; **se quedó ~ a temprana edad** he was on his own from an early age; **quería estar a solas** she wanted to be alone *o* by herself; **ya hablaremos tú y yo a solas** we'll have a talk with just the two of us, we'll have a talk alone; *Fam* **es gracioso/simpático como él ~** he's really funny/nice; EXPR **estar/quedarse más ~ que la una** to be/be left all on one's own; PROV **más vale estar ~ que mal acompañado** better to be alone than to be with the wrong people
-2. *(solitario)* lonely; **me sentía ~** I felt lonely
-3. *(sin nada)* on its own; *(café)* black; *(whisky)* neat; **¿quieres el café ~ o con leche?** would you like your coffee black or with milk?; **le gusta comer el arroz ~** he likes to eat rice on its own
-4. *(único)* single; **no me han comprado ni un ~ regalo** they didn't buy me a single present; **ni una sola gota** not a (single) drop; **dame una sola razón** give me one reason; **queda una sola esperanza** only one hope remains
-5. *(mero, simple)* very, mere; **la sola idea de suspender me deprime** the very *o* mere idea of failing depresses me; **el ~ hecho de que se disculpe ya le honra** the very fact that he is apologizing is to his credit
◇ *nm* **-1.** MÚS solo; **un ~ de guitarra** a guitar solo **-2.** *Fam (café)* black coffee

sólo *adv*

> Note that the adverb **sólo** can be written without an accent when there is no risk of confusion with the adjective.

only, just; **~ he venido a despedirme** I've only *o* just come to say goodbye; **come ~ fruta y verdura** she only *o* just eats fruit and vegetables; **es ~ un bebé** he's only *o* just a baby; **~ le importa el dinero** she's only interested in money, all she cares about is money; **trabajo veinte horas a la semana – ¿~?** I work twenty hours a week – is that all?; **no ~... sino (también)...** not only... but (also)...; **no ~ me insultaron sino que además me golpearon** they didn't only insult me, they beat me too, not only did they insult me, they beat me too; **con ~ *o* ~ con una llamada basta para obtener el crédito** all you need to do to get the loan is to make one phone call; **con ~ *o* ~ con accionar la palanca...** by simply operating the lever...; **~ con que te disculpes me conformo** all you need to do is apologize and I'll be happy, all I ask is that you apologize; **~ de pensarlo me pongo enfermo** just thinking about it makes me ill; **~ que...** only...; **lo compraría, ~ que no tengo dinero** I would buy it, only I haven't got any money; **~ se vive una vez** you only live once

solomillo *nm* **-1.** *(carne)* sirloin **-2.** *(filete)* sirloin steak

solsticio *nm* solstice ❑ **~ de invierno** winter solstice; **~ de verano** summer solstice

soltar [63] ◇ *vt* **-1.** *(desasir)* to let go of; **soltó la maleta sobre la cama** she dropped the suitcase onto the bed; **¡suéltame!** let me go!, let go of me!
-2. *(dejar ir, liberar) (preso, animales)* to release; *(freno)* to release; *(acelerador)* to take one's foot off; **han soltado a los presos** the prisoners have been released; **no sueltes al perro** don't let the dog off the leash; **ve soltando el embrague poco a poco** let the clutch out gradually; *Fam* **no suelta (ni) un** *Esp* **duro** *o Am* **centavo** you can't get a penny out of her; *Fam* **si yo pillo un trabajo así, no lo suelto** if I got a job like that I wouldn't let go of it *o* I'd make sure I hung on to it
-3. *(desatar) (cierre)* to unfasten; *(enganche)* to unhook; *(nudo, cuerda)* to untie; *(hebilla, cordones)* to undo; *(tornillo, tuerca)* to unscrew
-4. *(aflojar) (nudo, cordones, tornillo)* to loosen
-5. *(desenrollar) (cable, cuerda)* to let *o* pay out; **ve soltando cuerda hasta que yo te diga** keep letting out *o* paying out more rope until I tell you to stop
-6. *(desprender) (calor, olor, gas)* to give off; **este tubo de escape suelta demasiado humo** this exhaust pipe is letting out a lot of smoke; **estas hamburguesas sueltan mucha grasa** a lot of fat comes out of these burgers when you fry them; **este gato suelta mucho pelo** this cat loses a lot of hair
-7. *(dar) (golpe)* to give; *(risotada, grito, suspiro)* to give, to let out; **~ una patada a alguien** to give sb a kick, to kick sb; **~ un puñetazo a alguien** to punch sb; **¡a que te suelto un bofetón!** watch it or I'll smack you in the face!
-8. *(decir bruscamente)* to come out with; **me soltó que me fuera al infierno** he turned round and told me to go to hell; *Fam* **¡venga, suelta lo que sepas!** come on out with

it!; *Fam* **nos soltó un sermón sobre la paternidad responsable** she gave us *o* came out with this lecture about responsible parenting

-9. *(laxar)* **esto te ayudará a ~ el vientre** this will help to loosen your bowels

◆ **soltarse** *vpr* **-1.** *(desasirse)* to let go; *(escaparse, zafarse)* to break free; **agárrate a mí y no te sueltes** hold on to me and don't let go; **se soltó de sus ataduras** he broke free from his bonds; **se ha soltado el perro** the dog has slipped its leash; **logró soltarse de las esposas** he managed to get out of his handcuffs

-2. *(desatarse) (nudo, cuerda, cordones)* to come undone; **se soltó el moño** she let her bun down; [EXPR] *Fam* **soltarse el pelo** *o Ven* **el moño** to let one's hair down; **se soltó el nudo de la corbata** he loosened his tie

-3. *(desprenderse)* to come off; **se ha soltado el pomo de la puerta** *(está totalmente desprendido)* the doorknob has come off; *(se ha aflojado)* the doorknob has come loose; **se me soltó la horquilla** my hairgrip came out

-4. *(ganar desenvoltura)* to get the hang of it, to get confident; **soltarse a** *Esp* **conducir** *o Am* **manejar** to get the hang of driving, to get confident about one's driving; **soltarse con** *o* **en algo** to get the hang of sth; **no termino de soltarme con el francés** I just can't seem to get the hang of French

-5. *Fam (perder timidez)* to let go; **una vez que se soltó a hablar ya no paró** once she started talking she didn't stop

soltería *nf (de hombre)* bachelorhood; *(de mujer)* spinsterhood; **lleva muy mal la ~** he really doesn't enjoy being a bachelor; **está felicísima con su ~** she's very happy to be single

soltero, -a ◇ *adj* single, unmarried; **estar ~** to be single; **soltera y sin compromiso** single and unattached
◇ *nm,f* bachelor, *f* single woman; **apellido de soltera** maiden name

solterón, -ona ◇ *adj* unmarried
◇ *nm,f* old bachelor, *f* spinster, *f* old maid; **es un ~ empedernido** he's a confirmed bachelor

soltura *nf* **-1.** *(fluidez)* fluency; **habla inglés con ~** she speaks fluent English; **monta a caballo con mucha ~** he's a confident horse rider; **ha adquirido mucha ~ al escribir a máquina** he has become a very fluent typist **-2.** *(facilidad, desenvoltura)* assurance; **tiene mucha ~ para el trato con la gente** she's very good with people

solubilidad *nf* solubility

soluble *adj* **-1.** *(que se disuelve)* soluble; **~ en agua** water-soluble **-2.** *(que se soluciona)* solvable

solución *nf* **-1.** *(remedio)* solution; **pegarle una bofetada no es ~** slapping her is not the solution *o* answer; **no veo ~ para este lío** I can't see any way out of this mess; **este problema no tiene ~** there's no solution to this problem; *Fam* **este niño no tiene ~** this child is impossible

-2. *(de problema matemático)* solution

-3. *(disolución)* solution ❏ **~ acuosa** aqueous solution; **~ limpiadora** *(para lentillas)* cleansing solution; **~ salina** saline solution

-4. *(interrupción)* **sin ~ de continuidad** without interruption; **pasaron del invierno al verano sin ~ de continuidad** they went straight from winter to summer; **la corrupción pasó sin ~ de continuidad de la dictadura a la democracia** the corruption continued uninterrupted *o* seamlessly from dictatorship to democracy

solucionar ◇ *vt* **-1.** *(dificultad)* to solve; *(disputa)* to resolve **-2.** *(problema matemático)* to solve

◆ **solucionarse** *vpr* to be solved; **con la violencia no se soluciona nada** violence does not solve anything

solvencia *nf* **-1.** *(económica)* solvency **-2.** *(fiabilidad)* reliability

solventar *vt* **-1.** *(pagar)* to settle **-2.** *(resolver)* to resolve

solvente ◇ *adj* **-1.** *(económicamente)* solvent **-2.** *(fiable)* reliable
◇ *nm* solvent

soma *nm* BIOL soma

somalí *(pl* **somalíes)** ◇ *adj* Somali
◇ *nmf (persona)* Somali
◇ *nm (lengua)* Somali

Somalia *n* Somalia

somanta *nf Fam* beating; **le dieron una ~ de palos** they gave him a beating; **como no te estés quieto te vas a llevar una ~ de palos** if you don't keep quiet you're going to get a good hiding

somatén *nm* HIST = armed vigilante group called out in emergencies

somático, -a *adj* somatic

somatización *nf* MED somatization

somatizar [14] *vt* MED to somatize

sombra *nf* **-1.** *(proyección) (fenómeno, silueta)* shadow; *(zona)* shade; **a la ~** in the shade; **a la ~ de un árbol** in the shade of a tree; **a la ~ de su padre** *(bajo su protección)* under the protection of his father; **su ~ se reflejaba en la pared** his shadow fell on the wall; **las higueras dan muy buena ~** fig trees give a lot of shade; **dar ~ a** to cast a shadow over; *Fam* **pasó un año a la ~** *(en la cárcel)* he spent a year in the slammer; **el asesino desapareció en las sombras de la noche** the murderer disappeared in the shadows of the night; [EXPR] *Vulg* **me cago en tu ~** screw you!; [EXPR] *Fam* **no se fía ni de su propia ~** he wouldn't trust his own mother; [EXPR] **hacer ~ a alguien** to overshadow sb; [EXPR] **se ríe de su propia ~** she makes a joke of everything; [EXPR] **ser la ~ de alguien** to be like sb's shadow; [EXPR] *Fam* **tener mala ~** to be mean *o* nasty; *Fam* **¡qué mala ~!** **¿por qué no le has dicho la verdad?** that was mean of you! why didn't you tell her the truth? ❏ **sombras chinescas** *(marionetas)* shadow puppets; **hacer sombras chinescas** *(con las manos)* to make shadow pictures

-2. *(en pintura)* shade

-3. **~ de ojos** eye shadow

-4. *(anonimato)* background; **permanecer en la ~** to stay in the background

-5. *(imperfección)* stain, blemish; **tiene un currículum sin sombras** she has an unblemished record

-6. *(atisbo, apariencia)* trace, touch; **una ~ de felicidad se asomó en su rostro** the flicker of a happy smile appeared on his face; **sin ~ de duda** without a shadow of a doubt; **no es ni ~ de lo que era** he's a shadow of his former self

-7. *(suerte)* **buena/mala ~** good/bad luck

-8. TAUROM = most expensive seats in bullring, located in the shade

-9. *(oscuridad, inquietud)* darkness; **su muerte sumió al país en la ~** his death plunged the country into darkness

-10. *(misterio)* mystery; **las sombras que rodean al secuestro del embajador** the mystery surrounding the ambassador's kidnapping

-11. *Chile (sombrilla)* parasol

sombrajo *nm* sunshade

sombreado, -a ◇ *adj* shady
◇ *nm* shading

sombrear *vt* **-1.** *(dibujo)* to shade **-2.** *(dar sombra)* to shade

sombrerera *nf (caja)* hatbox

sombrerería *nf* **-1.** *(fábrica)* hat factory **-2.** *(tienda)* hat shop; *(para señoras)* milliner's

sombrerero, -a *nm,f* **-1.** *(fabricante)* hat maker, hatter; *(para señoras)* milliner **-2.** *(vendedor)* hatter; *(para señoras)* milliner

sombrerete *nm (de chimenea)* cowl, bonnet

sombrerillo *nm (de seta)* cap

sombrero *nm* **-1.** *(prenda)* hat; **llevar** *o* **usar ~** to wear a hat; [EXPR] **pasar el ~** to pass round the hat; [EXPR] **quitarse el ~ (ante alguien)** to take one's hat off (to sb) ❏ **~ de ala ancha** wide-brimmed hat, broad-brimmed hat; *Am* **~ alón** wide-brimmed hat, broad-brimmed hat; **~ canotier** straw hat, boater; **~ de copa** top hat; **~ cordobés** Spanish hat; **~ de fieltro** felt hat; **~ hongo** *Br* bowler hat, *US* derby; **~ jarano** sombrero; **~ de paja** straw hat; **~ de palma** palm leaf hat; **~ de teja** shovel hat; **~ de tres picos** three-cornered hat

-2. *(de seta)* cap

sombrilla *nf* **-1.** *(quitasol)* sunshade, parasol **-2.** *Col (paraguas)* umbrella **-3.** *Méx Fam* **me vale ~** I couldn't care less

sombrío, -a *adj* **-1.** *(oscuro)* gloomy, dark **-2.** *(triste, lúgubre)* sombre, gloomy; **el futuro de la fábrica es ~** the future of the factory is grim *o* bleak

someramente *adv* **-1.** *(superficialmente)* superficially **-2.** *(brevemente)* briefly

somero, -a *adj* **-1.** *(superficial)* superficial **-2.** *(breve)* brief **-3.** *(aguas)* shallow

someter ◇ *vt* **-1.** *(dominar, subyugar)* to subdue; **los sometieron a su autoridad** they forced them to accept their authority; **no consiguieron ~ a la guerilla** they were unable to subdue *o* put down the guerrillas

-2. *(presentar)* **~ algo a la aprobación de alguien** to submit sth for sb's approval; **~ algo a votación** to put sth to the vote; **sometieron sus conclusiones a la comisión** they submitted *o* presented their conclusions to the committee

-3. *(subordinar)* **someto mi decisión a los resultados de la encuesta** my decision will depend on the results of the poll; **sometió su opinión a la de la mayoría** she went along with the opinion of the majority

-4. *(a interrogatorio, presiones)* **~ a alguien a algo** to subject sb to sth; **~ a alguien a una operación** to operate on sb; **sometieron la estructura a duras pruebas de resistencia** the structure was subjected to stringent strength tests; **sometieron la ciudad a un fuerte bombardeo** the city was subjected to heavy bombing

◆ **someterse** *vpr* **-1.** *(rendirse)* to surrender **-2.** *(conformarse)* **someterse a algo** *(autoridad, voluntad)* to submit to sth; **me someteré a la opinión de la mayoría** I will submit to *o* accept the opinion of the majority; **se somete a los caprichos de su marido** she gives in to her husband's whims

-3. *(exponerse)* **someterse a algo** *(interrogatorio, pruebas)* to undergo sth; **someterse a un chequeo médico/una operación** to undergo *o* have a check-up/an operation; **se sometió voluntariamente al experimento** he underwent the experiment voluntarily; **se sometió a radiaciones peligrosas** she subjected *o* exposed herself to dangerous radiation

sometimiento *nm* **-1.** *(dominio)* subjugation **-2.** *(a autoridad, ley)* submission **-3.** *(a interrogatorio, pruebas)* subjection

somier *(pl* **somieres)** *nm (de muelles)* bedsprings; *(de tablas)* slats *(of bed)*

somnífero, -a ◇ *adj* somniferous
◇ *nm* sleeping pill

somnolencia, soñolencia *nf* sleepiness, drowsiness; **me produce ~** it makes me sleepy *o* drowsy

somnoliento, -a, soñoliento, -a *adj* sleepy, drowsy

somocismo *nm* POL = regime of former Nicaraguan dictator Somoza

somocista POL ◇ *adj* = relating to the regime of former Nicaraguan dictator Somoza
◇ *nmf* = supporter of former Nicaraguan dictator Somoza

somontano, -a *adj* mountainside

somormujo *nm* grebe ❏ **~ lavanco** great crested grebe

somos *ver* **ser**

son *ver* **ser**
◇ *nm* **-1.** *(sonido)* sound; **se escuchaba el ~ de una gaita** the sound of bagpipes could be heard; [EXPR] **bailar al ~ que tocan: ése baila al ~ que le tocan los de arriba** he does whatever his bosses tell him to do **-2.** *(canción y baile)* = Cuban song and dance of

African origin
◇ **en son de** *loc prep* **lo dijo en ~ de burla/disculpa** she said it as a taunt/by way of an apology; **venir en ~ de paz** to come in peace; **venir en ~ de guerra** to come with warlike intentions

---
SON

The Cuban music known as **son** evolved from a fusion of African and Spanish musical influences in the late 19th century, and is the basis of much of today's Caribbean music, such as salsa or mambo. Before the 1920s, when it became widely popular, **son** was mostly enjoyed by the lower classes and was once even banned for being immoral. A **son** group usually consists of the "tres" (a double-stringed guitar), bongos, "claves" or "palos" (a pair of sticks which are struck together to give a beat), a normal guitar, a bass guitar and voice, although there are many variations. Among the greatest exponents of **son** were Benny Moré (1919-63) and Arsenio Rodríguez (1911-72).

---

sonado, -a *adj* **-1.** *(renombrado)* famous; **va a ser un fracaso ~** it's going to be a spectacular *o* resounding failure; **fue una fiesta sonada** the party caused quite a stir **-2.** *Fam (loco)* crazy **-3.** *(boxeador)* punch drunk **-4.** *RP Fam (fastidiado)* **estar ~** to be done for, to have had it; **si no cobramos mañana estoy sonada** if we don't get paid tomorrow I'm done for *o* I've had it

sonaja ◇ *nf* **-1.** *(chapa)* metal disc **-2.** *(sonajero)* rattle
◇ *nfpl* **sonajas** tambourine

sonajero *nm* rattle

sonambulismo *nm* sleepwalking

sonámbulo, -a ◇ *adj* sleepwalking; **es ~** he walks in his sleep; **iba como ~** it was as if he was in a trance; *Fam* **hoy estoy ~** I'm totally out of it today
◇ *nm,f* sleepwalker

sonante *adj* **dinero contante y ~** hard cash

sonar¹ [63] ◇ *vi* **-1.** *(producir sonido)* (timbre, teléfono, campana, despertador, alarma) to ring; **sonó una explosión** there was an explosion; **sonó un disparo** a shot rang out; **sonaba a lo lejos una sirena** you could hear (the sound of) a siren in the distance; **hicieron ~ la alarma** they set off the alarm; **sonaron las diez (en el reloj)** the clock struck ten; **suena (a) hueco** it sounds hollow; **suena a los Beatles** it sounds like the Beatles; **suena falso/a chiste** it sounds false/like a joke; *Fig* **no me gusta nada como suena esto** I don't like the sound of this at all; **(así** *o* **tal) como suena** *(literalmente)* literally, in so many words; **me llamó mentirosa, así como suena** she literally called me a liar; **su nombre se escribe como suena** you spell her name like it sounds; EXPR *Fam* **~ la flauta: sonó la flauta y aprobé el examen** it was a fluke that I passed the exam; **si suena la flauta...** with a bit of luck...
-2. *(ser conocido, familiar)* **me suena** it rings a bell; **esa cara me suena** I know that face, I've seen that face somewhere before; **¿te suena de algo este número de teléfono?** does this telephone number mean anything to you *o* ring a bell?; **no me suena su nombre** I don't remember hearing her name before; **un nombre que suena mucho en círculos políticos** a name that is often mentioned in political circles
-3. *(pronunciarse)* to be pronounced; **la letra "h" no suena** the "h" is silent
-4. *(mencionarse, citarse)* to be mentioned; **su nombre suena como futuro ministro** his name is being mentioned as a future minister
-5. *(rumorearse)* to be rumoured; **suena por ahí que lo van a echar** it is rumoured that he is going to be sacked
-6. *CSur Fam (fracasar)* to come a cropper, *US* to mess up; **si no te preparás para ese examen vas a ~** if you don't revise for the exam you're going to come a cropper; **no supieron llevar la empresa correctamente y sonaron** they mismanaged the company and came to grief
-7. *RP Fam (morir)* to kick the bucket
◇ *vt* **~ la nariz a alguien** to wipe sb's nose
◆ **sonarse** *vpr* **sonarse (la nariz)** to blow one's nose

sonar², sónar *nm* NÁUT sonar

sonata *nf* sonata

sonatina *nf* sonatina

sonda *nf* **-1.** MED catheter **-2.** TEC probe ❑ **~ espacial** space probe **-3.** *(para medir profundidad)* sounding line ❑ **~ acústica** echo sounder **-4.** MIN drill, bore

sondar *vt* **-1.** MED to put a catheter in **-2.** *(medir profundidad)* to sound **-3.** MIN *(terreno)* to test, to bore; *(roca)* to drill

sondear *vt* **-1.** *(sonsacar)* to sound out; **sondéalo, a ver si te cuenta qué planean** sound him out, maybe he'll tell you what they're planning; **sondeó el parecer de todos los miembros del comité** he sounded out the opinions of all the committee members **-2.** *(medir profundidad)* to sound **-3.** MIN *(terreno)* to test, to bore; *(roca)* to drill

sondeo *nm* **-1.** *(encuesta)* (opinion) poll, survey; **voy a hacer un ~ para ver a quién le interesa la propuesta** I'm going to ask around to find out who thinks it's a good idea ❑ **~ de opinión** opinion poll **-2.** *(excavación)* drilling, boring **-3.** *(del espacio)* exploration

sonero, -a *nm,f* = musician who performs "son" music

soneto *nm* sonnet

sónico, -a *adj* sonic

sonidista *nmf Am* sound engineer, sound technician

sonido *nm* sound

soniquete *nm (sonido)* monotonous noise

sonora *nf* GRAM voiced consonant

sonorense ◇ *adj* of/from Sonora *(Mexico)*
◇ *nmf* person from Sonora *(Mexico)*

sonoridad *nf* **-1.** *(armonía, sonido)* sonority **-2.** *(acústica)* acoustics **-3.** *(resonancia)* resonance

sonorización *nf* soundtrack recording

sonorizar [14] *vt* **-1.** *(con amplificadores)* to provide a sound system for **-2.** CINE *(poner sonido a)* to add the soundtrack to **-3.** GRAM to voice

sonoro, -a ◇ *adj* **-1.** *(del sonido)* sound; *(película)* talking; **ondas sonoras** sound waves; **banda sonora** sound track **-2.** *(ruidoso, resonante, vibrante)* resonant **-3.** GRAM voiced
◇ *nm (cine)* talking pictures, talkies

sonotone® *nm* hearing aid

sonreír [56] ◇ *vi* **-1.** *(reír levemente)* to smile; **me sonrió** she smiled at me **-2.** *(ser favorable)* **~ a alguien** to smile on sb; **le sonrió la fortuna** fortune smiled on him
◆ **sonreírse** *vpr* to smile

sonriente *adj* smiling; **estás muy ~ hoy** you're looking very cheerful today

sonriera *etc ver* **sonreír**

sonrisa *nf* smile; **una ~ de felicidad/triste** happy/sad smile ❑ ARTE **la ~ etrusca** Mona Lisa smile

sonrojar ◇ *vt* to cause to blush
◆ **sonrojarse** *vpr* to blush

sonrojo *nm* blush, blushing

sonrosado, -a *adj* rosy

sonrosar *vt* **el aire fresco le ha sonrosado las mejillas** the fresh air has brought some colour to his cheeks

sonsacar [59] *vt* **~ algo a alguien** to extract sth from sb; **~ a alguien** to pump sb for information

sonsear *vi Am* to fool around, to act foolishly

sonsera *nf Am (tontería)* nonsense, silliness; **decir/hacer una ~** to say/do something silly

sonso, -a *Am* ◇ *adj* foolish, silly
◇ *nm,f* fool, idiot

sonsonete *nm* **-1.** *(ruido)* tapping **-2.** *(entonación)* monotonous intonation; **leía el poema con ~** he read the poem in a monotone *o* drone **-3.** *(cantinela)* old tune

soñado, -a *adj* **-1.** *(de ensueño)* dream; **mi casa soñada** my dream house **-2.** *RP Fam (hermoso)* lovely, gorgeous

soñador, -ora ◇ *adj* dreamy
◇ *nm,f* dreamer

soñar [63] ◇ *vt* **-1.** *(en sueños)* to dream; **eso lo has debido ~** you must have dreamed it; **soñé que podía volar** I dreamed (that) I could fly; EXPR **¡ni soñarlo!, ¡ni lo sueñes!** not on your life!; **¿me dejas dar una vuelta en tu coche? – ¡ni soñarlo** *o* **ni lo sueñes!** can I go for a drive in your car – not on your life!; **¿invitarla a ella a la fiesta? ¡ni soñarlo** *o* **ni lo sueñes!** invite HER to the party? no way! *o* no chance!
-2. *(desear)* to dream; **nunca soñé que me pudiera pasar a mí** I never dreamed it could happen to me
◇ *vi* **-1.** *(en sueños)* to dream; **anoche soñé con ella** I dreamed about her last night; **soñé con que estaba en una isla desierta** I dreamed (that) I was on a desert island; **estás soñando despierto** you're daydreaming; EXPR **que sueñes con los angelitos** sweet dreams!
-2. *(desear)* to dream; **sueña con una moto** he dreams of having a motorbike; **sueña con que le ofrezcan el puesto** she dreams of being offered the job

soñarrera *nf Fam* **tener una ~** to feel drowsy

soñolencia = **somnolencia**

soñoliento, -a = **somnoliento**

sopa *nf* **-1.** *(guiso)* soup; EXPR *Esp Fam* **andar a la ~ boba** to scrounge; EXPR *Esp Fam* **dar sopas con hondas a alguien** to knock the spots off sb; EXPR *Méx Fam* **dar a alguien una ~ de su propio chocolate** to give sb a taste of his/her own medicine; EXPR *Fam* **estar hasta en la ~: últimamente ese cantante está hasta en la ~** that singer has been everywhere you look, recently; EXPR *Fam* **me lo encuentro hasta en la ~** I bump into him wherever I go; EXPR *Fam* **estar como una ~** to be sopping wet; EXPR *Méx Fam* **no haber más que una ~** to be Hobson's choice ❑ **~ de ajo** garlic soup; **~ de cebolla** onion soup; **~ de fideos** noodle soup; *Am* **~ inglesa** trifle; **~ instantánea** instant soup; **~ juliana** vegetable soup; **~ de letras** *(alimento)* alphabet soup; *(pasatiempo)* wordsearch; **~ de pollo** chicken soup; **~ de sobre** packet soup; **~ de verduras** vegetable soup
-2. *(de pan)* sop, piece of soaked bread; **no hagas sopas en la salsa** don't dip your bread into the sauce

sopaipilla *nf Chile* = pumpkin fritter in syrup

sopapa *nf RP* plunger

sopapina *nf Fam* slapping

sopapo *nm Fam* slap; **dar un ~ a alguien** to slap sb

sopar, sopear *vt (pan)* to dip, to dunk

sopas *interj Méx Fam* crash!, wallop!

sope *nm Méx* = fried corn tortilla, with beans and cheese or other toppings

sopear = **sopar**

sopera *nf (recipiente)* soup tureen

sopero, -a *adj* soup; **plato ~** soup plate

sopesar *vt* **-1.** *(calcular el peso de)* to try the weight of **-2.** *(los pros y los contras de)* to weigh up

sopetón: de sopetón *loc adv* suddenly, abruptly; **"¿te gustaría venir?", me preguntó de ~** "would you like to come along?" he suddenly asked me

sopicaldo *nm* thin soup

sopla *interj Fam Br* crikey!, *US* jeez!

soplado, -a ◇ *adj Fam (borracho)* pickled
◇ *nm (del vidrio)* glassblowing

soplador, -ora *nm* **-1. ~ (de vidrio)** glassblower **-2.** *Ecuad* TEATRO prompter

soplagaitas *nmf inv Fam (estúpido, pesado) Br* prat, *US* jerk

soplamocos *nm inv Fam* slap round the face

soplar ◇ *vt* **-1.** *(vela, fuego)* to blow out
-2. *(para enfriar)* to blow on
-3. *(ceniza, polvo)* to blow off
-4. *(globo)* to blow up

soplete

-5. *(vidrio)* to blow -6. *(ficha)* to take -7. *Fam (en examen)* to prompt; **me sopló las respuestas** he whispered the answers to me -8. *Fam (denunciar)* **le sopló a la policía la hora del atraco** he informed the police of the time of the robbery -9. *Esp Fam (hurtar)* to pinch, *Br* to nick; **~ algo a alguien** to pinch *o Br* nick sth off sb ◇ *vi* -1. *(echar aire)* to blow; **sopla más fuerte** blow harder; **el viento soplaba con fuerza** the wind was blowing hard; EXPR **ver de qué lado sopla el viento** to see which way the wind blows -2. *Esp Fam (beber)* to booze -3. *Fam (en examen)* **lo expulsaron por ~** he was thrown out for whispering the answers -4. EXPR *RP Fam* **no ser ~ y hacer botellas** to be no easy thing

◆ **soplarse** *vpr* -1. *Esp Fam (comer)* to gobble up; *(beber)* to knock back; **se sopló tres botellas de vino** she polished off three bottles of wine -2. *Méx Fam (aguantar)* to put up with; **tuve que soplarme un sermón larguísimo** I had to sit through a really long sermon

soplete *nm* -1. *(para soldar)* blowlamp, blowtorch -2. *CSur (para pintar)* spray gun

soplido *nm* blow, puff; **apagó la vela de un ~** she blew the candle out

soplillo *nm* -1. *(para fuego)* fan, blower -2. *Fam* **orejas de ~** sticky-out ears

soplo *nm* -1. *(soplido)* blow, puff; **apagó la vela de un ~** she blew the candle out; **un ~ de viento se le llevó el globo** a gust of wind snatched the balloon away from him -2. *(instante)* breath, moment; **se me ha pasado la tarde en un ~** the afternoon seems to have flown by; **las vacaciones pasaron como un ~** the holidays flew by, the holidays were over in no time at all -3. *Fam (chivatazo)* tip-off; **dar el ~** to squeal, *Br* to grass -4. MED murmur ❏ **~ cardíaco** heart murmur

soplón, -ona *nm,f Fam (criminal) Br* grass, *US* rat; *(escolar) Br* telltale, *US* tattletale

soponcio *nm Fam* -1. *(desmayo)* fainting fit; **le dio un ~** she passed out -2. *(enfado)* fit; **le va a dar un ~ cuando vea mis notas** she's going to have a fit when she sees my marks; **como se entere, me da un ~** I'll go nuts if he finds out

sopor *nm* drowsiness

soporífero, -a *adj* -1. *(somnífero)* soporific -2. *(aburrido)* soporific

soportable *adj* bearable, endurable

soportal *nm (pórtico)* porch; **soportales** arcade

soportar ◇ *vt* -1. *(sostener)* to support -2. *(resistir, tolerar)* to stand; **¡no lo soporto!** I can't stand him/it!; **no sé cómo soportas que te hablen así** I don't know how you put up with them talking to you like that; **no soporta que le griten** he can't bear being shouted at -3. *(sobrellevar)* to endure, to bear; **el niño soportó el castigo sin inmutarse** the child took his punishment without turning a hair -4. INFORMÁT to support

◆ **soportarse** *vpr (mutuamente)* to stand one another

soporte *nm* -1. *(apoyo)* support; **es el ~ de su familia** he's the mainstay of the family ❏ **~ técnico** technical support -2. INFORMÁT medium; **el documento se facilita en ~ informático** the document is available in electronic form; **una edición en ~ electrónico** an electronic edition ❏ **~ físico** hardware; **~ lógico** software; **el ~ magnético** magnetic (storage) media -3. MKTG **~ (publicitario)** (media) vehicle

sopotocientos, -as *adj Ven Fam* hundreds of; **¡ya te dije eso sopotocientas veces!** I've told you hundreds of times!

soprano *nmf* soprano ❏ **~ coloratura** coloratura soprano

sor *nf* REL sister; **~ Virginia** Sister Virginia

sorber ◇ *vt* -1. *(beber)* to sip; *(haciendo ruido)* to slurp -2. *(absorber)* to soak up, to absorb; **sorbía las palabras del conferenciante** *(escuchaba atentamente)* she drank in the speaker's words -3. *(atraer)* to draw *o* suck in

◆ **sorberse** *vpr* **no te sorbas los mocos** don't sniff

sorbete *nm* -1. *(postre)* sorbet -2. *CAm (helado)* ice cream

sorbetería *nf CAm* ice cream parlour

sorbo *nm* -1. *(acción)* gulp, swallow; *(pequeño)* sip; **beber a sorbos** to sip -2. *(trago)* mouthful; *(pequeño)* sip; **¿quieres un ~?** would you like a drop *o* sip? -3. *(cantidad pequeña)* drop

Sorbona *nf* **la ~** the Sorbonne

sorda *nf* -1. GRAM voiceless consonant -2. *ver también* **sordo**

sordera *nf* deafness

sordidez *nf* -1. *(miseria)* squalor -2. *(obscenidad, perversión)* sordidness

sórdido, -a *adj* -1. *(miserable)* squalid -2. *(obsceno, perverso)* sordid

sordina *nf (en instrumentos de viento, cuerda)* mute; *(en pianos)* damper; **con ~** *(hablar)* under one's breath; *(en secreto)* on the quiet

sordo, -a ◇ *adj* -1. *(que no oye)* deaf; **quedarse ~** to go deaf; **¡no chilles, que no estoy ~!** there's no need to shout, I'm not deaf!; EXPR **estar ~ como una tapia, estar más ~ que una tapia** to be (as) deaf as a post; EXPR **permanecer ~ a** *o* **ante algo** to be deaf to sth -2. *(pasos)* quiet, muffled -3. *(ruido, dolor)* dull -4. GRAM voiceless, unvoiced ◇ *nm,f (persona)* deaf person; **los sordos** the deaf; EXPR **hacerse el ~** to turn a deaf ear; **el jefe se hacía el ~ cuando oía hablar de aumentos de sueldo** the boss pretended not to hear when people mentioned pay rises

sordomudez *nf* deaf-mutism

sordomudo, -a ◇ *adj* deaf and dumb ◇ *nm,f* deaf-mute

sorete *nm RP Vulg* turd; EXPR **caer soretes de punta** to tip down

sorgo *nm* sorghum

soriano, -a ◇ *adj* of/from Soria *(Spain)* ◇ *nm,f* person from Soria *(Spain)*

soriasis *nf inv* psoriasis

sorna *nf* **con ~** ironically, mockingly

sorocharse *vpr* -1. *Andes, Arg (enfermar)* to get altitude sickness -2. *Chile (ruborizarse)* to blush, to flush

soroche *nm* -1. *Andes, Arg (mal de altura)* altitude sickness -2. *Chile (rubor)* blush, flush

sorete *nm RP muy Fam* turd

sorprendente *adj* surprising

sorprendentemente *adv* surprisingly

sorprender ◇ *vt* -1. *(asombrar, extrañar)* to surprise; **me sorprende verte por aquí** I'm surprised to see you here; **no me sorprende que se haya marchado** I'm not surprised she's left; **me sorprendió con su pregunta** I was surprised by her question -2. *(atrapar, pillar)* **~ a alguien (haciendo algo)** to catch sb (doing sth) -3. *(coger desprevenido)* to catch; **nos sorprendió la tormenta** we got caught in the storm; **el temporal nos sorprendió en mar abierto** the storm caught us out at sea -4. *(descubrir)* to discover

◆ **sorprenderse** *vpr* to be surprised; **no sé de qué te sorprendes** I don't know what you're surprised about; **se sorprendió mucho de verme ahí** he was very surprised to see me there

sorprendido, -a *adj* surprised; **se quedó muy ~ cuando se lo conté** he was very surprised when I told him; **el primer ~ fui yo** nobody was more surprised than me

sorpresa *nf* -1. *(impresión)* surprise; **¡qué ~!** what a surprise!; **¡qué ~ verte por aquí!** what a surprise, seeing you here!; **dar una ~ a alguien** to surprise sb; **llevarse una ~** to get a surprise; **por ~** unexpectedly; **el enemigo atacó la fortaleza por ~** the enemy made a surprise attack on the fort; **pillar a alguien por ~** to catch sb by

sostén

surprise -2. *(regalo)* surprise -3. *(en función de adjetivo)* **ataque ~** surprise attack; **examen ~** surprise exam

sorpresivamente *adv* unexpectedly

sorpresivo, -a *adj* unexpected

sortear ◇ *vt* -1. *(rifar)* to raffle; *(echar a suertes)* to draw lots for; **van a ~ un viaje** there will be a prize draw to win a *Br* holiday *o US* vacation -2. *(esquivar)* to dodge; **logró ~ todos los obstáculos** he managed to negotiate all the obstacles; **sortearon todas las dificultades que encontraron** they got *o* worked around all the difficulties they came up against; **sorteó hábilmente sus preguntas** he skilfully avoided *o* sidestepped her questions -3. MIL **~ a alguien** = to decide by lots where someone will be posted for their military service

◆ **sortearse** *vpr* **se sortearon quién iría primero** they drew lots to decide who would go first; **se sorteará un viaje al Caribe** there will be a draw for a *Br* holiday *o US* vacation in the Caribbean

sorteo *nm* -1. *(lotería)* draw; *(rifa)* raffle; **haremos un ~ con los premios** we'll raffle the prizes; **por ~** by drawing lots -2. MIL = draft lottery for compulsory military service

sortija *nf* -1. *(anillo)* ring -2. *(rizo)* hair ringlet

sortilegio *nm* -1. *(hechizo)* spell; **echar un ~ a** to cast a spell on -2. *(atractivo)* charm, magic

SOS *nm* SOS; **lanzar un ~** to send an SOS

sos *CAm, RP* = **eres**; *ver* **ser**

sosa *nf* -1. QUÍM soda ❏ **~ cáustica** caustic soda -2. *ver también* **soso**

sosaina *Fam* ◇ *adj (sin gracia)* dull ◇ *nmf* dull person, bore

sosegado, -a *adj* -1. *(persona)* calm, placid; **lleva una vida sosegada** he leads a quiet life -2. *(aguas)* placid, calm

sosegar [43] ◇ *vt* to calm

◆ **sosegarse** *vpr* -1. *(persona)* to calm down -2. *(aguas)* to grow calm

soseras *nmf inv Fam* dull person, bore

sosería *nf* -1. *(cualidad)* lack of sparkle -2. *(dicho, acción)* **es una ~** it's really dull *o* boring

sosia *nmf*, **sosias** *nmf inv* double, lookalike

sosiego ◇ *ver* **sosegar** ◇ *nm* calm; **todavía no he tenido un minuto de ~** I haven't had a moment's peace yet

soslayar *vt (dificultad)* to avoid, to get around; *(pregunta)* to avoid, to sidestep

soslayo: de soslayo *loc adv* **la miró de ~** he looked at her out of the corner of his eye; **la foto está colgada de ~** the photo is hanging crooked; **abordó la polémica de ~** she referred obliquely to *o* made a glancing reference to the controversy

soso, -a ◇ *adj* -1. *(insípido)* bland, tasteless; **esta sopa está sosa** this soup needs more salt; **el guiso ha quedado muy ~** the stew hasn't got much flavour -2. *(sin gracia)* dull, insipid ◇ *nm,f* dull person, bore

sospecha *nf* suspicion; **despertar** *o* **levantar sospechas** to arouse suspicion; **tengo la ~ de que...** I have a suspicion that..., I suspect that...; **tengo fundadas sospechas de que miente** I have reason to suspect that he's lying

sospechar ◇ *vt (creer, suponer)* to suspect; **sospecho que no lo terminará** I doubt whether she'll finish it ◇ *vi* **~ de** to suspect

sospechosamente *adv* suspiciously

sospechoso, -a *adj* suspicious; **me parece ~ que no haya venido** it strikes me as suspicious that he hasn't come ◇ *nm,f* suspect

sostén *nm* -1. *(apoyo)* support -2. *(sustento)* main support; *(alimento)* sustenance -3. *(prenda de vestir)* bra, brassiere

sostener [65] ◇ *vt* **-1.** *(sujetar) (edificio, estructura, lo que se tambalea)* to support, to hold up; *(objeto, puerta, bebé)* to hold; **cuatro columnas sostienen todo el peso de la cúpula** four columns take *o* support the entire weight of the dome; **sosténgame esto, por favor** hold this for me, please; **si no nos llegan a ~ nos hubiéramos peleado** if they hadn't held us back, we'd have started fighting; **sólo les sostiene su inquebrantable optimismo** the only thing that keeps them going is their unshakeable optimism
-2. *(dar manutención a, sustentar)* to support
-3. *(mantener) (idea, opinión, tesis)* to defend; *(promesa, palabra)* to keep; **sostienen su oferta/invitación** their offer/invitation still stands; **~ que...** to maintain that...
-4. *(tener) (conversación)* to have; *(reunión, negociaciones)* to hold, to have; **~ correspondencia con alguien** to correspond with sb; **durante semanas sostuvo una agria polémica** he was involved in a bitter dispute which lasted several weeks
-5. *Fig (aguantar)* **el corredor no podía ~ aquel ritmo de carrera** the athlete couldn't keep up with the pace of the race; **era una situación imposible de ~** the situation was untenable; **le sostuve la mirada** I held her gaze
-6. MÚS **~ una nota** to hold a note
◆ **sostenerse** *vpr* **-1.** *(tenerse en pie) (persona)* to stay on one's feet; *(edificio, estructura)* to stay up; *(en el aire)* to hang; **con ese clavito no se va a ~** it'll never stay up on that little nail; **es muy pequeño y aún le cuesta sostenerse de pie/sentado** he's only little and he still has difficulty standing up/sitting up; **esa teoría/ese argumento no se sostiene** that theory/argument doesn't hold water
-2. *(sustentarse)* to survive; **no puede sostenerse con tan poco dinero/alimento** she can't survive on so little money/food; **la organización se sostiene a base de donaciones** the organization depends on donations for its survival
-3. *(permanecer)* to continue, to remain; **sostenerse en el poder** to remain in power; **se sostienen los intentos por llegar a un acuerdo de paz** the attempts to reach a peace agreement are continuing
-4. *(mantenerse)* **me sostengo en lo que he dicho** I stand by what I said
sostenible *adj (objeto, desarrollo)* sustainable; *(idea, argumento)* tenable
sostenido, -a ◇ *adj* **-1.** *(persistente)* sustained **-2.** MÚS sharp; **do** ~ C sharp
◇ *nm* MÚS sharp
sostenimiento *nm* **-1.** *(apoyo)* support **-2.** *(sustento)* sustenance
sostiene, sostuviera *etc ver* **sostener**
sota ◇ *nf (carta)* jack *(in Spanish deck of cards)*
◇ *nm Chile (capataz)* foreman, overseer
sotabanco *nm (ático)* attic
sotabarba *nf* double chin
sotana *nf* cassock
sótano *nm* basement, cellar; **planta ~** basement
sotavento *nm* leeward; **a ~** to leeward
soterrado, -a *adj* **-1.** *(enterrado)* buried **-2.** *(oculto)* hidden
soterrar [3] *vt* **-1.** *(enterrar)* to bury **-2.** *(ocultar)* to hide
soto *nm* **-1.** *(con matorrales)* thicket **-2.** *(con árboles)* grove
sotobosque *nm* undergrowth
sotto voce [soto'βotʃe] *adv* sotto voce
soufflé [su'fle] *(pl* **soufflés)** *nm* soufflé
soul ◇ *adj* soul
◇ *nm* soul (music)
soutien [su'tjen], **sutién** *(pl* **sutienes)** *nm Urug* bra
souvenir [suβe'nir] *(pl* **souvenirs)** *nm* souvenir
soviet *(pl* **soviets)** *nm* soviet ❑ *Antes* **el Soviet Supremo** the Supreme Soviet
soviético, -a ◇ *adj (de la URSS)* Soviet
◇ *nm,f* Soviet
soy *ver* **ser**
soya = **soja**

SP *(abrev de* **servicio público)** = sign indicating public transport vehicle
spaghetti [espa'yeti] = **espagueti**
spanglish [es'panglis] *nm* Spanglish

─── SPANGLISH ───
Spanglish refers to a range of linguistic phenomena which result from the contact between English and Spanish. The Spanish spoken in the border region between the United States and Mexico contains many words which blend English and Spanish to create new words such as "ringuear" (to ring), "mopear" (to mop) and "groserías" (groceries - in standard Spanish this means "rude words or actions").
Speakers of Spanish living in the United States, whether descended from the original Spanish settlers or first, second or even third generation immigrants, can often use Spanish and English so interchangeably that, in what linguists call "code-switching", single sentences can become a mixture of both languages, for example: "so you todavía haven't decided lo que vas a hacer". Some regard such linguistic mixtures as inferior, or a semi-language, but their various forms are increasingly the subject of academic research.

spaniel [es'paniel] *(pl* **spaniels)** *nm* spaniel
sparring [es'parrin] *(pl* **sparrings)** *nm* DEP sparring partner
speed [es'piθ] *nm (droga)* speed
spiedo [es'pieðo] *nm RP* spit; **pollo al ~** spit-roast chicken
spinnaker [espi'naker] *(pl* **spinnakers)** *nm* NÁUT spinnaker
SPM *nm* MED *(abrev de* **síndrome premenstrual)** PMT
sport [es'por]: **de sport** *loc adj* **chaqueta de ~** sports jacket; **ropa de ~** casual clothes
spot [es'pot] *(pl* **spots)** *nm* **-1.** *(anuncio)* (TV) advert; **un ~ publicitario** a (television) commercial **-2.** *CSur (foco)* spotlight
spray [es'prai] *(pl* **sprays)** *nm* **-1.** *(líquido)* spray; **desodorante/pintura en ~** spray deodorant/paint; **pintadas hechas con ~** spray-painted grafitti **-2.** *(envase)* spray, spray can
sprint [es'prin] *(pl* **sprints)** *nm* sprint; **la carrera se decidió al ~** the race was decided in the final sprint ❑ DEP **~ especial** *(en ciclismo)* hot spot sprint
sprintar [esprin'tar] *vi* to sprint
sprinter [es'printer] *(pl* **sprinters)** *nmf* sprinter
squash [es'kwas] *nm* DEP squash
Sr. *(abrev de* **señor)** Mr
Sra. *(abrev de* **señora)** Mrs
Sres. *(abrev de* **señores)** Messrs
Sri Lanka *n* Sri Lanka
S.R.L. *(abrev de* **Sociedad de Responsabilidad Limitada)** Ltd
Srta. *(abrev de* **señorita)** Miss
S.S.¹ -1. *(abrev de* **Su Santidad)** HH **-2.** *(abrev de* **Seguridad Social)** = Social Security
S.S.² *nfpl* HIST **las S.S.** the SS
SS. MM. *nmpl (abrev de* **Sus Majestades)** their Royal Highnesses
Sta. *(abrev de* **santa)** St
staccato [esta'kato] *nm* MÚS staccato
stage [es'taʃ] *nm* **-1.** *(cursillo)* work placement **-2.** DEP pre-season training camp
Stalingrado [es'talingraðo] *n Antes* Stalingrad
stand [es'tan] *(pl* **stands)** *nm* stand
standing [es'tandin] *(pl* **standings)** *nm* standing, social status; **un apartamento de alto ~** a luxury flat; **una compañía de alto ~** a top company
starter [es'tarter] *(pl* **starters)** *nm* choke; **abrir el ~** to pull out *o* open the choke; **cerrar el ~** to push in *o* close the choke
statu quo [es'tatu'kwo] *nm* status quo
status [es'tatus] *nm inv* status
step [es'tep] *(pl* **steps)** *nm* step (aerobics)
stick [es'tik] *(pl* **sticks)** *nm (de hockey)* hockey stick
Sto. *(abrev de* **santo)** St
stock [es'tok] *(pl* **stocks)** *nm* COM stock
stop [es'top] *(pl* **stops)** *nm* **-1.** *(señal)* stop sign; **saltarse un ~** to drive straight past a stop sign **-2.** *(en telegrama)* stop

strapless [es'traples] *adj inv Am* strapless
strass [es'tras] *nm inv* paste, strass
stress [es'tres] *nm inv* stress
strike [es'traik] *nm (en béisbol)* strike
strip-tease [es'triptis, estrip'tis] *nm* striptease; **hacer un ~** to strip
stronismo [estro'nismo] *nm* = regime and ideology of Paraguayan dictator General Stroessner (1954-89); **durante el ~** under Stroessner, when Stroessner was in power
stronista [estro'nista] ◇ *adj* relating to the Stroessner regime
◇ *nmf* supporter of the Stroessner regime
su *(pl* **sus)** *adj posesivo (de él)* his; *(de ella)* her; *(de cosa, animal)* its; *(de uno)* one's; *(de ellos, ellas)* their; *(de usted, ustedes)* your; **su libro** his/her/your/their book; **sus libros** his/her/your/their books; **su hocico** its snout; *Fam* **debe de tener sus buenos millones en el banco** she must have a good few million in the bank
suahili [swa'xili], **suajili** *nm (lengua)* Swahili
suave ◇ *adj* **-1.** *(al tacto) (piel, toalla)* soft; *(jabón)* mild
-2. *(no brusco) (movimiento)* smooth; *(curva, cuesta)* gentle; **tiene la dirección muy ~** it has very smooth steering
-3. *(sabor)* mild; *(olor)* mild, slight; *(color)* soft; **este curry está bastante ~** this curry is quite mild
-4. *(apacible) (clima)* mild; *(brisa)* gentle; *(persona, carácter)* gentle
-5. *(fácil, lento) (tarea, ritmo)* gentle
-6. *(dócil)* meek; **está ~ como un corderito** she's as meek as a lamb
-7. *Méx Fam (agradable)* pleasant; **dimos un paseo bien ~** we had a very pleasant stroll
-8. EXPR *Méx Fam* **estar ~** to be enough; **ya está ~ de tanto barullo** that's enough of that racket; **dar la ~ a alguien** to suck up to sb
◇ *adv Méx Fam (de acuerdo)* all right, fine; **¿salimos a pasear? – ~** shall we go out for a walk? – fine
suavemente *adv (acariciar)* gently; *(hablar)* softly
suavidad *nf* **-1.** *(al tacto) (de piel, toalla)* softness; *(de jabón)* mildness; **la acarició con ~** he caressed her gently **-2.** *(falta de brusquedad) (de movimiento)* smoothness; *(de curva, cuesta)* gentleness **-3.** *(de sabor, olor)* mildness; *(de color)* softness **-4.** *(de clima)* mildness; *(de brisa)* gentleness; *(de carácter)* gentleness **-5.** *(de tarea, ritmo)* gentleness **-6.** *(docilidad)* meekness
suavizante, *CAm* **suavizador, -ora** ◇ *adj (para ropa, cabello)* conditioning
◇ *nm* conditioner ❑ **~ para la ropa** fabric conditioner *o* softener
suavizar [14] ◇ *vt* **-1.** *(poner blando)* to soften; *(ropa, cabello)* to condition; **suaviza el cutis** it leaves your skin soft **-2.** *(sabor, color)* to tone down **-3.** *(dificultad, tarea)* to ease; *(conducción)* to make smoother; *(clima)* to make milder; *(condena)* to reduce the length of **-4.** *(moderar)* **tienes que ~ el discurso para no ofender a nadie** you should tone down the speech so you don't offend anyone
◆ **suavizarse** *vpr* **-1.** *(ponerse blando)* to soften **-2.** *(dificultad, tarea)* to become easier; *(clima)* to become milder; **sus relaciones se han suavizado** their relations have improved **-3.** *(hacerse dócil)* to mellow
Suazilandia *n* Swaziland
sub- *pref* sub-
sub-2l *adj* DEP under-21
suba *nf CSur* price rise
subacuático, -a ◇ *adj (planta)* subaquatic; *(medicina, mundo)* underwater, subaquatic; *(deporte, fotografía)* underwater
subafluente *nm* minor tributary
subalimentación *nf* undernourishment
subalimentado, -a *adj* undernourished
subalimentar *vt* to undernourish
subalpino, -a *adj* subalpine
subalquilar *vt* to sublet, to sublease

subalterno, -a ◇ adj **-1.** (empleado) auxiliary **-2.** (secundario) secondary
◇ nm,f (empleado) subordinate
◇ nm TAUROM bullfighter's assistant

subarrendador, -ora nm,f subletter

subarrendar [3] vt to sublet, to sublease

subarrendatario, -a nm,f subtenant

subarriendo nm **-1.** (acción) subletting **-2.** (contrato) sublease (agreement)

subártico, -a adj subarctic

subasta nf **-1.** (venta pública) auction; **sacar algo a ~** to put sth up for auction; **vender en ~** to auction off, to sell at auction **-2.** (contrata pública) tender; **sacar algo a ~** to put sth out to tender

subastador, -ora nm,f auctioneer

subastar vt (cuadro, jarrón) to auction; (contrato, obras) to put out to tender

subatómico, -a adj subatomic

subcampeón, -ona nm,f runner-up

subcampeonato nm second place, runner-up's position

subclase nf subclass

subcomandante nmf = military rank below that of commander

subcomisario, -a nm,f deputy superintendent

subcomisión nf subcommittee

subcomité nm subcommittee

subconjunto nm MAT subset

subconsciencia nf subconscious

subconsciente ◇ adj subconscious
◇ nm subconscious ❏ **~ colectivo** collective unconscious

subconsumo nm ECON underconsumption

subcontinente nm subcontinent

subcontratación nf subcontracting

subcontratar vt to subcontract

subcontratista nmf subcontractor

subcontrato nm subcontract

subcultura nf subculture

subcutáneo, -a adj subcutaneous

subdelegación nf subdelegation

subdelegado, -a nm,f subdelegate

subdesarrollado, -a adj underdeveloped

subdesarrollo nm underdevelopment

subdirección nf (de empresa) post of deputy director; (de comercio) post of assistant manager

subdirector, -ora nm,f (de empresa) deputy director; (de comercio) assistant manager

subdirectorio nm INFORMÁT subdirectory

súbdito, -a nm,f **-1.** (de monarca) subject **-2.** (ciudadano) citizen, national

subdividir ◇ vt to subdivide
➤ **subdividirse** vpr **-1.** (ley, documento) to be subdivided (**en** into) **-2.** (células) to subdivide (**en** into)

subdivisión nf subdivision

subdominante adj MÚS subdominant

subempleado, -a adj **-1.** (trabajador) underemployed **-2.** (recursos) underutilized, underemployed

subemplear vt **-1.** (trabajador) to underemploy **-2.** (recursos) to underutilize, to underemploy

subempleo nm **-1.** (de trabajador) underemployment **-2.** (de recursos) underutilization, underemployment

subespecie nf subspecies

subestación nf ELEC substation

subestimar ◇ vt to underestimate
➤ **subestimarse** vpr to underestimate oneself

subfamilia nf BIOL subfamily

subfusil nm automatic rifle

subgénero nm subgenus

subgrupo nm subgroup

subibaja nm seesaw

subida nf **-1.** (cuesta) hill **-2.** (ascensión) ascent, climb; **el tenista australiano se impuso en sus subidas a la red** the Australian player showed his superiority when he came to the net **-3.** (aumento) increase, rise; **se espera una ~ de las temperaturas** temperatures are expected to rise ❏ **~ de sueldo** pay rise, US raise **-4.** EXPR RP Fam **una ~ al carro** an attempt to jump on the bandwagon

subido, -a ◇ adj **-1.** (intenso) strong, intense; **~ de tono** (atrevido) risqué; (impertinente) impertinent **-2.** Fam (en cantidad) **tiene el guapo ~** he really fancies himself; **está de un imbécil ~** he has been acting like an idiot recently
◇ nm,f EXPR RP Fam **ser un ~ al carro** to have climbed on the bandwagon, to be an opportunist

subidón nm Fam (de drogas) high

subíndice nm subscript

subinspector, -ora nm,f deputy inspector

subintendente nmf assistant superintendent

subir ◇ vt **-1.** (poner arriba) (libro, cuadro) to put up; (telón) to raise; (persiana) to roll up; (ventanilla) to wind up, to close; **he subido la enciclopedia de la primera a la última estantería** I've moved the encyclopedia up from the bottom shelf to the top one; **sube el cuadro un poco** move the picture up a bit o a bit higher; **¿me ayudas a ~ las bolsas?** could you help me take the bags up?; **ayúdame a ~ la caja** (a lo alto) help me get the box up; (al piso de arriba) help me carry the box upstairs
-2. (montar) **~ algo/a alguien a** to lift sth/sb onto
-3. (alzar) (bandera) to raise; **~ la mano** to put one's hand up, to raise one's hand
-4. (ascender) (calle, escaleras) to go/come up; (escalera de mano) to climb; (pendiente, montaña) to go up; **subió las escaleras a toda velocidad** he ran up o climbed the stairs as fast as she could; **subió la calle a todo correr** he ran up the street as fast as he could
-5. (aumentar) (precio, impuestos) to put up, to increase; (música, volumen, radio) to turn up; **subió la voz** o **el tono para que se le oyera** she raised her voice so she could be heard; **sube la voz** o **el tono, no te oigo** speak up, I can't hear you; **~ el fuego de la cocina** to turn up the heat; **~ la moral a alguien** to lift sb's spirits, to cheer sb up
-6. (hacer ascender de categoría) to promote
-7. MÚS to raise the pitch of
-8. Fam INFORMÁT to upload
◇ vi **-1.** (a piso, azotea) to go/come up; **¿podrías ~ aquí un momento?** could you come up here a minute?; **subo enseguida** I'll be up in a minute; **~ corriendo** to run up; **~ en ascensor** to go/come up in the Br lift o US elevator; **~ por la escalera** to go/come up the stairs; **~ (a) por algo** to go up and get sth; **~ a la red** (en tenis) to come (in) to the net
-2. (montar) (en avión, barco) to get on; (en coche) to get in; (en moto, bicicleta, tren) to get on; (en caballo) to get on, to mount; (en árbol, escalera de mano, silla) to climb up; **~ a** (coche) to get in(to); (moto, bicicleta, tren, avión) to get on; (caballo) to get on, to mount; (árbol, escalera de mano) to climb up; (silla, mesa) to get o climb onto; (piso) to go/come up to; **~ a bordo** to go on board; **es peligroso ~ al tren en marcha** it is dangerous to board the train while it is moving
-3. (aumentar) to rise, to go up; (hinchazón, cauce) to rise; (cauce) to rise; (fiebre) to raise, to go up; **los precios subieron** prices went up o rose; **subió la gasolina** the price of petrol went up o rose; **el euro subió frente a la libra** the euro went up o rose against the pound; **las acciones de C & C han subido** C & C share prices have gone up o risen; **han subido las ventas** sales are up; **este modelo ha subido de precio** this model has gone up in price, the price of this model has gone up; **el coste total no subirá del millón** the total cost will not be more than o over a million; **no subirá de tres horas** it will take three hours at most, it won't take more than three hours; **está subiendo la marea** the tide is coming in; **el jefe ha subido mucho en mi estima** the boss has gone up a lot in my estimation
-4. (cuenta, importe) **~ a** to come o amount to
-5. CULIN (crecer) to rise
-6. Fam (ir, venir) to come/go up; **subiré a la capital la próxima semana** I'll be going up to the capital next week; **¿por qué no subes a vernos este fin de semana?** why don't you come up to see us this weekend?
-7. (ascender de categoría) to be promoted (**a** to); DEP to be promoted, to go up (**a** to); **el Atlético subió de categoría** Atlético went up
➤ **subirse** vpr **-1.** (ascender) (en avión, barco) to get on; (en coche) to get in; (en moto, bicicleta, tren) to get on; (en caballo) to get on, to mount; (en árbol, escalera de mano, silla) to climb up; **subirse a** (coche) (moto, bicicleta, tren, avión) to get on; (caballo) to get on, to mount; (árbol, escalera de mano) to climb up; (silla, mesa) to get o climb onto; (piso) to go/come up to; EXPR **subirse por las paredes** to go up the wall, to hit the roof; EXPR **subírsele a la cabeza a alguien: el éxito/alcohol se le subió a la cabeza** the success/alcohol went to her head; EXPR RP Fam **subirse al carro** to jump on the bandwagon
-2. (alzarse) **subirse las mangas** to roll one's sleeves up; **subirse los calcetines** to pull one's socks up; **subirse los pantalones** to pull one's Br trousers o US pants up; **subirse la cremallera** to do one's Br zip o US zipper up
-3. Fam (ir, venir) to go/come up; **súbete a esquiar con nosotros** come up and do some skiing with us

súbitamente adv suddenly, all of a sudden

súbito, -a adj sudden; **de ~** suddenly, all of a sudden

subjefe, -a nm,f (de comercio) assistant manager

subjetividad nf subjectivity

subjetivismo nm subjectivism

subjetivo, -a adj subjective

sub júdice [suβˈjuðiθe] adj DER sub judice

subjuntivo, -a ◇ adj subjunctive
◇ nm subjunctive

sublema nm Urug Antes (de partido político) fraction

sublevación nf, **sublevamiento** nm uprising

sublevar ◇ vt **-1.** (amotinar) to stir up **-2.** (indignar) to infuriate
➤ **sublevarse** vpr **-1.** (amotinarse) to rise up, to rebel **-2.** (indignarse) to get infuriated

sublimación nf **-1.** (exaltación) exaltation **-2.** PSI sublimation **-3.** QUÍM sublimation

sublimado nm QUÍM sublimate ❏ **~ corrosivo** corrosive sublimate

sublimar vt **-1.** (exaltar) to exalt **-2.** PSI to sublimate **-3.** QUÍM to sublimate

sublime adj sublime

sublimidad nf sublimity

subliminal adj subliminal

sublingual adj sublingual

submarinismo nm scuba diving

submarinista nmf **-1.** (buceador) scuba diver **-2.** (tripulante) submariner

submarino, -a ◇ adj undersea, submarine; **fotografía submarina** underwater photography
◇ nm **-1.** (nave) submarine ❏ **~ atómico** atomic submarine; **~ nuclear** nuclear submarine **-2.** Fam (infiltrado) mole **-3.** RP (merienda) = drink of hot milk with a lump of melted chocolate **-4.** RP (tortura) = method of torture in which the victim's head is held underwater

submúltiplo, -a ◇ adj submultiple
◇ nm submultiple

submundo nm world, scene; **el ~ de las drogas** the drugs world o scene

subnormal ◇ adj **-1.** (retrasado) mentally retarded **-2.** Fam Pey (imbécil) moronic
◇ nmf **-1.** (retrasado) mentally retarded person **-2.** Fam Pey (imbécil) moron, cretin

subnormalidad nf **una campaña de prevención de la ~** a campaign aimed at preventing children from being born with a mental handicap; **la actitud de la sociedad ante la ~** society's attitude to the mentally retarded

suboficial nmf MIL non-commissioned officer ❏ **~ de marina** petty officer

suborden nm BIOL suborder
subordinación nf -1. *(sometimiento)* subordination -2. GRAM subordination
subordinado, -a ◇ adj -1. *(sometido)* subordinate (**a** to) -2. GRAM subordinate
◇ nm,f subordinate
subordinante GRAM ◇ adj subordinating
◇ nf main
subordinar ◇ vt -1. *(someter)* to subordinate -2. GRAM to subordinate
◆ **subordinarse** vpr to be subordinate (**a** to)
subproducto nm by-product
subprograma nm INFORMÁT subprogram
subrayado, -a ◇ adj -1. *(con línea)* underlined -2. *(en cursiva)* italicized, in italics
◇ nm underlining
subrayar vt -1. *(palabra, texto)* to underline -2. *(destacar)* to underline
subreino nm BIOL subkingdom
subrepticiamente adv surreptitiously
subrepticio, -a adj surreptitious
subrogación, Chile **subrogancia** nf DER subrogation
subrogar [38] vt DER to subrogate
subrutina nf INFORMÁT subroutine
subsahariano, -a ◇ adj sub-Saharan
◇ nm,f sub-Saharan African
subsanable adj -1. *(solucionable)* solvable -2. *(corregible)* rectifiable
subsanación nf *(de errores)* correction
subsanar vt -1. *(problema)* to resolve; *(error)* to correct; **le mandó un ramo de flores para ~ su falta de cortesía** he sent her a bouquet of flowers to make amends for his discourtesy -2. *(disculpar)* to excuse
subscribir = suscribir
subscripción = suscripción
subscriptor, -ora = suscriptor
subscrito, -a = suscrito
subsecretaría nf -1. *(en España)* under-secretaryship -2. *(en Latinoamérica)* deputy ministership
subsecretario, -a nm,f -1. *(administrativo)* assistant secretary -2. *(de ministro) (en España)* under-secretary -3. *(de ministro) (en Latinoamérica)* deputy minister
subsector nm subsector
subsecuentemente adv subsequently
subsidiar vt to subsidize
subsidiariedad nf subsidiarity
subsidiario, -a adj -1. *(empresa, compañía)* subsidiary -2. DER ancillary
subsidio nm benefit, allowance ❑ **~ de desempleo** unemployment benefit; **~ de enfermedad** sick pay; **~ de invalidez** disability allowance
subsiguiente adj subsequent
subsiguientemente adv immediately afterwards
subsistema nm subsystem
subsistencia nf -1. *(vida)* subsistence -2. *(conservación)* continued existence -3. **subsistencias** *(provisiones)* provisions
subsistente adj surviving
subsistir vi -1. *(vivir)* to live, to exist -2. *(sobrevivir)* to survive
subsónico, -a adj subsonic
substancia, substancial etc = **sustancia, sustancial** etc
substantivar, substantivo, -a etc = **sustantivar, sustantivo** etc
substitución, substituir etc = **sustitución, sustituir** etc
substracción, substraer etc = **sustracción, sustraer** etc
substrato = sustrato
subsuelo nm -1. *(terreno)* subsoil -2. Andes, RP *(sótano)* basement
subte nm RP Br underground, US subway; **en ~** by Br underground o US subway
subteniente nmf sub-lieutenant
subterfugio nm subterfuge; **sin subterfugios** without subterfuge
subterráneo, -a ◇ adj subterranean, underground
◇ nm -1. *(túnel)* underground tunnel -2. RP *(metro)* Br underground, US subway

subtipo nm BIOL subtype
subtitular vt -1. *(película)* to subtitle; **una película subtitulada** a subtitled movie o Br film -2. *(libro, capítulo)* to subtitle
subtítulo nm -1. *(de película)* subtitle -2. *(de libro, capítulo)* subtitle
subtotal nm subtotal
subtropical adj subtropical
suburbano, -a ◇ adj suburban
◇ nm *(tren)* suburban train
suburbial adj **barrio ~** poor suburb
suburbio nm -1. *(barrio pobre)* poor suburb -2. Ecuad *(barrio de chabolas)* shanty-town
subvalorar vt to undervalue, to underrate
subvención nf -1. *(para proteger precios, una industria)* subsidy -2. *(para un proyecto)* grant; **la orquesta recibe una ~ del ayuntamiento** the orchestra receives financial support o a grant from the town council
subvencionar vt -1. *(precios, industria)* to subsidize -2. *(proyecto, actividad cultural, estudios)* to provide financial support for; **el proyecto está subvencionado por el gobierno** the project is financed by a government grant
subversión nf subversion
subversivo, -a adj subversive
subvertir [62] vt to subvert
subyacente adj underlying
subyacer v *(estar oculto)* **en su obra subyace la amargura** there's an underlying bitterness in his work; **bajo su apariencia tímida subyace una gran inteligencia** beneath his timid exterior lies a very sharp mind; **~ bajo algo** to underlie sth
subyugación nf subjugation
subyugado, -a adj -1. *(sometido)* subjugated -2. *(cautivado)* **~ por** captivated by, enthralled by
subyugar [38] vt -1. *(someter)* to subjugate -2. *(cautivar)* to captivate
succión nf suction
succionar vt *(sujeto: raíces)* to suck up; *(sujeto: bebé)* to suck
sucedáneo, -a ◇ adj ersatz, substitute
◇ nm -1. *(sustituto)* substitute; **un ~ del café** a coffee substitute ❑ **~ de chocolate** ersatz chocolate -2. *(mala copia)* **ser un ~ de** to be an apology for
suceder ◇ v impersonal *(ocurrir)* to happen; **sucedió el año pasado** it happened last year; **nunca nos había sucedido nada igual** we'd never had anything like it happen to us before; **suceda lo que suceda** whatever happens; **sucedió que me olvidé de poner el despertador** what happened was that I forgot to set the alarm clock; **lo peor que nos podía ~ es que...** the worst that could happen to us is that...; **sucedió que estábamos un día en el campo cuando...** it so happens that we were in the country one day when...; **llevaré provisiones para varios días por lo que pueda ~** I'll take enough provisions for a few days just in case anything happens; **¿qué te sucede?** what's the matter (with you)?
◇ vt *(sustituir)* to succeed (**en** in); **al presidente socialista le sucedió un conservador** the socialist president was succeeded by a conservative; **sucedió a su padre en el trono** he succeeded his father to the throne
◇ vi *(venir después)* **~ a** to come after, to follow; **la primavera sucede al invierno** spring follows winter; **a la guerra sucedieron años muy tristes** the war was followed by years of misery
sucedido nm event
sucesión nf -1. *(serie)* succession; **sufrieron una ~ de desgracias** they had a series of mishaps -2. *(cambio) (de monarca)* succession; *(de cargo importante)* succession, changeover; **la ~ al trono** the succession to the throne -3. *(descendencia)* **morir sin ~** to die without issue; **no tuvo ~** he had no heirs ❑ **~ intestada** intestate succession; **~ testada** testate succession; **~ universal** universal succession

-4. DER *(legado)* estate, inheritance; **impuesto de ~** o **sobre sucesiones** inheritance tax -5. MAT sequence
sucesivamente adv successively; **y así ~** and so on
sucesivo, -a adj -1. *(consecutivo)* successive, consecutive; **viajó hasta allí en cinco días sucesivos** he travelled there on five successive days o on five days in succession -2. *(siguiente)* **en días sucesivos les informaremos** we shall inform you over the next few days; **en lo ~** in future
suceso nm -1. *(acontecimiento)* event -2. *(hecho delictivo)* crime; *(incidente)* incident; **(sección de) sucesos** *(en prensa)* = section of newspaper dealing with accidents, crimes, disasters etc
sucesor, -ora ◇ adj succeeding
◇ nm,f successor
sucesorio, -a adj succession; **impuesto ~** inheritance tax
suche ◇ adj Méx, Ven unripe
◇ nm -1. Chile, Nic Fam Pey menial -2. Ecuad, Perú *(árbol)* white frangipani
suciedad nf -1. *(falta de limpieza)* dirtiness; *(al comer, trabajar)* messiness -2. *(porquería)* dirt, filth; **esta cocina está llena de ~** this kitchen is filthy
sucintamente adv succinctly
sucinto, -a adj -1. *(conciso)* succinct -2. *(pequeño, corto)* skimpy; **una falda sucinta** a skimpy skirt
sucio, -a ◇ adj -1. *(sin limpieza)* dirty; **estar ~** to be dirty; **tiene muy sucia la cocina** his kitchen is very dirty; **la ropa sucia** the dirty clothes
-2. *(al comer, trabajar)* messy; **ser ~** to be messy
-3. *(que se ensucia)* **el blanco es un color muy ~** white is a colour that really shows the dirt
-4. *(color)* dirty; **un pantalón de un color blanco ~** off-white Br trousers o US pants
-5. *(lenguaje)* dirty, filthy
-6. *(conciencia)* bad, guilty
-7. **en ~** *(escribir)* in rough
◇ adv **jugar ~** to play dirty
◇ nm Ven Fam stain, dirty mark
suco nm Andes, Ven *(terreno)* muddy ground
Sucre n Sucre
sucre nm *(moneda)* sucre
sucrense ◇ adj of/from Sucre *(Bolivia o Venezuela)*
◇ nmf person from Sucre *(Bolivia o Venezuela)*
sucucho nm RP Fam hovel
suculento, -a adj -1. *(delicioso)* tasty; *(jugoso)* succulent -2. BOT succulent
sucumbir vi -1. *(rendirse, ceder)* to succumb; **la ciudad sucumbió a los ataques enemigos** the city succumbed to the enemy attacks; **sucumbí a la tentación** I succumbed o gave in to temptation -2. *(fallecer)* to die; *(desaparecer)* to disappear
sucursal nf *(de banco)* branch; *(de empresa)* office
sudaca Fam ◇ adj = pejorative term used to refer to people from Latin America
◇ nmf = pejorative term for a person from Latin America
sudadera nf -1. *(prenda)* sweatshirt -2. Fam *(sudor)* **no se abrigó después de una ~ y se enfrió** she didn't wrap up after having worked up a sweat and caught a cold; **nos pegamos una ~ para subir el piano** we sweated buckets getting the piano upstairs -3. Col *(chándal)* tracksuit
sudado nm Andes = dish of steamed fish and vegetables
Sudáfrica n South Africa
sudafricano, -a ◇ adj South African
◇ nm,f South African
Sudamérica n South America
sudamericano, -a ◇ adj South American
◇ nm,f South American
Sudán n Sudan
sudanés, -esa ◇ adj Sudanese
◇ nm,f Sudanese

sudar ◇ *vi* **-1.** *(transpirar)* to sweat; *Fam* **sudaban a chorros** they were dripping sweat **-2.** *(pared)* to run with condensation **-3.** *(trabajar duro)* **sudaron mucho por (conseguir) ese trofeo** they had to sweat blood to win this trophy **-4.** [EXPR] *Esp muy Fam* **me la suda** *Br* I don't give a monkey's, *US* I don't give a rat's ass
◇ *vt* **-1.** *(empapar)* to soak in sweat; **sudó las sábanas** he soaked the sheets in sweat **-2.** *Fam (trabajar duro por)* to sweat blood for **-3.** [EXPR] **~ la gota gorda** *(transpirar mucho)* to sweat buckets; *(esforzarse)* to sweat blood; **~ tinta** to sweat blood

sudario *nm* shroud

sudcaliforniano, -a ◇ *adj* of/from Baja California Sur *(Mexico)*
◇ *nm,f* person from Baja California Sur *(Mexico)*

sudestada *nf CSur* = rainy, southeasterly wind in Argentina

sudeste, sureste ◇ *adj (posición, parte)* southeast, southeastern; *(dirección, viento)* southeasterly
◇ *nm* southeast ❑ **el Sudeste** *o* **Sureste asiático** Southeast Asia

sudista HIST ◇ *adj* Southern *(in US Civil War)*
◇ *nmf* Southerner *(in US Civil War)*

sudoeste, suroeste ◇ *adj (posición, parte)* southwest, southwestern; *(dirección, viento)* southwesterly
◇ *nm* southwest

sudor *nm* **-1.** *(transpiración)* sweat; **con el ~ de mi frente** by the sweat of my brow ❑ **~ frío** cold sweat; **me entran sudores fríos de pensarlo** *(me entra miedo)* it makes me break out in a cold sweat *o* it sends a shiver down my spine just to think of it **-2.** *(de pared)* condensation **-3. sudores** *(esfuerzos)* toil, labour; **me costó muchos sudores conseguirlo** it cost me a lot of trouble to get hold of it

sudoración *nf* sweating, perspiration

sudoriento, -a *adj* sweaty

sudorífero, -a ◇ *adj* sudoriferous, sudorific
◇ *nm* sudorific

sudoríparo, -a *adj* sweat; **glándula sudorípara** sweat gland

sudoroso, -a *adj* sweaty

sudsudeste, sudsureste *nm* south-southeast

sudsudoeste, sudsuroeste *nm* south-southwest

sudsureste = sudsudeste

sudsuroeste = sudsudoeste

Suecia *n* Sweden

sueco, -a ◇ *adj* Swedish
◇ *nm,f (persona)* Swede; [EXPR] *Fam* **hacerse el ~** *(fingir no entender)* to pretend not to understand, to play dumb; *(fingir no ver)* to pretend not to see
◇ *nm (lengua)* Swedish

suegro, -a *nm,f* father-in-law, *f* mother-in-law; **suegros** parents-in-law, in-laws

suela *nf* **-1.** *(de zapato)* sole; **media ~** half-sole; [EXPR] *Fam* **estar como una ~: este filete está como una ~** this steak's as tough as old boots; [EXPR] *Fam* **no le llega a la ~ del zapato** he can't hold a candle to her **-2.** *(cuero)* coarse leather **-3.** *(de taco de billar)* cue tip **-4.** *(de grifo)* washer

sueldo[1] *ver* **soldar**

sueldo[2] *nm (salario)* pay, wages; *(de profesional, oficinista)* salary; **a ~** *(asesino)* hired; *(empleado)* salaried; **me han subido el ~** they've given me a pay rise; **pidió una semana sin ~** he asked for a week's unpaid leave ❑ **~ base** basic pay, basic wage; *(de profesional, oficinista)* basic salary; **~ mínimo** minimum wage; **~ neto** take-home pay

suelo[1] *etc ver* **soler**

suelo[2] *nm* **-1.** *(pavimento)* *(en interiores)* floor; *(en el exterior)* ground; [EXPR] *Fam* **arrastrarse por el ~** to grovel, to humble oneself; [EXPR] *Fam* **besar el ~** to fall flat on one's face; [EXPR] **echar algo por el ~** to ruin sth; [EXPR] *Fam* **estar por los suelos** *(persona, precio)* to be at rock bottom; *(productos)* to be dirt cheap; *Fam* **tienen la moral por los suelos** their morale has hit rock bottom; [EXPR] **poner** *o* **tirar por los suelos** to run down, to criticize; **venir** *o* **venirse al ~** *(caer)* to fall down, to collapse; *(fracasar)* to fail
-2. *(terreno, territorio)* soil; *(para edificar)* land; **en ~ colombiano** on Colombian soil; **el precio del ~ urbano** land prices in urban areas ❑ **~ no urbanizable** land which is unsuitable for development; **~ urbanizable** land suitable for development

suelta *nf (liberación)* release; **concluyeron la protesta con una ~ de palomas** they brought the protest to a close with a release of white doves

suelto, -a ◇ *ver* **soltar**
◇ *adj* **-1.** *(animal, criminal)* loose; **las vacas pastaban sueltas por el prado** the cows grazed freely in the meadow; **andar ~** *(animal)* to be on the loose; *(criminal)* to be at large
-2. *(tornillo, cuerda)* loose; *(cordones)* undone; **deja el cinturón un poco más ~** loosen your belt a little
-3. *(vestido)* loose, loose-fitting; **la falda me queda muy suelta** the skirt is very loose on me
-4. *(separado)* separate; *(desparejado)* odd; **no los vendemos sueltos** we don't sell them separately; **guardo algunos números sueltos de esa revista** I've kept a few odd numbers of that magazine
-5. *(no envasado)* loose; **venden los tornillos sueltos** they sell the screws loose *o* singly
-6. *(dinero)* **¿tienes 25 céntimos sueltos?** have you got 25 cents in loose change?
-7. *(arroz)* fluffy
-8. *(lenguaje, estilo)* fluent, fluid
-9. *(desenvuelto)* comfortable, at ease
-10. *(con diarrea)* **estar ~** to have loose bowels
◇ *nm* **-1.** *(calderilla)* loose change; **¿llevas ~?** do you have any change? **-2.** *(en periódico)* short item

sueno *etc ver* **sonar**

sueñecito *nm* snooze; **echarse un ~** to have a snooze

sueño ◇ *ver* **soñar**
◇ *nm* **-1.** *(ganas de dormir)* sleepiness; *(por medicamento, alcohol)* drowsiness; **tener ~** to be sleepy; **(estoy que) me caigo** *o* **me muero de ~** I'm falling asleep on my feet; **tienes cara de ~** you look sleepy; **algunos medicamentos me dan ~** certain medicines make me drowsy; **con la tele** *o* **viendo la tele me entra ~** watching TV makes me sleepy; **¡qué ~!** I'm really tired *o* sleepy!; **el café le quita el ~** coffee wakes her up
-2. *(estado de dormir)* sleep; **~ ligero/pesado** light/heavy sleep; **tener el ~ ligero/pesado** to be a light/heavy sleeper; *Esp* **coger el ~** to get to sleep; **conciliar el ~** to get to sleep; **descabezar** *o* **echar un ~** to have a nap; **no pierdas el ~ por él/ello** don't lose any sleep over him/it; **no me quita el ~** I'm not losing any sleep over it; **tengo ~ atrasado** I've got a lot of sleep to catch up on ❑ **~ eterno** eternal rest; **~ REM** REM sleep
-3. *(imagen mental)* dream; **un mal ~** a bad dream; **tener un ~** to have a dream; **tuve un ~ contigo** I had a dream about you; **en sueños** in a dream; **entre sueños oí que te ibas** I was half-asleep when I heard you go; **ni en sueños** no way, under no circumstances; **ni en sueños haría yo eso** no way *o* under no circumstances would I ever do a thing like that, I wouldn't dream of doing a thing like that
-4. *(objetivo, maravilla, quimera)* dream; **hacer eso es el ~ de toda una vida** doing this is my dream come true; **el ~ de su vida era dar la vuelta al mundo** her dream was to travel round the world; **esta casa es un ~** this house is a dream; **el hombre/la casa de sus sueños** the man/house of her dreams, her dream man/house; **una medalla olímpica, el ~ dorado de cualquier deportista** an Olympic medal, every sportsman's dream *o* what every sportsman dreams about; **un ~ hecho realidad** a dream come true; **un ~ imposible** a pipe dream

suero *nm* **-1.** *(solución salina)* saline solution ❑ **~ artificial** saline solution; **~ fisiológico** saline solution; **~ de la verdad** truth drug **-2.** *(de la sangre)* serum ❑ **~ linfático** lymphatic fluid **-3.** *(de la leche)* whey

sueroterapia *nf* serotherapy

suerte *nf* **-1.** *(azar)* chance; **echar** *o* **tirar algo a *Esp* suertes** *o Am* **a la ~** to draw lots for sth; [EXPR] **la ~ está echada** the die is cast
-2. *(fortuna)* luck; **te deseo buena ~** I wish you good luck; **es una ~ que estés aquí** it's lucky you're here; **estar de ~** to be in luck; **¡qué ~!** that was lucky!; **¡qué ~ tuviste!** you were so lucky!; **¡qué ~ que traje el paraguas!** how lucky that I brought my umbrella!; **por ~** luckily; **probar ~** to try one's luck; **tener (buena) ~** to be lucky; **tiene la ~ de vivir cerca de la playa** he's lucky enough to live near the beach; **tener mala ~** to be unlucky; **tuve muy mala ~ con las preguntas que me tocaron** I was very unlucky with the questions that came up; [EXPR] **tener la ~ de espaldas** to be having a run of bad luck; [EXPR] **tentar a la ~** to tempt fate; [EXPR] **tocar** *o* **caer en ~ a alguien** to fall to sb's lot; **me ha tocado** *o* **caído en ~ ser el primero** fate decreed that I should be the first one ❑ **la ~ del principiante** beginner's luck
-3. *(destino)* fate; **abandonaron el barco a su ~** they abandoned the boat to its fate
-4. *(clase)* **toda ~ de** all manner of; **conocí a toda ~ de personas** I met all sorts of people; **ser una ~ de...** to be a kind *o* sort of...
-5. *(manera)* manner, fashion; **de ~ que** in such a way that
-6. TAUROM = any of the three stages ("tercios") of a bullfight
-7. *Perú (billete de lotería)* lottery ticket

suertero, -a ◇ *adj CSur Fam* lucky, *Br* jammy
◇ *nm,f Perú* lottery ticket seller

suertudo, -a *Fam* ◇ *adj* lucky, *Br* jammy
◇ *nm,f* lucky *o Br* jammy devil

sueste *nm* sou'wester

suéter *(pl* **suéteres***) nm* sweater

suevo, -a HIST ◇ *adj* Suevic
◇ *nm,f (pueblo)* **los suevos** the Suevi, = Germanic tribe which invaded Spain in the 5th century AD

Suez *n* Suez

sufí *(pl* **sufíes***)* ◇ *adj* sufic
◇ *nmf* sufi

suficiencia *nf* **-1.** *(capacidad)* proficiency **-2.** *(idoneidad)* suitability; *(de medidas, esfuerzos)* adequacy **-3.** *(presunción)* smugness, self-importance; **me miró con un aire de ~** he looked at me smugly

suficiente ◇ *adj* **-1.** *(bastante)* enough, *(medidas, esfuerzos)* adequate; **no llevo (dinero) ~** I don't have enough (money) on me; **no tienes la estatura ~** you're not tall enough; **con 20 litros habrá más que ~** 20 litres will be more than enough; **¡ya es ~!, ¡silencio!** that's enough! silence! **-2.** *(presuntuoso)* smug, full of oneself
◇ *nm (nota)* pass *(between 5 and 5.9 out of 10)*

suficientemente *adv* enough, sufficiently; **esta cocina no está ~ limpia** this kitchen is not clean enough; **es lo ~ inteligente como para no arriesgarse** she's intelligent enough not to take the risk; **no me quedó ~ claro lo que quería decir** it wasn't clear enough to me what he meant

sufijo *nm* suffix

sufismo *nm* Sufism

suflé *nm* soufflé

sufragar [38] ◇ *vt (costes)* to defray; *(estudios)* to meet the cost of
◇ *vi Am (votar)* to vote

sufragio *nm* **-1.** *(sistema)* suffrage ❑ **~ directo** direct suffrage; **~ indirecto** indirect suffrage; **~ restringido** restricted suffrage; **~ universal** universal suffrage **-2.** *(voto)* vote **-3.** *(oración)* suffrage

sufragismo *nm* HIST suffragette movement
sufragista HIST ◇ *adj* suffragette; **movimiento ~** suffragette movement
◇ *nmf* suffragette
sufrible *adj* bearable, endurable
sufrido, -a *adj* **-1.** *(resignado)* patient, uncomplaining; *(durante mucho tiempo)* long-suffering **-2.** *(resistente) (tela)* hardwearing; **un color muy ~** a colour that doesn't show the dirt
sufridor, -ora *adj* easily worried
sufrimiento *nm* suffering; **una droga para aliviar el ~ de los enfermos terminales** a drug to alleviate the suffering of the terminally ill; **el hijo les está costando muchos sufrimientos** their son is causing them a lot of heartache
sufrir ◇ *vt* **-1.** *(padecer)* to suffer; *(accidente)* to have; **sufre frecuentes ataques epilépticos** she often has epileptic fits; **sufrió persecución por sus ideas** she suffered persecution for her ideas; **no sufrió daños** it wasn't damaged; **sufrió una agresión/un atentado** he was attacked/an attempt was made on his life; **sufrí una vergüenza increíble** I felt incredibly embarrassed; **la empresa ha sufrido pérdidas** the company has reported o made losses; **el ejército invasor sufrió numerosas bajas** the invading army suffered numerous casualties
 -2. *(soportar)* to put up with, to bear; **tengo que ~ sus manías** I have to put up with his idiosyncrasies; **a tu jefe no hay quien lo sufra** your boss is impossible to put up with
 -3. *(experimentar)* to undergo, to experience; **la Bolsa sufrió una caída** the stock market fell; **las temperaturas sufrirán un descenso** temperatures will fall
◇ *vi (padecer)* to suffer; **sufrió mucho antes de morir** she suffered a lot before she died; **sufre mucho si su hijo no lo llama** he gets very anxious if his son doesn't call him; **~ de** *(enfermedad)* to suffer from; **~ del estómago/riñón** to have stomach/kidney trouble o a stomach/kidney complaint
sugerencia *nf* suggestion; **me gustaría hacer una ~** I'd like to make a suggestion; **a ~ de alguien** at sb's suggestion
sugerente *adj* **-1.** *(evocador)* evocative **-2.** *(atractivo)* attractive
sugerir [62] *vt* **-1.** *(proponer)* to suggest; **me sugirió visitar el país en verano** he suggested I should visit the country in summer; **¿qué sugieres que hagamos?** what do you suggest we do?; **sugirió que diéramos una vuelta** he suggested we (should) go for a walk
 -2. *(evocar)* to evoke; **¿qué te sugiere este poema?** what does this poem remind you of?; **aquella batalla le sugirió el tema de su próximo libro** that battle gave him the idea for his next book
sugestión *nf* **-1.** *(acción)* suggestion; **tiene mucho poder de ~** she has great powers of suggestion **-2.** *(sugerencia)* suggestion
sugestionable *adj* impressionable
sugestionar ◇ *vt* to influence
 ◆ **sugestionarse** *vpr* **-1.** *(obsesionarse)* to get ideas into one's head **-2.** PSI to use autosuggestion
sugestivo, -a *adj* attractive
sugiero *etc ver* **sugerir**
sugiriera *etc ver* **sugerir**
suiche *nm Col, Ven* switch
suicida ◇ *adj* suicidal
◇ *nmf (por naturaleza)* suicidal person; *(persona que se ha suicidado)* person who has committed suicide; *(persona que ha intentado suicidarse)* person who attempted to commit suicide
suicidarse *vpr* to commit suicide
suicidio *nm* **-1.** *(de persona)* suicide ❏ **~ asistido** assisted suicide **-2.** *(locura)* suicide; **invertir en esa empresa sería un ~** it would be suicide to invest in that company
sui géneris *adj inv* peculiar, unusual; **tiene un concepto muy ~ de la amistad** she has her own peculiar notion of friendship; **es un artista muy ~** he's a very idiosyncratic artist; **un sistema democrático ~** a system of democracy unlike any other
suite [suit] *nf* **-1.** *(habitación)* suite ❏ **~ nupcial** bridal suite **-2.** MÚS suite **-3.** INFORMÁT suite
Suiza *n* Switzerland
suizo, -a ◇ *adj* Swiss
◇ *nm,f* Swiss
◇ *nm Esp (dulce)* = type of sugared bun
sujeción *nf* **-1.** *(acción)* **un neumático con una excelente ~ al firme** a tyre with excellent road-holding properties; **los pilares de ~ del puente se hundieron** the supporting pillars of the bridge collapsed **-2.** *(sometimiento)* subjection
sujetacorbata *nm Am* tie clip
sujetador *nm Esp (sostén)* bra, brassiere; *(de bikini)* (bikini) top ❏ **~ de aros** underwired bra; **~ deportivo** sports bra
sujetalibros *nm inv* book end
sujetapapeles *nm inv* paper clip
sujetar ◇ *vt* **-1.** *(agarrar) (para mantener en su sitio)* to hold in place; *(sobre una superficie, con un peso)* to hold down; *(para que no se caiga)* to hold up; **sujeta la cuerda al poste** tie the rope to the post; **~ con clavos/cola** to fasten with nails/glue; **sujeta los papeles con un clip** fasten the papers together with a paper clip; **le sujetó el pelo con una goma** she tied his hair back with an elastic band; **intentó escapar, pero la sujetaron firmemente** she tried to escape, but they kept a firm grip on her; **si no lo llegan a ~, la mata** if they hadn't held her back, he would have killed her
 -2. *(sostener)* to hold; **sujétame esta bolsa un momento** hold this bag for a moment, will you?
 -3. *(someter)* to control
 ◆ **sujetarse** *vpr* **-1.** *(agarrarse)* **se sujeta el pelo con una horquilla** she keeps her hair in place with a hairclip; **sujétate bien o te caerás** hold on tight or you'll fall; **sujetarse a** to hold on to; **sujétate al pasamanos** hold on to the handrail
 -2. *(aguantarse)* to stay in place; **esta pegatina no se sujeta** this sticker won't stick properly
 -3. *(someterse)* **sujetarse a** *(normas)* to comply with, to abide by; *(autoridad)* to submit to
sujeto, -a ◇ *adj* **-1.** *(agarrado)* fastened; **las cuerdas están bien sujetas** the ropes are secure o are firmly fastened **-2.** *(sometido)* subject (**a** to); **este proyecto está ~ a modificaciones** this plan is subject to modifications
◇ *nm* **-1.** *(de frase)* subject ❏ **~ agente** actor **-2.** *(individuo)* individual; **un ~ sospechoso** a suspicious individual ❏ ECON **~ pasivo** taxpayer **-3.** FILOSOFÍA subject
sulfamida *nf* FARM sulphonamide
sulfatar ◇ *vt* to sulpherize
 ◆ **sulfatarse** *vpr (pilas)* to leak
sulfato *nm* sulphate ❏ **~ de cobre** copper sulphate
sulfhídrico, -a *adj* QUÍM **ácido ~** hydrogen sulphide
sulfito *nm* sulphite
sulfurar ◇ *vt* **-1.** *Fam (encolerizar)* to infuriate **-2.** QUÍM to sulphurate
 ◆ **sulfurarse** *vpr Fam (encolerizarse)* to get mad; **¡no te sulfures!** don't get mad!
sulfúrico, -a *adj* sulphuric
sulfuro *nm* sulphide
sulfuroso, -a *adj* QUÍM sulphurous
sulky *nm RP* = a light two-wheeled horse-drawn vehicle
sultán *nm* sultan
sultana *nf* sultana
sultanato, sultanado *nm* sultanate
suma ◇ *nf* **-1.** *(operación matemática)* addition; **hacer una ~** to do an addition
 -2. *(conjunto) (de conocimientos, datos)* total, sum; *(de dinero)* sum; **es la ~ del trabajo de varios investigadores** it is the product of the work of several researchers; **la ~ de los gastos asciende a 4.000 pesos** total expenditure was 4,000 pesos ❏ INFORMÁT **~ de comprobación** checksum; INFORMÁT **~ de control** checksum
 ◆ **en suma** *loc adv (en resumen)* in short
sumamente *adv* extremely; **es ~ agradable** he's extremely pleasant
sumando *nm* MAT addend
sumar ◇ *vt* **-1.** *(varias cantidades)* to add together; **súmale diez** add ten **-2.** *(dar como resultado)* to add up to, to make; **tres y cinco suman ocho** three and five make o are eight **-3.** *(añadir)* to add; **súmale a eso todas las mentiras que nos ha dicho** to that we also have to add all the lies he's told us; **~ y sigue** *(en contabilidad)* carried forward; *Fam* here we go again! **-4.** *(costar)* to come to
 ◆ **sumarse** *vpr* **-1.** *(agregarse)* **la epidemia se suma ahora a la larga sequía** the epidemic comes on top of the long drought; **y a eso se suman las pocas ganas que tengo de trabajar** and on top of that I don't feel at all like working
 -2. *(adherirse)* to join (**a** in); **sumarse a la opinión de alguien** to adhere to sb's opinion; **los mineros se sumaron a la manifestación** the miners joined (in) the demonstration
sumarial *adj* pertaining to an indictment; **decretar el secreto ~** = to deny access to information relating to a judicial inquiry
sumariamente *adv* summarily, without delay
sumario, -a ◇ *adj* **-1.** *(conciso)* brief **-2.** DER summary
◇ *nm* **-1.** *(resumen)* summary **-2.** DER examining magistrate's report; **el juez que instruye el ~** the examining magistrate
sumarísimo, -a *adj* DER swift, expeditious
Sumatra *n* Sumatra
sumergible ◇ *adj* **-1.** *(reloj, cámara)* waterproof **-2.** *(barco)* submersible
◇ *nm* submersible
sumergido, -a *adj* **-1.** *(bajo el agua)* submerged; **el país está sumergido en el caos** the country is enveloped in chaos **-2.** *(ilegal)* black; **la economía sumergida** the black economy o market
sumergir [24] ◇ *vt* **-1.** *(hundir)* to submerge; *(con fuerza)* to plunge; *(bañar)* to dip; **~ en el caos** to plunge into chaos **-2.** *(abstraer)* to immerse; **el libro sumerge al lector en otra época** the book immerses the reader in another age
 ◆ **sumergirse** *vpr* **-1.** *(hundirse)* to submerge; *(con fuerza)* to plunge; **el coche se sumergió en el río** the car sank to the bottom of the river **-2.** *(abstraerse)* to immerse oneself (**en** in); **se sumergió en sus pensamientos** he immersed himself in his thoughts
sumerio, -a ◇ *adj* Sumerian
◇ *nm,f* Sumerian
sumersión *nf* submergence, immersion
sumidero *nm* drain ❏ INFORMÁT **~ térmico** heat sink
sumiller *(pl* **sumillers)** *nm* sommelier, wine waiter
suministrador, -ora *nm,f* supplier
suministrar *vt* **-1.** *(productos, electricidad, armas)* to supply; **~ algo a alguien** to supply sb with sth, to supply sth to sb **-2.** *(información)* to supply; **~ algo a alguien** to supply sb with sth, to supply sth to sb
suministro *nm* **-1.** *(productos)* supply **-2.** *(acción)* supplying ❏ **~ de agua** water supply; **~ eléctrico** electricity supply, power supply; **~ de gas** gas supply
sumir ◇ *vt* **-1.** *(abismar)* **~ a alguien en** to plunge sb into; **la noticia nos sumió en la desolación** we were plunged into despair by the news; **el vino lo sumió en un estado de somnolencia** the wine left him feeling drowsy; **sus declaraciones nos sumieron en la confusión** his statement threw us into confusion
 -2. *(sumergir)* to submerge
 -3. *(enterrar)* to bury
 -4. *Méx Fam (hundir)* to make a dent in; **¡sume la panza!** tuck that belly in!

sumisamente *adv* submissively

sumirse *vpr* -1. **sumirse en** *(depresión, desesperación, sueño)* to sink into -2. **sumirse en** *(estudio, tema)* to immerse oneself in -3. **sumirse en** *(sumergirse en)* to be submerged in

sumisión *nf* -1. *(obediencia) (acción)* submission; *(cualidad)* submissiveness; **con** ~ submissively -2. *(rendición)* surrender

sumiso, -a *adj* submissive

súmmum *nm* el ~ de the height of; **esto es el** ~ this is wonderful *o* magnificent; **este hotel es el** ~ **de la elegancia** this hotel is the height of elegance; **su hermana es el** ~ **de la imbecilidad** her sister's a complete and utter moron

sumo¹, -a *adj* -1. *(supremo)* highest, supreme □ ~ **pontífice** supreme pontiff; ~ **sacerdote** high priest -2. *(gran)* extreme, great; **lo aprecio en grado** ~ I think extremely highly of him; **con** ~ **cuidado** with extreme *o* great care; **a lo** ~ at most; **tendrá a lo** ~ **veinte años** she can't be more than twenty

sumo² *nm (deporte)* sumo (wrestling)

suní *(pl* **suníes), sunní** *(pl* **sunníes)** ◇ *adj* Sunni
◇ *nmf* Sunnite, Sunni Muslim

sunita, sunnita ◇ *adj* Sunni
◇ *nmf* Sunnite, Sunni Muslim

suntuario, -a *adj* luxury; **unas vacaciones suntuarias** a luxury *Br* holiday *o US* vacation

suntuosamente *adv* sumptuously, magnificently; **una habitación** ~ **decorada** a sumptuously decorated room

suntuosidad *nf* sumptuousness, magnificence

suntuoso, -a *adj* sumptuous, magnificent

supe *ver* saber

supeditación *nf* subordination

supeditar ◇ *vt* -1. *(subordinar)* to subordinate (**a** to); **supedita sus intereses a los del partido** he subordinates his personal interests to those of the party -2. *(someter)* **estar supeditado a** to be dependent on; **el proyecto está supeditado al presupuesto disponible** the project depends on the available budget

supeditarse *vpr* -1. *(subordinarse)* to subordinate (**a** to); **cualquier otra consideración debe supeditarse a este objetivo** any other consideration must be made subordinate to that goal -2. *(someterse)* **supeditarse a** to submit to; **supeditarse a las órdenes de alguien** to submit to sb's orders; **supeditarse a unas normas** to abide by the rules

super- *pref* -1. *(por encima de)* super- -2. *Fam (muy)* **es supermajo** he's really nice; **super-fácil** really *o* dead easy; **esta sopa está superbuena** this soup is lovely!

súper¹ ◇ *adj (gasolina) Br* four-star, *US* regular
◇ *nf Br* four-star (petrol), *US* regular

súper² ◇ *adj Fam (genial)* great, super; **se ha comprado una moto** ~ he's bought himself a super motorbike
◇ *adv Fam* **pasarlo** ~ to have a great time

súper³ *nm Fam (supermercado)* supermarket

superable *adj (problema)* surmountable

superabundancia *nf* excess

superabundante *adj* excessive

superabundar *vi* to abound

superación *nf* -1. *(de problema)* overcoming; **afán de** ~ desire to excel -2. *(de límite)* exceeding; *(récord)* breaking

superar ◇ *vt* -1. *(aventajar)* to beat; ~ **algo/a alguien en algo** to beat sth/sb for sth; **nos superan en número** they outnumber us; **me supera en altura/inteligencia** he's taller/cleverer than me
-2. *(sobrepasar) (récord)* to break; **queremos** ~ **los resultados del año pasado** we want to improve on *o* beat last year's results; **me superó por dos décimas de segundo** she beat me by two tenths of a second
-3. *(adelantar)* to overtake, to pass; **superó a su rival en la recta final** she overtook her rival on the home straight
-4. *(época, técnica)* **estar superado** to have been superseded
-5. *(complejo, crisis, enfermedad)* to overcome, to get over; **no ha superado la pérdida de su mujer** he has not overcome the loss of his wife; **tener algo superado** to have got over sth
-6. *(examen, prueba)* to pass

superarse *vpr* -1. *(mejorar)* to better oneself; **se supera día a día** he goes from strength to strength -2. *(lucirse)* to excel oneself; *Irónico* **esta vez te has superado** you've excelled yourself this time

superávit *(pl* **superávit, superávits)** *nm* surplus

supercarburante *nm* high-grade fuel

superchería *nf* -1. *(engaño)* fraud, hoax -2. *(superstición)* superstition

superclase *nf* BIOL superclass

superconductividad *nf* FÍS superconductivity

superconductor *nm* FÍS superconductor

supercopa *nf (en Europa)* European Supercup; *(en España)* = cup contested by the league champions and the winner of the cup at the end of the season, *Br* ≃ Charity Shield

supercuenta *nf* FIN high-interest account

superdirecta *nf* AUT overdrive

superdotado, -a ◇ *adj* extremely gifted
◇ *nm,f* extremely gifted person; **es un** ~ he's extremely gifted

superego *nm* PSI superego

superestrato *nm* LING superstratum, superstrate

superestrella *nf* superstar

superestructura *nf* superstructure

superficial *adj* -1. *(poco profundo) (capa, herida)* superficial -2. *(frívolo) (persona, conversación)* superficial

superficialidad *nf* -1. *(de herida)* superficiality -2. *(frivolidad)* superficiality

superficialmente *adv* superficially; **lo conozco sólo** ~ I know him only superficially

superficie *nf* -1. *(parte exterior)* surface; **la** ~ **de la Tierra** the Earth's surface; **transporte de** ~ surface transport; **salir a la** ~ to come to the surface, to surface -2. *(extensión)* area; **tiene una** ~ **de 2.500 metros cuadrados** it covers 2,500 square metres □ ~ **comercial** floor space; ~ **de trabajo** work surface; ~ **de venta** floor space

superfino, -a *adj* superfine

superfluo, -a *adj (innecesario)* superfluous; *(gasto)* unnecessary

supergigante *nm* DEP super giant slalom, Super G

superhéroe *nm* superhero

superhombre *nm* superman

superíndice *nm* superscript

superintendencia *nf* -1. *(cargo)* superintendence -2. *(oficina)* superintendent's office

superintendente *nmf* superintendent

superior, -ora ◇ *adj* -1. *(de arriba)* top; **los pisos superiores tienen mejores vistas** the upper floors have better views; **la parte** ~ **(de algo)** the top (of sth); **la mitad** ~ the top *o* upper half
-2. *(mayor)* higher (**a** than); **ser** ~ **en número, ser numéricamente** ~ to have a numerical advantage; **temperaturas superiores a los 12 grados** temperatures above 12 degrees; **una cifra** ~ **a 100** a figure greater than 100; **lo venden a un precio un 30 por ciento** ~ **al del mercado** they are selling it at 30 percent above the market price; **por un periodo no** ~ **a tres años** for a period not exceeding three years
-3. *(mejor)* superior (**a** to); **es** ~ **a la media** it's above average; **una mujer de inteligencia** ~ **a la media** a woman of above-average intelligence; **no me creo** ~ **a nadie** I don't consider myself superior to anyone
-4. *(excelente)* excellent; **productos de calidad** ~ superior-quality products
-5. *Fam* **es** ~ **a mí** *o* **a mis fuerzas** *(no lo puedo soportar)* it's too much for me
-6. BIOL **los mamíferos superiores** the higher mammals
-7. ANAT upper; **el labio/la mandíbula** ~ the upper lip/jaw
-8. GEOG upper
-9. EDUC higher
-10. REL superior
-11. GEOL upper; **el Paleolítico** ~ the Upper Palaeolithic
◇ *nm,f* REL superior, *f* mother superior
◇ *nm (jefe)* superior

superioridad *nf* -1. *(preeminencia, ventaja)* superiority; DEP **estar en** ~ **numérica** to have a numerical advantage -2. *(suficiencia)* superiority; **con un tono de** ~ in a superior tone

superlativo, -a ◇ *adj* -1. *(belleza, inteligencia)* exceptional -2. GRAM superlative
◇ *nm* GRAM superlative

superligero, -a ◇ *adj (en boxeo)* **peso** ~ super lightweight
◇ *nm,f (en boxeo)* super lightweight

supermán *nm* superman

supermercado *nm* supermarket

superministro, -a *nm,f* = powerful government minister in charge of more than one department

supernova *nf* supernova

supernumerario, -a ◇ *adj* -1. *(que está de más)* supernumerary, extra -2. *(funcionario)* on temporary leave
◇ *nm,f* -1. *(trabajador)* supernumerary -2. *(del Opus)* lay member

superordenador *nm* *Esp* INFORMÁT supercomputer

superpesado, -a ◇ *adj* -1. *(en boxeo)* **peso** ~ superheavyweight -2. *Fam (que pesa mucho)* **es** ~ it weighs a ton -3. *Fam (muy aburrido)* dead boring
◇ *nm,f (en boxeo)* superheavyweight

superpetrolero *nm* supertanker

superpluma ◇ *adj (en boxeo)* **peso** ~ super-featherweight
◇ *nmf (en boxeo)* super-featherweight

superpoblación *nf* overpopulation

superpoblado, -a *adj* overpopulated

superponer [50] *vt (poner encima)* to put on top (**a** of)

superposición *nf* superimposing

superpotencia *nf* superpower

superproducción *nf* -1. ECON overproduction -2. *(película)* big-budget movie

superpuesto, -a ◇ *participio ver* **superponer**
◇ *adj* superimposed

supersónico, -a *adj* supersonic

superstición *nf* superstition

supersticioso, -a *adj* superstitious

supérstite *adj* DER surviving

supervalorar *vt (artista, obra)* to overrate; *(casa, acciones)* to overvalue

superventas *nm inv* best-seller

supervigilancia *nf Andes, CAm, Carib* supervision, oversight

supervigilar *vt Andes, CAm, Carib* to supervise, to oversee

supervisar *vt* to supervise

supervisión *nf* supervision

supervisor, -ora ◇ *adj* supervisory
◇ *nm,f* supervisor

supervivencia *nf* survival

superviviente ◇ *adj* surviving
◇ *nmf* survivor

superwelter ◇ *adj (en boxeo)* **peso** ~ light-middleweight
◇ *nmf (en boxeo)* light-middleweight

superyó *nm* PSI superego

supiera *etc ver* **saber**

supinador *nm* ANAT supinator

supino, -a ◇ *adj* -1. *(tendido)* supine -2. *(excesivo)* utter
◇ *nm* GRAM supine

suplantación *nf* ~ **(de personalidad)** impersonation

suplantador, -ora *nm,f* impostor

suplantar *vt* -1. *(ilegítimamente)* to impersonate, to pass oneself off as -2. *CSur (legítimamente)* to replace

suplementario, -a *adj* -1. *(esfuerzo)* extra; *(ingresos)* supplementary, extra -2. *(ángulo)* supplementary

suplementero, -a *nm,f Chile* newspaper vendor

suplemento *nm* **-1.** *(añadido)* supplement ❑ **~ de sueldo** bonus; **~ vitamínico** vitamin supplement **-2.** *(complemento)* attachment **-3.** *(recargo)* supplement **-4.** *(publicación)* supplement ❑ **~ dominical** Sunday supplement

suplencia *nf* **hacer una ~** *(profesor)* to do *Br* supply teaching *o US* substitute teaching; *(médico)* to do a locum

suplente ◇ *adj* substitute, stand-in; **profesor ~** substitute teacher, *Br* supply teacher; **equipo ~** reserve team
◇ *nmf* **-1.** *(sustituto)* substitute, stand-in; *(de médico) Br* locum, *US* covering doctor; *(de juez, presidente)* deputy **-2.** TEATRO understudy **-3.** DEP substitute

supletorio, -a ◇ *adj* additional, extra
◇ *nm* TEL extension

súplica *nf* **-1.** *(ruego)* plea, entreaty **-2.** DER petition

suplicante ◇ *adj* *(que ruega)* entreating, pleading; **me pidió en un tono ~ que la perdonara** she asked me in pleading tones to forgive her
◇ *nmf* petitioner

suplicar [59] *vt* **-1.** *(rogar)* **~ algo (a alguien)** to plead for sth (with sb); **~ a alguien que haga algo** to beg sb to do sth; **déjame verla, te lo suplico** let me see her, I beg of you **-2.** DER to appeal to

suplicatorio *nm* DER **-1.** *(a tribunal superior)* = request by lower court for assistance from a higher court **-2.** *(a órgano legislativo)* = request by court for the parliamentary immunity of the accused to be waived

suplicio *nm* **-1.** *(tortura)* torture **-2.** *Fam (molestia)* torture; **es un ~** it's torture; **¡qué ~!** what a nightmare *o* pain!; **estos niños son un auténtico ~** these children are a real pain in the neck

suplique *etc ver* **suplicar**

suplir *vt* **-1.** *(sustituir)* to stand in for, to substitute for; **suple en la tienda a su hermano** he's standing in for his brother in the shop
-2. *(compensar)* **~ algo (con)** to make up *o* compensate for sth (with); **suple su timidez con una gran tenacidad** he makes up for his shyness with great tenacity; **el festival intentará ~ con buen cine la falta de estrellas americanas** the festival will try to make up for the lack of American stars with good cinema
-3. *(añadir)* to supply
-4. *Andes, RP (proporcionar)* to provide, to supply; **siempre nos suplieron de todo lo necesario** they always provided us with everything we needed; **allí suplen agua potable** they supply drinking water there

supo *ver* **saber**

suponer [50] ◇ *nm* **imagino que nos invitarán – eso es un ~** I imagine they'll invite us – that's pure conjecture *o* you can't say for sure; **imagina, y es un ~, que te quedas sin dinero** imagine, for the sake of argument, that you didn't have any money
◇ *vt* **-1.** *(creer, presuponer)* to suppose; **supongo que ya habrán llegado** I suppose *o* expect (that) they'll have arrived by now; **supongo que tienes razón** I suppose *o* guess you're right; **supongo que sí/no** I suppose *o* expect so/not; **supongamos que me niego** supposing I refuse; **es de ~ que se disculparán** I would expect them to apologize; **es de ~ una nueva bajada de los tipos de interés** a further drop in interest rates seems likely, we can expect a further drop in interest rates; **al final lo perdí todo – era de ~** in the end I lost everything – it was only to be expected *o* that's hardly surprising; **nada hacía ~ que...** there was nothing to suggest that...; **todo hacía ~ que se llegaría a un acuerdo** everything pointed to an agreement; **suponiendo que...** supposing *o* assuming that...; **suponiendo que no te moleste** as long as *o* assuming it doesn't bother you

-2. *(implicar)* to involve, to entail; **una dieta así supone mucho sacrificio** a diet like that involves a lot of sacrifices; **esto nos supone un cambio de planes** this involves *o* entails *o* means a change of plan for us; **no me supuso ningún esfuerzo** it was no trouble (for me)
-3. *(significar)* to mean; **supone mucho para mí** it means a lot to me; **este descubrimiento supone un importante avance para la ciencia** this discovery constitutes a major advance for science
-4. *(conjeturar)* to imagine; **lo suponía** I guessed as much; **te suponía mayor** I thought you were older

◆ **suponerse** *vpr (uso pasivo, impersonal)* **se supone que habíamos quedado a las ocho** we were supposed *o* meant to meet at eight; **se supone que es la mejor película del año** it's supposed *o* meant to be the movie of the year; **se supone que todos tenemos los mismos derechos** we're all supposed to have the same rights; **a un soldado el valor se le supone** you expect soldiers to be brave, bravery is something that goes with being a soldier

suposición *nf* assumption

supositorio *nm* suppository

supra- *pref* supra-

supranacional *adj* supranational

suprarrenal *adj* suprarenal

supremacía *nf* **-1.** *(superioridad)* supremacy **-2.** *(preferencia)* precedence; **tener ~ sobre algo** to take precedence over sth

supremo, -a ◇ *adj* **-1.** *(jefe, autoridad)* supreme **-2.** *(calidad)* supreme; **una mujer de suprema belleza** a woman of supreme *o* outstanding beauty **-3.** *(momento, instante)* supreme
◇ *nm* DER **el Supremo** *Br* ≃ the High Court, *US* ≃ the Supreme Court

supresión *nf* **-1.** *(de ley, impuesto, derecho)* abolition; *(de sanciones, restricciones)* lifting **-2.** *(de palabras, texto)* deletion **-3.** *(de puestos de trabajo, proyectos)* axing

supresor, -ora *nm,f* supressor

suprimir *vt* **-1.** *(eliminar)* to get rid of; *(ley, impuesto, derecho)* to abolish; *(sanciones, restricciones)* to lift; *(gastos)* to cut out; **hay que ~ todo lo superfluo** we have to get rid of everything that's superfluous; **han suprimido las retransmisiones deportivas** they have cancelled the sports broadcasts
-2. *(palabras, texto)* to delete; **suprime los detalles y ve al grano** forget the details and get to the point
-3. *(puestos de trabajo, proyectos)* to axe

supuestamente *adv* supposedly

supuesto, -a ◇ *participio ver* **suponer**
◇ *adj* **-1.** *(hipotético)* supposed; *(culpable, asesino)* alleged; **no se ha confirmado el ~ ataque al corazón del presidente** there has been no confirmation of the president's supposed *o* alleged heart attack **-2.** *(falso)* false; **actuó bajo un nombre ~** he acted under a false *o* assumed name
◇ *nm* supposition, assumption; **en el ~ de que venga** assuming (that) he comes; **esto no es más que un ~** this is no more than a supposition; **en estos supuestos no es válido el principio general** in these cases the general rule does not apply; **partimos del ~ de que todo va a salir bien** we're working on the assumption that everything will turn out right; **supuestos de cancelación** grounds for cancellation

◇ **por supuesto** *loc adv* of course; **¿te gusta? – por ~** do you like it? – of course; **¿la invitarás? – por ~ que sí/no** are you going to invite her? – of course I am/of course not; **por ~ que puedes venir** of course you can come; **por ~ que si te deja de interesar, te puedes retirar** of course if you lose interest, you can always back out; **dar algo por ~** to take sth for granted; **doy por ~ que te interesa** I take it for granted that you're interested

supuración *nf* suppuration

supurar *vi* to suppurate, to fester

supusiera *etc ver* **suponer**

sur ◇ *adj inv (posición, parte)* south, southern; *(dirección)* southerly; *(viento)* south, southerly; **la cara ~ de la montaña** the mountain's south face; **la costa ~** the south coast; **tiempo soleado en la mitad ~ del país** it will be sunny in the southern half of the country; **partieron con rumbo ~** they headed south; **un frente frío que se desplaza en dirección ~** a cold front which is moving south *o* southwards
◇ *nm* **-1.** *(zona)* south; **está al ~ de Buenos Aires** it's (to the) south of Buenos Aires; **la fachada da al ~** the building faces south *o* is south-facing; **viento del ~** south *o* southerly wind; **habrá lluvias en el ~ (del país)** there will be rain in the south (of the country); **ir hacia el ~** to go south *o* southwards **-2.** *(punto cardinal)* South **-3.** *(viento)* south wind, southerly

sura *nf* sura

Suráfrica *n* South Africa

surafricano, -a ◇ *adj* South African
◇ *nm,f* South African

Suramérica *n* South America

suramericano, -a ◇ *adj* South American
◇ *nm,f* South American

surazo *nm CSur* strong southerly wind

surcar [59] *vt* **-1.** *(tierra)* to plough **-2.** *(aire, agua)* to cut *o* slice through; **el velero surcaba las olas** the sailing boat cut through *o* ploughed the waves; **una bandada de ocas surcaba los cielos** a flock of geese flew across the sky **-3.** *(cara, rostro)* to line; **profundas arrugas surcaban su cara** her face was deeply lined *o* wrinkled

surco *nm* **-1.** *(de arado)* furrow **-2.** *(de rueda)* rut **-3.** *(en disco)* groove **-4.** *(arruga)* line, wrinkle

surcoreano, -a ◇ *adj* South Korean
◇ *nm,f* South Korean

sureño, -a ◇ *adj* southern; *(viento)* southerly
◇ *nm,f* southerner

sureste = **sudeste**

surf, surfing *nm* surfing; **hacer ~** to surf

surfear *Fam* INFORMÁT ◇ *vt* to surf
◇ *vi* to surf

surfing = **surf**

surfista *nmf* surfer

surgimiento *nm (aparición)* emergence

surgir [24] *vi* **-1.** *(brotar)* to emerge, to spring; **un manantial surgía entre las rocas** a spring emerged among the rocks, water sprang from among the rocks
-2. *(aparecer)* to appear; **surgió de detrás de las cortinas** he emerged from behind the curtains; **el rascacielos surgía entre los edificios del centro** the skyscraper rose *o* towered above the buildings in the city centre
-3. *(producirse)* to arise; **se lo preguntaré si surge la ocasión** I'll ask her if the opportunity arises; **la idea surgió cuando...** the idea occurred to him/her/*etc* when...; **nos surgieron varios problemas** we ran into a number of problems; **me han surgido varias dudas** I have a number of queries; **nos ha surgido una dificultad de última hora** a last-minute difficulty has arisen *o* come up; **están surgiendo nuevos destinos turísticos** new tourist destinations are emerging *o* appearing; **un banco surgido como resultado de la fusión de otros dos** a bank that came into being *o* emerged as a result of the merger of two other banks; **un movimiento surgido tras la guerra fría** a movement which emerged after the cold war

suricato *nm* slender-tailed meerkat

Surinam *n* Surinam

surinamés, -esa ◇ *adj* Surinamese
◇ *nm,f* Surinamese

surmenaje *nm* exhaustion, fatigue

suroeste = **sudoeste**

surque *etc ver* **surcar**

surrealismo *nm* surrealism

surrealista ◇ *adj* **-1.** *(en arte, literatura, cine)* surrealist **-2.** *(absurdo)* surreal
◇ *nmf* surrealist

sursureste *nm* south-southeast

sursuroeste *nm* south-southwest

surtido, -a ⬦ *adj* **-1.** *(bien aprovisionado)* well-stocked; **una tienda bien surtida de telas** a shop with a wide selection of cloth **-2.** *(variado)* assorted
⬦ *nm* **-1.** *(gama)* range **-2.** *(de galletas, bombones)* assortment

surtidor *nm* **-1.** *(de gasolina)* pump **-2.** *(de un chorro)* spout; *(de ballena)* blowhole

surtir ⬦ *vt* **-1.** *(proveer)* to supply (**de** with) **-2.** *(producir)* ~ **efecto** to have *o* produce an effect; **sus amenazas surtieron el efecto deseado** her warnings had the desired effect; **las medidas surtieron efecto** the measures proved effective; **este medicamento surte efecto a la media hora de tomarlo** this medicine takes effect half an hour after being taken
⬦ *vi (brotar)* to spout, to spurt (**de** from)
◆ **surtirse** *vpr (proveerse)* **surtirse de** to stock up on

surumpe *nm Bol, Perú* snow blindness

suruví, surubí *nm (moteado)* spotted sorubim; *(atigrado)* barred sorubim, tiger shovelnose catfish

survietnamita ⬦ *adj* South Vietnamese
⬦ *nmf* South Vietnamese

susceptibilidad *nf (sensibilidad)* oversensitivity; **eres de una ~ exagerada** you're much too thin-skinned

susceptible *adj* **-1.** *(sensible)* oversensitive **-2.** *(modificable)* **el proyecto es ~ de cambios** changes may be made to the project; **un plan ~ de mejora** a plan that can be improved on

suscitar *vt (discusión)* to give rise to; *(dificultades)* to cause, to create; *(interés, simpatía, sospechas)* to arouse; *(dudas)* to raise

suscribir, subscribir ⬦ *vt* **-1.** *(firmar)* to sign; *Formal* **el que suscribe** the undersigned **-2.** *(ratificar, apoyar)* to endorse; **suscribo sus opiniones** I subscribe to her opinion; **suscribo lo dicho por el presidente** I endorse *o* second the president's remarks **-3.** FIN *(acciones)* to subscribe for; *(póliza)* to take out **-4.** *(a publicación)* ~ **a alguien a una revista** to get *o* buy sb a subscription to a magazine
◆ **suscribirse** *vpr* **-1.** *(a publicación)* to subscribe (**a** to) **-2.** COM **suscribirse a** to take out an option on

suscripción, subscripción *nf* **-1.** *(a publicación)* subscription **-2.** FIN *(de acciones)* subscription; **oferta pública de ~ de acciones** public offering of shares; **debe acreditar la ~ de una póliza de seguros** you must provide proof of insurance; **es obligatoria la ~ de un seguro** it is obligatory to take out insurance

suscriptor, -ora, subscriptor, -ora *nm,f* subscriber

suscrito, -a, subscrito, -a ⬦ *participio ver* **suscribir**
⬦ *adj* **estar ~ a** to subscribe to

susodicho, -a *adj* above-mentioned

suspender ⬦ *vt* **-1.** *(colgar)* to hang (up); **lo suspendieron de una cuerda/de un clavo** they hung it from a rope/nail **-2.** *Esp (examen, asignatura)* to fail; **me suspendieron la Historia** I failed History **-3.** *(interrumpir)* to suspend; *(reunión, sesión)* to adjourn; **suspendieron las obras de la central nuclear** construction work on the nuclear power plant was suspended; **se suspendió el partido a causa de la lluvia** the game was called off *o* postponed because of the rain; **se han suspendido los vuelos hasta nueva orden** flights have been cancelled until further notice **-4.** *(sancionar) (trabajador)* to suspend; *Am (alumno)* to suspend; ~ **a alguien de empleo y sueldo** to suspend sb without pay
⬦ *vi Esp (alumno)* to fail

suspense *nm Esp* suspense

suspensión *nf* **-1.** *(interrupción)* postponement; *(de servicio)* suspension; *(de reunión, sesión)* adjournment; **las fortísimas lluvias llevaron a la ~ del servicio de correos** the heavy rains led to the postal service being suspended ❑ ~ **de pagos** temporary receivership, *Br* ≃ administration order, *US* ≃ Chapter 11; **declarar la ~ de pagos** *Br* ≃ to petition for an administration order, *US* ≃ to file for Chapter 11 **-2.** *(sanción) (de trabajador)* suspension; *Am (de alumno)* suspension ❑ ~ **de empleo y sueldo** suspension without pay **-3.** AUT suspension ❑ ~ **hidráulica** hydraulic suspension **-4.** *(mezcla)* suspension; **en ~** in suspension **-5.** *(en baloncesto, balonmano)* **pase/tiro en ~** jump pass/shot

suspensivo, -a *adj* **puntos suspensivos** suspension points

suspenso, -a *adj* **-1.** *(colgado)* ~ **de** hanging from **-2.** *Esp (no aprobado)* **estar ~** to have failed **-3.** *(embelesado)* mesmerized
⬦ *nm* **-1.** *Esp (en nota)* fail; **sacar un ~** to fail **-2.** *Am (suspense)* suspense **-3.** **en ~** *(interrumpido)* pending; **la aprobación de la ley ha quedado en ~** the bill is pending; **el tribunal ha dejado en ~ la ejecución de la condena** the court suspended the sentence

suspensores *nmpl* **-1.** *Andes (tirantes) Br* braces, *US* suspenders **-2.** *Andes, RP (suspensorio)* jockstrap

suspensorio *nm* jockstrap

suspicacia *nf* suspicion

suspicaz *adj* suspicious

suspirado, -a *adj* longed-for, yearned-for

suspirar *vi* **-1.** *(dar suspiros)* to sigh; ~ **de** to sigh with **-2.** *(desear)* ~ **por algo/por hacer algo** to long for sth/to do sth; ~ **por alguien** to have a crush on sb

suspiro *nm* **-1.** *(aspiración)* sigh; **dar un ~** to heave a sigh; [EXPR] **dio** *o* **exhaló el último ~** he breathed his last **-2.** *(instante)* **en un ~** in no time at all; [EXPR] **durar lo que un ~** to be short-lived **-3.** *Andes, Ven (merengue)* = type of round meringue **-4.** *Am (flor)* morning glory

sustancia *nf* **-1.** *(materia)* substance ❑ ANAT ~ **blanca** white matter; ANAT ~ **gris** grey matter; ~ **química** chemical **-2.** *(esencia)* essence; **sin ~** lacking in substance; **este artículo no tiene mucha ~** this article lacks substance **-3.** *(de alimento)* nutritional value **-4.** FILOSOFÍA substance

sustancial *adj* **-1.** *(de la sustancia)* substantial, significant **-2.** *(importante)* substantial

sustancialmente *adv* substantially, significantly

sustanciar *vt* **-1.** *(resumir)* to summarize **-2.** DER to substantiate

sustancioso, -a *adj* **-1.** *(importante)* substantial **-2.** *(nutritivo)* substantial

sustantivación *nf* GRAM nominalization, use as a noun

sustantivar *vt* GRAM to nominalize, to use as a noun

sustantivo, -a ⬦ *adj (importante)* substantial, significant
⬦ *nm* GRAM noun

sustentamiento *nm*, **sustentación** *nf* **-1.** *(soporte, base)* support **-2.** *(alimento)* sustenance, nourishment **-3.** *(afirmación)* defence **-4.** AV lift

sustentar ⬦ *vt* **-1.** *(sostener, mantener)* to support; **sustenta a toda la familia con su salario** he supports his entire family on his salary **-2.** *(defender) (argumento, teoría)* to defend; *(opinión)* to hold, to subscribe to **-3.** *(apoyar)* to base; **sustenta sus teorías en una premisa errónea** his theories are founded on a false premise
◆ **sustentarse** *vpr* **-1.** *(sostenerse, mantenerse)* to support oneself; **no se sustenta solo** he can't support himself **-2.** *(apoyarse)* **su ilusión se sustenta en vanas promesas** her hopes are based *o* founded on empty promises

sustento *nm* **-1.** *(alimento)* sustenance; *(mantenimiento)* livelihood; **ganarse el ~** to earn one's living **-2.** *(apoyo)* support; **su teoría carece de ~** her theory has no foundation

sustitución *nf* **-1.** *(cambio)* replacement; *(de jugador)* substitution; **trabajar haciendo sustituciones** to work as a stand-in; **aprobaron la ~ del sistema informático por uno más moderno** they approved the replacement of the computer system by a more up-to-date one; **la ~ del presidente por alguien sin experiencia fue un error** replacing the president with a person who had no experience was a mistake; **entró al terreno de juego en ~ del defensa francés** he went onto the field as a replacement for the French defender **-2.** DER subrogation

sustituible *adj* replaceable

sustituir [34] *vt* to replace; **sustituyó a su secretaria** he replaced his secretary, he got a new secretary; **la sustituyó como presidenta de la empresa** he took her place as president of the company; **lo sustituyeron por uno mejor** they replaced it with a better one; **sustituyó al portero titular por uno más joven** he replaced the first-team goalkeeper with a younger player; **han sustituido la moneda nacional por el dólar** the national currency has been replaced by the dollar; **tuve que sustituirle durante su enfermedad** I had to stand in *o* substitute for her while she was ill

sustitutivo, -a, sustitutorio, -a ⬦ *adj* substitute
⬦ *nm* substitute

sustituto, -a *nm,f (persona)* substitute, replacement (**de** for); *(profesor)* stand-in; *(médico) Br* locum, *US* covering doctor; **ha sido designado ~ de Pérez en la presidencia** he has been appointed to stand in *o* substitute for Pérez as president

susto *nm* fright; **tenía cara de ~** he looked frightened; **dar** *o* **pegar un ~ a alguien** to give sb a fright; **darse** *o* **pegarse un ~** to get a fright; **¡qué ~ (me di)!** I got the fright of my life!; **¡qué ~ me has dado!** you gave me a real fright!; **reponerse del ~** to get over the shock; **después del ~ del accidente...** after the shock of the accident...; **¡me has dado un ~ mortal** *o* **de muerte!** you nearly scared me to death!; **nos dimos un ~ mortal** *o* **de muerte cuando nos enteramos de que...** we got the shock of our lives when we found out that...; [EXPR] *Fam* **no ganar para sustos** to have no end of troubles

sustracción *nf* **-1.** *(robo)* theft **-2.** MAT subtraction

sustraendo *nm* MAT subtrahend

sustraer [66] ⬦ *vt* **-1.** *(robar)* to steal **-2.** MAT to subtract
◆ **sustraerse** *vpr* **sustraerse a** *o* **de** *(obligación, problema)* to avoid; **le resultó muy difícil sustraerse a las presiones políticas** he found it very difficult to escape from *o* avoid the political pressures

sustrato *nm* **-1.** *(terreno)* substratum **-2.** LING substratum, substrate

susurrador, -ora, susurrante *adj* **-1.** *(voz)* whispering **-2.** *(viento, agua)* murmuring

susurrar ⬦ *vt* to whisper; **me susurró la respuesta al oído** she whispered the answer in my ear
⬦ *vi* **-1.** *(persona)* to whisper **-2.** *(viento, agua)* to murmur

susurro *nm* **-1.** *(palabras)* whisper; **"¡ahora!", dijo en un ~** "now!", she whispered **-2.** *(de agua, viento)* murmur

sutién = **soutien**

sutil *adj* **-1.** *(crítica, inteligencia)* subtle **-2.** *(delicado) (velo, tejido)* delicate, thin; *(brisa)* gentle; *(hilo, línea)* fine

sutileza *nf* **-1.** *(de crítica, inteligencia)* subtlety **-2.** *(delicadeza) (de velo, tejido)* delicacy, thinness; *(de brisa)* gentleness; *(de hilo, línea)* fineness

sutilmente *adv* **-1.** *(con sutileza)* subtly **-2.** *(delicadamente)* delicately

sutura *nf* **-1.** MED suture; **le dieron cinco puntos de ~** he had five stitches **-2.** ANAT suture **-3.** BOT suture

suturar *vt* to stitch

suyo¹, -a ⬦ *adj posesivo (de él)* his; *(de ella)* hers; *(de uno)* one's (own); *(de ellos, ellas)* theirs; *(de usted, ustedes)* yours; **este libro es ~** this book is his/hers/*etc*; **un amigo ~**

a friend of his/hers/*etc*; **no es asunto** ~ it's none of his/her/*etc* business; *RP* **¡permiso! – (es)** ~ may I? – go ahead; EXPR *Fam* **es muy** ~ he's a law unto himself

◇ *pron posesivo* **el** ~ *(de él)* his; *(de ella)* hers; *(de cosa, animal)* its (own); *(de uno)* one's own; *(de ellos, ellas)* his/her/*etc* lot *o* side; *(de usted, ustedes)* yours; **de** ~ in itself; **hacer** ~ to make one's own; *Fam* **los suyos** *(su familia)* his/her/*etc* folks; *(su bando)* his/her/*etc* lot *o* side; EXPR **lo** ~: **lo** ~ **es el teatro** he/she/*etc* should be on the stage; *Fam* **lo** ~ **sería volver** the proper thing to do would be to go back; *Fam* **les costó lo** ~ it wasn't easy for him/her/them; EXPR **hacer de las suyas** to be up to his/her/*etc* usual tricks; EXPR **una de las suyas** one of his/her/*etc* tricks; EXPR *Fam* **ésta es la suya** this is the chance he's been waiting for *o* his big chance

suyu, suyo² *nm* HIST = administrative district in the Inca Empire

svástica [es'βastika] *nf* swastika

SWAPO ['swapo] *nm* (*abrev de* **South West African People's Organization**) SWAPO

Swazilandia [swaθi'landia] *n* Swaziland

swing [swin] (*pl* **swings**) *nm* **-1.** MÚS swing **-2.** DEP swing

switch [switʃ] (*pl* **switches**) *nm Am* switch

T t

T, t [te] *nf (letra)* T, t

T -1. *(abrev de* **torre***) (en notación de ajedrez)* R **-2.** *(abrev de* **tara***)* t

t -1. *(abrev de* **tonelada***)* t **-2.** *(abrev de* **tomo***)* vol

taba *nf* **-1.** *(juego)* jacks; **jugar a la ~ o a las tabas** to play jacks **-2.** *(hueso)* ankle bone

tabacal *nm* tobacco plantation

Tabacalera *nf* = state tobacco monopoly in Spain

tabacalero, -a ◇ *adj* tobacco; **la industria tabacalera** the tobacco industry
◇ *nm,f* tobacco grower *o* farmer

tabaco ◇ *nm* **-1.** *(planta)* tobacco plant; **una plantación de ~** a tobacco plantation
-2. *(picadura)* tobacco ❑ **~ de liar** rolling tobacco; **~ de mascar** chewing tobacco; **~ negro** black *o* dark tobacco; **~ de pipa** pipe tobacco; **~ en *o* de polvo** snuff; **~ rubio** Virginia tobacco
-3. *(cigarrillos)* cigarettes; **una cajetilla de ~** a pack *o Br* packet of cigarettes; **el ~ perjudica seriamente la salud** smoking can seriously damage your health
◇ *adj inv (color)* light brown

tabalear *vi (con los dedos)* to drum

tabanco *nm* **-1.** *(puesto)* mobile food stall **-2.** *CAm (desván)* attic

tábano *nm* **-1.** *(insecto)* horsefly **-2.** *Fam (persona pesada)* pain (in the neck)

tabaquera *nf* **-1.** *(para tabaco)* tobacco tin; *(para cigarrillos)* cigarette case **-2.** *ver también* **tabaquero**

tabaquería *nf Am Br* tobacconist's (shop), *US* cigar store

tabaquero, -a ◇ *adj* tobacco; **la industria tabaquera** the tobacco industry
◇ *nm,f* tobacco grower *o* farmer

tabáquico, -a *adj (hábito)* smoking

tabaquismo *nm* smoking, smoking habit; **el aumento del ~ entre los jóvenes** the increase in smoking among young people; **factores de riesgo como el ~ y el alcohol** risk factors such as smoking and alcohol abuse ❑ **~ pasivo** passive smoking

tabardillo *nm Esp Fam* **-1.** *(insolación)* sunstroke; **le dio *o* cogió un ~** he got sunstroke **-2.** *(persona alocada)* tearaway

tabardo *nm (coarse)* cloak

tabarra *nf Fam (molestia)* pain; EXPR **dar la ~** to be a pest *o* a pain, to play up; **¡deja ya de darme la ~!** stop being a pest *o* a pain!; EXPR **dar la ~ con algo** to go on and on about sth

tabasco® *nm* Tabasco® (sauce)

tabasqueño, -a ◇ *adj* of/from Tabasco (Mexico)
◇ *nm,f* person from Tabasco (Mexico)

taberna *nf (tasca)* bar *(old-fashioned in style)*; *(antigua, tradicional)* tavern, inn

tabernáculo *nm* tabernacle

tabernario, -a *adj (lenguaje)* coarse

tabernero, -a *nm,f* **-1.** *(propietario)* landlord, *f* landlady **-2.** *(encargado)* bartender, barman, *f* barmaid

tabica *nf (de escalón)* riser

tabicar [59] *vt* to wall up

tabique *nm* **-1.** *(pared)* partition (wall) **-2.** ANAT septum ❑ **~ nasal** nasal septum **-3.** *Méx (ladrillo)* brick

tabla ◇ *nf* **-1.** *(de madera)* plank, board; *(de mármol, piedra)* slab; **un puente de tablas** a plank bridge; **la ventana estaba tapada con tablas** the window was boarded up; **lo escondió bajo una ~ del suelo** he hid it under a floorboard; EXPR **~ de salvación** salvation; **tú fuiste mi ~ de salvación** you were my salvation; **nuestro partido no será la ~ de salvación del gobierno** our party will not bale the government out; EXPR **hacer ~ rasa** to wipe the slate clean; EXPR **hacer ~ rasa de algo: intentó hacer ~ rasa de su pasado** she tried to wipe out *o* obliterate her past; **el presidente hizo ~ rasa de las instituciones democráticas** the president did away with *o* swept away the institutions of democracy ❑ **~ de cocina** chopping board; **~ de lavar** washboard; REL **las tablas de la ley** the tablets of the law; **~ de patés** selection of pâtés; **~ de planchar** ironing board; **~ de quesos** cheeseboard; DEP **~ de saltos** *(trampolín)* diving board
-2. *(en deportes)* board ❑ **~ de snowboard** snowboard; **~ de surf** surfboard; **~ de windsurf** windsurfing board, sailboard
-3. *(del inodoro)* seat
-4. ARTE panel
-5. *(lista, gráfico)* table; INFORMÁT table; **Manchester sigue primero en la ~ de clasificación** Manchester is still at the top of the league table ❑ **~ de conversión** conversion table; **~ de materias** table of contents; **~ periódica (de los elementos)** periodic table (of the elements)
-6. MAT table; **la ~ del 3** the 3 times table ❑ **~ de multiplicar** multiplication table
-7. *(de gimnasia)* exercise routine
-8. *(pliegue)* pleat; **una falda de tablas** a pleated skirt
-9. *Ven Fam (billete)* = 100 bolivar note
◇ *nfpl* **tablas -1.** *(en ajedrez)* **hizo tablas con el campeón del mundo** he drew with the world champion; **quedamos en tablas** *(en ajedrez, juego)* the game ended in stalemate; *(en enfrentamiento)* we reached a stalemate
-2. *(escenario, teatro)* **las tablas** the stage; **su regreso a las tablas** his return to the stage; **pisar las tablas** to tread the boards; **salir *o* subir a las tablas** to go on stage; **tener (muchas) tablas** to be an experienced actor; *Fig* to be an old hand
-3. TAUROM = fence surrounding a bullring

tablada *nf RP* stockyard, cattle yard

tablado *nm (de teatro)* stage; *(de baile)* dance floor; *(para hablar, presidir un acto)* platform

tablao *nm* **~ (flamenco)** *(local)* = club where flamenco dancing and singing are performed

tablazón *nf (tablas)* boards, planking; *(de embarcación)* timbers

tableado, -a ◇ *adj (falda)* pleated
◇ *nm (de falda)* pleats, pleating

tablear *vt* **-1.** *(madero)* to divide into planks **-2.** *(tela)* to pleat

tablero *nm* **-1.** *(tabla)* board; *(de mesa)* top; *(de juego)* board ❑ **~ de ajedrez** chessboard; **~ de anuncios** *Br* a notice board, *US* a bulletin board; **~ de damas** *Br* draughtboard, *US* checkerboard; **~ de dibujo** drawing board
-2. *(marcador)* scoreboard
-3. *(en baloncesto)* backboard; **tirar al ~** to do *o* shoot a lay-up
-4. **~ (de mandos)** *(de avión)* instrument panel; *(de coche)* dashboard
-5. Col *(pizarra) Br* blackboard, *US* chalkboard

tableta *nf* **-1.** *(de chocolate, turrón)* bar **-2.** *(pastilla)* tablet **-3.** INFORMÁT tablet ❑ **~ gráfica** graphics tablet

tabletear *vi* to rattle

tableteo *nm* rattling

tablilla *nf* **-1.** *(para entablillar)* splint **-2.** *Méx (de chocolate)* bar

tabloide *nm* tabloid

tablón *nm* **-1.** *(tabla)* plank ❑ **~ de anuncios** *Br* notice board, *US* bulletin board; INFORMÁT **~ de anuncios electrónico** bulletin board system **-2.** *(viga)* beam **-3.** *Fam (borrachera)* **agarrar un ~** to get smashed *o* blind drunk **-4.** *Andes, Méx, Ven (parcela)* plot (of land) **-5.** *RP (pliegue)* large pleat

tabú *(pl* **tabúes** *o* **tabús***)* ◇ *adj* taboo; **es un tema ~** that subject is taboo
◇ *nm* taboo

tabuco *nm (casa)* hovel; *(habitación)* poky little room

tabulación *nf* **-1.** *(de texto)* tab-settings **-2.** *(de datos, cifras)* tabulation

tabulador *nm* **-1.** *(tecla)* tabulator, tab (key) **-2.** *(carácter)* tab character

tabular¹ *adj* tabular

tabular² ◇ *vt* **-1.** *(texto)* to set the tabs for **-2.** *(datos, cifras)* to tabulate
◇ *vi (en un texto)* to set the tabs

taburete *nm* stool

TAC [tak] *nm* MED *(abrev de* **tomografía axial computerizada***)* CAT

taca ◇ *nf (marisco)* = type of edible shellfish, found in Chile
◇ *nm Urug Fam* **~ ~** cash on the nail

tacada *nf (en billar) (golpe)* stroke; *(carambolas)* break; EXPR **hacer algo de una ~** *(de un tirón)* to do sth in one go

tacañear *vi* to be mean *o* miserly

tacañería *nf* meanness, miserliness

tacaño, -a ◇ *adj* mean, miserly
◇ *nm,f* mean *o* miserly person; **ser un ~** to be mean *o* miserly

tacataca, tacatá *nm* baby-walker

taca-taca *nm Chile Br* table football, *US* foosball

tacha *nf* **-1.** *(mancilla)* blemish; **sin ~** *(reputación)* unblemished, untarnished; *(comportamiento)* beyond reproach; **es un hombre sin ~** he has an unblemished record **-2.** *(defecto, tara)* flaw, fault; **sin ~** flawless, faultless

tachadura *nf* crossing out; **una página llena de tachaduras** a page full of crossings out *o* of things crossed out

tachán *interj* hey presto!

tachar *vt* **-1.** *(borrar)* to cross out, to scratch (out); **su nombre había sido tachado de la lista** her name had been crossed off the list
-2. *(acusar)* **~ a alguien de algo: la tacharon de elitista** she was accused of being elitist; **lo tacharon de mentiroso/cobarde** he was branded a liar/coward; **~ algo de algo: el libro fue tachado de pornográfico** the book was labelled as pornographic
-3. DER *(testigo)* to challenge

tachero *nm RP Fam (taxista)* taxi driver

tachines *nmpl Esp Fam Hum (pies)* feet

tacho *nm* **-1.** *Andes, RP (metálico, de hojalata)* tin; *(de plástico)* container; *(papelera) Br* wastepaper bin o basket, *US* waste basket; EXPR *Fam* **irse al ~** to go down the drain, to go to pot ❏ **~ de la basura** *(en cocina) Br* waste o rubbish bin, *US* garbage o trash can; *(en la calle) Br* rubbish bin, *US* garbage o trash can **-2.** *RP Fam (sartén, olla)* pan **-3.** *RP Fam (taxi)* taxi **-4.** *Am (para dulce)* sugar evaporator

tachón *nm* **-1.** *(tachadura)* crossing out; **una página llena de tachones** a page full of crossings out o of things crossed out **-2.** *(clavo)* stud

tachonado, -a *adj (salpicado)* studded **(de** with); **un cielo ~ de estrellas** a sky filled o studded with stars

tachonar *vt* **-1.** *(poner clavos)* to decorate with studs **-2.** *(salpicar)* to stud **(de** with)

tachuela *nf* **-1.** *(clavo)* tack; *(en chaqueta, baúl)* stud **-2.** DEP *(elevación)* small climb

tacita *nf (de té, café)* cup; EXPR *Fam* **tener algo como una ~ de plata** to keep sth spotless o as clean as a new pin ❏ **la Tacita de Plata** = Cádiz

tácitamente *adv* tacitly

tácito, -a *adj (acuerdo)* tacit; *(norma, regla)* unwritten

taciturno, -a *adj (persona)* silent, taciturn; *(carácter, actitud)* gloomy

tackle *nm Am (en rugby)* tackle

tackleador, -ora *nm,f Am (en rugby)* tackler

tacklear *vt Am (en rugby)* to tackle

taclear *vt Méx* to tackle

taco *nm* **-1.** *(tarugo)* plug; *(para tornillo)* Rawlplug®; *(en calzado deportivo)* stud
 -2. *(cuña)* wedge ❏ **tacos de salida** *(en atletismo)* starting block
 -3. *(montón) (de billetes de banco)* wad; *(de billetes de autobús, metro)* book; *(de hojas)* pile, stack
 -4. *(de billar)* cue
 -5. *Esp (de jamón, queso)* cube; **jamón/queso (cortado) en tacos** diced ham/cheese
 -6. *Esp Fam (palabrota)* swearword; **decir tacos** to swear
 -7. *Esp Fam (confusión)* mess, muddle; **armarse un ~ (con algo)** to get into a muddle (over sth); EXPR **armar el ~** *(triunfar)* to bring the house down
 -8. *Esp Fam* **tiene veinte tacos** he's twenty
 -9. *Esp Fam* **un ~ de** *(mucho)* loads of; **tiene un ~ de dinero** she's got loads of money, she's loaded
 -10. *(tortilla de maíz)* taco; EXPR *Méx Fam* **a mí, mis tacos** I mind my own business; EXPR *Méx Fam* **darse ~** to show off; EXPR *Méx Fam* **echarse un ~ de ojo** to get an eyeful; EXPR *Méx Fam* **hacerse ~** to wrap up (warm); EXPR *Méx Fam* **hacer ~ a alguien** to wrap sb up; EXPR *Méx Fam* **ponerle mucha crema a los tacos** to exaggerate
 -11. *Méx (bocado)* snack
 -12. *Andes, RP (tacón)* heel; **zapatos de ~ alto** high heels, high-heeled shoes; **zapatos de ~ bajo** low-heeled shoes ❏ **~ aguja** stiletto heel; **~ chino** wedge heel; **~ corrido** wedge heel; **~ tanque** wedge heel
 -13. *Chile (obstrucción)* obstruction, blockage
 -14. *Chile (embotellamiento)* traffic jam

tacógrafo *nm* tachograph

tacómetro *nm* tachometer, rev counter

tacón *nm* **-1.** *(pieza)* heel; **zapatos de ~ alto** high heels, high-heeled shoes; **zapatos de ~ bajo** low-heeled shoes ❏ **~ de aguja** stiletto heel **-2.** **tacones** *(zapatos)* (high) heels; **no me gusta llevar tacones** I don't like wearing high heels

taconazo *nm* **-1.** *(golpe)* stamp (of the heel); **dar un ~** *(en el suelo)* to stamp one's foot; *(haciendo chocar los tacones)* to click one's heels **-2.** DEP back heel; **dar un ~ al balón** to back-heel the ball

taconear *vi* **-1.** *(bailarín)* to stamp one's feet **-2.** MIL to click one's heels

taconeo *nm (de bailarín)* foot-stamping

táctica *nf* **-1.** *(plan)* tactics; **decidí cambiar de ~** I decided to change (my) tactics; **~ defensiva** defensive tactics o strategy **-2.** MIL tactics

táctico, -a ◇ *adj* tactical
◇ *nm,f* MIL tactician

táctil *adj* tactile; **pantalla ~** touch screen

tacto *nm* **-1.** *(sentido)* (sense of) touch **-2.** *(textura)* feel; **áspero/suave al ~** rough/soft to the touch; **adivinó lo que era por el ~** he guessed what it was by the feel of it **-3.** *(delicadeza)* tact; **con ~** tactfully; **hay que tratarla con mucho ~** she needs to be handled very carefully; **tener ~** to be tactful; **no tiene ningún ~** she's completely tactless **-4.** MED manual examination

tacuache *nm Cuba* lie

tacuara *nf CSur* = kind of strong bamboo

TAE ['tae] *nm o nf* FIN *(abrev de tasa anual equivalente)* APR

taekwondista [taekwon'dista] *nmf* taekwondo practitioner

taekwondo [tae'kwondo] *nm* taekwondo

tafetán, *Méx, RP* **tafeta** *nm* taffeta

tafilete *nm* morocco leather

tagalo, -a ◇ *adj* Tagalog
◇ *nm,f (persona)* Tagalog
◇ *nm (lengua)* Tagalog

tagarnina *nf* golden thistle

tagarote *nm* barbary falcon

tagua *nf* **-1.** *Andes (planta)* ivory nut palm **-2.** *Andes (ave)* coot **-3.** *Am* **hacer taguas** to dive

taguara *nf Ven Fam* bar

tahalí *(pl* **tahalíes** o **tahalís)** *nm* baldric

Tahití *n* Tahiti

tahitiano, -a ◇ *adj* Tahitian
◇ *nm,f* Tahitian

tahona *nf* **-1.** *(panadería)* bakery **-2.** *(molino)* flour mill

Tahuantinsuyo *nm* **el ~** the Tahuantinsuyo, = Quechua term for the Inca empire

tahúr, -ura *nm,f* cardsharp

tai-chi *nm* tai chi

taifa *nf* HIST = independent Muslim kingdom in Iberian peninsula

taiga *nf* taiga

tailandés, -esa ◇ *adj* Thai
◇ *nm,f (persona)* Thai
◇ *nm (lengua)* Thai

Tailandia *n* Thailand

taima *nf* **-1.** *(astucia)* cunning, craftiness **-2.** *Chile (obstinación)* stubbornness, obstinacy

taimado, -a ◇ *adj* **-1.** *(astuto)* cunning, crafty **-2.** *Chile (obstinado)* stubborn, obstinate
◇ *nm,f* **-1.** *(astuto)* cunning o crafty person **-2.** *Chile (obstinado)* stubborn o obstinate person

taíno, -a ◇ *adj* Taino
◇ *nm,f (persona)* Taino
◇ *nm (idioma)* Taino

Taipei *n* Taipei

taita *nm Andes, Arg, Ven Fam* = term of respect for an older male member of the community

Taiwán [tai'wan] *n* Taiwan

taiwanés, -esa [taiwa'nes, -esa] ◇ *adj* Taiwanese
◇ *nm,f* Taiwanese

tajada *nf* **-1.** *(de comida) (trozo)* piece; *(rodaja)* slice; **una ~ de pollo** a piece o slice of chicken; **partió el melón en tajadas** he cut the melon into slices **-2.** *Fam (parte)* share, cut; **todo el mundo quiere sacar ~** everyone wants to get in on the act; **sacar ~ de algo** to get something out of sth **-3.** *Esp Fam (borrachera)* **agarrarse** o **cogerse una ~** to get plastered

tajadera *nf* **-1.** *(tabla)* chopping board **-2.** *(cuchillo)* chopping knife

tajado, -a *adj* **-1.** *(escarpado)* steep, sheer **-2.** *Esp Fam (borracho)* plastered, smashed

tajador *nm* **-1.** *(para cortar carne)* chopping board **-2.** *Perú (sacapunta)* pencil sharpener

tajalápiz *nm Col* pencil sharpener

tajamar *nm* **-1.** *(de embarcación)* cutwater **-2.** *(de puente)* cutwater **-3.** *CAm, Andes (dique)* dike, seawall **-4.** *Arg (embalse)* reservoir

tajante *adj (respuesta)* categorical; *(rechazo, negativa)* categorical, outright; *(tono)* emphatic; **fue tajante al negar las acusaciones** she categorically o flatly denied the accusations; **contestó de modo ~** she was categorical in her reply

tajantemente *adv (responder)* categorically; *(rechazar, negar)* categorically, flatly; **se negaba ~ a colaborar** she flatly refused to collaborate

tajar ◇ *vt* **-1.** *(cortar)* to cut o slice up; *(en dos)* to slice in two **-2.** *Col, Perú (sacar punta)* to sharpen
◆ **tajarse** *vpr Fam* to get plastered o smashed

tajear *vt CSur* to slash

tajín *nm* CULIN tagine

Tajo *nm* **el (río) ~** the (River) Tagus

tajo *nm* **-1.** *(corte)* deep cut; **hizo un ~ en el asado** she made a cut in the meat; **se hizo un ~ en la mano** he cut his hand; **le hizo un ~ con la navaja** he slashed her with the knife **-2.** *Esp Fam (trabajo)* work; **volver al ~** to go back to work **-3.** *(de carnicero)* butcher's block, chopping block **-4.** *(asiento)* stool **-5.** *(acantilado)* precipice **-6.** *(en mina)* face **-7.** *RP (en falda, abrigo)* slit

tal ◇ *adj* **-1.** *(semejante)* such; **¡jamás se vio cosa ~!** you've never seen such a thing!; **en ~ caso** in such a case; **dijo cosas tales como...** he said such things as...
 -2. *(tan grande)* such; **lo dijo con ~ seguridad que...** he said it with such conviction that...; **me enojé de ~ modo que...** I got so angry that...; **su miedo era ~ que...**, **era su miedo que...** so great o such was her fear that..., she was so afraid that...
 -3. *(mencionado)* **yo no he dicho ~ cosa** I never said such a thing, I never said anything of the sort; **tales noticias resultaron falsas** the news turned out to be untrue; **ese ~ Félix es un antipático** that Félix is really unpleasant
 -4. *(sin especificar)* such and such; **a ~ hora** at such and such a time; **quedamos ~ día en ~ sitio** we agreed to meet on a certain day in a certain place
 -5. *(desconocido)* **te ha llamado un ~ Pérez** a Mr Pérez called for you; **hay un ~ Jiménez que te puede ayudar** there's someone called Mr Jiménez who can help you
◇ *pron* **-1.** *(semejante cosa)* such a thing; **yo no dije ~** I never said any such thing, I never said anything of the sort; **como ~** *(en sí)* as such; **~ y cual**, **~ y ~** this and that; **y ~** *(etcétera)* and so on; **trajeron vino, cerveza y ~** they brought wine and beer and so on o and stuff
 -2. *(semejante persona)* **si eres un profesional, actúa como ~** if you're a professional, then act like one
 -3. EXPR **que si ~, que si cual** this, that and the other; **ser ~ para cual** to be two of a kind
◇ *adv* **¿qué ~...?** how...?; **¿qué ~ (estás)?** how are you (doing)?, how's it going?; **¿qué ~ el viaje?** how was the journey?; **¿qué ~ es ese hotel?** what's that hotel like?; **¿qué ~ si nos tomamos algo?** why don't we have something to drink?; **¿qué ~ un descanso?** what about a break?; **~ (y) como** just as o like; **todo está ~ y como lo dejamos** everything is just as we left it; **~ y como están las cosas...** as things stand..., the way things are...; **~ y como suele ocurrir...** as is usual...; **déjalo ~ cual** leave it (just) as it is; *Fam* **una bebida, ~ que una cerveza** a drink, like a beer
◇ **con tal de** *loc conj* as long as, provided; **con ~ de volver pronto...** as long as o provided we're back early...; **haría lo que fuera con ~ de entrar en el equipo** I'd do anything to get into the team, I'd do anything as long as o provided I got into the team; **lo haré con ~ (de) que me des tiempo** I'll do it as long as o provided you give me time
◇ **tal vez** *loc adv* perhaps, maybe; **¿vienes? – ~ vez** are you coming? – perhaps o maybe o I may do; **~ vez vaya** I may go; **~ vez llueva mañana** it may rain tomorrow; **~ vez no lo creas** you may not believe it; **pensé**

que ~ vez mereciera la pena intentarlo I thought it might be worth trying; **~ vez sí** maybe, perhaps; **~ vez no** maybe not, perhaps not

tala ⋄ *nf (de árbol)* felling; *(de bosque)* clearing
⋄ *nm Bol, RP (árbol)* hackberry tree

talabarte *nm* baldric

talabartería *nf* saddlery

talabartero, -a *nm,f* saddler

talacha, talache *nf Méx* **-1.** *(herramienta)* mattock **-2.** *Fam (trabajo)* work **-3.** *Fam (ocupación)* dirty work

talachero, -a *nm,f Méx Fam* handyman, *f* handywoman

taladradora *nf* **-1.** *(para pared, madera)* drill; **~ eléctrica** electric drill **-2.** *(para papel)* paper punch

taladrar *vt (madera, metal, suelo)* to drill; **taladra la pared aquí para poner el tornillo** drill a hole in the wall here for the screw; **este ruido te taladra los tímpanos** this noise goes right through you

taladro *nm* **-1.** *(taladradora)* drill ❑ **~ de aire comprimido** pneumatic drill; **~ manual** hand drill; **~ mecánico** power drill; **~ neumático** pneumatic drill; **~ de percusión** hammer drill **-2.** *(agujero)* drill hole; **hacer un ~ en la pared** to drill a hole in the wall

talaje *nm Chile* pasture

tálamo *nm* **-1.** *Formal (cama)* **~ nupcial** marriage bed **-2.** ANAT thalamus **-3.** BOT thalamus

talán *nm* ding-dong

talante *nm* **-1.** *(humor)* mood; **estar de buen/mal ~** to be in a good/bad mood **-2.** *(carácter)* character, disposition; **tiene buen/mal ~** he's good-natured/he's an unpleasant type; **manifestó un ~ conciliador ante sus rivales** he showed a conciliatory disposition towards his rivals **-3.** *(disposición)* **hacer algo de buen/mal ~** to do sth willingly/reluctantly o unwillingly

talar¹ *adj (vestidura)* ankle-length, long

talar² *vt (árbol)* to fell; *(bosque)* to clear

talasemia *nf* MED thalassemia

talasoterapia *nf* thalassotherapy

talayot, talayote *nm (monumento megalítico)* talayot

talco *nm* **-1.** *(mineral)* talc **-2.** *(cosmético)* **(polvos de) ~** talcum powder, talc

talega *nf* **-1.** *(saco)* sack; *(cantidad)* sack, sackful; **la ~ del pan** the bread bag, = cloth bag for carrying and storing bread **-2.** *Chile (bolsa)* (plastic) bag

talegazo *nm Fam (golpe)* nasty fall; **darse un ~** to have a nasty fall

talego *nm* **-1.** *(saco)* sack; *(cantidad)* sack, sackful **-2.** *Esp Fam (1.000 pesetas)* = 1,000 pesetas; **cuesta 5 talegos** it costs 5,000 pesetas **-3.** *Esp Fam (cárcel)* slammer, *Br* nick, *US* pen; **ir al ~** to go to jail, *Br* to get sent down **-4.** *Col (bolsa)* (plastic) bag ❑ **~ de dormir** sleeping bag

taleguilla *nf* = trousers worn by bullfighter

talento *nm* **-1.** *(don natural)* talent; **tiene mucho ~** she's very talented; **un músico/pintor de gran ~** a highly talented o gifted musician/painter; **tiene ~ para la pintura** she has a talent for painting **-2.** *(inteligencia)* intelligence; **un alumno con o de ~** a bright pupil **-3.** *(persona con don natural)* talent; **un ~ del golf** a golfing wizard o ace **-4.** HIST *(moneda)* talent

talentoso, -a, talentudo, -a *adj* talented

talero *nm CSur (fusta)* riding crop

Talgo ['talgo] *nm (abrev de tren articulado ligero Goicoechea Oriol)* = Spanish intercity high-speed train

talibán ⋄ *adj* Taliban
⋄ *nmf* Taliban

talidomida *nf* FARM thalidomide

talio *nm* QUÍM thallium

talión *nm* **la ley del ~** the rule of an eye for an eye (and a tooth for a tooth); **no cree en la ley del ~** she doesn't believe in "an eye for an eye (and a tooth for a tooth)"

talismán *nm* talisman

talla *nf* **-1.** *(medida)* size; **¿qué ~ usas?** what size are you?; **¿qué ~ de camisa usas?** what size shirt are you?, what size shirt do you take?; **yo uso la ~ XL** I take size XL; **unos pantalones de la ~ 44** a pair of size 44 trousers; **gorros de ~ única** one-size caps; **no es de mi ~** it's not my size
-2. *(estatura)* height; **¿qué ~ tiene el bebé?** what does the baby measure?; **es de mi ~** she's my height
-3. *(valor, capacidad)* stature; **hay pocos atletas de la ~ del cubano** there are few athletes to match the Cuban; **políticos de gran ~ moral** politicians of considerable moral stature; EXPR **dar la ~** to be up to it; **no dio la ~ como representante del colegio** he wasn't up to the task of representing his school
-4. *(figura tallada) (en madera)* carving; *(en piedra)* sculpture, carving; *(en metal)* sculpture
-5. *(tallado) (de madera)* carving; *(piedra)* sculpting, carving; *(de metal)* sculpting; *(de piedras preciosas)* cutting

tallado, -a ⋄ *adj (madera)* carved; *(piedra)* sculpted, carved; *(metal)* sculpted; *(piedras preciosas)* cut; **una virgen tallada en mármol/bronce** a virgin sculpted in marble/bronze
⋄ *nm (de madera)* carving; *(piedra)* sculpting, carving; *(de metal)* sculpting; *(de piedras preciosas)* cutting

tallador *nm* **-1.** *(de piedra)* (stone) carver; *(de metal)* engraver **-2.** *Am (en juego de naipes)* banker

talladura *nf (en madera)* carving; *(en metal)* engraving

tallar ⋄ *vt* **-1.** *(esculpir) (madera)* to carve; *(piedra)* to sculpt, to carve; *(metal)* to sculpt; *(piedra preciosa)* to cut; **talló un corazón en el árbol** he carved a heart in the tree trunk **-2.** *(medir)* to measure (the height of) **-3.** *Méx (limpiar)* to scrub **-4.** *Méx (masajear)* to rub
➜ **tallarse** *vpr Méx Fam* to slave (away)

tallarines *nmpl* **-1.** *(en cocina china)* noodles **-2.** *(en cocina italiana)* tagliatelle

talle *nm* **-1.** *(cintura)* waist; **de ~ estrecho** narrow-waisted; **~ de avispa** wasp waist **-2.** *(figura, cuerpo)* figure **-3.** *(en sastrería)* neck to waist measurement; **se llevan las chaquetas de ~ largo** long-waisted jackets are the fashion **-4.** *Chile, Guat, Méx (corsé)* corset **-5.** *RP (talla)* size

taller *nm* **-1.** *(lugar de trabajo) (de ebanista, artesano)* workshop, studio; *(de artista)* studio ❑ **~ de artesanía** craft studio; **~ de confección** dressmaker's workshop; **~ de costura** dressmaker's workshop; **~ de encuadernación** bindery; **talleres gráficos** print shop, printing works
-2. *(de reparación de vehículos)* garage, repair shop; **~ de bicicletas** bicycle (repair) shop; **~ de chapa y pintura** body shop; **~ mecánico** garage, repair shop; **~ de reparaciones** garage, repair shop
-3. *(sección de fábrica)* shop ❑ **~ de montaje** assembly shop
-4. *(cursillo, seminario)* workshop; **~ de teatro/títeres** theatre/puppet workshop

Tallin *n* Tallin

tallista *nmf (de madera)* wood carver; *(de piedras preciosas)* cutter

tallo *nm* **-1.** *(de planta, flor)* stem, stalk ❑ **~ herbáceo** herbaceous stalk; **~ leñoso** woody stalk; **~ rastrero** creeping stalk, trailing stalk; **~ trepador** climbing stalk **-2.** *(brote)* sprout, shoot; **echar tallos** to put out shoots **-3.** *Col (col)* cabbage

talludito, -a *adj Fam* **se casó con un tipo ya ~** the guy she married was no spring chicken; **estar o ser ~** to be getting on (a bit)

talludo, -a *adj* **-1.** *(planta)* thick-stemmed **-2.** *(alto)* tall **-3.** *Fam (mayor)* **estar o ser ~** to be getting on (a bit)

talmente *adv* **es ~ como su hermano** he's just o exactly like his brother; **parecía ~ que le iba a pegar un tortazo** it looked for all the world as if he was going to slap her

Talmud *nm* **el ~** the Talmud

talmúdico, -a *adj* Talmudic

talo *nm* BOT thallus

talofita BOT ⋄ *adj* thallophytic
⋄ *nf (planta)* thallophyte
⋄ *nfpl* **talofitas** *(grupo)* thallophytes

talón *nm* **-1.** *(de pie)* heel; EXPR **pisarle los talones a alguien** to be hot on sb's heels ❑ **~ de Aquiles** Achilles' heel
-2. *(de zapato)* heel; **unos zapatos con el ~ abierto** a pair of shoes with open heels
-3. *(cheque)* cheque; *(matriz)* stub; **extender un ~ (a alguien)** to write (sb) a cheque, to make out a cheque (to sb) ❑ **~ bancario** banker's cheque; **~ en blanco** blank cheque; **~ cruzado** crossed cheque; **~ devuelto** bounced cheque; **~ sin fondos** bad cheque; **~ nominativo** = cheque made out to a specific person; **envíe un ~ nominativo a favor de...** send a cheque payable to..., send a cheque made out to the order of...; **~ al portador** bearer cheque
-4. *(de neumático)* rim

talonador, -ora *nm,f (en rugby)* hooker

talonario *nm (de cheques)* chequebook; *(de recibos)* receipt book; **un ~ de vales** a book of vouchers

talonazo *nm* **le dio un ~ en la espinilla** she kicked him in the shin with her heel

taloneador, -ora *nm,f (en rugby)* hooker

talonear ⋄ *vi* **-1.** *Am (espolear)* to spur on one's horse **-2.** *Méx Fam (prostituirse)* to work the streets
⋄ *vt* **-1.** *Am (espolear)* to spur on, to dig one's spurs into **-2.** *Méx Fam (apresurar)* to pressure, to hassle; **tuve que acelerar porque el del carro de atrás me andaba taloneando** I had to accelerate because the car behind was right on top of me o *esp US* was tailgating me

talonera *nf* heelpiece

talquino, -a ⋄ *adj* of/from Talca *(Chile)*
⋄ *nm,f* person from Talca *(Chile)*

taltuza *nf* gopher

talud *nm* **-1.** *(inclinación)* bank, slope, *Espec* talus ❑ GEOG **~ continental** continental slope **-2.** *RP (en cancha de fútbol)* stands behind the goal

talvez *adv Am* perhaps, maybe; **¿vienes? – ~** are you coming? – perhaps o maybe o I may do; **~ vaya** I may go; **~ llueva mañana** it may rain tomorrow; **~ no lo creas** you may not believe it; **~ sí** maybe, perhaps; **~ no** maybe not, perhaps not

tamal *nm* **-1.** *(comida)* tamale ❑ **~ de cazuela** = meat stew in thick tomato sauce **-2.** *Méx (intriga, embrollo)* intrigue **-3.** *Méx (bulto)* package, bundle; EXPR *Fam* **estar hecho un ~** to be all wrapped o bundled up; **traía al niño hecho un ~** she was carrying the baby with her, all wrapped o bundled up

tamalada *nf* = gathering where different types of tamale are served

tamalero, -a *nm,f* tamale seller

tamango *nm CSur* = type of rudimentary, home-made leather boot

tamañito, -a *adj Cuba, Méx* **dejar a alguien ~** to cut sb down to size

tamaño, -a ⋄ *adj* such; **¡cómo pudo decir tamaña estupidez!** how could he say such a stupid thing!; **jamás vi tamaña osadía** I've never seen such audacity
⋄ *nm* size; **lo tenemos en varios tamaños** we have it in various sizes; **¿de qué ~ lo quiere?** what size would you like?; **son del mismo ~** they're the same size; **de gran ~** large; **de pequeño ~** small, small-sized; **de ~ mediano** medium, medium-sized; **países de mayor/menor ~ que el nuestro** countries larger/smaller than ours; **del ~ de** the size of; **hay teléfonos del ~ de un paquete de tabaco** there are telephones the size of o as small as a pack of cigarettes; **del mismo ~ que** the same size as; **¿por qué no te metes con alguien de tu mismo ~?** why don't you pick on someone your own size? ❑ INFORMÁT **~ de archivo** file size; **~ carné** o **carnet** passport-size; **una fotografía (de) ~ carné** a passport-size photograph; **~ familiar** family-size; **un paquete (de) ~ familiar** a family-size pack; **~**

gigante giant-size; **tarrinas de helado (de) ~ gigante** giant-size tubs of ice cream; IMPRENTA **~ de letra** point size, size of typeface; **~ de muestra** sample size; **~ natural** life size; **esculturas de ~ natural** life-size sculptures

támara *nf* date palm

tamarindo *nm* **-1.** *(fruta)* tamarind ❏ *Ven ~ chino* star fruit, carambola **-2.** *Méx Fam (policía de tránsito)* traffic cop

tamarisco *nm* tamarisk

tamarugal *nm Arg, Chile* carob grove

tamarugo *nm Arg, Chile* carob tree

tamaulipeco, -a ◇ *adj* of/from Tamaulipas *(Mexico)*
◇ *nm,f* person from Tamaulipas *(Mexico)*

tambache *nm Méx Fam* **-1.** *(bulto)* bundle **-2.** *(chanchullo)* dirty trick

tambaleante *adj* **-1.** *(persona)* staggering; *(mueble, estante)* wobbly, unsteady; **salió con paso ~** he staggered *o* tottered out **-2.** *(gobierno, economía)* shaky, tottering

tambalearse *vpr* **-1.** *(persona)* to stagger, to sway; *(mueble, estante)* to wobble, to be unsteady; **el borracho caminaba tambaleándose** the drunk was staggering *o* lurching along; **el golpe hizo que se tambaleara** he staggered under the blow **-2.** *(gobierno, economía)* to totter; **las bases de la democracia se tambalean** the foundations of democracy are crumbling

tambaleo *nm (de persona)* staggering, swaying; *(de mueble, estante)* wobble

tambero, -a *nm,f* **-1.** *RP (granjero)* dairy farmer **-2.** *Andes (dueño) (de una tienda)* storekeeper; *(de un tenderete)* stall holder

también *adv* **-1.** *(igualmente)* too, also; **yo ~ vivo en Chile, yo vivo en Chile ~** I live in Chile too *o* as well; **yo ~ me too; dormí muy bien – yo ~** I slept very well – me too *o* so did I; **~ a mí me gusta** I like it too; **¿tú ~ quieres helado?** do you want some ice cream as well *o* too?; **yo soy minero y mi padre ~** I'm a miner and so is my father **-2.** *(además)* also, too; **trabaja ~ de taxista** he also works as a taxi driver; **sabes cantar y bailar, pero no tocar el piano – sí, ~** you can sing and you can dance, but you can't play the piano – yes, I can do that too; **cose, cocina y ~ plancha** he sews, cooks and irons too *o* as well
-3. *(en usos enfáticos)* **nadie nos dio ayuda, ~ es verdad que no la pedimos** no one helped us, but then again, we didn't ask for help; *Fam* **le eché un broncazo increíble – ¡tú ~!** I gave him a real telling off – was that really necessary?; *RP* **perdieron el examen – y ~, si fueron sin estudiar** they failed the exam – no wonder *o* that's hardly surprising, if they didn't do any revision

tambo *nm* **-1.** *Andes* HIST = Incan wayside lodging and storage place **-2.** *Andes (posada)* wayside inn **-3.** *Andes (tienda)* shop; *(tenderete)* stall **-4.** *RP (granja)* dairy farm **-5.** *Méx (recipiente)* drum **-6.** *Méx Fam (cárcel)* slammer, *Br* nick, *US* pen **-7.** EXPR *Andes, Ven* **andar del timbo al ~** to chase around all over the place

TAMBO

Throughout their empire the Incas constructed special rest stops along the routes used by the emperor, his court and the army. These centres were called **tambos**. In each **tambo** there were granaries and stores of food, clothing and ammunition for the travellers, as well as buildings to lodge them, bathhouses and even temples for religious ceremonies. As they were on the routes between important places, the **tambos** developed over time to end up as important population centres in their own right. Many survive today, as do the ruins of many others, which are of historic and anthropological interest, such as Ollantaytambo and Tambomachay, in Cusco.

tambor ◇ *nm* **-1.** *(instrumento de percusión)* drum; **tocar el ~** to play the drum; EXPR **a ~ batiente** triumphantly **-2.** *(recipiente)* drum; **un ~ de detergente** a drum of washing powder **-3.** *(de revólver)* cylinder **-4.** *(de lavadora)* drum **-5.** *(de frenos)* drum **-6.** *(para bordar)* tambour **-7.** *(para enrollar cable)* drum **-8.** ARQUIT *(de cúpula)* tambour, drum
◇ *nmf (tamborilero)* drummer ❏ **~ mayor** drum major

tambora *nf Cuba Fam* **-1.** *(mentira)* fib **-2.** *(tapacubos)* hub cap

tamborear *vi* to drum one's fingers

tamboril *nm* small drum

tamborilear *vi* **-1.** *(con los dedos)* to drum one's fingers **-2.** MÚS to drum

tamborileo *nm* drumming

tamborilero, -a *nm,f* drummer

tamborrada *nf Esp* = procession accompanied by drummers

Támesis *nm* **el (río) ~** the (River) Thames

tamil ◇ *adj* Tamil
◇ *nmf (persona)* Tamil
◇ *nm (lengua)* Tamil

tamiz *nm* **-1.** *(cedazo)* sieve; **pasar algo por un ~** to sieve sth **-2.** *(selección)* **la prueba es un ~ para eliminar a los peores** the test is designed to weed out the weaker candidates

tamizar [14] *vt* **-1.** *(cribar)* to sieve **-2.** *(seleccionar)* to screen **-3.** *(luz)* to filter; **la luz entraba tamizada por los visillos** the light filtered through the net curtains

tamo *nm* **-1.** *(de lino)* lint **-2.** *(de semilla)* grain dust **-3.** *(de polvo)* fluff *(that accumulates under bed, sofa)*

támpax® *nm inv* Tampax®

tampoco *adv* **-1.** *(igualmente no, además no)* neither, not... either; **ella no va y tú ~** she's not going and neither are you *o* you aren't either; **yo no voy – yo ~** I'm not going – neither am I *o* me neither; **yo ~ lo veo** I can't see it either; **no me gusta éste ni ése ~** I don't like this one or this one either; **~ dice nada en las instrucciones** it doesn't say anything in the instructions either
-2. *(en usos enfáticos)* **¡~ nos íbamos a presentar sin un regalo!** we were hardly going to turn up without a present!; **~ es que me importe mucho** it's not as if it matters much to me; **~ vendría mal descansar un poco** it wouldn't be a bad idea to have a little rest, a little rest wouldn't come amiss

tampón *nm* **-1.** *(de tinta) (sello)* stamp; *(almohadilla)* ink pad **-2.** *(para menstruación)* tampon

tam-tam *nm* **-1.** *(tambor)* tom-tom **-2.** *(sonido)* drumming

tamujo *nm* = type of spurge

tan ◇ *adv* **-1.** *(mucho)* so; **~ grande/deprisa (que...)** so big/quickly (that...); **¡es un viaje ~ largo!** it's such a long journey!; **¡qué película ~ larga!** what a long film!; **¿~ aburrido te parece?** do you really find it that boring?; **~ es así que...** so much so that...; **de ~ amable que es, se hace inaguantable** she's so kind it can get unbearable
-2. *(en comparaciones)* **~... como...** as... as...; **no es ~ tonto como parece** he's not as stupid as he seems
-3. *Am* **qué ~** *(cuán)* how; **¿qué ~ confiables son estos datos?** how reliable are these figures?
◇ **tan sólo** *loc adv* only; **~ sólo pido hablar con él** all I ask is to speak to him

tana *nf* **-1.** *(animal)* terrestrial *o* large tree shrew **-2.** *ver también* **tano**

tanaceto *nm* tansy

tanagra *nf* **-1.** *(ave)* tanager **-2.** *(escultura)* Tanagra figurine

tanate *nm* **-1.** *CAm, Méx (bolso)* leather bag **-2.** *CAm (trasto)* bundle; **cargar con los tanates** to pack one's bags

tanatorio *nm* = building where relatives and friends of a dead person can stand vigil over the deceased in a private room on the night before the burial

tanda *nf* **-1.** *(grupo)* **como éramos demasiados, entramos en dos tandas** there were too many of us, so we went in in two groups *o* parties; **hoy entrevistamos a una nueva ~ de candidatos** today we interviewed another batch *o* group of candidates; **hizo tres tandas de galletas** he made three batches of biscuits; **tengo varias tandas de ropa para lavar** I've got several loads of washing to do; **una ~ de inyecciones** a course of injections; **recibió una ~ de latigazos** he got a series of lashes with the whip; **tengo una buena ~ de ejercicios que hacer** I've got a pile of exercises to do ❏ DEP **~ de penalties** penalty shoot-out **-2.** *RP (corte publicitario)* commercial break **-3.** *Méx (compra cooperativa)* = communal savings scheme **-4.** *Méx (turno)* shift

tándem *(pl* **tándemes)** *nm* **-1.** *(bicicleta)* tandem **-2.** *(pareja)* duo, pair; **forman un ~ difícil de vencer** together *o* as a team they are hard to beat; **el ~ Costa-Ríos se impuso en la final** the doubles tandem of Costa and Ríos won in the final

tandeo *nm Méx* selective water restrictions, water rationing

tanga *nm* tanga

tangana *nf Fam* punch-up, free-for-all

tángana *nf Ven Fam* punch-up, free-for-all

tanganazo *nm Col, Ven Fam* whack, wallop

Tanganica *nm* **el lago ~** Lake Tanganyika

tangar [38] *vt Fam* to rip off

tangará *nm* **~ escarlata** scarlet tanager; **~ overo** magpie tanager

tangencial *adj* **-1.** GEOM tangential **-2.** *(marginal)* incidental, tangential **(a** to); **esta cuestión es meramente ~ al tema que nos ocupa** this issue is purely incidental to the subject we're discussing

tangente ◇ *adj* tangential
◇ *nf* tangent; EXPR **irse** *o* **salirse por la ~** to change the subject

Tánger *n* Tangiers

tangible *adj* **-1.** *(material)* tangible **-2.** *(evidente)* tangible; **el jefe quiere resultados tangibles** the boss wants tangible *o* concrete results

tango *nm* **-1.** *(argentino)* tango; **bailar ~** to (dance the) tango **-2.** *(flamenco)* tango flamenco

TANGO

Tango music and dance had its origins in the poor quarters of Buenos Aires in the late-nineteenth century. It sprang from the interaction between local rhythms, including Afro-Cuban elements, and the European influences brought by immigrants, especially from Spain and Italy. In its early stages, **tango** was rooted in the working class life of Buenos Aires, just like "lunfardo", the linguistic melting pot that is the dialect of **tango** culture. **Tango** later gained wider acceptance, especially after it was developed into a ballroom dance in Paris, and as it was popularized in songs dealing with the life and loves of the common man, and the ups and downs of city life. The greatest singer of these songs was Carlos Gardel (1890-1935), who also starred in numerous tango-themed films. Astor Piazzolla (1921-92) was one of the most outstanding players of the "bandoneón", the accordion so characteristic of tango music. Among women singers, Tita Merello (1904-) was remarkable for the feisty defiance of her songs. The **tango**, in its many manifestations, is the living portrait of the River Plate area in general, and of Buenos Aires and its people in particular.

tanguear *vi (bailar)* to (dance the) tango; *(cantar)* to sing tango(s)

tanguería *nf* tango club

tanguero, -a ◇ *adj* **es muy ~** he loves the tango
◇ *nm,f (aficionado)* tango enthusiast

tanguista *nmf (cantante)* tango singer

tánico, -a *adj* QUÍM tannic

tanino *nm* QUÍM tannin

tano, -a *RP Fam Pey* ◇ *adj* wop
◇ *nm,f* wop
tanque *nm* **-1.** *(carro de combate)* tank **-2.** *(vehículo cisterna)* tanker **-3.** *(en vehículo)* tank **-4.** *(de gas, oxígeno)* tank; *Ecuad (bombona)* cylinder **-5.** *RP (en edificio)* tank, cistern; *(para riego)* tank, reservoir **-6.** *Esp Fam (de cerveza)* mug, jug
tanquear *vi Col* to fill up (with *Br* petrol *o US* gas), *Br* to tank up
tanqueta *nf* armoured car
tanta *nm* fork-marked mouse lemur
tantalio *nm* QUÍM tantalum
tántalo *nm* **-1.** ZOOL ~ *americano* wood stork **-2.** QUÍM tantalum
tantarantán *nm* **-1.** *(de tambor)* rat-a-tat-tat, drumming sound **-2.** *Fam (golpe)* resounding blow
tantas *nfpl Fam* **eran las ~** it was very late
tanteador *nm (marcador)* scoreboard
tantear ◇ *vt* **-1.** *(probar, sondear)* to test (out); *(contrincante, fuerzas)* to size up; **tantéalo, a ver cómo anda de humor** sound him out to see what sort of mood he's in first; EXPR **~ el terreno** to see how the land lies, to test the waters **-2.** *(calcular) (peso, precio, cantidad)* to make a rough calculation of, to guess; *(posibilidades)* to weigh up **-3.** *(palpar)* to feel **-4.** TAUROM to test
◇ *vi* **-1.** *(andar a tientas)* to feel one's way **-2.** DER to exercise the right of first refusal *o* the right of pre-emption **-3.** *(anotar los tantos)* to score, to keep the score
tanteo *nm* **-1.** *(prueba, sondeo)* testing out; *(de contrincante, fuerzas)* sizing up **-2.** *(cálculo aproximado)* rough calculation, estimate; *(de posibilidades)* weighing up; **a ~** roughly **-3.** *(puntuación)* score **-4.** DER **(derecho de) ~** (right of) first refusal, (right of) pre-emption **-5.** TAUROM testing
tantito, -a *Méx* ◇ *adj (poquito)* very little; **tenemos tantita agua** we have very little water, we don't have much water
◇ *adv (poquito)* a little bit; **ha llovido ~** it has rained a little bit
tanto, -a ◇ *adj* **-1.** *(gran cantidad) (singular)* so much; *(plural)* so many; **~ dinero** so much money, such a lot of money; **tanta gente** so many people; **tiene ~ entusiasmo/tantos amigos que...** she's so enthusiastic/has so many friends that...; *Fam* **nunca había visto ~ niño junto en mi vida** I'd never seen so many children in one place; **de ~ gritar se quedó afónico** he lost his voice from all that shouting, he shouted so much that he lost his voice; **¡~ quejarse del tiempo y luego se mudan a Alaska!** they never stop complaining about the weather and then they move to Alaska!
-2. *(cantidad indeterminada) (singular)* so much; *(plural)* so many; **nos daban tantos pesos al día** they used to give us so many pesos per day; **hay cuarenta y tantos candidatos** there are forty-odd *o* forty or so candidates; **tiene treinta y tantos años** she's thirty-something *o* thirty-odd; **nos conocimos en el año sesenta y tantos** we met in nineteen sixty-something
-3. *(en comparaciones)* **~... como** as much... as; **tantos... como** as many... as; **hoy no hay tanta gente como ayer** there aren't as many people today as yesterday
◇ *pron* **-1.** *(tan gran cantidad) (singular)* so much; *(plural)* so many; **tenemos ~ de qué hablar** we have so much *o* such a lot to talk about; **¿cómo puedes tener tantos?** how can you have so many?; **éramos tantos que faltó comida** there were so many of us we ran out of food; EXPR **ser uno de tantos** to be nothing special
-2. *(cantidad indeterminada) (singular)* so much; *(plural)* so many; **si el petróleo está a ~ el barril...** if oil costs so much a barrel...; **a tantos de agosto** on such and such a date in August; **debe de andar por los cuarenta y tantos** he must be forty-odd; **ocurrió en el sesenta y tantos** it happened in nineteen sixty something
-3. *(igual cantidad) (singular)* as much; *(plural)* as many; **tantos as many; tantos como desees** as many as you like; **había mucha gente aquí, pero allí no había tanta** there were a lot of people here, but there weren't as many there; **otro ~** as much again, the same again; **otro ~ le ocurrió a los demás** the same thing happened to the rest of them; **ponme otro ~** same again, please; EXPR *Fam* **ni ~ ni tan calvo** there's no need to go to extremes; EXPR *Esp* **~ monta, monta ~** it makes no difference, it's all the same to me/him/*etc*
◇ *adv* **-1.** *(mucho)* **~ (que...)** *(cantidad)* so much (that...); *(tiempo)* so long (that...); **no bebas ~** don't drink so much; **de eso hace ~ que ya no me acordaba** it's been so long since that happened that I don't even remember; **la aprecia ~ que...** he's so fond of her that...; **ya no llueve ~** it's not raining as much *o* so hard now; **ya no vienen ~ por aquí** they don't come here so often *o* as much any more; **la quiero, pero no ~** I like her, but not that much; **quizás tardemos una hora en llegar – ¡no ~!** it may take us an hour to get there – it won't take that long!; **¿nos denunciarán? – no creo que la cosa llegue a ~** will they report us? – I don't think it will come to that; **no es para ~** *(no es tan grave, malo)* it's not too serious; *(no te enfades)* there's no need to get so upset about it, it's not such a big deal; **¿el mejor escritor de la historia? yo creo que no es para ~** the best writer ever? I don't see what all the fuss is about myself; **faltan unos cien kilómetros todavía – ¿~?** there are still a hundred kilometres to go – as much as that?; **~ (es así) que...** so much so that...; **odia las fiestas, ~ es así que no celebra ni su cumpleaños** he hates parties, so much so that he doesn't even celebrate his own birthday; **~ más cuanto que...** all the more so because...; **~ mejor/peor** so much the better/worse; **si no nos quieren invitar, ~ peor para ellos** if they don't want to invite us, that's their loss; **¡y ~!** absolutely!, you bet!; **hay cosas más importantes en la vida – y ~!** there are more important things in life – there certainly are! *o* that's too true!
-2. *(en comparaciones)* **~ como** as much as; **me gusta ~ como a ti** I like it (just) as much as you do; **la casa está deteriorada, pero no ~ como para demolerla** the house is in a poor state of repair, but not so as you'd want to demolish it; **~ hombres como mujeres** both men and women; **~ si estoy en casa como si no** whether I'm at home or not
-3. *Am* **qué ~** *(cuánto)*: **¿qué ~ lo conoces?** how well do you know him?; **no importa qué ~ sepan de tecnología** it doesn't matter how much they know about technology
◇ *nm* **-1.** *(punto)* point; *(gol)* goal; **marcar un ~** to score ❑ **~ directo de saque** *(en tenis)* ace; **~ de saque** *(en tenis)* service point
-2. *(ventaja)* point; **apuntarse un ~ (a favor)** to earn a point in one's favour
-3. *(poco)* **un ~** a bit, rather; **es un ~ pesada** she's a bit of a bore *o* rather boring; **se le ve un ~ triste** he seems rather sad
-4. *(cantidad indeterminada)* **un ~** so much, a certain amount; **te cobran un ~ por la reparación y otro por el desplazamiento** they charge you so much *o* a certain amount for the repair work and on top of that a call-out charge; **un ~ así** *(acompañado de un gesto)* this much □ **~ por ciento** percentage; **¿qué ~ por ciento de IVA llevan los libros?** what percentage *Br* VAT *o US* sales tax do you pay on books?
◇ **al tanto** *loc adv* **siempre está al ~ de todo** she always knows everything that's going on; **no estoy al ~ de lo que ha pasado** I'm not up to date with what happened; **mantener a alguien al ~ de algo** *(informado)* to keep sb up to date on *o* informed about sth; **te mantendremos al ~** we'll keep you informed; **mantenerse al ~ (de algo)** to keep up to date (on sth), to keep oneself informed (about sth); **poner a alguien al ~ (de algo)** to inform sb (about sth)
◇ **en tanto que** *loc conj* **-1.** *(mientras, hasta que)* while; **espera en ~ que acabamos** wait while we finish
-2. *(mientras, pero)* while, whereas; **él dimitió en ~ que los demás siguieron en el cargo** he resigned while *o* whereas the others remained in their posts
◇ **en tanto que** *loc prep (como)* as; **en ~ que director, me corresponde la decisión** as manager, it's for me to decide
◇ **entre tanto** *loc adv (mientras)* meanwhile; **haz las camas y entre ~, yo lavo los platos** you make the beds and, meanwhile, I'll do the dishes
◇ **hasta tanto** *loc conj (hasta que)* until; **hasta ~ no se reúnan** until they meet
◇ **por (lo) tanto** *loc conj* therefore, so
tantra *nm* tantra
tantrismo *nm* tantrism
tanza *nf RP* (fishing) line
Tanzania *n* Tanzania
tanzano, -a ◇ *adj* Tanzanian
◇ *nm,f* Tanzanian
tañer *vt* **-1.** *(instrumento de cuerda)* to strum **-2.** *(campana)* to ring
tañido *nm* **-1.** *(de guitarra, arpa)* strumming **-2.** *(de campana)* ringing; **se oye el ~ de las campanas** you can hear the bells ringing
taoísmo *nm* Taoism
taoísta ◇ *adj* Taoist
◇ *nmf* Taoist
tapa *nf* **-1.** *(para cerrar) (de caja, estuche, olla, ataúd, cofre, baúl, piano, pupitre, maletero)* lid; *(de frasco)* top; *Andes, RP (de botella, bolígrafo)* top; *Fam* **levantarle** *o* **volarle a alguien la de los sesos** to blow sb's brains out; EXPR *RP Fam* **poner la ~ a alguien** to leave sb speechless ❑ **~ del depósito** *Br* filler cap, *Br* petrol *o US* gas (tank) cap; **~ del distribuidor** distributor cap; **~ del objetivo** lens cap
-2. *(portada) (de libro, CD)* cover; *(de disco)* sleeve; **un libro de tapas de piel** a leather-bound book; **un libro de ~ dura** a hardback; **tapas de plástico** PVC cover
-3. *Esp (de comida)* snack, tapa; **una ~ de queso** a couple of slices of cheese; **un bar de tapas** a tapas bar; **comer de tapas** to have a meal consisting of tapas; **ir(se) de tapas** to go out for some tapas
-4. *(de zapato)* heel plate
-5. *(trozo de carne)* topside
tapabarros *nm Andes* mudguard
tapacubos *nm inv* hubcap
tapadera *nf* **-1.** *(tapa)* lid **-2.** *(para encubrir)* front; **utilizan la tienda como ~ para sus negocios sucios** they use the shop as a front for their illegal activities
tapadillo: de tapadillo *loc adv Fam* on the sly
tapado, -a ◇ *adj Andes, Méx, Ven (persona)* stupid, dull
◇ *nm* **-1.** *CSur (abrigo)* overcoat **-2.** *Méx Fam (candidato)* = electoral candidate for a party before his or her identity has been revealed **-3.** *Bol (tesoro) (escondido)* hidden treasure; *(enterrado)* buried treasure **-4.** *Andes, Méx, Ven (persona)* **ser un ~** to be a bit dim *o* thick
tapadura *nf Chile (empaste)* filling
tapajuntas *nm inv* fillet *(on door or window)*
tápalo *nm Méx* shawl
tapaojos *nm inv Andes, Méx, Ven (anteojeras) Br* blinkers, *US* blinders
tapaporos *nm inv* primer, sealant
tapar ◇ *vt* **-1.** *(cerrar) (olla)* to put the lid *o* top on, to cover; *(caja)* to put the lid *o* top on, to close; *(ataúd, cofre, baúl)* to close (the lid of); *(frasco, botella)* to put the top on
-2. *(ocultar, cubrir)* to cover; *(no dejar ver)* to block (out); *(rellenar)* to fill; **tapó el monitor con una funda** she put a cover on *o* over the monitor; **colgaba cuadros para ~ las grietas** he hung pictures to hide *o* cover the cracks; **un velo le tapaba el rostro** a

tapara

veil covered *o* hid her face; **la fábrica nos tapa la vista** the factory blocks our view; **apártate, que me tapas la tele** move over, you're blocking the TV; **tapó el agujero con yeso** she filled the hole with plaster; **un montón de cajas tapa la salida de emergencia** a pile of boxes is blocking the emergency exit; **me tapó los ojos** *(con las manos)* he put his hands over my eyes; *(con venda)* he blindfolded me; EXPR **~ la boca a alguien** to silence sb, to shut sb up; **le han tapado la boca con amenazas** they've silenced him with threats; **con su brillante actuación tapó la boca a sus detractores** with her brilliant performance she silenced her critics
-3. *(abrigar)* to cover up; *(en la cama)* to tuck in; **lo tapó con una manta** she covered him with a blanket, she put a blanket over him
-4. *(encubrir)* to cover up; **trató de ~ sus errores** he tried to cover up his mistakes
-5. *Am (taponar)* to block; **no tires basura al water, que tapa los caños** don't throw rubbish down the toilet, it blocks the pipes
-6. *Chile (empastar)* to fill
◆ **taparse** *vpr* -1. *(cubrirse)* to cover (up); **se tapó la boca con la mano** she put her hand over her mouth; **se tapó la nariz y saltó a la piscina** he held his nose and jumped into the swimming pool; **me tapo los oídos con algodones** I plug my ears with cotton wool
-2. *(abrigarse) (con ropa)* to wrap up; *(en la cama)* to tuck oneself in; **me tapé con una manta** I pulled a blanket over me; **tápate bien el cuello, no vayas a resfriarte** put something round your neck or you'll catch cold
-3. *Am (taponarse)* to get blocked (up); **en estas casas tan viejas, los caños se tapan con mucha facilidad** in old houses like these, the pipes get blocked (up) very easily

tapara *nf Col, Ven* = vessel made from a gourd; EXPR *Fam* **vaciarse como una ~** to pour one's heart out

taparo *nm Col, Ven, Méx* gourd tree

taparrabo *nm*, **taparrabos** *nm inv* -1. *(de hombre primitivo)* loincloth -2. *(tanga)* tanga

tapatío, -a ◇ *adj* of/from Guadalajara (Mexico)
◇ *nm,f* person from Guadalajara (Mexico)

tape[1] ['teip] *nm Cuba (cinta adhesiva)* sticky tape, adhesive tape

tape[2] *nmf RP (indio)* = pejorative term for an Indian

tapear *vi Esp Fam* to have some tapas

tapeo *nm Esp Fam* **ir de ~** to go out for some tapas; **bar de ~** tapas bar

táper *(pl* **tápers***) nm esp Am* Tupperware® container

tapera *nf RP* hut, shack

tapete *nm* -1. *(paño) (sobre mesa, mueble)* runner; *(sobre sofá)* antimacassar; *(en mesa de billar, para cartas)* baize; EXPR **sobre el ~: estar sobre el ~** to be up for discussion; **poner algo sobre el ~** to put sth up for discussion ❑ **~ verde** *(mesa de juego)* card table -2. *Am (alfombra)* carpet ❑ **~ de entrada** doormat

tapia *nf (stone)* wall; EXPR **estar (sordo) como una ~** to be as deaf as a post

tapial *nm (tapia)* mud wall

tapiar *vt* -1. *(puerta, pared, hueco)* to wall up, to brick up -2. *(terreno, finca, solar)* to put a wall round, to wall in

tapice *etc ver* **tapizar**

tapicería *nf* -1. *(de muebles, automóvil)* upholstery; **tela de ~** upholstery fabric -2. *(tienda)* upholsterer's -3. *(tapices)* tapestries -4. *(oficio)* upholstery; *(arte)* tapestry making

tapicero, -a *nm,f* -1. *(de muebles)* upholsterer -2. *(de tapices)* tapestry maker

tapilla *nf Chile (de taco)* heel

tapioca *nf* tapioca

tapir *nm* tapir

tapisca *nf CAm, Méx Br* maize harvest, *US* corn harvest

tapiscar [59] *vt CAm, Méx* to harvest

tapiz *nm* -1. *(para la pared)* tapestry ❑ *Chile, Méx* **~ de empapelar** wallpaper -2. *(sobre suelo, césped, senda)* carpet; **el jardín es un ~ de flores** the garden is carpeted with flowers ❑ **~ rodante** *(aparato)* treadmill

tapizado, -a ◇ *adj* -1. *(mueble, automóvil)* upholstered **(en** *o* **con** with) -2. *(pared)* covered **(en** *o* **con** with)
◇ *nm* -1. *(de mueble, automóvil)* upholstery -2. *(tapices)* tapestries

tapizar [14] *vt* -1. *(mueble, automóvil)* to upholster; *(pared)* to hang with tapestries -2. *(suelo, césped, senda)* to carpet; **el jardín estaba tapizado de hojas** the garden was carpeted with leaves

tapoatafa *nm* brush-tailed phascogale

tapón *nm* -1. *(para tapar) (botellas, frascos)* stopper; *(bañera, lavabo)* plug; *(de corcho)* cork; *(de metal, plástico)* cap, top; *(para el oído)* earplug; **quitarle el ~ al lavabo** to pull the plug out of the sink ❑ **~ de rosca** screw top
-2. *(obstáculo)* **hay un ~ de suciedad en el tubo** the pipe is blocked with dirt; **tengo un ~ de cera** my ear is blocked (up) with wax; **le pusieron unos tapones de algodón en la nariz** they plugged his nostrils with cotton wool; **se formó un ~ de gente a la entrada** a knot of people blocked the entrance
-3. *(atasco)* traffic jam
-4. *Fam (persona baja)* shorty
-5. *(en baloncesto)* block; **poner un ~** to block a shot
-6. *Am (plomo)* fuse

taponado, -a *adj (nariz, oídos, conducto)* blocked

taponamiento *nm* -1. *(de tubo)* blockage; **este ~ de oídos me da dolor de cabeza** my ears are blocked and it's giving me a headache -2. *(de herida)* staunching

taponar ◇ *vt* -1. *(cerrar) (botella)* to put the top on; *(lavadero)* to put the plug in; *(agujero)* to stop up, to plug; *(nariz, oídos, salida, tubería)* to block -2. *(herida)* to staunch
◆ **taponarse** *vpr (nariz, oídos, conducto)* to get blocked, to block up; **se le taponaron los oídos** her ears blocked up

taponazo *nm (al descorchar)* pop

taponero, -a ◇ *adj* cork; **la industria taponera** the cork industry
◇ *nm,f* cork maker

tapsia *nf* turpeth root

tapujo *nm* subterfuge; **hacer algo con/sin tapujos** to do sth deceitfully/openly; **no se anda con tapujos al decir lo que piensa** she makes no bones about saying what she thinks

taqueado, -a *adj Col, Ven Fam* stuffed *o* crammed (full)

taquear ◇ *vt Col, Ven Fam (atiborrar)* **no taquees ese armario** don't stuff too many things into that cupboard
◇ *vi* -1. *Am Fam (jugar billar)* to play billiards, to play *o US* shoot pool -2. *Méx (comer)* to eat tacos
◆ **taquearse** *vpr Col, Ven Fam (de comida)* to stuff oneself

taquera *nf (en billar)* cue stand

taquería *nf Méx (quiosco)* taco stall; *(restaurante)* taco restaurant

taquete *nm Méx (tarugo)* plug; *(para tornillo)* Rawlplug®

taquicardia *nf* tachycardia

taquigrafía *nf* shorthand, stenography

taquigrafiar [32] *vt* to write (down) in shorthand

taquigráfico, -a *adj* shorthand, stenographic

taquígrafo, -a *nm,f* shorthand writer, stenographer

taquilla *nf* -1. *(ventanilla) (de estación, estadio, museo)* ticket office; *(de cine, teatro, circo)* box office; **las entradas cuestan doce euros, once en ~** tickets cost twelve euros, eleven on the door
-2. *(recaudación)* takings; **la obra hizo** *o* **tuvo buena ~** the play did well at the box office; **la película fue un éxito de ~** the movie was a box-office hit
-3. *(armario)* locker
-4. *(casillero)* set of pigeonholes
-5. *CAm (bar)* bar, tavern
-6. *Chile (clavo)* small nail, tack

taquillero, -a ◇ *adj* **es un espectáculo ~** the show is a box-office hit; **es un actor/cantante muy ~** he's a big box-office attraction *o* draw
◇ *nm,f* ticket clerk

taquillón *nm* = type of small sideboard usually found in hallway

taquimeca *nf Fam* shorthand typist

taquimecanografía *nf* shorthand and typing

taquimecanógrafo, -a *nm,f* shorthand typist

taquímetro *nm (en topografía)* tacheometer

tara[1] *nf* -1. *(defecto)* defect; **artículos con ~** seconds; **el niño nació con una ~ física/mental** the child was born with a physical/mental handicap -2. *(peso)* tare

tara[2] *nf* -1. *Col (serpiente)* poisonous snake -2. *Ven (langosta)* green grasshopper

tarabilla ◇ *nf (ave)* stonechat ❑ **~ norteña** whinchat
◇ *nmf Fam (persona)* chatterbox

taracea *nf* -1. *(técnica)* marquetry, inlay; **muebles de ~** inlaid furniture -2. *(incrustación)* inlay

taraceado *nm (incrustación)* inlay

taracear *vt* to inlay

tarado, -a ◇ *adj* -1. *(defectuoso)* defective -2. *Pey (tonto)* stupid -3. *Andes, RP (nervioso)* flustered; *(distraído)* muddled; **manejá vos por favor, hoy estoy ~, dormí muy mal** you drive, I'm not with it today, I slept really badly
◇ *nm,f Pey* idiot

tarambana *Fam* ◇ *adj* good-for-nothing
◇ *nmf* waster, good-for-nothing

taranta *nf (de flamenco)* = flamenco folk song from Andalusia and Murcia

tarantela *nf* tarantella

tarantín *nm CAm, Cuba* thingummy, thingumajig

tarántula *nf* tarantula

tarar ◇ *vt* -1. *(mercancía, vehículo)* to tare -2. *Andes, RP Fam (persona)* to turn into an idiot; **no le hables al niño como si fuera un bebé, que lo vas a ~** don't talk to the boy as if he were a baby, you'll turn him into an idiot
◆ **tararse** *vpr (por nerviosismo)* to get flustered; *(por distracción)* to get muddled; **siempre que le preguntan sobre eso se tara, no sabe qué contestar** whenever anyone asks her about it she gets flustered and doesn't know what to say; **yo con el miedo me taro, quedo sin reacción** when I'm scared I just seize up, I can't react

tararear *vt* to hum; **¿me la puedes ~?** can you hum it to me?

tarareo *nm* humming, singing

tararí ◇ *nm (sonido de trompeta)* blare
◇ *interj Fam* **¡~ (que te vi)!** *(de eso nada)* no way, José!

tararira *nf (pez)* = type of freshwater fish

tarasca *nf* -1. *(figura)* = dragon figure in Corpus Christi processions -2. *Fam (mujer)* hag -3. *Chile, CRica Fam (boca)* big mouth *o esp Br* gob

tarascada *nf* -1. *(mordedura)* bite -2. *Fam (respuesta)* rude reply

tarascar [59] *vt* to bite

tarascón *nm RP* bite

tardanza *nf* lateness; **disculpen mi ~** I'm sorry I'm late; **me extraña su ~** I'm surprised she's late

tardar ◇ *vi* -1. *(con complemento de tiempo)* to take; **tardó un año en hacerlo** she took a year to do it; **de Bilbao a Santander tardamos dos horas** it took us two hours to get from Bilbao to Santander; **el motor tarda mucho en enfriarse** the engine takes a long time to cool down; **aguarda aquí, no tardo un minuto** wait here, I won't be a minute; **¿por qué tardará tanto?** what can be taking him so long?; **¿cuánto tardarás**

tarde

(en hacerlo)? how long will it take you (to do it)?; **¿cuánto se tarda en conseguir un pasaporte?** how long does it take to get a passport?
-2. *(sin complemento de tiempo)* *(retrasarse)* to be late; *(ser lento)* to be slow; **nos vemos a las siete, ¡y no tardes!** I'll see you at seven, don't be late!; **ahora vuelvo, no tardo** I'll be back in a minute, I won't be long; **~ en hacer algo** to take a long time to do sth; **tardó en darse cuenta** it took him a while o he took a while to realize; **no tardaron en hacerlo** they were quick to do it; **no tardará en llegar** he won't be long (in coming); **la reserva natural tardará en recuperarse del desastre** it will be some time before the nature reserve recovers from the disaster
◆ **tardarse** *vpr Méx* **espera, no me tardaré** wait, I won't be long
◇ **a más tardar** *loc adv* at the latest; **lo necesito para el jueves a más ~** I need it by Thursday at the latest
◇ **sin tardar** *loc adv* promptly

tarde ◇ *nf (hasta las cinco)* afternoon; *(después de las cinco)* evening; **a las tres de la ~** at three in the afternoon; **a las siete de la ~** at seven in the evening; **a primera/última hora de la ~** early/late in the afternoon; **los periódicos de la ~** the evening papers; **buenas tardes** *(hasta las cinco)* good afternoon; *(después de las cinco)* good evening; *Esp* **por la ~,** *Am* **en la ~,** *Arg* **a la ~,** *Urug* **de ~** *(hasta las cinco)* in the afternoon; *(después de las cinco)* in the evening; **llegamos a Chicago mañana** *Esp* **por la** o *Am* **en la** o *Arg* **a la** o *Urug* **de ~** we arrive in Chicago tomorrow afternoon; EXPR **de ~ en ~** from time to time; **sólo de ~ en ~ aparecen futbolistas como éste** footballers like this don't come along every day; EXPR **muy de ~ en ~** very occasionally; **salimos a cenar muy de ~ en ~** we eat out only very occasionally
◇ *adv* **-1.** *(a hora avanzada)* late; **nos quedamos charlando hasta ~** we stayed up late talking; **no te levantes tan ~** don't get up so late
-2. *(con retraso, a destiempo)* late; **el tren salió más ~ de lo habitual** the train left later than usual; **nos casamos muy ~** we got married quite late (in life); **(demasiado) ~** too late; **ya es (demasiado) ~ para eso** it's too late for that now; **llegar ~** to be late; **llegamos diez minutos ~** we arrived ten minutes late; **llegué ~ a la reunión** I was late getting to the meeting; **como muy ~ el miércoles** by Wednesday at the latest; **se está haciendo ~** it's getting late; **corre, no se te vaya a hacer ~** hurry or you'll be late; **se me hizo un poco ~ y perdí el avión** I was a bit late and I missed the plane; **~ o temprano** sooner or later; EXPR **~, mal y nunca: la ayuda humanitaria llegaba ~, mal y nunca** the humanitarian aid was too late and too little; PROV **más vale ~ que nunca** better late than never; PROV **nunca es ~ si la dicha es buena** better late than never

tardecita *nf CSur* dusk; **saldremos de ~** we'll leave at dusk

tardíamente *adv* belatedly

tardío, -a *adj* **-1.** *(que ocurre demasiado* o *muy tarde)* *(decisión, medidas, respuesta)* belated; *(fruto)* late, late-ripening; **el nuestro fue un amor ~** ours was a late-blossoming romance; **tendremos un otoño ~** *Br* autumn o *US* fall will be late this year **-2.** *(de la última época)* late; **sus novelas tardías son las mejores** her late novels are the best ones; **latín ~** Late Latin

tardo, -a *adj* **-1.** *(lento)* slow **-2.** *(torpe)* dull; **~ de oído** hard of hearing

tardón, -ona *Fam* ◇ *adj* **-1.** *(impuntual)* **¡mira que eres ~!** you're always late! **-2.** *(lento)* slow
◇ *nm,f Fam* **-1.** *(impuntual)* = person who is always late; **es un ~** he's always late **-2.** *(lento)* slowcoach

tarea *nf* **-1.** *(trabajo)* task; **mantener limpia la ciudad es ~ de todos** keeping the city clean is a task for all of us; **fue una ardua ~** it was

a hard task; **las tareas del campo** agricultural o farm work ❑ **tareas domésticas** household chores, housework **-2.** *(escolar)* homework; **hace la ~** she's doing her homework **-3.** INFORMÁT task

tarifa *nf* **-1.** *(precio)* charge; *(en transportes)* fare; *(de médico, abogado)* fee; *(de servicio telefónico, postal)* rate ❑ **~ del agua** water charges; **~ de alta** joining fee; **~ apex** Apex fare; **~ de cancelación de reserva** cancellation fee; **~ eléctrica** electricity charges; **~ de la electricidad** electricity charges; **~ máxima** peak rate; **~ nocturna** *(eléctrica)* off-peak (electricity) rate; *(en taxis)* night rate; INFORMÁT **~ plana** flat rate; **~ reducida** *(eléctrica)* cheap rate; *(de transporte)* reduced fare; **~ única** flat rate
-2. COM *(arancel)* tariff ❑ UE **~ exterior común** common external tariff
-3. *(lista)* price list

tarifar ◇ *vt (poner precio)* to price
◇ *vi Fam (pelear)* to have a row; **salió tarifando con su hermano** she ended up having a row with her brother

tarificación *nf* pricing

tarima *nf* **-1.** *(plataforma)* platform **-2.** *(suelo de madera)* wooden floorboards ❑ **~ flotante** raised wooden floor

tarja *nf CAm, Méx (tarjeta)* visiting card, *US* calling card

tarjar *vt Chile (tachar)* to cross out

tarjeta *nf* **-1.** *(para presentación, pagos, transporte)* card ❑ **~ bancaria** bank card; **~ de cliente** customer card; **~ de compra** store card, charge card; **~ de crédito** credit card; **~ de débito** debit card; **~ de embarque** boarding pass; **~ de felicitación** greetings card; COM **~ de fidelización** loyalty card; **~ identificativa** identity badge; **~ de inmigración** landing card; **~ inteligente** smart card; **~ magnética** card with a magnetic strip; **~ monedero** electronic wallet; **~ multiviaje** travel pass; **~ de Navidad** Christmas card; **~ postal** postcard; TEL **~ (de) prepago** pre-paid card; **~ sanitaria** = card bearing national insurance number and doctor's address; **~ telefónica** phonecard; **~ de teléfono** phonecard; **~ de visita** visiting card, *US* calling card
-2. *(en deportes)* card ❑ **~ amarilla** yellow card; **~ roja** red card
-3. INFORMÁT card ❑ **~ aceleradora** acceleration card; **~ de ampliación** expansion card; **~ caché** cache card; **~ de expansión** expansion card; **~ lógica** logic card; **~ perforada** punched card; **~ de registro** registration card; **~ de sonido** sound card; **~ de vídeo** video card

tarjetahabiente *nmf Am* card holder

tarjetazo *nm Perú Fam* = use of a personal recommendation to obtain a favour

tarjetero, -a ◇ *adj Fam* **el árbitro tiene fama de ~** the referee has a reputation for booking players
◇ *nm (cartera)* credit-card holder wallet; *(caja)* card holder o box

tarjetón *nm Col (para votar)* ballot paper

tarlatana *nf* TEX tarlatan

tarot *nm* tarot; **las cartas del ~** the tarot cards; **echar el ~ a alguien** to read sb's tarot cards

tarquín *nm* mud, slime

tarraconense ◇ *adj* of/from Tarragona (Spain)
◇ *nmf* person from Tarragona (Spain)

tarrina *nf (envase)* tub

tarro *nm* **-1.** *(recipiente)* *(de cristal)* jar; *(de barro)* jar, pot ❑ *RP* **~ de la basura** *Br* rubbish bin, *US* garbage can **-2.** *Esp Fam (cabeza)* nut, *Br* bonce; **me duele el ~** I've got a headache; **ése está mal del ~** that guy's nuts **-3.** ZOOL **~ blanco** *(ave)* shelduck **-4.** *Chile Fam (sombrero)* top hat **-5.** *Cuba, Méx (cuerno)* horn **-6.** EXPR *RP Fam* **tener ~** to be lucky

tarsana *nf CRica, Ecuad, Perú (corteza)* soapbark, quillai bark

tarsero *nm* ZOOL tarsier

tarso *nm* tarsus

tarta *nf* **-1.** *(de bizcocho)* cake ❑ **~ de cumpleaños** birthday cake; **~ helada** ice cream gâteau; **~ nupcial** wedding cake; **~ de queso** cheesecake; **~ al whisky** = ice cream gâteau with whisky **-2.** *(con base de pasta dura)* tart ❑ **~ de manzana** apple tart; **~ de puerros** leek tart; **~ de queso** *(salada)* quiche

tártago *nm* BOT spurge

tartaja *Fam* ◇ *adj* **ser ~** to have a stammer o stutter
◇ *nmf* stammerer, stutterer; **ser un ~** to have a stammer o stutter

tartajear *vi Fam* to stammer, to stutter

tartajeo *nm Fam* stammer, stutter

tarteleta, *RP* **tarteleta** *nf* tartlet; **~ de frutas** fruit tartlet

tartamudear *vi* to stammer, to stutter

tartamudeo *nm,* **tartamudez** *nf* stammer, stutter

tartamudo, -a ◇ *adj* stammering, stuttering; **ser ~** to have a stammer o stutter
◇ *nm,f* stammerer, stutterer

tartán[1] *nm (tela escocesa)* tartan

tartán[2] *nm* DEP tartan

tartana *nf* **-1.** *Fam (coche viejo)* banger **-2.** *(carruaje)* trap

tartárico, -a *adj* QUÍM tartaric

tártaro, -a ◇ *adj* **-1.** *(pueblo)* Tartar **-2.** CULIN *(bistec, salsa, estilo)* tartar(e); **filete a la tártara** steak tartar(e)
◇ *nm,f (persona)* Tartar

tarteleta = tartaleta

tartera *nf (fiambrera)* lunch box

tartesio, -a HIST ◇ *adj* Tartessian
◇ *nm,f* Tartessian, = member of a pre-Roman people who lived in the South of Spain

tartufo *nm Formal Pey* hypocrite, Tartuffe

tarugo *nm* **-1.** *(de madera)* block of wood **-2.** *(de pan)* hunk *(of stale bread)* **-3.** *Fam (necio)* blockhead **-4.** *Fam (persona chaparra)* **es un ~** he's short and squat, he's a fireplug of a man

tarumba *adj Fam* crazy; **volver ~ a alguien** to drive sb crazy; **volverse ~** to go crazy

Tarzán *n* Tarzan

tasa *nf* **-1.** *(índice)* rate ❑ FIN **~ anual equivalente** annual percentage rate; FIN **~ básica** basic rate; **~ de cambio** exchange rate; **~ de crecimiento** growth rate; FIN **~ de descuento** discount rate; **~ de desempleo** unemployment rate; **una ~ de desempleo del 10 por ciento** 10 percent unemployment; **~ de fecundidad** fertility rate; **~ de inflación** rate of inflation, inflation rate; **~ de interés** interest rate; **~ de interés bancario** bank rate; **~ de interés fijo** fixed interest rate; **~ de interés hipotecario** mortgage rate; **~ de interés variable** variable interest rate; **~ mínima** basic rate; **~ de mortalidad** death o mortality rate; **~ de natalidad** birth rate; **~ de paro** unemployment rate; FIN **~ preferencial** prime (lending) rate; FIN **~ de rentabilidad** rate of return
-2. *(impuesto)* tax ❑ **tasas de aeropuerto** airport tax; **~ municipal** ≃ *Br* council tax, ≃ *US* municipal tax
-3. EDUC **tasas** tuition fees
-4. *(tasación)* valuation
-5. *(medida)* **gastar (dinero) sin ~** to spend (money) freely; **beber sin ~** to drink heavily

tasación *nf* valuation; **hacer la ~ de un inmueble** to value a property

tasador, -ora ◇ *adj* evaluating
◇ *nm,f* valuer ❑ **~ de la propiedad** surveyor; **~ de seguros** insurance adjuster

tasajear *vt Andes, Carib, Méx* **-1.** *(trozar)* to cut up **-2.** *(herir)* to slash

tasajo *nm (carne seca)* jerked beef

tasar *vt* **-1.** *(valorar)* *(obra de arte, objeto de valor, inmueble)* to value; *(daños, avería)* to calculate; **tasaron la casa en diez millones** they valued the house at ten million **-2.** *(fijar precio)* to fix a price for **-3.** *(restringir)* to restrict,

tasca to ration; **habrá que tasarle el alcohol** we'll have to restrict *o* ration the amount he drinks

tasca *nf* **-1.** *(bar)* cheap bar; **ir de tascas** to go round a few bars, *Br* to go on a pub crawl **-2.** *Perú (oleaje)* turbulent coastal waters

tascar [59] *vt (sujeto: vaca, caballo, oveja)* to chomp, to munch; **~ el freno** to champ at the bit

Tasmania *n* Tasmania

tasquear *vi* to go round a few bars, *Br* to go on a pub crawl

tasqueo *nm* **ir de ~** to go round a few bars, *Br* to go on a pub crawl

tata ◇ *nf* **-1.** *Esp (niñera)* nanny **-2.** *ver también* **tato**
 ◇ *nm Am Fam (papá)* dad, *US* pop

tatami *nm* DEP tatami, judo/karate mat

tatarabuelo, -a *nm,f* great-great-grandfather, *f* great-great-grandmother; **tatarabuelos** great-great-grandparents

tataranieto, -a *nm,f* great-great-grandson, *f* great-great-granddaughter; **tataranietos** great-great-grandchildren

tate *interj Fam* **-1.** *(¡ya comprendo!)* now I get it! **-2.** *(¡cuidado!)* watch out!

tatemar *vt Méx* to roast lightly

ta-te-ti *nm RP Br* noughts and crosses, *US* tic-tac-toe

tato, -a *nm,f Fam (hermano)* big brother, *f* big sister

tatú *(pl* **tatúes** *o* **tatús)** *nm Bol, RP (armadillo)* armadillo

tatuador, -ora *nm,f* tattooist

tatuaje *nm* **-1.** *(dibujo)* tattoo **-2.** *(acción)* tattooing

tatuar [4] ◇ *vt* to tattoo
 ◇ *vi* to do tattoos
 ✦ **tatuarse** *vpr* to have a tattoo done; **se tatuó un corazón en el brazo** he had a heart tattooed on his arm

taula *nf (monumento megalítico)* = megalithic standing stones in the shape of a T, found on the Balearic Islands

taumaturgia *nf* miracle-working

taumaturgo, -a *nm,f* miracle-worker

taurina *nf* QUÍM taurine

taurino, -a ◇ *adj* **-1.** *(de los toros)* bullfighting; **temporada taurina** bullfighting season **-2.** *Am (de Tauro)* Taurus; **ser ~** to be (a) Taurus
 ◇ *nm,f Am* Taurus, Taurean; **los taurinos son...** Taureans are...

tauro ◇ *adj inv* Taurus; *Esp* **ser ~** to be (a) Taurus, to be a Taurean
 ◇ *nm (signo)* Taurus; **los de Tauro son...** Taureans are...
 ◇ *nmf inv (persona)* Taurus, Taurean; *Esp* **los ~ son...** Taureans are...

taurómaco, -a *nm,f* expert on bullfighting *o Espec* tauromachy

tauromaquia *nf* bullfighting

tautología *nf* tautology

tautológico, -a *adj* tautological

taxativo, -a *adj* strict

taxi *nm* taxi, cab; **fui en ~** I took a taxi *o* cab **tomar** *o Esp* **coger un ~** to take a taxi *o* cab ❑ **~ aéreo** = helicopter or small plane hired for short journeys; *Andes* **~ colectivo** = taxi for up to five passengers, with a fixed route

taxidermia *nf* taxidermy

taxidermista *nmf* taxidermist

taxiflet *(pl* **taxiflets** *o* **taxifletes)** *nm RP Br* (removal) van, *US* moving truck

taximetrero, -a, *nm,f,* **taximetrista** *nmf RP* taxi driver

taxímetro *nm* taximeter

taxista *nmf* taxi driver

taxón *nm* taxon

taxonomía *nf* taxonomy

taxonómico, -a *adj* taxonomic

taxonomista *nmf* taxonomist

Tayikistán *n* Tadzhikistan

tayiko, -a ◇ *adj* Tadzhiki
 ◇ *nm,f* Tadzhik

taza *nf* **-1.** *(para beber) (recipiente)* cup; *(contenido)* cup, cupful; **una ~ de agua y tres de arroz** one cup of water and three of rice

❑ **~ de café** *(recipiente)* coffee cup; *(contenido)* cup of coffee; **¿te apetece una ~ de café?** would you like *o Br* do you fancy a cup of coffee?; **~ de té** *(recipiente)* teacup; *(contenido)* cup of tea
-2. *(de retrete)* bowl
-3. *(de fuente)* basin, bowl
-4. *Chile, Perú (palangana)* washbasin
-5. *RP (tapacubos)* hubcap
-6. *RP (de sostén)* cup

tazón *nm* bowl

TC *nm (abrev de* **Tribunal Constitucional**) constitutional court

TCP/IP *nm* INFORMÁT *(abrev de* **transmission control protocol/Internet protocol**) TCP/IP

te *pron personal* **-1.** *(complemento directo)* you; **le gustaría verte** she'd like to see you; **¿te atracaron en plena calle?** were you mugged in the middle of the street?; **te han aprobado** you've passed
-2. *(complemento indirecto)* (to) you; **te lo dio** he gave it to you, he gave you it; **te tiene miedo** he's afraid of you; **te lo ha comprado** *(tú se lo has vendido)* she bought it from *o* off you; *(es para ti)* she bought it for you; **te extrajeron sangre** they took some of your blood; **¿te quitaron una maleta?** did they steal one of your suitcases?; **te rompieron el brazo** they broke your arm; **te pegaron una paliza** they beat you up; **se te olvidará** you'll forget (about it); **te será de gran ayuda** it will be a great help to you
-3. *(reflexivo)* yourself; **sírvete un whisky** pour yourself a whisky; **¡vístete!** get dressed!; **sírvete más arroz** take some more rice; **ponte el abrigo, que nos vamos** put your coat on, we're going; **puedes acostarte en el sofá** you can lie down on the sofa
-4. *(con valor impersonal)* **si te dejas pisar, estás perdido** if you let people walk all over you, you've had it
-5. *(con valor intensivo o expresivo)* **¿no te lo crees?** don't you believe it?; **cómetelo todo** eat it all up; **si se te echa a llorar, no le hagas caso** don't take any notice if he starts crying (on you)
-6. *(para formar verbos pronominales)* **¿te acuerdas?** do you remember?; **ponte cómodo** make yourself comfortable

té *nm* **-1.** *(planta)* tea
-2. *(infusión)* tea; **¿quieres un té?** would you like a cup of tea?; **me invitaron a tomar el té** they invited me over for tea; EXPR *Fam* **darle el té a alguien** to pester sb ❑ **té en bolsitas** teabags; **té con limón** lemon tea; **té de manzanilla** camomile tea; **té de México** saltwort; **té en saquitos** teabags; **té de tilo** lime blossom tea; *RP* **té de yuyos** = type of herbal tea
-3. *esp Am (reunión)* tea party

tea *nf (antorcha)* torch

teatral *adj* **-1.** *(de teatro)* theatre; **actor ~** stage actor; **autor ~** playwright; **grupo ~** drama group; **obra ~** play; **temporada ~** theatre season **-2.** *(exagerado)* theatrical

teatralidad *nf* **-1.** *(carácter teatral)* theatricality **-2.** *(exageración)* exaggeration, overdramatization

teatralización *nf (adaptación)* dramatization

teatralizar [14] *vt* **-1.** *(adaptar para el teatro)* to dramatize **-2.** *(exagerar)* to exaggerate

teatrero, -a *adj* **-1.** *(aficionado al teatro)* keen on (the) theatre **-2.** *Fam (exagerado)* **¡no seas tan ~!** don't be such a drama queen!

teatro *nm* **-1.** *(espectáculo, género)* theatre; **el ~ de Brecht** Brecht's plays *o* theatre; **el ~ de vanguardia** avant-garde theatre; **una obra de ~ clásico** a classical play; **un autor de ~** a playwright; **un grupo de ~** a theatre *o* drama group; **ir al ~** to go to the theatre; **dedicó toda su vida al ~** she devoted her whole life to the stage; **la vuelta al ~ de Olivier** Olivier's return to the stage ❑ LIT **~ del absurdo** theatre of the absurd; **~ aficionado** amateur dramatics; **~ callejero** street theatre; **~ de guiñol** puppet theatre; **~ lírico** opera and light opera; **~ de marionetas** puppet theatre; **~ de**

repertorio repertory theatre; *RP* **~ de revista** *Br* music hall, *US* variety, vaudeville; **~ de títeres** puppet theatre; **~ de variedades** *Br* music hall, *US* variety, vaudeville
-2. *(edificio)* theatre; **lograron llenar el ~** they managed to fill the theatre; *Fig* **cuando la diva salió a saludar, el ~ se vino abajo** when the diva came out to take a bow she brought the house down ❑ **~ al aire libre** open-air theatre; **~ de la ópera** opera house; **~ romano** amphitheatre
-3. *Fam (fingimiento, exageración)* play-acting; **no le pasaba nada, era todo puro ~** there was nothing the matter with him, it was just play-acting; **hacer ~** to play-act; **echarle mucho ~, tener mucho ~** to be a drama queen
-4. *Fig (escenario)* scene; **el Marne fue el ~ de la batalla** the Marne was the scene of the battle ❑ **~ de operaciones** theatre of operations

tebano, -a HIST ◇ *adj* Theban
 ◇ *nm,f* Theban

Tebas *n* HIST Thebes

tebeo *nm Esp* (children's) comic; **personajes de ~** cartoon characters; EXPR *Fam* **estar más visto que el ~** to be old hat

teca *nf (árbol)* teak

tecali *nm Méx (mineral)* Mexican alabaster

techado *nm* roof; **un ~ de paja** a thatched roof

techador, -ora *nm,f* roofer

techar *vt* to roof; **~ una casa con paja** to thatch (the roof of) a house

techo ◇ *nm* **-1.** *(tejado) (fuera del edificio)* roof; *(dentro del edificio)* ceiling; **~ de paja** a thatched roof; **hay que pintar el ~ de la cocina** the kitchen ceiling needs painting; **el ~ de la tienda de campaña está flojo** the roof of the tent is sagging ❑ **~ descapotable** *(en coche)* convertible roof; AV & METEO **~ de nubes** cloud ceiling; **~ solar** *(en coche)* sunroof
-2. *(casa, hogar)* house; **al menos tenemos ~ y comida** at least we have food and a roof over our heads; **compartía ~ con unos alemanes** he shared a house *o* a place with some Germans; **bajo ~** under cover; **dormir bajo ~** to sleep with a roof over one's head, to sleep indoors; **quedarse sin ~** to become homeless
-3. *(límite)* ceiling; **superó el ~ de los 8,90 en salto de longitud** he broke through the 8.9 metre barrier in the long jump; **Escocia aspira a elevar su ~ competencial** Scotland is aiming to acquire a greater level of devolved power; **tocar ~** *(inflación, precios)* to level off and start to drop; **la crisis ha tocado ~** the worst of the recession is behind us
-4. AV *(altura máxima)* ceiling
-5. *(jugador más alto)* tallest player
 ◇ **sin techo** *nmf* homeless; **los sin ~** the homeless

techumbre *nf* roof; **una ~ de paja** a thatched roof

teckel ['tekel] *nm (perro)* dachshund

tecla *nf* **-1.** *(de computadora, máquina de escribir, calculadora)* key; **pulsar** *o* **tocar una ~** to press *o* strike a key; EXPR **tocar muchas teclas** *(contactar)* to pull lots of strings; *(abarcar mucho)* to have too many things on the go at once ❑ **alt** alt key; **~ de bloqueo de mayúsculas** shift lock key, caps lock key; **~ de borrado** delete key; **~ de comando** command key; **~ de control** control key; **teclas de cursor** cursor keys; **~ (de) enter** enter key; **~ de escape** escape key; **~ fin** end key; **~ de función** function key; **~ de mayúsculas** shift key; **~ de mayúsculas fijas** caps lock key; **~ de opción** option key; **~ de retorno** return key
-2. *(de instrumento musical)* key; **pulsar** *o* **tocar una ~** to press *o* strike a key
-3. *(botón)* button; **aprieta esta ~ para rebobinar la cinta** press this button to rewind the tape

tecladista *nmf Am* keyboard player

teclado nm **-1.** *(de computadora)* keyboard; *(de máquina de escribir)* keys; *(de calculadora)* keypad ❑ **~ ergonómico** ergonomic keyboard; **~ expandido** o **extendido** expanded o enhanced keyboard; **~ numérico** (numeric) keypad **-2.** *(de instrumento musical)* keyboard

tecleado nm *(en computadora)* keying; *(en máquina de escribir)* typing; *(en un instrumento musical)* playing, fingerwork

teclear ◇ vi **-1.** *(en computadora, máquina de escribir)* to type
-**2.** *(en instrumento musical)* to play
-**3.** EXPR *RP Fam* **quedar tecleando: desde que perdió el trabajo, toda la familia quedó tecleando** since he lost his job, the whole family has been in the doldrums; **después de la crítica feroz que hizo la dirección, el proyecto quedó tecleando** after the fierce criticism it received from management, the project was put on hold; **dejar algo a alguien tecleando: la noticia de su muerte me dejó tecleando** the news of her death left me dazed; **la reducción de gastos en la empresa dejó varios proyectos tecleando** the firm's cost-cutting exercise left several projects hanging in the air
◇ vt *(en computadora)* to key (in), to type (in); *(en máquina de escribir)* to type; *(en calculadora)* to key (in); **teclee su número secreto** key in o enter your PIN number

tecleo nm **-1.** *(acción)* *(en computadora)* typing, keying; *(en máquina de escribir)* typing; *(ruido)* clacking, clatter **-2.** *(en instrumento musical)* playing

teclista nmf **-1.** *(músico)* keyboard player **-2.** IMPRENTA keyboarder

tecnecio nm QUÍM technetium

técnica nf **-1.** *(procedimiento)* technique; **en Florencia aprendió la ~ pictórica del fresco** in Florence he learned the fresco technique; **tiene mucha ~** she has very good technique, she's very skilful ❑ **técnicas de reproducción asistida** assisted reproduction techniques; **técnicas de venta** sales techniques
-**2.** *(tecnología)* technology; **los grandes avances de la ~** great advances in technology
-**3.** *(en baloncesto)* technical foul; **el árbitro le pitó una ~ al entrenador** the referee blew the whistle for a technical foul by the trainer
-**4.** *ver también* **técnico**

técnicamente adv technically; **~, el ganador es el candidato demócrata** technically, the democratic candidate is the winner

tecnicismo nm **-1.** *(cualidad)* technical nature -**2.** *(término)* technical term

técnico, -a ◇ adj **-1.** *(estudio, palabra, diccionario)* technical; **hubo un problema ~** there was a technical hitch o problem -**2.** *(persona)* technically proficient, with a good technique; **es un futbolista muy ~** he's a very technical player
◇ nm,f **-1.** *(mecánico)* technician; **un ~ en iluminación** a lighting technician; **vino el ~ a arreglar la lavadora** the repairman came to fix the washing machine ❑ **~ agrícola** agronomist; **~ electricista** electrical engineer; **~ de laboratorio** laboratory o lab technician; **~ de sonido** sound technician -**2.** *(entrenador)* coach, *Br* manager -**3.** *(experto)* expert

tecnicolor® nm Technicolor®

tecnificación nf *(en deporte)* competitive training; *(en agricultura)* modernization

tecnificar [59] vt *(persona)* to give technical training to; *(actividad)* to modernize

tecno ◇ adj inv techno; **música ~** techno (music)
◇ nm inv techno (music)

tecnocracia nf technocracy

tecnócrata ◇ adj technocratic
◇ nmf technocrat

tecnología nf technology; **de alta ~** high-tech; **las nuevas tecnologías** new technologies ❑ **~ espacial** space technology; **tecnologías de la información** information technology; **~ punta** state-of-the-art technology; **~ de las telecomunicaciones** telecommunications technology

tecnológico, -a adj technological

tecnólogo, -a nm,f technologist

tecolote nm *CAm, Méx* -**1.** *(búho)* owl -**2.** *Fam (policía)* cop *(on night patrol)*

tecomate nm *CAm, Méx* = vessel made from a gourd

tecorral nm *CAm, Méx* stone wall

tectónica nf tectonics *(singular)* ❑ GEOL **~ de placas** plate tectonics

tectónico, -a adj tectonic

tedéum nm inv Te Deum

tedio nm **-1.** *(aburrimiento)* boredom, tedium -**2.** *(apatía)* apathy

tedioso, -a adj tedious

tee [ti] nm **-1.** *(lugar)* tee -**2.** *(taco)* tee (peg)

teflón® nm Teflon®

Tegucigalpa n Tegucigalpa

tegucigalpense ◇ adj of/from Tegucigalpa (Honduras)
◇ nmf person from Tegucigalpa (Honduras)

tegumento nm ANAT integument

Teherán n Teheran

tehuacanazo nm *Méx Fam* = method of torture in which a bottle of mineral water is shaken vigorously, then opened and applied to one of the victim's nostrils

tehuelche nmf native of Patagonia

Teide nm **el ~** (Mount) Teide

teína nf caffeine *(contained in tea)*

teip, teipe nm *Carib* sellotape

teísmo nm theism

teísta ◇ adj theist
◇ nmf theist

teja nf **-1.** *(de tejado)* tile; **un techo de tejas** a tiled roof; **color ~** brick red ❑ **~ árabe** Spanish tile, *US* tapered Mission tile -**2.** *(dulce)* = type of biscuit which is curved in shape -**3.** *(sombrero)* shovel hat

tejadillo nm = small roof over doorway, window etc

tejado nm roof

tejamanil nm *Carib, Col, Méx* shingle

tejano, -a ◇ adj -**1.** *(de Texas)* Texan -**2.** *(tela, falda, chaqueta)* denim
◇ nm,f *(persona)* Texan

tejanos nmpl *(pantalones)* jeans

tejar¹ ◇ vt to tile
◇ vi to tile

tejar² nm tile factory

Tejas n Texas

tejedor, -ora ◇ adj -**1.** *(que teje)* weaving -**2.** *Chile, Perú Fam (intrigante)* scheming, conniving
◇ nm,f -**1.** *(persona que teje)* weaver -**2.** *Chile, Perú Fam (persona intrigante)* schemer, conniver
◇ nm ZOOL -**1.** *(insecto acuático)* pondskater -**2.** *(ave)* **~ familiar** village weaver

tejedora nf *(máquina)* knitting machine

tejeduría nf -**1.** *(técnica)* weaving -**2.** *(taller)* weaving mill

tejemaneje nm *Fam* -**1.** *(maquinación)* intrigue; **lo logró a base de tejemanejes** he achieved it by scheming; **es un ~ para poder ascender** it's a ruse o scheme to get promoted -**2.** *(ajetreo)* hustle, fuss

tejer ◇ vt -**1.** *(hilos, mimbre)* to weave; **tejió una cesta de mimbre** she made a wicker basket; **artículos tejidos a mano** handwoven goods -**2.** *(labor de punto)* to knit; **~ algo a ganchillo** to crochet sth -**3.** *(telaraña, capullo)* to spin -**4.** *(labrar)* *(porvenir)* to carve out; *(ruina)* to bring about -**5.** *(tramar)* **~ un plan** to forge a plot
◇ vi -**1.** *(hacer punto)* to knit; **~ a ganchillo** to crochet; EXPR **~ y destejer** to chop and change -**2.** *(araña, gusano)* to spin -**3.***CSur, Perú Fam (conspirar)* to scheme, to plot

tejido nm -**1.** *(tela)* fabric, material; IND textile ❑ **~ de punto** knitted fabric; **~ sintético** synthetic fabric
-**2.** *(en seres vivos)* tissue ❑ **~ adiposo** fatty tissue, *Espec* adipose tissue; **~ blando** soft tissue; **~ cartilaginoso** cartilaginous tissue; **~ conjuntivo** connective tissue; **~ epitelial** epithelial tissue; **~ muscular** muscular tissue; **~ nervioso** nerve tissue; **~ óseo** bone tissue, *Espec* osseous tissue
-**3.** *(estructura, sistema)* fabric; **el ~ social/industrial del país** the social/industrial fabric of the country; **el ~ asociativo de la sociedad** the network of associations in society
-**4.** *Am (de lana)* knitting; **¿dónde habré dejado mi ~?** where can I have left my knitting? ❑ **~ de alambre** chicken wire
-**5.** *Am (labor)* knitting; **prefiero el ~ a la costura** I prefer knitting to sewing

tejo¹ nm *(árbol)* yew

tejo² nm -**1.** *(juego)* hopscotch -**2.** *(pieza para juegos)* = disc of clay, metal or stone used in certain throwing games; EXPR *Esp Fam* **tirar los tejos a alguien** to make a pass at sb; **se pasó toda la fiesta tirándole los tejos a Silvia** he spent the whole party making passes at Silvia; **creo que te está tirando los tejos** I think he's coming on to you

tejocote nm *Méx* Mexican hawthorn tree

tejolote nm *Méx* stone pestle

tejón nm badger

tejonera nf badger's set

tejuelo nm *(en libro)* = label on spine of library books with abbreviated information about subject matter and author

tel. *(abrev de* **teléfono***)* tel.

tela ◇ nf -**1.** *(tejido)* fabric, material; *(retal)* piece of material; **~ de algodón** cotton; **~ estampada/lisa** printed/plain material o fabric; **está hecho de una ~ ligera** it's made out of a light fabric; **le pusieron una ~ encima** they covered it with some cloth; **una funda de ~** a fabric cover; **un libro encuadernado en ~** a clothbound book; EXPR **haber mucha ~ que cortar: hay mucha ~ que cortar en relación con esto** there's plenty that could be said about this; EXPR **poner algo en ~ de juicio** to call sth into question ❑ *Am* **~ adhesiva** (sticking) plaster; **~ de araña** spider's web, cobweb; **~ asfáltica** asphalt roofing/flooring; *Méx* **~ de costal** sackcloth; *RP* **~ esponja** towelling; **~ metálica** wire netting; **~ de saco** sackcloth; **~ tejana** denim; **~ vaquera** denim
-**2.** *(lienzo, pintura)* canvas
-**3.** *Fam (dinero)* dough; **costó mucha ~** it cost a bundle o *Br* a packet
-**4.** *Fam (cosa complicada)* **el examen era ~** the exam was really tricky; **tener (mucha) ~** *(ser difícil)* to be (very) tricky; **hay ~ (para rato)** *(trabajo)* there's no shortage of things to do; EXPR **¡fue ~ marinera!** it was a nightmare!
-**5.** *Fam (para enfatizar)* **ser ~ de fácil** to be a piece of cake, *Br* to be dead easy; **es ~ de guapa** she's really gorgeous
◇ adv *Esp Fam (muchísimo)* **me gusta ~** I really love it

telar nm -**1.** *(máquina)* loom -**2.** TEATRO gridiron -**3.** **telares** *(fábrica)* textile mill

telaraña nf spider's web, cobweb; **un mosquito cayó en la ~** a fly got caught in the spider's web; **había telarañas en el techo** there were cobwebs on the ceiling; EXPR **tener telarañas en los ojos** to be blind ❑ INFORMÁT **la ~ mundial** the world wide web

Tel Aviv n Tel Aviv

tele nf *Fam (aparato, sistema)* TV, *Br* telly; **¿qué ponen o echan o dan en la ~?** what's on TV?

teleadicto, -a nm,f TV addict

teleapuntador nm *Br* Autocue®, *US* Teleprompter®

telearrastre nm button lift, ski-tow

teleaudiencia nf *Am* TV audience, viewers

telebanca nf telephone banking, home banking

telebanco nm telephone bank, home bank

telebasura nf *Fam* junk TV

telecabina nf cable car

telecentro nm telecentre

teleco *Fam* ◇ nmf *(estudiante)* telecommunications student
◇ nf -**1.** *(empresa)* telco -**2.** *(estudios)* telecommunications

telecomedia *nf* sitcom
telecompra *nf* teleshopping, home shopping
telecomunicación *nf* -1. *(comunicación)* telecommunication -2. *(sistema)* **telecomunicaciones** telecommunications
telecontrol *nm* remote control
teledetección *nf* remote sensing
telediario *nm Esp* television news; **el ~ de la tarde/de las nueve** the afternoon/nine o'clock television news
teledifusión *nf* broadcasting
teledirigido, -a *adj (avión, coche)* remote-controlled; *(misil)* guided
teledirigir [24] *vt* to operate by remote control
teleeducación *nf* telelearning
teléf. *(abrev de teléfono)* tel.
telefax *nm inv* -1. *(aparato)* fax -2. *(mensaje)* fax
teleférico *nm* cable car
telefilme *(pl* **telefims**), **telefilm** *(pl* **telefilms**) *nm* TV movie *o Br* film
telefonazo *nm Fam (llamada)* buzz, *Br* ring; **dar** *o* **pegar un ~ a alguien** to give sb a buzz *o Br* ring
telefonear ◇ *vt* to phone, to ring; **me telefoneó para contármelo** she phoned to tell me
◇ *vi* to phone; **no nos dejan ~ al extranjero** we're not allowed to phone abroad
telefonema *nm Am* telephone call
telefonía *nf* telephony ❑ **~ básica** basic telephony; **~ celular** cellphones; **el mercado de la ~ celular** the cellphone market; **~ fija** fixed telephony; **~ móvil** mobile telephony; **el mercado de la ~ móvil** the mobile phone market
Telefónica *nf* = main Spanish telephone company, formerly a state-owned monopoly
telefónica *nf (empresa)* telecommunications company
telefónicamente *adv* by phone
telefónico, -a *adj* telephone; **llamada telefónica** telephone call
telefonillo *nm (portero automático)* entryphone
telefonista *nmf* telephonist, (telephone) operator
teléfono *nm* -1. *(aparato, sistema)* telephone, phone; **la recepcionista atiende también el ~** the receptionist also answers the telephone; **coger el ~** to answer *o* pick up the phone; **descolgar el ~** to answer the phone; **estar al ~** to be on the phone; **hablaré con ella por ~** I'll speak to her on the phone; **está hablando por ~** she's on the phone; **llamar por ~ a alguien** to phone sb; **te llaman por ~** there's someone on the phone for you; **tengo que llamar por ~** I've got to make a phone call; **ponerse al ~** to come to the phone; **ponte al ~, es para ti** come to the phone, it's for you; **tener ~** to be on the phone, to have a phone; **¿tienes ~?** are you on the phone? ❑ **~ celular** cellular phone, cellphone; *RP* **~ descompuesto** *(juego)* Chinese whispers; **~ erótico** telephone sex line; **~ inalámbrico** cordless phone; **~ inteligente** cellphone; INFORMÁT **~ por Internet** Internet phone; **~ sin manos** phone with hands-free facility; **~ de manos libres** phone with hands-free facility; **~ modular** cellphone; *Am* **~ monedero** payphone; **~ móvil** mobile phone; **~ público** public phone; **~ rojo** hot line
-2. *(número)* telephone number; **no tengo tu ~** I haven't got your number; **dar el ~ a alguien** to give one's telephone number to sb ❑ *Esp* **~ 900** ≃ freephone number
telefotografía *nf* telephotography
telegénico, -a *adj* telegenic
telegrafía *nf* telegraphy
telegrafiar [32] ◇ *vt* to telegraph
◇ *vi* to telegraph
telegráficamente *adv* -1. *(por telégrafo)* by telegraph -2. *(escuetamente)* telegraphically
telegráfico, -a *adj* -1. *(de telegrafía)* telegraphic -2. *(escueto)* telegraphic
telegrafista *nmf* telegraphist

telégrafo *nm* -1. *(medio, aparato)* telegraph -2. **telégrafos** *(oficina)* telegraph office
telegrama *nm* telegram
teleimpresor *nm* teleprinter
telejuego *nm* television game show
telekinesia *nf*, **telekinesis** *nf inv* telekinesis
telele *nm Fam* **le dio un ~** *(desmayo)* he passed out, he fainted; *(enfado, ataque de nervios)* he had a fit
telemando *nm* remote control
telemarketing *nm* telemarketing
telemática *nf* telematics *(singular)*
telemático, -a *adj* telematic
telematizar [14] *vt* to introduce telematics into
telemetría *nf* telemetry
telémetro *nm (en topografía, construcción)* telemeter; *(en armamento, fotografía)* rangefinder
telenovela *nf* TV soap opera

TELENOVELA
Telenovelas are TV soap operas which are hugely popular in Spanish-speaking countries, and are even exported as far afield as Russia and Eastern Europe. They have their roots in the "radionovela", which first developed in Cuba in the 1930s. Their stories can run for hundreds of episodes, eventually leading to a climactic ending. Some have historical settings, and while a few have dealt with topical controversies, many are far removed from the everyday life of most viewers, and typically depict an upper-class family stricken by fate, tragedy or passion.

teleobjetivo *nm* telephoto lens
teleología *nf* teleology
teleósteo, -a ZOOL ◇ *adj* teleost
◇ *nm (pez)* teleost
◇ *nmpl* **teleósteos** *(grupo)* Teleostei
telepatía *nf* telepathy; **dice que se comunican por ~** *o* **que tienen ~** she says they communicate telepathically
telepático, -a *adj* telepathic
telepedido *nm* teleorder
teleplatea *nf CSur* television audience, viewers
teleprocesar *vt* INFORMÁT to teleprocess
teleproceso *nm* INFORMÁT teleprocessing
telequinesia *nf*, **telequinesis** *nf inv* telekinesis
telera *nf (pan)* = large oval brown loaf
telerruta *nf* = telephone service giving traffic information
telescópico, -a *adj* -1. *(lente, mira, planeta)* telescopic -2. *(antena, paraguas, trípode)* telescopic
telescopio *nm* telescope ❑ **~ reflector** reflecting telescope; **~ de refracción** refracting telescope
teleserie *nf* TV series
telesilla *nm* chairlift
telespectador, -ora *nm,f* viewer
telesquí *(pl* **telesquís** *o* **telesquíes)** *nm* button lift, ski-tow
teletexto *nm* Teletext®
teletienda *nf* television home shopping programme; **comprar algo en** *o* **por ~** to buy sth from a home shopping programme
teletipo *nm* -1. *(aparato)* teleprinter -2. *(texto)* Teletype®
teletonta *nf Fam* box, *US* idiot box
teletrabajador, -ora *nm,f* teleworker
teletrabajo *nm* teleworking
teletransportar *vt* to teleport
televendedor, -ora *nm,f* telesales assistant
televenta *nf* -1. *(por teléfono)* telesales -2. *(por televisión)* teleshopping, home shopping
televidente *nmf* viewer
televigilancia *nf* video surveillance
televisado, -a *adj* televised
televisar *vt* to televise
televisión *nf* -1. *(medio, sistema)* television; **¿qué ponen hoy en** *o* **por la ~?** what's on television *o* TV today?; **millones de personas lo vieron por ~** millions of people watched it on television; **ve demasiada ~** she watches too much television ❑ **~ para abonados** subscription television; **~ de**

alta definición high-definition television; *Esp* **~ autonómica** regional television; **~ en blanco y negro** black-and-white television; **~ por cable** cable television; **~ a la carta** TV on demand; **~ en color** colour television; **~ digital** digital television; **~ interactiva** interactive television; **~ de pago** pay TV; **~ panorámica** widescreen TV; **~ privada** privately owned television; **~ pública** public television; **~ por vía satélite** satellite television
-2. *(aparato)* television; **encender** *o* **poner la ~** to switch on the television
-3. *(empresa)* television company; **las televisiones privadas** private television companies
televisivo, -a *adj* television; **concurso ~** television game show
televisor *nm* television (set) ❑ **~ en blanco y negro** black-and-white television; **~ en color** colour television
televisora *nf Am* television company
télex *nm inv* telex; **enviar** *o* **mandar algo por ~** to telex sth
telgopor *nm Arg (expanded)* polystyrene
telilla *nf* -1. *(tela fina)* fine cloth -2. *(en superficie de líquido)* skin
telnet *(pl* **telnets**) *nm* INFORMÁT telnet
telo *nm RP Fam* = hotel where rooms are let by the hour
telón *nm (de escenario) (delante)* curtain; *(detrás)* backcloth; **subir/bajar el ~** to raise/to lower the curtain ❑ HIST **el ~ de acero** the Iron Curtain; TEATRO **~ de boca** front *o* house curtain; **~ de fondo** backdrop; **hubo elecciones con la corrupción política como ~ de fondo** the elections took place against the backdrop of political corruption
telonero, -a ◇ *adj* supporting; **grupo ~** support (band)
◇ *nm,f (cantante, artista)* supporting artist; *(grupo, banda)* support (band)
telson *nm* ZOOL telson
telúrico, -a *adj* telluric
telurio, teluro *nm* QUÍM tellurium
tema *nm* -1. *(asunto)* subject; **será mejor no sacar/tocar ese ~** it would be best not to bring up that subject; **¿de qué ~ quieres que hablemos?** what do you want to talk about?; **el ~ de la película son las drogas** the film deals with drugs; **alejarse** *o* **salirse del ~** to wander off the subject; **cambiar de ~** to change the subject; *Fam* **el ~ es que necesita ayuda** the fact of the matter is she needs help ❑ **temas de actualidad** current affairs; **~ de conversación** talking point, topic of conversation; **~ espinoso** thorny issue
-2. *(lección, unidad)* topic; **en el examen entran cinco temas** the exam covers five topics
-3. *(canción)* track, song; **una versión de un viejo ~** a cover of an old song
-4. MÚS *(melodía básica)* theme; **el ~ principal de la suite** the main theme of the suite
-5. LING theme
temario *nm* -1. *(de asignatura)* syllabus; *(de oposiciones)* = list of topics for public examination -2. *(de reunión, congreso)* agenda
temascal, temazcal *nm Méx* steam bath
temática *nf* subject matter; **poesía de ~ social** poetry dealing with social issues
temático, -a *adj* -1. *(del tema, asunto)* thematic; **parque ~** theme park -2. LING *(vocal)* thematic
temazcal = temascal
tembladera *nf* -1. *(temblor)* trembling fit; **le dio** *o* **entró una ~** she started trembling, she got the shakes -2. *(pez)* electric ray -3. *(enfermedad)* scrapie
tembladeral *nm CSur* quaking bog
temblar [3] *vi* -1. *(persona) (de miedo, por nervios)* to tremble, to shake **(de** with); *(de frío)* to shiver **(de** with); **la fiebre le hacía ~** the fever made her shiver; **me tiemblan las piernas** my legs are shaking; **le temblaba la voz de la emoción** her voice was trembling with emotion; *Fig* **tiemblo por lo que**

tembleque **pueda pasarle** I shudder to think what could happen to him; *Fig* **tiemblo sólo de pensarlo** I shudder just thinking about it; [EXPR] *Fam* **dejar algo temblando** *(la despensa, la nevera, una botella)* to leave sth almost empty; [EXPR] **dejar a alguien temblando** *(asustar, preocupar)* to leave sb quaking in their boots, to give sb a fright; [EXPR] **~ como un flan** to shake like a jelly

-2. *(suelo, edificio, máquina)* to shudder, to shake; **tembló la tierra** the ground shook; **tiembla la imagen del televisor** the television picture is shaky

tembleque *nm* trembling fit; **le dio** *o* **entró un ~** he started trembling, he got the shakes; **me dio** *o* **entró un ~ en las piernas** my legs started shaking; **tiene ~ en las manos** he has a tremor in his hands

temblequear *vi* **-1.** *(persona) (de miedo, por nervios)* to tremble; *(de frío)* to shiver **-2.** *(suelo, edificio, máquina)* to shudder, to shake

temblón, -ona *adj* shaky, trembling

temblor *nm* **-1.** *(del cuerpo) (por miedo, nervios)* shaking, trembling; *(por frío, fiebre)* shivering; **le dio** *o* **entró ~ de piernas** his legs started shaking; **la fiebre le produjo temblores** the fever made him start shaking *o* shivering; *Fig* **me dan temblores sólo de pensarlo** it makes me shudder just to think about it **-2.** *(terremoto)* **~ (de tierra)** earth tremor **-3.** *(de máquina, motor)* shudder

tembloroso, -a *adj* **-1.** *(persona, manos, piernas)* trembling, shaky; *(voz)* trembling, quavering; *(labios)* quivering **-2.** *(luz, llama)* flickering, quivering

temer ◇ *vt* **-1.** *(tener miedo de) (persona)* to fear, to be afraid of; *(represalias, consecuencias, reacción)* to fear, to be afraid of; **yo no te temo** I'm not afraid of you; **temo herir sus sentimientos** I'm afraid of hurting her feelings; **temen que los despidan** they are afraid of losing their jobs; *Fam* **cuando se pone a hablar le temo** my heart sinks whenever he opens his mouth

-2. *(sospechar)* to fear; **temo que vamos a tener que trabajar mucho** I fear we're going to have to work hard; **tememos lo peor** we fear the worst

◇ *vi* to be afraid (**a** of); **le teme mucho al fuego** she's very afraid of fire; **no temas** don't worry; **~ por** to fear for; **los médicos temen por su vida** the doctors fear for her life; [EXPR] *Fam* **ser de ~** *(ser temible)* to be formidable *o* fearsome; **el equipo polaco es de ~** the Polish team are formidable opponents; **estos críos son de ~** these kids are a menace; **es de ~ que...** it is to be feared that...; **son de ~ nuevos atentados** further attacks are to be feared

◆ **temerse** *vpr* **temerse que** to be afraid (that), to fear (that); **me temo que no vendrá** I'm afraid (that) she won't come; **mucho me temo que fue todo un malentendido** I'm afraid it was all a misunderstanding; **¿queda leche? – me temo que no** is there any milk left? – I'm afraid not; **temerse lo peor** to fear the worst

temerariamente *adv (obrar, comportarse)* rashly, recklessly; *(juzgar, opinar)* rashly; *(conducir)* recklessly, carelessly

temerario, -a *adj (persona, conducta)* rash, reckless; *(juicio, opinión)* rash; **conducción temeraria** careless *o* reckless driving

temeridad *nf* **-1.** *(cualidad)* recklessness; **con ~** recklessly **-2.** *(acción)* **fue una ~ hacer eso** it was reckless of you/him/*etc* to do that

temerosamente *adv (con temor)* fearfully

temeroso, -a *adj (con temor)* fearful; **se escondían temerosos** they hid in fear; **estar ~ de algo/alguien** to fear sth/sb; **~ de Dios** God-fearing

temible *adj* fearsome

temor *nm* fear (**a** *o* **de** of); **el ~ a las represalias** the fear of reprisals; **le tiene ~ a la oscuridad** she's scared of the dark; **tengo el ~ de que no sepan volver** I'm afraid they won't know how to get back; **por ~ a** *o* **de** for fear of; **por ~ a cometer un error** for fear of making a mistake ❑ REL **~ de Dios** fear of God

témpano *nm* **~ (de hielo)** ice floe; [EXPR] **como un ~** *(muy frío)* chilled to the bone; **tenía las orejas como témpanos** my ears were frozen stiff

témpera *nf* ARTE tempera

temperado, -a *adj* temperate

temperamental *adj* **-1.** *(vehemente, enérgico)* spirited; *(impulsivo)* impulsive **-2.** *(cambiante)* temperamental

temperamento *nm* **-1.** *(modo de ser)* temperament; **es una persona de ~ impulsivo/dócil** he has a very impulsive/docile temperament; **tiene ~ de ganador** he has a winner's temperament; **tiene un ~ muy fuerte** *(mal genio)* she has a quick temper

-2. *(vehemencia, energía)* spirit; **los argentinos son jugadores con ~** the Argentinians are spirited players; **tiene mucho ~** she has a lot of spirit

temperancia *nf Formal* temperance

temperar ◇ *vt (moderar)* to temper

◇ *vi Col, Ven (cambiar de aires)* to have a change of air

temperatura *nf (atmosférica, corporal)* temperature; **se espera un aumento/descenso de las temperaturas** temperatures are expected to rise/fall; **tomar la ~ a alguien** to take sb's temperature ❑ **~ ambiental** *o* **ambiente** room temperature; **sírvase a ~ ambiente** serve at room temperature; CINE & FOT **~ de(l) color** colour temperature; FÍS **~ crítica** critical temperature; **~ máxima** highest temperature; **~ mínima** lowest temperature

temperie *nf* weather (conditions)

tempero *nm* AGR = readiness of the soil for sowing

tempestad *nf* storm; **se levantó una fuerte ~** a fierce storm blew up; **levantar una ~ de protestas** to raise a storm of protest; [EXPR] **una ~ en un vaso de agua** *Br* a storm in a tea cup, *US* a tempest in a teapot ❑ **~ de arena** sandstorm; **~ de nieve** snowstorm

tempestuoso, -a *adj* **-1.** *(día, viento, mar)* stormy **-2.** *(relaciones, asamblea, vida)* stormy, tempestuous

templa *nf* ARTE distemper

templadamente *adv (con calma)* calmly

templado, -a ◇ *adj* **-1.** *(agua, leche, comida) (tirando a frío)* lukewarm; *(tirando a caliente)* warm **-2.** *(clima, zona)* temperate; *(temperaturas)* mild; **tenemos una mañana templada en Cartagena** it's a mild morning here in Cartagena **-3.** *(sereno) (persona, carácter, ánimos)* calm, composed; *(nervios)* steady **-4.** *(moderado)* moderate

◇ *nm* TEC *(del acero)* tempering

templanza *nf* **-1.** *(serenidad)* composure **-2.** *(moderación)* moderation **-3.** *(benignidad) (del clima)* mildness

templar ◇ *vt* **-1.** *(entibiar) (lo frío)* to warm (up); *(lo caliente)* to cool down; **templaban las manos al calor de la hoguera** they warmed their hands at the bonfire

-2. *(calmar) (nervios, ánimos)* to calm; *(ira, pasiones)* to restrain; *(voz)* to soften; **~ la pelota** *o* **el balón** *(en fútbol)* to slow the game down

-3. TEC *(metal, cristal, vidrio)* to temper
-4. *(instrumento musical)* to tune
-5. *(tensar)* to tighten (up)
-6. *Andes (matar)* to kill

◇ *vi* **-1.** *(tiempo, día)* to get milder; *(viento)* to lighten, to moderate **-2.** TAUROM = to control the movement of the cape to accompany the bull's charge **-3.** *Cuba Fam (copular)* to screw

◆ **templarse** *vpr* **-1.** *(entibiarse) (lo frío)* to warm up; *(lo caliente)* to cool down; **deja que se temple el café un poco** wait until the coffee cools down a little **-2.** *(calmarse) (nervios, ánimos)* to calm down; *(voz)* to soften; *(persona)* to control oneself **-3.** *Chile (enamorarse)* to fall in love **-4.** *Ecuad, Guat, Hond (morir)* to die

templario *nm* Templar

Temple *nm* HIST **el ~** (the Order of) the Templars

temple *nm* **-1.** *(entereza)* composure; **actuó con mucho ~, tuvo mucho ~** she acted with great restraint

-2. *(estado de ánimo)* mood; **estar de buen/mal ~** to be in a good/bad mood

-3. TEC *(de metal, vidrio, cristal)* tempering; *(enfriamiento)* quenching, quench hardening

-4. *(pintura)* **(pintura al) ~** *(témpera)* tempera; *(paraparedes)* distemper; **pintar al ~** *(con témpera)* to paint in tempera; *(en paredes)* to distemper

-5. TAUROM = in bullfighting, skilful use of the cape to control the bull's movements

templete *nm (en parque, jardín)* pavilion; *(para banda de música)* bandstand; *(para sepulcro, mausoleo)* mausoleum; *(para figura, escultura, imagen)* niche

templo *nm* **-1.** *(edificio) (no cristiano)* temple; *(católico, protestante)* church; [EXPR] *Fam* **como un ~** huge; **eso es una verdad como un ~** that's an undeniable fact **-2.** *(lugar mitificado)* temple; **un ~ de la música rock** a temple of rock

tempo *nm* **-1.** MÚS tempo **-2.** *(de película, novela)* pace, tempo

temporada *nf* **-1.** *(periodo concreto)* season; **la ~ de lluvias** the rainy season; **en la ~ de primavera-verano se llevará el amarillo** yellow will be the colour to wear in the spring-summer season; **la ~ de exámenes** exams *o* exam time; **de ~** *(fruta, trabajo, ropa)* seasonal; **estamos en ~ de sandías, es ~ de sandías** this is the watermelon season, watermelons are in season; **los kiwis están fuera de ~** kiwis are out of season; **de fuera de ~** off-season ❑ **~ alta** high season; **~ baja** low season; **la ~ blanca** the snow season; **~ de caza** hunting season; **~ media** mid-season; **~ turística** tourist *o* holiday season

-2. *(periodo indefinido)* time; **pasé una ~ en el extranjero** I spent some time abroad; **tras una ~ como profesor, se puso a traducir** after a stint *o* spell of teaching, he went into translating; **por temporadas** off and on

temporal[1] ◇ *adj* **-1.** *(no permanente) (situación, actividad, ubicación)* temporary; *(bienes, vida)* worldly; **un contrato ~ (de trabajo)** a temporary *o* fixed-term contract; **este trabajo es solamente ~** this job is only temporary **-2.** *(del tiempo)* time; **el factor ~** the time factor **-3.** REL *(poder)* temporal

◇ *nm (tormenta)* storm; *(racha prolongada de lluvias)* rainy spell; **~ de lluvia** rainstorm; **~ de nieve** snowstorm

temporal[2] ANAT ◇ *adj* temporal

◇ *nm (hueso)* temporal

temporalero *~* temporero

temporalidad *nf (transitoriedad)* temporary nature; **hay que reducir la ~ en el empleo** we need to reduce the number of temporary contracts

temporalmente, *Am* **temporariamente** *adv (por algún tiempo)* temporarily; **viven aquí ~** they are living here temporarily; **estaba contratado ~** he was hired on a temporary basis

temporario, -a *adj Am* temporary

temporero, -a, *Méx* **temporalero, -a** ◇ *adj* seasonal

◇ *nm,f* seasonal worker

temporizador *nm* timer

tempranamente *adv* early

empranero, -a *adj* **-1.** *(persona)* early-rising; **ser ~** to be an early riser **-2.** *(acontecimiento, fruto)* early; **el verano ha sido ~** summer has come early

tempranito *adv Fam (muy temprano)* early; **esta noche, me iré ~ a la cama** I'm going to have an early night tonight

temprano, -a ◇ *adj* early; **a una edad temprana, a temprana edad** at an early age; **fruta temprana** early fruit

◇ *adv* **-1.** *(por la mañana, por la noche)* early; **me levanto por la mañana ~** I get up early in the morning; **esta noche ~ llegaremos a**

Caracas we arrive in Caracas early tonight -2. *(muy pronto, antes de tiempo)* early; **llegué ~ a trabajar** I was early for work; **iremos ~ para evitar colas** we'll go early to avoid the queues; **almorzaremos ~** we will have an early lunch; **es ~ para saberlo** it's too soon to say

temucano, -a ⋄ *adj* of/from Temuco *(Chile)* ⋄ *nm,f* person from Temuco *(Chile)*

ten[1] *ver* **tener**

ten[2] *nm* EXPR **~ con ~: tener ~ con ~** *(tacto)* to be tactful

tenacidad *nf* **-1.** *(perseverancia)* tenacity **-2.** *(persistencia)* persistence **-3.** *(resistencia)* toughness

tenacillas *nfpl (para rizar el pelo)* curling tongs; *(para depilar)* tweezers; *(para agarrar terrones de azúcar, dulces)* tongs

tenaz *adj* **-1.** *(perseverante) (persona, empeño, actitud)* tenacious **-2.** *(persistente) (mancha, grasa)* stubborn; *(dolor, dolencia)* chronic **-3.** *(resistente)* tough **-4.** Col Fam *(terrible)* terrible, awful; **¡uy, ~!** *(¡no me digas!)* you don't say!

tenaza *nf*, **tenazas** *nfpl* **-1.** *(de carpintería, bricolaje)* pincers; EXPR **no le pudimos sacar la información ni con tenazas** try as we might, we couldn't squeeze the information out of him **-2.** *(para cocina, chimenea)* tongs; **agarró el filete con unas tenazas** he took hold of the steak with a pair of tongs; *Fig* **no se puede agarrar ni con tenazas** it's absolutely filthy **-3.** *(de cangrejo, langosta)* pincer

tenazmente *adv* **-1.** *(con perseverancia)* tenaciously **-2.** *(con persistencia)* stubbornly

tenca *nf (pez)* tench

tendajón *nm* Méx small store

tendal *nm* **-1.** *(armazón)* (clothes) airer; *(cuerda)* clothes line **-2.** Cuba, Ecuad *(para café)* drying floor **-3.** Am Fam *(desorden, caos)* estuvieron los niños y como siempre, dejaron un ~ the children were here and, as usual, they left the place a mess; *Fig* **es muy bonita, siempre que pasa queda el ~** she's a stunner, wherever she goes she causes a commotion

tendalada *nf Chile Fam* devastation; **después del tornado, quedó la ~** the tornado left a trail of destruction

tendedero, tendedor *nm* **-1.** *(armazón fijo)* (clothes) airer; *(armazón plegable)* clothes horse; *(cuerda)* clothes line **-2.** *(lugar)* drying place

tendencia *nf* **-1.** *(inclinación)* tendency; **un diario de marcada ~ conservadora** a very conservative newspaper; **tener ~ a hacer algo** to tend *o* have a tendency to do sth; **tiene ~ a meterse en líos** she tends to get herself into trouble; **tiene ~ a la depresión** he has a tendency to depression **-2.** *(corriente)* trend; **las últimas tendencias de la moda** the latest fashion trends; **hay tendencias reformistas dentro del partido** there are reformist tendencies within the party ❑ ECON **tendencias del mercado** market trends

tendenciosidad *nf* tendentiousness

tendencioso, -a *adj* tendentious

tendente *adj* **~ a** *(inclinado a)* prone to; *(encaminado a)* intended *o* designed to; **era una persona ~ a las depresiones** he was prone to depression; **medidas tendentes a mejorar la economía** measures intended *o* designed to improve the economy

tender [64] ⋄ *vt* **-1.** *(tumbar)* to lay (out); **lo tendieron en una camilla** they laid him out on a stretcher
-2. *(colgar) (ropa)* to hang out; **voy a ~ las sábanas** I'm going to hang out the sheets; **tendió la ropa en una silla frente a la chimenea** she spread the clothes on a chair in front of the fireplace
-3. *(extender, colocar) (manta)* to stretch (out); *(mantel)* to spread; Am *(cama)* to make; Am *(mesa)* to set, to lay
-4. *(entre dos puntos) (cable, tuberías, vía)* to lay; *(puente)* to build; *(cuerda)* to stretch
-5. *(dar) (cosa)* to hand; **le tendió una cuerda para que subiera por ella** he threw her a rope so she could climb up; **~ la mano a alguien** *(extender la mano)* to hold out one's hand to sb, to offer sb one's hand; **ella fue la única que me tendió una** *o* **la mano** *(me ayudó)* she was the only person to lend *o* give me a hand
-6. *(trampa, emboscada)* to lay; **la policía tendió una trampa al sospechoso** the police laid a trap for the suspect
⋄ *vi* **-1.** *(tener inclinación)* **~ a hacer algo** to tend to do sth; **tiende a enojarse con facilidad** he tends to get annoyed easily; **~ a la depresión** to have a tendency to depression; **un azul que tiende a violeta** a blue which is almost violet; **la inflación tiende a la baja** inflation is trending down **-2.** MAT **cuando x tiende a 1** as x tends to 1

◆ **tenderse** *vpr (tumbarse)* to stretch out, to lie down **(en** on); **nos tendimos al sol** we stretched out in the sun

ténder *nm* FERROC tender

tenderete *nm (puesto)* stall

tendero, -a *nm,f* storekeeper, shopkeeper

tendido, -a ⋄ *adj* **-1.** *(extendido, tumbado)* stretched out **-2.** *(colgado) (ropa)* on the line; **recoger la ropa tendida** to take the washing in (off the line)
⋄ *nm* **-1.** *(instalación) (de cable, vía, tuberías)* laying; *(de puente)* construction ❑ **~ eléctrico** *(cables)* power lines **-2.** TAUROM front rows; *Fig* **saludar al ~** *(monarca, personaje público)* to wave to the crowd ❑ **~ de sol** = area of stands in bullring which is in the sun; **~ de sombra** = area of stands in bullring which is in the shade

tendiente *adj* **~ a** *(inclinado a)* prone to; *(encaminado a)* intended *o* designed to; **era una persona ~ a las depresiones** she was prone to depression; **medidas tendientes a mejorar la economía** measures intended *o* designed to improve the economy

tendiera *etc ver* **tender**

tendinitis *nf inv* tendinitis

tendón *nm* tendon ❑ **~ de Aquiles** Achilles' tendon

tendré *etc ver* **tener**

tenebrismo *nm* tenebrism

tenebrista ⋄ *adj* tenebrist
⋄ *nmf* tenebrist

tenebrosidad *nf* **-1.** *(oscuridad)* darkness, gloom **-2.** *(carácter siniestro)* sinisterness

tenebroso, -a *adj* **-1.** *(oscuro)* dark, gloomy **-2.** *(siniestro) (asunto, lugar, personaje)* shady, sinister; *(porvenir, perspectiva, situación)* grim, dismal; **su ~ rostro** his gloomy face

tenedor[1] *nm (utensilio)* fork; **un restaurante de un ~/de cinco tenedores** = restaurant with lowest/highest rating according to Spanish restaurant classification system

tenedor[2]**, -ora** *nm,f (poseedor)* holder ❑ **~ de acciones** shareholder; COM **~ de libros** bookkeeper; **~ de póliza** policy-holder

teneduría *nf* COM **~ (de libros)** bookkeeping

tenencia *nf* **-1.** *(posesión)* possession ❑ **~ de drogas** possession of drugs; **~ ilícita de armas** illegal possession of arms **-2.** *(de puesto)* **~ de alcaldía** deputy mayor's office **-3.** Méx *(impuesto)* road tax

tener [65] ⋄ *vt* **-1.** *(poseer, disfrutar de) (objeto, cualidad, elemento, parentesco)* to have; **no tengo televisor/amigos** I haven't got *o* I don't have a television/any friends; **¿tienes un bolígrafo?** have you got *o* do you have a pen?; **¿tiene usted hora?** have you got the time?; **tenemos un mes para terminarlo** we've got a month in which to finish it; **tiene el pelo corto, ojos azules y gafas** she has (got) short hair, blue eyes and she wears glasses; **muchos no tienen trabajo** *o* **empleo** a lot of people are out of work; **el documental no tiene mucho interés** the documentary is not very interesting; **¿cuántas habitaciones tiene?** how many rooms has it got *o* does it have?; **¿tienes hermanos?** have you got *o* do you have any brothers or sisters?; **tengo un hermano** I've got *o* I have a brother; **~ un niño** to have a baby; **no tienen hijos** they haven't got *o* don't have any children; *RP Fam* **~ algo a bocha** *(en gran cantidad)* to have tons *o* loads of sth; EXPR **¿conque ésas tenemos?, ¿ahora no quieres ayudar?** so that's the deal, is it? you don't want to help now, then; EXPR **no las tiene todas consigo** he is not too sure about it; EXPR *muy Fam* **tenerlos bien puestos** to have guts; PROV **tanto tienes, tanto vales** you are what you own
-2. *(padecer, realizar, experimentar)* to have; **~ fiebre** to have a temperature; **tiene cáncer/el sida** she has (got) cancer/AIDS; **doctor, ¿qué tengo?** what's wrong with me, doctor?; **no tienes nada (grave)** it's nothing (serious), there's nothing (seriously) wrong with you; **tuvieron una pelea/reunión** they had a fight/meeting; **tengo las vacaciones en agosto** my holidays are in August; **mañana no tenemos clase** we don't have to go to school tomorrow, there's no school tomorrow; **¡que tengan buen viaje!** have a good journey!; **no he tenido un buen día** I haven't had a good day; **tiene lo que se merece** she's got what she deserves
-3. *(medida, años, sensación, sentimiento)* to be; **tiene 3 metros de ancho** it's 3 metres wide; **¿cuántos años tienes?** how old are you?; **tiene diez años** she's ten (years old); Am **tengo tres años aquí** I've been here for three years; **~ hambre/miedo** to be hungry/afraid; **~ suerte/mal humor** to be lucky/bad-tempered; **tengo un dolor de espalda terrible** my back hurts terribly, my back is terribly sore; **tengo alergia al polvo** I'm allergic to dust; **me tienen cariño/envidia** they're fond/jealous of me; **le tiene lástima** he feels sorry for her; **tengo ganas de llorar** I feel like crying
-4. *(hallarse o hacer estar en cierto estado)* **tenía la cara pálida** her face was pale; **tienes una rueda pinchada** you've got a *Br* puncture *o US* flat; **tienes la corbata torcida** your tie isn't straight; **me tuvo despierto** it kept me awake; **eso la tiene despistada/preocupada** that has her confused/worried; **esto la tendrá ocupada un rato** this will keep her busy for a while; **un psicópata tiene atemorizada a la población** a psychopath is terrorizing the population; **nos tuvieron una hora en comisaría** they kept us at the police station for an hour; **me tuvo esperando una hora** she kept me waiting an hour; **nos tuvieron toda la noche viendo vídeos** they made us watch videos all night; **la tienen como** *o* **de encargada en un restaurante** she's employed as a manageress in a restaurant
-5. *(sujetar)* to hold; **tenlo por el asa** hold it by the handle; **¿puedes tenerme esto un momento?** could you hold this for me a minute?; **ten los brazos en alto** hold your arms up high
-6. *(tomar)* **ten el libro que me pediste** here's the book you asked me for; **¡aquí tienes!, ¡ten!** here you are!; **ahí tienes la respuesta** there's your answer
-7. *(recibir) (mensaje, regalo, visita, sensación)* to get; **tuve una carta suya** I got *o* had a letter from her; **el que llegue primero tendrá un premio** whoever arrives first will get a prize; **tendrás noticias mías** you'll hear from me; **tenemos invitados/a la familia a cenar** we've got guests/the family over for dinner; **tendrá una sorpresa** he'll get a surprise; **tenía/tuve la impresión de que...** I had/got the impression that...; **tuve una verdadera desilusión** I was really disappointed
-8. *(valorar, estimar)* **~ en mucho/poco a alguien** to think a lot/not to think very much of sb; **me tienen por tonto** they think I'm stupid; *Formal* **~ a bien hacer algo** to be kind enough to do sth; **les ruego tengan a bien considerar mi candidatura para el puesto de...** I would be grateful if you would consider my application for the post of...
-9. *(guardar, contener)* to keep; **¿dónde tienes las joyas/el dinero?** where do you keep the jewels/money?; **¿dónde tendré las gafas?** where can my glasses be?; **la botella**

tenía un mensaje the bottle had a message inside; esta cuenta no tiene fondos there are no funds in this account

-10. RP Fam tenerla con algo/alguien to go on about sth/sb; ¡cómo la tenés con tu vecino! you're always going on about your neighbour!; ¡cómo la tiene con el auto que se va a comprar! he's always going on about the car he's going to buy!; ¡cómo la tiene el jefe contigo! the boss really has it in for you!

◇ v aux -1. (antes de participio) (haber) teníamos pensado ir al teatro we had thought of going to the theatre, we had intended to go to the theatre; ¿cuánto tienes hecho de la tesis? how much of your thesis have you (got) done?; te tengo dicho que no pises los charcos I've told you before not to step in puddles; tengo entendido que se van a casar I understand (that) they are going to get married

-2. ~ que: (indica obligación) ~ que hacer algo to have to do sth; tenía/tuve que hacerlo I had to do it; ¿tienes que irte? do you have to go?, have you got to go?; tienes que esforzarte más you must try harder; tiene que ser así it has to be this way; tenemos que salir de aquí we have (got) to o need to get out of here, we must get out of here; teníamos que haber hecho esto antes we should have o ought to have done this before; no tienes que disculparte you needn't apologize, you don't need to apologize; si quieres algo, no tienes más que pedirlo if you want something, all you have to do is ask; no tienes por qué venir, si no quieres you don't have to come if you don't want to

-3. ~ que: (indica propósito, consejo) tenemos que ir a cenar un día we ought to o should go for dinner some time; tienes que ir a ver esa película you must see that movie; tenías que haber visto cómo corría you should have seen him run; tendrías que dejar de fumar you ought to give up smoking

-4. ~ que: (indica probabilidad) ya tienen que haber llegado they must have o should have arrived by now; las llaves tienen que andar por aquí the keys must be round here somewhere; tendría que haber terminado hace rato she should have o ought to have finished some time ago; tenía que ser él, no podía ser otro it had to be him, it couldn't have been anyone else

-5. ~ que ver: ~ que ver con algo/alguien to have to do with sth/sb; actitudes que tienen que ver con la falta de educación attitudes which are related to a lack of education; se apellida Siqueiros, pero no tiene que ver con el pintor his surname is Siqueiros, but he's got nothing to do with the painter; ¿qué tiene eso que ver conmigo? what has that got to do with me?; no ~ nada que ver con algo/alguien to have nothing to do with sth/sb; lo que digo no tiene nada que ver con eso what I'm saying has nothing to do with that; aunque los dos vinos sean Rioja, no tienen nada que ver even if both wines are Riojas, there's no comparison between them; ¿qué tiene que ver que sea mujer para que haga bien su trabajo? what's her being a woman got to do with whether or not she does a good job?; es un poco tarde, ¿no? – ¿y qué tiene que ver? it's a bit late, isn't it? – so what?; ~ que ver en algo to be involved in sth; dicen que la CIA tuvo que ver en ello rumour has it the CIA were involved; ¿has tenido tú algo que ver en esto? have you had something to do with this?

◆ tenerse vpr -1. (sostenerse) tenerse de pie o en pie (persona, objeto) to stand upright; tenerse sentado to sit up; no se tiene de la borrachera (que lleva) he's so drunk he can't stand up (straight); Fam tengo un hambre que no me tengo I'm so hungry I feel faint

-2. (considerarse) se tiene por listo he thinks he's clever; me tengo por una persona honrada I see myself as o consider myself an honest person

-3. (reprimirse, contenerse) tente, no vayas a hacer una tontería control yourself, don't do anything silly

tenería nf tannery
tengo ver **tener**
tenia nf tapeworm
tenida nf -1. (reunión) = meeting of a Masonic lodge -2. Chile (traje) outfit
teniente[1] nmf -1. MIL lieutenant ❑ ~ **coronel** lieutenant colonel; ~ **general** lieutenant general; ~ **de navío** lieutenant -2. (sustituto) deputy ❑ ~ **(de) alcalde** deputy mayor
teniente[2] adj Fam (sordo) estar ~ to be a bit deaf
tenis ◇ nm inv (deporte) tennis; un partido de ~ a game of tennis; jugar al ~ to play tennis ❑ ~ **sobre hierba** grass-court tennis; ~ **de mesa** table tennis
◇ nmpl (calzado) tennis shoes
tenista nmf tennis player
tenístico, -a adj tennis; campeonato ~ tennis championship
tenor[1] MÚS ◇ adj tenor; saxo ~ tenor sax
◇ nm tenor
tenor[2] Formal ◇ nm (estilo) tone; el ~ de su discurso fue relajado his speech was relaxed in tone; profirió insultos como éste y otros de parecido ~ he uttered insults like this and others in a similar vein; a este ~ (de la misma manera) in the same vein
◇ **a tenor de** loc prep (a juzgar por) judging by; DER (de acuerdo con) in accordance with; a ~ de lo visto en el campo, el resultado es justo judging by what we've just seen on the field o Br pitch, it's a fair result; a ~ de sus declaraciones judging by his statements; a ~ de lo dispuesto en el artículo III in accordance with the provisions of Article 3
tenora nf MÚS shawm
tenorio nm ladies' man, Casanova
tensado nm tautening
tensar ◇ vt -1. (cable, cuerda) to tauten; (arco) to draw; (músculo, cuerpo) to tense -2. (situación, relación, ambiente) to make tense, to strain; (persona) to make tense

◆ **tensarse** vpr -1. (cable, cuerda) to tauten -2. (situación, relación, ambiente) to become tense o strained; (persona) to become tense
tensímetro, tensiómetro nm blood pressure gauge, Espec sphygmomanometer
tensioactivo, -a adj agente ~ surfactant
tensión nf -1. (estado emocional) tension; estar en ~ to be tense; los jugadores soportan una gran ~ the players are under a lot of pressure ❑ ~ **nerviosa** nervous tension; MED ~ **premenstrual** premenstrual tension, PMT
-2. (enfrentamiento) tension; hubo muchas tensiones entre ellos there was a lot of tension between them
-3. (de cuerda, cable) tension; en ~ tensed; puso sus músculos en ~ he tensed his muscles ❑ ~ **superficial** surface tension
-4. ELEC voltage; alta ~ high voltage
-5. MED ~ **(arterial)** blood pressure; tener la ~ **(arterial) alta/baja** to have high/low blood pressure; tener una subida/bajada de ~ to suffer a rise/drop in blood pressure; tomar la ~ a alguien to take sb's blood pressure
tenso, -a adj -1. (cuerda, cable) taut; (arco) drawn; (músculo, cuerpo) tense -2. (situación, relación, ambiente) tense, strained; (persona) tense; estar ~ con alguien to be tense with sb; ponerse ~ to become tense
tensó, tensón nf LIT tenson
tensor, -ora ◇ adj tightening
◇ nm -1. (dispositivo) turnbuckle -2. (músculo) tensor -3. MAT tensor
tentación nf -1. (impulso) temptation; caer en la ~ to give in to temptation; no caí en la ~ de probar otro bombón I resisted the temptation to try another chocolate; REL no nos dejes caer en la ~ lead us not into temptation; tener la ~ de hacer algo to be tempted to do sth; tuve la ~ o me daban tentaciones de abrir los regalos I was tempted to open the presents
-2. (persona, cosa) temptation; las tartas del escaparate eran una ~ the cakes in the window were a temptation
-3. RP (de risa) the giggles; su forma de hablar me da mucha ~ the way he speaks gives me the giggles
tentaculado, -a adj tentacled
tentacular adj tentacular
tentáculo nm -1. (de animal) tentacle -2. (de organización, grupo) tentacle; los tentáculos del poder the tentacles of power
tentadero nm TAUROM bull ring
tentado, -a adj -1. (de tentación) tempted; estar ~ de hacer algo to be tempted to do sth; estuve ~ de darle un puñetazo I was tempted to punch him -2. RP (de risa) no pudo contestar porque estaba tentada she was trying so hard to stop herself laughing that she couldn't reply
tentador, -ora adj tempting; la idea es muy tentadora it's a very tempting idea
tentar [3] ◇ vt -1. (incitar) to tempt; no me tientes, que no tengo dinero para irme de viaje don't tempt me, I don't have enough money to go travelling; lo tentó el diablo he was tempted by the devil; ~ a alguien con algo to tempt sb with sth; ~ a alguien a hacer algo to tempt sb to do sth; EXPR ~ al diablo o a la suerte to tempt fate
-2. (atraer) to tempt; es gente a la que no le tienta el lujo he's the sort of person who isn't tempted by luxury; me tienta mucho la idea I find the idea very tempting
-3. (palpar) to feel; se tentó los bolsillos en busca del encendedor he felt his pockets for the lighter
-4. TAUROM = to goad (a young bull) with a spear to test its mettle

◆ **tentarse** vpr RP to want to laugh; si nos mirábamos, nos íbamos a tentar if we looked at each other, we'd want to laugh
tentativa nf attempt; superó el listón a la segunda ~ he got over the bar at the second attempt ❑ ~ **de asesinato** attempted murder; ~ **de delito** attempted crime; ~ **de suicidio** suicide attempt
tentativo, -a adj tentative
tentempié nm -1. (aperitivo) snack -2. (tentetieso) tumbler doll, wobble doll
tentetieso nm tumbler doll, wobble doll
tenue adj -1. (fino) (tela, velo) fine -2. (débil) (luz, voz, sonrisa) faint; (niebla, lluvia) fine; hizo un gesto ~ de asentimiento he gave a faint nod of assent -3. (poco sólido) (relación, argumentación) tenuous
teñido, -a ◇ adj (tela, pelo) dyed
◇ nm dyeing
teñir [47] ◇ vt -1. (tintar) (tela, pelo) to dye; ~ algo de rojo/verde to dye sth red/green
-2. (manchar) to stain; la sangre teñía sus manos her hands were stained with blood; el trabajo en la mina les tiñe el rostro de negro the work in the mine blackens their faces
-3. (matizar) to tinge sth (de with); tiñe su prosa de melancolía her prose is tinged with melancholy; el ambiente festivo tiñe las calles por estas fechas at this time of year the streets are filled with a festive atmosphere

◆ **teñirse** vpr teñirse (el pelo) to dye one's hair; se tiñe de rubio he dyes his hair blond
teocali, teocalli nm HIST teocalli
teocracia nf theocracy
teocrático, -a adj theocratic
teodicea nf FILOSOFÍA theodicy
teodolito nm theodolite
teogonía nf theogony
teologal adj theological; las virtudes teologales the theological virtues
teología nf theology ❑ ~ **de la liberación** liberation theology
teológico, -a adj theological

teologizar [14] *vi* to theologize
teólogo, -a *nm,f* theologian
teorema *nm* theorem ❏ *el ~ de Pitágoras* Pythagoras' theorem
teorético, -a *adj Formal* theoretical
teoría *nf* **-1.** *(especulación)* theory; **la teoría se le da bien, pero la práctica...** he's good at the theory but in practice...; **en ~** in theory; **en ~ han venido a ayudar** in theory they have come to help
-**2.** *(hipótesis)* theory; **mi ~ es que...** my theory is that...; **hay quien tiene** *o* **sostiene la ~ de que...** there are people who maintain that... ❏ *la ~ del big bang* the big bang theory; MAT *la ~ del caos* chaos theory; BIOL *~ celular* cell theory; *~ de la comunicación* communication theory; MAT *~ de conjuntos* set theory; *~ del conocimiento* epistemology; *~ cuántica* quantum theory; *la ~ de la evolución* the theory of evolution; MAT *~ de grupos* group theory; *~ de la información* information theory; *~ monetaria* monetary theory; MAT *~ de números* number theory; *la ~ de la relatividad* the theory of relativity
teóricamente *adv* **-1.** *(en teoría)* theoretically; **ellos son ~ superiores** in theory they are better **-2.** *(desde la teoría, de modo teórico)* theoretically
teórico, -a ◇ *adj (caso, conocimientos, examen)* theoretical; **clases teóricas** theory classes
◇ *nm,f (persona)* theorist
◇ *nm (examen de conducir)* written exam
teorizador, -ora *adj* theorizing
teorizar [14] *vi* to theorize (**sobre** about)
teosofía *nf* theosophy
teósofo, -a *nm,f* theosophist
Teotihuacán *n* Teotihuacan
TEP [tep] *nm* MED *(abrev de* **tomografía por emisión de positrones)** PET scan
tepache *nm* = non-alcoholic drink made from fermented pineapple peelings and unrefined sugar, typical of Mexico
tepachería *nf* establishment which serves "tepache"
tepalcate *nm Méx* HIST shard
tépalo *nm* BOT tepal
tepe *nm* sod, piece of turf
tepetate *nm Méx* **-1.** *(roca)* limestone **-2.** *(arcilla)* caliche
tepiqueño, -a ◇ *adj* of/from Tepic *(Mexico)*
◇ *nm,f* person from Tepic *(Mexico)*
tepuy *nm Ven* table mountain
tequeño *nm Ven* cheese fritter
tequesquite *nm Méx* natural salt
tequila *nm o nf* tequila
tequio *nm Méx* HIST = forced labour imposed on the Indians by the Spanish as tribute
terapeuta *nmf* **-1.** *(médico)* doctor **-2.** *(fisioterapeuta)* physiotherapist
terapéutica *nf* **-1.** *(ciencia)* therapeutics *(singular)* **-2.** *(tratamiento)* therapy
terapéutico, -a *adj* therapeutic
terapia *nf* therapy; **está en ~ con un psicólogo** he's in therapy with a psychologist ❏ *~ combinada* combination therapy; *~ de electrochoque* electroshock therapy *o* treatment; *~ genética* o *génica* gene therapy; *~ de grupo* group therapy; *Méx, RP ~ intensiva* intensive care; *~ ocupacional* occupational therapy; *~ de rehidratación oral* oral rehydration therapy; *~ de relajación* relaxation therapy
terapista *nmf Andes, Méx* therapist
teratogénico, -a, teratógeno, -a *adj* BIOL teratogenic
teratología *nf* BIOL teratology
terbio *nm* QUÍM terbium
tercena *nf Ecuad (carnicería)* butcher's (shop)
tercer *ver* tercero
tercera *nf* **-1.** *(marcha)* third (gear); **meter (la) ~** to go into third (gear) **-2.** MÚS third **-3.** *ver también* **tercero**
tercería *nf (mediación)* mediation
tercerización *nf Am* COM outsourcing
tercerizar [14] *vt Am* COM to outsource

tercermundismo *nm* **-1.** *(del Tercer Mundo)* underdevelopment **-2.** *(de servicios, sistema, funcionamiento)* backwardness
tercermundista *adj* **-1.** *(del Tercer Mundo)* third-world; **un país ~** a third-world country **-2.** *(servicios, sistema, funcionamiento)* appalling; **¡este servicio es ~!** this service is appalling *o* a disgrace!
tercero, -a

> **Tercer** is used instead of **tercero** before masculine singular nouns (e.g. **el tercer piso** the third floor).

◇ *núm* third; EXPR *Esp* **a la tercera va la vencida,** *Am* **la tercera es la vencida** third time lucky ❏ DEP *la tercera base (posición)* third base; DEP *el/la tercera base (jugador)* third base; *la tercera edad* senior citizens; **durante la tercera edad** in old age; **pensionistas de la tercera edad** *Br* old age pensioners, *US* retirees; HIST *el tercer estado* the third estate; *el Tercer Mundo* the Third World; POL *la tercera vía* the third way; *ver también* **octavo**
◇ *nm* **-1.** *(piso)* third floor; **el ~ izquierda** the third floor *Br* flat *o US* apartment on the left
-2. *(curso universitario)* third year
-3. *(curso escolar)* = third year of primary school, *US* ≃ third grade
-4. *(mediador, parte interesada)* third party; **seguro a terceros** third-party insurance, liability insurance; **me enteré por un ~** I found out from a third party *o* from another person ❏ *el ~ en discordia* the third party
terceto *nm* **-1.** *(estrofa)* tercet **-2.** MÚS trio
tercia *nf* **-1.** REL tierce **-2.** *ver también* **tercio**
terciado, -a *adj (mediano)* medium-sized
terciador, -ora ◇ *adj* mediating, arbitrating
◇ *nm,f* mediator, arbitrator
terciana *nf,* **tercianas** *nfpl* tertian fever, tertian
terciar ◇ *vt* **-1.** *(poner en diagonal) (objeto, mueble)* to place diagonally; *(sombrero)* to tilt; **el sofá estaba terciado en medio del salón** the sofa was placed diagonally across the middle of the sitting room **-2.** *(dividir)* to divide into three **-3.** *(decir)* to interject; **"a mí no me metas en esto", terció ella** "don't mix me up in this," she interjected **-4.** *Col, Méx (una carga)* to carry on one's back; **terció el bulto** he carried the pack on his back **-5.** *Andes, Cuba, Méx (aguar)* to water down
◇ *vi* **-1.** *(mediar)* to mediate (**en** in); **Estados Unidos terció en el conflicto** the United States mediated in the conflict **-2.** *(participar)* to intervene, to take part; **~ en la conversación** to join in the conversation
▸ **terciarse** *vpr* to arise, to come up; **si se tercia** if the opportunity arises
terciario, -a ◇ *adj* **-1.** *(asunto, prioridad)* tertiary; **el sector ~** the tertiary sector **-2.** GEOL Tertiary
◇ *nm* GEOL **el Terciario** the Tertiary (era)
terciarización *nf Am* COM outsourcing
terciarizar [14] *vt Am* COM to outsource
tercio, -a ◇ *nm* **-1.** *(tercera parte)* third; **hay un ~ de entrada en el estadio** the stadium is one-third full; **dos tercios de la población** two-thirds of the population; EXPR *Méx* **hacer mal ~** *Br* to play gooseberry, *US* to be a fifth wheel
-2. MIL regiment; HIST tercio; *~ de la guardia civil* Civil Guard division
-3. TAUROM = any of the three stages of a bullfight; EXPR *cambiar de ~ (en conversación)* to change the subject; *(en proyecto, método)* to change tack
-4. *(de cerveza)* bottle of beer *(0.33 litre); ver también* **octavo**
◇ *nm,f Ven Fam (individuo)* guy, *Br* bloke
terciopelo *nm* velvet; **un vestido de ~** a velvet dress
terciopersonal *adj* GRAM **un verbo ~** = verb only used in the third person

terco, -a ◇ *adj* **-1.** *(testarudo)* stubborn; EXPR *~ como una mula* as stubborn as a mule **-2.** *Ecuad (indiferente)* cold, aloof
◇ *nm,f* stubborn person; **ser un ~** to be stubborn
tereré *nm Arg, Par (mate)* cold maté
Teresa *n pr* **Santa ~** St Theresa (of Avila); **la madre ~ (de Calcuta)** Mother Teresa (of Calcutta)
teresiana *nf (monja)* Theresian; **las teresianas** *(colegio)* the Theresians
tergal® *nm* = type of synthetic fibre containing polyester
tergiversación *nf* distortion
tergiversador, -ora ◇ *adj* distorting
◇ *nm,f* **es un ~** he always distorts *o* twists the facts
tergiversar *vt* to distort, to twist
terma *nm Perú* water-heater
termal *adj* thermal; **fuente de aguas termales** hot spring
termas *nfpl* **-1.** *(baños)* hot baths, spa **-2.** HIST **termas (romanas)** (Roman) baths
termes = **termita**
térmico, -a *adj* **-1.** *(de la temperatura)* temperature; **descenso ~** drop in temperature **-2.** *(energía)* thermal **-3.** *(aislante, material)* thermal
terminación *nf* **-1.** *(finalización)* completion; **la fecha de ~ del edificio** the date of completion of the building; **los meses que quedan para la ~ del curso académico** the months remaining before the end of the academic year **-2.** *(parte final)* end, termination ❏ *~ nerviosa* nerve ending **-3.** GRAM ending
terminado, -a *adj (trabajo)* finished, done
terminal ◇ *adj* **-1.** *(enfermedad)* terminal; **es un enfermo (en fase) ~** he's terminally ill **-2.** BOT terminal
◇ *nm* **-1.** INFORMÁT terminal ❏ *Am ~ de computadora* computer terminal; *Esp ~ de ordenador* computer terminal; *~ de videotexto* videotext terminal **-2.** ELEC terminal; *~ negativo/positivo* negative/positive terminal
◇ *nf (de aeropuerto)* terminal; *(de autobuses)* terminus; **en la ~ nacional/internacional** in the national/international terminal ❏ *~ aérea* air terminal; *~ de carga* freight terminal; *~ de contenedores* container terminal; *~ de pasajeros* passenger terminal; *Am ~ pesquera* fish warehouse; *~ de vuelo* air terminal
◇ *nm Am ~ pesquero* fish warehouse
terminante *adj (prohibición, negativa)* categorical; *(prueba)* conclusive; **contestó con un "no" ~** he replied with a categorical "no"
terminantemente *adv (prohibir, negarse)* categorically; **está ~ prohibido** it is strictly forbidden
terminar ◇ *vt (acabar)* to finish; **termina la cerveza, que nos vamos** finish your beer, we're going; **terminamos el viaje en San Francisco** we ended our journey in San Francisco; **dar por terminado algo** *(discurso, reunión, discusión, visita)* to bring sth to an end *o* a close; **está sin ~** it isn't finished; EXPR *RP Fam* **¡terminala!** that's enough!
◇ *vi* **-1.** *(acabar)* to end, to finish; *(tren, autobús, línea de metro)* to stop, to terminate; **¿cómo termina la historia?** how does the story end *o* finish?; **todo ha terminado** it's all over; **deja que termine, déjame ~** *(al hablar)* let me finish; **~ con la pobreza/la corrupción** to put an end to poverty/corruption; **¿has terminado con las tijeras?** have *o* are you finished with the scissors?; **han terminado con toda la leche que quedaba** they've finished off *o* used up all the milk that was left; **~ con algo/alguien** *(arruinar, destruir)* to destroy sth/sb; *(matar)* to kill sth/sb; **~ de hacer algo** to finish doing sth; **terminamos de desayunar a las nueve** we finished having breakfast at nine; **~ en** *(objeto)* to end in; **termina en punta** it ends in a point; **las sílabas que terminan en vocal** syllables that end in a vowel; **para ~,**

término

debo agradecer... *(en discurso)* finally, I would like to thank...
-**2.** *(reñir)* to finish, to split up (**con** with); **¡hemos terminado!** it's over!
-**3.** *(en cierto estado o situación)* to end up; **terminamos de mal humor/un poco deprimidos** we ended up in a bad mood/(feeling) rather depressed; **terminó loco** he ended up going mad; **vas a ~ odiando la física** you'll end up hating physics; **este chico terminará mal** this boy will come to a bad end; **este asunto terminará mal** no good will come of this matter; **terminó de camarero/en la cárcel** he ended up as a waiter/in jail; **la discusión terminó en pelea** the argument ended in a fight; **~ por hacer algo** to end up doing sth
-**4.** *(llegar a)* **no termino de entender lo que quieres decir** I still can't quite understand what you mean; **no terminábamos de ponernos de acuerdo** we couldn't quite seem to come to an agreement; **no termina de gustarme** I just *o* simply don't like it
◆ **terminarse** *vpr* -**1.** *(finalizar)* to finish; **¿cuándo se termina el curso?** when does the course finish?
-**2.** *(agotarse)* *(repuestos, víveres)* to run out; **se han terminado las cerillas** the matches have run out; **se nos ha terminado el azúcar** we've run out of sugar, the sugar has run out
-**3.** *(acabar)* *(comida, revista)* to finish off; **¿te has terminado el desayuno?** have you finished your breakfast?; **me terminé la novela en una noche** I finished off the novel in one night

término *nm* -**1.** *(fin)* end; **al ~ de la reunión se ofrecerá una rueda de prensa** there will be a press conference at the conclusion of the meeting; **dar ~ a algo** *(discurso, reunión, discusión)* to bring sth to a close; *(visita, vacaciones)* to end; **llegó a su ~** it came to an end; **llevar algo a buen ~** to bring sth to a successful conclusion; **poner ~ a algo** *(relación, amenazas)* to put an end to sth; *(discusión, debate)* to bring sth to a close
-**2.** *(plano, posición)* **en primer ~** *(en cuadros, fotografías)* in the foreground; **quedar** *o* **permanecer en un segundo ~** *(pasar inadvertido)* to remain in the background; **su carrera como modelo ha quedado en un segundo ~ y ahora se dedica al cine** her modelling career now takes second place to her acting; **en último ~** *(en cuadros, fotografías)* in the background; *(si es necesario)* as a last resort; *(en resumidas cuentas)* in the final analysis
-**3.** *(punto, situación)* point; **llegados a este ~ hay que tomar una decisión** we have reached the point where we have to take a decision ❑ **~ medio** *(media)* average; *(arreglo)* compromise, happy medium; **por ~ medio** on average
-**4.** *(palabra)* term; **lo dijo, aunque no con** *o* **en esos términos** that's what he said, although he didn't put it quite the same way; **en términos generales** generally speaking; **en términos de Freud** in Freud's words; **los términos del acuerdo/contrato** the terms of the agreement/contract
-**5.** MAT *(de fracción, silogismo, ecuación)* term
-**6.** *(relaciones)* **estar en buenos/malos términos (con)** to be on good/bad terms (with)
-**7.** *(territorio)* **~ (municipal)** = area under the jurisdiction of a town council
-**8.** *(plazo)* period; **en el ~ de un mes** within (the space of) a month
-**9.** *(de línea férrea, de autobús)* terminus
-**10.** *(linde, límite)* boundary

terminología *nf* terminology
terminológico, -a *adj* terminological
termita *nf,* **termes** *nm inv* termite
termitero *nm* termite mound *o* nest
termo *nm* -**1.** *(para bebida, comida)* Thermos® (flask) -**2.** *(calentador de agua)* water heater
termoadhesivo, -a *adj* thermoadhesive
termoaislante *adj* heat insulating
termodinámica *nf* thermodynamics *(singular)*

termodinámico, -a *adj* thermodynamic
termoelectricidad *nf* thermoelectricity
termoeléctrico, -a *adj* thermoelectric
termoestable *adj* thermostable
termofón *nm Urug* water heater
termografía *nf* thermography
termógrafo *nm* thermograph
termometría *nf* thermometry
termométrico, -a *adj* thermometric
termómetro *nm* thermometer; **poner el ~ a alguien** to take sb's temperature ❑ **~ centígrado** centigrade *o* Celsius thermometer; **~ clínico** clinical thermometer; **~ de mercurio** mercury thermometer
termonuclear *adj* thermonuclear
termopar *nm* ELEC thermocouple
termopila *nf* ELEC thermopile
Termópilas *nfpl* HIST **las ~** Thermopylae
termoplástico, -a *adj* thermoplastic
termoquímica *nf* thermochemistry
termorregulación *nf* -**1.** *(con termostato)* thermostatic control -**2.** BIOL body temperature regulation, *Espec* thermoregulation
termorregulador ◇ *adj* -**1.** TEC thermostatic -**2.** BIOL **organismos termorreguladores** organisms that regulate body temperature
◇ *nm (termostato)* thermostat
termosfera *nf* thermosphere
termosifón *nm* water heater
termostato *nm* thermostat
termotanque *nm RP* water heater
termoterapia *nf* heat treatment, *Espec* thermotherapy
terna *nf* -**1.** *(trío)* trio; **la ~ de expertos seleccionados** the chosen trio of experts -**2.** *(de candidatos)* = shortlist of three candidates
-**3.** TAUROM = trio of bullfighters heading the bill in a bullfighting session
ternario, -a *adj* ternary
ternasco *nm* suckling lamb
ternera *nf (carne)* veal; *Esp* beef
ternero, -a *nm,f* calf
terneza *nf* -**1.** *(cualidad)* tenderness -**2.** *(expresión de afecto)* sweet nothing
ternilla *nf* -**1.** *(en bistec)* gristle -**2.** ANAT cartilage
terno *nm* -**1.** *(trío)* trio -**2.** *(traje)* three-piece suit
ternura *nf* tenderness; **con ~** tenderly; **sentir ~ por algo/alguien** to feel tenderness towards sth/sb
tero *nm* -**1.** *(ave)* pied lapwing -**2.** **los teros** *(en rugby)* the Teros *(nickname of Uruguayan rugby team)*
terquedad *nf* -**1.** *(testarudez)* stubbornness; **con ~** stubbornly -**2.** *Ecuad (indiferencia)* coldness, aloofness
terracota *nf* terracotta
terrado *nm* -**1.** *(en edificio)* terrace roof -**2.** *Fam (cabeza)* nut; **estar mal del ~** to have a screw loose
terraja[1] *nf (herramienta)* diestock
terraja[2] *RP Fam* ◇ *adj* -**1.** *(decoración, ropa, canción)* tacky, *Br* naff -**2.** *(persona)* flashy, tacky
◇ *nmf (persona)* **es un ~** he's tacky
terrajada *nmf RP Fam* **esos zapatos son una ~** those shoes are tacky
terraje *nm* = rent on arable land
terral *nm* -**1.** *(viento)* wind from inland -**2.** *Am (polvareda)* dust cloud
terramicina *nf* FARM Terramycin®
Terranova *n* Newfoundland
terranova *nmf (perro)* Newfoundland
terraplén *nm* embankment
terráqueo, -a *adj* **globo ~** globe
terrario, terrarium *nm* terrarium
terrateniente *nmf* landowner
terraza *nf* -**1.** *(balcón)* balcony ❑ **~ cerrada** glazed balcony -**2.** *(de café)* terrace; **la gente sentada en las terrazas de verano** the people sitting out in the pavement cafés
-**3.** *(bancal)* terrace; **cultivo en terrazas** terrace farming -**4.** *(azotea)* terrace roof -**5.** *Fam (cabeza)* nut
terrazgo *nm* -**1.** *(tierra)* plot of land -**2.** *(renta)* land rent
terrazguero *nm* tenant farmer
terrazo *nm* terrazzo

terrícola

terregoso, -a *adj* covered in clods
terremoteado, -a *adj Chile* affected by an earthquake
terremoto *nm* earthquake; *Fam* **este niño es un ~** this boy is a menace
terrenal *adj (vida)* earthly; *(bienes, preocupaciones)* worldly
terreno, -a ◇ *adj Formal (vida)* earthly; *(bienes, preocupaciones)* worldly
◇ *nm* -**1.** *(suelo)* land; *(por su relieve)* terrain; *(por su composición, utilidad agrícola)* soil; **grandes extensiones de ~** large tracts of land; **~ montañoso/abrupto** mountainous/rugged terrain; **~ arenoso/volcánico** sandy/volcanic soil; **el ~ era irregular** the ground was uneven; EXPR **ser ~ abonado (para algo)** to be fertile ground (for sth) ❑ **~ agrícola** farmland; **~ cultivable** arable land; **~ edificable** land suitable for development; **~ rústico** land unsuitable for development; **~ urbanizable** land suitable for development; **~ no urbanizable** land unsuitable for development
-**2.** *(parcela, solar)* plot (of land); **tenemos unos terrenos en el pueblo** we have some land in the village
-**3.** *(en deportes)* **~ (de juego)** field, *Br* pitch; **los jugadores saltaron al ~ de juego** the players came out onto the field *o Br* pitch
-**4.** *(ámbito)* field; **en el ~ de la música/medicina** in the field of music/medicine; **tiene muchos problemas en el ~ personal** she has a lot of problems in her private life; **ha habido muchos avances en este ~** there have been considerable advances in this field
-**5.** *(territorio)* ground; **estar** *o* **encontrarse en su propio ~** to be on home ground; **estar en** *o* **pisar ~ conocido/desconocido/firme** to be on familiar/unfamiliar/solid ground; **llevar algo/a alguien a su ~:** **sabe llevar las conversaciones a su ~** he knows how to steer conversations round to what interests him; **la campeona supo llevar a su ~ a la tenista holandesa** the champion was able to impose her own terms on the Dutch player; **sabe llevar cualquier canción a su ~** he is capable of making any song his own; EXPR **ceder ~** to give ground; EXPR **ganar ~** to gain ground; **le está ganando ~ a su rival** he's gaining ground on his rival; EXPR **perder ~ (ante alguien)** to lose ground (to sb); EXPR **preparar el ~ (para algo/a alguien)** to pave the way (for sth/sb); EXPR **reconocer** *o* **tantear el ~** to see how the land lies; EXPR **sabe el ~ que pisa** she knows what she is about; EXPR **sobre el ~:** **estudiar algo sobre el ~** to study something in the field; **resolveremos los problemas sobre el ~** we'll solve the problems as we go along
térreo, -a *adj* earthy
terrera *nf* greater short-toed lark ❑ **~ marismeña** lesser short-toed lark
terrero, -a *adj (de tierra)* **saco ~** sandbag
terrestre *adj* -**1.** *(del planeta)* terrestrial; **la corteza ~** the Earth's crust; **globo ~** globe; **superficie ~** Earth's surface -**2.** *(de la tierra)* land; **animales terrestres** land animals; **televisión ~** terrestrial television; **transporte ~** land transport; **transporte de viajeros por vía ~** *o* **aérea** overland and air transportation of passengers
terrible *adj* -**1.** *(malo)* terrible; **la guerra es siempre ~** war is always a terrible thing; **un año ~ para la economía del país** a terrible year for the country's economy; **este niño es ~** this boy is a terror; **es ~ no poder hacer nada por ellos** it's terrible not to be able to do anything for them -**2.** *(mucho)* terrible; **tengo un hambre/frío ~** I'm terribly hungry/cold
terriblemente *adv* terribly; **los delitos han aumentado ~** crime has risen terribly; **me duele ~ el estómago** I've got terrible stomach ache
terrícola ◇ *adj* **las naves terrícolas** spaceships from Earth
◇ *nmf* earthling

terrier *nmf* terrier ❑ **~ *escocés*** Scottish terrier

terrina *nf* terrine

territorial *adj* (*soberanía, unidad, ordenamiento*) territorial; **está en peligro la integridad ~ del país** the territorial integrity of the country is in jeopardy

territorialidad *nf* **-1.** (*de animal*) territorial behaviour **-2.** DER territoriality

territorio *nm* territory; **fuera del ~ brasileño** outside of Brazilian territory; **por todo el ~ nacional** across the country, nationwide; **los territorios ocupados** (*de Palestina*) the Occupied Territories

terrón *nm* **-1.** (*de tierra*) clod of earth **-2. ~ (de azúcar)** sugar lump

terror *nm* **-1.** (*miedo*) terror; **de ~** (*cine, película*) horror; **dar ~ a alguien: le da ~** it terrifies her; **me da ~ pensar en las vacaciones con los niños** I shudder to think what the holidays with the children will be like; **tener ~ a algo/alguien** to be terrified of sth/sb; **sembrar el ~** to spread terror
-**2.** (*persona*) terror; **esa banda de delincuentes es el ~ del pueblo** this gang of criminals is terrorizing the village
-**3. el Terror** HIST (*en la revolución francesa*) the Terror

terrorífico, -a *adj* terrifying

terrorismo *nm* terrorism ❑ **~ *de Estado*** state terrorism

terrorista ◇ *adj* terrorist
◇ *nmf* terrorist

terroso, -a *adj* **-1.** (*color, textura*) earthy **-2.** (*con tierra*) muddy

terruño *nm* **-1.** (*terreno*) plot of land **-2.** *Fam* (*patria*) homeland

tersar *vt* to make smooth

terso, -a *adj* **-1.** (*piel, superficie*) (*liso*) smooth; (*brillante*) glossy **-2.** (*estilo, lenguaje*) polished

tersura *nf* **-1.** (*de piel, superficie*) (*suavidad*) smoothness; (*brillo*) polish **-2.** (*de estilo, lenguaje*) polish

tertulia *nf* **-1.** (*reunión*) = regular informal social gathering where issues of common interest are discussed; (*en radio, TV*) talk show; **estar de ~** to sit chatting ❑ **~ *literaria*** literary circle; **~ *radiofónica*** radio talk show; **~ *televisiva*** TV talk show **-2.** *RP* (*en teatro*) dress circle

tertuliano, -a *nm,f* (*en reunión*) = participant in a "tertulia"; (*en la radio, TV*) participant (*in a talk show*)

tertuliar *vi Am* to hold discussions, to debate

Tesalónica *n* Salonika

tesauro *nm* thesaurus

tesela *nf* tessera

teselado *nm* mosaic

Teseo *n* MITOL Theseus

tesina *nf* (undergraduate) dissertation

tesis *nf inv* **-1.** (*teoría, idea*) view, thesis; **defiende la ~ de que...** he holds the view that...; **es una ~ muy interesante** that's a very interesting theory; **novela de ~** novel with a message, didactic novel
-**2.** FILOSOFÍA thesis; **~, antítesis y síntesis** thesis, antithesis and synthesis
-**3.** EDUC thesis; **leer la ~** ≃ to have one's viva (voce), *US* to defend one's dissertation ❑ **~ *doctoral*** doctoral *o* PhD thesis

tesitura *nf* **-1.** (*situación*) circumstances, situation; **ante esta ~ hemos decidido marcharnos** in view of the circumstances we have decided to leave **-2.** MÚS tessitura, pitch

tesla *nf* FÍS tesla

teso *nm* (*de cerro*) hilltop

tesobono *nm Méx* = Mexican government bond denominated in US dollars

tesón *nm* tenacity, perseverance; **trabajar con ~** to work steadily

tesonero, -a *adj* tenacious, persistent

tesorería *nf* **-1.** (*cargo*) treasurership **-2.** (*oficina*) treasurer's office **-3.** COM liquid capital

tesorero, -a *nm,f* treasurer

tesoro *nm* **-1.** (*botín*) treasure; **el cofre del ~** the treasure chest **-2.** (*hacienda pública*) treasury, exchequer; **el Tesoro** the Treasury ❑ **~ *público*** the Treasury **-3.** (*persona valiosa*) gem, treasure; **este niño es un ~** this boy is a real gem **-4.** (*apelativo*) darling, **ven ~** come here, darling **-5.** (*diccionario*) thesaurus

test [tes(t)] (*pl* **tests**) *nm* **-1.** (*psicológico*) test; **hacer un ~** to do *o* take a test ❑ **~ *de inteligencia*** intelligence *o* IQ test; **~ *de personalidad*** (*en revista*) personality questionnaire *o* quiz; **~ *psicológico*** psychological test
-**2.** (*médico*) test; **voy al médico a hacerme unos tests** I'm going to have some tests done at the doctor's ❑ **~ *del embarazo*** pregnancy test
-**3.** (*prueba*) test; **vamos a hacer un ~ de sonido** we're going to do a sound check; **hacer un ~ a alguien** to give sb a test ❑ **~ *de alcoholemia*** breathalyser test
-**4.** (*examen*) test; **tipo ~** (*examen, pregunta*) multiple-choice

testa *nf* head ❑ **~ *coronada*** (*monarca*) crowned head, monarch

testado, -a *adj* (*persona*) testate; (*herencia*) testamentary

testador, -ora *nm,f* testator, *f* testatrix

testaferro *nm* front man

testamentaría *nf* **-1.** (*documentos*) documentation (*of a will*) **-2.** (*bienes*) estate, inheritance

testamentario, -a ◇ *adj* testamentary; **las disposiciones testamentarias** the terms of the will
◇ *nm,f* executor

testamento *nm* **-1.** (*documento*) will; **hacer ~** to write one's will ❑ **~ *cerrado*** sealed will; **~ *hológrafo* *o* *ológrafo*** holograph will
-**2.** REL **Antiguo/Nuevo Testamento** Old/New Testament **-3.** *Fam* (*texto largo*) screed; **¿tengo que leerme este ~?** do I have to read this screed?

testar ◇ *vi* to make a will; **testó en favor de sus nietos** she left everything to her grandchildren
◇ *vt* (*probar*) to test

testarazo *nm Fam* **-1.** DEP header **-2.** (*golpe*) (*dado*) head butt; (*recibido*) bump *o* bash on the head; **darse un ~** to bang *o* bash one's head

testarudez *nf* stubbornness; **con ~** stubbornly

testarudo, -a ◇ *adj* stubborn
◇ *nm,f* stubborn person; **ser un ~** to be stubborn

testear *vt CSur* to test

testera *nf* **-1.** (*frente, fachada*) front **-2.** (*de animal*) forehead **-3.** (*adorno para caballos*) crownpiece

testicular *adj* testicular

testículo *nm* testicle

testificación *nf* testimony; **es la ~ de su talento** it bears witness to her talent

testificar [59] ◇ *vt* **-1.** (*dar testimonio de*) **~ que...** to testify that... **-2.** (*probar, indicar*) to testify to, to bear witness to; **sus acciones testifican su ignorancia** her actions testify to *o* bear witness to her ignorance
◇ *vi* to testify, to give evidence; **~ a favor/en contra de alguien** to testify in favour of/against sb

testigo ◇ *nmf* **-1.** (*en juicio, de acción*) witness; **ser ~ de algo** to witness sth; **fue ~ del accidente** he witnessed the accident; **tú eres ~ de que estuve allí** you are my witness that I was there; **un castillo que ha sido ~ de innumerables batallas** a castle that has witnessed countless battles; **pongo a Dios *o* al cielo por ~** as God *o* Heaven is my witness; *RP* **salir ~ a alguien** (*en juicio*) to be a witness for sb; (*en casamiento*) to be a witness for *o* at sb's wedding ❑ **~ *de cargo*** witness for the prosecution; **~ *de descargo*** witness for the defence; **~ *de Jehová*** Jehovah's Witness; **~ *ocular*** eyewitness; **~ *presencial*** eyewitness
-**2.** (*en boda*) witness
◇ *nm* DEP baton

testimonial *adj* **-1.** (*documento, prueba*) testimonial **-2.** (*presencia, retribución*) token, symbolic

testimoniar *vt* **-1.** (*ser testigo de*) to testify to, to bear witness to; **como lo testimonia el resultado de las elecciones** as the election result demonstrates **-2.** (*agradecimiento*) to demonstrate

testimonio *nm* **-1.** (*en juicio*) testimony; **prestar ~** to give evidence **-2.** (*prueba*) proof; **como ~ de** as proof of; **como ~ de nuestro agradecimiento** as a token of our gratitude; **dar ~ de algo** to bear witness to sth; **los cuadros dan ~ de su calidad artística** the paintings testify to his quality as an artist

testosterona *nf* testosterone

testuz *nm o nf* **-1.** (*frente*) brow **-2.** (*nuca*) nape

teta ◇ *nf* **-1.** *Fam* (*de mujer*) tit; **dar la ~** to breast-feed; EXPR **dos tetas tiran más que cien carretas** sex appeal can move mountains **-2.** (*de animal*) teat
◇ *adj inv Fam* ace, wicked; **la tarta estaba ~** the cake was wicked
◇ *adv Fam* **lo pasamos ~** we had an ace *o* a wicked time

tetamen *nm muy Fam* tits

tétanos *nm inv*, **tétano** *nm* tetanus

tetera *nf* **-1.** (*para servir*) teapot **-2.** (*hervidor*) kettle

tetería *nf* tea-room

tetero *nm Col, Ven* (*biberón*) baby's bottle

tetilla *nf* **-1.** (*de hombre, animal*) nipple **-2.** (*de biberón*) teat

tetina *nf* teat

tetón *nm* stub, stump

tetona *adj f Fam* busty, top-heavy; **es muy ~** she's got big jugs

tetrabrik® (*pl* **tetrabriks**) *nm* tetrabrik®; **un ~ de leche** a carton of milk

tetracampeón, -ona ◇ *adj* **el equipo ~** the four-times winners *o* champions
◇ *nm,f* four-times winner *o* champion

tetraciclina *nf* FARM tetracycline

tetraédrico, -a *adj* tetrahedral

tetraedro *nm* tetrahedron

tetrágono *nm* tetragon

tetralogía *nf* LIT tetralogy

tetramorfo *nm* Tetramorph

tetraplejía, **tetraplejia** *nf* quadriplegia, tetraplegia

tetrapléjico, -a ◇ *adj* quadriplegic, tetraplegic
◇ *nm,f* quadriplegic, tetraplegic

tétrico, -a *adj* gloomy

tetudo, -a *adj Fam* busty, top-heavy; **es muy tetuda** she has big boobs

teutón, -ona HIST ◇ *adj* Teutonic
◇ *nm,f* Teuton

teutónico, -a *adj* HIST Teutonic

Texas ['texas] *n* Texas

textil ◇ *adj* textile
◇ *nm* textile
◇ *nf RP* textile mill

TEXTILES INDÍGENAS

In Latin America, many indigenous people still manufacture their traditional textiles by hand, as they did in pre-Columbian times. Made almost exclusively by women, these textiles include "molas" (embroidery from Guatemala and Panama), "huipiles" (shawls from southern Mexico and Guatemala) and "aguayos" (alpaca wool shawls from Bolivia and Peru). "Molas" are cloth panels made of brightly colored pieces of fabric sewn together to depict animals or a landscape. They can then be used to decorate colourful traditional blouses. "Huipiles" and "aguayos" are woven on looms with a narrow geometrical border and sometimes show ritual animals and objects, or even entire stories. In pre-Columbian times such textiles were worn as ceremonial costumes, given as gifts, offered up to the gods and buried with the dead. Today they are used in everyday accessories, such as blankets, trimmings, handbags and shoes, and "huipiles" and "aguayos" are used for carrying loads (and babies).

texto *nm* **-1.** *(palabras)* text ❑ **~ cifrado** cipher text; INFORMÁT **~ oculto** hidden text; INFORMÁT **~ simulado** Greek text **-2.** *(pasaje)* passage **-3.** *(libro)* text; **los textos sagrados** the sacred texts *o* writings

textual *adj* **-1.** *(coherencia, análisis)* textual; **una cita ~** a direct quotation **-2.** *(exacto)* exact; **dijo, palabras textuales, que era horroroso** her exact words were "it was terrible"

textualmente *adv* literally, word for word; **dijo ~ que le parecía fabuloso** his exact words were "I think it's fabulous"

textura *nf* **-1.** *(de superficie, tela, material)* texture **-2.** *(de texto, discurso)* texture

texturación *nf* texturing

tez *nf* complexion; **una mujer de ~ morena** a woman with a dark complexion

Tezcatlipoca *n* MITOL Tezcatlipoca, = Aztec deity of the night sky and death, opponent of Quetzalcoatl

tezontle *nm Méx* = dark red volcanic rock used for building

Tezozómoc *n pr* Tezozomoc, = first historical ruler of the Tecpanecas (1348-1426), a predecessor to the Aztecs

tfno. *(abrev de teléfono)* tel.

thatcherismo [θatʃeˈrismo] *nm* POL Thatcherism

thinner, tíner [ˈtiner] *nm Am* paint thinner

thriller [ˈθriler] *(pl* **thrillers)** *nm* thriller

TI *nfpl* INFORMÁT *(abrev de* **Tecnología(s) de la Información)** IT

ti *pron personal (después de prep)* **-1.** *(en general)* you; **siempre pienso en ti** I'm always thinking about you; **me acordaré de ti** I'll remember you
 -2. *(reflexivo)* yourself; **sólo piensas en ti (mismo)** you only think about yourself
 -3. *(en frases)* **¡a ti qué!** so what?, why should you care?; **para ti** *(tú crees)* as far as you're concerned, in your opinion; **por ti** as far as you're concerned; **si por ti no hay inconveniente, lo hacemos mañana** if it's fine by you we can do it tomorrow

Tiahuanaco *n* Tiahuanaco, = pre-Incan city in Bolivia

tiamina *nf* thiamin(e)

tianguis *nm inv CAm, Méx* open-air market

tianguista *nmf CAm, Méx* stallholder *(in an open-air market)*

TIAR [tjar] *(abrev de* **Tratado Interamericano de Asistencia Recíproca)** *nm* Inter-American Treaty of Reciprocal Assistance

tiara *nf* tiara

tiarrón, -ona *nm,f Fam* hulk

Tíber *nm* **el ~** the Tiber

Tiberio *n pr* Tiberius

tiberio *nm Fam* hullabaloo, uproar

Tíbet, Tibet *nm* **el ~** Tibet

tibetano, -a ◇ *adj* Tibetan
 ◇ *nm,f (persona)* Tibetan
 ◇ *nm (lengua)* Tibetan

tibia *nf* shinbone, *Espec* tibia; **me dio una patada en la ~** she kicked me in the shin

tibiarse *vpr CAm, Ven* to get annoyed *o* irritated

tibieza *nf* **-1.** *(de líquido)* tepidness, lukewarmness **-2.** *(de reacción, posición)* lukewarmness, half-heartednesss; **"de acuerdo", dijo con ~** "all right," she said half-heartedly *o* without enthusiasm

tibio, -a *adj* **-1.** *(líquido)* tepid, lukewarm **-2.** *(reacción, posición)* lukewarm, half-hearted; **el libro tuvo una tibia acogida en la prensa** the book received *o* had a lukewarm reception from the press **-3.** *Col, Perú, Ven (enojado)* annoyed, irritated **-4.** *Fam* EXPR **poner ~ a alguien** to speak ill of sb; **ponerse ~ de algo** *(comer mucho)* to stuff one's face with sth

tiburón *nm* **-1.** *(pez)* shark ❑ **~ ballena** whale shark; **~ peregrino** basking shark **-2.** FIN *Fam* raider

tic *nm* **-1.** *(involuntario)* tic ❑ **~ nervioso** nervous tic **-2.** *(manía)* mannerism

ticket [ˈtiket, ˈtike] *(pl* **tickets)** *nm* **-1.** *(billete)* ticket **-2.** *(recibo)* **~ (de compra)** receipt

tico, -a *Am Fam* ◇ *adj* Costa Rican
 ◇ *nm,f* Costa Rican

tictac, tic-tac *nm* tick-tock

tie-break [ˈtaiβrek] *(pl* **tie-breaks)** *nm* DEP tie-break

tiemblo *etc ver* **temblar**

tiempo *nm* **-1.** *(transcurso, rato, momento)* time; **en poco** *o* **dentro de poco ~ lo sabremos** we will soon know; **tardé** *o* **me llevó bastante ~** it took me quite a while *o* quite a long time; **es una tarea que lleva mucho ~** it's a very time-consuming task; **¡cómo pasa el ~!** time flies!; **todo el ~** all the time; **estuvo todo el ~ de pie** he was standing up the whole time; **al mismo ~** at the same time; **al poco ~, poco ~ después** soon after(wards); **podríamos discutirlo al ~ que comemos** we could discuss it while we eat; **antes de ~** *(nacer)* prematurely; *(florecer, celebrar)* early; **muchos llegaron antes de ~** a lot of people arrived early; **a ~ completo** full-time; **a ~ parcial** part-time; **a su (debido) ~** in due course; **cada cosa a su ~** everything in due course *o* in good time; **a un ~** at the same time; **empujaron todos a un ~** they all pushed together *o* at the same time; **cada cierto ~** every so often; **¿cada cuánto ~ tiene que tomarlo?** how often *o* frequently does he have to take it?; **con el ~** in time; **de ~ en ~** from time to time, now and then; **de un ~ a esta parte** recently, for a while now; **dar ~ al ~** to give things time; **el ~ lo dirá** time will tell; **ganar ~ to** save time; **hacer ~** to pass the time; *RP* **hacerse ~** to make time, to find time; **matar el ~** to kill time; **perder el ~** to waste time; **no hay ~ que perder** there's no time to be lost; EXPR **el ~ es oro** time is money; EXPR **el ~ todo lo cura** time is a great healer ❑ INFORMÁT **~ de acceso** access time; INFORMÁT **~ de búsqueda** search time; **~ de cocción** cooking time; FOT **~ de exposición** exposure time; **~ libre:** **no me queda mucho ~ libre** I don't have much free *or* spare time any more; **te dan ~ libre para asuntos personales** they give you time off for personal matters; **~ de ocio** leisure time; INFORMÁT **~ real** real time; INFORMÁT **~ de respuesta** response time; **~ universal coordinado** Coordinated Universal Time
 -2. *(periodo disponible, suficiente)* time; **¡se acabó el ~! pueden ir entregando los exámenes** time's up, start handing in your papers!; **a ~ (para algo/de hacer algo)** in time (for sth/to do sth); **no llegamos a ~ de ver el principio** we didn't arrive in time to see *o* for the beginning; **estar a ~ de hacer algo** to be in time to do sth; **si quieres apuntarte, aún estás a ~** if you want to join in, you still have time *o* it's not too late; **con ~ (de sobra)** with plenty of time to spare, in good time; **¿nos dará ~?** will we have (enough) time?; **no me dio ~ a** *o* **no tuve ~ de decírselo** I didn't have (enough) time to tell her; **dame ~ y yo mismo lo haré** give me (a bit of) time and I'll do it myself; **me faltó ~ para terminarlo** I didn't have (enough) time to finish it; *Fam Irónico* **le faltó ~ para ir y contárselo a todo el mundo** she wasted no time in telling everyone about it; **sacar ~ para hacer algo** to find (the) time to do sth; **¿tienes ~ para tomar algo?** do you have time for a drink?; **tenemos todo el ~ del mundo** we have all the time in the world
 -3. *(periodo largo)* long time; **¿cuánto ~ hace (de eso)?** how long ago (was that)?; **¿cuánto ~ hace que no vas al teatro?** how long is it since you went to the theatre?; **¡cuánto ~ sin verte!** it's been ages since I saw you!, I haven't seen you for ages!; **hace ~ que** it is a long time since; **hace ~ que no vive aquí** he hasn't lived here for some time; **hace mucho ~ que no lo veo** I haven't seen him for ages; **~ atrás** some time ago; *Méx* **tener ~ de algo: tiene ~ de estudiar lingüística** she's been studying linguistics for a long time; **tómate tu ~ (para hacerlo)** take your time (over it *o* to do it)
 -4. *(época)* time; **aquél fue un ~ de paz y felicidad** those were peaceful and happy times, it was a time of peace and happiness; **corren** *o* **son malos tiempos para el estudio del latín** it isn't a good time to be studying Latin; **en estos tiempos que corren** these days; **del ~** *(fruta)* of the season; **las ideas de nuestro ~** the ideas of our time *o* day; **el hombre de nuestro ~** modern man; **el mejor boxeador de todos los tiempos** the greatest ever boxer, the greatest boxer of all time; **mi álbum favorito de todos los tiempos** my all-time favourite album, my favourite ever album; **en aquellos tiempos, por aquel ~** in those days, back then, at that time; **en los buenos tiempos** in the good old days; **en mis tiempos** in my day *o* time; **Johnson, en otro ~ plusmarquista mundial,...** Johnson, once the world record-holder *o* the former world record-holder,...; **en tiempo(s) de Napoleón** in Napoleon's times *o* day; **eran otros tiempos (entonces)** things were different (back) then; **¡qué tiempos aquellos!** those were the days!; **en tiempos** *(antiguamente)* in former times; EXPR **en tiempos de Maricastaña** donkey's years ago; EXPR **ser del ~ del Perú,** *RP* **ñaupa** *o Chile* **ñauca** to be ancient, to be as old as the hills
 -5. *(edad)* age; **¿qué ~ tiene?** how old is he?
 -6. *(clima)* weather; **¿qué tal está el ~?, ¿qué tal ~ hace?** what's the weather like?; **buen/mal ~** good/bad weather; **hizo buen/mal ~** the weather was good/bad; **nos hizo un ~ horrible** we had terrible weather; **del ~,** *Méx* **al ~** *(bebida)* at room temperature; **estas cervezas están del ~** these beers aren't cold *o* haven't been chilled; **si el ~ lo permite** *o* **no lo impide** weather permitting; EXPR **hace un ~ de perros** it's a foul day; EXPR **poner al mal ~ buena cara** to put a brave face on things
 -7. DEP *(mitad)* half; *(cuarto)* quarter; **primer/segundo ~** first/second half ❑ **~ añadido** injury *o* stoppage time; **~ de descuento** injury *o* stoppage time; **~ muerto** time-out; **~ reglamentario** normal time
 -8. *(marca) (en carreras)* time; **consiguió un ~ excelente** his time was excellent; **lograron clasificarse por tiempos** they qualified as fastest losers ❑ **~ intermedio** split time *(at halfway point)*; **~ parcial** split time; **~ récord** record time; **en un ~ récord** in record time
 -9. *(movimiento)* movement; **levantó las pesas en dos tiempos** he lifted the weights in two movements; **motor de cuatro tiempos** four-stroke engine
 -10. GRAM tense ❑ **~ compuesto** compound tense; **~ simple** simple tense
 -11. MÚS *(ritmo)* tempo; *(movimiento)* movement; *(compás)* time

tienda *nf* **-1.** *(establecimiento)* shop, store; **ir de tiendas** to go shopping ❑ *Andes, CAm, Méx* **~ de abarrotes** *Br* grocer's shop, *US* grocery store; **~ de alimentación** *Br* grocer's shop, *US* grocery store; **~ de antigüedades** antique shop; **~ de artículos de regalo** gift shop; *Méx* **~ de departamentos** department store; **~ de deportes** sports shop; **~ libre de impuestos** duty-free shop; **~ de modas** clothes shop *o* store; **~ de muebles** furniture shop *o* store; **~ de ropa** clothes shop *o* store; **~ de ultramarinos** *Br* grocer's shop, *US* grocery store
 -2. *(de plástico, lona)* **~ (de campaña)** tent; **montar/desmontar la ~** to pitch/take down one's tent ❑ **~ (de campaña) canadiense** ridge tent; MED **~ de oxígeno** oxygen tent

tiendo *etc ver* **tender**

tiene *etc ver* **tener**

tienta ◇ *nf* TAUROM trial *(of the bulls)*
 ◇ **a tientas** *loc adv* blindly; **andar a tientas** to grope along; **buscar algo a tientas** to grope about *o* around for sth

tiento ◇ *ver* **tentar**
 ◇ *nm* **-1.** *(cuidado)* care; *(en el trato con la gente)* tact; **puedes decírselo, pero hay que ir con ~** you can tell him, but watch *o* be careful how you do it

tiernamente

-2. *(prueba)* **dar un ~ a algo** to try sth; **dio un ~ a la botella** he took a swig from the bottle
-3. *(de ciego)* white stick
-4. *(de equilibrista)* balancing pole
-5. *CSur (correa)* leather strip
-6. *(en flamenco)* = variety of flamenco music and dance

tiernamente *adv* tenderly

tierno, -a ◇ *adj* -1. *(carne)* tender -2. *(pan)* fresh -3. *(afectuoso)* tender, affectionate; **estar ~ con alguien** to be tender *o* affectionate with *o* towards sb -4. *(emotivo)* **una escena tierna** a moving scene -5. *(joven) (brote, criatura)* tender (young); **desde su más tierna edad** from a tender age -6. *Chile, Ecuad (fruto, hortaliza)* unripe
◇ *nm Am* baby

tierra *nf* -1. *(planeta)* **la Tierra** (the) Earth
-2. *(superficie)* land; **viajar por ~** to travel by land; **~ adentro** inland; EXPR **poner ~ (de) por medio** to make oneself scarce ❏ *Am* **~ caliente** = in Latin America, climate zone up to an altitude of approximately 1,000 metres; **~ firme** *(por oposición al mar)* land, dry land; *(terreno sólido)* hard ground; *Am* **~ fría** = in Latin America, climate zone above the altitude of approximately 2,000 metres; **Tierra del Fuego** Tierra del Fuego; **~ de nadie** no-man's-land; **~ prometida** Promised Land; **Tierra de Promisión** Promised Land; **Tierra Santa** the Holy Land; **la ~ del Sol Naciente** the land of the Rising Sun; *Am* **~ templada** = in Latin America, climate zone between the altitudes of approximately 1,000 and 2,000 metres; **~ virgen** virgin land
-3. *(suelo)* ground; **trabajan bajo ~** they work underground; **caer a ~** to fall to the ground; **dar en ~ con algo** *(tirar)* to knock sth down *o* to the ground; **quedarse en ~** *(viajero)* to miss the boat/train/plane/*etc*; **muchos aviones se han quedado en ~ por la niebla** many planes have been grounded because of the fog; **tocar ~** *(avión)* to touch down; **tomar ~**: **tomó ~ en un campo** he landed in a field; **tomaremos ~ en el aeropuerto de Barajas en diez minutos** we will be landing at Barajas airport in ten minutes; EXPR **besar la ~** to fall flat on one's face; EXPR **echar** *o* **tirar algo por ~** *(esperanzas, planes, carrera)* to ruin sth; *(argumentos, teoría)* to demolish sth; EXPR *Fam* **¡~, trágame!, ¡trágame ~!** I wish the earth would swallow me up!; EXPR **era como si se lo hubiera tragado la ~** he had vanished without a trace; EXPR **venir** *o* **venirse a ~** to come to nothing
-4. *(materia)* earth; *(para nutrir plantas)* soil; **se me ha metido ~ en los zapatos** I've got some earth in my shoes; **esta ~ no es buena para cultivar** this soil isn't good for growing things; **un camino de ~** a dirt track; **política de ~ quemada** scorched earth policy; *Formal* **dar ~ a alguien** to bury sb; EXPR **echar ~ a** *o* **sobre un asunto** to hush up an affair ❏ **~ batida** *(en tenis)* clay; **~ vegetal** topsoil, loam
-5. *(en agricultura)* land; **cultivar la ~** to farm the land ❏ **~ cultivable** arable land; **~ de cultivo** arable land; **~ de labor** arable land; **~ de labranza** arable land
-6. *(lugar de origen) (país)* homeland, native land; *(región)* home *o* native region; **este chico es de mi ~** this lad is from where I come from; **vino/queso de la ~** local wine/cheese ❏ **~ natal** homeland, native land
-7. *(terrenos, países)* **es el dueño de estas tierras** he's the owner of this land; **en tierras del rey** on the King's land; **en tierras mexicanas** on Mexican soil; **por estas tierras** round these parts, down this way; **ver otras tierras** to travel, to see the world
-8. ELEC **(toma de) ~** *Br* earth, *US* ground; **estar conectado a ~, tener toma de ~** to be *Br* earthed *o US* grounded
-9. QUÍM **~ rara** rare earth
-10. *Am (polvo)* dust

tierral, tierrero *nm Am (polvareda)* dust cloud

tieso, -a *adj* -1. *(rígido)* stiff; **quedarse ~** *(de frío)* to be frozen stiff; **me quedé ~ del susto** I was scared stiff; **tiene las orejas tiesas** his ears are pricked; *muy Fam* **se le puso tiesa** he got a hard-on
-2. *(erguido)* erect
-3. *Fam (engreído)* haughty; **iba muy tiesa con su vestido nuevo** she was parading around in her new dress
-4. *Fam (distante)* distant
-5. *Fam (sin dinero)* broke
-6. *Fam (muerto)* stone dead; **dejar ~ a alguien** to bump sb off; **quedarse ~** to croak

tiestazo *nm Col Fam* bang, wallop

tiesto *nm* -1. *(maceta)* flowerpot; **¿me riegas los tiestos?** will you water my plants for me? -2. *Chile (vasija)* pot

tiesura *nf (rigidez)* rigidity, stiffness

TIFF [tif] *nm* INFORMÁT *(abrev de* **Tagged Image File Format)** TIFF

tifo = tifus

tifoideo, -a *adj* typhoid; **fiebres tifoideas** typhoid fever

tifón *nm* typhoon

tifosi *nmpl* DEP tifosi *(Italian soccer fans)*

tifus *nm inv* typhus ❏ **~ exantemático** epidemic typhus

tigre *nm* -1. *(animal)* tiger; **los tigres económicos del sudeste asiático** the tiger economies of South-East Asia ❏ **~ de Bengala** Bengal tiger; POL **~ de papel** paper tiger -2. *Esp Fam (WC) Br* bog, *US* john; EXPR *Fam* **huele a ~** it stinks -3. *Am (jaguar)* jaguar

tigresa *nf* -1. *(animal)* tigress -2. *Fam (mujer)* vamp

tigrillo *nm Andes, CAm, Méx, Ven (Felis pardalis)* ocelot; *(Felis wiedi)* margay; *(Felis tigrina)* oncilla, tiger cat

Tigris *nm* **el ~** the (River) Tigris

TIJ [tix] *nm (abrev de* **Tribunal Internacional de Justicia)** ICJ, International Court of Justice

tijera *nf* -1. *(para cortar)* scissors; *(de jardinero, esquilador)* shears; **unas tijeras** (a pair of) scissors/shears; **de ~** *(escalera, silla)* folding; EXPR **meter la ~ a** *(censurar)* to cut, to take the scissors to ❏ **tijeras de podar** secateurs -2. DEP **de ~**: **meter un gol de ~** to score with an overhead kick

tijereta *nf* -1. *(insecto)* earwig -2. *(en fútbol)* (overhead) scissors kick -3. *Andes, RP (ave)* scissortail

tijeretazo *nm* -1. *(con la tijera)* snip -2. *(en fútbol)* overhead kick

tijeretear *vt* to cut up

tijuanense ◇ *adj* of/from Tijuana *(Mexico)*
◇ *nmf* person from Tijuana *(Mexico)*

Tikal *n* = Guatemalan national park in the densely-forested Petén department, which contains a major Mayan archaeological site dating from 300 BC

tila *nf* -1. *(flor)* lime blossom, linden flower -2. *(infusión)* lime blossom tea, linden flower tea

tilburi *nm* chaise, tilbury

tildar *vt* **~ a alguien de algo** to brand *o* call sb sth; **le tildaron de colaboracionista** she was branded a collaborator

tilde *nf* -1. *(acento gráfico)* accent -2. *(de la ñ)* tilde

tiliche *nm CAm, Méx* trinket, knick-knack

tilico, -a *adj Méx Fam* skinny

tilín *nm* tinkle, tinkling; EXPR *Fam* **hacer ~**: **me hace ~** I like the look of him/her/it; **no me hizo mucho ~** he/she/it didn't do much for me

tilingada, tilinguería *nf RP Fam* empty-headedness, imbecility

tilingo, -a *RP Fam* ◇ *adj* empty-headed, halfwitted
◇ *nm,f* halfwit, airhead

tilinguería = tilingada

tilinguerío *nm RP Fam* **estaba todo el ~ del barrio** all the local airheads *o* halfwits were there

tilma *nf Méx* woollen blanket

tilo *nm* -1. *(árbol)* lime *o* linden tree -2. *(madera)* lime -3. *CSur (infusión)* lime blossom tea, linden flower tea

tilonorrinco *nm* bowerbird

timador, -ora *nm,f* confidence trickster, swindler

timar *vt* -1. *(estafar)* **~ a alguien** to swindle sb; **~ algo a alguien** to swindle sb out of sth -2. *(engañar)* to cheat, to con; **¿cinco mil por eso? ¡te han timado!** five thousand for that? you've been done *o* had!

timba *nf* -1. *(partida)* card game *(in gambling den)* -2. *(lugar)* gambling den -3. *CAm, Méx Fam (barriga)* belly

timbal *nm* -1. *(de orquesta)* kettledrum -2. *(tamboril)* small drum -3. CULIN timbale

timbalero, -a *nm,f* timpanist

timbear *vi RP Fam* to gamble

timbero, -a *RP Fam* ◇ *adj* **es muy ~** he loves gambling
◇ *nm,f* gambler

timbó *nm* timbo, = tropical tree with light wood, used for making canoes

timbrado, -a *adj* -1. *(sellado)* stamped -2. *(sonido)* clear

timbrar ◇ *vt* -1. *(documento)* to stamp -2. *(voz)* **~ la voz** to adjust the tone of one's voice
◇ *vi Andes, CAm, Méx* to ring

timbrazo *nm* loud ring; **dale un ~** give it a good ring

timbre *nm* -1. *(aparato)* bell; **tocar el ~** to ring the bell ❏ **~ de alarma** alarm (bell) -2. *(de instrumento)* timbre; **el ~ de su voz** the sound of her voice; **un ~ metálico** a metallic ring -3. *(sello) (de documentos)* (official) stamp; *(de impuestos)* seal; *CAm, Méx (de correos)* stamp -4. *(en escudo de armas)* crest

tímidamente *adv* -1. *(con vergüenza)* shyly -2. *(con vacilación)* timidly

timidez *nf* -1. *(vergüenza)* shyness; **hablaba con ~** he spoke shyly -2. *(vacilación)* timidity; **se acercó con ~** she approached timidly

tímido, -a ◇ *adj* -1. *(vergonzoso)* shy -2. *(vacilante)* timid
◇ *nm,f* shy person; **ser un ~** to be shy

timo *nm* -1. *(estafa)* swindle; **¡qué ~!** what a rip-off! ❏ **el ~ de la estampita** = confidence trick in which the victim buys a pile of pieces of paper thinking them to be bank notes; *Fam* **¡eso es el ~ de la estampita!** it's a complete rip-off! -2. ANAT thymus

timolina *nf Perú* disinfectant

timón *nm* -1. *(de barco) (palanca)* tiller, helm; *(rueda)* wheel, helm; *(pieza articulada)* rudder; **estar al ~** to be at the helm -2. *(gobierno)* helm; **ella lleva el ~ de la empresa** she's at the helm of the company -3. *Andes, Cuba (volante)* steering wheel

timonear *vi* to steer

timonel *nm* NÁUT helmsman; *(en barca de remo)* cox

Timor *n* Timor ❏ **~ Oriental** East Timor

timorato, -a *adj* -1. *(mojigato)* prudish -2. *(tímido)* fearful

timorés, -esa ◇ *adj* Timorese
◇ *nm,f* Timorese

timpánico, -a *adj* tympanic

tímpano *nm* -1. ANAT eardrum, *Espec* tympanum -2. MÚS *(tamboril)* small drum; *(de cuerda)* hammer dulcimer -3. ARQUIT tympanum

tina *nf* -1. *(tinaja)* pitcher -2. *(gran cuba)* vat -3. *CAm, Col, Méx (bañera)* bathtub

tinaco *nm* -1. *Méx (tinaja)* (large) pitcher -2. *CAm, Méx (depósito de agua)* water tank

tinaja *nf* (large) pitcher

tinamú (tinamúes *o* **tinamús)** *nm (ave)* tinamou

tinca *nf Chile, Perú Fam* -1. *(corazonada)* feeling, hunch -2. *(empeño)* **ponerle ~ a algo** to put one's heart into sth

tincada *nf Chile, Perú Fam* feeling, hunch

tincar [59] *vi Chile, Perú Fam* **me tinca que va a llegar tarde** I have the feeling *o* something tells me he's going to be late; **me tinca buena película** I get the feeling *o* something tells me it's probably a good movie

tinción *nf* dyeing

tíner = thinner

tinerfeño, -a ◇ *adj* of/from Tenerife *(Spain)*
◇ *nm,f* person from Tenerife *(Spain)*

tingladillo *nm* NÁUT **de ~** clinker-built

tinglado *nm* **-1.** *(armazón)* platform; EXPR *Fam* **todo el ~** the whole caboodle
-2. *Fam (desorden)* chaos; **¡qué ~ de papeles tengo en la mesa!** I've got such a clutter *o* jumble of papers on my desk!; **armaron un ~ terrible para cambiar la instalación eléctrica** they made a real meal out of rewiring the house
-3. *Fam (asunto)* business; **tienen montado un ~ extraño esos dos** those two are up to some sort of funny business; EXPR **dirigir** *o* **manejar el ~** to rule the roost
-4. *(cobertizo)* shed

tinieblas *nfpl* **-1.** *(oscuridad)* darkness, murk; **estábamos en ~** we were in darkness **-2.** *(confusión)* confusion, uncertainty; **estar en ~ sobre algo** to be in the dark about sth

tino *nm* **-1.** *(puntería)* good aim; **tener mucho ~** to be a good shot
-2. *(habilidad)* skill; **tú que tienes más ~, me ayudas a abrirlo?** you're better at this kind of thing, can you help me open it?
-3. *(juicio)* sense, good judgement; *(prudencia)* moderation; **¡qué poco ~ tienes!** you've got no sense!; **hacer algo con buen ~** to show good judgement in doing sth; **gastar sin ~** to spend money recklessly

tinque *etc ver* **tincar**

tinta *nf* **-1.** *(para escribir)* ink; EXPR **medias tintas: andarse con medias tintas** to be wishy-washy; **no me gustan las medias tintas** I don't like half-measures *o* doing things by halves; EXPR **cargar** *o* **recargar las tintas** to exaggerate; EXPR **saberlo de buena ~** to have it on good authority ❑ **~ china** Indian ink; **~ indeleble** indelible ink; **~ invisible** invisible ink; **~ simpática** invisible ink
-2. *(de calamar)* ink
-3. *RP (para pelo)* dye; **hacerse la ~** to dye one's hair

tintar *vt* to dye

tinte *nm* **-1.** *(sustancia)* dye; **~ de pelo** hair dye **-2.** *(operación)* dyeing **-3.** *(tintorería)* dry cleaner's; **llevar algo al ~** to take sth to the dry cleaner's, to get sth dry-cleaned **-4.** *(rasgo)* overtone, suggestion; **declaraciones de claro ~ racista** remarks with clearly racist overtones; **una novela de tintes autobiográficos** a novel with autobiographical overtones *o* elements

tinterillo, -a *nm,f Perú Fam Pey* shyster (lawyer)

tintero *nm (frasco)* ink pot; *(fijo en la mesa)* inkwell; EXPR **dejarse algo en el ~** to leave sth unsaid

tintín *nm* **-1.** *(de vasos)* clink, clinking **-2.** *(de campanilla)* tinkle, tinkling

tintinear *vi* to jingle, to tinkle

tintineo *nm* tinkle, tinkling

tinto, -a ◇ *adj* **-1.** *(vino)* red **-2.** *Literario (teñido)* dyed **-3.** *(manchado)* stained; **una espada tinta en sangre** a blood-stained sword
◇ *nm* **-1.** *(vino)* red wine ❑ *Esp* **~ de verano** red wine spritzer **-2.** *Col, Ven (café)* black coffee

tintorera *nf* **-1.** *(tiburón)* blue shark **-2.** *ver también* **tintorero**

tintorería *nf* dry cleaner's

tintorero, -a *nm,f* dry cleaner

tintorro *nm Fam* cheap red wine, *Br* red plonk

tintura *nf* **-1.** QUÍM tincture ❑ **~ de yodo** (tincture of) iodine **-2.** *(tinte)* dye; *(proceso)* dyeing

tiña *nf* **-1.** MED ringworm, *Espec* tinea **-2.** *Fam (suciedad)* filth

tiñera *etc ver* **teñir**

tiño *etc ver* **teñir**

tiñoso, -a *adj* **-1.** MED suffering from ringworm **-2.** *Fam (tacaño)* stingy

tío, -a *nm,f* **-1.** *(familiar)* uncle, *f* aunt; **mis tíos** my aunt and uncle; **la tía Sara** Aunt Sara; EXPR *Fam* **¡cuéntaselo a tu tía!** pull the other one!; EXPR *Fam* **no hay tu tía: no hay tu tía, no puedo abrir el cajón** this drawer just refuses to open; **por más que se lo pido, no hay tu tía** I've asked him and asked him, but he's not having any of it ❑ **tía abuela** great-aunt; **~ abuelo** great-uncle; **tía carnal** aunt *(blood relative)*; **~ carnal** uncle *(blood relative)*; **el ~ Sam** Uncle Sam; **~ segundo** first cousin once removed
-2. *Esp Fam (hombre)* guy, *Br* bloke; *(mujer)* woman; *(mujer joven)* girl; **¡cómo sois los tíos!** you men are all the same!; **~ bueno** hunk; **tía buena** gorgeous woman *o Br* bird; **¡tía buena!** *(piropo)* hello gorgeous!
-3. *Esp Fam (apelativo) (hombre)* pal, *Br* mate; **¡tía, déjame en paz!** leave me alone, will you?; **¡tía, qué guapa estás!** wow, you look fantastic!

tiovivo *nm* merry-go-round, *US* carousel; **subir al ~, montar en ~** to have a go on the merry-go-round

tipa *nf* **-1.** *(árbol)* tipu tree, pride of Bolivia
-2. *ver también* **tipo**

tiparraco, -a = **tipejo**

tipazo *nm Fam (de mujer)* fantastic figure; *(de hombre)* good build; **con este ~ toda la ropa le queda bien** with a figure like that everything looks good on her

tipear *Am* ◇ *vt* to type
◇ *vi* to type

tipejo, -a, tiparraco, -a *nm,f Fam Pey* individual, character

tipeo *nm Am* typing

típicamente *adv* typically

típico, -a *adj* **-1.** *(característico)* typical (**de** of); **es un plato ~ de Francia** this is a typical French dish; **es un rasgo ~ de los orientales** it is a characteristic of orientals; **es ~ de** *o* **en él llegar tarde** it's typical of him to arrive late; **es la típica frase de saludo** it's the traditional *o* customary greeting; **¿y qué hiciste – pues lo ~** so what did you do? – all the usual *o* typical things
-2. *(traje, restaurante)* traditional

tipificación *nf* **-1.** *(de producto, delito)* classification **-2.** *(normalización)* standardization **-3.** *(paradigma, representación)* epitome

tipificar [59] *vt* **-1.** *(clasificar)* to classify; **está tipificado como delito** it is a statutory offence **-2.** *(normalizar)* to standardize; **productos tipificados** standardized products **-3.** *(representar)* to epitomize, to typify

tipismo *nm* local colour

tiple ◇ *nmf (cantante)* soprano
◇ *nm* **-1.** *(voz)* soprano **-2.** *(guitarra)* treble guitar

tipo, -a ◇ *nm,f Fam (hombre)* guy, *Br* bloke; *(mujer)* woman; *(mujer joven)* girl
◇ *nm* **-1.** *(clase)* type, sort; **no es mi ~** he's not my type; **todo ~ de** all sorts of; **vinieron personas de todo ~** all sorts of people came; **no me gustan las películas de ese ~** I don't like movies like that *o* those sorts of movies
-2. *(cuerpo) (de mujer)* figure; *(de hombre)* build; **tiene muy buen ~** she has a very good body; EXPR *Fam* **jugarse el ~** to risk one's neck; EXPR *Fam* **aguantar** *o* **mantener el ~** to keep one's cool, not to lose one's head; EXPR **dar el ~** to be up to standard *o* scratch
-3. ECON rate ❑ **~ básico** *(de interés)* base rate; *(de impuestos)* basic rate; **~ de cambio** exchange rate, rate of exchange; **~ de descuento** discount rate; **~ impositivo** tax rate; **~ de interés** interest rate; **~ de interés bancario** bank rate; **~ de interés fijo** fixed interest rate; **~ de interés hipotecario** mortgage rate; **~ de interés variable** variable *o* floating interest rate; **~ marginal** marginal rate; **~ mínimo** minimum rate; **~ preferencial** prime (lending) rate
-4. IMPRENTA type
-5. BIOL type
◇ *adj inv* **-1.** *(estándar)* **el boliviano/la dieta ~** the average Bolivian/diet **-2.** **un pantalón ~ pitillo** a pair of drainpipe trousers; **una película ~ Rambo** a Rambo-style movie
◇ *adv RP Fam (aproximadamente)* like; **llegaron ~ nueve** they arrived at, like, nine o'clock; **se casó hace ~ cinco años** she got married something like five years ago

tipografía *nf* **-1.** *(procedimiento)* typography, printing **-2.** *(taller)* printing works *(singular)*
-3. INFORMÁT typography

tipográfico, -a *adj* typographical, printing; **industria tipográfica** printing industry

tipógrafo, -a *nm,f* printer, typographer

tipología *nf* typology

Tipp-Ex® ['tipeks] *nm inv* Tipp-Ex®

típula *nf* daddy-longlegs

tíquet (*pl* **tíquets**), **tique** *nm* **-1.** *(billete)* ticket **-2.** *(recibo)* **~ (de compra)** receipt

tiquismiquis *Fam* ◇ *adj inv (maniático)* pernickety
◇ *nmf inv (maniático)* fusspot
◇ *nmpl* **-1.** *(reparos)* **andar con ~** to fuss over little things **-2.** *(bagatelas)* trifles

tira ◇ *nf* **-1.** *(banda cortada)* strip; **cortar algo en tiras** to cut sth into strips; **hacer algo tiras** *(trapo, papel)* to tear sth to pieces
-2. *(tirante)* strap
-3. *(de viñetas)* **~ (cómica)** comic *o* cartoon strip
-4. EXPR *Fam* **la ~: me gustó la ~** I really loved it; **¿tienes juguetes? – ¡la ~!** have you got any toys? – loads (of them)!; **la ~ de** loads of; **hace la ~ que no viene por aquí** it's ages since she's been here
-5. *Méx Fam* **la ~** *(la policía)* the law, *US* the heat
-6. *RP (de asado)* short ribs
◇ *nm* **~ y afloja: firmaron el acuerdo tras meses de ~ y afloja** they signed the agreement after months of hard bargaining; **el ~ y afloja que mantienen británicos y españoles en el tema de Gibraltar** the wrangling between Britain and Spain over Gibraltar
◇ *nmf* **-1.** *Méx (policía)* cop **-2.** *RP Fam (detective)* plain-clothes cop

tirabeque *nm* mangetout, *US* snow pea

tirabuzón *nm* **-1.** *(rizo)* curl **-2.** *(sacacorchos)* corkscrew

tirachinas *nm inv Br* catapult, *US* slingshot

tirada *nf* **-1.** *(lanzamiento)* throw; **estuvo dos tiradas sin jugar** she missed two goes; EXPR **de** *o* **en una ~** in one go **-2.** IMPRENTA *(número de ejemplares)* print run; **este diario tiene una ~ de 100.000 ejemplares** this paper has a circulation of 100,000 **-3.** IMPRENTA *(reimpresión)* reprint **-4.** *Fam (distancia)* **hay una buena ~ hasta allí** it's a fair way away **-5.** *Méx Fam (objetivo)* target, goal **-6.** *ver también* **tirado**

tiradero *nf* **-1.** *Méx (vertedero) Br* rubbish tip *o* dump, *US* garbage dump; *Fig* **su mesa es un ~ de papeles** you can't see her desk for the heaps of paper on it **-2.** *Ven Fam (casa de citas)* brothel

tirado, -a *Fam* ◇ *adj* **-1.** *(barato)* dirt cheap
-2. *(fácil)* simple, dead easy; **un crucigrama ~** a dead easy crossword; **estar ~** to be a cinch
-3. *(débil, cansado)* worn-out
-4. *(miserable)* seedy
-5. *(abandonado, plantado)* **dejar ~ a alguien** to leave sb in the lurch; **el taxista les dejó tirados en medio del campo** the taxi driver left them stranded in the middle of the countryside; EXPR *Méx Fam* **estar ~ a la calle** to be in bad shape
◇ *nm,f (persona)* slacker

tirador, -ora ◇ *nm,f* **-1.** *(persona)* marksman, *f* markswoman; **ser un buen ~** to be a good marksman **-2.** *(en esgrima)* fencer
◇ *nm* **-1.** *(mango)* handle **-2.** *(de campanilla)* bell rope **-3.** *(tirachinas)* catapult, slingshot
-4. *Bol, RP* **tiradores** *(tirantes) Br* braces, *US* suspenders

tirafondo *nm* screw

tiragomas *nm inv* catapult

tiraje *nm Am* **-1.** *(de publicación)* print run; **este diario tiene un ~ de 100.000 ejemplares** this paper has a circulation of 100,000
-2. *(de chimenea)* draft; **tener buen ~** to draw well

tiralevitas *nmf Pey* creep, crawler

tiralíneas *nm inv* ruling pen, = pen used with bottled ink for drawing geometrical figures, plans etc

tiramisú nm tiramisu

Tirana n Tirana

tiranía nf **-1.** (de gobierno, dictador) tyranny **-2.** (del reloj, de la moda) tyranny

tiranicida Formal ◇ adj tyrannicidal
◇ nmf tyrannicide

tiranicidio nm Formal tyrannicide

tiránico, -a adj tyrannical

tiranizar [14] vt to tyrannize

tirano, -a ◇ adj **-1.** (gobierno) tyrannical **-2.** (padre, amor) tyrannical
◇ nm,f **-1.** (gobernante) tyrant **-2.** (persona dominante) **eres un ~** you're a tyrant
◇ nm kingbird ❑ **~ real** eastern kingbird

tiranosaurio nm tyrannosaurus

tirantas nfpl Col **-1.** (para pantalones) Br braces, US suspenders **-2.** (de blusa, vestido) straps

tirante ◇ adj **-1.** (estirado) (cuerda, goma) taut; **me noto la piel ~** my skin feels taut o tight; **la coleta está demasiado ~** this pigtail is too tight **-2.** (violento, tenso) (situación, relaciones) tense; **estar ~ con alguien** to be tense with sb
◇ nm **-1.** (de tela) strap; **una camiseta de tirantes** Br vest, US undershirt; **un sostén sin tirantes** a strapless bra **-2. tirantes** (para pantalones) Br braces, US suspenders **-3.** ARQUIT brace

tirantez nf **-1.** (de cuerda, goma) tension **-2.** (de situación, relaciones) tension, tenseness; **existe cierta ~ entre ellos** there is a certain tension between them

tirar ◇ vt **-1.** (lanzar) to throw; **tiraron las gorras al aire** they threw their caps (up) in the air; **~ algo a alguien** (para que lo agarre) to throw sth to sb; (para hacer daño) to throw sth at sb; **tírame una manzana** throw me an apple; **le tiró un beso** she blew him a kiss; **le tiraban piedras a la policía** they were throwing stones at the police
-2. (dejar caer) (objeto) to drop; (líquido) (derramar) to spill; **no tiren los papeles al suelo** don't throw o drop the wrappers on the ground; **tiró las maletas y se tumbó en la cama** she dropped her suitcases and lay down on the bed; **me has tirado salsa en el traje** you've spilt some sauce on my suit
-3. (derribar) (botella, lámpara) to knock over; (muro, tabique, edificio) to knock down; **tiró la lámpara con un codo al pasar** she knocked over the lamp with her elbow as she went by; **la violencia del choque la tiró al suelo** the force of the collision knocked o hurled her to the floor; **esta pared habrá que tirarla** we're going to have to knock this wall down
-4. (desechar) to throw away o out; **~ algo a la basura** to throw sth out; **tíralo a la papelera** throw it in the wastepaper basket; **esto está para tirarlo** you/we/etc should throw this away o out; **eso es ~ el dinero** that's a complete waste of money
-5. (arrastrar) **un carro tirado por dos bueyes** an ox-drawn cart
-6. (disparar) (balas, misiles, disparos) to fire; (bomba) to drop; (petardo, cohete) to let off; (dardos, flechas) to shoot; Fam **~ una foto** to take a picture
-7. (jugar) (carta) to play; (dado) to throw
-8. (en deportes) (falta, penalti) to take; (balón) to pass
-9. (imprimir) to print
-10. (trazar) (línea) to draw
-11. Fam (suspender) to fail, US to flunk; **me han tirado en geografía** I've failed o US flunked geography
◇ vi **-1.** (disparar) to shoot; **~ al aire** to fire shots into the air; **~ a dar** to shoot to wound, not to kill; **~ a matar** (con arma) to shoot to kill; (con comentario) to go for the jugular
-2. (estirar, arrastrar) **~ (de algo)** to pull (sth); **el ciclista colombiano tiraba del pelotón** the Colombian cyclist was pulling the bunch along; **me tiró del pelo** she pulled my hair; **~** (en letrero) pull; **me tiró del brazo/de la manga** she tugged at my arm/sleeve; EXPR RP **~ parejo: esto no es justo, o tiramos parejo o yo me retiro** this is not fair, either we all pull together or I'm dropping out
-3. (estar tirante) to be tight; **la chaqueta me tira de atrás** the jacket's a bit tight at the back
-4. (en deportes) (con el pie) to kick; (con la mano) to throw; (a meta, canasta) to shoot; **~ a gol** o Am **al arco** o Esp **a puerta** to shoot, to have a shot at goal
-5. (dirigirse) to go (**hacia** o **para** towards), to head (**hacia** o **para** for o towards); Fam **¡tira!** (para empezar a moverse) get moving!; Fam **¡tira que llegamos tarde!** let's get a move on or we'll be late!; **tiramos hacia la izquierda** we turned left; Fam **tira para arriba, que ahora subo yo** you go on up, I'll come up in a minute; **tira por esa calle** go up o take that street
-6. (jugar) to go, to have one's go; **te toca ~ a ti** (en naipes, dados, billar) it's your go
-7. (cigarrillo, chimenea) to draw; **este tabaco no tira** these cigarettes aren't drawing properly
-8. Fam (funcionar) to go, to work; **el motor no tira** the engine isn't working properly; **el coche tira bien** the car runs well
-9. (durar) to last; **estos zapatos tirarán otro año** these shoes will last another year
-10. Fam (atraer) **la familia tira mucho** blood is thicker than water; **la tierra siempre tira de uno** your homeland never loses its pull on you; **tirarle a alguien: me tira la vida del campo** country life appeals to me; **no le tira la profesión de su padre** his father's profession doesn't appeal to him; **no le tira viajar** she doesn't feel the urge to travel; **~ de alguien** to exert a pull on sb
-11. Fam (apañárselas) **aún puedo ~ con este abrigo un par de inviernos** this coat should do me for another couple of winters yet; **ir tirando** to get by; **voy tirando** I'm OK, I've been worse
-12. (tener aspecto de o tendencia a) **~ a: tira a gris** it's greyish; **tira a su abuela** she takes after her grandmother; **este programa tira a (ser) hortera** this programme is a bit on the tacky side; **el tiempo tira a mejorar** the weather looks as if it's getting better; **es un reformista tirando a radical** he's somewhere between a reformist and a radical; **es verde tirando a azul** it's a bluey green; **es tirando a delgado** if anything, he's rather thin; **tira para deportista** he has the makings of a sportsman
-13. Fam (hacer uso) **~ de algo** to use sth; **cuando no hay dinero hay que ~ del ingenio** when you don't have any money, you have to rely on your wits; **hubo que ~ de los ahorros** we had to draw on our savings
-14. Ven Vulg (copular) to fuck

◆ **tirarse** vpr **-1.** (lanzarse) (al aire) to jump (**a** into); (al agua) to dive (**a** into); **se tiró** o **desde lo alto del muro** she jumped down from the wall; **tirarse del trampolín** to dive off the springboard; **se tiró de un sexto piso** he threw himself from a sixth-floor window; **se tiró por la ventana** she jumped out of the window; **tirarse en paracaídas** to parachute; **tirarse sobre alguien** to jump on top of sb; EXPR RP,Ven **tirarse al agua (de traje)** to take the plunge
-2. (tumbarse) to stretch out; **tirarse en el suelo/en la cama** to stretch out on the ground/bed
-3. Fam (en fútbol) to dive; EXPR **tirarse a la piscina** to make a theatrical dive
-4. Fam (pasar tiempo) to spend; **se tiraba todo el día viendo la tele** she'd be in front of the telly all day long, she'd spend the whole day in front of the telly; **se tiró siete años para hacer la carrera** he took seven years to get his degree
-5. Fam (expulsar) **tirarse un pedo** to fart; **tirarse un eructo** to burp; **tirarse un farol** to bluff
-6. muy Fam (sexualmente) **tirarse a alguien** to lay sb, Br to have it off with sb
-7. RP Fam **tirárselas de: se las tira de intelectual/elegante** he fancies himself as an intellectual/a dandy

tirilla ◇ nf **-1.** (de camisa) neckband **-2.** Chile (vestido) ragged o tattered clothing
◇ nmpl **tirillas ser un tirillas** to be a weakling o weed

tirio, -a HIST ◇ adj Tyrian
◇ nm,f Tyrian; EXPR **tirios y troyanos** all sides; **en su discurso atacó a tirios y troyanos** he attacked all and sundry in his speech

tirita nf Br (sticking-)plaster, US Bandaid®; **ponerse una ~** to put a Br plaster o US Bandaid® on

tiritar vi to shiver (**de** with); EXPR Fam **dejar algo tiritando: has dejado la botella tiritando** you haven't left much of that bottle

tiritona, tiritera nf **le dio una ~** he had a fit of shivering

tiro nm **-1.** (disparo) (con arma) shot; **le dieron un ~ en el brazo** he was shot in the arm; **se oyó un ~** a shot rang out, there was a shot; **lo mataron de un ~** he was shot dead; **pegar un ~ a alguien** to shoot sb; **pegarse un ~** to shoot oneself; **se liaron a tiros** they started shooting at each other; EXPR RP **como (un) ~** (partir, salir) like a shot; **ir como (un) ~** to tear along, US to barrel along; EXPR Fam **ni a tiros: este cajón no se abre ni a tiros** this drawer just refuses to open; **esta cuenta no me sale ni a tiros** however hard I try I don't seem to be able to get this sum right; EXPR Fam **a ~ hecho: fui a esa tienda a ~ hecho** I went to that shop on purpose; EXPR **no van por ahí los tiros** you're a bit wide of the mark there; EXPR **saber por dónde van los tiros** to know what's really going on; EXPR **me salió el ~ por la culata** it backfired on me; EXPR Fam **sentar como un ~ a alguien** (comentario) to go down badly with sb; (comida) to disagree with sb; (ropa, indumentaria) to look awful on sb; **su reacción me sentó como un ~** her reaction really upset me ❑ **~ de gracia** coup de grâce
-2. (disparo) (con balón) shot; **hubo varios tiros a puerta** there were several shots at goal; Fam **echar unos tiros** (en baloncesto) to play hoops ❑ Am **~ al arco** (en baloncesto) shot at goal; **~ de dos (puntos)** (en baloncesto) two-point basket; **~ de campo** (en baloncesto) field goal; Am **~ de esquina** corner; **~ libre** (en fútbol) free kick; (en baloncesto) free throw; **~ libre directo** (en fútbol) direct free kick; **~ libre indirecto** (en fútbol) indirect free kick; **~ a la media vuelta** (en baloncesto) turn-around jump shot; **~ en suspensión** (en baloncesto) jump shot; **~ de tres (puntos)** (en baloncesto) three-pointer
-3. (actividad) shooting; **hacer prácticas de ~** to practise one's shooting ❑ **~ con arco** archery; **~ al blanco** (deporte) target shooting; (lugar) shooting range; **~ al plato** clay pigeon shooting
-4. (huella, marca) bullet mark; (herida) gunshot wound; **tiene un ~ en la pierna** he has a gunshot wound in his leg
-5. (alcance) range; **a ~ de** within range of; **a ~ de piedra (de)** a stone's throw away (from); **ponerse/estar a ~** (de arma) to come/be within range; (de persona) to come/be within one's reach; **si se me pone a ~ no dejaré escapar la ocasión** if the chance comes up, I won't miss it
-6. (de chimenea, horno) (conducto) flue; (corriente) draft; **tener buen ~** to draw well
-7. (de pantalón) = distance between crotch and waist; **este pantalón me queda corto/largo de ~** these Br trousers o US pants are a bit tight/baggy at the crotch; EXPR **de tiros largos: vestirse** o **ponerse de tiros largos** to dress up to the nines
-8. (de caballos) team
-9. Fam (raya de cocaína) line
-10. Chile Fam **al ~** in a flash, at once; **me respondió al ~** she answered me in a flash

tiroideo, -a adj thyroid; **glándula tiroidea** thyroid (gland)

tiroides nm inv thyroid (gland)
Tirol nm **(el)** ~ the Tyrol
tirolés, -esa ◇ adj Tyrolean; **sombrero ~** Tyrolean hat
◇ nm,f Tyrolean
tirón nm **-1.** (estirón) pull; **le dio un ~ de orejas** she tweaked his ears; **dar tirones (de algo)** to tug o pull (at sth); EXPR Fam **de un ~** in one go; **dormir diez horas de un ~** to sleep ten hours straight through
-2. (muscular) pull; **me ha dado un ~** I've pulled a muscle; **sufrir un ~** to pull a muscle
-3. (robo) **el ~** bag-snatching; **le dieron un ~** she had her bag snatched
-4. Fam (atractivo) **tiene mucho ~ entre los jóvenes** she's a big hit with young people
-5. (aceleración) **les salvó el ~ de las fiestas navideñas** they were saved by the Christmas spending spree; **la economía ha crecido debido al ~ del euro** the economy has grown due to the impetus given by the euro
-6. Fam (distancia) **hay un buen ~ hasta allá** it's quite a trek (to get there)
tironear ◇ vt to tug o pull (at)
◇ vi to tug, to pull; **no tironees que se rompe** don't pull at it or it'll tear; RP **cuando querés algo, pedilo, no tirones** if you want something, ask for it, don't grab
tirotear ◇ vt to fire at
◇ vi to shoot
♦ **tirotearse** vpr to fire at each other
tiroteo nm (tiros) shooting; (intercambio de disparos) shootout; **en el ~ murieron dos personas** two people were killed in the shooting
Tirreno nm **el (mar) ~** the Tyrrhenian Sea
tirria nf Fam **le tengo ~** I can't stand him
tisana nf herbal tea
tísico, -a MED ◇ adj consumptive, tubercular; **estar ~** to have consumption o tuberculosis
◇ nm,f consumptive
tisis nf inv MED consumption, tuberculosis
tisú nm (tela) lamé
titán nm **-1.** MITOL Titan **-2.** (gigante) giant; (persona excepcional) giant, titan; **un duelo de titanes** a battle of titans
titánico, -a adj titanic
titanio nm QUÍM titanium
títere nm **-1.** (muñeco) puppet; **títeres** (guiñol) puppet show; EXPR **no dejar ~ con cabeza** (destrozar) to destroy everything in sight; (criticar) to spare nobody; **no quedó ~ con cabeza** no one was spared **-2.** Pey (persona) puppet
titi nf muy Fam (chica) Br bird, US broad
tití (pl **titís** o **tities**) nm (mono) marmoset
titiaro nm Ven lady finger banana, fig banana
Titicaca nm **el lago ~** Lake Titicaca
titilación nf Literario **-1.** (de estrella, luz) flickering **-2.** (temblor) trembling
titilar vi Literario **-1.** (estrella, luz) to flicker **-2.** (temblar) to tremble
titileo nm Literario **-1.** (de estrella, luz) flickering **-2.** (temblor) trembling
titipuchal nm Méx Fam **un ~ de** heaps of, US a whole mess of
titiritar vi to shiver **(de** with)
titiritero, -a nm,f **-1.** (de títeres) puppeteer **-2.** (acróbata) acrobat
Tito n pr **~ Livio** Livy; **(el mariscal) ~** (Marshal) Tito
tito nm (de aceituna, cereza) Br stone, US pit
titubeante adj (actitud) hesitant; (voz) faltering, hesitant
titubear vi (dudar) to hesitate; (al hablar) to falter, to hesitate
titubeo nm (duda, al hablar) hesitation, hesitancy; **tras muchos titubeos** after much hesitation
titulación nf (académica) qualifications
titulado, -a ◇ adj (diplomado) qualified; (licenciado) with a degree; **~ en enfermería/ciencias económicas** with a degree in nursing/economics; **abogado ~** law graduate
◇ nm,f (diplomado) holder of a qualification; (licenciado) graduate; **para recién titulados** (diplomados) for those newly qualified; (licenciados) for recent graduates
☐ **~ superior** (university) graduate
titular ◇ adj (profesor) tenured; **miembro ~** full member; **el equipo ~** the first team; **el juez ~** = the judge assigned to a particular court
◇ nmf **-1.** (poseedor) holder; **~ de una tarjeta de crédito/cuenta corriente** credit card/current account holder **-2.** (profesor) tenured lecturer; **el ~ de la cátedra** the holder of the chair **-3.** (jugador) first-team player
◇ nm PRENSA headline; **con grandes titulares** splashed across the front page
◇ vt (libro, cuadro) to call, to title
♦ **titularse** vpr **-1.** (llamarse) to be titled o called; **¿cómo se titula la película?** what's the title of the movie? **-2.** (licenciarse) to graduate **(en** in); (diplomarse) to obtain a qualification **(en** in); **se tituló por la universidad de Cuernavaca** she graduated from o did her degree at Cuernavaca university
titularidad nf **-1.** (de bienes) ownership; (de derechos) possession; **una empresa de ~ estatal** a state-owned company **-2.** (de puesto) **asumió la ~ del cargo** she assumed o took up the post; **perder la ~** (deportista) to lose one's first-team place
titulitis nf inv Fam = over-reliance on academic qualifications
título ◇ nm **-1.** (de obra, película) title ☐ CINE **títulos de crédito** credits; **~ de página** running head, page title
-2. (licenciatura) degree; (diploma) diploma; **tiene muchos títulos** she has a lot of qualifications ☐ **~ académico** academic degree; **~ universitario** university degree
-3. (de concurso, competición) title; **el ~ de la liga/de campeón** the league/championship title
-4. (de derecho, obligación) (documento) deed; **~ de propiedad** title deed
-5. FIN security ☐ **~ de acción** Br share o US stock certificate; **títulos no cotizados** unlisted securities
-6. **~ (nobiliario** o **de nobleza)** title
-7. (derecho) title, right
◇ **a título (de)** loc prep **a ~ de amigo** as a friend; **a ~ de ejemplo podemos destacar...** by way of example we can point to...; **participar a ~ individual** to take part on an individual basis; **lo digo a ~ individual** I'm speaking purely for myself; **a ~ orientativo** by way of guidance, for your guidance
tiza nf (material) chalk; **una ~** a piece of chalk
Tiziano n pr Titian
tiznado, -a adj blackened
tiznadura nf **-1.** (acción) blackening, dirtying **-2.** (mancha) black mark
tiznajo nm Fam smudge, stain
tiznar ◇ vt to blacken
♦ **tiznarse** vpr **-1.** (ponerse negro) to get blackened; **tiznarse la cara** (a propósito) to blacken one's face; (por accidente) to get one's face blackened; **se tiznó el vestido** her dress got all black **-2.** Arg (emborracharse) to get drunk
tizne nm o nf soot
tiznón nm black stain
tizón nm (al rojo) ember; (frío) half-burnt stick
tizona nf Literario sword
tlacote nm Méx spot, pimple
tlapalería nf Méx ironmonger's (shop)
tlaxcalteca ◇ adj of/from Tlaxcala (Mexico)
◇ nmf person from Tlaxcala (Mexico)
TLC nm (abrev de **Tratado de Libre Comercio**) NAFTA, North American Free Trade Agreement
TNLC nm (abrev de **Tratado Norteamericano de Libre Comercio**) NAFTA, North American Free Trade Agreement
TNT nm (abrev de **trinitrotolueno**) TNT
toalla nf **-1.** (para secarse) towel; EXPR **arrojar** o **tirar la ~** to throw in the towel ☐ **~ de baño** bath towel; **~ de ducha** bath towel; Am **~ femenina** sanitary Br towel o US napkin; Am **~ higiénica** sanitary Br towel o US napkin; CAm **~ húmeda** wet wipe, moist towelette; **~ de manos** hand towel; Am **~ sanitaria** sanitary Br towel o US napkin **-2.** (tejido) towelling; **tela de ~** towelling
toallero nm (barra) towel Br rail o US bar; (anilla) towel ring
toallita nf **-1.** (para la cara) face cloth **-2.** (refrescante) towelette **-3.** (para bebés) baby o wet wipe
toallón nm RP (de baño) bath towel; (de playa) beach towel
toba nf **-1.** Fam (golpe) flick **-2.** Fam (colilla) cigarette butt o stub, Br dog end **-3.** (caliza) tufa
tobera nf (de horno) air inlet; (de propulsor) nozzle
tobillera nf ankle support
tobillero, -a adj ankle-length; **falda tobillera** ankle-length skirt; **pantalones tobilleros** ankle-length Br trousers o US pants
tobillo nm ankle
tobo nm Ven bucket, pail
tobogán nm **-1.** (rampa) slide; (en parque de atracciones) helter-skelter; (en piscina) chute, flume **-2.** (trineo) toboggan; (pista) toboggan run
toca nf **-1.** (de monja) wimple **-2.** (de dama antigua) headdress
tocadiscos nm inv record player
tocado, -a ◇ adj **-1.** Fam (loco) **~ (del ala)** soft in the head **-2.** Fam (afectado negativamente) affected **-3.** (con sombrero) wearing a hat; **iba tocada con una pamela** she was wearing a sun hat **-4.** (fruta) bad, rotten **-5.** (jugador) injured
◇ nm **-1.** (prenda) headgear **-2.** (peinado) hairdo **-3.** (en esgrima) hit
tocador nm **-1.** (mueble) dressing table **-2.** (habitación) (en lugar público) powder room; (en casa) boudoir ☐ **~ de señoras** (aseo) powder room
tocamientos nmpl **-1.** DER sexual assault **-2.** Euf (masturbación) touching oneself
tocante adj **(en lo) ~ a** regarding; **y en lo ~ al ascenso salarial...** and regarding the pay rise...
tocapelotas nmf inv muy Fam jerk, Br piss-artist
tocar [59] ◇ vt **-1.** (entrar en contacto con, alterar) to touch; (palpar) to feel; **por favor, no toquen las esculturas** please do not touch the sculptures; **el médico le tocó el estómago** the doctor felt her stomach; **yo no lo tocaría, así está muy bien** I wouldn't touch a thing, it's fine like it is; **tócalo, verás qué suave es** touch it and see how soft it is; **¡no se te ocurra ~ al niño!** don't you dare lay a finger on the child!; **el corredor cayó al ~ la valla con un pie** the athlete fell when his foot struck o clipped the hurdle; **el balón tocó el poste** the ball touched o clipped the post; **no ha tocado la comida** he hasn't touched his food; **¡esos libros, ni tocarlos!** don't you go near those books!; EXPR **~ madera** to touch wood
-2. (hacer sonar) (instrumento, canción) to play; (bombo) to bang; (sirena, alarma) to sound; (campana, timbre) to ring; (bocina, claxon) to hoot, to toot; (silbato) to blow; **el reloj tocó las doce** the clock struck twelve
-3. (abordar) (asunto, tema) to touch on; **lo tocó por encima** he touched on it briefly; **no toques ese tema** don't mention that subject
-4. (concernir) **por lo que a mí me toca** as far as I'm concerned; **en** o **por lo que toca al asunto de los ascensos** as far as the matter of promotions is concerned; **~ a alguien de cerca** to concern sb closely
-5. (conmover) to touch; **la historia la tocó hondo** the story touched her deeply
◇ vi **-1.** (entrar en contacto) to touch; **no ~** (en letrero) don't touch; **no ~, alto voltaje** (en letrero) high voltage: do not touch
-2. (estar próximo) **~ con algo** (pared, mueble) to be touching sth; (país, jardín) to border (on) sth; **la mesa toca con la pared** the table

tocata is touching the wall; **nuestra casa toca con la suya** our house is right next to theirs
-3. *(llamar)* ~ **a la puerta/ventana** to knock on *o* at the door/window
-4. *(campanas, timbre)* to ring
-5. *(en un reparto)* ~ **a alguien: le tocó la mitad** he got half of it; **a ti te toca la casa** you get the house; **a mí me toca fregar la cocina** I've got to mop the kitchen; **tocamos a dos trozos cada uno** there's enough for two slices each; **tocamos a mil cada uno** *(nos deben)* we're due a thousand each; *(debemos)* it's a thousand each; **te toca a ti hacerlo** *(turno)* it's your turn to do it; *(responsabilidad)* it's up to you to do it; **te toca tirar a ti** *(en juegos)* it's your go; **¿a quién le toca?** whose turn is it?
-6. *(caer en suerte)* **me ha tocado la lotería/el gordo** I've won the lottery/the jackpot; **me tocaron seis millones a** *o* **en la lotería** I won six million in the lottery; **le ha tocado sufrir mucho** he has had to suffer a lot
-7. *(llegar el momento)* **hoy toca limpiar** it's cleaning day today; **ahora toca divertirse** now it's time to have some fun; **le toca dar a luz la semana que viene** she's due to have the baby next week; **ya me toca ir al dentista** it's time for me to go to the dentist; **¿cuándo te toca renovar el permiso?** when do you have to renew your licence?; *Fam Hum* **si te dicen que salgas, a salir tocan** if they tell you to go out, then you'd better go out
-8. *(rayar)* ~ **en algo** to verge *o* border on sth; **eso ya toca en lo imaginario** that's verging on the imaginary
◆ **tocarse** *vpr* -1. *(palpar)* to touch; **no te toques la cicatriz** don't touch the scar
-2. *(estar en contacto)* to touch; **las dos mesas se tocan** the two tables are touching
-3. *(cubrirse la cabeza)* to cover one's head; **se tocó con un sombrero de fieltro** he donned a felt hat

tocata ◇ *nm Fam (tocadiscos)* record player
◇ *nf MÚS* toccata

tocateja: a tocateja *loc adv* **pagar a ~** to pay up front in cash

tocayo, -a *nm,f* namesake; **es mi ~** he has the same name as me, he's my namesake; **somos tocayos** we have the same (first) name

tochimbo *nm Andes* smelting furnace

tocho ◇ *adj inv Fam (grande)* huge
◇ *nm* -1. *Fam (cosa grande)* massive *o* huge great thing; *(libro)* massive tome; **tengo que estudiar este ~ de apuntes** I've got to study this wad *o Br* wodge of notes -2. *(hierro)* iron ingot

tocinera *nf Esp muy Fam* police van, *US* paddy wagon

tocineta *nf Col, Ven* smoked bacon

tocino *nm* -1. *(para cocinar)* pork *o* bacon fat *(in a piece)* ❑ **~ entreverado** = pork fat containing streaks of meat -2. *Méx (beicon)* bacon -3. *(dulce)* **~ de cielo** = rich custard dessert

toco *nm RP Fam* **un ~ de** tons *o* loads of; **tiene un ~ de libros** she's got tons *o* zillions of books; **tienen un ~ de guita** they've got tons *o* heaps of dough; **te extraño tocos** I miss you heaps *o* big time

tocología, tocoginecología *nf* obstetrics *(singular)*

tocólogo, -a, tocoginecólogo, -a *nm,f* obstetrician

tocomocho *nm* = confidence trick involving the sale of a lottery ticket, claimed to be a certain winner, for a large amount of money

tocón, -ona *Fam* ◇ *adj* **no seas ~** keep your hands to yourself
◇ *nm,f* **es un ~** he can't keep his hands to himself
◇ *nm* stump

tocororo *nm* Cuban trogon *(national bird of Cuba)*

tocuyo *nm Andes, Arg* coarse cotton cloth

todavía *adv* -1. *(con afirmación)* still; *(con negación)* yet, still; **están ~ aquí** they are still here; **¿pero vive ~?** but is she still alive?; **~ no** not yet; **~ no lo he recibido** I still haven't got it, I haven't got it yet; **¿~ no ha llegado?** hasn't she arrived yet?, has she still not arrived?
-2. *(con más énfasis)* still; **he hecho todo lo que me ha pedido y ~ no está contento** I've done everything he asked and he still isn't happy
-3. *(incluso)* even; **~ más** even more; **¡~ querrá más!** I hope he's not going to ask for more!

todito, -a *Fam* ◇ *adj* **se comió todita la comida** she ate every last bit of food
◇ *pron* every last bit of it, the whole lot

todo, -a ◇ *adj* -1. *(el conjunto o total de)* all; **~ el día** all day; **~ el libro** the whole book, all (of) the book; **~ el vino** all (of) the wine; **todas las manzanas** all the apples; **todos los americanos** all Americans; **toda esta planta está dedicada al impresionismo** all (of) *o* the whole of this floor is devoted to impressionism; **~ un día está dedicado a visitar la ciudad** a whole day is devoted to visiting the city; **todos ellos se marcharon** they all left; **toda su ilusión es conocer Europa** her greatest wish is to visit Europe; **por todas partes** everywhere; **~ el mundo**, *Méx* **~ mundo** everybody; **en ~ momento** at all times; **ilustraciones a ~ color** full-colour illustrations; **un seguro a ~ riesgo** a comprehensive insurance policy; **subimos la calle a toda velocidad** we went up the street as fast as we could *o* at top speed; **~ Buenos Aires habla de ello** the whole of *o* all of Buenos Aires is talking about it
-2. *(cada, cualquier)* every; **todos los días/lunes** every day/Monday; **como ~ mexicano sabe...** as every Mexican knows..., as all Mexicans know...; **~ edificio de más de veinte años pasará una revisión** all buildings that are more than twenty years old will be inspected; **~ aquel que** *o* **el que viole las normas** anybody *o* anyone who breaks the rules; **todos aquellos que** *o* **todos los que están en huelga** all those (who are) on strike
-3. *(para enfatizar)* **es ~ un hombre** he's every inch a man; **ya es toda una mujer** she's a grown woman now; **fue ~ un éxito** it was a great success; **se produjo ~ un cúmulo de casualidades** there was a whole series of coincidences
-4. *(del todo)* **el jardín estaba ~ descuidado** the garden was completely *o* all neglected; **se puso toda enojada** she got all annoyed
◇ *pron* -1. *(singular)* everything; **lo vendió ~** he sold everything, he sold it all; **~ está listo** everything is ready, it's all ready; **~ es poco tratándose de sus hijos** nothing is too much when it comes to her children; **se enoja por ~** he gets angry at the slightest thing; **eso es ~** that's all ❑ *Esp* **~ a cien** *(tienda) Br* ≃ pound shop, *US* ≃ nickel-and-dime store
-2. **todos** *(todas las personas)* everybody, everyone; *(todas las cosas)* all of them; **todos vinieron** everybody *o* everyone came, they all came; **quiero agradecer a todos su cooperación** I would like to thank you all *o* everybody *o* everyone for your cooperation; **¿estamos todos?** are we all here?, is everybody *o* everyone here?; **todos están rotos** they're all broken, all of them are broken; **me los ha dado todos** she's given me all of them, she's given me them all
-3. *(otras frases)* **ante ~** *(sobre todo)* above all; *(en primer lugar)* first of all; **con ~ (y con eso)** all the same; **de ~** everything (you can think of); **tenemos de ~** we have everything; **puede pasar de ~** anything could happen; **después de ~** after all; **del ~** completely; **no estoy del ~ contento** I'm not entirely happy; **no lo hace mal del ~** she doesn't do it at all badly; **en ~ y por ~** entirely; **está en ~** he thinks of everything; **pese a ~, a pesar de ~** in spite of *o* despite everything; **~ lo más** at (the) most; **y ~: me invitó a cenar y ~** she even asked me to dinner; **se presentó en la fiesta con muletas y ~** he turned up at the party, crutches and all; [EXPR] **de todas todas** without a shadow of a doubt; [EXPR] **fue ~ uno: subirse al barco y marearse fue ~ uno** no sooner had he got on the boat than he felt sick
◇ *nm* whole; **jugarse el ~ por el ~** to stake everything
◇ *adv (totalmente)* **el camarero era ~ amabilidad** the waiter was all friendliness, the waiter was extremely friendly; **esa chica es ~ huesos** that girl is all skin and bones; [EXPR] **soy ~ oídos** I'm all ears
◇ **a todo esto** *loc adv (mientras tanto)* meanwhile; *(a propósito)* by the way

todopoderoso, -a ◇ *adj* almighty
◇ *nm* **el Todopoderoso** the Almighty

todoterreno ◇ *adj inv (vehículo)* all-terrain
◇ *nm* -1. *(vehículo)* four-wheel drive (vehicle), all-terrain vehicle -2. *Fam (persona)* all-rounder

tofe, toffee ['tofe] *nm* coffee-flavoured toffee

tofo *nm Chile (arcilla)* fireclay

tofu *nm* tofu

toga *nf* -1. *(romana)* toga -2. *(de académico)* gown; *(de magistrado)* robes -3. *(en el pelo)* **hacerse la ~** = to wrap one's wet hair round one's head and cover it with a towel to dry, in order to straighten out curls

togado, -a *adj* robed

Togo *n* Togo

toilette [twa'let] ◇ *nm CSur* toilet, lavatory
◇ *nf Anticuado* **hacer la ~** to perform one's toilet(te)

toisón *nm* **~ de oro** *(insignia)* golden fleece *(emblema of Order of the Golden Fleece)*

tojo *nm* gorse; **cayó entre unos tojos** he fell into some gorse

tojosa *nf Cuba* = grey dove found in Central America

Tokio *n* Tokyo

toldillo *nm Col (mosquitero)* mosquito net

toldo *nm* -1. *(de tienda, balcón)* awning -2. *(de playa)* sunshade -3. *(de camión)* tarpaulin

toledano, -a ◇ *adj* of/from Toledo *(Spain)*
◇ *nm,f* person from Toledo *(Spain)*

tolerable *adj* -1. *(aguantable)* tolerable; **el dolor es ~** the pain is bearable -2. *(perdonable)* acceptable

tolerado, -a *adj (película)* suitable for all ages, *Br* ≃ U, *US* ≃ G

tolerancia *nf* -1. *(respeto)* tolerance -2. *(a medicamentos, dolor)* tolerance (**a** of) -3. *TEC (en material, producto)* tolerance; **margen de ~** (margin of) tolerance

tolerante ◇ *adj* tolerant
◇ *nmf* tolerant person

tolerar *vt* -1. *(consentir, aceptar)* to tolerate; **~ que alguien haga algo** to tolerate sb doing sth; **no tolero esa actitud** I won't tolerate that sort of attitude; **no tolero a los que mienten así** I can't stand *o* abide people who lie like that; **¡cómo toleras que te hable así!** how can you let him talk to you like that!
-2. *(aguantar)* *(altas temperaturas)* to stand, to tolerate; *(medicinas)* to tolerate; **esta planta tolera muy bien la sequedad** this plant survives very well in dry conditions

toletazo *nm Am* -1. *(físico)* blow with a club; **le dieron un ~** they hit him with a club, they clubbed him -2. *(moral)* blow, shock

tolete *nm* -1. *(escálamo)* thole, tholepin -2. *CAm, Carib, Col, Méx (porra)* cudgel, club

toletole *nm Fam* hubbub, uproar

tollina *nf Fam* beating, hiding

Tolomeo *n pr* Ptolemy

tolteca ◇ *adj* Toltec, Toltecan
◇ *nmf* Toltec

tolueno *nm QUÍM* toluene

toluqueño, -a ◇ *adj* of/from Toluca *(Mexico)*
◇ *nm,f* person from Toluca *(Mexico)*

tolva *nf* hopper

tolvanera *nf* dust storm

toma ◇ nf **-1.** *(acción de tomar)* ❑ **~ de conciencia** realization; **la ~ de conciencia tardó mucho tiempo** it took some time for people to become aware of the true situation; **~ de decisiones** decision-making; **~ de posesión** *(de gobierno, presidente)* investiture; **la ~ de posesión será el día 25** *(de cargo)* he will take up his post on the 25th; **~ de posición** *o* **posiciones** position taking; **alabaron la ~ de posición del presidente en este tema** they praised the position taken by the president on this matter
-2. *(de biberón, papilla)* feed
-3. *(de medicamento)* dose
-4. *(de ciudad)* capture; **la ~ del castillo** the storming of the castle
-5. *(de agua, aire)* inlet ❑ Am ELEC **~ de contacto** power point, socket; ELEC **~ de corriente** power point, socket; ELEC **~ de tierra** Br earth, US ground
-6. CINE & TV *(plano)* take ❑ **~ falsa** outtake
-7. Col *(cauce)* irrigation ditch
-8. Chile *(presa)* dam
◇ nm Fam **~ y daca** give and take

tomacorriente nm Am power point, socket
tomado, -a adj **-1.** *(voz)* hoarse **-2.** Am Fam *(persona)* tight, tanked up
tomador, -ora ◇ adj Andes, PRico, RP *(que bebe)* drinking
◇ nm,f **-1.** COM drawee **-2.** Andes, PRico, RP *(bebedor)* (heavy) drinker, drunkard
tomadura nf **~ de pelo** *(broma)* hoax; **¡esto es una ~ de pelo!** *(es indignante)* this is a joke!
tomahawk [toma'χauk] *(pl* **tomahawks***)* nm tomahawk
tomar ◇ vt **-1.** *(agarrar)* to take; **me tomó de un brazo** he took me by the arm; **tomó el dinero y se fue** she took the money and left; **tómalo, ya no me hace falta** take *o* have it, I no longer need it; **toma el libro que me pediste** here's the book you asked me for; Fam **¡toma ésa!** *(expresa venganza)* that'll teach you!, chew on that!
-2. *(sacar, obtener)* to take; **este ejemplo lo tomé del libro** I took this example from the book; **fue al sastre para que le tomara las medidas** he went to the tailor's to have his measurements taken; **toma unos planos de la casa** *(con cámara)* take a few shots of the house; **~ fotos (a** *o* **de)** to take photos (of); **~ declaración a alguien** to take a statement from sb; **tomarle la lección a alguien** to test sb on what they've learned at school; **~ unas muestras de orina/sangre (a alguien)** to take some urine/blood samples (from sb); **~ la tensión/temperatura a alguien** to take sb's blood pressure/temperature
-3. *(ingerir)* *(alimento, medicina, droga)* to take; **¿qué quieres ~?** *(beber)* what would you like (to drink)?; Esp *(comer)* what would you like (to eat)?; **¿quieres ~ algo (de beber)?** would you like something to drink?; Esp **¿quieres ~ algo (de comer)?** would you like something to eat?; **tomé sopa** I had soup; **no tomo alcohol** I don't drink (alcohol)
-4. *(exponerse a)* **~ el sol,** Am **~ sol** to sunbathe; **salir a ~ el aire,** Am **salir a ~ aire** to go out for a breath of fresh air; **salir a ~ el fresco** to go out for a breath of fresh air; RP **~ frío** to catch a chill; **tomó frío, por eso se engripó** he caught a chill, that's why she came down with flu
-5. *(desplazarse mediante)* *(autobús, tren)* to catch; *(taxi, ascensor, telesilla)* to take; **tomaré el último vuelo** I'll be on the last flight; **podríamos ~ el tren** we could go by train; **tomaron un atajo** they took a short-cut
-6. *(recibir)* to take; **toma lecciones de piano** she is taking *o* having piano lessons; **he tomado un curso de jardinería** I've taken *o* done a course on gardening; **toma mi consejo y...** take my advice and...; **¿tomas a María por esposa?** do you take María to be your lawfully wedded wife?
-7. *(apuntar)* *(datos, información)* to take down; **~ apuntes** *o* **notas** to take notes; **~ algo por escrito** to take *o* write sth down; **el secretario iba tomando nota de todo** the secretary noted everything down
-8. *(baño, ducha)* to take, to have
-9. *(adoptar)* *(medidas, precauciones, decisión)* to take; *(actitud, costumbre, modales)* to adopt; **~ la determinación de hacer algo** to determine *o* decide to do sth; **el Presidente debe ~ una postura sobre este asunto** the President should state his opinion on this matter
-10. *(adquirir, cobrar)* *(velocidad)* to gain, to gather; **las cosas están tomando mejor aspecto con este gobierno** things are looking up under this government; **el avión fue tomando altura** the plane climbed; **~ confianza** to grow in confidence, to become more assured; **la obra ya está tomando forma** the play is beginning to take shape; **~ fuerzas** to gather one's strength; **voy tomándole el gusto a esto del esquí acuático** water-skiing is starting to grow on me; **~ interés por algo** to get *o* grow interested in sth; **tomarle manía/cariño a** to take a dislike/a liking to; **las negociaciones tomaron un rumbo favorable** the negotiations started to go better
-11. *(asumir, encargarse de)* **~ el control** to take control; **el copiloto tomó el mando** the copilot took over; **él tomó sobre sí** *o* **sobre sus espaldas toda la responsabilidad** he assumed full responsibility
-12. *(reaccionar a)* to take; **¿qué tal tomó la noticia?** how did she take the news?; **las cosas hay que tomarlas como vienen** you have to take things as they come; **tómalo con calma** take it easy
-13. *(llevar)* *(tiempo)* to take; **me tomó mucho tiempo limpiarlo todo** it took me a long time to clean it all
-14. *(contratar)* to take on
-15. *(invadir)* to take; **las tropas tomaron la ciudad** the troops took *o* seized the city; **los estudiantes tomaron la universidad** the students occupied the university
-16. Fam **tomarla con alguien** to have it in for sb
-17. *(confundir)* **~ a alguien por algo/alguien** to take sb for sth/sb; **¿por quién me tomas** *o* **has tomado?** what do you take me for?; **lo tomé por el jefe** I took *o* mistook him for the boss; **¿tú me tomas por tonto o qué?** do you think I'm stupid or something?
◇ vi **-1.** *(encaminarse)* to go; **toma a la derecha/izquierda** turn *o* go right/left; **tomamos hacia el sur** we headed south; **toma por ahí/por ese camino** go that way/down that road
-2. *(en imperativo)* *(al dar algo)* **¡toma!** here you are!; **toma, dale esto a tu madre** here, give this to your mother
-3. Fam *(como interjección)* **¡toma!** *(expresa sorpresa)* good grief!, Br blimey!; **necesito unas vacaciones – ¡~! ¡y yo!** I need a Br holiday *o* US vacation – what, and I don't?; **¡~ ya!, ¡qué golazo!** how's that for a goal?
-4. Am *(beber alcohol)* to drink
◆ **tomarse** vpr **-1.** *(medicina, drogas)* to take; **cuando te lo hayas tomado todo podrás ir a jugar** you can go and play once you've eaten it all up; **se tomó dos cervezas** he had two beers; Esp **se tomó dos bocadillos** he had two sandwiches
-2. *(tiempo, vacaciones, día libre)* to take; **puedes tomarte todo el tiempo que necesites** take as long as you need; **se ha tomado la tarde libre** she's taken the afternoon off
-3. *(reaccionar a, interpretar)* to take; **tómatelo con calma** take it easy; **tomarse algo bien/(a) mal** to take sth well/badly; **era una broma, no te lo tomes a mal** it was a joke, don't take it the wrong way; **tomarse algo en serio/a broma** to take sth seriously/as a joke
-4. *(emplear)* **tomarse la libertad de hacer algo** to take the liberty of doing sth; **tomarse la molestia de hacer algo** to go to *o* take the trouble of doing sth; **no hace falta que te tomes tantas molestias** there's no need for you to go to so much trouble
-5. RP Fam **tomárselas, tomarse los vientos** to clear off; **¡nos las tomamos!** we're off!; **¿ya se las toman?** are you off, then?

Tomás n pr **Santo ~ de Aquino** St Thomas Aquinas
tomatal nm tomato field
tomate nm **-1.** *(fruto)* tomato; EXPR **ponerse como un ~** to go as red as a beetroot ❑ **~ cereza** cherry tomato; **~ frito** = unconcentrated puree made by frying peeled tomatoes; **~ de pera** plum tomato; RP,Ven **~ (de) perita** plum tomato **-2.** Méx *(tomatillo)* tomatillo, husk tomato **-3.** Fam *(en calcetín)* hole **-4.** Fam *(jaleo)* uproar, commotion
tomatera nf tomato plant
tomatero, -a ◇ adj *(pollo)* young and tender
◇ nm,f tomato seller
tomatillo nm tomatillo, husk tomato
tomavistas nm inv cine camera
tómbola nf tombola
tómbolo nm GEOL tombolo, = sand bar linking small island to mainland or another island
Tombuctú n Timbuktu
tomillo nm thyme
tomismo nm Thomism
tomista nmf Thomist
tomo nm **-1.** *(volumen)* volume **-2.** *(libro)* tome **-3.** EXPR Fam **de ~ y lomo: es un mentiroso/un canalla de ~ y lomo** he's a real liar/swine; **un resfriado de ~ y lomo** a heavy cold
tomografía nf tomography ❑ MED **~ axial computarizada** computerized axial tomography; MED **~ por emisión de positrones** positron emission tomography
ton: sin ton ni son loc adv Fam for no apparent reason
tonada nf **-1.** *(melodía)* tune **-2.** Am *(acento)* (regional) accent
tonadilla nf = song in popular Spanish style
tonadillero, -a nm,f = singer/writer of "tonadillas"
tonal adj tonal
tonalidad nf **-1.** MÚS key **-2.** *(de color)* tone
tonel nm *(recipiente)* barrel; EXPR **estar/ponerse como un ~** to be/become (like) an elephant *o* a whale
tonelada nf tonne; **pesar una ~** to weigh a ton ❑ **~ métrica** metric ton, tonne
tonelaje nm tonnage
tonelería nf **-1.** *(fabricación)* barrelmaking, cooperage **-2.** *(taller)* barrel shop, cooperage
tonelero, -a nm,f cooper
tóner nm toner
Tonga n Tonga
tongo nm **-1.** Fam *(engaño)* **en la pelea hubo ~** the fight was fixed **-2.** Andes Fam *(sombrero hongo)* Br bowler hat, US derby
tongonear Col,Ven Fam ◇ vt to swing
◆ **tongonearse** vpr to swing one's hips
tonguear vt RP Fam to con
tónica nf **-1.** *(tendencia)* trend; **la falta de confianza inversora ha sido la ~ general hoy en la bolsa** lack of investor confidence set the tone on the stock exchange today **-2.** *(bebida)* tonic water **-3.** MÚS tonic
tónico, -a ◇ adj **-1.** *(reconstituyente)* revitalizing **-2.** GRAM tonic; **sílaba tónica** stressed syllable **-3.** MÚS tonic
◇ nm **-1.** *(reconstituyente)* tonic **-2.** *(cosmético)* skin toner
tonificación nf invigoration
tonificante, tonificador, -ora adj invigorating
tonificar [59] vt to invigorate
tonillo nm Pey *(retintín)* sarcastic tone of voice
tonina nf **-1.** *(atún)* tuna **-2.** *(delfín)* dolphin
tono nm **-1.** *(de sonido)* tone; **bajar el ~** to lower one's voice; **dar el ~** to set the tone ❑ **~ continuo** *(de teléfono)* Br dialling *o* US dial tone; **~ de discado** *o* **de discar** *(de teléfono)* Br dialling *o* US dial tone; **~ de llamada** *(de teléfono)* Br dialling *o* US dial tone; **~**

de marcado o **de marcar** (de teléfono) Br dialling o US dial tone; **~ de ocupado** Br engaged tone, US busy signal
-2. (de palabras, escrito, discurso) tone; **el ~ con el que lo dijo** the tone she said it in, the tone in which she said it; **¡no me hables en ese ~!** don't speak to me in that tone (of voice)!; **habló con ~ serio** he spoke in a serious tone of voice; **lo dijo en ~ de broma** she said it jokingly; **la novela es de ~ humorístico** the novel is humorous in tone; **bajar de ~** to quieten down; **cambiar de ~: la reunión fue cambiando de ~** the tone o atmosphere of the meeting gradually changed; **aquí el texto cambia de ~** at this point in the text the tone changes; **subir el ~, subir de ~** (volumen, ruido) to get o grow louder; (situación) to get angrier; **el murmullo/la protesta subió de ~** the murmuring/the protests grew louder; **la conversación subió de ~** the conversation got more heated; **subido de ~** (atrevido, picante) risqué; (impertinente) impertinent
-3. (de color) shade, tone; **en tonos ocres/pastel** in ochre/pastel shades o tones; **~ de piel** complexion
-4. (de músculo) tone ❑ **~ muscular** muscle tone
-5. MÚS (tonalidad) key; (altura) pitch; (intervalo) tone, US step ❑ **~ agudo** high pitch; **~ grave** low pitch; **~ mayor** major key; **~ menor** minor key; **~ puro** simple tone
-6. INFORMÁT **~ continuo** continuous tone
-7. (en frases) **a ~: cortinas y cojines a ~** matching curtains and cushions; **estar a ~ con** to suit; **un traje/discurso a ~ con las circunstancias** a dress/speech appropriate to o in keeping with the circumstances; EXPR Fam **ponerse a ~** (emborracharse) to get in the mood; EXPR **de buen ~** elegant, tasteful; EXPR **ser de buen ~** to be the done thing; **no es de buen ~ mencionar la guerra** it is not done to mention the war; EXPR **de mal ~** crass, vulgar; EXPR **darse ~** to give oneself airs; EXPR **fuera de ~** out of place
tonsura nf -1. (ceremonia) tonsure; **hacerse la ~** to have one's hair tonsured -2. (coronilla) tonsure
tonsurado nm (sacerdote) priest
tonsurar vt -1. (clérigo) to tonsure -2. (pelo) to cut -3. (lana) to shear
tontada nf **hacer tontadas** to act the fool; **decir tontadas** to talk nonsense; **¡vaya ~!** (idea) what an idiotic idea!
tontaina Fam ◇ adj daft
◇ nmf daft idiot
tontamente adv foolishly, stupidly; **se reía ~** she laughed foolishly
tontear vi -1. (hacer el tonto) to fool about -2. (coquetear) **~ (con alguien)** to flirt (with sb)
tontería, Am **tontera** nf -1. (estupidez) stupid thing; **ha sido una ~ no presentarse al examen** it was stupid not to take the exam; **decir una ~** to say something stupid; **eso son tonterías** that's nonsense; **decir tonterías** to talk nonsense; **hacer una ~** to do something stupid; **hizo la ~ de decírselo** she was stupid enough to tell him; **¡cuánta ~ hay en el mundo!** people can be really stupid sometimes!
-2. (cosa sin importancia o valor) trifle; **no es ninguna ~** (va en serio) it's serious; (no está mal) it's not bad at all; **¿qué te ha pasado? – nada, una ~** what happened to you? – oh, it's nothing serious; **por hacer cuatro tonterías me ha cobrado 1.000 pesos** he charged me 1,000 pesos for doing next to nothing
tonto, -a ◇ adj -1. (persona) (estúpido) stupid; (menos fuerte) silly; **pero ¿seré ~? otra vez me he vuelto a confundir** I must be stupid or something, I've gone and got it wrong again; **nos toman por tontos** they think we're idiots; **¿estás ~? ¿para qué me pegas?** don't be stupid! what are you hitting me for?; **no seas ~, no hay por qué preocuparse** don't be silly, there's no need to worry; EXPR **ser ~ de capirote** o **remate** to be daft as a brush; EXPR **ser más ~ que Abundio** to be as thick as two short planks
-2. (retrasado mental) dim, backward
-3. **ponerse ~** (pesado, insistente) to be difficult; (arrogante) to get awkward, Br to get stroppy
-4. (sin sentido) (risa) mindless; (esfuerzo) pointless; **fue una caída tonta** it was so silly, falling over like that; EXPR **a lo ~: lo perdí a lo ~** I stupidly lost it; **me tropecé a lo ~** I tripped over like an idiot; **me he ido haciendo con una extensa colección de sellos a lo ~** I've built up a sizeable stamp collection without hardly realising it
◇ nm,f idiot; **los listos y los tontos de la clase** the bright ones and the dim ones in the class; **el ~ del pueblo** the village idiot; EXPR **hacer el ~** (juguetear) to mess around; (no actuar con inteligencia) to be stupid o foolish; **estoy haciendo el ~ intentando convencerle** I'm wasting my time trying to convince him; EXPR **hacerse el ~** to act innocent; EXPR **a tontas y a locas** without thinking ❑ **~ útil** useful idiot
tontolaba Esp Fam ◇ adj dopey, Br gormless
◇ nmf Br twerp, US dumb cluck
tontorrón, -ona ◇ adj daft
◇ nm,f daft idiot
tontuna nf Fam (atontamiento) **¡qué ~ tengo hoy!** I feel so dopey today!
toña nf Fam -1. (borrachera) **agarrar una ~** to get smashed o Br pissed -2. (golpe) thump, wallop; **¡qué ~ se ha dado!** what a thump he gave himself!
top (pl **tops**) nm (prenda) cropped top
topacio nm topaz
topada nf headbutt
topadora nf RP bulldozer
topar ◇ vi -1. (chocar) **~ con** o **contra** to knock o bump into -2. (encontrarse) **~ con alguien** to bump into sb; **~ con algo** to come across sth -3. Andes, Méx (en juego) to wager, to bet
◆ **toparse** vpr **toparse con** (persona) to bump into; (cosa) to come across; **se toparon con el enemigo** they came up against the enemy
tope ◇ nm -1. (límite máximo) limit; (de plazo) deadline; **pusieron como ~ diez por persona** each person was allowed no more than ten; **un ~ máximo de 20 millones** a maximum of 20 million; EXPR **a ~** (de velocidad, intensidad) flat out; (lleno) packed; **abrir el grifo a ~** to turn the tap on full; **la calefacción estaba a ~** the heating was on full blast; **estoy a ~ de trabajo** I'm up to my neck in work; Fam **disfrutar a ~** to have a whale of a time; EXPR **estar hasta los topes** to be bursting at the seams
-2. FERROC buffer
-3. (freno) **poner a ~** to rein in, to curtail
-4. (pieza) block; (para puerta) doorstop
-5. Méx (para velocidad) speed bump, Br sleeping policeman
◇ adj inv -1. (máximo) (sueldo, velocidad) top, maximum; (edad) maximum; **fecha ~** deadline -2. Esp Fam (genial) fab, Br brill
◇ adv Esp Fam (muy) mega, really; **un bar ~ enrollado** a megacool bar
topera nf molehill
topetazo nm, **topetada** nf, **topetón** nm bump; **darse un ~ en la cabeza** to bump one's head
topetear vi to butt
topetón = topetazo
tópico, -a ◇ adj -1. MED topical -2. (manido) clichéd
◇ nm cliché
topillo nm pine vole
topless ['toples] nm inv -1. (práctica) topless sunbathing; **en ~** topless; **hacer ~, ponerse en ~** to go topless -2. (bar) topless bar
topo nm -1. (animal) mole -2. (infiltrado) mole -3. Esp (lunar en tela) polka dot; **una falda de topos** a polka-dot skirt -4. Fam (ciego) **es un ~** he's as blind as a bat -5. IMPRENTA bullet -6. Andes (alfiler) large pin -7. Col (pendiente) ear stud
topocho, -a adj Ven chubby, plump

topografía nf topography ❑ **~ aérea** aerial surveying
topográfico, -a adj topographical
topógrafo, -a nm,f topographer
topolino nm Anticuado platform shoe
topología nf topology
toponimia nf -1. (nombres) place names -2. (ciencia) toponymy
toponímico, -a ◇ adj toponymic; **estudio ~** place-name study, Espec toponymic study
◇ nm (topónimo) place name, Espec toponym
topónimo nm place name
toque ◇ ver tocar
◇ nm -1. (golpe) knock; **dio unos toques en la puerta** she knocked on the door; **jugar al primer ~** (en fútbol) to play one-touch soccer
-2. (detalle, retoque) touch; **el ~ femenino** the feminine touch; **dar los últimos toques a algo** to put the finishing touches to sth
-3. Fam (aviso) **dar un ~ a alguien** (llamar) to give sb a shout; (llamar la atención) to talk to sb, to have a few words with sb; **si te enteras de algo, dame un ~** if you hear anything, give me a shout ❑ **~ de atención** warning; **le dio un ~ de atención por llegar tarde** she had a word with him about coming in late
-4. (sonido) (de campana) chime; (de tambor) beat; (de sirena) blast ❑ **~ de diana** reveille; **~ de difuntos** (con campanas) death knell; **~ de queda** curfew; **~ de retreta** last post
toquetear Fam ◇ vt (manosear) (cosa) to fiddle with; (persona) to fondle
◇ vi (sobar) to fiddle about
toqueteo nm (a cosa) fiddling; (a persona) fondling
toquilla nf shawl
tora nf (libro) Torah
torácico, -a adj thoracic
torada nf herd of bulls
toral ◇ adj -1. (arco) main -2. Méx (tema, avance) major, significant
◇ nm (arco) main arch
tórax nm inv thorax; **una radiografía de ~** a chest X-ray
torbellino nm -1. (remolino) (de aire) whirlwind; (de agua) whirlpool; (de polvo) dustcloud -2. (mezcla confusa) (de actividad, emociones) whirlwind; **su vida es un ~** her life is a whirlwind of activity -3. (persona inquieta) whirlwind; **es un ~ de energías** she is a bundle of energy
torcaz adj **paloma ~** ringdove, wood pigeon
torcedura nf -1. (torsión) twist -2. (esguince) sprain
torcer [15] ◇ vt -1. (retorcer) (cuerpo, cuerda) to twist; **¡me vas a ~ el brazo!** you're twisting my arm!; EXPR **~ el gesto** to pull a face
-2. (doblar) (aguja, alambre) to bend
-3. (girar) to turn; **torció la cabeza** she turned her head
-4. (desviar) **la vista** to look away; **~ el curso de los acontecimientos** to divert o change the course of events
-5. (persona) to corrupt
◇ vi (girar) to turn; **el camino tuerce a la izquierda** the road turns to the left; **al llegar al cruce tuerce a la derecha** when you get to the crossroads, turn right
◆ **torcerse** vpr -1. (retorcerse) (cuerpo, cuerda) to twist; **torcerse el tobillo** to twist one's ankle
-2. (doblarse) (aguja, alambre) to bend
-3. (no quedar derecho) **me tuerzo al andar/escribir** I can't walk/write in a straight line; **se ha torcido el cuadro** the painting's not straight
-4. (ir mal) (esperanzas, negocios, día) to go wrong; (persona) to go astray; **por si se tuercen las cosas** in case things go wrong
torcida nf DEP = Brazilian soccer fans
torcido, -a adj -1. (no derecho) (cuello, cable) twisted; (nariz) bent; **llevas la corbata torcida** your tie's not straight; **ese cuadro está ~** that picture's not straight; **la rueda de la bicicleta está torcida** the bicycle wheel is

bent; **te ha salido un nueve ~** that nine has come out a bit crooked; **me miró con el gesto ~** she frowned at me
-**2.** *(doblado)* *(clavo, alambre)* bent
-**3.** *(retorcido)* *(intención)* twisted; *(interpretación)* mistaken
-**4.** *Guat (desafortunado)* unfortunate
torcijón *nm* stomach cramp
tordillo, -a ◇ *adj* dappled, dapple-grey
◇ *nm,f* dapple-grey
tordo, -a ◇ *adj* dappled
◇ *nm,f (caballo)* dapple
◇ *nm* -**1.** *(pájaro)* thrush -**2.** *Arg, CAm, Chile (estornino)* starling
toreador, -ora *nm,f* bullfighter
torear ◇ *vt* -**1.** *(toro)* to fight -**2.** *Fam (eludir)* to dodge; **siempre está toreando el tráfico** he's always dodging in and out of the traffic; **lleva meses toreando a Hacienda** he's been dodging the tax inspector for months -**3.** *Fam (provocar)* **~ a alguien** to mess sb about; **¡ése a mí no me torea!** I'm not going to let him mess me about *o* around!
◇ *vi (torero)* to fight bulls; **toreó con arte** he gave a very skilful display of bullfighting
toreo *nm* bullfighting
torera *nf* -**1.** *(prenda)* bolero (jacket); EXPR **saltarse algo a la ~** to flout sth -**2.** *ver también* **torero**
torería *nf* -**1.** *(toreros)* bullfighters -**2.** *(orgullo)* pride
torero, -a ◇ *adj (gesto, actitud)* haughty
◇ *nm,f* bullfighter
toril *nm* bullpen *(in bullring)*
torillo *nm* little button quail
torio *nm* QUÍM thorium
torito *nm* -**1.** *RP (insecto)* rhinoceros beetle -**2.** *Ecuad (flor)* = variety of orchid -**3.** *Chile (sombrajo)* awning -**4.** *Cuba (pez)* horned boxfish *o* trunkfish
tormenta *nf* -**1.** *(en la atmósfera)* storm; *Fig* **esperar a que pase la ~** to wait until things have calmed down; EXPR **fue una ~ en un vaso de agua** it was *Br* a storm in a teacup *o US* a tempest in a teapot ❑ **~ de arena** sandstorm; **~ eléctrica** electrical storm; **~ de ideas** brainstorming session; **~ magnética** magnetic storm; **~ de nieve** snowstorm; **~ de polvo** dust storm; **~ de verano** summer storm
-**2.** *(avalancha)* *(de cambios, críticas)* storm; **aquella decisión desató una ~ de protestas** that decision unleashed a storm of protest; **recibió una ~ de felicitaciones** she was deluged *o* showered with congratulations
-**3.** *(crisis)* storm; **la ~ desatada por su dimisión** the storm unleashed by her resignation; **la situación ha desatado una pequeña ~ diplomática** the situation has sparked a minor diplomatic storm *o* row ❑ FIN **~ monetaria** monetary crisis
tormento *nm* -**1.** *(dolor físico)* torment, agony -**2.** *(angustia)* torment, anguish; **el ~ de un amor no correspondido** the torment *o* anguish of unrequited love; **después de varios días de ~, conseguí quitarme de encima de mi tío** after several agonising days, I managed to get rid *o Br* shot of my uncle; **ser un ~** *(persona)* to be a torment; *(cosa)* to be torture
-**3.** *(tortura)* torture; **fue sometido a ~** he was subjected to torture
tormentoso, -a *adj* -**1.** *(cielo, día)* stormy -**2.** *(relación)* stormy; *(época)* troubled, turbulent
torna *nf (vuelta)* return; EXPR **volver las tornas** to turn the tables; EXPR **se han vuelto las tornas** the boot is on the other foot
tornadizo, -a *adj* fickle
tornado *nm* tornado
tornamesa *nm o nf Chile, Méx* record deck, turntable
tornar *Literario* ◇ *vt* -**1.** *(convertir)* to make; **los celos lo tornaron insoportable** jealousy had made him unbearable; **~ algo en algo** to turn sth into sth; **los estudiantes tornaron el encuentro en un grito de protesta** the students turned the meeting into a noisy protest -**2.** *(devolver)* to return
◇ *vi* -**1.** *(regresar)* to return -**2.** *(volver a hacer)* **~ a hacer algo** to do sth again
◆ **tornarse** *vpr* -**1.** *(volverse)* to turn; **el cielo se tornó gris** the sky turned grey; **su expresión se tornó grave** her expression *o* face became serious -**2.** *(convertirse)* **tornarse en** to turn into; **su alegría se tornó en estupor** his delight turned to astonishment
tornasol *nm* -**1.** *(girasol)* sunflower -**2.** *(reflejo)* sheen; **los tornasoles de la tela** the sheen of the fabric -**3.** QUÍM litmus; **papel de ~** litmus paper
tornasolado, -a *adj (color, reflejo)* iridescent; *(seda)* shot
torneado, -a ◇ *adj* -**1.** *(madera)* turned -**2.** *(brazos, piernas)* shapely
◇ *nm (de madera)* turning
tornear *vt* to turn
torneo *nm* -**1.** *(en deportes, naipes)* tournament, *US* tourney ❑ *Antes* **el Torneo de las Cinco Naciones** *(en rugby)* the Five Nations (Championship); **el Torneo de las Seis Naciones** *(en rugby)* the Six Nations (Championship) -**2.** *(medieval)* tournament
tornero, -a *nm,f (con madera)* lathe operator
tornillería *nf* -**1.** *(tornillos)* screws -**2.** *(técnica)* screw manufacturing
tornillo *nm* -**1.** *(con punta)* screw; *(con tuerca)* bolt; EXPR **apretar los tornillos a alguien** to put the screws on sb; EXPR *Fam* **le falta un ~** he has a screw loose ❑ **~ de banco** vice -**2.** *Fam (beso)* French kiss
torniquete *nm* -**1.** MED tourniquet -**2.** *(en entrada)* turnstile
torniscón *nm Fam* -**1.** *(pellizco)* pinch -**2.** *(bofetada)* slap in the face
torno ◇ *nm* -**1.** *(de dentista)* drill -**2.** *(de alfarero)* (potter's) wheel -**3.** *(de carpintero)* lathe ❑ **~ de banco** vice -**4.** *(para pesos)* winch
◇ **en torno a** *loc prep* -**1.** *(alrededor de)* around, round; **el cordón policial en ~ al edificio** the police cordon around *o* round the building; **la familia se reunía en ~ al televisor** the family gathered round *o* around the television
-**2.** *(acerca de)* **la polémica en ~ a esta decisión** the controversy surrounding this decision; **el misterio que gira en ~ a su muerte** the mystery surrounding her death; **el debate giró en ~ al tema del euro** the debate revolved around the subject of the euro
-**3.** *(aproximadamente)* around, about; **la tasa de desempleo se sitúa en ~ al 10 por ciento** unemployment stands at around 10 percent; **ocurrió en ~ a finales de siglo** it happened somewhere around the turn of the century
toro *nm* -**1.** *(animal)* bull; EXPR **agarrar** *o Esp* **coger el ~ por los cuernos** to take the bull by the horns; EXPR **estar hecho un ~, ser como un ~** to be built like a house *o* tank; EXPR **ver los toros desde la barrera** to watch from the wings; EXPR **nos va a pillar el ~** we're going to be late; EXPR **a ~ pasado** with hindsight ❑ **~ bravo** fighting bull; **~ de lidia** fighting bull; **~ mecánico** bucking bronco; **Toro Sentado** *(jefe indio)* Sitting Bull
-**2.** *(lidia)* **los toros** bullfighting; **ir a los toros** to go to a bullfight
-**3.** GEOM torus
-**4.** *(carretilla elevadora)* forklift truck
-**5.** *Cuba (pez)* horned boxfish *o* trunkfish

TOROS

Bullfighting is a highly controversial topic in all of the countries where it takes place. As well as in Spain itself, it is popular in many Latin American countries, especially Peru and Mexico, though it has been banned in Uruguay since 1912. Whatever one's views on them, bullfights ("corridas de **toros**") are certainly a unique form of entertainment. The fight begins with the band playing as the mounted officials ("alguacillillos") ride into the ring, followed by a majestic parade of bullfighters ("torero" is preferred to "matador" as the name of the profession). During this parade (or "paseíllo"), the bullfighters, wearing their colourful costumes (known as "trajes de luces"), lead in their teams of assistants ("subalternos") and picadors. First the bull is provoked into charging by a series of passes (the "pases de capote") made with a red and yellow coloured cape. This is followed by the three main stages of the bullfight. In the first, the "tercio de varas", mounted picadors jab the bull with a spear; in the second, the "tercio de banderillas", small barbed darts ("banderillas") are thrust into the bull's back as it charges past the "banderillero"; and finally, the "tercio de muerte" features the bullfighter and his red cape ("muleta") as he confronts and kills the bull, and (with luck) makes a triumphal exit.

toronja *nf* grapefruit
toronjil *nm* lemon balm
toronjo *nm (árbol)* grapefruit (tree)
Toronto *n* Toronto
torpe *adj* -**1.** *(sin destreza)* *(persona)* clumsy; *(dedos, andares)* clumsy, awkward; **sus movimientos son torpes** her movements are clumsy; **escrito en torpes trazos infantiles** written with clumsy childish handwriting; **~ con las manos** *(que rompe las cosas)* *esp Br* ham-fisted, *US* ham-handed; *(que deja caer las cosas)* butter-fingered; **con los años estoy ~ ya** I'm getting clumsy as I get older; **es muy ~ en dibujo** he's not very good at drawing; **es muy ~ Esp conduciendo** *o Am* **manejando** he's a terrible driver
-**2.** *(sin tacto)* *(gestos, palabras, comportamiento)* clumsy
-**3.** *(sin inteligencia)* slow, dim-witted
torpedear *vt* -**1.** *(embarcación)* to torpedo -**2.** *(iniciativa, proyecto)* to torpedo
torpedero, -a ◇ *adj* **lancha torpedera** torpedo boat
◇ *nm* torpedo boat
torpedo *nm* -**1.** *(proyectil)* torpedo -**2.** *(pez)* electric ray
torpemente *adv* -**1.** *(moverse, escribir)* clumsily, awkwardly -**2.** *(actuar, hablar)* clumsily
torpeza *nf* -**1.** *(falta de destreza)* clumsiness -**2.** *(falta de tacto)* clumsiness; **tuvimos problemas por su ~ al llevar el tema** we had problems because of her clumsy handling of the issue -**3.** *(acción inconveniente)* **fue una ~ hacerlo/decirlo** it was a clumsy thing to do/say; **cometer una ~** to make a blunder -**4.** *(falta de inteligencia)* slowness
torpor *nm* torpor, sluggishness
torrado *nm* toasted chickpea
torrar ◇ *vt* to roast
◆ **torrarse** *vpr Fam* to be roasting
torre *nf* -**1.** *(en fortaleza, castillo, iglesia)* tower; *(que sobresale de una muralla)* turret; *(en punta afilada)* spire ❑ **~ albarrana** bastion, flanking tower; **la Torre de Babel** the Tower of Babel; **~ del homenaje** keep; **~ de marfil** ivory tower; **~ del vigía** *(de observación)* observation tower
-**2.** *(estructura)* *(de alta tensión)* pylon; *(transmisora, de teléfono móvil)* mast ❑ **~ de control** control tower; **~ de perforación** drilling rig, oil derrick; **~ de refrigeración** cooling tower; **~ del reloj** clock tower
-**3.** *(en ajedrez)* rook, castle
-**4.** INFORMÁT tower (computer)
-**5.** *(vivienda)* **~ (de apartamentos)** high-rise (apartment) block, *Br* tower block; **una ~ de 15 pisos** a 15-storey block
-**6.** *Esp (casa)* detached house *(with garden)*
torrefacción *nf* roasting
torrefacto, -a *adj* dark-roast, high-roast; **café ~** dark-roast *o* high-roast coffee
torreja *nf* -**1.** *Am (dulce)* French toast *(sweetened)* -**2.** *Perú (buñuelo)* fritter -**3.** *Chile (rodaja)* slice
torrencial *adj* torrential
torrencialmente *adv* **llueve ~** there is torrential rain
torrente *nm* -**1.** *(de agua)* torrent ❑ **~ sanguíneo** bloodstream -**2.** *(de gente, palabras)* stream, flood; *(de dinero, energía)* masses; **las**

nuevas normas han dado lugar a un ~ de críticas the new rules have provoked a flood of criticism; **es un ~ de vitalidad** he is bursting with vitality

torrentera nf -1. *(cauce)* watercourse, gully -2. *(torrente)* torrent

torrentoso, -a adj -1. *(torrencial)* torrential -2. Am *(impetuoso)* fast-flowing

torreón nm large fortified tower

torrero, -a nm,f *(de faro)* lighthouse keeper

torreta nf -1. *(para armas)* turret -2. *(eléctrica)* pylon

torrezno nm = chunk of fried bacon

tórrido, -a adj -1. *(clima, zona)* torrid -2. *(verano, tarde)* sweltering, torrid

torrija nf French toast *(sweetened)*

torsión nf -1. *(del cuerpo, brazo)* twist, twisting -2. TEC torsion

torso nm torso

torta nf -1. Esp *(de harina)* = flat, round plain cake; EXPR *Fam* **ni ~** *(nada)* not a thing; **no veo ni ~** I can't see a thing; EXPR *Fam* **nos costó la ~ un pan** it cost us an arm and a leg
-2. *CSur, Ven (dulce)* cake; EXPR *RP Fam* **le salió una ~ de plata** it cost him an arm and a leg ❑ **~ de cumpleaños** birthday cake; **~ helada** ice cream gâteau
-3. *Andes, CAm, Carib, RP (salada)* pie ❑ **~ pascualina** spinach and egg pie
-4. *Méx (sandwich)* filled roll
-5. *Méx (tortilla)* flat omelette, frittata; **~ de huevos** plain omelette
-6. *RP* **~ frita** doughnut-shaped fritter
-7. *Fam (bofetada)* slap (in the face); **dar o pegar una ~ a alguien** to slap sb (in the face)
-8. *Fam (golpe, accidente)* thump; **darse o pegarse una ~** *(al caer)* to bang oneself; *(con el coche)* to have a smash; *Fig* **había tortas para entrar** people were fighting to get in

tortada nf *(pastel)* = type of meat and egg pie

tortazo nm *Fam* -1. *(bofetón)* slap (in the face); **dar o pegar un ~ a alguien** to slap sb (in the face); **liarse a tortazos** to come to blows -2. *(accidental) (golpe)* thump, wallop; *(en vehículo)* smash; **darse o pegarse un ~** to give oneself a thump; *(en vehículo)* to have a smash; **se dieron un ~ en la carretera de Guadalajara** they had a smash-up on the road to Guadalajara

tortear vt *Méx muy Fam (manosear)* to feel up

tortellini [torte'lini] nm tortellini

tortería nf *Méx* sandwich shop, *US* luncheonette

torticeramente adv dishonestly

torticero, -a adj underhand; **métodos torticeros** underhand methods

tortícolis nf inv **tener ~** to have a stiff neck, to have a crick in one's neck

tortilla nf -1. *(de huevo)* omelette; **una ~ de espárragos** an asparagus omelette; EXPR **hacer algo ~** to smash sth up; EXPR **hacerse ~** to get smashed up; EXPR **dar la vuelta a la ~** to turn everything upside down; **la crisis financiera dio la vuelta a la ~** the financial crisis turned everything upside down; EXPR **se ha dado la vuelta a la ~** the boot is on the other foot ❑ **~ (a la) española** Spanish o potato omelette; Esp **~ (a la) francesa** French o plain omelette; Esp **~ paisana** = omelette made with potatoes, vegetables and chorizo; Am **~ de papas** Spanish o potato omelette; **~ de patatas** Spanish o potato omelette
-2. *(de maíz)* tortilla, = thin maize pancake

tortillera nf -1. *muy Fam* dyke, lezzy -2. *ver también* **tortillero**

tortillería nf = shop selling (corn) tortillas

tortillero, -a nm,f -1. *(vendedor)* tortilla seller -2. *(fabricante)* tortilla maker

tortita nf -1. *(alimento)* small pancake -2. *(juego)* **hacer tortitas** ≃ to play pat-a-cake

tórtola nf -1. *(ave)* turtledove ❑ **~ turca** collared dove -2. *ver también* **tórtolo**

tortolito, -a nm,f -1. Fam *(enamorado)* lovebird; **están como dos tortolitos** they're like two lovebirds -2. *(inexperto)* novice

tórtolo, -a nm,f *Fam (enamorado)* lovebird

tortuga nf -1. *(animal) (terrestre)* tortoise, *US* turtle; *(marina)* turtle; *(fluvial)* terrapin; EXPR **ser una ~** *(ser lento)* to be a snail; EXPR **ir a paso de ~** to go at a snail's pace -2. *Urug (pan)* bun

tortuguismo nm *CAm, Méx* -1. *(actitud)* slowness, inertia -2. *(medida de presión)* Br goslow, *US* slowdown

tortuosamente adv deviously

tortuosidad nf -1. *(de camino)* tortuousness, windiness -2. *(de método, mente)* deviousness; *(de relaciones)* tortuousness; **la ~ de las relaciones entre ambos países** the tortuousness of relations between the two countries

tortuoso, -a adj -1. *(camino)* tortuous, winding -2. *(método, mente)* devious; *(relaciones)* tortuous

tortura nf -1. *(física)* torture; **métodos de ~** torture methods, methods of torture -2. *(angustia)* torture; **la espera fue una ~** the wait was torture; **¡este tráfico es una ~!** this traffic is a nightmare!

torturado, -a nm,f torture victim

torturador, -ora ◇ adj torturing
◇ nm,f torturer

torturar ◇ vt -1. *(físicamente)* to torture -2. *(angustiar)* to torture, to torment; **no me tortures más y dímelo** stop torturing me, just tell me; **la torturaba pensar en dónde estaría su hijo** she was tortured o tormented by the thought of where her son might be
◆ **torturarse** vpr to torture oneself

torunda nf *(de algodón)* swab

torvamente adv fiercely

torvisco nm spurge flax

torvo, -a adj fierce

torzamos etc ver **torcer**

tos nf cough; **el niño tiene ~** the child has a cough; **me dio la ~** I started coughing; EXPR *Méx Fam* **hacerla de ~** to be difficult o awkward ❑ **~ ferina** whooping cough; **~ perruna** hacking cough; **~ seca** dry cough

toscamente adv -1. *(hacer, confeccionar)* crudely -2. *(comportarse)* roughly, coarsely

Toscana nf **(la) ~** Tuscany

toscano, -a ◇ adj Tuscan
◇ nm,f Tuscan
◇ nm *RP* cigar

tosco, -a adj -1. *(acabado, herramienta)* crude -2. *(persona, modales)* rough, coarse

toser vi to cough; EXPR **no hay quien le tosa** *(no acepta críticas)* he won't listen to a word of criticism; *(no tiene rival)* he has no rivals, he is unbeatable

tosferina nf whooping cough

tósigo nm poison

tosquedad nf -1. *(de objeto)* crudeness -2. *(de persona, modales)* roughness

tostada nf -1. *(de pan)* **una ~** a piece of toast; **¿quieres tostadas?** would you like some toast?; **tostadas con mantequilla** buttered toast -2. *Méx (de tortilla)* tostada, = flat fried tortilla; EXPR *Méx Fam* **¡me lleva la ~!** it gets my goat!

tostadero nm -1. *(de café)* roaster -2. *(lugar caluroso)* oven; **mi pueblo en verano es un ~** it's like an oven in my village in summer

tostado, -a ◇ adj -1. *(pan)* toasted; *(almendras, café)* roasted -2. *(color)* brownish -3. *(piel)* tanned -4. *Ven Fam (persona)* crazy, nuts
◇ nm -1. *(de café)* roasting -2. *Arg (sándwich)* toasted sandwich

tostador nm, **tostadora** nf toaster

tostar [63] ◇ vt -1. *(dorar, calentar) (pan)* to toast; *(café, almendras)* to roast; *(carne)* to brown -2. *(broncear)* to tan
◆ **tostarse** vpr -1. *(broncearse)* to get brown; **tostarse al sol** to sunbathe -2. *Fam (de calor)* to be boiling (hot)

tostón nm -1. *Fam (rollo, aburrimiento)* bore, drag; **este libro es un ~** this book is a drag o bore; **dar el ~ a alguien** to pester sb, to go on and on at sb -2. *Fam (persona molesta)* pain; **¡qué ~ de niño!** that child's a real pain! -3. *(de pan)* crouton -4. *(cochinillo)* roast sucking pig -5. *Carib (de plátano)* fried plantain chip

total ◇ adj -1. *(cifra, coste, gasto)* total; **el importe ~ de las inversiones** the total amount of the investments -2. *(confianza, rechazo, ruptura)* total, complete; **actúa con ~ libertad** she acts completely freely, she has complete freedom of action; **su influencia en ellos es ~** he has overwhelming influence over them -3. *Fam (fantástico)* fab, *Br* brill
◇ nm -1. *(suma)* total; **el ~ de visitantes del museo alcanzó los tres millones** the total number of visitors to the museum reached three million; **me da un ~ de 580** I make it 580 ❑ CONT **~ actualizado** running total -2. *(totalidad, conjunto)* whole; **el ~ del grupo** the whole group; **en ~** in total, in all; **nos costó 200 dólares en ~** it cost us 200 dollars in total o all; **en ~ fuimos más de treinta personas** in total there were more than thirty of us
◇ adv -1. *(en resumen)* basically, in a word; **~, que me marché** so anyway, I left; **~, que te has quedado sin trabajo, ¿no?** basically, you're out of a job, then? -2. *(en realidad)* anyway; **~, ¿qué más da?** what difference does it make anyway?; **llévatelo, ~ ¿para qué lo quiero yo?** take it, what good is it to me, after all?

totalidad nf **la ~ de: la ~ del presupuesto** the entire budget; **tendrán acceso a la ~ del sistema** they will have access to the entire o whole system; **la práctica ~ de la cámara votó a favor** virtually the whole house voted in favour; **la ~ de los profesores** all (of) the teachers; **en su ~** in its entirety; **desconocemos el asunto en su ~** we know absolutely nothing about the matter; **los accionistas son italianos en su ~** all the shareholders are Italian

totalitario, -a, totalitarista adj totalitarian

totalitarismo nm totalitarianism

totalizador, -ora adj all-encompassing, totalizing

totalizar [14] vt *(puntos)* to obtain, to score; **el equipo totalizó 70 goles en la temporada** the team notched up 70 goals during the season

totalmente adv totally, completely; **el país ha cambiado ~ en los últimos años** the country has changed completely in the last few years; **una publicación ~ gratuita** a completely free publication; **es ~ imposible** it's totally impossible; **¿crees que ganaremos? – ~** do you think we'll win? – definitely o absolutely

tótem *(pl* **tótems** o **tótemes)** nm totem

totémico, -a adj totemic

totemismo nm totemism

totogol nm *Col, CRica* = gambling game involving betting on the results of soccer matches, *Br* ≃ football pools

totopo, totoposte nm *CAm, Méx* tortilla chip

totora nf *Andes, RP* totora reed

totoral nm *Andes, RP* totora reed marsh

totovía nf woodlark

totuma, tutuma nf *Am* calabash, gourd

totumo nm *Am* calabash tree

Tour [tur] nm *(carrera ciclista)* **el ~ (de Francia)** the Tour de France

tour [tur] *(pl* **tours)** nm -1. *(gira, viaje)* tour; **hacer un ~** to go on o do a tour ❑ **~ operador** tour operator -2. **~ de force** tour de force

tournedós [turne'ðo] nm inv tournedos

tournée [tur'ne] nf tour; **estar de ~** to be on tour

toxemia nf MED toxaemia

toxicidad nf toxicity

tóxico, -a ◇ adj toxic, poisonous
◇ nm poison

toxicodependiente ◇ adj drug-dependent
◇ nmf drug dependent (person)

toxicología nf toxicology

toxicológico, -a adj toxicological

toxicólogo, -a nm,f toxicologist

toxicomanía nf drug addiction

toxicómano, -a ◇ *adj* addicted to drugs; **su hijo ~** their drug addict son
◇ *nm,f* drug addict
toxina *nf* toxin ❑ **~ botulínica** botulin
toxoplasmosis *nm* MED toxoplasmosis
tozudez *nf* stubbornness
tozudo, -a ◇ *adj* stubborn
◇ *nm,f* stubborn person; **ser un ~** to be stubborn
traba *nf* -1. *(obstáculo)* obstacle; **poner trabas a alguien** to put obstacles in sb's way; **necesito trabajar sin trabas de ningún tipo** I need to be able to work without any kind of constraints -2. *(para coche)* chock -3. *(de mesa)* crosspiece -4. RP *(seguro)* bolt -5. RP **~ de corbata** tie-pin
trabado, -a *adj* -1. *(unido) (salsa)* smooth; *(discurso)* coherent -2. *(atascado)* jammed -3. RP *(asegurado)* locked -4. RP *Fam (por drogas, alcohol)* **estar ~** to be wrecked *o* Br off one's face -5. GRAM *(sílaba)* ending in a consonant
trabajado, -a *adj* -1. *(obra)* well-crafted; *(plan, proyecto)* carefully thought out; **la novela tiene un estilo muy ~** the novel has a highly wrought *o* polished style -2. *(músculo)* developed
trabajador, -ora ◇ *adj* hard-working; **es muy ~** he's a hard worker, he works hard
◇ *nm,f* worker ❑ **~ autónomo** self-employed person; **~ por cuenta ajena** employee; **~ por cuenta propia** self-employed person; **~ manual** manual worker; **~ social** social worker; **~ a tiempo parcial** part-timer, part-time worker
◇ *nm* Chile *(ave)* heron
trabajar ◇ *vi* -1. *(tener un empleo)* to work; **no trabajes tanto** you shouldn't work so hard; **~ a tiempo parcial/completo** to work part time/full time; **¿de qué trabaja?** what does she do (for a living)?; **trabaja de** *o* **como taxista** he's a taxi driver, he works as a taxi driver; **~ de autónomo** to be self-employed; **~ de voluntario** to do voluntary work; **~ en una empresa** to work for a firm; **trabaja en personal** she works in personnel; **trabaja para una multinacional** she works for a multinational; **~ por horas** to work by the hour; **~ por cuenta propia/ajena** to be self-employed/an employee; Am **~ afuera** to work outside the home; Am **~ en casa** to work at *o* from home
-2. *(realizar una tarea)* to work; **tiene que ~ más si quiere aprobar** she has to work harder if she wants to pass; **ponerse a ~** to get to work; **está trabajando en un nuevo guión** he's working on a new script; **trabajamos mucho con empresas japonesas** we do a lot of business with Japanese companies
-3. *(actor, actriz)* to act; **trabajaba en "Vértigo"** she was in "Vertigo"; **¡qué bien trabajan todos!** the acting is really good!
-4. *(funcionar)* to work; **la central nuclear trabaja ya a pleno rendimiento** the nuclear power station is now operating at maximum capacity; **los pulmones son los que trabajan** it demands a lot of your lungs; **hacer ~ una máquina** to load a machine; **hacer ~ un músculo** to exercise a muscle
◇ *vt* -1. *(hierro, barro, madera, cuero)* to work; *(la tierra, el campo)* to work; *(masa)* to knead
-2. *(vender) (producto, género, marca)* to sell, to stock; **sólo trabajamos esta marca** we only sell *o* stock this brand
-3. *(mejorar)* to work on *o* at; **debes ~ la pronunciación** you need to work on *o* at your pronunciation; **~ los músculos** to build up one's muscles
-4. *Fam (convencer)* **~ a alguien (para que haga algo)** to work on sb (to get them to do sth)
◆ **trabajarse** *vpr Fam* -1. *(intentar lograr)* to work for; **el puesto que ocupa se lo ha trabajado** she has worked hard for her current job
-2. *(convencer)* **trabajarse a alguien (para que haga algo)** to work on sb (to get them to do sth); **si te lo trabajas un poco te dejará el dinero** if you work on him a bit he'll lend you the money

trabajo *nm* -1. *(tarea, actividad, práctica)* work; **tengo mucho ~ que hacer** I've got a lot of work to do; **una casa tan grande da mucho ~** a big house like that is a lot of work; **uno de los últimos trabajos de Diego Rivera** one of Diego Rivera's last works; **recibió un Óscar por su ~ en "Cabaret"** she received an Oscar for (her performance in) "Cabaret"; **¡buen ~!** good work!; **hacer un buen ~** to do a good job; EXPR **ser un ~ de chinos** *(minucioso)* to be a fiddly *o* finicky job; *(pesado)* to be hard work ❑ **~ de campo** fieldwork; **~ de** *o* **en equipo** teamwork; **~ físico** physical work, manual labour; **trabajos forzados** *o* **forzosos** hard labour; **~ intelectual** intellectual work; **~ manual** manual labour; **trabajos manuales** *(en el colegio)* arts and crafts; **~ remunerado** paid work; **~ social** social work; **~ sucio** dirty work; **~ temporal** temporary work; **~ por turnos** shiftwork; **~ voluntario** voluntary work
-2. *(empleo)* job; **buscar/encontrar ~** to look for/find work *o* a job; **no tener ~, estar sin ~** to be out of work; **me he quedado sin ~** I've been left without a job, I'm out of work; **tener un ~ fijo** to have a permanent job
-3. *(lugar)* work; **en el ~** at work; **ir al ~** to go to work; **¿quieres que pase a recogerte al ~?** do you want me to pick you up from work?
-4. *(escrito) (por estudiante)* essay, paper; **hacer un ~ sobre algo/alguien** to write an essay on sth/sb
-5. *(esfuerzo)* effort; **lograron sacar el armario con mucho ~** they managed to remove the wardrobe, but not without a lot of effort *o* but it was no easy task; **costar mucho ~ (a alguien)** to take (sb) a lot of effort; **me cuesta mucho ~ levantarme por las mañanas** I find it a real struggle getting up in the morning; **cuesta ~ admitir que uno se ha equivocado** it's not easy to admit that you're wrong; **tomarse el ~ de hacer algo** to go *o* take the trouble of doing sth
-6. ECON & POL labour
-7. FÍS work
-8. *Literario* **trabajos** *(apuros)* hardships; **pasar trabajos** to suffer hardships
trabajoadicto, -a *nm,f* workaholic
trabajosamente *adv* laboriously; **el anciano se metió ~ en el coche** the old man laboriously manoeuvred himself into the car; **lucharon ~ por liberar a los detenidos** they fought tirelessly for the prisoners' release
trabajoso, -a *adj* -1. *(difícil)* laborious, difficult; **un proceso más ~** a more laborious process -2. Col *(exigente)* demanding
trabalenguas *nm inv* tongue twister
trabar ◇ *vt* -1. *(unir) (palabras, ideas)* to join; **~ varios argumentos** to tie several arguments together; **un discurso bien trabado** a well-constructed speech
-2. *(iniciar) (conversación, amistad)* to strike up; **trabaron amistad en 1987** they became friends in 1987; **el acuerdo trabado entre ambos países** the agreement established between the two countries
-3. *(salsa)* to thicken
-4. *(sujetar) (en general)* to immobilize; *(puerta, ventana) (abierta)* to wedge open; *(cerrada)* to wedge shut; *(preso)* to shackle; **troncos de madera trabados entre sí** tree trunks lashed together
-5. RP *(con cerrojo)* to bolt; *(con llave)* to lock; *(con tranca)* to bar
-6. *(obstaculizar)* to obstruct, to hinder; **las negociaciones quedaron trabadas** the negotiations became deadlocked
◆ **trabarse** *vpr* -1. *(enredarse)* to get tangled; **la cuerda se trabó en unas ramas** the rope got tangled in some branches
-2. *(atascarse) (puerta, cerrojo)* to jam, to get jammed -3. *(espesarse) (salsa)* to thicken
-4. *(al hablar)* to stutter; **se le trabó la lengua** he tripped over his tongue -5. RP *Fam (por drogas, alcohol)* to get fuddled

trabazón *nf* -1. *(unión)* assembly -2. *(de salsa)* thickening -3. *(conexión)* link, connection; **le falta ~ al argumento de la obra** the plot is disjointed *o* doesn't hang together
trabe *nf* beam, joist
trabilla *nf (de pantalón)* belt loop
trabucar ◇ *vt* to mix up
◆ **trabucarse** *vpr* -1. *(persona) (liarse)* to get things mixed up; *(al hablar)* to stutter; **se le trabucó la lengua** he tripped over his tongue -2. *(cosas, fechas)* to get mixed up
trabuco *nm (arma de fuego)* blunderbuss
traca *nf* string of firecrackers; EXPR *Fam* **de ~: una caída de ~** a spectacular fall
trácala *nf Méx, Ven Fam* trick
tracalada *nf Col, Méx* crowd
tracalear *vi Méx, Ven Fam* to trick, to diddle
tracalero, -a *Méx, Ven Fam* ◇ *adj* cheating
◇ *nm,f* cheat
tracción *nf* -1. *(de vehículo)* **vehículo de ~ animal** vehicle drawn by an animal ❑ **~ a las cuatro ruedas** four-wheel drive; **~ delantera** front-wheel drive; **~ trasera** rear-wheel drive -2. TEC *(fuerza)* traction
trace *etc ver* trazar
tracería *nf* ARQUIT tracery
Tracia *n* HIST Thrace
tracio, -a HIST ◇ *adj* Thracian
◇ *nm,f* Thracian
tracoma *nm* trachoma
tracto *nm* tract ❑ **~ digestivo** digestive tract; **~ intestinal** intestinal tract; **~ urinario** urinary tract
tractocamión *nm Méx Br* articulated lorry, US semitrailer
tractor *nm* tractor ❑ **~ oruga** caterpillar tractor
tractorada *nf* tractor protest
tractorista *nmf* tractor driver
tradescantia *nf* wandering Jew, spiderwort
tradición *nf* tradition; **es ~ vestirse de negro para ir a un entierro** it is the tradition to wear black for a funeral; **se hace por ~** it's done *o* people do it out of tradition ❑ **~ escrita** written tradition; **~ oral** oral tradition
tradicional *adj* traditional; **como ya es ~ en cada partido de fútbol** as has become traditional at every soccer game
tradicionalismo *nm* traditionalism
tradicionalista ◇ *adj* traditionalist
◇ *nmf* traditionalist
tradicionalmente *adv* traditionally
trading ['treidiŋ] *nm* BOLSA trading
traducción *nf* translation ❑ **~ automática** machine translation; **~ directa** translation into one's own language; **~ inversa** translation out of one's own language; **~ simultánea** simultaneous translation
traducible *adj* translatable
traducir [18] ◇ *vt* -1. *(a otro idioma)* to translate; **~ algo del alemán al castellano** to translate sth from German into Spanish -2. *(expresar)* to express, to convey; **una actitud corporal que traduce aplomo y seguridad** a posture that conveys composure and self-confidence
◇ *vi* to translate (**de/a** from/into)
◆ **traducirse** *vpr* -1. *(a otro idioma)* to be translated (**por** by *o* as) -2. **traducirse en** *(ocasionar)* to translate into; **la subida de la inflación se traduce en una pérdida de poder adquisitivo** the rise in inflation translates into a loss of purchasing power
traductor, -ora ◇ *adj* translating
◇ *nm,f* translator ❑ **~ jurado** *o* RP **público** = translator qualified to work in court and translate legal documents
traductorado *nm* RP degree in translation
traer [66] ◇ *vt* -1. *(llevar de un lugar a otro)* to bring; **no traigan diccionario al examen** don't bring a dictionary into the exam; **trae a tus amigos** bring your friends (along); **voy a ~ los libros a casa** I'm going to take the books home; **me trajo un recuerdo de París** she brought me a souvenir (back) from Paris; **tráiganos otra botella de vino, por favor** could we have *o* could

you bring us another bottle of wine, please?; **nos trajeron del aeropuerto al hotel en coche** they took us from the airport to the hotel by car, they drove us from the airport to the hotel; **el buen tiempo trajo muchos turistas este año** the good weather brought a lot of tourists (with it) this year; **¿qué te trae por aquí/por Bogotá?** what brings you here/to Bogotá?

-2. *(llevar encima, consigo)* to carry; **traía una pistola** he was carrying a gun, he had a gun on him; **¿qué traes ahí?** what have you got there?; **traigo un cansancio enorme** I'm extremely tired

-3. *(llevar puesto)* to wear; **traía un traje nuevo** he was wearing a new suit

-4. *(contener)* to have; **trae un artículo interesante** it has an interesting article in it; **¿qué trae ese sobre?** what's in that envelope?

-5. *(provocar) (ruina, pobreza, enfermedades)* to bring; *(consecuencias)* to carry, to have; *(cambios)* to bring about; **esto trajo muchos problemas** this caused a lot of problems; **me trajo suerte** it brought me luck; **aquella decisión trajo como consecuencia la caída de la monarquía** that decision led to the fall of the monarchy; **traerá consigo una bajada de precios** it will lead to *o* mean a drop in prices

-6. *Fam* INFORMÁT to download

-7. *Fam (en un estado determinado)* **este tipo me trae frito/loco** that guy is being such a pain/is driving me up the wall

◇ *vi* **¡trae!** bring *o* give it here!; **¡trae!, yo te lo arreglo** bring it here! I'll fix it for you

◆ **traerse** *vpr* **-1.** *(llevar con uno)* to bring (along); **se trajo un cuaderno/a unos amigos** she brought (along) a notebook/some friends; [EXPR] *muy Fam* **me la trae floja** I couldn't give a shit *o Br* toss

-2. *Fam (tramar)* **me pregunto qué se traerán (entre manos) esos dos** I wonder what those two are up to

-3. [EXPR] *Fam* **traérselas** *(trabajo, asunto, persona)* to be a real handful; **este niño se las trae** that kid is a real handful; **tiene un carácter que se las trae** she has a right old temperament

-4. *Fam* INFORMÁT to download

traficante *nmf (de drogas, armas)* trafficker, dealer ❑ **~ de armas** arms dealer *o* trafficker; **~ de drogas** drugs dealer *o* trafficker; **~ de esclavos** slave trader

traficar [59] *vi (comerciar)* to traffic, to deal (**en**/**con** in); **jóvenes que trafican con drogas** young people who deal in drugs; **mafias que trafican con seres humanos** criminal gangs who traffic *o* trade in human beings

tráfico *nm* **-1.** *(de vehículos)* traffic; **una carretera cortada al ~** a road closed to traffic; **infracción de ~** driving offence ❑ **~ aéreo** air traffic; **~ marítimo** maritime traffic; **~ rodado** road traffic

-2. *(comercio)* traffic; **luchar contra el ~ ilegal de inmigrantes** to fight the illegal trade in immigrants ❑ **~ de armas** arms dealing *o* trafficking; **~ de drogas** drug dealing *o* trafficking; **el ~ de esclavos** the slave trade; **~ de estupefacientes** drug trafficking *o* dealing; **~ de influencias** influence peddling, *US* graft; **~ sexual** sex trafficking

traga *RP Fam* ◇ *adj* **ser ~** to be *Br* swotty *o US* a grind

◇ *nmf Br* swot, *US* grind

tragaderas *nfpl* [EXPR] *Fam* **tener (buenas) ~** *(comer mucho)* to eat like a horse; *(ser crédulo)* to swallow anything; *(ser tolerante)* to be able to put up with a lot

tragadero *nm Fam* **-1.** *(sumidero)* plughole -2. *(garganta)* throat, gullet

tragafuegos *nmf inv* fire-eater

trágala *nm* **-1.** HIST *(canción)* ≃ early 19th century satirical anti-government song

-2. *(imposición)* imposition; **tuvimos que aceptar el ~ de la dirección** we had to accept the solution imposed by management

tragaldabas *nmf inv Fam* greedy guts, human dustbin

tragaluz *nm* skylight

tragamonedas, traganíqueles *nf inv Am Fam* slot machine

tragaperras *nf inv* slot machine

tragar [38] ◇ *vt* **-1.** *(ingerir)* to swallow; **tragó la pastilla con dificultad** she swallowed the pill with difficulty; **~ agua** *(en mar, piscina)* to swallow water; **tragó saliva** to swallow, to gulp

-2. *Fam (creer)* to swallow; **creo que no ha tragado la historia** I don't think she swallowed the story; **le hicieron ~ el cuento** they managed to make him believe the story

-3. *(absorber)* to swallow up; **ese desagüe traga el agua sucia** the dirty water goes down that drain

-4. *Fam (soportar)* to put up with; **¡lo que hay que ~ por los hijos!** the things you have to put up with for the sake of the children!; **yo creo que Ana no me traga** I don't think Ana likes me; **no la puedo ~, no la trago** I can't stand her

-5. *Fam (consumir mucho)* to devour, to guzzle; **¡cómo traga gasolina este coche!** *Br* this car really guzzles petrol!, *US* this car is a real gas-guzzler!

-6. *RP Fam (estudiar)* to bone up on, *Br* to swot up (**on**)

◇ *vi* **-1.** *(ingerir)* to swallow; **me cuesta ~** I can't swallow properly, I have trouble swallowing

-2. *Fam (comer)* **¡cómo traga tu primo!** your cousin can certainly put it away!

-3. *Fam (creerse)* **¿crees que tragará?** do you think he'll swallow it?

-4. *Fam (acceder)* to give in; **ahora no lo acepta pero acabará tragando** she refuses to accept it right now, but she'll give in in the end

-5. *(absorber)* **esa alcantarilla no traga** that drain's blocked

-6. *RP Fam (estudiar) Br* to swot, *US* to grind

◆ **tragarse** *vpr* **-1.** *(ingerir)* to swallow; **me he tragado una espina** I've swallowed a bone; **el mar se tragó la lancha** the sea swallowed up *o* engulfed the boat

-2. *Fam (comer)* to guzzle; **se tragó tres huevos fritos** he guzzled three fried eggs; **se tragó a Caperucita entera** he swallowed Little Red Riding Hood whole

-3. *(contener) (lágrimas)* to choke back; **se tragó su orgullo y pidió perdón** he swallowed his pride and apologized; **se tuvo que ~ sus propias palabras** he had to swallow his words

-4. *(consumir)* to swallow up, to devour; **el proyecto se tragó casi todo el presupuesto** the project swallowed up *o* devoured the entire budget

-5. *Fam (creerse)* to swallow; **¿crees que se lo tragará?** do you think she'll swallow it?; [EXPR] **se tragó el cuento** he swallowed the story; [EXPR] *Ven* **~ un paquete** to fall for it, to be taken in

-6. *Fam (sufrir) (discurso, espectáculo)* to sit through; **me tragué un programa horrible** I sat through an awful programme; **se traga lo que le echen en la tele** he'll watch whatever's on the TV

-7. *Fam (soportarse)* **no se tragan** they can't stand each other

tragasables *nmf inv* sword-swallower

tragedia *nf* **-1.** *(obra)* tragedy **-2.** *(género)* tragedy; **la ~ griega** Greek tragedy **-3.** *(hecho desgraciado)* tragedy; **el viaje acabó en ~** the trip ended in tragedy; **la ~ personal que se esconde tras su aparente felicidad** the personal tragedy that lies concealed beneath his happy exterior

trágicamente *adv* tragically

trágico, -a ◇ *adj* **-1.** *(obra, género)* tragic -2. *(suceso, final, consecuencias)* tragic; *Fam* **ponerse ~** to be melodramatic

◇ *nm,f* tragedian

tragicomedia *nf* tragicomedy

tragicómico, -a *adj* tragicomic

trago *nm* **-1.** *(de líquido)* drink; **¿me das un trago de cerveza?** could I have a drink *o* sip of your beer?; **beber algo a grandes tragos** to gulp sth down; **sólo un traguito** just a sip; **de un ~** in one gulp

-2. *Fam (copa)* drink; **echar *o* tomar un ~** to have a quick drink

-3. *Am Fam* **el ~** *(la bebida)* the booze; **le gusta demasiado el ~** he's too fond of the booze

-4. *(situación difícil) Fam* **ser un ~ para alguien** to be tough on sb; *Fam* **pasar un mal ~** to have a tough time of it; **pasó muy mal ~ con el accidente de su hijo** she went through a very tough time over her son's accident; **le tocó el ~ amargo de anunciar los despidos** he had the unpleasant task of announcing the redundancies; **su ausencia resultaría un ~ amargo para todos** his absence would be a bitter blow for all of them

tragón, -ona *Fam* ◇ *adj* greedy

◇ *nm,f* **¡tu primo es un ~!** your cousin can certainly put it away!

trague *etc ver* **tragar**

traición *nf* **-1.** *(infidelidad)* betrayal; **claudicar sería una ~ a nuestros camaradas** if we gave in, we would be betraying our comrades; **le mataron a ~** he was treacherously murdered; **temía un disparo a ~** he was afraid of being shot by someone on his own side **-2.** *(contra el Estado)* treason; **alta ~** high treason

traicionar *vt* **-1.** *(amigo, ideal, país)* to betray; **tuvo que ~ a sus aliados para salvarse** she had to betray her allies to save her own life; **no quiero ~ la confianza que puso en mí** I do not want to betray the trust he placed in me; **se siente traicionado por los políticos** he feels betrayed by politicians

-2. *(provocar fracaso)* **a veces le traiciona su timidez** his shyness sometimes gets the better of him

-3. *(descubrir)* to give away; **su acento/aquel gesto lo traicionó** his accent/that gesture gave him away; **lo traicionó el subconsciente** his subconscious gave him away

traicionero, -a ◇ *adj* **-1.** *(aliado, amigo)* treacherous; **eso fue un golpe ~** that was a bit below the belt **-2.** *(tiempo, corriente)* treacherous, dangerous; **las montañas pueden ser muy traicioneras** mountains can be very treacherous **-3.** *(gesto, lágrimas)* revealing, telltale

◇ *nm,f* traitor

traída *nf* bringing, carrying ❑ **~ de agua** water supply

traído, -a *adj* worn-out; [EXPR] **~ y llevado** much discussed, well-worn; **el tan ~ y llevado acuerdo entre socialistas y liberales** the much discussed agreement between the socialists and the liberals

traidor, -ora ◇ *adj* **-1.** *(persona) (contra amigos, camaradas)* treacherous; *(contra el Estado)* treasonous **-2.** *(tiempo, corriente)* treacherous, dangerous **-3.** *(gesto, lágrimas)* revealing, telltale

◇ *nm,f* traitor; **es un ~ a la patria** he's a traitor to his country

traigo *etc ver* **traer**

trail *nm* DEP trails riding

tráiler *(pl* **tráilers)** *nm* **-1.** CINE trailer **-2.** *(remolque)* trailer; *(camión) Br* articulated lorry, *US* semitrailer **-3.** *Méx (casa rodante) Br* caravan, *US* trailer ❑ **~ park** *Br* caravan site, *US* trailer park

trailero, -a *nm,f CAm, Méx Br* lorry driver, *US* truck driver

traílla *nf (correa)* leash

traína *nf* purse seine (net)

trainera *nf* = small boat, for fishing or rowing in races

Trajano *n pr* Trajan

traje *etc ver* **traer**

traje ◇ *nm* **-1.** *(con chaqueta)* suit; *(de una pieza)* dress ❑ **~ de astronauta** space suit; **~ de baño** *(para hombre o mujer)* swimming

trajeado

costume, bathing suit o Br costume; *(para hombre)* swimming trunks; *(para mujer)* swimsuit; **~ de bucear** o **buceo** wet suit; **~ de chaqueta** woman's two-piece suit; **~ espacial** space suit; **~ de etiqueta** evening dress; **~ de faralaes** = typical Andalusian frilly dress; **un ~ de gala** a dress suit; **llevar ~ de gala** to wear formal dress; **~ de hombre rana** diving suit; **de luces** matador's outfit; **~ de noche** evening dress; **~ de novia** wedding dress; **~ pantalón** trouser suit; **~ sastre** woman's two-piece suit; **~ de submarinismo** wet suit
-2. *(regional, disfraz)* costume ❏ **~ de época** period dress; **~ típico** *(de un país)* national dress
-3. *(ropa)* clothes ❏ **~ de calle** business suit, Br lounge suit; **~ de diario** everyday clothes; **~ de paisano** *(de militar)* civilian clothes; *(de policía)* plain clothes

trajeado, -a adj **-1.** *(con traje)* **ir ~** to wear a suit; **bien ~** well-dressed **-2.** *Fam (arreglado)* spruced up

trajear ◇ vt to dress in a suit
• **trajearse** vpr to wear a suit

trajera etc ver **traer**

trajín nm **-1.** *(ajetreo)* bustle; **esta mañana hay mucho ~ en la oficina** it's a bit hectic in the office this morning; **el ~ de los días de mercado** the hustle and bustle of market days; **con tanto ~, se me olvidó** it was all so hectic that I forgot

trajinar ◇ vi Fam Fig to bustle about; **me paso todo el día trajinando** I spend all day rushing around
• **trajinarse** vpr muy Fam **trajinarse a alguien** *(sexualmente)* Br to roger sb; US to bone sb

tralla nf **-1.** *(látigo)* whip **-2.** *Fam (presión)* **dar** o **meter ~ a alguien** *(presionar)* to pester sb; *(criticar)* to slate sb

trallazo nm **-1.** *(chasquido)* lash, crack **-2.** *Fam (represión)* tongue-lashing **-3.** Fam DEP *(disparo)* screamer, powerful shot

trama nf **-1.** *(de historia)* plot ❏ **~ argumental** plot, storyline **-2.** *(confabulación)* plot, intrigue; **una oscura ~ financiera** a shadowy web of financial intrigue **-3.** *(de hilos)* weft **-4.** IMPRENTA screen **-5.** *(de pantalla)* raster **-6.** *(papel adhesivo)* screen tone

tramado nm IMPRENTA halftone grid

tramar vt **-1.** *(planear)* to plot; *(complot)* to hatch; **un plan tramado por sus enemigos** a plot hatched by her enemies; **estar tramando algo** to be up to something **-2.** *(hilo)* to weave

tramitación nf processing; **se ha aplazado la ~ de la extradición** the extradition process has been delayed; **está en ~** it is being processed

tramitar vt **-1.** *(sujeto: autoridades) (pasaporte, solicitud)* to process; **tardaron tres días en ~ el crédito** it took them three days to do all the paperwork for the loan; **me están tramitando la renovación de la licencia** my application for a new licence is being processed
-2. *(sujeto: solicitante)* to be in the process of applying for; **estamos tramitando el divorcio** we are in the process of getting a divorce

trámite nm **-1.** *(gestión)* formal step; **sólo quedan un par de trámites más** there are only a few formalities left; **los trámites burocráticos** the bureaucratic procedures; **los trámites burocráticos para crear una empresa** the paperwork involved in setting up a company; **agilizar/iniciar los trámites** to speed up/to start the bureaucratic process; **estaban en trámites de separación** they were in the process of getting separated; **de ~** *(acto, asunto)* routine, **es sólo cuestión de ~** it's purely routine, it's just a formality
-2. *(tramitación)* processing; **admitir una denuncia a ~** to agree to consider a complaint; **el permiso de obras está pendiente de ~** a decision on the planning permission is pending; **por ~ de urgencia** urgently

tramo nm **-1.** *(de carretera, ruta)* section, stretch; **el ~ final de la carrera** the final stretch of the race
-2. *(de escalera)* flight (of stairs)
-3. *(de tarifa)* band; *(de edad)* bracket, band; **el ~ de edad entre los 35 y 40 años** the 35-40 age bracket; **el ~ superior del impuesto sobre la renta** the higher rate income tax band ❏ BOLSA **~ minorista** retail tranche

tramontana nf tramontane, = cold, dry north wind in Catalonia and Majorca

tramoya nf **-1.** TEATRO stage machinery
-2. *(enredo)* intrigue

tramoyista nmf **-1.** TEATRO stagehand
-2. *(tramposo)* schemer

trampa nf **-1.** *(para cazar)* trap; **la ~ del fuera de juego** *(en fútbol)* offside trap
-2. *(trampilla)* trapdoor
-3. *(engaño)* trick; **caer en la ~** to fall into the trap; **tender una ~ (a alguien)** to set o lay a trap (for sb); EXPR **sin ~ ni cartón: ha ganado el premio sin ~ ni cartón** he won the prize fair and square; **en este espectáculo no hay ~ ni cartón** everything you see in this show is for real
-4. *(en juegos)* **eso es ~** that's cheating; **hacer trampas** to cheat
-5. *(deuda)* debt
-6. *(en golf)* hazard

trampantojo nm ARTE trompe-l'oeil

trampear vi Fam **-1.** *(estafar)* to scrounge money **-2.** *(ir tirando)* to struggle along

trampero, -a nm,f trapper

trampilla nf *(puerta)* trapdoor

trampolín nm **-1.** *(de piscina)* diving board; *(flexible)* springboard **-2.** *(en esquí)* ski jump
-3. *(en gimnasia)* springboard **-4.** *(medio)* springboard; **le sirvió como ~ para iniciar su carrera política** she used it as a springboard to launch her political career; **esa actuación fue su ~ a la fama** that performance catapulted her to fame

trampolinista nmf diver

tramposo, -a ◇ adj cheating; **no seas tan ~** don't be such a cheat
◇ nm,f cheat

tranca nf **-1.** *(de puerta)* bar; **poner una ~ en la puerta** to bar the door; EXPR *Fam* **a trancas y barrancas** with great difficulty; **terminó la carrera a trancas y barrancas** he finished his degree, but it was a struggle
-2. *(arma)* cudgel, stick
-3. *Fam (borrachera)* **agarrar una ~** to get plastered
-4. *Esp muy Fam (pene)* dong
-5. *Méx (en verja)* gate
-6. *Ven Fam (embotellamiento)* (traffic) jam
-7. *Ven Fam (discusión)* fuss, ruckus

trancar [59] ◇ vt **-1.** *(puerta)* *(con barra)* to bar; *Am (con cerrojo)* to bolt
-2. *Am (frenar)* *(tránsito)* to block, to hold up; **los agricultores en manifestación trancaron la circulación hacia el este** the protesting farmers held up east-bound traffic; **si no tienes credencial, te trancan en la puerta** if you don't have a pass, you get stopped at the door; **si no pagas por fuera, te trancan el trámite** if you don't slip them a bribe, your application stays at the bottom of the pile
-3. *Am (atascar)* to jam; **hay un papel arrugado trancando la impresora** there's a crumpled piece of paper jamming the printer
• **trancarse** vpr Am **-1.** *(atascarse)* *(máquina)* to jam, to get jammed; **la llave se trancó en la cerradura** the key stuck in the lock
-2. *(detenerse)* *(proceso, actividad burocrática)* to be held up

trancazo nm **-1.** *(golpe)* blow (with a cudgel o stick) **-2.** *Fam (gripe)* bout of (the) flu

trance nm **-1.** *(situación crítica)* difficult situation; **ya había pasado por trances parecidos** she had already been through similar difficulties; **pasar por un mal ~** to go through a bad patch; **ahora se encuentra en el ~ de tener que ayudar a un rival** now he finds himself in the position of having to help out a rival; EXPR **a todo ~** at all costs
-2. *(estado hipnótico)* trance; **entrar en ~** to go into a trance
-3. *(música)* trance
-4. *(proceso)* **en ~ de: una cultura/lengua en ~ de desaparición** a culture/language that is in the process of dying out; **en ~ de muerte** on the point of death o dying

tranco nm stride; **llegó en dos trancos** he got there in a couple of strides

trancón nm Col traffic jam

tranque nm CSur reservoir

tranquera nf **-1.** *(estacada)* stockade, palisade
-2. *Am (en alambrado)* gate

tranqui interj Fam don't worry!, cool it!

tranquilamente adv **-1.** *(con calma)* calmly; **piénsalo ~** take your time to think it over
-2. *(con frescura)* coolly; **me lo dijo tan ~** he told me without batting an eyelid **-3.** *(sin dificultad)* easily; **me puedo comer tres hamburguesas ~** I can easily eat three hamburgers; **cuesta ~ dos millones** it costs at least two million, it easily costs two million

tranquilidad nf **-1.** *(sosiego)* *(de lugar, calle, tarde, vida)* calm, peacefulness; *(de ambiente, tono de voz)* quietness, calmness; *(de mar)* calmness; *(de movimientos, paso)* unhurriedness, calmness; **¡qué ~ se respira aquí!** it's so peaceful here!; **el presidente pidió ~ a los ciudadanos** the President called on citizens to remain calm; **piénsalo con ~** take your time to think it over; **se tomó la noticia con mucha ~** she took the news very calmly
-2. *(falta de preocupaciones)* peace of mind; **para mayor ~** to be on the safe side; **para tu ~** to put your mind at rest
-3. *(de carácter)* calmness, calm
-4. *(despreocupación)* calm; **me extrañó la aparente ~ con la que siguió su camino** I was surprised by how calmly she seemed to just carry on; **puedes llamar por teléfono con toda ~** please feel free to use the phone; **¿puedo servirme más? – ¡con toda ~!** can I have some more? – feel free!
-5. *(de conciencia)* clearness; **la ~ que te da saber que has hecho lo que debías** the peace of mind you get from knowing you've done what you had to do

tranquilizador, -ora adj *(música, color)* soothing; *(influencia)* calming

tranquilizante ◇ adj **-1.** *(música, color)* soothing; **no deja de ser ~ que siga sin haber cambios en el estado del enfermo** it is reassuring, however, that the patient's condition has not changed **-2.** *(medicamento)* tranquilizing
◇ nm tranquilizer

tranquilizar [14] ◇ vt **-1.** *(calmar)* to calm (down); **una enfermera la tranquilizó** a nurse calmed her down; **me tranquiliza saber que está a salvo** it's a relief to know she's safe, I feel much better now I know she's safe **-2.** *(dar confianza a)* to reassure; **su presencia la tranquiliza** his presence reassures her o is reassuring to her
• **tranquilizarse** vpr **-1.** *(calmarse)* to calm down; **¡tranquilízate!** calm down! **-2.** *(ganar confianza)* to feel reassured; **se tranquilizó al oírla llegar** he was relieved when he heard her arrive

tranquillo nm Esp Fam **coger el ~ a algo** to get the knack of sth

tranquilo, -a adj **-1.** *(sosegado)* *(lugar, calle, tarde, vida)* quiet, peaceful; *(ambiente, tono de voz)* quiet, calm; *(mar)* calm; *(paso, movimientos)* unhurried; **pasé un día muy ~ en casa** I had a very quiet o peaceful day at home; **es un barrio muy ~** it's a very quiet o peaceful neighbourhood; **en el pueblo duermo muy ~** I always sleep very peacefully in the village
-2. *(sin preocupaciones)* *(persona)* relaxed, calm; **iba ~ a la entrevista** I went to the interview feeling calm; **prefiero vivir ~** I prefer the quiet life; **¡(tú) ~!** don't you worry!; **no estoy ~ hasta que no llega a casa** I can't relax until she gets home; **por fin**

tranquis

puedo respirar ~ at last I can breathe easily; [EXPR] **dejar a alguien ~** to leave sb alone
-3. *(por carácter)* calm; **es muy ~** he's very calm
-4. *(despreocupado)* **¿pero cómo es que estás tan ~,** sabiendo lo que está pasando? how can you be so calm, knowing what's happening?; **lo escuchó y se quedó tan ~** he listened to it without batting an eyelid
-5. *(sin culpabilidad) (mente)* untroubled; *(conciencia)* clear; **tengo la conciencia tranquila** my conscience is clear
tranquis *adj inv Esp Fam* **¡~!** que no pasa nada don't worry! there's no problem; **estamos aquí de ~** *o* **en plan ~** we're just taking it easy here
transa *nf Méx, RP Fam* deal
transacción *nf* **-1.** COM transaction ❑ **~ bancaria** bank transaction; **~ comercial** commercial transaction; **~ electrónica** electronic transaction **-2.** DER settlement (of action)
transalpino, -a, trasalpino, -a *adj* transalpine
transaminasa *nf* BIOQUÍM transaminase
transandino, -a, trasandino, -a *adj* trans-Andean
transar *Fam* ◇ *vi* **-1.** *Am (transigir)* to compromise, to give in; **a veces hay que ~ en ciertos aspectos** sometimes you have to give way on certain issues **-2.** *Am (negociar)* to come to an arrangement, to reach a compromise **-3.** *RP (droga)* to deal
◇ *vt (acciones)* to deal in, to trade
transatlántico, -a, trasatlántico, -a ◇ *adj* transatlantic
◇ *nm* NÁUT (ocean) liner
transbordador, trasbordador *nm* **-1.** NÁUT ferry **-2.** AV **~ (espacial)** space shuttle
transbordar, trasbordar *vi* to change (trains)
transbordo, trasbordo *nm* change; **hacer ~** to change (trains)
transcendencia, transcendental = trascendencia, trascendental
transceptor *nm* transceiver
transcontinental *adj* transcontinental
transcribir, trascribir *vt* **-1.** *(texto, conversación)* to transcribe **-2.** MÚS to transcribe
transcripción, trascripción *nf* **-1.** *(de texto, conversación)* transcription ❑ **~ de cintas** transcription of cassette tapes; **~ fonética** phonetic transcription **-2.** MÚS transcription
transcriptor, -ora, trascriptor, -ora ◇ *nm,f (persona)* transcriber
◇ *nm (aparato)* transcriber
transcrito, -a, *RP* **transcripto, -a, trascrito, -a** *adj* transcribed
transcurrido, -a, trascurrido, -a *adj (tiempo)* intervening; **durante los diez años transcurridos desde entonces** during the intervening ten years, during the ten years since (then); **transcurridos tres días...** three days later..., after three days...
transcurrir, trascurrir *vi* **-1.** *(tiempo)* to pass, to go by; **transcurrieron quince años hasta que volvieron a encontrarse** fifteen years went by *o* passed before they met again, they did not meet again until fifteen years later; **según transcurría el tiempo se iban calentando los ánimos** as time went by tempers started to fray
-2. *(ocurrir)* to take place, to happen; **la acción transcurre durante la guerra** the action takes place during the war; **la manifestación transcurrió sin incidentes** the demonstration went off *o* passed off without incident
transcurso, trascurso *nm* **-1.** *(paso de tiempo)* passing; **será necesario esperar al ~ de tres años hasta tener resultados** it will be necessary to wait for three years before obtaining results; **con el ~ del tiempo,...** with the passing of time,..., as time passes,...
-2. *(periodo de tiempo)* **en el ~ de** in the course of; **todo sucedió en el ~ de una tarde** it all happened in the course of a single afternoon; **durante el ~ de la representación** during the course of the performance
transductor *nm* FÍS transducer
transepto *nm* ARQUIT transept
transeúnte ◇ *adj* passing
◇ *nmf* **-1.** *(paseante)* passer-by **-2.** *(residente temporal)* temporary resident
transexual ◇ *adj* transsexual
◇ *nmf* transsexual
transexualidad *nf,* **transexualismo** *nm* transsexuality, transsexualism
transferencia, trasferencia *nf* **-1.** *(de datos, recursos, poderes)* transfer ❑ INFORMÁT **~ de ficheros** file transfer **-2.** *(de dinero)* transfer; **quiero hacer una ~ de 1.000 euros a esta cuenta** I'd like to transfer 1,000 euros to this account ❑ **~ bancaria** credit transfer, (bank) draft; **~ electrónica de fondos** electronic funds transfer **-3.** PSI transference
transferible, trasferible *adj* **-1.** *(datos, derechos, recursos)* transferable **-2.** *(deportista)* transfer-listed; **ser ~** to be on the transfer list
transferir, trasferir [62] *vt* **-1.** *(datos, recursos, poderes)* to transfer **-2.** INFORMÁT to download
transfiguración, trasfiguración *nf* transfiguration
transfigurar, trasfigurar ◇ *vt* to transfigure
◆ **transfigurarse** *vpr* to become transfigured
transformacional *adj* LING transformational
transformación, trasformación *nf* **-1.** *(en general)* transformation; **nuestra sociedad ha experimentado una profunda ~** our society has undergone a profound transformation; **la ~ del deporte en un mercado del ocio** the transformation of sport into a leisure industry; **las industrias de ~** processing industries **-2.** *(en rugby)* conversion
transformador, -ora, trasformador, -ora ◇ *adj* transforming
◇ *nm* ELEC transformer
transformar, trasformar ◇ *vt* **-1.** *(convertir)* **~ algo (en)** to convert o turn sth (into); **un convento transformado en hotel** a convent converted into a hotel; **~ la ansiedad en energía positiva** to transform one's anxiety into constructive energy; **las penas lo han transformado en un alcohólico** his troubles have turned him into an alcoholic
-2. *(cambiar radicalmente)* to transform; **el turismo ha transformado a nuestro país** tourism has transformed our country
-3. *(en rugby)* to convert
-4. *(en fútbol)* **~ un penalty** to convert a penalty
◆ **transformarse** *vpr* **-1.** *(convertirse)* **transformarse en algo** to turn into sth, to become sth; **el pañuelo se transformó en una paloma** the handkerchief turned into a dove; **el local se ha transformado en toda una institución** the place has become quite an institution; **la zona se ha transformado en un campo de batalla** the area has become a battleground
-2. *(cambiar radicalmente)* to be transformed; **con la oscuridad todo parece transformarse** when darkness falls everything seems changed *o* transformed; **en un año la jovencita se había transformado** in just one year the young girl had undergone a transformation
transformismo, trasformismo *nm* **-1.** *(teoría)* evolutionism
-2. *(artístico)* **espectáculo de ~** quick-change act; *(de hombre en mujer)* drag act
transformista, trasformista ◇ *nmf* quick-change artist
◇ *nm* drag artist
transfronterizo, -a *adj* cross-border
tránsfuga, trásfuga *nmf* **-1.** POL defector
-2. *Am Fam Hum (sinvergüenza)* rascal

transitorio

transfuguismo, trasfuguismo *nm* POL defection *(to another party)*
transfundir, trasfundir ◇ *vt* **-1.** *(líquido)* to transfuse; **le transfundieron un litro de sangre** they gave him a transfusion of a litre of blood **-2.** *Formal (noticia)* to spread
◆ **transfundirse** *vpr Formal (noticia)* to spread
transfusión, trasfusión *nf* transfusion; **le hicieron una ~ de sangre** *o* **sanguínea** they gave him a blood transfusion
transfusor, trasfusor *nm (aparato)* transfuser
transgénico, -a ◇ *adj* transgenic; **alimentos transgénicos** genetically modified foods, GM foods
◇ *nmpl* **transgénicos** GM foods
transgredir, trasgredir *vt* to transgress
transgresión, trasgresión *nf* transgression
transgresor, -ora, trasgresor, -ora *nm,f* transgressor
transiberiano *nm* trans-Siberian railway
transición *nf* transition; **un país en ~** a country in transition; **simplificar la ~ a un nuevo sistema** to simplify the transition to a new system; **periodo de ~** transition *o* transitional period ❑ **~ democrática** transition to democracy
transido, -a *adj* stricken (**de** with); **~ de dolor** racked with pain; **~ de pena** grief-stricken
transigencia *nf* **-1.** *(espíritu negociador)* willingness to compromise **-2.** *(tolerancia)* tolerance
transigente *adj* **-1.** *(que cede)* willing to compromise **-2.** *(tolerante)* tolerant
transigir [24] *vi* **-1.** *(ceder)* to compromise (**en** on); **estoy dispuesto a ~ en ese punto** I am willing to compromise on that point; **no pienso ~** I have no intention of giving in **-2.** *(ser tolerante)* to be tolerant (**con** with); **con tal de evitar discusiones transige con lo que sea** he'll put up with anything to avoid an argument
Transilvania *n* Transylvania
transistor *nm* **-1.** ELEC transistor **-2.** *(radio)* transistor
transitable *adj (camino, sendero)* passable; *(carretera)* open to traffic; **la zona afectada por el corte de luz no está ~** the area affected by the power cut is closed to traffic
transitar *vi* to go (along); **los peatones/los vehículos transitan libremente por el centro** pedestrians/vehicles can move around the city centre quite freely
transitividad *nf* transitivity
transitivo, -a *adj* transitive
tránsito *nm* **-1.** *(de vehículos)* traffic; **está cerrado el ~ de vehículos** it is closed to traffic ❑ **~ rodado** road traffic
-2. *(paso)* **el ~ entre la Edad Media y el Renacimiento** the transition from the Middle Ages to the Renaissance; **es sólo un área de ~** it is just a transit area; **los extranjeros que están de ~ en el país** foreigners who are in the country for a short time; **aviones en ~ entre América y Europa** planes en route between America and Europe; **pasajeros en ~ hacia Roma** *(en aeropuerto)* passengers with connecting flights to Rome
-3. *(movimiento)* movement; **facilita el ~ intestinal** it facilitates bowel movement; **una calle de mucho ~** a busy street
-4. *Formal (muerte)* passing on; **pocos llorarán su ~** few will mourn his passing on
transitoriedad *nf* **-1.** *(de régimen, medida)* temporary nature **-2.** *(de la vida)* transience
transitorio, -a *adj* **-1.** *(régimen, medida)* transitional, interim; *(periodo)* transitional; *(residencia)* temporary; **una solución de carácter ~** a temporary solution; **el euro estuvo unos años en fase transitoria** the euro went through a transitional phase that lasted several years **-2.** *(pasajero)* transitory; **en esta vida transitoria** in this transitory *o* transient life

translación = traslación
translaticio = traslaticio
transliteración *nf* transliteration
transliterar *vt* to transliterate
translúcido, -a = traslúcido
translucir = traslucir
transmediterráneo, -a, trasmediterráneo, -a *adj* transmediterranean
transmigración *nf* transmigration
transmigrar *vi* to transmigrate
transmisible, trasmisible *adj* **-1.** *(enfermedad)* transmittable **-2.** *(título, posesiones)* transferrable
transmisión, trasmisión *nf* **-1.** *(de sonido, onda, movimiento)* transmission
 -2. *(de señal, datos)* transmission; **una red de ~ de datos** a data transmission network
 -3. *(de noticias, mensaje)* passing on, conveying; **las dificultades de ~ verbal de los sentimientos** the difficulties of conveying feelings in words
 -4. *(de enfermedad, bacteria, virus)* transmission; **enfermedades de ~ sexual** sexually transmitted diseases ❑ **~ del pensamiento** telepathy
 -5. *(programa)* broadcast; *(servicio)* broadcasting; **durante la ~ del partido** while the game was being broadcast
 -6. *(de derechos, poderes)* transfer ❑ *Am* **~ de mando** transfer of power
 -7. AUT transmission
transmisor, -ora, trasmisor, -ora ⟡ *adj* transmitting
 ⟡ *nm* transmitter
transmisor-receptor *nm* transceiver, walkie-talkie
transmitir, trasmitir ⟡ *vt* **-1.** *(sonido, onda, movimiento)* to transmit; **neuronas que transmiten mensajes sensoriales** neurons that transmit sensory data
 -2. *(por radio, ordenador)(señal, datos)* to transmit, to send
 -3. *(programa)* to broadcast; **un programa en directo** to broadcast a programme live
 -4. *(mensaje, noticias, saludos)* to pass on, to convey; **ésas fueron las palabras que le transmitió su hermano** those were the words her brother conveyed to her
 -5. *(enfermedad, bacteria, virus)* to transmit; *(optimismo, pesimismo, energía)* to convey, to communicate
 -6. *(derechos, poderes)* to transfer
 ◆ **transmitirse** *vpr (enfermedad)* to be transmitted
transmutable, trasmutable *adj* transmutable
transmutación, trasmutación *nf* transmutation
transmutar, trasmutar *vt* to transmute
transnacional, trasnacional ⟡ *adj* transnational
 ⟡ *nf* transnational (company)
transoceánico, -a *adj* transoceanic
transparencia, trasparencia *nf* **-1.** *(de líquido, material)* transparency
 -2. *(de intenciones)* obviousness; *(de argumento)* clarity
 -3. *(de elecciones, proceso)* openness, transparency; **es esencial mantener una absoluta ~ en la gestión** it is essential that management be seen to be completely above-board; **garantizar la ~ de los comicios** to guarantee fair elections; **falta de transparencia** lack of openness
 -4. *(para retroproyector)* transparency
 -5. CINE **transparencias** back projection
 -6. *(tejido)* see-through fabric
transparentar, trasparentar ⟡ *vt (dejar ver)* to show
 ◆ **transparentarse** *vpr* **-1.** *(ser transparente) (tela)* to be see-through; *(cristal, líquido)* to be transparent **-2.** *(verse)* to show through; **se transparentan sus intenciones/sentimientos** her intentions/feelings are obvious
transparente, trasparente ⟡ *adj* **-1.** *(líquido, material)* transparent; *(tela)* see-through; **una superficie ~ a los rayos ultravioleta** a surface that is transparent to ultra-violet rays **-2.** *(intención, gesto)* clear **-3.** *(elecciones,*

proceso) open, visibly fair; **negocios poco transparentes** murky business dealings
 ⟡ *nm* blind
transpirable, traspirable *adj* breathable
transpiración, traspiración *nf* **-1.** *(sudoración)* perspiration **-2.** BOT transpiration
transpirar, traspirar ⟡ *vi* **-1.** *(persona)* to perspire; *(material)* to breathe **-2.** BOT to transpire
 ⟡ *vt (exudar, exhalar)* to exude
transpirenaico, -a, traspirenaico, -a *adj* trans-Pyrenean
transplantar = trasplantar
transplante = trasplante
transponer = trasponer
transportable *adj* portable
transportación *nf Méx* transport, *US* transportation
transportador *nm* **-1.** *(para transportar)* **~ aéreo** cableway; **~ de cinta** conveyor belt **-2.** *(para medir ángulos)* protractor
transportar ⟡ *vt* **-1.** *(trasladar) (mercancías, pasajeros)* to transport; **transportaba una maleta en cada mano** he was carrying a suitcase in each hand; **esta música me transporta a la infancia** this music takes me back to my childhood **-2.** *(embelesar)* to captivate
 ◆ **transportarse** *vpr (embelesarse)* to go into raptures
transporte *nm* transport, *US* transportation; **para el tratamiento y ~ de residuos urbanos** for treating and transporting urban waste; **la empresa me paga los gastos de ~** the company pays my travel expenses; **mi medio de ~ habitual** my usual means of transport; **empresas de ~ por carretera** road transport companies, *Br* hauliers, *US* haulers; **carros de ~ de tropas** troop carriers, armoured personnel carriers; **aviones de ~ militar** military transport planes; **servicios de ~ de viajeros** passenger transport services ❑ **~ aéreo** air transport; **~ blindado** transport in armoured vehicles; **~ por carretera** road transport; **~ colectivo** public transport, *US* mass transit; **~ marítimo** maritime transport; **~ de mercancías** freight transport; **~ público** public transport, *US* mass transit; **~ terrestre** land transport; **~ urgente** courier service
transportista *nmf* COM carrier, shipper
transposición = trasposición
transpuesto, -a = traspuesto
transubstanciación, transustanciación *nf* REL transubstantiation
transversal, trasversal ⟡ *adj* **-1.** *(línea)* transverse; **un corte ~** a cross section; **la calle ~ a la Avenida de la Paz** the street that crosses the Avenida de la Paz **-2.** EDUC **asignatura** *o* **materia ~** = underlying, value-based educational objective specified in the Spanish school curriculum
 ⟡ *nf* **-1.** *(calle)* **en la ~ a la Avenida de la Paz** on the street that crosses the Avenida de la Paz **-2.** MAT transversal
transversalmente, trasversalmente *adv* crosswise
transverso, -a, trasverso, -a *adj* transverse
tranvía *nm Br* tram, *US* streetcar
Trapa *nf* **un monje de la ~** a Trappist monk
trapacear *vi* to be dishonest
trapacería *nf* **hacer trapacerías** to be dishonest
trapacero, -a *adj* dishonest, deceitful
trapajoso, -a *adj* **-1.** *(lengua)* clumsy, stumbling; *(pronunciación)* stumbling, halting **-2.** *(aspecto)* ragged
trápala ⟡ *nmf* **-1.** *(hablador)* chatterbox **-2.** *(embustero)* liar, cheat
 ⟡ *nf* **-1.** *(de gente)* racket, din **-2.** *Fam (embuste)* fib
trapalear *vi* **-1.** *Fam (mentir)* to fib **-2.** *(hablar mucho)* to chatter, to jabber
trapatiesta *nf Fam* racket, din
trape *nm Chile (cuerda)* woven cord
trapeador, -ora *nm,f Andes, CAm, Méx* mop

trapear *vt Andes, CAm, Méx (suelo)* to mop
trapecio ⟡ *adj* ANAT **músculo ~** trapezius (muscle)
 ⟡ *nm* **-1.** GEOM *Br* trapezium, *US* trapezoid **-2.** *(de gimnasia, circo)* trapeze **-3.** ANAT trapezius
trapecista *nmf* trapeze artist
trapense ⟡ *adj* Trappist
 ⟡ *nmf* Trappist
trapería *nf (tienda)* old-clothes shop
trapero, -a ⟡ *adj CSur Fam (aficionado a la ropa)* clothes-mad, obsessed with clothes
 ⟡ *nm,f* **-1.** *(ropavejero) Br* rag-and-bone man, *US* junkman **-2.** *CSur Fam (aficionado a la ropa)* clothes horse, fashion nut
trapezoidal *adj* trapezoidal
trapezoide *nm* GEOM *Br* trapezoid, *US* trapezium
trapiche *nm* **-1.** *(de aceituna)* olive press **-2.** *(de azúcar)* sugar mill
trapichear *vi Fam* to be on the fiddle; **~ con** to deal in, to peddle
trapicheo *nm Fam* **-1.** *(negocio sucio)* shady activity; **trapicheos** shady business; **se dedica al ~ de droga** he deals drugs **-2.** *(tejemaneje)* scheme; **estoy harto de sus trapicheos** I'm sick of his scheming
trapichero, -a *nm,f Fam* peddler, dealer
trapillo: de trapillo *loc adv Fam* **vestir de ~** to wear any old thing
trapío *nm* **-1.** *(garbo)* grace, style; **una mujer de ~** a woman with style **-2.** TAUROM good bearing
trapisonda *nf* **-1.** *(riña)* row, commotion **-2.** *(enredo)* scheme
trapisondear *vi* **-1.** *(reñir)* to kick up a row **-2.** *(liar, enredar)* to scheme
trapo ⟡ *nm* **-1.** *(trozo de tela)* rag; **una pelota de ~** a ball of cloth
 -2. *(gamuza, bayeta)* cloth; **¿tienes un ~ limpio?** have you got a clean cloth?; **con que pases un ~ es suficiente** just give it a wipe, that'll be enough; EXPR *Fam* **estar hecho un ~** *(cansado)* to be shattered; EXPR *Fam* **como un ~: poner a alguien como un ~** to tear sb to pieces; **tratar a alguien como un ~** to treat sb like dirt; EXPR **entrar al ~** to go on the attack; **prefirió ir a la defensiva y no entrar al ~** he preferred to stay on the defensive rather than going on the attack; EXPR *Fam* **los trapos sucios: no empecemos a sacar los trapos sucios** let's not start washing our dirty linen in public; **no quiero que se saquen los trapos sucios (a relucir) en mi boda** I don't want people digging up old family quarrels at my wedding; **los trapos sucios se lavan en casa** you shouldn't wash your dirty linen in public; EXPR *Fam* **a todo ~** *(velocidad)* at full pelt; *(potencia)* (at) full blast ❑ **~ de cocina** *Br* tea towel, *US* dish towel; *RP* **~ de piso** floor cloth; **~ del polvo** dust cloth, *Br* duster; **~ de secar (los platos)** *Br* tea towel, *US* dish towel
 -3. TAUROM cape
 ⟡ *nmpl* **trapos** *Fam (ropa)* clothes; **todo el día pensando en trapos** all day thinking about clothes
trapón *nm Méx (trapo)* dishcloth
tráquea *nf* windpipe, *Espec* trachea
traqueotomía *nf* MED tracheotomy
traquetear ⟡ *vi* **-1.** *(tren, carro)* to rattle **-2.** *(persona)* to bustle (around)
 ⟡ *vt* to shake
traqueteo *nm (de tren, carro)* rattling
tras *prep* **-1.** *(detrás de)* behind; **escondido ~ unos matorrales** hidden behind some bushes
 -2. *(después de)* after; **uno ~ otro** one after the other; **día ~ día** day after day; **~ unos momentos de silencio habló el juez** after a few moments' silence, the judge spoke; **~ decir esto, se marchó** after saying that, she left
 -3. *(en pos de)* **andar ~ algo** to be after sth; **se fue ~ la gloria** he went in search of fame; **fue ~ ella** he went after her
 -4. *Fam (encima de)* **~ quedarse con todo, se enfada** she keeps the whole lot for herself and she still gets angry

trasalpino, -a = transalpino
trasandino, -a = transandino
trasatlántico, -a = transatlántico
trasbordador = transbordador
trasbordar = transbordar
trasbordo = transbordo
trascendencia, transcendencia *nf* importance, significance; **esta decisión tendrá una gran ~** this decision will be of major significance; **un tema de tanta ~** such an important issue
trascendental, transcendental *adj* **-1.** *(importante) (cambio, paso, hecho)* momentous; **un tema de ~ importancia** a tremendously important issue; **estos hallazgos pueden ser trascendentales en el futuro** these discoveries may turn out to be exceptionally important in the future
-2. *(filosófico, elevado)* transcendental; *Fam* **ponerse ~** to wax philosophical
-3. FILOSOFÍA transcendental
trascendentalismo *nm* transcendentalism
trascendente, transcendente *adj* **-1.** *(importante)* momentous **-2.** FILOSOFÍA transcendent
trascender, transcender [64] ◇ *vi* **-1.** *(noticia) (difundirse)* to become known; **la noticia trascendió a la prensa** the news leaked out to the press; **el enfermo, según trascendió ayer, se halla grave** the patient's condition, it emerged yesterday, is serious; **sólo ha trascendido que se prepara un desembarco** all we have heard so far is that a landing is being prepared; **que no trascienda** don't let on about it, don't let it get about
-2. *(efectos, consecuencias)* to spread (**a** to); **el cambio ha trascendido a amplias capas de la población** the change has spread to a large part of the population
-3. *(sobrepasar)* **~ de** to transcend, to go beyond; **un tema que trasciende del ámbito familiar** a subject that extends beyond the family circle
◇ *vt* *(ir más allá de)* to go beyond, to transcend; **una costumbre que trasciende las fronteras** a custom that goes beyond national borders; **un problema que trascendió el ámbito nacional** a problem that went beyond the national level
trascendido *nm* RP leak
trascribir = transcribir
trascripción = transcripción
trascriptor, -ora = transcriptor
trascrito, -a = transcrito
trascurrido = transcurrido
trascurrir = transcurrir
trascurso = transcurso
trasegar [43] ◇ *vt* **-1.** *(objetos, papeles)* to rummage about o amongst **-2.** *(bebida, líquido)* to decant **-3.** *Fam (beber)* to knock back
◇ *vi* *Fam (beber)* to knock it back
trasera ◇ *nf* rear
◇ *nfpl* **traseras** *(de una casa)* back; **en las traseras de** at the back of, *US* in back of
trasero, -a ◇ *adj (asiento)* back, rear; *(puerta) (de casa)* back, rear; *(de coche)* rear; *(patas)* hind, back
◇ *nm* backside
trasferencia = transferencia
trasferible = transferible
trasferir = transferir
trasfiguración = transfiguración
trasfigurar = transfigurar
trasfondo *nm* **-1.** *(contexto)* background; **el ~ histórico de la novela** the historical background of the novel **-2.** *(de palabras, intenciones)* undertone
trasformación = transformación
trasformador, -ora = transformador
trasformar = transformar
trasformismo = transformismo
trasformista = transformista
trásfuga = tránsfuga
trasfuguismo = transfuguismo
trasfundir = transfundir
trasfusión = transfusión
trasfusor = transfusor
trasgo *nm* goblin, imp

trasgredir = transgredir
trasgresión = transgresión
trasgresor, -ora = transgresor
trashumancia *nf* seasonal migration *(of livestock)*
trashumante *adj* seasonally migratory
trashumar *vi* to migrate seasonally
trasiego ◇ *ver* trasegar
◇ *nm* **-1.** *(de personas)* comings and goings; **hay un constante ~ de enfermeros, médicos y visitas** there's a continual coming and going of nurses, doctors and visitors **-2.** *(de bebida, líquido)* decanting
trasiegue *etc ver* trasegar
traslación, translación *nf* ASTRON passage
trasladar ◇ *vt* **-1.** *(desplazar) (objeto)* to move; *(herido)* to take, to move; *(detenido, sede)* to transfer, to move; **trasladamos los muebles a otra habitación** we moved the furniture to another room; **trasladaron su cuartel general a Túnez** they transferred o moved their headquarters to Tunis; **fue trasladada al hospital en una ambulancia** she was taken to hospital in an ambulance; **sus restos mortales fueron trasladados a su ciudad natal** his remains were transferred to his home town
-2. *(empleado, funcionario)* to transfer
-3. *(reunión, fecha)* to postpone, to move back
-4. *(petición, información)* to refer, to pass on
-5. *(reproducir)* **~ algo al papel** to transfer sth onto paper; **la novela que han trasladado ahora al cine** the novel which has now been transferred to the big screen
-6. *(traducir)* to translate
◆ **trasladarse** *vpr* **-1.** *(mudarse)* to move; **me traslado de casa** I'm moving house
-2. *(desplazarse)* to move, to shift; **las batallas comerciales se han trasladado a Internet** the battle for sales has moved over o shifted to the Internet
traslado *nm* **-1.** *(de objeto)* move; *(de sede)* move, transfer; **unas cajas se perdieron durante el ~** some boxes got lost during the move o *Br* removal; **una empresa de traslados** *Br* a removal company, *US* a moving firm; **se encargarán del ~ de los muebles** they'll take charge of moving the furniture; **tras el ~ de la capital de Bonn a Berlín** after the capital was moved o relocated from Bonn to Berlin
-2. *(de detenido)* transfer; **el ~ de los heridos fue problemático** there were problems moving the wounded
-3. *(de empleado, funcionario)* transfer
-4. *(de petición, información)* **dar ~ a una solicitud** to pass on o refer a petition
-5. DER *(copia) (de alegatos)* notice; *(de escrito)* copy
traslapar *vt* to overlap
traslúcido, -a, translúcido, -a *adj* translucent
traslucir, translucir [39] ◇ *vt* to show, to reveal; **el entusiasmo que traslucen sus declaraciones** the enthusiasm revealed by o that shines through their statements
◇ *vi* **dejar ~: su expresión/comentario dejaba ~ su pesimismo** her expression/remark revealed o betrayed her pessimism
◆ **traslucirse** *vpr* **-1.** *(sentimiento, actitud)* to be revealed; **una visión crítica que no se trasluce en el texto** a critical vision that does not come out clearly in the text; **tras su sonrisa se trasluce una gran tristeza** a great sadness can be seen o detected behind his smile **-2.** *(ropa, tela)* to show through
trasluz *nm* **al ~** against the light; **lo miró al ~** she held it up o looked at it against the light
trasmallo *nm* trammel
trasmano: a trasmano *loc adv* out of the way; **la tienda me pilla muy a ~** the shop is completely out of my way
trasmediterráneo, -a = transmediterráneo
trasmisible = transmisible

trasmisión = transmisión
trasmisor, -ora = transmisor
trasmitir = transmitir
trasmutación = transmutación
trasmutar = transmutar
trasnacional = transnacional
trasnochada *nf* late night; **estoy cansadísima, llevo tres trasnochadas seguidas** I'm dead tired, I've had three late nights in a row
trasnochado, -a *adj* **-1.** *(teoría, ideas, costumbre)* outdated **-2.** *Andes (somnoliento)* sleepy
trasnochador, -ora ◇ *adj* **ser muy ~** to be a night owl
◇ *nm,f* night owl
trasnochar ◇ *vi* to stay up late, to go to bed late
◆ **trasnocharse** *vpr* *Andes* to stay up late; **me trasnoché leyendo ese libro** I stayed up late reading that book
trasnoche *nm* CSur **-1.** *(en cine)* late night movie **-2.** *(trasnochada)* late night
traspapelar ◇ *vt (papeles, documentos)* to mislay, to misplace
◆ **traspapelarse** *vpr* to get mislaid o misplaced
trasparencia = transparencia
trasparentar = transparentar
trasparente = transparente
traspasar *vt* **-1.** *(atravesar) (sujeto: puñal, bala)* to go through, to pierce; *(sujeto: líquido)* to soak through; **la bala le traspasó el muslo** the bullet went through his thigh; **la tinta traspasó el papel** the ink soaked through the paper; **el sudor le traspasaba la ropa** the sweat was soaking through his clothes
-2. *(pasar al otro lado de)* **~ la puerta** to go through the doorway; **~ una valla saltando** to jump over a fence; **no consiguió ~ el muro de silencio que le rodeaba** she was unable to break through the wall of silence that surrounded her; **~ el umbral de los ochenta años** to enter one's ninth decade, to reach one's eighties
-3. *(exceder) (fronteras, límites)* to go beyond; **llegó a ~ la barrera del millón de votos** she broke through the one-million-vote barrier
-4. *(transferir) (jugador, objeto)* to transfer; *(negocio)* to sell *(as a going concern)*; *(competencias)* to devolve; **se traspasa (negocio)** *(en cartel)* (business) for sale
-5. *(cambiar de sitio)* to move
-6. *(afectar mucho)* to devastate
traspaso *nm* **-1.** *(transferencia) (de jugador)* transfer; *(de negocio)* sale (as a going concern) ❑ **~ de competencias** devolution **-2.** *(precio) (de jugador)* transfer fee; *(de negocio)* takeover fee
traspatio *nm* *Am (patio de atrás)* backyard
traspié *nm* **-1.** *(resbalón, tropiezo)* trip, stumble; **dar un ~** to trip (up), to stumble **-2.** *(error)* blunder, slip; **dar o tener un ~** to slip up, to make a mistake
traspiración = transpiración
traspirar = transpirar
traspirenaico, -a = transpirenaico
trasplantar, transplantar *vt* **-1.** *(órgano)* to transplant; **le han trasplantado el hígado** he's had a liver transplant **-2.** *(planta)* to transplant **-3.** *(sistema, ideas)* to transplant
trasplante, transplante *nm* **-1.** *(de órgano)* transplant ❑ **~ de corazón** heart transplant; **~ de órganos** organ transplant **-2.** *(de planta)* transplant
trasponer, transponer [50] ◇ *vt* **-1.** *(cambiar el orden de) (letras, palabras)* to transpose **-2.** *(norma, directiva)* to transpose; **~ una directiva europea a la legislación española** to transpose a European directive into Spanish law **-3.** *(puerta, umbral)* to cross **-4.** *(sujeto: sol)* to disappear behind
◆ **trasponerse** *vpr* **-1.** *(adormecerse)* to doze off **-2.** *(ocultarse)* to disappear
trasportín *nm* **-1.** *(de bicicleta) (rejilla)* (rear) rack; *(caja)* = box mounted on rear rack **-2.** *(asiento)* fold-down seat

trasposición, transposición nf transposition

traspuesto, -a, transpuesto, -a adj (dormido) **estar ~** to be dozing; **quedarse ~** to doze off

traspunte nm TEATRO callboy

trasquilado, -a adj EXPR **salir ~** to come off badly

trasquiladura nf shearing

trasquilar vt -1. (ovejas) to shear -2. (persona) Fam **me trasquilaron (el pelo)** they gave me a terrible haircut

trasquilón nm Fam **hacerle un ~ a alguien** to give sb a terrible haircut; **tener el pelo cortado a trasquilones** to have one's hair cut unevenly

trastabillar, trastabillear vi -1. (al andar) to stagger -2. (al hablar) to stumble over one's words

trastabillón nm Am slip, stumble

trastada nf Fam -1. (travesura) prank; **hacer trastadas** to play pranks -2. (jugarreta) dirty trick; **hacer una ~ a alguien** to play a dirty trick on sb

trastazo nm bump, bang; **darse** o **pegarse un ~** to bang o bump oneself

traste nm -1. MÚS fret -2. Andes, CAm, Carib, Méx (utensilio de cocina) cooking utensil; **fregar los trastes** to wash the dishes -3. CSur Fam (trasero) bottom, US tush -4. EXPR **dar al ~ con algo** to ruin sth; **irse al ~** to fall through

trasteado nm MÚS frets

trastear ⋄ vi -1. (revolver) to move things around; **¿quién ha estado trasteando en mi armario?** who's been rummaging around in my wardrobe? -2. (hacer travesuras) to play pranks
⋄ vt -1. TAUROM to tease with the red cape -2. MÚS to fret -3. Fam (persona) to manage, to manipulate

trastero, -a ⋄ adj **cuarto ~** lumber room
⋄ nm -1. (depósito) junk o lumber room -2. Méx (aparador) sideboard

trastienda nf -1. (de tienda) backroom -2. (de persona) **tiene mucha ~** he's a wily one, you have to watch yourself with him

trasto nm -1. (utensilio inútil) piece of junk; **trastos** junk; **la habitación está llena de trastos** the room is full of junk; EXPR **tirarse los trastos a la cabeza** to have a flaming row
-2. Fam (persona traviesa) menace, nuisance; **pero ¡qué ~ estás hecho!** you're a right little menace, aren't you!
-3. Fam (persona inútil) **ser un ~ (viejo)** to be no use to anyone
-4. Fam **trastos** (pertenencias, equipo) things, stuff; **llévate tus trastos** take your stuff with you

trastocar [67] ⋄ vt -1. (planes, expectativas, costumbres) to disrupt, to upset; **este retraso me trastoca todos los planes** this delay has disrupted o upset all my plans -2. (enloquecer) **~ a alguien** to drive sb mad, to unbalance sb's mind
◆ **trastocarse** vpr (enloquecer) to go mad

trastornado, -a adj (loco, desequilibrado) disturbed, unbalanced; **esa mujer lo tiene ~** he's crazy o nuts about that woman

trastornar ⋄ vt -1. (volver loco) to drive mad -2. (inquietar) to worry, to trouble -3. (alterar) (planes, orden) to disrupt; (vida) to turn upside down; **el cambio de trabajo lo trastornó mucho** the change of job caused him a lot of disruption -4. (estómago) to upset
◆ **trastornarse** vpr (volverse loco) to go mad

trastorno nm -1. (mental, físico) disorder; (digestivo) upset □ **~ alimentario** o **alimenticio** eating disorder; **~ depresivo** depressive disorder; **~ obsesivo-compulsivo** obsessive-compulsive disorder
-2. (alteración) **causar trastornos** o **un ~** (huelga, nevada) to cause trouble o disruption; (guerra) to cause upheaval; **ven cuando quieras, no me causa ningún ~** come whenever you like, you won't be putting me out

trastrocamiento nm (de plan, sistema, orden) disruption; (de valores, sentido, lenguaje) distortion; **el ~ de las alianzas entre los países de la región** the reconfiguration of the alliances between the different countries

trastrocar [67] ⋄ vt (plan, sistema, orden) to disrupt; (valores, sentido, lenguaje) to distort; **~ la mentira en verdad** to turn lies into truth
◆ **trastrocarse** vpr to turn

trasuntar vt Formal to reflect; **los cambios en la ganadería trasuntan el desarrollo tecnológico general** the changes in livestock farming are a reflection of o reflect more general technological development

trasunto nm Formal reflection; **fiel ~ de la realidad** a true reflection of reality

trasvasar vt -1. (agua de río) to transfer -2. (líquido) to decant -3. (fondos, información, personal) to transfer

trasvase nm -1. (entre ríos) transfer -2. (de líquido) decanting -3. (de fondos, información, personal) transfer

trasversal = transversal

trasversalmente = transversalmente

trasverso = transverso

trata nf (de esclavos) slave trade □ **~ de blancas** white slave trade

tratable adj -1. (persona) easy-going, friendly -2. (enfermedad) treatable

tratadista nmf treatise writer, essayist

tratado nm -1. (convenio) treaty □ **Tratado de Libre Comercio** (entre EE.UU., Canadá y México) NAFTA Treaty; **el Tratado de Maastricht** the Maastricht Treaty; **~ de paz** peace treaty; **~ de no proliferación** non-proliferation treaty; **el Tratado de Roma** the Treaty of Rome -2. (escrito) treatise

tratamiento nm -1. (de paciente, enfermedad) treatment; **estoy en ~** I'm receiving treatment □ **~ capilar** hair restoration treatment; **~ de choque:** **le administraron un ~ de choque a base de vitaminas y hierro** he was given massive doses of vitamins and iron; **~ combinado** combined treatment; **~ del dolor** pain relief; **~ de fertilidad** fertility treatment
-2. (hacia persona) treatment; **el humillante ~ dado a la institución por parte de las autoridades** the humiliating treatment the institution received at the hands of the authorities
-3. (título) form of address; EXPR **apear el ~ a alguien** to address sb more informally
-4. (de tema) treatment; **la película tiene un ~ más lírico del problema que la novela** the problem is given a more lyrical treatment in the movie than in the novel
-5. (de material, producto) treatment □ **~ de residuos** waste treatment o processing
-6. INFORMÁT processing □ **~ de datos** data processing; **~ de imagen** image processing; **~ de textos** word processing

TRATAMIENTO

In Latin America a lot of importance is attached to forms of address, which is hardly surprising in societies with pronounced differences between social classes. In many countries higher education is a privilege still largely restricted to the wealthy few and much significance is attached to university degrees and the titles that go with them. Titles such as "licenciado" (graduate, much used in Mexico), "doctor" (used, for example, in Colombia and Uruguay) and "ingeniero" (engineer) are used to address people felt to have social standing, sometimes even when they don't actually possess the degree in question. Such titles are also commonly used on business cards and in addresses.

tratante nmf dealer □ **~ de blancas** white slave trader; **~ de vinos** wine merchant

tratar ⋄ vt -1. (portarse con, manejar) to treat; **¿qué tal te trataron?** how were you treated?; **no la trates tan mal** don't be so nasty to her; **la vida no la ha tratado bien** life has not been kind to her; **te dejo los discos, pero trátamelos bien** I'll let you borrow the records, but look after them o be careful with them for me
-2. (paciente, enfermedad, herida) to treat; **la están tratando de cáncer, le están tratando un cáncer** she's being treated for cancer; **el médico que la trata** the doctor who is treating her
-3. (tener relación con) to have dealings o contact with; **era compañera de clase pero la traté muy poco** she was in my class, but I didn't have much to do with her
-4. (llamar, dirigirse a) **~ a alguien de usted/tú** = to address sb using the "usted" form/the "tú" form; **no hace falta que me trates de señor** there's no need to call me "sir"; **~ a alguien de tonto** to call sb an idiot
-5. (tema, asunto) to treat; **el tema que trata la obra** the subject of the book; **hay que ~ ese asunto con cuidado** this matter needs to be dealt with carefully; **eso lo tienes que ~ con el jefe** that's something you'll have to discuss with the boss
-6. (agua, sustancia, tejido, alimento) to treat
-7. INFORMÁT (datos, información) to process
-8. Bol (insultar) to insult, to swear at
⋄ vi **~ de hacer algo** to try to do sth; **trata de comprenderlo, por favor** please try to understand; **trataré de no equivocarme** I'll try not to get it wrong; **sólo trataba de que estuvieras más cómodo** I was only trying to make you more comfortable
-2. (versar) **~ de** o **sobre** to be about; **¿de qué trata el documental?** what's the documentary about o on?; **la ponencia trata sobre contaminación acústica** the paper is about o on noise pollution
-3. (tener relación) **~ con alguien** to have dealings with; **en mi trabajo tengo que ~ con todo tipo de gente** I deal with all sorts of people in my job; **trata con gente muy rara** she mixes with some very strange people; EXPR RP **~ a alguien con pinzas** to handle sb with kid gloves
-4. (comerciar) to deal (**en** in)

◆ **tratarse** vpr -1. (relacionarse) **tratarse con** to deal with; **en mi trabajo me trato con todo tipo de gente** I deal with all sorts of people in my job; **se trata con gente muy rara** she mixes with some very strange people; **no se trata con su padre** he has no contact with his father
-2. (considerado incorrecto) (versar) **tratarse de** to be about; **¿de qué se trata?** (libro, película) what's it about?
-3. (ser cuestión de, ser el caso de) **tratarse de** to be a question o matter of; **se trata de encontrar una solución** it's a question of finding a solution, what we have to do is find a solution; **necesito hablar contigo – ¿de qué se trata?** I need to talk to you – what about?; **¿problemas con la familia? – no, no se trata de eso** are you having problems with your family? – no, that's not it; **tratándose de él, haremos una excepción** we'll make an exception in his case o seeing as it's him; **se trata de un hombre moreno de mediana estatura** he's a dark man of average height
-4. (mutuamente) **se tratan fatal (el uno al otro)** they're horrible to each other; **tratarse de usted/tú** = to address each other using the "usted" form/the "tú" form
-5. (sujeto: enfermo, paciente) to be treated (**de** for)

tratativas nfpl CSur negotiation

trato nm -1. (acuerdo) deal; **cerrar** o **hacer un ~** to do o make a deal; **¡~ hecho!** it's a deal!
-2. (relación) **con el ~ continuo se conoce más a una persona** you get to know a person better when you deal with them on a day-to-day basis; **no busco el ~ con él** I don't seek out his company; **no tengo mucho ~ con ellos** I don't have much to do with them; **no querer tratos con alguien** to want (to have) nothing to do with sb □ **~ carnal** sexual relations

-3. *(negociación)* **estar en tratos con alguien** to be in talks o negotiation with sb
-4. *(manera de tratar)* treatment; **dar un ~ preferente a alguien** to give sb preferential treatment; **le dan muy buen ~** they treat him very well; **malos tratos** battering *(of child, wife)*
-5. *(comportamiento)* **una persona de ~ agradable/fácil** a pleasant/easygoing person
-6. *(título)* title, term of address

trauma *nm* trauma; **superar los traumas infantiles** to overcome childhood traumas

traumático, -a *adj* traumatic

traumatismo *nm* MED trauma ❑ **~ craneal** cranial trauma

traumatizante *adj* traumatic

traumatizar [14] ◇ *vt* to traumatize
◆ **traumatizarse** *vpr* to be devastated; **el pobre está traumatizado con lo ocurrido** the poor guy is devastated by what happened

traumatología *nf* MED **-1.** *(disciplina)* traumatology **-2.** *(departamento)* trauma department

traumatólogo, -a *nm,f* MED trauma specialist, traumatologist

travellers ['traβelers] *nmpl* travellers' cheques

travelling ['traβelin] *(pl* **travellings**) *nm* CINE travelling shot

través ◇ **a través de** *loc prep* **-1.** *(medio)* through; **lo supe a ~ de Marta** I learnt of it through o from Marta; **se dirigen a sus clientes a ~ de Internet** they communicate with their customers via the Internet; **la difusión de la cultura a ~ de los libros** the spreading o diffusion of culture through books
-2. *(lugar)* through; **a ~ del cristal** through the glass; **la luz pasa a ~ de las rendijas** the light passes o travels through the slits; **a ~ de una línea telefónica** over o through a telephone line
-3. *(tiempo)* over; **los cambios sufridos a ~ de los años** the changes there have been over the years; **costumbres transmitidas a ~ de generaciones** customs passed on o handed down over generations
◇ **al través** *loc adv* crossways
◇ **de través** *loc adv* **-1.** *(transversalmente)* crossways; **una viga puesta de ~** a beam set crossways **-2.** *(de lado)* crosswise, sideways; **mirar de ~** to give a sidelong glance

travesaño *nm* **-1.** ARQUIT crosspiece **-2.** *(peldaño)* rung **-3.** DEP crossbar

travesear *vi (andar inquieto)* to lark about

travesero, -a *adj* **flauta travesera** flute

travesía *nf* **-1.** *(viaje) (por mar)* voyage, crossing; *(por aire)* flight; *(por tierra)* journey; **durante los cinco días de ~ en barco** during the five-day sea crossing **-2.** *(calle) (entre otras dos)* cross-street, connecting street; *(en pueblo)* = main road through a town

travestí *(pl* **travestís** *o* **travestíes)**, **travesti** *nmf* **-1.** *(que se viste de mujer)* transvestite **-2.** *(artista)* drag artist

travestido, -a *nm,f* **-1.** *(que se viste de mujer)* transvestite, cross-dresser **-2.** *(artista)* drag artist

travestirse [47] *vpr* to cross-dress

travestismo *nm* transvestism

travesura *nf* prank; **hacer travesuras** to play pranks, to get up to mischief

traviata *nf RP* = sandwich made with crackers instead of bread

traviesa *nf* FERROC *Br* sleeper, *US* tie *(on track)*

travieso, -a ◇ *adj* mischievous
◇ *nm,f* mischievous person; **este niño es un ~** that boy is a real mischief

trayecto *nm* **-1.** *(distancia)* distance; *(ruta)* route; **un ~ muy corto** a short distance; **todas las estaciones del ~** all the stations along the way; **el avión que cubría el ~ París-Bonn** the plane that used to fly the Paris-Bonn route; **final de ~** end of the line **-2.** *(viaje)* journey, trip; **se puede realizar el ~ en una hora** the journey o trip can be done in an hour

trayectoria *nf* **-1.** *(recorrido)* trajectory, path; **describe una ~ elíptica** it follows an elliptical path ❑ **~ de vuelo** flight path **-2.** *(evolución)* **~ (profesional)** (professional) career; **su larga ~ como actor/político** his long acting/political career; **la accidentada ~ de la empresa** the company's chequered history

traza *nf* **-1.** *(aspecto)* appearance; **un hombre con mala ~** o **malas trazas** an unpleasant-looking man; **tener** o **llevar trazas de hacer algo** to show signs of doing sth; **no lleva trazas de dejar de llover** it doesn't look as if it's going to stop raining; **por las trazas yo diría que no es de aquí** by the look of her, I'd say she wasn't from around here
-2. *(boceto, plano)* plan, design
-3. *(habilidad)* **tener buena/mala ~ (para algo)** to be good/no good (at sth)
-4. *RP (señal)* trace
-5. *Ven (polilla)* carpet moth

trazado, -a ◇ *adj* designed, laid out
◇ *nm* **-1.** *(trazo)* outline, sketching **-2.** *(diseño) (de carretera)* route; *(de ciudad, edificio)* plan, design **-3.** *(recorrido)* route; **una variante de ~ de la línea actual** an alternative route for the existing line

trazador *nm* **-1.** INFORMÁT **~ de gráficos** plotter **-2.** *(sustancia marcadora)* tracer ❑ **~ radiactivo** tracer

trazar [14] *vt* **-1.** *(línea)* to draw, to trace; *(plano, mapa)* to draw; *(ruta)* to plot **-2.** *(plan, estrategia)* to draw up; *(objetivo)* to set **-3.** *(describir)* **~ las líneas generales del proyecto** to give an outline of the project; **trazó un dramático panorama de la situación** she drew an alarming picture of the situation; **~ un paralelismo entre dos cosas** to draw a parallel between two things

trazo *nm* **-1.** *(al escribir, dibujar)* line; **hizo un dibujo con cuatro trazos** she drew a simple outline; **estaba escrito con trazos gruesos** it was written in a crude hand **-2.** *(de dibujo, rostro)* line; **a grandes trazos** in broad outline; **éste es, a grandes trazos, el argumento de la obra** that is the broad outline of the plot **-3.** *(de letra)* stroke

TRC *nm (abrev de* **tubo de rayos catódicos***)* CRT

trébol *nm* **-1.** *(planta)* clover ❑ **~ de cuatro hojas** four-leaf clover **-2.** *(naipe)* club
-3. tréboles *(palo)* clubs **-4.** *(en una carretera)* clover-leaf junction

trece *núm* thirteen; EXPR **se mantuvo** *o* **siguió en sus ~** she stuck to her guns; *ver también* **tres**

treceavo, -a *núm (fracción)* thirteenth; *ver también* **octavo**

trecho *nm* **-1.** *(espacio)* distance; *(tiempo)* time, while; **aún queda un buen ~ para llegar** there's still quite a way to go until we get there **-2.** *(tramo)* stretch; EXPR **de ~ en ~** every so often

tregua *nf* **-1.** *(en guerra)* truce, ceasefire **-2.** *(descanso, respiro)* respite; **no dar ~** to give no respite; **no daban ~ a la presa** they gave their prey no respite; **sin ~** relentlessly; **trabajar sin ~** to work tirelessly o non-stop

treinta ◇ *adj inv* **-1.** *(para contar)* thirty; **tiene ~ años** she's thirty (years old) **-2.** *(para ordenar)* (number) thirty; **la página ~** page thirty
◇ *pron* **-1.** *(en fechas)* thirtieth; **el ~ de agosto** the thirtieth of August; **hoy estamos a ~** today's the thirtieth; **acabaremos el día ~** we'll finish on the thirtieth; **los años ~** the thirties
-2. *(en direcciones)* **calle Mayor (número) ~** (number) thirty, calle Mayor
-3. *(referido a grupos)* **invité a muchos y vinieron ~** I invited a lot of people and thirty came; **somos ~** there are thirty of us; **participaron los ~** all thirty of them took part
-4. *(en temperaturas)* **estamos a ~ grados** the temperature is thirty degrees
◇ *nm (número)* three; **el ~** (number) thirty; **doscientos ~** two hundred and thirty; **~ y tres** thirty-three

treintañero, -a *Fam* ◇ *adj* thirtysomething
◇ *nm,f* thirtysomething

treintavo, -a *núm (fracción)* thirtieth; **la treintava parte** a thirtieth

treintena *nf* thirty; **andará por la ~** he must be about thirty; **una ~ de personas/coches** *(unos treinta)* about thirty people/cars; *(treinta)* thirty people/cars

trekking ['trekin] *nm* hiking; **hacer ~** to go hiking

tremebundo, -a *adj* terrifying

tremedal *nm* quagmire

tremenda *nf* **tomar(se) algo a la ~** to overreact to sth; **no hay que tomárselo tan a la ~** there's no sense in overreacting, there's no need to take it so much to heart

tremendamente *adv* tremendously; **me preocupa/gusta ~** it worries me/I like it tremendously; **es ~ importante** it's tremendously important

tremendismo *nm* **-1.** *(exageración)* alarmism **-2.** LIT = graphic Spanish post-war realism

tremendista ◇ *adj (exagerado)* alarmist
◇ *nmf (exagerado)* alarmist

tremendo, -a *adj* **-1.** *(enorme)* tremendous, enormous; **una caída/un éxito ~** a tremendous o huge fall/success; **se llevó un disgusto ~** he was terribly upset
-2. *(horrible)* terrible; **un espectáculo ~** terrible o horrific sight; **tengo un dolor de cabeza ~** I've got a terrible headache
-3. *(enfadado)* **ponerse ~** to get very angry
-4. *(increíble)* **¡ese niño es ~!** that boy is a handful!; **cuando se enfada es ~** he's really scary when he gets angry

trementina *nf* turpentine

tremolina *nf* commotion, ruckus; **se armó una ~** there was a commotion

trémolo *nm* MÚS tremolo

trémulo, -a *adj (voz)* trembling; *(luz)* flickering

tren *nm* **-1.** *(vehículo)* train; **el ~ en Suiza funciona muy bien** the railways in Switzerland are very efficient; **ir en ~** to go by rail o train; **ir a buen ~** to be going well; EXPR **perder el ~ de algo: hemos perdido el ~ de las nuevas tecnologías** we have missed the boat o bus as far as the new technologies are concerned; **no podemos permitirnos perder el ~ de Europa** we can't afford to get left behind by the rest of Europe; EXPR **subirse al ~ de algo: la empresa debe subirse al ~ del progreso** the company must keep pace with progress; **era un oportunista que se subió al ~ del posmodernismo** he was an opportunist who jumped on the postmodernist bandwagon; EXPR *Fam* **como para parar un ~: estar como (para parar) un ~** to be stunning, to be a smasher; **nos dieron comida como para parar un ~** they gave us enough food to feed an army; EXPR *RP Fam* **seguirle el ~ a alguien** to keep up with sb ❑ **~ de alta velocidad** high-speed train; **~ de carga** freight o goods train; **~ de cercanías** local train, suburban train; **~ correo** mail train; **~ de cremallera** rack o cog railway train; **~ directo** through train; **~ expreso** express train; **~ fantasma** ghost train; **~ de largo recorrido** long-distance train; **~ de mercancías** freight o goods train; **~ mixto** passenger and goods train; **~ nocturno** overnight train, night train; **~ ómnibus** local train; **~ rápido** fast train; **~ semidirecto** = train that stops only at certain stations, *US* limited train
-2. TEC line ❑ **~ de aterrizaje** undercarriage, landing gear; **~ desbastador** roughing mill; **~ de lavado** car wash
-3. *(estilo)* EXPR **a todo ~: un banquete a todo ~** a banquet with all the trimmings, a lavish banquet; **vivir a todo ~** to live in style; EXPR *RP Fam* **en ~ de: ya que estamos en ~ de diversión, podríamos ir a bailar** seeing as we're out for a good time, we could go dancing; **parecían en ~ de aventura** they seemed to be up for a bit of adventure ❑ **~ de vida** lifestyle

trena *nf Fam* slammer, *Br* nick, *US* pen

trenca *nf* duffle coat
trence *etc ver* **trenzar**
trencilla *nm* DEP *Fam* ref, referee
trencito *nm Urug Fam (chuleta)* crib
trenza *nf* **-1.** *(de pelo)* plait, *esp US* braid; *(de fibras)* braid **-2.** *(dulce)* = sweet bun made of plaited dough **-3.** *RP (pelea)* quarrel, fight
trenzado, -a ◇ *adj* plaited
  ◇ *nm* **-1.** *(peinado)* plait, *esp US* braid **-2.** *(de fibras)* plaiting, braiding **-3.** *(en danza)* entrechat
trenzar [14] ◇ *vt* **-1.** *(pelo)* to plait, *esp US* to braid **-2.** *(fibras)* to plait, to braid
  ◆ **trenzarse** *vpr* **-1.** *(el pelo)* to plait, *esp US* to braid **-2.** *RP Fam (enredarse, enzarzarse)* to get caught up in, to get entangled in; **trenzarse en una pelea** to get into a fight
trepa *nmf Esp Fam Pey* social climber
trepado *nm (en papel)* perforations
trepador, -ora ◇ *adj* **planta trepadora** climbing plant
  ◇ *nm,f Fam* social climber
  ◇ *nm* **-1.** *(ave)* **~ (azul)** nuthatch **-2.** *(garfio)* climbing iron
trepanación *nf* trepanation, trephination
trepanar *vt* to trepan, to trephine
trépano *nm* **-1.** MED trepan, trephine **-2.** *(perforadora)* drill
trepar ◇ *vt* to climb
  ◇ *vi* **-1.** *(animal, persona)* to climb; **~ a un árbol** to climb a tree **-2.** *Fam (socialmente)* to be a social climber; **trepó en la empresa descaradamente** she quite unashamedly climbed the company ladder **-3.** *(planta)* to climb
treparriscos *nm inv* wallcreeper
trepidación *nf* shaking, vibration
trepidante *adj* **-1.** *(ritmo, actividad)* frenetic, frantic; **fue un partido ~** it was a thrilling game **-2.** *(vehículo)* shaking, vibrating; *(manos)* shaking, trembling
trepidar *vi* **-1.** *(vehículo)* to shake, to vibrate; *(manos)* to shake, to tremble **-2.** *Chile (vacilar)* to hesitate, to waver
tres ◇ *adj inv* **-1.** *(para contar)* three; **tiene ~ años** she's three (years old) ❏ **~ puertas** *(vehículo)* three door (model); **Tres Zapotes** *(centro arqueológico)* = ancient Olmec city in the present-day state of Veracruz in Mexico **-2.** *(para ordenar)* (number) three; **la página ~** page three
  ◇ *pron* **-1.** *(en fechas)* third; **el ~ de agosto** the third of August; **hoy estamos a ~** today's the third; **acabaremos el día ~** we'll finish on the third; **el siglo III** *(pronunciado tres)* the 3rd century
  -2. *(en direcciones)* **calle Mayor (número) ~** (number) three, calle Mayor
  -3. *(en horas)* **las ~** three o'clock; **son las ~ (de la mañana/de la tarde)** it's three o'clock (in the morning/in the afternoon); **el tren sale a y ~** the train departs at three minutes past
  -4. *(referido a grupos)* **invité a diez y sólo vinieron ~** I invited ten and only three came; **somos ~** there are three of us; **de ~ en ~** in threes; **estaban aquí los ~** the three of them were here
  -5. *(en temperaturas)* **estamos a ~ bajo cero** the temperature is three below zero
  -6. *(en puntuaciones)* **empatar a ~** to draw three all; **~ a cero** three-nil
  -7. *(en naipes)* three; **el ~ de diamantes** the three of diamonds; **echar** *o* **tirar un ~** to play a three
  -8. EXPR **a la de ~** on the count of three; *Fam* **de ~ al cuarto** cheap, third-rate; **~ cuartos de lo mismo** the same thing; *Fam* **no ver ~ en un burro** to be as blind as a bat; *Fam* **no le convencimos ni a la de ~** there was no way we could convince him; **como que ~ y dos son cinco** as sure as eggs is eggs
  ◇ *nm* **-1.** *(número)* three; **el ~** (number) three; **doscientos ~** two hundred and three; **treinta y ~** thirty-three **-2. ~ cuartos** *(abrigo)* three-quarter-length coat; *Col* **~ en línea** *Br* noughts and crosses, *US* tic-tac-toe; **~ en raya** *Br* noughts and crosses, *US* tic-tac-toe

trescientos, -as *núm* three hundred; *ver también* **treinta**
tresillo *nm* **-1.** *(sofá)* three-piece suite **-2.** *(juego de naipes)* ombre **-3.** MÚS triplet **-4.** *(sortija)* ring (with three stones)
treta *nf* ruse, trick
trezavo, -a *núm* thirteenth; *ver también* **octavo**
tri- *pref* tri-
tríada *nf* triad
trial *nm* DEP trials riding ❏ **~ indoor** indoor trials riding
triangulación *nf* triangulation
triangular ◇ *adj* triangular
  ◇ *nm* DEP *(torneo)* three-way tournament
  ◇ *vi* DEP *(hacer pases)* = to pass the ball among three or more players
triángulo *nm* **-1.** *(figura)* triangle; **el ~ de las Bermudas** the Bermuda Triangle ❏ **~ equilátero** equilateral triangle; **~ escaleno** scalene triangle; **~ isósceles** isosceles triangle; **~ de peligro** *(en vehículo)* warning triangle; **~ rectángulo** right-angled triangle **-2.** *(en relaciones)* **~ (amoroso)** love triangle **-3.** *(en música)* triangle
triásico, -a GEOL ◇ *adj* Triassic
  ◇ *nm* **el ~** the Triassic (period)
triate *nmf Méx* triplet
triatleta *nmf* triathlete
triatlón *nm* triathlon
tribal *adj* tribal
tribalismo *nm* tribalism
tribu *nf* **-1.** *(étnica)* tribe ❏ **~ urbana** = identifiable social group, such as punks or yuppies, made up of young people living in urban areas **-2.** *Fam (familia)* tribe; **se fue con toda la ~ al campo** she went out into the country with the whole tribe
tribulación *nf* tribulation
tribuna *nf* **-1.** *(para orador)* rostrum, platform ❏ PRENSA **~ libre** open forum **-2.** *(para desfile, procesión)* platform; *(del jurado)* jury box **-3.** DEP *(localidad)* stand; *(graderío)* grandstand ❏ **~ de prensa** press box **-4.** *(en iglesia)* gallery
tribunal *nm* **-1.** *(de justicia)* court; **llevar a alguien/acudir a los tribunales** to take sb/go to court ❏ **Tribunal de Apelación** Court of Appeal; **Tribunal Constitucional** Constitutional Court; **Tribunal de Cuentas** *(español)* ≃ National Audit Office; *(europeo)* Court of Audit; **Tribunal Europeo de Derechos Humanos** European Court of Human Rights; **Tribunal Internacional de Justicia** International Court of Justice; UE **Tribunal de Justicia Europeo** European Court of Justice; **Tribunal de la Rota** Sacra Romana Rota; **el Tribunal Supremo** *Br* ≃ the High Court, *US* ≃ the Supreme Court; **Tribunal Tutelar de Menores** Juvenile Court
  -2. *(de examen)* board of examiners; *(de concurso)* panel
tribuno *nm* **-1.** HIST tribune ❏ **~ de la plebe** tribune **-2.** *(orador)* orator
tributable *adj* taxable
tributación *nf* **-1.** *(impuestos)* tax **-2.** *(sistema)* taxation ❏ **~ conjunta** joint taxation
tributar ◇ *vt (homenaje)* to pay; **~ respeto/admiración a** to have respect/admiration for
  ◇ *vi (pagar impuestos)* to pay taxes
tributario, -a ◇ *adj* tax; **sistema ~** tax system; **derecho ~** tax law
  ◇ *nm,f* taxpayer
  ◇ *nm (río)* tributary
tributo *nm* **-1.** *(impuesto)* tax **-2.** *(precio, sacrificio)* price; **ése es el ~ que hay que pagar** that's the price you have to pay **-3.** *(homenaje)* tribute; **rendir ~ a alguien** to pay tribute to sb **-4.** HIST *(del vasallo)* tribute
tricampeón, -ona *nm,f* three-times champion
tricéfalo, -a *adj* three-headed
tricentenario *nm* tricentenary
tríceps *nm inv* triceps
triciclo *nm* tricycle
tricolor ◇ *adj* tricolour, three-coloured
  ◇ *nf* tricolour

tricomona *nf (parásito)* trichomonad; **tricomonas** *(enfermedad)* trichomoniasis, trich
tricornio *nm* three-cornered hat *(associated in Spain with the Civil Guard, who wear these hats)*
tricot *(pl* **tricots***) nm* **-1.** *(actividad)* knitting **-2.** *(tejido)* knitted fabric **-3.** *(prenda)* knitted garment; **tricots Marín** Marín Knitwear
tricota *nf RP (cerrado)* sweater; *(abierto)* knitted jacket, cardigan
tricotar ◇ *vt* to knit
  ◇ *vi* to knit
tricotosa *nf* knitting machine
tricromía *nf* IMPRENTA trichromatism
tridente *nm* trident
tridimensional *adj* three-dimensional, 3-D
triedro, -a ◇ *adj* trihedral
  ◇ *nm* trihedron
trienal *adj* triennial, three-yearly
trienio *nm* **-1.** *(tres años)* three-year period; **el ~ 1997-1999** the three years from 1997 to 1999 **-2.** *(paga)* = three-yearly salary increase
trifásico, -a *adj* ELEC three-phase
triforio *nm* ARQUIT triforium
trifulca *nf Fam* row, squabble
trifurcación *nf* trifurcation
trifurcarse [59] *vpr* to branch into three
trigal *nm* wheat field
trigémino, -a ANAT ◇ *adj* trigeminal
  ◇ *nm* trigeminal nerve
trigésimo, -a *núm* thirtieth; *ver también* **octavo**
triglicérido *nm* triglyceride
triglifo *nm* triglyph
trigo *nm* wheat; EXPR **no ser ~ limpio: la niña no era ~ limpio** the girl was a bad lot; **la invitación no era ~ limpio** there was something fishy about the invitation ❏ **~ candeal** bread wheat, white wheat; **~ duro** durum wheat, hard wheat; **~ sarraceno** buckwheat
trigonometría *nf* trigonometry
trigonométrico, -a *adj* trigonometric(al)
trigueño, -a *adj* **-1.** *(pelo)* light brown, corn-coloured; *(piel)* golden-brown **-2.** *Am (persona)* light brown-skinned
triguero, -a ◇ *adj* **-1.** *(producción)* wheat **-2.** *(terreno)* wheat-producing
  ◇ *nm (ave)* corn bunting
trilateral *adj* trilateral
trile *nm* = card game run by a "trilero"
trilero, -a *nm,f Fam* = person who runs a game such as find-the-lady, the shell game etc, in which people bet on guessing the correct card, shell etc, out of three
trilingüe *adj* trilingual
trilita *nf* trinitrotoluene, TNT
trilla *nf* **-1.** AGR *(acción)* threshing **-2.** AGR *(tiempo)* threshing time *o* season **-3.** *Andes, PRico Fam (paliza)* thrashing, beating
trillado, -a *adj (tema)* well-worn, hackneyed; *(eslogan)* trite, hackneyed; *(camino)* well-trodden; **fuera de los caminos trillados** off the beaten track
trillador, -ora ◇ *adj* threshing
  ◇ *nm,f (persona)* thresher
trilladora *nf* threshing machine
trillar *vt* **-1.** *(mies)* to thresh **-2.** *(idea)* to overuse
trillizo, -a *nm,f* triplet
trillo *nm* **-1.** *(instrumento)* thresher **-2.** *CAm, Carib (vereda)* path
trillón *nm Br* trillion, *US* quintillion
trillonésimo, -a *núm Br* trillionth, *US* quintillionth; **la trillonésima parte** one *Br* trillionth *o US* quintillionth
trilobite *nm* trilobite
trilogía *nf* trilogy
trimarán *nm* trimaran
trimestral *adj (pago, revista)* quarterly; **exámenes/notas trimestrales** end-of-term exams/marks
trimestralmente *adv* quarterly, every three months
trimestre *nm* **-1.** *(tres meses)* quarter, three months **-2.** EDUC term; **primer/segundo/tercer ~** autumn/winter/spring term

trimotor ◇ *adj* three-engined
◇ *nm* three-engined aeroplane
trinar *vi* to chirp, to warble; [EXPR] *Fam* **está que trina** he's fuming
trinca *nf* -1. *(trío)* trio -2. *Chile (juego)* pitching pennies
trincar [59] ◇ *vt Fam* -1. *(agarrar)* to grab; **han trincado al ladrón** they've caught *o* nabbed the thief -2. *(descubrir)* to catch, to nab -3. *(beber)* to guzzle, to knock back
◆ **trincarse** *vpr (bebida)* to guzzle, to knock back
trincha *nf* strap
trinchador *nm Méx* sideboard
trinchante *nm RP* sideboard
trinchar *vt* to carve
trinche *nm Andes, Méx (tenedor)* fork
trinchera *nf* -1. *(en la guerra)* trench -2. *(abrigo)* trench coat
trinchero, -a ◇ *adj* carving; **plato ~** carving dish
◇ *nm* carving board
trineo *nm (pequeño)* sledge; *(grande)* sleigh
Trinidad *nf* -1. **la (Santísima) ~** the (Holy) Trinity -2. **~ y Tobago** Trinidad and Tobago
trinidad *nf* threesome
trinitaria *nf* wild pansy, heartsease
trinitario, -a ◇ *adj* Trinitarian
◇ *nm,f* Trinitarian
trinitrotolueno *nm* trinitrotoluene
trino *nm* -1. *(de pájaros)* chirp, warble; **se oía el ~ de los pájaros** you could hear the birds chirping *o* warbling -2. *(de notas musicales)* trill
trinomio *nm* MAT trinomial
trinque[1] *etc ver* **trincar**
trinque[2] *nm Fam* liquor
trinquete *nm* -1. NÁUT foremast -2. TEC *(lengüeta)* pawl -3. *Méx Fam (fraude)* rip-off; **hacer ~** to cheat, to rip off
trío *nm* -1. *(de personas)* trio, threesome; *(de naipes)* three of a kind -2. MÚS *(composición)* trio
tripa *nf* -1. *Esp Fam (barriga)* gut, belly; **está echando ~** he's getting a potbelly *o* a bit of a gut; **tiene mucha ~** he's got a huge gut *o* belly on him
-2. *(de embarazada)* bump, bulge
-3. *(vientre)* stomach; **me duele la ~** I've got a stomachache; **dolor de ~** stomachache
-4. **tripas** *(intestino)* gut, intestine; **primero se le quitan las tripas al pescado** first, gut the fish; **te suenan las tripas** your stomach's rumbling; [EXPR] *Fam* **echar las tripas** to throw up, to puke; [EXPR] *Fam* **revolverle las tripas a alguien** to turn sb's stomach; [EXPR] *Fam* **hacer de tripas corazón** to pluck up one's courage; [EXPR] *Fam* **¿qué ~ se te ha roto?** what's up with you, then?, what's bugging you?
-5. *Fam* **tripas** *(interior)* insides; **quiero ver las tripas de la máquina** I want to see the workings of the machine
tripanosoma *nm* MED trypanosome
tripanosomiasis *nf inv* MED trypanosomiasis
tripartito, -a *adj* tripartite
tripazo *nm Fam* belly flop; **darse un ~** to do a belly flop
tripear *vi Méx Fam* to freak out
tripero, -a *nm,f* -1. *(vendedor)* tripe seller -2. *Fam (glotón)* pig, greedy guts
tripi *nm Fam (de LSD)* tab
triple ◇ *adj* triple ❑ HIST **la ~ A** = right-wing paramilitary group in Argentina; **la ~ corona** *(en rugby)* the Triple Crown; **~ salto** triple jump
◇ *nm* -1. *(tres veces)* **el ~** three times as much; **el ~ de gente/libros** three times as many people/books; **el ~ de grande/bueno** three times as big/good; **tardé el ~ en terminarlo** it took me three times as long to finish it -2. ELEC three-way adapter -3. *(en baloncesto)* three-pointer -4. *(en béisbol)* triple
triplicación *nf* tripling, trebling
triplicado, -a *adj* **por ~** in triplicate; **las solicitudes deberán presentarse por ~** applications must be submitted in triplicate

triplicar [59] ◇ *vt* to triple, to treble; **las exportaciones de frutas triplican las de carne** exports of fruit are three times *o* treble those of meat
◆ **triplicarse** *vpr* to triple, to treble
triplo *nm* MAT **12 es el ~ de 4** 12 is 4 multiplied by 3
trípode *nm* tripod
Trípoli *n* Tripoli
tripón, -ona *Fam* ◇ *adj* pot-bellied
◇ *nm,f* -1. *Esp (panzón)* pot-bellied person; **ser un ~** to have a potbelly -2. *Ven (niño)* kid
tríptico *nm* -1. ARTE triptych -2. *(folleto)* leaflet *(folded twice to form three parts)*
triptongo *nm* GRAM triphthong
tripudo, -a *Fam* ◇ *adj* pot-bellied
◇ *nm,f Esp (panzón)* pot-bellied person; **ser un ~** to have a potbelly
tripulación *nf* crew ❑ **~ de tierra** ground crew; **~ de vuelo** flight crew
tripulado, -a *adj* manned; **no ~** unmanned
tripulante *nmf* crew member; **el capitán avisó a los tripulantes** the captain informed the crew ❑ **~ de cabina de pasajeros** cabin crew member
tripular *vt* -1. *(conducir) (avión)* to fly; *(barco)* to steer -2. *Chile (mezclar)* to mix
trique ◇ *nm Col, Cuba (juego) Br* noughts and crosses, *US* tic-tac-toe
◇ *nmpl* **triques** *Méx Fam* stuff
triquina *nf* MED trichina
triquinosis *nf inv* MED trichinosis
triquiñuela *nf Fam* trick, ruse; **mediante triquiñuelas legales** by means of legal tricks *o* dodges
triquitraque *nm* -1. *(apagado)* creaking; *(fuerte)* rattling -2. *(cohete)* firecracker, jumping jack
tris *nm Fam* -1. *Col (poquito)* tiny bit -2. [EXPR] **estar en** *o Andes, RP* **a un ~ de hacer algo: estuve en un ~ de pegarle un tortazo** I very nearly slapped him; **estuvo en un ~ de irse a pique** it came within inches of sinking; **por un ~: no me fui/no solté un par de voces por un ~** I very nearly walked out/shouted
triscar *vi (retozar)* to gambol, to frisk about
trisílabo, -a GRAM ◇ *adj* trisyllabic
◇ *nm* three-syllable word
trisomía *nf* BIOL trisomy
trisque *etc ver* **triscar**
triste *adj* -1. *(entristecido) (persona)* sad; **¿por qué estás ~?** why are you looking so sad?; **esa canción me pone ~** that song makes me feel sad; **no te pongas ~** don't be sad; **era un hombre ~ y amargado** he was a sad and embittered man
-2. *(que entristece) (noticia, suceso)* sad; *(día, tiempo, paisaje)* gloomy, dreary; *(color, vestido, luz)* dull, dreary; **tiene los ojos tristes** she has sad eyes
-3. *(deplorable)* sad; **es ~ que una empresa como ésa tenga que cerrar** it's sad *o* a shame that a firm like that should have to close down
-4. *(doloroso)* sorry; **los jueces ofrecen un ~ espectáculo** the judges present a sorry spectacle; **el equipo hizo un ~ papel** the team gave a poor showing
-5. *(humilde)* poor; **un ~ viejo** a poor old man; **no es más que un ~ empleado** he's nothing but a humble worker
-6. *(insignificante)* **un ~ sueldo** a miserable salary; **nos dio dos tristes aceitunas** he gave us two measly olives; **es un ~ consuelo** it's small consolation, it's cold comfort; **ni un ~...** not a single...; **ni una ~ excusa** not one single excuse; **ni tengo ni una ~ radio** I haven't even got a lousy radio
tristemente *adv* sadly; **el ~ famoso penal** the notorious jail
tristeza *nf* -1. *(de persona)* sadness; **me miró con ~** he looked at me sadly -2. *(de día, tiempo, paisaje)* gloominess, dreariness; *(de color, vestido, luz)* dullness -3. **tristezas** *(sucesos)* **no me cuentes tus tristezas** I don't want to hear all your woes
tristón, -ona *adj* rather sad *o* miserable
tritio *nm* FÍS tritium

tritón *nm* -1. *(animal)* newt -2. MITOL Triton
trituración *nf* grinding, crushing
triturador, -ora ◇ *adj* grinding, crushing
◇ *nm (de basura)* waste disposal unit; *(de papeles)* shredder; *(de ajos)* garlic press ❑ **~ de papel** (document *o* paper) shredder
trituradora *nf* crushing machine, grinder ❑ **~ de basura** waste-disposal unit; **~ de papel** (document *o* paper) shredder
triturar *vt* -1. *(moler, desmenuzar)* to crush, to grind; *(papel)* to shred -2. *(mascar)* to chew -3. *(destrozar)* to crush; **¡como lo pille, lo trituro!** if I get my hands on him, I'll make mincemeat of him!
triunfador, -ora ◇ *adj (equipo)* winning; *(ejército)* victorious; **resultar ~** to win
◇ *nm,f* winner
triunfal *adj* -1. *(arco, desfile, marcha)* triumphal -2. *(gesto)* triumphant, of triumph; *(sonrisa)* triumphant; *(noche, concierto, temporada)* hugely successful; **el ejército hizo su entrada ~** the army made its triumphant entry; **su regreso ~ al escenario** his triumphant return to the stage
triunfalismo *nm* triumphalism
triunfalista *adj* triumphalist
triunfalmente *adv* triumphantly
triunfante *adj* victorious; **salir ~** to win, to emerge triumphant *o* victorious
triunfar *vi* -1. *(ejército, equipo, campeón, partido)* to win, to triumph; **nuestro partido triunfó en las elecciones** our party won the elections
-2. *(artista, músico)* to succeed, to be successful; **lo que quiere es ~ en televisión** her ambition is to make it *o* succeed in television
-3. *(creencia)* to prevail; *(propuesta)* to win through; **al final triunfó la sensatez** in the end common sense won the day *o* prevailed
triunfo *nm* -1. *(de ejército)* triumph, victory; *(en encuentro, elecciones)* victory, win; **desde el ~ de la revolución** since the triumph of the revolution; **un asombroso ~ diplomático** an astonishing triumph *o* feat of diplomacy
-2. *(de artista, músico)* triumph
-3. *(en juegos de naipes)* trump; **sin ~** no trump; [EXPR] **tener todos los/varios triunfos en la mano** to hold all the/several trump cards
-4. *Fam (gran esfuerzo)* **le costó un ~ convencerlo** she had the devil of a job persuading him
-5. *Arg, Perú (danza)* = lively folk dance
triunvirato *nm* triumvirate
triunviro *nm* triumvir
trivalente *adj* trivalent
trivial *adj* trivial
trivialidad *nf* -1. *(hecho)* trivial detail; **no hay que preocuparse por trivialidades como ésa** you shouldn't worry about trivial *o* little things like that -2. *(dicho)* trivial remark; **escribe trivialidades** he writes trivial stuff -3. *(cualidad)* triviality
trivialización *nf* trivialization
trivializar [14] *vt* to trivialize
trizar [14] *CSur* ◇ *vt (vaso, espejo)* to shatter; *(tela, papel)* to tear to shreds; *(acuerdo, ilusiones, relaciones)* to wreck, to shatter
◆ **trizarse** *vpr (vaso, espejo)* to shatter; *(tela, papel)* to be torn to shreds; *(acuerdo, ilusiones, relaciones)* to be wrecked, to be shattered
trizas *nfpl* **hacer ~ algo** *(juguete, caja)* to smash sth to pieces; *(vaso, espejo)* to shatter sth; *(tela, papel)* to tear sth to shreds; *(obra, película)* to tear *o* pull sth to pieces; **hacer ~ a alguien** *(abatir)* to shatter *o* devastate sb; *(cansar)* to shatter sb; *(vencer)* to demolish sb; *(criticar)* to tear *o* pull sb to pieces; **estar hecho ~** *(abatido)* to be shattered *o* devastated; *(cansado)* to be shattered
trocaico *nm* LIT trochaic
trocánter *nm* ANAT trochanter
trocar [67] ◇ *vt* -1. *(transformar)* **~ algo en algo** to convert *o* transform sth into sth; **consiguieron ~ las sospechas iniciales de la**

trocear gente en apoyo incondicional they managed to convert people's initial suspicion into unconditional support **-2.** *(intercambiar)* to swap, to exchange; ~ **las armas por buenas palabras** to lay down one's arms and talk **-3.** *(malinterpretar)* to mix up
◆ **trocarse** *vpr* **-1.** *(transformarse)* **trocarse en algo** to change *o* turn into sth **-2.** *(intercambiarse)* to get swapped over; **los papeles se habían trocado** the papers had got swapped over

trocear *vt* to cut up (into pieces)

trocha *nf* **-1.** *(camino)* path **-2.** *Am* FERROC gauge

troche: a troche y moche *loc adv* **repartía puñetazos/invitaciones a ~ y moche** he was dishing out punches *Br* left right and centre *o US* left and right/he was handing out invitations to all and sundry

trócola *nf* pulley

trofeo *nm* trophy ❏ ~ **de caza** trophy

trófico, -a *adj* BIOL **la cadena trófica** the food chain

troglodita ◇ *adj* **-1.** *(cavernícola)* cave-dwelling **-2.** *Fam (bárbaro, tosco)* rough, brutish
◇ *nmf* **-1.** *(cavernícola)* cave dweller **-2.** *Fam (bárbaro, tosco)* brute

troika *nf* troika

troj, troje *nf* granary

troja *nf RP Fam* **acá hay una ~ de lugares para ver** there are loads of places to see here; **te quiero trojas** I love you to bits

troje = **troj**

trola *nf Fam (mentira)* fib

trole *nm* **-1.** *(barra)* trolley **-2.** *(trolebús)* trolleybus

trolebús *nm* trolleybus

trolero, -a *Fam* ◇ *adj* **ser ~** to be a fibber
◇ *nm,f* fibber

trolley ['trolei] *nm Am* trolleybus

trolo *nm RP muy Fam* queer, *US* fag

tromba *nf (en el mar)* waterspout; EXPR **en ~: entrar en ~** to burst in; **salir en ~** to surge *o* charge out; **los grupos políticos salieron en ~ a pedir explicaciones al gobierno** political groups responded en masse, demanding explanations from the government; **se lanzaron en ~ contra él** they hurled themselves upon him en masse ❏ ~ **de agua** *(lluvia)* downpour, deluge; *(riada)* torrent, deluge

trombo *nm* MED clot, *Espec* thrombus

trombón ◇ *nm (instrumento)* trombone ❏ ~ **de varas** slide trombone
◇ *nmf (músico)* trombonist

trombosis *nf inv* MED thrombosis ❏ ~ **coronaria** coronary thrombosis

trompa ◇ *nf* **-1.** *(de elefante)* trunk; *(de oso hormiguero)* snout; *(de insecto)* proboscis
-2. ANAT tube ❏ ~ **de Eustaquio** Eustachian tube; ~ **de Falopio** Fallopian tube
-3. *(instrumento)* horn
-4. *Fam (nariz) Br* hooter, *US* schnozzle
-5. *Fam (borrachera)* **coger** *o* **pillar una ~** to get plastered
-6. *Andes, RP Fam (boca)* mouth
-7. *Andes, RP Fam (gesto)* grumpy look; **¿se puede saber por qué estás con esa ~?** what are you looking so grumpy for?
◇ *nmf (músico)* horn player
◇ *adj Fam (borracho)* plastered

trompada *nf Fam (puñetazo)* thump, punch

trompazo *nm* **-1.** *(golpe)* bang; **darse** *o* **pegarse un ~ con algo** to bang into sth **-2.** *Am (puñetazo)* punch

trompear *Am Fam* ◇ *vt* to thump, to punch
◆ **trompearse** *vpr* to have a scrap *o* fight

trompe-l'oeil [trompe'loi] *nm* trompe-l'oeil

trompeta ◇ *nf* **-1.** *(instrumento)* trumpet
-2. *(planta)* trumpet vine
◇ *nmf* trumpeter

trompetazo *nm (de trompeta)* trumpet blast; *(de corneta)* bugle blast

trompetería *nf* **-1.** *(trompetas)* trumpet section **-2.** *(de órgano)* trumpets

trompetero, -a ◇ *adj (mosquito)* whining
◇ *nm (pez)* boarfish

trompetilla *nf* **-1.** *(del oído)* ear trumpet
-2. *Méx, Ven Fam* **tirar ~** to blow a raspberry

trompetista *nmf* trumpeter

trompicar *vi* to stumble

trompicón *nm* stumble; **iba dando trompicones** he was stumbling *o* lurching along; **a trompicones** in fits and starts

trompo *nm* **-1.** *(juguete)* spinning top **-2.** *(de coche)* spin

trompudo, -a *adj Am* **-1.** *(de labios gruesos)* thick-lipped **-2.** *(malhumorado)* bad-tempered

trona *nf* high chair

tronada *nf* thunderstorm

tronado, -a *adj Fam (loco)* crazy

tronador, -ora *adj* thundering

tronar [63] ◇ *v impersonal* to thunder; **está tronando** it's thundering
◇ *vt* **-1.** *Chile Fam (volar)* to blow up
-2. *Méx (hacer estallar)* to let off; **a fin de año la gente truena cohetes** people let off fireworks at New Year
-3. *Méx Fam (destruir, acabar con)* to get rid of, to do away with; **el gobierno quiere ~ a la institución** the government wants to do away with the institution; **este remedio es para ~ anginas** this medicine is to get rid of sore throats
-4. *Méx Fam (suspender)* to fail
◇ *vi Méx* **-1.** *(estallar)* **a punto de ~** about to explode **-2.** *(despotricar)* to rant on; **siempre está tronando por algo** he's always ranting on about something **-3.** *Fam (cortar)* ~ **con alguien** to split up with sb, to break up with sb **-4.** *(estropearse)* **esta planta estaba a punto de ~** this plant had almost had it

troncal *adj* **asignatura ~** compulsory *o* core subject; **carretera ~** trunk road

troncha *nf Am* **-1.** *(tajada)* chunk, piece **-2.** *Fam (suerte)* good luck

tronchante *adj Fam* hilarious

tronchar ◇ *vt (partir)* to snap
◆ **troncharse** *vpr* **-1.** *(rama, tallo)* to snap
-2. *Fam* **troncharse (de risa)** to split one's sides laughing

troncho *nm (de lechuga, coliflor)* stalk

tronco[1] *nm* **-1.** *(de árbol)* trunk; *(talado y sin ramas)* log; EXPR *Fam* **como un ~: dormir como un ~** to sleep like a log; **estar como un ~** to be dead to the world
-2. *(dulce)* ~ **(de Navidad)** yule log
-3. *(de persona)* trunk
-4. *(origen común)* *(en una familia)* stock; LING **branch** ❏ UNIV ~ **común** compulsory subjects
-5. GEOM *(sección)* frustum ❏ ~ **de cono** truncated cone
-6. ANAT ~ **arterial** arterial trunk; ~ **braquiocefálico** brachiocephalic trunk; ~ **celíaco** *Br* coeliac *o US* celiac trunk

tronco[2]**, -a** ◇ *nm,f Fam* **-1.** *Esp (hombre)* pal, *Br* mate **-2.** *Esp (mujer)* **mira, tronca, yo sólo te digo que no te aguanto** look, darling, what I'm telling you is that I can't stand you; **¿qué tal, tronca?** how's it going? **-3.** *Am (persona estúpida)* thicko; *(persona torpe)* bungler, *US* klutz
◇ *adj Am (estúpido)* thick; *(torpe)* clumsy, *US* klutzy

tronera *nf* **-1.** *(en castillo)* embrasure; *(en barco)* (gun) port, porthole **-2.** *(ventana)* small window **-3.** *(en billar)* pocket

tronío *nm Fam* **-1.** *(clase)* style; **tener mucho ~** to have style; **una fiesta de ~** a chic *o* smart party **-2.** *(despilfarro)* **comportarse/vivir con mucho ~** to throw one's money around

trono *nm* **-1.** *(asiento)* throne **-2.** *(dignidad)* throne; **heredero del ~** heir to the throne; **subir al ~** to ascend the throne; **una situación apoyada desde el ~** a situation supported by the crown **-3.** *Fam (en baño)* throne

tropa *nf* **-1.** MIL *(no oficiales)* rank and file; **las dependencias de ~** the soldiers' quarters
-2. *(ejército)* troops; **la retirada de la ~ enemiga** the withdrawal of enemy troops; **las tropas británicas/de tierra** British/ground troops; **las tropas de la OTAN** NATO forces *o* troops ❏ **tropas de asalto** assault troops, storm troops; **tropas mecanizadas** mechanized troops; ~ **profesional** professional soldiers
-3. *Fam (multitud)* troop; **una ~ de madridistas** a horde of Real Madrid supporters; **se presentó con toda la ~** he turned up with the whole tribe
-4. *RP (ganado)* herd, drove

tropear *vi RP* to herd

tropecientos, -as *adj Fam* hundreds (and hundreds) of, umpteen

tropel *nm* **-1.** *(de personas)* horde, crowd; **un ~ de fans enardecidos** a horde of excited fans; **en ~** in a mad rush, en masse; **salieron de clase en ~** they poured out of the classroom **-2.** *(de cosas)* mass, heap **-3.** *RP (de ganado)* herd, drove

tropelía *nf (acción violenta)* atrocity; *(abuso)* outrage

tropero *nm RP* cattle drover

tropezar [17] ◇ *vi* **-1.** *(con los pies)* to trip *o* stumble (**con** on, over); **tropecé con el bordillo y me caí** I tripped on the *Br* kerb *o US* curb and fell over; EXPR ~ **dos veces con la misma piedra** to make the same mistake twice; **el hombre es el único animal que tropieza dos veces con la misma piedra** man is the only animal that doesn't learn from its mistakes
-2. *(por casualidad)* ~ **con alguien** to bump *o* run into sb
-3. *(enfrentarse)* ~ **con** *(obstáculo, problema)* to come up against; **tropezaron con la negativa de la dirección a colaborar** they came up against management's refusal to collaborate
-4. *(chocar)* ~ **con** to bump into; **tropezó con una farola** she bumped into a lamp-post
-5. *(equivocarse)* to slip up, to make a mistake
◆ **tropezarse** *vpr Fam (dos personas)* to bump into each other; **tropezarse con alguien** to bump into sb

tropezón *nm* **-1.** *(con los pies)* trip, stumble; **dar un ~** to trip up, to stumble; **a tropezones** *(hablar)* haltingly; *(moverse)* in fits and starts **-2.** *(desacierto)* slip-up, mistake **-3.** CULIN **tropezones** = finely chopped ham, boiled egg etc added as a garnish to soups or other dishes

tropical *adj* tropical

trópico *nm* tropic ❏ ~ **de Cáncer** Tropic of Cancer; ~ **de Capricornio** Tropic of Capricorn

tropiece *etc ver* **tropezar**

tropiezo ◇ *ver* **tropezar**
◇ *nm* **-1.** *(con los pies)* trip, stumble; **dar un ~** to trip up, to stumble
-2. *(contratiempo)* setback; **tener un ~** to suffer a setback; **realizamos la gira sin ningún ~** we finished the tour without a hitch
-3. *(discusión)* run-in; **tener un ~ con alguien** to have a run-in with sb
-4. *(equivocación)* slip-up, mistake; **los tropiezos de la vida que me han ayudado a crecer** the mistakes in life that have helped me to grow as a person

tropilla *nf RP* troop

tropismo *nm* BIOL tropism

tropo *nm* figure of speech, trope

troposfera *nf* troposphere

troqué *etc ver* **trocar**

troquel *nm* **-1.** *(para monedas, medallas)* die **-2.** *(para cartón, papel)* die cutter

troquelado *nm* **-1.** *(de moneda)* minting, striking; *(de medallas)* striking, die-casting **-2.** IMPRENTA die-cutting

troquelar *vt* **-1.** *(monedas)* to mint, to strike; *(medallas)* to strike, to die-cast **-2.** *(cartón, papel)* to die-cut

trotacalles *nmf inv Fam* lazy bum

trotaconventos *nmf inv* procuress

trotador, -ora *adj* trotting

trotamundos *nmf inv* globe-trotter

trotar *vi* **-1.** *(caballo, persona)* to trot **-2.** *Fam (andar mucho)* to dash *o* run around; **llevo toda la mañana trotando de aquí para allá**

trote I've been dashing around all morning, I've been toing and froing all morning **-3.** *RP,Ven (ejercitarse)* to jog

trote *nm* **-1.** *(de caballo)* trot; **al ~** *(trotando)* at a trot; *(muy deprisa)* in a rush; **el pony se alejó al ~** the pony went off at a trot, the pony trotted off; **debían de llevar prisa porque iban al ~** they must have been in a hurry because they were rushing along
 -2. *Fam (ajetreo)* **esa caminata fue mucho ~ para mí** that walk was really hard going for me; EXPR **no estar para (estos) trotes** not to be up to it *o* to that kind of thing
 -3. *Fam (uso)* **le he dado un buen ~ a esta chaqueta** I've got good wear out of this jacket; **una tela de mucho ~** a hard-wearing material; **estos pantalones son para todo ~** these trousers are for everyday use

trotón, -ona *adj* trotter

trotskismo [tros'kismo] *nm* Trotskyism

trotskista [tros'kista] ⋄ *adj* Trotskyite, Trotskyist
 ⋄ *nmf* Trotskyite, Trotskyist

troupe [trup] *nf* troupe

trova *nf* LIT ballad

NUEVA TROVA CUBANA

In the 1960s, many young Cuban singers sought to express the profound social changes that had resulted from the 1959 Revolution. These singer-songwriters sang of revolution, social injustice and love in ballads which drew on the influence of contemporary protest songs as well as traditional Cuban music, and often featured highly poetic lyrics. From the early 1970s these singers emerged as the **Nueva Trova Cubana**, and artists such as Silvio Rodríguez (1946-), Pablo Milanés (1943-) and Sara González (1949-) went on to achieve world-wide fame. A new generation of singers, the "Novísima Trova", continues this tradition today and highlights more recent social and political developments.

trovador *nm* troubadour

trovadoresco, -a *adj* troubadour; **la poesía trovadoresca** troubadour lyrics

Troya *n* Troy; **el caballo de ~** the Trojan horse; EXPR **allí fue ~** there was a great to-do; EXPR **arda ~** to blazes with it!

troyano, -a ⋄ *adj* Trojan
 ⋄ *nm,f* Trojan

trozar *vt Am (carne)* to cut up; *(res, tronco)* to butcher, to cut up

trozo *nm* **-1.** *(de pan, tela, metal)* piece; **cortar algo en trozos** to cut sth into pieces **-2.** *(de camino)* stretch; **hacer algo a trozos** to do sth bit by bit **-3.** *(de obra)* extract; *(de película)* snippet

trucado, -a *adj* **una baraja/fotografía trucada** a trick deck/photograph; **dados trucados** *(cargados)* loaded dice

trucaje *nm* **-1.** *(visual)* trick effect; CINE trick photography; **~ (fotográfico)** trick photography **-2.** *(de motor)* souping up

trucar [59] *vt (contador)* to tamper with; *(motor)* to soup up; **el contador del gas estaba ~** the gas meter had been tampered with; **esta baraja/fotografía está trucada** this is a trick deck/photograph

trucha *nf* **-1.** *(pez)* trout ❑ **~ arco iris** rainbow trout; **~ de arroyo** brook trout; **~ asalmonada** salmon trout; **~ de mar** sea trout; CULIN **~ a la navarra** = fried trout stuffed with ham
 -2. *CAm (tenderete)* stand, kiosk
 -3. *RP Fam (cara)* face; **por las truchas me dio la impresión de que venían a robar** from the look of them I got the impression they were planning to rob the place; **¿por qué estás con esa ~?** why the long face?, why so glum?

truchero, -a *adj* **río ~** trout river

trucho, -a *adj RP Fam* **-1.** *(falso)* bogus **-2.** *(de mala calidad)* dodgy, rubbishy

truco *nm* **-1.** *(trampa, engaño)* trick; **un ~ de magia** a magic trick; **el viejo ~ de hacerse pasar por extranjero** the old trick of pretending to be foreign; **la baraja no tiene ~** it's a perfectly normal pack of cards
 -2. *(técnica hábil)* knack; **el ~ está en saber no dejarlo demasiado tiempo en el horno** the secret is not to leave it in the oven for too long; **tiene ~** there's a knack to it; **no tiene ~** there's no secret *o* trick to it; EXPR *Hum* **este es el ~ del almendruco** that's the trick; EXPR **pillarle el ~ (a algo)** to get the knack *o* hang (of sth) ❑ **~ publicitario** advertising gimmick
 -3. *RP (juego de naipes)* = type of card game
 -4. *Chile (golpe)* punch, thump

truculencia *nf* horror, terror

truculento, -a *adj* gruesome

trueco *etc ver* **trocar**

trueno ⋄ *ver* **tronar**
 ⋄ *nm* **-1.** *(por descarga eléctrica)* clap of thunder; **truenos** thunder; EXPR **abrir la caja de los truenos** to cause a storm **-2.** *(ruido)* thunder; **se oía el ~ de las voces/del torrente** you could hear the boom of voices/the thunder of the torrent; **truenos** thunder, thundering

trueque ⋄ *ver* **trocar**
 ⋄ *nm* **-1.** *(de productos, bienes)* barter **-2.** *(intercambio)* exchange, swap

trufa *nf* **-1.** *(hongo)* truffle **-2.** *(bombón)* truffle; **helado de ~** = dark chocolate ice cream

trufar *vt* **-1.** *(alimento)* to stuff with truffles; **pavo trufado** turkey with truffle stuffing **-2.** *(escrito, discurso)* to fill; **un libro trufado de anécdotas** a book full of anecdotes

truhán, -ana ⋄ *adj* crooked
 ⋄ *nm,f* rogue, crook

truismo *nm* truism

trujamán *nm* counsellor, adviser

trullo *nm Fam* slammer, *Br* nick, *US* pen

truncado, -a *adj (cono, columna)* truncated

truncamiento *nm* **-1.** GEOM truncation **-2.** *(de vida, carrera)* cutting short **-3.** *(de texto, frase)* truncation

truncar [59] ⋄ *vt* **-1.** GEOM to truncate **-2.** *(frustrar) (vida, carrera)* to cut short; *(planes)* to spoil, to ruin; *(ilusiones)* to dash **-3.** *(cortar) (rama)* to cut off; *(texto, frase)* to truncate
 ► **truncarse** *vpr (vida, carrera)* to be cut short; *(planes)* to be spoiled *o* ruined; *(ilusiones)* to be dashed

trunco, -a *adj Am* incomplete

truque *etc ver* **trucar**

trusa *nf* **-1.** *Carib (traje de baño)* swimsuit **-2.** *Perú (short)* briefs **-3.** *RP (faja)* girdle

trust [trus(t)] *(pl* **trusts**) *nm* trust, cartel

TS *nm (abrev de* **Tribunal Supremo***)* = Spanish Supreme Court

tsé-tsé *adj inv* **mosca ~** tsetse fly

tsunami *nm* tsunami

Tte. *(abrev de* **teniente***)* Lt, Lieut

tu *adj posesivo* your; **tu casa** your house; **tus libros** your books

tú *pron personal* **-1.** *(sujeto)* you; **tú eres el más alto** you're the tallest; **¿quién dijo eso? – ¡tú!** who said that? – you did!; **nosotros estamos invitados, tú no** we're invited, but you're not *o* but not you; **tendrás que hacerlo tú mismo** you'll have to do it (all by) yourself; **he aprobado y tú también** I've passed and so have you; **tú te llamas Juan** you're called Juan, your name is Juan
 -2. *(predicado)* you; **¿eres tú?** *(cuando llaman)* is it you?; **el invitado eres tú** you're the guest
 -3. *(complemento con preposición o conjunción)* you; **es más alta que tú** she's taller than you; **trabaja tanto como tú** she works as hard as you (do); **entre tú y yo** between you and me, just between the two of us; **excepto/según tú** apart from/according to you; **hablar** *o* **tratar de tú a alguien** = to address sb as "tú", i.e. not using the formal "usted" form; EXPR **de tú a tú: hablar con/tratar a alguien de tú a tú** to talk to/treat sb as an equal
 -4. *(vocativo)* **¡eh, tú!** hey, you!; **¡tú, apártate!** you, get out of the way, get out of the way, you
 -5. *(impersonal)* you; **tú cuando votas piensas que va a servir de algo** when you vote you think it's going to make a difference
 ⋄ *nm* **tú y yo** = set of table linen for two people

tualé *nm* **-1.** *CSur (baño)* toilet, lavatory **-2.** *RP Anticuado (mueble)* dressing table

tuareg ⋄ *adj inv* Tuareg
 ⋄ *nmf inv* Tuareg

tuba *nf* tuba

tubazo *nm RP,Ven Fam* buzz, *Br* bell *(telephone call)*

tuberculina *nf* tuberculin

tubérculo *nm* **-1.** *(planta)* tuber, root vegetable **-2.** *(tumor)* tubercle

tuberculosis *nf inv* tuberculosis

tuberculoso, -a ⋄ *adj* **-1.** *(bacilo, infección)* tuberculous, tubercular **-2.** *(persona)* **está ~** he has tuberculosis; **murió ~** he died of tuberculosis
 ⋄ *nm,f* tuberculosis sufferer, person with tuberculosis

tubería *nf* **-1.** *(tubo)* pipe; **~ de agua** water pipe; **~ principal** main **-2.** *(conjunto de tubos)* pipes

tuberosa *nf* tuberose

tuberoso, -a *adj* tuberous

tubillón *nm* dowel

tubino® *nm Perú* bobbin *(of sewing thread)*

tubo *nm* **-1.** *(cilindro hueco)* tube; **~ de cartón** a cardboard tube ❑ **~ fluorescente** fluorescent light strip; **~ de rayos catódicos** cathode ray tube; ELEC **~ de vacío** vacuum tube
 -2. *(tubería)* pipe ❑ **~ del desagüe** drainpipe; **~ de escape** exhaust (pipe)
 -3. *(recipiente)* tube ❑ **~ de ensayo** test tube
 -4. ANAT tract ❑ **~ digestivo** digestive tract, alimentary canal
 -5. *Esp Fam (de cerveza)* = tall glass of beer
 -6. *Chile (rulo)* curl
 -7. *RP,Ven (de teléfono)* receiver
 -8. EXPR *Esp Fam* **por un ~: tiene dinero por un ~** he's got loads of money; **comimos por un ~** we ate a hell of a lot; *RP Fam* **como por un ~** *(fácilmente)* easily; **siempre le sale todo como por un ~** he never has any trouble with anything
 ⋄ *adj inv* **falda ~** tube skirt; **pantalón ~** *Br* drainpipe trousers, *US* drainpipe pants

tubolux, tuboluz *nm RP* fluorescent tube

tubular ⋄ *adj* tubular
 ⋄ *nm* bicycle tyre; **ganó por un ~** *(en esprint)* he won by the width of a tyre

túbulo *nm* tubule

tucán *nm* toucan

tucano, -a ⋄ *adj* Tucano
 ⋄ *nm,f (persona)* Tucano
 ⋄ *nm (lengua)* Tucano

tuco, -a ⋄ *adj* **-1.** *CAm, Ecuad, PRico (sin brazo)* one-armed **-2.** *Ven Fam (sin brazo)* one-armed; *(sin pierna)* one-legged
 ⋄ *nm,f* **-1.** *CAm (tocayo)* namesake **-2.** *Ven Fam (sin brazo)* one-armed person; *(sin pierna)* one-legged person
 ⋄ *nm* **-1.** *CAm, Ecuad, PRico, Ven (fragmento)* piece, fragment **-2.** *Perú (ave)* owl **-3.** *RP (salsa)* = pasta sauce similar to bolognese

tuco-tuco *nm* tucotuco, tucutucu

tudesco, -a ⋄ *adj* German
 ⋄ *nm,f* German

Tudor **los ~** the Tudors

tuerca ⋄ *nf* nut; EXPR **apretar las tuercas a alguien** to tighten the screws on sb; EXPR **otra ~ una nueva vuelta de ~: la subida de los carburantes ha supuesto otra vuelta de ~ para los ya sufridos agricultores** the rise in the price of fuel puts further pressure on the already suffering farmers; **la respuesta del gobierno es una nueva vuelta de ~ en el contencioso pesquero** the government's response has raised the stakes in the fishing dispute ❑ **~ mariposa** wing nut, butterfly nut
 ⋄ *adj RP Fam* car-mad

tuerce[1] *etc ver* **torcer**

tuerce[2] *nm Guat (mala suerte)* bad luck, misfortune

tuero *nm Guat (juego)* hide-and-seek

tuerto, -a ◇ *adj (sin un ojo)* one-eyed; *(ciego de un ojo)* blind in one eye
◇ *nm,f* **ser ~** *(sin un ojo)* to have only one eye; *(ciego de un ojo)* to be blind in one eye
tuerzo *etc ver* **torcer**
tueste *nm* **-1.** *(de café) (acción)* roasting; *(resultado)* roast ❑ **~ natural** medium roast; **~ torrefacto** dark roast **-2.** *(de pan)* toasting **-3.** *(de carne)* browning
tuesto *etc ver* **tostar**
tuétano *nm* **-1.** *(del hueso)* (bone) marrow **-2.** *(meollo)* crux, heart; EXPR **hasta el ~** *o* **los tuétanos** to the core; **es catalán hasta el ~** he's Catalan through and through, he's Catalan to the core; **se comprometió con el proyecto hasta los tuétanos** he put his heart and soul into the project; **mojado hasta los tuétanos** soaked through *o* to the skin
tufarada *nf* waft
tufillas *nmf inv Fam* grouch
tufillo *nm Fam* **-1.** *(mal olor)* whiff **-2.** *(aire sospechoso)* **el ~ xenófobo que se desprende de sus textos** the undercurrent of xenophobia in her writings; **el ~ sensacionalista de su reportaje** the sensationalist tone *o* flavour of his report
tufo *nm* **-1.** *Fam (mal olor)* stink, stench; **hay un ~ a sudor horrible** there's a foul smell of sweat **-2.** *(emanación)* fumes **-3.** *Fam (aire sospechoso)* **desconfiaba del ~ clerical de sus palabras** I distrusted the clerical undertones of his remarks; **una decisión con un cierto ~ electoralista** a decision that smacks of electioneering
tugurio *nm (casa)* hovel; *(bar)* dive
tul *nm* tulle
tula *nf (juego infantil)* tag
tulio *nm* QUÍM thulium
tulipa *nf* **-1.** *(de lámpara)* glass (lamp)shade **-2.** *(tulipán)* tulip
tulipán *nm* tulip
tulipero *nm* tulip tree
tullido, -a ◇ *adj* paralysed, crippled
◇ *nm,f* cripple
tullir *vt* to paralyse, to cripple
tumba *nf* **-1.** *(sepultura)* grave, tomb; EXPR **a ~ abierta** *(a toda velocidad)* (at) full tilt, flat out; *(sin cautela)* all out; **se lanzó a ~ abierta a defender los derechos de los sospechosos** he went all out to defend the suspects' rights; **en la entrevista hace una confesión a ~ abierta** she confesses everything openly in the interview; EXPR **ser una ~: soy una ~** I won't say a word **-2.** *Col, Cuba (tala)* felling
tumbaburros *nm inv Méx* **-1.** *Fam Hum (diccionario)* dictionary **-2.** *(de vehículo)* bull bars
tumbadero *nm* **-1.** *Cuba, Méx, PRico (terreno)* clearing **-2.** *Ven (corral)* branding yard
tumbado *nm Ecuad* ceiling
tumbar ◇ *vt* **-1.** *(derribar)* to knock over *o* down; *Fam* **tiene un olor que tumba** the smell of it really knocks you out *o* over **-2.** *(reclinar)* **~ al paciente** lie the patient down **-3.** *Fam (en examen)* to fail **-4.** *Fam (derrotar)* to thrash; **el Real tumbó al Deportivo** Real thrashed Deportivo
➤ **tumbarse** *vpr* to lie down; **leía tumbada en el sofá** she was stretched out on the sofa, reading
tumbo *nm (sacudida)* jolt, jerk; **dar tumbos** *o* **un ~** *(vehículo)* to jolt, to jerk; **ir dando tumbos** *(al caminar)* to lurch along; **el autobús va dando tumbos** the bus lurches from side to side; **un pobre hombre que va dando tumbos por la vida** a poor man who stumbles from one problem to another in life; **la economía europea va dando tumbos** the European economy is lurching from crisis to crisis
tumbona *nf Br* sun-lounger, *US* (beach) recliner
tumefacción *nf* swelling, *Espec* tumefaction
tumefacto, -a *adj* swollen, *Espec* tumid
tumescencia *nf* swelling, *Espec* tumescence
tumor *nm* tumour ❑ **~ benigno** benign tumor; **~ cerebral** brain tumour; **~ maligno** malignant tumor

tumoración *nf* **-1.** *(tumor)* tumour **-2.** *(hinchazón)* lump, swelling
tumoral *adj* MED *(proceso, célula, tejido)* tumorous, tumoral
túmulo *nm* **-1.** *(montículo)* burial mound, barrow, tumulus **-2.** *(catafalco)* catafalque
tumulto *nm* **-1.** *(alboroto)* commotion, tumult; **la presencia del cantante causó un ~** the presence of the singer caused a commotion **-2.** *(disturbio)* riot, disturbance **-3.** *(multitud)* crowd, throng; **intentó abrirse paso entre el ~ de periodistas** she tried to make her way through the throng of reporters; **se formó un ~ frente a la casa** a crowd formed in front of the house
tumultuoso, -a *adj* **-1.** *(calle)* crowded, teeming; *(espectáculo, reunión)* rowdy, tumultuous **-2.** *(mar, aguas)* rough, stormy
tuna *nf* **-1.** *(agrupación musical)* = group of student minstrels **-2.** *Am (higo chumbo)* prickly pear **-3.** *ver también* **tuno**

─ TUNA ─
Some Spanish university students participate in small musical groups called **tunas**, who for a small donation will sing popular serenades. They wear traditional 17th-century costumes and, playing a range of stringed instruments, they accompany wedding ceremonies and first communions. They still serenade young women under their windows. The first **tunas** date back to the 13th century, when hard-up students sang in taverns for a meal and a glance from their sweethearts. There are **tunas** all over Spain, and they are also found in Latin America (where they are more often known by the more general term "estudiantina").

tunante, -a ◇ *adj* **¡el muy ~ !** the rascal!
◇ *nm,f* rascal, rogue
tunco, -a ◇ *adj Méx (sin una mano)* one-handed; *(sin un brazo)* one-armed
◇ *nm CAm, Méx (puerco)* pig
tunda *nf Fam* **-1.** *(paliza)* beating, thrashing; **dar una ~ a alguien** to beat *o* thrash sb **-2.** *(esfuerzo)* drag; **nos hemos dado** *o* **pegado una buena ~** it was a hell of a job *o* a real drag
tundra *nf* tundra
tunecino, -a ◇ *adj* Tunisian
◇ *nm,f* Tunisian
túnel *nm* tunnel; DEP **hacerle un ~ a alguien** *Br* to nutmeg sb; EXPR **salir del ~ : a ver cómo conseguimos salir del ~** we'll have to see how we can get out of this fix; **estamos empezando a salir del ~** we are beginning to see the light at the end of the tunnel ❑ **~ aerodinámico** wind tunnel; **Túnel del Canal de la Mancha** Channel Tunnel; AUT **~ de lavado** car wash; **~ del tiempo** time tunnel; **~ de vestuarios** *(en estadio)* tunnel; **~ de viento** wind tunnel
Túnez *n* **-1.** *(capital)* Tunis **-2.** *(país)* Tunisia
tungsteno *nm* QUÍM tungsten
túnica *nf* tunic
Tunicia *n Antes* Tunisia
tuno, -a ◇ *adj* **es muy ~** he's a proper rascal
◇ *nm,f* **-1.** *(tunante)* rascal, rogue **-2.** *(músico)* student minstrel
tuntún *nm* **al (buen) ~** without thinking; **no contestes al ~** don't just answer off the top of your head; **siempre echa la sal al ~** she never measures the amount of salt she puts in
tupa *nmf* POL *Fam* = member of a Uruguayan Marxist urban guerrilla group of the 1960s and 70s, Tupamaro
Túpac Amaru *n pr (inca)* = last ruler of the Incas (1571-1572), based in Vilcabamba, in present-day Peru
Túpac Inca Yupanqui *n pr* = ruler of the Incas (1471-1493)
tupamaro, -a ◇ *adj* Tupamaro
◇ *nm,f* = member of a Uruguayan urban guerrilla group of the 1960s and 70s, Tupamaro
tupé *nm* **-1.** *(mechón)* quiff **-2.** *(postizo)* toupee **-3.** *Fam (atrevimiento)* cheek, nerve

tupelo *nm* tupelo
tupí ◇ *adj* Tupi
◇ *nmf (persona)* Tupi
◇ *nm (lengua)* Tupi
tupido, -a ◇ *adj* **-1.** *(vegetación, bosque)* thick, dense; *(cejas)* bushy; *(velo)* thick; **en lo más ~ del bosque** in the heart of the forest; **una tupida red de intereses** a dense network of interests; EXPR **corramos un ~ velo** let's draw a veil over that **-2.** *RP Fam (de comida)* stuffed; **comí demasiado, estoy tupida** I've eaten too much, I'm stuffed
◇ *adv RP Fam* **trabajamos ~, toda la semana** we worked solid all week; **fue difícil, me preguntaron ~** it was difficult, they gave me a real grilling
tupí-guaraní *(pl* **tupí-guaraní** *o* **tupí-guaraníes)** ◇ *adj* Tupi-Guaranian
◇ *nm,f (persona)* Tupi-Guarani
◇ *nm (lengua)* Tupi-Guarani
tupinambo *nm* Jerusalem artichoke
tupir *vt* to pack tightly
tupperware® [taper'wer] *nm* Tupperware®
turba *nf* **-1.** *(combustible)* peat **-2.** *(muchedumbre)* mob
turbación *nf* **-1.** *(desconcierto)* agitation, distress **-2.** *(vergüenza)* confusion, embarrassment
turbador, -ora *adj (belleza, presencia)* disturbing, unsettling; *(sonrisa)* disconcerting
turbamulta *nf* crowd, mob
turbante *nm* turban
turbar ◇ *vt* **-1.** *(calma, silencio)* to disturb **-2.** *(emocionar)* to upset; *(avergonzar)* to fluster, to embarrass; **la noticia lo turbó visiblemente** he was visibly upset by the news; **bajó los ojos, turbada por la insistencia de aquel hombre** she lowered her eyes, flustered *o* embarrassed by the man's insistence
➤ **turbarse** *vpr (emocionarse)* to get upset; *(avergonzarse)* to get embarrassed; **al oír las palabras del ángel la Virgen se turbó** Mary was deeply troubled at the angel's words
turbera *nf* peat bog
turbidez *nf* **-1.** *(de líquido) (un poco)* cloudiness; *(mucho)* murkiness; *(con barro)* muddiness **-2.** *(de negocio, vida)* shadiness
turbina *nf* turbine ❑ **~ eólica** wind turbine; **~ hidráulica** water turbine
turbio, -a ◇ *adj* **-1.** *(líquido) (un poco)* cloudy; *(mucho)* murky; *(con barro)* muddy **-2.** *(vista)* blurred **-3.** *(negocio, vida)* shady **-4.** *(época, periodo)* turbulent, troubled
◇ *adv* **ver ~** to have blurred vision
turbión *nm* downpour
turbo ◇ *nm* **-1.** *(sistema)* turbocharger; EXPR *Fam* **poner el ~** to put one's foot down (on the accelerator) **-2.** *(vehículo)* turbo
◇ *adj inv* turbo
turbocompresor *nm* turbocharger
turbodiesel *adj* **motor ~** turbodiesel engine
turboeje *nm* axial-flow turbine
turboeléctrico, -a *adj* turboelectric
turbogenerador *nm* turbogenerator
turbohélice *nf* turboprop
turbopropulsión *nf* turbopropulsion
turbopropulsor *nm* turboprop
turborreactor *nm* turbojet (engine)
turbosina *nf Méx* aviation fuel, jet fuel
turbulencia *nf* **-1.** *(de fluido)* turbulence **-2.** **~ (atmosférica)** turbulence; **una zona de turbulencias** an area of turbulence **-3.** *(de época, situación)* turbulence; *(de sentimientos)* turmoil **-4.** *(alboroto)* uproar, clamour
turbulento, -a *adj* **-1.** *(aguas)* turbulent **-2.** *(época, situación)* turbulent, troubled *(sentimientos)* troubled **-3.** *(persona)* unruly, rebellious
turco, -a ◇ *adj* **-1.** *(de Turquía)* Turkish **-2.** *Andes, CSur, Ven Fam (del Medio Oriente)* Arab, = term used to refer, sometimes pejoratively, to all immigrants of Middle Eastern origin **-3.** *Ven Fam (tacaño)* stingy
◇ *nm,f* **-1.** *(de Turquía)* Turk **-2.** *Andes, CSur, Ven Fam (del Medio Oriente)* Arab, = term used to refer, sometimes pejoratively, to any

turcochipriota

immigrant of Middle Eastern origin
◇ *nm* **-1.** *(lengua)* Turkish **-2.** *Arcaico* **el Gran Turco** the Turks

turcochipriota ◇ *adj* Turkish-Cypriot
◇ *nmf* Turkish-Cypriot

turcomano, -a ◇ *adj* Turkmen
◇ *nm,f (persona)* Turkmen
◇ *nm (lengua)* Turkmen

turf *nm* **el ~** *(pista) Br* the racecourse, *US* the racetrack; *(hipódromo) Br* the racecourse, *US* the racetrack; *(deporte)* the turf, horse-racing

turfístico, -a *adj RP* (horse)racing

turgencia *nf* **-1.** *(de formas, muslos)* roundedness; *(de pecho)* fullness, plumpness **-2. turgencias** bulges

turgente *adj (formas, muslos)* well-rounded; *(pecho)* full

túrgido, -a *adj* turgid

Turín *n* Turin

Turingia *n* Thuringia

turismo *nm* **-1.** *(actividad)* tourism; **hacer ~ (por)** to go touring (round); **nos dedicaremos a hacer ~ por la ciudad** we'll go sightseeing around the city ❑ **~ de aventura** adventure tourism; **~ de calidad** quality *Br* holidays *o US* vacations; **~ ecológico** eco-tourism; **~ ecuestre** riding holidays; **~ rural** rural tourism, country holidays; **casas o viviendas de ~ rural** rural holiday properties; **~ sexual** sex tourism; **~ verde** green tourism
-2. AUT private car ❑ **~ de competición** touring car

turista ◇ *nmf* tourist; **estoy aquí de ~** I'm here on *Br* holiday *o US* vacation
◇ *adj inv* **clase ~** tourist *o* economy class

turistear *vi Am Fam* to do some sightseeing

turístico, -a *adj* tourist; **atracción turística** tourist attraction

Turkmenistán *n* Turkmenistan

turmalina *nf* tourmaline

túrmix® *nf inv* blender, liquidizer

turnar ◇ *vt Méx (enviar)* to dispatch
• **turnarse** *vpr* to take turns, to take it in turns (**con** with); **se turna con él para vigilar la calle** they take (it in) turns to watch the street; **normalmente nos turnamos** we usually take (it in) turns

turnedó *nm* tournedos

turno *nm* **-1.** *(de trabajo)* shift; **trabajar por turnos** to work shifts; **~ de día/noche** day/night shift; **tiene el ~ de noche** he's on the night shift, he's on nights; **~ partido** split shift; **de ~** on duty; **el médico de ~** the doctor on duty, the duty doctor; **el gracioso de ~** the inevitable smart alec ❑ **~ de oficio** = order in which lawyers are assigned legal-aid cases
-2. *(vez)* turn, go; **cuando le llegue el ~ hará como todos** when it's his turn he'll do the same as everyone else; **hacer algo por turnos** to take (it in) turns to do sth ❑ **~ de preguntas** question time
-3. *(orden)* **hay un ~ establecido para las vacaciones** there's a rota for *Br* holidays *o US* vacations

turolense ◇ *adj* of/from Teruel *(Spain)*
◇ *nmf* person from Teruel *(Spain)*

turón *nm* polecat

turpial *nm* troupial ❑ **~ norteño** northern oriole

turquesa ◇ *adj inv (color)* turquoise
◇ *nm (color)* turquoise
◇ *nf (mineral)* turquoise

Turquestán *n* Turkestan, Turkistan

Turquía *n* Turkey

turro, -a *RP Fam* ◇ *adj* dim-witted, slow
◇ *nm,f* dimwit

turrón *nm* = Christmas sweet similar to nougat, made with almonds and honey ❑ **~ de Alicante** = hard "turron", containing whole almonds; **~ blando** = soft "turron", made with ground almonds; **~ duro** = hard "turron", containing whole almonds; **~ de Jijona** = soft "turron", made with ground almonds

turronero, -a ◇ *adj* **empresa turronera** "turrón" manufacturer; **maestro ~** master "turrón" maker
◇ *nm,f* "turrón" maker

turulato, -a *adj Fam* **-1.** *(pasmado)* flabbergasted, dumbfounded; **la noticia lo dejó ~** he was flabbergasted *o* dumbfounded by the news **-2.** *(atontado)* in a world of one's own, on another planet

tururú *interj Fam* get away!, you must be joking!

tusa *nf* **-1.** *CAm, Carib, Col (mazorca)* maize husk, *US* cornhusk **-2.** *Andes, Cuba (cigarro)* cigar rolled in a maize husk *o US* cornhusk **-3.** *Chile (crines)* mane **-4.** *Col (de viruela)* pockmark **-5.** *CAm (prostituta)* prostitute

tusar *vt Col, RP, Ven* **-1.** *(caballo)* to clip; *(oveja)* to shear **-2.** *Fam (persona)* **me tusaron (el pelo)** they gave me a terrible haircut

tusilago *nm* skin, *Espec* pellicle

tuso, -a ◇ *adj* **-1.** *Col (de viruela)* pockmarked **-2.** *PRico (de rabo corto)* short-tailed **-3.** *PRico (sin rabo)* tailless
◇ *interj Am Fam (para llamar al perro)* here, boy!

Tutankamón *n pr* Tutankhamen

tute *nm* **-1.** *(juego)* = card game similar to whist **-2.** *Fam (trabajo intenso)* hard slog; EXPR **darse** *o* **pegarse un (buen) ~** *(trabajar)* to slog one's guts out; EXPR **darle** *o* **pegarle un (buen) ~ a algo** to get full use out of sth

tutear ◇ *vt* = to address as "tú", i.e. not using the formal "usted" form
• **tutearse** *vpr* = to address each other as "tú", i.e. not using the formal "usted" form

tutela *nf* **-1.** *(de tutor) (de los padres)* custody; *(de otras personas)* guardianship; **perdió la ~ de sus hijos** she lost custody of her children; **el niño quedó bajo la ~ de su tío** the child remained in the care of *o* under the guardianship of his uncle; **se educó bajo la ~ de su abuelo** he was brought up in the care of his grandfather; **estar bajo ~ judicial** to be a ward of court
-2. *(supervisión)* supervision; *(protección)* protection; **la ~ de los derechos de las mujeres** the protection of women's rights
-3. POL tutelage

tutelaje *nm* **-1.** DER guardianship **-2.** *(supervisión)* supervision; *(protección)* protection

tutelar ◇ *adj* **-1.** DER tutelary **-2.** *(protector)* tutelary; **los dioses tutelares del hogar** the gods of the hearth
◇ *vt* **-1.** *(supervisar)* to supervise, to oversee; **un proceso tutelado por la Administración** a process supervised by the Administration; **hacer prácticas tuteladas en una empresa** to do supervised work experience in a firm; **casa tutelada** *(para mujeres maltratadas)* refuge; *(para ancianos)* sheltered housing **-2.** *(derechos)* to protect **-3.** POL to protect

tuteo *nm* = use of "tú" form of address, as opposed to formal "usted" form

tuti fruti, tutifruti *nm* tutti-frutti

tutiplén: a tutiplén *loc adv Fam* galore, a gogo; **tenía abrigos y zapatos a ~** she had coats and shoes galore; **repartió mamporros a ~** he clouted people left, right and centre *o US* left and right

tutor, -ora *nm,f* **-1.** DER guardian **-2.** *(profesor) (privado)* tutor; *(en colegio, instituto) Br* form *o US* class teacher; *(en universidad)* tutor

tutoría *nf* **-1.** DER guardianship, tutorship **-2.** EDUC *(sesión con tutor)* tutorial session, tutorial; *(cargo de tutor)* tutorship

tutorial *nm* INFORMÁT tutorial

tutsi ◇ *adj* Tutsi
◇ *nmf* Tutsi

tutú *nm* **-1.** *(vestido)* tutu **-2.** *RP (coche)* brrm-brrm

tutuma = totuma

tuturuto, -a *Col, Ecuad, Ven Fam* ◇ *adj* stunned, dumbfounded
◇ *nm,f* stunned *o* dumbfounded person

tuviera *etc ver* **tener**

tuxtleco, -a ◇ *adj* of/from Tuxtla Gutiérrez *(Mexico)*
◇ *nm,f* person from Tuxtla Gutiérrez *(Mexico)*

tuya *nf* northern white cedar

tuyo, -a ◇ *adj posesivo* yours; **este libro es ~** this book is yours; **un amigo ~** a friend of yours; **no es asunto ~** it's none of your business
◇ *pron posesivo* **el ~** yours; **el ~ es rojo** yours is red; **los tuyos están en la mesa** yours are on the table; *Fam* **los tuyos** *(tu familia)* your folks; *(tu bando)* your lot, your side; EXPR **lo ~:** **lo ~ es el teatro** *(lo que haces bien)* you should be on the stage; *Fam* **te costó lo ~** it wasn't easy for you; EXPR *Fam* **ésta es la tuya** this is the chance you've been waiting for *o* your big chance

TV *nf (abrev de* **televisión***)* TV

TV3 [teβe'tres] *nf (abrev de* **Televisión de Cataluña***)* = Catalan television channel

TVE *nf (abrev de* **Televisión Española***)* = Spanish state television network

tweed [twið] *nm* tweed

twist [twist] *nm inv* twist *(dance)*

txistu *nm* = Basque flute

txistulari *nmf* = Basque flute player

U u

U, u [u] *nf (letra)* U, u
u *conj* or; *ver también* **o**
Uagadugú *n* Ouagadougou
UBA ['uβa] *nf (abrev de* **Universidad de Buenos Aires**) University of Buenos Aires
ubérrimo, -a *adj Formal (tierra)* extremely fertile; *(vegetación)* luxuriant, abundant
ubicación *nf* location; **la ~ de la nueva empresa está aún por decidir** the location of the new firm has yet to be decided
ubicado, -a *adj* **-1.** *(edificio)* located, situated **-2.** *Am (persona) (en sala)* **estoy mal ubicada acá, la columna me tapa parte de la pantalla** this isn't a good place to sit, the column is blocking out part of the screen **-3.** *RP (persona) (en cargo)* **está muy bien ~ en esa empresa** he's very well placed *o* he's got a very good job in that firm
ubicar [59] ◇ *vt* **-1.** *(situar) (edificio, fábrica)* to locate; **un lugar donde ~ su empresa** a location for your firm
-2. *Am (colocar) (mueble)* to put, to place; *(persona)* to put; **a mi tía la ubicaremos al lado de tu madre** we'll put *o* sit my aunt next to your mother
-3. *Am (encontrar)* to find, to locate; **no veo su ficha por acá, pero en cuanto la ubique le aviso** I can't see your card here, but as soon as I find it I'll let you know; **hay que ~ a la familia del accidentado** we have to locate the victim's family; **¿cómo te ubico?** where can I get hold of *o* contact you?
-4. *Am (identificar)* **¿González?, no lo ubico** González? I can't quite place him; **¿cuál es tu calle? ¿cómo la ubico?** what street are you in? how can I find it?
-5. *Chile (candidato)* to nominate
◆ **ubicarse** *vpr* **-1.** *(edificio)* to be situated, to be located
-2. *Am (persona)* to get one's bearings; **¿ya te ubicás en la ciudad?** are you finding your way around the city all right?; **me voy a mudar, en este barrio no termino de ubicarme** I'm going to move, I just don't feel at home in this part of town
-3. *RP (encontrar empleo)* to find *o* get a job; **al poco tiempo se ubicó** she soon found a job
ubicuidad *nf* ubiquity; EXPR **el don de la ~: tiene el don de la ~** he seems to be everywhere at once
ubicuo, -a *adj* ubiquitous
ubique *etc ver* **ubicar**
ubre *nf* udder
ucase *nm* ukase
UCD *nf (abrev de* **Unión de Centro Democrático**) = former Spanish political party at the centre of the political spectrum
UCE ['uθe] *nf (abrev de* **Unión de Consumidores de España**) = Spanish consumers' association
UCI ['uθi] *nf (abrev de* **unidad de cuidados intensivos**) ICU
UCN *nf (abrev de* **Unión del Centro Nacional**) = Guatemalan political party
UCP *nf INFORMÁT (abrev de* **unidad central de proceso**) CPU
UCR *nf (abrev de* **Unión Cívica Radical**) = Argentinian political party
Ucrania *n* the Ukraine
ucraniano, -a ◇ *adj* Ukrainian
◇ *nm,f* Ukrainian

UCS *nf (abrev de* **Unión Cívica y Solidaridad**) = Bolivian political party
Ud. *abrev de* **usted**
UDC *nf (abrev de* **universal decimal classification**) UDC
UDI[1] *nf (abrev de* **Unión Demócrata Independiente**) = Chilean political party
UDI[2] *nf (abrev de* **Unidad de Inversión**) = Mexican indexed unit of account
Uds. *abrev de* **ustedes**
UE *nf (abrev de* **Unión Europea**) EU
UEFA ['wefa] *nf (abrev de* **Union of European Football Associations**) UEFA
UEM [wem] *nf UE (abrev de* **unión económica y monetaria**) EMU
UEO *nf (abrev de* **Unión Europea Occidental**) WEU
UF *nf (abrev de* **Unidad de Fomento**) = Chilean indexed unit of account
uf *interj (expresa cansancio, calor)* phew!; *(expresa fastidio)* tut!; *(expresa repugnancia)* ugh!
ufa *interj* huh!
ufanarse *vpr* **~ de algo** to boast about sth
ufano, -a *adj* **-1.** *(satisfecho)* proud, pleased with oneself; **iba muy ~ con su traje nuevo** he looked very proud in his new suit **-2.** *(engreído)* boastful, conceited **-3.** *(lozano)* luxuriant, lush
ufología *nf* ufology
ufólogo, -a *nm,f* ufologist
Uganda *n* Uganda
ugandés, -esa ◇ *adj* Ugandan
◇ *nm,f* Ugandan
ugetista ◇ *adj* = of or belonging to the UGT
◇ *nmf* = member of the UGT
ugrofinés, -esa *adj* LING Finno-Ugric
UGT *nf (abrev de* **Unión General de los Trabajadores**) = major socialist trade union in Spain
uh *interj Am* **-1.** *(duración)* **¿y esperaste mucho? – ¡uh, años!** have you been waiting long? – oh! ages!
-2. *(cantidad)* **¿y tenía mucha fiebre? – ¡uh, volaba!** did she have a very high temperature? – huh! sky-high!
-3. *(duda)* **¿cuál prefieres? ¿éste o aquél? – uh, no sé, déjame ver** which do you prefer? this one or that one? – mmm, I don't know, let me see
-4. *(decepción)* **¿cómo te fue? – uh, más o menos** how did it go? – huh!, all right
UHF *nf (abrev de* **ultra-high frequency**) UHF
UHT *adj (abrev de* **ultra-heat-treated**) UHT
UIMP [u'imp] *nf (abrev de* **Universidad Internacional Menéndez Pelayo**) = prestigious university summer school held in Santander, Spain
ujier *nm* usher
újule *interj Méx Fam* well well!
ukelele *nm* ukelele
Ulan-Bator *n* Ulan-Bator
úlcera *nf* MED ulcer ❑ **~ de decúbito** pressure sore; **~ de estómago** stomach ulcer; **~ gástrica** stomach ulcer; **~ gastroduodenal** stomach ulcer; **~ péptica** peptic ulcer; **~ perforada** perforated ulcer
ulceración *nf* ulceration
ulcerar ◇ *vt* to ulcerate
◆ **ulcerarse** *vpr* to ulcerate
ulceroso, -a *adj* ulcerous

ulema *nm* ulema
Ulises *n* MITOL Ulysses
Ulster *nm* **(el)** ~ Ulster
ulterior *adj* **-1.** *(en el tiempo)* subsequent **-2.** *(en el espacio)* further
ulteriormente *adv* subsequently
ultimación *nf* conclusion, completion
últimamente *adv* recently, of late
ultimar *vt* **-1.** *(terminar)* to conclude, to complete **-2.** *Am (asesinar)* to kill
ultimátum *(pl* **ultimátums** *o* **ultimatos**) *nm* ultimatum
último, -a ◇ *adj* **-1.** *(en una serie, en el tiempo)* last; **mi última esperanza/oportunidad** my last hope/chance; **hizo un ~ intento** he made one last *o* final attempt; **~ aviso para los pasajeros...** *(por megafonía)* (this is the) last *o* final call for passengers...; **decisiones de última hora** last-minute decisions; **a última hora, en el ~ momento** at the last moment; **como ~ recurso** as a last resort; **a lo ~** in the end; **lo ~ antes de acostarme** last thing before I go to bed; **en una situación así es lo ~ que haría** it's the last thing I'd do in a situation like that; **por ~**, lastly, finally; **ser lo ~** *(lo final)* to come last; *(el último recurso)* to be a last resort; *(el colmo)* to be the last straw ❑ **la Última Cena** the Last Supper; **los últimos sacramentos** the last sacraments; **última voluntad** last wish(es)
-2. *(más reciente)* latest, most recent; **una exposición de sus últimos trabajos** an exhibition of her most recent work; **las últimas noticias son inquietantes** the latest news is very worrying; **en los últimos días/meses** in recent days/months; **la última vez que lo vi** the last time I saw him, when I last saw him; *Fam* **es lo ~ en electrodomésticos** it's the latest thing in electrical appliances ❑ **última hora** *(como título)* latest, stop press; **noticias de última hora** last-minute news
-3. *(más bajo)* bottom; *(más alto)* top; *(de más atrás)* back; **la última línea de la página** the bottom *o* last line of the page; **el ~ piso** the top floor; **la última fila** the back row
-4. *(más remoto)* furthest, most remote; **el ~ rincón del país** the remotest parts of the country
-5. *(definitivo)* **es mi última oferta** it's my last *o* final offer; **tener la última palabra en algo** to have the last word on sth
-6. *(primordial)* ultimate; **medidas cuyo fin ~ es...** measures that have the ultimate goal of...
-7. *RP (uso adverbial)* last; **empezaron últimos, por eso todavía no terminaron** they started last, that's why they haven't finished yet; **salí última porque me quedé conversando** I was the last to leave because I stayed behind talking
◇ *nm,f* **-1.** *(en fila, carrera)* **el ~** the last (one); **el ~ de la fila** the last person in the *Br* queue *o US* line; **el ~ de la clase** the bottom of the class; **es el ~ al que pediría ayuda** he's the last person I'd ask for help; **llegar/ terminar el ~** to come/finish last; **ser el ~ en hacer algo** to be the last to do sth; **a últimos de mes** at the end of the month; **¿nos tomamos la última?** shall we have one for the road?; EXPR **estar en las últimas**

(muriéndose) to be on one's deathbed; *(sin dinero)* to be down to one's last penny; *(sin provisiones)* to be down to one's last provisions; *(botella, producto)* to have almost run out; EXPR *Fam* **ir a la última** to wear the latest fashion
-2. *(en comparaciones, enumeraciones)* **este ~...** the latter...
ultra POL ◇ *adj* extremist
◇ *nmf* extremist
ultracentrifugación *nf* ultracentrifugation
ultracongelación *nf* deep-freezing
ultracongelado, -a ◇ *adj* deep-frozen
◇ *nmpl* **ultracongelados** deep-frozen food
ultraconservador, -ora ◇ *adj* ultraconservative
◇ *nm,f* ultraconservative
ultracorrección *nf* hypercorrection
ultraderecha *nf* far right
ultraderechista ◇ *adj* far right
◇ *nmf* extreme right-winger
ultrafino, -a *adj* ultra-thin
ultraísmo *nm* LIT Ultraism, = "pure poetry" movement of the 1920s in Spain and Latin America
ultraizquierda *nf* far left
ultraizquierdista ◇ *adj* far left
◇ *nmf* extreme left-winger
ultrajante *adj* insulting, offensive
ultrajar *vt* to insult, to offend
ultraje *nm* insult
ultraligero *nm* microlight
ultramar *nm* overseas; **productos de ~** overseas goods; **territorios de ~** overseas territories
ultramarino, -a ◇ *adj* overseas; **territorios ultramarinos** overseas territories
◇ *nmpl* **ultramarinos** -1. *(comestibles)* groceries; **tienda de ~** grocer's (shop) -2. *(tienda)* grocer's (shop)
ultramicroscopio *nm* ultramicroscope
ultramoderno, -a *adj* ultramodern
ultramontano, -a ◇ *adj* -1. *(reaccionario)* reactionary -2. REL ultramontane
◇ *nm,f* -1. *(reaccionario)* reactionary -2. REL ultramontane
ultranza: a ultranza ◇ *loc adj* die-hard, hardline; **el liberalismo a ~** die-hard liberalism
◇ *loc adv* to the last; **defender sus valores a ~** to defend one's values to the last *o* at any price
ultrarrojo, -a *adj* infrared
ultrasecreto, -a *adj* top-secret
ultrasónico, -a *adj* ultrasonic
ultrasonido *nm* ultrasound
ultrasur DEP ◇ *adj inv* **peña ~** = group of soccer hooligans who support Real Madrid
◇ *nmf inv* = member of group of soccer hooligans who support Real Madrid
ultratumba *nf* **de ~** from beyond the grave
ultravioleta *(pl* **ultravioleta** *o* **ultravioletas)** *adj* ultraviolet
ulular *vi (viento, lobo)* to howl; *(búho)* to hoot
ululato *nm* Literario -1. *(del viento)* howl -2. *(del búho)* hoot
umbilical *adj* **cordón ~** umbilical cord
umbra *nf* ASTRON umbra
umbral *nm* -1. *(de puerta)* threshold; **pisar el ~** to cross the threshold
-2. *(principio)* threshold; **en el ~** *o* **los umbrales del siglo XXI** on the threshold of the 21st century; **estamos en los umbrales de una nueva era** we are on the threshold of a new era
-3. *(nivel básico)* threshold; **llegar al ~ del pleno empleo** to reach the threshold of full employment ❑ **~ de audición** hearing threshold; **~ del dolor** pain barrier; **~ de la pobreza** poverty line; **~ de sensibilidad** sensitivity threshold
umbría *nf* northward slope *(usually in the shade)*
umbrío, -a, umbroso, -a *adj* shady
un, una¹ *(mpl* **unos,** *fpl* **unas)** *art indeterminado*

Un is used instead of **una** before feminine nouns which begin with a stressed "a" or "ha" (e.g. **un águila** an eagle; **un hacha** an axe).

-1. *(singular)* a; *(ante sonido vocálico)* an; **un hombre/tren** a man/train; **una mujer/mesa** a woman/table; **una hora** an hour; **tengo un hambre enorme** I'm extremely hungry; **un Picasso auténtico** a genuine Picasso; **un niño necesita cariño** children need *o* a child needs affection
-2. *(plural)* some; **tengo unos regalos para tí** I have some presents for you; **llegaremos en unos minutos** we will arrive in a few minutes; **había unos coches mal estacionados** there were some badly parked cars; **son unas personas muy amables** they are very kind people; **tiene unas ganas enormes de viajar** he is extremely keen to travel; **unas tijeras/gafas** a pair of scissors/glasses; **llevaba unas gafas de sol** she was wearing sunglasses
-3. *(ante números) (indica aproximación)* **había unos doce muchachos** there were about *o* some twelve boys there
-4. *(con valor enfático)* **¡me dio una pena!** I felt so sorry for her!; **se te ocurren unas ideas...** you have some really odd ideas

una² ◇ *nf* -1. **la una** *(hora)* one o'clock; *ver también* **tres** -2. **a una** *(a la vez, juntos)* together; **todos a una** *(a la vez)* everyone at once
◇ *pron Fam (con valor enfático)* **lleva paraguas, que está cayendo una...** take your umbrella, Br it's tipping (it) down *o* US it's pouring rain; **dijo una de tonterías** she talked such a load of rubbish; **te va a caer una buena como no apruebes** you'll really be in for it if you fail; *ver también* **uno**
UNAM [u'nam] *nf (abrev de* **Universidad Nacional Autónoma de México)** National Autonomous University of Mexico
unánime *adj* unanimous
unánimemente *adv* unanimously
unanimidad *nf* unanimity; **por ~** unanimously
unción *nf* unction
uncir [72] *vt* to yoke
UNCTAD [un'tað] *nf (abrev de* **United Nations Conference on Trade and Development)** UNCTAD
undécimo, -a *núm* eleventh; *ver también* **octavo**
underground ['anderɣraun] *adj inv* underground
UNED [u'neð] *nf (abrev de* **Universidad Nacional de Educación a Distancia)** = Spanish open university
Unesco [u'nesko] *nf (abrev de* **United Nations Educational, Scientific and Cultural Organization)** UNESCO
ungir [24] *vt* -1. *(con ungüento)* to put ointment on -2. REL *(enfermo)* to anoint
ungüento *nm* ointment
ungulado, -a ◇ *adj* hoofed, *Espec* ungulate
◇ *nm* hoofed animal, *Espec* ungulate animal
únicamente *adv* only, solely
unicameral *adj* single-chamber
unicameralismo *nm* unicameralism
unicato *nm Am* monopoly
Unicef [uni'θef] *nm o f (abrev de* **United Nations Children's Fund)** UNICEF
unicelular *adj* single-cell, unicellular
unicidad *nf* uniqueness
único, -a ◇ *adj* -1. *(solo)* only; *(precio, función, moneda)* single; **es la única forma que conozco de hacerlo** it's the only way I know of doing it; **la única alternativa posible** the only possible alternative; **hijo ~** only child, only son; **hija única** only child, only daughter; **su caso no es ~** his is not the only case; **es lo ~ que quiero** it's all I want; **lo ~ es que...** the only thing is (that)..., it's just that...; **única y exclusivamente** only, exclusively
-2. *(excepcional)* unique; **una oportunidad única para conocer otros países** a unique opportunity to get to know other countries; **eres ~** you're one of a kind
◇ *pron* **el ~/la única** the only one
unicornio *nm* unicorn ❑ **~ marino** narwhal
unidad *nf* -1. *(cohesión, acuerdo)* unity; **la fundación fracasó por falta de ~** the foundation failed for lack of unity; **necesitamos ~ de acción** we need unity of action, we need to act as one; **no había ~ de criterio sobre el tema** there was no consensus of opinion on the topic
-2. *(elemento)* unit; **25 pesos la ~** 25 pesos each; **quiero comprar seis unidades** I'd like to buy six ❑ **la ~ familiar** the family unit
-3. *(sección)* unit; **el jefe de la ~ de cirugía** the head of the surgery unit ❑ INFORMÁT **~ aritmético-lógica** arithmetic logic unit; INFORMÁT **~ de CD-ROM** CD-ROM drive; INFORMÁT **~ central de proceso** central processing unit; INFORMÁT **~ de coma flotante** floating point unit; **~ de control** control unit; **~ de cuidados intensivos** intensive care unit; **~ didáctica** teaching unit; INFORMÁT **~ de disco** disk drive; INFORMÁT **~ de entrada-salida** input/output device; **~ móvil** mobile unit; *CSur* **~ de tratamiento intensivo** intensive care unit; **~ de vigilancia intensiva** intensive care unit
-4. *(medida)* unit ❑ *Antes* UE **~ de cuenta europea** European Currency Unit; **~ de longitud** unit of length; **~ de medida** measurement unit, unit of measure; **~ monetaria** monetary unit; **~ de tiempo** unit of time
-5. *(el uno)* **la ~** (the number) one
-6. MIL unit ❑ **~ de combate** combat unit
-7. *Am (vehículo)* vehicle; **cinco unidades resultaron dañadas durante los disturbios** five vehicles were damaged during the disturbances
unidimensional *adj* one-dimensional
unidireccional *adj* -1. *(calle)* one-way -2. *(antena, micrófono)* unidirectional
unido, -a *adj (junto, reunido)* united; *(familia, amigos)* close; **todos los miembros de la familia están muy unidos** all the members of the family are very close
unifamiliar *adj* **vivienda ~** house *(detached, semi-detached or terraced)*
unificación *nf* -1. *(unión)* unification; **la ~ de Alemania** the unification of Germany -2. *(uniformización)* standardization
unificador, -ora *adj* -1. *(que une)* unifying; **el papel del cristianismo como elemento ~ de Occidente** the role of Christianity in unifying the West -2. *(que uniformiza)* standardizing
unificar [59] ◇ *vt* -1. *(unir)* to unite, to join; *(países)* to unify; **el nuevo mando militar unificado** the new unified military command; **la Alemania unificada** united Germany -2. *(uniformar) (tarifas, precios)* to standardize; **los intentos de ~ la legislación internacional sobre el tema** attempts to unify *o* harmonize international legislation on the issue
◆ **unificarse** *vpr* -1. *(unirse)* to unite, to join together; *(países)* to unify -2. *(uniformar)* to become standardized
uniformado, -a *adj (policía, soldado)* uniformed; **ir ~** to wear uniform
uniformar ◇ *vt* -1. *(normas, productos)* to standardize -2. *(empleado, alumno)* to put into uniform
◆ **uniformarse** *vpr* -1. *(normas productos)* to become standardized -2. *(empleado, alumno)* to wear a uniform
uniforme ◇ *adj (movimiento, temperatura, criterios)* uniform; *(superficie)* even; **el litoral tiene un clima bastante ~** the coast has a fairly uniform climate
◇ *nm* uniform; **ir de ~** to be in uniform; **un policía de ~** a uniformed policeman, *f* policewoman ❑ **~ escolar** school uniform; *RP* **~ de fajina** fatigues; **~ de gala** dress uniform
uniformemente *adv* uniformly

uniformidad *nf (de movimiento, criterios, temperatura)* uniformity; *(de superficie)* evenness; **la tendencia a la ~ que amenaza a nuestra sociedad** the trend towards uniformity that is threatening our society

uniformización *nf* standardization

uniformizar [14] ◇ *vt* to standardize, to make uniform
◆ **uniformizarse** *vpr* to be standardized, to be made uniform

unigénito, -a ◇ *adj Formal (hijo)* only
◇ *nm* REL **el Unigénito** the Son of God

unilateral *adj* unilateral

unilateralmente *adv* unilaterally

unión *nf* **-1.** *(asociación)* union; **en ~ con** *o* **de** together with; **acudió a la ceremonia en ~ de su familia** she attended the ceremony together with her family ❑ **~ aduanera** customs union; *Méx* **la Unión Americana** the United States; **la Unión Europea** the European Union; **Unión Monetaria** Monetary Union; *Antes* **Unión Soviética** Soviet Union
-2. *(acción)* joining, union; **un compuesto es el resultado de la ~ de dos palabras** a compound is the result of the joining of two words; **la ~ de las dos empresas** = the union *o* merger of the two companies
-3. *(juntura, adherimiento)* join, joint
-4. *(cohesión)* unity; **hay que potenciar la ~ entre los ciudadanos** we must foster a sense of unity among citizens; EXPR **la ~ hace la fuerza** unity is strength
-5. *(matrimonio)* marriage, union ❑ **~ de hecho** unmarried couple

unionismo *nm* POL unionism

unionista POL ◇ *adj* unionist
◇ *nmf* unionist

unipersonal *adj (régimen, gobierno)* one-man; *(hogar)* single-person; *(espectáculo)* one-man, *f* one-woman; **sociedad ~** sole proprietorship; **verbo ~** impersonal verb

unir ◇ *vt* **-1.** *(juntar) (pedazos, piezas, habitaciones)* to join; *(empresas, estados, facciones)* to unite; INFORMÁT *(archivos)* to merge; **unió los dos palos con una cuerda** he joined *o* tied the two sticks with a piece of string; **debemos ~ fuerzas** we must combine forces
-2. *(relacionar) (personas)* **aquella experiencia les unió mucho** that experience made them very close; **les une una fuerte amistad** they are very close friends, they share a very close friendship; **les une su pasión por la música** they share a passion for music; **los lazos que nos unen** the ties that bind us; *Formal* **~ a dos personas en (santo) matrimonio** to join two people in (holy) matrimony
-3. *(comunicar) (ciudades, terminales, aparatos)* to connect, to link; **la línea férrea que une la capital a** *o* **con la costa** the railway between *o* which links the capital and the coast
-4. *(combinar)* to combine; **en su obra une belleza y técnica** her work combines beauty with technique; **~ algo a algo** *(añadir)* to add sth to sth; **a la desinformación hay que ~ también el desinterés de la gente** in addition to the lack of information, we have to take into account people's lack of interest
-5. *(mezclar)* to mix *o* blend in; **una la mantequilla con el azúcar** cream together the butter and the sugar
◆ **unirse** *vpr* **-1.** *(juntarse) (personas, empresas, grupos)* to join together; *(factores, circunstancias)* to come together; **se unieron para derrocar al gobierno** they joined together *o* joined forces to bring down the government; **en él se unen rapidez y habilidad** he combines speed with skill; **la falta de interés se unió el mal tiempo** the lack of interest was compounded by the bad weather; **unirse a algo/alguien** to join sth/sb; **también ellos se han unido a la huelga** they too have joined the strike; **¡únete a la fiesta!** join in the party!; **unirse en matrimonio** *(casarse)* to be joined in wedlock *o* matrimony
-2. *(encontrarse) (líneas, caminos)* to meet

unisex *adj inv* unisex

unisexual *adj* unisexual

unísono *nm* **al ~** in unison

UNITA [u'nita] *nf (abrev de* **Unión Nacional para la Independencia Total de Angola)** UNITA

unitario, -a ◇ *adj* **-1.** *(criterio, estado, proyecto)* single **-2.** *(por unidad)* unit; **precio ~** unit price **-3.** REL Unitarian
◇ *nm,f* REL Unitarian

unitarismo *nm* REL Unitarianism

univalente *adj* QUÍM univalent

universal ◇ *adj* **-1.** *(total) (acceso, idioma, sufragio)* universal; **un principio de validez ~** a universally valid principle **-2.** *(mundial)* world; **historia ~** world history; **literatura ~** world literature; **un artista de fama ~** a world-famous artist
◇ *nmpl* FILOSOFÍA **universales** universals

universalidad *nf* universality

universalismo *nm* universalism

universalizar [14] ◇ *vt* to make widespread
◆ **universalizarse** *vpr* to become widespread

universalmente *adv* universally; **un principio reconocido ~** a universally acknowledged principle

universiada *nf* DEP **la Universiada** the World Student Games

universidad *nf* **-1.** *(centro educativo)* university ❑ **~ a distancia** = distance learning university, *Br* ≃ Open University; **~ de verano** university summer school **-2.** *(enseñanza superior)* university; **la reforma de la ~** university reform

universitario, -a ◇ *adj* university; **estudiante ~** university student
◇ *nm,f* **-1.** *(estudiante)* university student **-2.** *(profesor)* university lecturer **-3.** *(licenciado)* university graduate

universo *nm* **-1.** *(cosmos)* universe ❑ **~ abierto** open universe; **~ cerrado** closed universe; **~ estacionario** stationary universe; **~ en expansión** expanding universe **-2.** *(mundo)* world; **el ~ literario de Proust** Proust's literary universe

univitelino, -a *adj* FISIOL monozygotic

unívoco, -a *adj* **-1.** *(correspondencia)* one-to-one **-2.** *(término, expresión)* univocal

UNIX *nm* ['unɪks] INFORMÁT *(abrev de* **Uniplexed Information and Computing System)** UNIX

unjo *etc ver* **ungir**

uno, -a

> **Un** is used instead of **uno** before singular masculine nouns (e.g. **un perro** a dog; **un coche** a car).

◇ *adj* **-1.** *(indefinido)* one; **un día volveré** one *o* some day I'll return; **unos cuantos** a few
-2. *(numeral)* one; **un hombre, un voto** one man, one vote; **una hora y media** an hour and a half, one and a half hours; **treinta y un días** thirty-one days; **cincuenta y una páginas** fifty-one pages
-3. *(después de sustantivo) (con valor ordinal)* one; **la fila/página ~** row/page one; *ver también* **tres**
◇ *pron* **-1.** *(indefinido, numeral)* one; **toma ~** take one; **~ de ellos** one of them; **de ~ en ~, ~ a ~, ~ por ~** one by one; **~ contra ~** *(en baloncesto)* one on one; **~ más ~** *(en baloncesto)* one and one; **juntar varias cosas en una** to combine several things into one; **más de ~ piensa que es una mala decisión** more than a few people *o* no small number of people think it's a bad decision; **~ de tantos** one of many; **unos estaban a favor, otros en contra** some were in favour, others (were) against; **~ a otro, el ~ al otro** each other, one another; **se miraron el ~ al otro** they looked at each other *o* one another; **(los) unos a (los) otros** each other, one another; **se odian los unos a los otros** they hate each other *o* one another; **~ y otro** *(ambos)* both (of them); **unos y otros** *(todos)* all of them; **¡a la una, a las dos y a las tres!** *(en carrera)* ready, steady, go!; *(al saltar, lanzarse)* one, two, three!; EXPR **lo ~ por lo otro** it all evens out in the end; EXPR **una de dos** it's either one thing or the other; EXPR **una y no más** once was enough, once bitten, twice shy
-2. *Fam (cierta persona)* someone, somebody; **hablé con ~ que te conoce** I spoke to someone *o* somebody who knows you; **conocí a una de Tijuana** I met a woman from Tijuana; **me lo han contado unos** certain people told me so
-3. *(yo)* one; **~ ya no está para estos trotes** one isn't really up to this sort of thing any more
-4. *(con valor impersonal)* you; **se trabaja mucho, pero ~ se termina acostumbrando** it's hard work but you get used to it eventually; **hay que tener confianza en ~ mismo** you have to believe in yourself
◇ *nm (number)* one; **el ~** number one; **el número termina en ~** the number ends in a one; *ver también* **tres**

UNRG *nf (abrev de* **Unidad Nacional Revolucionaria de Guatemala)** = former guerrilla coalition, now a political party

untadura *nf* **-1.** *(con ungüento)* anointing **-2.** *(con grasa)* greasing, oiling

untar ◇ *vt* **-1.** *(mantequilla, crema)* to spread; **una margarina más fácil de ~** a margarine that's easier to spread; **~ el pan con paté** to spread pâté on the bread; **~ el molde con mantequilla** butter the baking tin **-2.** *(piel, cara)* to smear **(con** *o* **de** with) **-3.** *Fam (sobornar)* to grease the palm of, to bribe; **untarle la mano a alguien** to grease sb's palm
◆ **untarse** *vpr* **-1.** *(embadurnarse)* **untarse la piel/cara (con** *o* **de)** to smear one's skin/face (with) **-2.** *Fam (enriquecerse)* to line one's pockets

unto *nm* **-1.** *(grasa)* grease **-2.** *Chile (betún)* shoe polish

untuosidad *nf* greasiness, oiliness

untuoso, -a *adj* greasy, oily

untura *nf* **-1.** *(ungüento)* ointment **-2.** *(grasa)* grease

unzo *etc ver* **uncir**

uña *nf* **-1.** *(de mano)* fingernail, nail; **hacerse las uñas** to do one's nails; **comerse** *o* **morderse las uñas** to bite one's nails; EXPR **dejarse las uñas en algo** to put a lot of hard work into sth; **con uñas y dientes** *(agarrarse)* doggedly; *(defender)* fiercely; EXPR *Fam* **estar de uñas** to be in a foul mood; EXPR **estar de uñas con alguien** to be at daggers drawn with sb; EXPR **enseñar** *o* **sacar las uñas** to bare one's teeth; EXPR **ser ~ y carne** to be as thick as thieves ❑ **~ encarnada** ingrown *o* ingrowing (finger)nail; **uñas postizas** false fingernails
-2. *(de pie)* toenail; **cortarse las uñas de los pies** to cut one's toenails ❑ **~ encarnada** ingrown *o* ingrowing toenail
-3. *(garra)* claw; **el gato enseñó** *o* **sacó las uñas** the cat got its claws out ❑ **~ de gato** *(planta)* cat-claw vine
-4. *(pezuña)* hoof; EXPR **a ~ de caballo** at top speed **-5.** *Méx (para instrumento musical)* plectrum

uñalarga *nmf Perú Fam* pickpocket

uñero *nm* **-1.** *(inflamación)* whitlow **-2.** *(uña encarnada)* ingrowing nail **-3.** *(en libro)* thumb index

uñeta *nf Chile* plectrum

UP[1] *nf (abrev de* **Unión Patriótica)** = Colombian political party

UP[2] *nf (abrev de* **Unidad Popular)** = Chilean political party

upa *interj Fam* upsy-daisy!

upar *vt Fam* to lift up

uperisación = uperización

uperisado, -a = uperizado

uperización, uperisación *nf* U.H.T. treatment

uperizado, -a, uperisado, -a *adj (leche)* U.H.T.

uperizar [14], **uperisar** *vt* to give U.H.T. treatment to

UPN *nf (abrev de* **Unión del Pueblo Navarro)** = Navarrese nationalist party

UR *nf (abrev de* **Unidad Reajustable)** = indexed monetary unit in Uruguay

Ural *nm* **el ~** the River Ural

Urales *nmpl* **los ~** the Urals

uralita® *nf* CONSTR = material made of asbestos and cement, usually corrugated and used mainly for roofing

uranio *nm* QUÍM uranium ❏ **~ empobrecido** depleted uranium; **~ enriquecido** enriched uranium

Urano *nm* Uranus

urbanícola *nmf* city-dweller

urbanidad *nf* politeness, courtesy; **las normas de ~** the rules of politeness

urbanismo *nm* town planning, city planning

urbanista *nmf* town planner, city planner

urbanístico, -a *adj* **boom ~** development boom; **desarrollo ~** urban development; **plan ~** urban development plan; **planeamiento ~** town planning, city planning

urbanita *nmf Hum* urbanite, townie

urbanizable *adj* **suelo ~** land available for development

urbanización *nf* **-1.** *(zona residencial)* (private) housing development **-2.** *(acción)* development, urbanization; **la ~ de la zona** the development of the area

urbanizado, -a *adj (zona)* built-up; *(suelo)* developed

urbanizador, -ora ◇ *adj* developing
◇ *nm,f* developer

urbanizar [14] *vt* **-1.** *(construir)* to develop **-2.** *(dotar de servicios a)* to service; **suelo urbanizado** serviced land

urbano, -a *adj* urban, city; **autobús ~** city bus; **guardia ~** (local) policeman, *f* (local) policewoman

urbe *nf* large city

urca *nf (embarcación)* hooker

urdidera *nf* warping frame

urdidor, -ora ◇ *adj* warping
◇ *nm,f* warper
◇ *nm* warping frame

urdimbre *nf* **-1.** *(de hilos)* warp **-2.** *(plan)* plot

urdir *vt* **-1.** *(plan)* to plot, to forge **-2.** *(hilos)* to warp

urdu, urdú *nm (lengua)* Urdu

urea *nf* urea

uremia *nf* uraemia

uréter *nm* ureter

uretra *nf* urethra

uretritis *nf inv* urethritis

urgencia *nf* **-1.** *(cualidad)* urgency; **debido a la ~ de la situación** owing to the urgency of the situation; **con ~** urgently; **necesitan con ~ alimentos y medicinas** they urgently need food and medicine; **en caso de ~** in case of emergency; **asuntos de ~** urgent matters
-2. *(necesidad)* urgent need; **tener una ~** to have an emergency
-3. *(en hospital) (caso)* emergency (case); **urgencias (médicas)** *(departamento) Br* casualty (department), accident and emergency (department), *US* emergency room

urgente *adj* **-1.** *(asunto, caso)* urgent **-2.** *(correo)* express

urgentemente *adv* urgently

urgir [24] ◇ *v impersonal* to be urgently needed; **urge ayuda médica para los víctimas** medical help for the victims is urgently needed; **urge recoger medicinas para los damnificados** there is an urgent need to collect medicines for the victims; **me urge verla** I urgently need to see her
◇ *vt (instar)* to urge; **la urgió a que le escuchara** he urged her to listen to him; **urgida por la desesperación** driven by desperation

úrico, -a *adj* uric

urinario, -a ◇ *adj* urinary
◇ *nm* urinal, *US* comfort station ❏ **urinarios públicos** (men's) public toilets, *US* (men's) public restrooms

urjo *etc ver* **urgir**

URL *nm* INFORMÁT *(abrev de* **uniform resource locator)** URL

urna *nf* **-1.** *(caja de cristal)* glass display case; **vivir en una ~ de cristal** to live in splendid isolation **-2.** *(para votar)* ballot box; **acudir a las urnas** to go to the polls; **lo decidido ayer en las urnas** the result of yesterday's ballot **-3.** *(vasija)* urn ❏ **~ cineraria** (for somebody's ashes) **-4.** *Ven (ataúd)* coffin

URNG *(abrev de* **Unidad Revolucionaria Nacional Guatemalteca)** *nf* = Guatemalan guerrilla movement

uro *nm* aurochs, urus

uroción *nm* grey fox

urogallo *nm* capercaillie

urogenital *adj* urogenital

urología *nf* urology

urólogo, -a *nm,f* urologist

urraca *nf* **-1.** *(ave)* magpie **-2.** *(persona)* magpie

urso, -a *nm,f RP Fam* **-1.** *(referido a físico)* bear of a man/woman **-2.** *(referido a actitud)* bear

URSS [urs] *nf Antes (abrev de* **Unión de Repúblicas Socialistas Soviéticas)** USSR

ursulina *nf* **-1.** *(monja)* Ursuline (nun) **-2.** *(mujer recatada)* prudish woman

urticaria *nf* nettle rash, *Espec* urticaria

urubú *(pl* **urubúes)** *nm* black vulture

Uruguay *nm* **-1.** *(país)* **(el) ~** Uruguay **-2.** *(río)* **el ~** the river Uruguay

uruguayo, -a ◇ *adj* Uruguayan
◇ *nm,f* Uruguayan

urutaú *(pl* **urutaúes)** *nm* great potoo

USA ['usa] *nmpl (abrev de* **United States of America)** USA; **los ~** the USA, the US

usado, -a *adj* **-1.** *(de segunda mano)* used **-2.** *(gastado)* worn; **una cartera ya muy usada** a very worn briefcase

usanza *nf* **una mujer vestida a la ~ del XVI** a woman dressed in the style of the 16th century; **a la vieja** *o* **antigua ~** in the old style; **es un caballero a la antigua ~** he's a gentleman in the old style

usar ◇ *vt* **-1.** *(aparato, herramienta, término)* to use; **¿sabes ~ esta máquina?** do you know how to use this machine?; **una cafetera sin ~** an unused coffee pot; **un método muy usado en literatura** a widely-used method in literature; **~ algo como** *o* **de: un cobertizo pequeño que se usa como** *o* **de almacén** a small shed which is used as a store; **de ~ y tirar** *(producto)* disposable
-2. *(ropa, lentes)* to wear; **no uso maquillaje** I don't wear make-up; **estos guantes están sin ~** these gloves haven't been worn; **siempre uso la talla 40** I always wear size 40
-3. *Am (persona)* to use; **cuídate de ella, suele ~ a la gente que se deja** watch out with her, she tends to use people if they let her
◇ *vi* **~ de** to use, to make use of; **quien siempre usa de la verdad** whoever abides by the truth
◆ **usarse** *vpr* **-1.** *(aparato, herramienta, término)* to be used; **ya casi no se usan las máquinas de escribir** people hardly use typewriters any more **-2.** *(ropa, lentes)* to be worn; **ya no se usan esos zapatos** those shoes are no longer worn *o* in fashion

usía *nmf Anticuado* Your Lordship, *f* Your Ladyship

usina *nf Andes, RP* plant ❏ **~ eléctrica** power station, power plant; **~ nuclear** nuclear power station, nuclear power plant

USO ['uso] *nf (abrev de* **Unión Sindical Obrera)** = centre-right Spanish union

uso *nm* **-1.** *(utilización)* use; **mascarillas para ~ de los pasajeros** masks for the use of passengers; **está prohibido el ~ de cámaras en el interior del museo** cameras may not be used inside the museum; **~ y abuso de los medicamentos** use and abuse of medicines; **un fármaco de ~ común** a commonly used drug; **objetos de ~ cotidia-no** objects of daily use; **productos de ~ exclusivo en hospitales** products used exclusively in hospitals; **de ~ externo** *o* **tópico** *(medicamento)* for external use only; **de ~ personal** for personal use; **en ~** in use; **una expresión aún en ~** an expression still in use; **estar en buen ~** to be in good condition; **fuera de ~** out of use, obsolete; **hacer ~ de** *(tecnología, método, lengua)* to make use of, to use; *(prerrogativa, derecho)* to exercise; **hacer ~ de la fuerza** to use force; **hacer buen ~ de algo** to make good use of sth, to put sth to good use; **hacer mal ~ o ~ indebido de algo** to misuse sth; **tener el ~ de la palabra** to have the floor ❏ **~ de razón** power of reason; **llevo haciéndolo desde que tenía ~ de razón** I've been doing it for as long as I can remember
-2. *(aplicación, función)* use; **el nailon tiene muchos usos** nylon has several uses
-3. *(costumbre)* custom; **al ~:** **los políticos/ textos al ~ en nuestros días** the kind of politicians/texts that are in favour nowadays; **en aquella época los trajes al ~...** the dresses that were fashionable in those days...; **al ~ andaluz** in the Andalusian style; **al ~ de** in the style of
-4. LING usage; **es un ~ exclusivamente argentino** it is an exclusively Argentinian usage
-5. *(desgaste)* wear and tear; **con el ~ o del ~ la moqueta va perdiendo lustre** the carpet is becoming shabby through use; **ha tenido mucho ~ esa chaqueta** I've/he's/*etc* had a lot of use out of that jacket

usted *pron personal*

> While the singular suggests formality in most countries, **ustedes** is the standard form of the second person plural in Latin America

-1. *(sujeto)* you; **ustedes** you *(plural)*; **contesten ustedes a las preguntas** please answer the questions; **tendrá que hacerlo ~ mismo** you'll have to do it (all by) yourself; **he aprobado y ~ también** I passed and so did you; **como ustedes quieran** as you wish; **¿cómo se llama ~?** what's your name?
-2. *(predicado)* you; **ustedes** you *(plural)*; **¿quién es ~?** who are you?; **los invitados son ustedes** you're the guests
-3. *(con preposición* o *conjunción)* you; **ustedes** you *(plural)*; **esto es para ~** this is for you; **me gustaría hablar con ~** I'd like to talk to you; **trabaja tanto como ~** she works as hard as you (do); **de ~/ustedes** *(posesivo)* yours; **¿es de ~ este paraguas?** is this umbrella yours?; **hablar** *o* **tratar de ~ a alguien** = to address sb using the formal "usted" form; **muchas gracias – (gracias) a ~** thank you very much – (no,) thank YOU
-4. *(vocativo)* **¡oiga, ~, se le ha caído esto!** excuse me, you dropped this

usual *adj* usual; **lo ~ es hacerlo así** people usually do it this way; **no es ~ verlo por aquí** it's unusual to see him here

usualmente *adv* usually

usuario, -a *nm,f* user ❏ INFORMÁT **~ final** end user; **~ registrado** registered user

usufructo *nm* DER usufruct, use

usufructuar [4] *vt* DER to have the usufruct *o* use of

usufructuario, -a DER ◇ *adj* usufructuary
◇ *nm,f* usufructuary

usura *nf* usury

usurario, -a *adj* usurious

usurero, -a *nm,f* **-1.** *(prestamista)* usurer **-2.** *Pey (aprovechado)* **es un ~** he rips you off

usurpación *nf* usurpation; **lo acusaron de ~ de personalidad** he was accused of impersonation

usurpador, -ora ◇ *adj* usurping
◇ *nm,f* usurper

usurpar *vt* to usurp

uta[1] *nf* = skin disease of the face suffered by Peruvian rubber plantation workers

uta[2] *interj Méx Fam Br* blast!, *US* shucks!

utensilio *nm (instrumento)* tool, implement; *(de cocina)* utensil; **utensilios de limpieza** cleaning equipment; **utensilios de pesca** fishing tackle

uterino, -a *adj* uterine

útero *nm* womb, uterus

UTI ['uti] *nf CSur (abrev de* **Unidad de Tratamiento Intensivo)** ICU

útil ⋄ *adj* useful; **hacer algo ~ para la sociedad** to do sth useful for society; **guardo todo lo que me es ~ para mis investigaciones** I keep everything that is useful for my investigations; **este hallazgo podría ser muy ~ en el tratamiento del cáncer** this discovery may be useful in the treatment of cancer; **es ~ para cargar maletas** it comes in handy for carrying suitcases; **50.000 metros cuadrados de superficie ~** a usable area of 50,000 square metres; **todavía está ~** it's still usable *o* serviceable
⋄ *nm (herramienta)* tool; *(de labranza)* implement; **útiles de cocina** kitchen utensils; *Am* **útiles escolares** school writing materials; **útiles de pesca** fishing tackle

utilería *nf* **-1.** *(útiles)* equipment **-2.** CINE & TEATRO props **-3.** *RP Fam* **de ~** *(lugar, objeto)* fake, phoney

utilero, -a *nm,f* CINE & TEATRO property *o* prop man, *f* property *o* prop mistress

utilidad ⋄ *nf* **-1.** *(cualidad)* usefulness; **dudo de su ~** I doubt it will be much use; **el libro me fue de gran ~** the book was very useful **-2.** *(beneficio)* profit **-3.** INFORMÁT utility (program)
⋄ *nfpl* **utilidades** *Am* ECON profits

utilitario, -a ⋄ *adj* **-1.** *(persona)* utilitarian **-2.** *(vehículo)* run-around, utility
⋄ *nm* run-around (car), utility (car)

utilitarismo *nm* utilitarianism

utilitarista ⋄ *adj* utilitarian
⋄ *nmf* utilitarian

utilización *nf* use; **está prohibida la ~ de antibióticos para la cría de vacuno** the use of antibiotics in cattle breeding is prohibited; **el tratamiento de las aguas residuales para su posterior ~** the treatment of waste water for subsequent use; **de fácil ~** easy to use; **una interfaz de fácil ~** a user-friendly interface

utilizar [14] *vt* **-1.** *(expresión, método, producto)* to use **-2.** *(compañero, amigo)* to use; **te está utilizando** he's using you

utillaje *nm* tools

utillero *nm* DEP boot boy

útilmente *adv* usefully

utopía *nf* utopia

utópico, -a *adj* utopian

UV ['uβe] *(abrev de* **ultravioleta)** UV

uva *nf* grape; EXPR **de uvas a peras** once in a blue moon; EXPR *Fam* **estar de mala ~** to be in a foul mood; EXPR **tener mala ~** to be a bad sort, to be a nasty piece of work; EXPR **nos van a dar las uvas** we're going to be here for ever!, this is taking for ever! ❏ **~ blanca** white grape; **~ de gato** white stonecrop **~ pasa** raisin; **uvas de la suerte** = grapes eaten for good luck as midnight chimes on New Year's Eve

---
LAS UVAS (DE LA SUERTE)

On New Year's Eve in Spain, it is traditional to eat a grape for each of the twelve strokes of midnight for good luck in each of the months of the coming year. If you make a wish before each stroke and successfully eat the twelve grapes, your wishes will supposedly come true in the New Year. As midnight approaches people can be seen in the main squares of each town with a bunch of grapes in their hand, while others eat them at home watching the clock strike midnight on TV.

UVI ['uβi] *nf (abrev de* **unidad de vigilancia intensiva)** ICU

úvula *nf* uvula

uvular *adj* uvular

uxoricida *Formal* ⋄ *adj* uxoricidal, wife-murdering
⋄ *nm* uxoricide

uxoricidio *nm Formal* uxoricide

Uzbekistán *n* Uzbekistan

uzbeko, -a ⋄ *adj* Uzbek
⋄ *nm,f* Uzbek

V v

V, v [*Esp* 'uβe, *Am* be'korta] *nf (letra)* V, v; **v doble** W

V *(abrev de* **viernes**) F

v. *(abrev de* **véase**) v., vide

va *etc ver* **ir**

vaca *nf* **-1.** *(animal)* cow; *Fam* **la enfermedad o el mal de las vacas locas** mad cow disease; [EXPR] *Fam* **estar como una ~** to be huge ❑ *Fam* **las vacas flacas** lean years; *Fam* **las vacas gordas** years of plenty; *RP* **vacas de invernada** beef cattle; **~ lechera** dairy cow; **~ marina** manatee; **~ sagrada** sacred cow
-**2.** *(carne)* beef
-**3.** *Carib, Perú, RP Fam (fondo común)* kitty; **hacer una ~ para comprar vino** to make a kitty to buy wine

vacacional *adj Br* holiday, *US* vacation; **periodo ~** holiday period

vacacionar *vi Am Br* to holiday, *US* to vacation; **vacacionan en la costa** they spend their *Br* holidays *o US* vacations on the coast

vacaciones *nfpl* holiday, *Br* holidays, *US* vacation; **tomar** *o Esp* **coger (las) ~** to take one's holidays; **me voy a tomar unas ~ en primavera** I'm going to take a *Br* holiday *o US* vacation in the spring; **estar/irse de ~** to be/go on *Br* holiday *o US* vacation; **diez días de ~** ten days' *Br* holiday *o US* vacation ❑ **~ fiscales** tax holiday; **~ de verano** summer *Br* holiday *o US* vacation

vacacionista *nmf Am Br* holidaymaker, *US* vacationer

vacada *nf* herd of cows

vacante ◇ *adj (puesto, plaza)* vacant; **el puesto que dejó ~ en el equipo** the vacancy he left in the team; **queda ~ el cargo de secretario general** the post of secretary general has fallen vacant
◇ *nf* vacancy; **cubrir** *u* **ocupar una ~** to fill a vacancy

vacar [59] *vi* to become vacant

vacas *nfpl Fam Br* hols, *US* vacation

vaciado¹ *nm* **-1.** *(de recipiente)* emptying **-2.** *(de escultura)* casting, moulding

vaciado², -a *Méx Fam* ◇ *adj (gracioso)* funny
◇ *adv (gracioso)* funny

vaciamiento *nm* **-1.** *(de bienes)* asset-stripping, plundering **-2.** MED emptying

vaciar [32] ◇ *vt* **-1.** *(botella, bolsillo, cajón)* to empty (**de** of); *(líquido)* to pour; **vacía las bolsas de la compra** take the shopping out of the bags; **~ el agua de la botella** to pour the water out of the bottle **-2.** *(dejar hueco)* to hollow (out) **-3.** *(escultura)* to cast, to mould **-4.** *(empresa)* to asset-strip, to plunder
➤ **vaciarse** *vpr* to empty; **en verano se vacía la ciudad** the city empties out in summer

vaciedad *nf* **-1.** *(tontería)* vapid remark; **decir vaciedades** to blather **-2.** *(de palabras, vida)* emptiness

vacilación *nf* **-1.** *(duda)* hesitation; **entró en el edificio sin ~** she entered the building without hesitation **-2.** *(oscilación)* wobbling; *(de la luz)* flickering

vacilada *nf Fam* joke, *Br* wind-up

vacilante *adj* **-1.** *(dudoso, indeciso)* hesitant; *(al elegir)* indecisive; **habló con tono ~** she spoke hesitantly **-2.** *(luz)* flickering; *(pulso)* irregular; *(paso)* swaying, unsteady

vacilar ◇ *vi* **-1.** *(dudar)* to hesitate; **contestó sin ~** she replied without hesitation; **vacilaba entre ambas opciones** he hesitated *o* wavered between the two options; **no vaciles más y subscríbete** why wait? get your subscription today
-**2.** *(voz, principios, régimen)* to falter
-**3.** *(fluctuar) (luz)* to flicker; *(pulso)* to be irregular
-**4.** *(oscilar) (mueble, persona)* to wobble
-**5.** *Fam (causar sensación)* to be really cool; **una moto de esas vacila mucho** a bike like that is really cool
-**6.** *Esp, Carib, Méx Fam (bromear)* **está vacilando** he's pulling your leg *o* kidding, *Br* he's taking the mickey
-**7.** *CAm, Carib, Méx Fam (parrandear)* to party
◇ *vt Fam* -**1.** *Esp, Carib, Méx* **~ a alguien** *(tomar el pelo)* to pull sb's leg, *Br* to take the mickey out of sb; **me estás vacilando** you're pulling my leg **-2.** *Carib (mirar con atención)* to get a load of, to check out; **vacílate ese carro** get a load of that car, check out that car

vacile *nm Fam* **-1.** *Esp, Carib, Méx (tomadura de pelo)* joke, *Br* wind-up; **estar de ~** *(de broma)* to be kidding *o* joking, *Br* to be taking the mickey **-2.** *Esp (cosa buena)* **¡una Harley Davidson!, ¡qué ~!** a Harley Davidson! cool! *o* awesome!

vacilón, -ona *Fam* ◇ *adj* **-1.** *(fanfarrón)* swanky **-2.** *Esp, Carib, Méx (bromista)* jokey, teasing; **eres tan ~** you're such a tease **-3.** *CAm, Carib, Méx (juerguista)* fond of partying; **ser muy ~** to be a party-lover **-4.** *(bueno)* cool, awesome; **una moto muy vacilona** a really cool bike
◇ *nm,f* **-1.** *(fanfarrón)* show-off, poser **-2.** *Esp, Carib, Méx (bromista)* joker, tease
◇ *nm CAm, Carib, Méx* **-1.** *(fiesta)* party; **estar en el ~** to be in clover **-2.** *(tomadura de pelo)* leg-pull

vacío, -a ◇ *adj* **-1.** *(recipiente, vivienda, espacio)* empty; **una sala casi vacía** an almost empty hall; **la ciudad estaba vacía** the city was empty *o* deserted **-2.** *(palabras, gesto, promesa)* empty; **~ de** *(contenido)* devoid of **-3.** *(vida, existencia)* empty
◇ *nm* **-1.** *(espacio libre)* **se lanzó al ~** she threw herself into the void; **caer en el ~** *(palabras)* to fall on deaf ears; [EXPR] **hacer el ~ a alguien** to cold-shoulder sb
-**2.** FÍS vacuum; **envasar al ~** to vacuum-pack
-**3.** *(abismo, carencia)* void; **su muerte ha dejado un gran ~** his death has left a big gap *o* void ❑ **~ existencial** existential void; **~ legal** legal vacuum; POL **~ de poder** power vacuum
-**4.** *(hueco)* space, gap; **tener un ~ en el estómago** to feel hungry
-**5.** *RP (carne)* flank steak
◇ **de vacío** *loc adv* **irse/volver de ~** *(persona)* to go/come back empty-handed; *(vehículo)* to go/come back empty

vacuidad *nf* vacuity, vacuousness

vacuna *nf* vaccine; **ponerse** *o RP* **darse una ~** to have a vaccination ❑ **~ polivalente** polyvalent vaccine; **~ triple** triple vaccine; **~ viva** live vaccine

vacunación *nf* vaccination; **campaña de ~** vaccination campaign

vacunar ◇ *vt* to vaccinate
➤ **vacunarse** *vpr* to get vaccinated (**contra** against); **¿te has vacunado contra la hepatitis?** have you been vaccinated against hepatitis?; **ya estoy vacunado contra ese tipo de críticas** now I'm immune to that sort of criticism

vacuno, -a ◇ *adj* bovine; **ganado ~** cattle
◇ *nm* cattle; **carne de ~** beef

vacuo, -a *adj* vacuous

vacuola *nf* vacuole

vade *nm* **-1.** *(carpeta)* folder **-2.** *(mueble)* desk

vadear *vt* **-1.** *(río)* to ford **-2.** *(dificultad)* to overcome

vademécum *(pl* **vademécums**) *nm* vade mecum, handbook

vade retro *interj Hum (márchate)* stay away from me!; [EXPR] **¡~, Satanás!** get thee behind me, Satan!

vado *nm* **-1.** *(en acera)* lowered kerb ❑ **~ permanente** *(en letrero)* keep clear at all times **-2.** *(de río)* ford

Vaduz *n* Vaduz

vagabundear *vi* **-1.** *(ser un vagabundo)* to lead a vagrant's life **-2.** *(vagar)* **~ (por)** to wander (around), to roam

vagabundeo *nm* **-1.** *(de vagabundo)* vagrancy **-2.** *(sin rumbo)* wandering

vagabundería *nf Ven* dirty dealings

vagabundo, -a ◇ *adj (persona)* vagrant; *(perro)* stray
◇ *nm,f* **-1.** *(sin domicilio)* tramp, vagrant, *US* bum **-2.** *Ven (sinvergüenza)* crook

vagamente *adv* vaguely

vagancia *nf* **-1.** *(holgazanería)* laziness, idleness **-2.** *(vagabundeo)* vagrancy

vagar [38] *vi* **~ (por)** to wander (around), to roam; **vagando por las calles de la ciudad** wandering around *o* roaming the streets of the city

vagaroso, -a *adj* wandering

vagido *nm* cry *(of a newborn baby)*

vagina *nf* vagina

vaginal *adj* vaginal

vaginitis *nf inv* vaginitis

vago, -a ◇ *adj* **-1.** *(persona)* lazy, idle; [EXPR] *Fam Hum* **ser más ~ que la chaqueta de un guardia** to be bone-idle **-2.** *(imagen, recuerdo)* vague **-3.** MED **nervio ~** vagus nerve
◇ *nm,f* lazy person, idler; **ser un ~** to be lazy *o* idle
◇ *nm* **hacer el ~** to laze around

vagón *nm (de pasajeros)* carriage, coach; *(de mercancías)* wagon ❑ **~ cisterna** tanker, tank wagon; **~ de mercancías** goods wagon *o* van; **~ de pasajeros** passenger car; **~ de primera** first-class carriage; **~ restaurante** dining car, restaurant car; **~ de segunda** second-class carriage

vagoneta ◇ *nf* wagon
◇ *adj RP Fam* lazy

vaguada *nf* valley floor

vague *etc ver* **vagar**

vaguear *vi Fam* to laze around

vaguedad *nf* **-1.** *(cualidad)* vagueness **-2.** *(dicho)* vague remark; **decir vaguedades** to talk in vague terms

vaguería *nf Fam* laziness, idleness; **no lo ha hecho simplemente por ~** he hasn't done it out of pure laziness

vaguitis *nf inv Fam* **tener ~** to be feeling lazy
vaharada *nf* whiff
vahído *nm* blackout, fainting fit; **me dio un ~** I blacked out *o* fainted
vaho ◇ *nm* **-1.** *(vapor)* steam; **los cristales están cubiertos de ~** the windows are steamed up **-2.** *(aliento)* breath
◇ *nmpl* **vahos** MED **hacer vahos** to inhale *(medicinal vapours)*
vaina *nf* **-1.** *(en planta)* pod
-2. *(de espada)* scabbard
-3. *Col, Perú, Ven muy Fam (problema)* pain; **¡qué ~!** what a pisser!
-4. *Col, Perú, Ven muy Fam (cosa)* **cualquier ~** anything
-5. *Col, Perú, Ven muy Fam (tontería)* **¡déjate de vainas!** stop pissing around!
-6. *Col, Perú, Ven muy Fam (persona o cosa molesta)* pain; **ése es un ~** he's a pain; **ser una ~ seria** to be a real pain
-7. EXPR *Col, Perú, Ven muy Fam* **de ~** by fluke; **ni de ~** no way
vainica *nf* hemstitch
vainilla *nf* **-1.** *(esencia)* vanilla; **yogur de ~** vanilla yogurt **-2.** *Am (vainica)* drawnwork
vainillina *nf* vanillin
vainita *nf Carib* green bean
vaivén *nm* **-1.** *(balanceo) (de barco)* swaying, rocking; *(de péndulo, columpio)* swinging **-2.** *(fluctuación)* **vaivenes** ups and downs; **los vaivenes de la economía** the ups and downs of the economy
vajilla *nf* crockery; **lavar la ~** to wash the dishes; **una ~** a dinner service ❑ **~ de plata** silverware; **~ de porcelana** china
valdepeñas *nm inv* Valdepeñas, = Spanish wine from the La Mancha region, usually red
valdiviano, -a ◇ *adj* of/from Valdivia *(Chile)*
◇ *nm,f* person from Valdivia *(Chile)*
valdré *etc ver* **valer**
vale¹ ◇ *nm* **-1.** *(bono, cupón)* coupon, voucher ❑ **~ de descuento** discount coupon *o* voucher; **~ de regalo** gift token **-2.** *(comprobante)* receipt **-3.** *(pagaré)* IOU **-4.** *(entrada gratuita)* free ticket
◇ *interj Esp* **-1.** *(de acuerdo)* O.K.!, all right!; **¿quieres un helado? – ¡~!** do you want an ice cream? – O.K. *o* all right!; **por mí, ~** it's fine *o* O.K. by me; **¿~?** O.K.?, all right?; **tú te quedas aquí, ¿~?** you stay here, right?
-2. *(basta)* **¡~ (ya)!** that's enough!; **¿~ así** *o* **con eso o quieres un poco más?** is that enough or do you want a bit more?
vale² *nm Méx, Ven Fam (amigo)* pal, *Br* mate, *US* buddy
valedero, -a *adj* valid
valedor, -ora *nm,f* **-1.** *(defensor)* protector **-2.** *Méx Fam (amigo)* pal, *Br* mate, *US* buddy
valemadres, valemadrista *Méx muy Fam*
◇ *adj* cynical
◇ *nm* total cynic
valemadrismo *nm Méx muy Fam* cynicism
valemadrista = **valemadres**
valencia *nf* QUÍM valency ❑ **~ química** chemical valency
valenciana *nf Méx Br* cuff, *US* turn-up
valenciano, -a ◇ *adj* Valencian
◇ *nm,f* Valencian
◇ *nm (idioma)* Valencian
valentía *nf* **-1.** *(valor)* bravery **-2.** *(hazaña)* act of bravery
Valentín *n pr* **San ~** St Valentine
valentón, -ona *nm,f* **hacerse el ~** to boast of one's bravery
valentonada *nf* boast, brag
valer [68] ◇ *vt* **-1.** *(costar) (precio)* to cost; *(tener un valor de)* to be worth; **¿cuánto vale?** how much does it cost?, how much is it?; **¿cuántos pesos vale un dólar?, ¿cuánto vale un dólar en pesos?** how many pesos are there to the dollar?; **este cuadro vale mucho dinero** this painting is worth a lot of money; EXPR **~ su peso en oro** to be worth its/his/etc weight in gold
-2. *(suponer)* to earn; **su generosidad le valió el afecto de todos** her generosity earned her everyone's affection; **esta victoria puede valerles el campeonato** this win may be enough for them to take the championship; **aquello nos valió muchos disgustos** that cost us a lot of trouble
-3. *(merecer)* to deserve; **esta noticia bien vale una celebración** this news deserves a celebration
-4. *(en exclamaciones)* EXPR **¡válgame Dios!** good God *o* heavens!
◇ *vi* **-1.** *(tener valor, merecer aprecio) (persona, película, obra)* to be good; **él era el que más valía en el equipo** he was the most valuable member of the team; **ha demostrado que vale** he's shown his worth; **el muchacho vale mucho** the lad's very good; **su mujer vale más que él** his wife's worth more than him; **la obra vale poco/no vale nada** the play isn't up to much/is no good at all; **hacer ~ algo** *(derechos, autoridad, poder)* to assert sth; **el equipo local hizo ~ su superioridad** the home team made its superiority count; **hacerse ~** to show one's worth
-2. *(servir)* **eso aún vale** you can still use that; **tíralo, ya no vale** throw it away, it's no use any more; **¿te vale este martillo/este sobre?** is this hammer/this envelope any use to you?; **~ de algo: sus consejos me valieron de mucho** his advice proved of great value *o* use to me; **de nada le valdrán** *o* **no le valdrán de nada sus artimañas** all his tricks will be no good *o* of no use to him; **de nada vale insistir** *o* **que insistamos** there's no point (in) insisting, it's no use insisting; **¿de qué vale contratar un seguro si no cubre estos casos?** what's the use of *o* the point in taking out an insurance policy if it doesn't cover cases like these?; **~ para algo** *(objeto, instrumento, aparato)* to be for sth; *(persona, trabajador)* to be good at sth; **¿para qué vale?** *(cosa)* what's it for?; **no vale para nada** he's/she's/it's useless; **yo no valgo para mentir** I'm useless *o* no good at telling lies
-3. *(ser válido) (documento, carnet, argumentos, norma)* to be valid; *(respuesta)* to be correct; **eso no vale** *(en juegos)* that's not allowed; **no me valen esas razones** I don't consider those reasons to be acceptable *o* valid; **esta moneda ya no vale** this coin is no longer legal tender; **vale el gol** the goal stands; **vale la canasta** the basket still counts; **no vale el gol/la canasta** the goal/basket has been disallowed; **esta carrera vale para el campeonato del mundo** this race counts towards the world championship; **valga la expresión** if you'll pardon the expression; **valga la redundancia** if you'll forgive me for using two words that sound so similar in the same sentence; EXPR **no hay ... que valga: no hay disculpa que valga** there are no excuses
-4. *(equivaler)* **vale por 1.000 pesos** it's worth 1,000 pesos; **vale por una camiseta de regalo** it can be exchanged for a free T-shirt
-5. *Esp (ser la talla)* to be the right size, to fit; **ya no me vale la falda** the skirt doesn't fit me any more
-6. *Méx Fam (no importar)* to be irrelevant; **lo que él piense me vale** I couldn't care less what he thinks
-7. más vale: más vale que te calles/vayas it would be better if you shut up/left; **más vale que no trate de engañarnos** he'd better not try to cheat us; **la llamaré – ¡más te vale!** I'll call her – you'd better!; EXPR **más vale tarde que nunca** better late than never
◇ *nm Formal* worth, value
◆ **valerse** *vpr* **-1.** *(servirse)* **valerse de algo/alguien** to use sth/sb; **se valió de su apellido/sus amistades para triunfar** she used her name/connections to achieve success
-2. *(desenvolverse)* **valerse (solo** *o* **por sí mismo)** to manage on one's own **-3.** *Méx (estar permitido)* to be allowed; **no se vale mentir** lying's not allowed
valeriana *nf* valerian, allheal ❑ **~ griega** Jacob's ladder
valerosidad *nf* bravery, courage
valeroso, -a *adj* brave, courageous
Valeta *nf* **La ~** Valletta, Valeta
valetudinario, -a *Formal* ◇ *adj* valetudinary
◇ *nm,f* valetudinarian
valgo *etc ver* **valer**
Valhalla = **Walhalla**
valía *nf (de persona)* worth; *(de objeto)* value, worth; **ha demostrado su ~** she has proved her worth; **un científico de reconocida ~** a scientist of recognised worth
validación *nf (de documento, pasaporte)* validation; **un paso más en la ~ de la teoría de la relatividad** another step towards the validation of the theory of relativity
validar *vt* **-1.** *(documento, tarjeta de crédito, hipótesis, resultado)* to validate; **varios ensayos clínicos validan la eficacia de este medicamento** various clinical trials have validated *o* confirmed the effectiveness of this medicine **-2.** *Am (gol)* to give, to allow
validez *nf* **-1.** *(de documento, pasaporte)* validity; **periodo de ~** period of validity; **dar ~ a** to validate; **tener ~** to be valid; **ambos diplomas tienen la misma ~ oficial** both diplomas have the same official validity **-2.** *(de argumento, teoría)* validity; **este proyecto confirma la ~ científica de su enfoque** this project confirms the scientific validity of his approach; **tener ~** to be valid
valido, -a *nm,f* HIST royal adviser
válido, -a *adj* **-1.** *(documento, pasaporte)* valid **-2.** *(argumento, teoría)* valid
valiente ◇ *adj* **-1.** *(valeroso)* brave, courageous **-2.** *Irónico (menudo)* **¡en ~ lío te has metido!** you've got yourself into a fine mess!; **¡~ amigo estás hecho!** some friend you are!
◇ *nmf* brave person
valientemente *adv* bravely, courageously
valiera *etc ver* **valer**
valija *nf* **-1.** *(maleta)* case, suitcase ❑ **~ diplomática** diplomatic bag **-2.** *(de correos)* mailbag **-3.** *Urug (maletero) Br* boot, *US* trunk
valijero, -a *nm,f* **-1.** *(de diplomacia)* courier **-2.** *RP (en placard)* top cupboard **-3.** *Urug (maletero) Br* boot, *US* trunk
valimiento *nm (protección)* protection
valioso, -a *adj* **-1.** *(joya, documento)* valuable **-2.** *(consejo, tiempo)* valuable **-3.** *(intento, esfuerzo)* worthy
valium® *nm* Valium®
valla *nf* **-1.** *(cerca)* fence; **poner una ~ alrededor de un terreno** to fence off a piece of land ❑ **~ electrificada** electric fence; **~ publicitaria** billboard, *Br* hoarding **-2.** DEP hurdle; **los 110 metros vallas** the 110 metres hurdles **-3.** *Col, PRico (gallinero)* cockpit
valladar *nm* **-1.** *(cercado)* fence **-2.** DEP **es un ~ para su equipo** he's a pillar of his team's defence
vallado *nm* fence
vallar *vt* to fence, to put a fence round; **un solar vallado** a fenced plot; **han vallado el terreno** the land has been fenced in
valle *nm* **-1.** *(entre montañas)* valley ❑ **~ de lágrimas** vale of tears **-2.** *(de curva, línea)* trough
vallenato *nm* = a style of popular music from Colombia
vallisoletano, -a ◇ *adj* of/from Valladolid *(Spain)*
◇ *nm,f* person from Valladolid *(Spain)*
valón, -ona ◇ *adj* Walloon
◇ *nm,f (persona)* Walloon
◇ *nm (lengua)* Walloon
valona *nf (crines)* mane
valonar *vt Andes (crines)* to crop
valor *nm* **-1.** *(precio, utilidad, mérito)* value; **ha subido el ~ del peso frente al dólar** the peso has risen against the dollar; **tiene ~ sentimental** it is of sentimental value; **tiene más ~ arqueológico que artístico** it is of more archaeological than artistic value; **de (mucho) ~** (very) valuable; **no había nada de ~ en la casa** there was nothing of value in the house; **joyas por ~ de...** jewels worth...; **sin ~** worthless; **tener ~** *(ser valioso)* to be valuable; *(ser válido)* to be valid; **sin el**

valoración

sello oficial carece de o no tiene ~ it is not valid without the official seal; **tener mucho/poco ~** to be very/not very valuable ❑ ECON **~ activo neto** net asset value; **~ adquisitivo** purchasing power; Am ECON **~ agregado** added value; **~ alimenticio** food value; ECON **~ añadido** added value; **~ biológico** biological value; **~ calórico** (de comida) calorific value; **~ catastral** ≃ value of a property recorded in the land register; Br ≃ rateable value, US ≃ assessed value; FIN **~ contable** book price o value; **~ de mercado** market value; **~ nominal** face o nominal value; **~ nutritivo** nutritional value; FIN **~ de rescate** surrender value
-2. MAT value
-3. MÚS value
-4. (importancia) importance; **su opinión es de enorme ~ para nosotros** her opinion is of great value o importance to us; **dar ~ a** to give o attach importance to; **quitar ~ a algo** to take away from sth, to diminish sth
-5. (valentía) bravery; **se necesita ~ para hacer una cosa así** you need to be brave o it takes courage to do a thing like that; **armarse de ~** to pluck up one's courage; **le eché ~, y le confesé la verdad** I plucked up my courage and told her the truth; EXPR **¡~ y al toro!** go for it!
-6. (desvergüenza) cheek, nerve; **¡hace falta ~ para decir eso!** what a cheek o nerve saying a thing like that!; **tener el ~ de hacer algo** to have the cheek o nerve to do sth
-7. (personaje) **un joven ~ del atletismo/ teatro** an up-and-coming young athlete/ actor
-8. **valores** (principios) values
-9. FIN **valores** (de inversión) securities ❑ **valores en cartera** investment portfolio; **valores de crecimiento** growth stock; **valores inmuebles** real estate; **valores negociables** negotiable securities; **valores de renta fija** fixed-interest o fixed-income securities; **valores de renta variable** variable-interest o variable-income securities, equities

valoración nf -1. (tasación) (de obra de arte) valuation; (de pérdidas, daños) assessment, estimation; **hicieron una ~ de los daños** they assessed the damage
-2. (evaluación) (de mérito, cualidad, ventajas) evaluation, assessment; **¿cuál es su ~ sobre el nuevo defensa del equipo?** what is your assessment of the team's new defender?; **el ministro hizo ayer una ~ positiva de los datos del paro** the minister yesterday described the job figures as encouraging

valorar vt -1. (tasar) (obra de arte) to value; (daños) to assess, to estimate; **la casa está valorada en 25 millones** the house is valued at 25 million
-2. (evaluar) to evaluate, to assess; **su actuación ha sido valorada muy positivamente** her performance has been judged very favourably; **el peor valorado entre todos los candidatos** the least favoured among the candidates
-3. (apreciar) to value; **no saben ~ el trabajo de los enseñantes** they do not value the work that teachers do; **valoran mucho los conocimientos de inglés** they value a knowledge of English very highly

valorización nf increase in value
valorizar [14] ◇ vt to increase the value of
◆ **valorizarse** vpr to increase in value
valquiria nf Valkyrie
vals nm waltz
valsar vi to waltz
valuar [4] vt to value
valva nf ZOOL valve
válvula nf -1. (para regular el paso) valve ❑ ANAT **~ aórtica** aortic valve; **~ de escape** means of letting off steam; **el futbol les sirve de ~ de escape** soccer is a way for them to let off steam; ANAT **~ mitral** mitral valve; ANAT **~ pulmonar** pulmonary valve; **~ de seguridad** safety valve; ANAT **~ tricúspide** tricuspid valve **-2. ~ (de vacío)** (de radio) valve, US vacuum tube

vamos ◇ ver **ir**
◇ adv (introduce inciso, matiz o conclusión) **tendrás que hacer la compra tú, ~, si no es mucha molestia** you'll have to do the shopping yourself, if it's not too much trouble, of course; **se trata de un amigo, ~, de un conocido** he's a friend, well, more of an acquaintance, really; **~, que al final la fiesta fue un desastre** anyway, in the end the party was a disaster

vampiresa nf Fam vamp, femme fatale
vampirismo nm vampirism
vampiro nm -1. (personaje) vampire -2. (murciélago) vampire bat -3. Pey (aprovechado) bloodsucker, leech
vanadio nm QUÍM vanadium
vanagloria nf boastfulness
vanagloriarse vpr to boast (**de** about); **~ de hacer algo** to boast of doing sth
vanamente adv -1. (inútilmente) in vain -2. (con vanidad) vainly
Vancouver n Vancouver
vandálico, -a adj vandalistic; **un acto ~** an act of vandalism
vandalismo nm vandalism
vándalo, -a ◇ adj HIST Vandal
◇ nm,f HIST Vandal
◇ nm (salvaje) vandal; **son unos vándalos** they're vandals
vanesa nf vanessa
vanguardia nf -1. MIL vanguard -2. (cultural) avant-garde, vanguard; **la literatura/música de ~** avant-garde literature/music; **las vanguardias del siglo XX** the avant-gardes of the 20th century; **estar** o **ir a la ~ de** to be at the forefront of; **van a la ~ de los avances tecnológicos** they are at the forefront of o at the cutting edge of technological progress
vanguardismo nm -1. (movimiento) avant-garde; **los vanguardismos del siglo pasado** the avant-gardes of the last century -2. (cualidad) avant-gardism
vanguardista ◇ adj avant-garde
◇ nmf member of the avant-garde
vanidad nf -1. (orgullo) vanity; **se niega a admitir sus pequeños defectos por ~** he refuses out of vanity to admit his little defects -2. (inutilidad) futility -3. (del mundo) vanity; **~ de vanidades** vanity of vanities
vanidoso, -a ◇ adj vain, conceited
◇ nm,f vain o conceited person; **es un ~** he's vain o conceited
vano, -a ◇ adj -1. (inútil) (intento, ilusiones) vain; **hubiera sido una pretensión vana por mi parte** it would have been a vain hope on my part; **vanas esperanzas** empty hopes; **todos nuestros esfuerzos fueron vanos** all our efforts were in vain -2. (vacío) (palabras, promesas) empty -3. (persona) vain, conceited
◇ nm (de puerta) doorway
◆ **en vano** loc adv in vain; **intenté consolarle, pero fue en ~** I tried to console him but it was in vain; **no en ~: han de pasar por unas pruebas durísimas, no en ~ son un cuerpo de élite** they have to pass some very tough exams, they're not an elite corps for nothing
Vanuatú n Vanuatu
vapor nm -1. (de agua) steam; **al ~** steamed; **verduras (cocidas) al ~** steamed vegetables; **barco de ~** steamer, steamship; **máquina de ~** steam engine ❑ **~ de agua** water vapour -2. (emanación) vapour; **los vapores de gases nocivos/de productos volátiles** the vapours of noxious gases/volatile products -3. (barco) steamer, steamship
vaporeta® nf vaporetto®, ≃ cleaning appliance that uses high-pressure steam
vaporizador nm -1. (pulverizador) spray -2. (para evaporar) vaporizer
vaporizar [14] ◇ vt -1. FÍS to vaporize -2. (pulverizar) to spray
◆ **vaporizarse** vpr FÍS to vaporize
vaporosidad nf diaphanous quality

vaporoso, -a adj -1. (tela, vestido) diaphanous, sheer -2. (ducha, baño) steamy
vapulear vt -1. (golpear) to beat, to thrash; (zarandear) to shake about; **~ los derechos de alguien** to trample on sb's rights -2. (criticar) to slate; **la crítica vapuleó la obra** the critics slated the work -3. Fam (vencer) to thrash, to give a hiding to
vapuleo nm -1. (golpes) beating, thrashing; (zarandeo) shaking about; (falta de respeto) abuse -2. (crítica) slating -3. Fam **dar un ~ a alguien** (vencerlo) to thrash sb, to give sb a hiding
vaque etc ver **vacar**
vaquería nf -1. (de leche) dairy -2. Arg Fam (tienda de vaqueros) jeans shop
vaqueriza nf cowshed
vaquerizo, -a nm,f cowboy, f cowgirl
vaquero, -a ◇ adj (tela) denim; **cazadora vaquera** denim jacket; **tela vaquera** denim; **pantalón ~** jeans
◇ nm,f (persona) cowboy, f cowgirl; **una película de vaqueros** a western, a cowboy movie
◇ nm (pantalón) jeans; **unos vaqueros** (a pair of) jeans
vaqueta nf RP leather, calfskin
vaquilla nf -1. (vaca) heifer; (toro) young bull -2. **~ de S. Antón** Br ladybird, US ladybug
vaquillona nf CSur heifer
vaquita nf RP **~ de San Antón** o **Antonio** Br ladybird, US ladybug
vara nf -1. (rama, palo) stick -2. (tallo) stem, stalk -3. (pértiga) pole -4. (bastón de mando) rod, staff -5. (de trombón) slide -6. TAUROM ≃ pike used by picador; EXPR Fam **dar la ~** to be a pain (in the neck); Fam **dar la ~ a alguien para que haga algo** to go on at sb to do sth -7. (medida) yard ❑ **~ de medir** yardstick; **no se utiliza la misma ~ de medir para todos** not everyone is measured by the same yardstick
varada nf (de barco) beaching
varadero nm dry dock
varado, -a adj -1. (barco) (encallado) aground, stranded; (en el dique seco) in dry dock; **hay una ballena varada en el puerto** there's a beached whale in the harbour -2. CSur Fam (persona) **estar** o **quedar ~** to be left stranded; **se rompió el auto y quedamos varados en mitad de la carretera** the car broke down and we were left stranded in the middle of the road; **estamos varados en el pasado** we are trapped in the past
varadura nf (de barco) running aground
varamiento nm Am (de ballena) beaching
varano nm monitor lizard
varapalo nm -1. (paliza) hiding -2. (crítica) slating; **dar un ~ a algo/alguien** to slate sth/sb
varar ◇ vt to beach
◇ vi to run aground
◆ **vararse** vpr -1. (barco, ballena) to be beached -2. Am (averiarse) to break down
varazón nf Am beaching; **todos los años hay alguna ~ de ballenas/peces** whales get beached/fish get washed up every year
varear vt -1. (árbol, fruto) **~ las aceitunas** ≃ to beat the branches of olive trees with a wooden pole to bring down the ripe olives -2. (lana) to beat
varejón nm Am (palo delgado) thin pole
vareo nm -1. (de árbol, fruto) ≃ technique for harvesting olives by beating the branches of the tree with a wooden pole to shake the fruit loose -2. (de lana) beating
variabilidad nf changeability, variability
variable ◇ adj changeable, variable
◇ nf MAT variable ❑ **~ aleatoria** random variable
variación nf -1. (cambio) variation; (del tiempo) change (**de** in); **en cuanto a la Bolsa, apenas ha habido ~ esta semana** there has been hardly any change in the stock market this week; **¡~ izquierda!** left turn!

❏ ~ **magnética** magnetic variation o deviation **-2.** MÚS variation; **variaciones sobre el mismo tema** variations on a theme
variado, -a adj **-1.** (diverso) varied; **fue un día muy ~** it was a very varied day **-2.** (galletas, bombones) assorted
variante ◇ adj variant
◇ nf **-1.** (variación) variation; (versión) version; **una ~ virulenta de salmonella** a virulent variant of salmonella **-2.** (de palabra, pronunciación) variant ❏ ~ **ortográfica** variant spelling **-3.** (de carretera) by-pass; (de vía de tren) bypass line **-4.** (en quiniela) draw or away win
◇ nfpl **variantes** mixed pickles
varianza nf (en estadística) variance
variar [32] ◇ vt **-1.** (modificar) to alter, to change; **fue necesario ~ el rumbo** it was necessary to change course **-2.** (dar variedad a) to vary; **me gusta ~ el camino al trabajo** I like to vary my route to work
◇ vi **-1.** (cambiar) to change; **las circunstancias varían a lo largo del año** the circumstances change over the year; **ha variado de color** it has changed colour; **para ~** for a change; **está lloviendo, para ~** it's raining for a change **-2.** (ser diferente) to vary, to differ (**de** from); **las causas varían de un país a otro** the causes vary from one country to another
várice nf Am varicose vein
varicela nf chickenpox
varicosidad nf varicosity
varicoso, -a adj varicose
variedad ◇ nf **-1.** (diversidad) variety; **hay gran ~ de modelos** there is a wide variety of models **-2.** (de especie) (de planta) variety; (de animal) breed
◇ nfpl **variedades** TEATRO variety, music hall; **artista de variedades** Br variety o US vaudeville artist
varilla[1] nf (barra delgada) rod; (de abanico, paraguas) spoke, rib; (de gafas) arm
varilla[2] nf **-1.** Ven Fam (contrariedad) pain; **es una ~ tener que esperar** it's a pain having to wait
-2. Ven Fam (cosa) **cualquier ~** anything
-3. Ven Fam (situación) situation; **no aguanto más esta ~, voy a buscar otro empleo** I can't stand this situation any more, I'm going to look for another job
-4. Ven Fam (tontería) **¡deja ya de varillas!** stop fooling around!
-5. Ven Fam (persona o cosa molesta) pain; **Juan es una ~, siempre quiere algo** Juan's a pain, he's always after sth
-6. Ven Fam (insulto) gibe o dig; **es insoportable, siempre sale con alguna ~** she's unbearable, she always has to have a gibe at somebody
varillaje nm (de abanico, paraguas) spokes, ribbing
variopinto, -a adj diverse
varios, -as ◇ adj (diversos) several; **pantalones de ~ colores** trousers in several o different colours; **hay varias maneras de hacerlo** there are several o various ways of doing it; **los motivos son ~** there are various reasons; **apareció en artículos ~ del periódico** it appeared in various articles in the paper
◇ pron pl several; **delante de ~ de sus compañeros** in front of several colleagues; **el accidente lo vimos ~** quite a few of us saw the accident
varita nf **-1.** (palo) wand ❏ ~ **mágica** magic wand **-2.** RP Fam (policía de tránsito) traffic policeman
variz (pl **varices** o **várices**) nf varicose vein
varón ◇ adj **dos hijos varones** two sons
◇ nm (hombre) male, man; (chico) boy; **sexo: ~** sex: male; **tuvo dos varones y una hembra** she had two boys and a girl; **un santo ~** a saint
varonil adj **-1.** (del varón) masculine, male **-2.** (viril) manly, virile; **un hombre muy ~** a very manly man; **una mujer un tanto ~** a rather mannish woman
Varsovia n Warsaw

varsoviano, -a ◇ adj of/from Warsaw (Poland)
◇ nm,f person from Warsaw (Poland)
vasallaje nm **-1.** (servidumbre) servitude **-2.** (impuesto) liege money
vasallo, -a nm,f **-1.** (siervo) vassal **-2.** (súbdito) subject
vasar nm kitchen shelf
vasco, -a ◇ adj Basque
◇ nm,f (persona) Basque
◇ nm (lengua) Basque
vascofrancés, -esa ◇ adj of/from the French Basque provinces
◇ nm French Basque
Vascongadas nfpl **las ~** the (Spanish) Basque Country
vascongado, -a ◇ adj Basque
◇ nm,f Basque
vascuence nm (lengua) Basque
vascular adj vascular
vasculitis nf inv vasculitis
vasectomía nf vasectomy
vasectomizar [14] vt to give a vasectomy to
vaselina nf **-1.** (producto) Vaseline® **-2.** (en fútbol) lob
vasija nf **-1.** (de barro) earthenware vessel **-2.** (de reactor nuclear) containment vessel
vaso nm **-1.** (recipiente) glass; **un ~ de plástico** a plastic cup ❏ **vasos comunicantes** communicating vessels; **un sistema de vasos comunicantes entre todos los ámbitos de la sociedad** a network of interconnections between all sectors of society; ~ **de papel** paper cup; ~ **de precipitados** beaker
-2. (contenido) glass; **se bebió un ~ entero** he drank a whole glass; **un ~ de vino** a glass of wine
-3. (conducto) vessel ❏ **vasos capilares** capillaries; ~ **linfático** lymphatic vessel; **vasos sanguíneos** blood vessels
-4. (jarrón) vase
-5. BOT vein
vasoconstricción nf vasoconstriction
vasoconstrictor, -ora ◇ adj vasoconstrictor
◇ nm vasoconstrictor
vasodilatación nf vasodilation
vasodilatador, -ora ◇ adj vasodilator
◇ nm vasodilator
vástago nm **-1.** (descendiente) descendant; **sus vástagos** her offspring **-2.** (brote) shoot; Col, CRica, Ven (de banana) banana stalk **-3.** (varilla) rod
vastedad nf **-1.** (de extensión, territorio) vastness **-2.** (de conocimientos, cultura) vastness
vasto, -a adj **-1.** (extensión, territorio) vast **-2.** (conocimientos, cultura) vast
vate nm Formal bard
váter nm toilet
Vaticano n **el ~** the Vatican
vaticano, -a adj Vatican
vaticinador, -ora ◇ adj prophetic
◇ nm,f prophet
vaticinar vt **-1.** (predecir) to predict, to forecast; **los expertos vaticinan una subida del dólar** the experts are predicting o forecasting a rise in the dollar **-2.** (adivino) to prophesy
vaticinio nm **-1.** (predicción) prediction, forecast; **acertaron los vaticinios más pesimistas** the most pessimistic predictions o forecasts turned out to be right **-2.** (adivinación) prophecy
vatímetro nm wattmeter
vatio nm watt
vaya ◇ ver ir
◇ interj **-1.** (expresa sorpresa) well!; **¡~! ¡tú por aquí!** fancy seeing you here!; **¡~, ~! no me esperaba eso de ti** well, I certainly didn't expect that from you!
-2. (expresa admiración) **¡~ moto!** what a motorbike!; **¡~ si me gusta!** you bet I like it!; Irónico **¡~ (un) amigo!** some friend he is!; **¡~ con la dichosa cuestecita!** so much for this being a little hill!, some little hill this is!
-3. (expresa contrariedad, disgusto) oh no!; **¡~, me equivoqué otra vez!** oh, no, I've got it

wrong again!; **¡~! ¡ya te has manchado las manos otra vez!** honestly, you've gone and got your hands dirty again!; **¡~ por Dios!** o Esp **¡~, hombre! para una vez que compro gambas, me las dan pasadas** can you believe it o honestly, the one time I buy some prawns, they're off!
◇ adv **-1.** (introduce matiz o conclusión) **tenían sus diferencias; ~, que no se aguantaban** they had their differences, in fact, to be honest they couldn't stand each other **-2.** (bueno, bien) not bad, O.K.
V.° B.° (abrev de **visto bueno**) (en documento) approved
Vd. (abrev de **usted**) you
Vda. (abrev de **viuda**) widow
Vds. (abrev de **ustedes**) you
ve[1] ver ir
ve[2] nf (letra) v; Am **ve corta** v (to distinguish from b)
véase ver ver
vecinal adj **-1.** (relaciones, trato) neighbourly **-2.** (asociación) neighbourhood; (camino, impuestos) local
vecindad nf **-1.** (barrio) neighbourhood **-2.** (cualidad) neighbourliness; **un gesto de buena ~** a neighbourly gesture **-3.** (alrededores) vicinity **-4.** Méx (vivienda) = communal dwelling where poor families each live in a single room and share bathroom and kitchen with others
vecindario nm **-1.** (barrio) neighbourhood **-2.** (vecinos) neighbourhood, residents; **lo sabe todo el ~** the whole neighbourhood knows
vecino, -a ◇ adj **-1.** (cercano) neighbouring; **lo trajeron de un pueblo ~** they brought it from a neighbouring village
-2. (contiguo) neighbouring; **el país ~** the neighbouring country; **~ a** next to; **una tienda vecina al restaurante** a shop next (door) to o adjacent to the restaurant
-3. (parecido) similar
◇ nm,f **-1.** (de la misma casa, calle) neighbour; **es mi ~** he's a neighbour of mine; Méx Fam **el ~ del norte** our northern neighbour (the United States)
-2. (habitante) (de un barrio) resident; (de una localidad) inhabitant; **las asociaciones de vecinos** the residents' associations; **una localidad de 500 vecinos** a village of 500 inhabitants; **Juan García, ~ de Guadalajara** Juan García of Guadalajara
vector, -ora ◇ adj MED vector
◇ nm **-1.** FÍS & TEC vector **-2.** MED vector
vectorial adj vectorial
veda nf **-1.** (prohibición) ban (on hunting and fishing); **levantar la ~** to open the season **-2.** (periodo) close season
vedado, -a ◇ adj prohibited
◇ nm reserve ❏ ~ **de caza** game reserve
vedar vt **-1.** (prohibir) to prohibit, to ban; **tiene vedada la entrada al club** he has been banned from the club; **la política es un tema vedado en tales reuniones** politics is a taboo subject in such meetings **-2.** (impedir) to prevent; **la valla veda el paso a la propiedad** the fence bars the way into the estate **-3.** (caza, pesca) to prohibit, to ban
vedette [be'ðet] nf **-1.** (en cabaret) cabaret star **-2.** (persona destacada) star; **una ~ del fútbol argentino** one of the stars of Argentinian soccer
védico, -a adj Vedic
vedija nf (de lana, pelo) tuft
vedismo nm Vedism
vega nf **-1.** (terreno fértil) fertile plain **-2.** Cuba (tabacal) tobacco plantation
vegetación ◇ nf vegetation
◇ nfpl **vegetaciones** MED adenoids
vegetal ◇ adj **-1.** (vida, célula) plant; **el mundo ~** the plant kingdom **-2.** (aceite, extracto) vegetable; **sándwich ~** salad sandwich
◇ nm vegetable; Fam **se convirtió en un ~** he became a vegetable
vegetalianismo nm veganism
vegetaliano, -a ◇ adj vegan
◇ nm,f vegan

vegetar *vi* **-1.** *(planta)* to grow **-2.** *Fam (persona)* to vegetate
vegetarianismo *nm* vegetarianism
vegetariano, -a ◇ *adj* vegetarian
◇ *nm,f* vegetarian ❑ **~ estricto** vegan
vegetativo, -a *adj* vegetative
veguero, -a *nm,f (labrador)* farmworker
◇ *nm (cigarro)* = cigar made from a single tobacco leaf
vehemencia *nf* **-1.** *(pasión, entusiasmo)* vehemence **-2.** *(irreflexión)* impulsiveness, impetuosity
vehemente *adj* **-1.** *(apasionado, entusiasta)* vehement **-2.** *(irreflexivo)* impulsive, impetuous
vehicular *Formal* ◇ *adj* **lengua ~** teaching language; **el tráfico ~** vehicular traffic
◇ *vt* to serve as a vehicle for
vehículo *nm* **-1.** *(medio de transporte)* vehicle ❑ **~ espacial** spacecraft; **vehículos industriales** industrial vehicles; **~ lanzador** launching vehicle; **~ pesado** heavy goods vehicle **-2.** *(medio de propagación) (de enfermedad)* carrier; *(de ideas)* vehicle
veinte *núm* twenty; **los (años) ~** the twenties; [EXPR] *Méx Fam* **caerle el ~ a alguien: al final le cayó el ~** he finally got the point, the penny finally dropped; *ver también* **treinta**
veinteañero, -a ◇ *adj* **= in one's twenties**
◇ *nm,f* = person in his/her twenties; **para veinteañeros** for people in their twenties, for twenty-somethings
veinteavo, -a *núm (fracción)* twentieth; **la veinteava parte** a twentieth
veintena *nf* **una ~ de...** *(unos veinte)* about twenty...; *(veinte)* twenty...; **andará por la ~** he must be about twenty
veinticinco *núm* twenty-five; *ver también* **treinta**
veinticuatro *núm* twenty-four; *ver también* **treinta**
veintidós *núm* twenty-two; *ver también* **treinta**
veintinueve *núm* twenty-nine; *ver también* **treinta**
veintiocho *núm* twenty-eight; *ver también* **treinta**
veintiséis *núm* twenty-six; *ver también* **treinta**
veintisiete *núm* twenty-seven; *ver también* **treinta**
veintitantos, -as *núm Fam* twenty-odd; **el ~ de julio** the twenty-somethingth of July
veintitrés *núm* twenty-three; *ver también* **treinta**
veintiuna *nf (juego) Br* pontoon, *US* blackjack, *US* twenty-one
veintiuno, -a *núm*

> **Veintiún** is used instead of **veintiuno** before masculine nouns (e.g. **veintiún hombres** twenty-one men).

twenty-one; *ver también* **treinta**
vejación *nf,* **vejamen** *nm* humiliation; **las vejaciones que sufrió como inmigrante** the humiliations he suffered as an immigrant
vejar *vt* to humiliate
vejatorio, -a *adj* humiliating
vejestorio *nm Fam Pey* **-1.** *(persona)* old codger *o Br* crock **-2.** *Am (cosa)* old thing *o* relic
vejete *nm Fam* old guy *o Br* bloke
vejez *nf* old age; **pasó su ~ en París** she spent her later years *o* old age in Paris; [EXPR] **¡a la ~, viruelas!** fancy that, at his/her age!
vejiga *nf* **-1.** *(órgano)* bladder ❑ **~ de la bilis** gall bladder; ZOOL **~ natatoria** swim *o* air bladder; **~ de la orina** (urinary) bladder **-2.** *(ampolla)* blister **-3.** *RP,Ven Fam (idiota)* idiot, *Br* twit
vejuco, -a, vejucón, -ona *Ven Fam Pey* ◇ *adj* old
◇ *nm,f* old man, *f* old woman
vela ◇ *nf* **-1.** *(para dar luz)* candle; **ponerle una ~ a un santo** to light a candle for a saint; [EXPR] **estar a dos velas** not to have two halfpennies to rub together; [EXPR] **poner una ~ a Dios y otra al diablo** to hedge one's bets; [EXPR] *Fam* **quedarse a dos velas** to be left none the wiser; [EXPR] *Fam* **¿quién te ha dado ~ en este entierro?** *Br* who asked you to stick your oar in?, *US* who asked you to butt in? ❑ **~ perfumada** scented candle
-2. *(de barco)* sail; **a toda ~** under full sail ❑ **~ cangreja** gaff sail; **~ cuadra** square sail; **~ latina** lateen sail; **~ mayor** mainsail
-3. *(deporte)* sailing; **hacer ~** to go sailing ❑ **~ deportiva** sailing
-4. *(vigilia)* vigil; **pasar la noche en ~** *(adrede)* to stay awake all night; *(desvelado)* to have a sleepless night
-5. TAUROM *(cuerno)* horn
◇ *nfpl* **velas** *Fam (mocos)* **ir con las velas colgando** to have snot hanging out of one's nose
velada *nf* evening; **una ~ musical** a musical soirée, an evening of music
veladamente *adv* **le amenazaron ~ con el despido** they made veiled threats to sack him; **le acusó ~ de ser el culpable** she insinuated he was the guilty one
velado, -a *adj* **-1.** *(amenaza, crítica)* veiled **-2.** *(carrete)* damaged by exposure to sunlight
velador, -ora ◇ *nm* **-1.** *(mesa)* pedestal table **-2.** *Andes, Méx (mesilla de noche)* bedside table **-3.** *Méx, RP (lámpara)* bedside lamp
◇ *nm,f Méx (sereno)* night watchman
veladora *nf* **-1.** *Méx (vela)* candle **-2.** *Méx, RP (lámpara)* bedside lamp
velamen *nm* sails
velar[1] *adj* ANAT & LING velar
velar[2] ◇ *vi* **-1.** *(cuidar)* **velan por la salud de los ciudadanos** they keep a watch on *o* look after the health of the nation's citizens; **velan por la seguridad del Estado** they are responsible for national security; **veló por que se cumpliera el acuerdo** he saw to it *o* ensured that the agreement was kept **-2.** *(no dormir)* to stay awake
◇ *vt* **-1.** *(de noche) (muerto)* to keep a vigil over; *(enfermo)* to sit up with; **pasó la noche velando a su hijo enfermo** she sat up all night watching over her sick child; **~ las armas** to carry out the vigil of arms **-2.** *(ocultar)* to mask, to veil **-3.** *(carrete)* to damage by exposure to light, to fog
◆ **velarse** *vpr (carrete)* to be damaged by exposure to light
velatorio *nm* **-1.** *(acto)* wake, vigil **-2.** *(lugar)* chapel of rest; *Fam* **esto parece un ~** it's like a wake here
Velázquez *n pr* Velazquez
velcro® *nm* Velcro®
veleidad *nf* **-1.** *(inconstancia)* fickleness **-2.** *(antojo, capricho)* whim
veleidoso, -a *adj* **-1.** *(inconstante)* fickle **-2.** *(caprichoso)* capricious
velero *nm (pequeño)* sailing boat; *(grande)* sailing ship
veleta ◇ *nf* weather vane
◇ *nmf Fam (persona)* **es un ~** he's very fickle
velís *nm Méx* suitcase
velista *nmf* yachtsman, *f* yachtswoman
veliz *nf Méx* suitcase
vello *nm (pelo)* hair; *(pelusilla)* down ❑ **~ púbico** *o* **pubiano** pubic hair
vellocino *nm* fleece ❑ **el ~ de oro** the Golden Fleece
vellón *nm* **-1.** *(lana)* fleece **-2.** *(aleación)* = alloy of silver and copper; **monedas de ~** = coins made of a silver and copper alloy
vellosidad *nf (de pelo)* hairiness; *(de pelusilla)* downiness
velloso, -a, velludo, -a *adj (con pelo)* hairy; *(con pelusilla)* downy
velo *nm (tela)* veil **-2.** *(prenda)* veil; **~ de monja** wimple; [EXPR] *Fam* **correr** *o* **echar un (tupido) ~ sobre algo** to draw a veil over sth; [EXPR] **tomar el ~** to take the veil **-3.** *(cosa ligera)* veil; **un ~ de humo** a veil of smoke; **un ~ de envidia** a trace of envy **-4. ~ del paladar** soft palate
velocidad *nf* **-1.** *(rapidez)* speed, *Espec* velocity; **íbamos a gran ~** we were going very fast; **¿a qué ~ van?** what speed are they going at?, how fast are they going?; **a toda ~** *(en vehículo)* at full speed; **lo tuvimos que hacer a toda ~** we had to do it as fast as we could; **de alta ~** high-speed; **a la ~ del rayo** as quick as lightning; **reducir la ~** to slow down ❑ **~ de crucero** cruising speed; FÍS **~ límite** terminal velocity; **la ~ de la luz** the speed of light; **~ máxima** top speed; INFORMÁT **~ de proceso** processing speed; **~ punta** top speed; **la ~ del sonido** the speed of sound; **~ supersónica** supersonic speed; FÍS **~ terminal** terminal velocity; INFORMÁT **~ de transferencia** transfer rate; INFORMÁT **~ de transmisión** *(en módem)* baud rate; **~ de vuelo** airspeed
-2. AUT *(marcha)* gear; **cambiar de ~** to change gear
velocímetro *nm* speedometer
velocípedo *nm* velocipede
velocista *nmf* sprinter
velódromo *nm* cycle track, velodrome
velomotor *nm* moped
velón *nm* **-1.** *(lámpara)* oil lamp **-2.** *Andes, RP (vela)* thick candle
velorio *nm* wake, vigil
veloz *adj* fast, quick
velozmente *adv* quickly, rapidly
ven *ver* **venir**
vena *nf* **-1.** *(vaso sanguíneo)* vein; **en ~: inyectarse en ~** *(substancia)* to be injected into a vein; *Fam* [EXPR] **llevar algo en las venas** to have sth in one's blood ❑ **~ cava** vena cava; **~ hepática** hepatic vein; **~ porta** portal vein; **~ pulmonar** pulmonary vein; **~ safena** saphenous vein; **~ subclavia** subclavian vein; **~ yugular** jugular (vein)
-2. *(veta)* vein
-3. *Fam (ánimo)* mood; [EXPR] **darle la ~: si le da la ~** if the mood takes him; **cuando le da la ~ se pone a cantar** when the mood takes her she'll start singing; [EXPR] *Fam* **estar en ~** *(inspirado)* to be feeling inspired; *(dispuesto)* to be in the right mood; *(en forma)* to be on form; **cuando está en ~, escribe con mucho romanticismo** when he feels inspired, he writes very romantically; **no estaba en ~ de conversación** she wasn't in the mood for conversation; **el equipo está en ~ de aciertos** the team are on a winning streak ❑ **~ poética** poetic vein
-4. *(don)* vein, streak; **tener ~ de pintor** to have a gift for painting
venablo *nm* javelin
venado *nm (animal)* deer; *(carne)* venison
venalidad *nf* venality
vencedero, -a *adj* FIN payable
vencedor, -ora ◇ *adj (equipo)* winning; *(ejército)* victorious
◇ *nm,f (en competición)* winner; *(en batalla)* victor; **en una guerra civil no hay vencedores ni vencidos** in a civil war there are neither victors nor vanquished
vencejo *nm* swift ❑ **~ moro** little swift; **~ pálido** pallid swift; **~ real** alpine swift
vencer [40] ◇ *vt* **-1.** *(derrotar) (rival)* to beat; *(enemigo)* to defeat; **consiguió ~ al cáncer** he won his battle against cancer
-2. *(superar) (miedo, obstáculos)* to overcome; *(tentación)* to resist; **venció al cansancio/sueño** she overcame her exhaustion/sleepiness; **lo venció el cansancio** he was overcome by tiredness
-3. *(aventajar)* **~ a alguien a** *o* **en algo** to outdo *o* beat sb at sth; **nadie lo vence a contar anécdotas** no one can beat him when it comes to telling stories
-4. *(hacer ceder)* to break, to snap; **el peso de los libros venció la estantería** the weight of the books caused the bookshelf to collapse
◇ *vi* **-1.** *(equipo, partido)* to win; *(ejército)* to be victorious; **dejarse ~ por el desánimo/la apatía** to let oneself be discouraged/to give in *o* succumb to apathy
-2. *(imponerse, prevalecer)* to prevail; **al final venció el sentido común** common sense prevailed in the end
-3. *(caducar) (garantía, contrato)* to expire; *(deuda, pago)* to fall due, to mature; *(bono)* to mature; *Am (medicamento)* to reach *o* pass

vencido

its expiry date; **el plazo para entregar las solicitudes vence el 15 de mayo** the closing date o the deadline for sending in applications is 15th May

◆ **vencerse** vpr **-1.** (estante, cama) to give way, to collapse **-2.** Am (medicamento) to pass its expiry date

vencido, -a ◇ adj **-1.** (derrotado) defeated; **darse por ~** to give up **-2.** (caducado) (garantía, contrato) expired; (deuda, pago) due, mature; (bono) mature; Am (medicamento) past its expiry date

◇ nm,f (en deporte) loser; **siempre hay un vencedor y un ~** there's always a winner and a loser; **los vencidos** (en deporte) the losers; (en guerra) the defeated, the vanquished; **el bando de los vencidos** the losing side

vencimiento nm **-1.** (término) (de garantía, contrato, plazo) expiry; (de deuda, pago) falling due, maturity; (de bono) maturity; **al ~ del préstamo** when the loan falls due o matures; **deuda con ~ a un año** debt with a maturity of one year; **opciones que pueden ejercitarse en cualquier momento hasta la fecha de ~** options that can be exercised at any time up to maturity

-2. (de estante, suelo) collapse

venda nf bandage, dressing; **una ~ de gasa** a gauze bandage; EXPR **caérsele la ~ de los ojos: cuando se le caiga la ~ de los ojos** when the scales fall from his eyes; EXPR **tener una ~ en** o **delante de los ojos** to be blind

vendaje nm **-1.** (vendas) bandaging, dressing **-2.** Andes, Carib (dinero extra) bonus

vendar vt to bandage, to dress; **~ los ojos a alguien** to blindfold sb; **tenía los ojos vendados** he was blindfolded

vendaval nm gale

vendedor, -ora ◇ adj selling

◇ nm,f (en general) seller; (de coches, seguros) salesman,f saleswoman; (en tienda) shop o sales assistant; (en terminología legal) vendor; **el mayor ~ de juguetes del país** the biggest seller of toys in the country ❑ **~ ambulante** street vendor; **~ a domicilio** door-to-door salesman; **~ de periódicos** newspaper seller

vender ◇ vt **-1.** (productos) to sell; **~ algo a** o **por** to sell sth for; **venden naranjas a 20 pesos el kilo** they're selling oranges for 20 pesos a kilo; **se vende** (en letrero) for sale; **este modelo se vende mucho** this model is selling very well; **es capaz de ~ a su madre** he'd sell his own mother; EXPR **~ su alma al diablo: es capaz de ~ su alma al diablo por triunfar** he'd sell his soul to the Devil if that's what it took to be successful; EXPR **~ caro algo** not to give sth up without a fight; **el equipo vendió caro su título** the team did not give up its title without a fight; **la oposición venderá caro su apoyo** the opposition will demand a high price for its support; EXPR **no ~ ni una escoba** to get absolutely nowhere; EXPR Fam **~ la moto a alguien: les vendió la moto de que iban a ser estrellas** he fooled them into believing they were going to be stars; **nos quieren ~ la moto de que no van a subir los impuestos** they want us to swallow the story that they're not going to increase taxes; EXPR RP **~ salud** to be bursting with health

-2. (idea, proyecto) to sell

-3. (amigo, familia) to betray

◇ vi (producto, autor) to sell; **eso no vende hoy día** that doesn't sell these days

◆ **venderse** vpr **-1.** (dejarse sobornar) to sell out; **se ha vendido a las multinacionales** he has sold out to the multinationals; EXPR **venderse caro: te vendes muy caro** you're a hard man to find **-2.** (descubrirse) to give oneself away

vendetta nf vendetta

vendido, -a ◇ adj sold; EXPR **estar** o **ir ~** not to stand a chance

◇ nm,f **ser un ~** to have sold out

vendimia nf grape harvest

vendimiador, -ora nm,f grape picker

vendimiar ◇ vt to harvest

◇ vi to pick grapes

vendré etc ver **venir**

venduta nf Cuba, RDom (tienda) = small fruit and vegetable shop

Venecia n Venice

veneciano, -a ◇ adj Venetian

◇ nm,f Venetian

veneno nm **-1.** (sustancia tóxica) poison; (de serpiente, insecto) venom; **ese whisky es un ~** that whisky's lethal **-2.** (mala intención) venom; **el ~ de sus palabras** the venom in his words

venenosidad nf poisonousness

venenoso, -a adj **-1.** (sustancia, gas, planta) poisonous; (serpiente) poisonous, venomous; **el monóxido de carbono es ~** carbon monoxide is poisonous **-2.** (comentario, palabras) venomous, malicious

venera nf **-1.** (concha) scallop shell **-2.** (insignia) scallop

venerable adj venerable

veneración nf **-1.** (de familiar, famoso) worship; **siente verdadera ~ por su madre** he positively worships his mother **-2.** (de dios, santo) veneration, worship

venerador, -ora ◇ adj venerational

◇ nm,f venerator

venerar vt **-1.** (familiar, famoso) to worship **-2.** (dios, santo) to venerate, to worship

venéreo, -a adj venereal; **enfermedad venérea** venereal disease, VD

venereología nf venereology

venero nm **-1.** (manantial) spring, fountain **-2.** Formal (origen) fount; **un ~ de datos** a fount o mine of information **-3.** (de mineral) seam, vein

Véneto nm **el ~** Veneto

venezolano, -a ◇ adj Venezuelan

◇ nm,f Venezuelan

Venezuela n Venezuela

venga interj Esp Fam **-1.** (para animar) come on!; **¡~, vámonos!** come on, let's go!; **¡~, pruébalo, que te va a gustar!** go on, try it, you'll like it! **-2.** (para rechazar) **¡~ ya!, ¡~, hombre!** come off it! **-3.** (expresando insistencia) **~ a: yo con dolor de cabeza y él, ~ a hablar** I had this headache but of course he just went on and on talking

vengador, -ora ◇ adj avenging

◇ nm,f avenger

venganza nf revenge, vengeance; **lo hicieron en ~ por la muerte de su compatriota** they did it in revenge for the death of their countryman ❑ Hum **la ~ de Moctezuma** Montezuma's revenge

vengar [38] ◇ vt to avenge

◆ **vengarse** vpr to take revenge (**de** on); **me vengaré de él algún día** I'll take my revenge o I'll get my own back on him some day; **se vengó en sus hijos** she took her revenge on his children

vengativo, -a adj vengeful, vindictive

vengo etc ver **venir**

vengue etc ver **vengar**

venia nf **-1.** (permiso) permission; **con la ~** (al tomar la palabra) by your leave **-2.** (perdón) pardon **-3.** RP, Ven (saludo militar) salute

venial adj venial

venialidad nf veniality

venida nf **-1.** (llegada) arrival **-2.** (regreso) return

venidero, -a adj (generación) future; **en años venideros** in years to come

venir [69] ◇ vi **-1.** (desplazarse, aproximarse) to come; **ayer vino a casa** she came to visit us yesterday; **¿de dónde vienes?** where have you been?; **vengo del mercado** I've come from o been to the market; **~ a/de hacer algo** to come to do sth/from doing sth; **¿a qué has venido?** why have you come?, what have you come for?; **ven a ayudarme** come and help me; **voy y vengo** I'll be right back; **he venido (a) por Marta** I've come for Marta; **vinieron (a) por mí al aeropuerto** they picked me up at the airport; **todos veníamos muy cansados** we

venir

were all very tired; **vino hablando todo el camino** she spent the whole journey talking; **el año/mes que viene** next year/month; RP **~ al teléfono** to come to the phone

-2. (llegar) to arrive; (regresar) to get back; **aún no ha venido** (llegado) she hasn't arrived yet; (regresado) she's not back yet; **vendré tarde** I'll be late (back); **¿han venido los del gas?** has the gas man come yet?; **cuando venga el verano** when summer arrives

-3. (pasar, ocurrir) **en aquel año vino una recesión** there was a recession that year; **¿qué viene ahora?** what comes next?; **después de este programa viene una película** after this programme there's a movie

-4. (proceder, derivarse) **~ de algo** to come from sth; **viene de familia rica** she's from o she comes from a rich family; **el talento para la música le viene de familia** the gift for music runs in the family; **¿de qué árbol viene el caucho?** from what tree do we get rubber?; **de ahí viene que te duela la espalda** that's why your back is hurting; **viniendo de ella no me sorprende** it doesn't surprise me, coming from her

-5. Fam (decir, soltar) **~ a alguien con algo** to come to sb with sth; **no me vengas con exigencias** don't come to me making demands; **¡no me vengas con ésas!** don't give me that!; **vino con que le hacía falta el dinero** he said he needed the money

-6. (hallarse) to be; **su foto viene en primera página** his photo is o appears on the front page; **¿dónde viene la sección de deportes?** where's the sports section?; **el texto viene en inglés** the text is in English; **vienen en todos los tamaños** they come in every size; **las anchoas vienen en lata** anchovies come in tins

-7. (acometer, sobrevenir) **me viene sueño** I'm getting sleepy; **me venían ganas de vomitar** I kept wanting to be sick; **le vinieron ganas de reír** he was seized by a desire to laugh; **me ha venido el periodo** my period has started; **le vino una tremenda desgracia** he suffered a great misfortune

-8. (ropa, calzado) **¿qué tal te viene?** does it fit all right?; **el abrigo le viene pequeño** the coat is too small for her; **este trabajo le viene un poco ancho** o **grande** he's not really up to this job

-9. (convenir) **~ bien/mal a alguien** to suit/not to suit sb; **el diccionario me vendrá muy bien** the dictionary will come in very useful; **¿qué tal te viene el lunes?** how's Monday for you?, how does Monday suit you?; **mañana no me viene bien** tomorrow isn't a good day for me, I can't make it tomorrow; **no te vendrían mal unas vacaciones** you could use a Br holiday o US vacation

-10. (indica aproximación o resultado) **viene a costar un millón** it costs almost a million; **esto viene a significar...** this effectively means...; **¿cómo has venido a parar aquí?** how did you end up here?; **~ a ser** to amount to; **viene a ser lo mismo** it doesn't make much difference; **~ a menos** (negocio) to go downhill; (persona) to go down in the world; **son una familia venida a menos** they're a family which has gone down in the world

-11. Fam (orgasmo) **me viene** I'm coming

-12. **¿a qué viene...?:¿a qué viene esto?** what do you mean by that?, what's that in aid of?; **¿a qué viene tanta amabilidad?** why all this kindness?, what's all this kindness in aid of?

◇ v aux **-1.** (antes de gerundio) (haber estado) **~ haciendo algo** to have been doing sth; **vengo diciéndolo desde hace tiempo** I've been saying so for some time now; **las peleas vienen sucediéndose desde hace tiempo** fighting has been going on for some time; **el desempleo viene siendo el mayor problema** unemployment has been the major problem

venopunción   725   **ver**

-2. *(antes de participio) (haber sido)* **los cambios vienen motivados por la presión de la oposición** the changes have resulted from pressure on the part of the opposition; **un espectáculo que viene precedido de gran polémica** a show which has been surrounded by controversy

◆ **venirse** *vpr* **-1.** *(venir)* to come; **¿te vienes?** are you coming?; **vente a casa si quieres** come over to my place if you like; **venirse abajo** *(techo, estante, edificio)* to collapse; *(ilusiones, planes)* to be dashed; *(persona)* to go to pieces; **¡la que se nos viene encima!** we're really in for it!

-2. *(volver)* to come back (**de** from); **se vino de Argentina para montar un negocio** he came back from Argentina to start a business

-3. *Cuba, Méx muy Fam (tener un orgasmo)* to come

venopunción *nf* venipuncture; **sala** *o* **unidad de ~** injecting room

venosidad *nf* **tiene venosidades en la nariz** he's got a lot of blood vessels showing through on his nose

venoso, -a *adj* venous

venpermutar *vt Col* to offer for sale or exchange; **excelente lote se venpermuta por inmueble** prime plot of land for sale, or will exchange for a building

venta *nf* **-1.** *(acción)* sale; **de ~ en tiendas especializadas** on sale in specialist shops *o* at specialist retailers; **estar en ~** to be for sale; **poner a la ~** *(casa)* to put up for sale; *(producto)* to put on sale; **salir a la ~** *(producto)* to go on sale; **el equipo de ventas** the sales team ❑ **~ ambulante** street vending; **~ automatizada** vending-machine sale; **~ por catálogo** mail-order selling; **~ al contado** cash sale; **~ por correo** mail order selling; **~ por correspondencia** mail order selling; **~ a crédito** credit sale; **~ directa** direct selling; **~ a domicilio** door-to-door selling; **~ al por mayor** wholesale; **~ al por menor** retail; **~ piramidal** pyramid selling; **sobre plano** sale of customized goods; **~ a plazos** sale by instalments, *Br* hire purchase; **~ pública** public auction; **~ telefónica** telephone sales

-2. *(cantidad)* sales; **la ~ de hoy ha sido importante** sales have been strong today; **han aumentado/caído las ventas** sales have risen/fallen; **una novela que arrasa en ventas** a novel with phenomenal sales

-3. *(posada)* country inn

-4. La Venta *(centro arqueológico)* = ancient Olmec city near the town of Villahermosa, Mexico

-5. *Chile (puesto en fiestas)* refreshment stand

ventaja *nf* **-1.** *(hecho favorable)* advantage; **tiene la ~ de que es más manejable** it has the advantage of being easier to handle; **tenemos que sacarle las ventajas a la situación** we might as well look on the bright side ❑ COM **~ competitiva** competitive advantage; **ventajas fiscales** tax breaks; **invertir en cultura ofrece ventajas fiscales** there are tax advantages to investing in culture

-2. *(en competición)* lead; **dar ~ a alguien** to give sb a start; **le dieron dos metros de ~** they gave him a two-metre start; **llevar ~ a alguien** to have a lead over sb; **saca tres minutos de ~ al pelotón** he has a three-minute lead over the pack, he's three minutes ahead of *o* clear of the pack

-3. *(en tenis)* advantage; **~ Hingis** advantage Hingis

ventajero, -a *RP* ◇ *adj* opportunist
◇ *nm,f* opportunist

ventajista ◇ *adj* opportunist
◇ *nmf* opportunist

ventajosamente *adv* favourably, to good effect; **permitirá a la empresa posicionarse ~ en el mercado europeo** it will allow the company to position itself favourably in the European market; **puede ser empleado ~ en el tratamiento de...** it can be used to good effect *o* with good results in the treatment of...

ventajoso, -a ◇ *adj* **-1.** *(acuerdo, condiciones)* advantageous, favourable; **estar en una situación ventajosa** to be in a favourable position **-2.** *Col (ventajista)* opportunist
◇ *nm,f Col* opportunist

ventana *nf* **-1.** *(en casa)* window; EXPR **echar** *o* **tirar algo por la ~** to let sth go to waste, to throw sth away; **estás tirando por la ~ muchos años de investigación** you're throwing away many years of research ❑ **~ de guillotina** sash window; **~ de socorro** emergency exit (window)

-2. INFORMÁT window ❑ **~ activa** active window; **~ de diálogo** dialog *o Br* dialogue box

-3. *(de nariz)* **~ de la nariz** nostril

ventanaje *nm* windows

ventanal *nm* large window

ventanazo *nm (golpe)* **se oyó un ~** a window banged (shut)

ventanilla *nf* **-1.** *(de vehículo, sobre)* window

-2. *(taquilla, mostrador)* counter; **puede recoger las entradas en ~** tickets can be picked up at the box office; **estuve toda la mañana de ~ en ~** I spent the whole morning going from one office to another ❑ **~ única** one-stop service, = Spanish system, designed to simplify citizens' dealings with the administration, whereby official documents can be obtained from a single office

-3. *(en sobre)* window

ventanillo *nm* **-1.** *(ventana pequeña)* small window **-2.** *(mirilla)* peephole **-3.** *(de barco)* porthole

ventarrón *nm Fam* strong *o* blustery wind

ventear ◇ *v impersonal* to be very windy; **está venteando** it's very windy
◇ *vt (aire)* to sniff
◇ *vi (animal)* to sniff

ventero, -a *nm,f* innkeeper

ventilación *nf* ventilation; **la mala ~ de los edificios modernos** the bad ventilation of modern buildings; **un local sin apenas ~** premises with practically no ventilation; **sistemas de ~ para cocinas** ventilation systems for kitchens ❑ **~ artificial** artificial respiration; **~ asistida** artificial respiration; **~ mecánica** artificial respiration

ventilador *nm* **-1.** *(aparato)* fan ❑ **~ de aspas** ceiling fan; **~ eléctrico** electric fan **-2.** *(abertura)* air vent, ventilator **-3.** *(en coche)* fan

ventilar ◇ *vt* **-1.** *(airear) (habitación)* to air, to ventilate; *(ropa, colchón)* to air

-2. *Fam (resolver)* to clear up, to sort out; **en cuanto ventile este asunto me voy** I'm going as soon as I clear up *o* sort out this matter

-3. *Fam (discutir)* to air; **le encanta ~ sus problemas en público** she likes to air her problems in public

-4. *(difundir)* to make public; **va ventilando por ahí todos los secretos de los demás** she goes round telling *o* blabbing everyone else's secrets

◆ **ventilarse** *vpr* **-1.** *(airearse)* to air; **voy a salir a ventilarme un poco** I'm going to pop out for a breath of fresh air **-2.** *Fam (terminarse) (botella)* to knock back, to polish off; *(comida, libro)* to polish off; **se ventiló el pastel en un periquete** he wolfed down the cake in next to no time **-3.** *Fam (resolver)* to clear up, to sort out; *(asesinar)* to rub out

ventisca *nf* blizzard, snowstorm

ventiscar [59], **ventisquear** *v impersonal* **está ventiscando** there's a blizzard *o* snowstorm

ventisquero *nm* **-1.** *(lugar)* = depression where the snow accumulates **-2.** *(nieve)* snowdrift

ventolera *nf* **-1.** *(viento)* gust of wind **-2.** *Fam (idea extravagante)* wild idea; **le ha dado la ~ de hacerlo** she has taken it into her head to do it; **como le dé la ~ se irá** when the mood takes him he'll up and go

ventolina *nf* breeze

ventorrillo *nm* small inn

ventosa *nf* **-1.** *(de animal)* sucker **-2.** *(de vidrio)* cupping glass **-3.** *(de goma)* suction pad

ventosear *vi* to break wind

ventosidad *nf* wind, flatulence; **expulsar una ~** to break wind; **los garbanzos producen ventosidades** chickpeas cause flatulence

ventoso, -a *adj* windy

ventral *adj* ventral

ventresca *nf* belly *(of fish)*

ventricular *adj* ventricular

ventrículo *nm* ventricle

ventrílocuo, -a *nm,f* ventriloquist

ventriloquía *nf* ventriloquism

ventrudo, -a *adj Fam* paunchy

ventura *nf Literario* **-1.** *(felicidad)* happiness; **le desearon toda suerte de venturas** they wished her every happiness

-2. *(suerte)* fortune; **por ~** fortunately; **por ~ no sufrieron ningún contratiempo** fortunately, there were no mishaps

-3. *(azar)* **a la (buena) ~** without planning *o* a fixed plan; **emprendieron el camino a la ~** they set off without any fixed plan; *Anticuado* **¿piensa, por ~, que le engañé?** perchance you think I am deceiving you?

venturoso, -a *adj* happy, fortunate

vénula *nf* ANAT venule

Venus ◇ *nm (planeta)* Venus
◇ *n* MITOL Venus

venus *nf* **-1.** *(mujer)* beauty **-2.** *(estatua)* statue of Venus

venusiano, -a *adj* Venusian

venza *etc ver* **vencer**

veo-veo *nm* I-spy

ver [70] ◇ *nm* **-1.** *(aspecto)* **estar de buen ~** to be good-looking **-2.** *(opinión)* **a mi ~** the way I see it

◇ *vt* **-1.** *(percibir con los ojos)* to see; *(mirar)* to look at; *(televisión, programa, espectáculo deportivo)* to watch; *(película, obra, concierto)* to see; **¿ves algo?** can you see anything?; **yo no veo nada** I can't see a thing; **he estado viendo tu trabajo** I've been looking at your work; **¿vemos la tele un rato?** shall we watch some TV?; **esta serie nunca la veo** I never watch this series; **¿has visto el museo?** have you been to the museum?; **yo te veo más delgada** you look thinner to me; *Méx Fam* **¿qué me ves?** what are you looking at?; **este edificio ha visto muchos sucesos históricos** this building has seen a lot of historic events; **los jubilados han visto aumentadas sus pensiones** pensioners have had their pensions increased; **~ a alguien hacer algo** to see sb doing sth; **los vi actuar en el festival** I saw them acting at the festival; **te vi bajar del autobús** I saw you getting off the bus; **los vieron discutir** *o* **discutiendo** they were seen arguing; **¡nunca jamás he visto cosa igual!** I've never seen the like of it!; **¡si vieras qué bien lo pasamos!** if only you knew what a good time we had!; **¡si vieras qué cara se le puso!** you can't imagine her face!; EXPR **~ venir algo/a alguien: este problema ya lo veía venir** I could see this problem coming; **lo veo venir** I can see what he's up to; EXPR **verlas venir: él prefiere quedarse a verlas venir** he prefers to wait and see; EXPR **¡quién lo ha visto y quién lo ve!** it's amazing how much he's changed!; EXPR **si no lo veo, no lo creo** I'd never have believed it if I hadn't seen it with my own eyes; EXPR **si te he visto no me acuerdo: pero ahora, si te he visto, no me acuerdo** but now he/she/*etc* doesn't want to know

-2. *(entender, apreciar, considerar)* to see; **ya veo que estás de mal humor** I can see you're in a bad mood; **¿no ves que trata de disculparse?** can't you see she's trying to apologize?; **¿ves lo que quiero decir?** do you see what I mean?; **ahora lo veo todo claro** now I understand everything; **a todo le ve pegas** he sees problems in everything; **yo no le veo solución a este problema** I can't see a solution to this problem; **¿tú cómo lo ves?** how do you see it?; **yo lo veo así** I see it this way *o* like this; **es una manera de ~ las cosas** that's one way of looking at it; **yo no lo veo tan mal** I don't think it's that bad; **ahí donde la ves, era muy guapa de joven** she was very pretty when she was young, you know; **dejarse ~ (por un sitio)** to show one's face (somewhere); **¿te gusta? – ¡a ~!** do you like it? – of course I do!; EXPR **¡habráse visto!;¡habráse visto qué cara dura/mal genio tiene!** you'd never believe what a cheek/temper he has!; EXPR **¡hay que ~!** *(indica sorpresa)* would you believe it!; *(indica indignación)* it makes me mad!; **¡hay que ~ qué lista es!** you wouldn't believe how clever she is!; **¡hay que ~ cuánto se gasta estando de vacaciones!** it's amazing how much you spend when you're on Br holiday *o* US vacation!; EXPR **para que veas: no le tengo ningún rencor, ¡para que veas!** I don't bear him any hard feelings, in case you were wondering; EXPR *Fam* **no poder ~ a alguien (ni en pintura): no lo puedo ver** I can't stand (the sight of) him

-**3.** *(imaginar)* to see; **ya veo tu foto en los periódicos** I can (just) see your photo in the newspapers; **francamente, yo no la veo casada** to be honest, I find it hard to see her getting married

-**4.** *(comprobar)* to see; **ir a ~ lo que pasa** to go and see what's going on; **ve a ~ si quedan cervezas** go and see if *o* have a look if there are any beers left; **veré qué puedo hacer** I'll see what I can do; **queda por ~ si ésta es la mejor solución** it remains to be seen whether this is the best solution; **eso está por ~, eso habrá que verlo** that remains to be seen; **veamos** let's see

-**5.** *(tratar, estudiar)* *(tema, problema)* to look at; **el lunes veremos la lección 6** we'll do lesson 6 on Monday; **como ya hemos visto en anteriores capítulos...** as we have seen in previous chapters...

-**6.** *(reconocer)* *(sujeto: médico, especialista)* to have *o* take a look at; **necesitas que te vea un médico,** *Andes, RP* **hazte ~ por un médico** you ought to see a doctor; *Andes, RP* **el televisor no funciona, tengo que hacerlo ~** the television's not working, I must get someone to have a look at it *o* get it seen to

-**7.** *(visitar, citarse con)* to see; **tienes que ir a ~ al médico** you ought to see the doctor; **ven a vernos cuando quieras** come and see us any time you like; **mañana vamos a ~ a mis padres** we're seeing my parents tomorrow; **hace siglos que no la veo** I haven't seen her for ages; **últimamente no los veo mucho** I haven't seen much of them recently

-**8.** DER *(juzgar)* **~ un caso** to hear a case
-**9.** *(en juegos de naipes)* to see; **las veo** I'll see you

◇ vi -**1.** *(percibir con los ojos)* to see; **~ bien/mal** to have good/poor eyesight; **no veo bien de cerca/de lejos** I'm long-sighted/short-sighted; **¿ves bien ahí?** can you see all right from there?; EXPR *Fam* **que no veo: tengo un hambre/sueño que no veo** I'm incredibly hungry/tired; EXPR *Fam* **que no veas: hace un frío/calor que no veas** it's incredibly cold/hot; **los vecinos arman un ruido que no veas** the neighbours are unbelievably noisy; EXPR **hasta más ~** *(adiós)* see you

-**2.** *(hacer la comprobación)* to see; **la casa está en muy buenas condiciones – ya veo** the house is in very good condition – so I see; **es muy sencillo, ya verás** it's quite simple, you'll see; **creo que me queda uno en el almacén, iré a ~** I think I have one left in the storeroom, I'll just go and see *o* look; **vendrá en el periódico – voy a ~** it'll be in the newspaper – I'll go and see *o* look; **tú sigue sin estudiar y verás** you'll soon see what happens if you carry on not studying; **¿ves?, te lo dije** you see? I told you so; EXPR **~ para creer** seeing is believing

-**3.** *(decidir)* **¿lo harás? – ya veré** will you do it? – I'll see; **ya veremos** we'll see

-**4.** *(en juegos de naipes)* **¡veo!** I'll see you!
-**5.** *(como muletilla)* **verás, tengo algo muy importante que decirte** listen *o* look, I've got something very important to say to you; **¿qué ha pasado? – pues, verás, yo estaba...** what happened? – well, you see, I was...

-**6. a ~: a ~ cuánto aguantas en esa postura** let's see how long you can hold that position; **a ~ cuándo vienes a vernos** you must come and see us some time; **no subas al tejado, a ~ si te vas a caer** don't go up on the roof, you might fall; **¡a ~ si tienes más cuidado con lo que dices!** you should be a bit more careful what you say!; **¿a ~?** *(mirando con interés)* let me see, let's have a look; *Col* **¡a ~!** *(al teléfono)* hello?; **a ~, ¿qué te pasa?** let's see, what's wrong?; **a ~, antes de empezar...** let's see, right, before starting...; **vamos a ~** let's see

◆ **verse** *vpr* -**1.** *(como reflexivo)* *(mirarse, imaginarse)* to see oneself; **verse en el espejo** to see oneself in the mirror; **yo me veo más gordo** I think I've put on weight; **ya me veo cargando el camión yo solo** I can see myself having to load the Br lorry *o* US truck on my own

-**2.** *(como impersonal, pasivo)* *(percibirse)* **desde aquí se ve el mar** you can see the sea from here; **somos muy felices – eso ya se ve** we're very happy – you can see that *o* you can tell; **se te ve más joven/contenta** you look younger/happier; **¿se me ve algo?** *(¿se transparenta?)* is my underwear showing through?; **¡se ve cada cosa en esta oficina!** it all happens in this office!; **por lo que se ve** apparently; **véase** *(en textos)* see

-**3.** *(como recíproco)* *(citarse, encontrarse)* to meet, to see each other; **nos vimos en Navidad** we met *o* saw each other at Christmas; **nos vemos muy a menudo** we see a lot of each other; **¿a qué hora nos vemos?** when shall we meet?; **hace mucho que no nos vemos** we haven't seen each other for a long time; **¡nos vemos!** see you!

-**4.** *(como auxiliar)* *(ser)* **los impuestos se verán incrementados en un 2 por ciento** taxes will be increased by 2 percent

-**5.** *(hallarse)* to find oneself; **si te ves en un apuro, llámame** if you find yourself in trouble, call me; **se vio forzado a dimitir** he was forced to resign

-**6.** *(enfrentarse)* **vérselas con algo/alguien: Argentina se las verá con México en la semifinal** Argentina will clash with *o* meet Mexico in the semifinals; **hubo de vérselas con todo tipo de adversidades** she came up against *o* met (with) all kinds of adversity; **si busca bronca tendrá que vérselas conmigo** if he's looking for trouble, he'll have to reckon with me; EXPR **vérselas y deseárselas para hacer algo** to have a real struggle doing sth

◇ *interj RP* **¿viste?, ¿vio?** you see?, know what I mean?; **prefiero el vino, ¿vio?** I prefer wine, actually; **cambié de idea, ¿viste?** I changed my mind, you see

vera *nf* -**1.** *(orilla)* *(de río)* bank; *(de camino)* edge, side -**2.** *(lado)* side; **se sentó a la ~ de su padre** he sat at her father's side; **ven aquí, a mi ~** come here, beside me; **a la ~ del camino** at the side of the road -**3.** *(árbol)* verawood, Maracaibo lignum-vitae

veracidad *nf* truthfulness; **no dudo de la ~ de esa anécdota** I don't doubt the truth of the story

veracruzano, -a ◇ *adj* of/from Veracruz *(Mexico)*
◇ *nm,f* person from Veracruz *(Mexico)*

veranda *nf* verandah
veraneante *nmf Br* holidaymaker, *US* (summer) vacationer
veranear *vi* **~ en** to spend one's summer *Br* holidays *o US* vacation in; **hace años que no veraneo** I haven't had a summer *Br* holiday *o US* vacation for years
veraneo *nm* summer *Br* holidays *o US* vacation; **su lugar de ~ habitual es La Plata** she usually spends the summer in La Plata; **irse de ~** *Br* to go on (one's summer) holiday, *US* to vacation

veranero, -a *adj CRica* summer
veraniego, -a *adj (actividades, temperatura)* summer; **ropa veraniega** summer clothes; **vas muy ~** you look very summery
veranillo *nm* Indian summer ❏ **el ~ de San Juan** *(en el hemisferio sur)* = warm spell around 24th June; **el ~ de San Martín** *(en el hemisferio norte)* = warm spell around 11th November
verano *nm* -**1.** *(estación)* summer; **en ~** in summer; **cuando llegue el ~** when summer comes; **el último ~** last summer -**2.** *(estación seca)* dry season
veras ◇ *nfpl* truth; **lo dijo entre bromas y ~** she was only half-joking

◇ **de veras** *loc adv (verdaderamente)* really; *(en serio)* seriously; **de ~, yo no quería hacerte daño** I really didn't want to hurt you; **esta vez va de ~** this time it's serious *o* for real
veraz *adj* truthful
verazmente *adv* truthfully
verba *nf* loquaciousness, talkativeness
verbal *adj* verbal
verbalizar [14] *vt* to verbalize
verbalmente *adv* verbally
verbena *nf* -**1.** *(fiesta)* street party; **la ~ de S. Juan** = street party on the night of 24th June, St John's day -**2.** *(planta)* verbena
verbenero, -a *adj* **ambiente ~** festive atmosphere
verbigracia *adv Formal* for example, for instance
Verbo *nm* **el ~** *(Rel)* the Word
verbo *nm* -**1.** GRAM verb ❏ **~ atributivo** copula, copulative verb; **~ auxiliar** auxiliary verb; **~ copulativo** copula, copulative verb; **~ impersonal** impersonal verb; **~ intransitivo** intransitive verb; **~ modal** modal verb; **~ pronominal** pronominal verb; **~ reflexivo** reflexive verb; **~ transitivo** transitive verb

-**2.** *(lenguaje)* language; **posee un ~ elocuente** he is exceedingly eloquent, he makes eloquent use of language
verborrea *nf* verbal diarrhoea, verbosity
verbosidad *nf* verbosity
verboso, -a *adj* verbose
verdad ◇ *nf* -**1.** *(realidad, afirmación real)* truth; **decir la ~** to tell the truth; **di la ~, ¿a ti qué te parece?** tell the truth *o* be honest, what do you think?; **a decir ~** to tell the truth; **estás faltando a la ~** you're not telling the truth; **¿es ~?** is that true *o* right?; **eso no es ~** that isn't true *o* so; **¿no es ~?** isn't that so?; **bien es ~ que..., es que...** it's certainly true that...; **si bien es ~ que...** while it is true that...; **en ~** truly, honestly; **cree que está en posesión de la ~** she thinks she's always right about everything; **ser la pura ~** to be the absolute truth; EXPR **cantarle *o* decirle a alguien cuatro verdades** to tell sb a few home truths; EXPR **ir con la ~ por delante** to be honest and up-front; EXPR **las verdades del barquero** home truths; *Fam* **es una ~ como un puño *o* templo** it's an undeniable fact; **todo lo que dice son verdades como puños** she always speaks the truth, however unpalatable ❏ **~ a medias** half-truth; **~ de Perogrullo** truism, platitude

-**2.** *(con valor enfático)* **la ~, no me importa** to tell the truth *o* to be honest, I don't care; **la ~ es que no lo sé** to be honest, I don't know, I don't really know; **la ~ es que nunca me ha gustado** the truth is I've never liked her; **la ~ es que la sopa está buenísima** the soup's actually really good

-**3.** *(buscando confirmación)* **no te gusta, ¿~?** you don't like it, do you?; **está bueno, ¿~?** it's good, isn't it?; **¿~ que me quieres?** you do love me, don't you?

-**4.** *(principio aceptado)* fact; **su libro no es fiel a la ~ histórica** his book doesn't accurately reflect historical fact

◇ **de verdad** *loc adv (en serio)* seriously; *(realmente)* really; **me gusta – ¿de ~?** I like it – (do you) really? *o* seriously?; **de ~ que**

no sé qué decir I honestly o really don't know what to say
◇ **de verdad** loc adj (auténtico) real; **un héroe de ~** a real hero
verdaderamente adv **-1.** (de verdad) really; **~, no sé cómo lo soportas** I really o honestly don't know how you put up with him; **¡qué tonto es! ~ ~** he's so stupid! – you can say that again! **-2.** (muy) truly, really; **una historia ~ increíble** a truly amazing story
verdadero, -a adj **-1.** (cierto, real) (historia) true; (nombre) real; (intenciones) real, true; **la verdadera razón de su comportamiento fue otra** the real reason for his behaviour was different; **el ~ protagonista de la tragedia** the person who was really the key figure in the tragedy; **distinguir entre lo ~ y lo falso** to distinguish between what is true and what is false
-2. (enfático) real; **fue un ~ lío** it was a real mess
verde ◇ adj **-1.** (de color) green; EXPR Fam **ponerse ~ a alguien** (por la espalda) to run sb down, Br to slag sb off, US to dump on sb; (delante) to tear into sb, to tear sb to pieces; EXPR RP Fam **estar ~ de envidia** to be green with envy
-2. (poco maduro) (fruta) unripe, green; Fam (persona) green, wet behind the ears; **el proyecto está aún ~** the project is still very much in its early stages
-3. (ecologista) Green, green
-4. (obsceno) blue, dirty
-5. Esp Fam **billete ~** = 1,000 peseta note
◇ nm (color) green; **el ~ es mi color favorito** green is my favourite colour; **cruzar con el semáforo en ~** to cross when the lights are green □ **~ agua** pale blue-green; **~ botella** bottle green; RP **~ cotorra** bright green; **~ esmeralda** emerald green; **~ lima** lime green; **~ manzana** apple green; **~ mar** sea green; **~ musgo** moss green; **~ oliva** olive (green)
◇ nmpl **los Verdes** (partido) the Greens
verdear vi **-1.** (parecer verde) to look green
-2. (plantas) to turn o go green
verdecer [46] vi to turn o go green
verdecillo nm **-1.** (planta) golden tree-trumpet **-2.** (ave) serin
verdemar ◇ adj sea-green
◇ nm sea green
verderón nm greenfinch □ **~ pintado** painted bunting; **~ serrano** citril finch
verdín nm **-1.** (de plantas, algas) slime **-2.** (moho) mould, mildew **-3.** (musgo) moss **-4.** (cardenillo) verdigris
verdinegro, -a adj very dark green
verdolaga nf purslane
verdor nm **-1.** (color) greenness **-2.** (exuberancia) lushness
verdoso, -a adj greenish
verdugo nm **-1.** (de preso) executioner; (que ahorca) hangman **-2.** (tirano) tyrant **-3.** (gorro) balaclava **-4.** (de planta) shoot
verdulera nf Fam (mujer vulgar) fishwife
verdulería nf greengrocer's (shop)
verdulero, -a nm,f (tendero) greengrocer
verdura nf **-1.** (comestible) vegetables, greens; **es importante comer verdura(s)** it's important to eat vegetables o greens; **carne con verduras** meat and vegetables **-2.** (color verde) greenness
verdusco, -a adj dirty green
verecundia nf Formal shame
vereda nf **-1.** (senda) path; EXPR **entrar en ~** to toe the line; EXPR Fam **hacer entrar o meter a alguien en ~** to bring sb into line **-2.** CSur, Perú (acera) Br pavement, US sidewalk **-3.** Col (distrito) area, district
veredicto nm verdict
verga nf **-1.** ZOOL penis **-2.** esp Am muy Fam (de hombre) cock **-3.** NÁUT yard
vergatal nm Méx Fam **~ de** (muchos) tons of, loads of; **había un ~ de gente en la discoteca** there were tons of people at the club
vergazo nm CAm (golpe) thump
vergel nm lush, fertile place
vergonzante adj shameful, disgraceful

vergonzosamente adv **-1.** (sin honra) shamefully, disgracefully **-2.** (con timidez) bashfully
vergonzoso, -a ◇ adj **-1.** (deshonroso) shameful, disgraceful **-2.** (tímido) bashful
◇ nm,f bashful person; **ser un ~** to be bashful
vergüenza ◇ nf **-1.** (deshonra) shame; **sentir ~** to feel ashamed; **me da ~ confesar que...** I'm ashamed to admit that...; **tener poca ~, no tener ~** to be shameless; **¡eres la ~ de la familia!** you're a disgrace to your family!
-2. (bochorno) embarrassment; **dar ~ a alguien** to embarrass sb; **me da ~ decírtelo** I'm embarrassed to tell you; **¡qué ~!** how embarrassing!; **sentir o pasar ~** to feel embarrassed; **ser de ~** to be disgraceful o a disgrace; **el trato que reciben es de ~** the way they're treated is disgraceful o a disgrace; **ese programa da ~ ajena** that programme is cringe-making o embarrassingly bad; EXPR **el de la ~: ¿quién quiere el de la ~?** who wants the last one?
-3. (timidez) bashfulness; **perder la ~** to lose one's inhibitions
-4. (deshonra, escándalo) disgrace; **¡es una ~!** it's disgraceful!; **¡qué ~!** what a disgrace!
◇ nfpl **vergüenzas** Fam Euf (genitales) private parts, privates
vericueto ◇ nm (camino abrupto) rough track
◇ **vericuetos** nmpl (recovecos) ins and outs; **se perdió por los vericuetos del barrio** he got lost in all the little backstreets of the area; **conoce todos los vericuetos burocráticos** he knows all the ins and outs o the inner workings of the bureaucracy
verídico, -a adj (información) true; (hecho, suceso) real; **la historia se basa en hechos verídicos** the story is based on real o true events; **detalles verídicos** true-life details; **la escuela que aparece en la película es verídica** the school that appears in the movie actually exists
verificable adj verifiable
verificación nf **-1.** (de verdad, autenticidad, hipótesis) verification; (de acuerdo de paz) monitoring; **software de ~ de voz** voice recognition software **-2.** (de funcionamiento) checking, testing; (de buen estado) checking
verificador, -ora ◇ nm,f (de acuerdo de paz) monitor, observer; (de funcionamiento, buen estado) checker
◇ nm INFORMÁT **~ ortográfico** spell-checker
verificar [59] ◇ vt **-1.** (verdad, autenticidad) to verify, to check; **el encargado de ~ el alto el fuego** the person whose job it is to monitor o verify the observance of the ceasefire; **tengo que ~ unos datos** I have to check a few facts **-2.** (funcionamiento) to check, to test; (buen estado) to check **-3.** (llevar a cabo) to carry out
◆ **verificarse** vpr **-1.** (tener lugar) to take place; **cuando se verifica la venta** when the sale takes place o is completed **-2.** (resultar cierto) (predicción) to come true; (temores) to prove well-founded
verificativo nm Méx **tener ~** to take place
verija nf Chile (ijada) flank, side
verismo nm **-1.** (realismo) realism **-2.** (en ópera) verismo
verja nf **-1.** (puerta) iron gate **-2.** (valla) railings **-3.** (en ventana) grille
verme nm (intestinal) worm
vermicida, vermífugo ◇ adj vermifugal
◇ nm vermifuge
vermis nm inv vermis
vermouth [ber'mu] (pl **vermouths**) nm vermouth
vermú, vermut (pl **vermuts**) nm **-1.** (bebida) vermouth **-2.** (aperitivo) aperitif **-3.** esp Andes, RP (en cine) early-evening showing; (en teatro) early-evening performance
vernáculo, -a adj vernacular
vernal adj vernal, spring
verónica nf **-1.** TAUROM veronica, = pass in which bullfighter holds the cape with both hands **-2.** (planta) veronica, speedwell

verosímil adj **-1.** (creíble) believable, credible; **la trama de la historia tiene que ser ~** the plot of the story has to be believable **-2.** (probable) likely, probable; **la hipótesis más ~** the most likely hypothesis
verosimilitud nf **-1.** (credibilidad) credibility; **para dar mayor ~ a la situación** to make the situation more believable **-2.** (probabilidad) likeliness, probability; **una opción que cobra cada vez más ~** an option which is becoming more and more likely
verraco nm boar
verraquear vi Fam **-1.** (animal) to grunt **-2.** (niño) to shriek, to howl
verraquera nf Fam crying fit, tantrum
verruga nf **-1.** (en pies, manos) verruca, wart; (en cara) wart **-2.** (en planta) wart
verrugosidad nf wart-like growth
verrugoso, -a adj warty; **un sapo de piel ~** a toad with warty skin
versado, -a adj versed (en in); **muy ~ en temas esotéricos** well-versed in esoteric subjects
versal IMPRENTA ◇ adj capital
◇ nf capital (letter)
versalita IMPRENTA ◇ adj **letra ~** small capitals
◇ nf small capital
Versalles n Versailles
versallesco, -a adj **-1.** (jardín, palacio) in the style of Versailles; **jardines de estilo ~** gardens in the style of Versailles **-2.** (gesto, saludo) affectedly polite
versallismo nm ostentatious luxury
versar vi **-1.** (tratar) **~ sobre** to be about, to deal with **-2.** PRico (versificar) to versify
versátil adj **-1.** (voluble) changeable, fickle **-2.** (polifacético) versatile
versatilidad nf **-1.** (volubilidad) changeability, fickleness **-2.** (adaptabilidad) versatility
versero, -a RP Fam ◇ adj smooth-tongued, fast-talking
◇ nm,f Br patter merchant, US schmoozer
versículo nm verse (in the Bible)
versificación nf versification
versificador, -ora nm,f versifier
versificar [59] ◇ vi to write (in) verse
◇ vt to put into verse
versión nf **-1.** (de hecho, obra) version; (en música pop) cover (version); **¿cuál es su ~ de lo ocurrido?** what is his version of what happened? □ INFORMÁT **~ alfa** alpha version; INFORMÁT **~ beta** beta version; INFORMÁT **~ impresa** hard copy
-2. (traducción) translation, version □ CINE **~ original** original language version; CINE **~ original subtitulada** original language version with subtitles; **en ese cine ponen películas en ~ original subtituladas** at that cinema they show movies (in their original language) with subtitles
versionar, versionear vt Fam (en música pop) to cover
verso nm **-1.** (género) verse; **en ~** in verse □ **~ blanco** blank verse; **~ libre** free verse **-2.** (unidad rítmica) line (of poetry) **-3.** IMPRENTA (de página) verso **-4.** RP Fam (mentira) fib, lie; **no le creas, todo lo que te dijo es ~** don't you believe him, everything he told you is lies; **hacerle o meterle el ~ a alguien** to spin sb a yarn o line
versus prep Formal versus
vértebra nf vertebra □ ANAT **~ cervical** cervical vertebra; **~ dorsal** thoracic o dorsal vertebra; **~ lumbar** lumbar vertebra
vertebración nf structural cohesion; **el principal factor de ~ de una sociedad avanzada** the principal element in the structural cohesion of an advanced society; **los sistemas internos que hacen posible la ~ de la empresa** the internal systems which make it possible for the company to function as a whole
vertebrado, -a ◇ adj **-1.** (animal) vertebrate **-2.** (coherente) coherent
◇ nm (animal) vertebrate

vertebrador, -ora *adj* structuring; **el argumento ~ de la novela** the central plotline of the novel; **el concepto ~ de nuestro movimiento político** the central ideological principle of our political movement

vertebral *adj* vertebral

vertebrar ◇ *vt* to form the backbone of, to structure; **lo que vertebra la narración** what forms the backbone of *o* structures the narrative

◆ **vertebrarse** *vpr* **nuestra reclamación se vertebra en dos aspectos** our complaint falls under two headings; **la región se vertebra en tres niveles administrativos** the region has a three-tier administrative structure

vertedero *nm* **-1.** *(de basuras) Br* rubbish tip *o* dump, *US* garbage dump **-2.** *(de pantano)* drain, spillway

vertedor *nm (desagüe, conducto)* drain

verter [64] ◇ *vt* **-1.** *(derramar) (sal)* to spill; *(lágrimas)* to shed; **mucha sangre se ha vertido ya** much blood has already been shed *o* spilt
 -2. *(echar) (líquido)* to pour (out); *(basura, residuos)* to dump; **vertió la harina en el saco** she poured the flour into the sack; **los ríos vierten sus aguas en el mar** rivers flow into the sea
 -3. *(vaciar) (recipiente)* to empty
 -4. *(traducir)* to translate (**a** into)
 -5. *(expresar) (opinión)* to express; **las acusaciones/críticas vertidas por el periódico** the accusations/criticisms made by the newspaper
 ◇ *vi* **~ a** *o* **en** to flow into

◆ **verterse** *vpr (derramarse)* to spill

vertical ◇ *adj* **-1.** GEOM vertical **-2.** *(derecho) (línea, despegue)* vertical; **el respaldo estaba casi ~** the back was almost vertical; **poner en posición ~** to place in an upright position; **en ~: se hace una incisión en ~** a vertical incision is made **-3.** *(en crucigrama)* down; **3 ~ 3** down **-4.** *(formato, orientación)* portrait **-5.** *(estructura)* hierarchical
 ◇ *nm* ASTRON vertical circle
 ◇ *nf* GEOM vertical (line); **forma un ángulo recto con la ~** it forms a right angle to the vertical

verticalazo *nm Andes, RP Fam* dictat, order from on high

verticalidad *nf* verticality, vertical position

verticalista *adj Andes, RP* POL authoritarian; **su forma de hacer las cosas es demasiado ~** their way of doing things is too authoritarian

verticalmente *adv* vertically

vértice *nm* **-1.** GEOM *(de ángulo, plano)* vertex; *(de cono, pirámide)* apex; **los vértices de un triángulo** ❑ **~ geodésico** triangulation pillar **-2.** *(de curva)* vertex

vertido ◇ *nm (deliberado)* dumping; *(accidental)* spillage, spilling ❑ **~ de residuos** waste dumping
 ◇ **vertidos** *nmpl (residuos)* waste ❑ **vertidos radiactivos** radioactive waste

vertiente *nf* **-1.** *(pendiente)* slope
 -2. *(zona geográfica)* drainage basin *o* area; **la ~ del pacífico** the Pacific drainage basin *o* area
 -3. *(aspecto)* side, aspect; **la crisis presentaba diversas vertientes** there were several aspects to the crisis; **el desarrollo del romanticismo en su doble ~ artística e ideológica** the development of romanticism in its twin aspects, artistic and ideological
 -4. *CSur (manantial)* spring

vertiginosamente *adv* at a dizzying speed, vertiginously; **la población ha aumentado ~** the population has increased dramatically

vertiginoso, -a *adj (aumento, desarrollo)* dramatic, spectacular; *(velocidad)* dizzying; **la historia se desarrolla a un ritmo ~** the story develops at a frenetic pace; **la caída del líder fue ~** the leader's fall from power was spectacularly abrupt

vértigo *nm* **-1.** *(enfermedad)* vertigo; *(mareo)* dizziness; **trepar me da ~** climbing makes me dizzy; **sólo de pensarlo me da ~** just thinking about it makes me feel dizzy; **sentir** *o* **tener ~** to feel dizzy; **prefiero no subir, tengo ~** I'd rather not go up, I'm afraid of heights; EXPR **de ~** *(velocidad, altura)* dizzy, giddy; *(cifras)* mind-boggling
 -2. *(apresuramiento)* mad rush, hectic pace; **el ~ de la ciudad** the hectic pace of city life

vesícula *nf* **-1.** ANAT *(de la bilis)* gall bladder ❑ **~ biliar** gall bladder **-2.** *(bolsa)* vesicle ❑ **~ seminal** seminal vesicle **-3.** *(de suero)* blister **-4.** *(en planta)* vesicle

vesicular *adj* vesicular

vespa® *nf* Vespa®, motor scooter

véspero *nm Literario* Vesper, evening star

vespertino, -a ◇ *adj* evening; **diario ~** evening (news)paper
 ◇ *nm (periódico)* evening (news)paper

vespino® *nm* moped

Vespucio *n pr* **Américo ~** Amerigo Vespucci

vesre *nm RP Fam* reverse slang; **hablar al ~** to talk back to front

vestal *nf* vestal (virgin)

vestíbulo *nm* **-1.** *(de casa)* (entrance) hall; *(de hotel, oficina)* lobby, foyer **-2.** ANAT *(cavidad, del oído)* vestibule

vestido, -a ◇ *adj* dressed; **una mujer muy bien vestida** a very well-dressed woman; **iba ~ con ropa de trabajo** he was dressed in *o* wearing his work clothes; **ir ~ de** *(blanco, negro)* to be dressed in; *(marinero, príncipe)* to be dressed as; **iba vestida de monja** she was dressed as a nun, she was in nun's clothing
 ◇ *nm* **-1.** *(indumentaria)* clothes, clothing; **el ~ a través de los siglos** clothing *o* costume through the ages
 -2. *(prenda femenina)* dress ❑ *RP* **~ maternal** maternity dress; **~ de novia** wedding dress; **~ premamá** maternity dress
 -3. *Col (traje de hombre)* suit ❑ *Col* **~ de baño** swimsuit; *Col* **~ de baño enterizo** one-piece swimsuit; *Col* **~ de baño de dos piezas** two-piece swimsuit, bikini; *Col* **~ deportivo** tracksuit

vestidor *nm* **-1.** *(en casa)* dressing room **-2.** *CAm, Méx (en club) Br* changing *o US* locker room

vestiduras *nfpl* **-1.** *(ropa)* clothes; EXPR **rasgarse las ~** to kick up a fuss **-2.** *(sacerdotales)* vestments

vestier *nm* **-1.** *Col (en club) Br* changing *o US* locker room **-2.** *Ven (en casa)* dressing room

vestigio *nm (de otras épocas, civilizaciones)* trace, vestige; **se destruyó todo ~ de vida** every trace of life was destroyed; **los últimos vestigios del colonialismo** the last vestiges of colonialism

vestimenta *nf* clothes, clothing; **sofocadas de calor bajo sus vestimentas negras** suffocating with heat in their black clothes; **su extravagante ~** his outlandish garb

vestir [47] ◇ *vt* **-1.** *(poner ropa a)* to dress; **viste al niño y vámonos** dress the child *o* get the child dressed and let's go; PROV **vísteme despacio que tengo prisa** more haste, less speed
 -2. *(disfrazar)* **~ a alguien de algo** to dress sb up as sth
 -3. *(llevar puesto)* to wear; **el sospechoso viste unos tejanos negros** the suspect is wearing black jeans
 -4. *(diseñar ropa para)* to dress, to make clothes for; **el modisto que viste a la familia real** the fashion designer who dresses *o* makes the clothes for the royal family
 -5. *(proporcionar ropa a)* to clothe; **~ a los pobres** to clothe the poor
 -6. *(cubrir) (casa, paredes, salón)* to decorate
 -7. *Literario (encubrir)* **~ algo de** to disguise sth with
 ◇ *vi* **-1.** *(llevar ropa)* to dress; **aún estoy sin ~** I'm not dressed yet; **siempre viste muy bien** she always dresses very well; **tiene gusto para ~** she has good dress sense; **~ de algo** to wear sth; EXPR **el mismo que viste y calza** the very same!
 -2. *(ser elegante)* to be smart; **este abrigo/color viste mucho** this coat/colour looks very smart; **de ~** *(ropa, calzado)* smart
 -3. *Fam (estar bien visto)* **ya no viste tanto vivir en el campo** it's no longer considered so desirable to live in the country

◆ **vestirse** *vpr* **-1.** *(ponerse ropa)* to get dressed, to dress; **vístete y vete** get dressed and go; **vestirse a la moda** to dress fashionably; **se vistió de luto/de blanco** she dressed in *o* wore mourning/white; **vestirse de largo** *(para fiesta)* to wear evening dress; **el Teatro Real se vistió ayer de largo para atender el estreno** the Theatre Royal was all decked out yesterday for the premiere
 -2. *(disfrazarse)* **vestirse de algo** to dress up as sth; **se vistió de payaso** he dressed (up) as a clown
 -3. *(comprar la ropa)* **vestirse en** to buy one's clothes at
 -4. *Literario (cubrirse)* **vestirse de** to be covered in; **el cielo se vistió de nubes** the sky clouded over

vestón *nm Chile* jacket

vestuario *nm* **-1.** *(ropa)* clothes, wardrobe **-2.** *(de actores)* costumes; **premio al mejor ~** award for the best costumes **-3.** *(para cambiarse) (en deportes) Br* changing room, *US* locker room; *(en teatro)* dressing room

Vesubio *nm* **el ~** (Mount) Vesuvius

veta *nf* **-1.** *(de mineral)* seam **-2.** *(en madera)* grain; *(en mármol)* vein **-3.** *(en jamón, tocino)* streak

vetar *vt* to veto; **le han vetado la entrada en ese casino** he has been banned from that casino

veteado, -a ◇ *adj (madera)* grained; *(mármol)* veined; **flores de color lila veteadas de blanco** lilac flowers with little streaks of white
 ◇ *nm (de madera)* grain; *(de mármol)* veins, veining

vetear *vt* **-1.** *(hacer vetas en)* to grain **-2.** *Ecuad (azotar)* to whip

veteranía *nf (experiencia)* long experience; *(antigüedad)* seniority

veterano, -a ◇ *adj* **-1.** *(militar)* veteran **-2.** *(en otra actividad)* experienced; **es más ~ que yo** he's more experienced than me; **una de las directoras de cine más veteranas** a movie director with one of the longest track records in the business **-3.** *CSur Fam (maduro)* **estamos veteranos, nos cansamos pronto** we're getting on a bit now, we get tired easily
 ◇ *nm,f* **-1.** *(militar)* veteran **-2.** *(en otra actividad)* veteran; **es ya un ~ en estas lides** he's an old hand at these things **-3.** *CSur Fam (maduro)* older person; **es una veterana muy simpática** she's a very sweet old thing

veterinaria *nf (ciencia)* veterinary science

veterinario, -a ◇ *adj* veterinary
 ◇ *nm,f (persona)* vet, *Br* veterinary surgeon, *US* veterinarian

veto *nm* veto; **poner ~ a algo** to veto sth

vetustez *nf Formal* antiquity, great age

vetusto, -a *adj Formal* ancient, very old

vez *nf* **-1.** *(ocasión)* time; **¿te acuerdas de una ~ (en) que fuimos a pescar?** do you remember that time we went fishing?; **¿has estado allí alguna ~?** have you ever been there?; **hay veces (en) que es mejor callarse** there are times when *o* sometimes it's better to keep quiet; **a mi/tu/su ~: él a su ~ se lo dijo a su mujer** he, in turn, told his wife; **yo a mi ~ haré lo que pueda** I, for my part, will do whatever I can; **a la ~** at the same time; **a la ~ podríamos hacer la compra** we could do the shopping at the same time; **así a la ~ que leo, estudio** this way, while I'm reading, I'm also studying; **de una (sola) ~** in one go; **de una ~ (para siempre** *o* **por todas)** once and for all; **¡cállate de una ~!** why don't you just shut up!; **vete de una ~** just go, for heaven's sake; **érase una ~** once upon a time; **ha llamado otra ~** she called again; **déjalo para otra ~**

leave it for another time; **otra ~ será** maybe next time; **por enésima ~** for the umpteenth time; **por esta ~ pase** I'll let you off this time o just this once; **por primera ~, por ~ primera** for the first time; **por última ~** for the last time; *Formal*/**toda ~ que** since; **una ~ más** once again; **una ~ que hayas terminado** once you've finished; **una ~ dorada la carne..., una ~ que la carne está dorada...** once the meat is golden brown

-**2.** *(para expresar frecuencia)* **una ~** once; **una ~ al día/mes** once a day/month; **dos veces** twice; **tres veces** three times; **te lo he dicho muchas/mil veces** I've told you many/a thousand times; **alguna que otra ~** occasionally; **a veces, algunas veces** sometimes, at times; **cada ~** every time; **cada ~ que lo veo** every time (that) I see him; **cada ~ más** more and more; **cada ~ menos** less and less; **cada ~ la veo más/menos feliz** she seems happier and happier/less and less happy; **resulta cada ~ más difícil** it's getting harder and harder; **de ~ en cuando** from time to time, now and again; **muy de ~ en cuando** very occasionally; **muchas veces** *(con frecuencia)* often; **pocas veces** rarely, seldom; **rara ~** rarely, seldom; **repetidas veces** repeatedly, time and again; **una y otra ~** time and again

-**3.** *(substitución)* **en ~ de** instead of; **en ~ de trabajar tanto deberías salir un poco más** you should go out more instead of working so hard; **hacer las veces de** *(persona)* to act as; *(objeto, aparato, mueble)* to serve as

-**4.** *(en multiplicaciones, divisiones)* time; **es tres veces mayor** it's three times as big; **estas pilas producen diez veces más energía que las normales** these batteries produce ten times as much energy as ordinary ones

-**5.** *(turno)* turn; **¿quién da** o **lleva la ~?** who's the last in the *Br* queue o *US* line?; **voy a pedir la ~** I'm going to ask who's last

v.g., v.gr. *(abrev de* **verbigracia***)* e.g.
VGA INFORMÁT *(abrev de* **video graphics array***)* VGA
v.gr. = **v.g.**
VHF *nf (abrev de* **very high frequency***)* VHF
VHS *nm (abrev de* **video home system***)* VHS
vi *ver* **ver**
vía ◇ *nf* -**1.** *(ruta)* route; **por ~ aérea** *(en general)* by air; *(correo)* (by) airmail; **por ~ marítima** by sea; **por ~ terrestre** overland, by land; *Fam* **solucionar/conseguir algo por la ~ rápida** to solve/get sth as quickly as possible; EXPR **dar** o **dejar ~ libre a algo/alguien** *(dejar paso)* to give way to sth/sb; *(dar permiso)* to give sth/sb the go-ahead; **dar** o **dejar ~ libre a alguien** *(dar libertad de acción)* to give sb carte blanche; EXPR **tener ~ libre** *(proyecto)* to have received the go-ahead; **tener ~ libre para hacer algo** to have carte blanche to do sth ❑ **~ de comunicación** communication route; **~ férrea** *(ruta)* railway line; **~ fluvial** waterway; **la Vía Láctea** the Milky Way

-**2.** *(calzada, calle)* road; **en mitad** o **en medio de la ~** in the middle of the road; **las vías de acceso a la ciudad** the roads leading into the city; *Andes* **calle de doble/una ~** two-way/one-way street ❑ **~ pública** public thoroughfare; **~ de servicio** service o *US* frontage road

-**3.** *(de ferrocarril) (raíl)* rails, track; *(andén)* platform; **salirse de la ~** to be derailed; **un tramo de ~ única/de doble ~** a single-track/double-track stretch of line; **este tren efectuará su salida por la ~ 6** this train will depart from platform 6 ❑ **~ ancha** broad gauge; **~ estrecha** narrow gauge; **~ muerta** siding; **haber entrado** o **estar en ~ muerta** *(proyecto, negociaciones)* to have come to a standstill

-**4.** ANAT, MED tract; **por ~ intravenosa** intravenously; **por ~ oral** orally; **por ~ parenteral** parenterally; **esta enfermedad se transmite por ~ sexual** this disease is sexually transmitted ❑ **las vías respiratorias** the respiratory tract; **las vías urinarias** the urinary tract

-**5.** *(proceso)* **estar en vías de hacer algo** to be in the process of doing sth; **el conflicto parece estar en vías de solucionarse** it seems like the conflict is on the way to being solved o is nearing a solution; **el proyecto se halla en vías de negociación** the project is currently under discussion; **un paciente en vías de recuperación** a patient who is on the road o on his way to recovery; **un país en vías de desarrollo** a developing country; **una especie en vías de extinción** an endangered species

-**6.** *(opción, medio)* channel, path; **primero es necesario agotar la ~ diplomática** we have to exhaust all the diplomatic options first; **por la ~ del diálogo** by means of (a) dialogue, by talking (to each other); **por la ~ de la violencia** by using violence; **por la ~ de la meditación** through meditation; **por ~ oficial/judicial** through official channels/the courts

-**7.** *(en barco)* **~ de agua** leakage, hole *(below the water line)*

-**8.** DER procedure ❑ **~ de apremio** notification of distraint; **~ ejecutiva** enforcement procedure; **~ sumaria** summary procedure
◇ *nm inv* **~ crucis** REL Stations of the Cross, Way of the Cross; *(sufrimiento)* ordeal
◇ *prep* via; **volaremos a Sydney ~ Bangkok** we are flying to Sydney via Bangkok; **una conexión ~ satélite** a satellite link

viabilidad *nf* viability, feasibility
viabilizar [14] *vt* to make viable
viable *adj* viable, feasible
viaducto *nm* viaduct
viajado, -a *adj* well-travelled; **el más ~ de todos nosotros** the one who's travelled most of all of us
viajante *nmf* travelling salesperson ❑ **~ de comercio** commercial traveller
viajar *vi* -**1.** *(trasladarse, irse)* to travel (**en** by)
-**2.** *(circular)* to run; **el tren viajaba a toda velocidad** the train was going at full speed
viaje *nm* -**1.** *(en general)* journey, trip; *(en barco)* voyage; **¡buen ~!** have a good journey o trip!; **fue un ~ agotador** it was an exhausting journey; **hay once días de ~** it's an eleven-day journey; **en sus viajes al extranjero** on his journeys o travels abroad; **los viajes de Colón** the voyages of Columbus; **estar/ir de ~** to be away/go away (on a trip) ❑ **~ astral** astral projection; **~ de aventura** adventure holiday; **viajes espaciales** space travel; **~ de Estado** state visit; **~ de estudios** *(en colegio, universidad)* class trip; **~ de ida** outward journey; **~ de ida y vuelta** *esp Br* return journey o trip, *US* round trip; **~ marítimo** sea voyage; **~ de negocios** business trip; **~ de novios** honeymoon; **~ oficial** official visit; **~ organizado** organized trip; **~ de placer** pleasure trip; *Méx* **~ redondo** *esp Br* return journey o trip, *US* round trip; **~ relámpago** lightning trip o visit; **~ de vuelta** return journey
-**2.** *(recorrido)* trip; **di** o **hice varios viajes para trasladar los muebles** it took me several trips to move all the furniture; EXPR *RP* **de un ~** *(de una vez)* in one go
-**3.** *Fam (alucinación)* trip
-**4.** *Fam (golpe)* bang, bump
viajero, -a ◇ *adj (persona)* travelling; *(ave)* migratory; **soy muy ~** I love travelling
◇ *nm,f (en general)* traveller; *(en transporte público)* passenger
vial ◇ *adj* road; **seguridad ~** road safety
◇ *nm (frasco)* phial
vialidad *nf* **el pésimo estado de la ~** the appalling state of the roads o highways; **departamento de ~** highway(s) department
vianda *nf* -**1.** *(comida)* food -**2.** *Méx, RP (tentempié)* packed lunch -**3.** *Méx, RP (fiambrera)* lunchbox
viandante *nmf* -**1.** *(peatón)* pedestrian -**2.** *(transeúnte)* passer-by

viaraza *nf* -**1.** *Am (acción repentina, ganas)* **le dio la ~ de hacerlo** she took it into her head to do it -**2.** *RP (ataque de cólera)* fit of rage; **le vino la ~** he saw red
viario, -a *adj* road; **red viaria** road network
viático *nm* -**1.** REL last rites, viaticum -**2.** *(dieta)* expenses allowance
víbora *nf* -**1.** *(serpiente)* adder, viper -**2.** *(persona mala)* viper; **es una ~** she has a vicious tongue
viborear *vi Méx Fam* to bitch, to backbite
viborera *nf* viper grass
vibra *nf Am Fam* vibes
vibración *nf* -**1.** *(oscilación)* vibration -**2.** *Fam* **vibraciones** *(sensación)* vibes; **María me da buenas/malas vibraciones** I get good/bad vibes off Maria
vibrador *nm* vibrator
vibráfono *nm* vibraphone
vibrante *adj* -**1.** *(aparato)* vibrating -**2.** *(música, espectáculo)* vibrant -**3.** LING rolled, trilled
vibrar *vi* -**1.** *(onda, aparato)* to vibrate; *(edificio)* to shake -**2.** *(voz, rodillas)* to shake -**3.** *(persona)* to be thrilled; **el concierto hizo ~ al público** the concert had an electrifying effect on the audience; **el teatro entero vibraba con la música** the whole theatre was thrilled by the music
vibrátil *adj* vibratile
vibratorio, -a *adj* vibratory
vicaría *nf* -**1.** *(cargo)* vicarship, vicariate -**2.** *(residencia)* vicarage; EXPR *Fam* **pasar por la ~** to tie the knot
vicario *nm* vicar ❑ **~ apostólico** vicar apostolic; **el ~ de Cristo** the Vicar of Christ
vicealmirantazgo *nm* vice-admiralty
vicealmirante *nm* vice-admiral
vicecanciller *nmf* -**1.** *(de gobierno)* vice-chancellor -**2.** *Am (de asuntos exteriores)* deputy foreign minister
vicecónsul *nm* vice-consul
viceconsulado *nm* -**1.** *(cargo)* vice-consulship -**2.** *(oficina)* vice-consulate
vicegobernador, -ora *nm,f* vice-governor
Vicente *n pr* EXPR *Fam* **¿dónde va ~? donde va la gente** he/she always follows the crowd
vicepresidencia *nf (de país, asociación)* vice-presidency; *(de comité, empresa)* vice-chairmanship
vicepresidente, -a *nm,f (de país, asociación)* vice-president; *(de comité, empresa)* vice-chairman, *US* vice-president
vicerrector, -ora *nm,f* deputy vice-chancellor *(of a university)*
vicerrectorado *nm* -**1.** *(cargo)* = post of deputy vice-chancellor of a university -**2.** *(lugar)* deputy vice-chancellor's office
vicesecretario, -a *nm,f* assistant secretary
vicetiple *nf* chorus girl
viceversa *adv* vice versa
vichada, bichada *nf RP Fam* **echar una ~ a algo** to have a quick look at sth, *Br* to have a shufty at sth
vichar, bichar *RP Fam* ◇ *vt* to peek at, to sneak a look at
◇ *vi* to peek, to sneak a look
vichyssoise [bitʃi'swas] *nf* vichyssoise
viciado, -a *adj* -**1.** *(aire) (enrarecido)* stuffy; *(contaminado)* polluted -**2.** *(proceso, situación)* spoiled, blighted
viciar *vt* -**1.** *(persona) (enviciar)* to get into a bad habit; *(pervertir)* to corrupt
-**2.** *(aire) (de habitación)* to make stuffy; *(contaminar)* to pollute
-**3.** *(deformar) (tuerca)* to ruin, to twist o bend out of shape; *(zapato)* to ruin, to spoil *(the shape of)*; *(proceso, sistema)* to blight, to spoil
-**4.** *(falsear)* to distort, to twist; **los enfrentamientos personales viciaron el debate** personal animosities distorted the debate
-**5.** DER *(invalidar)* to invalidate
➜ **viciarse** *vpr* -**1.** *(persona) (enviciarse)* to get into a bad habit; *(pervertirse)* to become o get corrupted; **es muy fácil viciarse con estos bombones** it's very easy to get addicted to these chocolates -**2.** *(aire) (de habitación)* to

vicio

get stuffy; *(contaminarse)* to get polluted **-3.** *(deformarse) (tuerca)* to be bent *o* twisted out of shape; *(zapato)* to lose its shape, to be ruined

vicio *nm* **-1.** *(libertinaje)* vice; **el ~ y la virtud** virtue and vice
-2. *(actividad inmoral)* vice; **gasta todo lo que gana en vicios** he spends everything he earns on his vices
-3. *(afición excesiva)* **fuma mucho, pero quiere dejar el ~** she smokes a lot, but she wants to give up (the habit); *Fam* **para mí, viajar es un ~** I'm addicted to travelling; EXPR *Fam* **de ~** *(fenomenal)* brilliant; **esta tarta está de ~** this cake is yummy *o* scrumptious; **nos lo pasamos de ~** we had a great *o* fantastic time; EXPR **quejarse** *o* **llorar de ~** to complain for no (good) reason
-4. *(mala costumbre)* bad habit, vice; **vicios posturales** bad postural habits
-5. *(defecto, error)* defect; **tiene un ~ al andar** he walks in a strange way ❏ **~ de dicción** incorrect use of language; DER **~ de forma** minor procedural irregularity

vicioso, -a ⬦ *adj* **-1.** *(depravado)* depraved **-2.** *(enviciado)* **es un jugador muy ~** he's heavily addicted to gambling
⬦ *nm,f* **-1.** *(depravado)* depraved person; **ser un ~** to be depraved **-2.** *(enviciado)* addict; *Fam* **es un ~ de las novelas policíacas** he's addicted to detective novels

vicisitudes *nfpl* **-1.** *(sucesos)* setbacks, mishaps; **tras muchas ~ alcanzamos la costa** after many setbacks we reached the coast
-2. *(altibajos)* ups and downs, *Literario* vicissitudes; **el relato de las ~ de una familia de emigrantes** the story of the ups and downs *o Literario* vicissitudes in the life of a family of emigrants

víctima *nf* **-1.** *(por mala suerte o negligencia)* victim; *(en accidente, guerra)* casualty; **ser ~ de la represión/la injusticia** to be the victim of repression/injustice; **fue ~ de su propia ambición** she was the victim of her own ambition; **resultó ~ de su propio engaño** he was hoist with his own petard, his scheme backfired on him; **falleció ~ de un infarto** he died of a heart attack ❏ **~ mortal** fatality; **hubo tres víctimas mortales** three people were killed
-2. *(en sacrificio)* victim; EXPR **hacerse la ~** to play the martyr ❏ **~ propiciatoria** scapegoat

victimado, -a *nm,f Am* (murder) victim
victimar *vt Am* to kill, to murder
victimario, -a *nm,f* **-1.** *Formal (que hace víctimas)* victimizer **-2.** *Am* killer, murderer
victimismo *nm* **dejémonos de victimismos** let's stop trying to play the victim
victorense ⬦ *adj* of/from Ciudad Victoria (Mexico)
⬦ *nm,f* person from Ciudad Victoria (Mexico)
Victoria *n pr* **la reina ~** Queen Victoria; **el lago ~** Lake Victoria
victoria *nf* victory; **se adjudicó la ~ en los 100 metros** she won the 100 metres; EXPR **cantar ~** to claim victory ❏ DEP **~ local** home win; **~ moral** moral victory; **~ pírrica** Pyrrhic victory; DEP **~ visitante** away win
victoriano, -a *adj* Victorian
victoriosamente *adv* victoriously
victorioso, -a *adj* victorious
victrola, vitrola *nf Am* gramophone, *US* phonograph
vicuña *nf* vicuña
vid *nf* vine
vid. *(abrev de véase)* v., vide
vida *nf* **-1.** *(estado fisiológico, hecho de existir)* life; **¿hay ~ en otros planetas?** is there life on other planets?; **el cuerpo sin ~ de un soldado** the lifeless body of a soldier; **el conflicto se cobró muchas vidas** many lives were lost in the conflict; **aquello le costó la ~** that cost him his life; **dar la ~ por** to give one's life for; **estar con ~** to be alive; **va a ser una operación a ~ o muerte** the operation may save his life but it may also

kill him; **estar entre la ~ y la muerte** to be at death's door; **perder la ~** to lose one's life; **quitar la ~ a alguien** to kill sb; **quitarse la ~** to take one's (own) life; **salir con ~** to come out alive; **como si la ~ le fuera en ello** as if his/her life depended on it; **ser una cuestión** *o* **un asunto de ~ o muerte** to be a matter of life and death; EXPR **enterrarse en ~** to forsake the world; EXPR **pasar a mejor ~** *Euf (persona)* to pass away; *(prenda, aparato, utensilio)* to have had it; EXPR **la otra ~** the next life; EXPR **tenía la ~ pendiente de un hilo** her life was hanging by a thread; EXPR **tener siete vidas (como los gatos)** to have nine lives; PROV **mientras hay ~ hay esperanza** hope springs eternal ❏ **~ artificial** artificial life; **la ~ eterna** eternal life; **~ extraterrestre** extraterrestrial life; **~ intrauterina** intrauterine life
-2. *(periodo de existencia)* life; **trabajó toda su ~** he worked all his life; **una ~ plagada de éxitos** a lifetime of success; **de mi/tu/** *etc.* **~** of my/your/*etc* life; **el amor/la oportunidad de su ~** the love/chance of his life; **un amigo de toda la ~** a lifelong friend; **le conozco de toda la ~** I've known him all my life; **de toda la ~ las novias van de blanco** brides have worn white since time immemorial, brides have always worn white; **de por ~** for life; **en ~ de** during the life *o* lifetime of; **eso no lo hubieras dicho en ~ de tu padre** you would never have said that while your father was alive; **así no vas a aprobar en la** *o* **tu ~** you'll never pass like that; **¡en mi** *o* **la ~ vi cosa igual!** I'd never seen such a thing in all my life!; **pasarse la ~ haciendo algo** to spend one's life doing sth; **se pasa la ~ quejándose** he does nothing but complain all the time; EXPR **hacer la ~ imposible a alguien** to make sb's life impossible; EXPR *Am* **toda la ~:** *(sin duda)* **¿prefieres África a Europa? – ¡toda la ~!** do you prefer Africa to Europe? – every time! *o* you bet!; EXPR **la ~ da muchas vueltas** you never know what life has got in store for you; EXPR **la ~ y milagros de alguien** sb's life story
-3. COM *(de maquinaria, aparato, automóvil)* life; **tiene una ~ útil de veinte años** it has a useful life of twenty years, it's designed to last for twenty years ❏ **~ media** average life, mean lifetime
-4. *(forma de vivir, faceta cotidiana)* life; **su ~ es el teatro** the theatre is her life; **¿cómo es tu ~ diaria?** what would be a typical day in your life?; **la ~ política del país** the country's political life; **¿no te gustaría cambiar de ~?** wouldn't you like to change your life *o* the way you live?; **yo hago** *o* **vivo mi ~ como todo el mundo** I just get on with my life like everyone else; **lleva una ~ muy tranquila** she leads *o* lives a very peaceful life; **¡así es la ~!** that's life!, such is life!; **¡esto (sí que) es ~!** this is the life!; **una mujer de ~ alegre** a loose woman; **¿qué es de tu ~?** how's life?; **¡qué ~ ésta!** what a life!; **la buena ~** the good life; EXPR **darse** *o* **pegarse la gran ~, darse** *o* **pegarse la padre ~** to live the life of Riley; EXPR **llevar una ~ de perros** to lead a dog's life ❏ **~ amorosa** love life; **~ de familia** family life; **~ privada** private life; **~ pública** public life; **~ sentimental** love life; **~ sexual** sex life; **~ social** social life; **hacer ~ social (con)** to socialize (with)
-5. *(animación)* life; **este pueblo tiene mucha ~** this town is very lively; **estar lleno de ~** to be full of life; **Brando da ~ al personaje del padre** Brando plays the father ❏ **~ nocturna** nightlife
-6. *(necesidades materiales)* **la ~ está muy cara en Japón** the cost of living is very high in Japan; *Fam* **está la ~ muy achuchada** money's very tight; **ganarse la ~** to earn a living; **con este trabajo me gano bien la ~** I make a good living from this job
-7. *(apelativo cariñoso)* darling; **¡mi ~!, ¡~ mía!** my darling!

vidalita *nf* = plaintive folk song from Argentina or Uruguay
vidente ⬦ *adj* sighted; **no ~** blind, sightless
⬦ *nmf* **-1.** *(adivino)* clairvoyant **-2.** *(no ciego)* sighted person; **no ~** blind *o* sightless person; **los no videntes** the blind
vídeo, *Am* **video** *nm (aparato)* video, VCR; *(sistema)* video; *(cinta)* video(tape); *(videoclip)* (pop) video; **en ~** on video; **grabar en ~** to videotape, to record on video ❏ **~ casero** home video; **~ comunitario** = system enabling one video to be shown simultaneously on different television sets in the same block of flats; **~ digital** digital video; **~ doméstico** home video; **~ interactivo** interactive video
videoaficionado, -a *nm,f* = person who makes amateur videos
videocámara *nf (grande)* video camera; *(pequeña)* camcorder
videocasete *nm* video, videocassette
videocinta *nf* video, videotape
videoclip *nm* (pop) video
videoclub *nm* video (rental) shop *o US* store
videoconferencia *nf* videoconference; **videoconferencias** videoconferencing
videoconsola *nf* game(s) console
videodisco *nm* videodisk
videoedición *nf* video editing
videografía *nf* **-1.** *(técnica)* video recording **-2.** *(videos)* videos
videográfico, -a *adj* video; **material ~** video material
videoinstalación *nf* videoinstallation
videojuego *nm* video game
videolibro *nm* video book
videomarcador *nm* electronic scoreboard
videopelícula *nf* video movie *o Br* film
videoportero *nm* video entryphone system
videoteca *nf* video library
videoteléfono *nm* videophone
videoterminal *nm* video terminal
videotexto *nm*, **videotex** *nm inv (por señal de televisión)* teletext; *(por línea telefónica)* videotext, viewdata
vidorra *nf Fam* **pegarse una gran ~** to live the life of Riley
vidorria *nf Fam* **-1.** *Méx, Ven (mala vida)* dog's life **-2.** *Ven (buena vida)* easy life
vidriado, -a ⬦ *adj* glazed
⬦ *nm* **-1.** *(técnica)* glazing **-2.** *(material)* glaze
vidriar *vt* to glaze
vidriera *nf* **-1.** *(puerta)* glass door; *(ventana)* glass window **-2.** *(en catedrales)* stained-glass window **-3.** *Am (escaparate)* shop window **-4.** *ver también* **vidriero**
vidriería *nf* glassworks *(singular)*
vidrierista *nmf Am* window dresser
vidriero, -a *nm,f* **-1.** *(que fabrica cristales)* glass manufacturer **-2.** *(que coloca cristales)* glazier
vidrio *nm* **-1.** *(material)* glass ❏ **~ ahumado** smoked *o* dark glass; **~ blindado** armoured glass; **~ esmerilado** frosted *o* ground glass; **~ pyrex®** Pyrex® glass; **~ de seguridad** security glass
-2. *(objeto)* glass; **un ~** a piece of glass; **cuidado con los vidrios desparramados por el piso** careful of the bits of glass scattered on the floor; **está el suelo lleno de vidrios rotos** the floor is covered in broken glass; EXPR **pagar los vidrios rotos** to carry the can
-3. *(de ventana)* window (pane); *Am (de anteojos)* lens; *Am (de coche)* window; **bajar el ~** *(ventanilla)* to roll down the window; EXPR *Am* **todo depende del ~ a través del que se mira** it all depends how you look at it ❏ *Am* **~ eléctrico** electric window
vidrioso, -a *adj* **-1.** *(material)* brittle **-2.** *(tema, asunto)* thorny, delicate **-3.** *(ojos)* glazed
vidurria *nf RP Fam* easy life
vieira *nf* scallop
vieja *nf* **-1.** *(pescado) (de las Canarias)* parrotfish; *(con tentáculos)* blenny **-2.** *Col, Méx, Ven' Fam (mujer, chica)* woman, *Br* bird **-3.** *ver también* **viejo**

viejerío nm Fam **-1.** Col, Méx, Ven crowd o bunch of women o Br birds **-2.** RP Pey bunch of oldies o Br wrinklies o US oldsters

viejero nm Col, Méx, Ven Fam womanizer

viejo, -a ◇ adj **-1.** (en edad) old; **está muy ~ para su edad** he looks very old for his age; **ya soy o estoy ~ para estas cosas** I'm a bit old for that sort of thing; **esa ropa te hace más ~** those clothes make you look older; **hacerse ~** to get o grow old; **de ~ fue cuando empezó a viajar** it was only as an old man that he started to travel; **morirse de ~** to die from old age; EXPR RP Fam **ser más ~ que andar a pie** to be as old as the hills, to have come out of the ark

-2. (usado) (ropa, aparato) old; **estas botas están ya viejas** these boots are worn out o past it now; **una radio vieja** an old radio; **una librería de ~** a second-hand bookshop

-3. (antiguo) old; **viejas canciones** old songs; **un ~ conocido** an old acquaintance; **es un chiste muy ~** it's a really old joke

-4. RP (de toda la vida) **baila muy bien, es tanguero ~** he dances very well, he's always loved tango; **a ese no le creas, que es mentiroso ~** don't you believe him, he's a born liar

◇ nm,f **-1.** (anciano) old man, f old lady; **los viejos** the elderly; **los viejos del pueblo** the old people in the village; **llegar a ~** to live to be an old man ❑ RP Fam **el ~ de la bolsa** the bogeyman; Chile **el Viejo de Pascua** Father Christmas; Chile **el Viejo Pascuero** Father Christmas; **~ verde** dirty old man

-2. Fam (padre) old man; (madre) old girl; **mis viejos** my folks

-3. Am Fam (apelativo) (amigo) pal, Br mate, US buddy; (amiga) girl, US girlfriend; **¿qué hay de nuevo, ~?** what's new, Br mate o US buddy?

-4. Méx, RP Fam (apelativo) (esposo, esposa) Br love, US honey

-5. RP Fam (apelativo) (cariñoso o paternalista) Br love, US honey; **¿querés un caramelo, mi ~?** Br do you want a sweet, love?, US do you want a piece of candy, honey?

Viena n Vienna

viene etc ver **venir**

vienés, -esa ◇ adj Viennese
◇ nm,f Viennese

viento nm **-1.** (aire) wind; **~ del norte** north o northerly wind; **navegábamos a favor del ~** we were sailing with the wind behind us; **navegar contra el ~** to sail into the wind; **hace ~** it's windy; **mis esperanzas se las llevó el ~** my hopes flew out of the window; EXPR **proclamar algo a los cuatro vientos** to shout sth from the rooftops; EXPR **contra ~ y marea** through hell or high water, no matter the difficulties; **defender algo/a alguien contra ~ y marea** to defend sth/sb in spite of everything; EXPR **despedir o echar a alguien con ~ fresco** to send sb packing; EXPR Fam **tomar vientos: ¡vete a tomar vientos!** get lost!, lose yourself!; **lo mandó a tomar vientos** she told him to get lost; EXPR **~ en popa** splendidly, very nicely; **todo marcha ~ en popa** everything's going swimmingly o very nicely ❑ **vientos alisios** trade winds; **~ de cara** headwind; **~ contrario** headwind; **~ de costado** crosswind; **~ dominante** prevailing wind; **~ flojo** gentle breeze; **~ fuerte** high winds; **~ de lado** crosswind; **~ solar** solar wind

-2. (cuerda) guy (rope)

-3. MÚS wind; **la sección de ~** the wind section

-4. NÁUT (rumbo) course, bearing

vientre nm **-1.** (de persona) (cavidad con órganos) abdomen; (región) stomach, belly; **hacer de ~** to have a bowel movement; **bajo ~** lower abdomen **-2.** (de embarazada) womb; REL **el fruto de tu ~** the fruit of thy womb

-3. (de vasija) belly, rounded part

vier. (abrev de **viernes**) Fri

viera etc ver **ver**

viernes nm inv Friday ❑ **Viernes Santo** Good Friday; ver también **sábado**

vierto etc ver **verter**

viese etc ver **ver**

Vietnam n Vietnam

vietnamita ◇ adj Vietnamese
◇ nmf (persona) Vietnamese
◇ nm (lengua) Vietnamese

viga nf (de madera) beam, rafter; (de metal) girder ❑ **~ maestra** main beam

vigencia nf (de ley, contrato) validity; **durante el primer año de ~ de esta normativa** during the first year these regulations were in force; **el periodo de ~ de una patente/de un contrato** the duration of a patent/contract; **no estoy seguro de la ~ de la tarifa** I'm not sure if the rate is still applicable; **entrar en ~** (ley) to come into force; (contrato, tarifa) to come into effect, to take effect; **estar en ~** (ley) to be in force; (contato, tarifa) to apply, to be effective; **esa costumbre ha perdido ~/todavía tiene ~** that custom has fallen out of use/is still observed

vigente adj (ley) in force; (contrato, tarifa) current; (campeón) reigning; (costumbre) in use; **según la normativa ~...** according to the current regulations o the regulations currently in force...; **el contrato estará ~ durante tres años** the contract will run o be valid for three years; **la tregua sigue ~** the ceasefire is still in force

vigésimo, -a núm twentieth; ver también **octavo**

vigía ◇ nmf lookout
◇ nf (atalaya) watchtower

vigilancia nf **-1.** (cuidado) vigilance ❑ **~ intensiva** intensive care **-2.** (control) surveillance; **equipo de ~** (aparatos) surveillance equipment; **están al cargo de la ~ en todo el edificio** they are in charge of security for the whole building; **tras la fuga aumentaron la ~** after the escape security was increased **-3.** (vigilantes) guards, security

vigilante ◇ adj vigilant; **conviene mantenerse vigilantes** it's best to stay on your guard o remain alert
◇ nmf guard ❑ **~ jurado** security guard; **~ nocturno** nighwatchman

vigilar ◇ vt **-1.** (presos, banco) to guard; **el guarda que vigila la salida** the guard on the exit **-2.** (observar, cuidar) (enfermo) to watch over; (niños, bolso) to keep an eye on; (proceso) to oversee; **vigila que nadie toque esto** make sure no one touches this **-3.** (espiar) to watch; **me vigilan desde hace días** they've been watching me for days
◇ vi to keep watch; **él vigilaba mientras los demás dormían** he kept watch while the others slept; **~ por algo** to (keep a) watch over sth; **el estado vigila por la salud/seguridad de los ciudadanos** the State looks after o watches over people's health/security

vigilia nf **-1.** (vela) wakefulness; (periodo) period of wakefulness; **pasó varias noches de ~** she had several sleepless nights; **la mente se recupera durante el sueño del esfuerzo hecho durante la ~** the mind uses sleep to recharge its batteries after the efforts of the day
-2. (insomnio) sleeplessness
-3. (víspera) eve; **la ~ de la Inmaculada** the eve of the feast of the Immaculate Conception
-4. REL (abstinencia) abstinence

vigor nm **-1.** (fuerza) vigour
-2. (vigencia) **en ~** (ley, reglamento) in force; (contrato, tarifa) current; **el acuerdo en ~** the agreement in force, the current agreement; **el contrato/la tarifa ya no está en vigor** the contract is no longer valid/the rate is no longer valid o applicable; **entrar en ~** to come into force, to take effect; **con la entrada en ~ de la nueva normativa, la situación va a cambiar** when the new regulations come into force o take effect, the situation will change

vigorizador, -ora, vigorizante adj (medicamento) fortifying; (actividad) invigorating

vigorizar [14] vt (medicamento) to fortify; (actividad) to invigorate

vigorosamente adv vigorously

vigoroso, -a adj **-1.** (robusto) vigorous **-2.** (lenguaje, estilo) vigorous, forceful; (actuación) spirited, powerful

viguería nf girders, beams

vigués, -esa ◇ adj of/from Vigo (Spain)
◇ nm,f person from Vigo (Spain)

vigueta nf joist

VIH nm (abrev de **virus de la inmunodeficiencia humana**) HIV

vihuela nf vihuela, = guitar-like musical instrument

vikingo, -a ◇ adj Viking
◇ nm,f Viking

vil adj vile, despicable; Hum **el ~ metal** filthy lucre

vilano nm seedhead

vileza nf **-1.** (acción) vile o despicable act **-2.** (cualidad) vileness

vilipendiar vt **-1.** (ofender) to vilify, to revile **-2.** (humillar) to humiliate

vilipendio nm **-1.** (ofensa) vilification **-2.** (humillación) humiliation

vilipendioso, -a adj **-1.** (ofensivo) vilifying **-2.** (humillante) humiliating

villa nf **-1.** (población) small town; EXPR Méx **el que se fue a la ~ perdió su silla** you shouldn't have gone away if you wanted to keep your place/seat ❑ Arg, Bol **~ miseria** shanty town; **~ olímpica** Olympic village **-2.** (casa) villa, country house ❑ **~ romana** Roman villa

Villadiego n Fam EXPR **tomar** o RP **tomarse** o Esp **coger las de ~** to take to one's heels

villahermosino, -a ◇ adj of/from Villahermosa (Mexico)
◇ nm,f person from Villahermosa (Mexico)

villanaje nm (gente) peasants, peasantry

villancico nm Christmas carol

villanía nf **-1.** (acto) vile o despicable act **-2.** (cualidad) vileness

villano, -a ◇ adj villainous
◇ nm,f **-1.** (malvado) villain **-2.** (plebeyo) peasant

villero, -a Arg ◇ adj shanty town
◇ nm,f shanty dweller

villorrio nm Pey one-horse town, backwater

vilmente adv vilely, despicably

Vilna n Vilnius

vilo: en vilo loc adv **-1.** (suspendido) in the air, suspended; **sostener algo en ~** to hold sth up **-2.** (inquieto) **con el corazón en ~** on tenterhooks; **tener el alma en ~** to be on tenterhooks; **la población sigue los sucesos con el alma en ~** the population is anxiously following events; **mantener** o **tener a alguien en ~** to keep sb in suspense

vinagre nm vinegar; **en ~** pickled ❑ **~ de jerez** sherry vinegar; **~ de malta** malt vinegar; **~ de manzana** apple o cider vinegar

vinagrera nf **-1.** (vasija) vinegar bottle **-2. vinagreras** (para aceite y vinagre) cruet set **-3.** Andes (ardor de estómago) heartburn

vinagreta nf vinaigrette, French dressing

vinajera nf cruet, = vessel holding wine or water in Catholic mass

vinatería nf **-1.** (tienda) wine shop **-2.** (negocio) wine trade

vinatero, -a ◇ adj wine
◇ nm,f (vendedor) wine merchant, vintner; (fabricante) wine maker

vinaza nf (residuo) stillage, vinasse

vinazo nm strong, heavy wine

vinca nf periwinkle

vincha nf Andes, RP hairband

vinchuca nf kissing bug, cone-nose bug

vinculación nf link, connection; **fue detenido por su presunta ~ con el tráfico de drogas** he was arrested because of suspected links with drug-trafficking

vinculante adj binding

vincular ◇ vt **-1.** (enlazar) to link; **estar vinculado a** (tener vínculos con) to be linked to, to have links with; (depender de) to be linked to **-2.** (obligar) **este tratado vincula a los**

vínculo

países firmantes this treaty is binding for the countries that have signed it **-3.** INFORMÁT to attach

◆ **vincularse** *vpr (enlazarse)* **vincularse con** *o* **a** to form links with

vínculo *nm* **-1.** *(lazo) (entre hechos, países)* link; *(personal, familiar)* tie, bond; **mantenían vínculos comerciales con Oriente Medio** they maintained commercial *o* trading links with the Middle East; **los unía un ~ muy profundo** they shared a very deep bond ❑ **vínculos de parentesco** family ties **-2.** INFORMÁT link **-3.** DER entail

vindicación *nf* **-1.** *(venganza)* vengeance, revenge **-2.** *(defensa, rehabilitación)* vindication

vindicar [59] *vt* **-1.** *(vengar)* to avenge, to revenge **-2.** *(defender, rehabilitar)* to vindicate **-3.** *(reivindicar)* to claim, to demand

vindicatorio, -a, vindicativo, -a *adj* **-1.** *(vengativo)* vindictive **-2.** *(rehabilitador)* vindicatory **-3.** *(reivindicativo)* **dio un discurso ~** he gave a speech in which he made a series of demands

vindicta *nf* revenge, vengeance ❑ **~ pública** exemplary punishment

vinería *nf Am* wine shop

vinero, -a *Am* ◇ *adj* wine; **la producción vinera** wine production

◇ *nm,f (vendedor)* wine merchant, vintner; *(fabricante)* wine maker

vinícola *adj (país, región)* wine-producing; **industria ~** wine industry

vinicultor, -ora *nm,f* wine producer

vinicultura *nf* wine production, wine-growing

viniera *etc ver* **venir**

vinificación *nf* fermentation, *Espec* vinification

vinilo *nm* vinyl

vino ◇ *ver* **venir**

◇ *nm* **-1.** *(bebida)* wine; **se tomaron un ~** they had a glass of wine; **ir de vinos** to go out for a few glasses of wine; EXPR **tiene mal ~** he turns nasty when he's had one too many ❑ **~ añejo** mature wine; **~ blanco** white wine; **~ de la casa** house wine; **~ clarete** light red wine; **~ dulce** sweet wine; **~ espumoso** sparkling wine; **~ generoso** full-bodied wine; **~ de Jerez** sherry; **~ de mesa** table wine; **~ de Oporto** port; **~ peleón** cheap wine, *Br* plonk; *Andes* **~ rojo** red wine; **~ rosado** rosé; **~ seco** dry wine; **~ tinto** red wine

-2. *(recepción)* **un ~ español** a cheese and wine reception

◇ *adj inv* **color ~** wine-coloured; **unos zapatos color ~** wine-coloured shoes

viña *nf* vineyard; REL **la ~ del Señor** the faithful; EXPR **de todo hay en la ~ del Señor** it takes all sorts (to make a world)

viñador, -ora *nm,f (dueño)* vineyard owner; *(como productor de vino)* wine grower; *(trabajador)* vineyard worker

viñamarino, -a ◇ *adj* of/from Viña del Mar *(Chile)*

◇ *nm,f* person from Viña del Mar *(Chile)*

viñatero, -a *CSur* ◇ *adj* wine-producing

◇ *nm,f (dueño)* wine grower; *(trabajador)* vineyard worker

viñátigo *nm* Madeira bay persea

viñedo *nm* (large) vineyard

viñeta *nf* **-1.** *(de tebeo)* cartoon frame; **el texto va acompañado de unas viñetas** the text is accompanied by a cartoon **-2.** *(de libro)* vignette

vio *ver* **ver**

viola ◇ *nf* viola

◇ *nmf* viola player

violáceo, -a ◇ *adj* violet

◇ *nm* violet

violación *nf* **-1.** *(de persona)* rape **-2.** *(de ley, derechos)* violation, infringement; **~ del espacio aéreo panameño** violation of Panama's airspace ❑ DER **~ de domicilio** unlawful entry **-3.** *(en baloncesto)* violation

violado, -a ◇ *adj* violet

◇ *nm* violet

violador, -ora *nm,f* **-1.** *(de persona)* rapist **-2.** *(de ley, derechos)* violator

violar *vt* **-1.** *(persona)* to rape **-2.** *(ley, derechos)* to violate, to infringe; *(domicilio)* to break into

violencia *nf* **-1.** *(agresividad)* violence; **reaccionó con ~** she reacted violently; **emplear la ~ contra la población desarmada** to use violence against an unarmed population ❑ **~ callejera** street violence; **~ doméstica** domestic violence; **~ física** physical violence **-2.** *(de viento, pasiones)* force **-3.** *(incomodidad)* awkwardness

---

LA VIOLENCIA

On 9th April 1948, the leftist Liberal Party leader of Colombia, Jorge Eliécer Gaitán, was murdered in Bogotá. Popular outrage led to an outburst of violent street rioting (known as "el bogotazo"), which was put down within a few days. However, this sparked off ten years of virtual civil war in the countryside between supporters of the Liberal and Conservative parties in which some 300,000 people died. This period is known as **la Violencia**, and only ended when the two parties, united by their opposition to the dictatorship of General Rojas Pinilla (1953-7), agreed to form a Frente Nacional under which they alternated in power over the next 16 years.

---

violentamente *adv* violently

violentar ◇ *vt* **-1.** *(incomodar)* **~ a alguien** to make sb feel awkward **-2.** *(forzar) (cerradura)* to force; *(domicilio)* to break into

◆ **violentarse** *vpr* to feel awkward

violentismo *nm Andes* violent agitation, (political) violence

violentista *Andes* ◇ *adj* violent; **una escalada ~** a spiral of violence

◇ *nm,f* violent social agitator

violento, -a ◇ *adj* **-1.** *(persona, deporte, acción)* violent; **muerte violenta** violent death; **se hicieron con el parlamento por medios violentos** they took control of the parliament by violent means

-2. *(intenso) (pasión, tempestad)* intense, violent; *(viento)* fierce; **los despertó una violenta sacudida del wagón** they were awoken when the carriage gave a violent jolt

-3. *(incómodo)* awkward; **aquello lo puso en una situación muy violenta** that put him in a very awkward situation; **me resulta ~ hablar con ella** I feel awkward talking to her

◇ *nmpl* **los violentos** the men of violence

violeta ◇ *nf (flor)* violet

◇ *adj inv* violet

◇ *nm (color)* violet

violetera *nf* violet seller

violín ◇ *nm* violin; EXPR *RP Fam* **meter ~ en bolsa** to hold one's tongue, to shut up; EXPR *Méx Fam* **pintar a alguien un ~** *Br* to stick two fingers up at sb, *US* to flip sb the bird

◇ *nmf* violinist

violinista *nmf* violinist

violón ◇ *nm* double bass

◇ *nmf* double bass player

violonchelista, violoncelista *nmf* cellist

violonchelo, violoncelo ◇ *nm* cello

◇ *nmf* cellist

VIP [bip] *nmf (abrev de* **very important person**) VIP

viperino, -a *adj (lengua)* venomous

Viracocha *n* MITOL = Inca god of creation

viracocha *nm* HIST = name given to the Spanish Conquistadores among the ancient Incans

virada *nf* **-1.** *(vuelta)* turn **-2.** NÁUT tack

virador *nm* toner

viraje *nm* **-1.** *(en coche)* swerve; **hacer un ~** to swerve **-2.** *(en barco)* tack; **hacer un ~** to change tack **-3.** FOT toning **-4.** *(cambio)* change of direction

viral *adj* viral

virar ◇ *vt* **-1.** *(girar)* to turn (round) **-2.** FOT to tone

◇ *vi* **-1.** *(girar)* to turn (round); NÁUT to tack;

~ en redondo to turn round **-2.** *(cambiar) (persona)* to do a volte-face *o* U-turn; *(ideas, política)* to change radically

virgen ◇ *adj (persona, selva, tierra)* virgin; *(cinta)* blank; *(película)* unused

◇ *nmf (persona)* virgin

◇ *nf* **-1.** *(imagen)* Madonna **-2.** REL **la Virgen** the Virgin (Mary); *Fam* **¡Virgen Santa!** good heavens!; *Fam* **¡la Virgen!** *Br* blimey!, *US* jeez!

Virgilio *n pr* Virgil

virginal *adj* virginal

virginiano, -a *Am* ◇ *adj* Virgo; **ser ~** to be (a) Virgo

◇ *nm,f* Virgo; **los virginianos son...** Virgos are...

virginidad *nf* virginity

virgo ◇ *adj inv* Virgo Virgo; *Esp* **ser Virgo** to be (a) Virgo

◇ *nm* **-1.** *(virginidad)* virginity; *(himen)* hymen **-2.** *(signo del zodiaco)* **Virgo** Virgo; *Am* **los de Virgo son...** Virgos are ...

◇ *nmf inv (persona)* **Virgo** Virgo; *Esp* **los Virgo son...** Virgos are ...

virguería *nf Fam* **es una ~** *(diseño, objeto)* it's a work of art; **hacer virguerías** to do *o* work wonders; **hace virguerías con la guitarra** he's a wizard with the guitar; **hace virguerías con el balón** he works *o* performs miracles with the ball

virguero, -a *adj Fam (diseño, objeto)* fantastic, superb; *(persona)* **es un tío ~ con el ordenador** the guy's a genius on the computer

vírgula, virgulilla *nf* IMPRENTA *(guión ondulado)* swung dash; *(sobre la ñ)* tilde

vírico, -a *adj* viral

viril *adj* virile, manly

virilidad *nf* virility

virilmente *adj* in a manly way, virilely

virola *nf* **-1.** *(de bastón, paraguas)* ferrule **-2.** *(árbol)* virole **-3.** *RP (en arreo de caballo)* silver disc

virolento, -a *adj* pockmarked

virolo, -a *adj Méx, Ven Fam Hum* cross-eyed

virología *nf* virology

virológico, -a *adj* virological

virólogo, -a *nm,f* virologist

virreina *nf* vicereine

virreinal *adj* viceregal

virreinato, virreino *nm* viceroyalty

virrey *nm* viceroy

virtiera *etc ver* **verter**

virtual *adj* **-1.** *(posible)* possible, potential; **le preocupaba el ~ fracaso del proyecto** he was worried by the possible failure of the project **-2.** *(casi real)* **se le considera el ~ ganador de las elecciones** he's considered to have virtually *o* practically won the elections already **-3.** INFORMÁT virtual

virtualidad *nf* potential

virtualmente *adv* virtually

virtud *nf* **-1.** *(moral)* virtue; **la ~ se opone al vicio** virtue is opposed to vice ❑ **~ cardinal** cardinal virtue; **~ teologal** theological virtue

-2. *(cualidad)* virtue; **la principal ~ de este método es que...** the principal virtue of this method is that ...

-3. *(poder, facultad)* power; **una planta con virtudes curativas** a plant with medicinal properties; **tener la ~ de** to have the power *o* ability to; **dicho acuerdo tiene al menos la ~ de interesar a la gente en el tema** this agreement at least has the virtue of getting people interested in the topic

◇ **en virtud de** *loc prep* by virtue of; **es una de las principales potencias económicas en ~ de su población** it's one of the major economic powers by virtue of its population; **en ~ del tratado de París, cedieron varios territorios** under the Paris treaty they ceded several territories

virtuosamente *adv* virtuously

virtuosismo *nm* virtuosity

virtuosista *adj* virtuoso

virtuoso, -a ◇ *adj (persona, comportamiento)* virtuous

◇ *nm,f (genio)* virtuoso

viruela nf -1. (enfermedad) smallpox -2. (pústula) pockmark; **picado de viruelas** pockmarked

virulé: a la virulé Fam ◇ loc adj **un ojo a la ~** a black eye; **iba con el sombrero a la ~** her hat was on crooked
◇ loc adv Br skew-whiff, US skew-gee

virulencia nf -1. (de epidemia, crítica, conflicto) virulence, ferocity -2. (de virus, microorganismo) virulence

virulento, -a adj -1. (epidemia, crítica, conflicto) virulent, fierce -2. (virus, microorganismo) virulent

virus nm inv -1. (microorganismo) virus ❑ **~ de Ébola** Ebola virus; **~ de la inmunodeficiencia humana** human immunodeficiency virus; **~ del sida** AIDS virus -2. INFORMÁT virus ❑ **~ informático** computer virus

viruta nf -1. (de madera) shaving; [EXPR] Fam **echando virutas: se fue echando virutas** he rushed off -2. Fam (dinero) dough

vis nf **tener ~ cómica** to be able to make people laugh

visado nm, Am **visa** nf visa ❑ **~ de entrada** entry visa; **~ de salida** exit visa

visaje nm face, grimace; **hacer visajes** to make faces

visar vt (pasaporte) to put a visa in

vis a vis ◇ nm face-to-face meeting; (con el cónyuge) conjugal visit
◇ loc adv face to face

víscera nf internal organ; **vísceras** (órganos internos) entrails; (como comida) offal

visceral adj -1. (odio, miedo) visceral; **un sentimiento/una reacción ~** a gut feeling/reaction; **es muy ~** he always goes with his gut reactions -2. MED visceral

visceralmente adv viscerally

visco nm birdlime

viscosa nf viscose

viscosidad nf -1. (cualidad) (de denso) viscosity; (de baboso) sliminess -2. FÍS viscosity

viscosilla nf (con algodón) viscose-cotton; (con lana) viscose-wool

viscoso, -a adj -1. (denso) viscous; (baboso) slimy -2. FÍS viscous

visera nf -1. (de gorra) peak -2. (de casco, suelta) visor; **se puso la mano a modo de ~** she shaded her eyes with her hand -3. (de automóvil) sun visor -4. Cuba (anteojeras) Br blinkers, US blinders

visibilidad nf visibility; **no hay mucha ~** visibility is poor

visible adj -1. (objeto, defecto) visible; **es ~ a varios metros** it is visible at several metres -2. (evidente) (temblor, sentimiento) visible; **se fue con ~ satisfacción** she left visibly pleased -3. (presentable) **estar ~** to be decent o presentable

visiblemente adv visibly

visigodo, -a ◇ adj Visigothic
◇ nm,f Visigoth

visigótico, -a adj Visigothic

visillo nm net curtain, lace curtain

visión nf -1. (capacidad) vision, sight; **presenta una evidente pérdida de ~** there has been a noticeable loss of vision ❑ **~ artificial** artificial sight; **~ binocular** binocular vision
-2. (acción) seeing, witnessing; **tan sólo la ~ de tal espectáculo ya le daba deseos de huir** just witnessing such a spectacle was enough to make him want to flee
-3. (alucinación) vision; **ver visiones** to be seeing things
-4. (interpretación) view; **una ~ clara de la situación** a clear view o appreciation of the situation ❑ **~ de conjunto** overall view o appreciation; **~ de futuro** vision

visionado nm CINE (acción) viewing; (sesión) screening

visionar vt CINE to view (during production or before release)

visionario, -a ◇ adj visionary
◇ nm,f visionary

visir nm vizier

visirato nm vizierate

visita nf -1. (a casa, hospital) (en general) visit; (breve) call; **estar de ~** to be visiting o on a visit; **hacer una ~ a alguien** to visit sb, to pay sb a visit; **horas de ~** visiting hours; **ir de ~** to go visiting ❑ **~ de cortesía** courtesy visit o call; **~ de cumplido** courtesy visit o call; **~ relámpago** flying visit
-2. (de turismo) visit; **hacer una ~ a un museo** to visit o go to a museum ❑ **~ guiada** guided tour; **~ turística: hacer una ~ turística de la ciudad** to do some sightseeing in the city
-3. (de médico) **pasar ~** to see one's patients ❑ **visitas médicas** doctor's rounds
-4. (visitante) visitor; **tener ~** o **visitas** to have visitors
-5. INFORMÁT (a página Web) hit

Visitación nf REL **la ~** the Visitation

visitador, -ora ◇ adj fond of visiting; **es muy ~** he's a great one for visiting
◇ nm,f -1. (de laboratorio) medical sales representative ❑ **~ médico** medical representative -2. (visitante) visitor ❑ Am **~ social** social worker

visitante ◇ adj DEP visiting, away; **el equipo ~** the away team, the visitors
◇ nmf visitor

visitar ◇ vt -1. (amigo, enfermo) to visit -2. (ciudad, museo) to visit -3. (sujeto: médico) to visit, to call on; **el médico visitó al paciente** the doctor called on o visited the patient
◆ **visitarse** vpr to visit each other

visiteo nm frequent visiting

vislumbrar ◇ vt -1. (entrever) to make out, to discern -2. (adivinar) to discern, to have an inkling of
◆ **vislumbrarse** vpr -1. (entreverse) to be barely visible -2. (adivinarse) to become a little clearer; **ya se vislumbra una posible solución** we are nearing a possible solution

vislumbre nf -1. (de lugar, objeto) glimpse; (de luz) glimmer -2. (indicio) glimpse

viso nm -1. (reflejo) (de tejido) sheen; (de metal) glint; **hacer visos** to have a sheen, to shimmer; Chile **hacerse visos** (en el pelo) to have highlights put in (one's hair)
-2. (apariencia) **esta ocupación carece de todo ~ de legalidad** this activity lacks the slightest semblance of legality; **tener visos de: tiene visos de verdad** it seems pretty true; **tiene visos de hacerse realidad** it looks like it could become a reality
-3. (enagua) petticoat, underskirt
-4. (de prenda) lining

visón nm -1. (animal) mink -2. (piel) mink -3. (abrigo) mink (coat)

visor nm -1. (en cámara) viewfinder ❑ **~ de diapositivas** slide viewer -2. (de arma) sight -3. (en fichero) file tab

víspera nf -1. (día antes) day before, eve; **la ~ de la Asunción** the eve of (the feast of) the Assumption; **en vísperas de** on the eve of -2. REL **vísperas** evensong, vespers

vista ◇ adj ver **visto**
◇ nf -1. (sentido) (sense of) sight; (visión) eyesight; (ojos) eyes; **tiene buena/mala ~, está bien/mal de la ~** she has good/poor eyesight; **la luz me hace daño a la ~** the light hurts my eyes; **se me nubló la ~** my eyes clouded over; **perder la ~** to lose one's sight, to go blind; **conocer a alguien de ~** to know sb by sight; **¡hasta la ~!** see you!; **a ~ de pájaro: Cartagena a ~ de pájaro** a bird's-eye view of Cartagena; [EXPR] **hacer la ~ gorda** to turn a blind eye; [EXPR] **no perder de ~ algo/a alguien** (vigilar) not to let sth/sb out of one's sight; (tener en cuenta) not to lose sight of sth/sb, not to forget about sth/sb; [EXPR] **perder de ~ algo/a alguien** (dejar de ver) to lose sight of sth/sb; **perder de ~ a alguien** (perder contacto) to lose touch with sb; [EXPR] **perderse de ~** (en la distancia) to disappear (from sight); [EXPR] **salta a la ~ (es evidente)** it's blindingly o patently obvious; **salta a la ~ que es novato** he is very obviously a beginner; **salta a la ~ su juventud** (sorprende) one thing that strikes you is how young she is; [EXPR] **tener una ~ de águila** o **de lince** to have an eagle eye ❑ **~ cansada** (por la edad) long-sightedness; (por el esfuerzo) eyestrain
-2. (mirada) gaze; **dirigió la ~ hacia la pantalla** she turned her eyes o gaze to the screen; **alzar/apartar/bajar la ~** to look up/away/down; **fijar la ~ en** to fix one's eyes on, to stare at; **a primera ~** o **simple ~** (aparentemente) at first sight, on the face of it; **volver la ~ atrás** to look back
-3. (observación) watching
-4. (panorama) view; **una habitación con vistas** a room with a view; **con vistas al mar** with a sea view ❑ **~ aérea** aerial view; **~ panorámica** panoramic view
-5. (perspicacia, discreción) **tiene ~ para las antigüedades** she has a good eye for antiques; **hay que tener más ~ al decir las cosas** you have to me more careful what you say
-6. DER hearing ❑ **~ oral** oral proceedings
-7. COM & FIN **a la ~** at sight; **a pagar a 30 días ~** payable within 30 days
-8. (plazo) **a dos meses ~ de las elecciones** (antes) two months before the elections; (después) two months after the elections
◇ nm (empleado de aduanas) customs officer (responsible for checking baggage)
◇ **a la vista** loc adj -1. (visible) visible; **está a la ~** (muy cerca) it's staring you in the face; **¡barco/tierra a la ~!** ship/land ahoy!; **no dejen objetos de valor a la ~ dentro del autocar** do not leave valuables lying around where they can be seen inside the coach
-2. (en perspectiva) **no tengo planes a la ~** I have no immediate plans; **tenemos varios proyectos a la ~** there are a number of possible projects on the horizon
◇ **a la vista de** loc prep -1. (delante de) in full view of; **ocurrió a la ~ de todos** it happened in full view of everybody; **está a la ~ de todos** it's there for everybody to see
-2. (en vista de) in view of; **a la ~ de los resultados financieros...** in view of the financial results...
◇ **con vistas a** loc prep (con la intención de) with a view to; **se reunirán con vistas a negociar un nuevo convenio con la patronal** they will meet with a view to negotiating a new agreeement with the employers; **el ahorro con vistas al futuro** saving for the future
◇ **en vista de** loc prep in view of, considering; **en ~ de lo ocurrido...** considering what has happened...; **en ~ de que** since, seeing as

vistazo nm glance, quick look; **echar** o **dar un ~ a algo** to have a quick look at sth

viste etc ◇ ver **ver**
◇ ver **vestir**

vistiera etc ver **vestir**

visto, -a ◇ participio ver **ver**
◇ ver **vestir**
◇ adj **estar bien ~** (costumbre, acción) to be considered good manners; (persona) to be well regarded; **estar mal ~** (costumbre, acción) to be frowned upon; (persona) to be looked down on; **estar muy ~** to be old hat; **ese modelo está muy ~** that model's really old o ancient; **ese bar ya lo tengo muy ~** I've already been to that bar loads of times; **está ~ que: está ~ que hoy no tendremos tranquilidad** it's quite clear that o obviously we're not going to get any peace today; [EXPR] **es lo nunca ~** we've never seen anything like it; [EXPR] **ni ~ ni oído** in the twinkling of an eye; [EXPR] **fue ~ y no ~** it happened just like that, it was over in a flash
◇ nm **~ bueno** (en documento) approved; **el ~ bueno** (aprobación) the go-ahead; **dar el ~ bueno (a algo)** to give (sth) the go-ahead
◇ **por lo visto** loc adv apparently; **por lo ~ no han aceptado la idea** apparently they haven't accepted the idea, they don't seem o appear to have accepted the idea

◇ **visto que** *loc conj* seeing as, given that; **~ que tienen poco interés en ayudarnos...** given that they have scant interest in helping us...

vistosamente *adv* brightly, colourfully; **información presentada ~** information attractively presented

vistosidad *nf* brightness, colourfulness

vistoso, -a *adj* eye-catching

visual ◇ *adj* visual
◇ *nf* line of sight

visualización *nf* -1. *(gráfica)* visualization -2. *(mental)* visualization -3. INFORMÁT display

visualizador *nm* INFORMÁT viewer

visualizar [14] ◇ *vt* -1. *(ver)* **este aparato permite ~ la estructura interna del órgano** this device allows us to see the internal structure of the organ; **el asesinato no está visualizado en la pantalla** the actual killing is not shown on screen -2. *(mentalmente)* to visualize -3. INFORMÁT to view
◆ **visualizarse** *vpr* INFORMÁT *(datos)* to be displayed

visualmente *adv* visually

vital *adj* -1. *(órgano, función)* vital; **energía ~** vital *o* life energy; **un instinto ~** a vital instinct -2. *(esencial)* vital; **su testimonio es ~ en este juicio** her testimony is vital to this trial; **es de ~ importancia que vengas** it is vitally important for you to come -3. *(lleno de vitalidad)* full of life, vivacious

vitalicio, -a ◇ *adj (miembro, pensión, senador)* life, for life; **cargo ~** position held for life; **renta vitalicia** life annuity; **ha sido nombrado director con carácter ~** he has been made a director for life
◇ *nm* -1. *(pensión)* life annuity -2. *(seguro)* life insurance policy

vitalidad *nf* vitality

vitalismo *nm* -1. *(optimismo)* vitality -2. FILOSOFÍA vitalism

vitalista *adj* -1. *(entusiasta)* dynamic -2. FILOSOFÍA vitalist

vitalizar [14] *vt* to vitalize

vitamina *nf* vitamin

vitaminado, -a *adj* with added vitamins, vitamin-enriched

vitamínico, -a *adj* vitamin; **complejo ~** vitamin complex

vitaminosis *nf inv* vitamin deficiency

vitela *nf* vellum

vitelina *nf (proteína)* vitellin

vitelino, -a *adj* vitelline

vitelo *nm* yolk, *Espec* vitellus

vitícola *adj (región, industria)* grape-producing

viticultor, -ora *nm,f* grape grower, viticulturist

viticultura *nf* grape growing, viticulture

vitivinícola *adj* wine-producing; **región ~** wine-producing region; **producción ~** wine production

vitivinicultura *nf* grape growing, viticulture

vito *nm* = lively, fast-moving Andalusian music and dance

vitola *nf* -1. *(de puro)* cigar band -2. *(aspecto)* appearance

vítor *nm* cheer; **los vítores de la multitud** the cheers *o* cheering of the crowd

vitorear *vt* to cheer

vitoriano, -a ◇ *adj* of/from Vitoria *(Spain)*
◇ *nm,f* person from Vitoria *(Spain)*

vitral *nm* stained-glass window

vitraux [bi'tro] *nm inv* CSur stained-glass window

vítreo, -a *adj* vitreous

vitrificación *nf* -1. *(de cerámica)* vitrification -2. *(de madera)* sealing

vitrificar [59] *vt* -1. *(cerámica)* to vitrify -2. *(madera)* to seal

vitrina *nf* -1. *(en casa)* display cabinet -2. *(en tienda)* showcase, glass case -3. *Am (escaparate)* shop window

vitrinear *vi* Chile Fam to window-shop

vitrinista *nmf* Chile, Ven window dresser

vitriólico,-a *adj* vitriolic

vitriolo *nm* vitriol

vitro *ver* in vitro

vitrocerámica *nf* **(cocina** *o* **placa de) ~** ceramic hob

vitrola = victrola

vituallas *nfpl* provisions

vituperable *adj* reprehensible

vituperación *nf* condemnation

vituperar *vt* to criticize harshly, to condemn

vituperio *nm* harsh criticism, condemnation

viuda *nf* -1. *(planta)* mourning bride -2. IMPRENTA widow -3. **~ negra** *(araña)* black widow -4. *ver también* **viudo**

viudedad *nf* -1. *(viudez) (de mujer)* widowhood; *(de hombre)* widowerhood; **pensión de ~** widow's/widower's pension -2. *(pensión)* widow's/widower's pension

viudez *nf (de mujer)* widowhood; *(de hombre)* widowerhood

viudo, -a ◇ *adj* -1. *(persona)* widowed; **estar ~** to be a widower, *f* widow; **quedar ~** to be widowed -2. *(legumbres)* plain; **teníamos patatas viudas para cenar** we had potatoes on their own for dinner
◇ *nm,f* widower, *f* widow

viva ◇ *nm* cheer; **dar vivas a alguien** to cheer sb
◇ *interj* hurrah!; **¡~ el rey!** long live the King!

vivac *nm* bivouac; **hacer ~** to bivouac

vivacidad *nf* vivaciousness

vivalavirgen Fam ◇ *adj* **ser muy ~** to be totally irresponsible
◇ *nmf inv* **es un ~** he just doesn't give a damn about anything

vivales *nmf inv* crafty person; **ser un ~** to be crafty

vivamente *adv* -1. *(relatar, describir)* vividly -2. *(afectar, emocionar)* deeply

vivaque *nm* bivouac

vivaquear *vi* to bivouac

vivar[1] *nm (de conejos)* warren

vivar[2] *vt* Andes, RP, Ven to cheer

vivaracho, -a *adj* lively, vivacious

viva voce *loc adv* aloud, out loud

vivaz *adj* -1. *(despierto)* alert, lively -2. BOT *(planta)* = with perennial underground organs

vivencia *nf* -1. *(experiencia)* experience; **un libro lleno de vivencias personales** a book full of personal experiences -2. *(acción)* experience; **la ~ de lo místico** experience of the mystical

vivencial *adj* **un hecho ~** a life experience; **recuerdos vivenciales de la niñez** memories of childhood experiences

víveres *nmpl* provisions, food (supplies); EXPR *RP Fam* **cortarle los ~ a alguien: como no estudiaba, su padre le cortó los ~** as he wasn't studying, his father left him to fend for himself financially; **me cansó su arrogancia, así que le corté los ~** I've had enough of his arrogance, so I'm through with him as a friend

vivero *nm* -1. *(de plantas)* nursery -2. *(de peces)* fish farm; *(de moluscos)* bed

viveza *nf* -1. *(de colorido, descripción)* vividness -2. *(de deseo)* intensity; *(de color, tono)* brightness -3. *(de persona, discusión, ojos)* liveliness; **discutían con ~** they were having a lively discussion -4. *(de ingenio, inteligencia)* sharpness ❑ *Ecuad, Perú, RP* **~ criolla** native cunning *o* wit

vivián *Ven Fam Hum* ◇ *adj* freeloading, scrounging
◇ *nmf* freeloader, scrounger

vívidamente *adv* vividly

vívido, -a *adj* vivid

vividor, -ora *nm,f* -1. *(que disfruta)* **es un ~** he likes the high life -2. *(aprovechado)* parasite, scrounger

vivienda *nf* -1. *(casa)* home; **tuvieron que abandonar sus viviendas debido a las inundaciones** they had to abandon their homes because of the floods; **primera/segunda ~** first/second home; **la carestía de las viviendas en la capital** the high cost of housing in the capital ❑ **~ habitual** normal place of residence; *Col, CRica, Méx, Perú* **~ de interés social** = low-cost home subsidized by the government, *Br* ≃ council house/flat; **~ de protección oficial** = low-cost home subsidized by the government, *Br* ≃ council house/flat; **~ de renta limitada** = government-subsidized home with fixed maximum rent; **viviendas sociales** = low-cost housing subsidized by the government, *Br* ≃ council housing/flats; **~ secundaria** second home; **~ unifamiliar** house *(detached, semi-detached or terraced)* -2. *(alojamiento)* housing; **plan de ~** housing plan

viviente *adj* living

vivificante *adj (que da vida)* life-giving; *(que reanima)* revitalizing

vivificar [59] *vt (dar vida)* to give life to; *(reanimar)* to revitalize

vivíparo, -a *adj* viviparous

vivir ◇ *vi* -1. *(tener vida, existir)* to live; **vivió noventa años** she lived for ninety years; **~ para algo/alguien** to live for sth/sb; **sólo vive para trabajar/para su hija** she only lives for her work/her daughter; **¡esto no es ~!** this is no way to live!, this is no sort of a life!; **no dejar ~ a alguien** not to give sb any peace; **su recuerdo vivirá eternamente** his memory will live forever; **~ bien** *(en armonía)* to be happy; **¿quién vive?** who goes there?; EXPR **~ para ver** who'd have thought it?
-2. *(estar vivo)* to be alive; **todavía vive** she's still alive *or* living; **su padre ya no vive** her father is no longer alive
-3. *(residir)* to live; **¿dónde vives?** where do you live?; **vivo con mis padres** I live with my parents; **vivo en un apartamento con más gente** I share an apartment *or Br* a flat; **en el tercero no vive nadie** the third floor is unoccupied; **~ solo** to live alone *o* on one's own; **viven en pareja** they live together
-4. *(subsistir)* **cada día es** *o* **está más difícil ~** it's harder and harder to get by these days; **~ bien** *(económicamente)* to live well; **alcanzar** *o* **dar para ~** *(sueldo, pensión)* to be enough to live on; **con lo que saco de las clases no me alcanza para ~** what I earn from teaching isn't enough for me to live on *o* isn't enough to make ends meet; **¿da para ~ esto de la pintura?** can you make a living from painting?; **~ de** to live on; **viven de un solo sueldo/de lo que les da el estado** they live off a single income/off the State; **viven de la agricultura** they make their living from farming
◇ *vt* -1. *(experimentar)* to experience, to live through; **vivió la guerra** he lived through the war; **he vivido momentos difíciles** I've gone through *o* had some difficult times; **se vivieron momentos de tensión en las gradas** there were some moments of tension on the terraces
-2. *(sentir)* to live; **cuando se pone a bailar se nota que lo vive** you can tell she really lives it when she's dancing
◇ *nm* **es un amante del buen ~** he enjoys the good life

vivisección *nf* vivisection

viviseccionar *vt* -1. *(animal)* to practice vivisection on -2. *(institución, teoría, prejuicio)* to dissect, to examine minutely

vivisector, -ora *nm,f* vivisector

vivito, -a *adj Fam* EXPR **~ y coleando** alive and kicking

vivo, -a ◇ *adj* -1. *(ser, lengua)* living
-2. *(tras verbo)* alive; **estar ~** *(persona, costumbre, recuerdo)* to be alive; **su recuerdo sigue ~ entre los suyos** his memory lives on among his family; **quemar ~ alguien** to burn sb alive
-3. *(intenso) (dolor, deseo, olor)* intense; *(luz, color, tono)* bright; *(genio)* quick, hot; *(paso, ritmo)* lively; **un ~ interés por algo** a lively interest in sth
-4. *(con vitalidad) (gestos, ojos)* lively; *(descripción, recuerdo)* vivid; **es el ~ retrato de su padre** he's the spitting image of his father

Viyella — **voltear**

-5. *(despierto)* quick, sharp; *(astuto)* shrewd, sly
◇ *nm,f* **los vivos** the living
◇ *nm* **en ~** *(en directo)* live; *(sin anestesia)* without anaesthetic; **haremos el programa en ~** we will do the programme live
Viyella®, *Am* **viyela** *nf* Viyella®
vizcacha *nf* viscacha
vizcaíno, -a ◇ *adj* Biscayan, of/from Vizcaya *(Spain)*
◇ *nm,f* Biscayan, person from Vizcaya *(Spain)*
vizcondado *nm* viscountcy
vizconde, -esa *nm,f* viscount, *f* viscountess
V.O. *(abrev de* **versión original***)* original language version; **V.O. subtitulada** subtitled version
vocablo *nm* word, term
vocabulario *nm* vocabulary
vocación *nf* **-1.** *(religiosa)* vocation; **me falta ~** I lack vocation **-2.** *(inclinación) (médica, educativa)* vocation; **tener ~ artística** to be a born artist; **un partido con ~ de gobierno** a party with its sights on government
vocacional ◇ *adj* vocational
◇ *nf Méx Fam* technical college
vocal ◇ *adj* vocal
◇ *nmf (de consejo, tribunal)* member
◇ *nf* vowel ❑ **~ abierta** open vowel; **~ cerrada** closed vowel; **~ débil** weak vowel; **~ fuerte** strong vowel
vocalía *nf* **-1.** *(cargo)* post of commitee member **-2.** *(comité)* committee
vocálico, -a *adj* vowel; **sonido ~** vowel sound
vocalista *nmf* vocalist
vocalización *nf* **-1.** *(pronunciación)* diction **-2.** *(de consonante)* vocalization **-3.** MÚS vocalization
vocalizar [14] ◇ *vi* **-1.** *(con claridad)* to enunciate clearly **-2.** *(en fonética)* to vocalize **-3.** MÚS to vocalize
◆ **vocalizarse** *vpr* to vocalize, to be vocalized
vocativo *nm* LING vocative
voceador, -ora ◇ *adj* loud, vociferous
◇ *nm,f* **-1.** *(que grita)* loud *o* vociferous person **-2.** *Col, Ecuad, Méx (diariero)* newspaper seller
vocear ◇ *vt* **-1.** *(gritar)* to shout out, to call out **-2.** *(llamar)* to shout *o* call to; **me voceó** she called out to me **-3.** *(vitorear)* to cheer **-4.** *(pregonar) (mercancía)* to hawk; *(secreto)* to publicize
◇ *vi (gritar)* to shout
voceras *nm Fam* loudmouth
vocerío *nm* shouting
vocero, -a *nm,f esp Am* spokesperson, spokesman, *f* spokeswoman
vocho *nm Méx Fam (vehículo)* beetle
vociferador, -ora, vociferante *adj* vociferous, clamorous
vociferar *vi* to shout
vocinglero, -a *adj* vociferous, loud-mouthed
vodevil *nm* variety (show), *Br* music hall, *US* vaudeville
vodevilesco, -a *adj* farcical, vaudevillesque
vodka ['boðka] *nm o nf* vodka
voile *nm RP* voile, net
vol. *(abrev de* **volumen***) (en bebida alcohólica)* vol
volada *nf* **-1.** *(de ave)* short flight **-2.** *RP (ocasión favorable)* event; **aprovechar la ~** to take advantage of the occasion; **¿por qué no aprovechan la ~ y van hasta los Alpes?** why don't you make the most of the opportunity and go to the Alps as well? **-3.** EXPR *Méx Fam* **de ~: el tiempo se va de ~** time flies past; *RP Fam* **a las voladas** *(rápidamente)* in a flash
voladito, -a *adj* IMPRENTA superscript; **en letras voladitas** in superscript
voladizo, -a ◇ *adj* projecting
◇ *nm* ledge
volado, -a ◇ *adj* **-1.** *(que sobresale)* projecting **-2.** IMPRENTA superscript **-3.** *Fam (ido)* **estar ~ -2.** to be away with the fairies **-4.** *Esp Fam (con prisa)* **estoy ~** I'm in a hurry **-5.** *RP Fam (enojado)* **andar ~** to be annoyed; EXPR **andar con los pájaros volados** to be near the end of one's tether
◇ *nm* **-1.** *RP, Ven (de vestido)* ruffle, flounce **-2.** EXPR *Méx* **echar volados** to toss a coin
◇ *adv Col, Méx Fam* **subió ~** *(con prisa)* he flew *o* rushed upstairs
volador, -ora ◇ *adj* flying
◇ *nm* **-1.** *(pez)* flying fish **-2.** *(calamar)* short-finned squid **-3.** *(cohete)* rocket **-4.** *Bol (cometa)* kite
voladura *nf (en guerras, atentados)* blowing up; *(de edificio en ruinas)* demolition *(with explosives)*; MIN blasting
volandas: en volandas *loc adv* **levantar a alguien en ~** to lift sb off the ground; **la multitud lo llevó en ~** the crowd carried him through the air
◇ **a las volandas** *loc adv Col, Méx, Perú* very quickly; **hace todo a las ~** he does everything in a rush
volandera *nf* **-1.** *(arandela)* washer **-2.** *(de molino)* grindstone, millstone
volandero, -a *adj* **-1.** *(que pende)* hanging **-2.** *(pájaro)* fledged, ready to fly **-3.** *(lectura, repaso)* cursory; *(imagen)* fleeting
volantazo *nm* **dar un ~** to swerve
volante ◇ *adj* **-1.** *(que vuela)* flying **-2.** *(no fijo)* **el congreso tiene una sede ~** each year the conference takes place in a different place; **meta ~** *(en ciclismo)* hot spot sprint
◇ *nm* **-1.** *(para conducir)* (steering) wheel; **estar** *o* **ir al ~** to be at the wheel; **es un as del ~** he's an ace driver **-2.** *(automovilismo)* motor racing **-3.** *(de tela)* frill, flounce; **una falda de volantes** a frilly skirt **-4.** *Esp (del médico)* (referral) note **-5.** *(en bádminton)* shuttlecock **-6.** *Am (de propaganda)* leaflet **-7.** *CSur (en fútbol)* winger
volantín *nm Carib, Chile* kite
volapié *nm* TAUROM = method of killing the bull in which the matador runs at the bull and thrusts a sword into its neck while it is standing still
volar [63] ◇ *vi* **-1.** *(pájaro, insecto, avión, pasajero)* to fly; **~ a** *(una altura)* to fly at; *(un lugar)* to fly to; **volamos a 5.000 pies de altura** we're flying at 5,000 feet; **~ en avión/helicóptero** to fly in a plane/helicopter; **echar(se) a ~** to fly away *o* off; **hacer ~ una cometa** to fly a kite; **salir volando** to fly off; EXPR **~ alto** to go far
-2. *(papeles, sombreros, ceniza)* to blow away; **hubo una pelea y empezaron a ~ sillas y botellas** there was a fight and the chairs and bottles started to fly; **salir volando** to blow away; **~ por los aires** *(estallar)* to be blown into the air
-3. *(correr)* to fly, to rush (off); **~ a hacer algo** to rush off to do sth; **hacer algo volando** to do sth at top speed; **me visto volando y nos vamos** I'll get dressed quickly and we can go; **¡tráeme volando algo para tapar la herida!** bring me something to bandage the wound with immediately *o* now!; **me voy volando** I must fly *o* dash
-4. *(pasar deprisa) (días, años)* to fly by; *(rumores)* to spread quickly; **el tiempo pasa volando** time flies; **aquí las noticias vuelan** news travels fast around here
-5. *Fam (desaparecer)* to disappear, to vanish; **los aperitivos volaron en un santiamén** the snacks disappeared *o* vanished in an instant
-6. ARQUIT to project, to jut out
-7. *RP Fam* **está que vuela** *(de fiebre)* he has a raging temperature; *(de enojo)* he's fuming with rage
◇ *vt* **-1.** *(hacer estallar) (en guerras, atentados)* to blow up; *(caja fuerte, puerta)* to blow open; *(edificio en ruinas)* to demolish *(with explosives)*; *(en minería)* to blast
-2. *(hacer volar) (cometa)* to fly
-3. *(la caza)* to rouse
-4. IMPRENTA *(letra)* to raise
-5. *Am Fam* **~ algo a alguien** *(robar)* to swipe *o Br* nick sth from sb; **ten cuidado porque a mí allí me volaron la cartera** be careful because I had my wallet swiped *o Br* nicked there

◆ **volarse** *vpr (papeles, sombreros, globo)* to blow away; **se me voló la gorra** my cap blew away
volatería *nf* birds, fowl
volátil *adj* **-1.** QUÍM volatile **-2.** *(carácter, situación, precio)* volatile; **el ambiente es muy ~** the atmosphere is very *o* highly volatile
volatilidad *nf* **-1.** QUÍM volatility **-2.** *(de carácter, situación, precio)* volatility
volatilizar [14] ◇ *vt* to volatilize
◆ **volatilizarse** *vpr* **-1.** QUÍM to volatilize, to evaporate **-2.** *Fam (desaparecer)* to vanish into thin air
volatín *nm* acrobatic jump; **hacer volatines** to do acrobatics
volatinero, -a *nm,f* acrobat
vol-au-vent [bolo'βan] *(pl* **vol-au-vents***) nm Am* CULIN vol-au-vent
volcado, -a ◇ *adj (dedicado)* **estar ~ en algo** to be dedicated *o* deeply commited to sth; **están volcados en ayudar a la gente** they are devoted to helping people
◇ *nm* INFORMÁT **~ de pantalla** screen dump; **~ de pantalla en impresora** hard copy
volcán *nm* GEOL volcano; **su corazón era un ~ de pasión** his heart was bursting with passion; EXPR **estar sobre un ~** to be sitting on a time bomb
volcánico, -a *adj* volcanic
volcanología *nf* vulcanology
volcar [67] ◇ *vt* **-1.** *(tirar) (botella, jarrón)* to knock over; *(carretilla)* to tip (up); *(leche, vino)* to spill **-2.** *(vaciar) (bolso, recipiente)* to empty (out); *(contenido)* to empty out
◇ *vi (coche, camión)* to overturn; *(barco)* to capsize
◆ **volcarse** *vpr* **-1.** *(botella, jarrón) (caerse)* to fall over; *(ser tirado)* to be knocked over **-2.** *(coche, camión)* to overturn; *(barco)* to capsize
-3. *(en amabilidad)* to bend over backwards (**con** for); **mientras estuvimos en su casa se volcó con nosotros** while we were in her house she bent over backwards *o* did everything she could to make us feel welcome
-4. *(dedicarse)* **se vuelca en sus hijos** she's completely devoted to her children; **se vuelca en su trabajo** she throws herself into her work
volea *nf* volley; **golpear de ~** to volley
volear ◇ *vt* **-1.** DEP to volley **-2.** AGR to scatter
◇ *vi* DEP to volley
voleibol, *Am* **vóleibol** *nm* volleyball
voleo *nm* **a o al ~** randomly; **escogió uno a ~** he chose one at random; **sembrar a ~** to sow seed by hand, to scatter the seed
voley *nm* **~ playa** beach volleyball
volframio *nm* QUÍM wolfram
volibol *nm Méx* volleyball
volición *nf* volition
volitivo, -a *adj* voluntary
volleyball ['boleiβol] *nm Am* volleyball
volován *nm* vol-au-vent
volqué *etc ver* **volcar**
volqueta *nf Urug* container, bin
volquete *nm* **-1.** *(camión)* dumper truck, *US* dump truck **-2.** *Arg (contenedor)* container, bin
voltaico, -a *adj* voltaic
voltaje *nm* voltage; **alto ~** high voltage
voltamperio *nm* volt-ampere
volteado *nm Col, Méx Fam* queer, *Br* poof, *US* fag
volteador, -ora *nm,f* acrobat
voltear ◇ *vt* **-1.** *(dar la vuelta a) (heno, crepe)* to toss; *(tortilla)* to turn over; *(campana)* to ring; **el toro volteó al torero** the bull tossed the bullfighter
-2. *Am (derribar) (objeto)* to knock over; *(gobierno)* to overthrow, to bring down; **gesticulaba tanto que terminó volteando el florero** she was waving her hands about so much she ended up knocking over the vase
-3. *Andes, CAm, Carib, Méx (poner del revés) (boca abajo)* to turn upside down; *(lo de dentro*

voltereta 736 **vosotros**

fuera) to turn inside out; *(lo de detrás delante)* to turn back to front; **después que esponje, se voltea la masa** once the dough has risen, turn it over; **voltea la página** turn the page
-**4.** *Andes, CAm, Carib, Méx (cabeza, espalda)* to turn; **voltéate hacia la profesora y espera las instrucciones** (turn to) face the teacher and wait for the instructions
◇ *vi* -**1.** *Méx (doblar la esquina)* to turn; **al llegar a Insurgentes, volteas a la izquierda** when you get to Insurgentes, turn left
-**2.** *Méx (volcar)* to overturn; **un auto verde volteó ayer por la noche en esta esquina** a green car overturned on this corner last night
-**3.** *Andes (girar)* to turn (round); **las personas volteaban para ver de dónde venían los gritos** people turned round to see where the shouting was coming from
◆ **voltearse** *vpr* -**1.** *Andes, CAm, Carib, Méx (volverse)* to turn around; **te volteas tanto que deshaces la cama** you turn over so much that you mess up the bed
-**2.** *Andes, CAm, Carib, Méx (cambiar de idea) (políticamente)* to change sides; **se volteó contra su familia** she turned against her family
-**3.** *Méx (vehículo)* to overturn
-**4.** *RP Vulg* **voltearse a alguien** to screw sb, *US* to bone sb
voltereta *nf (en el suelo)* handspring; *(en el aire)* somersault; **dar una ~** to do a somersault ❑ **~ lateral** cartwheel
voltímetro *nm* voltmeter
voltio *nm* -**1.** *(electricidad)* volt -**2.** *Fam (paseo)* walk, stroll; **dar un ~** to go for a walk *o* stroll
volubilidad *nf* changeability, fickleness
voluble *adj* changeable, fickle
volumen *nm* -**1.** *(nivel, cantidad)* volume ❑ ECON **~ de contratación** trading volume; **~ de negocio** turnover; **~ de ventas** turnover
-**2.** *(de sonido)* volume; **subir/bajar el ~** to turn up/down the volume; **sube el ~ que no te oímos** speak up, please, we can't hear you; **a todo ~** at full volume
-**3.** *(espacio ocupado)* size, bulk; **ocupa poco ~** it doesn't take up a lot of space; **el sofá tiene un ~ excesivo para la habitación** the sofa is too big for the room
-**4.** *(tomo)* volume
volumétrico, -a *adj* volumetric
voluminoso, -a *adj (tomo, objeto)* bulky; *(bibliografía, colección)* voluminous, extensive; **es demasiado ~ para ese cuarto** it's too big for this room
voluntad *nf* -**1.** *(determinación)* will, willpower; **tiene mucha/poca (fuerza de) ~** she has a very strong/weak will; **no lo conseguirá por falta de ~** she'll never manage it because she hasn't got the willpower; **pone mucha ~ en su trabajo** she's a very willing worker ❑ **~ férrea** iron will; **~ de hierro** iron will
-**2.** *(deseo)* will, wishes; **no existe la ~ política de resolver el problema** there isn't the political will to solve the problem; **expresaron su ~ de entregar las armas** they said they were willing to hand over their weapons; **no era esa mi ~** that wasn't my intention, that's not what I wanted; **contra la ~ de alguien** against sb's will; **no podemos ir contra la ~ popular** we cannot go against the popular will; **hágase tu ~** Thy will be done; **al final impuso su ~** she got her way in the end; **por causas ajenas a mi ~** for reasons beyond my control; **por ~ de alguien: fue arquitecto por ~ de su padre** he was an architect because that's what his father wanted; **dimitió por ~ propia** she resigned of her own free will *o* of her own volition; **última ~** last will and testament; EXPR *Fam* **hizo su santa ~** he did just as he pleased
-**3.** *(intención)* intention; **buena ~** goodwill; **gentes de buena ~** people of goodwill; **mala ~** ill will
-**4.** *(albedrío)* free will; **puedes usarlo a ~**

you can use it as much as you like; **lo dejo a tu ~** I'll leave it up to you; **¿qué le debo? – la ~** what do I owe you? – whatever you think fit
voluntariado *nm* -**1.** *(actividad)* voluntary work; *Esp* **la ley del ~** = law governing voluntary work -**2.** *(voluntarios)* volunteers
voluntariamente *adv* voluntarily
voluntariedad *nf* voluntary nature; **demostrar la ~ de una acción** to demonstrate that an action is voluntary
voluntario, -a *adj (acto, contribución)* voluntary; **la asistencia a la conferencia es voluntaria** attendance at the lecture is voluntary; **ofrecerse ~** to volunteer; **presentarse ~** to volunteer
◇ *nm,f* volunteer
voluntarioso, -a *adj* willing
voluntarismo *nm* -**1.** *(voluntad)* willingness; **había más ~ que conocimientos** they were more willing (to help/participate/*etc*) than knowledgeable -**2.** PSI voluntarism
voluptuosamente *adv* voluptuously
voluptuosidad *nf* voluptuousness
voluptuoso, -a *adj* voluptuous
voluta *nf* -**1.** *(en columna)* volute -**2.** *(de humo)* spiral
volver [41] ◇ *vt* -**1.** *(dar la vuelta a)* to turn round; *(lo de arriba abajo)* to turn over; *(lo de dentro fuera)* to turn inside out; **vuelve la tele hacia aquí, que la veamos** turn the TV round this way so we can see it; **ayúdame a ~ el colchón** help me turn the mattress over; **~ la hoja** *o* **página** to turn the page; **al ~ la esquina** when we turned the corner
-**2.** *(cabeza, ojos, mirada)* to turn; **vuelve la espalda** turn your back to me
-**3.** *(convertir en)* **eso lo volvió un delincuente** that made him a criminal, that turned him into a criminal; **la lejía volvió blanca la camisa** the bleach turned the shirt white
-**4.** *Méx* **~ el estómago** to throw up
◇ *vi* -**1.** *(persona) (ir de vuelta)* to go back, to return; *(venir de vuelta)* to come back, to return; **yo allí/aquí no vuelvo** I'm not going back there/coming back here; **vuelve, no te vayas** come back, don't go; **¿cuándo has vuelto?** when did you get back?; **al ~ pasé por el supermercado** I stopped off at the supermarket on the *o* my way back; **no vuelvas tarde** don't be late (back); **ya he vuelto a casa** I'm back home; **~ atrás** to go back; **cuando vuelva del trabajo** when I get back from work; **aún no ha vuelto del trabajo** he isn't back *o* hasn't got back from work yet; **ha vuelto muy morena de la playa** she's come back from the seaside with a nice tan
-**2.** *(mal tiempo, alegría, tranquilidad)* to return; **cuando vuelva el verano** when it's summer again; **todo volvió a la normalidad** everything went back *o* returned to normal; **vuelve la minifalda** miniskirts are back
-**3.** *(reanudar)* **~ a la tarea** to return to one's work; **~ al trabajo/al colegio** to go back to work/school; **volviendo al tema que nos ocupa...** to go back to the matter we are discussing...; **vuelve a leerlo** read it again; **tras el verano volvió a dar clases en la universidad** once the summer was over she started teaching at the university again; **vuelve a ponerlo en su sitio** put it back; **vuelve a dormirte** go back to sleep; **~ con alguien** *(reanudar relación)* to go back to sb; EXPR **~ a nacer** to be reborn
-**4.** **~ en sí** to come to, to regain consciousness
◆ **volverse** *vpr* -**1.** *(darse la vuelta, girar la cabeza)* to turn round; **se volvió hacia mí** she turned towards me; **se volvió de espaldas a mí** he turned away from me, he turned his back on me; **vuélvete boca abajo/arriba** turn over so you're lying face down/up; **volverse atrás** *(de una afirmación, promesa)* to go back on one's word; *(de una decisión)* to change one's mind, to back out
-**2.** *(ir de vuelta)* to go back, to return; *(venir de vuelta)* to come back, to return; **nos volvimos a mitad de camino** we turned back

halfway there; **vuélvete a casa** go home
-**3.** *(convertirse en)* to become; **volverse anarquista** to become an anarchist; **todo se volvió muy complicado** it all got very complicated; **volverse loco/pálido** to go mad/pale; **volverse contra** *o* **en contra de alguien** to turn against sb; EXPR *Fam* **todo se le volvía decir que...** all he could say was...
vómer *nm* ANAT vomer
vomitar ◇ *vt* to vomit, to bring up; **~ sangre** to cough up *o* vomit blood
◇ *vi* to vomit, to be sick; **tengo ganas de ~** (I think) I'm going to be sick; **cuando me dan** *o* **entran ganas de ~** when I feel like I'm going to vomit *o* be sick; **cuando oigo cosas así me dan** *o* **entran ganas de ~** when I hear things like that I want to throw up
vomitera *nf Fam* **me dio una ~** I threw up
vomitivo, -a ◇ *adj* -**1.** MED emetic -**2.** *Fam (asqueroso)* sick-making
◇ *nm* emetic
vómito *nm* -**1.** *(acción)* **esta sustancia provoca el ~** this substance causes you to vomit; **he tenido vómitos** I've been vomiting; **provocarse el ~** to make oneself sick -**2.** *(sustancia)* vomit ❑ *Andes* **~ negro** yellow fever
vomitona *nf Fam* -**1.** *(acción)* **me dio una ~** I threw up -**2.** *(sustancia)* vomit
vomitorio, -a ◇ *adj* MED emetic
◇ *nm* -**1.** MED emetic -**2.** *(en estadio)* vomitory -**3.** HIST *(en circos, plazas)* vomitory
voracidad *nf* voraciousness, voracity
vorágine *nf* -**1.** *(confusión)* confusion, whirl; **atrapado en la ~ de la gran ciudad** trapped in the hectic whirl of life in the big city -**2.** *(remolino)* whirlpool
voraz *adj* -**1.** *(persona, apetito)* voracious -**2.** *(fuego, enfermedad)* raging
vorazmente *adv* voraciously
vormela *nf* marbled polecat
vórtice *nm* -**1.** *(de agua)* whirlpool, vortex -**2.** *(de aire)* whirlwind -**3.** *(de huracán)* vortex, eye
vos *pron personal Am* -**1.** *(sujeto)* you; **¿quién dijo eso? – ¡~!** who said that? – you did!; **vas a tener que hacerlo ~ mismo** you'll have to do it (all by) yourself
-**2.** *(objeto, atributo)* you; **¿sos ~?** *(cuando llaman)* is it you?
-**3.** *(complemento con preposición o conjunción)* you; **entre ~ y yo** between you and me, just between the two of us; **excepto/según ~** apart from/according to you; **hablar** *o* **tratar de ~ a alguien** = to address sb as "vos", i.e. not using the formal "usted" form
-**4.** *(vocativo)* **¡che, ~!** hey, you!; **¡~, correte!** you, get out of the way!, get out of the way, you!
-**5.** *(impersonal)* you; **~ cuando votás pensás que va a servir de algo** when you vote you think it's going to make a difference
V.O.S.E. *(abrev de* **versión original subtitulada en español**) = original language version with Spanish subtitles
vosear *vt* to address as "vos"
voseo *nm* = practice of using the "vos" pronoun instead of "tú"

VOSEO

Voseo means the use of the "vos" form instead of "tú" in the second person singular. This is the norm in the River Plate region, where it is always used with a special form of the verb in the present tense (e.g. "vos tenés" instead of "tú tienes"). It is also found in other areas of Latin America. In Chile and areas of Bolivia, Peru and Venezuela, "tú" is also used, indicating slightly less informality. The forms "vos" and "tú" are used alternately in Central America, ranging from mostly "vos" in Costa Rica to mostly "tú" in Panama. In these areas, "vos" may be used with the normal second person singular verb form (e.g. "vos tienes").

---

vosotros, -as *pron personal* -**1.** *(sujeto)* you *(plural)*; **~ bailáis muy bien** you dance very well; **¿quién va primero? – ~** who's first? –

votación / **vuelta**

you are; **~ los americanos** you Americans; **nosotros estamos invitados, ~ no** we're invited, but you're not o but not you; **algunos de ~/todos ~ deberíais ir** some of you/all of you ought to go; **tendréis que hacerlo ~ mismos** you'll have to do it yourselves; **hemos aprobado y ~ también** we passed and so did you

-2. *(predicado)* you *(plural)*; **¿sois ~?** is it you?; **los invitados sois ~** you're the guests

-3. *(complemento con preposición o conjunción)* you *(plural)*; **os lo ha dicho a ~** she said it to you; **de ~** *(vuestro)* yours; **todo esto es de ~** all this is yours; **yo iré con ~** I'll go with you; **son más fuertes que ~** they're stronger than you (are); **arregladlo entre ~** sort it out amongst yourselves; **por ~ me imagino que no habrá ningún problema** I imagine there's no problem as far as you're concerned; **excepto/incluso ~** except/including you

-4. *(vocativo)* you *(plural)*; **¡eh, ~, apartaos de ahí!** hey, you (lot), get away from there!

VOSOTROS

In Spain, there are two ways to express the second person plural: one implies familiarity with the audience (**vosotros**) while the other indicates more courtesy ("ustedes"). **Vosotros** takes the verb in the second person plural, and "ustedes" the third person plural. This double option does not exist in Latin America, where the only form available is "ustedes", except in the religious liturgy, where the **vosotros** is sometimes retained.

votación *nf* vote; **lo aprobaron por ~** it was passed o approved by vote; **decidir algo por ~, someter algo a ~** to put sth to the vote; **fue elegido por ~ popular/secreta** he was elected by popular/secret ballot; **un nuevo sistema de ~** a new voting system ❑ **~ a mano alzada** show of hands

votante *nmf* voter

votar ◇ *vt* -1. *(candidato)* to vote for; *(ley)* to vote on; **~ a un partido** to vote for a party; **¿qué has votado, sí o no?** how did you vote, yes or no? -2. *(aprobar)* to pass, to approve (by vote)
◇ *vi* to vote; **~ a favor de/en contra de alguien** to vote for/against sb; **~ en blanco** to return an unmarked ballot paper; **~ por** *(emitir un voto por)* to vote for; *(estar a favor de)* to be in favour of; **yo voto por ir a la playa** I'm for going to the beach; **~ por que...** to vote (that)...

voto *nm* -1. *(en elección)* vote; **tres votos a favor/en contra** three votes in favour/against; **personas con derecho a ~** those with the right to vote; **tiene más del 20 por ciento de la intención de ~** he has the support of more than 20 percent of people intending to vote; **pide el ~ para el partido conservador** she's asking people to vote for the conservative party ❑ **~ afirmativo** vote in favour; **~ en blanco** unmarked ballot; **~ de calidad** casting vote; **~ de castigo** vote against one's own party; **~ cautivo** captive vote; **~ de censura** vote of no confidence; **~ de confianza** vote of confidence; **~ por correo** postal vote; **~ por correspondencia** postal vote; **~ nulo** spoilt ballot; **~ secreto** secret ballot; **~ útil** tactical voting

-2. *(derecho a votar)* **el ~** the vote; **obtuvieron el ~ tras la guerra** they got the vote after the war; **tener ~** to have a vote

-3. REL vow; **hacer ~ de** to vow to ❑ **~ de castidad** vow of chastity; **~ de pobreza** vow of poverty; **~ de silencio** vow of silence

-4. *(ruego)* prayer, plea; **hacer votos por** to pray for; **hago votos por su pronta recuperación** I wish him a speedy recovery; **votos de felicidad** best wishes

-5. Chile, Cuba, Méx, RP *(papeleta electoral)* ballot paper

voucher ['bautʃer] *nm Am* voucher

vox populi *nf* **ser ~ que...** to be common knowledge that...

voy *ver* **ir**

voyeur [bwa'jer] *(pl* **voyeurs***) nmf* voyeur

voyeurismo [bwaje'rismo] *nm* voyeurism

voyeurista [bwaje'rista], **voyeurístico, -a** [bwaje'ristiko, -a] *adj* voyeuristic

voz *nf* -1. *(sonido, habla)* voice; **tiene la ~ aguda** she has a shrill voice; **tiene muy buena ~** she has a fine o very good voice; **la ~ de la conciencia** the voice of conscience; **canta bien pero le falta ~** she's a good singer, but her voice lacks power; **mudó la ~** his voice broke; **me quedé sin ~** I lost my voice; **tener la ~ tomada** to be hoarse; **le temblaba la ~** her voice was trembling; **aclarar** o **aclararse la ~** to clear one's throat ❑ **~ en off** CINE voice-over; TEATRO voice offstage

-2. *(tono)* **en ~ alta** aloud; **en ~ baja** softly, in a low voice; **hablaban en ~ baja** they spoke in a low voice; **muchos comentan, en ~ baja, que ha sido un fracaso** many people are saying under their breath that it's been a failure; **a ~ en cuello** o **grito** at the top of one's voice; **alzar la ~ (a alguien)** to raise one's voice (to sb); **bajar la ~** to lower one's voice; **levantar la ~ a alguien** to raise one's voice to sb; **¡levanta la ~!** speak up!; **a media ~** in a low voice, under one's breath; **de viva ~: informó de viva ~ a los periodistas** he told the journalists personally; **quiero agradecérselo de viva ~** I want to thank her in person ❑ **~ de mando** order, command

-3. *(grito)* shout; **dar una ~ a alguien** to give sb a shout; **¡qué voces! ¿por qué hablan tan alto?** what a racket! why do they have to speak so loud?; **dar voces** to shout; **decir algo a voces** to shout sth; **llamar a alguien a voces** to shout to sb; **dar la ~ de alarma** o **alerta** to raise the alarm; [EXPR] **estar pidiendo algo a voces** to be crying out for sth

-4. *(opinión)* voice; *(derecho a opinar)* say; **cada vez se oyen más voces discrepantes** more and more voices are being raised in disagreement; **la ~ de la experiencia/del pueblo** the voice of experience/of the people; **tener ~ y voto** to have a say; [EXPR] **no tener ni ~ ni voto** to have no say in the matter; [EXPR] *Fam* **la ~ de su amo: han acusado a la televisión pública de no ser más que la ~ de su amo** public television has been accused of being little more than a mouthpiece for the government

-5. *(cantante)* voice; **una de las mejores voces del país** one of the best voices in the country; **una pieza para dos voces** a piece for two voices; [EXPR] **llevar la ~ cantante** to call the tune

-6. *(rumor)* rumour; **corre la ~ de que va a dimitir** people are saying that she's going to resign; **¡corre la ~!** pass it on!

-7. *(vocablo)* word

-8. GRAM voice ❑ **~ activa** active voice; **~ pasiva** passive voice

vozarrón *nm* loud voice

VPO *nf (abrev de* **vivienda de protección oficial***)* = low-cost housing subsidized by the government, *Br* ≃ council house

VRAM [uβe'rram] *nf* INFORMÁT *(abrev de* **video random access memory***)* VRAM

VTR *nf (abrev de* **videotape recording***)* VTR

VTV *nf RP (abrev de* **Verificación Técnica Vehicular***)* = annual technical inspection for motor vehicles of five years or more; *Br* ≃ MOT

vudú *(pl* **vudús** o **vudúes***) nm* voodoo

vuduista ◇ *adj* voodoo
◇ *nmf* voodooist, voodoo practitioner

vuecencia *pron personal Arcaico* your Excellency

vuelapluma: a vuelapluma *loc adv* **escribir algo a ~** to dash sth off

vuelco ◇ *ver* **volcar**
◇ *nm* -1. *(vuelta)* **dar un ~** *(coche)* to overturn; [EXPR] **me dio un ~ el corazón** my heart missed o skipped a beat

-2. *(cambio)* twist; **ese ~ político resultaría peligroso** this political turnabout o upset would be dangerous; **dar un ~** *(relaciones, vida)* to change completely; *(empresa)* to go to ruin; **esto demuestra el ~ que ha dado nuestra sociedad** this shows how much our society has changed

vuelo ◇ *ver* **volar**
◇ *nm* -1. *(de pájaro, insecto)* flight; **alzar** o **emprender** o **levantar el ~** *(ave)* to take to the air; *(irse de casa)* to fly the nest; **coger** o **cazar algo al ~** *(en el aire)* to catch sth in flight; *(rápido)* to catch on to sth very quickly; [EXPR] **en un ~** in next to no time; [EXPR] **de altos vuelos** *(boda, ceremonia)* grand; *(conferencia)* prestigious; *(proyecto, programa)* ambitious; [EXPR] **cortar los vuelos a alguien** to clip sb's wings; [EXPR] **no se oía el ~ de una mosca** you could have heard a pin drop; [EXPR] *Am* **a ~ de pájaro** in overview, in broad outline

-2. *(de avión)* flight ❑ *RP* **~ de cabotaje** internal flight; **~ chárter** charter flight; **~ sin escalas** direct flight; **~ espacial** space flight; **~ libre** hang-gliding; **~ sin motor** gliding; **vuelos nacionales** domestic flights; **~ nocturno** overnight flight; **~ rasante** low-level flight; **~ de reconocimiento** reconnaissance flight; **~ regular** scheduled flight; **~ supersónico** supersonic flight

-3. *(de vestido)* fullness; **una falda de ~** a full skirt

-4. ARQUIT projection

vuelque *etc ver* **volcar**

vuelta *nf* -1. *(giro)* *(hecho)* turn; *(acción)* turning; **dar una ~** to turn round; **dar vueltas: la Tierra da vueltas sobre su eje** the Earth spins on its axis; **la Luna da vueltas alrededor de la Tierra** the Moon goes round the Earth; **dar vueltas en la cama** to toss and turn in bed; **este autobús da mucha(s) vuelta(s)** this bus goes all over the place; **la cabeza me da vueltas** my head's spinning; **dar una ~ a algo, dar vueltas a algo** *(girándolo)* to turn sth round; *(recorriéndolo)* to go round sth; **le dio dos vueltas a la llave** she turned the key twice; **dio una ~ a la manzana/al mundo** he went round the block/world; **dar la ~** to turn back; **darse la ~,** *CSur* **darse** *(de pie)* to turn round; *(tumbado)* to turn over; **media ~** MIL about-turn; *(en automóvil)* U-turn; **dar media ~** MIL to do an about-turn; *(en automóvil)* to do a U-turn; [EXPR] **andar a vueltas con algo** *(gestionándolo)* to be working on sth; *(insistiendo en ello)* to go on about sth; [EXPR] **buscarle las vueltas a alguien** to look for a chance to catch sb out; [EXPR] *Fam* **dar la ~ a la tortilla** to turn the tables; [EXPR] *Fam* **darle cien** o **mil vueltas a alguien** to knock spots off sb; **esta bici le da cien vueltas a la tuya** this bike is miles better than yours; [EXPR] **darle vueltas a algo** *(pensarlo mucho)* to turn sth over in one's mind; **no le des más vueltas** stop worrying about it, just forget about it; **no paro de darle vueltas** I can't stop thinking about it; [EXPR] *Fam* **poner a alguien de ~ y media** *(criticar)* to call sb all the names under the sun; *(reñir)* to give sb a good telling-off ❑ **~ de campana: dar una ~/dos vueltas de campana** *(vehículo)* to turn over once/twice; *RP* **~ carnero** somersault; *Arg* **~ al mundo** *(noria)* *Br* big wheel, *US* Ferris wheel

-2. *(parte opuesta)* back, other side; **a la ~** on the back, on the other side; **a la ~ de la esquina** round the corner; **a la ~ de la página** over the page; **el filete lo quiero ~ y ~** I'd like my steak very rare; **dar la ~ a,** *CSur* **dar ~** *(colchón, tortilla, disco, naipe)* to turn over; **dar (la) ~ (a) la página** to turn the page *(con)*; **dar (la) ~ (a) un jersey/calcetín** *(ponerlo del derecho)* to turn a sweater/sock the right way out; *(ponerlo del revés)* to turn a sweater/sock inside out; **dar (la) ~ (a) un vaso** *(ponerlo boca arriba)* to turn a glass the right way up; *(ponerlo boca abajo)* to turn a glass upside down; [EXPR] **no tiene ~ de hoja** there are no two ways about it; [EXPR] *CSur* **esto no tiene ~** there's no getting away from it

-3. *(regreso)* return; **la ~ al trabajo/colegio**

vuelta siempre es dura it's never easy going back to work/school; **~ al colegio** *(como título, en letrero)* back to school; **el vuelo de ~** the return flight; **en el camino de ~** on the way back; **de ~ en el hotel, tomé un baño** once I was back at the hotel, I had a bath; **estar de ~ (de)** to be back (from); **a la ~: pasaré a visitarte a la ~** I'll visit you on the o my way back; **te veré a la ~** I'll see you when I get back; **¡hasta la ~!** see you when you get back!; [EXPR] **estar de ~ de algo** to be blasé about sth; **estar de ~ de todo** to have seen it all before

-**4.** *(viaje de regreso)* return journey; **¿para qué fecha tienes la ~?** when are you coming back?; **no he cerrado la ~ todavía** I haven't booked the return journey yet *(with open return ticket)*; **un billete de ida y ~** *Br* a return (ticket), *US* a round-trip (ticket)

-**5.** *(fin)* **a la ~ de** *(tras)* at the end of, after; **a la ~ de unos años** at the end of o after a few years; **a la ~ de publicidad...** *(en televisión)* after the break...

-**6.** *(devolución)* return; **te lo presto, pero lo quiero de ~ mañana** I'll lend it to you, but I want it back tomorrow; *RP Fam* **¿me prestás tu lapicera? – sí, pero tiene una ~** can you lend me your pencil? – yes, but I'll be wanting it back; **a ~ de correo** by return of post

-**7.** *(paseo)* **dar una ~** *(a pie)* to go for a walk; *(en bicicleta, motocicleta)* to go for a ride; *(en automóvil)* to go for a drive o spin; **dar vueltas** *(en automóvil)* to drive round and round; **date una ~ por aquí cuando quieras** come round whenever you like; **el vigilante se dio una ~ por la oficina** the guard had a look round the office

-**8.** *(a circuito, estadio)* lap; **deberán dar veinte vueltas al circuito** they will have to run twenty laps ❑ **~ de calentamiento** *(en automovilismo)* warm-up lap; **~ de honor** lap of honour; TAUROM **~ al ruedo** bullfighter's lap of honour

-**9.** *(carrera ciclista)* **~ ciclista** tour; **la Vuelta (Ciclista) a España** the Tour of Spain

-**10.** *(curva)* bend; **la carretera da muchas vueltas** the road twists and turns a great deal

-**11.** *(dinero sobrante)* change; **quédese con la ~** keep the change

-**12.** *(ronda)* *(de elecciones, competición deportiva)* round; **la primera/segunda ~** the first/second round

-**13.** *(cambio, avatar)* change; **dar la** o **una ~** to turn around completely; **las vueltas que da la vida** how things change!

-**14.** *(de pantalón)* *Br* turn-up, *US* cuff; *(de manga)* cuff

-**15.** *(en labor de punto)* row

-**16.** *RP* **de ~** *(otra vez)* again; **me lo preguntó de ~** he asked me again

vueltero, -a *adj RP Fam* -**1.** *(indeciso)* dithering -**2.** *(difícil)* difficult, tricky

vuelto, -a ◇ *participio ver* **volver**
◇ *adj* turned
◇ *nm Am* change; **me dieron mal el ~** I was given the wrong change

vuelvepiedras *nm inv* turnstone

vuelvo *etc ver* **volver**

vuestro, -a *Esp* ◇ *adj posesivo* your; **~ libro/amigo** your book/friend; **este libro es ~** this book is yours; **un amigo ~** a friend of yours; **no es asunto ~** it's none of your business
◇ *pron posesivo* **el ~** yours; **los vuestros están en la mesa** yours are on the table; *Fam* **los vuestros** *(vuestra familia)* your folks; *(vuestro bando)* your lot, your side; [EXPR] **lo ~ es el teatro** *(lo que hacéis bien)* you should be on the stage; *Fam* **os costó lo ~** *(mucho)* it wasn't easy for you; [EXPR] *Fam* **ésta es la vuestra** this is the chance you've been waiting for o your big chance

vulcanismo *nm* vulcanism

vulcanización *nf* vulcanization

vulcanizadora *nf Méx, Perú* tyre shop

vulcanizar [14] *vt* to vulcanize

Vulcano *n* MITOL Vulcan

vulcanología *nf* vulcanology

vulcanológico, -a *adj* vulcanological

vulcanólogo, -a *nm,f* vulcanologist

vulgar *adj* -**1.** *(no refinado)* vulgar, common -**2.** *(corriente, común)* ordinary, common; [EXPR] **~ y corriente** common or garden -**3.** *(lenguaje)* vernacular, vulgar; **el latín ~** vulgar Latin -**4.** *(no técnico)* non-technical, lay; **sólo conozco el nombre ~ de estas plantas** I only know the common name of these plants

vulgaridad *nf* -**1.** *(cualidad)* vulgarity -**2.** *(objeto, hecho vulgar)* **hacer/decir una ~** to do/say something vulgar; **llevar tantas joyas me parece una ~** I think it's terribly vulgar to wear so much jewellery

vulgarismo *nm* vulgarism

vulgarización *nf* popularization

vulgarizar [14] ◇ *vt* to popularize
➤ **vulgarizarse** *vpr* to become popular o common

vulgarmente *adv* -**1.** *(groseramente)* vulgarly; **como ~ se dice...** as they say... -**2.** *(comúnmente)* commonly, popularly; **~ conocido como...** commonly o popularly known as...

vulgata *nf* REL Vulgate

vulgo ◇ *nm* **el ~** *(plebe)* the masses, the common people; *(no expertos)* the lay public
◇ *adv Formal* commonly known as; **Viola tricolor, ~ pensamiento** Viola tricolor, commonly known as the pansy

vulnerabilidad *nf* vulnerability

vulnerable *adj* vulnerable

vulneración *nf* -**1.** *(de prestigio, reputación)* harming, damaging; *(de intimidad)* invasion -**2.** *(de ley, pacto)* violation, infringement

vulnerar *vt* -**1.** *(prestigio, reputación)* to harm, to damage; *(intimidad)* to invade -**2.** *(ley, pacto)* to violate, to break

vulpeja *nf* vixen

vulva *nf* vulva

vulvitis *nf inv* MED vulvitis

W w

W, w *nf (letra)* W, w
wafle, waffle ['bafle] *nm Am* waffle
waflera [ba'flera] *nf Am* waffle iron *o* maker
Walhalla, Valhalla [bal'χala] *n* MITOL Valhalla
walkie-talkie [*Esp* 'walki'talki, *Am* 'woki'toki] *nm* walkie-talkie
walkiria [bal'kiria] *nf* Valkyrie
walkman® ['walman] (*pl* **walkmans**) *nm* Walkman®, personal stereo
WAN [wan] *nf* INFORMÁT (*abrev de* **wide area network**) WAN
WAP [wap] *nm* INFORMÁT (*abrev de* **Wireless Application Protocol**) WAP
Washington ['wasinton] *n* Washington
washingtoniano, -a [wasinto'njano, -a] *adj* Washington, Washingtonian
wáter [*Esp* 'bater, *Am* 'water] *nm* toilet

waterpolista [waterpo'lista] *nmf* water polo player
waterpolo [water'polo] *nm* water polo
watio ['batio] *nm* watt
WC [*Esp* uβe'θe, *Am* doβleβe'se, *Méx* doβleu'se] *nm* (*abrev de* **water closet**) WC
Web, web [web] INFORMÁT ◇ *nf (World Wide Web)* **la ~** the Web
◇ *nm o nf (página web)* website
weber ['beβer] (*pl* **webers**) *nm* FÍS weber
Wellington ['welinton] *n* Wellington
welter ['welter, 'belter] ◇ *adj* **peso ~** welterweight
◇ *nmf* welterweight
western ['wester] (*pl* **westerns**) *nm* CINE western

whiskería [wiske'ria] *nf* = bar where hostesses chat with clients
whisky ['wiski] *nm* whisky; *RP Fam* **¡(decí) ~!** *(en foto)* (say) cheese! ❏ **~ escocés** Scotch whisky; **~ de malta** malt whisky
winchester® ['wintʃester] (*pl* **wínchesters**) *nm* Winchester®
windsurf ['winsurf], **windsurfing** ['winsurfin] *nm* windsurfing; **hacer ~** to go windsurfing
windsurfista [winsur'fista] *nmf* windsurfer
wing [win] *nm CSur* DEP wing
wok [wok] *nm* wok
wolframio [bol'framjo], **wolfram** [bol'fram] (*pl* **wolframs**) *nm* wolfram
WWW (*abrev de* **World Wide Web**) WWW

X x

X (abrev de **miércoles**) W, Wed

X, x ['ekis] ◇ nf **-1.** (letra) X, x **-2.** CINE **película X** X-rated movie; **sala X** = cinema that shows porn movies
◇ nmf **la señora X** Mrs X

xenofilia nf xenophilia

xenófilo, -a ◇ adj xenophilic
◇ nm,f xenophile

xenofobia nf xenophobia

xenófobo, -a ◇ adj xenophobic
◇ nm,f xenophobe

xenón nm QUÍM xenon

xenotrasplante nm MED xenotransplantation

xerocopia nf photocopy

xerocopiar vt to photocopy

xerófilo, -a adj BOT xerophilous

xerófito, -a adj BOT xerophytic

xeroftalmia nf MED xerophthalmia

xerografía nf xerography, photocopying

xerografiar vt to photocopy

xérox, sérox nf Perú **-1.** (fotocopia) Xerox® **-2.** (fotocopiadora) Xerox® machine

xifoides nm ANAT xiphoid process o cartilage

xileno nm xylene

xilófago, -a adj ZOOL xylophagous

xilofón, xilófono nm xylophone

xilofonista nmf xylophone player

xilófono = xilofón

xilografía nf **-1.** (técnica) (en el sentido de la fibra) woodcut (printing); (a contrafibra) wood engraving **-2.** (impresión) (en el sentido de la fibra) woodcut; (a contrafibra) wood engraving

xilol nm xylene

Xunta ['ʃunta] nf = autonomous government of the region of Galicia

Y y

Y, y [i'γrjeγa] *nf (letra)* Y, y

y *conj* **-1.** *(indica enlace)* and; **una computadora y una impresora** a computer and a printer; **un chico alto y guapo** a tall, handsome boy; **mi padre y mi hermano** my father and brother
-2. *(indica acumulación, intensidad)* and; **horas y horas de espera** hours and hours of waiting; **yo miraba y miraba, pero no te veía** I looked and looked, but couldn't see you; **¡y pensar que sólo era un niño!** and just to think he was only a boy!
-3. *(pero)* and yet; **sabía que era imposible y seguía intentándolo** she knew it was impossible and yet she kept on trying; **ella venga a hablar y yo sin decir nada** she talked and talked while I never said a word
-4. *(más)* and; **tres y dos son cinco** three and two are five
-5. *(en preguntas)* what about; **¿y tu mujer?** what about your wife?; **yo no tengo dinero, ¿y tú?** I haven't got any money, have you?, I haven't got any money, what about you?; **yo me llamo Pedro, ¿y tú?** I'm called Pedro, what about you?, my name's Pedro, what's yours?; **¿y yo qué?** what about me?; **me acompañó a casa... – ¿y? ¿qué pasó después?** he walked me home... – yes, and...? what happened next?; **¿y si nos quedamos?** *(como sugerencia)* why don't we stay?
-6. *Fam (indica desinterés)* **no me queda dinero – ¿y (qué)?** I haven't got any money left – so (what)?; **¿y a mí qué?** what do I care?, what's it to me?
-7. *(en números)* **tres y medio** three and a half; **treinta y tres** thirty-three; **trescientos treinta y dos** three hundred and thirty-two
-8. *RP Fam (en diálogo)* **¿llegaron a tiempo? – y sí, corrimos como locos y llegamos justito** did you arrive on time? – well, we ran like crazy and got there just in time; **¿pero él te pidió consejo? – y no, si se cree que lo sabe todo** but did he ask your advice? – well no, he thinks he knows it all already; **¿vos sabías lo que estaba pasando? – y claro, si vivimos en la misma casa** did you know what was going on? – of course, we live in the same house

ya ◇ *adv* **-1.** *(en el pasado)* already; **ya me lo habías contado** you had already told me; **¿llamaron** *o* **han llamado ya?** have they called yet?; **¿habrán llegado ya?** will they have arrived yet *o* by now?; **ya dejó de llover** it has stopped raining; **ya en 1926** as long ago as 1926
-2. *(expresando sorpresa)* already; **¿ya has vuelto?** are you back already?; **son las siete – ¿ya?** it's seven o'clock – already?
-3. *(en presente)* now; **bueno, yo ya me voy** right, I'm off now; **ya es hora de cenar** it's time for dinner; **ya eres mayor para esas cosas** you're too old for that sort of thing; **¡ya voy!** I'm coming!
-4. *(inmediatamente)* at once; **hay que hacer algo ya** something has to be done now *o* at once; *Fam* **desde ya** right now; **hay que empezar desde ya** we have to start right now *o* away; **desde ya considérate invitado** consider yourself invited as of now; **ya mismo** right away
-5. *(en frases negativas)* **yo ya no estaba segura de nada** I was no longer sure of anything; **ya no es así** it's not like that any more, it's no longer like that; **ya no me duele** it doesn't hurt any more, it no longer hurts; **para entonces ya no quedarán entradas** there won't be any tickets left by then
-6. *(en el futuro)* **ya te llamaré** I'll give you a ring some time; **ya hablaremos** we'll talk later; **ya nos habremos ido** we'll already have gone; **ya me dirás si te gustó** you can tell me later if you liked it; **ya verás** you'll (soon) see; **ya verás cuando se enteren** just wait till they find out; **¡ya te agarraré yo a ti!** I'll get you sooner or later!
-7. *(con valor enfático o intensivo)* **ya entiendo/lo sé** I understand/know; **sin el uniforme ya parece otro** he looks completely different without his uniform on; **¡ya está! ¿ves qué fácil?** that's it *o* there you are, see how easy it is?; **¡ya no aguanto más!** I can't take any more!, I've had enough!; **¿es éste tu coche? – ¡ya me gustaría a mí!** *o* **¡ya quisiera yo!** is this your car? – I wish *o* if only!; **ya podías haberlo dicho antes** you could have said so before; **ya puedes hacer las maletas y largarte** I suggest you pack your bags and leave; **¿qué haces despierto? – ya ves, que no puedo dormir** what are you doing awake? – well, I can't get to sleep, you see; **te matas a trabajar y, ya ves, luego se olvidan de ti** you work yourself to death and then what happens...? they forget about you

◇ *conj* **-1.** *(distributiva)* **ya sea por unas cosas ya sea por otras, siguen pasando hambre** for one reason or another, they are still going hungry; **manden sus datos ya sea por carta o por correo electrónico** send in your details (either) by post or by e-mail
-2. *(adversativa)* **ya no... sino..., no ya... sino...** not only... but...; **confían no ya en clasificarse sino en llegar a la final** they are not only confident of qualifying but also of reaching the final

◇ *interj (indica asentimiento)* right!; *(indica comprensión)* yes!; **¡ya! no me eches más leche** that's enough milk, thanks!; **preparados, listos, ¡ya!** ready, steady, go!, on your marks, get set, go!; *Irónico* **¡ya, ya!** sure!, yes, of course!

◇ **ya que** *loc conj* since; **ya que has venido, ayúdame con esto** since you're here, give me a hand with this; **ya que te pones, podías hacer también la cena** you could get dinner ready while you're at it; **ya que eres tan listo, dime...** if you're so clever *o* since you're so smart, tell me...

yabirú *nm* jabiru stork

yac *nm* yak

yacaré *nm* cayman

yacente, yaciente *adj (tumbado)* lying; *(estatua)* reclining, recumbent

yacer [71] *vi* **-1.** *(estar tumbado)* to lie; **varios heridos yacían en el suelo** several of the injured were lying on the ground **-2.** *(estar enterrado)* to lie; **aquí yace...** here lies...
-3. *Anticuado (tener relaciones sexuales)* to lie together; **~ con** to lie with

yaciente = yacente

yacija *nf* **-1.** *(lecho)* bed **-2.** *(tumba)* grave **-3.** [EXPR] **ser de mala ~** *(dormir mal)* to be a restless sleeper; *(ser mala persona)* to be a ne'er-do-well

yacimiento *nm* **-1.** *(minero)* deposit ❑ **~ mineral** mineral deposit; **~ de petróleo** oilfield; **~ petrolífero** oilfield **-2.** *(arqueológico)* site

yago *etc ver* **yacer**

yagua *nf Andes, Carib, Méx* **-1.** *(planta)* royal palm **-2.** *(tejido)* = fibrous tissue of the royal palm tree

yagual *nm CAm, Méx* = padded ring for carrying things on the head

yaguar = jaguar

yaguarondi *nm* jaguarundi

yaguasa *nf* jabiru (stork), black-necked stork,

yaguré *nm Am* skunk

yak *nm* yak

Yakarta *n* Jakarta

yámbico, -a *adj LIT* iambic

yambo *nm* **-1.** *LIT* iamb **-2.** *(árbol)* rose apple

Yankilandia, Yanquilandia *n Am Fam Hum* Gringoland, the States

yanomami ◇ *adj (indio)* Yanomami
◇ *nmf (indio)* Yanomami

yanqui ◇ *adj* **-1.** *HIST* Yankee **-2.** *Fam (estadounidense)* American; **un político ~** an American politician
◇ *nmf* **-1.** *HIST* Yankee **-2.** *Fam (estadounidense)* Yank

Yanquilandia = Yankilandia

yanquismo *nm Am* pro-Americanism

yantar *Anticuado* ◇ *nm* fare, food
◇ *vt* to eat

Yaoundé = Yaundé

yapa *nf Andes, RP Fam* **dar algo de ~** to throw sth in as an extra

yarará *nf* fer-de-lance

yaraví *(pl* **yaravíes** *o* **yaravís)** *nm Am* = type of melancholy Indian song

yarda *nf* yard

yatay *nm* yatay palm

yate *nm* yacht

yatismo *nm RP* yachting

Yaundé, Yaoundé [jaun'de] *n* Yaoundé

yaya *nf* **-1.** *Perú (insecto)* mite **-2.** *(árbol) Cuba, PRico* lancewood

yayo, -a *nm,f Fam* grandad, *f* grandma; **los yayos** grandma and grandad

yazco *etc ver* **yacer**

yazgo *etc ver* **yacer**

yedra *nf* ivy

yegua ◇ *nf* **-1.** *(animal)* mare **-2.** *CAm (colilla)* cigarette butt **-3.** *CSur muy Fam (mujer)* cow, bitch
◇ *adj CSur Fam* **la muy ~** the old cow

yeguada *nf* **-1.** *(de animales)* herd of horses; **tiene una gran ~** he's got a lot of horses **-2.** *CAm, PRico (disparate)* stupid thing

yeguarizo, -a *RP* ◇ *adj* **ganado ~** horses
◇ *nm* horse

yeísmo *nm* = pronunciation of Spanish "ll" as "y", widespread in practice

yeísta *nmf* = person who pronounces Spanish "ll" as "y"

yelmo *nm* helmet

yema *nf* **-1.** *(de huevo)* yolk **-2.** *(de planta)* bud, shoot **-3.** *(de dedo)* fingertip **-4.** *(dulce)* = sweet made from sugar and egg yolk

Yemen *nm* **(el) ~** Yemen

yemení (*pl* yemeníes), **yemenita** ◇ *adj* Yemeni
◇ *nmf* Yemeni
yen *nm* yen
yerba[1] = hierba
yerba[2] *nf* -1. *Méx, Ven Fam (marihuana)* grass, weed -2. *RP (mate)* maté; ~ **mate** (yerba) maté leaves
yerbal, yerbatal *nm RP (campo)* field of maté
yerbatero, -a ◇ *adj RP (producción)* maté; *(terreno)* maté-producing
◇ *nm,f Andes, Carib* -1. *(curandero)* healer -2. *(vendedor de hierbas)* herbalist
yerbera *nf RP* = jar for storing maté leaves
yerbero, -a *nm,f Méx* -1. *(curandero)* healer -2. *(vendedor)* herbalist
Yereván *n* Yerevan
yergo *etc ver* **erguir**
yermo, -a ◇ *adj* -1. *(estéril)* barren -2. *(despoblado)* uninhabited
◇ *nm* wasteland
yerno *nm* son-in-law
yerra *nf RP* cattle branding
yerro ◇ *ver* **errar**
◇ *nm Literario* mistake, error
yerto, -a *adj* rigid, stiff; ~ **de frío** frozen stiff
yesca *nf* tinder
yesería *nf (fábrica)* gypsum kiln
yesero, -a ◇ *adj* plaster; **producción yesera** plaster production
◇ *nm,f* -1. *(fabricante)* plaster manufacturer -2. *(obrero)* plasterer
yeso *nm* -1. GEOL *(mineral)* gypsum -2. *(para paredes)* plaster -3. *esp Am (vendaje)* plaster -4. ARTE *(escultura)* plaster cast
yesquero *nm RP* cigarette lighter
yeta *RP Fam* ◇ *adj* jinxed; **ser** ~ to be jinxed
◇ *nmf* jinxed person; **es un** ~ he's jinxed, he's got a jinx on him
◇ *nf* **tener** ~ to be jinxed
yetatore *nmf RP Fam* -1. *(de mala suerte)* unlucky person -2. *(que trae mala suerte)* jinx, jonah
yeti *nm* yeti
yeyé *adj inv Fam* groovy *(used of sixties-style music, clothes, people etc)*
yeyo *nm Ven Fam* funny turn; **casi me da un** ~ I nearly passed out *o* keeled over
yeyuno *nm* ANAT jejunum
Yibuti *n* Djibouti
yiddish, yidish *nm* Yiddish

yihad [ji'χað] *nf* jihad
yira *nf RP Fam Pey* whore
yirar *vi RP Fam* to work the streets, *Br* to be on the game
yiro *nm RP Fam* **estar en el** ~ to work the streets, *Br* to be on the game
yiu-yitsu *nm* ju-jitsu
yo ◇ *pron personal* -1. *(sujeto)* I; **yo me llamo Luis** I'm called Luis, my name is Luis; **¿quién dijo eso?** – **yo** who said that? – I did *o* me; **¡eh, usted!** – **¿quién? ¿yo?** hey, you! – who, me?; **algunos hacen deporte, yo no** some of them do sports, but I don't *o* but not me; **yo mismo lo preparé todo** I got it ready (all by) myself; **he aprobado** – **yo también** I passed – me too *o* so did I
-2. *(predicado)* **soy yo** it's me; **el invitado soy yo** I'm the guest
-3. *(complemento con preposición o conjunción)* me; **es más alta que yo** she's taller than me *o* than I am; **se fueron antes/después que yo** they left before/after me, they left before/after I did; **excepto/incluso yo** except/including me
-4. **yo que tú/él/**etc. if I were you/him/*etc*
◇ *nm* PSI **el yo** the ego
yodado, -a *adj* iodized
yodar *vt* to iodize
yodo *nm* QUÍM iodine
yodoformo *nm* iodoform
yoduro *nm* iodide ❑ ~ **de plata** silver iodide
yoga *nm* yoga
yoghourt [jo'γur] (*pl* **yoghourts**), **yoghurt** [jo'γur] (*pl* **yoghurts**) *nm* yoghurt; **un** ~ **de fresa** a strawberry yoghurt
yogui *nmf* yogi
yóguico, -a *adj* yogic; **posturas yóguicas** yoga positions
yogur, yogurt (*pl* **yogurts**) *nm* yoghurt
yogurtera *nf* yoghurt maker
yola *nf* yawl
yonque *nm Méx Fam* scrapyard, *US* wrecker's yard
yonqui *nmf Fam* junkie
yóquey *nm* jockey
york *nm* (boiled) ham
yorkshire ['jorksair] *nm (perro)* Yorkshire terrier
yoruba ◇ *adj* Yoruba
◇ *nmf (persona)* Yoruba
◇ *nm (lengua)* Yoruba

yoyó *nm* -1. *(juguete)* yoyo -2. *Urug (bizcocho)* = caramel-filled, chocolate-covered sponge biscuit
yuan *nm* yuan
yubarta *nf* humpback whale
yuca *nf* -1. *(planta)* yucca -2. *(alimento)* cassava, manioc
yucal *nm* yucca field
Yucatán *n* (el) ~ (the) Yucatan
yucateco, -a ◇ *adj* Yucatecan
◇ *nm,f* Yucatecan
yudo *nm* judo
yudoka *nmf* judo player, judoka
yugo *nm* -1. *(para animales)* yoke -2. *(atadura)* yoke; **sacudir el** ~ to throw off the yoke; **el** ~ **del matrimonio** the ties of marriage
Yugoslavia *n* Yugoslavia
yugoslavo, -a ◇ *adj* Yugoslavian
◇ *nm,f* Yugoslav
yugular[1] ◇ *adj* jugular
◇ *nf* jugular
yugular[2] *vt* -1. *(persona)* to cut *o* slit the throat of -2. *(enfermedad)* to retard the progress of; *(síntoma)* to suppress -3. *(desarrollo)* to stifle; *(levantamiento)* to stifle, to suppress
yuju *interj Fam* yoo-hoo!, yippee!
Yungas *nmpl Andes* = warm, humid valleys
yunque *nm* -1. *(de hierro)* anvil -2. *(hueso)* anvil
yunta *nf* -1. *(de bueyes, vacas)* yoke, team -2. *Ven* **yuntas** *(gemelos)* cufflinks -3. EXPR *CSur Fam* **ser (buena)** ~ to make a good pair; *RP Fam* **hacer (buena)** ~ to be on the best of terms, to get along well
yunyún *nm RDom* = iced fruit drink
yupi *interj Fam* yippee!
yuppie ['jupi], **yupi** *nmf* yuppie
Yurex® *nm Méx Br* Sellotape®, *US* Scotch® tape
yute *nm* jute
yuxtaponer [50] ◇ *vt* to juxtapose
➤ **yuxtaponerse** *vpr* to be juxtaposed (a with)
yuxtaposición *nf* juxtaposition
yuxtapuesto, -a *participio ver* **yuxtaponer**
yuyal *nm CSur* patch of weeds
yuyería *nf RP* herbalist's
yuyero, -a *nm,f RP* herbalist
yuyo *nm* -1.*CSur (mala hierba)* weed; *(hierba medicinal)* medicinal herb -2. *Andes (hierba silvestre)* wild herb

Z

Z, z ['θeta, *Am* 'seta] *nf (letra)* Z, z
zacatal *nm CAm, Méx* pasture
zacate *nm CAm, Méx* fodder
zácate *interj RP Fam* all of a sudden, suddenly; **íbamos caminando y, ¡~!, una explosión** we were walking along when, all of a sudden, there was an explosion
zacatecano, -a ◇ *adj* of/from Zacatecas *(Mexico)*
  ◇ *nm,f* person from Zacatecas *(Mexico)*
zafacón *nm RDom Br* rubbish bin, *US* trash can
zafado, -a *Fam* ◇ *adj* **-1.** *Am (loco)* nuts, crazy **-2.** *Andes, RP (atrevido)* barefaced, cheeky, *Br* brass-necked
  ◇ *nm,f* **-1.** *Am (loco)* nutcase **-2.** *Andes, RP (atrevido)* cheeky devil
zafar ◇ *vi RP Fam (salir bien parado)* to come out on top; **zafamos de milagro** we got away by the skin of our teeth
  ◆ **zafarse** *vpr* **-1.** *(librarse) (de tarea, obligación)* to get out of it; *(soltarse)* to escape; **zafarse de** *(persona)* to get rid of; *(obligación)* to get out of **-2.** *Méx (articulación)* to become dislocated
zafarrancho *nm* **-1.** NÁUT clearing of the decks ❏ MIL **~ de combate** call to action stations **-2.** *(destrozo)* mess **-3.** *(riña)* row, fracas **-4.** *Fam (limpieza general)* spring cleaning
zafiedad *nf* roughness, uncouthness
zafio, -a *adj* rough, uncouth
zafiro *nm* sapphire
zafra *nf* **-1.** *(cosecha)* sugar cane harvest **-2.** *(fabricación)* sugarmaking **-3.** *Am (temporada)* harvest season **-4.** MIN slag
zaga *nf* **-1. a la ~** *(detrás)* behind, at the back; **ir a la ~ de alguien** *(en carrera, competición)* to trail (behind) sb; *(en desarrollo, proceso)* to lag behind sb; **no irle a la ~ a alguien** to be every bit as good as sb, to be just as good as sb; **son buenos, pero nuestro equipo no les va a la ~** they're good, but our team are every bit as good as them; **quedar a la ~** to get left behind; **todos alabaron su comportamiento, y su profesor no se quedó a la ~** everybody praised her behaviour and her teacher was no exception
  -2. DEP defence
zagal, -ala *nm,f* **-1.** *(muchacho)* lad, *f* lass **-2.** *(pastor)* shepherd, *f* shepherdess
zagaletón, -ona *nm,f Ven Fam* **-1.** *(adolescente)* lad, *f* lass **-2.** *(vago)* layabout, good-for-nothing
zaguán *nm (entrada)* hall
zaguero, -a *nm,f* DEP defender; *(en rugby)* fullback
zaherir *vt* **-1.** *(herir)* to hurt **-2.** *(burlarse de)* to mock
zahiriente *adj* wounding, hurtful
zahones *nmpl* chaps
zahorí *(pl* **zahoríes***) nmf* **-1.** *(de agua)* water diviner **-2.** *(clarividente)* mind reader
zahúrda *nf (pocilga)* pigsty
zaino, -a, zaíno, -a *adj* **-1.** *(caballo)* chestnut **-2.** *(res)* black
Zaire *n Antes* Zaire
zaireño, -a ◇ *adj* Zairean
  ◇ *nm,f* Zairean
zalagarda *nf (pelea)* skirmish
zalamería *nf* flattery, fawning

zalamero, -a ◇ *adj* flattering, fawning
  ◇ *nm,f* flatterer
zalema ◇ *nf (reverencia)* salaam
  ◇ *nfpl* **zalemas** *(lisonjas)* flattery
zamacuco, -a *nm,f* **-1.** *(tonto)* fool, idiot **-2.** *(persona solapada)* sly *o* crafty person; **ser un ~** to be sly *o* crafty
zamacueca *nf* = folk-dance typical of Chile and Argentina
zamaquear *vt Perú Fam* to shake
zamarra *nf (de piel de oveja)* sheepskin jacket; *(de piel)* leather jacket
zamarrear *vt* to shake
zamarro ◇ *nm* **-1.** *Ecuad (pantalón)* jeans **-2.** *(chaqueta) (de piel de oveja)* sheepskin jacket; *(de piel)* leather jacket
  ◇ *nmpl* **zamarros** *Andes* chaps
zamba *nf* **-1.** *(baile)* = popular South American dance **-2.** *ver también* **zambo**
zambardo *nm Chile* awkward *o* clumsy person
Zambeze *nm* **el ~** the Zambezi (River)
Zambia *n* Zambia
zambo, -a ◇ *adj (piernas, persona)* knock-kneed
  ◇ *nm,f* **-1.** *(persona)* knock-kneed person **-2.** *Am (hijo de una persona negra y otra india)* = person who has one Black and one Indian parent
zambomba ◇ *nf (instrumento)* = type of rustic percussion instrument
  ◇ *interj Fam* wow!
zambombazo *nm Fam* **-1.** *(ruido)* bang **-2.** DEP *(disparo)* screamer, powerful shot
zambra *nf* **-1.** *(fiesta morisca)* Moorish festival **-2.** *(baile gitano)* = Andalusian gypsy dance
zambucar *vt Fam* to hide, to conceal
zambullida *nf (salto)* dive; **darse una ~** *(baño)* to go for a dip; **darle a alguien una ~** to duck sb
zambullir ◇ *vt* to dip, to submerge
  ◆ **zambullirse** *vpr (en agua)* to dive (**en** into); *(en actividad)* to immerse oneself (**en** in)
zambullón *nm Andes, RP (salto)* dive; **darse un ~** *(baño)* to go for a dip
zamburiña *nf (marisco)* = type of scallop
Zamora *n* EXPR **~ no se ganó en una hora** Rome wasn't built in a day
zamorano, -a ◇ *adj* of/from Zamora *(Spain)*
  ◇ *nm,f* person from Zamora *(Spain)*
zampabollos *nmf inv Fam* human dustbin
zampar *Fam* ◇ *vt Am* **-1.** *(meter)* to shove, to stick; **zampó la mano arriba de la torta** she slapped *o* smacked her hand down on top of the cake; **le zampé un piñazo en el estómago** I belted him one in the stomach **-2.** *(decir)* to say (right out); **le zampé todo lo que venía guardándome hace tiempo** I let rip at him with everything I'd been keeping to myself for so long
  ◇ *vi* **¡cómo zampa!** look at him stuffing his face!
  ◆ **zamparse** *vpr* to wolf down, *Br* to scoff; **se lo ha zampado todo** she's eaten the lot!
zampatortas *nmf inv Fam* **-1.** *(glotón)* human dustbin **-2.** *(torpe)* numbskull, blockhead
zampoña *nf* panpipes
zampullín *nm* grebe ❏ **~ chico** little grebe; **~ cuellinegro** eared *o* black-necked grebe; **~ cuellirojo** horned *o* Slavonian grebe

zampuzar [10] *vt* to hide quickly
zanahoria ◇ *nf (verdura)* carrot
  ◇ *nmf Andes, RP, Ven Fam (ingenuo)* sucker; *(aburrido, sin vicios)* nerd
zanahorio, -a *adj Col Fam* square, nerdy
zanate *nm* grackle, crow blackbird
zanca *nf* **-1.** *(de ave)* leg, shank **-2.** *Hum (de persona)* shank
zancada *nf* stride; **caminaba dando grandes zancadas** he walked with huge strides; EXPR **en dos zancadas: te lo traigo en dos zancadas** I'll fetch it for you in two shakes (of a lamb's tail)
zancadilla *nf* trip; **poner una** *o* **la ~ a alguien** *(con los pies)* to trip sb (up); *(estratagema)* to put a spoke in sb's wheel
zancadillear *vt* **~ a alguien** *(con los pies)* to trip sb (up); *(con estratagemas)* to put a spoke in sb's wheel
zancajo *nm* heel bone
zanco *nm* stilt
zancón, -ona *adj Col, Méx, Ven (traje)* too short
zancuda *nf* wader
zancudo, -a ◇ *adj* **-1.** *(ave)* wading **-2.** *Fam (persona)* long-legged
  ◇ *nm Am* mosquito
zanfoña *nf* hurdy-gurdy
zanganear *vi Fam* to laze *o* loaf about
zanganeo *nm Fam* lazing *o* loafing about
zanganería *nf Fam* laziness, idleness
zángano, -a ◇ *nm,f Fam (persona)* lazy oaf, idler
  ◇ *nm (abeja)* drone
zangolotear *Fam* ◇ *vt* to shake
  ◇ *vi* to wander around doing nothing
zangolotino, -a *adj Fam* babyish, childish
zanguango, -a ◇ *adj* lazy, idle
  ◇ *nm,f* idler
zanja *nf* ditch
zanjar *vt (poner fin a)* to put an end to, to settle; **zanjó el asunto diciendo que...** she put an end to the matter by saying that...; **la discusión se zanjó con una solución de compromiso** they put an end to the argument by reaching a compromise solution
zanjón *nm Andes, RP, Ven* gully, ravine
Zanzíbar *n* Zanzibar
zapa *nf (pala)* spade; EXPR **labor de ~: les acusó de hacer labor de ~** she accused them of undermining her
zapador, -ora *nm,f* sapper
zapallito *nm CSur Br* courgette, *US* zucchini
zapallo *nm* **-1.** *Andes, RP* **~ (italiano)** *Br* courgette, *US* zucchini **-2.** *Andes, RP (calabaza)* pumpkin **-3.** *RP Fam (bobo)* mug, *Br* wally
zapán *nm* Manila cherry
zapapico *nm* pickaxe
zapar *vi* to dig tunnels
zaparrastroso = **zarrapastroso**
zapata *nf* **-1.** *(cuña)* wedge **-2.** *(de freno)* brake shoe **-3.** *(de grifo)* rubber washer
zapatazo *nm* **-1.** *(golpe)* stamp (of the foot); **dar zapatazos** to stamp one's feet; EXPR **tratar a alguien a zapatazos** to kick sb around **-2.** *(en fútbol)* kick, boot
zapateado *nm* = type of flamenco dance where the dancers stamp their feet rhythmically
zapatear *vi* to stamp one's feet
zapateo *nm* rhythmic stamping ❏ *RP* **~ americano** tap-dancing

zapatería nf **-1.** (tienda) shoe shop **-2.** (taller) shoemaker's ❏ **~ de viejo** cobbler's, shoe repair shop **-3.** (oficio) shoemaking

zapatero, -a ◇ adj **-1.** (del zapato) **industria zapatera** shoe-making industry **-2.** (legumbres) hard, tough
◇ nm,f **-1.** (fabricante) shoemaker **-2.** (reparador) cobbler; **tengo que llevar estas botas al ~** I've got to take these boots to the cobbler's; [EXPR] **¡~ a tus zapatos!** mind your own business! ❏ **~ remendón** cobbler; **~ de viejo** cobbler **-3.** (vendedor) shoe seller
◇ nm (insecto) pondskater

zapateta nf = shoe-slap accompanied by a jump in certain dances

zapatilla nf **-1.** (de baile) shoe, pump; (de estar en casa) slipper; (de deporte) sports shoe, trainer, US sneaker; (de torero) bullfighter's shoe ❏ **zapatillas de lona** canvas shoes; **zapatillas de tenis** tennis shoes **-2.** (de grifo) washer **-3.** Méx (de tacón) high-heeled shoe

zapatillazo nm whack (with a slipper)

zapatismo nm **-1.** POL Zapatism **-2.** HIST = movement led by the Mexican revolutionary Emiliano Zapata

zapatista ◇ adj **-1.** POL Zapatista **-2.** HIST Zapatista, = relating to the Mexican revolutionary Emiliano Zapata (1879-1919)
◇ nmf **-1.** POL Zapatista, = member of the Zapatista Front, a mainly indigenous rebel group in the Southern Mexican state of Chiapas **-2.** HIST = follower or supporter of the Mexican revolutionary Emiliano Zapata (1879-1919)

ZAPATISTAS

The Zapatista National Liberation Army ("Ejército Zapatista de Liberación Nacional"), which takes its name from the Mexican revolutionary Emiliano Zapata, is a guerrilla organization based in the southern Mexican state of Chiapas. The group hit the world headlines at the start of 1994, when armed **Zapatistas** occupied the town of San Cristobal de las Casas to proclaim their defence of the rights of the native Indians and their opposition to the NAFTA treaty with the United States, which had just come into force. After initial sporadic fighting with the Mexican army, a peace process was established under the San Andrés accords of February 1996, although this has so far failed to result in agreement with the government, and parts of Chiapas, particularly jungle areas, are still effectively under Zapatista control. The **Zapatistas** opened up a second front on the Internet, reaching out to sympathizers across the globe through the writings of their principal spokesman, who uses the name "Subcomandante Marcos".

---

zapato nm **-1.** (prenda) shoe; **ponerse los zapatos** to put one's shoes on; [EXPR] **saber dónde le aprieta el ~ a alguien** to know how to deal with sb; [EXPR] Fam Hum **sácate el ~ de la boca** (por articular mal) stop mumbling and speak clearly; (por tener la boca llena) don't talk with your mouth full ❏ **~ bajo** low-heeled shoe; RP **~ chato** low-heeled shoe; **~ de cordones** lace-up (shoe); RP **~ de fútbol** soccer o Br football boot; Ven **~ de goma** trainer, US sneaker; **~ plano** flat(-heeled) shoe; **~ de plataforma** platform shoe; **~ de salón** Br court shoe, US pump; CSur **~ de taco alto** high-heeled shoe; **~ de tacón** high-heeled shoe **-2.** Urug (cuna) Br carrycot, US portacrib

zape interj Fam (sorpresa) wow!

zapear vi Fam to channel-hop

zapeo nm Fam (sin finalidad concreta) channel-hopping, channel surfing; (para evitar anuncios) zapping

zaperoco nm Ven Fam uproar, pandemonium

zapote nm (árbol) sapodilla (tree); (fruto) sapodilla (plum)

zapoteca ◇ adj Zapotec, Zapotecan
◇ nmf Zapotec, Zapotecan

zapping ['θapin] nm inv Fam (sin finalidad concreta) channel Br hopping o US surfing; (para evitar anuncios) zapping; **hacer ~** (sin finalidad concreta) Br to channel-hop, US to channel-surf; (para evitar anuncios) to zap

zar nm tsar, czar

zarabanda nf **-1.** (danza) saraband **-2.** Fam (jaleo) commotion, uproar

zaragata nf Fam (jaleo) row, US ruckus

zaragatero, -a Fam ◇ adj argumentative, quarrelsome
◇ nm,f troublemaker

Zaragoza n Saragossa, Zaragoza

zaragozano, -a ◇ adj of/from Saragossa (Spain)
◇ nm,f person from Saragossa (Spain)

zarajo nm = lamb intestines, rolled round two crossed sticks and fried

zaranda nf sieve, strainer

zarandajas nfpl Fam nonsense, trifles; **¡déjate de ~!** stop talking nonsense!; **siempre me está hablando de psicología, psicoterapia y otras ~** she's always talking to me about psychology, psychotherapy or some such nonsense

zarandeado, -a adj eventful, turbulent

zarandear ◇ vt to shake
◆ **zarandearse** vpr **-1.** (bambolearse, agitarse) to shake; **el vagón se zarandeaba mucho** the carriage was bumping up and down a lot **-2.** Am (contonearse) to swing one's hips

zarandeo nm **-1.** (sacudida) shaking; **le dio un buen ~** she shook him hard; **se mareó el niño con tanto ~** being shaken around so much made the boy feel ill **-2.** Am (contoneo) swinging of the hips

zarapito nm **~ esquimal** Eskimo whimbrel; **~ real** curlew; **~ trinador** whimbrel

zaraza nf chintz

zarcero nm melodious warbler ❏ **~ escita** booted warbler; **~ pálido** olivaceous warbler

zarcillo nm **-1.** (pendiente) earring **-2.** (en planta) tendril

zarco, -a adj light blue

zarigüeya nf opossum

zarina nf tsarina, czarina

zarismo nm tsarism, czarism; **el fin del ~** the end of the Tsars o Czars

zarista ◇ adj Tsarist, Czarist
◇ nmf Tsarist, Czarist

zarpa nf **-1.** (de animal) (uña) claw; (mano) paw **-2.** Fam (de persona) paw, hand; **echar la ~ a algo** to get one's paws o mitts on sth

zarpar vi to weigh anchor, to set sail

zarpazo nm swipe (with a paw); **el león le dio un ~** the lion swiped at him with its paw; **de un solo ~** with a single swipe o blow of its paw

zarpear vt CAm, Méx to splash o splatter with mud

zarrapastroso, -a, CSur **zaparrastroso, -a** Fam ◇ adj scruffy, shabby
◇ nm,f scruff

zarza nf bramble, blackberry bush

zarzamora nf blackberry

zarzaparrilla nf sarsaparilla

Zarzuela nf **la ~ =** palace which is the official residence of the Spanish royal family in Madrid

zarzuela nf **-1.** MÚS zarzuela, = Spanish light opera **-2.** (plato) = fish and/or seafood stew

zarzuelista nmf composer of "zarzuelas"

zarzuelístico, -a adj = of/relating to "zarzuelas"

zas interj **-1.** (onomatopeya) wham!, bang! **-2.** (indica sorpresa) **en cuanto se de la vuelta, ¡~!, salimos corriendo** as soon as she turns round we run for it, right?

zascandil nm Fam (adulto) good-for-nothing; (niño) little rascal

zascandilear vi Fam to mess around o about, to slack (around)

zascandileo nm Fam messing about o around, slacking (around)

zedilla nf cedilla

zéjel nm LIT = verse form of Arabic origin consisting of an initial refrain and a variable number of four-line stanzas

zelote, zelota nmf Zealot

zen ◇ adj inv Zen
◇ nm Zen

zenit nm **-1.** ASTRON zenith **-2.** (punto culminante) peak, zenith; **ha llegado al ~ de su carrera** she is at the peak o pinnacle of her career

zepelín (pl zepelines), **zeppelín** (pl zeppelines) nm zeppelin

zeta Esp Fam ◇ adj inv **coche ~** (de policía) police patrol car
◇ nm (de policía) police patrol car

zeugma nf LING zeugma

Zeus n MITOL Zeus

zigoto nm zygote

zigurat (pl zigurats) nm ziggurat

zigzag (pl zigzags o zigzagues) nm zigzag

zigzagueante adj (carretera) winding; **una línea ~** a zigzag

zigzaguear vi to zigzag

zigzagueo nm (de carretera, sendero) twisting and turning

Zimbabue n Zimbabwe

zimbabuense ◇ adj Zimbabwean
◇ nmf Zimbabwean

zinc nm zinc

zíngaro, -a ◇ adj gypsy
◇ nm,f gypsy

zíper nm CAm, Méx Br zip, US zipper

zipizape nm Fam squabble, set-to; **se armó un ~** a squabble broke out, there was a set-to

zis, zas interj bang! bang!

zloty [es'loti] nm (moneda) zloty

zócalo nm **-1.** (de pared) skirting board **-2.** (de edificio) plinth **-3.** (pedestal) pedestal **-4.** GEOL basement, pedestal **-5.** INFORMÁT socket **-6.** Méx (plaza) main square

zocato, -a adj **-1.** (fruto) overripe **-2.** Fam (zurdo) left-handed **-3.** Am (pan) stale

zoco nm souk, Arabian market

zocotroco = socotroco

zodiac® nf = rubber dinghy with outboard motor

zodiacal adj zodiacal

zodiaco, zodíaco nm zodiac; **los signos del ~** the signs of the zodiac, the star signs

zombi, zombie ◇ adj Fam (atontado) zonked
◇ nmf (en vudú) zombie; Fam **iba como un ~ por la calle** she was walking along the street like a zombie

zompopo nm CAm (hormiga) = type of large-headed leafcutter ant

zona nf **-1.** (espacio, área) zone, area; **una ~ montañosa/turística** a mountainous/tourist area; **la ~ norte/sur de la isla** the northern/southern part of the island; **en las zonas más aisladas/pobres** in the most remote/poorest areas; **¿vives por la ~?** (por aquí) do you live around here?; **ésta la ~ de copas de la ciudad** this is the centre of the city's nightlife ❏ **~ azul** (de estacionamiento) restricted parking zone; **~ de carga y descarga** loading bay; **~ catastrófica** disaster area; **~ centro** city centre, US downtown; **~ climática** climatic zone; **~ comercial** shopping area; **~ conflictiva** trouble spot; **~ de conflicto** (en guerra) war zone, battle zone; **~ edificada** built-up area; **~ erógena** erogenous zone; **~ euro** euro zone; **~ de exclusión** exclusion zone; COM **~ franca** free-trade zone; **~ de no fumadores** no-smoking area; **~ glacial** glacial region; **~ de guerra** war zone; **~ húmeda** wetland area; **~ intermareal** intertidal zone; METEO **~ de inversión** thermal o temperature inversion zone; **~ de libre comercio** free-trade zone; **~ de marca** (en rugby) in-goal area; **~ militar** military area o zone; Esp **~ nacional** (en la guerra) = the area controlled by Nationalist forces during the Spanish Civil War; **~ peatonal** pedestrian area; **~ protegida** (natural) conservation area; **~ residencial** residential area; **~ roja** Esp (en la guerra) = term used by Nationalists to refer to

Republican-controlled areas during the Spanish Civil War; *Am (de prostitución)* red-light district; **Zona Rosa** *(en México DF)* = elegant tourist and shopping area in Mexico City; ~ **de seguridad** *(entre países)* buffer zone; ~ **templada** temperate zone; *Am Anticuado* ~ **de tolerancia** red-light district; ~ **tórrida** tropics, *Espec* torrid zone; ~ **de urgente reindustrialización** = region given priority status for industrial investment, *Br* ≃ enterprise zone; ~ **verde** *(grande)* park, green area; *(pequeña)* lawn **-2.** *(en baloncesto) (área)* key **-3.** *(en baloncesto) (violación)* three-seconds violation

zonal *adj (desarrollo, planificación)* area; **hospital** ~ area hospital; **DEP defensa** ~ zone *o* zonal defence; **plano** ~ map of the area

zoncear *vi Am* to fool *o* mess around

zoncería, zoncera *nf Am* **-1.** *(cualidad)* silliness, stupidity **-2.** *(hecho, dicho)* **decir/hacer una** ~ to say/do something silly *o* stupid; **eso son zoncerías** that's nonsense

zonificación *nf* zoning

zonificar *vt* to zone

zonzo, -a ◇ *adj Am* **-1.** *(tonto)* foolish, silly **-2.** *(atontado)* dopey
◇ *nm,f Am* fool, idiot
◇ *nm Bol* = dish made with yucca and cheese

zoo *nm* zoo

zoofilia *nf* bestiality

zoófito *nm* zoophyte

zoogeografía *nf* zoogeography

zoolatría *nf* animal worship, *Espec* zoolatry

zoología *nf* zoology

zoológico, -a ◇ *adj* zoological
◇ *nm* zoo

zoólogo, -a *nm,f* zoologist

zoom [θum] *(pl* **zooms***) nm* FOT zoom lens

zoomórfico, -a *adj* zoomorphic

zoonosis *nf inv* zoonosis

zooplancton *nm* zooplankton

zootecnia *nf* animal husbandry, *Espec* zootechnics

zopenco, -a *Fam* ◇ *adj* idiotic, daft
◇ *nm,f* idiot, nitwit

zopilote *nm CAm, Méx* black vulture

zoquete ◇ *adj Fam* thick, dense
◇ *nm CSur (calcetín)* ankle sock
◇ *nmf Fam (tonto)* blockhead, idiot

zorcico *nm* = Basque folk dance

zorimbo, -a *Méx Fam* ◇ *adj* silly, *Br* daft
◇ *nm,f* crackpot, nitwit

zoroastrismo *nm* Zoroastrianism

zorongo *nm* = type of flamenco music, song and dance

zorra *nf* **-1.** *Esp Fam Pey (ramera)* whore, tart, *US* hooker **-2.** *RP (remolque)* trailer **-3.** *ver también* **zorro**

zorrear *vi Méx Fam* to spy, to keep watch

zorrera *nf* **-1.** *(madriguera)* foxhole **-2.** *(habitación)* smoke-filled room **-3.** *ver también* **zorrero**

zorrería *nf Fam* craftiness, cunning

zorrero, -a *nm,f* fox hunter

zorrillo *nm CAm, Méx* skunk

zorrino *nm Andes, RP* skunk

zorro, -a ◇ *adj* **-1.** *(astuto)* foxy, crafty **-2.** *Esp muy Fam (para enfatizar)* **no tengo ni zorra (idea)** I haven't got a *Br* bloody *o US* goddamn clue
◇ *nm,f* fox, *f* vixen; EXPR **por querer saber la zorra perdió la cola** curiosity killed the cat ❑ ~ **ártico** arctic fox; ~ **azul** blue fox; ~ **plateado** silver fox
◇ *nm* **-1.** *(persona astuta)* fox **-2.** *(piel)* fox (fur) **-3.** ~ **marino** thresher shark
◇ *nmpl* **zorros** *(utensilio)* feather duster; EXPR *Fam* **hecho unos zorros** *(cansado, maltrecho)* whacked, done in; *(objeto, ropa, habitación)* in a mess

zorruno, -a *adj* foxlike; *Fam* **oler a** ~ to smell sweaty

zorzal *nm* **-1.** *(ave)* song thrush ❑ ~ **alirrojo** redwing; ~ **charlo** mistle thrush; ~ **real** fieldfare **-2.** *(hombre astuto)* sly *o* cunning person **-3.** *Chile (tonto)* simpleton

zotaco, -a *Méx Fam* ◇ *adj* short
◇ *nm,f* shorty

zotal® *nm* = very powerful disinfectant

zote *Fam* ◇ *adj* dopey
◇ *nmf* dope, clod

zozobra *nf* **-1.** *(inquietud)* anxiety, worry; **sufrieron momentos de** ~ they had an anxious time **-2.** *(naufragio) (de barco)* sinking, foundering; *(de empresa, planes)* ruin, end

zozobrante *adj* **-1.** *(barco)* foundering, sinking **-2.** *(economía, situación)* foundering **-3.** *(persona)* anxious, worried

zozobrar *vi* **-1.** *(barco)* to founder, to sink **-2.** *(proyecto, empresa)* to founder

zuavo *nm* Zouave

zueco *nm* clog

zulo *nm (para secuestrado)* = concealed room in which a hostage is imprisoned; *(para armas)* cache

zulú *(pl* **zulúes***)* ◇ *adj* Zulu
◇ *nmf (persona)* Zulu
◇ *nm (lengua)* Zulu

zumaque *nm* **-1.** *(planta)* sumach ❑ ~ **venenoso** poison sumach, poison ivy **-2.** *Fam (vino)* wine

zumba *nf* **-1.** *(cencerro)* = bell worn by lead animal **-2.** *(juguete)* bullroarer **-3.** *(broma)* teasing, joking **-4.** *Andes, Méx, PRico (zurra)* beating, thrashing

zumbado, -a *Fam* ◇ *adj* screwy, *Br* bonkers
◇ *nm,f* nut, crackpot

zumbador *nm* buzzer

zumbar ◇ *vi* **-1.** *(producir ruido) (insecto)* to buzz; *(máquinas)* to whirr, to hum; **me zumban los oídos** my ears are buzzing; **le estarán zumbando los oídos de tanto hablar de él** his ears must be burning with people talking about him so much **-2. zumbando:** **pasar zumbando** to shoot past; **salir zumbando** to dash off; **venir zumbando** to come running
◇ *vt Fam (golpear)* to beat, to thump

zumbido *nm (de insecto)* buzz, buzzing; *(de máquinas)* whirr, whirring; **tengo un** ~ **en los oídos** my ears are buzzing

zumbo *nm CAm, Col* = vessel made from a gourd

zumbón, -ona *Fam* ◇ *adj* **un tipo** ~ a joker, a tease
◇ *nm,f* joker, tease

zumo *nm Esp* juice; ~ **de naranja** orange juice

zunchar *vt* to fasten with a metal band *o* hoop

zuncho *nm (cinta)* metal band *o* hoop; *(refuerzo)* reinforcing ring ❑ *Andes* ~ **plástico** strapping tape

zunzún *nm* emerald hummingbird

zunzunito *nm* bee hummingbird

zurcido *nm,* **zurcidura** *nf* **-1.** *(acción)* darning **-2.** *(remiendo)* darn

zurcidor, -ora *nm,f* darner, mender

zurcir [72] *vt* to darn, to mend; EXPR *Fam* **¡anda y que te zurzan!** on your bike!, get lost!; **¡que le zurzan!** he can get lost!, *Br* he can take a running jump!

zurda *nf* **-1.** *(mano)* left hand **-2.** *(pierna)* left foot **-3.** *ver también* **zurdo**

zurdazo *nm* DEP *(con la mano)* left; *(con el pie)* powerful left-foot shot

zurdo, -a ◇ *adj (mano, pierna)* left; *(persona)* left-handed; *(boxeador)* southpaw
◇ *nm,f (persona)* left-handed person; *(boxeador)* southpaw

zurear *vi* to coo

zureo *nm* cooing

Zurich, Zúrich ['θurik] *n* Zurich

zurito *nm Esp* = small glass of wine

zurra *nf Fam* beating, hiding; **¡te voy a dar una ~!** I'm going to tan your hide!; EXPR **darse una** ~ *(a trabajar, estudiar)* to slog one's guts out

zurracapote *nm* = a type of wine punch, drunk hot or cold

zurrapa *nf* **-1.** *(poso)* dregs, sediment **-2.** *Fam (de excremento)* skid mark

zurrar *vt Fam* **-1.** *(persona)* to beat, to thrash **-2.** *(piel)* to tan

zurraspa *nf Fam (de excremento)* skid mark

zurriagazo *nm* whipping

zurriago *nm* whip

zurrón *nm* shoulder bag

zurullo *nm* **-1.** *(cosa blanda)* round, soft lump **-2.** *muy Fam (excremento)* turd

zurzo *etc ver* **zurcir**

zutano, -a *nm,f (hombre)* so-and-so, what's-his-name; *(mujer)* so-and-so, what's-her-name

zuzo *interj* shoo!